Volume 1979 – 2002

1979 – 2002年卷 上册

中国文化产业学术年鉴

ACADEMIC ANNUAL OF CHINA`S CULTURAL INDUSTRY

山东大学出版社

Shandong University Press

图书在版编目（CIP）数据

中国文化产业学术年鉴.1979～2002年卷/王育济等主编.-2版.
—济南：山东大学出版社，2010. 1
ISBN 978-7-5607-4011-9

Ⅰ. 中… Ⅱ. 王… Ⅲ.文化—产业—中国—1979～2002
—年鉴 Ⅳ.G124-54

中国版本图书馆CIP数据核字（2009）第220924号

中国文化产业学术年鉴 1979～2002年卷

主　　编　王育济　齐勇锋　侯样祥　韩　英
责任编辑　王桂琴　谭学秋
封面设计　李　鹏
美术编辑　臧传宁
出版发行　山东大学出版社
地　　址　济南市山大南路27号
网　　址　www.cbs.sdu.edu.cn
电　　话　（0531）88365799（总编室）
经　　销　山东省新华书店
印　　刷　山东鸿杰印务集团有限公司
版　　次　2010年1月第2版
印　　次　2010年1月第2次印刷
开　　本　889×1194毫米　1/16
印　　张　89.5
字　　数　正文1600千字+索引2299千字
定　　价　特精装（上、下）598.00元

《中国文化产业学术年鉴》编纂委员会

编审委员会

《中国文化产业学术年鉴》编纂委员会

工作指导委员会

主任委员：

朱正昌　原中共山东省委常委、省委宣传部部长，现山东省人大常委会副主任、山东大学党委书记

徐向红　中共山东省委宣传部副部长

委　员：（按姓氏笔画排列）

于　冲　山东省旅游局局长

尹慧敏　山东省财政厅厅长

孙志恒　山东省信息产业厅厅长

刘长允　山东省广播电视局局长

齐　涛　山东省教育厅厅长

李国琳　山东省文化厅副厅长

杨学锋　山东省新闻出版局副局长

张洪涛　山东省体育局局长

季缃绮　山东省商业集团董事长，党委书记

董国勋　山东省劳动厅厅长

《中国文化产业学术年鉴》编纂委员会

编辑部

主　编：

王育济　山东大学历史文化学院院长，教授，博士生导师

齐勇锋　国家发改委文化产业研究中心主任，研究员，博士生导师

侯样祥　中国艺术研究院研究员，文化艺术出版社副社长兼副总编辑

韩　英　山东大学历史文化学院文化产业管理学系主任，副教授

主要参编人员：（按姓氏笔画排列，带*号为各课题组第一负责人）

丁培卫*　山东大学历史文化学院文化产业管理学系讲师，博士

于瑞桓*　济南大学文学院副教授

王广振*　山东大学历史文化学院文化产业管理学系副教授，博士

付晓青　山东大学文化产业方向博士后

朱　伟*　山东大学历史文化学院文化产业管理学系讲师，在读博士

曲春梅　山东大学历史文化学院档案管理学系讲师，博士

伍　辉　中南林业科技大学外国语学院，副教授

刘玉平*　山东大学历史文化学院文化产业管理学系教授，博士

刘进军　山东大学文化产业方向博士后

杨东篱*　山东大学历史文化学院文化产业管理学系讲师，博士

杜丽芬*　河北经贸大学副教授，山东大学文化产业管理学系访问学者

邵明华　山东大学历史文化学院文化产业管理方向博士

张友臣　山东大学历史文化学院文化产业管理学系副教授，博士

张冠文　山东师范大学传播学院教授，山东大学文化产业方向在读博士

张凌云*　山东经济学院讲师，山东大学文化产业方向在读博士

张　瑞*　山东工艺美术学院讲师，山东大学文化产业方向在读博士

何振利　山东大学国际交流学院副教授，山东大学文化产业方向在读博士

郑　燕　山东财政学院讲师，山东大学文化产业方向在读博士

昝胜锋　山东大学历史文化学院文化产业管理学系讲师，博士

唐月民　山东艺术学院讲师，山东大学历史学博士，南京大学商学院博士后

唐建军*　山东大学历史文化学院文化产业管理学系副教授，博士

盖金敏　山东大学历史文化学院讲师，比利时鲁汶大学大众文化专业在读博士

参与《中国文化产业学术年鉴（1979~2002年卷）》

基础资料整理工作的博士生、硕士生名单

（按姓氏笔画排列）

王广霞　王海燕　孙文丽　孙志逾　朱国辉　宋　暖　张　伟　李　莉　李　皎　李　晨

李婉聪　杨　亮　赵　斐　钟利红　骆　飞　桑瑞霞　秦聪聪　顾方哲　曹　锋　章军杰

曾凡斌　程晓君　程静卫　熊姝闻　蔡亚楠　谭银博　魏　超

《中国文化产业学术年鉴》出版说明

《中国文化产业学术年鉴》是国内首次编纂，按年度持续反映中国文化产业理论走向和研究水准的大型学术文摘类权威著作，也是目前文化产业研究领域信息容量最大、资料索引最全的大型权威工具书。它的基本定位和预期目标是：

①满足有关研究者、决策者和产业界人士的理论需求；

②为不同行业、不同区域的文化产业发展，提供思路启迪和尽量丰富的信息参照；

③在全面反映学术理论界的相关研究成果的同时，对文化产业领域具有“引领意义”的区域企业项目进行综合考量，以强化学术理论、政策、实践之间的综合互动。

《中国文化产业学术年鉴》的编纂上限为1979年，目前编纂和出版的是2008年前各卷，其中《1979～2002年卷》约160万字，《2003～2007年卷》约550万字；以上两卷反映的均为2007年之前各年度中国文化产业的学术理论状况。2007年度的相关内容单独编纂为《2008年卷》，约400万字。今后将以《2009年卷》、《2010年卷》……的方式每年出版一卷，以期对中国文化产业的学术研究、政策制定、行业模式、产业实践等产生持续而深刻的影响。

一、 编纂缘起与过程

2002年，党的十六大报告明确提出发展中国文化产业的战略构想，这不但成为中国当代文化产业发展的一个界标，也成为中国文化产业学术理论研究和学科建设的一个重要起点。

2003年底，山东省委宣传部在山东大学设立“山东省文化产业研究基地”。与此同时，教育部也在山东大学、中国传媒大学等四所高校首次设立“文化产业管理专业”。基于长期形成的办学传统，山东大学历史文化学院文化产业管理学系成立伊始，即会同有关单位对2002年以来有关文化产业研究的学术理论成果进行了系统搜集和整理，经过数年积累，形成了过亿字的资料。2008年1月，正式启动《中国文化产业学术年鉴》（以下简称《年鉴》）的编纂工作。

2008年底，《年鉴》完成了2002～2008年之间各卷初稿编纂，随即以“特快专递”的邮寄方式，向435名专家学者寄送了《年鉴》简介、各卷详细目录和征求意见表，收回反馈意见421份。根据反馈意见，我们对初稿进行了三次较大修订。同时，根据专家学者的建议，将《年鉴》编纂上限由2002年上溯到1979年，以形成对近30年中国文化产业学术理论研究的完整总结，进而为2008年后《年鉴》的编纂奠定一个最坚实的基础。

《年鉴》的编纂，得到了山东省委宣传部和省直有关部门的支持和指导；2008年底，“《中国文化产业学术年鉴》的编纂及相应学术评价体系的建立”，被评定为山东省社会科学规划重大项目。

《年鉴》主体结构的确立和主要内容的调整，以及其他相应的学术工作，是在《年鉴》编审委员会及有关专家学者的指导和把握下进行的。

《年鉴》编辑部设于山东大学，主要负责《年鉴》基础资料的整理和前期编辑工作。具体编纂工作由山东大学历史文化学院文化产业管理学系负责，档案学系、历史学系、考古与博物馆学系的部分师生也参与其事，故文化产业的学科优势以及档案学的规范和历史学的严谨都在《年鉴》的编纂中有所体现。

山东省文化产业研究基地（设于山东大学历史文化学院）、国家发改委文化产业研究中心、中国艺术研究院、文化艺术出版社等有关专家学者也参与了《年鉴》的编纂及后期的编审加工工作。上述单位的通力合作，不但保证了《年鉴》的学术质量和出版质量，也使《年鉴》在“文化”与“产业”、“学术”与“政策”、“理论”与“实践”等诸多界面上保持着活跃的综合优势。

山东省商业集团（鲁商集团）的相关文化产业部门与《年鉴》编辑部共同组建“《中国文化产业学术年鉴》社”，主要负责《年鉴》的编纂、出版、发行，以及与《年鉴》有关的各类学术文化活动。通过卓有成效的合作，以形成优良的产业模式，把《中国文化产业学术年鉴》打造成具有高度学术权威性和社会影响力的著名图书品牌。

在纸质《年鉴》出版的同时，数亿字的“中国文化产业学术年鉴网”也将开通，以期打造中国当今信息量最大的文化产业研究资讯平台。

二、主体栏目

专栏一 中国文化产业学理研究与理论综合研究。该本栏目包括文化产业的概念、定义、逻辑内涵、行业边际、学科特点等学理方面的研究，中国文化产业的特点、历史、现状等宏观理论研究，文化产业的发展布局及应用战略研究，文化产业的区域研究，文化产业的立法研究，文化产业学科建设与人才培养研究，中外文化产业的比较研究，海外文化产业研究等。

栏目由“年度权威论文选编”和“年度重要学术观点摘编”两部分构成，可较全面地反映中国文化产业研究的学术走向、理论趋势和前沿进展，并可从不同层面满足研究者、决策者、行业管理者和产业界人士的理论需求。

对年度权威论文的选择，除了考量其学术性、思想性和权威性外，是否能够反映业界动向，是否能够站在中国文化产业研究的前沿，也是需要考虑的。《年鉴》是按一定学术标准对以往学术研究成果进行编选的，所以，尽管部分文章表达的观点目前已被广泛接受，但由于在当时曾产生过相当影响，自然也应在《年鉴》中予以体现。

按照学术文摘类书刊的惯例，我们还对所编选的论文作了某些技术上的处理，包括删除论文原文的内容提要、关键词、注释等；删除会议讲话式论文中的某些礼貌性用语；个别篇幅较大的论文略予删节；校正了相关论文中原有的字句讹误等。

“年度重要学术观点摘编”所秉承的标准大致同上；每篇摘录格式相同，字数一般控制在

200～500字之间。

专栏二 中国文化产业行业研究。《年鉴》按行业将中国文化产业大致划分为七类：①图书、报刊产业；②影视、网络传媒产业；③动漫、游戏产业；④广告、会展、节庆产业；⑤旅游、生态观光、休闲产业；⑥体育产业；⑦艺术品、演艺、文博收藏产业。

该栏目按年度、行业精选"年度权威论文"和"年度重要学术观点"，以具体反映中国文化产业各行业的理论进展和实践经验。这样既可为各级宣传、文化部门和行业管理部门提供广泛的决策参考，又可为业内相关企业提供准确的行业发展态势和丰富的业内信息。编选标准与"专栏一"大致相同。

专栏三 中国文化产业"年度业内亮点"评价集成——统计、分析与结论。文化产业既是"文化"的，又是"产业"的，既要有合理的文化价值，又应体现产业的本质属性，即明显的经济利益和优良的产业模式。依据上述原则，《年鉴》选取历年为媒体、大众和管理层所广泛关注的文化产业项目，如"超级女声"、"临沂旅游产业链"、"《闯关东》"、"二人转演艺产业"、"分众传媒"、"百家讲坛"等为"年度业内亮点"，围绕着每个"业内亮点"，对民众、学术界、管理层所发表的各种评价进行了迄今为止最彻底、最全面的检索，并将这些评价进行分门别类的量化统计，由此做出关注度、评价向度、产业模式等方面的分析和结论。

专栏四 中国文化产业年度研究资料索引。该索引包括论文索引、著作索引和博士、硕士论文索引。

① 年度论文分类索引。广泛搜集刊发于各类正式期刊、报纸、研究文集、会议论文集中的有关中国文化产业研究的各类文章，按年度编排成便于查检和使用的论文索引。在目前已编纂完成的2008年前各卷中，共收录论文索引约5.2万条，专业论文的检索量远远超过"中国期刊网"、"报纸网"的总和，是目前文化产业研究方面最为完备的信息检索平台。

论文索引按年度分类搜索、编排。其分类包括中国文化产业学理研究与理论综合研究论文资料索引和中国文化产业行业研究论文资料索引；其中行业研究又分为七类（同专栏二）。每一类目中所收篇目以汉语拼音字母先后为序。这种细致的分类索引虽然费时耗力，却可以给使用者提供极大的方便。

编制论文索引的基本原则是"宜宽不宜严"，以最大限度地汇集与文化产业相关的研究成果。

虽属于文化范畴，但与"产业"无关，或属于传统文化事业方面的条目不在收录范围之内，如纯粹的新闻业务、体育教学和运动技巧及图书馆图书分类等。

文化产业各行业中有关纯技术性的研究文章，一般不予收录，如"饭店客房整理"、"手机外壳加工技术"等。

对于新闻报道类的文章，凡能够提供一定业内信息的条目均予以收录，如"××地方文化产业发展上新台阶"、"××文化产业座谈会纪要"等；其余的则不予收录。

对于题目相同、作者相同但出处不同的文章只收录其中一篇。

标题未涉及文化产业，但正文中却包含着相关内容的文章酌情予以收录。

② **文化产业年度研究著作索引**。按年度收录文化产业方面的著作。同一年度按书名的汉语拼音首字母顺序予以排列。2008年前各卷共收录著作2331部。专业图书的检索量超过了《全国总书目》（电子版）、《全国新书目》（纸质）、国家图书馆查询系统、上海图书馆查询系统、中国图书资讯网，以及卓越、当当购书网的总和，是目前中国文化产业研究类著作收录量最大的信息检索平台。

对年度著作的查询，各年度检索路径不一，如2004~2006年，主要从《全国总书目》电子版中根据确立的筛选标准进行检索；2002~2003年，主要检索《全国总书目》纸质版；而2007年度，由于《全国总书目》电子版还没有出版，主要依靠《全国新书目》（纸质版）、国家图书馆查询系统、上海图书馆查询系统、中国图书资讯网以及卓越、当当等商业购书网进行搜索查询。目前，依托于《年鉴》的编写，我们已开始建立广泛的作者、读者信息网，来自作者、读者的信息也将成为我们年度著作搜索的重要途径，以有效弥补《全国总书目》（电子版）出版滞后所带来的缺憾。

“年度著作索引”收录原则和标准同“年度论文分类索引”。排列方法按年度以汉语拼音字母先后为序。

③ **文化产业年度博士、硕士论文索引**。文化产业类研究生的培养分布在文学、史学、哲学、艺术和经济、管理、计算机等二十几个不同的学科中，《年鉴》首次将分散于各学科的相关博士、硕士论文加以专业化整理，系统显示了该方面的完整信息。年度博士、硕士论文主要依托“中国期刊网全文数据库”中的“中国博士学位论文全文数据库”和“中国优秀硕士学位论文全文数据库”进行检索，没有入库的论文暂不在收录之列。

三、彩色插页

《年鉴》设“行业与区域典范综合考量——理论的张力与实践的自觉”栏目，以彩页的形式呈现。彩页部分约占《年鉴》总页数的10%，择优选登文化产业领域中“具有引领意义”的典范区域/企业/项目等，以强化《年鉴》源于实践的学术张力。

彩页中选登的产业实践项目，与《年鉴》的学术宗旨相一致，并与《年鉴》的理论性、政策性、权威性相吻合；基本范围限定在：

① 国家级、省级文化产业示范企业、示范基地；

② 已形成集团规模的大型文化企业；

③ 国营大型企业集团所属的文化产业项目；

④ 被党和国家领导人视察过，或被中央电视台正面报道过的文化企业；

⑤ 国家级旅游景区及相应的休闲观光产业；

⑥ 具有开创性意义和广泛影响，并形成优良产业模式的文化产业项目；

⑦ 各省、市、县文化资源与文化产业的综合展示；

⑧ 文化产业“新业态”及所属行业的综合展示，如“手机传媒产业”、“网上娱乐软件”（如

“酷我音乐盒”、“迅雷”）、“娱乐移动存储”（MP3、MP5）等。

彩页中除对相关业绩的情况进行介绍外，着重突出相关人员，尤其是企业领导人在文化与文化产业等问题上的理论洞察力、学术观点、文化视野、前瞻意识和发展思路等。彩页中不出现相关领导人、企业家单独照片，不刊登营销电话等。彩页的表现风格均与《年鉴》的学术性质相一致。

四、价值与意义

《年鉴》编纂出版的价值和意义可大致归纳为以下三个方面。

第一，资料的完备性。文化产业是一个典型的“公共应用性学科”，不分业内业外，也无论哪一个领域的专家学者，更无论管理层还是一般群众，几乎所有人都可以在文化产业问题上发表见解，而这些见解又分布在人文、社科甚至理工等各类报刊中。要将如此分散，又如此海量的信息分门别类地进行整理，仅仅依靠网络技术是远远不够的。

（1）“文化产业”一级关键词就有“文化产业”、“文化创意产业”、“文化经济”、“文化营销”等几十个，而“文化产业”之下的各个行业，如“图书报刊业”、“影视传媒业”、“演艺业”等又可涉及到更多的关键词，甚至包括“票房”、“李宇春”、“拇指经济”等等。显然，没有科学、合理的关键词系统，网络检索是不可能奏效的。

（2）网络检索夹杂着大量的无用信息和重复信息，在google输入“文化产业”一词，可得到493万条相关信息（据2008年9月21日信息），这些信息必须经过专业筛选，方能便于使用。

（3）有相当数量的研究论文并不上网；还有大量的论文，因技术及授权限制等原因，不能通过网络获得。

《年鉴》就是在充分重视并解决了上述一系列难题的基础上完成的，它的价值和意义体现在资料搜集的每一个艰苦环节中。

第二，通过相应栏目的设置、成果选择的向度、批评标准的斟酌、产业模式的分析，以及政策走向的诠释等，可以逐步确立中国文化产业研究的学术评价标准和评价体系，进而为文化产业的学术研究和实践层面的操作，提供更科学、更准确的理论参考。以中国文化产业“年度业内亮点”为例，《年鉴》不但提出“合理的文化价值”和“优良的产业模式”这一总的确认原则，而且还对“合理的文化价值”确立了更具体的标准：

（1）综合统计民众、主流媒体、非主流媒体、学术界、业内、管理层对某一“亮点”的评价，其结果应该正面评价大于负面评价。

（2）在话语日益多元、传播媒介日益开放的今天，同一事物产生正负两方面的影响也是正常的，如“美女经济”、“选秀”等等。只要其负面影响保持在适度范围内，即没有从根本上触犯国家利益和民族情感，就可以认定其文化价值是“基本合理”的。

（3）“文化价值”既表现为某些一以贯之的文化精神，又因时代、生活方式乃至富裕程度而有重大变异，正是由于这种“变异”，才真正体现出“凡是存在的，就是合理的”。

这些原则和标准的提出，无论对中国文化产业的学术理论研究，还是对这一产业的多元发展，都应该是有意义的。

第三，既可以满足研究者、决策者、行业管理者和产业界人士的理论需求，又可以为不同行业、不同区域的文化产业发展提供多样化的运作思路和丰富的信息参照。文化产业作为21世纪的朝阳产业，它的巨大产业价值已经越来越为人们所关注，文化通过创意产生财富已经成为社会共识，各行业、各地区都对发展文化产业充满热情。但是，文化产业究竟应该怎样发展？有哪些经验可以借鉴？有哪些教训值得反思？这些经验教训又应该到哪里寻找？人们对此并不十分清楚。甚至包括什么是文化产业、文化产业的基本要素是什么等基础理论问题，人们也不是十分明了。在这种情况下，《年鉴》的编纂出版就有着特别重要的普及意义：不同行业、不同区域的文化产业发展，都可以从中获得丰富的信息参照，也可以从中受到观念、思路、眼界乃至运作模式的启迪。

《中国文化产业学术年鉴》的理论价值和应用价值无疑是巨大的，但它的编纂，尤其是初始数卷的编纂，则是一项极为艰辛繁杂而又需多方探索的工作，因而它也必然会存在这样那样的缺陷。用出版的方式接受社会各界的批评和建议，以利后续各卷的编纂，是我们最真诚的期待！

《中国文化产业学术年鉴（1979~2002年卷）》编纂说明

一

《中国文化产业学术年鉴》之《2003～2007年卷》、《2008年卷》已由文化艺术出版社出版，现在即将付梓山东大学出版社的是《1979～2002年卷》。

2002年党的十六大报告明确提出“发展文化事业和文化产业”的双重目标，引发了文化产业研究的热潮。《中国文化产业学术年鉴》最初亦立此为“编纂起点”，故相关卷帙得以先期完成。

然而，有关中国文化产业的学术理论探讨，早在改革开放之初的1979年前后即“强烈萌动”，1990年后已是蔚为潮流，中国文化产业研究的一批重要学者，也都是在2000年前开始活跃于相关领域的……因而，几经考虑，终又补编了目前的这本《1979～2002年卷》。至此，近三十年来中国文化产业研究的学术历程方得全线拓通，而近三十年来有关中国文化产业研究的各种资讯亦更臻完备。

与已经出版的各卷相同，《1979～2002年卷》的编纂定位仍然可表述为：

第一，国内首次编纂出版、按年度持续反映中国文化产业理论走向和研究水准的大型学术文摘类权威著作；

第二，文化产业研究领域中信息容量最大、资料索引最全的大型权威工具书。

但本卷的编选体例则略有变化：

1.年度权威论文选编，体例与选编标准未变。

2.年度重要学术观点选编，本卷变通为“年度学术会议综述”选登，可大致兼备“年度重要学术观点”的若干内容。

3.业内亮点评价集成：统计、分析与结论，本卷将这一栏目与下一栏目合并为一。

4.业内典范综合考量：理论的张力与实践的自觉。

5.年度著作总目索引，体例与原则未变。

6.年度论文总目索引，体例与原则未变。但本卷在“年度论文总目索引”中将《人民日报》、《光明日报》、《经济日报》和《中国文化报》四大报纸单设为“索引”，其中《光明日报》与《中国文化报》完全通过人工检索完成。

7.年度硕士、博士论文总目索引，体例与原则未变。

与2003～2008年诸卷相比，本卷资料的检索、汇集、甄选等工作的难度更大。

一方面，文化产业学科建设经历了一个从无到有、从依附到独立的发展过程，因而确定早期文化产业研究论著的指涉范围、标准以及资料索引的探微寻源等等，均颇费周折。

另一方面，在本卷的编纂中，因技术及授权限制等原因，而不能通过网络检索的论文则更多，部分有价值的、几近散佚的论文，则需通过与作者沟通才能获得。

此外，改革开放之初的许多期刊、报纸由于停刊或改名已很难查找。如《文化管理》仅在1985年、1986年出版了两期，后来又以《文化发展政策与研究》为名出版过一期。该刊在文化市场兴起和文化管理学初创时期曾经产生过影响，我们是在掌握基本信息的基础上通过多种途径，几经补缀方获得其中资料。

二

《1979~2002年卷》编纂过程中的学术收获颇丰，其中最重要的是厘清了“文化产业”的概念生成这一悬而未决的问题。

关于“文化产业”这一概念的生成，学术界往往简单地归源于对法兰克福学派的“文化工业”概念的转译。其实，“文化产业”概念的生成非常“中国化”。

“文化大革命”时期，蔑视知识分子，蔑视文化人，蔑视知识、文化、教育、科技的言论甚嚣尘上，其中最极端的言论就是“知识越多越反动”。“文革”结束之初，理论界对上述问题的拨乱反正就主要沿因着以下思维而逐步开展：

> ——知识分子是工人阶级的一部分；
>
> ——因而，知识分子的工作，包括他们的作品、论文、表演、教学等等，同工人做工、农民种田一样，“是创造出有各种使用价值的精神产品”。例如，“教育部门的产品没有独立的表现形式，是一种精神产品，但它直接满足了社会成员的文化需要，满足了发展劳动能力的需要，是一种发展资料”。所以，知识分子的工作不是“越多越反动”，而是社会中不可或缺的一个生产部类或产业门类。
>
> ——但这个门类又与农业、工业不同，是这两个门类之外的另一个生产门类；于是国外有关第三产业的理论开始引起学术界的关注。

从知识分子的价值推衍到知识产品（精神产品）的价值，又从知识产品的价值推衍到知识生产部门的地位，使得“第三产业”的概念在1980年前后即为中国学术界所关注。尽管当时学术界对“第三产业”的理论存在“姓资”、“姓社”的争论（如孙冶方先生就激烈反对将“第三产业”的理论引入社会主义的经济学范畴之中），但“第三产业”作为一个包含着知识生产在内的术语，却对“文化产业”这一概念的生成，产生了非常直接的影响。如1981年人们就已经注意到了：

“为什么要这样来划分三次产业？按英国经济学家费希尔的说法：‘这些术语在某种意义上是与人类需要的紧迫程度有关——第一次产业为人类提供满足最基本需要的食品，第二次产业满足其他更进一步的需要，**第三次产业满足人类物质需要以外的更高级的需要，如生活中的便利、娱乐等各种精神上的需要。**’”

后来文化产业中的“娱乐休闲产业”与“第三产业”的理论渊源，由此可见端倪。

随着对“第三产业”的讨论，学术界认为文化产品、文化服务、文化消费等与物质产品不同的精神产品，应当从一般服务、消费门类中分离出来，作为一种独立的产业。1981年钱学森先生率先提出了一个专门界定上述内容的新概念：第四产业。钱先生认为：

“科学文化事业不是消费，而是生产，不同阶段的生产而已，所以称为产业。”

“产业就要实干，要像搞农业生产、工业生产那样来搞我们的科学文化。”

这里虽然没有明确提出“文化产业”的概念，但把“科学、文化、教育、卫生”等“创造精神财富的行业”独立出来，进行“产业化”生产的思路已经十分清晰，“文化产业”的概念呼之欲出。这应是我国学者关于“文化产业”观念的第一次比较明确的表达。可能正因为如此，当1986年李向民提出“精神经济学”的概念时，即引起钱先生的极大关注。李向民后来在《钱老指导我研究文化产业》的文章中对此事的回忆，也可大致说明钱先生的“第四产业”与“文化产业”的关联。

与钱学森先生提出“第四产业”和将文化“称为产业”的同时，日本学者日下公人关于在“较发达的第三产业的基础上”“向文化产业化进军”的观点也在1981年被中国学者专门译介到国内。当时（1981年）中国学者对“文化产业化”的理解和界定竟是如此透彻和到位：

“要把文化、艺术、文明商品化、产业化，像商品一样进行买卖交易，为社会服务。”

上述几个过程的逻辑推演，主要体现在本卷《年鉴》所选编和关注的下列论文中：

1979年孙长宁等人在《经济研究》第6期发表的《试论社会主义精神生产》，1980年2月2日著名经济学家肖灼基在《人民日报》发表的《应该把教育看作生产部门》，1981年著名经济学家于光远在《中国经济问题》第1期发表的《社会主义制度下的生产劳动与非生产劳动》，1981年5月5日罗　尘、施宗全在《文汇报》发表《服务人员不创造价值吗？——从第三次产业谈起》，1981年6月17日著名科学家钱学森在《人民日报》发表的《重视科学文化，发展“第四产业”》，1981年李江帆在《华南师范学院学报》第3期发表的《略论服务消费品》，1981年王北辰在《经济研究参考资料》（非正式刊物）第140期摘译日本学者日下公人的《第三产业（服务业）——从文化论的观点》，等等。

从这些论文中，可以大致勾勒出“文化产业”这一概念生成的背景和线索；它们也从不同角度反映了1979～1981年间，即改革开放初期学术界在文化产业问题上的强烈萌动。

此后，随着诸如收费音乐茶座、文化咨询公司、文化个体户的出现和文化市场的兴起，有关中国文化产业的学术理论研究也有了更新的进展，“文化产业”作为一个“整词”也开始见诸报刊。

“文化产业”作为一个严整的学术概念最早被使用，应该是在1987年《求索》杂志第6期的《试论文化艺术的商品性质及其调节机制》一文中。作者李军在这篇文章中12次使用了“文化产业”的概念。他虽未对“文化产业”这一概念进行定义和界定，但12次使用“文化产业”所表达的内容则是完全一致的，如“政府对文化产业的管理更多通过市场，借助市场机制完成客观调节和监督”，如“社会主义文化产业要大力、健康地发展，必须实行行政机制和市场机制有机结合的调节方式”等等。

1988年，李建中发表《论社会主义的文化产业》（《人文杂志》第3期）。这应是第一篇以“文化产业”为标题的专题论文。值得注意的是，作者在这篇文章中还对“文化事业”和“文化产业”进行了明确的分类，实为近十几年来“发展文化事业和文化产业”这一表述模式的最早开端。

可以肯定地说，1987年前，国外关于“文化工业”、“创意产业”、“内容产业”、“版权产业”等等概念并没有为中国学术界所关注，这些概念的译介和流行，都是后来的事情。所以，“文化产业”的概念并不是“文化工业”的简单转译，它的生成，与改革开放之初对知识分子地位的认定、对知识产品价值的认定、对知识生产部门和行业的认定，有着直接的关联；同时，它的流行，也与“文化产业”这一概念自身所具有的“望文生义”的优势有关——毋需定义和界说，即可粗知内涵。而也正是因为后一条原因，“文化产业”这一概念才能超越“文化工业”、“创意产业”、“内容产业”、“版权产业”等外来概念，为中国学术界和社会所普遍接受。据对《中国文化产业学术年鉴》收录的2001年前的论文篇名索引统计，其中，篇名中含有“文化产业”的共计724篇，含有“文化经济”的共计69篇，含有“文化工业”的14篇，含有“文化创意”、“内容产业”的只有零星数篇。这足以表明，“文化产业”这一概念一开始就具有压倒其他概念的绝对优势。

至2000年，《中共中央关于制定国民经济和社会发展第十个五年计划的建议》中使用了“文化产业”的概念，2002年，在党的十六大政治报告中，不但使用了“文化产业”的概念，而且将“文化事业”与“文化产业”对举。显然，在学术界和政府层的共同选择下，“文化产业”已成为一个通用而稳定的概念性术语。

三

1979～1988年是中国文化产业理论研究的头一个十年，1988年《中国文化报》在全国报刊中率先开设“文化市场”专栏，标志着有关文化产业的学术理论研究进入了新的十年。1989年，国务院在文化部设立文化市场管理司，可以说是我国文化市场实践发展的必然结果。关于这一点，时任文化部副部长的高占祥同志早在1986年就有明确论述：“社会主义商品经济的社会环境，要求我们开拓两个市场（国内、国际），获取两个效益（社会效益、经济效益）。必须改变‘文不经商，士不理财’的旧观念，树立文化经营观念，把文化事业逐步从'福利事业型'转化为'经营管理型'，向管理要经济效益，以管理求生机。"

在此后的十余年中，伴随着市场经济和文化市场的发展，关于文化市场与文化产业，关于文化经济与文化产业，关于文化产业的概念与定义，关于文化产业的名称表述（文化产业、文化工业、创意产业、内容产业、版权产业、文化经济、精神经济等等），关于文化产业的分类，关于文化事业与文化产业，关于第三产业、第四产业、第五产业与文化产业，关于文化政策、文化体制与文化产业，关于大众文化与文化产业，关于国家文化安全与文化产业，关于历史人文资源与文化产业，关于文化产业的区域发展，关于文化经纪人与文化产业，关于艺术管理、文化管理、文化产业管理和学科建设等一系列问题得到了广泛讨论，胡惠林、叶朗、谢名家、金元浦、熊澄宇、花建、沈望舒等著名学者成为这一领域中最为活跃的一批专家。

与此同时，文化的"产业化"、"商品化"所引发的负面问题，也引起学术界高度关注，程代熙、陶东风、尹鸿、何祚庥等著名学者都曾对此发表过深刻意见。

1997年《中国文化报》开设"文化产业"专栏，1998年国务院在文化部设立文化产业司，都对文化产业的研究产生了推动和导向的作用。1998年，"跨世纪的中国文化产业发展战略高级研讨交流会"在北京召开，1999年，"欧亚文化产业和文化发展国际会议"在北京召开，2000年11月，"首届中国文化产业论坛年会"在上海交通大学召开，会后发表了题为《中国文化产业：入世前的自检与前瞻》的会议综述。政府层的高度重视，紧密出台的文化产业政策，一系列大规模、高水准的学术研讨以及学术界冷静的自检、理性的思考，标志着中国文化产业研究已经进入一个更为自觉，也更为扎实的新时期。

这一时期，有关文化产业各个行业的研究则更为活跃。

出版产业、旅游产业、广告业、电影产业、娱乐产业、艺术产业等相对传统的产业门类，以及电视产业、网络数字产业等新兴传媒产业，虽然其各自研究的领域和关注的角度千差万别，但却都在"文化产业"、"文化市场"的总体框架下得到了更为深入的理论阐释。

"休闲产业"、"会展经济"、"教育产业"、"体育产业"等新的行业概念也在这一时期被提出，例如"体育产业"就是在激烈的"学术概念"的争辩中，最后变通为"工作概念"才写进了1993年国家体委的《培养体育市场，加快体育产业化进程的意见》中。

《中国文化产业学术年鉴》1979～2002年卷就是以上述内容为主线，通过权威论文的选编、会议综述的梳理和年度研究论著的汇总，以系统反映这一时期中国文化产业研究的理论走向和学术水准。

这里还需要特别说明的是，1979～2002年间，有关"商业文化"、"消费文化"和"文化力"的讨论，也都对文化产业的理论研究产生过重要影响。虽然这些讨论的重心是"商业活动中的文化因素"而不是"文化的商业化"问题，是"消费活动中的文化心理、文化习惯"而不是"文化产品的消费"问题，是"文化所能产生的影响力"而不是"文化产品的影响力"问题，但由于所有这些讨论都强调了文化与经济的密不可分，强调了文化作为"软实力"的重要性，因而，都从不同的方向有力地促进了文化产业的理论研究。

四

在《1979～2002年卷》中，“理论的张力与实践的自觉”栏目仍以彩页的形式呈现。选登相关典范的原则、目的与其他各卷相同。但本卷彩页更为关注所选典范的“开创”意义，以凸显中国文化产业兴起、发展阶段中的改革精神和创新意识为鹄的。在一定意义上，本卷的彩页构成了《年鉴》最具史料价值和最有启迪意义的组成部分。具体来说，本卷《年鉴》彩页选登的典范，主要分为以下几个部分：

（1）在经营体制上具有突破意义的文化团体，在运作模式上具有领先意义的产业集团，如1984~1991年的宁夏话剧团，1979～1999年的“外研社模式”，1994～1998年的“疯狂英语”产业链等。

（2）国营大型文化产业集团改制，如1996～2000年的《广州日报》报业集团，中国少儿新闻出版总社的组建与发展战略等。

（3）新兴文化产业，如光线传媒的初创，1998～2001年的海虹建造数字娱乐王国的理念与实践，2001年浙江省五大盈利产业网站，20世纪90年代中国电子出版物开发的典范群体，1985～1995年中国书报排印技术的伟大进步等。

（4）新闻出版、广告会展、旅游休闲、艺术产业、体育产业中具有示范意义的项目，如市民报的崛起，《南方周末》的人文理念，1987～1998年的《广而告之》，1999年首届中国上海国际艺术节的产业化运作，2000～2001年杭州奠基“世界休闲之都”等。

（5）港澳台文化产业项目，如1957~1987年的香港“旅协”与香港旅游业，1977～1995年台湾漫画业的繁荣和外销，1978～1995年台湾新型旅游模式的形成和完善，香港赛马（慈善）有限公司与赛马产业，澳门旅游娱乐有限公司与2001年前的澳门旅游博彩业等。

需要特别说明的是，《1979～2002年卷》选登的业内或区域典范，所反映的业绩和理念大致发生于1979～2002年间，有的属于1979～2002年间的某个特定时段；但也有的时间跨度较长，超出了1979～2002年的范围。作为一本2009年出版的《年鉴》，上述几种情况的出现都是合理的。

目录索引

目录

上　　册

下　　册

651　中国文化产业年度研究资料索引

1307　中国文化产业行业典范综合考量——理论的张力与实践的自觉

中国文化产业学理研究与理论综合研究

年度权威论文选编

试论社会主义精神生产

孙长宁　沙吉才　曾五一

我们本着“解放思想，大胆探索”的精神，遵循马克思主义的基本原则，对精神生产的形成和发展、精神生产的特点、精神生产与物质生产的辩证关系等问题，谈一点粗浅的看法，其目的是抛砖引玉，引起进一步探讨。我们相信，通过讨论，弄清精神生产问题，对于实现我国四个现代化是有重要意义的。

一

精神生产是人类重要活动之一。这是因为，人类的劳动不同于任何动物的活动，人的劳动是有意识、有目的的活动，是体力劳动和脑力劳动的统一。人的劳动都是在一定的思想、意识支配下和一定的科学，技术条件的基础上进行的。马克思指出：“蜘蛛的活动与织工的活动相似，蜜蜂建筑蜂房的本领使人间的许多建筑师感到惭愧。但是，最蹩脚的建筑师从一开始就比最灵巧的蜜蜂高明的地方，是他在用蜂蜡建筑蜂房以前，已经在自己的头脑中把它建成了。劳动过程结束时得到的结果，在这个过程开始时就已经在劳动者的表象中存在着，即已经观念地存在着。”马克思在这里虽然还不是直接论述精神生产，但通过说明人类劳动的特点，描述了精神生产的过程，指出了精神生产劳动的存在。建筑师要盖房子，首先在自己的头脑中反映了客观外部世界，然后进行加工、改造，最后在自己的头脑中形成了一个“观念”，以至利用图纸描绘出有关这座房子的建筑设计。这就是精神产品。事实上，不仅建筑师，而且科学家、设计师、文学家、艺术家等都是从事精神生产的劳动者，他们以脑力劳动为主，以大脑为“车间”，通过思维、科学概念和艺术形象来表现外部世界，创造出各种有使用价值的精神产品，以满足社会发展和人们生产、生活的需要。因此，凡是科学研究（包括自然科学和社会科学）、文化艺术创作活动都属于精神生产，这些活动所涉及的部门和范围都是精神生产领域。

精神生产的形成和发展是以物质生产为前提的，精神生产的性质取决于物质生产的一定形式。马克思曾指出：“从物质生产的一定形式产生：第一，一定的社会结构；第二，人对自然的一定关系。人们的国家制度和人们的精神方式由这两者决定，因而人们的精神生产的性质也由这两者决定。”“要研究精神生产和物质生产之间的联系，首先必须把这种物质生产本身不是当作一般范畴来考察，而是从一定的历史的形式来考察。例如，与资本主义生产方式相适应的精神生产，就和与中世纪生产方式相适应的精神生产不同。如果物质生产本身不从它的特殊的历史的形式来看，那就不可能理解与它相适应的精神生产的特征以及这两种生产的相互作用。”遵照马克思的教导，我们从物质生产的一定形式出发，对精神生产的形成和发展作一个简要的历史的考察。

精神生产，在人类社会历史上，随着社会生产力的发展而形成，而发展，在不同类型的社会中，它具有不同的性质和特点。

在漫长的原始共产主义社会，由于生产力发展水平极其低下，没有或很少有剩余产品。原始人类靠大量的体力劳动满足自己的基本需要：吃、喝、休息，保护自己不受风、雨、炎热和寒冷气候的侵害，生育和抚养自己的子女，生活是极端贫困的。原始社会没有专门的精神生产者。原始人类居住的洞穴里的壁画以及身上的少量的简单的饰物，往往是物质生产者在极少的闲暇时间里偶然形成的。精神生产和物质生产最初是合于一身的。“思想、观念、意识的生产最初是直接与人们的物质活动，与人们的物质交往，与现实生活的语言交织在一起的。”

随着生产力的不断发展，劳动工具和生产技术的不断改进，慢慢地出现了经常的剩余。剩余产品的积累和增加，为劳动的社会分工、手工业和农业的分离、城市和乡村的分离打下基础，同时也为社会划分为阶级打下基础，逐渐地出现了无偿占有剩余产品的剥削阶级，以及依附于他们的分享剩余产品的专门从事于智力劳动的精神生产者。他们在完全委身于物质生产的大多数劳动者之旁，逐渐地“形成了一个脱离直接生产劳动的阶级，它从事于社会的共同事务：劳动管理、政务、司法、科学、艺术等等”。这样，精神生产逐渐发展到与物质生产处于对立状态。到了以机器大工业为基础的资本主义生产，完成了“生产过程的智力同体力劳动相分离，智力变成资本支配劳动的权力”，精神生产成了资本增殖、剥削工人的手段。在资本主义社会里，精神生产屈从于一小撮统治阶级的需要，文化科学、教育大权都掌握在资产阶级手里，精神生产所具有的生产职能被资产阶级所占有，精神生产所创造的精神产品为少数剥削者所享用；而无产阶级和劳动人民却被剥夺了生产资料，被剥夺了从事精神生产的权利，劳动者的精神文化生活被限制到最低的限度。这种状况，归根到底是由生产资料的私有制所决定的。正如马克思和恩格斯所指出的：“个人的真正的精神财富完全取决于他的现实关系的财富”，“支配着物质生产资料的阶级，同时也支配着精神生产的资料，因此，那些没有精神生产资料的人的思想，一般地是受统治阶级支配的。”

同时，在资本主义社会，物质生产同精神生产的关系还存在另一种矛盾的情况：一方面，物质生产要求精神生产与其发展相适应，反映自己的要求，满足发展的需要；另一方面，又由于资本主义私有制限制了科学理论的充分发展及其成果的广泛应用，甚至导致资本主义生产同“某些精神生产部门如艺术和诗歌相敌对”。所以，在资本主义社会里，精神生产同物质生产、智力劳动同体力劳动，往往是对立的，这种对立在一定程度上反映了阶级矛盾的对抗性质。但是这并不意味着可以把精神生产者与剥削阶级完全等同起来。这是因为，一方面精神生产者具有一定的生产职能，不同于不劳而获的剥削阶级；另一方面精神生产者虽然有依附于剥削阶级，为剥削阶级服务和辩护的一面，但其中的许多人（包括科学家、教授、作家、文艺工作者等等）又有受剥削和受压迫的一面，因而他们同剥削者之间也存在着一定的矛盾和对立。

社会主义社会不同于以往一切以生产资料私有制为基础的阶级社会，社会主义生产资料公有制的建立，不仅使一切物质财富，而且使全部的精神财富，包括科学技术的一切奇迹、文化艺术的一切成就都成为公共所有，从而彻底改变了精神生产的面貌。精神生产劳动者不再受资本的雇佣，精神生产的成果也不再是资本家用来剥削、压迫、统治劳动人民的特殊手段，而成为无产阶级和广大人民群众德育、智育、体育全面发展的有力手段，成为社会发展的重要条件。因而，精神生产屈从于剥削阶级的一面消失了，它和物质生产完全对立的一面也消失了，当然，二者的差别还会存在。但是，精神生产者和物质生产者将在根本利益一致的基础上，为了共同的目的，互相服务，互相促进。在社会主义社会，物质生产劳动和精神生产劳动都服务于发展社会主义生产、改善人民生活的目的，都是极其有用的社会所必要的劳动。精神生产者作为马克思、恩格斯所期望的“脑力劳动无产阶级”，作为工人阶级的一个部分，同物质生产劳动者共同结成为一个生产集体，在社会主义生产方式中分工协作，保证社会主义物质财富和精神财富不断增加，最大限度地满足社会日益增长的物质和精神的需要。

由于社会主义生产方式赋予精神生产劳动以新的意义，因此，我们必须引导人们用新的眼光来看待社会主义的精神生产；同时也要求我们对社会主义精神生产的内容和特点作深入的分析研究，阐明精神生产在社会主义生产中的重要性，为社会主义精神生产充分而自由的发展开辟道路，使它充分发挥其积极的创造作用。

二

精神生产和物质生产，既然都是生产，就有它们的共同点，共同的规律性。周恩来同志曾指出：“物质生产的某些规律，同样适用于精神生产。”精神生产和物质生产的共同点在于：生产时都花费了人的劳动——物化劳动和活劳动，都需要消耗和补偿生产资料和消费资料；它们的产品都有使用价值和价值，并共同构成社会财富。但是，对比物质生产，精神生产又有其特点。

精神生产的特点首先表现在精神产品的形式方面。精神产品的形式不同于物质产品。物质产品存在于一定的实物形式上，具有一定的实体。而精神产品（成果）大部分没有像物质产品那样的具体的实体形状，例如知识、经验、观点、原理等等，有的虽然可以固定在物化的形式上，如书籍、文献、资料、设计、图表、计划、图画、乐谱、电影等等，甚至体现在物质产品的外形上，如建筑艺术体现在建筑物的外形上，工艺美术体现在消费品的外形上。但精神产品并不是物体本身。当然，这些物化形式是非常重要的，为我们保留下非常宝贵的精神财富，可以一代一代地传下去，我们要珍惜它，爱护它，把它们保存好，以供长期享用。

其次，表现在精神生产劳动的性质方面。精神产品是头脑的产物，精神生产劳动是一种以脑力劳动为主的劳动。当然，精神生产和物质生产都是体力劳动和脑力劳动的结合，从来没有什么绝对的体力或脑力劳动者。精神生产劳动者的劳动，如作家的伏案写作、科研人员的辛勤实验等，都是需要精力高度集中付出相当大的体力的辛勤劳动。事实上，精神生产领域里的每一项成果，往往都是复杂的脑力劳动和艰苦的体力劳动的结晶，需要几年、十几年甚至几十年坚持不懈、顽强刻苦的努力。但是，在当前生产力水平下，物质生产劳动是以体力劳动为主，精神生产劳动是以脑力劳动为主。这是精神生产与物质生产的重要差别之一。只有在生产力高度发展以后，越来越多的部门实现了生产过程的自动化，劳动生产率极大提高，物质生产领域里的体力劳动越来越少，脑力劳动越来越多，精神生产和物质生产的这种差别才会日益缩小和互相接近。

再次，表现在生产和再生产的过程方面。任何一种生产过程，都是在一定的条件下和在一定的运动形式中进行的。就物质生产而言，它的生产过程和再生产过程，可以在同样条件下的同一生产过程中进行，也就是说，它可以在同样一个过程中连续不断地重复地生产同样的一种产品，生产的条件同时也就是再生产的条件；然而精神生产则不同，一般说来，它的直接生产过程和再生产过程所借以进行的条件和运动的形式是不同的。例如，对一个科学原理的研究，科研工作者利用必要的科研工具和设备（如笔墨、纸张、打字机、计算机、实验室、研究室、图书馆等等），借助于思维形式、科学概念，进行试验、演算、推理，寻求科学定律、科学原理，并进而把它表现在一定的物化形式上——这是精神产品的生产过程。学校教师利用相应的物质条件，对科学知识进行学习、研究、继承和发展，并进行加工整理，编写出自己的讲稿（这个讲稿，为原来已经发现的科学知识，提供了一个扩大再生产的条件；而就它自身来说，又是一个新的精神产品）。进而，教师运用这个讲稿，利用课堂或电化教学工具，通过教学的形式，把科学知识传授给学生——这是精神生产的再生产过程。这种再生产，不是像物质产品的再生产那样又重新生产出一个同样的产品，而是把原来的精神产品（知识）传授给更多的人。这种再生产的结果，造就出具有科学文化水平的新的一代人。由此可见，科学文化知识的传授，普及的这种再生产过程与它最初生产过程的进行条件及其运动形式，显然是很不相同的，所费时间和艰难程度也大不一样。马克思曾经指出："再生产科学所必要的劳动时间，同最初生产科学所需要的劳动时间是无法相比的，例如学生在一小时内就能学会二项式定理。"这是由于精神生产的特点所决定的。

另外，精神产品尽管也和物质产品一样具有使用价值，但是和物质产品的使用价值相比，精神产品的使用价值又有其不同的特点。第一，有用产品，都是要供人们使用的。物质产品，通过使用一般会消耗掉，即使是耐用品，经过长期的使用，也将由于内部变质而报废。但是，许多精神产品通过使用不但不会消耗掉，而且会保存下来，不断扩展、不断提高、不断深化。精神产品的使用，是它扩大再生产的源泉。当然，有的精神产品也会有损耗，它表现在艺术品的变质、技术工艺知识由于过时而淘汰。第二，由于精神生产所特有的预见性，有的精神产品的效用不一定能在当时的生产中表现出来，而要经过几年、十几年甚至几十年才为人们所感到；有的精神产品的效用是短暂的，转瞬即逝的，而有的精神产品的效用又将持续地长期地发挥作用。第三，物质产品和精神产品，都有一个质量检验和效用测定问题。物质产品的质量可以通过确定一定的标准进行严格的检验，判定其是否合格，质量高低，用途大小。精神产品的质量则需要通过社会实践加以检验，以判定其科学价值与艺术水平的高低、效果的大小、适用范围的宽窄。此外，物质产品的所有权、使用权以及权力的转移是明确的，而精神产品一般却不够明确。一种新发明、一个新的科学论断，经过传播很快就成为全人类的共同财富，加以广泛应用。所以，它往往具有一定程度的共同占有性。精神产品在使用价值方面的这些特点是值得注意和进一步研究的。

那么，精神产品有没有价值呢？如果有，又有什么特点呢？我们认为，精神产品和物质产品一样，都是人类抽象劳动的凝结，因此，都具有价值。关于精神产品价值，马克思曾经指出："在直接的物质生产领域中，某物品是否应当生产的问题即物品的价值问题的解决，本质上取决于生产该物品所需要的劳动时间。""甚至精神生产的领域也是如此。如果想合理的行动，难道在确定精神作品的规模、结构和布局时就不需要考虑生产该作品所必需的时间吗？"精神产品的价值范畴，首先是用来决定某一精神产品该不该生产的问题，也就是说这个产品生产出来以后它的效用能不能抵偿这个产品生产过程所消耗的费用；其次是用来解决交换问题，即精神产品之间的交换以及精神产品和物质产品之间的交换问题。

但是，精神产品同物质产品相比，毕竟是一种特殊产品，有它的特殊的效用和存在形式，它的价值要比物质产品的价值更难以确定和计量。这是因为：第一，精神产品的生产过程和再生产过程所具有的特殊性；第二，生产精神产品的劳动具有更高的复杂性和对前人或他人劳动的继承性；第三，精神产品的效用，不仅通过本身的直接效用来体现，而且还往往通过物质生产或服务活动的效果表现出来。一个发明、一项科技专利的费用和收入，虽然是可以计算的，但并不能完全体现它的价值。正如马克思指出的："对脑力劳动的产物——科学——的估价，总是比它的价值低得多。"当然，精神产品的价值问题是一个复杂而重要的理论问题，它在质和量的规定性上，同物质产品的价值有何差异，如何确定和计量，如何形成（或补偿）和实现，精神生产部门能不能实行以及如何实行经济核算，如何计算精神产品的成本和费用，如何评价精神生产部门的投资效果和经济效果，以及如何使精神生产占用最少的物质条件与劳动时间取得最大的直接效果与间接效果和使精神生产的成果能在最短的时间内加以推广应用，如何尽量采用先进的技术成就（如电子计算机）部分代替人的脑力劳动，从而提高精神生产者的劳动效率等，都是有待进一步探讨的有现实意义的问题。

最后，从劳动的组织形式来看，精神生产劳动和物质生产劳动相比，也有它自己的特点。在现代化大生产条件下，物质生产和精神生产都是以劳动者的大协作为条件的。物质生产和精神生产的每一件产品都是大规模协作的成果。由于现代科学日新月异的飞跃进步，科学研究向着多学科、深层次发展，各个学科之间互相渗透，具有很强的综合性和整体性，精神生产的某种成果往往代表几十人或者几百人共同努力的结果。尤其是涉及面广的项目，如对宇宙的探索、激光的研究，对高能物理、生态学、流行病学的研究，进行地震预测和气象研究等等，集体力量可以达到少数专业学者所无法达到的境界，因此精神生产发展的趋势是逐步从个体研究为主发展到有组织的集体研究。但是，由于精神生产是一种有赖于个人富于创造性劳动的活动，因而始终是可以由个人进行的。实践证明，许多科学上的重大新发现、许多新技术的发明、重大经济理论的建立，都是和那些智力非凡、积极创新的个人的努力分不开的。因此，在精神生产中无视或贬低个人努力的作用将是十分有害的。我们要把集体研究建立在个人刻苦钻研的基础上，使二者有机地结合起来，充分发挥这两种科研组织形式的作用。

对精神生产上述特点的研究将有助于改进对精神生产部门的领导和提高领导艺术，从而更好地爱护和保存社会精神财富，尊重精神生产者的艰苦劳动，保证他们所必要的工作时间和生活条件，对于精神生产成果的推广和应用，给予更加积极的支持和保证。

三

在社会主义再生产中，精神生产和物质生产有着极其密切的关系，它们相互作用，相互促进，相互转化。精神生产和物质生产极其紧密地并日益交织在一起，是社会主义社会再生产的重要特征之一。

物质生产是基础。精神生产是由物质生产决定的。精神生产的形成和发展又有赖于物质生产的发展，表现在：精神生产的方向为物质生产发展的要求所决定，精神生产的发展水平受物质生产发展水平所制约。以科学实验来说，它有赖于物质生产，科学实验的课题常常是从物质生产实践中提出来的，科学实验人员所需要的生活资料需要物质生产来保证，科学实验的手段需要物质生产来提供，科学实验所需要的时间的增加取决于物质生产时间的缩短，科学实验的成果又需要在物质生产中进一步实验和推广。因此，离开了物质生产，科学实验将难以进行。其他精神生产也是如此。任何一种精神生产都需要占用一定的人力、物力和资金。尤其是现代科学技术的发展，需要有最新的仪器、设备和材料，需要有现代化的各种设施和科学实验基地，需要有完备的图书馆和科技情报中心。先进的工具、仪器、设备将促进精神生产的进一步发展。

但是，精神生产不只是有赖于物质生产，反映着物质生产的发展水平和要求，同时又对物质生产起着重要的反作用。

精神生产对物质生产的反作用是通过精神产品体现的。撇开用于精神生产本身和服务活动的产品不论，精神产品大体上可以分为两大类，即作用于物质资料生产的精神产品和作用于劳动力再生产的精神产品。

作用于物质资料生产的精神产品，首先是指自然科学的研究和应用。自然科学的发展对于物质生产部门劳动生产率的提高起着极其重要的作用。马克思曾经指出：劳动生产力是由多种情况决定的，其中包括科学的发展水平和它在工艺上的应用程度。又指出：一个生产部门“劳动生产力的发展，……部分地又可以和精神生产领域内的进步，特别是和自然科学及其应用方面的进步联系在一起”。历史证明，劳动生产率是随着科学和技术的不断进步而不断发展的。社会越进步，情况越是这样。尤其是二十世纪以来，生产的巨大发展，劳动生产率成十倍、成百倍地提高，主要是靠采用新的科学技术成果取得的。自然科学研究通过解决生产过程中的理论问题和技术问题，通过生产工具的不断革新和创造，不仅能使物质产品生产更多、质量更好、价格更便宜，而且还能为物质生产不断开辟新的领域、新的途径，带来革命性的变革，新材料、新能源、新工艺、新方法、新产品，都是首先从研究设计、试制、实验开始的，然后才能大规模的生产和推广。现代科学在基本理论上的重大突破，将使人们对自然界的认识和征服产生革命性的飞跃，引起技术上的突飞猛进，给予物质生产发展以深远的影响。科学技术作为生产力，越来越显示出巨大的作用。当代的自然科学正以空前的规模和速度，应用于生产，使社会物质生产的各个领域面貌一新。所以，实现四个现代化，关键是实现科学技术现代化。

其次是指社会科学研究。社会科学的发展，不仅对社会生产方式的变革有巨大的指导作用，而且对物质生产的发展，有巨大的推动作用。列宁指出：“现代的经济科学，也像现代的技术……一样，是社会主义生产的条件。”社会科学，有的学科就是专门研究经济——物质生产运动的规律，专门研究生产关系或生产力发展的规律，如政治经济学、部门经济学、经济管理学等等。社会科学，特别是经济科学研究的深入和发展，进一步发现社会主义社会发展的客观经济规律，有助于制定符合社会主义经济基础发展要求的社会主义上层建筑的各种形式，确定符合生产力发展要求的社会主义生产关系的各种形式，建立符合客观经济规律要求的各种经济管理体制和规章制度，包括指导经济发展的方针、政策、计划和方法。这种科学的形式和体制，对于物质生产的发展是至关重要的。例如物质生产发展的快慢，劳动者能力的发挥，不仅决定于投入物质生产的物化劳动和活劳动的数量，而且还取决于经济管理和组织的水平与质量。如果管理混乱，计划失算，就会使生产遭到破坏。而科学的经济管理和企业管理，按照客观经济规律办事，就能正确而及时处理和调节生产过程中的各种关系，调动生产劳动者的积极性，合理组织生产力，推动生产的发展。因此，我们要实现四个现代化，也必须有与之相适应的管理现代化。

此外，还指介于自然科学与社会科学之间的边缘科学（如生产力组织学、技术经济学、系统工程学等）的研究和运用，对社会生产的发展起着很重要的作用。

精神产品作用于劳动力再生产，主要是通过文化教育和文学艺术领域的各种活动形式来实现的。文化教育的普及和提高，对生产劳动者的德、智、体全面发展有极为重要的作用。要实现社会主义的现代化，就需要有现代化的劳动者。在现代科学技术高度发展的条件下，生产劳动者，必须具备较高的科学文化水平、丰富的生产经验和先进的劳动技能。科学文化的发展，正在通过精神生产过程的再生产的机能，借助于各种教育培养形式，造就出具有较高科学文化水平的劳动者。这样的劳动者，容易接受和掌握新技术，能够很快成为熟练的技术工人、熟练的农民，成为科技队伍的力量源泉。有了这样一支劳动大军，我们就可以更好地在吸收外国先进技术的基础上发展本国技术，更快地实行对国民经济各个部门的技术改造，从而建立起一系列先进的工业部门，实现四个现代化，在尽可能短的时期内赶上世界先进水平。同时，百花齐放的文艺创作活动，不仅为劳动者创造了丰富多彩的文化生活，满足他们精神的需要，鼓舞他们更好地进行物质生产；而且还通过作品所进行的歌颂、暴露和善意的批评，对劳动者进行社会主义教育，使他们的身心健康发展，培养出具有共产主义道德品质的新人。劳动者政治思想觉悟的提高也有助于促进物质生产的发展。

因此，一方面，一部分精神生产的产品，特别是科学技术的成果，应用于物质生产过程，直接转化为强大的物质生产力；另一方面，一部分精神生产的产品，特别是科学文化知识，通过教育、宣传、普及等各种形式，也就是经过它的再生产过程，传授给物质生产劳动者，提高他们的文化程度、科学知识以至改变他们的精神面貌。二者结合起来，就能大大地提高物质生产的劳动生产率。所以，尽管精神生产来源于物质生产，并以后者为自己的基础，但是在反作用的这个意义上，我们也可以说，精神生产是物质生产发展的重要条件，是推动物质生产进一步发展的一个因素。

随着社会劳动生产力的提高，从事精神生产的人数和时间越来越多，精神财富将会越来越大。精神财富的增长，直接标志着一个国家的科学文化的发展程度，并间接标志着这个国家的社会劳动生产力的发展程度。由于生产日益社会化和科学不断地转化为生产力，精神生产的直接生产职能将日益增长，精神生产和物质生产的关系日益密切，精神生产效率越来越高，精神财富越来越多，从社会发展的长期远景来看，精神生产对物质生产的预见作用、指导作用和促进作用将愈来愈大。

林彪和“四人帮”不仅是疯狂破坏物质生产的罪魁，而且也是疯狂摧残精神生产的祸首。他们竭力否认精神生产领域存在的必要性，抹杀精神生产对物质生产的推动作用，叫嚷：“不讲科学，照样种田吃饭。”胡说什么“知识越多越反动”、“宁要没有文化的劳动者”。他们出于反革命的政治目的，在“黑线专政”的借口下，从各方面对精神生产领域大砍大杀，摧残整个民族的科学文化。华国锋同志为首的党中央在一举粉碎“四人帮”之后，采取了一系列强有力的措施，拨乱反正，正本清源，我国精神生产领域又迎来了百花盛开的春天。但是，我们也应当看到，精神生产领域受林彪、“四人帮”的破坏十分严重，不可低估。

有人对精神生产重视不够，从它同物质生产在人力、物力、财力分配方面的相互矛盾看得多，从它们在生产发展中相互促进的辩证作用看得少，甚至把精神生产看成是可有可无，把科学研究、文化教育、文学艺术发展所必需的投资看成是可多可少，看成是与物质生产的发展没有直接关系的事。这种观点，显然是十分错误的，对实现四个现代化是十分有害的。

为了实现新时期的总任务，在本世纪内尽快地把我国建设成为社会主义现代化强国，我们必须充分认识精神生产的重要性，一定要根据它的特点和要求，制订相应的方针政策，采取有力措施，加强对精神生产部门的领导，在国民经济综合平衡时，保证精神生产部门得到按比例的发展，以适应国民经济高速度发展的需要。

（选自《经济研究》1979 年第 6 期）

应该把教育看作生产部门

肖灼基

一、教育是重要的社会生产力

长期以来，人们把教育看作非生产部门。这个传统观念应当破除。在现代化大生产中，教育是一种重要的社会生产力，它作为生产部门的特点越来越突出了。

生产部门、生产劳动、生产工人，这些都是历史的概念。马克思说：“随着劳动过程本身的协作性质的发展，生产劳动和它的承担者即生产工人的概念也就必然扩大。”这些概念，“决不只包含活动和效果之间的关系，工人和劳动产品之间的关系，而且还包含一种特殊社会的、历史地产生的生产关系”。在资本主义社会，只要能够为资本家提供剩余价值的劳动，就是生产劳动。因此，无论教员或演员，都可以成为生产劳动者。

社会主义生产的目的是为了满足社会成员的物质和文化生活需要。凡是能够实现这个目的的活动，都是生产劳动。社会成员的需要，包括生活资料、享受资料和发展资料。教育部门的产品没有独立的表现形式，是一种精神产品，但它直接满足了社会成员的文化需要，满足了发展劳动能力的需要，是一种发展资料。从这点来说，它也是一种最终产品，与第二部类有类似的特点。

教育部门主要是培养熟练劳动力。劳动力本身也是一个自然物质要素。教育部门从培养劳动力，即从生产活机器这一点来说，同第一部类有类似的特点。这就是说，（一）它的产品是生产过程的物质要素；（二）生产这个产品所耗费的劳动量，通过新的生产过程，再现在新产品中。

随着科学技术的发展及其在生产上的应用，国民收入的增长，越来越依靠劳动生产率的提高。劳动生产率取决于许多因素，其中包括：劳动者的平均熟练程度，科学技术的发展和应用程度，生产过程的组织程度，生产资料的规模和能力，以及各种自然条件等等。在这些因素中，除了自然条件以外，其他因素都与教育有关。随着科学技术的发展，教育对提高劳动生产率，从而对创造国民收入的意义越来越大。一九二九年——一九五七年，美国国民收入的增加，有百分之五十六直接或间接与教育部门有关。日本文部省发表的《日本的成长和教育》一书中指出，战后日本经济迅速增长的原因，是过去几十年教育成果的积累。可见，教育部门对于提高劳动生产率，促进生产发展的重要性越来越大。另一方面，教育部门拥有大批熟练劳动力和实验室、实验工厂等物质手段，它可以直接生产大量物质产品，特别是尖端产品，和其他部门一样，教育部门也能够为社会提供物质财富。

综上所述，把教育列为重要的社会生产力是符合社会主义生产的性质，符合科学技术在生产过程中的作用，符合教育部门的劳动特点的。

二、把教育看作非生产部门的弊病

第一，教育部门不按经济规律办事，工作不讲效率、不计成本、不顾质量。以一九六八年教师与学生的比例来说，美国是一比十五点四，日本一比二十五点六，苏联一比十七点四，英国一比七点九。七十年代以来，随着教育手段进一步现代化，这个比例还有所扩大。我国的情况怎样呢？以北京大学为例，现有教员两千八百多人，学生只有八千多人，大约一比三。学校培养每个学生的劳动耗费究竟是多少，没有进行核算。

第二，不能贯彻物质利益原则。兼顾国家、集体和个人物质利益的原则，不仅适用于其他生产部门，也应该适用于教育部门，以便调动教育部门广大劳动者的积极性。但是，由于把教育部门看作非生产部门，学校没有经营管理的自主权，分配中的平均主义比其他部门还要严重。不管学校办好办差，教员、干部工资照发，干好没有多得，干差不会少得，也不必承担经济责任。

第三，使用复杂劳动力不必付费。教育部门培养复杂劳动力的过程，虽然耗费大量劳动，但使用复杂劳动力的部门却不必偿付培养费用。因此，许多单位要人时宽打窄用，多多益善。有的单位积压大量专门人才，有的让专业人员做非专业工作，学非所用，造成人才浪费。

第四，教育工作者待遇低下，享受不到生产部门劳动者的福利待遇。由此造成了一种反常的现象：在劳动报酬上体力劳动一般比脑力劳动高。从同等学历来看，同是大学毕业，在生产部门工作比做教育工作，收入相差约百分之二十至百分之三十（其中附加工资百分之十二，奖金百分之十二）。这种情况，影响了教育工作者的积极性。

三、几点建议

第一，把发展教育放在优先地位。当前世界各国科学技术和社会生产力的发展表明，国民经济各部门对复杂劳动力的需要是不断增加的。我国在实现四个现代化的过程中，也迫切需要大批科技人员、管理人员和其他复杂劳动者。当前我国的教育事业、特别是高等教育，无论数量和质量都远远不能满足四化的需要。这些年，人们只看到国民经济各部门的比例失调，而忽视了教育事业与经济建设的比例失调。培养一个高级复杂劳动力，需要十五年至二十年。为了在若干年后形成新的生产力，必须把发展教育放在优先地位，提前安排教育发展计划。

第二，逐步增加教育投资。当前世界经济较发达的国家，都把教育投资当作非常重要的生产性投资，教育经费绝对数及其在国民生产总值中的比重在不断增加。而我国教育经费，无论绝对数还是在财政预算中所占比重都相当低。这种比例失调的状况，应当尽快改变过来。既然教育投资是生产性投资，增加教育投资，就能够在若干年后形成新的生产能力，这对于加速实现四个现代化，有着重大的意义。

第三，用经济方法办教育。教育部门要讲究效率，提高质量，降低培养每个学生的费用。应该在经营管理上给学校一定的自主权。中等专业学校和高等学校经费的来源不应全部由国家财政拨款，而应该有几个来源：（一）向使用单位收取学生培养费；（二）向有关单位收取委托研究的科研费；（三）发明创造专利、实验工厂利润和其他事业收入；（四）政府补贴和社团捐款。还要把学校工作好坏与教职工的物质利益结合起来。各校职工升级面可以不同，奖励工资也可以不同，以便调动教职工的积极性。当然，这些改革要有一个过程，要经过调查研究和试验，但态度一定要积极。

第四，改善老师生活条件。列宁说："应当把我国人民老师提高到从未有过的，在资产阶级社会里没有也不可能有的崇高的地位。这是用不着证明的真理。为此，就必须进行有步骤的、坚持不懈的工作，来提高他们的思想意识，使他们具有真正符合他们的崇高称号的各方面的素养，而最最重要的是提高他们的物质生活条件。"现在，大、中、小学校教师任务重，待遇低，工作和生活条件十分艰苦。妥善地解决这些问题，将有利于教育质量的提高。

（选自1980年2月2日《人民日报》）

社会主义制度下的生产劳动与非生产劳动

于光远

如何区分社会主义制度下生产劳动与非生产劳动，这个政治经济学的理论问题，对于我国社会主义建设事业关系重大。解放初期，我们在经济工作和统计工作中接受苏联理论界对这个问题的理论观点，只承认生产物质资料的劳动是生产劳动，不承认别的以满足社会日益增长的物质和文化需要的劳动是生产劳动，并且认为相反的观点是资产阶级经济学的观点。这种理论观点的影响同如下一些情况是有密切关系的：

第一，商业、服务业得不到应有的重视。在我们的经济管理工作中，只要求完成工农业生产总值，而在商业、服务业等领域从事的劳动，除属于这些行业中的物质资料的生产外，属于服务性质的劳动成果在这个产值中完全得不到表现。多年来在城市中，不是随着生产的发展增加商业、服务业网点，而是大幅度地减少，新兴的城市不能适应，原有的许多城市则在要把“消费城市”改造为“生产城市”的口号下，大量削减合并原有的商业、服务业网点。以北京市为例，1952 年有商业零售点五万七千个，饮食点一万一千个，服务点五千五百个；到现在商业零售点只有六千个，饮食点不到一千三百个，服务点也不过一千一百个。从 1952 年这样的点的总数七万三千五百个减为现在的八千四百个，即减到原有的十分之一强。即 1952 年这样的点每百人将近三个，到现在只有零点一五，减少到原有的二十分之一。全国的情况也是这样的点大大缩小。全国商业、饮食业、服务业网点则从 1957 年的一百万个减到现在的二十万个，即缩小为原有的五分之一。文化娱乐场所的情况大体也这样。这种情况造成居民极大不便。居民在跑商店和排队购买物品上损失的时间之多，无法计算。

第二，科学、教育和文化工作，本来是人民所迫切需要的，并且也是对发展生产能起巨大作用的工作，但同样也得不到应有的重视。这些方面的投资和财力物力的消耗，被认为是非生产性开支，不仅数量和它们的重要性不成比例，而且遇到要压缩财政支出时，这些部门往往首当其冲。目前科学与教育事业成为严重的薄弱环节，虽然主要原因是文化大革命，但是以前一直把科学、教育、文化认为是非生产性的，也是原因之一。

第三，像商业、服务业以及教育科学文化工作者等，都不被看作是工人阶级的一部分。主要的原因当然是认为大多数是资产阶级知识分子，而且根据上述那种流行的“理论”，这种看法可以说是理所当然的。不从事生产劳动的人当然没有理由必须被看作是属于工人阶级的。由于在商业和服务业中的劳动不被认为是生产劳动，从事这些行业的劳动者就长期被称为“其他劳动者”。这顶帽子摘掉了之后，如果他们的劳动不被肯定为生产劳动，他们的社会地位仍得不到最后解决。

此外，还有其他方面的情况，不一一列举。

但是，不但对未曾研究过政治经济学理论的人，甚至对不少政治经济学研究工作者来说，什么是生产劳动、什么是非生产劳动，是一个很简单的问题，仿佛是没有什么可以讨论的。其实这是个相当复杂的问题。在《资本论》第一卷出版前五年，即 1863 年，马克思曾经草拟了《资本论》第一卷的写作计划。他不但曾想把关于生产劳动和非生产劳动的讨论列为专章，而且把《关于生产劳动的学说》与《剩余价值的学说》并列，作为这本书的两大部分。在马克思留下的、后来用《剩余价值理论》书名出版的笔记中，就有两百页篇幅专门论述生产劳动与非生产劳动理论的。在留下的《直接生产过程的结果》的笔记中也专门讨论“生产劳动与非生产劳动”的问题……

马克思从来没有认为即使是从简单劳动过程的角度上来看的生产劳动仅仅是生产物质资料的劳动。他还肯定有这样一种劳动：“只能作为服务被享受的那些劳动，不能转化为跟劳动者分开的，从而存在于劳动者外部的独立的产品。”这就是我们现在称之为“劳务”的东西。这种劳动虽然没有对象化在物质上，然而同产品一样能够满足社会的需要，一样能被消费，即一样使用价值，同时如果它是商品，也一样有价值。这种劳动同样可以抽象地、和各种历史形态相独立地进行研究。这样的劳动也同样可以从人和自然之间的物质变换的角度来考察，即同样消耗作为自然物质的人的体力，消耗各种物质资料（其中有的是劳动的产品，有的是天然的自然物）。我们可以看得很清楚，可供消费的不总是物质资料，也可以是运动形态上的劳动。而且有时劳务和劳动的物质产品可以互相代替。例如舞台上演出的一出戏，同把这出戏拍成电影，然后放映，基本上同样可以满足观众艺术上的享受。但是，拍成电影，则把演员从事的劳动物化在电影片上，而演出一台戏，演员们的劳动没有对象化在任何物质资料上面。戏这种劳务，在它的运动形态上就被观众消费掉了。

当然，在马克思的著作里对这种劳动并没有特别强调，这是因为就当时资本主义社会中的情况，正如马克思所说，“它们的数量”跟生产物质资料的劳动的“数量相比是非常少的。所以可以把它们置之度外”。但是，就在那种情况下，马克思还是认为在研究生产劳动这个范畴时，还是要“讨论到它们的”。现在劳务的生产在资本主义社会里的比重越来越大，以至出现“第三产业”这样的名称。马克思如果能看到今天的现实，他就不会再说可以把它们“置之度外”这样的话了。

我认为社会主义制度下的生产劳动也首先必须是在准确意义下理解的“从简单劳动过程立场上可以看作是生产劳动的劳动”，其中既包括生产物质产品的劳动（其中有离开对劳动对象的处理比较远的，也有比较近的），也包括生产非物质产品（如劳务）的劳动。同时，在社会主义制度下的生产劳动也必须是概括社会主义生产关系的劳动，在这一点上，社会主义制度下生产劳动的概念与从简单劳动过程立场上来看的生产劳动相比又是有所限制，其范围有所缩小的。

如果说在资本主义制度下的生产劳动，除了必须是从简单劳动过程角度上来看的生产劳动之外还有一个必须为资本家创造剩余价值的限制，那么在社会主义制度下又受什么限制呢？马克思在看某种劳动是否为资本主义制度下的生产劳动时所加的限制是这种劳动是否能概括资本主义根本的生产关系，是否符合资本主义生产的目的，那么我们今天在看某种劳动是否为社会主义制度的生产劳动时所加的限制，看来也就是它是否能概括社会主义的生产关系，是否符合社会主义的生产目的。对社会主义生产劳动正确的表述还可以进一步斟酌。大致说来，我认为只要加上这种劳动是在社会主义生产体系中进行的，是不受剥削的，一方面根据按劳分配原则满足劳动者自己的消费需要，一方面是以满足整个社会日益增长的物质和文化需要为目的的这样一些条件作为限制，也许就可以了。如果这个看法是正确的话，那么只要符合这个条件，一切或近或远的对劳动对象处理的劳动，一切能满足社会消费需要的劳动，都是社会主义的生产劳动。由于社会主义生产是公有制，而不是私有制，从本质上说，社会主义生产是全社会的生产（尽管在其发展的初级阶段受到各种限制），因此，只要在全社会范围参与对物质产品生产的，都应该承认是从社会主义观点来考察的生产劳动。

如果是这样，我们就应该承认，社会主义制度下的生产劳动包括：

第一，生产物质产品的劳动。这种劳动是对象化在产品或商品之中的。这种劳动，有的是直接对劳动对象进行处理的劳动，有的是或近或远间接对劳动对象处理的劳动。

第二，生产能够满足社会消费需要的劳务的劳动。这种劳动的特点是它在运动的形态中被消费了。

在这种劳动中不包括在生产过程进行的运输物资的劳动。这种劳动也是会对象化在产品中去，因为包括在第一类生产劳动中去了。即使是客运，那也要区分这个旅客是为了物质资料的生产而从事的工作旅行还是属于消费生活性质的旅行。属于前面这种情况，不但从事运输的劳动会对象化在产品中去，就是旅客的旅行本身也是一种劳动，并且他从事的是会对象化在产品中去的劳动。用于通讯工作的劳动与此相仿。至于直接满足人民消费生活需要的运输和通讯的劳动，则只生产劳务，生产一种非产品的有用效果，是属于这一类的。

在可供消费的劳务中，有一类是劳动直接作用于人的身体的。理发、按摩等就是如此。这种劳动可使人舒适。这种劳动当然是没有物质产品的。医疗工作的劳动的有用效果，是在人的肌体上发生治疗作用，它使病人成为健康的人。这种劳动也是属于可供消费的劳务这一类的。它同其他作用于人体的劳务不存在性质上的差别。

第三，从事产品分配和交换的劳动。因为这种劳动也不生产物质资料。但是这种劳动又和上面所说的第二类的劳动性质是不一样的。顾客去商店的目的是购买某种商品，即得到这种商品，不是去欣赏店员的劳动；而观众到剧场去看戏，就是为了欣赏演员们所做的劳动。后者是属于第二类的劳动。当然店员的劳动，特别是好的服务态度和服务质量，是可以给顾客们带来利益的，可以使顾客在购买商品时少花时间，取得自己比较满意的商品。所以这种也是属于使社会的需要得以满足的劳动。

第四，生产精神财富的劳动。例如从事科学研究和艺术创作的劳动。这种劳动并不直接创造物质财富，它的产品举例来说是科学规律的发现或者艺术形象的创造。这种创造精神财富的劳动本身并不一定对象化在物质对象上面。例如一个音乐家可以创作一篇乐谱，自己创造自己演奏；或者一个诗人，创作一首诗，自己朗诵；一个学者，可以在听众面前发表自己的学术演讲。严格说来，这些音乐家、诗人或学者在自己的脑海中创作出乐谱、诗和学术演讲的思想的时候，就应该说已经创造出精神财富。但是要使他们创造出的精神财富成为能够对社会发生影响，成为能够供社会上别的人需要的东西，这种精神的东西总要取得物质的外壳，至少要取得语言或文字的外壳、音乐的外壳，而在许多艺术创作中还要物质化在塑像或画布之类的物质上面。即使艺术家雕刻的塑像或者画的一幅画是物质的，但是他们所创造的，毕竟不是物质财富而是精神财富。

以上我们说的是独立的精神财富的生产，不过也常常发生精神财富的生产成为物质财富生产的一个部分的情况。例如出版一部书，当然先要有著作家从事精神财富的生产，否则这部著作就不能出版，但是印刷出版工作把这本书印刷装订了几千本、几万本甚至几十万本，有许许多排字工人、印刷工人、装订工人的工作，这又完全是物质资料生产的工作。在这里著作家的精神生产工作就纳入这个物质资料生产工作之中。所以归入上面所说生产精神财富的劳动这一类的，是从主张把精神财富独立出来的立场来说的。

第五，教育的劳动是在人类的头脑上下工夫的劳动，它的产品不是人的肌体，而是人所获得的智慧、才能、品德等等。教育的劳动包括教育者的劳动，也包括受教育者的劳动。教育者的劳动是经过学习取得可以向受教育者传授的知识，学会向受教育者传授知识的知识和技能，然后从中向受教育者传授和对受教育者进行各种训练，指导受教育者自己学习等等。受教育者接受教育者的传授和训练以及自己独立思考和钻研的活动，也属于这种属于生产劳动的劳动。

教育者的劳动，能够满足人们发展自己，提高自己的需要，这是用来满足人们的一种消费的需要。马克思主义的经典作家把人们的消费需要分作生存、享受、发展三种，接受教育、发展自己，是人的一种消费需要。教育者的劳动，能够满足人们的这种消费需要是可以用来肯定教育劳动是生产劳动的一个论据，同时教育劳动又是为生产培养有相当生产知识和劳动技能的人，使得物质资料的生产能够有必要的人才。后一种意义上的教育劳动和前一种意义上的教育劳动，它之属于生产劳动是不一样的。

第六，用于保护环境、改善环境的劳动。

此外在社会主义生产劳动中还包括其他形态的劳动，在这里就不再列举了。

总之，在社会主义制度下的生产劳动远不止生产物质产品的劳动。在分配社会劳动时就应该注意到各个方面。所有这些劳动都是用来达到社会主义社会生产的目的——满足社会成员日益增长需要的。但是我们必须指出，物质资料生产的劳动是主要的，而且是基本的，是其他生产劳动得以进行的基础，它为其他劳动提供劳动手段或劳动对象。而且一切从事其他劳动的人，都要消费物质资料才能生存，才有可能从事这些劳动。因此尽管“第三产业”现在有了很大的发展，生产非物质资料的劳动同生产物质资料的劳动相比，始终属于次要的地位。全社会的各种劳动，仍必须要有恰当的分配，要有适当比例。但是在社会发展到今天，忽视生产物质资料以外的劳动也是不能允许的。如果忽视了，就会使社会的发展蒙受极其不利的影响，对物质资料的生产也会产生极其不利的影响。

（选自《中国经济问题》1981 年第 1 期）

服务人员不创造价值吗?

——从第三次产业谈起

罗涊尘　施宗全

第三次产业，或称第三产业，这个术语我们还比较陌生，但在国际上却很流行。它是本世纪三十年代出现的，以后被越来越多的人所使用。第三产业是继第一产业（主要是农业，包括林、牧、副、渔业等）和第二产业（主要是加工制造业，包括矿业、建筑业等）之后发展起来的，通称为服务性事业。其内容，各国的说法不尽相同，但主要是指非物质生产部门，这是基本一致的。它大体上包括四个方面的服务：一是商业、金融业、保险业等流通环节方面的服务；二是饮食、旅游、娱乐等个人生活消费方面的服务；三是交通运输、通讯、供电、煤气、自来水等公用事业方面的服务；四是科技、教育、报刊、广播、电视等情报、信息方面的服务。有的还把政府机关、医疗保健、法律服务、宗教、慈善事业等包括在内。

近几十年来，发达国家第三产业的发展十分迅速。在国民生产总值和就业人口构成中的比重，第一、第二产业都从高峰上逐步下降，第三产业却逐步上升，到七十年代后期已超过了第一和第二产业的总和。据一些国家的统计：一九七七年第三产业在国民生产总值中的比重，美国是六十三点九，荷兰是六十一点六，英国是六十点八，日本是五十八点一，法国是五十七点二，西德略低于五十。在就业人口构成中的比重，美国在一九七五年就占六十八点四，日本占五十二。值得注意的是，第三产业上升的趋势还在继续着。

为什么要这样来划分三次产业？按英国经济学家费希尔的说法：“这些术语在某种意义上是与人类需要的紧迫程度有关——第一次产业为人类提供满足最基本需要的食品，第二次产业满足其他更进一步的需要，第三次产业满足人类除物质需要以外的更高级的需要，如生活中的便利、娱乐等各种精神上的需要。”总之一句话，是为满足人类不同的需要。说“满足需要”这不是资本主义经济的本质，其本质还是以“满足需要”为手段，以达到获取更大利润为目的。至于这种划分法，是否科学，是否精确，当然是可以商讨的。在资本主义国家的第三产业中，还有其腐朽、寄生的一面，这也是我们不足取的。这些因非本文主题，姑且不论。但三次产业的划分，却反映了人类社会生产发展的历史顺序，这是带有普遍性规律性的现象。因此，从总体上说，我们的第三产业也必须发展，这可以说是历史的必然，人民的需要。我们可以从对外国第三产业兴起的研究中，得到借鉴，批判地吸取有益的东西。

我国通常所说的服务业，基本上是指为人民生活服务的劳务性事业，如果包括商业，其范围也还是很狭小的，应该向广度和深度发展。但是，就狭小范围的服务业的状况来说，也还是不断遭到风吹雨打，每况愈下，如网点减少，人员不足，设备陈旧，技术落后，给人民生活带来了很大的不便。据统计，一九七九年与一九五七年相比，全国人口增长了百分之五十，而基层商业、服务业人员（包括有执照的个体户）占人口比例，从百分之一点二下降到零点八，以致“吃饭难”、“做衣难”、“修理难”等一系列难题接踵而来。尤其严重的是，占全国总人口百分之八十的广大农村地区，商业服务人员只占全国商业服务人员的百分之四十，零售点是平均每个生产大队一个，饭馆是平均每个公社一个，照相馆是平均每个县一个。而实际上，这些网点又较多地集中在城市附近的县城，有些偏远山区几乎没有什么网点，要是货郎担不上山，农民连油盐酱醋都得不到满足。这种状况，严重挫伤了农民的生产积极性，影响了城乡物资交流，妨碍了农村多种经营的发展。

为什么会出现这种状况呢？根本原因在于“左”的指导思想作怪。长期来，我们在理论上和实践上都是重生产、轻消费，强调“先生产，后生活”，甚至片面地强调“把消费城市改造为生产城市”。似乎只有生产是积极的，消费是不足取的。其理论根据，就是只有直接生产人员才创造价值，“商业服务人员不创造价值”。许多政治经济学教科书，也是只讲生产、分配、交换，而不谈消费，人为地割裂了生产和消费的辩证统一关系。以至于对服务性事业也是一大“产业”，不少同志觉得不可思议。

“商业服务人员不创造价值”的观点，把消费和为消费服务的部门放在无足轻重的地位，是不符合马克思主义原理的。

首先，生活服务的内容不能排除在社会再生产理论之外。马克思主义关于再生产的理论告诉我们，生产总过程，是包括生产、分配、交换、消费四个环节在内的完整过程。在再生产过程中，生产是起点，消费是终点。产品不进入消费领域，再生产过程就没有完结。工业产品的出厂，农业作物的收获，只是“生产”这一环节的结束，并不是再生产过程的终止；而且，产品不消费，只能是可能的产品，而不是现实的产品。正如马克思所说：“一件衣服由于穿的行为才现实地成为衣服；一间房屋无人居住，事实上就不成其为现实的房屋；因此，产品不同于单纯的自然对象，它在消费中才证实自己是产品，才成为产品。”事实上，我们的社会生产都是再生产。既然在再生产过程中，产品在不消费的情况下连现实的产品都不是，那还谈得上什么价值呢？在现代社会条件和商品生产的情况下，没有商业服务业人员的劳动，商品是不能进入消费领域的，从而再生产过程也是没法完成的。由此可见，否定生产，当然就谈不上消费；但否定消费，无疑是否定生产的同义语；同样，轻视、贬低商业服务业，也就是轻视、贬低工农业。因此，我们不仅要明确生产目的，产品要面向消费，面向市场；而且，要为消费创造条件，提供方便，扩大服务。实际上，生活服务部门和直接生产部门的分工，是社会生产力发展的结果，是社会进步的表现，它反过来又促进生产力的发展。我们从这个角度看待三次产业的划分和第三产业的发展，无疑是有启发的。

其次，生活服务部门直接也是产业部门，服务人员也是道地的工人阶级的组成部分。马克思认为，生产媒介着消费，消费也媒介着生产；生产直接是消费，消费直接也是生产。他说“正如自然界中的元素和化学物质的消费是植物的生产一样。例如，吃喝是消费形式之一，人吃喝就生产自己的身体，这是明显的事。而对于以这种或那种形式从某一方面来生产人的其他任何消费形式也都可以这样说。消费的生产”。这不是清楚地表明，为生产人所需的、为人民生活消费服务的一切服务事业，都是产业部门，服务活动也是生产活动，是消费的生产。例如，饮食业加工制作饭菜、点心，供人们食用；理发、沐浴业，使人们整洁体容，促进健康；旅游业为人们的精神消费提供各种方便和服务；修理业为延长人们所需的物品使用寿命，节约社会劳动，如此等等，这些都是生产人体的产业部门。我们可以这样说，工业、农业等物质资料生产部门，是在物质产品的再生产中消耗劳动力，使活劳动物化的部门；而生活服务部门，则是在劳动力的再生产中消耗物质财富，使死劳动人化的部门。物质生产部门为生活服务部门的发展提供物质基础；生活服务部门为物质生产部门提供劳动力资源。两者都是社会生产力的重要组成部分。而劳动力的再生产，是物质资料再生产的前提，离开劳动力的再生产，任何社会再生产都无法进行。因此，轻视生活服务部门的社会价值的观点，是错误的。

随着生产力的发展，人民生活水平的提高，人们的生活需求正在逐步变化。从国外第三产业的发展情况来看，生活需求已从生存资料的需要扩展到发展资料、享受资料，家务劳动越来越社会化，服务劳动趋向工厂化、现代化。尽管我国目前的生产力水平还比较低，人民生活还没有得到根本的改善，但毕竟有了提高，人民的消费结构正由吃穿用改变为用穿吃。就是在吃的消费结构中，主副食品的比重，已从一九五二年的百分之六十点三，下降到一九七八年的百分之四十五，营养滋补等享受性食品增长较多。穿着已由棉布为主向中高档化纤、呢绒、丝绸发展。特别是高档耐用消费品增长更快，开始出现了从生存资料的需要向发展资料、享受资料变化。随着我国经济调整的实现，生产力的发展，科学技术的进步，社会生产对劳动力质量的要求将越来越高。同时，随着人民生活水平的提高，也将要求社会提供更多的生活服务设施，要求家务劳动社会化，服务劳动现代化，我们从国外第三产业的发展中，应该看到这种趋势，尽快改变服务性事业的落后面貌。

据法国经济学家估计，工业部门每增加一人就业，第三产业就需要增加三至五人为之服务。近十五年来法国新增加的就业人员，有四分之三是在第三产业的。第三产业是个劳动力密集型的产业，它既能容纳大量劳动力，又能为第二产业储蓄劳动力，起到劳动力的“蓄水池”作用。战后初期的日本，由于经济遭到战争的破坏，第二产业的就业机会大为减少，当时从中国和东南亚撤回本土的日本人，许多人不得不去从事农业生产。到了五十年代，农业发展了，人口就向城市移动，大量转入第三产业，使第三产业成为吸收过剩劳动力的“蓄水池”。进入六十年代后，以重化工业为中心的第二产业发展迅速，劳动力需求大幅度增加，第一和第三产业的劳动力又转移到第三产业。到七十年代，由于经济增长速度下降，劳动生产率进一步提高，大量劳动力的大容量和“蓄水池”作用，正可以为我们所用。我国人口多，底子薄，一方面大批待业青年难以安排，一些关停并转的企业也有一些劳动力需要安置，另一方面又有大量生活服务工作没有人干，何不大力扶持和发展服务性事业，采取国营、集体、个体同时并举，以集体为主的方针。据上海有关部门调查，安排一个劳动力进国营饮食店需要投资六百二十五元，进国营照相、理发等服务业需要投资八百二十七元；而集体所有制的饮食店，安排一人只要八十五元，理发行业也不过一百四十六元。可见以集体为主比较容易办到。同时，在政策上需要作适当的放宽，在房屋、货源等物质条件上需要有必要和可能的支持。鉴于服务性行业的营业收入，多数来源于劳动者的消费支出，属于工资再分配性质，不增加国家的财政支出和货币发行，相反，还可增加财政收入。因此在工资待遇上，凡能计件或折账的，应尽量不搞固定工资，克服工资制度上“一刀切”、“大锅饭”的弊端，真正实行多劳多得。经营好，出力多，待遇可以适当高一些。但是，要使服务事业尽快搞上去，还必须解决两个问题：一要有强有力的组织领导工作，要统一各方面的认识，协调市政规划、房管部门等各方面的工作，放任自流和各自为政是搞不上去的，二要加强舆论宣传，提高服务性事业的声誉，为其正名，以改变人们的传统观念。我们相信，我国第三产业必定会有广阔发展的前途。

（选自 1981 年 5 月 5 日《文汇报》）

重视科学文化　发展“第四产业”

钱学森

1921 年中国共产党的诞生，标志着我们这个有着古老文明、人口众多的中国，在经历了两千年封建社会和近百年半殖民地半封建社会以后，从此走上了向新时代前进的光明大道。但是，历史留下的沉重担子不是一下子可以甩掉的。在我们这儿，往往是旧的事物同新的事物夹杂在一起。我们党六十年的战斗历程，也可以说是一个不断除旧布新的过程。现在我们进入了四化建设的新时期，实现四个现代化，是全党、全国人民的心愿，但这里面也必然有一场斗争，那就是要抛弃一些旧思想、旧概念，确立一些新思想、新概念。我认为，当前有一个十分重要的问题，就是对科学文化的认识问题。

什么叫科学文化？有的同志总把它看成是慢条斯理的、文绉绉的、“穿长衫”的朋友干的事。这是一种旧概念，应该从根本上破一下。

前不久，有的同志提出了第三产业的概念，第一产业是农业，第二产业是工业，第三产业是服务业和科学文化事业。我想再进一步，提出第四产业，也就是把科学、文化、教育、卫生、出版等创造精神财富的行业同服务行业分开，单独出来。这样，科学文化事业在整个现代社会里的地位就比较明确了。第一、第二产业是生产制造业，第三产业是为生活服务的行业，包括能源和交通运输；而第四产业实际上是为生产作准备的，应当走在最前面。

我们要实现四个现代化，不抓科学文化，就有可能落空。过去，在我们的国家计划里，这一部分统称“科教文”，是一个大口袋，很多人把它看成是一种消费。这种错误的概念一定要纠正。科学文化事业不是消费，而是生产，不同阶段的生产而已，所以称为“产业”。

产业就要实干，要像搞农业生产、工业生产那样来搞我们的科学文化。这样也有助于我们克服和纠正目前科学文化事业中一些不相适应的做法，例如：在我们的现代科学技术工作中，存在着“封建割据”的现象，“小炉匠”的手工业方式；单位与单位之间各自为政，“并联式企业”；以及领导不懂行，吃“大锅饭”等等。这些都不是现代产业的搞法。这些做法不改变，科学文化是发展不了的。

我们应该从概念上首先清理，转变过来，再做大家的工作，可能就好做些。然后，按产业那样来领导和组织管理科学文化事业，同样可以运用系统工程的方法，例如，搞教育，可以运用教育系统工程，把学校当成人才工厂来办；搞科研，也可以运用科研系统工程，用产业的办法来办，这样必定能大大提高效率和效益。这样，我们从事科学文化事业的人，作为脑力劳动者，当然就是第四产业的“产业工人”，是“穿短衫”的朋友了。

（选自1981年6月17日《人民日报》）

略论服务消费品

李江帆

服务消费品问题是马克思曾经提过但长期被我国经济理论界忽视的一个问题。随着经济发达国家中第三产业的崛起，这个问题的重要性才开始为人们所认识。本文对服务消费品的使用价值和价值，它的生产趋势和研究意义等问题，作一些初步的探讨，以就教于同志们。

服务消费品的使用价值和价值

马克思指出：“商品的概念本身包含着劳动体现、物化和实现在自己的产品中的意思。”它必须是能满足人们某种需要的物品。但是，“任何时候，在消费品中，除了以商品形式存在的消费品以外，还包括一定量的、以服务形式存在的消费品。因此，消费品的总额，任何时候都比没有可消费的服务存在时要大”。我们把这种以服务形式存在的消费品称为服务消费品。

服务消费品是非物质生产领域各部门的劳动者的劳动成果，一般表现为非实物形式，可供生活消费或生产消费，是社会的非物质财富。和物质产品一样，它有一定的使用价值，可以满足人的物质和精神需要——如获得精神文化财富，得到教育、医疗保健、娱乐消遣、锻炼、休息、生活、流通等方面的服务。马克思指出：“对于提供这些服务的生产者来说，服务就是商品。服务有一定的使用价值（想象的或现实的）。”服务消费品就其使用价值而言，可分为五大类：

1. 训练、保持劳动能力，使劳动能力改变形态等等的，总之，是使劳动能力具有专门性，或者仅仅使劳动能力保持下去的服务消费品，如教师、医生及个人生活消费方面的服务；

2. 为创造、扩大和积累科学知识，并把它变为高效能生产资料和现代化个人消费资料所提供的服务消费品，如科技部门的科研成果；

3. 陶冶禀性、开阔眼界，使人得到精神文化享受的服务消费品，如文化艺术界、旅游业，娱乐业等的服务；

4. 为生产和消费提供的流通方面的服务消费品，如商业、金融、保险等行业的服务；

5. 随着生产的社会化从物质生产部门分化出来的服务行业提供的服务消费品，如维修公司、代耕公司等的服务。

服务消费品的使用价值与物质产品有区别：物质产品的使用价值具有离开生产者和消费者而独立的实物形式，并能作为商品而流通；服务消费品的使用价值一般是非实物使用价值，它同生产行为一般不能分离，其生产过程往往也是消费过程，如艺术家、演说家、演员、教员、医生等等的情况。但不少服务消费品也可以取得物质外壳，如书画、脱离艺术家的艺术活动而单独存在的艺术作品（包括录音、录像）、饮食业的饭菜等，可称为物化的服务消费品，但这时它们也就和物质产品几乎一样了。

由于生产服务消费品要耗费劳动，而这种劳动“以自己的物质规定性给自己的买者和消费者提供服务”，因此我认为服务消费品在商品经济中应该有交换价值和价值。服务消费品的价值由生产它所耗费的社会必要劳动时间决定，即由提供某项服务所需的社会平均水平的劳动量决定。这种劳动由于复杂程度不同，也分为简单劳动和复杂劳动，小量的复杂劳动可以和大量的简单劳动相等。但是，由于服务消费品的特殊生产规律，它们生产上耗费的劳动量往往不容易准确的计算。马克思指出：“在一定的生产条件下，人们能准确的知道，做一张桌子，需要多少工人；制成某种产品，需要某种劳动量应多大。许多‘非物质产品’的情况却不是这样。这里，达到某种结果所需要的某种劳动量多大，和结果本身一样，要靠猜测。”不仅如此，“对脑力劳动的产物——科学——的估价，总是比它的价值低得多，因为再生产科学所必要的劳动时间，同最初生产科学所需要的劳动时间是无法相比的，例如学生在一小时内就能学会二项式定理”。

应该指出，形成服务消费品的价值的抽象劳动是人类劳动力的耗费，即“人的脑、肌肉、神经、手等等的生产耗费”。因此，它和形成实物产品的价值的抽象劳动并无区别。但由于服务消费品是非实物产品而不是实物产品，故体现在产品里面的劳动必然是非物化劳动而不可能是物化劳动。所以，随着实践的发展，“价值就是劳动时间的凝结，就是物化劳动”这一定义应加以扩充。我们不能因为生产服务消费品的劳动的对象化过程与生产实物产品不同而否定它形成价值。此外，价值难计算不等于没有价值。以作家著书为例，马克思认为书有满足“幻想的需要”的使用价值。就此而论，它主要是精神产品，是以作家的劳动为主，造纸、印刷工人的劳动为辅生产出来的。书的价值扣除了造纸、印刷、出版的费用所剩的余额，便是作家新创造的服务消费品的价值，即稿酬。音乐家录音、灌制唱片实行“录音稿酬制”，也同此理。由此类推，教师编教科书同作家著书大同小异。至于讲课用的讲稿，和教科书相比，无非是少了物质外壳（书）的劳动耗费（即造纸、印刷业的劳动），所以也有价值。由于价值是个社会范畴，教师讲课提供的教育服务消费品的价值是否得到社会承认，要在与受教育者进行的交换中确定。一份讲稿放在书斋里，价值就不能实现，就像产品放在工厂不拿去交换一样，若只是为了自我欣赏而写，就无价值可言。生产服务消费品耗费的个别劳动时间如多于社会必要劳动时间，超出部分就不为社会所承认，因而不形成价值。所以，水平低的教师即使花了三倍备课时间达到中等教学水平，其劳动耗费也只有三分之一得到社会承认。著书的稿酬有一次性支付和按重印的册数和次数逐次支付之分。与此类似，讲稿价值的实现是采取后一形式的，所以，同一讲稿的价值不是讲一次课就完全消失，下次若照讲，还可以得到服务消费品的报酬。

诚然，庸俗经济学也认为服务有价值，但它与我们的分析有原则区别：一是“服务”的内涵和外延不同：前者认为劳动、资本和土地都提供了“服务”，后者则把资本、土地排除在外；二是衡量服务价值的尺度不同：前者用主观心理感觉，后者用耗费劳动量；三是目的不同：前者为了反对劳动价值论，否认物质生产劳动创造价值，掩盖阶级关系，后者是为了补充、发展劳动价值论，并不否认物质生产劳动创造价值。

生产服务消费品的部门，通常被称为第三产业，或（广义的）服务业。它包括商业、饮食业、服务业、城市公用事业、科学、文教、卫生、金融等部门（这里我们把由于资产阶级经济学的局限性而被包括进第三产业的庸俗化成分撇开不提）。这是相对于包括农、林、牧、渔和采掘业的第一产业，和包括制造业、建筑业的第二产业来划分的。一般说来，第一、二产业是物质生产部门，第三产业则是非物质生产部门；第一、二产业向第三产业提供物质资料，第三产业则向第一、二产业提供服务消费品。

服务消费品的生产趋势及其作用

随着社会的进步，服务消费品在社会最终产品中的比重必然日趋扩大。

首先，物质生产部门劳动生产率的提高成为服务消费品扩大生产的基础。劳动生产率的提高必然使第一、二产业所耗费的劳动时间大为缩短，这就使社会总劳动中越来越大的部分有可能集中到第三产业上来，直接导致服务消费品生产的迅速扩大。

马克思指出：“社会为生产小麦、牲畜等等所需要的时间越少，它所赢得的从事其他生产，物质的或精神的生产的时间就越多。”综观经济发达国家一百年来就业结构的变化，前五十年工农业生产迅速发展，就业人数普遍增加，后五十年生产虽然也有很大发展，但由于劳动生产率迅速提高，物质生产部门人数不断下降，因而非物质生产部门人数不断上升。例如，现代化农业的劳动生产率使一个农业劳动力可耕种三四百亩土地，年产十多万斤谷物、一千多斤棉花、一万多斤肉类、三千多斤奶类或二千多斤蛋类，供养人数达六七十人，所以发达国家中农业劳动力占总人口的比重，从一百多年前的90%以上，降到现在的10%以下，有的只占1.2%。与此同时，第二产业投放总工时由于劳动生产率的提高也相对下降。据粗略推算，1954年至1973年，国外十五个经济发达国家制造业的劳动生产率年均递增4.8%，在生产年均递增6%的同时，投放总工时仅递增0.4%，即单产投工量在十九年间减少了64%。这样，物质生产部门就解脱出大量劳动力投入第三产业。因此，主要资本主义发达国家的第三产业在就业结构中的比重，就由十九世纪中叶的10%左右，猛增至现在的50%以上。这就使得这些国家近二三十年来，服务消费品的生产往往比实物产品的生产增长得快。如日本1954~1968年间生产的年均增长率，社会最终产品为11.40%，其中实物产品是11.15%，服务消费品为12.20%，而科学知识和医疗卫生服务消费品扩大生产的速度则分别达14.75%和14.30%，大大超过平均水平。

其次，由劳动生产率的提高导致的社会物质文化生活水平的提高，必然引起对服务消费品的需求的增大，从而促进它的生产的扩大。

恩格斯指出，生活资料分为生存资料、享受资料、发展资料即发展体力和智力所需的资料。社会物质文化生活水平不同，对这三种资料的需求比例就极不相同。在生活资料中，生存资料占很大的比重，享受资料和发展资料是微乎其微的，是原始、粗陋的生活水平；享受资料和发展资料占很大比重的，则反映了文明、丰裕的生活水平。由于一个人一年里拥有的劳动总量是一定的，他要通过这些劳动取得生存资料、享受资料和发展资料，如果他用较少的劳动就生产了他够吃的稻谷，他就可以用更多的时间去织布、盖房；如果他在纺织、建筑方面节约了劳动，他又可以有余暇时间来听音乐，旅游、读书和疗养。因此，西方学者以恩格尔系数——伙食费占家庭支出的百分比——来作为衡量生活水平高低的一个指标，这不无道理。据认为，恩格尔系数在20%以下的为上流的生活，25%的为宽裕的生活，30%的为稍有宽裕的生活，50%的为勉强可维持的生活。所谓恩格尔系数，大致相当于生存资料在生活资料中的比重，恩格尔系数越小，意味着享受资料和发展资料的比重越大。而享受资料和发展资料，与其说是为了满足“胃的需要”，倒不如说主要是为了满足“幻想的需要”，即精神文化需要。所以在它们当中，服务消费品所占的比重一般比它在生存资料中所占的比重大。因而，对服务消费品的需求，必然随着享受资料和发展资料的增多而增大。据有的发达国家的统计，近二三十年来，家庭对运输、邮电、医疗卫生、教育、休息和娱乐等方面的服务消费品的支出，平均每年约递增10%，而饮食、取暖照明、衣服等支出，只递增6%~7%。有人估计，到2000年，在物质生产领域内工作的人数只占全部就业人数的15%。所以，服务消费品的生产必然还会有更大的发展。

由此可见，社会劳动生产率的提高成为服务消费品扩大生产的基础；由劳动生产率的提高引起的收入水平的提高以及个人可支配的闲暇时间的增多，导致了社会对服务消费品的需求的增大，从而使相应的服务产业得到迅速扩大。

那么，服务消费品生产的发展，对物质资料的生产起了什么作用呢？

概括地说，它起了完善生产的物质条件和个人条件，从而提高社会劳动生产率的作用。

(1) 科学知识服务消费品在生产上的消费，会发明新的生产工具，开拓新的劳动对象，创造新的技术工艺，这就能极大地推动物质生产领域劳动生产率的提高。

(2) 教育服务消费品的生产发展，提高了物质生产劳动者的教育水平和技术熟练程度，从而促进了劳动生产率的提高。

(3) 医疗卫生、娱乐消遣服务消费品，维护劳动者的健康，或提高其精神素质，也起着上述作用。

(4) 为生产和生活服务的其他服务消费品的生产的扩大，使生产和生活服务社会化，大大节约了社会劳动。

总之，以物质资料生产的发展为基础的服务消费品生产的扩大，不仅是劳动生产率提高的直接结果，而且是它的原因。它们互相依赖，互为因果，互相促进：如果没有物质生产的优先地位，没有物质生产领域劳动生产率的提高，就不会有非物质生产领域的发展和服务消费品生产的扩大，而非物质生产领域的发展和服务消费品生产的扩大，又反过来大大促进了社会劳动生产率的提高，从而引起服务消费品生产的进一步扩大。这一趋势，已为越来越多的事实所证实。

研究服务消费品的意义

第一，这是充实和发展马克思主义经济理论的需要。马克思主义政治经济学研究人们在物质资料的生产过程中的生产关系。例如，马克思写作经济学巨著《资本论》，着眼点是在物质资料的生产和流通领域，他的再生产理论区分第Ⅰ、Ⅱ部类，仅限于物质生产部门；他谈到社会总劳动量在各个生产部门间的分配，并没有包括非物质生产部门。对手非物质生产领域的生产关系、劳动特点、劳动成果及其生产趋势，对于物质生产领域与非物质生产领域之间的劳动交换，他讲得不很详尽。原因除了因非物质生产为物质生产所决定和制约而使马克思将其主要精力用于研究物质生产外，还因为当时服务消费品的生产受水平不高的社会劳动生产率的限制，“同整个生产比较起来是微不足道的，因此可以完全置之不理”。按照马克思的研究方法，对枝节东西的舍象，是为了不让它干扰对主要问题的分析。这当然是正确的。但是，随着一百年来劳动生产率的提高和非物质生产领域的发展，服务消费品的生产迅速扩大，至今已在经济发达国家跃居重要地位了。既然实践本身是一个不断发展的过程，它在一定的发展阶段上是有局限性的，因此就是曾被实践所证实的理论，也只是相对真理，还要不断地受实践的检验，并根据新的实践加以补充、修改和发展。所以，我们要运用马克思主义的方法，结合新的实践情况研究服务消费品，研究非物质生产领域的生产关系，充实和发展马克思主义经济理论。况且，在社会主义条件下，只研究物质资料生产和运动的关系，不对非物质生产领域进行经济分析，是不完备的。研究社会非物质生产领域发展的规律性有助于全面研究社会主义生产关系。这对于马克思主义经济理论的发展无疑是有很大的推动作用的。

第二，这是实现社会主义基本经济规律的要求。这一规律规定了社会主义生产的目的——不仅要满足物质需要，而且要满足精神需要。而最大限度的满足整个社会经常增长的精神需要，就要生产出种类多、质量高、数量大的科教、文艺、娱乐服务消费品。由于物质资料的生产无法囊括服务消费品的生产，因此这一目的不仅要在物质资料生产发展和完善的基础上，而且要在非物质生产领域发展和完善的基础上才能实现。其次，这一规律规定了达到上述目的的手段——在高度技术基础上使社会主义生产不断增长和不断完善。而如前所述，完善生产的物质条件和个人条件，提高劳动生产率从而使生产更快增长，同样离不开服务消费品的作用。因此，研究服务消费品的生产规律、生产规模、种类及其作用，就成为实现社会主义基本经济规律的一项重要任务。

第三，这是有计划、按比例发展国民经济，调整我国当前不合理的就业结构的需要。扩大物质资料的再生产，不仅要追加生产设备和物质生活资料，而且要追加服务消费品；随着社会的进步，服务消费品在社会最终产品中的比重将日趋增大，因而社会总劳动中分配给第三产业的部分也将愈益增大。既然如此，有计划、按比例发展国民经济，就不仅要考虑第Ⅰ、Ⅱ部类比例关系的平衡，而且要考虑第Ⅰ、Ⅱ部类与第三产业之间的平衡。若只考虑农、轻、重的比例关系而忽视了后一比例关系，同样会造成国民经济的比例失调。目前我国的就业结构很不合理：第三产业比重太低、商饮服、科文卫线短，影响了第一、二产业劳动生产率的提高，也给人民生活带来很大的不便。据统计，1978年第三产业就业人数的比重只占6。4%，全民所有制中，商饮服、科文卫在就业结构中的比重低于1952年的水平。所以，服务消费品供不应求的矛盾很大。这固然有第一，二产业劳动生产率低而限制了第三产业发展的因素，但与我们在指导思想上不重视服务消费品的生产是分不开的。积累基金过多地用于生产性积累，挤压非生产性积累；在生产性积累中又只重视生产资料的追加而忽视了生活服务设施的相应扩大，这就使物质资料的扩大再生产与服务消费品的扩大再生产之间的比例失调。因此，调整就业结构，就要挖掘潜力，发展第三产业，增加服务消费品的生产。这也是广开就业门路的一个途径。此外，制定国民经济的长远规划时，掌握服务消费品的生产趋势和就业结构的演变规律也是十分必要的。

第四，这是澄清对非物质生产劳动者的报酬问题的模糊认识，贯彻按劳分配原则的要求。一些人把非物质生产劳动者，尤其是知识分子看成是靠物质生产部门的布施养活的，动不动就指责他们“一不会种田，二不会做工”，而又“吃农民的饭，穿工人的衣”，不生产物质产品简直是犯了弥天大罪。这种模糊认识，同我们忽视对服务消费品的研究不无关系。因为不研究服务消费品的价值和使用价值，就不能严密地阐明物质生产劳动者与非物质生产劳动者在商品经济中的劳动交换问题。众所周知，物质生产劳动者交换商品，无非是按等价交换原则，采取价值的形式交换各自的劳动；物质生产劳动者与非物质生产劳动者进行劳动交换时，前者付出的是有价值的物质产品（如饭和衣），但按传统的理论，后者付出的却是没有价值的东西（如教育），此时，在商品经济中通行的等价交换原则便行不通了，“布施论”也可乘机而生。这不能说不是一个漏洞。运用服务消费品的原理，就完全可以堵塞这个漏洞：第一，非物质生产劳动者获得物质生产劳动者的产品，为对方提供了具有使用价值和价值的服务消费品，因此“在这里就像每次商品和商品相交换一样，是等价物换等价物”。既然他们“得到谷物和其他生存资料或享乐并不是无代价的”，因此他们“不生产商品是理所当然的”。第二，在社会主义制度下，非物质生产劳动者生产以服务消费品形式出现并由社会分配和消费的非物质财富，社会则按他们生产服务消费品所付出劳动的数量和质量，通过工资的形式分配生活资料。生产非物质财富的非物质生产领域和生产物质财富的物质生产领域一样，都是实行社会主义按劳分配原则的。既然如此，“布施论”是根本站不住脚的。所以，在非物质生产领域中贯彻按劳分配原则，对生产服务消费品所耗费的劳动的数量、质量、种类、规模、效率及成果的研究也是必不可少的。

（选自《华南师范学院学报》1981 年第 3 期）

关于生产劳动和非生产劳动、国民收入和国民生产总值的讨论

——兼论第三次产业这个资产阶级经济学范畴以及社会经济统计学的性质问题

孙冶方

关于生产劳动和非生产劳动的问题，在六十年代就讨论过。但是开始引起我对这个问题的讨论发生兴趣的，是 1980 年 2 月 2 日《人民日报》发表的肖灼基同志的《应该把教育看作生产部门》这篇文章。同年 5 月 19 日《文汇报》发表了孙凯飞同志的《教育实际上也是一种生产》。同年第 12 期《经济研究》发表了湖北财经学院张寄涛、夏兴园二同志的《论社会主义下生产劳动与非生产劳动》。这几篇文章都认为科学研究、教育、文学艺术、医疗卫生部门以及一切服务行业的劳动同生产钢、铁、粮食、棉、麻、纱、布等等的物质生产部门的劳动一样，都是生产劳动。

接着，今年 1 月，厦门大学《中国经济问题》第 1 期发表了于光远同志的《社会主义制度下的生产劳动与非生产劳动》。《经济研究》1981 年第 4 期发表了陈志标同志的《国民收入范畴的重新考察》和何小锋同志的《劳务价值初探》。这几篇文章除了坚持上述观点，认为科、教、文、卫以及一切服务行业的劳动都是生产劳动，从而都创造价值以外，还批评了我国现行统计指标对生产劳动和非生产劳动的划分方法，认为这种划分法是“违背马克思主义的论述”的，至少是对马克思主义的误解。他们认为社会主义制度下生产劳动和非生产劳动的划分，不应该以是否生产物质资料为标志，而应当以是否满足社会日益增长的物质和文化需要为标志。一切能够满足社会消费需要的劳动（例如：理发、按摩医疗等活动，从事科研教学和文学艺术创作的劳动），都是生产劳动，都创造价值，都应该计算产值。他们要求统计上

来一个突破，用西方世界的“国民生产总值”指标来代替我国“国民收入”这个指标。我的见闻不广，一年半来关于这个问题的讨论，可能还有别的作者的文章。但是就我所看到的上述几篇文章，意见是一面倒的，即认为上层建筑部门的劳动也是生产劳动，也创造价值，从而认为我们所沿用的“国民收入”这个指标，不如西方的“国民生产总值”这个指标科学。

我不同意上面列举的几位作者的这种观点。我认为反映社会富裕程度的指标固然很多，但是最基本的指标是反映物质财富数量的指标。现在我国沿用的“国民收入”这个计划统计指标正是这样的一个指标。它是一个扣除了包括折旧在内的一切物质消耗，没有任何重复计算的净产值指标。而西方世界所应用的“国民生产总值”这个指标是一个歪曲了的，包括许多重复计算在内的虚假的指标，其中还包括固定资产折旧即一部分老本在内（西方国家也有“国民收入”这个指标。但是它们的“国民收入”也包括劳务收入在内，所不同于“国民生产总值”的是前者不包括折旧，而后者包括折旧）。

科学、教育、文艺、医疗卫生工作人员的劳动是精神生产的劳动，而不是物质生产劳动。我国所沿用的“国民收入”这个指标所反映的是物质财富，而不是精神财富。“精神生产”劳动不直接创造物质财富，而且是物质财富的消费者。而经济学的研究对象恰恰是物质生产过程而不是“精神生产”过程。其实，我们讲生产，指的总是物质生产，“精神生产”和“精神财富”这种说法本来就是借用经济学的名词。因此，我们在这篇文章中所说的生产劳动和非生产劳动，指的就是物质生产劳动和非物质生产劳动。

以上几位作者坚持要把科学、教育、文学、艺术、医疗卫生人员的劳动以及服务行业的劳动都当作生产劳动，用意之一无非是要大家重视科、教、文，卫以及一切服务行业。罗浥尘、施宗全二同志在今年5月5日《文汇报》上发表的《服务人员不创造价值吗？——从第三次产业谈起》那篇文章中为了强调这一点，还特别提醒我们：“近几十年来，发达国家第三产业的发展十分迅速，在国民生产总值和就业人口构成中的比重，第一、第二产业都从高峰上逐步下降，第三产业逐步上升，到七十年代后期已超过了第一和第二产业的总和。据一些国家的统计：一九七七年第三产业在国民生产总值中的比重，美国是六十三点九，荷兰是六十一点六，英国是六十点八，日本是五十八点一，法国是五十七点二，西德略低于五十二。在就业人口的构成中的比重，美国在一九七五年就占六十八点四，日本占五十。值得注意的是第三产业上升的趋势还在继续着。”我引证了罗、施二位同志关于所谓第三产业上升趋势的整段文章，表示我是完全同意他们二位所说的意见的（即科、教、文、卫以及服务行业的比重将随着经济发展，继续上升）。虽则我对于第三产业这个资产阶级经济学用语是采取否定态度的（关于这点，我将在下面讲），同时，由于罗、施二同志对上述数字的出处以及计算方法都没有交代，我对这些数字准确性不是没有怀疑的（例如西德的比重比法、日两国低这么多），但是，我相信总的趋势确实是这样的，即上述非物质生产部门的人员，随着经济的发展，他们所占比重将日益增加。我们应当加以重视。“四人帮”遗留下来的轻视科、教、文、卫，特别是鄙视商业服务行业的思想，应该加以批判。

但是，值得我们深思的是：为什么在这些发达国家，只有30%～40%多一点的劳动力从事物质生产，而近60%～70%的劳动力，至少是50%以上的劳动力可以去从事各种“精神生产”和服务劳动呢？而在我们国家，大概有90%以上的劳动力从事物质生产，只有不到10%的劳动力能够从事“精神生产”和服务行业！为什么相差如此之大？答案是很明白的：在发达国家，由于物质生产部门的劳动生产率非常高，所以只要有30%～40%多一点的劳动力从事物质资料的生产，就可以解决全部人口吃、穿、住、行的需要；而在我们这个十亿人口的大国，物质生产部门的劳动生产率非常低，必须以80%左右的劳动力去解决吃和穿的原料问题（十亿人口中，农民占八亿左右），以10%左右的劳动力去从事工业生产，解决穿、住，行的问题，所以剩下来只有不到10%的劳动力，能够腾出手来从事“精神生产”和服务行业了。这不是我们主观上重视不重视教育，科学、文学、艺术、医疗、卫生以及服务行业的问题．而是我们生产的物质生活资料能够养活多少人去从事“精神生产”问题！正因为如此，所以我们必须重视物质财富的统计和计划，保证这个反映物质财富的价值量的指标（即我们沿用的“国民收入”或“净产值”指标）的纯洁性，不能把非物质生产的东西混杂进去。

恩格斯说过：“正像达尔文发现有机界的发展规律一样，马克思发现了人类历史的发展规律，即历来为繁茂芜杂的意识形态所掩盖着的一个简单事实：人们首先必须吃、喝、住、穿，然后才能从事政治、科学、艺术、宗教等等；所以，直接的物质的生活资料的生产，为一个民族或一个时代的一定的经济发展阶段，构成为基础，人们的国家制度、法的观点、艺术以至宗教观念，就是从这个基础上发展起来的，因而，也必须由这个基础来解释，而不是像过去那样做得相反。”

请读者原谅我在这里把众所周知的，马克思主义历史唯物论的A、B、C，大段地抄引出来。因为在我们当前关于生产劳动和非生产劳动，关于国民收入和国民生产总值的这场讨论中，上述几位同志却不同意我们把从事吃、喝、住、穿等生活资料生产的劳动，同从事政治、科学艺术、宗教等等的劳动分别开来。我们不能不指出，上述几位同志正是混淆了物质和精神、经济基础和上层建筑的界限，混淆了历史唯物论的最基本的界限。在这里我还附带指出一点：如果照这几位同志的意思，把从事政治、科学、艺术、宗教等等活动的人的劳动同从事农业、采矿、炼钢、纺织等物质生产部门工人的劳动一样，都算作（物质）生产劳动，那么除了病号、婴儿和待业青年以外都是生产劳动者，就没有划分生产劳动和非生产劳动这样概念的必要了。

肖灼基同志还说，教育部门不仅是物质生产部门，而且是兼有第一部类和第二部类双重性的物质生产部门。他的原话如下：

“教育部门的产品没有独立的表现形式，是一种精神产品，但它直接满足了社会成员的文化需要，满足了发展劳动能力的需要，是一种发展资料。从这一点来说，它也是一种最终产品，与第二部类有类似的特点。”

“教育部门主要是培养熟练劳动力。劳动力本身也是一个自然物质要素。教育部门从培养劳动力，即从生产活机器这一点来说，同第一部类有类似的特点。这就是说：（一）它的产品是生产过程的物质要素；（二）生产这个产品所耗费的劳动量，通过新的生产过程，再现在新产品中。”

如同我在前面说过的那样，如果肖灼基同志要把教育部门算作精神生产部门，我还是可以同意的。但必须重复指出，这是借用经济领域即物质生产领域的用语。然而肖灼基同志不满足于这一点，他还要把教育说成是生产“活机器”的物质生产部门，而且是第一部类的生产，那么问题就多了。因为教育部门不过是这部“活机器”的加工车间，人这种“活机器”出世的场所不是学校，而是产科医院。据此，产科医院更是物质生产部门了！于是主张科、教、文、卫以及一切服务行业都是生产部门的经济学家，所谓生产劳动宽派论者就要说了：本来嘛，医生的劳动本来就是生产劳动，从而产科医院是应该算作生产部门的嘛！但是进一步的问题又发生了：如果要把产科医院说成是物质生产部门，要把助产医生接生的劳动说成是生产劳动，那么对于生产人这种“活机器”来说，产科医院至多不过是类似工厂的装配车间，而真正的“制造车间”还不在这里。难道我们能把“制造”这种“活机器”的活动也算作“生产劳动”吗？如果是这样，那么我们要把新婚夫妇的结婚仪式称作“活机器”制造厂的开工典礼了！我希望肖灼基等同志不要责怪我说话刻薄，我不过是要借此证明：我们在讨论生产劳动和非生产劳动的界限的时候，如果混淆了物质生产和精神生产的界限，如果我们混淆了生产活动的主体（人）和客体（物）的界限，那么逻辑地会得出多么不合理的结论。

把教育部门（以及科学、文艺和医疗、卫生部门）当作物质生产部门看待的经济学家，所以会得出这种不合理的结论，或许是由于误解了“科学是生产力”这一正确的马克思主义命题。他们或许认为，既然科学是生产力，那么产生科学以及传授科学的科研和教育部门——即产生生产力的部门——当然应该算作物质生产部门了。这是极大的误会，是把问题简单化了。

科学知识是人类的精神财富，它要转化为物质财富必须经过一个曲折过程。科学是生产力，然而它不是生产力的独立因素，它是通过生产过程、通过生产力的三个简单要素表达出来的，即通过从事生产的人（劳动力）、劳动工具和劳动对象（即原材料）这三个要素表达出来的。而且如同马克思所说的那样，以上三个要素如果没有结合起来，那还只是潜在的生产力，只有当这三个要素结合起来了，即是当具有先进科学知识的生产者，操纵着按照先进科学原理制造出来的先进的劳动工具，开始在按照先进的科学原理生产出来的新型的劳动对象上进行加工的时候，科学才全面显示出它的威力，变成了成倍增长的新的物质生产力。

有一个故事对于说明我们所讨论的这个问题很有帮助：前两年中国的飞机制造业有一个代表团到英国罗斯·罗伊斯公司的飞机制造厂参观。在中国代表们对该厂制造的斯贝发动机极为赞赏之余，英国工程师却说，他们的斯贝发动机是依据中国吴仲华教授的叶轮机械气体动力学“三元流”理论制成的。英国人的话不能不使中国人感慨系之：中国人的气体动力学理论没有促成中国的新型飞机发动机的诞生，倒促成了英国斯贝发动机的制成，而中国的工程师反而要通过英国人的成就来学习中国教授的理论。

这故事说明：吴仲华教授所发现的科学原理对制造英国的斯贝发动机，对发展飞机工业的生产力是有很大贡献的。吴仲华教授发现的原理在美国飞机制造业得到了更广泛应用。但是他的发明在自己的祖国没有被应用于飞机制造工业的生产过程，没有同这一行业的生产力三要素的任何一个要素结合起来。所以没有形成他的祖国的生产力，没有成为他的祖国的物质财富。但是吴仲华教授所发现的科学原理却形成了英国和美国飞机制造工业的生产力，增加了英国和美国的物质财富。因为英国人和美国人把他的这个科学原理应用于他们的生产中去，同他们的生产力三要素结合起来了。吴仲华教授的科学原理暂时只是丰富了他的祖国科学的“精神财富”（请读者注意这四个字的引号。因为“财富”这个词也是借用政治经济学中物质财富一词的转义词）。

这故事告诉我们：物质生产和“精神生产”的界限是不能混淆的。如果混淆了这条界限，那就会得出很错误的结论。而主张把科、教、文、卫等部门当作生产部门的经济学家正是混淆了物质生产和精神生产的这条界限，不仅如此，他们在这个问题的讨论中，还混淆了分配和再分配的界限，从而混淆了生产和消费的界限。

在资本主义世界，科学研究机关、学校、剧场、医院以及一切服务行业都是企业化的，都像物质生产企业一样，从自己的收入中开支本单位职工的工资。而且也像一切企业一样，向国家纳税。所以，比较容易产生这种混淆，好像这些企业也是创造价值的。但是在我们社会，科研单位、学校、剧场、医院，虽然也收一部分费用，但是这些团体机关的经费也像国家机关一样，主要是从财政拨款中开支的。财政部的钱从哪里来的呢？这些钱代表物质生产部门用人民币形态上缴的物质财富，是物质生产部门职工为社会生产的产品。这就是经济学上所说的初次分配（C＋V＋M）。财政部门又把物质生产部门上缴的（这些部门职工为社会生产的）物质财富，通过人民币形态分配给科、教、文、卫以及政府机关的职工（包括军人）。同时，物质生产部门职工又用自己的工资去换取各种劳务。这些都是经济学上所说的再分配。至于非生产部门的职工也拿出自己的工资的一部分互相换取服务，那又是第三次再分配了。

有的经济学者说，财政部的收入也有一部分来自服务行业，如剧场、影院、理发、浴室等上缴的税金和利润。这一部分在我国的财政收入所占比重极小。但是在发达的资本主义国家，由于前面我们说过的那样，所谓“第三产业”占到收入和人口的50%～60%以上，这些部门上缴的各种税金，占财政收入的比重是很大的。但是服务行业所上缴的税金和利润，不论是通过怎么样复杂和众多的渠道缴上来的，终归是属于物质财富的再分配。再分配的财富，其来源都在物质生产部门的初次分配，来源于（V＋M）。

有的经济学者或许要说了：非物质生产部门以自己的劳务换取物质生产部门的物质生活资料，从互相交换劳动这个角度来说，这是平等的交换；从物质财富来说，这是再分配；从劳务来说这还是初次分配。对于这个问题，我们在前面已经做过说明。那就是：为什么在发达的西方世界所谓“第三产业”占劳动力和收入的50%～60%以上；而在我国，服务行业只占不到10%。这是由于物质生产部门的劳动生产率的高低决定的。不仅党政机关、科、教、文、卫以及一切服务行业，职工吃、喝、住、用的生活资料是物质生产部门的职工生产的；而且非生产部门人员借以提供自己的劳务的那些用品，如科研仪器、教育用具、剧场道具等等无一不是在物质生产部门生产出来的；尤其那些在任何时代、任何社会里，借以显示自己的富饶和文明程度的宫殿、政府机关、学校、剧场、医院等等的富丽堂皇的建筑，更是物质生产部门的产品。归根结底一句话就是：混淆了物质生产这个基础和在这个基础上矗立起来的上层建筑之间的界限，也就会混淆了物质财富的分配和再分配的运动线路。

政治经济学是研究物质财富生产过程中的人与人的关系的。离开了物质财富的生产过程来研究经济问题，必然走入迷途。人们在研究经济问题时，往往会被货币运动的面纱所迷惑。这是货币拜物主义在起作用，即使在社会主义社会也难免如此；虽则我们的人民币已经不是原来意义的“货币”了。例如：发给任何物质生产部门职工的工资是从人民银行的某个支行领取来的人民币。职工拿了这些人民币去购买吃、喝、穿、住、行的各种生活资料，也用这些人民币来购买种种劳务。发给科、教、文、卫和党政机关以及一切服务行业的工资也是从人民银行的某个支行领取来的人民币。这些职工同样也可以用这些人民币去购买他们所需要的各种生活资料，而且互相换取不同的劳务。从人民币的运动线路来看，二者没有什么区别。但是从物质的运动线路来看，情况就不同了。物质生产部门的职工领取的工资是他们为抵偿自己所消费的生活资料生产的那部分产品，即我们通常仍然以“V”来代表的那部分产品。他们不过是通过人民币这个工具在流通中掉换了花色品种而已。然而非生产部门的职工所领的工资却是生产部门职工为社会生产的，我们通常以“M”来代表的那部分产品。前者是国民收入的初次分配，或者可以叫做原始分配。而后者是再分配。

我们在研究任何错综复杂的社会经济现象的时候，经常透过表面的，人民币的运动线路，分析一下物质财富的运动线路，就比较容易抓住事物的本质。记住这一点，对研究经济学是大有帮助的。

所以，生产劳动宽派论者主张把科、教、文、卫等等非物质生产部门职工工资当作国民收入，加在国民生产总值里面去，是混淆了国民收入初次分配和再分配的界限，是把属于“M”和“V”的收入作了重复计算，而且随着服务行业的发展，再分配的次数越多，重复计算的次数也越多，国民生产总值的虚假性也就越大。

生产劳动宽派论者主张把科、教、文、卫等等非物质生产部门职工的工资当作国民收入加进国民生产总值中去，理由之一是说：科学家、教育家、文学家、艺术家和医师们的贡献很大，不把他们的经济收入算进国民生产总值中去，等于是否定了他们的贡献。难道我们能用哥白尼、牛顿、达尔文等人的经济收入来代表他们对科学、对人类社会的贡献吗?！好像在著名的科学家中，除了爱迪生以外，没有一个是发了财的。而爱迪生之所以发财恰恰不在于他发现了关于电的科学原理，而在于他把这原理应用于电灯泡等电器生产，即由于他参与了物质生产。马克思对人类社会的贡献之大是不必说的了。但是他的稿费收入连他的家庭人口都养不活，而要靠恩格斯和其他朋友的接济。难道我们把马克思的稿费收入加进了十九世纪德国或英国的国民收入就算充分评价了马克思的贡献了吗？即使科学家和文艺家的劳动得到了充分的报酬。但是他们所得到的报酬即经济收入，在资本主义社会中是他们的劳动力价格，属于价值范畴。而他们的贡献，是属于使用价值范畴。生产劳动的宽派论者想用他们的经济收入来表示他们的贡献。那正是混淆了价值和使用价值，混淆了费用和效用的界限。这是从马克思主义劳动价值学说滑向效用论去了。用科学家的经济收入来评价科学家的贡献，这不是抬高了对科学家的评价，而是贬低了对他们的评价。

研究政治经济学，不抠概念是不行的，概念不清，会误入歧途。由此可见，过去有些经济学家因为反对从概念出发，而根本反对抠概念是多么错误呀！

总之，生产劳动宽派论者的理论是不能成立的。因为：第一，它混淆了物质和精神，混淆了经济基础和上层建筑；第二，混淆了初次分配和再分配，混淆了生产和消费；第三，混淆了生产过程中的主体（劳动者）和客体（产品）；第四，混淆了价值和使用价值，混淆了费用和效用，混淆了劳动力的价值和劳动所创造的价值。而建立在这四种混淆观点之上的经济指标——国民生产总值，则是一个有重复计算的，有很大虚假性的指标。因为，这个指标不仅包括有固定资产的折旧，而且意味着把物质生产领域所创造的物质财富中的一部分，即通过再分配线路分配给非物质生产领域的职工，供他们消费的那部分物质财富，又重复加进了新创造的物质财富（净产值）的总和中去，也就是把社会一部分成员的消费数额，当作新创造的物质财富加进社会的净生产数额中去了。

从我们上面的分析来说，西方社会用来表示社会财富的国民生产总值这个指标以及现在报刊上相当普遍使用的“第三产业”这个概念是资产阶级经济学概念。如果认为我们用“国民生产总值”这个指标代替我们从第一个五年计划时期就采用的“国民收入”（即“净产值”）这个指标是一种思想解放，那么这是从马克思的劳动价值学说“解放”出来而回到资产阶级庸俗经济学的价值学说中去了。因为马克思在创立他的劳动价值学说的时候，首先要证明的就是：产品（商品）价值是由参加物质生产的职工创造的，资本家只是生产职工所创造的一部分价值的剥削者。而资本家则说，价值不仅是直接参加生产的职工创造的，他们，资本家们，以及为他们服务的政治家、律师、警察等等都参加了价值的创造过程。

生产劳动宽派论者或许要说了：资本家是剥削者，资本主义社会上层建筑领域的人员例如律师、警察、神父等等是为维持资本主义剥削制度而服务的，而我们的上层建筑领域工作人员是社会主义社会或社会主义生产方式所不可缺少的组成部分。但是，对资本主义生产方式来说，资本主义社会的上层建筑领域及其工作人员也是必要的。我们不要忘记了资本主义社会在推翻封建社会和发展生产力方面是起过进步作用的。

在这场关于生产劳动和非生产劳动的讨论中，生产劳动的宽派论者为了把科、教、文、卫和服务行业的工作人员都算作生产劳动者，给我们的“国民收入”这个计划统计指标加了一些莫须有的罪名，简直是制造了一场又一场的“理论冤狱”。例如，肖灼基同志把“教育部门不按经济规律办事”、“不能贯彻物质利益原则”．“使用复杂劳动力不必付费。……许多单位要人时宽打窄用，多多益善”，“教育工作者待遇低下”等等，都算作是“没有把教育看作生产部门的弊病”。这简直是欲加之罪何患无辞了。试问肖灼基同志：你所说的这种种弊病在工、农业物质生产企业中岂不是同样普遍存在的吗？可见这和教育部门算不算生产部门完全无关。

又如，于光远同志把“文化大革命”中商业网点的减少，也归罪于“国民收入”这个统计指标没有把商业劳动算作生产劳动的缘故。这更是一场“理论冤狱”了。因为，我们的统计指标向来把商业部门算作物质生产部门，认为商业劳动者的劳动是生产劳动在流通领域中的继续，是创造价值的。商业网点的缩减与计划统计部门关于生产劳动和非生产劳动的划分是毫无关系的。因为按照计划统计指标的规定，商业劳动是归入生产劳动范围的，但是商业网点在“文化大革命”中却是大大缩减了。

商业网点的缩减是同封建农业社会重农轻商的自然经济思想有关系的。这种自然经济思想否定社会主义计划经济中仍然存在交换或流通过程。对于这种无流通论，我在《流通概论》的一次稿和二次稿中详细分析、批评过，这里不再重复。我在这里顺便提一提的是这种自然经济和无流通论对社会分工和服务行业的看法。“文化大革命”时期，《为人民服务》是人人要读，天天要读的“老三篇”中的一篇。但是十年叫喊“为人民服务”的结果是：服务越来越差。原因是由于否定社会分工，认为接受别人的服务是做官当老爷；而为人服务却被视为低人一等；每个人有两条腿、一双手，为什么要别人来侍候你呢！于是每个职工不得不在上班前或下班之后，去排长队，买这样，领那样，浪费了不少时间。三中全会以后，自给自足的自然经济思想受到了批判，但是轻视商业服务行业的思想并未完全肃清。例如，做一个售货员既要懂得商品学，要懂得点生产常识，更要知道流通经济学，又要礼貌待客、研究顾客心理学。所以站八小时柜台，不论从劳动的复杂性来说，或是从体力消耗来说，至少不比轻工业生产劳动省力。因此，我认为，对商业从业人员的要求高是对的，但是商业从业人员的工资比所有轻工业生产人员的工资低一等则未必是合适的。现在许多青年不愿意当售货员而宁愿当工人，这与社会上轻商思想有关系，与商业从业人员工资低也有关系；但是与计划统计部门划分生产劳动和非生产劳动的原则是无关的。社会主义政治经济学和社会经济统计学都一致肯定商业是物质财富生产过程在流通领域中的延续；商业职工的劳动是生产劳动。

以上我们为两个“理论冤案”作了平反，给“国民生产总值”这个概念扣上了资产阶级经济学概念这顶帽子；下面还想给“第三产业”这个概念也扣上一顶“资产阶级经济学概念”的帽子。

“第三产业”或“第三次产业”这个用语在三十年代才开始见之于西方资产阶级经济学家的著作。在我们国内，在报刊上，在广播、电视中，则是在近两年来才那么频繁地出现。但是，我把“第三产业”扣上“资产阶级经济学概念”这顶帽子，倒不是因为它来源于西方。社会主义政治经济学决不是闭国自守的。西方资产阶级经济学中一切合理的、有用的东西我们都应该吸收。“第三产业”这个用语之所以是一个资产阶级经济学概念，是由于它和“国民生产总值”这个概念一样（甚至更露骨地），渗透着资产阶级本质。因为“国民生产总值”这个概念仅仅是混淆了非生产部门的再分配收入同生产部门的初次分配收入的差别而已。然而“第三产业”这个概念就直接把科、教、文、卫服务业和国防、警察、司法等等非生产部门和工业、农业、交通运输等物质生产部门混为一谈，统统称作独立的产业（industry 即工业）部门了。这种混杂隐藏着一个企图：把资产阶级国家机器中的专政部门打扮成与世无争、和善可亲、为民服务的生产部门，同科、教、文、卫等非生产部门和农业、工业、交通、运输等物质生产部门混杂在一起了。

此外，就是在西方，第三产业这个概念在不同的经济学者的著作中，所包含的范围也很不一致，有些经济学者把发电、自来水、煤气、铁道、运输等等物质生产部门，也和科、教、文、卫等非生产部门和澡堂、理发等狭义的服务行业混杂在一起，笼统称之为第三产业，其内容真是不三不四，不伦不类，莫明其妙。

因此，我希望今后报刊、广播、电视不要再用第一、第二、第三产业这些概念。而用马克思的分类法，即生产生产资料的第一部类（基本上即通常所说重工业部门）

和生产消费资料的第二部类（基本上即通常所说的轻、纺工业和农业）以及商业、服务行业等等。至于科、教、文、卫等部门就是科、教、文、卫部门，不要和作为经济部门的商业服务行业混杂在一起。

在生产劳动和非生产劳动的划分中，争论比较多，而且可以继续讨论的是服务行业的问题。这里指的是生活服务行业，至于生产服务行业，如交通运输、物资供应、厂房和设备的修理等行业的劳动属于生产劳动那是没有问题的。然而就是以生活服务行业的劳动而论，情况也很复杂；既不能一概算作非生产劳动，也不能一概算作生产劳动。例如日用消费品修理行业的劳动，延长或恢复了物质财富的使用期，饮食业是食品的继续加工，这二者都属于生产劳动。统计部门也是如此规定的。但是像理发、澡堂、电影院、旅馆等等行业则是物质财富的消费行业。这些行业的工作人员提供的劳务只是帮助顾客消费了物质财富（例如旅馆的房屋、家具等等），并没有增加物质财富。有些社会主义国家把旅游事业的劳动算作物质生产劳动。我认为把外国人来中国旅游算作生产劳动是可以的。因为这不仅为国家赚取了外汇，而且实际上这等于是我们出口了一部分消费品，是变相的对外贸易。但是我们国内的旅游事业，则是纯粹属于消费性质。这同铁路客运的计算一样，是可以继续讨论的（在我们的统计指标中．生产人员的客运属于生产劳动，非生产人员的客运属于非生产劳动，属于生活服务劳动）。

末了，还想对计划统计工作的实际问题提些意见。我想，生产劳动宽派论者之所以要把科、教、文、卫和全部服务行业都列入生产部门，除了要引起社会对这些部门的重视这一良好意愿以外，还有一个动机，那就是我们现在发展经济是以2000年达到人均国民生产总值一千美元为奋斗目标的。然而我们的国民收入这个统计指标同西方的国民生产总值是不可比的。如何使这两个不可比的指标成为可比呢？应该采取两个比较办法。

第一个办法是把我们的国民收入折合成西方的国民生产总值。但是用这办法来作比较，会使我们的实际经济发展水平显得偏低。因为，如同前面我们已经说过的那样，西方的国民生产总值有30%～40%左右（即所谓第三产业的主要部分）属于重复计算的虚假部分，而我们只有不到10%。因此，为了按照物质财富的实际生产水平作比较，还可以采取第二个办法：把西方的国民生产总值改算为净产值，即改算成我们的国民收入的口径，再作比较。

按第一种办法比较的时候，我们的水平同西方水平的差距会大些；按第二种口径比较的时候，我们和西方的差距会小些。第二个口径更接近实际情况，因为第二个口径把“国民生产总值”这个指标中重复虚假的部分排除掉了。

从我们这次关于生产劳动和非生产劳动，关于国民收入和国民生产总值的讨论中，我们是不是可以做出这样一个结论：社会经济统计是介乎数理统计和政治经济学之间的一门边缘科学？

过去很多同志对于社会经济统计需要运用高等数学，似乎是认识很不够的，认为搞统计工作只要懂得加减乘除的算术就够了。现在逐渐为更多的人所知道，社会经济统计在许多方面必须应用高等数学。例如我们在研究国民经济综合平衡、计算投入产出、计算部门间的连锁反应，或者物价涨落的连锁反应的时候，就必须应用运筹学，应用线性规划；在搞抽样调查的时候，又必须运用概率论的原理，等等。我们必须让尽可能多的中青年统计干部补好高等数学这门功课。

但是，社会经济统计又是一门经济学，而且是政治经济学。这从我们的这次讨论中就可以看得出来的：讨论的中心问题是什么指标能够更好地反映社会经济的发展水平，是我们计划统计工作中向来沿用的“国民收入”这个指标，还是“国民生产总值”这个指标。但是牵涉到的问题几乎无一不是政治经济学的基本理论问题，例如什么是生产劳动？什么是非生产劳动？什么是初次分配，什么是再分配？折旧能不能算作新创造的价值？为什么会把来源于财政开支的消费基金混淆为新生产的国民收入？效用或贡献和经济价值是不是一回事，等等。

社会经济统计有定性和定量两个方面，而定量计算是在定性指导下进行的。如果定性定错了，例如把精神生产的劳动当作物质生产劳动统计了，把再分配收入当作初次分配的收入了，把消费支出当作生产收入统计了，那么这个统计数字即使算得很精确，也是非但无用而且是有害的。现在国外对经济计量模式的研究很流行。但是，即使在西方资产阶级经济学界，不同的经济学流派所研制的经济模式也是各不相同。例如凯恩斯学派的经济模式就不同于弗里德曼学派的经济模式。这证明：定量总是在定性指导下进行的。因此，社会经济统计学虽说是数理统计学和政治经济学之间的一门边缘科学，但是它是社会科学的一个学科，而不是自然科学的一个学科。马克思主义经济学和西方资产阶级经济学派有立场、观点的差别，社会主义计划经济也不同于资本主义市场经济，因此，我们在借鉴西方经济模式的时候，更不能生搬硬套。

过去，我们把社会经济统计的定量工作的一面看得太简单，以为懂得加减乘除就可以胜任了，这固然是错误的；但是忽视了社会经济统计的定性工作的一面将会犯更大的错误。要做好社会经济统计工作，既要有高等数学修养，又必须有政治经济学修养。为了提高数学水平，我们的统计工作者还必须补好数学课，而为了提高政治经济学水平，则除了要用功学习马列主义政治经济学以外，还必须在党的“双百”方针指导下，展开学术讨论。社会主义经济建设的实践不断向我们提出新的课题来．要解答好这些课题，就得不断开展学术讨论，通过讨论来逐渐统一我们的认识。从这个意义上来说．发起这次关于生产劳动和非生产劳动、国民收入和国民生产总值的讨论是非常有意义的，对提高政治经济学水平、提高统计工作都是有帮助的。

统计工作不仅为编制国民经济计划和国民经济的研究提供了资料，而且应该对计划和经济学研究成果起监督检查作用。因此，不论是实际工作者还是研究工作者，以至每一个干部、每一个老百姓都应该来关心并积极帮助统计部门做好工作！这是我对于这次讨论的希望。

（选自《经济研究》1981 年第 8 期）

文化管理学理论意义浅谈

商尔刚

党的十一届三中全会后，挣脱了极“左”羁绊的我国人民开始注意到现代管理科学的发展和应用。像世界上其他国家和地区一样，管理学作为一门新兴的学科首先在我国经济部门建立起来。它对于促进企业经营管理的现代化和经济体制改革都起到了极其重要的作用。随着人们对它认识、研究的不断深入，现代管理科学的基本理论和方法已经逐步推广应用于农业、工业、商业以及军事、科研、卫生、教育等许多部门，并取得了显著的成效。在这种形势下，肩负着创造社会主义精神文明，为满足人民群众精神文化生活需要服务的社会主义文化艺术事业也就必须在其管理工作中推广应用现代管理科学，并结合我国文化艺术事业的特点，建立我国社会主义的文化艺术管理学。

一

从现行体制来看，我国的社会主义文化艺术事业包括众多的部门。其中有文学艺术的创作、演出、电影、书籍的编辑、出版、发行、图书馆、博物馆、群众文化艺术工作、民族文化艺术工作、文物工作、对外文化艺术交流工作和艺术教育工作等等。这项事业还与社会主义的其他事业有许多接触点和交融、交汇之处。比如，广播电台、电视台的工作之中就有大量的文化艺术活功。而审美活动在工艺美术产品的创作生产中则起着很重要的作用。工艺美术品的使用价值中，审美因素所占的比重很大，但因为它与工业生产的关系更密切些，而被划归轻工部门领导管理。

我国是一个文明古国，有五千年的灿烂文化。经过三十多年的社会主义文化建设，从以上所划定的范围来看，我们社会主义文化艺术事业内部的部门行业是多种多样的，规模也是很庞大的。截止到 1983 年底，我们已经有了 19 家部属电影制片厂，另有 15 家省办厂；有专业艺术表演团体 3444 个；有出版社 260 家；县以上的公共图书馆有 2038 个；全国除西藏外，已基本上县县有文化馆；农村放映单位及集镇影剧院 2100 个；全国文化艺术系统的职工有 122 万多人。在这样一个社会大系统中，虽然人们的劳动方式不尽一样，各行业的经营管理方法也不大相同，但他们的目的是共同的，都是要发展我国的社会主义文化艺术事业，丰富我们民族的艺术宝库，以大量的、绚丽多彩的艺术产品丰富、充实广大劳动群众的精神生活，满足他们在文化艺术生活方面的需要。

文学艺术的创作、演出活动是这个事业中一个主要的部门。我们通常所讲的文学艺术的三大作用：即审美作用、认识作用和教育作用，也主要体现在这个部门中。

书籍的编辑、出版、发行工作是另一个重要行业。它除了出版文艺书籍外，还出版生产技术、科学研究和社会科学各学科的专业书籍。这些书籍是人类认识客观世界和自己主观世界的忠实记录员。

文化艺术事业还有另外一部分是很重要的，具有社会服务性质的行业，就是图书馆、文化馆（站）、艺术院校等等。它们以多种多样的方式为群众的文化生活和学习服务，为学术研究服务，为文化艺术事业中其他部门培养、输送人才。

在社会主义时期，大多数文化艺术产品还要采取商品的形式流通和传播，这也是我国当前的客观经济条件所决定的。这就要求文化艺术产品除了有上述满足精神生活需要的目的外，还要有它本身的物质目的。观众看戏、看电影、听音乐要花钱买票，读者购买书籍也要用钱。所以这些精神产品与物质产品一样，也不仅可以而且应该为国家创造物质财富。另外，前面提到的文化艺术事业与社会其他事业的交融也繁荣和活跃着整个社会生活。戏剧、电影、音乐会等等文艺节目在广播、电视中的播映，就极大地丰富了它们的节目内容。绘画、雕塑等艺术手段在工业产品的造型、商品装潢、广告设计中也占有举足轻重的地位。

文化艺术生产的发展，还直接促进了许多社会物质产品生产的建立和发展。电影机械、印刷机械的制造都建有相应的机械制造行业。乐器、纸张、颜料、戏装等等也有专门的生产制造业。随着现代科学技术向文化艺术生产领域中的渗透，又有许多新兴的为文化艺术服务的物质生产部门建立了起来：如录音、录像器材的制造，电子合成演奏器的制造，激光技术在印刷和舞台演出中的应用等等。这些部门与文化艺术事业共存共荣，它们的发展首先取决于文化艺术生产的发展和繁荣。

在现代社会生活中，文化艺术已经成为广大人民群众须臾不可缺少的精神食粮。它的作用和影响已遍及社会的各个角落。在各行各业都结合自身工作的实际，建立部门管理科学的今天，我们在总结文化工作经验的基础上学习，借鉴现代管理科学的基本理论建立文化艺术管理学就已经是势在必行的了。

二

文化艺术事业是我国社会主义建设事业中的一个重要组成部分。文化艺术事业的发展被纳入了国民经济建设和社会发展的整体规划之中。在我国，它是被当作国家大事来抓的。广大文艺工作者和管理人员也都是兢兢业业地在这块园地上耕耘着，许多人把毕生的心血都献给了这一事业。但是无需讳言，今天我们的文化艺术产品的生产无论质量、品种还是数量都还不能满足群众的需要，并且远远低于今天丰富多彩的社会生活以及科学技术和经济条件（尽管国家对文化艺术的投资还较低）所提供的可能。这其中当然有种种复杂的原因，比如“四人帮”的干扰破坏，过去很长一段时期内极“左”思想的影响等等。但是，长时间以来我们文化艺术工作的管理方法落后，不善经营，在新的形势下又没有及时学习和汲取现代管理科学的新思想和新方法为我所用。应当说，这是一个重要的、关键性的原因。

现代管理科学理论是上世纪末、本世纪初首先出现在美国的。当时，美国的科学技术已经相当发达，生产的社会化也达到了很高的程度。1900 年，美国有人口 7600 万，其中职工人数就 2700 万。但是由于企业管理水平落后，美国经济的发展和企业中劳动生产率的提高受到了很大的限制，许多工厂的实际产量都低于定额指标。这种情况引起了一批同企业管理有关而又具有科学技术知识的工程技术人员和管理人员的注意。他们进行各种试验，努力把当时的科技最新成就尽快地应用于企业生产之中，以便大幅度地提高劳动生产率，从而形成了一套“科学管理”制度。其中有许多杰出的代表，他们都在管理实践的基础上，创造了各自的管理科学理论。像美国泰罗的“科学管理”理论，法国法约尔的管理理论和德国韦伯的行政组织体系理论等。到了本世纪二十年代，又出现了企业管理中的行为科学理论。经过了几十年的发展，到第二次世界大战结束时，随着世界经济的不断高涨和现代科学技术的飞速进步，管理科学理论得到了进一步的发展，出现了被美国著名管理学家孔茨称为“管理理论的热带丛林”的局面。

虽然现代管理科学理论流派纷纭，但从总的方向来看，他们所要达到的管理目的，他们的管理对象和管理的基本功能还是一致的，亦即对于管理本质的认识是一致的。人们在社会的集体劳动中，既要分工，又要协作。这在客观上就需要进行管理，这种管理主要表现为确定目标、制订方案、组织劳动、指挥和协调各个劳动环节等一系列活动。社会是个复杂的大系统，社会的各个具体部门直至每一个人的生产劳动能力构成了这一大系统中的不同层次的子系统。管理便是联系它们的纽带。这项工作可以对个人的和具体部门的生产劳动能力起放大和创新的作用，因此社会的集体劳动生产能力才有可能超过个人劳动生产能力的总和。由此可见，管理虽然不能直接生产出知识产品或物质产品，但却是在生产过程中决定社会集体劳动能力的关键。在其他条件相同的情况下，管理水平不同，生产能力就大不相同。管理的目的就是要使被管理的子系统最大限度地满足高层次大系统为达到目的而对该子系统的要求。在管理过程中，主要的管理对象应当包括人、财、物、时间和信息。在社会这个系统中，管理通过信息，即各种指令、文件、通知、规定等等，促使人力、财力、设备、材料、能源进行合理的流通。所谓合理的流通就是指流通的种类、数量、方向、速度、效率和准确性的最佳配合。现代社会是一个非常复杂的大系统，各个层次子系统的内部和外部的关系也是多种多样的。因此现代的科学管理必须具备计划和预测、组织和指挥、监督和控制、教育和激励、挖潜和创新这样五个方面的基本功能。

现代管理科学理论虽然是在研究物质生产领域的经济问题中建立发展起来的。但是它对于管理的目的、对象、功能等问题的基本看法也适用于社会一切领域，具有普遍意义。因为任何一项事业的管理都离不开这些基本因素的管理。所以科学研究、教育等等知识生产领域也都根据自身的特点，相继建立了现代科研、现代教育管理科学。

我国的文化艺术事业是由国家统一领导、指挥和协调的。其规模不亚于科学研究和教育事业。除自身的特点外，文化艺术部门也存在着共同性的管理问题。但我们文化艺术事业中的许多部门至今还在沿用陈旧的管理方式，诸如旧戏班子的管理方式、战争年代文工团的管理方式、五十年代从苏联全盘照搬过来的管理方式，甚至还有个别的中国封建社会统治者管理文化艺术的方式。其中一些管理方式在过去某一个特定的历史时期曾经起到过有益的作用。但是，与我们今天文化艺术事业的性质、规模和所面临的复杂局面相比，这些管理方式就显得非常不适应，不协调了。由于没有科学的管理理论做指导，使我们文化艺术事业的内耗增加，直接影响了文化艺术生产力的发展。今天文化艺术事业各部门中存在着的组织机构臃肿，人浮于事，工资报酬和产品购销中的“大锅饭”现象，以及由此而产生的艺术水平低劣、上座率下降、票房收入减少、书籍出版周期长、文化艺术服务行业手段单调、质量粗差……如此等等都和我们的管理落后有着直接的关系。

为什么我们一直未能从根本上改善管理方式，用现代管理科学的思想和方法武装我们的文化艺术队伍呢？其原因是多方面的，但最主要的原因却在于我们过多地强调了文化艺术事业的特殊性，而忽略了它作为社会大系统中的一个子系统所具有的共同性。

当然，文化艺术事业是有其特殊性的，而且，在对它进行管理时，也是必须要时刻注意的。文化艺术必须特别重视发挥个人的创造作用。因为作家、艺术家们从事文艺创作基本上是采用一种个体脑力劳动的方式，也唯此才能淋漓尽致地抒发作者本人对生活的真实感受和独到的见解，塑造出动人心魄的艺术形象来。

文化艺术事业的特殊性也还表现在文化艺术产品的分配和流通上。在我国目前的情况下，大部分文化艺术产品，如电影、舞台演出、书籍等等还要以商品的形式来流通。但又有一部分文化艺术活动，如图书馆、博物馆、文化馆、艺术院校等等，它们的劳动成果要基本上无偿地提供给社会。其中只有个别的部门有少量的经济收入，大多数就是为丰富群众的文化生活服务，为生产、科研、教育等其他社会事业提供服务。

此外，文化艺术事业在其部门内部的劳动分工和协作的方式上，在经营方法上也还有许多特殊的地方，这里就不一一述说了。

但是，我们在注意到文化艺术工作的种种特殊性的同时，还必须看到，在确定目标、制订规划，在对人、财、物、时间和信息进行管理，以满足实现目标的条件等等这样一些基本活动方面，文化艺术事业与社会其他事业是有共同性的。因此，现代管理科学理论对文化艺术事业的管理实践也是有指导意义的。

从目标管理来看，现代管理决策科学认为，确定目标的第一步应当是发现问题。所谓问题就是应有的情况和实际发生的情况之间出现的差距。文化艺术事业是我们整个社会主义事业中的一个有机组成部分。在当前，其首要问题是如何以自己的艺术产品来满足人民群众日益增长的精神文化生活的需要。这与当前对我国社会主义建设存在的主要问题的分析和确认是基本相符的。当然，在不同的层次上，情况也有所不同。就我国的具体情况来看，经过二十多年的实践（包括严重的挫折），我们确认了在社会主义改造基本完成之后，国内的主要矛盾已不再是工人阶级和资产阶级的矛盾，而是人民群众日益增长的物质文化需要同落后的社会生产力之间的矛盾。所以，今天党和国家进行工作重点转移，确定了振兴中华，实现四化这一决策目标。这是最高层次问题的判定。虽然不同层次的问题有不同的判定，但下一层次决不可与上一层次相抵触。这是管理决策科学在发现问题、确定目标这一阶段上的一项重要原则。应当说，文化艺术事业对自己总的问题的判定是与党和国家的基本方针相一致的。但是，文化艺术事业内部的具体行业或部门对自己这一层次问题的发现和目标的确定则还必须进行科学的决策，否则就会处于一种茫然和偏颇的状态。比如发展电影事业的问题。一方面，现在几乎每个省都建立电影制片厂。而另一方面，我们的电影又远远不能满足人民群众日益提高的欣赏要求。这个问题的关键在于我们的电影质量不高，而数量的多少则是其次的问题。因此，正确的管理决策应是下大力气把骨干电影厂的生产质量搞上去，而不应是盲目建设新厂。如果把建新厂作为我们电影事业发展的战略决策，那么这一决策贯彻得越彻底，效率越高、出片越多，恐怕离我们的满足人民群众日益增长的精神文化生活需要这一根本目标就越远。如果我们文化艺术事业的各个部门、行业中经常出现决策性错误的话，我们事业的根本目标就将落空，并将直接影响我们富国兴邦的基本方针的实行。

现代管理科学对于人这个管理中最活跃的因素是极为重视的。人不仅是重要的管理对象，还是管理的手段和工具。前者指的是生产人员，后者指管理人员。

现代管理科学对人的管理的认识也是有个发展过程的。最初，以泰罗为代表的"古典管理理论"认为："人们有一种贪图轻松的自然本能和倾向。……一般人不问属于哪一阶层，在工作的时候都有放慢速度，尽量省力一些的倾向。"多数人觉得劳动是一种惩罚，所以厌恶工作，逃避工作，只是因为生理要求和安全要求的驱迫才去工作；绝大部分人没有责任感，没有抱负，不愿意接受别人的指挥和领导。因此对工人应当惩罚，驱使和监督，只有这样，才能提高工作效率。可见，这种理论是以对人的严格管理著称的。它在19世纪末、20世纪初的企业管理中曾经起过重要的作用，并且对以后的管理理论的发展也有深远的影响。但是，这种理论把人看成机器的一部分，看成是金钱的奴隶，引起了工人的不满和反对。随着工业生产的发展、科学技术的进步和工人文化水平的提高，原来仅仅依靠金钱刺激的办法逐渐不灵了。需要新的管理理论来支持资本主义工业的发展。在这种情况下，本世纪二十年代由美国著名的霍桑实验发展起来的行为科学的管理学派也就应运而生。行为科学的管理理论认为，严格的管理限制了人的积极性，而只有激发人的动机，调节企业中人和人的关系，对企业管理者量才使用，讲求工作效率，进行正确的决策，以及研究战略目标，才能提高生产效率。行为科学的研究领域非常广泛，其中特别重视对人的需要、动机和激励问题的研究以及对企业管理中人性问题的研究。同时，行为科学也注意到企业中非正式组织的问题及其对人际关系的影响，还有关于领导方式等等问题。虽然从根本上讲，行为科学的理论也是为资本家攫取更多的利润服务的。但是，它也从各个方面研究了人类行为的规律，特别是研究了领导者和被领导者行为的规律。前面讲过，文化艺术管理的特殊性首先表现在它对人的管理的特殊性上。文化艺术事业管理必须注意发挥作家、艺术家的个人创造能力。这是因为我们几乎所有的文化艺术产品的生产都是以个人创造活动为基础的。电影、戏剧、歌舞、书籍等等都是文化艺术生产部门在作家、艺术家个人创造的基础上进行了不同层次、不同规模的再创造而生产出来的。因此，关于个人的需要、动机和激励问题的研究就是文化艺术管理中一个很重要的课题。人们的行为是由动机支配的，而动机则决定于人们的需要。人的需要在动机的激发和行为的调节中起着原动力的作用。这种需要一般包括生理需要、安全需要、社交需要、自尊需要和对工作胜任并取得成就的需要。在我国目前的条件下，我们可以统称之为物质生活需要和精神生活需要。

在各项管理工作中，了解人的需要，是为了有计划地设置目标，把组织的目标和个人的需要结合起来，引导人们实事求是地处理两者之间的关系，挖掘人的潜力，把工作搞上去。有效地控制需要，才能发挥激励的效果。结合文化艺术工作的实际经验来看，我国的作家和艺术家们一般把对工作胜任和取得成就的需要放在首位，看得较重。“咬得菜根，则百事可做”者在他们之中不乏其人。因此，文化艺术部门的管理者就应采取措施，积极、主动地去放大这种需要产生的激励作用。吃、喝、穿、住、行等等物质生活的需要是人们从事精神活动的基础。如果物质生活长期得不到改善，就会降低以至泯灭高层次需要所产生的激励作用。在我们文化艺术工作中，这方面的问题不少。比如，社会主义的分配原则是按劳分配，即按照个人为社会创造的价值来分配。那么，从事社会主义文化艺术财富创造的人，他的分配所得份额也就应当按照这一标准来确定。但是，在目前的情况下，确定文化艺术财富的社会价值及其公平合理的分配制度的工作一直没有完成，致使分配中存在着严重的平均主义现象。这实际上已经制约了激励作用的发挥，阻碍了艺术生产力的发展。

文化艺术管理中要注意发挥个人的创造力，还表现在目标设置的水平上。具体地说，就是在我国当前进行体制改革的社会大背景下，我们应该给作家、艺术家个人以更多的自主权，即从政治上保证创作自由之后，再从体制上予以保障。这就要求我们每一个文化艺术部门在设置目标时，上与社会发展的总目标保持一致，下给作家、艺术家们一个更加广阔的天地。

今天，文化艺术事业已经是一个有着较为复杂的分工与协作的集体劳动领域。分工与协作需要管理、产生管理，复杂的分工与协作更需要与之相适应的现代科学管理。目标管理和人的管理只是整个文化艺术管理体系中的一部分。就目前我国文化综合管理部门的分工来讲，还有规划、计划、财、物等等的管理。这些管理机构是文化艺术生产的指挥和后勤保障部门，他们管理水平的高低直接影响着文化艺术生产力的发展水平。因此，首先在这些部门建立管理学，将会为在整个文化艺术系统中建立管理学打下较为坚实的基础。社会主义文化艺术事业中的各个行业都需要有针对各自部门不同特点的管理理论科学，如电影管理学、舞台演出管理学、出版发行管理学、群众文化管理学、艺术教育管理学和图书馆、博物馆的管理学等等。这些管理科学是文化艺术管理学中更高的一层阶梯，需要各行各业中的专家们做出努力。

三

理论是实践经验的总结、概括和提高。管理理论是在总结管理实践经验的基础上建立起来的。建立文化艺术管理学也同样需要总结管理文化艺术工作的经验。这一点对我们来说具有重要的意义，这不仅仅是因为我国文化艺术事业的发展具有很鲜明的民族性和阶级性，将来的发展也要以此为基础。更深刻的原因还在于我国是由国家全面管理文化艺术事业，并把它的发展列入了国家发展的总体规划之中，有些国家的情况虽然和我们的情况有相似之处，但因为种种原因目前还不能直接从他们那里得到太多的，有价值的东西。而在现代管理科学的发祥地西方资本主义国家里则很少由国家全盘掌握文化艺术事业。大部分文化艺术行业、部门都由私人经营，奉行资本主义商品经济规律。因此建立我国的社会主义文化艺术管理学首先就要认真总结我们自己管理文化艺术工作的经验和教训。这是我们建立文化艺术管理学的现实基础。

一切管理，当然也包括文化管理，都具有两个方面，一是由共同劳动而产生的管理，一是由占有生产资料的阶级为维护本阶级的经济、政治利益而产生的管理。我们要建立的社会主义文化艺术管理学是管理科学体系中的一个分支，同时也应是马克思主义文艺科学体系中的一个组成部分。列宁在谈到泰罗制时曾指出：“资本主义在这方面的最新发明——泰罗制——也同资本主义其他一切进步的东西一样，有两个方面，一方面是资产阶级剥削的最巧妙的残酷手段，另一方面是一系列的最丰富的科学成就。”泰罗本人在论述科学管理的基础时也说：“有些雇主，他们对工人的态度是试图用最低工资换取工人最大劳动。我们希望他们懂得，采取一种较为开明大方的政策将能够帮助雇主赢得更多的利润。”西方现代管理科学理论确实是有它科学地揭示了社会劳动过程的规律，因而成为人类文明的宝贵财富的一面，同时又有维护资产阶级利益，“为掠夺而管理”“借管理来掠夺”的一画。因此在学习和借鉴现代管理科学理论和国外文化艺术团体中一些具体的管理方法时，要注意结合我国文化艺术工作的特点和实际，不能扭转我们文化艺术工作的“两为”（为人民服务，为社会主义服务）方向。

文化艺术管理学将是一门融合多种学科的边缘科学。它与现代管理科学，文艺学有着密切的亲缘关系。它还要吸收心理学、人才学的研究成果。因为文化艺术管理离不开对人的管理，而心理学、人才学也是以人为研究对象的学科。它们各自从不同角度去研究人及其活动的规律。例如心理学要研究人的行为，动机及相互关系。文化艺术管理学则将要在此基础上侧重研究对人的行为的控制、引导与组织，进而对人的动机进行测定管理。而人才学则是研究人才的发现与培养方面的规律的。文化艺术管理学则将非常重视文艺人才，文艺管理人才的规划与使用及如何组织对人才的系统培养问题。目前文化艺术部门的各级管理者对这些学科理论比较生疏，这就要在管理工作的实践中，努力学习，掌握这些必备的知识，真正有力量担负起对文化艺术事业进行科学管理的重担。

我国的社会主义文化艺术事业经过三十多年的发展，已经具备了一定的规模，全国专业从事这项工作的职工已有120多万人。虽然从我国是个十亿人口的大国这一点来看，这一规模还相当不够。但是可以预见，随着国家经济力量的增强，按照建设社会主义的大略方针所制订的目标，在我们建设具有高度物质文明和精神文明的社会主义国家的过程中，现代科学技术将逐步从工业、农业中解放出大批的人力充实到文化艺术事业中来。大量的新技术，新装备也将源源不断地输入文化艺术领域，丰富和扩展文化艺术的表现手段。我们文化艺术队伍将会有几倍、几十倍的增加。可想而知，文化艺术管理工作将会更加艰巨，对文化艺术管理学的要求也会更高、更迫切。对于形势的这一发展趋势，我们必须做好充分的理论准备。

（选自《文化管理》1985 年第 1 期）

论市场文化的管理

邓焕然

一、市场文化的特点

所谓市场文化，就是人们为谋取收入而在市场上提供一定消费服务的各种文化活动（包括个别的体育项目）的统称，许多地方名为社会文化，但是社会文化外延较广，包罗万象，为求准确，本文以“市场文化”名之。从广州的情况来看，它大致包括音乐茶座、舞厅、桌球室、小报书摊、音像制品、部分轻音乐、民间艺人表演等。为了满足科学管理的需要，笔者主张把这些项目作为一个整体、一个系统加以考察研究，以把握其规律和特点。

市场文化作为一个整体，属社会意识形态，它的所属项目各具特征，但是又有共同特点。市场文化的特点是：社会性、娱乐性、商业性。

社会性：这是市场文化固有的广泛社会基础的反映。首先它表现为经营多元化。市场文化已完全冲破文化部门独家办文化事业的老框框。在广州经营音乐茶座、舞厅、桌球等活动的单位遍及社会各个行业，如旅游、服务、园林、商业、工业、农业、航运、科技、教育、机关、民主党派、军队、工会、共青团等。国营、集体和个体一齐上，据不完全统计，广东省由部门集资兴办的游乐场、音乐茶座、舞场等文化娱乐场所共达四五百处。这种社会化的经营正向着多元化、多层次、多渠道的方向发展。其次表现为活动群众化。市场文化活动吸引了不同年龄、不同职业、不同习惯、不同教养程度的群众，其人数之多几乎超过国营剧场容量的总和，如广州主要的十间剧场，同一时间仅能容纳一万四千人左右，但五十六间音乐茶座、一百二十间舞场，每晚却能吸引两万多群众，月活动人数近七十万人次。

娱乐性：这是市场文化的一个显著特点。市场文化能满足人们消遣松弛的需要。人们在一天紧张劳动之后，在生理上、精神上都需要松弛一下，无论音乐茶座上节奏明快、轻松活泼的流行歌曲，还是舞厅的交谊舞、迪斯科，不管幽默、趣味性的小报，抑或雅俗咸宜的桌球，均能适应广大群众生理上、精神上消遣松弛的需要，同时它还适应新潮流的需要。现代青年常追求新颖，市场文化每一项目的问世，无不适应了青年对新颖的追求心理。从封闭的窗口窥看音乐茶座，确实新得出奇。被银幕上的反派人物所专用的“迪斯科”，现在人们身临其境地自舞自乐，怎会不充满新鲜感？何况，它还适应着青年社交的需要。现代生活不可能是封闭的，青年们尤其需要广交朋友，茶座的高雅舒适，舞厅的友好气氛，桌球室的无拘无束，都为青年交友提供了良好的场所，市场文化正是以其娱乐性的功能，直接或间接地为“四化”建设服务。

商业性：指的是市场文化围绕经济利益而经营。它有四个特点：一是市场文化的经营者为社会提供的都是有偿服务，某些项目还是高消费的服务。一些大宾馆、大酒店附设的音乐茶座、歌舞厅，提供高档的设备、舒适的环境、优质的服务，同时又是高消费的。二是一般收益较高。东方宾馆 1981 年开业之初，年收入已高达 150 多万元（外币兑换券）。当时茶座歌星月收入多者近千元，少的也有三四百元。最近，广州个别歌星应邀到天津等地演出，一晚唱四首歌，报酬三百元。广州个别的报贩头，收入更是惊人，有的转手批发一二十种小报，月纯收入四五千元。三是优胜劣汰；竞争激烈。广州有轻音乐队演出的音乐茶座，鼎盛时期有 20 多家，现在能正常营业的只有 13 家，其余几家或因地处僻角，或因经营不善，或因设备、装修落后，生意不景气，利润锐减而被淘汰。一些早期走红的“歌星”，也因经不起“新星”的冲击而衰落。四是容易发生“精神污染”、“出格”等现象。一部分人片面追求收入，“一切向钱看”的思想比较严重。有意以淫秽的东西去毒害青少年的人不多，但是，为了赢利，不讲职业道德的人却不少。他们以淫秽的录像片去招徕观众，或是以情调极不健康的歌曲和表演去迎合少数观众的低级趣味，或是以情杀、性描写来增大小报的发行量，或是变桌球室为藏污纳垢、聚众行赌之地。这些现象不是个别的。

市场文化商业性特点的形成有其外因和内因。外因是党的开放、改革促进了商品经济的发展，也促进了市场文化系统观念的突破。只注意创作演出，不管经营管理等传统观念和做法，曾经造成了文艺体制僵化，成了束缚文艺发展的桎梏，现在，老观念被打破了。内因是市场文化本身具有价值和使用价值。外因和内因的统一，使市场文化的商品属性得到合理的发展，这是思想观念上的一大进步。

市场文化的社会性、娱乐性和商业性是互相联系、互相作用的。娱乐性和商业性则是最基本的特点，这两者之间的关系是互为条件的。没有娱乐性，就没有经济效益；反之，商业性又是市场文化存在和发展的必要条件。没有商业性，整个市场文化也难以存在，当然谈不上娱乐性。要获取最大的经济效益，就要充分发展娱乐性的特点，不断开拓新的领域。市场文化就是在娱乐性与商业性辩证统一中获得自身发展的。

二、市场文化的管理

市场文化管理派生于开放后兴起的市场文化事业，起步较晚，管理理论、管理方法都明显赶不上形势的发展，尤其是管理思想尚处于落后状态。因此，必须重视对管理经验的总结，使其理论化。同时也要深入地学习外国的管理经验，洋为中用。

（一）指导思想

多年来，我们对市场文化，要么不管，放任自流；要么一管，就是卡和压，一刀切，管死。主要原因就是指导思想混乱。

市场文化管理的指导思想应遵循什么原则呢？

1. 坚持以马列主义、毛泽东思想与市场文化管理的具体实际相结合。邓小平同志在党的十二大开幕词中指出：“把马克思主义的普遍真理同我国的具体实际结合起来，走自己的路，建设有中国特色的社会主义，这就是我们总结长期历史经验得出的基本结论。”这一基本结论应是我们进行市场文化管理的指导原则。马列主义、毛泽东思想与市场文化的具体实际的结合，就是矛盾普遍性和特殊性、共性和个性的辩证统一。只有坚持共产主义思想，市场文化的管理才不会偏离方向。如果强调市场文化的个性、特殊性，而忽视共产主义思想这一普遍性和共性，那么，市场文化个性中的社会性越广、娱乐性越浓、商业性越强，对社会主义“四化”建设的危害就越大。其次，在结合过程中，共产主义思想这一普遍性、共性应该通过市场文化的个性、特殊性来体现，而不是代替，更不是对个性的否定。结合，应是水乳交融的结合。那种为了宣传共产主义思想而在市场文化领域里空喊革命口号，搞概念化、公式化的一套，不仅是对市场文化个性的否定，也是对共产主义共性的歪曲，是极不可取的。

以马列主义、毛泽东思想指导市场文化管理，关键是树立为市场文化服务的思想。管理就是服务，这是管理的出发点和归宿点。

2. 坚持“放”，加强“管”，正确处理“放”与“管”的辩证统一关系。开放促进管理，管理为了开放，两者关系的辩证统一，是促进市场文化活跃与繁荣的条件和保证。广州市音乐茶座从初期的混乱和毁誉参半的局面到健康发展的经历，正是坚持“放”，加强“管”的指导思想实践的结果。

3. 从实际出发，按市场文化自身的规律、特点去管理。根据市场文化的社会性、娱乐性、商业性的特点，在指导思想上应注意三点：一是坚持市场文化社会办的原则。积极鼓励社会各种力量办文化，只要有利于“四化”建设，政策宜宽不宜严。二是在充分发展娱乐性的前提下，提倡娱乐性与时代性相结合。社会文化的某些项目，如桌球、舞厅之类，主要特点是娱乐性，同时间接地为“四化”服务。而轻音乐的演出，在内容和表演上则可以提倡为振奋人们建设“四化”和爱国主义的热情服务，这是文艺工作者义不容辞的社会责任。对于一些格调偏低、素质较差的品类，则要做好工作，促其提高。三是坚持经济效益与社会效果统一原则。只讲社会效果不讲经济效益的做法是片面的；只顾经济效益而不顾社会效果，乃至有害于社会主义精神文明建设，则是错误的。我们并不反对人们赚钱，锐意改革经营、奉公守法地赚钱，应得到宪法的保护。为此，要引导经营市场文化的所有单位，端正营业的指导思想，坚持为人民服务，为“四化”建设服务的原则。在这个前提下讲求经济效益，增强职业道德，反对“一切向钱看”的营业原则。

（二）政策

广东省委在1981年提出的“排污不排外”、“积极疏导”的原则，经过几年的实践检验，证明具有政策的威力，实际起着政策的作用。

首先它具有鲜明的针对性。随着外来科学技术文化的引进，一些资本主义腐朽的思想文化不可避免地涌入我国各个领域，产生了消极的影响。“排污不排外”就是针对这一现象提出来的，它深刻地反映了我们既反对腐朽资本主义文化侵蚀的立场，又坚持了对外开放的国策。

其次它具有强烈的时效性。“排污不排外”的政策，及时地提出了解决“精神污染”的问题，它将在我国实施对外开放政策期间充分发挥自己的威力。由于执行了这一政策，广州的音乐茶座由混乱状态走向健康发展，众多的舞厅正常营运，桌球、小报的问题初步得到解决。

在市场文化领域内，坚持贯彻执行“排污不排外”、“积极疏导”的政策，是管理工作中的长期任务。

为了更好地贯彻这些原则，在实践中要注意下列问题：

1. 对宣扬淫秽、色情内容的音像制品、歌曲、表演、小报等，要坚决打击取缔，触犯刑律的要绳之以法。因为这些东西是严重的腐蚀剂，能极大地损害群众，特别是损害青少年的身心健康，危害社会精神文明建设，如任其泛滥，我国社会主义制度就有变质的危险。

2. 为了排“污”，必须加强管理。“污”来自两个方面。一方面来自国外的渗入，另一方面来自国内残存的剥削阶级意识。但是，只要加强管理，外来的“污”既能及时排除；国内的“污”也能限制在最小的范围内，乃至逐步消除。

3. 在实行开放的时候，对市场文化某一项目出现不正常现象或看不惯的东西，要作具体分析，取缔、禁止要慎重。要看看那些不正常的现象和看不惯的东西，是不是某一项目的基本属性，它们之间是否具有必然的联系。如，不能因为舞会出现打架现象，桌球室出现赌博，就认为舞会、桌球室会诱发犯罪而加以取缔。因为舞会与打架，桌球室与赌博并不具有必然的联系。不开舞会，不办桌球室，打架、赌博的现象在其他场合同样可能发生。实践证明，加强管理，采取有力措施，舞会内打架，桌球室内赌博，都是能够消除和避免的。

4. 正确对待“模仿”。对待流行音乐、流行歌曲，常出现一些争议。特别是对于“模仿”，争议更大。流行音乐、流行歌曲能否在社会上站得住？只要是有益于人民身心健康和高尚的娱乐要求，就没有理由禁止。我国的流行音乐、流行歌曲起步较晚，大多数属初级形态的品类。它们受港台流行歌曲的影响，出现一些模仿是难免的，许多艺术家的成长都经历过模仿的阶段。流行音乐、流行歌曲为群众所喜闻乐见，具有一定的生命力，因此，对于目前出现的模仿，不要过多指责，更不要草率禁止。只要我们坚持创新与模仿的统一，政策上积极扶持疏导，流行音乐工作者是能够在实践中自我调整，自我完善的。

5. 对无害的、允许的东西要注意数量的比例关系。一种东西在一定数量之内是好的，但超过了量度，就会产生不好的作用。如玩桌球、跳交谊舞，天天玩，通宵跳，就不妥，起码有损身心健康。健康的港台歌曲能给人以乐趣，但是，整晚乃至数月，甚至大多数轻音乐队演出的全是港台歌曲，成了港台歌曲的“代销店”，这就不正常，完全超越了社会主义社会的需要。文化生活要多种多样，丰富多彩，各适其度，力求避免“一窝蜂”。

6. 宣传要实事求是。如对待一些茶座“歌星”，当他们的演出引起争议时，我们从贯彻党的“双百”方针出发，热情给以引导，在舆论上呼吁给他们平等的社会地位，这无疑是对的。但在宣传上要实事求是。现在歌星的思想素质、艺术素质毕竟比较低，演出质量高的极少，有的“红歌星”甚至是亚音盲，许多港澳同胞看了广州茶座上的演出后反映，广州最走红的歌星只不过相当于香港三、四流歌星的水平。宣传过了头，对“歌星”的提高、对社会的影响都没有好处。

今后对“歌星”宣传的标准是否可以考虑这么两条：一条是有自己创作的包括（本团、本地区的）首本曲目，并具有个人独特的风格；一条是具有较好的艺术道德。必须具备这两条才能在社会上给予宣传。

7. 采取积极措施，着力于疏导。指导思想和政策要通过积极措施才能得以体现。几年来，广州市对音乐茶座采取了积极的措施：一是抓学习，提高乐队成员的思想素质；二是抓业务培训，提高演员的艺术素质；三是抓调演与征歌活动。通过疏导，轻音乐得以繁荣，广州的音乐茶座这朵“小花”才得以栽活。

（三）规划目标与管理层次

1. 规划目标

规划是管理的职能之一。无规划目标的管理是被动的盲目的管理。市场文化是社会办的，是国家计划外投资兴办的，怎么能规划呢？一间茶座、舞厅、桌球室，一个轻音乐队，其规模、投资额，管理部门是无法规划的，但是市场文化的各个项目，通过审批、发证、整顿则可从整体目标上进行控制，以达到规划的目的，从而防止失控，避免造成社会问题。

规划，首先应该确定发展的“量”。如茶座、舞厅、桌球、小报就应该确定发展的数量，避免在“量”的方面模糊不清。其次要注意各品类间的比例。具有六百万人口的开放的广州市，音乐茶座办多少就达到饱和点；茶座、舞厅、桌球室之间的比例关系如何，都要通过调查研究做出合理的安排。广州桌球室曾一度赌博成风，原因之一就是盲目膨胀，总体失控。三是规划目标要与管理机构的能量平衡。做到既不保守，也不冒进，既利于开拓，又留有余地。

2. 管理层次

市场文化从总体到各项目的机构，客观地存在层次结构不按层次管理，统由上面一把抓，是主观随意性的表现。按层次管理，可以使各级领导各司其职，各负其责，各掌其权，上级领导不可“越俎代庖”，超越层次，以免造成管理功能的紊乱。

管理层次可具体划分为行政管理层次和单项管理层次。行政管理层次指的是，市、县都可按行政进行纵向分级管理，市级主要负责市场文化全局性的调节、控制、监督。在对实际作充分调查研究的基础上，运用条例、规定等行政方法进行领导。分层管理，关键是“项目”的归属要明确。从审批、发证到日常工作的指导监督都要做到责、权、利一体，归属的问题不解决，无人管理的混乱局面就会产生。为充分发挥市内各级行政机构的作用，“项目”的归属，市一级应抓好重点项目的管理，其余的项目应尽量下放给区（县）和街道。

不论是市和区（县）的行政管理，都要加强公安、文化、工商三个部门的协作，这是市场文化横向管理的三根支柱。要做到市场文化社会管，还应充分发挥市场文化各单位所属机关、团体和部门的积极性，因为它们是引导市场文化走向健康发展所不可忽视的力量。

（选自《开放时代》1986年第1期）

人类应当建立一门崭新的学科——精神经济学

李向民

一、客观存在的精神经济现象

所谓精神经济是指精神产品（包括哲学、宗教、科学理论、科学技术、文艺作品等）的生产再生产活动，它包括生产、传播、消费三个基本环节，是人类社会生活中非常重要的一个方面。试举例说明之：

清朝乾隆年间，曹雪芹花了十年时间创作了小说《红楼梦》，这就是一个精神产品的生产过程，作为劳动者的曹雪芹运用前人积累下来的文化思想资料，通过自己大量的脑力劳动和部分体力劳动．生产出一种精神产品——《红楼梦》。《红楼梦》问世后最初以手抄本形式在社会上流传，后来程伟元把它和他人续写的四十回合在一起，用活字排了两次（乾隆五十六年、五十七年），从而使《红楼梦》由北方到南方广泛流行开来，这实际上就是精神产品的传播过程，即将精神产品通过大量的物质载体而使之广泛地流行于社会的各个阶层和各个领域。人们为《红楼梦》所惊动，对它“爱玩鼓掌”、“读而艳之”，有些青年读者为书中的爱情故事感动得“呜咽失声，中夜常为之隐泣”。这就是我们所说精神产品的消费过程，精神产品通过被阅读、欣赏而用于人们的精神文化生活。

这样，我们就完整地勾勒出作为精神产品的《红楼梦》的生产、传播、消费的全过程。同物质产品的生产过程一样，精神产品的生产和消费往往也是统一在一起的，这突出地表现在精神产品的生产性消费上。还以《红楼梦》为例，《红楼梦》问世不久，就引起了人们研究的兴趣，甚至出现了“红学”来专门从各个方面研究《红楼梦》。在这里，小说《红楼梦》已从精神产品变为一个新的精神生产过程的劳动对象了。

再举一个外国的例子。达尔文随“贝格尔”号战舰作了五年的环球科学旅行，搜集、研究了世界各地大量的物种和化石，同时他也系统研读了前人的各种有关著作，从而提出了生物进化学说，并于1859年完成了举世闻名的《物种起源》一书。这也就是精神产品——生物进化论的生产。作者达尔文运用前人的理论成果，仔细研究物种起源问题，通过艰辛的求证，确立了自己新的理论。《物种起源》第一版发行以后，全部1250册书在一天内被抢购一空。不久，又被译成世界许多国家的文字。这是精神产品传播的情况。作为精神产品的生物进化论，附着在各种文字符号、纸张等物质载体上，得到了广泛的传播。达尔文引起了各界的关注，英国博物学家赫胥黎把《物种起源》一书比作突然给迷途的旅客照亮道路的闪电；革命导师恩格斯则把进化论誉为“十九世纪自然科学三大发现”之一。达尔文学说不仅被生物学用来解释生物起源和演变的过程，而且也为马克思主义哲学提供了自然科学基础。达尔文学说如此得以消费之后，使人类认识前进了一大步。

从以上两例中，我们可以看到：精神经济现象不仅客观地存在于我国，而且伴随着人类的存在而存在的世界性现象。它现实地存在于我们身边：技术市场的兴起、研究开发的长期规划、文化发展战略、青少年中“琼瑶热”之取代“武侠热”、义务教育、人才流动等等，无不与我们的生活息息相关。但这些现象长期以来被人们熟视无睹，排斥在经济学研究之外。

精神经济问题和物质经济问题（指物质产品的生产再生产，相对于精神经济而言）既相联系，又相区别：它们相互联系，使我们有可能把对精神产品生产再生产的研究纳入经济学之中；它们相互区别，又使我们不能简单地以物质经济学的原理来说明精神经济的问题，必须把对精神经济的研究独立出来。

一方面，精神经济和物质经济是统一的，主要表现在精神产品和物质产品都具有大致相同的，从生产到消费的运动过程，各个环节也有着相类似的相互关系。也就是说，从作为经济运动过程或作为产品的生产再生产过程这一角度看，精神经济和物质经济是一致的。

另一方面，精神经济与物质经济之间又存在着相当大的差别。一个是人类精神的物化运动，另一个则是物质自身的运动，它们的差别归根到底是精神和物质这两大基本现象的区别。在具体的经济过程中，精神经济和物质经济的区别则突出地表现在两种再生产过程相对应环节的差异性和经济运动方式的差异性上，精神经济过程本身有着物质经济规律所不能容纳的特殊性。

且以精神产品的生产为例，相对于物质生产而言，精神生产有许多特点。比如说精神产品生产的单件性，任何精神产品对于社会来说都是唯一的，至于社会上流行的同样的一张张画，只不过是同一精神产品与不同的物质载体相结合的具体形式而已，不管这幅画的印刷发行量有多大，其精神内容始终只是一个。物质产品则不然，它可以广泛地应用机器进行重复生产。

精神经济的运动在过程上也同物质经济有不少区别，譬如说精神产品的生产一般按指数函数增长，如恩格斯所说：科学发展的力量“可以说是与从其出发点起的

（时间的）距离的平方成正比的”。据美国有人统计，从1750年起科学杂志的数目每半个世纪增加10倍，这都证明了精神经济活动有其自在的规律，而这些规律一般又是为物质经济所不具备的。

二、精神经济问题亟待研究

研究精神产品的运动特征，揭示其内在规律，能有力地促进社会精神经济的发展，但由于种种客观的和主观的原因，以前一直没有任何一门科学来专门研究这方面的问题。随着社会的发展，精神经济问题必然越来越突出，建立一门专门的“精神经济学”已刻不容缓，这种迫切性主要表现在：

（一）精神经济迅速发展，精神经济问题日益引人注目

首先，世界新的技术革命的浪潮正从太平洋彼岸滚滚而来，新知识、新技术大量涌现，每年要发表五百万篇左右的科技论文和资料，全世界知识总量每七年到十年就翻一番。同时，社会生活日益复杂化、多样化，人类社会不断向纵深发展，从而也引起了社会科学理论的不断发展和文艺作品的迅速增加。

其次，人们的物质生活水平有了相当程度的提高后，要求更好地满足个人的精神生活需要。据统计1983年我国有电影放映队16.2万个，平均每万人口拥有1.6个，比1978年增长33%；每百人有报纸4.2份，每人每年有图书、杂志7.4册，比1978年增长32%和56%；每百人拥有电视机3.5台和收音机21台，比1978年增长11倍和1.7倍。这都说明，我国人民在党的十一届三中全会以后，精神生活水平也随着物质生活的改善而不断提高，精神生活需要的满足已变得越来越重要。

再次，精神生产规模不断扩大，吸引了大批劳动力和资金集中到精神领域。1952年，我国全民所有制单位职工中，共有各类专业技术人员39万人，到1983年已增到1018万人，增长了25倍。其中，工程技术人员增长了20倍，教学人员增长了50多倍，其他专业人员（包括新闻出版、文艺、翻译、财会、统计、律师等）也有很大的增长。而且精神生产者增长的速度要快于物质生产者的增长；平均每万名职工中专业技术人员，1952年为247人，1983年增加到1161人。同时，国家对教科文事业的投资也是在逐年增加的。这些情况都有力地证明，精神经济在人类社会生活中已不再是一个次要的方面，说明和解决精神经济问题有必要提到议事日程上来。

（二）由于以前对精神经济问题的研究重视不够，造成许多严重后果，危害极大

1. 科技、教育体制改革没有能像经济体制改革那样，从理论上进行充分的论证。仅仅从实际工作的得失出发提出需解决的问题，然后根据经验提出改革旧体制的一些设想，这样的改革出台后，固然可以有效地解决原有体制的弊病，但改革后又会同时带来一些新的亟待解决的问题。有人提出在坚持科技体制改革的同时，要划清一些政策界限，以保证改革的顺利进行。其实这一方面反映了某些人借改革之机搞不正之风，假公济私，另一方面也说明我们的改革思想尚未系统化、完整化，缺乏必要的理论阐述，因而人们在改革中不容易准确地把握改革的方向，很可能在实践中脱离党和国家的改革意图。

2. 对世界新技术革命的反应还仅仅局限在以我国和外国的现实情况和将来状况相比较，寻找差距，寻找共同点，然后根据别人的现有水平和发展速度，相应制定我们的对策，并没有能从掌握和利用精神经济规律出发，根据我国的现有水平和发展潜力，设计我们自己的发展道路，这样稍不留意就会不同程度地犯“洋冒进”的错误。例如前一段时间我们一味强调微机运用，迎接第三次浪潮，但由于没有充分认识我们自己的国情，因而带有很大的盲目性。我国现有计算机装机数量已达11万台，而人才增长还很不适应这种要求，软件人员仅有两万人，硬件人员也嫌不够。

3. 不利于文化事业的进一步发展。重视文化是人类进入高级文明社会的必然，也是当今世界发展的大趋势，在我国实现现代化的过程中，文化发展的作用日益重要，已成为整个社会发展的不可缺少的部分。在中国这样一个深受封建文化影响的大国，人的文化心理结构是阻碍经济发展的一个重要因素，从某种意义上讲，这个问题不解决，中国就不能真正走向世界，走向未来，走向现代化。毋庸讳言，我国的文化事业的发展是远远落后于经济建设的，特别是科技、教育、文艺以外的文化工作——如图书馆事业、博物馆事业、出版事业等等更是很少有人过问。这种状况如不改变，后果是很严重的，正如于光远所说：“没有全民族文化素质的提高，整个社会主义经济社会发展就会受到很大的不利的影响。”

4. 对精神产品的生产、传播、消费缺乏正确引导和疏导。在精神领域我们还习惯于用行政命令进行管理，至多也只是经验主义地考虑到精神经济活动的某些特点，始终未能全面地运用精神经济本身的调节机制，来保护和推动精神经济的发展。有时甚至还作出了一些违反精神经济活动规律的决策。譬如我国的书刊发行部门，目前仍以字数作为计算稿酬的依据，这实际上纵容了某些人写大而空的长文章，不利于鼓励人们写短小精悍的文章。再如我国对稿酬超过八百元以上的部分征收个人所得税，这实际上是轻视知识分子的劳动；把知识分子多年的心血当成一个月的劳动看待，这显然是违背精神经济运动规律的。以这样一些不适当的政策和措施，如何能有效地调动人们进行精神经济活动的积极性呢？

这类问题还有许多，这里就不必一一列举了，但以上几点已足以使我们认识到建立一门以精神经济运动为研究对象的精神经济学是何等必要。

三、精神经济学的研究内容

精神经济学是政治经济学在精神领域的延伸和发展。它研究精神产品在生产、传播、消费诸环节及整个经济运动过程中的特殊性和规律性，揭示精神经济和物质经济之间的相互关系，并以其独特的理论体系指导精神产

品的生产和再生产，从而促进整个社会精神文明和物质文明的建设。

我们认为，精神经济学应该是这样的一个理论体系：首先，从人类产品一般中对精神内容和物质形式进行明确的区分，然后，论证精神内容硬化为精神产品，在商品经济社会中又进一步发展为精神商品。精神商品主要是脑力劳动的成果，因而在这里我们有必要对脑力劳动的性质、特点进行全面的分析、考察，接下来再研究通过脑力劳动而进行的精神生产过程。精神产品从生产过程中脱离出来以后，进入传播阶段和消费阶段，通过对这三个阶段的分析，初步弄清精神经济过程各个环节的特殊性，在这样的基础上，再从总体上研究这三个环节之间的相互联系，以及精神经济运动的一般规律。但是如果仅仅停留在这一步，那还是远远不够的，研究精神经济的目的是为了更好地发展精神经济，这就自然而然地把我引向精神生产力问题。另一方面，任何精神经济过程都不是由个人孤立进行的，精神产品将不同地区、不同时代的人紧密地联系在一起，这又形成了特殊的精神经济关系。经过这样层层深入的研究，我们就可以基本阐明精神经济运动的大致情况，这是其一。

如果再后退几步，把目光放得更远一些，我们还将看到，精神经济并不是一个闭关自守的独立王国，它与外界特别是物质经济有着千丝万缕的联系。在人类发展的蒙昧时期，精神生产和物质生产是交杂在一起的，后来历史又把它们从共生状态下拆散开来，于是它们在与对方若即若离的状况下获得了长足的独立的进展。但是即使在这种情况下，它们仍从许多方面相互渗透，互相牵制，最终又以“物质—精神”旋涡的形态共同发展。精神经济推动了物质经济的发展，促进了人类生活质量的提高，它对于整个社会的进步有着不可估量的意义。从理论上说明物质经济与精神经济的这种相互促进、共同提高的关系，揭示其内在联系，这也是精神经济学的重要内容。

在这样的一个理论体系中，我们还必将涉及一些现实的精神经济问题，如脑力劳动者在就业和收入分配上的特殊性、精神经济资源的来源和合理分配、精神经济的国际交往、国家的精神经济政策等等，这些都对我国的精神经济发展有着直接的意义。

通过对精神经济学研究对象的说明，很显然，精神经济学并不是一门部门经济学，它是政治经济学本身的一个组成部分。现在人们所说的政治经济学，主要是研究物质产品的生产和再生产的，实际上是物质经济学。精神经济学和物质经济学共同组成完整的政治经济学。

精神经济学不是对现有人文科学和精神科学的简单糅合。它在研究中固然可以有选择地运用这些学科的既有成果，但它不是由这些成果拼凑起来的剪贴画。精神经济过程本身有其连续性和独立性，各个环节之间也有一定的逻辑联系和时间顺序，精神经济学理论正是反映了这种内在联系，它是对自己独持的研究对象所进行的理性的描述和说明，完全不应该也不可能是从其他学科那里剪接、移植别人现成的结论。正如工业经济学、商业经济学、消费经济学等不能代替物质经济学（即目前人们所指的政治经济学）一样，科学经济学、文化经济学、艺术经济学、教育经济学也不能代替精神经济学，同样，科学学、文艺学、教育学、传播学、人才学、社会学也更不能取代精神经济学的特殊作用。这些学科或者是精神经济学的分支学科，或者是精神经济学的邻近学科，它们都有利于我们深入地开展精神经济学的研究。

社会历史的发展客观地要求建立这样一门“精神经济学”，另一方面，又为现实地建立这样一门新学科提供了充分的理论和实践条件。

四、建立精神经济学的理论和实践依据

精神经济学是人类思想文化的逻辑发展和社会实践的历史发展的必然结果。从理论上看，上述精神经济学的分支学科和邻近学科的建立和发展，特别是科学的马克思主义物质经济学的高度成熟，这都给建立精神经济学创造了良好的理论背景。但精神经济学更重要的是建立在以下两点基本认识之上的：

（一）对唯心主义的历史作用的正确评价及充分估计精神活动的作用，为建立精神经济学提供了哲学依据

我们认为，唯心主义作为一种本体论自有其荒谬之处，但作为一种方法论和认识论，它对于人类历史和思想的发展，在一定条件下仍能够起到一定积极作用。马克思主义是唯一科学的世界观和方法论，但马克思主义经典作家在强调物质第一性、意识第二性时，也从不贬低思想意识在人类世界中的地位，更不抹杀唯心主义方法论、认识论的进步意义。

主观感受、思想意识在社会生活中的作用尤其突出地表现在文艺创作领域。例如我国传统绘画理论的中心问题——形神论和写意理论的一个主要方面，就是如何处理画家在创作过程中的主观作用，如感受作用（外师造化）、构思（中得心源）、想象（以情造景）、激情（乘兴遣画）、气质、典型化、理想化、意境等，它们都充分肯定了作者主观感受在艺术创作中的重要地位和作用。黑格尔根据其唯心辩证法思想，深刻地指出艺术美的创造离不开精神因素的能动作用，认为“单纯的模仿”那就像一只小虫爬着追大象，是最无出息的艺术爬行主义。

马克思对唯心主义关于主观能动性的思想是高度重视的，认为这方面唯心主义超过了唯物主义。马克思在1845年指出，“从前的一切唯物主义——包括费尔巴哈唯物主义——的主要缺点是：对事物、现实、感性，只是从客体的或者直观的形式去理解。……所以，结果竟是这样，和唯物主义相反，唯心主义却发展了能动的方面……”列宁在研究黑格尔著作时，也特别注意有关能动性的思想，他在《黑格尔〈逻辑学〉一书摘要》中作了许多摘录和批注。他认为黑格尔主张把“观念的东西转化为实在东西，这个思想是深刻的；对于历史是很重要的……那里有许多真理”。

我们肯定唯心主义作为方法论和认识论的积极意义，

实际上是为了进一步说明人类意识在社会生活中的重要作用。我们过去许多人在理解马克思的唯物主义思想时一味强调物质第一性，强调意识从属于物质，但是意识在发展过程中是否就无法独立运行呢？虽然马克思恩格斯在《德意志意识形态》一书中曾说，"精神一开始就很倒霉，注定要受物质的纠缠"，但接着他们也强调指出，"分工只是从物质劳动和精神劳动分离的时候起才开始成为真实的分工……。从这时候起，意识才能摆脱世界而去构造'纯粹'的理论、神学、哲学、道德等等"。也就是说，随着社会的不断发展，精神活动势必要独立于物质世界而越来越脱离物质的束缚，冲向人类自身的内在精神特质。

恩格斯在致弗兰茨·梅林（1893 年）的信中曾指出一些思想家的"一个荒谬观点，这就是：因为我们否认在历史上起作用的各种思想领域有独立的历史发展，所以我们也否认它们对历史有任何影响。这是由于把原因和结果刻板地、非辩证地看做永恒对立的两极，完全忽视了相互作用"。在这里恩格斯实际上强调了：人类的精神经济活动并不仅仅消极被动地受到客观物质的掣肘，它能够有独立的运动，有其独特的运行方式和运动规律。我们不能简单地以物质运动规律概括精神运动规律，同样我们也不能以物质经济问题的研究成果来说明精神经济，取代精神经济学的研究。

（二）对马克思主义经典作家不专门研究精神经济问题的社会历史根源的揭示，为精神经济学提供了经济学依据

由于马克思在《资本论》中没有专门论述精神经济活动，而且他的《资本论》第三卷中还说过："撇开真正的艺术作品不说（按问题的性质来说，这种艺术作品的考察不属于我们讨论的问题之内）……"所以人们很容易产生这样的误解，就是马克思不把精神经济活动纳入到经济学研究中来，认为精神活动不存在经济过程，而仅仅是一种可望而不可即的幽灵般的对象性。其实不然，马克思撰写《资本论》有其特定的时代背景，我们不能以今天的现实生活削足适履地硬要符合一百年前马克思主义经典作家的某些具体论断，而不敢根据马克思主义的基本原理，实事求是地对马克思主义学说进行全面的研究。

我们认为，马克思在其最主要的经济学著作《资本论》中之所以撇开精神经济活动有以下几方面原因。首先，马克思认为意识要素在文化史上只起从属作用，因此以文化本身为对象的批判，不能以人类意识的某种形式或结果为依据。这种批判的出发点，不能是观念，而只能是外部的现象，归根到底是社会生产关系。所以，在马克思看来要揭示社会关系就必须而且只能从社会存在的根本基础——物质生产入手。这一方面是和他的历史唯物主义观点一脉相承的，另一方面也是和当时无产阶级的革命实践紧密联系的。马克思曾批评"哲学家们只是用不同的方式解释世界，而问题在于改变世界"。认为"哲学把无产阶级当做自己的物质武器，同样地，无产阶级也把哲学当作自己的精神武器，思想的闪电一旦真正射入这块没有触动过的人民园地，德国人就会解放成为人"。《资本论》非常明显地反映了马克思进行理论研究的党性。而要达到其写作意图，马克思只有从社会存在和发展的基础——物质资料的生产和再生产着手。"资本主义社会必然要转变为社会主义社会这个结论，马克思是完全而且仅仅根据现代社会的经济运动规律得出的。"正因为如此，马克思的社会科学研究就只能围绕着物质经济这个问题来展开，在这样的情况下，马克思不专门研究精神产品的生产和再生产问题也是不难理解的。

其次，从马克思所处的时代看，英国由于工业革命的完成和机器的普遍使用，以及国内外铁路建设的大发展，造成了十九世纪五十年代以后的工业高涨时期，物质生产较以前有了突飞猛进的进展，从而在物质生产领域最早、最明显地暴露了资本主义的种种弊端，深刻地反映了资本主义的基本矛盾，因此马克思从物质资料的生产与再生产入手剖析资本主义的经济制度显然是颇有见地的。

再次，从另一方面看，当时社会精神生产活动虽已有所发展，但仍然发展缓慢，在社会生活中不居重要地位，而且精神生产各部门发展也不平衡。距离物质生产比较近的经验自然科学取得了一个个辉煌的成果，气体力学、有机化学、胚胎学、地质学、比较解剖学等新学科纷纷建立，尤其是著名的十九世纪自然科学的三大发现，它们在当时都直接或间接地有力推动了物质生产和自然科学研究的发展。离物质生产较远的哲学社会科学、艺术等虽然在此期间也曾出现过一些大家，但终究未能对物质生产从而对整个社会产生深广的影响。所以总的说来，精神生产和精神生活还没有在社会中达到较高地位。特别是当时物质资料生产尚不发达，而人类精神需要是建立在物质需求得到基本满足的基础上的，它的水平和规模也就要受到物质需要满足程度的制约。所以，尽管当时精神生产的某些部门已相当发达，但人们的精神生活仍处在较低层次上，当然不可能引起人们足够的注意。精神生产和精神生活不发达是马克思未专门研究精神经济问题的客观历史原因。

以上我们可以看出，马克思主义经典作家不涉及精神经济问题有其历史的、社会的原因，从本质上讲，精神经济学不仅不违背马克思主义经济学的基本原理，而且恰恰是马克思主义理论在新的社会条件下的合理延伸。另一方面，我们还应该看到，理论的发展有其自身的逻辑过程，一门新学科的产生也必然有其理论来源。精神经济学同样是建立在前人理论研究成果之上的，历史上有许多哲学家、经济学家等等曾在各自的领域内，对精神经济问题作过一些甚至是比较深入的探讨，如亚当·斯密、让·巴·萨伊等经济学家都在研究非生产性劳动问题时，顺带地研究了一些精神经济现象，特别是马克思、恩格斯在他们的著作中研究了精神经济的许多方面问题，他们在《德意志意识形态》一书中的许多论述对我们今天的工作仍具有指导性意义。在马克思主义精神经济学研究中，我们必须充分重视前人的研究成果，根据新的时代要求，作出进一步的系统理论探讨。

（三）理论的发展体现了实践的发展，近百年来人类精神经济的发展，为研究精神经济学提供了可靠的实践依据

精神经济学的建立是人类文明发展的必然结果。根据著名心理学家和行为科学家马斯洛的人类需求等级论，一般来讲，人的各种需求按其重要性和发生的先后次序可排成一个需要等级：

第一，生理上的需要；第二，安全上的需要；第三，感情和归属上的需要；第四，地位或受人尊敬的需要；第五，自我实现的需要。

我们从这个需要等级中可以很清楚地看到，人类的需要从物质需要开始不断发展，并不断远离物质需要，而趋向于另一种本质截然不同的需要。也就是说，人们总是企图在摆脱各种物质力量的束缚后，实现精神上的最大限度的自由、自主。同样这种过程也是和人类社会的发展进程历史地交织在一起的，人类历史就是一个逐渐摆脱盲目的必然性的束缚，由必然王国向自由王国发展的过程。人们的需求能否顺利地过渡到较高梯级，主要取决于以下几个方面：1. 物质生产、生活的发展水平；2. 精神生产的发展状况；3. 大众传播媒介的普及广度和深度；4. 闲暇时间的多少。这四方面因素在今天均已得到了不同程度的发展。这一点在前文已有所涉及，但在此仍有必要从另一角度加以阐释。

首先看物质生产、生活的发展水平，我们以美国为例。有关材料表明，美国按现行价格计算的国民生产总值，1940 年为 997 亿美元，1950 年为 2848 亿美元，1960 年为 5037 美元，到 1970 年则进一步达到 9741 亿美元，可见发展速度是很快的；农业到七十年代初，美国仅余下三百万个农场，但其效率很高，它们生产一切国内消费和农业出口的农产品，一个农业工人 1950 年以其产品供应十五个半人，而 1972 年则供应 52 人了；同时美国人民物质生活水平也有了很大的提高，按人口家庭消费（以 1958 年美元不变价格计算），从 1950 年的 1250 美元上升到 1974 年的 2548 美元，增长了 68%，而且 99% 的家庭都使用有线电，80% 有一辆或多辆小汽车，98% 有洗衣机，每个有电线的家庭至少有一台电视机和电冰箱，这就为人们进行丰富的精神生活提供了物质基础。第二，近三十年来人类的精神生产有了较大发展，据统计，有了计算机以后的近三十年来积累了人类有史以来 90% 的科学技术知识，而且文艺作品的量也迅速增长起来。第三，图书，报刊、广播、电视等大众传播工具也在迅速渗透，我国图书出版数由 1950 年的 2.7 亿册猛增到 1983 年的 5.8 亿册，杂志发行量由 1950 年 0.4 亿册增长到 1983 年的 17.7 亿册，报纸发行量也由 1950 年的 8.0 亿份增加到 1983 年的 155.1 亿份。传播媒介的发展使人们获得新的知识、丰富精神文化生活有了物质可能性。第四，闲暇时间增多。随着工作日的不断缩短，人们的闲暇时间大量增加。美国 1950 年到 1973 年间，每周工作 35 至 40 小时的全日非农雇员占全日非农业劳工的比例，从 83.6% 下降到 72.5%，零售贸易部门的平均工作周显著降低，从 1947 年的 40.3 小时降到 1975 年的 32.4 小时，而且增加的闲暇时间，大都采取附加福利方式：较长时间的带薪休假，更多的带薪节假日和病假。此外社会保险和私营抚恤金激励了提前退休，从另一方面又增加了工作人员的平均闲暇时间。目前不仅是闲暇时间增多，而且个人用于闲暇生活的开支也有较大增长。美国用于个人娱乐的总费用从 1950 年的 111 亿上升到 1973 年的 523 亿美元。人们利用逐渐丰裕的闲暇时间，充实个人的精神生活，追求个人的全面发展，从 1980 年苏联男职工闲暇时间使用情况的构成来看，每周有 1.4 小时用于学习、提高业务水平和社会工作，1.9 小时用于看电影、上戏院、听音乐会，15.4 小时用于观看电视和收听广播，6.1 小时用于阅读书报杂志，以上几项占总闲暇时间 35.1 小时的 70.6%。

从上述材料中，我们可以看出，精神生活在人们日常生活中的地位在不断上升，迅速发展的精神经济正有力地冲击着人类社会的各个方面，大量的精神经济现象更难以抑制地向人们透露出内在的经济特征和运动规律。既然历史给人们提供了揭开精神经济内幕的机会，那么，当代的思想者们就应该责无旁贷地肩负起研究精神经济学的重任。

五、建立精神经济学的现实意义

通过以上几方面分析，我们认为及时建立一门以精神产品为核心，以精神经济活动为主体的精神经济学具有较高的理论价值和深远的历史意义。而且通过精神经济学的研究，我们还可以进一步完善今天的社会，这种现实意义主要表现在以下几个方面：

第一，可以从理论上进一步阐明物质文明和精神文明相互促进、共同发展的原理，要求我们在建设社会主义现代化时，两个文明一起抓，促进社会的繁荣。

第二，可以揭示精神经济活动的各种规律，指导人们更好地进行和参与精神经济活动，提高精神生产力和人民精神生活水平。

第三，通过具体研究证明知识和人才在社会发展中的重要作用，社会要能得到迅速、健康的发展，就必须尊重知识，尊重人才，为科技、教育体制改革提供理论论证。

第四，精神经济学还可以具体地帮助我们搞好宏观精神经济控制和微观精神经济管理，制定适应新时代要求的文化事业发展战略和发展计划，从而更好地协调生产、传播、消费的关系，促进我国社会主义精神经济稳定、均衡发展，并进而带动社会物质文明建设和全民族科学文化素质的提高。

总之，建立精神经济学是人类自身发展的内在要求，也是社会潮流的必然趋势。今天我们已具备了建立这门新学科的理论和实践的可能性，完全应该顺应这种时代要求，及时建立精神经济学并使之不断完善和发展。

（选自《江苏商专学刊》1986 年第 3 期）

用战略观点推动文化事业的发展

高占祥

树立四个观点

强调观念更新的重要性和先导作用。如果把文化发展战略比作一条船，新的文化观念就好比船上的帆。我们要树立文化开放观念，文化市场观念，文化竞争观念和文化经营观念。当前，文化开放远不如经济开放，还处于“犹抱琵琶半遮面”、欲开文门门半开的状态。排污不排外的口号，在提出的当时曾起过一定的积极作用，但现在看来有些消极、被动，因为它立足于“排”而不是立足于“引”。开放的关键是扩大对外文化交流，这方面还应当更积极、更大胆一些，尤其是出国商业性演出，可以放开手脚，大干一番。开放中出现的问题只能在开放中解决，要努力做到兴利防弊。确立文化市场观念是文化事业发展中带有全局性的大事，我们主张精神产品面向市场，立足市场，接受广大消费者的检验和裁定。优胜劣汰，适者生存，只会给精神产品的生产带来蓬勃生机和无穷活力，最终完成文化市场领域中由卖方市场向买方市场的过渡。当然，精神产品还有其自身的特殊性，除依靠市场机制调节外，还应适当地运用计划调节和政策调节。要提倡、鼓励和保证文明、公平的文化竞争。竞争是发展的内驱力，有了竞争就会产生压力，压力会变成动力，动力转化为活力。今后文化事业经费不应用来支持竞争中的无能者，社会主义商品经济的社会环境，要求我们开拓两个市场（国内、国际），获取两个效益（社会效益、经济效益），服务两个文明，掌握两大本领（懂文艺，善管理）。为此，必须改变“文不经商，士不理财”的旧观念和避免“大锅饭”的弊端，树立文化经营观念，把文化事业逐步从“福利事业型”转化为“经营管理型”，向管理要经济效益，以管理求生机。一切着眼于建设这个基本精神的确立，标志着我们党已由“斗争哲学”彻底转变为“建设哲学”。这无疑应成为我们研讨制定文化事业发展战略的指导方针。

抓好四大建设

从文化事业发展战略总体看，要着重抓好队伍、政策、设施和剧目“四大建设”。文化队伍建设的重点是提高思想道德素质、文化素质和业务素质。要制定有针对性、可行性和简要易行的职业道德规范；要加强艺术教育和文化教育，提高和更新知识，使文化队伍朝着文化化、高知化方向发展。我们既要培养艺术家，也要培养文化事业的经营家、科学家和活动家，“四家合一家，文化才能发家”。文化政策的制定，要本着“宏观指导，微观放活”的原则。我们制定一套开明的文化政策，首先要根据需要和可能逐步制定和完善一些政策，先解决急于解决又能够解决的问题。要进一步加强软科学研究，充实政策研究力量，文化设施的建设首先要把现有的文化设施进一步修缮、使用起来，提高使用率，变单一功能为多功能；要提倡“门户开放”，提倡企业、机关、干部、部队、院校的文化设施向社会开放。同时，要把文化设施建设纳入各地区的总体规划之中。剧团要以剧目建设为中心，剧目建设的目标是出“拳头产品”——尖子戏，编导人员是文艺舞台的台柱子，要重视他们的工作，从各种条件上给予有力的支持，对优秀的编导者要给以精神和物质奖励。文艺演出必须坚持面向群众的方向，为群众服务，特别是为广大农村和边远地区服务。不要把人们的艺术变成“宫廷”艺术，不要把文艺人员变成“供奉”。

完成四项任务

整个文化事业发展战略规划的制定，不是文化行政部门一家所能决定和承担的。但政府文化部门在研讨、制定、实施文化事业发展战略中担负着重要任务。主要任务有四：（1）进行调查研究和科学预测；（2）提出文化事业发展的规划方案；（3）依靠社会各方面力量大办文化事业；（4）为实现战略目标扎实地工作。把握文化事业发展的大趋势是制定文化事业发展战略规划的前提；文化发展战略规划的制定要保持战略思想、战略方针、战略目标和战略措施的一致性；要主动争取各地党委和政府领导特别是“四长”——省长、市长、县长、区长的支持。有“四长”撑腰，各地文化部门的日子就好过了。

（选自1986年12月10日《中国文化报》）

文化管理学研究中的文化视角

金冠军　甄　平

文化管理学是文化研究和管理科学领域内一门日益显得重要的学科。近年来，文化事业和文化交流迅速发展，文化信息空前膨胀，推动着民族文化深层结构的渐进变动。文化管理作为文化事业的一种组织调节机制，已愈来愈为理论工作者和实际工作者所关注。广播、电影、电视、表演团体、出版、文物、图书馆、群众文化等文化部门要在当今社会获得发展，不能不借助于自身管理的不断完善和加强，并在此基础上形成其规律性的总结——文化管理学。

文化管理学顾名思义与文化有关，但在通常情况下，它的研究对象主要是管理。这是因为在文化事业内部，文化管理区别于其他部门的主要标志就是管理。在新中国成立以来的文化管理史上，尽管具体制度、具体措施有着各种各样的变化，但是观照文化管理的两个基本视角没变。

一是政治视角。根本的一点就是党的方针政策对文化管理的领导，这对于保证文化事业正确的发展方向是必需的。但是由于把文化仅当作以政治为中心的社会现象，过多地从政治角度、采用政治方法进行文化管理，也产生了种种与文化正常发展不相适应的情况。

二是行政视角。各个文化事业单位作为一种机构，在行政上必然要受到各种调节和控制，这是不言而喻的。问题在于，行政管理往往通过法令、指令、规章等形式开展，带有强制性和权威性，还不能涵盖文化管理的全部作用。

近年来，随着对外开放、对内搞活政策的实行，文化管理又增添了一种视角，这就是经济视角。其特点是把文化事业当作一种经济活动来看待，突出了文化事业的经济效益，例如讲究票房规律、建立文化经纪组织、文化团体实行经济核算，等等。显然，作为一种非物质生产过程，经济视角的引入确实促进了文化事业的发展。但是，几年来的实践也证明，光讲经济效益似乎也不能解决文化发展的全部问题，有时还带来了一些新的不容回避的消极因素。

由此看来，上述三种视角都有其合理的、必要的一面，但也存在着一些局限，不能只顾一头，不及其余。当前，随着世界范围内“文化热”的兴起，各门人文科学获得了一种新的理论视角。在这种情况下，引进文化学原理，从而在文化管理领域内运用文化视角，有利于拓宽思路，放开眼界，进一步加强精神文明的建设。

文化管理学与文化学的结合，可以从两个向度出发：

一、文化管理作为一种文化形态，其本身就有文化学意义上的研究价值

“文化”是一个含义极为复杂、很难作规范性解释的概念，通常可把它分作广义与狭义两种范畴。建立在广义基础上的文化学，是在各具体学科对文化反省的基础上，进行关于文化总体的、一般的研究的学科。简单说来，它是对文化形态的特有把握方式。它把文化形态看成是由历史发展形成的具有系统性的形态，并且有层次和结构。一种文化形态包含三个层面：（1）物质文化——工具、工艺、技术产品；（2）精神文化——宗教、哲学、法律等意识形态；（3）文化价值系统——风俗、伦理、道德、艺术、行为样式。从文化学的特定背景下来考察文化管理，可以发现它确实具有某种典型意义：它是跨越上述三个层面的一个结构网络。例如从出版管理来说，一本出版物的价值实现，必须经历编辑、印刷、发行三个过程，如果说编辑过程较多反映出精神文化特点的话，那么印刷就是一个物质生产的过程，而发行过程则受到读者社会的价值判断的深刻影响。出版管理则与这三个过程紧密相连。电影制作也是如此，摄制、生产、发行三位一体，不可分割，其管理也就必然同时渗透各个部分。其他如文化经纪活动、艺术团体管理、群众文化管理，也莫不受到精神的、经济的、文化价值系统的巨大影响。

由于文化管理在整个文化形态中占有的特殊地位，在它身上反映出的文化现象也必然是多方面的。

首先，文化管理特别能反映出社会文化的特征。文化管理包含的政策、法令、制度、体制、规划以及人事、组织、财务、经营等方面的具体职能，无不是社会文化形态的深刻反映，其本身又成为特定文化形态的有机组成部分。例如作为目前群众文化之一的经营性舞会的管理，便反映出开放形势下的某种微妙进程：一方面，经营性舞会得到社会和政府部门的承认，近年来获得了较大的发展，大、中、小城市都比比皆是，反映出群众文化娱乐的新要求、新潮流，另一方面，经营性舞会又受到种种限制，从售票制度（不公开售个别票）到门卫制度（门口有保卫人员查巡），从灯光（不能太暗）到音乐（不能太强烈）都有各种具体规定，反映出文化适应的有限与观念上的滞后状态。

其次，文化管理的演变是整个文化演变的一个缩影。现代文化学越来越注重文化形态的变迁历史，即一种文化的内部在时间上所发生的种种变化。《法国大百科全书》“文化”条目中这样写道：“文化演变问题，是人类

学实地考察和理论研究的中心问题。”阐明一种文化的演变过程是研究该种文化的最有效途径之一。而文化的每一个变动，都或多或少地在文化管理上反映出来。有时甚至会出现这样的情况：文化形态的某种变动，只有在文化管理的变动中得到鲜明的表达和具体的说明。这是因为文化形态本身的变迁往往表现为一个渐进的过程，或者是深层结构的缓慢流动，因而难以进行确定的表象把握，文化管理的调整和变动则是文化演变的一种逻辑反应，具有明确的表征性。例如上海某些艺术团体近年来体制不断改革，先是由原来党政不分的领导体制改为团长负责制，之后在人员的构成方式上也采用多种管理模式并存的局面，除了传统的“组织分配模式”之外，又出现了“自愿结合模式”、“聘用制模式”、“名角组团模式”等。以新的管理模式组织起来的演出团体，经济上往往自负盈亏，因此，也促进了文化经济活动的活跃。这种变化应当说是反映出当前文化生活的这样一种动态：艺术活动日益民间化、大众化，更加符合艺术发展的自身规律，同时也突出了经济效益和商业化倾向。

再次，不同地域之间文化管理的差异也是此地域与彼地域文化差异的一个象征或标志。

如果说文化演变是时间上的概念，那么文化差异则是空间上的概念。对文化差异的考察及其比较是文化学的一个重要课题，而文化管理亦是这个课题中可供操作的对象之一。当我们研究两个民族的文化差异时，我们可以从两种不同的文化管理出发。例如我们不但可以从文化制度的根本差别中看出中、美在政治制度、意识形态上的深刻差别，而且还可以从同是社会主义国家的东欧各国与我国在文化管理上的差别，看出不同民族的文化的不同特征。同样，当我们研究同一民族或同一国家内不同地区的文化差别时，也可以从各地文化管理的不同特色中看出端倪。例如，上海人看深圳特区文化管理所具有的“开放”特点有时会感到不理解，而对内地某些地区文化信息的闭塞和管理方式的陈旧落后也同样感到惊异，这其实都可以看作这些地区的文化由于种种历史的、国际的原因而存在着的差别。

由此看来，在文化管理学中运用文化视角将对文化管理产生新的认识，对它的重要意义也会有更深切的感受。而过去只是把文化管理当作单纯的行政管理来看待，对它的理解又只侧重于政治视角的状况，看来是不全面的，也不利于文化管理的发展和文化管理学的建立。

二、文化学原理的引用和渗透，将推动文化管理学的更大发展

文化管理不仅是整个文化形态的反映和有机组成部分，而且其自身的发展还对文化形态的自觉把握有密切关系，过去，文化管理演变的主要依据是文化政策的演变，而对文化形态变化的反应十分迟钝，因而文化管理的状况往往落后于文化发展的客观要求，总是被动地跟在不断变化了的社会文化后面跑，有时甚至成为文化发展的阻力。笔者认为，在建立和发展文化管理学的时候，必须注意以文化学原理加以观照，从而把文化管理与文化形态更加深刻地关联起来。本文粗略地将之归纳为以下三点：

（一）文化管理与文化模式的构成

对文化作出比较现代化解释的结构主义文化学认为，文化形态内部各系统不仅有各自的特性，而且更重要的是相互之间存在着结构关系，它们都存在于统一的文化模式之中，在这个意义上，文化是超越人类个别行为之上并且制约人类行为方式的一种符号结构。美国文化人类学家克罗伯和克鲁柯亨这样说：“文化包括各种外显的或内隐的行为模式……文化体系虽可被认为是人类活动之产物，但也可被视为限制人类作进一步活动之因素。”

文化管理在文化模式构成中的地位，可从两个角度理解：首先，它是文化模式构成的中介。它渗透在文化各系统之中。因而，如果它不与整个文化结构相和谐，便会阻碍文化的发展；反之，如果它与整个文化模式同构，便会促进文化的发展，其道理是显而易见的。其次，文化管理作为文化的外显行为模式，它所包含的政策法令、制度、组织等也应当是一种体系构成，它们之间应当是相辅相成，互相联系的，而不能是相互排斥、相互矛盾的。因此，文化管理具有综合性和整体性的特点。根据这种特点，文化管理在调整、协调各种文化关系时，就应当把对象作为统一的文化事业来看待，就应当考虑各种管理成分的客观和主观的文化条件及其所有的复杂性和矛盾性，同时还要考虑文化事业与社会其他领域之间相互依存性的增长因素，从而使文化管理各种成分相互配套并与整个文化模式同构。

（二）文化管理与文化选择机制

现代文化学表明，某些文化现象之所以会在各种不同的文化复合体中同时出现，另一些文化现象之所以会产生、演变或消失，这是由不同文明的接触产生的文化传播等客观现象所致。随着人类活动范围的扩大，国际交流和交往日益频繁，在社会系统自我调节机能作用下，文化选择势所难免。文化选择推动社会单元和个人的文化日趋合理。在这个意义上，“文化是人类对愚昧的否定过程”，文化“是在不断扬弃愚昧中由愚昧转化而来的”（刘家和：《略说文化》，载《中国文化研究集刊》第二集）。

文化管理在文化选择机制中占有重要地位。因为文化交流过程中选择性受到社会物质文明和文化形态阶段的影响，是建立在文化适应的基础之上的。列维·斯特劳斯在谈论文化适应问题时指出，文化是依据人们思维规律从自然的现实剪影中产生出来的，它产生于不自觉的逻辑反映。F·博阿斯则认为，不宜把文化适应视为与两个民族接触有必然联系的一个过程，而应视为依赖于不自觉的心理因素的一种现象。文化管理可以看作是对这种不自觉状态的一个自觉扬弃和吸收。文化管理所具有的行为样式在很大程度上决定了某种文化现象或因素的取舍。因此，文化管理实质上是文化选择中最重要的机制之一，它对社会能否及时和最大限度地吸收外来先

进文化有着巨大的推动或抑制的作用。对文化管理的这种作用机制进行认识和规定，无疑将有助于增强文化管理在整个文化系统中的地位。

（三）文化管理与文化主体创造性的发挥

在众多的“文化”意义中，其中有一个内涵已得到公认，即文化是区别于“自然和天然”的“人造物”，其本质是创造。一种文化的发达程度与该社会文化主体（团体、个人）创造的自觉性程度成正比。包括汤因比在内的众多的文化学学者都认为，文化就是人类依据自己的能力在与环境作斗争中所创造的成果。

社会文化团体和个人，一方面是作为文化主体而存在，其对社会文化的贡献就在于不断创造符合历史发展要求的精神文化；另一方面它们又是文化管理调整的对象或客体。因此，文化管理的根本目标就是要充分发挥这些客体的创造性。

但在实际情况中，文化管理有时能促进文化主体创造性的发挥，有时则不能起到促进作用，反而成了阻碍这种创造性发挥的因素。这种状况显然与文化管理往往受到传统观念和先验模式的制约有关，而这种观念和模式既有积极的一面，又有消极的一面。在这个意义上，文化主体创造性发达程度，既反映了整个社会文化发达的程度，又体现出文化管理的效能是否积极。

任何管理都是通过对人有意义的“信号”来实现的，这种“信号”是在整个文化背景中形成的。与经济管理等其他管理不同，文化管理的信号系统应更具有弹性，更讲究人的心理适应机能，在这种管理中反映出的文化因素也就更丰富，作用更直接。因而，从有利于文化主体创造性发挥出发，文化管理必须注重科学性。这种科学性既要建立在千百万管理人员长期实践中形成的经验和知识上，更要建立在对人类物质文化和精神文化全部成果的运用上。这里，一方面要密切注意哲学、政治、历史、法律、文艺、宗教、语言、伦理、心理等社会科学的研究成果和发展方向，另一方面又要积极采用科学方法和技术器材。现在，控制论、数学、电子计算机等不仅在经济等物质生产部门被运用，而且也日益运用于文化管理中的预测、规划、信息反馈等工作的过程中，这不能不说是文化管理的一个重大突破，将对文化主体创造性的发挥起到深远的影响。

总之，文化管理学如果忽视文化与管理的关系是不可思议的。而在文化管理学中建立起文化视角，无疑将极大地促进文化管理的现代化和科学的进程，使社会主义的文化事业获得前所未有的发展。

[选自《上海大学学报》（社会科学版）1987 年第 3 期]

论社会主义的文化产业

李建中

经济学是一门扩张的科学，特别是本世纪三四十年代以来，随着社会、经济、科学技术的发展及其一体化过程的加速，经济学和其他学科之间，无不呈现出纵横交错、渗透融合的趋向，不断衍生出新的分支学科和边缘学科。文化经济学就是一门以经济科学和文化理论为基础建立的新兴学科。本文试图以我国文化领域里的经济关系及其经济活动为背景，对文化产业作些初步探讨。

一、文化产业中的精神生产和物质生产

社会主义文化产业是国民经济的重要组成部分，它主要涉及电影、艺术表演、广播电视、新闻、出版、文物、博物馆、图书馆、文化馆等文化部门和企事业单位。与非物质生产领域中的其他部门不完全相同的是，文化产业向社会提供的文化性消费资料，可以分为独立存在的实物形态和以活劳动存在的非实物形态两种形式，而前者又往往兼有精神产品和物质产品二重属性。正如马克思所说：“一切艺术和科学的产品，书籍、绘画、雕塑等等，只要它们表现为物，就都包括在这些物质产品中。”（《马克思恩格斯全集》第 26 卷第 1 册第 165 页）认识这一特点十分重要，这是我们研究社会主义文化产业的基本出发点。

文化产品的二重性是由其生产过程的二重性决定的。与物质生产部门不同，文化产业的产品生产过程，大多由精神生产和物质生产两个阶段构成。例如图书生产，其编辑出版工作包括选题、组稿、审读、加工、发稿等环节，为精神生产阶段。在这个阶段，创作出具有一定思想内容和表现形式的书稿。其印刷装订工作包括制版、印刷、装帧等环节，则属物质生产阶段。经过这个“物化”阶段，一本书稿就复制为成千上万册图书。又如电

影生产，如果说整个电影制作过程主要为精神生产阶段，那么影片洗印（拷贝复制）则就是物质生产阶段。

文化产业中的精神生产阶段和物质生产阶段是相互联系又截然不同的两个阶段。精神生产阶段是文化产品的创作阶段，它以创造性的脑力劳动为主，在经过多次创作后（例如一部影片的问世，不仅包括编剧的创作，包括导演和演员的再度创作，还包括摄影、音乐、剪辑、布景制作、特技等环节的各自创作），为社会提供一个不可比的文化产品。在这里，文化成果所反映出的思想性、艺术性和审美观，表现出它作为社会意识形态的本质特征，因而属于上层建筑的范畴。而物质生产阶段则是文化产品的复制或再生产阶段。借助这个阶段，精神产品物质化，取得了物的外壳。在这里，其生产活动表现为经济过程，其劳动耗费可由社会必要劳动时间来衡量，受制于经济规律，因而属于经济基础的范畴。所以，文化产品从创作阶段看是精神产品，从其“复制”阶段看又是物质产品；从文化生产的全过程看，它是思想内容和物质形式的统一体，是脑力劳动和体力劳动、文化艺术创作和现代工业技术相结合的产物。它集二重性于一身。不言而喻，这里起决定作用的是它的精神生产过程。因为真正决定文化产品本质的，不是它的物质载体，而是它的思想内涵和审美价值。

文化产业是精神生产和物质生产的结合部。文化产品的使用价值体现在精神产品上，而进入流通过程的交换价值则主要体现在物质产品上。这种使用价值和价值分属于两类不同属性产品的特征，为我们正确处理文化部门的社会效益和经济效益的关系，提供了有益的启迪和基本的准则。

一方面，文化产业在其物质生产阶段，必须按经济规律办事，节约使用一切人力、物力、财力，杜绝浪费，力求以较少的劳动耗费获取较多的劳动成果（即使是那些直接提供服务形式的文化单位，也有一个投入产出的问题）。同时，在向社会提供有偿服务时，多数文化产品还以商品形式进入流通，在交换中实现其价值。这就不能不讲成本和盈亏，不能不讲经济效益。

另一方面，更重要的是，文化产业作为社会主义的精神生产部门，又决不能为商品交换的原则所左右，搞“一切向钱看”。文化工作的出发点和落脚点，都必须坚持为人民服务，为社会主义服务的根本方针，坚持质量第一，“力争把最好的精神食粮贡献给人民”，努力提供适应现代生产力发展和社会进步要求的、能够振奋人们积极向上和进取精神的各类文化消费品，以社会效益为最高准则。在这个前提下，努力把两个效益统一起来。

毋庸讳言，文化部门的社会效益和经济效益有时也会出现不一致的情况。其中的缘由是多方面的。如果仅从生产力的角度去剖析，这涉及文化经济的规模效益问题。以出版物为例，一般说来，在现行图书定价标准下，每种新书印刷在二万册以上才有可能盈利。否则，分摊给每本书的成本就会大大超过定价。显然，在这种情况下，一些专业性强、读者面窄、发行量少的专业出版社诸如古籍出版社、原子能出版社等，即使努力经营，也难免亏本。这就提醒我们，在评价文化部门的社会效益和经济效益时，一定要防止把经济效益当作衡量文化部门成绩大小主要标准的错误倾向。同时，对那些社会效益好而经济上不能自立的文化企业，要在税收、补贴、贷款、投资诸方面给予必要的照顾，以促进文化事业的发展。

与文化产业的两重性相联系，文化部门具有经济和社会两重功能。所谓经济功能，包含两个方面：一是指它本身能直接为社会提供多姿多彩的各类文化消费品，构成劳动力再生产所必需的享受资料和发展资料，成为社会总产品的组成部分；二是指它通过各类文化设施和现代化传播手段，提供经济信息，传播普及有益于经济发展的科学技术，实行资源共享，间接或直接地促进其他产业部门的发展。

然而，社会主义文化部门在国民经济中的重要作用并不局限于此。文化部门的突出作用，集中体现在它的社会功能上。它在宣传马列主义、毛泽东思想，宣传党的路线、方针和政策，讴歌社会主义，提高人民群众的思想觉悟和精神境界，树立共产主义信念，激发为四化建设献身的热忱，陶冶道德情操，丰富人们闲暇时间的精神生活等方面，都有着重大的作用。社会主义文化部门的这个功能，不仅是由其精神生产的目的和作为意识形态的本质特征所规定的，而且还是如下两个方面的特点所赋予的：

一方面，文化艺术与政治、权利思想、道德、科学及哲学等其他社会意识形态的不同之处，就在于它是通过具体生动的艺术形象来展现社会生活和反映客观真理。它融思想性、艺术性、知识性、群众性于一体，寓教育于文化娱乐之中，对人们的思想起着潜移默化的教育作用。

另一方面，文化部门中的广播影视等大众传播媒介，凭借着现代化的技术装备，能直接地、迅速地渗入社会的千家万户，缩短了空间距离，提高了新闻宣传的时效性，因而受到人们的青睐。在我国，平均每天有 7000 万人次的电影观众，有几亿人口收听、收看广播电视。其影响面之广，为其他宣传工具所不及。

正因为如此，文化部门对实现社会主义精神文明建设的根本任务——塑造有理想、有道德、有文化、有纪律的社会主义新人，提高整个中华民族的思想道德素质和科学文化素质，为社会主义物质文明的发展提供精神动力和智力支持，发挥着巨大的作用。这正是社会主义文化部门的独特的不能代替的重要功能。因此，必须把文化发展的衡量尺度，放在有利于建立一个保持和谐平衡的社会环境的基点上，正确评估文化部门在国民经济中的地位和作用。

二、文化市场的供给和需求

列宁指出：“哪里有社会分工和商品生产，哪里就有市场。”（《列宁全集》第 1 卷第 83 页）文化产业作为国民经济的重要组成部分，是物质生产发展和社会分工的直接结果；多数文化产品又以商品形式进入流通，通过交换实现其价值和使用价值，这就必然存在着文化市场。

文化市场作为文化产品交换的场所，存在着错综复杂的买卖关系，反映了现实供给和有效需求的矛盾运动。

我国的文化市场，一般由电影市场、图书市场、戏剧市场、文物市场等子市场构成。党的十一届三中全会以来，随着人民物质生活水平的不断提高和精神文化产品的日趋丰富，人们对文化生活需求与日俱增，文化市场空前繁荣。据抽样调查分析，1985 年，我国城市居民家庭直接或间接用于文化消费的人均支出（包括文化娱乐费和购买书报杂志、文娱用品的费用）已占生活消费支出的 8.8%，比 1981 年增长了 95%。在上海，职工每天用于文化消费的闲暇时间已占全部业余时间的 45%。农民家庭人均文化消费支出，1985 年较之 1978 年，也增加了 187%。这表明，“衣食足而思礼乐”，文化消费已经成为我国人民生活中的一个重要的消费领域。然而，从文化产品的供给和需求、生产和消费的相互关系看，文化市场的内部结构正处在深刻的变动中，新问题、新情况不断出现，其突出表现是：

——在电影市场，自 1980 年以来，电影观众出现连年大幅度下降的趋势。1985 年，全国电影观众为 217.6 亿人次，比电影观众达到最高峰的 1979 年下降了 75 亿人次，其中城市下降了 40 亿人次，占 53%，农村下降了 35 亿人次，占 47%。另据对京津沪等十一个城市的调查，1985 年上半年与 1984 年同期相比，放映场次平均下降 20%，观众人次平均下降 25%（其中成都观众人次下降高达 42%）。降幅如此之大，为历年所罕见，以致不少人惊呼“电影危机”。

——在图书市场，从 1985 年春季始，出现了全国性的图书积压和订货萎缩的情况。以浙江为例，这一年末，全省书店库存比年初增加 111.6%，下半年图书订量比 1984 年同期约下降 40%。这一情况一直延续到 1986 年，截至 6 月底，全国存书又比 1985 年底增加 3.9%。

——在戏剧市场，自八十年代初就面临演出不卖座、观众锐减、表演团体逐年下降的不景气状况。这是广为人知的。此外，在音像制品市场，由于年轻人欣赏口味的变化，1985 年也出现了“流行歌曲”录音带滞销的情况。

文化市场中某一类文化产品的兴衰沉浮，有其复杂的原因。用理性的眼光审度其中的症结，大致可以分为两类因素：

基本的、趋势性因素：文化消费领域的拓宽和当代群众审美意识的发展。

文化产品是个结构复杂、层次繁多的观念形态，在社会主义制度下，对它的消费可以“扩大到一方面为社会现有的生产力所许可，另一方面为个性的充分发展所必要的消费的范围”（《马克思恩格斯全集》第 25 卷第 990 页）。因此，随着现代科技的发展和文化消费领域的拓宽，社会文化生活日益丰富，除了传统的电影、戏剧、小说这老三样外，舞会、游艺、绘画、音乐茶座、电子游戏等文化艺术活动的诱惑力不断增长。特别是以电视为主的家用视听手段的普及，对原有各种传播媒介和各种文化艺术形式提出了严重的挑战。竞争和替代出现了，原有的平衡打破了，不仅戏剧失去了大量观众，而且电影也失去了往昔在文化市场上的“霸主”地位。与此同时，当代群众的审美意识有了新的突破和发展，呈现出多样化、多角度、多层次的趋向，其趣味指向日趋活跃复杂，文化需求的选择性增强。因此，随着新兴文化行业的崛起和消费“热点”的转移，必然形成消费者流量的变动，导致传统文化产品消费相对下降的趋势。

短期的、特殊性因素：农村电影市场流通环节的“梗阻”和图书生产的宏观失控。

以戏剧为启端，继之电影、图书等文化产品出现的消费疲软，并非全由消费客体和消费主体方面的变化所引起，还有一些不容忽视的因素，主要包活：①农村实行联产承包责任制后，随着生产经营和分配方式的变化，原来依靠公社、大队集体包场看电影的基础已不复存在，而农村电影的经营管理和有关政策未能及时地适应这种变化，从而产生了“农村富了，八亿农民看电影却少了”的异常现象。②由于图书出版上的宏观失控和管理不力，导致了图书的结构性积压，其积压的类别主要是连环画和以新武侠小说为主的一批质次价高的文艺类图书，以及名目繁多、品种重复的“复习资料”。这种结构上的畸轻畸重，必然带来各类图书数量上的畸多畸少。这也就是当前卖书难和买书难并存的主要症结所在。此外，“双超书”（即定价超过规定幅度、出书超过规定时间）的出现，也在一定程度上压抑了图书市场的需求。

电影、图书、戏剧等主要文化产品市场所出现的不景气现象，程度不同地带来了文化资源的闲置与浪费，甚至危及某些文化企业的生存与发展，造成了许多利益摩擦。然而，这并非什么“危机”，它只不过显示了文化产业增长环境的变化和发展的新机会。只要认真对待，这种困境是可以摆脱的。第一，加强宏观控制，搞好文化产业的结构调整。这种调整，首先应在传统文化行业和新兴文化行业、较高层次的文化行业和普及性娱乐行业间进行，以促进文化系统内部资源的合理流动和重新组合。近年来，不少话剧、戏剧演员参加电影、电视的拍摄，其实质就是文化生产力的再调整。其次是各文化行业内部的调整，例如在出版系统，要在理顺出版、印刷、发行三者比例关系的基础上，着重抓好图书品种结构的调整。一方面要继续填补空白，开拓创新；另一方面要严格控制新武侠小说之类图书的出版，防止恶性膨胀，并坚决制止黄色书画的生产、进口和流传。

第二，改善影院设施，引进和开发电影新技术。从长远看，解决电影观众下降的根本出路，在于实现影院的现代化，以取得高于电视和录像的临场效果。近年来，上海、广州等城市正是从这一基本指导思想出发，自筹资金，努力改善影院视听条件、声光效果和服务质量，使多数影院达到了放映自动化、光源氙灯化、坐椅软席化和夏季冷气化，有的还引进安装了立体声设备，取得了较好的放映效果。1986 年，我国还研究开发了环幕、球幕、超大银幕等电影技术，这必将为电影事业的发展开辟更广阔的前景。

第三，对文化消费要进行正确的引导。解决文化市场的供求关系，不仅涉及生产、流通环节，而且涉及消费环节。众所周知，由于受个人文化知识、艺术修养、审美能力和社会阅历的制约，由于受一定时期群体预期信息、口传信息和从众心理的影响，并非所有的消费者都能客观而公正地评价一部文艺作品，都能选看符合社会主义精神文明建设要求的、具有强烈社会性、思想性、道德性和有利于个人身心健康的文艺作品，以致出现人们常说的“叫好不叫座”的现象。因此，加强对文化消费流向的正确引导和积极干预无疑是十分重要的，它能最终缩小某些低劣文化品的阵地，起到调节文化生产的作用，有利于形成合乎社会主义文化消费规范和体现时代精神的科学合理的文化市场需求结构。

三、文化产业运行中的价值补偿机制

文化产业在其经济运行中有着独特的价值补偿机制，呈现出多元化的补偿方式。从我国的情况看，大致可以划为三类：

价格补偿型。属于这一类的，包括电影制片、洗印、发行放映等文化企业和出版、书店等实行企业化管理的文化事业单位。其特点是，利用市场机制，按商品交换的原则获得产品销售收入或业务收入，实现劳动耗费的价值补偿。在这种补偿方式下，文化企、事业单位不仅要依靠自身的积累，实现自我发展和自我改造，而且要向国家缴纳一定的税金，承担为社会提供积累的任务。例如“六五”时期，我国出版系统上缴各种税款达17亿元，约占全部赢利的60%。电影系统自1979年以来，每年向国家上缴的利税也在1亿~2亿元之间。然而，这里也隐含着补偿不足的问题。究其原因，一是鉴于文化商品的精神产品属性，我国对电影业和出版业的产品定价一直采取低价的政策。二是在这两个行业的一些具体环节上，还存在着福利性经营方式，其中最突出的表现是国家长期在农村电影发行上的政策性亏损（有关资料介绍，1983年全国农村每个观众看一场电影只分担影片租金七厘和票款二分。全年发行放映亏损近4000万元），致使投放在农村的电影拷贝无法实现其价值补偿。

价格、财政双重补偿型。属于这种类型的主要包括戏剧、话剧、歌舞、曲艺、杂技等艺术表演团体。这些单位有一定的票房收入，但受票价、上座率等因素影响，往往收不抵支，其差额只能借助于财政分配手段来弥补。据统计，1985年我国艺术表演团体的总收入为17626万元，总支出为47292万元，国家财政补助为30942万元，价格和财政补偿的比重分别为36%和64%，这种以财政补偿为主、价格补偿为辅的双重补偿机制，必然会使生产与市场的联系不紧密，从而大大削弱了市场机制的应有作用。

财政补偿型。广播电视部门、博物馆、图书馆等行政事业单位都属于这种类型。这些部门或单位向社会提供的文化服务大都是无偿的。因此，这部分非市场劳务价值的补偿，是全部通过预算拨款来解决的。这种非价格调节下的补偿机制，脱离了社会主义有计划商品经济的轨道，使微观经济层次的运行缺乏内在动力和外在压力，往往只有诉诸行政管理手段。

以上三种补偿类型的弊端是显而易见的。在这些补偿机制下，由于市场机制不健全，国家经费有限，往往难以保证文化部门应有的经济利益，其生产经营活动每每为经济问题所困扰。同时，以财政分配作为价值补偿手段，灵敏的价格杠杆为行政手段所替代，使得不少单位漠视经济效益，放松经营管理，滋长了吃“大锅饭”的思想。

然而，由于文化产品的精神产品属性，由于文化事业在精神文明建设中的重要地位和属于社会公共需要的范畴，决定了文化领域中的不少部门是非赢利的经济部门或是不以赢利最大化为目的的经济部门。在这种情况下，为了维持文化部门的再生产过程，只能分别采取上述三类不同的补偿形式，而国家财政在这个方面的支出，最终转化为社会消费基金的一部分。

由此可见，如何正确评估文化部门的补偿机制，是一个颇难把握的问题。我们认为，上述补偿格局，在较长时期内恐难有根本性改变。因此，在文化领域不宜笼统地提出全面推进商品化经营的口号，而应该根据我国正处在社会主义初级阶段的历史条件，根据党的十二届六中全会通过的《中共中央社会主义精神文明建设指导方针的决议》精神，从“进行文化管理体制的改革”、“改善经营管理”两方面着手，完善文化部门经济补偿机制，促进文化事业的蓬勃发展。具体说来，当前可供选择的措施主要有：

第一，完善文化领域各部门的经营机制，少花银、多办事。马克思、恩格斯曾经说过：在精神生产领域，“如果想合理地行动，难道在确定精神作品的规模、结构和布局时就不需要考虑生产该产品所必需的时间吗？”（《马克思恩格斯全集》第2卷第62页）作为精神生产领域的文化部门，在其生产过程中也有一个合理行动的问题。这就要加强经营管理，促进人、财、物等要素合理地科学地配置和利用，以较少的投入取得最佳效果。以电影部门为例，上海电影制片厂由于历年积累，现存服装十几万件、大小道具几十万种，其中仅红木家具就达一万多种。由于实行科学管理，提高了库存服装、道具利用率，大大降低了新影片的制作成本。由此可见，改善文化部门内部管理，树立节约、效率等社会主义的商品经济意识，是增强文化单位自我调节和自我发展能力，解决补偿相对不足的有效途径之一。

第二，利用市场机制，扩大补偿来源。对那些部分和全部依靠国家预算拨款的文化事业单位，要逐渐引入或强化市场机制，借助商品货币关系，开拓新的补偿途径。在广播电视部门，可以通过开办广告业务、兴办服务公司、实行联合拍片等多种有偿服务形式，增加预算外收入。在浙江，这部分纯收入已相当于预算内经费支出的43%，从而对于弥补事业经费不足起了举足轻重的作用。在艺术表演团体，既可以发展以文为主的多种经营，“以文补文”，“以副补文”，也可根据自愿结合、互利互惠的原则，在一定范围内实行文化界和企业界的“联姻”，发展经济、文化的横向联系，推进物质产品和精神产品间的有偿交换，促进艺术生产和经济建设的共同繁荣与发展。

第三，广开财路，兴办以民间投资为主体的文化经济实体。当前除了要认真解决好现有“公办”文化单位的经济补偿外，还必须进行文化体制的改革，改变单靠政府拨款养文化的传统模式，多渠道多形式多层次地发展文化事业，兴办以开展有偿服务和多种经营活动为特点的文化经济实体。例如，在乡镇企业发达的江苏省，目前已办起了文艺工厂822个，职工2万多人。他们边生产边演出，1986年产值达1亿多元，其中440万元用发展文化事业，走出了一条“自己养活自己”的路子。浙江温州地区，近年来以民间投资为主兴办了包括地面卫星接收站在内的2000多个文化事业项目。其中电视差转台就有72座，其投资额的80%以上为群众集资和个人投资。这一群众文化群众办的新格局，不仅满足了社会多层次、多方面的文化需要，而且弥补了国家经费的不足。

第四，增强商品意识，把以官方为主的文化交流转向民间和商业性为主，向世界文化市场要效益。马克思、恩格斯指出：“由于开拓了世界市场，使一切国家的生产和消费都成为世界性的了。……物质的生产是如此，精神的生产也是如此。各民族的精神产品成了公共的财产。”（《马克思恩格斯选集》第1卷第254～255页）为了开拓具有很大潜力的世界文化市场，我国今后的对外文化交流，特别是对外演出中应减少政府间文化协定项目，而更多地提倡和发展商品性演出，释放文化在对外开放中的能量。据调查，1986年杭州杂技团两次出国商业性演出，收入48万人民币（创汇13.25万美元），加上国内演出收入共计63.4万元，年人均值为5288.72元，取得了很好的经济效益和社会效益。

（选自《人文杂志》1988年第3期）

文化经营体制的模式转换

程云瑞

随着文化艺术表演团体“文工团”体制模式的打破，一种全新的文化艺术经营体制模式已见雏形。在双重体制的转轨过程中，很可能会出现相互掣肘，以致震荡和摇摆。对此，如没有必要的思想准备，将会形成人们的心理障碍，仍会发生文化滞后现象，使文化改革理论落后于文化改革实践，最终影响文化改革的进程。因此，对文化经营体制的模式转换及其产生这种变化的根源，做理论上的研究和探讨，就显得十分必要。

一、文化经营体制转换的理论依据

文化经营体制模式转换的根源，在于公有制和文化商品经济的矛盾统一。我们先来研究它的统一性。文化企事业作为社会主义文化商品生产者，除具有共同的社会利益以外，还具有各自的文化经济利益。彼此之间或与社会之间必须按照平等互利的原则发生文化经济利益。它们这种利益上的差别，是在根本利益一致基础上的差别。所以，任何文化经营单位，无不是国家、集体、个人利益相统一的载体。根据公有制根本利益一致的要求，国家可以实行宏观调整，以实现社会主义文化生产目的，从这点上说，公有制和文化商品经济是统一的。然而，这是矛盾的统一，不是无差别的同一。这就是它的矛盾性。公有制的本性要求文化经济利益的整体性和文化经济经营管理中的集中统一性。而文化商品经济是一种追求实现本位利益的文化经济，按照平等互利原则实现本位利益是发展文化商品经济的内在动力。文化商品经济的本性要求文化经济利益上的本位性和生产经营上的自主独立性。这样，公有制要求的整体利益和集中统一管理同文化商品经济要求的本位利益和自主经营便发生了一定矛盾。

从国外一些社会主义国家看，凡是否认社会主义经济是商品经济的国家，都极力强调全民所有制是公有制的高级形式，不断实行集体所有制向全民所有制的过渡，并认为这是一个长期任务，从而扩大整个社会占有生产资料的成分。我国在几十年中也是这样做的。在这种思想指导下，剧团和其他文化单位从个体向集体转化，集体向国营转化。承认社会主义经济是商品经济的国家，一类强调要改革原有的公有制形式，以适应商品经济的发展，如南斯拉夫；一类是在承认商品经济的基础上，从生产力实际情况出发，认为全民和集体所有制无高低贵贱之分，应一视同仁，哪种所有制形式能促进生产力发展，就应发展哪种形式，不提倡过渡，如匈牙利。根据我国国情，欲使公有制和文化商品经济统一起来，必须按照公有制的要求改变文化商品经济的运行方式，又必须按照文化商品经济的要求改变全民公有制的所有权的实现形式，由国家资产所有权与国家直接经营的统一改变为所有权与经营权的分离。这样，文化商品经济的发展，客观要求必然是：在合理合法的限度内，经营权归于文化企事业，使之成为相对独立的文化商品生产经营者，面向文化市场自主经营、自负盈亏，在平等互利的文化商品交换中实现社会的整体利益和本单位的经济利益。

随着文化经营体制改革的深化，“两权分离”理论的探讨也进入高一层次。向着全民资产所有权自身在国家与文化企事业之间的分离过渡。进一步分析会发现，全民资产也是以价值和实物双重形态存在的，也可以分离。笼统地说所有权归国家，使文化企事业应有实物形态所有权放下去。就生产资料在文化经营单位中现实运动全过程而方言，造成了实物形态所有权与经营权的割裂。现在，要进一步搞活文化经营单位，完善文化单位的经营机制，必须研究全民资产所有权在国家与文化企事业之间的分离途径与形式。所以，在不触动原有体制核心问题的条件下，只作些外部形式的改良是不能解决根本问题的。从根本上跳出恶性循环的圈子，必须从文化企事业与国家的财产关系入手，从所有制的变更入手，抓住财产关系人格化这个关键。随着文化经营体制改革的深化，各种模式的诞生，就是在这种理论指导下的产物。

二、文化经营体制的模式转换

文化经营体制改革出现的模式颇多。归纳起来，大体有四种模式：承包经营制、租赁经营制、股份制、资产经营责任制。

承包经营制，包括定额包干，结余归己的方式，全额管理差额补助的方式，定额或定期补贴的形式，团长（馆长）任期目标责任制等。其基本特征是：在文化企事业对国家承担一定社会和文化经济责任的基础上，签订合同，实行两权适当分离，实质是国家作为所有者主体和文化企事业作为经营者主体通过合同契约明确各自承担权利与义务的经营形式。租赁经营制，包括个人租赁、群体租赁、全员租赁、文化企事业租赁等。其基本特征是：在向国家缴纳租金的基础上，签订租赁合同，把文化企事业经营权在一定期间内完全让渡给租赁者，实行两权更大程度上的分离，实质是国家向文化企事业通过租赁在一定期间内有偿让渡全民资产使用权的经营形式。以上这两种形式实际上是国家把其财产所有权或使用权在一定时期内让渡给承包者或租赁者，使承包和租赁文化企事业由于这种财产权的让渡而获得很大程度的独立的经营自主权，摆脱了文化企事业的隶属地位，成为具有主动性和竞争性的文化商品生产者。这种让渡使文化企事业财产获得了人格化的代表，改变了过去文化企事业无人负责的状况，达到了责权利的统一。不难看出：这是由国家文化主管部门的代表，通过招标的方式，把整个文化单位租赁给个人或群体，由其经营。因此，这种租赁的对象，是把文化单位的人财物运动的指挥权都租赁出去了。尽管以上两种方式的改革已开始触及所有制变革的根本问题，不失为成功的尝试，但仍存在着明显的弱点和局限性。首先，文化单位承租赁者负盈不负亏。往往出现收入高时一分了之，亏损时根本赔不起，经营者一走了之。这种不对称的动力机制超过了目前的社会和个人承受力，因此实行起来往往具有较大阻力或者流于形式。这种奖罚不对称的状况的根源不在于对承租者的奖罚量确定不当，而在于对文化企事业的实际资产的评估不当。既缺少对文化市场行情的预测，又没有对文化企事业现有潜力作出客观判断。因此，达成的协议常常是伴之承租者的压价行为和出租者满足于一定的效益而已。在缺乏市场机制的条件下，在缺乏充分竞争的状况下，这种承租协议难免具有种种弊端。其次，在资产上没有划清国家和文化企事业权责利界限的基础上，承租人对文化企事业的中长期发展没有承担义务，结果使经营者往往以牺牲文化企事业的实际资产和长期利益为代价，来追求现期的高额收入。

股份经营的出现标志着所有制改革的另一个新起点。它包括不同所有者集资入股经营、不同所有者按股联合经营等形式，形成多元所有制结构。基本特征是：在合股经营的基础上，股东选出所有者代表，选聘经理，直接控制文化企事业经营，实质是一种混合所有制的经营形式。文化企事业取得效益，按股分红，发生亏损，按股负亏。这就从所有制形式的改革上，解决了剧团等文化单位吃国家“大锅饭”，演员等文化生产者吃剧团等文化单位“大锅饭”的老大难问题，形成以文化企事业共享效益、共负亏损为基础的经营机制。由于股份制文化企事业资产股份化，持股者是资产所有者，资产的多元所有可以削弱政府文化主管机构的行政干预，也可以制约文化企事业行为，形成一种新的股份制文化企事业经营机制。股份制也有一些需要解决的问题：在没有资金市场的条件下，文化企事业如何折股，各股如何避免过去集体所有制的弊病，如何解决个人股份的扩大所引起的投资或消费膨胀问题。

资产经营责任制和上述形式既有区别又有联系。它的本质特点在于：在缺乏资金市场的条件下，在模拟市场机制的基础上，通过竞争给出资产价格。这是从财产关系的角度重新构建微观基础，改革文化经营体制的基本出发点。在缺少资金市场的条件下，如何确定资产价格，实际上就成为各文化经营单位的公开竞争的起点。这是测量经营效率和成果，划清国家与文化企事业的财产关系，从而获得较为合理的收益分配所迫切需要解决的问题。这种形式，在资产评估时，由于采用招标投标的竞争方式，因而具有一定程度的市场性和开放性，有点类似市场的拍卖方式，可以在轮番的投标过程中动态地确定资产价格。因此，在缺乏资金市场的条件下，它是一种近似地评估资产价格的方式。资产经营责任制正如价格双轨制的作用一样，适应着文化经营体制模式转换的需要而产生，又随着转轨结束而转化为更高级的发展形式，它起着重要的承上启下的历史过渡作用。

不难看出，文化经营体制的转换模式趋势将是多结构、多层次、多方位、多元化的。国营将逐步归还集体、集体将逐步归还个体。就是在国有制内也将形成两种分级所有：政府文化部门投资形成的资产为政府所有，为国有制的一级所有；国有文化企事业投资形成的资产为文化企事业所有，为国有制的二级所有。实行分级所有，文化企事业盈亏，按照政府文化部门与文化企事业投资的比例分享或分担。这就从所有制形式上回答了"自负盈亏"是谁负盈亏的问题。这种多元的利益制约机构，驱使文化企事业关心文化市场和盈亏。从而打破"大锅饭"，为完善国有文化经营机制提供一种新的国有制形式。

在文化经营中，对文化经营体制模式的选择，要重视不同模式的比较研究，探索各自的特征和适用范围，不要以一种模式否认其他模式。我国现在还处在社会主义初级阶段，国情复杂，这就增加了文化经营体制改革的难度和复杂性，不要企求文化经营体制改革一次到位。要积极探索各种模式，取长补短，逐步完善，以推进文化经营体制的改革。

（选自1988年6月26日《中国文化报》）

我们能走出"文化低谷"吗?

周　彦

1987年，曾有朋友预测未来十年的中国，将是一个文化低潮时期（当然这里主要指一般所谓"无形文化"或曰"精神文化"），理由至少有二：首先，一代领导人的工作重点是全力以赴抓经济改革；其次，芸芸众生亦随着经济大潮的裹挟而逐利于市场。上下两方面少有或根本没有闲暇来关注这些既不能吃又不能穿的"事业"。对此，我曾不以为然，因为我觉得总有一批孜孜于文化事业的人，尤其是一批青年学者始终在奋斗着，"沙漠化"的危机似乎不可能出现。但今年以来，愈来愈严酷的现实告诉我们，文化低谷已经比我们预料的来得更快。

"0"状态

我不知从农业文明走入工业文明的国家和民族是否有过这种文化低谷的时期，在华夏大地上，这却是一个不可否认的事实，尽管我们在感情上很难接受这个事实。先不说如今"君子言利不言义"的现状，也不说学术、文化正在以比货币更快的速度贬值，这些只能说是文化低谷的表征，更深一层的低谷是在精神上，我称之为"0"状态。精神上的这种"0"状态至少可以从三方面去考虑。

（一）"一无所有"——青年的普遍心态

恐怕从来没有一首歌曲能像崔健的"一无所有"那样能如此准确、深刻地揭示出一代青年的普遍心态，这首看似爱情歌曲的"中国摇滚"实际上是以一种极为复杂的情感——有悲怆、失望、伤感而又不甘沉沦等——唱出了一种社会心理，或者说唱出了"文化"。笔者曾去首都体育馆看过一次由崔健压轴的摇滚音乐会，令我震惊的既不是体育馆门口那万头攒动的青年人自己过节的气氛，也不是场内那震耳欲聋的架子鼓、电吉他和着那嘶哑的"吼唱"组成的"Chinese Rock"，而是全场几万人自动和着崔健齐唱"一无所有"的情形，我被这种完全发自内心的呼号深深地震撼了。类似的情形只是在"文革"中开大会时齐唱"大海航行靠舵手"时见到过，但两者的根本区别是：后者服从外在的统一指挥，前者则完全是自发的、发自心底的。参加音乐会的无疑绝大多数是青年，并且不少是大学生、研究生这样的青年知识分子（据说北大还成立了"崔健后援会"）。青年的状况、尤其是青年的心态可以说是一种文化的"晴雨计"，在现代文明中尤其如此。美国文化就是这种"青年型文化"的一种最好代表，"一无所有"不仅仅是指物质、金钱的匮乏，更主要的是地位的低下、参与权的被剥夺、生命活力的被钳制，以及由此导致的迷茫、失落、压抑、怅惘、困惑与幻灭感，国门开放后的"世纪病"——荒诞意识在一些较高层次的青年人中产生了，它的哲学意蕴就是：存在的无意义，人生的无意义。在我看来，哪一种危机都没有这种危机来得更带有根本性，这种"空"与"无"的精神状态本身并无消极、积极可言，其效应完全在于其导向（容后述）。但它无疑是一种前所未见的、值得密切关注的新的文化态势。古语曰："哀莫大于心死”，这种自觉“一无所有”的心态是文化低谷时期的最为广阔的社会心理背景。

（二）从“自我感觉良好”到自觉“什么都不是”的文化人

1987年各方面形势的急剧发展，冲击了一大批曾经“自我感觉良好”的文化人，尤其是其中的青年学者、文艺家们。前些年，文、史、哲等诸领域异常活跃，文化人们的自信心空前高涨，但好景不长。1987年以来，各种报刊、杂志上难得见到值得反复咀嚼的力作，美术馆、音乐厅要么是西方古典、要么是矫饰扭捏的国人作品登场，总是刺激不起人们的情绪趋于亢奋。有一位国内著名学者的弟子、社会科学最高研究学府的研究生曾发出觉得自己“什么都不是”的慨叹：爬格子吧，实在难以果腹；做生意吧，不光两手空空，更无钻营之道；出国去吧，打字、电脑操作一概不会，只能去干苦不堪言的下活，生存危机这柄悬在头顶上的达摩克利斯之剑随时可能掉下来。我们现在才发现，受了十几年、二十年甚至三十年教育的我们，面对这个世界竟显得如此的无能！不要说那通篇宏论、艺术大作在经商大潮中声音微乎其微，于经邦济世并无多大效用，甚至自己的生存都产生了危机，举步维艰竟至于此！文化人的“什么都不是”的这种自我感觉，自信心的一落千丈，起码说明两个问题：其一，从外部看，是教育的失败，是畸形文明结出的苦果，更重要的是自身与社会之间从根本上缺乏一种“榫卯联系”，社会需求与自身条件之间完全相左。此外，国门刚开时，主要是引进、介绍先进文化的成果，繁荣背后确有贫血的背景，在这个能将任何先进的东西都加以“变形”、“歪曲”的文化面前，找到一种既是现代的、又是在本土上行之有效的良方确实需要时间，这个任务无情地选择着执行者，短时间内恐怕很难有一批合格的精通域外先进文化、又深谙本土文化底蕴的人选出现，低谷时期势不可免。

（三）缺乏领袖的时代

文化的兴盛，与各个领域有少数众望所归的领袖人物关系极大。我这里指的主要是精神性的领袖。显而易见，我们面临的正是一个缺乏精神领袖的时代，所谓“乱世出英雄”、“时势造英雄”还不是现代文明意义上的势态，这种“英雄”也还不是现代意义的领袖。这是因为，真正能够在当下各种利益集团、各个领域中统领全局的人的出现，不仅仅是物质意义上的运动的结果，更是精神意义上的思潮发展的“水到渠成”，真正的凝聚力产生于一种最高的精神追求。这就如同在一定意义上说，法国大革命的真正领袖既不是罗伯斯庇尔，也不是拿破仑，而是孟德斯鸠、伏尔泰和卢梭等这样一批启蒙思想家一样，“天赋人权”、“自由、平等、博爱”、“三权分立”这些近代文明的精神大纛正是他们打出来，而唤醒千百万人为之浴血奋斗的。故而，缺乏领袖，实际上是缺乏思想家，因此，知识大众、一代青年的精神、思想，便不能不出现令人惊惧的空白，纯粹西方的、纯粹中国古典的哲学、政治、经济、文艺等的思想都不能在当下的文化中直接生效，这个最要命的空白是文化低谷时期出现的根本原因。

走出低谷的几条思路

上面描绘的似乎是一幅黯淡的社会心态图，但是，正如不能对前些年的文化繁荣气象盲目乐观一样，我们也不应对眼下的精神“0”状态抱绝对的悲观情绪，“直面惨淡人生”是一回事，分析形势、寻找对策则是更重要的任务。首先要肯定的是，走出文化低谷、重建中国文化是一代人的使命，何时使我们的“老年文化”向“青年文化”发生根本性的转折，那便是中国现代文明的曙光。在这个大的前提之下，我们是否可以从以下几条思路来思考：

（一）将精神危机推到荒诞极致

从一种历史的角度看，我们所谓的精神的“0”状态并不是一种简单的“无”状态，而毋宁说它是一种进步。何以见得？我们的教科书中所说的从神性走向人性、从神权走向人权、从神道走向人道的辉煌的文艺复兴时期，绝不是一个美好得没有瑕疵的阶段，相反，从另一种角度看，那是一个人欲横流、利欲熏心的时代，神圣的跌落以后，最为亢奋的决非真、善、美的美好追求，而是久被压抑的人性的最基本需求以失控的集体无意识形态产生的大爆发，《十日谈》恐怕只不过是这个阶段的一种较为纯洁的写照罢了。但是，文明并未因此衰落，近代文明正是在这个基础上产生出来，关键还是对集体无意识的导向。我们眼下的情境与之相似之处在于，原有的精神支柱坍塌了，禁欲主义、重义轻利、扬文抑商、官本位意识等一系列的规范、准则正在被打破，“变了形”的舶来品又不能真正填补“精神真空”，故呈现出精神“0”状态。但这有如一根坐标横轴上的“0”点，我们从“负”回“0”，有何“倒退”之虞？“0”是“负”的终极，但它更是“正”的起点。问题是，我们是否已彻底回“0”？换言之，我们在发展曲线上是否完全走入了谷底，回答应当是“还没有”。文化的最要命的状态恐怕就是那种半死不活的温吞水状态，“置之死地而后生”似乎从未在我们的文化中出现过。在当下，由“一无所有”的心态向彻底的荒诞意识——存在、人生的无意义——的发展并没有在大多数青年那里完成，发些小财还有门道，出国淘金也似乎满有希望，人生的意义还大多维系在一种可怜的眼前功利上，这仍是半死不活的苍白状态，没有大彻大悟的境界，恐怕永远也跌不到谷底，因而永远也走不出低谷。故而，只有将精神危机推到荒诞极致，即不仅是少数人而是多数人尤其是广大青年都发现他们终日孜孜以求的东西竟是毫无意义的，虽然发了一些小财、或爬上一个比以往高一点的地位，但人的尊严、生命的本真状态都失去了时，才会想一想“人活着为什么”这样的问题，才会发现付出的一切却造就了一个外在于自我、束缚或剥夺自我的异我，才会悟出“人即是人自身的悖论”这样的真谛。有一位从澳洲回来办移民手续的画家朋友对我说，你只有从人家的白眼中才痛苦的感到自己永远是一个不可改变的中国人！国人的这种精神困境恐怕走到哪里都无法摆脱，这种心态正常发展下去只有走入彻底的荒诞！傻呵呵地继续保持良好的自我感觉只能使我们总是处于苟且偷安、“好死不如赖活着”的可怜境地！走入哲学意义的彻底荒诞有如精神的“凤凰涅槃”，非如此不能真正思考人的本质、生命的本质、存在的本质这种最高的精神性问题，非如此不能使人们从内心生发出重建精神上帝的渴求，自然，精神领袖、思想家也就不可能出现，因为这种领袖不是外加的，而是众望所归的。这种近乎悖论的思路恐怕不失为一种值得一试的路径。我从北京工人体育馆门口经过时，看到一幅大广告牌上赫然写着“救心”二字（那只是一种心脏病急救药的广告）；使得我大大地震撼了！“民主救国”也好，“科学救国”也好，“教育救国”也好，都还只是从工具理性的角度提出的策略，从价值理性的角度、从存在论哲学的高度出发，“救国”莫如“救心”！而要“救心”，必从毁灭中获得再生，在烈火中使凤凰得以“凤凰涅槃”！

（二）争取成为各种新的利益集团的代言人

现在的经济格局、利益关系虽然让人扑朔迷离，呈现一种无序状态，但它是从原来僵硬的有序向新的趋于合理的有序过渡的阶段。我们当然不能一下子就勾画出一种新格局，但是，可以想见，通过分化、瓦解，进而重新组合，在未来的几十年中，将要出现各种新的利益集团，多元的精神文化应当说正是建立在多元的利益集团基础之上的。作为一种战略性的文化考虑，我们应当研究这些可能出现的不同阶层、不同利益集团将要提出的哲学、政治、经济、法律、文艺等方面新要求，或许我们自身也将成为某个利益集团中与之风险共担、利益均沾的一分子，具有现代的哲学头脑、政治思想、经济管理才干、法律知识、艺术创造能力的文化人便既是责无旁贷、也应当仁不让地成为各自利益集团的代言人。囿于各自的近期利益、任务，这些集团的领导者、操作者们不可能有太多精力和能力去在更大的范围考虑战略性的全局问题，考虑长远的整体策划，故而代言人的作用就十分的重要了。实际上，新的精神文化并不是产生于真空，而正是从这种基础性的文化背景中生发出来的，既脚踏实地又高瞻远瞩、既讲求功利又能超脱一己私利的精英分子当是新的精神文化的执牛耳者。（精英知识分子阶层自身亦应形成有力的具有文化导向性的利益集团，这里恕不详论）

（三）建立文化市场

时势已使得纯学术、纯艺术的研究、创造愈来愈困难，既然任何学术、艺术都应与人相关，与人的生存、环境、发展相关，我们就应从这个前提出发，研究文化与当下的经济变革大环境的关系。在一时出不了重大的文化成果的时候，我们可以借变革之风，培育我们以前从未接触过的文化市场，在市场与精神文化间建立起良性的循环。别的领域不说，单就笔者熟悉的美术领域而言，已有一些人在认真研究西方的画廊制度、经纪人制度及画商体系的情况，可以不夸张地说，西方现代艺术在一定意义上就是批评家与画商“制造”出来的文化“怪物”。市场经济中的职业画家，艺术品的出卖与购藏及其相应的一系列价格体系、经纪人、画商、画廊、拍卖行等，应当成为建立我们的艺术市场体系的大目标，其他领域亦当如此。自然，这有赖于经济的长足进展，有赖于一批具有文化眼光的经济实体及其实业家的出现，因此这个问题又是与前述“代言人”问题密切相关的。文化市场小环境的建立，将是精神文化走出低谷、重振雄风的良好征兆。

当然，文化低谷既是文化诸要素的合力造成的，最终仍须由诸要素共同来促使其走出低谷，时间可能不止十年，也可能走不出去，一切取决于我们自己。

（选自《读书》1988 年第 12 期）

论我国文化市场的积极作用与正常发育

车国成

近年，随着有计划商品经济的发展和经济体制改革的深化，我国的社会主义文化市场正在形成。在社会主义市场体系中，文化市场以它交换满足人们文化生活需要的精神产品这一特点而与其他市场相区别，对于社会的进步和生产力的发展具有积极的促进作用。

我国文化市场的积极作用与它的正常发育，是互相联系、互相影响的：文化市场的正常发育，是发挥它的积极作用的前提条件；文化市场积极作用的发挥，又有利于它的正常发育。

一、我国文化市场的积极作用

首先，文化市场可以提供净化人们心灵的精神产品，促进社会主义精神文明建设。

物质文明建设和精神文明建设，是推动社会主义进步和发展的两大动力。一般说来，物质生产领域的发展水平，决定了精神生产领域的开拓状况，从而要求精神文明与物质文明互相适应，而精神文明又对物质文明起着指导作用和促进作用，它既指导着物质文明建设的发展方向，并直接或间接地促进物质文明建设的发展。因此，建设社会主义精神文明，是保证社会主义建设方向、实现社会主义现代化、发展社会主义的需要。社会主义精神文明建设的关键，是在于培育有理想、有道德、有文化、有纪律的新人。

在社会主义文化市场中，由文学家、艺术家和文化工作者所提供的用形象思维来表现外部世界的精神产品，同其他一切进入流通领域的文化作品一样，都要求具有某种统一性和对社会负责。这里所说的统一性，是指要遵循社会主义国家的路线、方针、政策和计划的统一指导；所说的对社会负责，是指要坚持为人民服务、为社会主义服务的方向和百花齐放、百家争鸣的方针，深入生活，开拓创新，力求达到思想内容与艺术形式的完美统一，潜移默化地塑造人的美好心灵，丰富人们的文化素质，提高人们的精神境界，培育人们高尚的道德情操、生活情趣和审美观念，激励人们满腔热忱地献身于社会主义现代化事业。具有“四有”的一代新人愈多，社会主义精神文明建设就愈有保证。

这样，我国的文化市场就能在发展社会主义经济的同时坚持社会主义原则，有正确的发展方向，就可以卓有成效地为社会主义精神文明建设服务。

其次，文化市场的形成，有利于解放文化生产力，增强文化部门自我发展的能力。

在我国现阶段，不少文化产品都是以商品形式进行流通的。但在过去相当长的一段时间里，在文化领域，否定一些文化商品的商品属性，否定文化市场存在的必要性，使得多数文化产业基本实行由国家财政统一包揽的价值补偿方式，轻视经营管理，加之文化体制本身存在的缺陷，造成文化机构臃肿，人浮于事，吃“大锅饭”，严重妨碍文化工作者积极性的发挥，阻碍文化事业的发展。为了解放文化生产力，文化部门首先开展了以经营承包责任制为突破口的体制改革，实行把国家的定额经济补贴与加强经营管理联系起来，把经济收入与合理分配结合起来，把集体、个人利益与对社会所作的贡献结合起来，既精简了冗员，又增加了收入，提高了艺术水平。随着文化市场的形成，文化部门又采取有偿服务，以文补文，实行文商结合、文企结合、文化与科技结合、把大众文化活动与经济贸易活动联系起来，以及在国办文化中引入个体机制等多种形式，使文化与经济相结合。据我国文化部门统计，1987 年全国文化事业仅开展有偿服务和经营活动营业总额约 6 亿元，相当于国家拨给文化事业经费的 13.6%。有些先进单位的收入已经超过国家拨款的数倍。

文化生产力的解放和文化部门自我发展能力的增强，又有利于社会物质生产领域和非物质生产领域的协调与平衡。在国民经济中，文化部门属于非物质生产部门。文化部门虽然从总体上看不创造物质财富，但是创造精神财富。随着社会生产的发展，必要的非物质生产部门的发展规模和分工程度，反映了一个国家的经济实力和社会生产力水平。我国的文化经费，在党的十一届三中全会以前的 30 年只占财政支出的 0.4%，对文化设施投资只占国家基本建设投资 0.2%，在党的十一届三中全会以后占财政支出的比例仍然偏低。由文化市场给文化部门带来的经济活力，为文化商品的生产者和经营者的竞争和发展提供了外部条件，对于改变文化部门在国民经济中与其他物质生产部门的失调状况所起的作用，是显而易见的。

再次，文化市场的发展，将与经济建设高潮相适应而掀起文化建设的高潮。

马克思说：“市场即流通领域。”（《资本论》第 2 卷第 281 页）它属于交换的范畴。大家知道，交换决定于生产又反作用于生产，并可在特定条件下对生产起决定性的反作用。文化市场在价值规律、供求规律特别在竞争规律的作用下，它必然会使同一门类和不同门类的文化商品在优存劣汰的竞争中交流、比较和发展。并且，随着人们在温饱问题已经基本解决之后对文化消费需求比重的迅速增长，为了扩大市场供应，它又必将在推陈出新中推动文化艺术不断丰富多彩，逐渐形成了一个高潮。

现在，在世界的一些发达国家，在研究经济与文化的关系中，对于文化的高度重视已是一个显著的特点。日本已故大平首相曾在国会讲话中说：“现在已经从以经济为重心的时代进入了文化时代。当代国民关心的目标从物质转向精神，关注文化。”他后来又向记者强调：“如今既不是政治的时代，也不是经济的时代，而是文化的时代。”（转引自名和太郎《经济与文化》，中国经济出版社 1987 年版，第 1 页）这种说法虽然存在把政治、经济、文化绝对地割裂开来的弊病，但它确实反映了现代社会对文化需求日益增长的趋势。我国目前虽然不能说进入了以文化为重心的时代，但是文化消费增长很快却是事实。据抽样调查，我国城市居民直接、间接用于文化消费的人均支出，1985 年比 1981 年增长 95%，农民文化消费的人均支出，1985 年较 1978 年增长 187%。今后，随着文化市场的发展，这种消费无疑会继续增长。

最后，我国文化市场的开拓和繁荣，还将促进中外文化的不断交流。

马克思和恩格斯指出：“由于开拓了世界市场，使一切国家的生产和消费都成为世界性的了。……物质的生产是如此，精神的生产也是如此。”（《马克思恩格斯选集》第 1 卷第 254 ~ 255 页）对于文化交流起着枢纽作用的世界文化市场，对于我国和其他国家文明的发展都有其积极有利的一面。开放的文化市场，一方面可以将外国的文化商品引进，另一方面也能够将本国文化商品输出，通过异质文明的交流与比较，既可以吸取世界文化中的先进成分，又可以将本国文化发扬光大。文化市场中的图书市场、影视市场、表演艺术市场和音像制品市场在这方面所起的作用尤为显著。只要对于外来的文化商品坚持取其精华、去其糟粕和不可排外、但要排污的原则，对内对外正确地开放文化市场，这对于结合本国国情创造现代文明只有好处没有坏处。

二、我国文化市场的正常发育

从世界范围看，把文化艺术与商品联系起来并且形成文化市场的历史并不久，乃是近代的事。我国文化市场的历史更短。在新中国成立后很长一段时期都只单纯宣传文化是一条战线、一个战场，而不从经济的角度考察它，不说它有相当一部分同时也是市场。目前，我国的社会主义文化市场虽然已经出现，其中有些具体的市场还具有较大的规模，但从总体来看还只是粗具雏形。要让我国的文化市场充分发挥积极作用，尚需从多方面予以培植、扶持和调控，促进它正常发育。

第一，如实承认不少文化产品的商品属性，开拓和发展文化市场。

我国是一个商品经济落后的国家。造成这种状况除了历史和社会的原因外，还有认识上的原因，主要是对马克思和恩格斯关于社会主义不存在商品生产的设想作了教条主义的理解。其结果是在相当长的时间内只认为部分生活消费品才是商品，而第1部类生产资料和某些生产要素都不是商品，更不用说文化商品和文化市场了。现在我们既然已经认识到在我国社会主义初级阶段，有相当一部分文化产品都要以商品形式进行流通，那就应当使凡是具有商品属性的文化产品都进入市场。这是拓展文化市场的前提条件之一。由于市场的种类和范围与商品的种类和范围是一致的，所以有多少种文化商品也就有多少种文化市场。文化商品的流通量有多大，文化市场的规模也就有多大。

据我近年在北京、上海、广州和成都等地的粗略调查，我国现有的文化市场至少也有图书报刊市场、电影发放市场、音像制品市场、表演艺术市场、流散文物市场、文化旅游市场、群众文化市场、服饰文化市场、饮食文化市场、工艺美术市场等10种。

第二，正确处理社会效益与经济效益、艺术价值与票房价值的关系，端正文化市场的发展方向。

由于文化商品既是商品又是艺术品，所以在文化市场上就存在和反映出经济效益与社会效益、票房价值与艺术价值的矛盾。这两种效益、两种价值有时是一致的，有时是背离的，二者的升降或好坏不总是成正比例。这个问题虽然一再提出，但又一直未能很好解决，似乎成了一个老大难的问题。

在我看来，应当从两个方面双管齐下着手解决：一方面，文化市场要按照四项基本原则，在坚持把社会效益放在首位的前提下，采取“以文补文，多业助文”的各种手段，努力争取以最少的活劳动和物化劳动消耗取得最大的经济效益，在注重艺术价值的基础上讲求票房价值，以保证各种文化事业自身发展再生产所需的资金，并尽可能为社会主义建设提供积累。另一方面，也必须看到文化领域乃是创造精神财富的非物质生产领域，文化企业与生产一般产品单纯考虑盈利的工矿企业有所不同，文化市场在组织文化商品流通的同时兼有建设社会主义精神文明的职能。因此，需要在经济上予以扶持，如对某些重大题材或艺术上有所发展创新而经济效益较差的文化商品和文化行业，实行必要的补贴。不但对那些由于客观原因而致收不抵支的文化单位要补贴，而且对一些虽有盈利但一时遇到困难的文化行业也要适当减轻其经济压力。

例如，图书业与电影业在价值补偿机制方面都是属于价格补偿型的盈利文化产业，其经济收入除抵去支出和用作自身积累、发展以外，还可为国家提供积累。“六五”期间，我国出版系统上交各种税金17亿元，约占全部盈利60%。电影系统在1979年以后每年也可上交1亿~2亿元。但这两个行业近年都遇到困难。在图书业中，用于再生产的资金极其有限。每年在全国100多家印刷厂的总利润中，交了所得税能源交通税和三道营业税后，所剩无几。全国最大的新华印刷厂每年用来买机器的钱只够买1台进口胶印机，影响设备的必要更新。香港只需5年即可更新一次设备，而我们则平均需要20年。规模较大的电影市场，由于受到其他多种文娱形式的冲击和本身存在的某些问题，一面在加剧竞争，一面又相对萎缩。据1988年6月中国电影发展战略研讨会所提供的统计数字，我国1986年电影观众比最高年份下降40亿人次；近几年，每年生产的140部左右的影片有70%亏本；许多电影制片厂由80年代初的利润率80%以上下降到现在的40%以下，还有些厂出现经济倒挂。对于这些问题，属于客观原因造成的，有关部门应当适当调整经济政策，“养鸡取蛋”比“竭泽而渔”要好得多；属于主观原因造成的，则应由有关行业有针对性地多方挖潜解决。像电影行业的不景气虽然是全世界范围的共同现象，但也并非无法扭转的。我国南京的大华、胜利两家影院，由于更新设备，改善服务和重视影评，在全国电影票房收入和利润较大幅度下降、相当数量的电影院已难以维持生计的状况下，不仅连续四年、三年取得票房收入逾百万元的经济效益，而且观众人数、上座率和上缴利润也逐年上升。这说明只要认真挖掘潜力，就可能将山穷水尽变为柳暗花明。目前，在各文化行业开始从事经营活动之际，为了促进其发展，应当在经营项目上放宽限制，财政税收上予以优惠，分配政策上更为灵活，资金来源上给以支持。

第三，继续改革文化管理体制，进一步把文化市场搞活。

这可以分别从三个层次讲。

其一，从文化领域的总体讲，要改革多年以来实行高度集中的封闭、半封闭的旧体制。这种旧体制的特点是国家包办，在分配上搞平均主义。从1983年开始，首先在艺术表演团体试行的经营承包责任制虽然初步解决了“吃大锅饭”的问题，但尚需进一步深化改革。文化部门提出：在全国3000多个专业艺术表演团体中，今后除了少数代表国家和民族最高艺术水平或带有实验性、示范性，具有特殊历史保留价值需要扶持的艺术表演团体仍为全民所有制由国家文化部门主办以外，其余大多数改为由社会兴办。其经营方式灵活多样，参与市场竞争，并在微观搞活的同时，采取各种有效方式，实行宏观调控和指导。这个设想是正确可行的。因为社会主义初级阶段的特征之一，就是以公有制为主体多种经济成分并存。我认为除了文物市场以外，其他各种文化市场都可以实行多种经济成分和多条流通渠道并存。如影视业已出现了第一家由民间创办的海南国际影视公司。文物市场之所以例外，是因为文物是历史上遗留下来的不可能再生产的特殊物品，买卖文物的政策性、专业性很强。国内市场的文物要由文物部门统一收购，归口经营，出口的文物需按国家规定的特许出口管理办法，根据文物出口鉴定标准予以严格控制，并由文物商店总店办理。

其二，从各种不同的文化市场讲，要相互配合，协调关系。如电影与电视，一度互相树立，矛盾突出。其实，二者既有一定的区别，又有密切的联系。二者的联系在于艺术本质相同，正如有人所说，“写在胶片上的故事与写在磁带上的故事，本是同一种艺术”。二者的区别在于服务方式与制作单位性质有所不同。而这并不妨碍影视携手，加强合作。像《四世同堂》和《寻找回来的世界》等一批优秀作品的出现，就证明了影视互相合作的优越性所在。其他如文化旅游市场与流散文物市场、烹饪文化市场、工艺美术市场之间，都具有这种客观的密切联系，同样需要协调配合。

其三，在同一种文化市场内部，也要加强生产与发行销售之间的联系并合理解决各个环节在利益分配上的矛盾。目前，在图书市场上，由于编辑、印刷、发行三个环节缺乏统一管理，就使出版与发行销售脱节，不但造成利益分配上的矛盾，而且使得产需之间的不协调，难以实现图书的试销和根据销路勤印快添。电影的制片和发行两个部门也存在关系不够协调、信息沟通不畅、利益分配不尽合理的现象。不少电影制片厂召开本厂以至全国性创作会议，关起门来只听少数创作人员的意见，很少听取发行部门特别是基层第一线熟悉观众的发行放映人员的意见，失去市场信息的反馈，难免盲目生产。一部影片的收入，制片单位又仅得十分之一，并将一些老边少地区的发行补贴也转嫁给电影制片厂。从经济上看，文化商品的发行、销售，属于商业环节。而商业利润是商品生产部门的劳动者所创造、由商业劳动者在流通领域中实现的那一部分价值，应当使之在分配方面更为合理。

第四，分析研究文化消费者的构成和心理，生产和提供多种题材、多种风格、多种艺术门类的文化商品。

我国文化市场在发展中遇到的一个关键问题，就是市场应当以什么作为中心，以及如何处理产销（或产需）之间的关系。如果以生产为中心，在处理产销关系上就必然以产定销；如果以消费者为中心，在处理产销关系上就必然按需生产。实践证明，以生产为中心，以产定销，其结果是使生产与市场隔绝；只有以消费者为中心，按需生产，才能满足人们不断增长和变化的文化需求。而要实现以文化消费者为中心和按需生产，应当解决两个方面的问题。

一方面，需要分析研究文化消费者的构成和心理。在我国的文化消费者中，由于年龄、职业、经历、民族、地区、信仰、教育程度和文化水平的差异，在文化需求上就分为若干不同的层次。这个层次的消费者喜欢这种文化门类或这种题材、内容、风格和形式的作品，那个层次的消费者则喜欢那种文化门类或那种题材、内容、风格和形式的作品。当然，也有受到各个不同层次的消费者一致欢迎的文化门类或所谓“雅俗共赏、各界咸宜”的作品，但更多的情况还是各有所好。比如文物市场就不如电影市场那样富有广泛的群众性。就是在富有大众品性的电影市场中，城市影院国外影片比国产影片的上座率好，而在广大农村却又相反；艺术性影片可以吸引部分知识分子观众，而商业性影片看的人一度甚多。并且，文化消费者的心理，也如饮食消费者的口味和服饰消耗者的爱好一样，在不断发展变化。如电影过去单纯强调教化，把影片搞得干巴巴的，使人感到枯燥乏味。香港的《三笑》一出，虽算不上高明佳作，但因富有俚趣，颇使人们感到新鲜。随后强调电影的娱乐作用，但对娱乐片中的热点转移、热点循环和内容创新注意不够，致使这类影片数量虽多但彼此雷同，质量不高，吸引力愈来愈小。目前在一些大制片厂，所谓“娱乐片”已经超过50%以上，有的高达全年拍摄计划80%以上，大多因缺乏新意使得市场饱和，观众厌倦，就连票房价值也江河日下了。实际上，多数观众既需要娱乐也需要有思想内容较好的严肃作品，如1988年在电影界一些人士大声疾呼多拍娱乐片以摆脱困境的背景下，而广大观众却选了《芙蓉镇》、《血战台儿庄》和《孙中山》这三部非娱乐片取得百花奖，其中的《芙蓉镇》和《孙中山》两部还与专家口味不谋而合获得金鸡奖。又如上海个体书店曾经一度淹没在“武侠风”和“琼瑶热”中，以后随着读者兴趣的改变，上海几家出版社的一些学术著作纷纷登店入亭，使得一些通俗文学作品因盲目出版导致积压。

另一方面，分析研究文化消费者的构成和心理的目的，是为了相应地生产和提供适销对路的各种题材、风格和文化门类的文化商品。只要能够使文化消费者受到教育和启发，得到娱乐和美的享受，现代题材、古代题材和其他题材都可以入选，既可以表现雄伟、严肃和哲理，也可以采用细腻、诙谐和抒情。同时还要注意加强薄弱环节，使各种市场和文化门类的发展处于相对平衡状态。当前，在文物市场中，由于内销与外销差价过大，文物长期只搞外销，今后就应研究如何开辟内销市场。在表演艺术中，由于剧目和人才管理体制等方面的原因，歌剧艺术发展缓慢于其他表演艺术。而作为集音乐与戏剧于一体的综合性的歌剧艺术，在国际上常被当作衡量一个国家文化艺术水准的标志之一，有必要采取适当政策，使其与其他艺术同步发展。曾在国际赛坛上多次获得金牌的中国杂技，由于旧社会的偏见未取得应有的地位。我国的工艺美术品早已外销，曾换取大量外汇，但近年其中有些产品由于一味仿古，工艺落后，材料单一和款式陈旧等原因，一度出现某种衰萎，需要采取相应对策，让这朵艺术之花继续放射异彩。

第五，扬清抑浊，发展进步、健康的文化，抑制低级、庸俗的文化，取缔反动、淫秽的文化。

任何商品都要研究质量。文化商品的质量，是通过它对人们精神需求的满足状况来体现的。毋庸讳言，我国现阶段文化消费者的精神境界存在着先进与落后、高尚与庸俗、健康与腐朽的清浊之分。为使文化市场发挥其积极作用，首先必须发展进步、健康的文化商品。这也是符合大多数文化消费者的要求的。从拥有大量观众的影视艺术来看，在电影方面，近年我国在国内国外获奖的影片，主要是一些具有较高思想、艺术水平的现实主义作品，说明人们最欢迎的乃是那些对国家、民族和人类充满热情的优秀艺术。在电视方面，据中央电视台收视率调查表明，大多数电视观众最关心的是天下大事和改革进程。从1987年6月开始，中央电视台首次动用现代化的统计方法，在北京地区随机抽样300个城市居民委员会和200个农村村民委员会作为调查户，经电子计算机汇总表明：每晚的新闻联播收视率为40%～50%，在六届人大四次会议时高达60%以上；在文艺节目中，电视剧《红楼梦》平均收视率为64%，位列前茅；其他如《动物世界》、《九州方圆》等通过荧屏开阔视野、寻求知识、令人赏心悦目的节目也颇受欢迎。

唐人韩愈说："不塞不流、不止不行。"要发展先进、健康的文化，必须同时取缔反动、淫秽的文化，否则文化市场不但不能发挥应有的积极作用，反而会起着腐蚀人们尤其是青年心灵的消极作用。一般说来，反动的文化只要一经揭露，就易于识别。但关于性的问题，却是一个涉及生理学、心理学、医学、法学、社会学和教育学等多种学科的十分复杂的问题。对于科学、艺术与黄色、淫秽的界限，既有从右的方面来混淆的，也有从"左"的方面来混淆的。如英国心理学家霭里斯曾因研究性心理，被加上"假借科学的名义贩卖淫秽出版物"而受到法庭审判，我国画家刘海粟也曾因提倡女模特儿招致非议和迫害。当然，也有不少确实假借科学、艺术之名宣扬黄色、淫秽货色的事例。最近我国各地在"扫黄"中清理出不少淫秽书刊和音像制品，就足以说明这点。这就需要在研究性学、性心理学尤其是文艺性心理学的基础上，对于黄色、淫秽的文化作出一个科学的准确的界定和鉴别标准，不然就难以分清诸如人体艺术与黄色裸体、正常的性爱表现与淫乱的性描写之间的界限。

在某些书刊和小报中，还充斥一些低级、庸俗的文艺作品，在少数居民中颇为畅销。对于这类文化商品，虽然不能取缔，但是应当通过行政手段、经济手段、舆论力量和提高全民族的文化素质来予以抑制。

第六，扬长学短，把发扬民族特色同学习现代科学、引进现代文化结合起来。

我国是世界四大文明古国之一，在源远流长的悠久历史中，创造了富有民族特色的灿烂文化。鲁迅曾经说过，越是民族的，就越是世界的。实践也反复证明，不仅中国音乐、中国歌舞、中国戏剧、中国杂技以至中国文化旅游资源等具有浓郁民族特色的传统文化形式为世界各国人民所喜爱，就是在现代艺术形式如电影艺术中，中国在国际上获奖，能够进入世界电影市场的某些影片，其内容都具有中华民族的历史和文化的特色。因此，我们应当大力发扬民族文化。它不仅为国内文化消费者所喜闻乐见，而且将在世界文化中独放异彩。在这方面，还大有潜力。如在我国传统的琴、棋、书、画中，书、画艺术有所发展，棋艺特别是围棋近年也开始普及，但琴艺就鲜为人知了。然而，中国特有的七弦古琴，音域甚宽，音色变化丰富，具有强烈的表达力和感染力，曾使俞伯牙和钟子期成为知己、卓文君和司马相如结为夫妻。我国古代乐曲有很多都是依赖古琴保存下来的。现存的从南北朝至清末的古琴曲谱集还有150余种之多。如果将中国始于周代的古琴艺术发掘出来，并不亚于十五六世纪在欧洲定型的小提琴。

在中外文化交流中，同中国文化传到外国一样，外国文化也会进入中国。牛仔裤和迪斯科，开始许多人看不惯。现在不但年轻人喜欢，而且有些老年人也欣赏了。对于外来文化，只要是有益、无害的都没有必要排斥。我们可以让《阳关三叠》与《友谊地久天长》并存，让《丝路花雨》与《天鹅湖》媲美。

第七，在文化交流通领域反对单纯"为金钱而艺术"，提倡为满足社会正当的有效需求而交换。

历史上有三种基本的艺术观，即"为人生而艺术"、"为艺术而艺术"、"为金钱而艺术"。在我们的文化市场上，有些文化商品是明显地奉行"为金钱而艺术"的艺术观的，其结果必然导致一切向钱看。我认为在文化流通领域应当反对片面强调"为金钱而艺术"，而需要提倡为满足社会正当的有效需求而交换。因为社会主义的文化市场既要考虑经济效益，但又不单纯为了金钱；社会主义的文化商品既有消遣、娱乐作用，但还有审美、警世等功能；社会主义文化商品的生产者和经营者既要有经济意识，但更应有高尚的良知和社会责任感；社会主义的文化产品一旦作为商品就是为交换而生产的，但作为精神产品的交换又承担有满足人们正当的（即符合法律规范的进步、健康、有益、无害的）有效要求的义务。

第八，开展文化经济的理论研究，指导文化市场正常发育。

实践是理论的形成基础，理论是实践的科学抽象。我国的社会主义文化市场虽然目前已经有了一定的实践经验，但缺乏文化经济理论的指导。文化市场属于文化经济领域。现在，世界上与文化经济直接有关的新兴学科已有三门。

一是艺术经济学。它是在艺术社会学的基础上发展起来的。1847年比利时的米凯尔首先提出艺术社会学。

后来，俄国的普列汉诺夫从社会经济的角度论证了文艺的本质，法国的佛里采阐述了艺术作品与生产方式的联系。到了20世纪60年代，苏联学者对文艺的消费结构、文艺的社会效果与经济效果等文艺经济问题着手研究，于20世纪80年代初提出建立艺术经济学。目前在苏联和东欧等一些国家，已对这门学科进行着较为广泛的研究．

二是文化经济学。20世纪70年代后期，苏联、匈牙利和民主德国的一些学者先后提出文化经济问题。他们所讲的文化比艺术的范围大得多，乃是作为人类社会实践创造的物质财富和精神财富的总和这种广义的文化。1981年，美国的布林克曼出版了《文化经济学》，次年，民主德国的马廷和瓦尔特发表了《文化领域经济学的现实问题》，强调创立文化经济学的必要性和紧迫性。这是一门研究文化领域经济关系及其运动、变化和发展规律的学科。

三是非生产领域经济学。这门学科是在关于生产劳动与非生产劳动理论争论的推动下，由苏联学者首先提出创立的。按照苏联对国民经济各部门的分类，文化艺术属于非生产领域。这门学科研究非生产领域经济在国民经济中的地位、作用、特点和运动规律，在20世纪60年代中期兴起。本学科较有代表性的专著是苏联索洛德科夫于1980年发表的《非生产领域经济学》。

上述三门新学科虽然都还处于创立之中，其中，还存在某些重复和界限不够清楚、内容不够系统的缺点，但是在这些领域毕竟已有累累可观的研究成果，为这类学科建设打下了基础。而我国目前由于文化部门对经济问题不够重视和经济部门对文化问题重视不够，又没有这方面的专门研究部门，所有研究部门和大专院校也未开设这方面的课题和课程，因而对包括文化市场在内的文化经济的理论研究，至今基本还是一片空白。这种理论研究不仅不能超前而且大大落后于实践的现象，当然难以对于文化市场和其他文化经济作出科学的解释和指导。因此，结合我国的实际，借鉴国外已有的有关研究成果，开展文化经济的理论研究，是发展我国文化市场的必要条件之一。

三、把文化建设放在战略高度

要发展社会主义文化市场以至繁荣整个社会主义的文化，最为关键的是要正确认识和恰当摆正文化建设在社会主义现代化建设中的地位。

在社会主义现代化建设中，文化建设不是一个具体问题，而是一个战略问题。如果说政治、经济、文化是一个社会的鼎立三足，那么，社会主义建设就包括政治建设、经济建设、文化建设三大建设，社会主义的改革也包括经济改革、政治改革、文化改革三大改革。这是社会主义社会互相依存、互相影响的三连环建设、三连环改革。缺少其中之一，就会形成跛足。

我国过去搞“以阶级斗争为纲”时，是重政治，完全忽视经济。把工作重点转移到经济建设以后，对经济重视了，而对文化尚未予以足够的重视，有重经济、轻文化的倾向。经济与文化的关系，不是谁重谁轻、谁主谁次，而是互相联系、互相渗透的，因之在社会主义建设和发展社会生产力中形成一种同向的合力。社会主义建设需要经济实力，同时需要文化实力。列宁早就指出，文盲、愚昧、粗野和不文明是社会主义建设的障碍。文化建设搞得愈好，文化实力就愈雄厚，也就愈有利促进社会主义建设。发展社会生产力需要经济手段，同时需要文化手段。在生产力的基本要素中，起主导作用的，乃是具有政治觉悟、生产经验、文化水平和劳动技能的劳动者。劳动者的文化素养愈高，社会的文化手段就愈有力，也就愈有利于促进社会生产力的发展。

一般说来，文化的繁荣除了需要正确路线、方针、政策的指导外，还有赖于两大条件：一是社会变革所提供的文化发展的环境，如我国战国时的“诸子蜂起，百家争鸣”和欧洲14至16世纪的“文艺复兴”；二是人们对文化的重视和相应经济力量的扶持，如第二次世界大战以后美国因此而使纽约取代巴黎的“美术之都”地位，并成为音乐、戏剧和芭蕾舞的中心。

我国的文化落后状况与作为一个社会主义大国的地位是极不相称的。由于没有抓好教育，我国至今还有近四分之一的人口是文盲和半文盲。由于“文化大革命”的文化大扫荡，我国的文化遭受到一次大浩劫。由于经济的拮据，我国目前文化领域的某些部分已经陷入困境。有的出版社为了摆脱经济窘迫，不得不在出好书的同时，也出版一些价值不大却可赚钱的图书。有的制片厂由于同样的原因，也在拍极少数思想性和艺术性都较好的影片的同时，把主要生产力量放在大多数虽无深刻意义却有较高票房收入的影片上。如不从根本上扭转这种情况，就难以纠正和防止不顾社会效果的完全商品化倾向。

我们还应看到，即使在发展社会主义商品经济和开拓市场的条件下，市场在社会的活动也有一定的范围。所谓市场，一般是指以经济和商品价值作为判断准则的领域。在社会其他一些以非经济的特殊价值作为判断准则的领域，如教育、科研、医疗卫生和党政机关等，虽然也要讲究经济核算，但并不能引入市场机制。在文化领域，其价值判断准则为社会和经济的双重性，其价值补偿方式也是多样性的，大致可分三种类型：一是价格补偿型，如图书业、电影业之类，其收入除抵去开支和自身积累外，还可向国家缴纳相当的税金；二是价格、财政混合补偿型，如一些艺术表演团体，虽有票房收入，但收不抵支，需要财政补贴一部分；三是财政补偿型，如博物馆、图书馆和电视，向社会提供无偿服务，支出由财政拨款解决。其中，第一类与市场联系紧密，第二类与市场联系略差，第三类与市场没有联系。所谓培育和发展文化市场，只限于以商品形式进入流通的那一部分文化领域，不应当也不可能包括所有文化领域。因此，要搞好文化建设，需要“两条腿走路”：文化各行业既要贯彻“以文补文、多业助文”，国家也不可吝惜必要的投资。

现在，我国正处于社会主义自我完善的全面改革时期，为文化蓬勃发展提供了有利的客观环境。只要我们把文化建设摆在应有的战略高度，并在政策上、经济上予以扶持，我国社会主义文化市场的发展以至整个社会主义文化的繁荣，就会出现一个崭新的局面。

（选自《经济体制改革》1989 年第 6 期）

坚持文化市场的社会主义方向

高占祥

近十年来，可说是我国文化市场发展史上发展最迅速、成绩最显著的十年。这主要表现在：（1）文化市场自身有了迅速发展。随着改革开放大潮的兴起，文化市场从南疆到北国，从沿海到内地迅速发展。（2）开始有了专门的管理机构和稽查队伍。五六年前，文化市场的管理机构和队伍几乎是零。如今已有许多省、市、地、县都有了专门的管理机构和稽查队伍。（3）文化市场管理方面的法制建设，成绩是最显著的。文化部和各地法规出台的数量就可以说明这一点。在这方面上，上海、北京、四川、贵州、湖南、浙江、江苏等省市做得更好一些。（4）文化市场的理论研究取得了可喜成果。我们已初步对文化市场及其管理的感性认识上升到了理性认识，撰写了一批有学术价值和实用价值的论文和专著，上海编辑了《上海市社会文化市场理论研讨会论文选》、辽宁人民出版社出版了《文化市场结构功能管理》的专著、沈阳市文化局编写了《文化市场管理手册》。吉林、四川、上海等省、市先后举办了文化市场理论研讨会……这些都标志着我国文化市场的社会地位和管理水平达到了一个新高度。

文化市场的发展，对于满足人民群众日益增长的文化需求，对于文化艺术事业的改革与发展，对于社会主义物质文明与精神文明建设，都起到了积极的促进作用。

在我国文化市场发展的过程中，由于它还处于幼年的发育时期，管理工作薄弱，加之资产阶级自由化思潮的影响，也出现了一些混乱现象和毛病，甚至个别地方出现了一些偏离社会主义方向的现象。这虽是前进中的问题，但必须引起我们的高度重视，认真回顾总结，从中汲取教训。

当前，研究我国文化市场的诸多问题，均要结合学习江泽民同志“七一”讲话精神和近几年文化市场发展及管理实践中的经验教训，着重研究和探讨坚持文化市场的社会主义方向问题。这是我们文化市场管理工作中的首要问题。那么，怎样才能始终坚持我国文化市场的社会主义方向呢？

一、坚持马克思主义的指导地位　全面建设文化市场

我国的文化市场是社会主义文化事业的一个重要组成部分，因此，它必须坚持马克思列宁主义、毛泽东思想的指导地位。江泽民同志在《在庆祝中国共产党 70 周年大会上的讲话》中指出：“坚持马克思列宁主义、毛泽东思想的指导地位，是我们立党立国的根本，也是社会主义文化建设的根本，决定着我国文化事业的性质和方向。”这就清楚地告诉我们，只有在文化市场建设中，坚持马克思主义的指导地位，才能坚持文化市场的社会主义方向。

要坚持马克思主义的指导地位，首先要学习马克思主义。文化市场的经营者、管理者，要认真学习马克思主义的政治经济学，懂得和掌握马克思主义政治经济学的一些基本原理，以利于我们从本质上分清什么是社会主义文化市场，什么是资本主义文化市场，以助于我们用马克思主义政治经济学的基本原理，去探寻和掌握文化市场的供求规律、调节规律、竞争规律和发展规律。不从理论上弄通这些问题，就不利于社会主义文化市场的建设与发展。

学习马克思主义政治经济学时，要结合学习党和国家现行的方针、政策，如关于“计划经济与市场调节有机结合”的理论，就需要我们认真学习。这是一个重大的理论问题和实际问题。掌握了这一理论，有助于指导文化市场的建设。

坚持马克思主义的指导地位，还要求我们认真而系统地学习马克思主义的哲学理论，用唯物辩证法的理论来指导文化市场的建设。我们只有掌握了唯物辩证法，才能正确地评估文化市场的地位和作用，才能正确地判断文化市场的成绩和失误，才能以清醒的头脑和科学的方法去指导文化市场，才能增强对文化市场指导的科学性和相对稳定性，才能使文化市场积极、稳妥、协调地沿着正确方向发展。

要坚持马克思主义的指导地位，还必须在马克思主

义基本理论指导下，加强文化市场的理论建设，即加强文化市场及其管理科学的系统建设。没有这样的理论，文化市场的管理工作就难以走上科学化、规范化、系统化的管理轨道，就难以培养和造就大批合格的经营家和管理家。

要坚持马克思主义的指导地位，还必须把理论学习与调查研究结合起来。我们要以马克思主义为指导，对社会主义文化市场的主体（生产者、经营者）、客体、规律、环境、管理等方面进行系统研究，对生产与消费、供与求、买方市场与卖方市场等运营系统进行系统研究；对管理机构、队伍、法规、稽查等市场管理系统进行系统研究。这样做，将有助于我们全面、系统、科学地认识和把握社会主义文化市场，以利于我们科学地、全面地建设文化市场。

二、坚持文化市场的社会主义性质　逐步完善文化市场

文化市场的社会主义性质问题是一个核心问题。

市场的性质是由占统治地位的生产资料所有制形式来决定的。

我国的文化市场是以生产资料公有制为基础的，是以满足人民精神文化生活为目的，这就决定了我国文化市场的社会主义性质。这是社会主义文化市场的本质特征。

坚持文化市场的社会主义性质，具有重大的理论意义和实践意义。我们要坚持文化市场的社会主义方向，最根本的就是要坚持文化市场的社会主义性质。

（一）要坚持文化市场的社会主义性质，就要充分发挥国家、集体办的文化事业单位在文化市场中的主导作用。就是说，在文化市场的文化产品交换活动中，国家所有制、集体所有制文化单位所生产、经营的文化产品和文化服务，是国内文化市场的主体并在文化市场上起主导作用。这是坚持文化市场社会主义性质最根本的一条。这里需要讲明，我们强调发挥国办、集体办的文化事业单位的主导地位和主导作用，并不排斥和否定个体文化产品在生产者经营者的地位和作用。它是公有制的补充。它在文化市场上起着“拾遗补缺”的作用。但对那些有损于国家和集体的不良现象和非法行为，要加以有力引导、制止和取缔。要坚决把那些自流、半自流状态的文化经营活动纳入文化市场的管理轨道。

（二）要坚持文化市场的社会主义性质，就必须为人民大众提供健康文明、积极向上、喜闻乐见的精神文化产品和文化活动。我们的精神产品要给人以激励、鼓舞、希望和力量，多搞那些既给人以美的享受又催人奋进的产品，当然不允许那些腐蚀人们心灵的东西占领我们的市场，就是那些虽然无害、单纯消遣的东西，也不应让它过多的占去人生的宝贵时间。这就需要根据党和政府的要求以及群众对文化市场需求的呼声，及时调整文化市场的经营内容，改进服务方式，真正体现文化市场为人民服务、为社会主义服务的方向。

（三）要坚持文化市场的社会主义性质，就必须坚持社会效益第一的原则。社会主义文化市场与资本主义文化市场的本质区别之一，就是把社会效益作为最高准则。资本主义文化市场往往是“财神爷”当家，为此而出售黄色书刊，放映淫秽电影，裸体登台表演等，我们社会主义的效益原则是：第一，在精神文化领域必须坚持社会效益第一；第二，在重视社会效益的同时，必须重视经济效益。这就如同大海航船，既要有导航系统，又要有动力系统。社会效益解决方向正的问题，经济效益解决马力足的问题。方向不正，文化市场之船就会翻；动力不足，文化市场之船就会沉。只有把社会效益与经济效益结合起来，才能更好地坚持文化市场的社会主义性质和社会主义方向。

社会主义制度为我国的文化事业开辟了广阔的前景。我们要在坚持文化市场社会主义性质的前提下，积极地逐步地完善为建设有中国特色的社会主义文化市场做长期的努力。

三、坚持改革开放的方针　努力活跃文化市场

江泽民同志在“七一”讲话中讲到建设有中国特色的社会主义文化时指出：“必须在坚持四项基本原则的前提下，坚持改革开放的总方针。”文化市场只有走改革开放之路，才能走向活跃繁荣，才能更好地坚持社会主义方向。文化市场面临的大量新问题，都要用改革的精神来逐步求得解决。最近，贺敬之同志也讲，在继续抓繁荣的同时，必须拿出大气力，排除各种干扰，把整顿和改革搞出成效来。敬之同志的讲话对我们当前的各项文化工作包括搞好文化市场的整顿与改革具有现实的指导意义。

文化市场方面的改革涉及许多方面，最重要的是文化市场管理体制方面的改革，它包括管理体制、机构、队伍、立法立规和宏观调控五个方面。我们要通过改革逐步地使之走向完善。但我们要看到，这几个方面的改革与完善还有许多工作要做，要加强文化市场的立法立规工作，我们的目标是逐步建立科学配套的法规体系。

文化市场的改革是多方面的，我们必须从实际出发，一个环节一个环节地改革。比如，如何利用税收这个杠杆来调节，以表明国家对文化市场发展的引导意向，就很值得研究。上海制定了增收特种消费附加费的办法，将其中票价收入的一部分还给文化部门，以补充其文化事业经费的不足，这在全国开了一个好头。

文化市场应进一步开放。凡是市场，都要开放，可以说开放是市场的一个基本特征。市场不开放，就难以活跃，难以繁荣，以至难以存续；不开放，就无异于自我封闭、自我束缚、自我淘汰。文化市场的开放度，往往是与人的意识开放度密切相关的。因而要更好地坚持和贯彻改革开放的方针，就需要进一步解放思想，进一步强化开放意识。当然，我们所强调的开放意识，是指那种清醒的、科学的、自觉的开放意识。那种糊涂的、

盲目的、被动的开放意识，只能给我们的改革开放带来混乱和损失。

文化市场的开放包括对内开放和对外开放两个方面。

文化市场要进一步实行对内开放。其意义在于：既可以为文化产品的生产者和经营者提供施展才华、获取效益的广阔天地，又可以促进各地区、各民族之间的文化交流；既可以促进文化与经济、文化与旅游的有机结合，又可以满足不同地区、不同层次群众精神生活的需要。近年来，虽然文化市场发展比较快，但还不能很好地适应广大群众和国外旅游者的要求。就拿上海来说，上海文化市场在全国是发展比较快和管理比较好的。从1984年7月开办第一家营业性舞厅和音乐茶座至今，仅七年时间就发展到舞厅333家，音乐茶座43家、卡拉OK厅227家、综合性娱乐场所72家，游艺机室464家，台球室581家，共1720家。还有沪剧、话剧、京剧、歌舞、杂技等专业表演团体。短短的几年里有如此大的发展，是可喜可贺的。但这还是不能很好地满足市民的需求，不能满足居住在上海的外籍人士（约4000人）和国外旅游者的需求。一些外国朋友还写信反映说：上海的文化生活太枯燥，渴望得到改善。他们当中有的只好平时加班，集中几天到香港玩一次，以解文化生活之饥渴。这种情况说明，我国文化市场不是活跃过头了，而是活跃得不够。文化市场还应进一步对内开放。

文化市场还要进一步实行对外开放。我们的文化市场应该进一步“面向世界”。这样做会进一步开阔我们的眼界，会进一步开拓我们的文化事业。宋代曾公亮写过两句诗：“要看银山拍天浪，开窗放入大江来。”我们要放开眼睛看世界，我们要把我们民族优秀的精神产品推到世界文化市场的舞台，到那里弘扬我们的民族文化，我们也要把外国的优秀文化引进到国内来，熔铸在我们的民族文化之中，发展我们的社会主义新文化。

改革开放的形势，给我们从事文化工作的同志，特别是从事文化市场管理工作的同志提出了更高的要求。它要求我们，在实行文化市场开放过程中，要保护和发展民族文化。这是一个十分值得注意的问题。据上海市对87支舞厅乐队演奏乐风的调查，1990年共演奏1475首乐曲，中国乐曲只有149首，占10%，而且多数未经编配，质量不高。上海市发现了这个问题，及时予以引导。如今这种状况已有很大改变。

改革开放的形势，还要求我们要做到对文化市场放而有度，管而有法，活而有序。对文化市场改革开放的形势，还要求我们：开拓两个市场——国内和国际文化市场；获取两个效益——社会效益和经济效益；服务两个文明——物质文明和精神文明；掌握两大本领——懂文艺和善管理；经受两大考验——改革开放的考验和抵御和平演变的考验；划清两大界限——坚持四项基本原则的改革开放观与资本主义化的改革开放观的界限。这样，我们就可以更好地坚持改革开放的方针，就可以更好地活跃文化市场。

四、坚持反文化渗透的斗争策略　大力净化文化市场

在改革开放的同时，我们必须防止腐朽没落思想文化的入侵，必须坚持反文化渗透的斗争策略。

反文化渗透问题，是我们文化部门的领导者和广大文化工作者要认真思考、认真对待的一个具有战略性的问题。江泽民同志在《在庆祝中国共产党成立70周年大会上的讲话》中指出：“意识形态领域是和平演变与反和平演变斗争的重要领域”。我们研究文化市场问题，不能离开国内外的大背景去孤立地研究。也就是说，不能离开“渗透与反渗透”、“和平演变与反和平演变”这个背景去研究文化市场问题。

西方推行“和平演变”的重点是，突出意识形态力量，利用多种渠道进行思想文化渗透。为了达到这一目的，他们几乎动用了所有的文化手段来进行文化渗透。他们通过思想渗透来鼓吹经济私有化、政治多元化、民族自治化、思想自由化，传播资产阶级的价值观，动摇和瓦解社会主义国家人们的信念和价值标准，想从根本上把共产主义思想体系“消融”。从这里可以看出，这样的文化渗透就成了国际敌对势力妄图实现“和平演变”的主要手段和主要途径。

我们要做一个清醒的、坚定的文化工作者，就必须进行反文化渗透的战略思考，采取坚决而有效的战略对策，抵制文化渗透，净化文化市场，准备打一场“渗透与反渗透”的持久战，在文化战线尤其是在文化市场工作中搞好反文化渗透。我想，在这项具有战略性的对策中，要采取许多措施，尤其是要抓住三个环节。

（一）首先要在思想上筑起反文化渗透的“钢铁长城”

也就是说，首先要强化“反文化渗透”的意识。文化市场不仅具有广泛的群众性、娱乐性，而且具有强烈的意识形态性。它既是我们建设社会主义精神文明的阵地，也是敌对势力妄图用它进行文化渗透的一条渠道。如果我们不清醒地看到这一点，国内外的敌对势力，就会利用文化市场开放之机，给文化市场暗送精神垃圾。任其泛滥，则会成为敌对势力毁我长城之洞口。只有我们在思想上警钟长鸣，“反渗透”之心常存，才能使我们的文化市场成为“反文化渗透”的一个前沿阵地。

（二）要在文化交流过程中始终坚持“筛选择优”的原则

文化交流是弘扬民族文化，吸收外国文化精华，加强国际间友好往来的需要，我们要进一步扩大文化交流。我们的精神产品，不仅要源源不断地投入国内文化市场，而且要积极投放到国际文化市场当中去。在对外文化交流中，我们本着“筛选择优”的原则，既大胆地从外国优秀文化中汲取营养，又坚决果断地拒绝、剔除那些与我们民族利益、社会制度、思想体系相敌对的文化因素。

（三）要坚决清除文化市场中的淫秽、反动的精神垃圾

社会主义文化市场不允许毒害人民、污染社会和反社会主义的东西泛滥。要坚持不懈地开展“扫黄”、“除六害”的斗争。坚决地、毫不手软地取缔清除那些淫秽、反动、害民误国的精神垃圾。负责文化市场管理的领导者和稽查队伍，应该是净化社会主义文化市场的清道夫，是繁荣社会主义文化市场的开拓者。

五、坚持繁荣文化市场的宗旨　积极发展文化市场

繁荣文化市场，是我们追求的目标，也是我们管理文化市场的出发点和落脚点。我们要继续贯彻“一手抓整顿，一手抓繁荣”的方针。这两手既是我们对付思想渗透，对付沉渣泛起的手段，也是国家进行文化调控、繁荣活跃文化市场的手段。我们整顿文化市场，净化文化市场，建设文化市场，都是为了繁荣文化市场。离开了繁荣，就会失掉我们兴办文化市场的根本宗旨。

繁荣文化市场要比净化文化市场艰巨得多。我们应该把工作的重心放在繁荣上。文化市场是由生产者、经营者、消费者、管理者四个方面组成的。我们要繁荣文化市场，就要在这引导、教育这“四者”和提高这“四者”的素质上下工夫。

首先，要引导生产者多生产优美精良的“拳头产品”。这是繁荣的基础。文化部门要重视抓创作，抓生产，尤其是运用好国家的力量，抓一些文化艺术生产的大项目，拿出体现“二为”方向、体现社会主义和伟大中国人民的优秀之作，以此来推动文化艺术事业的发展，促进文化市场的繁荣。

二要引导经营者搞好经营。文化市场的品位高低，与经营者素质高低关系极大。要从遵纪守法、恪守职业道德、优质服务三个方面，进行引导、培训、教育。上海市文化市场管理部门对文化娱乐场所的经理实行核发上岗合作证的做法具有推广价值。

三要引导消费者正确消费。文化消费者是文化市场的要素之一。聪明的文化市场管理者，总是既注意倾听消费者的呼声，尊重消费者的意愿，又注意做好消费者的引导工作。我们要注意从审美观念、娱乐观念、消费观念三个方面来引导消费者。

四要充分发挥管理者在市场管理中的主导作用。管理者是调控生产、监督经营、引导消费的主导力量。管理文化市场要刚柔相济、德法并举、管教结合、奖惩并重。我们应像四川、上海等地那样，把文明舞厅、优秀经理等竞赛评比活动开展起来。

要繁荣和发展文化市场，内蒙古自治区有一条很宝贵的经验，就是“抓好组织落实”。内蒙古自治区人民政府专门下发了关于建立健全文化市场管理机构的文件。在人民政府的关心下，内蒙已逐步形成区、地市盟、县旗、乡镇苏木四级文化市场管理网。这就为搞好文化市场管理提供了组织保证。

前一时期，文化市场的发展重点是在城市，而文化市场最广阔的天地是在农村。现在应该把农村文化市场的开拓与管理提到重要的日程上来。只有农村文化市场启动、发展起来，才谈得到中国文化市场的繁荣，只有农村的文化市场走进了科学管理的轨道，才谈得到具有中国特色的文化市场的形成。

坚持文化市场的社会主义方向这个问题，必须引起我们的注意和警觉。我们要进一步结合学习江泽民同志“七一”讲话，总结经验，埋头苦干，沿着社会主义方向务实进取，为建设具有中国特色的社会主义文化市场而努力奋斗！

（选自1991年9月18日《中国文化报》）

我国文化产业及其产业政策

许　钢

目前我国的改革开放已进入了一个新的发展阶段，加快发展第三产业成为我国当前重要的经济发展战略措施。第三产业作为国民经济的有机组成部分，其发展水平已成为衡量社会经济发达程度的重要标志，而文化产业作为提高科学文化水平和居民素质服务的部门，在第三产业乃至整个国民经济中占有越来越重要的地位。

一、文化产业的现状及加快发展的意义

建国四十多年来，我国的文化产业有了很大发展，取得了显著的成就。一是文化基础设施建设规模增大，各类文化设施得到一定发展。到1991年底，我国文化部门管理的、面向社会开放的公共图书馆有2535座，艺术

表演场所2068座（其中剧场、影剧院2024座），群艺馆371个，文化馆2890个，文化站达51959个，艺术创作和展览机构达400多个。二是文化市场日趋繁荣，范围日益广泛。党的十一届三中全会以来，伴随着改革开放和商品经济的发展，许多文化艺术产品、文化服务均以商品的形式进入文化市场，从而使文化产品的品种、数量以及服务项目大量涌现，据不完全统计，我国现有各类歌厅、舞厅、卡拉OK厅近万家，电子游艺场所1.7万家，台球室4万多个；省级演出公司43家，国办剧团1900多个，集体经营剧团860个，民间职业剧团5746个，民间艺人10万多人，全国有录像放映网点5.4万个；画廊、画店2800多家，经核准登记的美术品经营门市柜台、摊点几十万家；全国公共图书馆的总藏量达3.06亿册（件）。由政府文化部门统办文化的模式已被突破，在一定程度上改变了那种文化产业等待国家投入，而很少产出的局面，形成了国家、集体、个人及各行各业的多门类、多层次、多形式的文化市场经营网络。在此基础上，建构起了音像影视业、出版业、文化艺术商品经营业、文化艺术培训业和图书文献信息业等组成的文化产业体系。

无论从改革开放、精神文化与经济建设同步发展的角度来讲，还是从满足人民群众日益增长的文化需求来讲，都应加快发展文化产业。从现在起到2000年，我国人民的生活水平将从温饱向小康过渡，恩格尔系数（即食品支出占生活费支出的比重）将明显下降，人们的消费逐渐由物质消费转向精神消费。大力发展文化产业，不仅可以更好地满足人们日益增长的文化需求，提高人民生活的质量，而且可以提供数量可观的就业岗位，拓宽消费领域，回笼货币、涵养税源。

二、加快发展文化产业需要解决的一些问题

20世纪80年代以来，我国文化产业取得了较快的发展，但与我国社会经济发展相比仍严重滞后。具体表现在：

（一）宏观调控体制不完善，“散、乱”问题严重

目前我国的文化产业门类多、范围广，而政府的宏观调控管理分别由文化、公安、工商、物价、外贸、轻工、税务、旅游、教育、卫生等多部门按各自的管理项目分别进行管理，仅在文化系统内部就有文化部、新闻出版署、广播影视部等几个政府部门对文化产业进行管理，各部门之间缺乏联系和协调，管理层次较乱，严重影响了文化产业的健康发展。

（二）社会化程度不高，行业管理缺乏

文化产业发展缺乏行业规划和行业管理。目前，除政府文化部门拥有文化产业专业人员和文化设施外，社会上其他部门也拥有一定的文化产业专职人员和设施，但是除文化部门管理的设施面向社会服务外，其他行业的设施和人员向社会开放的程度很低，许多是封闭式的自我服务体系。以图书馆为例，目前除文化部门的2500多个公共图书馆面向社会开放以外，其他部门的图书馆基本不对社会开放，各类图书馆之间的分工协作较差。

（三）文化产业管理法制建设滞后

目前有关文化产业组织管理、经营活动和经济行为的法律法规比较缺乏，各种管理制度和政策法规亟须制定。

（四）文化产业在各地区和城乡之间的发展很不平衡

我国文化产业在经济发达地区、开放城市发展迅速，文化娱乐活动、文化产品、文化服务的品种和数量都比较多，福利型的文化更多地被经营型的文化所替代。而许多老少边穷地区的文化产业还处于初始状态，经营型文化服务比较少。

（五）发展文化产业的经济政策有待进一步补充和完善

这几年，文化部、财政部会同税务工商等部门针对文化事业单位的现状，制定了如《文化事业单位开展有偿服务和经营活动的暂行办法》等以文补文政策，国务院批转了《文化部关于文化事业若干经济政策意见的报告》，各地也都有一批针对性较强，适应本地区实际情况的有关文化事业单位以文补文活动的政策、规定先后出台。但要加快发展文化产业，还需文化、财政等部门会同有关部门从行业管理的角度，以产业化、社会化为方向，制定和完善促进文化产业发展的政策法令。

三、加快发展文化产业需要产业政策去规范

我国文化产业发展的特点是多门类、多层次和多种经济形式，需要通过多种经济的、法律的和行政手段规范文化产业的各种经营行为。文化产业政策的目的，是要通过多种手段促进文化产业的发育，保护经营者合法经营和合理竞争，既要限制文化产业中某些经营者和经营活动的不合理发展，又要鼓励、扶持某些经营者、经营活动的合理发展。政策措施应成为为文化产业经营者平等竞争、优胜劣汰、提高社会整体效益的外部条件。文化产业政策中的政策措施可以从以下几个方面考虑，即如何吸引投资（包括国家的、各行业的、海外的、个人的）；吸纳各行业人员从事文化产业经营活动的劳动人事制度；文化产业经营单位各项经营收入的分配办法；文化产业的用地和经营场所问题；扶持文化产业的税收政策、价格政策及信贷政策等。

（选自《管理世界》1992年第6期）

文化消费心理研究概述

商尔刚

一、什么是文化消费心理

文化消费心理指文化产品的消费者的心理现象。所谓“文化产品的消费者”，是指所有消费文化产品的人，而不仅仅是指那些购买文化产品的人。在现代社会里，几乎所有的人都是文化产品的消费者。所谓“文化产品”概念是广义的，不仅包括文化市场上出售的各种产品，也包括有偿服务等。前者，如电影、各类舞台艺术表演、图书以及音带像带等出版物以及准备出售的文物等；后者，主要是指展览馆、博物馆、图书馆、文化馆等文化设施提供的有偿服务等。在今天，绝大多数的文化产品以商品的形式在社会上流通。因此，也可以把文化产品称之为“文化商品”。

哪些属于文化消费心理现象呢？让我们来看看发生在我们身边的一些事情。

最近一个时期，战争题材的文艺作品（电影、书刊、录像带等）十分畅销。这与整个社会都非常关注刚刚结束的海湾战争以及要求大家学习党史、军史、中国革命史的号召有极大的关系。

一个小伙子请他刚刚结识的女朋友看电影。就他个人的爱好而言，他愿意看武打片、警匪片等热闹的电影。可是今天他却选择了一部情调比较高雅，片名也较清新的艺术片。

计划生育成为我国的基本国策之后，独生子女家庭日益增多，儿童的需求在家庭总需求中的比重明显上升。一些出版社审时度势，大力开发各种各类的儿童读物，丰富儿童生活，启迪儿童智力。不仅小孩高兴，家长情愿，出版社也获得了良好的经济效益。

大约十几年前，人们常常为能看上一场“内部电影”而感到骄傲。经常能搞到“内部电影票”甚至成了荣誉和地位的象征。时至今日，随着中外文化交流的日益广泛，不同国家、不同风格的形形色色的影片琳琅满目地陈列在国人面前，任你挑选。人家却改变主意了。许多家庭购置了录像机。亲戚、朋友、同事之间相互传看录像带，录像带出租业务也应运而生。一个家庭备两台以上的录像机，以便随时转录喜欢的录像片已并不罕见了。

以上信手拈来的几个例子，有的反映了社会其他方面对文化消费心理的影响，有的反映了购买过程中的消费心理现象，有的反映了消费心理现象对文化生产决策的影响，有的反映出人们文化消费态度与动机的变化。当然，这么几个例子，还远不足以反映文化消费心理现象的全貌。

概括起来，全部文化消费心理现象都包括在下列六个相互联系的行为阶段中：

1. 形成消费需求阶段

当人们因为意识到自己缺乏某些东西而产生心理紧张时，一定的需求便形成了。人们的许多需求是消费需求，而文化消费需求又是消费需求中主要的一项。

人们的文化消费需求和人的审美需要有直接的关系，同时它还与情感、认识、娱乐、受教育程度等需要有紧密的关系。

从关于人类需要层次理论的众多研究来看，文化消费需求属于人类精神需求范畴，是较高层次的需求。一般来说，人们有了温饱和安全的保障后，才会追求精神上的需要，所以文化消费需求与人们的经济收入、社会的安全稳定有很大的关系。就文化产品的体裁、题材、风格、手法而言，又有雅俗、文野、传统与现代之分，因此，消费者也有依不同的性格、素养、受教育程度、生活环境所形成的不同的文化消费层次。而与人们生活必需品的消费相比，它不像食品、服装等那样具有很强的周期性，也不像住房、大型家用电器等那样一劳永逸。人们对它的需求有很强的个体差异。

2. 产生购买动机阶段

文化消费需求一旦形成，便会推动个体寻求相应的满足。当必须通过购买才能满足需求时，个体的购买动机便会随之产生。对于一般娱乐性的，不影响自己社会形象的文化消费，比如在漫长的旅途中买几本杂志、看看录像片等要根据实惠的原则。用尽可能少的钱获得直接满足。而对于那些可以增加自己的学术积累、丰富自己的阅历乃至有助于自己社会形象的文化消费，比如购买与自己专业有关的书籍、录音录像带，选购新近出版的、有名望的国内、国外名著，观看欣赏音乐会、芭蕾舞等则要根据一个获取长期效益的原则。既使一次投资很大也在所不惜。当然，无论是哪一种购买动机，根本上还是要受到本人所处的文化背景的制约，年龄、性别、职业、受教育程度、家庭结构、收入水平、社会地位、风俗习惯等都影响着一个人的文化消费动机。

3. 了解商品信息阶段

一般来说，人们往往是在产生购买动机之前就已身处大量的文化商品信息之中了。首先是社会的各种传播媒介对于文化产品的报道介绍，例如对于新摄制的影片、新上演的戏剧、新出版的图书从题材、内容到演职人员、作者的介绍；再有，现在许多文化产品的宣传，推销也注意运用广告这一促销手段；另外，亲朋好友、同事之间的闲聊、攀谈也常以文艺作品为话题，这也成为一条颇为普及的文化产品信息流通渠道。一旦产生了购买动机，人们就会主动地去寻求有关商品信息，如想看一部众口一词称赞的影片、想听一场自己喜爱的乐团举办的音乐会，人们就会关注本地报纸上的演出广告，寻找这部影片或这场音乐会的演出地点和时间。

4. 进行商品选择阶段

在此阶段，文化产品的消费者将已掌握到的信息加以整理、进行比较，选择一种最佳的购买对象和购买方式。比如在节假日想看一场电影，在掌握正在上映的电影信息的基础上，首先确定看哪一部影片，这当然是指从内容上选择。要适应自己的口味和心情，同时还要照顾到与自己同去看电影的家人或亲朋的口味。然后还要选择地点。比如不要离住地太远，还有场地设施、环境的考虑。选择过程也有快有慢，一般消遣性的、价格低的选择较快，有时甚至是即兴而为；而为于价值高、价格也昂贵的文化产品的选择则需较长时间、反复斟酌。一般来说，知识层次较高的人侧重于自己的判断和选择，知识层次较低的人容易接受别人推荐和怂恿。

5. 发生购买行为阶段

文化消费者做出商品选择的决定后，一般就要着手购买了。购买过程是顾客与销售人员相互交往的过程。文化商品由其特点决定，分为两种购买与消费方式：一种是书籍、文物、音像制品等的购买，这些与一般商品的购买过程相同。在这一过程中，顾客希望得到营业员的理解和帮助，希望能够尽可能仔细地挑选商品，以便买到最为满意的商品。一旦受到营业员的热情接待和有益的帮助，尤其是营业员表现出对所售商品的有关知识十分精通时，顾客便会产生对他的信任，进而高兴地买下商品。另一种文化商品是指舞台表演艺术和电影。这是一种生产和消费同时进行文化产品形式。在购买这类文化商品时，顾客更多地着眼于文化产品的生产者，演出和放映场所、买票是否方便等。因此，剧场、影院等应该在自己的场地设施的舒适化、环境的净化等方面下工夫。另外还应该加强对于演出单位、剧目、影片的宣传，同时重视票房的销售研究，提高经济效益和社会效益。

6. 评价所购商品阶段

购买并消费了某种商品之后，消费者自然会对这种商品有所评价。这一点在文化商品的消费上表现得更为突出和明显。一个人看了一出好戏，一部精彩的影片或读了一部吸引人的小说，他会情不自禁地向周围的人作义务宣传，从而引发别人的消费和购买欲望。但如果他对某一部文化产品感到失望时，除了自己心情沮丧外，还会提请周围的人谨防上当。文化产品作用于人们的精神世界，因此，人们也必然对它倾注更大的关心. 人们对于一部文化商品的消费，不但要评价它本身的优劣，还要连带关注它的生产者：是哪个制片厂？哪个剧团？哪个出版社？人们会爱屋及乌，也会株连九族。作为文化产品的生产者也要讲究“售后服务”，就是要认真收集、整理、研究消费者的反馈信息，提高自己产品乃至整个团体在消费者心中的声望。

以上简要地介绍了文化消费者行为六个阶段的心理过程。当然，具体到各个文化消费者身上，他们的行为也未必一定经历所有这六个阶段。如有的消费者可以不通过购买而满足自己的文化消费需求；有的消费者不经对文化商品的选择，就直接进行购买；有的文化消费者作了选择后，又改变了主意，不打算购买了等等。即使是那些经历了同样几个阶段的消费者之间，各人的心理活动也是千差万别的。总之，无论在文化消费者心理过程的哪一个阶段上，都存在十分丰富复杂的心理活动，有待人们去从中探寻其规律。

二、文化消费心理研究的基础

我们今天研究文化消费心理，有赖于两个十分重要的基础：一是市场基础，一是科学基础。一定的市场基础使文化消费心理研究成为必要，也可以说，文化市场的形成与完善需要对文化消费心理规律的研究与探索。而一定的科学基础则使文化消费心理研究成为可能，即科学的方法和理论是我们探究人们文化消费心理规律有效的手段。

1. 市场基础

在过去相当长的一段时间里，我们的文化产品生产是严格地按照国家指令性计划进行的。大多数文化艺术作品的创作要为当时的政治任务服务，或图解一定的政治口号，或成为某种政治观念的宣传册、教科书。在那个时期，作为文化消费者的广大人民群众只有被动地有时甚至是奉命去看某一部文艺作品。文化消费被一种强行灌输所替代，人们的文化消费心理被严重扭曲。文化产品的生产者也不必去考虑经济效益，因为没有任何市场的机制约束他们。在那时，人们文化消费心理自然不被重视，也没有研究它的必要。

党的十一届三中全会开创了我国文化建设的新局面，在发展有计划的社会主义商品经济，完善社会主义市场体系的时代背景下，我们的社会主义文化市场也已初具规模。在80年代初中期，我们的文化商品市场可以说是“购销两旺”，一方面是文化艺术创造的空前繁荣，另一方面是广大的文化消费者心理异常亢奋。大多数文化艺术产品生产部门的效益只取决于自己的生产能力，而与文化消费者选择意愿关系不大。这时，专门进行文化消费心理研究也显得意义不大。

只是到了最近几年，随着文化艺术生产力水平的不断提高，文化市场中文化产品的数量剧增，而广大文化消费者的需求则向多样化、复杂化、精品化转移。必须承认，在我们生产的大量文化艺术产品中，文艺精品所在不多，大大低于文化消费者的期待与需求。在我们的文化市场中“供求矛盾”非常突出。文化产品简单地从数量上看是“供过于求”，电影、舞台艺术、图书……琳琅满目地陈列在消费者面前，且新产品层出不穷，任你挑选；可是，在质量上，在样式、品种、风格上，流通中的文化产品却又很难满足全社会的需要，从而出现“供不应求”的局面。这样一种结构上的“供求矛盾”如何解决呢？生产制约着消费；反过来，消费也制约着生产。因此研究文化消费者，尤其是研究其消费心理现象，探究其规律，就显得极为必要了。

2. 科学基础

文化消费心理研究是以心理学的基本理论为其研究基础的。心理学的理论与实践的成果促进了文化消费心理研究的发展，当然，文化消费心理研究的成果也将丰富心理学的理论。例如，文化产品的宣传、促销活动，文化艺术品的广告研究主要是以心理学中的认知理论和学习理论为基础的；对于文化产品的推销员、经纪人的甄选以及素质的培养，也得益于心理学中的“智力测验”、“心理测验”。可以说，当代心理学中的各种理论，尤其是其中的动机理论、认知理论、学习理论、态度改变理论、个性理论等，为文化消费心理研究提供着基本的指导；而来自其他各门心理学分支学科的研究成果，也不断地充实着文化消费心理研究的内容。

文化消费心理研究还从邻近的相关学科吸取大量的成果。如文艺经济学关于文艺商品生产与流通的理论分析、关于文艺生产目的的讨论，文化人类学对于不同民族生活方式特点的研究、对于文化消费习惯的差异的分析，还有社会学关于生活方式变化的讨论、关于家庭结构问题的分析、关于闲暇时间问题以及城市化过程的研究等，都不断地为文化消费心理研究提供十分宝贵的资料，促使其向纵深发展。

三、文化消费心理研究的范围

文化消费心理的研究，包括发生在购买前、购买时及购买后的文化消费者的行为。其中，最为重要的是对购买前的行为研究。具体讲，这里有市场心理、广告心理、顾客心理三个研究方向。

1. 市场心理研究

文化市场是文化商品的交易场所，同时它又是沟通文化产品生产者与消费者的重要桥梁。要想知道文化消费者喜欢买什么，不喜欢买什么，以及为什么如此，就必须进行文化市场心理研究。文化消费者的需求是五花八门的，对文化产品的爱好又是千差万别的，这些需求与爱好又在不断地发生着变化。文化产品生产则应该随时注意大多数文化消费者的要求与爱好的变化，保持对市场动态及本部门目标市场的高度敏感。通过市场调查、文献研究、实验与观察，不仅可以把握文化市场消费动态的心理趋势，而且可以在市场分析的过程中了解各类文化消费者的消费心理特点。

对文化市场心理的专门研究，应该称为文化市场心理学。它的研究课题应该包括：文化消费需求，购买动机的形成与变化规律，它们的制约因素是什么，以及与此关联的市场预测、市场竞争策略等问题。

2. 广告心理研究

有了适合文化消费者需求的商品，掌握了文化商品的市场性质，确定了文化商品的目标市场之后，就应该迅速而有效地把商品介绍给广大的文化消费者，以刺激他们的需求欲望，吸引他们前去购买。如何使文化商品的介绍迅速而又有效，就需要进行文化广告心理的研究。文化商品的广告有硬广告与软广告之分，硬广告即生产者出资在广播、电视、报刊、广告牌等传播媒介上登出的产品介绍，软广告是各种传播媒介主动地对于文化艺术产品的宣传和报道，这种宣传、报道作为社会文化信息有意无意地成了许多文化产品以及文化产品生产部门的义务广告。作为一个文化消费者每天都要生活在文化广告的海洋中，但真正引起他注意的并不很多，文化广告怎样才能引起消费者的注意与兴趣，怎样才能刺激他们的购买欲望？做一个成功的文化产品广告，首先应该了解、掌握广告制作与宣传中应遵循的心理学规律。文化广告心理研究要讨论人们对于广告的注意与记忆特点方面的问题，要探讨文化广告媒介的选择与广告内容的编排对效果的影响问题，以及指导文化消费方面的问题等。

3. 顾客心理研究

当一个文化消费者产生了购买动机并了解了商品信息以后，就前往文化市场购买商品。这时，他就成了一名顾客。凡是光顾剧场、影院、书店、歌舞厅、文物商店的消费者，均属顾客之列。对于上门的顾客，应该如何接待、如何介绍商品、如何处理双方冲突？怎样能使顾客满意地消费、乘兴而归？采用哪些措施能够有效地促进销售、扩大营业额？在新的文化市场情况下，营业员、服务员、推销员应该是具备哪些心理素质？对这些问题都需要进行必要的研究。可以说，在看来似乎平平常常的探询、选择、购买等一系列顾客行为下面，都隐藏着一定的心理活动规律。在当前文化市场存在着竞争的情况下，谁不注意了解、研究顾客的心理并采取相应对策，谁就将处于被动的地位。

对文化商品购买者心理的研究，可以称作文化销售心理学。在目前，它应当涉及这样一些课题：各种类型顾客的购买特点，顾客对于著名文化产品生产者忠实性的确立，文化商品促销活动的心理学原则与方法，营销服务人员的甄选与培训等。

（节选自《文化消费心理研究概述》，载《中国文化管理》创刊号、1993 年合刊）

论文化与经济的互渗

——社会主义初级阶段根本性的文化特征

顾晓鸣

随着改革开放进程的深入，文化与经济的互渗越来越明显和突出。由此形成的许多社会文化现象也显得非常复杂。例如在经济快速发展和文化进步的同时，新中国建立以来已经绝迹的吸毒赌博嫖娼之类旧文化现象在一些地区已成重大社会问题；不择手段地捞钱的心态已导致假冒伪劣商品的泛滥；从商标到企业名，滥用洋名洋文（甚至冒用外国名牌），使社会上弥散着一种浮饰的“假洋”文化。据专家鉴定总有效率只有8%的各种口服液，通过广告把功效吹得天花乱坠；而且连书籍影视等精神产品的生产也似乎只有在虚幻夸饰中才能发大财。1992年的文坛和影视界的重大现象之一，便是原来被称为“痞子”的文学作品不但被正名而且着着实实地热了起来。遭到观众和评论家严肃而尖锐批评的《爱你没商量》，通过所谓的“玩”和“炒”，而取得了350万元的卖价。这一切确有文化学的机理在起作用，而这种机理的内核正在于文化和经济的关系。从这些现象中，我们至少可以看到：

第一，无论是恶性的低级下流文化之难以绝迹，还是良性的“痞子”文化，被一部分人所吹捧，都是同社会——经济发展同时产生的。这是一种结构性的矛盾。第二，各式各样的广告和宣传已成为产业的一部分，它们连同越来越精致的、喧宾夺主的外包装，成为国民生产总值的组成部分，正实实在在地促进着相关地区和行业的经济。而许多广告和宣传为了“取得良好经济效益”，总会有意无意地巧立名目、夸大其词甚至设置知觉的陷阱，排除其中诈骗的案例，我们完全可以说，这种现象正是现代商业社会的文化伴随物。第三，经济和商业的发展以不可思议的速率改变着人们的文化价值观。原来作为消极文化、腐朽文化乃至黄色文化的东西被重新评价，一些外来的文化样式、文化活动和文化作品（如摇滚乐、颓废艺术、选美等）根本来不及讨论就成为我国的文化现实。“北京小组”的选美赛，直接以经济手段促赛（最高奖为8万元），宗旨竟然是“逐步参与国际性的选美活动”。在这种现象背后推波助澜的主要是一种经营性的结构——赞助单位借文化搞促销，文化单位不断模仿世界上的（主要是发达资本主义国家的）文化新花样，以此搞第三产业创经济效益。至于摇奖彩票等等直接成为经济活动一部分，并广泛弥散，更体现出文化和经济的关系。上海电影院（文化单位）直接用设巨奖的办法来招徕观众，更把文化与经济的关系提到一个新的层次上。而它们在一定程度上有效地促进了相关的文化单位的业务和收益。第四，文化单位大量从事经营性的三产，文化作品（包括表演）迅速地商品化，而文化经销性活动也反过来深刻地重塑文化人和文化消费者的文化价值观和文化趣味。虽然不能说全体文化人都下海或以赚钱为自己文化创造的价值取向，但文化活动的经济取向因其有促进社会及其发展的积极作用而会继续扩大和深化。第五，企业把文化（包括信息）产业作为今后重要的赚钱产业，已经开始投资影视公司、广告公司乃至私立大学。这一趋势将在几年内汇为大观。第六，私营图书经销商的出现，他们间接掌握着出版大权，通过书号买卖，使图书市场迅速商品化，使图书的选题、内容和形式更加市场化。在这种情况下，学术和文艺自律性的要求有可能受到遏制，也将间接影响到大中小学生的课外阅读，这一点与大众报刊电视电台大量为吸引读者和视听群众的通俗文化（如帝后艳史）相结合，正改变着一代人的文化心态和文化面貌。总之，正统文化和非正统文化，健康文化和黄色文化，积极文化和消极文化之间的边缘性文化还在不断生长。无可否认，它们的产生和发展，就在于它们同文化单位的经济目标和文化消费者的用钱定向有结构性的关系，其中又蕴藏着一种好的健康的新文化成长的胚芽，体现着文化事业的改革和发展，故这又是一种动态性的两难。只要市场经济不断发展，公众对文化品的选择权总会不断增加，虽然随着文化水平的提高他们会逐步摒弃低级趣味的东西，但一代公众的文化趣味同其生存状态及其在经济结构中的地位密切相关。市场的激烈竞争和生活费用的不断增加，一般人只能全力以赴去赚钱，文化消费只能作为紧张生活的代偿甚至宣泄。这正是经济与文化之间更深层的关系。

正确地认识和把握这种关系必须从今日的社会文化现实出发，探索一种新的分析模式，认真研究社会主义初级阶段的文化特征。

一、经济产品中文化要素的急剧增加：经济活动深刻地影响精神文明

文化和经济的互渗在理论上的依据，首先涉及文化的定义。从广义上说，经济正是人类特有的文化活动。经济活动以一定的文化样式进行，经济产品包含着文化的因素，本是明显的事实。因此通常的经济和文化的两分法不自觉地割裂了两者的统一关系是不对的，世上不存在没有文化的经济或没有经济的文化。其次就关系到社会主义初级阶段和社会主义市场经济初始状态这个中

国基本现实。

社会主义初级阶段的市场，一方面是从计划经济向市场经济转化过程中的不规范的市场，另一方面又是在经济总体上处于“发展中”、因而较发达国家和地区落后的不成熟的市场。与此相适应，作为生产者代表的企业主本身的文化素质是不很高的，除了少数人物（相对数上而言）能把产品的质量和文化意义放在第一位，相当多数的企业是以效益（即赚钱）作为自己的主要方向的。由于文化经费的缺少，这种状态也逐渐弥散到一些文化单位“下海”搞的文化企业中去了。因此，一般的经济规律以更加突出的方式在发生作用，市场导向和顾客接口作为现代经济活动的重要战略只能以特殊的方式表现出来：

（一）市场的招徕效果重于产品对消费者需要的满足程度

无论是物质产品还是精神产品，对许多生产者来说，表面上是群众需要什么就做什么，实际上往往是大众在哄什么热什么就做什么，因此，这几年来最热门的词叫做“炒”和“玩”。哪一家企业能用各种手段把自己“炒热”，就能在市场上取得可观的经济收益。全国性的以一窝蜂的经营方式制造出许多文化景观，物质产品从楼堂馆所到时装玩具，基本上都是“全国大抄袭”，立意构思如此类同，精神产品（例如电视剧）也几乎十部一面，题材风格都一潮一潮的：都说明这些产品在制造时并不以满足公众实际需要为动机，而是以另一种“文化”为依托。这实际上是经济活动（生产）脱离市场结构而为流行文化样式所左右，同时又制造了文化的流行。

（二）在文化样式的移植过程中，市场的招徕效应重于产品物质构成的实际改进带来的吸引力

由于社会主义初级阶段处于改革开放的过程中，大众对外部世界充满不切实际的向往和好感，产品只要采取欧美港台乃至南方的样式便会畅销（极端的例子是只要缝上一块外国商标，便可以以材料10倍100倍的价格卖出），有时还越贵越有人光顾。产品的符码化在所谓的“精品屋”和“极品屋”中表现得淋漓尽致。许多企业通过这种快速而粗制滥造的“文化移植”推销了大批非精品非极品的产品，取得良好的经济效益。这使得附着在产品上的文化因素急剧增加。

（三）产品的流通渠道还未上轨道

由于市场秩序还未完全建立，产品与公众见面的方式，一方面不能再走计划经济的老路，必须以广告这种文化形式进入市场，另一方面，广告本身又未被公众所完全熟悉（许多人不愿看广告）。在这样的情况下，如何加强广告的感知度便成了产品“水准”的可见指标。行家有一句生动的话：牙膏都装在铝罐中，谁知道它们的优劣？公众只能通过外包装和广告来进行消费决策。同时，广告管理法规不齐全，大量言过其实的广告充斥报纸杂志、电台电视和大小街道。广告连同外包装成为物质产品的必备文化形式，顾客为一件商品支付的金钱，有的一半以上给了这种文化形式。

（四）与上述第三点相联系，厂商凭借文化形式进行的促销活动，使得整个经营日益文化化了

一些在文化上成就并不高的文化人及其作品，因为有厂家愿出钱，就可以上电视进美术馆，而有成就的学者的高水平作品却因为没有钱而难以传播，究竟什么是成功的作品？往往同某次评奖联系在一起，而评奖的资金是由某厂家支付的。在这个意义上，主要生产物质产品的单位，一方面把文化产品的生产和流通纳入经营的轨道，另一方面更加隐蔽地再造着整个社会的文化外观。其后果是文化标准的消解。

产品中文化因素急剧增加的上述四个方面，足以说明“纯粹”经济活动对社会文化和精神文明的巨大而深刻的影响。无论它们是积极的还是消极的，也不管负面影响与正面影响相比是次要的微不足道的还是严重的不能掉以轻心的，都从理论和实践上提出了一个重要的问题——经济和文化的互渗使得精神文明建设已不以人们意志为转移深入到了经济工作的内部；文化和精神文明已成为今日经济生活的有机组成部分。所以，在以经济工作为中心的历史阶段，如何处理文化问题，如何抓好精神文明建设，就必须对经济与文化互渗的问题，进行内在机制层面上的更加深入的解析。

这就关系到一个方法论的问题。不能停留在抽象的“经济”和抽象的“文化”的关系分析，而要抓住“文化”的本质——文化是人的问题，是人在一定的生存处境中的具体活动，把具体活动着的人，作为讨论经济和文化互渗的科学支点。在产品和生产中的种种文化要素总是存在于民众的活动中，不可能自在地表现出来，下面我们就从人的角度，即产品消费者和文化受众的角度，来进一步具体分析经济和文化的互渗机理。

在这个视角中，精神文明建设就不是简单地对人的改造和教育了，而是对人在广义经济活动中的理解和引导。

二、公众作为经济和文化互渗的中介：在经济——文化消费规律中引导精神文明

从公众角度看，“文化”是人显示其生存状态和需要并且对付生活问题和满足需要的形式。也就是说，公众处于怎样的物质条件和文化（狭义）水平，就会同怎么样的文化发生亲和。

在社会主义初级阶段，广大人民群众的生存状态有两个非常明显的特点：一是迅速从匮乏型转向温饱型甚至小康型；二是作为经济转轨期的一种伴随现象，人们广泛存在着“发财”甚至“暴发”的可能性。这种状态使得多数民众对商品的认识、选择和消费呈现出一种过渡期的特殊形式。

消费者作为社会产品生产的出发点和消费的终结点，其文化价值取向、文化选择能力和文化消费水准（程度）直接制约着产品开发、生产和销售的经济活动。消费者的文化素质决定性地介入商品的生产和流通过程中去。换言之，文化与经济的互渗是通过消费者这一文化中介

而实现的。

因此，分析社会主义初级阶段文化与经济互渗的独特性，可以从分析这一阶段消费大众的文化特征着手。从一般消费者的文化价值取向、文化选择能力和文化消费水准等方面，可以分析出积淀在商品上的各种文化要素，商品经销的文化样式和商品消费过程中文化方式，对社会主义精神文明建设来说，可以分析出哪些可能是积极的，哪些可能是消极的。

首先，公众的文化价值取向决定着社会主义初级阶段商品的外观（广义，包括品种、式样、包装等等）。在这一社会发展阶段，广大群众要求实惠的经济水准和要求接触新型时髦的价值取向构成了一对矛盾。例如一听到要提价，便抢购火柴、卫生纸、肥皂之类价格很低的商品；而好奇的尝新心理又促使他“豁出去”参与某种时髦消费。反映在文化心态上就是一方面还想老实巴交地做人，另一方面在灯红酒绿俊男靓女的花花世界影响下不时产生发财的欲望；不希望社会太乱，不希望文化堕落，又愿意看看美女某种镜头、赌博场面和其他属于低俗的文化。正是迎合了这样的矛盾心态，大量的美女广告和美女导购，与影视图书中类似档次的东西大量出现相呼应，给整个文化涂上了一层粉红色。又弥散到夜总会和KTV包房等文化设施中，带动着时装模特儿、选美、幸运大抽奖等文化活动。可以说，把发财的实惠和对食色潜意识的刺激结合起来，是许多经营者构思的深层依据。而转轨期大众矛盾的文化价值取向是更深层的原因。这一点又同暴发可能的增加和暴发户的大量出现结合在一起，造成了一种令欧美港台人士也大吃一惊的现象：所谓精品和极品的哄抬价格和购买者的挥霍无度汇为奇观；赝品到处泛滥；浮夸的自吹自擂的架势、语词和活动，既出现在物质商品中，也出现在所谓“名人”、“明星”和“热门作品”中。当然，真正的精品也逐渐产生了，这几年来音响器材及相关的音乐文化之普及和提高就是证明。

它说明，商品经济的发展固然在一段时间里会产生某种大兴文化，但大量看似超前的商品及其所携带的超前文化，也大大打开了公众的眼界。值得指出的是，那些本来在远处闪闪烁烁引人入胜的东西的庸俗和粗劣的一面，已使一大批有头脑的人逐渐产生一种厌倦感，越来越多的人讨厌人为的喧闹，而希望过一种绿色的健康生活。随着人民生活向小康过渡，一种正常的健康的文化价值取向必将更加普及开来，无论对于性还是对于钱，无论对于古人还是对于洋人，都不会那样盲从和沉溺。对西方文化、港台文化之鄙俗的一面以及各种享乐主义文化不受诱惑保持自己人格独立的人士必将不断增加。人民群众在逐渐成熟起来。

第二，公众选择能力不强使一种新的社会文化得以产生。由于刚刚从计划经济中走出还习惯于配给，而不习惯于自主地选择。即使在隐蔽的方面，例如穿衣，也习惯于穿“所提倡”的式样，不敢独立自主地穿自己喜爱的（甚至不懂怎么去“自己喜爱”），因此，他人怎么样就是自己所愿意的。加上对枪打出头鸟的恐惧，更是有意地阉割自己的选择性。“随便”这是许多人面临选择时的口头禅。在这种情况下，商品生产者强制地塑造消费者，广告巧妙地诱惑消费者，抽奖活动机智地收买消费者，显得相当容易。销售活动中的舞弊和因公众狂热而在销售过程中酿成悲剧的新闻常常见诸报端。经济活动这样通过对选择能力不强的公众进行强有力的引导，正快速地影响着社会的文化面貌。特别值得注意的是，在各式各样的广告、包装和促销活动中，人们正不自觉地制造着一种非常有诱惑力和腐蚀性的享乐主义文化。在正统的大报上，推销36万元为底价的高尔夫球证的广告，不仅在措辞造句中充满着拜金主义的意识形态，而且以这个天文数字炫耀着暴发户在经济转轨期的新权力。其中散发的文化趣味对于不设防的公众无疑是有腐蚀力的。外地来大城市的民工和都市青少年犯罪率的增加与这类享乐主义文化的泛滥是有关系的。在商品社会中，商品经营正是这种新的市民意识形态弥散的基本机制。制造商为了经济效益，以各种文化形式影响和塑造公众的文化选择能力，从而产生了一种新的社会文化。用文化学术语说，商业为文化重新编了码。

当然，这种互渗绝对不只是消极的，商品经济也深刻地激发着人的选择主体性和选择能力。在诸如京津沪穗大城市中，正是这几年经济的发展和提升，带动了整个市民文化的提升。

例如，从早期初始型的市民自娱自乐形式到今日市民广泛参与广播电视的直播，并日渐以自信而健康的心态对生活发表独立的见解。近年来，市民在居室布置、服饰、休闲方式和业余学习等方面都日益显示出富于主体性的选择和创造。愈来愈多的人日益带具有理性的选择就可能汇成一种合理的导向，从而使整个社会生活少一点盲从，多一点理智的思考。关于这一点，只要比较一下上海这样的大城市与内地一些中小城市的市民文化就可以看得很清楚。

第三，公众的文化消费水准（程度）是一项与经济更直接有联系的因素。社会主义初级阶段的文化消费的重大特征是不均衡。如个人和家庭的书报费极度减少与娱乐型支出大幅增加奇妙地共存着。青少年或许不甘心花几元钱订一个月报纸，却愿意一下子买几十元的贺年片或心中偶像的印刷品，甚至买高达150元一张的流行歌会的门票；在绝大多数人月平均文化支出还只有十几元的时候，少数人可以用100元点个歌（报载有的甚至用2万元点一个歌），一夜文化消费成千上万并不稀奇，夜夜听歌跳舞已成了一部分富豪大亨的生活内容。他们借这种畸形的文化消费“摆派头”，而大众报刊又通过津津乐道“大腕”们的反常行径来招徕读者，从而在文化消费水准尚低下的人群中，刺激出一种沾一沾“大腕”们豪华文化的边的消费心理。从事经济活动的诸行业再通过哄抬“大腕消费方式”，来提高价位（最低消费），生产种种与暴发型消费型有关的产品（例如2万元一瓶的香水，400元一条的短裤之类）。借文化发大财，在这里表现得更加令人瞠目。

同样，这也不完全是消极的，对一部分先富起来的人进行文化服务可以增加税收，用于一般人的文化事业；某些花费较高的文化活动对于文化的发展也有一定的促进，例如近年来激光唱片和影碟在普通民众中逐步推广。但是花钱的文化消费与高雅消费并不是一回事。豪富们一掷千金消费的文化反而在档次上是偏低的，有的甚至还是罪错文化或犯罪文化。在这样的情况下，一种良性的边际性文化出现了。比较明显的例子是大众性商场的文化环境营造——业主通过提高自己的文化档次，例如用钢琴伴奏或悬挂艺术摄影图画布置高雅的环境来吸引消费者。因为这种高文化环境也能让比较没钱的一般老百姓浏览选购，即使消费很少，文化趣味也得到了熏陶。

总之，我们应该及早研究上述种种文化矛盾，采取科学的对策，一方面保持经济的持续增长，另一方面尽力把民众的文化消费需要引导到健康先进的轨道，加强社会主义精神文明的建设。在这样做的时候，仍必须研究文化与经济互渗的内在机理。如果仍归停留在一般的教育上，就难以取得预期的效果。因为，在实际工作中，很难把“有对立的方面”与“有促进的方面”分离开来。简单的分离只可能造成忽松忽紧，让各种思想误区不断出现。找出文化与经济关系的深层的纽结，才是做好社会主义精神文明建设工作的重要理论基础。

三、文化对经济的制约：寻找精神文明建设的着力处

在一个经济飞速发展和以经济工作为中心的时代，也并非经济在单方面决定和影响文化，经济单位即使有足够的金钱来制造商业化的、刺激消费欲的文化，但并不是所有人都会就范的——太阳神口服液在文化上下了大工夫投入大资金，但产品已开始滞销。经济必须遵循着文化自身的规律才能成功；经济活动的模式本身也要受一定文化型式的制约。作为社会主义初级阶段的经济发展和经济工作，必须遵循社会主义初级阶段的文化制约。而社会主义初级阶段之在中国内地出现，不是一个主观的问题，而是人类整个文化史的一个组成部分。

必须非常认真而深刻地认识和研究这个问题。有许多看起来是纯粹经济问题的事，例如股市和股票投机，为什么在我国出现了这样独特的情况？其中有股市不成熟的问题，但是，更严重地影响到具体经营的，还是股民的文化价值取向和文化水准。至于本身就是经济和文化交融的业务，如公共关系，就更是深深地打上了文化印记。在一些地区，公款请客已从一桌酒1千元哄抬到上万元，交际已从吃饭喝酒抽烟发展到包KTV房等。对此，企业家也怨声载道，但不这样做又不行。不但物质生产单位，就连出版社、大学这样的文化单位也必须以通行的标准去做那样的“公关”。所以，现在分析的焦点是，这些必须解决的不正之风，是通过市场的不断成熟（包括立法）得以解决呢，还是要在经济发展过程中解决社会主义文化与经济工作（例如股市）的接轨问题？前一种思想的误区表现为要么以经济取代文化（认为经济成熟了，文化上的不正之风便可消失），要么走另一极端，认为经济决定一切，文化的消极现象是不得不作出的牺牲。因此，真要解决这个问题，必须认真研究在发展经济，使经济与国际接轨过程中社会主义制度的规定性。根据我国生产力发展的水平，在社会主义初级阶段，非社会主义公有制的经济制度、经济行为和企业文化将对人民群众的文化价值取向和文化水准起作用，某些在通常标准看来非社会主义的东西还会继续引进（例如那种西方通行的“选美”活动）。这就进一步提出了这样一个问题：在社会主义文化的总范畴中，可以在多大程度上采纳当今非社会主义的文化。有社会主义规约的文化同人类一般的、国际流行的文化之关系究竟怎样？显然这对于我国当前的物质文明建设和精神文明建设都有着十分重要的现实意义。

我在本文中提出以下分析的视点，就是想对此作些探讨。

第一，人民生活方式的变迁和文化的流行有自己的规律。过去我们人为地把资产阶级看作是要化妆打扮“爱红装”的，而无产阶级是以朴素为美的。现在终于扭过来了，性感内衣广告也公然出现在宣传品上。这能不能简单化地称之为“资产阶级生活方式”呢？当然不。但是，反过来，西方整个文化界和生活方式，非正统的甚至反社会的方式（在文艺方面表现为奥斯卡获奖影片中暴力、性变态、反体制的内容空前膨胀，在生活中出现了形形色色的“×皮士”）侵入主流文化，这些东西中难道没有“资产阶级生活方式”吗？因此，一定要研究社会主义初级阶段人民群众生活方式变迁的一般规律，研究哪些文化样式和文化品会不以人们的意志为转移地流行起来的问题。

经济活动和经营厂商只有与这一规律相吻合，才有可能大幅度地发展和赢利，弄潮儿赚了大钱，胆大的始作俑者捞到了鲜头；当然，今年一些大出版社对“人体摄影”的问题认识不对估算有误，出版了许多人体写真影集，被高额罚款和严厉批评。在经济上也受到大挫折。事实证明，文化与经济的关系并不是一个理论问题，而是一个生死攸关的问题了。成功的厂商几乎都是摸透了市民生活方式和文化流行的规律，捷足先登才发大财的。这就是文化对经济的巨大制约。社会主义国家中党和政府作为社会——文化的集中代表，它们的政策趋向同一定行业的兴衰有着密切的关系。企业如果只注意市场而不注意党和政府提倡什么反对什么，那么也难保生意不受挫折。

现代社会是一个文化发达的社会，制度化的社会意味着有自己文化的规范和文化的目标，它集中表现为政府（党和政府）纲领、规划和政策。前些年，南方一些城市和企业深刻地领会党的基本路线，在企业改革的大方针方面，看得清看得远，它们敢于做在当时认为不妥甚至不对的事，结果当1992年年初发展新高潮来临的时候，他们已明显走到了前面。

两种文化趋势——民间的自发的流行和集中的有规划的决策——交织在一起，构成了社会主义初级阶段对

经济发展的巨大文化制约，并形成了一个三边结构：人民群众文化客观的发展规律为一边，党和政府的社会——经济——文化政策为另一边和经济工作与企业经营为第三边，三者相互联系。精神文明建设必须在这个三边结构中着力，通过政府的决策，反映和影响民众的文化变化规律，在经济活动和产品设计、生产、销售的具体经营方面，把社会主义文化有机地融入其中，从而解决所谓两张皮的问题——不要一段时间里放任，一段时间里又不切实际地管束，在许多场合中，放任之后形成的作风和社会风气很难通过“抓一抓”来扭转的。

第二，文化作为信息性产业，目前还被放在第三产业之中，但有的地方（如广东）已明确提出“第四产业”的思路。狭义的文化事业本身成为产业，文化品成为商品，市民消费中这类文化消费品所占比重连年上升，随着生活水平向小康过渡，文化的消费和生产在国民经济中的地位日益提高。这一切造成了现时代文化与经济更为复杂的互渗。

作为经济和经营活动的文化产业，由于从事的是文化的生产、复制和销售，因此一方面它在经营上有自己的特点，例如音像制品的演唱会在经济上的收益与公众的文化趣味和价值定向密切相连，只有在公众中“炒”出文化热点，才有这类文化产品的经济效益；另一方面，它又更依赖于文化技术装备。高科技及其工农业制品对文化产品的品质提升和市场效应至关重要。所谓新三大件（电脑、电传、个人复印机）和新三小件（微型液晶彩电、微型激光唱机和微型收录机）正是文化技术时代的文化消费硬件。饭店经营的升级换代，在很大程度上是以文化技术的升级换代为标志，同时也以文化服务的档次提升为标志的。

在这种情况下，社会主义初级阶段的精神文明建设必定要同文化产业的经营密切结合。

1992年我国电影业的改革实际上就是顺着这一机制进行的。作为宣传教育工具的影片本身是精神文明建设的一部分，但它必须在买卖中（作为产业的文化经营）才能被公众接受。因此在这一点上，已经不可能把经济与文化分为两个部分来操作了——例如把影片分成主要是赚钱的娱乐片和主要是教育的教育片。电影市场要求在一部片子内做到既有票房又有教育意义。这是不是一种好的空想呢？不是，因为人民大众就其根本上来说，总是正派的健康的，他们向往真实的善良的美好的东西。近年来许多简单模仿西方港台黑社会的赌片妓片市场效益并不好，在艺术界更是声名狼藉。那些瞩目于拿指标捞国家投资的“教育片”不但在经营上大亏其本，而且广大人民群众光顾的极少。所以，如果真正树立为人民服务的思想，文化产业获得社会效益和经济效益的双丰收是完全可能的。

在文化经营中建设精神文明应是社会主义初级阶段文化工作的重要特点。

但是，文化的产业化并不能完全解决文化水准的提升和文化趣味的正常化问题。前文已分析过，这一阶段民众的文化特点，往往可能与那种带洋港台味的，虚夸大兴的文化品发生亲和。如果简单化地处理这个文化市场化问题，哪怕采取“养”一部分高雅文艺之类的辅助措施，也很难解决文化建设的问题。因为这里始终存在着两张皮的区分。为此，必须分析下面第三个问题。

第三，文化消费阶层化和文化权力的问题。在文化消费阶层分化不合理的情况（经济转轨期不可避免）下，文化过分的市场化有可能使文化低俗化，而脱离市场的补贴、奖励、组织观摩等活动也难以取得预期的效果。因此，必须把文化消费者的阶层化和文化权力问题作为文化与经济互渗关系的重要支点来处理。

在社会主义初级阶段，文化消费者的分层出现了一种特殊的反置——今日在买最“发烧”音响器材的主要是个体户和通过商业行为在短期暴富的人士，像范大雷之类的音乐教授反而与这些设备无缘。这种情况也出现在较便宜的文化活动中，卡拉OK常客的文化档次与其收入水平常常是负相关的，这已有许多分析。需要特别概括的是：在目前，文化消费能力与经济收入水平有直接联系；而经济收入水平的提高与所从事的行业在国民经济中的地位是不一致的。发财的可能性在经济起飞、并由计划经济向市场经济过渡的时期的分布是不尽合理的，其消极后果便是文化发展与经济发展脱节。解决的办法只有努力寻找一种积极的要素，并且在这些要素中培植出适合这一经济格局的精神文明来。

这就是经济起飞过程中的文化选择机制。社会主义初级阶段经济格局的大变化，造成了极其丰富壮观的机遇，其中固然有不法分子和以权谋私权钱交易的腐化分子因此成了暴发户，但对于一般人民来说，时代也提供了前所未有的可能性，他们可以独立选择和创造。原来体制中的各类单位也要借这种再选择和流动转换自己运行机制，因此，“经济上的成功”成为今日中国内地文化变迁的重要支点，在一定的程度上，文化上有独到眼光并有创造魄力者有可能在新的经济格局中找到一个好的位置，从而有可能先富起来。他们在新的经济格局中取得的成功本身造成了一种新的文化。他们的文化消费也可能取一种前所未有的新的价值取向——举一个小例子，先富起来的艺术家乐意用自己挣来的大钱从事先锋性实验性的文艺创作。在十几年的改革开放过程中，这种新型的文化阶层已逐步形成。在一些名人明星中已有这样的人物，他们虽然人数不多，但有群众影响，会带动一大批群众，从而形成新的文化趣味和价值取向。他们在经济上的优势地位，他们独立自主的文化选择心态，又使他们在文化上有更大的创造能量和有所作为的天地。

这不仅意味着出现了一批新型的文化阶层，而且促使着传统的文化阶层化的序列和排列机制发生重大的变化。表面上看，是高雅与低俗的简单两分法被打破了。以文艺作品为例，从陈凯歌的《霸王别姬》、张艺谋的《大红灯笼高高挂》到大量的有一定制作质量的通俗电视剧，许多原来属于高雅文化的人士投身“低俗文化”，产生了一批亦雅亦俗的艺术精品。（试比较我国明清商业发展造成的亦雅亦俗的市民文化及一批亦雅亦俗的文化人）这种新参数的介入，打破了在一个平面上不断摇摆的困境，产生了生机勃勃的文化人的新结构。

其背后则是文化权力的转移。最明显的征象便是：用红头文件来推广一件文艺作品已不大可能了，在某种情况下，原来使创作人员听了害怕的“有人说话了”的说法现在也只作为一种意见提供参考而已。反过来，随着前述机制在改革开放过程中不断发展和成熟，单单有钞票的大户也很难左右文化市场和文化格局。“文化权力”究竟在哪里已成为一个重要课题。

我们认为，唯有当代中国大陆诸因素的相互关系才决定了某种文化的权力。有权进行文化创造的人是真正对这种文化格局诸因素及其相关方面了如指掌、驾驭自如的人。文化分析作为实际操作的智慧内核，将愈来愈明显地显示自己的作用。

根据上述分析，精神文明建设已不可能单依靠政府（包括文化单位负责人）的权力，也不可能放任有财有势的大腕去领导新潮流，而应该不放弃和放松文化的领导，更主动积极地在变动的经济和文化格局中，寻求革命性的先进因素。力求在文化与经济的互渗中创造一种机制，这种机制可以更快地造就一代新的文化专业、文化创作人员、经营人员和文化消费者。各种评奖和资助活动应放在这一视点上加以考虑，创造出迄今还未有的新办法和新活动。

简言之，必须把精神文明建设融入经济工作中去，犹如要把环保意识渗透整个生产过程中一样。对于广告、促销活动和表面上看是文化活动实质上是经营活动的那种活动（例如巨奖选美），更要摸索出一种精神文明的评估、影响和监控的机制和方式。要有一批在经济上内行的人士来从事精神文明建设的工作，促使有能力进行两个文明一起抓的专家的出现。同时，要引导文化研究者多多观察和分析我国经济起飞过程中的社会——文化实际，以深厚的文化分析理论能力来洞察现象，发现文化发展的积极的力量和社会主义文化的新的生长点，批判消极的有害的腐朽文化。精神文明建设工作不是一个在经济工作之外、补充配合或锦上添花、救火消灾的工作，而是以经济工作为中心的整个社会文明建设的一部分。

正因为此，更显示了对社会主义初级阶段文化特征研究的重要性，能否在这一历史阶段经济工作与文化发展扑朔迷离的交融中庖丁解牛，有赖于对这一阶段经济与文化的互渗（及其对峙）的深入的理论分析。随着改革开放深入，本课题的意义将日益显示出来。

［选自《复旦学报》（社会科学版）1993 年第 3 期］

面对挑战的决策选择

——“文化与市场”丛谈之二

康式昭

社会主义市场经济的挑战，拨动了文化界内外人们内心的琴弦，成为街谈巷议的热点问题之一。经济大潮的迎面冲击，文人下“海”的辐射震荡，歌星们身价的陡涨，反衬出歌剧院门前的冷落，与歌舞厅的劲歌狂舞较量，有博物馆展览新潮家具的多彩多姿，和图书馆摇身一变，化为餐馆的灯红酒绿……种种迷幻般的色彩让人眼花缭乱，也促人深思：文化都怎么啦？文化——面对市场经济海洋的文化，步该怎么迈？路该如何走？

许多人在思考，在辨析，在探索，在追寻，也有人试图做出回答。一个时期以来，我们便看到听到了不少类似的声音：“要加快文化市场化进程。”“要以市场为导向，实行文化艺术商品化。”“要把文化全方位推向市场，实现文化事业产业化转变。”“文化事业要自负盈亏，国家逐步实施断奶。”同时，也有另一种声音：“救救交响乐！”“救救芭蕾！”“难道要以文艺人才流失和民族文化滑坡作为代价吗？”……

五花八门的现象，加上五花八门的主张，更让人眼花缭乱，也更发人深省了。

一

面对社会主义市场经济体制的新格局，文化体制确确实实有个适应的问题，在计划经济体制下形成的传统文化体制，有个转轨的问题，有个深化改革的问题。而作为前提的，是解放思想，转变观念。

毋庸讳言，与传统经济体制相呼应并作为其理论基础的，是传统的观念，其中包含着对什么是社会主义的某些误解和曲解，比如，把“计划”和“市场”简单地和社会制度画上等号即是一例。在文化领域，传统的由计划经济运行机制衍生的文化体制，长期以来便被看作唯一的社会主义的文化运行模式，带上了社会制度的徽记。大锅饭，铁饭碗，统包统管，人才私有统统作为社会主义优越性的体现，触动不得。这种带上浓厚政治色彩的观念，具有相当强的稳固性，阻碍着人们的视线，妨碍了前进的脚步。因而，从根本上说，两种文化体制的错轨和冲撞，首先是两种观念的错误和矛盾。当前，解放思想、转变观念已经成为迎接市场经济体制挑战，必须切实解决好的第一位的问题。

解放思想，就是要用经过改革开放的成功实践证明了的、邓小平同志有中国特色社会主义的理论武装头脑，以党的十四大精神为指针，练就新目光，把准新视角。要跟上时代前进的步伐，参与和促进这一伟大的历史转折。总之，不能再停留于计划经济体制的老框子中，不能局限在长期形成的旧观念里。要突破，要创新，尽管其中必然有痛苦，有失落。挑战的严峻性也许正在这里。

同时，又要实事求是。邓小平同志早在1980年12月25日就指出过："解放思想，就是使思想和实际相符合，使主观和客观相符合，就是实事求是。"（见《贯彻调整方针，保证安定团结》）毛泽东同志也曾强调地引用过列宁的论断："马克思主义的最本质的东西，马克思主义的活的灵魂，就在于具体地分析具体的情况。"（见《矛盾论》）这就是说，要从实际出发，坚持实事求是的态度。不可一刀切，一锅煮，大呼隆，大拨轰；不可赶浪潮，起哄，走极端。说实在的，建国40多年来，我们吃形而上学的亏够多的了。因而，面对挑战做出的决策，一定要建立在解放思想和实事求是相统一的基础上，建立在革命的创新精神和辩证的求实态度相契合的基点上。

二

用这样的眼光来辨析面对市场的文化，我们可以发现，我们决不是无差别的单一体，可以简单从事；相反，呈现出纷繁杂沓、多种多样、多彩多姿的情况。我们的决策，只能建立在区别对待的基石之上。具体地说，只能实行分别对待，分类指导和分散决策的原则。

如何区分？文化分类的方法很多。就文化和市场的关系而言，我以为，大体可以分作两大类。一大类是非市场文化，或者叫非经营性文化。其特点是不进入文化市场，也不受价值规律的调控。这里边，又有几种类型。一种是自娱文化，比如，街头文化；北京公园里自发开展的老年迪斯科舞，东北街头群众自办的扭大秧歌等；以及企业、机关、学校有组织举办的各类工余文化娱乐活动，习惯称作校园文化、企业文化等。当然，"企业文化"主要指企业精神、企业宗旨、企业道德等，这里是狭义上使用。另一种是民俗文化，即民族民间风俗文化。包括节日文化、庙会文化以及各类民俗活动。比如，傣族的泼水节，彝族的火把节，壮族的三月三歌圩，东南沿海和西南诸省水乡各族人民的龙舟节，以及各种花会、灯会等。这些具有深厚传统的民俗文化，也都是自娱乐性质的非经营性文化活动。近年来，许多地方利用举办民俗文化节的机会，开展经贸洽谈活动，以文招商，以文引资，叫做"文化搭台，经贸唱戏"。这些活动往往能够带来巨大的经济效益，呈上升的趋势。这是文化和经济结合、文化为经济服务的有益尝试，是件大好事。但就性质上说，只能如此看作文化作用的扩大和延伸，并不改变民俗文化固有的性质。道理很简单，是借民俗节日做买卖，而不是买卖民俗节庆本身。

非市场文化中更加重要的一种，是公益性文化事业，包括公共图书馆、博物馆、美术馆、文化馆等，其目的和宗旨是通过提文化方面的服务，提高国民的科学文化素和思想道德素质。这一部分文化事业也不入市场，不受价值规律调控，不以市场的供求关系来决定它们的兴与衰，存与亡。尽管有些地方要收取少量的门票费，但决不能视为进入市场的交易行为。

文化的第二个大类是进入市场的文化，或者叫做经营性文化。包括各种文化商品和有偿文化服务。以行业划分，大体拥有文艺创作演出业、电影生产放映业、图书报刊经营业、录音录像制品经营业、美术品经营业、文物销售业、文艺培训业，以及文化娱乐业等。其共同点是，都以商品的形式参与文化市场的流通，是使用价值和市场价值的统一，具有商品的属性，受市场规律的影响和支配。

进入市场的文化，依据文化在市场运行中的不同地位，不同状况，不同处境，又大体可以分成三种。

一种是高品位高层次的高雅文化。通常包括文化学术论著，高品位的高雅文化作品（也有人称为严肃文学，或纯文学，似乎都不尽确切），高层次的文艺表演，以及优秀的民族文化艺术，特别是具有优秀传统的各类表演艺术如交响乐、芭蕾、歌剧、话剧以及京剧、昆曲、越剧、川剧等等。它们都具有商品属性，要进入文化市场，要面对文化的消费者（购买者、欣赏者、收藏者）。但是，由于文化这种精神产品自身的特殊性，其艺术价值和市场价值之间存在着差异（在一定条件下甚至完全背离和倒错），它们的社会效益和经济效益并不完全统一，往往投入大，成本高；又由于这种高层次高品位的高雅艺术，需要较高文化层次和较高审美需求的观众，因而，它们在文化市场上缺乏竞争力，处于不利地位，即所谓"曲高和寡"，"优而不胜"。这类情况就是在市场经济十分发达的西方国家，也都普遍地存在着。许多西方国家的文化政策，也以承认这个现实作为前提。

另一种是精神产品中的大众化通俗文化。包括各种通俗文化出版物、武侠小说、侦破小说、惊险小说等；通俗类的录音录像制品，流行音乐磁带，通俗作品录像带等；以及通俗音乐舞蹈的演出等。其特点是读者面大，观众多，销售量大，票房价值高，在市场竞争中处于有利的地位，能给经营者（包括参与创作演出者）带来丰厚的利润和收益。

再一类是近些年来蓬勃兴起的文化娱乐业，包括歌厅、舞厅、夜总会、音乐酒吧、卡拉OK厅以及电子游戏机、桌球活动等。其中，许多项目都具有高消费、高盈利的纯商品文化的性质。社会上盛传的大款们斗富摆阔、一掷万金，往往在这些文化娱乐场所。

如果再作一些概括，那么，摆在我们面前的文化至少有四大类：自娱性文化（含民俗文化）；公益性文化；高层次高品位的高雅文化；大众化通俗化的娱乐文化（含文化娱乐业）。前两种属于非市场文化，后两种属于经营性的市场文化。

明白了文化的各种类型在市场面前的不同地位、不同处境的不同性质，我们也就懂得采取区别对待、分类指导和分散决策的必要性和重要性了。坚持唯物论和辩证法，是我们唯一正确的选择。

三

对于这些不同性质不同状况的文化，如何实施分散决策和分类指导呢？

我认为：第一，对于群众自娱性文化包括民族民间风俗文化，要采取积极支持和引导的态度。支持主要是政治支持、思想支持、舆论支持，也包括必要的经济支持。如果以民俗文化作为经济的舞台，则更应该给予足够的经济的支持。引导主要指诱导群众剔除自发的文化娱乐活动及传统民俗活动中落后的、不健康的、有害的成分，保证其健康有序地发展。

第二，对于公益性文化事业，基于其非经营物质和自身担负的提高国民素质的重大使命，要采取全力支持和保护的态度。首先，要统筹规划公益性文化事业的布局和发展前景，要运用政府的力量组织公益文化设施的建设。对于现有的公益文化事业，要在改革的基础上（包括必要的布局调整，在内部运行中引进竞争机制、激励机制等），给予足够的经济支持。支持的方式很多，一是政府财政直接拨款，二是引导社会多方赞助，三是减免税赋，四是金融贷款和利率给予优惠。据笔者了解，在西方国家，公益性事业是作为政府宏观调控社会分配的重要手段，是社会第二次分配的主要方式和途径。具体地说，就是政府收纳税人上缴的税款，再以为社会、为民众平等地提供服务等方式，返还给纳税人。贯彻在其中的原则，是平等的原则，是每一个国民都能同等享有的原则。可谓福利国民云云，其理论和实践的奥妙即在于此。当然，这是出于缓和社会矛盾、促进社会稳定的目的。正是基于这个原因，公益性文化事业受到世界各国政府的支持、重视和保护。可以说，全世界没有一个国家将公益性文化推向市场，任其自生自灭。那样做，从眼前说，难以向国民、向纳税人交代，从长远说，必然损伤国家民族的根本利益和久远利益，为明智的政府和政治家所不取。我们是社会主义国家，自然更应谨慎从事。

第三，对于缺乏市场竞争力的高品位高层次的高雅文化，应该从实际出发，采取有重点有区别的扶植政策。高雅文化不同于公益性文化事业，并不体现平等的社会再分配的原则。但由于它们代表着国家的文化艺术水准，包含了民族文化艺术的既有成就，又为提高民众的审美情趣和鉴赏能力进而提高文化素养之所需。因此，政府必须充分实施政策的倾斜，使它们在市场运行中得到平等的地位，获得生存权和发展权。

以高雅的表演艺术为例。有重点有区别的扶植政策包含这样一些内容：一是财政支持。国家要扶植少数代表高艺术水准，或具有深厚的民族文化传统、或试验性的团体，地方各级政府也可以依据各自的情况，重点扶植一些剧团。经济支持可以是全额的，也可以是定额的、差额的。二是社会赞助。要鼓励和引导社会各界资助这些政府提倡和保护的艺术部门和文艺团体，调控赞助导向。赞助方式可以建立各种类型的基金会（据了解，只有五百万人口的芬兰，登记注册的文化类基金会达1600多个，资金额过20亿马克）；也可以是文化和企业“联姻”，建立相对稳定的相互支持相互服务的关系，并用契约的形式明确下来；还可以争取临时性的一次性的赞助。重点在于建立社会资助文化事业的机制。三是实行税收、金融等的倾斜政策，给予优惠。西方国家中，对这种高雅艺术或者属非盈利性文化，扶持方式和手段的侧重点不尽相同。西欧北欧国家，如英国、德国、意大利、芬兰、瑞典等国，政府直接拨款占的比重较大。一些重点剧院团可以达到总收入的二分之一到三分之二。美国则相对较少，1965年国会通过《国家艺术和人文基金会法案》之后，成立了艺术基金会和人文基金会，才由国会每年拨款资助，但数额很少，如1987年度仅1.7亿美元。但他们给予这些非盈利的文化艺术团体（如交响乐团、合唱团、剧团、舞蹈团等）以免缴所得税的优惠待遇；同时还规定，纳税人向这些取得免税地位的文化团体提供赞助，可以相应地少缴税。

对于获得政府和社会支持的表演艺术团体来说，要立足于深化改革，增强活力，要建立健全符合市场经济规律的内部运行机制，决不可把计划经济体制下长期积累的种种弊端统统包下来保下来。扶植决不是保护消极，保护落后。

此外，从我国的国情出发，为了解决“钱从哪里来，人往何处去”的困难，还要鼓励这些单位（包括前边谈到的公益性文化事业单位）积极开展以文补文和产业助文活动，并在信贷、税收等方面给予相应的照顾。

第四，对于盈利性的商业文化，即大众化通俗化的娱乐文化，可基本上由市场供求关系调节，放开搞活，实行自主经营、自负盈亏、自我发展、自我约束的原则，使之成为市场主体和独立的法人实体，通过市场竞争，优胜劣汰。政府主要运用法律手段和税收、信贷等经济手段加以调控，对高消费、高盈利则对高征税、高收费的办法，用这些收入支持政府提倡和保护的公益性文化事业和高雅文化。管理上还要辅之以必要的行政手段和舆论手段，引导商业文化的从业者依法经营，守法经营。要充分认识娱乐文化勃兴的必然性以及它的积极作用，一要支持，二要引导，同时努力提高其内涵的文化品位。

总之，面对挑战的文化对策，我认为可以概括为一句话：保公益，扶高雅，放开一大片。

四

弄明白了这一堆交织缠绕的问题，回过头来再看笔者篇首引述的那些议论和主张，便容易说清楚了。

实行文化艺术商品化么？尽管大多数文化产品和文化服务以商品形式出现，但毕竟有些文化不带商品性质，不进入文化市场，“商品化”的口号有以偏概全之嫌。而且，就是具有商品属性的文化品，也同时具有非商品的特性，具有意识形态属性。只强调商品共性，忽略了其特性，也是一种以偏概全。更何况，进入文化市场的文化品，由于在市场运行中的地位、处境不同，也不能统统由价值规律去调节，由市场供求关系决定其兴衰存亡。因而，我以为“文化商品化”的口号是不科学不确切的。顺便说一句，瑞典议会1974年通过的国家文化政策的八点目标中，明确写进了“反对文化艺术商品化”的条文。瑞典政府文化部长——国家文化事务委员会主席曾告诉笔者：文化艺术要完全实行商品化，行不通。比如一本书很有价值，但需要量少，就必须由政府补贴，不能完全由市场管。特别像我们只有八百万人口的小国，光靠市场不行。只靠市场调节，我们的歌剧院、交响乐团就都完了。这是身处市场经济海洋中的文化管理者的经验之谈。

把文化全方位推向市场么？有些文化事业原本不属市场文化，如公共图书馆、博物馆等，从何推起？有些原来就在文化市场之中，如歌厅、舞厅、卡拉OK厅之类，又何须去推？硬要“全方位去推”，便是博物馆关门，变成家具展销；图书馆转型，成为酒吧餐馆！那种以副业顶替主业，用多业挤掉本业的做法，是不可取的，如系“断奶”所致，则属于行政部门的短视行为。

实行“断奶”么？商业文化本来没给“奶”，无从“断”起。公益文化事业不能“断”，已如前述。硬要“断”，则纳税人会质问：我们的税钱花到哪儿去了？高雅文化应区别对待，也不在“断”之列。至于大量的表演艺术团体要面向市场，深化改革，倒也牵连到“奶”的问题。但剧团体制改革涉及的问题很多很广，改革的路子也多种多样，不是一个简单的“断奶”所能概括的。事情怕就怕简单化，不是么？

（选自《文艺理论与批评》1993年第6期）

在改革开放中发展文化产业

高占祥

所谓文化产业，其内涵主要有两个方面：一是区分产业门类的内涵，即以文化产品的生产、流通、消费和文化娱乐服务与消费为主体对象的产业门类，大体包括娱乐服务业、广播影视业和文化艺术业，文化艺术业又包括艺术、出版、文物保护、图书馆、群众文化、文化艺术经纪与代理和其他文化艺术等行业；二是区分盈利性与非盈利性的内涵，盈利性的内涵大致是文化生产或经营单位按照市场需求和市场规律，讲求生产、经营中的投入与产出，真正成为“独立核算、自主经营、自负盈亏”的法人实体和市场竞争的主体。

中共中央、国务院关于加快发展第三产业的决定，以及国务院颁布的全国第三产业发展规划要点，为我们发展文化产业展示了广阔的前景。我们应该进一步提高认识，明确目标，开拓市场，创造条件，乘势而上，以行业化、产业化、社会化为方向，推进社会主义文化事业迈上新的台阶。

如何更好更快地促进文化产业的发展呢？

一、更新观点——解放思想　拓宽视野

近几年，我国的文化产业在改革开放中不断发展，迈开了新步伐，取得了新成就。我们的思想在探索中不断升华，我们的认识在创业中不断提高，我们的经验在实践中不断丰富。我国的文化产业正蓬勃而起，方兴未艾。要进一步推动我国文化产业的发展，需要对“文化产业”有进一步的明确认识。

（一）从产业界定的科学性来认识“文化产业”

改革开放的不断深入，加快了我国国民经济和社会发展的步伐。党中央、国务院从我国国情出发，并借鉴国外的经验，明确提出将我国国民经济和社会发展部门划分为三大产业：第一产业是农业；第二产业是工业和建筑业；第三产业是除上述第一、二产业以外的其他各类，包括流通部门，为生产和生活服务的部门，为提高文化水平和人民素质服务的部门，为社会公共需要服务的部门。国家已经明确把文化事业列为第三产业重点发展的部门，确立了文化事业作为一种产业在国民经济和

社会发展中的重要地位。

将文化事业作为一种产业，是近年来形成的新观念。以前，人们一提起“产业”，只认为它是指工业、农业等物质生产部门，这是对“产业”的一种狭义的理解。从广义上说，产业是指整个国民经济各行各业的总和，它既包括物质生产领域，也包括非物质生产领域中所有从事经济活动或社会活动的行业、企业、事业单位、机关团体及个体。随着社会分工的不断细化，新的产业不断出现，产业概念仍在不断丰富和发展中。因此，我们要突破文化事业不是产业的旧观念，而应将我们所从事的主业也纳入到第三产业发展规划，与国家发展第三产业的整体规划相适应，相吻合。

（二）从精神文化生产的全过程来认识“文化产业”

在人们的传统观念中，一说到“精神生产”，往往单纯指作家、艺术家、理论家们的脑力创造活动和文化艺术产品的初级完成阶段。这种认识是不全面、不完整的。“精神生产”应当包括作家、艺术家、理论家们的创造过程的和经过物化生产流程这样一个全过程，这是一个使精神文化产品从初级产品转化为终极产品的全过程，是使精神文化产品从私人产品转化为社会产品的全过程。因此，我们不应割断这个全过程。

精神生产对于物质生产的依赖性，对于物质资料的依托性，决定了文化生产具有产业的属性。在整个精神文化产品的生产与流通的过程中，有相当一部分生产经营对象和生产经营行为，本身就属于传统理论中的产业范畴，比如，纸张油墨的制造，舞台灯光音响设备的制造等。

（三）从文化事业发展趋势来认识“文化产业”

在社会主义市场经济条件下，文化事业呈现出两个发展趋势。一个趋势是，绝大多数的精神文化产品已作为商品或者以商品的形式进入市场，满足消费，进而实现其自身价值。这样，文化生产就必须遵循市场的一般法则去发展，也就不能不受市场供求关系的调节和价值规律的制约。文化事业在这一发展进程中已经具备了产业要素，比如，文化生产也讲求核算，也要由单纯生产型转变到生产经营型。文化事业发展的另一个显著趋势是，它将随着行业化、社会化、产业化的发展趋势。因而，我们应当从文化事业发展趋势来认识其产业的属性。

（四）从社会发展趋向来认识“文化产业”

在现代社会，新兴的物质产业和服务越来越多，越来越新，新兴的文化产业和文化服务也越来越多，越来越新。后者将大大超过前者，这是现代社会的特征之一。

——随着文化建设与经济建设相结合的日益紧密，文化产业有了新的发展。生产力要解放，生产率要提高，社会经济要发展，日益依赖科学技术、文化教育为其提供精神动力和智力支持。

——随着社会的发展，人民群众物质生活水平的提高，人们的消费观念、消费结构都发生了深刻的变化，对精神文化的需求日益迫切，追求精神文化生活的丰富多彩，对精神文化消费的选择性日益增强。物质生活的需求由物质生产来满足，精神文化生活的需求也只能由文化生产来满足。

——随着社会分工越来越专门化，专门、专职从事文化艺术生产与服务的机构、人员将会呈现激增的发展趋势。自成体系、自成系统的文化产业将与其他部门的产业并驾齐驱，甚至会成功成为带动某些产业产门发展的“先行官”。

当然，文化生产与文化娱乐服务作为一种产业，仍然有它的特殊性。这种特殊性表现在哪里呢？从文化产业的整体来看，它明显地具有这样的三个层面：第一是具有人文导向功能，包括哲学、政治思想、精神文明等方面的精神产品的生产和流通。这个层面具有很强的意识形态属性；第二是具有审美、教育和娱乐功能的，包括文学艺术、戏剧影视、音像等产品的生产和流通。这个层面既有一定的意识形态属性，又有普遍的审美、教化和娱乐属性；第三具有一般文化属性但不具有意识形态属性的，如书面装裱、文物复制、文化器材的生产等。它具有一般物质生产的属性。我们要依据这三个层面的社会功能来进行分类管理，分类指导，提出不同的要求，制定不同的政策。

总之，我们兴办和发展文化产业，既不能不考虑它作为产业的一般属性，又不能不注重它有别于一般产业的特殊属性。我们必须清醒地看到，精神文化商品有别于一般物质商品，在受市场供求变化和市场规律的影响方面，也有不同于一般物质生产的方面。在对社会效益与经济效益的要求方面，也有其特殊的一面。文化产业的发展固然要注重经济效益，但是必须把社会效益放在首位。我们尽力通过科学管理与市场调研、追求和实现两个效益的完美统一。

二、把握重点——调查研究、完善政策

文化产业是“船”，政策是“帆”；

文化产业是“车”，政策是“轨”。

文化产业的发展，起步晚、底子薄、困难大、障碍多。如果没有扶植其发展的文化产业政策，它是难以健康、迅速发展起来的。因此，我们必须把完善和落实文化产业政策作为促进文化产业发展的配套工作抓紧抓好。

党中央、国务院及财政部等部委发布的一系列文件，为文化事业的繁荣，文化产业的发展提供了政策保障，其政策要点是：

——要逐年增加文化事业经费的投入，逐步改变文化经费紧张的状况；要把文化设施列入各级政府的议事日程，纳入城乡建设的总体规划；

——要适当增加文化事业的基本建设投资。有条件的省市每年应有一定的文化基建投资基数，并随着经济状况的好转逐步增加这方面的投入；

——对确需建设的文化设施项目，各级计划部门应尽可能地给予支持并在年度计划中安排，落实投资；

——要抓紧剧场、影剧院的维修改造，充实设备，改善条件，所需资金除各级财政部门安排外，也可采取其他办法筹集，如从电影票价附加和纳税后的“以文补

文”收入中提取；

——要鼓励文化事业单位开展有偿服务和经营活动，设立周转金，对缴纳税金确有困难的，酌情予减免；

——要将以文补文收入纳入预算管理，财政部门不应因事业单位增加收入而抵减其经费预算；

——要对专业剧团及舞美用房、群艺馆、文化馆、文化站、图书馆、文物保护设施的固定资产投资方向调节税实行零税率；

——要对财政部门拨付事业经费的文化事业单位，免征房产税、车船使用税和土地使用税；

——要对纪念馆、博物馆、文化馆、文化站、美术馆、书画院、图书馆、文物保护单位等举办文化艺术活动的门票收入，免征营业税；文化团体从事文艺演出纳税有困难的，可定期减免营业税；

——要对按利税改税办法核定的文化企业的所得税率由55%降至33%，对企业提取的折旧和税后利润免征“两金”；

——要对中央级文化企业上缴的所得税，返还到文化主管部门，用于支持文化企业的发展。

上述已经出台的一系列文化经济政策，我们要用好用足用活，使其条条落到实处。

对党中央、国务院和财政部等部委已经出台的一系列文化经济政策文件，我们一定要认真贯彻。并结合实际，制订具体有可供操作的实施意见。

——要继续落实好国发［91］31号文件。目前已有十多个省市或由省、市政府发文，或由有关厅局联合发文，提出了贯彻意见。但也有一些省（区），由于种种原因，至今没有出台贯彻落实国发31号文件的文化经济政策，希望继续抓紧抓好配套落实工作。

——要认真落实好财政部［93］467号文件。财政部已经提出的中央级文化企业的所得税返还办法，希望各省（区）文化厅（局）尽快与财政部门会商，制订地方文化企业事业返还的具体规定。

——要充分发挥中央和地方两个积极性。明年，国家将改革财税体制，实行分税制。地方政府和财税部门在制订和完善文化经济政策方面将有相当大的自主权和灵活性。各省、自治区、直辖市文化厅局应积极主动与有关部门会商，共同提出进一步完善和落实文化产业政策的具体方案措施，提交政府决策，争取早日出台。在发挥地方积极性，完善和落实文化经济政策方面，湖北省的经验值得借鉴。湖北省政府去年6月提出了贯彻国发31号文件的十条政策措施；今年10月省委办公厅、省政府办公厅又就贯彻中央9号文件提出了十条政策措施。这“双十条”，行文规格高，权威性大，操作性强，并有新的发展和突破。

这里，还应强调指出，发展文化产业是以文补文，多业助文的继续和深化。因此，以文补文的路子要越走越宽，以文补文的范围要越拓越广，以文补文的规模要越上越大，以文补文的效益要越来越高，以文补文的政策要越来越完善。

总之，制定、完善和落实文化产业政策，对于发展文化产业具有十分重要的导向作用，规范作用和调节作用。我们一定要在促进文化产业发展的进程中，逐步完善和落实文化产业政策，要始终把这方面的政策建设抓紧抓好。

三、抓住要点——制定规划　明确目标

发展文化产业，必须在认真调查研究的基础上，制定出一个可行又催人奋进的规划蓝图。在制定文化产业发展规划时，我们既要解放思想，又要实事求是。在调控文化产业发展速度上、产业发展结构上、产业发展布局上，一定要注意因地制宜，二要注意突出本业特色，三要注意当地人们的渴求，四要注意适应市场经济体制不要再走入计划模式和政府包办的老路。

依据党中央、国务院发展第三产业的决定，文化产业在今后一个时期应有一个较大的发展。近期，全国年均增长速度一般应是15%～20%（由于各地情况不同，其增长率可能高些可能低些），增长速度用哪些指标来衡量比较合适？我认为用增加值作为综合性指标较为合适。这个指标能够比较全面地反映文化产业发展的总量。目前国家正在进行全国第三产业的普查工作，普查中的统计指标和数据体系，可以作为我们制定文化产业发展规划的参照系。依据这些统计指标和数据体系来制定文化产业规划，便于其他产业部门和世界各国的文化发展状况进行比较。

近期要达到的目标是，在3～5年内，在全国初步建立起文化艺术生产和文化娱乐服务体系。之所以称为体系，是要形成规模生产经营和网络化的服务，就是要在全国建设起各类文化娱乐服务网点，充分发挥各类设施的作用，有效在开展各项文化娱乐服务活动，努力满足广大群众日益增长的、多层次的文化生活需要。

文化产业的远景目标是，到下世纪初，用10年左右的时间，在全国完成文化娱乐服务体系的建设，即：建立起布局合理、门类齐全、满足城乡文化娱乐需求的服务体系；文化产品的生产、经营、服务水平，要在产业化、社会化程度是较大的提高。这个体系要适应经济社会的发展，适应人民群众小康生活水平的需求。

总之，制定文化产业规划，就是要对今后几年、十几年文化产业发展的规模、水平以及所应达到的目标，有一个较清晰的轮廓，有一个分期实施的步骤，有一些具体操作的手段，这样就可以使大家聚集在奋斗的旗帜下，真抓实干，为实现目标共同努力。

四、突破难点——培养人才　选项筹资

从目前各地文化产业发展的实际情况和发展趋势来看，发展目标及大政方针确定之后，仍面临着三大难题：一是人才短缺问题；二是项目开发问题；三是落实文化产业的开发资金问题。这三个方面的问题不解决，我国的文化产业就难以登上新台阶。

（一）努力造就和大胆使用文化产业

发展文化产业，促进文化产业上新台阶，培养、造就一批有文化、懂经营、会管理的文化经营人才是首要条件。我们要从多方面、多渠道来建设人才大军。

首先，要积极培养一批具有社会主义市场经济新知识、新思想、新观念，既懂文化艺术又懂现代经营管理的复合型文化经营人才。从文化部的文化管理干部学院到各省、自治区、直辖市的文化管理干部学校，都应把培养、提高文化经营管理专门人才纳入院校培训计划，设置这方面的专业，编写这方面的教材，培养、造就、扩充文化产业队伍。

其次，要积极吸引和广纳社会各行各业的优秀经营管理专门人才，要特别注重吸引经济部门的经营管理人才。这有助于推动文化产业的发展。

再有，对贡献突出的文化经营专门人才要予以表彰鼓励，要予以重奖。今年5月，湖北省文化厅命名表彰了八名“优秀企业家”，给予了重奖，收到了很好效果。各省（区、市）也可以表彰命名一些文化企业家。

社会主义文化产业的大发展，文化事业的繁荣需要一大批优秀文化企业家。

（二）用战略眼光搞好文化产业的项目开发

一是要注重搞好市场调查和市场预测。一般要选择市场需求旺盛并有需求潜力的项目来进行开发。如深圳市从有100万流动（含临时打工居住）人口需要娱乐这个实际情况出发，就确定把发展娱乐业作为发展文化产业的重点，带动整个文化产业的发展与繁荣。

二是要注重发挥本单位，本地区的人才优势、资源优势，努力将人才优势、资源优势转化为生产力和产品优势。如山东省潍坊市将历史悠久的风筝艺术、年画艺术作为文化产业发展的重点，取得了巨大的社会效益和经济效益。

三是要注重新兴产业项目和科技含量高的项目的开发。这更需要也更能体现决策者的战略眼光。早在十几年前，广州市文化部门捷足先登，筹建了录音像公司。他们的成功在于具有超前的意识，战略的眼光，科学的眼光。一般来讲，科技含量高的项目，经济的附加值也高，生产利润比一般经营项目更丰厚。

文化部拟就组建全国性文化产业集团，建设华夏一绝文化村、建立中华戏剧城、建立全国性演出经纪人中心、建立全国录像租赁公司及全国租赁网、组建全国性文化艺术人才交流中心等积极性进行论证和立项的工作。

各省、自治区、直辖市也应积极开展工作，在文化产业开发的立项工作中有所突破，起到带动和辐射作用；各个文化事业单位也要结合自身实际，积极主动地寻找好项目，开发好项目。

（三）坚持走多渠道筹集开发资金的路子

这是解决文化产业开发资金短缺问题的必由之路。各地都积累了许多经验，在这方面，湖北的经验尤为宝贵。他们不仅推广了“先当债主，后当财主”、“先找店再找钱”的筹资方法，而且已初步形成了一个发展文化产业的投资体系。这个体系由五条渠道组成：一是由财政部门提供周转金。省鄂办［1993］42号文件规定：“各级财政每年要拿出一定数额的周转金支持宣传文化部门开展创收补文活动，开辟替代财源。”近几年，省财政厅已向全省投放周转金2400多万元，地、市财政部门如襄樊市财政局于去年和今年安排380万元周转金，扶植文化产业的发展。二是引进其他企业资金，联合开发文化产业。三是积极争取银行贷款。省鄂办［1993］42号文件规定：“对社会效益好、资金困难大的宣传文化经营单位，银行应提供低息贷款，予以扶持。”这一措施，有效地推动了文化产业的发展。四是大胆引进海外资金，兴办中外合资的经济实体。五是以动员职工集资等方式来自筹资金发展文化产业。上述五条筹集资金来源的渠道，汇成了一条文化产业之船起航开航的河流，载着文化产业之船在改革开放的大潮中破浪前进。

总之，要促进文化产业的发展，人才是“龙头”，立项是关键，资金是基础。我们只有做好这些方面的工作，才能形成一个文化产业蓬勃发展和长盛不衰的新局面。

五、立足基点——培育市场　转换机制

文化产业是“鱼”，文化市场是“水”；

文化产业是“鸟”，文化市场是“林”。

我们要发展文化产业，就要在培育、发展文化市场和转化文化单位的生产经营体制这两个方面下工夫，进一步做好工作。这两个方面是发展文化产业的基点，也是我们整个文化事业发展、繁荣的基点之一。

要大力培育和发展文化市场，大多数文化产品以商品形式进入流通领域。文化产品的生产、经营和消费，促进了文化市场的兴盛与发展。文化市场的长处在于，它对各种各样、各个层次的文化需求反应比较灵敏，能够促进生产与消费的协调统一；价值规律在其中及时有效地调节各种生产与消费，使文化资源得到合理配置；文化艺术人才进行合理流动，以及公平竞争促进文化艺术生产与经营的优胜劣汰，给文化单位以动力和压力。十几年来的实践证明，大力培育和发展文化市场，有利于解放和发展文化艺术生产力；有利于调动文化艺术工作的积极性和创造才能；有利于文化艺术单位转变经营机制，激发内部活力；有利于积累文化发展的实力和后劲；有利于文化事业发展的深层结构的调整；有利于文化事业向着产业化、社会化方向发展等等。因此我们要继续培育和发展文化市场。同时，我们还要通过完善政策，加强管理，使文化市场沿着活跃、有序、健康、繁荣的方向发展。

我们要努力恢复和健全产业化生产和经营要素，使文化生产单位能够面向市场、自主经营，市场体制下的文化艺术生产的要素特征表现为：生产的指令、计划来自市场、来自客观需要；生产与经营有机结合；有生产与经营的自主权；生产与生产者的利益直接挂钩；内部有健全的管理系统和生产、经营系统，有较强的自我约束能力和自我发展能力；用人与分配按照“唯才是用”和“效益大小”的原则来进行，等等。这种体制能够有效地克服计划体制中的种种弊端。当然，在克服计划体

制的种种弊端的同时，我们还要对体制转换可能带来的弊端给予充分的注意，在由僵死走向活跃、从单一走向多元的过程中，我们一定要注意防止出现混乱和失控现象。

总之，在发展文化产业问题上，我们既要解放思想、大胆开拓、积极进取，又要尊重规律、周密安排、扎实推进；既要跳出单纯事业化的模式，又要注重文化产业自身的特性；既要突破计划模式。又要加强宏观调控；既要完善有关政策，又要转换内部机制；既要区别对待，注重“放水养鱼”，又要奖励先进，避免“鞭打快牛”。

发展文化产业，我们要以建设有中国特色的社会主义理论为指导，以深化文化体制改革为动力，以完善文化经济政策为契机，以以文补文事业为依托，以骨干创收的文化企业为龙头，以促进文化事业的繁荣与发展为目标，以满足人民群众日益增长的文化需求为目的，抓住机遇，经过我们的艰苦努力，使文化产业上规模、上档次、上效益、上水平，实现我国社会主义文化事业的全面繁荣和发展。

（选自 1993 年 12 月 8 日《中国文化报》）

市场经济与文化建设

敏　泽

1. 建立和健全社会主义市场经济体制，解放和发展生产力，对于推进我国经济建设的重要性，经过这些年的实践，已为越来越多的人所认识和了解。因此，我们应该热情地支持社会主义事业这一新创举，因为发展才是硬道理。

2. 社会的存在是一种系统的存在，社会的发展也应该是一种全面的发展和进步。只有社会的全面发展和进步，才是符合人的自由全面发展的社会。当代西方的工业社会或向后工业社会迈进的国家，一方面是科技、生产高度发展，有了丰富的物质消费的可能性，另一方面却遇到了人的普遍而深刻的精神危机，以至被称为“病态”的社会。正如维也纳第三心理学派代表人物 V·弗兰克尔在国际笔会上的发言所说的：当代西方对外在世界目标的征服已达到极限，但它同时也证明了：富裕的物质生活并不足以保证人的幸福，而且“以物质文明为指向的客观幸福论已成乌托邦了”，因为它不曾解决人的心灵问题，西方现代人普遍处于空虚、失望、冷漠、麻木的精神状态之中。这类批评在当代西方是相当普遍的，也是近年来西方人文主义思潮兴起的最根本的社会历史原因。我国今日和西方处于不同的发展阶段，我们是发展中国家。不言而喻，推进商品生产、市场经济及科技的进步，以迅速地提高我国人民的生活水平及综合国力，今天对于我们来说，是具有头等的重要意义和迫切性的问题。但又应该清醒地看到：社会的发展和进步，是不能只靠经济、科技的单翼或独臂来支撑的，它同样需要人文科学及人文文化相应的发展来支撑。这本是统一的社会进程中相辅相成、不可或缺的方面。经济的发展、科技的进步，并不会自动地推动人的文化素质、思想道德的提高，带来人的无限丰富的精神文化需求的满足，以及社会全面和谐的发展。如果没有研究和认识社会发展规律以及人的发展规律的人文科学的发展和繁荣，没有催人奋发、健康向上的文化艺术产品，为社会的变革、协调发展，为提高全民族的凝聚力和思想道德水平服务，那么，要想实现社会的全面发展和进步，无疑是几近缘木求鱼的。经济的发展和科技的进步，都是社会发展的基础，却不可能自发地形成帮助我们控制和改造社会关系的力量，形成社会发展需要的道德行为规范和准则。社会、人文科学如果能够实现对社会及人的发展规律的把握，它就会如同为社会发展提供物质基础的经济及科技一样，成为人类认识和改造世界、从必然王国奔向自由王国的一个强大的、必不可少的手段。至于以“熏、浸、刺、提”为特点，像“空气”一样不可须臾离开高雅健康的文化艺术产品，对于社会的潜移默化的影响力，同样是不能低估的。

因此，在这方面，切不可以目光短浅、以急功近利的短期行为来对待。亚洲一些发展得较快的国家和地区，早有前车之鉴，既有深刻的教训，也有丰富的经验，应该引起我们足够的重视。

3. 市场与市场经济是两个不同的概念，不可混而视之。前者可以追溯到遥远的古代，而后者却是资本主义确立以后的事情。因此，像时下经常可以看到的文章那样，认为我国明代已经有了市场经济，并对精神生产产生了所谓“积极作用”云云，实在是荒唐无稽的。这一事实说明一个问题，即当某一个现实问题提出，需要进行科学的研究时，我们有些人却习惯于采取非历史主义的想当然态度。这不仅无助于研究的深化和问题的解决，反而只会起到相反的作用。

市场经济的培育和完善，是发展我们社会主义经济的必由之路，对之应该给予充分的肯定和支持。但市场经济的发展，是带着与生俱来的二重性的。在积极地组织、推动经济的发展的同时，由于它所追求的最高和最大的目标，是作为交换价值符号的金钱和利润，因此，就不可避免地要伴随着不择手段的商业欺诈、贪婪的金钱追求，以至寡廉鲜耻的权钱交易，企图将世界上一切有形的、无形的，物质的、精神的，都统统纳入市场经济的交换机制中去，并把它们放在金钱砝码的天平上来衡量，最终也导致人本身的物化和异化。正如莎士比亚在资本主义兴起的早期借着《雅典的泰门》中泰门之口对于金钱的功能所说的：“金子！黄黄的，发光的，宝贵的金子！……这东西，只这一点点儿，就可以使黑的变成白的，丑的变成美的，错的变成对的，卑贱变成尊贵……”在市场经济发展的早期，这种追求往往具有更加突出的原始性、贪婪性和赤裸裸的特点。市场经济的文明与进步，常常伴随着极不文明的形式，这是大家都了解的历史事实。

一定的市场经济总是和一定的生产资料所有制联系在一起的。我国现阶段所推行的市场经济是和社会主义所有制联系在一起的，与资本主义的市场经济有着本质的区别，不容混淆。但它在发育和完善的过程中，一方面由于社会主义所有制本身可以采取种种必要的措施，尽可能地限制、缩小其消极方面的影响；另一方面作为市场经济一般发展规律的共性，要想完全消除其负面的影响，从根本上说也是不现实的。我们也不可能天真地要求在商品生产及市场经济的二重性中剥除其负面影响，再加以推行；剥除一面，也就从根本上消除了另一面，使之成为子虚乌有。在这里应该强调的是：对商品生产、市场经济的二重性，我们必须从战略上引起高度重视，要努力推动它的健康的发展，又要将其消极影响减少到最低限度。对任何问题都需要多一点辩证法，少一点形而上学。多少年来，我们吃思想方法上的形而上学的亏太多、太大了。简单的二元对立，非此即彼的思维模式及其造成的结果，至今也不能说不需要引起我们的重视了。

这也就是说：越是推进商品生产和市场经济的发展，就越要重视精神、思想、道德的建设。不是停留在口头，而是要将其真正落到实处。我们既要紧紧抓住经济建设这个中心，丝毫不放松，又要对社会的发展有系统、全面的观点。在发展经济的同时，必须高度重视民族的精神道德、社会、人文科学及文化的发展和建设，不可以凭单翼而高翔，靠跛足而长征。

一个在这一问题上患有“近视”或“弱视”的民族，从战略眼光看，是不可能健康地实现现代化的。

商品经济的发展，固然会冲击并逐步改变不适应时代要求的旧观念、旧道德，冲击并逐步改变长期小农经济形成的陋习，这是应该充分肯定、并加以支持的。但它所冲击并力图改变的，不只是这些；如果缺乏有力的引导，它会把民族精神中一切有价值的东西统统毁掉。而一个民族的精神道德大厦如果毁了，恢复并重新建设起来，是比起建立起富裕的物质大厦远为困难的。

最近看到有些要求按照市场经济运行规则“重构”社会价值体系的文章。但有的文章只强调市场经济的推行，是一项巨大社会变革工程，是一场深刻的“思想革命”，及其“必然”地伴随“思想和价值观念的时代性更新”等等积极方面的意义，却不提或完全忽视以利益导向为核心的商品生产及市场经济本身所具有的消极方面的影响，这并不是一种科学的、求实的看法，而是一种二元对立，非此即彼的形而上学的思想方法。

4. 在商品生产和市场经济的讨论中，还经常涉及一个不可回避的问题，即物质生产和精神生产的关系问题。这是一个内涵丰富，并且相当复杂的问题，全面论述它，不是本文所能完成的，这里只想简单地谈一些一般公认的事实。

第一，经济的发展与精神的生产是不平衡的。经济的发展可以带来文化的发展和繁荣，也可以不是这样，其间并无必然的因果关系。人们可以从人类历史和当代的发展中，举出无数这样的事例。从这一事实中我们应该得出的重要的结论之一，就是：我们在大力支持经济发展的同时，也要自觉而努力地推进社会主义的精神文化建设的繁荣，因为经济的繁荣未必会带来文化的相应的繁荣，这在经济发展得较快的一些国家和地区中，已经得到证明，即使没有理论上的论证和分析也可以看得很清楚。

第二，商品生产与精神生产是两种途径不同的生产。在市场经济条件下，商品的生产具备以下的鲜明的特点，即它必然是一种社会协作性的，而且是批量性、工艺性的生产，并且是以追求金钱的价值利益为原则的。而精神生产则不同，某些精神产品（如学术创造、戏剧、影视、交响乐等等）虽然具有社会协作性，但真正有价值的精神产品，没有一个不是具备充分的个性、独创性，并且是永远不可重复的。“似我者死”，这是从艺术到哲学一切精神领域生产的最基本的原则。电视机多一台会有多一台的价值和功用，而重复性的精神生产、研究，多一篇实际上只能是毫无意义的废品；精神生产的目的，则是为人类的精神文化的发展提供无形的财富。

当然，商品生产渗入精神领域，譬如说，浸入文学艺术领域，常常要付出沉重的、为利润追求所异化的代价，但还多少具有历史的进步意义，使艺术的创作、流通和消费，比起前此人类经历过的原始社会、奴隶社会，以至封建社会，都具有不同的意义和影响。但商品生产与精神生产的目的和途径，在根本上却是完全不同的。正是在这一意义上，马克思在《剩余价值论》中指出：“资本主义生产就同某些生产部门如艺术和诗歌相敌对。”马克思在另一处谈到“如书、画以及一切脱离艺术家的艺术活动而单独存在的艺术作品”时说：“在这里，资本主义只是在很有限的规模上被应用。”接着又在更广的范围谈及这一问题：“产品同生产行为不能分离，如一切表演艺术家、演说家、演员、教员、医生、牧师等等的情况。在这里，资本主义生产方式也只是在很小的范围内能够应用，并且就事物的本性来说，只能在某些领域中应用。”

而且，如果以文学艺术为例，那么，我们就会看到，在西方的资本主义发展史上，真正伟大、杰出的艺术家，并非听任商品经济驱遣的奴婢，而是在抵制、抗议以追求利润为特点的商品经济对人的异化，为人类的美好的心灵世界保持了一块圣洁、希望的绿洲的。莎士比亚之所以伟大，不仅在于他作为新生的资产阶级的代言人，对于昏庸、腐朽、残暴的封建专制的批判，及其对于资本主义的讴歌；更在于他对资产阶级的贪婪无耻的鞭挞和批判，在于他对于不为铜臭熏染的人的美德“公平、正直、节俭、镇定、慷慨、坚毅、仁慈、谦恭、诚敬、宽容、勇敢、刚强”的热情洋溢的向往和呼唤，使他远远超出了时代、阶级的局限。

但是，在我们关于市场经济与文化建设的讨论中，常常会看到一种市场至上，把一切都推向市场的放言高论。不妨稍举二例，以见一斑。

一为一篇题目叫做《市场：文学的试金石》的文章说：“从理论上说，市场经济时代，也就是真正的文学时代。”据说：市场经济的运作，才会形成“壮丽的人文景观”；一切“伪劣文学”、“伪文学家、伪理论家和伪批评家（包括那些沾了‘伪’气的书籍和刊物），将在我们的市场，我们的社会，我们的民众面前，一天天消逝，直至荡然无存”（重点为引者所加）。

一为一家大报以头条形式刊出的经济性介绍的报道，号召要将人文科学全部推向市场。据说，这才是人文科学的“唯一”出路。

上述这二例，一是所谓的理论文章，一是新闻报道；一是谈的文学艺术，一是谈的人文科学，但两者都是要将精神产品（从文学艺术到人文科学）统统推向市场经济，以之作为最高的运行原则。两者的共同点，又都是从根本上忽视或无视物质生产与精神生产的根本性差异的。

当然我们丝毫也不怀疑：不仅有一部分文化艺术产品（如通俗文学、音乐、影视之类）是可以而且应该尽可能地推向市场经济的，一部分具有应用性的文化科学研究也可以这样做，但并非所有的精神产品都可以这样做的，如凝重、高雅的艺术，博大、精深的人文科学研究（如哲学研究、伦理道德的研究，民族的及革命的历史、文化史、文学艺术史、美学史的研究），以及重大的考古文物发掘等等，是永远不能、也不应将之推向市场，以市场的价值法则为准则的。大家都知道：在目前的一些人们的议论中，已经提出了“真理多少钱一斤”的质问。如果将一切伟大而神圣的精神产品统统推向市场，这一质问无疑会被越来越普遍地确认，这将是我们民族文化、民族精神上的最大的悲剧。其结果必然是“伪劣”低下的精神产品通行无阻，强迫着你去消费，而真正有巨大价值的精神性产品倒真会“一天天消逝，直至荡然无存”。人们不能不正当地提出怀疑：这样的市场经济万能论者，究竟是要提倡什么？

我们暂不谈理论上的是与非，且看看发达的资本主义国家对待精神生产者及其产品的态度。在那个市场经济成为最高行为准则的天地里，市场经济的法则无疑是力图将世界上的一切都纳入它的运行机制的，但那里对精神文化产品也并非听任它随波谲云诡的市场经济漂泊的。只举一例：法国在“七十年代，特别是八十年代以来，国家作为文化保护者对艺术创作者的职业采取各种社会保护措施，公共权力对艺术家的劳动市场的干预也进一步扩大”。我们现在所进行的是社会主义事业，我们所要建设的是具有中国特色的社会主义文化，而不是上述论者的所谓文化。表面看来，这些论者是在为市场经济摇旗助威，但却要党和政府完全放弃政策上的必要措施和调控，一任市场经济法则对文化的驱遣，这在根本上是不可能建立起社会主义新文化的，也不可能建成真正的社会主义市场经济体制。

5. 我们现在我国发展商品生产、市场经济，迫切地需要营造出一个有相应的制衡和引导人们的健康向上的思想文化环境。党中央提出的在现代化建设中物质文明和精神文明两手都要抓、两手都要硬的方针，无疑是完全正确的方针。而且，还应该提到的是，党和政府在文化领域上采取了某些相应的措施，如“扫黄”以及开始了对高雅艺术的重视和扶植等。但是，也应该看到，由于这种强调（包括关于建设有中国特色社会主义的文化的强调）多半只是停留在原则上，还缺乏具体可行的种种措施，包括配套措施，因而常常落不到实处，于是我们看到：人文科学受到空前的冷落。人文科学自然应该适应时代的要求而不断调整自己，但目前在商品经济大潮冲击下，在相当大的范围内，人们似乎忘记了宏大、精深的人文文化的存在和价值，受到不应受到的冷遇；教师出走，学生流失，学术著作出版遇到了空前的厄运和困难，一些重要的学科后继无人……当然，事情应该从两方面说，就从事人文科学研究的人们来说，只要认定自己所从事的专业是社会文化发展所不可缺少的，借用清末一位“同光体”诗人的话说，就是勿畏时之“疾与困”，继续坚定不移地走自己的“荒寒之路”，不为世风易其操，不为时俗更其志，这是最重要的。但从社会风尚说，目前尚未造成一个十分有利的发展人文科学的环境，也是应该努力加以宏观调控的。而与此同时，高雅、健康、凝重的文化艺术产品受到空前的冷落和排挤，不健康的、适应低级趣味、媚俗的文化大行其道，港台歌星被我们社会主义的传播媒介塑造成空前高大的偶像，以至出现了盛极一时的所谓“追星族”。可以说，在通俗文化领域，我们在某种程度上似乎在被港台歌星牵着鼻子走。

在严肃的文学创作中，失去理想的光辉和积极健康的思想追求，以至力图消解任何理想、哲学、道德的追求，而沉溺于性描写，热衷于对一切美好的东西肆意进行调侃、反讽的，数量并不在少数。

在社会生活中，拜金主义盛行，贪污贿赂以至权钱交易——丑恶的封建主义阴魂借助于拜金、拜物形式复活，已引起人们普遍的愤懑，反对贪污腐化的斗争虽已取得成绩，但要真正做到取信于民，仍有不小的距离。连在资本主义社会都受到唾弃的丑恶现象，却在社会主义的神州大地上发生了。这难道不令人深长思之吗？

这当然远非我们文化和社会生活的全体。在这广阔的领域中，舍生取义、忘我献身的大有人在，他们真正是我们民族的脊梁。但这也不能不说明了我们的思想文化和精神道德领域中一种不容忽视的失衡，看到这类现象不时发生，不能不引起人们深刻的反思和忧患意识！——它毕竟像一面镜子一样，映照出了我们的思想文化和民族精神、道德所遇到的严峻危机和挑战，万不可以等闲视之！

问题还不仅仅在于发生了这类问题，更为令人忧虑的是：极少数人对这类触目惊心的现象，不仅无动于衷，而且制造出了一系列为之开脱、辩解的奇谈怪论：什么发展商品经济就需要“向钱看”，什么随着市场经济的发展，一切都会迎刃而解；“只有先走私，再制造假冒伪劣，才能启动经济、改革开放”等等。当然，社会主义的市场经济不能忽视，相反应该重视追求正当的利益，民族文化传统中占主导地位的重义轻利的思想是应该批判的，但是，第一，我们绝不能、也不应把市场经济所追求的利益导向原则作为规范我们社会主义全部思想行为的唯一的最高的原则。社会主义市场经济的价值观念体系的建立和健全是完全必要的，它是社会主义整个价值体系的一个重要的组成部分或方面，但却不应以之代替或涵盖社会主义整个价值体系的全体，将之扩大到社会主义的一切领域或方面。第二，与此相联系的是，“正其义不谋其利”的传统观念固然有碍市场经济发展的因素，应该批判，但在这一问题上我们绝不应该搞新的形而上学：重利轻义甚或唯利是图，不顾任何社会的必要的思想道德规范，走向另一个极端，甚至为假冒伪劣产品辩解。上引种种为消极现象辩解之论，在思想方法上恰恰不免此弊，实际上把金钱看成了万能的上帝。至于说随着改革开放的深入，贪污行贿、权钱交易等等，都会迎刃而解，更是不值一驳的。因为非自然原因引起的，就不会自然地结束，这是一个稍有常识的人都能理解的问题。

有人说，发展市场经济，就要付出代价。但发展是不能以民族精神走向崩溃为代价的。“振兴中华”当然首要振兴的是经济，但无疑也包含着民族精神的振兴，传统（包括革命传统）中的优秀的民族精神之弘扬，并按照时代的进步予以丰富和发展。这正是“振兴中华”的精神上的基准和支撑点。失却了这个基准和支撑点，“振兴”云云，是很难想象的。

6. 这里还牵涉到一个道德评价与历史评价的问题。历史的进步从来就不是按照道德的评判原则发展的。我们不能“用一般性的词句痛骂奴隶制”现象，“对这些可耻的现象发泄高尚的义愤”，因为它毕竟“是一个巨大的进步”。对于资本主义的确立，同样是如此。正是由于这一原因，马克思当年就曾激烈批判过卡尔·海因岑和道梅尔等用“道德化的批评”来“辱骂任何一种发展”的倾向为“本能上的发育不全”。但是，也并不可以反过来把奴隶制的野蛮残酷，看成是人类文明史上的一种美德，也不可以说从莎士比亚到巴尔扎克等伟大作家揭露资产阶级的无耻贪婪，不是人类文明史上的一项不朽的遗产。不能以道德化的原则评价历史发展，也不能以历史原则完全排斥必要的道德评价。但是，在前个时期关于恶与历史发展动力关系的讨论中，有一种较流行的意见，即根据恩格斯在《路德维希·费尔巴哈和德国古典哲学的终结》中论及费尔巴哈关于善恶对立的看法远较黑格尔“肤浅”时所引黑格尔的一段话：“人们以为，当他们说人本性是善的这句话时，他们就说出了一种很伟大的思想；但是他们忘记了，当人们说人本性是恶的这句话时，是说出了更伟大得多的思想。”断定恩格斯是“肯定恶是历史发展动力”这一命题的，从而为现实社会生活中的消极丑恶现象开脱，并为之带上一顶堂而皇之的桂冠，这纯属误解。因为在这里，恩格斯所说的是：“在黑格尔那里，恶是历史发展的动力借以表现出来的形式”（重点为引者所加），而非真正的“动力”本身。恩格斯有时也谈到“精神的动力”的问题，如在谈到旧唯物主义的历史观（如果它有某种历史观的话）时，是“把历史人物分为君子和小人”、“君子是受骗者，而小人是得胜者”时，恩格斯指出旧唯物主义“认为在历史领域中起作用的精神动力是最终原因，而不是研究隐藏在这些动力后面的是什么，这些动力的动力是什么”（重点系引者所加）。按照历史唯物主义的观点，社会的生产和再生产，才是历史发展的终极动力，而非精神领域的善恶之类。因此，上述那类主张在根本上也是站不住脚的。

我国社会主义的发展，是在科学的马克思主义原则指导之下的改造社会的自觉行动，不仅要努力避免在资本主义社会中已经出现的普遍性事实：经济与科技的高度发展，并未为大多数人的生存和发展提供更多的“合乎人性的环境”和精神空间，相反，人却日益被物化、异化、商品化为会说话的价值符号。而且，不能够、也不应该让人类文明、特别是中华民族几千年来积累起来的伟大的民族精神和优良道德传统为拜金主义和商品拜物教所取代，而只能不断地升华它、弘扬它。但是，不是始自今日，而是自改革开放的早期，在1983年，当小说《鲁班的子孙》发表后，不止一位“评论家”大发的宏论就表现出一种令人忧虑的倾向：由于小说讴歌了忠诚老实、正直、善良的老木匠，批评了欺诈蒙骗、一切“向钱看”的后生，因而被批评为歌颂保守，反对改革开放。好像改革开放就是拜金主义、坑蒙欺诈的同义语，这种见识实在可悲。但不幸的是，这类见解在以后的岁月里，随着改革开放的深入，不仅未见收敛，而且花样还在不断翻新，如“只有向钱看，才能向前看”，发展商品经济就需要向钱看等等。结果是：现实生活中的物质生产领域不仅假冒伪劣产品通行无阻，精神领域也不例外，拜金主义极大地腐蚀着人们的精神和道德的素养。

当今“振兴中华”在精神上和思想上所需要的，却是特立独行的节操，宏大深远的抱负，以及高尚的道德和崇高的理想的追求，以及在此基础上产生的博大精深、超凡脱俗、凝聚着时代精神与民族魂的人文科学和艺术。而上述那样的精神心理气候，与此简直是南辕北辙的。

7. 党中央关于在现代化建设中，物质文明和精神文明都要抓，在建设有中国特色社会主义政治经济的同时，要建设有中国特色社会主义的文化，这些方针、决策都是十分正确的。但不能把精神文明建设和有中国特色社会主义文化的建设，停留在一般号召上。社会主义建设是一个系统工程，服从社会主义建设的文化、精神建设本身，也是一个庞大的系统工程。它包括教育的普及和人文科学的发展，高雅的艺术精品和健康的通俗文艺的繁荣，人的道德（包括职业道德）水准的提高，良好的社会风尚的培育，以及批判地继承民族文化传统，使之发扬光大，并成为社会主义文化建设的有机部分，批判吸收外来文化，丰富和发展我们自己等等。对这一系统工程及其各个子系统的关系，不仅要求统筹兼顾的、科学的战略性决策，而且要有切实可行的措施，使之逐渐成为可以操作的项目。因而我们关于精神文明的建设，或关于具有中国特色社会主义文化的建设，不能永远停留在一般的号召上，对于精神文明或有中国特色社会主义的文化建设，它们具有哪些纲目和要素，要素与要素之间、体系和纲目之间是一种什么关系等等，必须进行具体、深入的研究。而且对于无形的精神文明的建设，虽然不可能像经济建设要求那样具体。但也要有一个相对具体一点的要求，以及为实现这些要求应该采取的措施及配套性的规范等。如果没有这一切，而只限于不断重复精神文明和文化建设的重要性，恐怕是很难收到实效的。

“振兴中华”以及社会主义的腾飞，要始终坚持一个中心不动摇。社会主义的市场经济，更是社会主义发展史上的一个伟大的创举，应该全力支持它的健康发育和完善。但因此而有意无意放松对社会科学及人文文化建设的重视，甚至把一切精神的、文化的产品都推向市场经济的利益导向，已经付出了大的代价，必将付出更大的代价。

（选自《哲学研究》1994年第2期）

试论当代的“文化工业”

金元浦

我国当代社会的迅速变革，带来了文化转型、范式转换的一系列新的课题。80年代以来，随着社会主义商品经济的迅速发展，原有的文化体制和文艺格局发生了重大变化，文化艺术的商品特性日渐突出，文化市场蓬勃发展。特别是以通俗文艺为主体的“文化工业”以前所未有的速度和规模，席卷文化领域。面对缤纷驳杂的文化现状，是喜？是忧？是礼赞之？是批判之？概难断然作出回答。

一、市场文化景观的凸现与“文化工业”的兴起

我国的社会主义文化艺术具有浓重的“计划”特色。长期以来，在阶级斗争为纲的基本方针指导下，文化艺术一直从属于政治斗争、阶级斗争，从管理体制到文化政策均远离经济活动和商品市场。社会主义市场经济体制的确立，迅速打破了文化艺术与市场经济分隔的局面，二者的结合展现了当代市场文化斑斓陆离的景观，促成了我国当代“文化工业”的迅速形成。

“文化工业”的概念，最早是由西方马克思主义法兰克福学派的霍克海默与阿多诺在他们的论文《文化工业：欺骗大众的启蒙精神》中提出来的。这一概念并非指称文化产业的具体生产方式，而是指晚期资本主义商业文化凭借现代科技手段大规模地复制、传播的大众娱乐文化体系。他们认为，在资本主义文化工业的垄断下，一切大众文化都变成了同一的、标准化的商品。它们被降格为一种文化与娱乐的混合物，并且终而将广告宣传与文化工业合二为一，形成一种操纵与控制大众的文化程序。尽管这种文化以“个体化”的面目出现，但它却是商业广告为达到促销目的而频繁使用的“伪个体化”策略。尽管文化工业打着炫目耀人的招牌，表白对文化事业发展的贡献和热忱，骨子里则是为了追求更高的商业利润。因此，文化工业在本质上具有商品拜物教的特征。同时，文化工业以独特的大众宣传媒介，操纵了非自发性的、物化的、虚假的文化，成为束缚意识的工具，以较前更为巧妙有效的方法即通过娱乐来欺骗和奴役大众。因此，尽管我们看到文化市场上消费者在争相购买文化商品，但实际上消费者已丧失自主权，他已成为异化劳动成果（文化产品）的“自愿的奴隶”。霍克海默、阿多

诺等人的思想在批判当代资本主义文化中曾发生重大影响。他们的理论面对我国今天当代文化的商品化激流，应该说有较实际的参考意义。

80年代以来，我国文化经历了由单一革命教化文化向包括先锋文化、纯文艺、通俗文化、娱乐文化在内的多元文化发展，由政治宣传文化向半商品文化、商品文化转化，由统死管死的行政计划型一统管理到允许文化的多样自主发展的巨大变化。以商品经济为根本特征的我国文化工业在这一过程中逐步发展起来。它所遭逢的历史契机和现实境遇为它的发生和发展提供了历史必然性和实践可能性。这一历史契机和现实境遇就是：社会主义市场经济的基本社会构架的形成、市民社会（亦称公民社会）结构的迅速发展和高科技、大规模的文化生产手段及先进传媒所达到的当代水平。

从文化工业来看，最根本的转折发生于市场经济现实对文化的全面占有。市场经济的逐步建立，带来了我国社会结构的巨大变革，它的运行将我国大批文化事业推入了市场，这就使一贯由国家供养、从不言利的庞大文化机构面临着生存的极大困境，不得不重新设计市场条件下文化的机制，全面改革旧的文化体制，以适应新的商品经济的总体社会运作方式。我国文化工业的兴起，由一批文化经纪人、书商、文化个体户（现在又有了戏剧演出人等）始作俑，开创了以牟利为目的的商业文化之先河，打破了国营文化部门一统的僵化的计划管理体制，引进了竞争机制，市场进入了文化。随后便有越来越多的文化部门、企事业被“逼”下商海，大踏步地进入了商品市场，文化进入了市场“流通”。先前一贯听命于政治和行政命令的文化产品，现在不管你愿意不愿意，都必须进入市场，在流通中接受消费者的选择。正是这一历史性的变化，提供了我国文化工业迅速兴起和发展的现实条件并显示了其产生的历史合理性。

市场经济的建立促成了我国市民社会结构的逐步形成。这种新的社会结构所内涵的关系不同于中国传统的血缘亲情，不是领导与被领导的行政式从属关系，也不同于“革命大家庭”式政治同志关系，而是内生于当代商品经济的市场交易活动的契约性关系，是以市场调节为基础、着眼于经济利益的社会结构。大批市民社会成员随着经济地位的迅速提高，产生了自主选择文化的需要。市场经济的高强度劳动，使劳动者一直处于紧张和“耗尽”状态，而飞速运转的经济又要求劳动者迅速恢复体能。因而，娱乐、休息、消遣、感官的松弛或刺激自然成为他们所要求的文化商品的首要功能。人们希望能在紧张工作之后宣泄情感、放松筋肉、调节精神，甚至享受生理快感。这就形成了文化工业发展所依据的消费主体和现实基础。

当代科技进步为文化工业的大规模生产和消费提供了另一重要物质技术前提，而先进的传播媒介则为文化工业的发展和普及创造了可能。从历史上看，建筑、工艺、实用艺术一直依赖于科技的发展而兴盛，音乐、美术、舞台艺术也由于科技的进步而不断进步。当代文化工业则在新的层次和规模上，依托以当代电子高科技装备的电影、电视、广播、音像等现代文化手段，获得了前所未有的成功和空前的繁荣。新的文化媒介的兴盛，使传统的文化构成发生了重大变异，文化的核心要素易位，文化的范围空前扩张。两千年来以文学艺术为宗主的传统文化格局发生了重大变化，文学艺术被日益冷落甚至放逐，逐步沦入边缘化境地，而当代高科技文化——电视、电影、流行音乐、激光唱片、卡拉OK、录音录像、歌舞厅艺术、通俗文学则登堂入室，成为当代文化的主体。同时，文化的疆域（外延）早已突破狭隘界限，扩张到无所不包的地步。从各种报章杂志、街头书摊到各种形象文化、封面女郎，从各种广告制作（古典牌、当代服饰、妇女唇膏乃至卫生巾）到旅游观光，从各种地域文化、民俗风情到生存体验乃至无意识领域，都归于当代文化的麾下。文化艺术与生活的界限日益缩小，而文化工业生产的规模则日益扩大。

在当代文化工业中，电视文化占据着举足轻重的地位。据统计，电视在当代人的业余生活中占据了1/3～1/2的时间，电视成为当代人不可一日或缺的文化之“符”。视觉的同步性，强化了感性的直觉效果和即刻反应，画面的真实性，缩短了人与世界的距离，使观众获得一种参与感、行动感；高度集中的信息量的吸纳，使人获得置身当代文化的存在的自主性和反证，大规模标准化文化产品的消费，使人获得一种文化规范与文化认同。正是凭借于此，当代文化工业推动了这一世纪末的冲击波。

二、复制、包装与推销：文化工业的运作

文化工业的根本目的是获取高额商业利润，为此目的，它必然诉诸大工业生产。因此，当代文化工业的总体特征首先表现为文化商品的大规模生产与制造。复制成为文化产品的主要生产手段，本雅明曾对机械复制这一主题进行过深入的研究。他认为，大工业生产所赖以发展的批量生产是广泛运用技术复制的结果。这种复制运用于当代文化工业，便使众多摹本代替了唯一的艺术“真品”。这就使文化产品中“真本”和“摹本”的区分丧失了意义。“即使是艺术作品的最完美的复制物，也会缺少一种成分：它的时空存在，它在其偶然问世的地点的唯一无二的存在。”其结果是在机械复制的时代艺术作品的“气韵”逐渐萎谢。杰姆逊则进一步提出复制是后现代主义最根本的主题。复制宣告“原作”已不复存在。原作消失了，原作的唯一性也消失了，艺术成为“类像”(simulacrum)，即都变成了没有原本的摹本。杰姆逊认为，形象、照片、摄影、电视、电影，以及商品的复制和大规模的生产，所有这一切都是“类像”，这表明当今世界已被文本和类像所包围，丧失了现实感，造成了事物的非真实化，艺术作品的非真实化，以及形象、可复制的形象对社会和世界的非真实化。

我国当代文化依托科技进步迅速走上了文化工业大规模复制，进行标准化生产的道路。音乐带、录像带、电影片、电视片、激光唱片、通俗文学作品以及大量的广告制作等，都通过工业化复制大批量地进入当代市场。

其数量之大、影响之广泛、渗透力之强在我国都是前所未有的。同时这种大规模生产只能依据工业生产的标准化操作，保证所有产品的整齐划一，以获取最佳的市场效益。

大规模的生产必然要求大规模的消费。为此当代文化工业必须不断地制造当代社会的消费需求。马尔库塞认为这种需求是一种虚假的需求。他认为，先进工业社会在资本主义制度影响下，使人产生了许多精神物质上的虚假需要，其中最重要的即人对商品形式的服从，它使人不断对许多或大或小的商品，产生占有、消费、处理和不断更新的要求。这些虚假的需要，变得如同其他需要一样，成为“生物上的需要”。当代先进工业社会不但对这些需要提供了相当程度的满足，还由此造成了“自愿的奴隶”，因而人的自由受到束缚与操纵。在我国当代文化中，大量的需要，也是由文化工业制造的虚假需要。它通过制造时尚来制造数量众多的“自愿的奴隶”。

当代消费需求的膨胀依赖一种时尚逻辑。罗兰·巴尔特在谈到服装的时尚时曾指出：所谓时尚是由生产集团为促进服装的消费更替而努力维系的一种手段。如果只依赖使用的消耗，服装的更替就太慢了。因此，就衣服而言，时尚有两种律动，一是消耗的律动 u，以物质需求来测量服装穿坏后再换成新服装的自然时间；另一是购买的律动 a，即测量同类服装买两次的时间间隔。时尚可说是 a/u，如果 u = a，即衣服消耗完再买，则时尚不存：如 u > a，即衣服的消耗超过购买，则处于贫困状态；若 a > u，即购买超过消耗，则时尚存在。当代社会的时尚逻辑是购买永远大于消耗，它决定着商品的加速度生产与消费的过程。当代文化商品（服装已越来越成为一种文化商品）同样遵从这一规律，消费者的需要远非基本需要，而是时尚左右下产生的身不由已的消费冲动。这种超消费需要自然有某种虚假性。

时尚掀起的是浪潮式消费。它使商品产生超功能性热化，从而使商品附加了一层社会文化价值。这些价值寄附于使用价值之上，创造出增殖的价值，从而使大规模的生产——交换过程活化、加速度化。文化工业制造虚假需求的方式便是制造这种时尚的浪潮式消费。浪潮兴起的某一段时间，文化商品出现高得吓人的商业价值，时尚一过，这种文化商品便往往一落千丈，被迅速抛到价值交换的市场网络之外，无人问津。报载香港歌星刘德华来大陆演出，票价炒到最高 1500 元一张，并非其艺术价值达到此一境界，而是流行音乐时尚浪潮所致。时尚造成的就是这种速生速朽的“梦幻式价值”，而文化工业则通过时尚的迅速代换来形成消费高潮。当代流行歌曲、热点文学、电视连续剧等均通过这种浪潮式时尚，形成一浪高过一浪的白热化消费。流行歌曲排行榜、畅销书排行榜都是制造这种浪潮的手段。

为此，当代文化工业已逐步开始通过有目的有步骤地制造时尚来制造大众的需求。包装具有了十分重要的意义。各文化工业集团不断有计划地包装、制作并推出明星作为文化偶像。他们先是按市场预测选出可能具有轰动效应的预选明星，然后抛出数额惊人的包装费，利用各种传媒翻“炒”预选歌星，当歌星被“炒”得家喻户晓人人皆知了，这才开始卖音乐带，才开始高价出租歌星去演出、拍片、录像等。随即便有歌友会歌迷会制造追星族、发烧友，从而大幅度地刺激消费。流行艺术消费中的青春性狂热虽然也有青春心理动因，但究其根本，是文化工业通过传媒运作、包装策划等成功战略而达到的预期效应。有位当代流行音乐制作者说得好：“你不应该评价歌手好坏，而要问公司手段眼光的好坏。而且流行歌曲也没有好坏之分，只有流行不流行之分。”这真是行家漏底，一语中的。

文化工业运作系统中最关键的一环是现代传媒。当代社会传媒爆炸，以影视、广播、音响为主体的现代高科技传播媒介渗透到当代社会生活的一切时空领域。文化工业的发达迫使整个社会都要通过它的过滤器，它运用传媒对社会意识产生一种操纵性。它控制和规范着文化消费者的消费趣味和消费对象。成了一种支配人的闲暇时间与幸福的力量。这突出地表现为现代广告业无孔不入的文化意识专制统治。正是广告，在人们的基本物质需求之外，引导着、确定着、制造着这个社会的需求，它改变着人们的消费乃至生活方式，甚至不知不觉地支配着人们的思维和判断。广告用高频度的刺激，现代科技的声光画面，迫使你相信这个世界中的一切确如广告所说的那样，此中绝无欺骗和虚假。它甚至在无意识中控制着你，使“闲暇的人不得不接受文化制作人提供给他的东西。”同时，广告又几乎将整个世界重新包装了一遍，广告成了伪饰世界的万能工具。广告成了文化工业的生命线。

文化工业的运作方式不同于一般艺术生产，而是一种与市场经济条件下的物质生产类同的逆序运作，因而操纵与策划就有了根本性的意义。尽管它也必须时刻关注消费者本身的需求，关注买方市场，但超前的创意，广告的推销，更多地享有一种牵制和操纵的意味。象“红太阳”歌曲带的风靡，海马歌舞厅策划的家庭电视剧，甚至当代“名作”《废都》均靠这种广告“创意”而出奇制胜。

三、价值危机：文化工业与艺术的背离

如前所述，我国当代文化工业的产生具有历史必然性和合理性，作为文化艺术作品，它又有同艺术本性相融相谐的一面。但是，文化工业毕竟是市场经济的产物，因而它必然遵从市场效益的铁律，呈现为一种商品化的现实，具有商品拜物教的特征。应当说，在当代市场经济的条件下，大部分文化艺术已同商业融合在一起，相当数量的文化产品（主要指文化工业产品即大众通俗文化产品）的生产和消费受市场规律的统摄，已纳入市场交换的轨道，具备了共同的商品形式和特性。阿多诺在谈到音乐时就曾明确地指出：“就最严格的意义上讲，爵士乐是一种商品。”他对音乐领域中创作和消费受利润动机和交换价值支配的商品化趋势的后果作了具体分析：

（1）商品化趋势使得划分音乐作品的二分法，不再表现为“轻音乐”与“严肃音乐”之分，而是表现为受市场导向的音乐和不受市场导向的音乐之分；（2）商品化趋势使得创作者主要关心的已不是艺术完美和审美价值，而是上座率和经济收益。他们一味迎合雇主的需要，成了消费者的奴隶；（3）商品化趋势使得绝大多数作品的价值已取决于是否可变为可销售的和可交换的，价值的实现依存于欣赏者肯否为之付钱，以投资效果作尺度。阿多诺针对文化商品的偶像崇拜，提出了“音乐拜物教”思想。他认为这不是一个心理学的概念，而是一个属于经济学的范畴。植根于由交换价值而不是由使用价值所统治的社会商品性质，表现为当代音乐生活已为商品形式所统治。阿多诺的思想对于我们今天判定我国当代文化工业，仍然具有现实意义。当代文化工业产品将艺术与消遣娱乐、广告宣传完全混为一体，其典型有电视剧、MTV等等形式。任何个人，只要想欣赏艺术，就必须同时收看广告，甚至连艺术中的情节场面都被用于商业广告。这种文化商品拜物教使人们对文化艺术的崇拜已异化为对音乐所能取得的交换价值的崇拜。当两位温州大款一掷千金购买刘德华演唱会门票时，他所欣赏的是为购买门票所付出的钱款。是一种商品拥有者的满足。在当代市场经济的条件下，期望文化商品必须保持其纯粹使用价值，即其艺术本性的幻想，必定被其纯粹交换价值所取代。当代文化工业的艺术商品偶像崇拜就在于这种替代物——钱。

商业社会的运作使当代文化工业越来越听命于当代市民社会“大款”们的审美趣味。卡拉OK的发端，音乐茶座的兴起，近来高档歌舞厅的风靡，无不由当代大款引领风气之先，同时也直观地显现了他们财富增多因而享受逐渐高档化的变化历程。文化工业的制作人们十分清楚，他并不是在为艺术而艺术。商品的法则告诉他，从谁的腰包里往外掏钱，文化工业的天平就必须向谁倾斜，而无须顾忌他的趣味是否庸俗，层次是否低下（尽管这种艺术有十分堂皇的包装，绝不显得庸俗或低下）。而整个社会就以此种审美趣味为标准。

这就使我们不得不严肃地面对文化工业对艺术本性的严重背离和侵蚀，面对当代文化价值的全面危机。

当代文化工业的标准化模式化生产，不仅扼杀了艺术创作者的独特个性，也扼杀了艺术接受者的自主性与想象力。终而导致艺术的颓败倒退。本雅明认为，在艺术创作中，作者审美体验的完满充盈和独特个性特征内化于作品之中，形成一种独一无二的不可复制、不可模仿的“气韵”（Aura），这是传统审美观中艺术之为艺术的本性所在。它流动回旋，使作品获得一种生命，像一个“主体”一样，同读者说话。因此，内蕴于艺术作品中的气韵就禀有一种神圣、权威、距离、永恒的性质，使人在与艺术作品的交流中感到一种震撼、眩惑，或者唤起一种深层无意识。本雅明所描述的这种艺术本性在当代世界的后现代境遇中已被彻底打碎。如果说当代文化工业的大规模复制在运用于标准化的产品数量方面（如电影拷贝、录音带、录像带、唱片、照片、通俗文学）还具有某种合理性的话，那么艺术作品创作的复制（文本复制）则几近于对艺术的屠戮。“原作”消失了，所有的创作都成了对原作的模仿或者抄袭。众多摹本代替了独一无二的艺术精品，“真品”与“摹本”的区分丧失了意义，艺术成为没有原本的摹本。艺术借以安身立命的独创性，艺术家的创造个性早已在文化流水线上的大批量制作中消耗殆尽。艺术家不过是艺术工匠、艺术创造商，是文化流水线上的机械手。文化工业的追求的流行艺术没有永恒，只有当下；没有品位高低，只有流行之流行，没有使用价值，只讲交换价值。但这种没有个性化没有独创性的产品却通过复杂精致的包装以“个性化”的面目出现，这种伪个性化更具欺骗性。令人不得不警醒的是，“在文化工业中，这种模仿最终成为绝对的”，“达到个性化的努力最终被模仿的努力所取代”。在当代数以亿万计的流行艺术拥戴者的海洋中卓然超群潇洒独立的是其实并不怎么艺术也不怎么“文化”的文化明星，但他们却代表文化代表艺术向世界微笑。这不能不说是对文化和艺术的绝妙讽刺。

文化工业的标准化和复制，不仅扼杀了艺术创作的个性、主体性和独创性，而且也扼杀了艺术接受与欣赏的个性、主体性和创造性。在文化工业的复制品面前，艺术鉴赏的自由主体逐渐瓦解。像流行音乐，结构简单，旋律反复，机械敲打，都依照一种共同模式。作品规定了每一个反应，使听众不由自主地产生机械反应。伪个性化包装掩盖了从创作到演唱的平庸，听众在一种简单的即刻反应中获得一种虚假的参与感。电视艺术中的大量产品亦如此。雷同的情节、模仿的手法，一致的技巧，转瞬即逝的闪现，高频度的反复刺激，制造出光怪陆离的拼贴。这里既没有想象的时间与空间，也没有想象的余韵与意境，有的只是单向压迫的“银幕的暴政”。听众和观众独立的艺术思维、丰富的想象力逐步瓦解，审美视觉和审美听觉能力退化，鉴赏力委顿，艺术欣赏变为纯粹被动的接纳或依附。它制造出标准化的、毫无艺术个性和生机的“电视机前的一代”。正如阿多诺所说，“音乐表演的消费者自身就是决定流行音乐生产的同样一些作用过程的客体，或确切地说是产品。……他们需要标准化的商品和伪个性化。”也就是说，流行艺术创造了迎合潮流、趋向时尚的模式化消费者。

实际上，文化工业的标准化与大规模复制已导致当代文化价值的危机。传统的艺术观与当代大众文化艺术观产生了激烈的冲突，表现出不同范式间的不可通约性。

艺术是审美意味的广阔世界，它通过有限的形式，表现和传达深广无限的审美情致和审美韵味；通过外显的直接的艺术手段，抵达内隐的深层的生命体验。它关注人类本真存在，是开掘人性深度的崇高事业。而当代文化工业则以反审美的姿态力图削平艺术的深度模式，削平艺术曾赖以辉煌的崇高与悲剧意识，回到一个浅表的玩弄噱头的游戏之中。那种或高举远慕、或清幽窅渺、或壮怀激烈、或碧血苌弘式的艺术境界不复存在了，艺术成了一堆抹平了的本文。高蹈的艺术之神已经悄遁，只有文字，只有节奏，只有画面苍白而来，仓皇而去；

永恒消失了，只剩下一次性消费的文化快餐。“小品”成了大众艺术的共名，浅薄则是它获取轰动效应的“至宝”。在这里，艺术的终极价值消解了，只有调侃、滑稽、谐谑与怪诞。在一个机械复制的时代，诗的死亡和诗意的沉沦无可避免。这是艺术的说明文兴盛的时代。

艺术是最富历史性的社会存在之一，它凝聚着历史的、民族的、时代的深厚文化传统，它本身就是“史诗”。历史意识作为一种深沉的“根”总是在艺术的故土中养育。而在当代文化工业中，历史上的过去消失了，历史上的未来和任何巨大变革也与我没有关系，古典的牌楼和可口可乐同在，杨贵妃和麦当娜共歌。当代文化工业只关注“当下”，只关注纯粹的、孤立的现在，只剩下永久的“当下”。它在失去了意味深度之外，又失去了历史深度。“红太阳”音乐带的风行，就是一种非历史的当代嘲弄，它没有历史，只有耳熟能详的曲调。作为曲调，它和小虎队或当代摇滚毫无区别。正如阿多诺所说：“文化工业的所有产品，都采用了把本性严肃的文艺作品改变成讽刺体裁这种似乎矛盾的作法。”艺术成了断裂的意象碎片的拼贴，是零散的片断材料构成的本体。在这种当下的体验中，时间被转换为空间，民族的、国家的、时代的、历史的区别统统抹平了。艺术与生活、艺术与真实的关系已在非历史的杜撰与制作中消解。

艺术是塑造心灵的伟大事业，是人类陶冶涵咏美好情志的复杂工程，它闪现着理想主义神圣光彩，执著于人类感官彻底解放的乌托邦，它是在多层次的接受中追寻人性的超越之途。而文化工业则更多的是一种玩和性的享乐艺术。它往往热衷于满足较低级的感官刺激，津津乐道于残忍的凶杀，血腥的恐怖，赤裸裸的性描写，豪华奢靡的享乐。以往时代那种永远富有魅力的大写的“人”死了，世界是凡夫俗子芸芸众生们拼命搏钱也拼命花钱的世界。由此，它将矫作的煽情功能，发展为一种精致的技巧。它极力调动人的浅层心理乃至生理反应机制，满足人们的享乐需求。

这种享乐型的艺术，消解了艺术批评和审美批评（批评已成为可以购买的广告）。当代艺术已没有共同认定的价值标准、审美趣味和批评范式。大众艺术不再需要依傍于美学家、批评家们的评定，而只来自于每一个“自我”的好恶判断和时尚感觉。适意成为鉴定艺术品高下的准的。艺术逐步丧失了由文化传统、文化教养、艺术家、批评家所维系的一致性，走向多元的现实。

当代文化工业既有着它兴起的历史必然性与合理性，又带着与生俱来的反艺术的基本品格。这是一个历史和现实交给我们的悖论。在悖论中开辟新的道路，这是我们这一代人的宿命。面对着“时尚痉挛般的变化”，面对着一个民族的当代文化“虚假的浮华”，我也叹息：“所有的人都腰缠万贯，然而所有的人又都一无所有。没有谁能忘记自己整个精神的突然贬值，因为它的匮乏太令人触目惊心。”

（选自《文艺理论研究》1994 年第 2 期）

关于市场经济下社会主义文化市场的理论观点综述

文理平

在加快改革开放步伐的新形势下，在市场经济迅猛发展的今天，文化艺术如何保持自身的生存与发展，如何既适应市场经济同时又不完全受之左右、束缚，这成为我国文化艺术战线所面临的迫切问题，也为我国文艺理论工作者提出新的理论课题，正确地理解和解决这一题将有利于社会主义文化艺术事业的健康发展。

本篇材料收集了近两三年关于文化市场、文化市场管理方面的种种意见，多见于《文艺报》、《中国文化报》、《文艺理论与批评》以及其他重要报纸杂志。材料分为四大部分：（1）社会主义文化市场中文化产品的特点；（2）文艺的社会效益与经济效益的关系；（3）文化工作者的选择；（4）文化市场的管理。在这几部分中，基本囊括了关于文化市场建设的种种观点、意见，供文艺理论工作者参考，由于材料繁多，难免有疏漏之处，望读者指正。

一、社会主义文化市场中文化产品的特点

对发展商品经济、建立社会主义文化市场的不同意见的综述

在如何积极地面对市场、建设有中国特色的社会主义文化市场的问题上，首先碰到的一个难题就是：文艺是不是商品？如何理解文艺的商品属性？

一种意见认为，文艺就是商品，是一种与物质产品

具有同样性质的商品。社会上关于商品的一般定义完全适用于文艺。因为对大部分文艺工作者来说，从事文艺创作是他们赖以安身立命的手段，至少是他们谋生手段的一部分，而且文艺商品体现了创造者的具体劳动，具有特定的使用价值，其使用价值完全是在流通过程中按照商品交换的方式在满足了他人的社会需要之后来实现的。这与一般的物质商品没什么两样。因此建立文化市场，就要勇敢地承认文艺的商品属性，确立市场的观念，放手大胆地把文艺推向市场，使文艺在市场的竞争中求生存，当然，在市场竞争中可能有些文艺品种发生萎缩，这是完全正常的。

另一种意见认为，文艺虽有商品的属性，但它的本质不是商品。首先，文艺产品的创造不同于物质商品，艺术不容许机械划一的流程式生产，文艺是作家艺术家充满激情和独特的人生体验的不可重复的精神创造，是艺术家本质力量的生动体现。其次，文艺产品不可能像物质产品那样精确地核算社会必要劳动的时间，因而，大部分文艺产品的价格不能反映文艺本身的实在价值。在经济领域，商品经济越发达，越要遵循等价交换的原则，而文艺产品，即使在世界上商品经济最发达的国家，也难以实现真正的等价交换。再次，文艺的使用价值也不像物质商品那样较为固定，对不同的人、在不同的场合所发挥的作用千差万别。同时，文艺的作用也不像物质商品那样直接，那样具有较强的时空局限。文艺作用于人们的心灵，优美的作品可以超越时空，对人类经久地发挥艺术魅力。因而，文艺就其本质而言，只是一种带有商品属性的精神产品。

持这种观点的同志特别强调市场的限度，认为既然文艺是一种精神产品，就不应该把它完全交付市场。浙江作协一位负责同志说："鉴于目前文艺鉴赏大众的基本素质以及市场发育初期机制不健全等方面的问题，一味地把文艺推向市场，简单地把文艺的生杀予夺大权交给市场，使一种复杂的精神产品单纯地围绕着金钱的桅杆起落，或者让那些迎合较低层次读者趣味的平庸作品进行无秩序的、不守'游戏规则'的不公平竞争，在这种场合，文艺上的劣胜优汰现象就不是耸人听闻的呓语。因而他们特别强调在建设社会主义文化市场的时候，要积极地引导市场、培育市场，并搞好宏观调控，在政策上要有所倾斜，对社会效益好的优秀产品要特别加以扶植。我们要慎之又慎，千万不可草率行事。"

还有一种意见认为，在目前文艺还只是初步进入市场的情况下，对于一些十分复杂的理论问题不必匆忙地作出结论。首先应该认真地面对现实，不必消极地认为把市场机制引入文艺是一种无奈的选择，而应报之以积极的态度，自觉地将文艺面向市场看作是一次改变观念、转换机制的有利时机。市场机制的引入，有利于打破文艺的大锅饭，克服文艺单位干与不干一个样、干好干坏一个样的不良局面，有利于奖勤罚懒，激励和调动广大文艺工作者的积极性。

这些同志进而主张，我们要把商品经济对文艺的挑战看作是文艺发展的一次重大机遇，充分把握这一机遇，全力促成文艺向着更高的层次去拓展创新。因为建立社会主义市场经济体制是我国经济体制的一项历史性变革，它必将使人们经受一次前所未有的政治、经济、文化观念和社会心理的巨大冲击，各种复杂的社会矛盾、社会心态以及价值观念的变迁都将在这历史转折的时期涌现出来，这必然会给文艺创作提供出极其鲜活的社会素材和表现内容。展示这一新生活的内容，增加文艺的现实感和时代感，会使文艺充满新的活力。在市场发展、经济进步的同时，一些崭新的科学技术也会走向文艺领域，电脑的使用、卫星的传播、舞台声光音响的切换以及各种高科技参与的文艺节目的制作等，将会带来文艺创作技巧的大变革，这同样也给文艺的发展提供了形式方面的保障。

（中宣部文艺局课题组：《关于社会主义市场经济条件下文艺领域面临的新问题》，载1993年2月13日《文艺报》）

关于文化市场的理论问题

1. 文艺是不是商品？在绝大多数精神产品都要通过文化市场提供给它们的需要者的条件下，如何看待文艺作品的商品属性和它自身的特殊性？在我国现阶段，进入文化市场的文艺作品与物质生产商品市场上的商品有什么相同之处，又有什么重要区别？文艺创作自身的发展规律、社会主义文艺的本质与文艺作品在文化市场上所带有的商品性之间是什么关系？

2. 怎样看待艺术生产的社会效益与经济效益之间的关系？社会效益与经济效益之间有没有相通之处和一致性，表现在哪些方面？又怎样认识在相当范围内存在的作品的思想艺术价值与票房价值相背离、逆反的现象及其发展趋势？对严肃文艺和通俗文艺在市场运行中的不同境况应怎样分析，采取什么对策？艺术生产部门能不能做到既保证社会效益作为最高标准又实现两个效益的结合，如何做到？

3. 艺术生产部门在性质上和物质生产部门有什么区别，与文化娱乐场所又有什么区别？能否像对从事物质生产的产业部门的划分那样，把所有艺术生产部门都划为第×类产业？在面对市场的情况下，如何看待许多文化娱乐场所实行产业化经营的做法？艺术生产部门的管理能否也完全实行产业化的做法，走产业化的道路是不是社会主义的艺术生产部门进行体制改革的方向？

4. 如何看待我国社会主义文化市场的性质、范围和作用？文化市场与物质商品市场有什么相同之处又有什么区别？我国社会主义文化市场与西方国家的文化市场有哪些相同机制又有哪些根本区别？怎样做才能最大限度地发挥文化市场的积极作用，同时又能有效地限制文化市场的消极作用，把这种消极作用降到最低点？

5. 建立社会主义市场经济体制，对物质生产说来就是要使市场在资源配置方面起基础性作用，就是要由市场来引导企业的走向和产业结构的调整；那么，在建立社会主义市场经济体制的条件下，对艺术生产和整个文化艺术事业的发展来说，能否完全由市场行情来选择艺术生产的作家作品，选择艺术生产的门类与档次？或者说各种文艺团体的兴衰存亡、艺术生产的结构与走向乃至整个文化艺术事业的发展变化能否完全由文化市场来引导？

6. 从总体上讲，对文化市场管理的加强与改善，文化法规、文化经济政策的制定与完善，文化体制的改革，怎样做才能既适应建立社会主义市场经济体制的新形势的要求，又能符合社会主义精神文明建设和文化艺术自身发展规律的要求，从而更好地加快改革开放步伐，推动文化艺术事业不断地走向更大繁荣？

（李准：《要重视对文化市场的理论研究》，载 1993 年 4 月 7 日《人民日报》）

要正确把握文艺体制改革的指导思想

许多同志谈到文艺体制改革的指导思想。我以为，党和国家对文艺体制改革的指导思想是明确的。早在 1983 年，六届全国人大一次会议就指出："文艺体制需要有领导有步骤地进行改革。改革是为了促进社会主义文艺的繁荣，提高作家艺术家的思想艺术素质，提高作品的思想艺术质量。"最近，中宣部领导同志一再强调："文艺体制改革要用是否有利于充分调动和发挥广大文艺工作者的积极性和创造性；是否有利于出作品、出人才，繁荣社会主义文艺事业，满足广大群众日益增长的文化生活需要；是否有利于经济发展和社会全面进步的三个标准，来衡量得失成败。"它既要"适应建立社会主义市场经济体制的要求"，又要"符合社会主义精神文明建设和文艺自身发展规律的要求"。这些，无疑是十分正确的。我们的问题不在于没有提出过正确的指导思想，而在于在具体工作中出现了对正确指导思想的偏离。这虽然是改革过程中出现的问题，也需要引起我们的充分注意。

（郑伯农：《对文艺体制改革的几点思考》，载 1993 年 8 月 12 日《人民日报》）

市场与市场经济是两个不同的概念

市场与市场经济是两个不同的概念，不可混而视之。前者可以追溯到遥远的古代，而后者却是资本主义确立以后的事情。

市场经济的培育和完善，是发展我们社会主义经济的必由之路，对之应该给予充分的肯定和支持。但市场经济的发展，是带着与生俱来的二重性的。在积极地组织、推动经济的发展的同时，出于它所追求的最高和最大的目标，是作为交换价值符号的金钱和利润，因此，就不可避免地要伴随着不择手段的商业欺诈、贪婪的金钱追求，以至寡廉鲜耻的权钱交易，企图将世界上一切有形的、无形的，物质的、精神的，都统统纳入市场经济的交换机制中去，并把它们放在金钱砝码的天平上来衡量，最终也导致人本身的物化和异化。

（敏泽：《市场经济与文化建设》，载《哲学研究》1994 年第 2 期）

市场具有积极的功能和负面的作用

市场机制能够最有效地促进一个社会的经济繁荣。而一个社会的富足是其知识、文化、科学蓬勃发展的最重要的前提之一。

市场为相当数量的知识分子提供了更广阔的生存空间和更丰富的工作选择。在市场没有发育起来的社会中，政府极易成为知识分子产品的单一购买者。这种垄断性的扶持与购买强化了知识分子对政府的单向依赖，断绝了他们与大众及其需求间的联系。

但是，以上的论述也有很大的局限。第一，虽然在发达的市场社会中知识分子的数量空前增长，但不能认为，市场本身会为一切类型的知识分子提供生存的机会。第二，即使我们在一般意义上接受上述提出的三段论：市场机制促进社会繁荣，社会繁荣促进文化与知识分子的发展，也须指出，这只是一种间接的可能性关系。市场不会直接帮助某些类型的知识分子。很可能是市场所造就的繁荣富足社会中的其他一些健康因素（甚至与市场逻辑相对立的价值观），使得更多类型的知识分子保有一个较好的生存空间。如确这样，就必须承认，尽管市场有其巨大的积极功能，一个社会赖以存在的不仅是市场所代表的价值观，单靠它是不行的。第三，尽管市场社会比之政府垄断所造就的"兵营式"社会为知识分子提供了更广阔的生存空间，但市场也和政治一样，顽强地膨胀其自身的价值准则，从而限制着知识分子的自由选择，为其施加单向引导。

（郑也夫：《市场、文化、改革》，载 1993 年 9 月 14 日《文论报》）

社会主义文艺不能淡化或削弱文艺的社会主义意识形态内容

文艺适应社会主义市场经济的发展，我以为不应该把整个社会文艺生产商品化，任由商品生产的原则去主导文艺生产。如果不这样认识，我们将会陷入实践的极大误区，是不利于社会主义文艺的发展和社会主义精神文明建设的。

文艺生产的劳动本来就有二重性。文艺作品，从文艺家创作到出版、制作、演出、发行、销售等各部门，既是一定量人类必要劳动的耗费，含有一定的社会劳动量，具有商品交换的价值，又主要是人类在审美创造这个精神生产层面的"艺术劳动"产品，具有非一时一处才表现的审美价值。它是人类"艺术"的掌握世界的成果，用以满足人们的审美需要，升华人的精神境界，提高人的精神文明程度。这种审美价值，是一时一处的商品价值所不能表征和替代的。……社会主义初级阶段，文艺生产还不可能摆脱商品交换的过程，不能忽略文艺生产的经济效益。但是，把文艺生产全盘商品化，任由商品生产的原则来主导文艺生产，文艺产品的审美价值就会失落，被商品交换的价值所吞没。文艺生产的创作主体就难以进行艰苦的思想艺术探索，就难以发掘和表现生活中的真、善、美，抨击假、恶、丑，文艺生产的经营主体也难以积极出版、制作、演出、销售真正具有审美价值的作品。这是很不利于提高社会主义文艺的思想艺术品位的，当然也不利于社会主义精神文明建设。

社会主义文艺是与社会主义经济基础相适应的上层建筑之一。文艺适应社会主义市场经济发展的需要，不仅不能淡化或削弱文艺的社会主义意识形态内容，相反要深化这种内容，以社会主义的思想、理想、精神、品格去影响和激励人民群众。他们是确立和发展社会主义市场经济的实践主体，有了千百万坚持社会主义道路和理想的实践主体，确立和发展社会主义市场经济的事业就必然成功。

（郭正元：《社会主义市场经济与文艺的意识形态特性》，载 1993 年 8 月 18 日《中国文化报》）

文化具有意识形态性和商品性

文化作为意识形态，它不是商品；但作为物化形态，需要通过市场得到传播时，它又成了商品，商品的最大特点在于为市场（交换）而生产，一切随市场需求为转移，顾客就是上帝。对于精神创造物的文化，却不能这样简单对待。还得从建设社会精神文明的角度考虑，而且是放在首位的考虑。这就是通常所说的社会效益问题，它同一般商品所讲的经济效益，并不是一码事。

文化的二重性，来自其生产过程的二元化。这就是说，一种文化产品的生产，常要经历前后联系或相互交渗的两重过程，即：一方面，它作为意识形态被创造出来；而另一方面，又要作为物化形态加以重新制作。

（陈伯海：《文化的二重性及其他》，载 1993 年 5 月 21 日《文汇报》）

使用“艺术生产”的概念，或着眼于政治，或着眼于金钱

从我的很不周全的了解来看，文论界使用这个概念“艺术生产”，大约有这样几种情况：（1）把艺术生产作为一个中性概念，即既可用于资本主义社会，也可用于社会主义社会。（2）把它作为分析艺术现象的一个视觉，一个特定的出发点。（3）用艺术生产这个概念来稀释、淡化，甚至完全否定艺术与生俱来就具有的意识形态性。（4）认为走出我国当前艺术困境的唯一坦途，就是把文艺完全当成商品来生产，来出卖，来消费，等等。

后两种，即（3）（4）两种观点，一着眼于政治，一着眼于金钱。不仅丝毫未能解决文艺在现实生活中遇到的难题，反而在困境中越陷越深。就拿文艺的商品化来讲，现在的情况的确令人感到万分忧虑。

（程代熙：《我对“艺术生产”的理解》，载 1993 年 11 月 20 日《文艺报》）

艺术生产论是意识形态论的深化和发展

如何看待艺术生产论与意识形态论的关系，确实是一个不容回避的问题。

关于艺术生产论与意识形态论的关系，大致说来，现存有三种观点：（1）取代说。即用艺术生产论取代意识形态论。（2）并列说。即二者是一个逻辑整体，它们是对同一艺术现象的社会属性所作的不同表述；或者说，二者都是艺术的本质。（3）主干说。即二者中哪一种作为马克思主义理论的主干或体系框架中的核心观念。这分为两种截然相反的主张：一种主张以艺术生产论；另一种主张以意识形态论。笔者的看法属于第四种：深化说。即艺术生产论是意识形态论的深化和发展。

艺术生产论作为整个马克思主义理论的一个组成部分天生就具有无产阶级的意识形态性。进一步看，由于意识形态或明或暗地浸润着社会生活的方方面面，所以作为生产者的作家不可避免地要受到意识形态影响，无论他是否自觉，口头上是否承认。这种意识形态影响最终体现在作为产品的文本中，暗中操纵着读者的消费意识或思想情绪。所以，整个艺术生产，从制作到文本，从传播到消费，实质上都是意识形态的生产。

（张来民：《走向艺术生产论》，载 1993 年 9 月 4 日《文艺报》）

文艺产品具有双重属性——商品属性和审美属性

一方面，应该肯定大多数文艺产品具有商品属性，要在文化市场上流通。另一方面，也应该研究文艺产品同经济领域的纯物质商品有什么不同的属性。这就是说，文艺产品还具有精神产品的属性，包括审美属性和意识形态属性。我国社会主义文艺是社会主义精神文明建设的重要组成部分。文艺产品的特点就是具有商品属性和精神产品属性这双重属性。不承认大多数文艺产品具有商品属性，将妨碍文艺向着更加丰富多彩的广阔天地发展，妨碍文艺取得更大的生机和活力。不承认文艺产品具有不同于一般物质商品的精神属性，将妨碍文艺沿着正确的方向发展，特别是将妨碍一些高雅文艺的发展、妨碍文艺对经济建设发挥精神动力的作用。

文艺产品具有与一般物质商品不同的双重属性，其根源在于文艺产品的本质构成不是其物质载体，而是依托于物质载体的精神内涵即文艺创作的成果。这种成果的目的，在于净化和美化人们的精神世界，促进社会精神文明的建设。也就是说，文艺创作的价值与使用价值很难用一般物质商品的计算方法来计算。一般的物质产品，是人的活劳动对物质进行加工改造。凝结于物质产品中的社会必要劳动量，产生了交换价值即价值。在使用价值完全不同的产品之间可以比较计算交换价值，因而这些产品可以在市场上交换，这就产生了商品。文艺产品的产生主要是作家艺术家的艺术创作，进行创作时只是把某种物质作为一种载体。除了雕塑、工艺美术品外，文艺创作主要不是对物质载体本身进行加工改造，而是具有相对独立的劳动过程，因而产生相对独立的富有个性特征的属性和功能。

文艺产品的市场价格很难像物质商品那样有一个比较精确的量化标准。大体上有三种情况。一种是书刊音像出版物，其本质构成是文艺创作，但价格却往往取决于其物质载体，而很难反映文艺创作这种精神劳动的支出和效益。两本价格相同的书刊，其思想艺术质量和精神效益，可能相差很大甚至完全相反。另一种是绘画书法等美术作品，价格与物质载体关系不大，除了与艺术质量有关外，还往往与画家的身份和年代的远近有关。第三种是表演艺术，与创作主体不可分离，没有可以出售的物质载体。其价格往往也不像物质商品那样取决于社会必要劳动量。

文艺产品在市场上流通的另一个复杂性，表现在供求关系上麻烦较大。物质商品只要物美价廉就大体上可以适销对路。但文艺产品却没有这么简单。高雅精美的文学作品可能不如通俗作品甚至低俗作品畅销，严肃的交响乐可能不如流行音乐卖座；思想性艺术性俱佳的影片可能卖不出很多拷贝。物质生活的需要尽管也是各有所好、众口难调，但人们的吃、穿、住、行等方面的供需，大体上还可以根据社会生活水平的不同（温饱型、小康型、富裕型）找到总量平衡的规律。而精神文化生活的需求发源并作用于人们的精神世界，不可能标准化模式化型号化。文化产品的供需关系远比物质商品变化莫测得多，这主要是其双重属性的反映。

（梁光弟：《市场经济与文艺属性》，载 1993 年 6 月 19 日《文艺报》）

文化产品同市场经济既适应又矛盾

文化生产必须顺应市场经济的大趋势，并充分利用市场经济提供的一切有利条件和机遇来发展自己。但是，由于文化产品固有的双重性质，使得它不能仅仅像一般物质产品那样只求适销对路，还必须处理好经济效益同社会效益的关系。从总体上说，在争取两个效益统一的目标下，要坚持把社会效益放在首位。这样，文化产品的生产就不能仅仅依靠市场调节，不能仅仅由经济规律来支配。对于市场经济，大部分通俗的、赢利性的文化产品和文化劳务是比较容易适应的。但是另有一部分则难以适应，基本上是“赔钱货”，而这一部分却是很重要的、精神价值很高的东西，如交响乐、歌剧、舞剧严肃戏剧和学术著作，等等。价值与价格背离，对一部分文化产品和文化劳务来说是难以避免的。……社会主义生产的根本目的则完全不同，不是追求剩余价值而是尽可能满足人民群众日益增长的物质和文化生活需要，本质上与艺术等精神生产是一致的。但同时也要看到，在社会主义市场中，市场调节和经济规律仍然同文化艺术生产有着一定的矛盾，所以，在文化领域反对“一切向钱看”特别重要。

（李洪明：《文化产品与市场经济》，载 1993 年 7 月 7 日《中国文化报》）

文艺的价值主要在艺术价值而非经济价值

笔者以为文艺绝不能商品化。首先因为它既是商品又不是商品，既有商品性更有非商品性。文艺生产目的与一般商品不同，不是为了交换，获取利润，而是另有自身的崇高目的——完善人类灵魂，促进人的精神和个性的自由和全面的发展。

文艺的价值，主要在其艺术价值而非经济价值。艺术价值是种精神价值。

因此，文艺商品的价格、交换价值与其真正价值相背离、矛盾的现象比一般商品普遍得多，严重得多，且具有某种必然性。这种情况更由于文艺的供求关系、生产与消费的关系等的特殊性而愈益加剧。文艺的需求、消费结构是呈金字塔形的。消遣型、娱乐型的文艺消费，人数最多，市场需求量最大。层次愈高往往市场需求量愈小，因为这要求消费者自身具备较高甚至是专门训练的文艺修养。

（游焜炳：《从经济角度看文艺能否“商品化”》，载 1992 年 8 月 22 日《文艺报》）

文艺是用来交流而不是交换的

在商品的一般定义中，“用来交换”是最核心的。在市场经济中，凡是用来交换的东西都可能成为商品。

任何一个严肃而又有抱负的作家的创作都不是为了赚钱，至少说不仅仅是为了赚钱。与其说是交换（赚钱），更不如说是交流、是对话。与读者交流思想和情感，从而达到思想感情上的沟通和共鸣，这才是最令作家欣慰的，这才是作家写作的“终极关怀”。

文艺是用来交流而不是交换的。

由于现象与本质、手段与目的的背离，文艺作品呈现出两重状态：既是商品又不是商品，商品是表象，非商品才是实质，关键靠作家如何运作。把它完全当成商品，彻底推下海，眼睛死死盯着读者的钱袋不放，文艺的媚俗和堕落是必然结果。既看到它的商品性，又看到它的非商品性，便可以在高雅与通俗、严肃与轻松、思想性与可读性、审美与娱乐之间做出努力，找到联结点，抚平二者的隔膜。将它与商品绝对对立，不顾文艺作品的交流手段和存在方式，有可能创造出“阳春白雪”唱和者寡，也可能制作出不关现世人生的一堆废品。

（吕信伟：《文艺是不是商品?》，载 1993 年 4 月 11 日《中国文化报》）

作为美的精神产品，文艺作品其有特殊性

文艺作品作为一种美的精神产品所具有的特殊属性，使它在投向市场时常常无法按照一般商品等价交换的原则来实现自身的价值和接受市场的选择。这是因为：

（一）文艺创作和一般的物质生产劳动不同，它不但无法用通常的“社会必要劳动时间”来计算生活和艺术积累，也无法用一般的市场供求来配置艺术的才能和灵感。因此，作为一种商品交换，它遇到的第一个问题就很难用一般的劳动量来衡量它的使用价值和交换价值。

（二）文艺功能的多样性和意识形态性，使得文艺作品的价值取向呈现出种种复杂的、非市场化的状况。作为一种具有商品属性的特殊的精神产品，文艺既具有满足广大群众审美需求的审美功能，又具有通过审美来实现的认识、教育和娱乐等其他功能。所以我们应当既注重它的社会效益，又注重它的经济效益。

（三）文艺的审美特征还使文艺作品的“使用价值”必须通过接受主体的审美感受才能实现，否则，作品再好，也不会直接成为人们的欣赏对象和消费对象。正如马克思所说，对于没有音乐感的耳朵和没有形式美的眼睛来说，最美的音乐和最妙的美术也是毫无意义的。所以文艺的价值体现不仅取决于自身的艺术质量，也取决于消费者的鉴赏水平。这里的票房价值和艺术价值永远是不等值的。

（徐俊西：《社会主义市场经济与文艺的审美导向》，载1993年6月19日《文艺报》）

文学具有商品性

从理论上说，文学具有商品性的主要原因有以下几点。第一，文学作品是作家脑力劳动的物化形态，作为精神产品它有使用价值和交换价值，作家通过稿费或版税的形式取得劳动报酬，这使文学作品具有一般商品的特征。第二，文学又是非作家个人的纯精神产品，它必须借助于一定的物质媒体才能流传于世。因此，文学作品的存在形式既是精神、产品，又是物质产品。物质产品的成分越多，它的商品性格就越明显。第三，在现代社会，文学与体育比赛一样，越来越与商业相勾连。第四，完整的文学过程包括社会生活、作家、作品、读者四个环节，按物质产品的通常说法，那就是文学的生产、流通和消费。现代传播媒介尤其是电视的普及，使文学有可成为最大众化的精神消费品，于是文学将日益趋向于为满足消费而生产，而不是囿于自身的为创作而创作。这是商品性的又一个特点。

（方克强：《商品性：文学理论的更新》，载1993年2月6日《文汇报》）

文艺产品只具有商品属性，是一种特殊商品

文艺产品绝不等同于一般商品，它有其不能忽视的特殊性。其一，文艺产品的生产过程是精神生产过程，主要的和大量的是思维的过程，表现在劳动上，虽然要付出一定量的体力，有些还属于强体力劳动，如戏曲、杂技表演等，但从整体来说，脑力的支出是主要的。其二，文艺生产的目的是为了满足人们精神生活的需要，这决定了文艺产品的使用价值仅仅在于满足消费者精神方面的需求，而不是其他。进一步说，物质产品中有一部分可成为人们生活必需消费品，而精神产品中却不存在这样一部分。其三，文艺产品的产品形态表现为一种观念形态，是通过物质载体呈现出来的精神凝聚。其生产，是文学家、艺术家将自己精神劳动的成果通过一定的手段和技巧附着在物质载体上，其消费，是通过文艺产品物质载体接收到附着在其上的精神信息，来获得精神需求的满足。因此，它的真实的价值是其精神内涵，而非作为载体的物；没有精神内涵，孤立的物质躯壳如果作为商品，将一钱不值。这就是说，我们承认文艺产品是商品，是有条件的，即只是从其具有劳动物和交换物双重属性这一意义上，说它是商品。如果向前进一步，认识到它的特殊性，那么，我们只能说它具有商品属性，或者充其量只能说是一种特殊商品。

（赵克谦：《关于文艺产品的商品属性》，载1993年10月13日《光明日报》）

艺术作品可以进行市场交换

在文化艺术产品中，有少数不能作为商品进行交换，如博物馆的陈列品、历史文物等，把大多数产品拿到市场上去交换，这样做在协调供需关系方面有以下两大优越性：

第一，由于市场对变化莫测的消费需要的反应总是最及时、最灵敏，因此，可以根据市场交换中需求的变化，及时地调整供需关系。依靠行政手段难有这种效果。

第二，可以利用商品交换中的价值规律，促使实现供需平衡。产品只要进入市场交换，价值规律必然对供需关系产生作用。就供需问题而言，市场上出现的无非是供应不足与供应过量。价值规律在协调供需平衡方面，主要是通过价格、盈利、竞争等机制，促使文化艺术的生产者为了求收支平衡和取得利润，不能不把自己的生存、发展与文化艺术事业结合起来考虑，不得不主动去关心需求变化和自己产品的命运，由此产生协调供需平衡的作用。

（刘光裕：《文化艺术产品需要市场交换》，载《文史哲》1993年第4期）

商品美学在社会主义两个文明建设中发挥重要作用

物质文明和精神文明指的是人类改造世界的物质成果和精神成果的总和。物质文明表现在人们物质生活的进步，也表现在物质生活的改善。在现代化的文明社会中，物质生产与精神生产是相对分离和独立的，但在某些方面又相互联系和融合。随着现代科学技术的发展和社会生活方式的改变，人们愈来愈渴望物质上的需求能够更多地与精神上的满足密切结合起来。这样，在现代化的产品或商品中，通常总是要或多或少地兼顾到人们多方面的需要。如今，即使是为满足生存需要的日常生活必需品，如食品、饮料等等，除了在卫生、营养等方面要求保证有高质量的水平，还日益讲究在色、香、味等各方面具有特点。马克思说：‘饥饿总是饥饿，但是用刀叉吃熟肉来解除的饥饿不同于用手、指甲和牙齿啃生肉来解除饥饿。’这就是饮食文明的进步，它逐渐地与最初的自然粗陋状态和直接状态脱离，日益从单纯满足生存需要上升到尽可能同时满足精神享受需要，其中相当重要的是美的需要。

现代商品质量应当是一个内容丰富广泛的概念，它不但是指技术质量或实物质量，还应包括市场质量，即在多大程度上能够满足消费者和用户的全面需要，以及是否能够充分地发挥其社会功能和体现自身的价值等等。总之，现代商品质量标准早已不是单方面的片面要求，而是所有因素的综合整体要求；美学标准已经成为现代化生产及其产品质量综合评价的必备的重要内容之一，甚至对某些产品来说还成为压倒其他方面而占优势地位的质量要求。商品美学在对外开放、打入国际市场方面更显得特别重要。曾经有一段时间，我国出口的许多商品，由于不太重视美学因素的作用，虽然在某些方面如牢固、性能、实用等方面达到了国际标准，但仍然不受欢迎而缺乏竞争能力。

在社会主义的精神文明建设中，商品美学的作用也是相当突出的。改革开放的全面、深入展开，必然会引起社会生活方式的变革。社会主义的精神文明建设，要引导人们形成一个健康的、科学的、文明的现代化的生活方式，这就包括要树立正确的消费观和审美观。审美观是世界观的特殊表现，是世界观中重要的组成部分，同时又往往与道德观、价值观、消费观等等互相联系和渗透。在现代商品经济社会中，人们差不多处处时时都离不开商品，都直接间接、有意无意地受到商品的影响。商品的美丑好坏，从总体上不但体现着物质文明的水平，同时也反映着精神文明的水平。美的产品和商品，不仅会在创造美的空间环境中占有相当的地位，而且对于形成和发展人的美的观念也起着潜移默化的作用。这就是说，建立和提倡社会主义的商品美学，是肩负着物质文明建设和精神文明建设一起抓的崇高任务的。

（涂途：《商品美学和社会主义两个文明建设》，载1992年12月20日《中国文化报》）

二、文艺的社会效益与经济效益的关系

强求文化的精粹去符合市场价格的规则，只会使科学和文艺都市侩化

崇高的理想、凝重的节操和博大精深的科学、超凡脱俗的艺术、都具有非商业化的特质。强求人类文化的精粹去符合市场价格的规则，只会使科学和文艺都市侩化，丧失进步的可能和希望。

（钱钟书答《人民政协报》记者问，载1993年1月9日《人民政协报》）

单纯以经济观点对待文艺，将给社会主义文艺事业带来不利影响

既然文艺作品内含人类劳动结晶因而含有商品价值，在有条件进行交换的情况下具有交换价值和价格，那么，它在这些属性方面就和商品具有共同性，它在市场流通过程中就必然具有商品的形式。唯因如此，对于文艺作品的市场交换就需要讲求经济效益。

不过，优秀作品毕竟还含有相当高的文艺价值。要是仅仅着眼于商品价值，单纯以经济观点对待文艺，片面追求作品的经济效益，无视作品的文艺价值，置文艺的社会效益于不顾，就必将给社会主义文艺事业带来不利的影响。

文艺和商品均为系统。系统并非各要素相加的总和，更不等于某些要素。文艺和商品具有不同的系统质。“作为价值，一切商品都只是一定量的凝固的劳动时间。”但对于文艺来说，无论在什么意义上，都绝非只是一定量的凝固的劳动时间，这是因为：“劳动时间……与劳动的形式、内容和个性无关”，但文艺、文艺价值与劳动的形式、内容和个性却有内在的密不可分的关系。此其一。其二，文艺价值不同于商品价值。其三，文艺价值不同于交换价值。其四，文艺价值不同于商品使用价值。诚然，这两种价值有某些一致性：（1）它们都是由于劳动对人有用，（2）它们的源泉都是两个：具体有用劳动和劳动对象；（3）它们都是由于本身的属性。大概由于这些一致性，人们往往把文艺价值也说成使用价值。其实，严格地讲，它们毕竟有质的区别，具体表现在以下六点：（1）商品使用价值是物质属性。（2）商品使用价值是自然属性，不反映社会关系，包括不反映社会生产关系。（3）商品使用价值是物质价值，文艺价值是精神价值。（4）商品使用价值是实用价值；文艺价值是非实用的功利价值。（5）商品使用价值属于物质财富。（6）商品使用价值的实现必须通过市场交换，否则，就无法实现。这是因为：商品是用来交换的劳动产品，商品对于它的所有者不是使用价值，只是交换手段，假如商品对于它的所有者是使用价值，即直接是满足他自己使用需要的，那它就不是商品。其五，文艺的根本性质不同于商品的根本性质。必须把问题放到整个社会结构中考察。马克思明确肯定在意识形态的诸种形式中包括“艺术的……意识形态的形式”，艺术这一意识形态亦是“全部庞大的上层建筑”之一，恩格斯也明确肯定“艺术”是“观念的上层建筑”之一。尽管文艺有自己的特殊性，但从本质上说，它属于意识形态范畴、上层建筑范畴，而商品则属于经济范畴，彼此的本质不同。如果把作为上层建筑意识形态之一的文艺等同于商品，那么，政治、法律、道德、哲学等等上层建筑意识形态岂不也都可以当成商品买卖？

我们既不可无视文艺和商品在某些要素上的共同性，也不可抹杀文艺和商品在系统质上的相异性。

（张国民：《论文艺和商品的同异》，载1993年1月30日《文艺报》）

市场规律与文艺规律是两种规律，文艺创作要处理好两个效益的关系，在社会效益的导向之下，力争有更好的经济效益

精神产品的生产，不能依靠降低成本、改进技术、利用先进设备和在同类产品中提高质量等手段，获得竞争优势。文艺作品的创作一也不能规格化，标准化和批量生产。生产方式的个体性有很大随意性和自主性。艺术创作还有一种不可重复性；创作主体之间投入的必要劳动量，无法以统一标准计量。

市场规律基本是“买方市场”，艺术创作则是“卖方市场”，作家艺术家往往追求个人价值的自我实现，这时要尊重创作主体发挥的主观能动性。创作主体一般也不是看文化消费者之间竞争激烈、文化市场行情看涨，才决定写什么和怎样写的（当然，有时会有这种倾向）。换句话说，这种“卖方市场”起支配作用的现象，不是由某种文艺作品市场价格决定的。

市场不是调动创作积极性的主要手段。被市场调动起来的文艺创作的积极性，不一定产生好作品。市场规律重视经济效益，艺术规律则重视社会效益，但文艺家不可没有商品意识，要通过作品在进入社会主义市场经济运行机制中，实现其应有的价值，力争获得两个效益。文艺创作要处理好两个效益的关系。在社会效益的导向之下，力争有更好的经济效益。

（包泉万：《社会主义市场经济与文艺创作》，载1993年2月3日《中国文化报》）

要进一步研究艺术产品进入流通领域的特殊性

在物质产品进入流通领域时，由于市场供求关系的影响，虽然也有价值和价格相背离的现象发生，但从总体上来说，商品的价格是围绕着商品的价值上下波动的，价格归根到底是价值的货币表现。但是，就艺术产品来说，由于它的意识形态属性和价值量的难以计算，价格很难成为价值的反映。

（丁振海：《在新的实践中学习和研究马克思的“艺术生产”理论》，载1993年8月7日《文艺报》）

要承认艺术生产的意识形态性，正确处理社会效益和经济效益的关系

要承认艺术生产的意识形态属性，正确处理社会效益和经济效益的关系。从总体上说，艺术产品是商品，这一点毋庸置疑；但是，它又是一种特殊的商品，其特殊性就在于，它是上层建筑，是意识形态，一种特殊的意识形态。

既然艺术产品具有商品属性，我们就要面向文化市场，把竞争机制引入艺术领域。

既然艺术产品具有意识形态属性，我们就要时刻记住：艺术产品是影响人们的精神世界的，不能完全随行就市。如果我们只是听任价值规律的摆布，而忽视艺术规律和思想工作规律的作用，其结果很可能是劣胜优汰，艺术就会完全受金钱的支配，背离为人民服务、为社会主义服务的方向。因此，无论什么时候，我们都要坚持把社会效益放在首位，努力实现社会效益和经济效益的统一，而决不能把两个效益的主次关系弄颠倒了。

为了处理好两个效益的关系，我们对于文化市场，既要放开搞活，又要管好搞正。要提倡有益的，容许无害的，抑制低级的，取缔反动的、淫秽的。这些即使在发达的资本主义国家，有的也早就做了，如他们对于交响乐、芭蕾舞等艺术给予扶持补贴，对于那些格调不高的艺术虽容许演出，但不让登大雅之堂，且课以重税。他们能够做到，我们肩负着建设社会主义精神文明的崇高使命，如果不能比他们做得更好，那怎么说得过去呢？我们应当在大力开发文化市场的同时，切实加强文化市场的管理，并采取扶优限劣的文化经济政策，更好地发挥交换作为生产与消费的媒介的作用，反过来有力地促进艺术生产的发展和繁荣。

（马姜伯：《浅谈艺术的生产、消费、分配、交换》，载《文艺理论与批评》1993年第4期）

辩“读者就是上帝”

新近流行的所谓“读者就是上帝”、“市场需要就是上帝”等口号，我以为也是形而上学的东西。当然，这些口号里并非绝无半点合理因素。过去我们的文艺生产受计划经济体制相应观念的影响，不大重视市场需要，这确实应当加以调整。马克思说过：“没有需要，就没有生产。而消费则把需要再生产出来。”所以，文艺生产不能无视文化市场的需要和读者的消费倾向。事实上，文艺作品再有价值，如果没有人去看，那价值也无从实现；而且，文艺事业作为社会的事业，在今天的历史条件下，在现有的国力情况下，也还需要文化市场提供有力的经济支持。因而，重视市场需要、重视读者消费，是合理的，不过，任何真理，如果把它说得“过火”，加以夸大，便可以弄到荒谬绝伦的地步。这里关于“上帝”的口号，正是如此。上帝之说，当然是一种比喻，取西方“我们都是上帝忠实的儿子”之义，要求文艺生产唯市场需要的马首是瞻，而不必问这种需要是健康的还是病态的，是高尚的还是粗鄙的。这至少在客观上为拜金主义渗透到精神产品生产中来提供了机缘和口实。之所以说它是形而上学的，是因为它没有如实地看到生产与消费的辩证关系，只看到消费和需要对于生产的影响，而无视生产对于消费、需要的影响。我们要建立社会主义的文化市场，就既要考虑文化市场的现有需要，又要考虑社会主义精神文明建设的要求，创作出大量健康向上、表现时代精神的有艺术魅力的文艺作品，去满足并不断提高人们的文化需要，去培养并不断扩大社会主义文艺的消费群体。这是建立和发展社会主义文化市场的必由之路。如果不这样去考虑问题，只是要求文艺消极被动地去追逐市场，就既不可能建立社会主义的文化市场，又不可能繁荣社会主义的文艺。

（严昭柱：《谈文化市场的几个问题》，载1993年8月8日《中国文化报》）

物质生产和精神生产的关系

第一，经济的发展与精神的生产是不平衡的。经济的发展可以带来文化的发展和繁荣，也可以不是这样，其间并无必然的因果关系，人们可以从人类历史和当代的发展中，举出无数这样的事例。

第二，商品生产与精神生产是两种途径不同的生产。在市场经济条件下，商品的生产具有以下鲜明的特点，即它必然是一种社会协作性的，而且是批量性、工艺性的生产，并且是以追求金钱的价值利益为原则的。而精神生产则不同，某些精神产品（如学术创造、戏剧、影视、交响乐等等）虽然具有社会协作性，但真正有价值的精神产品，没有一个不是具备充分的个性、独创性，并且是永远不可重复的。

（敏泽：《市场经济与文化建设》，载《哲学研究》1994年第2期）

经济建设与文化建设的高潮不一定同步到来

随着社会主义经济建设高潮的到来，社会主义文化建设的高潮必然也会到来。但是，两种建设高潮不一定是同步到来，也不会是同一发展水平的。这是因为社会主义文化建设与社会主义经济建设的发展存在着不平衡性。

社会主义文化建设高潮的标准比较复杂。由于文化既有商品的属性，又有意识形态的属性。这就决定了文化会产生两种效益：经济效益和社会效益。所以，衡量文化建设高潮时，首先要看社会效益。不仅要看具有时代最高水准的文化艺术家及其作品的大批涌现，还要看文化艺术是否充分体现了时代精神，形成了个人风格，它们对物质生产力的提高和经济建设发展的促进作用，对全民族科学文化素质提高的程度，对培养有理想、有道德、有文化、有纪律的新人、改善社会风尚、提高社会主义精神文明水平有所发挥作用的大小等。其次，还要看经济效益。文化建设也要看各类文化产品的产值和各种文化企业的纯收入在国民总产值中所占比重，文化艺术生产者工资、奖金的增长率等。再次，既要以"社会效益为最高准则"，又要将社会效益与经济效益统一起来。

（孙铭有：《要正确把握经济建设与文化建设的辨证关系》，载1993年6月9日《中国文化报》）

成功与否，不能完全脱离作品的市场效应

既然精神产品在某种意义上也是商品，那么判断一个文人乃至一个出版社成功与否，就不能完全脱离作品的市场效应。好的作品深入浅出，雅俗共赏，销量很大，自然会产生积极而广泛的影响伪劣产品'既缺乏思想力量、又没有艺术魅力，理当无人问津，被束之高阁，我虽然反对以创收多少作为唯一标准的价值取向，但也不赞成盲目蔑视市场效应，特别是以此嘲讽同行、嘲讽大众审美趣味庸俗的作法。

（朱铁志：《文化市场与精神产品》，载1992年12月10日《中国文化报》）

越是高质量作品越有商品价值

以经济建设为中心，相对地淡化意识形态是好事。实行市场经济对文艺会有所冲击，但冲击是暂时的。因为越是高质量的文学作品越具有商品价值，并从商品的某一方面体现了人的价值。通俗作品会流行起来，但流行的不会成为永久的。

（刘湛秋：《中国作家侃市场》，载《中国青年》1992年第2期）

文化产品的文化价值，不能和它们在市场上实现的交换价值画等号

自提出以建立社会主义市场经济体制为改革目标模式以来，"把××推向市场"的口号，大有作为普遍适用的公式推广到一切领域的趋向，并且明显地表现出一刀切、一哄而起的态势。如果这种推广明确地限制在物质生产领域，也许并不违背发展和完善社会主义市场经济体制的初衷。然而，目前的实际情况是，这种"市场化"的趋向已在向精神生产领域（或者说精神文明建设领域）无限制的扩张，出现了把教育、人文科学、艺术生产部门等等不分青红皂白地"推向市场"的一系列"新举措"，于是"文化市场"这个术语似乎已经成为不证自明的科学概念，并被到处使用和广泛议论着。

按照这种"文化市场论"的主张，马克思关于商品的一般定义，也适用于我国目前绝大多数文化产品，其中包括文化艺术品。因此，"文化艺术领域也要引入竞争机制，实现优胜劣汰"，在商品交换中实现文化产品的价值。为此就"要引导文化艺术生产单位逐步走向市场"，"走向市场是繁荣文化的根本出路"。并认为："文化市场作为社会主义大市场的一个有机组成部分已经发展成为种类比较齐全、社会化程度较高、经营管理逐渐走向规范、具有自身特性的一个专门市场。"

（选自1993年1月28日《光明日报》）

我认为，这些说法是值得打个"？"号的。而首要的问题是："文化市场"的概念能否成立。

艺术作品，人文、社会科学研究的成果之作为文化产品，只能是凝结、体现并发展着真、善、美价值的东西。否则，就不成为其文化产品，从这个特定的意义来说，如果真的可能有文化市场，那么它只能是以货币为媒介，以真、善、美的价值为交换对象的市场；换言之，也就是从事着真、善、美价值的买和卖的市场。这无异于说，真、善、美是可以用金钱购买的东西，谁有足够的钱，谁就可以占有和享用真、善、美的价值。但是谁都清楚，人的个性和研究能力是不能光靠金钱换取的东西。

当然这丝毫不表示，真、善、美的价值不能或无须在人与人之间进行交流和交换。相反，没有相应的交往活动，真、善、美的价值也无以形成和发展。……我和我的活动的成果是否内在地具有真、善、美的价值，同我是否占有货币并没有必然的联系。

毫无疑问，在市场经济条件下，艺术作品、学术成果完全可能、并且实际已在成为买和卖的对象。然而，由此就得出可能存在并且实际已经存在着文化市场，却是一种奇特的逻辑。按照这种逻辑，同样可以说存在着"人格市场"、"灵与肉的市场"，因为实际上存在着出卖人格和国格、出卖灵与肉的行为。可是，谁都知道，这一类的交易都是反文化的，这恰好说明，像人格、国格等等体现着个人和民族尊严的价值，一旦商品化，也就不再是它本来所是的东西，而走向自己的反面了。

在市场经济条件下，各种文化产品不得不带上商品的属性，只是意味着：文化产品被赋予了多重复杂的特性。在这里，根本的问题是在于，当这些文化产品在市场上被作为商品而交换时，实现的究竟是哪一种价值——是它们作为商品的交流价值，抑或是某种特定的使用价值，还是它们真正的文化价值。而在各种不同的特定场合下，可能导致不同的，甚至全然相反的结果。对这种复杂的情况不作科学的分析，简单地宣称"通过商品交换来实现文化产品价值"，势必导致极大的思想混乱。

一种文化产品作为商品的价值，与它们的票房价值或销售量未必是等值的。进一步地说，文化产品的文化价值，也不能和它们在市场上实现的交换价值画等号。其实，精神文化的产品一旦作为商品出现在市场上时，它们的交换价值（表现为票房价值，或是否畅销）也未

必真实地反映它们满足人民大众的内在精神文化需要的程度。这种精神文化价值，即真、善、美的价值，既不能用交换价值来衡量，更无法用金钱的尺度来度量。

（庄思晦：《文化能否市场化?》，载《哲学研究》1994年第4期）

三、文化工作者的选择

社会主义的文艺体制和文化市场，要适应社会主义精神文明建设的要求

社会主义市场经济体制不仅有市场经济的调节机制，还要有计划的宏观调节机制；而社会主义的文艺体制和文化市场，更要适应社会主义精神文明建设的要求，必须遵循文艺规律、特别是社会主义文艺的特殊规律，要全心全意为人民服务、为社会主义服务。这样，无论我们的文艺体制和文化市场，都不能只从经济赢利这一点去着眼。目前，拜金主义、享乐主义和极端个人主义相当猖獗，在文艺领域也有突出的表现；这是对当前正在着手进行的文艺体制改革与文化市场建设的挑战和考验。对此我们要有清醒的认识，通过文艺体制改革和文化市场建设本身，去不断缩小拜金主义、享乐主义和极端个人主义滋生的土壤。否则，社会主义事业就会遭受损失。

在当前情况下，我认为有必要注重理论思考，并提出以下理论问题来加以讨论。

第一，要自觉地认识和坚持我们的文艺的社会主义意识形态的特性。……在我们社会主义占统治地位的，是工人阶级和劳动群众，因而，爱国主义、集体主义和社会主义思想应当成为我们时代占统治地位的思想。认识到这一点之后，问题在于怎样把它落到实处。可以思考一下，我们是不是真正按照这个思想原则在“支配着精神生产的资料”和在“调节着自己时代的思想的生产和分配”呢?譬如说，有的电视剧宣扬玩世不恭、游戏人生，否定理想、信念和一切崇高的东西，嘲笑集体主义和英雄主义。无论如何，这总不是我们应当加以提倡的吧。可是，我们却以舆论媒介大事张扬地进行宣传和捧场。这难道是在按照工人阶级和劳动群众的利益和愿望去“调节着自己时代的思想的生产和分配”吗?

第二，要正确地认识和努力培育社会主义的文化市场。……文化市场是要满足人们的文化需要，没有文化需要也就谈不上文化市场。但是，这不应当做消极、被动、机械的理解，似乎只是需要决定市场、决定生产，而生产对于需要是没有影响力的。

第三，要鼓励、引导和帮助我们的文艺家与新时代的群众相结合，努力使社会主义文艺有一个大的发展。

第四，要坚持两手抓、两手都要硬的战略方针。文艺体制改革与文化市场建设，要在正确的方向上不断前进并不断取得成绩，不只取决于文艺界的工作，还要受到我们工作的全局的重大影响。如果在全局上一手比较硬，一手比较软，文艺工作就很难取得顺利的发展，这是80年代后期取得过经验教训的。我们必须牢记这个经验教训，切不可粗心大意。

总之，无论文艺体制改革或文化市场建设，都既要适应建立社会主义市场经济体制的要求，又要适应建设社会主义精神文明的要求，不但要尊重价值规律，而且更要尊重社会主义文艺的特殊规律，不但要讲经济效益，而且要把社会效益摆在首位。

（严昭柱：《要注意理论思考》，载《文艺理论与批评》1993年第5期）

艺术生产不能与消费严重脱节

在我们的艺术生产中，往往有这样的情况：排一个戏辛辛苦苦，上演时观众寥寥，演不了几场就收了起来，束之高阁。这在一大二公三包四统的旧体制下尚难维持，在强调适应市场经济要求的今天更是岌岌殆哉了。其所以如此，问题恐怕是出在只管生产，少问甚至不问消费，生产与消费，严重脱节。

为了改变这种状况，我们应当做些什么呢?

一是革新艺术，使艺术，符合当代人民群众的审美要求。随着社会生活的变化，人们的欣赏习惯也在不断发生变化。在改革开放的年代，人们的生活节奏比过去大大加快。传统戏曲中某些程式化东西已很难为今天的观众尤其是青年观众所接受。这些在新创作的剧目中完全可以改，而且确实应该改，否则就脱离了广大观众，也就是艺术生产的消费者。当然，改革既要积极，又要审慎。中国戏曲在长期实践中形成了具有民族艺术特点的表演体系，如以歌舞演故事，写意化、虚拟化、程式化等，这些不应当抛弃。而是应当根据创新的要求不断丰富和发展。

二是深入生活，使艺术贴近时代，贴近现实。

三是调整产业结构，使艺术的供求关系趋于合理。总的来说，艺术表演团体似应减少数量，提高质量，门类似也应作适当调整。这种产业结构的变化不应由政府主管部门用行政手段来推行，而应通过文化市场，主要由市场的供求关系来调节。当然，不是所有的艺术表演团体都要放开，那些代表艺术水平，带有实验性、示范性，或具有特殊的历史保留价值的艺术表演团体，国家要重点扶持。艺术产业结构的调整，实际上也就是生产要素在艺术各个门类之间的分配。

（马姜伯：《浅谈艺术的生产、消费、分配、交换》，载《文艺理论与批评》1993年第4期）

社会的发展和进步，同样需要人文文化相应的发展

不言而喻，推进商品生产、市场经济及科技的进步，以迅速地提高我国人民的生活水平及综合国力，今天对于我们来说，是具有头等的重要意义和迫切性的问题。但又应该清醒地看到，社会的发展和进步，是不能只靠经济、科技的单翼或独臂来支撑的，它同样需要人文科学及人文文化相应的发展来支撑。这本是统一的社会进程中相辅相成、不可或缺的方面。经济的发展、科技的进步，并不会自动地推动人的文化素质、思想道德的提高、带来人的无限丰富的精神文化需求的满足，以及社会全面和谐的发展。如果没有研究和认识社会发展规律以及人的发展规律的人文科学的发展和繁荣，没有催人奋发、健康向上的文化艺术产品，为社会的变革、协调发展，为提高全民族的凝聚力和思想道德水平服务，那么，要想实现社会的全面发展和进步，无疑是几近缘木求鱼的。经济的发展和科技的进步，都是社会发展的基础，却不可能自发地形成帮助我们控制和改造社会关系的力量，形成社会发展需要的道德行为规范和准则。社会、人文科学如果能够实现对社会及人的发展规律的把握，它就会如同为社会发展提供物质基础的经济及科技一样，成为人类认识和改造世界、从必然王国奔向自由王国的一个强大的、必不可少的手段。

（敏泽：《市场经济与文化建设》，载《哲学研究》1994 年第 2 期）

绝不可过分夸大艺术走向商品化的程度

艺术仍保有自己纯净的一块天地，一块自由创造的天地！从而使商品生产的规律只能影响和改变它的一些外围特点，而不能完全改变它的本质。艺术尽管可以成为商品，但它也可以拒绝成为商品，非商品的艺术创造过程就不是商品生产过程；而且，即使是商品化的艺术创造过程也不完全像化妆品生产那样是彻头彻尾的商品生产过程。因而，我们绝不可过分夸大艺术走向商品化的程度。

（朱辉军：《从商品生产角度看艺术的生产特点》，载 1993 年 10 月 30 日《文艺报》）

文化学术走向市场，是指著述以满足读者需要为目标

所谓人文学者的走向市场，并非指下海经商，而是指著述时不以个人学术兴趣而以满足读者需求为目标。如何由适应政府的指令性计划转为争取订货合同，这对于当代中国的人文学者来说，无疑是个新课题。

目前处于两种体制并存的过渡阶段，但市场的诱惑与压迫正日益加剧，这就逼使人文学者重新思考自己的立场与对策。对于具体的学者来说，学术生命是相当短暂的，只能争取在特定环境中最大限度地发挥自己的聪明才智，而不该寄希望于理想的学术环境的到来。

（陈平原：《当代中国人文学的命运及其选择》，载《东方》1993 年创刊号）

文学商业化对文学事业来说是一次解放

文学的商品化建立了稿酬、版税制度，作家可以依靠稿酬或版税来生存。生活上自立了，人格也独立了，作家的创作变得自由了，前提则是稿子卖得出去，能拿到稿酬与版税。这时，读者变成作家的衣食父母，作家由于不再依赖皇帝贵胄、达官富人的供养而获得比仕途入幕较为广泛的自由。

商品化的市场机制有可能逐渐帮助作家脱离供养的地位，走向依靠自己稿费谋生的职业作家之路。也许因此他们就比较能够自由地写作了。

（袁进：《试论文学的商品化》，载《文艺理论研究》1993 年第 4 期）

以“不变”应“万变”，找到自己适当的精神位置

在今天，我们每个作家艺术家将无一例外地要接受文化市场的调节或选择。但初级阶段的文艺如果完全由市场调节，势必拉动文艺向低品位倾斜——文艺发展的“马鞍形”现象目前正在我们周围产生。当然，少一个作家，多一个精明的商人，对文艺无妨也可能有益，作家昨天未必是作家，明天也可以不是作家，队伍的分流重组不必忧虑。也因此，我们将陷入两难困境——既从智慧上情感上天性上为新潮的涌动而欢欣鼓舞，又从日常生活以至人际关系上难以适应种种惶惑、匮乏与痛苦。

但谁让我们与文学艺术结下生死之缘呢？在两难困境中，需要重点保护的不仅仅是古代文物、经书典籍，更需要重点保护的，则是我们当代学者、作家和艺术家雄健的心灵。我以为，用我们的心和笔，带着我们的重负精神和社会良知，为这轮曾经鲜亮而于今即将沉落的世纪的太阳留下一些印记，为自己的不是伪劣而是说真话的作品中留下血肉的情感、经验和启示，不正是真正的作家艺术家应有的对生活的一种答谢，对精神的一种追寻，对文学艺术自身价值的一种护卫？

（杨匡汉：《精神的归属》，载 1993 年 2 月 13 日《作家报》）

知识分子应考虑如何掌握将精英思想转化为社会财富，知识分子无须悲观

我认为知识分子在商品经济的大潮中不必自惭形秽。知识分子有财富，这财富就是知识，我们现在的焦虑，不是因为商品经济冲垮了精英文化，而恰恰相反，是商品经济的优惠并没有公平地落实到精英文化。我觉得知识分子目前应该考虑的，是如何争取自己生存和发展的权利，如何掌握将精英思想转化为社会财富的必要生产资料和生产渠道。只有当知识分子有了在社会上能够自由传播知识的权利和渠道，精英文化的命运，就无须悲观。

（陈思和：《严肃文艺往何处去?》，载 1993 年 3 月 6 日《文汇报》）

在目前的格局下，作家艺术家就是要在对立的两极之间保持一种张力，即随时化到市场领域，又适时回到自己的专业

在目前的格局下，作家艺术家生存方式的改变，就是要在对立的两级之间保持一种张力、弹性，即随时能够化到市场领域，又能适时退回自己的专业领域。二者之间的弹性保持得好，生存状况也就较好。海外许多文化人就是这样存活的。

（花建：《严肃文艺往何处去?》，载 1993 年 3 月 6 日《文汇报》）

应该积极应对商品经济向文化的挑战

宏观的东西我们难以一下子把握，更无法左右，但作为从事文化工作的人，可以在每一个局部发挥一些积极的作用，这要比消极地发牢骚有意义。改革是为了使各项事业得到发展，文学事业也不例外。关键是搞文学的人自己不要自惭形秽。我们在过去的体制下生活久了，对变化还不习惯，或许在新的体制下我们能生活得更好。我希望如此，我们应该争取如此。

（赵长天：《严肃文艺往何处去?》，载1993年3月6日《文汇报》）

在经济与文化、艺术的关系上，政治应宏观调控

在经济与文化、艺术的关系上，在严肃文艺与通俗文化的比例上，政府应该有适当的宏观调控。国外对严肃文化严肃艺术都有税收的保护、财经的资助机制。和港台相比，大陆在文化研究的深度与广度，严肃艺术的创作，都有着无可比拟的优势。倘若不注意这种优势的保护，任其自由流失，用不了多少年我们也会陷入文化沙漠的。

（毛时安：《严肃文艺往何处去?》，载1993年3月6日《文汇报》）

在文化市场中，知识分子可以有自主的抉择

至于一个知识分子的个体选择，应该怎样，不应该怎样，没有统一的标准。如果不想承担引导社会的责任，只守住自己的领地，也可以，守得住守不住，完全是个人的事情。但精英文化本身需要社会来养。

（许纪霖：《严肃文艺往何处去?》，载1993年3月6日《文汇报》）

应该养作家，不应养管作家的那许多的人

我认为国家养作家是一种文明的体现，文化传统优良、久远的国家都养作家，只有野蛮、愚昧的国家才把养作家当作负担，也没有作家可养。政府应该认识到，作为社会的文明标志，作家与科学家占有同等重要的地位，都是精神文明的宝贵财富。话说回来，作家也不可以因为被养起来就成为精神贵族，而应该创造更多的精神财富作为回报。

“当前文学体制的改革应是管理部门的改革。”

（李国文：《中国作家侃市场》，载《中国青年》1993年第2期）

四、文化市场的管理

用法律手段管好文化市场

文化市场管理，要运用行政的、经济的和法律的手段，三者相互配合，不可或缺。而最根本的，是依靠法制。作为日常管理，还是应该抓法制建设，从立法入手，以法治理，依法治理。这是领导方式的改革，更是政府职能的强化，今后需要加强这方面的工作，使之纳入正常运行的轨道。

（康式昭：《谈谈加强文化法制建设》，载《文艺理论与批评》1992年第3期）

文化立法工作要坚持社会主义方向

文化立法工作的指导思想则包含了四个层次的内容：一是当前全国各条战线、各项工作的总的指导思想，即建设有中国特色社会主义的总体方针：坚持四项基本原则，坚持改革开放。二是党为文化规定的为人民服务、为社会主义服务的方向，和百花齐放、百家争鸣的方针。三是要为全面深化改革服务。四是保障公民和法人的合法的文化权益。

当前，坚持文化立法工作的社会主义方向，我认为，应该着重处理好以下几个方面的关系：一是社会效益和经济效益的关系，始终把社会效益放在第一位。一切有利于建设有中国特色的社会主义文化的创作活动和文化经营活动，包括文学艺术的各个门类以及文化市场、文化经营活动的各个方面，都将通过立法，受到保护和鼓励，反之，一切反对社会主义，鼓吹资产阶级腐朽思想，宣扬封建迷信、色情凶杀之类的东西，以及它们的传播活动，都要受到禁止和取缔，即使这些东西可能带来一时的经济利益，也不能任其泛滥。二是个人利益与国家、集体利益的关系。文艺工作者个人的正当权益，包括一切公民的正当文化权益，在立法上都要得到充分的保障，同时，他们对国家和集体所应承担的义务，也要从立法中体现出来。比如，立法要保障公民进行创作的自由，但决不能允许打着“创作自由”的幌子去反对社会主义，反对四项基本原则，或者去败坏他人的名誉，侵犯公民的人身权利。作为国家职工的专业文艺工作者，还必须承担相应的任务，必须完成本职工作。那种身为专业编剧却不写戏、不完成本职任务，身为专业演员不去完成岗位演出任务，只顾“走穴”的现象，是不正常的。我们的立法工作要力求使权利和义务相统一，个人利益和国家、集体利益相统一。三是要处理好弘扬民族优秀文化与吸收外来优秀文化的关系。要反对对待民族文化的虚无主义态度，反对全盘西化，充分运用法律手段保护和发展民族优秀文化，同时，也要反对文化上的关门主义，反对保守僵化，文化立法要为扩大中外文化交流，吸收国外优秀文化成果，开辟道路。对于一切腐朽、愚昧、反动、没落的东西，则不论是中国的，还是外国的，都要坚决地予以抛弃，决不姑息。这些原则，都要通过文化立法，固定下来，共同遵循。

（康式昭：《谈谈加强文化法制建设》，载《文艺理论与批评》1992年第3期）

引导和规范市场行为是文化行政管理部门的重要职能

引导和规范文化市场行为的实质在于，运用政府的行为和力量，遵循和依据市场运行规律，在促进文化市场的繁荣与发展，保障市场正常运作的过程中，把文化艺术企事业单位的文化经营活动纳入与国家所确定的文化发展方向，与建设有中国特色社会主义这个总的社会目标取向相统一、相一致的轨道。政府对文化市场行为的规范和引导，实际上也是政府对文化事业发展进行宏观调控的一个重要方面，一个重要的途径和手段，加强对文化事业的宏观调控，引导和规范文化市场行为，是各级文化行政管理部门在实现政府职能转变之后的最基本的重要职能。

政府文化部门引导和规范市场行为的职能，既包括对有形市场的建设和培育，也包括制定市场规则，完善市场法规，维护市场正常运作秩序等制度方面的建设，当然也包括对违反国家法律、法纪市场行为的打击与惩治。政府文化管理部门通过采取法律调整，政策导向，经济杠杆，行政措施，社会舆论等不同手段，对市场运作中的违法或不正当的市场行为加以纠正和约束，对于合法、正当的市场行为及文化经营者的合法权益予以保护，同时还负有匡正和弥补市场自身缺陷的特殊职能。随着文化体制改革的深入以及与社会主义市场经济相适应新文化体制的确立，政府文化部门引导、规范市场行为的职能作用更显突出，任务更加繁重，对此我们应有清醒的认识，应有紧迫感。

（杜长胜：《文化市场运作中的市场行为与社会目标取向》，载1993年9月12日《文艺报》）

（选自《文艺理论与批评》1994年第4期）

关于上海文化产业发展的若干思路

陈　鸣

随着上海经济日新月异的变化，人们已经觉察到经济与文化之间的对峙与矛盾，并且越来越感觉到上海的经济与文化之间出现了某种非平衡、不协调的现象。加快上海城市文化建设，开拓上海城市文化的新途径正在成为上海城市发展极其迫切的任务。笔者认为，推进上海城市文化建设的步伐，使之赶上上海经济的发展水平，一个十分关键的问题便是上海文化产业的拓展。这既是一项现实的任务，也是一个学术的课题。

一

七十年代末至八十年代末，上海城市文化业进入了一个历史性的转折时期。七八十年代之际，从文艺界的"走穴"到图书发行体制改革，上海在文艺演出和图书销售方面产生了第一批文化经纪人和文化经纪机构，打破了过去"事业文化"一统天下的局面，传统的文化市场开始向市场文化转轨；八十年代中叶，从营业性的录像放映点、舞厅到音乐茶座，这种流通领域的文化商业化迅速推进为文化服务业的产业化走向；八十年代后期，一些大型的文化事业机构纷纷采取各种形式的责任管理制和多业助文的经营模式，从而使上海文化业的产业化倾向由流通领域渗入生产领域。虽然，上海文化业的变革和转轨在各文化单位和行业中会有前后差落、深浅不等的差异，但从总体上看，文化市场与市场文化、事业文化与产业文化之间的交替、转换和发展却是上海文化业十余年间的基本走势。概括地讲，上海文化业的历史性变革至少有三大标志：

第一，在文化管理上，由党政有关部门直接管理的行政文化变为多种组织形式、基本归口管理的市场文化。这首先表现在流通领域内文化产品的商品化和文化传媒机构的市场化，冲破单一的政府行政计划。八十年代中叶，以上海电影发行公司，上海邮政局报刊发行处和上海市演出公司为代表，形成了上海文化经纪业企业经营的管理模式。与此同时，上海越剧院红楼剧团、上海舞剧院仲林舞剧团、上海交响乐团和上海滑稽剧团顺开喜剧社等文艺表演团体试行名家领衔率团、扩大经营自主权的管理方式，各种责任制管理形式在上海各文化事业机构中相继产生，一个面向经济、走向市场、依托经营的文化产业管理模式正在崛起。

第二，在文化投入上，由政府财政拨款为主的事业文化变为多种经济成分、多种集资渠道的综合文化。这种"综合文化"既包含政府的各项文化支出，社会非文化行业的捐助、资助和赞助，也有各文化行业自身多种经营和多业助文创利的文化投入。在政府投入方面，1983年起，上海地方政府每年拨款给文化事业约一亿元。1988年起，市政府对上海广播电视局实行"基数承包"，当年的基数额为2500万元，以后逐年递减。同时，市政府对上海电影局实行"零承包"。1985年起，市府决定将上海出版业年利润约亿元的35%所得税全部退还，1988年上海出版业得到返回金额近二千万元。在社会集资的文化投入方面，1988年，上海已有54个企业分别与12个文化机构建立协作关系，企业投入文化单位一部分资金，而文化单位承担企业各类文化服务。在文化业多种经营的文化投入方面，1984年，上海广播电视局成立后，其多种经营收入从785万元增至1988年的5107万元，分别占市府拨款额的68.6%和283.2%。上海市文化局从"以文补文”、“以商补文”到“以工补文”，形成多业助文的格局，1987年多种经营收入用于文化投入的有1263万元，相当于该年度市府财政拨款的170%。1987年，上海94%的专业电影院开展多种经营，其中一半以上同时经营3个以上的副业，当年多种经营收入约500万元。从上述三方面文化投入看，上海的文化投入正由政府单向的供给式事业文化变为多渠道、多方式的综合文化。

第三，在文化产业上，大量以非营利为主的政治文化转为营利的产业文化。改革开放以来，上海文化业迅速出现商业化和市场化的转折，文化业的经济产出明显增长。八十年代上半叶，上海出版业的文化经济产出分别为1983年的9767.4万元、1984年的11229.1万元、1985年的15059.6万元。过去片面的政治文化转为社会效益与经济效益并举的产业文化，尤其是大量营利性文化行业和文化服务业的产生和壮大，增大了上海文化业的经济产出。例如，同济大学图书馆1984年起，为科研机构提供信息情报和进行复制、缩微等有偿文化服务，1984年产出利润5000元，1987年增至40万元。黄浦区图书馆读者文化服务部，1983年至1988年文化产出利润达34万元。虽然，上海文化业的经济产出与其他产业相比，悬殊甚大，由于统计资料所限，我们目前尚无法推算其在上海第三产业中所占的比例。可是，上海文化业的经济产出毕竟已经呈现，并且正在增大。

二

“文化产业”是近年来上海学术界城市文化研究的“热点”之一，它实际上是上海文化行业发展在理论上的反映。由于上海文化产业尚处在一个生成、定型的过程中。由于至今关于这一领域统计资料的匮乏，尤其是在文化产业内部结构划分上尚欠规范，因此，目前对于上海文化产业的研究主要是发展思路上的宏观把握。本文试图谈谈上海文化产业发展的三个问题。

第一，接轨与特色。上海文化产业主要有两大“接轨”。一是与经济市场接轨；二是与国际文化产业接轨。换句话说，就是文化产业的市场化与国际化。从行政文化转入市场文化；从事业文化转入综合文化；从政治文化转入产业文化，这是上海文化行业与经济市场接轨的表现。就目前而言，这种接轨主要是文化行业投入经济市场，在政府和社会经济力量的扶植和资助下，逐步培育文化行业的市场机制。正是为了加速上海文化行业与经济市场的接轨，八十年代下半叶以来，上海市政府发起并组织了上海城市文化发展战略的若干调研，并在文化拨款、文化管理和文化法制等方面采取了一系列积极的措施。例如，1992年市府文化财政拨款12496.4万元，其中，文化基建为2726.1万元，文化发展专项基金为1563.3万元，占总数的三分之一。可见，市府的文化投入已由过去的以日常开支为主的“维持型”变为主次有序、突出基建的“发展型”。毫无疑问，与国际文化产业接轨是上海文化行业市场化发展的必由之路。一般地讲，国外的文化产业包括营利与非营利两大类，即营利性文化机构以经营利润为目的，如私营的游乐业和电影制片业等；而非营利性文化机构则以社会慈善、教育、艺术等为目的，其经营收入无法使该机构赢得利润。由于前者在市场经济的竞争中生存和发展，并往往具有丰厚的利润产出，因此，国外政府对营利性文化机构征收适当的税收，加以制约；相反，那些非营利性的文化机构却主要依赖政府和社会经济力量的各种方式的扶植，享受免税的优惠。这种营利与非营利的区分，以及政府在经济投入与税收上的差别是当代国际文化产业的大势。笔者认为，要使上海城市成为当代国际大都市，要使上海文化走入当代国际文化的行列，上海文化产业与国际文化产业的接轨已势在必行。如果说，上海文化行业已经基本完成了与经济市场的接轨，初步形成市场性的文化产业，那么，目前上海相当一部分文化产业却存在着产事业混杂、产权不明确、税制不健全等问题，这些从文化行业与经济市场接轨过程中残存的现象已经成为上海文化产业与国际文化产业接轨的障碍。严格区分营利性的文化产业与非营利性的文化产业；使国营制的事业性文化机构与非国营制的产业性文化机构及时脱钩，明确文化产业机构的资产所有权；并在政府的文化投入与税收上做出相应的调节，是上海文化产业与国际文化产业接轨的当务之急。

诚然，上海文化产业具有特定的国情和区域性；文化产业本身又是一种特殊的社会产业。因此，在推进上海文化产业与经济市场及国际文化产业接轨的同时，也要考虑其“特色”。一方面，没有市场的文化产业是一种不健全的文化产业，这不仅因为文化产业是以“投入—产出”的经济指标为核心，而且因为它是第三产业的一部分，与经济市场有着不可分割的内在联系；另一方面，上海文化产业是一种特定的社会产业，具有宣传和弘扬社会主义精神文明和中华民族优良传统的功能。一方面，作为国际化的当代都市，上海文化产业要跟上国际文化产业的发展水准，符合国际惯例；另一方面，它要切合中国特色的社会主义国情，具有上海地区的特点。应该指出，在“接轨”与“特色”之间，尤其在上海文化产业与国际文化产业的接轨上，既要看到两者交合的可能性，看到这种“接轨”的时代必然性，也要注意到两者的差异性，注意到“接轨”的阶段性，即要促使一部分国营制的事业性文化机构转为产业性机构，逐渐过渡为集体制、股份制或私有制机构，根据营利与非盈利的准则，在政府的文化投入和税收上制订出一系列相应的不同的调控措施和法制。

第二，文化产业与城市生态。近年来，上海城市生态问题已越来越受到社会各界人士的关注。1994年，上海市人大十届二次会议，决定将“市人大市政建设委员会”改名为“市人大城市建设环境保护委员会”。一些建筑专家在改造上海商业街的同时，提出了“既要营造商业氛围，又需提高文化含量”的呼声。一些学者也呼吁，在发展上海经济的同时，“不能丧失上海的文化优势”。因此，上海城市经济与城市文化的协调发展，上海文化产业与城市生态的合理组合，已经是上海城市生态发展面临的严峻挑战。

笔者认为，城市生态是城市生存、发展的基本环境和现实依据。尤其对于当代城市来说，城市生态的意义与价值已远远超出了城市生存的范围，更具有城市综合发展的前景。因此，它不仅是指城市人的自然环境和物质生存设施，而且包含了城市社会文化的基质，其文化的含量也越发显得突出和重要。可以说，将物质能量转化为文化能量、将自然生态环境转化为文化生态环境是当代城市生态发展的基本功能。毫无疑问，上海文化产业既是上海城市文化生态的一部分，同时又是上海城市生态发展的根本动力之一。一方面，它创造的物态文化产品是上海城市文化生态的形象外观，如情新幽静的城市园林、千姿百态的城市雕塑、豪华壮观的城市影院、舞厅、游乐场等等；另一方面，它创造的精神文化产品是上海城市文化生态的表象意识，如情深意浓的城市流行音乐、勇于创新的“海派”城市小说、曲艺、戏剧等等。从这个意义上说，上海文化产业既是上海城市生态的重要内容，也是延续和增强上海城市生命力、塑造上海城市文化形象、拓展上海城市生态的深层依据。因此，推进上海文化产业不仅是上海市政建设的基本项目之一，而且是健全和完善上海城市生态的根本任务之一。值得强调的是，从城市生态角度来认识、理解和开拓上海文化产业无疑具有理论和实践上的优越性。因为它使文化产业的发展从一个文化经济效益的问题提升为一个当代城市综合改造的课题，从一个文化社会效益的问题提升为一个当代城市生态平衡发展的课题。尤其在当前，要使上海文化产业赶上经济发展的速度，以此充实和引导上海城市生态的走势，更显得异常的紧迫和必要。

第三，文化产业与城市文化。虽然，一些专家学者对于上海城市的社区文化与企业文化已经作了初步的探索，可是，就总体而言，当代上海城市文化研究依然十分薄弱，而当代上海城市文化产业的研讨也局限于某种政策性的调研，缺乏一种宏观的理论框架与具体的数据论证。这里，笔者主要从文化产业与城市文化的学科关系上作一些探讨。

城市文化是一门综合性的学科。过去，国内外学者往往将它列为城市学的分支科目，忽视其独立的学科价值和丰富的理论意义。笔者认为，城市文化已经越来越成为当代世界城市发展的焦点，它在城市学研究中的地位也越发突出。作为一门独立的学科，当代城市文化学是一种包括城市学、文化学、发展学等多种学科的综合性学科，它主要研究当代城市人的文化心态、文化行为、文化组织和文化象征，至少可以分为社区文化、企业文化、市民文化、生态文化、市场文化和流行文化等研究项目。由于文化产业本身是城市的社会文化艺术，是城市文化艺术生产、经营和管理的组织模式，因此，广义上讲，它是城市文化研究的基本对象之一。

诚然，文化产业不只是一种城市文化现象，尤其在当代城市社会中，它具有城市经济的意义，所以，狭义上讲文化产业是城市市场文化的研究内容。德国学者马克斯·韦伯曾经认为，西方近代城市是一种具有商业贸易市场特性的新型居住区，即“market settlement”。

这一学说已为国内外城市学专家所首肯。实际上，随着城市经济的市场化，城市文化的市场化便是一种必然的趋势，而城市文化产业的发生和定型就是城市文化市场化的产物。从这个意义上说，文化产业是城市市场文化研究的重要内容。

（选自《上海大学学报》1994 年第 5 期）

谈谈“文化市场”的“宏观调控”

刘正成

文艺作品的文学、艺术价值中的“价值”二字，并非一个经济学范畴，而是某种精神现象的代名词或形容词。正如，你去书店买了一本托尔斯泰的小说，并不等于你就拥有了托尔斯泰通过他塑造的文学形象所涵容的种种思维成果；相反，他去图书馆借阅了这本书，然后还给了图书馆，他却已经占有了托尔斯泰所创造的种种艺术美。因此可以说，文学艺术价值是不可交换的，因此，也就无所谓“市场”的存在。

但是，作为文学、艺术价值载体的文艺作品，都是可以交换的，比如一本书，一幅绘画，一部电影拷贝，它们有价格，又投入了市场，当然也就有了交换价值。在这里又必须注意到一点，就一般商品来说，其交换价值与其使用—实用价值基本是成正比的（除了假冒伪劣者外），而文艺作品是没有使用—实用价值的，它只是某种精神活动的媒介。因此，它与一般商品的交换价值缺乏某种可比性。一本杜甫诗歌选集也许只卖五元钱，一本港台通俗小说售价是十元，并不等于十元的就比五元的文学价值高。倘若你去买电视机，一般情况下，三千元一台的彩电肯定比几百元一台黑白的其使用价值高得多。如果发现“假冒伪劣”，就有一种客观、公正的检测设备和数据作为判断标准，真假优劣不容混淆。而进入市场的文艺作品的价值判断就并非如此简单明了。如果确实有“文化市场”存在的话，那么它必然是一种经济基础与上层建筑、物质与意识的复合存在。因之，它比一般意义上的“市场”复杂得多。

我们的现代化建设，包含着物质与精神的双重目标。我们的民族要从“一穷二白”中崛起，赶上西方已发展了二三百年的市场经济，除了需要按经济规律办事而外，还需要一种民族精神的引导。而民族精神又是由民族文化所塑造的。于是，我们的“文化”在“文化市场”中自然处于两难的境地：一方面，我们在“市场”中不能简单使用行政命令的手段（除了显而易见的强干扰以外）；而同时，又要民族精神的导向和实现既定目标。如果说我们党和国家有种种意识形态职能的话，其最后的操作、选择、司职，几乎全部在于这一“文化市场”的“宏观调控”。这就告诉我们，组织管理工作者必须把这项工作作为当前的“世纪工程”。逐步建立“文化市场”规则，搞好“文化市场”的“宏观调控”，从而实现其精神文明建设的目标。舍此，则无所谓工作。

对“文化市场”的“宏观调控”，大多数人都有明确的共识，即：对黄色的要阻，对灰色的要导，对优秀文化要扬。当然，对黄色的东西可以采用一些行政调控手段，虽然这需要大量的人力、物力去操作，但其工作毕竟容易作判断，见成效。对于灰色的，问题要复杂些。现实存在的复杂性，即人在种种社会大变革中人生既有价值的失落、心理状态的调整，包括人本身存在的种种欲望与现实的悲剧性矛盾，都是灰色“文化”的存在基础和表现对象。对这种文化存在当然不能简单地去阻。那么，其“宏观调控”的主要手段是“文艺批评”。文艺批评不是写给广大读者群众欣赏的，它是对灰色“文化”的作者发生影响，干扰和引导他们的审美价值判断，创作出有积极人生态度的作品来投向“市场”。这一“文艺批评”的“宏观调控”工作，是需要我们党和政府组织、团结广大专业、业余文艺工作者去发挥影响、去工作，从而实现之。至于优秀文化、或者换句话说，叫“精英文化”，即我们民族和时代的最为优秀的文化艺术成果，则是我们“文化市场”中的“国营大型骨干企业”。对于它，我们必须保护、培养、发扬其民族文化建设中举足轻重的骨干作用。这可以说是我们党和政府文化工作的重心。这三项工作，我们不能说谁先谁后，谁难谁易，但是，优秀文化的建设——“文化市场”的“国营大型骨干企业”却是我们整个现代化建设成败的关键和终极检测。一场大规模电子战争，可以摧毁沙漠上建立的一切现代化物质目标，但文化和精神是永生的。一个富有理性和高度文化的民族，是可以实现一切可以实现的物质目标的。那么，问题的核心则在于如何保护、培养、发挥其“骨干工程”效应。

话题谈到这里，我想起了自己的工作。我正在主编百卷本《中国书法全集》，我认为这是一项文化的“骨干工程”。从宋太宗编《淳化阁法帖》，乾隆皇帝编《三希堂法帖》以宣国本，足见其在历朝文化建设中的地位。日本人也编了好几本《书道全集》和《中国书道全集》。我们认为应该做这件事。书法界、理论界投入这项工作的有好几十人，但是，至今仍是自己研究，自己找钱，自己印制，自己发行这样手工作坊式的“个体户”，也许一间豪华的卡拉 OK 歌舞厅的装修投资也超过这项文化“骨干工程”的投资，但国家似乎也承担不起，让我们搞“个体”。当然，几十年来，国家在文化“骨干工程”上也花了不少力气；但“骨干工程”并非仅仅显示豪华气派，中华民族文化传统的精华不仅在于继承，还重在创造。在古代文化的整理中间，并非只去重视版本的保留传世，而在于建立起当代的文化成果、品格和精神来。我们不在于显示现代印刷术，出版豪华图册，而在于我们在文化史研究、新的艺术理论的研究，并取得自己的成果来。这才叫做“建设”。为什么我们经济界有大批大中型国有企业经营不灵，成效不显，大约也有不谙其中规律的相同道理吧。因此，我们在作文化的“宏观调控”的时候，理应具有必备的学养、见识、懂得行当，才不至于人云亦云，瞎子摸象。我们的哲学观、历史观，对文化优劣的选择理应高于历代帝王，我们有远远多于翰林院供奉学士的社会科学院及文艺团体，我们在当代文化建设的“宏观调控”中发挥应有的作用。到底是知易行难，还是知难行易，我们的行动早已应该超出哲学的范围了。

（选自《哲学研究》1994 年第 6 期）

从统计报表制度看文化产业的发展

金一伟

为了适应国家关于国民经济统计分类的新规定，便于对文化发展的评估和统计分析，文化部有关部门正在对现行的文化事业统计报表制度进行修订。修订后成为文化产业统计报表制度。这里就有关问题，谈点粗浅意见。

产业及其分类

将产业概念划分为三次产业是在30年代中期提出来的，随着社会经济的发展，从50年代后期开始，三次产业的划分和分类日渐成为国际通用的国民经济结构的重要分类和统计方法。

在我国，按照三次产业分类划分产业部门，明确提出大力发展第三产业，是80年代改革开放的一项重要成果。过去我国国民经济行业分类的原则，是以马克思主义的劳动价值论和社会再生产理论为依据，一直沿用着前苏联的统计分类法，把国民经济划分为物质生产部门和非物质生产部门两大类。这种分类方法的主要弊端是否定了第三产业在现代社会分工中具有生产的性质，忽视了第三产业能够提供积累、创造财富的重要作用，从而造成了在实际工作中轻视服务部门的发展，在国家经济管理上将其放在次要的地位，使我国第三产业长期处于落后状态。

到80年代中期，随着我国改革深化、开放扩大，长期被忽视的第三产业得到了应有的重视，很快恢复和发展起来，成为国民经济中的重要组成部分。在这种历史背景下，根据我国的国情，参照国外的经验，从有利于国民经济结构合理化和社会经济协调发展的实际出发，国务院于1985年批准了国家统计局《关于建立第三产业统计的报告》，第一次对我国三大产业做出了明确的划分，并将第三产业增加值计入国民生产总值，以便正确地反映它在国民经济中的地位和作用。经过一段时间的反复论证，1987年国家统计局进一步明确了第三产业的概念与定义。这就是：第三产业是除农业、工业和建筑业以外的其他各业的总称，它既包括物质生产部门，又包括全部非物质生产部门，所包括的行业既多又广。1992年6月16日，中共中央、国务院做出了关于加快发展第三产业的决定，《决定》中指出："第三产业的加快发展是生产力提高和社会进步的必然结果。第三产业水平是衡量现代社会经济发达程度的重要标志。我国第三产业发展缓慢，水平较低，不适应国民经济发展的需要。从许多国家经济发展的规律看，当经济发展到一定水平时，第三产业的发展速度普遍高于第一、第二产业，对于整个国民经济的发展，起了明显的促进作用。我国现在已经进入这个阶段。为顺利实现社会主义现代化建设的宏伟目标，必须紧紧抓住这一机遇，把第三产业提高到一个新的水平。"

由此我们不难看出，加快发展第三产业，已被放到了重要议事日程，成为90年代我国国民经济发展的重点。

制度修改的意义与目的

拟定中的将文化事业统计报表制度修改为文化产业统计报表制度，虽只是一字之差，但反映的内涵却发生了深刻的变化。

首先，我们要明确的是，文化产业不是福利型、消费型和只知道花钱的非生产部门，而是能为社会创造精神财富和物质财富的产业部门。其精神财富是不言而喻的，其物质财富则只能通过"总产出"、"中间消耗"、"增加值"等指标来体现。

其次，作为产业部门，必然要强调经济效益，由于文化产业自身的特殊性，决定了文化产业在强调经济效益的同时，决不忽略其社会效益，要两个效益并举。两个效益的关系是相辅相成，缺一不可的。道理很简单，社会效益再好的精神产品，如果不为群众所接受，两个效益都无从体现。

最后，将文化作为产业部门对待，就是要按产业的要求，强化单位的经营管理意识。《中共中央国务院关于加快发展第三产业的决定》中指出："以产业化为方向，建立充满活力的第三产业自我发展机制。……现有的大部分福利型、公益型和事业型第三产业单位要逐步向经营型转变，实行企业化管理。"这一决定，对我们文化产业单位提出了更高、更严格的要求，也是文化产业单位将来必然的发展道路。

此次报表制度修改的目的，一句话，就是与国际惯例接轨。具体讲，从政府统计部门看，从1992年起实行新国民经济核算体系的转轨，以国内生产总值作为核算体系中的核心指标，其目的就在于与国际上通用的国民账户体系接轨。不论是从国内生产总值生产核算的范围看，或是从核算的对象看，均包括文化产业。另一方面，制定文化产业统计报表制度也是为各级计划部门制定文化产业发展规划提供依据。

文化产业报表制度的主要内容

这次报表制度修订是在原事业报表制度的基础上，结合政府统计部门的基层一套表和1993年全国第三产业普查实施方案，以及文化产业所特有的实际来制订的。

修订的重点放在建立一套科学的文化产业统计指标体系上。

从讨论稿看，产业报表制度的调查对象、范围和内容与事业报表制度相比，有了很大的变化。

调查对象目前分为两大部分，一部分为主营单位，包括艺术表演团体、艺术表演场所、公共图书馆、群众文化事业、艺术教育、文化市场管理机构、文化娱乐业、其他文化事业和文化企业；另一部分为上述各业具有法人资格、独立核算的附营单位。从主营单位看，是将原其他文化事（企）业中的文化市场管理机构、系统内的文化娱乐业以及文化企业分离出来，单独调查，同时调查对象增加了系统外的文化娱乐业。而附营单位则成为全新调查对象。

从调查范围看，按调查对象的主管部门没有变化，仍分为文化部门和其他部门两种；将原来的按所有制划分改为按经济类型划分，分为“国有经济，集体经济，私营经济，联合经济，股份经济，外商投资经济，港、澳、台投资经济，其他经济”等8类。与此同时，增加了按国民经济行业进行分类，共分为艺术活动业、图书馆业、群众文化业、其他文化艺术业、艺术教育业、文化娱乐业等6种。

从调查内容看，主营事业单位除其他文化事业外，一律包括人员、业务活动、经济状况和物质条件等四方面的内容；其他文化事业、文化企业、文化娱乐业和附营单位仅包括人员、经营活动和物质条件等三方面的内容。关于表内的具体指标设置，限于篇幅这里就不详谈了。

总之，文化产业统计报表制度的建立，必然对文化产业的发展起到很大的促进和推动作用，可定期全面地反映文化产业机构所特有的社会和经济现象，考核、监督文化产业的规模、水平、质量和发展速度，以及各类活动的社会效益和经济效益。

（选自1994年12月28日《中国文化报》）

文化市场一议

王　蒙

六七年以前，“文化市场”这个名词曾经引起过争议。一些老专家说：“能不能换一个说法？文化市场？太难听了。”

革命的威严与崇高，使投向革命的文化工作者鄙视市场而珍视意识形态的纯洁性。这种思想发展到极端，在“文化革命”时期，便取消了稿费，大部分歌舞演出被称为“宣传毛泽东思想”的“战斗”，而战斗是与市场风马牛不相及的。各种报刊上更是绝无广告。

这样，当改革之风吹遍全国，当我国实现了“社会稳定、政治稳定、经济发展、人民安居乐业”，人们开始以一种消遣的心情进入某些文化活动而不全是去上课、受教育、参加战斗的时候，文化市场便显现了自己的存在。早在80年代初期，当一些出版社大量出版类似克里丝蒂的推理小说著作——这当然是市场的力量使然——的时候，立即引起了当年的进步知识分子的抗议。这完全是可以理解的。

直到近年仍然有人为市场在文化生活中的作用而痛心疾首，他们甚至夸张地咒骂，现在的文化市场比旧中国还要坏。类似“世风日下，人心不古”的议论比比皆是。对于这种论调应该进行科学的分析。

回顾一下交谊舞与歌舞厅在中国的发展曲线也极有趣。在延安革命根据地，许多革命者是跳舞的，美国进步记者史沫莱特对此有过生动的描述。50年代初期，中国的许多大城市也对于跳舞采取开放的态度，我个人那时作为一个共青团的干部，就有过与苏联专家一起跳舞的经验。自从50年代后期开始，连年的政治运动，把跳交谊舞看成了资产阶级或修正主义生活方式的一种表现。

70年代末期以来，跳舞的事一直反反复复。就在1985年，有关部门还正式发布文件，严禁任何形式的营业性舞厅出现。1986年底，文化部等部门做出了开放营业性舞厅的决定，显然目前情况已经不可逆转。有个省的人大常委会为此专门通过了一个决议，决定该省仍然严禁营业性舞厅，至今他们片没有撤销这一决议，虽然在他们那个省，营业性歌舞厅已经遍及全省。

我的一个看法是：娱乐活动与娱乐场所的增多，从总体上说有利于人民的身心健康，有利于人际关系的缓和，有利于喜乐祥和的社会氛围的形成。总之，歌舞升平的气氛对于执政党是极为有利的，对于希望过和平幸福生活的广大人民来说是有利的。我们对此应该欢迎，同时帮助他们逐步提高文化层次，克服缺点，不宜责之太急太过。

其实歌星有歌星的作用，大歌唱家有大歌唱家的作用，互相难于取代。国家要有所引导有所倾斜，这是当然的。高雅的艺术家倒似乎不必对于通俗音乐手厌憎有加。很难把高雅艺术的低谷归咎于通俗艺术的发展。在一些通俗艺术大大泛滥的发达国家，也有高雅艺术的相当可观的成就。例如，在美国，不仅有麦当娜、好莱坞（好莱坞影片中也有高雅的，但大部分是商业性的）与各式各样的色情、暴力题材读物，也有像波士顿交响乐团、费城交响乐团、哥伦比亚乐团这样的第一流乐团与斯·巴·辛格、索尔·贝娄、托尼·毛里森这样的诺贝尔文学奖金得主。在社会主义的中国这问题我们可以解决得更好。另外，通俗之中也有蛮好的，一些论者指出我国的几大才子书，一开始也是以通俗小说的形式出现的，终于成为中国文学的经典，所论极是。以轻音乐、爵士乐来说不乏优秀曲目、乐队与乐手。多明戈就不拒绝演唱通俗歌曲。提倡高雅文艺，同样应该重在建设，重在推崇赞助高雅；而不必忙着去斥责直到取缔通俗。

有些高雅艺术的从业者收入远远低于通俗红星。对此也可以看得更全面一些，起码不必为之痛心疾首。一、希望提高高雅艺术家的物质待遇。二、红歌星收入多是世界现象，如果唱艺术歌曲唱红到帕瓦罗蒂、多明戈的程度，收入绝对不会比歌星少。三、除了有形的收益以外，毕竟还有无形的收益——例如您的高雅的形象与社会地位，搞高雅的从业者绝对占据优势。您不可能样样占全，只能有所放弃，豁达视之。

其他一些与商业活动密切相关的文艺活动正在迅速发展。愈来愈多的豪华餐厅在用餐的同时安排演唱与演奏。一些豪华旅馆的大堂里也时而响起钢琴与提琴的乐声。甚至古典的欧洲歌剧选曲也会极正规地在这种场合演唱。这有利于提高旅游文明的层次，也有助于增加艺术从业者的收入，很难说这就是斯文扫地。当然，国家与社会对于更加正规的演出应该给予更多的支持。

至于纯粹游艺性的活动场所增加得就更多。包括电子游艺机、台球、保龄球等，已经逐渐形成新兴的游乐行业。显然，更多的娱乐活动有利于社会心态的轻松化正常化，有利于乖戾郁积粗暴邪气的消除而不是相反。

是的，在计划经济与阶级斗争为纲的时期，文化市场是无从谈起的。在人们温饱问题还没有解决的时候，也谈不上文化娱乐的消费要求。正是由于中国走上了经济建设的轨道，由于人民物质生活水平的急剧提高，使文化消费的要求迅速增长，文化消费的习惯正在改变——人们希望参加的不仅是观赏性的文化娱乐活动，人们更喜欢参与性的活动。

市场当然不是万能的。文化市场的发展也带来了许多问题。一种不成熟的文化选择心态使民族传统艺术与高雅艺术的市场有逐渐缩小的趋势。歌星影星偷税漏税的事情屡有发生（但这并不是通俗文化的题中必有之义），色情读物与赌博屡禁不止等等。这些问题日益困扰着人们。但是无论如何，目前我国的文化市场的发展是积极的，大有前途的。在提高物质生活水平的同时提高自己的文化娱乐生活，这是必然的，也是中国形势稳定与发展愈来愈健康化的一个表现。至于存在的问题，它们使我想起开放初期的“盲公镜”热，小青年被挖苦了个不亦乐乎，随着改革开放的发展与人们生活水准的提高，各种可笑之事也就没有了。要允许人们一步一步地走路而不是功毕于一役呀！

说到底，市场对于文化的影响，是一种广大文化消费者的意愿的表现，是一种文化的民主。当然，正像在其他领域里一样，民主不是绝对的，也不是万能的。在人民群众的教育程度文化素质还不理想的情况下，市场的要求往往失之于鄙俗、刺激、重乐轻教等等。这些问题的解决要靠全民族的教育的普及与提高，也要靠文化市场的完善——包括文化市场活动的完善与有关管理法令、制度、机构与政策的完善，尤其要靠加强党对于文化市场的领导。对此，我们既应该保持清醒的头脑，也应该有足够的耐心。我们对于文化市场的兴起与发展，似乎还是可以持一个更积极的态度。

（选自《北京观察》1994 年第 5 期）

市场化大潮中的文化走向

——关于“文化发展与市场经济”的讨论

顾晓鸣等

新三角结构：谁将制约文化发展的趋向

顾晓鸣（复旦大学教授）

市场经济对大众文化的影响已从表面上改变了整个社会的文化状态，但大众文化的背后究竟是什么？是谁在操纵和控制？社会上有许多人热衷于谭咏麟、梅艳芳，其实是大的音像制造商、演出经纪人和大文化公司发挥着决定性的影响。它们制作了大量的文化产品，以巨额金钱捧红一批“明星”。这些情况突出地表明了市场经济对文化的强大的制约作用，今天仅就文化市场的实际问题谈五点看法。

第一，文化大公司这只看不见的手正在愈益深入地介入文化市场，它的出现究竟代表多数人的霸权还是少数人的霸权？虽然由于文化公司在市场中的散在性使得各种竞争趋于合理，文化消费有了一定程度的自由选择。然而，这些文化公司的支持赞助，从根本上说是市场导向的，赚钱导向的。同时，文化公司老板的素养远说不上都能合格，这就使支持、赞助出现较大盲目性，其结果是少数有钱人制约了社会的文化景观。在可能发展出文化艺术民主化的同时，也产生着某些文化决策上少数人说了算的局面，这是当前文化权力再结构的突出问题之一。

第二，驱动文化发展的钱往哪里流？文化公司资金投入的决策也好，企业界的赞助也好，往往是急功近利的；倾斜于社会知名度高的人。它们那些钱的流向如果没有合理控制的话，未必都能促进文化的健康发展。一些企业家向明星赠送豪华别墅，文化公司为明星大肆捧场，这些举动与真正切实推动文化进步几乎无关。

第三，文化趣味问题。后现代主义的最大特点之一是打破了高雅与低俗的二分法。当前，中国的有识之士已直接感受和关注到市场效果与趣味下降的问题了。但我认为更微妙、更深层次的问题则是，文化批评的标准正在消解。文化公司乃至大款老板纷纷通过赞助而主持着各种评奖活动，我喜欢哪个艺术种类，就给予支持，并对具体的奖项得主有强烈的倾向性影响。如此，艺术的标准何在？我们的艺术研究所、艺术评委的发言权又在哪里？况且评委们不时被赞助商收买或愚弄的情况已是时有所闻了。

第四，文化市场需要一定的协调。目前的情况是，政府已无法通过红头文件而完全调控文化市场的具体走向，而文化大公司的金钱也还不能完全左右一切，如何探索处理社会文化政策的制定与文化公司、赞助商出钱之间的关系，这是关涉当前文化市场发展的一个焦点。

第五，事实表明，政府的政策和文化公司的金钱，无法最后决定社会文化的发展趋向。应该抓住这样一个新的三角结构关系：政府的文化政策，文化公司的市场化介入，社会自身的文化规律（包括老百姓的趣味）。市场经济对文化的影响将表现为这三者之间的结构性制约关系。抓住了这一新的分析点，就能切实探索和解决文化市场的新问题，推动文化的新发展。

切实探索文化市场发展的协调性与规律性

周锦尉（《文汇报》理论部副主任）

当前文化发展中出现了一些无序现象，这就要求我们切实分析文化消费者和文化生产者的状况，它们是文化市场中直接运作的两个主体。当然还有政府的文化政策，社会文化机构及赞助基金等的影响。要有新的思路切实抓住这三方面的关系开展研究，研究它们之间的矛盾和协调，促进文化市场的有序发展。

从文化消费者的需求来看，随着经济发展和社会现代化的进步，文化消费的需求也必然大量增长。一是娱乐性、享受性的文化需求。人们的闲暇时间多了，除了其他消费外，文化消费将是一个极其重要和主要的方面。二是参与性消费需求。文化的创造性、自主性特征在这一消费形式中得到突出的体现，它已不满足于欣赏别人，而是追求自娱自乐，如卡拉 OK 等的兴起就是这个道理。三是刺激性消费需求。一则为了宣泄市场运作中成功或失败的情感；二则还模拟了市场经济激烈的竞争性环境，由此一些竞赛性强的体育和文化活动颇受欢迎。当然还有鉴赏优秀文化精品的消费需求。这些文化消费需求的迅速增长往往使我们产生“看不懂”、“看不惯”的忧虑和抱怨，但它们确实具有合理的进步的意义，向我们提出了如何满足和引导这些消费需求的新问题。

从文化产品的生产者这方面看，优秀、健康的文化产品对社会文化消费具有导向作用，与其他产品一样，消费需求促进产品开发，而产品又反过来开拓新的消费领域、消费方式。由于长期实行计划体制的滞后影响，往往难以较快、较顺利地与市场接轨，因而与迅速增长的消费需求形成了暂时性的矛盾。正是在这样一个真空期，港台文化、外来文化大量涌入大陆，占据了文化市场。对于这局面不必于悲观的态度。随着文化体制的逐渐调整，随着社会各方面的关注和支持，国内的文化生产者将发掘和弘扬民族优秀文化的丰富库藏，并不断创造出反映当代社会生活情趣的精品。在这方面，政府及时制定正确的文化政策具有十分重要的影响。犹如市场经济发展需要宏观调控一样，文化政策的引导能避免文化市场发展的盲目性和无序性。尊重和遵循文化发展和市场经济的规律，从社会需求出发，大力繁荣文化市场，这应该是我们坚定不移的方向和任务。

昆剧发展的根本出路在于面向观众，面向市场

蔡正仁（上海昆剧团团长）

我们这些人每天都在碰到这样一个问题：排什么戏？有没有人看？有人说，现在昆剧没有观众，已失去了存在的意义。从我们每次演出总能得到观众较热烈的反响这一事实来看，我认为这个说法太偏激了。昆剧是有生命力的。但也确实面临着挑战：是重走过去的老路，等待“美丽的死亡”，还是拼杀出一条新路？

昆剧当前的困境，从根本上说是正在经历着计划经济模式向市场经济体制过渡的阵痛。过去我们以“指令”安排演出，至于有没有观众，那就与我无关，反正经费由上级批拨。现在实行差额拨款，排戏所需经费打了报告也不能满足，怎么办呢？要不要活呢？由于文化体制还没有根本的转变，一些艺术团体现在一边搞改革，一边还受着计划模式的观念影响，如眼睛总盯着上面拨款，最近一个时期又是想争赞助基金。这样的想法和做法是短视的、消极的。面临市场经济的大潮，昆剧的根本出路在于面向观众，从而切实开拓自己的演出市场。

我始终信奉这样的想法，昆剧亡不亡并不在于它是昆剧，而要从两个方面把握：昆剧是不是真有价值；从事这一剧种的艺术家能不能适应社会发展的需要。对于前一个问题，社会的认识还是基本肯定的。但是，随着时代的发展，广大观众的兴趣和品味不可能不发生变化，这就要求我们从内容到形式都做出大胆的变革和创新，使广大观众对昆剧从“敬而远之”到逐渐“敬而爱之”。社会上常常有人要求我们绝对地保持昆剧的原汁原汤，其实这是不可能的，也不利于昆剧艺术的发展。如果真这样做的话，那昆剧就将成为“博物馆艺术”，寿终正寝也就不远了。

企业不是财政部

尹明华（上海东方广播电台副台长）

任何形式的文化发展都必然受制于社会经济基础。然而，作为经济基础重要构成部分的社会第二产业，一旦进入市场经济状态后，唯一的责任是正确选择合乎自身利益发展的企业行为，包括出资对文化事业的赞助，根本上也是为企业利益（形象策划，声誉宣传）所驱动，而不应出于对政治号召和形势要求的简单适应。

我并不反对企业赞助文化事业的行为。只是社会的发展已将企业推入了市场的大海，在强调“社会主义特色”的前提下，我们几乎都为拥护市场经济举起了双手。既然如此，我们又何必指令性或“半指令性”地常常要求企业怎样去做呢？我们何以嘴上说“这样”，实际做时往往是“那样”呢？

有些国有企业动辄抛出巨款，完成对自身“讲求社会效益”的“社会慈善家”的形象塑造。我不知道这类举动是否经过企业最高权力机构职代会或股东代表大会的讨论通过。与国外一些大企业集团带有私人出资赞助文化事业的性质不同，我们的国有企业，所掏的钱都是出自国家的腰包，厂长个人是分文不出的。厂长仅是企业的法人代表而并非法人，因而他的重大决策必须能够最大限度地代表法人利益和企业职工利益。否则的话，我们无法解释这样的事实：有些企业离退休职工工资发不出，医药费报销不了，企业效益每况愈下，厂长却还在用“公款”东赞助、西赞助，图个“讲求社会效益”和“重视精神文明建设”的美名。依我看，这绝不是什么“企业行为”，而是完全违背市场经济规律、违背企业职工利益的“个人私利行为”，我们的社会舆论决不要为这样的“企业家”去谱写廉价的赞歌！

由计划经济进入市场经济以后，许多国有企业困难重重。自我改造、发展和提高效益的任务十分艰巨，有些已自顾不暇。因此，不能再用计划经济年代的做法来对企业“指手画脚”了。企业不是财政部，该对社会负些什么责任，让他们结合自己的效益情况和宣传需要，自己去决定怎样走路！

寻求艺术规律与市场规律的结合点

高义龙（上海艺术研究所研究员）

讨论文化发展与市场经济的关系，应当先确定一个前提：我国正处于转轨期，实现建立社会主义市场经济体制这一目标尚需多年的努力。我们对“市场”的理解常常是肤浅的，表现之一便是在“市场”和“赚钱”之间画上等号，于是，一提市场就想到赚钱，赚钱似乎就能高奏进入市场经济的凯歌。其实，市场经济是门大学问，体制的转轨涉及整个社会的变革。从与文化的关系来说，不能忘记三个事实：文化发展与经济繁荣不同步，文化价值与经济价值不等值，各种文化形态与经济的关系不平衡。文化的发展有自身的规律，并不能全靠钱来解决一切、衡量一切。

文化发展又不是孤立的，它必然受社会大系统的制约。社会在转向市场体制，文化从整体上说必须进行与之适应的转型，文化人不应患“市场恐惧症”。市场机制的引入将给文化发展注入新的活力和推动力。市场机制的核心，我认为是供需关系，正确地把握住这一点，会使文化拓展出更广阔的前景，会使文化人释放出更大的创造力。如属于社会文化范畴的卡拉OK、舞厅等，上海这10年来从无到有，已达3000多家，每天有10余万人参与，既能满足文化消费的需要，又有利于改善投资环境。长宁区沪剧团只有38个人，由于面向市场，编演通俗而有品位的好戏，两个效益都好，《清风歌》一剧演出超千场，并得了文化部的“文华奖”。

事实说明，艺术规律与市场规律是可以结合的。寻求结合点，有三个关系值得注意：一是审美价值和娱乐性的结合。就艺术本体而言，应力求精美，同时又要尽量使广大群众喜闻乐见，在欣赏中得到娱乐。像越剧《梁祝》、《红楼梦》、《祥林嫂》就既达到了一流的艺术水平，又征服了亿万观众。二是坚持艺术使命与拓展文化市场的结合。就艺术工作者而言，永远不能忘记艺术的主要使命是从精神上影响人、塑造人，但艺术生产不能孤芳自赏，没有受众，再好的作品、再优秀的艺术也难以实现自身的价值。其实，文化市场说到底是争取受众即观众、听众、读者的问题。淮剧《金龙与蜉蝣》从提高剧种品位着眼，昆剧《上灵山》、京剧《扈三娘与王英》从通俗化着手，都是为了争取观众。三是适应与引导结合。就领导和管理而言，适应大众需求，才能事业兴旺，同时又要引导市场，引导文化消费。上海社会文化管理处举办的歌手、乐手考核以及舞厅经理培训，对文化娱乐业的健康、有序的发展起了积极的作用。

积极引导，通俗文化的前景是乐观的

胡战英（上海声像出版社社长）

改革开放、市场经济以及当代科技的迅猛发展，给文化发展带来极为深刻的影响。在日益兴旺繁荣的同时，新事物、新问题和新矛盾也层出不穷，用传统观念和一般理论原则已很难把握深刻而剧烈的文化转型现实。因此，文化发展与市场经济不仅是理论问题，更是一个实践问题。事实上，从80年代后期，就不断有人从理论和实践两个方面进行初步但比较广泛、深入的调查研究。同样，今天再度进行更为深入的研究，则需要以走向市场经济体制的实践为基础才能有切实的把握。在这方面，仅从主观愿望出发或纯学术地看问题，除了提出的问题幼稚可笑外，还将把研究引向脱离实际的死胡同。

对于当前现实文化发展中的一些热点问题，如通俗文化和高雅文化，大众文化和精英文化所处的不同状况、际遇，应该以现实立场和历史目光来做深入、细致的分析、研究；不能简单地下结论，更不能凭个人感情和好恶来作判断。其实，有的现象，如一些欣赏难度较高的艺术样式或作品，像交响乐、经典文学作品等受众较少，因而从市场角度来看不大景气，应当说是很正常的事。正所谓“其曲弥高，其和弥寡”，古今中外，莫不如此，没什么可以大惊小怪的。倘若为此痛心疾首，危言耸听，倒是让人莫名其妙。

大众文化、通俗文化，毫无疑问是文化构成的基础和主要部分。有人提出，大众文化或通俗文化太富于商业性，因而只能算是商品而不算文化。我认为这种观点太偏激，文化概念的内涵和外延从来不是由哪些人主观界定的，那是客观存在。再者说，如果把大众文化、通俗文化拒之门外，那么文化剩下了什么呢？恐怕只能是少数人的专利品了。我们理所当然地反对这种文化观，并深信这种观点一刻也站不住脚。对于当前大众文化、通俗文化中存在的一些问题，如有些作品格调低下，水平不高，我更赞同那样一种观点，既加以引导，又注重批评。我们在制作声像作品的实践中切身感受到，比起前些年，现在通俗、流行歌曲的词曲、配器和演唱，其品位和水平均有明显提高。如果理论界、新闻界和文化界的有识之士都来积极引导，其前景应该是乐观的。

大众媒体与大众文化

陈保平（《青年报》副总编）

谈四点想法：

第一，一般而言，明星、畅销书、社会故事往往成为广播、电视、报纸等大众传媒追逐的对象。在西方，广播电视的黄金时间也主要留给大众。大众媒体本身是大众文化的一部分，又是大众文化的传播者。从这样的定位出发，对它的评论能够达成一个比较冷静客观、恰如其分的标准。因此，仅仅从精英文化的角度衡量大众文化和大众媒体，有一定的片面性。

第二，从提高民族的文化素养来看，知识界有责任关注大众文化的走向。由于大众媒体往往是急就章式的，篇幅也较小，缺乏深入的剖析。为此，我们搞新闻的希望学者、教授积极参与大众媒体的工作，但是眼下中国新闻界缺少有影响的专栏作家、评论家。专栏领域的涉及面是很广泛的，知识界可以通过文化评论、文化批评对大众文化的走向起积极而深刻的影响。这方面的工作也需要很高的文化素养，并且要注意排除庸俗的和商业化动机的干扰。

第三，大众媒体从业人员的素质有待提高。这不仅是指从业人员对大众文化的品味格调要有清醒的认识和严肃的态度，而且也必须切实提高自己的专业知识水平，形成自己独立的见解。在一个急剧而又深刻变动的社会中，大众媒体的从业人员应注重真实地记录时代跳动的脉搏，提供和积累丰富生动的素材，不要轻易下判断。一会儿宣扬这个，一会儿倡导那个，很容易自己否定自己，今天这个时代不是下结论的时代。

第四，当前的文化评论我认为要抓住以下三个焦点：首先，对那些完全受商业利润支配的低俗文化现象要抵制。在市场利润的导向下，确实出现了不少宣扬庸俗、色情、暴力的坏东西，这既是对文化的侵蚀，也将对社会的健康发展造成持久深刻的负面影响。其次，提高通俗文化的品位，倡导一流的通俗文化，应该努力使审美功能与娱乐功能结合起来。再次，高雅文化应该立足创新。我非常赞同昆剧团的改革探索，不要一提高雅文化似乎只有古的、洋的东西，这有点崇洋复古的倾向。高雅文化也应该力求反映现代生活，否则我们给后人留下什么呢？高雅文化一定要有当代感的鲜活生命力。社会的赞助也好，政府的行政干涉也好，都难以从根本上改变当前高雅文化的困境。

转换思路，以层次性、区域性、氛围性把握文化发展的新景观

叶辛（上海市文联副主席）

文化发展当前再度面临着市场经济大潮的冲击。80年代早期，随着以阶级斗争为纲转向以经济建设为中心，文化人曾有过一个欢欣鼓舞的时期，各种文化都得以蓬勃发展。但过了那么几回之后，文化人发现，经商热、出国热和娱乐业的兴起等又反过来对传统意义上的文化形成了冲击。譬如说，当年我在贵州任《山花》杂志主编那一阵，发行量曾达到14万份，但在我离开时下降到了1.4万份，这在省级刊物中还不是最少的。现在几乎所有的文学刊物订数都大幅度下降。从这些文学杂志的现象中便能看到，以往的、传统意义上理解的文化确实面临着巨大的冲击和挑战。但与此同时，各种新的文化样式也大量地产生出来，如通俗小说、通俗音乐、娱乐文化等等，形成了经济大潮涌动中纷繁斑斓的文化新景观。

怎样看待和评价这些文化新景观？我认为仅仅以高雅与通俗的区分是很难说清楚的。我们是否应该转换一下思路，从文化的层次性、区域性和氛围性来把握这些新的文化现象。层次并不是质的高低差别，它们各有自己的特点，适合不同的需要。现在人们的生活多样化了，情感多样化了，利益和价值追求多样化了，文化也就应该满足这些不同的需求。文化发展也进一步体现出区域性的差别。在贵州这样的边远地区就有一些文化气息很浓的聚会，那里也有独特的自然文化景观。我至今还十分怀恋那山村中青的山，绿的水，看看云彩，听听风声，虽然那里方圆数十里也找不到一本书，但却有另一种文化气息。如今我身在上海这样的大都市中，到处是高楼汽车，开不完的研讨会，还有许多文化人，但这并不一定就说明只有这里才很有文化。在认识一些新的文化现象时，我们还需要理解不同文化活动的特殊氛围。如对于卡拉OK、流行音乐等人们就会有不同的态度。有的教授也很喜欢这些样式，但有的青年工人就是不喜欢。这里就有一个不同的文化氛围问题，应该宽容地对待人们追求不同的文化情趣。

总之，当前文化发展确实面临着市场经济转型中的许多新问题。我们文化人要面对市场，主动地适应市场，如果不去适应市场，一份杂志只发行2000份，甚至200份，那就会有生存危机。当然，还要积极地引导市场，这就要靠我们文化人以人文精神、知识性文化和审美意识推动文化的健康发展。

谁来当裁判

毛时安（上海作家协会副秘书长）

从计划经济到市场经济无疑是一个伟大的历史性转折。

但是，市场和世间万物一样不是万能的。它有它适用的范围，行动的空间。现在市场的功能有些夸大了，它被认为是无所不包的网，异化为无所不能的神，渗透了经济，渗透了社会的角角落落，也渗透了各种类型和形态的文化，甚至渗透了公众的灵魂。大约在十年前我读过一篇出自发达国家的有关广告的短篇小说。说的是，主人N先生住在一家免费公寓，忍受不了公寓中吃饭睡觉大便各种场合无所不在的广告，决定搬到从报纸广告中看到的另一处风景优美的新房子。他到了那里，果然鸟语花香如诗如画。但总觉得不对劲，仔细辨别，原来花草树木游鱼连候鸟的队形都是广告图案。蛙声鸟语也都是广告歌曲。小说无疑有些荒诞，但它切切实实地揭示了现代社会确实存在着的，那种我称之为市场异化综合征的病症。

市场异化症主要表现在两个方面。首先是市场的功能被异化，从经济领域异化到一切领域，如教育、医疗、文化等。经济价值摧毁了一切庄严神圣，一切的仁慈人道。甚至出现了诸如即使生命垂危，也首先要钱，不给钱不看病的无动于衷的冷酷，教师则身在课堂，心在股市。其次是文化被完全异化为市场的附庸。要求文化完全去适应市场经济的铁定法则，迫使文化进入唯一的市场管道。于是文化失去了它的精神上的自主性，不能再去适度提升公众的灵魂而只能向公众频频抛媚眼，逐渐形成了全心全意从公众口袋里抓钱为目的，不惜以种种低俗无聊来取悦公众的新的文化上的“总体大众秩序”。这种秩序和现代文化工业的复制性结合，再一步步缩小包围圈，吞食掉越来越小的仍然试图坚持高品位的精英的严肃的高雅的文化艺术。我想坚持说的是，文化不能都赚钱。也就是说，文化不能清一色的市场化。发达国家的实践已证明，教育无法赚钱。而芭蕾舞交响乐话剧歌剧，说到底每年至多只能收回投资的四分之一。遗憾的是，几乎在我们毫无思想准备的情况下，匆匆忙忙投入了一个不成熟不规范没有序的市场。几乎没有对文化的行之有效的保护措施和组织，如赞助制和基金会。

文化与市场就像一场足球赛中的两支球队。市场频频越位，而文化和文化人甚至连筑篱笆排人墙的资格都没有。因为没有裁判。是的，谁来当裁判呢？值得庆幸的是，我们的政府终于认识并且担当起了自己的裁判职能。当然，球场秩序已经有点混乱了。

清流与浊流

胡守钧（复旦大学社会学系副教授）

中国正处于由计划社会到市场社会的大转型时期，文化园地也理所当然地呈现一派纷繁的景象：五光十色，五音齐鸣，诸说激扬。既有百花竞开的先进文化组成的清流，亦有五花八门的落后文化汇集的浊流。

那么，应确立怎样的价值标准来判定某种文化的先进与否？

欲评论人文文化的进步与否，切不可以某个具体的文化流派作为价值标准，否则必然会导致概一则亡的文化萧条的局面。因为任何具体的文化流派，皆不具有理论的宽容性，一旦圣化为教条并与权势结合，势必伤害

那些赞成别种文化的人的正当权利，应该以是否尊重人的权利这一最基本的原则作为价值标准，因为这个基本原则具有极大的理论宽容性。既然以尊重人的权利为最高原则，那么绝不会因理论见解不同而伤害对方，任何尊重人的权利的文化，不论其形态如何，皆属进步文化；反之，任何不尊重人的权利甚至反对尊重人的权利的文化，则属于落后文化甚至是反动文化。

因此，凡是有利于尊重和维护民众基本权利的文化，凡是有利于改善民众生存状态的文化，凡是有利于中国改革开放和四个现代化的文化，无论是严肃的高雅的，还是诙谐的俚俗的，皆属清流。

凡是不利于尊重和维护民众的基本权利的文化，凡是不利于改善民众生存状态的文化，凡是不利于中国改革开放和四个现代化的文化，无论是嬉皮笑脸的粗制滥造的，还是正经讲教的精雕细琢的，皆属浊流。

区分文化表现形式上的庄与谐、精与粗、雅与俗，当然必要，但是，文化批评的根本任务却在于：揭示各种文化的内涵，鉴别先进与落后，区分清流与浊流，以便扬清抑浊，促进中国文化健康发展。倘若只关注文化的表现形式，而忽视其精神内核，岂不是在鉴别珍珠的真伪时，鉴椟而忘珠么？

文化市场萌发着新的生命源泉

朱士信（《上海文化报》总编辑）

不管你承认还是不承认，我们正赶上一个泛化的时代。以文化为例，一旦在市场法则的万花筒中滚动起来，就会产生令人眼花缭乱的变异和组合。文化被打破了原先坚硬的内核和外壳，迅疾地渗透于社会的各个领域，这种泛化现象使得文化这个盘子越变越大。

面对日益纷繁庞大的文化景观，不少人习惯地拿起原有概念的手术刀试着切割，努力寻找着其中的对应关系，诸如专业文化与群众文化、高雅文化与通俗文化、精英文化与市民文化、严肃文化与流行文化，林林总总，不一而足。然而，迄今为止，还没有一种划分和界定能够令人信服地涵盖文化的层次与构架，这种状况很清楚地告诉我们，在市场的催化下，文化显现出活泼的生命形态，它不理会任何的概念切割，正按照自身的规律迅猛发展。

文化生态的这一巨变，引起了文化人的困惑和忧患，于是不绝于耳的“危机”声几乎成为一种主流性思考。

我却以为，刚迈入巨变轨道的中国文化，充满着生机，正萌生于前所未有的生命源泉之中。

这个生命源泉大致可以分析出以下几种有效成分：

（一）当今文化剥离了强加的外力，正向着人的本性、人的自身需求复归。文化的愚民政策曾是统治者屡试不爽的法宝，权力文化成了“灭人欲，存天理”的紧身衣，人民创造的文化逆转为人民必须依附才能享用的奢侈品。新时期文化的可喜转变就在于，文化以其前所未有的大众性（或者说通俗化）热潮回到了它的创造者手中，人性得以尊重，人民的自身需求可以找到各种层次的文化满足。这是真正意义上的文化的复归，当然还是一种开始。

（二）市场的法则并不是有钱人的法则，人民享有其前所未有的选择自主权。文化需求的选择，长期以来是一种权力者的选择，其极端的例子看一下十年“文革”就可以一目了然。从权力的选择到人民自主的选择，是通过市场的中介实现的一个飞跃。有钱人选择是一种选择，但它不能左右社会的整体选择。社会的整体选择的一个重要标志，是作为主体的大众具有相应的选择能力——一定的经济地位，经济迅速腾飞、人民日益富裕，为人们自主选择提供了厚实的基础。

（三）泛化的文化、庞大的文化市场，使文化由精神产品制造者的少数人行为演化为社会各层次都能参与的大众行为。我们都明白，现今文化的满足在很大程度上体现于文化享用者自身的参与上。不仅流行文化具有如此鲜明的特征，就连我们现在大力倡导的高雅文化也在注重研究和强化审美主体的参与程度。相对目前的状况而言，下一世纪的中国职业文化工作者将会骤减，而文化产品生产者的队伍却会愈益膨化，这种趋势将有力地证明，将文化创造的权利返还于民是文化繁荣的最大希望。总之，文化的大变革，打破了原有的运行秩序，在碰撞、排列、扭结中将形成当代文化新的生命链。

走出象牙塔　确立市场观

李惠康（《上海艺术家》杂志主编）

通俗文化的应运而生并获得迅猛的发展，在于它对计划经济模式中文化生态的反叛性。在市场经济大潮的冲击下，那种以集体服从限制个人创造、以传统道德禁锢人的本体欲求、以政治理想掩饰现实矛盾的社会生活方式和文化意识形态，逐渐发生了深刻的变化，这一切突出地在通俗文化中反映出来。通俗文化所特有的民众性，使它较早也较快地根据市场意识把人的需求放在首要地位，重视对人的生存状态、情感和心理的真实描写，其作品虽不精致而显得粗俗些，但内容却较贴近人的本体本性，具有一定的以人为本的创作观念。这也是它深入民心，占领市场的重要原因。因此，我们在指责它的所谓“无序”时，还得尊重它“无序”中的反叛性才好呢！

与此同时，原本是通俗文化的戏剧，作为一种通过演出造成交流的艺术，是为观众存在的，是最具市场意识的。然而在今天的市场面前它却表现出不敢越雷池一步的“恐惧症”，长期依赖计划经济的包办代替，习惯在“衙门化”的生态环境中继续脱离生活，脱离观众的“寄生”心理，由此所保持着的艺术生产的“有序”才值得我们批评。尤其是把戏剧划归“高雅艺术”而重新加以“保护”的走向，多少带有一些对市场经济的抗争性情绪吧？

无论“高雅”到何种程度的文化艺术，都必须如马克思所说的，“在更高得多的程度上用朴素的形式把最现代的思想表现出来”，高层次审美追求必须建立在被大众认可和接受的基础上。

我们的文化人和艺术家，能不走出象牙塔，确立文化艺术的市场观吗？

（选自《探索与争鸣》1994 年第 6 期）

社会主义文化市场的价值标准和功利原则

田立立

既然我们已经确认精神文明是经济建设的必要保证，那么，在深化和加快改革开放时，就不仅要求有与经济、政治相适应的文化艺术，同时还要求这种文化艺术能进一步促进社会主义精神文明建设。无视任何一种文化艺术都有一种价值导向和功利原则并渗透到文化艺术的各种形态和各个层面的事实，都会影响到社会主义精神文明建设。因此，只有明确文化艺术的价值标准，才能在通过市场推动文化艺术生产竞争和发展时，不至于把物质生产中的某些做法列入文化市场，充分注意到文化艺术市场中的竞争和物质生产竞争的区别，防止在文化市场中因片面追求经济效益而出现的“劣胜优汰”的现象。因此，研究、探索社会主义文化市场中的价值标准和功利原则，使文化市场的发展既能坚持社会主义方向，把社会效益作为最高标准，又能“开放搞活，扶植疏导，面向群众，供求两益”，就成为刻不容缓的课题。

社会主义文化市场，不只是指那些精神文化产品生产、流通、消费和进行文化艺术服务活动的场所，而是指整个文化艺术产品生产、流通、消费与文化艺术服务过程和其中全部的经济关系。文化艺术产品生产、流通、消费和文化艺术服务的特殊机制，决定了这个过程和其中的经济关系既受普遍经济规律的制约，又受文化艺术规律的制约。

马克思曾经把人类的生产活动分为两大部类，一是物质生产，一是精神生产。文化艺术生产便是精神生产部类中一个重要的组成部分，它同物质生产一样，都是人类有目的的生产活动。文化艺术的生产，倾注了人类的一般劳动，形成了具有一定使用价值的产品。这便是文化艺术生产及其服务与一般物质产品生产和服务经营活动的共性。正是这些共性，决定了文化艺术产品生产、流通、消费以及文化艺术服务活动必须接受一般经济规律的制约。

然而，文化艺术生产毕竟是“生产的一些特殊形态”。文化艺术生产及其服务的价值、意义并不在于其产品和服务的物质载体的表层价值，而在于其实质中蕴含的精神能量和榜样的意义。这种能量和意义帮助文化消费者建立对待社会人生的现实关系，帮助文化消费者形成和选择根本的价值标准、行为规范，并从中寻找判断真、善、美和假、恶、丑的尺度，帮助社会和历史建立并确立新的价值体系。完整的文化艺术生产，应该是指文艺家个人创作以及物化于文化消费者面前的全过程。它包括酝酿、创作、物化等多重环节，包含精神生产劳动、物质生产劳动、服务性劳动等不同性质的劳动。与一般物质生产相比，其劳动对象、劳动者、劳动方式亦有不少特殊之处。

完整的文化艺术生产一般可以分为两个阶段。一是文艺家的艺术创作阶段，这是一个复杂、独特的创造性劳动过程。二是文艺家创作的作品与一定的物质载体相结合的物化生产阶段。这两个阶段的性质、特征是有所不同的。在整个文化艺术生产过程中，二者的地位、所起的作用以及所遵循的规律也是有所区别的。前一阶段的作用举足轻重。这个阶段中的那种充满激情和情感等主观色彩的精神生产活动，具有强烈的独创性和劳动者的个性特征。其付出的劳动量常常是难以精确计算和确定的，而文化艺术产品审美价值的大小，却又主要取决于这一阶段的成果。这一阶段的劳动目的和动力，常常不是为了交换。正如马克思所说：“作家绝不把自己的作品作为手段，作品就是目的本身，无论是对作家或其他人来说，作品根本不是手段，所以在必要时作家可以为了作品的生存而牺牲个人的生存。”当然，在我们的社会里，以交换为目的的艺术创作和艺术创造者也不是没有，但那种“为书商提供工厂或劳动的作家”不能算真正的文艺家，也难于创作出优秀的文艺作品。文艺作品是文艺家心血、智慧的结晶，是文艺家艺术创造力和艺术天性的生动表现。如果说这一点在剥削阶级社会中难于做到的话，今天社会主义新型的生产关系，则为实现健康、合理的文艺生产创造了条件。这种符合人类创造本性、遵循艺术创作规律的文化艺术生产，与纯粹为交换而进行的、遵循一般经济规律的物质产品生产有极大的不同。文化艺术生产第二阶段的主要任务，则是通过录音、印刷、制片等方法，将文艺家前一阶段的创作成果，物化为可供交换的文化艺术产品——书刊、录音带、录像带、电影拷贝等，并根据消费需要进行批量复制。文化艺术生产者在这一生产阶段耗费的是技术性的物化劳动，其社会必要劳动时间可以精确计算和确定，因而与一般物质产品生产过程区别不大。

据此分析，我们可以发现，文化艺术生产在不同的生产阶段具有不同的本质属性，受制于不同的客观规律。文化艺术产品生产的这种特点是文化市场不同于其他物质产品市场的一个重要原因。在市场经济条件下，文化艺术生产的结果——文化艺术产品是一种兼有意识形态属性和商品属性的特殊产品。

马克思主义政治经济学理论告诉我们，商品是用于交换的劳动产品，具有使用价值和价值。商品经济这种“普照的光”，使得商品经济社会中的大部分文化艺术产品有了商品色彩。从文化艺术产品生产发展的历史来看，文化艺术产品也是随着商品经济的发展，逐步从自娱自乐的天地，跨入了商品交换的领域。在社会主义市场经济条件下，绝大多数文化艺术产品是以商品的形式进入流通、消费领域，并通过商品消费，实现其价值，扩大再生产。

作为一种社会意识形态，文化艺术产品又有非商品性的一面。一方面，它具有价值和使用价值，可以进入流通领域成为商品；另一方面，它又是一种社会的意识形态，具有一定的思想内容和精神目的，依赖并服务于社会的经济基础。文化艺术产品除了具有与一般物质产品共同的自然质之外，还具有物质产品所不具备的社会质，而前者只是后者的载体和体现者。首先，文化艺术产品不是利用物质的自然属性来满足消费者的物质生活需要，而是通过其中蕴含的精神力量来作用于消费者的心灵，满足人们的精神需要。其生产主体与消费客体常常体现为双向交流、互相促进的关系。文化艺术产品投诸市场，并不是消极地满足消费者的需要，而是以特有的主动性和艺术魅力，激励、启迪消费者的审美再创造激情，引导着消费趣味、消费需求、消费结构朝着文明、健康、合理的方向发展。其次，文化艺术产品这种具有高度创造性的极为复杂的精神劳动的成果，其社会必要劳动时间难于精确计算。既确定不了生产文化艺术产品的“社会正常的生产条件”，也确定不了“社会平均的劳动熟练程度和劳动强度”，积累、酝酿、创作过程中的“生产所需要的实际劳动时间”更无法精确核定。不仅不同门类的文化艺术产品的社会必要劳动时间无法通过比较而确定，就是同一艺术门类的文化艺术产品的社会必要劳动时间也无法用一个恒定的框架来衡量。谁要是用社会必要劳动时间的概念来裁定《俄狄浦斯王》、《奥赛罗》、《高老头》、《安娜·卡列尼娜》、《母亲》、《红楼梦》的价值，判断索福克勒斯、莎士比亚、巴尔扎克、托尔斯泰、高尔基、曹雪芹的高下，必然贻笑大方。再次，文化艺术产品具有交换价值和精神价值所构成的双重价值属性。一般物质产品的价值和使用价值，受制于凝结在商品中的社会必要劳动时间即抽象的人类劳动的量和劳动者具体有用劳动所产生的物的有用性。而文艺产品的价值和使用价值却不单单决定于社会必要劳动时间和“束缚在粗陋的实践的愿望和享受下的单纯的有用性”。在市场经济条件下，文化艺术产品在交换、流通、消费过程中虽然可以实现一种可以计量的常常以货币形式表现出来的交换价值，但这种交换价值，往往是由文化艺术产品的物质载体决定的。而文化艺术产品“有用性”的核心所在，却不是这些产品的物质载体和服务性劳动本身，而是凝结在其中的精神价值。这种精神价值是一个涵括丰富的复杂系统，主要包括思想价值、智能价值、审美价值、愉悦价值等方面。与物质商品的价值不同，文化艺术产品的精神价值是在消费者的反复欣赏过程中不断被体味的。对这种精神价值的体味，常常不是一朝一夕、甚至一朝一代可以穷尽的。每一件优秀的文化艺术产品，都像一处百态千姿的景观，每一个人或者每一代人都从不同的角度，用不同的目光打量它们，因而不断有新的感悟、补充、升华和新的发现。不是有“说不尽的莎士比亚”、“一千个人心中有一千个哈姆雷特”之说吗？古人赞叹乐曲“余音绕梁，三日不绝”，恐怕也是就乐曲的精神价值而言的。文化艺术产品要形成其价值和使用价值，必然获取外部的实物形态，但这种外部实物形态的价值，远不能等同文化艺术产品的精神价值。文化艺术产品对消费者的意义，主要是其精神蕴涵。如，人们喜爱达·芬奇的《蒙娜丽莎》，并不是爱看那些绘画的油画布和颜料，而是倾心于主人公那“谜一般的微笑”。人们爱听贝多芬的《命运交响乐》，也不是迷恋于那些在外力作用下各种物质振动而发出的音响，而是感奋于旋律中永不屈服、敢于拼搏的勇敢精神。人们着迷于《红楼梦》、《三国演义》、李白杜甫的诗、苏轼、陆游的词，更不是恋上印书的纸张和油墨，而是为书中悲欢离合的人物和深邃激越的情感而沉醉。而在现实生活中，文化艺术产品的交换价值常常决定于那些画布、颜料、纸张、油墨等物质载体和服务劳动的价值，这便形成了文化艺术产品在流通领域交换价值与使用价值相背离的不等价交换性质。

文化艺术产品价值的二重性及其消费过程中的诸多特性，导致了文化市场与一般物质产品市场所不同的市场效益的二重性——即经济效益和社会效益。文化市场的经济效益一般指文化艺术产品和服务劳动在流通、消费过程中价值补偿实现的程度。文化市场的社会效益，则是指文艺产品和服务活动历经生产、流通、消费诸环节之后，在社会上，在人们心中所产生的对消费者精神世界和社会行为的影响和作用。前者主要由文化艺术产品物质载体及其服务活动的表层价值所决定，后者则是由文化艺术产品及其服务活动内含的精神价值所决定。前者是一个较为明晰、短暂的经济过程，后者则是一个复杂、久远的社会心理过程。在社会主义文化市场的运行、发展中，这两种效益时常处于一种既相互矛盾又相互促进的对立统一状态中。一方面，二者相互冲突、矛盾，一些文化艺术产品及其服务活动的经济效益的高低和社会效益的大小时常出现倒挂现象，严肃的、具有深刻思想内容和较高艺术质量、社会效益比较好的文化艺术产品及其服务活动，反倒不如一些庸俗的、思想艺术质量平庸的文化艺术产品及其服务活动的经济效益高，而某些庸俗的、对社会、人心有害的文化艺术产品及其服务活动，其经济效益则颇为可观；另一方面，二者又相互促进，相得益彰。文化市场上文化艺术产品及其服务活动的社会效益的产生与实现，离不开一定的经济效益。文艺产品和文艺服务活动首先必须经过一定的经济过程，在获取一定的经济效益的基础上，才能将其蕴涵的社会效益变为现实的深入人心的东西。而且经济效益的大小，也影响社会效益实现的程度。正是针对社会主义文化市场的这种效益的二重性，党和国家明确要求文化艺术生产及其服务活动要实现社会效益和经济效益的统一，并以社会效益为最高准则。这是由社会主义文艺的质的规定性和文化艺术产品及其服务活动特殊的社会功利原则所决定的。社会主义文化市场是社会主义精神文明建设的组成部分，社会主义精神文明既是社会主义经济和政治的体现，又是它们的重要保证。因此，社会主义文化市场理应为促进社会主义精神文明建设，促进社会主义政治、经济的巩固与发展服务。努力用社会主义思想教育人民，给他们以积极进取、奋发图强的精神激励，应该成为社会主义文化市场的重要价值取向。文化艺术产品及其服务活动是一种特殊的精神产品，它主要作用于消费者的心灵世界，对于帮助人们认识世界和陶冶精神，具有极大作用。黑格尔将艺术称为心灵的住所，他认为一般人的心灵对于理性常常是关闭的，但都愿意舒展开心扉迎接艺术的冲击。因此，优秀的文化艺术产品及其服务活动，常常能塑造人的美好心灵，启迪人的良知与智慧，对人们的人生旅途产生潜移默化的、巨大持久的作用。对于青少年，文化艺术产品和文化艺术服务活动的作用更为特殊，青少年处于性格、思想、情感的发育期，他们欣赏艺术时，常常深深陷入作品的情境，在不自觉的状态下模仿行为、接受暗示、比较价值、认同角色，并构成自己未来的人生理想。因此，社会主义文化市场应十分重视社会效益，努力为青少年提供优秀的“社会行为脚本”，为广大消费者提供优秀的精神食粮。

社会主义文化市场的经济效益也是不可忽视的。作为市场的一种，文化市场不可能摆脱一般经济规律的制约。可以说，经济效益是社会主义文化市场运行、发展的不可或缺的动力机制，是实现社会效益的重要条件。在社会主义文化市场的运行、发展过程中，社会效益和经济效益相互依存、相互促进、缺一不可。我国社会主义文化市场是社会主义精神文明建设的场所和阵地，担负着通过健康有益的文化艺术产品及其服务活动，向人民群众进行社会主义、共产主义思想道德教育，提高全民族科学文化水平和道德水平以及审美能力、生活情趣的任务。因此，从事文化艺术产品生产、流通，开展文化艺术服务活动的部门、单位、个人，应该明了我国社会主义文化市场的终极目标，应该明确自己“人类灵魂工程师”的职责，坚持文艺为人民服务、为社会主义服务的方向，向人民群众提供更多更好的文化艺术产品及其服务活动，为建设社会主义精神文明、满足人民群众日益增长的文化生活需要服务。

（选自《求是》1994 年第 9 期）

关于社会主义市场经济与文化政策的思考

洪永平

社会主义市场经济运行机制的建立、健全与完善，不仅仅是社会主义经济生活领域里的革命，而是涉及社会生活各个领域的革命，因而它对文化发展也提出了新的要求。首先，文化观念应当变革；其次，文化政策也要进行相应的调整。——文化观念的变革正是政策调整的思想基础。毛泽东同志说过：“政策和策略是党的生命。”如何使文化观念的变革和文化政策的调整适应社会主义市场经济的发展，是摆在我们面前的一个重要课题。

“仓廪实则知礼节”——文化政策与经济

在这样一场变革和调整开始的时候，我们面临的问题首先是：经济的发展会不会自发地引起文化的发展与提高？文化以什么方式、在何种程度上进入社会主义市场经济的总体运行结构之中？然后，我们才能涉及如何进行文化政策调整的问题。

古代和现代都存在着一种观点，认为经济发展、物质丰富就会自然地导向精神和文化生活的丰富发展。这种观点是一种片面、消极的观点。说它片面，是因为它只看到经济对文化的制约和支配作用，而忽略文化自身的相对独立性及反作用；说它消极，是因为它实际上放弃了对文化的倡导、引导、督导的责任，在相互联系日趋紧密的现代社会中，这种消极的观点便更加有害。现在有一个口号颇为流行：把文化全面推向市场。这个口号从某种意义上说是上述观点的衍生物。笼而统之地提倡把文化全面推向市场，就是任其自生自灭，放任自流，其结果无非是要么全面萎缩，要么畸形发展。即使在西方资本主义国家，这种放任自流也是不可思议的。许多西方国家经常都要针对文化事业中存在的问题，制定、修订他们的文化政策，来保证其对于文化的总体控制。美国文化管理学家霍洛维茨在《美国政府干预文化存在模式吗?》一文中介绍说，尽管八十年代美国由于经济上的不景气和里根政府的新联邦主义思想，联邦政府对公共事业资助的规模大大缩小，但是，通过增加和调整有关文化政策，联邦政府并没有削弱反而加强了对于文化的控制力。欧洲委员会所作的一项问卷调查结果表明，欧洲各国在八十年代中的文化政策都有大幅度的调整，产生了许多新的政策措施。瑞特娃·米切尔夫人以《资助文化艺术的新举措》为题，对于这次问卷调查发表了一份综述报告，详尽地描述了欧洲各国所采取的新的文化政策及其对文化事业的影响，新文化政策措施普遍使文化事业获得了更多的财政支持。

提供包括文化在内的公共服务是政府对市场经济进行宏观调控的主要职能之一。健全完善的市场经济，对于文化事业来说，往往意味着政府投入更多的财政资助。瑞典从1974年国会通过新文化政策之后的十年间，国家的文化经费增长了4亿6千万克朗。公共事业在八十年代美国联邦政府的投资比重上看是缩小了，但实际数字也还是有很大的增长的。这些市场经济比较发达的国家的情况告诉我们，文化不能按普通意义来“全面地推向市场”。当然，随着全球性经济结构的变化，有些文化领域已经成为赢利颇丰的行业，如文化旅游、音像工业以及借用文化为媒介的广告业等，但是，大多数文化部门都是需要扶持的。现代社会中任何国家的文化都难以完全依靠自身产品进入市场求得发展，甚至难以独立地维持生存。瑞典官方出版的《瑞典文化政策》一书中不无遗憾和内疚地写道：“视觉艺术家、作家、演员、音乐家、舞蹈家、工艺美术家及其他文化工作者活跃和丰富了瑞典的文化。但很少人能靠它为生。许多人都不得不从事别的职业，用兼职的微薄的收入来维持生计。”1991年8月27日的《纽约时报》也曾以《艺术预算削减：饱汉不知饿汉饥》为题，报道了著名的纽约植物园因纽约市文化预算削减而不得不裁员30%的困难境况。所以，来自外部的经济支持问题一直是欧美文化政策的重点，在一般场合，他们所说的“支持”就是指资助。

虽然不能笼而统之地提倡将文化全面推向市场，虽然我们也强调文化的特殊性，但是这决不等于文化不能进入市场经济体系。恰恰相反，我们的文化事业应该在社会主义市场经济条件下，面对新的挑战，把握发展文化事业的良机。

社会主义市场经济给文化事业的发展带来了挑战，也带来了机遇。

首先是对传统文化观念的挑战。传统文化观念来自两个方面：一是自古以来的“君子喻于义，小人喻于利”的观念，二是新中国成立以来形成的文化事业全部依赖国家供养的习惯。在传统观念的影响下，我们容易本能地用一些冠冕堂皇的说法来回避或拒绝市场经济的现实，克服旧的观念的消极影响的任务是很艰巨的。欧洲的一些文化政策研究者指出，有许多观念在美国也许是很平常的，在欧洲就具有新观念的意味；尤其是在文化历史较长的国家或“福利型”的国家中，解决文化与市场经济界面的问题更为突出。至少到八十年代中期，北欧国家的文化政策制定者对将新混合型经济引入文化部门持有轻视的看法，尤其是对于艺术的私人赞助和公共电台、电视广播的私有化持有轻视的看法。但是，经验和教训都告诉我们：文化事业完全依赖国家供养，使国家背上了沉重的包袱，国家已经不堪重负，勉强地敷衍下去，不仅会拖住国家经济的后腿，而且也会束缚和限制文化自身的活力，妨碍自身的发展。

其次是对旧的运行机制留下的积弊的挑战。除了计划经济体制中较为普遍地存在的盲目发展、机构臃肿、人浮于事的问题之外，来自外部的对于文艺创作的横加干涉和来自内部的滥竽充数、良莠不齐也时常困扰着文化事业部门。进入市场经济体系，就意味着政府要从转变职能和简政放权着手，宏观调控，微观搞活。政府的文化主管部门应该打破“办文化”的格局，履行“管文化”的职责；江泽民同志在十四大报告中特别提出“要完善文化有关经济政策”，殊为中肯。因此，作为政府管理文化的主要手段之一的文化政策，也应该向着有利于挖掘自身潜力、谋求自我生存和发展的方向调整。

在社会主义市场经济条件下，文化政策调整的原则、目标、范围、幅度取决于文化进入市场经济体系的方式和程度。因此，

第一，文化政策要能够充分利用市场的信息资源，分析各个不同文化门类的经济潜力，或从而开发、引导和规范文化市场，使具有市场竞争力的文化门类在市场经济中寻求自我生存发展；或从而决定国家补贴的发放数额、范围，以期达到资源配置的基本平衡。在这方面，需要特别注意的是新混合型经济发展赋予文化的新的经济意义。

第二，文化政策要倾向于运用价格、信贷、税收等经济手段，从而影响文化事业的布局、结构，文化产品的质量、数量，文化经济潜力的挖掘，以实现优胜劣汰，保证社会效益、促进经济效益的目标。可资采用的办法有很多，如减免文化产品的增值税、建立专门机构为文化工业提供信贷担保、设定名目提前转移财政收入等等。

第三，文化政策要发挥刺激和规范企业和个人赞助文化的功能，既有利于文化事业健康发展，又使赞助者从中得到合理的回报。

总而言之，社会主义市场经济条件下的文化政策，

应当有力地促进文化与经济的友好界面，应当有利于文化在市场经济体制中进入良性循环，在市场经济环境中更加繁荣发展。当然，既然是国家政策，它的经济管理方式也是建立在法律管理与行政管理——即发挥国家机器的强制性特征——的基础之上的。必须重申的是，在任何情况下，都不能将文化事业这只美丽而又多少有点脆弱的小船往市场的汪洋大海中一推了事，绝不能幻想它会是一个天纵之圣、能在经济大潮中遇难呈祥的“江流儿”。

“道法者治”
——文化政策与法规

我国古代著名法家韩非子认为，治理国家，“徒术而无法，徒法而无术”都是行不通的，而必须二者兼备。他对“法”和“术”所作的定义分别是：“法者，宪令著于官府，刑罚必于民心，赏存乎慎法，而罚加乎奸令者也，此臣之所师也。”“术者，因任而授官，循名而责实，操生杀之柄，课群臣之能者也，此人主之所执也。”韩非所说的法，其含义与现代较为接近；他所说的术，是指政治手段，其中包含有政策、策略、行政等诸因素，带有极其明显的封建君主政治的局限性。现代民主政治中的公共政策，当然不同于“运用之妙，存乎一心”的“术”，而是必须公之于众，让公众了解、接受并具有一定稳定性的“术”。但是，从体系的完整性、程序的严格性和实施的强制性而言，无论是古代的“术”还是现代的政策，均不可与“法”同日而语；从时空敏感性、执行与修订的灵活性、措施的具体性等方面，政策又存在一定的优势。从这个意义上说，政策与法二者应当并重，不可偏废。

真正的问题并不在于法和政策是否必须并存——它们应当各自发挥其作用当是毫无疑义的——而在于市场经济的现实要求更加完备的法律体系，因为市场经济在一定意义上就是法制经济。在计划经济体制下，社会生产、流通、分配各环节都是靠计划指令来联结的，而在市场经济中则是靠自主的市场主体之间的契约联结在一起的。为了保证这些契约的公正和履行，就需要有完备的法律规范和保障。但是，我国的法制建设所面临的现实却是很严峻的，正如邓小平同志指出的：“我们国家缺少执法和守法的传统”。从总体上说，我国的法制不够健全，目前还难以满足市场经济发展的需要，文化方面的立法则更为缺乏。自新中国成立以来，我国制订了许多文化艺术政策，但它们的一个明显的缺陷，就是没能尽快地、充分地通过立法手段加以确认，导致了理解不明、贯彻不透、执行不力等问题。到目前为止，有关文化的法，只有《著作权法》、《文物保护法》等寥寥几个。此外，在目前许多有关经济的立法中，也还没有将文化发展的经济意义充分地考虑进去。如，文化企业发展的保护、文化事业的资助、税法关于文化艺术的特殊调整及其影响、文化市场管理等等方面，都亟待建立明确的法律。

剩下的问题就是，如何在法与政策之间架设一条桥梁，使政策更充分地发挥作用。为了保证文化政策得到更好的落实以及文化政策自身的完善，必须加快文化立法的步伐，把一些比较成熟的文化政策以法律的形式确定下来。在社会主义市场经济条件下，仅仅靠一些深受条块分割影响的行政命令和管理条例来贯彻执行文化政策，是远远不够的。这一点在我们的文化管理实践中已经暴露出来了，例如，文化、公安、工商等行政管理部门在文化市场管理的许多方面难以完全协调一致的情况，甚至下级和上级、地方和中央各级文化主管部门对政策的理解和执行也往往大有出入的情况，都时有发生。这种政出多门、各行其是的官僚主义政治体制的弊病之所以会较频繁地发生在我们的政体中，最主要的问题就是缺少效力充分的法律依据。所以，邓小平同志关于“政治体制包括民主和法制”的见解，无疑是非常深刻的。

欧美的文化政策的传统特征之一，就是注重政策操作程序的法制化。具体而言，这一特征包含两个方面：第一，一旦指导政策的观念发生变化，首先要谋求立法确认。第二，对于所采取的一些新的政策措施，也要尽快地谋求立法确认。这是值得我们学习和借鉴的。

“天下之大事必成于细”
——文化政策的具体化

文化政策要适应市场经济运行机制，加强文化政策措施的具体性和可操作性也是不容忽视的问题。方针政策的原则和目标当然要着眼于宏观发展，而实现这些原则目标，则有赖于具体而微的、可操作的措施。否则，无论是政策的执行者还是政策适用对象，难以真正做到理解和掌握。没有目标的手段，固然如同无舵的航船，会在茫茫沧海中迷失方向；没有手段的目标，也就如同“欲济无舟楫”，当然更是“蓬莱无可到之期”。

加强文化政策的具体性和可操作性，有两个方面是必须注意的。

首先必须注意将目标的尽可能量化，从而避开容易发生歧义的或不易把握的因素。例如，在知识产权保护方面，最令人头疼的问题之一就是私人拷贝。私人拷贝，从本质上说是一种个人行为，仅仅从道义上训诫或谴责是无济于事的，而对一种行为征税也几乎是不可能的，尤其是作为一种个人行为，更不可能进行随时随地的监督。在这个问题上，欧美国家普遍采用了对拷贝用具实体变相征税的措施，即在录音录像机和空白介质销售中附加一定比例的类似税收的费用价格，再按一定的比例间接地补偿权利持有者。这种措施实际上就是将私人拷贝造成版权持有者受到损害的可能性进行量化，并给予相应的经济补偿，从而有力地保证国家有关著作权的政策法令得以落实。又如，为了体现国家对艺术家的利益的保护，提高文化工作者的地位，在征收作家艺术家的个人所得税方面，许多国家都根据本国特点和文化行业特点，制定了具体的政策措施。法国自1983年起，作家有权将所得税分摊到五年中去，那些靠出卖作品维持收入的视觉艺术家可以免征所得税。芬兰自1969年起对作家和艺术家就实行免税，并且发放多种类型的津贴给他们，自1986年起也仿照法国的办法，将所得税分摊到三年中去。一些国家中的职业艺术家可以按职业花费水平获得减税。采取这样一些将原则目标具体化或量化的办法，政策的可操作性便大大增强了。

其次，是注意使政策措施与经济挂钩，加强政策措施的经济色彩。在采取一项文化政策措施的时候，要考虑到它的经济后果，这当然是题中应有之义，但这并不是最主要的。对于市场经济条件下的文化政策来说，更重要的是要使它的贯彻落实、监督控制以及效果评估以经济指标的形式反映出来。例如，国家应该鼓励企业和个人对文化事业进行资助，如果只是停留在一般性的号召上，或是完全听任企业按照利益取向来决定投资，就很难体现政策性倾斜，难以发挥政策的调控作用。现在欧美国家除了通过发放直接补贴的数额和范围来维持文化发展的平衡或体现政策性倾斜外，普遍采取的做法是采用竞争性补贴方式和“税务屏蔽”策略。所谓竞争性补贴方式，就是国家根据企业对文化投资的多少追加具有奖励性质的补贴。1984年英国实施的重要计划《商业赞助刺激计划》（BSIS）规定：“过去从未赞助过艺术的商业公司的首次赞助可以1镑对1镑竞争政府资金。”该计划的执行结果是，到1988年5月止，500万英镑的中央政府竞争补贴已从商业公司吸引了大约1，200万英镑。法国在1987年也采用了相似的竞争资金制度，从公司得到的1法郎可以竞争官方的5法郎。所谓“税务屏蔽”，就是允许企业从利润中抽出一部分投入到文化事业中，这部分资金可以冲减税收。但是，对于可冲减税收的资金的数量，它在利润中所占的比例和投入资金的时效方面，都有具体的、各国之间不尽相同的规定。这些措施都收到了很好的效果。

我们国家为了保证文化事业的发展，经过有关部门的协作，也制定了“税收返还”的政策措施，但是效果并不太显著。其原因一方面是它只限于文化事业的自我补偿范围，对于普遍“贫血”的文化部门来说，颇有杯水车薪之感，另一方面是它的措施不够具体，缺乏经济色彩，在如何返还，何时返还，返还后如何支配等问题上，缺乏充分的有效的措施。其实，与其在文化事业收入的“税收返还”的方式上扯皮、兜圈子，还不如借鉴一下竞争性补贴方式和“税务屏蔽”的策略，研究出一些符合我国国情、切实可行的措施来，更有利于文化事业的发展。

“国之利器不可以假人”
——文化政策的国际化

古往今来，从《诗经》所向往的“乐土”、“乐国”，到桃花源、乌托邦、乌有乡，不知道有多少人做过“小国寡民”的梦。“彩云易散琉璃碎，世间好物不坚牢”，它们不仅被人类社会至今无休止的战争利爪撕碎，也被人类社会中友善交往的春风吹散。无论是“地球村”意识这充满忧患的变奏曲，还是“和平与发展”这欢快的当代主题曲，都在注释着马克思、恩格斯的名言：“资产阶级，由于开拓了世界市场，使一切国家的生产和消费都称为世界性的了，……物质的生产是如此，精神的生产也是如此。各民族的精神产品成了公共的财产。民族的片面性和局限性日益成为不可能，于是由许多种民族的和地方的文学形成了一种世界的文学。”

文化的国际交流领域和规模日趋扩大，已是不言而喻的事实。新的通讯技术和信息技术加快了文化交流的速度和质量，文化工业品的进出口贸易、国际文化劳务市场的经济意义日渐增强，都使得文化政策的国际化进程加速、力度加大。文化政策与国际文化政策的接轨，已经成了世界各国关注的焦点问题之一。当然，所谓交流，并非和光同尘，免不了差异、矛盾、冲突和摩擦；所谓接轨，也不等于无条件的顺从，它同样包含按国际惯例修订本国政策和根据本国国情和利益寻求解释或者谋求修订国际惯例这样两个方面。美国文化在国际上形成的卖方市场（有人戏称为“文化的可口可乐化”）已经引起了许多的不安乃至摩擦，让我们看看欧美在关贸总协定乌拉圭回合贸易谈判桌上关于“文化特殊性”问题的闪烁其词的背后隐藏着的是什么，便可昭然若揭：电影和音像制品业继航天工业之后，已占据美国出口的第二位；美国60%的出口产品销往欧洲，欧洲的音像市场可给美国带来300亿美元的收入。唇枪舌剑掩盖不住的是限制与反限制、保护与反保护的刀光剑影。但是，和光同尘也好，和而不同也好，总是文化政策国际化趋势的反映。

我国的改革开放政策，也进一步加快了我国文化政策与国际文化政策的接轨。到目前为止，我国已经加入了《伯尔尼保护文学艺术作品公约》、《世界版权公约》（1992年加入）和《保护录音制品制作者，防止未经许可复制其作品日内瓦公约》（1993年加入）等三个国际版权条约，在版权及其邻接权保护这一文化政策最古老且现代发展最快的领域里，迈出了我国文化政策国际化重要的一步。随着我国社会主义市场经济体制的确立和进一步扩大改革开放政策的实施，文化政策与国际文化政策的接轨问题更加迫在眉睫。在争取恢复关贸总协定缔约国地位的努力中，我国文化政策研究者应当加紧研究与国际大市场有关的文化政策问题，例如，带有文化色彩的跨国公司及其产品问题，文化劳务的国际市场问题，国际文化旅游业发展问题，国际文化交流方式问题等，这些也正是世界各国文化政策所关注和力求加以调整的问题。

“工欲善其事，必先利其器”
——文化政策学刍议

政策的出现，由来已久。有社会分工，就会有管理；当管理作为一种政治行为时，实现管理目标的原则、方法和措施就体现为政策。但是，管理学的勃兴，只是近代的事，公共政策学的产生和发展，更在后来。文化政策学从学科类型来说，应该是文化管理学的分支，是公共政策学和管理科学在文化政策领域里的运用，具有边缘学科的性质。

美国的公共政策学家伊斯顿·罗斯威尔教授给公共政策学下的定义是：“以制定政策规划和政策替代案为焦点，运用新的方法论对未来发展趋势进行分析的学问。”他指出，公共政策学有六大特点：（1）公共政策学是关于民主的学问，因为政策是需要民众理解和支持的，政策的产生和执行程序也需要民主的监督。（2）公共政策学的哲学基础建立在理论实证主义之上，这是其方法论的基础。（3）公共政策学是一门对于时间和空间都非常敏感的学问，政策实施的范围直接决定了它的效力，而且政策的效果需要时间来认识和评价。（4）公共政策学具有跨学科的特性。（5）公共政策学是一门必须和政府官员共同研究的学问。（6）公共政策学中不可缺少“发展概念”。所谓发展概念，即构筑社会发展的理论体系和模型时所必要的概念的总称。他的观点对我们有很大的帮助，值得作为建立文化政策学的借鉴和参考。但必须加以说明的是，关于“政策”的范畴，我们同西方在定义上有较大的差异。一般说来，我们所谓政策偏于原则性，着重强调其作为“指导方针”（guideline）的含义；西方所谓政策偏于具体性，着重强调其作为“方法措施”（measure）的含义，所以公共政策学被西方学者称为“解决问题的学问”。对此，笔者认为，文化政策主要是由政府文化主管部门来制定和落实的，它和党的大政方针政策应当有所区别。它要同党的方针政策相衔接，当然要具备一定的原则性，而同时它作为一种行业政策，又应该有相当的灵活性和具体性，便于操作、落实。所以，我们的文化政策的定义域，如果向“方法措施”的方向偏移一些，将会更有利于文化政策的发展。

文化管理学是一门比较新的学科，它从七十年代开始起步。过去，西方文化传统强调文化的个性和独立性特征，认为文化艺术从本质上是难以管理和或者说根本就是不可管理的领域。随着文化生产社会化形式的出现，更由于文化艺术的经济意义发生变化，这种传统观念发生了根本的改变。七十年代初，美国在哥伦比亚大学和纽约大学等著名学府中，开设了相应的专业。经过二十年来的努力，并通过专业教育的横向联合，逐步地建立了一个较为完备的教育与研究体系。欧洲也紧随其后并迅速崛起，正如米切尔夫人的《资助文化艺术的新举措》“引言”所说：“在欧洲，对于文化政策研究的兴趣——甚至可以说是热潮——持续升温。”

我国文化管理学的真正起步是在八十年代，十年之间，队伍不断壮大，组织机构初具规模，学科结构轮廓已经基本形成，也有了一批可喜的研究成果。但是，受种种条件制约，进展仍显缓慢，教育与研究的力量和水平都还比较落后，这不能不影响到文化政策的制定和执行。其中主要问题有几个方面：（1）各自为政，缺乏组织与协调，无法进行大项目和系统工程型的研究。（2）研究国外的文化管理历史与现状以及借鉴国外的科研成果方面比较薄弱。（3）观念还有待进一步更新，以期更加适应社会主义市场经济的发展。（4）理论与实践脱节，其表现之一就是缺乏应用操作性科目或课题的研究，使许多可以语惊四座的理论因找不到应用学科的拐杖而无法在现实中行一步。因此，文化政策学、文化市场学等应用型的文化管理学科亟待建立。

笔者对建立文化政策学的构想是：

（一）这门学科的构成应当包括：学科性质、特点、原则和目标；文化政策制定与调整依据；文化政策制定与实施的程序和方法；文化政策指导方针研究；文化政策目标研究；文化政策的信息与反馈；文化政策的评估；国际文化政策比较与借鉴。

（二）加强政府有关机构与国家科研机构、高等院校、民间研究组织中的学者之间的联系，充分体现政策学作为一门需要与政府官员合作的学问这一特点，也有利于保证理论与实践的密切联系。

（三）建立统一的信息库和信息网，实现信息的及时传播与反馈，实现信息资源和科研成果共享，提高文化政策研究的水平和时效性，充分体现政策学作为一门对于时间和空间敏感的学问这一特点。

（四）在文化管理院校中适时地开设文化政策学课程，将它纳入文化管理干部的培训内容之中。

总之，在市场经济条件下，政府职能转变以后，文化政策是国家对于文化事业进行宏观调控的主要手段之一。要想按照国家既定方针，根据经济发展情况和人民大众的需要来发展文化，具有可操作性、可重复性和可监控性的科学、合理的文化政策是必不可少的条件。而要想使文化政策的制定更科学，调整更合理，就应该使文化政策研究更科学、更深入。建立文化政策学的问题提到议事日程上来，已经是非常现实的了。

（选自《毛泽东文艺思想研究》第10辑暨全国毛泽东文艺思想研究会第14届学术年会论文集，1994年10月1日）

文化经济学的崛起

程恩富

一、文化经济学的产生

目前，西方学术界出版的有关经济和文化的著作，都没有建立系统的经济学理论体系，主要局限于探讨文化与经济的各种联系。在我国，改革开放的春风催生着社会主义文化经济学这门新学科的出土。80年代中期以来，我国学术界为配合经济发展而先后开展文化发展战略和文化管理的研究，从不同的侧面研讨了文化领域中的经济问题，如《文化经济与文化管理》等，而且，作为分支科学的教育经济学、艺术经济学、科技经济学等不断涌现，又为系统的文化经济学奠定了研究基础。除了理论来源之外，经济实践也催促文化经济学的诞生。经济结构的调整日趋扩大文化的含量（包括知识、教育、技术和信息），市场经济日趋推进文化的商品化和产业化。作为社会两大系统的文化与经济，其各自发展有着内在动因和独立性，在整个"文化经济链"中，它们保持着"脐带关系"，即经济对文化具有奠基性，文化对经济具有前瞻性，并在交互作用中同步扩展。正是在实践和理论研究的有力推动下，我国文化经济学这门新兴学科才得以正式形成。

二、文化经济学的研究对象和基本内容

近年来，我国学术界关于文化经济学考察的对象有几种主要表述：其一，它是研究文化领域利用经济规律的形式、内容、特点及社会的文化需要与物质基础相互关系的科学。其二，它是一门分析文化领域经济关系和经济活动及其规律的学科。它不仅要从经济学的观点开展对文化经济的整体研究，而且要从文化领域的各个部门出发研究经济问题，例如电影经济、戏剧经济和出版经济等。其三，它是指通过研究文化投资的数量、分配、使用和经济效益，来研究文化适应和促进生产发展的水平、速度和规模。其四，它是关于文化艺术生产、流通和消费的经济现象及其发展规律的科学，是以研究文化活动过程中的生产关系及文化发展规律为对象的。这些表述和概括的侧重点有较大的差异，但基本的精神还是具有共性的。简言之，文化经济学要以文化活动中的微观和宏观经济行为，即整个社会的文化生产力和文化经济关系为对象，科学地揭示文化的生产、交换、分配和消费诸领域的运行机制及其发展规律。

关于文化经济学的基本内容和结构，我国学术界提出以下三种设想：第一种，主张依次阐述文化艺术事业在社会发展中的地位、文化产品属性、文化生产与物质生产相互关系、文化生产目的、文化社会效益与经济效益的关系，以及文化艺术产品的生产、分配、交换和消费，文化资金运动和文化经济政策。此外，对文化企业、文化市场、以文补文、文化产品成本和价格、文化管理体制、对外文化关系等也应作探讨和概括。第二种，论述文化经济学对象和作用、文化经济思想的形成和发展、文化经济管理的任务和原则、文化和经济的联系、文化投资、文化经济计划和文化体制、文化经济信息和价格管理、文化经济效益、补文助文活动的经济意义。第三种，提出文化经济学的研究内容和结构应由下列几个方面构成：文化产品的使用价值和价值、文化产品和商品经济、文化活动经济效益及其指标、文化的社会经济功能、文化生产和物质生产比例、文化消费和社会消费结构、文化在经济发展中的作用、文化和未来经济发展、文化建设和精神、文化经济管理及体制改革等。

目前，文化经济学属于初创阶段，各种体系结构的设计可以百花齐放，不过，其基本内容应包括五个方面：阐明文化与经济两大系统的共生互动关系；从资源配置角度阐明文化资源配置和开发、文化供给与需求、文化投资与消费的现象及其规律；从流通角度阐明文化市场、文化商品及其价格的特点和运行规律；从微观角度阐明文化劳动生产率、文化劳动报酬、文化经济效益和文化经济核算的基本原理和方法；从宏观角度阐明文化发展战略、主要比例关系和经济调控问题，并提出重构符合现代市场经济要求的新型文化经济管理体制。

三、文化经济学的发展与现代化建设

随着社会生产和精神文明的发展，社会主义文化活动相对于物质生产来说，文化生产将发展较快，这是一个规律性的趋势。而社会主义现代化建设的内涵，是包括文化事业这一重要组成部分的。显然，文化经济学的发展对现代化建设具有重大的意义。

文化经济学揭示了文化与市场经济的共生互动效应。一方面，文化建设能有力地推动社会主义经济增长，促进产业结构合理化和高度化，改变社会消费结构和提高劳动力素质；另一方面，公有制主体型市场经济发展的要求，又从根本上规定着文化生产的性质和方向，市场经济发展的水平也从总体上制约着文化建设的状况。在深刻把握文化生产与市场经济发展不平衡演化和同步前进的互动互制关系之后，可以使人们从理论与实践相结合正确认识文化事业现代化的极端重要性，提高社会各部门对发展文化生产力的自觉性和积极性，从而促进文化事业的大繁荣。

文化经济学通过探讨文化与经济、文化资源、文化

供求、文化投资、文化消费、文化市场、文化商品及价格、文化劳动生产率和劳动报酬、文化经济效益和经济核算、文化发展计划和经济管理体制等一系列经济范畴，科学地分析文化生产力和文化生产关系的矛盾运动，从而阐明社会主义文化经济运行机制及其发展规律。这有助于广大文化管理干部深刻认识文化领域的经济现象和经济规律，增强分析和解决新问题的能力，从而实现领导决策科学化，推进文化事业的改革开放进程。

文化经济学强调综合国力众因素中文化资源的最优利用，坚持以文化市场为中心组织文化经济活动，揭示了社会主义市场经济下文化经济效益与社会效益的辩证关系。这对于提高文化企事业单位的经营管理水平，以最小的成本向社会提供价廉物美的优质精神产品，从而更好地满足人们日益增长的文化生活的需要，有着极为重要的作用。

文化经济学的发展，有助于繁荣经济科学研究。传统的政治经济学只限于物质生产领域的分析，这对于文化生产只占极小比例的近代社会来说，是必然的。但对于文化生产日新月异和比重不断提高的现代社会来说，显然是不足的。政治经济学必须扩展到各个文化领域。而文化经济学的创立和发展，既为经济学苑开辟了一个新空间，增添一门新学科，同时又为政治经济学的拓展和充实奠定了研究基础，从而对整个经济科学的不断现代化具有重要意义。

那么，我国进一步发展和完善文化经济学的大思路是什么？首先，要明确文化经济学的研究范围。“小文化”经济学只研究文学、艺术，实质上是文艺经济学。“中文化”经济学把研究扩展到图书、音像制品、出版社，书店、文物、博物馆等。“大文化”经济学涵盖文学艺术、新闻出版、广播电视、图书馆、博物馆、文化展览馆、建筑园林、教育、科技、体育、旅游和宗教等内容，但不包括医疗卫生。如何将不同范围的研究给予科学的命名，是需要统一的。其次，要区别文化经济学与经济文化学，使二者相得益彰。前者分析的应是各个文化领域的经济问题，而后者分析的应是各种经济活动中的文化现象，如企业文化、社区文化、消费文化、计划经济或市场经济条件下的文化等。再次，要不断完善文化经济学的范畴体系和学科体系。既要引进一般经济学的范畴，又要创造反映文化经济领域独特性的新范畴。最后在建立文化经济学的过程中，我们要注意贴近社会主义市场经济的现实，既要科学地反映国家对文化经济领域宏观调控的指导作用，又要认真遵循市场经济的一般规律，反映现代市场经济条件下文化经济运行的新特点和机制，这是完善文化经济学及增强对现实指导意义的重要方面。

（选自 1995 年 1 月 4 日《人民日报》）

论建立文化经济学的几个问题

安应民　高新才

对社会主义经济问题进行深入研究，必须拓展思路。我们撰写的《文化经济学》一书，从大文化的角度，把社会经济运行过程及其规律所体现的文化内涵和文化意义作为研究对象，引起了国内学术界的广泛关注。这里，拟就创建文化经济学中几个有关的问题进行更深入的讨论。

文化是反映人类生存和发展的基本内涵，纵观人类社会发展的历史，人类社会的一切现象都可以被看做文化现象，经济现象更是如此。因为任何文化的产生和发展都是以一定的经济基础为条件的，而形成于一定经济基础之上的文化必然反作用于社会经济的发展，决定并影响着社会经济发展的选择模式、运行方式、政策措施以及发展的速度和质量。因而，从社会发展的深层基因看，文化是最能反映社会经济发展的综合性尺度，经济发展的整个过程始终反映并体现着特定文化的基本特征。中国的封建社会为什么能够延续两千多年？日本为什么能从世界性的战败国发展成为当今世界的经济强国之一？归根结底都与中国和日本特定的经济、政治有关，是特定的经济、政治造就了特定的文化，而特定的文化，又给予了中国与日本特定社会的经济、政治以巨大影响。因此，从本源上看，经济基础是文化的基础，从发展的角度看，文化则是决定和影响经济发展的一个基本因素，“文化经济学”的命题正是基于这一思路而引发的。

一、文化的概念及其基本问题

对文化的概念进行界定，是个非常复杂的理论与实践问题。据有关资料统计，到目前为止关于文化的定义已经超过250多种，每一种观点都是从不同的角度、不同的层次或不同的范围进行界定的。就所有观点而言，大体可以归纳为两种比较成熟的观点。其一为广义的文化概念，认为文化是人类创造的一切物质文明和精神文明的总和，是人类自身的一种延续，把文化看成无所不包的东西。其二为狭义的文化概念，认为文化是指人类的精神活动产物及其延续与发展。然而，从文化经济学的角度分析探讨文化的概念，则更多地侧重于从更为广泛的意义上来进行理解和认识。笔者认为文化是一个特定社会的整体概念的凝聚，是融理论、实践和发展于一体的综合性概念，人类社会的一切实践活动及其创造性成果（包括物质的和精神的）都是表现文化意义的。可以肯定，文化不仅是人类的一切创造性活动及其成果，而且还是由这些特定活动及其成果所决定的生存方式的一种体现，它包括物质、行为、制度和精神等各个层面。由此可见，从更广义的角度来认识中国的社会主义建设，也可以说就是社会主义文化建设。尽管这种认识与广义的文化概念有某些相同之处，但文化经济学对文化概念的认识却有它独到之处，既强调文化对实践结晶的凝聚，更强调文化对实践的规定、指导、影响和推动，特别重视实践与文化的双重影响及动态发展。

与文化概念有关的问题之一，首先是关于文化与文明的关系问题。文化与文明的概念及其关系一直是学术界争论不休的问题之一，有的说文明与文化是广义与狭义之分，文明是广义的文化，文化是狭义的文明；有的则认为正好相反，文化是广义的文明，文明则是狭义的文化；有的还认为文明是文化的表征，文化是文明的内在本质等等。我们认为，文化与文明是既有区别又有联系的两个不同的概念，尽管他们反映着共同的社会现象，但却是从不同的范围、层次和角度来审视社会现象的。从人类社会的发展过程看，文化与文明是并行的，它们共同处于一种不断转化的社会实践过程中，都是对愚昧与落后的扬弃，很难说谁先谁后，对于社会发展的每一步，既可以说标志着社会文明的某种程度，也必然体现着某种文化的凝聚和推动。但是，尽管文化与文明都是有一定的社会经济基础所决定的，是一定经济基础的反映，同时又作用于那个经济基础之上的社会实践活动。然而，在这个过程中文明更多的表现和反映在社会实践的结果与表征上，文化则更多地表现在推动社会实践发展的过程与内涵上。两者互为前提，互相影响，共同促进社会的发展。

其次，要认识文化的时代性和民族性。客观地说，任何文化都是具有时代性的文化。在奴隶社会中，反映的必然是奴隶制文化；在封建社会中反映的也必然是封建文化；同样在现代社会中，既反映着资本主义社会的资本主义文化，也反映着社会主义社会的社会主义文化，同时还反映着推动现代社会发展的共同文化。文化的时代性表明，文化是不断发展和完善的，是继承与创新、传统与现实的有机统一。必须充分认识文化的时代特征，站在时代的前沿去审视社会实践的一切现象，用体现社会发展特征及其规律的文化内涵去推动社会实践活动的深入，推进社会的文明与进步。同时，任何文化还都体现着一定的民族性，是属于特定民族或民族体的文化。中国的封建文化不同于印度的封建文化，就是文化具有民族性的特征的体现。在当代，中国文化与西方文化相比也同样反映了不同的民族性。就是西方文化，也有不同的文化内涵，体现着不同国家和地域的民族性。因此，文化既有世界性的含义，也有民族性的含义，而且首先是民族性的。实践证明，民族文化之间并不存在模式选择的问题，各民族文化都具有其独特的价值，并能够根据自己民族的实际在自我调整中发展。当然，这并不排除民族文化之间的相互吸收，文化本身就是相互影响和相互促进的，否则就不是真正的文化。

二、文化经济学的概念界定

对文化经济学概念的界定，迄今为止国内外学者还没有形成一种有影响的权威性的科学概念，更多的学者是将文化经济学的概念囿于文化领域或文化事业本身的经济学问题之内，因而，这种界定倾向导致了对文化内涵非常狭义的理解，与我们所探讨的文化经济学大相径庭，文化经济学作为一门新兴的交叉性学科，有它特定的科学内涵和学科属性，它的概念正在逐步地由朦胧变得清晰。这里我们暂且不去急于说明什么是文化经济学，从对以下问题的思考中也许能够悟出点什么道理来。当今世界，为什么各国的社会经济发展状况千差万别？战后日本经济为什么能以惊人的速度发展，取得世人瞩目的成就？中国经济的发展又为什么一直曲折复杂，难于独寻其轨呢？这些问题到底说明了什么？如何认识这些经济现象的本质？我们认为从人类社会发展的客观规律看，任何社会经济现象本质上都反映着特定社会的文化内涵，只有从文化角度去审视社会经济现象，才能认识其本质，把握事物发展的客观规律。这是因为任何经济现象不仅仅只是表现经济关系和经济问题的，而是首先表现为某种特定的文化现象和文化观念，经济的发展首先意味着文化的发展。由此可见，文化经济学是一个含义广泛且深远的科学概念，它并不是研究文化领域或文化事业本身发展的经济学问题，而是从文化视角去审视社会经济活动的诸多现象，探讨与研究不同文化层面与社会经济发展之间所蕴含的内在规律，从而阐释一切社会经济现象发生、发展及其变革的规律性。

从上述分析中不难看出，文化经济学是一门从人文化视角去研究社会经济现象（包括物质的与精神的各种现象）的学问，重点探讨经济现象与经济发展的文化意义，揭示文化与经济发展之间相互作用、相互影响的客观规律以及社会经济运行的深层动因，以利于指导社会经济的健康发展。这里必须强调的是，文化经济学既不是文化学与经济学的简单组合，也不是两者的综合与统一。它是从哲学的高度去看待和思考社会经济的运行过程，是把整个社会的一切经济现象都作为文化现象来进行分析和认识的。它来自实践，高于实践，又付诸实践，指导实践。在我们看来，对文化经济学概念的这种界定有利于全面把握这门学科的科学内涵，认识社会经济活动和经济发展的文化意义。同时，有利于培育经济活动主体的文化战略思维，使之把经济活动放在战略的高度去认识和组织，从而有利于社会经济的发展。由于文化结构的层次性特点，文化经济学只有从表层、浅层、中层和深层等结构层次出发去探讨复杂的社会经济现象，才能全方位多层次地去把握文化经济学的学科体系，建立这门学科的理论框架、认识模式和实践内涵。文化经济学是一门融理论与实践于一体的应用交叉性学科，这一理论的根本支点就在于它的实践性。

三、经济文化现象与文化经济学研究的热点问题

在当代社会中，经济现象的文化化和文化现象的经济化已成为越来越明显的两大特征。诚如前述，经济现象与经济发展本身必然体现着特定社会的文化内涵，表现着社会经济活动的文化意义，这一点与我们的主旨完全一致。然而，文化现象的经济化却是中国改革开放以来不断发展的具有时代特征的文化经济现象，从而使人们的文化视野更加宽广，极大地丰富了文化经济学的科学内涵，文化战略与文化思维已成为当今社会发展的基本因素。

在经济现象文化化的过程中，不难发现经济活动主体的文化战略意识日益增强，人们更加注意从文化的角度去审视社会经济的一切问题，用文化头脑和文化思维代替了单纯的经济头脑和经济思维。企业作为国民经济的细胞和经济活动的主体，为什么都在注意建设以企业精神为中心的企业文化呢？这就是值得思考的文化经济问题，作为企业文化核心的企业精神已成为企业发展的巨大动力。同样，商业文化、集市文化、物产文化、消费文化、服饰文化、饮食文化、市场文化、城市文化、科技文化、地域文化、人口文化和旅游文化等经济发展的文化意义，社会经济的发展不再单纯的体现为经济实力的增长，特别还体现着特定社会的文化战略及其实力，从发展的观点看，文化实力似乎比经济实力更为重要，尽管经济实力决定文化实力，但文化的力量不可低估，它是经济发展的灵魂。因此，经济现象的文化化是文化经济学研究的热点之一，它将进一步探讨社会经济活动及其结果对文化本身的影响以及文化现象的文化意蕴，并从不同侧面、不同层次和角度去研究经济现象发生、发展及创新的文化根源，解释经济现象文化化的客观规律。

与经济现象文化化相对应的另一种经济文化现象则是文化现象的经济化，这是特别值得认真研究的经济文化现象。从表层看，这种现象是以文化艺术的形式表现出来的，其本质却反映着非常明显和深远的经济意义，这是文化现象经济化的一个最基本的特点。近年来，中国大江南北方兴未艾的“节文化”正是文化现象经济化的集中表现。山东潍坊市每年举行一次“风筝节”，从形式上看是展现风筝艺术的一次重要的文化艺术盛会，但每次都对潍坊市的经济发展起到非常重要的推动作用。现在人们一提起潍坊，首先想到的是风筝城和风筝节，风筝节已成为潍坊经济腾飞的象征。还有中国民间艺术节、哈尔滨的冰灯艺术节、西安的三秦文化艺术节和唐文化节，以及具有地方文化特色的楚文化、晋文化节、中原文化节、边疆文化节等等，都是文化现象经济化的重要表现形式。时代已经给这种“节文化”现象赋予了新的文化内涵。“文化搭台，经济唱戏”和“文化开路，经济进军”正是对这种文化现象本质的高度概括。不管“节文化”的形式如何变化，其经济目的是不言而喻的，繁荣经济本身就是非常重要的文化战略。因而，文化现象的经济化也就成为文化经济学研究的又一个热点问题。那么，文化现象为什么要经济化？两者之间的内在联系和作用机制是如何形成的？这些问题不解决，恐怕难以认识文化现象的本质，也不会找到文化现象经济化的根本原因和两者之间的必然联系，揭示文化现象经济化的客观规律。笔者认为，一定的文化是对一定社会经济基础的反映，从本质上看文化本身的表现是服务于经济基础的，在这个过程中社会经济的发展同时也促进了文化的发展，这是两者之间最本质的关系。由此可见，文化现象的经济化首先是对这种关系的必然反映，同时也表现出这种关系的阶段性特征。相信随着社会经济的发展，这种关系还将发生新的变化，并不断表现出新的特征。

四、文化经济学的研究对象与内容

文化经济学是把社会经济运行过程及其规律所体现的文化内涵和文化意义作为研究对象的，其中特别是把文化内涵所包含的文化观念、文化战略和丰富的文化意蕴与社会经济活动之间的相互关系作为主要的研究对象。若略加细化，即包括以下几层意思：

其一，文化经济学是把整个社会经济活动看成“文化活动”的。这是由于经济活动从物质基础、物质条件和物质手段的储备到酝酿、思路、组织、对策、协调、调整等一系列活动的运行，本质上都体现着特定社会或组织的文化实力、文化能力和文化潜力。就社会的物质基础和物质条件而言，本身就是一种构成物质文化环境的因素，经济活动主题只能在这个基础上变革现实和发展现实，创造灿烂的物质文化成果。而物质手段则更直接地体现着社会的文化成果。它本身作为一种物态认识工具，从而延伸了经济活动主体对经济活动的认识深度和广度，增强了获取和处理各种经济信息的能力，提高了认识水平和工作效率。至于经济活动过程的一系列对策思路、运作方式、协调方法和措施调整等，无疑都体现着特定的文化战略。因此，文化经济学从特定的角度把整个社会经济活动作为研究对象是理所当然的。

其二，文化经济学要研究并概括社会经济活动的文化观念、文化战略和深刻的文化意蕴。任何社会经济活动都是在特定的文化环境中进行的，并必然表现为某种文化观念，体现着特定社会的文化战略。文化经济学就是要把体现在经济活动中的这些文化意义作为重要的研究对象，抽象出凝聚在经济活动中的文化观念，认识经

济活动的本质。拿计划经济和市场经济来讲，它们都分别体现为一种文化观念和文化战略思想，并必然要融化于特定的社会经济活动之中，使经济活动体现着计划经济或市场经济的文化特色。因此，任何经济活动都必然体现着一定的文化意义，文化经济学正在于探索和发展这种文化意义，指导社会经济活动的健康发展。

其三，文化经济学要审视社会经济活动与特定文化观念和文化战略之间的相互关系，揭示两者之间相互作用的规律性。既然从广义上看社会经济文化活动就是一种特定的“文化”活动，体现着特定的文化观念和文化战略思想，那么这种“文化”与经济活动之间的相互关系如何，它们之间的相互作用是如何发生的，并表现出哪些规律性呢？这些正是文化经济学要研究的对象。尽管有些问题我们还很难作出确切的回答，但这并不影响这些现象和问题作为文化经济学的研究对象这一基本结论。

当然，文化经济学的研究对象尚在探索之中，还有一个由浅入深、由表及里、由模糊到逐渐清晰的发展过程，相信随着实践的深入，必将进一步丰富和完善这一学科的内涵。

那么，文化经济学到底包括哪些研究内容呢？笔者认为它应分别从文化的表层、浅层、中层和深层结构出发，把物质文化、行为文化、制度文化和精神文化四个层面与社会经济发展之间的相互关系及其特性、功能、作用机制和发展规律等作为基本的研究内容。揭示社会经济发展变化的基本规律和深层动因。

“物质文化”层从文化的表层结构入手，探索和研究物质文化与社会经济发展之间的相互关系及其内在规律，并着重把物质文化与科技进步、物质文化与经济社会发展作为重要的研究内容，揭示物质文化对科技、经济、社会发展的文化意义。其中主要包括物质文化与科技进步的相互关系、科技进步的文化意义及其实质、物质文化对经济发展的作用、经济发展对物质文化的影响、物质文化与社会发展等内容，从而认识作为一个特定社会的物质文化，既反映着科技与经济社会发展的物质基础和物质条件，又规定着经济活动主体的认识能力、认识水平和认识手段，探索两者之间的相互作用、相互规定、相互促进和协调发展的态势、效应和规律。

“行为文化”层深入到文化的浅层结构，探讨行为文化与社会经济发展的相互关系及其运行规律，特别把社会生产、分配、交换和消费等行为特征、方式、结构、演化及发展趋势等方面所表现的文化意义作为主要的研究内容，揭示行为文化与经济发展的内在联系和规律性。需要强调的是，文化经济学是把经济行为本身作为一种文化特征看待的，因为一切经济行为都必然要反映一定社会的文化内涵及其意义，都是行为文化的体现。因而在生产行为中，要把生产行为的文化意义、生产行为与生产方式、生产行为与生产结构、生产行为的文化环境以及生产行为的合理化等作为基本的研究内容；在分配行为研究中，要把分配行为与分配方式、分配行为与分配结构、分配行为的文化环境以及分配行为的合理化等作为基本的研究内容；交换行为要着重分析研究交换行为的社会文化环境、交换方式的变化趋势与文化意义、交换行为的文化特征和交换行为的合理化等问题；消费行为则要着重研究消费方式的变化趋势、消费行为的社会文化环境、消费习惯与消费行为、消费结构以及消费行为的合理化等内容。

“制度文化”层深入到文化的中层结构，从理论与实践的结合上分析研究政治制度文化、经济制度文化和法律制度文化与社会经济发展变化之间的相互关系及其所体现的深刻的文化内涵。在经济制度文化中，要研究经济制度文化的特征、内容与环境，经济制度的文化类型，经济制度文化与经济发展的相互关系与相互作用。经济制度文化建设的基本原则、目标模式以及途径与方法等。政治制度文化则要研究政治制度文化的特征与内涵，政治制度文化与经济发展的相互关系与作用机制、政治制度文化环境与建设等内容；法律制度文化则要把法律制度文化环境、法律制度文化的特征与内容、法律制度文化与社会经济发展之间的相互作用及其特点，以及法律制度文化建设的基本问题等作为主要的研究内容。

“精神文化”层要进一步深入到文化的深层结构，把社会经济活动主体的价值观念、道德规范和思维方式作为主要的研究内容，并分别就价值观念、道德规范、思维方式等精神文化的基本特征、表现形式、社会经济功能以及与社会经济制度、经济行为、经济关系、经济体制改革之间的相互关系作出科学的阐释。对精神文化的研究，犹如开发巨大的“思维能源”，因为精神文化既规定着社会经济活动主体认识的逻辑起点与归宿点，也影响和校正着社会经济活动主体认识能力的发展方向，还拓展和丰富了认识的实践范围。当然，对精神文化的研究并不局限于价值观念、道德规范和思维方式，但这三个方面无疑是最核心的内容。

五、文化经济学与相关学科的关系

由于文化经济学的研究内容与许多学科有着密切的联系，所以也构成了这门学科与其他相关学科之间的特定关系，这种关系既体现着文化经济学的理论源泉，也是这门学科发展的科学营养和动力。

文化经济学与马克思主义哲学的关系。马克思主义哲学是无产阶级的世界观和方法论，是人类认识和改造世界的强大的思想武器。辩证唯物主义和历史唯物主义作为马克思主义哲学的核心内容，必然也是文化经济学的理论基础和方法论基础，它的一系列科学思想、理论和实践观点无疑也是文化经济研究的指导思想。可以毫不夸张地说，假若没有马克思主义哲学基础，文化经济学就没有灵魂。因此，马克思主义哲学是文化经济学的理论基础，它不同于其他学科对文化经济学的作用及其关系，它既是指导思想的理论基础，也是具体的直接的研究指南和实践方法。当然，马克思主义是关于发展的科学，它本身也需要发展，机械地教条地对待马克思主义，是不可能继承和发展马克思主义的，这是文化经济学对待和运用马克思主义的基本思想和出发点。

文化经济学与经济学的关系。经济学是研究社会经济运行及其规律的科学。它与文化经济学的关系非常密切。从一定意义上看，可以把文化经济学看成是经济学的一个分支学科。经济学在于研究社会经济现象本身及其规律，文化经济学则在于透过现象剖析其本质，探索社会经济现象所蕴含的文化内涵。因而，经济学已成为文化经济学的一个重要的基础理论学科，要进行文化经济学的研究必须具备良好的经济素养，具有比较扎实的经济学理论基础，并不断地学习和汲取经济学研究的一些新观点和新方法，能够把握住经济学本身的发展及其规律。否则，不仅难以认识社会经济现象本身，更难以认识现象的本质，抽象出现象的文化意义。

文化经济学与社会学的关系。从广义上看，社会学是研究整个社会现象和社会问题的，既包括社会关系、社会生活、社会行为、社会制度、社会改革、社会运行等方面，也包括婚姻、家庭、青年、就业、城市、犯罪等诸多社会问题，同时，还包括许多社会科学学科尚未涉及的社会现象和社会问题。因此，文化经济学与社会学的关系也非常密切。社会经济现象、经济问题和经济规律作为社会学要研究的一般问题，也是文化经济学要研究的主要问题。文化经济学要用文化视角去探索这些问题的深层动因，审视其中富有哲理的文化内涵，找到两者之间的本质联系，就必须了解社会学的研究内容、理论体系和基本问题，特别是社会学对整个社会现象和社会问题系统的把握。只有这样，文化经济学才会有比较广泛的学科基础，才可能在这个基础上实事求是地开拓和创新属于自己的那块新天地。

文化经济学与管理学的关系。管理学是研究管理理论、管理实务和管理方法的，它既强调系统观念，把整个社会看成是一个协作的大系统，研究内外系统的结构关系、功能关系和协调关系；同时还非常强调权变观念，注重研究系统变革、系统适应和系统发展问题。而文化经济学的研究目的正在于把握社会经济系统的结构关系、系统功能和协调、分析系统运行规律及其结果的文化基因和文化意义，提供对社会经济活动实施管理的科学思想与方法。所以，管理学也是构成文化经济学的一个基础学科，搞文化经济学的研究不懂管理学不行，特别是现代管理的最新理论和方法，因为经济管理本身就是一种管理文化的体现。

文化经济学与历史学的关系。历史学是研究人类历史活动、历史变迁及其发展规律的科学，历史研究有其一套科学的抽象和逻辑思维方法，包括纵向比较和横向比较的方法。这种历史观和方法论是文化经济学不可或缺的科学营养。社会经济运行本身就是一种历史现象和文化现象，只有把各种经济现象和经济问题放在历史的长河中去把握、去认识，才能抓住现象的本质，懂得其由来与发展趋向，中国的经济体制为什么要进行改革？改革为什么要经历一个继续发生的过程？没有历史观是很难认识这些现象的，也很难全面地历史地去把握这些现象和问题，更难以展现未来。

六、文化经济学的中国特色

从以上的论述中不难看出，文化经济学无疑是一个科学的创新性命题，对这一命题的探索和研究必将推动社会经济的繁荣和发展，如何创建有中国特色的社会主义文化经济学已成历史之必然。那么，什么是文化经济学的中国特色呢？它又包括哪些基本问题呢？

江泽民同志在庆祝中国共产党成立七十周年大会上的讲话明确指出："有中国特色的社会主义文化，必须以马克思列宁主义、毛泽东思想为指导，不能搞指导思想的多元化；必须坚持为人民服务、为社会主义服务的方向和'百花齐放，百家争鸣'的方针，繁荣和发展社会主义文化，不允许毒害人民、污染社会和反社会主义的东西泛滥；必须继承发扬民族优秀传统文化而又充分吸收世界文化优秀成果，不允许搞民族虚无主义和全盘西化。我们应该牢牢把握有中国特色社会主义文化的这些基本要求，极大地提高全民族的思想道德和科学文化素质，促进社会主义物质文明和精神文明的发展。"创建有中国特色的社会主义文化经济学，同样必须很好的把握江泽民同志提出的这些基本要求及精神实质。笔者认为，文化经济学的中国特色主要有以下几个方面：

第一，体现社会主义性质是中国特色的文化经济学的基本特征。为什么如此？就是因为中国实行的是社会主义制度，是以马克思主义为指导思想的，文化经济学必然要体现和反映中国的社会性质，并为之服务。当然，体现文化经济学的社会主义特色，并不排除文化经济学本身蕴含的普遍的社会意义和广泛的实践意义，这些是与文化经济学的共性相一致的。从另一角度看，假若文化经济学脱离中国社会主义性质，就很难阐释中国社会主义经济建设的实际，也无法付诸实践并指导实践。

第二，体现中国的民族特色是文化经济学的中国特色的基本要求。不同民族有不同民族的经济文化特点，这些特点是各民族优秀传统的继承、延续、创新和发展，是根植于其历史与现实"土壤"之中的民族精神的集中表现。我们之所以强调中国的民族特色，就是要强调不应割断历史，不能抛弃中华民族的优秀传统。一个民族要立足现实并走向未来、走向世界，就必须继承和保持优秀的民族特色。可以想象，一个丢掉了优秀传统和特有文化的民族是不可能实现现代化的，也不可能走向世界。因此，文化经济学必须体现中国的民族特色，在这个特色的基础上走向未来，走向世界。

第三，体现中国的时代特征是中国特色的文化经济学的生命标志。所谓时代特征，就是指必须吸收和借鉴古今中外的优秀文化遗产，使文化经济学能够反映当代社会的基本精神和发展主题，符合社会历史发展的客观规律和必然趋势。否则，文化经济学既不能说明过去，也难以说明现实，更不会指导现实，展望未来。我们之所以强调时代性特色，就是要站在中国社会经济发展的最前沿，审视当代中国社会经济发展的诸多现象和问题，把握中国的时代精神和社会特征，认清中国经济发展的基本问题和未来趋势，只有这样，文化经济学才具有强大的生命力，才能走向未来，走向世界。

（选自《兰州大学学报》1995年第1期）

资本主义文化市场谫议

严昭柱

为了健全和繁荣社会主义文化市场、促进社会主义文化建设，有必要研究资本主义文化市场的特殊规律，科学地总结并批判地借鉴其经验教训。毫无疑义，社会主义文化市场与资本主义文化市场有着质的不同，不过，这并不意味着应当否定它们之间的历史联系。列宁说过："只有确切地了解人类全部发展过程所创造的文化，只有对这种文化加以改造，才能建设无产阶级的文化"；"无产阶级文化应当是人类在资本主义社会、地主社会和官僚社会压迫下创造出来的全部知识合乎规律的发展"。列宁所强调的，正是文化发展的历史联系。根据列宁的这个思想，我们是否可以进一步说，对于过去创造的文化，以及实现这种创造所采取的一定社会形式、甚至在一定意义上是与这种创造活动相冲突相对抗的社会形式，我们都应该了解它、研究它，进而对它加以改造，才能实行社会主义的文化建设呢？我认为是可以的。

文化市场就是这样一种社会形式。它是历史的，就是说，并非有了文化便同时有文化市场。文化市场只是在文化发展的一定历史阶段上，随着商品交换的发展而产生的。特别是在资本主义条件下，文化市场迅速发展，同时也充分暴露出它本身固有的弱点和弊病。可以预见，到共产主义社会，文化市场将不再存在。不过在我们今天，在社会主义初级阶段，应该看到，文化市场仍然是文化建设的一种重要的社会形式，是文化建设的社会系统工程中的重要一环。就是说，问题不在于我们今天要不要文化市场，而在于我们如何在社会主义条件下充分发挥其积极作用、限制或缩小其消极作用。在这种情况下，研究资本主义文化市场的特殊规律，认真汲取其经验教训，就成为摆在我们面前的重要课题。

一、资本主义文化市场的本质特征，是拜金主义、把精神产品完全商品化

马克思、恩格斯在《共产党宣言》中指出："资产阶级抹去了一切向来受人尊崇和令人敬畏的职业的灵光。它把医生、律师、教士、诗人和学者变成了它出钱招雇的雇佣劳动者。"马克思在谈到雇佣劳动使得"我的活动成了商品，我完全成了出卖的对象"时，又曾指出："同样，一切所谓最高尚的劳动——脑力劳动、艺术劳动等都变成了交易的对象，并因此失去了从前的荣誉。全体牧师、医生、律师等，从而宗教、法学等，都只是根据他们的商业价值来估价了"。这些论述，都可以帮助我们深刻认识资本主义文化市场的本质特征就在于把文化产品完全商品化、完全市场化。

不过，这并不是说资本主义条件下的文化市场的一切现象，统统都是或只是拜金主义的表现。那样就会把本质与现象简单地等同起来了。现象是丰富而复杂的，对于一个事物来说，就既有本质现象也有非本质现象，即使同是本质现象也有程度的不同、层次的区分。事实上，马克思就说过，"资本主义生产过程并不单纯是商品生产。"他又说，在资本主义条件下，"同一种劳动可以是生产劳动，也可以是非生产劳动。例如，密尔顿创作《失乐园》得到5镑，他是非生产劳动者。相反，为书商提供工厂式劳动的作家，则是生产劳动者。……一个自行卖唱的歌女是非生产劳动者。但是，同一个歌女，被剧院老板雇用，老板为了赚钱而让她去唱歌，她就是生产劳动者，因为她生产资本。"在这里，"非生产劳动"创造使用价值、换来一定的收入，这并不体现资本主义生产的本质特征；从而，例如说，"密尔顿出于同春蚕吐丝一样的必要而创作《失乐园》，那是他的天性的能动表现。后来，他把作品卖了5镑"，这虽然也经过文化市场，但并不是资本主义文化市场的本质现象，并不是拜金主义的行为或表现。而"生产劳动"则创造剩余价值，它表现了雇佣劳动者与资本家的社会生产关系，体现着资本主义生产的本质特征；所以，马克思说，例如"在书商指示下编写书籍（例如政治经济学大纲）的莱比锡的一位无产者作家却是生产劳动者，因为他的产品从一开始就从属于资本，只是为了增加资本的价值才完成的"。正是这种资本主义生产规定了资本主义文化市场的本质特征，那就是把精神产品完全商品化、完全市场化，资本家贪得无厌地追逐更多的剩余价值。

前者如密尔顿创作《失乐园》，是自由的精神生产，它为人们提供有文化价值的精神财富。后者则是资本家雇佣作家艺术家去追逐剩余价值、追逐资本增值，具有与自由的精神生产相对抗的、反文化的性质。这就是说，资本主义文化市场在本质上恰恰是反文化的；在这里，“每一个产品都是人们想用来从别人那里诱骗他的命根子即金钱的诱饵”，为了从邻人口袋里诱取黄金鸟，“工业的宦官投合消费者的卑鄙下流的意念，充当消费者和他的需要之间的皮条匠，激起他的病态的欲望，窥伺他的每一个弱点，以便然后为这种亲切的服务要求报酬”。这里的引语，是马克思在《1844年经济学—哲学手稿》中所说的话；然而在今天，它们难道不仍然是对于西方资本主义的“文化工业”、“大众文化”的性质、面貌和弊病的传神写照吗？

这样说，不是没有根据的。美国艺术理论家约翰·霍华德·劳逊曾讨论过美国电影的历史发展。我们摘引几条材料来看看吧。

1. 劳逊说：二十世纪以来，“现代的工业生产过程吞没了艺术家的技巧，使艺术家的意愿都不得不迁就机制品的统一规格。当我们今天来谈论电影创作的理论和技巧时，我们所谈的其实是商业机构的‘创作活动’。我们在探究剧作家的思想时，不得不先研究他所属的公司的‘思想’，和影响这些公司的想法的各种力量——对利润的追求、生产费用、能否利用专利品和新发明、观众的要求、某些有势力集团的宣传目的。”

2. 例如第一次世界大战爆发，在美国，“为了安定人心，政府宣布将奉行和平政策”；好莱坞导演格里菲斯摄制以反战为主题的《党同伐异》，于1916年9月发行。与此同时，重要的财政集团开始利用电影的宣传作用来“替英、法在大战中作宣传”，“在1915年由于从英国接到一亿美元军火订单而势力日增的杜邦公司，跟实际上已控制了新闻片的法国百代公司订立了同盟”。“美国烟草公司（它的产品的相当一部分是卖给英国的，它和伦敦的资本家有密切的联系），也在1915年插手进电影企业”，指派其副董事长韩普顿负责夺取制片和发行的控制权，经过谈判及种种活动，“和韩普顿有着密切联系的VLSE发行公司这时已开始劝诱美国人民不要再保持中立，而去帮助协约国。1915年9月，它的第一部作品《和平的战斗口号》在纽约上映。这部影片是S·勃拉克顿摄制的……勃拉克顿说这部影片就是为了‘鼓动美国参战这个目的才拍摄的’”。结果，正在摄制反战的《党同伐异》的格里菲斯陷入困境，他弄不到资金，“原来答应投资影片《党同伐异》的人毁约了，格里菲斯用尽了他从以前的一些影片中赚到的利润，才拍完这部影片。它被人攻击为‘非美的’，很多城市都禁演这部影片。《党同伐异》的失败使格里菲斯再没有机会进行独立的制片活动。美国正走向战争……”

3. 又例如，二十年代美国到处修建奢华的电影院。尽管“奢华的电影院也只是全部影院中的一小部分，但就收入来说，它们都是起决定作用的一个部分……因此，电影企业的经济政策并不是把希望寄托在来自各阶层居民中的‘群众观众’身上的。对电影最有决定性的观众是城市资产阶级。无论在二十年代初期或现在，这些人的精神食粮大多来自‘家庭’杂志、侦探故事和爱情小说”，其结果，“正如约可布说过的，成百部的影片都以‘渲染性欲，鼓吹道德败坏，宽恕不正当的非法关系’为能事”。“好莱坞电影明星甚至把流行影片里的社会观点应用到他们自己的社会活动中来，这是无足怪的。他们的低级无聊的作品正反映了他们的放荡的私生活。他们都是些暴发户，他们把种种荒淫无耻的行为（这些也是使他们成名的东西），当作了正常行为的标准。”

劳逊的著作中还有着丰富的材料，既有在资本控制下美国电影业重重危机的材料及分析，又有对美国电影发展情况、包括卓别林成功的材料及分析。劳逊在这些评述结束时说道：“本书原来的目的是想说明美国现代电影的灿烂发展前途，但它却可能成为已被美国文化的死敌判处了死刑的这门艺术的一篇墓志铭。”他所看到的“美国文化的死敌”是什么？上面所引述的材料可以说明，那“死敌”正是把美国文化完全商品化、完全市场化的不断谋求自我扩张的“资本”；它左右着资本主义文化市场，在根本上恰恰是反文化的。

劳逊的著作关于电影的部分写于1949年。又是半个世纪快过去了，就美国来看，资本主义文化市场的本质特征是否已经改变了呢？应该说，资本主义文化市场变化是有的，但不是本质特征的变化。据《美国的文学鉴赏和文化品位》介绍，“三十年前，低级文化这一文化品位在美国的文化中占有绝对地位，后来其地位被下中级文化所取代”。这里的“低级文化”似乎是指文化层次来说的，它所涉及的“主要是一些工厂里和服务性行业的熟练工人和半熟练工人，还包括半熟练的白领工人，以及较为偏僻的中西部的农民。这些人没有受过专门的高中教育”。这个“低级文化群体依然庞大”；但是“这一群体缺乏购买能力，无法吸引大广告商，因而它的媒介在经济上只能勉强生存”；“在文化市场和商品市场上，低级文化群体常常不为人们所注意和重视。”那么，文化市场上引人注目的东西是什么呢？文章说，“下中级文化群体是美国今日大众媒介的主要观众，大众媒介的主要内容是为这一品位的文化群体服务的。只要你扭开电视机开关；只要你对某电影院的时间安排扫上一眼；只要你在书摊前停留片刻，下中级文化就会向你滚滚扑来。”这里说的，正是当今美国大众文化的主体。它是所谓“下中级文化”，是不为“低级文化群体”，即拥有“传统的工人阶级的价值观”而文化程度不甚高又缺乏购买力的人们“服务”的。“下中级文化群体”则是指“所有的职业较为低下的中产阶级和下中产阶级，包括技术工人”，“还包括了会计师和公立学校的教师”。“下中级文化群体强调文化应以享用者为基点，很少理会文化的创作者。而文化的创作者却往往为了满足文化享用者的要求而牺牲自我和尊严”，他们为“下中级文化群体”提供那些被“低级文化群体”视为诲淫诲盗的故事性很强的小说、电影和电视节目，为“下中级文化群体”提供经过修改而贬值了的高雅文化（“严肃的小说和戏剧被删去了人物的心理描写，加重了故事情节；上中级文化品位的电影被改编成下中级文化的电视连续剧，如《朝鲜战场》就是一例；贝多芬的《命运交响曲》也被塞进了打击乐和迪斯科的节奏”），为“下中级文化群体”编写明白易懂又令人愉悦的戏剧（在那里“可以提出种种问题和矛盾，但这些问题必须在舞台落幕之前得到完美的解决；不可调和的矛盾、不可解决的苦恼会使下中级文化群体反感”）……尽管这篇文章没有为我们提供当今美国艺术生产的组织情况，但它所述的文化市场的现状，却足以说明其把精神产品完全市场化、完全商品化的本质特征仍然如旧，并且依然是与艺术作为自由的精神生产相冲突相对抗的、是反文化的。

在这里，我还想提到 1983 年美国最畅销书之一、约翰·奈斯比特的《大趋势——改变我们生活的十个新趋向》提供的情况。该书说：

“估计美国半文盲人数在 1800 万到 6400 万之间。”

“更令人泄气的可能要算高中学生中途退学的人数越来越多。在领头的加利福尼亚州，七十年代，退学率增加 83%……在威斯康星州，七十年代内，退学率增加 50%。

“连续 16 年来大学入学考试中的学力、智力及性向测验（大学院校入学合格考试）成绩下降，一年不如一年。1980 年考试成绩是有史以来最低的：语文和数学分别从考试成绩没有急剧下降的 1965 年的 473 分和 496 分下降到 424 分和 466 分。”

“越来越明显的事实是，年轻的高中、甚至大学院校的毕业生不能写出像样的英文或者甚至连简单的算术都做不出。美国历史上第一次进入成年的这一代的技术能力竟不及其父母辈。”

造成这种情况的原因，自然是多方面的，复杂的。我认为，资本主义文化市场客观存在的反文化影响，不能不是重要原因之一；特别是在电视音像文化勃兴的条件下，这种反文化影响有增无减。《大趋势》说：“最强有力的技术的出现也许是电视，不论是收音机还是电话都没有电视那样生动和吸引人。”电视音像文化给人们提供了新的、强烈的视听享乐，同时也对原有艺术样式和传播媒介构成挑战。而资本主义“文化工业”唯利是图，是毫不顾及文化结构是否失衡的。事实上，“电视病”已经成为西方“城市病”的一种重要症状。长年累月在那种浅层次的、流俗的、甚至是充满性与暴力宣传的视听享乐包围之中，青少年文化素质下降，“不能写出像样的英文或者甚至连简单的算术都做不出”，难道不是势在必然、不足奇怪的吗？

二、资本主义文化市场在管理方面积累的经验，值得我们大胆地、有批判地借鉴和汲取

如前所述，就其本质特征、从而也就其基本趋向说来，资本主义文化市场推崇拜金主义，将精神产品完全商品化完全市场化。这在根本上与自由的精神生产相冲突、相对抗，在根本上不利于文化的发展，甚至是反文化的。我认为，这是我们在健全和繁荣社会主义文化市场时，应从资本主义文化市场汲取的最深刻的历史教训。根据这个历史教训，我们在理论上必须正确认识文化产品的根本性质，不要把文化产品与一般物质生产产品完全等同起来，必须正确认识文化产品的精神价值，不要把文化产品完全与一般商品相等同，必须正确认识、引导和管理文化市场而反对文化市场自发论，反对将文化产品完全市场化商品化，等等；我们在实践上则必须把文化工作的社会效益放在首位，反对拜金主义，必须尊重作家艺术家自由的精神创造，绝不能把他们变为金钱的奴仆，必须用高尚的精神塑造人、用优秀的作品鼓舞人而绝不能迎合低级趣味、制售精神鸦片，等等。

不过，我们在把握了资本主义文化市场的本质特征之后，还应当以此为前提，对其管理经验大胆地、有批判地借鉴和汲取。应当看到，在使文化市场公平、规范、统一、法制化方面，资本主义积累了丰富的管理经验。虽然我们反对像资本主义文化市场那样把精神产品完全市场化，但我们并不是否定文化市场本身。今天我们的多数文化产品还要经过文化市场，而我们今天的文化市场在相当大的范围还存在混乱无序、违法乱纪等现象，因此有选择有批判地借鉴资本主义文化市场在这方面的管理经验，当是必要的和有益的。

还应当看到，尽管资本主义文化市场按其本质而把精神产品完全商品化、完全市场化，在其本性上是反文化的，但特别是二次大战结束以来，也出现了某些限制其弊病、保护文化发展的举措。例如经过长期实践，逐渐认识到文化发展的某些规律性，将文化事业中如博物馆、图书馆等等属于社会公益事业的部分改由国家给以经济支持，对各类文化依据其是否以赢利为目的、依据其不同的文化品位而采取不同的经济倾斜，通过税收、资助、奖励等各种措施扶持民族文化的发展，等等。甚至在有的国家，如瑞典，其议会还通过了明文反对把文化商品化的议案。尽管这些政策和举措在限制资本主义文化市场的弊病方面，作用仍然是有限的，但它们显然值得我们认真研究，并加以有批判地汲取，对于我们健全和繁荣社会主义文化市场、促进社会主义文化建设是会有帮助的。

上面说到的两点，已经有不少同志提出来讨论过、研究过，并且有的研究还是相当切实，对实际工作很有裨益的。这些研究成果，应当得到肯定。不过我还认为，如果我们的思考停留于此，那仍然是不够深入的。当今西方国家纷纷实行某些保护文化发展、限制资本主义文化市场弊病的政策和举措，这到底是为什么？我们应当从中汲取什么样的经验教训？这些问题，就是值得我们进一步思考和研究的。

我们讨论问题，不应当从定义出发，而应当从客观存在的事实出发。《“文化例外”：精神产品不等于牙刷》为我们介绍了西欧、法国与美国开展的一场“文化大战”，很有些发人深省的东西。这场斗争涉及长达七年的马拉松式的谈判，它“主要表现为欧洲共同体国家、特

别是法国，对美国企业利用关贸协定和所谓‘世界贸易自由化’，来垄断欧洲文化市场的一贯政策的强烈抵制和抗拒。其具体的目标，就是明确提出要求把文化产品排除在世界贸易自由化的‘乌拉圭’谈判所达成的协定之外，至少是对电影、电视节目的贸易给以必要的限制，从而阻滞美国文化产品压倒一切倾销，同时坚决拒绝取消国家对电影事业的贴补，以保护欧洲文化发展的利益和欧洲文化的特性。”双方针锋相对、立场强硬。美国明确强调，“必须把音响、影像等视听产品包括在新的全球贸易协定之中”，否则便“将导致娱乐业贸易保护主义的抬头。”以法国为首的欧洲一方则强调，“电影是民族文化遗产的一部分，不应被纳入自由贸易”，否则“我们的子孙将不再是欧洲人”；他们还明确提出了“反对美国文化帝国主义”的口号。双方较量的结果，是美国不得不做出部分让步，未能如愿以偿。这场斗争可以向我们说明什么问题？

1. 事实证明，把文化产品完全商品化、完全市场化的所谓“自由贸易”，仍然是资本主义文化市场的本质特征和基本趋向。美国在这种“自由贸易”的国家竞争中占据了优势，并主动地以进攻姿态利用文化市场化对其他国家进行经济掠夺、文化垄断和宣传美国的生活方式、意识形态，已经给其他国家造成了严重的威胁。早在80年代初，密特朗就针对“美国资本大规模进入电影业，电台和电视台充斥着千篇一律的劣等外国节目”表示了强烈不满。事实上，美国影视片已霸占了欧洲文化市场。据法国文化部公布的资料，美国电影目前占法国影院票房总收入的60%以上，而法国电影只占美国市场的0.5%。1993年，影视产品已成为美国出口欧共体各国的第二大出口产品。法国外交部长朱佩说：“美国向欧共体国家出口的电影电视片，为欧共同体向美国出口的影视片的15倍”，“我不希望美国的影视片由占主导地位走向垄断”。法国文化部长图邦说：“来自美国的文化潮流，正在威胁法国的电影和音乐行业，以至整个法国的文化生活。”密特朗更警告说：“美国文化有压倒其他文化的危险。”他强调：“一个国家不应当把自己的思维方式强加给其他国家。”

2. 在这种情势下，许多资本主义国家认识到文化与民族精神、民族特性的密切联系。面对美国大规模的文化侵袭，法国许多文化名人大声疾呼：“如此下去，我们的子孙将不再是欧洲人”，并提出，“50年后欧洲作为一种文化是否还存在”的质疑。而他们对美国文化并不那么恭维，图邦说：“不应该忘记的是，美国人与亚洲、中国和日本相比，已经输掉了经济战。他们手里还剩下一点什么呢？还剩下一个‘文化大国’，剩下对世界上所有生活方式的影响。这种影响主要是通过电影和广播、电视进行的。可口可乐、麦当劳和迪斯尼乐园，三位一体构成了一整套生活方式。”为了与这种东西相对抗，为了“维护欧洲和法兰西文化特性”，他们不得不打破“文化市场万能”论，采取了某些保护民族文化发展的举措。例如前任法国文化部长雅克·兰就倡导了一个“法国恺撒电影奖”与好莱坞相抗衡，对法国本国的电影生产提供补贴，迫使法国电视台大量采用法国或欧洲其他各国制作的节目，还对图书馆、博物馆等文化设施大规模改造、建设，把法国的文化预算的实际数额翻了一番以上，等等，“使法国变成了欧洲最大的艺术保护国”。

3. 在这种情势下，许多资本主义国家认识到文化与科技、与经济发展的密切联系。在与美国的较量中，图邦的这段抗议之辞很值得重视，他说道：“在关贸总协定的谈判中，欧洲人感觉受到了威胁。美国人只梦想一件事情：能随心所欲地控制新技术市场。……我意识到这一危险，立即作出反应，这是正常的。我们要把可保护利用我们世界级文化遗产的先进技术手段掌握在自己手中。无论如何，绝不能让人像对待一个殖民地那样来掠夺我们。我无意同美国开战，而希望保持平等的伙伴关系。我们都知道，美国人当然也知道，地理学上的欧洲拥有为建立新产品的基础所不可缺少的文化物质。我们决不能让这个历史机会丧失……”问题提得够尖锐的了，他认为所面临的是一场“殖民掠夺”，而保护法国文化，就是保护法国掌握新技术、保护法国经济发展和民族命运。

由上所述，我们虽然不能离开整个国际背景来孤立地考虑问题。可以说，当今西方国家纷纷实行某些保护文化发展、限制资本主义文化市场弊病的政策和举措，是资本主义国家之间深刻矛盾、激烈竞争的结果；这场斗争所涉及的绝不仅是文化利益、经济利益，还涉及政治利益，在一定意义上确实是一场掠夺与反掠夺、控制与反控制的斗争。面对美国文化的大举侵袭，西方资本主义国家尚且能作出坚决而强烈的反应和反击；我们作为社会主义国家，作为发展中国家，更面临“西化”、“分化”和和平演变图谋的威胁，难道不更应该加强警惕和防范吗？我们应该站在巩固和加强社会主义的历史高度，既要加强国际文化交流，又要认识到把文化产品完全商品化、完全市场化正是国外敌对势力实施和平演变图谋所希冀和采取的重要手段，从而在健全和繁荣社会主义文化市场的过程中，自觉地抵制把文化完全商品化的错误倾向，大胆地、批判地借鉴西方国家那些保护民族文化发展的政策和举措，以促进社会主义的文化建设。

当然，在巩固和加强社会主义的斗争中，“发展才是硬道理”。但是，经济发展离不开精神文化的有力支持。在任何时候任何情况下，我们都不能以牺牲精神文明建设为代价去抓物质文明。许多西方国家面临美国文化的压倒性威胁，尚且能认识到民族文化与科技发展、与经济发展密切联系，起而捍卫自己的民族文化，掌握自己民族的科技和经济发展的命运；我们是马克思主义者，难道还能割裂物质文明与精神文明的密切关系吗？我们应该站在发展社会主义的历史高度，重视文化对经济发展的意义，大胆地、有批判地借鉴西方国家的有关政策和举措，既要真正繁荣社会主义的文化市场，又要超越文化市场的限制，采取多种措施保护和发展社会主义文化。

还要看到，无论美国还是其他西方资本主义国家，它们的文化政策说到底是属于资本主义意识形态体系的东西，说到底是为巩固资本主义统治服务的。尽管由于历史经验的积累，或由于它们相互间争斗而导致的某些政策调整，它们有的东西是值得我们研究和学习的，但是绝不能全盘照搬，而必须根据我们的国情对之加以选择和改造，才能为我所用。爱国主义、集体主义和社会主义是我们时代的主旋律，是中国人民的根本利益、共同意愿和我们事业胜利的根本保证，也是我们学习外国的东西并对之加以改造的基本准绳。这是我们绝不能忽视，更绝不能忘记的。

总之，研究资本主义文化市场的特殊规律，对其经验教训加以科学的总结和批判的借鉴，是一个重要的理论课题。本文谈了笔者一些肤浅见解，可能还会有不少错误疏漏之处，愿抛砖引玉，以利研究的深入吧。

（选自《文艺理论与批评》1995 年第 1 期）

关于发展文化产业的哲学思考

谢名家

过去，我们对文化形式、内容及现象，只是在传统的含义上予以考察，而未纳入生产范畴，从产业化的角度进行研究就更少了。在发展社会主义市场经济和繁荣社会主义文化事业的今天，有必要对文化进行新的思索，对其走向进行新的探究，以期更快地推进文化产业的发展，满足人民群众日益增长的文化需求。本文试图从新的视角，分析探讨文化产业问题，就其发展提出设想及对策。

一、文化是精神生产的一大产业

关于文化的概念，有人认为从广义上讲可把它与文明视为同一概念使用，也有人认为这两个概念是社会生活的两个方面、两个特征。笔者以为文化与文明是有差别的，文化概念比文明概念的范围要广泛。“文明始终作为文化的一种特殊类型或一个方面而出现。”文化是双向的，文明是单向的，文明是“随历史发展而发展的，而文化则不尽然，多数是由天才创造的具有只有一次的独自性”。广义的文化，是指人类改造自我，改造社会，改造自然的一切活动及其获得的成果，它标示人类的进化过程。狭义的文化，有多种说法，但笔者认为，文化是精神生产活动，是观念上层建筑。它既包容于社会系统之中，又相对独立于政治、经济领域之外，是一切精神活动的总和。马克思曾指出：“科学、艺术等等，都不过是生产的一些特殊形态，并且受生产的普遍规律的支配。”在这里他所说的“生产的一些特殊形态”，实质上是指广义文化生产和精神生产。《中国大百科全书》从创造精神产品这一特征着手，认为精神生产就是“政治法律思想、道德、宗教、文学艺术、科学和哲学等精神产品的生产”。

文化，是与人类共生的现象。它在远古时就已存在，由于社会生产和社会分工急速发展的推动，尤其是各个社会形态商品生产和商品交换的积极促进，文化活动日益与社会经济相融合。文化作为精神生产的一大产业便应运而生。所谓文化产业，是指通过工业化、信息化和商品化方式所进行的精神产品和文化服务的生产、再生产、交换和传播。其外延涉及文学艺术、影视音像、科技研究、新闻出版、信息咨询、设计策划等等，涵盖了文化财产（书籍、音像制品、设计策划方案、软件等）、文化设备（各类硬件）和宣传载体（报纸杂志、发射机、接收器等）三个方面。

文化之所以成为产业，是由其生产方式和消费对象所决定的。

首先，从生产手段看。物质领域生产工具的技术性革命必然导致文化领域生产方式的革新。70 年代以来，由于全球性新技术革命浪潮的冲击，生产力以前所未有的加速度发展。物质领域的各产业普遍采用最新科技成果，以加速现代化进程。这就从客观上要求建立的精神领域必须与之相适应，尽快实现产业化和现代化。正是由于先进生产工具的投入，文化已改变了传统的个体化、手工化、小生产化和在狭小的圈子中传播的特点，呈现集约化、高科技化、大批量以及通过大众传媒广泛扩散的态势。采用先进科技手段，一项重大文化科技成果能够迅即产业化，并形成规模效益。高新技术带来的生产手段的高级化是文化产业迅速崛起的驱动器。

其次，从流通途径看。文化产业的科技化和大众化特点，使得其流通空间比之物质领域更大，时间更快。科技化，是指技术含量高，资金投入大；大众化，是指信息输出密布、覆盖率高、受众量多、面广。由此而造成流通空间的立体化（海陆空全方位传送）、时间的快速化（有形、无形载体的传播、辐射）和手段的现代化（动用最先进的交通、通讯和传输工具），所有这些流通方式，如果离开产业化，是不可想象的。

再次，从交换方式看。产业化的基础是市场，而市场的大小则决定交换的方式。当代由市场策动不断发展的交换方式同时也拓展着生产的规模和程度。如上所述，文化的科技化和大众化特点，为文化市场的多元化和交换的多样化创设了条件，而这，又反过来为文化的产业化拓宽了道路。为满足文化对科技的追求，产生了文化技术市场；为适应大众不断增长的文化需要，产生了各式各样的文化市场。正是适应文化发展需要涌现出来的各种专业市场、综合市场和区域市场、跨国市场以及集团化、国际化经营，才使得与之同步的交换方式逐渐趋于先进和复杂多样，如电讯交易、期货交易、补偿交易、软件——硬件交易、技（智）——货交易、知识——股权交易等等，这就从客观上催发着文化产业，使得文化市场与产业的结合成为可能和必要。

最后，从消费对象看。产业化的前提条件是有大的市场需求，即每一文化门类都拥有足够多的受众。随着物质生活的不断满足，人们对精神文化消费的渴望愈益迫切，对量的要求越来越多，对质的要求也越来越高，这就造成了一个庞大的文化市场。纵观当今世界，由于物质的高度市场化，极大地刺激了文化产品的商业化，从而为文化市场造就了厚实的群体，许多经典和有影响的作品拥有国际读者群。在这种情况下，文化不产业化不可能满足国内外的需求。

以上我们从一般范畴考察了文化产业化问题。就我们国家而言，文化能不能产业化，回答当然也是肯定的。因为，一是我们的文化不能离开人类创造的文化独立存在。尽管我们国家实行社会主义制度，上层建筑和意识形态从根本上有别于其他资本主义国家，但我们的文化是人类文化的一部分，其发展不能超越人类文化发展的一般规律，更不能超越产生它的生产方式和发展阶段。而人类文化通过社会化大生产迅速发展的情势，必定使我们的文化生产方式也归入这股潮流之中。二是我们的文化发展存在产业化的土壤和条件。我国是文明古国，文化遗产浩如烟海，可开掘的资源数不胜数，这是发展文化产业的一大优势。还有，经过数十年，特别是改革开放以来的文化建设，许多文化门类已具产业化雏形。同时，还存在一个广阔的文化市场。但问题是，现实中存在文化产业，我们却囿于某些观念，而没有采用产业政策和宏观调控手段加以引导，使其快速、健全地发展。可以说，文化产业的滞后，已经严重制约了我国经济和社会的发展。

二、发展文化产业势在必行

马克思主义认为，存在决定意识，经济基础决定上层建筑。经济是文化的基础，文化是经济发展的动力。纵观人类社会发展的历程，任何一场重大的经济变革，都将震荡、冲击着某一特定的文化体系和格局，并要求做出与之相适应的调整与反应。所以，从某种意义上说，一个民族创造财富的过程，亦是创造本民族文化的过程，经济发展变革的历史，亦是民族文化变迁演绎的历史。

文化在人类社会历史长河中，经历了一个从无到有，从低级到高级的进化发展过程，它的发展是一个复杂的系统。从纵向看，经济决定文化。列宁曾指出："要成为文明国家，就必须有相当发达的物质基础生产资料的生产，必须有相当的物质基础。"在这里，文化的物质基础归根到底对文化的发展起决定作用。从人类历史发展所经历的几种社会形态来看，都有与之相适应的人类文化，相继经历了原始文化、奴隶文化、封建文化、资本主义文化和社会主义文化。在人类历史发展过程中，经济与文化呈现一种由低到高、由浅入深、相互促进的螺旋式上升趋势。从横向来看，文化对经济起决定作用，文化的发展促进经济的发展。因此，文化是在纵向、横向交错的发展中，不断满足人类对它的创新要求，以适应发展变化的经济基础。文化产业就是伴随着社会经济结构的重组、演化以及物质领域的技术革命而出现并发展的。当19世纪中叶主要资本主义国家完成了产业革命，人类的生产方式也就迎来了崭新的时代。从这时起，不但物质生产的工业化运动风起云涌，而且精神生产的产业化也在酝酿、生发。然而，精神生产严格意义上的产业化是从现代才开始的。从本世纪三四十年代开始，社会经济的飞速发展，特别是六七十年代以来高科技产业的大力推动导致了文化领域的革命性变革。文化经济和经济文化的双向作用，造就了一个新兴产业——文化产业，它以现代科技为依托的特征，从根本上改变了传统的文化形态及其观念，使文化彻彻底底地大众化了。

可见，在市场经济条件下，文化的主导作用已体现于生产过程的各个环节之中。借助于工业和商业及高技术手段，文化已经成为世界范围内的超级利润产业。无论是在西方还是在我国，都在利用文化手段，促进本国经济的发展，文化已出现国际化的趋势。在这种情况下，发展我国文化事业不仅要继承本民族的优秀文化，也要大胆吸收外来先进科学文化。当然，资本主义文化不能全盘照搬，它与社会主义文化是有本质差别的。社会主义文化是为大众服务的。它的目的是为人民群众提供健康向上的精神产品，不断满足人民日益增长的精神文化生活的需要。它既遵循经济规律，又不离开艺术和社会主义精神文明要求。资本主义文化是少数人的文化。由于在资本主义社会，个人价值至上，金钱作为个人价值大小的标志，势必造成为了追求利润，以盈利为最终目的。可见社会主义文化的本质决定了其优越性，而且从发展前景看，我们完全可以创造出高于资本主义文化的社会主义文化。因为，在社会主义条件下，经济与文化有着特殊的融合点。从价值取向上看，社会主义文化与市场经济有着结合的共同基础，即全心全意为人民服务的价值观。从道德取向上看，社会主义文化与市场经济也有着共同的要求，那就是诚实、平等、守信等原则。而且社会主义也是人类必经的一个重要发展阶段，它高于资本主义，因此能创造出高于资本主义的文化。但也应看到，虽然我国经济建设与文化建设取得了巨大成就，但对经济与文化进行综合的研究与实践，起步较晚，文化市场、文化管理等还很不完善，尤其是文化产业发展状况远远落后于形势。因此发展文化产业，不仅是人类历史发展的必然，也是我国社会主义发展的客观要求。

从我国目前经济文化状况看，发展文化产业是社会主义现代化建设对精神文明建设的客观要求。我国是一个发展中国家，市场经济起步晚、起点低，到目前尚未真正实现由农业文明向工业文明的历史转换，商品经济还不发达，文化发展还比较落后。长期以来，对文化的意识形态性过分强化，淡化了文化艺术活动的生产性和市场性特征，因而在较大程度上限制了文化市场的生机与活力，极大影响了文化艺术生产者的积极性，结果造成精神产品的质不高，量也不多，难以满足人民群众丰富多样的精神文化需求。社会主义现代化建设要求与之相适应的精神文明建设。因此，要改变文化建设的这种滞后状况，最现实和有效的路径就是发展文化产业。因为，实行产业化，精神产品的制作、营销和服务，就可纳入社会主义大市场的轨道，国家可集中精力搞好精神文明建设的总体布局和宏观调控。重点进行提高全民文化素质的基础建设和爱国主义教育，把社会主义精神文明提高到一个新的水平，为社会主义现代化建设提供强大的精神动力。

从现代市场经济特征看，发展文化产业是建立社会主义市场经济体制的推动力。现代市场经济的一个重要特征，就是摆脱了低文化档次的原始积累时期市场经济的地位，经济中文化含量日益增大，文化作用日益突出。它要求有完备的产业门类，要求物质生产和精神生产均衡、协调发展，要求更严密科学地组织生产和管理。目前，我国的第三产业，特别是文化产业相对滞后于物质产业，在这种情况下，大力发展文化产业，将会对社会主义市场经济体制的建立起到强有力的推动作用。因为，从一定意义上讲，文化产业的发展状况，标示着社会经济和市场发育的成熟程度。文化产业的高科技、高投入、周期长以及要求较长期、稳定的高回报率等特点，必然要求创设一种适合于这一特点的组织管理方式，这就必然需要加快文化、科技、投资、产业等管理体制的改革，以建立一套能充分满足市场经济发展需要的、灵活应变的新体制，从而为新兴的或边缘产业的顺利发展铺平道路。

从文化的发展趋势看，发展文化产业是取得与人类创造的优秀文化成果接轨的重要途径。市场经济的发展，推动生产的社会化向全世界一体化的方向发展，最终使人类世界的生产成为一个有机的整体，文化不仅向着现代化、经济化，而且向着国际化的方向发展。我们要发展社会主义市场经济，就必须与世界经济接轨，对根植并服务于经济基础的文化体系，理所当然地必须与世界文化接轨，以开创崭新的有中国特色的社会主义文化体系。必须指出，作为人类生产和生活最深层次表现的文化，由于其特点，决定了它必须更加开放，面向世界。而文化产业化，才能实现更全面的接轨，更深层次的开放和全方位地走向世界。唯如此，才能撞击出璀璨的文明之火和智慧之光。

此外，发展文化产业对减轻国家的就业压力，对提高中华民族的全面素质将发挥长远效用。在计划经济时期，国家对就业劳动力的安排，侧重于第一、二产业，往往费尽九牛二虎之力，仍不能满足就业需求，给国家造成很大的压力。这是产业门类不全的结果。如果文化产业发展起来了，由于其种类繁多，接纳力强，就可大大增加就业机会，减轻就业压力，甚至发展成为吸纳、消化新增劳动力的主要产业部门。同时，由于文化产业综合性强，技术水平高，知识含量大，这就为提高劳动者的劳动技能和素养，提供了良好的条件。文化产业发展了，人们的消费范围扩大了，选择性增加了，也有利于普及大众文化和文明，刺激人们对文化的消费心理，从而激发对多层次文化，特别是高尚文化的追求，无疑有利于全民族综合素质的提高。

三、发展文化产业的对策

在我国发展社会主义的文化产业，是与发展社会主义市场经济相适应的。从严格意义上讲，两者处于同一起跑线上。但发展文化产业还存在许多障碍，如体制、政策、内外部环境、经济条件和思想观念的禁锢等等。因此，必须解放思想，实事求是，敢于破除一切束缚文化产业发展的条条框框，理顺体制关系，创造有利于产业发展的环境和条件，同时采取切实可行的政策措施，支持文化产业又快又好地发展。

（一）建立与社会主义市场经济相适应的大文化观念、体制和运行机制

要根据党的十四届三中全会关于建立社会主义市场经济体制的要求，通过深化改革，理顺关系，建立与市场经济相适应的文化体制和运行机制，这是发展文化产业的前提条件。而现行的文化体制及运行机制是计划经济时期建立的。尽管为适应社会主义市场经济体制的要求进行了变革，但总体上还不能适应发展社会主义市场经济，特别是发展文化产业的需要。因此，大胆探索社会主义市场经济条件下文化产业的发展模式，在当前显得十分紧迫和必要。

——把人们从文化只是政治、经济的附属物和消闲娱乐的狭隘观念中解放出来，引导到文化是推动经济和社会发展的大产业的现代意识上来，从根本上确立文化产业的地位。观念是行动的先导。对一事物的认识正确与否，往往对这一事物的形成与发展产生重大的影响。改革开放之前，我们过分夸大政治、经济，尤其是政治的功能，而忽略了文化特别是作为产业文化的功能，仅仅把文化作为时髦或装饰，因而导致政治上畸形发展，经济上陷入重重困难，因而也造成了作为社会形态三个组成部分的经济、政治、文化之间的相互失调，使文化形态的相对独立性无从谈起。这是导致文化落后的社会原因。经过16年来的改革，这种状况得到根本的改观，文化已逐步回复到它作为社会形态的独立部分而存在。

但作为社会观念，文化产业化还未扎根。因此，有必要革除关于文化的旧观念，树立文化产业的新观念，增强文化是推动经济和社会发展的大产业的意识。推动经济与文化的结合，提高文化发展的产业化、社会化程度。通过组织纽带，密切经济界与文化界的关系。开展文化连带消费调研，给人们一个文化产业效益的明晰认识，提高文化发展的规模和效益，从而确立文化产业的地位。

——从大一统的文化体制转到调动各方积极性、社会多方办文化上来，拓宽文化产业的发展渠道。以往，文化体制由于受经济、政治体制的制约，实行从上到下的直筒式的大一统管理，文化的一切事情通通由国家统包统办，这就造成了文化的单一发展。由于缺乏市场竞争和横向联合，发展缓慢，产业化更无从谈起。现在，深化经济体制和政治体制的改革，为文化体制的改革提供了条件和可能，经济和社会的迅速发展和进步也为文化的繁荣培育了沃土。因此，要抓住深化改革的机遇，把文化推向产业化的轨道，实现文化体制由直筒式向横向联系式转变，实现办文化只发挥国家和地方的积极性向调动各方积极性转变，实现文化投资主体的国家单一化向投资主体的社会多元化转变，以形成多层面办文化的格局。改革文化管理体制，使政府由直接管理转为间接管理。通过代理机构管理文化，建立健全中介、咨询和研究机构，从而形成文化产业生产、科研、流通、咨询服务和战略研究的完整结构，使文化产业的发展有广泛的社会基础和强大的物质支持。

——从主管部门揽权、独权转到下放权力，放宽搞活上来，使文化企业真正成为自主经营、自负盈亏、自我发展、自我约束的生产者和管理者，增强发展后劲和发展动力。体制的直筒式和投资的单一性必然造成管理的集权化。由于实行高度的计划性，文化产品的生产权、管理权直到供销权全都集中在各级文化行政部门，而企业毫无自主权可言，这样就造成了上管不好，下搞不活的尴尬局面。因此，改革必须还政于主管部门，而放权于企业，使之真正按照现代企业制度建立起来，成为既是生产经营的主体，又是市场竞争的主体，在与国际文化市场的对接中发展壮大，从而建立和发展一大批文化产业赖以形成的文化企业群体。

（二）对文化产业实行全面推向市场和国家重点扶持相结合的方针

文化产业的发展，有赖于文化市场的生长和发育。只有把文化产品全面推向市场，才能使文化产业呈现竞芳斗艳、灿烂繁荣的景象，也才能使其具有广阔的发展前景。因为文化产品的商品属性，决定它们绝大部分必须在市场的流通和交换中实现价值和功能，从而促使文化产业如同其他物质产业那样奠定市场基础和发展空间。

——把文化产业全面推向市场，必须确认文化产品的商品属性。商品，即用于交换的劳动产品。任何一种精神产品都是劳动所得，它一旦进入交换领域，也就成为商品。从这个意义上讲，一切精神产品都具有商品属性。所以精神产品的艺术性和商品性是统一的。在社会主义发展的现阶段，确认这一点十分有意义。如果我们再囿于固有观念，不承认精神产品的商品属性，就等于否认文化市场的存在，而离开文化市场，发展文化产业就成为一句空话。因此，我们要更新观念。凡可以纳入而未纳入市场的精神产品要尽快转入，以利于全面形成文化产品市场，促进文化市场的发展。

——把文化产业全面推向市场，必须建立文化大市场。文化市场是精神产品交换的场所，它与有形的物质产品比较，更多的是以脑力物化和精神服务为交换对象，所以具有特殊性。现阶段，随着物质生活水平的提高，人们对精神产品的需求也呈现上升趋势，因此可以预料，文化市场将是一个潜力深厚、前景广阔的大市场。我们可以借鉴发达国家的经验，把文化作为经济和社会发展的支柱产业和先导产业来开发，从而构建全国统一的文化大市场体系，并在不同区域形成各具规模的区域市场和各具特色的专业市场，如高雅文化市场、民俗文化市场等，以牵引文化产业的兴起。

——把文化产业全面推向市场，必须营造一个宽松、公平的竞争大环境。宽松，是就外部条件而言，如安定的社会环境、自由活跃的政治气氛、适宜的产业政策等等；公平，是指社会为各类文化企业提供平等的竞争机会，如平等的税负、充分的自主权、有序的市场行为等等。众所周知，放松、搞活，对于经济发展是必不可少的因素，对新兴的文化产业更是如此。基于此，我们要在客观上为文化产业的发展创设宽松、和谐、秩序的良好环境；在微观上为文化产业的优先发展提供政策支持、市场支持和物质支持，使之尽快上一个台阶。另外，在放宽搞活的同时，要搞好产业调控，做好文化产业与其他产业的衔接和平衡工作。要以经济和社会发展需要为导向，以适度的行政干预，有效的舆论监督为手段，引导文化产业始终沿着正确、健康的方向发展。

——把文化产业全面推向市场，必须对高雅文化实行重点扶持。这里讲的推向市场，更多的是指大众（普及）文化产品，而对高雅文化艺术门类，在把它们推向市场经受考验的过程中，由于其独特性，必须实行重点扶持。因为凡精品或力作，非经过精雕细琢难以成就；然而，造诣越高的作品，在通常情况下，市场面越狭窄，所谓曲高和寡，靠市场是难以支撑的。而这些精粹或经典，又往往代表着一个国家的文化品位，象征着民族的精神，如交响乐让奥地利骄傲，理论思维令德意志民族深沉，雕塑使古罗马辉煌。扶持高雅文化还有更深层次的含义，就是为了提高文化产业的质量和水平。因为离开了它，文化产业就只停留在低层次上，其发展就非常有限。

（三）发挥政策优势，以经济、法律手段为主要杠杆，促进文化产业超常发展

以前由于对文化功能的局限认识和体制的束缚，我们把文化只当成事业来管，而没当成产业来办，这势必导致在管理上更多地采用行政手段，而忽视了经济管理方法。现在我们要把文化当产业办，在发挥政策优势的同时，还必须把它纳入社会主义市场经济范畴之中，并借助法制手段，引导文化产业按照自身的特点，沿着市

场经济的轨道发展。

一是产业政策要向文化产业倾斜。国家在经济布局和调整产业结构时，要把文化产业列为优先发展产业，在规划布点、发展项目、发展产品上给予重点支持。还可参照办经济的思路，试办文化发展特区、文化产业试验区、文化产业开发区。这些区域，主要利用政策和特区优势，全面进行文化体制改革试验，探索文化与经济相结合的有效方式及途径，发展优长、外向文化项目和产品，积极参与国际文化市场的竞争，为其他文化企业探路、开窗口。要重视文化产业的规划和文化设施建设。各级政府要把文化产业纳入经济和社会发展规划之中，做到年度有计划，中长期有规划，使文化产业与经济和社会发展同步进行。鉴于社会对文化设施建设还没有引起足够重视，许多设施落后，或建成后远离居民区或市中心的状况，建议各级政府和决策者充分认识，文化设施对于一个地区和城市精神文明建设所具有的景观和象征意义，从而采取得力措施，把各类文化设施作为城乡建设规划中的基础公共设施，规划在较好的地段和繁华地区，以方便人们进行各项文化活动。

二是用市场经济的办法办产业。这是发展文化产业的根本途径。主要是运用金融、税收和法律手段对文化生产实行调控。金融控制方面，通过资金流向和利率杠杆，支持方向项目和产品，抑制或断流非方向项目和产品；通过办股份制公司，增强文化企业的经济实力和发展后劲；通过筹集和引进海外资金，进行技术改造和更新，谋求跳跃式发展。价格运作方面，在通过价值规律发生作用的同时，要运用价格杠杆，以质论价，优质优价，对精良产品和服务项目定高价，以扶持其发展；对高消费产品和服务项目，实行限价，并辅之以其他经济手段调节。通过提价和限价，支持高雅的、重点的、有前途的文化门类。税收调节方面，要参照国际惯例，实行差别税率制度。根据不同文化门类和不同文化产品分别采取高税、低税及减免税措施，通过运用税收杠杆，对文化产业实施宏观运筹。如对高消费的娱乐项目，征收特种附加费，对高雅文化少收税或不收税，甚至实行财税补贴。法律运用方面，要通过立法，制定和完善文化经济政策的权威性、法律性文件，使政府和企业的行为规范化，促使文化产业有序、健康发展。

三是采用行政促进办法。国家对文化产业，要逐年增加财政投入，如确定一个适宜的投入增长比例，同时，制定税率返还政策，并用法规固定起来，以保证文化投入随着经济的发展不断增加。对影响国家声望和精神文明建设的重大文化门类和产品，国家要给予补助，甚至全额补助。对于不同地域的文化，要采取不同的对策。例如在“老、少、边、山、穷”地区，要“文化扶贫”；对企业资助文化事业特别是高雅文化，要适当减免税或免收工商管理费，并将其纳入规范化轨道。

综上所述，文化的产业化是社会物质生产和精神生产发展的必然要求，是社会化大生产和市场的开放化和扩张性的当然结局。顺应这一时势，经济文化时代来临之日，我们要树立崭新的大文化观念，制定正确的产业政策，全面拓展具有中国特色的社会主义文化产业，这是我们迈向21世纪的明智的战略抉择。

（选自《广东社会科学》1995年第5期）

发展文化产业要树立产业意识和产业思维

——访经济学家张曙光

徐　冰

记者：文化产业概念的提出，对于传统的文化观念来说，的确是一个很大的进步，但目前对文化产业的认识上，显然还存在着很大的差距。这既影响到我们对文化产业内涵的扩展，也阻碍着文化产业的发展。为了进一步发展我国的文化产业，你认为应当以什么样的思想和方法来认识文化产业及其发展中所出现的问题？

张曙光：要真正认识文化产业，大力发展文化产业，需要解决两个问题：一个是思想观念的转变问题，一个是文化管理机构职能的转变问题。长期以来，由于受传统产品经济观念的束缚，我们总是习惯于从文化消费的角度来看待文化问题，把文化活动当作一种非生产的社会事业，把文化机构当作一个靠财政养活的消费单位；我们的文化管理，从机构设置、职能界定到具体运作，都作为一种单纯的行政管理，把文化仅仅作为一种意识形态的载体，而忽视了它的财富生产和价值创造功能。只要我们放弃传统经济观念，从现代经济发展的角度来观察，文化活动的生产性质和生产功能就十分自然和十分清楚了。这可以叫做文化的产业意识和产业思维。如果用产业意识和产业思维来办文化，我们原来的一套制度规则、组织机构和管理方式都要有一个根本的转变。

其实，文化产业的领域是相当广阔的，其门类也是多种多样的，旅游观光业、新闻出版、广播电视等传媒业、影视业、教育业、文物业等，都是重要的文化产业。因为文化生活是人类社会生活的一个非常重要的方面。人类社会生活的基本性质和特色也正表现在人们的文化生活方面。不仅如此，随着经济的发展和社会的进步，人们对文化生活的需求越来越大，其形式和内容也越来越丰富多样，文化产业的规模和速度会更大更快。就以旅游业为例，人们外出观光旅游就是为了获得一种文化上、精神上的享受和满足。如何赋予旅游以文化内涵，就需要有产业意识和产业思维，在这种意识和思维下，我们就可以围绕旅游活动开发出一系列文化产品，提供一系列文化服务，使人们得到丰富的文化享受。这种旅游文化也就会成为一大产业。

记：这样来说，产业意识实际上也就是一种市场意识。

张：不错，产业意识就是一种市场意识、经营意识，同时也是一种发展意识。要搞文化产业，就要面向市场，按市场规律办事。对于生产经营者来说，不仅要千方百计地改进技术，扩大生产，提高质量，降低成本，向市场提供越来越多、越来越好的文化产品和文化服务，而且要注重市场需求，研究消费心理，开拓市场，创造需求，引导消费，同时要大力增加盈利，不断积累，实现扩大再生产。对于文化管理部门来说，如何按照市场经济和产业发展的要求来对待文化生产单位和文化经营活动，就成为问题的关键。首先，要打破现行部门管理的狭小界限，平等地面对全社会所有的文化产业，而不是仅仅着眼于现有文化部门管理的少数几个行业。其次，市场所要求的是健全的管理制度，规范的管理方式，有效率的管理机制，而不是一味地管理和堵截。文化管理中最主要最困难的事情是，如何建立和健全一整套制度规则，有效实施和切实加强对专利权、著作权、版权的申请、确认、登记和保护，创造一个宽松的社会氛围，支持和鼓励文化企业家的创业精神和创新活动。这是促进文化产业健康有序发展的必要条件和合适环境。在文化产业的发展上，我们的管理部门要做促进派，做清道夫。

记：如您所说，拓展文化产业的内涵，加快发展文化产业的关键，首先是转变观念，真正以产业的意识和产业的思维来办文化。但是，文化产品和文化服务的生产和经营也有自己的特色，就目前而论，我们文化产业的规模还很小，很多可以产业化的文化活动尚未产业化，这其中的症结何在？

张：我前面指出，产业意识是一种市场意识，也是一种赢利意识。如果从这个角度来观察我们的文化活动和文化人，也可以发现和抓住其中的要害所在。

从文化活动来看，很多人把这看作是一种花钱的玩意和赔本的营生，其实非也。实践证明，文化产业是一个赢利十分丰厚的产业。例如，国外的很多报业托拉斯的实力很强，赢利很好，发展很快。影视业也是这样，美国影城好莱坞就是依靠影视业发展起来的。就是目前看起来难以为继的文物业，只要转变观念，从文物发掘、展出到文物复制、经营销售，都可以发展成一个很大的产业，其赢利也相当可观。中国是一个文明古国，文化资源十分丰富，只要用产业意识和产业思维来看待文化发展，那么，文化产品的生产和经营就是一个扩大再生产的循环过程，它可以通过有效的生产经营活动补偿自己的消耗，获取巨大的赢利，实现自我积累、自我发展。

如果从社会主义市场经济的观念来审视中国的文化人，你就会发觉他们有一个很大的缺憾，那就是受传统观念的束缚太深，大有君子不言利之慨。在一些人的心目中，文化活动是高尚的事业，与利何干？如果把文化与赢利联系起来，就会玷污这一方圣洁的净土。一些人甚至以穷酸为荣、为安。当然，把文化活动全部都产业化，要所有的文化人都去办实业，这是不对的。但是，君子不言利则是一种陈腐观念。一切依靠自己的努力，通过正当的途径能够获利的活动，都是高尚的事业。因此，我们应当抛弃君子不言利之类的陈腐观念，造就一大批文化企业家。他们对文化产业的各个门类不一定很精通，但需要有丰富的文化知识，是经营本行业的行家，他们善于捕捉各种赢利机会，并且能够通过制度创新，把这种机会变成丰厚的利润。他们了解文化产业的特点及其规律，懂得市场对文化产品的需求及其变化，知道如何在文化产业中进行投资和发展，具有经营文化产品以赢利的能力。如果说中国现在缺少企业家，那么，文化企业家则更为缺乏。因此，可否这样说，我们的文化人还缺少一种现代意识。

记：这么说来，我们的文化观念在很大程度上还落后于时代的需要。

张：是这样的。所以，我们一开始就说，转变观念是最重要的。

（选自1996年3月3日《中国文化报》）

论市场文化与文化不能市场化

郑欣淼

从文化与市场的关系来看，可分为市场文化与非市场文化两大类。市场文化是指以娱乐为基础、以营利为目的的经营性文化，是典型的商业文化。它以商品形式进入文化消费领域，并受市场规律的支配，通常票房价值较高，在市场运行中处于有利地位。非市场文化大体有三种：一是自娱性文化，包括群众自我娱乐的各种文化活动，以及丰富多彩的民族民间风俗文化活动；二是公益性文化，如公共图书馆、博物馆、美术馆、文物陈列馆、科技馆等文化事业；三是高层次高品位的艺术文化，包括各种学术著作，高水平的严肃文学创作，高品位的艺术表演，以及优秀民族文化艺术（特别是有深厚传统的各类表演艺术）。在这三种文化中，前两种都不进入市场，也不由价值规律调节，第三种虽然以商品形式进入市场，受到市场规律的影响，但经济投入与产出不成比例，无力在市场竞争中自立、发展。

市场文化是随着市场经济的发展而勃兴的。新中国成立以来，在高度集中的计划经济体制下，文化艺术一直从属于政治斗争、阶级斗争，国家对文化艺术事业实施统包统管，这种体制在相当长的时期起了积极的作用。政府通过计划手段，支持、扶植、恢复和发展了文化艺术事业，使文化艺术事业具有了一定的规模，并为进一步的发展打下了良好的基础。但是，这种单一的国办模式、单一的投入渠道，以及运行机制的平均主义、大锅饭等诸多弊端，使文化工作者积极性的发挥受到很大影响，使得文化事业单位普遍缺乏内在活力和自我发展能力。改革开放以来，党中央确定了以经济建设为中心，坚持四项基本原则，坚持改革开放的基本路线，提出了社会主义初级阶段和有计划商品经济的理论，提出把社会主义市场经济作为我国经济体制改革的目标。随着市场经济的逐步发展，带来了我国社会结构的重大变革，原有的国家统包统管的供给型模式受到商品经济的严重挑战。商品经济对社会生活各个领域的渗透，使得文化事业不能不在相当的程度上和范围内遵从商品经济的规律，一直由国家供养的庞大文化机构面临着生存的困境，不得不重新设计市场条件下文化的机制，全面改革旧的文化体制，以适应市场经济条件下的总体社会运作方式。市场文化就是在这样的背景和条件下应运而生的。

市场文化的产生和发展，经历了一个由不自觉到自觉、由小到大的过程。开始出现的是“以文养文”，是文化单位用兴办其他与本业相关或无关的多种经营、有偿服务等活动取得的收入来弥补文化主业本身经费的不足，是不得已而为之的。80 年代初，不少文化单位为了求生存，增加业务活动经费，广开门路，大搞“副业”，有的利用空余场所办起了游艺室、咖啡厅、弹子房，有的利用已有的技术设备如录音、摄像设备为社会提供有偿服务，有的利用现成的师资为社会的业余艺术爱好者提供辅导，等等。这些“副业”，基本表现为各文化单位自身业务的延伸，也确实缓解了不少单位文化经费紧张的状况。1983 年，中共中央批转了中宣部、文化部、全国总工会、共青团中央《关于加强城市、厂矿群众文化工作的几点意见》，明确“有些群众文化活动，可以适当收费，以补充活动经费的不足”。文化事业单位据此迈开了被称为“以文补文”的有偿服务和经营活动的步伐。

从 80 年代中期到 80 年代末，那些以前作为“副业”出现的文化娱乐项目发展更为迅猛，大量营业性舞厅及文化经营机构兴起并合法化，不仅文化单位跨出本系统而经营其他系统的经营项目，而且社会各界广泛参与，国有、集体、个体、中外合作合资等各种经济成分共同发展，规模也由小变大，并逐渐形成了善经营、会管理、有专长的经营队伍。市场文化的营运机制逐渐被其他事业型文化所吸收，其典型做法就是采用一业为主、多业兴文的办法来弥补国家拨款的不足。例如一些大城市的不少演出团体都纷纷兴办了餐厅酒楼、录像舞厅，兼营游戏机等。

以文补文、多业助文活动，促进着文化产业的发展，文化事业单位为了自己的生存与发展，加强了成本核算，在保证社会效益的前提下更加注重经济效益的提高，更加注重市场需求，逐步向事业实体发展，一般产业部门的企业管理机制被引入文化企事业，文化事业产业化的趋势明显增强。在以文补文发展过程中形成的一批具有规模经营、有较大经济实力的文化企业和文化经营实体，有的已跨部门、跨行业、跨地区经营，为发展文化产业提供了基础。1992 年，党中央、国务院发布了《关于加快发展第三产业的决定》，并明确文化事业作为第三产业发展重点，有力地促进了文化产业在改革开放中的发展。

从以文补文到多业兴文再到文化产业的发展，传统的文化发展模式在逐步改变，新的文化格局在逐渐形成，大多数有经营力的文化事业单位的经营机制随之发生变化。文化艺术活动及其文化产品借助一定物质载体或以物化形式进入流通领域——市场，进行交换，实现其使用价值，市场文化也随之产生了。从文化形式上看，市场文化几乎包括了所有的文化类型，如读物、音像、歌舞、表演、字画、游艺等。当然，这些类型的文化项目之所以成为市场文化形态，前提是它们都进入了文化市场，受市场机制调节，在市场中流通。市场文化的蓬勃发展已成为我国当今社会生活中不争的事实。仅以文化娱乐业为例，自 1979 年底广州东方宾馆开放第一家音乐茶座以来，据不完全统计，到 1992 年底，全国歌厅、舞厅、卡拉 OK 厅已有 20 多万个，录像放映点 6 万多个，各类影剧院 3900 余座，书报刊摊点 10 万多个，画廊、画店 4000 多家，每天在这些场所活动的群众达千万人之多。

从以上分析可以看到，市场文化在我国的产生和发展，既是市场经济发展提出的必然要求，又是文化自身发展的需要；此外，还有一个值得重视的原因，就是日新月异的科学技术的作用。从历史上看，不仅建筑、工艺、实用艺术等一直依赖于科技的发展而兴盛，而且音乐、美术、舞台艺术也随着科技的进步而不断进步。我们看到，改革开放以来，由于现代科学技术的发展，特别是迅猛发展的声光电子技术在文化领域的普遍应用，极大地改变和丰富了文化艺术内容的负载和传播手段，生发出了新的文化形式和文化娱乐样式，带给人们更加多样化的文化娱乐享受。例如，与大众传播媒介相结合已成为当代艺术发展的一个显著特征。在文学方面，出现了适应报刊需要的"微型小说"；音乐方面，出现了结合电视优点的 MTV；戏剧方面，出现了针对广播要求的广播剧；相声，出现了相声 TV；由作家作为叙述者上镜演出的 LTV（文学电视），也已在中央电视台播出。这些艺术品种改变了原来艺术的形态和结构，呈现出崭新的风格，给人们带来新的享受。流行音乐、激光唱盘、激光视盘、卡拉 OK 等，也成为时兴的消费形式。过去人们只有在影院、剧场才能看到的电影、戏曲、舞蹈等，现在足不出户，通过电视机、录音机、录像机就可以欣赏了。又由于经济的发展，使人们有条件购置这些可供消遣的电化设备及图书报刊，这就导致了一系列新的文化产业、文化服务业的产生。现在录音机已全面进入城乡居民的家庭，录像机的全国拥有量近千万部，卡拉 OK 机、激光唱机、影碟机也已进入部分城市居民家庭，录像带销售租赁业遍及城镇。激光唱盘、激光影碟市场正在悄然崛起。为了满足大众的这种需要，我国当代文化依托科技进步迅速走上了文化工业大规模复制，进行标准化生产的道路。音乐带、录像带、电影片、电视片、激光唱片、通俗文学作品以及大量的广告制作等，都通过工业化复制大批量地进入市场。同时这种大规模生产只能以工业生产的标准化模式来操作，以保证产品的整齐划一，从而获得最佳的市场效益。

市场文化的勃兴同时也有现代城市文明发展的动因。改革开放和现代化经济建设的成果之一，是我国城市化步伐的加快。从 1979 年至今，我国仅县级市就增加了 400 多个，增长 2 倍多，城市总数已超过 600 个；建制镇增长 5 倍多，达到 13000 个以上。城镇化的迅速发展以及城市的现代化水平的提高，导致人口高度集中和民众收入普遍增长。随着民众生活的改善与收入的增长，就滋生出享乐的内在要求。在非血缘关系占主导、商业繁华、生产专业化社会化、科学教育昌明、现代行政与市场发达的城市环境中，必然形成具有高度普遍性的享受型文化，民众借此实现内在的享乐需求，获得一种外在的表现形式。这种以市场文化为核心的城市文化，构成了现代城市文明的重要一环，赋予城市生活以独特的情调与氛围。市场文化的意义还在于它使现代市民在城市生活环境中积淀而成的某种独特的情感有所寄托与宣泄，获取了某种返家归根的感受。

现代市场文化是当今社会中的一种文化形态。它的主要特点有以下三方面：

其一，娱乐性。在现代社会，由于商品经济使生活节奏加快，工作繁忙，人们经常处于紧张的状态，社会压力增大，而飞速运转的经济又要求劳动者迅速恢复体能，及时调节精神状态。因而，娱乐、消遣、感官的松弛就成为他们所要求的文化商品的主要功能。市场文化就满足了人们的这种娱乐性的需要；或者说，市场文化主要是娱乐文化。而且，伴随着商品经济而来的自主意识、参与意识的增强，也推动人们积极地介入娱乐性文化产品的流通，把娱乐文化作为表现自我、愉悦自我、充实自我的重要方面。市场文化的出现，使人们的这种参与性要求变成了现实。

其二，大众性。从世界范围来看，市场文化的形成和发展，是现代社会的一个明显标志。现代社会的一个很大特点，是所谓的大众化和通俗化的盛行，而市场文化的发展则被视为大众社会、大众文化的一种表现形式。中国改革开放政策的实施和推进尤其是经济的快速发展，加上国外各种文化思潮的涌入，带动了人们价值观念、思想态度和思维模式的变革。人们的利益观念和主体意识大为增强，重视现实的政策效果，注意获取各种利益和注重自我满足。在这种情况下出现的大众化和通俗化文化，是一种大众所能欣赏、接受或消费的文化，具有社会各阶层人士共享的、廉价的、易得的特点。

其三，营利性。市场文化要进入文化市场，必然要受价值规律的支配，具有明显的商业性的营利目的。市场文化已成为很大的经济产业，其产品要受市场导向的影响，其发展是由文化市场的需求来调节。文化消费者喜欢什么，文化市场就会出现什么热。文化市场的繁荣与市场文化的勃兴是互相促进的。

市场文化的兴起有其必然性，对文化发展有积极的促进作用。它的出现给文化事业带来了活力，同时满足了人们多层次的文化生活的需要。前边说了，市场文化主要是娱乐文化，满足着人们的享乐要求，对此不必诟病。过去，由于"左"的思想的影响，只重视文化的教化功能，忽视或者讳言它的娱乐作用。这种认识是不全面的。马克思恩格斯说过："并不需要多大的聪明就可以看出，关于人性本善和人们智力平等，关于经验、习惯、教育的万能，关于外部环境对人的影响，关于工业的重大意义，关于享乐的合理性等等的唯物主义学说，同共产主义和社会主义有着必然的联系。"

市场文化的局限性也是显而易见的。市场文化作为以商品形式出现的文化产品，必然要受到商品价值和商品规律的支配。商业性的营利目的，使它往往只是顺应消费者的原欲，或是作为消费者紧张心理的宣泄与释放，尽管饰以现代高技术的包装，它依然只是一种消费性的、感官化的文化娱乐，只是"享乐的合理性"的满足，表现为人文导向功能的缺乏，不能提供支撑人的现代化发展的内在文化精神。还应看到，市场文化表面上是对大众娱乐和宣泄等文化需求的满足，实际上它也在制造需求本身。由于市场文化的根本动机在于营利，只有迎合大众的文化需求状况，甚至刺激这种需求，复制强化这种需求，它才能赢利，获得商业生命力。市场文化借助现代技术手段和时尚文化的包装，对大众趣味进行改造，从而使大众对娱乐和宣泄的需求，最终变成了对"流行"本身的需要。因此，市场文化对精神文化的生产消费有腐蚀和异化作用。

重视和弄清市场文化与非市场文化的区别以及各自不同的特点、作用，弄清市场文化的局限性，对于社会主义市场经济条件下文化事业的健康发展，有着重要的意义。

第一，要重视文化的意识形态性质。文化是一种意识形态，属于上层建筑。上层建筑的重要职能是维护和巩固经济基础。文化产品或文化服务的意识形态性，反映在它所包含着的政治法律观念、价值观念、道德伦理观念以及审美观念等方面。马克思主义一直强调文化意识形态的作用，"统治阶级的思想在每一时代都是占统治地位的思想"，就是马克思恩格斯在《德意志意识形态》中提出的著名论断。今天，由于大众传播技术的发展，意识形态的作用、方式更加精巧、复杂，并越来越多地渗透到诸如流行音乐这一类大众文化之中。对于我国来说，上层建筑的重要职能就是维护以公有制为主体的社会主义制度的经济基础。文化为人民服务、为社会主义服务，是我国文化产品社会意识形态性的集中体现。不管是非市场文化还是市场文化，都有意识形态性，不能因为承认文化产品的商品属性而完全否定它的社会意识形态性，不能因为市场文化主要是娱乐文化而忽视它的意识形态性，根本无视它的教化功能。

第二，文化市场化不能成立。有这么一种观点，认为我们既然搞了市场经济，既然建立社会主义市场经济体制是我们改革的目标，那么文化事业就都必须商业化、市场化，应把一切文化产品推向市场。这种主张之所以不能成立，之所以是错误的，就在于它对精神文化产品的特点缺乏全面、正确的了解，不清楚有市场文化与非市场文化之分，不懂得即使进入市场的文化产品，由于高雅、通俗乃至低俗的差别，在市场化的程度上也不完全相同，例如高雅艺术，就不能完全听任市场摆布。不加区别地把一切文化事业统统逼下"海"去，采取行政命令的手段甚至经济上"断奶"的手段把那些市场上没有大量需求、缺乏竞争力的文化事业一律"赶入"市场，是一种急功近利的短期行为和反文化的表现，长此下去，那些具有国粹性质的民族精英文化和具有精神文明建设导向性的国办文化就会萎缩下去。所以，这种做法实质是在毁灭文化。著名学者钱钟书先生 1993 年在接受《人民政协报》记者采访时说了一段给人以深刻启迪的话，他说："崇高的理想、凝重的节操和博大精深的科学、超凡脱俗的艺术，均具有非商化的特质，强求人类的文化精粹，去附和某种市场价值价格的规则，那只会使科学和文化都'市侩化'，丧失其真正进步的可能和希望。历史上和现代的这种事例还少吗？我们必须提高觉悟，纠正'市侩化'的短视和浅见。"邓小平同志明确提出要反对"把精神产品商品化的倾向"，可谓语重心长。

文化市场化不能成立，也为西方发达国家的发展实践所证明。英、德、美、日等长期实行市场经济的国家，均没有提出和实践过文化市场化，而是商品文化与非商品文化、市场文化与殿堂经典文化同步发展，如芭蕾、交响乐、歌剧等都是在国家扶持下得以保留并发展的。有的国家则明确反对文化商品化。如瑞典议会于 1974 年一致通过了国家文化政策的八点主张。其中之一就是"反对文化艺术的商品化"。瑞典国家文化事务委员会主席罗夫达尔先生 1991 年对中国前去考察的人员说："文化艺术要完全实行商品化，行不通。比如一本书很有价值，但需要量少，就必须由政府补贴，不能完全由市场管。只靠市场调节，西方的歌剧院、交响乐团就都完了。"很显然，它们不提和不搞文化市场化，或明确反对文化艺术商品化，是遵循了市场经济规律和文化规律，是值得我们借鉴的。

第三，对不同的文化类型采取不同的文化对策。文化有市场文化与非市场文化之分，两类文化又各有不同的情况，由于性质不同、作用不同、处境不同，因此应采取不同的对策，区别对待。对于自娱性文化、民俗文化，要给予引导、支持、鼓励。对于公益性文化，要采取保护和支持的政策。对于高层次高品位的雅文化，要有重点地加以扶持。对于市场竞争中处于有利地位的市场文化，要以市场调节为主采取高税费的政策，结合多种手段加以管理，避免市场文化取代非市场文化。要通过正确的对策，使非市场文化与市场文化共存共荣，真正做到百花齐放，繁荣社会主义文化。

（选自《青海社会科学》1996 年第 3 期）

“大众文化”谈

程代熙

一

“大众文化”当下已成为一个流行的词语，但人们对其内涵的理解却是仁者见仁，智者见智。例如，有的将其视为“市井文化”或者“市民文化”、“小市民文化”、“通俗文化”，还有的将其称为“娱乐文化”、“消费文化”、“快餐文化”等等。由于人们对“大众文化”的理解不一，说法不一，因此在有的时候，它又与三四十年代我国文学史上进步文艺工作者倡导的文艺的“大众化”，甚至与毛泽东同志在《新民主主义论》里倡导的“民族的科学的大众的文化”的含义相混淆。

“大众化”的文艺和“大众的文化”，是一种以正确的理论作指导、为人民大众服务的文艺和文化。它也给人民以愉悦，但更重要的是给人民以思想上的启迪和升华，鼓舞他们去创造属于自己的新生活的信心和决心。“市井文化”带有封建社会的印记，而“市民文化”则带有资本主义社会的性质。在我国，“市民文化”还带有半殖民地的色彩。清末民初曾火爆一时的“鸳鸯蝴蝶派”小说，就是颇为典型的“市民文化”的产物。这种“市民文化”的制作者宣称，他们的目的在于使人们得以“消闲”。用一枚小银元，从市面上买到数十篇小说，即可“一编在手，万虑都忘，劳瘁一周，安闲此日，不亦快哉”。我国革命先驱李大钊就锐利地指出，这种文艺文化只能使人“堕落于男女兽欲之鬼窟”。

我们现在流行的“大众文化”，同过去的“市井文化”或者“市民文化”，特别是“鸳鸯蝴蝶派”之类有着某种程度上的渊源关系，但是更多的是受到西方消费文化的影响。至于“大众文化”这个概念本身，则是从英语“Mass Culture”翻译过来的。在西方，最先使用这个英语词的是法兰克福学派理论奠基人之一马·霍克海默。稍后，他在同特·阿多尔诺合著的《启蒙辩证法》（1947）一书里，对“Mass Culture”作了相当详尽的分析和评论。

《启蒙辩证法》一书的作者是把“Mass Culture”作为“文化工业”（Culture Industry）的产品来界定的。因此，“Mass Culture”一词的基本含义是指“大量生产的文化产品”。这种产品的表现形式是多种多样的，如通俗小说、流行音乐、广播影视、报章杂志和广告等等。可见，把“Mass Culture”译成“大众文化”（有的译为“群众性文化”），就把它的基本含义遮蔽起来了。

美国学者路易·哈拉普在1949年面世的《艺术的社会根源》一书里，以“Mass Art”为题，列了一个专章。这本书在1951年由朱光潜先生翻译出版。朱光潜先生把“Mass Art”译成“大量艺术”，还特地加了一条注文，说“大量艺术”即“大量生产的艺术，不是大众艺术”。朱光潜先生的这个译法是与作者的本意相吻合的，从而避免了与“左联”以来倡导的“大众化”的文艺和文化相混淆。

二

霍克海默和阿多尔诺在《启蒙辩证法》一书里称，在西方，文化工业与其他产业部门一样，只关注它的产品投入市场后所能带来的经济效益，即利润。因此，“电影和广播不再需要作为艺术”，它破坏了文艺作品的本性。他们还进一步指出，“文化工业体系之所以出自自由主义的工业国家，是因为自由主义的工业国家成功地制造出来了一切先进的手段，例如电影，无线电广播，爵士音乐和杂志”。所以，文化工业“遵循的是资本的普遍规律”，即以资本的增殖为目的，而不是以提高艺术和繁荣文化为目的。原来意义上的“文化”或者“文艺”在文化工业里已不复存在，它们已经消融到“文化工业”这个概念里去了。“文化工业令人嘲笑地贯彻了粗陋的人格主义哲学家所反对的统一的文化概念。”

在谈到“文化工业”的产品，即“大量生产的文化产品”的功用时，霍克海默和阿多尔诺指出，“文化工业”就是向全社会提供娱乐消遣，因为“娱乐消遣在晚期资本主义社会是劳动的延续。那些想松弛一下机械化劳动过程，使自己能重新增长力量的人需要这类供消遣用的娱乐品”。这就是它的普遍性、广泛性所在。霍克海默和阿多尔诺还指出，“文化工业的每一个运动，都不可避免地把人们再现为整个社会所需要塑造出来的那种样子”（第118页）。也就是说，使人们对现有的社会，即西方资本主义社会俯首贴耳地顺从，使他们成为马尔库塞所批判的那种“异化的人”，丧失掉独立个性的人，“单面人”。

“大量艺术”的消费者是被长时间的沉重劳动弄得精疲力竭的受压迫和剥削的劳动者阶级。人民成了推销这些劣质精神产品即有害于人民身心健康的文化产品的大市场。西方资本主义大国的统治阶级不仅利用它来赚取人民的血汗，奴役人民的精神，还通过它，尤其是电影，向第三世界推销西方特别是美国的生活方式。

法兰克福学派对“文化工业”本身，以及“大量生产的文化产品”是持批判态度的。但是，他们在“文化工业”的产品面前，又感到束手无策。相比之下，另一位西方学者哈拉普看得比他们远。他认为，在社会主义制度下，“大量艺术”的商品化将不存在，那时就可以出现有益于人们身心健康，又能使人们得到娱乐的真正的通俗艺术。

从法兰克福学派和哈拉普的论述中可以鲜明地看到西方“大量艺术”及“大文化”所具有的三个特点：

（1）这完全是一种商业文化（商品文化），也就是一种与工业联系在一起的市场文化，因而带有非常浓厚的商品拜物教货币拜物教的色彩。马尔库塞就指出，“资产阶级的艺术品都是商品，它们也许甚至是作为上市销售的商品而被创作出来的”。

（2）大量生产是一种规模生产，因此必然带来生产的模式化。这就扼杀了艺术创作的个性、自主性和创造性。同时，它也扼杀了或者钝化了艺术消费者的想象力和审美能力。马克思早就指出“资本主义生产就同某些精神生产部门如艺术和诗歌相敌对”。

（3）“大量生产的文化”还具有一种支配社会的力量，它迫使人们接受它的价值观，使人们在这种错误的价值观的导向面前不仅丧失选择的余地，而且丧失选择的能力。

三

根据上述资料，我认为不能把西方发达国家尤其是美国的“大量生产的文化”（或“大量艺术”）的模式理解为我们国家的“大众文化”或“大众文艺”的标准模式。因而，也不应该把西方“文化工业”的体系、体制照抄照搬到中国来。

现在的情况怎样呢？不妨举几个浅近的例子来看：

有人在预示下个世纪我国文学艺术产业的发展方向时就明确地说，我国的文学艺术产业将“作为第三产业而存在”，要把“文艺推向市场”，使它成为“与现代大工业生产和后现代主义文艺思潮并生并存的大众化”文艺。作家、艺术家的作品将成为“一次性消费品”。

如果说这里表达的还是要把西方“文化工业”体制照搬到中国来的一种愿望的话，那么，在文学艺术及文化的某些领域，西方“文化工业”体系已经或者正在日益成为我们生活中的一种景观。例如，有一篇专门谈我国电影产业的现状的文章说，“我们的电影企业已经撕下了‘精神生产’的面纱，向纯粹的文化工业大踏步地迈进”，因此，“工业化文化—大众文化成为中国电影文化的主流”。通过电影题材的类型化，电影叙事的标准化和电影现象的时尚化等等手段，电影生产加速了商品化过程。

近几年来，在影片的题材上，在国产影片的总量中，类型娱乐片即单纯娱乐片，已占到90%，有时甚至占到90%以上。如果从遍布大小城镇的录像厅、激光厅放映的盘带节目来看，我们国家已经成了西方及港台“文化工业”产品的一个大市场。这些录像带和激光视盘中的很大一部分，或者是走私进来的，或者是国内的一些生产厂家采取非法的盗版手段生产出来的。这种情况目前正在大力加以扭转，但在年底以前，却是我们生活中大量存在的现象。

为什么我们不能照抄照搬西方国家的“文化工业”体制道理很简单，我们是社会主义国家。我国正在确立和完善的是社会主义市场经济体制，而不是西方的资本主义市场经济体制。因此，它要求与之相适应的文化是社会主义文化。这种文化，正如江泽民同志《在庆祝中国共产党成立七十周年大会上的讲话》中所指出的“必须以马克思列宁主义、毛泽东思想为指导，不能搞指导思想的多元化必须坚持为人民服务、为社会主义服务的方向和‘百花齐放、百家争鸣’的方针，繁荣和发展社会主义文化，不允许毒害人民、污染社会和反社会主义的东西泛滥必须继承发扬民族优秀传统文化而又充分体现社会主义时代精神，立足本国而又充分吸收世界文化优秀成果，不允许搞民族虚无主义和全盘西化。”为此，党中央还制定了相应的方针政策，如弘扬主旋律，提倡多样化等。可见，我们正在建设的社会主义文化，无论从它的性质，它的指导思想，以及它的方针政策上看，都是同西方的“文化工业”完全不同的。法兰克福学派把西方的这种“大文化”称之为通过娱乐来欺骗大众、奴化大众的文化，是巩固资本主义现行秩序的“社会水泥”。斯言不虚。

在我国的经济生活中，除了占主导地位的社会主义经济成分外，还有应该是起补充作用的非社会主义经济成分。同样，在文化生活中，除了应占主要地位的社会主义文化外，也还存在着非社会主义性质的文化。例如街头、坊间出售的那些五花八门的通俗读物，歌舞厅里的卡拉OK，以及形形色色的小报、刊物等等。它们中的相当一部分属于非社会主义性质的文化。最先将它们向社会开放，在文化主管部门，兴许是希望它们能作为人们文化生活中的一种补充，而文化行业的一些经营者，则主要是追逐经济利益。多年的实践证明，此类文化有的确实起了积极有益的作用，但更多的是起了相反的作用。那些黄色的、宣传封建迷信的、宣扬暴力的书刊和音像制品就是如此。还有的甚至公开宣传反社会主义的内容。这些有害于社会主义的货色，打的就是所谓“大众文化”的旗号，“娱乐文化”的旗号和“通俗文化”的旗号。

于是，一些所谓的“精英”人士，就看中了这种“大众文化”而着意加以利用。他们在文章里明白无误地写道，“我们应当正视大众文化在当代中国文化变革中所起的那种潜移默化的消解作用—消解主流文化指社会主义文化—引者的意识形态”，还说，“大众文化不考虑文化批判，唱卡拉的人根本不去考虑要改变什么东西，但这种态度却反而能改变一些东西，这就是……对正统体制、对政教合一的中心体制的有效的侵蚀和解构”。很清楚，他们就是要利用这类所谓的“大众文化”来解除人们的思想武装，来最终瓦解社会主义。因此，对于非社会主义文化中的有害部分，要加以取缔，决不能掉以轻心，放任不管。要提倡健康的，允许无害的，限制低俗的，反对有害的。

在文化问题上，我们不能走西方“文化工业”的道路。怎么办首要的还是按我们自己的国情办事，按照党中央的指示精神，沉下心来，脚踏实地地搞我们自己的有中国特色的社会主义文化建设。在我们国家，从根本上说，文化是事业，不能把它当一般商品看待，也不要不分青红皂白地把文化一股脑儿地推入市场。

（选自《求是》1996 年第 4 期）

论文化产业的发展与我国社会现代化的关系

谢名家

文化，是既古老而常新的人类思想的灿烂成果，又是人类未来发展需要不断探索的基本课题。在我国建构社会主义市场经济体制和实现四个现代化的进程中，文化占有极其重要的地位。因为它既是现代化建设的基本内容，又是现代化进程的强大动力。因此，有必要对文化进行更深层次的思索，对其走向进行更广阔范围的探究。本文拟就文化产业的发展与我国社会现代化的关系作初步的研究。

一、文化产业已成为当代社会生产系统的基本要素

众所周知，文化作为人类进化的标志，是一个长期的社会历史过程。在社会有机体中，文化经历着发生、变迁、演化和发展的过程，进行着由较低形态向较高形态的不断的嬗变。而作为产业出现的文化则是当代的事。随着 19 世纪中叶主要资本主义国家产业革命的完成，人类的生产方式进入了崭新的时代。不但物质生产的工业化运动风起云涌，而且精神生产的产业化也在酝酿、生发。然而，严格意义上的精神生产产业化是从现代才开始的，并作为当代社会生产系统的基本要素而存在。

（一）在客观形态上，文化产业属于一般社会生产系统的特殊形式

马克思在《哲学的贫困》、《资本论》等著作中，对社会生产作了科学的划分和明确的论述。依据马克思的有关论述，生产是为满足人们的生命和发展需要而进行的最基本的社会实践形式，是人类改造自然、社会和人自身的创造性活动，是一个极其复杂的社会实践系统。一般社会生产系统包括物质生产、人质生产（即人类自身的生产）、精神生产和社会关系的生产这四种生产。其中，物质生产是人类改造自然、获得物质生活资料的活动，是社会存在和发展的首要前提和人们从事其他生产的基础。人质生产是人类自身的繁衍，是社会主体的载体，是保证社会存在和发展的前提条件。社会关系的生产是人们在共同的经济、政治和文化活动过程中形成的生产关系、政治关系和思想关系的更新。按照一般规律，有什么样的社会生产力，终归会产生什么样的社会形态，也就会有什么样的社会关系。精神生产是人们运用特有的思维能力，对反映在自己头脑中的客观现实和以往的思想文化资料进行加工，创造出一定的思维产物，并通过相应的物质手段，把它寄寓在一定的物质资料（包括人体）上，从而形成现实的精神产品的实践活动。它在本质上是人类的主观精神的活动和创造。按照马克思的观点，精神生产体现了占统治地位的物质关系，在阶级社会中带有阶级性，不但具有确定的职能，而且具有综合继承形式。在综合继承形式中，个人被当作“普遍的生产力”加以发展，进行“一定社会形态下自由的精神活动”。

在人类社会的任何发展阶段上，社会生产系统中的上述四个子系统都有一个共同的本质，这就是人类的实践活动。从社会生产系统的整体功能来看，虽然每一种生产的地位和作用各不相同，但它们却形成相互联系、相互制约、相辅相成的有机整体。一般地说，物质生产是基础。没有物质生产，人质生产、精神生产和社会关系的生产便无法存在。人质生产是前提。没有人质生产，物质生产和精神生产就失去了主体，也就无所谓社会关系的生产。社会关系的生产是条件，是人们进行实践活动的社会形式，没有人与人之间在生产实践和社会生活中建立的关系，其他的一切生产都无法进行。精神生产是主导。因为人们的任何活动都是在思想指导下进行的，没有精神生产，物质生产、人质生产和社会关系的生产就会迷失方向，丧失协调的机制和动力源泉。从系统看，任何一种生产都是内容（生产力）与形式（生产关系）的统一体。从过程看，每种生产都是一个连续不断的社会过程。任何一个阶段或时期的现实生产活动，都既是结果又是原因，既是终点又是起点，是现实力与潜在力的统一。四种生产的相互促进和互为作用，还充分表现在它们之间的相互渗透、相互转化上。这种由各自生产整体结构的相对静态状况向四种生产之间相互转换的动态过程，是四种生产出现新内容、新形式和新性质的重

要形式。所以，在精神生产中，任何一种新质的精神内容和形式的产生，都是由于物质生产、人口生产和社会关系的生产对精神生产的渗透和转化而引起的。这种情形在文艺生产和科技生产中大量出现。随着当代高新科技的迅猛发展和知识产业的崛起，精神生产向其他三种生产的渗透和转换也愈加显著和突出。文化生产及其产业作为精神生产的一般和基本形态，既是社会生产系统的特殊形式，更是精神生产的集中的表现。如果说，个人的精神活动是无形的，那么，社会的文化活动则是有形的。没有文化生产的表现形式，精神的智慧就得不到物化。精神生产对整个社会生产以至整个社会的动力作用，充分体现在文化产业的高文化含量、高层次素质和高智力因素的特点上。

（二）从社会生活领域看提出“文化产业”范畴的依据

马克思在阐明四种社会生产的同时，进一步指出“物质生活的生产方式制约着整个社会生活、政治生活和精神生活的过程”。这就为我们把握社会生活规律，理解决定历史过程中相互作用的诸因素提供了钥匙。根据马克思的揭示，正是人类的四种社会生产相应产生了人类社会生活的四大领域，即人们的物质生活、政治生活、精神生活和两性生活（包括婚姻与家庭）。所谓生活，就是人类生存和活动的总和。四种社会生活的划分，使我们有可能综合地观察人们生存活动的各个基本领域；使我们有可能揭示生活结构、生活水平、生活质量是如何决定人们的价值取向和行为准则的。由此，我们也就能够从主体创造客体的规律上认识到：正是由人类四种生产决定的四个领域的生活创造了人类四种文化形态，这就是物质文化、政治文化、精神文化和两性文化。这四种文化形态，是在人们劳动和改革活动的基础上产生的，是社会的人进行创造活动（通过一定的产品体现出来）的不同过程。其创造出来的产品，具有满足人们物质和精神需要的客观属性，以及满足人们利益为目的的客体形态。因此，各种生产产业的产品对于主体来说都是有益的和有价值的。各种产品的文化价值是人们文化活动的产物和成果，是一定社会关系的特殊表现，是“人的本质力量”的体现。其成果的多少和质量的高低，则依主体对客体的作用方式和作用力的大小而显示出来。文化价值可划分为物质的和精神的价值，这种划分具有相对的性质。这是因为无论精神文化还是物质文化，都是由于人们的自觉活动才产生和存在的。科技转化为现实的生产力就是再好不过的说明。精神价值既可以物的形态存在，也可以劳务的形态存在。然而，没有高度发达的物质技术基础，这两种形态的生产和普及是不可能的。这一点可以特别明显地从文化活动的崭新形式——高科技信息、新闻、广播、影视中看到。由此可见，精神生活及其衍生的精神文化是对其他三种生活及其文化的提炼和升华，并对它们质量的提高产生基础性的作用。同时，又反作用于主体，对人的行为起着主导和支配的作用。

由以上分析可以知道，从社会生活领域来看，精神文化是社会四种文化形态之一。由于其本质、功能和特点，决定了精神文化是精神生产的一种产业。这还可以从经济与文化的关系中，特别是从新技术革命对文化产业发展的决定性作用规律中，从历史与逻辑的统一中得到进一步的验证。正是经济的发展导致了文化领域的革命性变革。从经济到文化和从文化到经济的双向作用，造就了一个新兴产业——文化产业，它以现代科技为依托的特征，从根本上改变了传统的文化形态及其观念。

（三）从精神生产力的发展看文化产业产生的历史进程

根据马克思关于社会生产系统和社会生活领域的论述，我们有可能从社会历史范畴进一步考察精神生产力的发展是怎样导致文化产业的产生。历史的步伐大致是这样的：第一步，精神生产是社会劳动分工的产物。精神生产作为相对的社会生产形式，是在人类体力劳动与脑力劳动分化基础上产生的。在远古，由于社会生产力水平十分低下，物质生产者与精神生产者不可能分野，而是合为一体的。随着人类物质生产水平的提高，专门从事脑力劳动的精神生产者就有可能从物质生产者中分化出来。精神生产由于劳动的社会分工而产生并成为独立的领域。同时，其本身也由于这种分工发生了进一步的分化，从而形成了不同领域。

第二步，精神生产力随物质生产力的发展而发展；并为文化产业化创造了条件。在人类思想史上，马克思和恩格斯第一次科学地论证精神生产这一现实社会最重要领域的功能发挥和发展规律。精神生产和社会一切生产一样都是被物质生产所决定又巨大反作用于物质生产。人们的物质活动“决定一切其他的活动，如脑力劳动、政治活动、宗教活动等”。但是，承认物质生产对精神生产的第一性和决定性的作用，并不否定精神生产的相对独立性，以及它对社会物质生活这个层面的积极反作用。恩格斯认为，“说经济因素是唯一决定性的因素”，是“荒诞无稽的空话”。因为，精神生产也“反过来对这些物质条件起作用，然而是第二性的作用”。

马克思在研究精神生产的社会集团问题，在分析商品生产发展趋势时，都使用了“精神生产力”这个概念。恩格斯在论证科技的社会作用的增长中，也指出“精神要素当然就会列入生产要素中”。马克思还着重论证了“一般社会知识”和“一般智力”转变为“社会实践、实践生活过程的直接器官”，就是科技转化为直接的社会生产力。由此可见，精神生产力随物质生产力的发展而发展。

当今社会，由于社会分工的高度细化和高度综合，由于物质生产领域的变革和推动，以及精神生产系统自身的高度复杂化，精神生产力已经呈现全新的态势。无论是精神生产要素的形式还是内容都发生了根本性的变化。从物质生产分化出来的精神生产的要素形式，已经由初始的精神生产的劳动者、劳动手段、劳动对象的三要素，增至包括管理和科技在内的五要素。而它们的内涵又要比过去丰富得多，从而为精神生产产业化创造了条件。

第三步，随物质生产关系的发展，形成了新的精神生产的生产关系，为文化产业化奠定了社会基础。精神生产是一个复杂的系统。由于社会分工，精神生产力从物质生产力中逐步分化出来。这就为精神生产关系的产生提供了现实条件，并为文化产业的发展开辟了道路。在精神生产力发展中形成的相互作用的主客体关系，是精神生产结构变化发展的动因。在精神生产中，主体是能动的主导方面，决定精神生产的水平和状况。客体是对象和产品，体现了精神生产的质量。在主客体关系中，还包括所有者与执行者以及管理者与劳动者的关系。因此，精神生产是主客体之间相互作用、互相制约、互相转化的过程，它们的状况决定和影响着生产关系的性质。

精神生产的各个领域与其内部的社会劳动分工相联系。这种联系，不但形成精神生产的不同领域，而且它们既和物质生产相互作用，彼此也相互影响，并具有自己的相对独立性。而它们的社会作用直接受到社会经济形态的制约。在我国，精神生产的各个领域，不但受到物质生产关系的制约，而且也受到自身生产关系的制约，从而呈现不同的发展态势。

精神生产是包括精神价值的生产、分配、交换和消费在内的生产和再生产的有机统一体。在这一系统中，社会生产所固有的原则都是适用的。由此决定社会的精神生活也包括精神价值生产的这四个部分，同时也包括人与人之间的关系，包括与此相关的社会组织和研究系统。由于精神生产关系的内涵性和广延性特点，使之有可能更适应精神生产力性质和发展水平的要求，从而促进精神生产力的发展，加速精神文化生产产业化的进程。从以上分析可以清楚地看到，物质生产力分化出精神生产力，也分化出精神生产关系；精神生产力的发展又促进精神生产关系的成熟。而精神生产方式则是对物质生产方式的深化。然而，精神生产不仅受到物质生产力发展水平和经济基础的制约和影响，而且还受到社会上层建筑和国内、国际条件的制约和影响。正因为如此，精神生产力的综合性力量和发展形态——文化产业的产生和发展才是必然的。

二、建设具有中国特色的社会主义文化产业

当今，文化已出现国际化的大趋势，无论是西方还是我国，都在充分利用文化手段，促进经济和社会的文化。中国要实现现代化，发展文化产业毋庸置疑。但在现时期，由于世界各国、各民族文化背景、历史条件、生产力发展水平、社会制度不同，上层建筑包括意识形态各异，因而有一个选择符合自己国家和地区经济、文化实际的发展道路问题。鉴于此，邓小平同志提出了建设有中国特色社会主义理论。遵循这一理论，我们要发展的文化产业也应当是具有“中国特色”。但这种特色主要应体现从实际出发，发挥优势，加快发展的客观要求。在这里，我们主要探讨发展我国文化产业的基本模式。

（一）具有中国特色的社会主义文化产业的基本门类

我国的文化产业属新兴的、发展中的产业。随着我国物质生产产业的发展和推动，文化产业的门类将越来越齐全，越来越完善。按照形成产业支柱基本要素划分的原则，依据对文化产业发展态势的分析，笔者认为，构成我国文化产业体系的基本门类大体有五种。

媒体文化产业。这一门类包括报刊、图书、广播、电视、电影、音像制品业等，以传媒为主要形式，以宣传或传播为主要特征。其主要功能，一是灌输作用，即灌输占统治地位的思想和起主导作用的文化。因此，灌输在我国占统治地位的马列主义、毛泽东思想和党的基本路线，灌输邓小平有中国特色社会主义理论，应当成为主流文化。对于人民大众参与建设和应该充分享有的提高性文化和普及性文化成果，也要鼓励其发展。二是导向作用，即宣传的鲜明性。提倡什么，反对什么；允许什么，取缔什么，都要有鲜明的态度。三是传播作用。即输送多层次文化，提高人民的思想、文化和科学素质。

科技文化产业。这一门类包括科学研究、科学实验、技术开发、技术传播和发明创造、专利商标及信息咨询、学术观点等等。科技文化产业的本质特征，是人类征服自然、改造世界并获得精神成果的精神力量，是形成知识体系的第一生产力。一是在精神方面，科技具有认识世界的社会功能，越来越被人们所自觉接受。邓小平同志提出的“科技是第一生产力”的思想已深入人心。人们已在社会生活中认识到科技对于树立正确的自然观、世界观和方法论的意义，在掌握科技知识的同时，也树立了勇于进取，敢于变革和创新的科学精神，这本身就是推动经济增长和社会进步的巨大动力。二是在物质方面，科技具有改造世界的社会生产力功能，已在科技实践中得到大力的发挥。同时，由于科技的开发应用，劳动对象的范围进一步扩大，品质进一步提高，创造出新的巨大的生产力，为科技文化产业的形成奠定了坚实的基础。三是在政治方面，哲学社会科学的决策、管理、育人的作用，在制订正确的路线、方针、政策的作用，以及在综合治理社会和环境等的作用，同样在日益加强，引导和推动着社会的现代化。

教育文化产业。这一门类包括学校教育中的幼儿教育、初等教育、中等教育、高等教育；业余教育、成人教育；普通教育、专业教育；职业教育、技术教育、特殊教育等。各层次、各类型的教育。它是以提高劳动者文化、思想、道德素质为目的，对受教育者的德育、智育、体育、美育和劳育等方面施以影响的一种有计划的社会活动。教育具有两重性。一方面，作为上层建筑的重要组成部分，教育传播统治阶级的思想观念，培养统治阶级需要的人才，巩固统治阶级的统治。我国是社会主义大国，当然要通过教育培养亿万社会主义的建设者和接班人。另一方面，作为社会教化和训练工具，通过教育向劳动者传播科学文化知识，培养各类生产的劳动者（包括精神生产的劳动者）。教育只有产业化，才能满足这种需求。只有走教育的产业化道路，才能实现教育的规模生产和规模效益。

艺术文化产业。这一门类包括语言艺术，如小说、诗歌、戏剧等；表演艺术，如音乐、舞蹈等；造型艺术，

如书法、绘画、雕塑等；综合艺术，如戏剧、影视艺术片等。其主要特征是形象地反映和再现社会生活，是一种思想感情化了的社会意识形态。艺术文化产业从属于经济和政治，又巨大作用于经济和政治。艺术文化只有产业化，才能够满足人民群众日益增长的对精神文化的需求。一方面，能够最大限度地满足多层次的需要。艺术文化产业化促进艺术领域各门类的普遍发展和繁荣，扩展了艺术文化的受众面，使各层次的群众根据自己的需求接受各得其所的艺术陶冶和感化。另一方面，能够通过产业导向，规范文化市场，促进高雅和精粹产品的生产；通过集约化生产，普及通俗产品。同时，能够更好地贯彻党的文艺方针，在一个地区或在全国范围内，实行普及基础上的提高和提高基础上的普及，从而使民族的艺术素质和审美水平、娱乐情趣不断提高。

旅游文化产业。这一门类包括自然景观和人文景观，以及以这两大旅游资源为凭借发展起来的文化娱乐业、交通运输业、饮食业、旅馆业和旅游用品制造业。其主要特征是蕴文化内涵于景物与观光中，集观赏、娱乐、休闲、雅兴和学习为一体，在旅游观光中增强人们对祖国的热爱之情。旅游文化产业是一个新兴产业，前景十分广阔。邓小平同志指出，“旅游业大有文章可做，要突出地搞，加快地搞”。发展我国的旅游文化产业，对实现旅游资源优化配置，使文物和自然资源优势以旅游为载体促进经济和社会发展将产生更大的作用。旅游以产业发展的形式，更能够带动和促进其他行业的发展。

上述五大文化产业，是我国整个文化产业体系的五根支柱。它们既互为联系、互为补充，又互为条件、互相制约，形成一个有机整体，在国民经济和社会发展中都占有重要地位，发挥重要作用。教育文化产业具有基础性作用。它是其他产业生存发展的前提。科技文化产业具有主导性作用，它处于起决定作用的战略地位。其他文化产业生产力水平的提高都必须以科技为先导，产品的更新换代和产业升级主要地也是依靠科技的力量。媒体文化产业具有动力性作用，它为其他产业的发展提供精神动力，指明前进的方向。同时，为其他产业发挥传媒作用。

艺术文化产业具有感染性作用。它突出表现在通过形象塑造和方法更新，使产品更“艺术化”，更富有价值。

旅游文化产业具有陶冶情性作用。人的身心健康是从事生活和劳动的保证。旅游文化产业还能为其他文化产业提供物质支持。

（二）在建设社会主义文化产业过程中突出“中国特色”的基本途径和目标

所谓“特色”，就是一事物区别于他事物的质的规定性。我们的文化产业发展与世界文化产业发展具有不同的特点。要在推动共性发展的基础上突出个性，要在坚持个性的前提下溶入共性。这也就是说，既要遵循文化产业发展的一般规律，又要突出特色。这才是真正有内涵，具有优势的文化。这是在发展文化产业过程中，必须考虑和把握好的问题。那么，如何突出“中国特色”呢？主要有三种途径：

1. 在文化产业的生产中继承优秀的中国传统文化，大力弘扬优秀传统文化精神。中华民族的传统文化博大精深，古籍和文物浩如烟海。在五千年灿烂辉煌的文明史上，我们的祖先留下了无与伦比的优秀文化遗产。剔除糟粕，继承和发扬光大这份弥足珍贵的精神财富，这是建设有中国特色文化产业的奠基性工程。优秀传统文化既有硬件，又有软件；既有显现的，又有潜在的。我们既要开发现有的、硬件的文化遗产，也要挖掘潜在的、软件的文化遗产，而继承的目的全在于创新。没有继承，就无所谓创新；没有创新，就不能更好地发展。因此，在整个精神生产，特别是在产业化生产中，始终都要特别重视对优秀传统文化精神的开掘，并把它蕴涵在文化产品之中。堪称优秀的中国传统文化精神是一个庞大的宝库。如：

——伦理精神。中国优秀传统文化的灵魂。优秀的传统伦理思想，不仅成为中国古代文化最为珍贵的遗产，而且成为世界人文精神的瑰宝。在当今文化思想和文化产品中，弘扬这些传统人文伦理精神，对于提高全民的思想、道德素质，促进社会主义精神文明建设，作用巨大。

——爱国精神。这是优秀传统文化的精神动力。“爱国主义就是千百年来巩固起来的对自己的祖国的一种最深厚的感情。”弘扬爱国主义传统，对于增强民族自豪感、自信心和凝聚力，对于思想文化道德建设，发展文化产业，将是一个大的推动。

——重教精神。这是优秀传统文化的核心。中华文化源远流长，是四大文明古国中唯一保持完整文化传统的国家，并形成与西方不同、独具一格的文化，这与历代重教兴学有很大的关系。传统重教思想，对于实施科教兴国战略，大力推进教育产业化建设，都具有重要的借鉴作用。

——科技精神。这是优秀传统文化的支柱。面对以科技为依托的国际综合国力竞争的挑战，在以文化信息技术系统为先导的文化产业加速发展的今天，高扬传统文化的勇攀科技高峰的精神，发展科技文化产业，具有重要的意义。

2. 从国情出发，借鉴和吸收西方文化的积极成果，使之融化于我国文化产品之中。西方发达国家市场经济发育早，文化产业发展也比较成熟，许多东西值得批判吸收。尽管我们国家实行社会主义制度，上层建筑和意识形态从根本上有别于其他资本主义国家，但我们的文化毕竟是人类文化的组成部分，其发展不可能超越人类文化发展的一般规律，更不能超越产生它的生产方式和发展阶段。而人类文化通过社会化大生产迅速发展的情势，必定使我们的文化生产方式也归入这股潮流之中。毛泽东曾指出：我们的方针是，一切民族、一切国家的长处都要学，政治、经济、科学、技术、文学、艺术的一切真正好的东西都要学。但是，必须有分析有批判地学，不能盲目地学，不能一切照抄，机械搬运。他们的短处、缺点，当然不要学。因此，必须把握好方向，一是吸收符合人类文化发展的先进文化成果，包括先进的科学文化知识；现代化的文化传播手段，如多媒体和文化信息技术系统；科学的教育机制和管理方法；文化产业集约化经营的途径和方法。二是吸收适应我国文化产业发展的文化成果。我国文化产业起点低，但发展潜力大；国民文化素质不高，但劳动力资源充裕；财力物力投入不足，但市场前景广阔。这也是在突出中国特色的实践中应予充分注意的问题。

3. 创造适应改革开放和现代化建设要求的文化产业。高技术文化的崛起及其向社会生活领域的渗透，促进了生活方式的全球化和传统文化的现代化进程。在这样的背景下，我们的特色，最重要的在于创新，创造出适应我国改革开放和现代化建设要求的崭新文化产业。而这一创新过程，既是扬弃的过程，也是与时代精神结合的过程。为此，必须把继承民族传统文化和吸取外国先进文化成果同我国当前的改革开放、现代化建设这三者有机结合起来，使之与我们的经济社会发展目标，与深化改革，扩大开放，推进两个根本性转变相结合，与当代正确的价值观念和价值取向相结合，生长出新的文化精神，促进现代化建设。在发展文化产业的实践中，坚持吸收的先进性与国情的适用性的统一。通过以上三种基本途径，最终的目标是建立适应社会主义精神文明建设要求的文明的文化产业。

社会主义精神文明，是有中国特色社会主义的重要组成部分。有中国特色的文化产业必须全面适应精神文明建设发展的要求。要强调的是，我们要建设的文化产业必须是文明的文化产业。文化是文明的前提和基础，文明是文化发展的高级形态，是文化建设的出发点和归宿，是文化发展的方向和目标。在阶级社会里，文化和文明都从属于一定的阶级，具有不同的社会历史作用和价值。文化一般具有较强烈的民族性，文明的成果则往往属于全人类。

我们建立有中国特色的文化产业，应当是体现社会主义精神文明的文化产业。按照历史唯物主义观点，资本主义文明比封建主义文明高，而社会主义文明又比资本主义文明更高。社会主义文化与资本主义文化在本质上是有差别的。社会主义的生产方式及其上层建筑为精神生产力的解放和发展开辟了广阔的前景。这是社会主义文化高于资本主义文化的根本保证。社会主义文化产业是为大众服务的。它的目的是为人民群众提供健康向上的精神产品，不断满足人民日益增长的精神文化生活的需要。它既遵循经济规律，又不离开艺术和社会主义精神文明要求。可见，进行精神文明建设与发展文化产业并不矛盾。社会主义文化与其他文化的差别，就在于对文明的向上性、进步性和发展性加以发扬和提高，就在于它是高度文明的社会主义文化。

三、发展有中国特色社会主义文化产业的意义

（一）发展文化产业对我国社会现代化具有重要的实践意义

发展文化产业，对促进精神生产，提高精神产品的质量和效益具有重要意义。文化产业化，必然使文化实现从手工作业向机器生产，从个体劳动向群体劳动，从一般技术向现代科技，从经验管理向科学管理的重大转变。这一生产方式的变革，大大拓展了精神生产的领域。一是促进精神生产的现代化、社会化和市场化。使精神生产能够吸纳更多的高新技术，实现自身的现代化，从而促进规模化和商品化，达到互相之间的良性循环发展。二是为提高劳动者的生产经验和劳动技能拓宽了途径。三是为培养高智力精神生产者群体和集体攻关打下了基础。四是为提高科学管理水平创造了条件。文化产业是一大生产系统，各门类文化产业又形成不同系统。现代生产力对管理的要求越来越高，因此，发展文化产业，能够促进科学管理提高水平。文化产业化还为提高精神产品质量和效益提供可靠保证。产品质量和效益的提高，一靠技术，二靠管理。产业化崛起的背后是技术的竞争和工艺的竞争，而提高产业装备技术水平，应用新技术、新工艺，首先是产业化的必然要求。文化产业的这一技术特点，使它成为产品质量和效益提高的物质保证。

发展文化产业可以满足建立社会主义市场经济体制对精神文明建设的客观要求。目前，就我国生产总体而言，精神产业滞后于物质产业。在这种情况下，大力发展文化产业，将有力推动社会主义市场经济体制的建立和完善。因为，从一定意义上讲，文化产业的发展状况，标示着经济和市场发育以及社会发展的成熟程度。文化产业的高科技、高投入、周期长以及要求较长期、稳定的高回报率等特点，必然要求创设一种适合于这一特点的组织管理方式，这就必须加快文化、教育、科技、投资、产业等等管理体制的改革，以建立一套能充分满足市场经济发展需要的灵活应变的新体制，从而为新兴的或边缘产业的顺利发展铺平道路。

发展文化产业是取得与人类创造的优秀文化成果接轨的重要途径。市场经济的发展，推动生产的社会化向世界一体化的方向发展，最终使人类世界的生产成为一个有机的整体；文化不仅在现代化和产业化，而且向着国际化的方向发展。我们要发展社会主义市场经济，就必须与世界经济接轨，对根植于服务于经济基础的文化体系，理所当然地必须与世界文化接轨，以创建崭新的有中国特色的社会主义文化体系。而且，作为人类生产和生活最深层次表现的文化，由于其特点，决定了它必须更加开放，面向世界。文化只有产业化，才能更深层次的开放和全方位地走向世界。发展文化产业对提高就业水平，促进人的全面发展将发挥长远效用。如果文化产业发展起来了，由于其种类繁多，接纳力强，就可大大增加就业机会，减轻就业压力，甚至发展成为吸纳、消化新增劳动力的主要产业部门。同时，由于文化产业综合性强，技术水平高，知识含量大，这就为提高劳动者的劳动技能和素养，提供了良好的条件。再者，由于文化产业的发展，人们的消费范围扩大了，选择性增加了，学习和发展自己的天地宽阔了，这就有利于普及大众文化，刺激人们对文化的消费心理，从而激发对多层次文化，特别是高尚文化的追求，这对培养劳动者先进

的思想观念、丰富的知识素养、熟练的操作技能、科学的文明举止、良好的心理素质和健康的性格特征，从而提高全民族的综合素质，具有十分深远的意义。

（二）对文化产业的研究和探索具有重要的理论意义

按照马克思主义关于社会生产的理论，物质生产力构成了人类全部历史及发展的基础，而精神生产力则为人类社会的发展提供了动力。对社会主体而言，精神生产力更是拓展人类自我精神领域，从而不断提高认识世界和改造世界能力的最强大的启动器。文化产业的精神生产力属性，使它具有鲜明的现代文化意识，具有对人类文化精神的兼收并蓄和不断推动文化发展的特征。而且，从人类文化历史的进程中，我们可以看到，一个新学科的诞生，将会带来思想的解放；一个产业的形成，将会带来生产力的勃兴。研究文化产业，发展我国的文化产业，其理论意义不可低估。文化产业的发展，带来文化观念的更新。我们正处于世纪之交和千年大跨越的历史时期，观念更新何等重要。历史昭示我们：科学文化发展的速度在一定程度上取决于新思想传播的速率。文化产业化，最利于作为观念形态的文化传播。文化产业是多门类产业、多学科的交叉，这些知识产业的结合，又往往产生边缘学科、边缘产业，甚至生长出新学科群和新产业群。其显著的特点是，知识在劳动中的地位更为突出。主导方向则是科学的日益深广化和脑力劳动的日益专业化。文化产业的发展，大大促进了人们认识世界和改造世界的能力，形成更为众多的文化形式和观念形态。可以说，民族振兴理论思维是一个不可或缺的重要因素。

文化产业的理论研究成果，在一定程度上是对马克思社会生产理论的继承和发展。马克思主义认为：物质生活资料是人类存在和发展的首要前提。但自然不会自动地满足人。因此，物质生产实践活动就成为人类从事其他一切活动的基本前提和基础。于是，马克思提出了以人类社会生产为逻辑起点的历史唯物主义理论，指明了社会四种生产形态。这是人类思想认识史上的一个光辉的里程碑。但限于当时科学和生产力发展水平，譬如没有看到第三、四产业的出现，马克思未能从理论上对这四种生产及其关系作进一步的阐述，特别是没能与当代自然科学和新技术革命成果相联系。我们的研究，试图弥补这一不足。马克思主义是发展的。正如列宁所说，马克思主义是吸收了19世纪文化精华的文化成果。在20世纪，它虽然遇到了挑战，国际共产主义运动出现曲折，却仍然以磅礴的气势在世界各地存在和发展着。当代自然科学、社会科学和思维科学在取得突飞猛进发展的基础上，正在酝酿和掀起一场更加伟大的变革。这就为马克思主义的丰富和发展提供了充分的养料。文化产业及其研究正是在工业文化，特别是在信息技术革命为先导的现代科学文化发展的基础上生长起来的。它的空间范围，直接取决于文化的功能。随着高新技术的牵引，各类最现代化的精神生产活动相继问世，整个人类社会的物质文化生活都在发生急剧和深刻的变化。其结果，必然导致人类文化新领域的开拓，并促进文化发展的新转移。在这种情况下，大力发展文化产业，进行探索和研究，对深化马克思四种生产的理论无疑具有一定的意义。

文化产业的发展和研究，将为我国文化发展战略决策提供科学的理论依据。文化产业源于工业文化，理论依据是马克思的社会生产理论。文化产业的对象几乎囊括整个精神领域的所有门类。其发展，必定要关注自然、社会、思维科学取得的进步，这就为我国文化发展战略的动态性预测和科学化决策提供了实践的和可靠的参照数。它的广阔外延和丰富的内涵，以及处于当代科学和产业前沿的时代特点，不仅决定了我国文化发展战略质的规定性，而且决定其量的规定性；不仅使我们具有全新、全球的现代化观念及价值取向，而且使我们有条件从实际出发，着眼未来，立足现在，从新技术革命向我们提出的挑战，从全球经济文化大涌动的战略态势上，把握时代脉搏，制定我们的文化战略、对策和办法，建构我们具有中国特色的社会主义新文化体系。

（选自《广东社会科学》1996年第6期）

精神文化消费与社会主义精神文明建设

——近年来精神文化消费讨论综述

邓国用

学术界对于精神文化消费问题的讨论已经有好几年了。由于精神文化消费与社会主义精神文明建设密切相关，所以这场讨论受到人们广泛的关注。本文拟就讨论中的几个主要问题，作一简单综述。

精神文化消费与社会主义思想道德建设

加强社会公德、职业道德、家庭美德、树立建设有中国特色社会主义的共同理想和正确的世界观、人生观、价值观，这是党的十四届六中全会决议提出的精神文明建设的重要内容，在关于精神文化消费的讨论中，人们谈得最多的就是，健康的精神文化消费对于社会主义思想道德建设具有特别重要的意义。

尹世杰教授认为，消费是社会主义物质文明与精神文明的结合点，就是说，消费在两个文明建设中有着举足轻重的作用，而精神文化消费直接影响人的思想、品德、价值观以及整个精神世界，影响人的整体素质，而且影响深刻。健康的精神文化消费，像马克思所说的：能“放射出崇高的人类精神之光”，启发人的心智，培养人们高尚的品德、高雅的情操，促进人的身心健康和全面发展，促进整体素质的提高。提高精神文化消费的质量，是社会主义精神文明建设一个极重要的组成部分。许多人也表达了类似的观点。有人认为，消费文明分为物质文明和精神文明两个方面，精神文明的主要特点是，繁荣社会主义的精神文化生活，通过健康的娱乐活动，振奋民族精神，陶冶性格情操，增加知识和技能。还有人认为，把握文化消费的特征，对于提高人们的文化素养，优化文化消费结构，加强社会主义精神文明建设有着重要意义。在讨论中人们也指出，精神文化消费要区分健康消费与不健康或病态消费。后者如“大款式的消费”、“灰色消费”、“黄色消费”等，这些消费原则不仅无益，还会有害。对此人们摆了许多实例，比如有些青少年看了凶杀片就仿效去杀人，看了抢劫片就学着去抢劫偷盗。所以精神文化消费的方向正确与否，绝不是一个小问题。有人进一步指出，精神文化消费与人的世界观、价值观存在着循环转化的特点。如果抱着正确的世界观、人生观、价值观，就能自觉选择消费积极向上、健康的消费品和服务，反过来，这种消费又可以进一步净化人的精神世界；如果抱着消极、颓废的世界观、人生观、价值观，他就要选择消费消极的黄色的精神文化消费品和服务，因而可能进一步滑向可悲的泥潭。因此，政府和社会各方面，既要加强对精神文化消费品的生产和精神文化消费服务的指导和监督，又要及时对消费者进行消费教育和消费引导。青年人也要注意构筑心理上的堤防，不可带着好奇心理，以免上当受骗而不能自拔。大家一致认为，为了保证精神文化消费的正确方向，必须坚持江泽民同志提出的：以科学的理论武装人，以正确的舆论引导人，以高尚的精神塑造人，以优秀的作品鼓舞人。

精神文化消费与提高国民素质

提高国民素质是社会主义精神文明建设的重要内容。在讨论中人们认为，提高全民的科学文化素质，这是发展社会经济、促进社会文明的关键，健康的精神文化消费对于人的素质的提高也具有很重要的意义。不过，人们对精神文化消费所产生的提高人的素质的机理有不同说法。

第一种意见认为，消费者健康的精神文化消费过程，也就是他的素质提高的过程。这种观点以尹世杰教授为代表。他提出两个观点：第一“提高精神消费力”是消费者素质提高的关键。精神消费力，是指消费者为满足自己的精神文化需要消费精神文化消费品的能力。人们的精神文化消费使他们的科学水平和艺术修养得以提高，因而其精神消费力也就得以提高；消费者精神消费力提高了，就能扩大消费领域，提高消费的层次和质量，由此化为人的发展了的精神生产力与物质生产力，化为高素质的人。第二，“文化教育是第一消费力”。发展文化教育使人的物质与精神消费力都得以提高，有利于发展享受资料、发展资料的消费，有利于消费层次的提高，扩展消费力，有利于促进消费的合理化、提高消费效益，抵制不合理的、愚昧的、低层次的消费。从这个意义上说，发展文化教育是消费者素质提高的必要条件。另外，随着当代科学技术的发展而不断渗透到消费领域，消费者的科学文化水平也会随之提高，还有，消费者要讲道德、讲文明、讲法纪，这也是必要的素质之一。

第二种观点认为，消费者的素质可由精神文化消费中的示范阶层的示范作用而得以提高。这个示范阶层是由科学文化素质较高的人口群体组成，由于人的科学文化素质与他们的消费需要层次是一致的，所以，科学文化素质高的人，其内在机制能产生高层次的精神文化生活消费的需要，从而能对较低层次、低层次的科学文化素质的人的精神文化消费起示范作用，从而使广大消费者的素质都得到提高。

第三种意见认为，领导与管理者的精神文化消费质量是提高消费者素质的关键所在。一些伦理学界人士认为，可以一方面让社会主义伦理观念、审美意识和崇高理想蕴涵于群众喜闻乐见的各种文化形式中，另一方面针对不同人群的实际情况进行多种形式的辅导，从而提高消费者的消费力。另外，还有人认为，对精神文化消费主要靠引导得当，劳动者的素质才能得以提高。

精神文化消费与消费文化的发展

党的十四届六中全会决议提出：倡导文明健康的生活方式，建设社区文化、村镇文化、企业文化、校园文化。这说明，文化建设是社会主义精神文明建设的重要内容。精神文化消费，涉及消费文化问题。尹世杰教授提出：消费不仅是一种经济关系，也是一种文化现象，而且是一种重要的文化。人们在精神文化消费的讨论中，也探讨了消费文化的问题。

首先，什么叫消费文化？这里有几种说法：

第一种意见认为，消费文化是消费领域中人们创造的物质财富和精神财富的总和，是人们在消费方面的结晶。消费文化包括优美的自然环境、人文环境、人们精心创造的实物生活资料和精神文化产品，以及富有创造性的有利于人的身心健康的消费行为。那些反映封建主义、资本主义腐朽的生活方式、音像制品、作品等，只能算文化垃圾、非文化、反文化的东西。这种观点特别提出，要为消费文化正名，随意把什么都归于文化，贴文化标签是错误的。

第二种意见认为，消费文化，是指消费者的消费价值判断、指导思想与行为准则，以及反映在物质产品上的文化层次和文化趋向。这种意见认为，消费文化包括了好文化与坏文化。有健康向上的消费文化，也有颓废落后的消费文化。

第三种意见认为，所谓消费文化，或者如一些人所称的消费主义文化，是一种以推销商品为动力，无形中使现代社会的普通大众都被相继裹挟进去的消费至上的生活方式与价值观念。

对于这第三种意见，许多人认为不能赞同。他们认为，消费主义是在西方国家流行过的一种消费至上的人的生活方式与价值观念，是一种非文化甚至反文化的表现，决不能称之为“文化”。

关于研究消费文化对于精神文明的意义：

第一种意见认为，消费文化具有重大的经济价值和社会价值，消费文化关系到用科学的价值观指导消费问题，关系到培养人们高尚的品德、高雅的情操以及提高人的整体素质问题，关系到改善社会环境，促进改革深化的问题。因此，要大力发展消费文化，建议建立一门专门的消费文化学。

第二种意见认为，研究消费文化目的在于加强对消费文化乃至人们的消费行为的正确引导，对社会风气的净化。要提倡健康向上的消费文化，反对不健康的消费文化。

还有一种意见认为，研究消费文化，可以更好地理解消费者的行为，而且可以利用文化作为一种手段和“杠杆”来指导和调节消费者的行为，促进消费者行为的合理化。另有人提到，研究消费文化，可以从消费领域认识和把握现代经济文化一体化发展变化的重要特征，提高现代经济文化发展水平。

精神文化消费与市场经济的关系

在讨论中人们认为，精神文化消费与市场经济的关系，体现了精神文明与物质文明的关系。商品经济、市场经济不仅是一种经济关系，而且是一种文化现象。在社会主义市场经济发展过程中，不仅要发展物质消费力，同时也应发展精神消费力。

创造性的表现，是人们各种合理消费实践活动的升华。大家也注意到，正如十四届六中全会决议所指出的，“市场自身的弱点和消极方面，也会反映到精神生活中来，”大家对这一问题进行了探讨。

一些人认为，由于市场经济的自发性，容易导致拜金主义、物欲横流，不讲理想道德；会产生享乐型消费、挥霍性、奢侈性消费、甚至“黑色”“黄色”消费。在这些“缺德”消费面前，法律都显得苍白无力。

一些人指出，在精神文化消费品的生产与流通方面，也容易出现问题，如有人唯利是图，生产经营一些不健康的东西，甚至文化垃圾，损害社会效益。如一些政治理论书籍、马列著作出版困难，而许多不健康的书刊却四处泛滥。由于市场的开放性，国外的一些文化垃圾也会随之进来。

对于市场经济中精神文化消费可能产生的这些问题，一些人提出，必须弄清，这些现象并不是由市场经济的本质决定的，恰恰相反，是市场经济体系尚不完善，机制、法规不完整等原因造成的。市场经济不会造成“精神滑坡”，而只能造成“精神上坡”。随着市场经济的发展，此类现象会逐步减少。

在讨论中又涉及一个关于精神文化产品的商品属性问题。人们比较一致的看法是，并非所有的精神文化产品都具有商品的属性。但分歧是：一种观点认为，社会主义是发达的商品经济，这就决定了社会产品包括精神产品在内，是主要作为商品来生产和消费的，只有革命精神、优良传统，国宝类的艺术品除外，其他包括高级的和较高级的艺术品都应是商品。不能一说到精神文化产品是商品，就认为玷污了它的神圣，就发出铜臭。

另一观点则认为，高雅的艺术品不能完全由市场控制。其他如民族民间风俗文化活动，文化节日活动，公益性的文化事业等，都不能与市场发生联系。有人甚至担忧：由于目前人们的精神文化消费力、艺术审美力总体水平还不高，如果完全由市场的供求关系来主宰精神文化产品的兴衰，那么许多高雅的“阳春白雪”就可能遭淘汰，后果将十分严重。关于如何处理精神文化消费与市场经济的关系，人们有如下主张：第一种意见认为，要按处理精神文明与物质文明关系的原则，克服一手硬，一手软的现象，不能为了发展生产力而忽视了精神文化消费。

另一种意见认为，经济学要加强对精神文化消费的研究，如精神文化消费对市场的启动功能，文化消费的内容，文化消费的条件等。还应建立起独立的文化市场。人们还主张在市场经济条件下应加强对精神文化消费的引导与管理。有人提出，一方面，由于目前精神文化消费领域积极向上的东西与消极腐朽的东西交织并存，须尽快实现从无序到有序的转化，另一方面，单靠市场机制难以解决人们思想、信念、人生观、价值观等问题，所以，这种引导、管理是必要的。还有人认为，社会主义的消费，离不了正确的引导，精神文化消费，尤其是这样。将消费引向健康化、合理化、科学化，则为导向的目标。

当前精神文化消费领域的主要问题

在讨论中，大家对近年来精神文化消费领域所取得的成就作了充分肯定，但另一方面人们也注意到，近年来在精神文化消费领域，也还存在许多问题，人们比较一致的看法主要有：

第一，精神文化消费的地位问题。不少人还没有认识到它在社会生活、社会发展中的作用，有的人重视物质消费而轻视精神文化消费，崇拜“商品拜物权”、“消费品拜物教”和“拜金主义”，吃喝至上。

第二，消费结构方面的问题。精神文化消费在消费结构中的比重低。精神文化消费内部结构也失衡。重娱乐性、消遣性消费，忽视智力性、发展性消费。“扑克热”、“麻将热”，卡拉 OK、夜总会里一掷千金，买书读书，吝惜分文。农村居民业余生活单调乏味，农民看电影难，看电视难，赌博、迷信漫延。

第三，精神文化消费品位、格调、质量方面的问题。重感官刺激，轻精神超越，搞“白色消费”，追求“灰色消费”、“黄色消费”。

对于上述现象的根源，人们有不同见解：

第一种意见认为，主要由于目前消费者精神消费力低，加之市场经济尚不完善造成的。

第二种意见认为，“人欲”闸门的突然启动是其原因。“文革”后，过去的许多禁区破除了，同时也就启动了“人欲”的闸门。在“人欲”解放的同时，局部的道德沦丧和人欲横流现象似乎也就难以避免。

第三种意见认为，一些地方党政领导的不重视精神文明建设，存在一手硬、一手软的现象；而经济上的贫穷则是农村边远地区落后的精神文化生活的主要原因。

第四种意见认为，我国旧的传统与西方文化的流入也是原因之一。传统与西方文化中有许多优秀的东西，但也有糟粕，会产生坏影响。

一些专家学者特别提醒人们，要防止西方国家出现的“社会病”和“文化矛盾”：一方面是物质文明的高度发展，一方面是精神的，道德的危机在日益加深；一方面是物质生活的高度繁华，一方面是精神生活园地的荒芜。专家们指出，要防止这种“社会病”和“文化矛盾”，必须坚持经济文化一体化发展。经济文化一体化是当代社会发展大趋势，从文化的高度观察社会经济问题，揭示经济发展规律，使精神文明与物质文明齐步前进，应该是发展的基本思路。市场经济下文化与经济结合的基本目标是：道德化加规范化，即经济文化道德化，文化经济规范化，把社会主义精神文明建设落到实处。

加强对精神文化消费的引导与管理

在讨论中，人们都提到加强对精神文化消费的引导与管理问题。人们提出了各种对策、主张，综合起来主要有以下几方面：

关于对精神文化消费的引导

人们认为，首先应从观念方面加强引导。要用正确的价值观、消费观引导人。优秀的传统文化、道德观念、价值观念要继承与发扬。还要从审美观念、娱乐观念等方面加以培养。其次要引导人们提高精神文化消费的比重，特别是智力性，发展性消费的比重，加大消费中的文化含量和科技含量，提高消费的层次和质量。

关于对精神文化消费的管理

有人提出，精神文化消费品的生产者要以高度的政治责任心，向社会提供高品位的精神文化产品，宣传和新闻出版、电视广播、文化部门要负起监督的责任。还有人提出，党政部门和有关业务主管部门要抓，要组织格调高、健康向上的精神文化产品的生产与流通，禁止反动淫秽、诱人犯罪的精神文化产品的出现。还有人提到要克服一手硬，一手软的毛病，运用经济手段、行政手段、法律手段进行管理。人们还提到由于精神文化消费大多发生在闲暇时间内，因此也要重视对闲暇生活的充实与管理。

另外，人们还提出，要加强对精神文化基础设施的建设。要大力发展教育事业，一些科技活动场所，文化活动场所，职工培训场所，图书馆、书店、俱乐部、文化沙龙等，都要大力发展。

党的十四届六中全会决议的发布，对正在高涨的精神文化消费的讨论扬起了更高的风帆，一些地方还组织了社会主义精神文明学习组织。在党的十四届六中全会精神的鼓舞下，精神文化消费的研究必将结出更丰硕的成果。

（选自《消费经济》1997 年第 1 期）

世纪转型：当代中国的大众文化时代

尹　鸿

一

本世纪70年代末期，当中国人从中世纪的蒙昧中惊醒后，对人类所创造的文明和文化成果表现出一种如饥似渴的热情。交响乐、芭蕾舞、西洋绘画、古典文学名著，成为一种时尚；抽象艺术、朦胧诗、荒诞剧、现代派小说也受到了人们青睐，甚至萨特、弗洛伊德、马斯洛的哲学和心理学著作也成为畅销书。以思想解放运动为前导的整个中国文化充满了一种启蒙主义的热情和现实批判的精神，一个“盗火者”普罗米修斯的精灵在新时期文化中挣扎和呐喊。这一时期的中国文化以其对现实的积极介入、对历史的严肃反思和对艺术语言的革命性改造，表现出一种人道主义的理想和美学批判的自觉。无论是“伤痕文学”、“反思文学”那种对批判现实主义的执著，或是《父亲》等所谓的“超级现实主义”绘画那种对纪实美学的热衷，“第五代电影”对经典电影叙事模式的叛逆，以及《新闻启示录》、《新星》等电视作品对社会焦点的关注，都既表现出一种企图重新阐释世界、改造世界的责任感和使命感，同时也表现出一种对文化进步和艺术革新的一腔热情。

但从80年代中期开始，中国社会政治、经济发生了根本的变化。中国民众经久不衰的政治热情开始退潮，而消费主义观念却开始渗透到文化的创造和传播过程中。谁也没有预料到，曾经被当做靡靡之音的邓丽君的《美酒加咖啡》在中国风靡一时，金庸的《射雕英雄传》引发了大陆的武侠小说热，为精英作家所鄙视的琼瑶小说令无数少男少女如痴如醉，中国主流文化开始酝酿着一个巨大的历史转折。进入90年代以后，无论是国家意识形态文化或是启蒙主义的知识分子文化，也无论是现实主义，或是浪漫主义、现代主义，都悄然退出或者被挤出了中国文化舞台的中央，那些五彩缤纷但却昙花一现的文化“快餐”几乎垄断了中国的文化市场，流行音乐、卡拉OK替代了古典音乐；迪斯科替代了芭蕾舞，通俗文学替代了严肃文学，亚文学替代了纯文学，千篇一律的肥皂剧替代了风格化的艺术电影，那些情节雷同、制作粗糙的港台电视剧霸占着电视播出的黄金时间，被文化人视为电影的堕落的《唐伯虎点秋香》高居票房榜首。艺术家们不得不借助于种种商业包装来推销自己，于是就有了号称当代《金瓶梅》的《废都》，有了“布老虎”等形形色色的丛书。曾几何时，曾经令人肃然起敬的人道主义的责任感和使命感在王朔式的调侃下变得竟是如此的虚弱、甚至虚伪，在一种以宣泄和释放为目的的消费文化铺天盖地的席卷下，那个悲壮而崇高的普罗米修斯形象似乎正在从中国文化中悄然淡出。大众心目中的“英雄偶像”不再是五六十年代的黄继光、邱少云，不是70年代的“反潮流”代表，也不是80年代那些思想解放运动中涌现出来的思想先驱和艺术先驱，而是香港的所谓“四大天王”，是东方丽人巩俐，喜剧天才葛优，是好莱坞明星道格拉斯、黛米·摩尔，是一代足球天骄马拉多纳。这一切，标志着中国文化进入了一个大众文化的时代。

二

新时期的中国文化是以思想解放运动为标志的。思想上的启蒙主义，美学上的现实主义成为中国70年代末到80年代中期的两面文化旗帜。从“伤痕文学”到后来的“寻根文学”，从谢晋的电影《芙蓉镇》到罗中立的油画《父亲》，它们都把对现实和历史的批判，对人文理想的追求作为自己的艺术主题。而后的现代主义运动，无论是以北岛等人为中坚的朦胧诗和后朦胧诗派，陈凯歌等人的“第五代电影”，或是高行健的探索话剧，谭盾、瞿小松等人的前卫音乐，则是把中国文化纳入了20世纪的世界文化的总体格局中，采用了更加风格化的方式试图更加形而上地重新解释世界和人生。只是到了80年代后期，特别是90年代以后，中国的文化主流逐渐离开了这一思想、美学和文化传统，人文知识分子对文化的控制权拱手让给了金钱、资本。创造、风格、艺术被策划、工艺、操作所替代，中国文化进入了一个大众文化的时代。

这当然不是历史的偶然，而是历史所作出的选择。这个时代是随着中国一元化政治文化的解体和人文主义启蒙文化的衰落，随着中国从计划经济向市场经济的变革进程的深入，随着大众从文化学习到文化消费的心理变化而逐渐到来的。因而，如果不能理解中国大众文化兴起的经济、政治、文化、社会心理背景，就不能深入理解当前中国的大众文化。

首先，中国的经济体制改革是大众文化兴起的基本动力。70年代末期，中国开始提出“改革开放”的政治路线。从80年代初期开始，以解放生产力为目标的经济改革，从农村转向了城市。1984～1985年，中共中央和中央政府做出了一系列重大决议，在全国各大中城市进行经济改革的试点，推动城市的改革，如推行企业承包责任制，将科技、教育、文化体制的改革与整个经济体制的改革联系在一起。正是在这样的背景下，中国的文化生产机构也陆续被推向了市场。电影厂、出版社率先从事业化转向了企业化。接着，许多报纸、刊物和新闻业也开始自负盈亏。电视台的广告收入逐渐成为支持其运转的主要经济来源。于是，经济效益、利润成了衡量文化产品的重要参数。因而，生产者与消费者之间建立了一种直接的经济关系。这促使文化生产者必须满足尽可能多的观众的需要从而换取利润。文学艺术家不得不把上帝的宝座让给了大众。尽管在“为大众”的旗帜下掩藏着不可告人的金钱动机，但大众的好恶却引导着文化生产。如果说在80年代，文化被推向市场，还是一种被动的强制的结果，许多文化人甚至愤愤不平地抱怨这是“逼良为娼”，但90年代以后，文化的工业化和商业化便成为一种自觉的行为。文化被当做了一种可以赚取巨额利润的工具。除了原有的国有文化企业之外，各种集体所有制的文化企业、私营文化企业和中外合资的文化企业相继涌现。一方面，政府大幅度减少了对文化生产的直接经济支持，另一方面文化工业迅速发展，使大众文化不仅取代了知识分子的精英文化，而且也取代了国家意识形态的政治文化的主导地位，成为中国文化的主体。

其次，泛大众文化消费群体的形成为大众文化的兴起准备了必要条件。80年代以后，一方面是政治意识形态的对立相对减弱，另一方面是人们也不再强调意识形态分歧的重要性，人际关系更加日常化，在对文化产品的接受上更加具有共同性，因而，更多的人能够忽视地位、立场、观念的区别而达成文化的共享。此外，由于影像媒介的迅速发展，也消除了非文化人与文化的距离，过去被精英文化所排斥的普通大众也能够理解影像符号的表层意指。城市人口的急剧增加，也使人们对大众文化的需求不断增加。农民和城市居民经济收入的提高，也提高了大众的文化消费能力，扩大了文化消费群。正由于这种泛大众消费群的形成，大大剥夺了知识分子的文化支配权，大众对娱乐、轻松的要求，因为受经济规律的支撑而成为引导文化发展的动力。相反，知识分子所坚持的社会责任、终极关怀、乌托邦信仰、社会远景理想、形而上价值则在势不可挡的娱乐大潮中风雨飘摇。

第三，电子媒介的迅速发展是大众文化兴起的文化背景。人类传媒手段的发展经历了四个阶段：语言阶段、文字阶段、印刷阶段和电子传媒阶段。电子传媒的重要特点就是用图像符号替代了非具象性的符号，由于它用具象直接作用于人的视觉，消除了人们的知觉与符号之间的距离，因而也消除了文字那种需要通过接受教育才能理解的间接性，消除了从符号的所指到能指之间的思维过程。电子传媒的这一“优势”使它不仅替代了印刷媒介的权威地位，而且迅速地影响人们的行为方式和生活习惯；人们越来越满足于不假思索地接受外来信息，越来越迷恋于直观的复制形象而不愿意进行个人的阅读或思辨，越来越关注流动的现象而不是恒定的主体。所以，文字的文化越来越趋向于图像的文化，这不仅表现在影像文化的影响已经大大超过了书面文化，而且也表现为各种书刊都在不断地增加插图、画片、相片以减少读者的阅读量，尽可能用直接的图形代替间接的文字为读者提供信息；时间的文化也越来越趋向于空间的文化，所以MTV往往把音乐和文学的叙事转化为华丽而瞬息的画面，把历时的深度压缩为共时的平面。正是影像媒介的发展，推动了大众文化平面化、复制化的倾向。

第四，对文化的意识形态控制标准走向宽松是大众文化兴起的政治条件。思想解放运动以后，中国政府的各级部门对文学艺术的意识形态管理方式都发生了变化。邓小平提出的“为社会主义服务，为人民服务”的方向使文化产品的衡量标准大大放宽。在不违背“四项基本原则”和不影响中国政府的国家政策、国际形象的前提下，文化可以有条件地进行“多元”选择。因此，过去被指控为资产阶级价值观念的大众文化娱乐化倾向现在不仅能够合法存在，而且还被当做了人民“安居乐业”的社会象征。《邓小平文选》、新华社消息、孔繁森事迹、《世纪行》这样的“主旋律”电视片与好莱坞电影《阿甘正传》、麦克·杰克逊的摇滚乐、充满各种“花边新闻”的周末报、袒胸露背的时装表演、“孔府家酒”的商品广告相安无事和平共处。与享乐主义价值观和潜意识的个人主义有着深刻的内在联系的大众文化正是在这样一种政治背景下蔓延和扩展的——而事实上，它们是用另一种更不自觉的方式维护着现存政治、经济秩序的合理性从而回报了政治宽松所带来的经济利益。

第五，消费社会的形成是中国大众文化迅速发展的社会条件。与生产关系的变化相联系，随着社会经济的发展和大众生活水平的提高，随着西方商业文化的涌入和对中国大众文化价值观念的影响的深化，也随着人们对共产主义、人文主义理想、启蒙主义的意义和许诺的怀疑和政治热情的衰退，从80年代后期，特别是1989年以后，全社会的价值观念发生了重大变化。不仅政治读物，而且曾经风靡一时的尼采的哲学、弗洛伊德的心理学也失去了读者。吴子牛阐发他的战争哲学的电影《晚钟》看者寥寥，曾经红红火火的《当代》、《十月》、《收获》等纯文学刊物越来越步履维艰。知识、文化、美学逐渐贬值，金钱、物质的地位迅速上升，享乐主义人生观被相当多的民众所认同，人们的消费欲望日益膨胀。体现在文化上，就是人们对文化建设和社会批评的逐渐冷淡，而把文化也看作一种消费品，一种提供快乐、消遣甚至感官刺激的手段。艺术不再是陶冶灵魂、认知世界、阐释人生和表达理想的一种美学，而变成了一种精神快餐，它只需要提供一种“吃”的快感，一种立即消失的热能，而不需要提供促使身体发育、健康、成长的维生素和蛋白质。

总之，大众文化的兴起是在中国总体的社会变革和体制转换的历史背景下发生的，它既是这一背景的产物，也是这一历史的见证。作为一种文化转型，它是中国社会转型的一个组成部分。

三

中国文化的大众文化时代显然脱离了自“五四”以来近百年的中国文化传统，从而形成了我们所谓的文化的世纪转型。

首先，是从政治、启蒙文化向娱乐文化的转型。

在娱乐文化中，文化的政治功能、认知功能、教育功能甚至审美功能都受到了抑制，而强化和突出了它的感官刺激功能、游戏功能和娱乐功能，快乐成为凌驾于一切之上的文化标准。正如一些批评者所描述，“这是一个没有史诗的世纪末，侃爷、丑角和明星占据着文化大舞台的中央，夸张、做作、神侃、混聊、故作轻松，充满噱头或者浅薄轻佻、卖弄风情的各路‘明星’充斥电视、电影、广告等传播媒介。这是一个小品的时代、侃爷的时代、明星的时代。百年来审美风尚在此明显地‘转了个弯儿’。它世俗化了，生活化了，享乐化了。大众消费的世俗趣味第一次成为审美文化的主导趣味”。因而，贝多芬的交响乐被克莱德曼用电子钢琴演奏成了“小夜曲”，一代乾隆变成了风流倜傥的多情小生，楚汉的金戈铁马被写成了一个三角恋爱的悲剧。文化文本在这个大众文化的时代就是一种游戏文本。在这种封闭的游戏文本中，一切现实矛盾都被转化为一种以人为的二元对立为基础的、具有先验的因果逻辑的戏剧性矛盾，社会或历史的经验都被简化为冲突与解决的戏剧性格局，并通过主人公这一代理人为媒介来处理、“驯服”现实困境，为观众组织一种封闭在文本之内的幸福体验。在那些形形色色的武打、警匪、言情、战争故事中，人物大多是平面的叙事因素，他们激化并最终从属于情节的运转，当那个早就为观众预备好的叙事高潮到来以后，一个善恶分明、赏罚公正，有志者事竟成，有情人终成眷属的结局便翩翩而至，随着永恒正义的回复，叙事游戏也就吹响了暂停的哨声。这种游戏往往通过一种缝合的手段来遮蔽现实的出场并完成它的自我封闭。它把动作分解为细节，场面分解为情节，然后又按照一种模式化的组合方式将它们联系起来，成为一个故事，从而创造出一种与世隔绝的整体性和完整性。局部的复杂性产生了一个没有局部的幻觉，甚至是没有形式的幻觉。接受者失去了自我意识和自我判断，对文化产品的观看已经不是一种文化行为，而仅仅是一种可以把思维关掉的娱乐行为。正是在忘乎所以的叙事游戏中，观众从实在的限制中摆脱出来，通过与文本的认同，投射着他们的勇气、智慧，实现着他们的光荣与梦想，同时也在文本中那些情与爱、生与死、沉与浮之中释放着他们被抑制的潜意识，满足着在现实环境中屡受挫折的弗洛伊德所谓的“快乐原则”。正如游戏机的原理一样，文化游戏也是按照预先设计的程序运作的，它用表面上的千变万化掩盖着它实质上的千篇一律，当我们消费这些文化文本时，就像玩游戏机一样，我们也是在玩文本。正如美国文化批评家杰姆逊所指出，它带给人的是一种变相的“吸毒快感”。“怎么开心怎么来”，“玩的就是心跳”，“过把瘾就死”就成为大众文化生产和消费的直接目的。“轻松调频”便是大众文化的主频道。

大众文化的时代还标志着从审美文化向文化工业的转型。

这意味着媒介载体越来越依赖于高技术条件下的工业产品，像电影拷贝、录像带、CD盘、激光视盘、电脑光盘等等，“通过制造出许许多多的复制品，它以一种摹本的众多性取代了一个独一无二的存在”。这意味着文化产品不再是个体创造的产物，而是一种工业化生产的结果，从策划、投资、制作到宣传、发行，进入实际消费，文化产品都被作为一种批量生产的工业产品而进入了文化市场。更重要的是，这种文化不再把作品的美学价值和精神价值作为理想，而是把商品的交换价值和使用价值当做了重要的、有时甚至是最重要的目的。商品化的形式在文化、艺术、无意识等等领域无处不在。于是文化作为一种消费品从文化圈里走出来，雅文化和俗文化的界限被打破，艺术品成为供大众消遣的一种手段，甚至理论也变成了一种哗众取宠的商品。商业策略、广告效应代替了对人文关怀、心灵升华的执著。过去被称为“人类灵魂的工程师”的艺术家摇身而成为“期货作者”、“卖身作家”。“先锋文学”堕落为哗众取宠的猎奇文学。艺术评论成为被豢养的变相广告。商品的逻辑不仅影响到人们的生活方式，而且也影响到人们的思维方式和价值观念。文化也受到商业投机行为的制约。人们已经不再以个性、创造性、批判性、超越性或者如本雅明所谓“韵味”（aura）这样的概念来评价和要求文化，而是以大众性、娱乐性甚至畅销性来衡量文化的意义。

大众文化的时代也意味着深度文化向平面文化的转型。

好莱坞式的商业电影、家庭肥皂剧、通俗小说，还有各种社会新闻、娱乐报刊、读者文摘、谋杀谜案、明星传记，包括各种亚文化形式，如卡拉OK、MTV、时装表演、游戏机等等，大多是一种平面性的文化，它们既不需要通过对现实境遇的揭示来唤起人们对自己的真实处境的觉悟，也不需要通过对某种乌托邦理想的期望来引发人们的实践热情，任何深度的出现不仅没有必要，而且往往有可能扩展文化品和消费者之间的距离，从而影响到它的商业价值。故事服从于模式，如层出不穷的电视室内剧；影像变成了幻象，如令人眼花缭乱的所谓“新武侠电影”；现实转化为梦境，如那些花前月下的爱情故事；时间压缩为空间，如那些色彩绚丽的音乐电视；经典改写为插图演义，如那些形形色色的所谓文言今译。这些大众文化的文本都有一个共同点，即对崇高感、悲剧感、使命感、责任感的放弃和疏离，在过去文化中那些引以为自豪的神圣的东西，如深度、焦虑、恐惧、永恒的情感等都消失殆尽，而被那些世俗梦想和文化游戏所代替。大众文化，以一种共时的平面性创造了一种开放的文化游戏。大众文化拒绝历史，也无视现实，更不预示将来。它提供一个光滑的表面，一个游戏的天堂，一个关闭了思想和意识的儿童乐园。人们“听”、“看”、“读”着一个灯红酒绿的世界，消费它但并不问它来自何处，走向何方。对生命的形而上学关怀被搁置，终极意义和价值荡然无存，人们躲藏在影像的假面后体会到游戏的欢乐。

大众文化时代也是从一种阶段/等级文化向泛大众文化的转型。

随着中共中央十一届三中全会对“以阶级斗争为纲”的政治路线的否定，邓小平“一国两制”思想的提出，国际“冷战”时期的结束，世界大战的威胁相对减弱，中国国际国内的阶级矛盾和民族矛盾都趋向缓和，这些都为一个淡化了政治集团、阶级、阶层的区别的泛大众群体的形成准备了历史条件。而文化的普及，特别是影像文化的迅速发展，使更多的大众具备了接受大众文化传播的能力，也使文化文本的接受群在数量上大大扩展。有声的影像文本，作为一种直接作用于人的视听知觉的传播媒体，将最大多数的民众纳入了它的传播视野中，即使文盲或半文盲也往往能观看并在一定程度上理解影像文本，如电视节目。如此，由于文化的工业化、商品化和市场化，大众作为消费者对文学艺术作品具有最重要的选择权和评判权，因而精英文化和高雅文化不得不通过各种方式掩饰、抹去自己的风格、个性和前卫性，而去有意识地迎合尽可能多的对象的需要，填平了雅与俗、高与低、精英与民众之间的界限、鸿沟，从而形成了一种泛大众的文化——它不再是为某一阶级、阶层的需要而生产的，而是像面包、汽水一样是为所有消费者预备的。

这就是我们所理解的当代中国的大众文化：在功能上，它是一种游戏性的娱乐文化；在生产方式上，它是一种由文化工业生产的商品；在文本上，它是一种无深度的平面文化；在传播方式上，它是一种全民性的泛大众文化。因而，我们可以说，大众文化是借助于现代文化工业日臻完美的传播技术和复制手段，为人们所提供的一种消遣性的“原始魔术”。它通过对观众无意识欲望的调用，为大众制造出一个快乐原则的狂欢节。这些大众文化的文本放弃了对终极意义、绝对价值、生命本质的孜孜以求，也不再把文化当作济世救民、普度众生的神赐的法宝，不再用艺术来显示知识分子的精神优越和智力优势，来张扬那种普罗米修斯人格力量和悲剧精神。它们仅仅只是一些无深度无景深但却轻松流畅的故事、情节和场景，一种令人兴奋而又眩晕的视听时空。这些文本是供人消费而不是供人阐释的，是供人娱乐而不是供人判断的。它华丽丰富，但又一无所有。在这里，只有现象没有本质，只有偶然没有必然，一切都朝生夕亡、转瞬即逝，没有历史意识和美学个性。就像《渴望》、《京都纪事》等电视剧一样，艺术最终名正言顺地成为一种艺术游戏；它消除了时间感，排除了历史意识，它也割断了与现实的真实性联系，而成为一种自成体系、自我封闭的游戏本文。——于是，当难以数计的老百姓正沉浸在大众文化为他们所编织的白日梦幻之中怡然自得时，被认为是文化“看守者”（GATEKEEPER）的人文知识分子们却出现了明显的分野：有的人把大众文化当做当代社会民主化的硕果，是社会稳定、文化平等、话语霸权解体的历史进步，而另一些批评家则将大众文化看成是人类文明的式微，是资本对文化、传统、信仰、价值观念的挑战，是财富对人类精神的专制。有的人甚至把大众文化看成是人类精神上的鸦片、可卡因。

我们认为，尽管大众文化所具有的抚慰功能、娱乐功能，对于人们心理结构的平衡和调整，对于社会秩序的建立和维护，发挥着它的文化整合功能，在一定程度上可以促进文化的民主化和平民化进程，但是，我们也应该意识到，当文化在功能上转化为一种文化娱乐之后，娱乐便片面地代替了文化整体，同时也代替了生存的实体，从而成为生存中的现实欲望的虚假满足。大众文化把主体滞留在一种表演性的快感中，而遗忘了意义和生存本身。这正是大众文化所包含的文化危机。的确，大众文化由于它与商业利润唇齿相依，由于它不可避免地要用媚俗的方式来换取大众的青睐以将产品卖给接受者同时又把接受者卖给利润；由于它与既成权力关系的相互依存，因而它对于我们文化发展、社会进步和美学理想的追求，对于保持一种批判的、超越的、具有活力的人类进步意识的努力必然会带来一种负面性的影响。而如果我们对这种影响缺乏认识或者无动于衷，那么我们也许将付出历史的代价。所以，如何面对这样一个时代，已经成为现实向我们——我们的文明，我们的历史，我们的未来和我们的存在——所提出的一种挑战，无可逃避，也不能逃避。显然，这不仅仅是一个学术问题、理论问题，同时也是一个不容回避的现实问题，它与我们的生存、发展，与我们社会的健康、进步，与我们文明的延续、繁衍都息息相关。

（选自《电影艺术》1997 年第 1 期）

文化产业的发展问题研究

刘兴华

大力发展我国文化产业，是在社会主义市场经济条件下加强社会主义精神文明建设的重要手段，也是建设有中国特色社会主义文化的重要途径。从我国实际情况看，文化产业应包括文化艺术业（主要有演出业、信息服务业、文化娱乐业、文艺培训业、艺术品经营业），出版发行业和广播影视音像业。发展文化产业，并不意味着国家放弃对文化工作的领导和管理，相反，在文化产业的发展过程中，党和政府可以也能够通过行政、法律、经济、教育等各种手段以及党在各级组织中的领导来保证其正确的发展方向。

一、我国文化产业发展现状

改革开放以来，我国文化产业迅速发展，国家对文化产业的领导和管理也在不断加强。

文化艺术业方面。截至1996年底，全国已有文化部门主管的各类文化艺术机构（包括文化娱乐场所）27万多个，从业人员159万多人。

出版发行业方面。到1996年底，全国有出版发行机构1.4万个，从业人员36万人。1997年，全国出版书报刊13万种，比1990年增长50%；书报刊总印数386.5亿册（张），比1990年增长35.3%。

广播影视音像业方面。到1996年底，全国共有广播电台1244座，电视台837座。广播、电视人口覆盖率分别由1990年的74.4%和79.4%提高到1996年的84.2%和86.2%。音像业近年来也有很大发展，1997年，全国出版音像制品2.2万种，共2.06亿盒（张）。

随着文化产业的发展，国家制定和颁布了一系列加强文化市场管理的政策法规。文化市场管理机构和稽查执法队伍的建设也得到了加强。同时，还对文化产业的管理体制和运行机制进行了以下几方面的改革：在所有制形式上，打破国家包办文化产业的单一局面，允许发展多种所有制形式的文化产业；在行政管理上，确立了分类管理、分级指导的文化产业管理思路，打破了国家对国有文化单位统包统管的管理办法，变养人为养事业，激发了国有文化产业机构自身的活力；在内部运行机制上，打破“一大二铁”（即大锅饭、铁饭碗、铁交椅），努力建立适应社会主义市场经济体制的新的人事制度、分配机制和管理体制。

二、我国文化产业目前存在的主要问题

1. 还不能满足人民群众日益增长的精神文化生活需求。近年来，我国文化产业发展迅猛，但带有一定的盲目性和粗放性，重复建设、资源浪费、忽视质量的“散、滥”现象普遍存在，严重影响了文化产品质量的提高。在文化产业和产品的布局和结构上，存在重城市、轻农村，重高档、轻普及的现象。在一些大中城市，高档豪华歌厅舞厅随处可见，而面向广大工薪阶层的大众化娱乐场所却寥寥无几；在农村地区尤其是贫困地区，不少农民一年看不上一次电影，有的地方至今还收听不到广播。

2. 还没有完全处理好社会效益和经济效益的关系。在文化产业经营者中，有些人为了追求物质利益，忽视甚至不顾社会效益。因此，文化市场上违反党的方针政策和国家有关法规的现象时有出现，低级庸俗甚至宣扬封建迷信、色情、暴力，危害青少年健康成长的文化商品严重存在，非法出版、侵犯知识产权和走私倒卖文物的活动屡禁不绝，文化艺术培训单位或个人乱办班、乱收费情况一再发生。所有这些，不仅背离了文化产业的社会主义方向，制约了我国文化产业的发展水平，而且损害了消费者的利益。

3. 对文化产业的管理和调控乏力。文化行政主管部门在对各类文化产业实施宏观管理和调控时，缺乏强有力的手段，对推进文化产业发展显得力不从心。一是法制不健全。近年来文化立法工作虽然有明显进展，但仍不能满足文化产业发展和政府管理文化产业的需要，一些重要的法规还没有出台；执法机制也很不完善，文化产业管理部门难以有效地履行检查监督的职能。二是尚未建立起高效的行业监测、预警、评价、考核体系和行业发展、投资、经营的信息系统。三是缺少必要的经济手段。文化事业经费过低，不能满足事业发展的需要，严重阻碍了文化与经济协调发展的步伐，也严重降低了文化行政主管部门对文化产业的管理调控能力；同时，文化产业方面的税收、赞助、信贷等文化经济政策还不完善，已经制定的有关文化经济政策也没有得到很好的落实，致使文化行政主管部门难以有效地运用经济政策对文化产业进行区别对待，分类指导。

4. 文化产业体制和运行机制的改革滞后。文化产业体制已经进行了一些改革，但相对于经济体制改革而言明显滞后，还不能适应建立社会主义市场经济体制的要求。目前，在管理方面，仍习惯于直接办文化、管文化，面对新的形势缺少相应的办法；在投入方面，基本上还在沿袭计划经济时期的做法，过分依赖政府，缺乏积极有效的、多渠道的筹资办法；在文化企事业单位方面，还没有树立起加强管理、改善服务、自我发展的观念。文化产业运行机制也缺乏内在的创新动力，一些基本的市场原则和规律仍被排斥在文化产品生产和经营领域之外，对国有文化单位运营性质的分类界定等基础性工作尚未进行。社会力量兴办文化产业的积极性还没有充分调动起来。

5. 运用现代科技成果的能力差。现代科学技术成果对文化产业正产生着巨大的影响，不少发达国家都借此机会壮大自己的文化产业，增强本国文化产品在国际市场上的竞争力。我国目前文化产业的科技水平，无论是在舞台技术、乐器科技、印刷技术，还是在影视制作、文物鉴定、文物保护方面，都与国际水平有较大差距；文化产业信息资源的管理和利用更为落后。

6. 文化产业发展所需人才缺乏。一是专业人才队伍的整体文化素质有待提高。在文化艺术专业人员中，大专以上学历者只占专业人员总数的37%，其中文艺表演队伍大专以上学历者仅占专业人员队伍总数的18%；二是部分专业人员尤其是中青年专业人员的政治业务素质还不适应未来文化产业发展的要求；三是高级专业人才

存在老龄化现象，缺少中青年拔尖人才；四是文化产业的经营管理人才严重匮乏。

三、发展我国文化产业应注意的几个问题

1. 坚持以社会效益为主，社会效益与经济效益相结合。文化产业的发展必须把促进社会主义精神文明建设作为出发点，始终贯彻“以科学的理论武装人，以正确的舆论引导人，以高尚的精神塑造人，以优秀的作品鼓舞人”的要求，坚持“二为”方向和“双百”方针，不断满足人民群众日益增长的精神文化需求，提高文化生活质量，促进社会进步。在文化产业的管理方面，应体现党的方针政策，鼓励有利于提高人民思想道德水平、科学文化素质，弘扬民族优秀文化，反映时代主旋律的优秀文化产品的生产，抑制平庸、低劣文化产品的生产，抵制和取缔淫秽、反动的文化产品。在社会主义市场经济条件下，文化产业既要坚持文化工作的社会主义方向，又要提高经济效益，力求实现社会效益和经济效益的最佳结合，保证文化艺术繁荣所必需的再生产能力。

2. 符合建立社会主义市场经济体制的要求。随着国民经济持续快速增长，市场经济体制的逐步建立，以及人民群众生活水平大幅度提高和社会文化需求的迅猛增长，文化消费已逐渐由消费者自主选择，消费结构与层次已呈立体化、多样化。如果完全由国家包办文化产业，文化产品无论在总量上还是在结构上都难以满足日益增长的文化市场需求。实践证明，在同样条件下，凡朝着社会主义市场经济体制方向进行改革的地方，其文化产业的发展都呈现勃勃生机；而墨守成规、不在完善市场机制上下工夫的地方，其文化产业的发展仍然困难重重。因此，在新的历史条件下，要想真正繁荣文化产业，就必须改革传统计划经济体制下旧的文化产业发展方式，走出一条符合建立社会主义市场经济体制要求的文化产业发展道路。

3. 遵循文化产业自身的发展规律。在市场经济条件下，绝大多数文化产品具有商品属性。文化产品进入市场，就要遵循市场经济的规律，因此要发挥市场对艺术生产的调节作用，使文化产品积极地适应市场的需求；但同时必须强调，文化产品的生产过程包含着复杂的精神劳动，它不同于一般的物质产品生产过程；文化产品对人们的思想道德和科学文化素质有重要影响，不能完全由短期的、简单的市场法则来决定其优劣高下。因此，在文化产业的发展过程中，尤其要充分考虑文化产品生产和文化服务的特点，尊重其自身的发展规律。如果简单地屈从市场而忽视了文化艺术发展的固有要求，文化水准就会降低，文化产业就会出现混乱和萧条。

4. 与国民经济和社会发展水平相一致。从根本上说，一定的社会生产力水平和社会经济体制，既决定着文化产品生产和消费的总量和结构，又决定着其生产和消费的方式。文化产业是国民经济和社会发展的有机组成部分，其产业规模、发展水平和运作机制只有与国民经济和社会发展相协调，才能真正保证自身持续健康地发展。

四、几点政策建议

1. 改革文化产业体制，转变政府职能，建立强有力的宏观调控体系。文化产业体制改革，主要是文化产业管理体制和运行机制的改革，也是对文化产业部门组织形式及其管理方式的改革。在社会主义市场经济条件下，政府对文化产业应该实行综合管理和间接管理。应当按照建立社会主义市场经济体制和加强社会主义精神文明建设的要求，结合当前文化产业的发展状况，对文化产业管理结构进行重组。现行各级政府主管文化产业的行政机构和事业单位管理部门可以适当精简、合并，以便更好地对文化产业的发展实施管理。在社会主义市场经济条件下，政府对文化产业的管理职责主要应该有以下几个方面：制定文化产业发展的战略规划，强化指导、协调和监督检查手段，实施宏观调控，使各类文化产业协调发展；制定法规和政策，规范文化企业行为，维护文化市场秩序，保证其社会主义方向；为文化企业提供必要和及时的服务，创造良好的外部环境；通过经济政策影响文化产业的布局、结构和发展方向；通过制定行业标准和奖励先进，充分发挥导向作用；通过建立文化产业行业协会，增强行业自律。

2. 改革文化产业投资体制，进一步完善和落实文化经济政策。建立多渠道投资文化产业的体制和有效的筹资机制，同时确定财政投入的重点，逐步将不应由财政负担的文化单位推向市场；建立激励机制和竞争机制，增强文化企业的生机和活力。对不同性质的文化产品和文化活动，要区别对待，分类指导。对于商业性业务和商业性活动，可以也应该推向市场，由各类文化企业依法经营、自负盈亏。对于各级政府指定的政策性业务和政策性活动，可以打破部门、地区界限面向社会招标，国家给予专项拨款或补贴。对于特别优秀的文化产品和文化活动，国家应进行奖励。要充分利用财政、税收、信贷和价格等经济杠杆，在资金投向、产业结构和布局、文化产品生产和文化市场管理等方面，体现政策导向，促进文化产业健康发展。

3. 加快国有文化企事业单位的改革步伐，积极推进经营性文化事业单位的企业化改造。现有的文化企业主要包括各部门直属的文化企业单位、文化事业单位下属的独立核算的文化企业单位和由文化事业单位改造而成的文化企业单位。要加快经营性文化事业单位的企业化改造步伐。现有的文化事业单位中，除博物馆、图书馆、科技馆等文化设施及少数特殊的艺术院团应当作为公益性文化机构保留，其投入要通过国家财政或社会捐赠等方式获得补偿外，其余都应进行企业化改造。为支持文化事业单位的企业化改造，国家应在经济政策方面给予一定的扶持，比如，可否考虑，自实行企业化改造起，三年内免征所得税，将这些企业上一年度“拨改贷”资金本息余额转为国家资本金，国家政策性银行和专业银行优先予以贷款扶持等等。为优化结构、提高规模效益，根据现阶段经济发展和市场竞争的特点，应鼓励文化经

营单位之间优势互补，促进资产、人才、技术等要素的合理组合，形成以优秀人才、高新技术、名牌产品、高效益经营单位为龙头，以资产为纽带的大型文化企业集团，充分发挥它们在文化产业中的骨干作用。特殊类别的文化企业，应由国家独资或只允许国内法人经办。非特殊类别的文化企业，国家可以独资经营，也可以合作或合资经营；可以搞有限责任公司，也可以搞股份制公司。所有文化企业，都要按照建立现代企业制度的要求进行管理，逐步形成既有竞争激励机制又有责任约束的管理体制和运行机制。需要指出的是，由于文化产品最重要的是社会效益，文化企业创作、制作、生产文化产品有一定的特殊性，而且部分文化产品又是以服务形式满足市场的需要，因此，国家应研究制定有关经济政策，包括在价格政策以及税种和税率政策等方面，对文化企业与工商企业区别对待。当然，对不同类型的文化企业和文化产品也应该有所区别。

4. 积极发展文化支柱产业。根据国内外文化市场的发展趋势，今后五至十五年，应发展以文化娱乐业、出版发行业、广播影视音像业和信息服务业为重点的文化支柱产业。这四大产业，高新技术先导作用突出，投入产出效益明显，社会覆盖面大，可以带动整个文化产业的发展。文化娱乐业方面，要大力发展适应广大人民群众消费水平的健康有益的文化娱乐场所，严格控制高档文化娱乐场所，建立以国家举办的剧场、影剧院、群众文化艺术馆（站）、文化宫、青少年宫为主渠道，其他企事业单位和个体文化产业经营者多方举办的布局合理、门类齐全的文化娱乐业经营体系，提供积极向上、丰富多彩的文化娱乐服务，以满足人民群众日益增长的文化娱乐需求。出版发行业方面，要解决目前总量过多、结构失衡、重复建设和“散、滥”现象突出的问题。加强宏观调控，加大出版业向优质高效转移的力度。积极探索解决出版单位“只生不灭”的问题，促进优胜劣汰。积极进行组建出版集团和报业集团的试验，在全国范围内建立若干个出版基地和发行中心。深化图书发行体制改革，完善全国图书市场网络体系，发展出版物连锁经营。广播影视音像业方面，要积极推进影视录一体化的管理体制改革，优化资源配置，努力提高影视录产品的质量，不断增大影视录产品在文化市场上的竞争力。信息服务业要努力适应市场经济的发展所带来的全社会对信息服务越来越大的需求，使文献信息资源成为国家经济、科技、文化发展的重要支柱。同发达国家的文化产业相比，目前我国文化支柱产业还没有形成气候，整体竞争力亟待提高，为此，国家应制定相应的扶持政策，比如建立文化产业发展周转金，扶持文化支柱产业的启动，支持重点项目的开发。

5. 广泛动员社会各方面的力量，充分利用全社会的文化资源发展文化产业。文化产业的许多行业具有流动性大、面广分散、投资规模小的特点，比如文化娱乐、书报刊零售等，国家没有必要也不便于全部包下来，即便是国家兴办的那些文化产业，也应充分吸收各方面的人力、物力和财力不断发展壮大。此外，在过去计划体制下各单位举办的文化机构现在大多仍是事业型、福利型的，而且重复设置、利用率低下、文化资源浪费的现象也很突出。因此，应进一步动员社会力量兴办文化产业，鼓励企业根据市场需求投资兴办文化产业。还应制定相关的政策法规吸引外资参与我国支柱型文化产业基础设施的建设。

6. 加强法规建设，依法管理文化产业。积极推进文化产业的立法和执法工作，争取在五到十年内建立起与发展社会主义文化事业相适应、具有中国特色的、较为完整的文化产业法规体系。当前应采取有效措施把条件成熟的行政法规经过修改完善上升为法律，以改变现有文化产业法规效力层次偏低的状况。对已颁布的文化产业法规，要及时制定实施细则，认真落实。对需要修订的法规，要抓紧修订完善。各地也要根据当地文化产业的实际情况和发展规划制定相应的地方性法规。要坚持执法与立法并重，继续深入开展法制宣传教育，增强全社会的法律意识和法制观念，加大执法力度。政府各级部门对文化产业的管理，要减少直接的行政管理手段，更多地依靠法律手段和经济手段进行管理。

7. 积极推动文化产业的科技进步，培养一支合格的文化产业队伍。要充分利用现代高新技术和手段，提高文化产业中的科技含量，加速文化产业实现两个转变的步伐。要按照政治强、业务精、作风正的要求，造就一支热爱祖国、热爱人民、有真才实学的文化产业专门人才队伍。选拔和培养有发展前途的后起之秀，严格要求，积极引导，帮助他们健康成长。要根据不同类型文化产业的不同特点和要求，制定从业资格，实施从业人员教育培训计划，陆续实行从业资格考核和持证上岗制度。

（选自《红旗文稿》1998 年第 2 期）

文化、文化产业与意识形态

刘 杲

有一则关于出版理论研讨会的报道，介绍一种意见，认为“随着工业社会进入信息社会，文化建设在经济建设中的作用越来越明显，高度发达的文化与经济之间不再仅仅是上层建筑与经济基础的关系，文化生产力已经越来越融入社会生产力之中，成为社会生产和进步的重要力量。社会主义文化产业总体上归第三产业，而出版，新含义下的出版尤其如此。出版业已发展为声、光、电、磁的立体信息产业，对社会影响越来越深刻”。

提出“高度发达的文化与经济之间不再仅仅是上层建筑与经济基础的关系”，这话很新鲜，可是仔细一想，又不免有点疑问。我觉得，这里涉及的是文化、文化产业与意识形态之间的关系。我想说点粗浅的看法，向关心这个问题的同志请教。

先说文化。这里指的应当是党的十五大报告说的“相对于经济、政治而言”的文化。关于文化与经济、政治的关系，同一报告明确指出，有中国特色社会主义文化“反映我国社会主义经济和政治的基本特征，又对经济和政治的发展起巨大促进作用”。这是符合马克思主义关于经济基础与上层建筑的关系的基本原理的。文化归精神领域，属于意识形态，是上层建筑的一部分。文化与经济之间的关系属于上层建筑与经济基础之间的关系。十五大报告还指出：“有中国特色社会主义的文化，就其主要内容来说，同改革开放以来我们一贯倡导的社会主义精神文明建设是一致的。”这也说明了当代中国文化的意识形态性质。

再说文化产业。“文化产业”一词“不见经传”，既然大家已经熟悉，不妨沿用。文化产业通常指的是文化产品的生产和流通。它包括文化设施、文化产品的物质载体和传播手段，等等。文化产业属于国民经济的第三产业，孤立地看，文化产业似乎不带有意识形态的性质。因为它属于经济范畴，而且作为物质技术手段——文化设施、文化产品的物质载体和传播手段等等，可以为不同意识形态的文化服务。但是事实上，文化产业与文化的关系密切不可分离。文化产业总是同一定的文化相对应，彼此紧密结合，同步向前发展的。世上没有脱离文化的文化产业。在与一定意识形态的文化紧密结合的条件下，文化产业不可避免地也带有相应的意识形态性质。既是国民经济的第三产业，又带有意识形态性质，这是文化产业不同于其他产业的特殊属性。比如，印刷业属于轻工业。一般都不认为轻工业带有意识形态性质。但是，其中的书报刊印刷业则不然。书报刊印刷业属于出版业——文化产业，是有中国特色社会主义出版事业的组成部分，带有意识形态的性质。

我们的任务是建设有中国特色社会主义文化。这个提法已经鲜明地揭示了文化的意识形态性质。我们需要大力争取文化的繁荣，同时大力争取文化产业的发展，两者密不可分，相辅相成。我们坚持精神生产与物质生产的统一、文化与文化产业的统一，它们统一于建设有中国特色社会主义文化的实践之中。应当如实地看到文化的意识形态性质，进而看到文化产业的意识形态性质，而不是反过来强调文化产业的非意识形态性质，从而提出冲淡文化的意识形态性质。

能不能说，因为“工业社会进入信息社会”，所以文化“不再仅仅是上层建筑”呢？信息社会的特征是，信息量的急剧增长、信息传播速度的迅速提高、信息对经济和社会发展的作用日益重要、信息的物质载体和传播手段的科学技术突飞猛进，等等。这里请特别注意，对信息的文化内容和信息的物质载体、传播手段加以区别。可以肯定，不是所有的信息都带有意识形态性质；同样可以肯定，具有文化内容的信息不能不带有意识形态性质，没有理由认为，信息的物质载体、传播手段的迅猛发展，会改变信息的文化内容的意识形态性质。信息高速公路的出现使信息的物质载体、传播手段发生了翻天覆地的变化。与此同时，信息的文化内容所具有的意识形态性质并没有因此而改变或者消失。信息高速公路上的大量信息具有文化内容。这些文化内容所涉及的意识形态问题，已经在全世界引起广泛的关注。

能不能说，因为“文化产业总体上归第三产业”，所以文化“不再仅仅是上层建筑”呢？不错，文化产业属于国民经济的第三产业。可是文化产业又不同于其他第三产业，因为文化产业生产和流通的产品是文化产品。十四届六中全会决议指出：“文化产品具有不同于物质产品的特殊属性。”文化产品的特殊属性就是精神产品的特殊属性，就是意识形态性质。文化产品的特殊属性决定了文化产业的特殊属性。文化产业作为国民经济的第三产业尚且带有意识形态性质，更无论文化本身。所以不能从文化产业属于第三产业推出文化“不再仅仅是上层建筑”的结论。这不仅在推理上有困难，也不符合实际情况。我想另举一个例子，说明产业属于经济并不妨碍产品属于文化。建筑业在许多国家是国民经济的重要产业甚至是支柱产业。同时，建筑物的立体造型艺术属于文化，带有意识形态性质。这是举世公认的。

能不能说，因为“文化生产力已经越来越融入社会生产力之中”，所以文化“不再仅仅是上层建筑”呢？应当承认，文化是有生产力的，否则就没有文化产品的生产。文化生产力属于社会生产力的一部分，也说得过去。但是，文化生产力包括精神生产的生产力和物质生产的生产力。文化产品首先是精神产品，这一点决定了文化产品的特殊属性；其次才是物质产品。既是精神产品就明确属于上层建筑，这一点也是很清楚的。为什么文化生产力"融入""社会生产力"，就使文化"不再仅仅是上层建筑"呢？这前后是一种什么因果关系呢？也许是这样的三段论式：社会生产力不是上层建筑（大前提），文化生产力"融入"了社会生产力（小前提），在逻辑上有毛病，中途换了概念，小前提中的"文化生产力"在结论中换成了"文化"。所以推论不能成立。

总之，文化与文化产业既有关系，又有区别。文化产业在经济和技术上的发展，不是文化的意识形态性质的改变。不能因为文化产业在经济和技术上有了很大发展，就提出文化"不再仅仅是上层建筑"。这个提法会冲淡文化的意识形态性质，容易对在文化建设中坚持社会主义意识形态的要求造成负面影响。

说到意识形态的要求，不能不提到需要注意避免的两个偏向。一个是，不要把意识形态的要求扩大化，不要把不是意识形态的问题硬说成是意识形态问题，胡乱"上纲上线"。多年来我们在这方面的教训太多。比如，1975 年"文化大革命"当中，讨论修订《新华词典》。有人提出，在修订中"要把无产阶级专政落实到每一个词条"。这是走极端，道理上讲不通，工作上也行不通，荒谬可笑之至。另一个是，也不要把本来属于意识形态的问题当作不是意识形态问题。这会在十五大报告指出的"面对世界范围各种思想文化相互激荡"的形势下模糊自己的面目，甚至解除自己的武装。大家知道，前些时有过"远离意识形态"之说。在当今世界上，我们真的能够"远离意识形态"吗？此说殊不可取。至于如何正确处理意识形态问题，另外大有学问，以往在这个问题上过严的教训和过宽的教训都有。不过这已不在这篇短文讨论的范围之内了。

党的十五大报告正式提出建设有中国特色社会主义文化的历史任务，并且指明它同建设有中国特色社会主义经济、政治一起，构成党在社会主义初级阶段的基本纲领。这使我们深受鼓舞。而关于发展社会主义文化事业的基本思路，十四届六中全会决议提出："改革文化体制是文化事业繁荣和发展的根本出路。""改革要符合精神文明建设的要求，遵循文化发展的内在规律，发挥市场机制的积极作用。"这就是说，在文化事业的发展上，要把意识形态的要求和市场经济的要求结合起来，也就是要把社会主义精神文明建设的要求和社会主义市场经济体制的要求结合起来。这是一个完整的指导思想。在我看来，正确理解文化、文化产业与意识形态的关系，应当严格遵循十五大和十四届六中全会所指示的完整的指导思想。不宜为了强调重视发展文化产业而提出冲淡文化属于上层建筑的性质，即冲淡文化的意识形态性质。这一想法，不知论者以为如何。

其实，这个题目我也还没有想清楚。我只是深切感到，国家的经济在迅速向前发展，科技在迅速向前发展，文化在迅速向前发展，文化产业也在迅速向前发展，由此在现实生活中引出了许多新情况、新问题。面对这种新的形势，在建设有中国特色社会主义文化的总题目下，对文化、文化产业与意识形态的关系问题加以探讨，或许不是没有意义的。这是我不揣冒昧抛砖引玉的缘由。

（选自《出版广角》1998 年第 3 期）

"数字化生存"的伦理

章建刚

爱情，还是战争？

一首前苏联歌曲这样唱："一条小路弯弯曲曲细又长，一直通往迷雾的远方。我要沿着这条细长的小路，和我爱人一起上战场……"

把爱情和战争放在一起歌唱，这美好里掺杂着残酷。"你嘴上有风暴的滋味"，一位希腊诗人这样说。可有时想一想，生命真的就是在爱情和战争之间的某个位置上度过的。

我们越来越深地陷于"数字化生存"的境地。有人说，这种意义上的生存或者存在是以"@"来表示的。一个虚拟的世界是我们以前所不熟悉甚至根本不知道也无法想象的；而现在，每一台电脑，每一扇视窗，每一个网址，都开启着一条通往虚拟世界的通道，同时又穿越那个世界把您与我们在现实世界里认识或不认识的人联系在一起，于是那个虚拟的世界变得一天比一天真实。视窗变成了小路。小路的那头呢，是战争还是爱情？

我要讲的不是玩网络游戏，不是怎样把对方的若干条命都杀得一干二净。

游戏是有规则的，有规则才好玩。伦理学要研究的就是生活这场大游戏中的规则。我想谈的是在计算机或网络世界生存的伦理学或游戏规则问题。没有了伦理规则，世界就只剩下战争；有了伦理规则，爱情就可能孕育、产生。

和“克隆”相比，数字技术带来的伦理问题要简单一些。

现在人们爱说：“计算机将彻底改变我们的交往方式。”或者说：“适应于交换原子的社会规范不见得能够适应比特的交换'；“计算机使人们之间的交往变成了个人对个人的交往”，并认为这一说法点到了实质，甚至宣称这一新的交往方式“使得传统的交往规则失效”。其结论显然是一种全新的伦理学会应运而生。我觉得这些说法多少有些夸张，正所谓“语不惊人死不休”。

其实计算机伦理的问题远不如“克隆”技术尤其“克隆人”可能带来的伦理问题严重。伦理学要解决人际关系间的规范问题，对应于现有的各种人际关系，如夫妻子女、雇主雇员、朋友兄弟等，都有现成的伦理规范可循。现在如果出现了一种新的克隆人，即您本人的copy或copies，您跟他或他们之间是什么关系？与您有特定关系的所有其他人，包括您的父母、妻子和子女与他或他们又如何相处？多么令人头痛的问题！难怪社会对此技术敬而远之。计算机或网络则要简单得多，它们毕竟只是媒体和工具。电脑与人脑的根本不同，在于它不是独立的意志，没有自身不可侵犯的利益，因此它们没有征服我们或消灭我们的动机。真正需要考虑的只是计算机和网络新技术的出现将会如何促进传统行业的变革。所以准确地说，计算机只是“人工智能”，而不是“电脑”。当然工具使用不当，也可能伤着使用者，就像您用榔头敲钉子却不小心砸了自己的手指。但这只需要小心，而不必害怕。

所以我的朋友有一段话我是极为赞成的：“当我们说计算机伦理的时候，我们实际上是在说：我们应该如何合乎伦理道德地使用计算机这种信息技术。”

数字化交往中的个人

可能很多人都知道这个关于Internet的有趣论断：“在网上没人知道你是一条狗！”不错，电脑只是一种媒介，网络毕竟不是现场。Internet上的人际互动就像是一场“化装舞会”。弗洛伊德已经让我们知道，人们的确希望利用某些机会放纵一下自己，摆脱社会规范的严密束缚。文学曾是其中一种方式，很多人更喜欢一个人躲在小屋里阅读。现在我们又有了电脑，一个人可以躲在暗夜里，面对小小的视窗。尤其这时的“文学”还是互动的，我们能够参与到剧情的发展之中，这就更像是狂欢节或者化装舞会。《财富》的总编约翰·休依甚至更煽情地提示说“Internet卖得比性和犯罪还要好。”

但是，无论什么样的化装舞会，都不会是所有人以同样的装扮出场。因为化装的目的是希望更充分、更不受约束地展示自己的欲望、个性和才华，同时人们希望自己的舞伴们也是如此。电脑在一定意义上只不过是相当于舞会上的面具或道具。我们是通过电脑或网络和其他的使用者交往，不是和电脑、网络本身谈心。因此您尽管去扮酷，但千万别太当真！

尤其是在人们正常、善意地使用计算机的情形下，我们才可以将Internet拿来与文学阅读或化装舞会相提并论。如果您发现自己的网上对手心怀恶意，只要关机就什么危险也没有了，这比生活中的危险遭遇容易回避得多。

伦理规则的界定

只要是一种交往，当然需要特定的伦理规则。我想所谓计算机伦理可以分成两个方面来讨论。一个是与计算机和网络技术及其应用相关的伦理问题一个是与计算机及网络商业运营相关的伦理问题。继而我们还可以讨论，我们需要的是传统的伦理规则，还是一种全新的规则？

计算机和网络是一种技术、工具或媒体，它的广泛应用，为社会生活开拓了一些崭新的领域，并需要依靠新的实用的伦理规则来加以规范。

比如人们经常谈论的“黑客”，如果指的是那种借助信息技术手段窥探、窃取国家机密或个人隐私的人，肆意销毁他人的数据、在别人的网页上乱涂乱画的人，那么我们现在需要的是修建更坚固的“防火墙”，而且更重要的是通过法律的手段对这种犯罪进行预防。显然，“偷盗”并没有因信息技术的发展而变成一种美德或可能不受惩罚的行为。人们也一致认为有意制造、传播计算机病毒是不道德的，不仅要开发更好的防病毒软件进行防范，也要从法律上对病毒制造者进行制裁和惩罚。从观念上说，有意损坏他人财物与偷盗的性质同样恶劣。

间谍活动是一种特殊的游戏。计算机技术虽然可以用于间谍活动，但它与间谍活动还是两回事。由奔腾Ⅲ处理器序列码（PSN）所引发的国家安全问题曾引起有关部门的高度重视，但从Intel公司的角度说，技术的开发和应用主要是出于增强电子商务和网络管理安全性的考虑，而非直接生产一种间谍用具。而Sun公司在得知我们对其服务器尤其是其主机序号（Host ID）的担忧后，专门派其副总裁到中国来，向有关政府部门进行技术澄清。和不偷盗一样，不说谎（或诚实）同样是一种传统的道德观念，它是支撑人类交往的基本柱石。

对给您的电脑造成伤害的人，有时您还难以谴责或发脾气，因为他可能是您的朋友，在不知情的情况下造成了对您的伤害。更何况这其间也有您自己的责任，您没有采取适当的保护措施。在这里人们仍完全按照传统的规则处理问题，除了技术手段的更新，并没有产生新的伦理规则。

从根本上说，人与人的交往通行的仍然是最古老的道德金律：“不杀人，不说谎，不偷盗，不奸淫。”另一方面，我们也知道制止计算机犯罪需要依靠一些适于规范人们在虚拟世界里的行为的技术手段。

与此同时，网民和计算机使用者的个人道德修养仍然是重要的。如同在同一间宿舍里，您的同室即使有一些个人财物或隐私没有很严格地收藏起来，您也会很自然地不去触及它们；或者在公共汽车上，您的邻座阅读信件，您也决不会伸过头去张望。这样的道德都是人们从幼年开始就不断受到成人社会培养的结果，习惯已经成了自然。那么在网上，在周围没有他人形成监督的情况下，您的道德感就受到挑战了吗？果真如此您又有没有足够的抗诱惑能力呢？

呼唤企业伦理的完善

“数字化生存”还有另外一个重要的方面。它是通过市场化的过程蔓延开来的。或许有不少无可救药的“网虫”，对“生活在哪里”的问题感到恍惚：“不知（庄）周之梦为蝴蝶欤，蝴蝶之梦为（庄周）欤”；不知到底是自己所生活的整个世界已被“一网打尽”，还是网络只是沟通社会生活各个方面的一种手段？这种御风而行、飘飘然的状态当然也是一种幸福，但当您交服务费、付电话款的时候，还不稍有清醒吗？在视窗的另一端有时是一个朋友，有时则是一个商人。

在我看来，市场才是一个更大的网。所有的软件、硬件、服务的消费都是由它控制着的。电脑网络的发展不仅取决于信息技术的进步，也取决于市场的成熟程度。而市场作为一项制度安排，它是以特定的伦理原则和价值观念为基础的。

“市场是天生的平等派。”马克思也说过这样的话，意思是说市场制度蕴含着一种人道主义，有一种向自身理想、目标运动的趋势。同时这里的意思也是说，市场的建立不是那么容易，在它的初级阶段不仅混乱，而且残酷，与兵戎相见、直截了当的战争并没有本质的区别。所以中国人走在这条道上总是觉得太“黑”。

记得我当年刚买回打印机的时候颇感自豪，那可是个国际知名的品牌，也不像当时流行的“针打”那般“滋啦滋啦”叫，字体当然好看得多。然而好景不长，喷墨头里的墨水一少，字迹便开始模糊；再几天不用，墨头便会发干，几乎打不出字来。朋友间一切磋，才知道用同一类型打印机的个人用户，都有一本难念的经。用注射器往墨盒里灌墨水的、用热水泡的、用清洗剂或干脆用凉水滴墨头的，八仙过海，各显神通。我们那种俨然“数字化”了的生活又具有了不少的“中国特色”。

而后，问题变得更为严峻。待我的某一个墨头终于无法再用时，这种不足百元的产品型号早已在市场上消失了，取而代之的是价格翻了一番以上的新型号。这一经过技术创新的产品在我看来就有一个致命的“优点”：几乎无法再灌墨水。新产品的质量一如既往，变得透明的墨盒里眼见着还有三分之一的墨水，打印的字迹已经变得模糊不清。这时我们才领教了商家的狡诈对于我们这种并非天天打印的个人用户，一个200多元的喷墨头打印不到200页纸就基本报废，我们为这种处心积虑的新产品付出了高昂的代价。

自此以后，凡有朋友咨询买电脑的事，我就提醒他对于个人用户，那种牌子同型号的喷墨打印机绝对算不上一个成熟产品。如果来咨询的朋友学哲学，我更念出奥卡姆的咒语“如无必要，勿增实体”，顺手将他清单上打印机一项删除。

向用户推销技术上还不够成熟的产品，使用特殊的销售手段，使用户在不知情的情况下产生对商品或其耗材的依赖性，商家的这类做法显然是不道德的、有损用户利益的。但在一个竞争极为激烈的行当里、在一个售后服务甚至重于产品销售的时代，在那种花钱不眨眼的“公家”越来越少的情况下出此下策，我的确觉得中国的市场化道路还很漫长！

市场规则的建立

把这些道德责任都推到商家（企业或经销商）头上也许是有些简单化了。有时候，商家某种意义上的欺诈行为的确是被残酷的竞争逼出来的。国内计算机业普遍被认为是一个微利行业，赢利靠的是商品销售数量的巨大。甚至有一些消费者已经看到，网络服务收费过低不见得有利于这个行业的发展。这个行业的技术发展很快，急需资金使其基础设施换代更新，以更好地为与日俱增的客户服务。这个意见在一定意义上是可以接受的。想想前几年，中国电信就是靠着收取高额初装费，在行业管理效率极低的情况下，使家庭电话用户有了迅猛发展。但这种不等价交换的模式是不可持续的，电话初装费已步步调低，而现在它的服务收费也正受到由网络商业服务高速发展所带来的挑战。

那么在这种“高不成，低不就”的局面中，我们还应该看到什么问题呢？首先让我先说说自己的遭遇。

让我忽略打印机带来的烦恼的一个原因是我又装了个Modem，许多文件可以直接传真，或用E-mail发送。尽管也曾被happy’99所侵袭，眼见着屏幕上乱绽礼花，我仍觉得是E-mail个好东西。但随着上网人数的增加，与外界的联络也开始变得困难。尤其是逐渐出现这种情况你明明已经联上网了，却既不能发出信件，也不能收进信件，只能白白耗费用钱买来的时间。我觉得无论网络的费用降到什么程度，这种状况也不能容忍。这大概是另一个意义上的“中国特色”。看来也不能无条件地吹嘘“比特”的优越性，比特也有受原子制约的时候。这种问题甚至不能仅靠企业间的竞争来解决。一个企业制贩假冒伪劣产品，很快就会失去信誉和客户。这种来自外界的制约作用客观上是有利于那些规范经营的企业的。但这种说法必须在一个重要前提之下才能成立，即市场制度、竞争规则必须合理、完备，是以统一的尺度来衡量的。而这一点对处于改革过程中的中国市场来说正好是尚未充分具备的。一个垄断行业干起不正当竞争来常常是有绝对优势的。这时客户是孙子，绝对成不了上帝。

在中国，现在还存在着双重的双轨制。首先是需求或消费一方是公家与私人并存，二者对计算机产品价格的要求有很大的差距。这使企业很难以统一价格面对市场，即使是很有名气的大公司，也难免要搞一些阳奉阴违的事情。这一来，又反过来使市面变得较为混乱，某些说到底就是骗子的“商家”得以浑水摸鱼。这是分配制度上的双轨制导致的结果。

其次从供给一方说也是公家（国营企业甚至垄断行业）与私人（民营、集体企业等）并存。这样在他们分别面对消费者时问题还不大，而联合面对消费者时弊病比较明显。比如网民们的服务费本来是分别交给网络公司和中国电信，但事实上电信拿的份额要大得多。而当电信自己也要经营网络，并向高新技术领域转移时，它更有可能利用自己的垄断优势打压竞争对手，并最终损害消费者的权益。

利益之争并不可怕，可怕的是无序竞争和不正当竞争。没有一视同仁，因此相对公平的市场竞争法则就没有机会的均等，而这种伦理机制是少数商家自己所无法建立的，只有国家能够以全社会的名义建立起这一伦理机制。这个机制才是市场的本质同样它也是计算机和网络商务伦理的一个重要方面。

技术对伦理的挑战

由上述种种分析我们可以得出这样的结论：其一，计算机和网络技术的发展开创了一个全新的人际交往领域，这一新领域不仅要求网民和商家认真思考如何合乎道德地共同生存、经营与发展，而且呼唤新的伦理技术和市场交易技术能够应运而生，以求保证公共秩序的稳定，但并没有提出全新的伦理原则。

其二，计算机与网络世界的伦理原则又可以分成两类：一类适用于商业操作、消费操作和服务操作，它们与传统行业的商业准则相同，比如公平竞争、等价交换和信守合同等。另一类则适用于网上更为普遍的人际交往操作，如亲属、朋友、同事、同学关系等，这类规范也与网下的交往规则相同，甚至要求具有一种更为高尚的道德情操，即友爱、互助和给予等。

从这两个方面看，计算机与网络技术的发展虽然被看成是知识经济时代到来的标志，但知识经济也只是所谓“后工业社会”的内容之一。后工业社会与工业社会在主要技术类型上有了重大的变化，但在社会规范和道德理想上没有质的变更。

然而对于我们这个处于从前工业社会或前现代社会向工业社会和后工业社会、现代社会和后现代社会转型的国家及其经济发展、市场建设而言，情况要稍稍复杂一些。计算机与网络技术及产业的发展的确对社会原有的一些价值观、伦理观乃至社会秩序具有某种冲击力。这是因为前现代社会、前工业或前市场社会与现代市场社会有一种根本的伦理冲突。

一般来说，前现代社会的社会结构和权力分配往往是金字塔式的，是等级制的（hierarchical）。人与人即使在名义上也不是平等的。自上而下的控制和呈反金字塔形的特权分配是这种社会的基本技术。它的伦理观念也是与此相适应的。反之现代社会是依据平等权利的观念构建的，对权力的制约是一项重要的社会技术。当网络技术不仅作为一种高新专业技术，也作为一种用途广泛、相对价格低廉的交往工具出现时，似乎天生就适应于现代社会的环境。尼葛洛庞蒂在《数字化生存》一书中没有忘记宣布数字时代对个人的更多尊重和对集权制度的巨大灾难。的确，一个不鼓励对话交流的社会就没有必要发展像网络这样的“第四媒体”，它有足够多的高音喇叭、收音机或者电视机就行了；电话即使有了黄页也一定属于高度机密。这样它才能搞一种非市场化的经济，并长期地维持社会相对的稳定。而具有反讽意味的是，这种如此倾向于民主的技术竟然是由美国军方着手开发的，现代社会中就属这种军事组织结构保留了最多的等级制特征。

我们的社会无疑在进步，民主化程度日益提高，并逐渐开始积极主动地适应全球化的发展趋势。但改革的任务还十分艰巨，新旧体制的并存导致经济生活的若干畸变。一些新型企业可能出于利润动机，被迫屈从于旧体制行业的压力，也采取某些非正当手段获利。这时，不仅这个社会的计算机和网络的商务发展会受到制约，数字技术的发展和推广也在相当程度上受到不规范市场的制约，并且使整个民族和国家的社会发展长期落后于发达国家。而在“速度崇拜”的时代，落后将是致命的缺陷。所以在这个意义上说，计算机技术和网络也具有对旧道德、旧制度挑战的意味，它呼唤一种更新的伦理原则。

当然，我们也可以反过来问：网络技术的发展和普及会不会鼓励了一种无政府趋势呢？比如我们不仅看到黑客对五角大楼的攻击，也看到 MP3 技术引起的知识产权纠纷。数字技术的高度可复制性以及复制的高保真效果，难道不也在对商业社会传统的道德准则发出挑战吗？

我认为，这个问题大概可以从两方面来说。首先数字技术是沿着一种纯科技的逻辑发展起来的，它的发明人往往是一些年轻的数学天才。年轻人当然有年轻人的特点：头脑清晰，思维敏锐，创造性强，不受束缚，但同时考虑相关因素比较少，考虑后果比较少，甚至在伦理道德上考虑比较少。一些黑客或病毒制造者在很大程度上只是好奇心、创造欲、挑战欲强烈的神童，造成了可怕的后果却并没有真正的犯罪动机。因此这大概只能是通过教育改革，将道德教育的内容适当增加并向低年龄段下放来解决；通过对技术发展后果进行事先的社会预测和评估来解决。

另一方面看，数字化生存中的伦理甚至犯罪问题绝不都是年轻人造成的，尤其许多问题都与商业动机有关。因此我们可以相信，这种人的创造物、新的交往工具绝不至于毁坏根本的人际交往准则。商业规范和市场伦理准则是人们的理性构建，是人们共同谋利的基本保障。这种准则不仅通过日益严密的法律和监督机制来维护，也是通过每一个人的道德觉悟来维系。在很大程度上，人们不犯罪、不违规操作的目的就是为了更多地获利。一个完善的市场就是一个交易成本低于其他场所的所在；而一个经济秩序混乱的地方，商业机会将越来越少。所以网络技术不会对商业社会的存在构成根本威胁，互联网上保护知识产权的技术不会是一个很难解决的问题，电子商务更是要在金融安全问题完全解决的前提下才可能开展。

拿新的话题当结语

也许有人会问“网络上那些色情网站是怎么回事？那不是一个最突出的网络伦理问题吗”？

那显然是一个涉及伦理的问题，但要说清楚却并不容易。“诲淫诲盗”是任何社会都不大能容忍的罪恶，可“色情网站”问题还难以用那个字尤其是前两个字来概括，它涉及复杂的社会伦理问题，需要专门进行探讨。但此时我想到的是这样一段历史：在英国的工场纺织业诞生初期，人们对那个产业及其特殊生活方式是另眼看待的。传统上一家一户进行生产的织工也看不起那些由流浪汉和孤儿们组成的“工人阶级”，社会上尤其对其寄宿工场造成的风化问题议论纷纷。传统的道德观与新的生产方式和生活方式有不兼容的地方。但是，大工业生产终究成为趋势，城市化的过程随之开始。看看今天灯红酒绿的现代都市及其消费娱乐方式，当年的问题算得了什么呢！而且在工业化、城市化过程中，各种社会问题也随之得到深入的梳理和探讨，并被人们分门别类地加以解决。比如我们知道，正是大工业生产对于大批产业工人的需求，促进了以职业教育为目标的现代教育的诞生，而导生制（不是导师制）就曾经是一种十分有效的教育方法。这就落实了马克思的说法：大工业把教育的因素带给了工人阶级。

性的问题也是在现代化背景下才得到深入探讨的，并因此深化了对人性和文明的种种认识。在我看来，与网上的某些色情内容传播相比，对性的问题讳莫如深可能是更大的人道主义灾难。而对某些人来说，网上的色情站点问题不过是他们惧怕网络技术，惧怕进一步向外部世界开放的口实。实际上网络的伦理实质就在于更普遍、更直接的交往倾听、表达、批评、辩护和持久的对话。

（选自《微电脑世界》2000年第23、24、25期）

打好“两张牌”

——关注21世纪的产业文化与文化产业

许　平

20世纪还有500多天就将成为历史的陈迹，新的世界经济、文化发展的牌局将如何开盘，有些动向已显端倪，值得关注。报载，美国电脑技术界的骄子微软公司在最近与美国司法部及“网景”公司的一场旷日持久的反垄断倾销的官司中终于反败为胜，这一事件引起各国传媒的广泛报道。这或许是20世纪最后两年中最值得关注的征兆之一。因为它不仅意味着比尔·盖茨这位当今的世界首富将因此而获得更快发展的机会，同时它还象征着下一世纪经济竞争的新格局已经形成，一种新的游戏规则甚至也将从中产生。

如果对这种新格局、新因素作一种最为概略的描述的话，那就是知识、信息与文化的因素将成为下一轮经济竞争的主角，迄今为止人类为争夺有形的（物质性）资源的分配与占有而进行的一切竞争，将转变为一种以无形的（精神性）资源的创造与升值为轴心的新形式的竞争。在展望21世纪艺术设计学科及设计教育发展的前景时，不能不关注到这一新的国际经济文化态势对本学科所产生的深刻影响。

笔者以为，这种关注，结合到设计艺术系教学发展的具体实际，就是要从学科整体发展的方向与策略上认真研究如何打好“产业文化”与“文化产业”这两张牌。

第一张“牌”不难理解。到现在为止，艺术设计各专业所进行的教学与研究大多数都是为了增强产业与产品的文化内涵及文化附加值。比如装潢艺术设计、工业产品造型设计及企业形象设计等。最近笔者在参与南京一家国有大型企业的整体形象策略工程的咨询时注意到，在国内外竞争空前激烈的压力之下，这些大中型企业已经开始有意识地运用现代管理观念、现代技术规则及文化的规范为强化企业竞争力而进行脚踏实地的努力，计算机信息管理技术、测控技术、全程信息跟踪服务技术等现代化管理手段与企业的形象工程、产品的形象策略等这些概念深入地渗为一体，展示了一个可喜的前景，一种有文化内涵的、符合现代社会文明与价值观念的产品整体形象、企业整体形象正在这种努力中悄悄地形成。在没有这种强有力的、观念的与技术的支持之前，奢谈产品与企业形象的现代化、一体化是不实际的；只有随着生产力基础的逐步坚实，文化与产品在新生产力条件下的结合、“艺术与技术的新统一”才能真正成为现实。曾经有过国外的专家讥笑中国的产品还没有真正成熟就进行所谓的“CI”设计是一种笑话，话虽刻薄，却不无道理。事实上，真正让中国的产品与企业成熟起来的路才刚刚在我们的脚下展开。在进入下一世纪之后，我们还将为强化、充实中国企业与产品的文化内涵与艺术品质、为“产业文化”的全面提升作出长期的努力。

对于第二张“牌”——“文化产业”，则更需要从发展战略的角度予以密切注意。这里所说的“文化产业”，是指与世界进入“后工业社会”后方才成形的“信息产业”、“知识产业”有密切联系的新经济发展领域。进入这个新领域、抓住这一领域中的新契机，才能使得我们的艺术设计教育不断开拓新的境界，真正与国际发展的趋势同步，从而从根本上获得成长的动力与活力。

所谓知识产业、信息产业，都是一种与以往的资源消耗型工业经济完全不同的、以知识和信息的生产、分配和使用为基础的经济形态，它是人类知识精华、最新科技成果聚合和裂变后产生巨大能量的成果，构成一种全新的经济发展轨迹与特征。以美国为例，在过去的七年中，美国连续实现了经济的高增长，但通货膨胀率却实现了31年来的最低，这些都是用经典的经济活动理论无法解释的。而其中最大的秘密，就是科技进步贡献率的大幅度提高。据资料介绍，美国大型软件公司构成的信息产业在GDP中所占比例已超过30%，这种新的经济结构带来的经济发展业绩的飞跃是顺理成章、水到渠成的。文化产业就是这其中新的产品形式与消费形式的重要内容之一。以我们最为熟悉的文化娱乐方式为例，日本的“任天堂”仅仅依靠生产电子游戏产品就成为超出丰田、松下这样的日本实业巨头的实力派新秀，美国的迪斯尼公司从一只丑小鸭变成在全世界儿童心目中无比辉煌的美丽天使，也是依靠了传统的娱乐形式与现代产业技术的结合。而像《玩具总动员》这样与多媒体传播技术相结合的电脑动画VCD的生产所带来的经济效益，像《泰坦尼克号》这样传统的电影生产方式与数字式电脑动画技术相匹配而带来的巨大影响，就更加难以估量。另一方面，正在铺天盖地而来的“网上通讯”、“网上阅读”、“网上消闲”、“网上娱乐”悄悄成为设计界关注的焦点，国际互联网在技术上的成熟，远远超出了它在视听感受方面的成熟程度。事实上互联网铺开的面积越大，它所显示出的“设计空白”也就越多。在中国目前刚刚开始进入网络服务方式的全国高校教育网中，真正经过符合视听形式规律的、具有美好感人的网页效果的设计个例几乎没有，这真实地反映了我们的艺术设计与设计教育实际上已经与社会需求脱节的尴尬境地。另外，传统工艺与以计算机控制技术为支撑的小批量、多品种、高附加值的新产业发展趋势相结合，将会为其融入新生活方式创造前所未有的可能与机运，传统工艺的现代推广与活性化运动同样也是一种“文化产业”的大趋势。所有这一切，为下一步艺术设计教育的发展带来了无可限量的新空间。

面对着这种种充满挑战的机遇与充满机遇的挑战，可供选择的突破口实际已非常明显。路，就在我们的脚下。

（选自《南京艺术学院学报》1998年第4期）

论文化产品的社会效益和经济效益

陈立旭

一、文化产品区别于物质产品的特殊属性

所谓文化产品的经济效益，是指人们在文化产品的生产和经营活动中所取得的劳动成果与劳动消耗或“产出”与“投入”、“所得”与“所费”之比，它较多地与个人和局部的利益有关。而文化产品的社会效益则是指文化产品在促进物质文明和精神文明建设以及社会全面进步方面所产生的效用或作用，它较多地与全民族精神和社会利益相关。文化产品之所以要以社会效益为最高原则，力求实现社会效益与经济效益的最佳结合，这是由文化产品自身不同于物质产品的特殊属性所决定的。

物质产品只有物质属性，主要是满足人们衣食住行等物质生活的需要，并可以被用来交换别的物质产品。文化产品则不同。一方面，它是精神或思想感情产品；另一方面，它作为物化形态，必然具有物质属性，但它同一般物质产品又有着根本性的区别。诚然，任何文化产品对物质载体都有特定的要求，物质载体本身性能对文化产品的效用也有重要影响。但文化产品的效用主要

不是取决于其物质属性，而是决定于其精神内容或思想感情的属性；不是取决于它对人们物质需要的满足，而是取决于它对人们精神需要或思想感情需要的满足。文化产品具有物质和思想感情或精神二重属性，思想感情或精神属性才是它的本质属性。这正如物质产品虽然也具有审美娱乐价值等精神或思想感情属性，但物质属性是其本质属性一样。文化产品的内涵有真理与谬误、善与恶、美与丑、进步与反动、健康与腐朽之分，因而大部分文化产品的思想感情或精神属性表现为鲜明的意识形态属性和功能，这是区别于一般物质产品的一个显著标志。具体而言，文化产品的意识形态属性和功能主要包括以下几个方面：

首先，文化产品具有认识、教育、审美、娱乐等特性和功能。好的文化产品能够帮助人们了解和掌握自然规律和社会历史发展规律，不断地获得真理，并在真理的指导下去改造世界；能够使人们从中获得知识、技能、生产经验和社会生活经验、思想道德和行为规范；能够使人们愉悦性情，获得娱乐和美的享受。此外，文化产品的内涵还能够对经济的发展产生作用，表现在文化产品的内涵可以影响物质产品的文化含量、影响社会经济管理的发展方向、决定劳动者的文化素质、传播经济信息等。

其次，文化产品所蕴含的思想、知识、精神、情趣等，最终会转化为消费者的思想观念，从而影响人的行为、作用于社会并形成一定的社会文化环境。我们每个人都生活于某种文化体系处于主导地位的社会中，所谓人的社会化过程，就是接受文化的培育和熏陶并习得一定文化价值规范的过程。任何人即使没有受过正规教育，但社会风气和风俗以及家庭环境，自小至大的耳濡目染，也往往被这种社会文化环境所同化。所以文化产品的一个重要作用，就是通过其内涵培养一代代人对该社会制度和文化的归属感和认同感，从而维护社会的同一性和稳定性。

再次，文化产品的内涵直接或间接地反映了社会的经济及政治特点，体现了一定社会利益集团的意志和要求。同一种文化产品，对于立场、观点、情趣不同的消费者会产生不同的效果。不同的文化产品也会产生不同的社会效应。那些脍炙人口的文化精品，对社会历史所产生的深远影响是不可估量的。相反，那些有害于社会的精神毒品和文化垃圾对社会所起的消极效应也是难以低估的。

最后，文化产品的内涵具有相对独立性和历史的继承性，不会随着经济基础的变化而立即发生变化，它会顽强地以各种形式存在，并在相当长的时间内发挥作用。同时，物质产品的效用是有时限的，而好的文化产品的效用是永久性的。好的文化产品的消费仅仅是物质载体的磨损，它的思想感情或精神内容即使反复使用也不会磨损消失，因而能够借助于一定的物质载体得以世代保存和流传。

正因为多数文化产品具有上述意识形态属性和功能，所以它的效益主要应表现在社会效益上。真正的文化产品的生产，主要不是看它创造了多少利润，而是要以是否有利于人本身的健康发展为价值标准，这个标准就是通常所说的真善美的标准。正是在这种意义上，邓小平指出："思想文化教育卫生部门，都要以社会效益为一切活动的唯一准则，它们所属的企业也要以社会效益为最高准则。"在社会主义国家，把文化产品的社会效益放在首位，力求实现社会效益和经济效益的最佳结合具有特殊的意义。社会关系的整体利益导向是社会主义的以生产资料公有制为主体、多种所有制经济共同发展的所有制结构的内在的必然的要求。而社会关系的整体利益导向必然意味着，当文化产品的社会效益和经济效益发生矛盾时，主要应以社会效益为准。必须随时随地地把社会效益作为衡量文化艺术生产和文化活动的最高原则，把经济效益作为保证这一最高原则实现的必不可少的条件。在把社会效益放在首位的前提下，力求实现文化产品社会效益和经济效益的最佳结合。

上述原则并不因社会主义市场经济的发展而改变，只会随着社会主义市场经济的发展而日益显得突出和重要，这是由文化产品对市场经济的特殊的社会功能决定的：

第一，文化产品内涵的文化价值规范可以有效地降低市场的交易费用，是建立健全市场秩序的重要精神资源。大量市场事例表明：市场经济主体的行为选择既源于理性的计算、成本与收益的核算，同时又源于不那么深思熟虑的考虑。后者往往表现为市场行为受习俗等文化价值规范的支配。在市场行为领域，人们之所以必须遵守一定的文化价值规范，一方面是因为市场行为领域是十分复杂的，而人的理性是有界的。人们想把事情做得最好，追求成本最小、收益最大，但人的智力是一种稀缺性的资源。当个人面对错综复杂的、信息超载的市场行为领域而无法迅速准确和费用很低地作出理性判断，以及市场行为领域的复杂程度超出理性边界时，他们便会借助于遵从市场行为的惯例来走捷径。这样做可以减少市场经济主体行为选择的"成本"，简化计算过程是运作市场行为领域繁杂事务最方便、最轻松的方法。另一方面，公认的文化价值规范体系，通过建立或多或少固定化的市场行为范式（如习俗、惯例），或者设定市场行为的界限，或者订立市场行为的规则，或者约束市场主体行为，实际上都给人们提供了一种参考构架或取向。借助这些参考构架或取向，他们可以把握住自己在周围世界中的行动。如果大多数市场经济主体能够按照一定的文化价值规范行动，那么市场秩序的完善就可以实现。而市场之有序无疑可以减少交易中的风险性和不确定性，从而使市场经济主体减少风险性和不确定性所带来的成本，并可以在对经济活动进行长期预测的情况下获得长期的收益。

第二，文化产品的内涵能够在一定程度上缓解因市场急速扩张而带来的一系列社会问题和对人们生活造成的冲击。如果说市场的最高原则是"利益最大化"，那么文化产品的内涵则以至真、至善、至美为最高价值和原则；如果说市场经济活动关心的是个人的、团体的、地区的或局部的利益，那么文化产品的内涵从其终极意义上则将人类基本生存状态作为自身的最高关注对象并建构人类的基本价值；如果说由市场运作逻辑产生的规则、制度、法律只在最低限度内保证每个人面对市场所划定的空间界限时不犯规、不逾矩，那么文化产品的内涵则把提升人的精神境界，润泽人的心灵作为其最终指归；如果说市场经济的运作及其所创造的万花筒式的世界给人带来了精神上的不安定感和迷失感，那么文化产品的内涵则有给市场社会中的人提供心灵停泊的家园、固置人们安身立命之所的功能，可以在一定程度上缓解精神无所依归的困窘。当然，需要申言的是，希冀文化产品的内涵可以包医百病一如希冀市场可以包医百病一样，乃是一种乌托邦式的奢望。但是，在确认市场经济乃是现阶段社会经济运作的最有效、最直接的动力源泉的同时，坚持把文化产品的社会效益放在首位，力求实现社会效益和经济效益的最佳结合，强化并弘扬文化产品内涵的真善美的价值取向，对于建立一个健全的市场经济社会即使不是万全之策，至少也是较为妥帖的方案。

二、文化产品社会效益和经济效益的一致性和矛盾性

前文表明，由文化产品不同于物质产品的特殊属性所决定，我们要坚持把文化产品的社会效益放在首位，力求实现社会效益和经济效益的最佳结合。但是，在处理文化产品社会效益和经济效益的关系上，不同的经济体制必然会产生不同的结果。在传统计划经济体制下，不仅物质产品的生产是低效率的，而且由于文化产品的生产只允许在国家给定的计划内进行，因而也是低效率的。这种低效率集中表现在以下两个方面：一是文化资源配置的低效率，即由于文化资源配置不当，在给定的技术状况下，不能通过投入要素（劳动和物质资本）的最有效的组合来生产出最优的文化产品组合。二是文化组织的低效率，即在文化组织内部，在给定的技术状况下，来自一定投入的实际产出低于可达到的最大可能产出。在很大程度上，文化组织的低效率是计划体制下激励机制扭曲的结果，是文化组织内部文化资源利用率过低的结果。文化产品生产的低效率必然造成供需矛盾，使文化产品的生产难以有效地满足人民群众日益增长的精神文化需求。长期以来，虽然我们曾将文化产品的“政治作用”强调到了相当高的程度，似乎十分重视文化产品的社会效益，但是，由于计划经济体制下难以很好地实现文化产品的经济效益（生产上的低效率），因此也就难以更好地实现文化产品的社会效益（无法满足人民群众多层次的精神文化需求）。

实践表明，市场经济不仅是一个国家摆脱贫穷，实现经济腾飞的最有效的途径，而且也是一条可以促进文化产品社会效益和经济效益最佳结合的有效通道。市场机制能最有效地促进经济繁荣，而一个社会的经济富裕是其文化蓬勃发展的前提之一。同时，将市场机制引入某些文化活动领域，对后者进行市场化的经营，无疑将有助于这些文化活动领域转变自身运作机制、方向和方法，有助于其发展。在市场机制作用下，文化产品的社会效益和经济效益是可能而且应该得到统一的。

毫无疑问，文化产品同其他商品一样，取决于消费的需求导向。文化产品首先要能为更多的人所欣赏和接受，才能更好地产生社会效益，否则文化产品的认识和教育功能再好、再重要，人们如果不喜欢、不欣赏，不能产生必要的“票房”价值，也就难以更好地实现其社会效益。文化市场通过价格的浮动等因素，发出灵敏的市场信号，形成有力的竞争机制，对文化市场的主体即文化产品的生产者和经营者形成经常的激励和压力。它迫使文化企业不断地降低生产成本，优化文化产品生产要素的配置，提高文化产品的质量，以最大限度去发展文化生产，形成具有竞争力的新的艺术品种，从而满足人民群众的各种文化需求。因此，文化市场是文化产品社会效益和经济效益得以实现的重要场所。另一方面，由市场机制带来的一个社会的经济繁荣将有效地促进大众传播媒介的发展、教育的普及，这将导致对文化产品尤其是一些高层次文化产品有欣赏和接受能力的人群的增多。而文化产品消费者的增加反过来将进一步形成更大的市场需求，从而有力地推动文化产品的生产和供给。同时，文化面向大众是社会主义文化本身的要求，而市场经济有利于文化的传播和普及。所有这一切都将有助于文化产品在产生经济效益的同时更好地实现其社会效益。

但是，需要特别予以强调的是，经济效益好的文化产品，其社会效益未必都好。在市场经济条件下，文化产品的社会效益和经济效益在存在一致性的同时也存在着相当程度的矛盾性。虽然与计划体制相比市场机制能够促进文化产品社会效益和经济效益的更佳结合，但市场不是万能的，它会在一定范围内和一定程度上失灵。其原因在于：一方面，即使在满足一切理想条件，从而市场机制能够充分发挥作用的情况下，市场机制的功能和局限性仍然是明显的。一些崇尚资本主义自由市场机制的西方经济学家也曾指出：“市场可以是我们驾驭下的一匹好马。但是马无论怎么好，其能量总有个局限……如果越过这个局限，市场机制的作用必然会蹒跚不前。”另一方面，市场自身的不完善也会导致市场失灵。这包括两种情况：一是文化市场不发育；二是文化市场在运行过程中发生功能障碍。这就会使文化市场的功能不健全或遭受破坏而发生市场失灵，从而难以实现文化产品社会效益和经济效益的统一。

在市场经济条件下，文化产品社会效益和经济效益的矛盾性首先表现在，由于文化产品具有潜在的精神价值和商品交换价值的两重性，在文化产品的生产和消费过程中有可能造成两种效益的分离和两种价值的倒挂。文化产品作为一种特殊的商品所具有的特殊的精神的或思想感情的属性，使它在进入市场时往往难以按照一般商品“等价交换”的原则来实现自身的价值从而实现其经济效益。形成这一特点的主要因素就是在文化产品的

价值构成中，生产者的以精神劳动为特征的活劳动量的不确定性。在物质产品的生产中，只要具备一定的物质条件，任何经过训练的生产主体，都可以根据一定的标准生产出同样质量和数量的物质产品。作为对他们所创造价值劳动的认定，就是生产该商品所需的社会必要劳动时间。在物质产品的生产、交换和流通中，不同质的劳动及其产品之间的关系，转化为可通约的量的关系；没有这种转化，就无法实现等价交换。但这样一来，就必然会使量的关系居于支配地位。正如马克思所指出的，商品的“使用价值说，有意义的只是商品中包含的劳动的质，就价值量说，有意义的只是商品中包含的劳动的量，不过这种劳动已经化为没有质的区别的人类劳动”。而在文化产品的生产中，即使利用同样的物质条件，也并非每个文化产品的生产者都能创作出同样的作品。这个作家一年就创作出了一部好作品，甚至是传世之作，而另一个人甚至终其一生也无法创作出来。文化产品的创造，需要特殊的思维能力、特殊的文化艺术才能、特殊的高峰情感体验和灵感，以及长期的生活和文化艺术积累，这些是无法用一般的市场和金钱来配置、用可以转化为可通约的量的关系的“社会必要劳动时间”来计算的。所以，对文化产品的价值认定，就不能以耗费了多少活劳动量为标准，从而也就难以用同类劳动去进行比较，而只能作有限的估量。正是由于文化产品的这一特性，决定了它在进入文化市场后，其价格难以完全反映其真正的价值，从而难以真正实现其应有的经济效益。

另一方面，文化产品经济效益的实现程度又是由它对社会需求的满足程度所决定的。在市场经济条件下，产品主要受市场调节，因而社会需求主要通过市场需求来实现。人们对文化产品的需求一定程度上又受他们的文化素质和水平的制约。人们文化素质的层次性，规定着人们对文化产品需求的层次性。一些需要有较高的文化素养、专业知识和审美能力才能接受的文化产品，如交响乐、芭蕾舞、歌剧、学术著作等长期以来之所以在供给和需求方面的矛盾比较突出，一个重要原因就是对文化产品需求中的高层次需求不足带来的。因此，当文化产品面向市场时，将“利润最大化”、“收入最大化”、“满足最佳化”、“收益和增值最大化”作为最高追求的市场经济的选择，常常会使一向羞于自售的文化产品的女神遭受冷落，而使善于乔装打扮的文化产品的婢女备受青睐。市场的这种选择无疑会使一些需要有较高的文化素养、专业知识和审美能力才能接受的文化产品，既难以较好地实现其潜在的社会效益，也难以较好地实现其经济效益，甚至产生“生存危机”。

需要进一步说明的是，文化市场仅靠自身的运转，难以保障文化产品的生产和经营始终与精神文明建设和社会全面发展的要求相契合。这是因为，市场经济本身自始至终都在贯彻求利、等价交换、竞争等经济法则，它可以促使人类更有效地实现经济目标，却难以指望它去实现人类的其他社会目标。“看不见的手”可以引导我们到达生产可能性边缘的外围极限，引导我们按照效率原则实现社会资源的最佳配置，但是，它并不一定是以人类可接受或“喜欢”的方式来安排人类生活的。文化市场既然是市场体系的组成部分，当然也就难以避免市场具有的这种局限性。文化产品在市场流通过程中，如果单纯以获利的大小为取舍标准，那么真善美和假恶丑、进步与反动、健康与腐朽、文化和反文化的差别就有可能被抹杀。正如马克思所指出的：“流通成了巨大的社会蒸馏器，一切东西抛到里面去，再出来时都成为货币的结晶。连圣徒的遗骨也不能抗拒这种炼金术，更不用说那些人间交易范围之外的不那么粗陋的圣物了。正如商品的一切质的差别在货币上消灭了一样，货币作为激进的平均主义者把一切差别都消灭了。”因此，在文化市场自发力量的作用下，一些文化产品的生产和经营者可能会只注重生产和经营一些经济效益好而社会效益不好甚至具有负值社会效益的文化产品。这是因为从事精神毒品的生产成本低、价格高，能够获得远远超过社会盈利水平的超额利润。正如萨缪尔森所言，各个生产者和销售者“只要能在竞争的市场蒙混过去，便会把沙子掺进食糖里去”。诺斯甚至认为“对成本与收益的个人主义的计较肯定将使欺诈、逃避义务、偷袭和暗杀到处泛滥”。

此外，文化市场在配置一些社会效益好的公益性的文化产品方面也是无能为力的。所谓公益性的文化产品是指以整个社会为服务对象，社会的每一个成员都可以无偿获取以满足自己文化需求的文化产品，例如街头雕塑、街头画廊、广场音乐会，以及反映基础科学研究的学术性书刊等。公益性的文化产品对整个社会文化生态环境的营造，对于人们文化质量的提高有着特殊的作用和意义。而相当一部分公益性文化产品的困难在于，虽然每个人的消费不影响对其他人的供给，但很难把任何一个享受者排除出去。公益性文化产品的公共性以及使用和消费上的不可排他性，使得以利润和收益最大化为目标的文化产品的生产者和经营者不愿提供公益性的文化产品，同时也必然使公益性文化产品的消费者产生权利和义务上的困境，亦即经济学上所谓“搭便车”的问题。公益性的文化产品提供了不可缺少的社会服务、给每个人带来了好处，但是享受者却不愿为此支付费用，因为他认为公益性的文化产品并不是专门为他个人提供的。公益性文化产品的这种属性无疑扰乱了市场机制的功能，造成了所谓的市场失灵。因为市场机制的运转要求收益能够抵偿成本，或者要求成本能够追踪到单个使用者身上。由于公益性的文化产品的集体消费性不可能将每个消费者孤立开来，不可能毫无代价地监督和排斥他人的消费，所以在某些公益性的文化产品面前，市场机制便无法运转。同时，由于公益性的文化产品对社会具有特殊的作用和意义，即使对消费者的排他收益超过排他成本，对消费者实行排他也是与促进社会的物质文明与精神文明建设和社会全面进步的目标相违背的。显而易见，社会应该鼓励那些能够带来巨大社会效益的公益性文化产品的创造活动。但是，靠市场机制难以达到上述目的，因为公益性文化产品的特点必然会导致社会利益与这种文化产品生产者和经营者的利益发生不一致。公益性文化产品的创造者和供给者给社会带来利益（社会效益），但其本身却不能因此而得到很多报酬，这使公益性文化产品的创造者和供给者的收益小于社会收益，从而使得通过利益驱动来合理配置资源的市场机制在此失效。可见，靠市场机制的自发力量，难以给社会提供足够量的社会效益好的公益性的文化产品。

三、力求实现文化产品社会效益和经济效益的最佳结合

上述表明，市场机制既有促进文化繁荣以及文化产品社会效益和经济效益相统一的一面，又有导致文化产品两种效益相矛盾的一面。在市场经济条件下，如何充分发挥市场机制促进文化繁荣以及文化产品社会效益和经济效益统一的有利一面，避免矛盾消极的一面，是一个重大的现实课题，它对于文化产品更好地满足人民的精神需要、更好地发挥其应有的社会功能具有重要的意义。虽然从长远来看，就总体趋势而言，思想性强、艺术性好的文化产品最终会受到多数人的接受和赞赏，其社会效益和经济效益会趋向统一，但这并非一个自发的过程，而是有赖于人们多方面自觉努力的结果。

首先，提高人们的文化程度和审美水平是实现文化产品社会效益和经济效益的最佳结合的有效途径。除了人们的收入水平以外，人们的文化程度和审美水平与对文化产品的需求量和需求层次有着密切的联系，它们之间是一种正比递进的关系。文化产品本身的性质决定了它主要以满足人们的享受需要和发展需要为目的。通常人们的文化程度和审美水平越高，追求个人素质全面发展的意识和欲望就越强烈，因而对文化产品的需求量越大，需求层次也越高。这一情况表明，只有提高全民族的文化素质和审美水平，才能使人们形成对需要有较高的文化素养、专业知识和审美能力才能接受的文化产品的有效的市场需求，使这一类文化产品在实现其经济效益的同时实现其社会效益。

其次，改革文化体制，加强管理，建立健全既有竞争激励又有责任约束的机制，是调动文化工作者的积极性，使他们多出既有社会效益又有经济效益的文化产品的重要措施。正如布罗姆利所指出的："如果能找到办法鼓励个人去勤奋工作，去从事生产性活动，以及长期保持清醒的头脑来进行经济决策，那么集体利益很可能得到增加。"文化体制改革的基本任务是形成一种激励机制，鼓励文化工作者积极创造、勤奋工作及对别人的信赖并与别人进行合作。

基于上述原则，文化体制的改革首先要理顺国家、单位、个人之间的关系，明确各自的权限和职责。要把竞争机制引入文化生产领域，推进文化部门的内部改革。文化单位和团体应以创作文化产品为中心，联系单位和个人的切身利益，把责、权、利统一起来，实行全面的岗位责任制。岗位责任制应包括思想道德方面的扶正祛邪，工作态度上的奖勤罚懒，劳动成果上的举优戒劣。同时，从宏观上看，就社会而言，有什么样的文化体制，对于文化产品的生产和经营者的行为就会产生什么样的影响。健全的文化体制必须在满足文化产品生产和经营者个体利益的同时，实现社会的目标，使他们在更好地实现文化产品社会效益的同时更好地实现其经济效益。这就要求文化体制的改革不仅能够确立促进文化发展的激励机制，而且要能够确立监督、约束机制，从而使文化产品的生产者和经营者之积极有益的生产和经营活动得到鼓励，而消极的、无益的生产和经营活动受到限制和约束。概言之，只有形成既有竞争激励又有责任约束的机制，才能调动文化工作者的积极性，使他们向社会提供更多既有社会效益又有经济效益的优秀文化产品。

再次，培育文化市场，引导文化消费，加强文化市场的管理，让健康的、优秀的文化产品在文化市场上占据主导地位，是促进文化产品社会效益和经济效益最佳结合的关键因素。在市场经济条件下，一些文化产品的生产和经营者可能会只注重生产和经营那些经济效益好而社会效益不好的文化产品。由于文化产品有不同品位，加之消费者的立场、观念及文化素养上的差异，就会产生不同的追求目标、需求层次和欣赏情趣，有可能出现优质不优价、劣质大赚钱的现象，因此，不能完全由市场竞争来决定文化产品的生产和经营。任何严肃的政党和负责任的政府，总是从民族的兴旺发达、国家的安定和社会繁荣的角度出发，将文化产品当做特殊商品对待，通过强化宏观调控，实现优胜劣汰。我国是社会主义国家，对此应有更清醒的认识。在市场经济条件下，如果法制健全，文化市场管理严格，并且打击文化劣品的行动具有高效率，使文化劣品的生产者和销售者都得不偿失，则文化劣品就不可能泛滥。换言之，只要社会有关各方能想方设法尽可能增大文化劣品的制作成本和销售成本，加大其风险概率和损失，同时增大社会效益好的文化精品生产和经营的盈利机会，使生产和经营文化劣品的成本大于生产和经营文化劣品的收益，就有可能消除文化劣品。这就要求，一方面有关文化艺术工作部门应当把文化的繁荣作为自己的中心环节，认真组织好优秀文化产品的创作和生产，并担负起推动优秀文化产品进入市场的职责；另一方面，对文化产品的生产者和经营者应加强引导，规范行为，在维护合法经营、保护知识产权、培育和完善文化市场的同时，对那些制作和抛售国家严禁上市的文化垃圾者，应诉之于法律。此外，要积极引导文化消费。市场的营销活动影响群众的消费行为，群众的文化追求和消费倾向又影响着文化产品的生产和经营方向。因此，只要我们坚持让健康的、优秀的文化产品在市场上占主导地位，注意培育和规范文化市场，积极引导人民群众的文化消费，就一定能够实现文化产品社会效益和经济效益的最佳结合。

最后，国家采取重点扶持那些社会效益好的公益性的文化产品的政策，是这些文化产品的有效供给和最佳发展的主要保证。公益性文化产品的特点扰乱了市场机制的功能，造成了所谓市场失灵。市场机制对于公益性的文化产品投资方面的不足，意味着要对市场进行补充。即使在资本主义市场经济条件下，一些经济学家也认为，

"市场经济之需要干预，在很大程度上不仅是因为市场有其缺陷，而且因为社会使其肩负国家的目标，而即使市场作用得以充分发挥，这个目标还是无法实现"。在社会主义国家，政府干预市场经济以实现特定的社会目标显得尤为必要。如果政府不对市场进行干预、社会不对公益性文化产品的生产给予补偿，使不同类型文化产品的生产者之间实现利益的均衡，那么公益性文化产品的生产就会萎缩，结果势必导致供给不足。同时，在市场经济条件下，经济行为主体必然具有追求自身利益最大化的动机，即使是非营利性的机构、社会公益性部门，也有可能因追求自身利益而偏离社会目标，甚至改变自己的性质。因此，政府部门首先应将某些公益性的文化产品的生产和供给从市场机制的作用中分离出来，以其特有的标准和属性衡量之。政府应在公益性文化产品的创造和供给上提供更多的资助。同时，应提倡在市场机制发育过程中先富起来的企业和个人将剩余资金以捐助等形式投放到公益性文化产品的创造和供给上。当然，在市场机制作用下，企业和个人的实际行为与政府的倡导和鼓励仍可能是相背离的。比如，某些企业和个人宁肯将资金大笔地投在"炒星"上，也不愿资助公益性的文化产品的创造和供给。在不违背市场法则的前提下，欲转变企业和个人的这种行为方式的一个重要措施，显然在于对企业和个人进行价值观方面的引导。此外，建立各种文化发展基金、给文化部门提供优惠政策等，也是扶持公益性文化产品生产和经营的有效途径。

（选自《中国社会科学》1998 年第 5 期）

试论转型期的文化产业

阎宪奇　王业群

一、引论

众所周知，新中国成立以来，我们的文化建设历来是作为事业性质进行考察的。在相当长的时间里，文化不能触及钱字，极少注重经济效益。即使到今天，人们虽然可以谈一谈文化的经济效益，谈社会效益与经济效益的结合，然而，"菟丝附蓬麻，引蔓故不长"，因为传统的因素和理论的原因，文化的视野始终不能进一步打开，关于文化的一些公众话题，始终不能像其他领域的改革和研究可以纵横捭阖。近年来，尽管我们不断听到有关文化产业的一些呼声和提法，但不仅其音甚微，而且语境不深。

我们所说的文化产业，究竟是确立在一种什么认识根基上的产业？文化产业和文化事业究竟会引出一些什么不同的话语？文化产业的提法有什么新质的意义？难道它只是一种市场经济条件下的时髦，是文化行业创收和多种经营的代名词？

不然的话，为什么提产业只提投入，不提产出？文化事业在统计上只反映发展数量，而不反映产业产值？为什么在我们众多的理论文章中，多谈文化有满足人民群众精神文化生活、促进精神文明建设的作用，难得提及它对社会经济的促进作用？

说到底还是传统认识根深蒂固的原因。似乎文化从来就这样，只讲社会效益，不会有什么经济效益，也不在乎经济效益；文化事业是花钱的事业，文化部门是花钱的部门。在这样的前提下，文化产业的提法究竟又有多少意义呢？

改革开放迄今 20 年了，如果我们不回避现实的话，当会看到在市场经济日益发展的社会大环境下，我们的文化早已在商品社会的骄阳下晒得粗壮结实了，无数弄潮儿还在我们观察、思考、讨论的时候，早已经交出了一份份漂亮的答卷。可以说，就文化产业讲，我们已经走到了可以望见它理论桅杆的海岸边上了。而转型期文化产业观念的最终确立，将会引发一系列我们可以预见到和不能完全预见到的问题，具有深层次的意义。

如果说，在现代社会，文化最容易感到困惑的是商品经济环境的冲击和影响的话，那么文化事业发展面临的挑战，就是产业的挑战；

如果说，我们通常所谈论的文化，是一种大文化概念的话，那么文化就理应为大产业文化。

本着科学研究无禁区的思想，我们愿就这个问题展开研究。因为理论研究和说明问题的需要，我们也将尽可能把文化产业放在更加宽泛的背景中进行考察。

二、文化产业概念的内涵与确立产业观念依据

（一）关于文化产业概念的理解和界定

目前对于产业范围的界定，主要有两种不同的观点。

一种观点认为，生产性劳动是指直接生产物质产品的劳动，它可以创造社会经济财富，因此只有物质生产部门才是产业部门。另一种观点认为，社会必要劳动时间才是区别生产性劳动和非生产性劳动的基本标准，只要从事社会经济财富的创造，就应当属于产业范围。显然，这两种观点的一个重要分歧点在于究竟什么是生产性劳动，非物质产品的生产劳动创不创造社会经济财富？按照前一种观点，从事人类精神产品生产的文化行业，自然没有理由划入产业的范畴。这实际上是一种认识上的褊狭。正是这种片面认识，导致了我们长时期以来，一直将从事精神产品生产的各类文化事业，仅仅归结为上层建筑，属于意识形态领域。在这个领域内任何谈经济、谈市场、谈商品经济规律的话题，是必须要非常小心谨慎的。这就解释了为什么我们对文化产业这个提法，多年来仍处于“犹抱琵琶半遮面”的状况，也解释了为什么我们的统计数据上，往往没有反映文化产业创造的产值。对于理论上客观存在的这个最重要的禁区如果不能突破的话，我们就不可能完成在文化产业认识问题上的飞跃，更谈不上引导这个产业的发展。

其实，按照马克思主义政治经济学原理，“社会生产”这个概念，既包含了物质产品的生产，也包含了精神产品的生产；生产性劳动，既指的是物质产品的生产劳动，又包含了精神产品的生产劳动，它是二者的综合。在马克思的一些著作中，是将物质产品和精神产品、物质生产和精神生产、物质生产力和精神生产力这些概念相提并论的。据此我们认为，文化不仅具有意识形态属性，由于文化产品或文化艺术活动通常是在商品市场中完成交换、分配、消费诸环节的，并在这个过程中对社会产生促进作用，因此它在一定程度上又带有一般物质形态特征，属社会生产的范畴。其价值实现的形式有两条渠道：一是文化生产的成果在流通领域获得经济效益，对社会经济财富的创造作出贡献。二是文化产品的“软件产品”特征，使它对劳动者的素质变化能起作用，即我们所说的精神文明作用。而劳动者素质的改变、劳动能力的提高，最终又会对社会经济财富的创造起促进作用。

确立文化产业的观念，从理论上说，就是清楚地认识文化生产和文化产品的这种两重特征，既看到它的意识形态属性一面，又看到它一般物质形态一面，既将它摆到精神文明建设的重要地位，又将它放到社会生产的角度进行考察。那种把文化生产作为一般生产看待，把文化产品等同于一般产品的做法固然是错误的，因为它违背了我们文化事业发展的根本方向。但是，只看到文化产业的特性，而不看到它又具有的一般性，脱离社会生产诸环节和市场经济条件，就事业论事业，就投资而投资的做法，同样违背了物质社会发展的一般规律，不利于文化事业的建设。

其次，我们需要弄清楚文化产业的确切内涵。

按照产业分类的方法，文化属于第三产业。所谓第三产业，是除第一产业（农业）、第二产业（工业）以外的其他各业，包括的行业很多，范围很广。我国根据实际情况，将第三产业分为两部分，一是流通部门，二是服务部门。文化属于服务部门，文化产业是第三产业中的一个子概念，它的内涵应该确定为：文化产品再生产总过程中的各种社会行业。它的范围包括科学教育、文化艺术、新闻出版和广播电影电视。

根据这个概念，我们可以对文化产业的结构形式做出分析。它共分三个方面：

第一方面是产业的部门群，即使用价值相近的产品生产、服务部门的集合。

第二方面是产业链，即有递进关系横向构造的产品生产、服务部门的组合。

第三方面是行业网络，即若干产业链的纵横交错和前后延伸。

同时，我们也可以对目前文化行业的产业构成状况做出如下分析，分三类：

一类属于文化的产业本体，即以文化自身形态进行生产或服务的部门。我们所称的文化产业，主要是指这类部门。

另一类是文化的产业交叉，即以文化形态为重要资源和手段进行生产或服务的部门。在归类上它有时不完全属文化产业，但又和文化产业有十分密切的联系，是一种产业的组合。

第三类是文化的产业延伸，即在文化产业的周围形成的综合网络，各个部门没有性质上的联系，但有形式上的联系。

（二）文化产业概念形成的客观依据

1993 年我国首次开展了对第三产业的普查。普查结果表明，1992 年全国第三产业营业总收入数为 10892 亿元（四舍五入取整数，下同），营业利润为 1895 亿元。在所列出的 12 个项目中，正式确定的行业共 10 个，教育、文化艺术、新闻出版及广播电影电视为一个行业，1992 年的营业收入为 117 亿元，营业利润 17 亿元。这两个统计数字均未包含娱乐服务业（被列入社会服务行业）、工艺美术品和图书报刊批发业（被列入批发业）及图书报刊零售业（被列入零售业）。如果加上这三个行业的数字，1992 年文化、教育业的营业收入应为 194 亿元；营业利润为 25 亿元，分别占全国第三产业营业收入总数和营业利润总数的 2% 和 1%，又分别为第三产业中发展势头很猛的邮电通信业的营业收入总数和营业利润总数的 74% 和

42%。需要说明的是，由于教育的特殊性，在营业利润一栏中，6 项指标均为负数，文化艺术、新闻出版及广播电影电视营业利润栏的 12 项指标，除 1 项为负数外其余皆为正数。1992 年全国第三产业从业人员总数是 1.1 亿人；文化、教育业（加上另 3 个应加的行业）从业人员数是 1582 万人，占总人数的 14%。在后一个数字中，教育从业人数占了绝大多数，为 1423 万人，而教育的营业收入却仅占整个文化、教育营业收入的很小一部分，为 14 亿元。如果我们将教育作为一种特殊行业区分开，就会发现，文化艺术、新闻出版和广播电影电视三大块按传统习惯上理解的文化事业，以仅占全国第三产业总

人数1%的从业人员（159 万人），却完成了占全国第三产业营业总收入 2% 的营业收入（180 亿元）。这个数字分析说明了我们对文化产业的产业效益，是绝对没有理由轻视的。

为了便于从目前的行政管理职能划分清文化艺术、新闻出版和广播电影电视三个行业的产业效益，我们把电影发行放映收入划到文化艺术一块，得出的结论是：营业收入最高为新闻出版，101 亿元；其次为文化艺术，76 亿元。这是 1992 年的情况。实际形势是，文化产业在以后的几年里增长十分快，据 1995 年有关统计资料显示，全国仅图书销售量就达到 372 亿元，文化艺术方面，仅艺术团体、演出场所、公共图书馆、群众文化、中专学校、娱乐业等几个项目的营业收入，就已经达到了 196 亿元，超过了 1992 年文化艺术、新闻出版和广播电影电视三个行业营业收入的总数，甚至超过了当时整个文化、教育业营业收入的总数。在文化艺术方面，娱乐业增长尤其快，从 1992 年的十几个亿猛增到了近 170 个亿，数年间增长了 10 倍，从业人员高达 88 万人。从对文化艺术业内部经济结构分析，我们又可进一步得出结论，产业效益最可观、最具发展潜力的是娱乐业和电影、音像制品的销售服务业，其中音像制品市场扩展力最强，显示了巨大的市场发展潜力。

广东省的情况更有说服力。广东最早实行改革开放政策，商品经济和市场因素一直很活跃，文化市场的培育与发展相当迅速。从省文化部门管理的市场来看，电影发行放映除近年来因总体原因开始下降之外，80 年代末至 90 年代初呈直线上升趋势，每年递增发行收入千万元以上。娱乐业更是出现突进状况，到 1995 年已发展到拥有资本金 60 亿元，年营业收入 30 亿元，从业人员 14 万人，各项指标数位于全国各省、自治区之冠，分别达到全国总数 15% 至 20% 的比例。文艺演出方面，出现了空前活跃的局面，仅外省进入的表演团体，每年就在 1000 团（次）以上，社会办艺术表演团队和从事演出经纪活动热度一直不退。美术品经营势头也很足，拍卖频繁，年成交额达到 6000 万元以上，文化与各项事业及产业的联系越来越紧密，文化的资源被社会各行各业广泛开发利用，成为促进经济增长的重要因素。广东音像城作为本省音像制品销售的基地，销售音像制品的品种多达万种以上，平均日销售额达到 200 万元。

当然，公益型文化单位，如公共图书馆、博物馆、群众文化艺术馆和国办艺术表演团体的情况有些不同，它们分别属于国家全额和差额拨款的单位。其中艺术表演团体的经费自给率，也正在不断提高，现在平均达到的自给率程度在 40% 以上。

综合以上情况，我们可以给文化产业的掌握确定两条基本原则。第一，文化产业概念是一个完整的概念，它的涵盖面包括了概念确定范围内的所有部门，并不单纯以经济效益大小为划分尺度。第二，确定文化产业观念的提法，并非意味着要将文化的所有部门不分青红皂白一律推向市场，实现市场化，那是根本不科学，也根本不可能的。

（三）确立文化产业观念是发展现代文化事业的需要

党的十五大报告提出了“发展面向现代化、面向世界、面向未来的，民族的科学的大众的社会主义文化”目标，它既指明了我国文化发展的根本方向，又概括了时代和社会发展对文化建设要求的特点。

当今时代，科学技术迅猛发展，文化资源开发的重要性已日益引起世界范围内的广泛重视。《第三次浪潮》的作者托夫勒就提出了这样的预测：“未来的发展战略，将不会过分强调经济而忽视生态、文化。”也有学者提出这样的论点：“人类中的重大分界以及主要的冲突根源，将是文化性的。”综观历史，任何一个国家和民族的发展，都无一不表现为这个国家和民族的文化发展史，表现为各种文化形成、冲突、消长、融合和演化的历史。而现代发展观念中的所谓强国概念，不仅包含了政治和政治发达的内容，也包括了文化发达的内容。文化教育和科学技术在国家发展中充当的重要角色，已使国内外不少专家学者开始注意研究将之从第三产业中分离出来，作为一个独立的产业，即所谓第四产业，并预见其将在推动社会经济文化进步中逐步起主导作用，到 21 世纪将上升为整个人类社会的主要产业。

也正是由于这个原因，党的十四届六中全会作出了关于加强社会主义精神文明建设若干重要问题的决议，把精神文明建设不仅放在国内建设形势和任务下进行考察，而且放到世界范围各种思想文化相互激荡和科学技术迅猛发展、综合国力剧烈竞争的挑战背景下进行考察，明确提出了我们的现代化建设，“不仅要求物质文明有一个大的发展，而且要求精神文明有一个大的发展”。

世界范围内的发展和研究趋势启示我们，应尽快将文化产业作为一个重要课题进行研究，将文化作为一种重要资源，运用产业的理论进行规划建设和开发利用，运用产业政策推动文化事业繁荣健康发展，培育“三个面向”、对国家经济建设和综合国力提高有重要促进作用的现代文化产业体系，使我们在面临国际社会新一轮的竞争中处于强手境地。

三、文化产业观念的确立将会对我们产生重要影响

（一）在发展产业的思想指导下，文化事业管理将进入层次清晰的领域，文化生产力将处于十分活跃的状态

1. 由于产业的自觉，政府会高度重视文化资源的保护、开发和利用，以充分发挥文化资源上的优势，促进经济发展和社会整体进步。生产力这一最活跃的因素，将成为推动文化建设的新动力。这一点已为广东省珠江三角洲地区一些社会经济发展的成功经验所证明。如深圳市，自“锦绣中华”之后，接二连三开发建设了“中国民俗文化村”和“世界之窗”三个大型文化旅游景区，在巨大的经济效益后面，引发了产业的连锁反应，形成了综合效益无法估计，现市政府已将文化建设作为该市发展的战略措施，并将城市文化建设定位在现代文化城市的目标上。又如广州市在考古工作者发掘到古代南越王宫署御花园遗址之后，立即意识到它不可估量的价值，

下决心不惜代价将位于闹市中心地段的大片区域划为绝对保护区。

2. 因为实行产业政策的需要，文化产业内部构造层将会得到合理解析，管理“大锅饭”的现象会有改变，产业各部门的效益测量将更科学。对公益型文化部门，如公共图书馆、博物馆等，政府将以文化资源开发、利用、服务质量作为测量产业效益的标准，保障对其资金的投入，并通过产业政策扶持，以确保这类文化部门的公益服务性质与服务水准，坚决改变目前一些公益型文化部门为了创收目的搞得不文不商、不伦不类、场所秩序混乱的状况。在这方面，西方一些文化产业发达国家的做法值得借鉴，如美国对图书馆十分重视，全美图书馆年度开支总额有 90.2% 来自政府补贴，私人赞助占 9.4%。又如法国新国家图书馆，投资高达 80 亿法郎，现代化程度令人叹为观止。

对经营型文化部门，将根据产业发展需要进行结构调整，计划经济体制下形成的按行政区域叠床架屋、层层设立机构、违反客观规律的做法将逐步得到克服，并按市场经济的要求，实现产业重组。养精兵的前提必须是精养兵；在保证重点的同时，减轻包袱，让一些经营部门到市场中迎接挑战。加快产业调整的步伐，将有可能真正成为文化部门体制改革、精减机构的突破口。

3. 产业发展的思想将强化大市场、大规划和规模经营意识，对一些文化经营行业考虑完全实现产业化，走产业化发展道路，打破行业、区域和部门局限，通过优化结构，搞规模经营和集约经营，形成龙头企业，带动并联产业群，促进文化产品的深加工和社会服务体系的完善，依靠技术进步和提高科学管理水平，达到高投入、高产出、高效益的目的，使文化产业的一些行业形成经济的增长点。如电影行业，多年来受管理体制束缚走不出行业、区域、部门的圈子，严重影响了产业的发展。我国拥有世界上最大的电影市场，年发行收入却只有 20 多亿元，而电影在美国是工业化生产，电影制品是美国主要出口产品之一，仅一部《泰坦尼克号》的票房收入，就高达 18 亿美元。

又如电脑游戏软件开发经营，在美国也是一个相当大的产业，其产业效益甚至超过了电影。而目前我们国家生产的电脑游戏软件，在市场上正版软件中所占的比例只有 2%，这又是多么大的一个缺口。

文化产业的不发达，反过来会制约我们的市场管理，令我们付出沉重代价。广东这么多年来“扫黄打非”的经历，形成了一个重要认识，就是市场上一定要有我们自己的东西。而这个问题的解决，只能通过产业化提高产业效率。

（二）政府对文化的管理方式上将产生一列变化

1. 真正从办文化为主过渡到管理文化为主，宏观调控的可能性将增大，政策引导的力度将加强。过去，出于整个事业发展的布局存在较多不合理因素，内部结构不十分清晰，政府背上较重包袱，行政管理经常发生位移，管文化变成了具体办文化，长期陷入事务性、具体性的工作，甚至直接参与了文艺创作，在大量的文化艺术调演、比赛活动中消耗了大量精力以及人力、物力，政府部门管理下的文化单位疲于应付、不堪重负。而政府部门本应努力加强的工作，如调研、宏观决策、立法等工作，反而得不到有效加强。在产业调整之后，由于内部结构清晰、发展方向明确、政策区分清楚、职能划分明确，这一系列的问题可望得到改善，按科学管理产业的方式，大量不必举办的活动将会停止或减少举办，上下抓作品、忙评奖、政府部门陷于创作具体环节的工作方法也可能得到调整，将会把主要精力放在加强政府部门的职能上，转向注意抓精品生产的机制和有利于精品脱颖而出及人才生长的土壤，转向注意创造适宜高雅艺术生存发展的市场条件。

2. 向管理要效益，以效益促管理，管理工作的眼光会更远，手段会更科学。过去政府部门对文化市场的管理思考点往往是“管”字，大量精力也花在“管”上面。有了明确的产业指导思想之后，政府部门的管理思路会拓宽，着眼点将会转向为繁荣抓管理，以管理促繁荣；管理是手段，繁荣是目的。这种变化不仅将有利于发展我们的文化产业，也有利于真正提高管理效能。如电子游戏机经营的管理方面，广东就有深切体会。全省目前的经营性游戏机室 5000 多家，绝大多数都是规模很小的经营单位，大量分散在城市的横街小巷内，既无效益，又难管理。对电子游戏机室的违法违章经营活动，管理部门花了大量精力查处，消耗了不少人力、物力，却成效甚微。在日本就不一样，电子游戏机经营业是非常大的行业，成为日本政府税收的重要来源。在日本，娱乐业的年产值已经超过了汽车工业的年产值。我国的情况是，全国电子游戏机室数量上很大，达 6 万多间，产业效益却不明显。年主营收入才 18 亿元，平均每间收入还不到 3 万元。如果转换一下思路，提高电子游戏机室的经营规模，用大产业的办法进行管理和引导，结果将会既出产业效益，又便于行政管理。

3. 产业规划意识进一步增强，立法将会提到重要位置。改革开放以来，由于普遍重视的原因，文化产业发展已打下了一定基础。但也有一些较为突出的矛盾和问题，特别是相当多的文化建设项目存在着盲目性，一窝蜂上。重复建设的情况较普遍，效益低、质量差的问题突出，互相抵消因素大，造成资源严重浪费，竞争出现畸形。

随着产业观念的确立，整个文化产业的规划工作将会得到进一步重视。而科学的规划又是产业发展的基础和政府宏观管理的依据，因此可以预见，为使产业健康发展，使市场进入有序化，政府将高度重视对生产资源、环境、设施设备以及市场流通各个领域的立法工作，解决上述文化建设方面的问题将会比从前更有措施保障。

（三）建立和完善知识产权保护制度将成为一项重要工作

确立发展文化产业的观念之后，大量文化产品进入了市场，拥有众多的消费者，并由价值规律进行调节，无疑会给整个产业的发展注入生机与活力。但是，由于文化产品进入市场后，生产者的合法权益能否得到保护，将会关系到产业能否顺利发展的问题，因此，产权保护制度的建设和完善将成为产业进步的必须条件。

我国在知识产权保护制度建设方面起步较晚，经验不足，许多相关的制度还来不及配套完善，加上整个文化领域一直沿用事业管理方式，市场调节的转轨短时期内还不能完成，因此相当多的文化产品在现实中并不能按价值规律进行调节，完成交换，也就谈不上知识产权的权益问题。如国家投资艺术表演团体，艺术表演团体创作、排练、演出的节目或培养的演员，由国家办的电视台播出或借用，因为其中有国家投资的因素，所以基本上沿用的是无偿支付形式，甚至知识产权人要向使用人付播出费用。客观说，产权人的作品一经播出，它在演出市场上的利益便无形受到损害，而产权人又属于国家差额拨款单位，并不由国家整个负责包起来，于是这里就隐含了不合理的因素，这种半事业、半企业、半计划、半市场方式的运作将在相当的时间内成为文化产业发展的阻力。因此可以说，知识产权保护制度不够完善的问题，将成为文化产业发展的一种制约因素，也将是文化产业研究领域的一个有实际意义的课题。

（选自1998年11月12日《中国文化报》）

蓬勃发展中的文化产业

李源潮

仅仅在20年前，占世界人口1/5的中国人民还在温饱线上奋斗。经过20年的改革开放，中国国内生产总值从1978年的3426亿元人民币猛增到1998年的近8万亿元，按可比价格计算，实际增长5.4倍。据抽样调查，1997年，全国城镇居民人均用于娱乐、教育等文化服务方面的支出为448.38元，而在1985年仅为55.01元。据1997年统计，全国2600余个专业艺术表演团体，年演出42万场次，国内观众4.6亿人次；剧院、影院年演出放映235.2万场次，观众1.69亿人次；出版图书12万种、73.1亿册，杂志7918种、24.4亿册，报纸1077种、186.5亿份。伴随高新科技发展，以电脑多媒体、数字式视听设备、国际互联网等新传媒为标志的新型文化产业迅速崛起，极大地丰富了人民群众的文化生活。至1997年，我国共有广播电台1363座、电视台923座，广播和电视人口覆盖率分别达到了86%和87.6%，并且已经形成了全球最大的电视市场。

然而，和其他各项蓬勃发展的新兴产业相比，中国的文化产业仍然弱小，在国民经济中还属于没有被充分开发的产业。以1996年为例，全国教育、文化艺术和广播电影电视业的增加值为1354.9亿元，占第三产业增加值（20427.5亿元）的6.6%，其中文化艺术业的增加值为211.8亿元，在第三产业增加值中所占比例仅为1.04%。这与国民经济其他行业相比差距甚远。

但是有些文化行业，如文化娱乐业，因从一开始出现就是按照市场经济规律在文化市场中活动，其发展速度是十分惊人的。20年前，在中国几乎还没有娱乐市场，但是，今天全国已有娱乐机构17.7万个，从业人员94万，固定资产近400亿元，年增加值127亿元。

再如音像业，现在全国共有音像出版单位近300家，音像复制单位250多家，音像发行单位1000多家，音像零售单位10万多个，录像放映和出租单位10万个。音像制品日益成为受人们普遍欢迎的文化传播介质，市场需求快速增长。目前我国已拥有收录机1亿多台，录像机3000多万台，CD机上千万台，LD机300多万台，VCD机1500多万台，多媒体电脑近1000万台的硬件市场。如此庞大的硬件市场将进一步带来对音像制品的旺盛需求。可以说在音像业，形成了软件与硬件互为依赖共同发展的局面。

在今日中国，大众文化得到了空前发展。它们以消费为中心、以大众为对象，按照产业方式被组织生产。大众文化的繁荣，是社会全面发展、进步的结果。文化艺术走向民间、走向家庭，亿万普通大众自主地掌握了文化消费的权利。正是文化产业在广泛传播大众文化方面所作出的努力，为一个国家、一个民族大众的文化艺术修养提供了基础。有了这样的基础，才有可能建造民族文化艺术的高峰。基于这样的认识，我们正在积极地发展文化产业，努力使最大多数的民众充分享受社会发展的成果。

在大力发展文化产业，繁荣大众文化的问题上，中国文化发展战略的制定者时刻没有忽视对文化发展方向的引导，“以科学的理论武装人、以正确的舆论引导人、以高尚的精神塑造人、以优秀的作品鼓舞人”，是中国文化建设的风向标。我们知道，不能保持文化独立性的民族，是无法自立于世界民族之林的。

我们高兴地看到，中国的文化产业正在向健康的方向发展。1998 年，中国对外演出公司对著名歌剧《图兰朵》的演出进行了国内代理，他们运用市场经济规律和现代经营手段对高雅艺术表演进行产业方式的运作，取得了良好的效果。

中国中央民族乐团，在维也纳金色大厅成功举办了两次“春节中国民族音乐会”，并以此为契机进行了一系列成功的市场运作，使人们重新认识到中国民族音乐也具有巨大的市场潜力。他们的成功引发了国内外对中国民族艺术的热切关注和认同。

今日世界正在进入信息时代，全球一体化信息网络的建立，对文化的传播具有深远的影响。展望 21 世纪，传播技术的革命附之以商品经济的发达、社会观念的开放，文化产业必定会呈现越来越强劲的发展势头。

中国文化产业的市场非常巨大，拥有 12 亿人口的大国，其国内市场的广袤无垠，是任何国家和地区所不能比拟的。这里将是下个世纪世界上最大的文化消费市场。根据 1997 年的统计数据测算，国民用于教育文化娱乐服务的总支出将近 3000 亿元。同时至 1999 年 2 月底，我国居民储蓄存款余额已达 56767.5 亿元，而且还在以两位数以上的增长率继续增长。因此，文化产品在中国既具有现实的消费能力，更蕴藏着巨大的消费潜力。我们知道，对文化产品的消费，有赖于人们可以随意支配的收入的多寡。当前中国正处于工业化的中期阶段，恩格尔系数不断下降，人们可随意支配的收入迅速增加。调查表明，中国公众在文化艺术服务方面要求的不满足比物质方面要求的不满足更为强烈，这一点在城市反应尤为强烈。因此，提高文化产品质量，扩大文化产品的有效供给，是文化产业题中应有之意。

中国有 5000 多年连绵不断发展的文明史，又是一个多民族的国家，历史为我们积累了辉煌灿烂的丰厚的文化资源，可以说中国的文化资源具备在世界范围内发展文化产业的独特优势。过去，我们对中国丰富文化资源进行开发和利用的出发点，集中在对民族优秀文化的保护与传承，以办事业的方式进行，而忽视了将其看作是一种宝贵的社会经济资源。结果，我们至今仍处在既是一个文化资源的大国，又是一个文化产业的小国的境地，这与我国所具有的文化资源条件是非常不相称的。

发展文化产业是中国文化艺术发展的需要，也是中国经济发展的客观要求。为此，我们正在制定促进文化产业发展的政策。在管理体制上，政府正在转变职能，变微观管理为主为宏观管理为主，变以行政管理为主为法制管理为主。在运行机制上，正在推动形成产业化的运作机制，在遵循社会主义精神文明建设方向和符合文化艺术发展特殊规律的基础上，注意市场导向，面向人民群众对文化产品日益增加的需求，进行更大规模和更广范围的产品的生产和开发。

中国文化产业的发展具有现实的优势，关键在于观念和技术的更新。目前由于缺少现代的经营理念和手段，我们的文化产品在国际市场上还缺乏竞争力。但是，随着对外开放的不断加大和对外合作的不断增加，中国的文化产业会兴旺发达起来，世界上会有越来越多的人，与我们一起分享凝聚着中华民族智慧的文化精品。

（选自 1999 年 6 月 2 日《中国文化报》）

当代中国文化政策的转型与重构

——二十年文化政策变迁与理论发展概论

胡惠林

二十年前的思想解放运动将中国文化推进到了一个全新的历史发展阶段。改革开放给中国社会带来的整体结构变迁和深刻的观念革命，牵引着当代中国文化范式的转变。建设有中国特色的社会主义文化，重建社会主义文化政策体系，成为当代中国文化政策转型与重构的根本特征与发展趋势。

一、社会主义文化政策理性精神的回归与政策范式转型

“文化大革命”结束后，把颠倒的价值世界再颠倒过来，恢复文化政策秩序和文化政策权威，重建文化政策价值体系，成为历史与人民的必然要求。但是，由于历史的惯性作用，“文革”结束后的头一两年里，虽然也放宽了某些文艺政策，平反了一批作家作品，重新出版了

一些古今中外的文学、文化名著；但是，由于政策主体还没有在根本上从“左”的政策误区里摆脱出来，“文化大革命”的政策还没有被加以否定，《纪要》还没有被撤销，而“凡是毛主席作出的决策，我们都坚决拥护；凡是毛主席的指示，我们都始终不渝地遵循”（即“两个凡是”），却又要使“历史与人民的必然要求”成为不可能。因此，能否“让思想冲破牢笼”，便成为能否实现把颠倒了的价值世界重新颠倒过来的关键。而问题的要害，则是究竟以什么样的价值标准来恢复和重建整个政策体系和文化政策理性精神。

关于真理标准问题的讨论和中共十一届三中全会的召开，以及由此而实现的从“以阶级斗争为纲”向“以经济建设为中心”的根本政策范式的转移，把党和国家的工作重点转移到社会主义现代化建设上来的重大战略决策，在实现对于主体思想局限性的自我克服和历史性超越的基础上，为这一问题的解决开辟和提供了广阔的文化的和政策的思想理论空间。1979 年 5 月，中共中央批转了中国人民解放军总政治部《关于建议撤销一九六六年二月〈部队文艺工作座谈会纪要〉的请示》，这就为从指导思想上恢复社会主义文化政策的理性精神和实现主体对文艺工作领导方针的重大转变奠定了政治基础。

1979 年 10 月 30 日，中国文学艺术工作者第四次代表大会在北京召开。“它标志林彪、‘四人帮’实行封建法西斯专政，毁灭社会主义文艺的黑暗年代已经永远结束了。社会主义文学艺术新繁荣的时期已经开始。”邓小平代表中共中央和国务院向大会致祝词，周扬作了题为《继往开来，繁荣社会主义新时期的文艺》的长篇报告。

鉴于历史的经验教训，中国共产党在这次文代会上作了一项重大的文艺政策调整，“不再继续提文艺从属于政治这样的口号”，认为“这个口号容易成为对文艺横加干涉的理论根据”。邓小平在祝词中说：“党对文艺工作的领导，不是发号施令，不是要求文学艺术从属于临时的、具体的、直接的政治任务，而是根据文学艺术的特征和发展规律，帮助文艺工作者获得条件来不断繁荣文学艺术事业，提高文学艺术水平，创作出无愧于我们伟大人民、伟大时代的优秀的文学艺术作品和表演艺术成果。”因此，在实际的文艺领导工作中，“衙门作风必须抛弃。在文艺创作、文艺批评领域的行政命令须废止。如果把这些东西看作是坚持党的领导，其结果，只能走向事情的反面”。“文艺这种复杂的精神劳动，非常需要文艺家发挥个人的创造精神。写什么和怎样写，只能由文艺家在艺术实践中去探索和逐步求得解决。在这方面，不要横加干涉”，这是一种十分清醒的理性分析和理论结论。这样的理性精神在 1956 年也曾经闪耀过它真理性的光芒。因为这样的理性精神包含着一个重大的文化前提，那就是：重建一切文明，必须从文明生长与发展的固有规律出发。唯有这样，重建中国文化的价值体系的努力也才有实现的可能。毛泽东“新民主主义论”、邓小平“有中国特色社会主义论”的成功，和“文化大革命”的失败，其原因全在于此。而中国现代化，中国的文化现代化所需要的正是主体建设中的这种理性精神。1980 年 1 月 31 日，中共中央发出《关于认真学习贯彻第四次全国文代会精神的通知》，给予了这种精神以政策合法化的确认，指出邓小平的祝词“为新时期文艺事业的繁荣，提供了理论上、思想上和政治上的方针”，各级党委必须遵照执行。还艺术民主与自由于作家、艺术家，这在中国社会主义文化政策史上是个里程碑。激进的文化政策终于回归它应有的理性位置。为进一步统一党的文艺政策，1980 年 7 月 26 日《人民日报》发表了题为《文艺为人民服务、为社会主义服务》的重要社论，郑重宣布：“我们的文艺工作的总的口号应该是：文艺为人民服务，为社会主义服务。”指出：“作为学术问题，如何科学地阐述文艺与政治的关系，人们完全可以自由展开讨论。但并不要求一切文艺作品只能反映一定的阶级斗争，只能为一定的政治斗争服务。”因此，“我们希望各级党委严格地执行党的统一的文艺方针政策，坚定不移地贯彻文艺为人民服务，为社会主义服务的这个方向”。思想解放运动带来的政策观念的变革和社会主义文化政策理性精神的回归，在这里实现了历史性的整合与统一。

二、社会主义文化政策主导原则的坚持

思想解放必然带来文化的关于“价值重估”的命题。1979 年初，中国共产党在整个意识形态领域里开始了全面的拨乱反正和正本清源，对一些重大的理论问题尤其是“文化大革命”的理论和实践问题进行反思和批判，进而对新中国成立以来在社会主义文化建设的一系列重大问题上进行反思和批判，恢复马克思主义的本来面貌，重建它在中国现代化进程中的价值权威。然而，权威的丧失和文化的失范，使得主体在努力于思想理论上的拨乱反正和文化观念上的正本清源的同时，也受到了来自党内党外对于社会主义和马克思之“正”“本”意义世界与存在价值的怀疑与否定，并逐渐在思想文化领域里形成了一股以怀疑和否定中国共产党领导、否定无产阶级专政、否定社会主义和否定马克思主义为特征的文化思潮。中国共产党和中国社会主义用以安身立命的根本受到了严峻的挑战。1979 年 3 月 30 日，邓小平在理论工作务虚会上，针对上述倾向，代表中共中央正式提出“坚持四项基本原则”这一在“文化大革命”结束后社会主义思想文化建设的主导性原则。“四项基本原则”的提出，标志着中国共产党在反思和批判自己工作中的错误和失误的同时，面对逆境，开始了重建社会主义意识形态和思想文化领域里价值体系的努力。1980 年 1 月，邓小平在《目前形势和任务》的讲话中指出：“坚持四项基本原则同坚持‘双百’方针，是完全一致的”，并且对各种反对四项基本原则的错误倾向进行批评。1981 年 1 月 29 日，中共中央作出了《关于当前报刊新闻广播宣传方针的决定》，提出在思想文化领域、特别是文艺领域里，“加强文艺评论工作，对鼓吹错误思潮的作品进行实事求是的批评。要坚决防止和反对某些人利用文艺否定四项基本原则，同党的路线、方针、政策唱对台戏”。权威的丧失以及噩梦刚过，而主导原则的确立又尚未来得及认

同与消化，使得文艺界“自由化”思潮进一步泛滥。针对思想文化领域里普遍存在的“涣散软弱”状态，1981年3月7日间，邓小平发表了“关于反对错误思想的谈话”，提出了“解放思想，也是既要反‘左’，也要反‘右’”的方针，认为，“这是有关坚持四项基本原则的问题”。从政治的高度对有严重错误倾向的文艺作品明确提出要进行批评，这在“文化大革命”结束后是首次，鲜明地表现出政策主体坚持社会主义文化政策主导原则的立场。1981年8月，中共中央宣传部为贯彻这一政策精神，主持召开了“全国思想战线问题座谈会”，对脱离社会主义轨道、脱离党的领导、搞资产阶级自由化的错误言论和作品进行批判。资产阶级自由化与四项基本原则的对立，要害是中国在“文化大革命”后究竟应该重建怎样一个价值体系？究竟应该走什么样的文化发展道路？围绕《苦恋》而展开的思想斗争和价值冲突，虽然把这一严肃的政策主题提出来了，但是正如邓小平在1983年10月中共十二届二中全会讲话中所指出的那样，“收到了一些效果，但没有完全解决问题”。而关于“人道主义”和“异化”问题的论争，则更加重了对于社会主义文化政策主导原则坚持的分量。

1983年10月12日，邓小平在中共十二届二中全会上发表了题为《党在组织战线和思想战线上的迫切任务》的讲话，对理论界文艺界“离开马克思主义方向”，“散布形形色色的资产阶级和其他剥削阶级腐朽没落的思想，散布对社会主义、共产主义事业和对于共产党领导的不信任情绪”，“对党中央提出的文艺为人民服务，为社会主义服务的口号表示淡漠，对文艺的社会主义方向表示淡漠”，“公开宣扬文学艺术的最高目的就是‘表现自我’”，“认为所谓社会主义条件下人的异化应当成为创作的主题”等“精神污染的现象”，提出公开批评。在当代中国，思想文化领域里的分歧，常常是政治、政策分歧的先导，而思想文化领域里的斗争，又往往会演变成政治领域里的斗争。因此，在思想文化领域里，能否坚持以四项基本原则为社会主义文化政策的主导原则，在这样的意义上就不仅仅是捍卫马克思主义的一场学术之争，而且，更主要的也是一场能否坚持社会主义和党的领导的政治斗争。从1979年到1989年，坚持四项基本原则和反对资产阶级自由化是两个相辅相成的主题。这一对矛盾的尖锐对立，而且连续引发和导致三次较大规模的冲突，两位党的总书记去职，这在当代中国社会发展史上也是绝无仅有的。如果说，在这十年中，改革开放的主旋律还时高时低的话，那么，四项基本原则和自由化的对立与冲突始终没有停止过。从文化的层面来说，四个坚持和自由化的对立，是两种完全不同的意义世界的对立，是两个本质完全不同的价值体系的对立。它是“五四”以来中国文化现代化进程中“重建中国价值体系”和“为谁重建”、“向谁重建”冲突与斗争的“世纪末”反映。而对于社会主义文化政策主导原则的坚持，也正是在这个意义上，不仅是政治的，而且文化的，是一种深刻的文化坚持。当前中国正处在一个非常关键的历史转型时期，建立能够凝聚和统领10多亿人口的思想文化体系对于经济繁荣和社会全面发展至关重要。因此，创造性地建设新时代的文化思想体系，也就历史性地成为当代中国文化政策建设的战略突破口。

三、有中国特色社会主义文化政策的重构

在近半个世纪的历史中，中国的社会主义政策，进而文化政策显现出“左”“右”摇摆的现象，是由于社会主义作为一种崭新的制度形态还在探索过程中，对象本身的质的规定性和丰富性还有待它的充分展开和成熟，社会主义理论准备还不足，因此，对社会主义的理解和实践把握上的差异，必然在思想文化上反映出来，导致在文化政策选择上的分歧。因此，对于社会主义的真理性把握，对于在中国建设社会主义的真理性把握，尤其是在经历了“文化大革命”和苏联、东欧的解体之后，社会主义运动中产生的悲剧，导致人们从精神到制度对社会主义的深刻反思，对于“路在何方”的探索，也就更加增加了它的难度。1979年3月，邓小平在党的理论工作务虚会上提出了要“走出一条中国式的现代化道路”的目标，同年，在第四次全国文代会上的祝词中，邓小平提纲挈领地概括了这条“中国式的现代化道路”的政策构架：“我们要在大幅度提高社会生产力的同时，改革和完善社会主义的经济制度和政治制度，发展高度的社会主义民主和完备的社会主义法制，我们要在建设高度物质文明的同时，提高全民族的科学文化水平，发展高尚的丰富多彩的文化生活，建设高度的社会主义精神文明。”他说：“围绕着实现四个现代化的共同目标，文艺的路子要越走越宽。”1981年6月，中共十一届六中全会一致通过了《关于建国以来党的若干历史问题的决议》。这个《决议》在完成了党在指导思想上的拨乱反正，在全面地恢复党的正确路线和政策的基础上，从十个方面探讨了如何走出一条中国式的现代化建设道路的政策可行性问题。1982年9月，在中共十二大的开幕式，邓小平正式提出了“有中国特色的社会主义”概念，并把这一探讨的成果提炼上升到科学的高度。他说：“我们的现代化建设，必须从中国的实际出发。无论是革命还是建设，都要注意学习和借鉴外国经验。但是，照抄照搬别国经验，别国模式，从来不能得到成功。这方面我们有过不少教训。把马克思主义的普遍真理同我国的具体实际相结合，走自己的道路，建设有中国特色的社会主义，这就是我们总结长期历史经验得出的基本结论。”这是一个战略性突破的概论。“建设有中国特色的社会主义”命题的提出，不仅使得中国的现代化建设及围绕现代化而展开的理论建设有了一个明确的方向和目标，而且使包括文化在内的所有政策建设，获得了全新的价值理念和理论支点。它标志着一个新理论和新政策创造时代的开始。1984年12月29日，胡启立在中国作协第四次会员代表大会上，代表中共中央书记处致“祝词”，提出“创作必须是自由的”，作家“有选择题材、主题和艺术表现方法的充分自由，有抒发自己的感情、激情和表达自己的思想的充分自由”。“我们党、政府、文化团体以及全

社会，都应该坚定地保证作家的这种自由。”1986 年 9 月，中共十二届六中全会通过了《中共中央关于社会主义精神文明建设指导方针的决议》。这是继邓小平在四次文代会上的祝词，和中共中央关于学习这一祝词的通知之后，中共中央第一个比较全面地阐述新时期中国社会主义文化政策及其理论的文件。这是一个“重在建设”的文件，提出了“社会主义精神文明是社会主义社会的重要特征”的观点，从关系到社会主义兴衰成败的高度，把培养有理想、有道德、有文化、守纪律的社会主义新人，提高整个中华民族的思想道德素质和科学文化素质，作为文化建设和思想建设的根本任务，从而为有中国特色社会主义文化政策的建构提供了一个新的政策理论域面。

1987 年 10 月 25 日中国共产党第十三次全国代表大会的《政治报告》，提出了社会主义初级阶段理论和党的“一个中心，两个基本点”的基本路线，第一次对建设有中国特色社会主义理论，作了较为系统的概括。“一个中心，两个基本点”，即以经济建设为中心，坚持四项基本原则，坚持改革开放，从而在现代政策科学的层面上，实现了有中国特色社会主义总方针、总政策的建设。这种政策建设的完整实现对于有中国特色社会主义文化政策而言，具有根本政策的指导意义，从而摆脱了文化政策制定出现政策理论空白的困境。

正如任何科学理论与政策主张的确立都要经受历史的考验和实践的检验一样，十三大提出的理论主张，在 1989 年之后，也面临着来自不同方向的严峻挑战。针对“在改革开放问题上，实际上存在着两种截然不同的主张”，1989 年 9 月 29 日，江泽民在庆祝中华人民共和国成立四十周年大会上的讲话中，提出“我们在制订和贯彻现代化建设的各项方针、政策、措施、方案的时候，都要坚持把四项基本原则和改革开放有机地统一起来”的原则，明确表示反对把二者“相隔裂、相背离、相对立”的政策主张，第一次提出“社会主义不仅要实现经济繁荣，而且要实现社会的全面进步的”政策主张，坚持社会主义物质文明和精神文明一起抓的方针，改变一手硬，一手软的状况，“切实抓好精神文明建设”。这既是对经验的总结和教训的吸取，更是一种新的政策思路的体现。1991 年 7 月 1 日，在庆祝中国共产党成立 70 周年大会上，江泽民进一步就“通过社会主义制度的自我完善的发展，建设有中国特色社会主义的经济、政治、文化，以适应和促进社会生产力的不断发展和社会的全面进步，实现社会主义现代化”发表了讲话，提出了有中国特色社会主义的文化的“三个必须”和“三个不允许”的政策要求。他说：“有中国特色社会主义的文化，必须以马克思列宁主义、毛泽东思想为指导，不允许搞指导思想的多元化；必须坚持为人民服务、为社会主义服务的方向和‘百花齐放，百家争鸣’的方针，繁荣和发展社会主义文化，不允许毒害人民、污染社会和反社会主义的东西泛滥；必须继承和发扬民族优秀文化传统而又充分体现社会主义时代精神，立足本国而又充分吸收世界文化优秀成果，不允许搞民族虚无主义和全盘西化。”从文化政策层面上，明确地表示了自己赞成什么，反对什么的政策态度，回答了当代中国文化建设所亟待回答的几个原则问题，并且在这个基础上进一步提出“有中国特色社会主义的经济、政治、文化，是有机统一，不可分割的整体”的观点和“协调发展”的观点，既要划清两种改革开放观的根本界限，又要坚持改革开放的总方针。政治思想和意识形态领域里的“治理整顿”，是要整理初见端倪却又被搅乱的整个价值世界的秩序，实质上是对中共十一届三中全会以来所奉行的方针、政策和理论的全面政策评估。要害是关于改革开放究竟是姓“社”还是姓“资”问题。各种政治集团和社会力量，都必须在这样一个事关中国发展大是大非问题上投票选择。改革开放，往右不行，往“左”行不行？也不行！“右”可以葬送社会主义，“左”也可以葬送社会主义。中国要警惕“右”，但主要是防止“左”。在这个问题上，邓小平于 1992 年的南巡讲话中提出了“三个有利于”的判断标准。如果说，“左”右问题是政治方向的问题的话，那么，姓“资”还是姓“社”就是属于经济基础的建设方向的问题。根据马克思主义的基本原则，这里所牵涉的是经济基础决定上层建筑的根本理论问题，如果在这个问题上动摇了，发生了质的变化，那么姓“资”还是姓“社”争论的结果也就成为不言而喻的了。邓小平在这个事关中国社会主义建设全部政策基础的重大理论问题上，表现了巨大的理论创造勇气。他提出了著名的计划与市场兼容理论。社会主义要赢得与资本主义相比较的优势，就必须大胆吸收和借鉴人类社会创造的一切文明成果，吸收和借鉴当今世界各国包括资本主义发达国家的一切反映现代社会化生产规律的先进经营方式，管理方法。三个问题贯穿一条红线，都是围绕着“什么是社会主义，怎样建设社会主义”这个根本问题。邓小平从理论上作出的新回答，标志着在“重建中国价值体系”和“向谁重建”、“为谁重建”的历史主题上，中国的社会主义理论建设开始走过了它的艰难探索期，而进入了它的历史发展的新阶段。围绕着建设社会主义现代化国家的目标，和“进一步明确什么是社会主义初级阶段有中国特色社会主义的经济、政治、文化，怎样建设这样的经济、政治和文化”这个重大主题，江泽民在 1997 年 9 月召开的中共十五大的报告中，对“建设有中国特色社会主义的文化”这一政策目标，作了整体性的政策揭示和政策规定。他说：“建设有中国特色社会主义的文化，就是以马克思主义为指导，以培育有理想、有道德、有文化、有纪律的公民为目标，发展面向现代化、面向世界、面向未来的、民族的科学的大众的社会主义文化。这就要坚持用邓小平理论武装全党，教育人民；努力提高全民族的思想道德素质和教育科学文化水平；坚持为人民服务、为社会主义服务的方向和百花齐放、百家争鸣的方针，重在建设，繁荣学术和文艺。建设立足于中国现实、继承历史文化优秀传统、吸取外国文化有益成果的社会主义精神文明。”强调“建设有中国特色社会主义的经济、政治、文化的基本目标和基本政策，有机统一，不可分割，构成党在社会主义初级阶段的基本纲领”。把建设有中国特色社会主义的文化，提高到“党在社会主义初级阶段的基本纲领”的高度，这在当代中国文化政策发展史上尚属首次。它不仅说明了文化建设在当代中国现代化建设中重要的战略地位，而且反映了在经历了近半个世纪的风雨历程之后，中国共产党对于中国建设什么样的社会主义文化和怎样建设这样的文化，已经从理论和政策的探索，走向理论和政策重构的成熟。在这样一种高屋建瓴、统揽全局的大视野下，江泽民在其报告的第七部分，在“有中国特色社会主义的文化建设”的标题下，就由此而涉及广泛的文化政策问题和政策理论，全面地阐述了党的政策主张，其中关于“社会主义现代化应该有繁荣的经济、也应该有繁荣的文化”的“协调发展”的观点，关于“有中国特色社会主义的文化，是凝聚和激励全国各族人民的重要力量，是综合国力的标志”的观点，关于“在全社会形成共同理想和精神支柱，是有中国特色社会主义文化建设的根本”等观点，及其政策内容，在许多方面都有了新的突破。而如此全面、系统地在党的代表大会的主报告中，从党的基本纲领的高度出发，就政策背景、政策理论、政策目标、政策对象、政策价值等，整体性地阐述社会主义的文化政策，这在当代中国社会主义文化政策发展史上也是第一次。因此，对于“建设有中国特色社会主义的文化”的本质揭示和全面的政策阐述，标志着有中国特色社会主义文化政策主体性重构的实现。而正是这种实现，在继毛泽东提出新民主主义文化及其政策和政策理论之后，提出了关于社会主义文化及其政策和政策理论的一些重要命题之后，第一次比较系统地初步回答了中国这样的经济文化比较落后的国家如何建设社会主义文化和怎样建设这样的文化的一系列基本政策问题，从而又一次从文化政策的层面上，回答了“重建中国文化价值系统”的世纪主题。

（选自《上海交通大学学报》1999 年第 1 期）

文化产业：21 世纪可持续发展的新增长点

——城市文化产业发展的理论思考

林 熠

随着信息时代的到来，文化正在走出以往狭隘的领域，与现代市场经济和生产力相结合，形成为新的文化产业。文化产业作为第三产业中的骨干产业，已成为世界各国瞩目的中心，它以极大的魅力，席卷全球的趋势，成为21 世纪可持续发展的新增长点。

一、经济文化一体化是当今世界发展的趋势

本世纪下半叶以来，经济现代化作为全球现代化的主题，日益打破区域界限，而走向全球化。与现代化浪潮同步，60 年代以来诞生了经济高速增长论。由于长期以来人为地刺激经济快速增长，因而带来了通货膨胀以及环境污染和生态平衡失调，导致了经济、社会的非协调性发展。这种非协调性发展表现在：一是忽视了人的全面发展，人的主体性丧失。人类有史以来的历史证明，人是社会的人，人类总体发展目前的表现形式为社会的综合发展，人类通过经济高速增长来达到人民生活水平的提高。但有资料表明，第二次世界大战结束以来，经济发展与社会发展不平衡。1994 年新加坡的人类发展指数排名为第 26 位，比按照人均国民经济生产总值所排名次低 11 位。目前这种经济高速增长与人的主体性失落的巨大逆差已引起了人们的反思。二是经济的过速增长导致了人文环境的恶化以及生态环境的恶化，构成了对人类的新威胁。这种威胁表现在：（1）人口过速增长。1945 年世界人口约为 20 亿，现已接近 60 亿，人类数量达到 20 亿用了数十万年的时间，而从 20 亿到 60 亿仅用 50 多年时间，到 21 世纪中期，世界人口将达到 100 亿。这就给地球的生态环境和有限的资源带来了沉重的压力和负担，从而直接影响人类社会的健康发展甚至人类自身的生存。（2）土壤流失。全球目前有 15% 的土地因为人类的流动而退化，每年流失土壤 270 亿吨；全球干旱土地已占陆地面积的三分之一；世界陆地面积的四分之一已经沙漠化。（3）水源污染严重。由于工业的迅速发展，世界水源无论淡水还是海水都受到严重污染。在发展中国家，95% 的城市污水未经任何处理即排入江河湖泊，水中病菌和污染物每年造成 2500 万人死亡。（4）大气污染与气候异常。今天人类每年向大气中排放 230 亿吨二氧化碳，比本世纪初增加了 25%，仅 1990 ~ 1995 年间，二氧化碳的排放量就增加了 12%。其中 17 个发达国家的排放量占 61%。与此同时，有害气体的排放不仅危害人体

健康，影响动植物的正常生长，而且导致气温升高，全球气温平均上升0.1℃。（5）物种急剧消失。日益发展的工业化导致了环境的恶化，每天至少有100余种植物从地球上消失，仅1980～1995年间，世界已失掉1.8亿公顷的森林。森林的被毁不仅影响了空气的净化程度，而且加剧了物种的消失。工业化后200年来，濒临灭绝的有593种鸟类、400多种兽类、209种两栖爬行类动物，以及2万种植物。

早在100多年前，恩格斯就说过，我们不要过分地陶醉于人类对自然界的胜利，对于每一次这样的胜利，自然界都对我们进行了报复。今天困扰世界的难民问题，很大程度上是环境问题。据统计，全球约有1.73亿人是由于气候改变而被迫移居别国。

为了获取物质财富而破坏人类自身的生存环境问题，早在60年代就引起了学者的重视。他们意识到应当重新认识人与物质、自然的关系。经济的背后是文化的问题，经济与文化的相互结合、一体发展是一种双向需要，经济需要文化为自己注入新的活力与创造新的境界，而文化则需要在经济中实现其持续发展与提供新的发展契机。

文化与经济，作为构成社会的两大系统，尽管各自有着不同的内涵与发展历程，但二者共生互动、互相渗透，逐步趋向一体化，已成为现代社会发展的大趋势。一方面，经济始终是文化发展的基础。特别是现代经济结构的调整，日趋增大的文化的含量，包括知识、教育、技术和信息等，现代市场经济的发展日趋推动文化的商品化和产业化。另一方面，文化又是经济增长与发展的动力与源泉。在现代生产力水平上，一个国家或地区现代文化的结构，制约并决定该国家或地区的产业结构、经济结构及其发展方向、水平和经济增长速度。在以社会化、专业化、商品化为标志的现代市场经济社会中，文化与经济愈益不可分割，它们交互作用，相互渗透、促进。

文化与经济的一体化发展形成的深层动因即是当今社会生产力极大地发展，人们的物质需求基本得到满足后，对精神文化的需求日益高涨。1997年《中国文化报》以《让'96告诉'97——文化消费热在何处》为题报道了该年的民众文化消费集中在对高雅艺术的追求、仿真名画与民间艺术品走俏、大众消费、花钱买健康等一系列精神文化消费上。据报端披露，在物质生活日益提高的今天人们对艺术的渴求已成为不争的事实。从艺术品的大众消费到对艺术品的投资与收藏，正发挥出巨大潜力。1996年，以推出"新中国美术作品专场"而一举成功的嘉德公司前总经理甘学军坦言，力争让更多的艺术精品走出深闺，投放艺术市场。而深入地研究历史冷静地观察社会，积极地探索未来，苦苦地思索人生的真谛，是现代人的普遍心态。因而，高品位并具有启迪、研究、收藏价值的图书使爱书人情有独钟。现代社会的新型结构致使人们寻求新的途径去缓冲紧张的心态，追求身心的内在健康使花钱买健康不再令人瞠目。据报载：我国共有61万所体育场馆，面积达7.8亿平方米。目前每天的使用率达到2.35小时，世纪末将达到6小时。我们通过观察注意到当代的精神文化消费出现了如下趋势：首先，文化与市场经济接轨后所出现的产业化趋势，使得文化走出了象牙塔，俨然成为大众的文化。另一趋势则为，由于文化已普遍渗入经济领域的一切过程、环节和商品之中，经济活动文化化，产品的设计、生产、管理、营销、广告等活动中文化附加值越来越高，文化作为人类生产、生活最深层次的表现形式，已经成为当今世界经济、社会协调发展的关键因素。

经济文化一体化协调发展已无可辩驳地成为当今世界持续发展的重要趋势，它通过如下表征显示出来：（1）智力正在取代传统的自然资源优势，经济学家在预测21世纪经济走势时指出，绿色革命与材料科学革命的兴起已降低了经济发展过程中自然资源的重要性，一场信息革命所带来的产业结构的巨大变化，使智力投资正在取代自然资源投资，全球信息高速公路的开通不啻于一场新技术革命，微电子技术、生物科技、新材料工业、民用航空、电信以及电脑加软件形成了新的脑力产业。脑力产业将成为21世纪竞争的武器，今天的教育便是明天的经济。（2）文化、科技在产业发展中的贡献比率越来越大。任何一种产品出现都必须有两种投入，一为有形投入，包括资源、能源、人力等；二为无形投入，这种软性投入便是文化、科技的投入。大凡有眼力的企业家、经济家大力投入文化、科技的均在市场的激烈竞争中立于不败之地，形成了新的低投入高产出的竞争机制。这个发展趋势要求决策层将吸纳高科技成果放在首位，把开发"文化力"放在首位。

目前经济文化一体化的世界发展趋势已被发达国家以及发展中国家的高级决策层所普遍认可，故而联合国在1986年通过的《世界文化十年规划》中提出："必须在发展中强调两个主要目标——发展的文化尺度和人的文化生活。""要在经济和技术的发展中，将文化和人的价值恢复到中心的位置上来。"

二、文化产业是现代生产力的重要组成部分

对于一个发展中国家来说，社会生产力越是发达、经济发展水平越高，文化对生产力进步和经济发展的促进作用就愈强，生产力和经济的发展对文化的依赖就愈强。

时下流行两种理论，一曰大生产力观，一曰大文化观。大生产力观认为，现代社会生产力不是几个生产力因素的简单总和，而是一个运动的、开放的系统，是各具特质的生产力因素在特定结构方式和数量配比之下，在一定时间和空间内形成的，能够创造特殊使用价值或提供特种劳务的，多层次、多领域的、复杂多变的有机系统，是由文化力、动力、自然力合成的一种社会力量。只有用"大生产力"的观点才能准确地定位现代生产力的本质与内涵，只有遵循大生产力观才能正确地处置当代生产力发展过程中的种种问题。

大文化观认为，随着当今世界的发展，将文化理解为一般意义上的关于人类知识的总和是很不完整的。它

应该解析为三种形态：物质文化、制度文化与精神文化（已普遍被人们认可），它涵括了科学技术、文学艺术、观念风俗、教育培训、卫生保健，等等。由此大文化也衍生出五种功能：认识功能、审美功能、教育功能、媒介功能、经济功能。而文化产业便是上述文化力与经济力在现阶段结合的产物，它以特殊的经济功能体现了其固有的文化价值。

第二次世界大战结束以后，人类开始进入电子时代，电子时代所产生的智能生产力极大地改变了世界经济面貌及结构，人们将之称为第三生产力。第三生产力的本质是科学技术加入到经济领域所产生的一种巨大的生产能力。人们由此认识到文化与生产力之间的不可分割的关系，即文化是现代生产力发展的巨大推动力，它体现在两方面：一是文化的经济化，二是经济的文化化。理解这两方面的桥梁便是“文化的经济功能”和“经济的文化取向”。文化的经济功能根源于：

1. 科学技术推动着社会生产力的智能化和整个经济的发展；

2. 教育是高素质的劳动力的再生产过程，是提高经济过程及其成果的文化含量的主要因素；

3. 卫生保健和体质培育是重新塑造和优化劳动者身体素质的基本力量；

4. 文学艺术是社会产品以及社会生活的美学基础，通过它，可以提升劳动者的心灵纯洁度，可以大幅度提高生产过程和社会产品的文化含量；

5. 观念风俗对劳动者则具有激励作用和消极作用，从而将对效率和效益产生较大影响。

而经济的文化取向起源于社会生产力不断智能化，人类生活不断上品位的历史走向。文化取向则指人们在生活或生产活动中，有意地使自己的活动及其成果凝聚、显示一定的文化因素，朝着不断提高文化含量的方向发展。在此情形下，社会生产力就存在一个档次和品位的问题。

总之，社会生产力的提高、发展取决于文化的提高、发展。只有将文化放在发展生产力的首位，生产力才有可能取得质的飞跃。尤其是资源条件匮乏的地区和国家，以文化发展为“内源发展”的核心，才有可能脱贫和赶上发达国家。

当然，文化在推动社会生产力发展之时应当注意如下问题：

1. 生产力的灵魂是文化，文化的灵魂是精神，因此，健康丰厚的精神文化是社会生产力持续、稳定、协调发展的有利社会环境条件。

2. 社会空间是由文化、经济、政治组成的三维空间，在一定政治关系下，文化坐标与经济坐标组成“文化经济平面”，文化有深、中、表三个层面，经济有生产、流通、消费三个领域，从而使社会生产力有低、中、高三种水平，社会生产力只有在文化与经济的协调发展中才能得到最大的发展。

3. 生产力中最活跃的因素是人，我们大力发展文化产业也是为了满足人类日益增长的精神文明的需要，因而人的素质是极其关键的因素，所以我们政府应当增加教育事业的投入，普及科技知识，为生产力的发展打下智力的基础。

三、文化产业是城市实现可持续发展的骨干产业

可持续发展不仅是一种新发展观，也是一种新文明观。它是在对传统工业文明的反思基础上诞生的。它经历了经济高速增长发展观——经济社会协调发展观——可持续发展观的发展历程。传统工业文明的发展方式是建立在“人是自然的主人”，“人要征服自然”的观念上的，强调只有不断扩大和加强对自然资源和环境的开发利用，人类生活才能更加富裕和幸福。因而逐渐形成了以无限度无休止攫取自然为前提，以单纯追求经济效益为核心的发展观。这种发展观本质上是反自然的，是以“恶”的方式对待自然界的。本世纪 50 年代以来，世界经济得到了飞速地发展，但同时出现一系列的全球性问题，如人口增长过快，资源耗竭、环境恶化等等。自然正在对人类进行着报复，污染了的环境威胁着人类的健康和生存，资源和能源危机制约着人类社会的进一步发展。70 年代和 80 年代初，出现了关于世界未来和人类前途问题的全球性大论战，理论界代之而起的是经济社会协调发展论。这种理论认为 50 年代的经济发展中忽视了人的因素，人对物质利益和经济高速增长的追求反过来损害了人的自身发展，因而要求在经济发展中恢复人的尊严，将人的发展列为首位，将经济社会协调发展作为追求目标。随着 80 年代全球危机的进一步显露，人们逐渐将注意力集中到人类应该怎样使自己的增长与自然取得和谐一致而持续发展上来。1980 年 3 月 5 日联合国大会向全世界发出呼吁：“必须研究自然的、社会的、生态的、经济的以及利用自然资源过程中的基本关系，确保全球的持续发展。”1983 年 12 月，联合国授命挪威首相布伦特兰夫人为世界委员会主席，以“持续发展”为基本纲领，制订“全球的变革日程”。布伦特兰夫人领导的世界环境与发展委员会经过三年的努力，在 1987 年出版的报告《我们共同的未来》中将持续发展定义为“持续发展是既满足当代人的需要，又不对后代人满足其需要的能力构成危害的发展”。他们制定的持续发展的战略目标是：

（1）恢复经济增长；

（2）改善增长的质量；

（3）满足人类基本需要；

（4）确保稳定的人口水平；

（5）保护和加强资源基础；

（6）改善技术发展方向；

（7）在决策中协调经济与生态关系。

如果从思想实质看，可持续发展包括如下含义：

（1）人类与自然界的共同进化思想；

（2）世代伦理思想；

（3）效率与公平目标的兼容。

那么，文化产业与可持续发展又是怎样一种关系呢？

文化产业是人们在80年代对现代工业文明所带来的一系列恶果否定之后，痛定思痛，对传统工业结构重新进行调整以后确定的新型产业，也是世界可持续发展在当今发展的必然选择。

众所周知，城市化是当今世界各国经济社会发展的主要趋势，而城市化运动初期所依赖的正是传统工业文明和片面追求经济增长的发展模式。二战后，城市经济弱化困扰着发达国家政府和经济界，美国东北部的克里夫兰市在60年代是工业城市，但由于过分偏重工业，产业结构不合理，到70年代末，很多大企业总部纷纷撤走，人才严重流失，失业率高达20%，是全美大城市中第一个申请破产的城市。为解决城市经济弱化问题，美国经济界在政府的支持下，放弃了一些传统工业，专注于计算机、飞机、通讯等高新技术产业，另一方面则更多地开发旅游、文化等“朝阳产业”，为城市化发展注入新的活力。为拯救城市经济，克里夫兰市政府提出了重振城市的“明天的克里夫兰计划”。该计划摆脱了传统的单一的工业格局，开始在经济、社会、文化协调发展上做文章。他们把市中心破旧的火车站改建成集购物、餐饮、娱乐、办公为一体的世界贸易中心大楼；投资上亿美元修建了“摇滚乐、名人堂、博物馆”，并开辟湖滨旅游、餐饮业；投资4.5亿美元修建了拥有4.3万座位的棒球场，在风景优美的洛克菲勒领地附近建成大学、剧院、博物馆、音乐厅及医院等设施，形成了崭新的克里夫兰“文化圈”。采取上述措施后，克市的形象有很大的改变，不少大企业总部又纷纷迁回。目前该市旅游服务业年平均收入已达40亿美元，占该州旅游业收入的60%。

鉴于美国的经验，西欧经济步入平稳发展期后为了进一步推动城市化，欧共体各国适时地发起了“新文艺复兴运动”，制定并实施了“欧洲文化首都”发展规划，把城市发展的重点引导到塑造城市文化形象和提高公共文化生活水平上来。1985年以来，欧共体内雅典、佛罗伦萨、柏林、巴黎、马德里等城市先后被定为欧洲文化首都，对推动欧洲城市的整体发展起到了重要的作用。

从上述可见，文化产业是在城市化否定了传统工业格局、重建产业布局的情况下出现的。它充分注意到了经济的背后是文化问题，只有将人的全面需求与发展恢复到主体地位上来，才能寻找到持续发展的动力。当然理论家也从理论上充分注意到了文化的经济意义，约翰·奈斯比特和帕特里夏·阿伯丁所著的《2000年大趋势》中这样预言：文化的经济意义将远远超过人们的意料。他们说：“艺术既是文化财产，同时又是经济源泉。投资艺术将对一个地区的整体经济产生影响，它有着乘数效益，艺术将使旅游业大受裨益，从而推动工业的发展，提高不动产的价值。”美国50个州的艺术投资仅1989年就比1988年增长了11%，其原因就是“为了找到经济发展的契机”。1987年美国的体育产业经济收入达472亿美元，超过了石油工业和证券交易所收入所得。另据洛杉矶商会调查，艺术给城市带来的波及经济效应在50亿美元以上。艺术在英国也拥有170亿美元的产业规模，与汽车工业不相上下。1993年全世界的图书（不含期刊、报纸）营业额已达697亿美元；1994年，全世界旅游产值高达34000亿美元。80年代我国改革开放以来，我国文化产业也逐渐兴起，到90年代，已初具规模。它包括：

（1）文化娱乐业；

（2）演出经营业；

（3）电影和录像制片业；

（4）文化艺术品经营业；

（5）图书、报刊的印刷、发行、销售经营业；

（6）广播电视业与广告业；

（7）图书文献信息业；

（8）文艺培训业；

（9）营业性文化活动的经营；

（10）文化旅游业。

据统计截至1997年底，我国共注册了31.3万个文化产业机构。据1998年的统计，我国文化市场主业营业收入190.8亿元，实现利税47.9亿元。在深圳，仅《深圳特区报》的广告收入，一年就达两亿元。而“锦绣中华”和“中华民俗文化村”开业不到一年，便收回2.1亿元的所有投资。文化产业的发展，不仅推动市场经济向更深层次发展，而且必将成为21世纪的“朝阳产业”。

当前，文化产业已成为全球发展最为迅猛、利润也最可观的产业之一。综合发达国家与发展中国家经验，文化产业的发展首先依赖于政府的积极倡导与组织，大城市在21世纪的文化发展战略是文化产业的发展依据；其次依赖于市场运作机制，以此推动文化产业的生产制作；最后也是最重要的，是要以最快的速度将高智力技术引入文化产业，普及科技知识，这是我国21世纪全面持续发展的基础。

（选自《天津行政学院学报》1999年第2期）

文化工业：当代审美文化批判

姚文放

一、文化工业不同于大众文化

霍克海默和阿多尔诺在写于 1944 年的《文化工业：欺骗公众的启蒙精神》一文中第一次提出“文化工业”（Culture Industry）的概念。时隔多年，阿多尔诺在旧话重提时又特地声明，他们所说的“文化工业”与“大众文化”存在着重大的区别，他说：“‘文化工业’这一说法，是在霍克海默和本人 1947 年在阿姆斯特丹出版的《启蒙辩证法》一书中最早使用的。在草稿中我们起初使用的是‘大众文化’的说法。后来我们代之以‘文化工业’的概念，以便从开始就排除‘大众文化’的倡导者这一辩解：这是一个文化问题，它自发地产生于大众本身，只不过是通俗艺术的当代形态而已。文化工业必须与之严格地区分开来。文化工业在旧的为人熟知的东西中注入新的特质。在其各个分支中，那些带有大众消费性质的产品往往是有计划地生产出来的。这些分支具有相同的结构，互相沟通，处于没什么差别的系统之中。而这一切成为可能，皆与它采用的技术化手段以及经济和管理的集中化有关。”这就是说，“文化工业”不同于传统社会自发产生并广泛流传于民间的“大众文化”，它不是以往出自大众的通俗文化在当代的延续，不是这种通俗文化的当代形态。固然，像电影电视、录音录像、MTV、电子游戏、畅销读物等文化工业产品也具有大众性，但这绝非传统的通俗文化的大众性，这两种大众性有着迥然不同的内涵：传统的通俗文化是在大众中自发产的，“文化工业”则是有计划、有组织地制作出来的；传统的通俗文化体现着大众趣味的多样化，“文化工业”则是标准化、模式化的；传统的通俗文化是大众率性而发、自然天成的，“文化工业”则是技术性的，采用现代大工业生产的方式生产出来的。

说到底，“文化工业”与以往的通俗文化还有一个根本的区别，那就是“文化工业”乃是资本驱使之下所进行的文化生产，从中处处可以感受到资本这只无形之手在背后的操纵作用。这一点乃是当年霍克海默和阿多尔诺提出“文化工业”的概念时就已敏锐地觉察并试图加以揭示的。后来詹姆逊指出，当代资本的一大特点在于其势力已扩张到前此未曾受到商品化影响的精神领域、文化领域，而“文化工业”的出现，就是资本对文化大举扩张的结果。这一点乃是“文化工业”的基本要义，也是认识“文化工业”的一个出发点。正是在资本的驱使之下，“文化工业”成为一种市场化、商品化的文化生产，同时也成为一种技术性的文化生产。

霍克海默和阿多尔诺曾一反康德的命题，称“文化工业”不是“无目的的合目的性”，而是“有目的的无目的性”，亦即商业目的通过娱乐消遣的形式收买了无目的性的王国。所谓“有目的的无目的性”，正是对于“文化工业”的市场化、商品化本性的绝好概括。电影电视、录音录像、光盘影碟等文化工业产品既是艺术品，同时更是商品，它们一开始就是为了上市而被生产出来的，也是作为商品而被出售、交换和消费的，获取实利的目的显得明确而又坚定，这就完全打破了从康德以来将审美活动与物质实用判然二分的界限。如果说在康德关于“无目的的合目的性”的著名命题中审美形式的“无目的性”与功利的“合目的性”只能在不可究诘的“先验共通感”中得到统一的话，那么如今这势不两立的两面却在“文化工业”中实实在在地合为一体，而且是以一种极端的形式达成合一：“无目的”的审美活动只是成了纯粹的娱乐消遣形式，而物质实用的“合目的性”则成了不耻言利甚至唯利是图的商业经营。“文化工业”这一重大变化恰恰是资本对于文化的扩张和宰制使然。当文化的命运变而由资本来决定、文化的兴衰存亡系于投资意向的时候，文化的运作听命于市场的指挥棒，文化的生产与消费、制作与销售、交换与流通按照市场规则运转，便成为必然，因为资本的投向总是归于那些能够收取良好市场回报的对象，这是谁都清楚的事。

文化生产之成为一种“工业”，改变那种分散的、个体性的、手工作坊式的传统制作方式，采用批量生产、自动控制、流水作业、分工合作的工业化生产方式，乃是借助于现代科技的力量而得以实现的。然而说到底现代科技也只不过是一种“面具”而已，在它背后仍然是资本在演戏，霍克海默、阿多尔诺已经看到了这一点：“技术借以获得支配社会的力量的基础”，乃是“经济上极为强大的支配社会的力量”。在这里资本的支配作用表现在它既为现代科技所从事的开发、试验、探索、研究提供必要的资金保证，又为现代科技的创造发明制定明确的目标；即致力于获取低成本、高产出、周期短、见效快的规模效益和综合效益，从而使科技发展成为可能，也成为必要。

正因为现代商品社会中的流行文化为资本所控制而表现出市场化、商品化和技术性的特点，所以霍克海默和阿多尔诺更倾向于称之为“文化工业”，以与传统的大众文化相区别。这就为考察当代审美文化提供了一个新的视角。

二、文化工业的强制性

法国学者布尔迪厄指出，无论经济、政治、法律、宗教、道德还是文化，都是一个“场”，“场”是由处于高低主从不同位置的事物所构成的关系网络或关系结构，任何“场”都是权力场，在其中总是掌握权力的事物控制着整个“场”，决定着“场”的逻辑，为“场”内诸事物的相互交往制定游戏规则。在现代商品社会中，资本无疑是最活跃的力量，也是掌握着权力的一方，在各个“场”中都能起到决定性的作用。布尔迪厄指出：“资本生成了一种权力来控制场，控制生产或再生产的物质化的、或具体化的工具，这种生产或再生产的分布构成了场的结构，资本还生成了一种权力来控制那些界定场的普通功能的规律性和规则，并且因此控制了在场中产生的利润。”这也就是在文化工业这个“文化场”内出现种种现象的深层原因。尽管文化场与其他场（经济场、政治场、道德场、宗教场等）各有不同的规律和规则，但在资本的操纵之下，文化场与其他场又表现出显而易见的同源性和一致性，那就是为追逐最大限度的利润而表现出某种强制性。

对于文化工业表现为强制性的“场”的逻辑，可从以下几个方面来看：首先是对于商品消费的操纵。文化工业常常将商品形象转变为某种文化符号，并大量制造和推广这种标准化、模式化的文化符号，以诱发公众的消费欲望，引导流行的习俗风尚，甚至推动社会价值观念的变革，从而对整个社会的商品消费施加影响。因此文化工业经常将文化与广告融为一体，或者说文化工业经常就是一台广告机器，而且由于文化的柔性和隐性特点，也由于其高技术含量以及规模化和集约化的特点，文化工业还是一台渗透力极强、效率极高的广告机器，在向公众灌输消费理念、为公众规定消费取向、左右公众的消费行为方面特别容易奏效。二战之后作为“工商富国”之国策的重要组成部分，日本人所制定的“国策电影”方略就是利用文化工业这一奇效，为恢复和振兴本国经济立下了汗马功劳。日本人以本国企业集团的资产为抵押，向美国银行贷款用于电影制作，聘用美国最好的制片人、编剧、导演、演员和摄影师，在美国本土拍摄地道美国风味的电影，采用美国式的明星、美国式的故事场景、美国式的生活方式，唯一例外是电影中所使用的道具是日本货，大到汽车、游艇，小到家用电器、办公用品，一水儿来自日本。当这种日本人拍的美国电影制造出成千上万的美国影迷时，这些善于跟风的美国人纷纷以使用这些从电影上看到的日本货为时髦，于是大批日本产品长驱直入地打进了强手如林的美国市场。而这种商品消费奇观的出现，完全是日本老板开动电影工业这部庞大的广告机器运筹帷幄巧妙操纵的结果。

其次是对于文化消费的诱导。文化作为一种商品，它的销售也像其他商品一样必须通过市场来完成，在这里市场需求无疑是至关重要的，文化生产必须适应市场需求方能得以顺利进行，失去市场的生产势必难以为继。但是问题还有另一方面。消费行为常常出于消费者的现实需要，如吃喝住穿等，但消费行为并不都是自发的，在很多情况下它恰恰是人为造成的，这里关键在于对消费者的超现实需要的诱发，而为消费者制造形形色色的文化幻象，就是重要一途。人人心中都有梦，关于爱情、青春、健康、亲情、友谊的梦，这是千百万年来积淀在人类心底的集体无意识，它是一种汹涌澎湃而恒久不息的心理能量，永在寻找借以释放和宣泄的出口。据荣格的分析，文化就是这种出口，它以象征的形式来释放和宣泄这种集体之梦的巨大能量，它超出个人现实之上而为人类所共有。人类的文化史也就是不断地寻找更好的象征的历史，在以往的某些历史时期如古代希腊罗马和文艺复兴时期，就曾经产生过许多很好的象征，“说这些象征很好，是说它们同时在许多方面满足和实现了人的天性”。文化工业便以制造这种“很好的象征”为能事，如好莱坞就因此而被人们称为“梦幻工厂”，当它以一个个玫瑰色的文化幻象唤醒沉睡在人们心底的永恒之梦时，便以应答人们天性中固有的永恒需要的诉求而备受欢迎，从近期《廊桥遗梦》、《泰坦尼克号》、《马语者》等演绎老而又老的人类爱情故事的好莱坞影片所创下的佳绩中不难悟出其中的奥秘。

再次是对于意识形态的导向。电影市场上热销的好莱坞影片并不都是像《廊桥遗梦》、《泰坦尼克号》这样的精品，更为大量的则是思想平庸、立意浅露、格调不高、制作粗糙的商业片，它不是靠对人类生活中的“永恒的主题”的精彩阐发来赢得市场，而是靠对粗鄙浅陋的俗趣和畸趣的曲意迎合来赚取票房。许多商业片只能算是“文化垃圾”、“视觉垃圾”一类东西，但却能够凭借资本的充足底气对于整个社会的意识形态产生强大的渗透力，对观众从服饰发型、言谈举止到道德水准、价值观念都产生潜移默化的导向作用，因此这些商业片所带来的伦理道德问题特别是青少年问题一直是各个国家重视的问题，也是让社会、学校和家长普遍感到头痛的事。即便在美国，人们也已对色情、凶杀、暴力、抢劫、恐怖等内容充斥于电影感到痛心疾首，对于道德规范和社会秩序因此而遭到的破坏表示种种忧虑。基于这一点，美国官方和各种民间机构对电影的防范特别森严。我国虽然意识形态与之不同，但电影审查制度也是最为严格最为烦琐的，有关法律法规的具体和精确的程度以及量化和可操作的程度，也着实令人叹为观止，这一审查制度也成为衡量电视、录像、图书等文化工业产品的基本参照。仅此一端即可说明如何规范文化工业对于广大观众特别是青少年的道德状况和价值观念的潜在影响，已经成为现代商品社会中人们面临的一个重大社会问题。

三、文化工业与文化的蜕变

由于在资本操纵之下文化工业所表现出的强制性，当代审美文化在诸多方面发生了明显的蜕变。如前所述，文化工业变成了一种市场化、商品化的文化生产，同时也变成了一种技术性的文化生产，而当代审美文化的蜕变正是从这里开始的。

霍克海默和阿多尔诺说过一句话："文化工业只承认效益，它破坏了文艺作品的反叛性。"指出了文化工业的市场化、商品化对于艺术之本性的破坏。对于实际生活来说，艺术具有疏远性、否定性、反抗性。艺术诞生在实际生活的尽头，艺术产生的必要性就在于实际生活有缺陷，如果实际生活十全十美、无可挑剔，那么艺术就根本没有必要产生。艺术以完美的理想化的方式弥补实际生活的缺陷，它是实际生活的一种对照、一种参照，也是实际生活的一种否定、一种对抗。艺术对于实际生活的否定性和反抗性表现在它的个性和独特性，它的丰富性和多样性，它摆脱束缚的自由本性，它对于世俗功利目的的超越，它对于社会的启蒙功能和批判功能等。另外，艺术的否定性和反抗性还在于它以审美形式建立起一种有别于实际生活的新的经验世界，用语词、声音、色彩、形象构成了一种与实际生活之维相疏离的审美之维，对实际生活保持一种假定性、距离感和超越感。文化工业恰恰取消了艺术对于实际生活的疏远性、否定性、反抗性，抹杀了它与实际生活之间的界限，将艺术变成了纯粹的商品形式，变成了一种获取实利的手段和工具，将艺术淹没和消融在市场交易的功利主义冰水之中，使之磨去棱角、扭曲变形，甚至消失殆尽。

不可否认，文化工业也不是不看重艺术的独创性、丰富性和多样性，但是这种重视只有在不妨碍其市场效益的情况下才是真诚的，一旦艺术对于后者构成障碍，艺术的追求与利润的追求发生龃龉，它对利润的关注必定压倒对艺术的关注，让艺术作出牺牲常常是毫不含糊、毫不犹豫的抉择。多集系列剧《洛奇》凭史泰龙拳打脚踢为影片公司赚取了巨额的票房收入，然而影片中相同的套路让史泰龙感到厌倦，他发誓不再出卖发达的肌肉，而要作一些新的尝试，走出一条新路，比如出演喜剧或性格剧等等。他决定退出这部已经拍了13年的系列剧，与洛奇一刀两断，甚至都已设计了洛奇之死的结尾。但是影片公司断然否决他的这一考虑，理由是观众需要洛奇，于是硬汉洛奇至今仍然活着，关于洛奇的故事还将拍下去。不仅如此，而且后起的《兰博》系列剧也在继续往下拍，这些系列剧的诸多续集还将为影片公司赚更多的钱。以此为例，C·斯道奇一语点破在这些影片公司老板的心目中艺术是怎么回事："在好莱坞，生意常常和艺术发生冲突，而冲突一旦发生，取胜的往往是生意。要想和好莱坞的法人势力作对是困难的，即使你集洛奇和兰博于一身。"

这里还有一个问题，即在文化工业中实验性艺术与商业性艺术的关系。在好莱坞电影中，以商业影片为主是事实，但商业影片并不是全部，还有一定数量的实验影片，也就是不以盈利为目的的纯艺术影片，它需要影片公司支付巨额经费来维持其各项费用，而许多迹象也表明影片公司乐于花大钱扶持这些影片所进行的各种艺术实验。有资料显示，从1989年至1994年的5年间，日本索尼财团对美国电影业的投资总额高达80亿美元，其中用于支持实验影片的费用为2亿美元。然而也就是在这5年当中，索尼财团美国总部的总资产净增长数达120亿元之巨！尽管对于由索尼扶持的实验影片如何在索尼的总资产增长中起作用尚无法作出明确的统计，而且这种隐性的经济转换也是必须经由若干中介才能得以实现的，但是这种艺术实验的潜在经济效益是索尼的总资产增长不可缺少的一部分，2亿美元的支出成为120亿元的收入的必要前提则毫无疑问。问题在于，人们说实验影片以其先锋性、前卫性成为电影艺术的开路人，成为电影工业的拓荒者，其中一个重要含义就是实验影片常常为商业影片探寻、捕捉和开辟商业机会和市场前景。总之对于电影工业来说，实验影片与资本的关系是辩证的，谁也离不开谁，如果说实验影片没有资本的供养无法存在的话，那么资本没有实验影片的拉动也很难实现增值。

文化工业作为一种技术性的文化生产，也在很大程度上导致了文化的蜕变，那就是文化赖以安身立命的个性、风格、独特性、独创性的失落。关于这一点，瓦尔特·本雅明最早有所警觉，提出在"机械复制时代"艺术作品面临丧失"韵味"的问题。后来阿多尔诺在分析文化工业时对此作了进一步的发挥，指出在技术的逻辑支配之下形成的艺术技巧与在艺术的逻辑支配之下形成的艺术技巧有着截然不同的性质，他说："技巧这个概念在文化工业中，只是名义上与艺术创作技巧相同。在后者，技巧涉及对象本身的内在组织，涉及它的内部逻辑。相反，文化工业的技巧一开始就是机械复制的技巧，因此总是外在于它的对象。"关于现代技术所带来的艺术创作的"机械复制"特点，普遍认为就是像照相、摄影、录音、录像、复印那样大批量地制作没有原本的"类像"的过程，它消泯了在传统的非技术性的个人创作如绘画、歌唱、表演和文学创作中所附丽的艺术家的手泽、气息和灵光。这是不错的，但是"机械复制"还有更为要紧的方面，那就是批量化、规模化、系列化生产所造成的类型化倾向，这还不是指例如转录一盘磁带与转录一万盘磁带同一类型那样的"类型化"，而是在商品社会氛围和现代科技条件下所形成的类型化观念，其中夹杂着明显的实用功利目的。

就拿好莱坞影片来说，虽然不乏足可尊为经典的上乘之作，但类型化仍然是主导倾向，其商业片尤其如此。例如片种的类型化，好莱坞影片大致可以分成歌舞片、西部片、言情片、悬念片、历险片、动作片、恐怖片、科幻片、侦探片、警匪片、灾难片等类型，各种类型的片种都有相对固定的框架、套路、人物、布景、道具等，适应那种批量化、集约化、低投入、高产出的工业化生产，将各种叙事的、形式的、视觉的、娱情的因素所组成的"卖点"按照固定的格式加以搭配，便能很快调制出一杯诱人的电影"鸡尾酒"，端到观众的面前。这种类型化的倾向也造成了电影的题材重复，同一类型的老题材常常被一用再用，进而演变为因袭和剽窃，以致屡屡引起版权纠纷，直至对簿公堂。这一现象成为风气势必对好莱坞影片的个性、风格、独特性、独创性造成损害，对此文化工业的功利主义、实用主义显然不能辞其咎。

四、文化工业与文化殖民主义

文化工业的强制性还有一个不能忽视的重要方面，那就是跨国、跨民族、跨地区的文化控制。资本对于利润的追逐并不受国界的限制，为了寻找和开拓市场，资本势必像洪水一样向其他国家、民族和地区漫溢。而且由于经济势差的作用，资本总是以跨国资本、国际资本的形式出现，从发达国家、地区向发展中国家、第三世界漫流。文化的流动也与资本取同一趋势，发达国家、地区的文化工业纷纷在发展中国家和第三世界开设子公司和联营厂、寻找合伙人和代理商。据报载，在亚洲金融危机之前，近年来好莱坞海外投资的收益有25%来自亚洲。由此可见这种文化资本输出的规模和效益。按照资本的本性，文化工业的跨国跨地区运作，最终结果势必是达成全球文化的一体化、单一化，它致力于让长期生活在不同文化中的人们用同样的方式去看、去听、去思考，将他们的意愿、思想、情绪、欲望统统纳入同样的模式，而这同一的观念形态、生活方式和话语系统主要是以发达国家、地区的文化为标准，以牺牲发展中国家、第三世界文化的丰富性和差异性为代价：在所有城市商业区的上空都高高地耸立着“麦当劳”的金色拱门，每一座酒店都像香格里拉或希尔顿那样光鲜亮丽，广告中总是那些国际流行口味的酒水、纯净水、甜饮料在倾泻、泼溅和泛起泡沫，流行歌曲中总是夹杂着几句半生不熟的英文，电视剧总是脱不掉外国肥皂剧、室内剧的模式和路子……对于这样一幅单调划一的文化图景连有远见的美国人都深表疑虑：“电视节目全球化的潜在趋势与美国电视节目的大量出口，导致了许多我们以前从未处理过的问题的出现。全球化电视是否会导致电视节目的雷同与文化的同化？它是否会对各个国家的差异性（正是这些差异性才使各个国家变得有趣）造成威胁？它是否会帮助强大的国家（如美国）把自己的价值观强加给第三世界国家或其他发达国家？”这不啻是在文化上发起的另一场不带硝烟的战争，人们形象地称之为文化帝国主义或文化殖民主义。发达国家、地区文化工业的大兵压境和大举入侵势必遭到发展中国家、第三世界的文化抵抗，后者为了保存自己免遭外来文化的同化，势必要强调文化的民族性、本土性，提倡文化的多极化、差异性，重视发展本土文化的特色和个性，积极采取各种有效抵御文化帝国主义、文化殖民主义的保护措施。总之，在文化帝国主义、文化殖民主义盛行的时代，发达国家、地区的文化与发展中国家、第三世界国家的文化之间的对抗和冲突将是一个根本的、突出的矛盾，文化的全球化与本土化、世界性与民族性、一体化与多极化这两种倾向、两种趋势将长期并存，造成全球风云变幻、动荡不安的文化格局。但是由于跨国资本的作用，发达国家、地区的文化工业对于发展中国家、第三世界的渗透将在较长时期内成为强劲的潮流，而后者处于弱者地位，缺乏独立性、自主性，对于这种文化渗透往往只能采取消极顺从、被动接纳的立场，当然也可能在境外资本的诱惑之下转而变为主动介入和争相迎合。这就造成发展中国家、第三世界文化工业的种种特殊景观，这可以我国大陆电影工业中出现的一些动向为例说明之。

其一是在境外资金支持和保证之下合作进行文化制作。90年代以来电影行业中外合拍片的数量持续走高，最近来自有关管理机构的消息说，原来关于合拍片的国外放映版本必须和国内放映版本一致的规定已经被修改，因考虑到过于强调版本统一不利于目前电影的生产和市场发行，新出台的政策允许以内地电影版本为基础，在主体、主题、整体框架不变的情况下，根据不同国家、不同地区、不同欣赏习惯，可增减部分电影镜头。据此可以预测，电影合拍片的规模还有继续扩大的走势。

其二是引进国外的文化工业产品。引进国外文化产品能获得可观的经济效益，已经是不争的事实，电影《泰坦尼克号》的放映，在我国内地创下的票房价值超过3亿元人民币，相当于国内一个大中型企业的年产值，便是绝好的证明。正是鉴于这一点，国内文化经纪人不惜代价进口电影大片，音像制作公司以最快的速度翻录国外畅销碟片，电视频道腾出黄金时段播放进口商品广告，已经成为越来越常见的惯例。而在更多地瞄准经济效益的同时，对于文化建设的责任却往往掉以轻心，近年来国内每年进口影片约在50部左右，其中良莠不齐，即使是限定的10部大片，也以商业片居多，这无疑将对国内电影工业和文化心理造成冲击。

其三是移植西方的文化标准。境外制片商向国内制片人投资有一个重要的衡量标准，那就是制片人、导演和演员的业绩和知名度，特别是在几大国际电影节上是否获过大奖，成为重要的投资依据。这一依据的确立，其实也就向投资对象输出了他们的文化标准。一些导演和制片人在国际电影节上所取得的佳绩使他们后来成为投资热点，这在国内电影界具有无形然而巨大的感召力。从而进军国际电影节，在这强手如云的赛场上争金夺银，也就成了一些电影人梦寐以求的事。那么，如何觅得挺进国际电影节并登上铺就红地毯的领奖台的终南捷径呢？从以往的获奖影片中不难寻得个中奥秘。总的说来，一是打时间差，即把影片的取材定位于与现时相对立的过去，以传统的、古典的、旧有的东西与现代生活形成强烈的反差；二是打地域差，将审美兴趣选择在与西方相异的东方世界，以本土的、民族的、乡村的生活与西方工业社会的都市生活错开差距。无论是哪一种情况，都以西方人的嗜好偏爱为标准，力求为西方观众提供一种新奇化、陌生化、神秘化的观赏经验，以求得西方观众的兴味、热情和认同感，这就流露出一种放弃自己的文化本位、移植西方的文化标准的迎合心理。

在跨国资本和西方文化工业的强势渗透之下，发展中国家、第三世界的文化何去何从？是成为西方文化工业的附庸和仆从，还是保持自己的文化独立性以对抗西方文化工业的侵入？答案是不言自明的。然而要做到这一点，则务必从根子上抓好，那就是发展经济，蓄积力量，缩小和减缓发达国家与发展中国家、第三世界的经济势差，对跨国资本形成牵制、抵消和抗衡的力量，为本土文化的伸展廓出开阔的空间。另外非常重要的一点是，必须优化本国的资本结构，注重文化建设，增加文化投入，增强文化实力，为文化的健康发展提供充分的经济保障，而不是把文化下降为积累资本的手段，同时借鉴国外经验，建立起自己新型的文化工业。——也许唯有如此方能从目前的重重困境中为本土文化杀出一条生路来。

（选自《社会科学辑刊》1999 年第 2 期）

世贸组织谈判中的文化商品谈判

刘兴华

一、关于文化产业的基本认识

文化产业包括文化产品的生产、流通和消费与文化服务和消费两种形态。文化产业是伴随着世界范围内的工业化和现代化而产生和发展起来的。当文化产品制造商通过工业方式生产以及利用传媒推销自己的文化产品的时候，或者文化以市场为依托，通过现代商品的形式进行生产、流通和消费的时候，文化产业就产生了。20 世纪下半叶是文化产业飞速发展的时期。近 50 年来，世界政治局势相对稳定，经济、科技水平飞速提高，人们的物质生活水平较上个世纪有了极大改善，闲暇时间随之增多，对精神文化生活的需求也日益增多；与此同时，经济关系市场化、物质产品商品化程度越来越高。所有这些，都为文化产业的发展提供了机遇和先进的技术手段。时至今日，文化产业不是一个附属的产业形态，而是成为人类生活中一个不可或缺的产业部门。就拿出版物和视听传媒来说，它不仅是一种有效的意识形态和传播手段，而且也是影响人们消费方式和购买心理的有力工具；在出版物和视听传媒的相互竞争和相互配合中，一个个具有鲜明经济活动色彩的文化产业机构应运而生，它们以文化的市场行情和大众的消费热点为自己的工作重点，以追求利润为自己的工作重心。经济杠杆对这些机构的荣衰存灭起决定性作用，文化产业在这些机构的竞争和淘汰中获得长足发展。总之，市场的需求，技术的进步，信息产生和流通速度的加快，使得文化产业的发展前景被普遍看好，有的人甚至称文化产业是 21 世纪的“朝阳产业”。

文化产业的产生和发展，不仅体现了文化载体的时代变迁，而且反映了文化概念的不断拓展和充实。当代文化产业的首要影响就是进一步促使我们从传统习俗中狭义的文化理解向广义的文化概念拓展。所谓狭义的文化是将文化视为人类的精神活动和精神产品，而广义的文化通常定义为“文化是人类的基本生活方式”。在这个大文化概念里，文化产业不仅从一个侧面反映出我们这个时代一些重要的文化特征，而且文化产业的形成及其发展还将强有力地影响当代文化的特点及其走势乃至人们的价值观念和生活方式。同一文化产品和文化服务，对于立场、观念、情趣等不同的消费者，会产生不同的效果；同时，文化产品和文化服务所蕴涵的知识、思想、精神、情趣等，最终会转化为消费者的思想观念，从而影响人们的行为并作用于社会。

二、文化商品国际贸易简况

文化产品和文化服务进入流通和消费领域，就构成了文化商品。伴随着文化产业的发展，文化商品在国际贸易中日益活跃。但是从目前文化商品国际贸易的现状看，少数国家在其中处于绝对优势地位。美国是世界上最大的文化商品输出国，近十多年来，它一直主宰着文化商品的国际贸易。早在 20 世纪 80 年代初期，美国新闻署就已在 128 个国家设立了 211 个新闻处和 2000 处宣传活动点，并在 83 个国家建有图书馆，仅哥伦比亚广播公司（CBS）就在 34 个国家设有子公司，其节目在 100 多个国家和地区每天播放。在出版发行方面，美国《读者文摘》即在 101 个国家出版发行。在广播电视方面，世界上 75% 的电视节目和 60% 以上的广播节目的生产和制作属于美国。美国每年向别国发行的电视节目总量达 30 万小时，而其国内自己播放的电视节目中，外国节目仅占 1% ~2%，而许多发展中国家的电视节目中美国节目达 60% ~80%。至于电影，美国影片的生产总量只占世界电影产量的 6% ~7%，而放映时间却占据了世界总放映时间的一半以上。90 年代中期以来，美国许多文化企业在世界范围内的大企业购并联合风潮中实现了资产、人员的重组与功能、产品的调整，进一步增强了在国际上的竞争力。1995 年沃尔特·迪斯尼公司以 190 亿美元兼并大都会、美国广播公司（ABC）就是一个很明显的例子。大都会掌握着21个电视网络，还出版7份日报和周刊，ABC拥有225个电视台，其电视节目深入美国99%的家庭，而迪斯尼世界乐园早已闻名全世界，三者兼并后，首次集电影、电视、广播、出版、电讯、娱乐于一体，成为美国最庞大的“文化工厂”。再比如，在电影放映方面，为了最大限度地获取利润，美国20世纪福克斯、哥伦比亚公司和迪斯尼公司等10家著名的电影生产商，组成了“美国电影出口联合会”，这个联合会建立了高效的联合销售系统，控制了世界上50多个国家的电影销售，尤其是控制着众多的欧洲电影院，占据了欧共体国家电影院门票收入的80%；而1000多家欧洲的电影销售商才占余下的20%。尽管拉丁美洲和亚洲的一些国家和地区已开始向美国的视听业发起了攻势，但外国电影在美国影院所占的门票收入却不到2%。

随着大众传媒技术的飞速发展和美国文化的大量输出，许多国家包括一些西方国家日益感到不仅本国文化产业发展受到抑制，更重要的是本国文化的发展受到了很大威胁，他们纷纷制定保护本国文化产业和维护传统文化的措施。这样他们与文化商品的主要输出国之间的贸易摩擦就不可避免。

三、世贸组织谈判中文化商品的谈判现状

从世贸组织谈判所涉及的范围来看，文化商品主要涉及视听业（包括电视、电影、音像等）、娱乐业（包括营业性文艺演出和文化娱乐）和出版发行业，这些都包括在世贸组织的服务贸易领域之中。在长达8年的乌拉圭回合谈判中，经过多方努力，虽然服务贸易已被纳入世贸组织的多边贸易体制，但由于各方经济利益难以协调，各成员国对服务贸易的承诺和减让都比较谨慎，致使这方面的谈判进程比较缓慢。从总体来看，文化商品还没有提上谈判的议事日程。但值得注意的是，在乌拉圭回合服务贸易谈判的最后阶段，美国和欧盟在视听业的谈判上发生了激烈争斗。欧盟（主要是法国）要求抵制美国的文化侵略，将视听业作为乌拉圭回合一揽子协议的“文化例外”，而美国则坚持视听业应和其他产业一样实行贸易自由化和公开竞争，并受多边规则的管理。谈判最终使欧盟坚持住了在视听业上的立场。

了解这场争端的前因后果，有助于我们对文化商品世界贸易现状的进一步分析。

从20世纪80年代初开始，西欧各国取消了政府对广播电台和电视台的垄断权。通过发放商业播放许可证，这些国家的政府电台和电视台都开始部分或全部实行私有化。为了争取更多的听众和观众，商业电台和电视台的经营者纷纷扩展播放频道，增加节目容量。到1990年，欧共体（1993年11月开始组建欧盟）成员国的电视频道从原有的36个增加到125个，这就需要大量的节目来填充这些大量增加的播放时间。与此同时，商业电台和电视台的经营者从政府那里获得了在世界范围内自由购买节目的权力，再加上本地视听产品的生产能力远远不能满足需求，使得许多欧洲国家对外国视听产品的进口量大幅度增长。可以说，欧洲广播电台和电视台的私有化给境外文化商品大量进入本国开了绿灯。

美国具有世界上最发达的商业电视和电影工业，视听产品是仅次于飞机的第二大出口产品。因此，在欧洲传播媒体的商业化过程中，美国的视听产品处于最有力的竞争地位。欧洲人把这种情况视为美国节目对欧洲的文化入侵，欧共体各国纷纷筑起相应的贸易壁垒加以抵制。他们采取的措施有两个：一是对国产电影实行补贴。例如：法国政府规定对电影的票房收入征收11%的特别税，然后在有关机构的监督下，补贴到国产电影的制作当中；对录像带的销售和出租，法国政府也同样征收特别税。二是对电视节目实行配额制度。1989年10月，欧共体通过一项关于“无边界电视”的指导政策，建议各国所有电视频道至少播放50%的“欧洲原产”电视节目，个别国家还采取了更严格的标准。在1993年秋天乌拉圭回合服务贸易谈判的最后阶段，美国对欧盟的这种保护表示了不满。欧盟却不肯让步，它认为欧洲人自己的严肃艺术和特殊文化应该加以保护。

这场争端是如何解决的呢？当时除视听业的争端外，美欧还就农产品问题争执不休。由于法国的强烈坚持，欧盟在视听业的谈判中最终还是没有让步，但在农产品的谈判中却向美国作出妥协。美国在农产品方面得到了好处，也只好在视听业方面放欧盟一马，从而使美欧谈判达到总体上的平衡。虽然美欧在视听业方面的争端目前得到了平息，但实际上问题并没有得到根本解决。随着视听业的发展，贸易自由化和视听业的贸易保护主义之间的矛盾必然愈益尖锐，终究有一天会再起争端。

其实，不仅在视听业方面，在娱乐业和出版发行业等方面也有不少国际贸易争端。美国和加拿大的出版业之争就具有代表性。加拿大在对外贸易上极力主张自由开放，但对本国文化产业则采取独立自主的方针，它甚至在立法上将文化市场确定为敏感领域，规定北美自由贸易协定不包括文化市场。为了保护本国出版发行业，1995年12月，加拿大制定有关法规，对美国在加发行的体育画报分版杂志广告收入征收80%的营业税，迫使这家杂志于去年初停止在加拿大的发行。美国指责加拿大此举违反了自由贸易的原则，并于1996年3月就此向世贸组织提出申诉。1997年2月21日，世贸组织专家小组对此案作出了有利于美方的裁决。加对此不服，当即向世贸组织提出上诉。加拿大副总理科普斯表示，政府将一如既往地支持本国出版物的发展；国际贸易部部长埃格尔顿也指出，“加拿大将继续努力实现其文化目标，并确保加拿大人有自己的杂志”。这场争端直到现在也未见分晓。

在文化商品的国际贸易方面，大多数国家对此有共识，那就是文化商品的市场准入不能有损于本国的文化传统和国家安全，欧盟中的法国就是这种立场的积极维护者，它首先在谈判中顶着来自美国的压力。从世贸组织的谈判规则来看，乌拉圭回合谈判把服务贸易纳入了多边贸易体系，这就意味着属于服务贸易范围的文化商品的谈判要受多边谈判规则的制约。按照多边谈判规则

的要求，如果一国向另一国开放某方面的市场，那么就意味着它得向所有成员国开放这方面的市场。显然，由于意识形态、价值观念和文化传统各不相同，再加上经济利益的影响，各成员国在文化商品市场准入上的承诺将会非常谨慎。因此，这方面的谈判将是较为艰难的。但贸易自由化是世界范围内的趋势，以美国为代表的文化商品的主要输出国为了其经济、政治利益决不会轻易偃旗息鼓。

因此，虽然目前文化商品还没有成为世贸组织谈判的重点，但随着世界经济的发展，以及国际贸易范围和数量的不断扩大，包括在服务贸易领域内的文化商品的市场准入和管理问题在世贸组织的谈判中也将日显突出。由于各方面利益的平衡，今后世贸组织谈判对文化商品的谈判结果，很可能是各成员国在一定范围和数量限制下的市场开放。

（选自《出版发行研究》1999 第 7 期）

大力发展有中国特色的社会主义文化产业

——近年来文化产业研究的新进展

黄南珊　何念龙

文化产业在国外已得到突飞猛进的发展，在我国则处于培育和初步发展阶段。近三年来国内关于文化产业的理论研究有新的进展，并渐成研究热点，其研究内容可以从六个方面撮要综述如下。

一、文化产业的概念内涵和本质特征

1. 文化产业的概念内涵

"文化产业"概念由英文词语"Culture Industry"翻译而来（也可译为"文化工业"），或认为文化产业概念可由日本"新文化产业"话语借用而来。所谓文化产业，是指通过工业化、信息化和商品化方式所进行的文化产品和文化服务的生产、再生产、交换和传播。其外延涉及文学艺术、影视音像、科学研究、新闻出版、信息咨询、设计策划等，涵盖了文化财产、文化设备和传媒载体三个方面。文化产业是生产文化产品和提供文化服务的行业，以满足人们的文化需求为主要目标。就行业范围而言，文化产业大致包括文化艺术业（主要有演出业、信息服务业、文化娱乐业、文艺培训业、艺术品经营业）、出版发行业和广播影视音像业。

文化的产业化是由生产力水平和社会消费需要所决定的，是社会化大生产和市场开放化的必然要求。在文化日益走向世界一体化和产业化过程中，文化已成为世界范围内的超级利润产业。英国的艺术业规模已达170亿美元，相当于本国汽车工业。日本的娱乐业经营收入超过本国汽车工业产值。美国的视听产品是仅次于航天航空的第二大出口产品。在许多发达国家，文化产业（如图书出版发行业）已成为支柱产业之一。把文化生产划入社会产业范畴，是文化艺术领域的一个重大改革，也是文化体制一系列改革的起点。其变革意义在于，一是应用现代化的专业生产结构和机制，使现有的文化生产力得到解放，并与现代化经济和新技术革命相结合。二是使文化艺术生产作为社会主义现代化生产的重要组成部分，成为我国国民经济发展的新的增长点。文化的产业化要求我们做到观念变革和思想解放。要改变那种把文化视为上层建筑担当意识形态功能和只在精神领域发生作用的传统观念，重视产业文化的多维功能和文化形态的物化——灵化的一体化，增强文化是推动经济和社会发展的大产业意识。确立文化产业的观念，要求我们认识到，文化作为一种国力，在知识经济社会成为经济增长的关键因素，直接促进生产力的发展，其经济价值越来越大。

2. 文化产业的本质特征

从文化产业的本质特征来看，文化产业与一定的社会生产方式相联系。西方资本主义国家文化产业体系和生产模式具有以下三个特点：（1）西方文化工业把文化完全推向市场，从生产到交换到消费都是把文化当作商品，这就是文化工业的本质特征之一。文化工业不是按照文化艺术的内在规律来进行生产，而是按照一般商品的生产模式来进行生产。（2）西方文化工业与其他产业部门一样，是按资本运作方式进行的，一切都必须按照资本的本性行事，而资本的本性是追求最大限度的利润，就是说资本要求增值。西方国家把文化工业视为一个赚钱的行业。（3）在资本主义国家，资本对人的统治不仅仅限于物质生产领域，而且也表现在精神生产领域。国家通过文化产品来实现它的统治，来塑造资本主义所需要的人或者说劳动力；而对外则输出资本主义的生活方式和价值观念。

在资本主义生产方式下，文化产业服从资本的逻辑而追求利润最大化，因而文化工业的本质是反文化。文化的商品化，其根本目的是为了“增值”。文化产品具有多大的市场价值、票房价值是其投资与否的决定性因素。之所以说文化工业是一种反文化，根据恰在于，它的产品以廉价的感官刺激为诱饵，通过迎合低级趣味，将文化消费引入歧途，达到占据并垄断文化市场的目的，使高质量高品位的文化产品，特别是人文精神产品和严肃文艺作品遭到排挤，其生存基础逐渐被摧毁。文化工业的最终目标是将文化全面彻底地商业化、市场化和消费化，其根本目的在于利用文化最大限度地获取利润。

作为以工业生产方式制造文化产品的行业，文化产业势必导致文化被资本所控制，势必导致将文化、艺术“物化”为大量流通的商品，势必导致文化成为获取高额利润的手段。最终从本质上和机制上破坏和消解艺术的独创性、一次性、个性和高雅审美性。文化工业产生的必然性与它的反文化本质是同时存在的，这是资本主义的内在文化逻辑。

对于文化“产品的批量化、格式化、标准化”与文化的本质相敌对；文艺本质是“个性的、一次性的、独一无二的存在”；“文化工业的要害是反文化性质”的这种说法，有人提出异议，认为这种说法从根本上混淆了艺术文本“原件”与“复印件”的关系。文学艺术的个性、独创性是通过文本“原件”来体现，文艺家在“原件”中所表现出的艺术个性艺术风格不因采用复制艺术而有丝毫增减。作为批量化、格式化、标准化的生产方式，其功能表现为复制速度、质量成本问题。复制技术并不能直接更不能从根本上取消艺术家的创作个性。把艺术品的“非艺术化”归结为科技手段的运用，显然有失褊狭，这实际上是从老庄到法兰克福学派反工具理性思潮的表现。这种异议只见生产手段而不见资本性质和生产目的。西方文化工业的批量化、格式化、标准化的生产手段服从于资本增值逻辑和追求利润最大化的生产目的。而现今我国学术著作出版难的问题不是也透露出片面追求经济效益的偏向吗?

文化产业作为文化生产的一种生产方式，以高新技术为依托。文化产业与“市场经济”一样，本身虽是一种手段，但又与社会制度和生产目的紧密相连。文化产业可以为社会主义所利用。必须把文化产业纳入有中国特色社会主义的文化建设的战略目标，作为一种必要手段加以思考和运作。一方面要认识到，大力发展文化产业，是加强社会主义精神文明建设的重要手段，是建设有中国特色社会主义文化的重要途径，是满足人民群众日益增长的文化需求的重要方式。另一方面要辨别，文化产业作为一种生产方式的积极、消极意义，通过这种生产方式生产的文化产品的正面、负面作用。我国文化产业在性质特点上强调要有中国特色和社会主义价值取向，根本目的是为了满足人民群众日益增长的文化需求和繁荣文化的本体要求。

二、我国文化产业的兴起原因和类型分析

1. 我国文化产业兴起的内在动因

我国文化产业的兴起，有其内在必然性：（1）从生产手段来看，物质领域生产工具的技术性革命必然导致文化领域生产方式的革新。由于新技术革命浪潮冲击和先进生产工具的使用，文化生产已由传统的个体化、手工化、小生产化转向集约化、高技术化和大批量的趋势。（2）从流通途径来看，文化产业的科技化和大众化特点，使得其流通空间更大时间更快。科技化和大众化特点造成流通空间立体化（海陆空全方位传送），时间的快速化（有形、无形载体的传播辐射）和手段的现代化（动用最先进交通、通讯和传输工具）。(3) 从交换方式来看，市场策动不断发展的交换方式同时也拓展着文化生产的规模和程度。正是文化发展需要涌现出各种市场（专业市场、综合市场、区域市场、跨国市场）以及集团化、国际化经营。(4) 从消费对象来看，随着物质生活的不断满足和提高，人们对文化消费的渴望愈益迫切，对量与质的要求也愈多愈高，这就造成了不同类型不同层次的消费群体。

文化直接进入经济领域，经济与文化的一体化，既是市场经济发展的必然趋势，也是文化产业发展的背景条件。经济与文化一体化有以下重要特征：(I) 现代商品中的文化含量、文化附加值越来越高。商品的文化内涵、文化个性和文化特色，实质上构成了商品流通和商品布局的内在依据。(2) 文化、科技在投入产出中的贡献率越来越大。商品生产包括有形投入（如能源、资源、人力、财力）和无形投入（如文化、科技要素和手段），现代市场竞争要求注意降低有形投入而强化无形投入，即提高文化、科技在投入产出中的贡献率。(3) 智力优势正在取代传统的自然资源优势。电脑和电信手段使拥有资本积累不再是优势，今后只有掌握技术和拥有人才才是真正优势。(4) 生产工艺流程对员工整体素质的要求越来越高。市场竞争和产品质量的提高，推动着生产工艺流程的不断优化，这对员工的整体素质提出了新的更高要求。(5) 在国际营销中，克服“文化障碍”而进行“文化沟通”，也正越来越引起人们的重视。在跨国经营中要克服“文化障碍”而实现营销战略，就要进行跨文化培训。(6) 现代市场发展要求企业更加重视商品消费的心理成分和审美要求。要注意消费发展中审美化趋势，产品也有“美的文化标准”，消费美学注入产品开发、营销、服务环节之中。(7) 形象力在市场开拓中的地位和作用越来越突出。企业力等于商品力加销售力加形象力。国际企业文化界提出“形象营销”，“形象制胜”的概念，形象力是企业较量的一个焦点。(8) 企业信誉在市场竞争中的作用会更突出起来。(9) 企业运作中文化纽带、精神纽带、道德纽带与产权纽带、物质纽带、利益纽带起着相辅相成、不可缺少的重要作用。文化、

精神、道德方面的纽带作为一种“看不见的手”，增加企业的市场竞争力和开拓力。

2. 我国文化产业的类型分析

从整体发展来看，文化的产业化是必然趋势，但就我国现实情况来说，文化生产单位能否产业化可分为三种类型。（1）产品的商品价值与市场价格基本相一致的文化生产单位，可以而且应当产业化。这类文化单位的服务（如演出）或产品（如畅销书、音像制品等），大多是直接为广大群众所消费的精神消费品，在文化市场有可能盈利，也就有条件产业化。政府对它只需“管”不需“办”，这种文化生产特点是普及。（2）产品的商品价值与市场价格有的一致、有的高于市场价格的文化生产单位，只能半产业化。这里有两种情况，一种情况如电视台。既有国家拨款又有广告收入。另一种情况如出版社，实行自负盈亏。用畅销书盈利补偿学术著作亏损，这就有一个定“度”和法制化管理问题。这两种单位都属于半产业化的文化生产门类，不能仅仅以市场杠杆来调节自身的运行机制。（3）产品的商品价值高于市场价格的文化生产单位，无力自负盈亏，不能产业化。这类单位多是知识精英聚集，其文化产品的社会价值极高，市场价格却不一定很高，如学术研究单位的学术著作，艺术创作单位和部分高雅艺术（京剧、芭蕾舞、交响乐等）。这类文化生产的特点是提高。从以上三种情况可以看出，即使在市场经济条件下，第二类特别是第三类文化生产，需要国家来“办”。那种在市场化大潮中不分青红皂白地把所有文化生产单位都“推向市场”的作法不可取，只会给社会主义文化建设带来损失。对第二类特别是第三类文化生产单位的国家投入，其性质与经济建设的基础投入、自然科学的基础研究投入是一样的，都是必须先有投入，才能支持以后的持续发展。

某些文化行业，如电影电视、通俗演出和娱乐业，无疑是可以产业化和商业化的，它以娱乐大众和创造利润为宗旨。但另一些文化领域，如文艺创作、人文社会科学研究等，就决不能产业化和商业化，因为这些领域肩负着推进我国的精神和文化的现代化（甚至全面现代化）的使命，体现国家和民族的精神品位、文明程度和总体文化（特别是文学艺术和人文学术研究）水准的高低。这决定了它们不应该也不能够卷入商品化的旋涡。否则，将导致文艺作的庸俗化和人文社会科学研究的取消。

三、发展文化产业的基本原则和对策思路

1. 发展我国文化产业的基本原则

发展我国文化产业应遵循的基本原则是：（1）坚持以社会效益为主，社会效益与经济效益相结合。文化产业既要坚持社会主义方向，又要提高经济效益，力求实现社会效益与经济效益的最佳结合。（2）符合建立社会主义市场经济体制的要求。必须改革旧的文化事业发展方式，走出一条符合社会主义市场经济体制要求的文化产业发展道路。（3）遵循文化产业自身的发展规律。既要遵循市场经济的规律，又要充分考虑文化产品生产和文化服务的特点，尊重其自身发展的规律。（4）与国民经济和社会发展水平相一致。文化产业的产业规模、发展水平和运作机制只有与国民经济和社会发展相协调，才能真正保证自身持续健康地发展。

2. 发展我国文化产业的对策思路

在改革和发展中走好文化产业之路，其对策思路是：（1）建立与社会主义市场经济相适应的大文化观念、文化体制和运作机制，这是发展文化产业的前提条件。A. 改变文化是政治、经济的附属物的传统观念，从根本上确立文化产业的地位，树立文化产业的新观念。B. 克服文化由国家统包统办单一发展倾向，实现体制转变，形成多主体多方面办文化的格局。C. 权力下放放宽搞活，使文化企业真正成为自主经营、自负盈亏、自我发展、自我约束的生产者和管理者。（2）对文化产业实行全面推向市场和国家重点扶持相结合的方针。把文化产业全面推向文化市场，促使文化产业如同其他物质产业那样奠定市场基础和发展空间。这就要求：A. 必须确认文化产品的商品属性。B. 必须把文化作为支柱产业和先导产业来开发。C. 必须营造一个宽松、公平的竞争大环境。D. 必须对高雅文化实行重点扶持。（3）发挥政策优势，以经济、法律手段为主要杠杆，促进文化产业的超常发展。这就要求：A. 产业政策要向文化产业倾斜。B. 用市场经济办法来办文化产业。C. 采用促进措施，逐年增加财政投入。

面向新世纪，全面拓展有中国特色的社会主义文化产业，应遵循如下思路：（1）改革文化产业体制，转变政府职能，建立强有力的宏观调控体系，政府对文化产业的管理职责为：制定文化产业发展的战略规划，强化指导、协调和监督检查手段；制定法规和政策，规范文化企业行为，维护文化市场秩序；为文化企业提供必要和及时的服务；通过经济政策影响文化产业的布局、结构和发展方向；通过制定行业标准和奖励先进，充分发挥导向作用；通过建立文化产业行业协会，增强行业自律。（2）改革文化产业投资体制，进一步完善和落实文化经济政策。建立多渠道的投资体制和有效的筹资机制，同时确立财政投入的重点。建立激励机制和竞争机制，增强文化企业的生机与活力。要充分利用财政、税收、信贷和价格等经济杠杆。在资金投向、产业结构和整体布局、文化产品生产和文化市场管理等方面，体现政策导向。（3）加快国有企事业的改革步伐，积极推进经营性文化事业单位的企业化改造。除博物馆、图书馆、科技馆等文化设施及少数特殊的艺术院团应当作为公益性文化机构保留实行国家财政投入外，其余都进行企业化改造。（4）积极发展文化支柱产业，今后五到十五年，应发展以文化娱乐业、出版发行业、广播影视音像业和信息服务业为重点的文化支柱产业。（5）充分利用全社会的文化资源发展文化产业。应当鼓励企业根据市场需求投资兴办文化产业。要鼓励社会各界投资兴办高雅艺术以及社会效益突出的文化产业。（6）加强法规建设，依法管理文化产业。当前应把条件成熟的行政法规完善

上升为法律。今后一段时间内需要出台一批重要和急需的文化法规。完善执法机制，文化管理部门要有效地履行检查监督的职能。(7) 积极推动文化产业的科技进步，培养一支合格的文化产业队伍。重点建设与高科技相结合、具有先导产业性质的文化电子信息服务网络。加快实现全国出版管理信息网络系统建设和出版物市场信息系统建设。注重选拔和培养文化产业高素质的创作、生产和经营人才。

四、文化市场的管理机制问题

文化市场与文化产业密不可分，文化市场是联系文化产品生产和文化消费的桥梁。文化产品和文化服务一旦以商品的形式进入流通领域，就构成了文化市场。我国文化市场已迅猛崛起，初步形成包括文化娱乐市场、电影市场、图书报刊市场、美术市场、演出市场、音像市场、文物市场、中外文化交流市场、文化艺术培训市场等九大文化市场，成为我国社会主义市场体系中不可缺少的有机组成部分。而当今的文化市场管理就成为一个重要问题。

1. 文化市场管理工作者的职责要求是：(1) 从文化市场消费者的管理来看，文化管理工作者应该加强对文化消费行为的细化分析和广义消费行为分析。A. 应把消费者的个人兴趣及权益作为研究重点之一。B. 应把大众文化消费的经济活动与心理变化、转变特征结合起来分析。C. 应关注大众群体消费行为相互影响方式及社会环境的影响。(2) 从文化产品供给者的管理来看，文化管理工作者应该密切注意各类文化产品供给者的行为动机和行为方式。要考虑其名誉动因（个人名誉和社会效应）和经济动因（经济利益和个人利益）能得到一定程度的保护和支持。文化管理工作者对文化产品生产者负有规范管理和指导、引导的职责。(3) 从文化市场的独特性来看，文化管理工作者应对文化产品的独特性和文化市场规律的独特性有较深切的认识。A. 促进文化产品对广大消费者的外部影响和感染渗透功能。B. 坚持百花齐放与扶持各类精品相结合的指导思想。C. 随时注意调整国家文明建设需求与大众文化需求之间的主次关系和比例关系。D. 既要借鉴市场学理论，又要坚持文化建设的精神价值取向。E. 抓好文化产品的质量评价和市场导向，通过政策和奖励向文化精品倾斜，以利于民族文化素质的提高和升华。

2. 文化市场的管理思路。要采取相应措施进行文化市场管理。(1) 要运用法律手段、政策手段来规范文化市场。要把市场管理工作纳入法制化轨道，应尽快出台有关文化市场管理的法律法规和相应政策，使有关职能部门能运用法律手段和政策手段规范文化市场，使文化市场管理法制化、制度化、规范化。(2) 要运用经济手段调控和管理文化市场。文化市场管理部门有权通过法规政令所赋予的职责，用经济手段干预市场。要通过经济杠杆作用，让更多的进步、健康、文明、高品位的文化产品和文化服务进入市场。要按照文化市场发展的客观经济规律，运用经济计划、经济效益、经济核算、经济责任等措施，加强对文化市场的管理。(3) 要运用行政手段干预文化市场。政府应着重于宏观调控、正面引导和对非法经营活动的取缔和打击，着重于理顺文化市场管理体制，使文化经营活动健康有序地发展。要通过行政手段，限制那些不符合社会主义文化建设需要的东西进入文化市场。(4) 要运用宣传舆论、教育手段引导文化市场。要对文化产品的生产者、经营者、消费者进行教育和引导。要通过政府行为，运用各种手段，正确引导文化产品的生产者、经营者、消费者，引导文化市场的消费走向和审美取向，从而推动文化市场在有序中繁荣发展。

五、文化产品的两种效益关系问题

文化产品与物质产品相比，具有特殊的属性和功能，在社会主义市场经济条件下，要坚持把社会效益放在首位，力求实现社会效益和经济效益的最佳结合。

1. 文化产品从其生产过程来看，具有双重特性。文化产品具有精神和物质两重属性，精神属性为其本质属性。文化产品的效用主要不取决于其物质载体的自然属性，而取决于其精神内容的社会属性。文化产品的精神属性和功能表现为：(1) 文化产品具有认识、教育、审美、娱乐等特性和功能。(2) 文化产品的内涵是社会遗传的一种形式。(3) 文化产品的内涵同时具有相对独立性和历史继承性，并在相当长时间内发挥作用。

2. 在市场经济条件下，文化产品的社会效益和经济效益，在存在一致性的同时也存在着相当的矛盾性。这种矛盾性表现为，由于文化产品具有潜在的精神价值和商品交换价值两重性，而在其生产和消费过程中，有可能造成两种效益的分离和两种价值的倒挂。如何充分促进两种效益的统一而避免矛盾的消极一面？这就要求：(1) 应通过提高人们文化程度和审美水平的途径来实现两种效益的最佳结合。(2) 应改革文化体制，建立既有竞争激励又有责任约束的机制，调动文化工作者的积极性，多出双效益的文化产品。(3) 要培育文化市场，引导文化消费，加强文化市场管理，让健康、优秀的文化产品在文化市场上占据主导地位。

(4) 对于那些社会效益好的公益性文化产品，国家应采取重点扶持政策，以保证它的有效供给和最佳发展。

要正确认识文化产品的商品性、非商品性的二重属性。文化产品具有商品性的一面，在市场中有经济价值，精神价值的实现往往通过经济价值的实现才能得以实现。但文化产品又有非商品性的一面，其特殊属性不是追求“利润最大化”，而是从根本上满足人民的精神需求。文化生产有其自身的发展规律，不能完全受市场经济规律的支配。经济效益与社会效益就本质而言并不等同，两者相背离的情况普遍存在，随着人们文化水平和欣赏水平的提高，对文化产品又会提出更高层次的需求，反映在两个效益关系上，就会出现背离——统一——背离这样一个动态发展过程，要在具体工作中不断促进两者的平衡与统一。文化生产要坚持正确的价值取向，始终以社会效益为最高准则，力求做到社会效益与经济效益的统一。

六、文化消费的特点、作用及导向问题

文化产品的生产、流通和消费是一个整体过程。文化消费是人们为满足精神文化生活的需要所进行的消费活动。

1. 文化消费的基本特点为：（1）文化消费具有鲜明的社会性。不同的社会形态，文化消费的内容和形式会有所不同。在社会主义制度下，文化消费整体上是为社会为人民服务的。（2）文化消费具有较强的时代性。不同时代，人们的消费观念、消费方式都不一样。在社会主义时期，文化消费具有全新面貌和丰富多彩形式。（3）文化消费具有明显的层次性。文化消费层次由娱乐性向陶冶性提高，生活水平从温饱型向小康型发展，文化消费需求不断增加，层次将越来越高。（4）消费选择是由不自觉到自觉的过程。由盲目消费和好奇消费心理转向能自觉选择健康性的消费品和消费服务。这种积极消费又能净化精神并形成良性循环。（5）文化消费习惯性、传承性和弹性很大。在由传统向现代转换的过程中，传统文化娱乐形式在生存、发展和享受的各种文化消费中仍发挥比较重要的作用。

2. 文化消费的主要作用：（1）文化消费能推动精神文明建设的健康发展。文化消费可通过潜移默化的积累过程来陶冶人们的情操，优秀的文化产品引起消费者的思想升华。（2）文化消费是人们生活消费的重要内容。文化消费对提高人们的消费水平、生活质量和改善消费结构、建立合理生活方式的作用越来越大。（3）文化消费能促进人的素质的全面提高。文化消费过程本身是自我价值逐步实现、自觉培养和发展个人多方面能力的过程。发展文化消费，可使人们增长知识、智慧和才干，促进人的素质的全面提高。（4）文化消费是经济发展和社会全面进步的动力。全方位的文化消费对经济发展有重要的促进作用；健康向上的文化消费活动，能培养人们的高尚品质，促进人的全面发展，实现社会的全面进步。

3. 抓好文化消费的导向：文化消费必须是社会主义性质的文化消费，要把握文化消费的正确方向。（1）要多生产内容健康形式多样的精神产品，做到主旋律与多样化的统一，满足人们多层次、多方面日益增长的文化需求。文化产品要做到传统与创新、高雅与通俗、自娱性与公益性、教育与娱乐相结合。（2）加强文化消费领域的管理，运用法律、经济、行政等手段来维护文化消费者的合法权益，管好书籍报刊、影视音像和娱乐业的生产与流通两个环节。（3）加强对文化消费方向和层次的引导，对消遣型娱乐文化消费引导向健康向上、寓教于乐的方向发展，着力点放在引导到发展型、智力型和具有良好社会效益的文化消费上。

纵观国内文化产业研究，有待于进一步深化。理论探索要走在文化产业发展的前面，做好超前的务实的研究，以指导我国跨世纪文化产业的新发展。从文化经济学的角度来看，文化产业研究应着重于文化资本在生产和消费系统结构中的经济价值的考察和分析，它是一种利益关系。从精神价值的角度来看，文化产业研究的核心概念是文化作为一种精神意识和价值观念的象征体系，它是一种文明状况。从当代文化的可持续发展战略来看，市场经济条件下的文化发展，关键在如何把握和协调文化的经济价值和精神价值。今后文化研究可从内外两方面着手。从外部视域来看，要研究我国文化产业发展的环境和条件（包括社会的、时代的、经济的、科技的环境和条件），文化作为第三产业的重要行业与其他行业（如高新技术产业、电信产业等）的关系。从内部视域来看，要研究文化产业发展的规律（包括产业的一般规律、文化产业的一般规律、有中国特色社会主义文化产业的规律），产业自身规律与文化自身规律的关系。要研究文化产品的生产、经营和消费各自的规范要求和相互关系，公益性文化产业与经营性文化产业的关系。要研究文化产品生产中市场调节与宏观调控的关系，文化消费中满足和提高的关系。从深化改革的角度来看，要研究文化产业的体制、机制、结构、管理等方面系列改革。从比较研究的角度来看，要进行我国文化产业发展模式与西方文化产业发展模式的比较研究等等。专题研究宜深化、细化和务实化，既有理论深度和创新性，又有对策性、预测性和可操作性，以利于对文化产业发展起到切实的引导和推动作用。

（选自《企业导报》1999 年第 9 期）

西方大众文化理论研究评价

金民卿

大众文化作为当代社会一种普遍的文化现象，对大众日常生活、社会政治领域、社会文化发展等都产生了巨大的影响。西方学术界对大众文化进行了比较广泛的研究，形成了有代表性的观点，本文试对西方大众文化研究进行评价。

一、法兰克福学派的大众文化批判理论

在西方文化史上，尼采曾对大众文化进行过一些论述，但他主要是站在精英文化和高雅文化的立场上对大众文化作了全面否定。西方大众文化研究的真正开始应该说是法兰克福学派，20 世纪 70 年代以前，以霍克海默、阿多尔诺、马尔库塞、本杰明、洛文塔尔等为代表的法兰克福学派的大众文化批判理论代表了西方大众文化理论研究的主流。

法兰克福学派大众文化批判理论的理论基础是批判理论。这种理论认为，西方资本主义社会在现代的发展已经是一个完全异化的社会，伴随社会的单面性发展，社会中的人是单面性的人，所以，应该对这个社会进行彻底的拒绝和否定。基于这种批判理论，他们对西方社会的大众文化的本质、功能、特征等进行了批判性分析。

关于大众文化的本质。他们认为，西方现代大众文化是体现统治阶级意识形态的文化工业产品，是资本主义社会的肯定性的文化，它代表了现代社会的一种垄断权力，是一种束缚社会主体、阻碍社会变革的力量，同时又是维护和肯定现存社会的文化力量。从阶级实质上讲，它是资产阶级性质的文化。

关于大众文化的特征。（1）它是模式化、齐一性、单质性的文化。大众文化具有强烈的机构复制性，它们在形式、语言等等方面表现出了模式化、齐一性的特征，在内容上则表现出单质性的对现存社会的肯定。这种模式化、齐一性的社会根源是晚期资本主义的垄断性、极权主义统治，现代社会已经形成了一种高度集中的权威，能够统治整个文化系统各个部分的运作，社会统治者不允许产生与他们的利益、意识形态、思想观点相违背的文化，即使产生了也必须禁除。模式化同时意味着欺骗性，因为大众文化是用虚假的统一性来掩盖社会矛盾的。（2）它是一种消费性的文化。这种文化作为一种消费和娱乐的精神产品，是暂时性的、时尚性的，它通过奇观和广告艺术不断地吸引社会大众，从而为大众提供了一种文化的消遣，并使大众在这种消遣中失去对社会的自主判断和批判能力。（3）它是一种商业性、营利性的文化。大众文化的运作方式是一种市场化的运作，它的核心目的就是为了商业营利，它创作实际上就是批量性的生产过程。（4）它是一种和高雅文化对立的非文化性的文化，是不具有文化合理性的文化。大众文化的商品化形式本身就是欧洲古典文化艺术的对立物，大众文化的风格是虚假的统一风格，是反风格的风格，一切都是按照既定的配方程序制造出来的，是某种单质性整体的样品和复制品，它们背离了艺术的真谛，丧失了文化艺术的韵味。

关于大众文化的功能。（1）现代大众文化进一步削弱了西方社会业已式微的个体意识和批判理性，消解了大众的主体性和反抗社会的意志。现代大众文化为极权主义的政治制度和管理模式所控制，对资本主义社会现状没有任何对抗能力，它通过强大的文化渗透力和强制性力量，迫使社会大众对社会认同。大众在大众文化中是纯粹的文化消费者，大众在消费大众文化产品的同时实际上成为资产阶级意识形态的接受者，成为资本主义社会的赞同者，于是失去了自身的主体性、反抗性和革命性。通过大众文化，大众一方面成为纯粹的受害人，另一方面注定不能自己解放自己。（2）现代大众文化对现存的资本主义社会制度具有极大的肯定性、辩护性、捍卫性。大众文化实际上是政治制度和极权主义的帮凶，它们复制了现实，肯定了世界的现状，赞颂了现存社会，用假象来迷惑和诱惑大众，由此，大众文化为资产阶级统治进行辩护，捍卫现存的资本主义统治。

显然，法兰克福学派的大众文化批判理论对现代大众文化是持批判否定态度，他们认为现代大众文化从社会发展的角度来说是一种阻碍历史发展的、为资产阶级统治服务的。这种大众文化观念，是以个体自由发展为核心的西方启蒙精神在现代资本主义条件下的异化，垄断资本主义的极权主义的统治模式，尤其是法西斯对社会大众的统治，相对于他们所处的时代背景和社会基础，大众文化批判理论是有一定道理的。但是，它只具有一定的地域合理性和时代合理性，并不具有普适性。不分时代和地域盲目地拿它来评价一切大众文化是错误的，同时，法兰克福学派理论家实际上是用高雅文化之绳和批判理论之棍来评价大众文化的，这二者是他们评价大众文化的先在准则，因此，我们就必须来思考准则本身的合理性问题。首先批判理论本身就是一种实体性思维模式的产物，是一种形而上学的理论。其次，他们把大众文化和高雅文化对立起来，用高雅文化的标准来衡量大众文化，于是在评价大众文化之前已经认定了大众文化的不合理性。

法兰克福学派的大众文化批判理论在西方具有极大的影响力，70 年代以前几乎形成了大众文化研究上的法兰克福学派模式，直到20 世纪 70 年代中期美国著名学者

丹尼尔·贝尔在论述资本主义文化时，仍然沿袭这种观点。法兰克福模式也是我国当前大众文化研究的一种重要的理论依据。但是随着历史的发展，法兰克福学派的观点在西方大众文化批评领域中逐步失去了它的理论解释力。中国当代大众文化和法兰克福时期西方的大众文化状况更是不可同日而语，因而我们在借鉴法兰克福学派大众文化批判理论时，决不能照搬照抄。

二、英国文化研究学派的积极性大众文化理论

20世纪70年代以后，以费斯克等为代表的英国文化研究学派批判和检讨了法兰克福学派悲观的大众文化观点，提出了新的大众文化理论，并成为西方大众文化理论的重要代表。英国大众文化理论以对“大众”和“文化”这两个基本概念的界定为基础，着重论述了大众文化的积极性、肯定性的方面，肯定了大众文化的创造性、启蒙性功能以及大众在文化活动中的积极能动性。

对“大众”的分析和理解。法兰克福学派理论家把大众视为是失去了个体自主性的被社会完全同化的单质性的消极的社会大众，这种消极悲观的大众内涵，有其特定的历史背景外，在理论思维上实际上是把大众作为一种固定不变的实体。费斯克等人坚决反对这种大众概念，他们认为大众并不是固定不变的实体，他们是由各种各样的具体利益关系、政治关系、社会关系所形成的社会群体，是一个杂多异质性的关系组合，他们具有社会性、历史性和具体性。就大众的主体性来说，大众是具有强烈的社会对抗性的集体性对抗主体，因为大众是处于社会下层的一般群众，是非权力阶层，正因为民众的这种下层性，他们虽然受到社会制度和权力阶层的控制，但是他们决不是注定的统治阶级及其意识形态的奴隶，他们具有强烈的反抗意识。就大众的结构性来说，大众是流动性主体，因为大众是一个由不同群体不断变化的亲疏离合的多层次联系构成的关系总和，大众本身并不是固定不变的。

关于文化的内涵。正如对大众进行了动态的、关系的研究一样，费斯克等人对文化也是从动态的关系的角度来说明的。他们指出，“文化是意义在特定社会中的产生和流通”。这种意义的生产和流通与特定的社会结构和社会状况是分不开的，同特定的社会中的经验主体是分不开的。文化的核心是意义的提取、获得、产生、流动，而文化产品只是文化的承载物、资源和材料。因此，文化是文化主体和文化承载物之间的关系，是一种动态性的关系性的存在，文化不仅取决于文化对象、资源，而且取决于文化活动的参与者，以及二者之间的动态性的理解关系。这种文化观念从方法论上来说，是一种动态性的意义分析，着重于分析文化的动态性而不是结果性，这样就打破了文化分析上的静态性的方法论；从思维模式上来看，这种文化概念是一种关系思维和实践思维，把文化解释为特定社会中的经验主体对一定的文化产品的理解，而这种理解活动显然是涉及主体、社会、文化产品之间的关系，涉及到社会的意识形态和主体的社会境域，涉及人们的日常生活的实践；这种文化概念实现了文化观念的转换，把以“艺术成品”为核心的文化观转换为以意义形成为核心的文化观，从而强调了社会主体对文化的参与，人们并不是被动地接受某种文化产品，而是通过自身的文化创造和意义生产创造了文化。

费斯克等围绕着大众在大众文化活动中的积极能动性讨论了大众文化的肯定性方面。（1）关于大众文化资源与大众的能动性。大众文化的文化资源是多方面的甚至是没有边界的，它绝不仅仅是工业文化产品，甚至任何一种文化产品都可以是大众文化的文化资源。对于大众文化来说，工业文化产品和高雅艺术作品没有什么特殊的区别。在大众文化活动中，大众不只是在消费文化商品，他们也是在利用和改造它们，文化商品不只是大众消费、接受的对象，而更是大众可以利用的文化资源和材料。大众对文化资源的选择、利用以及利用的程度，体现了大众在文化活动中的积极能动性。认可、体现、发挥大众的积极能动性实际上就是大众文化合理性的一个方面。（2）关于大众文化文本与大众的文化参与。费斯克认为大众文化的文本是一种“生产性文本”，它既是大众能够理解的，同时又是意义开放性的。一方面，这种文本，其阅读不一定很难，并不一定要读者绞尽脑汁才能理解，并不显得和日常生活有什么明显的区别；另一方面，这种文本只是大众文化的承载物，大众在阅读和理解文本的时候，把自己的生活经验、感受等等融入了意义的生产之中，扩展了文本的意义，形成了大众文化。显然，大众文化的生产性文本的特征突出体现了大众文化的大众参与性。（3）关于日常生活和大众文化的关系。一方面，日常生活是大众文化创作的基础，是大众文化形成发展的内容基础和材料来源。另一方面，日常生活是大众评价大众文化产品的基础，大众文化的品质主要是大众文化产品同大众日常生活需要以及大众日常经验的相关性。

英国文化研究学派的积极性的大众文化理论，运用现代西方哲学和社会科学的新的方法论，揭示了现代大众文化的积极性内涵，发掘了大众文化中所包含的合理性方面，这对于我们全面地分析大众文化具有重要的启发性价值，因为大众文化之所以成为当代文化系统中的一种强大的力量，自然有它存在的合理性。当然，当代西方大众文化中的消极性的方面是不能否认的。

三、德国新公共领域理论的大众文化理论

以克鲁格等为代表的德国新公共领域理论，以电影文化作为主要的分析对象，提出了新的大众文化理论。它在20世纪70年代产生，80年代以后发生了极大的影响，尤其是经过了汉森、李普曼、詹姆森等人介绍，在美国和西方国家的影响越来越大。

关于公共领域的含义。哈贝马斯在《公共领域的结构转换》中论述了资产阶级公共领域的问题，并提出随着资本主义的发展，资产阶级的公共领域发生了结构和功能的转换，当代社会的公共领域已经异化成为统治阶

级的工具。在克鲁格看来，现代的公共领域已经超越了哈贝马斯所设定的早期资产阶级的公共领域的范围，于是他们提出了“公共生活和经验”空间和“生产性公共领域”的概念。认为公共领域是一个充满公众日常生活经验和共同生存经验的空间，是实实在在的公众空间，包括了普遍的社会经验视野；公共领域不仅包含了生产、消费、商业等领域，而且包括了所谓的意识工业，影视等大众文化当然是公共领域的构成部分。生产性公共领域一方面和政治领域保持着一定的联系，另一方面不断地扩大自己的领域。把大众文化视为一种具体的公共领域或公众空间，主要从两个角度来理解。1. 大众文化本身就是一种具有表现和接受特征的公众空间，这些表现和接受特征取决于具体社会环境中特定形式和风格的大众文化的制作、发行和传播条件。如官方控制还是纯粹的商业行为等。2. 大众文化和公众生活的其他形式相互联系、相互作用，对现代社会的大众生活产生巨大影响，促进和推动其他公共领域的发展，并形成了群众性的民主政治力量。

把大众文化作为一种公共领域、公众空间充分显示了大众在大众文化活动中的积极能动性。大众在消费电影等大众文化的过程中，决不是仅仅接受了电影所设定的意义，公众自身在消费大众文化的时候，根据自己的生活经验和感受，对大众文化赋予了自己的意义，也就是说介入了电影意义的创造。因而大众文化实际上就是一种公众自己创造的公共领域。在这种公共领域的形成和运作中，公众是自主性的、能动性的，这实际上就是强调了现代大众文化中大众的主动性、创造性，和法兰克福学派理论是相反的。

强调了大众文化的积极性内涵。该理论更突出了大众文化作为一种公共领域在现代社会政治发展中的作用。一方面，大众文化作为一种公共领域，充满了大众日常生活的内容，并在极大的程度上实现了大众对文化的参与。大众在大众文化的欣赏和创造的过程中，交流了生活的感受，舒缓了生活的压力。大众在大众文化的意义接受和创造的过程中，能够发挥自己的主体性、批判性意识，对现存社会和自身生存、生活状况进行反思，增加自己对社会的判断能力。另一方面，由大众所参与发展的大众文化作为一种公共领域，内涵着社会认知、社会舆论、社会评价等作用，形成了一种自下而上的政治力量，对于政治领域产生了强大的民众监督能量，在形成了多元文化形态的同时，通过文化的力量有效地阻止了政治领域中的极权主义倾向。

公共领域的大众文化理论，实际上是在大众文化的意识形态性、商业性之外，重新思考大众文化，从大众参与的角度来分析大众文化的社会功能，这就给我们提供了一个新的研究框架。大众文化的研究可以从意识形态内涵、商业性内涵、大众生活内涵、积极性的政治功能等多个维度上进行分析，每一种分析都有它的价值。应该说，公共领域的大众文化理论在分析的界域上比法兰克福学派、英国文化研究学派都更加全面合理。但是，它忽视了现代大众文化中统治阶级意识形态影响、晚期资本主义颓废思想对大众文化的浸润而导致大众生活的异化等问题，这是我们必须加以注意的。

四、几点结论

1. 大众文化在现代社会是一种独立的文化种类，必须引起我们重视。在文化现象层面上，大众文化的独立性是无论如何不能加以否认的，它已经和精英文化、主导意识形态文化等一起构成了现代文化系统的主要组成部分，并在大众生活、政治领域和文化发展等方面产生了越来越大的作用。那么，大众文化是什么？有什么特征和功能？诸如此类的问题，我们必须从中国的实际出发，对中国当代大众文化进行理性的分析。

2. 就我们可资利用的西方大众文化理论资源来说，它们存在着一个共同的理论缺陷，而且这个缺陷在当前中国大众文化研究中也存在着，这就是缺乏关于大众文化概念的界定，我们上面介绍的几种理论，都是从研究一开始就直接论述大众文化的本质、功能、特征等。这种研究存在着这样的设定：任何人都知道大众文化是什么，因而不用再界定大众文化的概念。显然，这是经不起理论推敲的，他们在对大众文化本质的把握上是不可能深刻的。因此，我认为界定大众文化概念是当前中国大众文化研究的首要工作。

（选自《哲学动态》1999 年第 10 期）

文化产业发展与国家文化安全

——全球化背景下中国文化产业发展问题思考

胡惠林

一

本文认为，全球化不仅带来经济安全问题，而且也带来文化安全问题。面对全球化背景下的西方强势文化和“文化霸权主义”对中国文化产业发展构成的威胁和挑战，必须构筑国家文化安全体系：一、坚持有所为有所不为的原则，确立以国家利益为最高利益的文化产业战略；二、建立积极的国家文化安全预警系统，实行文化市场与文化产业的适度准入原则；三、推进中国文化产业的民营化战略，主动出击国际文化市场；四、完善国家知识产权保护体系，全面推进国家文化创新能力系统建设。

全球化作为当今世界发展的一个趋势，不仅深刻地影响着世界各国的经济政策和经济运动，而且还深刻地影响着世界各国的文化政策、文化运动和文化产业发展走向，影响着国际文化秩序的变动和文化力量格局的重组。作为经济全球化的一个直接后果，“文化全球化”已经成为资本掠夺的一种新的当代形态，直接威胁着各民族文化产业的生存与发展。包括文化产业安全在内的国家文化安全，在全球化的浪潮中被历史地和现实地推到了主权国家面前。如果说作为一个命题或概念，在这之前国家文化安全还尚未被提出并构成国家文化产业发展的一个重要内容的话，那么在今天，面对全球化，特别是在这一过程中出现的“文化帝国主义”对中国文化产业发展构成的现实威胁，则不能不引起我们对中国的国家文化安全进行认真的思考。

国家文化安全，是一个有着丰富内涵和广阔外延的政策过程系统。完整地建立这样的系统，可以有许多的政策选择和战略考虑。坚持有所为有所不为的原则，确定以国家利益为最高利益的文化发展战略，则应是我们在全球化背景下的首要选择。

国家利益是国家全部战略的核心，它是一个国家维护和创造本国大多数居民共同生存和发展必须的各种因素的综合，是一个主权国家的生存与发展全部需求和意志的集中体现。“只要世界在政治上还是由国家构成的，那么，国际政治中实际上最后的语言就只能是国家利益”。冷战时期，中国曾奉行以意识形态和社会制度为标准处理国际关系的国家战略和国家利益观。虽然，在今后的国际关系处理中，意识形态在中国的国家利益构成中仍然会占有相当的比重，但是，过分强调意识形态在整个国家战略利益中的分量，甚至片面地把意识形态问题看成是国家的唯一利益之所在，其危害性和造成的后果在中国社会主义发展史上是有教训的。因此，冷战结束后，邓小平就提出“考虑国与国之间的关系主要应该从国家自身的战略利益出发，而不去计较社会制度和意识形态的差别”的新思路；1991 年江泽民提出了“国与国之间的关系应该受到国家利益而不是意识形态左右”的中国处理国际关系新原则，都把“国家利益”问题提到了国家战略的高度。这是一种在冷战后，中国在关于国家利益和意识形态关系问题上的根本思维方式和政策范式的转变，体现和反映的是一种符合中国最广大人民利益的根本利益观。当然，在国家关系问题上淡化意识形态并不等于说意识形态利益不重要了，涉及国家根本利益包括国家价值利益的意识形态问题，例如民主和人权，在今天的中国仍然是影响国家关系的一个尺度。在一个问题上淡化意识形态，而在另一个问题上又重视意识形态，有进有退，有所为有所不为，政治上是如此，国家文化产业发展也是如此，而转变的标准就是看它是否符合中国的国家利益。然而，一个时期以来，中国之所以在文化产业发展战略选择与布局问题上，在文化市场管理权限和职能分配问题上，在文化投资主体多元化和市场准入等一系列产业政策问题上，发生中央和地方、地方与地方、部门与地方、部门与部门、国家和集体、政府与个人的冲突，除了体制转型所带来的矛盾外，一个重要的原因，就是缺乏以国家利益为最高利益的文化意识，没有确立和形成以国家利益为最高利益的社会舆论和政策目标。这才导致出现了为了局部的、小团体的个人的利益而置国家的根本文化利益于不顾。盗版、贩黄、法人文化走私，甚至在对外文化贸易活动中，为维护自己一时的利益互相打压、哄抬价格，让外人坐收渔利，并最终为境外尤其是西方利益集团和文化力量利用和控制，从而导致国家文化利益的重大损失。正是这种被动局面给中国文化产业的发展带来了严重的威胁，有的甚至已经严重影响了国家文化产业在某个领域的生存，造成了民族文化产业发展严重的文化安全问题。我们说，国家利益进而国家文化利益并不仅仅是一个国际关系和国际文化关系的概念，而且也是一个重要的国内政治和文化概念。公民对诸如国家利益和民族利益的信仰，是国家政治系统和文化系统生存与发展的基本条件，是这种基本条件的存在，我们关于国家文化和文化产业安全的理解也才是完整的。因此，在参与全球化的过程中，不能把经济全球化片面地理解为可以不顾国家利益的完全的文化经济自由化或产业发展自由化。市场经济的最高原则仍然是国家利益。世界上没有哪一个跨国公司在追求利润最大化的同时会损害它所在国的根本利益的。这是一种文化认同使然。美国金融家索罗斯就明确宣称：

全球化就是全球资本主义化。美国是一个在国际舞台上讲“国家利益”讲得最多的国家，为了维护所谓“美国的国家利益”，它甚至可以把它的西部边界推进到世界任何一个地方，不管是政治的、经济的、军事的，还是文化的。“没有文化方面的考虑，对外政策就不可能是有效的”。这是美国的国家战略，同时也是美国推动文化全球化的国家文化战略。这是一个可以“借鉴”和“引进”并参与“全球化”的战略：为了维护中国的国家利益，中国的国家文化利益，中国文化产业发展也应当确定选择的战略。只有确立了这样的战略前提，中国的文化发展和文化产业安全的发展也才是有保障的。

二

经济上的支配性力量衍生出文化权势，进而文化上的霸权主义和强权政治。这是全球化的一个特点。由于全球化，进而“文化全球化”在产业形态和精神形态两个层面上构成了对一个主权国家文化存在和发展的现实威胁。因此，世界上许多国家和国家集团，甚至包括西方发达国家集团内部也为了各自国家的民族文化利益，纷纷采取文化保护主义政策和建立防范机制。法国为抵制和限制美国文化娱乐产品在法国的销售、传播，保护法国文化和文化产业，规定法国的电视和广播节目至少有40%的时间要使用法语，硬性规定其全国4500家影院所放映的影片中，好莱坞影片最多只能占1/4；加拿大于1995年将美国“乡村音乐电视台”逐出加拿大后，为保护本国的期刊业，又在今年开始实施C－55号法案。该法案规定，加拿大企业不得在加拿大发行的外国期刊上做广告，否则将被处高额罚款，通过切断美国期刊在加的财源将其置于死地，从而达到保护本国文化产业的目的。法国、加拿大乃至整个欧盟尚且能够看到文化是一个“涉及我们的特性价值和差异的至关重要的问题”，并且为了保护自己文化产业的需要而通过立法制定文化保护的政策系统，更何况像中国这样一个在文化上与西方主流国家之间存在着巨大差异的国家，难道倒可以在文化上不设防吗？早在1983年邓小平就已针对这种文化威胁所可能造成的危害，提出“属于文化领域的东西，一定要用马克思主义对它的思想内容和表现方式进行分析、鉴别和批判”，告诫“如果我们不及时注意和采取措施加以制止，而任其自由泛滥”，“后果就可能非常严重”，“关系到党和国家的命运和前途”。结合他后来提出的要防止“左”和警惕右的主张，实际上是邓小平在提出建设有中国特色的社会主义的同时，也提出了关于思想文化领域里的国家文化安全问题及其防范的识别系统和预警系统的建立问题。邓小平这一卓越的战略思考和思想资源没有得到应有的重视和运用。

不久前，著名电影导演陈凯歌在成都举行的一次电影会议上，曾不无绝望地指出：“内地电影现在面临生死存亡关头。我不知道十年二十年后，内地还有没有自己的电影。”面对目前内地每年引进的10部美国电影就占据60%的中国内地电影市场这种局势，“我们没有丝毫的抗衡力量，甚至连一道篱笆都没有”。陈凯歌语出惊人，但绝非危言耸听，而是道出了中国文化产业发展所面临着文化安全问题已经达到的程度，以及中国的文化事业家迫切希望能构筑这样的“一道篱笆”来防范“野狗”入侵的强烈愿望。建立国家文化安全预警系统，就是要在对中国文化产业基本国情广泛调查分析的基础上，建立起全球化背景下的中国文化产业发展的安全“红线”，尤其是它的早期报警系统。通过对国际文化市场文化商品的流动趋势及其以各种渠道影响和进入我国文化市场所可能导致对我国文化产业、文化市场发展构成的威胁，特别是可能引发对我国文化产业发展构成灾难性后果的不良趋势的分析，能够及时而准确地作出预告性和警示性反应，启动相应的国家机制，运用法律的、行政的、市场的和经济的及其他文化安全管理手段，对那些可能危及中国国家文化安全和文化产业发展的文化因素和文化力量进行鉴定和识别。符合中国国家文化利益和有助于中国文化产业发展的，表示认同，给予支持，对不符合甚至严重侵害和违背中国国家文化利益，对民族文化产业发展构成严重威胁的，则坚决予以拒绝，并给予打击和破坏，从而把可能对中国文化及其产业发展造成生存与发展危机的因素和力量，牢牢控制在安全警戒的“红线”之下。音像制品在中国的走私，为什么在中国政府的不断打击下会越打越泛滥，这很值得我们深思。这就需要在国家文化发展战略的层面上，构筑起国家文化安全管理系统和预警中心，组织专门机构和人员，负责对可能危及国家文化安全的方面，进行深入细致的观察、分析和研究。任何一种形式的文化安全危机的爆发，都有一个经由孕育、发展到扩大的过程。通过对这个过程的监测，就可以为日常的文化监管指明目标和监管切入点。因此，建立科学的早期预警与监测模型、完备的预警制度和应急方案，就是要把国家文化安全作为国家安全的一项重要内容纳入法制化轨道，从而通过建立完整、高效的国家文化安全体制，完善的文化商品进口管理制度和文化产业发展与文化市场运作监督机制，建立文化产业投资安全风险评估、风险管理的技术体系，以及文化生态环境的监测系统与标准，以确保把在参与“全球化”过程中所可能对中国文化和中国文化产业发展构成的危险性和危害性降低到一个可容纳的一个量的限度内，最大限度地保护民族文化产业发展所需要的良好的生态环境。全球化是对能力不足或没有规范管理和缺乏预警机制的政府的威胁。中国政府应当对此给予足够的重视。因为对于像中国这样一个发展中的大国来说，一旦国家文化安全受到威胁而导致主权受损、产业受害，就不是简单调整文化政策所能解决的。因此，中国政府必须始终掌握保证国家文化安全和产业发展的主动权，建立国家文化安全预警系统则是一项重要的保障。

建立国家文化安全预警系统，并不是要搞文化关门主义，而是要从国家和民族的根本文化利益出发，本着有所为有所不为的原则，根据中国文化发展的需要，实行文化市场和文化产业的适度准入。在政府牢牢掌握国家文化主权的前提下，有选择、有步骤、积极、适度地引进国际文化金融资本和输入文化商品，以满足中国文化产业发展和结构调整以及日益增长的人民文化消费的需要，通过建立健全的文化法律体系，根据关贸总协定及WTO有关文化投资自由化的原则，从中国文化产业发展需要的实际出发，适当放开文化产业和文化市场经营权，使各种国际文化金融资本和跨国文化集团，在中国境内、在中国宪法和法律规定的范围内，从事文化产业的合法经营。这样，既可以引进国外在文化产业经营方面先进的管理技术，利用其全球文化市场网络，缩小中国文化产业深度融入世界文化市场体系的进程，同时又可通过引进竞争机制，推动中国文化体制改革和加快中国文化产业现代化的步伐。在这个过程中，可以放开的，就不要管得太死；可以让渡的一部分文化权利，也应当以一种平等的文化视野，开阔的文化胸襟和自信的文化控制力，建立起“双赢”的机制。当然，适度准入不仅是个空间概念，同时也是个时间性原则。适度准入，一定要同循序渐进相结合，即所谓“成熟一个发展一个”，不搞一刀切。适度准入原则是一个重大的国家文化产业发展战略和政策选择问题，其具体的运作机制、程序和标准又是什么？还是需要许多专门的研究。然而，作为一个有机整体，有所为有所不为，则必然导出适度准入政策和机制，这是建立积极的国家文化安全系统和文化产业发展战略所不可或缺的。

三

“谁掌握了信息，控制了网络，谁就将拥有整个世界”，托夫勒的预言，正在深刻地转变为一种国际权力转移的现实力量和存在。信息握有能力的高下，正越来越成为衡量现代国家社会发展水平的重要尺度。文化无论从精神的层面还是从产业形态的层面，都将最集中地反映出一个国家一个民族对信息的获取、反应和控制的能力及其所达到的深度和广度。倘若不能在一个较高的层面上，即与现代高新技术发展同步的层面上推进文化及其产业化的发展，要想在真正的意义上实现维护国家文化安全的目的是很困难的。军事战略上的制胜原理告诉我们，保存自己的最好办法是消灭敌人。因此，在“文化全球化”的背景下，要在根本上达到维护中国国家文化安全的目的，而又不造成对当代中国国家文化生存与发展的伤害，就必须进行文化产业政策方面的战略性调整，在实行文化产业及市场适度准入原则的同时，推进文化产业的民营化战略，主动出击国际文化市场，开展全面的国际文化贸易，积极参与世界文化市场竞争，从而在“积极的民族主义”引导下，把对国家文化安全的维护，纳入到一种广阔的、充满活力和竞争的公共文化产业体系中，在积极的文化进击中获得国家文化安全的积极防御。

文化产业是反映现代社会文明进步程度的一种文化生存形态，它不仅是一个国家一切原创性精神产品生产、流通、消费的物质化、规模化、市场化、现代化的重要手段和载体，而且也是现代社会物质财富创造的重要来源，是现代国民经济的支柱产业。在美国，仅1993年以文化产业为核心的版权业产值就达2386亿美元，占GDP的3.7%；德国贝塔斯曼集团1997～1998年度营业额为257亿马克，其中图书出版及俱乐部的营业额达73亿马克；艺术品经营业在英国拥有170亿美元的产业规模，与汽车工业并驾齐驱，英国旅游业收入的27%来自艺术。然而，和发达国家相比，中国的文化产业还很弱小，在国民经济中还属于没有得到充分开发的产业。以1996年为例，文化艺术业增加值为211.8亿元人民币，在第二产业增加值中所占比例仅为1.04%，在GDP中所占的比例就更小了。中国是一个文化资源大国，五千多年文明史所积累下来的丰厚的文化资源，使中国具备在世界范围内发展文化产业的独特优势。但是，在过去很长的一段时间里，我们忽视了将其看作是一种宝贵的社会经济资源，而仅仅是在民族优秀文化艺术遗产的保护与继承的层面上，以办事业的方式对其进行开发和利用。这就使得今天的中国仍处在既是一个文化资源的大国，又是一个文化产业的弱国的状况。这不仅与中国所具有的文化资源条件极不相称，而且也正是由于这种文化产业的弱国地位，才在当今文化生存与发展的许多方面，无论是价值理念、学术话语还是产业形态，都受到了来自美国文化为首的西方文化产业大国的“文化帝国主义”和“文化霸权主义”的全面入侵，西方文化以产业形态对中国的殖民化，构成了现实的中国国家文化安全问题。落后是要挨打的。在全球化背景下，这不仅仅是指政治、经济、军事和科技上的意义，而且也是文化上的，尤其是集中体现了现代经济和科学技术相结合的文化产业更是如此。文化产业的发达程度，直接反映了一个国家文化创造与文化传播的现代化程度。没有一个和强大的经济增长和政治稳定相适应的文化产业体系，要想获得精神文化对经济和政治提供智力支持是不可能的。因此，要从根本上摆脱在文化产业方面被动挨打的艰难处境，就必须从整个国家战略的高度，丰富对“文化是综合国力的重要标志”的新认识，实行国家产业政策的战略性调整，制定国家文化产业战略，在构筑经济文化一体化的国民财富创造新体制中，构建中国的文化产业体系，并进而形成足以能够抗衡西方文化及其商品形态大举入侵中国市场的力量，达到维护国家文化安全的目的。

文化产业是一个以精神产品的生产、交换和消费为主要特征的产业系统，是一个涵盖包括文化艺术业、新闻出版业、广播电视业、电影业、音像制品业、娱乐业、版权业和演出业在内的庞大体系。实施国家文化产业战略，在这样一个庞大而又复杂的体系中构筑国家文化安全的万里长城，仅有国办文化产业这一股力量是不够的，尤其是面临中国加入WTO后在文化产业的市场准入方面将要承担的巨大市场压力及其对中国民族文化产业构成的严重威胁和冲击，单凭政府的力量又无法解决长期困扰中国文化产业发展所需的资金和技术、人力、管理的不足问题。因此，要真正在推进现代化进程中做到中国文化生存和发展的长治久安及其必不可少的良性生态环境，就必须借助于民营的力量，制定和实施文化产业民营化的发展战略。把过去曾经在长时期里一直认为只有国家才能承担的责任和提供的服务转移给社会的民营的力量去完成，从而通过“藏宝于民”的文化策略，通过完善以文化投资主体多元化为核心的文化产业政策体系，以及相应的文化投资体制改革，构筑国家文化安全的“民兵方阵”。这里，一个关键的问题就是，在国内文化市场准入方面，要允许非文化系统的法人主体——财团、企业集团、基金会等，经营包括报业、图书出版业、电视业等在内的文化核心产业。虽然，在文化娱乐业、艺术品经营业、书报刊零售业、音像制品业和演出业等不小的产业范围已经实行了不同程度的民营准入，但在文化产业的核心部位，却仍然有待进一步放开，正是在这些领域，国家面临的挑战和压力也最大，这可以从世界上一些跨国的文化集团纷纷在北京设立其办事机构和投资公司这一举措上见出。无论是华纳兄弟公司、索尼公司、贝塔斯曼，还是默多克的新闻集团，它们都不是单纯为文化交流而来的。充满无穷魅力和商机的庞大的中国文化市场，是全球最后一块有待开垦的处女地。谁都想在这单占一席之地。实施文化产业民营化战略，并不是要实行文化产业私有化，而是要在文化核心产业实行投资主体多元化、社会化和公共化。以公共的文化力量来构筑国家文化安全体系。毫无疑问，在这个过程中，国家当然要始终保持对文化的控制权力。民营化并不意味着可以取代国家文化垄断，并不意味着可以将纯粹的商业利益追求置于社会与文化效益之上。在中国，国有文化企业在整个文化产业中当然依然占据主导地位，是维护国家文化安全的主力军。“在政府发挥的传统性作用之外，民营文化产业在促进文化艺术发展中的作用”是世界文化产业发展共同面对的课题，中共十五大关于非公有制经济在社会主义初级阶段中国经济制度构成中的地位和作用的政策性阐述，理应成为我们认识实施文化产业民营化战略的一个重要的政策向度和理论依据。

一个国家的文化安全系数不仅和这个国家的文化产业化程度密切相关，而且也和这个国家文化商品的国际贸易化程度有着必然的联系。当一个国家的文化产业发展不能提供丰富的文化产品和服务，以满足本国人民的文化消费需求，而这种需求又是必须得到满足的时候，这个国家文化商品的进出口贸易就会出现逆差。逆差越大，则对本国文化产业的发展打压就越大，国家文化安全系数就越小；逆差越小，则对本国文化产业的国际打压就越小，而国家文化安全系数就越大。这不仅是因为由于这种贸易逆差会造成本国大量文化外汇的流失，给国家的文化产业发展带来制约性影响，而且还由于这种逆差所造成的外来文化商品大量挤占本国文化市场后，会给一个国家原有的文化传统价值观念、审美情趣和伦理取向带来严重的冲击，恶化这个国家的文化生态环境，这是一种远比一个国家文化外汇流失严重得多的文化生存威胁。正因为文化商品的国际贸易有着一般商品的国际贸易所不具有的文化力量，对一个国家构成致命的文化威胁，所以美国贸易代表在进行贸易谈判时，特别是在涉及有关文化产品输出入的知识产权谈判时态度相当强硬，要价很高，几乎是寸土不让，其中一个重要的因素，就是要在“贸易自由化”的掩盖下，实施对他国的文化渗透和文化占领战略，推行美国的文化和价值观，从而达到不战而胜的目的。同时，也正是由于文化商品的国际贸易在构成一个国家文化安全方面有着一般商品所不具有的特殊性，因此，无论是美、加关于《北美自由贸易协定》，还是欧、美在关于知识产权问题的乌拉圭谈判中，加拿大和法国等欧盟成员国都不主张将文化商品的国际贸易纳入美国的“贸易自由化”的框架中。但同时又在与美国的贸易战中，不断拓展国际文化市场，传播自己的文化和价值观念，在获得极大的外汇收入的同时，扩大本国文化在国际范围的生存与发展空间，从而在积极参与国际文化市场竞争中，维护国家文化安全。然而，长期以来为意识形态所囿，中国在对外文化交往中一直没有看到开展文化商品的国际贸易在维护国家文化安全方面的积极作用，忽视了文化商品的国际贸易可能造成和带来的巨大商机。1998 年，我国在高达 300 亿元以上的图书销售额中，出口额才 2000 万元人民币，仅仅占世界总份额中的 0.2%，而美、法、德等国都是我国的数倍甚至上万倍。1992 年以来，中国购进俄国版权为世界第一，而向俄输出版权几乎为零。如此巨大的文化贸易逆差，又怎样确保国家的文化安全呢？他山之石，可以攻玉。因此，中国应当积极参与国际文化市场竞争，不仅要引进来，而且要“打出去”，不仅要大力出口一般商品，更要大力出口文化商品，要改革现有对外文化贸易管理体制，放宽文化外贸政策，推进国际文化贸易战略。在国际文化贸易中，也要遵循有所为有所不为的原则。“进”即引进要有所为，要把好意识形态关；“出”即输出要有所不为，要淡化意识形态，突出文化形态，大力传播 5000 年中华文明的辉煌成果，实行无为而治、寓意识形态于文化形态之中的策略；在加快文化外贸体制改革的基础上，组建和发展中国自己的大型文化集团和跨国公司。国家文化竞争力和安全保障能力，说到底取决于国家文化产业的国际竞争能力，国家文化安全体系要靠强大的文化力量来支撑。在全球化时代，只有以更加积极的态度走向世界，充分利用国际文化市场的有利资源，中国才能充分发挥一个发展中国家文化资源丰厚的优势，也才能在提高国际竞争力的同时，增加全球化背景下国家文化安全的系数，否则，国家文化安全的维护与保障也还是要落空的。

四

全球化而导致的世界范围的经济和文化竞争领域的不断前移，使得创新意识和创新能力日益成为一个国家能否在这场世界竞争中掌握主动权的关键性因素，成为一个国家综合国力和国际竞争力的关键性因素。尤其是当美国在实施文化霸权主义的同时实施知识霸权主义，通过对知识的垄断，特别是利用其在网络技术方面的优势，将其创新的网络标准推广为全球标准，通过因特网向世界全方位、全时空、全天候地倾销其价值标准、意识形态和社会文化，迫使相对落后的发展中国家在创新能力方面形成对它的依赖，并借助于此而进一步侵蚀、消解一个国家和民族创新能力的时候，创新能力安全便构成了国家文化安全全部内容的核心。提高全民族的文化创新能力，全面推进中国国家文化创新能力系统的建设，完善国家知识产权保护体系，也就自然成为中国在构筑和规划21世纪文化发展战略和国家文化安全战略的必然选择。

文化乃国脉之所系，是一个国家一个民族全部智慧与文明的集中体现，是维系一个国家和民族的精神纽带。文化兴，则国家兴；文化衰，则国家衰。兴衰之间，全在创新与否。创新是民族进步的灵魂。没有创新能力的民族，必然是一个愚昧和落后的民族，而愚昧和落后是不可能使一个民族屹立于世界民族之林的。因此，中国国家主席江泽民明确提出："我们必须把增强民族创新能力提到关系中华民族兴衰存亡的高度来认识。"创新能力安全，就是这样一个直接关系到国家和中华民族文化兴衰存亡的关键性国家文化安全指标、国家文化安全的核心概念。全面推进国家文化创新能力系统的建设，是构筑这样的文化安全体系的根本保证。

理论储备不足，文化创新能力不强，是制约中国文化发展，从内部构成中国国家文化安全问题的一个主要因素，而且也正是这样的不足和不强，成为"文化帝国主义"，在全球化的背景下对华实施文化"入侵"和文化"殖民化"的一个重要而且是危险的接口。在中国的对外文化贸易过程中，在国际版权贸易方面，之所以会出现如前所述的巨大的贸易逆差，一个重要的原因，就是这些年来，我们确实鲜有称得上是"创新"并引起世界关注的理论成果和艺术作品问世。一个最鲜明的对照就是亨廷顿的"文明的冲突"理论的提出，而中国的思想理论界却没有对冷战结束后世界格局的变化表现出或达到一个大国应有的理论思维高度。相反，这些年大量引进的各种西方文化、学说、思潮和大片，又无不影响和制约了中国文化界的原创能力的焕发。"自80年代开始的文艺新潮，被称为创新的部分，几乎全是对西方现代主义及后现代主义种种形式、手法的袭用，从意识流、朦胧诗到泛性论表现、叙述主体的介入，无不如此。文艺批评的话题，从存在主义、接受美学、后结构主义、女权主义、后殖民主义，一直到这里所说的全球化，全是西方话语，在这方面，中国最好的批评家也只是复述西方话语而已。"这就使我们在文化创新的源头，出现了一种能力转移，本来的文化创造变成对西方文化话语系统和价值观念的主动复制和传播。言必称现代主义和后现代主义，已经成为中国文化界的一种新的思想僵化和文化僵化，正是这种新的思想僵化和文化僵化，造成了当下中国文化原创能力的深层弱化，使中国文化的现代化失去了文化原创的应有动力，也才导致和构成了"文化殖民主义"现象在中国的现实存在。这种现实存在所构成的文化威胁，普遍地存在于从观念形态到产业形态的各个文化层面。在这样一种文化生态状况下所产生的一切文化产品——精神的、物化的——又怎样能在国际文化市场拥有竞争力和市场份额？又怎样能满足国人日益增长的文化消费需求而使他们自觉抵制"西方大片"的文化诱惑？又怎样在国人精神生活的深处形成强大的文化凝聚力从而在根本上构筑起国家文化安全的万里长城？这是一种足以使一个国家和民族垮掉的文化危机。堡垒是最容易从内部被攻破的。国家文化安全的大坝是最容易从人的思想和灵魂深处被松动和摧毁的。因此，要全面构筑国家文化安全体系，推进国家文化创新能力建设，就它须首先着眼于思想观念的转变、更新和理论的创造，克服对于西方现代文化的能力依赖，立足于中华民族五千年文明所承传下来的丰富的思想文化资源，在总结近百年来中华学人创造的全部文化成果的基础上，融合世界一切优秀的文明成果，以独立之精神、自由之思想，创造属于当代中华文化的新概念和新理论、新艺术，建立新国学，全面寻回对中华民族文化创新能力的自信！只有在元理论的意义上获得关于思想、观念和理论与艺术创作系统的全部的创新能力的拥有，才能为21世纪的中国文化发展战略，为中华文化的全面创新能力提供从思维方式概念系统到理论形态的全面支持，也才能从文化产业的原创源头，为中国文化和文化产业的发展提供激情和灵感，提供中国文化发展所需要的文化净化力、文化同化力和文化抵御力，一个中华民族进步和生生不息所需要的精神家园，以卓越的、无可替代的文化艺术产品，参与文化全球化竞争。语言是思维的物质外壳。一个只会运用别人构造的话语系统来进行思维，而不能创造自己独立的概念系统和艺术感觉系统去进行对文化的发现和创造的民族，是永远不可能实现对他者文化的创造性超越的，更何况在全球化的背景下，面对来自西方文化霸权主义的全面渗透和挑战，我们难道可以在文化原创的源头放松对自己文化创新能力的建设？因此，只有在文化原创的源头获得能力创新的全面建设，才能为中国文化产业的发展提供全面的资源支持，为中国文化重现"轴心时代"和重振汉唐雄风提供本原意义上的安全保障。

作为构筑国家文化安全的一种根本性战略选择，国家文化创新能力系统建设，是一个全民族的国家文化建设工程，它以对个人文化创新能力的关注为核心，以对群体文化创新能力的提高为宗旨，聚焦于国家整体创新能力体系的建立与完善。因此，要从根本上全面实现对文化创新能力的提高，克服对西方文化的能力依赖，就必须在中国的思想文化界、学术界和艺术界，积极倡导"独立之精神、自由之思想"的文化创新的理想境界，健全和完善知识产权保护体系，广开言路，在宪法和法律所赋予的言论自由的范围内，鼓励人们在文化领域进行大胆的科学探索，尊重一切严肃的原创成果，建立严格的对侵犯言论自由和知识产权的惩罚措施，维护公民在精神文化原创领域的合法权益，撤销各种违反文化民主、文化平等和超国民待遇的文化政策和文化法规，加大国家对文化创新能力系统建设的政策投入，制定政府为主实现国家文化创新能力系统建设而必须的面向全球文化竞争的文化政策和产业政策，建立各级政府，特别是意识形态管理部门和文化学术界之间，公共部门和文化人、学者个人之间的伙伴关系，以共同推进国家文化创新能力系统建设所必需的思想、观念和理论的探索创新。在这个过程中，政府既是国家文化政策和发展战略的制定者，同时也是国家文化创新能力系统建设的组织者和合作者。当然，该系统的建设不仅强调文化成果的原创性，而且同样关注文化原创成果的传播与扩散，关注它的产业化。只有这样，面向21世纪的中国文化在全球化的背景下才可以获得它独立自主的全新发展，而且也只有在这样的发展中，才能获得中国国家文化安全的全面保障。

（选自《上海社会科学院学术季刊》2000年第2期）

文化生产能否产业化

——关于发展文化产业的几个观念问题

李贤沛　毛三元

近年来，我国文化产业破土而出，一些地区已形成相当规模。但从全国范围而言，文化产业尚处在初始发育阶段。一些地方、一些行业还在徘徊、观望，许多人在思想观念深处对文化产业还难以接受。不彻底解决思想观念问题，文化产业势难有大的发展。

一、文化产品能否商品化、市场化

按照马克思主义经济学家给商品所下的基本定义，商品最起码的规定性就是，它不是用来供自己消费，而是卖给别人，同时交换回生产者所需要的劳动产品，因而它是抽象劳动与具体劳动的统一，价值与使用价值的统一。这些定义完全适用于我国目前大多数文化产品。文化产品，无论是否以物质形态表现出来，都和物质商品一样，是抽象劳动和具体劳动的统一，价值和使用价值的统一。其使用价值完全是在流通过程中按照商品交换的方式，在满足了他人的社会需要之后实现的。

改革开放以来，我国的文化市场有了飞速发展。广告市场、电影市场、图书市场、音像市场、演出市场、娱乐市场、收藏市场、报纸市场、电视市场、出版市场等，已形成了3000亿元的年经营规模。理论界在为文化产品是否是商品论争不休时，文化产业的实践已做出了肯定的回答，市场机制正在广泛而深刻地影响着今天的文化发展。绝大多数文化产品以商品形式出现在市场上，绝大多数的文化生产受到市场调节。

然而，文化商品又不完全等同于物质商品。它们之间的差异是明显的。文化商品的使用价值与一般物质商品的使用价值不同。一般物质商品的使用价值是一次实现的，而文化商品可以多次重复使用；一般物质商品的使用价值对社会来说是中性的（不排除少数物质商品，如香烟、毒品等），评价它们的主要是消费者本身；而文化产品的使用价值对社会来说是非中性的，有真、善、美与假、丑、恶之分，它们作用于人的精神意识，影响人的思想认识、价值观念、审美素养等，评价它们的不仅是消费者个人，还有社会的评判（这是文化能否商品化、市场化之争的焦点之一）；文化商品使用价值的实现无法用统一的标准来衡量，不同的消费者，对同一件文化商品，会产生不同甚至完全相反的感觉。同样是读一本《红楼梦》，有人读出其中揭示了社会发展规律和封建社会兴衰的历史，有人从中学习谈情说爱的技巧，也有人把它当作淫书来读。一般物质商品在满足消费者的需求时虽然也存在因人而异的差别，但对消费者所起的作用一般差别不会太大，可以用相同的标准进行衡量。文化商品价值的形成有其特殊性，其价值量很难精确地计算出来。商品的价值是凝结在其中的社会必要劳动时间。文化商品的价值一般包括两个部分，一部分是其所包含的文化性劳动创造的价值，一部分是其物质载体或所需物质条件的投入。例如一本书的价值并不仅取决于印刷、纸张等费用，更重要的是创作其内容的劳动价值。后者所需的必要劳动时间，很难像一般物质商品那样可以比较精确地计算出来。马克思说过，“在一定条件下，人们能够准确地知道，做一张桌子需要多少工人，制成某种产品，需要某种劳动量有多大。许多‘非物质产品’的情况却不是这样，这里达到某种结果所需要的某种劳动量有多大，和结果本身一样，需要猜测”。

文化商品难以实现普遍的真正的等价交换。这种现象古已有之，而今更甚。如马克思称为“出于同春蚕吐丝”一样的必要而创作《失乐园》的弥尔顿，耗尽了自己的心智，稿酬只有五英镑。创作了经典著作《红楼梦》的曹雪芹一生穷困潦倒。这种不等价现象在当前我国市场经济中也普遍存在，如人们传称的“搞导弹的不如卖茶叶蛋的”、“拿手术刀的不如拿剃头刀的”、“《十五的月亮》十六圆（元）”等。

综上所述，文化产品既具有商品属性又具有特殊性。文化产品商品化，必然会出现“利”与“弊”两个方面的后果。按照市场经济规则，文化生产者必然会选择生产那些“重复性使用的数量”多、成本低、利润高的产品，而“重复性使用数量”少、成本高、利润低甚至亏损的文化产品会被市场淘汰。于是，在某些门类的文化生产上，市场行为与社会取向便发生了矛盾。社会倡导的文化生产往往得不到市场行为的青睐。由此可得出两点结论：一是一概肯定或一概否定文化产品商品化、市场化都是不正确的；二是政府不能包办一切文化，有些门类的文化生产应以市场调节为基础，有些门类或层次文化的生产更多地应由政府调控，由政府和民间的非营利性组织来办，不能或不能完全推向市场，但这并不排除这些文化的生产在政府的调控下，可以引入某些市场运行机制。

二、文化生产能否产业化

文化产品既具有商品属性又具有非商品属性的社会价值和文化价值属性，市场青睐的是文化产品的批量生产和大量的重复使用导致的低成本高利润，社会推崇的是文化产品中蕴藏的陶冶人、教育人的社会价值和文化价值。于是便产生了“文化生产能否产业化”的问题。“文化产业”一词是法兰克福学派的代表人物本雅明在本世纪30年代写的《技术复制的时代》一文中首先提出来的，80年代从日本传入我国（参见东方出版社1989年翻译出版的日本学者日下公人所著的《新文化产业论》）。但对此词的含义，迄今认识远未一致，对其内涵与外延的界定差别很大。当然，这种分歧是在承认文化产业成立的前提下的争论。还有一种意见认为，文化产品因其特殊性而不能产业化。持这种意见的人目前还为数不少。我们认为，广义地讲，文化作为一种产业是不成问题的。理由是，一切有投入产出、按照社会劳动分工体系发展的要求而形成的事业都可称之为产业。如果是从这个意义上说，实际并不存在争论。现在有争论的是下述含义的“产业论”，即：把文化产品按照商品生产的法则进行生产，文化产品以商品形式进入市场，文化生产、流通、交换按照市场规则进行。从这个含义上讲，我们则认为，文化生产能否产业化还需要具体分析。产业化的条件是“投入”少于或等于市场价格，通过市场交换商品的价值能够得以实现。对于文化产品来说，只有那些商品价值少于或与市场价格大致一致的文化产品，其生产可以以市场为中介自负盈亏，因而可以产业化；商品价值高于市场价格的文化产品，其生产难以以市场为中介自负盈亏，如果仅靠市场调节，其生产者的积极性因自身利益得不到保障而无法调动起来。对于这类文化生产，就很难实现产业化。换句话说，仅有市场行为，这类文化生产是难以持续下去的。在政府包办文化近半个世纪的背景下，提倡文化生产产业化的方向是可取的，但在推进过程中，要有所为有所不为，首先是不能再用计划经济的做法来搞文化产业。同时又不能简单化、绝对化，将其全部推向市场。根据我国社会主义初级阶段的实际情况，可以把文化生产具体分成以下三类：

其一，现阶段还难以产业化的文化生产。包括：以知识、审美为取向的严肃的高雅的文化艺术和严肃的学术著作；教育功能为主的，思想性艺术性相统一的，具有很强导向性的文艺作品；一部分公益的以提高全民文化素质为己任的文化场所和文化事业；青少年为对象，陶冶青少年情操，向青少年灌输正确的人生观、价值观和世界观的文化活动、作品和场所。这类文化生产的主要目标是追求社会效益，体现人民和国家的意志和愿望，无法以市场为中介自负盈亏，因而不能产业化。其生产只能由政府来调控和资助，政府既要“管”，又要“办”。

其二，应以产业化为取向的文化生产。包括大量面向成人、雅俗共赏、寓教于乐的文化产品和服务；古为今用、洋为中用的一般传统和异域文化；直接面对社会主义市场经济建设的应用学术文化，如电视业、出版业、报业等，国家拨款只占小部分，其余靠广告收入或畅销书的收入。这些文化门类承担着社会主义上层建筑文化传媒的职能，因此，其生产要讲社会效益；但如果没有相当的经济效益来支撑，社会效益很难发挥出来。但在追求经济效益时，必须有一个“度”。电视、报纸如果一味追求广告收入，出版社只出版通俗畅销书，迎合市场，用媚俗的手法来追求卖点，就会损坏其应有的文化价值和社会价值功能。因此，在文化市场发育不全，人们的文化消费心理和消费需求尚需培育的现阶段，这些门类的文化生产还只能半产业化。政府要有一定的投入和必要的扶持，如增值税、所得税减免或先征后退等。所有这些措施最终都是为了使这些门类的文化生产能完全进入市场，在市场中壮大。

其三，可以完全产业化的文化生产。包括大量消遣性、娱乐性、益智性文化活动、作品和场所，如音乐、戏剧演出业、畅销书、音像业、旅游业、体育业、广告业、书报刊印刷发行业、信息传输业、会议与展览业、教育培训业、咨询策划业、文化经纪业、装饰设计业、工艺品制作销售业、文化设施设备技术工程业、集邮收藏业等。这类文化生产以经济效益为主要目标，它们能够以市场为中介实现自负盈亏，应该完全产业化。政府对其生产经营应只“管”不“办”。

以上三种类型的文化生产，其边界是不断变动的。随着人们对文化的需求和文化消费层次的提高，一些在市场调节下原来难以为继的文化生产门类，有可能实现自负盈亏，如某些高雅文化，人们对它们的需求和消费会随着物质生活水平和文化素养的提高而逐步提高。从这个意义上讲，文化产业化发展的方向适合绝大多数文化门类。

三、适应市场，不是迎合市场

文化产品的商品属性和文化生产的产业性质决定，绝大多数文化门类可以进入市场，按市场法则进行生产经营。但市场是一把双刃剑，它在促使文化生产实现其经济效益的同时，又具有自身难以克服的局限性。

文化产品的社会效益只有通过市场中介才能更好地发挥出来。文化产品首先是要能为更多的人所欣赏和接受，才能更好地产生社会效益，否则再好的文化作品，如果人们不喜欢、不接受，没有"票房"价值，社会效益就会落空。文化产品进入市场，才能获得市场需求信息，才能给文化生产形成激励和压力，从而形成文化内部自身的良性循环，迫使文化生产者提高质量，增加品种，开拓市场。文化生产经营机制的改进，必然导致文化消费的增多，文化欣赏能力的提高，从而进一步推动文化产品的生产和供给。因此，文化产品进入市场，不仅是实现经济效益的需要，同时也是更好地实现其社会效益的需要。但是，经济效益好的文化产品社会效益未必就好。市场经济条件下，文化产品的社会效益和经济效益存在一致性的同时也存在相当程度的矛盾性。由于文化产品不仅具有商品属性，还具有非商品属性的社会价值和文化价值属性，文化产品的生产和消费过程中，文化产品的社会效益和经济效益、社会价值和经济价值有可能出现分离和倒挂现象；如上文分析的文化产品的使用价值、价值的问题，市场在文化产品的这些特殊属性面前束手无策。在市场导向下，如果文化产品单纯以获利的大小为取舍标准，那么真善美和假丑恶、进步与反动、健康与腐朽、文化与反文化的差别就有可能被抹杀，甚至走向极端，即一味迎合市场，追求卖点，生产宣传封建迷信、淫秽色情、凶杀暴力以及格调低下甚至有严重政治问题的出版物、音像制品、计算机软件等有害社会、毒害人们心灵的低级庸俗的文化劣品，获取高额利润。此外，市场对公益性文化产品的生产和资源配置无法调节。如城市雕塑、街头报栏、画廊、广场音乐会等。这种公益性的文化产品因其使用和消费上的非排他性和非独占性，生产和供给无法通过市场调节来实现。

因此，在提倡文化生产产业化发展的时候，尤其要认识到，文化生产产业化应该是积极、能动地适应市场，而不是消极、庸俗地迎合市场。一方面，要大胆地坚持文化生产产业化的发展取向，将尽可能多的文化门类推向市场，依照市场价格信号、供需情况和竞争机制来组织文化生产经营。同时，要培育文化市场，引导文化消费，提高人们文化程度和审美水平，加强文化市场的管理，让健康优秀的产品在文化市场上占据主导地位；要从文化创作、生产的源头上把好关，建立健全的既有竞争激励又有责任约束的机制，调动文化工作者的积极性，使他们多出既有社会效益又有经济效益的文化产品；在文化生产产业化的过程中，政府要适时地调整文化生产的管办职能。不能一提文化生产产业化，政府便撒手不管，任由市场主宰；也不能因文化产品的特殊属性，而一味地关闭文化进入市场的大门。要有所为有所不为。该管的一定要管好，不该由政府出面办的文化一定要退出。收缩战线，集中财力物力，大力支持现阶段还不能产业化生产的门类，使其不断壮大、发展。

四、对国有文化经济进行战略调整

文化产品具有两重性质。计划经济时期，人们看到的更多的是文化产品的教化审美导向属性，把文化生产单位看成是非物质生产部门，不提供新增价值。因而，从一开始，文化生产单位就被定性为事业单位，国有国办国营，文化产品的商品属性被意识形态的光环长期淹没。在这种认识的支配下，文化经济重复布局，重复建设，产品结构雷同，企业结构雷同，经营机制刚性，管理体制僵化，富余人员多，经济效益差，亏损严重，文化产品所赋有的巨大的经济价值得不到开发，文化产业的地位迟迟不被认可。进入市场经济以来，由于认识的滞后和混乱，文化生产的市场竞争存在严重的盲动主义、机会主义和短期行为现象，适应市场经济要求的文化生产经营机制和管理体制还远未建立起来，脱离市场需求为生产而生产的现象还很普遍。这些问题说明，文化事业的改革必须加快进程。

中共十五届四中全会提出了指导文化事业改革和发展的基本方针。近期文化事业改革和发展应首先解决认识问题，确立文化生产的企业性质，致力于转换企业经营机制，加快和改善管理，使大部分亏损单位实现扭亏为盈；从长期看，要从战略上调整文化经济布局，坚持有进有退，有所为有所不为。国办文化应保持必要的数量，更要有分布的优化和质的提高；坚持管办分离，严格"管"理，放开经"办"。文化产品的意识形态属性、文化领域国有经济的控制力主要体现在"管"字上，国家要把"办"文化的人力、物力、财力转移到"管"文化上。管好文化产品的入市口，凡基本具备条件进入市场竞争的文化生产单位，应适应经济增长方式和经济体制的根本转变，进入改制、改组、改革，将事业性质转变为企业性质，将财政拨款转变为国家投资，积极发展多元投资主体的文化产业公司，培育文化市场多元竞争主体。

五、建立现代文化企业制度

全国文化生产单位目前的现状是，一部分单位是事业性质企业文化管理，名义是国有国营，实际上财政上不再有任何资本投入；一部分本应完全进入市场自主经营、自负盈亏、自我积累、自我发展的生产单位，躺在国家有限拨款的温床迟迟不想下来，捧着"金饭碗"饿肚皮；一部分生产单位大胆进入市场经风雨见世面，初尝了市场经济的甜头。报业、电视节目制作及传输、图书出版发行销售、电影制作发行放映、音像制品、演出业、文化娱乐业、舞台技术及设施生产等领域开始向产业化方向探索。出现了一批产业集团，一些文化产业公司经过股份制的规范改造，成为上市公司。但从总体上看，全国文化系统产业化步子不大，“产权清晰、权责明确、政企分开、管理科学”的文化产业公司不多，建立现代企业制度的任务还很艰巨。文化产业发展的关键是要建立与市场经济相适应的经营机制与管理体制。要达到这一目标，需要切实抓好以下几个环节：

1. 有计划分步推进政企分开，实现“事业型”文化向“产业型”文化的根本转变。将现有文化生产单位按竞争性文化行业和非竞争性文化行业进行分类，逐步将竞争性行业的文化生产单位向现代企业制度转化。国有国办文化应主要集中在提供重要的公共文化产品和服务领域，如博物馆、图书馆、文化馆、纪念馆、展览馆；一部分具有民族特色、地方特色的艺术品种；新闻舆论的调控等。

2. 组建文化产业集团。

3. 改革文艺院团体制。推动大多数文艺院团实行市场化运作，探索社会化办文艺院团的多种模式。

（选自《中南财经大学学报》2000 年第 2 期）

文化产业理论的几个问题

白仲尧

当今世界经济社会发展的一个重要特征是文化经济的蓬勃兴起，21 世纪将是文化经济的世纪。我国具有五千多年的文明史，文化底蕴丰厚，是世界文库中最优秀的瑰宝。中国加入世界贸易组织之后，文化服务贸易高速增长将是必然趋势。因此，发展中国文化产业，为社会主义精神文明建设和世界文化交流服务，有着巨大的经济与社会意义。

一、文化产业的概念

“文化”，从广义来说，指人类社会历史实践过程中所创造的物质财富和精神财富的总和。从狭义来说，指社会的意识形态，以及与之相适应的制度和组织机构，也泛指“一般知识”。“一定的文化是一定社会的政治和经济在观念形态上的反映”。文化是“一个群体区别于其他群体所共有的生活方式、价值观及行为方式”。

关于文化的种种定义，不外乎两类，一类是人类劳动创造的财富。无论实物的还是精神的，从骨针、石斧到故宫、长城和人造地球卫星，从甲骨文、四库全书到电子书刊，都是人类社会文明进步的表现，都是文化现象。这种文化观过于宽广，一般实物产品含有文化的成分，是文化的载体，但终归不是文化活动的结果。一类是把文化当作纯意识形态或观念形态的表现，则偏于狭窄。例如科学技术、创造发明，它们是文化，但不完全是意识形态的东西。我认为，文化主要是人类思维活动的结果。人类的思维活动，大致有三种：一是人们对生产和生活及其对自然界的观察和思考，从经验积累到规律性的认识，从而形成知识。二是人类思想感情的表现和交流，七情六欲，通过语言、音乐、舞蹈、美术、体育……以自我表现和互相交流。三是人们对自然和社会的各种信息的收集、整理和传递。因此，文化是人类经济社会活动的反映和表现。反过来说，一切反映和表现人类经济社会活动的活动，都是文化活动。

文化是人类社会的一种独立的活动。自人类社会产生之日，文化就同经济、政治一起存在、一起发展。不过，人们最初的文化活动，无论知识积累、感情交流或信息传播，是在生产和生活过程中顺便进行的。或互相交流，或自我抒发，都属于自我服务的性质。在这个过程中，一部分人因其自身、环境和社会条件的差异，成为文化活动中出类拔萃的人物。他们虽是文化活动的骨干或核心分子，但不具专业性质。随着经济社会的发展，社会分工日益扩大，他们逐渐脱离工农业生产，专门为社会或为他人从事文化服务活动。这便形成一种新的社会分工——文化部门。在文化部门进行文化活动的人，是文化劳动者或文化服务劳动者。文化服务劳动者的劳动，是生产文化服务产品或文化产品。因此，文化活动与文化产业活动是两种活动，前者是人们的自我表现，后者是为社会或大众提供文化服务的劳动活动或产业活动。

文化部门的一般意义就是文化产业部门，或者说，就是文化产业。它的职能是生产文化服务产品。作为产品，文化服务产品同工农业产品的本质一样。第一，都有效用，都有使用价值，都是社会财富的组成部分。第二，都是物质产品。文化服务产品的生产同工农业生产一样需要生产资料和生活资料，同样需要脑力劳动和体力劳动的支出。这些物化劳动和活劳动是物质的，是构成文化服务产品的物质性质的基础。在人们现实生活中，许多工艺品原本是日常生活用品，如茶具、酒具、碗具、钟表等等，从简单的艺术处理到高级的艺术加工，甚至成为艺术精品或珍品，它们的物质性和财富性是没有人怀疑的。对于教育和文艺、体育表演等文化服务，其物质性和财富性则有争议。因为这些文化服务是边生产边消费，没有留下实物形式的东西，是无形产品，便有人怀疑它们的物质性。这是不对的。什么是物质？列宁指出，“物质是标志客观实在的哲学范畴，这种客观实在是人通过感觉感知的，它不依赖我们的感觉而存在，为我们的感觉所复写、摄影、反映”。因此物质的就是客观的。一部文学作品，一本科学著述，是人的思维的结晶，是精神的东西，但是客观存在，影响着人们思想与行动。至于现代社会中的影片、光碟、书籍、录音带等等实物形态的精神产品，大多采用工业生产方式制作，被称为文化工业，每天都为社会创造着巨额财富，再否认它们的物质性和财富性就没有道理了。总之，文化产业是专门为社会和大众提供文化服务的部门，是为社会创造财富的经济部门。

文化产业所生产和提供的文化服务产品，由于直接影响人们的思想和行为，对社会的稳定和发展具有强大的原动力和冲击力，国家和社会必须和必然把其中一部分纳入公共产品的生产范围，由国家财政和社会基金支付和补偿其劳动耗费。在商品经济条件下，作为公共产品的文化服务产品不进入市场，保持产品状态；非公共产品部分，为满足居民个人文化消费的需要而生产，当然作为商品进入市场。这样一来，文化产业部门同时进行着商品与非商品两种生产。目前我国把公共产品部分称为文化事业，把商品部分称为文化产业。从有利于文化服务商品的生产发展来说，这样称谓是可以的。

二、文化产业的地位和作用

文化产业作为国民经济的一个部门自有专业文化劳动者以来就已存在并随经济社会的发展而发展。我国宋代名著《东京梦华录》中对歌舞、杂技、戏曲等文化服务行业的描绘，是研究文化产业的最早著作。但由于它的产量小、产值低，没有引起社会重视。在20世纪90年代初发达国家经济高涨、居民文化消费需求增长的形势下，文化产业迅速扩张，以至成为国民经济的支柱产业。这才促使人们把它奉为上宾，以钦羡的目光重新认识文化产业。新中国建立以来，文化产业几乎完全被当作文化事业。一方面，国家财力有限，不能满足大众对文化服务的需要；另一方面，国内外文化服务商品生产的发展，及其较高的经济效益，使人们对文化服务的产业化经营有了信心。对文化产业的重新思考，才提到议事日程。一些地方，如北京、上海、云南、深圳等省市，开始把文化产业当做支柱产业来培植，国家也要作为新世纪的新的经济增长点对待。这样，探索文化产业在国民经济中的地位和作用以统一认识、统一方针，就很有必要。

1. 创造社会财富，增加国民收入。文化服务既为人们提供文化消费的效用或使用价值，当然就是财富。一部《泰坦尼克号》电影，创造14亿美元的收入。美国NBA篮球赛的年利润达71650亿美元。我国文化产业按国家统计局的划分，有教育、文化艺术及广播电影电视业，科学研究和综合技术服务业，卫生、体育、娱乐业等。他们的年产值（增加值）大约2500亿元。正在编制的国家第十个经济社会发展规划，第一次把文化产业列入国民经济计划。这意味着文化产业将在社会主义经济建设中发挥重要作用。

2. 繁荣文化经济，推动社会进步。文化服务产品从其形态上可分为有形产品（如书籍、艺术品）和无形产品（如教育、咨询、文艺体育表演等）；从效用上可分为知识类、享乐类和信息类；从最终用途上可分为生产资料和生活资料两类。这就是说，文化服务产品是以科学技术、艺术为核心的知识产品。所谓以知识为基础的经济，说到底，是文化经济。教育、科学技术和信息，是文化服务产品的主体。它们首先直接影响和决定着劳动力的素质，其次是影响和决定着一切产品和服务的生产过程。特别是现代科学技术的发展，产品和服务的生产过程对文化服务产品的利用越多，即表明科学技术水平高、文化内涵丰富，其市场地位必定优越，生产必然顺利；劳动者对文化服务产品的消费量越大，文化素质越高，劳动效率也越高。正是这样，文化经济或文化产业的发展，不仅是一个产业的繁荣问题，而且是增强整个经济社会发展的动力，推动整个经济社会的发展的问题。

3. 促进国民经济各个部门、社会生活各个方面的紧密结合。社会产品的交换是以人们的交往为前提的，即先有生产者之间的交往，然后才有生产者之间的产品交换。在人们的交往过程中，文化起着重要的作用。一是语言。商品的语言也是通过人的语言来表现的。语言不通，交换的困难是可想而知的。二是风俗习惯或风土人情。交换源于需要，而人的需要则受一方风俗习惯的制约。三是信息，对方需要的时间、地点和条件。如果语言不通、习俗不知、信息不灵，交换便无从谈起。这样，生产者之间的交往，就需要文化交往。有了文化的交往和交流，即通语言、知习俗、明信息，才能为产品或商品的交换创造条件。因此，文化既是产品或商品交换的桥梁，也是国民经济各个部门、社会生活各个方面相互联系的纽带。广告是这一作用的鲜明例子。广告是一种文化服务产品。在现代生活中，广告几乎无时不在、无处不在。广告的文化品位越高，文化内涵越丰富，其呼唤交往、呼唤联系的作用就越大。随着人们对文化与经济的相互关系的深切了解，“以文会友”，必将成为各种人际关系的黏合剂。

4. 扩大劳动就业。文化产业是由众多行业组成的群体，一旦扩大生产和供给，就能吸收大量劳动力。文化产业发达的国家和地区，其吸收能力一般超过劳动力总量的2%。参照这一指标，我国劳动力总量近8亿人，2个百分点就是1600万人。而且，文化产业是朝阳产业，又是劳动密集型产业，劳动容量大，不仅需要高知识的文化专业人员，也需要具有一般技能的普通劳动者。它的发展对我们这样一个人口众多、就业压力巨大的国度来说，是很有意义的。

5. 推进社会主义精神文明建设，增强社会主义文化发展动力。社会主义精神文明建设，是文化产业在我国现实条件下的特殊作用。文化既有超前性，又有滞后性。新的经济社会制度产生了，新文化的建设和旧文化的消亡都有一个过程。发展文化产业必须符合社会主义文化市场的需要。而社会主义文化市场的需要与社会主义时代精神的主旋律是一致的。发展文化产业与社会主义精神文明建设的一致性就不言而喻。同时，国家财力有限，居民文化需求又不断高涨，这一矛盾已经制约着社会主义文化的发展。古今中外的历史经验证明，文化发展的经济动力，既来自国家财政和社会资助，又来自市场。发展文化产业，使社会主义文化建设既实行事业管理，又采取产业经营，财政投入与市场分配双管齐下，才能促进社会主义文化的迅速高涨。

三、文化服务商品市场

新中国建立初期，文化市场虽不景气，但是按常规运行的。随着计划经济体制的确立，大多数文化企业变成国家事业单位，文化市场便逐渐萎缩，几乎只剩下图书市场了。改革开放以来，音像发行和娱乐业的发展，使沉寂多年的文化市场重新活跃。特别是社会主义市场经济体制的发展，一些文化事业单位走企业化道路，更增添文化市场的活力。总之，我国文化市场的启动，是社会主义文化发展的一个历史性的进步。然而，不少企业和经营者对文化市场既感新鲜又觉生疏，或多或少影响了文化市场的开拓与组织。因此，对文化市场的一般理论略加讨论是必要的。

1. 文化服务商品的价值与价格的构成。在计划经济时期，文化服务产品一般以“礼品”、“赠品”、“贡品”的形式出现，当然不计成本、不算价格。现在文化服务产品作为商品走向市场，成本核算与价格制定自然突出出来。文化服务商品因具有突出个性、突出创新的特点，个别劳动时间在价值决定中时常起主要作用。这样一来，文化服务商品的价值弹性和价格灵活性就相当巨大。但上限不能超过居民的购买力，下限不能低于企业的生产成本。这就要求文化服务企业一方面要加强成本核算，改变不计费用、不讲效益的习惯，另一方面要把握市场供求情况，制定正确的价格策略，合理定价，以便消费者乐于接受。

2. 文化服务商品的供求弹性。一般商品的供求曲线是，价格越高，需求越小，供给越大，供给曲线与需求曲线的交叉处是其均衡点。文化服务商品也是在这个一般规律中找寻自己的均衡点。但是，文化服务商品的需求弹性高于其他商品。一是社会对文化服务商品的需求变化大，特别是我国，出于不同时期政治和经济的需要，不时掀起一些文化运动，高潮期间需求量大，过后则锐减。二是居民文化消费的选择性强，除了基础教育，一般文化服务特别是文化娱乐，互相取代、彼消此长的情况经常发生。三是创新产品的市场机遇不好把握，人们对文化服务创新的理解和接受通常有一个过程，是形成新的消费热点还是受到冷遇，难以预料。文化服务商品的供求的高弹性，带来企业经营的高风险，是必须时刻警惕的。

3. 文化服务商品市场竞争的复杂性。在文化服务商品市场上，除了产品质量、价格、经营管理人才等一般性竞争之外，还有其特殊性的竞争。首先，他们既有同行业的竞争，又有不同行业的竞争。例如艺术表演，戏曲、歌舞、杂技等等，同一消费者在同一时间只能有一个选择。因此，第一位的是不同行业的竞争，究竟哪一个行业能吸引消费者，然后才是业内哪一个企业或剧目获胜。其次，创新竞争。文化服务商品的生命力在于不断创新。而创新的竞争从选题开始到产品问世，无处不有出奇制胜的思考与行动。再次，文化服务既有人类基本要求的共性，也有反映和表现不同社会制度的意识形态的特性，意识形态的竞争和斗争，集思想性艺术性于一体，是高层次的竞争。

4. 国内外文化市场联系密切。文化传播是没有疆界的。一般地说，不同民族的文化各有千秋，但都是在相互交流中取长补短、寻求发展的。现代科学技术在文化传播中广泛运用，使各民族、各地区的距离日益缩短，互相间的文化交流更加频繁。各种音像制品、广播电视、书刊报纸、演出团体，都可以在国内外市场上进进出出。这样，一个国家或地区的文化服务商品，在满足本国、本地区居民需要的同时，也可以为国外居民服务。因此，本国文化服务商品走向世界，国外文化服务商品进入本国市场，随时随地都在进行。发达国家的文化产业也发达，在市场竞争中处于优势地位；发展中国家的文化产业相对落后，在市场竞争中处于不利地位。不过，文化产业区别于其他产业的特点之一是对资源的依赖性较大。我国历史悠久，文化资源十分丰富，兼有12亿人口的巨大市场，充分运用自己的有利条件，在文化市场上的不利地位是可以改变的。

四、发展我国文化产业的战略思考

我国文化产业既古老又年轻。说古老，五千年的文明史，同时也是五千年的文化产业史。说年轻，中国特色的社会主义文化产业刚刚起步。面对我国年轻的新兴的文化产业，制订正确的发展战略，扶植它，帮助它，是非常重要的。我国文化产业发展战略的基本方针应当是，开拓文化市场，鼓励产业经营。

1. 开展大众文化活动，培育文化市场。目前我国居民的文化消费与其收入水平相比，还是较低的。文化市场的潜力远没有开发出来。这一方面是长期的事业供给，居民的文化消费以福利性为主，如非必需，就不愿进入市场。另一方面，文化企业和经营者对文化市场需要的适应和开拓的观念不够清晰，等客上门的经营习惯很深。因此，改变这种现状，在供给和消费两方面都要下工夫。

从供给方面努力，就是要鼓励文化服务的产业化经营。文化企业和经营者只要真正在市场上求生存、图发展，办法总是有的。对于文化消费市场的培育，以活动带市场，将是开拓国内市场的重要方式。各种文化活动的开展，必然提高大众的文化消费水平，同时也会培养和造就一批文化消费积极分子，如球迷、影迷、发烧友等等，这必然会促进文化市场的繁荣和兴旺。

2. 发展文化产业经营的中介机构。在市场经济中，产销双方或供求双方既可以直接联系，也可以通过中间人或中介机构。中间人或中介机构起着连接和组织作用，同时还为双方降低交易成本。首先，建设一支高素质的经纪人队伍。他们既要懂市场、会经营，又要有文化、知艺术。其次，组建有经济实力和组织能力的大型文化中介企业。大型企业拥有雄厚的资本和众多人才，收集和整理国内外市场的信息量大，商业信誉高，服务质量优良，可以以大带小，促进文化产业中介经营走上正轨。第三，建立行业协会。文化产业中各个行业的特点鲜明，经营方式和活动范围各异，行业的利益和要求也随之不同。行业协会作为政府和企业与个体经营者之间的中介机构，一方面贯彻执行政府有关部门政策法令，协助政府实行宏观调控；另一方面，代表和保护行业的共同利益，进行行业自律。

3. 组织大型文化企业集团。现代经济可以说是大企业主宰市场的经济。大企业因其经济实力雄厚，生产和经营技术先进，市场信息灵敏，经济效益和经营效果良好，活动范围广，竞争能力强，一般在国内外市场上占据有利地位。因此，一个行业、一个地区、一个国家都应有自己的骨干企业，用以形成经济和市场的基本立足点。

4. 建立文化产业基金。文化产业的重要特征是创新性和公益性强于或大于其他产业。从公益性来讲，文化服务商品不仅要反映和表现时代主旋律，而且还要执行国家对文化的方针政策与具体要求。在市场经济条件下，文化企业也是自谋生存、自我发展的。他们服从社会效益是有条件的，若负担得起，对社会作一定贡献是必要的；若负担过重，影响企业的生存，国家和社会或免除其义务，或给予适当补贴。从文化产业的创新性来讲，有成功，也有失败，是一种风险投资。文化产业的创新又关系着国家和社会文化的发展方向，把握和引导文化服务的创新活动是国家进行宏观调控的重要环节。国家的引导的主要方式是出题目、给资助，鼓励文化企业按自己情况挑选并创作。由上可见，强调社会效益，鼓励文化创新，支持文化产业经营的发展，国家和社会都需要资金投入。各国实践经验表明，国家和社会的资金的投入可以采取“文化产业发展基金”的形式。这种形式既有利于资金的管理和有效使用，也有利于广泛调动社会经济力量，增加基金来源。

5. 培养经营人才。由于长期的事业体制，文化部门的人员大多精于文学艺术，疏于产业经营管理和市场竞争。这是当前影响文化产业经营的主要障碍。因此，引进和培养文化产业经营管理人才是当务之急。一是不少地方都有一些办得好的文化企业，以它们作基地，可以在短时间内培养一批实用人才。二是在社会上招聘懂市场、会经营的人才，他们虽文学艺术规律不甚了解，但只要同业内文化专业人才结合得好，也能发挥作用。三是在有条件的高等院校建立文化产业经营专业，经常地、稳定地培养学士、硕士、博士等专门人才。

6. 完善文化市场法制。文化市场也是复杂矛盾的统一体，既有规范的行为，也有随便性的活动；既有促进社会稳定、有利经济增长的文化服务，也有沉渣泛起、腐蚀人们心灵的精神鸦片。因此，各个国家对文化市场的管理都是严格的。严格管理的手段是法制。一方面，文化产业要遵守市场经济的一般法规，如《公司法》、《经济合同法》等等；另一方面，文化企业和经营者还要遵守本行业的特殊法规，如《版权法》、《知识产权法》等等。总之，国家主要是依靠法制手段对文化产业经营进行管理，这就要不断健全和完善文化产业法制体系，才能有效地推动文化产业健康发展。

（选自《财贸经济》2000 年第 2 期）

发展文化产业的重要因素与时机

平视之

社会主义生产目的旨在不断满足人民日益增长的物质和文化需要。改革以来，在利用市场机制促进物质产品的丰富和升级换代上我们已取得了可喜的成绩和经验，但在文化产品、即直接满足人们精神享受的产品或服务的市场化之路上还只能算刚刚起步。去年12月结束的首届中国上海国际艺术节在这方面作了较为成功的探索。尽管这是一次上海特色的尝试，但其中却不乏一些具有普遍适用性的因素。研究这些经验和因素显然有利于文化产品和文化市场的繁荣，并最终有利于实现两种文明建设齐头并进、共入佳境的目标。

一、新的市场消费主体的崛起

文化要作为一种通过不断的再生产而发展的产业必须解决产品卖给谁、能否按其价值而实现的问题。因此市场上是否具有相应的购买能力及消费意愿是该产业能否存在和发展的关键因素。

长期以来，以满足人们的精神享受为主要功能的文化产品对于多数刚过温饱线的中国人来说尚属一种只能偶一为之的奢侈性的消费对象．这种市场需求是难以支撑文化产业的存在的，加之过去的不少文化产品又过于政治化、雷同化，市场业绩就更难理想了。改革以来，尤其是近十年以来，情况发生了重要的变化：经济的持续发展不但普遍地提高了人们的收入，而且还特别地培育出了一个以“两高一低”即“高收入、高学历、低年龄”为特征的新的消费阶层。据1999年的一项全国性城市调查资料统计，家庭月收入在8000元以上的富裕阶层占全国城市总人口的0.51%左右，其中52.9%的人受过大专以上的教育、49.8%的人位于25～34岁的年龄组。同年上海的一项调查也表明：20～30岁年龄组的文化程度最高，收入也最高。这一特殊阶层的形成显然与近十年里大批刚毕业的大学生直接进入高速发展的新兴产业及外资企业有关。他们的专业知识以及创新的勇气，使得他们避免了前辈们那种缓慢向上的“年龄—收入”曲线（即收入随着工龄而呈先低后高的曲线）而率先享受到了新型的“跳空高开”的收入曲线，成为这个时代的“宠儿”。那么这一阶层的兴起于文化产业来说有何意义呢?

首先，该阶层具有将文化消费作为常规性消费的能力。文化产品不属于生存必需品的范围，因此其需求较具弹性，通常与消费者可自由支配收入的大小成正比。“两高一低”阶层与其他富裕阶层一样，生存必需开支只占总收入较小的比例，余下的可自由支配收入较多，这就为经常性的文化消费提供了财力上的可能性。

其次，该阶层具有较强的文化消费偏好。有购买能力者不一定成为实际的购买者，因为这里还有一个消费意愿与偏好的问题。“两高一低”阶层由于较高的文化程度以及优越的工作环境因此更为重视精神层面的东西，容易产生对于文化、尤其是高雅文化的偏爱。受此影响，其部分可自由支配收入就可能转化为实际的文化消费。

第三，该阶层具有“敢于花钱、乐意尝新”的消费特征。中国人向来具有节俭的消费习惯，而“两高一低”阶层却明显不同。由于“早年得志”（指刚工作就有高收入），并对未来具有信心，他们在消费上比较大方，讲究档次和品味，往往是新产品的早期问津者，也是文化市场的常客。而老一辈知识分子尽管对文化消费也有偏爱，但实践中由于节俭传统的影响，即使有钱也会节制欲望、有限消费。

综上所述，由于近十年的经济发展所产生的“两高一低”阶层对于文化产业的发展具有特别重要的意义。他们占总人口的比重虽然不高，但却代表着市场的未来。他们的消费取向以及对于其他阶层可能产生内示范效应，将有力地影响各种产业未来的发展前景，并特别地有利于文化产业的发展。

上海是中国新兴产业及外来投资的重要集中地，自然也就会成为“两高一低”阶层的集中地。这对于文化产业的发展来说可谓是一块“风水宝地”。首届中国上海国际艺术节在市场化运作上的一个重要成功表现在理想的市场销售业绩上。每场演出的平均出票率高达94%，上座率达95%，导致这种业绩的原因很多，其中找对市场消费主体也是原因之一。据资料载，早在演出前一个月，票务部门已在一些金融通讯部门及在户外籍人士处得到了踊跃的预订。这些部门不正是“两高一低”阶层的“主产地”吗?

二、文化创新的启动

新消费主体的形成为文化产业的发展提供了有利的需求条件，但若无供应方面的相应跟上，文化市场的繁荣还是难以形成的。

文化产品主要是通过三个方面来满足人们的精神需求的：其一，调节情感。人总是有七情六欲的，而工作及生活中的种种不如意又常常会令人情绪失调。文化产品正是通过形象化的内容来满足人们这种释放减压的情绪、导入积极的情绪的需要的。这就是无论是悲剧或喜剧、政论文或“小女人”散文在市场中都各有所爱的原因。其二，传输思想精华。人们的心灵深处总存在着对于真理的渴求，现实中的种种困惑也总希望有人来指点迷津。文化作品往往是作者认真思索的产物，优秀的文化作品更是杰出文人对于生活及真理的深入观察和真知灼见的产物。人们正是通过这些作品而接受先进的思想并使自己的境界也得以升华。其三，提供美的享受。爱美之心人皆有之。绝大多数的文化产品都会以各自的特色来展示美，以满足人们的欣赏欲望。

人们对于文化产品的这些要求几乎是永恒的，但这些要求的内涵却会因时空条件的变化而变化。这是因为人们对于文化的需要属于精神性质的：一方面其内容会随着社会存在的变化而改变，另一方面其对同一物的满意程度也会随新鲜感的减退而降低。由此产生了文化需求多变求新的特征，尤其当社会经济或生产关系发生重大变动时，这种需求的变化就更明显。此时供给方面若不发生相应的变革和创新就难以满足这种需要。

长期的改革与发展为今日的文化创新酝酿了种种条件：首先，文化界本身对于创新的必要性及方向有了较长时间的思考和探索。近十年来，与经济持续而稳健的发展相比，文化界显得较为冷落，不少文化团体经济拮据、举步维艰。这种局面不是由市场需求减少而造成的，而是因为人们的胃口变了，文化团体难以适应所致。“铁饭碗、大锅饭”的体制更是起到了麻痹的作用。长期的不景气引起了文化界的一些年轻人及有识之士对于市场需求的变化及专业改革、创新等问题进行了认真的思考和探索。经过几年，甚至十年的“蛰伏期”，以剧坛新明星为代表的一批创新人物纷纷带着既富文化底蕴又具时代特色、令人耳目一新的新作重返市场。它一扫文化市场积压已久的郁闷与不振，启动了新一轮的文化消费热。从这些节目在首届中国上海国际艺术节上的亮相来看，它们决不是八十年代那种对于港台文化的简单引入和模仿，而是以浓郁的地方文化为内核、以现代舞美手段为包装的高质量的原创精品。相信这批精品的问世一定会鼓舞和推动其他文化行业的创新和复兴。其次，改革的深入也为创新提供了丰富的题材和启示。改革是生产关系方面的一场革命。产业结构及经济体制的变革必然会伴随着人们之间在利益及地位上的调整，并由此引发人们在价值取向及相关理论上的震撼和冲突。这种状况及其在历史上的地位足以成为产生文化精品的源泉和条件，并促成当代文化的创新。第三，经济的发展也为创新提供了有利的条件。前面已经提到，人民收入的普遍提高，特别是“两高一低”阶层的形成有利于文化消费需求的增强。这里还要强调一点，新兴产业及产品的问世也为文化创新、尤其是演出业的表现形式及舞美设计提供了更加先进的设施和丰富的材料。这一点也在前述艺术节上得以充分的展示。文化创新本身有一个“创新→推广→式微→再创新”的周期。与此相对应，文化市场的发展也会呈现出“复苏→繁荣→低迷→再复苏”的周期性质。创新既是文化不景气压迫的产物，又是引发新一轮发展周期的起点，可见创新周期是文化市场发展周期的基础。可以相信，正在启动的文化创新一定会促成文化市场的新的繁荣。

三、政府作用的重新定位

在新中国历史上，每次文化高潮总是离不开政府的重视和推动的。在今天向市场经济体制转换的过程中政府的作用仍然相当重要，所不同的是作用的着眼点有了变化。

以首届中国上海国际艺术节为标志，今天政府对于文化推动的着眼点或入手处则更能符合和体现政府在市场经济体制中应有的角色定位。

首先，投资偏重于公共或大型文化设施。由于长期以来片面追求增长速度，人民的消费、尤其是文化消费被严重地忽略了。这种被积压的消费要求加上以后随着经济发展而自然增长的消费欲望构成了文化发展的一个有利的市场机会。然而相比之下，文化设施的老化及不足却使得文化市场的供给能力相形见绌。此时建设具有先进水准的文化设施，如剧院、展馆、大型游乐场就能有效地诱发和满足人民的消费欲望，并由此促成文化产业的大发展。当然，这些设施方面的投资民间并非绝对不能做，但在缺乏文化产业运作经验的情况下，面对耗资巨大、回收期较长等问题，民间一般是无力或不敢贸然介入的。此时集中有限资源、不失时机地抓住文化产业启动的大好时机，就成了政府义不容辞，同时也是政府最适合于担当的责任了。

其次，组织与协调全国或国际性的文化活动。近几年来，不少地区都推出了以本地区特色文化为内涵的全国性或国际性的节庆活动，比如各类艺术节、文化节等等，以扩大本地区在全国及国际上的影响、吸引游客和投资，推动本地区的经济发展。尽管有些方面尚存不足，但毕竟是一种不错的宣传和招商方式。在这些活动中虽有民间及各行各业的广泛参与和受益，但唱主角的却只能是当地政府。因为这种活动涉及方方面面的组织和协调，涉及主题的选择与本地区长远发展的关系等等。要解决这些问题，一般的民间组织或企业不但是难以胜任，而且也不愿为此而耗费精力。但政府就不同了。它既是本地区全局与长远利益的代表者和关心者，又是覆盖全地区的最高权力组织，因此由其出面来组织和推动自然能收事半功倍之效。

第三，制订发展规划与“游戏”规则。文化产业内部种类多样，与其他产业之间又有着互相制约的关系，因此，为使文化产业能够持续、健康地发展，就必须制订反映这种内外比例关系的发展规划。此外，文化产品或服务与一般消费品相比更具意识形态的性质，因此在内容选择和经营方式上就必须有所把关、有所规范。显而易见，这些工作也必须由政府主管部门来承担。近些年来，各级与各地政府对于弘扬本国、本地文化，并借此促进经济发展方面都表现出了较大的关心和热情。这显然是文化产业发展的一个重要契机。首届中国上海国际艺术节为此提供了较为成功的范例。政府不再直接插手文化团体的经营与管理，而是着重于创造有利的外部环境。这种角色的转换，反映了政府对于市场经济体制下本身作用的重新认识和定位。随着这种角色转换和再认识的逐步到位，政府对于文化产业的推动将更具效率。我们相信，在其他要素的配合下，政府的新作用将会加快新一轮文化消费及文化产业发展高潮的到来。

（选自《世界经济文汇》2000 年第 3 期）

简论文化产业与文化的关系

王能宪

近年来，我国的文化产业得到了较快发展。这是改革开放特别是党的十四大确立社会主义市场经济体制的必然结果，也是国际经济文化的交流与合作日益扩大的必然结果。文化产业的不断发展和壮大，有力地促进了人们的思想解放和观念更新，推动了文化体制改革，并且在社会经济生活中产生了重大作用和影响。但是在文化产业发展的过程中，由于对文化产业特别是文化产业与文化的关系认识不尽一致，出现了一些偏向和误区，这无论对于文化产业的发展还是对于文化的发展都是不利的，特别是在制订文化和文化产业的发展战略、政策措施和未来规划时，必须对文化与文化产业的关系有一个科学的认识和准确的定位。

文化产业与文化既有联系，又有区别。

从逻辑上讲，二者是种属关系，文化是属概念，其内涵和外延比文化产业更广；文化产业是种概念，它包含在文化之中，是文化中可以用产业方式运作的那一部分。这一部分文化可以称之为经营性文化，在市场经济条件下，其范围越来越广，主要包括娱乐业（国外对娱乐业的界定范围很广，包括演出、电影等，我国的娱乐业主要指歌舞厅等娱乐场所）、演出业、影视业、出版业、网络业等等。文化中不可以用产业方式运作的那一部分，可以称之为非经营性文化，主要包括义务教育、学术研究（包括人文科学研究和自然科学中的基础研究）、文学艺术以及图书馆、博物馆、文化馆等公益性文化。当然，这两部分文化并不是截然分开的，常常交织融合在一起。但是区分这两类不同性质（从产业的角度）的文化具有非常重要的意义，这是我们认识文化与文化产业的关系的基本立足点。

既然文化当中的一部分并且是很大一部分可以通过产业运作方式获得利润，有时甚至可以获得高额利润，文化产业必然就应运而生。据此，文化产业可以界定为从事文化产品的生产和经营的行业。随着经济的发展和社会的进步，人们的闲暇时间越来越多，对文化的需求和消费也日益旺盛，因此文化产业通过满足人们的文化需求和消费，创造和积累了大量的社会财富，起到了增加就业、创造价值、刺激消费、涵养税源等重大作用，成为新的经济增长点。因此，文化产业在许多国家被誉为“朝阳产业”、“支柱产业”或“无烟工业”、“知识工业”等。

因此，可以说文化产业从本质上讲是一个经济学的概念。文化产业的投资者和经营者的根本目的或者说主要目的是为了赚取利润，如果无利可图，他们绝不会去投资兴办任何一种文化产业，例如世界上没有哪一个老板去投资兴建一座图书馆或者一个歌剧院的（有人捐款兴建这类事业则是另外一回事）。文化产业的经营者在经营当中必然要遵循经济规律、市场规律。尽管我们强调从事文化产品的生产者和经营者，不同于一般物质产品的生产者和经营者，要把社会效益放在首位，争取社会效益和经济效益的双丰收，但是在实际当中往往很难做到，因为这两个效益既统一又矛盾，以营利为目的的文化产业的经营者往往更多的是注重经济效益，那只“看不见的手”总是起着决定性的作用。譬如，歌舞娱乐场所中的色情陪侍和非法出版物的泛滥，就是由于经济利益驱动而成为难以治理的痼疾。

尽管文化产业的发展客观上能够满足人民群众不同层次的文化需求，能够在一定程度上促进文化艺术的丰富和繁荣，但文化产业作为一种经济行为，它不可避免地带有自身难以克服的缺陷和弊病。如果所有的文化都通过产业方式运作，一味地追求赚钱和利润，那将是文化的悲哀，社会的悲哀，也是发展文化产业的误区。那么，为了文化的繁荣和发展，为了社会的全面进步，如何消除和弥补文化产业带来的负面影响呢？我认为除了要不断完善文化产业的政策法规，促使其健康发展之外，就是要依靠国家和政府的力量，把文化中不可以用产业方式运作的那一部分，即非经营性文化建设好、发展好。

如果说经营性的文化产业其本质是一种经济行为、市场行为、商业行为的话，那么不可以采取产业方式运作的非经营性文化，即前面提到的义务教育、学术研究、文学艺术以及图书馆、博物馆、文化馆等文化的特性和本质就是它的创造性和公益性，其根本目的是提高国民的思想道德素质和科学文化素质。这一类文化是最本质最重要的文化建设，是一个国家发展的动力，是一个民族进步的灵魂，必须依靠政府的投入，或者国家制定相应的政策，予以必要的扶持和引导。这就是文化与文化产业的根本区别，也是政府与文化企业家的不同职责。

由于文化产业在全球范围迅速发展及其功能和作用日益突现，近年来遂成为一个热门话题，社会各界包括艺术家、企业家、银行家和经济学家，都对文化产业寄予了莫大的兴趣和热情。

在我们国家，文化产业也得到文化界、经济界乃至各级党政领导的关注和重视。这本是很好的事情，可是由于对文化产业与文化的关系认识模糊不清，提出了一些片面的不够科学和准确的似是而非的说法。

例如，在某省的《文化产业发展规划》中有这样的表述：“文化产业是以生产和提供精神产品作为主要活动，以满足人们的文化需求作为其目标的第三产业中的一个重要的组成部分，它包括所有从事文化活动的事业、企业单位及与之相关的行业。我国的文化产业是社会主义精神文明建设的主体。”又说，“要把文化作为产业来抓，作为产业来发展”。有的文化部门的同志还提出口号：“文化要走产业化的发展道路。”这些说法一度十分流行，至今仍然不绝于耳。

这些说法混淆了经营性文化与非经营性文化的不同性质特点，是一种违背文化发展规律和社会发展规律的糊涂认识。上文已经说到，文化产业只是文化中可以通过产业方式运作的那一部分。全部文化都能“作为产业来抓”吗？都能“走产业化的道路”吗？“所有从事文化活动的事业、企业单位及与之相关的行业”都成了文化产业，那将是一种什么状况呢？图书馆如何“产业化”？——难道向读者收钱吗？高雅艺术如何产业化？——仅靠门票收入能够维持剧院的艺术生产吗？这显然是行不通的。法国对皇家歌剧院等代表国家艺术水准的艺术表演团体，政府支持的力度很大，财政投入占到剧院总支出的百分之六十至百分之八十。建在塞纳河岸边的国家图书馆新馆，所有经费都由财政开支，每年度高达八亿法郎。对于这一类文化，是不可能也不允许“产业化”的，否则就会导致文化的灾难和毁灭。

文化的繁荣是文化产业发展的前提条件。没有高水平的文学艺术，包括小说、诗歌、戏剧、电影、音乐等原创性的文化的繁荣，演出、音像等文化产业便成了无源之水、无本之木，如何能够发展起来呢？同时，没有一定的经济环境和条件，没有相当购买力的文化消费者，发展文化产业也只能是一句空话。因此，文化产业既有赖于文化的发展水平，也有赖于经济的发展水平，没有高度发展的经济和高度发展的文化，要想取得文化产业的大发展是不可能的。换句话说，发展文化产业必然受一定的经济和文化的制约。发展我国的文化产业，必须从我国社会主义初级阶段的实际出发。有些人总是津津乐道于美国的音像业如何如何超过汽车工业、航天工业，排在出口的第一位。我不仅要问，世界上还有第二个好莱坞吗？好莱坞在全球音像业的垄断地位，随着经济全球化进程的加快，随着各国经济、文化的发展，在不久的将来必将被打破。

搞清楚文化与文化产业之间的关系，目的是为了更好地繁荣文化事业，壮大文化产业，使二者互为补充，共同促进文化的繁荣与发展。

繁荣发展文化与文化产业，必须遵循一个重要的原则，就是分类指导的原则。文化与文化产业没有截然的界限，经营性文化与非经营性文化也不总是泾渭分明，相当多的情况下是交叉混杂在一起的，因此大体上可以分为三种类型：一、公益性文化。主要是为公众提供无偿的文化服务，这一类文化不可以通过产业方式进行经营，必须由政府投入予以保障。这就是十四届六中全会《决议》中所说的：“对政府兴办的图书馆、博物馆、科技馆、文化馆、革命历史纪念馆等公益性事业单位，应给予经费保证。”二、准公益性文化。这一类文化虽然可以通过产业方式进行经营，或者可以获取一定的经济收益，但其收入远不能达到其从事文化创造或艺术生产所付出的劳动价值，需要国家予以补偿。也就是《决议》中提到的：“对反映国家和民族学术、艺术水平的精神产品，代表国家水平的艺术院校、表演团体和国家重点文物保护单位，有代表性的地方、民族特色艺术团体，要加大扶持力度。”三、经营性文化（营利性文化）。这一类文化完全通过市场用产业方式进行经营，其中有可获得高赢利者（如歌舞厅等娱乐业），可采取高税收；也有属于弱质产业者，则须国家通过政策予以扶植。对于这三类文化，政府主要集中精力管好前两类，尽管第二类文化中包含有文化产业的成分；后一类是纯粹的文化产业，则应当交给市场，国家通过制定必要的政策法规，规范其经营，促进其发展。

诚然，这里说政府要管好前两类文化，并不是说像计划经济时代那样由政府包办一切。特别是第二种类型的文化，必须建立起与市场经济相适应的竞争激励机制，在管理方式上可以也应当引进产业运作方式，这正是文化体制改革的重要内容。但是，需要明确的是，在文化事业领域引入必要的产业运作方式，不能说成“文化产业化”，“产业运作”与“文化产业”是两个不同的概念范畴。

总之，我认为：文化产业不等于文化，发展文化产业替代不了文化事业。我们既不能把文化事业和文化产业完全割裂开来，也不能把两者混为一谈，笼统地提“文化产业化”。

（选自2000年5月13日《人民日报》）

挑战与机遇

——“入世”与中国文化建设

刘玉珠

在中国加入世界贸易组织的谈判中，文化是一项重要内容。随着“入世”的脚步越来越近，扩大文化市场的准入范围，允许国外文化资本和文化艺术产品、文化服务的进入，都已经是即将到来的事实。面对“入世”以后不同文化价值观的冲突，如何在学习、吸收、借鉴世界各国优秀文化的同时，弘扬和发展我们自己的优秀民族文化，成为我们建设有中国特色社会主义文化的重大课题。

一

“入世”以后，我国的文化建设既面临着挑战，也面临着机遇。挑战主要表现在以下四个方面：

首先，将对我们社会主义价值观念产生影响。

党的十五大提出要在全社会形成共同理想和精神支柱，深入持久地开展社会主义道德教育，民主法制教育和纪律教育，引导人们树立正确的世界观、人生观和价值观，这都离不开文化所具有的教化、激励和导向功能。从这个意义上说，文化既是民族精神的结晶，也是其动力源泉所在。外国文化资本和文化产品、文化服务的进入，从积极意义上讲，对丰富人民群众的文化生活，提高他们的生活质量，对于推动我国的文化事业在学习和借鉴别国优秀文化中发展都是有作用的。但也应该看到，一些宣扬西方的道德伦理观、人生观和价值观念的文化产品，对我们实现把青少年培养成社会主义“四有”新人的教育目标，是有一定潜在负面影响的，对此我们要保持清醒的认识。

其次，将对我国优秀传统文化造成冲击。

中华文化源远流长，丰富多彩。千百年来，在教育和陶冶人们的思想、性情、品格，提升人们的整体素质方面发挥着独特的功能。由于一些外国文化产品大量地运用了现代科技成果，其产品的娱乐性、观赏性、知识性较强，具有生产制作成本低、价格便宜等优势，再加上利用了人们渴望了解和欣赏外来文化的心理，在一定时期会占有很大的市场份额。它传达的思想和观念，久而久之对消费者有潜移默化的影响，甚至在少数消费者那里会形成外国文化比本国文化优越的思想。80年代，我国歌舞娱乐场所CD节目中90%是境外节目。我国有关部门经过长达10多年的努力，才使这种状况有了根本转变。对此我们必须有足够的思想准备。

第三，会给国内文化产业发展带来竞争的压力。

目前，我国文化市场机制尚不健全，文化产业规模尚在形成过程中。一方面生产能力弱、资金匮乏、质量偏低，经营管理人才严重不足，懂得市场运作、掌握国际服务贸易规则，有较强经营管理能力的人才更是凤毛麟角。另一方面文化消费需求旺盛，市场潜力很大。据抽样调查，1990年，我国城镇居民人均直接文化消费为112.09元，到1996年已增长为374.95元，年平均增长22.29%，远远高于同一时期GDP增长率。另据北京市社会科学院在北京市二区一县的文化消费调查数据表明，北京人均文化消费4293元，占总收入的15.4%，而英美等西方发达国家同期的文化消费占其总收入的30%左右。由此可见文化市场发展的广阔前景。随着外国资本大量进入我国文化市场从事文化经营和服务，多数外国资本是跨国公司，资金雄厚，技术先进，管理人才经验丰富，熟悉市场规则和运作方式，对文化市场的诱人利润有清楚的认识和了解。因为在许多发达国家，文化产业已经创造了可观的经济效益。据统计，400家最富有的美国公司有72家是文化企业，美国的音像业仅次于航天工业居于出口贸易的第2位。英国文化产业平均发展速度是经济增长的2倍。日本的娱乐业产值仅次于汽车工业。有13亿人口的我国，1999年实际文化消费总量才800多亿元，而潜在消费能力在3000亿元以上。据有关部门预测，2005年，我国文化的潜在消费能力是5500亿元。所以对中国文化市场，他们志在必得。而我们处在由计划经济到市场经济的转型期，对文化的意识形态性有清醒的认识，但对文化的产业属性了解甚少，如何充分利用我们丰富的文化资源和主场作战的优势，不断发展和壮大自己，使之在同外国的竞争中能有一席之地，并在竞争中学习别人长处，弥补自己不足，最终占领国内文化市场，是我国文化经营单位面临的新挑战。

第四，对我国文化管理方式的转变提出了新课题。

文化市场准入的逐步扩大，大量外资和民营资本进入到文化产业中来，对于多年习惯于使用行政命令管理具有主从关系的国有文化部门的各级政府部门来说，压力可想而知。世贸规则是一个一揽子协定，而且有一个争端解决强制管辖制度，这一争端解决机构事实上是“国际经贸法院”，它对各成员国的经贸政策和制度均有约束力，这对我们的相关法规，尤其是地方法规带来了挑战。这种新趋势不仅涉及政府管理的职能和方式的转变，而且还会涉及建设有中国特色社会主义文化的基本认识问题。例如，如何认识社会主义市场经济条件下文化的功能和作用；如何熟悉并运用世贸规则去规范市场，发展文化产业；如何引导外国文化资本和民营文化资本的投向；如何管理外国文化产品和文化经营活动等等，对各级政府来说，这些都是新课题。如果管理和引导得好，对广大文化消费者，对从事文化生产和经营活动的投资者，对国家经济建设，都会带来很大的好处。否则，也能带来文化市场的混乱。美国等西方国家与我们的社会制度和意识形态不同，对文化的认识和管理与我们有很大差异，我国政府采用的管理手段和方法与他们有很大不同，和世贸规则也有冲突。现在要修改和放弃原来熟悉的且又行之有效的管理手段，学习不熟悉的新规则，既会带来认识上的冲突，也会带来管理的实际效果与期望值有差距的问题。

二

在重大挑战面前，应看到我们国家的政治优势和文化优势。在全球经济一体化和加入世界贸易组织的挑战面前，我们只要有清醒的认识和必胜的信心，有切实可行的方针和措施，就一定能在学习和吸收外来优秀文化的基础上建设好有中国特色社会主义文化。

第一，树立危机意识，加大改革力度。

加入世贸组织，扩大文化市场准入范围，既不是为了部门利益，也不是屈服于外国的压力，而是我们深化改革，建设有中国特色社会主义的需要。它带给我们的不仅是挑战，更重要的是机遇。改革开放 20 年来，我国文化建设取得的成绩是有目共睹的，但文化作为上层建筑的重要组成部分，其改革的力度和深度与中央的要求和广大人民群众的期望，还有一定距离。在目前文化的建设和发展关键时期，我们要有危机意识。应该看到，在社会主义市场经济条件下，文化的功能和作用无论其内容和形式都大大丰富了，我们的认识不能停留在计划经济时期。

要建设好有中国特色社会主义文化，必须以邓小平理论和党的十五大精神为指导，解放思想，实事求是，改革文化体制，加速发展文化产业，开创社会主义文化建设新局面。把改革作为发展文化的动力。通过加快对内和对外开放步伐，为文化的繁荣发展创造良好的市场环境。要充分认识到在整个文化建设中，推动文化产业规模发展是极为重要的。没有文化产业的大发展，就不可能有真正意义上的文化市场规范和繁荣，也不可能使优秀的民族文化得到弘扬，更难以在“入世”的挑战中取胜。因此，要对文化属性进行科学分类，国家在保障公益性文化事业的发展的同时，支持和鼓励文化产业进入市场。

文化行政管理部门要转变政府职能，以满足人民群众的文化生活需要为导向，发挥市场机制的积极作用。要优化、调整文化产业结构，立足于民族文化资源和国内文化市场，利用国外优秀文化资源并积极参与国际文化市场竞争。从“办文化”的传统管理模式向“管文化”方向转变，要以行业管理为主，通过各种经济的、法律的和行政的手段调控市场，引导企业的生产经营活动。

文化产业单位要正确处理社会效益和经济效益的关系。在社会主义市场经济条件下，要坚持用辩证统一的观点来理解和处理社会效益和经济效益的关系。要注意区分整体和个体、事业和产业间的关系。社会效益是经济效益实现的前提，经济效益是社会效益实现的保障。文化产业单位必须最大限度地提高其生产效率和经济效益，不断提高经营管理水平，为市场提供适销对路、内容健康、丰富多彩的文艺产品和服务，保障社会效益的实现。

第二，加强立法立规，促进文化法制建设。

依法治国是我们的基本国策。大力推进文化法制建设，也是我国文化事业发展的根本措施。“入世”以后，文化法制建设既要体现我国文化主权的不可侵犯性，也要与世贸规则衔接。我国文化法制建设经历了一个曲折的历史发展过程，表现在对依法治文、依法行政认识不足，文化法制建设十分薄弱，人们的文化权利只停留在一般宣言中而没有在法律上得到落实。国家主要依靠政策号召和行政措施，缺乏用法制手段引导、保障文化建设和文化活动的顺利进行。而世贸规则规定，政府的行政管理应是依法和透明的。近几年来，政府文化管理部门依法治文意识有所加强，但由于管理体制不顺，文化艺术涉及面广，立法复杂程度高，缺乏专门人才等因素，影响了文化法制建设的进程。现在依法治文已经成了共识，立法、执法的大环境已较前有很大改善。我们在清理与世贸规则不一致法规的同时，要尽快制定新的法规，以避免出现法律断档。像影院合资经营管理规定、音像分销的合资合作办法等法规的制定与出台，都将对文化法制建设有很大推进。

我们要加快世贸组织基本知识的学习和培训。比如世贸组织《保障措施协议》就规定，当发生缔约时完全未能预料到的形势变化，而导致缔约方不能真正享有条约上所规定的利益，与另一缔约方之间出现权利义务严重失衡的状况时，该缔约方为保护自身利益可以终止条约或寻求某种补救措施。诸如此类的世贸规则，我们要尽快熟悉和掌握，更好地维护我国的文化主权。

第三，调整产业结构，完善文化产业政策。

加快我国文化产业结构优化和协调，在协调的基础上，通过制度创新和技术创新推动文化产业的结构升级，是文化产业发展的客观需要，也是“入世”后文化参与国际竞争的需要。世纪之交，知识经济浪潮席卷而来，现代高新技术越来越广泛地渗入文化领域，文化产品和文化服务的科技含量越来越高，高科技文化娱乐项目不断创生。高新技术的应用既为优秀的精神产品的生产和传播提供了强大的武器，也可以为精神垃圾的流传提供方便的条件。极少数不法之徒广泛采用高科技手段和先进管理方式贩卖精神垃圾，这些新的动向对我们文化市场管理工作提出了更加严峻的挑战，对文化产业的结构调整也提出了更高的要求。因此，要加快资产重组和结构调整，优化国有文化资产配置，理顺国有文化产业单位产权关系，促进产业升级，使不同经济成分的文化企业，都能在激烈的市场竞争中求得发展。

当前，制定和完善文化产业政策，要从现实和长远两个方面加以考虑。文化事业部分（公益性文化单位）要政府来投入，但文化产业部分（经营性的或以经营为主的）要向市场要效益。目前文化产业组织还较弱小，需要国家在经济政策上予以扶持，尤其是财政税收和融资政策。在不减少国家现有财政投入总量的情况下，调整财政投入结构和投入方式，适当增加用于扶持文化产业化发展的政策性专项投入。通过差别税率等政策促进文化产业迅速发展，调控文化产业总量规模和水平。鼓励各种社会资金投入文化产业，放宽和取消一些对非公有制经济成分投入文化产业领域的限制。对于新兴和创新型的文化产业项目实行低息或贴息贷款。安排一定的政策性贷款用于发展各类文化产业。鼓励组建各级各类文化产业组织、文化投资公司，形成投资主体多元化的新格局。创造有利于发展文化产业的综合性投资融资手段和方式。同时，要鼓励社会各方面参加文化资源的保护、开发和利用，贯彻积极保护、合理开发、有效利用的政策。在保护的基础上，打破对文化资源的不合理垄断，加大对现有文化资源的开发和利用的程度。国家要通过实施若干重大的基础性文化资源开发项目促进文化资源的有效利用。通过建立区域文化协调发展基金，对经济落后地区，尤其是西部地区发展文化产业给予必要扶持，促进各地文化产业协调发展。还要制定政策，鼓励文化产业单位面向国际市场，充分利用国际国内的两个市场、两种资源加强对外文化交流，发展外向型文化产业，增强文化产业的国际竞争能力和对国外先进的文化管理方式、手段的引进、吸纳、消化及创新能力。

第四，依法加强对文化市场的管理。

良好的文化环境是文化繁荣发展的基础。要建立起较完善的、适应社会主义市场经济体制要求的文化产业发展机制和全国统一的文化市场体系，形成以公有制为基础，多种所有制经济共同发展的局面，使市场机制在文化资源配置和文化经济活动调节中发挥基础性作用，从而实现文化产业政策体系趋于完善、区域发展差异缩小、在国际市场上有一定竞争力的文化产业发展的远景目标。

目前，文化市场秩序较为混乱的原因是多方面的，但文化产品和服务的供给能力远远落后于文化消费需求，造成供求关系不平衡是重要原因。供求严重失衡，必然给不法之徒留有从事非法活动的空间，致使市场秩序混乱。“入世”后，除了原已允许的外资对娱乐、演出等活动的经营外，外资以分销方式进入了音像市场，分账影片也增加了，这些变化使文化市场的准入程度大大提高。现在的问题是如何尽快完善政策，使我国的非国有制经济广泛进入到文化市场中来，从而真正形成一个开放的、多元化的投资主体，增加合法的文化产品对市场的供应，打击和抑制非法文化产品经营活动，形成良好的市场机制。因此，要把解决文化市场供求脱节作为一个战略问题来对待。一方面，思想文化主管部门要切实加强对这一问题的调查研究，根据党的十五大确定的精神和要求，拿出切实可行的政策措施，向市场提供充足的、能满足不同层次文化消费需求的精神文化产品。这不仅是建设好有中国特色社会主义文化的客观需要，也是规范和繁荣文化市场的基本条件。另一方面，要依法加强对文化市场的管理。由于文化市场涉及面大，变化快，问题复杂，所以文化市场规范和繁荣是一项长期的艰巨的任务，它和整个社会的文明进程是密不可分的，需要得到全社会的关心和支持。同时，文化法制建设水平也要不断提高和完善，使之适应千变万化的文化市场管理工作的需要。另外，还要继续进行文化法制宣传教育工作，提高广大文化消费者的法制意识。国家要有计划、有步骤地开展文化产业人才培训工程，提高文化经营管理人员的整体素质，尤其是依法经营意识。要加强文化执法队伍建设。文化市场管理不同于一般市场管理，对执法人员的思想意识、法制观念、政策水平、业务能力要求较高。加大对文化市场执法人员的选拔、培养、教育和管理工作，是依法管理文化市场的客观需求。只有这样，我们的文化建设才能既放得开，又管得住，管得好。

中华民族是一个伟大的民族，中华民族有着悠久历史和灿烂文化。我们既不放过任何发展的机遇，也有信心迎接各种挑战。只要我们坚定不移地按照党的十五大建设有中国特色社会主义文化的基本要求，坚持“为人民服务，为社会主义服务”的方向，坚持以满足广大人民群众日益增长的文化需要为基本出发点和落脚点，坚持“百花齐放，百家争鸣”的方针，面向现代化、面向世界、面向未来，就有能力在开放的环境下建设好民族的、科学的、大众的社会主义文化，从而实现国家的富强、民主、文明。

（选自《求是杂志》2000 年第 19 期）

对转型期文化产业的思考

张伟红

新中国成立以来，文化建设一直是以事业单位性质进行考察的。在相当长的时间里，文化不能触及钱字，极少注重经济效益。近年来，尽管对文化产业的提法已基本达成共识，但语境不深。似乎文化从来就是这样，只讲社会效益，不会有什么经济效益；文化事业是花钱的部门，不能靠文化去挣钱。即使到今天，人们虽然可以谈文化的经济效益，谈社会效益与经济效益的结合，但由于根深蒂固的传统因素，文化的视野始终不能进一步打开。由此说来，转型期文化产业观念的确立，将会引发一些我们可预见和不可完全预见的问题。为此，我们很有必要把文化产业放在一个更加宽泛的背景中进行研究。

一、认识文化产业的内涵，确立文化产业观念

1. 对文化产业含义的理解

西方国家文化的产业化发展，大致兴起于20世纪60年代末70年代初，繁荣于80年代，至今仍处于繁荣期。根据西方国家对文化产业的通常解释，文化产业可定义为：凡从事艺术创作生产，传播价值观和文化知识，提供艺术欣赏和文化游乐服务的生产、经营事业均属文化产业。这是个大文化概念，文化艺术的各门各类都归属文化产业。但是，按照生产和经营的目的与方式的不同，亦可划分为两大类型，即社会福利型文化产业与商业公司型文化产业。

按照产业分类，文化产业属于第三产业。也就是除第一产业（农业）、第二产业（工业）以外的其他各业。我国根据实际情况将第三产业分为流通部门、服务部门两部分，文化属于服务部门。文化产业是第三产业中的一个子概念。它的含义应该确定为：文化产品再生产总过程中的各种社会行业，它的范围包括教育、文化艺术、新闻出版和广播电影电视等，是一种大文化概念。

2. 增强文化产业意识是文化产业转型期的需要

增强文化产业意识，就是要清楚地认识文化生产和文化产品的两重性特征，既要看到它意识形态属性一面，又要看到它一般物质形态的一面；既将它摆到精神文明建设的重要位置，又将它放在社会生产的角度进行考察。那种把文化作为一般生产看待，把文化产品等同于一般产品的做法，违背了文化事业发展的根本方向。但是，只看到文化产业的特性，而看不到它具有的一般性，脱离了社会诸环节的市场经济条件，就事业论事业，就投资而投资，同样违背了物质社会发展的一般规律，不利于文化事业的发展。

当今时代，科学技术迅猛发展，文化资源开发的重要性日益引起国内外的广泛重视。《第三次浪潮》的作者托夫勒就提出了这样的预测："未来的发展战略，将不会过分强调经济而忽视生态、文化。"也有学者提出："人类中的重大分界以及主要冲突根源，将是文化性的。"

综观历史，任何一个国家和民族的发展，都无不表现为这个国家和民族的文化发展史，表现为各种文化形成、冲突、融合和演化的历史。文化在国家发展中充当的重要角色，已使国内外不少专家学者开始研究将文化作为一个独立的产业，从第三产业中分离出来，并预见其将在社会经济文化进步中逐步起主导作用，到21世纪将上升为整个人类社会的主要产业。也正是由于这种需要，党的十五大报告提出了建设有中国特色的社会主义经济、政治、文化。把社会主义经济、政治、文化看做是有机统一、不可分割的整体。现代发展观念中的所谓强国概念，不仅包含了经济和政治的内容，也包含了文化发达的内容。现代化建设，"不仅要求物质文明有一个大的发展，而且要求精神文明有一个大的发展。"

世界范围内的发展和研究趋势启示我们，确立文化产业观念已成为一个重要课题摆在我们面前。从西方文化的产业化发展趋势来看：一是产业化程度日益提高，规模化经营不断扩大，出现了一系列连锁经营的大型集团；二是经济与文化的结合日趋密切，工商企业从参与文化活动走向兼营文化产业；三是文化产值迅速增长，成为国民经济举足轻重的组成部分；四是发展不平衡越来越突出，产生的社会问题不断加剧。由此可以看出，西方国家文化产业对社会经济的发展显示出了日益重要的作用，但由于资本主义市场规律的驱动，文化产业则表现为追求经济效益，由此而产生的社会弊端随处可见。主要是影视、出版、游乐等产业商业化的畸形发展所造成的黄色文化产品泛滥成灾，已严重地危及青少年的健康成长，而且对严肃艺术市场也造成了严重的冲击。这已引起了西方各国政府和公众的普遍关注，但至今尚无解决的良方。

我国文化艺术事业向文化产业的发展尚属转型期，为避免或减少走弯路，趋利避害，西方国家在文化产业化发展中的实践经验值得我们借鉴，从中总结出符合自己国情的发展路子。一是应把发展文化产业和文化发展的产业化加以区别。不是所有的文化艺术部门都能够实现产业化。比如：文学创作、艺术研究、博物馆、图书馆等，就很难按产业化的要求发展。

因此，对文化产业发展规划要考虑区别对待，不能统一要求。二是应鼓励经济与文化联合体的建立，工商企业集团公司兼融文化艺术、兴办文化产业，走经济与文化相互促进、共同发展的路子。国家对工商企业办文

化和文化与工商企业联姻应给予支持，在税收上给予适当优惠，为其发展提供方便。三是应预防文化产业发展中出现单纯商业化倾向，注重经济效益与社会效益的最佳结合。确定文化产业的提法，并非意味着要将文化的所有部门不分青红皂白的一律推向市场，实现市场化。那是不科学的，也是不可能的。这就需要预先制定有效的政策措施加强调控，以防患于未然。

二、文化产业观念的确立，将会促进现代文化的发展

1. 文化产业的公益性与盈利性

文化产业观念确立之后，在发展产业思想的指导下，文化事业管理将进入层次清晰的领域。一方面要力争将文化产业发展成为我国一个重要的新的经济增长点，在以经济建设为中心的大格局中，使文化由边缘走向中心，成为经济建设的组成部分；另一方面，要增强文化的自主能力和独立地位，均衡发展文化的社会功能和经济功能。

社会主义文化产业必须实现两个效益的最佳结合，非公益性文化产业单位要有盈利，否则将在市场中无法生存与发展，这是毋庸置疑的事实。问题的关键是如何看待公益性文化产业单位的盈利问题？一般来讲，公益性文化产业的经济效益有两种实现形式。

第一种是间接的经济效益。当文化产品进入为社会所能接受的流通，通过提高社会劳动者的文化素质，转化为新的生产力后产生的经济效益。公益性文化产品经济效益的实现直接表现为国家所有。即国家在产生了新的经济效益的基础上，不断加大对公益性文化产业的再投入上。

第二种是直接的经济效益。就是公益性文化产业单位通过开展有偿服务获得的收入。从理论上讲，国家对公益性文化产业单位在经费上给予投入后，公益性单位就应尽其可能对社会提供无偿性服务，这也是纳税人和社会应享受到的回报。但从现实情况看，国家财政尚不能对公益性文化产业投入足以满足其所期望的资金时，公益性文化产业单位为了弥补文化事业经费不足的有效途径，就是开展有偿服务，通过盈利直接体现出其社会效益与经济效益的最佳结合。

公益性文化产业有盈利，并不意味着以盈利为其发展的最终目的，而应把盈利作为其发展的手段之一。盈利只是手段，扩大再生产，发展并逐步壮大公益性文化产业则是目的所在。

有的经济发达地区提出并付诸实践的“公益型文化与经营型文化同步发展”的全新观点，很值得我区文化产业部门借鉴。因为，这既是经过了实践检验行之有效的观点，又是充满了辩证法的理论探讨。客观地说，我区的文化产业与其他一些经济发达地区相比，其发展状况还处于滞后阶段。究其原因，与我们的观念陈旧，认识不足有着一定的关系。总之，文化产业从前“以文补文”、“多业助文”，如今又迈出了“产业兴文”之路，如果不将无偿的普及型服务与有偿的优质型服务并驾齐驱，文化服务的职能就很难体现。当然，如果将公益型文化与经营型文化的经济效益等量齐观，则公益型文化将会背离社会主义文化发展的原则。

文化产业观念确立之后，整个文化产业的规划工作将会得到进一步重视。政府对文化管理方式将从办文化为主过渡到管理文化为主，宏观调控的可能性将增长，政策引导的力度将加强，各部门的效益测量将更科学。对经营型的文化部门，将根据产业需要进行结构调整，按市场经济的要求，实现产业重组，在保证重点的同时，让一些文化部门到市场中迎接挑战。对公益型的文化部门，政府将以文化开发、利用、服务质量作为测量产业效益的标准，保障对其资金的投入。改变目前一些公益性文化部门为了创收目的搞的不文不商、不伦不类、场所秩序混乱的状况。并通过产业政策扶持，以确保这类文化部门的公益服务性质与水准。

2. 文化产业的民族化与大众化

党的十五大报告提出了“发展面向现代化、面向世界、面向未来的，民族的科学的大众的社会主义文化”目标，它既指明了我国文化发展的方向，又概括了时代和社会发展对文化建设要求的特点。

社会主义文化产业的发展不能背离为人民服务的宗旨、为社会主义服务的方向。社会主义文化生产的最终目的就是满足人民群众日益增长的文化需要。

在文化产业日益发展并即将跨入21世纪的今天，怎样才能使文化产业始终充满生机和活力，并立于不败之地，是文化工作者不可忽视的问题。而充分开发和利用中华民族的文化资源，开辟广阔的大众文化消费市场，无疑是适合文化产业的切入点。

我国有五千多年的文明史，又是一个多民族的国家，可以说文化资源具备在世界范围内发展文化产业的独特优势。过去，我们对丰富文化资源开发和利用的出发点，集中在对民族优秀文化的传承与保护，以办事业的方式进行，而忽视了将其看作是一种宝贵的社会经济资源。结果，我们至今仍处在既是一个文化资源大国，又是一个文化产业小国的状况，这与我国所具有的文化资源条件是极不相称的。

然而有些文化产业，如文化娱乐业，从一开始出现就是按照市场经济规律在文化市场中活动，其发展速度十分惊人。据有关资料统计，20年前我国还没有文化娱乐市场，如今，已有娱乐机构17.7万个、从业人员94万人、年增加值127亿元。随着综合国力的增强和人民生活水平的提高，人们对精神消费的需求会越来越广泛和强烈，娱乐服务业将逐步形成一个较为独立的、具有广阔发展前景的行业，它对国内生产总值的贡献将会越来越高。

但是，从过去一段时期的市场情况来看，高档娱乐场所过度膨胀，大众文化场所太少，娱乐项目也过于单一趋同，支撑我国娱乐消费的主体成了少部分人一掷千金的地方。娱乐行业的产品服务结构与项目设置不够合

理，服务目标与价格定位脱离国情，缺乏大众自主性娱乐消费的内在动力，因而是一种缺乏长久生命力的发展模式。娱乐产品或服务定位的高档化、奢侈化是我国娱乐产业发展的一大误区，对此，文化主管部门采取多种方法加强决策指导，调整结构，使文化娱乐市场宏观管理逐步收到成效，高档消费得到合理控制，大众娱乐开始回归大众。

作为拥有12亿人口的大国，其文化产业的市场非常巨大，是任何国家和地区所不可比拟的。我们具有发展文化产业得天独厚的先决条件，文化消费的主体应当是生活水平逐渐提高的普通大众。当然不排斥为少数富人和海外消费者提供高档娱乐服务，但决不能是脱离国情乱定价和远离大众的高消费。娱乐服务业发展方向应当是以市场为导向，以大众为消费主体的娱乐产业创新，真正提倡大众化的自主性娱乐消费。

在社会主义计划经济向市场经济过渡的初始阶段，文化工作者要适应不断变幻的市场需求，树立强烈的竞争意识，善于捕捉各种文化信息，不失时机地将经济效益融入各种文化活动之中，以满足不同人群的消费和引导消费。开发和利用文化效应资源是一种投入少、见效快的文化经济运作方式，是推动文化产业利用自身优势发展的有力手段。一个“效应”的产生不外乎有两种途径，一是人力、财力的大量投入，二是恰当地运用某种文化资源。为数不少的事实证明，丰厚的民族文化底蕴可以产生某种广告所不能及的轰动性市场效应。比如：中国中央民族乐团在维也纳大厅成功举办了两次“春节中国民族音乐会”，向国外输出具有浓郁民族特色的文化娱乐产品，并以此为契机进行了一系列市场经济范畴的演出活动，使人们重新认识到中国民族音乐也具有巨大的市场潜力，称为“演出效应”；电影《泰坦尼克号》风靡全国，带动了与之相关的书籍、音像磁带、纪念品等市场的销售，称为“电影效应”；“红岩魂”的展出牵动了数百万观众的心，使得沉寂了二三十年的小说《红岩》供不应求，同名电视连续剧也搬上屏幕，称为“展览效应”。

这些效应都有一个共同的特点，那就是有轰动性和创造性，并由此带来了良好的社会效益和经济效益。21世纪需要的正是这种依靠智力而不是完全通过体力开发资源的形式。因此，文化工作者不能固守文化这个范畴无“经济资源”可挖的老观念。因为在政治、经济、文化构成的社会中，文化的资源最为丰富，它触及社会的方方面面，纵向的历史文化资源，横向的社会文化资源，乃至未知的文化资源，都有待于文化人去开发、利用。

繁荣大众文化，是社会全面进步发展的趋势。文化娱乐活动走向民间、走向家庭，亿万普通大众自主掌握文化消费权利，是文化产业在广泛传播大众文化方面应作的努力，为一个国家全民族文化素质的提高奠定着重要的基础。

有了这样的基础，才有可能建造民族的、大众的文化高峰，使最大多数的民众充分享受社会发展的成果。为此，国家正在积极制定促进文化产业发展的政策。在管理体制上真正从办文化为主过渡到管理文化为主，宏观调控的可能性将增大，政策引导的力度将加强，着眼点将会转向以繁荣抓管理，以管理促繁荣，管理是手段，繁荣是目的。这种变化不仅有利于发展文化产业，也有利于真正提高管理效能。在运行机制上，形成产业的运作机制，在遵循社会主义精神文明建设方向和符合文化发展特殊规律的基础上，注意市场导向，面向人民群众对文化产品日益增加的需求，进行更大规模和更广范围的产品生产和开发，让越来越多的人，与我们一起分享、参与、创造凝聚着中华民族智慧的文化精品。

（选自《理论研究》2000年第1期）

经济全球化与中国文化产业的资源开发战略

花　建

全面增强中国的综合实力，争取全球各国经济和文化的共存“共赢”，是中国发展文化产业的一个基本方针，也是文化产业资源优化配置的指导思想。从现代产业意义上看，文化资源除了有一般产业共性的要求以外，还有特殊的四大文化资源，并在全球化的背景下出现了一系列新的发展趋势，包括以整合方式形成文化资源的优化配置，跨国公司成为资源整合的主力军，以信息技术形成交互式、大容量、高速度的文化资源网络等。有鉴于此，中国也要形成新的文化产业资源战略思路，包括：（1）积极参与全球文化市场分工，整合国内外两种文化资源；（2）利用资本运作和产权交易，加快文化资源配置的速度；（3）利用信息化的推动力，形成文化资源整合的网络；（4）针对市场竞争态势，实施文化资源的提升战略。

2000年9月7日，中华人民共和国主席江泽民在联合国安理会首脑会议上指出："经济全球化是随同社会生产力发展而产生的一种客观趋势。现代科技的进步、先进的交通工具和通讯手段的产生，为经济全球化的发展创造了条件。特别是近10年来，信息技术的迅猛发展极大地推动了经济全球化的进程。""我们需要世界各国'共赢'的经济全球化，所有国家，无论是南方还是北方，不论是大国还是小国，都应是全球化的受益者……我们需要世界各国共存的经济全球化，只有相互尊重，相互促进，保持经济发展模式、文化和价值观念的多样性，世界文明才能生机盎然地发展。"

这一高瞻远瞩的见解，指出了经济全球化的深刻根源和复杂动因，以及它对于经济、政治、价值观念及文化生活所带来的深远影响。各国政府都在思考这一巨大的历史潮流，并调整自己的经济、科技和文化战略。中国的立场决不是抗拒这个历史潮流，也不是在后面消极地跟随它，而是积极推动世界各国共存"共赢"的经济全球化。从这样一个宏观的大视野上，分析经济全球化和文化产业发展的关系，提出中国文化产业的资源开发战略，正是当前一个重大而紧迫的任务。

一、现代产业意义上的文化资源观念

任何一个产业的崛起和发展，都与资源的开发密切相关。作为第三产业的一个重要组成部分，文化产业的崛起同样离不开新的资源战略。

作为社会化的文化生产、流通和消费形态的总和，文化产业的中心任务是把有限的资源（即投入）转变成为有价值的产品（即产出，它包括文化产品、文化服务和为其他产业提供的附加值等多种形式）。它所依赖的不仅有其他产业的共性资源：资金、技术、设备等；而且有特殊的资源，那就是文化资源。从整体上看，文化产业资源大致划分为四大类：

第一，资本资源：是文化产业投资和运作的动力。

第二，技术资源：包括文化生产所需的能源、原材料、技术和装备等，特别是现代高科技，已经成为文化产业竞争的强大动力。

第三，专利资源：包括著作权、专利权、商标权等，广义地说还包括形象特许使用经营权等，是法律保护的无形资产。

第四，智能资源：是直接决定文化产品和服务中文化含量的人力投入，它包括三种形态：

1. 符号化的文化知识。它是前人创造的图案、语言、绘画、音乐、造型、传说、方案、影视等，用系统的符号形式记录在物质载体上（包括记录在纸张上、乐谱上、画布上，雕刻在陶瓷、甲骨或者金属上，或者是记录在磁带胶片和光盘上），它可以用电脑和其他电子设备编码，也可以复制、压缩、转换、加工，或者被融合到其他的文化产品中去。

2. 经验型的文化技能。它是由人掌握的一种活的创造技能，包括写作、歌唱、舞蹈、绘画、演奏、编程、设计等方面的各种程序和技巧，用于文化生产的过程。从琵琶演奏员"大珠小珠落玉盘"的弹拨技巧、舞蹈家翩如惊鸿的舞蹈功力，到画家手下"丹青难写是精神，搜尽奇峰打草稿"的绘画技能，都是非常重要的文化生产资源。它的大部分不能被电脑编码，但可以通过教学形式来传授和通过反复的学习来获得。

3. 创新型的文化能力。它是文化人在获得知识和操作技能的基础上，突破前人模式的独创性思维和实践能力，体现为创造型的构思、创意、主题、灵感、方案、决策等。可以说，这是一种文化生产中的核心资源。它的确立，可以把其他的文化资源以新的方式组合起来，而成为巨大的文化财富。它大多难以简单地模仿，而来自创造者艰苦的探索。它决定了文化产品的独创性，是最有价值和最稀缺的，也是不可穷尽、无限延伸的文化资源。它的内涵比文艺创作的灵感和一般制造业的材料工艺等要宽泛得多。它不仅指文化艺术专家的构思，而且指整个文化生产过程中的艺术创意、经营创意、推广创意、销售创意等。

参照著名经济学家熊彼得等人的观点，创新是经济发展的持续动力和源泉。创新的核心就是把一种从来没有过的关于生产要素的新组合引入生产体系，它既包括技术创新，也包括组织创新，就是各种可提高资源配置效率的新活动。美国哈佛大学企业管理学院的教授科里斯和蒙哥马利提出：企业的有形和无形资源是企业制胜的关键。企业经营的根本任务之一就是认识、保护和提升这些资源，以超越市场上的竞争者。由此提出了影响深远的"资源竞争论"。而文化企业的资源竞争比一般企业表现得更丰富多彩，不但在资源的形态上包括文化的创意、名望、品牌、投资、技术和销售网络等，而且在资源的整合方法上，比如对古老传统的挖掘、对流行艺术的"包装"、对形象专利的有偿转让等，也更加新意迭出。

孔子、孟子、庄子、佛陀以及中国古代的许多哲学家，是古代文明留给今天的一笔灿烂财富。它们大多以文字印刷在纸张上，流传了千百年。由于内容艰深博大，而且古代人的书面语言和今天人所采用的语言也发生了极大的差异，所以现代社会中只有少数人可以直接阅读。

到了20世纪80年代，以台湾为基地的漫画家蔡志忠一直对这些古代哲学家怀着深深的景仰，先后收藏了3000多尊佛陀的塑像。在长久的揣摩和构思中，他突发奇想，采用现代漫画的形式创造性地解释了古代哲学家的思想，让今天的人去和孔子孟子佛陀在精神上对话。他的漫画集把中国古代绘画的朴实大气与现代漫画的浪漫调侃结合起来，那以线为主的人物造型具有极强的艺术表现力。他又把这一创造性的构思和现代出版业的商业运作结合起来。他的绘画坚决地去除了外国人所不懂的文化背景，采用亚洲各国人都能理解的绘画语言，短小精悍，幽默风趣，又采用流行而廉价的袖珍开本，成为连载的大众读物，让脚步匆匆的城市人，在地铁车站和超级市场中都可以随处买到，看过也可随手扔掉，而具有儒家传统的父母也不反对孩子阅读。这样，他的漫画集就获得了最广泛的认同，居然以19种不同的文字出版，从东京和上海的地铁车站，到印度旁遮普邦的集镇和马来西亚的超级市场，到处都在销售。他让中国的古代哲人用英语、希伯来语、葡萄牙语、韩语、日语、马来语来叙述源远流长的哲学思想，到1999年底它的总销售量有3400多万册，被称为亚洲艺术家中最富有和最成功的漫画家之一。

这是一个耐人寻味的生动例子：古代哲人的思想、纸张、印刷机械、发行网络、零售书报亭等，都是现成的"原料碎片"，并没有什么神秘之处。难能可贵的是蔡志忠的创意和绘画，作为一种核心"资源"，仿佛是"模具" + "胶水"一般，把所有的"碎片"作了重新组合，成了一种低投入高产出的产业行为。他在造福广大读者的同时，也为自己赢得了滚滚财源。

二、文化资源竞争的国际化潮流

随着经济全球化的进程，越来越多的文化生产要素进入了全球化的市场。这必然要求资源配置的观念更新和方法更新。以往一个国家和一个地区内部的文化产业分工和协作，已经发展成为一系列国家和地区之间的文化产业大分工和大协作，以便更有效地整合全球的文化资源。这种新的潮流，正对中国的文化产业形成新的挑战和机遇：

1. 以整合方式推动国际文化资源的优化配置

文化产业的重镇，不一定是现成的资源"金矿"，却必定是资源配置的市场中心。它在全世界调动和组合资源的能力越强，它转化成为文化生产力的能量就越大，它的文化产业综合实力就越强。莫说"弱水三千"，哪怕"只取一瓢"，只要整合得好，照样可以"点石成金"。

以我国的香港为例，它本身的文化资源并不多，缺少世界级的文化团体和悠久的文化传统，但它是世界级的金融中心和贸易中心，也是著名的旅游胜地。香港敢于和国际级的文化产业大公司合作，以形成新的文化资源组合。1999年1月2日，香港特首董建华宣布：经过将近一年的艰苦谈判，特区政府已经和美国沃尔特·迪斯尼公司达成协议，合作在香港建造世界上第5个迪斯尼乐园，填补中国内地和东南亚缺少国际级游乐园的空白。香港引进最重要的文化资源，是有国际水平的"迪斯尼"品牌和文化创意。香港迪斯尼乐园吸收了前4个兄弟乐园的精华，包括6大部分：美国大街、幻想世界、卡通城、冒险世界、边域世界和明日世界。

同样，作为世界娱乐业的巨头，迪斯尼公司也敏锐地看到了香港的文化市场资源：东南亚包括中国的沿海地区，是世界上文化消费潜力最强大的地区之一。90年代末，中国的国际旅游人数已经占到全球国际旅游人数6.63亿人中的11.1%。据世界旅游组织预测：2020年中国将成为世界第4人旅游客源输出国和第1大旅游目的国。将有1.37亿国际旅游者到中国旅游，又有2.5亿以上的中国人到国内外各地旅游（2000年7月25日《信息日报》），更何况其他东亚国家也是重要旅游客源输出地区。所以，他们在经过艰苦的谈判之后，终于决定把第5个迪斯尼乐园建在中国的香港，它将带动周边的宾馆业、交通业，旅游业等服务性行业的发展。事实上，在谈判进行中，迪斯尼公司已经与香港中旅公司达成共识，希望联手促成让中国内地居民赴香港旅游可获得24～72小时的免签证安排，并且开设从深圳到迪斯尼乐园的专门通道。

香港迪斯尼乐园建造之初，特区政府将拥有公司57%的股权，而迪斯尼公司占有43%股权。特区政府在这个项目上的总投资为224.5亿港币，包括投资、借款和基本建设费用等。作为这个项目的配套措施，特区政府计划增加通往大屿山到元朗的出入口道路，还要建造横跨马湾海峡的新大桥，成为亚洲大陆上最大的主题乐园。根据香港经济界人士的预测，香港迪斯尼乐园将在2005年建成开放，大约到2015年全部收回成本。虽然投资比较大，但是在未来的40年中，它将为香港带来1480亿港币的净收入，大约占香港本地生产总值的0.3%，它一旦建成，将对东南亚和中国内地产生强大的辐射力，促进香港经济在新千年的繁荣，同时，标志着中国内地和香港的经济关系也开始了一个新阶段。文化资源整合的巨大能量可见一斑。

2. 跨国公司成为文化资源全球化配置的主力军

生产经营跨国化，是当今世界经济领域最显著的国际现象，也是文化产业走向全球化的深刻表现。生产国际化的微观基础是跨国公司，它通过在全球范围内组织生产，进行公司内部分工，使生产日益国际化，其历史可追溯到17世纪，但它的迅速发展是在20世纪60年代之后。

随着经济全球化的浪潮，跨国公司在文化产业领域也表现得越来越活跃。它的存在和发展离不开文化生产要素和文化商品的跨国流动。一个现代的文化产业，要调动资金、技术、品牌、人才、专利、信息、管理模式、销售网点等大量的资源。文化的跨国公司输出公司内部的资本、技术和管理经验，以在世界各地投资，形成由它主导的国际分工，这种分工把文化产品生产的不同工序和不同环节分别置于不同的国家和地区，在世界各地建立起了公司，把公司本身的垄断优势和东道国的区位优势结合起来，在子公司之间或者子公司和母公司之间进行大量的产品调拨，也进行大量的服务项目，比如国际结算、会展、发行、设计、保险、运输、销售、借贷和咨询。文化产业的跨国公司充分利用了20世纪后半期以来不断发展的贸易自由化条件，在成本比较低的地区集中进行制作和生产，在信贷方便的地方进行集资和融资，在地区性的文化中心和商务中心开展品牌推广，在文化资源丰富的地区开展创作和拍摄，又在人口众多售价比较高的地区开展销售，这就大大降低了成本，加快了文化商品的流通，客观上也为全球文化市场的发展起了推波助澜的作用。

这些文化产业的跨国集团，业务遍及五大洲，其中

50家媒体娱乐大公司就占据了当今世界上95%的娱乐市场和出版市场。9大媒体巨无霸支配着全球文化市场。它们依次是：时代华纳，迪斯尼，Bertelsmann，Viacom，News Corporation，索尼，TCL，Universal和日本广播公司。

其中6家名列1999年全球500强之列，这里还没有考虑时代华纳和美国在线公司合并形成的特大型文化产业，以及雅虎和默多克正在酝酿的结盟。目前传播于世界各地的新闻，90%以上由美国和西方的文化集团公司垄断，其中又有70%是由跨国的大公司所垄断；仅仅美国的文化集团公司控制了全球75%的电视节目的生产和制作。名列1999年世界500强企业第248位、作为世界第二大传媒和娱乐集团的贝塔斯曼集团，就是一个典型的实例。它在全球拥有大量的图书俱乐部，在欧洲直至整个西半球出版100多种杂志和报纸，操纵汉堡和慕尼黑的主要电台及波恩的一家广播通讯社，在柏林经营3家电影公司，并且拥有RTL、Plus这个巨大的民营电视和广播网络40%的股份，又分别在美国、德国、西班牙、哥伦比亚、奥地利、意大利、葡萄牙拥有印刷厂与造纸厂，并在美国收购3家重要出版社后，成为美国出版业的重要力量。可以说，任何一个国家和地区，如果不建立和发展自己强大的跨国公司，进行文化资源的全球化配置，就是一句空话。

3. 信息技术推动交互式、大容量、高速度的文化资源网络

从早期的报纸、期刊和出版业开始，文化产业本来就是资金密集和劳动力密集的产业。随着广播和电视的崛起，文化产业又发展成为重装备、高技术、大投入的产业。科学技术特别是信息技术对文化产业的渗透，对它的资源配置方式有举足轻重的作用。

如前所述，文化资源中有许多是以信息的形式出现的，比如创意、造型、品牌、专利、素材等。过去地理空间的阻隔，加上各种文化资源由于载体不同，无法切换，使得文化资源的交流极不方便。从20世纪80年代开始，信息技术的突飞猛进，极大地方便了人们对文化资源的采集和重组，尤其是建立了新的信息交换方式。比如多媒体技术可以“在原生态的声像基础上生成各种根据制作者意愿和想象制造视听感觉，而且这个过程是可以控制和可选择的”（《各国专家谈信息化》，载《信息产业》1999年第5期）。

如90年代末，美国电影界凭借着计算机技术，把一部很有价值的经典影片《眩晕》老片翻新，这是由希区柯克在1958年拍摄的侦探片，其艺术价值和拍摄技巧为人称道，要想重新上映，必须重新拷贝，而不动用高科技手段是不行的。他们使用了DTS数码技术，在色彩和声音方面作了重新包装，一下子使这部老片重放异彩。

过去，文化的生产中有许多工匠式的劳动，比如打字、排版、扫描、送稿、置景、造型等，又费时又费钱，一台战争布景耗费数十万元是常有的事。现在，依托日新月异的电脑、通讯和网络集成技术，艺术家、科学家、程序操作人员协作，可以在电脑里各司其职地制作图形、图像和音乐，生产出电子出版物、数据库和交互产品，经过出版商和多媒体公司的包装后发行，并且应用于有线互联网络。这时，电脑便使娱乐和媒体行业来了个更大的革命。特别是压缩技术更使现代文化产品的包装发生了革命。一部电影，一台戏剧、几十部长篇小说，可以压缩在一张小小碟片里，只需花小于原产品1%的代价就可以轻而易举地输送到世界的另一个角落。将技术技能、深思熟虑的商业模式和具有文化价值的内容结合起来所产生的文化产品和文化市场，较之过去的传统工业生产模式和商业流通模式先进得多了，这无疑是高科技发展对文化市场产生的强大推动作用。

有必要指出：发达国家和发展中国家在文化产业实力上的不平衡，正和他们信息能力的发展不平衡有极大的关联。请看世界银行提供的下表：

按国家收入水平划分的信息和通信渗透程度的部分指标

组别	1995年每千人拥有的电话主线	1995年每千人拥有的个人电脑	1996年每千人中的因特网用户
低收入国家和地区	25.7	1.6	0.01
下中等收入国家和地区	94.5	10.0	0.7
上中等收入国家和地区	130.1	24.2	3.5
新兴工业化国家和地区	448.4	114.8	12.9
高收入国家和地区	546.1	199.3	111.0

资料来源：《1998～1999年世界银行发展报告——知识与发展》，中国财政经济出版社1999年版。

一个国家信息能力的强大，意味着可以从全世界来搜集和整理信息，造成信息资源占有优势，这推动着它的文化生产力增大，也必然带来文化市场占有率不断增大。在亚洲，日本信息能力首屈一指，当然成为亚洲出版产业大国，并在世界出版市场上占有重要地位。请看下表：

1998年世界主要出版大国的年销售额和在世界出版市场占有率图表

单位：亿美元

国别	美国	德国	日本	法国	英国	俄罗斯
年销售额	200	100	62	40	37	32
在世界出版市场上的占有率	28.5%	14.28%	8.85%	8.85%	5.28%	4.52%

资料来源：《世界出版业·美国卷》，世界图书出版公司1998年版。

可以说，今天经济、科技和文化的一体化发展，集

中体现在信息化潮流对文化产业的推动上。所以，信息化建设的弱势，必然在文化资源的开发和文化产业的竞争中处于明显的劣势。

反之，信息化建设的优势，将给文化产业的资源开发带来强大的推动力。

三、面向新世纪的中国文化资源战略

1. 积极参与全球文化市场分工，整合国内外两种文化资源

面对经济全球化的大趋势和中国加入 WTO 的历史步伐，中国也要研究新的文化资源战略。1999 年 9 月 27 日，江泽民主席在美国《财富》杂志 1999 年论坛开幕式晚宴上发表重要讲话，指出："我希望：中国的企业要学习外国企业的先进经验，走出去，在经济全球化的浪潮中经风雨见世面，增强自身的竞争力。"这一精神对于中国的文化产业来说，也是完全适用的。就全国而言，文化产业在 GDP 中的地位初步开始凸现。根据权威部门的统计，改革开放以来，中国第三产业增加值（按当年可比价格计算）由 1979 年的 860.5 亿元增加到 1998 年的 26104.3 亿元，20 年间的年均增长率（按当年可比价格计算）为 10.45，高于国内生产总值的平均增长速度。而在第三产业的十大行业增加值中，又可以分为 4 种类型：

第一类，批发和零售贸易餐饮业，其增加值占总数的 25%~27% 左右；

第二类，金融保险和交通运输仓储业，其增加值分别占总数的 19%~21% 和 17% 左右；

第三类，房地产业、教育文艺业、社会服务业，各占 6%~8% 左右；

第四类，邮电通信、卫生福利、科研开发等行业，分别占 2% 左右；

可见文化产业已经进入了第三产业中的第三个阶梯，虽然加上教育在内，其增加值也不过占整个第三产业增加值的 7% 左右（《1999 中国产业发展报告》，中国致公出版社，1999 年版），但是，随着人民群众对文化消费的迫切要求，已经展示了文化产业的广阔前景。在中国经济比较发达的地区，文化产业在第三产业和整个 GDP 中所占的比重还要更大一些。很长一段时间以来，中国的文化产业主要是面对国内市场，中国的文化资源主要来自开发国内资源。随着中国加入 WTO 的步伐不断加快和自身实力的不断加强，中国的文化产业也要从主要面向国内市场转换为同时面向国内和国际两个市场，从主要利用国内文化资源转换为同时开发国内和国际两种文化资源。

作为东方的一个文化大国，如果还自以为中国的文化积淀深厚，就可以自傲于世界，那是大错特错了。21 世纪经济全球化浪潮正推动文化市场的多元化格局，它不仅要求文化产品应该是丰富多彩的，而且希望文化市场有一个多层次、多元化构架。文化产品和文化服务的消费不再是囿于一个地区、一个国家的消费行为，而是表现为多层次、多元化的消费。这就给拥有不同文化资源的国家提供了参与国际文化产业分工的广泛机会。在这个文化和经济都跨入全球化竞争的时代，一个国家的文化生产所使用的文化资源，不应该局限在自己脚下的地皮，而应该放眼于世界，用唤起各民族共鸣的优秀产品去贡献给全人类。这就需要在文化观念、技术资源、经济实力、协作手段等方面，都实现向国际化的跨越。

2000 年新年伊始，作为中国经济、金融和贸易中心的上海，迈出了它历史性的一步。上海大剧院和澳大利亚悉尼歌剧院联手举办了"上海·悉尼 2000 年的跨越"卫星双向传送音乐会。在两地不同的舞台上，在同一时间内纵情高歌，却能同时传送给两个大剧院的观众，又通过两地的卫星电视，同时传送给南北两半球的广大电视观众，从文化产业的意义上讲，这是一次文化创意、艺术人才、技术设备、市场资源的综合性国际大配置；是中国的民族文化得到了又一次世界性的尊重和赞扬；是上海的文化资源和国际文化资源在又一次相互交融中得到了最有效的整合；也是不同时空中的人们在同一时间内进入感情的交流和艺术的共享！它体现了现代电视瞬间传播的真正魅力。在它播出之后，立即有伦敦、巴黎、纽约等著名城市的歌剧院，前来与上海商洽双向电视演播事宜。如此现代意义上的文化资源全球化大配置，对于中国来说应该是多多益善。

2. 利用资本运作和产权交易，加快文化资源配置的速度

文化产业中的资源配置，也是一场比速度、比效益的竞争。当前的重要趋势，是利用产权交易的"杠杆"，以资本运作来加快调动技术、品牌、人才和创意等产业资源的优化配置。

2000 年第一季度，全球的企业合并交易就达到 1.14 万亿美元，创造了历史最高纪录，比 1999 年的同期增长了 68%。其中最有典型意义的是：新兴的网络公司——美国在线公司 AOL 与老牌娱乐媒体业巨头——时代华纳公司合并，兼并额达到创纪录的 3500 亿美元，其根本动因是老牌文化公司通过产权交易提高资产盈利率，以及新兴的网络公司以此扩大文化市场占有率。它的影响甚至超过了英国药业巨头葛兰素公司斥资 760 亿美元收购史克公司和德意志银行斥资 290 亿美元收购德累斯顿银行（《全球合并额创纪录》，载《新闻报》2000 年 4 月 6 日）。

这样做可以达到两个目的：（1）通过共同使用机器设备、信息网络、交通工具、专业人员、文化品牌、文化创意等，降低成本，提高产出，特别是在进行国际扩张的时候，兼并可以使不同企业在不同地区的生产销售网络结合起来，绕开了关税壁垒和非市场壁垒，利用利率的差异，提高利润率；（2）通过产权交易、兼并和破产，把效益差的不良资产抛向市场，再把优良资产组合进来，可以迅速地提高资产效益。

据统计，从 1986 年到 1990 年，美国有 400 个独立电视台和电视台集团在产权市场上被出售，等于全美 75% 的电视台被交换了一次所有权，而 1993—1994 年间，又有 200 个以上的电视台进入了产权市场，经历了产权并购

和重组的过程。在这个过程中，许多设备陈旧、创意贫乏、竞争力不强的电视台被消灭了，缺乏增长活力的劣质资本被淘汰了，而充满活力的电视台则经过重组，加入了新的资本，成为大众传媒行业的优良资本（Veronis，Suhler & Associates Inc.，*Communications Industry Report*）。

90年代以来，中国媒体公司也开始尝试这种方式走向资本市场。1998年5月，上海"东方明珠"有限公司为筹资，斥资4亿多元认购上海东方电视台下属东视广告公司90%的股权，东视广告公司以这笔资金向上海东方电视台购买部分广告权，期限50年。这样"东方明珠"有限公司每年利润回报不低于6100万元。这是上海首例购买媒体公司股权的筹资合作，为上海文化产业新一轮资本运作拉开了帷幕。

1999年3月25日，中国证券市场上的第一支媒体股"电广实业"在深圳交易上市，湖南"电广实业"通过发行股票募集到资金4亿多元。5月，湖南投资公司又与多家电视媒体合作，逐步形成广播电视、报刊、网络三位一体的传媒产业新格局。诸如此类的举动表明，中国文化产业正在尝试走向资本市场的大胆合作，采用出售和购买股权的方式进行产权的转移和重组，从而简化了资源配置的程序，节约了时间和人力，提高了周转效率。这虽不完全等于资本运作的兼并，但对于组建中国的文化产业大集团来说，则迈出了重要的一步。

引起海内外密切关注的是：2000年9月，中国的羊城晚报报业集团在香港的下属合作企业——"羊城报业"及其下属机构，与香港上市公司tom.com举行了产权置换。"羊城报业"以70%的股权置换tom.com2.36亿港币的资产，拉开了大陆文化产业集团与境外跨国公司产权交易的序幕。

羊城晚报报业集团近年来在传统的报业经营领域取得了稳步发展，羊城晚报的日发行量占全国同行的第3名，集团属下的《新快报》、《羊城体育》、《新闻周刊》、《粤港信息报》、《广东建设报》的发行量不断上升，集团的广告收益连续八年在全国名列前茅。

tom.com是香港最有实力的网络公司，成立以来一直在迅速壮大旗下的网站群。羊城晚报报业集团社长许光辉在签约以后表示：这次合作同时也是双方股东之间的强强合作，相信这是双方未来合作的一个良好开端。tom.com是新经济的代表，羊城晚报报业集团通过资源优化配置，体现了我们参与新经济的长远眼光，同时也在资本运营领域积累经验，这将有助于报业拓展资产经营，进军国际市场。作为tom.com的主要股东——香港和记黄埔有限公司和长江实业集团有限公司的董事会主席、著名企业家李嘉诚也表态"大家不仅可以把'羊城报业'的体育项目做大，把tom.com的事业做成功，将来还可以在一起合作做许多事，只要把未来与传统的业务结合得好，未来tom.com将会进入香港上市公司前10名"（《羊城晚报报业集团直接进入网络经济》，载2000年9月5日《羊城晚报》）。这一次跨境的产权置换，不仅为中国文化产业的资源配置，也为打造新的中国媒体跨国公司提供了新的思路。

3. 利用信息化的推动力，形成文化资源整合的网络

"以信息化来提升工业化，工业化要面对信息化"，这是中国的产业战略之一。正如江泽民主席在2000年8月21日世界计算机大会上所说：信息资源已经成为与物质资源同样重要的资源，其重要作用正在与日俱增。我们的战略是：在完成工业化的过程中注重运用信息技术提高工业化的水准，在推进信息化的过程中注重运用信息技术改造传统产业，以信息化带动工业化，发挥后发优势，努力实现技术的跨越式发展（参见2000年8月22日《科技日报》报道）。而以信息化来推动文化产业，让文化产业努力结合信息化，这也应该是中国文化产业发展的基本战略。

20世纪科技革命的重要成果是新兴的信息技术，它包括通讯业、电脑业和网络集成这三个方面。也有学者认为信息经济主要包括电子计算机业、通讯业和娱乐业。它使全球文化市场的形态和内涵都产生了质的飞跃，为文化的全球化潮流插上了巨大的翅膀，特别是因特网以分割全球的范围和海量的存储，把世界各国的人们联系在一起，方便了他们去寻觅和获得文化信息，并获得相关的文化产品和文化服务，从而极大地扩展了文化市场的容量。所以中美关于中国加入WTO的双边协议才对中国开放信息市场作了专门的承诺和规定（*Summary of U.S.-China Bilateral WTO Agreement*，February 2，2000）。

必须指出：目前中国文化产业整体水平比较低，这和中国信息能力尚处在世界最低水平之列有极大的关系。信息能力是指一个国家生产信息产品开发利用信息产品的综合能力，包括通过高科技的信息技术与信息设备处理的方式与手段；有效组织运用全面和巨大的信息资源；合理与高效地组织和协调综合国力各要素等。经过国家统计局对世界28个国家和地区信息能力的测算，2000年中国的信息能力仅为美国的8.6%，为韩国的15.2%，为巴西的40.2%，仅高于巴基斯坦而占倒数第2位。中国每1万人的联网主机只有0.16台，而世界平均水平为63.1台。中国每万人联网主机相当于美国和芬兰的万分之二。而人均研究和发展经费也仅仅相当于美国的千分之四，日本的千分之三（《我国信息能力尚处世界最低水平之列》，载《瞭望》2000年第24期）。

可喜的是：中国的信息产业正在奋起直追。北京、上海、深圳已经成为我国发展信息产业的三大重镇，数字化电视节目已经在浙江三角洲开通，重庆正在用400亿构筑信息快车道，而苏州和新加坡正合作建立年招商30亿美元的"全球招商网络"，陕西也开展了信息网络与软件创新工程。据权威部门预测：到2005年中国电子信息产品的市场规模将在2000年的基础上翻一番，为2万亿元，大约占当时全球市场总规模的13%（2000年9月11日《羊城晚报》）。文化产业的决策者要抓住这一个重大时机，根据各地情况，抓好若干重大工程，比如高度重视文献资源的共建共享，逐步完善文献信息服务，推动电视网、电话网、因特网"三网合一"工程，发展数字化电视节目的生产和播放系统，建设信息港的骨干工程

等，为文化产业的资源配置插上强有力的翅膀。

4. 针对市场竞争态势，实施文化资源的提升战略

评价文化产业的资源是否可贵，必须和各种市场要素一起来考虑。文化资源不是长流的“天下第一泉”，在市场竞争的压力下也会枯竭。你以为自己的文化资源是最优秀的，但是别人发掘出类似的资源，你的资源就相对“折旧”和“贬值”了。

正因如此，文化产业的决策者为了开拓全球化的市场，就必须把各种资源整合起来考虑，同时，要不断提升原有的资源优势。一旦发现有价值的资源，马上抓住不放，并且努力去补充和更新它，形成资源在市场上的最大效应。正好比美国的电话电报公司本来有电话和电讯网的强大优势，这是它多年来培育的市场资源，后来别的竞争者纷纷蚕食它，它被迫发展多媒体，反而成为一种新资源。

广州市开发中山纪念堂的经验就是成功的一例。中山纪念堂建筑精美，是广州的文化名胜，具有很高的人文和历史价值。但如果不去提升这份资源，它也会慢慢枯萎。为了赋予它新的内涵，就要吸引更多的高雅艺术团体来演出，而这些团体往往实力不强，无力来支付高额的场租费。为了解开这个“死结”，广州市的党和政府部门从1998年起，承担了“第一推动”的作用，出巨资进行大规模的装修，又承揽了中山纪念堂的所有演出场租费，让广州市和广东省内外的优秀艺术团体，包括著名的上海芭蕾舞团和俄罗斯联合交响乐团，都来这里演出。自1998年装修成功以后，到2000年9月10日，先后举办了125场商业性演出，演出场数是前10年的总和，平均每场收入3万元，其中票价在100元以下的占了总数的80%。这是一个面向大众的文化公益事业，又是一个效益丰厚的文化商业项目。

而上海建设“东方网”则是用网络技术来提升媒体资源的又一次探索。上海是中国近代报刊出版业的摇篮，有众多的传统媒体，但在因特网蓬勃发展之时，也要用网络技术去提升传统媒体资源。2000年初，由上海主要媒体——文汇新民联合报业集团、解放日报、上海人民广播电台、东方广播电台、上海电视台、东方电视台、有线电视台、青年报、劳动报、教育电视台，联合上海东方明珠股份有限公司、上海信息投资股份有限公司，集资6亿元，正式发起组建了上海东方网股份有限公司，在中共上海市委宣传部的直接领导下，以产业化的思路，联合投资以发布新闻信息为主的大型综合性信息服务类网站——“东方网”，让各新闻单位在第一时间把信息资源送到“东方网”总部，共同提高传统的媒体资源。联合国贸发组织电子商务司司长参观东方网以后当场提议：让联合国的那个官方网站和“东方网”建立链接，以表示高度的赞许。

世纪之交，风云际会，中国加入WTO的历史步伐顺应了经济全球化的潮流，为中国文化产业进行全球化的资源配置创造了一个广阔的舞台。认真研究资源配置的新战略、新思路、新方法，将有助于增强中国的文化实力，使中国走向世界各国经济、文化发展的共存“共赢”。

（选自《上海社会科学院学术季刊》2001年第1期）

产业链衍生：第五产业新说

张曾芳　张龙平

广义的文化是指人类创造的一切文明成果的总和，狭义的文化则着重指精神文化。鉴于文化定义的多样性，本文所指的文化主要指狭义的文化，即人类精神活动及其物化成果的总和，它在外延上至少包括了科技、教育、文艺、体育、新闻出版、广播影视、旅游、馆藏等文化部门的活动及其产品。本世纪70年代以来，文化与经济一体化发展趋势日益明显，其中尤以文化产业化现象令人瞩目，本文对此略作探讨。

第五产业的兴起与可持续发展

1. 第五产业即文化产业的兴起是产业下游化的产物。早在17世纪，威廉·配第就发现，随着经济的不断发展，产业中心将逐渐由有形财物的生产转向无形服务的生产；1940年，克拉克也发现了类似的规律，即随着经济的发展，就业结构的中心将按照从第一产业向第二产业、再由第二产业向第三产业转移的规律发生变化，此即著名的“配第—克拉克”经济法则。然而，第三产业并不是“配第—克拉克”法则作用的终点，经济发展中的产业下

游化趋势一刻也没有停止。在“配第—克拉克”法则的作用下，第三产业内部的就业结构和利润结构继续分化和集中，并在20世纪90年代飞速崛起了以计算机技术、通讯技术、卫星技术为核心的信息通讯产业，成为第三产业的就业重点和利润中心。这时候，人们想起了20世纪60年代的经济学家坂本二郎（一桥大学教授）关于“第四产业”的主张，即将第三产业中的脑力服务部分与体力服务部分区别开来，独立成为第三产业下游的第四产业。时至今日，尽管没有统一的定义，但以信息技术为核心的第四产业已经得到普遍的承认。第四产业也不是产业下游化的终点，在20世纪70～80年代，日下公人等经济学家又主张将第三、第四产业中满足心理需要的文化服务和创造活动独立出来，称之第五产业。丹麦未来学家蒙沃尔夫？伦森认为，人类在经历狩猎社会、农业社会、工业社会和信息社会之后，将进入一个以关注梦想、历险、精神及情感生活为特征的梦幻社会，人们消费的注意力将主要转移到精神需要。在此基础上，许多经济学家预言，未来的经济学将让位于文化心理学。不管这些论述精确与否，文化经济一体化、文化产业化作为时代发展的潮流已为世人关注，而那种以精神文化生产方式满足人们精神文化需求的文化产业即第五产业之勃兴也将锐不可当。

2. 文化产业作为第五产业的兴起对于人类经济结构的演进和优化具有重大意义。20世纪80年代以来，工业的结构性危机带来了全球性的经济停滞与过剩，经济的结构优化与升级换代提上了议事日程，文化产业的兴起在这场伟大的结构性变革中发生了独特的作用。按照传统的产业划分法，文化产业属于传统的第三产业。但是，文化产业的发展，不仅仅表现为推动第三产业总量的扩大，更重要的意义在于它对原有的第三产业结构有着巨大的提升和催化作用，它促使传统的第三产业迅速裂变出第四次产业直至第五次新兴产业群。文化产业是智力型产业，它以科学技术生产的成果为信息技术的兴盛提供了基本条件，由此诱发一场信息革命，形成了体现当代经济发展的第四产业——信息产业，将人类社会的产业结构提升了一个档次。信息技术的变革为文化产业的发展奠定了坚实的物质技术基础，在第四产业大发展的基础上，文化产业以精神文化产品商品化、社会化、系列化、规模化的方式直接进入到产业经济的循环中，在满足人类精神文化需求的同时创造着巨大的经济效益，给物质生产过剩的世界经济疲软注入了强心剂。从生产特点、生产内容和作用的方式与范围上看，文化产业远远超越了信息产业的物质领域，它以其特有的广泛性和渗透性提升着物质生产领域的文明程度，带动着科教、休娱、媒介、体育等继信息产业之后的庞大的第五次产业群体勃勃兴盛，由此推动着人类知识经济时代高级阶段时期的来临。

3. 文化产业作为第五产业的兴起使人类经济的可持续发展成为可能。20世纪90年代以来，面对日益枯竭的自然物质资源和日渐恶化的人类生存环境，“可持续发展”的概念随着一场关于人与自然的大讨论被响亮地提了出来。以经济增长为核心的传统发展模式把经济增长视为目的，忽视人的全面发展，其活动中心是发展的客体即物质对象，它使人成为物的奴仆。文化经济时代的发展观将人的不断完善当作发展的战略旨归，强调发展在生态上、经济上和社会上的综合性与持续性，它要求人类从以破坏自然为代价向人与自然及社会和谐发展转变，要求人类从以发展的客体为中心到以发展的主体为中心的转变，要求人类追求真善美统一境界的发展，保证人的素质和潜力不断得到提高和发挥。人类的自然资源是有限的，而人自身的资源却是无限的，是一种比自然资源更为可贵的且可以反复利用而不消失的资源。文化产业作为智力型、清洁型、增殖型的产业，以精神文化生产开发为主，将人类发展转向自身资源的开发。由于人类精神文化需求的无限弹性以及人类精神文化资源开发的无限弹性，因此文化产业没有传统产业的扩展边界，这使得人类的可持续发展变为可能。正因为如此，60年代的罗马俱乐部主席佩恰依在谈论“增长的极限”时就预见性地指出，“未来的发展只能是文化的创造”，同一组织的博特金也说：“人类依然拥有没有束缚的想象力、创造力和道德能力等资源，这些资源可以被动员起来帮助人类摆脱困境。”因此，只有依赖于文化产业的不断发展以及人类精神文化生活的根本改观，人类面临的资源匮乏问题才能真正解决，社会的可持续发展才有希望。

文化产业的隐性形态和显性形态

1. 文化产业化的隐性形态与文化经济一体化进程的初级阶段相适应。文化经济一体化是指文化与经济之间出现了相互渗透、相互交融、优势互补的共生性发展趋势，在文化经济一体化的初级阶段，文化渗透于市场经济的运行之中，影响着经济活动的结构、规模和效率，提升着生产、交换和消费等经济环节的文明程度，由此形成了许多特定的文化形态。这些经过产业“化”过之后的文化，已经不是原来意义的精神文化，而是与产业行为、产业理念高度融合的文化。但是，在总体上，文化扮演的仍是经济发展的配角和产业活动的附属，文化因素对经济发展的作用还显得比较间接和隐晦，它构成了文化产业化演进的隐性阶段，并表现出企业文化、消费文化、商业文化等隐性形态。

（1）企业文化：企业文化是文化向产业行为渗透，以及企业管理者进行文化移植、嫁接和创新两方面力量共同作用的结晶，它包括企业内部职工的团队意识、竞争意识、创新意识、质量意识以及人际关系、品牌理念等丰富的微观文化形态。企业文化的形成使得特定企业的经营特点、生产目标与文化因素结合起来，形成一股对职工产生巨大激励作用、凝聚作用的文化力量，并逐渐沉淀为企业的一种无形资产。

（2）消费文化：消费文化是特定消费群体在消费行为中的精神状态、思维习惯、行为方式所形成的文化景观，它是消费群体所依赖的心理积淀、价值观念、风俗习惯等文化背景对消费行为的长期作用形成的。不同文化素养、生活方式、风俗习惯和审美需求的群体有不同的消费特性，其对产品的品种、造型、款式、外观、包装、服务也千差万别，因而在消费行为中表现出许多非文化无以解释的现象。

（3）商业文化：商业文化是流通领域内致力于推销商品的种种文化附值行为所形成的文化景观。文化附加值是凝结在商品使用价值之中用以满足人们精神追求的文化美的沉淀，文化附值行为是指经营者致力于以商品形象、信誉、品牌、形态、色彩、款式直至购物环境等文化因素迎合消费心理的种种行为。人们在物质需求得到相对满足后，必然追求在消费商品的同时所得到的文化意义上的享受和满足，这使得现代商品的文化附值行为既是时代潮流，也是历史必然。商业文化是现代营销中的制胜武器，借助文化的凝聚力和感召力，通过举办各种文化节会，吸引八方宾客，传递经济信息，可以取得文化、旅游、商贸相互推进的综合效益，从而达到“文化搭台，经济唱戏”的绝佳效果，如恐龙灯会、国际风筝节、孔子文化节、牡丹节、葡萄节、冰雪节等。在这一过程中，文化以特有的形式和魅力在经贸活动中发挥了催化剂、黏合剂的作用。在国际营销运作中，消除文化障碍、促进文化沟通成为跨国营销的基本手段，国际广告、展览和公关等现代营销活动，必须做到人性和文化因素完美结合，努力创造人格化的、无文化障碍的市场环境。

2. 文化产业化的显性形态是在文化经济一体化发展的高级阶段出现的。在这一阶段，产业机制和经济因素以愈来愈多的种类和愈来愈高的程度融入文化活动的过程和状态中，它直接导致产业形态的各类文化经济实体悄然兴起；与此同时，文化发展也不再是经济发展的配角，它通过生产文化商品或提供文化服务的方式直接参与到国民经济的运行之中，并且成为国民经济结构的重要部分。此外，当代文化产业化的显性化还与资本介入文化领域有直接的联系，当无孔不入的资本流动驻足于文化领域时，文化产业化必然由隐性状态转入显性状态。依据文化生产的特点和内容，文化产业化的显性形态有如下基本类型：

（1）科教产业：包括科技产业和教育产业，是以生产技术产品或提供知识服务创造财富的特殊产业。科技产业以物质文化形态的高科技产业园区为典型形式，并包括了技术贸易和服务贸易在内的广泛内容。在知识经济时代，科技产业已经成为当代经济发展的重心产业，它已经创造和垄断着世界财富的相当部分，美国的5000家软件公司对经济的贡献率就已经超过了世界最大的500家企业。教育产业是教育对产业活动介入、社会力量对教育活动的主动介入以及教育界产业意识的觉醒、企业家精神的增强、对学校品牌的主动追求等诸多因素所引致的相关行业实体兴起的结果。需要指出的是，教育产业主要包括院校在产业化经营观念的指导下，利用人才与文化信息优势广泛介入实业，开展人才培训、科技服务、信息咨询等经营性、专业性活动的文化服务行业，并非指整个教育事业的产业化。教育产业是受政府和社会特别关注的特殊产业，产业观念的引入将促使它长足发展。

（2）文娱产业：文化休闲娱乐产业是包括旅游业、影视业、音像制品业、艺术表演业等行业在内的、以满足人们休闲、娱乐等精神需求为主的大产业。在英国，文化艺术是一个年收入近200亿美元的大产业，相当于英国的汽车工业。美国的迪斯尼乐园以主题公园为依托，以游览、观光、娱乐作为主体，延伸到电视、音像产品、服装等领域。文化休娱产业领域的回报甚丰，投资一亿美元的《泰坦尼克号》在不到2年时间就赚回近30倍的巨额利润，它朝阳无限、滚动着成千上万亿美元的巨额资金，造就了不计其数的亿万明星。改革开放以来，我国的旅游业迅速发展，特别是实行“五一”、“十一”长假以来，数百万、上千万人参与休闲文化与旅游活动，不仅使旅游者得到文化与情操的陶冶，更为与旅游相关的所有商家创造了良机，2000年“十一”休假，全国近5000万人参与旅游活动，形成了230多亿元的商业收入，带动了全国的经济增长，从这个意义上说“旅游也是生产力”，“文化也是生产力”。

（3）媒介产业：媒介产业是以新闻出版、广播影视等机构为主要载体，以信息传播的独特优势为依托向产业领域挺进形成的综合性产业。在欧美国家，巨型的文化托拉斯不断出现，报纸、广播、电台之间和企业之间相互持股形成了传播媒介集团。这些传播媒介集团以广告业为基本武器，裹挟着巨大的资金向广泛的产业领域迈进。1998年，发行量为230万份的《今日美国》所属的甘尼特报业公司是美国最大的多媒体媒介托拉斯，有95家日报，35家星期日报，7家电视台，11家广播电台及甘尼特新闻社，还有拥有《美国周刊》杂志和北美最大的户外广告公司。自1995年以来，美国媒介产业的综合化又出现了新的变化，与媒介相关的其他产业如娱乐、电信、电脑等与媒介特别是与广播电视台的兼并购买和联合成为新潮流。西屋电气公司兼并了哥伦比亚广播公司（GBS），时代—华纳公司与美国有线电视新闻网（CNN）所属的特纳广播公司合并，而全国广播公司（NBC）则与信息产业巨子微软公司联手成立MCNBC公司，开发一种兼具有电子报纸与电视音像综合优势的新闻产品，它代表了媒介传播的网络化与传播手段的高科技化趋势，表明美国媒介产业集团已经突破单纯的媒介业，向更大规模的综合信息产业集团发展。

（4）体育产业：体育产业是一个新兴的文化产业，包括体育器材、设备生产销售业，还包括保健运动、体育表演、设施建设、设施经营、情报信息、彩票业、门票收入、电视转播、企业赞助等。体育成为产业的历史虽然不长，发展速度远远超过其他产业，每年以20%速度增长。目前，全世界体育产业产值在4000亿美元左右，相当于1997年中国GDP产值的一半左右，在北美、西欧、日本，体育产业年产值排在国内十大产业之内。1988年美国体育产业产值达631亿美元，超过石化、汽车、航运、初级金属、林木加工等工业部门当年产值；意大利体育产业以足球业为主，产值达24万亿里拉，约182.5亿美元，跻身于意大利十大部门的行列；英国的体育产业在1997年为社会提供了37.6万个就业机会，相当于英国整个化工、人造纤维工业的就业人数，超过了煤炭、农业和汽车零件制造业就业人数。体育活动又是重要的旅游资源，是现代广告的载体，体育产业的投资前景十分广阔，它是文化产业化进程中的一支令人瞩目的生力军。

构建有中国特色社会主义文化产业体制

文化产业体制的真正含义是，以结构效益为核心、以规模效益为导向、以社会效益和经济效益最大化为内容的社会化大生产组织管理体制及其经营运作机制的总和，它需要文化产业体制和生产组织管理的许多重要创新。

1. 确立大文化产业观，改革政府机构，转换政府职能，努力推进社会主义文化产业资源的社会化运作。

从文化产业的实践来看，分散的文化主管机构已经不适应社会主义市场经济中文化产业化、综合化的发展趋势，对文化产业管理机构的重组势在必行。就中央一级的管理机构来说，最主要的是解决好政策法规与指导引导的问题，有些共同的管理职能应该集中统一，相应的机构应该撤并；对于网络文化、民间文化等某些管理的盲区应该加强管理，相应的机构也应该增设或加强。就省以下各级管理机构来说，现行的各级政府尤其是市县以下各级政府的文化主管机构和事业单位管理部门可以适当地精简、合并。这方面，可以借鉴深圳市自1998年开始实施的抓大放小、协同作战的探索经验，通过机构改革实现对文化资源的统一配置，由部门行为下的资源共享过渡到社会化、信息化的资源开发，努力提高各级政府对文化产业的调控与管理功能。在政府职能转变方面，需要强化以下职能：制定文化产业的发展战略规划；强化指导协调和监督检查手段，确保文化产业的协调发展；制定法规和政策、规范文化企业行为，维护文化市场秩序，保证其社会主义方向；通过经济政策影响文化产业的布局、结构和发展方向；通过制定行业标准和奖励先进，充分发挥导向作用；努力从直接办文化、管文化的具体事务中摆脱出来，抓好宏观性、根本性、基础性的重大文化活动。总之，政府职能转换要以推进文化资源的社会化运作为目标，侧重于市场化解决不了或解决不好的方面。

2. 强化文化产业内部的功能分工，建立内部转移制度，加大政府扶持力度，切实将“分类指导”的管理原则落实到操作层面。

在文化生产体系中，不同的文化部门及其活动具有不同的特点和功能，并随着历史条件的变迁而有所变化。有的文化生产侧重满足整个社会长远的、带根本性的文化需求，如交响乐、芭蕾舞、歌剧等代表国家民族文化水准的高雅文化，此类文化产品存在着商品化的可能性，但要形成对此类文化产品直接性的市场需求需要有一定的国民素质水准为条件，需要有一个转化的过程。还有的文化生产侧重满足公众公益性、集体性的文化需求，如各级各类公共图书馆，公立博物馆、文物陈列保护机构、美术馆等，此类文化产品的交换可以蕴含于公民的税收征管与政府的公共开支之中，直接的市场交换形式一般并不适用。当然，相当多数的文化生产及其产品与直接的市场文化需求是相联系的，直接的市场交换形式和价格信号机制是适用的。基于文化产业内部在功能分工上的多样性和差异性，对文化产业作“一刀切”式的管理是不现实的，必须区别对待、有抑有扬，具体问题具体分析，唯有如此，文化产业内部之间才能够做到合理分工、功能协调，文化产业的结构效益才有保证。

为此，首先必须科学界定各类具体文化单位的经营性质。这是强化文化产业内部合理分工的前提、也是分类指导的基础性工作。针对文化生产中许多文化经营单位定位模糊、功能弱化、分工不明等现状，管理部门、统计部门与研究部门有必要联合起来开展全国性的文化清理，通过调查、清理和评估以实现对各类文化经营单位的科学归类与准确定位。在此基础上，文化产业的管理应该针对不同类别文化活动的性质、功能与特点制定一系列差别管理政策与措施，条件成熟的要尽可能地上升为法律法规。

其次，建立文化产业内部的利润转移制度。由于文化产业内部分工的差异，使文化经济一体化的历史进程在文化内部具有不平衡性的特点，并进而导致文化产品参与社会交换时在深度广度和形式上具有较大的差异。有些文化产品参与社会交换的程度深一些、广度大一些，所获得的直接经济利润就多一些，在市场经济中处于优势地位；反之，另一些文化产品在市场经济中就处于劣势。在这种情况下，应该尽快地建立一整套经济利润的内部转移制度，运用文化产业内部利润的转移补贴来防止文化生产内部搞“有偿新闻、买卖学术”等外部调剂行为。例如，可以尝试实行文化产业内部经济利润的行业调剂与地区转移，让经营效益好的报社、电台认办或对口扶助学术性刊物，让文化产业较为发达的地区、城市转移部分文化资金积累支持中西部的文化产业建设等等，这也是“致富思源、富而思进”在文化产业内部的具体体现。

3. 实行“统分结合、双层经营”的运作模式，努力将“两个效益”的目标具体到微观经营机制。

文化产业的结构效益落实到微观层次主要表现为文化单位要处理好主业与副业、创作与创收的矛盾。当前，有些文化单位将经营行为与专业行为混为一谈，职务行为与商业行为含混不清，“有偿新闻”现象屡禁不绝，这与各类文化单位的经营管理制度存在欠缺有密切联系，正因为如此，文化单位的经营管理创新势在必行。广州日报报业集团等进行的以“社长领导下的总编辑、总经理负责制”为特征的双层经营模式，“统分结合、以分为主”为确保“两个效益”在微观层次的具体化作出了有益的探索。在文化产业微观体制中，“统分结合、双层经营”的运作模式还须继续改进，其“以分为主”应主要包括以下内容：

一是经营决策要进一步双层分开。文化主品（文化产品）的经营决策与文化副品（如广告与信息服务等）双层经营、独立运作，文化主品的经营决策权与副品经营决策应该分别配置给具体的职能部门，“一把手”应该逐渐由业务决策转向政治领导和内部协调。

二是业绩考核进一步双层分开：基于脑力劳动的独立性、非标准性特点，其生产过程不能完全照搬工业生产的程序化、批量化和标准化来量化，单位员工的工作业绩考核必须按照要素贡献的不同方式采取不同的标准分开考核，充分考虑到知识要素、技能要素、企业家才能、体力要素等多种要素贡献的不同表现形式。

三是人事管理进一步双层分开。人事管理应因事管人，由于文化生产不同阶段、不同层次的劳动具有不同特点，文化生产中的人事组织管理也应该有不同的原则。对文化主品的生产者——编辑、采访、创作人员来说，由于他们的劳动是创造文化社会价值的主要载体，这需要他们具备较高的政治素养、文化素养、道德素养及深厚的专业知识积淀，如果按双向选择的市场化原则录用，主业人员可能会因流动频繁而失去稳定性，难以保证文化生产特殊使命的完成。因此，对采访、编辑、创作队伍中尤其是骨干人员要实行全程考核和追踪管理，采用不完全市场化的行政式档案管理制。对于文化副品及其延伸的实业经营人员来说，由于他们的劳动方式与一般的商品劳动相近，对此类人员管理可以采取市场化和契约式聘用合同制，以市场招聘为主。

当然，文化单位的双层经营在“分”的同时还必须实现必要的“统”，尤其在政治保证、组织保证以及重大投资、重大经营决策方面必须实现统一领导、统一决策、统一执行，在财务管理、后勤保障等诸方面也都可以根据市场发展和形势需要按精简和效率的原则进行必要的统一运作。

4. 以集团化为契机，提高文化产业的组织水平，努力追求文化产业的规模效益。

目前，我国的文化产业组织体系初具规模，电视台、广播台、报刊社、出版社、音像公司、艺术传播公司等有了较快发展，但从整体上看，我国文化产业的组织水平不高，文化产业组织内部尚未形成有机体系，文化生产的各个环节之间、文化企事业的经营行为之间条块分割、零敲碎打的现象十分严重，小、散现象突出。文化产业的规模效益低下，已经影响到我国文化产业的国际竞争能力。解决我国文化产业组织中的小而散问题，规模效益是关键，必须努力将文化生产的规模做大。

组建文化产业集团以其突出的优势成为提高文化产业组织水平、推进我国文化产业快速、健康、持续发展的有效选择。文化产业集团是以一个或几个大型骨干文化企业为主体，由多个具有内在经济技术联系和文化生产关联的企业或事业单位组成的经济组织，其特点在于：集团以大型企业为核心，集结群体优势，发挥规模效益，具有参与市场竞争的雄厚实力；集团具有生产科研开发销售和服务多种功能，和一般经济联合相比，有更强的新产品开发能力，综合配套能力和网络服务能力；协作化生产、多角化经营的文化产业集团能够有效配置文化资源，在国内外文化市场上具有更强的竞争优势，是一国民族文化振兴的助推器。在改革实践中，我国文化产业的集团化已经迈出了可喜的步伐。1992 年，山东出版总社成立，开创出版界集团化之先河；1998 年，继广州日报后，光明日报、经济日报、南方日报、羊城晚报、文汇—新民几家报业集团相继成立。在进一步的改革发展中，文化产业的集团化操作尤其要注意以下方面：

一是行政力量只能作为集团化的第二推动力，不能作为集团化的原动力，原动力必须来自于市场。集团化的实质和核心是追求生产的规模效应，撮合的、虚拟的集团对于文化产业的发展不具有任何意义，为此，文化产业的集团化应以市场催生、内涵发展为主。二是我国的文化产业集团化应该横向与纵向并重。要提倡文化产业实体之间相互参股，结成利益共同体，在严格的产业政策引导下，使文化产业集团尽快发育成型。三是集团化过程中要特别注意结构优化，突出个性，各具特色，避免一刀切，在规模效益与灵活优势之间准确定位。四是在文化产业集团化的操作过程中，各项配套改革和管理步伐要跟上，特别是努力推进文化单位的产权改革与文化市场的管理与培育。要通过深化文化经营单位的产权改革，改变单一的所有制模式，广泛动员社会资金，努力形成社会化的文化产业投资融资体制，充分利用全社会的文化资源发展文化产业。在文化市场的管理方面，要完善文化市场法规、加大文化执法力度，采取多种有效措施培育多层次的文化市场体系，以改变当前文化市场监管有余而培育不足的状况。

（选自《江海学刊》2001 年第 1 期）

民族文化与民族文化产业浅论

李　炎　刘薇琳

文化产业既是一个文化学术语，也是一个经济学术语。作为文化学的概念，它包含在文化学之中，毕竟大文化概念，可以泛指人类的一切思维、精神和生存方式。作为经济学的概念，它主要指文化中可以经营的部分，即经营性文化。在本世纪末，这种经营性文化在我国得到了迅速的发展。在市场经济的条件下，其范围越来越广。它主要包括娱乐业、演出业、影视业、出版业、网络业等。90年代以来，随着人民生活水平的提高而兴起的旅游业，也可以是文化产业的一个新兴行业。

西部边疆地区，为发展新兴的旅游业、促进经济的发展，充分利用西部地区少数民族众多、民族文化各异的特点，开展民族文化旅游，实际上也是文化产业的一部分。云南省充分利用少数民族多、民族文化特色鲜明的优势，率先提出了把云南建设为“民族文化大省”的口号，并且作为面向21世纪云南经济、文化发展的一个重要支柱。固然，这里面包含有繁荣文化，尤其是各民族文化和谐、共荣发展，提升人民的精神文明的重要内容和意义，但同时也包含着通过文化产业发展经济的功利主义思想。在发展民族文化的过程中，当然有很多可取之处，也取得了很大的成就。不少民族地区通过民族文化的开发和旅游业的发展，使本地区的经济、人民的生活迅速得以提高。但是，也要看到，同样不少少数民族地区由于不能充分理解文化和文化产业的关系、不能很好地认识少数民族文化的特点以及先天的不足，阻碍和延缓了少数民族文化发展的权利、野蛮破坏了少数民族极有保存和研究价值的民族文化。因此，只有从理论上充分认识文化和文化产业的关系，研究清楚每一个少数民族文化的价值、特色以及开发的意义，把发展经济的功利主义思想真正和少数民族的社会、文化的可持续发展，民族地区人民的经济文化水平的提高，少数民族精神文明的现代化结合起来考虑，才能真正搞好民族文化产业。

一

从理论上讲，文化系统主要包含有实物文化层面、行为文化层面和观念文化层面。实物文化、行为文化是可以观、可以察的。在对一个民族进行考察时，可以通过其富有特色的实物，如道路、建筑、雕塑、交通工具、服饰、食物和生产工具、生产技术、语言符号、社会结构、礼仪等了解其实物文化和行为文化。构成文化的第三层面的观念文化，则很难通过直观看到，它更多的是隐含在思维活动或参与到思维活动的记忆和想象之中。有的文化学者将其称之为“深层文化”或“潜在文化”。它由思想、情感、知识、观念、审美习惯组成，深潜隐匿，含而不露。相比之下，实物文化和行为文化则是显在的。观念文化往往主宰着实物文化和行为文化，反之又通过行为文化和实物文化来体现。实物文化和行为文化是“载体”，观念文化则是“精神”和“核心”。放眼世界，每一个民族都有其独特的观念、知识、思想、情感和审美习惯，并相应显现在具体实物和行为文化之中。民族文化的差异是特定的地域和民族、群体的人民的思维、精神、生存方式的差异。

在文化的这三个层面，真正支配着一个民族人民的精神、思想、观念和审美方式的是观念文化。然而，其潜在性的特点又使得不少人看不到这一层面，加之经济意义上的功利主义，使得在民族文化的开发和利用上，只留心潜在的模仿和开发实物文化和行为文化上的价值，忽略、甚至是野蛮破坏观念文化上的价值。于是，不少人把民族文化的发展简单等同于民族旅游业的发展，认为模仿少数民族的建筑，修建几座度假村，找几个文工团的三流演员，跳几出四不像的舞蹈，就是民族文化产业，甚至将少数民族都早以摒弃的陈规陋习发掘出来，认为这就是开发和繁荣民族文化。于是乎，到处都是文化，一段时间里，酒文化、食文化、茶文化、花文化、竹文化、水文化，甚至厕所文化充斥在我们的文化领域。文化甚至成为一个时髦的标签，到处乱贴；文化下乡，成为大字不识几个的乡村干部的时髦话语和野蛮破坏民族文化资源的大棒。就连一些文化工作者、文化学者也按捺不住，在功利主义的驱使下，参与到这场粗糙的文化产业的开发之中。静不下来认真研究、清理边疆地区丰富而又脆弱的文化遗产。

文化产业作为经济学术语，意味着文化产业的投资者和经营者的主要目的就是为了赚取利润。这些投资者既包括在商品社会里的投机者、商家、商人，也包括各级政府部门。当我国经济的发展作为我国社会的发展中心，检验一个地区的党政领导干部的政绩主要看该地区经济发展的情况下，地方政府为发展本地区的经济，看到通过民族文化产业开发可以获得经济效益时，开始有组织、有计划的开发、投资。市场经济的规律和经济利益的驱使，必然使得在文化产业的开发和利用中经济利益放到了首位。当经济效益和社会效益（文化利益）发生冲突时，自然而然，对文化的利益不是那么充分理解，特别是不懂的投资者，自然注重的是经济效益。甚至为了眼前的利益或尽快收回投资，获得高额的经济回报，不惜破坏性地开发民族文化产业。于是在开发文化中那些可开发利用的部分时，文化中那些不可经营的部分也随着可经营性文化的开发遭到破坏。

市场经济下，通过民族文化产业（主要是旅游业）的发展来带动民族文化的发展和民族地区经济的发展，的确可以成为西部边疆地区各民族人民共同富裕的一条可行之路。但是，西部边疆民族地区的文化，从其发展的历史和生存的环境看，尤其是面对全球经济一体化的大的经济发展的格局，面对商品经济的冲击，面对先进的现代文化的发展，面对西方文化的冲击，民族文化的确先天不足，危机四伏。处理不好民族文化产业与民族文化的关系，不少民族文化在历经几千年的发展后，很可能在短短的几十年里，烟消云散，不复存在。到时，也就再没有什么民族文化产业这个说法了。因此在发展民族文化产业时，除了从理论上廓清文化、文化产业的关系外，从理论上认识和研究少数民族文化的特点，是使少数民族文化产业走上可持续发展道路的重要基础。

二

在我国，西部地区几乎集中了绝大多数的少数民族，仅在我国西南地区，即云南、贵州、四川、广西、西藏，就生息繁衍着近30个少数民族。在长期的发展中各个少数民族都形成了自己独有的民族文化，形成了丰富多彩的少数民族文化天然宝库，这为民族文化产业的发展奠定了坚实的基础。云南省作为其中的一部分，由于少数民族最多，地域特点各异而最为出名，这也是云南省提出建设民族文化大省的依据。这些民族文化的总体特征，有学者将之概括为“多源一体，多元一体、多元立体，保留古貌较多，民族特色鲜明。”西南这些少数民族文化内容丰富，跨越了许多学科的内容，从文化史、宗教史、习俗文化、造型文化、法律文化、口头文学或民间文学、舞蹈、音乐等角度都极有开发价值。这些文化之所以保留得如此丰富，其主要原因，又在于这些民族生存繁衍的地区，自然资源独特，气候各异，生态复杂，加之历史上交通不便，和中原汉文化交流很少。这些特点，为今天民族文化产业的发展、旅游业的发展提供了便利，也是这些地区近年来争先通过发展民族文化产业、旅游业来发展地区经济的重要基础。

然而，在西南地区民族文化的特点背后也隐含了西南地区民族文化先天的诸多不足。在今天商品经济的冲击下，这些先天不足很可能会在民族文化产业发展中，成为使这些少数民族文化不能可持续发展乃至消失的主要因素。综合起来大致有以下几个方面：

第一，我国西南地区的少数民族长期以来由于历史的原因，直到新中国成立前夕，不同程度地还分别保留着人类历史上各种活动的社会形态和文化形态。从文化研究和社会研究的角度看，这无疑是极具保留价值的。但是，从社会发展的角度看，这些少数民族的社会、生产方式以及人民的观念、价值急需现代化。于是文化产业的开发和少数民族的发展就形成了一对矛盾。发展就意味着要丢弃旧的东西，不能牺牲少数民族的发展和进步来换取在社会发展进程中已经落后的观念、道德、礼仪、风俗、价值、生存方式和行为规范的保存。实际上，随着社会、经济的发展，这些民族的很多东西也在急剧地、悄悄地变化着、发展着。50年代处于原生态的很多民族文化资源今天已经很难看到了，也许今天作为文化产业在开发、保留的文化资源已经不是原生态的了。今天的不少外国人和都市里的人到边远地区的少数民族中去寻觅的东西，是商品经济社会中被遗弃的，人们又觉得还有意义的观念、价值、礼仪、风俗、节日等。但是，随着交通、信息和对外开放，这些民族的观念也会随之改变，经济意识的加强，使得传统的淳朴的民风、习俗、礼仪也随之改变。就连建筑、服饰、饮食等也都出现趋同化。这无疑是对民族文化产业的一个讽刺。经济在民族文化产业的发展中到底扮演着怎样的角色，实在应该值得研究。

第二，民族文化只有长期得以延续，文化产业的发展也才有可持续发展的空间。然而，从世界各民族文化的发展进程看，只有真正有文化底蕴的，能吸纳先进文化的因子，不断前进的文化才能真正得以生存和发展，否则它终究要被先进文化所取代。我国的文化是多元一体的文化，少数民族是汉文化圈中的多元组成部分。西南地区各少数民族形成自己完整的文字、宗教等精神文化体系的并不多，也就是说，这些少数民族在实物文化、行为文化中有自己鲜明的特色，但在观念文化中形成自己的民族特色的并不多。支撑民族的文化底蕴的精神文化的欠缺，就使得这些民族在和汉文化的交融中，或迟或早有被同化的可能。以云南少数民族为例，除了纳西族、藏族、彝族、傣族等为数很少的民族有文字、宗教、教育等外，其他大多数的民族没有自己成型的观念文化。在新中国成立前，这些民族处于自然的生存状态。新中国成立后，在党和国家的关怀下，在民族政策的鼓励下，不少少数民族才在其他兄弟民族，尤其是汉族的帮助下，开始了跨越式的发展。于是，包括实物、行为、观念文化在内，都开始接受先进的文化观念，摒弃自己文化中落后的观念、行为、宗教、礼仪等。改革开放以后，这种变化更快。这些都是民族文化产业开发中值得注意和思考的问题。处理不好这些关系，不但民族文化产业难以发展，反倒会阻碍各少数民族经济、社会的进步和发展。

第三，文化生态学家认为，应当把文化本身看作是一种生态现象。不同的自然环境给人类提供了不同的生活资源和劳动对象，并因此制约着生产工具和生产方式。从经济学角度看，劳动产品的结构与消费对象、能源结构也制约着人类生产力的发展途径与发展速度；不同的自然环境、气候也都影响着特定地域、民族的生存方式、思维方式，对该民族的文化产生重要影响。黑格尔曾在考察不同地域的文化现象时说过：“牛羊牲畜是高原的生计，——平原流域从事农、工、商业，——商业和航海在第三种土地上盛行。第一种的社会状态严格的是家长制的独立；第二种是所有权和地主农奴间的关系；第三种就是公民的自由。”实际上，文化产业的经营和开发应该是全方位的、高层次的，旅游背后隐含的可以是不同文化生态圈的开发。民族地区旅游业的开发，不仅仅是自然资源的开发、旅游资源的开发，还应该是“地理—产业—社会体制”的开发。但是，值得注意的是民族文化产业的经营，往往带来的是民族地区旅游业的兴起，而其负面影响又是这些各具特色的自然生态资源的破坏。民族文化产业的经营不注意其可持续发展，势必路子越走越窄。

第四，我国少数民族在其发展的几个阶段中，80年代改革开放以后的20年是一个最为重要的阶段。在这个阶段中，少数民族文化不仅受到内地汉文化的影响，也受到了西方文化的强烈冲击。国门的打开，不仅使身处沿海地区的人民受到外来文化的影响，就是在边远地区的少数民族也切身感受到外来文化的强烈冲击。在今天最为边远的基诺人的小山村，你可以听到来自西方的迪斯科音乐，少数民族的孩子们也和城市里的孩子一样，很短时间里就可以看到好莱坞的动作片。卡拉OK等被文化学者当作是典型的后现代文化产物的娱乐形式，深入到每一个边远的乡村角落。西方文化伴随着经济体制的一体化、科学技术的标准化和电讯网络化，正更加深入地影响着民族地区人民的生存、思维、道德、礼仪等各个文化层面。西方学者提出的文化殖民主义实际上也以一种潜在的文化消费形式影响着各少数民族的文化观念，改变着他们的生存、思维方式。在民族文化和西方文化的冲突中，少数民族文化的继承、延续已经打破几千年的延续模式，具有特色的民族文化在传承中已经发生急剧变化。在这种状况下，不要说少数民族文化的延续、发展，就是其能否生存都面临着从未有过的艰难。这给少数民族文化产业的开发、经营带来更多的挑战。开发、经营、保护、传承、创新必须兼而有之。如果考虑的仅只是单一的通过经营获得利润的话，那各具特色的、丰富多彩的少数民族文化很可能就会在极短的时间里消亡。因此，如何通过少数民族文化产业的开发、经营来发展民族文化就是一个需要文化学家、经济学家、文化产业投资者、经营者共同思考的课题。

第五，文化产业既然是个经济学的概念，就意味着，在文化的经营过程中，必须遵循市场经济的规律。也就是通过规范的、合法的投资、开发经营，投资者要获得利润，获得投资回报。因此开发和建设也就成为文化产业可持续发展的重要的两个方面，二者缺一不可。文化和文化产业没有明显的界限。有学者把文化及文化产业分为三个组成部分：一是公益性文化，二是准公益性文化，三是经营性文化（赢利性文化）。并且认为这三类文化，“政府主要集中精力管好前两类，尽管第二类文化包含有文化产业的部分；后一类是纯粹的文化产业，则应当交给市场，国家通过制定必要的政策法规、规范经营，促进其发展。”目前在我国的大中城市，对公益性的文化逐渐开始重视了，但是在比较边远的地区，尤其是少数民族地区，民族公益文化事业，各级地方政府却没有引起重视，几乎没有任何投资。反倒是，各级政府部门从经济利益出发，参与到准公益文化事业和文化产业中去，力图多获得经济效益，而忽视研究民族文化产业的特点，制定必要的政策、法规，规范市场，让民族文化产业走上一条健康的、可持续的发展之路。

21世纪中国要实现两个社会文明的转变：从农业文明向工业文明转变和从工业文明向科学文明转变。这种转变不仅是几个学者的转变、领导人的转变，而是全社会的，包括56个民族的大转变。同时，经济“全球化”意味着中国必须自上而下地调整自己的经济结构以适应世界市场。新的世纪里，中国文化会更加开放。中国的文化产业市场也会更快地发展。作为西南地区的民族文化和民族文化产业也必将会得到全国，乃至世界的瞩目。但是，发展民族文化、发展民族产业文化，如果不站在民族、文化、经济和谐发展的高度，站在世界文化平等交流、学习、融合的高度，我国民族文化产业，尤其是少数民族文化和文化产业必将会受到重商主义和功利主义的影响，路也只会越走越窄，甚至影响到少数民族文化的生存、发展。正如有的文化学者指出的一样，“从长远看，一些文化兴起，一些文化衰亡是不可避免的事实。目前存在的各种文化，由于种种原因，也不可避免的会有一部分在全球化的过程中逐渐衰落而消失。”没有哪一个投资者在发展民族文化产业时，是抱着毁灭民族文化的心态的，都是抱着复兴、开发、发展的良好意愿的。我们祝愿在未来的民族文化产业的开发、建设中，能丢弃不好的做法，在获取经济利益的同时，更加珍惜民族文化。

（选自《经济问题探索》2001年第2期）

网络时代大势：文化产业与信息产业汇流

张晓明　刘　钢

引　言

2000年10月，中共中央召开了十五届五中全会，提出了关于制定国民经济和社会发展第十个五年计划的"建议"。提出了"加快国民经济和社会信息化"的建议，并特别要求要"推动信息产业与有关文化产业结合"，这是一个令人欣喜的开端。

有人断言，信息产业与文化产业是现代社会的两个"超级产业"，此言不假，但需要加上一个修饰语：这是现代社会的两个"互为表里的超级产业"。因为这两个产业之间具有完全超出传统含义的关联性，它们既不是传统意义上的信息产业，也不是传统意义上的文化产业。这是两个现代社会的"标志性产业"，一出世就是彼此相互定义的，正是这两个产业，为我们的新世纪勾画着崭新的面貌。

从"换笔"到"换脑"：数字革命引发的传媒汇流与（介质）媒体转移

信息产业与文化产业的全面的互渗关系，盖源于数字技术革命。

大约在7至8年前，当计算机刚刚进入人们生活的时候，曾经掀起过"换笔"之风，我们几乎在一夜之间抛弃了朝夕相伴的纸和笔，投入了计算机的怀抱。今天，由计算机而信息传输手段汇流，由手段革命而内容革命，数字技术已经引发了全球性的大变局，"传媒汇流"与"媒体转移"已经绝不仅仅是一个"换笔"的问题。

所谓"传媒汇流"的意思是，数字技术已经成为一切信息传媒形态的技术基础，它为与信息有关的一切产业提供一个统一的平台，大众传媒（新闻、出版、广播、电影、电视、音像等）、通信（电话与无线通讯），以及信息业（计算机与网络）因此而汇合为一，通过统一的宽带系统，为"用户"提供服务。

随着"传媒汇流"的出现，"传媒业"、"通信业"与"信息业"三个称呼实际上成为可以互换的名称。我们可以按照1998年5月联合国新闻委员会宣布的说法，将"因特网"这一信息产业主体称为继报刊、广播、电视等传统媒体之后新兴的"第四媒体"。我们也可以按照1997年颁布的"北美行业分类系统"，将4种媒体统统归入"信息业"。

向数字媒体转移是将传统文化资源开发为经济资源的必要步骤，实质上是为空前规模的产业整合准备条件，具有巨大的经济意义。经过这次开发，许多以往被认为不具有经济意义的文化资源将进入经济学家和投资人的视野，以往被认为处于经济生活"边缘"的文化事业机构，特别是一向依赖于公共资助的图书馆、博物馆、档案馆等，将可能进入经济开发的中心地带。一个国家的文化生态可能从根本上发生变化。

在这方面，美国人再一次走在最前列。美国没有什么文化遗产，却率先将"内容产业"纳入商业和产业化轨道，通过1997年"北美行业分类系统"的颁布，美国已经向世人宣布了他们将信息内容（特别是文化内容）作为信息产业的主体。我们由此看到，文化遗产作为新经济资源的意义已经凸现，各国文化遗产已经暴露在国际文化传媒巨头的掠夺与竞争压力之下。文化遗产数字化的社会和政治意义更是极其深远。如同现代信息技术的发展使科学家能够描绘人类的"生物基因图谱"一样，现代信息技术的发展也使现代文化和人类学家能够描绘一个民族的"文化基因图谱"。在一个网络化的虚拟世界中，现代人的文化基因由"比特"所负载。在这个意义上说，以数字技术整理文化遗产就是建立一个国家和民族的"文化基因库"。这是一个与国家经济、政治、社会的未来发展有巨大干系的问题。

当代信息产业中的文化产业：不平衡的发展

毋庸置疑，由手段革命而内容革命，信息产业不再是传统的信息业，而成为超级产业部门，文化产业已经成为这个现代产业部门的最前沿领域。在信息文化产品商品化的重大发展趋势下，忽视文化产业的信息产业发展战略已经落伍于时代。如何发展与信息产业相关的文化产业，实际上已经成为世界各国政府制定面向知识经济时代的国家发展战略，以及进行制度创新的核心问题。

根据对世界各国传媒体制发展的研究，我们发现，从20世纪90年代以来，从美国到欧洲，发达国家已经基本上解除了通信业、传媒业、信息业之间传统的行业管理壁垒，以及各国之间对传媒业的管理壁垒，完成了适应传媒手段汇流的第一次制度创新，目前正进入针对传媒内容的第二次制度创新时期。信息产业的全球化已经成为现实，文化产业的全球化趋势正在凸现。文化产业不平衡发展规律，已经成为各国发展战略制定人员考虑的主要问题。欧盟国家的政策制定人员将这称为"信息社会第二发展阶段"。

所谓文化产业的不平衡发展，是指在一个超越民族国家的市场中，当文化与市场链接后，可能产生的不平衡发展现象。传媒汇流所造成的不仅是一个国家内部各种传媒手段之间的管制界限与行政壁垒的消解，而且是不同国家传媒内容的无障碍流通。传统存在于民族国家版图内，并受到各种制度、习惯、风俗保护的文化，一旦作为信息内容产品汇入全球市场，就会开始受到经济规律的无情支配，文化本身的价值与文化市场的经济价值之间就会出现分离。

有两种情况已经出现。一种情况是出现了全球性大众文化。我们都已经很熟悉，像“奥斯卡颁奖典礼”和“格莱美颁奖典礼”这样的美国大众文化仪式性活动已经成为风靡全球的文化庆典。我们也已经熟视无睹，上中小学的孩子们，喜欢吃“麦当劳”，听“后街男孩”，看“美国大片”，更喜欢玩与美国、欧洲的孩子们一样的电脑游戏。这种情况被有的人归纳为“全球文化均质化”。

还有一种情况正好相反。有人发明了另一个词，叫做“全球地方化”。说的是由于信息技术的普及与信息传输的低廉化，使得一些极为独特的信息文化产品在某种市场机遇的作用下，可能获得全球性的消费者的意外欢迎。人们认为这将促进全球性的文化多样化的发展。

实际上，就文化市场本身而言，促进了“全球地方化”的发展的市场力量，同样会导致文化多样性的消失。因为在一些表现地域性文化的信息内容产品受到消费者欢迎的同时，必定是另一些信息文化产品因消费群体的狭小而失去生存的机会。在“全球文化均质化”与“全球文化地方化”的支配下，有哪个国家的政府愿意听任国际市场对本民族文化生存还是毁灭的任意裁判?

芬兰是一个欧洲小国，由于有“诺基亚”这样一个响当当的信息产业品牌而走在全世界的最前列，面对文化产业的大潮却再也轻松不起来。2000年，在芬兰的倡议下，欧洲文化产业发展的框架性合作计划启动。1999年，在一次欧盟文化部长非正式会议上，这个合作计划的动机得到了较好的诠释：

“商业压力和由此而来的内容贫乏，而不是文化的多样性，是存在于我们这个日益发展的、由数字电视造成的广播时代自身中的固有威胁。可靠而高水平的公共服务应该是欧洲的竞争优势所在。保存欧洲人的文化认同至关重要。如果没有有价值的内容，技术的未来发展是没有意义的，这是新千年的最大挑战。”

欧洲人的看法值得我们深思。

实现高技术与高文化的联姻，迎接新时代的挑战

文化全球化已经被信息全球化浪潮裹挟而至，这是无可选择的事情，我们只有设计出一种综合性的发展战略，才能迎接这一挑战。

这一战略应该由两个基本方面构成：一方面是从信息产业角度说，动用高科技手段，整合与提升各种人文资源，使传统的人文研究和文化事业单位向着适应中国特色社会主义的产业方向发展，通过内容创新，创造与开发新的市场需求，多方面提供现代信息文化产品，为文化产业开辟出新的发展天地，为国民经济的新增长探索出一条独特的道路。另一方面从文化产业的角度说，聚合高文化人才，参与创造与开发新的综合型数字化技术。特别是通过多层面的人文设计与概念构建活动，突破信息技术发展的瓶颈，扭转当前片面的信息技术发展方向，为我国信息产业的进一步发展，开拓出新的领域。

根据我们的研究，这一发展战略的设计应该考虑以下基本内容：

1. 以信息技术装备文化研究与创作，加强民族文化原创力

任何文化都起源于文化意义的创造和再创造，文化无论怎样被“产业化”，在其“价值链”的形成过程中，“内容创造”也是起点。在一个技术主导的世界上，文化意义的创造，同时必须就是她的技术表达方式的创造，而数字化信息技术的革命性变革就是：她在历史上第一次使得文化内容的创造有可能在一种技术形态中获得完美的实现。

目前在世界范围内，文化内容的原创性工作已经大规模地与数字技术相结合。比如，“网络文学”有了全新的生存形态；造型艺术、音乐、建筑、摄影、电影、工业设计等，已经广泛地与多媒体技术系统相结合；而文化产品原创能力低下一直是我国文化产业发展的瓶颈，而信息技术的发展出现了改善这种状况的新的可能。我国信息产业的设计者们首先应该将文化研究与原创性工作纳入其战略构想。

2. 结合信息技术与人文技术，开发信息文化产品

原创能力提高将直接表现为文化产品的产出增加，而在信息产业与文化产业结合的领域，由信息技术与人文技术结合生成的信息文化产品将成为网络世界里的新宠，完全有可能成为新的产业增长点。

近年来，一种被称为“教育娱乐产品”的信息技术产品已经成为发达国家具有最大需求的信息产品，并成为新型文化产业的生长点，人们甚至发明了一个新词来描绘这一趋势：“教育娱乐产业”（edutainment industry）。这类产品将游戏与娱乐注入教育之中，有力地挑战了传统与陈旧的知识传播方式。考虑到我国目前中小学教科书难度大，深度高，而科学精神、人文精神这些真正体现人的素质的培养则远远落后于欧美等国，尤其应该大力发展这种信息教育产品。

应该看到，在我们这样的“后发国家”，依赖于计算机和网络的信息教育产品对于节省教育投资，提升边远地区的教育水准，迅速跨越现代化的教育瓶颈，意义尤其重大。我国的网络远程教育中硬件投资强，软件开发弱的趋势已经显现，应该在信息技术与人文技术的双重基础之上，针对远程教育的独特环境，对教育资源的整合、教学内容的定位，以及教学管理等前沿领域进行探索，努力寻求新的突破口，一举实现现代数字技术与人文素质教育精神的结合。

3. 加强信息产品的人文设计，实现信息技术与人文技术的全面结合

随着信息社会进入“内容时代”，不仅信息文化产品会成为信息产业与文化产业汇流的新的亮点，人文设计还将普遍渗入信息产品开发领域，出现信息技术和人文技术的全面结合，信息产品将出现“人文化”发展趋势。

发达国家已经发现，成熟的信息社会决不意味着信

息技术越先进越好，没有人文研究基础的信息产业，是有缺陷的信息产业，不能应付“内容革命”的挑战；不能与人文技术广泛结合的信息技术，是片面的信息技术，不能适应信息社会进一步发展的需要。

欧洲经济与社会研究委员会近年来以英国为试点，对互联网的发展情况进行了调查，结果发现，约有200万网民基本上已停止上网，原因是网上数据太多，查找起来需要耗费大量时间，而且网上图片与解说词也过于糟糕，无法给人以视听上的享受。这一情况说明，网络信息过剩的时代已经来临，网络信息产品的数量竞争已经转向质量竞争，信息产业“下游化”的趋势已经出现，人文化设计已经成为信息产业进一步发展的关键性因素。网络“高技术”呼唤“高文化”，现代信息技术要求人文技术的加盟，现代信息产品应该向“个性化”和“人文化”的方向发展，这已经是不争的事实。

4. 实施国家文化遗产数字化战略，奠定未来发展的基础

信息产业与文化产业可持续发展的真正的基础，在于一个民族全部文化遗产的数字化。

这项工作的经济与社会意义几乎是密不可分的。

文化遗产的“媒体转移”是一个自数字技术普及以来，世界各国文化机构和企业都关注的主要问题。由于这一转移过程技术要求高，投资需求大，不发达国家再次处于不利地位。根据联合国教科文组织1998年世界文化发展报告称，不发达国家在文化遗产数字化方面有两个危险：第一，急急忙忙地依赖于别的国家的力量实现其文化遗产的数字化，从而在知识经济时代成为文化资源的廉价出口国和文化产品的进口国（甚至进口经过别人加工的本国信息文化产品）；第二，由非遗产来源国进行数字化转移，失去对自己的文化的解释权，使遗产的基本含义发生变异。

像图书馆、博物馆、展览馆这样的民族文化资源的集中地，历来为各国所重视和保护。在现代信息产业发展的趋势下，一般也认为仍然应该作为公共资源的领域，在统一的国家信息与文化产业发展计划指导下，继续大力培育和支持。考虑到后发国家出现的上述危险，在我们这样的国家尤其应该慎重对待文化遗产数字化的问题，警惕可能的不利后果。

我国早已将“数字图书馆”纳入国家“863”计划，这个计划在2000年已经进入实质性运作阶段。然而，我们也了解到，在2000年年末，故宫博物院和一家日本企业签订了共同进行“故宫文化遗产数字化应用研究”的合作协议书。此外，2000年5月，也有消息报道，为了减轻参观敦煌洞窟的游人可能对敦煌壁画的损害，当地文物管理部门与美国梅隆基金会签订了协议，建立“数字化虚拟洞窟”。我们不清楚，这些协议包含什么内容，以及这些分别出现的项目是否出自一个统一的计划。我们担心的是，如果没有一个统一的国家文化遗产数字化计划，这一发展的前景将会如何？经过这样一番数字化的“上载”处理，我们的信息产业与文化产业的未来还是否掌握在自己手里？进而言之，经过别人的“数字化改造”，这些文化遗产还是不是我们的资源？

我们处在一个新的时代的入口。对于那些经济政策制定者和企业家来说，还很幼小的文化产业在“硬性的”经济指标的意义上，比起信息产业来实在算不上多么重要。但是，文化是我们情感的依托和最后的家园，文化产业是我们这个网络时代“不能承受之轻”。现在是到了以全新的观点看待二者关系的时候了。

（选自2001年2月14日《中国文化报》）

文化市场的理论定性与文化的市场定位及其管理

廖　奔

一、文化市场的理论定性

文化市场问题在建国四十余年后的社会生活中醒目的突现，给人一种感觉，似乎它是一种刚刚出现的东西，这其实是一种误解。文化市场是人类文化发展所面对的一种具体社会环境，是从商品交换开始就已经出现的市场经济内涵中的文化经营部分，它是一种长期的客观存在。事实上，在文化的某些物态形式（即文化产品）得到许多人的欣赏，从而被纳入市场经营方式时，文化市场就建立了，其时间至少可以推溯到人类社会进入分工化的阶段。工业社会兴起以后，市场成了包罗万象的东西，文化也成为市场的附庸。所以，文化市场并不是一个新型的东西，完全不必等待现代市场建立之后再出现。

我国的文化市场之所以近年来产生突发效果，只是

由于它曾经长期挛缩于计划经济的体制外壳里，不以显形的状态为人们所注意。外壳去除以后，它重新暴露出来，因而使我们感觉着陌生。

由于其呈历时性存在的性质，文化市场原来是没有必要专门进行理论定性的。但是，既然我国正处于由计划经济向市场经济转轨、人们从思维方式到生活习惯都发生大的改变的过渡时期，一切在四十多年中形成的固定意识都需要重新定位和建构，对于文化市场的定性似乎又成为必要，特别是当文化市场意识已经在长期挛缩状态下变得迟钝和畸形以后。例如近年来理论界出现的文化是否是商品以及属于什么性质的商品等命题，充分证实了这种必要性。

在讨论文化市场内涵的时候，首先要弄清楚什么是文化，什么是文化产品，文化产品的流通渠道是什么等前提性概念。关于文化的界说，由于近年来理论界的关注和热衷，至少提出了十几种解释，其中最为广义的解说包括了人类活动所创建的一切物质和精神文明成果。一般认为，对于文化有大概念和小概念两种认识范畴，其中大概念是可以包罗万象的，但通常所说的文化产品则专门指精神产品，甚至再收缩到为人们提供怡悦性情、加深修养、赏玩娱乐对象的范围。文化产品则指那些投放到市场领域而以商品形式出现的文化凝聚物，它的流通渠道就是市场。

由此知道，文化先于市场而存在，当原始人类为了生存开辟出第一片生活领地的时候，它就已经开始了自己漫长的旅途。又知道，文化大于市场的存在：人们创造精神产品不都是为了投放市场的目的而进行，当一个艺术家在为了纯粹的艺术目的而创作的时候，他的产品只是一件没有附加商品价值的艺术品；某些精神产品也不能够用市场来框范，例如古代宗教文化成果。还知道，狭义的文化与市场的概念是彼此交叉部分包容的，因为现代文化的传播主要依靠市场渠道，而市场里面一个很重要的成分即文化产品。

穷究上述诸种定义的目的是为文化市场定性。到目前为止，我们已经弄清楚了如下问题：第一，文化首先是市场之外的存在，它并不以或不完全以市场为转移(甚至市场本身亦是一种文化表现形式)。第二，精神产品从其目的和功能两方面来说都不完全是市场性的，只有当它被作为物态的文化产品而投入市场流通，它才转化为商品。第三，现代文化更为紧密地依赖于市场。那么，文化市场的性质就被自然地界定了：它是为文化产品的流通而开辟的商业性渠道。

二、文化的市场定位

在实际社会生活中对文化进行市场定位，分清楚哪些精神产品不能全部或部分被市场所包容，哪些物态文化可以而且应该被纳入市场的范畴，并对于市场文化的范围、内涵、层次、级差等问题进行研究，有助于采取相应的政策和法规来对文化进行科学管理。

根据前面的界定，有相当部分的人类精神产品不能够被完全推放到市场领域，从而利用市场调节的杠杆来进行流通。最明显的例子就是宗教经典。纯美艺术产品的生产，依靠的是艺术家对于艺术最高境界的追求，其中也不能掺杂功利目的，如果把艺术家放置在为换取面包而工作的状态，他生产出来的只能是批量的工艺品；或者反过来，纵容艺术家为牟取暴利而生产，他可能会完全失掉艺术创造力。纯美艺术品的价值也不是市场的价值原则所能够衡定的，至少市场对于一件艺术品的定值，在其内在价值没有发生任何改变的情况下，会随着社会眼光的变化而发生极不稳定、幅度很大的变动。商品的定价通常取决于它的使用价值，艺术品的价值却在于美，美靠发现和审美眼光，同样一件艺术品，在某时某地可能被认为不美，一钱不值，在异时异地却被视为美的极致，咤为国宝。任何一个大作家、大艺术家，当他的价值——或者说他的艺术美还没有被社会认识的时候，他是不名分文的，一旦他被发现和承认以后，情况就发生戏剧性的变化。他的一幅手迹、一封家信都有了不可思议的市场价值（这里将其文献研究价值除外）。所以说，艺术品的商业价值可以和其艺术价值脱离甚远甚至完全倒置，因为它的定值通常取决于不具备相应审鉴能力的商人和顾客，而不直接取决于它的艺术美。

归纳上述推演，可以得出如下认识：精神产品不都是市场性的文化产品，如果硬要用市场规律来强行支配它，就会发生阉割美的本质的文明悲剧。文化产品的生产和流通也是有区别的，当一个艺术家创作了一幅作品而没有把它投放到流通领域时，这部作品虽然具有美的价值，但还不具备市场性。所以，我们不应该也无法把这个艺术品的全部生产过程都纳入文化市场的范畴——它与那种专门为了市场而从事的批量艺术复制品的生产性质不同，硬要这么做的话，就会把艺术家变为匠人。即使是在流通领域里，文化产品的传播也并非全部采取纯粹市场的形式，例如通过图书馆和博物馆把它推向大众，其操作中的市场成分就很小甚至没有。

但是，在现代社会的市场经济条件下，一般文化产品的流通都是采取市场渠道进行的，即使是纯美艺术品的为社会所鉴赏，其渠道也大多通过市场中介，因此，我们更应该放置主要的注意力在文化市场内部的运行节律上。那么，文化市场都包含那些不同的界面呢？

首先，从文化产品的性质来看，文化市场有层面之分。一般来说，根据文化产品形式和内容方面的差异以及社会普及程度的不同，可以划分为高雅文化和通俗文化两大部类，文化产品的这种特性决定了文化市场的雅俗层面。通俗文化是普及型文化，具有广泛的市场适应性和经营效益性，它是文化市场的支柱和主要经营内容，与市场有着彼此依赖的生存关系。高雅文化是选择性文化，它对于文化市场的消费对象是有所选择的，因而相对来说市场性比较弱，只能部分依靠市场而生存。所以文化市场以通俗层面为主。

其次，从文化产品的功能来看，文化市场有类别之分。文化产品按照其主要呈现的使用价值，可以大致区分为娱乐型、审美型和实用型三类，它的这种类型划分决定了文化市场的类别。娱乐型文化产品用于满足大众普遍的娱乐需求，具有最为广阔的市场性，是文化市场的主要成分。审美型文化产品以其内在美感来陶冶人的性情，它的市场开辟主要依赖于消费者的审美水平和审美需求。实用型文化产品满足人们的日常生活需求，其市场性介乎前二者之间。所以，文化市场以娱乐类和实用类的经营为主。

其三，从文化产品的生产手段来看，文化市场有等级之分。文化产品按照其生产手段可以区分为原生产品的制造和复制产品的制造两类，它决定了文化市场的等级。原生产品是艺术家个人饱含激情的精神创造，有着不可重复性，其市场价值相对高昂，而市场性降低。复制品是对于同一艺术品的模制和批量生产，其市场价值相对降低，市场性却增强。文化市场以批量生产的产品销售为主。

其四，从文化产品的市场流程来看，文化市场有性质之分。把文化产品通过市场推向消费者的渠道多种多样，按照其方式、方法、步骤、手段上的不同，可以区分为经营型、表演型、售卖型等，它决定了文化市场的性质。表演型是通过表演团体直接同观众见面，售卖型是把物化的文化产品以商品出售的方式推向消费者，经营型是通过社会组织的环节实现文化活动或文化产品的商业性转移。各种类型都是文化市场的主要组成成分。

其五，从文化产品的消费方式来看，文化市场有形式之分。文化产品的消费方式有购买式、参与式、介入式的不同，它决定文化市场的形式。购买式是把文化产品通过价格原则从市场转移到消费者手中，使之成为私人所有物，这是最普遍的文化交易形式。参与式是许多消费者一同对某个文化现象进行审美或娱乐投入，例如观看展览、演出、比赛等。介入式是消费者投入到文化产品的消费过程中去，例如参加体育活动、歌厅参唱等。各种形式都是文化市场的主要经营形式。

还可以总结出文化市场的诸多其他性质。总之，各类文化产品在文化市场里的流通方式是不同的，它决定了文化市场具有千差万别的面貌，决定了文化市场具有并不恒定而是多变的运行节律。

三、文化的市场和非市场管理

弄清楚文化与市场的对应关系和文化市场的内涵，就为对之进行科学管理提供了理论基础。文化既是市场的又不是市场的，职能部门对之进行管理就必须充分注意到它的这种特性，有针对性地分别采取不同的措施和方法。文化市场既然存在着不同的层面，管理的方式方法也应该有所区别。一般说来，对于属于市场的文化更多借助于市场规律，通过相应的法律、法规来进行制约；对于不属于市场的文化则要靠制定正确的政策来对待。

1. 文化的市场管理

文化的市场管理问题目前非常突出，因为多年来闭锁的市场大门一旦对文化开放，势必引起而且已经引起巨大的蜂拥蚁攒、浊浪旋流，大有冲垮堤坝之势，制定出谨严而具有权威性的行为准则已经刻不容缓。

从理论上来说，文化市场管理应该是文化管理中最为单纯的部分，因为它只要遵循市场规律，再辅以一定的管理条例就可以了。市场都是在一定条件或者说规范下存在的，因为它必须遵循等价交换和公平竞争的商品原则。任何市场在开放时都有它自己的规则，否则就会引起混乱，而眼下文化市场的混乱正是由于没有建立起严密的法律规范造成的。职能部门只要认真区分文化市场的不同层面，做好充分的市场调查，然后结合实际制定出合理可行的法规就可以了。

但事实上并没有这么简单。因为，首先我国尚处于从计划经济向市场经济过渡的过程中间，现行的经济体制双轨并存，无法制定统一的法规，而文化市场在还没有健全完善的情况下却面对着实际发展的巨大冲击。其次是对于可以纳入市场的文化范畴在理论上并不明确，实际执行中往往该推向市场的推不动，不该推向市场的却误推过去，引起社会心理失衡。其三也是最重要的，诸多原本属于市场范畴的文化成分由于长期躺在喂养的襁褓中已经失去了市场活力。从而，现实的文化市场管理变得极为复杂、矛盾交织。

2. 文化的非市场管理

文化的非市场管理主要是指那些不能被市场所包容的文化因素的管理，诸如纯艺术的生产、文化产品非商业性质的流通（如借助于图书馆、博物馆等），以及高雅文化的非赢利性传播等。这些都需要国家职能部门通过恰当的手段，发挥各方面的力量来支持。一个国家在这方面投入的多少，既是这个国家经济发展和文明程度的写照，也受到传统和现实文化观念的制约。

由于文化的非市场管理过去一直是我国的主要方式，把文化管理的一部分纳入市场轨道以后，其余部分仍然按照传统的方法继续延伸，这本来应该没有什么问题。问题在于：理论的不明确和认识的混乱导致把文化全部推向市场的趋势，从而引起了实践中的某些失误，引起高雅文化部类和从事高雅文化生产的人强烈的心理恐慌。这种本来应该可以克服而没有克服的问题为文化走向市场增添了阻力。

高雅文化是社会发展的导航者，是通俗文化得以繁荣昌盛的始源，但是，由于操作的困难，它的流通不能完全依赖于社会市场的调节——高雅文化不具备完备的市场经营性，缺乏市场活力和竞争力，与本质上就和市场密切相连的通俗文化不同，它的生存和发展需要更多市场之外的支持。如果把高雅文化完全抛向市场去让它自生自灭，就等于是对它的扼杀。

对于高雅文化的管理，一方面当然要利用市场调节的杠杆，帮助它尽可能震醒和恢复原有的那部分市场活力，另一方面又必须依靠国家和各方面的力量来扶持它的生存，绝不能放任自流。在这方面可以做的一个重要工作是：建立正面的强力舆论导向，使社会加强对于高雅文化的向心力，从而为其生存和发展提供更好的条件。社会的舆论导向不应瞄准通俗文化而应对准高雅文化，这是一个社会文明的标志。目前社会集团和个人把财力集中投向通俗文化领域，一方面说明社会的总体文化程度偏低，另一方面也不能说不与我们职能部门的政策和舆论引导不力甚至失当有关。

从事高雅文化生产的人（作家、艺术家等），是国家和民族精神财富的创造者，他们的工作无法也不应该用市场价值来衡量，把他们全部抛向市场去为谋生而挣扎是对历史的犯罪。

当然，这里首先要划清真正从事高雅文化生产的人和一般文化人的区别。什么是文化人？广义地说，和文化生产过程有关的所有的人都可以称之为文化人，或者叫做文化产品生产者——这是一个较上述作家、艺术家范围大得多的社会集团。

其次，我们说不能用市场来制约高雅文化生产者的工作，并不是一概否定市场对他们的作用。在其队伍里引进一定的市场竞争机制，相对于以往良莠混杂、滥竽充斥的情况，有利于优秀文化产品的产生。而且，确立市场观念，在一定程度上可以帮助高雅文化自觉形成与通俗文化相结合的意识，从而得以提高其立足市场的能力，以及纠正其脱离实际的倾向。

如何把文化的非市场管理引入正常轨道，需要职能部门进行深入细致的调查研究，实事求是地制定出正确的政策。有一个政治前提必须确立：我国社会体制向市场体制的转轨，并不是为了使国家甩掉背负的沉重经济包袱，而是为了促进社会更加迅速全面地在高速发展经济的同时也光大文化。随着经济的发展，社会对于文化的渴求不但不会减弱，反而还会成比例增加。如果我们在眼前的经济转轨阶段，对于国家发展的形势和前景缺乏正确的认识，用错误的决策损伤了文化的根基，就会对历史犯下不可弥补的错误。

3. 文化的市场和非市场管理的交叉

正确的文化管理应该针对文化既是市场的又不是市场的这一特性，在市场和非市场手段互相交叉、双向并举的基础上，建立起科学的管理系统。这个结论的得出，本之于如下思路：既然文化有市场性，依靠市场进行文化管理当然应该是一个十分重要的渠道。过去完全堵塞这一渠道的弊病已经充分显现了。但是，完全依靠市场来管理文化，就是把文化变成金钱和附庸文化产品的奴隶。即使是在文化市场内部，在运用市场手段的基础上，也不能忽视发挥其他辅助手段的作用。例如文化市场具有不同的层次，其最为繁荣的层次并不一定符合社会的审美主潮，那么依靠社会手段来扶植那些能够体现或部分体现社会审美方向的层次就成为必要。

职能部门在运用市场和非市场的多重手段来对文化进行管理时，根据当前的社会现实，首先应该考虑以下几个问题：

第一，划清市场和非市场文化问题的界限，属于市场的用市场手段解决，不属于市场的用非市场手段解决。以对戏剧团体的管理为例：戏剧团体的本质是演出和通过演出来争取观众，因而它的生产手段具有很大的市场属性。以往的官办形式使得戏剧团体的存在可以与观众没有联系，与市场完全不发生关系，一年演一场所谓调演戏，博得上司的彩头就可以了，剧团成员的官可保，名可出，职称可上，至于投入多少资金不管，观众看不看也不管。把戏剧团体的管理纳入市场经济的轨道，就革除了上述弊病。在戏剧团体的从业者心目中确立其文化市场观念，可以帮助剧团打掉官气，向社会文化的方向发展，走为广大人民服务的道路。这些，都是通过市场手段来解决的，并且仍将利用市场手段来调节。

但是，我们不得不接受和正视历史遗留的这一事实，不能不考虑剧团对于体制转型的应变能力和从业人员的心理承受度。目前体制转换过程中出现的问题，主要集中在旧有体制的遗留无法彻底清除干净：一代老艺术家曾经为人民作出贡献，在市场体制中他们却成为剧团活力的重大累赘——这仅仅是一个比典型的例子，类似的问题还有不少，如果将这些问题统统交付市场去处理，势必导致严重的政治失误。因此，必须寻求相应的市场外解决办法。

第二，某些文化产品的性质比较复杂，同时具备商品和非商品的属性，对涉及这类文化产品的问题，要充分调动市场和非市场的交叉手段来解决。历史文物是一个极为典型的例子。历史文物不是现时的文化产品，但由于其中凝聚的丰富人类文化与审美观念沉积具有不可重复性，它比后者享有更高的市场价值。可是，历史文物又不属于现时代哪一个人或集团的生产物，它真正的创造者是久已逝去的古人，因此没有人能够享有它的产品支配权。计划经济时国家对之采取完全控制的管理手段，转入市场经济以后，对这部分文化产品的经营和管理则需要制定出切实可行的政策和市场法规，齐头并进地加以控制和疏导。

前面谈到高雅文化产品具有一定的非市场性，或者说与市场有一定的不相容性，那么纯粹依靠市场手段去处理它们显然不恰当。通俗文化和高雅文化又是相通的，在一定条件下是可以彼此转化的，某些通俗文化产品在一定的时候会转化为高雅文化产品，在这种情形发生以后，就不能够再继续用过去纯市场的手段来对之进行管理。

文化形式又有现时的和过期的之分，在它处于现时阶段时具有较强的市场性，而在某些过期的文化形式成为传统遗产，其商品价值虽然减弱了，但文化积累意义却增强了，具有保存的价值，例如一些濒临灭绝剧种的单存剧团。对处于形式转化过程中的文化产品也需要充分调动市场与非市场交叉的手段来管理。

第三，调整文化的市场和非市场管理手段的一个总前提，是当前社会对于文化的承载总量（包括经济所能支持的和社会心理所期待的），及社会所能够承担的文化总量，决定了社会对于一定文化管理手段的选择。一个社会投放于文化事业的经费从无一定，但它一定与社会的总体经济状况以及人们对于文化的普遍期待心理有关。经济发达的社会必然拥有更加雄厚的文化活动经费，而社会大众出于传统的和现实的原因对于文化的期盼也很大程度上影响到社会对于文化经费的投放幅度。这些构成社会的文化承载总量。

社会对于文化的承载量小，自然是管理更为依赖于市场的调节，分不出力量来关注市场外的文化需求。社会对于文化的承载量大，势必使管理获得更多市场之外的自由，也就是说，管理可以通过获得更多市场外的途径来扶助和支持文化。因此，归根结底，文化的管理是受到社会的经济发展和人们的文化需求程度制约的。经济状况不是文化职能部门所能够直接控制的，发挥自身强有力的舆论导向功能来对人们的文化需求进行正向引导，则是可以收到积极效果的。

总之，随着文化管理体制朝向市场经营方式的迈进，会遇到一系列的新矛盾、新问题，对于这些新出现的社会症状，必须采取新思路来加以审视，制定具体措施，加强管理。把文化统统推向市场，从此可以松一口气的想法是要不得的。

我们这里所说的管理，不再是习惯理解意义上的行政操纵，而应该是一种新型模式。文化部门要从搞文化转向制定文化政策。那么，我们文化职能部门将行使何种社会职权？我想，主要应当包括以下几个方面：一是进行社会的和市场的文化调查；二是发现问题；三是制定相应的政策和法规，实现宏观调控。这样，就可以帮助文化朝向社会化的方向发展，开创出社会主义精神文明的崭新局面。

（选自《科学社会主义》2001 年第 3 期）

应战“入世”：文化的资本化运作

王亚南

经济全球化必然导致一体化国际市场的格局。中国即将加入世界贸易组织，这意味着逐步放开市场，直至完全跻身于世界市场资本运作规则的无情竞争之中。如此一来，不仅使我国的农业、工业、商业等传统产业面临巨大考验，而且更对我国孱弱的文化产业提出了异常严峻的挑战。近来，中共中央五中全会“十五”计划建议第一次明确提出了“文化产业”概念，已经引起全国各地高度重视，中国文化产业急需从此大踏步向前发展。

文化在知识经济时代的地位

人们一般公认，文化是人类社会实践活动和认识活动所创造的物质财富和精神财富的总和，这是就结果而论。倘若从过程来看，文化是人类物种在与对象世界发生关系过程中形成的一套社会传承的信息系统。人类各民族所获得的物质生产力和精神活动能力世代发展起来，人类各民族所创造的物质成果和精神成果世代积累下来，这本身就是人类文化信息系统的社会历史传承过程。

人们世世代代传承着文化信息，是在不断变化着的历史条件下进行的。在接受既有文化的时候，每一代人、每一个时代都有一个重新理解和再度创造的过程。人们总是按照社会环境或自然环境的历史变迁，对原有的文化做出相应的调节和改进，以达到新的适应，或对世界做出新的改造。

所以，文化信息的传承不是简单的复制或搬运，而是对文化信息加以组织和运用。文化信息的组织和运用便生产出知识，知识作为文化成果的具体体现，是文化信息的组织和运用形式。所谓“知识创新”也就是人们根据新的情况对文化信息进行新的组织和运用，知识创新的实质是人类社会文化信息的智力创新。人类文化信息的传承永远是一个动态过程，因而知识便永远处于不断更新或创新过程之中。知识创新伴随文化信息传承的始终，伴随人类历史进程的始终。

当前，“知识经济”概念以计算机产业为始作俑者，挟互联网信息高速传递的威力在全球迅速蔓延。于是，在许多人眼里，所谓“知识经济”实际上被看成了高科技电子信息产业。其实，这两者是有着巨大区别的。知识经济的要义在于，文化成了经济活动的最重要资源，人的智慧即知识成为起决定作用的生产要素，知识创新带动着经济发展，生产活动属于知识密集型，产品或服务具有极高的智力附加值，开辟了文化经济一体化时代的新局面。

计算机产业，特别是其中的软件产业，之所以成为新兴知识经济的代表，就因为科技是文化的结晶，高新科技实为作为最新文化成果的高新知识的凝聚，其生产过程及其产品中凝结着很高的文化含量和知识含量，所谓“高技术”含量的背后其实是“高文化”含量。文化资源的信息化运用和更新是当今知识创新中最根本的内容，文化资源的资本化开发和利用是当今知识经济里最基本的方面。“知识经济”概念理当涵括具有高度文化含量的一切经济活动，用更具广泛概括意义的概念来表述所谓“知识经济”，应该说是以人的智慧成果即文化资源的资本化开发为基本特征的“人文经济”。

文化信息的传承和运用可以说是人类这一社会物种所独有的一种“特化”本领。大家都知道，在这个地球上，除了人类以外，所有生物的机体全都已经高度特化了。马能奔跑，鸟可飞翔，鱼能游水。仅仅看鸟类的嘴，为觅食生成种种长短、宽窄、钩直的特异形状；而它们的脚则为奔跑、行走、游泳的需要形成各种不同类型。人类机体却没有任何这些方面的特化表现，人体所有部分都保持着的泛化及其适应性的特性。正是基于这一点，更由于人的思维高度发达，人类各个民族就能够运用自身的文化成果，从事各种各样的活动，适应从北极到赤道的任何环境。

显然，在人类各个民族、各种社会共同体之间，各自文化具有多样性的特征，具体表现为各种特殊知识系统的多重性和各类特定价值体系的多元化，这就为文化优化和知识创新创造了极大的可能性。知识创新，进而文化创新，需要人们在社会交往和思想交流中进行，因此文化的多样性、知识系统的多重性、价值体系的多元化就会体现为一种社会优势资源。

可是，具体到人类世界的每一个社会共同体，却也可能出现因自身文化系统的封闭而来的“特化”（单一化）危险。任何一个民族，任何一个社会共同体，如果闭关自守隔绝外界，故步自封拒绝未来，其特定的文化信息系统终将会成为无用信息的堆积。人类社会的文化系统的闭关自守就像生物物种的基因群落的故步自封那样，无以自我改进和自我更新，最终所面临的只能是信息消减和自身衰退。

一些时候以来，全世界一齐追赶西方工业化文明的浪潮，便潜伏着这样一种文化单一化的危机。传统工业化对自然的极度剥夺，对人性的强力摧残等等，已开始为人们所注意到。知识经济时代的来临或许可以使全人类避开西方工业化文明的单一化文化困境。

文化多样性是一个庞大的现代复杂社会不断获取生机和活力的最重要源泉，我国西部所拥有的民族文化多样化资源优势的重要意义刚好就体现在这里。多样性的文化、多重性的知识系统、多元化的价值体系，将有可能为今日方兴未艾的知识创新（即文化资源的信息化重组）、知识经济（即文化资源的资本化开发）注入新的发展潜能，为具有高文化含量的新型人文经济的形成开辟可观前景。

我国文化产业面临的挑战

面对“入世”在即的紧迫局面，我国的文化产业亟待提出应对之策，并尽快付诸行动，以应付极有可能出现的国外强势文化企业冲击国内文化产业、争夺国内文化资源的严重情况。特别是各地区、各民族的民间文化资源和民间文化产品，由于其权属的全民性而使法定占有主体不明，如此所谓“民间知识产权”实则难以受到现有通行法律的保护。各地的种种商业化运作的民族（民俗）演艺业无偿使用各民族的民间文化资源和产品，这已经是显而易见的事例。在此，还可以举出一个极端的典型例证：美国的好莱坞拍摄影片《花木兰》，显然没有向事实上的知识产权所有者支付任何资源使用费，而花木兰这一杰出文学人物形象的原产地正是中国西部。

我国至今甚至还没有真正形成严格市场意义上的文化产业。一方面，国有专营的那一部分文化产品的生产依然实行“垄断”经营，多半仍旧包裹着一层“文化事业”的陈旧襁褓，另一方面，民间乡里的那一部分文化产品的生产几乎尚处于“野生”状态，其技术化、组织化水平极低，尤其是知识产权专属化、生产资源资本化程度近乎为零。对于社会经济发展相对缓慢的我国西部广大地区来说，各个方面的情况无疑更加严重。

由于特殊的地理位置和社会环境，我国西部各地区、各民族所固有的各种文化形态一向得到了较好的保存，在人类世界的文化环境中占据着文化信息传承多样性中心的地位，相当于生物界里很少遭到破坏的基因信息遗传多样性中心。世间一切可利用资源的最高层次恰恰在于文化资源，这是因为，文化资源正是前人对于一切可利用资源加以利用的智慧的结果，是历史上世世代代无穷无尽的人们智力资源的结晶。我国西部拥有文化多样性的资源优势，这是从历史上继承下来的世间罕见的宝贵遗产，也是西部大开发和西部社会发展必须首先加以利用的得天独厚的优势条件。

以往，国外也曾经有过“西部开发”的举动，但所面临的大多是一片片荒芜之地；而我国目前西部大开发所面对的，却是长期的历史和众多的民族久远积累下来的大片文化沃土。从这个意义上看，中国西部大开发，实际上是在西部悠久的历史文化和丰厚的民族文化积淀基础上的再度开发。如何有效地保护、传承和利用西部丰富的文化资源，培育、开发并形成遍布西部乡村的民间文化产业，是当前西部大开发战略中值得格外注意的一个重要课题。甚至可以毫不夸张地说，文化建设参与西部大开发，与对于西部地区的经济、技术开发具有同等重大的意义。

云南拥有罕见的民族文化多样性优势，在中国西部具有突出的代表性，在全世界文化多样性富集地里也占有极其重要的位置。这一点早已经得到了举世公认。众所周知，云南资源的丰富性首先在于，无机层面的气候环境、地理类型的多样性汇聚；其次在于，由以上物理环境带来的有机层面的生物资源、基因种群的多样性富集；最后在于，由以上物理环境和生物环境导致的社会层面的民族文化、人文资源的多样性荟萃。最后一点，即人文多样性的社会优势资源，恰恰就是社会资源优势在最高层次上的表现。

从自然地理来看，云南处于东亚大陆、南亚次大陆与东南亚半岛的交接点；从人文地理来看，云南处于中华文化圈、印度文化圈与东南亚文化圈的交汇点。于是，云南成为亚洲各民族文化系统网络最重要的节点，成为人类文化遗产最重要的共生宝库。各个民族、各种文化在这里长期并存，构成了一处世界上少有的多民族群体、多文化形态共生带。由于横断山脉和南向水系的分割，再加上各个民族“大分散，小聚居”的空间分布状态，形成了云南特有的“十里不同俗，百里不同音”，山山水水各见人间千秋的奇特景观。在这里，一山一水就呈现着一种文化，就构成了一个世界。

但是，云南也同整个中国西部地区一样，一方面拥有丰厚的文化资源蕴藏，另一方面这些资源的产品化开发和资本化运营极其不够。不妨做一个简单的比较：美国迪斯尼创造了艺术形象米老鼠，到头来迫使上海糖果厂不得不放弃数十年创下的名牌商标；云南石林彝族撒尼人创造了阿诗玛文学形象，几十年来却听任电影、舞蹈、甚至还有烟草生产者随意无偿使用。

西部发展的瓶颈和突破口

事实上，西部社会发展的关键问题是乡村发展问题，特别是少数民族地区的乡村发展问题。西部地区拥有我国超过 80% 的国内民族，西部乡村集中了我国最大量的贫困人口，少数民族地区贫困面积尤其广大。就以拥有 26 个世居民族且特有民族超过国内民族总数 26% 的云南为例，在《国家八七扶贫攻坚计划》里，全省共有 73 个国家级贫困县（市），其中便有将近 70 个或地处自治州，或本身即为自治县，或治内设有众多民族乡。西部乡村发展面临着民族地区扶贫攻坚的艰巨任务。

与此同时，由于地区经济不发达，西部县市、乡镇基层文化建设投入严重不足，基层文化单位更是举步艰难。即使各地政府加大公共财政投资，也只会越来越成为沉重负担，不少的基层文化设施已经由于缺少运行费用而不得已闲置甚至荒废。促使基层文化单位实现由纯粹的“事业型投入”向“产业型产出”转制或部分转型的体制创新，改变目前的存在状况，已经势在必行。

西部广大乡村的发展需要有突破旧制而一举多得的力举，把乡村社会经济发展与乡镇社区文化建设、民族文化资源保护、民间文化产业开发、民族地区扶贫攻坚、基层文化单位改制各项要务结合起来。而这一切都必须从乡村基层社区——村寨乡镇开始。这就需要把文化环境作为乡村生态的一个重要组成部分，把文化资源作为乡村发展的一个重要条件，把文化产业作为乡村建设的一个重要方面。

1. 在自然生态环境和民族文化传统一向保护得较好，具有较为奇特的自然景观或人文景观，具有较为浓郁的地方文化、民族文化特色，适宜发展特色文化旅游产业的村寨乡镇，鼓励发展特色文化旅游业，培育经营文化旅游的乡镇企业、民营企业。

2. 在具有民间工艺品生产的悠久传统，产品生产技能至今仍未失传，工艺产品具有独特性和代表性，并有市场化、产业化开发的条件或潜力，拥有在当地、本民族中地位显赫的民间工艺大师或众多工艺技能较突出的工匠人才，适宜发展不同类型的民间工艺品文化产业的村寨乡镇，鼓励发展特色工艺品产销业，培育产销工艺品的乡镇企业、民营企业。

3. 在具有悠久的民族民间表演艺术传统，表演艺术技能至今仍未失传，表演艺术样式具有独特性和代表性，并有市场化、产业化开发的条件或潜力，拥有在当地、本民族中地位显赫的民间表演艺术大师或众多艺术技能较突出的表演人才，适宜发展不同样式的民族演艺文化产业的村寨乡镇，鼓励发展民族民间艺术展演业，培育从事艺术展演的乡镇企业、民营企业。

4. 在暂不具备各方面开发条件，但濒危文化类型或文化样式具备不可替代的唯一性、难以复现的独特性、极端罕见的代表性，保护下来具有类似于生物孑遗物种遗传基因的重大保存价值的村寨乡镇，规划和建立民族民间文化保护村（区）。

5. 把培训文化产业经纪人、建立文化经纪人制度、组建不同类型的文化经纪公司和营销网络作为发展乡镇文化产业的重要环节，并按照市场运行规则，积极为社会资金投入建立文化产业股份公司、设立文化产业营销网络提供专业咨询支持。

实际说来，西部广大乡村的发展已不大可能再走沿海农村乡镇企业、民营企业的传统工业化道路，却很有可能凭借自身所拥有的丰厚文化资源优势，开发高文化含量的文化产业，发展文化资源资本化开发的人文经济。发展以特色旅游业为依托的文化产业，需要大力保护和改善自然生态环境，本身就是一种“绿色”产业，可同时为西部的文化资源开发和环境资源保护服务。这些都完全符合国家西部大开发战略的要求，此类“绿色”产业应当成为西部发展的新的增长点。

西部发展乡镇企业、民营企业，必须避免重蹈沿海乡村传统工业化过程中严重破坏环境的覆辙。不妨考虑以特色旅游业和民间文化产业为起步平台，通过开发高文化含量的产品和产业积累实力，并促进高技术含量的产品和产业发展，摸索开发特色文化产业的乡镇企业、民营企业发展新路，开创一条文化资源的资本化开发和信息化利用带动新型工业化的人文经济发展之路，最终或许能够更快地步入所谓的“新经济”时代。

民间文化资源的资本化运作

文化资源是一种资本，在知识经济时代更是一种强力资本。西部大开发中，在发展经济的同时，必须保持地方文化、民族文化的多样性，并注重各民族民间文化的资源化开发和资本化运营，培育和发展各民族地区的民间文化产业。目前，通过对各民族民间文化资源的适度技术化、组织化，直至加以知识产权专属化、生产资源资本化，实现资源的有效保护和产品（产业）的自主开发，已经成为我国文化产业、尤其是西部地区文化产业面向未来的发展必须关注的一项紧迫任务。

具体做法是：

（1）从文化资源的保护性调查、注册入手，重点是传统知识人才（智力）、技艺（工艺）、产品（品牌）等等可实现资本化运营的资源，注重民间文化产品的市场化定位评估，着力于乡村文化产业生长点的论证和培育。

（2）扶持和引导民间文化传人成为类似“科技示范户”那样的新型生产带头人，促使并帮助文化蕴涵深厚的乡村作为文化产品生产的“专业村”走向市场，组织特殊技艺（技术）、特色产品（品牌）申请专属权，形成品牌获得有形或无形资产增值。

（3）培训和推动乡村文化人向文化策划人、产业经纪人发展，尝试并推行基层文化馆、站向兼有文化策划、经纪、生产、营销（公司）职能改制或部分转型的体制创新。

（4）在具备规模化开发前景的项目上引入社会资金建立文化产业股份公司，在西部各中心城市和内地、沿海大城市设立相应营销公司实现与国内外大市场对接。

关键是把握文化传人、特色文化村寨、基层文化馆（站）三个切入点，建立由政府扶持、引导、授权的“公司＋农户”组织化模式，这在种植业、养殖业已经是十分成功的经验。当然，还需要在这三个切入点上致力于创新性的探索。

第一，在以往对于“民间工艺师”、“民间艺术家”等各民族民间文化传人的甄别和命名表彰、奖励的“事业行为”基础上，更进一步向“产业行为”延伸，扶持他们成为类似种植业、养殖业的“科技示范户”那样的新型生产带头人，开发各种民间工艺产品、民间演艺产品，并帮助其打开市场，发展形成各类民间工艺品产业、民间演艺产业。其中，市场示范的作用值得重视，一旦他们的手艺成为“发家致富”的有效手段，“带徒学艺”的文化传承问题自然能够得到很好的解决，“带头致富”的经济效益更能够吸引更多的民众致力于各民族民间文化的保护与开发。

第二，在以往对于县市或乡镇创建“工艺之乡”、“艺术之乡”的甄别和命名表彰、奖励的“事业行为”基础上进一步延伸，将此类命名及其随后的产业开发扶持工作进一步下放，侧重于发展村寨一级的“××工艺村”、“××艺术村”，兼顾创建乡镇一级的“××工艺之乡”、“××艺术之乡”，倡导“一乡一业”、“一村一品”的特色文化产业开发，形成星星点点的乡村文化产业“开发区”。同样类似种植业、养殖业、来料加工业的“专业村”那样，扶持它们走向市场，帮助它们打开市场。

第三，或许也是最关键的，目前的乡村民间文化产业多是一家一户的独立生产、经营活动，短时间内难以形成规模打开市场，抵御市场风险的能力就更低，因此需要有一种在种植业、养殖业中早已行之有效的“公司＋农户”模式来加以组织。各级群艺馆、文化馆站可以经政府授权而拥有某种意义上的“垄断”特许权，充当这个模式中的“公司”一方，主要工作即为市场调查、产品设计、安排订货、组织销售等等，实现基层文化单位由单纯事业性质向兼有经纪、营销产业性质改制或部分转型的体制创新。这项工作需要一大批文化经纪人和文化企业家，亟待组织进行相应的培训工作。

这样一来，文化工作就能由“虚”转“实”，由“软”变“硬”，让文化系统能够发生由单纯的文化事业“投入部门”向兼而有之的文化产业“生产部门”的职能转换，让“文化事业”工作产生“文化产业”效能，使“文化扶贫”取得“文化产出扶贫”的结果。此项目一旦产生效益，基层文化事业单位便有可能实现由单纯的“投入部门”向“产出部门”部分转型，基层文化系统的工作状况将会明显改观，还能够为事业单位体制改革的进一步深化提供有益范例。

（选自《学术探索》2001 年第 4 期）

国际文化竞争力与中国文化产业的发展

祁述裕

文化竞争力在综合国力的竞争中占据着越来越重要的位置。改革开放以来，我国的文化产业有了长足的发展，但与发达国家相比，仍处于弱势地位。加速发展我国的文化产业，深化文化体制改革，建立与社会主义市场经济相适应的文化管理体制，提高文化竞争力，是加入 WTO、应对日趋激烈的国际文化竞争的需要，是当前迫切需要解决的重大问题。

“谁买下了文化，谁就可以控制时代”

早在 20 世纪 50 年代，法兰克福学派学者就敏锐地发现，文化生产一旦与科技结合在一起，形成工业化体系，就会产生影响社会的巨大力量。2000 年年初，美国在线兼并时代华纳的消息传出后，一位法国记者评价道：“在因特网时代，只要谁买下文化，谁就可以控制时代。”今天，以知识、信息、娱乐、休闲为主要特点的文化产业，其传播范围和传播速度得到了极大的拓展，新的分支层出不穷，在国民经济中所占的比重也越来越大。影视、报刊、图书出版、音像、教育、体育，几乎无处不形成规模巨大的产业。新的经济形式如网络经济、假日经济、会议经济，无一不以文化为其基本内涵。

当今社会，如下三种因素成为文化产业加速发展的主要动力：

一是工业型社会向服务型社会过渡，使文化产业获得了广阔的发展空间。20世纪中叶以后，发达国家逐步由工业型社会进入服务型社会，这些国家包括文化产业在内的第三产业比重不断上升，已占国民经济的70%左右，第三产业已成为社会就业的主体。

二是知识经济加速了科技与文化的融合，使文化产业获得了强有力的科技支持。占主导地位的知识密集型产业不仅包括信息技术、新材料、生物工程、遗传工程、航空航天等高新技术产业，还包括以传媒、娱乐、教育、体育、旅游、咨询、律师和服装设计等为代表的文化产业。在知识经济时代，这两大类产业，互为犄角，互相促进。如信息技术的发展，有力地促进了传媒业的现代化，而传媒业的发展，又刺激着信息技术的不断进步。高新技术一旦走向生产过程，往往与文化产业相融合，其结果是，一方面文化产业越来越多地运用科技手段，另一方面新的文化行业不断涌现。

三是经济全球化使文化产业和文化竞争力在综合国力的竞争中居于更加突出的地位。经济全球化不仅使各国经济依存度逐步加深，也使各国文化资源、文化消费时尚、文化市场日趋国际化。早在19世纪，马克思就预言，在各国经济走向世界经济的过程中，文化生产也将走向世界性。他在《共产党宣言》中指出："资产阶级，由于开拓了国际市场，使一切国家的生产和消费都变成世界性的了……过去那种地方和民族的自给自足的闭关自守状态，被各民族的各方面的相互往来和各方面的互相依赖所代替了。物质生产是如此，精神生产也是如此。"在经济全球化过程中，文化市场的国际化趋势日趋增强，文化竞争力在综合国力的竞争中地位显得更加重要。文化竞争力包括如下两层含义：一是文化产业的竞争力。指一个国家文化产品在国际和国内文化市场中占有的份额。因此，文化产业本身就是综合国力的重要组成部分。二是精神控制力。指一国文化对他国文化的影响力。冷战结束后，军事威胁相对在减弱，不同民族和国家之间文明的冲突仍在继续。文化产品是这种文明冲突的重要载体。对他国文化市场的占有率，与对他国的精神控制程度呈正比。从这个意义上可以说，控制了国际文化主动权，也就意味着控制了世界。

国际文化竞争力的基本态势

在经济全球化背景下，国际文化产业的发展呈现出如下一些趋势和特点：文化产业已经成为国民经济的支柱产业之一。发达国家随着产业结构调整，文化产业已成为支柱产业之一。旅游业已成为当今世界的第一产业。到1998年，美国的文化产业仅电影、电视、录像带、音乐出版的总收入，就达600亿美元，第一次超过农业和飞机制造业，成为第一大出口产品。美国的体育产业的收入，已超过其石油工业和证券交易所的收益。在当代，以传媒、娱乐、旅游、教育、体育、咨询、律师和服装设计等为代表的文化产业的发展速度也超过其他产业。美国著名的摩根斯坦利通过对建立有世界级竞争能力的大企业所需年限的统计分析表明，大众传媒所需年限最短，仅为8年时间，其收益远远高于医药、银行、电力、能源等其他11种产业。国际知名的会计和咨询服务公司——普华永道公司最近发表的预测报告说，在因特网这一新兴媒介的推动下，全球娱乐与传媒业在今后5年内，将以每年7.2%的速度增长。其增长速度大大高于同期世界经济平均增长速度。到2005年，全球娱乐业和传媒业将达到1.2万亿美元的规模。

文化产业进入整合期。以传媒产业为例，人类历史上先后有三种不同的信息传播方式。农业社会主要是通过口说耳听的方式进行。工业社会则发明了大众传播媒介，报纸、杂志、电影、广播和电视，分别以各自的方式把同一信息传递给人们。在知识经济时代，各种传媒在走向融合，形成一个体系，使整个传媒体系影响世界的力量得到极大的增强。2000年，世界最大的互联网接入服务提供商——美国在线公司收购世界最大的媒体公司时代华纳公司，交易总额达1600亿美元，成为迄今为止历史上最大的收购案。两公司合并后，成为集电影、杂志、电视和因特网服务于一体的超级媒体公司。于此前后，国际唱片业著名企业——英国EMI公司与时代华纳旗下的华纳音乐合并，组成一家年销售额超过50亿英镑的全球最大唱片公司。文化产业内部、文化产业与其他产业之间的兼并或结盟进行得如火如荼。

跨国文化公司在全球文化产业中起着支配性的作用。时代华纳、迪斯尼、贝塔斯曼等全球50家最大的媒体娱乐公司，占据了当今95%的国际文化市场。目前，传播于世界各地的新闻，90%以上为美国和西方国家所垄断，其中，又有70%是由跨国公司所垄断。美国控制了全球75%的电视节目的生产和制作。许多第三世界国家电视节目60%~70%的栏目内容来自于美国。而在美国本国电视节目中，外国节目仅占1.2%。美国公司生产的电影只占全球影片产量的6.7%，却占据了全球总放映时间的50%以上。美国占有全世界50%的因特网用户，而美国人口仅占世界人口的4.7%。互联网上，中文信息不到信息总量的万分之一。而不受西方国家控制的英文信息也不到万分之一。强势文化与弱势文化的矛盾日益突出。文化竞争力的大小，使国际舞台上强势文化与弱势文化泾渭分明。强势文化在全球文化竞争中居于主导地位，在销售本国文化产品，牟取高额利润的同时，也竭力输出其政治观念和文化观念，对他国的文化观念和文化时尚产生了极为深刻的影响。弱势文化则只能处于被动的文化冲击之下。因此，国际文化交流实际上是一种不平等的文化对话。美国的文化产业在世界上处于绝对优势地位。通过输出文化产品，推行美国的价值观，维护美国的霸权，是美国一贯奉行的基本国策。1995年10月6日，美国前总统克林顿就美国对外政策发表演说时称："美国负有独一无二的责任和具有独一无二的能力"，"在全世界推进美国的价值观和促进美国的利益。"小布什上台以后，更加不遗余力地推进单边主义。

美国的文化霸权，不仅对第三世界国家，也对其他发达国家文化发展构成威胁。为维护本国的文化传统和文化利益，许多国家以"多级文化论"与美国的"单边文化战略"相抗衡。早在20世纪60年代，美国就以视听影视属于娱乐产业为由，要求列入关贸总协定，但遭到法国等国家的强烈反对。1989年，欧洲议会通过"无国界电视"指令，确保播放欧洲影视作品的时间额度。1992年，欧盟认同法国的"文化例外"概念，并确定了界定"文化例外"的六条标准。1993年，法国和加拿大等国在乌拉圭回合谈判中，提出"文化例外"的主张，认为文化产品有其特殊性，不能与其他商品一样流通。法国与欧共体其他国家一道，拒绝美国关于取消对美国影视产品"配额限制"和"自由贸易"的要求。1994年，印度、印尼等国在新德里召开15国首脑会议，共商防止西方文化渗透的对策。1996年5月在南非召开的"信息社会与发展"大会上，法国、加拿大、日本等国代表强调：要保持语言和文化的多样性，保持全世界各民族的优良文化传统。中国政府一贯坚持各国、各民族经济和文化互相促进、共同发展的主张。2000年9月7日，江泽民主席在2000年联合国首脑会议上指出："经济全球化是随着社会生产力发展而产生的一种客观趋势。"同时又指出："我们需要世界各国共存的经济全球化，只有互相尊重，互相促进，保持经济发展模式、文化和价值观念的多样性，世界文明才能生机盎然地发展。"可以预计，随着经济全球化趋势的日益增强，强势文化与弱势文化之间的冲突将更加激烈。

我国文化产业发展现状

未来学家阿尔温·托夫勒认为，未来的冲击集中表现为文化的冲击：新文化不断地添加到旧文化上，在这个过程中，社会发展和个人的选择，都极易出现彷徨、困惑和不知所措。在经济全球化过程中，强势文化如潮水般冲击着发展中国家，好莱坞大片、美国职业篮球赛、流行音乐、麦当劳、可口可乐、牛仔裤等美国文化产品遍布世界的每一个角落，几乎走进每一个家庭。文化冲击带来的一个结果是，弱势文化对强势文化自觉和不自觉的模仿。这种文化模仿是国际文化交往中的必然现象，其积极意义不容忽视，文化模仿是文化创新的基础。但文化模仿的消极作用也十分明显，由于文化发展应有的承继的丧失，必然带来文化观念的混乱，并由此带来社会的不稳定。

国际间日趋激烈的文化竞争，对我国的文化发展构成严峻的挑战。如何既能够吸收发达国家优秀的文化成果，又能保持本国文化传统，使本国文化不断创新，以提高文化竞争力，是迫切需要解决的重大课题。因此，江泽民同志最近指出："加入世贸组织后，我们将面临西方文化产品进入的挑战。必须从思想内容、表现形式等方面增强我国文化产品竞争力，弘扬民族优秀文化，汲取人类文化成果的精华，用更多更好的精神产品，凝聚人心，鼓舞干劲，陶冶情操。"

我国发展文化产业有许多有利因素。深厚的文化传统、浩如烟海的文化典籍、多姿多彩的民族文化、丰富的人力资源和广阔的文化市场，这些都是得天独厚的文化资源。我国发展文化产业也已具备坚实的经济基础。2000年，我国已步入小康社会。根据国际经验，随着人民生活水平的提高，人们的消费结构也将发生重大变化。信息、教育、娱乐、旅游、体育等文化消费所占比重将越来越大。还要考虑到，文化产业是环保产业。我国人均占有自然资源相对较少，而人力资源极为丰富。充分发挥智力优势，大力发展文化产业，也是符合我国国情扬长避短的一种战略选择。经过20余年的改革开放，我国文化产业呈现出如下一些特点：

1. 对文化产业的认识逐渐形成共识。很长时间里，我们只注重文化尤其是传媒文化的意识形态属性，强调文化的宣传教育功能，对文化的产业属性重视不够，也缺乏研究。文化部门被视为只能由政府来投资和管理的一个事业单位。改革开放以后，在经过文化是否具有商品的属性，文化能否进入市场，文化单位应该不应该讲经济效益，文化可以不可以形成产业等一系列争论后，人们对文化的产业属性逐步形成共识。1992年，国务院在关于加快第三产业发展的决定中，将文化艺术的产值列入我国第三产业的统计指标。文化产业在国民经济中的位置首次得到确认。2000年，中共中央关于"十五"计划《建议》中提出，要"完善文化产业政策，加强文化市场建设和管理，推动有关文化产业发展。"这是中共中央文件中第一次提出"文化产业"的概念。中国证监会近期发布的新版《上市公司行业分类指引》中，将传媒与文化产业定为上市公司13个基本产业分类之一，从而结束了长期以来关于传媒文化业是不是产业、能否上市的争论。为传媒资本市场的开放提供了必要的政策条件。

2. 文化产业发展势头良好。改革开放以来，我国文化产业各门类呈依次发展的特点。以利用自然和人文资源为主的文化产业如旅游业起步较早。20世纪80年代中期，尤其是90年代以后，知识和智力含量较高、尤其是意识形态色彩较浓的文化门类，如影视、报刊、出版、音像等，也开始呈现加快发展的势头。以报刊业发展为例，近10年间，报业的投资回报率始终在17%到50%之间，远远高于其他产业。从1998年起，其利税总额就已超过烟草业。文化产业已成为最有前景的产业之一。北京、上海、湖南等一些省市都把文化产业列为"十五"期间当地的支柱产业之一，加大了规划和投资力度。

3. 文化产业体制改革不断深化。20世纪90年代以来，文化体制改革的力度不断加大。1993年，原国家体改委对媒体管理体制进行了创新：成立了由国内几十家企业作为股东的股份制公司，由公司投资创办中国改革报。形成了在行政上由原国家体改委负责，经营上对公司负责的双重管理体制。打破了以往仅依靠政府投资办机关报的惯例。但真正产生深刻影响的是1998年湖南广电集团的成立。该集团不仅使影视业投资主体多元化，还打破了行业界限，涉及多种媒体的经营。1999年，根据政府有关规定，报刊行业进行了较大规模的结构调整，政府各部门一些重复的报刊被停刊或划转，同时成立人民日报、南方日报、文汇报等十余家报业集团。北京出版集团、上海、西安电影集团等也相继成立，媒体开始走向规模化经营。媒体投融资体制也在进行重大改革，《成都商报》成功借壳上市，湖南广电集团和北京歌华集团先后上市融资，对现有文化投资体制产生了强烈的冲击。最近披露的中央电视台、中央人民广播电台、国际广播电台将组建中国电广集团，更成为中外关注的重大事件。

4. 文化产业对外开放力度逐步加大。迄今为止，传媒产业的对外开放，在政策上尚未有明确的说法，但各种探索一直在谨慎地进行。早在20世纪80年代，国际传媒集团就已进入中国专业技术期刊市场，先后在中国合作出版了《计算机世界报》等多种专业报刊。90年代以后，中外合资影院也在一些中心城市开始试点。1995年，世界三大媒体集团之一、德国贝塔斯曼集团成为第一个获准在中国从事图书销售业务的跨国公司。境外资金真正受到政策允许进入的文化产业是网络业。目前，我国较为著名的网络公司几乎无一例外有外资背景。

随着中国加入WTO在即，国内民间资本和境外资本都把传媒产业视为中国最后一块处女地。自去年6月以来，美国国际数据公司、澳大利亚新闻集团、法国桦榭菲力柏契出版集团、费加罗报刊集团等多家跨国公司纷纷来华考察和洽谈有关业务。国内社会资本更加活跃。一些上市公司纷纷通过投资入股的形式进入传媒领域。北大青鸟成立文化发展公司，并以4000万元人民币投资新办的《京华时报》。上海巴士股份也积极进军文化产业，并已与《上海商报》共同组建上海商报文化发展有限公司，对该报实施市场化运作。一时间，传媒产业呈现出风起云涌之势。

我国文化产业虽然有了长足的发展，但与发达国家相比，仍有相当距离。首先，文化产业中各门类发展很不平衡。其中，侧重于利用自然资源的产业，如旅游业发展较快，而知识和智力含量较高、尤其是意识形态色彩较浓的产业如影视、报刊、出版、音像等行业，发展仍很不充分。其次，我国传媒业的规模过小。美国跨国公司之一——时代华纳拥有1500亿美元固定资产，而我国最有实力的报业集团的固定资产不过20亿元人民币。维亚康母仅旗下的MTV电视网去年在美国的收入就达到50亿美元，我国中央电视台只有不到50亿人民币。再次，竞争力不强。以影视为例：1999年，中国电视出口总值仅为1000万美元左右，而一部美国大片《泰坦尼克号》全球发行收入就达12亿美元。

我国文化产业的发展，还面临许多体制性的障碍。比如，在计划经济体制下形成的行政隶属关系尚未打破。目前，各省、市、县都有隶属于各级政府的报社、电视台、广播电台。信息重复、资源浪费、效率低下的现象十分严重。又如，文化市场发育不充分，资源配置不合理，主要表现为投资结构不合理，国家投资的比重过大，利用外资和社会资本的比重则相对过小，文化产业的经营者队伍尚未建立，消费市场较为混乱，尤其是音像、出版行业，走私、盗版现象十分严重。此外，还存在着法律、法规不健全，政策不配套等诸多问题。比如，境外资本和国内社会资本，实际上早就以各种形式进入传媒产业，但我们在法律上尚没有对此有明确的规定。文化产业的发展有赖于与市场经济相适应的文化管理体制的建立和规范的市场经济秩序的建立。上述问题说明，文化体制改革仍然任重而道远。

加速文化产业发展的对策

观念创新是发展文化产业、提高文化竞争力的前提。在经济全球化背景下，文化市场的国际化趋势是不可避免的，消极防御，不如未雨绸缪，积极应对。还要看到，文化的先进性、传媒的宣传教育功能与文化竞争力是相辅相成的关系，只有遵循市场经济规律，加速发展文化产业，提高文化竞争力，文化的先进性、传媒的宣传教育功能才能更好地体现出来；也只有以先进文化为内涵，才能保证文化产业健康发展，也才能提高文化竞争力。因此，要大胆借鉴发达国家发展文化产业的经验和做法，加速发展我国的文化产业。

建立健康有序的文化市场是发展文化产业、提高文化竞争力的基础。要善于运用市场的力量，合理配置国内资源和国际资源，只有这样才能确保文化产业持续健康有序地发展。与此同时，也要充分重视文化的特殊性，要注意区别文化领域中那些需要有特殊政策加以保护和扶持的文化门类，还要注意处理好文化发展和文化安全的关系。

体制创新是发展文化产业、提高文化竞争力的保证。要着力进行宏观管理机制创新、微观领域结构创新、市场组织体系创新和投融资体制创新，增强微观组织的竞争力，确保宏观管理的控制力。政府职能转变是发展文化产业、提高文化竞争力的前提。政府在推动文化产业发展中仍然起着关键性的作用。对于一些起喉舌作用、涉及国家安全的媒体，政府仍然要绝对控制，一些特殊的文化门类，政府也仍然要加以保护和扶持。除此之外，政府发挥作用的着眼点，主要应放在营造公开、公平、公正的文化市场环境上来。应由直接干预资源配置，转向如何使市场发挥作用，通过市场运行规律，提高资源配置的效率。

要达到上述目标，笔者认为，当前应着重做好以下几方面的工作：

1. 以经营性与公益性为标准，进一步对现有的文化单位和文化产品进行严格的划分，实行分类管理。凡属社会公益性机构，如博物馆、图书馆等，政府仍应通过包括财政拨款、设立文化事业发展基金等方式，给予适当的财政支持。同时积极鼓励社会赞助，以使之更好地发挥社会公益的作用。经营性单位则应以赢利为主要目的。这类企业应按照自主经营、自负盈亏的企业化方式运作，在市场竞争中实行优胜劣汰。对承担某种特殊功能的经营性企业，如作为喉舌作用的少数党报，应视为市场禁入单位，制定专门的管理办法进行管理。对无法归类、一时看不准的文化机构，应允许在政府有关部门的指导下进行市场化的改革试点：已经进行改革的试点，凡未发现大的问题，应继续予以鼓励，不能轻易后退。

2. 政企分开，各司其职。目前，现有的文化生产单位仍然在按事业单位进行管理，由此造成政府与文化生产单位各自职责不明确，政企不分。文化生产单位作为经营主体，缺乏必要的经营自主权，政府主管部门则承担了本应由社会和文化生产单位承担的责任。应按照政企分开、各司其职的原则，明确、合理地划分社会、政府主管部门与文化生产单位各自的职能。应该由社会承担的职能，交由社会承担，如养老保险、医疗保险和住房等；应由政府主管部门承担的职责，仍然由主管部门承担，如政策制定、法规建设、监督管理等；应由文化生产单位承担的职责，则交给文化生产单位来承担，包括经营战略、投资项目、人员聘用等。

3. 深化国有文化单位体制改革，实行抓大放小。改过去福利型、单纯社会服务型为经营型、盈利型。从中央、省市入手，对现有国有文化生产单位进行清理，根据其经营规模、行业重要性等多方面因素进行综合考虑，划分不同等级，对少数大型文化生产单位予以重点扶持，按照市场经济规律，通过组建企业集团等方式，力求尽快做大做强。在国家拥有控股权的前提下，上述文化生产单位可以实行股份制改造，可以上市。对不属于重点扶持的文化单位，应予以放开，可采取多种形式进行改制，让其在市场上自由竞争，优胜劣汰。

4. 动员全社会力量，实行国家、社会、个人几条腿走路的方针，发展文化事业。鼓励民间力量投资文化产业，对国家重点扶持的文化生产单位，允许民间资本参股；凡不属于国家重点扶持的文化单位，允许和鼓励民间资本以多种形式参与经营，包括控股。

5. 实行文化产业的对外开放。我国加入 WTO 以后，逐步开放文化市场势在必行。应把我国加入 WTO，视为加速发展文化产业的机遇，抓紧研究对策，按照国际惯例和市场准入原则，逐步放开文化市场。应根据文化生产单位的不同情况，采取不同的政策，除承担喉舌作用的媒体和涉及国家机密的媒体和文化生产单位外，其他文化生产单位均可考虑实行不同程度的对外开放，允许外资参股或控股。

6. 打破条块分割，实行小政府、大社会的管理方式。应按照市场经济规律和文化自身发展规律，制定文化发展整体规划和发展目标。与此同时调整现有文化管理格局，成立文化管理委员会，将文化部、广电部、新闻出版署等划归到文化管理委员会，实行统一管理，避免由于条块分割造成的互相扯皮和推诿，实行小政府，大社会的管理方式。

7. 发展文化产业应明确的几条原则。

（1）文化产品从属性上是商品（少数产品例外），总体上应以盈利为主要目的。

（2）文化产品要满足人的精神需求，因此，不仅要考虑经济效益，还要考虑社会效益。对文化产品社会效益的要求，应通过法律来规范，以不违法为最低标准。

（3）组织、生产以弘扬民族精神、宣传党的政策等以社会效益为主的文化活动和文化产品，应以政府为主进行投资。对文化生产单位生产出既有经济效益、又有社会效益的文化产品，政府应予以不同形式奖励。

（4）文化产品的质量鉴定，主要应由文化消费者来评判。允许仁者见仁，智者见智，行政部门不应对此进行干预。行政部门基本职责是制定法规，并惩处违法的文化生产单位和个人。

（5）可考虑建立行业准入、逐出制度。凡违法经营的文化生产单位和个人，除依法惩处外，情节严重者还将受到终身不许进入此行业的惩罚。

（6）衡量文化体制改革成败得失可考虑如下四个标准：文化产业在国民经济中的比重是否不断增加，文化市场上我国生产的文化产品的种类、数量是否不断丰富和增多，是否满足人民群众不断增长的文化消费需要，我国文化产品在国际文化市场的竞争力是否不断提高。

8. 大力发展文化中介组织，努力发挥文化中介机构的作用。应考虑将作协、文联等事业单位的功能转化为社会中介机构，同时发展各种经纪组织，使之在促进文化产业的发展中发挥积极的作用。

9. 加强法规建设。尽快做到文化主管部门依法行政，文化生产单位依法经营，文化市场依法管理，使文化产业发展尽快走上法制化轨道。

（选自《国家行政学院学报》2001 年第 5 期）

西部开发与“高感情”文化产业的发展

方李莉

现代文明的浪潮正在席卷全球，高新技术的运用正在改变许多地区的传统落后面貌，与此同时，随着这些高新技术而来的西方文化，也正在以它的强势传播摧毁着世界文明的不同形态，一体化的高新技术，固然带来了地方文明的进步，但从另一个角度来看也毁灭了世界文明的多样性。也就是说，“工业主义的影响，并非简单的仅仅局限于生产的范围，而且影响到人类与物资环境互动的一般特性”。同时，它“也改变了人类的社会组织与环境之间原先的影响”。而且还使地域性无可避免地与全球性彼此关联起来，它使得传统的地域社区不再仅仅是一个浸透着为人熟悉的毋庸置疑的意义环境，而在很大程度上已经是对远距离关系的地域性情境的表现。这是一种非地域文化的形成过程，是现代性切入传统社会的过程，同时，也是地域性文化消解的过程。

在这样的历史背景中，我国提出了西部大开发的号召，这个号召一方面是令人欢欣鼓舞的，但另一方面又是令人担忧的。因为，以往国内外的经济大开发，所面对的几乎都是一片蛮荒之地。而我国西部大开发所面对的，却是众多民族在长期的历史发展中积累下来的大片文化沃土。西部曾是中华文明的最早的重要发源地之一，也曾是中国文化政治的中心，而且由于这些地区多元化的地理环境和多元化的自然物产，孕育了各民族不同的文化历史与传统，这些都是人类珍贵的文化宝藏。但随着西部开发的不断深入，大规模的城乡建设、基础建设和工业的发展，将难免会导致大量传统的、地域性的人文景观遭到破坏，另一方面随着社会的转型，传统的文化观念、价值观念，以及生产和生活习俗也在发生剧烈的变化，尤其是少数民族的文化习俗、生产和生活方式的变化更为显著，民族特点和个性日益淡化，因此，如果我们不加以注意和保护，许多民族丰富的人文资源和珍贵的文化遗产就将会处在不断地消亡之中，而且西部多样化的民族文化特点也难免会走向同化或消失。这样的后果不仅仅是人类文化的巨大损失，从长远的利益上来看也将会带来经济上的巨大损失。

有人认为，传统民族文化的保护和经济的开发往往是矛盾的，其实，这是一种落后的想法。在20世纪的今天，高科技的确已经成为经济增长无可替代的推动力，从国际最近几十年的经济发展来看，以美国为代表的经济增长模式，以东南亚为代表的经济增长模式，都集中向人们显示了一个道理，高科技已经成为经济增长无可替代的推动力。在全球经济不景气的形势下，美国经济鹤立鸡群、异军突起，关键在于美国在一二十年前向信息产业发展的一大批高新技术企业。仅信息产业一线就拉动美国经济达30%之多。据有关资料表明，现在世界上约90%的财富是在近三十年内积累起来的，而其中一半以上归功于高新技术。也就是说人类社会正在从工业文明进入了信息文明，知识经济正在取代资本经济。与此同时，除高科技之外，还有一个具有巨大潜力的发展领域，那就是能表达人类“高感情”的文化产业。“高感情”这个词，是来自奈斯比特的一段话，他说：“每当一种新技术被引进社会，人类必然会产生一种需要加以平衡的反应，也就是说一种高感情，否则新技术就会遭到排斥，技术越高级，情感反应就越强烈。”

笔者在这里强调高感情的文化产业，是希望将它和高科技产业对应起来，认为它们是未来社会发展的两大支柱产业，是未来社会平衡发展的需要。如果说，把人类的需要分为肉体存在和精神存在两个方面，那么高新技术产业主要解决的是在高度发达社会中，人类肉体存在的需要；而高感情的文化产业主要解决的是在高度发达社会中，人类精神存在的需要。前者可以称为物质的需要，后者可以称为非物质的需要。一般来说，物质需要是满足人的衣、食、住、行等的最基本的生存的需要，而非物质需要则是满足于人的自我实现、自我价值体现等更高层次的精神的需要。随着科学技术的高度发展，人们的物质需要已经得到了相对的满足，同时，随着环境污染、自然生态平衡破坏的加剧，工业社会初期的以“大量消费物质为体面”的拜物教思想开始淡漠，同时，对消费知识的欲望却增强了。也就是说，在对物质产品的需要减弱的同时，对服务和精神产品的需求却增强了。于是，物质优先被“非物质”优先取代；硬件优先被软件优先取代；大量消费物质而体面的生活方式被“大量消费知识受到尊敬”的生活方式取代。当然，在满足精神存在需要的过程中也需要有物质产品和物质设施为之服务。但其与单纯满足人类肉体存在需要的物质消耗形式强度相比，已经有了很大的不同，最明显的是，它不是通过物质利益而是通过活动过程本身而得到满足的。它似乎在预示，现代人正在从注重占有的生活方式开始转向了注重生存的生活方式。这种趋势是从20世纪六七十年代开始的，按照一些未来学家和社会学家的说法，这一阶段正是人类社会从工业社会步入信息社会，即后工业社会的开端。在这一时期，世界出现了一种怀旧、寻根、回归自然的心绪，在这种心绪的影响下，人们热衷于了解各民族的文化历史；热衷于收藏各种文物、艺术品；热衷于用民间的手工艺品和自然材料来装饰和布置自己的家庭和房子；热衷于到大自然中去爬山、游泳、滑雪、吸收新鲜空气等；热衷于到与自己本民族不一样的各地区和国家，去旅游、去体验不同的文化差异。

也就是说，在新的时代人们必须学会把技术的物质奇迹和人的精神需要平衡起来。如果说前几个世纪人类所进行的主要是物质方面的革命，那么在这新的世纪里人们将面临的是另外一场革命，那就是人的自身的革命。这种革命包括对人自身潜能的发掘、提高自我能力的实现等方面，最明显的就是休闲活动的兴起，为了与节奏紧张的工作取得平衡，人们越来越重视自己的业余生活，在业余生活中人们也越来越注重自己的情感和各种能力的释放、自我个性的发挥以及对各种不同生活、不同事物的感悟和体验；同时，在高科技的信息社会里，人们更多使用的是脑力而不是体力，所以人们在业余的时间中还需要更多的利用手和身体的活动，以求得一种体力与脑力的平衡。

当然，这种“高感情”是建立在物质条件相对丰富的基础之上的，但同时还要有一个条件，那就是一定的自由时间。在本世纪初，自由的闲暇时间还只是作为一种社会身份的象征、一种炫耀。乘坐各种交通工具旅游，对大多数的人来说，还是一件可望而不可即的事，是少数贵族阶级的特权。但随着生产力的发展、社会的演进以及科技革命的深入，不仅带来了劳动方式的改变，而且引起了劳动时间的不断减少。20世纪初在法国通过了8小时工作日的法律，30年代，实行了40小时工作及带薪休假。到了90年代包括中国在内的不少国家基本实现了双休日。大多数的发达国家还达到了每年有六周或更多的带薪休假日，在这些大量的闲暇时间里，人们看电视、看书报、听音乐、参与各种艺术活动、体育活动、户外活动和旅游等。由此看来，“休闲工业”，也就是体现人们“高感情”的文化产业，已经发展成了一个朝气蓬勃的朝阳产业。同时也表明，现代人们的生活已经进入了一个从追求“生活水平”到追求“生活质量”，从追求单一化到追求多元化的新时代。这种“高感情”的文化产业不仅要求具有高知识、高信息含量，还要求高度的纯自然性和纯原创性。

西部是一个人文资源极为丰富的地区，这里不仅有各种历史文化遗址，还有各种不同民族的人文景观、民俗文化、民间艺术，以及许多优美的自然景观。而这些资源是可以部分满足现代人的情感需要的，如不同文化的差异会增加人们对世界的认识和理解，参与不同民族形式的艺术活动，会给现代人紧张的生活带来新的激情，名胜古迹的参观旅游会给人们增加自然地理和历史的知识。所以，我认为，在西部可以大力发展“高感情”的文化产业，这是一片大有可为的土地。

如何保护、开发和利用西部的人文资源，笔者认为，第一要组织专家对西部的人文资

源进行考察、研究和梳理，正如费孝通先生所说的，我们首先要摸清我们的家底，知道我们究竟有多少财产。有很多宝贵的人文资源如果在我们还没来得及认识它时就被破坏了，那将是人类的巨大损失，因此，这项工作要及时做，抓紧时间做。

第二，对西部的旅游开发要有专家参与规划，要在保护的基础上有计划、有步骤地开发。虽然西部的人文资源和自然资源都很丰富，但其旅游业发展并不理想，有许多地方没有开展旅游业时是山清水秀，民族风情浓郁，文物资源也保存得很好。但一搞旅游业，当地传统的人文景观就遭到破坏和拆毁，对于一些真正年代久远，有当地特色的古代建筑不好好保留，却热衷于建一些不伦不类的仿清建筑、仿明建筑，还有，由于对历史的不了解和对历史的真实性不重视，常常把一些真文物修理加工成了假文物。

比如，陕西社科院的研究员赵宇共先生曾举过这样两个例子：汉墓本来是没有栏杆的，但那些旅游的开发者们，觉得没栏杆不好看，画蛇添足地做上了一圈汉白玉的栏杆。另一个例子，就是陕西的黄帝陵，要被开辟成一个旅游区，现在正在动工，有很多的人工设计，光各种雕像就有几百个。他说：“我们为什么要花这么多钱去造一些假古董，而把历史的真相给掩埋掉呢？像这样的假古董式的人文景观，又怎样能吸引真正想了解历史知识的游客呢？另外，为了修一条公路就把黄帝陵周围的一个山坡给铲平了，实际上，黄帝陵周围的景观，尽管是汉代建造的，但是有很多研究发现，它的周围的山分别被称为龙山、凤山、虎山、龟山，是很有讲究的，是不能乱铲平的。”中国墓葬是很讲究风水的，尤其是皇帝的墓葬，风水虽然是一种迷信，但在这里面也许还包含了一些我们现代人无法理解的一种古人的智慧，就像埃及的金字塔一样，里面包含了许多现代科学难以解开的谜，不仅吸引了许多的科学家，也由此吸引了许多的游客。但类似以上所举例的那种的开发，不仅浪费了国家大量的资金，还毁灭了它的历史真实性和原创性，同时，也使得游客感到索然无味。目前，这种现象比比皆是，如果不加以制止，其后果是难以想象的。

第三，在对人文资源具体采取的保护、开发和利用的措施上，笔者认为，一方面要地方政府、专家和群众一起共同努力，找出一条合适的发展道路来。在没有把握的情况下，宁愿先保护，不要随意开发。另一方面，我们也可以吸取国外的一些经验。在对传统民族文化的保护、开发和利用上，一些发达国家和地区也采取过若干措施，比如欧洲的生态博物馆；日本的“造乡运动”和我国台湾省的“社区营造”等。这些措施实际上都是人类社会和高科技发展到一定阶段的产物，是人类对自己传统文化保护的一种本能反应，也是奈斯比特所说的一种高感情的反映。同时，也是我们西部开发可以借鉴的经验。因此，西部的开发，绝不仅仅是经济的开发，也不仅仅是投入一些高科技设备，发展一些高科技产业，让人们能买得起轿车，盖得起楼房，手里拿着全球通，家里安上电脑；它还应该有一种来自社会政治环境、经济管理制度、法律道德观念、文化艺术修养、乃至信仰与人文精神的观照和积淀等多方面的支持，同时在此基础上发展出一批真正体现人们“高感情”的文化产业来。只有人的整体素质和认识提高了，才能真正做到这一点。这就要我们去营造一种文化环境和氛围，去提升人们的这种素质和认识。

（选自《文艺研究》2001年第4期）

文化市场建设中的政府介入机制

顾　江

随着社会的发展，文化产品的生产与消费已经成为社会经济生活中的重要组成部分，其所创造的价值在国民经济总量中的份额呈不断上升的趋势，并不断渗透到其他的产品中去。然而和其他物质产品相比较，文化在需求和供给上除了有其他产品的一般规律外还有其自身的特殊规律。本文通过考察文化产品需求与供给的现状，剖析文化产品在市场经济条件下的消费需求和生产供给的决定因素，对扩大文化产品的有效需求与有效供给，培育和发展文化市场，促进文化产业全面发展提出政策建议。

文化产品需求与供给的理论分析

1. 文化产品需求是指人们在一定时期内为了满足自身的各种精神需要而形成的文化产品的需要量，外界的文化产品通过视听、感触传导到人体和大脑，满足人们的精神需要，这种满足表现在人们的精神享受，知识信息需求，认识能力提高，思维观念的转变，以及劳动力再生产和生活质量的改善方面。文化需求主要体现为文化消费，文化消费是对以一定物质或服务劳动为载体的精神的获取行为。文化消费有时表现为家庭或个人的个体消费行为，有时表现为社团、企业、国家或政府的群体消费行为。根据恩格尔法则，当物质满足达到一定水平时，文化需求才开始上升，有时甚至超过物质追求，成为需求的主要目标。

文化产品的需求取决于多种因素，主要有价格、收入水平、公众的文化素质、文化基础设施的建设、人们的闲暇时间等。

2. 人们收入水平的高低，决定了他们对商品支付能力的大小，而人们的需求又具有明显的层次性。从需求发展的一般规律来看，需求首先表现为满足生存对必需品的需要，在此基础上，逐层递进，形成对满足享受需要和发展需要的各种商品的需求。当然，这种需求发展的层次性要受到收入水平的约束，在人们收入水平很低的条件下，只能满足生存需要，无法形成享受需要和发展需要。因此，收入水平的提高是人们产生对文化需求的经济动因。

3. 公众文化素质的高低与公众对文化产品的需求量有着密切、递进的关系，文化产品本身的性质决定了它主要属于满足人们享受需要和发展需要的层次。通常人们的文化素质越高，追求个人素质全面发展的意识和欲望也就越强烈，因而对文化产品的需求量也就越大。对这类文化产品的需求，需要消费者具有相当程度的人力资本，如消费能力需要专有知识的积累来达到。而民众对文化产品的消费则需要文化教育的普及才能实现。

4. 文化基础设施是影响文化需求的不可忽视的因素。加强文化设施的建设，能够有效地促进文化需求的增长，尤其是在广大农村，文化基础设施的严重不足，是制约文化需求的实现和需要量增加的一个重要原因。

5. 闲暇时间的多少是人们文化消费的基本条件之一。人们所拥有的闲暇的多少直接影响着文化需要数量。一般而论，随着人们的闲暇增多，对文化需求的数量也会相应增加，另外，在节假日和闲暇相对集中的期间，也往往会形成对文化需求的高峰。在农村，由于农作物生产的季节性，人们闲暇量的变化对文化需求的影响更为显著。

文化产品供给是指文化生产部门在一定时期内向社会提供的全部文化产品的数量。其生产范围从三个方面表现出来：（1）纯精神产品的创造性生产，如文化、艺术、音乐、戏剧产品的创造，都是通过他人的创造性思维劳动生产出来的，再给人以知识、精神和信息满足。（2）精神产品的相关载体，如图书馆、博物馆、舞台、报纸、书刊、乐器、电台、影视及网络等物质产品，承载起创造性精神产品再传导给用户，转为消费的功能。（3）物质生产的文化附加。其有两层含义：一是物质生产本身就是一种文化的反映；二是物质生产过程越来越多地渗透着文化的成分，其产品在给人以物质享受的同时，又给人以精神享受。比如建筑文化、服饰文化、茶文化都包含着深刻的文化和美的内涵。

文化行业可分为两种：公益型和经营型。对于那些纯公益型的文化行业，诸如体育馆、博物馆、图书馆、科技馆以及少数的特殊艺术院团等，必须通过国家财政和社会捐赠、赞助等方式予以保护。对于那些经营型的文化行业，诸如体育、娱乐、广播、电影、电视、音像制品、新闻出版业等，则应走产业化发展的道路，因为一国一地区文化行业的规模和发展水平取决于该地区的文化产业化水平。

文化市场建设与政府干预

所谓文化市场就是进行文化商品交换的场所和机制。现代经济学的主流学派认为，完善的自由竞争市场机制是优化资源配置最有效的手段，通过严密的科学论证，在既定的经济资源拥有量和生产技术条件下，全体经济行为人的经济福利达到最大帕累托最优是与完全竞争的市场均衡状态相一致的。因此，新古典经济学从本质上否定政府对经济生活进行干预和调节，而强调要充分利用市场的调节力量，使各类经济活动在市场机制的作用下达到均衡。文化艺术活动作为一种经济活动也不例外，市场中形成的文化艺术产品价格是调节文化产品供求的最好信号，供求通过价格波动而达到均衡，同其他产品一样，是文化艺术活动中资源配置的表现。

文化产业化，旨在保持文化功能特征的前提下，为满足人们日益增长的精神需求，以资产为纽带，使文化产品（劳务）进入生产、交换、消费和服务领域，成为市场中的商品，文化企业按产业机制运作，以实现文化商品价值增值最大化，力求社会效益与经济效益的最大结合。文化产业发展要求建立和不断完善与市场经济相适应的文化产业体系，不断形成文化资源的优化配置和生产要素的最佳组合，最大限度地提高文化生产力。目前，我国的文化产业发展主要内容有：

文化单位企业化管理。文化企业在市场中自主经营、自负盈亏、自我发展、自求平衡，并在社会主义市场经济原则下，以经济效益为杠杆，通过公平竞争、等价交换达到优胜劣汰，成为真正的市场竞争主体。

培育和发展文化市场。文化商品只有得到市场的认可，才能够流通、交换、消费，通过培育和发展文化市场，可以由市场机制来优化配置文化资源，使文化产业规模适中、结构合理。

文化消费群体的生成。文化商品（劳务）只有为广大消费者认同，其价值才能实现，文化产业才有持续生命力。因此，必须借助现代化的传播工具刺激人们的消费需求以期生成庞大的文化商品（劳务）消费群体。

文化产业化不是把所有的文化产品简单地置于市场中，而是需要政府的政策支持，才能使文化产业健康发展，这是文化产品区别于普通产品的特点。

1. 文化产品具有公共产品的性质。所谓公共产品，如桥梁、路灯、海上的灯塔等等，其具有如下性质：第一，非竞争性。一群消费者在消费某一公共产品时不影响其他新加入者在同一时点上共同消费该产品的数量和质量。第二，不可分割性，如电影院上演的一部电影，不可能在不同的观众即消费者那里进行分割。第三，增加消费的边际成本等于零。第四，非排他性。即公共产品一旦生产出来以后，产品的供给者无法要求需求者向其支付费用，如城市建筑和雕塑作品的所有者很难要求每个欣赏这些建筑和雕塑的人为此支付费用。因此，市场机制在调节文化产品的供给和需求时不完全有效。

2. 文化产品的生产和消费具有很强的外部性。文化产品的生产和消费活动，如博物馆艺术品的展出和参观，文化艺术节在某个城市的举办，可以促进旅游业等其他产业的发展，增加就业岗位。

3. 文化活动能够对其他经济活动产生一种乘数效应。1992 年美国纽约市市长宣布市政府将对文化机构进行各种形式的资助。这一决策是基于一项调查，该调查指出某一文化支出将有可能导致纽约市增长 100 亿美元的收入，这个增长收入包括交通收入、旅馆收入和饭店收入。

4. 文化艺术活动的投入—产出和高科技方面的投入—产出经营过程相同，是一项具有高风险的投资活动。因为在文化活动中，高投入与高产出之间并不一定具有稳定的函数关系，而是一种概率关系。尽管从普遍性角度来看，文化产品方面的高投入可能带来高产出，当具体到某一种文化产品的投入—产出活动时，由于存在相当程度的不确定性，民间在这方面的投入往往是不充分的，因此需要政府的支持，才能使文化产品的产出与整个经济发展相适应。

从以上四个方面我们看到，文化产品的生产活动如果单纯依靠市场机制来配置资源，可能会使这方面的投入不足，从而使整个经济的资源配置处于一种非帕累托最优状态，因而政府的介入是必要的。政府的介入可以规范文化市场的运行，解决外部性很强的文化产品的供求矛盾，充分发挥文化艺术产品供给对整个经济的乘数效应作用，支持民间对高风险的文化产业的高投入，至于政府采用何种具体措施，我们将在下面阐述。

政府介入的原则和角度

《中共中央关于制定国民经济和社会发展第十个五年计划的建议》中明确指出：在第十个五年计划期间，要“推动信息产业和有关文化产业结合”，“完善文化产业政策，加强文化市场建设和管理，推动有关文化产业发展”。要扩大文化的有效需求与有效供给，培育和发展我国文化市场的关键在于文化产品要走产业化发展的道路。然而基于文化产品的自身特点，为使文化产业健康发展，有序推进，政府对其进行宏观管理尤为重要，但必须掌握“适度介入”的原则，否则无法达到帕累托最优状态。因此，政府应从以下几个角度进行文化市场建设。

1. 应为文化产业发展提供法制保障。社会主义的文化产业是社会主义市场经济的组成部分。市场经济作为竞争经济，同时也是法制经济。文化产业发展能否在追求经济利益的同时兼顾社会效益，并不取决于产业发展本身。这就要求政府和社会对文化产业加强宏观管理力度，即通过制定一系列的法律和法规去引导、规范经营者的经营行为，从法律形式上确保政府对文化产业发展的引导、支持和许可。

2. 通过经济手段给予文化产业发展相对宽松的环境。以上海为例：为了进一步推动上海文化市场的发展，从 1994 年起，上海市政府就制定了文化系统所属各企、事业单位财政列收列支政策，各自用于市和区、县的文化发展。类似的优惠经济政策，对于上海发展文化产业来说，有着巨大的推动效应。江苏省可采取以下经济措施来刺激文化产业发展：如将原来属于房地产部门的房产权和土地使用权通过一定的优惠政策置换给文化部门，通过房产权和土地使用权的转移，增加文化部门的经济实力，制订相应的优惠政策，鼓励、调动社会各方面投资力量，包括个人参与文化产业发展，采用有效的回报方式，以增强对文化投资的吸引力。对企业化文化单位的发展初期，可考虑予以政府补贴，使之随效益增长而不断减轻财政负担，也可集资设立各类文化产业发展基金，扶持文化产业发展。

在文化产业发展过程中，政府部门应避免既当裁判员又当运动员角色，要政企分离，彻底消除部门所有和地方所有的垄断观念。政府部门对文化产业应不断加大政策管理力度。首先管好产业发展导向，通过政策与措施影响文化产业的布局、结构和发展方向；加强指导、协调和监督力度，规范文化企业行为，维护文化市场秩序；为文化企业提供必要和及时的服务，协助建立各类行业协会，增强行业自律，让文化企业独立经营，自我发展。

3. 深化改革，建立现代企业制度。文化产业化最紧迫、最艰巨的任务是确立各种文化事业单位的产业主体地位。文化产业经营主体的发展状况直接决定产业化的进程。要依照党和政府加快推进国有企业改革的精神，积极探索建立现代文化企业制度。首先，要遵循“产权清晰、权责明确、政企分开、管理科学”的原则，逐步把文化事业单位改制为企业单位，真正把文化企业办成与市场经济相适应的，实现自主经营、自负盈亏、自我发展、自我约束的法人实体和竞争主体。其次，扶持龙头企业，组建大型文化企业集团。要以市场为导向，组建和抓好一批大型文化企业集团，促进结构调整，提高规模效益，加快新技术、新产品开发，增强国际竞争力，在发展民族文化产业中起到示范、带动和壮大作用。

4. 金融介入。在过去相当长的时期内，文化被视作纯消费部门而由财政统筹全包，这种财政包揽一切的体制使投资渠道过于单一。文化设施建设的资金来源主要有两种途径：政府投资和社会（包括个人）集资。社会集资方式相当广泛，包括企业投资、私人投资、彩票集资、基金投资、个人或企业捐赠、赞助等。我们可借鉴发达国家做法，确立“谁投资，谁受益”原则，两条腿走路，变单纯依靠国家财政为企业投资和社会集资等多种投资渠道。要实现这种转变，金融的介入是至关重要的。因此，政府应当修改相应的法规和政策，降低社会资金进入文化产业部门的门槛，打破垄断，形成不同经济成分并存的市场竞争格局。

在市场经济条件下，文化企业和其他企业一样，作为资本营运的载体，虽然在物质形式上表现为人、财、物的不同的配置组合，但在这些不同的组合过程中，却需要货币资本的融通。因此，在文化产业发展过程中，金融的介入就至关重要。众所周知，金融在不同地域之间、不同行业之间、不同经济主体之间、不同经济活动之间以及经济过程的不同环节之间，形成了相对稳定的渗透渠道和制约机制。文化产业发展中，各个微观文化企业应借助于各种信用关系、渠道、手段求得自我发展。

文化企业同其他企业一样，在其运营中会出现大量资金短缺行为，完全靠国家拨款解决是不可能的。文化企业虽然可以通过自身资本积累来实现发展，但总是受到企业有限资本的制约。因此，随着以信用交易为主要内容的金融业发展，文化企业成长发展可以通过发行股票、债券或进行社会集资等直接融资方式，也可以通过流动资金贷款、固定资产贷款、房地产开发贷款、联营股本贷款、循环贷款、项目贷款、国际银团贷款、出口信贷等间接融资方式来解决资金短缺。

文化产业发展要求同其他企业一样建立现代企业制度。我们相信，一些文化企业无论采用“注资”式增量调整，还是通过兼并、购并、联合等方式实施存量重组，在现代市场经济条件下，都应该有金融部门参与，通过金融市场来实现。我们认为，可在金融部门参与支持下，组建相应的经营性有限责任公司或股份制公司，实现以文养文、多业助文和综合开发的良性循环。甚至可将公益性与经营性文化单位捆在一起，实行公开招标，委托经营性有限责任公司或股份制公司进行管理，以经营性收入弥补公益性支出，促使公益性与经营性文化设施同步发展。

5. 以人为本，大力培养产业人才。文化产业整体素质的提高，关键是人才素质的提高。为了给文化产业提供高水准的人才支持，在促进人才流动、优化人才配置的基础上，更要注重对产业人才的培养，逐步建立起“快出人才、出好人才”的育人机制。

6. 政府管理部门必须以保护知识产权为出发点，以建立科学的文化市场运行机制和管理机制为核心，为文化产业化创造公平竞争的经营环境。完善保护知识产权制度，一方面要在盗版源头和流通环节上下工夫、在日常稽查上下工夫，在大案要案上下工夫，严厉打击走私、盗版等侵犯知识产权的违法行为，大力净化市场经营环境；另一方面，要加强音像、出版等市场的深层次管理，逐步规范以盈利或提高其他经营项目利润为目的的行为，禁止未缴纳版权使用费或未经著作权人许可就擅自使用文化作品，切实保护创作者、出版者的合法权益。为此，要建立音像、书籍版权有偿使用制度，音像、书籍著作权集体管理制度和版权认证制度。

改革开放20多年来，我国的经济取得了令人瞩目的发展。人们对丰富精神生活和高层次文化的追求也将大大提高。正如马克思所认为的，人类社会发展的终极目标是个人的全面发展。新世纪已经来临，当我们在迎接新世纪曙光的同时，将迎来中国文化产业更大的发展机遇。

（选自《江海学刊》2001年第5期）

我国文化产业的定位与发展

李江帆

文化产业是第三产业的一个重要组成部分。随着国民经济水平和居民收入水平的提高，我国文化产业对促进经济发展、国民素质和生活质量提高的重要作用日趋明显。它不仅成为发展我国现代服务业的题中应有之义，而且成为政府部门和实业界为培育新的经济增长点关注的热点和重点之一。

一、第三产业与文化产业

从经济学的角度说，产业（industry）是指介于企事业等微观经济单位与宏观经济单位之间的，以投入一定的经济资源为代价生产某类具有共同特性的产品的集合体。

英国经济学家、新西兰奥塔哥大学教授费希尔（Fisher）1935年提出三次产业分类法，把国民经济部门划分为第一（次）产业、第二（次）产业和第三（次）产业。一般地说，第一产业是广义的农业，包括种植业、畜业、林业、渔业和狩猎业等；第二产业是广义的工业，包括［采矿业］、制造业、建筑业、［煤气、供电、供水业］等；第三产业是广义的服务业，即除了第一产业和第二产业以外的其他各业。（划有方括号的，是在三大产业的归属上有差异的行业。有的国家将采矿业划为第一产业；有的把煤气、供电、供水业划为第三产业）

国家统计局1985年《关于建立第三产业统计的报告》把我国第三产业分为4个层次：（1）流通部门：交通运输业、邮电通讯业、商业、饮食业、物资供销和仓储业。（2）为生产和生活服务的部门：金融、保险业、地质普查业、房地产业、公用事业、居民服务业、旅游业、咨询信息服务业和各类技术服务业。（3）为提高科学文化水平和居民素质服务的部门：教育、文化、广播电视事业、科学研究事业、卫生、体育和社会福利事业等。（4）为社会公共需要服务的部门：国家机关、政党机关、社会团体、军队和警察。

按第三产业经济学的原理，社会产品分为实物产品和服务产品两大类：实物产品是具有基本粒子、静止质量、体积和不可入性的实物劳动成果；服务产品是不具有基本粒子、静止质量、体积和不可入性的非实物劳动成果。第一、二产业主要生产实物产品；第三产业主要生产服务产品。文化产业（culture industry）是国民经济中生产具有文化特性的服务产品和实物产品的单位的集合体。狭义文化产业包括文化艺术业（艺术、出版、文物保护、图书馆、档案馆、群众文化、新闻、文化艺术经纪与代理、其他文化艺术业）和广播电视电影业（以下简称文艺广电业）。文化产业生产的产品包括两大类，一类是服务产品，如表演艺术（音乐、舞蹈），语言艺术（文学）和综合艺术（戏剧、影视）行业，以及图书馆、博物馆、展览馆、广播、电视、电台提供的表演性演出服务、阅读展览服务、游艺娱乐服务和广播电视服务。另一类是实物产品，如造型艺术（绘画、雕塑）行业、出版和新闻业生产的美术品、工艺制品、书籍、报刊、文物、音像制品和电脑光盘等。

考虑到文化的宽泛内容，可以给出广义文化产业概念。广义的文化是人类在社会发展过程中所创造的物质财富和精神财富的总和，即物质文明与精神文明的总称。人为万物之灵，是因为人类拥有其他动物所不具有的博大文化。文化产生的原动力是人类生命的精神需求。一部人类文明史，就是社会经济发展与文化创造相交织的产物。因此，文化可以从不同角度划分为历史文化、地域文化、民族文化、宗教文化、国别文化，还可以按文化活动的对象分为饮食文化、酒文化、服饰文化、电视文化、电影文化、教育文化、科技文化、健身文化、建筑文化、商品文化、旅游文化等，或按文化的形式分为园林文化、社区文化、企业文化、经营文化、校园文化、街道文化、庭院文化、家庭文化等。在这个意义上说，广义的文化产业包括三部分：（1）文化艺术业和广播电视电影业（狭义文化产业）；（2）与文化产品的生产、交换、分配和消费直接相关的行业；（3）三大产业中较多地体现文化特征和审美艺术特征的部分行业。后两者涉及工艺美术品批发业、图书报刊零售业、园林绿化业、自然保护区管理业、市政工程管理业、理发及美容化妆业、摄影及扩印业、旅行社、娱乐服务业、广告业、信息咨询服务业、计算机应用服务业、教育、科学研究和综合技术服务业，甚至包括一些饮食业（饮食文化）、制造业（如工艺品、音像制品制造）、建筑业（如旅游点、文化艺术建筑物）和农业（如观光农业）等。

对文化产业的最流行的误解是以为只有推向市场的文化部门才是文化产业，靠国家财政支持的文化部门不是文化产业。其实，所有文化部门都属于文化产业。因为，承认服务部门是产业只是说明它是既有投入也有产出的产业部门，向它投入人、财、物力后不是“非生产”，而是生产出服务产品。这是对我国过去长期把服务部门划为非生产部门的错误观点的纠正。只要服务部门生产出服务产品，就证明了它们的产业性，不管这些服务产品是按市场价卖给他人，还是免费送给他人，或是半卖半送。正如工农业的产业性是由工农业生产出工农业产品证明的，并不以工农业产品必须在市场上出售为条件，第三产业的产业性不需要以服务产品的市场化来证明。文化部门是否市场化与文化部门是不是文化产业毫不相关。

现代社会中，第三产业主要采取三种方式运营。其一，服务的市场分配方式，即服务产品的使用价值和价值均通过市场实行分配的方式。实行此方式的主要是盈利性生产服务业和大部分生活服务业。其二，服务的非市场分配方式，即服务产品的使用价值和价值完全不通过市场实行分配的方式，如国防、环境保护、政府管理服务业。其三，服务的半市场分配方式，即服务产品的使用价值和价值通过不完全的市场实行分配的方式，如基础教育业、部分文化、卫生服务业等。实行非市场分配方式和半市场分配方式的是非盈利性服务业。非盈利性服务业的存在和发展，是对生产社会化的客观要求的适应，也是现代国家促进社会平等、改善居民整体利益和基本福利状况的社会职能的一种体现。

首先，一些具有全局性、长期性社会效益，但局部或短期经济效益较差的服务，虽然对整个社会大有裨益，却没有得到人们足够的重视，不能成为在市场自愿交换的对象，所以必须由国家通过强征税金支付，以非盈利性方式经营。

其次，为保障低收入居民也可消费一些基本的服务，国家有必要建立社会保障体系，低价甚至免费向他们提供相应的服务。

再次，某些服务以非盈利方式经营，可防止服务业做出忽视他人、有消极的外在效应、不符合居民整体利益的经营决策。

最后，一些公共性服务产品的消费不具有排他性，同时也难以排除对它不付费的消费，以社会形式共同（免费或优惠价）消费它比通过市场交换以个体形式消费它效果更好。

因此，非盈利性服务普遍存在于现代社会中，发达资本主义国家的第三产业中的相当一部分也一直有国家财政补贴支持。所以，还第三产业本来具有的产业面目，决不是也不应该取消非盈利服务业，一窝蜂地把它们推向市场。特别是第三产业中的代表国粹的文化和艺术服务、基础理论研究、基础教育、全民卫生保健服务等，如推向市场，由于“市场选票”不足，肯定要走向衰落。那时损失的将是整个国家、整个民族。

可见，文化产业并非指实行市场化的文化部门，而是指所有生产具有文化特性的服务产品和实物产品的部门，不管它们是以市场分配方式经营的，还是以半市场分配方式或是非市场分配方式运营的。

二、文化产业在国民经济中的地位

从产业演变的规律来看，文化产业在国民经济中的地位正在迅速提高。

首先，随着收入水平的提高，居民的伙食费开支占家庭生活开支的比重逐步下降，居民对文化产品的消费比重逐步提高，为文化产业的发展提供了日益扩张的发展空间。

行为科学认为，人的需要分不同层次，对食品的需要是人最低层次的需求，对文化产品的需求是较高级的需求。人们满足需求的顺序一般由低到高，首先满足食品需要，然后满足用品、服务产品、文化产品的需要。对食品的需要量受生理条件的制约，增长到一定程度就会饱和，所以在食品需求逐渐满足的情况下，居民伙食费开支占家庭生活开支的比重随着收入水平的提高而下降，这种现象被称为恩格尔定律。国际上一般认为，恩格尔系数在50以上是贫困的生活，50~40是小康生活，40~30是富裕生活，20以下是上流生活。随着恩格尔系数的下降，人们用于购买文化产品的开支比重会逐步增长，根据1991~1992年的统计，发展中国家的恩格尔系数约为50：印度54.1，菲律宾57.7；中等发达国家大致为30~40：墨西哥33.6，泰国31.0，韩国29.7；发达国家约在20左右：美国12，荷兰14.9，加拿大15.8，法国18.6，新西兰18.7，意大利19.9，日本20.1，英国21.60。这说明恩格尔系数与富裕程度负相关，居民的食品消费比重趋于下降。

考察我国消费结构的演变也发现同样趋势。1985－1999年，城镇居民家庭年人均消费支出由637.20元增加到4615.91元，食品消费由351.72元增加到1932.10元，恩格尔系数由52.3%下降到41.9%。同期，文化、娱乐、教育消费由55.01元增加到567.05元（增长了9.3倍），消费支出比重由8.17%增到12.28%（农村居民这一比重为10.67%）对比国外1990~1992年教育休闲与娱乐消费在生活消费结构中的比重：新加坡为14.5%，韩国12.5%，加拿大11.1%，英国10.2%，美国10.3%，日本10.3%，澳大利亚9.8%。可以说，我国城乡居民的文化、娱乐、教育消费在比重上已与发达国家的消费结构大致相当。不过，对文化消费进行国际比较要考虑两个因素：（1）发达国家普遍实行免费教育使居民自己掏钱消费教育服务相对少，即使其居民的文化教育消费开支占家庭总开支的比重与我国相同，其文化消费开支的比重也会比我国大。（2）发达国家人均消费支出水平比我国高数十倍，（我国城镇居民1995年人均消费支出3538元，美国1994年人均消费支出31751美元，是我国的74.5倍）即使两者文化消费开支占家庭生活消费开支的比重相同，我国居民人均消费的文化产品数量也比发达国家少得多。因此，我国的文化消费与发达国家相比还有相当大的差距。这预示着我国文化产业还有广阔的发展空间。

其次，由经济发展和社会进步带来的闲暇时间增多会有力地带动文化产业的发展。

文化产品消费与工农业产品消费的明显差异是闲暇时间对消费量的影响不同。相当多文化产品，如文艺表演服务、艺术展览服务、游览服务、书籍、报刊、唱片、视盘、录像带，其消费需要占用大量闲暇时间。如果没有闲暇时间，即使收入水平很高，人们对这些文化产品的消费量也不会有大幅度提高。人们也许因没有闲暇时间而不能到剧院看戏，但是不会有人因没有闲暇时间而不消费食品、饮料和衣服。由于闲暇时间有利于人们休息、娱乐、锻炼、自修、发展个人爱好或从事创造性活动，因此从本质上说，人们对闲暇时间是“多多益善”的。

但是，在经济发展的不同阶段，社会对闲暇时间的评价并不一样。因为，闲暇与工作和收入存在着矛盾：闲暇意味着放弃工作和收入，工作则意味着放弃闲暇获得收入。在经济不发达阶段，收入的高边际效用使提高收入成为居民最迫切的任务，故人们倾向于放弃闲暇、增加工作以增加收入。在经济发达阶段，居民的高收入水平使增加收入的边际效用下降，增加工作、放弃闲暇所造成的时间价值和个人享受的损失相对来说比较大。故人们在一定程度上倾向于放弃工作（加班等）、收入来增加闲暇。因此，经济越发达，居民生活质量越高，人们对闲暇时间的评价越高，闲暇时间本身成为发达社会人们追求的目标，成为高生活质量、高消费水平的标志。近100年来，随着科技革命的兴起和社会生产率的迅速提高，加上社会道德、工会势力、政界和社会领袖及有远见的雇主的影响，西方国家的劳动时间减少了一半，从每周72小时减少到35小时。人们拥有的闲暇时间也因此日趋增多。

由于闲暇时间与文化产品的需求存在着正相关关系，闲暇时间的增长，必然大大促进文化产品的消费。据《经济日报》在北京、上海等10个城市的抽样调查，人们将绝大部分闲暇时间用于看电视、旅游、打牌、看录像、上网、玩电子游戏等文化消费。这显然有利于文化产业的发展。我国从2000年起实行“五一”和“十一”七天长假期引起对旅游文化消费的火爆消费就是明证。

第二，文化产业的社会化、信息化和全球化的广延化和纵深化发展，推动着庞大的文化产业群的成长。

文化产业的社会化、信息化和全球化发展沿着文化产业的逆向波及、顺向波及和横向波及方向，形成以特定文化产品为核心的、以一系列与文化产品的生产、交换、分配和消费直接或间接相关的专业公司为依托的特大型文化产业群。例如，美国举世瞩目的文化业居于世界领先水平：规模庞大的新闻业呈立体结构全方位发展，共有170多个报业集团。广播电视业极为发达，有线电视全面普及，卫星直播电视广泛采用，有电视台9000多家，广播电台8000多家。出版业的规模和技术水平名列世界前茅，拥有2000多家出版公司，每年出版新书在2万种以上，平均每天销售100万册。文化娱乐业也很发达，音乐、美术、舞蹈、戏剧、电影等多种艺术门类有广阔的市场。据20世纪80年代的统计，美国人每年花在音乐会、歌剧、音乐歌舞剧方面的款项高达4.22亿美元，此外还有8600万美元花费在古典音乐唱片上。此外，堪称拉美明珠的墨西哥文化业，法国发达而卓越的文化业，英国影响甚广的文化业，意大利璀璨夺目的文化业，日本与经济伴飞的文化业，印度丰富多彩的文化业，澳大利亚蒸蒸日上的文化业，都向世人昭示文化产业群在当代的崛起。可以估计，21世纪的信息技术、网络技术在文化产业的广泛应用，将以电脑合成音像、虚拟演员、电子图书馆、网络电影院、文化产品的电子商务等现代技术刷新文化产业的历史。

三、我国文化产业的定位与发展

既然文化产业在现代社会有如此重要的地位，那么，应该如何给我国文化产业定位？我们可以按照经济学界对支柱产业、主导产业和先导产业的认识来分析这个问题。

一般认为，支柱产业是指在国民经济中占重要比重，前向、后向和旁侧关联效果最大的产业；主导产业是指能够较多地吸引先进技术，面对大幅度增民的需求，自身保持较高增长速度并对其他产业的发展具有较强带动作用的部门；先导产业是指能最多吸收先进技术，代表产业发展方向和保持长期增长而需超前发展的产业。

目前我国文化产业在国民经济中的比重还很小。1999年，教育文化和广电行业占全社会就业结构的2.22%，占GDP的2.3%；若剔除教育业，文艺广电业仅占社会就业结构的0.16%。此外，其产业关联和产业波及效果也不高，在第三产业中仅处于中下水平。据李冠霖同志计算，1997年我国文艺广电业的中间需求率在第三产业内部34个行业中排27位，为24.4%，这表明在全国文化产品中，有24.4%充当三大产业的中间产品（即生产资料），有75.6%被居民直接消费，文化产业的顺向波及效果不强。文艺广电业的中间投入率排18位，为51.1%。这表明全国生产文化产品需要的总投入中，有51.1%是中间投入（即文化产业生产过程需要外购的物品和服务），文化产业的逆向波及效果较强。文艺广电业的影响力为2.34879，影响力系数在36个行业中排19位，为0.98048，影响力系数小于1，表明文化产业对国民经济发展的推动水平小于全部产业的平均水平。文艺广电业的感应度1.21075，感应度系数0.50541，感应度系数低于1，说明文化产业的感应能力低于全部产业的平均水平。最终消费和出口对文艺广电业的生产诱发系数很低，分别为0.02737和0.00325。

由此看来，就全国范围来说，由于（狭义）文化产业目前在国民经济中占比重很小，其前向关联效果较强，但后向关联效果较弱，产业关联和产业波及效果在第三产业中处于中下水平，因此尚未具备成为中国国民经济支柱产业的条件。对比主导产业的标准，文化产业虽能较多地吸收先进技术，面对大幅度增长的需求，自身保持较高增长速度，但对其他产业的发展的带动作用并不算强，因此也不具备成为全国国民经济主导产业的条件。尽管如此，文化产业能较多吸收先进技术，代表产业发展方向和保持增长而需超前发展，因此有可能成为国民经济中的先导产业。“十五”期间，在我国一些特大型中心城市，第三产业比重将超过国民经济的50%，以第三产业为主体、波及第一二产业的广义文化产业群，如能高瞻远瞩地分析社会需求的发展前景，推进技术创新和供给创新，突出加强服务输出，增大辐射半径，将有可能成为中心城市区域经济的支柱产业。

从我国文化产业在“十五”期间的发展前景来看，中国加入WTO将使文化产业面临中等程度的冲击。这是由文化产业的现状特点决定的：（1）我国文化产业长期禁止或限制外企进入，但入世前的国内市场开放度较高，经营方式已与国际接轨。入世后虽对外企开放幅度较大，但受冲击并不会太大。据中美世贸谈判协议，在专业服务方面，将允许外国专业人员按高透明度的程序进入中国专业服务如法律、会计、税收、管理咨询、建筑、工程、城市规划、特殊医疗和牙医、电脑服务等市场。在电影业，入世后3年内将允许外资在影院占50%以上的股份。这会给国内文化业带来一定冲击。（2）我国文化产业潜在市场容量较大，很多领域尚未开发，新供给者对原有供给者的替代效应不大。中外企业有可能在文化市场开发中“双赢”。（3）赢利水平中下。我国文化产业因国内市场竞争的存在，加上其他因素的制约，利润水平不高。根据我国首次第三产业普查，综合技术服务业、批发和零售贸易、餐饮业、旅馆业、旅行社、电影、文化艺术业在20世纪90年代初的利润率约为8%～19%，低于我国第三产业的平均赢利水平（24.6%）。因此，文化产业由于市场竞争力较强，潜在市场容量大，入世后的冲击不是很猛烈，主要是在现有服务领域，外企将以先进的服务方式、管理水平、技术和优质服务，争夺市场份额，使低效率国内文化产业经营困难；在国内企业未及开发的新兴服务领域，外企可能利用其优势捷足先登，占领制高点。

面对入世，对中国文化产业来说，要认真估计将面临的冲击，通过管理创新和技术创新提高企业素质，将国内竞争力提升为国际竞争力；以国际水平为目标，进一步提高服务产品质量；借鉴国外经验，分析需求现状和发展前景，开拓新的服务领域。对政府来说，重点是实施正确的产业政策，建立健全相关政策法规，规范文化市场，整顿秩序，提高服务质量；扶持文化服务产品开发；推动国内文化产业改善服务方式和服务质量；为国内企业扩大与外国资本、技术和管理的合作提供良好环境。

（选自《学术研究》2001年第9期）

全球化语境下的文化产业与政府职能转变

黄　斌

一

中国加入世界贸易组织，意味着中国经济发展进一步走向国际主流社会。方兴未艾的中国文化产业，也将不可避免地纳入世界文化产业发展的体系当中，成为世界文化产业发展大潮的一部分。这对中国文化产业的正面推动作用是不言而喻的。处于新生期的中国文化产业，一开始就赶上了全球文化产业蓬勃发展的步伐。文化资源在全球范围内的配置组合，使中国的文化产业有了开拓国内外两个市场、合理利用国内外两种资金和技术的可能。国外发展文化产业的先进经验，可以理所当然地被吸收借鉴。一些弱质行业可能被吃掉或被淘汰，但更多的行业将在外力推动下摆脱旧体制束缚，获得新的发展生机。所有这些，都为中国文化产业发展提供了在封闭环境中所不可能得到的良机。

然而，融入全球文化发展语境中，将使中国的文化产业面临着极大的挑战。从产业的发展史看，中国的文化产业从孕育发展到今天不过二十余年，比西方发达国家晚起步了几十年。从发展规模看，中国的文化产业还十分弱小，产值只占国民生产总值的0.75%，而国外发达国家超过2.6%；全国娱乐业总产值不到20亿人民币，而美国的时代华纳公司一年的收入就近146亿美元，全国没有一家文化产业企业进入500家大型企业之列，而世界500强中有9家公司是经营文化产业的，美国400家最富公司中有72家是经营文化产业的。从产业的成熟度看，中国的文化产业仅仅处于发展的初始阶段，市场机制不健全，文化市场不规范，产业发育不充分，产业化程度低。从产业发展的自觉性看，直至进入21世纪，在《中共中央关于制定国民经济和社会发展第十个五年计划的建议》明确提出完善文化产业政策，推动有关文化产业发展之后，文化产业才作为国家经济社会发展战略，进入政府自觉推动发展的阶段。这样一个幼稚产业，将置身于一个强敌如林的文化产业大拼杀的环境中，接受各种冲击。

首先是文化产品冲击。据有关资料，全球50家媒体娱乐公司占据了当今世界上95%的文化市场。美国控制了全球的电视节目的生产和制作，许多第三世界国家的电视节目有60%～80%的栏目内容来自美国，而在美国自己的电视中，外国节目的占有率只有1.2%。美国公司出产的影片产量只占全球影片产量的6.7%，但占领了全球总放映时间的50%以上。可以说，当前世界文化市场是外国，主要是美国文化产品主导的市场。在北京，1997年上半年投放70多部国产片，有40多部票房不到10万元，少的仅有2000元。与此同时，在上海，1998年一部美国的《泰坦尼克号》就从观众口袋中拿走了3800多万元。加上《拯救大兵瑞恩》等另外4部美国电影，当年上海放映5部美国大片票房收入就达6480多万元，平均每部1296万元。过去，中国可以禁止美国文化产品进入。然而，一旦加入世贸组织，作为放开服务产品市场的一部分，美国文化产品将大量涌入。如果中国的文化产品连国内市场的地位都保不住，那么，在全球文化市场中，就更没有自己的立足之地。

其次是文化资本冲击。1999年，名列全球500强第31位的索尼公司年收入531.56亿美元，列151位的迪斯尼公司年收入229.76亿美元，列282位的时代华纳公司年收入145.82亿美元。这些既是工业巨子又是文化企业的跨国集团，90年代以来在全球范围内掀起了一股收购兼并传媒及娱乐企业的浪潮，逐步控制和垄断了世界传媒及娱乐市场。比如，电子工业巨头索尼公司收购了哥伦比亚电影电视公司和CBS唱片公司后，成为娱乐业的主要生产厂商，1997年销售额达到500亿美元。同时，索尼加大了对国际有线及卫星频道的投资，在全球范围内与13家不同的公司及16套电视频道建立了合资企业，1997年，又与新闻集团合作，从而拥有日本空际广播1/3的股份。工业巨子美国通用电器公司收购全国广播公司，该公司1996年为通用电器公司增加了50亿美元的销售量及近10亿美元的利润。1996年，通用与微软联合投资创建有线新闻频道，同时开设全球性的娱乐及体育频道，在欧洲、亚洲和拉美开设娱乐与商务频道，向全球媒体市场全面进攻。跨国传媒娱乐公司对中国这个巨大的市场早已虎视眈眈。据《中国经济时报》转引自英国《金融时报》报道，默克多的新闻集团通过注资网通，在中国电信市场得到了立足点。网通正在出售3.25亿资产给国内投资者和包括新闻集团和美国投资银行高盛在内的外国投资者。新闻集团长期以来寻求进入中国市场的途径，这次投资再次表明新闻集团成为全球性电视节目和互动服务供应商的野心。网通的高速网络通过8500公里的光纤电缆，连接着中国17个大城市，代表着中国最先进的电信基础设施。电信分析家认为，新闻集团正在忙着制造中文电视内容，希望通过电信网络发送电视节目，来突破中国有线电视市场对外国资本的法律限制。外国文化资本进入中国，看来是挡不住的。

最后是美国文化产业的扩张性和文化霸权倾向对中国本土文化的冲击。美国文化产业的急剧扩张和对世界文化市场的占领，不仅是一种经济行为，也是一种意识形态战略，即借此把美国的意识形态或文化价值观念推向全球，使之成为当今世界的“主流文化”，从思想文化上控制全球。戛纳电影节组委会主席雅各布说“美国不仅热衷于输出它的电影，还热衷于输出它的生活方式”。值得注意的是，美国文化的这种扩张主要是针对广大发展中国家的。事实上，美国一直在凭借科技和经济的优势，通过各种手段控制、占领第三世界的文化市场，将其价值观念、生活方式和社会制度连同其文化产品一道向这些国家和地区渗透，以图重塑第三世界民族国家的文化。正如德国记者马丁和舒曼说“斯大林希望获得压倒一切的绝对实力地位，而米老鼠却真正实现了这种绝对实力地位”。由于中国在与西方的经济文化竞争中处于弱势，西方的意识形态必然依托其竞争优势，通过经济文化交往渗透进来。中国的文化产业如果不能有效地抵御这种渗透，就有可能被异质化，从而失去本土文化的支撑，最终失去自己存在的理由。

二

面对挑战，中国的文化产业唯有以改革开路，壮身强体，除此别无选择。在这当中，政府在文化产业发展中的角色转换和管理方式转变至关重要。世贸对成员方的影响，首先并且主要是对成员方行政管理制度的影响。经济全球化有两大推动力，一是跨国公司，一是超国家经济组织，如国际货币基金，世界银行等等。世贸组织就是其中一个。世贸组织是一个以带有强制性的规则为基础的政府间国际组织。它的一个重要特征，是规范和约束成员的政府行为，旨在消除或者限制各成员政府对跨国境贸易的干预。其一系列规则、协定对成员方具有更强的约束力，对成员方的政府行为提出了严格的要求，总的来说，就是要政府行政建立在市场配置资源的基础上，按照市场经济原则规范管理方式，充当经济运行过程的调节者，经济秩序的制定者和维护者，执行经济活动规则的仲裁者，以及经济发展战略和规划的制定者。一个成员要享受世贸组织的权利并从中获得巨大的经济收益，就必须根据其有关原则、协议和要求对政府职能、管理法规、管理方式作出调整、进行改造。入世，在一定意义上可以说是“政府入世”。国外有的学者把世贸规则称为“国际行政法典”。

然而，目前，在中国，政府对公共领域、社会领域和经济领域，总体上没有摆脱靠政策和行政手段进行管理的模式。特别是在意识形态性极强的文化产业领域，非市场、非经济的因素仍然或隐或显地发挥着重要作用。换言之，当前中国的政府管理体制和模式与世贸组织的要求还有相当距离。

首先，在世贸组织体系中，政府公共部门和企业属于不同的组织类别，具有各自不同的功能，要求实行政企分开。政府作为公共行政机构，不能参与世贸的经济竞争活动。而国有企业和其他性质的企业一样是经济组织，则没有义务履行政府的公共职能。然而，中国的文化产业部门，许多是在政府机构的基础上组建起来的，在很多情况下行使着政府管理职能，或与政府有着千丝万缕的关系。这些文化产业单位是以国家事业单位的身份参与市场竞争的。它们扮演着混合角色既是参与经济活动的政府部门，又是行使政府职能的产业单位。加入世贸组织，要求充分发挥市场机制配置资源的基础性作用为基点，搞清楚社会领域与国家领域、社会组织与政府机关之间的功能划分，理顺政府与企业之间的关系，使政府职能切实转变到经济调节、社会管理、公共服务上来，把企业的生产经营权和投资决策权真正交给企业，把社会可以自我调节和管理的职能交给社会领域，扩大经济领域和社会领域的自治范围，使具有明显产业属性的经营单位真正从消耗国家财政的部门转变为向国家纳税的经济部门。

其次，世贸组织的非歧视贸易原则，即国民待遇原则，要求各种企业在同一条件下竞争，政府不能使用公共权力偏袒参与竞争的某些企业，人为营造不公平的竞争环境。然而，现有中国文化产业是由各级政府直接兴办和管理的，有的实际上是政府的一个部门。政府赋予了这些部门无可争议的垄断权。不同地域或部门可以对自己所管辖的文化产业单位给予"特殊照顾"，而对别一地域或部门的文化产业单位给予某种限制甚至制裁。这种格局导致了地方割据和行政壁垒，无法形成统一开放的市场。

加入世贸组织后，中国政府面对的不再是一个相对封闭的国内市场，而是一个强调流动自由、交易规则、公平竞争、优胜劣汰的开放的世界市场。世贸的多边协议和规则，要求中国政府实施鼓励竞争的、更加开放的经济政策，更多的跨国公司包括大型文化企业将进入中国市场。这样，政府必须斩断与文化企业的脐带，逼迫这些企业放弃原有的优势地位，置身于市场中与国外企业进行平等竞争，从而改变原来对文化企业的管理方式。

三

适合全球化要求，转变政府在文化产业发展中的角色和职能，决不意味着要放弃政府在文化产业发展中的作用。在中国的文化发展转型和文化产业发展过程中，政府的作用将是不可缺少的。首先，中国的文化产业发展必须由政府提供动力。中国所有领域的改革都是政府自上而下推动的结果。文化发展转型的始动力是政府。在未来的文化产业发展中，政府的这一作用不会改变。其次，中国的文化产业发展必须由政府提供公共规则，规范文化发展的主体行为和市场，保证平稳转型。文化进入社会领域，将作为社会活动的主体，实现自我发展和自我约束。然而，在市场经济原则下，这些主体会把利润最大化原则导入文化生产中，使意义的生产完全服从于商品化生产，从而不能有效提供国家要求的价值观。同时，个别的主体可能为自身利益而做出损害他人利益和社会整体利益的行为选择，造成市场混乱。这就需要由政府提供市场规则这一"公共物品"，以确保文化生产在正确的轨道上进行。这是文化产业发展的必备条件。

发挥政府在文化产业发展中的作用，也不意味着政府必须对文化实施直接的管理。英国政府对文化实行"一臂之距"的管理原则，很有启发意义。原英国文化遗产部国务大臣对这个原则作出如下解释："国家文化遗产部的一个显著特点是通过一个由公共团体和代理构成的网络来运作。这些公共团体和代理接受政府的公共资助，但在经营方面与政府保持着一臂之距。"英国政府的文化管理主要采取经济手段，即通过经费拨款，而不是行政管辖来对文化艺术活动进行调节。对于符合政府政策的艺术团体、艺术家和艺术项目，通过拨款资助予以支持。政府为避免直接干预文化艺术创作活动，保证资金由最有资格的机构去分配，采取经由中间环节拨款的方式，把政府资助的资金间接地分配给艺术组织或艺术家，保证艺术创作活动的独立性和自由。这就是"一臂之距"原则。长期以来，这一原则被英国政府视为管理文化的一个"法宝"。

根据这种"适当距离"原则，从中国的实际出发，政府文化管理职能应从以下几方面进行转变：一是要从以具体的事务性管理为主转向以方向性、指导性、决策性的宏观管理为主。政府要把文化产业纳入两个文明建设的总体规划，制定发展战略，制定文化产业政策。政府有关部门应成立文化产业指导机构，协调全省文化产业发展，并研究文化产业的现状和存在问题，提出对策措施。二是要从以直接管理为主转向以间接管理为主。要加强制定文化法规，从"文件"管理向法规化管理转变，并综合运用行政、法律、经济等手段进行管理。文化法规要从单纯的规范功能转向规范与开发并重，立足于保护和推动文化产业发展。三是要从以部门管理和属地管理为主转向以行业管理为主。打破按行政隶属关系进行管理的界限，增强对全行业管理的能力，并通过深化文化领导体制改革，理顺行业管理、属地管理、部门管理之间的关系，实现跨行业的产业整体管理。

总之，政府对文化产业的行政管理，要以服务导向代替传统的政府中心主义，政府应当担任提供服务、协调社会秩序的角色。要由以往的直接控制、直接经营转变为以单位调控为主的管理模式。这样，政府则可以从文化艺术生产的具体的活动和事务中解脱出来，专心致志地致力于文化政策的制定及监督执行，并以旁观者的身份审视社会组织的运行，保证文化市场竞争的公平公正。

（选自《学术研究》2001 年第 11 期）

文化产业与大众文化

——批判理论的批判和中国语境的规范

傅 泽

随着当代世界的发展，人类的经济活动出现了一个全新的特点，即：经济和文化越来越密不可分，物质产品的文化内容的价值比重迅速增长，许多消费品需要附着一定的审美情趣和文化品位；而文化也通过批量复制的方式在市场大规模传播。正是在这种经济与文化的一体化过程中，文化产业日趋兴盛起来。

伴随“文化产业”与“大众文化”概念的诞生，对其持肯定意见的理论便出现了。1936 年，本雅明在《机械复制时代的艺术作品》中，对以电影为代表的“大众文化”就积极肯定，看到了它所包含的技术进步和商业价值，认为它是文化的革命和解放，是文化“共享”时代的开端。不过，在那个年代肯定理论的力量太单薄了，在周围一片喊打声中，常常会被人忽略和遗漏掉。

英国学者多米尼克·斯特里纳蒂在其专著《通俗文化理论导论》中，曾对历史上强大的大众文化批判理论进行过总结和反思。他认为，多年来，对大众文化的非难，其实是一种非常愚蠢和自以为是的“精英统治论”。在“精英统治论”看来，只有从高雅文化或高深理论所提供的优势地位，根据源于文化精英和知识精英的美学与鉴赏力的原则，才可能恰当地理解和解释大众文化。在这种观点中，精英的价值标准和美学被设想成是正确的和有权威的，因而能够评价其他类型的文化，无须就这些设想及其批准文化判断的能力提出任何疑问。这种“精英统治论”的自大与无知，竟然使自己从没有认识到大众文化可以由社会其他群体从独特的、非精英统治论的社会立场和美学立场来理解、解释与评价。相比之下，以威廉斯、斯图尔特·豪尔（Stuard Hall），托尼·本尼特（Tony Bennett）、珍妮·沃勒考特（Janet Wollacott）、约翰·费斯克（John Fiske）等人为代表的英国“伯明翰学派”对“大众文化”的态度要民主得多、开放得多了。

有“后现代大祭司”之称的法国思想家鲍德里亚（Jean Baudrillard），从后现代主义的观点与角度出发，对大众文化作了进一步的肯定。在 1970 年出版的《消费社会》这本书中，鲍德里亚提出：大众文化与其说是将艺术降格为商品世界的符号的再生产，不如说它是一个转折点——终结旧的文化形式，并将符号和消费引入自身地位的界定之中。所以，传统批判理论指责大众文化被框定在极度的消费主义之中，风格是千篇一律的刻板单调和平庸陈腐，是无的放矢，因为在这一方面它正是体现了现代文化的真正逻辑。通过对大众传媒尤其是电视的细致分析，鲍德里亚认为，大众文化不再是批判理论所说的意识形态的御用工具，恰恰相反，它形成了对意识形态的一种挑战姿态。

“两种经济”是费斯克专门为大众文化研究提出的富有建设性和现实意义的崭新理论。所谓两种经济，一是“金融经济”，一是“文化经济”，理论根据是马克思主义政治经济学的商品交换价值和使用价值理论。费斯克以电视为文化产业的例子，提出在资本主义社会里，电视节目作为商品，生产和发行于这两种平行而且共时的经济系统之中，其中“金融经济”注重的是电视的交换价值，流通的是金钱；“文化经济”注重的是电视的使用价值，流通的是“意义、快感和社会认同”。

费斯克的“两种经济”模式可以说为大众文化研究打开了新思路，提出了一些富有建设意义的观点。首先是文化产业的特点。费斯克对大众文化明显持乐观态度，他认为在工业社会中，大众文化资源也是一种工业资源，这些资源可以是符号的、文化的，也可以是物质的。所以在消费社会里，能带来意义和快感的商品都有“文化经济”价值。费斯克建议，大众文化的研究取向必须走出“金融经济”系统而转向“文化经济”领域。

费斯克在研究中发现，工业社会的大众文化核心存在矛盾：一方面大众文化作为商品是由追逐利润的产业生产并发行，它注重的只是自己的经济效益；另一方面，大众或消费者的利益跟文化产业的利益并不一致，大投资的制作经常收不回成本，消费者的力量淋漓尽致地表现在生产者无法预测的市场之中。由此看来，大众文化产业无论如何不能完全等同于商品的买和卖，它不单纯是消费，同时也是文化。费斯克明确指出，文化不是指在艺术杰作中能找到什么形式或美的理想，也不是指什么超越时代、国界和永恒普遍的“人类精神”，而是指工业社会中意义的生产和流动，是指工业现代化社会中生活的方式，它涵盖了这种社会的人生经验的全部意义。

其次是大众在文化消费中的创造性。费斯克认为：文化产业的产品，并不代表大众文化本身，这些产品不过是大众进行意义生产和流通活动所需要的资源和材料。影视观众并不是只能消极被动地接受文化商品及其所期许的意识形态内容，他们在观看时可以且不可避免地从自己的经验、环境和知识背景出发认知生产和流通各种不同的意义。这种由大众主动参与的社会意义的生产和流动才是真正意义上的大众文化。因此，大众文化的创造性不体现在文化商品本身的生产上，而是体现在大众消费者对文化商品的创造性的运用上。

第三，彻底消解文化等级。因为大众在消费文化商品时的再创造，所以对大众消费者来说高雅艺术作品与大众文化产品这两种材料之间并无重要区别。这就彻底打破了人为设置的文化等级观念，废除了艺术作品在文化中的中心地位，大众文化是否具备高雅文化所赞许的“艺术品质”也就无关紧要了；在社会生活中，它们各自独立，担负着各自特殊的社会功能。费斯克还发现，大众文化所运用的文本策略和手段与高雅艺术所遵奉的艺术手法是不完全相同的；如果仅以后者的审美标准作为衡量前者的尺度，就不可能认识它们的真正价值，因为这些策略和手段往往正是高雅艺术的审美价值所鄙视和排斥的。最显著的例子：大众文化产品往往有“夸张”和“浅显”的特征，如果以高雅文化为标准，就会把它们看作是“含蓄”和“深刻”的反面而加以否定。实际上，在大众文化中，“夸张”和“浅显”有自身的积极功能。“夸张”是意义的过剩和失控，它溢出某种压迫性规范的约束；这种意义的过剩不是直接对抗规范，而是以“过度的顺从来逃脱它们，夸大其词地谈论爱情实际上包含着对由这一观念所构成的现实世界的一种评价。

大众文化总是介于两种不同倾向的扩张之中，既承受封闭意义的压力（意识形态性局限和设定意义），同时又提供意义开放的可能（不同的受众各取所需）。批判理论家们突出了前一方面，“伯明翰学派”注意到后一方面。这两方面并不互相排斥。因此，费斯克提出对大众文化的分析需要作“双重聚焦”，一方面注意它的意识形态内容，揭示大众文化配合主流意识形态、稳定现存秩序、控制大众的作用和机制；另一方面研究大众如何与现存的制度打交道，如何阅读文化商品所提供的文本，又如何利用文化商品这一材料资源创造真正意义上的“大众”文化。

无疑，费斯克从“文化经济”这一新视点对大众文化与文化产业的研究是有重大启发意义的，尤其是他对文化始终保持一种大众化、开放式的态度，实属难能可贵。

关于文化产业与大众文化，从它诞生之日起，就是西方社会学、文化学领域议论烽起、分歧严重的话题。由于闭关自守、文化封闭，中国文化学术界长期以来对西方文化产业的理论和实践一无所知。20 世纪 90 年代，文化产业在中国异军突起之后，理论上的激烈交锋也随之发生，各级政府也纷纷提出了“发展文化产业”的具体规划和措施。正当文化产业与大众文化在中国大地上成为新宠之际，一个迫在眉睫的现实难题摆在了人们面前，这就是：文化产业与大众文化在中国语境中的混乱和不规范。这种混乱不单出现在各种文化实践活动中，同时也存在于理论界的热烈争论中——遗憾的是许多文化实践和争论因为源于范畴与概念的错位和混乱而变得无效和无谓。

首先是概念使用上的语境规范问题。文化产业与大众文化在法兰克福学派那里是双生共存的，而且基本上是一对带有明显贬义的术语；在他们看来，文化产业只重利润不顾其余，大众文化其实就是商业文化的代名词。20 世纪前期，与法兰克福学派的大众文化同时，存在着另一种“大众文化”概念，即今天通常所说的“民间文化”。后来，“伯明翰学派”拓展了文化的疆域，也破除了法兰克福学派关于大众文化是商业文化的成见；他们重塑“大众”形象，将大众文化引入通俗文化和流行文化的新空间，把文化定位在普通男女的“生活经验”上，关注文化的日常性和开放性。因此，在“伯明翰学派”看来，大众文化就是普通人的文化、是文化的典型形态；文化产业并非洪水猛兽，人们在文化消费的同时，借文化产业的产品进行着不断的意义生产和流通。如果说法兰克福学派的文化产业与大众文化概念是一种封闭性的特指，那么伯明翰学派的文化产业与大众文化则挣脱了人为的捆绑和约定、独立自由地发展和扩充着自己，两个概念空前开放：这时的它们已根本不可能相互替代，文化产业的对象也不止大众文化一家，而大众文化则越来越倾向于指代普通消费者的日常生活。在当今中国语境中，文化产业通常是指专门向消费者提供以文化内容为消费对象的特殊产业门类；而大众文化一般是指形成和流行于现代工业社会和消费社会，面向城市大众，依托高科技和现代大众传媒，与大众生活密切相关的一种消费性文化。近年来，大众文化概念在使用中渐与流行文化趋同，有人甚至干脆将二者合并，称为“大众流行文化”。

随着“文化”概念的不断变迁和文化理论日趋成熟，在大众文化研究领域出现了一系列的语境相关概念。如果不注意区分而随意使用，势必造成概念模糊和范畴混乱，对进一步的文化研究不利，影响文化对话的正常展开，甚至会引起无谓的争论。按照汉语语言的命名习惯粗略梳理，当今中国语境中的常见文化概念有如下几对：

大众文化——精英文化
通俗文化——高雅文化
流行文化——严肃文化
民间文化——官方文化
主流文化——边缘文化
强势文化——弱势文化
消费文化（或商业文化）——艺术文化

文化附属概念有如下几对：

（文化的）一体化——多元化
全球化——本土化
世界性——民族性
中心主义——相对主义

事物总是在相对中存在的，这是辩证法的基本要义，文化概念也不例外。对文化概念的确认，既要有正面的理论界定和语言表述，也要有对立概念的参照和呼应。这样，才能在保持概念的相对稳定性基础上，随时代和环境的变迁，对文化概念作必要的补充和调整。

在文化实践活动尤其是制定“发展文化产业”的规划和措施方面，同样存在因概念模糊而造成的指导无效等问题。例如，2001 年 1 月 3 日颁布的《浙江省建设文化大省纲要（2001～2020）》将“发展文化产业”放在一个突出的位置，并提出“把传媒业、旅游业、演艺业、美术业、会展业、体育业作为我省文化产业的发展重点”。文化产业毕竟是一种文化经济，它有两个必备要素：其一是专门向消费者提供以文化内容为消费对象的特殊产业门类；其二本质上是一种消费性或商品性文化，利润和经济效益始终是其首要目标。因此，确定重点发展的文化产业门类时必须同时考虑这两个“必备要素”，否则“发展文化产业”必将因产业对象不明、概念空泛、突破口难以确定而流于空想，所谓的发展规划也将丧失其本该具备的指导意义。拿“传媒业”来说，出版中的学术专著和专业期刊（如纯文学类）就未必赚钱，艺术电影也未必能收回成本，怎么能作“产业”来“发展”？拿自然山水类“旅游业”及“会展业”来说，其内涵中又有多少“文化内容”提供给大众消费呢？

其次是理论引进中的照搬和使用中的硬套。中国内地现有的关于文化产业与大众文化的研究成果几乎都以照搬法兰克福学派的批判理论为蓝本，即：将法兰克福学派大众文化批判理论的描述——评价框架运用到中国的大众文化批评中来，却没有对这个框架在中国的适用性与有效性进行必要而认真的质疑和反省。本来，援用某种西方理论来分析中国问题无可非议也不可避免，但问题在于：我们必须意识到西方的任何一种学术话语与分析范型都不是存在于真空中，而是特定社会文化语境的产物，因而在跨语境移用时必须进行再语境化（recontextualization），以避免与中国的本土问题、本土经验冲突。如果不经转换地机械套用，必然导致为了西方理论而牺牲中国经验事实的结果。我们应当从中国的实际问题出发创立或引用合适的理论，而不是从理论出发制造或夸大中国的所谓“问题”。时至今日，受法兰克福学派影响，对文化产业与大众文化以故老旧态想当然地不喜欢或者从激进的精英立场出发自以为是地一味批判否定的还大有人在，尤其是在知识群体中。

在文化产业已经迅速发展为当代经济体系的一部分，并获得政府认可和支持的背景下，全面否定文化产业和大众文化的观点至少是越来越没有市场了。文化资本的内在动力和文化产业的巨额利润，都会成为文化产业强力发展的保证，使文化工业在不久的未来实际上成为中国文化领域的霸主。在文化产业肯定会急剧扩张的现实情势下，对文化产业的合理的批判、审慎的矫正，反倒是难能可贵、相当需要的；这是一种有积极意义的对抗，而不是简单的拒绝或反对。要健康地发展中国的文化产业，就必须注意倾听反对的声音，并不断地作出自我调整。事实上，有力的理性批判与再批判，正是西方文化产业持续发展的外部动力之一。

（选自《资料通讯》2001 年第 12 期）

中 国 文 化 产 业 行 业 研 究

年度权威论文选编

图书、报刊产业

建立合理的报业结构

——提高新闻传播工具社会效益的一个重要问题

艾 丰

搞经济，有产品结构、投资结构、产业结构的问题。结构不合理，效益很难提高。例如，产品结构不合理，就会出现消费者需要的东西买不到，不需要的东西“琳琅满目”，即出现所谓“有货卖不出，有钱花不出”的现象。

那么，新闻传播工具，从宏观上看，有没有个结构问题呢?

“信息饥渴症”和“信息疲劳症”

什么叫“信息饥渴症”? 人们不能获得足够的适合自己需要的有质量的信息，处于或基本处于闭目塞听的状态之中，就会患上这种病。例如在十年动乱之中，人们从正道不能获得真实的有用的信息，大家处于信息饥渴状态，不得不靠“小道消息”解渴。再如，我国曾处于较长期的闭关锁国状态，在刚一开放的时候，人们对于任何外来的信息都表现出一种失常的兴趣（如对外国电影的一度狂热)，也是“信息饥渴症”的症状。当然，患饥渴症的人，有的感到了对信息的饥渴；有的则长此以往，习以为常，虽缺“水”而不感到饥渴了。后一种人，应该说“病情”更为严重。

目前，我国进入以经济建设为中心的新时期，跨进了改革开放的年月，更多的人感到了对信息的饥渴，这是一种好现象。他们现在仍然感到信息饥渴，是因为不能经常稳定地获得足够的有用的——解渴的信息。新闻传播工具有义务满足他们的要求。

目前，与“信息饥渴症”并存的还有另一种“病”，叫做“信息疲劳症”。这种病症，从直观上看，是对任何信息的疲劳感，厌烦、麻木，乃至怀着逆反心理加以拒绝。这种病症的形成是由于过多的不需要的、低质量的、同一内容（不同形式）的信息多层次“疲劳轰炸”造成的。一次煤炭职工的读者调查，在对“你最不喜欢的是哪家报纸”的回答中，竟有70%的被调查者填写:《煤炭报》! 看来难以理解，煤炭职工偏偏不喜欢自己的报纸。是这家报纸办得最差吗? 并不是。问其究竟，职工回答：我们开会谈的是煤，下井挖的是煤，上来看到的是煤，浑身上下是煤。打开报纸想换换口味，可他登的全是煤，连文艺副刊的名字也叫“乌金”，实在腻烦了。职工们的回答，很值得我们深思。他们患的就是煤的信息的疲劳症。我们也可以设想，一个领导干部，目前开会说的是承包，干的是承包，打开大小报纸，连篇累牍谈的也是承包。如果这些承包的报道确实给他提供了各种不同的新的信息，那么还好。如果是千篇一律，同义反复，同义重复，而他真心需要的信息，真正解渴的信息又难以发现，那么，他就会产生一种“信息疲劳症”，见到一大堆报纸——再加上各种内容雷同的文件，就望而生畏、望而生厌了。

“绝对有用信息”和“相对有用信息”

关于信息的定义有几十种，这里不去涉及它。不过信息有一种根本的属性，那就是它应该能够帮助人们解决认识上的不确定性。例如，明天我要外出野游，究竟天气如何? 我难以确定。晚间天气预报说：明天，晴，北风，二三级。那么好了，它帮助我解决了不确定性，我知道明天不用带雨具了。

就这个意义来看我们报刊上刊登的信息（这些信息载于各种体裁，并不仅仅在消息之中)，我们可以把它们分为两类：有用信息，无用信息。那些并没有告诉人们任何新东西的报道，那些同义反复的报道，不管放在哪一版，用多大的字号，人们都感到它没有提供需要的信息，不去读它。一张报纸，这类东西多了，人们就觉得它没有信息量，版面“挂不住眼睛”。

对有用信息，我们还可以进一步地分类，即分成：“绝对有用信息”，“相对有用信息”。

所谓绝对有用信息，是仅从信息内容来判断的。如果某个信息确实带有某些过去未曾报道过的内容，给人们带来某些的东西，那么，从绝对意义上说，它总是有用的。这似乎是同义反复，因为任何信息都应该有新的内容。但为了筛选掉那些滥竽充数的信息，提出这样一个概念，还是必要的。

所谓“相对有用信息”，即引进了读者和信息的关系。“绝对有用的信息”，并非对所有的读者都有用，都有相等程度的用处。有些信息，对这部分人有用，用处很大，对另一部分人，则可能无用，或用处很小。例如，电冰箱的市场行情，只要是真实的、全面的，当然是绝对有用的信息。对要买电冰箱的消费者说，对电冰箱厂家说，它当然是有用的信息；但对并非想购买电冰箱的顾客说，对生产纺织品的厂家说，它都是无用的信息。因此，对前一类人，电冰箱市场行情是相对有用的信息，对后一类人，则是相对无用信息，但不能说它是绝对无用信息。

做这样的分类有什么意义呢？我们知道，任何报纸都有自己特定的对象。《少年报》、《青年报》、《工人报》，从报名就可以看出它们的对象；《经济日报》、《经济参考》等，也可以从报名看出它们的主要发行范围。即使是综合性的报纸，例如《人民日报》等，也有它的主要阅读阶层或读者群。把所有的人都当成自己主要对象的报纸是无法办好的，实际上也是不存在的。

那么，要办好一些报纸，不仅要考虑刊登绝对有用的信息，更要考虑适合自己主要读者对象的相对有用的信息。没有一个人会主张在《少年报》上大量刊登承包经济的报道，因为这对少年是无用的。同样，人民日报也不会大量刊登反映少年儿童具体学习生活的报道，除非这类报道的内容涉及党和国家以及各报领导在教育方面的决策。

一张报纸，如果绝对有用信息比重大，而相对有用信息比重小，那么，对于它的主要对象来说，那些绝对有用的而对己无用的信息，不仅无益，反而会成为“信息噪声”，起着干扰作用。正像收听音乐广播的听众，旁边戏曲广播不断串音，会成为干扰一样，尽管戏曲广播是另外一批听众感兴趣的节目。

因此，对办报的人来说，只注意刊登绝对有用信息还不行，必须把注意力的重点，放在收集和传播相对有用的信息上。

所谓“信息疲劳症”成症的原因之一，就是绝对有用信息比重太大，而相对有用信息太少。读者要读几条消息才找到自己感兴趣的一条消息，请想想，他怎么会不疲劳呢？

新形势和新课题

新闻传播媒介近年来有了突飞猛进的发展。可以用三句话来概括：广播普及，电视崛起，报刊遍地。

新闻传播媒介的发展，在信息传播上，带来了若干新的趋向和新的问题。

首先是信息传播量剧增。只要和十年前比较一下，我们就可以明显地感受到这一点。我们只需作这样一个对比就足够了：十年动乱期间，人们只能读到“两报一刊”（其他报刊也都是两报一刊的翻版），现在，全国各种报纸已达2000多种，4000多种杂志，在图书馆，连经常普遍浏览一下报刊恐怕都没有足够的时间。许多办公室摆满了各种报刊，办公桌上的报纸，稍不整理就会被堆满。许多家庭，都订了不止一两份报刊。再加上广播、电视，人们每天接受的信息量，起码十倍于十年前。

在信息质量方面，表现为两种趋向。一种，作为主流的趋向，是信息质量的提高。另一种，随着信息量的增大，随着报刊的增多，信息的质量也有相对降低的趋势。不消说在低质量的报刊上充斥着大量低质量的信息，就是在较重要的报刊上，也刊登了不少读者不感兴趣的凑数的报道，传播了不少低质量的信息。

再有一种值得注意的趋向是：信息噪声增大，无用的信息，低质量的信息，都形成这种噪声。此外，还有一个很重要的原因：由于我国还没有形成一个合理的报业结构，没有形成一个合理的新闻传播工具的合理体系，各个报刊之间，各种传播工具之间，还没有构成一个分工合作的理想的体系，因此，常常会出现彼此不必要的重复传播的现象。同一信息、同类信息、同等信息，在同一层次上多次重复，尽管是在各种不同报刊上的重复，超过了一定的度，也会给人们以厌烦和疲劳的感觉，这就叫过犹不及。

由报刊结构不合理，分工不合理，造成了信息传播上的不必要重复，这是一方面。另一方面，与此同时，必定会有空白点，该传播的信息，没有很好地传播。

读者不是敏锐地感到了这一点吗？翻了许多报纸，眼睛都疲劳了，而真正感兴趣的信息并不多。对他无用的信息，随时涌入，而他所需要的信息，又不知从哪个报刊上去找！

读者的这种困惑是对合理报业结构的呼吁。当各个报刊抓住了自己传播信息的重点和特点，读者知道从哪个报刊可以获得什么方面的信息，他们感觉就获得了极大的主动性，仿佛获得在信息海洋里航行的海图。

“同一竞争”和“特色竞争”

从新闻传播工具的宏观社会效益上看，必须建立合理的报业结构。因为这样可以减少不必要的重复劳动，减少宣传效果上的互相抵消，使众多的新闻工作者的劳动，都能真正实现它的价值。这个道理是很明显的。

从微观上，从每个报刊的生存和发展上看，也必须建立合理的报业结构。

在众多的报刊中，人家为什么要订你这份报纸，为什么要看你这份报纸？一句话，那是因为你这张报纸具有不可替代性——别的报刊代替不了你。不可替代性来自报刊的特色，而特色的选择，则来自对本报刊在整个报业结构中特定位置的自觉而明确的认识。

我们常说，各新闻单位之间，报刊之间应该展开竞争。这种竞争，应该包括两层意思。第一层意思，可以叫做“同一竞争”，即在同一事件、同一领域的报道上的竞争。例如，大兴安岭发生森林大火，各个报刊都去报道，那么各个报刊，就可以在这个事件的报道上争个高低。这种竞争是现在谈得比较多的一种竞争。

竞争还有第二层意思：可以叫做“特色竞争”，也可以叫做“不可替代性”的竞争。这种竞争并不是在同一事件、同一领域的报道上展开，而是采取“你打你的，我打我的”方针。你报你的“阳春白雪”，我报我的“下里巴人”。在办报思想方面，也要像在经济领域一样，要克服“大而全”和“小而全”的思想。大报，不要求全，小报更不要求全。求全，就会使自己报刊特色消失。其实，求全也求不成，只是使自己在整个报业结构中失去特定的位置。

我们有理由说，竞争的第二层意思，并没有被人们足够认识，更没有在实践中获得应有的贯彻实施。

附带说一下，要办出报刊特色，要使自己在信息传播上具有不可替代性，还必须对信息作出科学的分类，并明确自己传播信息的主要范围。例如，经济信息可以分为宏观的、中观的、微观的。又可以分为侧重决策的、认识意义的和实施上的、实用上的；还可以分为综合的、行业的、单项的……每个报刊都可以选择自己主要在哪个领域发挥作用。目前，对信息传播的理论还研究得很不够，对信息分类也还研究得很不够。这些，都需要我们在实践的基础上，加强理论探讨。

（选自《新闻与写作》1987 年第 11 期）

码洋·产值·利润

——概念辨析和出版社经济效益评价

王纪卿

一个偶然的机会，笔者从非常熟悉的一家出版社里，观察到一种饶有趣味的现象。写这篇文章的时候，笔者并不认为分析这种现象在那家出版社形成的原因有什么重要意义。这现象在出版业的普遍性，才是笔者认为有必要把它拿到理论高度加以认识的原因。它的广泛存在，事实上是可以和订货萎缩、“卖书难，买书难”等普遍现象等量齐观的。更有趣的是，西方发达国家的一些著名出版经济学家也曾把他们那里的类似现象当作一个普遍性问题加以探讨和研究。举例说，享有“出版界圣经”光荣称号的已故前国际出版商协会（IPA）会长斯坦利·安文爵士的重要著作《出版概论》（*The Truth about Publishing*，中译本有山西书海出版社 1987 年版），以大段的文字精辟地论述过这个问题。

笔者还没有把现象本身描述出来。

今年 7 月份，笔者有幸得到了上文提到的那家出版社的总编室印发的一份周报。有一条消息说，该社发行部门库存量严重膨胀，积压资金 90 万元，致使全社资金周转困难，无力支付各项费用，不得不增加并延长银行贷款。8 月份，笔者又读了同一个总编室印发的另一份周报，其中总结 1986 年上半年度工作成绩的那篇报道，引起笔者的注意。报道说，全社上半年出书码洋 500 万元，创利 90 万元，相当于全年上缴利润指标的两倍，成绩非常显著，形势是很好的。

这两条消息，时隔几星期，给人感情带来一忧一喜的变化。请想想，一个百来名职工的中等规模的出版社，背上了万元库存的包袱，不仅在同样规模出版社群中看来显得是个令人伤心的局面，就是从该社的经营史来看，也是个空前被动的处境，叫人怎么不担忧呢？又请想想，30 来天过去，忽然得知这家倒霉的出版社竟然在半年内实现了 90 万元利润，这意味着只要下半年生产没有亏损或亏损不大，它就完成了全年向国家上缴利润的任务，除企业留成外，还能为职工提供一定数量的奖金；而且，如果那 90 万元库存有一半以上以定价或正常的批发价销售出去，这个 90 万元的利润额就会变成 100 多万了；这样的消息，叫人怎能不转忧为喜呢？7 月份担忧的人是虚惊一场，可谓杞人忧天了。

然而这后来的喜悦，毕竟是来源于出版业经营中常常出现的一种海市蜃楼般的幻景。即便是精明的经营者，也未必个个会从这过于戏剧性的转忧为喜中发现什么蹊跷。借用那位安文爵士的话说，精明的眼光在这种场合忽然变得愚钝，是因为“不敢正视其损益账目”。这些眼睛看不清一个简单的事实了：除非出现了什么奇迹，否则一家资金周转困难、失去支付能力而需靠增延贷款度日的出版社，是不大可能在一个月内盈利 90 万元的。

事实本身的单纯简直令人吃惊。和通常一样，奇迹没有光顾那家出版社，它的“利润”就是它的库存。外行业的企业家，大约很少有人以为本企业产品仓库大门内存藏的是利润，出版业却有不少人——还是借用安文爵士的话说——相信这种“至少有一部分是纯属想象的利润”是存在的。显然，出版业独有的这种经营幻觉的来由，其中自有奥妙。本文的目的，就是试图阐明这里的事实是怎么变得模糊甚至面目全非的。

我们知道，国内的出版社在制订生产计划和总结工作成绩时，习惯上不提产值，而是以“码洋”、“纸令”为指标。当印刷厂和书店作为出版社下属的或附属的企业职能部门存在时，从书店销售额意义上所说的码洋，其实就是出版社（包括印刷厂、书店和编辑部）的产值。实际情况却不是这样。现在绝大多数的出版社都是脱离并且平行于印刷厂和书店而存在的单独经济核算的生产单位，因此码洋在产值的意义实际上已经分成了三段。

不论是一本书的单位码洋、一种书的统计码洋还是全年出书的总码洋，都是出版社、印刷厂和书店三者或者说图书产销阶段的产值之和在图书定价上的体现。出版社的产值，在图书码洋中按一定比例占有并且仅仅占有一个段落，因此不提产值只提码洋的计划和总结，容易给人们尤其是外行的人们造成一种错觉，即把出版社的产值夸大为码洋的数值，而且也就相应地夸大了整个出版业三阶段产值的总和。这给利润率的计算也造成了困难，有人甚至说出版社的平均利润率是 11%，实际上指的却是出版社盈利占码洋的平均百分比，即所谓“图书定价利润率”，它不能反映出版社盈利与其全部投资的比例关系。

那么，为什么出版社的生产计划和总结不提产值而提码洋和纸令呢？显然不能说，这里是有一种故意给人造成错觉的动机在起作用。笔者认为，这里存在着历史的原因和现实的理由。

我们且来浏览几页出版史吧。在我国，现代出版业得到一定程度发展后，无论是白区、解放区还是解放初期的出版社，都是编辑、印刷、发行三位一体的机构。这些出版机构有的称书店（如三联书店、抗战时期建立的新华书店和解放初期的新华书店），有的称印书馆（如 1932 年以前的商务印书馆），有的称书局（如中华书局），等等。总之，它们都是兼营编辑、印刷和发行三重业务。只是在 1950 年 8 月 29 日至 9 月 10 日的新华书店全国第二届工作会议之后，出版、印刷和发行三部门才分离开来而成为三类独立机构。显然，在实现这种彻底的分工以前的我国出版机构里，是完全可以把码洋当作产值看待的。因此“码洋”在出版业的经济筹划和结算中，自然就是“产值”的同义语。这个听上去有几分神秘感的行业用语，被实现彻底分工以后的出版业沿袭下来，独立形态的出版社也不例外。然而不难看出，对于作为图书生产第一环节的出版社，它不再像从前那样能和产值之间画上等号了。

那么码洋现在是否失去了衡量出版社生产成果和经济效益的功能呢？没有。它在这方面至少还起着一种参考尺度的作用。这就是要说明的现实的理由，而这个理由较之以上所说的历史原因能更好地解释码洋为什么至今仍然作为衡量出版社经营状况的尺度继续存在着。

这里要提出来分析的，仅仅是两个众所周知的事实。第一，我国的图书产品的价格，实际上是大致按一个统一的标准即每印张多少钱来制定的，各类图书按印张计算的价格之间的差异，小到可以忽略不计，只有线装书、影印书等极少数产品尚属例外。第二，出版社的生产成本，无一例外是在书稿交付印刷之前一次性消耗掉的。把这两个事实和码洋统计结合起来看，事实一告诉我们任何一种图书，其统计码洋数额越大，意味着印数越多，码洋和印数成正比，印数又跟赢利或减亏的可能性成正比，因此码洋又和盈利或者减亏的可能性成正比（这里说“可能性”，是因为考虑到销售因素对盈利或减亏的影响）；事实二则使我们明白了出版社生产成本向图书产品转移的特征，即随着图书印数的递增，每册书所包含的该种成本量将会越来越小；而我们已经知道印数和码洋成正比，所以单位图书所包含的出版社生产成本量与码洋成反比。根据以上定律，事实一和事实二两项之和直接引向一个结论：在现行出版经营体制下，如果撇开销售因素不计，并假定印刷纸令以及生产成本都是常量，那么码洋就是反映出版社生产经济效益的绝对的唯一的指标。在反映劳动耗费与劳动成果之比的意义上，它能说明的问题比利润本身还要多。如果把上面这句话的假设条件减少到仅仅保留“撇开销售因素不计”，码洋仍然是重要的参考指标之一。这样我们就看到了它在出版社经济计划和总结中的现实意义。

现在可以回过头来看文章开始时提出的那个问题了。引起我们关心的那家出版社，在工作总结中提出了相当可观的码洋统计数和利润额，给人造成“经营良好”的错觉，事实上它的经济却陷入了困境。这里的错觉，是什么东西在作祟呢？回答很简单：是码洋！有人会问这不是自相矛盾么？码洋固然不等于出版社的产值，但我们不是得出结论说它的增长意味着出版社经济效益的增长么？回答是：这并不矛盾。因为我们在上面的讨论中有意地忽略了销售因素的介入。

销售因素是怎样使码洋戴上一副假面具的呢？

回溯以往，销售因素本来是可以忽略的。建国将近一年以后，出版社开始独立经营，实现了产销脱节，出版社按书店所报的订数把每种产品一次性卖给书店，按一定的折扣收入码洋。图书是否积压在书店的仓库里，对出版社无关痛痒。那时候，它不会使人对出版社的经营产生错觉。但是近些年来，事情有了很大的变化。自从书店所报的订货数明显地不能满足出版社对印数和码洋额的追求那个时候起，后者就迫不及待地要把本身已经失去的销售功能在一定程度上恢复起来。这就是出版社对部分图书产品实行的所谓“自办发行”。于是出版社有了本身核算范围之内的发行处、发行部或发行科。在建立这些部门时，每个出版社的经营负责人都想到了大量产品通过自己掌握的销售口源源不断流入市场胃口全部消化的动人前景，他们不愿也不可能预见到，这个销售口将会发生堵塞，在它建立后的短短的几年内就会使出版社染上一种名曰“库存积压”的鼓胀病。正因为没有人作出这个预见，出版社打着老算盘，拼命追求码洋，追求利润，要求印刷机一开动就运转几万次、几十万次。哪知道，人们头脑还在发热，码洋就在悄悄地跟人们开玩笑了。

大约从 1984 年起，出版社经营者们普遍地注意到一种不祥之兆：大量码洋积压在本社的仓库里，没有转化为在财务账表上冲着他们微笑的利润。然而遗憾的是，其中的多数人似乎仍然对码洋统计的旧功能深信不疑，他们还在怀疑或是不愿相信一条铁的定律：没有进入流通领域的商品，决不等于在数值上与其价格相关的利润。当然，他们更不会去从事一项西方出版商早在几十年前便已得出结果的研究：对于库存图书的估价，应当本着什么样的原则进行？

提出这个问题，我们就进入了本文最重要的部分。

笔者不无忧虑地预见到，由于1986年以来顺应书店要求开始实行寄销制而发生的退货问题，以及出版社发行部门改善管理进展缓慢，出版社的库存数积压，是我们不得不在今后一个较长时期内面对的严峻现实。因此，适当地评价库存书的交换价值，是出版社工作中一个极为重要的方面。比方说，以码洋为基准按规定折扣计算的90万元库存书，全部销售出去，实际上能够换回多少钱？弄清这个问题，对经营者做出各项决策，具有根本的指导意义。对这个问题的严重性视而不见或是根本不懂，无异于拿国家、企业和职工的利益当儿戏。

库存品积压的严重后果，迫使我们现在不得不认真地探讨从库存品角度评价出版社经济效益的一般原则。这方面的讨论，笔者为节省篇幅，将西方出版商的认识和自己的见解糅合在一起。

第一，任何图书进入出版社的仓库，若非处在短期中转的过程中，对经营者就是一个应给引起高度警惕的红灯信号。认为这些图书在相当长的时间内还有机会实现它们的经济价值，仅仅是经营者的自我安慰的心里结果。广义的图书产品只是一种载体，由这种载体容纳的实用价值意义上的产品性质，使每一种图书都成为一种特殊商品。出版社的书库往往是数百乃至上千种不同产品的收容所。各个品种之间的差异，简直像袜子和牙膏一样悬殊。这里的销售任务比小百货批发站更加艰巨。我们不可能指望经理人员对上千种商品的市场了如指掌，其实只要能够看清其中几十个品种的销路，我们就会对经理赞不绝口了。因此在这一方面，适用于其他行业的标准并不适用于出版业。经验告诉我们，支配图书销售前景的因素，比支配袜子或牙膏的因素复杂千百倍。政治因素，社会因素，伦理道德因素，文化流行因素，科技进步因素，知识更新因素，教学变革因素，欣赏趣味因素，产品信息因素，市场竞争因素——它们的总和，使很多种图书的行市可能暴跌于一夜之间。斯坦利·安文断言"卖剩的图书几乎就没有价值接近于成本的，且其中很多只有切断化浆的价值！"我们这里的情况大致上也是如此。我们再想一想很多图书品种按定量经济学的边际效用定义在市场上所居的地位，就会明白库存书是根本不能当作完整无缺的资产来看待的。

第二，评价库存品必须对各项保管成本和发行成本了然于胸。房租（或按面积计算的库位占用费）、损耗、搬运费、保管设施费、簿记费、各种宣传品、会议费、电报电话费、推销差旅费、推销奖励和工资等等，三至五年内，所有这些消耗将会使库存品的销售只能回收很小的一部分成本，甚至额外亏损一笔资金。中外出版社的经营者都有一种自然倾向，即不甘或不忍把本社的库存品当作贬值商品看待和处理。一些人也会承认贬值是客观事实，但是把库存品降到可以销售出去的价格时，他们会怅然若失，好像做了一笔蚀本生意，甚至觉得对不起自己作为一名经理的良心和责任感。他们为库存品耗费大量钱财和精力的时候，反而心安理得，沾沾自喜。很遗憾，理财时感情压倒理智，效果适得其反。

第三，评价库存品应从现实的状况和眼前的机会着眼，寄望于未来的增值是十有八九要落空的。以贬值价格大量倾销库存的机会是稍纵即逝的。这里真正用得上我们都很熟悉的那句歌词：好花不常开，好景不常在。此刻你为买方出价太低而犹豫，那就意味着你愿在今后花更多的钱去填一个无底洞。退一万步说，某一个品种也许是会稳销不衰的，但应该牢记，今年卖回1000元，胜过明年以同样数量卖回1100元。如果该品种有助于树立出版社的声誉，那么纯粹从宣传角度而言，提前一天卖出去也是可喜的。总之，我们一般应该承认：现在能够就近脱手的最高价格，就是库存书可以实现的最大交换价值。

上面的三项原则，按库存书对出版社经济效益发生影响的先后次序划分，笔者分别称之为亏损预兆律、实际亏损律和折价兑现律，把它们运用于本文举例说明的那家出版社的现状，可以这样描述：（1）该社早已出现有损于经济效益的苗头；（2）假定该社库存书码洋为100万元，则其实际价值只在60万元以下，并且随时递减（最早进人仓库的品种应扣除的保管成本最多）考虑到价值递减因素，抓住最先到来的机会将100万元码洋的库存在短时期（比如一个月）内全部倾销出去，是该社的最佳选择。关于最后这一点，根据笔者长期观察的结果和代理发行职务期间的实际经验，凡库存达半年以上的图书，在一次性倾销中若能在扣除保管和发行成本后平均回收码洋的三成，就算是不幸之中的万幸了。

到此为止我们讨论了前面提出的所有问题。在结束本文之前，笔者还想表达一个诚挚的愿望。如果每个出版社的经营者至少懂得该到哪里去索求本社的经济效益和利润，出版业的经营定会比现在更加兴旺起来。近来笔者惊讶地获悉，一些出版社把企业管理人才拒于门外，认为他们只有到印刷厂和书店去工作才不至于吃闲饭。如果说，我们宁愿眼睁睁地看着本行业职工运用多种知识和才干辛勤创造出来的成果大量地化作不值钱的纸浆，也不愿意把企业管理知识和才能容纳在出版社的控制系统里，那么，谁也不会承认这种做法是有半点道理的。少一点浪费，多一点管理，这才是出版业的出路。

（选自《中国出版》1987年第12期）

中国出版业：从卖方市场转向买方市场

陈昕　罗靖　杨龙　施林

20世纪70年代后期，命运多舛的中国再次回归到全球性的现代化历史潮流之中。随着文化禁锢主义的打破，出版体制改革的推进，中国彻底摆脱了“文革”10年中陷于“书荒”的困境，图书出版一再突破原有的纪录。1978年至1985年是中国出版史上超常规增长阶段，在短短的8年中，图书出版总印数竟然翻了一番，它相当于新中国成立至1977年这28年中图书增长的总额（见表1）。如果按出书种数这一统计指标衡量，中国在1985年已进入世界六大出版国的行列。

表1　1949～1988年中国图书出版情况

项目 年份	印数 （百万册）	印张 （百万张）	种数 （种）
1949	105	—	8000
1977	3308	11771	12886
1978	3774	13543	14987
1985	6673	28275	45603
1986	5203	22031	51787
1987	6247	26102	60119
1988	6223	26909	65908

资料来源：《中国统计年鉴（1988）》，中国统计出版社1988年版。

1985年之后，中国出版业高速增长的势头不复存在。1986年图书总印数比1985年猛跌了22个百分点，至今仍未恢复到1985年的水平。1988年4月起，中国图书发行的主要渠道新华书店，为了减少库存，大幅度地削减新书订数，部分图书的订数甚至出现了零的情况，整个中国出版业陷入前所未有的困境之中。与此同时，大众传播媒介也频频用“出版业大滑坡”、“出版业大地震”、“出版业大危机”等醒目的词句来描述今日之中国图书市场。

近年来中国出版业究竟出现了什么问题？如何看待近年来中国的图书市场？中国出版业陷入困境的原因又何在？这些问题的解答，不论是对更准确地把握当前中国图书市场的性质，从而推动出版体制的改革，还是对预测未来图书市场走向，尽快地走出图书出版的谷底，都是大有裨益的。在这份研究报告中，我们以全国出版业为背景，以上海图书市场为重点来展开我们对上述问题的分析。

一、中国图书市场的现状及基本判断

从上表中我们可以看到，1985年是中国出版业持续8年高速增长的最后一年，图书出版总量以出版总印数和总印张数这两个指标为代表，1985年这两个指标创造了中国出版史上的最高纪录，总印数和总印张数分别达到66.73亿册和282.75亿印张。1986年图书总印张数分别比上一年下降了22.03%和22.08%。1987年和1988年中国图书出版总量虽有一定幅度的回升，但也不过是与1984年基本持平，仍低于1985年。1989年上半年，步履维艰的中国出版业又一次遭图书印数大幅度下降的打击。以上海为例，1989年1至3月，上海图书出版总印数和总印张数分别比上年同期水平下降了40.21%和33.77%。

任何一个行业的增长速度若出现停滞或下降，都不外乎可以从供给和需求这两个方面去寻找原因：或者是由于供给方存在着“瓶颈”，或者是因为需求不足。中国出版业出现衰退的原因究竟是在供给方还是在需求方呢？

在供给方面，我们首先来考察图书出版最基本的投入要素——纸张。由于中国纤维原料不足，造纸工业落后，长期以来纸张供应一直十分紧张，每年都需要从国外净进口数十万吨的纸浆和纸制品来弥补国内需求的缺口。可是，在中国图书市场发生重大波动的1985年及其以后，中国图书出版的主要用纸品种——凸版纸和双面胶版纸供给短缺的情况并不很严重。凸版纸的产量自1984年后有较大幅度的增长，尽管1986年以后的数据暂缺，但估计实际产量当不会低于1985年；相反1986年的出版用纸量远远不及1984、1985年，即使是1988年也低于1985年的水平。我们预测最近几年中国出版业的总用纸量会有一定幅度的下降，至少不会超过1985年的水平，所以，只要中国的凸版纸和双面胶纸的产量保持在1985年的水平，而且对非出版用纸加以适当控制的话，那么近几年中纸张供给短缺的情况从总体上说是不可能出现的。

其次我们来考察印刷生产能力。1978～1985年期间，与高速增长的图书出版业相比，中国印刷业的发展显得相对不足，出版周期逐渐拉长。据180家书刊印刷厂的统计，1982年中国图书平均印刷周期高达252天左右。但是，1986年以后，随着乡镇印刷厂的大量出现，加上国营印刷厂历年积累的设备更新和改造日益发挥出优势，中国的印刷生产力有了明显提高，1987年图书印刷周期也逐渐缩至200天左右。1988年以来，随着中国图书市场逐渐缩小，出版总印张下降，印刷生产任务相对不足，不少国营印刷厂开始找米下锅，因此，从总体上看，印刷缺口的问题渐渐消失了。

中国对成立新出版社的审批一向控制得较紧，进入壁垒很高，尽管如此，1977～1988年，中国出版社的总数还是由114家猛增到506家。正是由于出版社的供给充裕，中国的图书出版种数才有可能连续9年以年均5000种的速度递增。

反映供给状况的最重要综合性指标恐怕还在于产品库存。从1980～1988年上海各图书发行部门的库存变化情况来看，1985年库存数在一下子猛增了48.61个分点后，库存量就始终保持在5000万册以上，估计1989年将会突破6000万册。结合上述供给方的各点分析，我们可以肯定，中国近年来图书市场陷入困境的原因并不在于供给方的生产能力不足。

从需求方看，与图书库存对应的综合性指标是图书的销售额。如前所述，在中国，新华书店是图书销售的主渠道。1983年以前，中国几乎所有的图书均由新华书店销售；1983年之后，图书发行体制开始改革，逐步形成了以新华书店为主体，多种流通渠道、多种经营成分、多种购销形式、少流通环节的格局。但是，直到1988年，在中国图书出版的总量中，由新华书店购进的仍要占到90%以上。从1977～1987年中国新华书店的图书销售情况来看，1977～1985年，中国图书销售册数一直持续增长，到1985年达到最高峰，为61.16亿册，之后又开始下降。

支撑图书销售的是居民的消费支出。统计表明，人均书报费在城镇居民家庭的日常消费总额中的比重于1984年达到顶峰，即占1.04%，之后便每况愈下，以至1986、1987两年的数字低于前五年中的任何一年。1987年已降至0.84%，虽说只比1984年少0.20个百分点，但这已占到1984年的比重的五分之一了。居民消费支出结构的这种变化，势必影响到图书销售。

换一个角度，考察社会消费品零售及其构成，结果也表明，1986年和1987年的书报杂志零售在社会零售总额中的比重为1.3%，也只相当于1980年或1982年时的水平，基本处于停滞状况。

上述分析说明，近年来中国图书市场之所以陷入困境，原因在于需求力的增长出现停滞甚至下降，而供给能力却仍在扩大。我们认为自1984～1985年起，决定中国图书市场发展走向的基本力量已从原来的供给方转向需求方，出版业从卖方市场转向了买方市场。图书印数逐年下跌，出版业利润滑坡，出书难、卖书难以及买书难等一系列“病状”，正是中国图书市场性质发展转折的具体表现。

二、卖方市场与买方市场的特点

笼统而言，卖方市场与买方市场的基本区别在于前者是需求大于供给，而后者则是供给大于需求。具体地说，卖方市场与买方市场的区别有三点：

（1）在卖方市场中，由于种种原因，供给方无法一下子扩大生产容量来满足社会需求，因此市场供给量对价格反应较慢，或者用经济学术语来说，供给弹性较小。在买方市场中，需求已基本饱和，很难再大幅度提高需求总量，因此需求弹性较小。

（2）在卖方市场中，需求方变动的幅度远远越过供给方，因此需求弹性较大，在买方市场中，供给方伸缩的余地远远大于需求方，因此供给弹性较大。

（3）在卖方市场中，需求大于供给，需求者之间的竞争导致价格上升；在买方市场中，供给大于需求，生产者之间的竞争导致价格下跌。

我们的基本判断是，中国图书市场在1984～1985年以前属于卖方市场，这之后则转向了买方市场。根据卖方市场与买方市场的性质差异，1984～1985年之前中国图书市场的需求弹性应该较大，而以后需求弹性应较小。现在我们来检验这一假说。

按照需求弹性的定义，需求弹性是指需求量变化对价格变动的反应程度，或者说是需求量相对变动除以价格的相对变动，其计算公式为：

$$E_d = \frac{\Delta Q}{1/2\ (Q_1+Q_2)} / \frac{\Delta P}{1/2\ (P_1+P_2)}$$

式中 E_d 代表需求的价格弹性，ΔQ 和 ΔP 分别代表需求量变化和价格的变化，Q_1 和 Q_2 代表观察期中的期初需求量和期末需求量，P_1 和 P_2 则代表期初价格和期末价格。表2是1978～1987年间全国新华书店的图书销售量以及这一时期中单位价格的变化。表3是根据表2中数据计算出来的需求弹性值。

表2　**1978～1987年中国的图书销售额及单位印张价格***

年　份	1978	1979	1980	1981	1982	1983	1984	1985	1986	1987
销售册数（亿册）	33.11	37.88	42.53	48.97	53.99	56.45	59.24	61.16	55.08	56.51
每印张价格（元）	0.097	0.100	0.104	0.099	0.104	0.105	0.119	0.167	0.188	0.205

*图中销售数为全国新华书店资料，单位印张价格为上海版图书资料，其中1978年、1979年为上海9家主要出版社的平均数。

表3　**1978～1987年中国图书市场的弹性需求***

时期	1978～1979	1979～1980	1980～1981	1981～1982	1982～1983	1983～1984	1984～1985	1985～1986	1986～1987
弹性值	4.41	2.95	－2.77	1.98	4.66	0.41	0.10	－0.88	0.30

*　这些数值中大部分的符号都为正，按照需求法则，需求随价格上升而下降，即两者是反方向变化的，弹性值应为负数。表3中之所以出现正的弹性值是因为需求不仅随价格变化，而且也随收入的变动而发生变化，因此表3中的需求弹性值不完全根据价格的上升而变化。

从表3中我们可以看出，1984年以后需求弹性值明显小于1984年以前的水平。这个结果证实了我们的判断。

如果说1984～1985年是中国图书市场性质发展转折的分界线，那么根据卖方市场与买方市场的基本特征，我们应该在1984年之前看到图书价格大幅度地上涨，在1985年之后看到图书价格下降。但事实上，在前一个时期中，价格上涨现象并不突出，而后一个时期中的价格不但不降低反而剧烈上升，上海版图书的价格充分证明了这一点（见表2）。如何解释中国图书市场上这种有悖常理的现象呢？

我们知道，在1984年之前，中国出版社、新华书店等基层企业行为的市场色彩有一个由淡到浓、利润动机由弱到强的过程。那时，一方面企业的利润冲动还不是太强，另一方面，国家的物价管制约束也较硬，书价大幅度上涨不容易办到，因此价格上涨并不显著。但是，1985年后，企业的利润动机趋强，前一阶段累积的成本负担越来越重，加上全国性的通货膨胀，使得书价跳跃性上涨的内在势头难以抑制。在另一方面，国家对书价管制一让再让，以及图书商品本身具有的产品差异显著的特点，使图书价格连年上升成为可能，最后，终于形成中国图书市场的性质发生根本转变之后，书价不降反升的奇怪情况。

三、中国图书市场性质发生转变的前提条件

中国出版业从卖方市场转向买方市场是各种因素综合作用的结果。在这些因素中，有些来自图书商品本身所固有的特点，有些则来自图书市场之外的条件变化。下面我们逐个分析这些因素。首先从图书的三大特点谈起。

与一般商品比较，图书最突出的特点在于它是一种文化商品。这个特点对图书市场产生了两方面的影响。

第一方面影响较为直接。图书是一种文化商品，它要求消费者必须具备一定的文化程度。而中国的文盲、半文盲人口要占到人口的四分之一强，他们的收入一般也是较低。这样一来，仅仅由于文化程度的限制，中国图书市场的需求容量就缩减了近四分之一。

另一方面影响比较间接。图书既然是一种文化商品，其生产就必然带有双重目标。作为商品生产，图书的出版必须以盈利为唯一目标，而作为文化产业，图书的出版又必须以文化的普及与提高为唯一宗旨。这双重目标，有时可以相容，有对却无法调和。

在价格上限受到政府管制的条件下，要使图书能够盈利或者多盈利，只有通过规模经济来降低单位成本。一种图书的印数越多，分摊到每本书上的稿酬、编辑费、管理费等不变成本就越少，从而利润越大。根据图书市场的一般情况，普及类图书的市场容量大大高于学术类图书。因此，图书的盈利目标与文化普及目标在相当程度上还是可以一致起来的。与文化提高目标却是较难协调的，这是由学术类图书读者群狭窄这一本质特征决定的。图书商品双重目标之间的潜在冲突是日后中国图书市场问题丛生的基础。

1984年以前，图书双重目标的冲突还不明显，但1984～1985年后，这种冲突日益严重且表面化。究其原因有二：

（1）经过“文革”浩劫，文化土地上一片荒芜，绝大多数学术领域处于空白状态，其中社会科学尤其如此。与满目疮痍的文化建设相对应的是数之不尽的嗷嗷待哺的读者群。因此，在1984年以前，相当多的学术类图书可以印刷上万册，甚至数万册。加之当时纸张、印刷的价格基本不动或者涨幅很小，因此，某些学术类图书的出版本身就能盈利，或者至少不亏本。即使在1984年、1985年，许多学术类图书逐渐逼近盈亏边际，甚至相当一部分亏损时，由于普及类图书的市场容量还比较大，它们的盈利也足以弥补学术类图书的亏损，支撑大量学术类图书的出版。但是，1985年以后，学术类图书的印数急剧下降，印刷、纸张的价格大幅度上涨，所以几乎所有的学术类图书都出现亏损，甚至有的亏损额要高达一两万元，与此同时，不少以前较为好销的普及类图书的印数也大幅度下降，处于自身难保的境地，因此，要指望靠普及类图书的盈利来弥补学术类图书亏损，即以书养书，自然是越来越难了。1988年中国每种图书的平均印数只有9.4万册，1977年是25.69万册，也就是说，只及11年前的37%。

（2）1985年以前，特别是1978～1980年期间，图书尤其是学术类图书的主要消费者——知识分子的相对收入水平还比较高，而高级知识分子更属于社会中收入水准最高的阶层。因此，这时的图书市场，尤其是学术类图书市场尚能得到购买力的支撑。但是，1985年以后，知识分子的相对收入地位开始下降，如今社会中收入水平最高或比较高的阶层已不再是知识分子，这一点可以从下表中得到证实。

表4　　1987年中国城镇居民家庭中人均全年生活费支出及书报费支出

	高级工程师	工程师	助理工程师	技术员	处级以上干部	科级以上干部	全部城镇居民				总平均
							中等收入	中上等收入	高收入	最高收入	
人均生活费收入（元）	1394.76	1074.60	973.32	902.16	1135.32	967.56	897.84	1049.64	1228.56	1581.60	915.96
人均生活费支出（元）	1294.56	1016.16	931.80	860.64	1075.68	928.44	872.52	1006.44	1141.92	1403.98	884.40

续表

其中：书报杂志（元）	21.24	13.80	11.88	8.76	11.28	8.88	7.52	8.42	8.98	9.71	7.48
书报杂志费占生活费支出的比重（%）	1.64	1.36	1.28	1.02	1.05	0.96	0.87	0.83	0.97	0.68	0.84

资料来源：《中国统计年鉴·1988》，中国统计出版社1988年版，第809、811、812、816页。

在国外，学术类图书同样面临市场容量过窄的问题。为了弥补亏损，国外学术类图书的价格定得非常高，一般要高于普及类图书价格的几倍，甚至10多倍。这种定价现象之所以能够维持，是因为学术类图书购买者的收入也大大高于普及类图书的购买者，两者是成正比例的。而中国目前的情况是，“有钱的不买书，买书的没有钱”。在这种情况下，学术类图书市场的萎缩就是必然的了。

图书的第二个特点是产品差异非常显著。尽管图书消费者的范围因文化因素的要求而受到限制，但文化变量的引进成千上万倍地扩大了消费者的偏好类型。为了适应不同种族、不同年龄、不同性别、不同职业、不同爱好、不同文化层次的消费对象的需求，图书大家族中既有社会科学读物，又有自然科学读物；既有少儿读物，又有青年、老年读物；既有中国读物，又有外国读物；既有古典读物，又有当代读物；既有实用读物，又有消遣读物；有大众读物，又有专业读物……在这些名目繁荣的图书种类中，许多图书都有其专门的读者群，不同类型的图书之间是无法替代的。即使是同一类型的图书，往往也因作者知名度大小，叙述详略、内容深浅、篇幅多少、风格殊异，甚至版本新旧、装帧式样的好坏而产生出五花八门的产品差异。产品差异突出为图书种类的增加提供了足够的发展空间，这也是中国图书种类能从1977年的1万余种扶摇直上到1988年的6.5万种的一个重要原因。

产品差异显著这一特点，使我们得以排除杂志和报纸对图书市场的影响。然而，一般认为，图书、杂志和报纸三者属于相互可以替代的商品。中国许多出版社都是既出图书又出杂志和报纸，而一些报社和杂志社也兼出图书。另一方面，消费者的书报费支出收入中的比重基本稳定，杂志支出的增加自然会影响到图书的购买。问题是，图书、杂志、报纸三者之间究竟是以替代性为主，还是以产品差异性为主？检验的方法很简单，如果产品替代说成立，则图书、杂志及报纸之间就会出现此消彼长的情况；如果是产品差异说占上风，这三者就同方向变化。据统计，中国近10多年中图书、杂志和报纸基本上是同步变化的，要么同时上升，要么同时下降。在居民的书报杂志支出中，图书支出大致稳定在70%左右。这说明三者之间尽管可以互相替代，但产品差异更突出。

较大的产品差异性降低了图书的需求价格弹性，一些读者面窄的学术类图书更是如此。因此，产品差异突出这一特征是有利于维持一个较高的商品价格的。这一点在当今中国出版业由卖方市场转向买方市场时更具有特殊意义。产品差异突出部分地解释了为什么在一个买方市场中，卖方的价格仍然能够高居不下，甚至继续上涨。

图书的第三个特点是，它属于较弱的超必需品。必需品和超必需品的根本区别反映在需求的收入弹性差异上。必需品的需求收入弹性较低，它对收入变动的反应迟钝；而超必需品对收入变动的反应灵敏，它的需求收入弹性较高。

按照中国国家出版统计最一般的分类，图书分为书籍、课本和图片三大类。在这三者中，课本的必需品特征最为突出。购买课本的支出在家庭以至总人口消费支出中的比重是较为固定的，它不会因家庭收入的高低而大增大减，大致上随总人口的增长而缓慢上升。1977年至今，中国人均国民收入有了较大幅度的增长，而不同年份的增长率又各不相同。课本和图片的增长曲线比较平坦，它并没有随着收入的变动而大增大减，而书籍的增长曲线则随着收入增长率的高低而忽上忽下跳动，这说明书籍具有超必需品的特征。同时，书籍总印张在图书总印张中的比重约在55%左右，因此，从总体上说，图书更接近于超必需品，或者说是一种较弱的超必需品。这一点也可以从考察书报杂志费在生活费或社会消费品零售总额中的比重得到证实。一般说来，随着收入的上升，必需品支出在生活费或社会消费品总额中比重趋于下降，而超必需品则相反。图书属于较弱的超必需品是1984～1985年后中国图书市场性质发生转变的一个重要前提条件。

在所有影响图书市场需求的因素中，人均国民收入水平的高低起着至关重要作用。直到“文革”结束前，中国的人均收入水平还十分低下，特别是占人口绝大多数的农民，他们的购买微乎其微。1977年后，中国的人均国民收入开始有了较大幅度的提高，即使按调整后的物价指数计，1977～1987年间中国的人均国民收入也翻了一番。相关分析表明，经调整的人均国民收入与图书销售量、图书总印数以及总印张数之间的关系还是比较密切的。

人均国民收入是一个总的概念。实际上占总人口五分之四的农民的人均收入，与占总人口五分之一的城市居民的人均收入之间就存在着很大的差距。农民人均收入低，花费在图书方面的支出自然也比较低，城市则相反。但是另一方面，低收入的农民要占到中国人口的80%以上，而城市居民在总人口中的比例还不到20%。这就有必要弄清农民和城市居民中，哪一方对图书的需求更大？据统计1977年农村图书市场的容量略大于城市图书市场，1978年后，天平开始向城市方面倾斜，到1985年，城市图书市场的容量大大地超过了农村图书市场，城市居民的购买力要高于农村居民40%左右。1985年城乡居民图书购买力差距的迅速拉开，与改革以来农村经济发展的轨迹还是吻合的。一般认为，到1984年时，70年代末中国农村联产承包制改革所激发出来的高速增长态势已经结束。农业增长率放慢，意味着农民的收入增长趋缓。例如，1981～1984年四年的农民人均收入增长率分别为16.8%、20.9%、14.7%和14.7%，但是，1985年下降到11.90%。如果把通货膨胀的因素考虑在内，1985年农民人均收入增长率下降的幅度还要大得多。受收入增长速度的制约，中国农村图书市场也只能缓慢扩张，甚至出现停滞和萎缩。例如，按图书价格指数来修正，1985年中国县及县以下图书销售额只相当于1984年时的7.9249亿元，即低于1984年。

根据一般的经验，收入水平的差异不仅使消费者在某种商品上支出的绝对量有高有低，而且使他们在该种商品上支出的相对量（如占生活费比重）也不尽相同。计算结果表明，1985年农民人均图书消费占总消费的比重为0.41%，而1977年城市居民人均图书消费占总消费的比重是0.46%，1977年城市居民人均消费为362.5元，经过物价指数调整，1985年农民人均消费相当于1977年的250元。由此可见，农村居民人均图书消费的比重并不小，关键是人均收入过低。

近年来，中国图书市场的扩大不仅越来越依赖于城市，而且还越来越依赖于个人，集团购买的影响日益减弱：1977年集团购买的图书额略高于个人购买额。前者为2.6732亿元，后者为2.6489亿元；1981年个人图书购买额上升到8.4369亿元，集团购买为3.8872亿元；1985年个人图书购买额上升到15.3264亿元，集团购买为7.5438亿元。随着人均收入的提高，个人的图书消费量即占到中国图书总销售额的三分之二。人均收入较大幅度的提高是个人图书购买力越过集团图书购买力的主要原因。同时，这也与政府不断控制集团购买力有关，不少单位在财力受到紧缩时，往往首先考虑削减图书经费。

根据上述各点的分析，并结合第一部分的讨论，我们推断，到1984～1985年，中国的图书市场已具备如下条件：

（1）个人已取代机关、企事业团体成为图书市场的主要购买者；

（2）图书基本上是一种超必需品，它对收入变动的反应较为敏感，而且图书支出比重是与收入同方向变动的；

（3）个人的实际收入与图书销售量之间存在较为密切的正相关关系；

（4）图书产品差异突出，从而使需求弹性减小；

（5）经过七八年的调整，出版业的供给能力大为提高，供给弹性增大。

图书市场具备了这些条件后，我们不难发现，一旦人均实际收入出现下降，那么根据（1）（2），个人在图书上的支出将更大幅度地下降，然后根据（3），市场需求量减少，再结合（4），图书市场的需求弹性趋小。但另一方面，出版业的供给能力却在不断增加，供给弹性增大。这样，出版业就不可避免从卖方市场转向买方市场。要使上述因果链成立，关键在于人均收入下降这个触发机制是否存在。

四、通货膨胀及其对中国图书市场的影响

图书价格猛涨的原因是多方面的。从外在原因看，1984～1985年之后国家对图书价格的管制越来越松，同时，图书产品差异突出这一特点又为书价的上涨创造了可行条件。从内在原因分析，促使书价急剧上升的因素至少有三点。首先是出版成本持续直线上升。以上海9家主要出版社为例，1978年至1987年单位印张的成本整整上涨了1倍以上。受成本推动，这9家出版社的图书价格也必然跟着上涨，其价格与成本的相关系数高达0.98以上。其次，每种图书的平均印数直线下降，使规模经济逐渐消失，造成出版利润下跌，原来隐而不显的图书双重目标冲突日益表面化、尖锐化。这样在企业的利润动机越来越强的情况下，要维持原有的利润水平，就只能通过调整图书价格来实现。第三，新出版社的大量涌现进一步推动了图书价格水平。这是因为新老出版社在定价行为上存在着差异。一般说来，老出版社对国家的价格管制政策执行得比较认真，而新出版社由于基础较为薄弱，为了在短期内积累起较多的资金，往往敢于冲破国家对图书价格的管制。1988年中国500多家出版社中有一半左右是1983年以后成立的，这个力量对图书价格的冲击不可忽视。

通货膨胀最主要的影响是减慢了实际人均收入的增长速度，甚至造成实际人均的减少。表3中，经职工生活费用指数调整，1977～1987年间，全国职工的平均工资有较大的增长，但如果以图书价格作为指数来调整，职工平均工资自1984年后不仅增长得极其缓慢，而且更重要的是它们都大大低于1983、1984年（见表5）。这几年中实际收入的下降对中国图书市场性质的转变起了决定性的作用。由于图书主要表现为一种超必需品，根据超必需品的性质，当实际收入提高时，超必需品支出在生活费中的份额以更快的速度增长，反之它又以更快的速度减少。自1984年起，城镇居民家庭中人均书报费占生活费的比重连年下降，它说明以图书价格计算的实际收入的确比以前减少了。

第三部分的结尾曾提到，只要实际人均收入下降了，通过一系列因果链的转化，出版业不可避免地要从卖方市场转向买方市场，事实也正是如此。

为了进一步说明1985年之后中国图书市场萎缩的原因在于通货膨胀，我们试作如下两种推算。

推算一：1987年人均书报费在生活费中的比重为0.84%，如果1984年以后该比重没有下降，例如1987年仍保持在1984年1.04%的水平，那么，1987年仅仅中国的城镇地区每人就要多支出书报费1.72元，乘非农村人口2.14096亿人，等于3.68245亿元，再按图书与杂志、

报纸之比（7∶3）折算为2.5778亿元。它相当于1987年中国新华书店图书销售总额的7.14%，或相当于1987年新华书店库存的16.54%。

推算二：1984年城镇居民家庭中人均书报费支出为5.88元，按照上海版图书的价格指数，为维持与1984年相同的实物消费量，1987年应支出10.13元，，比实际多支出2.65元，乘非农村人口，再按图书与杂志、报纸之比折算，为3.9715亿元。这个数字相当于中国1987年新华书店图书销售额的11.00%和图书库存额的25.47%，显然这绝不是一个可有可无的数量。

值得提出的是，上述两种推算都还仅仅将1987年的实际收入维持在1984年的水平，没有考虑收入的增长，此外我们还只计算了城市部分，更重要的是仅仅只推算了一年的情况。可以想象，如果1985年后连续数年人均实际收入都没有下降的话，那么中国图书市场需求弹性就要大许多，而今天的图书市场也就完全是另外一种格局了。可是现实情况恰恰与此相反。

表5　　1977～1987年中国的职工平均工资

项目 年份	职工平均工资（元）	职工平均工资指数	职工生活费指数	经职工生活费指数调整的工资（元）	上海版图书单位印张价格指数	经图书价格指数调整的职工工资（元）
1977	576	93.66	99.34	579.88	—	—
1978	615	100.00	100.00	615.00	100.00	615.00
1979	668	108.62	101.81	655.74	103.15	647.60
1980	762	123.90	109.54	695.63	107.63	707.98
1981	772	125.53	112.30	687.44	102.45	753.54
1982	798	129.76	114.58	696.46	107.63	741.43
1983	826	134.31	116.86	706.82	108.66	760.17
1984	974	158.37	120.04	811.40	123.15	790.91
1985	1148	186.67	134.35	854.48	172.82	664.27
1986	1329	216.10	143.75	924.52	194.56	683.18
1987	1459	237.24	156.20	934.06	212.15	687.72

＊1978年和1979年的数据取自上海9家主要出版社。

资料来源：《中国统计年鉴（1988）》，中国统计出版社1988年版，上海市新闻出版局。

五、中国图书市场的未来走向及解决问题的基本思路

自1984～1985年中国图书市场的性质由卖方市场转向买方市场之后，图书市场的状况一直不甚理想，有迹象显示1989年的图书出版与销售会更加不景气。于是，人们很自然地要关心未来中国图书市场的发展趋势。

中国的书报杂志零售额在全社会消费品零售总额中的比重已达到1.3%，这个数字对一个人均国民收入还很低的发展中国家来说，已经是相当可观的了。与苏联相比，苏联印刷品零售额占全社会商品零售总额的比重近三十多年来增长一直很缓慢，直到1982年，苏联的书报杂志消费水平也不过与中国相当，但是中国的人均国民收入水平大大低于苏联。

比较一下中国与世界上不同发展水平的国家（地区）人均图书占有量，我们也可以看到，被世界银行列为低收入发展中国家的中国，其人均图书占有量却超过许多中等收入的国家，甚至与某些高收入国家的水平也不相上下。由于中国目前的人均国民收入实在是太低了，所以，即使到20世纪末达到小康社会的目标，中国的人均国民收入仍将低于下表中其他国家（地区）目前的水平，这样，在未来十年内，很难指望中国的图书需求会有显著的提高。需求不增加，需求弹性还是很小，那么中国出版业的买方市场格局就将继续维持下去。

表6　　1983年中国与其他国家（地区）人均图书拥有量的比较

	法国	日本	新加坡	香港	匈牙利	波兰	保加利亚	捷克	巴西	智利	中国
人均国民收入（美元）	10500	10120	4980	6620	2150	2100＊	—	—	1880	1870	300
人均图书拥有量（册）	6.3	6.0	4.5	8.3	10.1	5.3	6.7	6.1	3.2	1.7	5.8

＊为1984年数字。

资料来源：《联合国教科文组织统计年鉴（1986）》；世界银行《1985年世界发展报告》，中国财政经济出版社1985年版，第174～175页；《中国统计年鉴（1988）》，第97页、第950页。

在中国图书买方市场格局长期存在的情况下，出版业的出路何在？由于深入解答这个问题已远远超出了本报告的范围。所以在此我们只简单地提一下解决问题的基本思路。

1985年后至今，中国图书市场的状况如下图所示，在下图中，*SS* 为图书的供给曲线，*DD* 和 $D'D'$，都为需求曲线。由于出版社对市场需求估计偏高，认为市场需求为 $D'D'$，所以图书供给量就为供给线与虚假需求线 $D'D'$ 的交点所决足的 Q_1；价格为 P_1，但是事实上，图书需求线为 *DD*，*DD* 与 *SS* 决定的 Q_0 才是中国图书市场的供求均衡数量。当价格为 P_1 时，供给量为 Q_1，而市场需求量仅为 *DD* 线与 P_1 交点决定的 Q_2，供大于求，这样 Q_2 到 Q_1 之间的数量就以图书库存的形式存在于新华书店及出版社。要使库存量下降，缓和供求之间缺口所带来的种种矛盾，有三种解决办法。

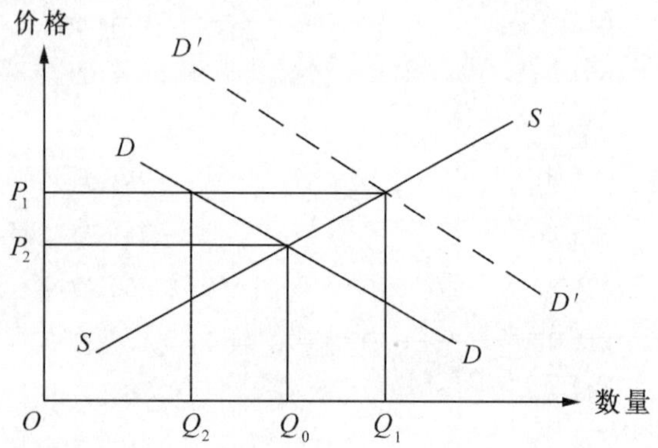

（1）增加需求，如左图中 *DD* 线向右移，则库存量就可以减少直至消失。可是在未来若干年内，中国的图书需求量不可能有很大的提高。

（2）减少供给，即左图中 *SS* 线向左移。事实上，近年来不少出版社已被迫采取这样的对策。不过仅仅依赖减少供给不仅调整周期长，而且也不可能从根本上解决问题。

（3）价格下降。按理，供给线与实际需求线决定的价格 P_0 才是实际市场上存在的价格，这时库存为零。可事实上市场价格仍为 P_1。第四部分中已提到价格与成本是高度相关的，价格较高反映了单位成本较高，而单位成本始终降不下来又是现行体制上的种种弊端造成的。

从根本上说，在中国出版业已从卖方市场转向买方市场之后，书价仍然居高不下的原因就在于出版业新的竞争组织缺乏，竞争不健全，市场机制无法充分发挥其调节功能，因此，深化出版体制的改革已成为当前一项非常紧迫的任务。另一方面，政府还应该适当地、及时地调整出版业现行的价格政策、税收政策、贷款政策、基金政策和奖励政策，以适应图书市场性质转变后出版业发展的需要。我们在其他的几个研究报告中将对这些问题进行详细而深入的考察。

（选自《上海社会科学院学术季刊》1989年第4期）

论出版集团

山曰比

一、雏形

图书是一种商品，是社会主义商品经济中不可缺少的组成部分。随着出版改革，图书生产者和经营者地位逐步得到确认，出版业的横向联合也得到发展，我国联合型的扩大再生产模式——出版集团的雏形已破土而出。这种联合包括著作者、出版者、印刷者、发行者、物资供应、金融、对外贸易等全方位的联合。它的出现并不是偶然的，是社会主义大生产和社会主义商品经济发展的必然趋势。

联合的雏形大体有以下形式：（1）编、印、发等方面根据自愿、互利、互惠的原则，组成横向联合的出版集团，发挥各自的优势，搞好图书市场的供应、销售工作。（2）发行部门打破地域界限，组成区域性的联合集团，并受某些出版社的委托，直接租型造货，联合发行。（3）产销见面，直接征订发行，减少中间环节，变“隔山买牛”为“自由恋爱”，组成固定书市的产销出版集团。（4）资金互相融通，投入出版社、投入书店、投入印刷厂、投入造纸厂或投入物资部门，形成金融出版集团。（5）吸收社会股金，集资办出版集团，出版者、著作者、印刷者、发行者变为股东，联合办出版。（6）出版总社在原有的基础上，转变行政管理职能，成为文化企业，采用规模集约经营等等。

这些出版集团的雏形，有紧密的联合、半紧密的联合和松散的联合。紧密的联合，实行资产一体化、经营一体化，集中和分散相结合。基本作法是“集中决策、协调控制、独立经营、自负盈亏”。形成决策—协调—控制—经营的运行机制。半紧密的联合，各自保持原有的法人资格，资金、设备、销售等互相投资、提成，在出版集团统一经营下，按出资比例或协议规定，享受利益并承担责任。松散的联合，在出版集团经营方针的指导下，按章程、合同的规定，享有权利，承担义务，独立经营。

二、效应

我国出版集团的各类雏形，从结构机制上、体制配套上都很不完善，许多方面还处在摸索阶段，各种矛盾层出不穷。但作为一种新的复合式形态，集资源、资金、人才、技术于一体，已经显示出它的集团效应。集团内部打破了“小而全”的组织机构，有机的分工协作和专业化的生产经销，产生出了规模经营的效益；集团成员择优组合，各生产环节和产、供、销等方面基本上采用合理的比例，各生产要素有效的组合和合理的配备，带来了结构效益；产、供、销各类企业的紧密结合，资金的互相融通，人才的互相调剂，系列选题的有机配合等，以及内部竞争机制的建立，取长补短，使集团发挥了优势效益。

这些效应为集团成员带来了生机，注入了活力：第一，为集团成员扩大生产规模，挖掘现有潜力准备了条件。编、印、发、供、外贸合拢为一个拳头，便有众多人才聚集的智囊团、雄厚的资金、物资的优势和丰富的经营管理经验等条件，增强了出版企业自我改造和自我发展的能力。第二，加快了引进、消化、吸收、改造出版技术，增强了综合配套能力和适应能力。第三，多种渠道的发行优势，在纸张紧缺和图书销售萎缩情况下，具有较强的竞争力，适应市场的不断变化。第四，由于整体结构，信息网络灵通，选题优化决策快，集中优势兵力抓重点系统工程，不断提高图书质量（包括内容、装帧、印刷），开拓国内外市场，使更多的图书走向世界，参与国际图书市场的竞争。第五，图书在精神生产、物质生产和流通的诸过程中，合理地配置生产力，形成企业结构和生产要素的优化组合，促使和加快集团成员之间及地区之间的资金融通、技术转移、人才流动、信息传递和资源的合理开发、利用，为搞活内部找到了一条重要途径。

三、发展趋势

任何事物都有一个由低级到高级、由雏形到定型的发展过程。出版集团在社会主义中国这块土地上以崭新的面貌出现，它的发展趋势正在由松散型向半紧密型到紧密联合型过渡。既区别于行政性公司，又不同于企业的主管部门，也不同于大型企业，具有显著的特点：

第一，集约经营。出版集团母子系统的隶属关系，不是一般意义上的指令与服从的关系，而是上下左右靠经济杠杆来调节，采用合同制、承包制等经济手段来处理生产经营问题，使各个环节逐步走集约经营的轨道，互相促进、互相发展、互相制约，达到繁荣出版的目的。

第二，法人的联合。出版集团是由若干个法人单位，在共同经营方向和奋斗目标的基础上，遵照独立经营、自立、互利、互惠、扬长避短的原则，自愿进行联合的。各成员单位互相依托，分工协作，以重型系列工程大型丛书为龙头，各自承担责任，集结群体优势而形成规模经营。

第三，多元复合的组织结构。出版集团是开放型的，多层次的。既可跨地区、跨行业，也跨所有制。既包括精神生产部门，也包括物质生产部门和流通部门。既参与国内图书市场，也积极开拓国外图书市场。

第四，综合功能。出版集团具有信息、生产、科研金融、对外、销售和服务的多种功能，有较强的新产品开发能力、综合配套能力和网络服务能力。

第五，雄厚的实力。出版集团实行资产一体化、经营一体化，在资金、物资、人才、科研、管理等方面具有坚强实力。因而在图书生产、印刷能力、发行渠道、纸张、物资供应诸领域或在某个地区占有重要地位。它与一般出版单位相比，占有更多的优势，既有承受风险的能力，又有较强的竞争力。

紧密联合型的出版集团，资产一体化必然导致股份制，“盈利共享，风险共担”，形成自我发展和自我约束机制。股份一般分为国家股、单位股和个人股。国家股为原有出版企业的国家基金折成的股份，包括重估的固定资产、国拨流动资金和专项拨款，所有权归国家。属自有基金，有的划入国家股，其中结余的奖励基金，按职工的工龄和贡献分给个人作为职工集体股，但职工没有所有权，可以据此分红；有的将自由资金挂账处理。单位股为集团外单位认购的股份和吸收社会资金的股份。个人股为个人资金购买的股份。股票计息分红办法，有的只计红利，不计股息；有的既计股息，又计红利；有的股息按年率计算，红利由董事会视经营情况临时决定，上不封顶，下不保底。上述股份制的办法，职工变为股东主人，既增强了职工的风险意识、参与意识，将国家、集体和个人利益捆在一起；又使国家、集体得到了好处，吸收了社会游资，减轻了资金缺乏的困难，又调动了职工的积极性。股份制的经营运行机制，将大大增强出版集团的吸引力和凝聚力。

四、运行机制

出版集团既然区别于行政机构，又区别于单独法人的企业，它的运行机制必然有新的格局。出版集团实行股份制后，由全体股东协商推荐股东代表，股东代表大会推选董事，组成董事会，由董事会选举正副董事长，并任免总经理。董事会是最高决策机构，决定经营方向、长远规划，批准由总经理提名的副总经理、总编辑、总经济师、总会计师等，定期审议总经理的工作报告，并提出咨询。总经理实行任期负责制，采用目标承包经营。任期目标包括长远和短期的各项指标，重型系统工程的实施、技术和人员素质的提高、各层次的协调控制、内部价格的结算、利润分成、股金处理、上交税利和职工福利等各个方面。出版集团实行分层管理。总公司或总部由总经理组成办公会，参加人员有副总经理、总编辑、总经济师、总会计师、办公室主任参加，决策和处理日常事务。总经理授权给副总经理、总编辑、总经济师、总会计师等各分管一个方面或几个方面的工作，实行责任制。根据科学、精简、效益的原则设置职能部门，例如设置编辑部、信息科研部、物资部、生产部、发行部、计划财务部、外贸部、人秘部、办公室等。集团成员的出版社、印刷厂、纸厂、书店、公司、对外贸易等单位，都采用社长、厂长、经理负责制，直接向集团经营承包，实行目标管理，独立经营。

集约经营的轨道，就是在集团的母子系统、子系统之间、部门与单位之间，以及对外的经济活动等方面，都采用合同契约办法。出版社与作者、书店、印刷厂、物资部门、外贸部门在经济活动交往中都要签订合同，通过合同加强经济核算、改善经营管理，相互制约、相互协调、相互促进。为了监督、检查、督促、评判合同的制定与实施，必须定出精、准、严的各种规章制度，以便在契约合同中有所遵循。

出版的整个过程是由精神生产、物质生产、商品流通组成的，三个过程互相依存、互相制约，密不可分，脱离或忽视任何过程，都可能造成梗塞，造成损失，影响生产力的发展。出版的各个过程有着共同的社会效益，这就是繁荣出版，传播和积累文化，为社会主义现代化服务。只有整体目标的实现，才有出版集团诸实体的各自利益。

出版集团首要的是抓宏观经营管理，设计战略规划和分阶段实施目标，做到远有方向，近有目标，使各成员目标明确，积极完成各自的责任。然而各个过程又有各自不同的规律，又是在信息流、物资流、资金流的变动发展过程中进行工作的。因而要不断地通过信息反馈，修订计划、调整各个环节的力量和措施。精神生产要遵循认识规律、文化规律，物质生产和流通过程要遵循价值规律、市场规律。而遵循这些规律的基础是信息，适时、准确、有效地掌握信息，在一定程度上决定着出版集团的生存和发展。信息既是决策的依据，也是执行结果的反馈，它贯彻于各系统各过程的始终。信息是出版的资源，须臾不可离开，离开了便会造成失误。经理、社长、厂长不仅要对本产业的生产、流通情况了如指掌，而且对市场、科技、人才、物资的需求情况也较熟悉。这里值得一提的，是建立以读者为中心的图书市场，是出版集团各系统、各环节、各过程都共同关心的，是出版过程的最终结果。读者的精神需要，出版集团要经常进行研究。马克思认为人的精神需要，一是人作为主体自由施展自己才能的需要，一是对文化成果的享受。从这个基本点出发，要了解读者结构，包括地理分布、年龄结构、智力结构、职业结构等；要了解读者的经济承受力，特别是个人可以任意支配购买图书的财力；了解读者购买行为，分析购买动机的稳定性，以及不同欲望和需求的读者群体。上述影响图书市场的社会因素（人口或读者）、经济因素（收入与购买力）和心理因素（购买动机）等三要素，随着时间、空间的转移，在不断地变动和发展着。掌握这些基本信息，并且预测它的发展趋势，就可以顺利地进行决策、计划、执行、控制。

出版资源主要是人才、知识和文化积累。经营的好坏就是看人才、知识、文化潜力的发挥。出版经营就是向人才、知识、文化要效益。人才结构、知识结构的配置是重要的。出版集团集出版家、编辑家、企业家、经济家、发行家等专家于一体，而有人才资源不等于有效益。有两句俗话，一是"三个臭皮匠胜过一个诸葛亮"，一是"三个和尚没水吃"。前者就是优化组合，整体大于部分之和；后者则是互相内耗，力量抵消，整体负于部分之和。因此，力量的配置，人才的搭配，取长补短，非常重要。管理科学的核心，就是调动人的积极性，使其满负荷的工作，人尽其才，地尽其利，物尽其用。出版集团是知识密集型产业，人才智囊就是其优势。人才各有其长，有的擅长宏观思维，善于战略决策；有的对新鲜事物特别敏感，擅长开拓新领域；有的语言文字水平高，审读加工有硬功底；有的精通某种专业，有专门特长；有的善于交际，别人办不通的事情，他能去完成；有的管理有方，办事井井有条等……总之，要博采众人之长，发挥人才群体优势。群体功能的发挥，在于团结、组织、协调、凝聚。出版集团在运行机制中，靠智囊团的参谋和咨询，不能把他们当花瓶，只是摆着看，要经常给他们提供情况，提出问题，论证专题，探索新路，便于决策。

任何产品都把质量放在首位，而且有定性的检测参数。工业产品有明确的计量标准，如寿命、可靠性、安全性、外观、物理和化学性能等等，有可靠的"适用性"。而出版产品的"适用性"，习惯用提高质量来概括，由于缺乏一个明确的定量参数，实际上形成了一个定性的抽象概念。当然出版物浩如烟海，品种繁多，很难定出统一的参数。根据"适用性"原则，定出大体参数还是可能的。例如有的建议，图书质量考核按照"实践是检验真理的唯一标准"、"生产力标准"，提出把图书置于"世界文化发展"、"中国文化发展"、"世界出版业发展"、"中国出版业发展"、"改革和四化发展"的大背景下来检验图书的"时代性"、"实践性"、"创新性"、"超前性"、"积累性"、"普及性"、"思想性"、"政治性"等考核标准，但这些还是从宏观上提出的标准较多，执行起来仍有瞎子摸象，无处下手之感。有的提出从思想的"适用性"提供新的有益思想、有创见而无谬误、资料的"适用性"提供读者需要的信息、资料、知识的"适用性"提供有用的知识、可读性及装帧艺术的"适用性"等方面来考核出版物的质量。有的提出从获奖书、社会选为教科书、读者和专家对书的评价、外向品种等作为参数，来考核质量。总之，提出许多办法。上述办法，各有长处，也有偏颇，但在探索图书质量的量化标准上，具有重要的参考价值。出版集团经营机制要具有自我发展和自我约束能力，各个环节质量量化标准，起着很重要的作用，是检查、监督、协调、控制的依据。

五、凝聚力和吸引力

我国出版集团是在新旧观念、新旧体制、新旧秩序错综复杂的关系相互碰撞中，摸索前进的。既没有定型的模式遵循，也没有成熟的经验，只有发挥优势，不断正确处理内外各种关系，增强凝聚力和吸引力，才能站住阵脚，开拓发展。

1. 集权和分权

在观念上不能认为集团是一层行政“婆婆”，它是适应竞争新形势，调动成员的积极性，维护共同利益，发展生产力的一种自愿联合的经济组织。既然是一个经济组织，特别是紧密型的联合体，自然就有集权和分权的问题。处理好这个关系，关系着出版集团的凝聚力和吸引力。它所集权的部分，是成员个体所承担不了的，为发展生产、扩大产品、维护整体利益而赋予集团的责任。例如涉及集团成员的重大决策、长远战略规划、龙头骨干系列产品的设计与协调、原材料的合理分配、资金的合理调度、涉及多成员的对外贸易等，必须由集团统一经营、分工协作。集权绝不限制成员的自主权，而是在维护整体利益下，让各成员放开手脚，自主经营，各成员不仅有人财物、产供销的自主权，而且有开拓生产领域和市场的主动权。

2. 服务与享受

服务是集团和成员的共同义务。集团要为各成员服务，例如在原材料供应上，集团内部实行优惠政策；在可能的条件下，实行必要的资金调节帮助成员制订规划，解决必要的设备，进行技术咨询；帮助成员把产品销售搞活等。各成员要维护集团的声誉和利益，不仅享受集团的优惠，而且必须服从产品的统一生产工艺，统一质量标准，统一技术管理，统一检测手段，定期完成生产计划等为集团利益服务。服务和享受是统一的，只有尽责服务，才能得到应有的享受，享受也是为了更好的服务。

3. 自我发展与自我约束

出版集团集资源、生产、技术、人才、市场于一体，发挥了整体功能。但联合不等于有效益，还要有自我激励、自我发展的机制，实行优化组合，开展民主、平等、公开的竞争，调动各方面的积极性。自我发展必须有自我约束作保证。集团必须自觉遵守国家的有关法律和政策，建立各种自我监督、检查和质量管理制度等。只有这些，才能保持集团的信誉和自我发展能力。

4. 内与外

集团内外都有个竞争机制问题。内部的竞争是为适应对外竞争的需要，为了维护集团整体利益，必要时可能要牺牲局部的暂时利益。特别对外向型贸易，内部应联合一致，形成拳头。内部在价格、人力配合、原料供应、利润分配、机件配套等方面互相支持、互相让利。

5. 重型工程与一般工程

出版集团在一定时期内，以大型系列丛书作为龙头重型工程，带动整个集团，使其发展。为完成这个工程，集团组织若干成员分工协作。在统一规划、统一标准、统一要求、统一发行、明确利润分成指标的基础上，各成员同心协力。在完成龙头重型工程的前提下，各成员又有自己的工程项目。集团在规划重型工程时，同时考虑到各成员的人力、物力、财力，任务不要定得太满，使成员有余力去完成一般的工程。

（选自《中国出版》1989 年第 11 期）

论当前地方出版经济的出路与选择

朱文虎　张辉冠

“市场波动失重、经济包袱沉重、出版运行超重”，这是当前出版管理和出版理论研究中的热门话题。面对“三重”压力，许多出版界同仁都在思考和探索中寻求对策、谋求“生”路、追求目标。有识者的精辟论述陆续见诸报刊，诸如国家对出版事业专项拨款的呼吁，对出版业实行差别税率的探讨，对争取社会资金赞助的构想，对学术著作按成本计价的倡议，可谓仁者见仁，智者见智。本文作者正是在就读上述论说有所得益的基础上，试论当前地方出版经济的出路与选择，微浅笔意，旨在开辟眼光向内、自我挖潜的“生财之道”，探求建设具有地方特色和符合国情、省情的出版新路。

地方出版管理固有的经济特性

地方出版事业是指在所在区域的党委和政府领导下的各个出版环节的有机组合，具体包括编、印、发、供及其与之配套的专业部门，相对于全国出版经济这个大系统而言，地方出版事业不乏微观经济的特征，是全国出版经济这个大系统中的子系统。但就其所客观具有的计划、组织、指挥、协调、控制功能来看，地方出版事业又具有明显的宏观经济的特性，表现为对事业发展的宏观规划、对机制运行的宏观调节等。出版事业的整体规划、出版运行机制的科学调控，主要依赖于出版部门的内部管理。

我国的出版管理，多年来沿袭着政治管理、政策管理、文化管理的单向思路，而一提起用经济手段管理出版，就难免有“业务冲击政治”、“精神产品商品化”之嫌，以至于当改革开放的大门敞开之后，当商品经济的大潮频频冲击之时，在“一贯制”的轨道上缓慢运行了30余年的出版业竟苦无“积蓄”，难以适应，地方出版业尤为如此。时至今日，文艺创作繁荣，科学研究发达，大量的历史文化成果被挖掘和整理，城乡居民的物质文化需求与日俱增，地方出版业却再次在严重的经济压力下陷入了“编书难”、“出书难”、“卖书难”的困境。有鉴于此，重新认识我国出版管理所客观固有的经济特性，探求在坚持四项基本原则和坚持社会效益标准的前提下，开辟地方出版业走出经济困境的新路，无疑会产生“亡羊补牢”的功效。我们的认识不外乎下列几点：

其一，图书的双重属性中包含着经济因素。图书是具有思想和物质双重特征的复合产品，由此也决定了它的双重属性。首先是精神产品的属性，亦即图书是载有思想内容的文化活动成果或结晶。图书从制定选题、撰写书稿到编辑审定，是一个完整的、复杂有序的精神生产过程，这一点，显然是能够形成共识的。其次是商品属性，图书作为科学文化信息的物质载体，其物质形态的形成，本身就是一项包含了活劳动和物化劳动的经济活动。图书以商品的形式进入流通，以货币为媒介达到交换的目的，即标志其价值和使用价值为社会所承认。因而接受价值规律的支配和制约，讲求经济核算，是出版管理的重要内容之一。

其二，出版工作的生产目的包含着经济追求。1983年《中共中央、国务院关于加强出版工作的决定》指出，“我国的出版事业，与资本主义国家的出版事业根本不同，是党领导的社会主义事业的一个组成部分，必须坚持为人民服务、为社会主义服务的根本方针。”很显然，坚持“两为”方针，是社会主义出版工作的出发点和归宿。《决定》又指出：“社会主义的出版工作，首先要注意出版物影响精神世界和指导实践活动的社会效果，同时要注意出版物作为商品出售而产生的经济效果。”不计消耗、不计成本的出版生产，是违背有计划商品经济规律的盲目加工；不讲核算、不求收益的出版管理，同样是违背“两为”出版方针的具体表现。

其三，出版事业的繁荣发展有赖于经济保证。在社会主义国家，出版事业的长远发展离不开两个最基本的保证。一是政治保证，即有赖于党和政府路线、方针、政策的正确，有赖于国内的政治稳定、安定团结。二是经济保证，既包括国家在经济政策方面采取保护性措施，也包括出版业自身所拥有的经济实力。没有一定的经济效益，没有一定的资金保证，出版事业的长远发展和出版文化的繁荣就会受到影响乃至阻滞，严重者甚至会影响到出版社的生存。

综上所述，我国现行的出版管理中的经济特性是客观固有的，有待于我们在实践中逐步认识和加深理解。

地方出版事业面临的经济环境

我们在严重的经济压力下寻求摆脱地方出版经济困境的出路，就不能不对地方出版事业所面临的现实的社会经济环境有一个清醒的认识。当前，地方出版事业所面临的社会经济环境集中表现于三个方面：

首先是国家文化经济政策的大背景。党的十一届三中全会以来，党和政府对出版事业给予高度重视，多次就出版方针、任务、体制改革等重大问题做出明确的指示，在财政、税收、信贷等方面也相应采取了一些政策性的保护措施，但从总的管理格局上看，国家对地方出版事业在经济方面基本上采取的是“自我发展、自我补充、自我调节、自我完善”的办法，除按规定从出版创利中核收财税资金和适量集中资金外，一般不再另增核收项目。但对出版的投入也始终控制在一个较低的水准上，除一些具有特殊影响的大型出版工程，国家或地方财政给予少量拨款外，正常情况下几乎无投入可言，这种状况短期内将难以改观。这一方面是基于我国正处于社会主义初级阶段，国家经济实力较弱，需要集中有限的基金用于关系到国计民生的重点项目上；另一方面，则是考虑到图书在生产和流通过程中所具有的盈利特性，亦即出版投入与出版产品之间存在着总量平衡的客观可能性。

其次是商品经济发展的大潮流。近十年来，我国社会主义制度基础上有计划的商品经济得以迅速发展，并以不可遏制的潮势向物质生产乃至精神生产的各个领域渗透。图书的出版发行，也毫无例外地纳入了商品经济的轨道。作为交换而生产的劳动产品——图书，已完全采取了商品的形式，按成本加利润定价，通过商业渠道达到读者手中。就其影响力来看，商品经济的发展一方面为地方出版事业的发展创造了优异的物质条件，另一方面，也造成了图书社会效益和经济效益的极大反差，投入劳动多的优秀学术著作由于发行面偏窄而造成亏损；相反，投入劳动少的畅销书却能赚回巨额利润。与此同时，出版选题与图书市场竞争也日趋激烈，好的选题如果信息不灵，缺少必要的资金保证，则可能由优转劣，造成失误，好的品种如果投放迟缓，缺乏科学的发行手段，则可能由畅转滞，造成积压。

再次是出版社由生产型向生产经营型转轨的大趋势。

在摆脱了“产品经济＋行政管理＋统收统支”的长期束缚之后，出版工作者的思想观念得到了更新，加之以商品经济的巨大冲击，出版社逐步实行了由单一生产型向生产经营型的转轨，从某种意义上讲，它是中国出版业在20世纪80年代的重大突破。这是一种效益型、外向型、开放式的全新的管理方式。它以生产为基础，以经营为主导，以市场为目标，对编、印、发、供实行全面的组织和协调。自全面推行图书发行体制改革以后，多数地方出版社都从试办自办发行入手，逐步走上了生产经营型的道路。这一方面为地方出版事业灌注了活力，同时也为加强地方出版工作的经济管理提供了广阔的实践领域。

上述浅论表明：地方出版业目前面临的经济压力是来自内外两个方面的。其外部压力显而易见，其内部压力则可能是错综复杂的，是否有观念上的守旧笔者不敢断言，但缺乏用经济方法管理出版经济的胆略和勇气，或在出版社由生产型向生产经营型转轨的过程中，未能充分认识和掌握经济工作的基本规律及其方法，至少在局部范围内是一种客观存在，严峻的经济形势呼唤着改革，改革又呼唤科学配套的管理方式。作为出路，出版界“界内”已提出了种种构想或假说，这里不妨对几种与本文题意相并列的论点提出我们的见解。

其一，“国家专项拨款说”。这是多年来出版界同仁们所期待和盼求的，倘能实现，则无疑是中国出版界的一件幸事。但“初级阶段”的现实至少使我们在近期还难以接近这一目标。积极的努力，舆论的撼动，固然也会对国家高层决策机构产生一定的影响，但出版物所固有的商品属性、出版发行部门所具有的文化企业属性，又决定了我们必须把视野回归到出版系统的内部挖潜和自我调节上。出版社的事业性质是指它的政治属性，而文化企业则是它的经济属性。关于这一点，显然无须再作马拉松式的争辩。而即便国家专项拨款在将来成为现实，出版部门也仍然有为增加国民收入而依法上缴税利的责任和义务。

其二，“差别税率说”。这是包括权威人士在内的一部分出版工作者在出版业面临困境时的一种积极思考。亦即为了保证图书出版的合理结构，保证各类学术著作的出版发行，建议国家对学术著作的出版予以减税或免税。从预期的效果上看，这种想法不失有合理的成分，但就其实践过程而言，恐怕一时还难以施行。首先是学术著作的界定，依据什么？标准？由哪一级机构掌握？似乎很难定论。其次是增加了财务、税收部门的工作量，难以被理解和接受。还有些同志在提出保护学术著作出版的同时，“对内容不健康但发行量大、创利额高的书刊课以重税”，这似乎也令人难以苟同。保护学术著作出版与对不健康的书刊课以重税是两个不同的概念，保护措施应当是依据法律所采取的政策的、经济的手段，而对不健康的书刊则应在选题、审读过程中进行把关，不能让其带着病菌进入生产和流通。否则无异于放纵。

其三，“社会资金赞助说”。这不失为一种好的设想，凡通过努力能够争取得到的，都应当努力去争取，广辟财路。但一个国家、一个地区，出版社之多，出版的图书品种之杂，能够获得的社会赞助毕竟是有限的。

在上述诸说的实践可能目前还难以成立的条件下，本文作者试图围绕“眼光向内、自我挖潜”这一命题去阐发自己的观点。

摆脱地方出版经济困境的现实选择

笔者以为，摆脱地方出版经济当前所面临的困境，离不开党和国家的政策性保护和社会各界的理解、关心与支持，也离不开用政策手段导引，用行政手段干预，用法律手段监督，用教育手段保证。但面对现实的社会经济环境，较为直接的措施，还是应当以强化经济管理为目标，运用经济调节手段来为地方出版业的自我发展开辟一个良好的生存空间，创造一个良好的经济环境，我们的思路大致有四：

1. 引进承包机制，创造自我发展的新环境

承包经营责任制作为我国在经济管理体制新旧交替时期的一种现实选择，目前亦已从物质产品的生产部门渗透、扩展到精神产品的生产和传播部门，并在其实践和推行过程中不断显示出其现实可行性，不少地方出版部门在国家文化经济政策的大背景和商品经济大潮的冲击下，顺乎其然地引进了承包经营这种特定的经营管理机制，目前较普遍的做法都是以出版总社作为总法人代表，与地方财政实行总承包，代表所属单位上缴所得税；尔后再由总社分别与下属单位签订承包合同，明确规定双方的责任权利，定期考核兑现。

实践证明，对承包经营责任制的引进和选择，是一种切合实际的理智之举，它以其契约形式，一方面明确规定了出版部门的利税义务，体现了地方出版业为国家和地方经济建设所作出的贡献；而另一方面，通过总法人与地方财政“一对一”的谈判，在纳税和上缴比例方面尽量争取到国家或地方财政的政策性保护或优惠，这实际上也就是为地方出版业开辟了一块新的经济园地。在“确保上缴、超收全留”的政策性保护下，承包单位对税后留利的各项基金可根据实际情况作通盘规划，统筹安排，能保证资金的合理流向。江苏少年儿童出版社承包前因缺乏经济实力而连年亏损，承包后他们充分利用这一机遇，一方面在优化图书结构、提高出书质量上下工夫，一方面在合理运用资金、加强科学管理上花气力，取得明显成效。1989年，该社出书186种，图书总销售1570万元，实现利润254万元，分别比承包前增长了51.2%、158.2%和115.3%。

2. 建立出版基金，开辟自我补充的新渠道

地方出版业的自我补充，并不排斥来自出版界“界外”的资金来源，但关键是如何将各项分散的资金和能够争取得到的资金进行有机的组合，并对基金的管理和使用有相应严密的制度加以保证，为地方出版业的自我补充形成一个稳定的保障机制。实践证明，建立出版基金（包括印刷、发行和其他单项基金）不失为一种好的方式和渠道。

出版基金的资金来源应当是多方面，可以是来自国家或地方财政补贴方面的，如国家财政拨款补贴的我国出版界的大型基本工程《中国美术分类全集》；也可以是社会资助方面的，如上海市委宣传部1989年底宣布建立的“马克思主义学术著作出版资助基金”。但更主要的是要通过内部挖潜，集中总承包后“超收全留”后的适量资金，用于调整不同承包单位之间的利益分配关系，加强技术改造和生产性的基本建设，扶持在国内和海外有一定影响的重点图书、学术著作的出版发行。一句话，发挥好“蓄水池”和“排灌站”的作用。如江苏省出版总社为鼓励所属出版社多编、多出好书，于1989年初筹措资金600万元，设立了“江苏省出版基金”。其资金来源主要有：省出版总社投资，各直属出版社集中的调剂资金，省出版总社与省财政厅总承包合同中可免交所得税部分。其使用方法主要有三种：一是出版社确定重点选题报总社认可后，拨款补贴；二是总社批准的有价值的重点工程项目，各专业社可从出版基金中获得无息贷款，不论其投资实现需要多长时间；三是各专业社自行确定的学术著作和重点工程书出版后，若社会效益好而经济效益差，总社经认可并予核算，将承担其从投入到销售过程中的全部经济支出。

3. 注重宏观调控，寻求自我调节的新途径

在承包经营的基本格局大体形成之后，作为出版管理部门的出版总社，兼有在出书方向上进行政治、政策引导和在事业的整体发展上进行宏观调控的双重任务。这里所指的宏观调控，是指针对地方出版业所面临的社会经济环境，运用经济手段调节运行中承包经营机制，使其健康运行。譬如：

——调节出版生产的基本比例关系，促进出版经济的良性循环。在宏观方面，可以运用经济调节手段推动或限制编、印、发、供某些承包单位的发展，调节出版经济的产业结构；可以控制承包单位固定资产投资规模和消费基金增长速度，调节积累与消费的关系。从微观方面，可以运用经济调节手段调节出版承包单位的经营目标、出书方向，引导承包单位自觉按出版方针和市场规律组织图书的生产和经营，达到优化结构和多出、多发好书的目的。

——调节物质利益的分配关系，促进各方面利益关系的相互协调。如通过集中资金来资助经济效益较差的出版社，保证其重点书、大型“系统工程”的按期完成；通过规定和限制税后留利资金的提取比例及其使用方向，调节承包单位之间和职工个人之间的收入水平，防止造成新的“贫富不均”或“分配不公”。

——调节所有者与经营者的权责关系，促进其经营管理水平和经济效益的不断提高。承包虽以其契约形式明确规定了签约双方的责权利，并具有法律效力，一般不能随意调整。但出版管理部门可以通过经济调节手段的影响，强化管理职能，促使承包单位为了自身的物质利益，不断改进生产技术，加强经济核算，节约使用资金，提高经营管理水平和经济效益。

4. 加强综合治理，建立自我完善的新体制

强调以“眼光向内、自我挖潜”来摆脱地方出版经济当前所面临的困境，并不意味着要完全依赖于经济管理手段来达到这一目的，而在应重视经济管理、加强宏观调控的同时，综合运用经济的、政策的、法律的、行政的、教育的等多种手段，最大限度地挖掘地方出版业现有的经济潜力，建立起一种有利于自我完善的新的出版机制。

譬如，用法律手段监督，就是要在保证“超收全留”、“欠收自补”的承包原则执行的前提下，促使权利与义务的主客体双方严格按照法律规定去组织图书的生产和流通，既不得与国家的经济法律相悖，也不允许与出版法规相悖。在考核兑现时，要严格按照经济责任和经营实质分别施于奖惩，坚持先审计、后兑现的原则。

又如，用行政手段干预，主要是用来干预、调节出版经营机制运行过程中各方面潜在或显在的利益冲突，纠正承包中所出现的各种问题，如纠正专业分工、协作出版、自办发行、资金使用等方面的越轨现象，制止福利资金和职工奖金的超额分配等。

再如用教育手段保证，一方面是要通过经常性的教育措施，教育出版系统的干部职工自觉坚持社会主义出版工作的方针、任务，保证好书的出版发行；一方面是要通过有针对性的教育形式，解决承包经营中所出现的思想问题，既不能因为经济压力的加重而降低职业道德标准，随意追逐市场，一切向钱看，导致庸俗低劣书刊的泛滥，也不能因为经济环境的宽松而滋生“眼光向上、等待贴补”的新的“大锅饭”思想，导致平庸粗糙之作的盛行。

总之，地方出版经济目前处在一个出路与退路并存、希望与困难交织、竞争与风险同在的特定的社会经济环境之中。正确地认识、分析现实经济环境的影响，科学地论证、选择适合地方出版业摆脱当前经济困境的出路，建立和完善与出版经济管理相配套的新体制，这是摆在我们面前的一个十分紧迫的课题。

（选自《编辑之友》1990年第4期）

关于加速我国图书出版业现代化问题

林穗芳

一、编印发的现代化思考

1. 电子计算机的应用

以电子计算机为核心的信息技术的应用和推广，宣告人类的信息化时代的到来。这一高新技术经过初创阶段，正以强劲的势头向全世界各地区、全社会各领域渗透，进入企业、机关、学校和家庭。国民经济生活的信息化，已成为社会现代化的一个根本标志。作为信息产业一个重要部门的图书出版业采用计算机技术本应当走在前面，可惜我们在这方面远远落后于科研、新闻、金融等部门，在本系统中出版社则落后于印刷、发行部门，而最落后的则是整个出版工作的起点和中心环节——编辑工作。

在西方，电子计算机从60年代开始进入出版界。1979年中国出版代表团访问英国时参观了电子技术在编辑、印刷、发行和图书馆工作中的应用情况。以编辑出版朗曼系列英语词典闻名于世的朗曼出版集团编辑部给我们进行了无纸编辑表演。剑桥大学东方系的专家给电脑发指令，在荧屏上显示了所储存的中国古诗19首，在请他显示代表团成员的名字时，有个“铁”字不在所收3600个汉字范围之内，临时造字因编码记错了，未能立即显示出来。汉字常用的就有几千个，输入电脑自然不如英文26个字母那么简单。要是能突破技术难关，使中国的编辑在自己的办公桌上也有一台能处理中文书稿的机器该多好啊！当时这样想并不知道我国计算机专家、上海电工仪器研究所总工程师支秉彝在一年之前已设计出中国内地第一个汉字信息处理系统，并推出了第一台汉字输入实验机。

进入80年代，我国专家继汉字编码输入这个关键问题基本解决后，又在词处理阶段对关系全局的汉语自动分词技术进行重点攻关，取得了突破性进展，切分精度达95%以上。1985年北京大学等单位合作研制的具有世界先进水平的计算机—激光汉字编辑排版系统通过国家鉴定，后来又不断改进。汉字数据库管理系统、办公自动化系统（包括轻印刷系统、文档管理系统等）、情报检索系统、机器翻译系统等陆续建立，有些方面已接近或达到国际先进水平。中央关于国民经济和社会发展十年计划的“八五”计划纲要，要求大力推广电子计算机技术在各行各业的应用。据报道，1990年4月我国计算机专家王选教授在中文及东方语言计算机处理国际会议上宣布：中国在第八个五年计划期间，至迟在2000年前可望普及电子编辑排版系统，结束汉字排印的“铅与火”时代。前景是令人鼓舞的。

现在距2000年只有7年，我们要有紧迫感，因为电子编辑出版系统不是把设备买来，一夜之间就能实现的。电子技术不仅改变了图书的生产方式，同时也改变作者、编辑、印刷、发行和出版管理人员的相互关系。制作适应图书生产方式与人际关系改变的软件以及掌握电子出版的操作系统都需要有一个过程。各种出版数据库的建立就是一项耗费时间的大工程。拿人民出版社来说，它的书稿档案中蕴藏着大量的对当前出版工作十分有用的珍贵资料，把建国四十几年来的全部书稿档案整理出来录入磁盘，没有几年时间是完成不了的。

有人在1992年10月作过初步估算，全国至少有70%的出版社配置了计算机。从实际情况来看，出版社配置的计算机多不在编辑部。出版社的一个编辑室能安装一部电话就算不错了。在一些管理干部心目中，计算机的最大用处是算账，首先给了财务部门。把计算机用来打印内部通知和每月工资表之类报表，实在是大材小用。

英文打字机自1867年开始投入使用以来，西方出版社接受的是打字稿，近几年又越来越多地接受磁盘稿，对打字稿用扫描的办法输入电脑，在荧屏上进行编辑加工。我国的编辑和校对世世代代看的是手写稿，常常为潦草的字难以辨认而伤透脑筋，出版物错字多，与此不无关系。我们已经丢掉了一个多世纪的机械打字时代，科学的进步使汉字信息与西文信息同样可以数字化，建立初级的电子编辑出版系统的费用已降到多数出版社能承受的地步，用“光和电”取代“铅与火”的现实可能性已展现在眼前，这个千载一遇的良机不能再坐失了。

在出版社建立电子编辑出版系统需要采取一些措施来消除认识上和技术上的障碍。首先要使出版社认识到这是改善经营管理、降低成本和增加利润的最灵验的科学手段，谁先建立，谁先受益。近年举办的一些青年编辑干部培训班都有计算机编排技术课。但是出版社编辑部如果没有计算机，学了也用不上。恐怕得多举办一些出版社领导干部的电子出版讲习班，请已率先实行电子化的出版社来传授经验。美国出版商协会每年都举办各种专题的讲习班或研讨班，最大的热点是电子出版，参加者多是各出版公司的高级经理人员，因为电子出版技术日新月异，不时有新成果推出，如果不及时了解和应用推广，就会在市场竞争中处于不利地位。

此外，还要设法沟通电子编辑出版硬软件研制部门和计算机技术服务公司同出版社的关系，使它们彼此了解一方需要什么，另一方能提供什么。因为汉字处理系统的标准化问题尚未完全解决，须要帮助出版社了解各种类型的硬件和软件的通用性和兼容性，以便作出最佳的选择。计算机要网络化才能发挥最大的效用。新华社和人民日报社都建立了自己的资料检索系统，并将在全国范围内共享这些资源。希望新闻出版署系统的联机出版数据库能及早建成，使全国各地的出版单位能随时输入和检索有关的出版信息。出版社需要了解的信息很多，比如确定一个选题时就需要知道同一类书全国已出版过多少种，在售的有多少种，印数和定价各多少等。没有这样一个全国性的出版数据库，就难以掌握全面的、最新的数字。

中文书稿的输入有键盘输入、语言输入、扫描输入等多种方式，技术比较成熟的是第一种方式，目前最普及的是“五笔字型”输入法。汉字自动识别系统特别适用于古籍和旧书的改版重印。录入电脑可自由改变版式、字体、字号，或对文字进行加工整理，增添索引等，使古旧书籍面貌一新，更适合现代读者的使用。

更新工具容易，改变传统的工作方式则比较困难。老编辑习惯在白纸黑字上用笔改稿，作者原稿和编辑改动区分得一清二楚，有疑问还可以在稿上作记号或批注。用电脑改稿，原作文字和编辑改动容易发生混淆，而且双手要按键，眼睛要在闪烁不定的荧屏和键盘之间来回不停地转动，确实不大方便。为解决这个问题，美国笔技公司于1992年10月推出一种不用键盘而用电子笔在荧屏上直接改稿的电脑，称“笔编机”（Pen Edit）。它自身重2.3公斤，像笔记本那么大（荧屏对角线25.4厘米，显示图像区20厘米×15厘米），与一台20兆赫386微处理器配合使用。这种电脑配有一个60兆字节的硬盘，软磁盘驱动器用电缆与机器侧面的接头处连接。文稿从磁盘输入时即以一定的字体在荧屏上显示，然后用磁笔在上面写字进行修改，就像在纸上修改一样。电脑阅读编辑所写的文字，用“手写”印刷体显示所作的修改，以便同原稿文字区分开来，编辑使用的符号同校对符号一样。如果要改变字体，在荧屏上标明有关词句，然后写上校对符号“B”，表示改黑体；写“I”表示改斜体；如果要保留，则写“E”，文稿就会恢复原样。用磁笔在荧屏上加工可以做到用铅笔在纸上做不到的事，例如令“百分比”自动换成“%”，把大段文字从一处移往别处等。笔编机还可以记录原稿加工前后的字数，修改的总数，编辑开机进行文字加工的次数，共用了多少时间等。

2. 直接制版

现代印刷机的速度越来越快。出版周期长的原因是印前准备工作费事，一部书稿用几百个小时拣字、拼版、打样、校对、改版、制版，上机后往往不用24个小时就全部印完了。改用电脑排版后，效率提高许多倍。但目前的激光照排速度仍跟不上印刷的速度，如何突破这个瓶颈，是国内外出版界所关注的问题。直接制版代表今后的一个发展方向。经过编辑加工和版式设计的电子稿，越过制作照相底片阶段，直接制版印刷，这样就可减少工序和出现差错的可能性，缩短出版时间和降低成本。海德尔堡美国公司1992年建立了一个新印刷厂，称“GTO-DI多色直接成像印刷厂”，用电流把网点直接烧进印版。因为无须用水和化学药剂处理照相底片，这种制版法被称为“干烧法”。每15分钟出一整块直接成像的印版，印500~5000册的成本比使用传统的电子排版系统可降低一半。

3. 满足社会需要—备货问题

电子化或数字化不过是使出版业现代化的一种技术手段。出版业是否达到现代化的要求，还得看出版物的质量、品种、人均消费量和满足社会需要的程度。近几年，我国每年出书八九万种。人们在估价我国出版业的状况时喜欢说，我国出版业已跃居世界前列，世界每出书10种就有1种姓“中”，这确实是一项巨大的成绩。但是如果从产品经济转到市场经济的角度来看这个问题，我们就会发现，在任何一家书店都没有八九万种书可供读者选择。一般县级书店备书只有几千种，省市级书店经常备书在两万种以上的寥寥可数。全国在售图书有多少种，未见有正式的统计数字。全国性书市和订货会大约有2万~5万种。北京市新华书店1991年全年销售图书不过6万多种。全国在售图书的数量由此可以大体作出判断。郑士德同志说：“进入80年代……发货店的添货满足率仅为10%左右（日本为90%），新书售缺了无处添进，‘买’书怎么能不‘难’?”

德国不过几千万人，在售图书有52万多种，批发商实行送货上门，一般情况下在24小时内可将图书送达德国境内任何一个书店。（见韩云《德国图书销售业》，载《世界图书》1992年7期、1993年4期）英国人口比德国少，惠特克公司编的《英国在版书目》1992年版收英国在售图书60多万种。鲍克公司编的《美国在版书目》1992~1993年版，收美国在售图书120万种（不包括中小学课本、一般小册子和单幅地图），相当于美国一年出书种数的十几倍，为全世界一年出书种数的一倍半，比我国大陆从1950年至1991年出版的图书累计种数还要多。美国英格拉姆等大批发公司提供一天24小时的订货服务。

进入90年代以来，超级书店在美国全国迅猛发展。到1992年已建立100多家，估计到1993年底将达300家。所谓超级书店指经常备货在7万~10万种以上的书店，为一般中型书店备货量的几倍。美国最大的图书零售商邦斯—诺布尔公司下属的连锁超级书店在1993年1月30日结束的财政年度销售金额比上一个财政年度上升114%，它的小型书店的销售金额则下降了1.6%。由于超级书店的扩展，邦斯—诺布尔公司雇员大增，全日工作的专职职工一年前为4100人，现为6800人，计时工作人员由2400人增至5000人。

法国是西方建立超级书店较早的国家，省会城市的超级书店规模也很大。例如，1985年在伊尔—维尔省省会雷恩市开设的“图书广场书店”（Le Forum du Livre），现已发展成为这个历史名城的最大的书店，营业面积有3300平方米，常备书9万~11万种，大多数直接从巴黎购进，平均在7天内可到货，该市人口现有20万人，合每两人一种书（与我国省会城市人口和书店备书情况比较，这简直是一种奇迹）。销售额可观，1992年为550万美元。该店总经理是母公司拉布勒塔尼公司从巴黎请来的经济学家，雷恩本地人，管理这么大的一个书店总共才21人，可见现代化管理方式和经济知识所起的作用。该公司的发展战略是把书店地址选在闹市区，但设在二三层楼上，这样，租金比地面一层便宜，租用面积可以大些，地方宽敞，使陈列品种增加，许多书采用卧式展架，便于读者翻阅。这家超级书店赚钱以后再开设第二家，不盲目发展。第二家连锁图书广场书店1990年在邻省大西洋海岸省省会南特市开张，全店17人，备书7.5万～8.5万种。1993年销售额估计可达385万美元，比1992年略有增加。南特市现有24.5万人，即每3人可在该店找到一种不同的书。第三家连锁图书广场书店1992年在阿尔卑斯滨海省省会尼斯市开张，常备书7.5万种，全店16人。这三家连锁书店备书相同的品种只占30%，说明它们进货充分地考虑了本地区的需要。

法国图书广场书店的经验表明超级书店在省会城市也大有发展前途，只要经营管理有方是不会亏损的。我国人口比法国多20倍，具有更广阔的潜在图书市场，各省市的新华书店多处在闹市区，具有十分优越的发展条件。如果各省会城市至少有一家备书在5万～10万种以上的大书店，目前买书难的状况将会大大缓解。

二、两个不容忽视的问题

在实现我国图书出版业现代化的过程中，有两个不容忽视的问题。

1. 创新求精，提高质量

计算机技术给编辑出版工作者发挥聪明才智开辟了新的天地，同时也对他们的工作提出了更高的要求。比如说出版中国音乐史，现代的读者不会满足于纯文字作品，如果配上名家用中国古今各种乐器演奏名曲选段的录音带，肯定会取得更好的效果。

目前内容重复、剽窃抄袭、平庸粗俗、格调低下的图书实在太多。报上刊登畅销书排行榜，对了解市场信息是有帮助的，但这些统计数字只说明过去，不说明未来。跟潮趋热，路子越走越窄，势必造成“交通堵塞”，图书积压。在市场竞争中有先见之明，匠心独运，创新求精，才能立于不败之地。

我国工具书的出版是近十几年的一个大热点，品种越来越多，是个十分可喜的现象，但“求精”的要求似乎注意得不够，这是一个带普遍性的问题。我们不能要求每一个词条都解释得十分精确，但也不能太离谱。做编辑工作的都知道作品是由正文和辅文两部分组成的，有一部《汉俄英情报学词典》的两个词条却称之为“基本正文”和“辅助正文”，对前者的解释是“直接反映作品主要内容的正文”，对后者的解释是“补充基本正文的正文（前言、注释、附录、引文等）”。引文通常是正文的一部分，不属于辅文。作诸如此类解释的条目还多得很，这里就不一一列举了。

在信息化时代，国外出版界频繁使用的一个字眼是“update”（更新）。《中国出版》的英文刊名CHINA PUBLISHING UPDATE译法很新颖、很讲究，看来意在表示从本刊可以不断获得新的中国出版信息。特别是影响大的辞书，内容要不断更新和订正，才能保持它的权威性和持久的生命力。在70年代末问世的《现代汉语词典》是一部以创新和科学精神编写的中型语文词典，以准确性、规范性和实用性见长，很快就成为深受读者欢迎的通用最广的工具书。但是现代语言和客观事物是发展变化的，语言的研究水平是不断提高的。词典如果长期不加修订，它的权威性就会逐渐降低。

法国《小拉露斯词典》是一部语文条目和百科条目兼收、图文并茂的中型词典，80年代的增订本有1800页。自1906年以来每年一小改、几年一大改，内容和编排设计不断更新，这是它80多年来享有盛誉的根本原因。列宁在1921年提出编写标准的现代俄语词典就要求以它为样板。“拉露斯”现已成为法语词典的代名词。

世界著名的《不列颠百科全书》第14和第15版也每年修订重印，即使在第二次世界大战期间也没有停止过。该公司下属的梅里埃姆—韦伯斯特公司总裁约瑟夫·埃斯波西托说：“《不列颠百科全书》我们每年都出新版（指不改变版次的修订版），用电脑处理它的4400万个词，内容每年修订约10%。因为创作胶片成本高，工具书出版社通常要限制编辑修改的页数，一般不许超过3%或5%。像《不列颠百科全书》这样修订10%是比较少见的。”据报道，无胶片的直接制版印制技术问题现已基本上解决，在三五年内可望普及，这个前景使西方出版商深受鼓舞。埃斯波西托又说：“这将使有信息须要修订的出版商，如工具书出版商，有可能比以前更经常、更彻底地更新（update）资料，因为这项技术将使修订的费用降低。”（见美国1992年11月16日和1993年3月29日《出版商周刊》）

我们的词典如果年年修订有困难，那么三五年修订一次也好，像《辞海》那样10年修订一次也会受到读者的欢迎。10年不修订，时间就太长了。

与发达国家的图书比较，我国出版的图书除精装本以外，索引、参考书目和插图也都明显地比较少，其中有印刷技术和经济条件的原因，也有认识上的原因。

在信息“爆炸”的时代，连文摘都看不过来，哪有时间为查一个问题把整本书都翻遍！正因为如此，我们编辑出版工作才更加要为读者提供索引等方便条件。然而，目前我国不仅学术著作有索引的极少，就是许多工具书也缺少必要的索引。一位日本学者根据手头的我国出版的50本大事记、20种全国性年鉴、10本日记和回忆录作过统计，十之八九没有索引。不过从笔者所接触到的情况看来，原因主要不在于作者“‘怕’麻烦”，而在于出版社不够重视。例如《各国社会党手册》（人民出版社1992年版）增加三个索引——人名索引、各国政党及其他政治组织索引和国际性政治组织索引，其中人名和政党名有上千个，编索引是很麻烦的，但作者非常乐意做，其他作者也是如此。笔者只知道外文原著的索引在翻译时往往被出版社砍去，而未曾遇到过出版社向著译者提出编索引的要求而遭拒绝的情况。辞书至少要有按笔画和按拼音两种查法，使读者能选择一种较便捷的查法；现在许多辞书只有按笔画的一种查法，部首分类法有过多次变动，笔顺和笔画数也难以准确掌握。一个字要翻来覆去查几遍才能确定该辞书收没收。相反，如果只有一种拼音查法，不会拼音也就无法检索。《辞海》本有笔画查字表和汉语拼音索引，1989 年修订本又增加了一种四角号码查法（共 52 页），这体现了精益求精的精神。

参考书目的作用在于说明作者利用资料的广度、深度以及新颖和可靠程度，并为读者提供进一步研究的线索，这不是交代引用材料来源的脚注所能代替得了的。重要学术著作附参考书目是国际惯例，同附索引一样都是使我国书籍现代化不可忽视的方面。需要附参考书目的学术著作在约稿时就应当向作者提出这个要求。

插图具有文字不能代替的作用。配上图片，效果肯定比纯文字说明好，道理不必多讲。随着我国印刷技术的进步，希望有更多图文并茂的图书问世。

西方出版社编辑每年发稿量通常在一二十种以上。美国《出版商周刊》刊登一些出版公司招聘组稿编辑的广告，要求每年的发稿量未见有少于 8 种的。我国图书编辑平均每年发稿 3 种，没有理由不保证质量。在编辑工作电子化以后，还要努力在提高质量的基础上增加发稿数量。

2. 以经济建设为中心改善品种结构，增加常备书

1978 年以来我国各类图书以文教类增长最快。1991 年销售册数，文教类占 28.3%（中小学课本占 43.2%，不在内），社科类占 4.4%，科技类占 4.8%，文艺类占 5.4%。与 1990 年比较，文教类增长了 2%，社科类增长了 1.5%，而科技类只增长 0.8%。科技是第一生产力，科技书籍所占比例那么少，而文教类（不包括学校课本）一类的销售额远远超过其他三大类的总和，不能认为是合理的。原来的专业分工被打破，印数少的专业书不出，竞相出版那些以学生为对象的印数大的通俗作品和辅导读物（其中有不少是加重学生课外作业负担的考试复习题之类材料），必然会造成这样的后果。因此必须强调各出版社首先要把自己分工范围内的专业书出好，并保证供应。丢掉了专业，也就丢掉了自己的优势，实非明智之举。

我国的图书品种结构怎样才能适应社会主义经济市场发展的需要，有待主管部门和专家进行研究。以市场为导向的美国图书品种出版和销售情况可供参考。关于图书种数，美国出版商协会是分 23 类进行统计的。1988 年全国出版 55483 种，占比重最大的前 10 类依次是：(1) 经济学、社会学占 15%（这一类多年来一直占第一位）；(2) 小说 10%；(3) 儿童读物 9%；(4) 医学 7%；(5) 科学 6.7%；(6) 历史 5.9%；(7) 宗教 4.9%；(8) 技术 4.8%；(9) 综合 4.5%；(10) 文学 4.1%。除综合类外，经济学、社会学和科技类［(1)(4)(5)(8)］占 33.5%，其他［(2)(3)(6)(7)(10)］占 33.9%，两者的比例差不多。从销售情况看，1988 年总销售额为 132 亿美元，一般图书占 23%，专业图书（包括工商业、法律、医学、科技及其他专业）占 18.2%，大中小学教科书占 26.5%。专业图书和一般图书销售额也没有我国相差那么悬殊。这里要说明一下，美国政府出版物每年有几万种，相当大一部分是科技图书，不在上述统计数字之内。

与经济建设密切相关的是专业书。专门的学术著作不同于大众读物，发行所一次要一两千册或几百册是正常现象，西方国家也是如此。这类书籍要靠出版社自己扩大销路。为此出版社要掌握全国对口专业读者名单，向他们直接寄发订单，这是书店不可能做到的。收集和储存各地专业读者名单和印发订单，在出版社建立自己的电子编辑出版系统以后就不会像过去那么困难了；估计某一种专业书的需要量时也不致心里无数。

处在发行第一线、直接同广大读者接触的是书店，可是在书店里几乎看不到出版社的新书目录，这与书店一般不接受读者订购有关。书店的周转资金有限，不能要求每个书店在扩大图书销售品种的同时增加每一种书的储备量。解决的办法是少进勤添、接受订购，其前提是出版社要有适当的库存，售缺时能及时安排重印。

任何书都要接受读者和时间的检验。初版书带有试销性质，一次不可能印得很多。书只要适销对路，有生命力，就能增加重印次数，扭亏为盈。每一种书都要求初版能赚钱才出，这是思想上的一个误区。即使西方的图书市场也不是完全按这种指导思想来经营的。芝加哥大学出版社是美国规模最大的大学出版社，年销售额 1700 万美元。每年出版图书 240 种，期刊 45 种，既出畅销书（bestsellers），也出所谓"销售量最少的书"（least – sellers），靠常备书来弥补亏损。该社出版的《芝加哥文字技术规格手册》于 1906 年初版，内容详尽实用。例如英文省略号有三点和四点两种，其前后又可能有其他标点符号。用法如何掌握，该手册用大量的篇幅就它们在文章中可能出现的各种场合举实例作了具体的说明。它的规定为作者、编辑和出版社普遍采纳。1982 年已出到第 13（增订）版，共 738 页，每年仍销售 1.8 万册。1993 年 9 月开始出第 14 版。如果我们也有一部手册对各种文字细节如何处理的问题（包括省略号后可不可以带句号的问题等）作详尽的说明，肯定也会受读者欢迎。名列芝加哥大学出版社十大畅销书榜首的是《学期论文、学术论文和学位论文写作手册》，每年销售 15 万册，到 1991 年共销售 410 万册。这些畅销书并没有超出大学出版社的出版范围。应当说，正因为发挥了自己专业分工的优势，才能编出这样的畅销书。芝加哥大学出版社的常备书已超过 3000 种，即为每年出书种数的 12.5 倍。目前我国每年出书约 9 万种，如果多数新书不是一版即绝，各个出版社都拥有比自己每年出版的新书多 12 倍的常备书，那么可供图书超百万种就将成为我国图书市场的现实，而不是什么海外奇谈了。

（选自《中国出版》1993 年第 10 期）

出版业改革与发展探索

贾鸿鸣

伴随着改革的深入，我国出版业取得了举世瞩目的成就，一个社会主义市场经济体制下新型的出版产业体系已经逐步孕育成型。当前，出版业的总趋向是在改革与发展中走向繁荣。在邓小平同志建设有中国特色社会主义理论指导下，对出版业的改革发展进行理性思考，准确把握我国出版业的现状，确立与社会主义市场经济体制相适应的出版业的改革战略，探索出一条有中国特色社会主义出版业发展的新路子，无疑是摆在我们面前的一个重大课题。

一、社会主义市场经济体制逐步建立，使出版业面向市场，走向市场已成定局

准确把握和正确认识出版业在社会主义市场经济条件下的客观现状，探索出版管理体制改革，是进一步发展和繁荣我国出版业的前提。社会主义市场经济总格局的确定，使出版业面向市场，走向市场已成定局。

建立社会主义市场经济体制，涉及经济基础和上层建筑领域的许多方面。各行各业都必须按照建立社会主义市场经济体制的原则和目标进行相应的调整和改革。出版事业作为社会主义建设事业中的一部分，作为上层建筑的一个领域，也要在理论和实践上进行相应的构建和探索，这是一个必须明确的原则问题。离开社会主义市场经济体制研究出版管理理论，不从适应这个体制出发进行改革，就背离了邓小平同志建设有中国特色社会主义的理论，也是不符合我国的客观现状的，就谈不上出版事业的繁荣与发展。总之，出版事业的发展必须是在社会主义市场经济体制的总格局下得以实现。这是不以人的意志为转移的，是我国出版业发展不可回避的现实问题。

事实上，改革开放以来，我国的出版业早已逐步地开始了新旧体制的交替，出版物在建立社会主义市场经济体制这个大背景之下已有意无意地面向市场，走向市场。特别是党的十四大以来，我们明显看到出版物已被赶入大市场，在大市场上经受着各种考验，并在市场竞争中提高了质量，促进了出版业的繁荣。出版物的生产过程受市场经济规律的影响、支配、制约的因素越来越多。拿我们山西的情况来看，近两年来，无论在图书的选题确定、成本核算、印刷质量、发行办法、物资供应等各个环节上，市场的制约作用日益明显。无可否认的是，出版物的社会效益要在图书市场上被认可，其经济效益也只能在进入市场后获取。

如果我们对出版业的这些现象进行由表及里的理性思考，便不难发现以下事实所显示出的恰恰就是市场经济作用于出版业的结果和特征。

——出版业已成为一种产业。国外早已形成惯例，认为出版物是商品，确定出版业为信息产业。目前，在我国出版业中，市场已对印刷、纸张等出版物原料起资源配置的基础性作用。1993 年中共中央 5 号文件将出版业划为第三产业，正是基于建立社会主义市场经济发展的需要而确定的。

——出版单位正在由生产型向生产经营型转变。几乎所有的出版单位都在重视经营，都在找市场、找消费对象，都在努力掌握市场信息和读者的需求变化，出版物的生产和交换正在成为主动的经营行为。

——出版物是商品，具有商品属性。在出版物流通过程中，商品交换规律已在起作用，出版物在交换中实现其价值。出版工作同样存在投入、产出、流通、消费的全过程，这一观点已成为人们的共识。

——出版业内部竞争日益激烈。竞争是市场的灵魂，平等竞争是市场经济的基本特征之一。出版业中的商品、信息、人才、经营、服务、智力等竞争充分说明出版业正在走向市场。

——出版业正日益开放。我国出版业正在走向世界，参与国际竞争，这些特征的出现充分表明，我国的出版业已面向市场，走向市场。

二、从精神产品的特殊性出发探索出版改革和管理的特殊途径和要求

出版业是生产精神产品的社会产业之一，因此，它既有一般生产企业的属性，又有社会主义精神产品生产部门的特征。这就决定了出版业今后的改革目标，既要贯彻《中共中央关于建立社会主义市场经济体制若干问题的决定》，使出版业与市场经济体制接轨；又要从自身特性出发，形成一套有利于社会主义精神产品生产的保证机制。

1. 从精神产品的特殊性出发探索出版业的改革

出版物是精神产品，它具有双重属性，能够引发出两种不同的效益追求。在当前市场经济条件下，如何看待出版物这种精神产品的商品属性，特别是它的特殊属性是我们探索出版管理改革途径时必须明确的一个带有根本性的问题。

从理论上来看，马克思主义经济学认为，“商品是这样一种物品，一方面，它能满足人们的某种需要，另一方面，它要用来交换别种物品。”也就是说，商品不是用来供自己消费，而是卖给别人，同时交换回生产者所需要的其他物品。马克思主义经济学关于商品的这个定义

也适用于出版物。我们要以实事求是的态度勇于承认，出版物具有商品属性。

从我们的具体实践来看，对于出版工作者来说，从事出版物生产是我们对党和人民的奉献，但无疑也是赖以生存的手段，至少是谋生手段的一部分。例如，图书是以商品的形式进入流通领域的，出版者通过市场货币的交换，确认其产品——图书的使用价值，并进而实现其价值。

但是，必须看到，精神产品毕竟不同于一般的物质商品，它具有特殊属性，即意识形态属性。出版物是记载、传播、积累人类文明创造和物质生产过程中的知识、经验、信息的载体。它能够作用于人们的精神世界，影响人们的思想、观念、道德、意志、兴趣、情操乃至世界观、人生观、价值观、道德观。我国的出版业是中国共产党领导下的社会主义事业的重要组成部分，出版业必须为建设有中国特色社会主义服务，必须坚持“两为”方向，必须为人民提供健康的精神食粮。

2. 出版业改革的主要任务

在社会主义市场体制条件下，出版业改革面临的主要任务，一是作为一个社会生产部门，图书出版系统在出版社普遍实行企业化管理之后，编、印、发、供及科研等都要完成与整个市场经济体制的接轨；二是逐步以市场经济规则调整行业内部各环利益分配，以求协调发展；三是建立和强化更具有市场竞争的编、印、发、供及科研的内部机制；四是调整和确立一套市场经济下图书生产的宏观调控机制，从单一的选题调控发展到对编、印、发实行行政、经济、法律的全方位调控，确保精神产品质量；五是形成协调的具有中国特色的社会主义图书市场规模，培养健康的市场及消费趋向。

3. 出版业改革的途径探索

一是在改革尺度上处理好出版业需要坚持社的社会效益最高原则和适应市场经济的关系。也就是说今后出版业的改革要更注意从精神产品特殊性出发探索出版管理的特殊要求。

二是在宏观调控（指国家税收、法律等）上处理好出版业与相关行业的既相适应，又不相同的关系。在一定意义上讲，出版业的调控手段应比其他物资生产行业的调控手段更多一些，更具体、更直接一些，包括仍可坚持一些行之有效、有利于事业发展的计划调控手段。

三是在出版行业内部改革中要处理好分与合的关系。也就是既要落实企业法和《决定》中的主要精神，让出版企业真正享有自主权，真正解决好企业的所有权、自主权和经营权的问题，同时又不忽视出版行业编、印、发、供之间的内在联系，注意通过生产等方式，在企业间形成集约化经营规模，走集团化道路。

四是在管理上要处理好宽和严的关系。出版行业各环节上的企业都要面临市场更加激烈的竞争，为了适应市场的变化，必须具备灵活应变的能力，行政管理要为企业创造宽松的经营环境，有利于增强经济实力。但是，出版物的特殊属性要求我们在管理上，尤其是在导向管理上必须从严掌握。首先，要在指导思想上明确服务性。明确提出出版物只能是为建设有中国特色社会主义服务，为人民服务。其次要坚决杜绝出坏书，防止出版传播腐朽思想和迎合低级趣味的出版物。社会主义市场经济是法制经济，不能抽象、笼统地认为市场经济条件下，出版业可以自由行事，什么赚钱就出什么。出版业适应市场经济需要，决不意味着可以迎合读者低级趣味的不健康的消费欲，投放市场的图书必须是内容健康，格调高雅，奋发向上的商品，这就是出版管理中的特殊要求。

在管理的实际操作中要坚持两个方面：一方面要堵塞漏洞，另一方面依法管理。我们以往的出版管理中，漏洞比较明显，特别是体制和制度上的漏洞较多。今后，要在实践中加以堵塞。同时，在出版管理上，要逐步法制化，依靠成文的、稳定的法律、法规进行管理。我们过去在出版管理中大量采用的是行政手段。行政手段是必要的，但过分依靠行政手段直接管理出版业，管理已经企业化管理的单位，管理手段单一，效果不太好。由于法制不够健全，有时不自觉地将经济政策导向与出版行政管理导向对立起来，管不住，也管不好。为了保证出版业沿着正确、健康的方向发展，上级主管部门不能完全靠内部文件、通知进行管理。可以通过立法、健全法制，使出版工作者明确什么是合法的、能做的，什么是非法的、不能做的。遵纪守法者如何表彰，违章者怎样惩处。这样，作为管理部门，在处理问题时有法可依，避免发生时紧、时松、时轻、时重的问题。

总之，出版业的改革应在强化管理、依法管理上做文章，在强化管理中求得发展和繁荣。

三、走正确引导、严格管理、社会效益第一，双效俱佳的路子

我国的出版业逐步进入社会主义市场经济，应该走什么样的路子，值得我们全面、深入思考。我认为，在确定我国出版业发展道路的选择上应注意以下几个问题：

一是要正确引导。出版业如何走向市场，如何在社会主义市场经济中体现特殊性，关键是我们要坚持正确的导向。我国出版业的发展方向，应该是以邓小平同志建设有中国特色社会主义理论为指导，适应建立社会主义市场经济体制和两个文明建设的需要，按照出版工作的规律和特点，充分发挥舆论引导和信息服务功能，更好地为人民服务，为社会主义服务。确定了方向，就要加强引导，出版部门的各级领导要带头抵制买卖书号和违反党的出版纪律等不正之风，向出版工作者进行经常性反腐倡廉、出版纪律和职业道德教育，制定各种规章制度，对违纪者给予重处重罚。

二是要严格管理。作为出版业的管理部门，只有引导是不够的，必须严格管理。有了正确导向，积极加以引导，也并不是所有的人就都跟着走。我们的管理不能满足于应该怎么办，更应侧重如何杜绝违章，一旦违章怎样处置。要建立一整套严密、严格、规范、程序化的出版制度。提倡自律与管理相结合，实行出版工作责任

制，哪里出了问题就查哪里，哪个人出坏书，就追究哪个人的责任。

三是坚持社会效益第一。要牢固树立出版工作以社会效益为最高准则的观点。关于这一点要反复讲，大胆讲，放开讲。邓小平同志早在1985年就指出："思想文化教育卫生部门要以社会效益为一切活动的唯一准则，它们所属的企业也要以社会效益为最高准则"，"思想文化界要多出好的精神产品，要坚决制止坏产品的生产、进口和流传"。江泽民总书记在毛泽东同志诞辰一百周年纪念大会上也讲"在思想文化教育部门和所有从事精神产品的生产或传播的企事业单位，都必须把社会效益放在首位，在这个前提下讲求经济效益，实现社会效益和经济效益的正确结合，多出好的精神产品，而绝不允许'一切向钱看'的错误倾向冲击和危害社会主义精神文明建设，更不允许这种错误倾向泛滥而不受批评和制止"。

邓小平同志和江泽民总书记的这些指示，应当引起我们出版工作者的高度重视。在社会主义市场经济条件下，更要重视出版物的社会效益，要重视图书发行后对社会所产生的效用考察和奖励。我国出版业的性质、宗旨和根本任务，以及建立社会主义市场经济体制，都要求我们牢固树立社会效益第一的观点，第一就是第一，在这个问题上不能含糊。

四是要力争做到双效俱佳。任何事业的发展都离不开物质基础，离不开经济实力作保证。没有经济基础，出版业就难以发展，这是马克思主义的一个基本观点。在社会主义条件下，出版业的社会效益和经济效益在本质上是统一的。如果只讲一个方面，不讲另一个方面，出版业的发展和繁荣就是一句空话。所以，应该在坚持社会效益第一的前提下，讲两个效益有机、正确的结合，双效俱佳才是我国出版业发展的正确道路。

（选自《红旗文稿》1994年第5期）

中外出版业发展规模比较

罗紫初

一国出版事业的发展规模，是衡量该国出版业发达程度的重要标志。对中外出版业的发展规模进行比较研究，能够从整体上把握出版业发展的差异，为我国出版业的跨世纪发展提供思路。

一、出版机构数量比较

在众多类型的出版机构中，能较准确地反映出版规模的机构，主要是出版社数量与图书发行机构数量，尤其是发行机构中零售网点的数量。我们根据最近资料将中国及国外部分出版业较发达国家的出版机构数量列成表（见表1）。

就出版社的绝对数量而言，我国人均213万多人才拥有一家出版社，而美国不到8万人就拥有一家出版社，日本、德国、俄罗斯2万余人拥有一家出版社，英、法、韩等国1万余人就有一家出版社，似乎我国的出版力量与国外相比还存在巨大差距。其实，从实际出版能力考察，我国却并不比上表所列的国家逊色。这是因为：（1）国外众多的出版社中，能坚持正常出书的所占比重很小。世界上绝大多数实行市场经济的国家，允许私人投资办出版社，只要具备一定条件便可申请登记、挂牌营业。实际上有很多的出版社挂牌之后并未开展正常的出版活动。我国凡经审批成立的出版社，都能坚持正常的出版活动，一般也不允许私人投资办出版社。用俄罗斯出版社数量的变化来解释中外出版社数量差异的形成原因或许更实际。在苏联解体前，俄国仅有500多家出版社；苏联解体后，俄罗斯推行私有化政策，出版社也迅速增加到5100多家，其中国有出版社仅有100多家，其他均为非国有制出版社。（2）国外出版社实力悬殊，规模很小的出版社占有相当大的比例。如法国，5人以下的小出版社占能正常出书的出版社数的53.82%；美国年出书100种以上的出版社仅128家；日本年出书100种以上的出版社仅35家。也就是说，国外出版社总数虽多，但拥有一定规模的出版社却并不多。相比之下，我国出版社的实力大体平均，1996年我国大多数出版社出书都在100种以上，平均每社出书达到180多种。可见，如果单就具备一定规模的出版社数量而言，我国的出版社比美国和日本都要多。因此，我们有理由相信：我国的实际出版能力与世界上出版业发达国家比较，差距并不大。

表 1　　中国与部分国家出版机构数量情况表

	中国	美国	日本	德国	英国	法国	俄罗斯	韩国
人口（百万）	1200	255.4	124.5	80.6	57.8	57.4	149	43.7
出版社	564（1996 年）	3209（1993 年）	4284（1994 年）	4000 多（1993 年）	4000 多	5000 多	5100	7390
批发机构	80 左右	1800 多	300 多	85		近 300		
零售网点	88981	60960	88300	14340	3.6 万	2.5 万		5221

与出版能力在国际书业界所处的较先进地位形成鲜明对照的是，我国的图书发行机构与出版业发达国家相比却还处于相当落后的状态。表一所列数据表明，我国平均 13740 人才有一处图书发行网点，其售书点密度大大低于日本、英国和法国，日本平均 709 人、英国平均 1605 人、法国平均 2296 人即拥有一处网点；与美国、德国的差距也很大。

图书发行网点是满足读者需求的基本条件，是出版业发达与否的重要标志。网点数量少对于出版业自身的发展是十分不利的，因此必须采取切实有效的措施发展发行网点。如果能在 20 世纪末将发行网点发展到 20 万个左右，达到每 6000 人拥有一处图书发行点，那么我国出版事业的良性发展就有了可靠的基础。

二、出版机构规模比较

从中外出版机构的规模上进行比较分析，我们可以得出以下规律性的认识。

1. 我国的出版机构规模基本处于一个层面上，缺少发达国家中对各国出版业起着支撑作用的超大型出版集团。

我国出版机构规模，就人数来说，大多在 50 人以上，500 人以下；就年出书品种来说，大多在 50 种以上，500 种以下；就年产值来说，大多在 1000 万元以上，5 亿元以下；就年利润来说，大多在 50 万元以上，1000 万元以下。此种全国出版社的经营规模基本上处于同一层面的状态，是长期按计划经济体制运行的必然结果。近几年，一些出版社较快地适应了市场经济要求，有了很大发展，但就其现有规模与市场控制能力而论，还根本无法与国外的超大型跨国性的出版集团相提并论。如德国的贝塔斯曼公司拥有职工 5 万人，年度营业额达 106 亿美元；美国的麦格劳—希尔图书公司拥有职工 1.3 万人，年度营业额 20 亿美元；法国的阿歇特出版公司年度营业额达 300 亿法郎。这些超大型的出版集团不仅经营图书，也大多经营其他业务，而且基本上是编、印、发统一经营，对各所在国的图书市场起着重要的支撑作用。如美国 5 家最大公司的年度营业额合计达到 63.3 亿美元，占全美图书销售 187 亿美元的 1/3 强。

2. 我国图书批发机构的规模大体平衡，但缺少出版业发达国家中市场占有率很高的垄断性批发机构。

我国的图书批发机构，从最大的北京发行所与上海发行所，到最小的宁夏、青海等省级新华书店发货店，其规模都相差无几。北京发行所与上海发行所两家的年发货量，占全国年发货总量比例近几年仅为 30% 左右。与此相比，国外的一些大型批发公司的市场垄断程度要比京所、沪所高得多。如日本的东贩和日贩两家批发公司在日本国内市场的占有率高达 76%；英国的史密斯图书公司垄断了英国国内纸皮书销售的一大半市场；美国的贝克 · 泰勒公司拥有 2000 多名职工，与 1.5 万个出版社及 1.7 万个图书馆和零售书店建立了业务联系，其经营规模与市场占有率也相当可观。我国图书市场流通中反复出现中间梗塞现象，与缺少国外此类垄断性很强的大型批发机构恐怕不无关系。

3. 我国专业图书零售机构的规模比国外同类机构大。

所谓专业图书零售机构，是指以零售图书为主，有固定营业场所，且能常年坚持正常营业的书店。据 1996 年数据测算，我国属于专业图书零售机构的新华书店销货店、其他国营书店的门市部，以及出版社所设立的门市部等共 4500 家，每家零售机构平均有职工 32.4 人。武汉大学出版发行学系对部分新华书店县、市级店所进行的调查，也得出了相似的结论。与此相比，国外图书零售机构的规模则要小得多。仅以法国和日本为例，法国 2.5 万个图书零售机构中，符合前面所说的“专业图书零售机构”条件的有 9400 余家，其中 5 人以下的书店占 80% 多，考虑到法国的超级市场都是自我服务而极少营业员在岗，则这个比例还要高；而 10 人以上的大型书店仅占 2.6%，日本符合“专业图书零售机构”标准的有 28030 家，据该国通产省统计，这些书店中，从业人员 4 人以下的占 70%，5 ~ 9 人的占 20%。

从拥有职工数量看，我国的国有零售店大都已具有国外为数不多的大型书店的规模。这就启发了我们，我国的国有零售书店在不增加人员的情况下增设销售网点是完全可能的。

三、出版物数量比较

作为衡量各国出版业发展规模重要标志的出版物数量，由年出书种数、发行册数、销售金额等项指标组成。我国与出版业发达国家的出版物数量的情况见下表（见表 2）。

对表 2 所提供的情况进行对比分析，可以得出如下结论。

第一，我国年出书种数占世界各国之首，但人均拥有图书种数在世界上仍处于相对落后状态。就年出书绝对数而言，我国是唯一年出书突破了10万种的国家，由此而使我国当之无愧地进入了出版大国行列。但我国人口基数大，每百万人所拥有的图书种数仅为86.36，而其他出版大国此项指标都在200~600之间，英国每百万人拥有图书种数更是高达1600多。还有不少国家年出书种数并不多，但人口基数小，所以每百万人拥有图书种数也相当多，如新西兰为909.1种，瑞典为1034.9种，芬兰为1600种。所以说，对于一个拥有12亿人口的大国来说，年出版10多万种图书，数量不是太多，而是太少。

第二，我国是世界上图书发行册数最多的国家，人均购书册数也位居世界前列。近10多年来，我国年图书发行册数一直稳定在62亿左右，1996年更攀升到了72.61亿册，相当于发行数量位居世界第二的美国的2.6倍多。我国人均购书5.93册，这一指标虽不及美国、日本，但接近法国，大大高于世界出版大国中的“黑马”韩国。作为世界人口最多的发展中国家，我国人均购书能达到接近6册的水平，已是十分可观的了。

表2　　　　我国与部分出版业发达国家的出版物数量情况表

国别	年出书种数	年发行图书册数	年图书销售金额	年人均购书数	
				册数	金额
中　国	112813种 (1996年)	72.61亿册 (1996年)	266.62亿元人民币 (1996年)	5.93册 (1996年)	2.63美元 (1996年)
美　国	49757种 (1993年)	30亿册 (1991年)	187.9亿美元 (1994年)	12.06册 (1991年)	93.76美元 (1995年)
日　本	51106种 (1995年)	13.8063亿册 (1993年)	10469.79亿日元	11.09册 (1993年)	50.79美元 (1995年)
法　国	23436种 (1995年)	3.91亿册 (1989年)	40亿美元 (1995年)	7册 (1992年)	71.74美元 (1995年)
英　国	95064种 (1995年)		36.7亿美元 (1995年)		65美元 (1995年)
德　国	65980 (1989年)		96.8亿美元 (1995年)		122.5美元 (1995年)
俄罗斯	2.7万种 (1993年)	10亿册 (1993年)	32亿美元 (1995年)	6.71册 (1995年)	11.25美元 (1995年)
韩　国	2.6万种 (1993年)	1.3675亿册 (1992年)	20亿美元 (1995年)	3.26册 (1992年)	19.58美元 (1995年)

第三，我国人均购书金额大大低于发达国家。据英国《世界图书市场》统计，1995年在世界出版业发达国家中，德国人均购书额最高，为122.53美元，位居第16位的韩国也接近20美元，而我国人均购书却只有1.51美元。我国人均购书额低的原因主要有两个：一是我国图书市场的购买力较弱，关于这一点，只要我们将制约图书市场购买力的两大因素进行一下对比就非常清楚（见表3）。成人识字率低以及经济不发达，极大地削弱了我国图书市场的购买力。二是我国图书销售价格比发达国家书价低得多，按1995年指标测算，我国图书的平均售价为2.79元人民币，约合0.336美元；而日本每册书平均售价为1059日元，约合9.16美元；美国优质纸皮书平均每册售价19.24美元，大众市场纸皮书售价5.70美元，都比我国的书价高出许多倍。而我国的低书价又是建立在我国的低工资低物价指数的基础之上的，与职工工资收入比较，我国目前的书价并不低。一本《百年孤独》，在德国的销售价格是9.35美元，占该国读者月收入的4%，我国浙江文艺出版社1994年重印的《百年孤独》，定价为12元人民币，按武汉市职工1994年最低月收入140元计算，该书的售价相当于读者月收入的6.6%，可见现阶段我国图书的相对销售价格要比国外高得多。同时也说明，决定一国图书价格消费水平高低的最主要因素，还是社会经济发展水平状况。努力发展国民经济，对于国家出版事业的发展有着决定性的意义。

表3　中国与部分国家的成人识字率与人均国民生产总值情况表

	中国	韩国	美国	德国	英国	法国	日本
成人识字率（%）	69	95	96	99	99	99	99
人均实际国民生产总值（美元/人均）	2124	4832	17615	14730	12270	13961	13135

（选自《武汉大学学报》（哲学社会科学版）1997年第6期）

走产业化发展之路

——关于中国出版业改革与发展的思考

聂昌慧

改革开放以来，我国的出版事业取得了长足的进步，其发展的规模和速度都较为可观。出版事业作为我国社会主义精神文明建设的重要组成部分，对于促进政治、经济、科学、教育和文化事业的发展，起到了重要的作用。同时，出版事业作为一种产业在国民经济中的地位也开始显示出来。

但是，按照市场经济体制的要求，与世界发达国家的出版业相比，无论是出版业的实力，还是出版业的效益，我国的出版业还有许多不足。特别是把出版业作为一个重要的产业来发展，通过出版业的市场化和集约化经营，实现出版业的产业化，从而提高出版产业在国民经济中的地位和作用，我们还有很大的距离。因此，充分认识出版产业化的重要性和必要性，按照党的十五大的精神，进一步深化出版体制改革，促进出版业的产业化，是摆在我们面前的一项重要任务。

所谓出版产业化，就是指通过建立与社会主义市场经济相适应的出版产业体系，实现出版资源的优化配置和生产要素的优化组合，以求得出版物的社会效益和经济效益的最佳结合。在产业发展、职工富裕的同时，促进精神文明的建设，推动国民经济的发展。

根据我国出版业的特点和现状，出版业的产业化应从以下几个方面进行：

一、提高对出版产业化发展的认识

出版工作是我们党在意识形态领域的一个重要战线，是社会主义精神文明建设的重要组成部分。对于出版事业的这种重要性，长期以来，我们已有相当的认识。正因为如此，党和国家对出版事业一直是非常重视的。出版事业也的确是在不断发展，并且取得了较大的成绩。但岁月和实践也证明：我们在充分认识出版业的精神文化属性的同时，对出版业的另一属性—物质产品属性却有所忽视，因而也无从把出版作为一种产业来发展。这就在一定程度上制约了出版业的发展。

改革开放以后，随着经济体制的改革和社会主义市场经济体制的建立，我们对出版业的商品属性开始重视，开始在注重出版物的社会效果的同时，也注意出版物的经济效果。1985 年，国家统计局提出了我国三类产业的划分标准，流通部门和服务部门被列为第三产业，其中包括新闻出版和教育、文化、广播电视、科学研究、卫生、体育和社会福利事业。至此，出版事业在国民经济中的独立产业地位被确立，出版部门的思想进一步解放，出版业开始适应社会主义有计划商品经济的要求，从生产型向生产经营型转变。经过十多年的发展，我国出版业作为一个独立的产业体系开始崛起。

尽管如此，我以为我们对出版业属性的认识，特别是对出版产业的角色地位和产业特性的认识还很有局限性。因此，要推进出版业的产业化，首先要加深对出版业特性的认识，树立出版产业意识。

首先，出版业的显著特点在于，它是精神传播和物质生产的统一。从整体来讲，它具有文化和商品的双重属性，我们既不能忽视它的文化属性，也不能忽视它的商品属性。但从单个出版物来讲，由于出版物内容的千差万别，并不是每个出版物都具有意识形态属性，比如自然科学类的出版物等。当我们把出版真正作为一种产业来发展的时候，我们就要寻求它的最佳效益。如果我们片面强调出版物的意识形态属性，就会束缚手脚，影响出版产业的发展。

其次，出版业应是国民经济的一个重要产业，而且是一种获利潜力较大的产业，出版业的发展应同整个国民经济和社会的发展相衔接。过去认为出版业投资大，回收慢，效益不高，这是对传统出版业而言的。现代出版业由于科技成果的广泛运用，其产出水平已大大提高。随着人们生活的不断改善，对出版物的需求也不断增大，出版物的价格越来越高，这就会使出版业成为获利较高、很有前途的产业之一，成为在国民经济中占重要地位的产业之一。

在出版业的属性问题上，国外的历史和现状可以开阔我们的思路。二战以前，国外对出版业的性质也偏重于它的文化属性，对出版业的经营管理都不太重视。二战以后，国外开始重视出版业的效益管理。特别是美国的一些大企业纷纷购买出版单位，并把企业经营管理的办法引进出版业，极大地提高了出版业的经济实力，使美国较快地成为世界的出版中心。英国的出版业也很快发展成为制造业中的一个重要产业部门，其产值居英国国民总产值的第 5 位。1962 年，美国著名经济学家马克鲁普的《知识产业论》发表以后，国外更加重视出版业，把它作为信息产业的一个门类大力发展，完全采用市场经济的原则进行经营管理。同时，考虑到出版业的文化属性，也采用一些政治、经济、法律的手段来发挥其政治功能、文化功能。纵观世界发达国家，并非他们的每一产业都很发达，但无一例外，都有一个非常发达的出版业。因此，国外的经验和做法，应该值得我们借鉴。

二、营造出版产业化发展的市场化环境

世界出版业发展的实践表明，出版产业化需要一定的环境和条件，而资本等要素的市场化是其首要的环境条件之一。

出版业的市场化，就是要改变过去传统的经营方式，建立出版业生产要素市场和产品销售市场体系，使出版业生产要素和产品进入市场。

出版生产要素进入市场，首先是指出版资本进入市场。在现代市场经济条件下，企业在生产商品和劳务的同时，自身也被作为交易对象在产权市场上流通，或者被整体出售或者被分割出售。由于资产和资本的分离，作为生产要素的资产稳定地处于商品和劳务的生产过程中，而作为资产价值表现的资本，却有可能在资本市场上被出售、收购、兼并并相应地增值和贬值。这种产权关系的可变动性，正是现代企业制度的一个基本特征。产权的交易迅速推动着资本的集中，使经营得好的企业迅速扩张自己，经营不善的企业迅速改变自己，优胜劣汰，实现资本的优化配置。

出版企业要得到发展，需要充足的资金，而现在不少出版企业资金不足，这种不足不可能单靠国家的拨款来解决，而只有靠建立增加资金的新机制，多元化筹集资金。允许出版资本进入市场，一方面，我们可以以投资、入股、参股等方式，将其他产业的资本吸引到出版产业中来，扩展和壮大出版业经济实力。另一方面，我们也可以利用出版产业的优势，向其他产业渗透，实现以出版产业为主体的立体发展战略。这样做虽使得出版企业的资本形态发生了变化，但这种变化并不意味着出版企业的国有资本被削弱、被蚕食，而恰恰表明出版企业的资本通过市场化经营将其他资本组合进来壮大了自己，营运出了超出自己规模的社会资本，出版企业的国有资本的主导地位从而得以巩固和加强。这种现象，可以说是出版企业国有资本乘数作用，它实现了以出版企业国有资本为主导的资本集中，使得不同行业不同成分的资本朝着统一的目标——繁荣出版产业运作。

出版企业国有资本进入市场，有利于出版产业结构尤其是资产存量的调整。长期以来，出版企业普遍存在着资产存量结构不合理、运营质量不高的问题，主要表现在：一是资产组合配置不合理，分布比较分散，产业规模较小，大多未达到合理的经济规模；二是存量资产的技术档次较低，资产净值率不高，设备陈旧老化；三是资产沉淀，有些资产处于闲置状态，设备利用率不足，这主要反映在印制企业；四是资产运作机制不灵活，出版企业资产难以流动，部分存量资产处于凝固状态，加上出版企业只生不灭，不少出版企业都为保存自己而苟延残喘，资产存量无法调整。实行出版资本的市场化经营正可以解决这些问题，通过出版生产要素的市场化，可以使合理的产业规模、产业结构调整到位，促进出版产业的发展。

出版产品的市场化，就是要逐步建立布局合理、功能齐全、规范化的出版物市场。特别是要建立农村出版物销售市场网络，并在通信、交通、邮电、金融、信息等方面加强配套建设，使之成为运行成本低、效率高、触角延伸到农村每个角落的大市场。应当明确，在市场经济条件下，出版物的生产是由市场带来的。出版业要发展，就必须建立统一、开放、竞争、有序的出版市场体系，使市场在出版资源的配置中真正起到基础性作用。

三、创造出版产业化发展的集约化条件

出版业的集约化，是实行出版产业化的第一个必要条件。所谓出版业的集约化，就是要改变分散的传统的小生产方式，通过生产要素的优化，提高生产要素的质量，盘活壮大资产存量，逐步实现与大市场要求相适应的规模经营，以形成较高的经济效益和市场竞争能力。我国出版业生产力水平低，经济效益不高，一个重要的原因是经营规模太小。因此，要改变那种“船小好掉头”的小生产意识。过去，出版业在发展的过程中，由“一个综合社分成若干个小专业社”，也曾调动了积极性。但现在情况不一样了，中国出版业要参与国际竞争，小舢板毕竟经不起大风浪，必须要有自己的航空母舰。

根据“三个有利于”的原则，出版企业集约化可采用以下方式：第一是联合。联合是按照专业化分工和社会化大生产的原则，围绕出版业的产品、资源和市场进行分工协作，采取组建出版企业集团或社社联合、社店联合、社厂联合等方式实行优势互补，扩大经营规模、增强整体竞争实力。当前有些出版企业已经开始了这种尝试。第二是兼并。兼并大多是通过优势企业收购劣势企业，达到壮大优势企业，盘活劣势企业存量资产的目的。兼并是资产向高效益企业转移的重要方式，是大企业发展的主要途径。但这种方式涉及产权变更，特别是跨地区的兼并，直接涉及地方、部门的利益关系，因而会碰到许多矛盾和阻力。第三是股份制。股份制是现代企业制度的典型组织形式。在出版企业能否实行股份制的问题上，现在看法不太一致。有人认为在出版企业的出版、印刷、发行、供应四大块中，除出版外，其余三块可以干。有人担心，在出版企业中实行股份制，会不会导致公有资产的私有化。江泽民同志在十五大报告中指出：“股份制是现代企业的一种资本组织形式，有利于所有权和经营权的分离，有利于提高企业和资本的运作效率，资本主义可以用，社会主义也可以用。不能笼统地说股份制是公有还是私有，关键看控股权掌握在谁手中。国家和集体控股，具有明显的公有性，有利于扩大公有资本的支配范围，增强公有制的主体作用。”这段话说得非常明确。作为一种企业，在确保国家控股地位的前提下，我们完全可以分类分批地对出版企业进行股份制改革，这既不影响出版企业坚持社会效益第一的原则，也不削弱公有制的主体地位和国有经济的主体作用。第四是股份合作制。股份合作制是一种具有中国特色的资本联合与劳动联合相结合的企业组织制度，是具有股份制特征的新型合作经济组织形式。其主要特点是：职工

在共同劳动的前提下，以股份形式共同投资，共同占有和使用生产资料，实行利益共享风险共担和民主管理，实现按劳分配与按资分配相结合。这些特点决定了股份合作制是公有制经济的一种好形式，与我国现阶段生产力发展水平较相适应，在有些出版企业特别是印刷企业是完全可以实行的。

采用何种形式实行集约化经营、壮大资产存量，应因地制宜、因企制宜。出版企业要从生产经营和发展的实际出发，科学制定集约化的措施、确定集约化的形式，努力寻找更为适合自身经营和发展的方式。但无论采用哪种方式，都必须遵循两条原则：一是经营效益最大化原则。提高效益是集约化的根本标志，要把推进出版企业资产重组同出版企业创利增效结合起来，立足于培植出版企业新的经济增长点。具体地说，就是推动资产向高效出版企业流动，提高存量资产的配置效率，实现出版存量资产整体效益的最大化。二是规模经济原则。出版资产流动与重组要以优势企业优势产品为依托，大力发展大企业、大公司、大集团，促进资产向优势企业、优势产品聚集。对一些中小出版企业，要通过资产重组，提高其专业化技术水平和经营水平，实现另一种形式的规模经营，即建立在分工协作或具有特色基础上的规模经营。

四、完善出版产业化发展的保障机制

实现出版的产业化发展，是一项复杂而艰巨的任务，既需要出版部门按照市场经济的要求深化改革，转移经营机制，同时也需要国家和社会的扶持和保障。第一，国家应在税收、财政、邮政、工商、信贷、进出口等方面制定优惠政策，使出版业在相对宽松的经济条件下运行。比如，将出版业的所得税从33%调整至20%，降低出版物的邮发率等。第二，应为出版业的发展提供保障机制，进一步建立健全出版法律和规章制度，依法管理出版。特别是要按政企分开的原则，理顺出版管理部门与出版企业的关系。第三，出版企业自身要严格按市场法则运行，重视经营管理，增强自身发展能力。

总之，只要我们解放思想，认准方向，努力探索，开拓进取，中国出版业的产业化一定可以实现。

（选自《中国出版》1997年第12期）

论组建中国出版集团的若干问题

陈　昕

从1995年起，我曾在不同的场合和不同的文章中，就培育新的出版组织特别是组建出版集团问题发表过一系列意见。党的十五大召开后，出版界人士在学习十五大精神的过程中，从迎接新世纪的高度，对组建出版集团、做大出版产业问题进行了深入的探讨，其中巢峰、胡守文同志在《中国图书商报》上提出了一些值得重视的见解。这里我想结合前不久率团考察美国出版业的感受。谈谈我对组建出版集团的一些看法，也算是对巢峰和胡守文同志文章的一点补充。

一、用新的观念看组建出版集团问题

首先应该明确这样一点，我们不是为了组建集团而组建集团。我在《中国出版业发展的三个阶段与新的出版组织的培育》一文中曾经这样说过："中国出版业于1995年结束了长达9年的调整和徘徊，进入了一个新的发展阶段即第三阶段；这个新的发展阶段能否持续更长的时间，一个很重要的因素在于能否出现新的出版组织，特别是能促进市场迅速扩容的大型出版集团。"对此，我进行了详尽的论证。这一论证足以说明是中国出版业发展的新阶段在呼唤着大型出版集团的出现。

当我们从中国出版业新的发展阶段的背景来思考问题时，自然要从产业发展的角度来看待出版集团的组建问题；而从产业发展的角度来分析出版集团问题，具有传媒业的观念、知识经济的观念和竞争的观念是相当重要的。

1. 传媒业的观念

去年8月我率团对美国出版业进行了为期10天的考察，先后与Random House、Mc Gram Hill、Simon & Schuster三家大型出版集团的总裁、副总裁以及美国出版商协会的负责人进行了长时间的会谈。在会谈中，美国的同行向我们介绍的首先是传媒产业的情况，然后才谈出版产业的状况。他们是把出版业作为传媒业的一个组成部分来看待的，看到了作为产业的出版业与传媒业内其他产业之间的互动关系。我还知悉这三家年销售额在10亿至20亿美元的出版集团均已成为更大的传媒集团的子集团。例如 Simon & Schuster 就是 Viacom 的子集团，它与 Paramount、Music Television、Music First、Nickelodeon、Showtime、Blockbuster Video 等电影、电视、广播、音像集团共同组成 Viacom 这一 1996 年销售额高达 121 亿美元的巨型集团。从世界出版业的发展趋势看，图书与电影、电视、广播、电子、音像、报纸、杂志等各种媒体的交叉互动以至融为一体已是传媒产业发展的一种重要现象。而在我国，由于很长一段时间内实行的是计划经济体制，各种媒体仅是作为意识形态的工具而存在的，政府对它们进行分门别类的管理，并由不同的部门加以施行，因此各种媒体之间基本上是互相割裂的。如果说在计划经济的体制下，出版界人士不可能有传媒产业的概念的话，那么在今天我们迈向社会主义市场经济的进程中，在组建出版集团的过程中，确立这一概念则是做大出版产业所必需的。

我曾经对进入世界 500 强的传媒集团的发展过程作过一些分析，发现这些庞然大物的形成有这样几条路线：(1) 以电影、杂志为主体，逐步发展到电视、广播、音像、电子、报纸和图书等产业，这类传媒集团的代表是美国的 Time Warner Turner 和 Viacom，它们 1996 年的销售额分别为 209 亿美元和 121 亿美元，位居世界传媒业的第 1 位和第 5 位。(2) 以娱乐业为主体，逐步发展到电影、电视、广播、杂志、报纸和图书等产业，这类传媒集团的代表是美国的 Disney Cap Cities，其 1996 年的销售额为 187 亿美元，位于世界传媒业第 2 位。(3) 以电子工业为主体，然后发展到音像、电视、广播，涉足图书、杂志出版等，其代表是日本的 Sony，1996 年的销售额是 143 亿美元，位于世界传媒业第 4 位。(4) 以图书、杂志的出版和印刷为主体，逐步发展到报纸、音像、唱片，再到电子出版物、电视、广播等，德国的 Bertelsmann 是其中最成功的代表，其 1996 年的销售额是 145 亿美元，位居世界传媒业的第 3 位。应该说，今天世界传媒业发展的主流是：以电视、广播为主体的媒体集团在逐步兼并图书、杂志等传统企业。但是，也有例外，Bertelsmann 就是一个值得我们出版人引以为自豪的例外，它以出版为主体逐步向其他媒体扩张的实践值得我们高度重视。今天在组建中国的出版集团时，具有传媒业的观念是十分重要的，它使我们有可能注意到图书与其他媒体之间的关系，培育出具有中国特点的以出版为主体的大型传媒集团。

2. 知识经济的观念

在美国考察期间，另一个引起我高度注意的问题是，美国同行谈论较多的话题是知识经济的概念，他们认为知识经济的勃兴为出版集团的扩张提供了新的空间。

按照经济合作与发展组织（OECD）的定义，知识经济就是建立在知识和信息的生产、分配和使用之上的经济。知识经济概念的提出有这样几点值得我们注意：(1) 传统的以大量消耗原材料和能源为特征的经济正在逐渐丧失昔日的荣耀，一种全新的基于最新科技和人类知识精华的经济形态正在出现；(2) 以知识作为资本发展经济，知识将作为生产要素中最重要的一个组成部分；(3) 以比尔·盖茨为代表的软件知识产业的勃兴是当今世界知识经济初具框架的标志；(4) 软件的比例在整个经济中的份额大大增加，包括专利、商标等在内的无形资产在整个经济资产中的比例大大上升，咨询业日见兴盛；(5) 作为工业经济主干的制造业已注入了越来越多的新科技知识。

我认为，对于知识经济概念的理解不能过于狭隘，知识产业不仅是软件业，“知识经济”的知识应该是广义的。如果我们从广义的角度来看待知识产业的话，那么出版业尽管是其中最为传统的产业，然而却又是知识资源积累最多的一个产业。当我们把出版产业放在知识经济的范畴来观察时，出版业发展的前景顿时开阔起来。在传媒业中，出版业具有独特的优势，它掌握了丰富的知识资源。在知识产权保护日见加强的今天，谁掌握了知识资源，谁就掌握了未来发展的命脉。现代科学技术发展史告诉我们，新的媒体的出现是科学技术推动的结果，是技术手段的进步，但是，我们也看到，媒体的形式虽然在不断发生变化，但其中的内容也即知识含量却是永远存在的，它是更为基本的要素。我在美国与 Simon & Schuster 的副总裁交谈时，他大谈特谈他们介入网上教育和兴办网上课堂的计划。我顿时明白了出版社所掌握的知识资源的重要性以及充分开发和利用这些资源的必然性。今天我们在组建出版集团时对知识经济的概念有初步的认识，有助于我们牢牢掌握产业发展的主动权。

3. 竞争的观念

我们在组建出版集团时尤其要有竞争的观念，要注意形成一个竞争性的环境。我国目前的出版格局是在 50 年代学习苏联模式的基础上，经过长期的演变形成的。它是计划经济时代的产物。从地区分布来说，除了北京、上海有较多的出版社外，其他省、自治区、直辖市出版社的数量大都是 10 家左右，且在类型上基本是同构的；从组织管理体系来说，绝大多数省、自治区、直辖市在 80 年代以后均形成了典型的政企不分的模式，那就是出版总社（出版集团）与出版行政领导机关是两块牌子、一个机构。这两种情况结合在一起势必导致地方保护，产生排斥竞争的现象。

在目前组建出版集团的呼声中，不少地方新闻出版局发出的声音是组建单一的、大一统的出版集团。这种情况令人担忧。组建集团的目的在于打破行政保护的格局，通过竞争最终形成全国统一的大市场，进而推动出版产业的发展。以省为单位组建一个大一统的出版集团是否就有利于竞争呢？一些同志认为，组建这样的集团有助于与外省市的出版社开展竞争。但是他们忘记了，这样一来，本地区的竞争被排斥了，在一个集团内部，分工比竞争更重要；另一方面，如果这种行为是政府推动的话，当竞争威胁到本省市的出版集团时，保护性的措施就会接踵而至。其结果是本地区内的竞争由于集团的成立被排斥了，地区间接竞争由于保护而无法开展，出版产业发展所必需的竞争性环境不存在了。

在中国这样一个幅员辽阔的国家内，从竞争的角度看，一定半径区域内至少要有两个出版竞争主体存在。

在组建集团时我们应注意到这一点。当然，在不同的地区要区别不同的情况来对此加以落实。例如，在北京、上海这样的出版中心和基地可以建立两个以上的出版集团，同时要为他们向外省市辐射创造必要的条件；而在一些出版资源与力量较为薄弱的地方，则没有必要一定要建立集团，在强调本地区出版社之间开展竞争的同时，还可让外省市的出版社尤其是大的出版集团进入，参与竞争。

对竞争的理解还应该是多元的、全方位的。比如，竞争不仅是出版集团之间的竞争，还应该形成大中小出版社之间的竞争。小出版社往往可以自己的风格和专业特色在某个特定的方面与出版集团展开竞争，并将其击败。这就要求我们在进行出版社的布局时注意处理好大集团与小出版社的关系，形成大中小出版企业并存的格局。又如，竞争还应该是出版、印刷、发行企业之间的竞争。在计划经济的条件下，出版单位的经营范围被人为地限定了，出版社只管编书，印刷厂只管印书，书店只管卖书。这些年来，虽然出版社搞起了自办发行，但囿于一家一户的发行方式，才远未与新华书店形成规模竞争的格局。据我对美国出版业的考察，发现其出版企业在发行方面的竞争是多层次的。美国的图书发行有这样几条主要的渠道：（1）出版集团的自办发行，主要是发行教科书和畅销书，Random House、Mc Gram Hill、Simon & Schuster 均有很强大的批发和物流系统。（2）大发行公司即中盘，如 Ingram 和 Baker Taylor 他们以批发品种众多而体现自身的竞争力，这两家中均拥有 30 万～40 万的图书品种。（3）连锁超级书店。在美国主要有 Barnes & Noble、Borders 等四大连锁书店。他们以众多的大型连锁书店为依托大批量地从出版社进书，并配送到各个书店。例如，Barnes & Noble 在全美共有 700 多家连锁书店，其中面积为 2000 平方米以上的书店就有 100 多家。正是这三大渠道之间的竞争不断地放大了美国的图书市场。

美国的情况值得我们借鉴。在组建出版集团时，如何形成与新华书店在发行上的竞争是必须加以考虑的。当我们的发行业只有新华书店这样一个大的主体时，竞争难以有效开展，市场的容量当然也难以迅速扩大。但是试想一下，如果出现一家包括若干家出版社、年出书量高达三四千种的出版集团，那么它显然具有与新华书店在品种批发上开展竞争的实力。

二、组建出版集团应注意把握的九条原则

如前所述，中国出版业的第三阶段能否持续更长的时间，中国图书市场的容量能否进一步扩大，取决于新的出版组织尤其是出版集团的培育和成长。因此，不失时机地推进出版改革，组建起若干个大型出版集团乃是中国出版业下一步发展的关键。但是，我们也应该清醒地看到，出版集团的组建不应是捏合的、虚拟的、表层的，它应该遵循如下九条适应社会主义市场经济发展的基本原则。

1. 体现规模经济的原则。组建出版集团的核心是追求出版的规模效应。中国现有的出版组织基本上是一种规模，与国外的出版社相比，大都属于不大不小的企业。那就是，一般在二三百人以下，四五十人以上；年出新书 400 种以下，100 种以上；年销售额在 2 亿元以下，2000 万元以上；年利润额在 1000 多万元以下，七八十万元以上。这样一种规模，从大出版的角度来看，当然难以产生经济学上所说的规模经济效应。因此，出版集团应由一定数量的单位组成，要有相当数量的出书品种，相当规模的销售收入，相当份额的市场占有率。于友先署长在前不久召开的全国人民出版社工作会议上说到："经过几年的努力，使中国尽快出现几家或十几家年销售十几亿或几十亿的超级出版社或出版集团，再加上国家政策的保护和支持，我们才能更有信心去迎接未来的严峻挑战。"我想这就是我们应该追求的集团规模。

2. 通过强强联合的途径来加以实现的原则。出版集团的组建可以有横向联合和纵向发展两种形式。所谓横向联合是指出版社与出版社，出版社与书店、印刷厂乃至出版社与其他媒体之间，通过资产和业务的重组形成的集团；所谓纵向发展是指出版企业依靠自身的力量分化出若干子公司而形成的集团。从国际的经验看，这两种形式是都存在的。美国主要采取的是横向联合的方式，而日本更多采用的是纵向发展的形式。美国出版业在 60～70 年代、80 年代和 90 年代发生的三次大规模的兼并、联合、重组浪潮，导致了一些特大型出版集团的诞生。这种重组目前仍在进行，只不过是跳出了出版产业的范围，在传媒产业这个更大的范围内进行。从长远来看，中国出版集团的组建当然会是横向联合、纵向发展两种形式并存的。但是从目前中国的具体情况看，要在短期内组建成若干较大规模的出版集团，只能走横向强强联合之路，尽管它在操作上比纵向发展远要复杂和艰难得多。

3. 相关相近的原则。但不宜把相关相近理解得过于狭窄和机械。我们是在走向社会主义市场经济的进程中提出组建出版集团的任务的，这使我们不可能像美国、欧洲、日本那样完全采用市场的办法来完成联合、重组的过程。对我们而言，必要的行政推动是不可或缺的。但是这种行政推动必须符合市场经济的基本原则，在组建集团时，相关相近原则的提出就是我们的一种特殊考虑。不过，我不主张把相关相近的原则理解得过于狭窄，不主张按社科类、文艺类、科教类、少儿类等来对出版社进行组合。我认为从文理两科来考虑相关相近的组合原则即可。大的出版集团与一般的出版社不一样，如果说中小型的出版社是以自己的专业特色和风格在竞争中取胜的话，那么大的出版集团则更强调以整体的综合实力参与竞争。因此出版集团出书的面要拉得足够的开，出书的领域在一定的范围内要尽可能地给予满足。在组建集团时那种出书领域完全同构的出版社不宜过多地组合在一起。

4. 有助于形成多种媒体互动发展的综合效应的原则。组建集团应注意图书、期刊、光盘、报纸、广播、电视之间的互通、互补、互动关系，使集团拥有尽可能多的

媒体，打破以往媒体间互相割裂的状况，形成优势互补、资源共享，一种出版资源多次开发、合力经营的格局，实现多种媒体互动发展的综合效应。

5. 能够对整个集团的业务进行重组的原则。我国现有的出版社均是在计划经济的条件下组建起来的，它以一家一户的生产方式进行运作，小而全的弊病十分明显。组建集团就是要打破这种小而全的格局，按照市场经济的原则对所有业务进行重组、整合，从而使集团内的优势企业获得更大的发展空间，劣势企业走出困境，整个集团的规模迅速膨胀。

6. 有利于集团新的增长点形成的原则。今天世界出版业正在发生巨大的变化，那就是电子出版物的迅速发展和网上出版的出现改变了整个出版业的格局。据最近美国权威的 Veronis，Suhler & Associates Inc. 对 1997～2000 年美国传媒产业内各个行业产值的年增长率的预测，数字化媒体（含网上出版）的增长率为 21.6%，而传统图书的增长率仅为 5.3%。对中国出版业而言，在组建集团时应不失时机地抓住这一世界出版业的发展趋势，围绕着电子出版物和网上出版对现有的出版资源进行组合。此乃开拓新的增长点、做大出版产业的关键。

7. 形成多元经营格局的原则。国际上大的出版集团发展的一个特点是利用自身资源的优势向相关领域辐射。例如，美国的 Simon & Schuster 就充分利用自己的出版资源向教育市场辐射。从 1997 年起，他们在开展网上教育的同时，开始实施经营未来教室视听设备和课桌的计划。我们在组建集团时应充分利用信息源在传媒业中的重要地位，以知识作为资本投入要素，进入相关相近的多元经营领域。例如，可利用多种媒体集中经营广告业务、信息咨询业务、版权代理业务等。

8. 逐步引入现代企业制度的原则。我们出版企业的改革近 10 年来一直停留在目标管理责任制上，进一步改革的阻力很大。出版集团的建立，实现了若干企业在资产、业务和组织方面的优化组合，为按照现代企业制度要求推动改革提供了契机，有利于把改革与改组、改造和加强管理有机地结合起来。按照现代企业制度形成的集团的组织和经营框架，应既有利于党和政府的领导和管理，也有利于集团更有力地参与国内外市场的竞争，获得事业的快速发展。

9. 既坚持集团公司的一体化领导又充分调动各出版企业积极性的原则。今天我们的集团是在一种特殊的条件下，依靠行政力量的推动组建的，它面对的是先有“儿子”后有“老子”这样一种比较尴尬的局面。这与欧美等国的出版集团在完全市场的条件下，通过购并的方式逐步形成是不同的。因此我们在组建出版集团时，应避免理想化的做法，适当考虑参加集团的出版社的自愿程度，要考虑通过过渡性的形式来逐步达到最终目标。同时，在设计集团的控制系统时，要多用经济的办法，避免用行政命令的办法，还要尽可能地兼顾各出版企业的利益调动他们的积极性。

在论述了组建出版集团的问题后，我想指出，出版集团的组建无疑是本世纪末中国出版业最重要的课题。但是我们切不要以为只要集团化了，中国出版业的一切问题就迎刃而解了。事实上中国出版业存在的问题是多方面的，它需要我们进行不懈的努力。上个月我在台湾访问时，那里的出版人认为，上海出版业目前最缺乏的是熟悉市场运作的企划人才。这确是一语中的。

胡守文同志在结束他的《中国出版业集团化问题初探》一文时说到：“让我们挥挥手，向 20 世纪传统的出版运作方式行告别礼”。我在结束此文时想说，让我们举起双手，热烈地欢迎新的出版组织的诞生。

（选自《编辑学刊》1998 年第 1 期）

关于对外版权贸易的思考

马如海

一、对外版权贸易存在的问题

我国的对外版权贸易，历经了几年的探索和发展在取得卓著成绩的同时也出现了相当多的困难和问题。

（一）版权输出滞后

据国家版权局统计，1995 年我国版权贸易中各地出版单位共引进版权 1664 项，而输出版权仅 354 项，输出比引进少近 4 倍。1996 年的情况也同样如此，各地出版单位引进作品版权 2515 项，输出只有 250 项。可以看出输出与引进相差很大。据报载 1997 年 6 月 24～28 日在重庆举办的“中日版权贸易洽谈会”共达成版权贸易意向 150 项，其中，向日本输出仅占 15%，即引进 128 项，输出22项，输出比引进少4.8倍。1997年4月举办的第34届波洛尼亚国际儿童书展及9月举办的第八届全国书市上，也同样传来引进多卖出少的信息。

（二）版权购进秩序混乱

我国的版权贸易从1994年以前的卖多买少甚至只卖不买而变为争相购进外国版权。这种急速变化使某些出版社缺乏必要的准备，往往在对国外图书和版权状况缺乏全面深入了解的情况下就一哄而上，哄抬报价，结果使国外版权代理商提出的条件越来越苛刻。如要买就买某作家的全集、文集单行本不卖；或者卖了全集，同时又出让单行本的版权给另一家，以此来分割国内市场。由于重复授权或分册授权，往往国外代理商得了利，而国内出版部门则赚不到钱。在1996年北京国际图书博览会上，国内有14家出版社对日本讲谈社《世界遗产》一书的版权感兴趣，致使讲谈社同时对十几家出版社询价，让大家相互竞价。可以说，在版权贸易中出现的随意性盲目性是引进版权工作中亟待解决的问题。

对外版权贸易中引进多输出少以及版权引进的混乱局面，给我们提出一个严峻的课题，我国每年约出版十万种图书，在这么多图书中能引起外商兴趣的为什么这样少？版权引进为什么乱？其原因何在？

首先，各出版社对外出版机构都是近年刚刚成立，没有足够的版权贸易知识积累和外向型出版经验，在选题策划上没有主动地、有针对性地提出适合于在大陆以外搞版权贸易的选题。没有选题，自然就没有专门为搞版权输出准备的外向型图书。

其次，中西文化存在着差异，认同起来有一定的困难。由于文字上的隔阂，图书如果没有外文版，特别是通行的英文版，要向欧美输出版权是非常困难的。

其三，出版界在版权贸易中对外宣传推广不力，域外的新闻媒介对我们的情况和出版的图书知之甚少。据1995年的资料介绍，美国鲍克公司编的《世界出版行业名录》中，我国内地的出版社只有53家，仅有6个省市列有出版社，其他省市一概全无。对我国出版社名下的文字介绍亦支离破碎。当然，这两年情况要好得多，但中国出版界要走进国际市场并有目的地充分利用域外传播媒介宣传自己，还做得远远不够。

其四，版权引进热中精通版权贸易方面的人才匮乏也是造成混乱和无序状态的原因之一。目前我国版权代理机构尚不完备，一般代理公司仅几个人，力量不足，由此导致对国外图书市场了解不深、信息不灵而盲目从事。缺乏全国的统一规划和合理的统筹安排及必要的原则性指导，靠各出版社自己硬撞必然会因实力不强、业务不熟而打乱仗，受制于人而面临被动局面。还有，有些实力有限的出版社看到北京、上海等高校出版社引进电脑类图书有成效，便盲目引进，仓促成书，花了大价钱却少有实用价值。如第七届全国书市12个书柜摆满各种计算机图书，同一类计算机辅导书竟出现十几种，而电脑升级换代极快，不少书早已落伍。

其五，我国的版权贸易经营在较低层次上徘徊。从我国出版界参加国际书展的情况分析，中国展台与外国展台比较，存在两多两少：参展书多、守摊人多、参观人少、洽谈人少。法兰克福书展是世界上最大的书展也是最大的国际版权贸易场所，参加这一书展的中国人越来越多，然而，每次光顾中国展台来购买中国作品版权的人却实在很少。同时，我方参展人员能主动找上对方洽购外国版权的人数也同样不多。美国ABA、意大利波洛尼亚等书展上的情况也大致如此。尽管我们每年在国际书展上的版权贸易额都有所增大，但与国外大书展的交易量相比，仍然是太少了。究其深层次的原因是在规模上中国出版业还处于“小舢板”状态，难以抵御大风大浪，不能远渡重洋。

二、拓展对外版权贸易的思考

（一）尽快组建出版产业的联合舰队

正如其他商品外贸活动不能出现太大的贸易逆差一样，版权贸易也应是双向的，输出与引进均应平衡前进，共同发展。然而我国出版业的“小舢板”经营模式，决定了其无法进行大规模的技术开发和投资，因而无法策划带有世界意义的、多种文化背景都比较关注和能够接受的选题，从而极大制约了版权业的发展。尽管我国现在处于不发达的阶段，整体上的差距使我们很难从文化方面跨越过去，但中国几千年的灿烂文明仍然是我们可开发的丰富的出版资源。

目前，一些发达国家的出版商把版权贸易作为一项重要的出版资源，大力加以开发和利用，版权贸易已成为出版物交流的主要途径。据介绍，美国版权产业的雇佣人员高达550万，超过美国任何一种制造业，整个版权业在美国国民经济生产总值中所占份额比建筑业或农业与采矿业的总和还要多。在发达国家，版权产值已达国民生产总值的8%左右，而据说我国数百家出版社的年利润尚不及国内某一家烟厂的年利润。这种反差，究其原因关键在于产业的规模。国际上能够在版权贸易中占有大份额的，无一不是大型化、多元化经营的出版业托拉斯。出版集团化，其实质和核心是追求出版的规模效应，强强联合力量更强以便称雄于世界强手之林。要改变我国对外版权贸易的落后状态，必须实行出版产业的重组，使原来分散的单功能的专业出版社变成多功能的经济实力雄厚的、内部调控能力强的能发挥整体效应的出版集团。只有这样，才能整体策划面向国际市场的世界性选题，才能相对集中资金并使之流向优势项目，使原来一个小社难以独立承担的耗资巨大的出版工程，在图书制作和包装水准、行销能力和取得国外信息等方面都能提高到新的水平。

（二）扬帆出海，跨国经营

1. 大力沟通中西方文化。毫无疑问，中西文化是有很大差异的，但各国的文化在互相碰撞中走向融合。商品国际化，所有的商品都已呈跨国经营的趋势，出版物又岂能例外？国外一些大型出版公司已在东南亚一带设分公司，利用中国出版社的“引进热”采取多种方式进军中国图书市场。我们也应借鉴外国出版集团的经验，在海外设立子公司，寻找海外版权代理人，与外国出版集团同台竞争，为中国图书拓展海外市场争取主动地位。

2. 加强三地合作，开拓华文市场。我们必须加强中国内地、台湾地区、香港特别行政区三地的合作，突破传统的出版方式，建立两岸三地的出版资料库，实现简繁字的互换、联手促销等，共同对付发达国家大型出版集团对华文市场的争夺。有关人士认为：内地有编辑和作者的人才优势，港台则有较多接触世界华人华侨的优势和营销运作能力。基于此种优势，三地优势互补，必能搞好合作，满足海外华人的需要，充分占领、开拓华文市场。

（三）建立正常有序的版权引进机制

我国出版社购买外国著作权存在不良竞争的问题，而且已经到了不能不改变的地步。要扭转这个局面，必须做到：

1. 加强宏观调控，认真调研审核，合理统筹安排，避免资源浪费。出版行政管理部门要给版权引进单位原则性的指导，要明确允许引进哪些类型的出版物，不允许引进哪些类型的出版物，哪些允许多引进，哪些应少引进或不引进。

2. 以法规制度作为规范版权贸易市场的保证。订出一些符合我国出版业长远利益的办法，在同行业之间建立行规行约加以限制，让大家既共同遵守又相互制约，还能做到协调行动。

3. 共同建立一个跨地区、跨行业的统一、开放、竞争、有序的版权交易市场，把经营意识和高科技手段结合起来，加强对外联系，收集海外图书资讯，了解世界最新出版、版权动态，使我们能引进优秀的、适合我国读者的国外作品，又能取得巨大经济效益。

4. 在引进国外版权时，港台与内地的出版社均遇到外国版权人有意抬高版税等问题，内地与港台出版界要联合起来，一致对外，一次性购买全球中文版权，避免同是一个中文版分几次重复授权，三地出版者支付较高的版权费用，文化资源浪费等问题的发生。

（四）加强队伍建设，培养高素质的人才

对外版权贸易是一种政策性、策略性很强且涉及面很宽的工作，必须建立合理的人才培训机制，培训专门人才。这些人必须是通晓外语，又懂出版，能熟练运用国内国际法规、公约，并具有很强的公关能力的高素质的复合型人才。

中国出版业欲走向世界，必须造就一大批具有世界襟怀和国际眼光的跨世纪出版家。他们将以全新的出版意识带领中国的出版产业迈向21世纪的国际出版舞台。

（选自《中国出版》1998年第4期）

关于出版业未来走向的思考

李　岩

未来的出版业会有什么样的发展态势，已引起人们更多的思考。正如于友先同志所指出的："要认真思考并回答跨世纪新闻出版工作的若干重大问题，必须对新世纪新闻出版业的基本特征和发展趋势不仅要有所了解，而且还要不断地进行深入地思考和研究。"本着这样的认识，笔者试对我国出版业未来发展趋势做一番探讨，希冀引起业界人士的关注。

目前世界出版业每年出书约64万种，平均每年按4%幅度增长。我国出版业1979～1992年平均增长率为12.5%，1992～1997年为15%，平均利润率高，投资回报率高，在国民生产总值中比重增大，已成为知识经济重要部门，引动社会资金流向出版业。图书文化城纷纷在各地兴建，深圳书城已成为当地旅游景观。1995年美国书籍年销售额225亿美元，日本、德国各为100亿美元，英国37亿美元，法国34亿美元。我国1996年图书销售总额557亿元人民币，纯销售额266亿元，相当于32亿美元。1997年总销售660亿元，纯销售313亿元，人均购书6.04册，人均购书费用25.33元，已具有一定的产业规模。从1998年图书市场发展情况看，以价格和规模带动起来的出版物市场会出现一个盘整期，并将进入匀速的稳步增长阶段。更基础性的工作如利润增加、技术进步、资源拓展和市场培育将成为出版业长足发展的突破口。展望未来，我国图书出版业将在四个方面发生明显变化：

1. 选题与图书内容形式及编辑职能将发生较大变化

图书市场上盲从、跟风严重，表明出版物选题创意的匮乏，所以一方面是对图书原创性选题的渴求，文化积淀含量大的图书继续受欢迎，并配以大量电子图书产品的制作出版；另一方面图书内容形式上图片化、彩色化、缩编本、书刊一体化（杂志型图书）、新闻体图书等纷呈涌现，对图书产品美感的追求与开本的变化已形成多样化的格局。图书新品的知识含量、美感设计、印装质量等已达到一定的水准，国际竞争力有所加强。

图书内容形式上的最大变化将是出版新技术的应用推广：桌面出版技术（计算机编排 DTP，香港商务老总陈万雄称其出版成本将比传统生产流程减少 40% 以上）、多媒体出版技术和网络出版三种新技术。有人预测，2006 ~2010 年将是信息技术、通信技术等大面积普及应用时期，2007 年将实现联机出版。上述变化将带来出版流程模式的重组，编辑将延伸至印前系统，图书出版变为两个重要环节：一是母本的设计制作，二是母本为基础的复制性批量生产。印刷与否取决于它的传播方式，根据需求不同的即时印技术更为推广。文化教育类资料性工具书等在网上占有优势，休闲类、传记类、文学作品及大众生活类印刷本还会占有较大的市场，尤其是女性读者的骤增将带来印刷本市场的良机。

随着出版业目标管理责任制的推广与改革的深入，出版业更加强化品牌效应，出版社内编辑部门的设置将由学科专业为标准向以读者对象为主和业务分类管理过渡。编辑部门作为出版社的发动机将具有相对的独立性，类似于一个小型专业出版社。依读者对象划分为大众图书和专业图书。大众图书包括文学书、艺术书、儿童书、纸皮书、有声读物等。专业图书包括专业书、教科书、工具书、宗教书等。这样区分出来的出版社或编辑部有利于选题资源深化和形成名牌产品。

2. 发行体制将有大变革，分化整合过程加速

（1）自 1986 年以来逐步推行的出版社自办发行已发展到极致，除保持品牌特色营销外，将逐步让位于区域中盘代理商。出版社以其核心业务能力取胜，中盘商将以其技术、资源、网络和资金优势取得平均发行费率。品种、区域等专项代理将向以储运发货为主体的全面代理过渡，出版社与书店共同参股的股份合作制营销企业和由各发行联合体演进而成的经济实体双雄并起，逐步占有较大的市场份额。全面委托代理制是一种完全市场化的举措。

（2）大型连锁书店将以其配货、技术优势与经济实力控制一些零售店，并以相对独立的品牌与规范服务赢得商业信誉，吸引一些固定的读者。

（3）独立书店与超级书店并起（如全国七大图书城），与小型有特色的高效率个体书店（如 24 小时书店、女子书店）等专业书店构成图书卖场新景观。

（4）各种专业读书俱乐部乘’98 读书俱乐部年之势崛起。1998 年刚刚组建的外研俱乐部，地图、医书、农业图书俱乐部将有良好发展前景。德国贝塔斯曼图书部拥有全球会员 2500 万，美国麦格劳・希尔公司有 3000 万个读者数据，这都是一笔巨大的财富。随着自办发行逐步让位于中盘代理商，连同大型超级书店都将在可供书目品种数上展开激烈竞争，而具有专业特色的图书市场将通过读书俱乐部占有一席之地。

（5）全球华文市场将由版权贸易逐步向分期制作共同出版的整合过程过渡。内地近 13 亿人口，台湾 2100 万，香港 650 万，澳门 40 万，其他地区散在海外华人有 3000 余万，这是一个市场容量非常大的华文市场。两岸三地已日益意识到凭借各自在编辑作者资源、印制设计、营销策划等优势共同制作、合作出版，并共同拓展市场空间的重要性。

全球出版业巨头贝塔斯曼发现："旧的图书销售模式取决于作者，而新模式则取决于市场。"强调产品的最终市场在读者。贝塔斯曼尽力避开传统图书零售店，争取 60% 的图书不在书店里销售，而采取超级市场、精品图书俱乐部直至网上零售等发行方式。这里揭示了书业整体发展的一个趋势：即渐渐偏离传统书店这一售书方式。出版者利润更多地被作者和零售商挤压，社会资金将调整投向营销企业。独立书店以专业性发展，讲求服务，开展文化读书活动取胜；连锁书店面临多样化的丧失，品种整齐划一，但进货折扣低，利润大；超级书店以良好的购书环境、提升文化品位见长；书店日益发展为全球化销售，连同特殊销售渠道，构成很有发展潜力新增长点。面对庞大的库存压力，盘活存量资产、图书在版编目的数据资源市场化和提高品种供货率，也将成为未来一二年内关注的课题。

3. 出版业经营理念与管理方法日趋科学规范，专业化管理呼之欲出

随着出版业产业化过程的加快，多种媒体形成互动效应，1998 年新闻体图书盛行，几种媒体间差别日益不明显。大出版社经过资本迅速积累，逐步向集团化过渡，而一些小社将自己的目标定在范围更狭窄、专业性更强的业务上，使之成为真正专业品质的出版社。正如台湾商务老总郝明义所言：大的愈大，小的愈小。出版社内部分工更细，社会化服务体系健全（储运、校对、设计、策划、纸张等代理公司并起）。各社都通过发展核心业务能力发展壮大自己，通过业务外包巧用智力外脑来减少经营成本，各类工作室、设计室纷纷建立，便是一种智力外脑的补充。老社以品牌取胜，追求差异化的竞争战略；新起社以低成本占优，有的社采用目标集聚战略，使得三种竞争战略得以充分展现。出版业未来发展需要纵向延伸式集约化规模经营，即打破区域同构，增强竞争性产品含量，以经营特色求得纵向渗透资产融合。卖书从卖产品进化到品牌形象的塑造，CI 战略浮上台面。按管理思想学派观点，一个成熟的企业善于将事业的内容凝练、概括为一句话，便于员工遵照执行。一些出版社引入了新的管理方式与经验使得其发展逐年上一个新台阶。一方面要研究读者需求，以用户为核心，另一方面要研究发行方式、交易手段和交易费用，注重营销概念的应用推广，探讨以出版业特殊对象为主的专业化管理。这种专业化管理分财务管理、法律事务、企业长远发展计划、企业经营多样化、企业的促销、人员招聘与培训、管理监督七个要素。这种对西方出版业成功经验的集中概括将为我们的出版业走向世界提供有益的参照，对经营者提出了更高的要求。

4. 科技投入与智力投资将是未来制胜关键

美国网络出版商奥莱利说："在未来占据主导地位的

思路将是把书当成使用者与信息的接口，出版业即是一种选择接口的艺术。”浙江省店周立伟先生在一次研讨会上提出出版社运营三阶段说，即起步阶段资本迅速有效的积累，现实阶段依赖于经营者的素质，未来时期科技含量的高与低将是决定性因素。现在书店系统联网和开办网上书店方兴未艾，一些出版社内部已实现联网，内部资源共享。下一步将是所有出版物的数据贮存，特别是社店之间的联网，提高在版编目的使用效率。

未来企管新趋势将是更加注重人力资源管理和人才培训这种长效投资，开展出版继续教育，办好各个层次的出版学校（有人呼吁开办中国的“书商学校”）。组织行为学认为：企业管理者只有充分认识员工的感情、需要和动机与行为的关系，才能取得经营的成功。出版业中已形成一个共识：在图书出版业，管理上井井有条的公司与其他公司的区别就在于对销售趋势、具有竞争性的书目、现金支付和回收的方式定期进行调查研究并及早认清和规划未来的发展。谁掌握了科技水平和人力资源的优势，那么他就将在未来占据主动，并有望在跨世纪出版走向中独领风骚。

（选自《中国出版》1999 年第 3 期）

网络出版：目前能成为一种独立的出版方式吗？

王　越

随着因特网在中国的兴起，计算机已不再成为专业人士的设备，越来越多的普通读者开始利用计算机和因特网在网络上查看新闻热点、寻找学术资料，同时，也有越来越多的报刊社、出版社纷纷在因特网上建立站点，发布信息，已形成了网络出版的雏形。

网络出版（Web Publishing）是利用计算机、网络，特别是因特网传播信息的出版行为。凡出版行为都有出版管理部门、作者群、编辑出版部门、发行部门、读者群等基本要素，缺一不可。网络出版的具体实施流程是（以在因特网上的网络出版为例）：在出版管理部门的管理下，作者写出作品、编辑出版部门在因特网上拥有固定的域名，对作者的作品进行编辑加工并制作成网页后，把网页放在因特网自己域名下的站点上，则该作品即以电子介质的形式发表在因特网上；读者在自己的计算机上，通过拨号等方法连入因特网，在自己的网络浏览器（如 IE）的地址栏内键入该编辑出版部门的域名即可阅读作者的作品。

网络出版作为一种新的出版方式，其发展是势不可挡，因为网络出版是“建立在网上的，它充分利用了在信息传播方面的巨大优势——超越时空的信息加工、储存和快速传播，千百万人可以随时查阅的动态信息，极富个性化的交互式信息选择，由此及彼的信息连锁，无处不在的检索工具……以及使人们由此而感受到的‘信息在你指尖’所带来的惊喜和高效率”。

但人们似乎对其有着太高、太急切的期望，有些人预言“随着网络技术的发展，在不久的将来，我国的出版业必将步入网络化出版的时代”。“在今后的 5 年里，80% 的正式出版物将会上网，……虽然印刷本期刊的数量与电子期刊的比例是 9：1，但这种比例正在快速地失衡。……在不远的将来，网络必将取代书”。但是网络出版过程中的诸要素，除发行部门外都还是传统出版过程的角色，其在传统出版方式中能正常运转，但在网络出版过程中将面临很大的挑战。并且，若相应的举措跟不上的话，大力发展网络出版会造成出版市场一定程度的紊乱，对社会主义精神文明建设产生负作用。

一、出版管理部门难以实施有效的管理

在传统的出版方式中，出版管理部门通过审批刊（书）号掌握着出版物的数量及各出版物的宗旨等。在网络出版方式中，则可能出现不在出版管理部门管理之下的出版行为或类出版行为。因为网络出版的特点是通过站点建立网页来发布信息，任何人都可以只花 300 元申请到任何域名（只要不与已存在的域名重复），并都可以在此域名下建立站点发布他想发布的信息，而任何人都可以通过因特网找到该域名并浏览该域名下的内容，并且其过程完全匿名，无需登记，管理系统极难对浏览者进行控制和检查。此与传统的出版业相比，因不必经排版、印刷、发行等环节，所以受监督很少、费用极低、周期极短且可能会传播极广。

在传统的出版方式中，出版物多是以纸介质为载体，出版管理部门可以通过检查出版物样本等方式，检查出版物是否遵守其宗旨、是否把握正确的政治方向、是否按时出版等。但网络出版是以电子介质为信息载体，它

具有极易制作、极易修改、极易销毁的特点，与“白纸黑字”的纸质出版相比，简直有点“死无对证”的无奈。出版管理部门要想对其内容实行有效的管理则更难。

绝大多数网络出版行为都能遵守法律，但网络的特点本身是有利于违法出版行为的，并且一旦出现违法行为，对社会的危害可能很大，管理部门却不易发现和控制。所以如何控制网络出版物中存在的色情信息和禁书的发行，是对管理部门的极大挑战。

二、编辑出版部门与网络所有者之间利益分配的不均衡

编辑出版部门包括报社、期刊社、出版社等，它是在出版管理部门监督下具体实施出版行为的部门。它的主要任务是让作者的作品与读者见面，不断取得良好的社会效益和经济效益。网络出版对编辑出版部门的冲击主要是在经济效益方面。

传统的出版方式中的经济利益分配是：作者出钱购买出版物，该收入，作者得一部分为稿费，印刷厂等得一部分为出版物制作费用，发行部门得一部分为发行费用，编辑出版部门也得到一部分为其收入，另外还可能获得广告收入。

网络出版方式中的经济利益划分则对编辑出版部门十分不利：编辑出版部门出钱付给作者稿费，编辑出版部门出钱付给网页制作单位网页制作费，编辑出版部门出钱付给网络所有者费用不低的网络使用费，而读者要通过网络阅读也得出钱付给网络所有者网络使用费。与传统经济利益分配相比，在网络出版方式中，网络所有者收了两头的费用，是最大的经济受益者，而编辑出版部门只支不收，是最大的亏空部门，唯一的收入只能通过广告收入，但要通过广告达到收支平衡对很大一部分编辑出版单位来说无疑是不现实的。

三、作者的合法权益难以得到有效保护

作者是出版内容的主要提供者，同时，作者也应该在出版过程得到利益。这些利益包括稿酬、著作权保护以及以其作品证明其近期工作成果等。

在传统的出版方式中，作品一旦发表，即以“白纸黑字”的形式表达，期刊有书眉注明刊期，书籍有版权页等对其著作权的保护提供了明确无误的证据。但网络出版是以电子介质为载体的，有易于复制、修改的特点，在网上所见作品几乎都可以在瞬间只用一组快捷键将其复制下来，将其经加工或篡改后放在自己的网页上也是非常容易的。所以，一件有价值有影响的作品在网络上到处都有并不鲜见，作者的著作权不易得到有效的保护。

另外，作者作品的发表在一定程度上表明了作者的近期工作成果，也是申报奖励、评定职称等的重要依据，而在其他人提供的依据是某某作品发表在某某杂志时，网络出版的作者以某某作品发表在某某网站为依据显得不是十分合适。因为作品发表在网络上是电子介质，随着网页的更新，其作品在网页上无法查证，也就无法提供给作者依据了。

网络出版对作者不利，所以专门给网络出版物提供作品的作者并不多。国内较大的网络出版站点几乎都是与纸介质出版物同时、同内容出版的，而且以纸介质为主，这可为之提供佐证。

四、对读者要求的条件太苛刻

读者是出版工作面对的主要对象，读者从出版物中获得新闻、知识等。网络出版给读者带来许多前所未有的好处，如可以以最快最便利的方式获得最新的信息，但网络出版还无法在广大读者中普及。

要成为传统出版物的读者，从能力上讲只要能阅读，有一定的相关知识背景；经济上需要较弱的支付能力，如一份报纸才几角钱，每月也就几十元钱；硬件上也无需其他条件，这对一般人都没有什么问题。但网络出版物的读者，所需要的条件要多得多：能力上除了上述条件外，还要有一定计算机操作能力和一定的英文阅读能力等；经济上要有较强的支付能力，网络使用费和电话费都是一笔不小的开支；硬件上要有电话或其他上网线路，还要有计算机等设备。

相对于传统出版物的读者，具备网络阅读条件的人寥寥无几，再加上人们不习惯盯着计算机显示器阅读，所以网络出版物要有一大批忠实的读者还不可能。

要使网络出版能够发展为独立的出版方式，则需要完善相关法律，管理部门也应转换角色和提高技术，以便进行有效的依法管理改善网络出版的流程，如编辑出版部门可以给作者出具具有法律效力的作品证明书等，保护作者的权利；调整出版过程中的利益分配，达到一个新的平衡点，使编辑出版部门也可获得相应的经济利益。同时，随着科学技术的发展，人口素质的提高，网络读者所需的条件也会更容易达到，比如现在就出现了可使电视机上网的机顶盒，可以替代计算机和上网设备，使更多的人能够成为网络读者。

网络出版目前无法以一种独立的出版方式存在，但其具有让人无法拒绝的技术优势，它是最先进、最快捷、最有效的信息传播方式，其发展虽不是一朝一夕就能达到的，但经过法律工作者、科技人员、出版工作者更多的理论和实践上的探索，将必然最终发展为独立的出版方式。

[选自《河南师范大学学报》（哲学社会科学版）1999年第5期]

面向21世纪的中国出版业：机遇与挑战

何　皓

在20世纪行将结束，21世纪即将到来之际，系统地回顾20世纪中国出版业的发展历程，总结其成功的经验和失误的教训，分析有待改进和完善的方面，探求解决问题的可行方法与努力的方向，以期明晰21世纪中国出版业的历史使命，无疑是十分必要的。

自新中国成立以来，中国出版业从新生到发展到不断壮大，其间虽也经历过挫折，但它在促进精神文明和物质文明建设中所取得巨大成就是有目共睹的。改革开放给出版工作带来了新的生机，党的十五大提出新闻出版业要“加强管理，优化结构，提高质量”，为出版工作的发展指明了前进的方向。出版业的发展机遇，大而言之，来自党的十五大确定的“把建设有中国特色社会主义事业全面推向21世纪”的伟大战略，即以经济建设为中心，寻求经济体制改革新的突破，政治体制改革继续深入，精神文明建设切实加强，实现经济发展和社会全面进步的宏观背景。它来自社会发展对出版业同步发展的客观要求。小而言之，则来自出版业自身求生存、求发展的内在动力。出版工作是在不断改革中求得生存和发展的，改革所遇到的层出不穷的新情况、新问题和新的矛盾，使出版工作面临着前所未有的新的挑战，这些新的矛盾的解决，带给出版工作的即是新的发展机遇。

因此，在我们试图就中国出版业的未来做出某些前瞻性思考之前，理所当然地应当将研究的视角首先放在对出版工作目前现状把握的基础上。只有通过对当前出版活动的正确分析，才能对面向21世纪中国出版业的机遇与挑战有深刻认识。有鉴于此，本文选取了出版工作实践的若干主要范畴展开讨论。

一、以出版物为核心的管理机制

出版物是出版活动最集中、最具体的体现。无论人们采用什么角度或方法审视出版工作，做出形形色色的评判，归根结蒂都必须以出版物的优劣多寡作为最基本的评估标准。广义地讲出版物的管理应是出版管理实践的核心。出版物的管理始于选题终于成品图书，涉及方方面面的诸多内容。

出版业的选题管理施行的是由出版社申报主管部门审批制度，这种有别于西方国家管理方法所具有的优越性包括便于选题规划的宏观调控、便于选题取舍的管理等。我们认为，选题报批制度的本身是无可厚非的，是符合中国国情的。但在该项制度的具体实施方面存有一些问题。譬如审批部门应在多大程度上介入选题计划？举一个例子，避免选题过度重复属于出版管理的内容之一。设想丘吉尔的传记在某一年或连续几年版本太多太滥，如何调控？如果一律不准再出了，显然剥夺了该项研究不断深入、提高的可能。如果舍此取彼，在操作上又如何能做到确保选择理由的充分呢？出版管理部门毕竟不同于单个的出版实体，况且每个出版企业均有着不容忽视的自主经营的权利。当然，这里反映的只是问题的一个方面。

出书规模是衡量一个国家综合出版实力的重要标志。有关统计表明，新中国成立以来，我国年出书种数呈逐年上升趋势。由于众所周知的原因，1967年出书种数骤然降至历史的最低点。即便如此，倘若以该年为基点，这种逐年上升的趋势也是丝毫没有改变的。1997年，我国出书种数为12万，新书6.7万，总印数73亿。从绝对数看这个数字在世界上是首屈一指；但从人均数看则又是低得不堪入流。而这恰恰也是一些人认为我国出版业极其落后的重要证据。需要说明的是笔者对这种看法并非赞同。然而，到底怎样的出版规模才是与社会发展相适应的，这确是一个值得我们认真研究的理论问题。它事关出版业的发展大计，从根本上决定着出版行业的发展规模和努力方向，同时还是众多出版管理决策的基本依据。

以出版物为核心的管理机制更普遍地表现在通过出版政策的改进和完善寻求出版业持续稳定发展的新的机遇。管理机制的变革是出版改革的前提和必然。其目标在于顺应出版业发展的需要，以促进出版物质量的提高和出版事业的繁荣为目的，革新束缚出版生产力进步的陈规陋习。当务之急是努力提高管理效率与工作效能，用行之有效的保障机制、激励机制激发出版企业的创造力，用包括法制和各种监督手段在内的科学的管理规程规范出版企业的经营行为，形成利于出版物生产的良好出版氛围。出版企业则应以此为契机，通过人事、分配、管理制度的改革实现经营机制的转换，造就出高质量、高效益出版物源源不断产生的结构基础。可见，抓住了出版物这个主要矛盾，即是抓住了自上而下出版管理机制转变的动力，进而也即是为出版业新一轮的发展奠定了坚实的基础。

二、出版活动运作方式的选择

出版活动运作发生在宏观和微观两个层面上。宏观出版活动主要表现在国家指导和总体规划方面。微观出版活动由全部出版工作实体，包括出版、发行、印制等具体部门来承担。它们是出版活动的主体和最直接的运作者。其中集编印发等多项功能于一体的出版社的运作方式所涉及的方面尤显复杂和具代表性。这里我们即以此为例探讨有关问题。

新时期出版工作变革中的一个不容回避的事实是曾经出现过的，与全国企业改革几乎同步发生在部分出版社的“承包经营”试验。客观地讲这纯属一些出版社的自发行为，查遍有关文献丝毫找不到出版管理部门推动或鼓励的证据。出版社经营承包制一度喧嚣尘上，影响不小，但实践证明是行不通的。国家有关部门予以坚决纠正的同时，停业整顿了部分出版社并对严重者做了摘牌处理。

出版社经营承包制错了。除去少数“一切向钱看”者，对相当部分的经营者而言，其初衷恐怕不乏希图靠“承包”的灵丹妙药调动职工积极性的成分。问题在于作为精神文化产品生产者的出版社有着与物质产品生产企业截然不同的特性。但出版企业的的确确是需要引进竞争机制，激发每一位职工工作热情的。换言之，能否做到这一点可以说是决定其出版活动运作方式选择成败的关键。

不言而喻，分配制度在相当大的程度上影响到个人积极性的发挥。于是各出版社或多或少地将经济效益与个人收益挂起钩来。作为辅助措施，有的出版社制定出针对个人的多项指标体系，如编辑完成文字量指标、获奖图书数指标、利润指标等。如此看来似乎合情合理无可挑剔。但在具体操作上如何确保这类指标体系的科学性，却大有仔细推敲之必要。一言以蔽之，这也绝非易事。况且即便建立起较为理想的指标体系，又如何防范某些人应付式地完成其中一些指标（或者采取权衡之计）而片面追求经济指标呢？如是又怎样保证作为一个整体的出版社最大限度地发挥其应有的社会功能呢？还有出版工作的各个环节指标体系之间的关系如何处理，也是一个难度较大的问题，我们还远远没有解决好。

我们认为，出版社内部既然存在着分工，就应有各个部门不同的目标责任。同时，出版社更作为一个整体存在，其合力的作用则应是主流。为使整体效应得到充分的实现，出版社必须认真协调好各种因素各个环节之间的关系。如何在出版活动运作方式上做出正确的选择，是我们所面临的一项严峻的挑战。

三、出版工作结构体制的整合

当前省、市、区各地如出一辙、基本雷同的出版产业结构模式受到来自各方众口一词的责难。出版产业均衡发展格局暴露出的结构性矛盾日益显著。以优化结构、提高集约化程度为目的的出版体制重组问题突出地摆在了我们面前。出版工作结构体制整合策略就如同数字排列组合的魔方，从概率上看大得惊人。当然这仅仅是一种理论值，我们无意不厌其烦地罗列各种可能的情形。这里只就已露端倪的主要动态进行扼要分析。

出版体制整合发于出版社的“造大船”实践。出版集团的出现已有时日，不少省份成立了省级的出版集团（或出版总社）。这类通常是某一省全部出版社的集合体，是一种松散的联合。其特点一是随着称谓的改变作为对外活动的整体形象得到了加强，二是集团的实际领导者—新闻出版局对各社经营活动的参与和其间关系协调的功能有所强化。但如果仅仅只有这些变化，则与国家新闻出版署提出的“……优化产业结构，盘活存量资产、优化增量资产，通过资产重组，实现规模经营，提高新闻出版业的集约化经营能力”的要求相差甚远。倒是一些报业集团的建立（如广州日报报业集团、文汇新民联合报业集团），还有少量通过几家出版社合并组建的实体（如由人民美术出版社、中国连环画出版社、荣宝斋出版社组建的中国美术出版总社）等给人耳目一新的感觉。

在操作上，某些相同环节（如印刷或发行）的个体间联合相对容易实现。不同环节间的联合由于各方需求意愿的差异而难以形成。跨省间的出版社重组若现行出版管理体制不发生根本性变化则几乎是不可能的（尽管这种重组是如此意义深远，如此有必要）。

出版工作结构体制的整合不单单是机构的整合，正如大型出版集团注定是少数，对绝大多数出版实体（尤其是出版社）来讲，产品结构的整合是极端重要的。其中如何形成单个出版社或某一地区群体的产品特色，并通过这些个体特色的培育进而构筑鲜明的出版业整体结构，将使出版界的历史责任感尤为凝重。当前出版界在评价出版社时对销售码洋指标的过倚重可能带来的误导，到了让人担心的地步。其实，如果拿科技社和少儿社相比，码洋的多少简直就不能说明任何问题。还有中小学教材教辅在全行业活动中占绝对多数比例，但在通常各种统计中并未做出有效区分的事实，掩盖了出版活动发展规律的真相，同时也导致了竞争的不公平等一系列问题。对此应引起管理层的高度重视。

四、与世界出版业的交融

世界出版业是一个整体，它不仅是各国出版业规模上的相加，而且是各国出版活动相互融合、彼此参与的结果。改革开放以来中国出版业在不断壮大自身实力，扩大在世界出版业中的份额的同时，迈出了走向世界、参与世界出版竞争的步伐。从现状看，中国出版业与世界出版业的交融体现在国内出版商对外交往和交流活动日益频繁、对外合作出版和版权贸易工作得到加强等。然而，我国对外版权贸易在数量上还十分有限，并且存在着严重的贸易逆差，在质量内涵上也不理想。1997 年国家版权局曾对我国加入两个国际著作权公约（1992 年）以来的有关情况进行了统计，我国 5 年间对外国的版权输出不到 400 种，而每年从国外引进版权则达千余种。

上述数据表明，我国出版业与世界出版业的交融度尚低。根据有关权威人士分析，造成这种现象的原因与各地主管部门重视不够、组织规划不力关系极大。可见，不管从哪方面看这里均存在着很大的发展空间，潜力巨大，如何采取得力措施促进中国出版业与世界全面接轨是我们责无旁贷的一项严峻任务。

与世界出版业的交融渗透不仅是我们奠定作为出版大国的国际地位，弘扬光辉灿烂的祖国文化，提升中华文明对人类文明贡献的需要，而且是面向21世纪的中国出版业求生存、促发展的历史性机遇。版权和图书产品输出量的扩大，将使我们逐渐扩大世界图书市场占有率，获得自身发展所必要的宝贵经济基础。另一方面，受制于包括科技文化水平、人力资源等在内的多种因素，任何一个国家的出版资源都是有限的。通过吸收引进国外出版界的先进、有益成分和优秀成果，可以起到丰富国内出版物市场、增强出版企业竞争力的作用。过去的几年，一些出版社正是在同国外同行的交流中尝到了不少的甜头。

与世界出版业的交融过程中，国外企业咄咄逼人的攻势已经成为我们不得不认真对待的问题。这是近几年来中国出版业遇到的新挑战，将在今后一段时期内愈加激烈。德国贝塔斯曼公司争夺中国市场，在短短的时间内已发展会员50万之众。还有其他一些世界大型出版集团跃跃欲试或已经成功抢滩，令出版界的有识之士深切地感受到了“狼来了”的巨大压力。这也再次印证了出版业通过结构重组，建立大型出版集团，提高企业竞争力的必要性和紧迫性。

五、从局部到整体：搞活出版的根本突破口

出版工作的各个环节相互制约，它们之间的协调状况决定了整体功能发挥的程度。出版系统的进步有赖于各环节间新的协调关系的不断建立。当我们从全局的观点考察如何推动出版工作系统的方略之时，选择某些关键性环节作为突破口，遵循从局部到整体的逻辑，是可以起到牵一发而动全身的效果的。我们认为，针对当前出版工作的现状，发行工作无疑是搞活出版的根本突破口。这是因为：首先，发行工作是出版流程的最后一道主要工序，是出版工作价值争取得到社会承认的必要步骤。其次，在买方市场逐渐形成的情况下，以图书销售决定产出已成为出版者经营的一项重要原则。第三，当前发行工作弊端颇多，已成为制约出版工作发展的“瓶颈”。

说到发行工作，有必要在此回顾一下前些年出版界关于“买书难”、“卖书难”、“出书难”的大讨论。尽管随着“三难”矛盾逐步得到缓解而舆论渐趋平淡，但离从根本上解决还相差甚远，并且它将作为一道世纪难题带入下个世纪，这是确定无疑的。如果暂且撇开其他因素，站在发行的角度分析，我们不难发现“三难”问题与发行工作关系竟是这般密切：“买书难”，读者买不到书，发行的责任干系极大。“卖书难”，本身就是发行的问题。“出书难”，作者的书出不了，出版社强调市场原因，还是发行。当然，如此抛开一切用近似刻薄的眼光看待发行确实有些偏颇。我们之所以这番分析，是想强调作为至关重要的环节，发行工作在解决这类事关出版工作全局的症结问题时是可以大有作为的。

那么，发行工作究竟应从哪些方面着手呢？笔者认为，发行工作归根到底还是一个销售的问题，它不仅要设法让读者买到想买的书，而且要运用经营的艺术使那些虽然暂时没有购买欲望但有潜在需求的读者形成购买动机。最大限度地促成市场已有全部图书与所有需求的匹配是发行工作追求的理想目标。因此，我们考虑问题的思路不外乎以下两点：其一，在服务质量上做文章。包括服务理念的更新、服务环境和服务设施的改善、服务水平的提高等等。这里需要特别强调一下书店售书的可供品种问题。遍布各地星罗棋布的销货店是出版业的窗口，不论是专业店还是综合店都有品种尽可能全和新的要求。品种的数量意味着选择的机会，是最关键的一项服务质量指标。目前品种不足的普遍问题固然有其受门面、资金限制及担心积压等原因，但与经营者“什么书好卖就进什么书”这一看似正确却极端短视的营销观念关系极大。这种片面追求畅销书的结果，给广大读者带来的是不便，给出版者带来的是误导，不利于出版业的繁荣和健康全面发展。其实书店是完全可以通过“少进勤添”等方法灵活地解决品种问题的。其二，在经营措施上做文章。关于这一点，涉及包括发行体制改革在内的诸多方面。囿于篇幅在此不作展开。我们认为，发展连锁经营、组建股份制的企业集团、实现计算机网络化经营等，都是实践证明行之有效的举措，应不遗余力地大力推广。我们有充分的理由相信，随着发行改革的不断深入和取得长足的进步，必将使出版工作步入良性发展的轨道。

总之，面向21世纪的中国出版业机遇与挑战并存，机遇寓于挑战之中。我们应在党的十五大精神指引下，以改革为契机，以改革为动力，在深化改革中勇敢地面对实践的挑战，在克服各种纷繁复杂的挑战中，为出版业的繁荣创造无限的生机，使中国出版业昂然立于世界之林。

［选自《武汉大学学报》（哲学社会科学版）1999年第6期］

出版产业中的省域经济

王建辉

一、省域经济课题的提出

中国的出版中心曾经历史地形成沪—京格局。改革开放20年来，出版事业大发展，而最大的成就我以为有两个：一是地方出版业的崛起，二是出版产业的挺进。从两者结合的角度看，地方出版产业的兴起是所有出版现象中最引人注目的现象。据统计，现有地方出版社326家，中央出版社204家，在数量上地方超过了中央出版社。在出精品，获大奖方面，地方出版社更有接近绝对的优势，尤其是出版人才的群体崛起更呈现出“农村包围城市”的局面。地方出版业的产值方面也大大高于中央出版社，约占到70%以上。许多省份成为出版大省，部分新华书店进入中国500家最大企业的行列，形成了边缘向中心的挑战。地方出版业的兴起使整个出版格局发生深刻的变化，如同大家公认的，地方出版业已经成为中国出版业的主力军。一些老资格的出版家如王益等同志，在同笔者的交谈中都同意这个论断。

据有关资料，随着以经济建设为中心的大局逐渐展开，在1985年我国就正式把文化艺术列入第三产业的行列，从而在整个国民经济体系中正式确认了文化的经济地位和作用。但从一个观察者的眼光看，我以为中国出版产业思路的初步提出要比这晚得多，约在1996～1997年。这个思路的理论基础，是出版要为物质文明和精神文明两个文明（而不是一个文明）的建设作出贡献这一理论认识得到确立和深化；它的实践基础，是出版业在产生良好的社会效益的同时其实力也在不断壮大，其标志包括出版产业因素的构成及雏形的出现，尤其是出版产业中的省域化经济的出现与形成。出版的产业地位一经确认，与之相联系的省域化经济也就如一轮朝阳呼之欲出。

在出版产业的发展进程中，省域经济形成了一定的规模，从1996～1997年平均利润（万元）前五名情况看，形成了利税过亿元的多头发展局面——

系统利润：江苏33899，山东33865，河南27747，河北21929，安徽21261。

出版利润：山东24830，江苏20440，河南18730，安徽17566，湖北17012。

1996年过2亿的3个省，1997年过2亿的7个省，1998年过2亿的10个省，第11名上海1.99亿，第12位的四川1.70亿，也接近2亿。1996年过3亿的无，1997年过3亿的2个，1998年过3亿的4个。1998年过4亿的有2个。省域经济成为我国出版业的基础，省域化出版经济为出版产业发展拓展了广阔的空间，并构成出版经济的最主要部分，也就是说中国出版产业规模总量主要是由各个省域之和构成的。

与此形成对照的是，出版产业的中央直属企业不强大，国家队实力不强大，不像其他行业那样可以抓大放小，其他行业有大可抓，出版业中央经济中无大可抓。中央企业不会超过30%，而这30%中还有若干要剔除给地方，作了各种剔除后中央经济已经不多，相对于中国经济的其他产业部门来说这是中国出版经济的一个特点。试以署直与地方对比，1997年署直14118万元，地方355909万元，1998年署直14375万元，地方450510万元，绝对值地方数十倍于署直不说，增长幅度也远大于快于署直。长期以来，中国出版产业形成了一个特点，就是众多的出版社在同一经营层面上运转，而这种局面又主要以中央部委出版社最为突出，据估计年销售收入在1亿元以上的是59家，0.5亿～1亿元的有60多家，0.1亿～0.5亿元的90多家，有一半多的出版社在1000万以下。其中经济总量偏小的是中央部委（含一部分大学）出版社。

两相比较，一个相对强大，一个相对弱小，对于这样一种产业格局的出版，不能不引起我们的关注和研究，提出一个新的产业课题。这就是我们考察出版产业中的省域经济的一个基点。显然中国出版产业的进步不能满足于当前所取得的成绩，要立足于更大的发展。而中国出版产业的进一步发展有待于产业中省域经济的进一步壮大。不研究这样一个产业课题，就不能准确和深刻地认识中国的出版业。

二、省域经济发展的必要意义

问题本身，只有当解决它的条件已经基本具备的时候，才能提上桌面。而在世界范围内，出版和经济的联系日益紧密，这也促使我们对于出版在经济发展中的作用做更多的思考。

发展出版产业的省域经济，是历史的逻辑的延伸。地方出版产业的形成有一个历史的过程。1979年长沙会议调整出版方针是对地方出版的一个解放，1984年地方出版社工作会议更进一步提出由生产型向生产经营型转变，为地方出版产业的发展开通了最初的道路。而作为产业的直接动力的起点则是1992年小平南方讲话后向市场经济体制的转变。地方出版产业的兴起是合乎历史的发展逻辑的。1997年初新闻出版署开始明晰出版产业思路。1999年中央经济工作会议提出发展区域经济。因此发展出版产业的省域经济既符合中央提出的发展思路，而且在实践上也是非常有必要、实行起来又困难较少的一个战略。

发展出版产业的省域经济，有利于培植新的知识增长点，形成新的增长空间。人们毫不怀疑我们正在进入知识经济占主导地位的新世纪。知识经济正在深刻地改变着人类政治经济文化生活的各个方面，影响着人类新世纪的发展方向。一方面，出版业具有以知识为基础为引导的明显特征，其发展与知识经济的指向一致，知识经济时代扩大了作为信息产业和知识产业的出版经济的市场和空间，这是知识经济给予我们的机会。另一方面，出版产业也是知识经济的先导领域和重要基础，出版要为知识经济时代承担支撑责任，发挥知识生产作用，真正形成知识密集型经营及集约化经营的行业特点，以确保自身成为知识经济的产业支撑之一。一个省的经济要崛起，应当迎头赶上知识经济的步伐。出版业既然是为知识经济提供支持的，不首先发展出版经济，将使经济找不到有力的支点。发展知识经济要像工业经济社会重视铁路、公路、航空等基础设施那样，重视出版对于知识经济的基础性作用。

发展出版产业的省域经济，是扩大内需的重要举措。中央决定采取扩大内需的经济政策，必将同时给出版业的发展带来新的机遇。从拉动内需来看，教育投资逐渐提升，成为拉动内需的有效手段，而教育投资的一部分将分解给出版业，省域经济将成为直接的受益者。国家权威部门的调查研究结果表明，今后我国城乡居民的消费性支出结构，仍将呈现商品性支出下降和服务性支出上升的态势，目前城市消费支出中增长最快的项目是教育，年均增长速度为20%以上。出版产业的发展也将对拉动内需进行反哺，从而成为扩大内需的重要举措。扩大内需需要保障供给（对于出版业就是多出好书包括好的其他载体的产品），需要优化资源配置，尤其需要优化智力资源。我们不能只重视物力资源而忽略智力资源，要重视智力资源对于物力资源的启动作用。社会的进步需要经济文化的协调发展，需要出版文化的跟进。

发展出版产业的省域经济，是科教兴国、科教兴省的必备条件。科教兴国是我们进行现代化建设的重要国策，据资料韩国也曾提出“文化产业立国”的目标。与此相适应，许多省（如作者所在的湖北省）都把科教兴省作为重要的发展战略，振兴出版产业于是便成为科教兴省的重要内容。毫无疑问，出版在科学文化教育中占有十分重要的位置，成为一个省区科教文实力的突出标志。

显然，发展出版省域经济的意义是多重的，既是出版以经济建设为中心，为经济服务，并融入经济之中，增强省域经济综合实力的内在需要，同时也是发展出版事业，进一步满足群众日益增长的精神文化需求的必然选择。总之，要提高出版产业经济运行的质量和效益，就必须把发展出版产业的省域经济放在产业的突出位置，作为一种发展战略来研究来实施。21世纪是更注重发展战略的世纪，欲参与世界出版业的竞争，首先是明确发展战略，发展战略的竞争才是真正的世界对话。

三、省域经济发展的有利条件

发展出版产业的省域经济具有很多的有利条件。现实已经提供的基本事实是最基本的和最有利的发展条件。因为它表明，这是一种顺势选择。

近年来，地方出版业发展迅猛，势头强健，已经或正在成为地方经济的支柱产业，其前进速度远优于其他产业而成为优势产业，打下了较好的基础。它一方面成为全国出版产业的重要基础，另一方面又成为全省经济的重要的增长极。试举经济实力各有不同的省份为例在经济发达的江苏省，1998年总经营产值达54亿~57亿元，江苏教育出版社发行总码洋6亿多元，为全国出版社之冠，江苏少儿出版社总码洋2.6亿元，为全国少儿出版社第一位，江苏省新华书店销售额20亿元，居全国省级书店第一位。山东是经济大省不用说，举青岛一地为例，近五年来青岛国民经济保持12.5%的高速增长，而出版业增长率则达30%以上。青岛是省域经济的一个局部，窥一斑可见全豹。在经济相对弱势的一些省，如江西，出版业在省内经济门类中排位更居第二位。河北出版1986年与1998年相比，固定资产原值由6605万元增长到43.8亿元，销售收入由31071万元增加到45亿元，利税由1726万元增加到5.3亿元，1998年河北省新闻出版局系统总资产达22.6亿元，实现销售收入32.2亿元，利税3.8亿元。地处边远的广西，1998年行业产值也达到40亿，局系统实现销售收入13.69亿元，利润总额1.41亿元，分别比1995年增长85.3%和111%，同年仅局系统直属单位上交税额就达9000万元，国有资本比上年增长1.1亿多元，增幅达24%。广西区党委副书记杨基常称赞出版业“成为广西社会经济发展中日益引起重视的一个产业支柱”。《中国图书商报》以《出版日益成为广西产业支柱》为题报道广西的发展。上海、安徽更由省市提出将出版业作为经济支柱产业。湖北省提出把出版作为重要产业，但这个重要产业比该省支柱产业的钢铁具有可比优势。一些省的书城形成书业中心，成为一省政治文化的象征。而一次图书展销会不仅成为全社会精神文明建设的重要组成部分，而且成为当地物质文明建设的重要推动力，这是全社会关注出版业的体现。如果把出版拓展一点，加入报业总值（如广州日报报业集团1998年是该市第二纳税大户），这个产业规模还要更大些。

尽管有些省包括上面提到的这些省份，出版产业的规模和总量还不是很大，但却正在融入全省经济的一体化发展，成为全省经济最活跃的有机组成部分。相比之下，中央经济的代表者中央部委出版社多半是大牌子小经营。中国出版业正在酝酿和经历全面而深刻的整合，在这种整合中，最强音将是地方进行曲，地方将继续起到先锋和主力的作用。省域经济相对于中央经济，相对于其他行业，都具有比较优势，空间更大。省级区域性出版集团的酝酿以及相继成立，将进一步拓展省域经济发展空间，壮大地方（省域）出版经济的实力，凸显其在出版产业经济运行中的质量和效益作用。这种省域集团如果真能做到是不同类型的，那它将同时兼有大和小的优长，合之则能联合兼并，分之又能快速出击。过去我们常说按行政区划和部门来建立出版单位，导致重复建设，形成出版业的同构性，这个问题要逐步加以解决，那么今天我们找到了解决的方法，方法之一就是发展省域经济；强化省域经济之后，一部分发展较快的省份将得到优先发展，形成非均衡发展，打破重复。这一切将保证我们前面所说的，建构省域出版产业是一种顺势选择。

省域经济还具有这样的优势，它不仅资源丰厚，而且距离市场更近，并有完整的生产、经营、销售流水线，它不仅具源而且备流，可以做到保障供给和物尽其流。市场经济的法则是谁手中有市场谁就是强者。出版的中央经济的下家通常是地方经济，要靠地方经济给它提供市场。《纽约时报》作为一家全国性大报，为什么要收购《波士顿环球报》？决策者的理由是它不仅收购了一份新闻品质优越的报纸，更重要的是收买了一个重要的销售报纸的系统网络，这也等于收买了一个资讯地盘，取得了高度伸展性的市场。这样一种注重销售地盘的观念，是一种典型的市场观念。我们的出版业中的中央经济一般在地方没有下家，如中少社社长海飞说的他们没有地盘。其意思也就是没有市场，没有作业流水线，市场不稳定。《新华字典》不租型给地方以后带来一个负面结果，就是地方保护（反盗版）的积极性不大，也就是商务印书馆在地方没有权利代理人。这也是人们谈论较多的一个实例。

1999 年中央经济工作会议提出大力发展区域经济，在宏观经济形势日益趋好的情况下，区域经济发展问题备受人们关注。目前是历史上区域经济发展最为活跃的时期。新的区域经济运行机制将逐步完善，渐处良性运行状态，这成为发展出版产业省域经济的又一个有利条件。出版省域经济发展将配合区域经济的发展，出版产业将成为区域经济发展中的活跃因素。

放眼世界是出版发展的基本条件。从世界眼光看，国外的一些大出版业报业大多是从地方发展起来的。如 1950 年成立的贝塔斯曼是一个地方出版社。该公司现在的产业规模几乎和中华人民共和国的出版产业相当，或许还要大得多。而在此约 100 年前创办的《纽约时报》，也是从一家地方报最终发展成为全美乃至全球最有影响的大报的。中国出版的省域经济会不会杀出一匹黑马进入世界出版之林，这是谁也不能料定的事情。

四、省域经济发展的充要条件

新闻出版署在 2010 年发展规划中提出全国要有 20 ~ 30 个码洋过亿元的出版社。这个规划的实现，看来要由各地方经济来支撑。出版产业的省域化发展须具备以下这样一些充要条件：

要努力促成快速增长局面长期持续下去。作为国民经济的一个组成部门，我国的出版产业驶入快车道，正经历一个快速发展阶段，出版业的连续增长在全国以及当地国民经济中也是很少见的。这样一个快速增长的局面合乎国民经济增长大局的需要，因为出版产业的发展指向和经济发展的指向是一致的。经济发展的大的阶段递进，一般都遵循这样的规律，即农业 - 石油工业 - 电气工业 - 信息或知识产业的依次递进。出版产业属于信息与知识产业的范畴，是后工业化时代的发展门类，这是出版产业作为新兴产业的基本视点，更有获得支持和政策倾斜的必要。要从这样的角度促使更多的省份重视出版产业经济的发展，制定出版产业发展规划，并纳入地方社会经济总体发展规划，把出版产业作为优先发展的产业门类。这是省域经济发展的第一个充要条件。

要继续扩大多种类型发展的趋势。出版省域经济在发展过程中呈现出多元性的格局，大致有这样四种类型：（1）上海型，即老出版基地型，这里历史文化的积淀深厚，现实经济的发展强劲；（2）江苏、湖北型，这里出版资源较为充足，可以依托出版资源发展出版经济；（3）山东型，这里人口众多，同时经济也相当发达，体现出后发型经济的特征；（4）广西、河北型，这些省份出版资源不是很丰厚，但却走上了发展的快车道。这第四种类型与世界出版的“荷兰模式”大致可以接轨，即正在形成资源在外和市场在外的局面。这种类型表明，出版经济的发展，正在由受资源约束转变为受需求和市场约束。这种多元性发展提出了一个出版产业省域经济的特色经济的命题，要扬优兴特，确立自己的发展定位，在特色经济上做文章。

要处理好有限性与无限性的关系。经济发展总是对现有基础的继承，这一对关系则是着眼于对现有经济存量和新增能量的规划和配置。这里所谓“有限性”有两重意思，一方面是说出版产业的省域经济是有限经济，规模有限，空间有限，增长有限，市场有限，另一方面，是说有效需求不足，有效供给不足；“无限性”也有两层意思，一方面是说还有自己增长的空间，另一方面要有自己无限的追求和不懈的努力。还有自己增长的空间，也有两方面的含义，一是要扩大本地产品尤其是一般图书的份额，二是提高有效供给，改变当地人不买本省货的局面。近年来，我国实施扩大内需为主的发展方针，以需求拉动经济增长，这个方针的实现，既要靠刺激需求，又要靠壮大省域经济，保障良好的有效供给。作为宏观省域经济的有机组成部分，出版产业的发展必须服从整个经济社会发展战略的要求，符合国家、省市自治区的有关政策导向，坚持保护和实施可持续发展战略相结合，推进经济结构的战略性调整和优化升级相结合。省域出版产业的组合不是简单地相加，而是整体发展，走内涵发展的道路。要有紧迫感和使命感，不发展就会受到其他省域的挤压，受到中央直属经济的挤压。要通过自身的发展成为全省经济的重要一翼，提升在省内产业中的比重，支撑或者说服务全省经济的发展。要加强省域经济的宏观（或者说是中观）运作，包括推行国有资产的授权经营，加强对所属企业和事业单位的分类指导，在全国建成若干个不同类型互为补充的省域或区域出版集团。

要处理好开放与保护的关系。建设社会主义市场经济，需要形成开放、竞争、有序的大市场，市场要规范。省内市场要保护，但同时要开放。开放是经济一体化的法则，保护是经济区域化的要求，开放与保护是当代经济一体化和区域化这两个趋势共同存在的一种结合。从世界新闻出版业的发展趋势看，也有一个一体化与区域化相结合的问题。如90年代以来，《纽约时报》在考虑它的发展战略时，就注意到从“向全国性的发展”走向大力开拓纽约大都会的市场，同时并不放弃既有的“全国版”的经营。它的发行人说“我们在美国全国有我们扮演的任务，可是我们的读者和广告客户大部分是在纽约，纽约才是我们的立足点，我们应看好纽约”，显然他们在把基点转向地方化。再看中国的情形，从一个省的宏观市场上看，外地图书产品的占有率看似很高，但把教材教辅综合起来考察，则外地产品所占甚少，基本上都是本地化的教材教辅占领脚下。全国图书市场都是这样一个状况。因为多年来教材和教辅占全国年均出版经济的60%以上。1998年，全国发行图书747亿，纯销售340亿，其中60%以上是教材。因此可以得出一个结论，出版产业的省域经济中，外省成分所占甚少，因为产品结构中很大一部分是供给本省的中小学教材教辅。我们所说的保护是指这一块需要保护。我们所说的开放是指在一般图书上的相对开放。对人家的开放也就是对自己的开放，开放是一种发展的借力，是一种边界的扩大。在受到外地产品的挤压时要培育本省的图书市场。中国市场巨大，要细分市场，找准在图书市场中的主攻方向，才能立于不败之地。中国出版业的横向联合困难不少是一个客观事实。一位负责同志说，一个集团就是一座堡垒。形成一个个省域贸易壁垒，显然不是我们建立省域出版经济的目的。要打破行业与地域封锁，省域经济和区域经济，需要跨省经济的合作。省内经济运行，要融入和服务于全省经济的发展，同时需要周边省域以至全国的广大市场，要做好以省内为市场和以全国为市场的结合。“立足本省，面向全国”的方针，同样是建设开放、竞争、有序的大市场的方针。“立足本省”是立足点，“面向全国”是服务面。立足点要牢，服务面要宽。在某些时候需要弱化地方色彩，强化区域意识，使自己的省域经济成为大区域经济以至全国性经济。

要发挥好中央和地方政府的作用。政府及其政策在市场经济中扮演什么角色，是一个建设性的课题。《出版管理条例》有一种预设，即规定出版单位必须“有符合国务院出版行政部门认定的主办单位及其必要的上级主管机关”。因此现阶段发展出版产业根本就离不开政府，而政府的出版政策对于出版产业的发展尤为重要。美国经济学家曼昆在那本著名的《经济学原理》教科书的中译本序中说“一个社会的兴衰在某种程度上取决于其政府所选择的公共政策。”省域出版经济的突破性发展，在某种意义上说有赖于中央和地方的出版政策。从中央政府来说，一方面出版的中央经济要放弃若干领域（与部门），中央管理部门要从某些领域退出，或者说把某些企业以较优惠的条件下放给地方来经营另一方面不要过于在意出版单位是事业还是企业的性质划分，而要按市场经济条件来鼓励发展，尤其是对于地方出版经济要有鼓励和倾斜政策，出版产业要向有优势的省份集中使之成为高速增长区（如沿海、沿江），并进而建立梯级推进发展的产业带（沿海沿江内陆沿边），依托先进省份的经济辐射带动其他地区的发展。而从目前来说，我们还缺乏体现市场经济特点的全国一盘棋的产业布局和发展规划。从地方政府来说，要将具有比较效益的出版产业作为优势产业来发展，把它作为在全省行业中居于重要地位的优势行业来对待，并由省级人民政府授权当地新闻出版管理部门为国有资产投资主体（或经营监管者），代表政府行使国有资产监管营运职能。经济政策是对现实经济活动的调节和管理，如果处理得不好，将阻碍省域经济的发展。当前新闻出版管理部门的某些做法可能限制了省域出版产业的发展。比如对于地方管得过死，如选题报批管理，地方出版集团、报业集团和刊业集团的设置困难重重。在发展区域经济中做了很大努力的青岛出版社的同志体会到“由于政府加大了对出版产业培育的力度，从而增强了出版产业发展的动力与活力，改善了出版产业发展的外部环境，为今后一个时期内争取文化支柱产业的优先发展奠定了良好基础。”取得发展的机会与外部支持包括政府支持和政策倾斜，是出版产业省域经济获得突破性进展的关键。

五、制约省域经济发展的因素

制约出版产业省域经济发展的因素，换句话其实也可以说是它的不足与弱点，至少有如下一些因素值得我们重视：

一是人口问题的影响和制约。人口问题成为我国经济社会发展的一大制约因素是众所周知的。人口问题对于出版业的制约，表现在三个方面：一是人口基数，省域经济强大的省份多数是人口大省（也有个别人口大省尚未发挥出优势）。上海虽然是全国性的出版基地，但因为人口的基数小，它的出版总额1998年排在前10名之后。二是人口素质，人口文化素质不高，激活出版需求就要大打折扣。三是人口经济，这里说的人口经济是说用于文化消费的人均支出。举例而言，1998年湖北省GDP达3704.21亿元，居全国第8位，但同期该省城镇居民的人均可支配收入、地方财政收入等位次较GDP排名却落后得多。这样人们可用于非必需品消费的出版消费支出就要大受影响。人口因素是省域出版经济发展的一个重要原因。新闻出版业有一个“出版物人均占有量”的目标，人口大省是不是“出版物人均占有”的大省，还待进一步研究。至少目前还不是内涵的占有。

二是产业经济结构失衡。省域经济虽然在市场化程度上高于中央经济，但在结构的重复上却甚于中央部门。一方面是结构的重复性，类似的出版机构设置带来产品的结构性重复。同时，各个省区的出版经济过分依赖教材。正在进行的教育改革对出版业会有影响，第四媒体的兴起对教材出版会有影响。在严酷的形势面前，省域出版经济中一般图书的分量要大大提高以形成新的增长空间才是出路。另一方面是传统产业和新兴产业的失衡，出版业既是传统产业，同时又是新兴产业，还没有哪一种产业像出版产业这样将传统与新兴集于一身。但我们对出版作为新兴产业的特性还认识不足，以致产生内部结构失衡，即长于传统门类，而短于新兴门类，缺乏综合型整体推进和多媒体共同发展。这个结构性的失衡看来是制约省域出版产业发展的瓶颈，需要进行产业结构调整与优化升级，而现在是调整产业结构的大好时机，再不下力气调整将会严重阻碍省域经济的发展，更谈不上可持续发展。经济结构的调整和优化同样是出版经济发展的重大课题和中心课题。

三是竞争力差，产业初级特征和粗放色彩仍然没有褪去。我国的出版产业一直处在国家政策保护之下，市场体制和机制发育都不充分，出版产业的经营管理同国内其他产业门类相比较，经营管理水平相对较低，这种低水平被目前因政策因素而致的高利润所掩盖而未能凸显，这种状况导致出版产业对外缺少竞争力不说，对内也缺乏竞争力。我们都认识到国有企业发展的关键在于提升竞争力，这对于出版业来说也是适用的。有两个方面可以提高我们的竞争力，一是管理革命，即推行以人的智力和创新能力为本的知识管理，包括现代企业制度的建立；二是数量扩张与内涵扩张并重，由产业扩张向产业升级转折，总之要通过制度创新，技术创新，管理创新来提高竞争力，促进资源优势转变为经济优势。这样两个方面将是一场制度和机制的改革，成为产业发展的必要前提。

四是科技牵引力的相对滞后。一方面，多数省份科技投入不够，技术装备普遍落后，规模经营水平低，产品科技含量和附加值少，在高新技术创新方面尤其不足，人才的缺乏成为进一步发展的瓶颈。如将湖北省和广东省比较，广东软件行业的产值是65亿，湖北省只有2亿，这种差距的根由主要是人才的差距。江泽民总书记指出，创新是一个民族进步的灵魂，是国家兴旺发达的不竭动力。过去出版业不需要大的投入，现在作为产业发展却需要增强投入，促进生产力升级和产品结构升级，要推进产业革命技术创新进程。另一方面，长期以来，科教与经济结合得不够甚至可以说“两张皮”存在严重脱节是我们的一个基本国情，而出版与经济的结合尤其是薄弱环节。注重科技与经济的结合，将是一个观念的突破。出版产业内外的竞争将越来越表现为科技实力的竞争。科技和人才、资本一起成为当代经济发展的三大主要素，科技进步与创新，成为经济发展包括出版产业经济发展的主导力量。

历史的经验表明，事业的发展有时不在扬长，而主要在于避短。地方出版业显然要克服这样一些根本性的弱点，才能实现质的飞跃。

本文实际上讲的是一个产业思路的问题，也可以说是一个中观（其实也是宏观）经济学问题。出版产业的省域经济，资源存量丰富，市场前景看好，这是经济发展和经济效益的主要依托和约束条件。我们要注重出版产业的省域经济运行态势的分析，大力发展出版产业中的省域经济，一方面要将出版社产业布局向较为发达的省区集中，实现超常规发展，真正形成若干个既是地域性又是全国性的出版经济中心，另一方面要支持有市场有优势的出版省域经济的发展，在省内将效益较好的出版经济作为重要的优先发展的产业门类，进行出版产业的战略性整合，以理顺和整合“中观”内部经营体制与机制为切入点，以提高出版产业经济运行的质量和效益为中心，使省域出版产业经营绩效最佳化，使之成为真正的朝阳产业和优势产业，并进而实现由以资源为主到以知识为主的经济的转变。这将有力地推动我国出版产业的更大发展，即由传统出版产业向现代出版产业的推进，拉动所在省份的经济社会文化协调发展。历史的实践将证明：这是适合我国国情和省情的一个重大的战略国策，同时又是一个重要的社会性经济系统工程。

（选自《出版广角》2000年第3期）

新形势下的报业集团与报业竞争

李良荣　张克旭

随着新世纪的到来，中国报业显露出勃勃生机。最显著的是大众日报、北京日报、浙江日报、哈尔滨日报等八家报业集团已经或即将成立，连同先前的六家，奠定了我国报业改革和发展的基本运作模式。本文试图从报业竞争的角度对这一基本模式的成因、建立和走向加以分析。

一、我国报业集团是报业竞争的产物

回顾历史，影响20世纪90年代我国报业的最大因素是市场经济。虽然报业与经济（商业）的联姻自80年代初已经开始，但这种联姻的两大重要举措——事业单位企业管理和恢复报纸广告——进入90年代才有突破性的进展。报业广告加速发展，更深层的是报业经营管理引入市场机制，“企业化”走到了“事业单位”这个壳所能允许的边缘。在80年代，报社内部总体是“强事业，弱企业（管理）”的格局，“企业化”的经营收入仅仅是国家财政拨款的补充。进入90年代，全国各级报纸都面临着“如何适应市场经济，争取新的繁荣”的问题。1993年，多数新闻单位坚持“两个轮子”的办报方针，重视报纸的经营管理，实行独立经济核算。一部分新创办的报纸则直接按企业化模式办报。1998年，以报团为标志的报业的企业化达到了历史最高峰。

市场经济导致了日益激烈的报业竞争，为报业的变革提供了强大动力。在多元化竞争的过程中，不同的报纸因为历史传统、所处地域、办报方针、经营策略等方面的差异，出现了非均衡发展的态势。其中经济实力强的报纸利用经济优势很快进行设备更新、聚敛人才，并向兼并和扩张发展形成人才资源和信息资源的集约化，乃至影响对市场利润的大量占有。这样，报业逐渐由粗放型向集约型发展，出现集中化的趋势，到1998年全国共出现六大报团，引起又一轮改革浪潮，报业集团成为中国传媒界世纪末的热点。而今年以来已经或即将成立的八家报业集团使这种热点成为常态，奠定了我国报业改革和发展的基本运作模式。

一般地讲，参与组建报团的竞争者需要具备五个条件：（1）有影响的传播实力；（2）雄厚的经济实力；（3）充足的人才实力；（4）过硬的技术实力；（5）通畅的发行实力。其中最重要的是（政治）影响力和经济实力，经济实力是个“硬件”，而影响力所起的作用很微妙：有经济实力但政治影响力较弱的报纸（非党报）不合适，但政治影响力太强的报纸（像《人民日报》）也不合适。所以现在的报业集团总体是以省市党委或国家重要部门的机关报为核心（体现“舆论主导”），有经济实力的晚报为补充（保证经济运营），跨越中央、省、市三级，依托大城市（东南沿海地区为主），向邻近地区辐射。

对报业集团，政府和报业都表现出相当高的热情。对政府来说，有利于对报纸的管理。报业集团比分散的报纸好管，目前中国有多家报纸，区域比较广，受地方的保护较多，管理起来很不容易，每年都有程度不同的“犯规”事件发生。通过组建报团，化零为整，政府只要抓好“龙头”就可以了。对报纸来说，能够利用这一有利时机，兼并一些报纸，进一步扩大自己的经济实力，扩大自身的影响力同时也可以得到一些优惠政策，像获得发行刊号等（因为目前申请刊号很难）。报团内部报纸间在一定意义上会减少资源浪费，避免恶性竞争（像盲目扩版，版面太多太滥，并没有充实的新闻稿源，不得已出现报纸间内容雷同化，甚至同一报纸的不同版面也发生“撞车”，报纸价格大战等），提高了报纸新闻质量。不同的报纸做好分工，更注意进行读者调查，定位更准，所以从理论上也会受到读者的欢迎。

我们也可以看到，现在组建的报业集团还是以党报等综合性日报为主体，报纸的集团化是一种高层次的政府决策行为，是在党报发行量呈普遍下降的趋势下，政府为确保党报舆论主导作用的一种出路。因为现在报社是国有资产，所有者是政府，政府作为出资人最有权决定报纸是否或如何重组，所以政府参与是必然的，也是必要的。其中的关键问题是，政府应在遵循市场经济规律和新闻规律的前提下，广泛听取各方意见，充分研究各种可能，超越团体和个人的局部利益，实现资产的重组和集团化规模经营。

应该说，一些企业或集团的介入促进了报纸的集团化。过去的企业办报，是企业直接出面在“围墙”内办自己的企业报，服务于企业生产和形象宣传，在发行上一再受到政策限制，社会影响力很小。随着中国媒介市场的扩大，报业成为高利润的行业，吸引诸多的企业走到围墙外积极介入。因为政策的限制和读者的压力，企业只能站在报纸的背后间接参与。现在新创办的报刊大都接受了企业赞助，即便是在一些严肃报纸的版面，也不难在协办单位的名单中发现几个大企业的名字，二者的合作有共同的目标，就是从发展信息行业中获得经济利益。这在一定程度上影响到国家对媒介所有权的界定，最近的批复强调在报刊行业，“谁投资谁所有”的企业资产认定原则不适用，报刊创办筹资中的企业赞助系无偿赠与，个人或企业垫资属借贷关系。

所以，在以后相当长的时间里，中国报业集团将在企业与事业的双轨道路上努力寻求平衡：一方面，已成为一种行业，它不可能回到事业单位的老路上去，靠国家拨款生存；另一方面，作为国家“特殊”的行业，政府参与（或干预）会比较多，“看不见的手”的力量有限，不可能在短时间内走进现代企业的行列。

二、对几种报业竞争的分析

市场经济条件下，不同的报纸不管其出身、属性，都站到市场这一平台上，展开相对公平的竞争。因为在市场经济的冲击下，政府的财政补贴不再是报纸的主要经济来源，党委机关报对新闻源的垄断也随着政府职能的转变而瓦解——政务公开使政府发布的信息越来越公众化，以前报纸发展与所属级别成正比例的状况发生很大变化。

首先出现的是“主流报纸”——以各级党委机关报为主的综合性日报间的竞争，主要是通过扩版、增加“周末版”、搞“发行大战”，来争公费订报这块“蛋糕”。过去上一级党委机关报靠“红头文件”来保证发行量的做法越来越难以奏效，而下一级党委机关报和非党委机关报在报纸内容的选定上有较大的空间，在竞争中总体处于优势。但不管胜负如何，因为党报在中国的特殊作用，任何一方都不会被淘汰出局，所以这一竞争到现在依然存在。

更激烈的竞争发生在晚报和综合性日报之间，随后又出现晚报与新崛起的都市报在自费订报领域里的厮杀。综合性日报在经过1992年、1993年的高增长期后到1993年达5618万份，1994年降至4936万份，以后稳定在5千万份左右。与日报发行量停滞不前的状况形成鲜明对比的是，以《新民晚报》、《羊城晚报》、《北京晚报》为代表的晚报异军突起，发行量扶摇而上。从世界范围来说，很难找到像中国这样流行晚报的国家，这是由我国特殊的报业传统造成的。在我国的报业发展过程中，一直是党报唱主角，报纸多为严肃报纸，更多强调指导性，是典型的“办公室报纸”，离大众生活较远，反不及定位为“家庭报纸”、以刊登通俗内容为主的晚报受读者欢迎。晚报以活泼新颖、面向大众的特点吸引了大量读者，经营非常成功。1995年后，在中国报业每年广告额前10名排行榜上，晚报要占据一大半。

在日报和晚报之后，报业又迎来了都市报时代。都市报与晚报并没有什么严格区别，因为在中国，一个城市一般不能有两家晚报，所以就改称“都市报”。相比较而言，都市报更“小报化”，内容更“软”，比晚报办得还要活。二者的竞争可以看作省级党报社和地市级党报社竞争在自费订阅领域里的继续，因为一般地市党报在省级党报与其所办的晚报的两面夹击下被迫处于守势，就是利用自己得天独厚的人才和信息资源，办都市报来进行反击。都市报的崛起是报业进一步市场化的标志，并且都市报的出现改变了报业原有的格局，使原本就激烈的报业竞争更“变本加厉”，形成分级和分层的双重竞争。

三、报业集团面临新挑战

在媒体市场不开放的情况下，今天呈现在眼前的主要是国内媒体间的竞争，或许用不了多久，这种局面就会演变成国内媒体与进入我国媒体市场的国外、海外媒体强手间的激烈角逐。中国已站在了的入口处，这将是一幅现实的图景。

现在，中国与美国等国的入世谈判中，虽未直接涉及传媒业，但对传媒业来说，进入WTO非常值得关注，因为在信息产业中就涉及了传媒这一块内容。目前美国及一些发达国家的投资者已准备随时启动大量风险投资基金，一旦入世，这些公司将大举进入中国，并以形形色色的网络媒体形式介入对信息资源的经营领域。但国内资本决不满足于介入“第四媒体”的经营权，根据“国民待遇”原则，从原则上讲，国外的大众传媒也将逐渐享受与国内传媒相同的待遇。国外传媒有可能首先大举进军杂志、期刊、非新闻类报纸和书籍市场，或是投资、或是控股、或是合办，国外原版杂志、期刊、报纸和书籍将逐步直接进入中国读者消费市场，一些专门为中国或亚太中文读者度身定做的中文版、中国版外国期刊、报纸有可能应运而生。我们的传播环境将发生很大的变化。

从整体来看，一方面我国传媒业基本上还是一块未被市场规模化开垦的“处女地”。从1988年到1998年，我国报业投资的回报率大致处在17%～50%这一区间，远远高于同期其他产业，因此被人称作“暴利行业”。另一方面，传媒业实际上处于一种“春秋战国”时代，用一句行内话叫做“散”、“滥”。据统计，全国报纸有2000多种，期刊七八千家，出版社700多家，电视台有4000多家。但没有一家可与国外跨国媒体公司相抗衡。现在虽然已建立报业集团、出版集团等，但刚刚起步，效果还不明显，况且建起的一些“集团”从实力上讲并无根本的改变。更值得注意的是，国内没有一家横跨报纸、广播、电视、电影等的综合媒体。（黄传芳，2000）

可喜的是，八家报业集团的成立使我国的传媒产业开始“厚重”，并且跨地区、跨媒体的趋势正在形成。不久前刚刚结束的全国新闻出版局长会议提出，进行战略整合，“以组建一批实力雄厚的出版、发行集团为契机，盘活业内资产，实现新闻出版业的开放与联合，集团的试点要在跨地区、跨媒体经营上有所突破，提高新闻出版业的产业活力与竞争实力。”2000年7月3日，由北京日报等首都九家新闻媒体加上网络媒体共同组成千龙网络公司暨千龙网站宣告成立，此举被业内人士誉为AOL（美国在线）与时代华纳联合的“中国版”。

因此，报业集团一方面要加快新闻改革，要努力转换机制，提高素质，增强实力，提高竞争能力；另一方面，应按照市场经济的规律尽快形成一批传媒舰队，逐步创建出世界级有竞争力的名牌产品，不仅抓住中国受众市场，而且走向世界，扩大我国传媒在世界各国受众中的影响力，在世界传媒体系中占有一席之地。

（选自《新闻实践》2000年第6期）

从挑战到联姻

——审视中国网络与出版之关系

聂震宁

要讨论出版业面对多元媒体挑战的应对策略，我以为第一个要讨论的对象就是网络出版的挑战以及我们出版业的应对策略。从事物的本质意义、发展态势和预测威力来看，网络这一媒体对传统出版业的挑战都将是致命的。从长远的发展预测来看，我们遭遇的不只是一种新媒体对市场的分割，而是一次出版业的革命。我们必须正视这一事实。我们必须积极应对。

网络出版：出版业的一次革命

当1987年9月20日中国有人向国外发出第一封电子邮件时，中国出版人并没有对这一事件的意义获得足够的认识。当时的中国出版人更多的是在讨论电视、录像带对纸质出版物的影响，接着也还只是对中国的第一部电子图书《国共两党关系通史》（1992年7月）、第一张数据库光盘《中国企业、公司及产品》（1993年）和第一张多媒体光盘《邮票上的中国》（1993年）表示惊奇和极大的兴趣，有人指出这就是中国出版业的一次革命。事实上，电子图书可以说还只是出版物的一种新介质的兴起，是出版物阅读方式的变革，还不能称为出版业的革命。电子图书的出版并没有摆脱传统出版物的制品模式，一旦想到电子出版商一样要去精心制作出版制品，一样要乘坐飞机、驾驶汽车去推销这些出版制品，我们这些传统的纸质出版商就会露出会心的笑容。即便是面对美国亚马逊（Amazon. com）网上书店如火如荼的图书销售，起初我们也只不过有些紧张，继而想到他们通过网络卖出去的依然是图书，我们的出版物销路为此得到了拓展，反而兴高采烈。

当电子图书忽然登上了因特网这艘宇宙飞船时，情况立即发生变化。1997年以来，我们在网上不断读到了各种网络文学作品，中国有些网站还举办了网络文学征文活动，既像传统出版人那样组织作者又比传统出版人有更便捷的工作方式和更高的工作效率，应征者总是很多。新千年伊始，美国著名惊险小说作家斯蒂芬·金（Steven King）在网络上发布中篇小说《子弹随风车》（Riding the bullet）获得了巨大的销售成功。人们逐步明确地意识到，出版业的第三次革命正在到来。中国1999年上网用户已经达到890万，而预测人士认为，今年将达到1600万，全世界则将达到3.75亿。于是有人用“忽如一夜春风来，千树万树梨花开”这句诗来描绘当前中国的网络热，这是一种比较快乐的比喻；有人则用“山雨欲来风满楼”这句中国古语来表达对网络出版风起云涌之势的忧虑。且不管微软技术发展副总裁Dick Brass先生在旧金山关于20年后纸张将从我们的生活中消失的预言是否可信，且不管传统出版业是否已经面临“生存还是死亡”（to be or not to be）这个问题，网络对传统出版业的冲击将会越来越大，却是容不得我们掉以轻心了的。我们必须倾注极大的精力来认真应对。

我们之所以认为网络出版成为出版业的一次真正的革命，是因为这是一个全新的事物，一种新的出版模式。电子出版物是它的基础。它具有电子出版物的基本功能，即：“技术融合”、“多媒体”、“突破空间限制”、“客户定做出版”、“轻便化”、“网络化”和“智能化”，集计算机技术、通信技术之大成，融广播、电影、电视、报刊书籍于一体。网络出版从产品形态、流通方式到支付方式整个行销过程均实现电子化。它的产品形态是“虚拟”的，流通则完全是非传统的因特网，支付方式则是标准的电子商务方式。由此三点，可以看出，网络出版物与电子出版物可谓咫尺天涯；它超越了实物出版这一重要模式。有人将网络出版定义为电子出版之一种，我的看法却是两者之间存在着革命性的区别，简而言之，电子出版物仍处在制品型的“实物世界”，而网络出版则进入了无制品型的“虚拟世界”。网络出版不仅要实现无纸化，还要无实物化。它改变了传统出版的传统行销模式，由传统出版的行销模式：

信息源→出版者→批发商→零售商→读者

及亚马逊式的行销模式：

信息源→出版者→网上书店→读者

←Internet→

变成了全新的网络出版的行销模式：

信息源→出版者→读者

←Internet→

这三种模式的比较见下表：

	销售成本	生产成本	售价	环节	速度	互动性	网络化程度
传统出版模式	高	高	高	多	慢	低	低
亚马逊模式	中	高	中	较多	较慢	中	中
网络出版模式	低	极低	极低	少	快	高	高

由此，我们还可以认识到网络出版的两大最重要的特点：

1. 出版者与读者的关系是交互式的，改变了传统出版只能单向传递信息的模式。

2. 出版物具备了全球覆盖能力。网络无所不在，读者的阅读需求得到了最大限度的满足。

我们称网络出版为出版业的一次革命，还因为网络出版将会带来出版文化形态根本性的改变。它的超大存储、跨时空传播和开放性互动的功能，使得出版得以实现立体化、个性化、贴身化、即时性、广泛性服务，由此而进入了自由度、开放度很高的出版文化形态，这一变化对人们传统的生活方式、学习方式、工作方式的改变都具有很强的颠覆性，对人类社会的影响将是十分深远的。

文化挑战：网络出版的理性认识

网络将是未来的全球经济竞争的主战场，因为在经济竞争中最主要的竞争是信息竞争，网络对于信息的搜寻和反馈的能力是此前任何媒体都不可比的。那么，网络出版是否也就相应地会成为未来出版业的主流业务呢？纸质出版物会不会像微软公司所预测的那样，20年后主要的价值只是一种古色古香的送礼佳品呢？现在做出肯定或否定的回答都还嫌为时过早。出版具有信息传播功能，但信息传播并不是出版物的唯一功能。出版物除信息传播功能外，还有审美的功能、娱乐的功能、收藏的功能等等。对于出版物的选择，人们往往存在着较强的实用主义因素，但同样受着文化因素的制约，而且更多时候还是文化因素占据着主导地位。那一种纸和油墨的芳香，那手指对纸张的抚摸所产生的快感，那手持一卷花前树下随意吟诵的惬意，是人类今后一千年也难以割舍的。我们可以展望，未来的文化应当是多元共存的，霸权主义话语肯定要被人类多元文化的需求所消解。为此，网络出版能否会让纸质出版物灰飞烟灭，从而占据出版物的主流地位，实在是大可质疑的。

当人们欢呼网络出版奇迹的时候，我们应当理性地认识到，网络出版作为一种新兴的出版文化现象，完全可能导致一种文化挑战。至少目前我们能够意识得到的，就有以下几种挑战：

A. 对于社会秩序的挑战。社会秩序、伦理道德维护是人类对于生存和安全的自我保护。而网络出版对于著作权和人身权利的保护尚未获得有效手段，如果这里说的是广义的出版，就是现在我们每天都在遭遇的网民们的自由发表，那么其混乱状况更是灾难性的。任何一个人在赞赏网络自由的同时，事实上自己的自由已经在受到威胁。

B. 对于人性价值的挑战。正是由于社会秩序、伦理道德在网络出版过程中被弱化甚至破坏，出版物原本具有的庄严、崇高的精神意义大大弱化，情感教育和思想引导被明显淡化。网上读者面对计算机显示器，可以跨越时空的限制与陌生人自如交流，而当真正见到其人时，却产生深深的隔阂和戒备，有些青少年宁可面对显示器而不愿意与人直接交流。人们的心灵被扭曲了。“网络狂躁症”、“网络孤独病”一类的心理疾患已经让心理医生们很伤脑筋。

C. 信息泛滥的挑战。网络出版中涌现的大量有害信息、虚假信息、多余的信息，增加了人们利用信息的困难，“信息污染”已经成为世界性的难题。且不说有害信息对国家安全、社会稳定构成了很大的危险，虚假信息对个人或公司造成多大的伤害，单就多余信息而言，它对受众的时间的挤占，对受众注意力的误导，对受众深度学习、钻研的干扰，都是十分严重的，长此以往，对于科学技术的发展非常不利。

以上所举文化挑战的三种现象，实在是网络出版文化现象的ABC，然而也是致命杀手。人是文化的人，而绝不是技术的人，“网络崇拜”实在是人的异化。而那种听任网络构筑“虚拟社会”，拥有网民的“第二生存空间”的盲目的“网络崇拜”，乃是人类的文化自杀行为。人类必须实行自我拯救，这绝不是危言耸听。

文化+技术：从对抗走向联姻

对于网络出版初始时期的混乱状况，中国出版人和作家做出了反应：1996年6月，著名作家王蒙、张洁、毕淑敏、张抗抗、张承志和刘震云6人分别向北京市海淀区人民法院递交诉状，称由世纪互联通主办的“北京在线”未经作家许可，擅自将其作品上载到网上，侵犯了作家的著作权。法院终审判决，确定6位作家胜诉并有权获得赔偿。这是中国首例网络著作权侵权案。

无独有偶，2000年初，美国二级上诉法院推翻了某地区法院1997年的一项法律判决，做出了有利于美国作家联盟主席乔那森·泰西尼等9名作家的二级判决，他们因为自己的作品受到《纽约时报》的网络公司的随意使用而提出过起诉。

这些案件的含义是显而易见的，对于新兴的不成熟的文化挑战，传统的主流文化做出了强硬的应对。然而，中国的案件却产生了正面的影响。1999年下半年以来，中国的网络公司忽然对作家和传统出版业摇动绿色橄榄枝，合作、结盟之风强劲。从去年底以来，至少有5家网络公司的总裁要求与我商谈，希望在网络出版方面与人民文学出版社合作。他们坦诚地表达了这样一种理念：与其独立开发出版资源，不如与我们联合进入网络。因为他们知道人民文学出版社50年来储备了8000多种书目；而当代中国著名作家还不会只为网络公司写作，作家们觉得网络很有意思，但在代表中国文学出版最高水平的国家级文学出版社庄重地出一部纸质图书，那种崇高感是非同一般的。即便是最被网络看好的网络作家，也都在以自己的网络版小说发表后能够出版成纸质图书为荣。网络公司希望通过我们获得中国当代最重要的作家们的作品。人民文学出版社所拥有的强大的作者队伍和雄厚的出版资源，对任何一位作家和网络出版商都具有很强的诱惑力。

然而，五家网络公司至今没有一家能和我签下协约，因为他们都提出独家合作的要求，而义务和权利又不能相统一，我不知道我能从哪一家手里得到最大的好处，又生怕结错婚而造成终生遗憾。从这一点尴尬，也可以看出网络出版正处于起步阶段。

看来，传统出版业所拥有的文化积累优势，其中包括书目的积累、人才的储备、编辑的文化含量，还有品牌的无形价值，同样可以经过数字化，乘上网络的宇宙飞船，全球漫游，广为传播，实现我们的文化理想和市场效益。文化与技术结合，两者之间对抗不如握手，这应当成为我们明智的历史性的选择。

进入新千年的前夕，美国的时代华纳公司这个传统传媒的巨人为美国在线所并购，让全世界的新老出版人都目睹了一场跨千年的巨人婚姻。它似乎昭示着媒体联姻时代的到来。

进入新千年，似乎终于进入了网络与出版业“第一次的亲密接触”的美好时代。远在美国的斯蒂芬·金的中篇小说《子弹随风车》由传统出版商 Simon（Schuster 出版，它以 2.5 美元的下载价值（有些网站会免费提供下载）在上市 24 小时之内共下载了 40 万册，两天就创下了 50 万份的订单，Barnesandnoble.com 在 24 小时促销期间就涌入 20 万名消费者，要求索取免费的电子版。斯蒂芬·金在网络上的成功，有人认为说明了网络出版这种新出版方式已经被读者接受，但我认为这证明了网络出版必须与出版业、作家合作，才能被读者真正接受。

新千年伊始，中国的人民时空网站建立了网络出版平台，商务印书馆、人民、北京大学、清华大学、大百科、人民邮电、中国社科、电子工业、法律、中国经济、希望电子、解放军文艺、群众、河北人民等家出版社陆续通过正式开通的人民时空图书平台开展网络出版业务，推出国内首批网络出版物，其中有《新战争论》、《诗经的文化精神》、《经济学》、《跨世纪批判》、《兵谣》等哲学、社会科学、计算机、文学类图书 30 余种。人民时空还将与近 90 家出版社签订“战略合作伙伴关系协议”，合作开展网络出版业务。为了继续引领网络出版向纵深领域发展，包括开展即时印刷和网络印刷业务，该公司已经就此与以色列、美国等国相关厂商初步达成合作意向。

5 月 31 日，北京又一家雄心勃勃的网络出版公司“易德方舟中文在线”成立，这家公司不仅千方百计地与出版社合作，还雄心勃勃地直接发展与作家的关系，他们让中国健在的最著名的作家巴金先生以及著名散文家余秋雨先生、著名小说家余华先生以作品入股的形式成为该公司的股东。

网络吸引着一些传统出版社在网络时代寻求新的突破，而一种务实的精神也让不少从 IT 业走来的网络高手将眼光投向传统出版业以求强强联合，共同发展。一场网络落地、出版业起飞的连台好戏将不断上演。

关于传统出版业与网络出版的联姻，人们看到的不仅是一种商业合作，更是一种文化层面上的融合，是人类变得成熟起来的一种标志。人类不应该总是发出“生存还是死亡”这样的痛苦追问。传统出版业将以其成熟的运作秩序、文化价值观和作品判断力直接影响网络公司，网络公司也将以其新的出版理念和出版技术激活传统出版，然后，双方以一种理性而又充满激情、历史主义但又面向未来的态度，携手进入 21 世纪。人类的文明史正是以这样一种承先启后的精神，长河一般地向前延伸。

（选自杨牧之《中国图书年鉴（2001）》，湖北人民出版社 2002 年版）

出版业改革的微观取向

郝振省

一

出版业的改革从空间方面来看，有宏观和微观之分。

出版业的宏观改革是指出版行业的全方位改革。它包括出版产业与其他产业的比例关系，包括出版业内部总供给与总需求的比例关系，包括出版业的简单再生产与扩大再生产的递进与转换关系，包括出版业的社会总资本再生产及产业结构的全面调整，包括产业布局方面的不均衡发展战略问题等内容。

出版业的微观改革是指每一家出版单位内部的改革，是指每一家出版单位内部出版生产关系的调整，通过这种调整，把出版单位内部潜在的出版生产力释放出来或激发出来，变成现实的出版生产力；把出版单位变成既追求社会文化效益最大化，又追求出版资本利润最大化的充满活力的产业细胞。具体来说，它研究的是一家具有独立法人地位的出版企业的改革问题，比如，一家出版社、一家报社（从广义的角度看，报业也属出版业）、一家杂志社、一家音像社、一家新华书店等的内部改革问题。集团作为相对独立的法人联合体，在一定意义上，也属出版业微观改革的范围之内，因为与整个产业相比，集团仍属微观层面。认定出版业微观改革的内涵与外延，为我们进一步探讨问题提供了相对可靠的依据。

出版业改革的微观取向，在这里有两层含义：一层是在宏观改革和微观改革之间，我们的首选取向是微观改革；另一层是微观改革取向确定以后，我们在体制创新方面拟采取的基本对策。

二

与宏观改革相比较，微观改革更为基础，更为根本，也更加可行。微观改革是宏观改革的有力支撑，宏观改革是微观改革的必然趋势，只有在微观改革比较充分的情况下，宏观改革才是可靠的，也才能深入进行，取得一定的效果。在目前的形势下，微观改革尤其显得必要和紧迫。

1. 微观是根，宏观是树，根之不深，树难成荫。现在，各地纷纷都在建立出版（发行、期刊、印刷）集团，这是必要的和可以理解的。因为经济全球化、出版全球化的形势以及加入WTO的进程，使得我们现在正面临着一个不断发展着的大市场、大流通（这个大市场、大流通越来越具有国际性质），大市场、大流通需要大企业、大集团在其中运行，大企业、大集团也需要大市场、大流通给予支撑。但是大企业是由小企业发展而来的，大集团是由小公司聚合而成的。这种发展与聚合本应是一种自然历史过程，只不过现在的形势不允许过分地等待罢了。在社会主义市场经济条件下，一报、一社、一刊、一店以确保正确的政治方向为前提，尽可能按照现代企业制度改造自己，使自己充满活力，同时既追求社会文化效益的最优化，又追求出版资本回报利润的最大化，使自己具备一定的实力，占有相应的市场份额。当市场份额占据到一定程度，又为了在竞争中进一步取胜时，就会产生扩大规模经营的追求和行动。而所谓规模经营，其实就意味着中小出版发行企业，在自愿的基础上，以资产为纽带，通过兼并、联合的方式，组成本来意义上的出版集团或发行集团，如此这般组建起来的集团，可能会存在后天失调的问题，但不会存在先天不足的问题。非如此建立起来的集团，可能不会存在后天失调的问题，但是，存在先天不足的问题，则是确定无疑的。而且，要想达到后天不失调的目的，谈何容易？微观是根，宏观是树，根之不深，树难成荫。这可以看作是出版业改革微观取向的第一条理由。

2. 目前各类出版集团在运行中遇到的困难，成因主要是微观改革不到位。这就要求我们更加关注出版业的微观改革。我国现经中央和国务院主管部门批准的报业集团有16家，出版集团有6家，发行集团有4家，刊业集团正在筹建之中。这是我们加快出版业改革的重要举措，符合出版全球化及加入WTO的大趋势，也取得了一定的效果。但是，多数由于没有严格地遵循集团形成的规则，没有坚持自愿的原则，没有以资产为纽带，没有构建出适度的法人治理结构，从而，没有或基本没有达到组建集团的目的。有的不但没有解决或没有完全解决原有的矛盾，反而引发出了新的矛盾。比如，没有很好地做到政企分开，只是把政划分成了几块，或是又生出了新的行政，出版流程不仅没有简化，反而变得烦琐；从集团角度看，似乎行政机关放权不够，恋权意识太浓；从行政机关角度看，集团好像在另立山头，分庭抗礼。就集团内部而言，科学的管理结构尚未形成，分配模式还属浅层次运行，内部掣肘和摩擦系数过大，互相磨合适应的周期还会继续延长等。有的集团与组建之前相比，不仅没有推动出版生产力的发展，反而影响了出版生产力的实现。不仅没有达到1加1大于2的设计目标，反而出现了1加1小于2的尴尬局面。这就促使我们审慎地反思重宏观、轻微观，重集团、轻社店的改革取向，对出版业的微观改革给予更多更重的关注，把更多的精力向出版业的微观改革倾斜。

3. 一些真正成功的集团都得益于微观改革的比较彻底。仔细思考一下改革开放以来，我国无论是国企性质的、还是民企性质的比较成功的大集团，都是在社会主义市场经济的激烈竞争中，循着一种相对自然的历史过程成长起来的，海尔集团是这样形成的，春兰集团也是这样形成的。就出版业方面的集团而言，有这么一类出版单位，虽然未曾冠以集团的称谓，也没有特别强调自己的集团性质，而是悄悄地按照市场取向，服务于市场需要，派生出一个又一个子公司，或者采取低成本扩张的办法，购并或改造了一个又一个相对小的出版或发行单位，从而已经成为事实上的出版集团，尽管他暂时还没有这种名分。如外语教学与研究出版社、福建教育出版社等就是这方面的典型。这种由一个有机体顺乎自然地延伸和扩张而成的集团，始终充满着活力，不断地追求着出版资本的积累。正是这一类集团促使我们在出版业改革，是宏观还是微观的方向选择上，更多地取向于微观改革，或者说，即使最终取向于宏观改革，也须首先取向于微观改革。从某种意义上来讲，取向于出版业微观改革，恰恰是对于宏观改革的真正重视。

4. 取向于微观改革，还基于中小出版企业占据多数的现实。在整个出版行业中，尽管建立集团是必要的、紧迫的，但是，普遍建立集团既是不必要的，又是不可能的。从国外出版业的情况看，集团的数量仍然是少数。国外的确有不少大的出版集团，但是，更多的是中小出版企业。从世界范围看，集团的数量是非常有限的。据有关资料统计，美国有出版机构13000多家，英国有出版机构3000多家，德国有20人及20人以上的出版机构2000多家，日本有4人及4人以上的非政府和公益服务性出版机构2000多家。而出版集团呢？全球不过几十家。可以说，中小出版社仍是出版机构的主流。众多的中小出版单位的存在无论对于国家还是个人都是必不可少的。它可以保证出版自由、保证出版乃至民族文化的多样性，这恰恰是精神生产和精神消费所必需的。

三

出版业微观改革的思路大致有三个方面：科学的动力机制、合理的结构框架、有效的管理模式。

1. 科学的动力机制。所谓科学的动力机制，即是说，出版单位目前作为事业性质、企业运作的生产发行集合体必须具有那么一种机制，这种机制能够确保出版单位形成一种不断追求社会文化效益最优化、追求出版资本利润最大化的内在的、普遍的、持久的动力。这种科学的动力机制实际上是生产关系作用于生产力的一种有机的系统的实施过程，是生产关系中的产权关系作用于生产力中的人的要素、作用于人的要素中的管理者、经营者、领导者及具体劳动者的一种有机的系统的实施过程。有人说，包括出版企业在内的国有企业患上了“动力疲乏症”，科学的动力机制解决的正是“动力疲乏症”问题。需要指出的是，产权关系并不意味着某种私有化的暗示，而问题的全部关键在于寻找其实现的方式，寻找公有制出版企业的产权关系对于领导者及骨干人员的正向能动作用的实现方式。这甚至是整个国有出版、发行企业改革中的最为本质的问题和最根本的任务。随着社会主义市场经济体制的逐步确立，党的富民政策长期普遍地实施，整个社会，尤其是所有企业的干部和职工都正在越来越具有明显的双重身份：既是管理者、经营者，又是一定程度的所有者；既是劳动者、工作者，又是一定程度的所有者。这是一种与中国特色社会主义、与中华民族全面复兴相连接、相吻合的大趋势，顺势而动，才会发展无穷。

把连接法人代表与出版单位的单一的政治责任感纽带转换成既有政治责任感制约，又有经济利益关系牵动的双重纽带，是构造动力机制的基本要义。马克思说，动力背后的动力是利益。一定要使出版单位法人代表的经济利益与整个出版单位的经济利益形成某种长期的、内在的制约性联系，这就是一定程度的产权联系。即，他必须在一定的层次，通过一定的方式，占有一定的产权份额，尽管目前这个份额在出版单位产权份额中的比例还不可能大，但绝对数不会小。他为了使自己拥有的产权份额持续、稳定地增值，就必须首先确保出版单位的总资产份额持续、稳定地增值；只有出版单位总资产份额持续、稳定地增值，他拥有的产权份额才有实际意义。而且，如果经过一定的期限和一定的条件，他获得了对这些产权份额的永久性占有权，那么，这无论是对于国有资产，还是对于个人财产都只能是一种福音。而具有这种内涵的产权联系，才算构成了出版企业发展的永久性原动力，才是形成了接近法人治理结构的核心问题，也是现代企业制度中“产权明晰”、“权责分明”的应有之义。当然，与其他非出版国企相比，出版企业的这种“产权明晰”和“权责分明”，还必须做某种变通处理，在现行政策下才具有可操作性。关于法人代表产权份额的操作运行及游戏规则将在稍后一些谈到。

在动力机制中，仅仅只有法人代表及其高层经管人员的原动力是不够的，还必须考虑中层经管人员及技术骨干层的持久动力问题。这部分人员是构成动力机制系统的重要组成部分。他们的经营管理劳动及技术设计劳动（比如选题策划劳动）构成了出版单位价值增值的重要份额，甚至是主要份额，特别是在知识经济时代。他们在企业中又处在承上启下的中间环节的极为重要的位置，如果他们与企业离心离德，不把企业看作是自己的企业，对企业没有根本的认同感，那后果是不难想象的。而解决认同感的问题，除了进行科学的人生观、价值观等方面的思想教育以外，恐怕还是要从产权方面采取措施。从入世后的人才竞争趋势来考虑，这一条无论是对于吸引人才，还是留住人才，都是极为重要的。一些发展势头看好的国企或民企就是靠这种办法巩固自己的人才队伍的，一些出版企业、发行企业、印刷企业已经逐步开始采用这种办法，取得了可喜的效果，需要及时总结，加以提炼，逐步推开。

整个职工层的动力设计是出版企业动力机制系统的第三部分。其实质就是要促使他们产生足够的财产积累的冲动，自觉地将自己视为企业的有机构成，将企业视为自己的安身之本。“有恒产者有恒心”，这既是历史遗训，又是永恒真理。笔者以为改革的一个重要指向，就是将在计划体制下形成的职工主人身份的某些虚拟现象转化为实在的具体可感的真实存在。在政策上允许职工个人购买一定量的股权，成为事实上的主人。笔者曾经从事过一些股份制的调查，有的职工讲，过去说我是国家的主人，是多少亿万元国有资产的主人，但可感度太低，现在虽然属于我的股权只有几千元、几万元，但可感度较高，是实实在在的。这就从一个侧面印证了“工者有其股”的必要性和重要性。当然，在实际操作过程中也要防止出现国有资产流失的问题。

构造确有成效的动力机制系统，对印刷行业、发行行业目前的状况来说，顺乎自然，相对容易。但是对出版环节来说，还有一个技术性的障碍需要突破。这就是，如何在保持党对出版导向的绝对领导和国家对国有出版经济绝对控制的前提下，通过产权关系，构成出版企业的持久动力。与印刷环节不直接决定出版物的意识形态属性和发行环节主要接受经济规律的支配不同，出版环节的首要特征是精神生产，直接关系到意识形态和国家安全。因此，我们在构建以产权关系为核心的出版单位的动力体系的时候，必须防止其他社会资本和国外资本介入到我们的编辑业务层面，影响我们的舆论导向；同时，在固守我们党的舆论阵地的时候，不仅不能放弃体制创新，而且应把对产权关系的调整，坚定不移地推向深入。根据我们的国情和有关政策，可以考虑采取一些变通的办法。比如，将出版单位的编辑制作业务与经营性业务剥离开来，对于前者，由党和政府牢牢地加以控制和监督；对于后者，则可以吸收出版单位经营者、管理者、中层骨干、甚至职工的部分资金，形成公司产权多元化的格局，也可以根据生产发展和利润增加的情况，按照一定的比例，给高中低三类骨干适度从增量中配股，以营造个人财产与国有资产之间互动关系。当然也可以吸收社会资金，包括非国有资金和境外资金等，不过这主要是出于融资和监督方面的考虑了。

研究企业内部的动力问题离不开外部的压力问题。压力产生动力，动力需要压力，这是一个问题的两个方面。外部压力问题的实质是构造或维护一个适度竞争的生态平衡。比如我们搞集团试点，不可以、也不可能遍地开花，但也不能一个地区只搞一个集团，不能一个行业只搞一个集团；又比如我们允许一些名牌出版单位享受试点集团的相关政策，也不能只限制在很小的范围内；再比如我们正在进行国有出版发行单位的集团试点，也可以搞一点非国有单位的试点。这里实际上包含着重要的方法论因素，那就是毛泽东所讲到的“设置对立面”的思想。设置对立面的思想非常之必要、非常之重要，如果你的面前站着一个虎视眈眈的对手，你的思维和机体就会受到足够的刺激，你就会产生和保持必要的警惕和持久的张力，你也就能够获得由压力转化而来的动力。笔者在对浙江的企业调研中发现，浙江国有企业的状况虽不如国内一些大国企那么显赫，但效益和势头相当好，后劲也比较足。为什么？就是因为它的对面有那么一位不断挑战的对手：浙江的民营企业发展很快，实力较强，为全国之最。

2. 合理的组织结构。组织结构问题确实重要，在现代科学中，作为事物内部各要素连接方式的内在结构与事物的本质有着极为密切的联系，甚至直接决定着事物的本质。在哲学原理教学中，曾经提到这样的例子：金刚石和石墨都是由碳元素构成的，仅仅因为其分子构成的结构不同，则形成了两种性能完全不同的物质。在出版业体制创新的过程中，结构问题始终得到了人们的重视，但对结构的理解似有某种偏颇，对产业结构、产品结构、地区结构等问题较为关注，这是完全正确的；对出版单位内部组织结构缺乏足够的重视，这是需要反思的。在组织结构方面，我们存在哪些问题呢？

首先领导班子的组织结构不合理。以报社为例，北方的一些报社或报业集团抱怨自己的版面不如南方的精彩，报业收入不如南方的丰盈，有的甚至不抵南方报业收入的零头，这是什么原因呢？当然有好多方面的原因，但其中的领导结构是十分重要的一条。南方一些报社或报业集团，特别是广东、深圳的几家报社的领导结构比较合理，能够比较从容地应对市场挑战。这些报社一般都设有社长作为法人代表，然后在社长下面分设总编辑、总经理各一人，同时设立编委会、经管会，办报业务机构和经营管理机构分属编委会、经管会。这种结构符合现代分工理论要求，为报纸版面的准确、鲜明、生动、活泼及报社产业的规模经营和获取规模效益提供了有力的组织结构保证。北方报社的情况如何呢？它基本上是一种偏正结构：一位总编辑，若干位副总编辑，绝大多数都负责版面业务，只有一位副总编辑分管经营管理工作，往往还要求管一点报纸业务工作，怕别人说自己业务不行或不务正业。也只有一个编委会，这个编委会既要研究版面业务，还要讨论经营管理，同时要追两只兔子，结果只能是事倍功半。或者只追一只兔子，放弃另外一只兔子，那就不能嫉妒别人一年几个亿甚至十几个亿的产值了。

其次是出版单位内的部门结构问题。以出版社为例，眼下的出版工作重心已经由作者交稿后的加工，前移到作者交稿前的策划与作者成稿时的争夺方面来了，选题策划与研究开发已经成了核心竞争力的主要内容。但不少出版社或集团目前的部门设置仍然是编辑部、出版部等，还没有策划部或研发中心的建制。由于没有策划部，有的出版社一直到了岁末，还不知道明年选题做什么。而设立了策划部的出版单位早在当年10月份，就已经储备好了明年的选题，甚至大致确定了三年以内的图书及其他出版物选题。有人说，有了好的选题策划，别人为你打工；没有好的选题策划，你为别人打工，这话有道理。

还有，随着经济全球化引发出的出版全球化，版权贸易日益成为我国出版业的新的增长点，但许多出版单位看不到这一点，或者不看重这一点，至今没有设立版权贸易部（或国际部），甚至设立的计划都没有。再有，不少出版单位的发行工作已经发而不行或不大行了，但发行部还在按照老皇历运行，没有按照新的营销需求，加以改造和调整。人才结构也亟待改革。出版单位已经按企业体制运行多少年了，出版社已经由单一的生产单位转轨到生产经营型单位多少年了，但既懂得出版业务，又懂经营管理；既懂高新科技，又懂国际规则的复合型人才一直到今天还是短缺性资源。内部组织结构还有一些别的情况，但主要是这几方面的问题。

3. 有效的管理模式。如何使合理的组织结构及组织结构中的群体和个体在科学的动力机制作用下，健康、稳定、持续地运行，不断地实现自己的设定目标，则主要取决于管理模式的是否有效。著名管理学家杜拉克说过：“管理是现代机构的特殊器官，正是这种器官的成就决定着机构的成就与生存。”在这一方面，新闻出版单位经常编发管理方面的经验，也出过不少管理方面的图书及其他出版物，但自己往往并不讲究管理或没有什么管理，尤其没有形成卓越有效的管理模式，这是吃过苦头的，也是现代企业制度所不允许的。形成卓越有效的管理模式，总括而言，就是要从单个或少数负责人拍脑袋式的决策转变为充分的民主集中制式的决策；从自上而下的干部委任制转变为相互约束的制衡机制；由劳动成果检验的人为的不确定性转变为严格的考评制；由单一的工资奖金分配转变为薪酬加股权分红的双轨制；由不计或难计成本消耗的粗放式经营转变为计算投入产出和资金使用率的财务审计体制；由管理的随意性、多变性转变为制度立社、制度立店的意识和环境。

决策体制应首先纳入到管理模式的视野。我们在这方面吃亏较多，教训颇深。一部书稿，好多人看出市场不妙，但社长拍板了，老总定盘了，只好付诸出版，结果多数压库，几成废纸；一项投资，明明知道既没有管理经验，又没有管理人员，但因为领导下决心了，只好设点铺摊，结果不是受骗，就是破产，甚至把一个好端端的单位拖到了崩溃的边缘。有鉴于此，必须逐步地形成选题提出与论证的多个环节的具有内部法性质的制度；必须形成重大投资项目的决策论证制度，不仅要有体现新三会（股东大会、董事会、经理班子）意图的规范，而且要通过制度，确立并组织老三会（党委会、工会、职工代表会）参与决策的权力。

在干部的使用和管理上，可考虑采取一种权利与责任相匹配的制衡机制。上级单位可以通过民主推荐与全面考察相结合的办法，也可通过公开选聘的办法，确定一个出版单位的法人代表。这个法人代表的身份一般来讲，应是社长兼党委书记或董事长兼党委书记。法人代表的完全决定权在上级单位手中，而上级单位人事完全决定权也仅限于此。法人代表的副手的提名权在法人代表手中，决定权在上级手中。副手的来源可以从内部产生，也可以向社会招聘。出版单位内部的中层负责人，其正职由法人代表及高层管理班子决定，其副职由正职提名，由社长任命。只有经正职提名，副职才可以进入社长任命程序，否则，应被视为不合法。以下以此类推。法人代表提名副总和正职提名副职须严格遵守游戏规则，否则应有相应的法规给予约束和制裁，而且在激励和约束制度的牵制下，他没有理由不遵守游戏规则。

在人力资源方面，要克服粗放式的管理方式，向岗位和业绩方面转移，形成严格简洁的考评机制。可根据复杂劳动与简单劳动、主要劳动与非主要劳动尽量相区别、拉开档次的思路，对所有工作职能进行分类定级划档，然后在分类定级划档的基础上，确定岗位工资待遇；出版、发行单位到底有多少个岗位，每个岗位到底有多少条责任，每个岗位、每项职责具体要达到什么标准，都要有规范说明书；由谁来考核，什么时候考核，怎么样考核，考核完了怎么落实，对考核者怎么考核，要有实施与监督的一整套措施，这些措施，最后也应形成不可随意更改的制度条文。

在分配方面，可以有三种选择：一种是岗位工资加业绩奖励，这种模式目前在普遍采用，优点是职工有稳定感，并且初步拉开了复杂劳动与简单劳动的差距，缺点是激励的力度比较小，激励的时间比较短；另一种是实行年薪目标加风险抵押责任制，这种模式在其他非出版行业中现代企业制度比较成型的国有企业已普遍实行，在我们出版行业也有很少单位在试行，其优点是激励力度明显大于岗位工资加业绩奖励的模式，其缺点是一年或一至三年的考核目标，仍然解决不了短期行为的问题；第三种是岗位工资加股权分红，一些大中型国有企业为了留住经营和技术骨干，已经尝试性地试行这种办法，取得了积极的效果，极少数出版发行单位悄悄地采用这种办法，也取得了一定的收获，但都不是很规范的。采用这种模式可以对上述两种模式取长补短，它既保存了拉开档次的岗位工资所产生的稳定感，又能够克服短期行为，从而促使拥有并不断增加股权的职工与企业越来越融为一体，对企业资产增值产生持久的冲动，这种模式有可能越来越成为出版单位深化改革的一种取向。

还有财务管理的模式转换问题。据了解，绝大多数出版单位目前的财务管理仍停留在记账式、被动式、滞后式、概算式的水平上，需要向投入产出的项目管理预算制过渡，需要向单制品、全成本的核算体系过渡。整个财务机制改革的实质是将外在的、被动式的、反映式的财务管理模式转换成为内在的、主动式的、参与经营式的管理模式。要提高财务管理在整个出版企业中的地位，甚至应把财务管理当作整个管理的核心，贯穿在出版、发行企业生产、经营的每一个环节上。采取切实有效的措施，加强财务管理，严格资金结算，加强成本控制，严格内部审计，加强利润核算，严格薪酬兑现等。

就整个管理模式而言，应形成多层次、全方位的制度化理念。现代企业制度的核心在于制度化，在于使人人都成为制度中人，事事都有制度约束。在国家大法的基础上，制度应该成为企业的内部法。在制度方面要不厌其烦、不厌其详，要仔细缜密，不留缺口，要横向到边，竖向到底。一个企业能否健康发展，长治久安，与其规章制度涵盖领域的全与缺、约束程度的高与低、贯彻执行的宽与严，有着直接的因果联系。为什么我们的传统食品包子在全国、在全球形不成连锁经营，因为它至今还是随心所欲的产物。为什么肯德基、麦当劳的连锁店可以风靡全球，因为它是制度化、规范化的结果。要注意制度化、规范化恰恰不是以人为敌，而是以人为本的。在制度化的环境下，人和环境相互作用。制度在实践的提炼下，会变得更加科学合理，更加合乎人性；而人在制度的陶冶下，也会变得更加富有理性，更有教养而显得文明，人际关系也将变得更加简单宽松；这就是人和制度进化、发展的辩证法。

应对出版全球化，加入世贸组织，要求我们必须把出版业做大做强。其实，首先是做强，有了强作基础，大才是真正的大，大也才能真正大起来；脱离了强的大，是暂时的大、虚假的大，最终也大不起来。强，就是企业要有活力，要有对资本积累的持久的追求冲动。微观改革要解决的问题和能够实现的目标就是造就这种活力，并在此基础上，形成自己的核心竞争力。这也就是我们取向微观改革的主要根据和主要目标之所在。

（选自《出版发行研究》2001 年第 11 期）

影视、网络传媒产业

试论电影市场研究的特点和趋势

汪天云

电影市场的管理是现代文化市场管理的一个重要组成部分，近年来，随着人们对电影市场理论和实践的高度重视，一门崭新的学科——电影市场学（Marketing of Film）应运而生、声誉日盛，逐渐成为一门必不可少无法取代的新学科。

电影市场学是一门引进的学科，在我国的历史还很短。它最早出现于美国，对这门由电影学与市场学交叉构成的学科尚有颇多不同理解，曾被称为“电影售销学”、“电影管理学”、“电影行销术”、“电影的销售管理”等等。本世纪初，美国的加利福尼亚州、密执安纳和伊利诺等大专院校就把“市场管理”列入了有关系科的课程。如今，这门学科更显示出巨大的活力，风靡各国，成为一门研究电影的经济模态，指导电影企业实践活动的实用科学了。

值得指出的是：目前对“电影市场学”定义的解释众说纷纭，按相当权威的美国市场学学术机构——“市场学会定义委员会”所作的结论：电影市场学是以研究“引导电影商品和劳务从生产者流向消费者所实施的一切经营活动”为宗旨的。美国的电影企业家和艺术家都认为：“电影市场学的兴起和发展，是保护和促进美国电影成为世界上最令人羡慕的电影的重要因素。”由此可见，在现代社会中加强电影市场管理的理论和实践是十分重要的。

一、电影市场的概述

在建立电影市场学理论的过程中，必须考虑一个前提。即电影是不是商品？电影来到人类社会，迄今为止还不到百年。从法国的卢米埃尔兄弟在巴黎卡普辛路14号大咖啡馆的地下室，公映了《工厂的大门》，到美国在1905在各工业区为增添娱乐场所而建立的“镍币影棚”；再发展到吸引全世界亿万观众为之崇敬和狂欢的“奥斯卡之夜”，人们已习惯于把电影看成是一种现代文化，一种综合艺术，而又不太乐意把电影看作是商品。这是因为一方面电影与广大观众见面时是以艺术形式来表现的，以至人们忽略了其背后的一系列经济活动；另一方面，我国长期以来采用的电影管理的体制，使电影的经济特性未能充分展示出来。近十年来，由于改革开放和经济体制的演进，我国的电影事业有了巨大发展，与此同时，使人们的思想观念和社会实践也接受了“电影是一种具有商品形式的文化消费品”的事实。

那么电影的商品属性如何来论证呢？首先电影具有价值——在影片的生产过程中，无论是导演还是演员、工作人员，都必须付出体力和脑力。电影的使用价值，则表现为它能满足观众的审美、娱乐需求。但必须指出，当我们从使用价值的创造这一角度来看电影商品时，它与一般商品构成了明显差别：一般商品由劳动者通过劳动工具改造劳动对象，整个生产过程以产品的出现而告终，而电影作为“商品外壳下的精神产品”，其生产过程分为几个阶段——首先是剧本创作，其次是导演、演员及艺术创作，通过这一阶段，剧本艺术转变为电影艺术，伴随这一阶段的是摄影师的具有决定意义的具体劳动，即把以流动形态存在的艺术活动化，通过胶片给艺术活动以载体。本来是一次性消费的艺术活动，变为可以多次消费，也取得了与物质商品相类似的生产、消费形式，即在生产与消费之间插入了流通，特别是加入了物流，因为生产与消费在时空上分离了，这种分离必然要求一系列中间组织作为流通的实体帮助影片实现从生产和消费的位移。电影生产过程的最后一个阶段是拷贝制作，这更强化了电影作为商品的存在形式，在交换过程中作为交换对象参与流通形态的转换。

认清了以上前提，也就坚定了建构起电影市场的理念。当然，电影市场的出现和完善，是整个国民经济体制改革和发展的结果，注重和增强我们对电影市场的研究和管理，是当前我们繁荣社会主义经济和文化事业的重要措施，因为马克思早已从社会再生产的角度阐明了生产与消费的辩证关系，把消费看作是生产的要素，是生产的最终目的，是反过来决定生产的环节。我们的现代市场学正是以上述观点作为理论依据的。如果说经济学从国民经济宏观总体上来研究总供给与需求的相互关系这个中心课题；那么市场学则从中观乃至微观的角度，研究单项产品的供求关系，以消费者的需要为中心来指导和组织企业经营活动。

具体地说，电影市场学是依据观众的不同层次，不同需求组织电影经济运作的整体活动；建立以观众为中心，电影生产为观众的多种需求服务的经济观念，改革现存的电影管理体制，优化和繁荣电影市场，调节和把握好经济发展与艺术进步的关系，是其主要的使命和核心问题。

（一）电影市场的含义和特性

众所周知，市场的主体包括买卖双方。市场学的研究对象显然不能局限在流通领域，仅仅研究市场存在的问题。但任何事物总有一个"矛盾的主要方面"，就其历史演进的轨迹表看，现代市场研究主要是从"买主一方"切入的，同样，电影市场学的分析更多偏向从观众的消费行为入手。值得注意的是，近年来，随着信息论、控制论、系统论等方法论的普遍运用，对电影市场管理的研究也日趋深入和全面，逐步形成系统的状态，也就是"把电影的生产、流通、消费连贯流汇成一个整体来研究"。这门年轻的新学科产生的积极作用，不仅揭示电影市场售销关系、市场售销规律，更重要的是提供市场售销策略。(通过市场现象的分析，揭示市场售销关系和规律，有效地提出市场预测，调节措施和宣传方针等各项规划和策略)

当前世界各国的电影市场售销活动（包括国际电影市场）主要是由"三流"构建而成的。所谓"三流"就是：

(1) 商流——指影片的买卖、交易的流通，即电影企业通过货币交换来实现的影片所有权（俗称"版权"）的转移活动；

(2) 物流——指影片的储存、运输的活动过程，即电影企业借以实现影片在时间和空间上的拓展和位移；

(3) 信息流——指影片的供求状况、畅滞行情、观众反馈等等，是电影企业搜集、整理、分析、传递、储存电影市场各项反应的综合性活动。

如果对上述各类活动再进一步作细密化的排列，则又可以分别规范为以下八个单列项目：

电影市场分析：包括电影观众的数量、构成、分布、潜在能力，电影观众的消费动机、消费行为，影响电影企业售销活动的一系列不可控因素，市场细分方法、演变走向以及如何选择目标市场等等。

电影生产（商品）策略：包括电影结构类型、风格、样式的变化，电影新品种、新题材、新样式的开发；影片竞争措施；影片的"定位"；经济生命周期等等。

电影定价策略：包括在体制与修正文化市场整体调控为参照系的定价体系和定价方法等等。

销售渠道运筹：包括影片从生产者到观众之间的流通渠道模式及其选择等等。

售销促进部署：包括如何有效地增强影片的吸引力，促进影片的流通，优化广告、宣传、公共关系等等。

电影售销组合：包括电影企业综合运用社会各方的力量，拓宽和丰富控制电影市场的种种手段，其中尤其强调工业企业、社会财团和海外资源的引进和运用。

电影发行管理：包括电影放映、发行管理体制、电影发行的调查、战略、规划和设施现代化等等。

电影目标预测：包括对电影投产项目、资金流向、观众潜能、社会"热点"、未来模式、销售方法乃至结构变化诸多方面作超前性调研测试，制定指导性的战略意向。

在以上这些内容中，最重要的部分是在贯彻现代市场营销观念的基础上，研究目标市场选择和市场售销策略组合。

也有人把现代市场学研究的"四大要素"简称为"4P"，所谓这四个"P"就是：Product（产品）、Price（价格）、Promotion（推广）、Place（分布地区）。正是这四个"P"特指的内容或者说这四种售销手段的综合运用，协调配合，便称之为市场售销组合。

值得指出的是：电影市场的售销管理诸项策略都强调依据的"市场调查"，是一个广义的概念，即不仅对消费者进行调查预测，也含有对售销主体和全部过程的统计分析，由此而构成系统的研究，才能达到真正科学的、全面的、积极有效的决策。

电影市场的特性是由电影的"精神商品"特定属性而决定的。电影市场学具有管理科学的性质，但它又含有观众学、消费经济学、心理学、社会学、电影美学、统计学、组织行为学等诸多学科的综合特征，而且学术界对其作为"一门科学"还有争议；我国倾向于把管理看作一门科学，国外却有相当一部分学者认为电影管理更是一门艺术。因为作为科学，是可以做到很准确的，引入数学方法建立市场的数理模型，再用统计资料鉴定模型的可靠性。但电影又富有"精神商品"的双重特性，其市场管理不可能用一般经济手段都涵盖囊括进去了，因而模型也就有许多"测不准"的因素，所以如果电影市场学研究都用数学方法，其实用性便受到限制。管理不完全是科学，也不完全是艺术，而是兼而有之。就我国国情决定的国内电影市场而言，这种双重性表现在以下诸点：

(1) 我们的电影市场更注重电影的社会效益，关注观众心理上价值观念的满足程度。在国家法律和政策允许范围内，使观众通过消费电影，增长知识，振奋精神，陶冶情操，获得娱乐，宣泄和休息，也有利于社会的安定团结、文明进步。谋求这样的社会效益，乃是我国电影市场的首要使命，而电影的经济效益则是建立在这种社会效益基础之上的。

(2) 由于我们的电影市场实践相对不够及电影经济的不完整性特点，使当前电影市场的理论带有应用市场学原理多于创造性发展市场理论这一性质。与一些电影发达国家（如美国，日本、苏联、印度、法国等等）相比较，我国电影市场开拓得晚，实践相对来说还不充分，所以，还只能本着边实践边探索边总结的原则，由初级向高级不断地深化，在运用市场学原理指导电影经营管理实践的基础上总结新的理论，逐步完善和优化具有我们中国社会主义特色的电影市场学理论体系。

(3) 我们的电影市场受不可控因素的制约多于商品市场或劳务市场，又使电影市场学带有较多的非经济市场学的特点。电影既有商品属性，又有文化属性。就其本质来说，属于经济领域市场学研究的对象，但电影确实不可避免地又受到较多的政府干预，作为意识形态的一部分，在社会主义国家中和其他文艺样式（譬如文学、音乐、舞蹈、戏剧、摄影、电视等等）都被赋予政治教化的功能，作为文化范畴的电影和电影市场，必然要接受较多的行政干预，不可能完完全全地受市场规律的支配。正因为如此，有些学者提出了：电影市场学乃是介于经济领域市场与非经济领域市场之间的"两栖性"

学科。

（二）电影生产策略

恩格斯曾经指出："当我们深思熟虑地考察自然界或人类历史或我们自己的精神活动的时候，首先呈现在我们眼前的，是一幅由种种联系或相互作用无穷无尽地交织起来的图画，其中没有任何东西是不动不变的，而是一切都在运动、变化、产生和消失。"它说明任何一种人类的社会文化现象（包括精神生活的各种因素和社会的各种文化机制）均不是随意地、毫无联系地、机械地拼凑搭配起来的，而是相互联系、相互作用、相互依存的"复杂的集合体"。

我国的电影生产构成是由现存社会文化机制决定的特殊模式，它和世界各国的电影生产既有相同之处，又有"个性特色"。

在一部新片投入电影市场之前，其运行轨迹是建筑在生产与行政"双基指令"之下的。当然，当电影市场作出反馈时，其信息传递也是必然依照"社会效益"和"经济效益"的双轨机制来操作。但不管怎么变化，世界所有的电影市场都认定：电影的生产是电影售销活动的基础，电影生产策略是解决为观众提供什么样的电影（包括不同的品种、题材、样式、类型、国籍、风格、流派、档次、品位、银幕规范等等）这一核心问题的。因而，电影生产策略又是电影售销组合策略的出发点；一个电影企业确定电影售销因素组合，首先要回答：该提供什么样的影片去满足电影市场的需要？电影的经济效益和社会效益的优劣成败，均受制于电影生产策略这一决定性的环节。

毋庸置疑，电影市场学的兴起，既伴随着市场学从传统到现代的变革，也融汇于现代售销观念的演进历程中。相对比较，传统市场学以生产观念为指导思想，是狭窄而单一的，而现代电影市场观念有更广泛的内容，不仅关注电影产品以拷贝形式体现的实体，还包括多种多样为满足观众精神消费的需求。美国的未来学家阿尔温·托夫勒曾指出：观众的需求富有动态性，它将随着不同时代的变化呈现为错综复杂。未来的观众为了感情交流的需要会乐于进入影院去看电影——它能起到在小家庭看电视节目所起不到的感情交流作用。法国的一次民意测验更说明，各种各样的观众是在各种各样的"驱动力"作用下步入影院的：

调查课题：您所去的影院和选择影片的主要指导因素是什么？

选择统计：（从A项至L项的百分比排列）

A. 被影片中的明星吸引　45%
B. 受报刊评论介绍影响　33%
C. 由于朋友亲属的推荐　29%
D. 出于对类型片的酷爱　27%
E. 为电视介绍的片断而好奇　26%
F. 受电影广告的影响　15%
G. 被影片导演知名度而驱使　25%
H. 被影片片名所吸引　8%
I. 由于影片曾经获奖　10%
J. 出自对影片生产国的兴趣　7%
K. 由于对影院服务设施的好感　5%
L. 无任何定见　2%

由此可见，电影从生产——市场这个历程中，产品的整体概念（Tofel Product Concept）包括一切能满足观众特定需求和利益的物质产品和非物质形态的各种服务。物质产品包括影片实体（拷贝）及影片片名、类型（样式）、厂标、国别等等；非物质形态服务包括影片摄制者的名望、影片的获奖、影院的各种设施和服务的方便程度、各种广泛宣传对观众的心理满足程度，相关社会群体对观众态度的影响等等。如果再作进一步分析，便可发现，电影产品整体概念包含三层内容：一是产品的核心，也就是观众需求的中心内容（譬如贴近生活，切中时弊，真知灼见，震撼心灵等等）这便构成影片的基本"使用价值"，是影片为观众提供的物质效用和利益。（即以物质形态出现提供给观众并满足观众的精神需求）

二是产品的形体，即影片的有形利益。即影片的市场形式（包括影片的片名、特色、厂标、国别等等）影片以何种面貌展现于市场，乃是生产决策正确与否在市场售销中最直接明快的鉴定反映。

三是产品的附加成分，又称之为无形利益。是指电影企业为更好地发挥影片的使用价值和满足观众的需求，提供的某些事物（如宣传广告、评论、设施、服务等等）影片的附加利益能有效地刺激观众的消费欲望，并由此而达到更优化的需求满足状态。

随着人类社会的文明进步，随着我国的改革开放和与世界各国的更多交流，电影观众的需求越来越丰富复杂，在中国电影不断在国际电影节获奖，大步跨入国际市场的同时，越来越多的国家和地区提出与我国联合摄制影片的申请，这样，则要求我们的电影企业在生产和销售影片时，必须站在一个新的历史高度，从世界现代文化市场的角度去考虑并提供各种附加利益（如制作国际版的电影海报，筹办中国电影节，建立能提供国际电影学术活动所需的电影艺术中心等等）著名的美籍市场学专家里维特教授指出："未来商品市场的竞争关键，不在于企业能生产什么产品，而在产品所提供的附加价值：包装、服务、广告、用户咨询、购买信贷、及时交货和人们的价值来衡量的一切东西。"毫无疑问，任何一个自强不息，志在赶超国际水准的电影企业，在其生产决策过程中必须运用现代产品整体观念，不断提高和完善生产素质，才能形成良好的竞争机制并深入挖掘各种潜能，使自己立于不败之地。

（三）电影流通渠道

电影流通渠道之所以在电影市场学中，被列为一个重要研究项目，是因为它在售销市场中具有举足轻重的地位。电影流通渠道又被称为"配销通路"、"分销路线"，更多的则被划入电影售销的"渠道"来研究——它包括影片在生产出来以后，通过中间组织输送到观众面前的一系列活动的总和。

与一般商品的流通渠道相比较，电影售销的渠道显得简单得多，主要包括以下几个组织部门——

A. 发行部门（相当于批发商）

B. 放映部门（相当于零售商）

C. 与电影企业有关单位（如银行、胶片洗印厂、片库等等）

电影售销渠道虽然简单，但又必须看到，电影作为发达商品经济下的产物，自本世纪二十年代电影在工业发达国家成为可以与烟草、造纸、汽车、钢铁相媲美的大规模产业以来，它就采取了"经过一系列中间商这种方式，"影片从生产领域到消费领域通过发行、放映诸环节来完成。从理论上说，电影企业总是希望自己的产品直接给观众看，而不想增设发行公司这类"中间商"，但在长期的实践中，又是大量论据雄辩地证明，电影需要（发行和放映部门）这一中间环节，是由于电影销售渠道富有独特的作用以及影片本身的生产消费特征决定的。

就我国的售销渠道（中间组织部门）研究，主要有以下几个层次构成：（中国电影输出输入总公司）——省电影放映发行公司——地区和市电影公司——县电影公司——电影院（电影放映队），这个由纵向网络构成的中间组织，一头连接生产者（电影制片厂），一头连接最终消费者（观众）。它的基本作用有两个方面：

1. 积极调节生产与消费在影片数量上的差异。电影中间组织把影片进行分散到集中、集中到分散的分配过程。就我国的电影市场来说，每年一百二十部左右的故事片，是由十六家国务院批准的电影厂（也包括某些合拍单位）分散生产的，需要中间组织（中国电影发行放映总公司及各分公司）把分散的影片集中发行，（投入市场）然后再分散到各电影院（电影放映队）提供给广大观众消费。电影消费与一般商品消费的最大区别，在于前者是一次性消费，是短暂的消费过程，而大多数商品却可以反复多次使用。但是，电影的生产与消费在时空上是分开的，这就需要一系列中间组织调节这一矛盾；如果缺乏中间组织，由生产部门直接向消费领域提供产品，则会造成分散的电影生产企业在营销市场上的重复建设，观众消费上的不合理和不方便，以致使社会总流通费用大量浪费。

2. 及时调节生产与消费之间在影片品种和观众需求方面的矛盾。尽量缩小这两者间的差距，使市场保持畅销繁荣。电影中间组织起着"双向反馈"、"彼此互补"的重要作用。日益健全的电影发行放映部门，通过信息研究，影评活动宣传广告等等功能，一方面，有效地分配影片的品种供应不同的电影市场（即根据不同观众群落，搭配不同的影片）另一方面，能动地引导和组织观众的情趣，为影片的品种开拓新市场；（如为"探索片"而建立的"艺术影院"、组织"农民电影节"、"大学生电影节"、"戏剧影片汇展"活动等等）使电影生产和观众需求不断靠拢、近于吻合。当然，影片品种与观众需求是否趋于一致，主要是由生产部门决定的，发行部门只是在其基础上作调节以达到最佳效果。要实现这一理想目标，还取决于电影管理体制的合理程度及影片发行部门的经营管理能力。

二、电影市场的发展和改革

马克思曾经指出："一切规模较大的直接社会劳动或共同劳动，都或多或少地需要指挥，以协调个人的活动……一个单纯的提琴手是自己指挥自己，一个乐队就需要一个乐队指挥。"很显然，电影作为一种综合着现代科学和艺术的社会共同劳动，在其发展的过程中，也使越来越多的人认识到需要加强现代管理能力，必须在改革中建立富有权威和效能的管理机构，"运用组织、计划、协调、指导等基本活动，以其有效地利用人员、物料、机器、方法、资金、市场、士气等基本因素，促进其互相密切配合，发挥最高效率，达到理想目标及任务。"在一个工业化或者接近工业化的社会，管理机制作为由共同劳动而引起的指挥职能、一种由商品经济迅猛发展而引起的调节或适应社会的职能，其强化和灵敏的程度也是对电影等文化事业的保障与扶持。

（一）存在的问题和原因

就我国的电影事业来说，还处于社会主义的初级阶段，相当长的一个时期以来，我们对电影的商品属性认识不足，对电影市场的特性研究不够，更多的问题则表现在电影体制几十年一贯制，在社会生产力和人的文化素质大幅度提高的今天，在电影生产到观众需求的整个电影社会运行体系反映出许多难以适应时代的弊端和问题：譬如在供求关系上，一方面是多年年产百十部国产片，供不应求；另一方面，国产影片质量和品种难以满足迅猛发展的观众"口味"，拷贝量上不去；在电影销售体制上由于长期按"统购统销"的方针实施计划经济，吃大锅饭，生产部门不关心市场，发行放映部门没有自主权，市场机制运转不畅，致使电影生产和广大电影消费者需求的矛盾日益尖锐。

显然，这些弊端和问题的根源，出自于种种历史原因造成的政企合一的集权型管理体制。这种传统体制具有以下几个特点：

1. 整个管理体制及其运行方式均基于这样一个指导思想：电影是为政治的路线、方针、政策服务的，是灌输思想、道德教育的工具，这种偏重电影教化功能的意识，在建国初期曾取得过很大成功，但在时代发生巨变，电影功能由单一的工具型向丰富多彩的娱乐型转轨时，需求也由灌输型向选择型转轨，因而，以上认识就成了目前转轨时期的摩擦根源。

2. 发行放映公司集政企职能于一身，这种由企业行为和政府行为造成的错位杂糅，使公司与公司之间不是一种平等的法人关系，而凸显出上下级领导与被领导的关系，企业职能难以充分发挥，经营活动常使用超经济手段，不能理直气壮地追求最佳经济效益，因此，发行放映公司的政企关系面临着双重意义的分离任务。

3. 经营体制上存有"统购统销"的垄断残余，省公司吃中影总公司发行权的"大锅饭"，地县公司吃省公司拷贝费的"大锅饭"，造成全行业成本意识淡薄，竞争能力差，分销形式单一，劳动率低下等常见的弊端。

4. 利益分配上的机械模式和超经济行为，构成从县公司开始，层层上缴发行收入，集中到中影公司，再由其按比例层层分配。这一做法在资金积累中起过作用，但也有种种毛病：譬如割肥补瘦的平均主义庇护了落后，抑制了领先者的积极性，基层公司动力不足，等待指令，丧失了创造性和开拓精神等等。

5. 管理权的条块分割，其出发点虽然是想调动专业与地方两个积极性，但由于责、权、利不能完整有效地统一，产生了二者积极性都难以发挥的格局：条条缺少人事权与财政权，经营无法充分发挥；块块缺少对拷贝经营权的支配权，积极性调动不起来，显然必须尽快地寻求一种能调动各方积极性的、崭新的管理分配方式。

（二）现代管理体制的改革和完善

近几年来，随着“改革开放”的深入发展，我国文化管理事业正以从未有过的节律和力度跨向现代化的行列，诚然，尚有不少改革措施还不尽完善，但毕竟这类探索已显示出蓬蓬勃勃的活力——

（1）从改革经营体制出发，中影公司逐步将发行权费下放，计入拷贝成本；中影公司以代理商资格向省市公司收取一定比例的管理费，省市公司以下实行全额承包。

（2）实行最少层次的产销挂钩，最大限度地削减压缩流通成本。这项改革的最终“目标”是达到县公司直接与电影企业（制片厂或制片〈集团〉公司）进行交易。

（3）实行多渠道发行，既保留目前的主干渠道，另外开发某些院线发行渠道，如上海、哈尔滨等城市建构的“艺术影院”、“探索片影院”、由电影生产单位直接地为社会提供某类特殊风格影片，形成特种渠道。

（4）在电影生产单位与基层放映公司直接交易的前提下，分配与效益挂钩，改变“一级捆一级”层层留成老方法。体现多劳多得，“一步到位”的优越性，使生产到市场的运营更活跃更敏捷，也可能增加拷贝的市场消费周期。

（5）电影发行放映部门的企业化管理，要求剔除原先具有事业单位性质的多余结构，强化在商品经济意义上的影片经营活动，具体而言就是走所有权与经营权分离之路，企业内部可实行承包、租赁、自负盈亏，浮动片租，提高拷贝使用率。

（6）打破原先“条块”、“政企”双重结构后，必须增强企业的活力，也可以打破地方主义“独家经营”的传统模式，提倡竞争与兼并，逐步向商品经济的现代电影市场过渡，优胜劣汰，建构起真正有市场竞争能力的生产售销一体化的电影公司（集团），当然可以设地区、省，至将来可能获得海外发行权、成为国际化的电影跨国公司。

（选自《上海师范大学学报》1991 年第 1 期）

娱乐片：文化转型和市场经济的必然产物（上）

李奕明

艺术的游戏功能，是人类克服内心分裂、寻找精神寄托的一种合理方式

就是人类艺术本身的重要功能之一。自古希腊以来，艺术在秉承了认识历史、阐释真理的亚里士多德式的正宗学说的同时，也形成了艺术的游戏理论，同样有许多的哲学家和艺术家用游戏的观点来肯定艺术的本质和功能。直至 18 世纪，艺术游戏说已由伟大诗人席勒在启蒙主义运动的宏大人文背景下阐释得淋漓尽致。必须认识到，游戏作为艺术的重要功能之一，在引导人类通过审美愉悦，从而在心智上健康发展，在精神上获得自由和解放方面，意义至关重大。尤其在一个商品膨胀、竞争残酷、因分工细致而导致人类心智单向发展的后工业化社会中，艺术的遮蔽残酷现实，制造完善幻觉和神秘的游戏功能，就更是人类克服内心分裂、寻找精神寄托的一种合理方式。电影在近一个世纪的历史发展中，在产生了伯格费、戈达尔和黑泽明的同时，却从来也没有丧失它的商品属性和游戏功能，相反，以商业化娱乐影片为主体的电影制作业，已发展成国际化的，集制作、发行和放映于一身的托拉斯式的庞大完备的电影工业，最典型的如好莱坞。

当中国电影面对改革开放、市场经济和文化转型的宏大社会背景，意欲重新确立自己作为娱乐性文化商品的属性，形成市场、走向市场的时候，其举步维艰的程度是强烈的。作为生产主体的电影创作人员的素质低下和才分欠缺、作为商品的影片的质量之粗糙；生产和发行、放映体制的僵化和不合理，文化转型和其他娱乐媒体造成的电影观众人数的逐年下降等种种问题，都一股

脑地摆在中国电影工业的面前。

长期以来，由于把电影主要作为宣传教育的武器，因此中国电影基本上没有形成以类型电影为主体的生产机制，理论界和批评界也缺乏对娱乐片和类型电影的研究

类型电影在中国电影中实际上处于一种含混不清的状态，四十多年来中国电影基本上没有过按照类型的概念来规划和制作影片的传统，而是按照“题材决定论”的宗旨来进行影片的生产。如工业题材、农业题材或战争题材等，这或许可以说是以往中国电影的生产机制区别于国外电影生产的一个特色。尽管如此，电影的类型特性也并未完全消失，它实际上被包含在以宣传为主旨的题材电影中，只不过是处于一种不自觉的或有限度的运用之中。比如在《李双双》、《今天我休息》等影片中，显而易见地沿用了经典喜剧电影的类型手法。在《秘密图纸》和《虎穴追踪》中，沿用了惊险影片的样式等等。但是，诸如此类的影片，与其说它们所传达出的是类型化影片所具有的审美娱乐，倒不如说它们是带有强烈政治色彩的宣传教育。

政治文化的普泛化甚至是唯一性，使得中国电影在塑造人物时，甚至都不涉及纯粹的日常生活的道德领域，而是仅以政治倾向和立场来刻画人物的性格和形象。这样在题材决定论的局限性之中，又加上了政治倾向性的限制，使得经典类型电影中的道德人物和神秘的英雄在中国电影中根本无立足之地，也就无从谈起类型电影的涉及日常生活各个侧面的、丰富多彩的幻觉、神秘和道德抚慰作用，政治之外的娱乐性便从根本上被消除了。而且即使这点儿对类型手法的运用，也由于长期缺乏自觉的研究和运用而变得愈发僵化和呆板，更不要说灵活地通过类型的演变和变体来使影片锐意出新以吸引观众了。

文化转型，尽管痛苦，却是历史必然

80年代中期以来，中国的经济改革已在农村取得了辉煌的成绩，城市改革业已逐步走上正轨，这场伟大改革的核心就是确立以工业化为主体的社会主义市场经济体制。与之相适应的是中国社会文化的全方位转型。

社会文化的全方位转型，从文化的经营、管理体制上说，就是各艺术团体和文化企、事业单位，必须改变四十多年来的单纯地或主要地依靠国家行政（或财政）拨款来养活的被动局面，这种传统的经营管理体制，植根于把文艺单纯地当作政治性的宣传教育工具和传统的计划经济的模式之上，它造成了文艺企、事业单位以注重社会效益为口实的、长期以来经营管理不善、人浮于事、作品粗糙低劣及大规模的经济亏损。体制改革的目的，就是改变上述种种不利状况，使文化企业真正树立生产企业的观念，在尊重精神生产的特殊规律的前提下，同时也尊重一般商品生产的规律，自负盈亏，面对文化市场，了解市场，进入市场，使艺术产品在作为精神产品发挥社会效益的同时，也作为一种特殊商品发挥正常的经济效益。

从文化形态上谈文化的全方位转型，一方面是从以宣传教育为主的单纯政治文化向以审美愉悦为主的娱乐文化的转型，另一方面就是从精致的严肃文化向商业性大众文化的转型。尽管对于习惯于从事严肃艺术生产的人来说，坦率地承认艺术产品是商品这一事实是极为痛苦的，但是中国文化的全方位转型却是现实的和必然的。因为经济是文化发展的根本动因。由计划经济向社会主义市场经济转型这样一场深刻的改革，这样一种社会运行机制的转换，在引起整个经济、政治、社会、科技等各个领域的深刻变化的同时，也必将引起文化形态的深刻改变。用一个形象的比喻，这同阿尔温·托夫勒在描述音乐从贵族到民主的工业化文化发展进程中的情形是一样的：在这个过程中，18世纪的贵族式小客厅被越来越大的音乐堂所取代，“随着音乐堂而来的是，售票处和音乐会演出的经纪人——商人，他们提供演出的资金，然后把票卖给要求文化享受的消费者。商人的票卖得越多，自然他赚的钱就越多，于是座位就越加越多。换句话说，大一些的音乐堂当然需要更大的声响效果，音乐要在远排座位都能听得清楚，结果发生了从室内乐到交响乐的变革。”（《第三次浪潮》，三联书店1984年版，第83～84页），他甚至在交响乐乐队的内部组成上发现了市场社会的工厂组织制度。

尽管文化形态的转型会使许多耻于言利的艺术家感到痛苦，但毕竟是一个带有巨大的历史必然性的现实。况且，文化的转型尚有它的积极意义：大众娱乐文化，既是使艺术打碎传统的精神贵族式的象牙之塔而越来越走向民主化的标志，同时也是在激烈的商品社会竞争中，为普通人治疗心理创伤提供自信心、荣誉感和成功感等抚慰作用的特殊精神商品，也就是被激进的理论家所指责的世俗神话。

以好莱坞为代表的商业性娱乐电影工业一直是学院式的激进批评家所抨击的对象，他们认为好莱坞影片即使不是在用一种包装华丽的意识形态国家机器间接地统治和奴役着人民，至少也是通过这种影片把人民导入幻觉的神话之中，而不再正视眼前的残酷现实。但这种批评，至少是建立在好莱坞电影业已有近百年的运作历史以及数不胜数的优秀经典影片的雄厚基础之上的。

就新中国成立后的中国电影来说，根本就没有纯商业性的电影生产史和纯娱乐性的经典影片作为批评对象，因此，尽管当代电影理论和激进主义电影批评作为非主流的电影文化，是与商业电影相抗衡并捍卫纯艺术电影文化的一种必不可少的制衡力量，但就中国的文化现实来说，我们毕竟不可能在一种东西出现之前就先拆毁这种东西。中国的文化转型在80年代初、中期即已开始，却唯独在电影领域中举步维艰。

中国电影：面对朝霞与黄昏

1992年以来的中国电影，呈现了最为奇妙和不可思议的景观：一方面，是新锐导演们的所谓艺术影片几乎承揽了国际三大电影节的全部大奖——1992年，张艺谋的《秋菊打官司》获威尼斯电影节金狮奖；1993年初，谢飞的《香魂女》获柏林电影节金熊奖；年中，陈凯歌的《霸王别姬》获戛纳电影节金棕榈奖。另一方面，中国的电影工业正急剧滑坡，常规影片的拷贝数连年下降，上一年度的经济亏损使各电影厂几乎难以维持下一年度的影片生产。据不精确统计，去年的国产影片中，除跨年度生产的影片外，相当多都是合拍片和独资片，而完全按照过去生产模式生产的影片仅为少数。这充分说明了中国电影所面临的艰难处境。

1993年，当电影界呼唤已久的发行体制改革的措施真正颁布的时候，各电影厂的厂长们却处于一种喜忧参半，确切地说是忧大于喜的情绪中。首先，改革措施中某些不完备和不彻底的东西，仍然没有使电影厂从以往的束缚中完全解脱出来，即形成所谓的少了中影公司一个大婆婆，多了近三十个省市发行公司的小婆婆，省级发行公司以下的公司仍行政性地控制在省级公司手中，因此影片的生产、发行和放映仍难以形成完备健全的电影市场；其次，实际上也是最重要的一点，即便发行和放映体制已经健全、合理，作为生产企业的电影制片厂，能够拿得出多少过硬的商品接受市场的挑战呢？因为即使在再合理、再健全的发行、放映体制中，作为生产者的创作人员的素质低劣和才分欠缺、作为商品的影片的粗制滥造，都是在激烈的市场竞争中难以立足、良性运作的，何况今天的电影又面临着文化转型后多种文化消费形式的横向冲击，如家庭录像、激光视盘、电子游戏和卡拉OK等等。因此在各种纷纭复杂的问题当中，中国电影工业的产品转型的质量问题，才是最为核心和重要的问题。如果把电影的体制改革比喻为电脑硬件的设计，那么影片的转型和质量则恰好是一个软件问题。

80年代以来，娱乐片挣扎沉浮，掀起三次浪潮

粉碎“四人帮”以后到80年代初，思想解放运动带来了“文艺复兴”，大量十七年老影片的开禁复映，一度使中国的电影文化、包括发行放映领域处于狂欢节般的盛大庆典之中，观众人数激增，如1979年，曾达290亿人次。这未免使中国的电影人陷入盲目的乐观之中。而实际上，当时的电影生产仍处于极不景气的低谷之中，无论是生产、发行和放映，都远没有进入良性循环状态，而无非是以老影片支应局面而已。果然，随着老影片的复映完毕，自1980年初开始，电影的生产和市场开始出现了滑坡现象，电影观众开始以每年1亿人次递减，一直持续至今，且仍有继续恶化的征兆。究其原因，无非是影片质量难如人意，尤其是娱乐影片，更是难以摆脱以往政治文化的负面影响，所以越来越难把观众吸引到影院中去。

也并不是没有意识到这种问题，应当说，80年代初中国电影的第一个娱乐片高潮就是在这时发生的。这个高潮大约从1980年的《神秘的大佛》（北影，张华勋）持续到1983年《武当》（长影，孙沙）和《武林志》（北影，张华勋）的出现。尽管可能并非有意为之，但历史题材武打片的出现，一方面为中国电影开拓了一种多元化的局面，另一方面也由于历史题材的特殊性使它有可能较单纯地表现正义战胜邪恶的传统道德伦理观念。应当说，中国的观众以往除了在为数有限的港台影片中见识过光怪陆离的中国功夫以外，很少在大陆影片中欣赏到自己民族引为自豪的传统国术，加上这些影片中较为单纯的善恶观念，也更符合观众日常生活中的道德判断和立场，同时也适应了“文革”结束后国人普遍的远离政治的社会心理。因而用商业界的行话来说，是一种“试销对路产品”，而且本应就此机会，对娱乐性类型影片展开更充分细致的研究，开拓更多类型的优质娱乐片，从而对电影生产起积极的促进作用。可惜的是，尽管观众欢迎这种影片，但这种势头并没有受到应有的鼓励，理论界、批评界也未给予充分的重视，所以在1983、1984年左右，第一个娱乐处高潮基本处于沉寂。尽管1984年仍有《喋血黑谷》（潇湘，吴子牛、李敬民）、《木棉袈裟》（福影，香港嘉民，徐小明）和《南拳王》（中新社，萧龙）等较为优秀的娱乐片出现，但已构不成势头。

电影作为一项工业的良性运作，不仅在于少数艺术电影的进步和在国际上获奖

1983年以后，北京电影学院82届毕业生已从影一年，并开始独立拍片。作为经历了“文革”磨难之后的第一批学院派青年电影家，“第五代”不可遏止地要表达他们对中国社会、历史、政治尤其是十年“文革”的人生体验和新锐观念，而且当时恰值中国思想文化界处于空前的文化寻根热的大背景之中，因而“第五代”的一批开山之作的文化底蕴及哲理深度几乎是中国电影中前所未有的，而且这些影片无疑已成为新中国电影史中的经典作品。但是，另一方面，第五代开创的风气，无疑亦在中国电影界形成了某种导向性的东西：似乎只有淡化故事、淡化表演、片面注重视觉造型和表意功能的影片才叫电影，才叫艺术，才真正触及了电影的本体，而娱乐片和情节剧则被贬低到一文不值的地步。电影理论界和批评界的兴奋点也始终在艺术影片一路，而没有意识到电影不仅是一门艺术同时也是一种企业生产，是有成本投入和回收利润的，而且，在世界上任何一个电影大国，恐怕艺术影片都难以取代娱乐影片成为主流电影。尽管在欧洲艺术电影的情况要好一些，但欧洲各国的电影业也都是依赖国家和补贴维持运转，其大部分电影市场已被好莱坞影片所垄断，艺术影片同样难以与娱乐片相抗衡。

在建立社会主义市场经济的今天，建立合理的电影市场，以优质的娱乐影片与港台片和外国片进行公平的商业竞争，显得尤为重要。毕竟，中国电影文化的提高，

电影工业的良性运作，不仅在于少数几部艺术影片的进步或在国际上获奖，还在于以娱乐片、类型片为主体的常规电影的全面进步和提高。然而这个道理在80年代中期的电影界，远没有成为创作家、理论家和批评家们的共识，人们的关注焦点仍在少数几位新锐导演和少数几部艺术影片之上。

尽管中国的电影工业不是完全按照商业经济规律来运作的，但也毕竟有被商业规律所制约的一面。电影观众依然在逐年大幅度下降，全国大量影院转为它用，或改为舞厅、咖啡座，或放映录像，等等。市场的不景气直接反应和影响到制作厂的生产，各制片厂连年亏损，无以为计，也只好勉为其难，硬着头皮投产，否则极度过剩的电影从业人员的生计也难以应付。结果大量粗制滥造的低劣影片充斥市场，进一步加剧了观众的反感心理，形成了日愈剧烈的恶性循环。在这种情况下，中国电影的第二个娱乐片高潮应运而生，尽管其中的大多数影片仍难如人意，但毕竟出现了如《峨嵋飞盗》（峨影，1985，张西河）和《神鞭》（西影1986，张子恩）这样较为优秀的影片。时至今日，再来看这两部影片，在新时期的中国电影中有极重要的意义，它们标志着第二次娱乐片高潮的水准已明显高于第一次高潮。《峨嵋飞盗》在编排故事和视觉设计上更为讲究，枪战和武打相结合的样式更适合现代观众的口味，因而它卖了三百个拷贝；《神鞭》则在有趣的故事和精巧别致的武打场面之上，着力勾画了人物的性格、形象，塑造了傻二这样一个身怀绝技、憨直木呐，却宽厚正义、以变应变，有着强烈民族自尊感的人物，同时也形象地表现了东西方文明的交叉和差异，拓展了影片的文化意味。

此外，张军钊的《孤独的谋杀者》、滕文骥的《飓风行动》等亦成为当年重要的娱乐影片。

值得一提的是广西厂拍摄的《枪口下的红桃皇后》(1986，吴天忍)。此片因涉及贩毒问题而遭到批评，理由是中国没有贩毒活动。由此亦可见出，中国的娱乐片在选择题材、虚构故事方面受到的各方面限制有多大。

青山遮不住，娱乐片潮头再起

从时间上看，娱乐片的第三次高潮与第二次高潮是相互连接和承续的，但实际上两次高潮之间在1986年底形成了一个停顿。1986年底、1987年初的中国社会政治形势的某些变化不可避免地反映到电影的生产中来，反对资产阶级自由化的中心任务使电影生产在题材和内容的选择上重新受到了某些限制。但是商业规律以它更为执拗的独特性在发挥作用，电影业的不景气局面仍在进一步加剧和恶化，中国电影似乎已别无选择，第三次娱乐片高潮接踵而来。

1987年西方当代电影理论开始较成系统地被引入到中国电影理论界、批评界，尽管理论界、批评界竭力试图把这种学院派的理论限制在纯理论批评的领域，但某些创作者还是产生了误解，他们没有弄清楚，其实这种以第二符号学为标志的大学里的理论，实际上对指导创作并无多大关系，而纯粹是一种对既成作品进行分析的批评性理论。他们把它当成一种创作理论来接受，甚而贯彻到创作过程当中，刻意地在作品中设计生硬、晦涩的隐喻、象征符号，结果也使那几年的艺术影片走上了偏路，影片所应有的流畅叙事和精彩表演被破坏，银幕满是晦涩难懂的光影和造型组成的符号，以及演员们一张张木然的脸。这些影片非但普通观众看不懂，连理论家和批评家们也自愧弗如。但同时，一个更为自觉的娱乐片浪潮再一次席卷而来。1987年，北影拍摄了《金镖黄天霸》（李文化）、《翡翠麻将》（于晓阳），西影拍摄了《最后的疯狂》（周晓文、史晨风）、《黄河大侠》（张鑫炎、张子恩）、《让世界充满爱》（滕文骥、翁路明），以及《东陵大盗》三、四集（李云东），上影有《少爷的磨难》（吴贻弓、张建亚），峨影有《京都球侠》（谢洪）等等，其中尤以《最后的疯狂》和《黄河大侠》等令人耳目一新，这些影片在故事的流畅、好看、视觉奇观的冲击力以及人物性格的复杂可信方面都有明显的进步，可说是把中国娱乐片往上推了一大步。

转过年来1988年，娱乐片高潮势头不减，虽然大部分影片仍显粗糙和平庸，但也仍有《银蛇谋杀案》（北影，李少红）、《疯狂的代价》（西影，周晓文）、《杀手情》（西影，颜学恕）、《摇滚青年》（青影，田壮壮）、《他选择谋杀》（深影，郭宝昌）等较出色的影片出现。高潮的余波一直持续到89年、90年。

轰轰烈烈的娱乐片大讨论，一次又一次

可以说，80年代后的三次娱乐片高潮，几乎都是在电影业面临困境、万般无奈中的一次次奋起拼搏，但前两次都未获得应有的支持和重视。自87年开始，伴随着第三次娱乐片高潮的来临，理论界和批评界开始自觉地正视电影业的现实困境，开始以前所未有的热情掀起了一场场轰轰烈烈的娱乐片大讨论。《当代电影》编辑部1987年一年中连续刊载了题目为《对话：娱乐片》的三次大讨论，对话人既有理论家、批评家，也有来自创作实践中的编剧和导演。

这三次娱乐片讨论，几乎涉及了娱乐片的所有话题，比如娱乐片的美学功能和特性问题，人类的游戏本能与娱乐片的关系，类型电影的某些基本规律和模式……尽管这种对话形式的讨论限制了对问题的更深入的探讨，而且是从宏观着眼处多，从具体、细微的地方把握的少，但涉及的问题已相当广泛，而且也代表了当时的电影理论界、批评界对娱乐片和类型片的认识水平。

在有创作者参加的几次对话中，问题的讨论则更加具体。几位拍过娱乐片的导演谈到了诸如选材上的困难及受到的限制，剧作、资金、技术条件等种种问题。尤其值得一提的是，宋崇、张华勋都谈到了娱乐片导演的尴尬处境，他们的艰难与辛酸。

三次关于娱乐片的对话结束以后，这个问题开始成为当时电影理论界和批评界的一个热点话题。在三次对话的基础之上，《当代电影》编辑部于1988年12月1日

召开了“中国当代娱乐片研讨会”，当时的广电部副部长、《当代电影》主编陈昊苏出席了会议。陈昊苏在发言中指出，我们的生活缺乏娱乐，这不是社会文明发达的表现，娱乐是社会文明的需要。陈昊苏因此提倡艺术家树立一种娱乐人生的观念，提倡拍高水平的娱乐片。他认为观众借助娱乐片升华情感，宣泄情绪都是可以的。要确立娱乐片的主体地位，但这并不意味着新的单一（《当代电影》1989 年第 1 期）。会议的讨论仍相当多地纠缠于对娱乐片的定义，美学功能、社会意义等大而无当的问题上，但亦部分地触及了娱乐片的类型规律的探讨。之后，《当代电影》又系统地刊发了一大批具体讨论娱乐片创作规律的文章。

说不尽也拍不尽的娱乐片

然而讨论中的异议也并不少见。发表在《当代电影》1989 年第 3 期上署名端端的《讨论应继续深入》一文，便刻意地强调了娱乐片与精英文化相对抗的亚文化的特性，并进而轻率地得出结论说：“娱乐片作为一种对抗精英文化的亚文化，于是那种‘痞子’风格，那种胡编乱造，直露浅的，那种泄欲式的一次性消费都成了它的语言风格，因为它宣称自己就是直接消费文化，而并不想承担其他功能，它的娱乐是非审美化的（美化也是一种教化），非道德化的。然而，事实上，这种语言风格本身具有十分强烈的意识形态性，我想这是很值得当前理论界、创作界引起注意的。当前有人想借鉴好莱坞来提高娱乐片的制作质量，其实质显然是改造亚文化叛乱性的一种企图。”应当说，这种说法并非完全没有道理，而且也代表了相当一部分纯正知识分子的立场和观点。但是，这种说法的不负责之处在于：第一，不能把广大观众的欣赏要求贬低为“痞子式”低级欲望，实际上，包括许多知识分子和“精英”人物在内，未尝不喜欢看健康有益的优质娱乐片；第二，这种观点完全没有把电影当作必须进行商业运作的特殊工业来看待，而不惜轻率地以保卫艺术的名义置电影工业于全面瘫痪而不顾。

1989 年以后，中国的政治形势风云变幻，尤其是 1990、1991 年前后，大批主旋律影片进入市场，但娱乐片的高潮并未迭落，这无疑从一个反面说明了中国电影业所面临的处境已是何等之艰难。事实上，自 80 年代初以后，各制片厂投拍的影片已经大部分属娱乐片种类，只是在质量上实在差强人意罢了。第三次高潮的持续漫延，使我们在 90 年代后仍看到了如《联手警探》（深影、香港，1990，郭宝昌）、《大毁灭》（内蒙、香港，1991，穆德远）、《黑白人间》（北影，1992，王秉林）、《三毛从军记》（上海，1992，张建亚）等优秀娱乐片，这是一种欣慰。如果说，中国电影作为一种工业、作为一种整体的电影文化还有些许希望的话，那么或许就在于这种势头不减的娱乐片高潮中。

（选自《电影艺术》1993 年第 5 期）

传媒变革与现代的诗稗之争

傅修延

我在一些文章中谈到，诗与文学叙述作为文学的两大主力军，曾经先后充当过文坛的“盟主”。无论是西方还是中国的文学史，都是一部诗中心逐渐让位于叙述中心的历史，因此，文学理论研究的一个重要任务，就是要适应与配合这种历史的变迁。建立起以叙述学为中心的文学理论系统。如果我们反躬自问一下，每天消费的文学作品是诗多还是故事多，那么答案显然是后者。既然如此，诗稗之争已经结束，怎么又冒出来一个诗与叙述的现代抗争呢？

关键在于认清什么是现代的诗，什么是现代的叙述。我强烈主张，在科学技术突飞猛进、传播媒介不断丰富更新的今天，我们必须正视大众传播、流行文化对文学的冲击和改造。如果一味执著于传统传播媒介中的文学样式，我们将失去对当代文学现实的把握，失去对主流生活中新鲜活泼文学的感受。在二十世纪行将结束的今天，出现了利用科技成果重新包装的诗和叙述，它们戴着新的面具，装备新的武器，在文坛上展开了新的较量。只有认清它们的真实面目，才能看出它们之间的争斗，并进而推测判断出未来的胜负。

一、卡拉 OK——现代《诗经》

诗中心的失落似乎已成了不争的事实。诗坛上久已不见才华横溢的新星，再也读不到令人眼角湿润的章句，看不到热切焦渴的阅读传抄，听不到神采飞扬的朗诵吟哦。如果用传统眼光来寻找诗，那么可以断定，诗神已经离开我们这个昔日的"诗国"。甚至还可以扩大范围来说，全世界许多地方也已进入无诗的时代。

但是换一种眼光看，我们又会发现诗神其实并没有远去，她只不过改换了发型与装束。流行歌曲，或者更正确地说，卡拉OK流行歌曲，就是我们这个时代的诗。之所以作这种挑战性的论断，触发点来自《涛声依旧》等歌曲对我的震撼。毛宁的演唱固然不错，真正令人倾倒的还是这首歌的歌词。歌中出现了一位怀有当代情绪的"吟咏者"（与小说中的"叙述者"对应），他借着万古如斯的江上景物倾诉了带有相当普遍性的个人情感："月落乌啼总是千年的风霜，涛声依旧不见当初的夜晚。今天的你我怎样重复昨天的故事，这一张旧船票能否登上你的客船？"唐诗《枫桥夜泊》中晚钟渔火、乌啼月落等古典意象，被作者用现代话语加以种种联络、填充、变形与发挥，结果形成了传统意境与现代情感的完美结合。《新鸳鸯蝴蝶梦》也使用了同样的手法，它一开始就化入了李白的诗："昨日像那东流水，离我远去不可留，今日乱我心多烦忧……"流利的语句，将"人生行乐耳"的情绪迅速推到顶点，然后一声重笳，荡漾开对"花花世界"的无奈喟叹。

对于卡拉OK歌词的质量，人们可以见仁见智，但不容否定的是，当代社会的情感抒发，主要是通过流行歌曲的消费而进行的。说卡拉OK是我们这个时代的诗，原因主要在此。诗歌从来就是时代情感的喷火口，凡是承担这种功能的歌咏形式，就应该看作是诗。反之，以诗的面目出现而远离社会的主流情感，孤芳自赏地成为少数人的奢侈游戏，不能算是真正的诗。虚假的消费中也没有诗，诗只存在于大众自发自愿的消费中。"文革"中铺天盖地的小靳庄诗歌不是诗，知青悄悄传唱的各种版本的《插队之歌》才是诗。今天已不需要再歧视或压抑某一类情感，因此再现当年情感的《小芳》就赫然高居卡拉OK金曲榜首。近几十年来除了知青的迁徙与回归，中国社会中人群的一大流动就是"向南！向南！向南！"的民工潮，当几十万打工仔思念起家乡的爱人时，《小芳》自然而然来到他们嘴边，成了他们抚慰精神饥渴的对症良药。

卡拉OK歌词反映的社会情感是相当广泛的。离愁别绪、甜蜜回忆、怅惘情怀、火热爱恋，当代社会中可以想象得出的各种情感动荡，歌词中都能寻找得到。在这个意义上，可以说流行歌曲就是我们这个时代的《诗经》。我曾经建议出版社编辑一部《现代诗经三百篇》，在数量众多的当代歌曲中选出"诗三百"来。为今人也为后人提供一部文学精选本，这当是一件功德无量的盛举。将来的人回顾我们这个时代。将主要通过这种"三百篇"式的选本来察觉时代情感，这就像我们通过《诗经》考察古人的情感生活一样。更大胆地说，《诗经》其实就是古代的卡拉OK金曲。它是一部乐曲已经失传的乐歌总集，三百零五篇诗全都是可以演唱的。从孔子时代起，诗乐开始式微，以后的人们再也见不到《诗经》诗乐合一的原貌。今天的卡拉OK将会重演《诗经》的命运。就我个人感觉来说，许多歌曲是词远胜于曲，有些歌曲简直接近于说话，音乐在这里纯粹充当着传播载体的角色。时间一长，人们对其中音乐成分的兴趣将趋于消失，剩下的将是完全文学性质的诗。而且，卡拉OK这种形式对文字的依赖性较强，消费者属于自唱自娱，因此较之往日的"听歌"来，必须更熟谙歌词，这也就是说它的文学色彩更重。

二、镜头叙述——摩登时代的讲故事

我曾经多次提到过这个观点：叙述的传播形式一开始是口头，以后变为笔头，现在又逐渐转向以镜头为主。远古人类的通讯工具只有自己的喉咙，因此故事在人际间的递送只能是口口相传。口头叙述一直到今天仍有市场，不过它主要存在于文化较低的人群之中。文字传播盛行之后，笔头叙述开始繁荣，人们获得故事的主要途径由"听"变成了"读"。到了今天，"读"和"听"虽然仍是人们接受故事的渠道，但主渠道已转为"看"——看电影、电视和录像等。人们通过影视录像等获得的故事，已经超过由其他渠道得来的故事。

如果说过去只是一般性地指出叙述由口头、笔头再到镜头这一发展趋势，那么此处要专门强调，叙述发展到以镜头传播为主这一步，完全是现代生活的一种必然。过去有种说法："秀才不出门，能知天下事"，指的是文化人凭借自己的阅读优势而形成对信息的垄断。对于那些失去受教育机会的人来说，这无疑是一种信息接受的不平等。所以，信息传播打破以文字媒介为主的局面，走以图像、声音和文字同步传输的路，乃是扩大接受面这一合理要求下的大势所趋。电视主宰下的信息传播，可以说做到了较为平等的信息分配，皇城脚下的文化人与偏僻山区的村民，能够在同一时刻通过电视获知天下大事。荧光屏成了大众的主要信息来源，成了他们窥视外部世界的一个重要窗口。文艺信息自然要附丽于这种传播，就像造纸术印刷术发达之后口头叙述让位于笔头叙述一样，时下的故事讲述人也开始有意识地"触电"——与电影电视结缘挂钩。在目前这个镜头传播的时代，一部小说无论怎样轰动，其接受面还是有限度的，而一旦将其搬上银幕荧屏，便变得街谈巷议妇孺皆知。镜头叙述的这种魔力，任何小说家都抵御不住。美国的好莱坞从本世纪初就雇佣过一流作家（如菲茨杰·拉尔德）为自己编改脚本，我们影视片编剧的名单中也悄然不觉地出现显赫的名字。行家预言：电视在人们生活中的位置还将上升，因为未来的荧光屏将变成一个无限灵活的窗口，它集电视、电话、报纸、杂志等于一身，真正做到让人足不出户而洞察户外世界的一切。

就叙述本身而言，镜头叙述比口头和笔头叙述更能达到讲故事的目的。叙述主要是一种营造"虚构的世界"的行为，当"从前，有一个……"响起时，人们立即自觉接受暗示，将自己从真实的世界移入了"虚构的世界"。显而易见，镜头叙述是直接展示一个"虚构的世界”，它比口头和笔头叙述更为直观，观众不必像听故事读小说那样费力地展开形象思维，因为眼前现成闪动着栩栩如生的画面。而且，镜头叙述是一种综合性的传播方式，在画面之外它还同时传送声音和文字，这也就是说镜头叙述可以囊括口头和笔头叙述。以往人们只能凭想象把握故事中的人物，而如今这些人物活生生地出现在观众面前，现代视听技术使镜头叙述具备了口头、笔头叙述不可比拟的优越性，用“逼真”二字已不足以形容某些镜头叙述的效果，因为它们展示的“虚构的世界”甚至比真实的世界还更令人印象强烈感受丰富。

三、回眸：诗稗之争历千年

认识到卡拉 OK 与影视片是现代的诗与叙述，我们不妨再进一步了解以往的诗与叙述，以及它们之间争斗的历史。

人类自从有了自觉的劳动，便有了文学的两大部类——诗与叙述。《淮南子》说：“今夫举大木者，前呼‘邪许’，后亦应之，此举重劝力之歌也。”这就是说劳动产生了“杭育杭育”的诗歌。劳动后的休息时间，按鲁迅的说法，人们“亦必要寻一件事情以消遣闲暇。这种事情，就是彼此谈论故事”。这就是说劳动后的休息产生了叙述。远古的人类劳动多而休息少，生活在“颇乏天惠”的黄河流域的先民更是勤于劳作，因此诗一开始比叙述更有市场。中国古代有大量诗乐合一的诗歌广泛流传，《诗经》的存在就是明证。但是，叙述在当时却无法构成可以与诗抗衡的力量，“小说”这个词代表了社会对叙述的鄙视，“稗官”、“稗”等代名也具有这种意味。

用不着贴得太近地巡视最初的诗稗之争，在一切信息主要依赖口头传播的时代，叙述是无法和诗对抗的。最初的诗不但有音乐的装饰，而且有舞蹈的配合。《吕氏春秋》记载：“昔葛天氏之乐，三人操牛尾，投足以歌八阕。”对比之下，最初的叙述显然不具备如此热烈的艺术娱乐性。而且，诗有自身的韵律节奏，配上音乐之后，它的易诵易记成为其绝大的优势，叙述在这方面根本无法与其匹敌。因此，开启中国文学的是诗骚传统，继之而起的汉魏乐府、唐诗宋词等都属于诗的范畴。诗胜于稗的局面，一直维持到唐宋。诚然，我国的史传文学堪称历史悠久，但其中的“叙述”严格地说不属于文学而属于历史，它不是供大众消费的民间艺术，与诗不在一个层面上。真正诉诸大众的叙述，一定要等到传播手段变革后方能发育。魏晋南北朝小说是中国小说的滥觞，是藉文本流传的最初叙述，它短则数十字，长也不过数百字。这种“粗陈梗概”的叙述方式既和精神原因有关，也和物质原因有关。汉代发明了造纸术，但印刷术还未跟上，因此叙述尚未获得充分施展的条件。叙述与诗不同，它需要较大篇幅才能展现一个完整的故事，它的生产和传播严重依赖于造纸术和印刷术的实用化。

诗稗之争在唐代发生了微妙的变化。雕版印刷术肇始于唐，这项发明一方面为诗的流传提供了便利，另一方面也为叙述的发育提供了基础。元稹在《白氏长庆集·序》中说民间用木板印行诗歌，这表明唐诗繁荣与传媒普及有关。不过，叙述理应获益更多。叙述在唐代表现为传奇，它在魏晋小说的基础上迅速发育，已成为一种引人注目的文学形式。举例来说，白居易的《长恨歌》自然是脍炙人口，陈鸿的《长恨传》也有一定市场，因此洪迈在《容斋随笔》中会说“唐人小说……与诗律可称一代之奇”。另外，唐代民间（甚至包括寺院宫廷）已出现职业性质的“说话”（讲故事）活动，白居易、元稹等诗人居然被这种活动迷住过（元稹《酬白学士代书一百韵》），有的故事干脆还被文人改编成传奇（白行简《李娃传》来自《一枝花话》）。传奇和“说话”这一雅一俗两种叙述的抬头与携手，标志着叙述已因印刷术“瓶颈”的突破而迅速发育。对比之下，诗在唐代走向辉煌，但也从此越过顶点向下滑落。唐诗原是合乐能歌的，这在初唐盛唐时尤其如此，高适、王昌龄、王之涣在旗亭听歌妓唱诗的故事，简直就像今天人们在卡拉 OK 歌厅听歌点歌。但唐诗后来与音乐渐渐分开，像白居易的“新乐府”就是徒有其名，这意味着它逐渐自远于大众消费。“人来人去唱歌行”（刘禹锡《竹枝》）反映了唐诗早期的雅俗共赏，当唐诗只是在文人手中流传时，它的光辉就开始黯淡了。

如果说诗稗之争在唐代开始了此消彼长，那么宋代或者说宋元两代，诗稗之争已发生了戏剧性的变化。文学上叙述中心的确立当然在明清，但诗中心的动摇却在宋元。宋代有诗词两端，宋诗虽多于宋词，但头巾气与学究气太重，已不能作为宋代诗歌的代表。宋词相比之下更有活力，它以音乐为依托，以闺怨离情等民间情感为内容，因而获得广大的消费层。宋词中也有像苏东坡、辛弃疾这样的豪放派，但市民阶层传唱最多的还是柳永、周邦彦这些人的艳词漫曲，宋词本身的特点（合乐而歌的长短句）也决定了它的主要风格是婉约绮丽典雅妩媚。在大众消费这个层面，话本与词开始了激烈的争夺。话本是宋元时代叙述的代表，它由唐代的“说话”发展而来，原指“说话”艺术的底本，是一种由市民知识分子创作并由民间艺人表演的讲故事活动。北宋活字印刷术的发明，显然对话本的发展起了推波助澜的作用。当时“说话”艺人有出版书籍切磋技艺的组织——“雄辩社”，有固定的献艺场所——“瓦舍”、“勾栏”，有明确的内容分工——“讲史”、“小说”等，甚至还有更细的划分——《东京梦华录》说汴京有霍四究专说三国故事，尹常卖专说五代故事，等等。元稹和白居易听的《一枝花话》“自寅至巳”持续了四、五个小时还未结束，宋代的话本一定有不亚于此的故事规模，这样长的故事，没有定型的底本是难以记忆的。出现这样一门组织严密分工细致的讲故事职业，出现这种规模的讲故事活动，说明社会对故事的消费已远远超过了以往。没有活字印刷技术铺平道路，话本底本和话本小说的大量印行都是不可能的。当然，从总体上衡量宋元时诗与叙述的水平，还是能看出两者“量”（生产与消费）相当而“质”有差距。话本基本上属于“俗”的范畴，正统文人可以思想开放到放下诗来写词，这造成了词的雅俗共赏，但他们还不肯放下架子来创作话本。由于社会偏见，话本未能争取到一流文人来当作者，致使宋元时代成为我国文人小说链上一个缺环（前有唐人传奇后有明清小说）。话本最终未能登堂入室，宋元文学的代表权落到词曲上（虽然不无争议），和这一点深有关系。

明清是诗稗之争大转折的时代，稗胜于诗的事实可谓有目共睹，故无须专门证明。需要提出的是叙述胜利的原因。原因之一是人们观念的根本改变。一贯难登文学大雅之堂的叙述，到明代被请入文学正殿，李贽将《水浒传》等视为“古今至文”（《焚书·童心说》），袁宏道甚至认为，与其相比，“六经非至文，马迁失祖练”（《听朱生说<水浒传>》）。这和古代对叙述的鄙视，真有霄壤之别！原因之二是文人的介入。观念改变后。文人从事小说创作就再也没有顾虑了，他们一加入进来，既有的叙述便获得升华。例如宋元“讲史”话本《大宋宣和遗事》、《三国志平话》以及《大唐三藏取经诗话》等，经过明代文人的取材加工再创作，变成了《水浒传》、《三国演义》和《西游记》这样的经典小说。文人点铁成金之功，奠定了叙述的胜局。原因之三是消费需求的变化。宋元时的“说话”这种传播形式，已不能满足明代迅速扩大的市民阶层的要求，他们对叙述的需求已从“你讲我听”转为“你写我读”，因为他们能“读”也有钱买书来“读”，这种消费方式比“听”要便捷得多。消费需求刺激了生产，早就具备了条件的书坊大规模印行通俗小说以牟取利润，这当然也会进一步激发文人的创作积极性。原因之四是诗作为竞争对手，自身也底气不足。前面提到诗在宋代已露出不济光景，其原因是词这种形式容易由工丽陷入萎靡，由婉约导入浮薄，将宋词与唐诗并列，其实有点勉强。宋词衰微之后有散曲继之而起，这种源于民间的长短句继承了宋词的传统与命运，很快蜕变为脱离现实的靡靡之音。金元散曲入明之后，更是每况愈下格调卑琐，甚至明初有影响的“台阁体”诗派和茶陵诗派等也是内容贫乏无甚可观。诗的这些表现，为叙述的抬头提供了机会。

带着诗稗之争这种眼光来看，现代小说和明清小说是一条绵亘起伏的连体山脉，它和由《诗经》、楚辞、乐府、唐诗、宋词等组成的另一条山脉对峙并踞，互领风骚各有千秋。今天的小说形式与古典小说已有绝大不同，但生产、传播和消费方式基本未变。在这个意义上，可以说现代小说仍然在巩固着明清以来叙述的胜利。诗到现代已变为“新诗”，凭着崭新的内容、形式和语言，它取得了一些令人瞩目的成就。但“新诗”理念的成分太重，又不像它成功的前辈那样得到民间的滋养和音乐的扶持，因此消费层远不能与小说相比。这样，在新的传播媒体介入之前，诗稗之争依然还是明清以来的格局。

四、透视：高科技背景下的历史复归

以上简略的回眸，应该给我们的目光增添了一点透视力，以此观察今天的卡拉 OK 与影视故事片，可以看出它们就是重新粉墨登场的诗与叙述。诗稗之争历千年而烽火未息，如今随着传媒变革而再燃烈焰，开展新的一轮较量，简直是一种历史的必然。

文学史和历史一样，常常出现某种相似的场面。今天的诗稗之争与宋代的情况在实质上非常接近：词与话本的抗争也是紧随于传媒变革之后，它们都是面向民间诉诸市民的艺术，也都采用了当时最有力的传播手段。歌妓风情万种的演唱，“说话”艺人绘声绘色的讲述（有的还伴之以音乐与说唱），使词与话本的传播染上了综合艺术的色彩。今天的歌厅与录像厅，其功能有点像过去的青楼与“瓦舍”。当年“凡有井水饮处，即能歌柳词”（叶梦得《避暑录话》），如今某些歌曲的传唱也有这种盛况。卡拉 OK 在国人眼中是舶来品，我却觉得是一种既有文化的复归。日本人从盛唐学去了拥妓而歌。到电子时代，他们又将这种自我娱乐型的音乐消费方式用卡拉 OK 形式输往全世界。我们这个民族早就有自我参与的艺术消费习惯，数千人同歌《下里巴人》的故事可为证明。我们对故事的投入也不是自看电影录像开始。《醉翁谈录》记载，“说话”艺人的讲述已能够使听众恍如身历。鉴于这种良好的艺术把握，我敢说要不是最后两百年来科技落后，诗与叙述的传媒革新说不定率先发端于我们这里。

历史当然又不会简单地重复，卷土重来的诗稗之争是一场高科技的较量，高科技传播媒体对艺术消费的影响，我们绝不可等闲视之。汴京城里的“说话”艺人，再怎么舌灿莲花也敌不过激光电影和高清晰度大屏幕彩电。临安歌妓声情并茂的吟唱，也不能和高保真音响中传出的歌声相比。现代人的普通歌喉经过电子音响系统的美化，变得十分悦耳动听，因此他们更乐于参与消费。电脑技术进入画面制作后，影视剧的可视性也大为提高，镜头叙述提供的科幻世界、外星世界、梦幻世界和神鬼世界等，大大超越了人们想象的天地，人们对故事的消费欲受到了新的刺激。不过，这些还只是“硬件”，刺激诗稗消费最为有力的还是“软件”，词曲作家和影视编导根据新的媒体发展了新的“歌诗”和“叙述”手段。在诗这边是除音乐外再争取镜头的配合，一些较严肃的音像出版社推出的卡拉 OK 影碟，诗、歌、画三者的配合相当默契。在我看来，许多 MTV 节目也属于诗的范畴，它们在“歌诗”、“画诗”上取得了很高的成就，堪称直接显示诗之意境的“诗画”。MTV 本身就是精制的艺术品，有的节目还运用了高科技手段，结果画面上的歌手与背景变化万千出神入化，令人心撼神摇目不暇接。（我见过歌手忽化超人啸鸣于外太空，忽落地变作火车头高歌猛进。）在稗这边是大力运用镜头的优势，如张艺谋等十分注重突出画面的视觉刺激性（张艺谋是摄影出身），同时也引诗入稗，发挥影视作为综合艺术之所长。有相当一部分国产电影电视剧，在片头、片尾甚至中间都插入了歌，这种做法除了少数有“戏不够，歌来凑”之嫌，一般来说都增强了故事的魅力。引诗入稗的做法从唐传奇就已开始，但那时叙述的自信力还不够，请诗进来是为稗添色并显示作者的诗才。宋元话本的“入话”（篇头）、正话和篇尾等部分，多半有显示题旨的诗词，这种稗为主人诗为奴婢的格局，表明了叙述的强大。今天影视中片头片尾的主题歌，正是模仿这一格局的现代“入话”与“出话”（笔者戏拟名），我们之所以特别能接受和欣赏这种形式，可能和我们的文化遗传“基因”有关。

诗稗之间的这类渗透与兼容，并不反映它们之间的妥协。恰恰相反，这是高科技背景下的无情竞争。诗不愿意自外于大众传播渠道，稗还想争夺更大的消费层，这就是它们一个要“抢镜头”一个要引吭高歌的深刻原因。卡拉 OK、MTV 以及影视歌曲，是它们争夺的手段，是它们为达到目的而架设的桥梁，这些事物的产生是必然的。动用现代化手段进行竞争的结果，是双方都大大扩展了自己的消费。诗与叙述自诞生以来，从未有过目前这种消费盛况。80 年代以来我国电视机的普及，使镜头叙述的生产与消费处于空前的水平，目前我国电视剧的生产远远满足不了消费者的需要。存在于口头、笔头叙述中的讲故事行为，哪里能和今天镜头叙述中的讲故事行为相比，试想想每天晚上有多少人在电视机前“看”故事！同样，搭上了大众传播这条船的诗歌，其流传的速度、范围与规模都大大超过以往。以往的“歌诗”活动要受到歌妓数量和消费者歌喉的限制，如今激光唱盘的大量生产与音响的美声作用已使消费者可以尽量与尽兴，他们只要按下钮键就能听到一流演唱，或者请来一流乐队为自己伴奏。再加上激光卡拉 OK 与 MTV 等的“诗中有画”或“画中有诗”，诗的消费远比以往发达。人们一般只看见目前无乐的“纯诗”的萎缩，如果改变一下观念，用《诗经》、唐诗、宋词的原生形态来判断什么是真正的诗，那么大家会承认现在诗的消费市场也是前无古人的。

五、瞻望：战斗正未有穷期

上述讨论已逐步趋向这样的结论：诗稗之争与传媒变革关系密切，每次浪潮皆由此而起，

目前正值双方祭起新式法宝的时刻，判断这场斗争孰胜孰负似乎为时尚早。不过，宏观的历史扫描使我们的目光具备了几分穿透性。根据已经掌握的诗稗之争的规律，可以得出如下三条意见。

第一，叙述的最终胜利还是无疑的。从文学史的发展轮廓看。目前仍是明清以来叙述中心代替诗中心这种局面的延续。现代小说、当代小说的大量生产，巩固了叙述中心的地位。近期传播媒介的变革，使笔头叙述开始了向镜头叙述的过渡，叙述从这场变革中获得的益处至少不亚于诗。因此，无论是文学史的惯性作用，还是传媒变革的外力作用，都是朝着维持叙述中心这个方向。在没有更强有力因素干预的情况下，没有理由认为这种局面会改变。

第二，今日的诗和叙述都还缺少一流水平的作者，这对于双方的发展都是不利的。宋元话本之所以未能为叙述夺得中心地位，关键是当时的一流文学家看轻了这种下里巴人的形式。同样的道理，如果我们执著于传统的诗稗观，将流行歌曲、影视剧等统统看成是不堪登大雅之堂的“通俗”（这里取贬义）艺术。那么今天的诗稗便很难获得最有才华的作者。任何一门艺术的繁荣都取决于它能否吸引当时最富才能的艺术家，目前我国大部分文学精英还拥挤在“纯诗”与小说的领域，这大概是许多电视剧与歌词质量不高的原因。本文一个重要目的，就是呼吁我们的文学精英与大众传播中的诗稗结缘，提醒他们正视时下的文学消费市场。在人们正在广泛谈论“信息高速公路”的今天，偏离传播主渠道只会酿成悲剧性的后果。

第三，诗稗还将激烈争夺参与式消费的市场。我前面已经谈到，卡拉 OK 这种自我娱乐型的消费方式代表着当代艺术消费中的一种时尚。诗通过卡拉 OK 这种形式鼓励了接受方面的参与式消费，而叙述在这方面却起步较迟。提供几个可能的结局供观众选择的影视剧，算是镜头叙述对观众的最初鼓励。笔头叙述中也有这种尝试，魔幻现实主义小说中有一本可以像扑克牌那样翻来翻去，美国的娱乐小说中也有向读者提供许多选择的。不过，读小说时频频翻动书页过于麻烦，影视剧中多出现几个结局也算不上什么真正的观众参与，这些还不能激发像卡拉 OK 那样的消费热情。镜头叙述必须像诗那样走与卡拉 OK 结缘的道路，方能赢得更大的消费市场。我预测对故事的消费方式，将沿着“你讲我听”、“你写我读”、“你演我看”这个方向，最终发展到“我演我看”这一步。这种“故事卡拉 OK”将以电子游戏机的升级为突破。国外游戏机生产厂家已在开发一种可名之曰“电子故事机”的“新一代娱乐机”，游戏者可以按自己意愿指挥屏幕上的人物展开复杂的行动（不是像普通游戏机上的简单跳跃或下蹲）。日本的任天堂公司已经在和美国的好莱坞联手研制此类节目，未来的故事迷将在提供了无数可能性的“电子故事机”上驰骋叙述的自由！我在有关文章中对这种趋势作了详细论述，此处不再展开。

以上当然只是对这次传媒变革中的诗稗之争提出意见，本文的目力无法看到更远的未来。显而易见，随着科技进步的加速行进，下一次传媒变革或许就会在不足百年内发生，那时的诗稗之争将以何种面貌也现。我们只能拭目以待。

［选自《江西师范大学学报》（哲学社会科学版）1995 年第 1 期］

关于电视节目市场研究

周鸿铎

一

电视节目市场是过去从未考虑过的问题，当然也就不会专门去研究它。党的十一届三中全会以来，随着我国商品经济的发展，特别是1992年党的十四大确定我国经济体制改革的目标模式是市场经济体制以来，我国的电视节目市场得到了迅速发展。其主要表现是：(1) 作为电视节目重要组成部分的电视广告节目，自1979年2月28日上海电视台播出中国内地第一条商业广告开始，就逐步走向了市场，而且这一节目市场范围逐渐拓宽，成为人们十分关心的电视节目市场。(2) 在80年代末，经济信息节目以有偿服务的形式走向了市场，并取得了良好的社会效益和经济效益。(3) 1988年，我国首次在上海举办电视节，把电视节目的交易形式市场化。从上海和成都电视节的经验来看，举办电视节是电视节目走向市场的一个重要形式。(4) 近些年来，我国电视剧市场有了很大发展，电视剧制作单位逐步成为独立的法人单位和经营实体。(5) 1995年11月30日，中央电视台的加密卫星电视频道的开播，拓宽了我国电视节目市场领域。从上述的情况可以看出，在我国的电视节目中已有相当一部分节目走向了市场，将来可能还会有一些电视节目走向市场。

在我国，从不承认电视节目是商品到电视节目走向市场，说明了电视节目与市场是有密切关系的，特别是在市场经济条件下，这种关系将会更加密切。为了促进电视业的发展，充分发挥电视在社会主义建设中的作用，必须加强对电视节目市场的研究。

二

要加强对电视节目市场的研究，必须明确建立电视节目市场的目的。为此，当前应纠正3种错误的观点。第一种观点认为，电视节目不是商品，建立电视节目市场的目的就是使电视节目商品化；第二种观点认为，电视台是事业单位，无论怎样改革也绝不能把电视台变成企业，建立电视节目市场的目的就是按企业化的模式经营电视节目；第三种观点认为，电视是一个很大的、很有潜力的但还没有得到全部开发的产业，但是它不是企业，建立电视节目市场的目的是企图承认电视的企业性质。产生第一种观点的根源在于高度集中的计划经济体制。现在，尽管已有市场经济体制替代了计划经济体制，但是人们在计划经济体制条件下所形成的思想观念不可能很快得到转变。正因为这样，关于商品经济的传统观念必然使他们会对现实的经济活动作出他们所想象的结论。哪怕不会产生他们所想象的结论，他们也会担心产生这种结论，不会按照事物发展的规律去思考问题。只有他们的思想观念真正转移到社会主义市场经济的轨道以后，才会正确地认识建立电视节目市场的目的。产生第二种观点的根源不在于理论上的原因，而是本位主义在电视系统的表现。长期以来，我们一直把电视台当作事业单位，是吃“皇粮”的单位，即电视台的经费全部由国家财政拨款解决。改革开放以来，电视台的收入渠道不断拓宽，经营收入也不断增加，许多电视台都成为“一个特大型企业”（龚学平：《逐步建立电视剧市场机制》，载《中国第一代电视制片人》，第3页）。对于这种“特大型企业”，现在有相当一部分同志不敢承认。为什么？如果承认了电视台是一个“特大型企业”，不仅国家的财政拨款要取消或者减少，而且还要纳税，他们为了不纳税，采取了不承认主义。过去，电视台没有收入，国家投资是为了发展我国的电视业，是应该的，现在，电视台有了收入，没有理由不为国家作贡献，不能以不纳税为理由否定电视节目走向市场，也不能以不纳税为理由否定在中国建立广播电视总公司的可能性。产生第三种观点的根源是理论上没有弄明白什么是产业，什么是企业，产业和企业是何种关系。一旦他们在理论上有了提高，这种观点是不难纠正的。

从上述三种观点的分析中可以看出，在我国建立电视节目市场的目的，一不是把中国电视台办成西方国家的商业台，二不是按照生产物质资料的企业模式去经营我国的电视台；而是根据我国电视台二重性的特点，通过建立同市场经济相适应的电视节目市场，充分发挥市场机制的作用，克服高度集中的计划经济体制下电视节目制作和发行中的一些弊端。具体来讲，建立电视节目市场的目的主要是：

第一，更充分地发挥电视的喉舌功能。在阶级、政党、国家存在的条件下，电视作为大众传播媒介的一种形式，电视的喉舌功能是客观存在的，企图否定或取消其喉舌功能是不可能的。现在有人担心电视节目走向市场会取消电视的喉舌功能，这是一种幼稚的想法，是不懂得电视台的喉舌功能具有客观性的表现。电视喉舌功能尽管是客观存在的，但是其作用的发挥必须借助于一定的社会力量。在高度集中的计划经济体制下，这种喉舌作用的发挥是借助于单一的行政手段实现的；在社会主义市场经济体制下，电视的喉舌功能是借助于行政的、市场的手段实现的。在计划经济条件下，电视节目不是商品，采用单一的行政手段是能够保证电视喉舌功能实现的；在市场经济条件下，有些电视节目已成为商品，这样采用单一的行政手段就不可能对这些电视节目的经营活动起作用，就需要利用市场手段来调节这电视节目的运营。可见，只有实现行政手段和市场手段的最佳结合，才能全方位保证电视喉舌功能的发挥。

第二，促使电视节目生产走向良性循环的轨道。我国现阶段的电视节目生产基本上是按照计划经济条件下形成的模式运行的。可是，我国现在已实行市场经济，它需要新的电视节目生产模式同其相适应。在市场经济条件下，如果还按照计划经济条件下的运行模式组织电视节目的生产，既违背了社会主义市场经济的要求，又不利于调动电视节目生产部门的积极性，是有碍我国电视业发展的。比如电视剧生产，每集的生产成本，少则十几万元，多则上百万元、几百万元；而电视台的收购价格，每分钟只有8元，最高也不过15～20元。每集电视剧按50分钟计算，只能收回400元或750～1000元，大大低于成本，可是，电视台播放电视剧的收入是相当可观的。播出单位和生产单位收益的这种差别性，严重地影响着我国电视剧的生产。怎样解决这种矛盾呢？最好的办法就是建立电视节目市场，充分发挥市场机制的作用，让市场调节电视节目的生产，促使电视节目生产进入良性循环的轨道。

当然，市场机制不是万能的，在充分发挥市场机制作用的同时，还需要国家的宏观调控，把发挥适应市场经济要求的行政手段的作用同发挥市场机制的作用科学地结合起来，促使电视节目生产良性循环。

第三，促使电视台管理职能的转变。电视台管理职能是同其体制相适应的。现在我们强调转变电视台的管理职能，其实质就是把过去适应计划经济的职能转变为适应市场经济的职能。对于这一点，所有管理部门都是明白的，但是在实际生活中真正转变过来的并不多，人们往往习惯于用过去的老办法来管理。为什么呢？除了计划经济体制的惯性作用外，就是还没有对市场经济的感性认识。就电视节目生产来说，自1958年我国大陆的电视台开播以来，一直采用高度集中的管理方式，从来没有引入过市场机制，各级电视台的管理部门都形成了一套成熟的、适应计划经济体制要求的管理办法，根本不明白如何利用市场机制去管理电视节目生产。也正因为这样，许多电视台管理部门在行使管理职能时，讲的是市场经济，干的是计划经济。建立电视节目市场，可以使电视台的管理者明白电视节目在市场上是怎样运行的，以便适应市场的要求，更有效地对电视节目生产进行管理。

现在有人害怕“电视节目适应市场要求”的提法，其实质是害怕市场。凡是人们害怕的东西，都是不了解的东西，一旦了解它，就不会产生害怕的心理。有人害怕市场，说明他还不了解市场。所谓适应市场要求，也就是适应消费者的要求，对于电视节目市场来说，就是适应受众的要求。电视节目适应受众的要求，这是电视宣传活动应遵循的原则，没有什么可害怕的。从这个角度讲，害怕市场也就是害怕受众，这是要不得的，是有碍于电视节目生产的。

第四，促使电视产业尽快同市场经济接轨。我国的电视台不同于西方国家的商业电视台，它具有很强的喉舌功能和充分的产业功能，具有明显的政治属性和经济属性。这种具有二重性的电视产业如何同市场接轨，走向市场，为社会主义市场经济服务，我们没有经验，西方国家商业电视台的经验也不适应于中国。这就是说，目前我国正在既无先例、又无经验的条件下探索电视产业如何适应市场经济的要求、更好地为社会主义市场经济服务的路子。建立电视节目市场的实质就是为了促使电视产业尽快地同市场经济接轨，形成具有中国特色的电视产业。促进我国电视产业全面地、健康地发展。

三

根据我国电视产业的状况，电视节目要走向市场，当前选择的途径主要是：

第一，转变政府部门职能。

转变政府职能是市场经济体制要求的，是根据政企分开的原则提出来的。电视系统要不要转变政府职能，怎样转变政府职能？认识并不完全一致。有人认为，转变政府职能是相对企业来说的，不适用于电视系统；有人认为，转变政府职能是相对于社会主义市场经济体制来说的。为适应市场经济的要求，更好地为市场经济服务，各级政府都必须转变职能。从这两种不同的观点可以看出，要转变政府职能，必须弄清楚转变政府的什么职能。在计划经济体制下，政府的职能就是保证计划机制作用的充分发挥；在市场经济体制下，政府的职能就是保证市场机制作用的充分发挥。从这个意义上讲，我国任何一级政府和任何系统的政府部门都存在着转变职能的问题，没有任何例外，因为我国各级政府的职能都是按照计划经济体制的要求确定的，要适应市场经济的要求，都必须实行职能的转变。这就是说，广播电视系统的各级政府也存在着转变职能的问题。根据电视产业的特点，其政府部门的职能是：（1）保证电视喉舌功能的充分发挥，与中央保持一致；（2）为电视产业的经营活动创造条件，并保证其经营活动沿着正确、健康的方向发展。

第二，建立和完善电视产业的经营机制。

根据我国电视产业的性质和社会主义市场经济的要求，建立和完善电视产业的经营机制就是要实现：（1）建立和完善利益型动力机制；（2）建立和完善主动型约束机制；（3）建立和完善自力更生型的自我发展机制；（4）建立和完善服从型和自主型相结合的决策机制；五、建立和完善服务型和生产经营型相结合的循环机制。具有中国电视产业特点的经营机制的建立和完善化，意味着电视产业部门的基础性调节机制，在由单一的计划机制转向强调市场机制是基础性调节机制的同时，又要充分发挥计划机制和国家宏观调控对电视产业经营活动的调节作用。

第三，逐步建立和完善具有中国特色的、符合社会主义市场经济体制要求的电视产业经营管理体制。

电视节目作为一个进入市场的完整的商品，从生产过程到销售过程的完结，大致经历五个阶段，即电视节目的构思阶段、电视节目制作（生产）阶段、电视节目播出阶段、电视节目销售阶段、电视节目评价阶段。从电视节目生产和销售过程来看，它是不同于一般物质产品的生产和销售的，具有自身的特殊性。因此，在建立完善电视产业经营管理体制时，必须充分注意电视节目运营的特殊性，使电视产业的经营活动制度化。比如市场经济条件下的记者行为准则、进入市场的电视节目价格标准、电视产业部门的总体经营目标、固定资产的折旧、机器设备的使用办法等，都要有一定的制度，使电视产业部门的行为规范化。

第四，逐步建立和完善电视节目市场体系。

电视市场是广播电视市场的一个分市场，属于文化市场的范畴，要让电视节目走向市场，不仅要建立一般电视市场，而且还要建立和完善电视广告市场、音像市场、电视服务市场、信息市场、电视剧市场、电视行为文化市场、电视旅游文化市场等。一旦这一个个相对独立的电视市场的分市场建立起来以后，完善的电视节目市场体系也就建立起来了。电视节目市场形成以后，电视走向市场的渠道也就畅通了。

第五，建立并逐步拓宽电视节目销售渠道。

销售渠道是指电视节目流通所经过的通道，它包括电视节目流通经过的路线和经营环节。根据我国市场经济的发展程度和电视产业的现状，当前我国电视节目的销售渠道主要有：（1）直销渠道，即电视节目制作部门自行推销。比如电视剧，动画片等电视节目，基本上都采用自产自销的直销渠道。（2）间接销售渠道，即通过中介公司推销电视节目。目前我国的这种中介公司还不多，实力还不强，还不能够在较大的范围内担负起电视节目的销售任务。但是，从我国电视产业的发展趋势来看，这种间接销售渠道将是我国电视节目的主要销售渠道。

第六，积极利用多种交换方式。

多元化的交换方式对于电视节目去向市场将起到十分重要的作用。根据我国电视节目经营的特点，当前已采用的交换方式主要有“平调”式的交换方式、时间价格交换方式、买断方式、“贴片广告”的交换方式、高低价的交换方式等。由于电视节目的特点不同，其交换方式也不完全一样。比如电视剧的交换，目前多使用买断方式和“贴片广告”方式；信息传播又多采用时间价格交换方式。由于电视节目刚刚步入市场，数量较少，规模不大，与这种状况相适应，其交换方式还不多，也不够灵活。随着我国电视节目市场的扩大，将会有更多的交换方式产生。

第七，科学地确定电视节目的价格。

凡进入市场的电视节目都是商品性节目，它必须有价格，这既是实现交换的前提，也是发挥市场机制作用的关键。电视节目价格的确定同其他商品价格的确定不同，它不仅受其成本的影响，而且还受节目内容、播出时间、占用频道、电视台的覆盖率等因素的影响。正因为这样，在确定电视节目价格时可根据不同情况，分别采取时间定价策略、频道定价策略、覆盖率定价策略、地区定价策略、成本基础定价策略、目标定价策略、竞争定价策略、合同定价策略，以保证电视节目价格的合理性。

[选自《现代传播》（北京广播学院学报）1996 年第 3 期]

中国的传播业已进入“营销时代”

喻国明

仅在十年前，市场之于新闻传播的作用对于绝大多数中国新闻业者来说还是一种另类的学术概念；仅仅在5年前，我们的理论家们还在那里审慎地探讨“市场”这个概念该不该引入或在多大程度上引入新闻传播领域的务虚型问题。而在今天，几乎每一个传媒中人都在关心和议论媒介如何在激烈竞争的传播市场上抢滩占位、拓展自己的生存和发展空间的操作性问题了。的确，近1000家广播电台、2200多家报纸、3000多家电视台（含有线台、教育台），再加上10000多家杂志，我国传播业以如此之大的事业规模在现实条件所能提供的还不能说放得很开的传播空间内争抢一块属于自己的领地，竞争不可谓不激烈。这种竞争的激烈意味着什么？它意味着传播领域在争抢有限的资源，它意味着受众有了更多的选择和不选择的余地。更直截了当地说，它意味着受传者主权在传播领域的确立。可以说，社会主义市场经济的建立和发展给我国新闻传播业带来的最大变化莫过于“传—受”关系由过去的“皇帝女儿不愁嫁”式的卖方市场，转变为各类新闻媒介间激烈竞争的买方市场。并且，在可以预计的将来，这种买方市场的激烈竞争将越来越趋于“白热化”。显然，中国的传播业已进入了“营销时代”。任何传播媒介都必须在不进则退的市场竞争中苦心经营，这是繁荣带来的烦恼。

什么是“营销”？美国著名的市场营销学者尤金·麦卡锡指出：“市场营销是指买方市场条件下的一整套引导思想、货物及劳务从生产者流转到消费者，有效地实现各种不同的供给能力与各种不同的需求相适应的策略与方法。”买方市场条件下的现代营销观念强调这样一些基本原则：(1) 消费者导向。生产者的全部活动要以市场需求作为出发点，在满足消费者需求中实现自己的目标；(2) 不断创新。这是消费者导向的延伸。市场需求在不断地变化和发展。同业竞争者在不断地增多或不断调整决策，每个生产者要想站稳自己的脚跟就必须不断在内容和形式上创新；(3) 扬长避短。生产者要始终把自己看作是全部社会生产者网络中的一分子，只有为社会提供自己所擅长的、比同业竞争者更优的产品，才能确保自己在竞争中立于不败之地；(4) 整体营销。营销绝不等同于那种仅在流通阶段才发挥作用的推销，它要求从产品的设计、开发，到产品的加工制作直至产品进入流通都应有明确的、一以贯之的市场“卖点”；(5) 注重社会效益。即不仅要满足市场需求所表现出的消费者的短期需求，同时在生产经营活动中要充分考虑消费者的长远利益，注重提高社会生活的品质。显然。传播产品既然是一种商品（尽管它是一种特殊商品），在买方市场越来越成为一个明显的现实的情况下，要想为社会所接受，大众传播的“生产者”就必须在相当程度上按照营销学的思路来组织、设计和制作自己的传播产品。

随着传播市场空当的减少，把握机会的难度和复杂性越来越高。这就需要传播营销战略的设计和研究。一般说，设计和思考一项传播营销战略应大致遵循以下程序和思路：

明确对象：谁是你的受众？

传播市场的竞争实质上是对受众的竞争。因此，对受众的科学认识和把握是设计和制作一切有“卖点”的传播产品，进而实现一定的传播目的的前提和基础。如果说，对于一个记者来说，采写到好的报道是最重要的话，那么，对于一个总编辑来说，能认清和把握自己的受众才是最重要的。

在需求多样化的今天，受众的类型和选择是极其多样化的，这样就形成了不同的受众群。任何传媒都无法同样有效地吸引和凝集所有的受众。因此，任何传媒都必须首先找到对自己这家传媒的信息服务感兴趣的受众，作为自己生存和发展所依赖的基础或曰“根据地”。但是，在买方市场的条件下，谁对你这家传媒感兴趣并不是由传媒说了算的，我们所主观设定的东西往往并不可靠。传播业的市场竞争之所以难，难就难在谁成为一家传媒的受众不是由传媒而是由受众，更确切地说是由受众的选择说了算的，这是传媒在传播业的市场竞争中首先遇到并要解决的第一难题。其中最基本的是要了解自己所面对的受众的年龄、性别、职业、文化程度、居住地和收入水平等社会特征，以便每时每刻在有明确对象感的情况下组织和制作自己的传播。同时传播业者应随时把握现有受众与自己所追求的“目标受众”之间的差别，以便通过自己的调整和改变吸引那部分我们本来想要吸引但实际上尚未吸引的人们成为自己真正的受众。其次，要了解受众阅听目的、阅听兴趣和阅听习惯，以便调整传播的内容比例和结构安排，以最大限度地符合受众阅听目的、阅听兴趣和阅听习惯的方式，为他们提供恰当的信息服务。再次，要随时了解受众对自己各方面表现的评价，以便发现自己的所长和真正为受众所喜欢的那些特质，找到那些自我感觉良好，但公众并不以为然的误区，进而增强自身行为的自觉性，等等。

总之，任何传媒在没有真正弄清谁是自己的受众以前，也许可以凭借自己的天才或灵感产生一时的“火爆”和轰动效应，但绝不可能稳定而坚实地在传播市场的竞争中立于不败之地。

明确“卖点”：你向受众提供的是什么？

面对“传媒向受众提供的是什么”的问题，也许很多人都会脱口而出地回答道：“提供新闻和信息服务嘛！”其实，这个回答似是而非。我们不妨举一个传播领域以外的例子：某省一个酒厂，多少年来一直以为自己卖的是酒，一种质优价廉的好酒。但当这种酒最初打入上海市场时，却几乎无人问津。他们百思不得其解。经过市场调查发现，酒类市场上64%的购买者是年轻人，52%的购买者是买酒送人。40%的人购买的是中档酒。于是，他们又顺理成章地提出一个问题：年轻人买酒送给谁？据了解，上海的年轻人每逢节假日或未婚女婿上门相亲，按规矩都要送上一两瓶“拿得出手”的酒。这样一来，问题就明确了：既然顾客是那些打算送礼的年轻人，那么，我们卖的就不是“酒”，而是“礼品”：一种能给人以良好印象的、有面子的、用来表示孝敬或尊敬的“礼品”。于是，这个厂接下来的工作就简单多了：改进包装，采用仿古瓷瓶和白兰地瓶，印上华丽漂亮的包装，加上外销商标和中英文对照说明书等等，结果一炮打响，顿时成了市场上的抢手货。这个事例很值得我们深思。在我们这样一个极度缺乏市场营销概念的国家里，很多物质的和精神的生产者其实并没有认真思考过自己真正在“卖”什么的问题，他们只知道自己卖电冰箱、洗衣机、剃须刀，殊不知他们卖的其实是“提供食品保鲜的手段”、“提供清洁衣物、消除污渍的手段”、“提供一种方便、有效、省事地去除表面胡须的手段”，等等。只有从这一根本点出发思考问题，生产者才能打开思路，搓衣板才会演进为洗衣机，刀片才会发展成电动剃须刀。事情其实就是这样简单。每个市场竞争者都应该积极地“倒过来”思考问题：我的产品的卖点在哪里，人们买我这件东西到底是干什么用的，以便打破陈旧的“卖产品”的思维定式，进而按照产品的功能、效用、使用价值，按照解决人们的困难与需求的思路，提供给人们一种高质量的解决某种困难、满足某种需求的手段和方法。

对于新闻业者来说，道理也是相同的。举凡传媒的大家或新秀，如果你仔细观察就会发现，不管他凝聚受众的具体形式有多少不同，其共同点都是他瞄准了目前传播市场上的空当或薄弱环节，提供一种别人没有想到或无法替代的、人们又十分需要和欢迎的传播产品。就现阶段的中国传播市场而言，市场空当其实还是很多的，问题的关键在于你看没看到受众在目前的传播市场上还有什么需求没有很好地得到满足，已有的满足手段还有没有更高级的手段可以加以替代和更新，你能解决受众的什么问题。如果你看到了，并且调动自己可能的一切手段满足了这种需求，解决了这种困难，你就必然会赢得相应的市场份额，即一个属于你的受众群。

聪明的办报人功夫不是下在报价上面是下在让读者满意上，读者掏钱买报则是自然的结果。可以说，成功的办报人的成功来自于他对阅读市场认识的透彻程度，来自于他对读者需求分解的深刻程度。在西方，严肃报纸在与通俗报纸的竞争中，利用其权威性强、可信度高的优势打出“实用信息”这张王牌（即所谓“提供比新闻更多的东西”）从而重新赢得了市场；在中国，《计算机世界报》敢拿出70%以上的版面刊登广告和行情报价，这在一般办报人概念中简直是匪夷所思的。但事实上它却成功了，其秘诀就在于它懂得在这一特殊的信息领域中读者认定的读报价值在哪里。

明确“定位”：你的特色是什么？

受众在选择传媒，传媒也应该以其特色和价值追求有选择地吸引相关的受众。这种选择就叫传媒的市场“定位”。应该说，在现代竞争型传播市场的条件下，任何一家传媒都不可能以所有人的所有信息需要的满足为自己传播运作的定位，必须要有所选择，即有所舍弃。这种选择和舍弃的过程就是形成自己特色的过程。传媒在传播市场上成功“定位”秘诀在于，始终把自己看作是全部社会传播网络中的一分子，抓住机会，专注于为社会提供自己所擅长的、比其他传播竞争者更优的传播产品（即所谓“人无我有，人有我优；长人之所短，略人之所长”），确保自己在竞争中以其不可替代的特色而立于不败之地。

一般地说，传播的市场机会分析大致包括这样几个层面：

1. 传播空间的拓展。应该说，无论传播的竞争如何激烈，传播格局的现实对于有心者来说总是“疏而有漏”的。这种疏漏就是传播市场上的所谓“空档”，即多数传媒疏于经营或根本不经营的传播“盲区”。“盲区”的发现需要有一点逆潮流而动的勇气和思维：当别人都去追逐社会热点、名人明星时，我偏偏弃之于不顾，下大气力去关注那些通常很少为人所注目的社会生活的“冰点”层面或普通人的情感世界、生存状态。再比如，在我们这样一个总体说来文化程度较低的国度里，追求受众规模最大化的一个基本选择就是降低传播的文化内涵的定位，但是，当大家不约而同地都按照同样的思路去为自己的传播产品“度身定做”时，需要较高文化意蕴的信息满足的传播空档就显露出来了，如果有谁能深入到这一传播“盲区”中去，也许会取得意想不到的成功。

2. 传播层面的开发。一个领域、一个人物、一个事件其意蕴和内涵往往是多层面的。传播层面的开发相对于传播空间的拓展而言也是一种传播“空档”的找寻，只是在这里，传播的“空档”不表现为多数传媒疏于经营或根本不去经营，而是表现为在热闹的“平面式”竞争的大背景下的深度上的、立体层面的“空档”。这是一种相对的传播“空档”。的确，要想在大家都耕作的土地上做出不同凡响的事业来是最需要功力的，这种功力表现在是否能见人所未见，言人所未言。无论是对原因的追寻、对背景的补充、对后果的预测，还是对同类的比较、对意义的挖掘、对现象的透视等等，都可能成为传播层面开发的“生长点”，抓住这个“生长点”做文章，就能做到不同凡响。

3. 传播形式的出新。中国曾经是一个不太讲究包装的国度。“重实”而“轻形”。其实，用辩证法的观点看，形式有时就是一种重要的、无法替代的内容。“横看成岭侧成峰”，视角的转换难道不给我们带来新的信息吗？综观传播实践，传播形式的每一次出新都不仅仅是“包装”形式范畴内的改进，同时也是传播内容的品质的提升。

特色是传媒安身立命之本，值得传播者下大力气去经营。而真正有特色的传播产品都在相当程度上是这一传播阶段上传播产品中的精品。什么叫“精品”呢？简单地说，《古文观止》中所收录的文章就是中国古文的精品。读了它便能起到对中国古文“窥一斑而略知全豹”的作用。以今天的办报为例，精品性的报道就是指你的报道在所有报纸的报道和评述中，即使不是第一、第二的，也必须是具有相当代表性的东西。它应该使人读过以后，至少在某些情况的了解、某些问题的判断方面“观于此，即可止”。在一张一流报纸上，也许80%的东西是惯常的和“平庸的”，但只要有20%的内容是一流的，让人看过以后就可以划句号的，其不可替代的独特的社会价值以及对于读者的巨大影响力便由此而生。显然，这20%一流的精品栏目或精品文章值得一家报纸用80%的人力、物力去经营和追求。

也许有必要指出，在传播市场上，唯一不变的是一切皆变：受众群在不断地分化组合，社会的信息需求在不断地变换内容。传播的“卖点”在不断地转移方位，传媒的“定位”也应处在不断“随动”的权变和调整之中。可以说，在传播市场上，“营销”的真谛就在于在随动和权变中追求自身存在的社会价值。只有那些适应社会需求，又有自己一贯追求的传播媒介才能成为传播竞争中的“宠儿”和强者，成为得社会风气之先，走在时代大潮前列的“弄潮儿”。

（选自《青年记者》1997年第3期）

面临着双重压力的大众传播媒介

——商业主义与社会责任之冲突及其限制与解决的方法

王　雄

一

处于改革开放的我国大众传播事业和其他各项事业一样，一方面赢得了越来越大的发展空间，另一方面也面临着新的越来越大的社会压力和自我压力。随着我国的国策转入以经济建设为中心的轨道，随着市场经济原则对社会生活各部门的强有力的渗透，我国的大众传媒在上级主管部门的资金支持不断削减的压力下逐步完成了经营体制的重大转变。换言之，大众传媒正一步步被整合到覆盖全社会产业部门的市场经济框架之中。它们不得不完全依靠或主要依靠争取受众、赢得足够的市场份额和获得广告客户的经济支撑来维持自身的生存和发展。这就不可避免地导致了当前大众传媒的商业倾向的不断增长，这种愈演愈烈的商业化风潮显然提高了媒介的征订率、收听率和收视率，并给后者提供了充足的资金保障，另一方面也在相当大的程度上产生着负面的影响。从我国国情来看，大众传媒一向被视为党和政府的“喉舌”和“耳目”，是极其重要的宣传教育的工具，担负着引导舆论等一系列严肃的社会职责。当然，随着媒介管理体制的改革和新闻观念的更新，大众传媒已突破了原先单一的工具角色，向着更全面、更完整地实现自身社会功能的方向转变，这种角色转变工作势必对媒介和新闻从业人员提出更高的要求，要求后者不是减弱而是增强其所承担的广泛的社会责任。显然，大众传媒正面临着双重的压力：一方面它必须遵循效益原则，以最大限度地谋取生存和发展资本；另一方面它又承担着不可推卸的责任，必须把“社会效益”、“新闻价值”、“严肃文化”等非市场化的尺度放在首位。这必然引发大众传媒的商业倾向和社会责任的冲突，这种冲突有时甚至是很激烈的。本文试图针对这一热点问题做出探讨，分析当前大众传媒的商业倾向的种种表现、根源及其危害，考察传媒之社会责任的确切内涵，并就两者的冲突现状提出限制和解决的方法。

二

当前我国大众传媒的总的管理思路是“事业单位、企业经营”，这就决定了传媒在保持其事业单位性质的前提下必须在市场经济的环境中谋求自身的生存位置。换言之，大众传媒同时具备着作为意识形态和宣传教育部门与社会传播企业的双重身份，这种实体性质和运作方式、管理方式之间的奇特的矛盾现象是社会主义大众传播（尤其是新闻传播）事业调整自身管理制度后的必然结果，也是我们研究媒介问题的基本立足点。

把大众媒介作为独立的社会企业加以经营，必然要求人们按照价值规律和商业原则来管理媒介。从理论上讲，这应该是一条不成问题的律令。价值规律的核心是等价交换。商业原则则是以价值规律为基础的利润原则：它力图以最小的投入获取最大的利润。对于印刷媒介来说，商业原则的作用主要表现为最大限度地获取广告收入和发行收入；对于电子媒介而言，最大限度地获取广告收入和用户收视费（有线电视）也是维持其运作的基本动力之一。对于不少大众传媒来说，随着总编辑和社长（台长）、业务首脑和行政首脑的职能和权限的重新分工，随着媒介产业向多种经营的路数发展，媒介自身无疑拓展了收益的来源。从积极的方面来看，大众传媒在商业原则的支配下所做出的一切改革尝试有利于媒介在激烈的市场竞争中立于不败之地，也有利于维持媒介和广大受众保持尽可能密切的联系。从这个角度看，商业原则并不是洪水猛兽，它甚至是成功的大众传媒必须遵循的原则。从我国传媒业发展的历史看，计划经济时代的传媒由于完全或主要依赖行政事业费拨款，养成不求发展的惰性，客观上也诱发了传媒无视受众的兴趣和要求的恶劣倾向——无论受众是否愿意接近，亦无论媒介的“三率”如何低落，媒介照样可以依然故我地充当乏味的意识形态宣传工具。显然，除了管理体制的僵硬和新闻传播观念的落后等原因外，完全排斥商业原则的良性介入亦是媒介缺乏自身发展的内驱力的极重要原因。实践证明，完全借助行政事业费拨款和行政指令来维持媒介生存和发展，不仅给国家财政增添了沉重的包袱，也使媒介远离受众，起不到应有的新闻传播和文化教育的基本作用。从西方大众传媒发展的历史来看，媒介的独立经营（私人所有制）也在客观上起到了使媒介摆脱封建势力和政府的直接控制、保持一定程度的新闻自由的积极作用。美国学者 M. L. 德弗勒和 E. E. 丹尼斯指出：“在美国，传播媒介以赢利为方向，部分原因是美国社会相信一套价值观，即把利润私有制和摆脱政府控制看成是很理想的。”在西方国家，大众传媒是私人企业或公私合营企业，商业原则无疑是支配这些媒介运作方式的最基本法则。它既有效地保证了媒介生存的经济基础和相当大的程度上的独立社会地位，也导致了无法避免的弊端。德弗勒和丹尼斯公正地得出结论：“传播媒介的私人占有和对利润的追求已经导致它注重大众文化。大多数消费者的兴趣爱好主导着传播媒介的内容。很清楚，这种内容往往缺乏艺术性、知识性和教育性。”理论和实践都告诉我们，无论在什么政治制度下，大众传媒都必须纳入到市场经济的整体环境中并自觉运用商业原则才能维持自身的生存和独立发展地位，不断改进节目制作和新闻传播的质量，最大限度地吸引受众；另一方面，失去制约和控制的纯粹的企业地位和彻底的商业原则——“商业主义”，则会极大地损害大众传媒的形象和其所应承担的社会责任。中国当代大众传媒在逐步走向商业化或半商业化的道路上已经积累了一些企业管理和内容制作方面的成功经验，例如媒介的经营意识不断增强，媒介开始了分化和重组，出现了“复合型报业集团”和“复合型电视企业”，传媒的内容日趋丰富多彩，娱乐性增强，媒介和受众之间的交流增多，一句话，媒介和受众越来越离不开对方了。不可否认的是，当代传媒在发展过程中也确实涌动着一股令人担忧的商业主义潮流，这股潮流冲击着大众传媒的社会责任意识。其主要表现有：

（一）由于片面追求征订率、收听率和收视率，少数媒介步西方尤其是美国商业媒介的后尘，把“多数法则”奉为自身经营的唯一原则，导致“大众文化”的泛滥和日趋庸俗化。所谓“多数法则”，即是指不管什么内容，只要能吸引最大量的受众，能迎合后者原有的欣赏趣味，就是要提倡的内容。众所周知，艺术趣味不高的人远远多于趣味高雅的人，简单粗俗的“多数法则”虽然提升了媒介的“三率”，同时亦不可避免地降低了媒介的文化品位，使后者成为充斥“大众文化”的娱乐机器，媒介应有的新闻报道、文化教育和趣味培养的功能则逐渐减弱。由于“大众社会”是由深受大众传媒影响的人群组成的，生长于其中的“大众文化”必然具有广泛的共享性。这种文化的特点是快速、大量、通俗、浅显，具有易接近性、易接受性、强娱乐性和容易很快流行的优势。客观地说，“大众文化”无疑有它积极的一面，它改变了长期以来文化由社会少数上层人士所拥有的局面，而转向全社会的每一个人；同时，那种由少数创作人员为少数人欣赏而创作的艺术，也转向由庞大的创作队伍为广大群众而创作。此外，“大众文化”最大限度地满足了大众日常劳作之后愈来愈迫切的心理需要、补偿需要和娱乐要求。这些都是“大众文化”的正功能。当然，由于“大众文化”突出的乃是其娱乐性，其中埋置着明显的或暗隐的商业动机，因而不可避免地具有相当的负面效应。它诉诸受众被动性的接受活动，降低人们的审美情趣，以虚幻的承诺转移受众的注意力，限制他们的行动意志和社会性活动；而且，当我们把大众传播中的娱乐活动和个人性、家庭性以及私下的娱乐形式相比，便会发现前者所传播的“大众文化”毕竟不如剧院、音乐厅、博物馆、优秀文艺作品所传播的文化有助于提高公众的鉴赏力。“法兰克福学派”的代表人物 T. W. 阿多尔诺认为，现代大众传媒已不再是精神生产部门，而是一种“文化工业”，这种新型的工业门类利用越来越高明的技术和技巧炮制了千篇一律、毫无风格的文化商品，利用受众对这些商品的消费活动把他们变成趣味平庸、没有行动意志和反抗意识的乌合之众。他在《启蒙的辩证法》中指出：“从利益方面来看，人们是乐意把文化工业解释为工艺学的。千百万人参与了文化工业强制性的再生产过程，而这种再生产过程，又总是在无数的地方为满足相同的需要提供标准的产品……文化工业的产品到处都被使用，甚至在娱乐消遣状况下，也会被灵活地消费。但是文化工业的产品到处都是经济上巨大机器的一个标本，所有的人从一开始起，在工作时，在休息时，只要他还进行呼吸，他就离不开这些产品。”显然，阿多尔诺非常清醒地认识到，正是由于价值规律和商业主义完全而彻底地支配资本主义大众传媒的生产，才使得低劣庸俗的文化工业产品被源源不断地制造出来和传播开去，冲击着人们应有的文化观念和审美趣味。阿多尔诺坚决反对新闻媒介和其他大众传媒的商业主义，无疑是有着积极的进步意义的，他所批判的实质上是资本主义的文化——社会制度和西方大众传媒资本原始积累时期的拜金主义；但由于阿多尔诺本人是站在古典艺术趣味的立场上批判“文化工业”的，这就使他完全脱离经济基础变革的文化激进主义失去了现实的根基。尽管如此，阿多尔诺的观点仍是值得我们引为深思的。纵观我国当前的大众传播业，由于某些传媒过于看重“三率”和单位自身的收益，过于强调传播内容的娱乐性，导致了“大众文化”的过度泛滥，其中缺乏值得人们认真对待和严肃思考的东西；至于某些渲染凶杀、暴力和色情内容的出现，则纯属“大众文化”的歧途和末流了。这些内容虽然以耸人听闻的题材和细节吸引公众的注意力，并且迎合了不少人的不健康的心理需要，但对整个社会来说却是有百害而无一利的。因此，在当前商业主义潮流逐步蔓延的情形下，如何做到既能让节目和文字性内容被尽可能多的人喜闻乐见，又能注意保持传播内容的文化品位和严肃格调，即如何最大限度地做到“寓教于乐”，乃是我们的大众传播从业人员应予认真思考的最重要的课题之一。

（二）商业主义导致大众传媒中广告和“类广告”的激增，大大削减了传媒的有效信息量，甚至使传媒传播错误或虚假的信息。大众传媒的收入的主要来源是广告，前者除了尽可能地提高广告收费标准，还会最大限度地增扩广告版面、延长广告时段。近年来，我国传媒大兴增刊、扩版之风，电子媒介亦增开“经济信息台”或“经济信息频道”。这些变革举措一方面扩大了媒介的容量，使其内容日趋丰富多彩但就另一方面而言，这些利民举措下又潜藏着不言而喻的商业动机，即借此扩大广告的容量。信息量的单纯增加并不意味着有效信息量的增长，事实上，广告的激增挤占有效信息的份额，损害了广大受众的实际利益。尤其令人关注的是，近年来媒介中的“类广告”大量出现，使错误的或者虚假的信息充斥某些传媒。所谓“类广告”，即指以“新闻报道”、“人物专访”、“经验介绍”等形式有偿地为某企业、某企业家乃至某种产品做的广告。这些“类广告”虽然有时也具有一定的新闻价值或提供一些相关的信息，但从根本上讲，它们属于不正当的“有偿新闻”，是媒介或媒介中的个人接受广告对象的“好处”（现金、有价证券或物品）为后者所作的“有偿报道”。显然，“类广告”混淆了新闻报道与广告的差别，也混淆了新闻与一般商品的差异；前者容易识别，本文暂存而不论，后者则比较隐蔽，甚至存在着争论。在我国新闻理论界，一直存在着两种对立的观点。一种观点认为，虽然报纸、收音机、电视机等大众传播的载体或工具是商品，但这些工具所负载的内容——新闻报道和其他文化娱乐信息却不是商品，后者被认为是用金钱无法加以数量化的东西；另一种观点则认为，新闻既然是对新近发生的事实的报道，而不是事实本身，并且这种报道活动又需要花费一定的人力、物力和财力，那么，当新闻信息的采集人把该信息传播（即转让）给他人（社会公众）时，新闻信息本身就成了商品了。本文认为，新闻决不是它所报道的事实本身，新闻制作的全过程耗费着一定量的社会劳动，产品进入社会流通过程之中，它就不可能不带有商品的属性。事实上，在人际传播的领域之外，人们为了获取新闻信息，必须花钱购买报纸、杂志、收音机、电视机等商品，而后者之所以对人们有用，并不是因为它们能被直接消费，乃是因为它们负载着消费者所真正需要的东西。从电子媒介工具的生产和消费的角度看，收音机和电视机的生产商应将它们产品销售收入中的一部分返还给传媒，因为正是传媒播出的节目内容促使大众购买上述产品，从而帮助生产商实现了其商品的价值。总之，可以确认，在整个传媒产业的运作流程中，存在着价值的转让和交换关系，因而价值规律和商业法则必然在其中起作用。但是，我们承认新闻具有商品性，决不意味着承认新闻就是一般的可以买卖的商品，或是出资就可以“制造”的东西。原因很简单，新闻是一种特殊的商品，它既有商品的属性，还有更重要的非商品属性；换言之，新闻消费既具有一般商品消费的特征，还具有满足特殊社会合理需要的特征。美国学者 B·罗希科指出：“为了对新闻下定义和加以识别，我们需要承认发表出来的新闻都有着双重来源。作为社会产品，新闻的内容反映了它所产生于其中的社会作为一个机构的产品，新闻内容是收集和发布新闻的专业机构的工作成果。”罗希科的话告诉我们，新闻所反映的乃是社会的事实，是社会性产品，在它上面所凝结的社会劳动乃是为全社会的人所付出的。从新闻产品的消费情况来看，它的使用价值具有最广泛的共享性，它可以被无数人重复消费，而一般的物质产品在使用过程中其使用价值会递减。从我国的国情来看，大众传媒为国家所有，它们不仅归属于文化市场的管理范畴，而且更主要的是被作为国家宣传部门和意识形态阵地而加以管理和约束的，因为它们承担着一般物质生产部门所没有也不能承担的许多重要功能。它们的社会角色和社会效益仍然是评估和约束它们的首要标准。从这个角度讲，商业原则、经济效益不仅不能成为支配媒介运作的唯一法则，而且只有在非功利原则和社会效益的有效约束下方能成为合理的东西。因此，“有偿新闻”等“类广告”现象的出现是商业法则在媒介中畸形膨胀的结果，是丑恶的“权钱交易”在大众传播领域的变种，属于应予清除的“新闻腐败”。有鉴于当前传媒中“有偿新闻”的严重状况，中宣部和国家新闻出版署近年来不断发出通知予以禁止，反对新闻媒介和新闻工作者利用采访和报道的特权向被采访和报道对象索要财物。这充分表明我们党和有关主管部门已经坚决地向新闻媒介中的拜金主义和极端商业化原则宣战。

三

如果说我国当前的大众传媒中存在着相当程度的商业化倾向，那么，制约这种倾向的平衡性力量就是媒介的社会责任意识。值得注意的是，这种职业意识与改革开放前相比，在内涵和重心上已经有了诸多的改变。长期以来，大众传媒一直是作为党和政府的“喉舌”、“耳目”而存在的，宣传党的路线、方针、政策或用现实中的人和事教育人民以形成某种社会风尚是那个时代新闻工作者肩上的神圣使命。现在，国家的政治经济环境发生了很大的变化，党的宣传工作的重心和策略也有所迁移，人民群众的科学文化水平和参政议政的民主意识不断提高。在这种新形势下，大众传媒必须重建自身的社会责任意识。只有这样，我们才能一方面对媒介日益增长的商业倾向形成某种制约，另一方面又不至退回到传媒高高在上、脱离人民群众、以教师爷自居的时代去。笔者认为，当前大众传媒理应承担的社会责任意识应包括以下几方面的内容：

（一）必须把“新闻价值”而不是任何别的东西视为新闻采集和制作的首要标准，尽可能全面、真实地报道事件的原貌，忠实地履行“环境监测”的社会功能。所谓“新闻价值”，是指所报道的事实本身所包含的足以引起社会各种人兴趣的素质。但新闻价值包含哪些素质，人们的看法有相似的地方，也有不同之处。有的学者认为新闻价值包括“时新性”、“重要性”、“接近性”、“显著性”、“趣味性”，国外有的学者则认为新闻价值在以上素质以外还应包括“冲突（紧张—惊异）”、“进步（胜利—成就）”、“灾难（失败—毁坏）”、“后果（对公众的影响）”等。一件具有新闻价值的事件不一定同时具备上述全部素质，但至少应具备其中的某些成分（“有偿新闻”常常不具备真正的新闻价值）。大众传媒有责任让公众尽可能迅速、准确、充分、完整地知晓和理解新闻事件的意义，在此基础上对环境中存在的机遇、挑战有比较清晰的认识，并形成正确的判断。说到底，大众传媒是社会和舆情的“瞭望哨”，它有责任首先满足受众的“知晓权”，不能受金钱的影响把那些缺乏新闻价值的虚假甚至错误的信息硬塞给受众。

（二）大众传播承担着某种社会组合功能，换言之，传媒应通过对新闻等各种信息的选择、解释或评论，把受众的注意力集中到当前环境中最为重要的事件上去，并提出相应的解决方案和策略。显然，并不是所有具有新闻价值的事件都应无选择地成为报道对象，因为媒介的环境监测功能也有负面的影响。它有可能对现存体制形成某种潜在的威胁，对个人亦会因信息量过多而产生“麻醉性”作用。社会主义大众传媒应自觉抵制各种商业化风潮及由此滋生的“非政治化”新闻观点，理直气壮地坚持新闻、评论的指导性和引导作用，将受众关心的热点“议程”设置到社会生活的中心事件和其未来趋势方面来，为党和国家的方针、政策提供舆论性支持。

（三）大众传媒理应承担传递严肃的文化知识和社会遗产的功能，而这些被传递的材料显然是纯粹的商业尺度无法衡量的。如果说家庭、学校是对社会成员进行文化传递的第一和第二环节，大众传媒则扮演着广泛而有着持久影响力的社会教育者的角色。当然，由于传媒教育具有非强制性、潜移默化性和特有的弹性，其效果并不能很快显现出来，而且会由于受众不同的社会关系、文化程度、团体归属而显示出不同的深度和方向，但传媒在社会传统的正常延续方面起着相当大的作用——如果传媒被“大众文化”所统治，其严肃的文化教育功能势必遭到削弱，而这将威胁人类生存和发展的基础。另外，由于大众传媒在儿童的智力开发、成人教育、职业教育以及趣味教育、科技文化节目方面发挥着尤为重要的作用，因而保持这类内容有足够的容量和份额显得更为必需。

（四）现代传媒承担着为受众提供健康有益的娱乐活动的重要功能。美国学者 P. 拉扎斯菲尔德和 R. 默顿在《大众传播、大众鉴赏力和有组织的社会行动》一文中提出了大众传播的三项社会作用，即：(1) 组织社会行动；(2) 维护现存的社会经济制度；(3) 宣传社会目标。但他们没有提及传媒的娱乐功能。随着五六十年代西方传媒的商业性日益增强，传媒的社会功能增添了新的内容。W·施拉姆指出：“查尔斯·赖特在《大众传播：功能的探讨》一书中，从社会学的角度勾画出对传播的看法时，在拉斯韦尔的三个范畴之外又增加了第四个功能——娱乐。”西方国家的情形如此，我国传媒的娱乐功能也在商业法则的推动下呈现不断强化的态势。娱乐类节目的剧增无疑极大地丰富了广大受众的社会生活和私人生活，使传媒对受众的影响随之增大。在这方面，我们应避免西方商业传媒曾走过的弯路，力图从一开始就将传媒的娱乐功能引向健康有益的道路。

大众传媒所承担的社会责任是多方面的，这是由传媒的特殊社会地位和其所存在的社会制度所决定的。如前所述，媒介的商业倾向和其社会责任并不必然发生冲突。问题是，当两者的相互关系失控、尤其是前者冲击后者时，如何有效地控制商业倾向的过度膨胀呢？本人认为，必须从以下几方面入手协调两者的关系：

首先，必须建立法律约束的制度。现在人们越来越意识到，必须承认大众传媒作为国民经济中重要产业部门（信息产业的一部分）的性质，必须把传媒作为特殊社会企业来加以经营，也确实有必要制定相关法规保障和鼓励传媒的自由竞赛式的公平发展；但是另一方面，法律也必须保障传媒特殊的性质和社会地位，在这方面，我国法律规章主要是从政治限制的角度进行规范。例如，我国宪法第五条规定：“任何组织或者个人都不得有超越宪法和法律的特权。”《关于党内政治生活的若干准则》也规定：“党的报刊必须无条件地宣传党的路线、方针、政策和政治观点……绝对不允许在报刊、广播的公开宣传中发表同中央的决定相反的言论；也不得在群众中散布与党的路线、方针、政策和决议相反的意见。”这就从根本上保证了我国的大众传媒必须是为党、为人民、为国家承担严肃社会责任和义务的组织。但是，由于缺乏专门的新闻法，对于大众传媒过度商业化的限制就陷入缺乏可操作性的尴尬境地：要么援引党规国法加以政治性限制，要么参照一般经济法规加以经济制裁或约束。显然，必须尽早颁布有关新闻的专门法律，把传媒的商业倾向限制在一个操作性很强而又比较公正的行业法的框架内。这样，媒介的社会责任亦会在国家宪法的抽象肯定和政治性否定之外获得更为切实的保障。

其次，必须建立健全媒介管理的行政干预体系。由于缺乏专门法律的基础性支持，我国长期以来过度依赖行政干预手段，这种干预有时是十分粗暴和违背新闻规律的。行之有效的媒介的行政管理应该是指导、协调、管理和服务于媒介，强化传媒从业人员的队伍建设，把那些利欲熏心的人员从新闻队伍中清除出去。当然，行政管理还可以结合经济限制手段（如税收、经济指标）对媒介的过度商业化倾向进行综合性约束。

再次，大众传媒要加强自身的社会责任意识，强化从业人员的职业道德，把那些强制性的规章制度内化为他们的自觉和自律性的要求，使之养成良好的职业习惯。

最后，大众传媒必须诚恳地接受社会舆论和社会组织的广泛监督，完善自身的社会形象。

总之，如何处理大众传媒的商业倾向和社会责任意识是在新形势下新闻传播界不得不面对的突出问题。在社会主义市场经济条件下，在新闻改革不断深化的今天，按新闻规律办事必须包含按价值规律和社会责任的要求办好新闻传播事业，这两者完全有可能形成良性循环的协调发展的关系。对于媒介中失控的商业主义倾向，我们必须引起高度重视，并依据法律的、行政的、经济的、道德的诸种手段加以限制。只要把大众传媒的发展规范在有法可依、有章可循的多维管理网络中，社会主义新闻传播事业一定能获得健康、协调的发展。

［选自《南京大学学报》（《哲学·人文科学·社会科学版》）1997 年第 3 期］

电子传媒的数字化浪潮

闵大洪

1995年，美国大名鼎鼎的麻省理工学院教授兼媒体实验室主任尼葛洛庞帝（Nicholas Negroponte）推出了自己的新作《数字化生存》（《Being Digital》）。这本书立刻风行全球，被译为多种文字出版。中国内地的海南出版社于1996年将其译为中文简体出版，到1997年2月，已是第3次印刷。尼氏被西方传媒推崇为传播科技领域最具影响力的当代大师之一，由此开始被广大中国人所了解。他的一句名言“计算不再只和计算机有关，它将决定我们的生存”在中国的信息专业报刊上被频频引用。

尼氏认为物质世界的基本粒子如果说是“原子”，那么，数字化革命后的新世界的基本粒子就是“比特”（bit，即binary digit，二进位数字的缩写，为计算机处理、存储、传送信息的最小单位，通常由1或0来表示）。尽管尼氏将“比特”褒扬得无所不能的观点受到一些人的批评，尽管未来“数字化将决定我们生存”的论断也受到不少人的质疑，但几乎所有的人都看到了当今传播事业发展的两大特点：一是全球化，二是数字化。目前，数字化浪潮正在通信和传播领域全面推进，作为最具影响力的电子大众传媒——广播和电视自然也处在变革的前沿。

数字音频广播

到目前为止，我们尚生活在模拟技术的世界中，就是说，所有的广播、电视形态都是以连续波形传送的。数字和压缩技术为在普通媒体中传送各种信号铺平了道路，因为所有的模拟信号都会被转化为比特，无论它们是音频信号还是视频信号。

在广播中，无线电波中的中波和短波在技术上是最容易实现的，它们载送声音的方式是比较简单的调幅方式，所以最初的无线电广播是中波和短波调幅广播方式。从20世纪40年代起，陆续产生了新的广播形态，主要是米波调频广播的出现，以及在此基础上形成的立体声广播。而数字音频广播（Digital Audio Broadcasting，DAB）则是90年代中期出现的广播形态的第三个里程碑。

1995年9月27日，英国广播公司（BBC）首先进行了DAB广播，欧洲一些国家瑞典、丹麦、法国、德国、荷兰紧随其后，至此，DAB广播正式登场。它具有模拟广播所没有或无法相比的特点：一是音质纯净，如同激光唱盘一样；二是抗干扰能力强，甚至在使用便携式收音机和汽车收音机时，也没有杂音或干扰；三是每个广播电台所使用的频带非常窄，从而能够大大增加可利用的频率数量；四是能够提供传送数据等多种新业务；五是地面广播和卫星广播均能采用同一技术。欧洲国家的DAB广播采用的都是“尤里卡147”制式，这一制式已由国际电信联盟（ITU）以建议书的形式予以认定。在亚太地区，亚广联（ABU）从1992年以来一直强调建立全球统一的DAB制式，并支持尤里卡147，其成员国中的中国、印度、澳大利亚均表示将采用该制式。

尽管模拟广播将逐渐被DAB广播所取代已是人们的共识，但DAB广播在发展中也遇到不少难题，例如美国提出了与欧洲尤里卡方式不同的“同波段同频道”（IBOC）方式，从而使国际标准化的进展推迟，美国认为制式的确定应该由市场来决定。从理论上说，DAB广播的开播将刺激收音机市场，大量听众会更换他们现有的收音机，但实际上，目前廉价收音机的生产尚不能令人满意，第一代数字式收音机的价格竟高达2000英镑，随着技术的发展、成本的降低，其价格已逐步下降到300~400英镑，但毕竟还令普通人驻足观望，所以目前DAB广播的听众数量暂时还无法与模拟广播的听众数量相比。

1996年12月16日上午9点，中国DAB广播在广东省佛山广播电视中心试播。参加这次试播的有中央人民广播电台、广东台、广州台、佛山台和深圳台的五套节目。目前这种试播台在中国乃至整个亚洲只有一家。此事对于推进中国广播的数字化具有示范作用，同时表明今天中国大众传播界对新技术作用的深刻认识和率先采用的积极态度。

数字高清晰度电视

数字化在电视领域的采用首先在卫星传送电视信号方面。通信卫星传送电视节目采用数字压缩技术，可使频道数量大大增加。因为采用传统的模拟技术，图像的每行和每帧都要传送，即使行与行、帧与帧之间的变化相对较少，而数字技术传送的只是相邻的行与行、帧与帧之间的差别，然后把原来的图像完整地恢复出来。这样，卫星上的一个转发器过去只能转播一个模拟频道，现在却能转播6~8个数字频道。采用数字技术后，每个频道的广播成本可降低到目前成本的几分之一。卫星电视数字化是1994年从美国Direc TV公司开始的。该公司属于休斯通信公司，它在全北美播出175个频道，信号用18英寸的碟形天线接收，当年用户人数就超过了80万。采用数字压缩技术，估计到1997年底，世界大部分地区将有机会至少收看150个频道的电视节目，而在欧洲，收看的频道总数可能轻而易举地达到500个。目前在发达国家，数字卫星电视的强劲发展趋势正在对有线电视构成威胁。

对地面电视而言，数字化也将导致一场激烈的市场厮杀。德国的两大传媒集团——基希集团（Kirch Group）和贝特斯曼集团（Bertelsmann Group）在数字电视解码器制式采用上经过一番角逐后，终于基希集团胜出，它随即于1996年7月28日开办了第一家数字电视台DF1台，以现场转播一级方程式汽车赛拉开了电视新时代的帷幕。

面对欧洲在数字化方面的进展，大西洋彼岸的美国当然不能只是坐而观望。1996年12月26日，美国联邦通信委员会（FCC）批准了数字式高清晰度电视标准，1997年4月3日提出了实现电视广播数字化的进程表，决心大力推动这项新技术的使用。按照规定在一年半的时间里，美国将有24个电视台要开播数字电视节目。其中包括主要电视网在10个大城市中的22家电视台，这是为了保证到1998年底前有相当数量的数字电视机。到2002年，所有商业电视台也要开始播放数字电视节目，最终目标是在9年时间里完成更新换代，使全美国的电视节目全部实现数字化。为了鼓励电视广播业推进数字化，联邦通信委员会没有采纳拍卖新频道的律议（美国现有1544家电视台，所使用频道都是该委员会批准，数字化后将在2006年全部收回现有频道拍卖给其他行业使用，估计此项可为政府增加150亿美元收入），而是决定向全国1500多家电视台免费批准播放数字电视的频道。在数字电视前景明确起来的情况下，美国及日本、欧洲的电视机生产厂家都纷纷摩拳擦掌准备在1998年下半年推出不同型号的数字电视机，瓜分这个上千亿美元的新市场。

数字化使以往泾渭分明的信息业、通信业、大众传媒业融合

值得注意的一个新动态是，数字电视的市场竞争已不限于以往电视业的范围，实力雄厚的电脑界将杀进这一领域。以微软（Microsoft）、英特尔（Intel）、康柏（Compaq）公司为代表的电脑制造业也看好数字电视市场，希望以此带动个人电脑的进一步普及。他们的构思是使数字电视机能具备一部分电脑的功能，使广大的观众能通过电视机来浏览互联网络上的内容及收发电子邮件。目前只有接近40%的美国家庭拥有电脑，如果能使数字电视机一机多用，最终可能实现家家有电脑的目标。

在美国联邦通信委员会提出数字电视进程表仅3天后，即4月6日，美国电脑业的巨头微软公司宣布，将以4.25亿美元的总金额用换股的方式收购硅谷一家名叫“网络电视”（Web TV）的开发公司。微软公司的收购举动表明电脑业未来的一个主攻方向。另外也可以看到，在数字化的道路上，电脑与电视的关系不仅是竞争，同时也有广阔的合作空间。电脑与电视的界限将逐步打破，很难说未来的产品是电视电脑（TV PC），还是电脑电视（PC TV）。比尔·盖茨（Bill Gates）声称，微软公司将开发和销售数字电视机的操作内核，例如它将为交互多媒体系统开发一种预制字幕添加（Closed-captioning）格式，其目的是向那些在听力方面有障碍的人提供服务。有人当即指出，微软的这一举动并非是利他主义行为的一种表现，而是为了争夺下一代电视市场所做努力的一个重要组成部分。为了拥有对数字电视“灵魂”的控制权，微软一直在悄悄地加紧对新技术的研究与开发。

近年来，微软向大众传媒界进军的步伐咄咄逼人。1995年12月，微软公司投资2.2亿美元与全国广播公司（NBC）结盟。1996年7月，名为MSNBC的全天24小时新闻频道正式开播，同时在国际互联网上并行播出。MSNBC在去年的亚特兰大奥运会和美国总统选举等重大事件报道中，已向美国有线电视新闻报道的霸主CNN发出了挑战。比尔·盖茨1997年4月宣称，微软公司将对NBC的新闻部门进一步兼并。紧接着他又于6月9日宣称，微软公司将以10亿美元收购拥有430万个用户的美国有线电视巨头的通讯广播公司（Comcast Corp.）11.5%的股份。微软公司的最大惊人之举，是今年2月对外宣布的“空中互联网络”（Teledesic）计划。这项由比尔·盖茨和麦考移动电话公司的老板克雷格·麦考筹划的宏图，计划到2001年前，陆续发射840颗低轨道移动通信卫星，建立起覆盖地球表面95%的高速、宽带的无线多媒体网络，总成本为90亿美元。从以上微软公司紧锣密鼓的动作，也可以清楚地看到当前数字化浪潮的汹涌澎湃。

1995年2月，美国提出了《全球信息基础结构（GII）合作日程》的文件，其中指出：“在20世纪即将结束的时候，信息是形成世界经济体系的至关重要的力量。在21世纪，信息产生的速度、信息的获取和信息的无数用途将会使各国经济发生更具有根本意义的变化。这些变化将是以前泾渭分明的电信业、信息业和大众传媒业的技术集中的结果。曾是区分传输声音、数据和图像网络类型的界限越来越模糊了。在数字世界里，这些网络可以结合在一起通过一个传送系统提供服务。由不同传输媒介如光缆、同轴电缆、卫星、无线电和铜线组成的多用途网络将提供各种各样的电信和信息服务，将把信息技术应用于家庭、商业、学校和医院。这些网络将形成发展各国和全球信息基础结构的基础，转而成为必将到来的信息时代把世界联在一起的无形的网。”

历史的经验值得注意

小到一项新技术的采用和推广，大到国家信息基础结构的策划和实施，至少有三点至关重要。

第一，政府的主导作用。

英国从1994年以来，先后发表了三个关于广播电视发展的政策文件。第一个文件是1994年7月发表的为保证BBC在未来21世纪生存的《英国广播公司的未来》；第二个文件是1995年8月发表的《关于地面数字广播的政府提案》。英政府表示，有关21世纪英国的广播政策都集中体现在这三个白皮书中。又如美国在信息高速公路（NII）的建设中，尽管千头万绪，但以戈尔副总统为首的领导班子，所办第一件大事就是修改1934年制定的“电信法”，因为NII的物质基础首先是四通八达的电信网络。由于过去历史、技术等种种原因，美国的电信网

是分行业管理的，行业间界限分明，长途电话、市内电话、广播电视、有线电视都有自己的“势力范围”。为了防止垄断，法律上对行业之间的相互渗透作了相应的限制。然而，建设 NII 却要求冲破这些行业间的“围墙”，使各种电信服务汇成一个集成系统供用户使用。经过一段时间的酝酿，1996 年 2 月 8 日，克林顿总统终于签署新电信法案。随之，一股合并风在美国的电信业展开。由此可见，即使在市场经济条件下，政府也绝不是撒手不管，放任自流，政府在本国传播事业发展及 NII 的建设中，始终担当着重要的角色，关系到全局与成败。

第二，市场的选择作用。

美国联邦通信委员会在批准数字高清晰度电视标准的同时，声称尽管制定了许多技术规定，但电视上放映图像的制式、荧光屏的大小和形状将由市场决定。也就是说，新的数字式标准将给电视机制造商、计算机公司和广播电视机构留有很大的余地，以便让它们在竞争中向广大观众提供可供选择的设备和服务，政府并不采取大包大揽，强迫命令的方式。100 多年前，一个天才如爱迪生足以包打天下，独自一人就能创造出一场伟大的变革或一项惠及众生的发明。在高科技时代的今天，但凡重要的科技进步都要求社会与技术之间的多纽带联系，各学科各领域之间的全方位结合，以及各产业集团之间的广角度合作。发明家和生产厂家总是用层出不穷的新产品引导消费者进入更高的境界，但性能和价格是决定一种新技术新设备能否被广大消费者接受的最重要的两个因素，同时“硬件”（设备）与“软件”（传播内容及形式）之间也起着相互推动作用。市场的选择往往成为最后的事实上的标准。在家用录像机的发展过程中，就有过日本 JVC 公司的 VHS 与索尼公司的 Betamax 的两种制式之争，经过大约 10 年激烈的市场竞争，最后 VHS 得到世界各国的普遍采用。总之，新技术新产品必须经受市场的检验和选择，不可能人为规定。

第三，对新技术的认识。

中国在采用调频广播技术的过程中，曾由于长时间没有解决好传播与接收之间的关系，加上极“左”路线的干扰，结果使调频广播的发展大约推迟了 20 年之久。1959 年，中央广播事业局广播科学研究所与北京广播器材厂合作，试制出中国第一部调频广播发射机，并在北京试播，但是在随后的推广中却遇到了很大的阻力。主要问题是当时大量的收音机都不具备调频广播频段，在这种情况下，广播电台不愿意开办专门的调频广播节目，认为没有接收工具，节目无人收听。反过来，工业部门则不愿意生产调频收音机，因为没有调频广播节目，担心群众不肯购买。于是从 60 年代开始，只好先用调频技术来传送广播节目。到 70 年代末，一个以节目传送的调频广播网在全国基本建成。但因播出的节目与中波广播完全相同，未能引起听众的兴趣，调频收音机仍未得到发展，调频广播始终没有形成影响。1983 年，第十一次全国广播电视工作会议对国内广播的技术政策进行了重大调整，制定了四级办广播的政策，同时把调频广播从以节目传送为主转变为以群众收听为主，并把它作为对国内广播的主要收听覆盖手段，规定市、县级广播电台主要应采用调频广播，中央和省级的调频广播节目内容要逐步与中波广播分开，推出独立的节目。这些决定大大促进了全国调频广播网的发展。1983 年后一年多的时间内，全国就增加了 96 座调频广播电台。到 1984 年底，国内生产的收录机和部分收音机都带有调频频段。调频接收工具的普及，对调频广播的发展又起了推动作用。调频广播在中国发展的历史经验表明，一种新的技术出现后，必须首先积极采用它，才能促进它的发展。如前所述，中国对 DAB 广播的积极试验推进态度，已表明今天中国广播电视界对新技术的全新观念。

（选自《国际新闻界》1997 年第 4 期）

试论转型期中国传媒的市场传播意识

戴宇立

20 世纪 80 年代起，我国从计划经济逐步向市场经济转轨，这是新闻传媒转向市场传播的重要条件和必要前提。同时，我国新闻理论界开始对传统新闻理论重新思考，承认了新闻也具有商品的某些特性，为我国传媒如何面对市场传播，提供了理论依据。西方传播学于 20 世纪 70 年代末传入中国，从而使我国新闻传播理论研究出现了崭新的视野。西方传播学注重新闻传播效果，关注受众需求，这种面向社会、贴近大众的传播意识，冲击了我国传统的新闻观念。在我国市场经济与国际经济逐渐接轨中，我国新闻传播也日渐向国际化传播靠拢，新闻传媒逐步确立了市场传播意识。

市场传播意识的中心即生存意识。求生存，是市场经济条件下媒介传播的基点。从15世纪威尼斯第一张商品报纸问世，到活字媒介、声像媒介的发展，乃至"信息高速公路"、"多媒体"等新媒介的问世，无一不体现着传媒为适应社会发展所作的努力。我国现代新闻传播经历停滞和缓慢发展的时期后，面对信息化社会，传媒的生存意识愈来愈强烈。因此，在介入市场进行新闻信息传播的过程中，表现了不同的认识层面。

一、认识层面之一：价值意识

所谓"价值"，属经济学术语，是指凝结在商品中的一般的、无差别的人类劳动。而新闻不同于商品，因此新闻的价值也不同于商品的价值，"新闻价值"应有它独特的含义。市场经济条件下，我国新闻理论界对"新闻价值"进行重新界定，众说不一。然而传媒对于新闻的价值判断，具理解的直觉、实践的迅速，却先于理论界。究其原因，正基于传媒立足市场的需要。因此，对"新闻商品性"的价值特性的认识，正是传媒生存意识的表现。传媒的价值意识体现在：

关注新闻的有偿价值。长期以来，我国新闻界注重新闻价值作为新闻学理论范畴的特性，如时效性、接近性、趣味性及显著性等，却有意忽略了新闻价值也具有价值的一般性。从认识论的层面分析，"新闻价值也是关系范畴，它鲜明地体现着新闻的主体与新闻的客体之间的价值关系，尤其鲜明地体现着受众与新闻事实的价值关系"。承认这个价值关系，也就承认了新闻的价值存在，而价值通过新闻传播效果得以显现。受众对新闻信息的需求，是通过媒介传播来完成的，只有具有新闻价值的信息，才能进入市场，满足受众需求。新闻主体和新闻客体之间是一种需要和满足需要的价值关系。因此，不能排除受众在需求新闻时的有偿价值判断。当然，新闻价值不能等同于商品价值，新闻价值是以传播效果来衡量的。在市场经济运行中，我国新闻传播现状已愈来愈体现媒介对新闻具有价值特性的关注。新闻传播的双向性，不仅仅包括传者与受者的信息交流，传者在注重受众信息反馈的同时，更加关注新闻价值的有偿反馈，已是不争的事实。目前我国传媒对新闻的有偿价值关注表现在：一是宣传版面收费合理化。中国新闻传播不同西方的区别在于更注重正面舆论宣传的效果。因此传媒大都开辟宣传版面或专题栏目，宣传政治、经济、文化、教育、科技等方面的成就。这些带有主观色彩的信息传播，突出了新闻的宣传价值，媒介收取相应的宣传费，也为社会承认。二是有偿新闻屡禁不止。新闻一旦可以用价值来衡量，就成为一些利欲熏心传播者进行等价交换或牟取暴利的手段。中宣部曾三令五申，禁止有偿新闻，仍无法完全消除有偿新闻的诱惑。这正说明，无视新闻本身存在的有偿价值是不客观的。我国传媒在坚持新闻的真实性和客观性的同时，也应正确认识新闻进入市场后的有偿价值特性。

发掘新闻的隐形价值。新闻的隐形价值，这里指新闻信息传播中潜在的价值因素。它有时表现为传播者的客观报道带来的潜在价值显现，有时则表现为传播者对信息潜在价值的关注。当新闻在市场传播过程中进行信息交流，传播的首要职能是社会职能。西方传播学者拉斯维尔在《传播的社会职能与结构》一书中，提出大众传播有三大功能：监视环境；协调社会各部分；传递社会遗产，及后由C·赖特添加的提供娱乐，构成"大众传播的四大功能"。传媒作为信息的载体，在传播新闻信息的过程中，应首先发挥"监视环境"的社会职能，关注新闻传播的社会效果。但新闻是面向市场的传播，新闻信息不可避免地带上商品属性，新闻报道就不可否认地隐藏着价值。这种新闻的隐形价值，影响着传媒的报道方向、内容及报道手法、传播方式，乃至影响到传媒的生存状态。新闻的客观性原则有时便成为传媒的装饰品，理论与实践相分离，正是新闻的隐形价值在作祟。因此，发掘新闻的隐形价值，成为我国传媒竞争市场的重要手段。它表现出如下趋向：首先是经济新闻效益化。随着我国市场经济的发展，非市场保护因素的消减，经济新闻传播异军突起。经济新闻作为一种客观信息传播，一方面传达经济信息，满足受众对市场的需求；另一方面，新闻媒介在适应受众的同时，更加关注自身"传什么"，以获取最佳传播效果。这潜在地表现出传媒对信息传播的商品意识，认识到传播者与受众之间的关系实际上表现为市场的供求关系。经济新闻作为热点传播，带来了我国传媒报道方向的更新，成为受众最欢迎的新闻信息之一。

新闻信息精确化。"精确"，是指新闻信息的传播表现为周密可靠的数据显示，为受众提供更加客观的完整信息。"精确新闻"是我国近几年兴起的一种传播新闻信息的新形式，体现了传媒已开始关注新闻的隐形价值。90年代，"精确新闻"专栏在北京一家报纸首创后，风行全国，在传媒的各种经济报道中，愈来愈多地出现精确数据，如市场行情、物价信息、股市行情等，包括中央及地方权威部门发出的经济信息等。不仅在具体的经济新闻中运用精确数据，在全国各大报刊、电视台、广播台均辟有专版与栏目，显示精确的经济信息数据供受众选择。国内一家报纸为吸引受众，曾有意在该报的头版右上角刊登一则"证券行情"的精确数据，结果报纸销量大增。原因是读者首先发现"证券行情"，误以为是《证券报》。这里，受众关注商品的信息，传媒则关注信息中隐藏的价值含量。受众需求量越大，信息隐藏的价值含量越高。正是这种隐藏的价值含量，促使传媒去不断寻找适合自身发展的传播方式。"精确新闻"的诞生，正是我国传媒适应市场的新思路，也体现出了市场经济发展对新闻传播的深层次需求。可见，市场需求的信息传播满足与否，构成了我国传媒生存状态的分野，因为新闻的价值不仅表现为有形的传播效果，也表现为隐形的市场反馈，它影响着传媒的生存与发展。一味追求新闻的价值特性，就可能导致假新闻泛滥，受众可信度下降，传媒形象受损。一个传播效果极佳的新闻媒体，也应该是能正确把握新闻价值特性的高手。

二、认识层面之二：功能意识

功能即作用。传播学理论认为，传播是人类赖以生存、发展的基础性活动之一，传受信息是其基本功能，表现为“监视环境”——用“新闻”不断向整个社会及时报告环境的变动。同时传播的次功能除了“应付环境”和“充实情绪”，还包括提供娱乐——借助“娱乐”使整个社会获得休息以保持活力。在我国，目前对传播功能的认识，理论上虽然接受了传播主功能为“监视环境”，但从传媒所处的传播环境看，信息传播仍要受到社会生存环境的制约。一段时期内，作为舆论工具的媒介仍热衷于宣传性传播，以应付环境。但是，随着我国市场经济的发展，受众对传播愈来愈要求贴近社会，丰富社会。在广告已经显示传播与社会融合时，娱乐性又成为媒介传播追求的新目标，这正是传播次功能在特定社会环境中的表现与膨胀。与港台传媒、西方传媒一味追求娱乐性传播相比，我国传媒仍注重政治舆论导向作用，但传播娱乐化倾向在增大。这种传播功能的逐步转型，正是传媒市场传播意识的体现，其特点为：

消遣性传播增大。这一类传播的功用，可以提供娱乐，调剂身心。随着社会传播信息化，“大众传播媒介纯化为生产、分配、提供信息的装置……逐渐成为信息化社会中兼备娱乐功能、广告功能的一个文化装置。”当媒介为了提高发行量和收（视）听率，在传播信息时，必然注重传播的娱乐功能，以期竞争市场，获得良好的传播效益。我国目前有2000余家报纸已提出向“文化大报”、“经济大报”挺进，内容的“可读性”成为新闻报道研究的重点课题；同时，报纸版面的彩色化、图片化，栏目设置的新颖独特，都以消遣性、娱乐性特色而成为吸引受众的重要传播手段。传播体现消遣性、娱乐化，正是我国传播媒介不断调整自身，适应市场，以求发展的生存意识的表现。

娱乐性信息增多。传播媒介为了获取最佳传播效果，必然注重传播信息的更新。由于大众传媒在信息化社会中已转化为兼备娱乐功能、广告功能的文化装置，不可否认，“大众传播媒介的功能，正在逐渐变成欲望满足型。”从我国传播现状看，报刊、电视、广播等大众传播媒介信息中娱乐性信息的比重正迅速增加，而新闻、教育等实用信息相对减少。日本传播学者认为：日本大众传播媒介信息几乎90%为娱乐信息，其社会功能的95%以上为欲望的满足。相比之下，我国大众传媒的娱乐信息传递正在增加密度，这是因为受众对传播信息提出了新要求。目前我国传播信息的调整表现在：一是娱乐消遣的传播内容增大。晚报兴盛，日报文艺副刊激增，其中社会新闻、文化、体育等娱乐信息、深受读者喜爱。《新民晚报》、《北京晚报》、《羊城晚报》的发行量堪与同级日报媲美。电视广播的主要功能已转化为提供娱乐信息，如中央电视台的体育、电影、文艺频道等，已成为人民业余生活的重要组成部分。二是广告传播对娱乐信息的制约。大众传媒是最合适的广告传播手段，广告要选择媒介来传播，传媒的生存也离不开广告信息。以广告促产业发展，正是我国传播媒介娱乐信息不断增大的重要原因之一。

娱乐功能潜存着负面影响。西方传播学者拉扎斯费尔德和R·默顿的大众传播理论，提出“三功能说”，指出大众传播有两种正功能，即授予地位和促进社会规范的实行；一种负功能，即麻醉人的精神。由此不难发现，从社会传播角度看，“提供娱乐”是传播的次功能，在满足受众需要的同时，也会给社会带来负面影响。当现代人在传播媒介提供的大量娱乐信息中耗费时日、开阔视野的同时也带来了精神的麻醉。从我国传播现状看，娱乐信息增大的同时，黄色新闻、暴力事件，成为某些传媒竞争市场的不正当手段；同时，新闻侵犯、新闻伤害事件时有发生，这正是大众传播负功能的体现。传媒在试图增强生存能力的同时，却失去受众的信任；而受众对传媒的信任度，直接影响新闻传播效果。因此，我国传媒在关注传播的次功能“提供娱乐”时，不能忽略传播“监视环境”的主功能。因为由报纸、广播、电视等媒介传播的内容和形式，引起一定的文化素养和心理倾向，形成一种媒介文化，会影响甚至左右受众的言行，直接关系到我国社会主义精神文明建设的成败。

三、认识层面之三：环境意识

环境，这里指与传播媒介有关的环境，包括传播环境和生存环境。

“新闻在社会传播，凡是受众集中的地方，也就由人、人的政治社会、物质生活方式和民族习惯等构成传播环境。”传播在一定社会环境中进行，同时也受环境的制约。环境可以决定新闻的传播何时、何地能获得两种截然不同的传播效果，所以它也直接影响着新闻传播的方式，使之能适合于一定的环境。在市场经济条件下，我国新闻传播现状体现了传媒适应市场传播的环境意识，表现为：

广告传播力度加大。广告是一种特殊的大众传播方式。它是商品经济发展到一定阶段的必然产物。“广告的基本职能是通过媒介向消费者传播有关商品方面的信息。”从经济学角度看，媒介以其传播的大量经济信息特别是广告，构成社会化大生产过程中不可缺少的环节；同时，为企业服务（传播信息）的媒介本身也变成了企业，为资本家（主要以广告收入）创造出丰富的利润。可见市场与媒介是互助互利的，广告成为媒介青睐的传播方式，也就不足为奇。目前，我国传媒的广告传播，不仅仅局限于传播商品的信息，还为自身增强生存能力。没有广告传播，就会被市场遗弃；而媒介自身的发展，又促进了广告传播。因此，广告大战的兴起，已成我国新闻传播的新景观。1993年1月，上海《文汇报》用整个头版的篇幅，刊登了杭州西泠集团的空调广告，并将广告收入100万元捐献给东亚运动会，被称为“中国广告一号”，海外报道为“中国新闻界的新闻”。对此广告传播，国内毁誉参半。反对观点认为，虽然广告对现代报纸至关重要，但唱主角的应该是新闻，报纸应有“报格”。这说明如何处理好新闻与广告的关系，是新闻传媒立足市场的关键。目前，我国新闻传媒的广告传播已占据其传播时间近半数，受众对“减少广告”的呼吁，正是传媒市场运作的调节信号。这说明新闻媒介以新闻传播为宗旨，才能真正体现媒介的职能。

新派传播方式兴起。新派传播方式，是相对于旧的传播方式而言，更具现代传播气息，更符合现代生活节奏，更贴近现代人心理传播。这是信息化社会传播的特征。它表现在两方面：一是多信息快节奏传播。改革开放以来，我国传媒在沿海开放城市首先变革，提出“超市文化”、“快餐特点”的综合性、快节奏传播。新派报纸的现代特征首先是变革办报方式，增强市场竞争力。如《广州日报》扩为24版，全天新闻，滚动播出，信息量大，传播速度快。其次是讲究编排创新，以丰富的栏目和彩色图片来增加可读性和可视性，以综合性特色满足受众求新求奇的心理。因此，新派报纸在全国2100余家报纸中迅速崛起。二是形象化多向传播。从电视传播看，电视普及加剧媒介竞争，促使电视画面不断更新，栏目花样迭出，传播频道激增，以不断适应社会发展和受众需要。中央电视台8个传播频道囊括了政治、经济、文化、科教、体育、卫生等，覆盖了人民生活的各个角落。广播在听众下降、市场萎缩的困境中，发挥电波传递迅速的优势，开办广播热线，追求现场采访的真实感来吸引受众。形象化多向传播体现了市场对新闻传播的需求。可以说，我国新闻传媒的环境意识，是在市场传播的运作中不断明确的。生存环境，即媒介传播的社会关系。在信息化社会，媒介的生存，既受社会环境的制约，也受传播对象的左右。媒介形成的信息环境给受众以影响，反过来受众需求又成为媒介生存的依托。因此，我国传媒的生存状态形成内外竞争的特点，正体现了市场经济条件下，“一切经济活动都直接或间接地处于各种市场关系之中”。获取受众，成为媒介竞争的焦点。我国传媒的竞争意识表现在：

变被动传播为主动传播。我国传统的新闻传播，一般是在新闻事实发生之后去捕捉新闻，处于被动传播状态。改革开放使新闻传媒不能再“等米下锅”。我国新闻改革的重要特征之一就是传播者意识到主动传播是新闻媒介求生存的必要手段。近几年，我国新闻传媒兴起的“新闻策划”，就是媒介主动传播的体现。

新闻策划，一般解释为对新闻业务活动进行有创意的谋划与设计。新闻传媒一般都赞同新闻策划，认为有目的地对新闻事件组织报道，能引起受众与社会的关注，获取最佳传播效果。同时，新闻策划并不排除商业目的，通过策划的新闻进入市场传播，在获得社会效益的同时，也得到有偿价值反馈，如发行量增大，收视（听）率提高，传媒声誉大增。我国开始兴起新闻策划活动，正是传媒从被动走向主动的传播方式的转型，也是市场驱使下中国新闻传播的发展趋向。当然，新闻策划不等于所有的新闻都要策划，更要防止新闻的商品策划。这正是我国传媒在新闻传播方式的转型中应正视的问题。

贴近受众心理传播。目前我国大众传媒注重受众心理，增加服务性报道，更加贴近受众。从我国大众传媒的传播现状看，服务性新闻信息占很大比重，如升学、就业、保健、市场快讯、证券行情等，成为受众欢迎的新闻。因此一大批服务性报刊兴起，如《证券报》、《市场导报》、《老年报》、《家庭保健》等，成为一种报道趋势。这种服务性新闻，在西方新闻界早已达成共识，并有服务性报道的专题理论研究。我国传媒在汲取西方现代新闻传播关注受众的传播理论时，加大与人民生活密切相关的报道，贴近受众心理传播，竞争中求生存的意识增强。可见，传媒对环境的认识越高，驾驭环境的能力越强。让新闻传播适应社会环境，有效地创造让受众能接受的传播环境，在竞争环境中求生存，是传媒步入市场的适宜举措。目前，我国传媒的环境意识正在增强，但负面影响也不可否认，如一味取宠受众，广告过量，假新闻激增，这些将最终导致传媒自身生存环境的危机，尤应引起传媒的警醒。

［选自《湖北民族学院学报》（社会科学版）1998年第2期］

想说爱你不容易
——关于中国商业电影的讨论

颜纯钧　孙招振等

颜纯钧（福建师大中文系教授）：大家都看到，这几年中国电影的形势显得越来越严峻了。好莱坞巨片在大举入侵，国内的文化市场又被电视等娱乐方式所分割，电影业的处境相当艰难。我觉得这几年中国电影的一大问题是没能形成一个资本运作的良性循环的局面。前些年还拍了一些商业影片，特别是跟香港、台湾等地区联合拍片，多少赚了些钱，现在反倒又沉寂下去。这里面包含着不同层次的一些问题。我们有必要围绕中国商业电影目前的状况来讨论。

重新认识商业电影

南帆（福建省社科院文研所研究员）：我觉得这个问题不太明确，今天为什么要讨论商业电影？是不是就建立在怎么挽救中国电影的立场上来谈？问题是不是已经很严重了？如果是真的，那倒闭一些电影厂倒是很正常的。我们的电影厂建制不是按照市场，而是按照行政区域来设立的。例如一个地区不需要电影制片厂，它却偏有一个。中国有二十几个行政区域，就有二十几个电影制片厂，或许更多一点。（颜纯钧：据说除了西藏以外，其他各省都有一个电影制片厂。）

这本身跟市场不符合。如果真正强调商业，强调市场，那么市场需要几个电影制片厂，就必须做好倒闭其他一些多余的制片厂的准备。凭什么行政区域就是文化单位的划分依据呢？例如出版，不说能浙江的书只能发行在浙江，福建的书只能发行在福建。书的市场是全国性的，更不用说电影是全球一体化的。各地的电影制片厂按行政区域建制，这本身就是计划经济的产物。如果要回到电影和市场的关系，那么，倒闭一些电影制片厂是很正常的。

张煊（福建省电影公司《电影之友》主编）：据我所知，国家电影主管部门倾向于保三家大厂，即上影、北影、长影。即便这样，这三大厂若没有地方文化主管部门的扶持，也很难生存下去。其他中小厂的生存境况更糟。中国的电影业面临着一个两难局面：一方面强调面向市场，另一方面在电影业内部（生产部门、发行部门）尚未形成良性的面向市场的机制。国产商业片营养不良的情况十分普遍。现在别说是《泰坦尼克号》这样的大片，一部质量稍强的外国片都可以把中国电影打得七零八落。

南帆：这就是市场。某些时候当一个电影厂不能进入市场时，它就要倒掉。

林焱（福建省文联文艺理论研究室副研究员）：这次讨论本身就是一个很有趣的现象，在座的都是评论家、是学院派的文艺评论家。学院派的理论立场跟大众文化、文化的商业性向来是相左的。现在却由我们来讨论电影的商业性问题，而不是由那些决策、管理、操纵电影业的人讨论电影的商业操作。这可以作为中国商业电影现状的一个注脚。我们已经接受商业文化的合理性，看到商业电影的某些积极意义，为什么连学院派的理论家都来讨论电影的商业性了？因为电影市场的情况实在太糟糕了，“满耳是大众的嗟伤”。其实这不光是电影一家的事，出版业的危机已经摆在桌面上，电视剧的情况也有些水深火热。出版界有个常用词叫“楼道书”，说的是只能堆积在楼道而卖不出去的书。还没有出版就知道是“楼道书”，却源远流长、后浪推前浪。电影业情况是不是这样？有多少“楼道片”？

孙绍振（福建师大中文系教授）：在中国，完全不考虑商业回报的电影是50年代才出现的，只有在计划经济、市场垄断的条件下才有可能长期地、不惜工本地制作这种影片。市场经济那只看不见的手，绝对是要扼杀不顾血本的盲动的。从这个意义上说，就是纯粹艺术电影，甚至探索电影，不是和计划经济联系在一起，就是和某种特殊的非市场经济联系在一起。

颜纯钧：我们是不是可以不光从电影厂赚钱这个角度和电影厂生存的角度谈，而是从怎样来重新认识商业电影这里入手。特别是当代，在跨国资本主义时代，在图像文化时代，商业电影作为电影的一种形态有什么适合于时代的东西？我是想从一些比较深的层次上去认识商业电影。

南帆：这可以在文化的层次上去讨论。世界文化的范围内，商业电影绝对是主流，但在中国的文化环境中，商业电影命运不佳。我们现在讨论的前提是今后我们要怎样把中国的商业片做得成功一点。

颜纯钧：问题是在中国，认为商业片是个好东西，这绝对不是一个普通的认识。从电影的从业人员，到一般的知识界，大学生观众，都有一个怎样重新认识商业电影的问题。

南帆：的确，作为大众文化的一个组成部分，商业影片具有考虑问题的独特方式。例如对一个题材的处理，它可能注意到一些商业性的卖点，同时压抑了另一些有意义的东西。刘东评《泰坦尼克号》时说，处理冰海沉船这样一个重大题材，把它制作成灰姑娘与白马王子的爱情故事模式，得到了高的票房价值。他认为这个题材恰好体现了工业社会的大危机。在人类启蒙思想和工业发展到一定阶段，“巨人”也就是“泰坦尼克号”也会毁灭，遭到自然的反击。工业时代的巨轮，一座冰山就可以把它撞沉。但是，这部影片的主题完全不在这里，而在于激发商业兴趣。

谭华孚（福建省文化厅艺术研究所副研究员）：这是精英们对“泰坦尼克号”沉没事件的解读。

南帆：所谓商业电影，倒不如说是大众文化，是与参与人数无关的。它形成一套运行的模式和类型。詹姆逊有一个观点就是，不要老把大众跟下层的老百姓混在一起。在商业社会，所有的人都成为个体，当个体需要凝聚的时候，它就与商品交换的关系交织在一起了。商业电影的类型和模式是在这样的关系之中产生作用。

颜纯钧：我的立足点是，我们是否已经到了一个应该重新认识商业电影的时候了。从电影史看，有这样一个现象，大概在50年代前后，虽然美国电影在世界已经很有市场，但在这个时候主宰世界电影潮流和发展方向的还是欧洲的艺术电影：意大利新现实主义，法国新浪潮，新德国电影，前苏联电影……到了当代，特别是80、90年代，虽然欧洲的艺术影片还在不断拍，但已不再是世界电影的主流。艺术电影无论从流派来讲还是从审美观念来讲都不见有什么新的发展。反倒是美国的好莱坞电影，特别是在近年来成为一种席卷全球的形势。詹姆逊在从事文化研究时特别看重对电影的分析。他最重要的几个理论成果几乎都包含着从对电影的分析中得出的结论。比如他认为，后现代主义是当前跨国资本主义的文化形式，这其中电影又可以说是最“后现代”的艺术形式。所以是不是这个时代的发展变化，文化的质变，对电影的形态提出了自己的要求有另外一种电影，例如商业电影的形态更能适应这样一个时代，是不是存在这个问题？如果是，那么精英知识分子一直把商业电影视为电影中的异类，视为没有文化，是不是本身的立场已经显得陈旧了？好莱坞以大众文化为其表征的商业电影，是不是恰好表现出了对跨国资本主义时代的政治、经济与文化特别相适应的情况？好莱坞影片所以能实现全球性的文化占领，是不是因为它所显示的文化特征，在跨国资本主义时代已经表现出一种替代精英文化的强势。

谭华孚：商业化应该视为电影的原初本性。布尔迪厄在论及法国文化的变迁时说过，是第二次世界大战之后大众传媒的兴起导致了大众文化的繁盛。这时，法国的一些知识分子和精英艺术家认识到，站在外面反抗大众文化是无能为力的。于是，从法国“红色风暴”以后，知识分子就进入了大众传媒中，去改变这些传媒所养育的大众文化。在电影范围内，这个过程发生得更早一些。承认电影的商业品性、追求票房，同样要求电影艺术家反抗某种审美理念或者思想意识的钝化、习惯化，不断地激活公众的审美新感受。市场与艺术没有天然的敌对关系，没有市场的艺术则是难以久长的。这在西方电影发展中早就有了生动的例证。

南帆：“大众文化”是一个历史性的概念，阶段性的概念。这是整个人类到了工业社会以后，随着工业、商业的操作出现的与商业非常紧密地结合在一起的文化现象。

张煊：大众文化基本上都带有消费性的特征。

谭华孚：对。从某种意义上说，大众文化是消费性文化和商业文化，倒是与通俗没有多大的关系。电影是完全意义上的大众文化，它一开始就是批量生产的，没有唯一的原作，所有的拷贝都是模本。詹姆逊在论说后现代主义文化时，曾将黑白电影和彩色电影分别看待，认为彩色电影才是后现代文化，黑白电影不是，因为黑白电影还有“历史感”。但倘若以大众文化的尺度来衡量，电影整体上都可归属最典型、最古老的大众文化之列。

孙绍振：还有另外一个方面的问题。我以为，既然当代的中国已经进入商业社会了，既然中国电影已经开始被推入市场了，那么我们就要考虑，电影本身应该与过去有什么变化？是什么样的电影形态可能会更适应这样的时代要求？现在中国电影基本上是三种形态一种是原本就有的艺术电影，一种是现在才有的弘扬主旋律的电影，一种是商业电影。奇怪的是，电影要走向市场，电影制片机构却还在拼命拍第二种形态的影片，还在几百万几百万地往水里扔钱，反倒是那种本来就定位于向市场要回报的商业电影，却不拍了，这是什么问题？商业社会与商业电影之间的关联是一眼就看得清楚的。如果来研究商业社会和弘扬主旋律影片的关系，那还算得上是一个问题？现在本来不是问题的问题倒成了问题了，这就是中国电影的怪现状。

发展中国的商业电影

颜纯钧：电影危机是中国的一个现实，问题是怎么来认识这个危机，以及采取什么应对的策略。最近有导演这样扬言，说只要我有那个钱，我就能够做出《泰坦尼克号》。谢晋在长春电影节上也和香港的吴思远产生了一场争议，焦点同样是在应该拍什么样的电影。谢晋还是主张拍艺术影片，要深刻。

南帆：问题是，谢晋的艺术影片其实是以主旋律为主体的影片的概念。

谭华孚：商业性文化有布热津斯基曾经指明的一个特点：需要决定生产。这在电影中也是这样，就是你必须投合老百姓原欲中对性、暴力等方面的心理需要。政治性的目的有时可以与这种潜意识结合得很好，像《红樱桃》，在意识的层面上，我们似乎是立足在反法西斯的立场去观照法西斯的暴行，在潜意识的层面上，影片其实是在投合着人的原欲，人的本能，来满足我们对女性胴体和“女体刺图”这种罕见奇观的窥视欲望。官方推介的崇高的反法西斯理念的宣传，和对人的某种本能的满足，在影片里很巧妙地结合在一起了。

颜纯钧：我觉得中国导演目前解决电影危机，基本上都是采取《红樱桃》这样的方式，就是在艺术影片的框架里加进某些流行的因素，以题材的神秘感、奇观性、欲望满足来吊观众的胃口，像《风月》、《摇啊摇，摇到外婆桥》、《红河谷》、《红色恋人》等都是这样。一方面要顾及意识形态上的或个人表达的目的，一方面又要迎合观众的某种需要，把电影的不同形态或类型当作一锅来煮，这是不是解决电影市场危机的有效方式。

林焱：从目前的情况来看，应该说是失败的。任何事物的发展都是以其内部的充分分化为标志的。生物分化为植物、动物和人，星空分化为恒星、行星、卫星，就是电视发展了，也是分化成电影频道、体育频道、经济频道、文艺频道，这是一个规律。好莱坞电影为什么会这么“牛”气，因为它分化得最充分，类型影片最发达。现在中国是几乎所有的影片都成了以主旋律为主体的影片，然后再想办法在里面增加种种可以流行的因素。新中国成立前我们还有言情片、间谍片、武打片等类型存在，现在又退回去了。这绝对不是值得肯定的发展方向。

张煊：不同的电影形态或类型，它们所对应的观众的欲求是很不一样的。把它们当作一锅来煮，其结果是什么都有一点，但什么都得不到充分的满足。

颜纯钧：我有一个看法不知对不对，我觉得电影要反映时代的主旋律，这是对的，是中国电影一个总体的一般的要求，是从影片的社会功能上提出的要求。但却不宜反过来变成一种影片的形态，提出一种影片的概念。这容易产生几个问题：其一是这种形态并没有什么特别不同于艺术影片的形式规范，其实像《林则徐》、《红色娘子军》、《李双双》等也都在反映革命的“主旋律”，但一向我们还是把它们看作艺术影片，因为中国的艺术影片本身就有很强的意识形态特性。其二，提出这个概念，意味着可以纯粹为着宣传的目的去拍摄一部影片，这本来就是违背市场规律的，一方面要把电影推向市场，一方面又在违背市场规律，这不好解释。其三是反过来让我们有一种误解，好像商业影片是不反映时代主旋律的，其实，商业影片的意识形态特性恰恰是我们最忽视的一个方面。

孙绍振：说到这个问题，历史的经验很值得总结。30 年代的电影工作者是肩负着革命的使命来到电影战线的。他们的任务本来是革命，但是，他们又受雇于资本家，所以又不能不从票房出发。难得的是，这二者结合得似乎很不错。既很好承载了民族救亡的使命，又有相当不错的市场效果。这和当时的民族危机有关系。这种危机感不是少数知识分子的，而是广大群众的。当时没有一点抗日救亡的呼号，就很难有市场。这样的历史事实告诉我们：商业性和意识形态的矛盾是可以调和的，也是可以结合在一起的。关键是，这种意识形态不是人工制造的，而是从大众和电影家心眼里冒出来的，不存在要歪曲自己，改造自己，扭曲自己，没有不相信自己的眼睛、耳朵、鼻子的必要，在创作过程中也没有把自己的思想感情和某种标准意识形态的样板去对照的压力。服从意识形态，就是服从自己的良心，为意识形态服务，也就是为自己的良心服务。

林焱：前几天我参加一个本子的讨论。导演有点名气，他说，他才拿到本子，没来得及细看。此话才落地，他紧接着就把本子大大地赞扬一番，说“这是史诗式的片子”。我觉得真是半点艺术良心、艺术良知都没有了。这位导演懂不懂商业影片？——太懂了！关键是讨论本子之前，已经决定由他执导，片酬说好了，钱将稳揣在他口袋里了。无论怎么拍，他口袋里的钱一分不少。他要是知道我们在讨论商业影片，肯定会哑然失笑。这情况电影业内人士比我们看得更多。有些人是编织“皇帝新衣”的高手，制造虚假的辉煌，每年都在等着开颁奖会、电影节。看到那些“庆典”，我就想起败家子“吃花酒”的场面。

张煊：新中国成立前拍电影，赚钱和传播革命都能兼顾到。但是从资本家的角度来说，仍是以赚钱为主，把二者结合得很好的当时有几个电影公司，像明星，天一，后来的左翼电影，也没有产生赚钱和救亡的矛盾。

孙绍振：这里就有一个对于商业电影说来很重要的问题电影的商业性与社会情绪的问题。电影的商业性如果能跟社会情绪、民族情绪相结合，就不存在水火不容的冲突。一些小市民电影的商业性比较明显，如《假凤虚凰》，在谈情说爱的过程中，男女双方都伪称自己在社会有比较高的地位，互相欺骗，出了许多洋相，闹了许多笑话。要了很多商业性的味头，但多多少少也揭露了社会上贫富对立、世态炎凉，小知识分子在都市中的贫困和无奈。还有，当时著名的笑星韩兰根和殷秀岑主演的《从军梦》，是模仿美国的劳来与哈台的搭配的，就拍成了市民容易接受的闹剧，但其中也带着当时一些意识形态的色彩。

林焱：商业电影和意识形态的承载，确实是个很值得探讨的问题。

孙绍振：电影没有商业性是不可想象的，没有意识形态的含量也是不可想象的。就是《泰坦尼克号》和香港的武打片也是有一定的意识形态基础的。20 世纪 50、60 年代政治电影和 70 年代的样板戏电影的虚假市场传统很强大，可以说至今没有完全绝迹。

张煊：好莱坞电影的商业效应现在已经为全世界公认，但对于好莱坞电影的意识形态含量却关注不够，像早期的名片《魂断蓝桥》、《卡萨布兰卡》、《鸳梦重温》等，意识形态的含量都很强，包括最近的《拯救大兵雷恩》还是这样。但好莱坞的这一类电影似乎都保持了这个特色，具有浓厚的人文关怀意识，这或许是这类影片能在不同国家、不同民族中获得普遍共鸣的重要因素。

谭华孚：意识形态是可以分层次的。

孙绍振：粗浅地说，商业化的意识形态的特点，第一，是与某种模式化联系在一起的缺乏在一个时代的思想前沿的探索性、创新性和突破性。第二，是在这种模式中，并不是没有任何创新。成功的商业电影多多少少在思想意识上是有一点创新的，虽然是在流行的模式中创新。从《冰海沉船》到《泰坦尼克号》，在意识形态上是有它的深化、创新的特色的，这一点刚才大家已经谈到了，但似乎更多的是从意识形态内部去研究它。大家注意到了它对爱情的至上主义，爱情超越金钱，这种浪漫空想，对理论前沿所强调的终极关怀来讲，是退却了，但从世俗意识形态来讲，它又往前进了一步。这里有一个被忽略的问题，商业电影的意识形态创新与艺术电影不同，从认识的角度来说，它也许并不是创新，但对于社会情绪来说，它如果没有一点创新，也就不可能占领市场。《泰坦尼克号》中包含的意识形态，它的爱情至上主义，对于古典浪漫小说，对于30年代的好莱坞电影来说，并没有什么新的刺激点。但是对于60年代肯尼迪“解放思想”以来的欧美来说，它是新颖的，有刺激点的。30多年的“性解放”弄得西方产生了家庭危机，艾滋病流行，使得本来就处于危机阴影下的爱情更为暗淡。在这样的社会思潮和社会现状的临界点上，《廊桥遗梦》应运而生，但是还不够过瘾，它还太现实，还不够浪漫。这种社会情绪现在被《泰坦尼克号》充分表达了，可以说是对于现实功利主义的恶性泛滥的浪漫超越。商业电影中意识形态的特点，不能简单地看成是模式化的空壳，要看到它在模式化的空间中也可以说有一种“召唤结构”，这种“召唤结构”所召唤的是社会情绪的潜在热点，其特点是时效的相对短暂性。当然，任何一种艺术都有它的时效限度，但商业电影的时效周期更为短暂。同样一种思想情绪，在一年以前可能大获成功，在一年以后，甚至几个月以后就可能全军覆没。在模式中创新除了意识形态的内部的机制更新以外，这种外部时间、地点上的猝然遇合也是同样重要的。（张煊：艺术的时效性与时代背景及政治时尚、文化时尚互为关联。）

商业电影有它本身的东西，包括意识形态的特点。它的内部特点和外部特点都很值得研究。而我们往往一提起意识形态，就以为是教条。

林焱：从50年代后期到“文革”中过度政治化的社会环境，不仅把中国精英知识分子的自由思想空间碾碎了，也把商业电影从业人员在开拓市场，熟练把握大众文化游戏规则，承载意识形态任务的探索空间和发展渠道堵死了。我们的电影界在这些方面的想象能力便非常贫乏，有关的研究也非常薄弱。直到现在，我们国家各个层次的不少文化界人士，对大众文化的营运策略，意识形态功能还是处在幼儿园的水平。在这种情况下，即使有几亿美元的资金，也断断不可能拍出像《泰坦尼克号》这样的，把艺术功能、意识形态功能与商业功能糅合得非常融洽的影片。

“紫禁城”现象

颜纯钧：目前，中国电影解决意识形态功能和商业功能的矛盾，比较受推崇的是紫禁城影业公司的运营策略。这家公司目前拍了几部弘扬主旋律的影片都赚到了钱。

南帆：我插一句，把这些叫做商业电影是不行的，这不是我们前面说的那种商业电影的类型与模式，这种电影所面对的也不是真正意义上的市场，这样的市场更像是强买强卖。

颜纯钧：这几部影片不是商业电影，但又肯定是一种商业行为，因为它确实在策划时就考虑到赚钱的问题，而且都把钱赚到手了。值得研究的是，像紫禁城这种操作方式能不能成为拯救中国电影市场的有效途径呢？我认为这不是真的按照商业规律来办事，不是确实存在着这样的市场，而是依靠团体票，依靠包场来实现影片的票房。如今的单位包场又是怎么一回事呢即便是单位把一场电影都包下来了，走进电影院一看情况又是两样。单位把电影票送给员工，员工真的去看的又有多少？结果是场外写着满座，场内稀稀拉拉没几个人。单位是把职工福利的钱花出去了，电影制片机构和发行公司是把“团体票”的钱拿到手了，但这个确定无疑的买卖关系后面却是一个关于电影的虚假市场。紫禁城影业公司确实是在关注市场、研究市场和适应市场，但这个市场却带有虚假性，它不是去寻找和培育真正的电影市场，不是去研究和驾驭真正的市场规律，而是只限于钻中国电影市场才有的单位包场的空子，我想恐怕不是值得肯定和宣传的方向。（南帆：这个就适合中国国情了。）

这样说当然也没错，但如果从培育和发展中国真正的电影市场这个角度来提出问题，那么紫禁城的这种操作方式究竟是有利的一面还是破坏性的一面呢？紫禁城的策略主要是利用政策来取得商业效果，利用团体票，红头文件，在现阶段也许是无可非议的。我的意思是整个中国电影市场能不能用这种方式来拯救。

谭华孚：将来在世界电影范围内看，商业化或商业性可能是ABC的问题，因为在那个范围中，电影商业化不成为问题，无须讨论。但在中国这个局部地域里讨论这个问题，则表明了中国电影界的进步——它从被捆绑在国家宣传机器上挣脱出来了。在这种情况下，有些电影人还向后倒，依附在旧有的电影体制上，在旧的电影体制空间中谋取他的立身之处，这是一种短期行为，是没有前途的。将来电影市场发育的方向，就是让电影成为一种民间文化，至少有一部分电影是民间文化。

孙绍振：不过我们也不能把问题简单化了，紫禁城的《离开雷锋的日子》除了配合雷锋题词20周年外，还有其他一些东西。这里不能忽略一定的意识形态的历史反差。如果它完全讲述一个陈旧的故事，完全以当时的价值观来拍，就像公园里60年代的雷锋雕像一样。而影片还有一种从现代观念来审视的一个奉献故事的意义。就此而言，它在处理商业性与意识形态的矛盾上是比较成功的。不过，它还借助了目前没有消失的政治化、组织化的意识形态市场的巨大份额。这种市场是一种扭曲市场，生命力是有限的。

南帆：我想以后的方式是多种多样的，一家这样做，一家那样做。如果我是制片人，看到市场被那家公司占了，我就不干了，但如果市场只被占了，我就可以再成立一家，这都是在商业范畴之内的。

颜纯钧：像“包场”这种情况，我这个单位付出钱了，电影公司得到钱了，这个买卖关系是确定无疑的，但实际上没什么人去看，那么，这样的市场是真实的还是虚假的呢？

南帆：这就是不完全的市场化和不完全的商业片，这里面有没有违反商业原则呢？

颜纯钧：关键是中国的很多导演和从业人员把这当作一种模式，并不想去发展商业电影。

南帆：什么叫做良好的电影市场呢？

颜纯钧：像进口大片，比中国的商业电影质量高了很多，中国观众已经培育起了对大片的一种兴趣和倾向性。这就意味着，中国电影像“紫禁城”这样的，还是在利用旧的体制，利用虚假的电影市场赚钱，而另一方面却把真正的电影市场拱手让给了好莱坞大片。我为什么要提出紫禁城的现象呢？关键就是它所造成的虚假繁荣，对中国电影市场的培育和发展是有害的。电影市场不能光靠窥测方向，依靠纪念日来拍片。

南帆：你前面说的单位团体买票是有一个行政权力在内，如果没有行政权力就不存在。

谭华孚：谈到这里要明确一个问题，就是中国有没有一个发育良好的市场？像“紫禁城”这种做法，不是纯粹的市场行为，它在当下成功了。但完全依靠“紫禁城”的做法显然是不行的，它可能阻碍中国电影市场的拓展和生存空间的延伸。我们的讨论正在揭示出这种局部的市场策略不能代表整个市场的方向。

南帆：“紫禁城”可以作为一种类型出现，但不是包打市场的模式。中国的市场还很大，“紫禁城”模式的成功只是小小的一个区域，还有很多市场可以开拓，我们不能认为“紫禁城”收到了钱，中国商业电影今后就跟着它走，只能按这个模式发展。“紫禁城”利用红头文件这是违背商业原则的，如果拿掉这一点，很难说它不是商业的，商业本身是变化的。

张煊：现在电影业内很多人士抱怨，中国电影市场尚未发育成熟，但电影业的竞争机制是否到位了呢？我以为，市场机制与竞争机制共生共存。

林焱：对电影采用商业性的操作有很多策略，商业片的操作本身也有很多策略。哪些是基本不变的策略？哪些是权宜的、短期的效应？从市场的角度来看，政治题材、社会关注题材也是一种“策略”。我看到几本号称中国“点子大师”、“策划大师”的巨著，其中很重要的一个策略就是商家要跟政府行为挂钩。其实不用“点子大师”说，很多商家都知道这种游戏的基本规则。“紫禁城”打了几张政治牌，很符合“点子大师”的思想。这种策略还可以继续运用与发挥。比如谢晋拍片子，早就是走这条路子了，《鸦片战争》就是典型。说思想内容、说艺术创造，并没有更新鲜的东西，但考虑商业回报的新点子却不少。比如谢晋在物色演员时，据报纸上说曾力邀戴安娜王妃演英国女皇，可惜这一招没成。严肃的政治片不会有这样的“策略”，斯皮尔伯格就绝对不会邀一个前纳粹分子出演《辛德勒名单》中的角色。第二个事实是片子上映后，报纸上说搞过道具的拍卖会，拍卖皇帝龙袍，这些都说明，《鸦片战争》的拍摄包含着相当浓厚的商业意识。

准备好了没有

颜纯钧：我们的讨论要注意区分两个概念：一个是弘扬主旋律的影片本身也可能有商业价值，一个是商业影片的商业价值。也许“紫禁城”的策略可以获得较高的票房，但从整个中国电影的市场培育这个角度来看，我以为还是要把注意力转到发展中国的商业电影方面来。

林焱：大家从拍片——生产制作的角度来谈商业片，我想从市场这个角度来谈。目前中国文化消费的市场，我觉得是畸形的。美国的商业电影发达，美国人愿意进电影院。一位在美国定居的朋友说，美国市场上影碟非常少，日本也没有，所以日本电器商在VCD机的生产策略上犯了个大错，他们弄不懂中国人怎么能忍受在电视机的屏幕上看电影。印度的情况可以作为一个参照。印度的电影是彻底的商业操作，生产量极大，消费量也极大。印度人穷，但还是热衷于上电影院看电影。我相信中国的文化消费水平不低。不知道统计部门有没有关于文化消费的数据。在我们的文化消费中，各种消费所占的比例是多少中国遍及城乡的歌舞厅、卡拉OK的营业额，肯定是世界之最。图书出版界的朋友说，中国人买书少，俄国人很穷了，有好书出版还是排队。但中国的书籍、报刊消费量不低，搞废品收购的从机关、企事单位里拉出多少“废纸”文化市场的总体“购买力”并不低，但畸形的、不合理的消费占了很大的部分。留给电影这一块的份额非常有限。在非常有限之中，还有一大部分是划给“红头文件”影片的。不能只看到进口大片卖得很红火，其实消耗量非常有限，多进几部片也就卖不动了。前一阵子福州市有个文化机构组织了一些外国影片“内部”放映，非常好的片子，包括很卖座的商业影片。先是“限”供应给文化机关，后来基本上敞开卖票。结果亏得一塌糊涂，电影市场为什么如此萎靡？这是我们讨论商业影片一个不能回避的背景。有几分是不可抗拒的市场经济规律，有几分是人为的？人为的败坏电影市场的因素能不能克服？目前有没有希望克服。

张煊：我想到一个近年来议论较多的话题：电视对电影的冲击。最近我看到一份资料，几位电影界同行到美国考察电影市场，向美国同行提及电视对电影的冲击，对方说在美国，电视构不成对电影的冲击。现在，电影院濒临倒闭是全球性的危机，在美国却是个例外。在那里，电视与电影的发展为什么能做到并行不悖？我思考过这个问题，答案是在美国，电影与电视在视听效果上的差异越来越大，这正是美国市场上影碟少的原因。

谭华孚：对。在我看来，美国电影能在全球打败法国等欧洲电影的一个原因是二战以后，其他国家受战乱影响严重，而美国则没有，世界经济和工业的重心从欧洲大陆转向了美国。在文化上，原来欧洲大陆作为资本主义中心时，经济和商业的中心在伦敦，艺术的中心在巴黎，战后纽约与巴黎成了并列的两个中心。巴黎有浓厚的西方人文主义气息，法国电影乃至欧洲电影深受人文精神的熏陶，这方面的土壤特别丰厚。但是，在战后的西方，维持繁荣与稳定、解决许多问题的办法，不是人文精神、政治革命和社会改良，而常常是技术的进步。于是公众普遍关心起有关技术及其社会功能来，许多人认为技术可以解决一切社会问题，抵消了对社会改良、社会革命的欲望。这种思想在整个战后资本主义社会是普遍的。而只有美国，只有好莱坞才有经济和技术实力维持这种技术童话。他们用强大的资金和技术来营造一种视觉奇观，刚好迎合了西方人的技术崇拜心理。

颜纯钧：引申到一个问题，中国的商业电影如果要比较健康地、迅速地向前发展，我们的中国电影还缺少一些什么东西，或还需要什么东西，或者说还应从哪些方面去努力。我发现最近美国好莱坞大片有这样一个趋势，就是从文学上讲，它的故事情节，从《真实的谎言》到《泰坦尼克号》以及最近的一些科幻电影，它的故事都没有什么新的东西，但它在制造视听的奇观性方面却有很多新的东西。对电影技术方面的新东西，商业电影的反应总是比艺术电影来得快，电影史上我们所说的几次大的技术革命，艺术电影的接受都要比商业电影慢了许多拍。

张煊：国外用新的设备和技术搞电影制作，我们有些导演不服气，总用不屑的口吻说，人家的大片是用钱堆出来的，然后拍胸脯表示要是有那些设备，有那么多钱我也可以搞。但事实上，我们有的导演就从国外进口过一批价值几百万的设备，钱没少花，却不见效果，甚至落了个散伙的结局。（谭华孚：这与在中国有大量的单位把奔腾二代的电脑当打字机用，真是异曲同工。）

颜纯钧：从电影史上看，每一次大的技术革命都开辟了一片电影艺术的新的可能性空间。从黑白到彩色，从无声到有声，都是这样。现在，电脑技术进入电影，究竟会带来艺术的多大变化，提供多大的空间现在还很难预测。但中国电影，特别是中国的商业电影对这个新的电影技术的反应确实是太慢、太迟钝。就拿香港电影来说，这几年武打片也出现了危机，但香港电影人的商业意识比我们要强很多，因为要赚钱，要把电影市场运转起来，所以，香港电影很快就把电脑技术引进到武打片中，最近拍的《风云独霸天下》就是一部武打与电脑技术相结合的产物。

林焱：商业电影使电影艺术变得更复杂，而不是更简单。各种文艺形式的边界在渐渐消失，越来越多地互相渗透与掺和。有的理论家说这叫后现代主义的“拼盘”特征。近年西方电影越来越多地使用电脑特技，从根本的意义上说，就是努力超出电影拍摄的固定规范，搞“大拼盘”、“大杂烩”，把各种各样的手段都发挥起来。很明显，商业电影越拍越精致，而不是越拍越粗俗。商业文化追求娱乐、狂欢，消解了艺术的许多固定程式。有些人批评商业文化的理论，认为商业文化就是娱乐，就是否定艺术性，这里要弄清楚，商业文化产品的效果是制造娱乐，而制作产品的过程并不是娱乐。商业文化消解固定的文艺程式，又建立起更加复杂的、不固定的艺术程式。“大杂烩”可以用各种“下脚料”烩成，垃圾堆式的商业片当然也很多。但也有“大杂烩”的每一种配料都非常精美的。

张煊：中国的商业电影要真正占领市场，至少有三大问题亟待解决：第一、要有一支“能征善战”的创作队伍，且不说好莱坞，即便在香港，也有一批素质较高的以拍摄商业电影见长的导演，如吴宇森、徐克、王晶、徐小明等……

颜纯钧：香港和台湾有不少专门拍商业电影的导演。中国原先有过一个张华勋，一出来就被群起而攻之。中国的导演只会拍艺术影片，主旋律影片，而且以此自我感觉良好，以此鄙视那些专门拍商业电影的导演。现在商业电影引起重视了，他们又自吹只要给足了钱，就能拍出赚大钱的影片。其实，张艺谋、张军钊、吴贻弓等人都拍过商业影片，都失败了。可见商业电影绝对不像中国导演们所想的那么简单。

张煊：第二、要掌握商业电影的类型范式、游戏规则……

孙绍振：中国唯一的一所电影学院，基本上是教怎么拍艺术电影。关于商业电影，我们的电影高等学府又有多少是可以教给学生的呢？

张煊：第三、拍摄技术、后期制作，包括录音合成、拷贝洗印等都要有更新的观念和手段。

谭华孚：这真有趣，在中国，只要说你的东西很旧、很老，是中国传统文化，政府就给钱。而在法国，只要你说你在标新立异，政府就会给钱。

张煊：各国的电影发展走势不一样，这可能与各国的文化政策取向有关。意大利、法国、德国乃至于年代一度辉煌的澳大利亚电影，这些国家电影事业的繁荣，都与所在国电影文化政策有关。美国就不一样，它一直是面向市场的，不存在什么政府扶持。好莱坞电影的市场竞争力是在商品经济的运行轨迹中锤炼出来的。

颜纯钧：到目前为止，恐怕我们的政府还没有认真考虑过资助发展中国的商业电影的问题，没有考虑过促进这方面的发展对中国电影的意义。更多的资金投向了一般不容易回收的弘扬主旋律影片。这方面的资助当然也非常需要，但中国电影的发展毕竟不能靠“打水漂”，而是如何启动真正的电影市场，把发展引入良性循环的轨道。特别是一些新的电影技术，无论是引进设备还是创作实验，都需要资金支持。在这方面，政府是应该负起责任的。还有一个问题涉及审批程序。当要拍一个片子，每个电影厂要先报题材，审查剧本在创作这个阶段卡得比较死，拍完后又把你放到市场，能不能赚到钱是你的事，我觉得这也不利于商业电影的发展。如果作为商业影片来定位，那么审查时也要考虑是商业影片，在意识形态的管制方面也应该与弘扬主旋律的影片有所不同。电影主管部门也应该为电影制片厂的营利考虑，而不是拍摄前管得很死，发行的阶段把你推向市场。对商业影片，我们要鼓励其发展，在创作的酝酿阶段就应该从市场来考虑，对商业影片的审查是不是也应该放宽一些尺度。比如有一部商业影片，导演弄了整面墙壁的毒品，在省里审查时却有文化官员提出，我们省哪里来这么多毒品有那么一两公斤就了不得了。像这样来审查商业影片，怎么有可能促进其发展呢？

南帆：出版也是如此。出书审查，出版后却要你自己去卖。

林焱：除策略、大政方针外，商业片有多少制胜的因素？在观看第70届奥斯卡颁奖典礼时，我得到非常深的印象：奖项分得很细，他们对影片的每一种因素都给以高度重视，如音乐、音响方面，除最佳电影歌曲、最佳剧情片配乐外，还设最佳音响效果配音、最佳音响效果剪辑。我的意思是，我们对商业片的“深浅”还知之甚少。没正经地搞过商业片，怎么能生而知之就像我们的文学界，一些作家特蔑视通俗小说，觉得那东西太简单了。出版界的自由度比电影界多，不少作家这些年也染指通俗小说了，结果如何哪里是那么简单的事创作商业电影的条件，我觉得现在还不具备，这是不言而喻的事实。有些条件不是用讨论能解决的。电影从业者们的认识和艺术、技术方面的准备也很不够。要不然，就不至于时不时地听到对商业片的非常天真、幼稚的谈论，也不会有那么多从业者乐于泡在那口老汤锅里。

颜纯钧：我们围绕中国商业电影谈了不少，可见要期待中国商业电影有一个比较大的发展，显然还不是短时间里可能实现的。但有一点可以肯定培育和发展中国的电影市场，只能更多地从这个方向去努力。在座的都是些学者，既不拍电影，也不管电影。我们的讨论就当作是敲一敲边鼓吧，也让电影的业内人士们知道，对中国电影的命运表示关注的，除了他们，还有我们。

（选自《电影艺术》1999 年第 2 期）

文化工业—公共领域—收视率

——布尔迪厄的媒体批判理论

周　宪

解魅电视

1996 年，法国著名社会学家布尔迪厄的《关于电视》问世，在法国传媒界和知识界引起轩然大波，各方人士踊跃参与论争，持续数月之久。在相当一段时间里该书在畅销书排行榜上独占鳌头，出尽风头。

毫无疑问，人类文化正在经历一个前所未有的全新阶段——电子媒介文化阶段。乐观主义者称，电子媒介把我们带入一个更加民主更加开放的新时期；悲观主义者却为媒介的霸权和专制深感忧虑；各种折中之说更是五花八门；莫衷一是。于是：面对电子媒介，尤其是无处不在的电视影像文化，我们该做些或能做些什么？

这是一个难以回避的问题。

布尔迪厄提供了另一种策略：利用电视来为电视解魅。这不由地使我想起了他在法兰西学院院士就职演说时采用的同样策略，运用任职仪式赋予他的权威，来增加他对任职仪式的逻辑和效果所作的分析的权威性，进而探讨“一个学术性的制度机构，它的本质是什么，又是如何运作的”。他认为，电视正在对艺术、文学、科学、哲学和法律等文化生产构成巨大的危险，揭露电视的象征（或符号）暴力，使这一切大白于天下，进而唤起人们自由表达自己观点的自觉意识，乃是一个社会学家不可推卸的责任。伟大的戏剧家布莱希特说过，司空见惯的事物人们往往对它们熟视无睹。他创造的“叙事剧”旨在把熟悉的变成陌生的，以引起观众的警觉，此乃“陌生化”（间离效果）。布尔迪厄的方法有异曲同工之妙：与阿多尔诺式的在媒介体制之外来批判媒介的方法相比，布尔迪厄“参与性对象化”的方法似乎带有更大的破坏性，它从内部揭露了媒介体制鲜为人知或人所忽略的那一面。

那么，布尔迪厄为电视解魅，较之于前人和他同时代的人，有何新颖独到之处呢？

文化工业和公共领域

法兰克福学派是媒介批判的早期形态，阿多尔诺在其与霍克海默合写的《启蒙的辩证法》（1947）中尖锐指出，文化工业一方面是资本主义社会中操纵大众意识形态的工具，另一方面，又是服从于资本主义商品交换逻辑的，总而言之，是为现存资本主义制度服务的。阿多尔诺的文化工业批判，开创了西方思想界对现代大众文化和传播媒介批判的先河。但在阿多尔诺那里，文化工业的批判还只限于一种哲学的思辨和推论，尚缺乏严格的经验社会学的分析。因此，从阿多尔诺到布尔迪厄的电视批判，值得一提的中间一环乃是哈贝马斯的公共领域理论。

哈贝马斯在《公共领域的结构变迁》（1968）中指出，从封建专制社会向资本主义社会的转变，出现了公共权威和市民社会。公共权威涉及国家，诸如司法体制和暴力手段使用的合法化等；而市民社会则是一个在公共权威保护下的私有经济关系领域。它不仅发展出经济关系，同时也塑造了不断脱离经济活动的人际关系。于是，在公共权威和市民社会的私人领域之间，便出现了一个新的公共领域。一些资产阶级的文人雅士成为这一领域的最初主体，他们以理性论争的方式讨论封建时代禁忌的话题，并对国家和权威进行争论和批判。在17世纪末和18世纪初的巴黎和伦敦等大城市里，出现了一些由贵族聚会转化而来的沙龙以及咖啡馆，这便是公共领域的雏形。我们或许可以把它视为现代知识分子活动的基本空间。公共领域最初只限于文学艺术问题的讨论，后来逐渐扩大到政治论争。大众传播的出现，诸如小规模的报纸和独立的出版社等，拓展了公共领域，虽然公共领域只限于少数有地位和受过良好教育的知识分子，但哈贝马斯发现它具有重要意义，因为在不同于权威和家庭等私人领域的公共领域中，通过理性讨论和争辩可以形成一种公共见解（public opinion，或舆论），进而构成一种他所说的“公共性”原则。这意味着个人见解可以通过公民的理性批判论争而形成舆论，它对所有人开放，并独立于文化支配之外。哈贝马斯注意到，这种公共原则在资本主义社会从未完全实现，因此国家权力的扩张和其他社会组织的发展，尤其是大众传播的商业化和舆论技术的出现，限制甚至从根本上改变了公共领域的性质和特征。从前一方面来看，曾经作为理性批判论争私人场所的公共领域逐渐蜕变为一个文化消费的领域，即当控制商品交换和社会劳动力的市场法则渗入公共领域时，“理性批判论争也就逐渐被消费所取代，公众交流的网络也就消解为个人接受行为，不过这种接受方式却是整齐划一的”。如此一来，公共领域原有的批判潜能便被消解了，它被融入了资本主义的现存体制。哈贝马斯发现，报纸的内容由于商业化必然走向非政治化、个人化和煽情，并以此作为促销的手段。这个主题在布尔迪厄的电视解魅中被加强了。从后一个方面来说，大众传播领域中舆论管理技术的发展，强调个人是私人公民而非消费者，但却把这个观念运用于某些利益集团的偏私目的。这样一来，资产阶级公共领域名存实亡，舆论管理新技术被用来赋予公共权威以某种魅力和特权，这和封建宫廷曾有过的特权别无二致。在哈贝马斯看来，公共领域在这样的条件下实际上被“重新封建化了”，“公共性已被转化为管理化的统一原则”。结果是公众变成为一种被管理的资源，他们被从公共讨论和决策过程中排除出去了，而一些利益集团的政治主张要求则同时又被合法化了。这个主题在布尔迪厄的电视研究中也被强化了。

电视是一种符号暴力

布尔迪厄在这两个方面进一步追问，他以犀利的分析有力地揭露了电视在资本主义社会中的两个基本功能：反民主的符号暴力和受商业逻辑制约的他律性，这便构成了《关于电视》的两个基本主题。

第一个主题是分析和论证电视在当代社会并不是一种民主的工具，而是带有压制民主的强暴性质和工具性质。在这方面，布尔迪厄的去魅性分析可谓令人叫绝。他从三个方面揭露了电视在当代社会中的符号暴力特征。第一，他揭露了电视行业的职业眼光和内部循环所导致的同质化。敏锐的社会学注意力和深刻的哲学思辨力，使得布尔迪厄对电视行业内部一系列看似矛盾的现象作了深入的分析。比如，电视本该提供信息展现事物，但它却要么不展现，要么使事物变得微不足道，或与现实毫不相关。究其根源是因为电视人有一种特殊的“眼镜”，他们透过这种特殊的“眼镜”去看世界，对某些事物视而不见，对另一些事物则片面夸大，这种选择原则有一个确定的目标：“对轰动的、耸人听闻的东西的追求”。为此，各家电视台争相抢新闻，占头条，制造轰动，以求区别与别的同行和其他电视台。从表面上看，这将导致不同电视机构之间的竞争和新闻业的多样化和多元化，但布尔迪厄指出，追求抢先导致了争相仿效，强调排他性的特色则形成了大同小异，最终结果是电视节目和内容的内在同质化，从报纸到电视，从一家电视台到另一家电视台，信息的内部封闭循环流动导致某种整饬。这似乎证实了麦克卢汉的一个看法——一种媒介是另一种媒介的信息。所以，布尔迪厄一语中的：“电视是一种极少有独立自主性的交流工具。”因为电视外部受制于收视率，内部则有一系列控制手段和程序，各种看得见或看不见的审查自不待言，主持人角色行为的限制，时间分配的限制，谈话内容的限制，演播程序的限制，甚至主持人的不经意，都在行使电视的符号暴力——拒绝自由交流。结论是合乎逻辑的：电视不利于表达思想，必须在“固有思维”的轨道上运作。由于电视需要一种“快速思维”，所以，电视只赋予一部分“快思手”以特权，出现了一批“媒介常客”，思想的颠覆性沉沦于老生常谈之中。说到底，电视不过是提供了一种消化过的食品和预先形成的想法。这种去魅式的分析发人深省。这样，布尔迪厄也就从电视节目参与者和电视人之间不可逾越的游戏规则角度，揭露了它压制自由交流的特征。最后，他指出在后现代文化中影像文化的特殊优越地位，使电视在新闻场中的经济实力和符号表达力都占据上风，进而对其他媒介（比如印刷媒介）构成了一种暴力和压制，甚至影响到它们的生存。以至于文字记者的主题只有得到电视机制的呼应，才变得更有力更有影响，于是，文字记者的地位和角色受到了怀疑。

在揭示电视的这种功能特征时，布尔迪厄关注的焦点在于，“符号暴力是一种通过施行者和承受者的合谋和默契而施加的一种暴力，通常双方都意识不到自己是在施行或承受。和其他科学一样，社会学的职能就是揭示被掩盖起来的东西：只有这样，它才能作用于社会关系，尤其是把传媒关系的符号暴力减少到最低程度”。这里，作者鲜明的文化批判立场昭然若揭。

电视对其他文化的解构

布尔迪厄电视文化批判的第二个主题涉及电视与商业的关系，或者换一种表述，涉及商业逻辑的文化生产领域中的僭越。它与第一个主题密切相关，是它的进一步展开。布尔迪厄的推论很简单：50 年代，电视关心的是文化品位，追求有文化意义的产品并关注培养公众的文化趣味，可到了 90 年代，电视极尽媚俗之能事来迎合公众，从脱口秀到生活纪实片再到各种赤裸裸的节目，最终不过是满足人们的“偷窥癖”和“暴露癖”。电视何以从文化和交往的传播手段，沦落为一种典型的商业操作行为？布尔迪厄的看法简单明确，这一切都受制于收视率，而收视率又是追求商业逻辑的必然结果。

历史地看，阿多尔诺早就指出了文化工业的商业逻辑，哈贝马斯也道出了公共领域的商业化趋向，布尔迪厄不但揭示了这个现象，更重要的是，他从社会学角度以其独特的“场”理论来分析这一现象。场是布氏社会学理论中的一个核心概念，在他看来，社会文化可以区分为不同领域，而不同领域的运作实际上就像物理学意义上的“力场”一样，是由内部和外部的各种力的作用构成的。在他的早期理论中，他更关心权力（或政治场）与其他场的关系。依据场的性质和自律程度，他发现一个与政治权力由近到远的序列：法律场、学术场、艺术场、科学场。法律场最容易受到权力的影响，而科学场则距离最远。他关注商业逻辑对各个文化生产场的侵蚀和渗透，在他的表述中，“新闻场与政治场和经济场一样，要比科学场、艺术场甚至司法场更受制于市场的裁决，始终经受着市场的考验”。这就界定了各个文化生产场与商业逻辑之间的距离。他正是在这样一种文化生产场与商业逻辑的相互关系中来思考电视的。

布尔迪厄的一个基本思路是，到了 90 年代，电视越来越明显地受到商业逻辑的侵蚀，而商业逻辑对电视的作用是通过收视率而实现的。有高收视率就必然带来丰厚的广告利润和商业资助，而追求高收视率则必然导致电视从 50 年代注重文化品位向 90 年代的媚俗倾向的转变。在这方面，布尔迪厄指出了一些值得注意的发展趋向。第一，他发现由于把收视率作为电视的基本目标，电视逐渐开始走向非政治化或中立化。这个现象哈贝马斯也曾指出过，他认为公共领域的商业化必然导致非政治化、个人化和煽情。布尔迪厄发现，收视率对电视的直接作用是对轰动的、耸人听闻的东西的追求，于是最有收视效果的社会新闻取代了电视的文化品位和政治功能。“社会新闻，这向来是追求轰动效应的传媒最钟爱的东西；血和性，惨剧和罪行总能畅销”。这一方面导致了电视对现实事件的选择和排斥，另一方面又必然把各种信息依照社会新闻的模式来处理和表现。这一做法的直接后果乃是信息垄断和排斥，因为大多数人是通过电视来接收信息的。“这样一来，便排斥了公众行使民主权利应该掌握的重要信息”，使受众的政治知识趋向于零。“社会新闻造成的后果就是政治的空白，就是非政治化，将社会生活转化为轶闻趣事和流言飞语，把公众的注意力集中并吸引到一些没有政治后果的事件上去”。但这只是问题的一方面，布尔迪厄的深刻之处还在于，他不但指出了电视的非政治化倾向，同时也尖锐地剖析了它的另一面：强有力的煽动性和情绪效果。由于电视所拥有的影像手段远非其他媒介所能比拟，所以，电视可以制造现实，控制受众对事件的理解，并达到特定的目标。电视的这种功能体现在对受众的煽情动员作用上，因为电视可以轻而易举地使社会新闻和日常琐事具有某种政治和伦理意义，进而激发起公众的负面感情，如种族歧视、排外主义、对异邦异族的恐惧和仇恨等。更重要的是，布尔迪厄注意到，通过哈贝马斯所说的“舆论管理技术”，电视可以反过来影响政治家及其决策行为，以及司法程序等。一方面电视把一切事件都非政治化，另一方面它又可以把非政治事件政治化，这种双重功能使得电视成为民主社会一个危险的符号暴力。于是，布尔迪厄提出了一个极其尖锐的问题：“谁是话语的主体？”换言之，电视到底代表谁的声音？布尔迪厄提出了一种可能：电视人一方面揭露了某些社会的不公正，同时又在为自己捞取象征资本和名望。正像一些后现代预言家所描述的那样，在商品逻辑严重侵蚀的条件下，文化生产出现了一系列的“内爆”（博德里拉语），新闻和娱乐之间的界限消失了，以至于在西方出现了一个新的概念——infortaiment，明眼人一望而知，这个词是 information（信息）和 entertaiment（娱乐）的合成，它预示了电视在收视率诱导下的发展趋向——娱讯。

商业逻辑所制约的收视率的另一个严重“内爆”，是传媒化的经济力量渗透到纯粹的科学领域和艺术领域，进而造成了传媒与学人或艺术家“合作”（合谋）来危及科学和艺术的自律性。在布尔迪厄看来，科学场是最远离权力和商业逻辑的，艺术场次之。但在电视无所不及的新的历史条件下，科学知识和艺术创作也受到了商业逻辑的严重侵扰和蚕食。布尔迪厄指出了几个值得注意的现象：第一，电视开始扮演真理裁判者的角色。由于电视似乎代表了公众的评价和舆论的认可，因此，电视频频侵入科学场和艺术场，并不断地以挑选“十大知识分子”之类的活动，来否定科学理论和艺术品。这严重干扰了科学场和艺术场的固有的内在游戏规则，并欺骗了大多数外行。于是便形成了一种误导，好像电视邀请某个学者或艺术家，就代表了对他的某种形式的承认。回到布尔迪厄的一贯思想来看，电视所扮演的角色恰恰就是他在别处强调的一种“命名权”，通过广泛命名来获得好处，排斥异己，取得自身的合法化。第二，由于电视扮演的特殊角色，导致科学场和艺术场内的混乱。于是，一些人误以为成功与否取决于传媒的承认和好评，取决于在传媒上所获得的知名度，而不是科学界和艺术界内部同行的评价。这就必然使得一些专家学者向媒体投降和献媚，热衷于在科学场和艺术场之外去寻找认可和象征资本。第三，布尔迪厄揭露了媒体内外一种隐秘的合作，亦即“互搭梯子”的把戏。电视通过其传播范围，以畅销书排行榜一类的手法来暗中实施商业化的策略，结果使得作者和记者互惠互利，并排斥了科学和文艺作品的传播。

（选自《国外社会科学》1999 年第 2 期）

当前电视生存环境及其走向

胡正荣

就目前状况而言，电视媒介的生存环境不容乐观。

电视生存的媒介环境可以大体分为国内媒介环境和国际媒介环境两方面。我们可以先谈谈国内媒介环境的特点。一是目前各种媒介（包括传统媒介和新媒介）纷纷参与到市场竞争中来，而其直接结果就是导致受众大量分流；二是市场日趋多元化。这也是与整个社会的发展趋势相一致的。胜利的机会只属于创新者，各类媒介都必须通过分析市场、确定位置、抓住机会、重组资源等一系列措施方能在激烈的市场竞争中占有一席之地。一般说来报纸多以版面和专业性强见长；广播则向抓住特定受众的“窄播”和专业台过渡；杂志的深度报道一枝独秀；而网络媒介则通过传受者之间直接的交流吸引受众。事实上，在当今这样的社会中，无论是企业、媒介还是个人，都必须通过定位和创新点得竞争的胜利。《南方周末》在国内发行量不断上升影响日益广泛的原因即在于此，该报那种思想性极强的新闻报道至今在国内尚不多见。

国内媒介环境的特点也应当包括各电视台之间的竞争与合作关系。目前电视频道不断增多，收视率却有所下降。究其原因，不外是市场这块蛋糕只有那么大，分的人多了自然每份都要相应小一些。截至今年年初，国内的上星频道已多达41家，境外可收视的卫星频道还有近两百家，再加上众多的有线台、本地台等，即使有着这样那样的条件限制，一般电视观众仍可收看到20～60家电视台的节目。据中国人民大学的一项调查资料显示，北京地区的居民平均可以收到30家电视台的节目，可见竞争的激烈程度。但由于目前各电视台仍多属于“粗放型”模式，几十个台与一个频道区别并不大，电视剧重播率甚至同时播出率都很惊人，各种大同小异的“非常男女”类、“快乐大本营”类、“实话实说”类节目都有十几个之多，这也正给想要有所作为的电视台提供了一个深层改革、以专业性、对象性节目在竞争中脱颖而出的机会。面对目前创收与创优之间的矛盾，许多电视台已经逐步展开了面向新世纪的媒介深度改革。经历90年代初期的表层化（即业务层面）的改革之后，在日益激烈的市场竞争中，节目改革、栏目改革等一点一处的改革已经不能解决根本问题，意义也不甚大，只有通过全面的、系统的创新才能赢得竞争的成功。这种创新至少包括以下四方面的内容。

一是更新观念，也就是“换脑”。80年代的电视观和中国人自己的“电视观”已经不能适应需要，我们必须“放眼看世界”，从西方电视业发达国家的有益经验中汲取养料，二是研究市场。这是一种科学化的研究，也是一种生存战略。通过研究市场、研究竞争对手、分析机会，才能制定出有效的竞争策略；三是优化资源，培养节目结构意识、频道意识，挖掘多方面可开发、可利用资源，如频道资源、时间资源、节目资源、受众资源、技术资源、广告资源、人力资源等等；四是转化机制。其中包括管理运行机制和人事机制的改革。前者可增强节目的市场适应能力，针对市场和受众的需要适时调整节目，常换常新；后者则可因人事流动机制的运用增强内部竞争，促进节目质量的提高。

就国际媒介环境而言，电视业的发展有以下几个特点。

一是全球化特点。卫星电视和网络媒介成为人们生活的一部分；二是整合、兼并频仍。电视与网络、电信业的整合产生了信息传播集团，美国1998年提出的“数字地球计划”也是想将世界传播纳入一体化轨道；三是市场化特点。播出者和制作者分离，被分别推向市场；四是专业化特点，即播出者的专业化和受众的细分化。

总之，国际媒介环境给境内电视业的发展带来了压力，同时也提供了有益的经验与借鉴。

电视媒介生存的社会环境也应当引起业内人士的高度重视。这个环境包括两层含义。一是信息化全球化社会。电视业作为信息产业的一部分，应该发挥它特有的作用。而全球化社会也将对中国电视进入全球竞争提出要求。正如中国广播电影电视总局局长田聪明同志所说，中国的广电事业是世界广播电视体系中的一份子。二是市场经济背景。电视业被推向市场，参与各类频道、节目及受众市场的竞争；产业化道路成为电视发展的必由之路，按产业规律去经营媒介势在必行。

就我个人的观点而言，未来电视媒介的发展趋势将同整个社会的发展趋势保持一致，既让多元化得到发展，又使整合度大大提高。多元化将事物不断细分，而细分后每个纯粹度很高的单元之间的联系又得到了加强，这一点从欧美等电视业发达国家最近的媒介新动向方面不难看出端倪。它们往往能形成较大的“整合台”，然后再由各地分台所构成的网络进行传播，比如ESPN、CNN、Chanl-V等等，这比我国缺乏整合的各省、市、县台均各自独立发展更加有利。有鉴于此，我认为未来我国电视业的发展将体现出以下六种趋势。

一、市场化

市场化包含两层意思。一是市场细分日益明显，各电视台及其栏目将向多元化和专业化方向发展。多元化和专业化实际上并不矛盾，而是同一个问题的两个方面。理想的模式是每个台、或每个频道都要求高度专业化，而整个电视业提供给受众的则是多元化世界，这样才可以满足他们的多元化需求。最近中央电视台将8套节目重新定位为影视剧频道，又准备将2套改版为纯经济频道，为电视业的专业化道路进行了有益的尝试。事实上，在电视业高度发达的美国，每个家庭平均可以收看到90个频道以上的节目，但其中那种“无所不包”的综合台却只有10个，其余大多是专业性很强的频道，满足受众的不同需求。二是市场是决定力量，受众需要成为媒介行为的动力，电视业所做的一切调整都是为受众服务的。

二、产业化

产业化就是要求媒介按照产业规律去经营，进行资源的重组与有效利用。我国电视业将从传统运行方式转化为企业运作方式。当然，我国的媒介产业是文化产业，不同于西方纯商业性质的媒介。我们既要抓经济效益，也要抓社会效益，这是必须加以强调的。

产业化本身即可发挥宏观调控作用，它可以优化电视媒介的结构，合理配置资源；同时也可以壮大电视媒介产业的规模，其中很重要的就是资源的重组和有效利用。联合经营是一种较为常见的形式。它是指不同媒介之间充分发挥各自的优势，以互惠互利为目的，根据一定的协议而达成合作的一种方式。这样可以发挥不同媒介的特点，扬长避短，产生出整合营销的效果。总而言之，只要有利于最大限度地使用资源，我们就应当按照产业规律和市场经济运行机制来调整电视业的经营效果。

三、集团化

从狭义上讲，媒介集团是指以资产或品牌为纽带而组成的包含两个以上大众媒介组织的传播经营集团。从广义上讲，媒介集团除了媒介自身的经营外，还应包括相关产业或其他产业，如节目制作等。媒介集团通常会以一个或两个强势媒介组织为核心，或者吸引其他小型媒介组织参与，或者再创办一些相关媒介，或者是控股其他媒介，形成紧密联系的利益共同体，共同进行媒介产业经营。媒介集团将产生规模经营的效益，使得媒介经营的成本大大降低，而且能够充分发挥不同媒介的整合效果。因此，集团化是将来中国电视业发展的一个趋势。随着中国大众传播媒介业、电信业等的进一步发展，必将出现信息产业内部的产业重组，即组成涵盖大众传播媒介，特别是广播电视媒介业、电信业、网络业、娱乐产业、文化出版产业，乃至体育产业等在内的大型信息传播产业集团。

四、全球化

经济合作与发展组织认为，全球化可以被看作是一个过程。在这一过程中，经济市场、技术与信息沟通形式都越来越具有全球性的特征，民族性或地方性在减少。随着经济全球化的加强，世界各国在政治、社会、文化等领域的交往与交流日益频繁和密切。其中文化交流主要还是借助于大众传播媒介，尤其是电视。西方发达国家凭借其强大的经济实力和高技术手段所支撑的大众传播媒介和大批量生产的文化工业产品，使文化成为日常的社会消费品传播于世，形成空间的文化强势。从内容上看，在他们的电视节目中大量传播的是西方意识形态，即西方日益膨胀的消费主义，绝对的个性自由、攻击社会公理准则、凸现非理性和价值相对主义的后现代文化。

美国媒介集团的日益全球化扩张，不仅是市场的扩张，而且是政治、文化的扩张。他们借先进的信息技术如卫星电视、互联网络不遗余力地将自己生产的产品——各种信息——传播到世界上的其他国家。在当今世界信息流动不平衡的格局中，美国传播媒介集团借日益集中的财富和力量渐渐成为加重不平衡、维护不平衡的主体。

当然，大型电视媒介集团如Star-TV等在全球覆盖、市场运作与占有等方面的成功经验值得我们借鉴，我国的CCTV如能尽快组成媒介集团参与全球竞争，也将使其起点更高，视野更开阔，在竞争中处于更有利的地位。

总之，我们要充分估计和清醒地认识到电视全球化带来的正负两方面影响，大力发展我国自己的电视媒介集团，进行全球覆盖，参与全球竞争。

五、区域化

这与全球化趋势并不矛盾。大媒介集团固然有其众多的优势，但毕竟适应性稍差。而小媒介则也可以找到生存之道。一般来讲，规模比较小的电视台优势在于接近性、针对性、适应性较强，它们可以以本地为依托，利用自己的特点和优势，在市场中找到自己的准确位置。

六、高科技化

电视发展的高科技化体现在这四个方面。一是网络技术。网络技术突破了大众传播时代大众化、非目标性、单向和区域传播的障碍，使得传播走向个人化、目标性、双向和全球化方向发展，它也是信息社会电视传播不可或缺的技术之一。二是有线电视技术。它的优点在于不受地形和高层建筑的影响，因而图像清晰，信号稳定；容量较大，可传输几十套，乃至百余套电视节目；功能较多，可与计算机网络联网，用于交互式电视、图文传真、可视电话、电子购物、金融等领域。近年来，用光纤电缆代替金属同轴电缆的有线电视已在发达国家使用。光缆的容量更大，质量更高，发展前景十分乐观。三是卫星通信技术。即卫星作中介将电视节目转发给地面的各个有线网，也可以直接将节目信号传给个体用户，称作卫星直播电视广播（DBS），它的普遍应用标志着电视进入了一个崭新的发展时期。四是多媒体技术。它将有声语言、图像、文字、声音、传真通信、娱乐性服务等结合起来，使传播所提供的信息不断增加，而且同时导致产生完全新型的提供方式和利用方式。其中交互式电视最为引人注目。它包括极为宽泛的内容，如按频道付费、按节目付费是一种交互；交叉时间视频点播、随意视频点播也是一种交互；导演功能（即观众能在多种可能情节中作出选择，也能对多种摄影角度作出选择）和信息额外传输以及虚拟现实还是一种交互。当然这些交互的实际应用还有待时日。

总之，高科技的发展给电视等大众传播媒介业增添了巨大的发展后劲，电视等媒介将更加专业化、分众化，通过有线电视与卫星技术的结合，电视的覆盖面将进一步扩大；信息技术中的数字技术、卫星技术、网络技术也深深地影响了电视工作的观念、手段、方式及质量等，受众在信息传播日盛、媒介大增的环境中也开始分众化，并且主动索取信息，与大众传播媒介和网络媒介交互信息。所有的这些现状和趋势都给电视媒介管理带来了新课题。只有调整管理理念、体制、手段和方法，才能适应未来网络传播时代所提出的更高、更复杂的要求。

（选自《现代传播》1999 年第 4 期）

电视传媒的产业经营范畴

曲秀锦　阎忠军

早在 90 年代初期，就有专家提出，作为现代信息产业的广播电视，应该由单纯宣传型向宣传经营型转变，要在为社会经济生活服务的同时，开发内在的产业潜力，搞好产业经营。实际上，产业经营是电视生产力发展的要求，是电视传播业迎接新世纪挑战的重要前提，是电视传媒发展到经济转型期所显示出来的必然趋势。目前，各国各大电视媒体都在探索适合自己特点的产业经营之路。归结起来，除广告经营之外，大致有这样一些内容和范围：

一是电视台的服务设施和部门独立经营、自负盈亏，成为产业的一部分，这也是最原始的一部分。如生活服务方面拓展出来的餐饮业、宾馆业，以及各种类型的俱乐部（像观众俱乐部、记者俱乐部等）。技术服务方面，由开创之初的电视机维修服务部门，逐步发展成以销售视听设备为主的多种经营的企业。

这种产业起步早，且有“近水楼台先得月”的有利条件。依靠电视台这棵“大树”大多运转平稳。但这类产业在整个电视产业领域中，附加值低、投放低、回报率低，因而只能被置于附属地位，而不可能成为支柱产业。

二是电视广告派生出来的产业。最有代表性的就是各台红红火火的、并且与国际惯例接轨的电视购物、电视直销节目所衍生的各类电视购物网、直销店等等。

电视购物、电视直销是从海外引进的一种节目形式。这种形式有尽早将新产品导入市场的作用，可以鼓励新产品开发，调整需求结构。对于电视台来说，它依托电视优势并将之转化成抢先或专营优势，以合理的高价位获得较高利润。目前，大多数电视台都有电视直销业务。但由于初始阶段推销的大多是海外的健身器械或保健品，有些宣传片也是由生产或主营厂家提供，所以产品价格、画面内容以及带有渲染和煽动性的促销语言，引起了社会各界的关注。国家工商管理等部门制定了相应的制度和措施加以规范。电视台也大多依据有关政策法规，以及社会舆论的要求，对这类节目从内容到形式等作出了相应的调整和完善。随着社会生活节奏的加快特别是因特网上各类电子贸易的逐渐开展，电视购物、电视直销这种海外有效的促销方式将进一步成熟起来。各类电视购物网、直销店也将进一步发展壮大，并成为电视台增加收入的一个重要产业组成部分。

三是电视栏目或节目延伸出来的产业在市场经济的大背景下，许多电视台都在探索自办节目生存和发展的新路子。北京电视台有一个电视红娘栏目《今晚我们相识》，在北京地区有一定知名度。这不仅因为这个栏目给人们提供了崭新的择偶方式，更重要的是他们在栏目之外，延伸了很多与栏目直接相关的服务项目：如婚礼庆典、婚纱影楼、蜜月旅行等。不少电视台都借助旅游节目、电脑节目等，拓展为社会的服务领域，社会效益和经济效益双丰收。

山东有线电视台依托《人才》、《房产》等栏目，经有关部门批准，注册了山东有线电视咨询网，并通过专线联通国际互联网。这样不仅通过因特网宣传电视台及栏目形象，而且利用网络进行人才、房产等信息的开发经营。一方面，电视节目信息通过因特网实现再传播，大大拓展了有线电视的覆盖范围和传播空间，也克服了电视传播瞬间即逝的局限性；另一方面，因特网上的信息又充实了电视节目内容，加大了信息量和时效性，从而实现了电视和网络的双向互动传播。更为重要的是，因特网上有大量有价值的信息可供利用。人才、房产、投资乃至婚姻介绍等，都可以成为信息咨询服务的内容。山东有线电视咨询网运作的时间不长，但因特网的开发潜力和前景为其发展提供了很大空间。

四是电视台开拓出来的新产业。首先，电视传播业属于信息产业，最有条件向相关信息产业延伸，譬如网络。电视台全面介入和开发经营因特网，抢占网上市场份额，迎接因特网这种新媒体的挑战和冲击。因特网具有时效快、容量大、覆盖面广，不受时间和空间限制等优点，为电视传播提供了全新的渠道。电视和网络如果结合得好，因特网完全可以成为电视主体之外新的增长点。同时，由有线电视线路、卫星电视上下通道以及微波电路等构成的电视传输网络，蕴含着巨大的技术和经济潜能，是电视传媒向相关信息产业延伸得天独厚的优势。利用电视传输网络，传输各类电视节目，进行远程播出，开展远程医疗、视频点播、电视会议，以及为用户提供计算机网络人口等等，构成了电视经营的全新领域。如果电视传输网络仅仅停留在发送电视视频、音频讯号上，不仅是对网络资源的极大浪费，也将使中国电视在国际电视传媒业的竞争中陷于被动。无论是因特网，还是隶属自己的传输网络，都有可能成为电视业的支柱性产业。其次，电视业还是传媒行业，在目前报纸、杂志甚至广播发展极不平衡的状态下，可以通过强强联合、强弱联合等方式实现跨媒体间的兼并、合作等，这同样能铸造有发展潜力的产业。为了增强经济、技术实力，扩大生存空间，在竞争中立于不败之地，合作和合并将成为传媒业的一种趋势。第三，就是电视业作为一个行业，有丰富的资源可以开发利用，像频道资源、信息资源、节目资源、人才资源、技术资源，还有电视形象资源、社会声誉资源等等。这些资源不仅可以服务于社会，也可以转化成为物质财富。充分利用自己的有形资产和无形资产，使其保值、增值，实现向其他产业的渗透。

五是电视节目制作和播出最终实现分离，节目制作公司成为电视产业的核心部分。目前我国电视台在节目制作方面占有绝对优势，无论是技术、设备，还是采、编、播人才，就整体实力而言，绝非任何其他部门能与之相比。实现电视节目制作和播出分离，就是要最大限度地释放电视节目制作的生机与活力，繁荣电视节目市场，合理配置电视资源。

未来电视产业经营之路前景如何，在很大程度上取决于制播分离的战略工程的实施效果。近年来，不少电视台分离出了一些专业节目制作单位，并实行独立制片、独立经营。同时，社会上也出现了越来越多的节目策划和制作公司，以多种合作方式为电视台提供节目。这些节目制作单位的成长发展，标志着除新闻之外各类（包括经济、文化娱乐、生活服务等）节目生产的日趋社会化、专业化、集约化，有利于引入竞争机制，多出精品、快出精品，更好地为观众和国家需要服务。电视节目制作的产业经营，将成为电视台新的经济增长点。

与电视节目制作密切相关的就是电视节目经营。电视节目走向市场，作为商品进行交易，已经成为大有前途的产业组成部分。一年一度轮流在上海、四川举办的国际电视节，不仅有国内各电视机构之间的节目交易，也有国内外电视业之间的节目交易。交易品种涉及电视剧、纪录片、综艺节目、动画片等等。与此同时，不少电视台之间还存在着非常规的节目往来，这些往来基本都是有偿的，也属节目交易。在这种背景下，许多电视台原有的节目部门，逐步转制成为节目经营公司。虽然一时尚难按现代企业制度运作，但作为电视产业的发展势头非常强劲。

除以上内容之外，电视产业经营还涉及其他一些领域。分析和认识电视产业经营内容和范围，应注意以下若干基本环节：

一切电视产业经营都应以电视资源为土壤。未来电视业也许会有许多经营项目和机构，有的可能发展得很大、很好，但“电视是根是本”。这是电视产业经营的出发点和归宿。一般来说，距离电视本体愈近的把握越大、成效越大，反之越小。（参见《中国电视论纲》）

电视的产业经营项目，应当是电视传播主业的自然延伸和补充，产业与电视之间必须有内在联系，而不能是另起炉灶。脱离与电视内在联系的业务办产业，不是电视产业经营的优势所在。依托电视，有机地向产业延伸，电视产业经营之路才可能越走越宽、越走越好。

电视广告和电视产业的关系必须明朗化。应该说，电视广告收入是我国电视业最主要的经济支柱。有资料表明，即使在多种经营比较发达的电视台，广告收入目前在全部经营收入中所占的比重高达90%以上。也就是说，我国电视的其他诸项产业收入之和所占的份额还不到10%。这种比例所暴露出来的问题相当严重。由于我国电视台具有垄断性质和垄断地位，电视广告收入在很大程度上是一种垄断利润。也就是说，目前电视广告收入的绝对比例，集中反映了电视台的寄生性。广告客户在某种程度上成了电视台经济杠杆的砝码，近年甚至出现少数几家大的广告客户左右省级电视台经济实力的局面。1997年下半年以来，国内各地电视台的广告收入不同程度地出现下滑趋势，国内诸多大企业如长虹、海尔、康佳等纷纷“抢滩”凤凰卫视中文台，并出资上因特网做宣传，这对广告来源的分流起了不可忽视的作用。

事实上，种种迹象表明，从中央到地方，各大电视台依附于广告客户的广告投入作为最重要的经济支柱的局面必须尽早改观，否则电视台就不可能真正实现自我积累、自我发展。这就必然要求电视台有真正属于自己、完全由自己支配（而不是像广告客户）的产业。有志之士曾经提出，只有当电视的产业收入与电视广告的收入达到基本平衡，甚至有所超过时，才是电视事业发展和运行的良性状态。因此，大力发展电视（广播也不例外）产业，不断增强自身的造血功能和竞争实力，电视传媒才能不为任何广告客户所左右，才能更好地履行国家和人民赋予的神圣职责。

电视产业经营和电视宣传，在管理方式和运作机制上必须有别，要实行政企分开，两权（所有权和经营权）

分离，电视产业部门不能成为电视机构的“翻牌”公司。电视产业经营必须依照现代企业制度的要求，按企业管理模式运作，遵循市场经济规律，使这类产业真正成为自主经营、自负盈亏、自我积累、自我发展的经济实体。

（选自《电视研究》1999 年第 11 期）

重提媒介产业化

黄升民

在学术研究领域，为一个常识性概念的提法反复说明申辩，其实是很无聊的事情，但是，这个概念又是如此之重要，不得不反复说明和申辩，这就更显得无聊了。所谓的“媒介产业化”概念就是属于这类的事情。

在新闻学界，我们提起了“媒介产业化”概念，结果是招风惹雨。理论界为这个提法犹豫不决，禁忌重重，而业务一线则是无知无畏，大胆迈进。两者反差之大，有时令我们无所适从。在 1998 年年底，我曾经写过一篇文章，题为“关于媒介产业化研究”，目的是向学术界介绍我们的研究思路和方法，然而，到目前为止，我还经常接到一些学界友人的询问，说有关部门已经明言，可以提“媒介经营”、“集团化”，但是，不要提“媒介产业化”，你们为什么还要进行这样的研究呢？利用《现代传播》的篇幅，我是旧话重提，向关心者介绍该研究的缘起，思路和现在研究的进展情况。

一、“媒介产业化”概念的提出

在广告学的研究中，广告与媒介的4 关系历来是一个令人关注的重要领域。过去，我们对于媒介的研究，通常是从广告经营的角度考虑的，涉及多是媒介策略、媒介操作的部分。比较系统、深入地接触媒介、研究媒介可以说是 1995 年以后的事情。

当时，我们接到了中国体育报的一个委托，就其报纸的广告经营滑坡做一个诊断分析，同时，做一个 3 ~ 5 年的发展规划。然而，我们在研究中发现，就广告谈广告，就经营谈经营，这显然是不能解决什么问题的。中国体育报原来是一张国家体委的机关报，90 年代以来处于一个所谓“转型转轨”的阶段，财政拨款减少，越来越倚重于广告经营。然而，从报纸经营的常识来说，一张报纸要提升广告量，发行是关键，而提升发行量，又与报纸的编辑内容有关。所以，研究经营当然要与发行和编辑联系起来。在这样的基础上，我们提出了编辑内容、报纸发行与广告经营三者联动整合经营资源的方案。这个方案的核心观点是机关报如何向商业市场过渡，并没有涉及所谓的产业化问题。

1995 年中国体育报的项目完成之后，我们又做了几个报纸的考察研究，这个时候，我们的研究引起了广州电台的注意，他们也委托我们进行一项发展战略的研究项目。

我们在做中国体育报项目的时候，使用的还是“商业化”的概念，研究的框架基本是考虑“机关报如何向商业报过渡”，无论在问题分析和战略提出我们都感到“游刃有余”。然而，在做广州电台发展战略研究的时候，我们就开始感到“力不从心”。广州电台无论在对内的“企业化”和对外的“商业化”方面都已经相当成熟，媒介活动的外部环境也是高度的“市场化”。如果我们还是依照老套概念提供药方，实际是“隔靴搔痒”。经历了多元投资的挫折而又面临同类媒介激烈竞争的广州电台的发展战略关键是依靠和培育自身优势同时积极寻求更大的市场空间。广州电台建构这样的发展战略，必然会触及三个重大的问题：第一，不同地域同类媒体联合经营的问题；第二，相同地域不同媒体的“跨媒体”经营问题；第三，媒体之外不同行业相互参与，渗透经营问题。第一个问题相对简单，第二和第三个问题，涉及跨媒介和跨行业之间的组织重构和利益关系调整。广州电台的高层就多次提出，希望我们能在“广播与邮电相互合作方面提供一个理论依据”。因此，在这个项目进行当中，我们顺势提出了“媒介产业化”的核心概念。

二、“商业化”、“企业化”与“产业化”

在我们的研究之前，新闻学术界其实已经存在诸如“媒介市场化”，“新闻商业化”或“新闻企业化”之类的提法和研究。应该承认，我们的一系列研究是在这些研究的基础上进一步延伸和发展。所谓的“媒介产业化”的概念，是指从单纯的文化、精神生产事业的媒介单位沿着经营和理性的轨迹向企业状态过渡的一种现象。媒介经营的个体发展到一定阶段，必然向独立的企业法人过渡，并以市场平等、竞争的原则建构内外关系，从而形成经济学意义上的“同类企业的集合体”—“媒介产业”。关于“媒介产业化”的概念的详细解释，可以参考我们1997年出版的《媒介经营与产业化研究》一书。在这里我想解释的是，在我们的系列研究里为什么没有采用过去的“商业化”、“企业化”的概念而是采用了“产业化”这个概念。

其实，在我们的研究习惯中并不太拘泥于某种概念的使用，如果概念具有涵盖力和张力的话。应该说媒介的“商业化”和“企业化”概念对于解释中国媒介从原来的单一功能向多种功能的过渡以及媒介内部组织的演进和关系的调整还是相当有用的，但是，当媒介个体规模巨大且交易市场相当发育的时候，这些适用于个体发展和内部结构调整的且带有阶段性痕迹的概念就会显得缺少张力并带有局限性。我们是依循媒介发展的态势进行实证研究，当研究对象的自身发展已经把我们带入更为宏阔的活动环境的时候，重新修订和调整研究的射程就变得相当迫切。“产业化”这个概念和以前的“商业化”，“企业化”的概念并不矛盾，而是一个发展，只不过更具涵盖力。然而，我们并不满足于一个项目的完成和概念的提出，当广州电台项目完成后，项目小组又进入一个新的阶段，这就是对“媒介产业化”进行理论上的整理。广州电台的经验给我们很大的启发，它说明媒介个体随市场经济进程迅速发展，从个体角度来看已经达成了所谓的“商业化”和“企业化”，需要一个更大范围的关系调整和更高层面的理论引导。而作为个体，由表及里、从小到大的变革和发展，首先需要的是自身个体行为的合理性解释，而个体的进一步发展，势必突破自身隶属的行业或者部门的旧有藩篱，从而引发整个行业的调整和变动，这时，同样需要一个更大规模的属于行业整体行为的合理解释。所以，可以在理论上诠释媒介的变化行为：在市场经济的引导下，媒介个体的变革——“媒介商业化”就是个体行为的合理解释；更大范围的行业性的变革行为——合理解释就是“媒介产业化”。因此，“媒介产业化”这个概念并不是一种“超前”，无中生有的“发明”，它其实是对于媒介经营实践和媒介发展的一个理论回应。

随着项目的进行，研究思路逐步明确。我们把它统称为“中国媒介经营与产业化系列研究”。1996年底开始发表有关文章，如《产业化背景下广播媒介个体发展的途径》，《注意，形势已经发生变化》和《媒介经营与产业化研究》。

三、媒介产业化的动因：市场、规模与资本

为什么媒介会发生这种所谓的“产业化”变化呢？结束了广州电台的课题之后，我们开始整理思路，力图从更深的层次把握媒介经营的种种变化原因。我在“关于媒介产业化研究”一文中有这样的反省：

没有足够充分的参照物（文献资料），也没有足够强大的“论敌”（思辨对手），正是我们提出的所谓“媒介产业化”理论最大的危险。在一种自得其乐的氛围之中，我们的理论会假设过多而实证成分欠缺。概念不够精致而理论框架显得粗疏。有两个问题我反复考虑：第一，我们对于“媒介产业化”的理论阐述，虽然也借用了市场学、社会文化学等理论，但基本的视点还是停留在传播学上。在对“媒介产业化”这个核心概念的结构分析过程里，我们借用了“文化装置”，设置了“控制模型”。但是，我们没有摆脱“就媒介谈媒介”的框框，对于“产业”的核心概念就明显缺少分析力度；第二，与我们狭窄的视野有关，我们把“媒介产业化”锁定在“中国独有”。就体制变革与媒介互动来说，中国的“媒介产业化”的确是一种独有现象，但是，如果从“媒介产业”的角度，扩大一点，从产业发展、产业结构的角度来看，这种现象能说的“独有”的吗？我觉得，“媒介产业化”必须要有经济学的“产业理论”作补充，同时，要有一个国际环境的宏阔背景作比较。

当我们从产业变动和国际化环境的这两个宏观视点对所谓的媒介产业化现象进行考察，就可以发现媒介的种种变化并不是孤立的，更不是封闭的，产业与产业，国内与国外都有千丝万缕的联系。于是，我们把这些要素梳理成“媒介产业化变动的三个主要动因”：一是媒介大市场的形成；二是对应大市场的存在，媒介内部规模化的趋势；三是作为纽带的大资本的需求作用。

（一）大市场。经过二十年的发展，中国形成了一个巨大的媒介市场。1999年，我国的广告经营额已经达到622亿元，相当于GNP的0.7%左右。整个媒介市场有多大，现在没有一个统计数据，只能从侧面推算，比如，从广告费总额加倍计算的方式，媒介市场估计会达到1200亿元的规模。然而，如果从其他因素计算，规模会更大，比如，就有线电视的市场规模而言，到目前年为止，中国的有线电视用户已经达到8000万户，居世界第一，固定资产达到了2000亿元。如果投入100亿元整合全国的有线网络，可以达到5000亿元的资产规模。

（二）大媒介。巨大的市场必然催生巨大的媒体。面对如此巨大的市场，不管是全国的媒介还是地方的媒介，都会有一种强烈的规模扩张欲望。而且，这种欲望在海外媒介的刺激之下，会进一步增幅扩大。

（三）大资本。在大市场的环境下，大媒体的运营需要大资本的支撑。如果说巨大的市场是一个机会，媒体规模扩张是一个内在趋势的话，那么，资本就成为媒介生存与发展的支撑点。媒介经营投资很大，因此，大媒介或媒介集团的出现，必须有大资本在支撑，否则很难维持。媒介可能从不同的途径获取经营的资本：一是媒介内的异种媒介联合获取新的经营空间和资源；二是允许媒介以上市公司的身份出现，从社会上获取经营的资本；三是允许行业外的大资本投入媒介产业运营。

出于一种意识形态的惯性，媒介的主管通常对于资本渗入媒介领域保持高度的警惕。但是，处在产业变动之中的媒介，资本越来越成为一种极度需要的经营资源。需求和制约成为矛盾冲突的焦点。我们认为，这种僵局

或迟或早终会改变。20年来，媒介的经营发展主要受制于两种力量：政治力量和资本力量，媒介的生存状态取决于这两股力量的博弈过程。然而，从发展的趋势来看，政治与资本之间达成某种妥协是可能的，也是必然的，这就是我们对于媒介产业化的一种自信的理由（见图1）。

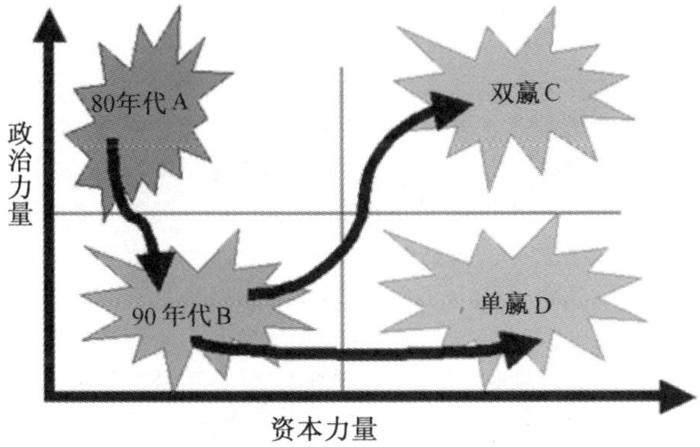

图1　政治与资本力量之间的媒介生态

在此期间，我们进行了“专业媒介购买公司”、“国际媒介企业集团”等课题研究，发表了诸如“广告行业风云再起媒介购买闪电直击”、“形势相当严峻”、“1998：力量游戏与市场整合”、“1999：危机与希望”等文章。并出版了“媒介经营与产业化研究”的第二个研究报告：《国际化背景下的中国媒介产业化透视》。

四、产业化与其说是一种提法，不如说是一种现实

1999年，可以说是“媒介经营的激动年”。新年伊始，连续爆出了5个报业集团，致使广电系统跃跃欲试，电波集团呼之欲出。年底，出台了与广电系统经营改革关系密切的所谓“82号文件”，其核心内容是：其一，网台分营；其二，电视与广播、有线与无线合并；其三，停止四级办台。“82号文”所掀起的波澜尚未平息，2000年开年又传来国务院高层的声音，组建电波集团，电视可以参与报纸杂志经营，而报业集团又可以进入电波行业。我在“网络与组织的双轨整合”一文中言及，如果说82号文还是一个引导广电系统经营改革的纲领性的文件的话，国务院高层所传递的信息所涉及的范围更广，更可能彻底动摇目前的媒介经营格局。虽然，82号文件还存在不少有待商榷的事情；虽然，国务院高层的这个声音背后还响有另类的话语，然而，笔者认为，如果把这两个信息叠加在一起思考的话，可以发现自1999年下半年以来高层所传递的有关媒介经营改革的信息其实已经深入触及了所谓媒介产业化的两个非常敏感而又非常重要的领域：其一，软（台）硬（网络）分离；其二，媒介融合。美国20世纪80年代所展开的后来导致其经济实力回升的电信、电波领域的革新，其触点就是“软硬分离”和“媒介融合”。

关于广电系统的改革思路，我给它判读就是所谓的“四次剥离”式的改革（见图2）。前三项的“剥离”，或多或少都在进行之中。如，“网台分营”之中，如何分营，如何统一，成为经营者关心的焦点。“制播分离”一度进入实际操作阶段，但是，最近遭遇不同意见，又成为议论的热点。第四项的剥离，虽然还没有浮出水面，但是，我认为，这只是一个时间问题，没有这样的剥离，也就没有中国新闻事业的现代化，法制化。

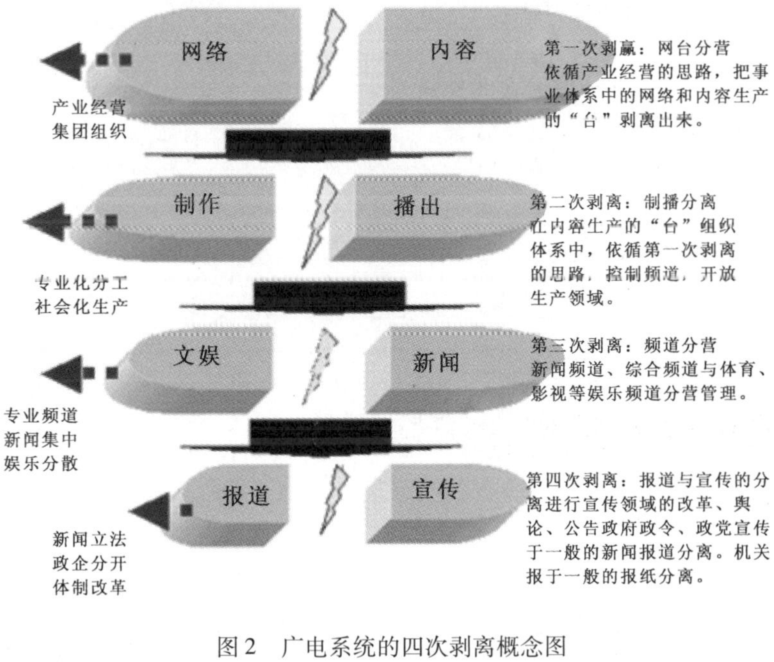

图2　广电系统的四次剥离概念图

就报业系统而言，虽然是挂牌组建集团，但是，经营的最大难题还是经营空间的开拓和融资渠道的保有，

解决这个问题的关键就是找到可供报业发展并实现媒介融合的“中间地段”（见图3）。鉴于中国媒介经营的特殊性，报业集团所企盼的股票上市和参与电视频道经营都是相当困难的事情，所以，要有一个规避政策风险和行业冲突的“中间地段”。什么是中间地段呢？具备媒介的特性，但又不被纳入传统的媒介管理，不同的媒介可以在此融合。互联网就是具备这个“中间地段”的特性。互联网具备几乎所有的媒介的特性，有极强的媒介兼容性，尤其是宽带环境，此外，具备极强的风险融资特性。投资网络，不只是自身宣传，关键是寻找融资和融合的途径，报业集团的发展出路可能就在这里。在这里我们可以理解，为什么一些由报业投资的网站，虽然在整体资源方面对投资主体由很大的依赖性，但是，对外名称以及内部管理，都是尽可能使用股份公司的运作方式，这不是一个简单的“企业化”问题。

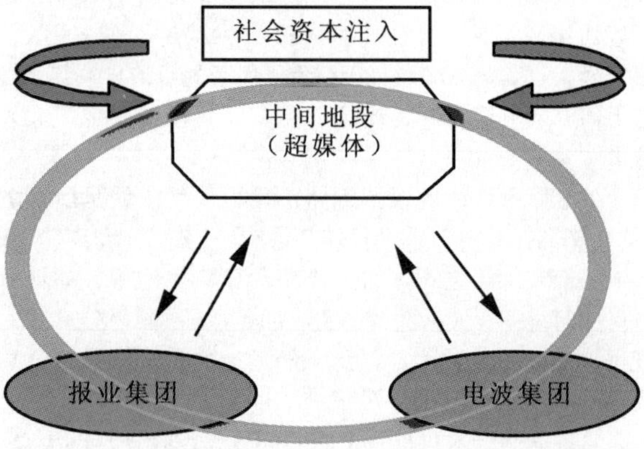

图3　报业的出路在于“中间地带”的存在

然而，就是在媒介极力寻求新的经营出路的时候，也不是没有不和谐的声音，反对“媒介产业化”提法就是其中一种。问题是，媒介经营走到今天，你可以不说“产业化”，也可以不说“商业化”，但是，你无法改变一个基本的现实，中国的媒介，无论大小，现在都是依靠自身的经营取得生存的权利。再说得直白一点，90%是靠广告经营来生存的。已经是呈现一种“准企业”的特点。媒介要扩大经营的规模，要赢取更多的利益，要进行技术上的更新换代，人才从哪里来，技术从哪里来，资金从哪里来？对照一些学界同仁的言论，我在“网络与组织的双轨整合”的文章中如此说道：

“中国的媒介正处于一个十字路口上。20年的苦心经营，媒介脱离国家财政拨款而发展成一个规模巨大的，可以自我谋生的‘准产业’，然而，进入90年代下半期，媒介经营的黄金时代已经不复存在。内部竞争加剧，外部又承受国际化和数字化的冲击，经营者都明白，媒介的生存和发展，有赖于经营意识和方式的突破，有赖于社会资本的支持。而蓄势待发的巨大的社会资本正好把眼光投射到电视媒介。如果能够抓住这个机会，媒介可以得到飞跃发展，国民经济也就此获得一个经济增长的热点，传统产业向信息产业转换的至关重要的拱杆。如果失去了这个机会，困守在政治话语的迷魂阵中，我可以大胆预言，中国的媒介只能步国有企业的后尘，陷入老化、冗员、低效的泥潭。任何强有力的行政干预，只能解决媒介经营的一时之痛，然而，替代不了媒介在市场经济中的自身生存和长久发展。出于这样的一种考虑，换言之，直面媒介的现实需求和经营变动，我们赋予它一个概念，这就是所谓的‘媒介产业化’”。

我们大概就是属于无知胆大一类。最近，在完成了诸如“中国电视媒介的数字化生存”、“省级电视台的重新认识和重新认识省级电视台”、“冷眼向洋看世界”、“网络与组织的双轨整合”的文章报告之后，进入了“媒介经营与产业化”的第三个阶段的研究—电波集团化研究。我们走访了北京、上海、无锡、湖南、广东等地的媒介，对100多位媒介的高层领导进行深度访谈，同时，实施全国150名经营台长关于媒介经营方面十大问题的问卷调查。

用事实说话，这也是我们在媒介产业化研究过程中始终恪守的信条之一。

（选自《现代传播》2000年第5期）

中国传媒业利用业外资本合法性研究

魏永征

中国传媒业是公认的一门诱人的产业。国际上认为传媒业是仅次于金融业和黄金产业的高回报产业，而中国传媒业具有垄断性质，享受政府财税政策的优惠，改革开放以来已经形成了一批相当强大的经济实体。但是面临“入世”，在世界传媒市场角逐中，中国最大的媒体也还是感到势单力薄，同时还有大批经营业绩不佳或不良的中小传媒单位，所以整个传媒业急需资金。而在传媒业外，则有大批资本看重媒介的影响和丰厚回报，具有积极的投入意向。本文拟对业外资本进入我国传媒业的合法性作一初步探讨，所谓“业外资本”，泛指中国内地传媒业外的资本，在逻辑上应包括境外资本即中国港、澳、台地区和外国的资本，但在本文，涉及境外资本一般都有特别说明。

提出资本的业内、业外的界限，是因为我国传媒业是一个必须经过严格审批方许进入的特殊行业。但是事实上业外资本的进入已有多年，1994 年中共中央宣传部“新闻调研小组”在其正式出版的调查报告中披露，广东的报纸或明或暗与企业有合作关系的已有 30 多家。调查报告归纳企业介入报业的形式有四种：(1) 报社和企业双方出资出人组成编辑部；(2) 企业出资出人只参与广告和印刷发行业务，利润分成；(3) 企业出钱，不参与编辑和经营，也不要求利润分成，但要求在报头注明企业名称和联合办的字样，企业提供稿件要优先刊用；(4) 多家企业联合投资，共同组成理事会，决定重大事项，但采编工作由报社独立负责。

这种业外资本的参与大多数是不公开的，有学者在报业这一块，归纳出这样一些形式：股份制经营；委托制经营；合伙制经营；合作制经营。

这些做法在法律或政策上是否允许呢？据中宣部的那个报告称：广东新闻出版局人士认为，企业介入办报利大于弊，倾向于允许试验。而中央有关主管部门则认为，在以公有制为主体的社会主义中国，报纸的性质应当是公有制的事业单位，应该代表国家和人民的利益，不能只代表某个集团的利益。后者对这种做法持否定态度。

一、中国传媒单位是事业而不是企业

有报业经济学者指出：我国报业“是一个限制性或垄断性的行业”。新闻出版署《关于严格禁止买卖书号、刊号、版号等若干问题的规定》把出版报刊图书称为“国家行政部门赋予的权力”。广播、电视的特许权就更为明确。下面对中国传媒业及其市场的准入资格和审批程序作一简介。

规范报刊图书出版的是行政法规《出版管理条例》。这个条例不仅规定了创办报纸期刊和各类出版社（总称“出版单位”）实行严格的审查批准程序，而且对设立出版单位的条件作了明确的限定。第九条规定设立出版单位应当“有符合国务院出版行政管理部门认定的主办单位及其必要的上级主管机关”，“有确定的业务范围”，“有 30 万元以上的注册资本”等。那么出版行政部门认定什么样的单位可以成为设立出版单位的主办单位呢？新闻出版署在 1993 年发布的《关于出版单位的主办单位和主管单位职责的暂行规定》规定，主办单位是指出版单位的上级领导部门，而主管单位是出版单位主办单位的上级主管部门，还规定了主管单位的行政级别：中央是部级以上，省是厅级以上，地、县是县级以上或县级。社委会、编委会、管委会等机构都不能成为出版单位的主办单位。这就表明，主管机关级别低的或无主管机关的单位（特别是民营企业）或者其他集体、个人都不能申办出版单位。至于出版单位的资金来源，“暂行规定”虽然只规定主办单位有职责“依照国家的有关规定为出版单位的设立提供和筹集必要的资金、设备”，但是有些主体既然不具备申办出版单位的条件，那么通过以出资的方式与主办单位合作成为共同主办单位，当然也是不可以的。1999 年对报刊机构又做了新的调整，规定中央国家机关各部门原则上不办机关报，有些报纸可划归人民日报等报社或集团，司、局所办报纸一律撤销，省、地级以下的局不办报，原有报纸可划归当地党报主办，党报吸纳不了的要撤销。有关人士指出这是为了适应转变政府职能的要求，政府机关原则上退出办报。

《出版管理条例》规定出版物应当由出版单位出版，未经批准擅自设立出版单位或从事出版活动的，予以取缔。对非法出版活动，国务院 1987 年《关于严厉打击非法出版活动的通知》从两个方面做出了规定：其一，除国家批准的出版单位外，任何单位和个人不得出版在社会上公开发行的图书报刊等出版物，违者属非法出版活动；其二，非出版单位编印、翻录内部使用的非营利性出版物，必须申办准印证，方可印制，违者亦视为非法出版活动。简言之，未经批准的出版活动都是非法出版活动，未经批准印制的出版物都是非法出版物。这是同我国新闻出版实行严格的审查批准制相辅相成的。1998 年最高人民法院发布司法解释规定，进行非法出版活动，构成犯罪的，以非法经营罪论处。

该《条例》还规定，出版单位成立以后“不得向任何单位或个人出售或者以其他形式转让本单位的名称、书号、刊号或者版号，并不得出租本单位的名称、刊号”。前述“暂行规定”规定“出版单位的主负责人员应是主办单位所属的在职人员，禁止将出版单位承包给其他组织和个人”。这些都具有防止业外资本通过出资合作的方式来控制出版单位的意味。

电台、电视台的设立就更为严格，实行政府办台的体制。《广播电视管理条例》规定电台、电视台由县、不设县的市以上政府的广播电视行政部门设立，其中教育电视台可由设区的市（即省辖市）以上政府教育行政部门设立。“其他任何单位和个人不得设立广播电台、电视台。”电台、电视台不得出租、转让播出时段。对于擅自设立电台、电视台（站），擅自改变台名、台标、节目设备，出租、转让播出时段等行为，都规定了取缔、处罚措施。按照这些规定，业外资本也难以直接进入电台、电视台。

关于外资是否可以进入传媒业的问题，1990 年国务院批准公布的《外资企业法实施细则》把新闻、出版、广播、电视、电影列为禁止设立外资企业的行业。1991 年经国务院批准，新闻出版署发出通知，申明新闻出版行业禁止设立外资企业，原则上不搞在华中外合资、中外合作企业，也不与港、澳、台建立合资、合作企业。1994 年新闻出版署再次发布《关于禁止在我境内与外资合办报纸期刊出版社的通知》，重申原则上禁止创办中外合资的报纸、期刊和出版社等传媒机构。这也适用于港、澳、台地区的合资。《广播电视管理条例》则明文规定国家禁止设立外资经营、中外合资经营和中外合作经营的广播电台、电视台。

境外出版物、电视剧和其他节目的进口，境外电视在大陆的传播传输，也都有严格限制，兹不赘述。

我国传媒业单位至今仍然定位为实行企业化管理的事业单位，不是企业。所谓“事业”，最重要特征就是置于国家机关直接领导之下，所以传媒必须要有主办单位、主管机关。按照传统，国有企业由国家投资创立，实行经济核算制；而事业是由国家拨款设置和运行，实行预算管理制。传媒实行企业化管理以后，为了工商财税登记的需要，传媒的原有资产或者主办单位首期拨款就有了注册资本的名义，但是并没有实行严格意义上的资本金制度。传媒单位实行企业化管理的独立核算制是从事业的“自收自支”制发展过来的，而至今大多数电台、电视台和许多报社仍然接受列入国家财政预算的拨款。这样，即使有一些企业通过协办、组织理事会、赞助等方式给传媒单位一些钱，这些钱也不能作为资本投入，通常是作为广告费，传媒只能以刊登广告或者发表新闻报道、文章作为回报，出资人并不具有投资人的资格，当然不可能享有投资人的权益。

二、直接投资传媒：不合法、没有保障

多年来，业外资本进入传媒业的尝试屡见不鲜。主要有两种方式：一种是同报刊或它的主办单位合作办报刊，一种是直接承包报刊的版面、专栏或广播电视台节目。但是，如前所述，这些做法都是不合法的。有许多规范性文件有禁止条款，如《报纸管理暂行规定》：“报纸经批准登记注册后，严禁转让其刊号和出版权，其他单位或个人不得以出资代办或其他方式控制或接管报纸。”《关于严格禁止买卖书号、刊号、版号等问题的若干规定》：“凡是以管理费、书号费、刊号费、版号费或其他名义收取费用，出让国家出版行政部门赋予的权力，给外单位或个人提供书号、刊号、版号和办理有关手续，放弃编辑、校对、印刷、复制、发行等任何一个环节的职责，使其以出版单位的名义牟利，均按买卖书号、刊号、版号查处。”“严禁任何单位和个人以任何名义直接或间接地购买书号、刊号、版号，并参与出版、印刷、复制、发行等活动。凡购买书号、刊号、版号从事的出版活动均属非法出版活动，坚决予以取缔。”《出版管理条例》还规定了相应罚则。

因报社与企业合资经营而受到处罚的有1993年《四川体育报》“合资”事件。该报与成都国泰琴行签订“联合入股合资经营协议书”，把报纸的主管单位由四川省体育运动委员会改为省体委和成都市金牛区两家，以报纸刊号、稿源、发行渠道及报社专业人员作为无形资产入股，将报社改为与国泰琴行的合资企业，并成立董事会，由国泰琴行人员任董事长，根据报社的提名任命报社总编辑。1993年6月，新闻出版署以四川体育报及其主管单位违反有关规定为由，给予停刊整顿的行政处罚。经省体委和省新闻出版局共同组成整顿小组整顿，终止执行“合资协议”，《四川体育报》恢复出版。

因让企业和业外人“承包”部分版面、专刊而受到处罚的有安徽《轻工导报》出让“法制版”事件。《轻工导报》系由安徽省轻工业厅主办，在1992年底该报与武汉的长江文化传播中心签订协议，内容有：“轻工导报社（甲方）自1993年元月起出版轻工导报社会法制版《大哥大》，委托长江文化传播中心组稿、设计、照排、发行。”“《大哥大》为对开四版套色版。编辑出版过程中的一切费用均由乙方负责。甲方向乙方提供报刊登记证、广告经营许可证和广告发票。乙方每年向甲方交管理费10000元。《大哥大》每期各版所用内容由乙方于出版前通报甲方。在《大哥大》上刊登的广告，乙方组织的按广告收入的25%交甲方；甲方组织的按广告收入的30%交乙方。”武汉长江文化传播中心出版时又将“大哥大”三个字制成特大报头，下印“轻工导报法制版”几个小字，成为一张独立于《轻工导报》之外的报纸。新闻出版署认为这是出卖报纸刊号和非法转让报纸出版权的行为，于1993年4月决定对《轻工导报》予以撤销登记。

在广播电视系统，也有这样的个案，但是公开报道不多。例有某节目制作人1995年承包大连电视台体育频道，协议每年向电视台上缴金额以15%递增，至第二年收入即达2000万元。但是鉴于这种做法有违规之嫌，电视台不久就终止了协议。

即便如此，这种做法也并未绝迹。据报上新近报道的传媒同企业合作的方式，同本文开头提到的中宣部的调查小组的报告列举差不多，著名的便是陕西《华商报》。该报由陕西省侨联创办，因发生巨额亏损，1997年与民营企业华圣集团达成合作意向，由后者投入600万元启动资金进行改造，以集团总裁任社长，聘任原陕西日报社一位部主任为总编辑。一年后即面目大变，效益显著。《新闻出版报》曾刊文盛赞《华商报》的“超常规发展”，但是却回避了与民营企业合资经营的“奥秘”。这表明传媒一方有（特许）权缺钱，企业一方有钱无权，两厢合作实在是双赢的实际需要，所以禁而不止。

尽管如此，业外资金直接投入传媒，除了行政部门随时可以干预外，由于传媒不是企业，不允许把外来资金作为资本，出资人也就很难得到期待的投资回报。

1999年国家有关行政部门对《中国经营报》、《精品购物指南》产权的界定，再次明确了传媒使用的业外资金不能作为投资的原则。这两家报纸是由中国社会科学院工业经济研究所主管的，但在创办时由创办者自筹资金，十多年后，两报已经拥有巨额资产，对于它的产权发生了争议。致函有关行政部门询问，有关部门的复函援引本文前引的行政法规条文后指出：报刊的主办单位即是报刊的投资人。目前尚无可由个人、集体出资创办或拥有报刊的规定，因此，我国的报刊社均为全民所有制单位。鉴于该报社的主办单位是全民所有制单位，该报创办时也已经明确为全民所有制性质，其形成的资产

应为国有资产。报刊创办时若有个人、集体自筹启动资金的，不能认定为对该报刊的投资，应按债权债务关系处理，由主办单位参照银行同期贷款利率予以退还。这个答复符合我国现行传媒体制。创办报纸只能由合格的主办单位申请，出资的个人、集体不可能列为共同主办单位，而注册资本应该是主办单位的自有资金，但是实际上这笔资金是别人出的，那么别人的资金怎么会成为主办单位的资本呢？顺理成章的推论只能是主办单位向别人借的。所以新闻出版署在转发这件复函时指出，这是“具有权威性和普遍适用性的规范性文件”，并重申要严肃查处协办、挂靠等擅自参与报刊出版活动的违规行为，防止国有资产流失。

同时，由于传媒和企业的这种合作无法可依，通常采取不公开的做法，所以合作双方也很难订立一个有约束力的、有明确的权利和义务关系的协议，一旦发生争议很难收场。如《中国汽车画报》创办于1996年，主办单位某研究所同一家广告公司合作，两家负责人分任期刊社的正副社长。按协议，广告公司向期刊社“提供”百万资金和设备，纯利润由期刊社提取12%~15%，其余归广告公司所有。期刊发展顺利，到第三年终了，据说已有上万份销量，广告收入也相当可观。然而这时两家发生严重争执，终于对簿公堂。研究所要求解除合作协议，由对方承担期刊社形成的亏损；广告公司则认为即使终止合作，期刊社现有资产中至少有85%的权益应归己方所有，要求对方偿还。此案已在2000年开过两庭，至写作本文时尚未能宣判。

三、公司办媒介和媒介办公司

如同最简陋的报社也要分为编辑部和经理部那样，所有传媒单位的活动总是分为两块：传播（出版、播放等等）和经营。两者虽然有十分紧密的联系，但是终究是不同性质的两个部分，国家要控制的，主要是传播的内容，不能动摇社会主义的性质和背离正确的政治方向，而资本所关注的，则是自身最大限度的增值，那么为什么不可以把两者分开来呢？中国传媒业第一件成功利用大笔业外资本的个案当数上海东方明珠股份有限公司。这家以广播电视传播服务为首要经营业务的上市公司，建于1992年。设立这个公司的意向起因于建造东方电视塔，银行贷款不敷使用，于是向股份制求助。上海市广电局全额投资的上海广电发展实业公司、上海电视台、上海人民广播电台、每周广播电视报四家共投资317亿元为发起人股，向社会募集新股4000万股，每股溢价511元，当年就集资214亿元。原注册资本为411亿元，经两次增资扩股，现为614亿余元，至2000年6月30日总资产达36亿余元，其中股东权益16亿余元，发起人股份（国家股）约占股份总数77%。在创建过程中，起初曾经设想将上海的电台、电视台等合并组建公司，后来改为电台、电视台等联合投资办公司，人们总结当时的实际做法认为：公司办媒介，不行；媒介办公司，可以。

公司办媒介，就是改变现有报刊必须有主办、主管单位设立和电台、电视台必须由政府设立的体制，而办媒介的公司无论是向社会集资还是同别人合资，都意味着业外资本直接投入媒介单位，这是我国现行法律和政策不允许的。媒介办公司，就是媒介把自己可以开展经营活动的那一块业务及其资产分离出来，吸纳业外资本来合资或合作经营。媒介兴办企业，其合法性无可置疑。早在1988年，新闻出版署同国家工商行政管理局联合发布《关于报社、期刊社、出版社开展有偿服务和经营活动的暂行办法》，今天所做的已经远远超出了它的内容，然而它的意义却不容忽视，这就是第一次以政府部门的规范性文件承认了媒介的广告、印刷等经营活动可以独立出来，组建企业、公司。而相关行业只要法律准许业外资本进入，那么媒介从这里与业外资本合资、合作就是势在必行的。东方明珠公司就是把电台、电视台原有的广播电视发射等业务及其设施分离出来，集中由电视塔经营，再加上电视塔必定会拥有娱乐等功能以及大面积的房产等等，以此为主营范围组建股份有限公司，向社会招股，以其优厚的回报预期获得成功。

在报刊和出版社等印刷媒介业中，主要的经营业务就是三大块：广告、印刷、发行。广告业已由《广告法》予以全面规范，法律规定法人、其他经济组织或者个人都可以依法经过登记从事广告经营活动，只限制个人不得进行广告发布。1994年国家工商总局和外经部联合发布规定，允许依照法定程序设立中外合资、合作经营广告业务的企业。印刷业在我国属于特种行业，实行印刷经营许可制度。但1997年《印刷业管理条例》只禁止设立外商独资经营的印刷企业，而对企业、个人和中外合资不同主体申请设立印刷企业、设立的企业是印刷出版物还是包装装潢印刷品，只是在审批机关、级别方面有不同的规定。出版物发行业，1999年新闻出版署根据《出版管理条例》发布“暂行规定”，规定从事总发行业务，应该是具有法人资格的国有发行单位或国有控股公司；从事批发业务，应该是国有、集体所有制单位或公司；个人只能从事零售、投递业务。规定中外合资、合作企业不得从事出版物总发行、批发业务。在“入世”后，有关规定还会有所更改。由此可见，虽然出版业是垄断的，但是同它相关的这些行业原则上都允许传媒业外的不同所有制的资本进入，并且有条件地向外资开放。传媒单位将有关这些行业的业务及其资产分离出来，依照法律、法规规定吸纳业外资本合资或合作经营，应该是可行的。

在广播电视业，首先是广告经营，与印刷媒介业相同。其次是节目制作，《广播电视条例》规定设立节目制作单位实行审批制，但对于准入资格并无限制，现在电台、电视台同企业合作制作节目已成为通行的做法。中外共同投资合作制作电视剧和录像片还有专门规章。而目前最受关注的是广播电视传输覆盖网的建设、经营及其收益，其中特别是有线电视网络，由于在信息高速公路用户接入网具有优质功能以及多种可以开发的功能，在“三网合一”中拥有潜力，前景十分看好。但是从事这一建设需要极大投入，吸引业外资本无疑是一条理想捷径。去年国务院发布《电信条例》，规定经营电信业务实行许可制度，经营基础电信业务者应为依法设立的专门从事基础电信业务的公司，且公司中国有股权或者股份不少于51%，经营增值电信业务者应为依法设立的公司，对于资本所有制没有限制，这就为广播电视网络建设吸引业外资本提供了法律依据。虽然广电总局的官员指出“入世”后开放的是电信业而不是广电业，广电网络是禁止外商投资的领域，但是吸纳国内的业外资本已很普遍。如湖南电广传媒股份有限公司去年公告招股6000万股，其主要用途就是投资湖南省有线电视网络项目，包括组建湖南省22个城市有线广播电视网络传输公司、对22个城市现有网络进行技术改造等。去年底北京歌华有线电视网络股份有限公司公开招股，计划发行8000万股，每股溢价1515元，预计集资1214亿元，主要投资于北京市有线广播电视光缆网络工程项目及扩展工程。虽然都经过广电总局的特批，但又何尝不可以视为一种试验。

事实上，目前传媒吸引业外资本共同开发经营这一块已经成为相当常见的做法。比较初级的是将专刊、节目中的广告经营拿出去“承包”，如有某省级党报与一家房产公司合办房产专版，每周一期，每期16版，名义上房产公司只是包下专刊的全部广告，但是实际上也要提供专刊的大量内容。进而就是对媒体的整个广告业务或者连同发行等经营业务进行投资。如1999年6月，湖南投资股份有限公司与经济日报社主办的名牌时报社签订合作经营协议书，前者在北京注册一家传播经营公司，向名牌时报社投资1000万元，获得该报独家发行和广告的经营权，合作期限为15年。1999年11月，海南诚成企业集团同《希望》杂志签订合同，出资100万元成立一家广告公司，独家经营杂志的发行和广告业务，为期10年。据悉，诚成集团直接经营的期刊已有10余种，拥有固定读者上百万。意味深长的是北京港澳实业股份有限公司对中国计算机报经营权的收购。这家公司在2000年9月发布公告，以1153亿元购买信息产业部下属计算机与微电子发展研究中心（CCID）所拥有的中国计算机报社51%的股权和相应的经营性资产的经营权、收益权，其范围限定为：为《中国计算机报》服务的广告、印刷、发行销售、信息咨询等经营及收益，不包括编辑、审核等。当时证券报纸纷纷报道中国计算机报社的股权被收购。3个月后，港澳实业发布补充公告，我们发现有关文字有一处重要改动，就是将“购买……中国计算机报社51%的股权”改为“购买……中国计算机报有限公司51%的股权”，据说明，中计报公司前身是这个发展研究中心与另一家中心联合成立的某有限责任公司，后来把《中国计算机报》的经营性资产及权益划入这家公司并改名，成为《中国计算机报》的经营主体。这一改，也就是把“公司（港澳实业）办媒介”改成了“媒介（或者它的主办单位）办公司”，把可能造成企业同主办单位共掌报社（即使说明只是经营部分）的违法局面，改成了企业同主办单位合资或合作经营一家公司并共享收益，虽然经营内容也就是报社的全部经营性业务，但是这在现行体制上是合法的。

四、传媒涉足资本市场

我们不难发现，随着上市公司介入传媒业，传媒业利用业外资本已经超越了最初只是想找一家企业“救穷”、“输血”、“维护正常运转”的意图，而是进入了资本市场，找到了一条新的经营之道：资本经营。

传媒单位涉市可以采取发起上市的做法。东方明珠的发起人就包括了上海电视台、上海人民广播电台等。不过它的主发起人还是一家公司：上海市广电局全额投资的上海广电发展实业公司。传媒发起上市通常都是采取这种先成立一家公司，然后由这家公司充当上市公司发起人的办法。如无锡中视影视基地股份有限公司，系由中央电视台所属无锡太湖影视城（主发起人，现持股63%）、中国国际电视总公司等发起；湖南电广传媒，以湖南省广播电视厅全额投资的湖南广播电视发展中心为主发起人（现持股63%）等。前述北京歌华公司，原来只是一家广告公司，后来北京有线广播电视网络中心把自己的网络部分、播出部分、网络广告制作经营部分这三块业务及其资产分离出来注入该公司并将公司改名申请上市，也可以看作是北京有线电视网部分经营性资产的上市。

还有一种做法就是传媒单位对原有的上市公司实行资产重组，其中通常的方式就是“买壳上市”。著名的个案就是《成都商报》。1999年8月，该报控股的博瑞投资公司受让上市公司“四川电器”的第一大股东成都市国资局持有的该公司国家股2000万股，占该公司股权27%，博瑞成为“四川电器”第一大股东并将公司改名为博瑞传播股份有限公司。还有前述港澳实业收购计算机报业公司，而同时计算机报主办单位CCID通过资产置换成为港澳实业的第一大股东，被认为是CCID自身的“借壳上市”。

中国传媒从依赖财政拨款到自主经营、自负盈亏，是靠在广告和发行市场自我积累求得发展，这只能实现算术级数的增长；而一旦进入资本市场，借用社会力量，就有可能实行几何级数的增长。去年秋，“博瑞传播”公告将通过配股募资的1.35亿~2亿元资金全部投向报业经营，包括：（1）出资4000万元购入印务公司50%股权；（2）出资4976万元购入广告公司35%股权；（3）出资2600多万元控股发行投递公司93%股权（先期已通过银行贷款投入）；（4）出资3200万元成立“立即送电子商务配送中心”。同时还出资204万元与四川广播电视报社合作组建有限公司（博瑞控股51%），独家代理该报广告、发行、印刷等经营性业务。成都商报社对印务公司和广告公司原来各投资2000万元，发行投递公司投资1500万元，合计5500万元；如今，通过增资扩股，印务、广告、投递三家经营实体的资产值将分别增至8000万元、114亿元和2820万元，合计2148亿元。控股一家上市公司，报业资产增值4倍多，这就是成都商报借壳上市一年的直接成果。

传媒上市后显示的强大的集资能力，说明人们对于传媒概念具有很高的回报信心，而这是同传媒自身拥有的无形资产分不开的。本文作者在5年前曾论述传媒拥有一项其他行业所没有的无形资产，这就是传媒同受众的联系，称之为“传播网络”，其可确指部分即报刊发行量、广播收听率和电视收视率，其不可确指部分即传媒的权威性和影响力。而今在传媒资产评估中这个“传播网络”已成为一项重要内容。前述海南诚成集团与《希望》杂志合作组建广告公司仅半年，就在全国30个大城市和3000个县级城镇建立了发行网络，录入读者数据10万人。其后，以诚成集团为第一大股东的诚成文化股份有限公司召开股东大会决定把该广告公司注入“诚成文化”，广告公司原来净资产只有376万元，至此时评估值高达6300多万元，其中《希望》杂志的经营权评估值为5900余万元。这也同我国传媒业的垄断性有关。由于垄断，传媒经营成了稀缺资源，在市场上就成为奇货可居。因而，有远见的业外资本进入媒介也不是仅仅着眼于广告、发行的盈利，而是要借助传媒概念在资本市场上先声夺人，抢占制高点。所以有学者认为中国传媒业是最后一块暴利产业。

中国资本市场虽然十分年轻，但是已经形成以《公司法》、《证券法》为主干的系统的法律规范。至于传媒涉市，除了必须遵循资本市场法律、法规外，还不能不考虑中国传媒自身的特点。对此，有关行政部门的态度是必须把传媒的核心业务（指传播业务）同经营业务严格分开。如有报道新闻出版行政部门某负责人士称：报社的现有资产均属国有资产。目前各大报业集团都有一定数量的经营性资产，对这些资产进行优化重组后可以成立股份公司，然后申请成为上市公司。为了避免传媒核心业务与试图进入证券市场的经营性业务混为一体，在审批时遇到限制，传媒通常需要先成立一家具有独立法人资格的企业，将经营性业务注入这家企业，将企业与传媒的核心业务严格分开。传媒注入股份公司的资产一般是边缘性资产，当然必须是盈利性资产。这些说法也就是允许媒介办公司，避免公司办媒介。不过按《公司法》规定，股份有限公司向境外募集股份及上市，必须另经国务院证券管理部门批准，并有行政法规对此做具体规定。目前还没有传媒概念股向境外发行的，所以虽然理论上不能排除境外资本通过收购传媒概念股来进入中国传媒业，但是成为实际操作还有待时日，而且将会有限制性措施来确保中资的控股权。

五、在产业化的门槛上

本文对业外资本进入中国传媒业持乐观态度，预期将会出现一个业外资本同众多传媒合作的热潮。

第一，中国传媒业由于“入世”正面临着国际媒介市场的激烈竞争。竞争的基础是实力，没有实力，非但不可能在国际市场登陆，就是国内这块市场也可能被蚕食。中国传媒从来也没有像现在这样迫切需要资本的支持，而资本早已对这个行业寄予强烈的兴趣和期待。两者联姻已是水到渠成。

第二，经过一段时间的热身，已经表明资本对于传媒并没有那么可怕。我们确实要警惕和防止资本会干扰乃至蜕变传媒的方向，但是现在有一条行之有效的措施，就是传媒的经营和传播两分开。如果要说经营干扰传播，那么在业外资本进入的如今，早在传媒被要求自主经营、自负盈亏之时，这种干扰就已经存在了。现行的法律、政策既然能够调节两者的矛盾，同样也能够在传媒利用业外资本的积极作用的同时避免它可能产生的消极影响。

第三，中国传媒业的改革已经为接纳业外资本做好了准备。各家报业集团、广播电视集团的成立，虽然同几年前预期的传媒集团化有相当的距离，但至少是为了规模经营的需要，集团大都已经实行了资产重组，将经营性资产予以集中管理和经营，并且正在进行经营性资产同业外资本合作的各种试探，已经出现了若干成功的个案。只要政策允许，这种合作就会如同雨后春笋般地出现。

第四，还应该看到，中国限制业外资本进入传媒的禁止性规范的位阶是比较低的，这就意味着它的调整具有较大的灵活性。如果说，本文所举的传媒对于业外资本的开放主要还是大陆本地的资本，外资的回旋余地不大，那么正如人们所知道的那样，在“入世”后，中国将会进一步调整有关法规、政策，扩大传媒业向外资开放的领域。如果要说有底线，那就是决不会动摇传媒为人民服务、为社会主义服务的方向，决不会放弃对于传播内容的终审权。

（选自《新闻与传播研究》2001年第2期）

社会文化消费与影视产品生产

魏文彬

从某种意义上讲，人类社会只有两类产品：物质产品与精神产品；人类社会只有两种消费：物质消费与文化消费。随着物质产品的丰富与提高，人们对精神产品的需求日益增长。这种需求，将促进精神产品的生产，拉动文化产业的发展。应该说，这是人类社会发展进步的一条规律，是不以人们的意志为转移的。影视行业作为生产精神产品的重要部门，要不断向社会提供高质量、高效益的影视产品，要在日趋激烈的文化市场竞争中立于不败之地，就必须认真研究社会文化消费需求的发展变化，努力把握文化消费市场的发展规律，明确制定影视产品生产的持续发展战略。

一

当人们解决了温饱问题、满足了衣食住行的基本需要之后，就需要文化消费，以丰富自己的精神文化生活。建国50年来，特别是改革开放20多年来，我国人民的物质生活水平有了很大提高，尤其是不少城镇和乡村居民已进入小康生活。在这个基础上，人民群众的文化消费需求也在不断急剧增长。

社会文化消费需求的急剧增长，主要表现在：其一，人们在经济收入增多的基础上加大了对文化消费的投入。据有关部门统计，我国城镇居民近3年来用于文化、教育和娱乐方面的支出，每年增长10%以上。市场上彩电、影碟机、高级音响等文化消费耐用品的购买力逐年上升，其中彩电购买力增长高达50%，居于首位。大片上映、音乐会、文化类展览，吸引的人越来越多。交通的发达，如高速公路的开通和铁路列车的提速，也为进入中心城市参与文化消费的人们，提供了非常便利的条件。在农村，随着农民收入的增加，每逢过节、办红白喜事、生子升学，人们不再是简单地吃喝一顿，而是放电影、看录像、看演出。文化消费，已成为一种时尚。其二，人们的文化艺术鉴赏能力和审美能力不断提高。经过几十年的发展，人们接受文化教育的机会比以往任何时候都多，对文化艺术作品的鉴赏能力普遍增强。特别是我国第一代独生子女已长大成人，普遍接受了良好的文化教育，对时尚文化更有着自己的独特追求。他们的审美鉴赏标准，也有较为鲜明的时代特色。其三，人们文化消费的选择余地越来越大。现在，全国每年放映电影400多万场次，文艺演出40多万场次，全国有20万个文化娱乐场所，图书杂志近100亿册、报纸200多亿份，音像和电子制品近3亿盘。同时，在开通有线电视的地方，接受电视节目在30套以上。文化消费产品、场所的增多，使人们对文化消费选择的自主性增强，对高质量影视、音乐、戏剧、书刊作品，期望值愈来愈高。

面临社会文化消费需求急剧增长的新形势，各媒体和出版经营单位，不断采取新的经营策略，努力满足社会需求，扩大自己的社会影响，获取新的社会效益和经济效益。就报刊而言，有不少正在积极确立新的办刊思路、改革管理体制、变革版式内容、开掘信息资源，其受众队伍正在日益壮大。尤其在现代化进程较快、现代文明较集中的大中城市，报刊影响正在专业人员和中青年中不断扩大。报刊挑战电视的态势已日见明显。有些优秀的报刊广告经营额，已经开始超过电视。特别是在迎接新千年的报道中，北京、天津、上海、广州等地的一些报纸，一期已出版100版以上。这充分显示了报刊面临日益增长的社会文化消费需求，所采取的积极竞争的姿态。报刊等媒体经营策略的改变、经营实力的增强，加快了大众传播媒体多元化发展局面的形成。网络媒体的兴起所引起的受众争夺战，已经悄然展开。有的年轻人甚至认为“可以不看电视，不翻报纸杂志，但不可以不上网”。“第四媒体”的优势，正在日渐显现。

社会文化消费需求的急剧增长，刺激和促进了媒体的发展，对影视行业形成了新的竞争压力，使影视行业面临着前所未有的严峻挑战。多年来，影视业特别是电视业，由于社会文化产品不丰富而拥有特定的受众，往往满足于安全播出和评上某些奖项，缺少市场需求意识、经营意识、忧患意识、竞争意识和挑战意识。当社会文化消费需求急剧增长，社会各媒体和文化经营单位展开争夺受众、争夺文化信息资源、争夺文化信息市场的激烈竞争时，影视行业并非都很敏感，并非都能争取主动。因此，清醒地认识到社会文化消费需求增长给影视行业带来的严峻挑战，以及时制定影视行业的发展战略和经营策略，对于影视行业今后的发展至关重要。我们要看到，积极为社会提供丰富多彩的高质的影视产品，既是影视行业不可推卸的社会责任，也是影视行业自身发展的必然要求。实际上，社会文化消费需求的增长，文化消费市场竞争的加剧，也给影视产品生产带来了新的发展机遇，拓宽了新的发展空间。作为影视行业，只有发挥优势、抓住机遇、迎接挑战，才能在竞争中立于不败之地。

二

社会文化消费需求的急剧增长，刺激着文化产品的生产，拉动了文化产业的形成。因此，正确认识影视产品的双重属性，在确保正确舆论导向的前提下把影视产品推向市场，是我们发展影视产品生产必须解决好的问题。

精神产品是供消费的，因而具有商品的属性，应该进行产业型开发，这是无需争论的。现在，在这个问题上，有些人远没有摆脱传统观念的束缚，老是一步一回头，迟迟迈不开步子。

我们必须认识到，用于消费的影视产品，能进入市场，也就具有商品属性。作为具有商品属性的文化产品，同物质产品一样，具有价值的双重性。物质产品价值的双重性，表现为交换价值和使用价值。其使用价值主要讲的是实用性和耐用性。例如，买一块手表，买一台洗衣机，总要用上好几年。文化产品价值的双重性，一方面也表现为交换价值，另一方面则表现为欣赏价值。其欣赏价值主要讲的是新颖性和共鸣性。一首歌曲、一本小说、一部电影和电视剧，就是再好，人们唱了一阵子，看了一两遍，就要求换新的。尤其是影视剧，如果不能引起人们的思想情感共鸣，则没有生命力。从这个意义上来说，文化产品的更新速度更快，社会需求量更大。

正因为文化产品更新速度快，社会需求量大，与之相适应的文化市场也在不断扩大。改革开放以来，港台流行音乐和影视剧的“登陆”，国外大片的“抢滩”，都充分说明我国文化消费市场有着巨大的潜力。面对不断扩大的社会文化消费市场，我们影视行业应当怎么办？我们的立足点和出发点在哪里？我认为，最重要的，是要立足民族文化的振兴，提高影视产品质量，增强占领文化市场的竞争力。中外影视产品之争，中外文化市场之争，归根到底，是中外民族文化影响力之争。

面对加入WTO的新形势，面对高新技术与网络经济的飞速发展，我们对精神产品的生产，要从战略上进行思考。物质产品落后，还可以“人穷志不短”；如果精神产品落后，就会人穷志也短。因为精神产品是养思想、养情操、养道德的。在文化产业发展问题上，要有忧患意识。我们不怕“人穷”，但怕“志短”。精神生活的贫乏，文化产业的落后，将会造成深重的民族灾难，我们决不能把文化市场的空白留给西方文化。

在物质产品上我们与西方发达国家有很大的差距，这是一个不争的事实。在精神产品上我们与西方发达国家有没有差距呢？这是一个敏感而沉重的话题。说敏感，是因为我们的政治文化意识形态与西方的政治文化意识形态有不同，但是，政治文化意识形态的不同，不等于整个精神产品不能接轨。要看到，在精神产品中，有相当一部分产品是消费的，属于消费品、消费文化。既然是消费的，就有商品的属性。既然有商品的属性，就要走向市场。高雅健康的消费文化，应当说是人类共同的文化财富。我们要吸收西方的优秀文化，但也要“出口”优秀的中华文化。就这一点来说，怎能说不接轨呢？但是，长期以来，我们以为“不接轨”，因而忽视了精神产品的生产。说沉重，是因为在精神产品的生产上，我们与西方发达国家不仅有差距，而且差距甚大，甚至比物质产品的差距还要大。我们生产一部电影的平均成本约400万元人民币，而美国好莱坞生产一部电影的平均成本约4000万美元，这差距该有多大！更为严重的是，在西方，精神产品已是一大产业，有一整套严密而系统的产业政策。而我们呢？既没有产业规划，也没有产业政策，甚至我们还在是不是产业的问题上进行争论。

我们的消费文化还很单调。究其原因，也许由于我们这个民族国内阶级斗争和受侵略的历史太长。我们的文化产品中，“争战”的东西多，而高质量高水平的文化消费产品太少。在这个问题上，我们应该站在历史的高度深入分析研究。应该说，“争战”不是人类的目的。“争”，是为了“不争”，“战”是为了“不战”，“争战”文化不应该是永恒性的。我们应该尽快研究现代化的消费文化，应该立足振兴民族文化的高度，勇敢应对西方文化的竞争和挑战。

在文化消费市场竞争日渐激烈的今天，我们的影视产品生产，要有走向世界文化市场的勇气胆略，更要有参与世界文化市场竞争的实力基础。当然，在世界扩大开放的时代，我们要积极扩大中外文化包括中外影视文化的交流和合作，要及时向国内受众介绍和引进国外优秀影视产品。但是，作为国内的影视产品生产者，我们有责任，努力生产出具有民族文化特色的影视产品，在占领国内市场的同时，在世界文化市场上也有 席之地。我们要将自己的影视产品打出去，必须加大影视产品的民族文化含蕴，立足于民族文化的根基，培育新的影视产品。老祖宗给我们留下了唐诗、宋词、《三国演义》和《红楼梦》等优秀文化遗产。如果老是躺在这些文化遗产上面，那是难以打开世界文化市场的。我们必须要有新的文化产品能够漂洋过海，我们要通过生产具有鲜明民族文化特色的影视产品，对内形成新的民族精神凝聚力，对外形成新的文化市场影响力。

三

在我国，要发展文化产业，必须把消费文化推向市场，走社会化大生产的道路，使具有中国特色的文化产业在社会主义市场经济的竞争中培育、发展、壮大。

发展文化产业，有结构问题、政策问题、导向问题、市场问题。

在结构上：整个文化产业应以影视文化为主。因为今天的卫星和网络技术，将影视文化直接送进了每个家庭。与其他的文化形态相比较，影视文化对人们精神生活的影响更大。为了满足人们对影视文化的需求，在结构上要加大影视文化的生产，要组建年生产影视剧达1000部以上的大型影视集团。

在政策上：要加大扶持的力度。文化产业是一个需要扶持的朝阳产业。在这个产业形成的初期，要给予各种政策优惠，国家可少收利或不收利，让其滚雪球式地发展。待到发展成足以与国际大型影视集团相抗衡，甚至可以赚西方人的美元的时候，再考虑回收。而现在，文化产业靠政策十分困难，这就在很大程度上影响了影视产业的发展。在这个问题上，我们要有前瞻眼光。

在导向上：文化产业既要学习西方的优秀文化，更要弘扬和振兴优秀的民族文化。中华民族的文化源远流长，要挖掘、改造、嫁接。作为消费文化，要在品位上下工夫，要有较高的欣赏价值，使人们在欣赏的过程中，感到轻松、愉快、优美，在消费的过程中陶冶情操、升华情感，吸取民族文化的丰富营养。对于那些具有时代特色而又弘扬了民族文化的精品，国家不仅不收利，还要给予奖励。

在市场上：要引导中国文化产业大步走向市场，在市场竞争中培育、发展、壮大。要进行社会化大生产，投资主体可以多元化，只要刊播权掌握在党和政府手里，在文化产品生产、经营上应逐步放开。

在今天的社会主义市场经济条件下，我们要着眼于结构、政策、导向、市场，努力加快文化产业的规模化发展。作为影视工作者，我们更要作出自己应有的贡献。我们要将遵循影视产品生产规律与遵循市场经济规律统一起来，将追求影视产品的思想艺术性与满足受众的欣赏需求统一起来，及时准确地制定影视产品生产的持续发展战略。

制定影视产品生产的持续发展战略，应当适应世界文化市场的发展变化。世界经济全球化的发展趋势，也会加快信息传播全球化、文化市场全球化的进程。近年来，国外许多大的文化传媒公司竞相并购，就是为了适应这种进程。所以，我们仅仅引进国外的优秀影视产品是不够的，我们还要随时了解国外文化市场的动向，要努力学习国外文化产品创作生产和经营管理的方法。比如，“米老鼠”拖来了一个富可敌国的迪斯尼，好莱坞撑起了一个影响全球的洛杉矶。这种“米老鼠”现象和好莱坞现象，就值得我们认真研究。美国传媒业的收入一年达2000亿美元，有一半来自国外。人家在加大文化产品输出，我们如果无动于衷，那就显然要被动挨打。因此，在影视产品生产发展的战略上，我们一定要变被动开放为主动开放，变影视产品引进为影视产品输出。

制定影视产品生产的持续发展战略，还必须立足于大生产。由于长期受计划经济体制的影响，我国的文化产品一直处于小规模、低水平的生产经营状态。改革开放20多年来，我国文化产品的生产力有所发展。据统计，全国有报纸2000多种、期刊8000多家、出版社700多家、地级以上电视台340多家、电影制片厂和电影制作公司35家。但基本上都是低水平、粗放型运作。特别是电视，低水平的重复劳动、重复建设实在太多太多。现在，虽然有的地方已组建了报业集团、出版集团，但还是谈不上有多大实力。全国还没有一家文化产品生产单位在生产能力上能与国外的大型文化传媒集团相提并论。具体到影视产品生产来说，更没有哪一家的实力能与国外大型集团抗衡。因此，我们迫切需要组建大型的、有实力的、成龙配套的影视集团，结构重新构建，资产重新组合，资源重新配置，实行集约化经营、集团化管理，进行影视产品的大生产。

高质量的影视产品，是高智力、高技术、高财力相结合的产物。我们国内不缺生产《泰坦尼克号》的人才，但是缺少生产此类大片的技术和财力。像以往那样一家一家的电视台和电影厂，是不可能实现高智力、高技术、高财力的集中的，也不可能生产出《泰坦尼克号》这样的大片。只有抓紧组建大型影视集团，实行集团化、规模化发展，采取资本运营等现代经营方式，才能逐步具备生产高质量有影响的影视产品的实力。1993年以来，我们湖南影视行业以32亿元的投资规模，在长沙市郊的2200亩土地上，建起了一座集广播电视中心、影视拍摄基地、影视会展中心等设施于一体，融合高新技术的“长沙新世纪文化城”。在几年的实践中，我们摸索总结出了“两次投入两次产出”的规律：投入—产出—再投入—再产出。第一次投入投在硬件上、载体上、基础上；第一次投入带来的是事业上的大发展。事业发展后的产出变成第二次投入，第二次投入投在软件上即节目上；第二次投入带来的是节目生产上的大繁荣。节目质量提高了，收入增加了，又继续加大对节目生产的投入，由此形成“投入产出”的良性循环。我们的目的，就是要为建立一个有实力的成龙配套的影视媒体集团打下比较坚实的基础，不断扩大生产能力，使地方的影视产品走向全国、走向世界。制定影视产品生产的持续发展战略，还必须勇于变革生产方式和管理体制。由于受计划经济体制的影响，多年来我们的影视产品生产方式，是由国家和单位投资，由电视台、电影厂领导下的影视剧部和摄制组组织生产，同时主要运用行政手段实施管理。这种旧的生产方式和管理体制，责权利不明确，资源配置不合理，生产者不对投资主体负责，造成了不少人力、物力和财力的浪费，也形成不了大生产。经过10多年的改革实践，证明实行市场机制运作，是变革影视产品特别是电视节目生产方式和管理体制的有效途径。实行市场机制运作，主要通过价值规律调节影视产品的供求关系，改行政拨款为多元风险投资，改自给自足的小生产为满足社会需求的大生产，改简单的行政手段管理为严格的成本核算管理，收效较为明显。近几年来，我们湖南的影视产品制作，大胆实行了生产方式的改革。一种是台内部由制片人独立生产制作的改革，如娱乐类节目的生产；另一种是台外部独立法人投资生产的改革，如湖南电广传媒股份公司投资拍摄电视剧的生产。这些改革，加快了台内工作机制的转换，实现了人才、资金、资源的优化组合，增强了工作活力，形成了新的影视产品生产关系，促进了影视产品生产力的发展，取得了较好的社会效益和经济效益。事实说明，只有大胆变革生产方式和管理体制，才能加快影视产品生产的发展，出精品、出人才、出效益，以不断满足社会文化消费需求的增长。

（选自《湖南大众传媒职业技术学院学报》2001年第2期）

我国传媒产业经营政策及其影响

周茂君

1979年以来，我国新闻传媒已经完成由国家行政事业单位，向“事业单位、企业化管理”双轨制转变，并向传媒产业集团发展。这个转变之所以能够实现，关键在于我国新闻传媒20余年的产业经营取得了丰硕成果，并走上了产业化发展道路，能在经济上支持这种转变。

一、我国传媒产业经营政策的发展演变

我国传媒产业经营政策从20世纪50年代中期至今，其发展演变主要经历了三个阶段：

（一）计划经济体制下的国家行政事业阶段

从1953年开始至1956年结束，我国完成所有制改造，确定计划经济体制，直到1979年实行“改革开放”前的20多年里，我国新闻传媒处于计划经济体制之下，是国家行政事业的一部分。在经济上基本都是依靠各级政府财政拨款，根本无需自身“造血”，就能维持其生存与运行。这种状况一直延续到1979年，当时除报社、杂志社有为数有限的订阅费收入外，电台、电视台几乎没有任何经济来源。因此，由于这一时期计划经济体制决定，我国无明确的传媒产业经营政策出台。

（二）有计划商品经济条件下的“事业单位企业化管理”双轨制阶段

从1979年至1992年，随着我国由计划经济向有计划商品经济的转变，我国传媒产业经营政策开始出台，促使传媒进入“事业单位、企业化管理”双轨制时期，进行产业经营实践。

1978年12月召开的中共十一届三中全会，在彻底清理了此前特别是“文革”时期“左”倾错误的同时，决定今后国家的工作重点将转移到经济建设上来；此后又提出了改革开放、大力发展有计划商品经济的方针政策。这些政策、措施的出台，无疑极大地激活了我国经济发展，为传媒产业经营政策的出台营造了良好的经济环境和舆论环境。从1979年开始，经济广告包括外商来华广告首先在我国一些大、中城市全面恢复起来，拉开了我国传媒产业经营的序幕。正是在这种背景下，中共中央宣传部于1979年11月发出《关于报社、广播电台、电视台刊登和播放外国商品广告的通知》，对我国整个新闻传媒界解放思想、转变观念、破除禁区，起到了积极的促进作用。

与此同时，以《人民日报》社为首的七家在京全国性主要报社，在有关部门的支持下率先实行“事业单位、企业化管理”的双轨制经营管理体制，标志着我国传媒产业经营新时代的来临。由于《人民日报》社在我国新闻传媒界举足轻重的地位，因而“事业单位、企业化管理”这种传媒经营管理体制便在我国确立下来，并普遍推广。此后的十几年，报纸、电视、广播、杂志等四大主要新闻传媒相继加入了经营管理体制改革的行列，开始进行“事业单位、企业化管理”双轨制下的传媒产业经营实践，并取得了巨大的经济效益和社会效益。

“事业单位、企业化管理”这种双轨制体制，既反映出国家面对日益增多的传媒数量和迅速增长的财政拨款在不堪重负时的无奈；又体现了国家把新闻传媒推向市场，让其依靠自身的“造血”功能来维持自身生存与发展的决心；同时也是我国新闻传媒产业经营实践由自发状态进入到自觉状态，并走主动与国家财政“断奶”和自收自支、自我发展的产业经营道路的一种内在要求。如1988年3月，在北京正式成立的我国报界第一个全国性行业组织——中华全国报纸行业经营管理协会，其宗旨之一便是要加快我国报业“参与市场的力度和深度”。事实上，“事业单位、企业化管理”双轨制是我国传媒在由计划经济向市场经济转制过程中一种过渡性的产物。尽管如此，它有力地冲击了计划经济条件下新闻传媒是国家纯事业单位的僵硬体制，并以其成功的产业经营实绩为我国传媒走向市场作了必要的物质准备。

（三）市场经济体制下的产业化发展阶段

从1992年我国确立市场经济体制至今，我国传媒产业经营政策明显由“事业单位、企业化管理”双轨制向“自主经营、自负盈亏、自我约束、自我发展”的产业化发展道路转变，带动了我国传媒产业经营的发展。

由市场经济体制取代有计划商品经济体制，就是要在经济工作中努力减少计划因素而更多地运用市场手段来调节供、需双方，使之更符合市场规律。这一时期，除极少数重要媒体外，绝大多数都与国家财政“断了奶”，并被逐渐推向市场。此时的媒体市场状况是：我国传媒经过十几年的超常规发展，其数量增长迅速，媒体间的竞争异常激烈，甚至到了残酷的程度。显然，在这样的市场状况下，如果不改变产业经营政策，仍然坚持带有明显过渡性质的“事业单位、企业化管理”双轨制，是很难适应已经变化、发展了的媒体市场状况的，也很难满足改革开放的经济环境对媒体产业经营提出的新要求。正是这样的经济环境和媒体市场状况，促使我国传媒产业经营政策发生改变，进而带动传媒向产业经营的纵深发展。其中最突出的标志便是提出了“传媒产业经济”的全新概念。如1992年9月，中国报协在江西举行的“全国报社经营管理经验交流会”上，首次提出“报业经济”的新概念。它的提出，既反映了我国传媒产业经营观念的历史性变革，同时又是对我国传媒自改革开放以来十几年产业经营实践的理论回应。它在充分肯定

我国传媒坚持以传播新闻信息、“讲宣传”的“一业为主”的前提下，对传媒产业经营的必要性和独特地位、作用进行了重新界定。这正如江泽民在1996年视察《人民日报》社时指出的那样：“在集中精力办好报纸的同时，要努力搞好经营和管理。”

此后，广州、北京、上海等经济发达地区的新闻传媒，开始尝试“自主经营、自负盈亏、自我约束、自我发展”的产业化发展道路，先后于1996年组建了《广州日报》报业集团；于1998年组建了《羊城晚报》、《南方日报》、《经济日报》、《光明日报》和“文汇新民联合”五家报业集团；于1999年组建了《深圳特区报》报业集团；于2000年组建了“大众”、《北京日报》、《解放日报》、《四川日报》、《浙江日报》、《辽宁日报》、《哈尔滨日报》、《沈阳日报》八家报业集团。这些传媒产业集团的组建，极大地带动了我国传媒产业经济的发展，代表了我国传媒产业经营未来的发展方向。

二、我国传媒产业经营现状

我国传媒产业经过20余年的发展，其经营规模不断扩大，并以年均20%以上的速度增长。随着我国传媒经济实力的增强，传媒得以告别昨天、立足今天和展望明天。所有这一切，都为我国传媒面向21世纪和走向国际化，奠定了坚实的物质基础。同时，我国传媒在20余年的发展过程中，初步形成了以广告经营为主导，多种形式并重的产业经营新格局。

（一）广告经营在产业经营中的主导地位

我国传媒在1979年以前（指“文革”十年及其后一段时间），几乎不做商品广告，因而这一时期，我国传媒产业经营无从谈起。1979年初《天津日报》、上海电视台等传媒在我国率先刊播商品广告，不仅宣告我国广告行业春天的来临，还标志着传媒产业经营的正式起步。

此后20余年，我国传媒产业经营经历了一个高速发展的过程。报纸、杂志、电视、广播四大主要传媒的广告营业额，从1979年的微乎其微（无具体统计数据，估计只有数百万元），发展到1999年底增长速度惊人。

与其他多种产业经营形式相比，广告经营在我国传媒产业经营中一直居于主导地位，其营业收入占传媒全部总收入的60%以上，有的甚至高达80%至90%。正是在这个意义上，有人将广告经营完全等同于产业经营。这种说法虽不完全恰当，但却从另一个侧面道出了广告经营在我国传媒产业经营中不可或缺的地位和作用。

表1　1990～1999年我国传媒广告额增长情况　（单位：万元）

年份	报纸	杂志	电视	广播	其他
1990	67710	8683	56136	8641	61092
1991	96187	9989	100052	14049	61350
1992	161832	17266	205470	19920	87781
1993	377109	18447	294390	34944	154235
1994	505442	39506	447600	49569	254493
1995	646768	38229	649800	73769	252879
1996	776891	56096	907894	87267	270365
1997	968265	52709	1144105	105776	407370
1998	1043546	71328	1356380	133036	472898
1999	1123256	89232	1561496	125243	543150

（二）其他产业经营形式对广告经营的必要补充

我国传媒进行产业经营，除了以广告经营为主导外，还坚持了多种经营形式并重，主要包括：（1）以发行为主的报刊媒体产业经营；（2）以自办或联办节目为主的广播电台、电视台的产业经营；（3）以组织或举办各类活动为主的新闻传媒产业经营；（4）新闻传媒参与信息咨询服务、文化建设、房地产等实业活动的产业经营；（5）新闻传媒其他产业经营形式。

传媒性质不同，它的其他形式的产业经营收入占其产业经营总收入的比重也各不相同。长期以来，发行收入一直是报刊媒体主要的稳定收入来源，因而与广播、电视等其他传媒相比，其刊其他形式的产业经营收入占全部产业经营收入的比重要高一些。以报纸为例，我国报纸的全部营业收入主要包括广告经营收入、发行收入和其他经营收入三部分。伴随报纸扩版速度加快和广告收入的增长，其发行收入和其他经营收入在其总收入中的比重有所下降，甚至有的报社，为了扩大发行量，不惜采取扩版降价的方式吸引订户。有些报纸为在发行竞争中取胜，其发行收入往往只能微利或保本，有时还出现亏本赚吆喝的情况。因而随着报业竞争的加剧，其发行收入占其总收入中的比重会有所下降。但只要发行量上去了，这部分下降的收入却可以在广告收入中得到补偿。比较而言，发行收入在杂志产业经营总收入中所占比重较大，一般达到50%以上，有的还高达60%～70%。而广播电台、电视台以自办或联办节目为主和以组织举办各类活动为主的产业经营收入，占其总收入的比重，一般在10%左右。

总之，我国传媒除广告以外的其他产业经营收入，占媒体总收入的比重，随媒体不同而有高低上下之分，但就总体而言，它们却是我国传媒重要的产业经营形式，构成了广告经营的必要补充。

三、我国传媒产业经营政策的影响

我国传媒产业经营政策是在国家从经济上给传媒"断奶"的背景下出台的。我国传媒在经济上从完全依靠政府行政事业拨款，到部分依靠政府行政事业拨款，再到靠传媒自身的"造血"功能，即产业经营收入维持正常的运转，直至形成庞大产业经济规模，仅在短短20余年的时间内完成，这不能不说是一个奇迹。因此，它的出台无论对我国传媒的现在还是将来，都将产生深远的影响。

（一）促使传媒数量增加、规模扩大和实力增强

我国传媒产业经营政策的出台有力地促进了传媒数量的快速增加。以报纸、电视为例，1978年我国有报纸186种，结构比较单一，基本上是各级党委机关报。经过20余年的发展，到1998年，我国报纸数量达到2202种，共分综合大报、机关报、群体报、行业报、企业报、晚报、文摘报、生活报和军报等九大类，已经形成了一个以党委机关报为骨干，兼及经济、文化及各行各业的多层次报业结构。1978年，我国共有电视台38座，除中央电视台外，其余均为省级电视台，而到1998年，我国共有各级综合电视台880座，中央、省、市、县四级均办有自己的电视台，另外还有1000座由各级教育部门主管的教育电视台。与我国传媒数量迅速增加相联系，其规模不断扩大。在我国传媒未被推向市场前，报社一报或一报一刊比较普遍；在广播电视方面也属此类情况。而在其被全面推向市场后，报社一个主报，数个子报，一刊或数刊比较普遍；广播电台除人民台外，又增加了文艺台、经济台、信息台等，电视台则有无线台、有线台、卫星台等，每个省会城市的电视台共有各类电视频道十个左右。从表2中可以见出我国传媒规模之一斑。

表2　　我国报业集团情况一览表

名称	成立时间	下设子报刊数
广州日报报业集团	1996年5月29日	10报2刊
南方日报报业集团	1998年5月18日	5报1刊
羊城晚报报业集团	1998年5月18日	3报
光明日报报业集团	1998年6月18日	3报3刊
经济日报报业集团	1998年6月8日	3报3刊
文汇新民联合报业集团	1998年7月25日	6报4刊

1978年，我国报纸年印量约为40多亿对开张，到1998年，增长到450亿左右对开张。1978年，我国除中央及各省少数报纸为日报外，大多数报纸是周二、周三、周四刊，其版数多为对开4版，很少有对开8版的报纸。到1998年，大部分报纸已发展为日报，对开八版的报纸占了绝大多数，许多报纸每天出12版、16版、20版，有的报纸还出到32版、64版和96版，甚至出了电子版，上了因特网。

经过20余年的独立运作和发展、积累，随着我国传媒规模的不断扩大，其实力也在不断增强。绝大多数传媒的经济实力都在原来的基础上上了一个或数个台阶，大部分省、市，报社、电视台都新建了设备先进、采编自动化技术条件一流的新闻大楼。可以这样说，我国传媒无论经济实力，还是综合实力，都是以前所无法比拟的。如"文汇新民联合报业集团"成立后，其下属10种系列报刊，期发行总数已达250万份以上，还拥有广告、信息、文化、房地产等20多个经济实体，固定资产总值达到17.4亿元，1997年广告收入为7.6亿元，年创利税2.7亿元。两报在10个国家和地区以及联合国派有常驻记者，在美国设有记者站，创办了《新民晚报》美国版，在国内及海外设立了近20个卫星传版印刷点。所有这一切，都是以前我国传媒无法想象的。

（二）促使传媒管理体制变革

在计划经济时代，我国传媒管理体制长期实行的是社长（台长）、总编辑共同负责制。这是由计划经济体制下传媒作为国家行政事业的一部分，由国家统一拨款，维持其生成与发展，传媒只负责办报（电视、广播、杂志）的固有管理模式所决定的。进入新时期以后，特别是市场经济体制确立后，我国传媒这种仅有采编一条腿走路的管理体制已难以适应新形势的要求。于是，传媒管理体制的改革势在必行。1995年，《羊城晚报》社经广东省委同意，在我国率先进行领导体制改革，其具体做法是：实行社长领导下的总编辑、总经理负责制。社长负责全面工作；总编辑、编委会负责报纸的编采工作；总经理、经管会负责报社的经营工作。重大问题由社长召集社务委员会讨论决定。这样，报社采编与经营管理两个轮子一起转，就成为我国传媒一种全新的管理体制。此后，又有《南方日报》社等传媒采用这种管理体制，效果良好，并开始在我国推行。

（三）促使传媒经济独立，拥有更大自主权

我国传媒产业经营政策出台并实施，促使传媒在经济上与政府脱钩，靠产业经营收入维持正常运作，甚至其自身的发展经费也靠自筹解决，使其在经济上走向独立。因此，在我国传媒的运作过程中，来自上面的行政干预少了，符合自身意愿与市场规律的做法多了。在报道内容、版面安排、用人制度等诸多方面，传媒拥有更大的自主权和发展空间。

（四）促使传媒提高质量，办出特色

我国出台传媒产业经营政策，允许传媒进行产业经营，实际上是把传媒推向市场。尤其是市场经济体制确立后，媒体资源已由早期的全面供不应求，逐渐转变为少数媒体（如中央电视台）供不应求与多数媒体供大于求的状况同时并存；媒体市场也由早期的"卖方市场"进入"买方市场"。总之一句话，传媒间的竞争变得激烈起来。报刊的征订数和阅读率、广播电台的收听率、电视台的收视率，再也不能依靠某个部门的行政命令或某个领导的意志来决定，而是要由媒体自身是否办出高质量，是否办出特色来决定的。因此，提高节目质量，办出自身独有特色，是传媒扩大影响、争取受众的最主要

方式。许多传媒都认识到，传媒的竞争实际上是从争取受众的竞争开始的，都意识到“以质取胜”的重要性。这正如中国报协广告委员会主任梁勤俭先生所说：“报社必须先着眼自身改革，花大力气增加报纸信息量，提高办报质量，改进版面表现形式，增强报纸的知识性、趣味性、接近性、及时性、可读性，使读者能先睹为快，抢着去读，至少愿意自己花钱买回家去读。报纸只有以新颖的姿态、精湛的内容去争取读者，争取作者，赢得广告客户的青睐，才能实现‘以广告养报，以报取悦读者，以读者赢得广告’的良性循环。”梁先生的讲话虽然主要针对报纸而言，但对杂志、广播电台、电视台等媒体同样适用。

（五）对新闻传播的影响

我国传媒产业经营政策的影响，最直接也最具决定意义的是对新闻传播的影响：

1. 对传播主体思想观念的影响

我国传媒在未进行产业经营和新闻改革前，其主要功能是喉舌、耳目，定性较为单一；改革开放以后，随着传媒被推向市场和新闻改革的深入，新闻传媒的其他诸如信息传播、文化服务等功能被重新认识，并形成了以信息服务为主导的传媒实际操作思路，因而其定性开始由单一走向多元。这实际上反映了传播主体认识的提高和思想观念的巨大变革。与此相联系，我国传媒担负的教育功能有所淡化，而更强调在坚持党性原则、坚持正确的舆论导向的大前提下，新闻传媒的信息传播功能和服务功能。“报纸面向最广大的普通市民，不是去宣传教训人家的，而是为人家服务和服从人家的，不是去领导市民，而是做市民公仆——信息公仆，服务公仆！”这也是传播主体思想观念的重大转变。

2. 对传播内容的影响

数年前，上海一家著名党报以100万元的价格，将其第1版卖给了杭州某电器集团，刊登其刚上市的产品广告。广告刊载出来后，立即成为我国传媒界、新闻学术领域争论的焦点，甚至数十家国外新闻机构，也争相报道此事，在很长一段时间内成为中外人士谈论的热门话题。之所以重提此事，是因为此事从一个侧面反映了自实行新闻改革以来，我国传媒在传播内容上的重大改变。有人曾将我国报纸的操作规程总结为：“报纸的一版要完成好规定动作，后面的版面要更注重在自选动作上下工夫，完全可以办得轻松活泼一点，与读者贴得近一点，让受众愿意接受一点。”这种抓好头版“要闻版”、搞活其他版的做法，在我国报界具有普遍性，广播、电视等其他传媒的做法与它比较接近。

即以报纸要抓好的头版“要闻版”为例。这几年的显著变化是：会议新闻报道少了，而一般以标题新闻的形式加以处理；领导同志的讲话内容所占篇幅少了，而惯常的做法是在头版排出标题或加上少许摘要，其余部分则转入其他版面；与上述“两少”形成鲜明对照的是真正具有新闻价值的新闻报道内容多了。这“两少”、“一多”的变化，正是我国传媒产业经营政策对新闻传播内容影响的必然结果。

综上所述，我国传媒产业经营政策是在我国由计划经济向市场经济转制过程中，在国家从经济上给传媒“断奶”、将其推向市场的社会经济背景下出台的，但却在客观上促使传媒走向市场，进行产业经营，并在坚持党性原则和正确的舆论导向的前提下，走上产业化的发展道路。

[选自《武汉大学学报》（人文科学版）2001年第2期]

从国家文化安全的视角看我国广播电视集团化

张德勇　蔡尚伟

一、文化安全要求我国广播电视改革走集团化之路

我国的广播电视业正在经历着一场深刻的变革，集团化是其重要趋向。中国管理高层也曾下文，要求各省级广播电视集团尽快组建。中国广电业的这一举措当然有着多种原因，但对全球化环境下国家文化安全的考虑无疑是最重要的一种。

国家文化安全，是作为主权国家特有的民族文化在异文化的冲击下所具有的生存与发展的保障机制。国家文化安全问题在早期资本主义殖民扩张时期就存在于被殖民国家，不过当时对一个国家来说更重要的当然是主权的安全。两次世界大战后，资本主义的殖民体系逐渐瓦解，原来的殖民地纷纷独立，建立了主权国家。但全球化的进程已不可阻挡。世界各国又以另外的方式联系了起来，这就是资本和文化的渗透。当然这种渗透不是

对等的，发达资本主义国家以其具有的强大的经济和技术实力向第三世界开始了另一种形式的殖民。于是，“文化帝国主义”、“文化霸权主义”等概念应运而生。

“文化帝国主义”最明显的表现就是“媒介帝国主义”，文化的渗透在很大程度上就是通过大众传媒进行的。从目前来看，由于世界经济发展的不平衡，传播实力也相当悬殊，具有全球影响的媒介机构主要集中在西方国家。1999 年，美国媒体观察组织在其网站上公布了一位学者的研究报告，该报告对国际媒体大亨进行了排行，并把他们分为两个层次，而排在第一层级的 9 家媒体都集中在西方发达国家，并且有 6 家起源或总部设在美国。这些公司控制着世界最大的、主要的传播媒体，如时代—华纳控制着美国最大的有线电视网，同时拥有世界级的电视频道 CNN、TNT 等；在澳大利亚起家的新闻集团公司控制着美国22 个电视台，全世界 132 家报纸和25 家杂志，并号称其媒体在全世界的人口覆盖率为 2/3。

另外一个数字也可以说明同样的问题：英国一家媒体按照世界媒体年收入排列得出的 1999 年世界电视 100 强，排在前 20 位的就全是西方的媒介公司。

就新媒体来说，世界的不平衡状况更加明显。联合国秘书长安南在第 33 个世界电信日的致词中指出了“数字鸿沟”的存在。他说，如今法国的主机数量已接近整个拉丁美洲和加勒比地区的主机数量，而澳大利亚、日本和新西兰所拥有的主机数量比亚太地区其他国家所拥有数量的总和还多，而纽约的主机数就超过了全非洲主机数量的总和。

这种传播实力的不平稳导致了全球信息与文化产品流向的不平衡。西方大量的文化产品带着西方特有的价值观念和生活方式不断地涌向第三世界，对当地的受众起着潜移默化的作用，威胁着当地的本土文化，使这些本土文化大有被淹没的危险。

中国，作为一个发展中国家，同样具有这样的危险。尤其是目前传播技术的不断发展使得控制越来越不太可能，况且中国又将加入 WTO，西方媒体会以各种各样的方式浸入我国内地。我国特有的意识形态和价值观念将面临极大的挑战。中国的广播电视改革，尤其是目前强调集团化改革，正是基于这一挑战而进行的。试图通过集团化，改变我国广播电视业“散、乱、滥”的缺点，发挥整体优势，增强竞争实力，在国际传播舞台上争得一席之地，变被动为主动，把中国的文化通过传播发扬光大，以主动出击的姿态卫护国家的文化安全。

二、国家文化安全要求广播电视业的双重属性并重

在任何时期、任何国家，广播电视业的双重属性是存在的（也可说是三重属性：作为经济实体的产业性、作为大众传媒的社会性、作为舆论工具的政治性），只不过是在不同的阶段或不同的政治制度下，有一种属性会被忽视或人为地隐匿，但对于我们这样一个发展中的社会主义国家来说，侧重任何一种属性都会造成损失。在以往计划经济体制下，我们侧重于它的政治属性（一直到现在基本上还是如此），忽视了它作为一个经营实体的经济属性，以致使我们广电业自身的发展受到了限制，造成目前“条块分割、重复建设、实力分散”的缺点。以至于在全球化的今天，面对西方强势媒体的挑战，我们自己的媒体实力显得过分薄弱，没有形成整体合力，幸亏还没有大规模的正面交锋。而最近几年由于媒体经济属性的突显，而原有的体制、格局又没有变化，造成了竞争无序、节目质量低劣的现状。改变这一现状，我们的决策者和学者都找到了“产业化经营、集团化发展”这一道路。但集团化发展，同样是基于广播电视业具有双重属性这一基础之上。忽视其经济属性的苦头，我们已经尝到，但过分的强调其产业性、商业性，会使我们的广播电视业走向另一面。因此在目前，其产业属性屡被强调之时，更需重视其政治属性。广电媒体作为党的事业的一部分，必须无条件的坚持党性原则，在政治上与党中央保持一致，继续承担“以正确的舆论引导人”的职责。另外，面临异族文化的大规模入侵，广播电视媒体必须扛起弘扬民族文化的大旗，利用广电媒体的优势弘扬祖国的文化传统，体现民族性。

因此，我国的广播电视集团在实际运行中不能走完全市场化的路子，不能将商业利润作为全部的或唯一的追求目标。实际上，西方的不少学者早就注意到了媒体完全商业化带来的不可避免的缺点，不断呼吁“负责任的媒介”，但由于制度的根本原因，他们的呼吁难以在实际中得到重视。中国广播电视媒介的发展应努力避免重蹈入西方媒体的覆辙，况且我们还有另一个压力，即国家文化安全面临威胁。

三、国家文化安全要求媒介集团公司应是国有独资公司

国家文化安全受到的挑战来自境外资本向本土的渗透。全球化的一个最重要的内容就是资本跨越多种障碍进行自由流动，这也就是经济全球化的实质。但是这种资本的跨国流通，表面上看有助于全球经济的交流，但只要仔细分析就可以发现，这种流通在很大程度上是一种单向的，是从西方发达国家流向发展中国家、是西方资本打破民族国家屏障的制约而进行的大规模跨国运动。实际上在这种运动中西方资本主义集团是最大的受益者，而第三世界国家则变成了西方剩余资本的吸纳场所，如果缺少自觉地控制，发展中国家的产业结构将被恶化。而涉及文化产业时，西方的强势集团将以其雄厚的资本为后盾，先进的技术为手段逐渐渗入发展中国家的文化产业之中，并且因其文化输出所携带的意识形态、价值观念等将深刻地影响着这些国家的文化传统和文化认同，可见资本的渗入将是威胁文化安全的根本原因。

从目前来看，因为我国对传媒业的特殊要求，西方资金尚未能进入这一领域，但这并不是说西方资本没有这个企图，实际上西方媒介业早就对我国虎视眈眈。怎样对待外国资金的问题，必须提上我国广播电视集团化的议程。我们认为鉴于中国广播电视业的独特动能，在集团化过程中必须保证广播电视集团公司是国有独资公司，这就既否定了境外资金在集团公司中的渗透，也否定了国内私人资金的进入。

行笔至此，必须说明的一点是，集团公司应为国有独资公司，并不是说集团的任何公司都不能采取多种融资手段。所以对以下几个概念作一下界定是必要的。集团公司这里主要指集团总公司，是集团的股权持有者，集团则包括集团总公司与下属公司。集团与集团公司的重要区别就在于集团公司是可以依法行使法律权利、履行工商税务、劳工环保等法律义务，独立承担法律责任的法人单位；而集团不是法人单位，只是一种发挥群体优势，创造更大生产力，实现规模经济而形成的经济联合体，不能作为具体民事活动、经济活动的主体，其权利和义务最终应由集团总公司或其成员单位承担。所以说集团总公司的国有独资的性质并不能否定集团下属其他子公司可以采取多种融资手段的可能性。如广播电视集团总公司控股的其他产业公司就可以广泛吸收多种来源资金，只要其他性质的资本比例不影响总公司的控股权，这就不但不会影响整个集团的发展方向，而且还会扩大集团总公司控制的资金实力，另外，在集团中，掌握着宣传大权的节目播出单位如电台、电视台，也必须是国有独资公司。这样才能使节目的最终选择权不会受到其他资本力量牵制。

四、国家文化安全要求集团的领导权、终审权必须掌握在党的手中

广播电视集团化以后在集团的内部将采取什么样的运行机制是目前应该讨论的问题。目前在业界讨论较多的是制播分离和频道专业化。制播分离很好理解，就是指除新闻类节目以外的其他节目制作职能从外围播出机构的电视台内剥离出去，行成一个独立经营的经济实体。电视台与节目制作公司是一种买方与卖方的关系，论者认为制播分离具有降低成本、提高质量、精简人员、激发活力、优化资源等优势，是市场经济大潮下电视发展的必然趋势。

频道专业化是指电视频道按一定的标准进行定位，频道播出内容的淡出化，收视对象的集中化，频道特色的明朗化。并提出专业频道化的各种管理模式：一是专业频道公司制，以媒介经营管理权和所有权分离，并以现代媒介制度为前提，把频道作为独立自主的市场竞争主体，进行自主经营、自负盈亏；二是频道制，即在台（集团）设立频道管理委员会，决策有关频道发展进行的重大事项，频道委员会聘请频道总监，频道总监对频道委员会和台长负责，全权负责频道的管理和运行，频道总监聘频道栏目制片人，制片人享有独立的人、财、物的支配权，负责栏目制作及相关事务。

以上多种方案实际上是从不同的角度谈到了我国广电集团化以后应进行的具体管理方法，针对当前责、权、利混乱不清的现状，提出了多种激励机制。但是我们认为，不管采取哪种运行方式作为以传播为主业的广电集团的领导权和节目终审权、播出权应始终掌握在党的手中，这并不仅仅是说关键位置的领导必须是党员，而是要有一套切实可行而又不妨碍各利益主体的积极性的运行机制和法律、法规。

五、国家文化安全要求不断提高制作与播出人员的政治觉悟与民族意识

人才是任何事业的关键。广播电视集团化发展将对我国的国家文化产生什么样的影响，除了体制的原因外，最终要落实到人员的素质上。人才的素质包括很多方面，但我们在这里要强调的是政治思想素质，因为对护卫国家文化安全方面来说这至关重要，并且广播电视业在市场经济中进行产业经营时，要抵制市场逻辑对人们头脑的不断冲击，就必须不断加强思想素质修养和民族意识。实际上，我国目前在媒体单位中普遍开展的马克思主义新闻观教育正是看准了这一点，这将对媒体人员的宣传和传播素质起到关键性影响。

关于广播电视集团化发展的文章已有了很多，大多数都是从经济角度提出的看法和建议。但广播电视业的双重性使得我们不能忽视这一问题的另一个方面，本文是从文化的视角提出了一些自己的看法，愿就教于方家。能起到抛砖引玉之效，我愿足矣！

（选自《新闻知识》2001 年第 11 期）

广告、会展、节庆产业

20 世纪中国广告学理论的发展

陈培爱

一、广告学理论的产生与发展

（一）广告学研究溯源

纵观人类历史，可以说，广告历史悠久。人类祖先开始利用姿态（如舞蹈）、声音（如叫卖）、火光（如烽火）进行广告传播，后来又发明和运用语言与文字，扩大了广告传播的深度和广度。广播与电视等大众传播媒介的出现，使人类广告传播再次发生质的变化。在广告传播媒介不断发展的同时，19 世纪以来专业广告公司的形成、普及与发展，加速了广告研究的进程。1812 年，世界第一家广告专业公司在伦敦开业；1869 年，美国费城成立了艾尔父子广告公司。这些都说明，人类对广告的研究，已从静止的文字、图案，发展到动态的广告活动过程，并促成了广告学的产生。

广告实践与广告学理论是互动发展的。广告是一种操作性的社会实践，而广告学则是关于广告这种特殊的社会现象及其运动规律的科学理论体系。广告学最早产生于经济发达的美国。1901 年，美国西北大学心理学家瓦尔特·狄尔·斯科特在芝加哥的一次集会上，首次提出了要把现代广告活动和广告工作的实践发展成为科学。1903 年，他编著了《广告原理》一书，第一次把广告当作一种学术理论来探讨，“任何一次重要的实际事业都需要有一个理论的基础”。1908 年，斯科特撰写了《广告心理学》一书，他运用心理学的原理分析了消费者的接受心理，开始了对广告理论的较为系统的探索。此外，1902 ~1905 年期间，在美国的宾夕法尼亚大学、加州大学、密西根大学的经济系都开始讲授有关广告学方面的课程。上述研究和理论探讨，可以说是世界广告学研究的开端，为广告学理论的形成打下了基础。

从 19 世纪末到 20 世纪初，由于市场营销竞争的需要，美国的一些经济学家注重对市场规律的变化进行研究。1912 年，哈佛大学教授赫杰特奇访问了许多大企业主，在研究了他们的市场活动和广告活动之后，编写以讲授广告方法和推销方法为主的教科书，其中对广告理论作了较为深入的探讨。随着研究的深入，广告学逐渐从市场学中分化出来，形成一门独立的学科。1926 年，美国成立了“全美市场学与广告学教员协会”，对广告学展开了更加广泛深入的探讨和研究，并写出了一批广告学的教材和书籍。如 1926 年哈洛德《广告文稿》出版，1928 年威治米斯的《广告构图》问世。随后，一些经济发达的国家也开展了对广告学的研究，如英国等国相继出版了《广告学》、《实用广告学》等著作。这一时期广告学术理论的发展，已由过去仅对市场营销中的广告策略和广告计划的单项研究，扩展为对广告中涉及的心理学、销售学、管理学的交叉研究。这一时期的研究还处在雏形阶段，未形成系统、严密的理论体系。

（二）我国广告学研究的起步

我国最早出版的广告学研究专著，当推由甘永龙编译的《广告须知》。该书 1918 年 6 月由商务印书馆初版，至 1925 年 11 月已出至第 7 版。它译自美国的《How To Advertise》一书，全书篇幅不大，其中第 14 章《稿本为广告之魂魄》中认为广告是：“将有关发卖品之事实，布告于公众，并宣传其价目也。”

我国最早的广告研究团体是 1918 年成立的北京大学新闻研究会，它把广告作为新闻学研究和教学的组成部分。1919 年 12 月，北大新闻学研究会所聘的导师之一徐宝璜，出版了我国第一部比较系统、全面的新闻学著作《新闻学》，全书共 14 章，其中把《新闻纸之广告》列为第 10 章，予以专章探讨。作者认为“求一报广告之发达，应先求其销路之推广”。1920 ~ 1925 年一些大学相继开设了广告学的课程，如上海圣约翰大学、厦门大学、北京平民大学、北京国际大学、燕京大学和上海南方大学等。当时广告学课程只是作为新闻学研究与教学的一个组成部分，而且仅限于报纸广告的研究。

早期对广告学的研究做过贡献的还有新闻界名人戈公振。他在 1927 年出版的《中国报学史》中，利用丰富的广告史料，较系统地论述了关于广告学的理论和观点，并着重论述了广告的政治思想和文化价值。他认为，“广告为商业发展之史乘，亦即文化进步之记录”，“不仅为工商界推销出品之一种手段，实负有宣传文化与教育群众之使命”。他还指出：“人类生活，因科学之发明日趋于繁荣与美满，而广告即有促进人生与指导人生之功能。”作者深刻认识到广告除了推销商品的功能之外，还具有宣传文化、指导人生和教育群众的功能，这种看法颇具远见卓识。他还强烈抨击了“不道德与不忠实之广告”，“不但为我国实业界之大忧，亦广告界之大耻”。稍后出版的广告学专著还有 1929 年出版的蒯世勋的《广告学 ABC》，1930 年出版的刘葆儒的《广告学》，1931 年出版的孙孝钧编的《广告经济学》，1933 年出版的王贡三的《广告学》等。但是，本世纪二三十年代，广告学对社会经济活动的影响非常有限。

（三）我国广告学研究的发展

我国从五四以来开始的广告学研究与教育，由于受到社会经济发展的影响，其发展速度受到限制，比较缓慢。广告理论研究还很肤浅，体系还不完善。自新中国成立到改革开放以前，我国的广告理论研究几乎是一片空白。1983 年 6 月，我国第一个广告学专业在厦门大学新闻传播系创办，标志着我国广告专业人才培养和广告理论研究走上正规的发展轨道。随后，广告学成了一门热门学科，许多高校相继开设了广告学专业或广告学系。至 1998 年止，全国已有近 90 所高校开设广告学专业。高校广告学专业的开办，促进了我国广告理论研究和广告学科建设的快速发展。

80 年代中后期，在我国广告事业蓬勃发展的推动下，广告理论界度过了仅靠译介海外广告读物的“拿来主义”的日子，开始进入广告理论建树的发展期。这期间出版了广告理论研究方面较有影响的一批著作，如傅汉章、邝铁军《广告学》，杨荣刚《现代广告学》，赵育冀《现代广告学》……这些广告理论研究和著作的出版，在一定程度上反映了我国广告理论研究正从浅表向深层发展。他们尝试着把广告理论探讨与广告教育、广告理论与广告实践、外来的广告理论与国内的实际结合起来。90 年代以后，我国市场经济体制的确立推动了广告业的空前繁荣，广告理论研究也向更为科学化、系统化、多元化方面发展，出现了一批较有影响的广告系列丛书，为不断完善广告学的独立学科地位立下了汗马功劳。

改革开放 20 年来，我国广告学理论建设和学科建设取得前所未有的成就，但是，在迅猛发展的中国广告事业跟前，广告理论工作者面对着更多的无法回避的广告学理论中的新课题，例如，对广告学原理的研究不应再局限于狭隘的经济学范畴，而是更加深入到社会、文化、政治、伦理、科技、教育等各种社会科学与自然科学的广阔领域。广告不单是推销商品的工具和手段，它还承担着社会生产、生活以及人类一切社会活动的广泛的沟通职能。90 年代以后，以计算机为主的网络发展为继报纸、杂志、广播、电视之后的第五大广告媒体。从广告发展的历史来看，新媒体的出现为广告业拓展了新天地，同时也为广告理论研究带来新的课题。

展望广告学理论研究的趋势，今后将更加集中在广告文化学、广告传播学、广告信息学、广告社会学、广告美学等更加宏观的领域和更加相互融合的范畴。在研究重点上也发生了转移，将从理论的研究，到行为的研究；从分离的研究，到综合、交叉的研究；从静态的研究，到动态的研究。其核心是从以作品为中心的研究，到以人为中心的研究。总之，要不断探讨建构既适合我国国情，又有独立学科意义的广告学理论，使广告学理论研究更具有现实性和贴切性。

二、广告学理论研究中几个问题的探索

广告学是研究广告活动规律的学科。通过大量的广告实践经验的积累，逐步升华和抽象，在科学的世界观和方法论指导下，形成理论体系，构成了广告学。广告活动是一种信息传播活动，但其侧重点在市场经济信息的传播方面。因此，广告学本质上属于信息传播学科的范畴，与众多的学科有着密切的关系。当然，对于广告学发展中的一些理论问题，学术界的认识并不完全一致。80 年代以来，我国广告学理论经历了许多重大理论问题的探索与研究，其相对集中在几个关键问题方面。如广告学科的科学与艺术之争，有关广告学研究的理论基础，以及关于广告学的社会学思考等。这些理论问题的探讨，不仅明确了广告学理论发展的方向，而且在实践中具有很强的指导性作用。

（一）关于广告学科的科学与艺术之争

在广告学理论研究中，关于广告学是一门科学还是一门艺术之争由来已久，目前代表性的说法有以下三类。

第一，认为广告学是一门艺术，而不是科学。持这种看法的人多是海外的广告学者，如美国、英国、澳大利亚的一些广告学者认为：广告乃是一种艺术，它是艺术家生产的产品，是用艺术的手法去塑造产品的形象。他们还认为没有艺术性的广告，是没有生命力的广告。我国广告界也有人认为，广告学涉及的学科很多，既无规律可循，又无系统的理论基础，其表现主要是以艺术的形式出现，因此是一门艺术科学。

第二，认为广告学是一门科学，而不是艺术。杨荣刚先生在 1989 年出版的《现代广告概论》中，认为“广告作为一门科学，它必然有自己固有的特性。这种特性是在人们主观意识之外的客观存在，而不是人们的主观想象和假设。因此，广告必须是事实。”程春先生 1994 年在《电视广告效果初探》一文中也指出“广告是科学，而不是艺术。”他认为广告是从属于市场经济范畴的一门科学，艺术只能是一种手段，是为广告目标服务的。上述观点认为科学和艺术都是反映客观存在的一种形式，但两者有不同的概念。科学是对事物进行总结的规律性知识，艺术是对事物进行加工和提炼的某一典型形象。广告是从属于信息传播范畴的一门科学，艺术只能是一种手段，是为广告目标服务的，只有从本质上弄清两者的关系，才能真正理解广告学的内涵。

第三，广告学既是一门科学，又是一门艺术。最早提出这个观点的是我国广告界的老前辈、原中国广告学会顾问徐百益先生。他在 1983 年 8 月召开的全国第二次学术研讨会上，提出如下看法：“广告是有计划的通过各种媒介向消费者介绍商品和劳务的科学和艺术。”我国广告理论研究者持这种看法者居多，认为广告学不仅有特定的研究对象，而且有其固有的客观规律和完整的知识体系，因此是一门科学。广告学又是一门艺术，因为广告学所涉及的范围很广，特别是在广告创意和表现方面都离不开艺术的加工，是通过艺术的手法来表现产品或企业信息，从而引起消费者对广告的兴趣。

综观上述几种提法，我们认为，广告学应是一门科学，而不是一门艺术，也不是科学与艺术的混合体。广告学是将多种元素有机地结合成一个具有特定功能，并能达到特定目的的综合体。人们在长期的广告活动中，

不断地积累经验和总结经验，通过科学的抽象的总结，逻辑的推理，逐步把广告活动和广告事业发展的客观规律，上升为理论知识。从广告学的知识体系来看，广告学的基本原理和理论已组成了系统化的结构，从而形成了现代广告学这门科学。而艺术仅仅是表现广告科学原理的一种手段。科学与艺术不是相互排斥的，而是相互补充的，我们应当克服片面追求广告的“艺术效果”，而忽视广告科学观念的倾向。

（二）关于广告学研究的理论基础

对于广告学研究的理论基础的认识，学术界长期以来有过不同的看法。一是认为其理论基础应是市场经济理论，因为广告是推销产品的手段，其应用范畴主要在市场经济领域。二是认为广告是一种信息传播活动，其本质特征是信息传播，市场只是广告发挥其作用功能的一个重要领域。我们认为广告学在其发展过程中，应当以传播学理论为自己的理论基础。广告学研究中涉及多种学科门类，但广告学作为一门独立的学科，它不是一种大杂烩，它有自己的理论体系。事实非常明显，广告学的研究对象是信息传播，它要解决的实际问题不是从经济优先的观点出发，而是从传播信息的立场出发。广告实际上做的是三件事：传播一种信息；提供一种服务；宣传一种信念。而传播学的具体研究对象是包括广告在内的所有大众传播手段，传播学的许多理论完全适合广告学的研究。

广告学应隶属于传播学研究的范畴。随着对理论问题探讨的深入，绝大多数人对广告是一种信息传播的本质特征深信不疑，并认定传播学是广告学研究的最重要的理论基础，广告学应纳入传播学的研究范畴。这种认识也被国家教育主管部门认同。国家教委在90年代初组织对“文科专业目录”进行修订时，经专家多方论证，草案中在八大类学科净减1/3专业时，却在新闻大类下增加了“广告学专业”，把原有个别学校设置的“专业方向”上升为“专业”，这是很有远见的正确决定。1997年，教育部又一次大规模削减专业目录时，却把新闻类从文学中独立出来，以“新闻传播类”的名称升格为一级学科，并保留了广告学专业。据中国广告协会学术委员会1997年调查结果显，目前我国的广告学专业不仅设在综合性大学、商学院、新闻学院、广播电视类学院，而且艺术学院、师范学院、印刷学院、民族学院也有，几乎所有类型的院校都对广告这一新兴的专业产生了极大的兴趣。其中，设在新闻院系所占的比例最高（占44.8%）。这些充分说明，把广告纳入传播学的研究范畴的认识居大多数。

现代广告学的综合性、边缘性与交叉性的学科特性，表面上给人一种杂乱无章的感觉，但是作为一门独立学科的规范性、科学性，我们完全可以为广告学科体系正名界定：广告本质上是属于信息传播活动，它属于传播学的研究范畴，其运用重点在于经济活动的社会实践。在这种基本认定之下，去建立富于完整而稳健体系的广告学。在给广告学准确的定位后，要面向世界，面向市场，面向未来，在探索与国际广告接轨的同时，注意结合中国广告的现状，去建构现代广告学的体例框架。

（三）关于广告的社会学思考

90年代以来，广告学的研究开始往纵深发展。一些理论工作者不满足于现有的研究状态，提出要把广告放在更广阔的社会背景中去思考。1995年，陈宏军在《关于广告的社会学思考》中敏锐指出：“学术界对广告学的研究基本上是从两个方面进行，一是从广告学所涉及的信息传播原理去研究广告活动的内在规律，二是从广告与市场的关系中去研究广告的外在因素。无论是从哪个角度研究广告学，都应把广告放在整个社会这个大系统中去考察与分析，以便从全新的角度（人、社会、广告）去进行系统的研究。”欧阳康在1996年也提出把社会学融入广告学研究的必要性。他在《现代广告》一书中阐述了社会学与广告学的关系：“社会学总是将自己的研究对象作为一个整体来分析，它认为任何脱离整体的个体都是不存在的。社会学研究的整体性原理，对广告活动的研究具有指导意义。”

广告活动是一种综合性的信息传播活动，它不仅传递商品信息，而且还传递各种政治信息、社会生活信息、文化信息等。因此，从广义的广告活动来看，广告可以说是一种大众性的社会信息传播活动。如果从狭义的广告活动来看，商业广告或经济广告活动，也必须以广大的社会为背景，以特定的社会制度、社会文化、生活习惯与民族风俗等为依据，才能创作出符合特定社会条件的广告作品。

广告渗透到我们社会生活的各个方面，它与各种社会现象必然有着相互作用的关系。在这一过程中，广告不仅遵循着广告学的准则和规律，同样也遵循着社会学的准则和规律。只有运用社会学的整体原理，从社会这个整体出发去研究广告的活动，才能够找到广告活动的内在特征。

三、现代广告理论的观念变革

20世纪中国广告学理论的发展，其深刻的思考不仅来自于对广告学理论研究的不断深化，更来自于中国广告业在改革开放中所勃发的无限生机。进入90年代以来，以市场经济为中心，以现代社会为依托的中国现代广告，无论在实际操作还是在理论建设上，都呈现出发展与创新的态势。中国广告业的实际操作，更注重广告的有效传播，注重广告运动，注重消费者的接受心理，注重对信息资源统一配置的“IMC”整合营销传播，把广告更为严格地纳入科学运作的轨道，使之体现出科学的精神。中国广告业在实务操作方面的全面提升，得益于本世纪末我国广告理论观念的全面变革。其主要表现在以下三个方面：

（一）经济学观念的确立

当有些人还拘泥于广告的科学与艺术之争时，90年代以来人们更深刻地感受到广告对经济发展的积极的催化作用。广告在引导消费、加速流通、刺激经济增长方面，显露出十分突出的功用。目前，世界经济正向信息经济发展，信息正成为新一轮竞争中的巨大财富，广告业具备了信息经济的产业特征，今后必将发展为中国经济发展的重要产业。国家在产业发展规划中，已十分明确地规定"广告业是知识密集、技术密集、人才密集的高新技术产业"。经济学观念的确立，改变了以往对"广告提供商品信息"，"广告促进市场销售"等一般意义上的经济学思考，而深入到对广告业经济形态结构方面更为深刻层面的分析与研究。

（二）文化学观念的确立

文化是一个外延十分广泛的概念，把广告视为一种文化是不言而喻的事。其主旨是提高广告的文化艺术品味，挖掘广告应具有的文化艺术意蕴，增强广告的艺术表现张力，使广告学超越一般广告学的范畴，进入文化学广阔而深刻的视野，从而提升广告运作的科学水平与实际效果。广告作为社会发展的产物，特别是作为现代商品经济的伴生物，其在社会发展中的地位和影响不能只停留于经济行为的物化形态，而应当将其视为一种独特的文化现象来予以考察。比如人们常喝可口可乐，与其说是一种碳酸饮料，不如说是吮吸美国文化。可口可乐的"文化含量"使其呈现出"软化"的消费特征。这种"形象观念"可以通过广告去塑造，并要寻求文化学的支持。再如，广告的社会效益成为广告文化学思考的重要课题，广告中的文化品位、文化道德对精神文明建设具有推动作用。

（三）传播学观念的确立

我国广告界接受传播学观念的影响，均在经济学、文化学之后。从广告发展史来看，广告人才培养原先都以艺术学科为主，后来转向经济类学科，而目前更大的转向则是传播学学科。当广告还与艺术渊源极其密切，而忽视经济学，更不了解传播学时，很难说广告的研究与运作是一种科学行为。艺术学中强烈的主体意识、感情色彩、非理性活动，往往与现代广告的科学精神相悖。传播学把广告现象作为一种特有的传播现象进行系统分析，散发着严格科学精神的气息。传播学系统地概括了各种传播媒介的全部复杂内容，其研究范围包括所有传播媒介及附属媒介的种类、性质与功能，探讨媒介的选择与应用。广告是一系列信息传递活动，是一种非常典型的传播行为。它必须明确广告主的意图，在收费的基础上，把产品、服务等信息针对接受者进行传播。广告学作为传播学研究中的一项内容，应该以传播学所阐明的基本理论为指导。例如，传播学所阐明的关于传播过程五要素的理论，关于"双向传播"的理论，关于传播学理论对于广告学及实际运作的启示等，都为广告学研究提供了科学的依据。广告学是在传播学所揭示的信息传播整体运动的一般规律的基础上进一步研究广告领域的特殊矛盾和特殊规律。传播学是一门理论性强、操作性亦强的学科。这门学科一旦与广告学"结缘"，其可操作性的特点就十分突出。广告业的实践运用问题，基本上都可以在传播学中找到相应的对位，如控制者研究、传播过程研究、受传者研究、传播效果研究，都体现着实证哲学的思辨，并促使广告学作为一个系统性强的学科对象进行科学定位。

现代广告理论的观念变革，更深刻地反映了新时期广告实践的整体与本质，更加正确地揭示了广告业的内在联系，加快了现代广告突破传统广告模式的进程。广告理论建设的繁荣，给世纪末的中国广告业注入了深刻而巨大的驱动力，使现代广告运作出现了一幅崭新的画卷。其突出表现有以下几个特点：其一，广告的价值观以公众需求和社会发展的需要为准绳。目前广告的发展已脱离开"告知型"的观念，而趋向于市场营销观和社会营销观。市场营销观是一切以顾客需求为中心，以买方需求为前提，强调营销活动的整体性。社会营销观强调正确处理消费者欲望、消费者利益和社会长远利益之间的矛盾，做到利益协调，统筹兼顾。其二，是广告操作程式日趋"整体化、战略化"。集中体现在广告界对广告整体运动的企划意识日益增强，对广告整体运动的运作方法更加多样。"IMC"整合营销理论的提出，更增强了对信息资源的统一配置与使用，提高了信息资源的利用率。其三是广告产品宣传日益突出"附加形象"，在产品功能形象已被消费者普遍认同的时候，需要借助"附加形象"吸引消费者的注意，提升产品的文化品位，获取更好的广告效果。

综上所述，20 世纪中国广告学理论的发展，是在引进与借鉴西方广告学理论的基础上，在中国广告业不断发展的推动下，经过长期探索、积累、深化，逐步形成自己的理论体系，发展为一门独立的学科。特别是改革开放以来，我国广告教育的兴起，促进了广告学理论建设的繁荣，提升了中国广告业的整体水平，从而使广告事业与广告学科得到共同发展。

[选自《厦门大学学报》（哲学社会科学版）1999 年第 4 期]

广告的文化解读

陶东风

当代社会的一个重大特征是符号，尤其是图像符号的剧增。我们生活在一个符号的帝国里，而广告是这个符号帝国的“国王”。日常生活的基本经验告诉我们，我们的生存环境正在大幅度地广告化。有人形象地说：“我们呼吸的空气是由氧气、氮气和广告组成。”这略显夸张但并不虚妄。外国学者观察到当今发达社会的两件怪事，一是看电视成为人的主要社会活动之一，人们花费在这上面的时间仅次于工作与睡觉；二是所有的社会群体都在观看广告，尤以儿童、老人以及家庭妇女为最甚。这两件怪事同样也发生在中国。

的确，无论我们走到哪里，无论把眼光投向哪里，都无法躲避广告的侵扰。无论打开电视机、收音机，翻开报纸杂志，还是挤进地铁与公共汽车，广告处处“在场”……最后竟至于你闭上眼睛或做梦时也还是无法摆脱广告！

广告对于社会、对大众的影响绝不限于购物。有学者认为，“我们可以从不同的角度看待电视广告，……可以不把广告死板地看做是经济事件，而把它看做是一种社会政治事件，它讲述着或参与着社会场中各种力量之间正在进行的游戏。”作为一个人文学者，我更加关心的是：广告已经成为塑造大众信仰、世界观、价值观的最重要媒介之一。我甚至于觉得，今日的人类灵魂工程师，不是作家，也不是教师，而是广告！君不见广告中的“成功人士”早已是大众模仿偶像，广告中倡导的“理想生活”早已深深地渗透到大众现实生活的设计与美妙未来的蓝图之中。尤其对于青少年来说，广告的影响要远远超过教师、家长以及教科书。对于这么重要的社会文化现象，人文知识分子没有权利回避。正如美国加州大学历史系教授马克·波斯特指出的：“电视广告是重大的社会事件，是发达工业社会图景中的显著特征。它们是一种范围甚广的暴发现象，公司行政人员、政客、宗教界人士以及社会批判家都看到了它们的重要性。”

除了认识到广告的普遍重要性以外，一个更加重要的问题是如何阐释广告？我们都已经知道广告的重要性，也看到了广告对于大众精神世界的负面影响；但广告是通过什么方式作用于人、影响人的？为什么崇尚科学与理性的现代人（其中包括相当数量的知识分子），不能识破广告中一些再明显不过的谎言与神话？

广告，谎言，意识形态

我们必须要看到，广告虽然首先是一种商业推销手段，但它也是一种文化。成功的广告常常并不赤裸裸地“王婆卖瓜”；相反，它要把自己的商业动机乃至商业性质巧妙地掩藏起来，给人的感觉仿佛不是在做广告。这个时候它就要借助于文化，尤其是要借助一种巧妙的修辞方法、叙述方法。它要用美学与艺术来包装自己。这就是广告制作中至关重要的话语转换。利用美轮美奂的图像与声音，调动各种似乎是非商业化、非功利性的情感资源“以情动人”（所谓“问寒问暖，日立先知”），盗用各种古今中外的文化资源，等等，都是广告修辞的常见手段，是广告常用的话语转换方式：把买海尔空调转化为对于父母的关爱，把买富康轿车转化为对于自由的向往。

从符号学的角度看，广告中最常见的修辞与叙事技巧是意义的嫁接。也就是说，把一种与某个产品（符号学上说的能指）并不具有必然联系的意义（所指）“嫁接”到该产品。博德里亚尔把符号学方法与政治经济学方法结合起来批判性地解读广告，认为“产品本身并非首要兴趣所在；必须在该产品上嫁接一套与该产品没有内在联系的意义才能把它卖掉。”这样，消费这种产品与消费一种意义（常常是一种非商业化的、非功利的意义）就被牵强地、但常常又是不被知觉地联系起来。比如“雪碧”广告没有太多地展示商品本身，也没有描述人们的饮用过程；却拍了许多似乎“无关”的东西：白浪滔天的大海，扑向少男少女的晶莹浪花。其实这才是广告修辞的核心：把“雪碧”这种饮料与一种超越的、非功利的意义、情感、一种审美的人生态度（对大自然的热爱、人与自然的统一等）焊接在一起。说起来，这种技巧的始作俑者还是西方人。著名的万宝路香烟广告把万宝路香烟与一系列关乎男子气概的意象——广袤无边的西部沙漠、豪放不羁的牛仔、奔腾的烈马等——剪接在一起，因而暗示人们：使用这种香烟就是阳刚之气的表现；而更深层的潜台词是：抽万宝路香烟的人因为他的阳刚之气而会赢得女性的青睐，他们在性征服的游戏中将会胜利。这样，一个隐含的“公式”产生了：万宝路＝男子气概＝成功地征服女性。还有一个西方人做的百事可乐的广告，表现的是不同年龄、阶级、人种、性别的人在一起共享这种饮料。波斯特对这个广告的潜意识层面的寓意的解读是：“喝百事可乐与其说是消费一种碳酸气饮料，还不如说是在消费一种意义、一个符号——一种社群感。”无独有偶，另外一个版本的雪碧广告也把一种饮料品牌与和谐的人际关系这一附加的意义联系起来：现代都市中拥挤、表情麻木的人群，他们人人戴着面具（象征人际关系的冷漠）。歌星张惠妹突然出现在人群中。只见她率先揭掉自己脸上的面具，并用歌声与手势鼓动大家也揭开面具。果然众人纷纷响应，扔掉面具与她一起起舞，友谊、诚信、和谐一时间仿佛梦一般又回到了人间。此时张惠妹高举手中的雪碧，喊道："我就是你。"屏幕上打出"雪碧，亮晶晶。"显然，这个广告刻意在雪碧（能指）与真实的自我、和谐的人际关系、友爱、诚信之间画等号，虽然实际上这两者之间不存在任何必然联系。

这样，受广告影响的消费者所消费的就不仅是产品的使用价值，而且还有人为地附加其上的符号价值或象征价值，是人为地、不乏强暴地焊接上去的"意义"。尤其是一些名牌产品，它的象征意义与符号价值常常超过物质/使用价值（比如商务通、人头马、皮尔·卡丹等消费品被认为意味着一种特定的身份，这种身份认同常常成为人们购买与使用产品的主要原因）。"广告以极大的弹性构筑一个微现实（mini-reality），事物在其中的并置方式有悖日常生活的规律。尤为特别的是，电视广告所联系的意义、内涵以及情绪在现实中是不恰当的，在对话交流中必然招致异议，但在表达欲望、潜意识和想象这一层面却很有效"，"广告并没有把语言预设为对一种'实在之物'的指涉，而是将它预设为能指的任意关联。广告径自重新排列那些能指，悖逆它们的'正常'指涉。广告的目的便是在叙述称心如意的生活方式时令人联想到一个能指链：例如：百事可乐＝年轻＝性感＝受欢迎＝好玩。"

由于广告在能指与所指、产品与意义之间的这种任意联结，它常常就具有欺骗的性质。广告是幸福生活的空幻许诺，是社会矛盾与个人生存困境的虚幻解决。广告中充满了谎言（不是说所有广告都与实际的产品质量相反，而是说它所赋予产品的"形而上"意义是具有欺骗性的）。有这样一则雕牌牙膏广告："我"有了一个新妈妈，可"我"一点也不喜欢她。无论是这位"新妈妈"为"我"打毛衣，还是在雨天接"我"回家，都无济于事。但有一天"我"在卫生间看到了"新妈妈"为"我"买的雕牌牙膏，而且为"我"挤好了放在那里，才顿时觉得她"好像并不那么讨厌。"于是矛盾化解、幸福的新生活开始了。所谓"真情付出，心灵交汇——雕牌牙膏传递真情"（广告主题语）。看来当好"后娘"一点不难，只要多买几只雕牌牙膏就行了。"幸福生活"的空幻许诺、人际矛盾的虚幻解决，在此可以说达到了登峰造极的地步。"在电视广告中，汽车象征着社会地位，腋下除味剂实现了革命抱负，复印机促进了上帝的劳作，乘飞机也成了狂欢经历；妇女的身体被贬损，健康的价值观遭到败坏，无辜的儿童成了贪婪的受害者。"

从阿尔多塞的意识形态理论来看，这正是广告中隐含的意识形态作用：维护与强化个体与他/她的生活条件之间的想象性的、虚假的关系。广告的观众被结构为一个消费主体，广告把个体与他/她的"生存的真实条件"间的关系再现为一种想象的（虚假的）关系，使主体生产虚幻意识而同时又不能认识到这种意识的虚幻性。广告把个体建构成一个能够自由地选择与购买产品的主体，一个想买什么就买什么的主体。对于绝大多数人来说，这当然是虚假的。但它强有力地诱使、呼唤观看者与商品认同，从而成为一个消费主体，"广告不仅刺激人们选择某一物体，做出一次认知决定，做出一次理性评价，而且力图在其他语言学层面上制造种种使观看者与该产品合而为一、彼此依附的效果。观看者是广告中缺席的男女主角。观看者被引诱，而把他或她自己置换进广告之中，从而使该观看者与产品意义合而为一。"

广告之所以能够成功地发挥这种意识形态作用，使消费者放松警惕，丧失理性思维能力，甚至产生对于自己的生存状况的虚幻意识，根本的原因在于：广告总是通过各种方式作用于人们的无意识欲望。不管广告使用的修辞手段是什么，调用的文化与情感资源是什么，有一点是不变的：所有的广告最终都必须切入人的无意识深层欲望。理查德·奥曼说："也许所有广告都包括或者意味着某种意识形态。它们试图让观众做或者相信符合广告商利益的一些事情。观众与广告商默契的地方是关于优裕的生活和美好的社会等笼统的观点或形象。正如很多人说过的，广告作为一个整体传达某些重要的意识形态信息：商品能够解决所有的人类问题；商业在满足'我们的'最深切的需求；美国人的生活方式基本上是良好的；尽管总是存在着问题，但是这些问题将会通过商业与消费者的相互合作得以解决——解决问题就是进步。"著名西方马克思主义理论家杰姆逊也认为：如果要使广告形象起作用，就必须在消费者那里存在着欲望，同时，广告形象必须与这个欲望相吻合。但是广告又不能只是对直接的欲望说话。……广告必须作用于更深一层的欲望，甚至是无意识的需要。比如某些饮料广告便有这个特色，它宣传说你只要喝这种饮料，就会有妙龄女郎偎依着你，你会感到生活极其美好，充满了浪漫色彩。诸如此类的夸张。这样，"直接的欲望和深层的无意识需求都得到了满足；你可以梦想一个妙龄女郎甚至更进一步，你可以幻想全部生活都发生改观，四周都是美丽的人，你有充足的时间，无忧无虑，也就是说世界上所有的一切都在这种乌托邦式的状态下改变了、变形了。这些广告正是在悄无声息地告诉你，难道你所渴望的不正是这种乌托邦式的对世界的改造么？如果是这样，为什么不用我们的产品呢？虽然我们不能许诺任何东西，但是这些产品起码含有改变精神状态的成分，在这种无意识的欲望中，最强烈、最古老的愿望仍然是集体性的，例如，永久的青春，自由和幸福等。"杰姆逊认为，在表现这种无意识欲望与乌托邦方面，广告制作者是一些"最了不起的艺术家"，广告艺术则"完全可以和文艺复兴时期的艺术、十八世纪的小说相媲美"。这些人天赋极高，但他们的才能最终要被商业性的目的所制约，而广告所表现的任何欲望也都最终要被扭曲，因为如果真正有改变世界的欲望，那么，必须进行实质性的革命。真正的革命不能在"想象界"里进行。

幸福生活的谎言与广告中的性别歧视
——广告案例分析之一

在前面我们已经指出：广告虽然是一种商业推销手

段，但也是一种文化。“成功”的广告常常并不赤裸裸地“王婆卖瓜”；相反，它要把自己的商业动机乃至商业性质巧妙地隐藏起来，给人的感觉仿佛不是在做广告。这个时候它就要借助于文化与美学，它要用各种修辞手段与叙述技巧来包装自己。这就是广告制作中至关重要的话语转换。这里所说的“包装”还不仅仅是指广告要讲究色彩、构图的美丽、巧妙，广告语言要力求文学化与诗意化，更指广告必须调用特定社会、特定文化传统中的意义阐释模式，尤其是关于“幸福生活”的意义阐释模式。这种阐释模式常常是人们习以为常的，它们在文化的承传过程中不断地得到强化与再生产，结果变成了一种似乎“理所当然”的东西，甚至变成了人们的无意识、常识。正如卢曼指出的：“媒体不仅是词语、编码、符号、或代码；它们还是组合遴选的意义群集。”从符号学与叙述学的角度看，广告是一个意义的表征/再现系统，而这种意义的表征/再现不是存在于真空中，而是存在于特定的文化传统与意义网络中。正因为这样，广告需要借助一个文化中现成的、已经被人们广泛接受的意义解释系统，比如什么是“幸福”，什么是美好的家庭与爱情，什么是成功的男子、可爱的女性，等等。比如外国的观众对于中国广告中为什么充斥皇帝或贵妃形象（所谓广告中的“帝后现象”）可能会感到奇怪、不理解。这是因为他/她们不懂中国传统文化与老百姓的文化心理：皇帝代表尊贵、享受与至高无上的地位。麦克卢汉指出：“报纸杂志中任何一则引人注目的广告注入的思想和心血，都大大超过了特写文章和社论中投入的思想和心血。任何耗资巨大的广告，都精心构筑在已经验证的公众的陈规定见或‘成套’的既定态度上，正如摩天大楼建立在基岩上一样。……任何受欢迎的广告都是公众经验生动有力的戏剧化表现。……广告队伍在研究和测试公众的反映上，每年有数以十亿计的经费，他们的产品积累了有关这个社区共同经验和情感的大量资料。倘若广告偏离了上述共同经验的中心，它们就会立即发生崩溃，因为它们将失去对我们情感的控制。”可见，切合观众普遍的文化心理模式，是广告成功运作的重要条件。

但是人们以为理所当然的、不加质疑的东西未必是合理的。事实上，正因为它已经变成人们的无意识，变成了习焉不察、习以为常的“常识”，所以它才更加可怕，因为它所表达的不合理的权力关系掩盖在所谓的“自明之理”中，人们不加质疑地接受了这种习惯化的意义阐释模式中的意识形态霸权，接受了它隐藏的不平等的权力关系。人们对它丧失了反思与批判的能力。那些涉及男女之间性别关系与社会角色分工的广告最能说明问题。

广告中的性别与社会角色之间的关系经常是极度模式化的，其中不平等的权力关系随处可见。首先值得注意的是看与被看的关系模式。“华伊美粉刺一搽净”广告告诉我们：女子的幸福就是被男人喜欢。广告画面中右边那个衣冠楚楚的男子一看就是一个“成功人士”。他拿着放大镜，仔细地审视身边（居于广告画面的左侧）那位女子的脸部，并念念有词：“乖乖，华伊美真厉害，不但将满脸的粉刺消除得一干二净，连粉刺斑也没有了，放大镜也失去了作用。”而这位女子则歪着头甜甜地、“自信”地笑着：“不久前，我脸上长满了痘痘，他经常嘲笑我，一气之下，十几天不见他，就悄悄地用起了华伊美粉刺一搽净，效果非常好。你看现在的我不是很靓吗?”这则广告告诉我们：对于女性而言，幸福就是得到男子的宠爱，而得到男子宠爱的前提则是自己的青春资本。因而靓丽可人就是幸福的同义词。这种幸福与社会取向的事业成功无关，而只与外表相关。美丽（面部的洁白无瑕）是女性获得幸福的根本。又因为女性的幸福在于得到男性的宠爱，因而这种美丽实际上是给男人看并由男人来鉴定的。男性处于欣赏者与评判官的角色；女性则是取悦于人者，只有被欣赏与被评定的份儿。

这方面另外一则经典性的广告是浪莎袜业广告：画面右上角是一位具有模特儿般身材的魅力四射的女子，只见她穿着背带裙，两手叉腰，头微微向左盈盈远视，做出一副非常标准的模特儿姿态，特别突出自己性感的胯部、修长的玉腿以及玉腿上一双透明的袜子。这位女子到底是为了谁而展示自己性感之躯？原来画面的左下角站着一位身着熨得十分妥帖整洁的高档服装的男子（一看就是一个“成功人士”），他右手高举额头，头向右侧仰望右上角的那位女子，完全是一副看风景的样子。在这种非常典型的看与被看的关系背后是一种主体/客体、支配/被支配关系。看的男性主体处于绝对的主动地位，而那个被看的女子（风景）则是一个被动的客体。绝大多数的女性用品（化妆品、首饰、减肥产品等）广告都有这样一个显在的或隐在的男性主体，一双男性的眼睛——广告中的女子就是为了取悦于这个主体或这双眼睛而频抛媚眼，翘首弄姿。比如电视上近期播出的夏士莲洗发水广告。镜头之一：一个中国姑娘穿着非常暴露的上衣，展示给边上一个欧洲男性看，这个男性只是瞟了一眼，继续看他的报纸，女性声音：“他说这没关系。”（男性主体许可了）；女性镜头之二：还是这个中国姑娘穿着长裙，裙子的中缝开得很高，露出性感的大腿，展示给同样一个男性看。这个男性还是不动声色。女性声音；“他说这也没关系。”（又许可了）镜头之三：该女子原先的长发变成了又短又乱的短发。这次这位男子看到以后勃然大怒，拍案而起：“绝对不行。”镜头之四：女子恢复了原先的长发，经过处理以后油光发亮（画面上出现“夏士莲”的广告语）。这同样是一则十分典型的体现性别歧视的广告：女性的外表装束与身体管理必须得到男性的认可，因为这种“管理”的目的就是取悦于男性，化妆品的力量就在于增强女性吸引男性的青春资本。有些广告甚至利用汉语的特点，大量使用露骨的性隐语，比如“一代天骄”、“丰胸化吉”、“从小到大的关怀”、“做女人‘挺’好”、“不要让男人一手掌握”等等。

无独有偶，“太太口服液”广告几乎在重复着这种男女性别模式：一对情侣坐在一起吃荔枝，女孩秀气水灵，男孩帅气英俊。女孩一边剥荔枝一边撒娇地问男的：“现在的我漂亮还是从前的我漂亮?”男的回答：“以前的你就像……这个,”边说边拿起一枚果肉枯黄的荔枝：“干瘪枯黄。”女孩一脸不高兴。男孩话锋一转：“不过现在的你呢？……”他又拿起一枚饱满鲜亮的荔枝，望着洁白晶莹的果肉说：“就像这个，又大又滑，怎么看也看不够。”女孩于是转怒为喜，甜甜地笑说：“这都是‘太太口服液’的功劳。”俩人相拥而笑，做无比幸福状。这位女性的悲喜、她的自信建立在男性的认同上，只有男性的认同才具有权威性与可信性。更有甚者，用荔枝来比拟女性，其深层含义是：女性就像是荔枝，是满足男性生理需要的。她的价值或许比荔枝高一些，但是本质上相同，都可以通过金钱得到。

这种对于女性性别角色的处理方式在广告中几乎俯拾皆是。德高家具广告把家具与女人并列为三宝，把女人降低到物的水平，公然宣称：“现代家庭有三宝：娇妻、美子和德高。”值得注意的是，广告中的那位作为权威象征的叙述人角色：他是男性，是一家之主，在他看来，娇妻、美子的价值有如名牌家具，是一种摆设，是身份与地位的标志，向别人夸耀的资本，是证明自己成功的手段与工具。

其次是男主外女主内的社会－家庭分工模式。此类广告中的性别不平等关系常常不是赤裸裸的，而是被包裹在所谓“幸福的家庭/两性关系”的承诺中。大量的广告都在批量制造这种所谓“幸福家庭”模式：大凡与家务相关的广告（比如洗衣机、洗衣粉、冰箱、味精、方便面等）都包含这样一个“三角关系”：围着围裙忙里忙外的家庭主妇；事业有成、西装革履的男主人；活泼可爱的孩子。这三个角色组成了一幅大同小异的“幸福家庭”的图像。而其中介绍产品之优良性能的大多是那位“贤妻良母”。

比如“金龙鱼色拉油”广告：这边厨房中妻子在烧饭做菜忙得不亦乐乎，而那边客厅中，丈夫在悠闲地看报，儿子则在起劲地打电子游戏机。“开饭罗！”笑容满面的妻子从厨房中走出来，摆放好饭菜。丈夫与儿子边吃边夸：“老婆，你真行”，“妈妈，你做的菜真好吃”。妻子脸上浮出幸福而得意的笑容：“全靠有了金龙鱼色拉油。”这是一个多么典型而又陈腐的幸福家庭神话与女性角色分配模式：女性是伺候丈夫儿子的贤妻良母，女性的幸福来自丈夫与儿子对于她的厨艺的赞美，衡量一个妇女的好坏的标准是她的厨艺，男人的世界是工作与事业，而女人的世界则是家庭，她是一个围着锅台转的家庭保姆。

广告几乎每时每刻都在依据文化的阐释模式制造“幸福生活”的谎言与神话。这种神话与谎言本身是产生于人的习焉不察的文化偏见以及现实中不合理、不平等的权力关系；但由于人们在日常生活中反复内化广告的谎言与神话，并以它所界定的所谓“幸福”模式来绘制自己的生活、指导自己的行为，从而就进一步再生产、强化与巩固了这种文化偏见以及不合理、不平等的权力关系。正如波斯特指出的：“当一个人看到一则电视广告时，社会的主要社会关系被再生产了。”同时被再生产的是支配与被支配的权力关系。看广告者，可不慎乎？

“成功人士”与广告中的消费偶像
——广告案例分析之二

以研究大众文化见长的法兰克福批判理论家洛文塔尔曾经专门讨论过美国社会大众偶像的历史变迁以及相应的大众价值观念的变化。他的方法是对于美国20世纪流行杂志中的人物传记进行抽样调查与历史比较研究。结果发现：20世纪初期的20年中，传记主人公绝大多数是生产偶像，他们来源于生产性领域，如工业界与自然科学界。体育界、演艺界与娱乐界的人士——所谓“消费偶像”——非常罕见。洛文塔尔分析说，这些传记主人公之所以被称为“生产偶像”，是因为他们所体现的是一种个人奋斗的价值取向与人生观念，他们身上体现的是资本主义初期的价值观，他们证明了一种“机会向每个人开放”、“社会底层的人经过个人奋斗可以爬到上层”的心理，发挥着“教育典范”的社会作用。从40年代开始，流行杂志中的传记人物转向“消费偶像”，主要是娱乐界人士，如体育明星、演艺明星，他们是些电影界、夜总会与舞厅的头面人物。他们不过是取媚于消费者的商品。洛文塔尔还认为，这个过程表明，在40年代，消费已经取代生产成为人们日常生活兴趣的中心，也表明物质消费取代精神生活、追求享乐与舒适取代劳动与创业成为人的生活目标。洛文塔尔的研究从20世纪头20年开始，但是可以想见的是，20年代集中体现于传记中的生产偶像以及与此相关的价值观念绝非无源之水，它实际上已经延续了相当长的一段时间，甚至在欧洲移民初入美国的时候即已成为人们生活观念的中心。这在很大程度上可能归功于鼓励创业、理性经营但制约消费、抵制奢华的新教伦理。

如果把美国的情况与中国做一个简单的比较，就会发现，在中国，生产偶像向消费偶像的转化以及相应的大众生活观念的改变是以更快得多的速度完成的，差不多可以说是“转眼之间”。在80年代初期与中期，中国的主要媒体中的偶像性人物是陈景润、乔光朴、陆文婷等生产性偶像，他/她们身上体现的是一种个人奋斗与积极进取的生产性伦理（当然，这些大众偶像式的人物主要是通过文学作品塑造的，因为广告在当时还处于非常幼稚的起步阶段，消费性的流行杂志也非常罕见）。但是到了90年代，充斥于各种大众流行报刊（比如《时尚》、《女友》等）的封面人物与传记主人公几乎一律都是消费偶像——演艺界的各种明星。消费伦理的迅速流行当然也反映在广告中。广告不仅参与了消费偶像的塑造与消费伦理的推广，而且它本身也必然依托于消费伦理。一个有意思的统计数字是：在1983年上海电视台所播出的广告中，生活资料类的广告占34%，日用品的广告占50%。到了1988年，前者的比例下降到2%，而后者的比例则上升到61%。而在今天的商业广告中，日用品特别是奢侈品的广告更呈现出压倒性优势。生产伦理让位于消费伦理由此亦可见一斑。

著名演员濮存昕做的恒基伟业商务通广告就是宣扬

消费主义意识形态的典型文本。镜头之一：身穿白衬衫的濮存昕在拼命地挤公共汽车，突然腰间的BP机响了，他只好逆着上车的人流又拼命挤下车去找公用电话；镜头之二：濮存昕开着小面包车，拿着手机指挥建筑工地上的工人干活；镜头之三：老板办公室中的濮存昕，正在用恒基伟业商务通查询，美丽动人的女秘书（李湘扮演）为他送来一杯咖啡，两人相视而笑；镜头之四：濮存昕正开着奔驰回家，娇妻（即刚才的那位秘书）出门恭迎，濮存昕一手拿着商务通，一手拥着娇妻，享受着无比的欢乐与幸福。此时屏幕上出现一行字："呼机，手机，商务通，一个都不能少。"

这个广告在几十秒钟内编造了一个"成功"男士的故事，同时也制造了制造"成功人士"的模式或配方：年龄大多在35岁－45岁之间，身体微微发福，满面红光，有车有房，更有美女相伴。问题在于，这些"成功"人士的"成功故事"根本不包含他/她的个人奋斗历程，它是在瞬间神奇地完成的；更重要的是，成功的标志不是精神性的而是物质性的，即是否拥有高档的消费品。与陈景润等80年代"成功人士"形象不同的是，"濮存昕"的成功在于他拥有高级轿车、别墅、豪华办公室以及美妻。或者说，成功的标志是"江山"（这里的"江山"已经不是革命江山，而是商业江山）与美人兼得。科学技术（手机、商务通）在这里也获得了与80年代截然不同的价值含义：它的意义在于带来消费水平的步步上升，以及物质享受程度的步步提高。高科技手段只是通向高消费（这才是广告所渲染的真正的幸福与成功）的敲门砖。换言之，拥有高科技可以使你成为百万富翁，进而自然地拥有你想拥有的一切：名牌车、美丽的妻子、豪华的住宅等等。"濮存昕"的成功是用物质价值加以计量的：从BP机，到手机＋面包车，再到商务通＋豪华办公室，最后是奔驰＋别墅＋美女。（在有些广告中，"成功"与某种商品之间关系没有被叙述得这么复杂，而是在两者之间简单地画上了等号，比如："贝克啤酒是每个成功男士都拥有的"）

当然，也有一些同类广告的主角是"成功女士"（相对比较少见）。比如某手机广告：华丽堂皇的时装发布会上，亚洲经贸地区总监——一位气质高傲的成功女士用手机提前预订了一瓶红酒，在发布会接近尾声时，她已经坐在舒适的客厅里独自享受"高品质的生活"（即喝该红酒），画外音："真正的品味就是提前享受高品质的生活。"这则广告没有告诉我们这位总监的任何工作方面的信息，而是突出渲染她的消费。这样，成功与消费之间的联系就被貌似巧妙而实则粗暴地建立起来。这就不难理解，这类关于"成功人士"的广告（谎言与神话）都是各种演艺界的明星做的，因为他/她们都是清一色的消费偶像。明星做广告，已经成为一种时尚（我们很少见到有哪个劳动模范或科学家做广告）。除了上面提到的濮存昕以外，还有：刘德华做爱立信手机广告，张惠妹做雪碧广告，黎明作乐百氏纯净水广告，巩俐做爱立信手机广告，赵薇做娃哈哈AD钙奶广告，赵本山做泻痢停广告，葛优、徐帆做"南极人"内衣广告，章子怡做联想电脑广告，舒淇做山水音响广告，朱茵做大力士沐浴露广告，张柏芝做东洋之花美白霜广告，谢霆锋做可口可乐广告，等等。可以说明星离不开广告，广告更离不开明星。由消费明星把消费伦理宣扬得赤裸裸的莫过于王志文做的"派"牌服装广告。他在不同的背景依托下摆出各种姿势，尽情地、多方位地展示自己身上的"派"牌服装，最后说出一个字："派"。

总之，这些广告宣传的不是艰苦创业或奋斗进取，而是谁比谁更会消费，谁的消费水平更高、更时尚、更前沿。由于明星在今天具有巨大的知名度与示范效应，所以，这些广告对于消费者的影响力是不可低估的。尤其是在市场不成熟、消费者购买心理还不健全的中国就更是如此。据说力士公司最初在中国打市场的时候，在广告形象的选择上颇费心计。最后他们选择了中国人崇拜的著名影星娜塔莎·金斯姬作为广告形象，结果证明人们对于明星的崇拜果然可以有效地转移到商品身上。再比如法国高级服装品牌雪莱进入中国市场时，在选择广告形象代理人方面曾颇费心计。后来他们决定请香港影星张曼玉来做，结果大获成功。据雪莱公司高层回忆，由于雪莱进入中国较晚，知名度不高，很多中国的消费者没有听说过。但因为抬出了张曼玉，所有的人都恍然大悟："就是张曼玉做代言人的那个牌子啊，知道，知道！"可见，对于那些新进入中国市场的外国产品来说，请一个家喻户晓的明星来混个"眼熟"（或耳熟）是多么重要。

在笔者看来，消费偶像的大举占领广告证明了，在中国，生产性伦理基础是十分薄弱的。君不见如今的广告中"至尊至美"、"皇家气派"、"出人头地"等追慕豪华奢侈的用语漫天飞舞，在电视广告的画面上，到处可见金碧辉煌的豪宅，灯红酒绿的豪宴，风驰电掣的名车，它们对于国民经济是否具有拉动作用我们不敢妄加判断，但其鼓吹的文化价值与生活观念却不能说是健康的。

从阿尔多塞的意识形态理论来看，此类广告发挥的是维护与强化个体与他/她的生活条件之间的想象性关系或虚假关系的作用。一个沉浸在奢侈品广告中的人会整天做着"三大件"（奔驰、别墅、美女）的白日梦而忘记了自己作为贫下中农的真实处境。广告把个体与他或她的"生存的真实条件"间的关系再现为一种想象的/虚假的关系，使主体生产虚假/错误意识而同时又不能认识其虚假性。在上面提到的由消费明星做的那些广告中，广告的观众被结构为一个能够购买产品的"主体"，一个能够自由地选择奢侈品、想买什么就买什么的虚假"主体"。有了汽车就有了社会地位，腋下除味剂实现了革命抱负，……而实际上，人们依然生活在各种各样的烦恼中，相当多的人还在为衣食住行而发愁。

朱迪斯·维廉森（Judith Williamson）在《广告解码》（*Decoding Advertisements*）中成功地运用了阿尔多塞的意识形态理论分析了广告中的意识形态。她指出，广告再现了我们与自己的生存环境之间的假想关系，广告不断告诉我们，真正重要的不是以我们在生产过程中所起的作用为基础而产生的阶级差别，而是在某些特殊商品的消费方面所形成的差别。因而社会身份也就变成了一个我们消费什么，而不是我们生产什么的问题。与所有的意识形态一样，广告通过“召唤”来发挥其功能：它产生了各种主体，而这些主体反过来又隶属于广告的各种含义以及广告的消费模式。在广告所设置的语言环境中，它通过“你”这个代词来把你召唤为一个假想的主体，在由“你”所打开的假想空间中，“我”认识到了自己的存在，并变成了广告中那个假想的“你”。由于这个“你”实际上是一个由广告创造的虚假主体，所以这样的过程是一个主体的“误识”过程。广告在讨好我们，让我们很快乐地想到我们就是广告话语中的那个特别的“你”。而我们在这样想的时候就已经变成了其物质实践的主体与附属品。广告中这样的谎言难道还少么？

口香糖与爱情：欲望的虚幻满足
——广告案例分析之三

几乎每个广告都要制造一个美丽的谎言。广告中的商品被赋予了神奇的力量，它似乎能够化解一切矛盾，解除一切痛苦，解决一切难题。在广告中，社会矛盾（比如人际关系的紧张）与个人痛苦（比如青春痘等）乃至人类生存困境（比如环境污染），都可以在瞬间被神奇地（也是虚幻地）解决。外国有学者认为：广告总是“通过对于产品的模糊的、无法验证的声明——（‘使牙齿更洁白’）或者通过与某些可靠的意像的联想——幸福的家庭、青年的人、成功的性生活等等——来出售产品。这样的广告中通过暗含的联想而存有很多欺骗性”。你不是为自己脸上的雀斑或青春痘苦恼么？××化妆品可以使你的脸蛋洁白无瑕；你不是为自己的粗腰发愁么？××减肥茶可以成为“赵飞燕”；你是否为城市中的污染与嘈杂而心烦，不用着急，××家园与花园可以使你生活在一个鸟语花香、绿树成荫的大型氧吧中。你是否担心孩子的学习成绩下降？甭着急啦，“吃了忘不了，学习会更好”。姑娘们再也用不着怕青春易逝，只要用了××香皂，就可以“今年二十，明年十八”，妈妈们不用为孩子食欲不振而发愁，有“哈慈驱虫消食片”呢。至于孕妇么，孕宝营养液可以使你“产后风采依旧”。甚至于，如果你为找不到工作而苦恼，也不要紧，只要你读《前程周刊》，上51job. com网站，入《前程无忧》club。那么，“好工作就会来找你！”……总之，你要什么就能给你什么，你的一切白日梦都可以由广告替你圆。广告还可以把情敌变成友人。贵州青酒广告模拟了一个结婚的场景，一个男子感伤地望着人群簇拥中的新娘，“她要结婚了，新郎不是我”。在接下来的镜头中，周华建的《朋友》响起，新郎与这位“失恋”的青年男子友好地碰杯共饮。画外音：“贵州青酒，做个朋友。”看来青酒的魅力比自己原来的情人（而且现在还依然爱着）大多了。真不知道这位新娘作何感想。

广告是“幸福生活”的空幻许诺。

有这样一则神奇的“返老还童”的故事：一群成年人的球队训练完以后一身臭汗地涌入浴室，并信手将运动器械放在长凳上。他们纷纷拿起相同的××品牌的浴液入室洗澡。谁知不大工夫，从蒸汽弥漫的浴室中传出一阵阵稚气的嬉笑声。更神奇的是，当他们出来的时候，竟然变成了一群幼儿。他们光着身体，裸露着娇嫩光洁的皮肤，寻找自己的运动器械，有的拿不动就拖着走了。这就是某牌子的浴液具有的奇特“疗效”。

把这种美丽的谎言编得最不可思议的还是要数那些涉及爱情的广告。这些广告常常先设置、虚构一种爱情方面的危机情境，然后告诉你只要你买了我的商品，这种危机即刻就可化解，面包会有，一切都会有。这就是广告化解爱情或婚姻危机的神奇作用。“华伊美粉刺一搽净”广告除了表现了明显的性别歧视（参见上文）外，还制造了一个美丽的谎言：华伊美通过消除粉刺而使广告画面中的女子（她当然是许多同类女子的代表）免于被男子抛弃的命运。“太太口服液”广告也在重复着这种谎言：要是没有太太口服液，广告中那位女子大约早就被男人当做烂荔枝给扔了。

具有同样神效的是“飘柔洗发水”。该广告镜头之一：一对恋人在吵架，女声话外音：“这是我们的第103次吵架。”镜头之二：只见女孩愤怒地走向远方，长发夸张地迎风飘舞，女声话外音：“我知道他一定会追过来的。”男孩果然转身来追女孩，两人和好，露出会心一笑。镜头之三：出现一个大广告牌，上写：“飘柔就是这么自信！”

在广告中，商品不但可以化解爱情的危机，它也可以神奇地成为威力无比的撮合者或媒婆。请看绿箭牌口香糖广告：

一辆火车缓慢地行驶着，只见车窗边坐着一位美丽而又寂寞的少女。随着她的视线望去，我们发现在车厢的另外一边同样坐着一位英俊而寂寞的男子。他们的目光相遇了，可是谁也没有说话。突然，男子拿出一块绿箭牌口香糖，递给少女。少女接过来以后脸上立即露出光彩。突然间她像发现了什么似的，把口香糖分为两半，给那位男子一半，两人于是一起幸福地咀嚼口香糖。火车进站了，男子下车，在茫茫的人海中不时地回头寻找心中的绿箭牌“白雪公主”。在失望之中火车开走了。突然奇迹发生，原来在铁道的对面那位女子也在翘首期盼地寻找她的绿箭牌“白马王子”。两人会心地一笑。广告到此结束，但是其话外音却最明显不过：他们之间将会上演爱情故事，而这个故事的“导演”就是绿箭牌口香糖。这里的商品起着媒婆的作用。

类似的还有一个清火栀麦胶囊广告。该广告由四幅画面组成。第一幅：一对初次见面的男女坐在椅子上，男：“网上她说特佩服我的人品及才学，为什么见了面只顾低头说话不愿多看我一眼？”女：“他什么都好，只是脸上的痤疮太难看。”第二幅：还是这对男女在一个公园门口见面，女的交给男的一盒东西（当然是清火栀麦胶囊）：“送给你一样礼物，用完之后咱们再相见。”男：“她不但花容月貌，还有金子般的心。”第三幅：男女再次见面，女：“原来他的脸相当英俊！”男：“她含情脉脉看着我真有点不好意思。”第四幅，男女在一个巨大的“喜”字前面对面站着，女的万分羞怯。男：“当初是清火栀麦胶囊做的媒。”看来在赢得女子的芳心时，有没有痤疮比有没有学问、人品更关键，而要消除痤疮，当然不能没有清火栀麦胶囊喔。看来，女人有时候也以貌取人。

从叙述模式上看，这些广告都是在爱情与商品之间建立意义联系：爱情具有商业价值，商品则具有爱情功能。于是伊莱克斯冰箱不仅保持食物新鲜，而且保持婚姻新鲜（“帮助你发现婚姻保鲜的秘密”）。之所以这种谎言依然能够被不断地重复甚至接受、相信，是因为它切中了人们无意识深处的一些欲望模式（幸福的家庭、奢侈的生活、永远的青春活力等）。正所谓“广告是购买欲望的贩卖机”。杰姆逊对此曾经有出色的分析。他指出：“如果要使形象起作用，就必须在消费者那里存在着欲望，同时，广告形象必须与这个欲望相吻合。”这里的“欲望”不但是商品所直接满足的物质性欲望，而且更包括（通过联想的作用）更深层次的精神性欲望或“无意识的需要”。其中最强烈、最古老的欲望常常是“集体性”的，例如，永久的青春，强健的身体以及无限的自由等。在这方面，万宝路广告与太阳神广告堪称经典之作。前者通过把商品与西部辽阔的空间、马背上的牛仔等形象联系在一起而赋予了香烟以自由、个性、男子气概等含义；后者则明显地模仿前者。广告画面上的那位男子具有发达的肌肉、强壮的体魄，他在挥舞大铁锤的同时配上一句广告词：“当太阳升起的时候，我们的爱天长地久。”它们都把直接满足物欲的商品与间接满足深层欲望的虚拟环境（图像）结合起来。这样，“直接的欲望和深层的无意识需求都得到了满足；你可以梦想一个妙龄女郎甚至更进一步，你可以幻想全部生活都发生改观，四周都是美丽的人，你有充足的时间，无忧无虑。也就是说，世界上所有的一切都在这种乌托邦式的状态下改变了、变形了。”

可见，广告中的形象不是现实的真实表征，它的作用与价值是作为拟像、类像去引发与满足人们的幻觉。通过类像在商品与人类无意识欲望之间建立虚幻的联系是广告成功地欺骗观众的根本原因。

为我所用：广告中的文化资源盗用
——广告案例分析之四

有人说现在是后现代社会。后现代社会的主要文化症候之一，就是各种碎片化的符号之间随意的拼贴、杂交、并置与戏仿（又称滑稽模仿）。这种拼贴文化是无中心、零散化的，它可以随心所欲地把一切文化碎片拼凑在一起，比如革命领袖的画像与可口可乐，经典音乐与流行音乐，古典世界名画与后现代招贴画，等等。笔者同意这样的描述与判断，它也是我们生活中的经验现实。广告中就充斥着诸如此类对于各种文化资源的盗用，充满了令人瞠目结舌的滑稽模仿以及对于文化经典的肆无忌惮的篡改。正如麦克卢汉指出的，“没有哪一群社会学家在搜集和加工可资利用的社会素材时，能接近广告队伍的水平”。这里说的“社会素材”自然也包括文化资源与文化素材。但是，仔细阅读以后你会发现，这种所谓后现代的文化碎片，依然是有中心的，这就是商业利润。今日的中国文化地图——更准确地说是拼图——正呈现出空前的分裂状态，在我们的四周漂浮着各种各样的能指符号，它们没有任何逻辑地并置在一起，组成了真正的“迷乱的星空”。而“当能指自由漂浮于交流空间中，它们便能被广告商们凭兴致任意地附着于特定商品”。这样，经过广告这只巨手的涂抹，中国的文化空间就变成了一个更加迷乱的星空。

广告中文化资源的盗用，其手段可以说无所不用其极。先说对于西方经典文化资源的盗用。有这样一则关于××饮料的广告：一个参观画展的人把一瓶饮料放在世界名画《蒙娜丽莎》下边，然后走开去看其他画作。这时画中的“蒙娜丽莎”竟然神奇地伸出手，拿起杯子喝了一口，满意地露出了更加迷人的微笑。

无独有偶，一则减肥茶广告也拿“蒙娜丽莎”开涮：首先映入眼帘的也是《蒙娜丽莎》，然后镜头推向一名当红香港女星（后现代蒙太奇?），她夸张地扭动自己的纤腰，搔首弄姿，引得周围的男士们眼光发直，发出由衷的赞叹；而那位被冷落的“蒙娜丽莎”则低下头羞愧无比地看着自己丰腴的身体。紧接着这位女星一改傲慢的姿态，热心地说出了自己保持苗条身材的秘密：××减肥茶。可惜画上的“蒙娜丽莎”是没有机会重塑形体了，但现实中的“蒙娜丽莎”则要幸运得多，当然，前提是掏钱。

利用精英文化进行广告宣传是一个普遍的文化现象，或者说是特定的全球性的后现代消费主义文化景观。不独中国有，西方也有而且更早。据说，在西方国家，古典音乐被用于兜售商品（小到面包，大到各种名贵的轿车）的广告的现象是如此的普遍，以至于“当人们听到德沃夏克的《新世纪交响曲》第二乐章时，脑海中会不由自主地浮现出 Hovis 牌面包的形象”。这是消费主义时代巨大的商业逻辑同化精英文化的惊心动魄的例证。英国学者汤尼·本尼特曾分析过 1974 年的某期《泰晤士报》中的广告，这则广告是由一幅彩色的马蒂斯的《桥》构成，广告词是：“生意是我们的生活，但生活并不完全是生意。”本尼特分析道：“非常矛盾的是，由于这幅画被用作金融资本商品所自发生产的新的功能已经掩盖了它作为马蒂斯油画的重要一面，表面上与经济生活相对立和脱离的东西被经济生活所同化了，成了它的一部分。”现代主义大师马蒂斯的作品以极度的夸张与变形著称，其非具象性的画面所要达到的恰恰是与现实世界的疏离效果。现在这种效果被商业主义的逻辑打得粉碎。对于这种现象，以批判立场著称的法兰克福学派分析道：“尽管古典作品复苏了，但是性质变了；它们丧失了自身的对抗力量，丧失了对社会的疏远，而这种对抗和疏远原本正是它们真理的一面。这些作品的意图和功能也因此从根本上发生了改变。如果它们曾经站在与社会现状相互对立的立场上的话，那么现在这种对立性已经荡然无存。"

再说对于传统文化的资源盗用。

平安保险公司的一则广告把政治标语、商业广告与传统文化糅合在一起。广告的上面部分（约占三分之一的篇幅）是红底黄字，上面第一、二、三行分别写着："热烈祝贺中华人民共和国成立五十周年"，"平安保险诚祝祖国繁荣，人民幸福，百年祈愿，世纪平安"。广告的下面部分（约占三分之二）是一幅黑白的国画：柳树下面五个身穿古代朴素服装的男子在一起饮酒，其乐也融融。画面的左侧是曹操的名诗《短歌行》："青青子衿，悠悠我心。但为君故，沉吟至今……"这个广告的理论启示意义在于：目前我国文化研究界流行的政治文化、商业文化与精英文化的三元划分模式是非常简单化的。

"小糊涂仙"酒广告特意用传统的酒坛子作为广告的背景，让一个身着古装的美女作为广告人物，她眉清目秀，面带微笑，使人想起古人豪饮以及美女为英雄斟酒的情景。

传统文化资源的调用还突出地表现于广告中的所谓"帝后"现象。即利用一些古装影视作品中由著名演员扮演的皇帝或太后、妃子形象来做广告。比如"南街村面"广告：被前呼后拥的"雍正皇帝"（唐国强饰）健步走在紫禁城中，煞有介事地向臣民昭示："当皇帝就要当个好皇帝，吃面么就要吃最好的面"，然后随手写下："南街村面，天下流传"。"华龙面"广告："慈禧太后"（吕丽萍饰）懒洋洋地侧卧凤辇，阴阳怪气地问："吃面要吃什么来着?"太监"李莲英"（陈佩斯饰）忙献媚道："太后，当然是华龙面喽。"此外，还有风流"皇帝"郑少秋的俞兆林保暖内衣广告，以及系列化装品"兰贵人"，"皇后美容院"，"贵妃洗浴池"等等。

在利用传统文化资源进行广告制作方面最有意思的案例是西方的跨国公司做的一些广告。比如有一个跨国航空公司的广告，模拟了孙悟空与太上老君的对话。孙悟空让老君把自己放回到炼丹炉里，因为"家事、国事、单位的事，烦死了"。而老君则笑着指点道："快快加入××航×日游吧。"这是一个跨国资本时代或全球化时代的广告版的《西游记》。而日本SONY公司做的walkman广告语更有意思，它把《长恨歌》中的"天长地久有时尽，此恨绵绵无绝期"，篡改为"天长地久有尽时，此乐绵绵无绝期"。能否由"恨"转"乐"，只看有无walkman。（至于广告用语对于中国古代成语的滑稽模仿与篡改就更是举不胜举了）

当然，更经典、更巧妙的还要算耐克公司为"国际志愿者年"做的广告宣传画。广告的正中央是一个用传统的中国书法写的繁体字的中文"義"，其中的"提"那一笔巧妙地变成了耐克产品的标志"義"。左边的一行小字是："投身2001年国际志愿者行动，为时21日，JUST-DO 義。""義"为it的谐音。

这则广告具有双重的反讽式的互文效果：（1）"义"在中国传统文化中具有与"利"（商业）对立的含义。它与"仁"、"礼"、"智"、"信"构成儒家主要的道德范畴，它具有强烈的反商业主义取向。所谓"君子喻于义，小人喻于利"，"先义后利"，"国不以利为利，以义为利"，已经成为传统道德的核心内容。作为无私的道德责任，义与利，特别是私利、一己之利形成了尖锐的对立。非常反讽的是，正是这种极度排斥"利"的"义"文化，在今天的商业社会中成为获利的重要文化资源，成为广告战略中的重要推销手段。它的命运非常戏剧性地代表了传统文化在今天这个商业主义语境中的命运。有了那致命的一"提"（耐克的标志√），我的感觉是整个"義"的大厦（传统的大厦）顿时倒塌。由此可见在商业社会中一切反商业的传统文化资源都可以被转化为商业策略的一部分；（2）"义"乃中国传统的道德规范，它在中国近现代的文化启蒙过程中，尤其是90年代的商业化的浪潮中已经受到极大的冲击，而无论是在现代以来的启蒙思潮还是90年代的商业化潮流中，实际上都可以见到其背后现代西方商业文化的推动力量。如果说中国的现代化过程使得文化中的"义"被冲击得溃不成军，那么，造成这种"世风日下"的道德衰败的正是西方的商业文明；而讽刺的是，这则广告告诉我们似乎正是西方的跨国公司在极力地保存与弘扬中国的传统文化与道德，是耐克的标志那有力的一"提"（√），"提"出了中国文化的精髓"義"！这是怎样的一种讽刺！这两种讽刺结合起来就是：西方跨国公司的著名商品盗用中国传统文化（一个"義"包括了中国文化的各种因素：汉字、书法、道德规范等）很好地为自己做了一次广告。"耐克"不仅成就了自己尊重中国传统文化的本土化商业形象，也成就了自己反商业主义的人文形象。也就是说，借助一个"義"字，"耐克"成功地实施了自己的本土化与人文化的策略。

最后值得一提的是广告中对于革命文化资源的盗用。中国是否是一个经济军事大国还不好说，但是她曾经是一个革命大国却是毫无疑义的。特别是20世纪，中国革命的历史之长，方式之多样，均可以说是世界第一。以至于许多热心革命的西方伟大作家艺术家（比如沙特、罗曼·罗兰等），都对中国的革命极具向往之心，纷纷前来朝圣。同样可以想象的是，一旦这个革命大国一头扎进商业主义，其可资利用的革命资源当然也非别的国家可比了。

有一则"中国酒网"的广告：广告正反两面共有六个组成部分，每部分都有大量的文字与配图。限于篇幅，我们只能分析其中的第一部分。这部分广告的上部是宋体六号文字（节选）："中国电子商务靠克隆国外的成功蓝本，绝对无法成功。正如当年毛泽东同志创造性地将马克思主义普遍真理与中国现实问题结合，才成功地开创了新中国，中国酒网的主创者，洞悉中国每年上千亿酒类市场战争规律，不仅集成当今全球最先进的电子商务技术，更以革命性的原创精神，充分优化、改造、重组现有商业模式中的物流资源、市场调拨批发渠道资源、零售终端资源，以'人民战争'为第一原则，发动和利用全社会的综合资源，以中国酒网为扩展基础，逐步构筑跨行业的全民电子商务形态。"广告下半部分是黑体三号文字书写的广告用语并配有图片：中国具体商务经验（配中国“国旗”，但是五星与镰刀被改为由★和J组成的图案j）+美国电子商务技术真理（配有美国国旗）=成功革命（红色二号字并配有一个大红五星）。这则广告纯属政治文化与商业文化的拼贴。它把革命叙事与商业叙事巧妙地结合起来，调用革命文化资源（记忆、符号、图像等），把“中国革命的具体经验与马克思主义的普遍真理相结合”这个中国革命的经典表述改造为“中国具体商务的实践经验与美国电子商务的普遍真理相结合”这一商业表述。政治符号的商业化与商业符号的政治化合而为一。

香港权智集团做的快译通无线掌上电脑广告，盗用的是“文革”时期的革命文化资源：一位男士身着绿军装，头戴绿军帽，腰扎武装带，臂戴红袖章，俨然一副“文革”时期红卫兵的打扮。服装的衣料与款式完全是“文革”时期人们熟悉的那种，再配以大红底色，使人产生强烈的视觉冲击，唤起心中的革命文化记忆。但是，我们切不可以为这是一种真正的怀旧。解读这则广告的关键是抓住它的“焦点”：这位“红卫兵”右手（画面左侧）拿着一本类似“红宝书”的方形物体放在左胸（画面右侧），这个方形物体被白色的圆圈圈住，十分醒目，一条虚线从圆圈指向右上方的掌上电脑——广告的真正“主人公”，电脑下面是一行黑色的字：“时代变了，我变了，但追求理想的心不变。”它强烈地暗示：如果说在革命年代“红宝书”是人们的指路明灯，那么，快译通掌上电脑就是今天这个高科技时代的指路明灯。如果说“文革”时期人的理想是革命，那么，今天人们的理想则是赚钱。这就是所谓“革命性的升级”（这个广告标语用超大字体写在广告的底部）。至此我们可以明白，这个广告中的一切“革命”文化符号都不过是利用人们熟悉的文化记忆来达到商业促销的目的而已。

我反复地使用了“盗用”一词。本来，“盗用”或“挪用”是西方文化研究中的一个术语，英文为appropriate，是指非主流文化群体利用主流文化提供的资源，加以改造并用来解构、对抗主流文化的一种策略。然而我用这个词倒并不是说中国的广告商们具有这样“先进”的解构意识，它当然是一种商业手段，其青睐中外古今的文化经典或资源，不过是因为它们身上凝聚了历史积淀下来的无形文化资产，易于调动消费者的记忆从而留下印象。当然，这样的盗用于无意中或许真的解构了一点什么，亵渎了一点什么，这倒也是说不准的事。这样我们一方面必须肯定广告在盗用各种经典的文化资源时具有一定的反规范解放思想的作用，同时也应该看到其“文化缩水”的负面效应。所谓“文化缩水”，就是将经典作品的深厚的历史意蕴与精神内涵稀释在浅薄的商业逻辑与消费主义语境中，使其浅薄化、世俗化、粗鄙化。

诗曰：广告是个大熔炉，可把一切一锅煮。煮了西方煮中国，煮了革命煮国故。

消费主义时代的抒情诗：广告中的情感资源盗用
——广告案例分析之五

广告的最基本功能是商业促销，这是毫无疑义的。但是这种促销功能并不是孤立存在的，甚至可以说它的促销功能有时恰恰要通过非经济的手段或反商业的话语转换（从商业话语到非商业话语）才能发挥得更加淋漓尽致。并不是所有的消费者都在单一的经济理性的支配下购买商品（而且单一的经济理性是否存在也是一个问题）；有时他们恰恰是出于非商业的、非经济的目的而选择商品。考虑到现在的消费者对于广告的信任度下降，广告就更要把自己的庐山真面目巧妙地掩藏起来，给人的感觉仿佛不是在做广告。这个时候它就要借助一种巧妙的修辞方法、叙述方法，用美学、艺术、文化以及超功利的“精神追求”把自己的“铜臭味”掩盖起来。它甚至必须广泛地调用一些非商业的资源，甚至使用反广告的策略。比如一本中国的杂志声称自己是全国唯一一家不做广告的杂志，而这本身就是一则巧妙的广告，一则反广告的广告。同样的例子是美国大众汽车广告。据说它的第1000000则广告是这样的：“我们无法把它（大众汽车）展示给您看，因为它刚刚被卖掉了。”波德里亚尔分析说：“这足以载入广告修辞学史册的一切，都首先是因为广告必须改变其作为经济约束方式的形象，并维持其作为游戏、庆祝、漫画式教诲、无私社会服务的虚构形象，由此自然而然地演绎而来的。”

这就是广告制作中至关重要的话语转换机制与符号制作原则。其中最值得注意的是，广告常常动用各种似乎是非商业化、非功利性的情感资源来“以情动人”。广告常常尤其注意利用在公众中广泛而深入人心的情感模式，或以所谓“公益”的面目出现，它告诉我们，“一切都是可能的，而且都是好的，这并不完全是为了促销，还是为了恢复协调、合作、沟通——简而言之，为了生产出关系、团结、交流”。

我们总是说情感与商业是两回事，但是广告常常就是要调用那些似乎是非商业化的纯洁甚至神圣的情感来达到商业的目的。商业上的征服依赖于感情上的征服。如果要说这个时代谁的“以情动人”的技巧最高，我看非广告制作者莫属。以情动人的广告定位策略的核心在于迎合消费者的心理，定位的关键在于定准消费者心理的位。这是一种从“硬”推销到“软”推销的广告策略：不是商品的直接实用价值，而是它的附加价值或象征价值（诸如自由、关爱、团结、兄弟情谊、身份地位、文化品位等）成为广告修辞所突出的对象。一时间，“言情广告”在媒体上泛滥成灾：一片“呵护”（化妆品广告常用语），四处“关爱”（营养品广告的口头禅），“问寒问暖”之声不绝（冰箱与空调广告总是这么说）。明明是想让你买电器，却非要说“家中有万宝，生活更美好”，好像“万宝”电器是“好生活”的同义词；明明是要推销药品，却宣称“奥复星，为你的健康献上一片爱”。读了日立空调的广告词，你会觉得世界充满了爱：“别让老人受凉，别让宝宝着凉，爱需要传递”，“爱，在哺育中诞生，在扶持中延续，在传递中实现。天凉了，呵护好你的孩子；照顾好你的亲人。日立，让空气弥漫爱意。放假了，每逢佳节倍思亲。别忘了拨个电话，……别忘了发个E-mail，……日立，让温暖从心底传递”。而“似海怡家”房地产广告则着意把商业空间转换为情感空间：“心，可曾漂泊太久，累了，找不到自己的空间落脚，无助，不单单在夜里，想有个家，在轻寂的岁月有感而发。来似海怡家吧，到这里，为心建一个蔚蓝的码头停留，一间房，装一颗心，真的已经足够大。”这位广告词作者想必一定是一位诗人，而那些认为诗歌已经陷入危机的批评家们，读了这首“诗”以后不知会作何感想？

看这些广告就好像在看煽情的文艺作品。为了以情动人，广告中动用的人类情感类型与情感模式可谓五花八门，在此无法一一列举。目前见到的比较常用的情感模式有：

模式一：怀旧情感。这方面的经典之作当然是流行于90年代上半期的南方黑芝麻糊广告：在黄昏温馨的灯光下，南方的一个悠远的曲巷深处传来悠长的叫卖声：“黑——芝麻糊哎——”，然后引出“小时候”的悠悠怀旧情调：一个清代服饰的儿童在街头忘情地吃黑芝麻糊，吃完以后把碗底也舔得干干净净，但依然痴痴地贪婪地望着锅中的黑芝麻糊。慈祥的（注意：不是唯利是图的）老板娘充满爱怜地摸摸孩子的头，又把满满的一勺黑芝麻糊舀到孩子的碗中（当然是免费的）。在这温馨的气氛，广告主题脱颖而出：“南方黑芝麻糊，抹不去的回忆。”这个广告把商业动机与美好的怀旧情愫缝合在一起，沉浸于精心制作的画面中的观众几乎不把它当作广告。因为如此，他/她在承受一份深醇的情怀的同时也自然记住了这则广告中要推销的商品。

另外两则类似的怀旧主题广告都是关于矿泉水的。一则是“农夫山泉”矿泉水广告：一个成功的中年男子走到山涧中喝山泉，很享受、回味无穷的样子。画外音：“是小时候喝过的味道。”然后，画面切换到广告主题词：“农夫山泉，有点甜。”广告的立意无疑是回归自然、追忆童年。但值得注意的是，广告中的这位“成功人士”长得端正、穿着得体、有文化、风度翩翩，一看就不是一个真正的农业文明中人，而是一个现代工商业社会的弄潮儿。可以说，正是这些“成功”人士及其从事的“现代化”伟大事业导致了生态的破坏与人与自然的分离，导致了水的严重污染以及矿泉水产业的蓬勃发展。讽刺的是，正是这样一个“成功人士”一边在继续破坏自然，一边在奢侈地怀旧。还有一则是黎明做的乐百氏纯净水广告。一样的蓝天、高山、大海、阳光，人人向往的纯洁美好、没有丝毫污染的大自然。几个年轻人骑着自行车（请注意，不是汽车）到山顶，一切的美景尽收眼底。只见黎明拿起乐百氏，“乐百氏纯净水，和我们一样，经得起纯净考验”。打出字幕：“乐百氏纯净水，27层净化。”该广告在纯净水与大自然之间建立了意义联系，同时也在纯净水与青春、活力、单纯之间建立了意义联系：乐百氏 = 纯洁的自然 = 纯洁的人性 = 青春活力。这是典型的广告修辞策略：把一种附加的意义（所指）人为地嫁接到产品（能指）上。Debeers钻戒广告非常典型地使用了这种修辞策略。广告的前半部分大肆渲染一个小男孩与一个小女孩青梅竹马两小无猜的情景：在一间简陋的（注意一定要简陋）茅草屋下，小男孩给小女孩带上了一枚用稻草与花瓣编织的戒指；广告的后半部分是两人长大以后终于结婚，女子带着Debeers钻石戒指，露出幸福的微笑。广告语：“Debeers，一颗永流传。”这个广告要在奢华的消费与童年的真情之间、今日的享受与昨日的清贫之间建立一种意义关联，为钻戒这一高级消费品注入一种象征性的附加意义，以表明今天的享受是昨天的真情的合乎逻辑的延续（而不是像批判的知识分子所说的那样，是对真情的背叛）。虽然稻草戒指已经合乎时代潮流地变成了钻石戒指，但是他们之间的真情依然延续下来。可以说，这个广告在调用情感资源方面是非常成功的一个典范。

模式二：家庭伦理。家庭伦理是好莱坞电影以及所有言情肥皂剧用之不竭的情感资源，它主要是抓住两代人之间的情感（父子或母女）来做文章，而且几乎是屡试不爽。它自然也成为广告商眼中的猎物。两则“雕牌”洗衣粉广告都是这方面的典型案例。其一：一位事业有成的现代女性回到山清水秀的故乡来看望年迈的母亲。一见面，女儿拉着母亲粗糙的手，心疼之极。愧疚之余拿出了专门为母亲带来的雕牌洗衣粉。母女使用雕牌洗衣粉一起边洗衣服，边交流着充满温情的眼神。在此，“洗衣粉”已经不再只是物质产品，它被附加上了另外一种象征含义：母女亲情。其二：妈妈下岗了，小女孩用雕牌洗衣粉帮妈妈洗衣服，为妈妈，也为我国的改革事业分享着艰难。妈妈回到家时，孩子已经熟睡，在桌子上留下字条：“妈妈，我能帮你干活了。”妈妈激动得热泪盈眶，心疼而更欣慰，仿佛下岗的痛苦已经一扫而光。这是一则最为让人恶心的广告，因为它隐藏着一个弥天大谎，好像下岗这样的重大社会问题通过洗衣粉 + 女儿情就可以解决。

三株口服液的广告语，中心词“福多寿更长，愿天下老人九九又重阳”。正文：“母亲经历了一生的劳累和辛苦，耗费了一生的心血，努力建造了自己的家，把孩子一个个抚养成人，她们却憔悴了。谁言寸草心，报得三春晖。如今要轮到晚辈来显示他们的孝心了，他们有没有想到三株口服液呢？……”如果没有最后的一句，你会觉得这是一篇出色的中学生作文，句句发自肺腑。

将怀旧模式与亲情模式有机结合的经典之作当推王姬主演的“孔府家酒”广告：离家在外的游子（王姬演）在大雪纷飞的除夕之夜回到老家，一开门，一家人喜出望外。在团团围坐的喜庆气氛中，“王姬”为父母倒酒（当然是孔府家酒）。这时音乐（《北京人在纽约》的主题音乐）响起并唱“千万里，千万里我一定要回到我的家，我的家永生永世不能忘记”。紧接着“王姬”拿着孔府家酒，深情地对观众说：“孔府家酒，叫人想家。”

这类广告比较多地动用的是母女/子亲情，似乎“妈妈”在这方面有天然的优势，一时纷纷成为广告推销员

（这方面例子还有很多，比如：“美加净护肤霜，像妈妈的手，温柔依旧”）。但近来也有人发现了“爸爸”的用途。比如大家熟知的养生堂龟鳖丸广告就请出了一位“爸爸”。镜头之一：一个老头站在门口张望，期盼着儿子的归来。镜头之二：儿子下车，手里捧着一盒龟鳖丸。画外音：“每个父亲都知道儿子的生日，哪个儿子记得父亲的生日呢？爸爸，我记住了您的生日了。”拿出养生堂龟鳖丸。字幕：“深深父爱，何以为报。”原来“爸爸”的商业用途也不小噢。

海尔空调的一则广告则选择了父女情：广告画面的左半部分是女儿在电脑上写信：“爸爸，您还好吗，今年我不能回家过年了，家里冬天比较冷，我给您订了一台空调，是在海尔网上买的，钱我已经在北京交了，海尔会送货到家的……”画面的右边是老人（父亲），他一边深情地看着女儿的照片，一边自言自语：“孩子，空调已经装上了，其实，只要你身体好，工作好，我和你妈也就放心了。”看来我们的生活中的一切似乎都被广告穿透，任何东西都不能幸免于难，包括人的美好情感。这真是：借问真情何处有？广告堆里任君求。

（选自《首都师范大学学报》2001 年第 6 期）

我国会展经济发展中存在的问题及其对策

严学军　肖光恩

一、会展业是新的经济增长点

会展业是一种古老而又新兴发展的产业。它通过会议与展览的形式，传递信息，创造商机，提供服务，促成交易，带动相关产业发展。具体形式包括各种洽谈会、交流会、展览会、展销会、展示会、博览会、交易会等。早在 1851 年，英国首办伦敦万国博览会，开创了大型跨国商品展览的先河。20 世纪 90 年代以来，随着科学技术的迅速发展，特别是信息革命的强大冲击，世界经济结构正由第二产业向第三产业转移，会展业得到了前所未有的发展，成为许多国家拉动经济的新增长点。会展业之所以普遍受到世界各国的重视，是因为它具有

其他商业经济形态无法比拟的优势。

1. 会展业孕育巨大商机，其有沟通和交易功能

通过商品或科技成果的会展，使供需双方充分了解对方的信息和需求，再加上可以通过实物观看，迅速促成供需双方达成商务合同，因此会展市场孕育了无限的商机。1998 年会展业为香港吸引各方游客约 400 万人，带来出口订单约 330 亿港元，在全球最佳会议展览城市排行榜上位居第五，仅次于巴塞罗那、悉尼、伦敦和哥本哈根，香港会议展览中心也因此获得“1999 年度业界金奖”和“1999 年亚洲奖励旅游及会议大奖”。在成都市中心的四川省展览馆是 1999 年举办会展最多的地方，8000 平方米的展厅几乎天天有展会，客流量每天达 2 万 ~4 万人次。其中上海在成都举办的一个商品交易会，就创下 60 多亿元的成交额，接着广州在成都办的商品交易会，也拿走 40 多亿元的订单。

2. 会展业利润高，具有经济联动功能

据有关资料表明：会展业能带动其他部门经济的发展，对相关产业的经济拉动可达 1：10。特别是通过各种展览会、博览会、展销会、贸易洽谈会等，可以带动生产、流通、服务、旅游、广告、运输、保险等相关行业的发展，对整个经济发展具有前连效应和后连效应，所创造的经济利润相当惊人。据国外统计，该行业的效益通常在 25%，在美国，展览业一年可以直接创造几百亿美元的经济收益，间接拉动经济一千多亿美元，并创造了大量就业机会，带动了相关经济增长，成为美国第 17 大产业。在我国，1998 年会展业给香港带来收入约 75 亿港元，提供就业机会 9000 多个；1999 年 9 月 27 日在上海召开的《财富》论坛，仅会议期间的广告、宣传收入就达亿元以上；云南昆明举办的“1999 世界园艺博览会”期间接待游客 1000 万人次，仅 1 ~7 月云南省旅游总收入就达 115 亿元，同比增长 44%。

3. 会展业可以促进科技开发和实现科技成果转让，具有技术扩散功能

会展经济在一定场所使供需双方充分地交流信息，特别是生产企业，通过信息交流，可以了解消费者需求的新变化和未来的发展趋势，生产者为了避免自己产品被淘汰，跟上时代的消费潮流，必须要进行科技创新，实现现有产品的第二次开发，提高产品质量和性能，或者进行新产品开发。同时，会展业可以加快科技成果的转化，有利于实现科学技术的经济价值和社会价值，而且通过科技成果转让，可以使供需双方建立长期的经济合作关系，有利于经济协调发展。

4. 会展业可以培养新的消费需求，提高消费者的福利，具有示范功能

通过厂商的商品或科技成果的展示，广大消费者可以发现以前未曾有的消费品种和信息，可以促进消费结构的优化和重组，提高社会的消费福利水平；同时，会展经济也是一种竞争的经济，众多的供给者和需求者聚集在一起，供给信息和需求信息直接交流，信息被充分地披露，是一个近似完全竞争的市场，市场价值规律可以发挥其巨大的作用，产品的销售价格接近生产成本，消费者，可以购买到价廉物美的产品，消费剩余可显著提高。

5. 会展业可以带动投资，实现产业结构的调整，具有优化功能

通过商品与科技成果的展示与交流，生产者可以发现新的消费需求和新科学技术成果，通过技术转让，生产者可形成新的生产能力和发现新的生产行业，从而带动生产投资，实现产业结构的优化和产品的升级换代。

6. 会展业是一种"无烟产业"，具有"绿色"功能

会展业本身只涉及商品与科技成果的展示与交流，不涉及生产领域，一般说来不会造成环境污染，是一种低消耗、清洁的产业。

二、我国会展经济发展中存在的主要问题

1. 盲目追求发展，出现会展经济"泡沫"

由于会展经济孕育了巨大商机，因而全国各大中城市都形成了一股办会展的热潮，盲目追求会展经济的发展，出现了会展经济"泡沫"。一是一哄而上，盲目铺摊子，搞花架子。随着会展经济热潮的掀起，一些地方政府领导的头脑发热，不按经济规律办事，盲目建会展、办会展，几乎日日有展，月月有展，会展举办单位的实力、信誉和服务良莠不齐，重复雷同和没有实际内容的会展不仅让会展厂商无所适从，而且造成展览资源极大分散和浪费。二是一些城市的会展设施建设缺乏长期规划，盲目上马，导致重复建设，造成会展场地面积狭小，功能单一，设施落后，服务水平低下，不具备在我国经济开放情况下承办国际性会展的条件，多数会展设施只能承办一些低档次的会展活动，浪费了大量的社会经济资源。

2. 缺乏个性策划，未能做好会展经济品牌

同国际知名的会展相比，我国的大部分会展活动缺乏鲜明的个性定位，没有形成自己的品牌。有些展商为了追求短期利益，没有认真地进行会展策划和营销，降低了对商家和消费者的吸引力，影响了会展的声誉和经济效益。以武汉的"梅花节"与南京的"梅花节"为例，武汉磨山梅园占地500亩，梅花达207种，规模和品种都居全国之首，拥有"中国梅花研究中心"的金字招牌，相比之下，南京的梅园仅有400亩，花色多以单瓣为主。但是南京的"梅花节"每年都红红火火，中外驰名，其游客90%以上都是省外的或海外的，而武汉的"梅花节"只能香飘武汉三镇，究其原因就在于缺乏个性化的营销策划，南京"梅花节"重视个性化营销，突出其历史文化古都的底蕴和江南一景的风采，而武汉的"梅花节"营销定位不明确，缺乏个性化的营销特色，没有做好自己的会展品牌。

3. 专业分工尚未形成，会展经济联动作用有限

会展经济的形成与发展脱胎于传统的产业，特别是传统商业和传统制造业以及社会公共娱乐业，只有强化与这些传统行业的分工与合作，才能使会展业发展具有坚实的产业依托。而目前我国会展业的发展大都局限在流通领域，与其他产业的分工协作还未形成，突出反映在为会展提供配套服务的技术、信息、营销、金融、运输保险等相对滞后，制约了会展业规模经济效益的发挥。一般都是会展业人员承担了会展的组织、管理、会展项目的实施、展品的运输、布置、营销策划、参展人员的住宿饮食等所有的活动，其他行业的专业人员参与的水平、层次、规模都十分有限，不利于会展与其他产业的融合与专业化分工的程度，这在某种程度上影响了社会分工带来的高效率的发挥，也制约了对为会展提供辅助服务的会展信息、会展咨询、设施、评估、道具、设计装潢等业的联动效应的发挥。

4. 太重视即期利益，会展经济信息扩散渠道不畅

会展活动把供需双方集中在一起进行直接沟通，让双方都能了解彼此的需求，从而使得会展经济具有信息传播扩散功能。然而，一些会展业的发展却存在重视参展商，忽视消费者与客户的情况，主要原因是一些办展单位受短期利益的驱动，不仔细进行市场调查和分析，不了解市场需求变化的趋势和新动向，没有切实从消费者利益出发来承办会展活动，以致信息传播效果不佳。一方面办展商不了解市场需求，盲目办展，忽视了办展的质量，导致参展物品的数量和种类较少，档次较低，同时，又缺乏有效的营销策略，不能将信息传播的对象吸引过来；另一方面，没有建立信息反馈系统，对会展活动以后的信息缺乏跟踪，不能及时进行会展以后的各种社会服务。

5. 缺乏区域规划，会展经济地区结构失衡

会展业的发展与当地的经济实力、对外开放程度、文化底蕴、历史古迹、自然资源禀赋和人力资源有很大的关系。目前我国会展业的发展主要集中在经济发达和对外开放程度较高的东部地区，而广大的中西部地区的会展业发展相对滞后，这与我国目前实施的西部大开发战略是不相适应的。造成这种状况的原因除了广大的中西部地区经济发展相对落后、对外开放程度较低以外，最主要的原因是缺乏对会展业发展的中长期区域规划，导致我国会展业发展的地区结构失衡，这不利于我国会展业扩大区域市场规模和市场容量，不利于区域资源的流动和区域经济要素的优化组合及其充分利用，不利于我国区域间的生产分工和生产协作，不利于我国区域经济结构的调整，也不利于我国西部大开发战略的实施。

6. 行业制度不健全，会展经济管理滞后

我国会展业出现盲目发展，会展质量低下，一个重要的原因就在于制度不健全，制度的供给相对落后，会

展经济管理落后、混乱。一是缺少对会展行业主体认证的规章制度。目前我国会展主办单位有各级政府及相关部门，有各类协会、学会等群团组织，有咨询公司和展览公司，有各种媒体，也有企业，对会展承办的主体没有认定机构和认证标准，对会展的场所、运输、各种公共服务的费用标准、境内外招展的程序及费用标准，对消防、安全、环境卫生等都缺乏相关的制度标准，致使主办单位鱼龙混杂，会展业的整体质量不高。二是会展行业的管理体制和制度不健全。目前，全国会展业缺乏权威、广泛、有效的行业规则和自律制度，没有统一的会展业管理部门和行业自律组织，现行的会展管理办法都是诸侯割据，各自为政，国家及地方许多部门都有权审批和举办会展。总之，政出多门、本位主义这种管理上的“错位”和与行政干预、计划管理这种行业管理上的“越位”，以及会展行业某些管理制度的“缺位”，导致了会展行业的恶性竞争，有的参展商甚至采取一些欺诈行为，会展行业秩序混乱无章。

三、发展我国会展经济应采取的对策

1. 加强我国会展业的宏观政策管理和长期发展规划，防止会展经济“泡沫”

首先，要加强完善我国会展业的宏观管理法规和政策。政府应针对会展业的发展趋势和国际惯例制定相关法律、法规，对会展业进行有效的规范、监控和管理，理顺各方面关系，优化配置展览资源，建立公平、公正、公开的展览环境和竞争秩序。特别是会展业市场的准入条件，如会展主体的认证标准和资格标准，理顺行政主管部门和海关、商检、工商、税务等部门之间的法律关系，尽早建立一个全国性的会展业管理组织，克服多头管理。其次，加强我国会展业发展的长期规划和地区规划，克服短期行为和地区结构的失衡，使我国会展业能够长期稳定、持续、均衡、合理地发展，促进我国经济结构的调整和经济全面协调的发展。第三，地方政府和企业应加强自我行为的约束，一定要根据本地的经济发展水平、对外开放程度、文化底蕴、人文资源、自然资源和人力资源的实际情况，合理建会展、办会展，防止会展“泡沫”的出现。

2. 强化会展业与其他产业的分工与合作的力度，发挥其联动功能

会展业要想实现规模扩张和结构的优化，适应知识经济时代和信息革命发展的要求，必须进一步加强会展业与其他产业融合的步伐，加强专业分工与协作的力度，特别是加强与会展业配套的基础设施建设、城市交通运输、广告、装饰、设计、咨询、金融等相关行业分工与合作，改善我国会展业的硬件环境，提高我国会展业的发展速度和经济效益，发挥会展业的带动功能与示范效应。

3. 加快我国会展业的特色建设，创立会展经济品牌

我国会展业的发展要形成一定的特色，这是会展业能否发展的关键。因此，我国会展业的发展要与我国各地的自然、人文等资源优势结合起来，准确定位，加强会展业的营销与策划，形成品牌会展。香港在会展业发展方面的经验值得我们借鉴。被誉为“亚洲会展之都”的香港每年举办近百个国际会展，有六个是该行业亚洲最大的，即玩具展、时装展、电子产品展、礼品展、钟表及眼镜展、皮革展，其中皮革展还是世界最大的。香港在会展业上的成功主要是结合了它的国际大都市和文化、商品集散地的优势地位。因此，我国会展业的发展也要充分利用各地的资源优势，形成独具特色的知名品牌。

4. 提离我国会展业的对外开放水平，完善信息交换扩散机制

会展市场是一个开放的市场。首先，应加强我国会展业及其市场与外部世界的物质、资金、技术、信息等要素的互换活动，使我国会展业的管理机制、配套服务与国际惯例接轨，特别是要引进国外会展业先进的管理经验、技术和资金，从而提高我国会展业自身的国际竞争力；其次，应引进国外先进的会展企业，对外国会展企业实行国民待遇，促进多元会展企业主体的形成和公平竞争的环境，同时还应加强与国外的其他相关的产业合理的分工和协作，扩大我国会展市场信息交换与扩散的范围；第三，应加强我国会展经济和国际会展业发展变化趋势的研究，特别是加强会展业与经济、交通、信息、人才、科技、服务的综合研究，同时应重视网络技术、信息技术对会展业发展影响的研究，为我国会展业的发展提供理论指导、决策参考和信息支持。

5. 实现会展主体的兼并重组，提高我国会展市场的竞争力

提高我国会展市场的竞争力，首先，要实行会展主体的兼并重组。会展经济有两大重要特点，即会展在产业上的多要素、多产业的融合性和在地区上的跨区域、多空间的扩展性。我国会展业的发展应根据其特点在竞争中进行跨地区、跨行业的战略重组，通过兼并、收购或联合来组建会展业集团，实现会展资源的优化配置，提高会展业的组织规模和经营效率，从而扩大会展主体经营服务范围，提高竞争力水平。其次，加强我国会展业的行业自律，促进我国会展行业协会的建设，以此来协调会展主体之间的矛盾，防止会展业市场的无序竞争。

第三，要大力培养会展人才，与国外著名的会展经济管理中心联合举行会展人才的培训，在操作上实现规范化，解决人才资源瓶颈的制约。

（选自《理论月刊》2001 年第 12 期）

如何看待和规范我国会展经济

任兴洲

进入90年代以后，特别是“九五”以来，我国经济生活中出现了一种新的经济现象，即在全国各地，尤其是在一些大中城市，各种类型的国际国内技术交流会、商品交易会、信息发布会、经济研讨会等会议逐年增加，多集商品展示、交易和经济技术合作等功能为一体，具备信息咨询、投资融资和商务服务等配套功能在内的综合性展览展销会和经济博览会也纷纷出现，其数量和规模不断扩大，并显示出强劲的发展势头，已经构成了初具规模的会展经济。作为一种新的经济现象和经济发展的新增长点，会展经济已经引起了社会的重视和关注。

会展经济的功能及其作用

一是可产生直接的经济效益。会展经济可以产生直接的经济效益，这是它得以迅速发展的重要原因。从国际上看，在瑞士日内瓦，德国汉诺威、慕尼黑，美国纽约，法国巴黎，英国伦敦，新加坡和我国香港等这些世界著名的“展览城”，会展业为其带来了直接的收益和经济的繁荣。美国一年举办200多个商业展会带来的经济效益超过38亿美元；法国展会每年营业额达85亿法郎，展商的交易额高达1500亿法郎，展商和参观者的间接消费也在250亿法郎左右；我国香港每年也通过举办各种大型会议和展览获得可观的收益；从国内来看，仅2000年春季举办的“北京第六届国际汽车展”，就有40万观众前往观展，光门票收入就相当可观。这种直接的经济效益所产生的吸引力使得会展经济在我国迅速发展起来。

二是较强的产业带动作用。会展经济涉及服务、交通、旅游、广告、装饰、边检、海关以及餐饮、通信和住宿等诸多部门，不仅可以培育新兴产业群，而且可以直接或间接带动一系列相关产业的发展。据有关资料显示，国际上展览业的产业带动系数约为1：9，即展览场馆的收入如果是1，相关的社会收入为9。这样高的产业关联度使得会展经济成为带动城市和区域经济发展的新增长点，自然得到各方面的重视和青睐。根据上海市的测算，上海展览业带来的相关经济效益，直接投入产出比为1：6，间接的可达到1：9，对该市GDP的拉动效应非常明显。会展经济的产业带动作用明显反映在对城市基础设施和其他相关硬件设施建设的拉动方面。1999年我国在昆明主办的世界园艺博览会，218公顷的场馆群及相关投资总计超过216亿元，使昆明的城市建设至少加快了10年。

会展经济还可带动集交通、住宿、餐饮、购物、旅游为一体的“第二产业消费链”。1999年上海举办的“财富论坛”会期虽只3天，但是留在上海各酒店的费用就达数百万美元。每年两届的中国出口商品交易会（广交会），带动了广州第三产业的发展，展会期间，广州市酒店客商入住率达90%以上，来自100多个国家和地区的近10万多外商云集广州。云南昆明召开的1999年世界园艺博览会的影响一直持续到现在。1999年以来，香港参观展览的人数达407万人次，展览业本身收益为15亿港元，酒店业收益高达126亿港元，占第三产业总收入的59%；餐饮业收益635亿港元，参观展览的人士在香港的商店总消费达27亿港元，占零售业总收入的12%。

会展经济还可增加大量的就业机会。据测算，每增加1000平方米的展览面积，就可创造近百个就业机会。1996年在德国汉诺威举办的世界博览会，创造了10万个就业机会，获得了145亿马克的利润及45亿马克的税收；在香港，一年的会展活动可大约为香港居民提供9000多个就业机会。对于人口众多的中国而言，会展经济的发展无疑为增加就业提供了一条有效的渠道。

三是带动地方经济发展的作用。国际上有许多以展览著称的城市，尤以德国为多。像汉诺威、杜塞尔多夫、莱比锡、慕尼黑等均是世界知名的会展之都，展览在为这些城市带来可观经济效益的同时，也大大提高了它们在国际上的知名度。法国首都巴黎，平均每年都要承办300多个国际大型会议，因此，赢得了“国际会议之都”之称。我国的香港以其每年举办若干大型国际会议、展览而在国际上享有盛名。上海“99财富论坛”的召开，预示着上海在向国际展览名城的方向迈进。大连也以每年举办的“服装节”而提高了在国内和国际的知名度。

会展业也被认为是地方经济发展的“助推器”。珠江三角洲是全国改革开放最早的地区之一，伴随着经济的高速发展，会展经济也随之兴起。进入90年代，广东会展的数量、规模均以每年20%以上的速度增长。目前全省从事会展业的企业已达2000家，每年举办的较大型会展超过一千余个，成为中国最大的会展基地。广州的“广交会”，深圳的“高交会”，珠海的“航空展”等大型会展在国内外都有较大的影响，会展业已成为珠江三角洲经济区的重要产业。

可见，会展经济的功能和作用是综合性、全方位的，无论在国际还是国内，会展业都是一个前景广阔的朝阳产业。因此，规范化发展的会展经济确实可以成为国民经济发展的新增长点。

我国会展经济发展中存在的主要问题

我国会展业从小到大，发展速度不断加快，行业经济效益逐年攀升，成为各地经济发展的助推器和新亮点。

然而，在快速发展中，我国会展业也存在着不少问题，总体上还缺乏必要的制度和规则，这是制约会展经济发展的致命障碍。这些问题主要有：

一是会展市场秩序混乱，鱼龙混杂，会展过多过滥，有些地方甚至出现了会展“泡沫”现象。

二是展览场所重复建设，功能单一。全国各个城市都有展馆，但大多面积小、功能单一、设施落后、服务水平低，不具有竞争力，更不具有承办国际名展的能力。多数展馆只能承办一些低档次的展览，缺乏统一布局，一味地为了获得短期利益，使展览活动过多过滥，导致参展物品数量少、档次低，降低了对商家的吸引力，同时也降低了办展质量，影响了城市声誉和企业效益。有些城市盲目建设展览场所，导致了社会资源的浪费。

三是多数展会缺乏明确定位，组织管理模式落后。同国际知名展览相比，我国展览缺乏明确定位，让参展厂商“食之无味，弃之可惜”。而有的展会则什么档次与质量的产品都一拥而上。有些展会甚至成为处理滞销商品的场所。参展商的目的也不明确，且大多数厂商只是“坐以待客”。组织管理模式落后，服务水平低，也是制约我国展览使之停留在相对封闭、单一、服务水平低下的层次上的重要原因。

四是会展业还未形成专业化分工协作的格局。为展览提供配套服务的技术、信息等相对滞后，制约了展览规模经济的发挥。同一批人员既是展览组织者，又是展览管理者，也是展览项目的实施者，从展品征集到展品运输、展品布置直至为参展者提供吃住行服务等均由同一批人承担，这在某种程度上影响了社会化分工带来的高效率的发挥。

五是会展主办主体复杂，缺乏资质条件的约束，展览业务人员的素质偏低。

上述问题的存在既有我国会展经济发育时间较短，经验不足，从业人员素质较低等原因，但更重要的是会展经济的发展还缺乏行业规制和一些法规、制度建设。

规范发展我国会展经济的政策建议

我国会展业的发展既有新的机遇，也将面临严峻的挑战。因此，当务之急是提高我国会展经济的规范化水平，建立并逐步完善管理制度，提高竞争力，进一步促进我国会展经济持续健康发展。为此，提出如下建议：

一是加强政府宏观调控，完善会展经济的“游戏规则”。重点是尽快制定并完善有关的法律法规，明确会展市场的准入机制和主办主体的资质条件。对展会的质量和展览公司的资质进行市场化、动态化的评估和认证，逐步从审批制过渡到标准制和登记制，使会展业能够有“法”可依，有“章”可循。

二是建立并发挥协会组织的作用，加强行业自律和协调。到目前为止，我国尚未成立全国会展业的协会组织。随着我国政府机构改革和职能转变，政府行政机关主要通过制定规则来调控市场，而市场的自律则主要依靠行业协会组织来进行。欧美大部分国家的展览业为理顺关系、协调展览活动，大都组织了展览行业协会，制定行业规范，实现整顿秩序、提高展览业水平的目的。我们应该借鉴这些国家的行业管理经验，尽早成立全国性的展览行业管理组织，并采用计算机网络技术等高科技手段，建立覆盖全国的信息网络；理顺与海关、税务等相关部门的关系，取消价格多轨制，建立公开、公平、公正的展览环境和竞争秩序，在操作上力争尽快实现规范化，与国际惯例逐步接轨。

三是走会展产业化的路子。目前我国的大多数会展单位是吃“政策饭”，靠政府部门批任务，靠财政补贴过日子。这种体制必须改变。展览公司必须依法登记并且必须走上市场，走产业化发展之路，靠市场竞争发展壮大，并在竞争中进行跨地区、跨部门的战略重组，展览公司之间通过兼并、收购或联合来组建展览集团，提高企业组织规模，增加竞争实力。作为一个充分竞争的行业，国有经济应逐步退出该行业，形成多种所有制并存的企业竞争格局。各级政府和部门应摒弃地方或部门利益，鼓励展览公司之间的兼并，培育具有竞争力的大型展览集团，鼓励这些集团公司占领并进军国际市场，扩大经营服务范围，参与国内外会展业的竞争。

四是优化资源配置，培育有国际竞争力的会展中心。国外知名的会展中心和会展名城，经过几十年甚至上百年的发展，已经具有相当的国际竞争力，并已为国际所承认。而我国目前除香港之外，在内地尚未形成有国际竞争力的会展中心城市。上海、北京、广州等城市在经济、交通、信息、人才、科技、服务等方面拥有综合优势，会展经济已初具规模，但离建成国际会展中心还有较大差距。应在规范市场的基础上强化其城市的“会展功能”；在展馆规模上，避免小而散，走国际化、专业化、规模化、品牌化的道路，不仅在展览硬件设施方面，而且应在各种软件条件和第三产业的综合配套服务上下工夫。除培育国际会展中心城市之外，还应着力培育中西部地区的会展市场，利用这一朝阳产业的带动作用，促进中西部地区的发展。

五是积极引进外资，提高会展业利用外资的质量和水平。中国加入WTO后，外资进入中国展览业将不可避免。在看到外资抢占我国会展市场份额的同时，也应看到外资的引入能够提供必要的设备改造和技术革新所需的资金，能够带来会展业经营和运作的先进理念和管理技术，在一定程度上能够推动我国展览业的发展，加快与国际接轨的步伐。因此，我们应在为我所用的原则下积极地引进外资，尽快实现会展业的规范化发展。

六是加快人才培养，塑造一支熟悉展览业务，富有管理经验的专业队伍。

七是关注互联网的发展给展览业带来的新契机。目前在国际上，网上展览成为展览业的新亮点。我们在发展会展经济的同时，也应关注网上会展业的发展趋势，实现实物展览和网上展览、交易之间的相互补充。

（选自《决策咨询》2001年第2、3合期）

旅游、生态观光、休闲产业

旅游观光与未来

（台湾） 唐学斌

一、前言

在社会的发展过程中，除了增加人民更多的财富，让人们的生活过得更为舒适外，尚须使人们得到安乐，此两者应配合得宜，始可相辅相成，否则只重视生活水准的提高，而忽略了生活素质的改善，必然失去平衡。试观欧美社会发达所造成的是人情淡薄、生活紧张、空气污染、自然生态失去平衡，带给人类许多的危害。所以，社会愈发达人们愈需要借旅游观光来调剂个人身心健康。

近年来，世界各国对于发展观光事业（Hospitality Industry）不遗余力，尤其观光事业所属第三级服务性产业，对于一个国家的旅游发展而言极为重要。旅游观光事业无需大量投资，多是利用天然资源、文物古迹、历史文化等内容招徕各国观光旅客前来游览观赏。若旅客停留天数愈久，消费也愈多，相对的，观光外汇亦逐渐递增。又如一些工业不甚发达的国家，如印度、希腊、巴基斯坦等国，均以观光事业作为其赚取外汇的来源之一，平衡国家收支上的赤字。事实上，二次世界大战以后，即使是工业国家，如英国、美国、瑞士、意大利、日本等国，也都积极地发展观光事业，并投下巨额资金，不断开发观光资源、提高服务品质，期使观光客都能“乐不思蜀”。

就旅游观光事业的经济效益而言，不仅可获取大量外汇，增加观光收益的“乘数效果”外，并能改善一国之产业结构，。由于裨益甚多，世界各国莫不积极致力于拓展旅游观光事业，开发国内外新市场，以迎接21世纪的观光事业新境界。

二、旅游市场结构

在旅游观光与未来发展上，应针对旅游市场的结构加以深入研究，换言之，现阶段开发旅游市场应以市场行销为导向创新改良旅游方式，提供高品质、高格调、高满足感的旅游活动项目，以满足观光旅游之目标。

就观光旅游整体发展而言，由于台湾观光事业正进入转型期，为求奠定稳定良好的旅游市场基础，台湾方面有关部门必须尽快采取相应措施，结合民间力量，建立全民对旅游观光整体的共识，开拓海内外新市场，运用专业化观光行销策略，重新组合观光目标市场，并予以适当定位，以提升服务水准；同时，对于旅游观光体系亦应作通盘考虑，适时改善各项权宜措施，求新求变，适应未来旅游市场需求，突破目前瓶颈，开创另一新的旅游观光远景。

为改善旅游市场结构，有效利用观光产品，亟应加强的前瞻性工作有下列几项：

（1）提高领队、导游人员素质，强化从业人员训练功能。

（2）制定合理的旅馆价格，注重服务品质。

（3）加强风景区专业人才管理，有效开发自然资源。

（4）建立旅游模式，提供多样化游程。

（5）妥善维护文化资产，设计多元化解说系统。

（6）健全旅游资讯体系，提供多功能旅游咨询服务。

（7）研定旅游安全制度，确保旅游服务品质与安全保障。

（8）引进观光外资与技术，增加观光产业竞争力。

（9）合作开发休憩资源，重新规划旅游路线。

（10）吸收国际观光经营观念，减少观光危机意识。

（11）利用观光行销通路，进军国际观光市场。

（12）改善观光供给面，适应观光环境外在因素影响。

以上各项工作，实在需要政府与民间共同努力，建立观光发展之共识，检讨当前所面临的观光环境变化问题，寻求解决之道。

根据日本总理府出版的《观光百书》，对观光产品的调查研究分析结果，颇值得我们借鉴，其包括的范围如下：

（1）观光资源保护。

（2）公立观光地区现状调查。

（3）观光设施现状调查。

（4）休养设施现状调查。

（5）观光基本设施现状调查。

（6）旅行安全之确保。

这些资料的建立将有助于国内、外旅游观光人士参考，同时，对于从事观光研究者亦不无裨益。

鉴于旅游观光事业系多目标、综合性的产业，就其产业结构而言，航空公司、风景游乐区、观光旅馆等行业应属上游产业；交通运输业、餐饮业、娱乐业及手工艺品店，可视为中游产业；而下游产业则由旅行业者所主导，直接作为沟通、联系的桥梁。如此，整个观光产业在上、中、下游相互配合下，给旅客提供良好的服务，满足旅客基本需求，进而赚取合理之利润。

旅游观光产业应着重于立体行销与水平联系，换言之，旅游观光产业是以建立行销秩序，确定招揽与扩展市场目标为原则，使旅游观光市场达到供需平衡点。

三、建立观光统一中国之目标

中国的统一，在于谋求国家富强与民族长远的发展，也是海内外中国人共同的愿望。为推进观光国际化，海峡两岸观光互动关系，应在理性、和平、对等、互惠的前提下，彼此善意地回应，作为双方进一步观光交流合作的基础；亦唯有渐进而谨慎的观光互动才能使两岸未来观光发展关系不致出现紧张或倒退的突变现象。

衡量两岸观光发展主客观条件，凡是不涉及政治、政策、法律主权等问题，均可采取观光合作善意的原则，同时，为促进两岸的和睦，对于两岸观光互助关系应是主动积极的。为确保两岸关系良性互动，增进彼此相互了解的最重要条件——当前海峡两岸敌意的祛除，因此，在国家迈向新发展的里程碑时，宜建立彼此共识，完全以善意合作为原则，共同致力于观光外交的互动关系，在此基础上，两岸才有统一的契机与可能。

基本上，我们国家统一的诉求与目标，系以海峡两岸的互动为取向，唯有以持续不断、锲而不舍的精神，推动海峡两岸的互动，才能建立共信与共识。现阶段两岸观光交流为促进彼此了解、摒除敌对状态，增进两岸人民友谊，发扬中华文化，推动经济改革，促进双方社会繁荣，藉由观光交流阶段达到互信合作阶段，进而步入协商统一阶段，依据两岸人民意愿，共商统一大业。

四、海峡两岸观光发展趋势

海峡两岸仅一水之隔，却阻绝了四十余年亲情的往来。在台湾与大陆开放旅游市场下，关系又向前迈进了一大步，基于彼此对旅游观光重要性之共识，笔者认为今后两岸旅游观光发展目标有下列几点：

（1）适度要求大陆旅游业者制定合理收费标准，提高旅游品质。

（2）建立国际化观光发展共同认知，改善旅游环境。

（3）共同合作开发旅游资源，改善基本公共设施。

（4）拓展共同文化观光旅游路线，适应观光客旅游习性。

（5）减少旅游限制与障碍，通盘考虑两岸旅游发展对等关系。

（6）通过观光学术交流，加强两岸旅游文化探讨。

（7）研定精致化、制度化旅游目标，吸引更多潜在观光客。

（8）健全旅游观光系统，建立旅游商品化制度。

身处国际社会环境中，我们应如何藉“观光外交”之实质效益，为自己定位，确定国家未来的旅游观光发展目标，乃当前重要之课题。

五、未来推广改进之道

近年来，由于国际观光发展型态转变，今后在进行旅游推广宣传之际，应制定观光互动前瞻性的计划，以渐进式与缓和性的方式，逐步实现统一中国之理想，并“以文化观光融兴建国巨业提振民族壮志，从华冈世界酿化大同正气促进人类和平”，臻至世界大同境界。

未来在旅游观光推广工作上应采取的基本原则，如下：

（1）重新全面检讨旅游政策之缺失，因地制宜。

（2）拟订一套适合两岸旅游措施，共同拓展旅游事业。

（3）加强民间学术交流，交换研究心得，撷长补短。

（4）辟建旅游新据点，游程设计多样化。

（5）预测旅游观光未来发展趋势，预先研拟对策。

（6）服务品质提升实质化，建立国际资讯系统，掌握国际观光最新资讯。

（7）广泛运用观光人力资源，加强驻外办事处功能。

（8）参加世界各国之旅展，观摩学习他人优点。

（9）增加宣传推广经费，适当灵活加以运用。

树立旅游观光事业之质量，达到“旅中国，交朋友”之目标。

六、结论

未来发展旅游观光是经济发展的重要项目之一，是促进国际文化交流及增进相互了解的最佳途径。由于经济不断地增长，人们生活水准日益提高，观光旅游活动已逐渐成为人类生活中的一部分，大多数发展中国家均具有良好的观光发展潜力，尤其观光效益不胜枚举，成为世界各先进国家极力推进的事业，其重要性可见一斑。

鉴于国际观光事业已成为现代先进国家发展的目标，再加上观光事业具有复杂多样性，在稳定一国之收支平衡与持续增长方面，占有一席之地。当然开发的同时，对于一些外在因素，如季节性、吸引性、功能性等，应于开发前妥善加以规划利用，以充分发挥其实质效益。就旅游观光事业的发展潜力而言，其前瞻性的效益在于透过观光互动关系，缩短人与人之间的距离，增进彼此互信、互赖的依存性，藉由服务的提供，达到多元化经营管理之目标。

由上可知，旅游观光事业未来亟应努力的方向，兹分述于后：

（1）妥善运用观光人力资源：观光事业之组成要素乃以人为主体，基于人尽其才的专业性功能，必须有系统、有计划地予以规划，如此才能提高服务品质，从而增进工作绩效。

（2）结合国际化、专业化经营管理方式，引进国际观光企业经营技术，针对观光市场特性重新检讨改进，广泛汲取专业知识，以增添旅游观光之内涵。

（3）协助并辅导观光产业升级：为满足观光客需求，

必须不断提高服务品质，鼓励民间投资兴建新的住宿设施及游憩据点。

（4）加强两岸旅游观光学术交流：双方彼此观摩学习，共同探讨旅游观光之真谛。

（5）旅游安全制度之建立：由于人们休闲时间增加，出外旅游机会提高，相对于旅游安全更应重视，以确保生命财产之安全。

（6）引进跨国性观光企业，增加软、硬件设施：多国籍企业乃近年来各国竞相发展之事业，为拓展整体性旅游观光网络，必须兼顾多国籍企业发展之原则，加以充分运用。

台湾旅游观光事业经过数十余年发展，目前已迈入剧变的转型期阶段。今后在国际观光方面所面临的挑战，是如何展现我们自然及人文资源的吸引力，设计并提供具有文化特色及国际水准的观光服务，创造国际观光市场上的竞争优势。其次，在内部开发工作方面，应加速开发足够客量之游憩空间，充分发挥其文化与教育功能，达到提高国民生活素质的效果。由此，旅游观光事业专业化、国际化、自由化，已成为日后发展之方，面临未来各种挑战，我们应切实研拟对策，务必及早团结中华民族，使21世纪成为中国人的世纪，同时，为确保旅游观光服务性事业居于领导地位，我们当前更应加强两岸善意合作，以迎接世纪观光事业新境界的到来。

（选自《未来与发展》1992年第6期）

现代旅游是一种精神运动的经济现象

戴　斌

旅游在现代已经被世界上多数人认为是生活中不可缺少的有益活动。尽管还有不少人并未实际地加入到旅游这一行业中来，但是作为一种消费对象，旅游至少已经开始在他们的消费偏好中得到了凸现。1995年3月由美国罗珀·斯太奇世界调查网发起的“世界公民文化与消费潮流调查”表明，全球公众对旅行话题感兴趣程度的平均值与中国公众的对比分别是34%、57%。调查与研究还表明了这种消费越来越带有精神运动的色彩。

一、精神运动与MPCC假说

让我们首先从社会阶层及其流动来导入精神运动的概念。社会阶层是一种为了分清人类在社会上所扮演的角色的等级体系。它是由社会上有着某种共同特点的人群所表现出的一个共同的集团。社会中的不同分子，由于长期地生活在一起，就会形成一些类似的理想，当这些理想为社会中绝大多数成员认可时，会演化成一定的“价值制度体系”。制度经济学认为在一定时期内整个群体现阶段的行为会受制于这一体系。从长期的观点看，其行为偏好的改变也无法脱离或者说正是基于这一体系之上。也就是说，处于同一社会阶层的人的消费行为有着同一的趋势，而且不同的社会阶层之间也存在着相互影响。

假定社会阶层体系只有高低两个层次，我们可以得到一个简单的双向影响模型：高层$\underset{\text{Ⅱ}}{\overset{\text{Ⅰ}}{\leftrightarrow}}$低层，其中Ⅰ是指高社会阶层总是倾向于拉开与低社会阶层的差距，这也是刺激经济发展并使人们的原有行为偏好函数得到改变的基本动力。在这一过程中，随着科学技术的进步，物质资源的稀缺性不断地得到弥补，使得人们满足其物质欲望的手段不断地得到加强，所以阶层之间物质消费上的差距就会不断缩小，特别是满足人们衣食住行等基本生活需要的物质标志变得越来越模糊了。这时那些带有文化色彩的精神标志就会得到越来越多的强调。因为文化总是倾向于扩大原本是相当细微的社会差异，如两个有着同样经济收入的人可能因为出身、所受教育、收入来源等因素的不同而被划入两个不同的社会阶层，就像美国的把大型企业创始人划入上下层而把高级专业人员划入上上层一样。模型中的Ⅱ是指处于低社会阶层的人总是设法拉平与高社会阶层的差距：有时表现为积极地仿效高阶层的生活方式，设法按照他们的价值制度体系来指导自己的行为偏好，表现在消费者预算线开始向上变动时，他们的无差异曲线立即随之变动。这种变动可能会有两个特点：第一是无差异曲线的变动幅度超过预算线的变动幅度，第二是在无差异曲线总体变动幅度已定的情况下，减缓物质需求的增加量，提高精神需求的增加量。因为在这部分消费者的心里感觉，精神上的消费在减少阶层差距时会更加直接，也更加明显。这一点可以从一些定位为高收入阶层的饭店里经常出现非特定阶层的人光顾这一现象得到说明。

所以为了更好地说明精神运动在整个消费偏好中的

作用，我们应该而且也可以将边际消费倾向（MPC）进一步划分为边际物质消费倾向（MPMC）和边际文化消费倾向（MPCC）。从以上的分析可以看出 MPCC 具有如下特点：（1）在现代社会里，MPCC 的变动在整个边际消费倾向的变动中所起的作用远比 MPMC 要大；（2）从消费行为原因看，MPMC 主要是由较低的需要层次引起的，表现为消费主体的内在性，而 MPCC 则主要是由较高的需要层次引起的，有着更多的外在性；（3）从消费者与厂商的关系看，MPMC 在现代工业化社会里是消费者居主导地位，在 MPCC 中消费者的主导地位极大地削弱了，有时甚至完全由厂商决定。

二、旅游对 MPCC 的历史实证

在人类的童年时期，迁移活动的目的是为了逃避自然灾害或为了寻找更为合适的生存环境。人类有意识的旅行活动则始于原始社会末期，并在奴隶制社会里得到了迅速的发展。在剔除商务旅行的因素之后，纯粹以消遣为目的的旅行在这一时期主要表现为奴隶主阶级的享乐旅行。虽然在 16 世纪英国出现了“休养地（SPA）”，但是大多数学者都承认这样一个事实：19 世纪以前的旅游活动仍然是贵族豪绅和官宦等少数有钱有势的人所享有的一种特权。中国历代帝王耗费大量人力物力举行的封禅大典和以各种名义所开展的东游西巡莫不如此。这种特权如同在原始社会末期占有更多的生产资料一样已经成为阶层划分的一个显著标志，并在以后的旅游发展史上成为大众精神运动的一个动力与追逐的象征。

19 世纪以前，旅游之所以没有公众的参与，除了当权者的压制以外——如古罗马的奴隶附属于主人而没有人身自由；中国儒家思想所提倡的以士农工商的稳定为特点的经济结构以及“父母在，不远游”等伦理思想，还因为那时的公众的消费预算线太低，还不足以使得 MPCC 在整个边际消费倾向中起到主要的作用。加上交通工具的落后以及异地的间接知识获得困难等原因，导致了在历史上一个相当长的时期里，作为精神运动的旅游运动还仅仅停留在公众消费的潜在层面上。

由于产业革命推动了铁路事业的发展，使得英国成了以大众参与为特点的近代旅游的发源地，其标志是 1841 年 7 月 5 日托马斯·库克（Thomas Cook）组织的由莱斯特（Leieester）到拉夫巴勒（Loughborough）12 英里的火车之旅。此后，以消遣为目的的乘火车旅行的人与日俱增，并从一开始就带有对创造了丰富的物质生活的社会化大生产方式的逃避等精神色彩。据记载，1844 年复活节三天的假日里，乘火车从伦敦到布莱顿的人有 15000 人，到其他 SPA 去躲避烟尘与污垢的乘客更是无以数计。到了 20 世纪 70 年代，随着汽车工业的发展和带薪假日的增加，使旅游有了更进一步发展的基础。在这一时期，一般意义上的旅游作为精神运动的标志已开始弱化，对于旅游的参与者来说，目的地和旅行方式的差异在这项活动中对人们来说已有着越来越明显的作用。

20 世纪 50 年代随着民航事业的发展，旅游进入现代化时期，人们可以更为方便地选择自己的目的地，选择自己的旅行方式。收入较少的人们，也能够支付以前只有较高收入的人们才能支付得起的旅行费用。在这一时期的边际文化消费倾向中人们对旅游中的文化古迹、带有专业性的活动开始关注。特别是到了 20 世纪的后半期，人们的旅行动机、目的地选择与旅行方式选择日趋多元化，如自然风光、人文景观、疗养度假、生态旅游、野外宿营等，并且现代旅游对现代工业文明的反叛成为一种有意识的活动。

所以，从一开始旅游就带有精神运动的特点，并随着近现代旅游业的发展不断地得到强化。

三、对旅游商品性质的规范分析

物质文明的高度发展为旅游业创造了现代化的服务手段，同时也为现代旅游者的精神运动提供了坚实的物质基础。但是物质文明的高度发展又是一把双刃剑：随着人们物质性的需求不断地得到满足，其边际效用就会逐渐递减到这样的程度：新增加的最后一个单位的物质消费，其效用呈现负值。所以在这一点以后的由物质文明的进步所带来的消费者预算线的增加只会导致在整个边际消费倾向中边际文化消费倾向的上升。对于处于高社会阶层的人如此，对于处于低社会阶层的人也是如此。特别是对处于低社会阶层的人来说，在出身、修养、高等教育、文学艺术、旅游等诸种精神运动的载体中，旅游无疑是最具有吸引力的。因为从对旅游发展的历史考察中我们得知，旅游本身在相当长的历史时期一直是双向影响模型中的重要因素：从旅游的功能看，它也确实对开阔心胸、增长见识、引入新的消费因子、改变非正式的制度安排等有着相当重要的作用，特别是对于那些原本封闭落后的群体中的人们来说更是如此。最后，现代旅游业的发展，使得公众能够在较短的时间里用较小的花费完成精神运动，与获得较高的文艺修养或高等教育相比，人们购买旅游产品所得到的收益/成本之比无疑是较高的，对个人和社会来说都是如此。

从旅游产品的供给方来说，对待任何一位游客，厂商都必须满足其两种需求：一是生活方面的，即食宿、交通、游览、购物、娱乐等项目；二是心理和社会方面的，如得到快乐、尊重、实现成就感等。旅游者通过在异地欣赏自然风光、参加有益于身心健康的活动、结识新的人群，暂时摆脱了日常工作、家庭琐事从而避免了对熟悉环境的厌倦与反感。有的则通过考察、交流、会议以及从事个人感兴趣的研究，满足了他们自尊、被承认和施展才能的需要。也有的旅游者把自己与所参观过的名胜古迹、吃过的名菜、会晤过的名人联系起来并产生一种荣誉感。可以说，从总体的旅游产品上验证，旅游所提供的服务产品包含着极为主动的精神因素或心理因素。无论何种类型的旅游者通过一次有意识的旅游，都会达到一种短期的心理运动，并会在以后的日常生活中持续地发生作用。而对于那些确实处于高社会阶层的人来说，旅游也会强化他们的角色认同程度。基于制度经济学的集体主义的观点以及制度的长期演进的观点，我们可以得到整个社会的边际文化消费倾向在现代旅游的作用下呈现出不断提高的趋势。

四、MPCC 假说对现代旅游发展的几点启示

（一）根据 MPCC 假说，人总是追求其一生中总体福利的最大化，而在他的最大化函数中物质因素进一步改变的可能性不大时，人们就会转而追求文化消费因子的扩张。这种趋势为现代旅游的进一步发展提供了理论上的有力支持。在现代化的工业社会里，对物质消费因子的无休止的追求和为这种追求而创造的现代化的生产方式，正如马克思所论证的那样，导致了人的异化。这种异化表现在人的最大化效用函数中就是边际效用的递减甚至是负值。即使在如中国这样的处于前工业化社会的国家，人们的经济收入水平较低，边际效用曲线还处于正值或上升时期，但是一方面由于消费信息的传导，旅游总体商品进入人们的消费目标的过程加快了，另一方面由于边际文化消费倾向的效用贡献要优于边际物质消费倾向，加之部分高收入的阶层的示范和带薪假日的增加，年轻的中国旅游业必将出现国际、国内、出境三个旅游市场互相促进、共同繁荣的局面。

（二）由于精神运动的需要不同于基本生存的需要，后者是基于个体生命存在的本质冲动。表现在市场上，就是顾客需要什么，厂商就生产什么。而精神运动的需要正如现代社会里人们对于时尚的追求一样，生产者拥有较多的主权。对于经营旅游产品的各企业来说，一定要加强对公众消费心理的研究，不仅要发现需求，而且要创造需求。在市场上应以差异型市场策略为主，加大产品的间隔度。美国一家成功地把明星与餐饮结合起来的连锁公司“好莱坞星座”（Hoolywood Group）董事局主席罗伯特·艾尔说：“我们的目标不是经营餐馆生意，而是经营生活方式及商标的生意。”中国的旅游业在基于国际、国内两个市场发展的过程中，对旅游产品的定位也应是如此，而不仅仅把它看成满足人们一些基本物质需要或对外界好奇的需要。

（三）考虑到旅游产品的文化内涵，我们在进行旅游产品开发时，要结合历史的、文学的、美学的等深层次的文化内涵。对于目前众多的古迹或废墟，就不能不加区分的加以修复。因为废墟有废墟的价值，如未加修复的古罗马的斗兽场、小亚细亚的众多古代文明的遗址对于旅游者来说，他们所得到的绝不仅仅是满足了好奇心。对于处于旅游市场发育初期的中国来说，我们对文物古迹除了开发以外，还应加以保护。暂时没有能力保护的，就不要去开发。我们很难想象已沦为废墟的圆明园如果被修葺一新、间以现代化游乐设施的情况。就算它恢复到“万园之园”的盛况，恐怕也是得少失多吧。

（选自《桂林旅游高等专科学校学报》1998 年第 1 期）

对旅游学学科问题的探讨

谢彦君

一、旅游学的研究对象

研究对象的确定是学科成立的前提。对此，毛泽东有一句几乎人人皆知的著名论断：“科学研究的区分，就是根据科学对象所具有的特殊的矛盾性。因此，对某一现象的领域所特有的某一矛盾的研究，就构成某一门学科的对象。”然而，把握一种现象的根本矛盾需要有深刻的认识，而这并不容易。在旅游现象当中，根本的矛盾性体现在何处，人们并不能就此取得一致的意见。认识上的差异表现在旅游学研究对象的陈述上，就有种种不同的说法。应该说，这是当前旅游学学科发展所面临的最严重的问题之一。

在我国旅游学界，比较多的人认为，旅游学的研究对象或者是从活动角度界定的六大要素论，或者从旅游综合体的角度界定的三要素论，这两种提法可以统称为“要素论”。此外也有个别学者站在不同的角度分别认为旅游学是研究旅游者、旅游业或旅游对目的地影响的科学。下面我们仅对比较有代表性的“要素论”进行分析。

“要素论”的旅游学研究对象，都以过程为主线，以外在的支撑体为着眼点，实际上并无核心矛盾存在。比如，马勇提出，由于旅游涉及六大要素，这种综合性使“作为全面系统研究这一活动的旅游学的研究对象……可以概括为四个方面，即旅游者、旅游管理者、旅游资源和旅游设施。旅游学就是研究这四个要素的基本特征与

相互之间的关联作用及其运行规律的科学”。我们不禁要问，在这四个要素之间，根本的矛盾性是什么呢？甚至有没有根本性的矛盾呢？如果有，那么作为研究对象的，就应该是这种矛盾，是对这种矛盾的性质、形态、结构、发生、运动和影响的研究，而不是对四个要素的研究！

从三要素角度提出的旅游学研究对象，与此没有根本的差异。例如，王德刚解释说，“旅游学是以旅游的三要素（旅游主体、旅游客体、旅游媒介）为核心，研究旅游活动和旅游业发展规律的科学。”这个表述令人不解的地方是，把旅游的主体、客体和介体定义为旅游学研究对象的核心，太过于一般化，而没有体现旅游现象的特殊性。因为，任何人为的行动，甚至任何生命活动，似乎都离不开行为的主体、客体和介体。以这种方式定义一个学科的研究对象，是学科极不成熟的表现，这方面恐怕只有像“公共关系”这种被公认为比较不成熟的学科才可以给我们以同样的安慰。

另外，要素论的认识根源还是功利性的。就是说，人们是从旅游业的视角来审视旅游现象的。在这种情况下，人们的认识就很自然地停留在现象层面上，关注的是物质构成，理解的是要素的性质及其关系，忘记了把这些要素有意义地联系到一起的旅游内在矛盾规定性。尽管最近两年来人们特别关注对旅游学研究对象的探讨，但就发表的成果来看，还是没有取得根本的突破。

笔者对旅游学的研究对象的理解偏向于比较狭隘（或者应该说比较基础）的方面，对此，有三点需要做一下交代：

首先，旅游学与旅游不是一回事。这个提法听起来似乎很可笑，其实不然。二者的这种混淆是有先例的，甚至是常见的。在英语国家中，对“旅游”（Tourism）一词的用法，似乎就有让人误解为“旅游学”（Touristics或Tourism Study）或“旅游业”（Tourist Industry）的意思。这一点从对旅游的诸多定义中都多少可以看出一些。自从汉泽克尔与克拉普夫给出了综合性的旅游定义以后，似乎这种误解就时有发生，以至于当这些名词在翻译到国内时也不好把握其意义。为什么那么多的关于旅游的定义都过于泛化？其中一个原因是否人们担心不这样泛化地去定义旅游就可能使一部分旅游现象被排除在旅游学研究领域之外？有了这种担心，人们自然就倾向于把旅游解释成包罗万象的范畴。于是，在定义旅游学的研究对象时就已经没有多少回旋余地了，旅游与旅游学的混淆也由此而产生。

其次，旅游学要以研究旅游现象的基本矛盾为核心，研究这种矛盾发生的基础、原因，研究这种矛盾的性质、形态和结构特征，研究这种矛盾的运动规律，研究这种矛盾所产生的复杂影响。显然，旅游现象的这种基本矛盾存在于旅游活动之中，因此，旅游学要以旅游活动所展示的矛盾为研究对象。这里所使用的“旅游活动”一词，既包括旅游者活动，也包括旅游产业活动，而这两种活动恰好构成了旅游现象基本矛盾的两个方面，由此衍生出旅游期望与旅游感受、旅游动机与旅游体验、旅游需求与旅游供给、旅游流量与旅游容量等等一系列的矛盾形式和矛盾运动。由这些矛盾所展示的立体的、丰富多彩的旅游现象，也就是综合性的旅游学科开展研究的对象领域。

再次，将旅游定义为出自愉悦目的所做的旅行，这种求其内核而舍其外象的认识方法，并不就决定了旅游学的研究对象必须限于对旅游内核的研究。而恰恰相反，作为一个学科，其研究对象和内容在核心范畴之外的扩展是必要的，也是必然的。

明确了以上三点，我们可以尝试将旅游学的研究对象做以下界定：旅游学的研究对象是旅游活动的内在矛盾，旅游学的任务就是要通过研究来认识这种矛盾的性质及其发生原因、形态结构、运动规律和它所产生的各种外部影响。

二、旅游学的学科性质

旅游学作为一个独立的学科在我国至今还没有得到官方的认可。在1998年之前，在我国的旅游专业学科目录中，没有“旅游学”这个学科名称，只有“旅游经济”这个二级学科，在相当长的时间内，人们都习惯于用旅游经济来取代旅游学。在1998年后，旅游经济作为专业在国家教委的本科专业目录中被勉强保留但改为“旅游管理”，隶属于管理学学科下面的工商管理。从这种变化的前后我们都不难看出，由于旅游学自身的原因以及人们对这门学科性质认识深度的原因，旅游学在学科之林中始终都没有得到一个适当的地位。人们宁愿把旅游研究看作是经济或管理理论的应用领域，也不愿意承认有一个客观的、独立的研究领域的存在。

然而，通观中国20年来的旅游研究实践，审视国外旅游研究的历史，我们不能不承认，任何企图借助于原有的学科来引申或涵盖旅游研究的全部领域的努力都不会获得成功。“旅游经济”不能，“旅游管理”不能，“旅游文化”或“旅游地理”也同样不能。旅游研究典型地体现了跨学科研究的特点，而这个特点就是一个新兴的综合学科孕育的土壤。只有旅游学这个可以重新界定的学科领域，才能够全面地统辖旅游经济学、旅游企业（或行业）管理学、旅游地理学、旅游文化学、旅游生态学、旅游人类学、旅游社会学、旅游心理学、旅游美学、旅游规划学、旅游史学和旅游会计学等各个学科。这也是旅游研究赋予旅游学的一个必然使命。我们理解旅游学的学科性质和体系，必须建立在这样的认识基点上。

对于旅游学的学科性质问题，近几年来旅游学术界多有探讨。然而，到底什么是学科（Discipline）？它是如何定义的？这是带有根本性的问题。实际上，即使在最古老的学科那里，人们也会见到对该学科性质的极其不同的表述。究其根源，在于人们定义学科的方式就是不同的。有人指出，在定义学科方面，至少有四种不同的方式：用人们意欲研究的课题和研究领域；用人们所做工作的参与者及权限或习惯；用人们探究问题的方法和模式；用人们的探究结果。随着现代科学的发展，科学研究范围的扩大，学科问题的研究也变得异常复杂。在这种情况下，作为学科的界定框架也很难建立起一致的标准。不过，一般认为，作为学科必须具备以下条件：首先要有专业的组织从事有关的研究工作；其次是在学科研究中使用独特的语言系统；再次是采取特殊的研究策略；并且要遵从特有的规则，这些规则具有潜在性、公共性、层次性和相对稳定性这些基本的特征。换言之，“学科的特征在于它不依赖于其他学科的独立性。这种独立性反映在它的研究对象、语言系统和研究规范上”。

用这样的标准去衡量旅游学学科，应该承认，旅游学学科至今还没有形成。尽管在某些方面的条件已经具备（如研究组织和人员的规模），但最为关键的一些条件还没有成熟，作为旅游学研究的独特语言系统（概念和范式）还远未达到丰富而规范，作为旅游学体系构架的方法论也远未形成，旅游学研究中各抱地势、互不通连的研究倾向还相当明显，旅游学没有实现真正的综合。而没有综合，对于旅游学而言，就没有产生的可能。但是，人们对旅游学研究的步伐一直没有停止，旅游学学科综合的迹象不能不说已经有所呈现。近几年来，国外旅游学界试图用“旅游社会科学”（Tourism Social Science）实现对旅游研究的综合。想用如此宽泛的学科边界反映旅游研究的学科性质多少有些投机的意味（因为“旅游社会科学”实在很难具有独立学科的含义），同时这个提法还会造成与传统的“自然科学”和“社会科学”在关系上的矛盾，而在我国的专业规范中，这种提法就恐怕更是难以找到栖身之地了。但尽管如此，“旅游社会科学”这个概念的提出确实“反映了国外旅游学界对旅游现象的多元结构及旅游学作为一个学科具有的跨学科、多学科性质的确认”，“从跨学科、多学科性质来看，这个学科似乎已经具备了成为一个独立学科所应有的形态、结构和特征”。

这里所使用的“跨学科”一词，是从英文 Inter-disciplinarity 翻译过来的。最初这个词只是在一般的字面意义上使用，随着研究的深入，它才开始逐渐具有较稳定的为大家所接受的科学意义。与这个词在使用上非常接近的另外两个词是“多学科”（Multi-disciplinarity）和超学科（Trans-disciplinarity）。尽管三者之间有着诸多相同之处，但瑞士心理学家皮亚杰等人还是坚持认为，多学科是低层次的、利用多门学科进行的相对独立的研究；跨学科是中等层次的、多学科间相互作用、相互补充的合作研究；超学科则是高层次的不存在学科界限的统一研究。由此可见，跨学科强调学科间的协作，强调在解决问题时的各学科的相互补充作用。

旅游学的跨学科性质，不仅仅表现在旅游学研究的历史进程当中，它实际上植根于旅游学研究对象的复杂性和综合性这个根本点上。如果我们承认人生是包含着无限的复杂性——包括内心世界以及个体与环境的复杂关系——的一个连续谱（successive spectrum）的话，那么，在这个连续谱上面截取的任何片段都可能具有同样的复杂性。各种研究与人生有关的问题的学问（笔者甚至认为所有的学科都是研究人生的或为人生而服务的，是从人的角度出发理解世间万物的各种努力及其成果的汇编）就由此决定了它们的复杂性，这里当然要包括那些研究与人生的某个特殊片段过程有关的问题的学问。旅游就是人生中的这样一个值得特别关注的阶段。由于旅游的本质规定性及其各个层次表现出来的特征，旅游注定是人生中一个有特殊意义和特殊形态的阶段。这个阶段包容的内容之广，牵涉的关系之复杂，问题的性质之特殊，是决非一般性的和单一的学科可以研究和给予答案的。

三、旅游学的学科体系

在国外的旅游学研究中，较少见到有关旅游学学科体系方面的理论探讨。这可能是旅游学本身不够成熟的自然表现，也可能是国外学者一贯的务实精神（或功利意识）的反映。因为在整个学科在基本概念、方法和理论方面还存在诸多需要探讨和解决的问题时便去研究这个领域中的各个学科的关系，可能往往是劳而无功的。但是，当我们真的企图去建立旅游学这个独立学科时，这个问题就是一个绕不过的问题。

在 1995 年，喻学才、毛桃青撰文呼吁建立旅游学学科体系。他们从产业地位、旅游经济与旅游学的关系、旅游经济与旅游文化的关系等角度进行探讨，认为传统上把“旅游文化”这些属于其他各种学科的研究领域置于“旅游经济”的框架之下是不合适的，而应该用旅游学来统辖这些学科。这种观点带有很大的普遍性。但是，这种普遍认识在实践中未能得到实施，原因恐怕不是别的，而是旅游学本身没能做出应有的表现——这么多年来旅游学也确实没有形成令人信服的理论体系。

自 1997 年以来，是旅游学界展开对旅游学学科理论大讨论的两年。人们似乎普遍意识到旅游学学科理论研究的滞后在无形地制约着旅游理论研究的发展。有人甚至相当悲观地认为旅游学理论研究在时间、质量和业绩方面都表现出滞后性。然而，在各家所提出的旅游学学科体系的意见中，目前表现出的主要是很不统一和很不稳定的纷纭说法。明庆忠、王德刚、陈玉英等人都试图给出明确的旅游学学科体系层次图，确实给人一定的启发。但这些模式似乎有着共同的弱点，那就是它们未能明确旅游学是以怎样的方式、在什么样的地位上实现对各个学科的综合，或者说，未能明确旅游学是通过哪些一般性的概念、理论和方法在最基础而不是在最概要的意义上达到了对各门学科的综合。

笔者认为，旅游学的综合体现在两个层面上：概念与理论（方法）。旅游学学科体系是在完成了这种综合的基础上确立起来的。

在概念的层面上，旅游学应该有它自己的概念系统，这个系统植根于对旅游现象的系统认识，也得益于相关学科的成熟概念。这些概念在旅游学理论领域中重新获得了独立的意义，成为构筑旅游学理论的基石。这些概念之间的关系，应该是借助于理论线索建立起来的，而不是简单检索的结果。以笔者陋见，这些概念应该包括：旅游、旅游现象、旅游者、旅游活动、旅游需要、旅游动机、旅游决策、旅游行为、旅游需求、旅游者需求、旅游供给、旅游资源、旅游地、旅游产品、旅游业、旅游体验、旅游愉悦、旅游期望、旅游感受、旅游满足、旅游观赏、旅游角色、旅游交往、旅游模仿、旅游消费、旅游者消费、旅游流、旅游效应、旅游容量、旅游规划和旅游发展等。对这些概念应该赋予旅游学的专门意义，这是旅游学完成综合的基础和表现。当然，在这些基本概念下面，自然还会衍生出更为具体的概念，如旅游者本身就是一个概念系统，旅游产品也可以加以具体的区分；而在这些概念之外，还会有众多的与之相关的概念，如旅游经济、旅游文化、旅游环境和旅游法规等等，由于这些概念常常是另一个相关或分支学科的基本概念，因此不宜作为旅游学的核心概念来看待。在上面所列出的概念中，体现了笔者对旅游学研究的内容、方式的某种见解。

在理论（方法）层面上，旅游学也同样应该有自己的理论。作为一门新兴的跨学科，旅游学的理论（方法）主要是通过“解决问题”（Problem-solving）式的途径逐步从其他相关学科移植、渗透和融合而来的。这些理论进入旅游学领域之后，逐渐与旅游学中的特有概念、特有的研究对象、特有的问题类型相结合，经过一个相当长的过滤、积淀、整合过程，最后成为旅游学的独特的理论系统。不经过这个过程，就不会有旅游学产生。实现了这种理论积累和养成过程，旅游学就将以一种作为其他所有的旅游相关学科的基础学科——而不是概论性的东西——的面貌出现，它所探讨的是旅游活动的基础、发生原因、运行机理、性质、形态结构和特征以及对社会的影响等范围广泛的问题，它所要解决的问题是这些旅游现象当中最基本、最共性的方面。

这样一门基础理论学科，与它所统驭的相关的分支学科一起，构成了研究旅游现象的综合学科体系。在这个体系中，包含着有所不同但互相关联的两大模块。一个模块集中研究旅游者活动，这是旅游学的核心领域，旅游学作为一门跨学科的性质主要地集中体现在这一模块当中，这一模块在方法论上也比较广泛地吸收了诸多人文学科的成果，对它的研究构成了旅游学的基础领域；另一个模块集中研究旅游产业活动，这是旅游学的扩展领域，在方法论上比较多地吸收了管理学和经济学的成果；还有一个模块是由一些研究旅游者需要（或需求）与旅游产业供给二者之间的关系的学科构成的。这个综合学科体系可以用一个框架图来描述（见下图）。

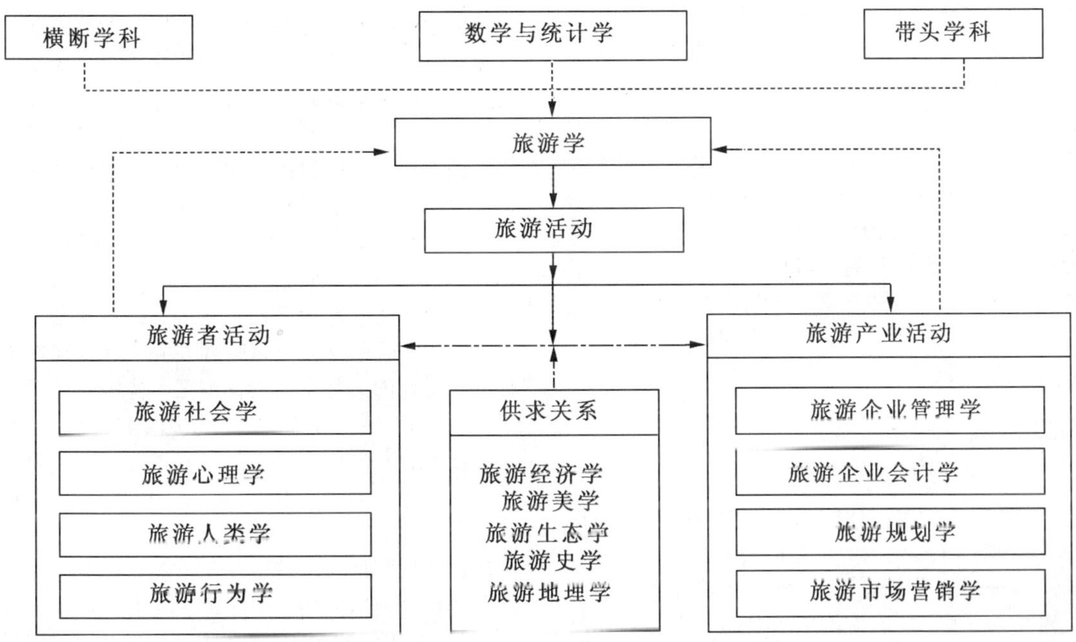

在上图中，带箭头的单向虚线表示各学科在形成旅游学的概念体系和方法理论方面通过移植、渗透和融合而作出的贡献；带箭头的双向虚线表示分支学科之间在研究旅游的两种活动及其关系方面的对象划分；带箭头的单向实线表示旅游学作为基础学科的统驭领域或研究的对象规定。在学科罗列方面，该模型未必是全面的，但这些学科可以认为是最基本的。在有些学科领域，当然存在继续细分的可能和必要，但层次上已在其次。如旅游企业管理学，可以分为旅行社管理、风景区管理、娱乐企业管理、旅游饭店管理、交通运输企业管理等；旅游经济学可以分为旅游消费经济学、旅游生产经济学、旅游环境经济学等；旅游规划学也可以分为旅游产品设计、旅游项目评估、旅游资源开发、旅游景观设计等具体研究领域。有些学者在罗列分支学科科目时所做的扩展很大，给人一些启迪。但这里似乎需要注意两点：一是目前有些学科并不成熟，不宜以“学”冠之（如旅游资源学等）；二是有些学科即使在将来恐怕也很难予以界定（如技能旅游学或理论旅游学等）。

（选自《桂林旅游高等专科学校学报》1999 年第 S2 期）

从人类学角度透视旅游业
——以香港为例

（香港）张展鸿著　罗左毅译

作为最受欢迎的旅游地点之一，香港的经济繁荣与其旅游业的蓬勃发展或许有着不可分割的关系。1996年，到香港旅游的人次为1170万，而旅游业的收益为824亿港元，成为其外汇收入的第二大行业。香港不仅以其大都市的形象，更以其代表传统中华特质的文化遗产吸引着众多的游客。此外，正如我们从田野研究而了解的，香港的传统中华特质一面不仅为外国人了解香港所欢迎，而且也为香港本地居民所欢迎（张展鸿，1996年，James and RubieWatson，1997年）。

在过去的十年中，我们可以看到国际旅游业发展及其影响的研讨比起本地旅游业来要多。其中的原因或许是，人们对具有跨文化广泛接触的国际旅游在反映全球性和经济发展以及外地游客为当地带来的巨大的金融效益的关系上有了更多的认识，而本地游客在这两方面则影响较小。然而，根据我在一个著名的国际和本地游客的旅游点所进行的研究上，我认识到旅游能展示出香港的社会变化及其文化的复杂性。为了理解香港的旅游业极其复杂的文化含义，本论文试图探讨香港首批文物古迹的显现及利用人类学观点对旅游业进行的研究中如何反映出不同的意义。首先，本文将对文化旅游业研究进行回顾。第二，就香港作为吸引国际和本地游客有代表性的景点的文化和历史建构进行审视。第三，通过对文物古迹的审视，本文试图探讨香港政府与原住民之间的冲突。最后，对研究本地文化旅游业的有关如何更好地理解诸如权力关系、民族认同、传统文化以及社会变迁及文物的意义的重要性进行归纳总结。

一、旅游业“文化”建构

旅游业，包括旅游及文化间与亚文化间的交往和接触，很显然地成了当代人类学关注的领域之一（Bruner，1991；Nash & Smith，1991）。对旅游业性质的人类学研究，涉及礼仪、朝圣、娱乐与闲适以及跨文化探讨，早在70年代就开始了（MacCannell，1973，1976；Nash，1978；Turner，1974）。这种研究为我们了解把旅游或观光作为一项社会过程提供了广泛的领域。旅游业还可以从其他一些学科角度像社会学、符号人类学、符号学以及跨文化的研究出发，看作“仪式转换”的一个过程。这种转换已被用来解释某些特定行为被中止、夸大或歪曲的原因以及特定的群体遵循特定而有限制的活动的原因，这些活动据说体现了旅游者的行为特征（Cohen，1972；Graburn，1983；MacCannell，1976；Moore，1980）。

在旅游业的研究中，“游客”的定义是“为体验变化的目的，志愿远离家庭参观某一地方而暂时闲适的个人”（Smith，1989：1）。有鉴于此，旅游业通过一系列的选择、方式、假期和娱乐场所，对各种社会关系、临时消费行为、阶级结构、自我建构、文化象征主义和民族主义等提供综合的观察（Brannen，1992；Ivy，1995；Knight，1995；MacCannell，1977，1992；Moeran，1983；Nash，1996；Smith，1989）。在这些对复杂社会进行分析的鲜明观点中，MacCannell（1976）强调了现代化深层结构在其与作为社会政治单位出现的民族国家的关系中的重要意义。他从第三世界作为第一世界的发明这理论观点上审视了旅游业的发展及其意义，指出“现代化的深层结构是一个具有全局性意义的思想，是一种置现代社会与过去以及目前处于现代化前期或欠发达社会相对立的现代心理状态（MacCannell，1976：7～8）。尽管MacCannell的分析强调的是第三世界国家的旅游业，但是研究香港这样的地方，由于其能够对最现代化的社会中的“文化”在旅游业内如何建构的总趋势提供视点，还是有重要意义的。对探讨旅游业有价值的视点也得益于传统文化意义的研究，在那些研究中我们受到了启发，对具有历史意义的文物的保护和选择能够重新产生有关特定社会政治的以及民族利益的思想和价值并注入新的活力（A shwo rth and Larkham，1994；Boniface and Fow ler，1993；Handler，1986，1988）。

对“文化”在旅游业中建构方式的思考，仅仅为香港传统的一面在吸引国际游客方面仍起重要作用的事实提供原则性的解释。我们都清楚，像国际龙舟节、文物古迹、夜市、主题游园这些极富中国文化色彩的活动都可能被考虑为香港社会中已经客体化、非历史化甚至东方化的部分（Cohen，1988；Said，1978）。的确，香港旅游协会（HKTA）一直积极在倡导带有殖民前特征的香港传统特色，强调适合国际游客的富有乡土气息“未经变迁”的传统中国风格，国际游客寻求的是真正的“古老中国”。它具有传统型的诸如道教这样的民间宗教以及在新界里由单姓村落和祖祠书室所代表的社会体制，还有香港的偏远和乡村地区。

1995年，随着香港旅游协会所倡导的题为“万象之都”活动的发起，香港社会的丰富多彩文化得到了进一步的加强。香港旅游协会的广告代理机构Bates强调香港的地位已提高到了“世界奇观之一——是融合亚洲的神秘和西方的繁杂于一体令人心神荡漾的目的所在，足以令任何挑剔的来访者有时时变化的兴奋感觉”。在这个以“万象之都”为主题的宣传活动中，一个重要的部分是在加强游客对香港文物的认识，因为这个部分可以补充在塑造香港形象方面东西合璧、现代与传统交融的观念，并且超越香港早已拥有的世界性大都市声誉。只要回顾一下香港旅游协会倡导的始于1989年的文化传统回归活动，我们或许能够推断，这种文化传统之重要仅仅是因为其为外国游客提供了前殖民的、传统的、富有乡土气息的中国"未经变迁"的古老生活方式。我们可以看到，在香港，根据历史的、乡土的和传统的中式建筑风格由政府进行的文物建构或许可以被看成为全世界以及国际游客的利益而创立的"奇迹"之一。然而，关于香港形象的一个争议很有可能正是香港旅游协会对世人所作的阐述，因为当地原居民对他们"自己"文化的阐释可能会大相径庭。

二、屏山文物径

我们知道文物基本上是建构起来的，而且富有争辩色彩，然而我们仍然缺乏足够的以人类学为导向的论证争议的复杂性个案研究。考察香港文物古迹建构的目标，先来看一看屏山文物径的情况，因为它为探讨作为香港国际和本地旅游业基础的"文化"建设提供了某种理论基础。这里展示的分析的主要特征是在新界开展的文化遗产古迹发扬光大活动对不同层次的认同建设起到了什么样的作用。例如，文物古迹的建构可能激发国际游客获得了现代认同意识，对本地人来说则激发其获得了香港认同意识，对原居民人来说则激发其获得了土生认同意识。在调查古迹办事处（AMO）以往几十年中所做的工作时，我们可以把握香港范围内地方性观念的组织结构。通过AMO向公众提供的一份简要旅游文献，我们可以看出文物古迹的观念是如何从考古学领域逐渐移向社区的文化生活空间之内。这项研究的核心是为了理解显现的香港认同意识以及1997年的临近有香港历史的文化遗产古迹的象征性及其意义。在过去十年里，香港的地方史的普及与日俱增，尤其是通过文化旅游活动的开展。例如，屏山文物径同新界里绝大多数非营利性景点一样，一直是国际和本地旅游业最受欢迎的目标之一。屏山因其融合了自然景观的特色，加之乡村地区的开发和若干形态各异的富有东方传统的古迹，至今仍是绝大多数的本地游客关注的去处。

谈到屏山村民日常生活方式中的所谓文物建构，我想应该考虑选择那些在建筑物中某些已经"定式化"的部分，包括祠堂、学堂和庙宇。这些过去岁月中"定式化"的部分是一种客体化或非历史化的现象，其中有一些过去的特定项目就目前来说需要加以预选。一种创制出来的文化遗产的最明显验证，尤其在新界，是香港旅游协会、海外和地方旅行社以及各种地区性志愿组织所引导的数目庞大的国际和国内游客。看一下那些由导游引导的文物观光团体，就会发现其中有海外游客也有生活在香港的当地人。根据屏山文物径记录的数据，1995年初，每周星期天各类组织率领的游客人数大约为5 000。在此特别要提出的是社团举办的旅游团。这类地方性的观光活动，大多安排成周末的"一天游活动"，其主要目的为展示社团对香港社会之投入及其背负的社会承诺（了解香港）。而且，区域性团体以及志愿者组织，大多数积极从事于地方性观光组织活动以适应公众对1997年后香港未来的关注。

正如裴达礼（1966：28）所指出的那样，"早在13世纪初血亲关系就开始出现分化，其中一支栖居到屏山地区，当时这里还是一大片稻米种植区，生产力已相当发达，实行双季耕作，灌溉条件良好，与当地村落有相当密切的联系"。今天，我们发现屏山已不像过去那样是一个以稻田出名的盆地，如今的屏山四周环绕的是拔地而起的高层建筑物；而且由于在两个村落里建立了文物古迹，游客流量大增，尤其是在星期天和公共节假日。沿屏山文物径两侧的纪念物具有特殊的地理政治学含义，是新界内单姓村落组织权力和阶级结构的缩影。以古老的祠堂为中心，庙宇、宝塔、学堂沿文物径依次排列；游客们可以在15分钟内沿文物径一览无余地领会传统中国单姓村落在过去几个世纪里面处于"未经变迁"中的存在经历。然而，与人们可能想象的情景相反，这些特别的具有传统历史意义的建筑物不论对当地人还是外国人来说，其吸引力或多或少是一样的，因为以古老的祠堂为核心的社会结构在大多数香港城镇居民日常的经历中已逐渐消失。

三、文物的争辩意义

分析香港文物观光的目的不仅是要考察从文物保护的角度进行的文化建构，而且还要澄清与各类参与人士尤其是香港当地人中的认同意识有关的文物争辩意义。近年来，我们能够感到人们对香港要有更多的了解的愿望在增长。一方面，这可能是因为由大众媒体发起的思乡情感或对"昔日美好时光"的追求，或者是因为对未来不可知感所产生的心理上的抑郁，尤其是在1997年到来之前。另一方面，这也可能是当地研究人员和学者们激发人们对当地的历史和香港文化进行思考及反思的意义所做出的努力的结果。自从1984年中英联合声明签署以来，我们可以看到古物古迹办事处的人员构成逐渐扩大，1986年以来的情况更是如此。

通过展示一系列的考古发现和中西式的历史建筑物，香港的本地历史更能在文物观光和旅游的普及化而慢慢地传播开来。这里面有政府官员在文物保护倡导活动中所起到的作用，但不可不提的是新界新市镇发展和原居民生活空间随着社会的变迁而成了文物古迹的文化现象。在过去十年里，新界村落里面的旧式住宅已经转变成所谓的文物古迹，而且这类传统建筑物更被加以客体化和扩展，以适应旅游业的要求。这种创建文物古迹的过程也可能是70年代中期开始的文物保护工程的需求，其工作中心从石刻为主的纪念物转向了以尚古为特色的、旨在为将来服务的文物纪念。换句话说，要在共享同根文化相似特征的人群中积极倡导一种文化及历史的认同意识。历史认同，其定义为有关个人身世的自我识别，不仅对旨在构建过去个人身世的当地人具有重要意义，而且对他们理解香港社会如何能够解决好大陆与台湾之间的政治关系具有重要的意义。就香港的情况来说，由于中国内地人口的持续移居以及相关的同类社会文化背景，自我识别的问题和中国的国民性观念一直存有争议，因为从某种程度上说，人们的态度是受各种社会机制调节的。在研究华南地区的文化认同时，萧凤霞（1993）指出，就不同的群体来说，其经济和政治力量也明显地出现不同的构成，在香港出生及接受西方教育的年轻专业人员，他们把自己看成地道的香港人；而在珠江三角洲地区的经商人士，尽管自认为不同于中国的北方人，却始终把自己看成是中国人而达成其加强在经济网络构成的目的。就这些情况而言，香港人中的自我认同差异与其对中国和香港的特定利益差异有关。

在香港，由于新界乡村地区近来不断缩小，而城镇规模迅速扩大，有文物古迹的地区与拥有现代化休闲设施的新城镇地区之间的差异与过去相比越来越鲜明。现代化的交通网络与针对国内旅游业为主开发的具有中国正宗传统特色的项目，如祠堂、盆菜（中国乡村特别是新界地区的一道宴席菜肴也是一个节目）相结合，在屏山文物径既提供了便利的设施也让人们对往事激发出缕缕的情思。目前，我们能够就国际和国内游客利用文物古迹的方式看出他们之间的差异。事实上，外国人是把文物古迹看成了某种永不终结的奇观，创造出这种奇观只不过是为了增加香港形象的复杂性。然而当地人却认为这才是追踪香港历史的核心部分，也是本地周末一日游中的主要节目。为此，我在这里通过观察文物主题的社会效果，通过审视主要由志愿的社团组织从事的国内观光活动，建议提出一个范围更加广泛的问题。一般说来，这种一日游是包办旅游，包括参观香港乡村庙寺和自然风光、品尝庙寺或神殿备办的素食以及诸如盆菜和烤鹅类的风味。这些观光活动大多数是由公共屋屯和社会服务团体为老年人、残疾人以及其他志愿协会组织的。就香港的情况来说，本地文化旅游是一项通过各类志愿团体将个人置入群体的社会活动；而这种活动可以作为提高成员社会义务意识的一种方式，也是一种理解将香港作为共同家园的表达方式。

也许人们会争辩说，在共同土地上有共同历史的文物与属于香港这一常识性的观念有密切关系，而这正是参与者认同意识通过这类一日经历得以形成的原因。但是我亲身的观察表明，本地的旅游者并没有通过这类参观与纪念物形成认同意识，这一点与香港认同意识在香港人之间并没有通过观光而形成一样。在香港，作为香港人的观念与束缚于某一社区的观念之间一直存在着某种紧张情势。当然，文化旅游业的出现影响今日香港社会的文化、社会、政治生活方式的模式不止一种。

四、结论：文化、文物和认同

关于文化旅游业的发展，我想提到的另一个因素是，旅游业在屏山邓姓家族的祖祠由地方性的敬祖场所变成香港的文物时是如何激发起他们的原住民意识的。在把传统的中国宗族概念作为系统的发明的研究中，Faure（1989）指出，珠江三角洲地区以祠堂为核心的布局土地和礼仪程序的单姓村落组织，是明清两代在国家制定的政策中具有特定历史意义时期的产物。祖祠和书室是屏山文物径的组成部分，元朗附近、新界邓姓家族居住的地区也是如此。邓氏族人是公元10世纪宋朝期间来到香港的五大家族中最早的一个。他们源自江西省，北方的战乱迫使他们和后来其他的家族逐渐向南迁居最后到达广东今日新界地区（Baker，1966；Potter，1968）。按照屏山村民的说法，第一座村庄根据风水先生的意见建立在锦田，并在随后几个世纪里扩展到了整个新界。屏山文物径是为培养公众对地方文物的情趣于1993年12月建立的。然而关于文物的观念一直存有争议，尤其是在其用于构建历史认同性以及在用于屏山这样具体文物建设的情况。1995年5月，屏山文物径因政府与邓氏家族之间的一场争议而关闭。这反映了祖祠以及其他代表文物古迹如何能在权力相讨中加以利用。这次争议的一个关键因素就是位于新界西北部屯门稔湾属于邓氏家族的已有200年历史的坟地。坟地位处一个幽深的海湾附近，因新界西部的一项大规模的填海造地工程的需要必须进行迁移。对坟地迁移的抗议包括根据1899年3月27日在广州签署由San On地区推事和广东总督发布的关于新界的宣言所作的一份声明，这份声明表示，“位于租界内的坟地绝对不可迁移。”这场关于祖宗坟地从填海工地迁移出去的争议以及要求关闭警察局作为交换的请求至今仍未获得解决。然而，邓氏家族关闭屏山文物径可以看作是邓氏家族控制“他们的”自家文物财产的权力的象征。

由于屏山文物径是本地文化旅游中最受欢迎的目的地之一，让我们来考察一下公众与邓氏家族之间的关系。在我的走访里面，当地人表示通过关闭他们的纪念物，他们可以引起公众对政府发起迁移他们的有200年历史的坟地的关注，并且会因他们有关当地传统（或者风水）事项的强烈意见得到支持。文物古迹就当地人与政府都致力对其加以控制来看，的确是一个优越的资源。通过屏山文物径这一具体情况，我们能够看到旅游业的意义是多么复杂。这里面涉及研究吸引国际游客的形象，涉及在日益变化的社会政治背景中本地旅游业的兴起，以及政府与新界原居民之间的矛盾的产生。仅仅就屏山文物径这个例子，我们能够看到香港社会中与文化旅游业有关的阐释差异。

（选自《广西民族学院学报》1999年第4期）

中国旅游业的成就、经验和趋势

匡　林

一、艰辛的历程，辉煌的成就

改革开放以来，我国旅游业高举邓小平思想的伟大旗帜，艰苦创业、开拓奋进，领改革开放之先、享改革开放之惠，发挥了巨大的资源优势和市场优势，取得了历史性突破，充分显示了优势产业的勃勃生机与无限活力，已成为我国国民经济中最重要的新兴产业之一，成为活跃在国际旅游市场上的一支新生力量。特别是近几年来，我国旅游业不断从一个胜利走向另一个胜利，创造了辉煌的成就，中国旅游大国的地位从各个方面、不同领域得到了空前的巩固和提高。

（一）以明确旅游业的产业性质为发展的切入点，实现产业定位的重大突破。随着我国国民经济不断向前发展，旅游业在明确产业性质、产业定位方面不断深入。改革开放之前的20多年间，旅游工作一直是外交工作的补充形式，对于宣传中国的建设成就、加强国际友好往来起到了重要的历史作用，但还没有形成完整的产业范畴。1979年，邓小平同志高屋建瓴地指出："旅游事业大有文章可做，要突出地搞，加快地搞。"按照这一重要指示，我国旅游业很快实现了从"外事接待型"向"外汇型"转变的重大突破。1986年，国务院将旅游业第一次纳入国民经济和社会发展计划；1992年，党中央进一步明确旅游业是第三产业中的重点产业；《国民经济和社会发展"九五"计划和2010年远景目标纲要》中将旅游业列为第三产业积极发展序列第一位；1998年和1999年，中央将旅游业列为国民经济新的增长点之一，进一步明确和提高了旅游业的产业地位。

（二）旅游市场格局不断深化升级，"三大市场"在不同背景、不同起点上逐步向互促互补的方向发展。一是国际旅游市场已经进入成熟期，世界排名位次不断向前跃进。国际旅游业作为我国旅游业的一支先头力量，始终保持了快速健康发展，对满足国际市场需求、扩大产业规模以及提高产业素质产生了巨大的历史性作用，也为我国改革开放事业的蓬勃开展营造了良好的市场环境。1979～1998年20余年间，我国国际旅游接待人次年平均增长率为14.54%，不仅高于同期全球旅游国际旅游接待4.29%的增长水平，也远高于60年代以来全球旅游业5.93%的年均增长率，1999年接待入境过夜旅游者及创汇排名分别由1980年的第18位和34位跃升至第5位和第7位。二是国内旅游市场正在进入成长期，成为推动我国旅游业向前发展又一支重要的生力军。国内旅游作为我国旅游业后到的坚实基础，经过长期积蓄与发育，90年代以来发展势头十分强劲，市场规模宏大、出游主体众多、消费层次鲜明的特征十分鲜明地显现出来，越来越强有力地说明我国旅游业正在向成熟而完善的更高阶段迈进。1999年国内旅游者达7.19亿人次，国内旅游收入2831.92亿元人民币。三是出境旅游正处在有序发展阶段，中国公民自费出国（境）旅游不断有组织、有计划、有控制地健康有序发展，实现了港澳游、边境游和出国游的全面发展。三个市场互促互补，不仅有效防范、抵御和化解了市场风险，维持了市场稳定性，而且是我国旅游业走向成熟的重要标志，是"旅游大国"形象不可或缺的促成因素；不仅是我国旅游业大发展的直接结果和体现，也是推动旅游业进一步发展的重要力量。

（三）我国旅游业已形成产业规模，旅游生产力大大提高。改革开放，我国旅游业产业规模不断扩大，产业素质明显提高。旅游业"吃、住、行、游、娱、购"六大门类建设成就辉煌，旅游住宿、旅游交通等"瓶颈"部门相继有了较快发展，旅游生产力得到了大幅提高。截至1998年底，我国共有旅游涉外饭店5 782座，客房76.48万间，较1980年203座可涉外饭店、3.2万间客房，分别增长28倍和24倍。根据《旅行社管理条例》，1997年顺利实现了由一、二、三类旅行社向国际旅行社、国内旅行社的转变，转类工作完成后，1998年全国共有旅行社6 222家，比1988年的1 573家增长近4倍。旅游交通条件有了根本性好转，旅游目的地可进入性大大提高，旅游者"进得去、出得来、转得开"的要求基本得到满足。餐饮、旅游娱乐、旅游购物环境改善，质量进一步提高。

（四）我国旅游业在国民经济和社会发展中发挥着越来越大的作用。一是在国民经济中持久地发挥着创收外汇、回笼货币、吸纳就业、扩大内需等方面的综合作用，1978～1999年的20余年间，国际旅游累计创汇924亿美元，为我国外汇储备的大幅度增加作出了重大贡献，旅游外汇收入已成为国家非贸易外汇收入的重要来源；旅游总收入占GDP的比重逐年攀升，1999年已达到4.88%。二是在推动社会进步方面也产生了积极作用，对于更新观念、平衡地区差异、脱贫致富产生了积极而深远的影响。三是在促进环境保护和传统文化复兴方面也发挥了催化和推动的作用。旅游业发展对满足人民群众日益增长的精神文化需求，以及弘扬民族文化、实现资源可持续发展等也发挥了积极作用。

二、不懈的探索，宝贵的经验

我国旅游业发展20年，取得了举世瞩目的成就。在这一发展历程中，我们积极实践、大胆摸索，积累了许多宝贵经验。这些经验主要有：

（一）最根本的、普遍的、长期管用的经验是，全行业始终不渝地坚持高举小平旅游经济思想的伟大旗帜，这是统揽我们一切工作的一条主线。一是小平理论是指引我国现代化建设尤其是改革开放事业的伟大旗帜，并从各个领域、各个环节极大地推动着我国旅游业的向前发展。二是作为小平理论组成部分之一的小平旅游经济思想，洞悉了经济发展尤其是旅游市场规律，并从全局的、战略的和长远的高度，为我国旅游业发展绘制了宏伟蓝图，形成了系统的、切实可行的发展方略，把我国旅游业引上了一条康庄大道，使之迅速崛起。能否准确把握并灵活运用这一理论，直接关系着我国旅游业将以一个什么样的面貌和姿态迈入新的千年，关系着旅游业宏伟目标能否实现、什么时候实现。旗帜就是方向、旗帜就是动力，是指引和推动我国旅游业发展的根本源泉，高举这一旗帜要毫不含糊、不折不扣、一以贯之，旅游业才会有坚强而厚实的战略保障。

（二）我国旅游业必须坚定不移地走有中国特色的发展之路。发展旅游业，必须立足国情、适应国情并利用好国情。我国旅游业最大的国情是，中国是一个正处在并将长期处在社会主义初级阶段的发展中大国，发展旅游业没有现成的模式可以照搬，需要艰苦奋斗、自行摸索。旅游业之所以能够迅速崛起于中国，一条根本经验就是，对我国国情的认识在不断深入，发展旅游业坚持打特色牌子、走中国之路。走有中国特色之路，表现在立足于中国是社会主义国家这一国情，把发展的终极目标定位在既带动经济快速增长又满足人民群众日益增长的文化精神需要上。特别是90年代以来，国内旅游市场对提高国民素质正发挥着独特的作用。表现在立足于中国正处于社会主义初级阶段这一国情，全行业苦干实干，为我国旅游业干出了一个新天地。我国综合国力有待进一步增强，国家需要大量建设资金，需要增强外汇储备，需要扩大内需活跃市场，这是制定旅游业发展的总体方针的宏观背景，要求大力发展入境旅游，积极发展国内旅游，适度发展出境旅游。表现在立足于中国是一个大国这一国情，力求摸透并用足我国类型多、分布广、组合好、品位高的资源优势，用大国的发展思路，适应大国的资源特色，不断推出种类多样、交相辉映的旅游产品，满足了不同的市场需求。

（三）发展旅游业必须从经济产业的角度，按市场规律办事。必须把旅游业当成经济产业来发展，这是一个顺应市场规律并不断在实践中得到验证的基本结论。在旅游业发展实践中，市场应该而且完全可以起到优化资源配置的基础性作用，低估甚至人为阻碍市场的这一作用，旅游业就绝不可能有大作为。旅游业经历了历史性巨变，其重要原因就是，旅游业产业地位不断提高，市场化运行、产业化经营的发展机制得以形成并顺畅发挥作用，20年来我国经济市场化进程，就是我国旅游业发展壮大的进程，旅游业的产业地位也在旅游业绩的不断提升中得到进一步的巩固和提高。同时，按市场规律办事，不是放任市场自流，更不是政府实行无为而治，而是在坚持政府主导型发展战略的前提下，为市场运行创造条件，通过政府主导和市场基础各有分工、各司其职、密切配合，为旅游企业创造良好的市场环境，为旅游者创造好的旅游环境。这不仅仅因为市场有其“无为”的一面，最根本的是，旅游业综合性强、涉及面广，需要政府主导发展，形成政府领导高度重视、相关部门积极支持、社会各界广泛参与的发展环境，统一和提高全社会对旅游业的地位、功能的认识，从而激发各有关方面积极性，凝聚各有关方面力量，有效解决旅游住宿、旅游交通等曾经严重困扰旅游业发展的难点问题。这是一条在实践中形成并不断升华的经验，最突出的表现是，政府主导创建“中国优秀旅游城市”，为“政府主导型”战略开辟了新领域，创造了好条件，既是优化领导重视、部门联动、全员参与的旅游发展环境的重大举措，也是开创战略性行业管理手段的有益尝试和重要实践。

（四）发展旅游业必须坚持物质文明和精神文明两手抓、两手都要硬。旅游业是物质文明和精神文明的交汇点，这是我国旅游业走有中国特色道路的一个重要体现。旅游业是一个经济产业，要求我们按市场规律办事，提高产业素质，讲究经济效益，在创汇创收、吸纳就业、活跃市场等方面发挥显著而独特的作用。

（五）发展旅游业要集中全社会力量，形成“全社会办旅游”的大好局面。旅游业是一个综合性产业，涵盖面很广，发展旅游业要跳出旅游谈旅游，需要全社会的广泛参与；旅游业是一个朝阳产业，具有良好的投资前景，也完全有能力、有条件吸引社会各界的参与；我国旅游产业底子薄、基础差，在国家建设资金紧张的情况下，更需要举全社会之力，集中力量。基于上述认识，我国旅游业在发展初期，就明确提出了旅游基础建设实行“五个一起上”方针，这对扩大产业规模，特别是缓解旅游住宿的短线制约起到了历史性作用。随着产业发展的不断深入，“五个一起上”方针适应面日渐扩大，我国旅游业“六要素”各环节、各领域建设捷报频传，形成了以公有制为主体、其他所有制成分为重要组成部分的所有制格局。壮大了产业规模、提高了旅游生产力、健全并优化了旅游供给体系，为我国旅游业发展提供了接待保障。拓宽了旅游盈利渠道，形成了一批又一批旅游创汇创收基地。同时，一批国有旅游企业对我国旅游经济全局产生了主导性、控制力的作用，其他所有制旅游经济以其灵活的机制，为我国旅游业增添了无限活力和生机。

（六）旅游业要坚持可持续发展原则，确保发展与环保的和谐统一。旅游业与环境存在着互利互惠、相得益彰的和谐关系，发展旅游业与环境保护目标最为一致、内容最为吻合、手段最为相近，旅游业是最需要也最适合坚持可持续发展的领域。我国旅游业始终把可持续发展作为指导思想之一，坚持保护是为了合理开发、开发有利于进一步的保护，这不仅是旅游业得以持续快速发展的保证，更是旅游业50年、100年不断实现新跨越的保证。国家制定了专门的环保规章，在1998年亚太议员“环发大会”上，旅游可持续发展成为重要议题，形成了《桂林宣言》；把环境保护置于振兴旅游经济的总体战略和远景目标规划之中，通盘考虑发展与环保；把可持续发展作为贯穿工作始终和各个环节的核心之一；把可持续发展作为旅游业具有普遍应用性的发展观，环保推动旅游、旅游促进环保已成为全行业上下的共识，推出了声势浩大的'99生态环境游等中国旅游年主题活动，形成了一批崇尚环保的生态旅游产品系列，直接把环境保护纳入旅游活动安排之中，把保护性开发进一步扩展到环保性经营、环保性旅游，把环境保护的主体由旅游部门扩展到旅游企业、到旅游者，涌现了一批又一批绿色企业和绿色旅游者。还成功举办了以“人与自然和谐统一”为主题的'99昆明世博会，进一步大手笔、大魄力地向全世界展示了中国政府致力于环保的坚强决心和实际行动，展示了中国旅游业与环境友好相邻的崭新形象。

（七）发展旅游业要尊重国际惯例，按国际惯例办事，并积极向国际惯例靠拢。发展旅游业，始终在一个跨越地域、国界的大背景中进行，在尊重国际惯例而不自行其是、按国际惯例办事而不自立规矩的前提下，旅游业的发展逐步向国际惯例靠拢并实现接轨。我们加入了国际性旅游组织，自觉接受并执行其有关规章制度，1999年我国还成为世界旅游组织执行委员会中的执行委员；依据旅游行业国际标准实行行业管理，旅游涉外饭店较早实行了星级评定制度，加快了我国饭店企业硬件与软件同国际接轨的步伐。一些旅游企业踊跃创造条件，主动接受国际标准化组织有关标准的认证和监管。我们探索而来的按国际惯例办事的经验，还有一个重要表现就是，根据旅游市场促销的国际通行做法，开展了有一定时间提前量、有广泛发动面、能产生轰动效应、有一定内在联系的主题年促销活动，这是我国旅游大国形象日渐成熟、旅游市场不断掀起高潮、社会对旅游业认识不断走向深入的重要原因。

（八）发展旅游业要坚持开放、改革与发展并举。实践充分表明，发展旅游业，开放是前提、改革是动力、发展是目标，只有正确认识和把握处理三者的关系，旅游业才能不断迈上新台阶。开放是我国旅游业得以蓬勃发展的先决条件，21年来，我国旅游业始终走在这一领域的前沿，发挥了“排头兵”的作用，成为开放时间最早、成效最为卓著的行业之一。旅游业宽领域、深程度、全方位、多渠道、深层次的开放局面已初步形成，既直接体现在旅游业绩从较低水平上实现较大幅度和较高质量的跃升，也间接体现在旅游行业管理科学化、经营市场化和水平国际化的初步实现。改革是旅游业前进的强大动力，旅游业在发展中所表现出来的强烈的改革意识、彻底的改革精神和广泛的改革领域，为产业发展增添了无限活力。开放与改革所形成的综合效应，表现在旅游业的全面发展，只有开放、改革和发展三者相互配合、相互促进，旅游业才有出路，任何时候、任何地方都不能局限于其中一个方面，更不能各取所好、主观割裂三者的有机联系。

（九）旅游业发展必须实行适度超前的战略。适度超前，既是战略部署，更是战略目标。旅游业是国民经济中的新兴产业，具有潜能大、功能全和增速快等几个突出特点和优势，如果平行发展、按部就班，就会影响这些特点充分、全面而迅速的显现，旅游业更难以取得突破性进展，赶上并超越世界发达国家旅游业和我国国民经济其他各业的发展步伐。90年代，我国旅游业实行适度超前发展的战略，使得旅游业十几年适度超前发展有了战略保证。事实证明，我们为之奋斗的这一战略是十分英明的，近年来，我国旅游业发展速度超过了我国GDP增长速度，而且也超过了国际旅游业的平均增长速度；同时，这种超前又是适度进行的，旅游业数年的发展，始终有机地融入国际旅游市场大环境之中，融入我国国民经济发展的大环境之中，保持着发展速度与水平领先、发展目标和战略吻合的良好局面。

（十）产业素质的不断提高是旅游业不断取得新进展的重要保障。产业素质高低，直接影响着旅游业的发展水平，甚至关系着旅游业的前途命运。产业素质主要体现在管理体系的好坏、企业素质的高低和从业人员素质的高低。一是旅游行业管理部门从旅游业自身特点出发，根据旅游市场运行规律，用改革的眼光、开拓的精神和求实的作风，不断摸索、不断创新，通过寻找工作切入点，创造性地开展工作，提高了行业管理的素质和效率，树立了比较有影响的工作权威。例如，通过全国星级饭店“学建国”活动，提高了我国旅游饭店业的管理水平；通过创建优秀旅游城市活动，把发展旅游业的政府主导型战略推到一个空前的高度。二是旅游企业通过改革、改组、改造和加强管理的“三改一加强”，不断朝现代企业制度的目标迈进，管理上了台阶，效益有了好转，企业综合素质有了根本性提高，涌现出许多文明示范窗口和文明单位。三是从业人员通过自觉学习、参加培训和实践锻炼，服务意识深入人心、服务技能不断提高、服务水平有了改善，提高了自身素质，涌现出许多服务能手和业务骨干。

三、世界旅游强国：振奋人心的奋斗目标

旅游业被誉为21世纪产业，展望21世纪，我国旅游业前景广阔。为把一个充满生机和活力的、日益强大的中国旅游业全面推向21世纪，要坚持“两个不动摇”、“一个转变”和“一个目标”，即坚持以邓小平旅游经济思想为指导不动摇，坚持贯彻党和国家大政方针不动摇，狠抓实干、开拓奋进、锐意创新，力争在20年时间内，实现由亚洲旅游大国向世界旅游强国的重大历史转变，成为全球第一大旅游目的地国家。世界旅游强国的标准有：一是年外汇收入300亿美元以上。美国为711亿美元，意大利304亿美元，法国300亿美元，西班牙296亿美元。二是年接待入境过夜旅游者4000万人次以上。法国为7000万人次，西班牙为4775万人次，美国为4640万人次。三是旅游业总收入占国内生产总值比例一般超过10%。西班牙为17.8%，英国为11.6%，法国为13.3%，意大利12.6%，德国11.6%，美国为10.2%。这一目标的实现，有利条件居多，积极因素占主导地位，发展环境总体看是令人乐观的。21世纪初期，发展旅游

业有利条件大大多于不利条件，机遇大大超过挑战。21世纪主要是21世纪前20年，我国旅游业发展将迎来最为有利的黄金时期。展望新世纪的我国旅游业，可以预见到的趋势主要有：

（一）国内旅游将全面崛起，在我国旅游业中发挥着基础性的、主导性的和控制力的作用。21世纪是国内旅游迈大步、上台阶和成规模的新时期。我国的经济实力将明显增强，国内旅游的基础设施更加完善；居民人均可支配收入将有大幅增加，出门旅行的消费能力得到提高；旅游风气日渐成熟，旅游的主观意愿将更为强烈。20世纪末期国内旅游爆发式、集中性和跟风式的特点将逐步削弱，旅游将成为人们日常生活中成熟的、持久的、基础性的和健康向上的生活方式。国内旅游市场将逐步呈现出出游主体多、涉及面广和渗透力强等特点，潜力需求不断向现实消费转换。国内旅游业将成为我国旅游业中规模最大、影响最深远、能对全局发挥主导力作用的生力军。“规模大”主要体现在产业生产力和消费市场上，“影响最为深远”主要体现在旅游业乃至整个国民经济上，“发挥主导力”主要体现在对全局的控制与引导上。国内旅游在21世纪初期的全面崛起，既是我国旅游业不断成熟的重要标志，更是我国“两个不动摇”、“一个转变”和“一个目标”战略的应有之义和根本保障。

（二）21世纪我国将涌现一批有世界影响力和竞争力的、具有战略地位的旅游示范区、旅游基地和旅游大区。一是21世纪传统旅游城市将通过巩固优势、深化内涵、积极创新等渠道，实现旅游业发展的“二次革命”，通过高品位的市场形象提高竞争力、高档次的旅游产品提高吸引力、高素质的旅游服务提高亲和力，成为我国最高水平和最高档次的旅游示范区，在全国范围内产生强大的引导作用。二是涌现数量更多、分布更广和类型多样的中国优秀旅游城市群，通过旅游形象的提升、旅游环境的优化、旅游服务的改善，面对不同的市场满足不同的需求，并通过对环城市地带和周边地区的联合与拉动，进一步形成接待、创汇、创收的旅游基地，通过自身水平的增强，有力地保证我国旅游业的全面发展。三是广大的中西部地区将充分利用“两种资源”（旅游资源和人力资源）和“两个市场”（国际市场和国内市场）的优势，通过后发效应和地区联合，实现旅游业的真正腾飞，将成为我国地域面积大、资源互补性强、市场竞争力强的旅游大区，对于实现我国旅游业“一个转变”和“一个目标”起到充实内容、深化内涵、积蓄后劲的作用。

（三）21世纪一批有市场前景、国际竞争力强的旅游产品将迅速成长起来，为我国旅游业未来发展创造无限广阔的市场空间。产品是市场竞争的重要法宝，21世纪，我国旅游产品体系建设将走出一条种类更加多样、功能更加完善、结构更趋合理的路子。一是传统的观光型旅游产品将向深度方向发展，在巩固、充实和提高的基础上，形成拳头，进一步以其无可替代的甚至是垄断性优势走向世界，形成全球范围内的客源网络，并成为我国在国际市场长盛不衰的主要支撑力量和吸引旅华市场的主要力量。二是一批新型的、市场前景良好、竞争力强、生命力旺盛的旅游产品将不断发展，在旅游产品升级换代、优化组合方面发挥积极作用。趋势性最显著的是，度假旅游产品、生态旅游产品等将与现代旅游需求同步动态发展，会展旅游产品、节庆旅游产品、修学旅游产品等将与经济发展同向完善，突出个性化和参与性的旅游产品也将大规模地进入竞争，这些新型产品的出现与发展，将为我国旅游业创造无限广阔的市场空间。

（四）我国旅游业将充分而全面地与知识经济融为一体，并在这种适应与融合中得到更大的发展。知识经济在20世纪末期是潮流与时尚，21世纪将向理念与思想层次提升。21世纪初期，知识经济将全面而深入地融合进我国旅游业各个层次和各个领域的发展。一是将进一步以知识经济为主流，实行观念创新、大胆实践、勇于探索。二是以知识经济为理念，进行管理创新，开展经营与管理，以抓质量、求生存和谋发展为根本，积极组建各种适应性强、效果好的管理模式与经验，实现由经验型管理向知识化管理的转变，全面提高我国旅游业的运营水平。三是以知识经济为手段，实行技术创新，在我国旅游饭店预订、旅行社网络组建、旅游景区高新技术运用等领域，实现全面的革新，特别是在营销网络化、资源开发技术与环境保护技术等方面不断填补空白，进而向数字化生存、数字化管理和数字化发展的目标迈进。

（五）我国旅游业的服务质量将在21世纪得到全面提高。服务是旅游业的生命线，21世纪，我国旅游业将掀起一场声势浩大的服务革命，打一场只准成功、不许失败，只有起点、永无止境的服务攻坚战，用更高的标准、更周到的方式，投入更多的人、财、物力，进一步充实和扩展旅游服务的内涵。一是旅游服务设施将更为完善，上门服务、跟踪服务、社区服务、网络服务等将走进平常百姓家，特别是旅游信息中心将以信息量大、布点多和高新技术运用多等特点，发挥积极作用。二是随着国民素质的提高、择业观念的转变，旅游从业人员的服务态度将有根本性好转，真诚服务将成为全行业永恒的主题，从而从根本上为服务革命和服务攻坚战奠定良好的思想基础。三是旅游从业人员的服务技能和服务水平也将有相应的大幅提高，提供高档次服务的本领日益提高，服务的内涵也将得到全新的充实，个性化服务和针对性服务成为企业制胜的重要武器。四是旅游服务保障体系将进一步健全完善，旅游者的消费权益将受到尊重和保护。

（六）可持续发展将成为21世纪我国旅游业发展的一项基本原则。21世纪，我国旅游业与可持续发展的天然耦合关系，将渗透进全行业的各项工作之中。一是环保观念将得到进一步的强化。社会观念的强化将催化出一代环保主义的新型旅游者，对旅游可持续发展战略的促进、形成和实施发挥起到重要的作用；管理观念的强化将催生出一代环保主义的新型旅游管理者。二是开展绿色开发的声势更加浩大，对环保的要求将提高到一个新的层次。三是开展绿色营销的力度也将加大。四是全行业将把绿色作为旅游业的产业形象、旅游企业的企业形象、从业人员的人格形象，旅游业将成为独一无二的绿色产业。

（七）旅游业对外开放将有新的发展。我国旅游业将继续以开放的姿态迈入21世纪。一是为适应旅游业一体化和全球化的大趋势，我国旅游业界将与国际性组织、其他国家或地区开展更多领域、不同规格、不同层次的国际合作，通过国际合作，加强国际上同业间的沟通、了解与协作，形成资源共享、利益共沾、风险共担的国际旅游联合体。二是旅游业中各行各业开放将显露出更深程度、更宽领域等特点，外商将通过直接投资、输出管理或许可经营等多种方式全方位进入中国旅游业，旅游业固有的开放特性将在我国得到充分的发挥。三是随着我国居民收入的增加和购买力的提高，中国公民自费出境旅游市场将在21世纪得到进一步的发展，出游的主体、消费的档次和出游目的地都将有新的进展，从一个新的侧面和更高的层次上进一步巩固我国旅游强国的形象。

（八）我国旅游业在国民经济增长和社会进步方面发挥更为积极的作用。21世纪前20年时间内，我国旅游业将凭借其巨大的发展潜力、明显的比较优势和广阔的国际国内市场，成为国民经济的支柱产业之一，并通过产业关联，发挥更大的影响力和带动力，通过就业效应，对全社会尤其是特殊劳动力群体产生更大作用。国际旅游业将成为我国对外贸易尤其是服务贸易的龙头行业，在收取外汇、加强交往等方面产生战略性影响。国内旅游在扩大内需、活跃市场等方面发挥独有而巨大的作用。旅游业将成为关系国民生活水平和质量的一个重要产业，在培养健康向上的文明生活方式和消费活动、提高国民素质、实现全社会共同富裕等方面发挥更大作用。

（九）我国旅游业将完成从粗放型向集约型增长方式的转变。党的十四大提出的“两个转变”，即经济体制从计划经济向社会主义市场经济转变、增长方式从粗放型向集约型增长方式转变，将在21世纪取得突破性进展。我国旅游业增长方式将在80年代完成产业规模“从无到有”、90年代完成“从小到大”的基础上，向“从弱到强”的集约型增长方式过渡。一是产业重组和结构性调整将有新发展，形成一批能推动产业发展的旅游企业集团，网络化经营、一体化经营开始成为企业主要的经营方式。二是旅游企业现代企业制度的建立与完善将在21世纪完成，效益进一步成为全行业一切工作的主旋律。三是国有旅游企业改革战略布局调整和改组不断向前推进，一些深层次的问题将得到解决，经济效益将向一些骨干企业、大型企业和优势企业集中，形成一批盈利高、客源集中的国有旅游企业兵团，在此基础上，实现大型旅游企业集团与中小型旅游企业的专业化分工、社会化协作，形成适应旅游市场竞争的、合理的企业群体结构。

（十）旅游法制建设将取得突破性进展，“依法兴旅、依法治旅”的格局得到进一步的巩固和完善。21世纪，我国旅游业的法制建设将取得突破性进展。一是随着市场经济体制的日渐完善，全社会的法制观念和意识将不断增强，依法兴旅、依法治旅的意识和观念基础将得到空前的夯实。二是作为法制经济的社会主义国家，法制体系建设将不断有新进展，国家大法将发挥更大作用，旅游业发展的法律环境将有明显的好转与优化，旅游法制建设也将有更多的法律依据与参考。三是我国旅游业法制建设将迈出实质性步伐，随着形势的发展，国家将有可能颁布出台《中华人民共和国旅游法》以及其他国家旅游法规规章，形成规格高、适应面广的旅游法制体系。四是各地旅游法制建设也将呈现新的起色，形成旅游法制国家和地方遥相呼应的格局，为依法兴旅和依法治旅提供强有力的和全面的法律依据。五是旅游执法的力度将得到加强，在有法可依、有法必依的基础上，旅游执法的广度、深度和力度将向积极方向发展；在各级旅游质监机构的基础上，部门联动执法的局面将有更大进展，对维护旅游者合法权益、优化旅游市场秩序发挥积极作用。

（选自《桂林旅游高等专科学校学报》2000年第2期）

澳门博彩：珍贵旅游资源

（澳门）陈炳强

澳门《娱乐场幸运博彩经营法律》（以下简称新博彩法）已于2001年9月24日在《澳门特别行政区公报》正式公布。按规定，该法律公布后翌日正式生效。

澳门特区政府制定新的博彩法，无疑与幸运博彩专营合约将到期有着直接关系。2001年12月31日，澳门旅游娱乐有限公司所签订的幸运博彩专营合约即告期满。

该公司从1962年以专营方式在澳门经营幸运博彩业至今已近40年，澳门特区政府在制定新博彩法时，人们关注到：澳门会否借着该公司合约期满从此打破专营垄断的局面。同时，新博彩法能为澳门创造更有利于幸运博彩业的经营环境，从而为澳门的经济发展注入新的动力。

根据新博彩法第二章第一节第七条第二款规定："经营娱乐场幸运博彩之批给至多为三个。"由于这一规定比较笼统，仅从法律条文分析很难清晰知道澳门特区政府的真正意向。因为至多为三个，即澳门特区政府有可能只批出一个牌照，或者在相当一段时间内仍然保留一个牌照的批给。

事实上，根据第6/82/M号法律，即一直影响至今仍然有效的《幸运博彩经营之批给之法律》，早在1982年颁布实施时就已经规定："幸运博彩的经营。其批给得以专利制度或特别准照制度行之。""以特别准照制度的批给最高数额为四个。"而根据1986年颁布的第10/86/M号法律，则将赌牌批给数量的条款修改为："按照特别准照制度批给的最多数目为三个。"尽管牌照数量有所减少。但法律的规定仍然为澳门幸运博彩业的非垄断经营埋下了伏笔。不过，这一伏笔一直"伏"着，并没有付诸实现。

当然，新博彩法即使没有清晰界定何时批给两间或三间公司经营幸运博彩业，但从澳门特区政府的行动和整个立法精神来看，澳门幸运博彩专营的局面要划上句号的日子似乎不再是遥远的事，逐步引入竞争是势在必行的了。不过，新博彩法没有将相关内容明确化，而采取极富弹性、甚或模糊的表达方式。这是值得商榷的。

由于新博彩法是规划澳门博彩业长远发展的重要依据，但该法律却规定至多批出三个牌照，因而亦是有欠前瞻性的。无可否认，现时要清楚界定未来发出多少个牌照才算合理和适当是不容易的。如果现阶段发出过多牌照，难免会影响投资者的投资意欲；但不着眼未来也是不行的。其实，新博彩法应该作出分阶段批出牌照的规定，以便澳门特区政府可在法律的原则规范下，结合澳门与国际旅游市场不断变化的实际情况，灵活批出更有利于推动澳门博彩业发展的牌照数量。

踏入21世纪，国际旅游博彩市场仍然是一个极具发展潜力的市场。澳门特区政府如果在发牌问题处理得当的话，新增一个牌照在一定程度上就代表了一股壮大澳门旅游博彩市场的力量，而新博彩法在没有时间的界定下，过早地对牌照数量的上限作出规定，似乎是不大科学的。

澳门制定新博彩法的最终目标，应该是为澳门创造最有利的条件以稳住现有的旅游博彩市场和效益；与此同时，应积极去扩大相关的市场规模，为澳门以至区域带来更大的经济效益和社会效益。现实与前瞻、稳健与突破应该是辩证统一的，顾此失彼都是会令人遗憾的。

毋庸置疑，在"一国两制"下，澳门是中国土地上目前唯一可以合法经营幸运博彩业的城市。在全国"一盘棋"的发展战略下，澳门这份最珍贵的旅游资源——幸运博彩业的价值，已远远超出了澳门本身的范围，它实际上成为全国特别是珠江三角洲的一项非常珍贵的旅游资源，所以澳门要发展幸运博彩业，除了要有利于澳门的经济腾飞和发展外，亦应该在一定程度上满足区域旅游的发展需要。新博彩法为澳门改革幸运博彩业的现状提供了一个大的法律框架，如何写好幸运博彩业这一篇"大文章"，关键要看澳门特区政府的能力和魄力。

澳门特区政府在写这一篇"大文章"时，可先选择一个理想的书写空间。所谓理想空间，即希望澳门特区政府另辟新的博彩区，以便新的娱乐场全部集中在新博彩区内经营发展。只要新博彩区规划得愈完善，澳门幸运博彩业的吸引力就愈大。澳门作为国际旅游娱乐城的形象就会愈突显。

根据新博彩法第一章第五条第一款规定："娱乐场幸运博彩之经营限于在政府批准之地方及场所范围内进行。"由于澳门半岛的空间布局难以容纳大型的、豪华的娱乐场存在，如果要将大规模的娱乐场"削足适履"在澳门半岛发展，实在会削减幸运博彩业潜力的发挥。

而要让旅客对澳门博彩业有眼前一亮、脱胎换骨的感受，娱乐场本身的设计布局、所在的建筑物及四周环境都必须讲求良好的视觉效果和舒适的活动空间，路环是开辟为新博彩区的最理想地方。原因是：

1. 路环基本上仍处于一张"白纸"阶段，其发展空间非常广阔，因而以幸运博彩业为核心的各种旅游娱乐设施、项目在那里集中经营和发展，将可收到更佳的规划效果和起到更大的聚焦效应。

2. 该地段与珠海横琴仅隔一条水道．如果以珠海桂山岛为圆心，在半径不足17海里的范围内，澳门路环、珠海横琴以及香港的大屿山都会涵盖在里面，这对构建粤港澳旅游区概念下的港澳珠旅游铁三角非常有利，因为它们分别可成为旅游铁三角的联结点。所以选择路环为新博彩区，是一项非常重要的战略部署部署。

21世纪的竞争已不再局限在城市与城市之间的竞争，而是上升到区域与区域之间的竞争。如何通过1加1大于2的整合作用，增强区域综合竞争力是不可回避的问题。全面突破粤港澳现阶段低层次的旅游合作模式，在三地互为犄角的形势下，综合彼此的资源优势是增强粤港澳区域综合竞争力不可缺少的环节。

粤港澳的旅游资源有较大的互补特点。三地除了共同蕴含中国传统文化的基本特色外，各自都散发着不同的文化特点，澳门有着以葡式为主的南欧文化，广东省有着中国特色的社会主义文化，香港则有着以英式为主的西欧之化。在这些文化衬托下，粤港澳的旅游资源变得异常丰富多彩。而澳门的幸运博彩业在丰富多彩的旅游资源辉映下，其潜力应可得到更大的发挥，其吸引力将会更为巨大。

澳门特区政府应该在新博彩法的规范下制定应急性的措施和作好博彩业的经营衔接安排，并在适当时候全面检讨和适当修正新博彩法尚未完善的地方，以便为进一步深化改革澳门幸运博彩业提供更科学的法律依据，为推动澳门经济发展、推动区域旅游发展创造愈加有利的条件。

（选自《粤港澳价格》2001年第12期）

关于休闲的研究

张广瑞　宋　瑞

一、休闲的语义源考

Parry，N&J 在《文化与休闲》一文中指出英语休闲 Leisure 一词源于古法语 Leisir，意指人们摆脱生产劳动后的自由时间和自由活动；而该法语又出自拉丁语 Hcere，意为合法的或被允许的。而 A. J. Weal 所编著的《休闲与旅游研究方法》一书认为：休闲一词最早出现于希腊文学，其希腊语 Schole 意指休闲及教育活动，反义词 A－schole 指劳动、奴隶状况。

在汉语中，休闲与休暇、闲暇、休憩等词相互通用。上海辞书出版社 1986 年第一次出版的《汉语大辞典》对休、闲以及休闲作了较为详尽的解释，休闲：（1）犹言空闲、闲适，正如唐孟浩然《同张明府碧溪赠答》一诗中所云“秋满休闲日，春徐景色和”；（2）指农田在一定时间内不种作物，借以修养地力，指有休闲地一词。休，一指休息，《诗经・大雅》中有“民亦劳止，汔可小休”；二指休假，《后汉书》中有“臣属吏张宛长休百日”，“休，假也”（李贤注）；三指停止。闲，一指休假；二指空阔宽大；三指安静；四指悠闲；五指止息。休暇的意思大致相同：一指休假，唐王勃《秋日登滕王阁序》中“十日休暇，胜友如云”即指此意；二指闲暇，清刘大魁《汪先生传》有云：“先生生而好古而穷不见用于世，则益专其心于远稽避览，终身乐而无休暇”。总而言之，从语义上讲，汉语中的休闲包含两层含义：休，停止劳作，休假，休息；闲，闲适、悠闲的状态。

二、西方学者对休闲的研究

在数千年的人类文明发展过程中，不同文化背景和历史时期的人们从哲学、社会学、心理学、行为学、生理学、经济学等不同角度对休闲这一人类活动现象进行了广泛的研究。在西方，古希腊哲学家亚里士多德被认为是第一个对休闲进行系统研究的学者，他提出的“休闲是科学和哲学诞生的基本条件之一”以及“只有休闲的人才是幸福的”的思想已经成为西方文化的传统。

近现代工业文明的高度发展，一方面提高了生产效率，使人们的闲暇时间增多，人在拥有物质财富的同时，有可能追求精神生活的满足；另一方面，社会的现代化压抑了人的丰富性，造成了人的异化，以恢复人的本真，重新思考休闲为基点，人们开始对传统信仰和现代文明进行反思。1899 年，凡勃伦《有闲阶级论》的出版标志着以人们的休闲观念、休闲行为、休闲方式、休闲需求等为研究对象，探索休闲对于人的生命、人类文明、社会进步的影响和意义的休闲学科在美国诞生。正如他在该书中所指出的那样，休闲已经成为一种社会建制，成为人的一种生活方式和行为方式。在凡勃伦之后，越来越多的学者以哲学、社会学、经济学、行为学、人类学、文化学、心理学等学科理论为分析工具，不断深化和丰富了对休闲的研究。1952 年瑞典哲学家皮鲁尔出版了《休闲：文化的基础》一书，阐释了休闲作为文化基础的价值意义，指出休闲是人的一种思想和精神态度，它不是外部因素作用的结果，也不是空闲时间所决定的，更不是游手好闲的产物。皮鲁尔认为人有了休闲，就会由于心态的平和而感到生命的快乐。休闲不仅是寻找快乐，也是在寻找生命的意义。

美国著名学者莫德墨・阿德勒特别关注休闲与工作的关系，指出现代人忽视了休闲对人类的重要意义。他说：“我们需要崇高的美德去工作，同样需要崇高的美德去休闲”，呼吁人们要珍惜休闲。美国另一位学者莫里斯・彼瑞特比尔提出以休闲为中心的教育，认为人们只注意到工作的伦理，却未曾思考和如何发展休闲的伦理。他的《挑战休闲》和《以休闲为基础的教育》二书对休闲对人类价值和情感、人的知识结构等方面的影响进行了深入研究。

休闲研究通过对休闲活动与人生价值、人类进步的思考关注人类文明的走向和人类的前途命运。自亚里士多德开始的西方休闲研究在其发展过程中，提出了各种不同的观点，下面择其要者进行简单的介绍。

- 古典派

古希腊哲学家亚里士多德在公元前 4 世纪提出的观点经由 13 世纪的学者托马斯・阿奎纳和 20 世纪的 JoeefDieper 和 ScbastiandeGrazia 不断发展完善，形成了所谓的“古典”“标准”休闲论。称之为“古典”，源其发端于希腊文明时期，并贯穿整个早期基督教时代；谓之“标准”，是由于它描述了休闲应该或者能够拥有的形式。亚里士多德认为：（1）休闲与思考不可分割，休闲的人是思考者、思想家；（2）休闲是建立友谊的方式；（3）休闲与幸福紧密相连，只有休闲的人才是幸福快乐的。在这种观点看来，休闲是对意识、精神、个性的开发，其精髓是处于自由时间时的态度与性情，而时间本身不在考虑之列；相反，当一个人开始筹划时间的时候，就已经不再是休闲了。

- 阶级特权观点

1899 年，托斯坦・凡勃伦在《有闲阶级论》一书中对资本主义社会制度进行了批判。他指出：劳动者从不知休闲为何物，因为休闲是与炫耀性的消费和悠闲相联系，只有那些富有者方可称之为休闲的人，而这些人的休闲就是以炫耀性的方式告诉世界他比邻居和朋友更有钱，消费得更多。在凡勃伦看来，休闲者是那些“过于优雅”而无须工作的人们，他们继承了大量遗产，其本职工作就是想方设法去花掉每月到手的钱；休闲就是用于炫耀性消费的时间，就是有意追求那些没有结果的事物，并不存在古典派所认为的自我开发。去除其语言的色彩，凡勃伦真正的意思是说，消费成为人们打发自由时间的方式。

• 休闲三要素论

法国社会学家 Joffre. Dumazedier 试图综合各种观点，指出休闲包括三个密不可分的部分：放松（Relaxation)，娱乐（Entertainment）和个性发展（Personal-development)。放松乃休闲之始，因为人需要克服疲劳，娱乐使我们超然忘我，而个性发展是休闲最为持久的组成部分，因为它使我们作为个体得以扩展，使生活更有意义。而休闲则同时涵盖了放松、娱乐和个性发展三部分。其中个性发展是最为重要的组成部分，使人们摆脱功利或实用主义，通过阅读、旅行、接受教育培训、交谈，或仅仅是独处反思而获得信息、形成新的观点、深化并扩展情感，借此发现真我，或是认识理想与现实的差距，并为缩短这一差距而努力。

• 整体论观点

另一种折中主义的观点认为，休闲就是你认为是休闲的活动或事务。比如足球对某个人来说是工作，但对另一个人来说就是休闲。这种整体论的观点认为应该把生活作为一个整体来看待，不能把一天分割为不同的部分，说这部分是工作，那部分是休闲。工作就是被认为工作的部分，相应地，不管对象是什么，你所玩的活动本身就具有休闲的特点或潜能。音乐家 Mas. Kaplan 就持此观点，认为任何人们自愿的、令人愉快的事物都满足休闲的要求，这种活动有可能是文明的、高雅的，也可能是颓废的、堕落的，但只要当事人自己选择并从中得到快乐，就应被归为休闲。这种观点有一定意义，但扩大了休闲的概念，使之几乎无所不包。

持整体论观点的人通过所谓“休闲谱系”LES（Leisure Experienee Speetum）来表示休闲的不同方面。通过向随机抽样得到的人询问他们休闲时所从事的活动内容，然后将许多年积累下来的答案分类，得到这种谱系（见图1)。

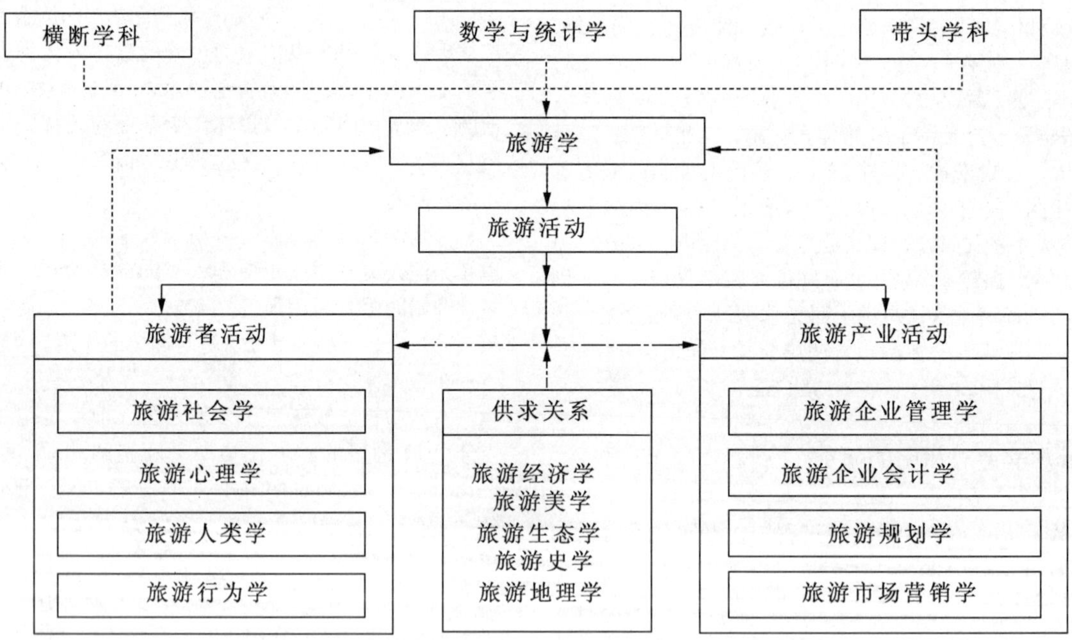

图1　休闲体验图谱 LES

• 现代流行观点：休闲是对可自由支配时间的利用

对休闲最普遍的一种认识是：利用可自由支配时间从事自己真正想做的事，一般是与工作、义务等无关的活动，并能从这种活动中获得愉悦。而休闲有几个前提：(1）自主选择的能力与休闲态度；(2）满足生活必需后的可自由支配时间；③脱离惯常生活的某种经历。可自由支配时间是休闲的第一要素。正如马克思所说：“这种时间不被直接生产劳动所吸收，而是用于娱乐和休息，从而为自由活动和发展开辟广阔的天地。”可自由支配时间，就是财富本身：一部分用于消费产品，一部分用于从事自由活动，这种自由活动不像劳动那样是在必须实现的外在目的的压力下决定的……同时，休闲者必须拥有某种特定的心理倾向，即为其本身而不是更进一步的目的去做某事。人们通常把休闲与娱乐不加区分地使用，实际上二者是有所区别的。娱乐是用于补充、恢复、重建人的体力、精力以便重新投入工作，而休闲尽管也能达此目的，但本身意义比娱乐更为深远，比如从音乐和艺术中所得到的陶冶与升华。

● 纳什的休闲层次说随着个体参与程度和创造性的提高，人们通过休闲活动所体验到的自我实现与发展的满足感以及人对自身能力的开拓程度也同时提高。纳什把人们对闲暇时间的利用形式分为几个层次（见图2）。

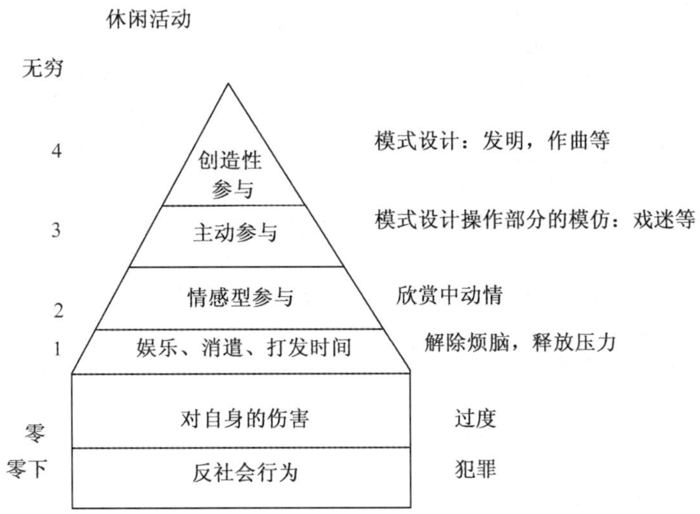

图2　人们对闲暇时间的利用形式

通常所讨论的休闲是指具有正的社会效用的那些活动，诸如赌博、吸毒、色情等对参与者与社会造成有害影响的活动不在讨论之列。

此外，还有所谓非实用主义观点、心理学观点的休闲论，限于篇幅，在此从略。

三、中国休闲研究

自有文字记载之始，休闲活动在我国历史上的现实存在便可佐证。数千年以来，帝王将相、文人墨客与百姓民众通过琴棋书画、歌舞百艺、猎骑习武、云游山水等各种方式来实现闲适恬淡、自在无我、怡情益智、修身养性的个人追求。在中国传统文化中，休闲有着独特而丰富的内涵。从《诗经》、《楚辞》、《汉赋》到《唐诗》、《宋词》、《元曲》到处闪烁着中国文化对休闲的理解方式。

然而，受传统的劳动价值观和社会经济发展程度等因素的影响，休闲活动在中国社会经济生活中一直不受重视。从观念上讲，人们普遍认为只有劳动（甚至只有物质劳动）才能创造社会财富，推动社会经济发展。休闲只是对现有财富的消费，是不利于生产发展和社会进步的。重劳动轻休闲的传统观念影响着社会成员对休闲意义的正确认识和现实的休闲活动发展。从经济实践来看，一般而言，休闲是属于基本需求满足基础上的较高层次的需求，在经济长期不甚发展的情况下，人们必须将更多的时间和精力用于劳动以换取收入，所获得的收入中很大一部分被用于衣食住行等基本生活需求的满足。因此，休闲距普通民众的日常生活有一定的距离。

受观念和休闲活动实践的限制，我国理论界对休闲及其对社会、经济影响的研究较为落后，没有专门的体系。只是近些年随着经济的快速发展，社会结构和生活方式的演变以及消费结构和政策导向的转变，休闲活动在人们生活中的比重越来越高，才引起了理论界对休闲研究的重视。在当代，最早提出重视休闲研究的是于光远先生。在他的积极倡导下，成立了北京六合休闲文化研究策划中心。1992年出版的由王雅琳、董诗鸿主编的《闲暇社会学》尽管仅限于社会学角度，在研究思路上主要借鉴前苏联和东欧国家的方法，但毕竟开了中国休闲研究之先河。2000年，由于光远、成思危、龚育之主编，云南人民出版社出版的《休闲研究译丛》（共五本）全面介绍了西方休闲研究的最新成果，为我国的休闲研究提供了宝贵的资料。

目前中国的休闲研究有两大特点：一是分散化，尚未形成一定理论体系和研究规模；二是初级化，大多只是介绍国外的研究成果，在中国现有的休闲研究中，大多学者认为：一般而言，休闲在三种意义上被同时使用：第一，它指的是“闲暇时间”，是当工作约束，家庭社会义务、睡眠和其他基本需求得到满足时个人可以自由利用的时间；第二，指特定的“休闲活动”，是人们在常规从事事务以外的时段所从事的个人偏好性活动；第三，指在休闲活动中的人的“精神状态”（张捷等，1998；楼嘉军、王宁等，2000）。实际上三种含义密切相关。笔者认为：休闲是人们在可自由支配时间内自主选择地从事某些个人偏好性活动，并从这些活动中获得惯常生活事务所不能给予的身心愉悦、精神满足和自我实现与发展。在现代经济社会，休闲活动的实现往往要依赖于对产品、设施和服务的消费，而这种消费性活动是在基本生活需求得到满足以后进行的对较高层次需求的满足，是以一定的可自由支配收入为前提的。因此，休闲有四个基本要素：（1）可自由支配时间，或称之为“闲暇时间”，包括四部分：第一部分是每天的闲时间，主要指每天工作、家务和必要的社会活动以后所剩下的零星、不完整的空闲时间；第二部分是每周两天的休息时间；第三部分是公共假日；第四部分是带薪假期。(2) 个人偏好性活动。(3) 可自由支配收入，即基本生活需要满足以后的收入。(4) 精神满足的状态和自我实现与发展的结果。同时休闲也要满足前面所说的自主选择的能力与休闲态度和脱离惯常生活的某种经历或心理体验这两个前提。

社会每前进一步，人们的休闲时间就延长一次。当农业在10万年以前得到发展的时候，人们不需要再用全部时间去狩猎和采集，可以分出10%的时间用于休闲娱乐。随着手工业的发展，由手工艺人和工匠承担了大量耗时的制作，人们空出17%的休闲时间。18世纪70年代，动力机械的运用使得人们的休闲时间增加到23%。到20世纪90年代，人们已经可以有41%的生命享受各种消遣。据英国《经济学家报》预测，21世纪，休闲产业将取代信息产业成为推动全球经济增长的最大动力。在未来的几十年里，人们将会真正体会到休闲时代所带来的各种变化。

近几年我国休闲经济有了一定的发展，但休闲意识落后，休闲需求指向趋同，休闲供给单一，休闲产业发展滞后。“十五”规划纲要中将增加人们闲暇时间，实施带薪假期作为提高人们生活质量的一个重要措施。休闲时代的到来和休闲经济的发展对相关的理论研究提出了要求。因此，加快休闲学科体系的建设、加强对休闲的理论研究成为当务之急。

（选自《社会科学家》2001年第5期）

生态博物馆：一种民族文化持续旅游发展模式

余　青　吴必虎

民族文化旅游开发中存在的问题

从一定的意义上说，旅游开发的过程就是一个民族文化经过加工或包装转化为一种具有商品性质的旅游产品的商品化过程，把民族文化作为商品推销的过程。在这种情况下，民族文化的人为传播和获取经济收益结合在一起，已不再是民族文化的原生形态，而成为具有有偿有价的精神商品性质的再生形态。当前各类民族旅游项目、民族文化村都属于这种再生形态的民族文化。许多学者认为民族文化旅游开发中存在的问题主要表现在：

1. 民族文化的同化

在旅游开发中，一些地区在缺乏很好的开发规划、管理政策滞后等状况下，便盲目进行开发。绚丽多姿的民族文化的价值往往被外界所看重，而本民族或旅游地居民对保护民族文化认识不足、积极性不高。这些原因造成随着异族文化的引入，民族文化正在迅速地被同化，面临着严重的退化、消亡威胁。

2. 民族文化的庸俗化

民族文化的庸俗化表现在：(1) 对民族文化旅游资源缺乏科学的评价，夸大其词地进行宣传、渲染。(2) 为迎合一些旅游者的低级趣味，开发中缺乏对民族文化去粗取精、去伪存真的鉴别，低格调猎奇使民族文化庸俗化。(3) 开发中不深入研究民族文化丰富的内涵和表现民族文化浓厚的民族性和纯朴性，而是把它简单化、生搬硬套，使其庸俗化。(4) 不尊重民族的信仰、意愿，随意解说、展示他们的习俗，伤害民族自尊和宗教感情。

3. 民族文化旅游开发中的模式化及公式化

由于在民族文化旅游开发中，除了要注意科学性，还要从史学、文学、艺术和社会学等方面去深究内涵，并站在时代的高度，以现代观念与审美情趣进行深层次文化创意和科学的扬弃。但一些地区并不这样去做，使得旅游产品文化品位缺乏、千篇一律，出现模式化、公式化。

民族文化旅游开发和保护的措施

针对民族文化旅游开发中存在的问题，许多学者结合具体地区的民族文化旅游开发的实践工作，论述了民族文化旅游资源开发与保护的措施。综合他们的研究，对民族文化旅游资源开发与保护的措施主要有：

1. 提高认识、加强引导，实现合理保护、科学开发

必须提高少数民族地区民众的认识，提高他们保护民族文化的自觉性和主动性，让各民族自己决定文化保护、传承和发展的途径。因为民族文化旅游资源的开发涉及多个方面和多个部门，必须强化政府的宏观引导及

调控，形成科学合理的开发机制，实现对民族文化旅游资源的合理保护和科学开发。

2. 加强民族文化旅游理论研究，大力培育人才

对民族文化旅游资源的保护与开发需要科学的理论、知识和行之有效的手段，需要依靠各学科的专家学者，借助学科的理论知识、研究方法，站在时代的高度，对民族文化进行深层次文化创意和科学的扬弃，以推动民族文化发展和进步。提高民族文化旅游资源开发的质量和品位，需要各方面的人才，尤其是民族学、民俗学、人类学、文化学、经济学及规划设计的人才。

3. 突出特色、统筹规划，形成立体开发网络

特色是民族文化旅游资源开发的生命线。民族文化旅游资源开发必须进行统筹规划，应优先、重点开发旅游资源特色突出、基础设施和接待设施条件相对较好的地区。开发中旅游点、线、面应有机结合，形成立体开发网络。在开发中要遵循特色性、保护性、参与性、文化性、乡土性等原则，防止旅游区原生文化的西化、汉化、简单化、庸俗化和城市化。

4. 加强民族文化旅游产品（线路）设计研究

着重发掘、提炼和开发以民族歌舞、民族体育、民族节庆、民风民俗、民族饮食文化、民族宗教、民族建筑等活动为内容的民族文化旅游产品，以形成特色鲜明的民族文化旅游产品系列和一批精品民族文化旅游路线。

5. 大力宣传，树立民族文化旅游的形象

要把宣传促销看得和旅游资源开发、旅游产品设计与创新同等重要。应利用各种传播媒介和手段，尤其是公共媒介和电脑网络的手段，加大对民族文化旅游的宣传，树立民族文化旅游的形象。

6. 加强民族文化的保护工作

一方面要树立和采取保护地方文物资料的意识和手段，另一方面要继承和发扬民族传统的文化精神。对于一些即将消失的、非常重要的民族民间习俗、民族节庆、舞蹈、戏曲活动和民族的语言、音乐以及实物、文献等，要采取具体的拯救措施。

7. 正确处理好几个关系

必须处理好民族文化开发与经济发展的关系，民族文化与现代化的关系，民族文化开发与保护的关系，文物保护与环境保护的关系。

生态博物馆：一种民族文化持续旅游发展模式

在经历数十年的探索、尝试了民族博物馆、民俗博物馆和民族（民俗）文化村等形式之后，人们发现了民族生态博物馆这种持续旅游发展模式。

1. 民俗博物馆

民俗博物馆主要是为保护民俗文物、丰富收藏，并为参观者了解民俗文化内涵而建立的博物馆。其主要功能为教育功能和传播文化遗产的功能。这些博物馆在对民俗文物保护、传播民族文化、满足旅游者体验民族文化等方面起到了一定作用。但静态的民族民俗博物馆在满足旅游者的参与体验方面存在着不足，而且因其是一种静态的开发和保护，对民族文化保护力度不够。

2. 民族文化村

由于静态的民族民俗博物馆在满足旅游者的参与体验方面存在的不足，人们对其加以积极改进。其中一种曾经风行一时的产品形式就是民族（民俗）文化村。现有的民族文化村有两种形式：一种是民族聚集地的就地展示型（民族文化村寨），另一种是旅游目的地的异地模拟型（民族文化村）。其中就地展示型的民族文化村寨因其直接利用民族村落，有村民的介入，是一座活生生的民俗露天博物馆。其特点是保留了原来的自然风貌、民居、饮食、节庆和其他民俗事物，具有自然朴实的特色，能较好地满足旅游者欣赏和体验民族文化的需要。但是由于民族文化村寨是以单个民族村落为开发保护对象，未考虑民族村落所处的社区环境，从而成为社区中保护的“孤岛”。当整个社区的民族文化发生退化、消亡时，民族文化村寨文化的退化、消亡也就在所难免，因此，民族文化村寨对民族文化的保护作用也是有限的。异地模拟型的民族文化村是运用人工方式在靠近市场的地方，荟萃各民族的民间艺术、民族风情和民居建筑于一园，从多角度反映各民族文化的大型文化主题公园，如深圳的中国民俗文化村。它克服了就地展示型民族文化村寨在节令性强、民俗活动分散、文化多样性不足等方面的缺陷，将各民族文化集中在一起，向旅游者作集中展示，具有较强的观赏性和参与性，满足了旅游者领略多姿多彩的民族文化的需要。它“源于生活、高于生活、荟萃精华、有所取舍”的指导原则很好得达到了弘扬民族文化的目的。由于模拟型民族文化村是为迎合旅游目的而专门建设的，虽然能反映一定的民族文化，但它与就地型民族文化村寨相比，缺乏真实的环境感应，过多的虚拟和移植，降低了旅游者的出游满意度。

3. 生态博物馆

为了有效地保护和开发以少数民族村镇为载体的少数民族文化，中国博物馆学界已将一种新型博物馆——生态博物馆用于少数民族文化的保护和开发中。生态博物馆是将整个社区作为博物馆空间，以期对社区的自然遗产和文化遗产进行整体保护，以各种方式记载、保护和传播社区的文化精华并推动社区向前发展。生态博物馆作为一种发展模式，在社区文化遗产和文化价值方面，将增强人们的文化特性意识，使某些具有重大价值的文化得到抢救，所以生态博物馆明显地具有某种社会功能，是联系过去、现在和未来的一条纽带。1995 年中国和挪威两国政府已联合在贵州六枝特区梭嘎乡创建了梭嘎苗族生态博物馆，这是中国乃至亚洲的第一座生态博物馆。中挪两国已拟定再建贵阳花溪区镇山村布依族生态博物馆、锦屏县隆里古城（汉族）生态博物馆、黎平县肇兴乡安堂寨侗族生态博物馆，以形成不同文化类型的民族生态博物馆群。贵州生态博物馆群的建立，开创了中国运用生态博物馆形式对社区民族文化和自然环境进行全方位地保护的先河，对于处在多数或主流文化包围之中的少数民族及其文化精华的保护和延续具有重要意义。生态博物馆对于自然生态和人文生态的整体保护，是一

种特别有效的博物馆形式，特别有利于科研价值和旅游价值的开发，为民族文化旅游开发与保护提供了一个符合可持续发展原则的持续旅游发展模式。

（1）生态博物馆产生的历史背景及发展现状

生态博物馆是一种新兴的博物馆形态。它是人类社会现代生态意识和现代环境意识不断觉醒在博物馆界的一种反映，也是国际博物馆界对传统博物馆进行反思后的一种全新的探索。它的思想主要来源于三个方面：第一，来源于环境科学的系统性、整体性思想原则。第二，来源于“新博物馆学”运动的社区化和大众化的思想原则。第三，来源于世界文化多元化的潮流。

生态博物馆学的理论虽然是对旧的传统博物馆的挑战，但是生态博物馆的概念及理论体系并不成熟，仍在不断的发展中。从1971年世界上第一座生态博物馆在法国诞生到现在，全世界已在欧美地区建成300多座生态博物馆。生态博物馆的发展经历了三代，生态博物馆的思想原则及其社会实践始终在不断的吸收和充实中演变着。从强调整体性、教育性、社会性，发展到强调文化性、科学性。最早的生态博物馆是在环境科学迅速发展的背景下产生的，环境科学的系统性、整体性思想原则对生态博物馆的建设影响较大。第一代生态博物馆更多得体现了人与自然的整体性思想原则，如法国的地方天然公园等。“新博物馆学”运动的产生，推动了生态博物馆社会化和大众化的进程，第二代的生态博物馆则更多得体现了社区性、大众性思想原则，如魁北克生态博物馆被称为“全社会之家”、“岛上居民之家”等。1980年代以来随着文化多元性的发展，少数民族文化、土著文化逐渐被关注，开发与保护少数民族的意义逐渐被人们认识，第三代生态博物馆则更多得体现了文化性的思想原则，以民族文化开发和保护为主体的民族生态博物馆应运而生。现在生态博物馆的实践及其思想原则还在发展，有人已经在展望第四代生态博物馆了。

在各国，由于文化环境及人力和财力的不同，生态博物馆的建设方式也有所不同。一些生态博物馆的建立是出于满足当地居民保护自身文化的强烈要求的考虑，其他一些则主要是为了满足参观者的要求。中国贵州也正在进行着一场把生态博物馆的理论与中国的具体情况相结合，创造一个具有“世界语言”、取得国际承认，又和中国的国情以及贵州的省情相统一的生态博物馆的伟大的实践活动。

（2）生态博物馆的基本理念

作为一种实现保护与开发民族文化双重目标的博物馆新形式，生态博物馆强调如下理念：①文化遗产应原状地保护和保存在其所属社区及环境之中，从这种意义上讲，生态博物馆的面积等于社区的面积。②在生态博物馆中，文化遗产、自然景观、建筑、可移动实物、传统风俗等等一系列文化因素均具有其特定的价值和意义。同时，生态博物馆也是一种为了将来而保护某种文化整体的手段，因此强调一切有关的文化记忆要原始地保留着，作为这一种文化延续和继承的见证，以排除因实物的征集而破坏了社区记忆的完整性。③生态博物馆非常强调“尊重”和“文化交流”，认为既要尊重本民族的文化，也要尊重其他民族的文化，从而形成一种自尊、自信、自豪、自重的社区文化价值观，这是一个社区文化赖以长期保存的思想基础。同时认为各种文化背景下的人们的价值观念、文化观念、传统观念的交流是非常重要的，必须推动自身的文化和外界的文化交流。④生态博物馆是以本社区群体的亲自参与和亲自管理为基础，是在科研人员的指导下、在当地政府的支持下得以实现的，因此非常突出地强调地方政府和当地人民的参与，认为社区的居民是文化的拥护者和主人，他们不能从生态博物馆的社区里分离出去，他们应该有足够的权力在自己本民族文化遗产的基础上来创造自己的未来。⑤在生态博物馆的概念中，社区的人民在保护其文化特征方面是最大的获益者，一方面社区的人民在保护其文化特征方面起非常重要的作用，另一方面这种结构方式也为外来参观者提供学习、了解异文化的机会。

（3）生态博物馆的形式内容和组成

挪威生态博物馆学家约翰·杰斯特龙用生态博物馆与传统博物馆对比的方法，阐述了生态博物馆特定的形式和内容：

传统博物馆——生态博物馆

藏品——遗产

建筑——社区

观众——居民

科学知识——文化记忆

科学研究——公众知识

从上述生态博物馆与传统博物馆关键词的比较中，可以看出，生态博物馆比传统博物馆有着更广泛的含义，它体现了力图冲出博物馆的围墙、冲出藏品的狭隘概念，并且使文化拥有者自己成为文化的主人的新思维。对于生态博物馆的组成，一般认为，从理论上讲，在某一特定区域中的一切自然和文化遗产，都被看作是生态博物馆的一部分，任何实物都是本社区人民过去的历史和当今文化的记录。在操作中，生态博物馆包括两个最重要的部分：关于本社区情况的“资料信息中心”和“对本社区文化遗产尽可能原状的保护”。资料信息中心是社区文化的战略场所之一，同时也是从事科学研究、收集、整理保护文化和自然环境的工作室。科研人员或参观者可以根据资料信息中心提供的信息，查寻这一社区的历史发展过程和现实状况。社区的自然环境和文化环境是生态博物馆的主要部分，需要对其进行整体的保护和研究，对这些原状保护的文化遗产必须加以专门的解释和说明，并向观众开放。由于建立了资料信息中心和对社区文化遗产作出必要的解释和说明，为外来参观者提供了解异文化的机会，因此，生态博物馆把保护和传播有机地结合起来了。

生态博物馆对于少数民族自然生态和人文生态的整体保护，是一种特别有效的博物馆形式，也为民族文化旅游开发与保护提供了一个持续旅游模式。但目前对生态博物馆社区已有的研究，基本上属于博物馆学的研究，尚缺乏从旅游学角度开展的研究。如何根据国际公认的生态博物馆运动的思想原则，结合各地实际创造出各具特色的生态博物馆，解决旅游业发展与民族文化保护的矛盾，实现民族文化精华的传承和动态的向前发展，是一个新领域、新课题，需要加强进一步的研究并经不断的实践检验和调整。

（选自《人文地理》2001 年 12 月第 16 卷第 6 期）

大型主题公园布局初步研究

保继刚

自深圳大型主题公园“锦绣中华”开发成功之后，全国兴起了开发主题公园发展旅游业的高潮。主题公园的投资是一项风险很高的投资，对主题公园的特点和影响其布局的因素进行分析，可为制定旅游发展规划、兴建主题公园提供科学依据。

主题公园的概念及其发展

主题公园（Theme Parks）是一种人造旅游资源，它着重于特别的构想，围绕着一个或几个主题创造一系列有特别的环境和气氛的项目吸引旅游者。根据主题公园的投资和土地规模可将主题公园划分为大型主题公园和小（微）型主题公园。国外将投资 8000 万～1 亿美元，占地 200 英亩（约 0.8km^2）以上的主题公园称为大型主题公园，将投资在 1000 万～2000 万美元的主题公园称为小（微）型主题公园。比较国外标准，参照锦绣中华和中国民俗文化村的现状，我们将投资在 8000 万～1 亿人民币，占地 0.2km^2（不包括停车场等附属设施，国外包括这部分面积）左右的主题公园称为大型主题公园，将投资在 1000 万～2000 万元人民币，占地规模相对较小的主题公园，如西游宫称为小（微）型主题公园。

1955 年，美国人 Walt. Disney 在加州成功地建成了迪斯尼乐园（Disneyland），开创了世界上主题公园的历史。随后在经济发达的资本主义国家，主要在北美和欧洲，兴建了大量的主题公园，除迪斯尼乐园之外，最著名的要数好莱坞“宇宙制片厂之旅”（The Universal Studios Tour），每年都吸引上千万的旅游者。

中国开发主题公园经历了两个阶段，第一个阶段是 80 年代中期以前以兴建游乐场为主，广东中山市最早兴建了长江乐园，取得了良好的经济效益。接着各地仿效，仅广东就兴建了 17 个游乐场，而仅广州市就兴建了“东方乐园”、“南湖游乐园”、“太阳岛乐园”3 个大型游乐场，投资金额逾亿元。重复建设的结果，广东 17 个游乐场，有 16 个亏本，只有 1 个勉强维持营运成本。第二个阶段始于 80 年代末期，以仿古文化、民族文化、世界文化为主题，其代表是深圳的锦绣中华及其二期工程中国民族文化村。锦绣中华成功之后，全国各地竞相效仿，仅深圳上报给市旅游局待批的主题公园项目就多达 62 个之多。中国面临着又一轮主题公园热潮，但也暴露出许多新的问题。

大型主题公园的特点

1. 强烈的个性，普遍的适宜性

每一个成功的主题公园都具有强烈的个性，也就是旅游业常说的“特色”，有的甚至具有不可模仿的独特性，如迪斯尼乐园是高科技的体现，常变常新，个性强烈；好莱坞“宇宙制片厂之旅”长盛不衰，是因为它代表了好莱坞影视娱乐文化，具有世界上不可模仿的独特性。主题公园如果缺乏个性，如 80 年代初期到处都建的游乐场，则很难取得成功。

但同时，主题公园的活动内容对游客来讲，又要有普遍的适应性，要能吸引不同年龄、不同层次的游客。

2. 被动游憩形式

游客在主题公园里游玩是一种被动游憩形式，这种被动游憩形式有两方面益处，一是游客可保持充沛的精力多停留一段时间，二是在每个表演场地可容纳更多的游客。

大型主题公园往往设计游客平均停留时间 6～7 小时以上，在这样长的时间里，游客必然要有门票之外的其他消费，如餐费、饮料费等，从而提高经济效益。

3. 投入高，占地规模大

大型主题公园投资额和占地规模巨大，例如深圳锦绣中华微缩景区投资 1 亿元人民币（不含地价），占地 0.3km^2；中国民俗文化村投资 1.1 亿元人民币，占地 0.2km^2；深圳正在兴建的世界之窗景区投资 3 亿元人民币，占地 0.44km^2；珠海正在兴建的圆明新园投资 1.75 亿元人民币，占地 0.53km^2；北京世界公园总投资 1.5 亿元，占地46.7公顷；无锡世界奇观总规划占地90万m^2，总投资1亿美元等。

4. 高门票、高消费，游客重游率低

为了还本付息，维持经营和赚钱，伴随着高投入的是高门票和景区内的高消费（相对于国内游客平均收入水平）。深圳“锦绣中华”门票平日20元（节假日25元），北京世界公园门票平日40元（节假日48元），与之相比，北京颐和园门票仅2元。景区内的消费也较高，在景区内待半天以上的游客，门票之外的消费往往要超过门票本身。由于高门票及主题公园这种旅游资源往往缺乏深刻的历史文化内涵和较高的文物艺术价值，较之颐和园这样具有深刻历史文化内涵和文物艺术价值以及门票较低的景区，游客的重游率要低得多。

5. 生命周期的延长靠项目不断更新

与自然遗产旅游资源（如泰山、黄山、武陵源和九寨沟）和文化遗产旅游资源（如故宫、长城、兵马俑）相比，主题公园由于旅客重游率低和可以模仿重建（如迪斯尼世界上有三座），其生命周期一般较短。延长生命周期的办法是不断更新游览项目，迪斯尼乐园长盛不衰就是项目常换常新，不断增强吸引力和强化旅游形象，以提高游客重游率。

6. 成功的主题公园对邻近地区影响巨大

一个大型主题公园开发成功后，将使整个区域受益，其中受益显著的是交通运输和宾馆酒店部门。另外还有一个以前被忽视的方面是主题公园邻近的土地迅速升值。锦绣中华的成功，不仅提高了华侨城（锦绣中华是华侨城的一个企业）宾馆的开房率（四星级的深圳湾大酒店的开房率从40%左右急剧上升为90%左右），而且带动了房地产的开发，房地产现已成为华侨城的支柱产业之一。所以，为了获取更大的经济利益，明智的做法是在建立主题公园之前投资者应得到和控制主题公园周围的土地，待主题公园开发成功之后开发房地产业以补偿主题公园开发的成本。

影响大型主题公园布局的几个重要因素分析

一个大型主题公园的开发，除了项目内容新颖，个性强烈，资金充足，用地条件好之外，下列几个因素要着重考虑。

1. 城市感知形象（Image）

每一个城市对旅游者都有一个趋于一致的感知形象，它和一个城市的历史文化密切相关，这种形象是城市的综合要素在旅游者心目中的反映。如一谈起北京，旅游者就会想起长城、故宫、天安门等；提起广州，旅游者首先感应出的是到广州首先要到高第街等地购物，而华南植物园、陈家祠、光孝寺、越秀公园却退居其次；说起深圳，就会反映出一座大厦林立的特区现代化都市……。城市的感知形象对旅游者的决策行为影响很大。一般而言，城市感知形象较单一的城市，如深圳、珠海等一些新兴城市，投资搞大型主题公园成功的机会较大，因为新上的较有特色的旅游项目能较快成为旅游者的感知形象，而在城市感知形象较复杂的城市，如广州、上海，投资搞大型主题公园不容易很快形成轰动效应。在像北京那样人文景观已非常丰富且级别很高的地区，旅游者已有较为固定的感知形象，搞主题公园引起轰动效应的困难更大，如某部门投资6亿元人民币将在北京郊县兴建的表现56个中华民族的大型民族旅游城，要像深圳中国民俗文化村那样很快收回投资并赢得可观的经济效益困难将会很大。

2. 适宜的区位

适宜的区位是大型主题公园成功与否的关键因素，它包括宏观区位和微观区位两个方面。宏观区位指大型主题公园要求选址在经济发达、流动人口多的大城市和特大城市。据美国华盛顿的城市土地研究所（The Urban Land Institute）研究，一个大型主题公园一级客源市场至少需要有200万人口，二级市场也要有200万人口以上，三级客源也很有帮助，但由于三级客源市场的交通费用太高，不能过分依赖、期望三级客源市场。这里所指的一级客源市场范围在80Km或1小时汽车距离内，二级客源市场在240Km或3小时汽车距离内，以便旅游者在一日内往返，二级市场之外以及流动人口属于三级客源市场。

微观区位指城市内部位置，大型主题公园一般在大城市边缘区选址。在城市的边缘区选址是因为主题公园占地面积大，城市边缘用地限制较小，地价相对便宜。微观区位还包括选址在主要公路干道旁，第一是节省道路投资，第二是主要公路干道视野开阔，主题公园可以向经过公路干道的旅客展示标志景点，不断强化旅游形象，吸引游客。这一点深圳锦绣中华和中国民俗文化村都十分成功，两个主题公园都选址在深南大道旁，驱车从深南大道过，两个景区的标志性景点“长城”和“石林”尽收眼底，这无声的广告给两个景区带来了很好的形象效应。

3. 集中和分散

集中和分散是产业空间布置的两个方面，但是，传统的工业区位论不能照搬用于旅游业布局。不同类型的旅游资源（项目）在一定地域上相对集中，可以增加这一地区的总体吸引力，如深圳中国民俗文化村紧邻锦绣中华，建成后，相得益彰，拓展了客源市场。但高投入、高门票为特点的主题公园过多集中，要使每一个主题公园都达到和超过门槛游客量是不易的。旅游者空间行为理论研究表明，旅游者在大尺度的空间行为表现之一为旅游者到达目的地后，往往只游玩目的地附近级别较高的旅游点。以深圳为例，80年代中期，旅游者到深圳大多去香蜜湖和海上世界，而现在却主要去锦绣中华和民俗文化村。这就是它现在经济效益不好乃至亏本的原因。

同集中相反的是分散，分散可以避开集中造成的恶果。在已有非常成功的主题公园的城市，可考虑适当分散投资。现深圳中国民俗文化村的地点原是投资3000万元人民币兴建的深圳湾游乐场，后来拆除卖给重庆有关单位就是分散，避开同香蜜湖中国娱乐城的竞争。

实例研究

1. 深圳锦绣中华

锦绣中华位于深圳市西部深圳湾畔，是一座世界上目前最大，反映中国历史、文化、艺术、古代建筑最丰富的实景微缩景区，于1989年9月开业，当年9~12月接待游客91.26万人次，1990年接待游客310.24万人次，1991年接待游客量比1990年下降6.01%，1992年比1991年上升7.93%（见表1）。总体来看，锦绣中华是一个以国内游客为主的市场，几年来，国内游客占84.69%，境外游客占15.31%。

1992年锦绣中华游客量上升并超过1991年，有两个主导因素，一是1991年10月紧邻锦绣中华的中国民俗文化村开业，它是国内第一个荟萃各民族的民间艺术、民俗风情和民居建筑于一园的大型主题公园，两个公园产生正的聚集效应，增强了吸引力，拓展了客源市场；另一个主要因素是1992年春，邓小平同志南巡之后，全国各省市都派团到深圳参观、学习，举办大型招商活动，带来大批客源。锦绣中华开业后取得了良好的经济效益和社会效益，开业一年多就基本收回投资。1990年锦绣中华人均利润居深圳市各旅游部门之冠，国际旅行社人均利润仅为锦绣中华的8.78%，旅游公司6.12%，宾馆酒店5.68%（见表2）。

表1　锦绣中华接待游客数

时间	1989年 9~12月		1990年		1991年		1992年		1993年	
	国内	境外	国内	境外	国内	境外	国内	境外	国内	境外
游客量（万人）	76.61	14.65	265.86	44.38	241.51	50.07	271.54	43.15	234.20	40.79
合计（万人）	91.26		310.24		291.58		314.69		274.99	
比例（%）	83.95	16.05	85.69	14.31	82.83	17.17	86.29	13.71	85.17	14.83
比上年增长（%）					-6.01		7.93		-12.62	

资料来源：深圳锦绣中华发展有限公司。

表2　深圳市旅游部门1990年经营比较

	人均利润（万元）	与锦绣中华人均利润比较（%）
锦绣中华	6.354	100
国际旅行社	0.558	8.78
中国旅行社	-0.587	
旅游公司	0.389	6.12
宾馆酒店	0.361	5.68
度假村	-0.223	

资料来源：深圳市统计局。

锦绣中华开发成功后，带动了华侨城宾馆酒店、交通运输、商业的发展，带旺了华侨城房地产开发，现在房地产业已成为华侨城的支柱产业之一。

2. 珠海珍珠乐园

珍珠乐园是由珠海市旅游公司与日本高尔夫振兴株式会社合作由日商投资兴办的大型游乐园，占地0.6km^2，投资3000万美元，开设31个游乐项目，包括快速滑行车、过山车、摩天轮、鬼怪屋等设施。1985年开业后，当年接等游客40.30万人次，1986年达到最高峰，随后开始下降，到1989年，至最低点，1991年和1992年两年有所回升，但与最高年份1986年相比，只有39.62%和45.53%（见表3）。至1992年，已累计亏损2600万元人民币。

表3　　珍珠乐园接待游客数

时间	1985	1986	1987	1988	1989	1990	1991	1992	1993
游客量（万人）	40.30	76.15	61.23	42.54	22.12	22.51	30.17	34.67	39.68
增长率（%）	88.96	-19.59	-30.52	48.00	1.76	34.03	14.92	14.45	

资料来源：珠海市国际高尔夫游乐公司。

3. 锦绣中华和珍珠乐园的比较

锦绣中华的成功在于项目独特，区位良好。深圳的一级、二级客源市场都十分优良，特别是深圳作为中国最大的经济特区，公务、经商旅游者众多，1992年在涉外宾馆酒店过夜的旅游者达712万人次，其中海外旅游者214万，使深圳具有一般城市所不具有的广阔三级客源市场。另外微缩景区建成开业后维持成本较游乐场要低得多，这也是经济效益好的因素之一。

锦绣中华成功的另一条重要经验是旅游集团公司经营，便于发挥整体优势，它由香港中国旅行社与深圳华侨城共同投资，香港中国旅行社在国内外具有广泛的业务联系和知名度，为锦绣中华的宣传、客源市场开拓做了大量实质性工作，华侨城现有十几个旅游单位同属华侨城建设指挥部领导，便于协调组织创造整体形象，获得整体经济效益。

珍珠乐园的失败在于项目特性不高，选址在珠海，一级客源市场较差，到1990年珠海市总人口也只有63.53万（含暂住人口），而深圳已达166.73万，珠海与澳门相邻，澳门仅60万人口，深圳与香港一河之隔，香港居民达600万。二级客源市场也比不上深圳，交通条件也不能和深圳相提并论，所以游客量不高，1990~1992年每年游客只有锦绣中华的1/10~1/7左右。

综上所述可知，主题公园是旅游经济发展到一定阶段的产物，与传统的旅游资源相比，主题公园有其特点和布局条件，是一项风险很大的投资，其可行性论证，特别是市场分析要充分，失败项目的原因一是项目内容本身，二是不适当的市场分析造成的。

中国正处在市场经济的过渡阶段，一些主题公园项目的建设还带有强烈的长官意志色彩，可行性研究是项目开发者想要的"可批性研究"，难免要出现失败项目。

中国第一阶段以游乐场为主的主题公园已有深刻的教训，目前掀起的第二阶段的仿古文化、民族文化、世界文化为特点的主题公园建设应慎之又慎。

（选自《地理研究》1994年第3期）

体育产业

论中国体育经济的发展战略纲要

王历生

一、建立我国自己的体育产业

多少年来，我国体育商品生产、经销，都是附属于其他经济行业，没有它自己的一套经营管理体系。尽管有些体育商品进入了国际市场，有了一点声誉，但是产量供不应求，质量也有问题，如生产工艺落后，关键性材料的研究有的还不过关。体育经济的市场贸易还有很多渠道没有对外开放。中国体育经济处于萌芽状态的现实，与一个社会主义大国，与一个即将成为世界体育强国的地位是极不相称的。另外，从体育经济分散经营来看，管理体制弊多利少，体育的优势技术、优势产品得不到发展，优势行业（产业）不能形成，优势经济体系也建立不起来。长此下去，危及国家大局，也会直接影响本世纪体育发展战略目标的实现，21 世纪体育经济发展战略目标的设计。解决问题的根本方法，是立足改革、立足对外开放。

当前，我国刚刚萌芽的体育经济，正面临中小企业的整顿、技术改造、产品更新换代、人才培训、建立新的体育事业。体育经济的振兴关键是抢时间、抓效益，刻不容缓。如果能够按照现代科学发展规律，用技术转移理论去进行探索、实践，我国体育产业的兴起时间不会太长，3 年、5 年可以见到效益。事业的成功与否，有二条最重要：一是政策要好、要适时、要落实；二是必须大胆、信任、起用改革者去开创体育经济的新局面。

据市场信息分析，随着国际旅游业的发达，我国旅游业也正在兴旺时期。我国的时装近年来在国际市场成了畅销品、热门货。我国的食品工业和中医药工业的发展大有希望。中国的名吃誉满全球。还有一些类似的经济行业，也有了大幅度的发展，所有这些对于振兴我国的体育经济、建立体育产业，都是有利的借鉴。可以学习、可以仿效、可以进行创造。把我国其他行业的优势利用起来，转移到体育方面来，在此基础上，发展组合技术，进行科学创新。发展优势，组成体育经济优势产业，诞生一个新兴的体育经济行业，这是我们要走的路子。中国体育在奥运会和国际比赛上的胜利，激动着一颗颗中国心。我国的运动服和现代时装结合的新款式，得到青年们的热爱，显示着我国体育时装崛起的时刻到来。中国体育营养饮料和名吃食品畅销，给外国朋友增添了美好的享受。体育食品和体育医药走向世界的前景，也已经展现在我们面前。如果能认识到“时间就是金钱，效益就是生命”，我们的事业就大有希望了。

科学与技术的渗透，已经到达体育领域的边缘。一种自然形成的规律，正在不依人们意愿地去改造着整个体育世界。历史已经预兆我国体育整个结构在抓战略、促改革中要发生质的变革。这一点在我们写的《论体育发展战略》一文中有过交代。体育周围的边缘经济因素的出现，不断地推动着我国体育经济基础的形成，由小到大催化着中国体育经济成为一个密集的机体。体育结构的改革，是我国体育经济产业和理论研究能够发生、发展的根据原因。大量的事实和迹象，说明建立我国自己的体育经济产业的时机已经成熟。

我们建议国家有关领导人，当机立断，迅速作出我国体育经济起飞的历史性的战略决策。中国体育经济发展起来，不仅对中国有益，对于发展中国家的体育经济的发展，也是一种战略性的启迪。我国体育经济的结构主要有十大产业，是体育经济开发研究、腾飞的近期目标，有必要发动省、市、区的力量，社会方面力量，通过各种开发渠道合作模式，付诸于实践。这十大产业是：

（1）体育旅游与运动时装；

（2）体育营养食品工业；

（3）体育建筑设计、配套；

（4）健身器材和体育商品；

（5）体育工艺品、土特产品；

（6）体育中医药研制；

（7）体育信息与电脑应用；

（8）国际体育信托投资；

（9）人才培训；

（10）体育综合服务。

体育经济产业在中国土地上诞生，受我国社会主义制度和社会主义经济的制约，为中国现代化建设和世界体育经济的发展服务，具有中国的体育特色。

中国体育产业是一个知识、技术密集的、多层次开放型的经济企业大体系。企业的实体是“中国体育经济开发公司”，各地区根据条件可以组建一些产业的分支公司或技术开发中心。最近在济南成立的齐鲁技术开发服务公司体育分公司，主要从事体育经济产业的开发研究、体育企业的经营管理研究、体育经济管理人才的培训、组织体育经济学术活动。各地体育企业的经营性质，可以公办、公助民办、社会集资和个体独办。欢迎海外华侨、侨眷、归侨投资入股。在政治允许的情况下，努力把体育经济搞活，使我国体育产业逐步兴旺发达，也为社会青年开辟了一条就业出路。

二、解决发展体育的资金来源

由于实行了有偿转让，事业费投资要在改革中逐步减少。今后，庞大的体育经费依赖国家拨款是不可能了。发展体育的资金要依靠自己去找。不向国家要钱，办好体育事业，这是我国的特色。抓体育建设的资金，就是抓钱。我国奥运战略主要目的是抓金牌，我们的体育经济战略的主要目的是抓钱，抓出经济效益。有了经济基础，奥运、全民、人才、科技战略的全面实现有了保证。

解决资金来源的途径很多，有两条意见可供参考。一是在现有情况下设法节约，二是重点放在组织体育经济技术开发、多种经营服务方面。一元钱从这个口袋放到另一个口袋，放过来、放过去，还是一元钱，国家不受益。实现“洋为中用”是中国体育经济战略的出发点。为此，我们建议：

（一）由“中国体育经济研究会”各产业分会，或“中国体育经济开发公司”各产业分公司和地方政府合作，在我国一、二处沿海开放城市，每两年举办一次“全国体育贸易展销会”。由国家出面，每四年，举办一次“国际体育博览会”（可以包括科学技术，经济贸易，文化与学术交流，信息市场和各种综合服务应有尽有，内容丰富多彩，体现更新、更美、更佳的时代风格。）

在中国大门里，举办这样大规模的展销活动，我国首先受益。各界人士就近饱尝了世界水平的展品，有学习、借鉴的机会。重要的是中国产品进入了国际市场，在竞争中，世界体育贸易的优势将会逐步地转向中国。各种战略将取得世界效益，使中国21世纪人类进步的体育发展战略，揭开光辉的一页。

（二）开辟“体育特区”。特区是对外联络的窗口，综合式、开放型体育特区的建设，是我国自己的科学实验和开拓性创造。体育特区建设规模，不一定像深圳、蛇口经济特区那样大而全。原则上以小型、单一、多样化为好。建成多大的规模，搞什么项目，主要看当地的具体条件和怎样发挥地方的优势，以及发展前途而定。用体育特区作桥梁，使中国体育经济尽快地腾飞起来，走向世界，通过外资利用赢取外汇效益，扩大中国体育经济的国际地位和影响，这是我们体育特区工作的主要目的，特区发展有其特定的目标，因此在对外开放政策上，应当考虑放宽政策，为来华进行探亲、访友、参观、旅游、训练、比赛、度假、考古、学习、贸易、学术交流等等的外国人给予各种优惠、提供各种方便，使他们有利可图，增加特区的吸引力。

一个中小城市、一个地区的一块地方和场所、一个大学，以及省、市、区的运动基地，都可以改建或扩建为某一个类型的体育特区。群星散布，光照中华。体育特区的经济成分，主要以中外合资经营为主。一般采取由外国商团投资，提供先进的管理技术和设备，由中国提供地方和必要的工作人员。双方签订二十年或三十年的“合同”，管理期满，产权、设备、产品全部归中国所有。只要我们从政策上保护外商的合法利益，体育经济特区这个新的、未开垦的处女地会把各国体育商团和各种财团吸引来的。发展体育特区要因势利导，必须坚持我国社会主义经济制度的方向。在特区周围，仍然要有社会主义经济领导圈，使中国国有经济、集体经济、个体经济有学习特区好经验的机会，有展开竞争、竞赛的机会。国内外种各专业人才参加体育特区建设都表示欢迎。

关于体育特区的建设模式，我们提出十个参考样本，供作研讨。

（1）科技特区以科研、学术交流为主，类似科学城。

（2）集训特区为国际运动强队提供来华训练基地，方便中外双方交流经验，互相学习和比赛，可以聘外国教练代训中国队。

（3）旅游特区设旅游、考古、健身、疗养、学习中国文化、民族体育、食品制作、体育娱乐一条龙服务。

（4）贸易特区举办国际、国内体育商品交易市场和大型博览会为主。

（5）度假特区以休息、医疗、娱乐为主。开设俱乐部、游戏场、健身房、高尔夫球场、赛马、赛艇、赛车场、有奖体育竞技、体育书店、体育公寓、体育研究中心。

（6）信息特区建立国际体育电脑信息网络，实现国际联机传递。进行新兴技术的引进和转移，既是信息中心，又是学术活动中心。

（7）培训特区以促成国家体育人才交流、各国体育大学交往，为外国人来华学习提供方便为主。

（8）医疗特区以促进强身、推广中医药技术、沟通国际交流为主。

（9）老年长寿特区专为国际老年人体育交流，举办各种活动。

（10）战略特区也叫21世纪体育发展战略国际研究活动基地。通过分析本世纪体育特征，预测21世纪的人类体育特征。

当然，还有许多可行性体育特区模式，不再一一列举。

解决体育经费问题，要涉及许多相关问题，要有政策、有措施，力求合理地解决。随着抓战略、促改革的大好形势迅速发展，平均主义、吃大锅饭完结了，层层实行责任承包，权、责、利落实到人，减政放权调动了广大体育干部的积极性。为了在更高水平上推进体育干部队伍“四化”建设，需要大胆地选拔和使用那些锐意创新的、开拓型的体育改革者，使他们有用武之地。体育的后勤部门应该学习高等院校改革经验，由机关型向生产服务、企业经营型发展，既抓管理，又抓经济效益，节约路子也有了。体育运动技术学院主要是搞好竞技训练，实现奥运战略，创国家和世界纪录，拿到金牌为目标。所需训练经费，可以从我国体育经济产业的收益中全部解决。当然不是白拿，也实行有偿制，凭竞赛的胜负奖罚，取得金牌者增加经费，外加奖励。丢掉金牌，减少经费。五年不拿金牌，停止提供经费，重新改组后再继续按新章投资。具体规定，落实到人。体育院校和体育科研单位，要学习理工科院校经验，实行层层承包，广开办学门路，为社会培训专业人才；加强科研成果管理，落实经济效益，实现教学、科研、生产、经营一体化。体育经费主要依靠走社会集资、官民合办的路子。科研经费依靠科技成果有偿转让和向社会提供咨询服务解决。我们倡议国家立法保护和奖励运动员的创造发明。因为在现在和今后的国际比赛中，尖子强手多了，分数相差不大，谁能最后取胜，主要决定于运动员本人，谁有技术绝招谁夺金牌。绝招是运动员自己的发明创造，国际比赛中常以运动员的名字命名。我国有这样一个政策，一来有助于激励运动员的竞争心理，乐于进行开拓性、创新性的劳动实践，科学实验研究有所突破、有所前进；二来解决了教练员知识老化、思路局限的弱点。提倡“严师出高徒”，不主张“名师出高徒”。要把鼓励徒弟胜过老师的社会主义体育道德风尚发扬光大。要把人在运动中的价值规律，提高到人类新体育战略的高度去认识，提高到国家利益的深度去要求，从而创造一种新的体育经济价值观念。

三、为我国体育学科建设填补一门空白

在本世纪内，中国体育经济的发生、发展，是在中国共产党领导下，实行经济体制改革和对外开放政策的一次历史性的成果。它是伴随着我们面对世界新的技术革命的挑战、加强我国体育发展战略研究、提出我们相应的对策性意见、“抓战略，促改革”的工作取得逐步深化的新情况下萌芽出现。可以说，时代造就了中国的体育经济。如何去认识和研究具有中国特色的体育经济，需要有一个认识——总结——理论——实践的反馈、循环的探索过程。

在这个伟大系统工程建设中，我们愿作铺路的石子，抛砖引玉，向体育前辈和同志们求教。我们试图从研究我国体育经济发展战略起步，做些探索，努力为我国马克思主义的体育经济理论和实践学说、发展具有中国特色的体育运动学说的立论提供一些实践事例和政策意见，逐步地形成某些规律性的理论认识。

为使体育经济研究逐步深化，学术交流主要在体育经济研究会中进行。热心于我国体育经济事业的各行业的同志均可参加，百花齐放、百家争鸣、各抒见解、求同存异。用集体的智慧，为体育经济学科建设做开拓工作。“体育经济研究会”既是学术组织，又是实体组织。“体育经济开发研究公司”、“体育经济管理学院”与“体育经济研究会”组成了三位一体的知识、技术密集结构。

“体育经济管理学院”是培养高级体育经济管理人才的高等院校，主要通过正规教育、业大、函授、刊授方式组织各种培训。把体育经济管理人才的培训列入国家的教育计划。“体育经济研究会”当前主要研究课题是本世纪末我国体育发展战略的经济战略研究、21 世纪我国体育经济战略研究的方向、目标和任务，以及相关问题的讨论。努力使新时代体育经济研究，成为理论与实践结合的一门新的科学，以振兴中华，有所前进。

（选自《山东师范大学学报》1984 年第 2 期）

体育事业与第三产业

张　岩

体育事业是否属于第三产业，这是近几年才提出来而又有争论的一个问题。不久前国家统计局明确划分了三次产业，把体育与教育、文化、卫生、科学研究事业等为提高科学文化水平和居民素质服务的部门，均划归第三产业的第三个层次。确认体育事业属于第三产业，对于研究和制定体育发展战略、发展我国的体育事业具有重要意义。

一、体育事业属于第三产业的依据和体育产业的内容

（一）体育事业为什么属于第三产业

三次产业的划分是以产品的性质和生产过程的特征为依据的。第三产业本质上就是“服务产业”，它的产品就是服务劳务。体育事业之所以属于第三产业，就是因为体育部门工作人员的劳动能生产体育服务这种特殊的消费品。

马克思认为产品有两类，一类是实物形式的产品，另一类是非实物形式的产品，这种非实物形式的产品就是服务。体育部门的劳动虽然不生产实物形式的产品，但却生产体育服务这种非实物形式的产品。体育服务同其他服务一样，具有以下三个不同于物质产品的特点：第一，不是采取实物形式，而是“作为活动提供服务的”。体育教师、教练员、运动员、体育场馆工作人员等

提供的都是一种“活动”。第二，产品“同生产行为不能分离”。服务这种产品一经生产出来就会立即消失，不能储存。如体育表演等体育服务生产出来后转瞬即逝。至于制成电影、录像等，那只是它的复制品。第三，生产和消费的同时性。精彩的体育表演或比赛的过程就是体育服务的生产过程，同时也是观众观看欣赏比赛或表演的过程，实际上也就是观众作为消费者消费体育服务满足需要的过程。

体育服务这种非实物消费品是能够直接满足人们需要的。第一，体育服务能用于指导青少年的身体锻炼，提高身体素质，培养、训练劳动力。第二，体育服务能用于帮助人们增强体质、增进健康、保护劳动力。第三，体育服务能够用来供人们观掌和娱乐，使之得到精神上的快乐和享受。既然体育服务能满足人们多方面的需要，有多方面的效用，这表明体育服务虽然不具有买物形式，但它并不是一种虚幻的东西，而是确实存在的、能够用来供人们消费的一种服务消费品。因此，生产体育服务消费品的体育事业应属于第三产业。

（二）作为第三产业组成部分的体育产业包括哪些内容

有的同志认为并不是整个体育都是属于第三产业，这主要是指提供劳动服务方面，有交换价值的内容，如体育旅游、体育娱乐、体育场馆、体育服装、体育器材等。

以上观点，我认为至少是欠准确的。

第一，体育事业为社会提供体育服务这种消费品，从总体上讲都是属于第三产业，不能说体育事业的某一部分不属于第三产业。从事体育事业的某些工作人员，如体育教师、教练员、运动员、体育场馆工作人员，他们的劳动能直接生产体育服务。有的工作人员，如医务、科研、管理、政工、物资供应和食堂工作人员，他们虽然不直接生产体育服务，但作为体育服务生产“总体工人”的一个器官，他们的劳动作为“总体劳动”的一部分，都以不同的方式间接地参与体育服务的生产。

第二，不能说“有交换价值的内容，才属于第三产业”。上面指出，划分三类产业的唯一标准是产品的性质及其生产过程的特征，这种划分与产品是否进入流通过程、是否有交换价值没有任何关系。体育部门生产的体育服务目前基本不作为商品进行交换，一般不具有交换价值和价值。随着体育事业体制的逐步改革，将会有更多的体育服务作为商品进行交换。但不论体育是否作为商品流通，是否具有交换价值，并不影响体育事业属于第三产业，正如不论粮食是否作为商品进行买卖，并不影响整个粮食生产属于第一产业。

第三，体育服装、体育器材等体育部门需用的产品不属于第三产业。上述体育用品都是工业品，是加工工业的产品，而不是体育工作者的产品，因此，这些体育用品的生产都属于地地道道的第二产业，而不属于作为第三产业组成部分的体育产业。即使是体委系统领导和管理的体育器材厂和体育服装厂，也仍然是生产工业品的工厂，只是行政领导关系隶属于体委系统，这并不改变其属于第二产业的性质。

二、承认体育事业属于第三产业需要改变几个传统观念

承认体育事业属于第三产业，这不但是经济理论上的突破，也是体育理论上的突破，需要改变与之相冲突的某些传统观念。

有一种观点认为，体育属于上层建筑，而上层建筑部门工作人员的劳动不是生产劳动，所以体育事业不属于第三产业。

这种观念是不正确的。因为：

第一，不能笼统地把体育归结为上层建筑。上层建筑是社会的政治、法律、宗教、艺术、哲学等观点，以及和这些观点相适应的政治、法律等机构。体育事业的某些内容，如体育事业的指导思想、指导方针和政策，作为社会道德规范组成部分的体育道德，在体育运动过程中所灌注的思想政治内容，以及某些体育规章制度，这些都具有上层建筑的性质。但就体育运动本身而言，无论是竞技体育还是健身体育，也无论是体育教学或体育锻炼，都不产生政治的、哲学的、伦理的观点，所以就体育的总体，就其基本方面来说，并不属于上层建筑。在十年动乱中，体育也被说成是无产阶级专政的工具，所谓“体育革命”也成了“上层建筑领域阶级斗争的重要内容”，那不过是极“左”思潮达到十分猖獗地步的表现。

第二，即使体育事业的某些内容属于上层建筑，也不能据此断言体育事业不属于生产部门。

生产部门与非生产部门的划分和经济基础与上层建筑的划分并不是一回事，这两种划分回答的问题不同，两者并不对应。经济基础与上层建筑的划分回答的是政治法律制度、社会意识形态与生产关系之间谁决定谁，两者之间的相互关系问题，生产部门与非生产部门的划分回答的是某一部门的劳动是否创造能直接满足人们需要的产品，即使用价值的问题。某一事业究竟属于生产部门还是非生产部门，取决于它是否生产出产品来满足社会需要，而不是取决于其产品是否具有上层建筑性质。某些产品，如社会科学著作、文学作品、电影戏剧等艺术表演，一般都具有鲜明的思想政治内容，属于具有上层建筑性质的社会意识形态，但也不能断言创造这些产品的社会科学家、作家、表演艺术家的劳动是非生产劳动。事实上这些部门也是生产部门，属于第三产业。体育部门能够生产体育服务这种消费品，因此属于生产部门，体育事业属于第三产业。

还有一种观念，认为体育事业要消耗物质产品，不能创造收入，而要靠国家财政拨款，所以体育事业是单纯的消费部门，不是一种生产事业，所以不属于第三产业。

这种观念也是不正确的。因为：

第一，体育事业并非不创造产品。

体育事业并非只有“投入”，没有“产出”。上述已指出，体育工作者的劳动能生产体育服务这种非实物形式的特殊产品。马克思在其著作中曾多次肯定“服务”也是一种产品。人们的社会活动可分为生产领域和非生产领域这两大领域，生产领域中又区分为物质生产部门和非物质生产部门。体育事业则属于生产领域这个大范围中的非物质，即非实物形式的生产部门。不能因为体育服务产品不具有实物形式，就否认体育事业属于生产部门，属于第三产业。

第二，体育事业不是不能创造收入。

在我国，体育事业长期以来都是作为公共福利事业看待的，体育事业的经费一直都是由国家财政拨款支出，体育事业提供的服务大都是不收费的，即使收费也收得很低，收入一般都不能补偿体育服务生产过程中的消耗。这样做对于鼓励人民群众参加体育活动，发展我国体育事业是十分必要的。在这样的条件下，体育事业当然不可能获得收入，各事业单位不能以收费来补偿其开支，于是体育事业似乎成了“只会花钱，不能挣钱”的“纯消费事业”，而靠国家“养”起来。实际上并非体育部门的劳动不能创造产品，不能创造收入，而是我们把体育事业当作公共福利事业对待，体育经费由国家拨款这一套做法使体育部门创造的财富不表现为货币形式的收入。随着体育事业体制的改革，将会有一部分体育事业单位实行半企业化或企业化经营，会获得一部分货币收入。但体育事业经费的主要来源将仍然是国家拨款，这并不妨碍体育事业属于第三产业。

第三，体育服务的生产和人们对体育服务的消费并不是一回事。

人们进行物质产品的生产，必需消费一定量的生产资料和劳动力，这种消费是生产消费。体育服务的生产也要消耗一定量的体育器材、设备和体育工作者的劳动力，这也是生产消费。没有这种消费，便生产不出体育服务。至于观众观看体育比赛或体育表演，或在体育工作者指导下进行体育锻炼，这与人们消费衣服、食品等物质产品一样，都属于个人消费，是直接满足人们物质文化需要的消费活动。由于体育服务产品不表现为实物形式，以及体育服务生产与人们对体育服务消费的同时性等特点，使得体育服务产品及其生产过程容易被人们忽略。体育服务生产过程中的生产消费似乎也是用于个人消费了，于是体育部门被视为单纯的消费部门。我们要如实地把体育服务的生产和人们对体育服务的消费区别开来。正是依据体育部门生产体育服务这一事实，我们确认体育事业不是单纯的消费部门，而是生产部门，属于第三产业。

三、确认体育事业属于第三产业对研究体育发展战略的意义

（一）作为第三产业之一的体育事业的较快发展是历史的必然趋势

体育事业的发展受到第一、二产业生产水平的制约。第一、二产业生产水平的提高为体育事业的发展提供了物质技术条件，使体育事业的发展有了现实的需要和可能。体育事业的发展可以提高人民的身体素质、提高劳动力质量；可以提供更多的体育服务，满足人民丰富多彩的精神文化生活的需要，建立文明的、健康的、科学的生活方式的需要；可以带动体育器材、体育服装等第二产业及旅游业等第三产业的发展。近几十年世界发达国家的历史表明，随着经济的发展，包括体育事业在内的第三产业在国民生产总值和就业人数中的比重不断上升，这是现代经济发展的必然趋势。因此，我们可以从三次产业结构的变化上说明，我国体育事业在投资、产值、就业人数上与整个国民经济相比应有较快的增长。

（二）要提高体育投资的经济效益

体育事业既然是一种产业，当然也应讲求社会效益和经济效益。经济效益就是符合人民需要的使用价值即劳动成果与劳动占用、劳动消耗之比。体育部门的经济效益主要表现在所生产的体育劳务的数量和质量及其满足人民需要的程度上。提高体育投资的经济效益就是要以等量的人力、财力、物力，生产出更多更好的体育劳务满足社会的需要。不能认为提高体育投资的经济效益就是赚钱。为实现我国体育发展的战略目标，不但要随着经济的发展逐步增加体育投资，而且要充分发挥体育投资的经济效益，这是对我国体育事业的发展具有战略意义的问题。在体育经费有限的情况下，更应注意提高体育投资的经济效益。通过对体育投资经济效益的分析，可以进一步认识体育在社会经济发展中的作用，使全社会更加重视体育；可以揭示体育投资经济效益的特点和规律，指明提高经济效益的途径和方法，促进体育事业更快地发展。

（三）要改革体育事业的管理体制

要提高体育部门的经济效益，提高体育劳务生产的劳动生产力，就必须改革体育事业的管理体制。要充分调动社会各方面办体育的积极性，改变体育事业过多地集中于体委的弊病，允许、鼓励和支持社会团体、企业、个人举办体育事业。要克服体育事业内部管理体制上的弊病，克服平均主义，逐步完善奖励制度，充分调动体育工作者的积极性。要改革体育场馆的管理体制，区别不同情况，有的实行企业化，有的实行半企业化，提高体育场馆利用率。这既可以增加收入、扩大体育经费来源，又可为社会提供更多的体育劳务、扩大对社会的服务。

（四）扩大体育服务商品的生产，使一部分体育服务商品化

《中共中央关于经济体制改革的决定》明确肯定社会主义经济是“公有制基础上的有计划的商品经济”。当前我国正在大力发展第三产业，推进劳务产品商品化，体育劳务当然也可以商品化。体育劳务进入流通就转化为商品。体育商品或叫体育服务商品就是商品化的体育服务。有人提出在我国提“体育商品化”或“体育商品性”。我认为这种提法是不确切的，体育是人的一种活

动，不是一种产品，谈不上什么商品化或商品性。人们通常讲的“体育商品化”是指的资本主义社会里资本家把体育作谋利赚钱的手段。对“体育商品化”进行谴责当然是正确的。但如果我们进一步研究就会发现，资本主义体育一切弊病根源并不在于体育劳务商品化，而在于体育资本主义化。

体育劳务在资本主义社会和社会主义社会都可以作为商品，但这是两种性质不同的商品生产。不能认为文学艺术等精神产品和体育劳务一旦采取了商品形式，就不高尚了，就是“一切向钱看”。赵紫阳总理指出“多数精神产品是以商品形式进行流通的，但是我们绝不能让一切向钱看的腐朽思想在我们的社会生活中自由泛滥”，“对于已经有明显表现和恶劣影响的某些精神产品不顾社会效果完全商品化的倾向，给以足够的注意，采取有效的措施，予以纠正。”这段话表明，我们并不反对精神产品商品化，而是反对精神产品“完全商品化”。精神产品“完全商品化”指的就是离开了社会主义精神产品的应有目的，“不顾社会效果”，“单纯追求利润”。党对待精神产品的这一原则，同样也适用于体育劳务，既允许体育劳务以商品形式进入流通，又不允许在体育劳务生产中不顾社会效果，唯利是图。

虽然原则上允许体育劳务商品化，但不等于体育劳务无条件地全部都要商品化。有的体育劳务宜于而且需要商品化，有的则不宜于也不需要商品化。应当按照实际情况，使宜于商品化的那部分体育劳务逐步商品化，并积极发展体育服务商品的生产。承认体育事业属于第三产业，体育劳务可以商品化，这是体育理论的一个突破，是体育事业体制改革的重要理论依据之一，是关系到体育发展战略的一个具有理论意义和实践意义的问题，需要进一步深入研究。

（选自《体育科学》1986 年第 4 期）

当前有争议的几个体育经济理论问题

张　岩

随着我国经济的增长与体育事业的发展，投入体育事业的经济资源日益增多，因而体育运动的经济问题日益复杂，这就要求我们重视对体育运动经济问题的研究。几年来在这方面已有一定的进展，但与体育运动的实践需要相比，仍然是落后的，不适应的，因之，迫切需要加强对这一领域的研究。当前在这一领域至少有以下五个有争议的问题：

1. 在体育与经济的关系上体育是否可以超前发展

经济制约体育，体育运动发展的规模和速度归根到底取决于经济发展的水平，因此发展体育事业必须量力而行，不可急于求成。这是体育理论工作者的一致认识。但在研究体育发展战略目标和解释 80 年代以来我国竞技体育在国际舞台上的成就与经济的关系时，则有不同的看法。一种观点认为，在与经济基本同步发展的情况下，体育可以超前发展，或者说可以适度超前发展，至少在某些方面可以超前发展，或局部超前发展。其主要理由是：按人均国民生产总值计算，我国 80 年代中期只有 300 多美元，处于世界 100 位以后。按综合的社会经济指标计算，我国处于世界第 77 位。但是我国在 1984 年的第 23 届奥运会上取得了金牌数第四、奖牌数第五的好成绩，这说明了体育在经济同步发展的情况下局部（即竞技体育）的超前发展。目前日本的人均国民生产总值已近 2 万美元，韩国、新加坡和我国香港等地也有数千美元，而我国即使到 2000 年人均国民生产总值才 800 美元，如果不承认体育可以超前发展，中国如何能冲出亚洲、走向世界，更何谈体育强国？

另一种意见认为，我国在奥运会上取得的成绩不能说明我国竞技体育超前于经济发展。如果把我国在奥运会上获得的金牌数，奖牌数的名次与我国人均国民生产总值的位次相比得出体育超前发展的结论，从统计学来看是不正确的，因为金牌数的名次和人均国民生产总值的位次相关并不显著。即使到本世纪末，我国人均国民生产总值也只能排在世界第 70 位到 80 位，而奥运会获得奖牌的国家和地区也不会超过 80 个，上述含义上的超前，对于我国这样一个人口众多的大国来说显然是没有意义的，也是不正确的。目前我国国民生产总值居世界第 7 或第 8 位，如果把第 23 届奥运会我国获得的金牌数、奖牌数的名次与国民生产总值在世界的位次相比，可以认为略有“超前”，但这是以苏联、东欧一些国家没有参赛为条件的。预计到本世纪末我国国民生产总值将上升为世界第 5 位，到那时我国在奥运会的名次有可能进入前 4 ~ 6 名，这个水平与我国经济总实力（国民生产总值）相比，也不能算超前。

看来分歧的产生在于用什么指标来作为衡量体育是否超前的参照物的问题。主张我国体育可以超前并已局部超前，是把人均国民生产总值作为参照物的；而否认我国体育已经超前发展则是以国民生产总值作为参照物的。近几年来一些学者曾就近10年来，甚至二次世界大战后40年来奥运会名次与各该国的国民生产总值、人均国民生产总值的关系，以及国内全运会名次与各省、市总产值、人均产值的关系都进行了分析，得出了大体一致的结论，就是竞技体育的名次与各国、各省、市的总产值即总的经济实力关系密切，而与人均产值的相关度较小，而人均产值则与群众体育的发展水平密切相关。按照这一结论把人均产值作为参照物来衡量体育是否超前发展，其依据未必充分。体育超前发展这种提法不但在科学性上难以站住脚，而且还容易产生误解，似乎当我国在奥运会上名列前茅时就是超前发展，甚至我国竞技体育现在已超前发展了。这样容易给人们一种错觉，似乎体育的发展可以超越经济条件。实际上经济条件是不可能超越的，任何威武雄壮的体育场面都是在经济提供的舞台上演出的，我们只是充分发挥了投入体育事业经济资源的作用和效益而已。当前我国社会的主要矛盾仍然是生产的发展和各项事业的发展不能适应人民的需要，体育超前发展这种提法容易给人造成一种印象，似乎体育的发展已走到前面去了，从而掩盖了体育发展不能适应人民需要的矛盾，也容易使体育界滋长自满情绪。在当前“超前”这个字眼到处泛滥而歧义丛生之时，还是以不用“体育超前发展”这个提法为好。

2. 如何理解体育事业属于第三产业

经国务院批准国家统计局于1985年公布的（国民生产总值计算方案）中正式采用了三次产业分类法，体育事业被列入第三产业的第三个层次，即“为提高科学文化水平和居民素质服务的部门”。对于体育事业作为第三产业的组成部分，属于第三产业，在体育理论界是没有异议了，但对如何理解体育部门属于第三产业则有不同的认识。

一种观点认为，体育部门之所以属于第三产业，是因为它与教育、卫生、广播电视等部门一样，提供某种劳务产品来满足社会集体或成员个体的需要，所不同的是体育部门提供的是满足人们健身和精神文化需要的体育劳务。另一种观点认为，体育属于第三产业即意味着与体育有关并直接为体育服务的产业，如运动服装、运动鞋、运动器材、运动食品、饮料等的生产，以及饮食业、旅馆、饭店、广播电视、商品销售等都属于“体育第三产业”。还有一种观点认为区分产业与事业的界限在于经营方式。像目前这样，体育部门不是按照工商企业那样来经营，只能称作事业而不是产业。如果将来体育部门像工商业那样实行企业化经营，那时体育部门才会由事业转化为产业。

我认为以上分歧意见主要是由于对“产业”和“第三产业”的理解不一致所产生的。确认体育部门是一种产业，这是以马克思的生产劳动理论和劳务生产理论为依据的。尽管体育部门与教育、卫生等部门一样都不生产物质产品，但却生产非物质形式的劳务产品，这也是生产，当然也是一种产业。既不能因为体育部门没有像工商企业那样经营就否认它是一种产业，也不能因为确认体育部门是一种产业就非得按工商企业那样来经营。至于把生产体育器材、运动服装、运动食品等企业归属“体育第三产业”，其不妥是十分明显的。这些产品都是加工工业的产品，属于第二产业，不能强拉入第三产业中来。体育场馆等利用闲置的设施来经营运动服装、运动器材，办商店、招待所等，这本来就是经营第三产业，也不必冠以什么“体育第三产业”。一些文章中把与体育有关、为体育服务的一些行业统称为“体育产业”，也是不确切的。为了避免与作为第三产业组成部分的体育产业相混淆，还是把那些生产体育用品为体育服务的产业称为“与体育有关的产业”、“为体育服务的产业”、“体育用品业”为好，正如不能把为农业服务的、生产农业机械、农药、化肥等行业称为“农业产业”一样，这个道理不难理解。

3. 体育部门的经济效益是什么

80年代以来，经济部门和各行各业都开始纠正过去忽视效益的偏向，既要讲求社会效益，又要注重经济效益，我们体育部门也不例外。经济学认为，经济效益就是社会主义经济活动中劳动消耗、劳动占用同符合社会需要的劳动成果的比例，即投入和产出的比例。等量投入获得的产出越高，则经济效益越高。由于工商等企业其投入和产出都可以用价值、货币计算，因此评价经济效益的高低也主要采用利润率等价值指标。但对于体育部门的经济效益是什么、如何衡量体育部门的经济效益，理解则很不一致。

体育部门一些从事实际工作的同志认为，经济效益是投入与产出之比，也适用于体育部门。体育部门的产出不表现为利润，但表现为体育部门创造的收入。没有创收就没有经济效益。在同样投入的条件下创收越多则经济效益越高。另一种意见认为，体育部门的产出、劳动成果，就是体育部门提供的有效劳务量。提高体育部门的经济效益就是用等量的投入创造更多的有用成果，即提供更多的体育劳务。还有种意见认为，考察体育的经济效益不但要考察体育部门直接创造的劳动成果，而且还要考察体育部门的劳动者使人们通过体育锻炼增进了健康由此而带来劳动生产率提高所创造的间接的效益。

我认为这个问题的难点在于体育部门在引入经济效益这个概念时，既不能离开经济效益的一般内涵和原理，又要反映体育部门的特点。体育部门的经济效益就是体育部门的投入与产出的比例。提高体育部门的经济效益就是以等量投入获得更多的产出，以尽量低的投入获得更高的产出。经济效益的大小决定于劳动时间节约的程度，节约人力、财力、物力归根到底都是劳动时间的节约。考察体育部门的经济效益首先要考虑体育部门的特点。它和教育部门一样都是非营利性的经营，其劳动成果一般并不转化为商品，其劳动成果（产出）不能用价值指标来衡量，因此，其经济效益不能用利润率、投资回收期等指标来衡量，也不能用创收的多少来衡量。正如衡量教育投资的经济效益有其特有的劳动成果（产出）指标一样，评价体育部门的经济效益也应有其特有的劳动成果指标。为了避免与营利性、商品化经营的部门的经济效益相混淆，经济学家于光远也曾建议对教育、体育等非营利性的部门的投入产出比可改用有用经济成果的概念，这是可以考虑的。其次，应当把体育部门经济效益与体育的经济功能区分开。体育的经济效益是指体育部门直接创造的有用成果与投入之比，体育运动强身、健体、娱心、乐群、振奋精神的作用以及由此带来的经济的增长和国民收入的增加等直接、间接的促进作用所得到的经济上的好处，属于体育的经济功能，它不是体育部门所直接创造的劳动成果，因而不属于体育经济效益的范畴。

4. 如何合理分配体育经费

我国体育运动的结构大体可分为竞技体育、学校体育和社会体育，有的把后两部分合称为群众体育。目前我国财政支出的体育经费绝大部分用于竞技体育。1982年全国体育事业费为4.15亿元，人均约0.4元。其中用于运动竞赛和训练的费用为3亿，占体育经费总数的74%。加上间接用于二者的费用，竞技体育支出的经费在体育经费中的比重更高，而用于群众体育的份额则很小。体育界和体育界以外有不少人认为，竞技体育占用的体育经费过多，而关系全国十多亿人民健康的群众体育使用的经费过少，尤其是作为整个体育基础的学校体育经费十分拮据，因此应降低用于竞技体育，大大增加用于学校体育和广大群众体育的比重。与之相反的意见认为，竞技体育在我国现阶段有其特有的政治功能，应当优先发展，竞技体育应当成为省以上各级体委工作的重点。在目前我国经济发展水平不高、体育经费有限的情况下，国家财政的体育经费必须保证重点，保证竞技体育的优先发展。

这个问题看来是个体育经费的分配问题，实际上涉及我国体育经费的来源和使用的机制问题。世界上没有任何一个国家的竞技体育、学校体育、社会体育都是由国家支出的体育经费全包下来的，要把我国竞技体育、学校体育、社会体育都由国家拨付的体育经费包下来是不可能的。这不仅是由于我们国家还穷，体育经费在国家财政支出中的份额、绝对量都很小，而且体育事业的性质也要求各方面合理负担体育费用。体育事业是全民的事业，在体育费用的负担上应确立这条三条原则：一是职责原则。体育是关系人民体质、民族素质、振奋人民精神的大事，各部门、各企、事业单位都有责任管，有义务承担各自管辖范围内体育活动的费用，做好体育工作。学校体育是学校教育“三育”的组成部分，其费用应由教育经费支出，军队体育活动的经费应由国防费用支出；企业职工体育活动的经费企业有责任承担。二是受益原则。国家、部门、企业、体育活动参加者本人及其家庭都是体育活动的受益者，因此企业、个人及其家庭都有义务负担一部分体育费用。三是能力原则。凡是职责所在或从体育活动中受益的，都应当按自己的经济能力承担其支出的费用。随着企业和个人收入的增加，由企业、个人（或其家庭）支出一部分体育费用也是能办得到的。我国近年来每年教育经费达300多亿元，拿出1%的教育经费用于体育就是3亿多。而近年来国家拨出的直接体育经费才10亿多一点，即使不搞竞技体育，不要一块金牌，人均约1元，买一支乒乓球拍都不够。我们要讲合理分配体育经费，不能把眼睛只盯住国家财政拨付的直接体育费，而应该让视野更开阔些，考虑到争取更多的间接体育经费。

5. 我国是否可以实行体育商业化

随着我国商品经济的发展对体育运动日益增强的冲击和奥运会等世界大赛越来越靠商业方式筹集经费，体育商业化便逐渐成为我国体育理论界的热门话题。许多论文比较一致地认为，第二次世界大战后在世界范围内体育运动商业化趋势加剧了，已经成为国际体育运动发展的一个显著特点。但对于如何理解体育商业化，我国是否可以实行体育商业化，则有不同的看法。

一种意见认为，体育商业化是指在体育运动领域中广泛地运用买卖的原则和方式，追求金钱和利润。其实质是资本主义雇佣关系和金钱关系在体育运动领域的反映。我国是社会主义国家，有自己独特的体育发展道路和方式，但不应忽视这个具有全球性的体育商业化的进程，应大胆吸收其有用的部分，把我国体育事业搞得更活一些。另一种意见认为，体育商业化就是指体育劳务商品化，体育劳务商品在让渡时要实现价值补偿，以获得自己继续存在和不断发展的基础。体育商业化是在商品交换关系普遍化的条件下体育运动自身发展的要求和趋势。因此体育商业化并不是一定和资本主义相联系的，在社会主义国家里也可以实行体育商业化。有的文章则避开体育商业化的提法；认为我们社会主义国家的体育既有福利性，也有经营性，因此我们在发展福利型体育的同时，也应发展经营型和商业型体育，使福利型与商业型并存。

我认为，在西方一些国家某些体育运动已成为一种巨大的商业，人们像经营商业那样经营体育，在这里买卖原则高于一切、支配一切，其核心是运动员的职业化。把这种现象概括为体育商业化虽然未见得准确，但大体是可以的。至于能否说体育商业化是我国体育发展的趋势，我国也应当实行体育商业化，则需要慎重考虑。这倒不是由于体育商业化一定是和资本主义联系的，主要是基于以下认识：一、商业化的原则是利润原则，是把收益、金钱、利润摆在第一位的。而对于我国来说，即使是借助于某些商业方式来经营部分体育项目，但目的不是营利。我国体育运动的经营应该像教育、文化那样，不论采用何种手段经营，始终要把社会效益放在首位。实行体育商业化不仅是经营方式的改变，而且意味着经营目标的改变。正如尽管我国的书刊、影片和戏剧、音乐等艺术表演虽然都是以商品形式进入流通的，但不能说文学、艺术、电影是商业化了。因为商业化一词淡化了这些精神文化产品的特点，容易混同于一般物质商品。我们在体育运动中运用某些商业经营的手段或商品经济的机制，其目的无非是为体育运动筹集更多的资金，促进竞争和人才交流，使体育运动增加活力，这与一般的商业是有区别的。二、体育是个大概念，不仅包括竞技运动，而且还有群众体育、学校体育。即使是竞技运动，也并不是所有运动项目都能用商业手段来经营的。体育商业化的核心是职业化，就在商品经济很发达的西方国家里，能够实行职业化、商业化的运动项目也不是很多。随着商品经济和体育运动的进一步发展，我国现行的专业集训队将会向两个方向发展：少数宜于职业化的项目向职业化方向发展，而另一些项目（多数项目）则会向业余化方向发展。在可以见到的不久的将来我国所可能达到的经济水平和体育水平下，能够实现职业化并采取商业方式经营的项目是很有限的。我国竞技运动大部分项目将是事业型的，少部分是商业型的。从体育运动的整体来看，仍然是非商业型的。

（选自《成都体育学院报》1991 年第 3 期）

关于体育产业的几个理论误区

鲍明晓

发展体育产业是建立与社会主义市场经济体制相适应的体育体制和运行机制的重要内容，是深化体育改革的重大举措。然而，对体育产业推进意义的高度认同与对体育产业相关理论问题的低度认同，是当前体育界对体育产业认识的现状。这种在相关理论问题认识上的混乱、偏颇和无序，不仅会影响广大体育工作者的思维方式和行为方式，而且也会影响体育产业推进方式的选择和政策、法规的制定，甚至会出现手段与目标相抵触，期望与结果相背离，因此，正本清源，达成共识，消除可能把体育产业化引入歧途的理论观点，有着重要的理论和实践意义。本文就关于体育产业的几个理论误区展开辨析。

误区一：体育产业≠体育事业

1992 年 6 月中共中央、国务院颁布了《关于加快发展第三产业的决定》，体育界随之提出“加快发展体育产业”。从各级体委近一年来出台的各项举措上看，当前，的确有不少同志认为，“发展体育产业是发展体育事业的手段，手段为目的服务，但手段本身不等于目的，即体育产业不等于体育事业”。提出这种观点的理由可能主要有两方面：其一，从传统经济学关于产业的界定上看，“产业泛指物质生产部门”。经典经济学著作中出现的“产业革命”、“产业大军”都是指物质生产部门。体育部门没有物质产品的产出，因此，体育产业不等于体育事业。其二，体育部门的产出，既包括商品性体育劳务，也包括非商品性体育劳务。在当前，中国非商品性体育劳务在整个体育部门的产出中还占有相当大的比重。从投入方式和劳务产品的分享与消费上看，这种非商品性的体育劳务具有无可争辩的福利性，既然体育事业的大部分或者说主体还是福利性的，那么体育产业就不可能等于体育事业。

笔者认为以“手段论”来否定体育产业等于体育事业是错误的。首先，传统经济学关于产业的界定是与当时经济发展水平相适应，它具有时代局限性。事实上，产业的概念是随生产力发展的历史进程而变动和发展的。不同时代赋予产业不同的内涵。从商品经济三个基本阶段（小商品经济、原型市场经济、现代市场经济）的演变中可以看到，在以手工劳动为特征的小商品经济以及以“机器革命”为特征的原型市场经济阶段，由于社会分工，生产的专业化、社会化主要发生在物质生产领域，因此，把产业界定为泛指物质生产部门是恰当的。然而，当商品经济发展到自己的高级阶段——现代市场经济阶段，社会分工，生产力专业化、社会化就主要发生在非物质生产领域，从而使“服务产业”在各国国民生产总值占中的比重不断提高。本世纪三四十年代，西方经济学家在研究产业结构对经济增长的影响时，注意到了这种变化。1935 年，新西兰的经济学家第一次提出了“第三次产业”的概念。1940 年，英国经济统计学家克拉克在《经济发展的条件》一书中，首次把产业结构划分为三个部门：第一部门以农业为主；第二部门是制造业；其他经济活动归入第三部门，称为“服务产业”。此后，西方国家划分产业结构时，多沿用克拉克的“三次产业分类法”，从而使产业的内涵从物质生产领域延伸到整个社会的经济活动。1985 年 4 月，我国国家统计局沿用国际惯例对我国三次产业也做了明确的划分，在这里，第一次把体育事业划归第三产业。属于为提高科学文化水平和居民素质服务的部门。去年中共中央、国务院颁布的《关于加快第三产业的决定》进一步确认了这种划分，并使之具有至高的权威性。因此，以产业是指物质生产部门为由，来否定体育产业等于体育事业是站不住脚的。

认为体育产业不等于体育事业的另一个理由是：当前我国体育部门产出的绝大部分是非商品性体育劳务，这部分劳务商品短期内无法大量进入市场，因此，体育事业从总体上看仍是福利型。既然体育事业是福利型的，那么，它岂能与体育产业等同？我认为，这种看法的理论短视在于，把体育事业是否具有福利性，作为判定它能否等同于体育产业的标准。事实上，体育事业是否具有福利性以及它在多大程度上具有福利性都不能作为它能否成为产业的标准。因为，随着生产力水平的提高，产业的内涵也在不断拓展。在现代社会，产业是指构成国民经济的各个部门。只要一个部门是由社会分工所形成的，且有投入有产出，那么无论它是否具有福利性，都可以称之为产业。不要说当前我国体育部门已有相当一部分可以进入市场，可以通过市场交换实现其价值的商品性体育劳务，即使是无法在市场上实现其价值，且纯而又纯的社会福利，仍然属于产业范畴。《决定》中关于第三产业的分类明确指出，社会福利和体育事业同属于第三产业的第三层次。因此，是否具有福利性以及是否可以进入市场，都不能作为判定体育产业能否等于体育事业的标准。

在深化体育改革的今天，体育工作者务必认清，发展体育产业就是发展体育事业，推进体育产业化就是以产业运作方式来重构体育事业的运行机制，以提高体育资源配置的效率和效益。在这一点上达成共识有着重要的现实意义。

误区二：体育产业化 = 体育市场化

体育产业化是体育改革中的一个理论热点。当前，体育界在如何推进体育产业化，如何处理好体育产业化与体育市场化的关系上莫衷一是。其中一种较为典型的观点是：在社会主义市场经济条件下，体育产业化是市场取向的彻头彻尾、彻里彻外的化，其终极目标是体育市场化。我认为，把体育产业化等同于体育市场化，是市场经济社会氛围中极易产生的一种心理躁动，同时也是一个极富诱惑力的理论误区。

体育产业化是指体育事业以产业化为方向，实现其运行机制转换的实践过程。它不是一维的、以市场化为终极目标的线性运动。从体育劳动的经济属性上看，体育产业化只能是双轨迹的平行运动。其中一条轨迹是产出商品性体育劳务的单位，逐步从事业型向自主经营、自负盈亏、自我发展、自我约束的经营型转变，它以市场化为终极。另一条轨迹是产出非商品性体育劳务的单位，在不改变事业单位属性的条件下，逐步从全额预算向差额预算，直至自收自支的转变，它是运行机制和补偿机制的转换，不以市场化为鹄。

体育市场化是指市场对体育的全方位覆盖或体育的全部进入市场的过程。它不仅包括一切体育劳务商品的市场交换，而且包括一切经济关系的市场化。其内涵是，一切体育劳务的生产单位在价值规律作用下，按供求信息、价格信息来安排生产和经营活动，追逐利润的最大化。这种市场取向，追逐利润最大化的冲动，必然会使非商品性体育劳务单位，如学校体育以及部分观赏和普及程序较低的奥运项目，资源投入不足，动力机制萎缩，效率和效益下降。显然，该资源配置方式所产生的结果，与当前我国体育事业发展战略，即以青少年为重点的全民健身战略和以奥运会为最高层次的奥运战略协调发展不相吻合。把体育产业化等同于体育市场化，说到底，是一种忽视体育运动自身规律，以经济效益替代体育的综合效益，以市场机制简单地替代体育事业的运行机制企图。它在理论和实践上都是有害的。

当然，由于体育劳务具有商品性和非商品性的双重属性，因此，体育产业化与体育市场化之间，并不是绝对排斥的，只不过在体育产业化进程中，体育市场化是局部的、有条件的，而引入价值规律、竞争规律、效率原则来重构体育事业运行机制则是全方位、无条件的。对体育市场化，我们既不要谈虎色变，也不能顶礼膜拜，既要承认它的驱动作用，又要看到它的弱点与不足。正确处理好两者的关系，对积极稳妥地推进我国体育产业化有重要意义。

误区三：体育用品业是体育产业的主体

受产业（指物质生产部门）以及国外体育产业产值统计的影响，当前，有不少同志认为，发展体育产业就是发展体育用品业，体育用品业是体育产业的主体。这种观点不仅有理论缺陷，而且也会引起实际工作的混乱。

体育用品业主要是指生产体育活动中所必需的各种器材、设备、护具和专用服装的行业。

目前我国生产体育用品的厂家已有300多家，能生产70多个体育项目的上千种体育用品。其中已有8个项目的28种器材被国际体育组织批准为国际比赛器材：有150多厂家的360多项器材、设备经国家体委审批在全国比赛使用：在第11届亚运会上有近70%的体育器材、设备是国产的：在第25届奥运会上，我国运动员在部分项目上使用国产器材，并取得较好成绩。这些都说明我国体育用品业已初具规模，并具有一定的国际竞争力。然而，从产业划分的角度看，体育用品业产出的是实物形态的体育用品，它属于第二产业，是制造业的组成部分。而体育产业属于第三产业，是为提高科学文化水平和居民素质服务的部门。它产出的是非实物形态的健身、娱乐、观赏等商品性和非商品性体育劳务。如果确认体育用品业是体育产业的主体，不仅混淆了二产与三产的理论界线，而且也与国务院颁发的国民生产总值计算方案不相吻合。

从行业管理的角度看，我国现有300多家体育用品生产企业的行业主管部门并不是国家体委，而是轻工部。体育部门实施行业管理主要是制定促进体育产业发展的各项法规和管理办法，包括在经营方式、范围、开业标准、从业条件、审批手续、价格政策等方面制定相应的规定，当然也包括各级比赛使用的场地、器材所必须达到的标准。但这种标准并不是生产体育用品厂家必须遵从的生产标准。譬如，生产橡胶篮、足、排球的企业，尽管它的产品达不到国家体委标准，不能在全国比赛中使用，但我们绝不能因为它达不到国家体委的标准而停止它的生产。所以，不能混淆两种标准，否则，体育用品市场将大大萎缩，体育事业，尤其是群众体育将受到较大的影响。

另外，尽管体育部门可以利用自身的优势开展体育用品的经营，但我们也不能因此把体育用品业划归为体育产业，更不能认为体育用品业是体育产业的主体。因为，一个企业能否划归某某业，是以其生产产品的性质而定的，并不是以是否经销某种产品来定的。正如我们不能把经销计算机的商店划归为电子工业一样，我们也不能把所有经销体育用品的商店都划归体育用品业。否则，就连各大百货公司的体育用品经销部也该划归为体育产业。从产业划分上看，体育用品的经营属于第三产业，但它属于商业而不是体育产业。体育部门搞体育用品的经营是多种经营组成部分，不能认为体育部门办的或与体育有关的都属于体育产业。

确认体育用品业是体育产业的主体对实际工作也会产生不利的影响。首先，按照这种观点，发展体育产业就是主要发展体育用品业，而体育产业真正的主体训练、竞赛、群体必将受到冷落，从而不利于当前我国体育发展战略的实施，同时也违背了体育事业自身的发展规律。其次，目前我国体育部门要发展体育用品业，会在人、财、物的投入上遇到难以克服的困难。体育用品业的发展需要大量的启动资金，而经费短缺又是我国体育事业发展的最大掣肘和客观现实，在这种情况下，各级体委要发展体育用品业就必然会使部分事业费转化为投资，从而使已经非常紧张的事业费更趋紧张，最终很有可能陷入顾此失彼的两难境地。因此，认为“体育用品业是体育产业的主体”是一种会把我国体育产业的发展引入歧途的错误观点。

误区四：发展体育产业就是体育部门大搞多种经营

现在还有一种观点认为，发展体育产业就是体育部门大搞多种经营。于是开商店、宾馆、餐饮店，甚而办厂、开矿、搞房地产均成为各级体委发展体育产业的重大举措和追求目标。似乎多种经营创收的多少是衡量一级体委发展体育产业成效大小的绝对指标。显然，这种观点与产业分类理论相悖，同时也是对体育产业本质属性的一种误解。

体育部门开展多种经营是发展体育产业的一个手段，其目的是为体育产业积累启动和发展资金，其本身并不属于体育产业。当然，在体育产业发展的初期，尤其是主产业训练、竞赛、群体还无法按产业化方式运作的情况下，各级体委开展“以工养体”、“以商养体”、“以农养体”的多种经营都是十分必要的，它将为体育产业的发展奠定坚实的物质基础。不过，体育产业有其内涵所规定的产业界线，我们不能因为体育部门开展多种经营对发展体育产业有客观效用，就硬要把它纳入体育产业。否则，体育产业的本质属性将日渐模糊。

（选自《武汉体育学院学报》1994 年第 1 期）

我国体育健身娱乐市场初期发展阶段的基本动因初探

凌　平　施芳芳

曾几何时，中国体育的价格是低廉的，简直可以说是价廉物美。花两根雪糕的钱就可以看一场世界最高水平的乒乓球比赛；凡去过工人文化宫乒乓室、棋艺室去打过球、下过棋的人，谁又花过一分钱？

如今体育健身娱乐项目在改革的浪潮中大步闯入了市场，在短短的几年时间里，中国内地上掀起了一股炒比赛、炒球星、炒体育广告、炒俱乐部会员证的浪潮，其势头之猛，大有一夜之间被炒至天价、令平民百姓瞠目结舌之势。

所谓体育健身娱乐市场，是指以开展体育健身娱乐项目为主要形式，把体育健身娱乐作为商品进行交换的场所。它是体育健身娱乐服务和劳务的价值和价格关系的总和。如今不少大中城市的体育健身俱乐部和体育中心率先大步走向市场，大步走进商业大门，确实令不少企业家耳目一新，大开眼界而为之振奋。然而，令大众百姓百思不得其解的是，许多体育健身俱乐部的会员证少则几万元，多则几十万元一张，这哪是大众百姓娱乐消遣健身的去处？分明是为迎合某些“斗富”、“显贵”人士的奇特心理而专门开设的一个超消费、超奢侈的场所。西方的体育健身娱乐的诸多“舶来品”一进入中国大陆便走上了“阳春白雪”的路子，不凡的消费者使得这些运动项目“曲高和寡”。人们不禁要问，促使我国体育健身娱乐市场迅速崛起和快速发展的基本动力是什么？为什么我国体育健身娱乐市场在发展初期就会出现消费的超前性、追求的时尚性、观念的滞后性、对象的贵族性和经营管理的多样性等与西方国家在其发展之初相背离的某些逆向性特征呢？这是本文作者极为关注并欲求探索的问题。本文试图从文化学和社会心理学的角度出发，力图勾画出我国体育健身娱乐市场初期发展阶段的基本动力和影响因素，为我国体育健身娱乐市场的健康发展提供一些理性的思考。

1. 我国体育健身娱乐市场初期发展阶段的基本动因

从文化的观念层、制度层和器物层的结构理论来关照和剖析我国体育健身娱乐市场初期发展阶段的基本动力和影响因素，笔者认为以下五个方面的因素是带有普遍性和决定意义的。

（1）西方体育文化思潮的冲击和影响

20世纪90年代世界范围内最引人注目的事态是苏联与东欧的集团性解体与易帜，西方发达国家经济的普遍不景气，东亚地区特别是中国内地经济的高速发展。冷战的结束和世界新格局的出现，使我国深化改革、扩大开放和实现现代化面临更好的历史机遇。政治稳定、经济繁荣和社会主义市场经济的确立，为体育健身娱乐文化的高涨、体育第三产业的生产与消费提供了新的历史条件。

90年代的中国，虽然体育文化面临着新的反思和对于“全盘西化”的拒斥，但中西体育文化交流与撞击的大格局仍然未变。对西方体育健身娱乐文化的介绍、评析和模仿的浪潮，在影视界、报界和出版界仍未消减。而改革开放的新的历史境况，使得中国体育健身娱乐市场中的消费者们的心态也产生了种种变异。

由于改革开放后中国人的现实生活发生了新的变化和西方思潮的继续涌进，思想多元向度的冲撞就不能不在体育健身娱乐文化中表现出来。从尼采的“超人哲学”到柏格森的“生命哲学”，从萨特的“存在主义”到卡缪的“荒诞哲学”，从马斯洛的“新人本主义”直到詹姆孙的“新马克思主义”等等，无不被介绍、引进和评析。90年代中国体育健身健美运动的蓬勃开展，体现了中国体育运动的力的张扬和性的风行，它既反映了弗洛伊德的潜意识、性本能说的影响，也表现出西方“性开放”观念的渗透和竞争意识的潜移默化，还表明市场经济条件下中国体育健身娱乐市场对富裕市民各类趣味的迎合。

60年代在西方兴起的回归大自然运动使人们意识到不仅对身边的自然环境要加强保护，使自己回到大自然中，而且对自己身体美的追求也以自然标准来衡量。对身体美的衡量标准不仅要求肤色自然，体型体态自然，而且要求举止行为自然。

褐色皮肤是最受人崇拜的肤色，因为这是人在大自然中接受阳光照射的产物。而且有这种色彩的皮肤的人表明在闲暇时间里总是与大自然交融，或体育或旅游，而不是从事第二职业或纠缠于家务之中，因此被看作是社会地位的象征。而健壮型的身体和行为被认为是现代人的必备条件之一，过去的那种柔弱和纤细在身体美的领域中已成为昔日“黄花”。

FKK文化的兴起把回归大自然运动推向巅峰。它是古文化的重振，也是对古文化的继承和发扬。它的出现不仅对原有的道德观、审美观造成极大的冲击，还使人们的审美价值取向产生了新的革命。

FKK，即自身身体文化或裸体文化，它是自然主义的表现。这种自然和自由生活的价值观念把裸体运动看作是自然教育和改善人的身体、心理、道德和健康的手段。人们来到大自然中，以裸露的躯体接受大自然的陶冶，尤其在夏天，人们纷纷来到公园、海滨、旅游胜地，裸露着躯体进行日光浴、游戏、玩水、打沙滩排球等，自由自在地尽情享受大自然的恩赐。特别是具有优美身段的女子，更要借此一展自己的姿色，男子们却要借此显示肌肉力度。大自然赐给人们的自然肤色是人们最崇尚的美之一，而且超过了美的范畴，具有社会价值。

这种无拘无束、对回归自然的向往和追求不仅仅是一种个体的行为，而且是西方现代体育娱乐文化的一个组成部分，是西方价值观念和生活方式的一种折射，这一体育娱乐文化现象的突现大大激发了拥有余暇时间和金钱的人们参加体育锻炼的动机。而当今中国体育健身娱乐市场的红火无不受到上述西方思潮的冲击和影响。

（2）我国中产阶层扭曲的消费行为和消费心理

我国的社会主义制度是在自然经济占主导地位、小生产者汪洋大海的基础上建立的。改革开放使自然经济朝商品经济、市场经济转化，但传统的小生产者的价值观念和消费方式不可能在短时间内得到根本的转变，这就必然出现传统的消费方式、行为与现代经济的发展不相适应的矛盾。还应看到，改革开放以来，在我国先富裕起来的正是农民、个体劳动者阶层，新的经济体制虽然使他们解除和摆脱了传统经济关系的束缚，但远没有实现传统生活方式的彻底更新，富裕仍然直接以消费品的拥有来标示，幸福仍然直接以消费品的享受来炫耀。这种现代经济发展与传统消费观念、行为、方式的不适应，无疑对当前消费行为产生重大的影响，而且随着经济的发展，传统的小生产消费观念和方式在相当长时间里还可能膨胀。我国体育健身娱乐市场的快速崛起和由此出现的早熟消费、畸形消费、豪华消费、炫耀消费等便是一个最好的明证。

我国高档体育健身娱乐市场的快速崛起和国人文化娱乐消费行为的扭曲，事实上正是受到多种心理因素的影响。其一，这是一种社会价值的补偿心理。人作为社会关系的产物，总是要追求某种社会优越感，而每个人又总是具有自身的局限，于是往往用另一方面的优越感予以补偿，以求得社会心理的平衡。对于一些收入较高而文化素质又较低的人来说，社会价值上的失衡很容易用金钱和享受品的占有、挥霍来补偿，造成消费行为的扭曲。这些人既不能进入政界管理国家要事，又不能在科技文化界崭露头角，唯一学得快又能显示其身份的地方便是各种文化娱乐消遣场所。而那些高尔夫球场、保龄球房、各类高档体育健身娱乐俱乐部便自然是这些人消费光顾的地方。其二，这是一种矫枉过正的心理。在旧体制下，一些人尝过贫苦的滋味，现在经济状况好转了，如果不正确对待和认识这种社会进步的积极意义，就会产生“生活质量至上，享受至上”的人生观，从而导致加倍消费，所谓“上一代人艰辛，下一代人享受”正是矫枉过正的写照。中国内地在短短的几年时间里掀起了一股炒比赛、炒球星、炒体育广告、炒俱乐部会员证的热浪便是这种加倍享受的具体表现。第三是攀比心理。由于体制、政策等多方面的原因，致使人们收入的差距越来越明显，消费水平的差异更为突出。当一部分人走上高消费层次后，会引起社会个体之间的心理不平衡，出现盲目攀比现象，致使整个社会的消费膨胀。在体育健身娱乐中，人们的这种攀比心理更是表现得淋漓尽致。这些人的运动技术水平并不足以挂齿，但娱乐消遣的服装却要是国外正宗名牌的，球拍也要是一流，他们时而驾驶着高级豪华轿车，在女士或小姐的陪同下来显示其富有和与众不同。

（3）公民余暇时间的增多和休闲方式的改变

据一份来自中国社会经济调查研究中心的抽样统计报告显示，“人们普遍对‘大周末’抱有厚望，认为休息日增多有利于人们身心健康的占 84.8%，认为休息日增多有利于文化生活水平提高的占 84.5%……”的确，随着双休日的实施，日渐增多的人把维持生计之外的时间用于玩，对体育健身娱乐享受的饥渴感，似乎成为现代社会人们的一个特征。据报载，现在双休日人们的休闲方式增多了，郊游、散步、打网球、掷保龄球、打高尔夫球、玩牌、玩游戏机、“KEEP FIT”等等，玩的花样、品味、技巧在不断翻新、升级。“舶来”的洋玩意儿也势头迅猛地纷纷登陆。玩，在中国正在经历着从无序到有序，从盲目到明智的过程。在玩的花样日新月异的今天，中国的体育健身娱乐市场的发展终于迎来了有史以来第一次商业性的开发高潮。

（4）公费消费陋习的推波助澜

现代消费理论认为：“任何消费方式的选择，不仅直接受到可供消费的货币收入量的制约，而且还受到货币支出结构的制约。”也就是说，消费方式和行为的选择直接受到法制条件的约束。完善的体制能在深层次上制约和引导科学的消费，体制的漏洞或不健全会成为消费行为扭曲的重要基础。我国现阶段经济体制还处于转换过程中，某些方面改革的滞后，从一定意义上说是我国当前消费行为扭曲的重要的深层原因。我国目前不少高档的体育健身娱乐场所都存在着那种“公家出钱，个人消费”的现象，实际上是坑害国家和集体利益，是一种隐形的“政府补贴”。然而此风却屡禁不止，一些商家和企业老板还以此为款待内容，招待四方客户，八方来宾。他们时不时为自己辩解：当今社会，体育健身娱乐市场是最好的生意谈判场。衣冠整洁地在高档的保龄球厅打球，漫步于高尔夫球场的绿草和蓝天中，与商家同吃、同喝、同玩，真可谓是集工作、运动与休闲于一体。

（5）外资企业对我国体育健身娱乐市场的关注和重视

随着我国经济特区的形成和大量外资企业的投资，一些发达国家的企业和财团的老板，带着他们的金钱和美梦来中国实现他们的开拓理想。他们出入于豪华宾馆饭店，潇洒于高档体育健身娱乐场所，醉兴于各种感官和肉体的刺激和满足。他们不仅保留着他们原有的生活方式，而且多少还被中国公费消费的陋习所同化，以使中国的各大宾馆饭店纷纷效仿欧美格调，建起豪华一流的体育健身娱乐场所，终于使得中国内地的体育健身娱乐市场刚一起步便“曲高和寡”。

2. 对我国体育健身娱乐市场发展的理性思考

透过上述现象我们发现：我国目前许多以经营为目的的体育健身娱乐项目是以高规格高价位起动的，而一大部分体育健身娱乐项目的商业性开发是来自体育行业以外的机构介入，无行政管理的约束，一般是工商、税务部门间接管理。因此，政策性倾斜和行业性引导很难兑现。还有，在城市规划和城建开发时，全民健身与高档体育健身娱乐场所建立的概念不清，至少在《纲要》中没有权威明确的指定。此外，体育健身娱乐市场的商业性开发一旦形成规模，对这一特殊产业或市场的管理、调控工作由谁来管，怎么做，就显得日益紧迫与重要。

笔者认为，体育健身娱乐市场的形成需要长期的耐心培育。是市场，就有卖方市场和买方市场，就有价格的涨落，就有它自己的一套规律。那种“剃头挑子一头热”、一拍脑袋就杀向市场的做法是盲目的和不可取的。一个市场从幼稚走向成熟，需要一个过程，我们走向市场的步伐快慢和这个形成过程是同步的。应该说，体育市场的潜力是很大的，它具备了可以形成的主要条件，缺少的只是时间的推移和观念的更新。中国当今的一些高档体育健身娱乐场所作为体育、健身、娱乐、消遣的卖方市场，应该时刻注视群众可以接受的程度，培育一个最广泛的、最具有代表性的买方市场，而决定这一健身市场正常流通的一个重要定位点就是适宜的“价格”。如果说体育、健身、娱乐、消遣服务是一种商品，那么大众体育的参与者就是最好的顾客。“在一个无人饮酒的国度里是断然不会有陈酿名酒问世的。”同样，在一个只有“电视球迷”、“文字球迷”的社会里，也断然不会形成完善的体育市场，没有高级别的球迷队伍就休想孕育超级明星。那种认为超消费、超奢侈的体育、健身娱乐市场可以超越大众体育发展的理论，在今天的资本主义发达国家里就行不通，在社会主义市场经济刚刚起步的当代中国，就更为荒诞。

我国体育健身娱乐市场的发展必须瞄准大众健身娱乐市场的最新发展动态；建立以体育联合会和单项体育协会为主体的健身体系；逐步形成和建立各运动项目的等级竞赛体系和竞赛规则；并以学校现有的场、馆、池为基础建立各单项体育的宣传力度，走出养身误区，更新体育观念；逐步新建多功能体育健身娱乐场所，规范各项运动的活动时间和活动方式。当人人都欢天喜地地参与体育健身娱乐时，他们就会心甘情愿地从口袋里掏出钱来，买健康，买娱乐，买消遣，买高尚的文明。这时我们的国家才会有更多的资金，更大的空间和更长的时间来发展中华民族健康事业，开拓炎黄子孙的体育市场。

（选自《山东体育学院学报》1996 年第 2 期）

"体育彩票"是体育产业的"支柱产业"

何祚庥

近日读到一些《简报》，一些体育界人士正在鼓吹大搞"体育彩票"。这些《简报》说，"体育彩票是体育产业的支柱产业"，是"投资少、见效快、效益好的支柱产业"，"建议国家增加体育彩票的发行额度，并使之享受与福利彩票的政策"，呼吁要"确立体育彩票长期发行制度"。

这样的"呼吁"虽然仅出自某些《简报》，但显然是反映了体育界某些领导人的意见。

这就不得不提出质疑。

"彩票"的本质是赌博，是投机。名义上是向社会集资，实际上是用"聚赌抽头"的办法，向社会上摊派资金，从中牟取暴利，所以说，"投资少、见效快、效益好"！如果是社会福利事业，是为残疾人谋福利，因为这些事业缺乏自主开发的能力，原则上应由社会捐助来解决所缺少的资金问题。福利彩票就是这种社会捐助的形式之一。一些中奖人往往将奖额再度用来支持社会福利事业。

体育事业本身并不具备如同社会福利事业一样的那些特点，所以原则上就不应举办所谓体育彩票的活动。如果体育可以搞彩票，那么卫生就更可以搞彩票，义务教育就更有理由搞彩票……可以举出许多行业有更充足的理由去搞彩票。这样一来，岂不是"国家搞彩票"，"全民搞赌博"？这是涉及精神文明建设的大问题。

"体育彩票是体育产业中的支柱产业"的提法是荒唐可笑的。在国民经济建设中，我们的确应关心到支柱产业的发展，因为支柱产业不仅自身能向社会提供经济效益和社会效益，还能带动其他一大片产业的发展。试问"体育彩票"自身能对社会作哪些贡献，能带动什么产业？其后果只能助长居民的投机心理。再说得直率一些，是用欺骗的手段，对老百姓实行掠夺！

江泽民同志深刻指出，"必须把社会主义精神文明建设提到更加突出的地位。……任何情况下，都不能以牺牲精神文明为代价去换取经济的一时发展。"（《在党的十四届五中全会闭幕时的讲话》）最近，江泽民同志又多次重复做了类似的讲话，并认为，"在这个问题上必须旗帜鲜明，不能有丝毫含糊"。（1996 年 12 月 19 日《人民日报》）

更何况，"体育彩票"根本算不上什么经济建设，最多只是某种"泡沫经济"！

（选自《真理的追求》1997 年第 2 期）

体育产业的发展与面临的问题

徐　汶

体育产业是指向社会提供体育产品和体育服务的经营性行业，是在本世纪 60 年代随着大众体育和职业体育的兴起而发展起来的新兴产业。

近年来，随着物质文化生活水平的提高，随着大众体育、健身体育、休闲体育的兴起，为适应消费者的要求，满足人们对体育文化享受的需要，为人们提供体育劳务产品、体育物质产品、体育信息产品以及其他相关产品的体育经济产业得到迅速发展，成为一些国家扩大就业人口、获取巨额收入、在国民经济体系中占有显著地位的第三产业中的重要行业。体育产业化已经成为世界范围内现代体育的发展潮流。

什么是体育产业

1. 体育产业的概念

1985 年，国务院颁布的《国民生产总值的计算方案》开始采用联合国以及世界上大多数国家普遍采用的三层次产业分类法，将国民经济按三层次产业进行划分，该方案明确地把体育事业列入第三产业的"为提高科学文化水平和居民素质服务"的部门。从此以后，我国统计部门和体育管理部门以及体育科学界和经济界都开始使用"体育产业"这一概念。

"体育产业"是一个新的概念，目前我国理论界对体育产业的概念尚处在探索和实践阶段。日本的体育产业发展已有较长时间，日本学者佐伯聪夫认为"体育产业意味着以体育运动自身生产财富和提供的产业；以生产、提供和运动直接相关的财富和服务为工作内容的产业。”因此，体育产业不仅是指和体育运动直接有关的体育器材、设备等生产、销售业，而且还包括了体育表演、体育设施建设、体育设施经营、体育情报信息等行业。体育产业应该成为实现体育的自身价值和意义而进行开发、生产、提供服务的产业。

2. 体育产业的内容

美国是目前世界上体育产业最发达的国家，其体育产业包括了19个领域，主要有消遣性和参与性体育，如：狩猎、钓鱼、健身、健美等；还有体育用品业、广告业、彩票业以及比赛门票、电视转播、企业赞助等。此外，还包括以无形资产为主的行业和出卖标志产品生产权，如：体育纪念章、纪念币、体育专利、体育人才、体育经纪人等。

日本把体育产业分为三类：第一类是体育用品流通业（体育用品的批发、零售、租赁等）；第二类是体育信息相关产业（体育的新闻、信息、金融等）；第三类是体育设施经营业（会员制和非会员制设施经营、人才输出、体育学校管理等）。

我国学者根据我国的实际情况，把体育产业分为体育主体产业（通过开发体育本身而形成的体育劳务产品）；体育相关产业（是指体育部门利用自身优势开发与经济、文化艺术、旅游、科技、卫生相结合的产业，主要为市场提供体育精神和物质产品）；体办企业（体委系统办的一切企业，所获的利润返回到体育事业，为发展体育事业服务）。

当前体育产业发展状况

1. 国外体育产业发展状况

据调查，美国堪称世界上体育产业最发达的国家，1988年，美国的体育产业产值就已达到631亿美元，超过了石油化工业、汽车业以及航空、初级金属和木材加工业等重要工业部门的当年产值。这一产值占美国国民生产总值的1.3%，在国民经济各行业中居第22位。

日本近年来也采取各种措施，加大体育产业的发展。以体育用品制度业和体育场地服务业为主体的体育产业生产总值，计划将从1990年的4.2亿日元提高到2000年的10万亿日元。为了扩大规模，近年来日本体育产业出现了向国外扩张的势头，在国外购买体育场馆、收买体育团体，就地进行商业性经营。据统计，1992年至1993年，日本至少花费了3.5亿美元购买美国的体育场地，如在夏威夷的48个高尔夫球场中，日本已收购了22个。

意大利以“足球工业”为主体的体育产业年产值已达24万亿里拉（约182.5亿美元），跻身于意大利国民经济十大部门的行列。目前，意大利竞技体育的发展已完全不需要政府投资，相反政府还能从体育产业收入中提取巨额税收。

英国建立的庞大的体育产业生产体系，不仅创造了众多的就业机会，也为政府提供了巨额财政收入。据1987年的统计，体育产业所提供的就业机会为37.6万个，这个数字相当于整个英国化工和人造纤维工业的就业人数，超过了煤炭、农业和汽车零件制造业的就业人数。目前，英国体育产业年产值接近70亿英镑，超过汽车制造业和烟草工业的产值。政府从体育产业中提取的财政税收近30亿英镑，相当于政府用于体育开支的5倍。

2. 我国体育产业发展状况

我国体育产业目前尚处于起步阶段。改革开放以来，尤其是十一届三中全会以来，体育战线开展的有偿服务、增收节支等体育经济创收活动取得了明显的成效，“以体为主，多种经营”搞得有声有色，大力发展体育旅游、广告、健身、娱乐、技术咨询和培训等创收活动，成立了具有一定规模的经营实体。由此可见，我国体育产业化是从70年代末以体育系统的经营创收活动而开始发展的。

在过去计划经济时代，一个中型体育场馆，其人头费、保养费、能源费以及水、电、煤等费用常需百万元，建得起场馆却养不起是普遍现象。但在发展经营创收活动过程中，体育场馆变成了体委的摇钱树，北京、上海、广州等收益好的每年创收在数百万元以上。据不完全统计，从1980年至1993年，体育系统经营创收总收入约16亿人民币。

在经营创收的同时，又依靠社会办体育，采用多渠道集资方式。上海集资3亿元成功举办首届东亚运动会，成为我国第一个不依靠国家财政拨款的大型综合运动会。1997年在上海举行的第八届全运会，新建和改建体育场馆38座，总投资为56亿元，除了国家和政府少量拨款外，绝大部分是依靠社会集资筹措的。

随着我国社会主义市场经济体制的建立，中国体育产业化发展进入一个新的阶段，即经营体育阶段。从经营创收到经营体育最重要的标志就是体委开始经营竞技体育和比赛。足球甲A联赛已显示出商业价值的巨大潜力，在1994年和1995年甲A联赛中，中国足协从多种渠道获得财源。第一，联赛杯名卖给了万宝路公司，获得130多万美金的收入。第二，出卖了11场比赛的转播权给国际管理集团，收入近300万人民币，第三，每场门票至少3000～5000元的提成，以1994年甲A和甲B的200多场比赛计算，最少也有60万元的收入。第四，丰田杯南北明星足球对抗赛也有20万美金划入足协的账号。经过四年的努力，中国足球已逐步实现企业化、职业化和市场化。随后举行的CBA和CNBA篮球联赛以及CCTV乒乓球擂台赛等都是体育产业化、职业化的具体表现。

体育产业化面临的问题

1. 体育与金钱、电视的问题

根据国际奥委会的市场报告，国际奥委会通过夏季和冬季两个奥运会的电视转播得到的收入从1984年到1994年达到了233.99亿美元，同一时期，通过市场合同的收入为5.72亿美元，国际奥委会从中提取2.7亿美元，到2008年，国际奥委会已经同美国电视网签订了价值56亿美元的转播合同。电视转播能给奥委会带来一笔笔可观的收入，这些可观的收入足以保持国际奥委会经济上的稳定。金钱与电视使体育如虎添翼，但同时也带来许多负面影响，体育若屈从于金钱，就会走向堕落。

在体育高度商业化的今天，神圣的奥林匹克运动会已经变成了一部巨大的商业机器。不少人企图操纵这部机器大赚其钱，因此有人说，当今奥运会上的主角已不再是运动员，那些赞助商、保险公司和贷款者成了主宰一切的霸王，他们把奥运会变成了一项重要的买卖。各国有识之士为此都感到忧虑，一方面，体育的发展离不开金钱；另一方面，金钱又会给体育带来灾难。必须处理好体育与金钱之间的关系，才能使体育事业、体育产业朝着健康的方向发展。

2. 体育与商业赞助的问题

商业赞助对于体育的发展起着关键的作用。绝大部分职业足球俱乐部如今需要依靠赞助收入来维持生存。赞助收入已不再是额外的财源，而是一个俱乐部收支平衡的必不可少的保证。欧宝汽车公司每年要向慕尼黑足球俱乐部赞助，从商业角度上来看，它是德国最具吸引力的俱乐部，该俱乐部每年从欧宝汽车公司得到250万英镑的赞助。另外，在足球赞助中，运动装备的赞助也起着重要的作用。阿迪达斯公司与许多国家的足协签订了一系列的提供装备的协议。足球之所以能得到众多商家的巨额赞助，是因为如果你能够将公司赞助商和装备赞助商拉到一起，同时保证能够上电视，你就会得到理想的商业组合。

在众多的体育商业赞助中，烟草商异常活跃，他们往往借助各种体育盛会提高业绩，有些烟草商还把赛场当成烟草展示橱窗，尽管许多国家禁止和抵制烟草广告。1989 年欧盟委员会就提出关于在体育和艺术活动中禁止烟草广告的建议，经欧盟各国卫生部长先后 10 次讨论，于 1997 年 12 月 5 日终于达成协议，规定在一定的时限内，烟草广告将在欧盟各国的体育活动中消失。虽然烟草商如今到处碰壁，但是他们则不惜用巨资扩大自己产品的知名度，不少体育比赛便堂而皇之的成为烟草宣传会。万宝路公司用巨资购买中国足球甲 A 联赛杯名以及希尔顿公司购买中国篮球联赛杯名就是很好的例证。

在当今的竞技体育中充满着铜臭。美国教练乔治．卡尔在评论已有 50 年历史的 NBA 篮球联赛时说："贪婪和商业化是篮球竞赛的大敌，我们带着越多钱和私心进入球队，所看到的情况就越糟。赛事变成了讨价还价的交易。我看不出这样的赛事有什么趣味，比赛本身完全被遗忘了。"可见，商业赞助既能够给体育事业带来活力，也会给体育事业带来危险。

3. 体育职业化的问题

自从 70 年代初开始，国际奥委会排斥职业体育的态度有所改变，到 1988 年奥运会允许职业网球运动员参赛，标志着职业体育已开始纳入国际奥林匹克运动体系。因此，职业体育的国际化，已成为 90 年代国际体育发展的新趋势。如今，职业体育蓬勃发展，方兴未艾，职业化的体育项目越来越多，职业运动员的收入也越来越高。但是，世界体坛在开展职业化过程中也带来一些问题和弊端，如体育赌博、运动员受伤害、体育道德沦丧、滥用兴奋剂等。

金钱推动了体育之舟，也摧毁了一些运动员脆弱的体育精神，为钱而赛成了少数运动员孜孜以求的目标。"公开谋杀"在运动场上已不是什么新闻。据一项正式的调查表明，在过去 80 多年中，死于正式拳击比赛的拳击手已达 600 人，其中被当场打死的近 300 人，其余均在受伤后 10 天内死亡。不仅职业拳坛命案迭出，就连保护森严的业余拳击运动也同样在金钱的操纵下出现"谋杀案"。

今日体坛，充满血腥味的比赛岂止拳击、橄榄球，就连被世界誉为"世界第一运动"的足球也同样令人胆战心惊。为了赢球赚钱，一些运动员成了足球场上的"战术杀手"，许多球星都在这些凶狠好斗的"杀手"前望而却步，因为他们不能只考虑自己的技术运用，而首先要考虑自己的骨头有多硬。因此，一些球队虽然踢得相当漂亮，但并不一定能赢球。于是，一种被评论家称为"更富有效率"的与艺术足球对立的"力量型"足球开始走俏足坛。这种"力量型"足球的特色就是使用"战术型杀手"，其典型的战术是推、拉、扯、撞、踢、绊，甚至咬等，无所不用。以 900 万美元身价被西班牙巴塞罗那队收购的马拉多纳就是迎战毕尔巴鄂队时，被对方"杀手"盖德查故意猛踢马拉多纳的左小腿，而使马拉多纳被送进医院抢救，并在医院足足躺了三个月才基本痊愈。

近来，由于足球场上的血腥野蛮"杀伤"事件越来越多，使这一运动面临着严峻的考验，并引起国际足联、各国足协和世界球星们的忧虑。世界球王贝利就一再呼吁，应尽快修改足球规则，严惩肇事的"杀手"，以避免足球暴力。还有的专家指出，应从根本上铲除产生暴力的温床，即足球运动的商业化和金钱化。这虽然不利于足球的全面普及发展和扩大效益，但可以让足球真正回归到足球艺术的享受中去，而不要让它成为暴力的牺牲品。

结束语

体育产业作为国民经济的一个产业部门，具有与其他产业相同的共性，要注重市场效果，讲求经济效益。同时，又具有不同于其他产业部门的特性。体育产业作为第三产业中"为提高科学文化水平和居民素质服务"的部门，其产品的主要功能是增强人民体质，振奋民族精神，实现个人的全面发展和社会的文明进步，它所产生的社会效益远远大于直接的经济效益。在市场经济条件下，重视经济效益，应该说是一个进步。但只讲经济效益，不讲社会效益，那么，社会效益必然会受到严重的影响。而我们的体育是为人民服务的，因而我们发展的体育产业一定要坚持经济效益和社会效益两手并举。把社会效益放在第一位，经济效益要服从社会效益。我们决不能以损害社会效益来获取经济效益，也不能以眼前的经济效益来损害长远的社会效益。

（选自《广州体育学院学报》1998 年第 2 期）

体育赛事电视转播权的研究（1999）

张　立　石　磊　黄文卉　王力军

国际上，电视转播赛事和营销转播权的历史发展

1. 萌芽阶段（20世纪30～40年代）

人类在20世纪20年代发明了电视，30年代建立了电视台，1936年就首次基于政治目的，将电视转播技术应用于柏林奥运会，这标志着电视转播技术在体育界应用的开始；而1948年为拍摄伦敦奥运会而付费，则标志着销售电视转播权进入萌芽阶段。

2. 争议犹豫阶段（20世纪50～60年代）

由于国际奥委会坚持不切实际的非商业化的奥林匹克理想，导致1950年国际奥委会和奥运会组委会财政到了几近破产的边缘。这时，出售电视转播权无疑是解决财政问题的良策。但在第五任主席布伦戴奇的领导下，国际奥委会对营销赛事电视转播权的态度仍显得犹豫不决。美国各大型广播电视公司更是以奥运会比赛是新闻为由，拒绝支付1956年墨尔本奥运会转播费用，从而引发了争议。虽然国际奥委会于1958年在《奥林匹克宪章》里明确规定了销售转播权的权力归属，但当年墨西哥奥运会组委会获得400万美元的电视转播收入时，国际奥委会也还只是以“赠款”的名义第一次从组委会中接受了15万美元的电视转播合同收益。国际奥委会的犹豫态度，无法使刚萌芽的世界体育赛事电视转播权市场得到大的发展。

3. 初步探索阶段（20世纪70～80年代）

70年代到80年代初，世界经济进入了停滞膨胀和经济危机时期，国际体坛也深受冲击。奥运会面临资金困难的70年代，也正是世界电视业得到迅速发展的时代。在第六任主席基拉宁的领导下，从1972年的慕尼黑奥运会开始，国际奥运会更加明确了电视转播权的商业价值，真正主动参与了销售电视转播权费用的分成。此阶段转播权主要由赛事组委会销售，国际奥委会代表各国、各单项体育组织，根据协商比例规定，参与了转播权销售收益分成。1980年萨马兰奇上任后，又进行了一系列的大胆改革，进一步统一了对“商业化”的思想认识，这给后来尤伯罗思的商业运作创造了条件。1984年洛杉矶奥运会组委会在尤伯罗思的杰出领导下，开创了商业经营奥运会的先例，其中，电视转播权的销售收入也呈现了几何级数增长，收入竟高达3.6亿美元。电视转播权收入是奥委会探索商业化运作的敲门砖，成为奥委会的主要收入来源，有时竟占其总收入的95%。国际奥委会自1988年汉城奥运会，开始逐步掌握了销售电视转播权的主动权。

在国际奥委会的影响下，各国际单项联合会、各国家体育组织纷纷踊跃销售转播权，极大地改善了各体育组织的财政状况。70年代，国际足联在销售世界杯电视转播权上也得到了较大的增长。美国同样深受影响橄榄球联合会在70年的电视费收益为4600万美元，1986/1987赛季收入竟高达50亿；70年代初，NBA还是个负债累累的组织，而到80年代，NBA各队中电视转播权费收入已占其总收入的30%～50%不等；意大利足球从1985年开始与电视台合作，收入颇丰；英国从1971年开始向世界多个国家有偿实况转播了英国足球联赛；80年代中期，欧洲广播电视联盟付费转播了欧洲足球锦标赛和世界田径锦标赛的实况；澳大利亚、新西兰、日本、加拿大等国也相继在这个时期加入了购买国际赛事电视转播权的行列，1984年，电视转播洛杉矶奥运会的国家已达156个。国际上，营销赛事电视转播权的实践活动已在世界范围内得到了初步发展。

4. 繁荣发展阶段

自1992年起，国际奥委会再次明确了转播权的权力所属，取消了奥运会组委会在谈判电视转播权问题上的部分权力，使奥运会承办权和销售电视转播权分离，国际奥委会在电视转播权的销售谈判和收入分配中逐步掌握了更大的自主权力，这标志着国际上体育赛事电视转播权的销售进入了繁荣发展阶段。国际奥委会在1995年10月的执委会上又确定了新的分成比例：49%归赛事组委会，51%归国际奥委会，国际奥委会真正成为奥运会电视转播权的销售主体。成功的运作，使该部分收入成了奥委会的支柱产业：1993～1996年间，国际奥委会从出售奥运会电视转播权中所获收益占其巨额总收入的48%。

此阶段的特征还表现为，购买赛事电视转播权的已不仅只是广播电视机构，国际一些大型中介机构也加入了购买行列。通过中介公司的专业运作和合理分配，转播费又一次实现了大幅度的上涨。最典型的表现是，德国ISL集团和KIRCH集团合作，于1996年7月以高额保证金的方式，获得了2002年（10.4亿美元）和2006年（12亿美元）世界杯在除美国外世界范围的电视转播权，远远超过了1998年的1.84亿美元。除此之外，其经营收入的利润，还须按规定的比例，再上缴国际足联。

60多年来，营销赛事电视转播权给体育带来了许多益处：巨额转播权营销收入，增强了国际奥委会、国际足联等国际体育组织的财政实力；由于国际奥委会在分配转播费收入时充分考虑了各国、各国际单项组织的利益，使198个国家奥委会和41个单项运动联合会同时受益。奥委会获益中，扣除20%用于赛事的必要开支外，其余部分由国际奥委会、各国家奥委会、各单项联合会按三三分成，这有力地维护了奥林匹克大家庭的稳定和

团结；由于电视技术的普遍应用，各种体育赛事在世界范围内得到了最广泛的宣传与传播，使奥运会设项不断增加、扩张。电视转播体育赛事和营销转播权，具有深刻的社会政治、经济、文化、科技背景。

当今世界营销赛事电视转播权的几种模式

根据典型组织营销转播权的方式，现归纳划分出下列几种国际上常见的营销模式类型（见表1）。表1表明，国际上经营体育赛事电视转播权的方式是多种形式并存，不同国情、不同条件的体育赛事可以进行不同的选择。

值得我国借鉴的相关立法经验

国际上，尤其是国家奥委会和美国，其有关市场运行的法律规则的建立，对世界电视转播市场的形成、发育和完善产生了重要影响。

1.《奥林匹克宪章》有关条款的规定及多次修改，逐步确定、保护了国际奥委会对转播权的营销主体地位

《奥林匹克宪章》中明确提出，国际奥委会拥有有关奥运会的一切权利，包括利用奥运会从事商业经营的权利。在1958年的《宪章》中首次提出电视转播权的问题，明确划分了奥运比赛作为“新闻”和“娱乐”的区别，规定奥运比赛电视转播的权力所属。第49条规定作为娱乐，现场直播奥运会比赛的权力须经国际奥委会承认，由奥运会组委会售出，所得利润按既定方案分配；电视或电影播放奥运会新闻时，节目引用奥运会有关内容每日不得超过3min，电视台或电影在24h内可以在新闻节目中插播奥运会内容三段，每段3min，段与段之间至少相隔4h。

最新出版的《奥林匹克宪章》第1章第11条明确规定了国际奥委会对奥运会电视转播的权利，该款规定：“奥林匹克运动会完全属于国际奥委会，国际奥委会拥有其中有关的全部权利，特别是（而且没有限制地）涉及该运动会的组织、开发、广播电视和复制的权利。”第2章第28条阐述了国际奥委会经费来源：“它（指国际奥委会）从出让包括电视转播权在内的一些权利以及举办奥林匹克运动会来集资。”《宪章》的规定为高额电视转播费奠定了基础。国际奥委会从1958年开始制定相关条款，于1972年、1984年、1988年、1990年、1992年、1995年，多次对电视转播权的经营和收益分成比例等内容进行修改，如此逐步通过立法，确定、保护了国际奥委会的营销主体地位。

表1　体育组织营销赛事电视转播权的模式一览

类型	举例	特征	存在条件	优点与不足
与电视台合作经营模式	阿根廷足协	成立赛事公司，并与一电视台合作，面向全国，实施统一营销	经济不发达国家，并发销售初期	有电视媒体作后盾，保证了发展事业和获得经济利润双收益
直接销售给电视机构模式	奥委会	将奥运会举办权与电视转播权分离，奥委会将转播权直接销售给电视机构	赛事影响较大，具有许多固定的大型企业客户	明确归属，把握销售，能够保护自己组织的利益
中介机构缴纳保证金代理销售模式	国际足联	由国际大型中介机构代理销售	（1）初期销售，企业客户少； （2）专业包装，再创高价值	专业创作，提高效益；需慎重选择中介机构
体育组织联合销售模式	NBA	客队反垄断豁免，集中体育队伍，统一销售，规模经营	充分的信任、团结的组织、高额的成效、合理的分配是其存在的必要条件	保证不同水平运动队的共同利益；分配不适宜时，容易在不同水平的队伍间产生矛盾
电视台联合经营模式	欧洲电视联盟	欧洲电视联盟统一购买各种体育赛事在欧洲大陆的电视转播权	欧洲一体化产物	多家电视台联合，保证了赛事的广泛传播，容易形成垄断，不利于抬升市场价格

2. 美国“版权法”保护了赛事拥有者营销赛事电视转播权的商业行为

80年代以前，由于电视技术的发展还处于初级阶段，有关电视转播的立法大多集中在保护观众观看体育比赛的权利上。70年代以来，职业运动队与电视机构的矛盾已经越来越严重。1976年，美国众议院临时成立了一个

国会职业体育委员会，其任务是协调职业体育的电视转播问题。1976年，美国国会通过了“版权法”，明确了职业体育联盟的节目可以享有联邦政府的版权保护，使得这一状况得到改善。版权法的诞生从根本上确定了保护体育赛事电视转播权的法律依据。进入80年代以来，随着信息时代的来临，几乎所有的西方国家无一例外地制定了各自的“版权法”，使得电视转播权的经营成为有法可依的商业行为。

3. 美国的“反垄断法”保护了电视转播市场的自由竞争

反垄断法是美国经济生活中最重要的法律条文之一，它鼓励各家电视台平等竞争，既不允许某家电视台独家垄断，也不让几家电视台联合起来，共享电视转播权。因此，各大电视台须极尽能事，击败竞争对手。据统计，1960年冬夏季奥运会电视转播权总额是44万美元，而1988年卡尔加里、汉城冬夏季奥运会电视转播权的销售额已经达到了6.09亿美元，30年间增长了8500倍。

4. 美国的“反垄断豁免”保护了体育组织的集团利益

反垄断法确定了电视台之间激烈竞争的游戏规则，客观上为体育组织带来了巨大的商机。另一方面“反垄断豁免”又从另一个方面保护了体育组织的利益。1961年，美国国会批准职业体育联盟在代表所有球队的协会或者职业联盟集体与电视台谈判这一问题上享受“反垄断豁免”，这就保证了职业体育组织的整体利益。美国的主要职业体育联盟已经在他们所属球队的全国电视转播权的问题采取了垄断，然后由职业联盟进行统一分配。目前，这一做法已经形成了国际惯例。欧洲的5大足球联赛也都是由各国的协会出面与电视台进行电视转播权的交易。在电视转播权同题上实施反垄断豁免，实际上，这给予了职业体育联盟独一无二的权利。

5.《业余体育法》鼓励支持了美国体育组织营销赛事转播权的快速发展

为鼓励发展体育运动，1950年美国奥委会被承认为法人，视作非营利组织，国会通过了免除奥委会纳税义务的决议。对各类体育组织、对向体育组织提供捐赠资金的公司和个人，政府也给予免税的优惠政策。1978年美国通过了《业余体育法》，该法把有关奥林匹克运动的一切权力赋予美国奥委会。为此，美国奥委会成立了专门机构——市场发展部，主要围绕美国奥委会的商用标志和以奥运会代表团名义和影响开展经营开发。规定赛事电视转播费的10%要作为该国奥委会的收入等。除此之外，政府还以立法、减免税收等政策形式支持企业和社会对奥林匹克运动的参与。如：鼓励公民多交税退税；社会企业对奥林匹克活动的支持赞助，享有相应的减免税政策等。企业参与积极性的高低，是电视转播费上扬或下降的重要影响因素，这种鼓励政策促进了美国体育组织营销赛事电视转播权的快速发展。

总之，上述立法保证了美国在电视技术上长期处于世界领先地位，成为包括奥运会等重大国际比赛的最大电视转播客户。80年代，美国购买奥运会电视转播权的数额几乎占了全球的90%；到了90年代，由于欧洲、亚洲、大洋洲各国和洲际广播组织购买费用的增加，美国份额有所下降，但是仍然超过了50%。与此相对应，美国相对完善的体育赛事电视转播立法，对其他国家产生了重大影响。

从奥委会、美国体育组织的立法简史可以看出，有关赛事电视转播权的相关立法，产生于解决实践问题之中，并对后来的实践起到了有益的指导作用。因此，对我国来说，借鉴国外经验，在开发经营转播权之初，首先搞好相关立法十分必要。

对策

针对上述问题，参考国外经验，提出下列对策构想，仅供参考。（1）统一思想，广泛宣传，明确赛事电视转播权是商品，充分了解开发赛事电视转播权的巨大商业价值，正确认识开发转播权对目前发展我国体育事业的重要意义和作用。（2）继续深化体育体制改革，进一步理顺各级体育组织间的关系，尽快建立社团性的实体协会，加强中国奥委会、协会、俱乐部的科学、民主管理，实行自主经营，搞好赛事电视转播权无形资产的开发。（3）由中国奥委会、中国各单项运动协会立法明确其在国内主办的赛事的电视转播权权力所属，争取获得有我国选手参赛的国外赛事的电视转播权的销售权力（或明确我体育组织的获益比例），以保证高额利润收益；争取在《体育法》中补充相关条款，获得社会对我国体育组织营销赛事电视转播权的广泛认同，加强自我利益保护；立法建立全面、合理的分配机制，调动各方面的积极性。（4）参考国际奥委会做法，将举办权与电视转播权分离推出和销售；对综合性赛事、项目联赛等，借鉴NBA运动队联合经营模式，根据不同情况，采用分级管理方式，实行统一规模经营和分散经营相结合，促进不同发展水平、不同市场效益的项目，以及不同运动水平队伍的共同发展。（5）正确认识中国目前存在的中央电视网、中国教育电视网、省市电视网、城市电视网、有线电视网五大全国电视网市场（甚至包括香港卫视中文台），在开发初期，采纳阿根廷足协与电视台合作模式，搞好与一家全国电视网的合作（如中国教育电视台），面向全国1200多家电视台，共同培育多元化媒体赛事转播市场。（6）吸取国际足联中介机构代理销售模式经验，各级体育组织要正确认识和强化中介机构的作用，慎重选择合作公司，通过中介机构的专业市场运作，争取获得更大效益同时节省经营管理人员力量，集中精力，更好地发展体育事业。（7）在处理融资与发展体育运动的关系、对待通过体育赛事转播宣传内外资企业产品的问题以及正视新近出现的因特网等多种媒体传播赛事实况信息的事实等方面，也应有所考虑。

总之，我国对赛事电视转播权无形资产的开发销售还刚起步，目前仅处于萌芽阶段，需要有一定的发展过程，对此我们要有清醒的认识。为促进此类无形资产的开发，当前迫切需要解决和注意的问题是：一要加快立法建设；二是加速体育体制改革，改善经营环境；三是为繁荣电视转播市场，应注意避免“垄断”机构的形成（包括中介机构和电视台等）。希望赛事电视转播权的营销能尽快成为我国体育产业开发中的支柱产业，为中国体育事业的发展创造出更多的发展后劲。

（选自《体育科学》1999年第6期）

体育博彩业的回顾与发展趋势

王　红　钟海鸥　邱成耀

近年来，在国内外体育经济政策的调查变化中，有一个明显的趋势，就是体育运动的发展仅依靠国家财力是难以实现的，即使是发达国家也难以做到。如美国、德国、法国等许多国家，由政府担负的体育经费只占全部体育支出的1/3，其余绝大部分依靠社会集资。因此许多国家政府向体育组织提供优惠政策，鼓励体育组织筹集社会资金。而在社会集资和吸引民众游资的多种途径中，最有效的措施便是发展体育博彩业。体育博彩业已成为许多国家吸引社会游资、发展体育事业、增加政府税收的有效途径。与此同时，体育博彩业也已成为一些国家体育产业的主要支柱。

体育博彩业的起源与发展

体育博彩业的主体行业是体育彩票。彩票的发行在世界上已有200多年的历史。最早的体育彩票诞生于体育竞技极为活跃的古罗马。当时，富有并喜欢刺激的罗马贵族常常利用闲暇时光去角斗或赛马场，在观看比赛的同时进行博彩。后来，博彩活动渐渐在欧洲风行起来，并流传到世界各地。真正意义的现代体育彩票是在第二次世界大战后发展起来的。当时各国发行体育彩票的目的，主要是为了推进本国的体育事业。几十年来，体育彩票的作用已被各国政府所承认。目前发行彩票的国家已有100多个，遍及五大洲，加入国际体育彩票联合会的国家有30多个。美、英、意、法、加等西方国家以及俄罗斯、保加利亚等东欧国家，都把发展体育彩票作为扶持体育事业的有力支柱。在许多国家，购买体育彩票已成为公众生活的一种嗜好。作为体育博彩业发展相对落后的亚洲国家而言，推行体育博彩、体育博彩合法化正成为一种趋势。如1999年新加坡已成为第一个经营足球博彩的东南亚国家。2000年日本的足球彩票也将正式上市。我国则在1998年9月颁发了《体育彩票公益金管理暂行办法》，并自1994至今，总计发行体育彩票62亿元。

体育博彩的基本内涵和形式

1. 体育博彩的基本内涵

体育博彩它是以发行体育彩票、赛马彩票、赛车彩赛、足球彩票、自行车彩票等为主要渠道的。体育博彩业的主体行业是体育彩票业。赛马博彩、赛车博彩、足球博彩、自行车博彩等又称为专项博彩。

2. 育博彩的形式

（1）体育博彩的形式繁多，主要分为两大类：即决定中奖与否可分为数码和预测两类。数据码类是以抽签或以预先在彩票上表明而决定中奖者。预测类则是根据预测的准确与否决定中奖者。数码彩票中奖，纯属“碰运气”，而预测彩票的中奖，除运气外，主要还取决于预测者的智慧和所掌握的信息，所以它带有一定的技术性，正是在这点上，它能满足一些人的“自我表现意识”而受到偏爱。预测彩票的主要项目载体有足球、马术、赛车、自行车等。因此，又可称为专项体育博彩。

目前，在许多国家，足球博彩在专项体育博彩中占据着首要地位。特别是在欧洲一些足球水平高的国家如英、德、意、法等特别盛行，单在英国，每周就有数以万计的人参与足球博彩。意大利每年足球博彩收入要占到体育彩票纯收入的90%。

（2）体育博彩发展的具体形式

体育博彩的基本形式分为数码类和预测类。按照不同的博彩体系和方法，体育博彩的形式呈多样化，且具有浓厚的国家特色。如意大利体育博彩的形式主要有：六合彩、彩票、宾戈（通过买宾戈卡中还兑奖，相当于幸运号码）、摸彩、有奖竞猜五种。体育博彩的种类主要有：足球彩票、“三合彩”、赛马彩票、全国彩票、地方彩票五种。在英国主要的体育博彩是足球博彩且设有专门的足球博彩公司。博彩的主要形式属预测类。在日本影响最大的彩票当属自行车凯林赛。凯林赛活动主要是在赛车场、场外或是通过电话进行。彩票具体分为四种，但主要的博彩形式同样是进行预测。在我国，发行体育彩票是体育博彩业开展的主要内容，博彩的形式属数码类。在沿海一些发达地区，近几年则逐渐开展了赛马博彩活动，从而进一步促进了我国体育博彩业的发展。

体育博彩资金的重要作用与地位

1. 体育博彩资金是国家体育组织资金的重要来源

体育博彩因其成本低、风险小、收益高的特点。在一些国家利用体育比赛活动的吸引力、竞争性以及比赛结果的不确定性，开展体育博彩已成为体育产业的经济支柱。越来越多的国家把发行彩票作为扩大财源、发展体育事业的经济手段。体育彩票已成为一些国家筹措体育资金的重要手段。如表1所示，1993年欧洲七国（每一国家的）三个体育组织的彩票收入平均约占各国体育组织经费的50%左右。以瑞士、以色列、斯洛伐克突出。在体联组织一项方面，这三个国家体育彩票收入所占百分比均超过70%。在奥委会组织方面，瑞士、以色列、芬兰三国则均超过60%。由此可见，在举行大型体育赛事方面体育彩票还是弥补庞大财政开支的手段之一。而绝大部分的国家体育组织资金来源于体育彩票的收入，其次是企业赞助（见表1）。

表1　欧洲七国体育组织经费来源调查（%）

国家	组织	国家拨款	彩票收入	自身活动收入	帮助	其他收入
德国	体联		52	174		31
	奥委会		30		70	
	单项协会		24	30	30	14
瑞士	体联	6	90			4
	奥委会		60		30	10
	单项协会	1	12	47	40	
以色列	体联	15	80			5
	奥委会	5	80		15	
	单项协会	5	85	10		
芬兰	体联		22	56	17	5
	奥委会		80		15	5
	单项协会		40	25	30	5
卢森堡	体联					
	奥委会					
	单项协会		70		15	15
斯洛伐克	体联	18	72	6	3	1
	奥委会	35	20	5	38	2
	单项协会	18	73	2	5	2
斯洛文尼亚	体联	20	65	10	3	2
	奥委会	43		17	37	3
	单项协会	25	5	15	50	5

续表

资料来源：《国外体育动态》1987年第28期。

2. 体育博彩资金是栽种体育运动的重要来源

表2可见，资助体育彩票收入的分配去向大体包括四部分：中奖者奖金、上缴国家、资助体育运动和其他用途。其中中奖者奖金普遍占彩票总收入的35%～60%。从欧洲国家体育彩票收入分成比例来看，中奖者奖金基本占35%～50%，普遍高于其他部分，仅次于中奖者奖金所占百分比的是赞助体育运动一项，平均占彩票收入的20%～50%。上缴国家一项所占百分比均为10%～30%，较明显低于资助体育运动方面。而在其他用途一项则普遍为10%左右。从以上数据可以看出，体育彩票收入中，用于资助发展体育运动经费的比例相对较高，其中德国为50%，希腊和丹麦为40%。此外，文献资料还表明，在1987年，苏联发行体育彩票的收入50%归苏联体委（占体育事业费的80%）。1994年，法国体育经费中的1/4是通过发行体育彩票获得的。事实证明，发行体育彩票成为体育事业进行社会集资的有效途径。

表2　欧洲九国体育彩票收入分成比例（%）

国家	中奖者奖金	上缴国家	资助体育运动	其他用途
德　国	35	15	50	
希　腊	45		40	15
丹　麦	45	15	40	
西班牙	55		45	
意大利	38	26.8	32.2	3
荷　兰	46.5	14.3	28.9	10.4
葡萄牙	50	18.5	31.5	
瑞　士	50	13	37	
英　国	50	10	20	10

资料来源：《国外体育动态》1997年第8期。

我国体育彩票发展概况

旧中国的体育彩票是伴随着西式赛马而产生的。20世纪初，上海、天津、武汉等大城市里有西式赛马活动，马票设有摇彩、位置、连位等种类。由于参与赛马、购买马票具有以多博少的特点，因此吸引了不少市民不惜血本前往一博。需要指出的是，当时马票发行者都是统治阶级的实权人物，能操纵和控制彩票的发行，其收入都被那些特权人物所掌握。因此从根本上说，当时的彩票只不过是统治阶级用来搜刮民众的工具。

新中国成立以后，赛马被停止，彩票也被停止，彩票在我国曾长期被视为“资本主义货色”和“赌博的变种”，被列为“禁区”，因此人们不敢问津。使得彩票在中国沉寂了大约半个世纪之久。

随着改革开放的进程，中国社会平静地接受了舶来的彩票文化，派人出国考察，吸取外国发行体育彩票的先进经验。通过考察和研讨人们认识到，许多国家体育运动之所以长期蓬勃发展，其最基本的因素之一就是发行体育彩票，筹措到更多的资金用于发展体育事业。彩票并不是资本主义专利，作为融资手段，完全可以为我所用。

1984年，福建省率先发行了新中国合法的体育彩票，开拓了新中国体育彩票的先河。1985年，广东省为了筹办第六届全运会，也发行了体育彩票。其后，沿海许多省份纷纷发行本市的体育彩票，筹集资金兴建体育场馆或举办体育活动。到1993年，先后有20余个省、市发行了体育彩票。

从1987年至1993年，国务院曾批准国家体委先后发行亚运会、全运会、民运会、农运会等多种体育彩票，为大型运动会的举办筹集了资金。

1994年3月，为解决亚洲冬季运动会、民运会、农运会、冬运会等13项大型体育活动经费不足的困难，国务院批准国家体委1994~1995年度在全国统一发行10亿元体育彩票。

多年来，体育彩票实现了按规定的额度成功发行：1996年12亿元，1997年15亿元，1998年25亿元。自1994年起至今，总计发行体育彩票62亿元。

按照中国人民银行核准的《体育彩票发行与销售管理办法》规定，体育彩票的销售总额为体育彩票资金，由返还奖金、发行成本费和公益金三部分组成。其中，返还奖金不得低于50%，发行成本不得高于20%，公益金不得低于30%。

1998年9月1日，国家体育总局、财政部、中国人民银行联合颁发了《体育彩票公益金管理暂行办法》，规定体育彩票的公益金主要用于落实全民健身计划和奥运争光计划的开支。主要包括：资助开展全民健身运动；弥补大型体育运动会比赛经费不足；修整和增建体育设施；体育扶贫工程专项支出。

截至1997年底，发行体育彩票筹集公益金11.1亿元。其中，用于补助大型赛事5.3亿元，全民健身计划3.94亿元，体育扶贫工程（包括补助灾区或库区体育）1319万元，修建群众体育设施1.18亿元，剩余公益金1.675亿元将继续用于上述方面。今后，将逐步加大用于全民健身计划的比重，以体现体育彩票“取之于民，用之于民”的宗旨。

目前，我国由30个省、区、市设立了体育彩票管理机构，初步形成了具有一定规模的市场分级管理网络。

体育博彩业的发展趋势

以社会集资来发展体育事业的体育博彩业已被各国广泛应用。从世界体育博彩业的发展趋势来看，体育博彩业要稳定发展和长盛不衰，除了政府及其有关部门的关心和支持外，关键还依靠于科学管理博彩业，制定和实施适合本国国情的博彩法律、法规，通过博彩法律、法规将体育博彩纳入法制轨道进行管理；同时还取决于政府对发行体育彩票采取何种政策，以确保体育博彩在社会生活中处于公认合法的地位，使其真正成为筹集体育事业发展的资金而行之有效的办法。

综上所述，世界体育博彩业的发展趋势为：

（1）体育博彩管理的法制化与科学化；

（2）体育博彩的合法化；

（3）体育博彩的多样化；

（4）政府对发行体育彩票提供优惠政策。

（选自《广州体育学院学报》2000年第1期）

继往开来积极开展体育社会科学研究

谢琼桓

一、关于“九五”期间体育社会科学管理情况的回顾

总体上讲，“九五”期间是我国体育社会科学发展最快、最好的时期。近五年以来，国家加强了对体育社会科学事业的规划和领导，初步建立了体育社会科学管理体制，沟通了体育社科界与整个社科界的联系，与国务院有关部门，包括与科委、教委、科协、社科院以及一

些经济研究领域的专家的联系，初步开创了体育社会科学研究的新局面。在邓小平建设有中国特色社会主义理论指导下，随着体育事业的蓬勃发展，体育社会科学研究领域进一步拓宽，取得了一批具有较高质量的研究成果。体育社会科学研究在提高体育决策和管理水平中发挥着越来越重要的作用，逐步成为推进体育改革和发展的一支力量。

（一）“九五”期间，我们建立起了有利于推动体育社会科学发展的管理体系。目前虽然不是很成熟，但基本形成了三级管理体系。

第一类是国家社科基金项目。1996年7月体育学被列为国家一级学科，对我们的社科研究起到了很重要的作用。70年代以前，很多人对体育算不算一门科学还有疑问。经过改革开放，体育研究领域得到拓宽，体育研究队伍不断扩大，研究成果增多，眼界也比以前开阔，开始学会从我们的国情出发，吸取各个学科的知识，突破了原来的苏联模式，进行了艰苦的探索，各位专家为此付出了辛勤的劳动。到1996年体育学得到国家社科界的承认，这个成果来之不易。我们现在也能登上社科讲坛，谈谈我们体育领域的一些情况。

1997－1999年，体育领域共申报国家社科基金项目386项（其中1997年187项，1998年99项，1999年100项）。三年累计得到国家社科基金资助经费约130余万。申报数量与立项数量是有一定比例的。没有数量就没有质量，当然我们也不要凑数。所以还是希望同志们尽量能够多报。

第二类是局管课题。在“九五”期间，国家体育总局加大了对局管课题的管理力度。1997年，国家体委第一次发布了“九五”阶段体育社会科学研究中期规划，对于指导“九五”期间体育社会科学研究起到了重要作用。

从1996年以来，局管（委管）项目从不定期立项改为每年进行招标立项或委托立项。1996～2000年，共5次发布局管（委管）招标课题指南，加强了每年对局管课题申报、招标、立项、中期检查和结题的管理力度。1996～2000年，局管课题共收到93个单位申报的356项课题。在这356项当中，共立项156项，这个比例还是比较高的（其中1996年41项，1997年34项，1998年32项，1999年49项）。为了提高课题质量，采取了委托立项与招标立项相结合的办法。1998年委托课题10项，1999年委托课题9项。

局管课题投入资金的力度比以往有较大增加。从1995年的8万元增加到现在每年45万，5年共计投入经费200万元左右。这一点一些年轻同志可能不是很了解。过去体育理论研究是没有单独经费的。人们所理解的体育科研，就是像运动医学、运动生物力学这些技术性的学科。有的人认为，体育理论研究不就是一张嘴一支笔吗，要什么钱啊！我是1985年调到国家体委组建理论处的，那个时候的确一张嘴一支笔，没什么钱。后来在天津开会时争取到8万块钱，仅仅8万块钱。但就是这8万块钱起家，我们体育社科界的同志经过艰苦奋斗，还是取得了不少成绩。去年10月我出访北欧时专门了解了一下，他们的体育联合会、体育理事会也有经费资助这些软科学研究，但主要是委托研究。有些重要课题委托一批专家来进行研究，最后拿出成果来。并不是说社科研究可以不要钱，投入是十分必要的。90年代以来，我们对社科研究资助力度还是比以前有所加强。我们非常高兴能得到中宣部、社科院等各个部门的关心和重视，同时希望今后在各个方面更多地得到他们的帮助和支持。

第三类是各个省市的社科部门开始将视野拓展到体育领域。各个地方体委、科研所以及院校也开始对体育社科研究加强管理，给予资助。

（二）“九五”期间，体育社科研究取得了不少进展。

我们围绕群众体育、竞技体育、体育产业三大主体工作开展研究。如：国家社科基金项目《中国群众体育现状调查》、《社会主义市场经济条件下群众体育发展的走向》、《中国2000年竞技体育发展战略研究》、《社会经济变革条件下的中国体育改革》、《中外体育俱乐部比较和管理法规研究》、《我国体育社会科学发展现状和趋势研究》等都在体育社科界产生了一定影响，有的对国家政策制定也起了积极作用。

还有一些局管项目如《体育经纪人研究》、《体育经纪人管理制度研究》、《职业俱乐部资产评估研究》、《体育市场投资环境和前景研究》、《体育产业统计指标体系研究》等都正在努力转化为法规性的文件。在这些前期研究的基础上，我们要建立一些法规制度来指导体育事业的发展。

此外，近五年来我们也定期编辑软科学成果汇编，资助出版软科学研究成果，共出版成果汇编两本，《体育社会科学研究现状与发展趋势》专著一本、战略研讨会论文汇编一本、《体育科学》杂志专刊一本，资助出版《市场经济条件下各国的体育政策》，总文字量在200万字左右。

（三）体育社会科学研究队伍正在不断扩大。

研究人员与体育行政部门加强了联系，院校、研究所都采取了一些必要措施来加强社科研究力量。国家体育总局直属的六所院校渐渐地显现出各自的特色，根据自己的特点，与国家体育总局、国家队、一些项目管理中心进行长期的固定的联系，做了许多工作。80年代末期以来，广州地区的几所院校发展较快。如广州体院原来社科基础并不是太好，但经过他们的努力，体育社科成为省里的重点学科。像广州体院、解放军体育学院、华南师大体育学院等在引进人才方面下大力气，尊重知识、爱护人才。另外，一批中青年理论骨干逐步成长起来，在硬件上也有所改观。如天津体育学院近几年在社科研究、群众体育研究方面也做了不少工作。有些事情是互动的、双边的，加强联系增进了解有利于体育事业的发展。国家体育总局信息所近几年也在加强这个工作。他们过去大部分是提供信息，近几年来他们开始利用所掌握的国外各种资料和国内有关情况给软科学、政策研究提供一些东西。我们体育界应该有这么一支队伍做一些决策的先期研究。经过几年的努力，应该说还是有了一个较好的基础。

以上简单地回顾了一下“九五”期间的基本情况。那么有没有问题呢？我想简单谈一点供大家参考。

首先，我觉得具有原创性的、能产生广泛影响、能推动体育社科发展的、比较叫得响的论著还不多，对体育实践的高度理论概括、提出新的理论概念、创造新的理论话语、能够带动体育社科上一个新水平的论著还不多。理论联系实际这句话什么时候讲都不错，但并不意味着我们的理论水平已经很强，仅仅联系实际不够。一方面理论联系实际我们做得还不够，另外在理论探索上也没有很大的突破性进展，还是那些老话语老概念。

第二，在调查报告实证性研究上还没有拿出很有说服力的、得到大多数人认可的、具有震撼力的一些论文和数据。一些东西还停留在低水平或中水平的重复研究上。有些材料没有进行深入的理论分析，缺乏说服力，搜集的材料说明不了观点或者大而化之，从理论上来说新鲜感不强。这几年理论无热点，理论很重要，我总觉得要开展一些讨论、一些对话才能把一些深层次的东西揭示出来。但是现在风气不太好，有些问题是可以讨论的，有不同意见很正常，可是讨论很快就变成人身攻击。我觉得大家要肚量大一点，听取各种意见，弥补自己的不足，不同意见有助于自己进一步思考，现在的确缺乏这样的阵地，不进行必要的切磋交锋，有些问题是很难深入的。

第三，决策研究还要进一步加强，还要提高水平。现在的一些社科理论研究成果不能很好地转化为制定政策的基础。相反政策的抄袭、政策的转引现象还比较严重。这些年来，对各种俱乐部的发展问题、对足球改革的得失成败问题、对体育产业化进程中出现的一些问题，社会上看法不大一样，我们理论界反映也不是太敏锐，看不出比较独立的、言之成理、持之有故的观点。在学术界每年理应有那么两三篇文章给大家留下比较深刻的印象。当然我们做的工作也不完全为行政部门的需要，学术界也有自己的特点和需要。理论功能一方面是阐述支持政策，一方面也有批判功能，要有理论勇气。国家对体育学这么重视，我们要通过努力不辱使命，拿出一些真正的一级学科水平的论文来。很多重任将落在在座的各位专家的身上，与此同时你们要带动体育社会科学上新的水平，这是非常重要的。

我想强调，一定要树立好的学风和文风。我非常诚恳地希望在座的各位担任培养下一代重任的理论工作者、社科工作者，要让学生养成实事求是的好习惯，尊重科学，懂就懂不懂就不懂，千万不要搞玄学。我们应该承认我们的体育理论遗产不多，在一些领域，我们是拓荒者，白手起家。恕我直言，世界的体育社会科学并没有非常坚实的基础，可以借鉴的东西不多，但要努力去了解并加以消化吸收，变成自己的东西，我觉得这个消化过程是很不易的。以偏概全、生吞活剥不得。更不能搞胡搅蛮缠，以假乱真，产生误导。为了制造轰动效应，毫无根据地下结论，这都不是学术界应该做的。希望我们在座的各位专家学者共同努力，真正把这支队伍带好，带出一个好的学风文风。争取在新世纪的前十年，使这支队伍更加壮大更加健康。

二、关于“十五”时期体育社会科学研究的设想

准备明年出台的《2001～2010年体育改革和发展纲要》有这么一段话：“要重视体育社会科学研究，支持和鼓励体育社会科学工作者对体育改革和发展中的重大理论问题和实际问题进行大胆探索，提出对策建议。各级体育行政部门和管理部门要努力提高理论素养，提高科学决策能力和科学管理水平。”

“十五”期间准备这样做：

第一，要加强组织建设，努力组建几个有稳定队伍、有较强的研究能力、有经费保障的体育社会科学研究中心，使他们能够承担委托课题，能够完成体育事业发展中的重大课题，能够成为一支来者能战战之能胜的队伍。就像体育科技方面能进行奥运攻关、能进行亚运攻关。希望各单位从实际出发创造条件，当然也不要勉强，不要一股风，从你的实际出发。你有这个力量，有这个条件，你就来进行组建，我们将成熟一个审批一个。

第二，要加大对重点课题的支持力度。我们要抓住重点，不撒芝麻。从开题到验收奖励，要抓重点讲效益。要奖励那些有突破性的、有创新性的、有前瞻性的、确实能够产生社会效应的成果。在学术界起示范作用，起引导作用。

第三，要着力培养中青年理论骨干，为他们提供一些必要的条件，包括考察和参与体育系统的重要活动的机会，必要时借调部分同志协助工作，共同对一些课题、一些政策进行研究。同时在借阅文件和各种信息的传递上为他们提供方便。

第四，要建立规章制度，在立项、检查督促、成果评估等方面下工夫。在立项上要坚持公平、公正、公开；在检查督促上要形成制度，要及时了解研究进程，帮助解决实际问题；在成果的评估上要客观公正，听取专家的意见。对好的要表扬，有些重要的摘报要供领导参考。介绍一些学有所长的骨干做学科带头人。对敷衍草率、做课题不肯下工夫的同志要及时指出，批评帮助。国家投这点钱不容易，希望能更好地发挥作用。

第五，要积极地资助出版，把一些好的成果介绍到报刊上发表，通过摘报、互联网等手段积极地推广宣传，不要让它们石沉大海。

第六，要加强国际学术交流，支持理论界的专家参加有关国际学术会议。目前正在与一些国际体育学术组织联系，打通渠道，沟通信息，争取“十五”期间这项工作能取得明显进展。

（选自《体育文史》2000年第3期）

关于体育产业的几个理论问题

卢元镇

一、关于体育产业的基本理论问题

（一）体育产业的概念及其与相关概念的关系

产业是一些具有某些相同特征的经济活动的集合或系统。体育产业，指的是为社会提供体育产品的同一类经济部门的总和。这里指的体育产品包括体育用品与体育服务两个部分。这里指的经济部门在我国现阶段不仅包括企业，而且包括各种从事经营性活动的机构（事业单位、社会团体、家庭或个人）。

我们将体育产业作为一个经济部门来认识，是基于它对国家经济发展所作贡献的特殊方式和所提供的特殊产品，即体育运动本身或与体育运动有关。在体育产业概念形成以前，即国家以“体育事业”的方式经营管理体育时，许多这类单位分散在社会的各个领域，如轻工业、商业服务、文化教育、旅游等。在进入市场经济体制的时代，传统观念中的一部分体育事业正在转化为体育产业，人们常常把政府体育行政部门管辖下的这类产业认为是体育产业，这是对体育产业认识的窄化。本课题要讨论的体育产业，就是指这个广义的体育产业。

广义的体育产业不仅仅是为了给体育部门增加活动经费，补充职工的奖金待遇，而是要加入国民经济的大循环，为国民经济增加产值，提供社会就业机会。在许多发达国家，体育产业已经成为国民经济的一个支柱产业。

体育产业与体育事业的关系，是一个十分复杂的问题。有人“把体育产业界定为社会主义市场经济体制下运行的体育事业”。并认为这“是历史观与发展观的辩证统一”。这种解释显然是违背了逻辑学的最基本原则。人们不禁要问，体育事业与体育产业是否具有本质区别？在不实行社会主义市场经济体制的国家，体育产业究竟是什么？事业，是由政府或其他部门出资从事“公共产品”生产的部门；产业，是从事非公共产品，并形成利润的部门。与许多国家不同的是，我国在体育的理论与实践中，存在着一个可以涵盖学校体育、高水平竞技运动、社会体育，以及社区体育、职工体育、老年人体育、妇女体育、全民健身等等概念的上位概念。“体育”，即《中华人民共和国体育法》所管辖的“体育”。而这个体育中包含了公共产品与非公共产品，也就是说其中的一部分到任何时候也不可能改变其公益福利性质，如公共体育设施的兴建；而另一部分则可以用以经营，形成产业，如职业俱乐部。因此，可以认为体育是由产业与事业两个部分组成的。有的国家采取适当政策，以体育产业的收入直接供给体育公益事业发展，如用体育彩票的收入资助社区体育设施的建设；有的国家则将体育产业的部分收入以税金的形式收回，再以财政支出的形式返回给体育公益事业。在这个问题上我国还没有一个较明确的认识。

体育产业是国民经济产业体系中的组成部分。体育产业之所以与其他产业不同，就是因为根据社会分工，体育产业生产了自身特定的体育产品和自身特定的体育服务，这种特定的产品和服务可以与其他产业的产品和服务区别了开来。

（二）体育产业的特点

1. 体育产业是关联面极广的上游产业

人们对体育的需求是多种多样的，只直接生产和提供体育产品和服务的体育产业是难以满足的，因此，各种各样的体育活动除了依赖体育产业之外，还需依赖其他的与体育产业相关联的产业。因此，体育产业可以带动纺织、机械、建筑、电子、营养品、食品等制造业，以及旅游、保险、博彩等相关产业的发展。这一特点也决定了体育产业的发展不能单靠自身，而必须与其相关联的产业同步发展。

2. 体育产业是产值高、影响大的朝阳产业

体育产业形成规模是现代经济发展的结果。社会的分工，经济的发展，使体育产业从非独立行业逐渐成为独立行业，使该产业在国民经济中发挥特定的功能。随着社会经济的发展，人们进行各种体育活动的需求和欲念在不断增长，体育产业的产值在大幅度提高。同时，体育产业还是一种“无烟工业”，消耗能源少，不会造成环境污染，符合转变经济增长方式的要求。因此，体育产业是一个可以长期存在和持续发展的产业。

3. 体育产业是劳动密集型、提供多种就业机会的第三产业

体育产业主要是满足人们的精神、文化、健身等需求的产业，而这种满足，又是通过身体教育，竞技运动和身体锻炼来实现的。体育产业是更贴近人们直接生活需要的。同时，体育服务业是一种劳动密集的行业，可以提供较多的就业机会。全国政协委员、知名企业家朱树豪先生5年前投资20多亿元兴建的深圳观澜湖高尔夫球会和乡村俱乐部，不仅解决了当地2000多农民的就业，促进了港商、外商对当地的投资，而且几年来俱乐部经营状况良好，资产正像滚雪球一样壮大。

4. 体育产业是进入全球经济的国际化产业

体育运动是一种规则性很强、国际化程度很高的文化形态，体育运动的国际性决定了体育产业必定具有同样的国际性。竞技体育的国际化的趋势，注定了体育产业必定要突破国界成为一项全球性的经济活动。体育人才的国际流动性加大，体育竞赛的国际竞争性增强，体

育产品与服务更加面向国际市场，体育产业背后的金融活动更具有国际流动的性质。

（三）体育产业的基本内容与分类

体育产业是一个跨越第二产业与第三产业的庞大的产业，对体育产业的划分可以用很多种方法，根据我国目前情况，可以按下列几种方法进行分类：

1. 按体育产业现行管理体制进行分类

（1）主体产业

体育的主体产业，是指那些以体育资源为开发基础直接进行的生产与经营活动，它是体育自身的经济功能和价值的发挥与体现。在计划经济时代，体育资源基本控制在政府手中，所以在转入市场经济后，这类产业实际是指政府体育行政部门与直属单位直接管理或经营的产业，站在体育行政管理部门的立场，自然称它为主体产业。这类产业主要包括，体育竞赛表演业、体育健身娱乐业、体育培训咨询业、体育资产经营业等。

（2）相关产业

体育的相关产业，是指那些以体育娱乐作为载体，向消费者间接提供各种用品与服务的生产与经营活动。主要有体育用品、体育经纪与代理、体育新闻与媒介、体育广告、体育旅游、体育建筑等相关产业。这些产业现在基本上不在体育行政管理部门控制下发展，因此，称它为相关产业。

（3）体办产业

体办产业，是指体育行政部门或单位利用某些体育资源为弥补经费不足所进行的各种生产和经营活动。如体育场馆出租、餐饮、宾馆、航空票务代理等。

这种对体育产业的分类方法，与当前我国体育产业兴起时期的管理体制基本吻合，但是不符合体育产业发展基本规律。当严格实行政企分开，企业不设上级主管部门之后，政府与体育产业的关系就是宏观控制与依法征税。所以这种体育产业的分类方法是无法与国际接轨的，只能暂时在国内应用。

2. 按体育产品种类进行分类

根据体育产品的物态与非物态，可以将体育产业分为体育用品业与体育服务业两大类。

（1）体育用品业

体育服装业：为各种运动项目的运动员和体育爱好者提供运动项目适用的运动鞋、袜、帽、盔、服装、手套、护膝（腕）、背包等货物的生产与流通业。在世界各国，运动服装已成为服装系列的重要产品之一，不仅为运动员专用，而且为广大青少年所喜爱。由于运动服装轻便舒适，也为老年人所热衷。运动服装业可以成为中小学生的一种校服，因此，市场前景十分宽广。

体育建筑业：为各种体育场馆设施进行规划、设计、施工、维修的行业。体育建筑是城市建筑的重要品种。大型的国际、洲际与全国运动会都要兴修与改造一批体育场馆。每个城市都要建筑几座大中型的体育场馆供公共集会和体育比赛用。企事业单位，特别是在学校要修专用的体育场馆，在居民社区也要修建一定的体育设施，所以体育建筑业应得到充分的重视。

体育设施业：为各种体育活动提供运动、健身、娱乐器材设备的生产与流通业。如各种联合运动器械、身体素质练习的器械、武术器械、各种球、网、台、板、拍、支架、篮架，各种运动用车船，水上、冰雪、登山运动设备、塑胶跑道、体育比赛的计时、记分设备，各种文体娱乐用品等，这类产品种类极其繁多，是体育产业中产值最高，也是国际竞争最为激烈的行业。

运动饮料业：为了满足人们运动前后特殊营养物质摄取而开发的专业饮品业。由于运动饮料很容易被日常生活接受，并形成习惯，所以这类产品的社会需求量很大，这个行业有着广阔的发展前景。

体育科研仪器业：为了提高运动训练的科学化程度，为了提高人民群众锻炼身体的质量而形成的科研仪器行业。这类仪器设备中，有一部分是从医疗器械中转移过来的，也有一部分是体育专用的。这类产品社会用量不大，但科技含量较高。成年人、老年人体质测定所需的简单仪器设备将会成为一种特殊的社会需求。

（2）体育服务业

体育竞赛表演业：通过体育表演或运动竞赛向社会提供观赏、娱乐的行业。这个行业的生产过程是投资者提供资金，组成俱乐部等形式的经济实体，招聘教练员，选拔运动员，进行运动能力、表演技能的生产；它的流通过程是收取门票费、运动能力转让费、电视转播费、广告费等。也可以通过开发体育的无形资产，接受赞助费和发行纪念品等活动获取资金。

体育健身活动业：利用各种体育设施，由社会体育指导员为健身健美活动参与者提供组织管理、体育知识传授、运动技术指导，帮助其增进身心健康，增强体质，收取相应酬金的经营性行业。

体育空间服务业：向企事业单位、组织等社会法人、社会团体或个人出租运动场地和设施，收取租赁金的行业。这类场馆可长期出租，也可临时借用，可做体育活动用，亦可用于非体育活动，如会议、考场、文艺演出等。

体育培训教育业：向社会进行体育知识传授、技能指导的行业。这个行业的主体是少年儿童的业余训练。它可以接收具有运动天赋的少年、儿童，进行有计划的训练，达到一定的技术等级水平，收取相应的培训酬金，属于运动人才的后备训练组织，如足球学校、武术学校、夏令营、俱乐部等。这个行业还包括各级裁判员和社会体育指导员的培训、体育科学专题讲座、各种体育科普活动等业务。其中社会体育指导员的培训将是业务量很大的活动，因为社会体育指导员纳入职业技术标准之后，大量从业人员都需要经过此类培训。

体育信息咨询业：为运动训练及竞赛提供情报、信息、技术研究、医学监测、伤病诊断、器材研制等技术服务或咨询服务，为社会提供运动处方、心理咨询，收取酬金的行业。

体育会展业：为体育工作会议、学术会议、运动会、新闻发布会、培训班、展览会、博览会等活动提供各种会议会场、餐饮、交通、会务服务的行业。

体育养殖业：体育比赛用的种马、种鸽、种犬等动物的养殖与训练的行业。英国赛马的出口产值占出口总量的第三位，荷兰的信鸽业产值甚高，在全世界十分著名。

3. 按消费者的参与动机进行分类

体育健身业：体育健身又包括以下几类：（1）健身指导业；（2）健美减肥业；（3）体育旅游业；（4）体育疗养业；（5）体育康复业等。

休闲娱乐业：为闲暇消遣者提供运动性娱乐的服务行业。如棋牌室、台球厅、轮滑场、钓鱼池等，收取门票或活动费，这类产业提供的是场地和器材设备以及维修和管理等服务，包括：（1）运动游戏业：如各种球类游戏，车船运动；（2）极限运动业：如蹦极、攀岩、滑翔伞等；（3）棋牌活动业：各种棋院、麻将馆等；（4）水上、冰雪活动业；（5）特殊娱乐业：如枪械活动；（6）垂钓狩猎业。

4. 按经营、集资方式进行分类

（1）体育彩票业

体育彩票是指以筹集国际和全国性大型体育运动会举办资金、资助社会体育活动等名义，所发行的印有号码、图形或文字的、供人们自愿购买并能够证明购买人拥有按照特定规则获取奖励权利的书面凭证。国家发行彩票的目的是筹集社会公众资金，资助体育等社会公益事业的发展。体育彩票是市场经济社会中的一种特殊商品，它具有一般商品的共性，又有自己鲜明的特性，即社会性、公益性、娱乐性、计划性、市场性和经济性，它是计划行为和市场行为、行政手段和经济手段的对立统一，不能完全市场化。

（2）体育赞助业

赞助，指赞助者与被赞助者之间以支持（金钱、实物、技术或劳务等）和回报（冠名、广告、专利和促销等权利）交换为中心，平等合作、共同得益的商业行为。体育赞助是以体育部门、体育活动为对象的赞助。

（3）体育广告业

利用国际国内各种运动会或赛事，作为广告载体，将企业、产品名称与运动会联系起来，通过树立企业形象、促销产品、拓展国际国内市场等使厂商获取实际利益，使体育部门获得竞赛费用的业务活动。广告是大型运动会的主要资源。

（4）体育节目电视转播业

电视转播权，指举行体育赛事、文艺演出、集会等公众活动时，许可他人进行电视转播，主办方由此可能获得报酬的权利。电视转播权属著作权的范畴，受著作权法的保护。是体育场馆、运动赛事、体育俱乐部的重要收益来源之一。在世界各国，众多电视公司都把对体育的报道看作是自己经营计划中最重要的组成部分之一，许多国家的电视公司都在增加体育节目的播出量。在英国，BBC 电视台 1992 年通过两个频道播出 1600 个小时的体育节目，几乎占其节目总量的 20%。在法国，五家主要电视台体育节目的年播出量逐年增长，从 1992 年的 20 小时增至 1996 年的 2504 小时。在北美地区，体育节目每年都占电视节目总量的 15%。美国每年大约播出电视体育节目近 5000 个小时。因此，电视转播费在不断提高。

（5）体育经纪人业

以获取佣金为目的，与体育相关人员或组织签订委托合同，充当委托人与第三人之间有关职业运动、体育竞赛等事宜的订约媒介或为委托人提供通过体育获益机会的自然人、法人或其他经纪组织。从组织形态上体育经纪人有如下几种：经纪公司、经纪事务所、个体经纪人。可为运动员个人、体育组织或体育比赛从事经纪活动，可采用体育推销、体育代理、法律咨询等方式开展经纪活动。主要业务范围是：

从事体育比赛的策划、组织、宣传，代理各种与体育比赛有关的商务活动，如赛场广告、电视转播权。

作为运动员的代理人，帮助运动员开展各种商务活动。如签约、转会、形象开发、财务收支等。

参与体育活动中各种经济纠纷的调停、仲裁、法律诉讼等过程。

二、对我国体育产业前景的估计

1. 对体育消费的冷静观点

持这种观点的专家认为中国发展体育产业，以体育消费促进经济发展的条件并不成熟，大约要 20 年后才能真正发展起来，其理由是：

（1）从人均 GDP 来看（总量），去年完成不到 8 万人民币，按照国家统计局统计人民币对美元的购买力每人大约 1000 美元，用 GDP 来标志我国是这样的发展水平属于一个标准的下中等收入的发展中国家。

（2）从结构上看，1997 年第一产值比重 18% 就业比重 49.9%，第三产业产值比重 32% 就业比重 26.4%。这种情况和当代下中等收入国家比惊人相似。和发达国家历史相比我国的产业结构相当于英法的上个世纪末，日本美国的本世纪初的产业结构。从这个比较可以判断中国是一个标准的工业化加速时期。按世界经济成长一般规律，第三产业迅速增长成为替代第二产业主要增长源，相应为体育消费和大发展创造了产业结构空间，如果是这样应有几个标志值：在 20 世纪 50 年代达到 1000 美元，70 年代达到 3000 美元，90 年代达到 7000 美元，到这种程度，第三产业增长速度才可能明显超越第二产业，并且整个服务品消费在人们的消费生活中才能成为重要的地位。从结构上看，农业就业比重必须降到 37%；以下第三产业才能成为带动消费的力量。

因此可以推论体育产业成为经济发展、消费的热点在中国目前状况下还不具备发展条件。

2. 对体育消费的积极观点

持这种观点的专家认为，我国已经到了发展体育消费最有利的时机，应该积极地发展体育产业，刺激体育消费，拉动内需。其理由是：

（1）二十年来中国的体育运动有了一个较快的发展，体育改革的方向已经确定，奥运争光计划纲要、全民健身计划纲要和体育的社会化、职业化都取得了一定的成绩，体育市场已经逐步形成。

（2）中国的经济为体育产业与体育消费提供了良好的环境。

（3）中国的地区差异与不平衡发展为局部发达地区发展体育产业，提供体育消费条件留出了较大的空间。

（4）我国的社会结构正在发生较大的变化，产业结构的调整、都市化的发展，以及社会老年化的到来，都为体育产业提供了消费市场。

（5）体育产业的全球化发展，不容等待。中国要加入世贸组织，不能将体育市场拱手相让。

（6）发展体育产业要抓住大好时机，要有超前意识。体育产业的发展是一个国家经济发展水平的标志之一，是一个国家富强起来的“温度计”（魏杰）。中国体育产业的崛起，是中国人生产方式由体力劳动转向脑力劳动，由劳动型生活方式转向休闲型生活方式的必然（樊钢）。国家应考虑适当扶植体育产业发展。发展体育产业与发展其他产业不同，关键不在于将其减税、免税，而在于转变观念，把体育当做经济来办。有关部门不要单纯把体育当作行政事业，而要推动体育事业向产业化、市场化、民间化发展（马建堂、范恒山）。

三、体育产业成为下世纪国民经济新的增长点的可行性问题

1. 国民经济新的增长点的内涵及其标准

培育和开发新的经济增长点，是指适应我国社会经济发展的客观要求和城乡居民消费结构变化的新趋势，加快发展那些市场需求量大、产业关联度高、科技含量多、经济效益好、带动作用强的产业和产品。

培育和开发新的经济增长点，是我国经济实现持续快速健康发展的战略任务。要保持国民经济的持续快速健康发展，实现跨世纪的战略目标，必须抓好经济结构调整，培育和开发新的经济增长点，使其内聚质量转化成巨大的辐射能量，产生连锁增长效应，带动整个经济结构的优化和升级。从经济发展的客观规律看，在不同时期，总有一些产业受需求的拉动和科技进步的推动，增长速度快一些，成为整个经济发展的带动力量。

选择和确定新的经济增长点，应该把握以下标准：

——符合转变经济增长方式的要求。新的经济增长点之所以“新”，首先体现在这种产业或产品的发展是与实现两个根本性转变紧密结合在一起的。

——具有巨大的市场潜力和良好的市场前景。既要为国内广大居民消费需求升级提供有效供给，又要面向国际市场，在技术水平、经济规模、消耗指标、产品性能和质量等方面达到或超过国际水平，能够增强国际竞争力。

——具有较高的产业关联度。它应在整个国民生产总值中所占的比重有相当的份额，对经济增长的带动作用比较大，并与产业结构优化的要求相一致，以利于带动相关产业的发展和整个结构的升级。

——能促进产业技术进步，提高产品的质量和档次，提高科技贡献率。

——注重经济效益和社会效益。新的经济增长点应是投资回报率比较高、附加值比较大，能够增加有效供给，迅速收回投资，形成生产和消费良性循环的产业和产品。这种增长的鲜明特点是速度与效益相统一，近期与远期相统一，局部与全局相统一。

——充分利用国际国内两种资源，挖掘潜力，又注意节约能耗、保护环境，以利于实现可持续发展。

2. 体育产业成为21世纪国民经济新的增长点已具备的基本条件

根据上述标准，我们衡量体育产业的发展状况，我们认为体育产业作为国民经济新的增长点已经具备了以下基本条件：

首先，建国50年来我国体育事业的蓬勃发展，特别是改革开放20年来体育改革与发展取得了巨大的成就，我国的体育人口已经接近人口总数的三分之一，城乡居民的体育价值观念基本形成，在发达地区，人们已经逐步形成了“花钱买健康”的概念。运动竞赛已经形成传统，成为一笔巨大的体育资源，体育消费市场已经初具规模，体育产业的概念也已为社会接受。进入社会主义市场经济以来，体育产业的发展速度很快。

其次，建国50年来我国的体育用品产业得到了长足的进步，有了较大的发展规模，许多产品已经打进国际市场。50年来我国兴修的近50万个体育场馆是体育产业得以发展的物质基础。

再次，我国正在进行的产业结构调整，十分有利于作为第三产业的体育产业的发展；我国的都市化的进程也十分有利于以城市为发展基础的体育产业的生长；我国社会的老年化发展趋势，开辟了一个巨大的健身市场，向体育产业提出了更高的要求；我国城乡居民余暇时间的增加，为寄生在休闲、娱乐、消遣活动身上的体育产业提供了越来越丰富的时间条件。

第四，我国正在进行的医疗体制改革（职工希望通过体育参与减少医疗费用支出）、社会保障系统改革（职工的体育参与由单位行为转变为个人行为，保险业开始关注体育健身的效益），以及住房制度改革（体育设施已经成为提高住宅区品位的标准），正在形成一种合力，推动社会对体育消费需要的增长。

第五，我国体育产业是在改革开放后发展起来的，不存在国有大中型企业的种种问题，产权多样化的格局已经形成，可以轻装简行。

第六，体育产业本身还具备以下特殊的发展条件：

（1）体育服务产业，是一种“无烟工业”，消耗能源少，不会造成环境污染，符合转变经济增长方式的要求。

（2）体育服务是一种劳动密集的行业，可以提供较多的就业机会。

（3）体育产业是一种上游产业，可以带动纺织、机械、建筑、电子、营养品、食品等制造业，以及旅游、保险、博彩等相关产业的发展。

（4）体育产业的消费层次分明，可以满足不同阶层

的消费需求。

综上所述，将体育产业确立为国民经济新的增长点具有社会需求和产业自身的条件。但也必须看到体育产业的弱点和发展环境造成的困难。

3. 将体育产业推向国民经济新的增长点需要解决的问题

首先，体育产业在我国兴起时间不长，总体基础相当薄弱，发展进程落后世界至少五十年，有些产业部门，如运动俱乐部的职业化市场化，甚至落后世界发达国家一百年以上。这一基础的薄弱表现在以下几个方面：

（1）体育产业的许多理论问题还没有得到彻底解决。对体育产业的内涵、分类、体育产业与体育事业的关系、体育产业与体育市场的关系、体育市场的前景、体育产业的发展重点、政府在发展体育产业中的地位等重要问题，尚没有得到根本的解决。

（2）体育产业经营人才的严重匮乏。长期以来，体育人才的培养一直按计划经济的模式来培养的，即分为体育竞技人才、体育教练人才、体育教育人才、体育科技人才、体育管理人才、体育裁判人才等进行划分的（见赵桂银、王正欧编著《体育人才学》，人民体育出版社，1993），谙熟金融、财会、税制、营销、策划、中介等方面的体育的经营管理人才严重稀缺，而且至今尚没有一所高等学校能够承担起这方面的培养任务。又由于体育人才链的封闭性，其他领域的人才很难进入体育产业。

（3）体育产业的资本市场没有形成，投资方的地位没有确立。作为生产要素之一的资本投入，在体育产业是极其有限的。由于对体育产业认识的偏差，靠政府体育经费拨款、社会赞助等方式只能一时一事地经营某些体育赛事或活动，养活几支运动队，而不能从根本上发展体育产业。

（4）体育产业的法治水平和管理水平很低。是体育产业兴起的国家普遍存在的问题，我国尤甚。

其次，我国的体育产业的形成与发展和西方国家相比有很大差异。西方国家的体育产业是随着资本主义商品经济同时产生的，因此从一开始就遵循市场经济的规律发展起来，而我国的体育产业是从计划经济条件下的体育事业由改革转轨而来，所以在体育产业的发展初期，表现出强烈的双轨制的痕迹，即有浓烈的政府行为色彩。

再次，我国发展中国家的实际地位制约了体育产业的发展规模，我国经济发展的不平衡态制约了体育产业的发展速度。由于恩格尔系数的限制，我国城乡居民消费结构中服务性消费、文化消费、享受性消费偏低，从总体上限制了体育市场的规模。据对北京、西安、无锡三个城市居民的调查，家庭用于体育用品的消费支出只占月生活消费 2.46% ~3.04%。城乡居民用于体育服务消费的支出比例更低，在体育参与者中仅有 8.6% 的人有到经营性体育场馆去进行体育消费的意向。而对经营性体育娱乐场馆的门票，城乡居民目前只能承受较低的价格，能承受1元至3元的占 63.6%，10 元和 10 元以上的只占 15.5%，人们到经营性活动场馆去参加活动的次数还十分有限。这就从货币支付能力上根本限制了体育产业的规模。

在我国的经济欠发达地区，人们的主要精力和注意力还在各种致富活动上，在许多时候甚至还要牺牲部分体育的利益求得经济的发展，如侵占体育设施的问题屡禁不绝。由于中国传统文化的影响，人们对消遣娱乐还有一定的排斥性，对非物质生产产业的歧视，这就更妨碍了体育产业的发展。可以说，我国体育产业的发展现状在某些方面很类似 70 年代末旅游业在我国发展初期的状态。第四，中国体育产业发展的国际压力很大。由于我国体育产业与发达国家的落差，由于我们没有对体育产业的发展采取有力的措施。外国资本先是从体育用品业（各种体育服装器材设备）、运动饮料业（各种可乐）进入，现在已经发展到体育服务业（如国际管理集团）、广告业的大规模渗透。在我国进入世界贸易组织之后这一问题将会更严重的摆在我们面前。

4. 我国体育产业成为国民经济新的增长点的时机与标准

（1）世界各国体育产业勃兴的黄金期和发展的高峰期

一个国家体育产业勃兴的时间大约呈现这样的规律即出现在经济高速发展后的平稳期或衰退期，而不是在经济高速发展期本身。美国体育娱乐业兴起于 1929 年后的经济萧条期，当时美国推行了一个庞大的即 A 计划，大兴土木，营造室内外体育娱乐设施，许多社团和高等院校开设了体育娱乐专业的课程，同时对在职人员进行了专门的培训。从此，这个行业开辟了一个巨大的市场，成了许多人专门从事的一项职业。日本与德国的体育娱乐业兴起于战后 70 年代高速增长期之后的相对平稳期，其他国家，如法国也有类似的情况。出现这种情况的原因是多方面的：

首先，前期的经济发展为体育产业的兴起奠定了一定的物质基础，如大众体育条件的改善，职业体育的出现，体育场馆的大量兴建等。

其次，转入经济衰退期后政府不再有能力从财政支出中解决体育发展的经费问题，体育娱乐的活动费用必须转向民间。

第三，前期的经济发展造就了一批体育市场的消费者。由于经济的高速发展产生了一批富人，他们的投资去向和消费惯性可以支撑体育产业的兴起。

第四，经济衰退造成的大量失业人口需要在体育娱乐业中找到就业的机会。

从这个意义上讲，体育产业的兴起不仅具有改善经济结构，刺激内需，调节控制消费的作用，而且可以起到解决就业，稳定社会的作用。体育产业的兴起可以作为一种标志，预示着一个新的经济发展期的到来。世界各国在发展体育产业的过程中先后出现两次高峰期。第一次出现在体育产业进入复合型阶段，大约是 20 世纪 80 年代以前，在这一高峰期人们改变了对体育产业的基本认识，认识到体育产业可以成为国民经济新的增长点。第二次高峰出现在体育产业进入混合型阶段之后，大约是90年代，由于体育产业的总体规模迅速膨胀，经济学家普遍认为体育产业是国民经济的支柱行业之一。

（2）我国体育产业发展阶段划分

第一阶段，到2010年，确立体育产业理论体系和法规体系，重点发展优先产业，渡过体育产业滞后于国民经济发展的状态。其目标是：

①全国体育产业增加值占国民经济总产值的比重达到0.5%以上。

②全国可解决就业人口的数量达到500万以上。

③体育消费占家庭消费的比例平均达到5%以上。

在这一时期，体育产业优先发展的领域是体育健身娱乐业。其理由是：

首先，当前城乡居民生活方式的转变和医疗制度的改革成为体育健身娱乐业发展的重要动力，1995年医疗保健消费明显增长，居民自我保健意识日益增强，购买健身器材以及营养保健品的支出大幅度增加。我国居民对体育和健康都表现出相当积极的态度，82.23%的被调查者表示需要体育。近几年来，北京、上海等地掀起了家庭健身的热潮，花上千元买个健身器，一时成为时尚。由此看来，体育健身在“花钱买健康”观念的引导下，将有很大的发展前途。

其次，《全民健身计划纲要》推行五年多来，人们参加身体锻炼、身体娱乐的热情空前高涨，体育人口迅速增加。

第三，体育健身娱乐业可以迅速带动与之有直接联系的其他产业的发展，如体育空间产业、体育服装器材产业、体育咨询产业等。

这一时期，体育产业重点建设的领域是体育竞赛表演业。其理由是：

首先，体育竞赛表演业具有重要的社会示范和吸附作用，可以把越来越多的人吸引到体育运动中来参与体育消费。

其次，我国实行足球职业俱乐部制以来，观看比赛的受众数量极大，已经形成了巨大的市场，这个市场带动了体育用品、体育旅游、电视转播业、体育赞助业的发展。

在这一时期，还要加强体育经纪人业和体育产业投资业的法制建设和人才培养。

第二阶段，到2020年，建立起我国体育产业体系的基本框架，体育产业对国民经济产生较大影响。其目标是：

（1）全国体育产业增加值占国民经济总产值的比重达到0.7%～1.0%。

（2）全国可解决就业人口的数量达到1000万以上。

（3）体育消费占家庭消费的比例平均达到7%～10%。

第三阶段，在21世纪初叶末，建立比较健全的体育市场和完善的体育产业体系，大规模进入国际市场，使体育产业成为国民经济发展的新的增长点。

（选自《体育科研》2000年第4期和2001年第1期）

艺术品、演艺、文博收藏产业

“文艺管理学”浅谈

李　军

文艺管理是指在党的文艺方针指导下，采取有效的手段，建立合理的管理体制和制度，以科学态度和创新精神去认识和组织文艺工作者的创造力量，创造数量多、质量高的艺术作品。文艺管理学探讨这种文艺管理活动的规律，为各级文艺管理工作者提供科学的管理原则、方法。

一、文艺管理原则

文艺管理同其他工作一样，也是有原则可依的。这些原则主要有：（1）方向性原则。文艺管理必须符合社会主义文艺的方向，以为人民生产质量好的精神食粮为目的。（2）整体性原则。把文艺系统看成是有着共同目标、具体目标的各层次、系统组成的大系统，如政工系统、创作系统、理论系统、出版发行系统、后勤系统等，根据整体性原则协调这些系统的关系，并把文艺创作、文艺理论活动当成管理的中心。（3）规划与计划性原则。文艺规划是对文艺事业的一种较长时间的总方向、大目标、重大措施、步骤的设想蓝图，是战略性的全局部署方案；文艺计划指艺术生产单位和个人在较短时间的工作设计，根据各个艺术种类的特性和作家艺术家的创作计划制定文艺管理的计划。（4）教育性原则。也就是要培养艺术工作者的创作责任感，训练每个管理人员的岗位责任感。（5）民主性原则。作家艺术家既是管理对象，又是管理参与者，社会主义文艺管理必须发扬民主，广泛吸收他们参加管理活动。

二、文艺管理内容

根据文艺工作特点，文艺管理的内容应由以下几个部分组成：（1）文艺创作活动管理。创作管理是文艺管理的基本活动，它的主要任务是依据一定的原则、程序、方法，激发作家、艺术家的创作热情，为他们的创作提供有利条件，对他们的创作活动进行组织、指挥、协调和反馈，保证创作计划的完成，创造出高质量的作品。创作管理还包括专业和业余创作队伍的建设，对他们加强培养，为他们的创作提供方便。（2）文艺理论活动管理。其目的是为了贯彻执行党的文艺方针，加强文艺基础理论的研究力量，提高文艺应用理论（文艺评论）的权威性，保证创作质量，促进文艺繁荣。它研究文艺基础理论和文艺应用理论（文艺评论）的选题、规划，理论研究能力组合的合理性、科学性、理论队伍的建设，以及研究、观摩、评奖活动的组织等。（3）文艺信息活动管理。文艺信息多种多样，它的载体有书籍、报刊、图片、胶片、广播等。文艺信息活动管理指文艺信息传输、存储、处理、加工机构（文艺出版社、文艺杂志社、影视发行部门等）的合理化、科学化、和现代化，包括建设文艺信息活动队伍（编辑、翻译、情报资料员等）。（4）深入生活活动管理。作家要写出高质量的作品，评论家要写出有见地的批评文章，编辑要编出有价值的书刊，都有一个熟悉和深入生活的问题。有计划地组织他们深入生活也是文艺管理工作的重要内容。（5）文艺后勤活动管理。文艺后勤管理包括技术后勤管理（指文艺活动技术设备、艺术生产资料管理）、生活后勤管理（指为全体文艺工作者提供工作、学习以及生活等方面的物资条件）、基本建设管理（指文艺活动场所的建设）、财务管理（指具体组织、协调文艺生产部门的财务活动）。

三、文艺目标管理系统

文艺管理目标就是文艺管理工作者通过一系列的文艺管理职能，高效率地管理人、物、财等，实现文艺目标。社会主义文艺整体目标是为人民服务，给人民提供最好的精神食粮，建设高度发达的社会主义精神文明。但是文艺系统内部各部门以及各个文艺工作者，还有基于这个大目标上的具体目标。文艺管理的第一位工作是依据总目标制订和落实具体的文艺目标。文艺管理目标和文艺目标构成了文艺目标管理系统。研究文艺目标管理系统要注意文艺系统的特殊性。文艺生产是创造性的精神活动，文艺目标的实现取决于文艺工作者的创作精神状态、创造力发挥情况、其他社会因素（政治气候、社会风俗、观众心理）的影响。作为管理者确定管理目标时要充分考虑这种特性，绝对不能像经济活动那样定死任务、指标、时间。

四、文艺管理体制

社会主义文艺管理体制可以分为三个部分：共产党、文化行政部门、文联及各协会，其中共产党处于领导核心地位，它主要通过制定文艺方针、政策，指导文艺事业沿着社会主义方向发展。文化行政部门依据党的文艺方针、路线、政策制订文艺事业发展规划。文联及各协会是广大文艺工作者自愿结成的群众组织。它在党的领导下，对文艺工作和作家、艺术家起协调、联络、指导的作用，并为专业和业余文艺工作者创造写作条件，关心和维护他们的合法权益等。这三个部门有各自的文艺管理职能，并从各个方面对文艺活动进行合力作用。文艺管理学研究这三个部门合理的文艺管理职能、文艺管理地位，以及它们之间的相互关系，探讨它们对文艺活动产生合力作用的最佳点。

（选自《求索》1984 年第 6 期）

文艺经纪原理序说

张祖健

一、媒介活动在文艺经济中的功能作用

自从人类物质劳动与精神劳动分工以后，文艺活动也分化出了经济性的职业创演与非经济性的文艺自娱两种项类。经济性的职业文艺创演活动包含两种类型：一种是文艺家把自己的创作演出作为文娱服务同自己劳务收入进行交换的非生产性的经济劳动［这类活动以下简称为经济性的文艺劳（动）服（务）］；另一种是能为资本创造剩余价值的生产性文艺劳动。这两种经济性的文艺活动有一个共同的特征，即它们必须在文艺消费中才能实现和完成自己的价值。文艺生产与经济性的文艺劳服同文艺消费一起构成了文艺的经济形态。在实行商品经济的现代社会里，经济性的文艺活动成为整个社会文艺活动的主要类型。我们要改善现代文艺的社会管理，就必须了解、掌握和遵循现代文艺的经济活动方式及其规律。

人类的社会劳动分工把文艺创作与欣赏分为文艺生产、文艺消费两大力量。它们在形式上是对峙的，但实质上却相互依赖。“由于分工，艺术天才完全集中在个别人身上，因而广大群众的艺术天才受到压抑”，他们在有限的闲暇文艺自娱以外，如果要欣赏高水平的文艺表演，只有用自己的劳动成果通常通过货币去购买和占有文艺家的文娱服务或艺术产品。同样，职业文艺家出于社会分工也只能是一个文艺家，他们虽然在艺术劳动时有艺术创造的愉悦，但他们的艺术创造属于强制性的经济谋生范围，他们的创演活动不是为了自娱，而是为消费者服务，以此获得消费收入来维持自身的日常生活并进行艺术再生产。在这样的文艺经济劳动中产生的小说、电影等艺术作品，以及歌舞吟诵等经济性文艺劳服活动都具有商品的特性，它们是文艺消费对象，只有在文艺消费中才能完成自己的价值。在实行商品生产的社会里，文艺既是一种观念性的审美活动，也是一种含有经济行动规律的生产、消费活动。文艺家不仅仅根据美的规律来创造艺术作品，也根据文艺经济规律来设计艺术品，以便艺术品更好地为人们有偿接受。社会分工劳动决定了文艺生产与文艺消费是相互依存的。它们之间的媒介关系制约着双方的行动水平。一出戏如果能组织到较高的票房收入，这个剧团就有了进一步创演的经济力量。相反，如果一部微言大义的学术专著发行不畅而滞销，就会影响出版社鼓励作者进一步著述的经济实力。媒介活动的水平制约着文艺经济的繁荣与成败。尤其是现代的经济性文艺劳动服务和文艺生产日趋集约化和企业化，需要集合起广大的文艺消费者，组织起市场性的文艺消费力量，才能被广泛地有偿接受。现代文艺消费者的审美娱乐要求日益丰富多样，他们不满足于逐项体验地进行文艺欣赏选择，希望通过有效的媒介手段把各种文艺产品组成一个市场性的欣赏环境，“便于大家根据自己的需要和爱好进行充分的比较和选择，使消费者可以在自己享用的份额和范围之内，买到称心如意的商品”。现代文艺生产和劳服活动同文艺消费需要彼此社会化地认同。这一切都要靠具有相当水平的媒介活动来组织和实现。

文艺媒介活动是指文艺生产与文艺消费之间，文艺经济活动的各个环节之间为追求最佳经济效益而相互寻求最佳活动模式，并予以重新组合的活动。理想的文艺媒介活动应具备以下两大功能：

一是使文艺生产模式和劳服形式与人们的文艺消费模式相适应。不管艺术家如何在艺术产品设计上发挥独特的个性，但艺术产品和劳服作为消费对象必须为消费者所接受，“如果消费对象不能与社会的消费方式较好地结合起来，那么，消费对象（个别的除外）就不能成为人们生活的消费品，无法进入自己的消费系统或消费部位”。我国幅员辽阔，民族众多，文艺形式很多，文艺欣赏层次丰富。只有做好双方的媒介工作，才能使我国文艺生产与文艺消费全面地和谐繁荣起来。

二是文艺媒介应有自主性的调节力，使双方的相互作用有节有度。文艺活动的类型众多，不能一概而论地认为只需文艺生产同文艺消费互相促进就能导致文艺繁荣。由于种种原因，某一项类的文艺经济活动增长过快

会破坏其他文艺项类活动的经济平衡，并会造成该项文艺活动出现经济性的生产危机。理想的媒介活动应有预测功能，在文艺生产和文艺消费增过快时予以有度有节地疏导，保持文艺经济有比例有控制地增长。

此外，文艺媒介活动应具备超脱于单纯经济意图的社会文化意识，使之能从社会精神文明的角度来调节文艺生产与文艺消费之间的消长。通过加强媒介活动来扶植健康的文艺经济活动，通过媒介阻断活动来抑制不健康的文艺经济活动，使文艺经济在社会主义精神文明的范围内兴盛发达。由此可见，文艺媒介活动既是一种经济性的文艺活动，又是一种管理性的经济活动，忽视文艺媒介活动的科学建设，文艺活动不可能繁荣。我们应加强对文艺经济媒介活动的理论研究，指导文艺媒介活动的现代化，帮助文艺经济和谐地健康繁荣。

二、文艺经济活动的历史构成

在文艺经济史上，文艺媒介活动曾经长期处于无计划的低水平活动上。在漫长的古代封建社会里，宫廷中乐府艺人和士大夫家中的家乐，是皇帝与达官贵族的私有物，他们的演出同主人的欣赏之间不产生经济性的媒介活动。我国古时的经济性文艺劳服活动水平很低，虽然宋时瓦肆勾栏中歌舞说唱曾喧闹一时，但许多中小城镇以及广大农村普遍存在着文艺消费的饥饿，以至于偶有说唱的负鼓盲翁来到乡村，引得“全村听说蔡中郎”了。封建时代不可能拥有批量化生产的现代文艺创演制作技术，所以演唱吟诵歌舞等非生产性的艺术劳服构成了当时文艺消费的主要对象项类。由于文艺创演量小于文艺消费需要，文艺消费市场呈现不饱和状态，文艺创演就能在饥饿的消费者中得到自然的、直接的接受，双方不必开展专门化的媒介活动。

人类进入大机器生产时代以后，文艺经济活动的社会形态发生了巨大的变革。文艺作品的制作技术有了重大的改进，使文艺作品的创演产品化和批量化了。出版社、电影厂、唱片厂等现代化的文艺生产组织能在很大程度上把原来只能以劳服出现的文艺创演转化成批量性生产的商品，使“它们只有离开生产者和消费者而独立的形式，因而能在生产和消费之间的一段时间内存在，并能在这段时间内作为可以出卖的商品而流通，如书、画，以及一切可以脱离艺术家的艺术活动而单纯存在的艺术作品。”文艺创演及其作品转化成批量生产的产品以后，就极大地增加文艺消费对象，使得人类的文艺生产完全能够满足人们的文艺消费需要（仅指文艺消费需要，不包括整个文艺欣赏的需要）成为可能。于是，资本家们纷纷投资建立电影厂、出版社等企业性文艺生产组织，拼命刺激文艺消费以牟取暴利。“资产阶级抹去了一切向来受人尊敬和令人敬畏的职业的灵光，它把医生、律师、教师、诗人和学者变成了它出钱招雇的雇佣劳动者。”在资本主义经济中，艺人自主的经济性劳服活动退居第二位，生产性的文艺创演成了主要类型。从唯利是图的本性出发，资本主义的文艺生产在强调生产过程的有序性时，反对文艺生产和文艺消费之间进行社会性地调节控制，因为一实行计划性地生产消费控制，就意味着利润的计划性分配，这是资本家们所不愿意的。因此，尽管资本主义文艺经济需要发达的媒介活动，但它们不愿意媒介活动体现社会性的调节意态。所以资本主义文艺媒介活动从整个社会形态上来说是杂乱无章的。从文艺消费方面看，现代文艺生产必须要有一个市场性的文艺消费力量来完成它，所以它首先进行了文艺社会消费的巨大投资，影剧院、歌舞厅等文艺消费设施遍布城乡，整个社会把千家万户的人、家庭文艺消费需求组成一个广阔的市场。在这个市场上，资本主义式的文艺生产为了攫取最大利润，常常采用自由竞争的手段，争夺热门的题材、样式和艺术明星，导致消费热点上的产品饱和，造成生产过剩。由于资本主义文艺的生产和消费实行自由交换，它们的媒介活动在整体的无序状态中带着市场性的特点。

虽然资本主义文艺的媒介活动在整体上处于无序状态，但在具体的活动中又异常活跃。资本主义文艺生产的批量化，必须要依靠大规模的社会媒介活动来推销其产品，同时它又不愿意把生产置于一个体现社会意志的计划控制下，于是在现代资本主义文艺媒介活动中盛行着文艺经纪活动。所谓的文艺经纪活动，是指文艺生产和经济性文艺劳服同文艺消费需要之间的一种自主性的高级媒介活动，通常由文艺经纪人或经纪组织代表生产或消费一方主动地寻识对方，寻找能产生最好的经济效益的生产与消费组合，建立彼此间有礼有节的供销关系，使某一具体项类的生产、消费形成一个良性循环的互助联合体。常见的资本主义文艺经纪活动有两类，其中一类是代表型的经纪活动，经纪人或经纪部门代表着生产或消费的某一方去寻求理想的另一方，开展互识互联活动。这类经纪活动是低层次的，媒介活动只是依附于生产或消费力量的一种自发性活动。另一类是组合型的经纪活动，它在较高的层次上符合现代社会生产的组织特性。马克思曾经指出“现代工业从来不把某一生产过程的现存形式看成和当作最后的形式。……大工业的本性决定了劳动的变换、职能的更动和工人的全面流动性。”现代资本主义文艺生产也如此，为了保持追求消费收入的竞争能力，文艺生产必须维持生产力的精良素质，为此必须不断地采用种种甚至是血腥地手法剔除老弱病残和竞技状态不佳的人，甚至大规模裁减生产者，随时调整自己的生产模式来适应消费需求。即使经济性文艺劳动活动也是如此，为了保持旺盛的收入，剧团或主演明星们不得不随时准备更换其他成员，寻找适合消费者口味的新乐队或新编剧、新演员，予以重新组合。这种经济活动不仅局限在生产与消费之间，而且广泛渗入文艺生产领域。因此。资本主义文艺经纪再也不仅仅是生产与消费之间的媒介活动，而是围绕着最佳经济效益模型而进行的文艺经济各个环节相互重新寻识组合的媒介活动。这种类型的经纪活动之所以是一种高级媒介活动，是因为它已不听命于生产或消费等一方面的意向，而是能够自主地测算出一个最佳的生产与消费经济效益组合或最佳的生产组合、消费组合，并根据这个计算的组合模型来自主寻求和组合具体的文艺经济行动秩序。从理论上来说，文艺经纪活动的经济功能是帮助具体项类的文艺生产与文艺消费活动加强有序联合，它是资本主义文艺经济中的一种富有自我调节完善的组织机制，它从有序化的方面保证了资本主义文艺经济在整体无序状态下的秩序活动。保证了资本主义文艺经济的相对稳定。

文艺经济活动的功能在于帮助文艺活动各个环节不断重新组合，而资本主义文艺经济却使它成为一种损人利己的经济侵略，利用经纪活动互挖同行墙角，或者利用经纪手段来垄断一定的消费市场等等，都是资本主义文艺经纪活动屡见不鲜的表现。因此虽然文艺经济有使文艺局部有序的功能，但它又从更高层次上促使了文艺社会的无序化，它能促进文艺局部项类繁荣，但不可能促进文艺全面繁荣，因为它无力克服资本主义生产方式对文艺活动带来的根本性束缚。用发展的眼光来看，资本主义文艺经济使文艺经纪活动社会化，高级的文艺经纪活动有了自己的行动意志，它不仅协调着文艺经济活动，还可以按照最佳经济效益模型来组织文艺经济活动，这就为文艺经济活动的社会主义改造提供了条件。只要我们改造文艺经纪活动的行动意志，使之不是单纯地为经济效益模型组织生产，而是为全面满足人民文艺需要来有计划地组织生产，我们就能继承其现代经济媒介的种种活动方式，利用它来提高社会主义的文艺经济水平。

三、社会主义文艺经纪活动的理论导识

社会主义实行了生产资料公有制，从根本上改变了文艺生产的经济属性。但社会主义时期的社会生产力还未发达到足以取消强制性社会劳动分工的程度，所以社会主义社会仍然存在经济性的文艺生产、文艺劳服活动和文艺消费。新中国建立以后，我国社会主义文艺经济获得了巨大的成就。旧社会留下的现代化文艺生产组织如电影厂、唱片公司、一定规模的出版社等为数很少，而且分布不均，彼此之间不能组成生产体系。在经济性文艺劳服方面，新中国成立前的艺人戏班活动绝大部分处在自然活动的低水平上，服务量难以满足整个社会的文艺消费需要，质量也参差不齐。新中国成立后，党和政府有关部门按地区、行业需要健全了出版社的设置，建成了分布较合理的电影生产系统。并在中央、省、市、县各级层次上把艺人组织起来，成立艺术生产团体。经过三十多年的建设，我国初具完整的文艺生产体系，具备了旧社会无法比拟的文艺生产力，全国成千上万个剧团在自己的覆盖面积中为人们提供文艺消费服务，企业性的文艺生产组织大批量生产书、画、雕塑、电影、录像、录音等文艺产品。文艺生产力有了现代化的水平。党和政府还在城乡各地兴建了大批的社会文艺消费设施，提高了人们的文化素质和审美水平，使人们的文艺消费水平越来越高，已形成一个力量雄厚广阔的文艺消费市场，与文艺生产相对应。

发达的社会主义文艺经济需要活跃的媒介活动，社会主义文艺媒介活动的意志不再是单纯地寻求最佳的经济效益组合，而是为了建设社会主义的精神文明，保证社会主义的物质文明，全面满足人民群众不断增长的文化需要。社会主义文艺经济对自身的媒介活动提出以下主要要求：一是必须进行发达的经济媒介活动，促进和完善社会主义文艺生产和文艺消费的互导机制；二是加强媒介活动对文艺生产、消费的调节控制，使双方有计划按比例地增长，并且使整个文艺活动的各个项类建设有一个轻重缓急的秩序，以便让文艺全面发展；三是社会主义文艺媒介活动的意志必须与整个社会的文化建设协调沟通，它在协调文艺活动的经济组合时必须能符合社会文化建设的整体要求，如为某些特定的文艺欣赏者提供抵偿甚至是无偿的文艺消费对象，又如利用文艺媒介的自我阻断来抑制不健康的文艺生产与文艺消费等等。从理论上来说，社会主义文艺媒介活动已不全是单纯的经济活动了，它是代表社会政治、文化、经济各种意志的一种文艺经济管理活动。

建立理想的社会主义文艺媒介系统还有待于我们反复实践和探索。新中国成立以后，为了迅速建立文艺生产体系和健全文艺消费市场，有关部门在文艺生产与文艺消费之间实行了指令性地相互交换，逐渐把经济性的文艺媒介活动变成了纯粹行政性的媒介活动。这种行政性媒介活动根据社会文艺消费总需求组织文艺生产，如确定每年的文艺生产投资、规定艺术产品的制作数量等。并通过行政调拨手段把文艺产品以及经济性的文艺劳服分配给某一消费区域，从而通过文艺产品的调拨又组织了文艺消费。但不能排斥文艺经济媒介活动的作用。三十多年来的实践经验证明，如果排斥文艺经济媒介活动的其他方法，把行政性的媒介活动变成对文艺经济的指令管理手段，会使文艺管理脱离文艺的经济规律，造成文艺生产与消费的失调和盲动。譬如，为了保护还不十分发达的文艺生产力，所以原应从消费需要来组织生产的行政性媒介，会出于保护文艺生产而转为根据文艺生产的数量与质量来组织文艺消费，并因此在文艺生产与消费的交换领域里制造出一个低于社会文艺消费实际需要的指令性消费量，这个指令性的文艺消费量与社会实际文艺消费需求保持着距离，只随文艺生产的消长而增减。如果文艺生产由于种种原因在很大程度上落后于人们实际的文艺消费需求，并置这种实际的文艺消费需求于不顾，只满足于完成指令性的文艺消费量，那就会使文艺经济失调。现实情况远比理论描述复杂，文艺生产是一种特殊的生产，假若人们因为审美水平的提高，或欣赏新的文艺项类而不再青睐于原有的文艺消费对象，那死守旧格式的文艺生产即使增长了，也不会满足人们的文艺消费需求。面对这种状况，行政性的媒介活动又常常采用指令性计划手段实行“非饱和消费”来保护文艺生产，它们通过计划手段实行产品投放低于市场消费需要，使文艺消费处于一种非饱和状态，让处于饥饿的消费需求尽可能地消化掉投放的所有文艺产品，包括质量不尽如人意的产品，并为这些低质的产品集合起必需的消费量（收入）。我国的电影生产就是如此，我国电影

生产计划由国家规定，由于各片完成速度不等，发行部门有时有能力一下子投放几十部电影，使市场出现暂时饱和。出现这种情况不太有利于电影生产，因为市场饱和使人们的文艺消费选择多样化了，但他们的消费能力却没有增长，这样就使有限的消费量在消费对象上平均分配，使一些优秀影片在消费上火拼而同遭损失。但这仅仅是问题的一方面，非饱和消费在更大程度上保护了许多平庸之作，并且这种非饱和消费对文艺产品的渴求能够在一定程度上造成文艺经济和谐繁荣的虚幻现象，从而导致文艺生产同实际文艺消费需要越来越严重的脱节。尤其值得注意的是，长期实行单纯的行政性文艺媒介活动，造成了文艺生产对其包揽出路的依赖性，淡化了文艺生产与消费间的经济消长意识对艺术更新的作用。实践证明，实行单纯行政指令性的媒介活动给社会主义文艺经济带来了功能障碍现象，对此必须予以改革，才能繁荣社会主义文艺。

为改善社会主义文艺经济活动的机制，我们在坚持对社会文艺生产与文艺消费实行计划管理之外，必须在文艺媒介活动中恢复实行文艺经纪活动。社会主义的文艺经纪活动是一种新颖的、有计划的经纪活动。在宏观上，它既吸取了资本主义文艺经纪活动社会化，并具有独立意志的成果，又铲除了资本主义文艺经纪唯利是图的灵魂，代之以根据文艺发展必须顺应社会政治、经济文化发展需要的媒介意志，以此来全面调度和促进社会主义文艺生产和文艺消费的互助运动，并对充满旧思想旧道德和不健康审美情趣的文艺生产活动和消费需要实行媒介阻断，抑制其再生产。在微观上，它促使着社会主义文艺经济活动的现代化。它通过有度有节的媒介活动防止文艺生产不讲整体社会效应地追求消费利润，又反对采用非饱和消费方法来保护文艺生产的惰性，损害人们的文艺消费需求。它在有计划地开展媒介活动的前提下，根据预测的最佳社会效益（而不仅仅是最佳经济效益模型），不断地使文艺经济活动各个环节相互重新组合，形成合理的生产、消费格式，推进社会主义文艺经济的繁荣。只有实行经纪性的组合，才能使社会主义文艺活动处于不断地自我完善之中。从理论上说，只有实行有计划的文艺经纪活动，社会主义文艺媒介系统才不至于因行政化而僵硬板结，社会主义文艺才能不断提高现代化程度。

社会主义文艺经纪活动能促进整个文艺生产和文艺消费的全面和谐繁荣。由于它是在促使文艺同整个社会文明进步和谐的宏观意志下开展活动，由于它是根据社会文化建设的总计划按比例地开展经纪活动的，所以它在微观上的自由组合活动恰恰是为了强化整个文艺活动的有序，强化文艺同整个社会文化建设的有序。它不仅仅能造成文艺的局部繁荣，而且能造成文艺的全面繁荣，由此反映了社会主义文艺经纪活动的目的与手段、本质与形式的统一。目前我国一些文艺团体或领导部门恢复了文艺经纪活动，甚至建立了经纪性的专门组织，在一定的范围内搞活了文艺经济。为了全面改善和繁荣我国的社会主义文艺，全面恢复和实行社会主义文艺经纪已势在必行，文艺经济学和文艺管理学必须尽快建立专门的文艺经纪学研究，从我国文艺实践的实际出发，探索和建设社会主义文艺经纪原理，指导社会主义经纪活动的健康开展，繁荣我国的社会主义文艺经济。

［选自《上海大学学报》（社科版）1987 年第 3 期］

试论文化艺术的商品性质及其调节机制

李　军

第三产业主要是解决人类发展和享受消费资料需要的产业，它以向人们有偿提供各种劳务和产品服务的方式存在。文化艺术在现阶段就其本质说是向人民群众有偿提供精神文化娱乐方面的服务的，文化活动本身及其成果构成人类所需要的发展资料的一部分，享受资料的主要部分。无疑它属于第三产业。1935 年首次提出“第三产业”概念的 A・费希尔教授在《安全与进步的冲突》中正是把“文化艺术”连同旅游、保健、教育和科学等一起列入第三产业的。1985 年在我国国务院批转的国家统计局《关于建立第三产业统计的报告》中也把文化艺术列入了第三产业。过去，由于我们在根本指导思想上没有把文化艺术当作满足人民群众精神文化消费需求的“产业”，强调以为政治服务为目的，因而国家对之实行统包统管，形成了以行政机制为唯一调节手段（方式）的高度集中的管理体制。随着全党工作重点的转移，经济上改革、开放，人民群众生活水平逐渐提高，生活方式、消费内容发生变化，富而思文，富而思乐，对文化生活的选择性、参与性增强。我国文化艺术的发展必然要转向与商品经济相适应的轨道，要尊重价值规律，依据市场机制进行调节。我们面临着抉择：或者对人民群众日益增长精神文化需求视而不见，仍然坚持以行政机制为唯一调节手段的旧体制，继续搞“文化贫穷的社会主义”，或者采取历史唯物主义态度，打破落后观念，坚决改革旧的不合理的管理体制，运用新的调节机制，推动文化艺术的繁荣，从而真正落实社会主义生产目的。二者必居其一，我们别无选择。显然，正确、明智的选择是后者。这同样是大势所趋，是历史的必然。

一

把作为第三产业一部分的文化艺术纳入与商品经济发展相适应的运行轨道，充分利用市场机制进行调节，完全是它自身的客观要求，是由它的商品性质决定的。

文化生产产业化、职业化出现在近代大工业之后，是社会进步社会分工的结果。这一部门的劳动者生产社会所需的精神产品和劳务，其最终目的在于通过向社会提供这些产品和劳务，交换出他们所生产的精神产品和劳务的使用价值，从而让他们创造的价值得以实现，求得维持自身物质生活以及解决其他有助于进行精神文化产品再生产的资料，简单地说，文化艺术工作者为了谋生，他的生产首先是为了“交换”，在现阶段，这个“交换”是在有偿的情况下进行的，即文化部门的劳动者必须在别人有偿提供的物质条件下进行生产，如服装、道具、纸张、机械、胶片等，这些劳动工具都是其他部门的劳动者生产的，不能无偿得到，必须在有偿的情况下为社会提供以满足精神文化需要的文化产品和劳务，比如书籍、电影拷贝、戏剧剧目、文化场所的服务，也需要人们付出一定的货币才能得到，既然如此，文化艺术产品作为一种商品就要得到确认。当然，这个客观事实使得许多同志并不否认文化产品具有商品的属性，要以商品的形式进入流通领域（市场），根本问题在于我们还得进一步认识到文化艺术产品在当前的历史条件下就是一种商品，文化艺术部门的生产与交换必须按照生产与交换的原则进行，必须纳入市场机制进行调节。

我们知道，价值是耗费在商品生产上的社会必要劳动的表现形式。马克思指出：“如果把劳动的有用性质撇开，生产活动只剩下一点：它是人类劳动力的耗费。”在这个问题上，物质生产和包括文化生产在内的第三产业的生产具有一致性。如文化艺术商品同样凝结了社会劳动量和耗费了社会必要劳动时间。这里我们要指出，文化艺术生产价值的凝结有两种形态，一是凝结在生产和消费不能分离的消费品中，如马克思指出的，“产品同生产行为不能分离，如一切表演艺术家、演说家、演员、教员、医生、牧师等等的情况。”这种劳动的使用价值的特点是不表现为物质承担物，而是随着劳动能力活动的停止而消失，消费与生产并行，它在创造使用价值时就形成了价值。由于其使用价值的非物质化性，其价值也就没有物的对象性。二是凝结在生产和消费在一段时间内可以分离的消费品中。如马克思指出的，“生产的结果是商品，是使用价值，它们具有离开生产者和消费者而独立的形式，因而能在生产和消费之间的一段时间内存在，并能在这段时间作为可以出卖的商品而流通，如书、画以及一切脱离艺术家的艺术活动而单独存在的艺术作品。”这种消费品的使用价值既不同于一般的物质产品，也有别于转瞬即逝的非物化使用价值，而是可以脱离生产行为而独立存在。

综上所述，文化艺术产品是使用价值和价值的统一体，同其他物质产品一样也是商品，就耗费了社会必要劳动上说，它们是没有差别的（当然生产精神产品的劳动要复杂得多），它们之间的不同主要是从使用价值上体现出来的。物质产品是满足人们的生理需求，精神文化产品是满足人们发展和享受的需要。

出于精神产品包含的使用价值在内容上具有社会性、不确定性、不可比性，使得它在价值实现过程中出现种种复杂情况，文化艺术产品使用价值高，但它的交换价值不一定高，反过来说，交换价值高的东西，它的使用价值也不一定高。同时它的交换价值也需要具体分析，我们知道，一件文化艺术产品进入流通前还有两个环节，一是文化艺术生产者创作精神文化产品的环节，在这个环节里因为产品还没有进入文化消费市场，仅仅停留在创作人员的“书斋”里，如作家的手稿。二是精神文化产品与一定的物质文化载体相结合的“物化”阶段，比如手稿印成书籍。我们得承认第一个环节生产者所付出的劳动量是难以精确计算的，但对精神产品说又是最关键的，因为这个劳动量决定了经济价值，毕竟质量好的产品，需求者就会多。第二个环节生产者所耗费的社会必要劳动量是可以计算的，如印刷一本书的成本费用等是比较明确的。在商品经济的社会里，文化产品往往实现的是第二环节的价值。因而就形成了在一定时候价值与使用价值，价格与价值相悖的情况，这并不意味着否定价值规律在文化艺术生产中所起的作用，恰恰相反，我们正确把握它，利用它来调节文化艺术生产，就会推动社会主义文化艺术向前发展。

二

所谓市场机制也就是价值规律对文化产品生产和交换发挥作用的机制。物质资料的生产存在供求关系，文化生产领域同样存在供求关系。以前文化生产以供定求，规定人们该看该听什么，不该看不该听什么，限制了人民群众对文化的各种需求，造成这种生产和消费的脱节。近年来，我们通过建立市场关系，对文化生产与文化消费实现了一系列调节。

1. 开放文化市场使文化生产单位在文化产品的生产和交换中从事经营活动，使一些单位或者从事业型转变为经营型，或者由单一的事业型转变为服务经营型，通过各种有偿的文化生产经营活动，形成文化事业自身发展能力和实力，解除文化生产单位坐吃国家大锅饭，文化生产效益低的弊端。在文化产品生产过程中贯彻物质利益原则，讲究经济核算，达到以较少的人财物投资生产尽可能多的文化产品，从而达到满足人民群众文化生活需要的目的。河北省画院绘画雕塑中心从1984年开始探索从单纯搞创作研究转为创作服务经营的新路子。经营范围包括社会各界绘画、雕塑、建筑壁画、建筑美术装修、展销名人字画等。几年来他们取得了令人瞩目的成果，收入7万余元，给省内外客户完成了20余件大型雕塑艺术品，数以千计的教学用具，小型石膏雕塑和千幅绘画作品，他们冲破旧观念，面向文化市场，创作和经营结合起来，画院事业日趋兴盛。

2. 通过文化市场，实现文化生产单位的竞争和优胜劣汰。文化产品生产者是发展还是被淘汰只能取决于它在文化市场上是否具有竞争力（实际上是否为人民所欢迎），那种不顾实际需要，按行政区划层层设置文化艺术生产单位，并画地为牢、割据一方的做法也因为文化市场的存在而打破，这样各个文化艺术门类的灭亡或生存，以及各生产单位的布局就会渐趋合理（需国家采取特殊政策对待的文化艺术门类及产品另当别论）。

3. 政府对文化产业的管理更多通过市场，借助市场机制完成客观调节和监督，政府主要对文化市场进行宏观指导、协调，不再具体经办各种文化艺术活动，由直接控制转向间接控制。形成新的充满活力的文化管理体制。

因为贯彻市场机制调节原则，调动了社会力量办文化的积极性，出现了多形式、多渠道办文化的兴盛局面。以往单纯由国家投资补贴办文化，国家财政包袱越背越重，而且效果不甚理想。现在除国家外，集体、个人都兴办文化产业，这些文化成分成为了国办文化的重要补充。文化消费需求通过市场对文化生产产生巨大的压力和促进作用，刺激文化产业的发展。如广州在1985年人均生活费月收入达87.21元时，文化消费支出占5.85%，其中用于书报杂志和学习方面支出增长了1.65倍，用于文娱用品的支出增长2.46倍，形成了一个年约4亿元巨大的文化需求压力，刺激了广州文化产业的发展。“六五”期间，广州全市文化产业的固定投资规模每年递增速度达35%上，其中仅全民所有制文化单位五年来固定资产投资就已达11.3亿元以上，形成新增固定资产投资8亿元，连集体、个人以及全民单位主办的在内，全市已有110多个舞厅，60个音乐茶座，200个书报摊，近千家桌球室，100多个录像放映点，各种文化业余学校2000多家等，出现了初步繁荣的局面。

当然，世界上没有尽善尽美的事物，市场机制调节文化产业也会带来一些问题：其一，某些生产者出于追求利润的考虑，生产一些格调不高、内容不健康乃至有毒的产品。面对这种情况有两种作法，一是利用行政措施取缔、封闭文化市场；二是妥善疏导，完善法规，对文化市场中的不良现象进行必要的限制。如广州市刚开放文化市场时，由于管理一时跟不上，出现了一些暂时的“真空”和“漏洞”，庸俗文化乘虚而入，特别是不健康的小报，以各种名目大量地涌现。面对这种情况，广州文化管理部门没有简单关闭文化市场，而是积极摸索行之有效的管理办法。现在已经在队伍、场地、经营方向、演出台风、职业道德等方面颁布了一系列管理规定，既使广州的文化市场依然保持着充足的活力，又限制了庸俗文化的流传。其二，某些“高”、“精”、“尖”的文化产品的生产受到不同程度的冲击，如严肃书刊、学术著作征订数不高，民族舞台艺术演出上座率下降等等。我们认为，这更没有什么可怕。过去，广大群众特别是青少年的不同层次的文化生活需求受到长期压抑，出现一阵饱餐通俗文学、港台音乐、流行小调的高潮可以理解，毕竟这个高潮不会维持长久，他们的需求层次总是会自动调整（或者经过必要的引导），由低层次向高层次发展的。最近，上海出现的“交响乐热”、“话剧热”、北京的古典音乐、民歌磁带一时供不应求，通俗音乐磁带大量积压、广州音乐茶座不景气，剩下的部分日趋高雅就说明了这个问题。

三

当我们在提出文化产业要依据市场机制进行调节时，我们并不否定甚至排斥行政机制的调节作用。我们认为社会主义文化产业要大力、健康的发展，必须实行行政机制和市场机制有机结合的调节方式。

实行单一的市场机制调节，固然可以给文化产业带来灵活性、分散性，但是同时也带来一定的盲目性、紊乱性。如我们在上面已经指出的市场调节存在的某些局限。对市场机制利用得好，当然可以极大丰富、繁荣人民群众的文化生活，但如果它的作用无限地发挥，也会对人民群众的精神消费无益。实行单一的行政机制调节，可以使各个文化生产者的活动处于行政控制之下，因而能够使文化生产活动与行政决策所确定的目标一致。这在一定的时候是必要的，比如为了完成一项政治任务抽调文化艺术工作者集中生产文化艺术作品，但这只能是个别的、暂时的。单一的行政机制的局限还表现在由于它的集中性，往往很难及时对人民群众的精神文化需求所发生的多种多样的变化做出灵敏的反应，从而对文化生产活动的调节显得缺乏弹性和活力。这两种机制各有利弊。我们能不能把它们有机地结合起来，充分发挥它们各自的优越性，同时又克服它们各自存在的局限，使它们互相弥补，从而形成市场机制与行政机制有机结合共同对文化生产与交换发挥调节作用？回答是肯定的。而且这也是客观历史的必然要求。我国目前的中央集权的政治制度和有计划的商品经济的模式也决定了我国文化艺术生产活动必然是采取行政机制和市场机制相结合的调节形式。当然这两者在结合中的地位和作用还是有区别的。从调节层次讲，行政机制主要着眼于宏观方面，即规定社会主义文化产业的目的，制定发展文化艺术的方针如“二为”等，它从性质、方向、道路方面规范和影响文化艺术的发展。市场机制则主要着眼于微观方面，即各个文化艺术生产单位具体的生产、经营活动。从调节的手段讲，行政机制主要依靠行政手段、法律手段如通过文化政策、文化法令、文化规章制度、指示等对文化活动进行调节，市场机制则主要依靠经济杠杆如价格、利润、税收、信贷等对文化活动发挥调节作用。从调节的对象讲，行政机制主要面对一些难以从市场上取得再生产的条件，无法自负盈亏的非赢利文化艺术单位如受到保护的稀有剧种，代表国家文化水平的某些艺术表演团体，以及一些图书馆、博物馆；市场机制则主要面对那些完全能够通过市场交换取得再生产的条件、可以自负盈亏的赢利文化艺术单位。又因为各地区经济、政治、文化发展不平衡，两种机制也有所不同，对商品经济比较发达的地区如上海、广州市场机制的作用就要大一些，而“老、少、边”及其他贫困地区的文化艺术主要靠国家扶助、支持，行政机制的作用就要大一些。

当然，这不是说同时存在着两种不同的运行机制，一方面，从整个社会讲，我们是社会主义制度的国家，是以行政机制作用于市场机制来发挥作用的一种有机结合的调节机制，另一方面，行政机制和市场机制在具体的调节中是互相影响、互相制约的。无论是宏观文化艺术活动，还是微观文化艺术活动，无论行政手段，还是经济杠杆，无论是非赢利单位，还是赢利单位，也都同时受到来自行政和市场两个方面的调节。就微观文化活动说，各个生产单位的生产活动直接地从市场需求出发，必须灵敏地反映市场状况的变化，其生产的内容和结构直接取决于市场需要的状况及其改变。同时，每个生产单位的文化活动又在相当程度上受到行政机制的调节，如受到党和政府所制定的各种文化艺术方计、政策、规章制度的制约和影响，绝不是纯自由的行动。就宏观文化活动说，整个文化产业发展从整体上属于统一的行政机制的调节下，比如文化产业发展方向、总体规模、基本结构，同时，市场机制也对宏观活动起一定的作用，行政机制在一定程度上必须考虑市场需求的状况，完全不顾市场存在的行政机制毕竟是不合理的。再就调节的对象说，赢利单位面向市场，讲究经营管理自然不成问题，就是那些主要由国家财政投资支持的非赢利单位也得面向市场，从市场上获得自身发展的刺激力，必须贯彻物质利益原则，追求经营管理，加强经济核算，否则会一劳永逸地躺在国家财政补贴的大铁饭碗上萎缩下去。

（选自《求索》1987 年第 6 期）

社会主义文艺市场问题初探

楼上云

一、研究文艺市场问题的现实性和迫切性

市场是商品经济的范畴。“哪里有社会分工和商品生产，哪里就有市场。”（《民粹派经济学家的理论错误》，见《列宁全集》第一卷第 189 页）用于有价交换的文艺产品也是商品，文艺商品要完成从生产到消费的过程，也要通过市场。近年来我国各地文艺市场有所发展，而且有的是新出现的文艺市场形式。例如广东全省有音乐茶座 130 多家，歌舞厅 500 多家，录像放映室 3300 多个；上海市现有舞厅 130 多家，音乐茶座 40 多家。此外各地的影剧场、书画商店、展览场馆和展销兼营的艺术画廊、工艺美术品商店及其他文艺市场在全国城乡都有所增加。

但是，正如赵紫阳同志在党的十三大报告中指出的，“现阶段我国的商品经济和国内市场很不发达”。文艺市场总的也是这种状况。社会主义市场是生产和消费的纽带。它一方面为消费提供对象，另一方面，市场的活跃和繁荣又能促进生产的扩大。文艺市场不发达，既限制了文艺消费，反过来也限制了文艺的生产，影响了文艺事业的繁荣和发展。而如果文艺市场盲目发展，某种项类文艺市场发展过多，又会冲击其他项类文艺产品的生产和消费。鉴于文艺商品的特殊性，它对社会主义精神文明建设起着特殊的作用，因而文艺市场的开辟和发展要受多种因素调节，文艺市场问题的研究也要涉及许多方面的关系。由于长期以来文艺市场问题没有得到我国文艺界、理论界和经济界应有的重视，所以某些文艺市场不被承认。当我国经济和文化进入一个新的发展时期，文艺市场也开始新的发展时期，新情况新问题接踵而来，就会出现无论是在观念上还是政策措施上跟不上现实生活步伐的现象。党在社会主义初级阶段的基本路线要求在我国大力发展商品经济，应该看到“艺术商品将是商品世界中逐渐壮大的成员”（《艺术商品的价值及价格形成》，见本刊 1986 年 3、4 期合刊）。可以想见研究文艺市场问题也将比以往任何时候更加迫切，更有现实意义和实践意义。

二、文艺市场问题要研究的内容

市场是商品交换的场所，又是一种经济关系的体现。社会主义文艺市场与资本主义文艺市场有根本的区别，因为它们体现了不同的经济关系。我国现在处于社会主义初级阶段，我们要研究的文艺市场问题也是社会主义初级阶段文艺市场的问题。其中应包含下列几个方面：

第一，要研究社会主义初级阶段文艺市场的供求规律。如前所述，我国现阶段文艺市场总的说还很不发达。与一般商品市场长期存在某些商品供不应求的状况类似，文艺产品总的情况也不能满足人民群众日益增长的精神

文化需要，特别是广大农村和一些城镇居民的精神文化生活常会处于半饥饿状态。但是由于我们的文艺产品提供单位一向靠国家经费拨款，他们提供的文艺产品或多或少与他们的经济利益没有直接联系，因而要改变人民文艺消费不足的情况缺乏有效的经济手段。近年来随着社会主义经济体制的改革，对文艺单位不仅要求注意社会效益，还要求提高经济效益，文艺生产单位要向社会提供更多更好的文艺产品，不仅有社会压力，而且有经济动力。但是文艺产品新的供给和需求还会出现这样那样的不平衡现象。过去人们总是从文艺生产单位，从剧团和电影制片厂等方面找原因，这固然也有必要，但不从市场角度寻求解决办法，就不免失之偏颇。其实，这里也需要从市场关系来探求各类文艺产品的供给和需求矛盾运动规律，探求拓展和扩大国内城乡文艺市场和国际文艺市场的必要性和可能性，探求文艺市场在繁荣社会主义文艺事业方面能发挥的市场功能。

第二，要研究文艺市场上文艺商品价格确定的依据，社会主义市场定价的基本依据是价值规律和供求规律。由于文艺商品生产劳动的特点，其价值（指经济学意义上的价值）的主要部分是复杂的脑力劳动的凝结。但以往制订文艺品价格恰恰会忽略这个部分。例如有一本价格手册中对剧场票价的制订依据，首先是指剧场房屋，设备的损耗费，剧场工作人员工资及剧场有关开支，虽然也包括演出团体的收入分成，但却没明确提出编、导、演职人员复杂劳动的补偿。同时，文艺商品市场价格的确定还有其他特点，比如在更大程度上受供求关系的影响带有偶然性，等等。制定文艺商品的市场价格必须充分注意到各种复杂因素和供求变化动态，并研究相应的价格管理手段。文艺商品价格形成和价格确定问题，我在《艺术商品的价值及价格形成》一文中有所阐述，本文就不赘述了。

第三，要研究文艺市场的结构机制、经营渠道及市场管理形式。与我国社会主义初级阶段经济体制相适应，社会主义文艺市场也应该多成分、多形式、多层次、多渠道。现在的情况是，就所有制结构来说，个体所有制在文艺市场刚刚出现，集体所有制的市场也相继建立，过去那种单一的全民所有制文艺市场形式已有所改变。近年来建立的一些个体或集体的书画商店、电影放映队、音乐茶座和乡村集体的剧场电影院为人民的文艺消费提供了比以往更多的方便，也为文艺单位的演出或展销等增加了场所。

文艺品的发行、销售、展演的渠道，长期以来过于稀少和单一，各种层次，各类市场也没能科学地合理组合，市场信息不够灵敏，往往造成需求方面苦于消费不足，而供应一方却在缩减。以至于演员缺少登台机会，许多艺术品缺少与群众见面的条件。近年来新的渠道逐渐开辟，文艺市场比以前活跃。

在文艺市场的管理上，政府文化部门、工商行政部门以至于治安部门的协同和协调是需要的，但管理上大家都应该遵循文艺规律和经济规律。有些地区的管理部门总结出对社会文化市场的指导思想应该是“发扬其积极的方面，限制其消极的方面，管理上活而不死”。管理原则应该是“提倡有益的，允许无害的，抵制有害的，打击犯罪的”。这些对于研究文艺市场的管理都能有所启发。

第四，要研究文艺市场的经营方式，促销媒介，广告宣传等市场手段。文艺市场固然有其特殊性，但在许多方面可以有选择地运用一般商品市场的经营方式。以往对于剧场、影院的经营已经运用了类似商品销售网络的方式，这种比较适用于市场经营的方式在录像交流，音乐茶座和歌舞厅的歌星、乐队互访等方面是否可以尝试呢?

国外文艺市场上的经纪人、中间商等都是促使文艺品行销的有效媒介，在国内有些地区，文艺经纪人（或称“戏媒”）也表明有促进文艺交流的作用。但是一个时期来，对文艺经纪人非议较多，至今还不能说已得到社会认可。从市场角度来看，中间商是商品经济发展和市场发达的产物。文艺市场的经纪人不仅不应该否定，而是应理直气壮地行使其职能。当然也要注意发挥其积极作用，阻止其消极作用，把他们纳入文艺市场管理范围之内。

文艺市场的广告宣传是一个比一般商品的广告宣传更复杂的问题，就其本身要求来说，既要推进文艺品的消费，又要推进精神文明的建设。由此看来，我们的文艺广告宣传也有着研究的必要。

第五，要研究社会主义文艺市场和其他商品市场的联系，研究社会主义文艺市场在社会主义市场总体中的地位。社会主义文艺是社会主义事业整体中的有机部分，社会主义文艺市场固然是社会主义市场总体中一个特殊的部分，但毕竟也是社会主义市场整体的一个部分。要从国家总的社会主义事业的要求出发，从经济发展和文化事业发展的双重视角来预测社会主义文艺市场所要达到的发展程度。以往我们文艺市场的建设主要靠国家投资。但国家用于文化事业的经费有限。例如上海市基建投资中用于文化、教育、卫生事业的比重仅4%左右，其中能用于文化娱乐设施的改建或新建的经费当然更少，这就使上海这样的大城市也明显地暴露出文艺市场设施的不足，而在许多农村和边远山区这种情况更加严重。为了使文艺市场的发展能适应形势的需要，适应人民群众文化生活的需要，极有必要调动各方面的力量。首先是国家、集体、个人都上，同时要提高已有文艺市场设施的利用率。一个时期来兴起的企业文化赞助，“文企联姻”等等方式，在开辟文艺市场时也可运用。文艺事业的发展既受经济发展的制约，又能推动经济发展。但是社会主义文艺事业，包括文艺市场，也不能盲目发展，要研究社会主义文艺市场发展的适当规模和合理结构，使之与社会主义文艺事业发展的需要，与社会主义市场总体的发展相协调。

第六，要研究国内文艺市场和国际文艺市场的关系。当今的市场具有国际性，我们的各项文艺产品也不同程度地进入世界市场。我国的文艺团体出国演出，绘画作品、工艺美术品进入国际市场，都受到极大的欢迎。要研究国际文艺市场的近况及市场特点，按照文艺产品的不同项类寻找推进出口或限制出口的经济手段，以便与行政手段和司法手段配合施行。

最后，要研究社会主义文艺市场在提高我国文化事业的社会效益和经济效益方面应该担当的职能。社会主义文艺市场是文艺事业中的一个环节。研究文艺市场问题毫无疑问会有助于提高文艺事业的经济效益。市场开拓了，文艺产品的生产和消费都会兴旺起来；市场又能比较敏锐地反映出文艺生产与消费是否协调，及时给生产和消费双方提供信息，从而可以指导生产，促进生产，并促使生产时降低消耗。同时，研究文艺市场问题应该而且也能促使文艺事业提高社会效益。《中共中央关于社会主义精神文明建设指导方针的决议》中明确提出："我国文化事业的社会主义性质，要求必须把社会效益作为最高标准。要努力提高精神产品质量以满足群众的广泛需要，并且进行文化管理体制的改革，改善经营管理，促进文化事业的蓬勃发展。"研究文艺市场问题，必须始终遵循这个指导方针，努力实现这个要求。通过上述各个方面的研究，努力发现社会主义文艺市场的发展规律，采取改善文艺市场经济管理的有效手段，定能有助于我国文化艺术事业的社会效益和经济效益全面提高。

三、文艺市场的初步分析

我国的文艺事业通常分为戏曲、戏剧、曲艺、音乐、舞蹈、杂技、魔术、电影、电视、广播、绘画、雕塑、工艺美术、实用美术等等。而文艺市场按其所交换的艺术品可以分为两大类。

一类是文艺商品市场，包括绘画、雕塑等造型艺术品、工艺美术品、实用艺术品和文物艺术品市场，以及各类艺术印刷品、艺术复制翻录品的市场。这类文艺商品在生产过程完成后能离开生产者独立存在，并投入市场；通过有价交换，这些艺术商品的使用权连同所有权都从出售者一方转到购买者一方。这类文艺商品市场的场所、设备要适合商品仓储、运输、上架出售等的需要，市场运行与一般商品市场类似。这一类文艺市场早已为我国公众所承认和接受。

另一类是文艺劳务市场，包括舞台表演艺术演出的场、馆，电影和录像放映院，艺术展览场馆及音乐茶座、歌舞厅等等。在文艺劳务市场，文艺生产者提供的是文艺劳务，文艺消费者购买的是一种票券，但票券并不是直接消费的对象，而是凭这票券可以享受到艺术生产者所提供的劳务服务。在文艺劳务市场是货币商品和文艺劳务商品的交换。这一类文艺市场相当长时期里不被看作商品交换场所，有人会认为，把舞台上的表演、演唱视作出售的劳务商品，是对艺术事业的亵渎，因而是贬低艺术工作者。这至少是观念上的模糊。其实，有偿的文艺劳动服务与一般商业服务市场上提供的劳动服务，所体现的经济关系完全相同，都是商品生产者与商品购买者的经济关系，文艺劳务市场就是文艺服务劳动的供需双方实现交换关系的领域。在社会主义社会，劳务商品提供者和消费者都是社会的主人，他们是彼此相互提供劳务商品（或其他商品）或消费劳务商品（或其他商品）的一方。文艺劳务提供者和一般商业劳务提供者一样，都是为人民服务，都受到社会的尊重。把艺术工作视作为他人提供劳动服务，不但不是贬低，恰恰是揭示了文艺工作本来意义上的性质和地位。因为我们党历来不主张为艺术而艺术，而提倡文艺要为人民服务，这里只不过是有偿服务罢了。

向文艺市场提供的文艺商品或文艺劳务要实现有偿交换，就必须合乎购买者的消费需求。这就要求生产者在文艺产品生产时就要树立销售观点，即明确为消费而生产。"没有生产，就没有消费，但是没有消费，也就没有生产，因为如果这样，生产就没有目的。"马克思在《政治经济学批判》导言中提出的这个名言，在这里完全适用。为消费而生产，在商品经济中实际上就是为市场而生产。文艺商品的生产也必须了解市场的需要。

构成市场的要素是人口、购买力和购买欲望，市场是这三个要素的综合体。文艺市场的三要素对文艺商品的需求有决定性作用。

在人口因素中，要掌握人口数量、人口地区分布、年龄结构、教育程度、文化水准、以至于职业、民族、宗教等等各方面的情况。比如某一地区人口集中的地方，看这一地区地方戏的观众就多；京昆剧爱好者在中老年中比重就比青少年高；教育程度和文化水准对艺术消费需求的影响比对其他商品的需求影响更明显，不同的民族和宗教信徒对文艺的需求也各不相同。我们的文艺生产团体对这些情况都要进行分析，这其实就是对文艺市场进行分析。

收入因素也会支配市场购买力和购买欲望。我国是低收入国家，而且人口间收入差距不大。由于这个因素，一些按其本身劳动价值来说价格相当高的艺术品，即使再降价，在我们国内能购买的人也不多；有些艺术品由于价格昂贵，个人根本无力问津。如果这类艺术品随意让国内外顾客选购，就有可能使艺术珍品尽数流向国外。而市场运行中又不能单靠行政干预。针对这种情况要采取经济手段，就应当依靠集团性的购买力来消化。为此，应该要求我们的博物馆、美术馆以至于企业集团都应发挥集团性购买力的功能，参加文艺市场的购买活动。

分析收入因素时还可以发觉，个人收入中用于文艺消费的部分是一个变数。据有关部门统计，我国人民的文艺消费支出比重在逐年增加，这就表明有购买能力的文艺消费需求也在增加。这是对文艺生产有利的市场信息。但同时要注意到，一定时期里社会文艺消费购买力的绝对数终究有个限度，这一项类文艺商品购买多了，势必相应地减少别的项类文艺商品的购买数。因此各项类文艺商品销售额会有此长彼落现象。这实际上是市场功能在促使文艺生产者展开争取顾客的竞争。像有的评论所说，好戏不怕没有观众。一个文艺团体要得到好的经济效益和社会效益，就应该不断推出好的文艺商品。

分析市场购买力因素时，如果只从一个市场一定时期内来观察，购买力是一个常数，但一种商品销售的市场范围和适销市场数却可以不断扩大，从而有购买力的需求也必然增大。有的表演团体深入大中小学校，深入农村，或发展到去国外商业演出，开辟了新的市场，不但扩大社会效益，也自然能增加经济收入。

社会主义文艺市场不仅能起促进文艺生产、调节文艺生产的作用，而且也有引导文艺消费和调节文艺消费的作用。通过文艺市场的引导，人民的文艺消费层次也在提高，这是发给文艺生产单位的又一个市场信息。

至此不能不提一提以下的问题。在社会主义文艺市场上出售的只是文艺生产者生产的文艺商品和文艺劳务，如果有人把自己的人格以至于自身也作为商品出售，那并不是必然现象。当然，市场商品经济如果任其自然发展，这种可能性是存在的。社会主义文艺市场要防止出现这种情况，而且也是能够防止的。

文艺市场问题的研究是艺术经济学（或称文艺经济学）的一个部分，它应该在艺术经济学体系中占据相当的地位。它的深入也要在艺术经济学的广阔背景里实现。笔者期待着更多有志于此的同道者投入艺术经济学研究，从而也使文艺市场问题的研究得以进一步展开和深入。

［选自《上海大学学报》（社科版）1988 年第 1 期］

论艺术产品的商品属性和非商品属性

张绵厘

随着改革开放的不断深入，许多科技产品和艺术产品进入流通领域，出现了改革开放之前所没有的科技市场和文化市场。科技市场和文化市场的出现，给理论研究带来许多新的课题。突出的矛盾是，实践发展了，理论跟不上，还有许多基本问题认识不一致。拿文化艺术领域来讲，对艺术产品的基本属性就有三种不同看法：一种认为艺术产品是商品，应该完全商品化；另一种认为艺术产品具有商品属性，可以进入流通领域成为商品，但不能完全商品化；第三种认为艺术产品根本不是商品，也根本不具有商品属性。三种意见争论的焦点是，艺术产品是否具有商品属性，而且除了商品属性之外还有没有别的基本属性。

我认为：艺术产品具有两种基本属性：一种是商品属性；另一种是非商品属性，即社会意识形态属性。

为什么说在我国艺术产品也具有商品属性呢？因为：

第一，从生产性质来说：在现代社会中，无论是物质生产还是精神生产，都是社会化的大生产。大部分艺术产品（少数自娱性艺术产品除外）都主要不是供自己消费，而是供社会消费的。也就是说，大部分艺术产品的生产性质，不是“自给性”生产，而是商品性生产。

第二，从生产者来说：现代社会分工越来越细，而社会分工的发展是商品经济产生和存在的两大前提之一。人所共知，现代社会都有一批数量比较庞大的艺术大军，其中很多人是专业生产者。这些专业生产者只有通过一定的方式与社会交换自己的劳动产品，才能换回自己需要的生活资料；否则就无法生活。这就使大部分艺术产品有成为商品的必要性。

第三，从所有制来讲：现阶段我国实行的是，以公有制为主的多种所有制形式并存的经济结构。这在文化艺术领域里势必形成许许多多的具有不同的物质利益的艺术实体和文化实体。它们彼此之间、它们与社会之间都要发展商品交换关系。因为所有制的不同是商品经济产生和存在的又一前提。

第四，从交换方式来讲：产品经济带来的统收统支、平均分配劳动成果的交换方式被社会实践否定了。代之而来的应该是按劳分配和等价交换。这就需要使大部分艺术产品进入流通领域，通过货币形式进行交换。写书，给稿费；买书，拿钱；演出，卖票；看戏，掏钱。这已经成为现代社会中普遍的事实。进入流通领域通过货币形式进行交换，使大部分艺术产品转化为商品最终变成无可辩驳的现实。

通过以上四点可以看出，在我国文化艺术领域当中，商品经济产生的两大前提（社会分工和所有制不同）依然存在着，而大部分艺术产品又都是用来交换的劳动产品，都具有价值和使用价值，在很多情况下也包含着私人劳动和社会劳动的矛盾，都受价值规律的制约。所以我们说艺术产品具有商品属性。

改革开放之前，艺术理论界很少有人承认艺术产品的商品属性。改革开放逐步深入以后，有一些同志开始公开主张艺术产品具有商品属性。但更多的人，或是回避，或是反对，疑虑较多。甚至有少数同志认为承认艺术产品的商品属性就是对艺术的亵渎。这层窗户纸到了该捅破的时候了。应该说，承认艺术产品具有商品属性，在理论上是一大进步。因为在理论上承认艺术产品的商品属性，在实践上就可以利用市场机制促进艺术生产的繁荣。那么，为什么让艺术产品进入流通领域就能促使艺术生产繁荣呢？难道艺术产品不进入流通领域，艺术生产就一定会发展缓慢或者萧条吗？

是的，在现代社会的确如此。因为：

第一，从艺术生产者个人来说，艺术产品进入流通领域之后，通过等价交换可以使艺术生产者的劳动消耗得到合理的补偿，由于“大锅饭”而使相当多的艺术生产者的劳动得不到补偿的现象会得到较好的纠正，这较充分地体现劳动者的物质利益，有利于调动他们的积极性，使他们努力拼搏、锐意进取、争奇斗艳。否则人多断靠，坐吃山空，毫无生气。

第二，从艺术生产单位来说，艺术产品进入流通领域，也会引入竞争机制，造成优胜劣汰的局势。价值规律会迫使经营管理不好的艺术生产单位改善经营管理。目前不少艺术生产单位存在的机构臃肿、人浮于事、管理混乱、浪费严重、工作效率不高、艺术质量低劣等通病，就会得到较好的克服。否则治标不治本，下工夫不小，收效不大。

第三，让艺术产品进入流通领域会带动艺术管理体制的一系列改革。只有和发展商品经济相联系的改革才能彻底医治旧体制的种种弊端，才有利于解放艺术生产力。否则换汤不换药，无济于事。

由此可见，承认艺术产品的商品属性是理论认识上的一大进步。但是应该指出的是，有的同志在承认艺术产品的商品属性时，又主张把艺术产品完全商品化，认为“利润法则”是艺术生产最高的、也是唯一的法则。这样在理论上又产生了新的片面性。那么，为什么艺术产品具有商品属性，而又不能完全商品化呢？为什么承认“利润法则”，而又不能把它作为艺术生产的最高法则呢？

在回答这个问题之前，首先应该谈谈艺术产品的另一种基本属性：社会意识形态属性。

历史唯物主义告诉我们：艺术是一种社会意识形态，属于“观念上层建筑”。它是经济基础的反映，决定于并服务于经济基础。它一方面要为自己的经济基础的形成、巩固、完善服务，另一方面还要与有害于自己经济基础发展的“对立物”作斗争。特别是在社会主义条件下，艺术的这种意识形态属性应该得到强化。我们党提出的文艺为人民服务、为社会主义服务的方针，就是高度概括并充分肯定了艺术的这种意识形态属性。这种属性既规定了我们艺术的社会主义性质，也规定了我们艺术生产的根本目的。

艺术的意识形态属性和商品属性是两种不同的属性，但都是本质属性。前者是艺术在履行自己的社会功能时所体现的属性；后者是艺术产品与其他劳动产品交换时所体现的属性。这两者是不同的，又是统一的。艺术产品的商品属性和非商品属性的统一，要求艺术生产的社会效益和经济效益的统一。社会效益和经济效益的重要程度是不同的，在二者发生矛盾的时候，经济效益要服从社会效益，但二者都是重要的，在理论和实践中都是不可忽视的。加强艺术管理的主要目的之一，就是要使两个效益很好地结合起来。结合得好，艺术生产就繁荣；顾此失彼，艺术事业就受挫。过去有一段时间，只算“政治账”，不算“经济账”，只讲社会效益，不讲经济效益，结果严重阻碍了艺术生产本身的发展，到头来还是影响社会效益。但是在纠正这种偏向时，如果走向另一个极端，只讲经济效益，不讲社会效益，也会出现新的偏颇，造成严重的后果。这个道理明白了，艺术产品为什么不能完全商品化的问题就迎刃而解了。艺术产品之所以不能完全商品化，是因为：

第一，如果只强调艺术产品的商品属性，把它完全商品化，就会削弱艺术的意识形态属性，使它不能很好地发挥自己的审美教育作用，不能很好地完成自己的社会功能，发展到极端，就会改变社会主义艺术的性质。这违背艺术的“二为”方针，也是我们的社会制度所不允许的。

第二，价值规律是自发地起作用的，商品经济也有它盲目性的一面。如果把“利润法则”作为最高法则，就很难限制商品经济所带来的盲目性。所以，既要让艺术产品进入流通领域，又要加强宏观管理和指导；既让价值规律和利润法则起到促进艺术生产的积极作用，又要限制利润法则盲目地起作用而妨碍艺术发挥其正常社会功能的现象产生和泛滥。

（选自1988年3月9日《中国文化报》）

艺术表演团体体制改革的几个问题

王文章

进一步改革的问题和思路

艺术表演团体的体制改革，如果从 1979 年少数几个省、市开始的某一方面的改革算起，已经走过了九个年头。九年来，通过剧团布局和演职人员结构的调整，全国专业艺术表演团体的绝对数字已由 1980 年的 3523 个，减少到 1987 年的 3089 个，剧团从业人员绝对数字从 1980 年的 245659 人，减少到 1986 年的 21 万人。领导体制和艺术管理体制的改革，使“大锅饭”、“铁饭碗”，统包统管的弊端受到了冲击，演职员的积极性、创造性得到了一定的解放。改革使一大批各种类型的剧团呈现出勃勃生机，这些剧团中涌现了很多优秀人才和深受观众喜爱的剧（节）目。然而，改革的发展很不平衡，取得显著成效的大多数剧团是地、县一级的剧团。文化部直属和省、自治区、直辖市一级的艺术表演团体，虽然也进行了改革的尝试，但除极少数外大都成效不大，有的甚至还没有在改革的路上起步。

艺术表演团体的改革，目前面临的基本困难首先是对艺术体制实行全面系统的改革。艺术表演团体从多年由国家统包统管到成为相对独立的社会主义艺术生产经营实体，与原有体制存在很大空间跨度。从业人员多年形成的“演员即公务员”的思想观念，使之比其他产业部门的职工更易对涉及本身利益的改革措施产生心理冲突和缺乏心理承受能力，因之改革方案的实施难度更大。同时，创造一个与深化剧团内部改革相协调的环境和条件，以及妥善解决多少年来原有体制造成的众多“遗留问题”，如富余人员安置等等，都需要劳动人事、财政等部门的配合，文化部门自身难以解决。第二，艺术表演团体作为相对独立的生产经营实体的地位没有得到确立，关键是在文化主管部门与艺术表演团体之间没有运用竞争机制确定责、权、利相统一的责任制。目前文化主管部门对绝大多数艺术表演团体没有以责定权、利，往往只给钱给物，却指挥不灵，到头来社会效益和经济效益不能落实。而许多艺术表演团体又形成不要“婆婆”管，又怕没“婆婆”的状况。第三，作为增强剧团活力核心问题之一的人员流动渠道没有疏通，静态的人员管理机制造成剧团对演职员的“失控”，以至不能进行正常的艺术生产。第四，忽视剧团内部经营管理机制的完善。回顾九年来的改革历程，可以说，我们在进行体制改革消除旧的弊端的同时，对剧团经营管理机制的完善是重视不够的。很多剧团曾在改革初期搞得轰轰烈烈，时间不长即难以为继，这不能不说是一个重要原因。第五，艺术表演团体的改革有自己独特的复杂性，它除了受艺术规律本身的制约以外，还要受经济体制改革和政治体制改革等多方面因素的制约。它同科技、教育体制的改革有相同之外，但后两者几年来的改革得到了中央、国务院的特别关注，创造了比文化艺术体制改革优越得多的环境和条件。而文化艺术工作历来受党的各级宣传部门直接领导，在新时期党政分开的情况下，艺术体制改革在人事、财政等方面相应的配套改革难以及时落实。

进一步深化改革，必须增强和激发艺术表演团体的活力。首先，在改变剧团由国家统包的单一经营管理体制，实行“双轨制”的同时，政府文化主管部门与自己主办的专业艺术表演团体之间，要通过公证明确责任，以责定权，以责定利。这种“责”，不是单个的演出场次、经济指标，而是包括剧目生产、固定资产等在内的综合性责任。使剧团成为社会主义艺术生产的经营实体。责、权、利的明确，就会使政府文化主管部门由实际上的直接管理转向间接控制为主。剧团与演职员之间，也要随着剧团内部经营管理机制、竞争机制的确立和完善，实行合同制、任期制，让作为剧团主体的艺术创造人员流动起来，让僵化的静态的人员管理机制改变为体现艺术劳动特殊规律的动态管理机制，改变剧团对从业人员的“失控”现象。其次，要重视不断完善剧团内部经营管理机制。新的经营管理机制的确立，与艺术生产观念的转变是分不开的。生产经营观念必须与发展社会主义商品经济的新时期相适应。另外，特别重要的是，在艺术方针政策、财政经费、劳动人事等方面都应创造相应的外部环境和条件，使艺术表演团体的改革形成配套关系。

剧团人员实行“用人合同制”

多少年以来，由于我们一直用“静态的管理机制”和以保障就业的方式进行艺术表演团体人员的配置，无视艺术表演团体对劳动力需求的特殊规律，因之造成剧团人员冗杂。据不少省、市文化厅（局）和文化部直属艺术表演团体统计，很多剧团的富余人员占总人数的 1/4 至 1/3；如果按照艺术规律对剧团确定编制，富余人员将会大大突破这一比率。但奇怪的是，在艺术生产中起关键作用的尖子演员、导演、创作人员、管理人才却严重缺乏，存在着一部分人“在职失业”，一部分工作岗位空缺的既多又少、冗缺失调的状况。

对剧团人员冗杂阻滞艺术体制改革的严重性，各级文化主管部门和艺术表演团体都有充分的认识。几年来，某些省、市和地区对剧团安置富余人员取得了很大进展，成绩显著。但是，很多省、市一级剧团和文化部直属的剧团仍然束手无策。而安置工作进展较大的省、市和地区的安置办法，也基本上是“一次性”的，艺术表演团体人员常规性进出的渠道仍然没有疏通，没有建立起适应剧团艺术人员新陈代谢特殊规律的健全的人事管理制度，三四年五六年后又会为剧团的“消肿”问题伤透脑筋，剧团的发展会出现周期性停顿。为了从根本上解决问题，必须使人员流动起来。

（一）根据剧团的方针任务和艺术规律，本着行当齐全，队伍精干的原则确定人员编制。对不适合剧团工作的人员，除办理离退休手续者外，在继续争取政府有关部门和文化系统内安置的同时，有条件的剧团应立足于开办第三产业和建立辅导中心。

（二）逐步从根本上打破演职员对一个剧团“终身制”的依附关系，实行“用人合同制”。合同制分两种形式：一是对剧团现有演职员及艺术院校分配进团的毕业生，通过考试择优选聘。不同层次的剧团可把每届聘任期定为一年或二年至三年。被聘的演职员可在剧团的统筹安排下，参加舞台演出或与外地剧团的短期合作演出及影、视的拍摄。未被聘任的演职员可以从事教学研究、辅导或剧团的第三产业，在未从事新的工作前，只发给60%左右的基本生活费，连续两届不被聘任则停发全部工资，改谋其他职业。演职员拒聘时或在未被聘任期间从事本团以外新的工作，即与原在剧团脱离关系。未被本团聘任或拒聘的演职员，受聘于其他剧团，如果连续两届被聘任，即成为新的剧团的基本演职员。连续两届以内不被聘任并没有从事新的工作前，应享受本团发给的60%的生活费。二是对剧团新从社会上招聘的演职员实行劳动合同制。剧团与被招聘者就双方的权利义务关系达成契约（协议），签订具有法律效力的合同，作为双方必须遵守的行为准则。实行劳动合同制的演员在剧团连续工作一定的期限后，可以成为这个剧团的基本演员。目前不少地方如青岛市等已实行了这种形式的合同制，效果很好。

实行以上两种形式的用人制度，就为剧团和演职员双方创造了相互选择的条件环境。剧团可以根据艺术生产的要求，灵活地使用劳动力，提高剧团的效益。而演职员也有根据自己的特长、兴趣、意愿自主地选择能施展才能的剧团和得到相应报酬岗位的权利。这既破除了演职员端剧团铁饭碗的弊端，调动其积极性，又突破了演职员单位所有制的束缚，使积压人才、浪费人才的现象得到克服，从而在剧团与艺术工作者的需求之间逐步达到最佳平衡。这种流动渠道一旦畅通，不但艺术表演团体系统内部冗缺失调的现象会得到很大改善，而且不适合剧团工作的人员可以随时流向剧团以外重新就业，其他行业的优秀艺术人才也会通过竞争不受剧团本身的阻滞而随时进入。

实行选聘、招聘的“用人合同制”，将会形成艺术人才竞争的充满活力的局面。当然，这是一种新的尝试，应当有控制地分步骤地进行，做到活而不乱。同时，实行“用人合同制”，必须创造相适应的条件环境和实行必须的配套改革措施，如首先确立艺术表演团体自主的社会主义艺术生产经营实体的地位，建立健全民主监督机构和法律以及健全离退休保障制度和其他社会保障制度等。

经费来源：国家补贴与剧团自谋并行

解决艺术表演团体经费困难的问题，是加快体制改革的重要一环。解决这个问题，一是要继续增加国家对剧团的经费补贴；二是剧团要开辟多种渠道，扩大经费来源，做到“以副补艺”；三是国家对剧团的补贴方式要改革，以利于搞活剧团的艺术生产。剧团也要改善经费投入方式，严格经济核算，讲求经济效益。

目前剧团经费普遍困难。原因主要是因为近几年来普遍提高工资和增加补贴项目（如独生子女费、物价补贴之类）、逐渐增多的离退休、病残和待安排人员的赡养经费、投入艺术生产过程和流通过程的物资材料（如化妆品、服装、音响照明设备、舞美用料等和运输费用、巡回演出住宿费用）大幅度提价，有的提高几倍到十几倍，以及名目繁多的各种艺术生产投资外费用（如卫生费、绿化费、治安费等），有的剧团要负担十几种。这就造成了剧团开支相应大幅度增加。如1964年全国艺术表演团体3302个，总支出不到2亿元，1979年是3471个，总支出3.8亿元稍多，1986年是3195个，剧团数目比1964年和1979年都有很大减少，但总开支为5.3亿元。上述因素造成艺术产品成本越来越高，但票价却基本没有提高。大多数剧团形成一种多演多赔，少演少赔、不演不赔的反常现象。据四川省文化厅和重庆市文化局的统计，1985年四川省专业剧团按总支出计每票成本1.62元，按演出收入计每票平均0.25元，每票亏损为1.37元；重庆市1985年34个专业剧团的演出按总开支计平均每票成本1.65元，按演出收入计每票0.35元，每票亏损1.30元。全国各地专业剧团大都是这种情况。文化部直属艺术表演团体1986年按总支出计每票平均成本3.98元，按演出收入计每票1元，平均每票亏损2.98元。全年共演出2832场，收入377万元，支出1501万元，每场亏损3966元。因此，与剧团支出费用逐年大幅度增长形成对比的是，剧团的演出收入大都呈衰减趋势，自给率越来越低。国家的经费补贴虽然逐年增加，但实际上都被支出增加冲抵了。1979年与1986年相比，剧团支出的增长率为71%，而国家补贴的增长率不到40%，要维持专业艺术表演团体再生产的能力，应以国家对艺术表演团体必需的经济补贴为前提。但国家对剧团的经费补贴应符合有利于多出艺术产品，促进艺术事业发展的配置原则。要根据各级各类剧团的不同方针任务确定补贴数额，同时把按人头计算补贴的方式改变为专项补贴和奖励，如创作经费、上演新剧目补贴、演出场次补贴、深入基层演出补贴、培训经费和优秀剧目、人才的奖励等等。通过补贴和奖励，改变许多剧团只拿钱养人不演出的局面，也使那些成绩优秀的剧团有扩大再生产的雄厚资金和条件。国家要改变对剧团承担无限责任的做法，对经营不善的剧团限期整顿，在一定期限内不能改变面貌的，不再给予补贴。

国家对剧团的经费补贴需要逐年增加，但国家的财政状况不允许增加太多，剧团应当根据实际可能开辟多种渠道，增加经费来源。几年来许多剧团通过经济文化联合体、开办第三产业、建立辅导中心增加收入，“以副补艺”，以及成立基金会等方式，取得了很大成效。实践已经充分表明，开辟多种渠道“以副补艺”，可以给剧团带来效益与活力。

但有些同志在思想观念上仍然认为剧团就应是“官办官养”，把剧团顺应改革形势而出现的“以副补艺”自主办团的行为视作“歪门邪道”。恰恰相反，“以副补艺”和通过建立经济文化联合体等形式动员社会力量办艺术事业，是新时期的一个创造。

在国家对剧团实行经费补贴和剧团开辟多种渠道增加经费来源的同时，剧团也必须讲求经济效益。在社会主义商品经济条件下，艺术表演团体的多数精神产品要通过商品的形式来流通，不讲求经济效益，不贯彻“少投入、多产出”的原则，就难以生存。剧团艺术生产的经济效益，内涵主要是生产适销对路的剧目、提高艺术产品质量和严格生产过程中的经济核算，而不是像工业企业那样主要通过生产获取高的利润。只有生产适销对路的剧目，同时注意提高艺术产品质量，才能避免生产那些没有人看的低劣“艺术品”，这是最大的经济效益。

艺术表演团体的体制改革，是一项复杂的社会系统工程，牵涉多方面的问题。除了以上谈到的以外，如文化行政部门职能转变，团长负责制、经营责任制、演职员分配制度的改革以及思想政治工作等问题，都有待作深入的探讨。

（选自1988年3月23日《中国文化报》第三版）

艺术管理学的研究和实现我国文艺管理的科学化

李 准

艺术管理作为科学研究对象的确认，社会主义文艺管理学作为新兴学科的提出，是当今时代潮流的要求。1987年8月，第一次全国规模的艺术管理学研讨会在大连的召开，标志着对艺术管理学的研究已经被正式提上议事日程，并正在吸引着越来越多的文艺理论家和文艺实践家。

对艺术事业的管理作为科学，究竟意味着什么？怎样开展对艺术管理的科学研究？许多同志正在发表自己的意见和主张。我以为，这里有两点需要特别给予注意：其一，要理论联系实际，从我国社会主义文艺事业发展的实际出发，尤其要面对文艺改革的实践；其二，积极地、有分析地掌握并运用国内外现代管理科学研究已经取得的科学成果。基于这样的考虑，我从以下四个方面谈谈自己的想法和建议。

一、从物质生产管理科学到艺术生产管理科学，社会主义文艺管理学的对象与目标

什么是管理科学？对艺术的管理作为科学，与物质生产方面的管理科学有着怎样的联系和区别？这先要从对物质生产的管理说起。

在物质生产领域中，管理作为科学也不是自古就有的。它是近现代工业经济发展的产物，具体地讲，是在上世纪末本世纪初才开始被提出来的。因为，在简单的手工劳动和小生产时代，对生产的管理也是简单的、直观的，没有也不可能被看作一门科学提出来。但是，伴随着机器的普遍使用和发展，伴随着大工业经济的出现，生产同一件产品需要有许多人和许多环节的分工合作，需要同时使用多种物资、设备和技术，于是，不同的管理方法会产生不同效果的问题突出起来了，管理作为一种专门的学问被提出来了。在上世纪末本世纪初，最早提出把工业生产管理作为一门科学来研究的代表人物之一，就是美国的泰罗，他创立了著名的“泰罗制”，被美国人称之为“科学管理之父”。列宁在指出“泰罗制”有帮助资本家压榨工人血汗的一面的同时，明确地肯定了它所包含的科学价值。

第二次世界大战之后，在经济发达国家里，生产变化的节奏越来越快，机器设备和产品更新率也越来越快，科学技术转化为直接生产力的周期越来越短，整个生产过程越来越复杂；与此相适应，管理的地位和作用受到空前的证明和重视。比如，1961年美国搞“阿波罗登月计划”时，火箭“土星—5”有五百六十万个零部件，飞船有三百万个零部件，先后参加研制的有二百家公司、一百二十所大学共四百万人。可是，实施计划的总负责人韦伯博士却说：“我们没有使用一项别人没有的技术，我们的技术就是科学的组织管理。”又如，英国获得诺贝尔奖金的人最多，但在用科技促进经济发展方面却远远落后于美国，原因就在于管理的落后，而日本经济起飞

的主要原因，则正在于实行了“引进技术与引进管理并重”的方针。正因如此，东西方的有识之士都把当今世界称之为“经营和管理的时代”，把科学、技术、管理视为“现代社会发展的三大支柱”，这是人们在生产观念上的一个历史性飞跃。与此同时，大批新科技的出现，特别是信息论、控制论、系统论，电子技术、通讯技术、先进数学方法等现代科技的发展，为实现物质生产管理的科学化、为管理科学作为真正独立的新兴学科的发展提供了可靠的技术手段。如今，管理科学的著作已是令人目不暇接了。纵观管理科学研究的各种流派和主张，现代物质生产管理科学的内容包括对人的管理、对物的管理、对时间和信息的管理，管理思想、管理体制、管理方法、管理技术，并要把管理对象作为一个完整的系统来研究，管理科学的任务和目标是要实现管理的科学化，找出生产过程最优化的途径。当然，西方管理科学家的主张都是以不改变资本主义的基本制度为前提的，但管理科学本身包含着人类生产发展中的普遍经验，是现代科技发展和人类共同智慧的结晶，因而对各国是普遍适用的。事实上，苏联等社会主义国家也早就开始了对管理科学的研究，也已取得多方面的成就。

在我国，由于生产力和劳动方式的落后，由于“左”的思想影响和对外封闭，长时间缺乏现代管理观念，没有认真把管理作为一门科学来研究。这是我国经济落后的重要原因之一。党的十一届三中全会在实现工作中心转移的同时，把管理科学摆上了应有的地位。邓小平同志在会上所作的题为《解放思想，实事求是，团结一致向前看》的讲话中明确提出：“当前大多数干部还要着重抓紧三个方面的学习：一个是学经济，一个是学科学技术，一个是学管理。”全会公报也明确指出，搞现代化就要“改变一切不适应的管理方式”。九年来，我国经济界、科技界对物质生产管理的科学研究已有了可观的局面。相形之下，艺术管理学的研究起步是相当晚的，需要努力追赶上去。

正如马克思早就指出的，人类的生产活动有两类，一类是物质生产，一类是精种生产。艺术生产就是精神生产的重要组成部分。在当今世界上，在艺术生产越来越复杂的情况下，对艺术生产的管理同对物质生产的管理一样，也有一个如何实现科学化的问题。遗憾的是，在我国，人们对这个问题的确认比对物质生产管理需要科学化的确认似乎还要困难。直到近几年，伴随着文艺体制改革的起步，这种状况才有所改变，艺术管理学的研究才占有了一席之地。实践是最大的权威。同样一个剧团，同样的编导、演员和其他条件，换了一个团长，就会出现不同的演出场次和质量，为什么？原因就在管理水平的差别。党和国家的文艺政策，在具体贯彻执行过程为什么会出现这样那样的问题，以至在文艺领域中一会儿刮这股风，一会儿刮那股风？原因也在于从下到上缺乏一套科学管理的系统思想、方法和技术。文艺事业迅速发展的实践迫切要求我们把艺术生产的管理作为科学进行系统的研究，改革、开放的形势呼唤着我国的社会主义文艺管理学的诞生。

当然，艺术生产作为一种特殊的精神生产，与物质生产有着许多不同之处，这是我们在研究艺术管理学时必须注意的。其一，就作品的创作这个中心环节而言，与物质生产相比，艺术生产具有强烈的独创性和个性特征。独创性是艺术的生命。现代物质生产要求产品要规格化、系列化、通用化，艺术生产的要求则恰恰相反。除作品的物质载体（如印出的书本、录音磁带、录像磁带、电影拷贝等），任何一个真正艺术作品的创作过程都是不能重复和模仿的。其二，在物质生产过程中，劳动者需要的是理智与清醒，具体生产过程是相对确定的、可预见的。在艺术创造过程中，作家、艺术家在用理性进行创造的同时，要有赖于感情的迸发和潜意识的奔流，具体生产过程有着相当大的不确定性、不可预见性。其三，与此密切相连，生产某一物质产品的社会必要劳动时间是能够精确计算和确定的，而创作某一首诗、一本小说的社会必要劳动时间却无法精确计算和确定。如马克思所说：“在一定的生产条件下，人们能准确地知道，做一张桌子需要多少工人，制成某种产品，需要某种劳动量应多大。许多‘非物质产品’的情况却不是这样。这里，达到某种结果所需要的某种劳动量多大，和结果本身一样，要靠猜测。”（《马克思恩格斯全集》第26卷1分册第276页）其四，物质生产的效果，即产品在购买者那里所起的作用，具有直观性，也可以精确测定，进行定量分析；而艺术生产的效果，即作品在读者、观众的精神和行动上所起的作用，则缺乏直观性，很难进行定量分析。其五，从流通领域看，物质产品的交换价值是它的价值的表现形式，价格总是围绕着价值上下浮动，而艺术产品的交换价值（即票房价值）和它的价值则既有互相一致的情况，也有许多互相背离的情况，在现阶段的条件下，后一种情况的存在是相当普遍的。因此，艺术管理作为科学，应当有着自己的要求和规定性，不能把物质生产管理科学的那些具体项目和方法全都原封不动地照搬过来。

然而，既然艺术管理学和物质生产管理学都属于管理科学的范畴，那么，它在重要原则上就不能不和物质生产管理科学有许多共同之处，它就不能不遵从科学管理的一般规律与要求：其一，对艺术生产的管理和对物质生产的管理一样，在各种管理对象和因素中，首要的都是对人即劳动者、生产者的管理。其二，就对人的管理来讲，最根本的都是要迅速地全面地提高生产者的专业素质，并从各方面去激励、引发生产者的主动性和创造性。“用最少的人办最多的事，多一个人就是多一个故障因素”这一现代科学管理的原则，不但适用于现代物质生产的管理，也适用于现代艺术生产的管理。其三，与物质生产的管理科学相同，艺术管理学也必须把全部管理对象作为一个完整的有机系统来加以研究，努力把握系统质的变化的规律。其四，在管理手段上，艺术管理的发展和物质生产管理的发展一样，都需要尽可能运用包括电子技术、信息技术在内的各种现代科学技术，现代管理思想、管理方法、管理技术的采用都需要有与之相适应的现代管理体制来保证。其五，艺术管理学的研究目标和任务，同样也是要实现管理的科学化，从而实现整个生产过程的最优化。基于这样一些共同的原则和要求，艺术管理学的研究在充分重视艺术生产与物质生产的区别的同时，不仅可以而且应当积极地、有分析地吸取和运用物质生产管理科学研究中已经取得的有关理论成果和科学方法，这与原封不动地全套照搬是两回事。

正是由于艺术管理学的研究与物质生产管理科学的研究有着这样一些共性和联系，现在，在对物质生产管理科学化的研究搞得比较早、比较有成效的美国等一些西方国家，许多大学里已开设了专门研究艺术管理的课程。这些课程的内容和方法，无疑是我们在建立自己的艺术管理学时所应当加以借鉴的。不过，这些课程所探讨的主要还是限于具体艺术团体、艺术门类的管理及其管理人才的培养。而我们的艺术管理学则不仅要研究具体艺术团体和艺术门类的管理，还要研究整个国家对文艺事业的领导和管理如何实现科学化。按照我国著名科学家钱学森同志的说法，“作为国家组织管理文学艺术活动”，“这项功能创立于社会主义国家”（见 1987 年 12 月 29 日《光明日报》第 3 版）。进而言之，我们所要建立的艺术管理学是社会主义的艺术管理学，它所研究的对象不仅在范围上要广阔得多，而且在性质上也与西方艺术管理学的研究对象有着若干不同。这是显而易见的：其一，尽管我国还处在社会主义初级阶段，整个文艺创作的结构、人民群众文艺欣赏的结构是多层次多样化多成分的，但是，在这一结构中居于主导地位的则应当是具有社会主义意识形态性质的文艺，这与西方的文艺结构有着原则的差别。其二，与初级阶段的以公有制为主体的多种经济成分相适应，我国的文艺团体、文艺单位在所有制上也应是多种成分、多种多样的，然而其中那些代表国家艺术水平与发展方向的团体则是由国家或地方政府出资的，专业作家、艺术家和文艺管理干部是拿着国家工资在工作的，这也与西方国家有着很大不同。其三，与西方国家许多文艺团体的活动以赢利作为主要目标不同，我国的各种文艺活动在总体上是要把社会效益放在第一位的。其四，我们整个国家的文艺事业是由党和国家领导的，是社会主义的文艺事业，这与西方国家的文艺活动作为事业的性质更不能相提并论。凡此种种，要求我国社会主义文艺管理学的建立应当是以马克思主义为指导的，不但要研究艺术管理的一般规律，还要着重研究我国社会主义文艺事业管理的特殊规律与要求，其目标是要实现我国社会主义文艺事业管理的科学化。

那么，我国社会主义文艺管理学的研究应当包括哪些课题和内容，它的结构和体系又应当是怎样的呢？前年，我在《实践呼唤着文艺管理学的诞生》一文中提出了十个方面的课题：一、对党和国家有关文艺事业的总体指导思想和方针政策的研究；二、对中央一级文艺工作领导体制的研究；三、对文艺单位、文艺团体归属体制的研究；四、对文艺单位、文艺团体内部管理体制的研究；五、对全国范围内艺术各门类的比例和总体结构的研究；六、对艺术的生产、流通、消费之间的相互作用和关系的研究；七、对文艺队伍的建设的研究；八、对中外文艺交流活动的研究；九、对文艺事业规划体制的研究；十、对文艺法规的研究。去年在大连的研讨会上，有许多同志在发言中对我国社会主义文艺管理学的内容和结构提出了种种主张。我想，在经过必要的调查研究和充分的讨论之后，我国社会主义文艺管理学的内容和体系会逐步明确起来。

下面，我不谈我对我国文艺管理学的整个内容和体系的进一步思考，想集中谈一谈我对在文艺管理实践中最迫切需要解决的，也是最带有全局性的三个问题的想法。

二、管理的科学化首先是决策的科学化，科学决策作为系统工程包括多项明确要求

所谓决策，按照管理科学的说法，就是对行动的目标和行动的方式、途径、办法等作出选择。任何一项事业的管理都离不开决策。决策的问题有大小，决策的层次有高低，决策贯穿在管理的各个方面、各个环节，各级领导和管理部门在管理过程中都要不断地作出决策。曾获得诺贝尔经济奖的经济学家西蒙说：“决策贯彻管理的全过程，管理就是决策。”

管理当然不仅仅就是决策。但是，在决策者所负责的范围内，决策对整个管理的好坏是带有决定性的，是直接关系全局的。从这种意义上讲。决策的水平是管理水平的首要标志。

对我国社会主义文艺事业的管理，也不例外。上至党和国家的最高领导机关，下至基层的文艺团体和单位，在如何制定和执行文艺的方针政策，如何确定文艺投资的比例和方法，怎样对待各类文艺团体和单位的比例与结构，采用什么样的文艺体制，拟定什么样的文艺发展规划，按什么程序来实施这种规划，用什么办法选拔文艺管理干部和加强文艺队伍的建设，如何制定文艺法规，怎样确定一段时期内文艺工作的重点，怎样管理文艺评奖和对外交流等工作上，乃至在要不要上演某个剧目，是否出版某一本文艺著作之类的事情上，都有一个对行动目标和行动方式的选择问题。过去长时期中，我国文艺工作中出现的失误、特别是那些重大失误，其首要原因都在于决策本身存在这样那样的偏差或缺陷。所以，今天要实现我国社会主义文艺事业管理的科学化，首要的也是要从上到下实现文艺决策的科学化。

决策作为管理中的首要问题，是同人类社会的出现一起出现的。在初民那里，在原始社会中，就有着对行动目标和行动方式的选择。然而，决策的模式和水平却是随着历史的前进而前进的。粗略地讲，人类历史上的决策模式大体经历了三个发展阶段。第一个阶段，也是最早出现的决策模式，是用带有迷信色彩的办法进行决策。因为在初民时期，在原始社会时期，人们对大自然和社会事物缺乏认识，感到无法把握它们的发展变化，所以只好用占卜之类的迷信方法来选择行动的目标和方

式。由于种种原因，在我国奴隶制时代甚至封建时代的某些宗祠内，迷信决策模式仍然相当流行。比如，据《尚书·洪范篇》记载，在商代，人们就经常用卜龟的方式来决定是否采取某个行动。甚至在唐代，著名诗人白居易奉和元稹的诗（《放言》之三）中还写有这样的诗句："赠君一法决狐疑，不用钻龟与祝蓍。"这说明当时仍有用卜龟、取蓍草茎来作决策的做法。在这样的决策中，当然没有任何科学依据可言，因而决策的结果是最不可靠的，导致灾难的现象是经常发生的。比前种模式前进了一步的，即第二阶段的决策模式，可以称之为经验性决策。人已不再是听命于不可捉摸的天意，而是由决策者根据自己的经验和对问题的分析（包括一定的调查研究）选择行动目标和行动方式。决策者有两种情况，一种是指某个掌握决策权的个人，一种是指掌握领导权的一些人、一个集体。比如，在古希腊的奴隶民主制时期，国家大事的许多决策就是由元老院或人民（不包括奴隶）代表举手表决（荷马史诗和古希腊戏剧中对这种举手表决有着精彩的描绘），在我国历史上，通常则是由掌权的个人说了算。应该说，与迷信决策相比，经验性决策是一次历史的飞跃。它体现了决策者的主体能动性，并有着一定的科学成分和事实依据（决策者的经验中包含着真理的颗粒，对问题的分析包含着决策者的知识、智慧和基于事实的推断）。然而，正因如此，这种决策的成功与否、水平高低就取决于决策者个人的经验是否丰富，知识是否渊博，胆略是否过人。而且，即使是最杰出的天才和领袖，个人或少数人的经验和知识也是有限的，单靠个人的智慧和决断能力也是不能对有关事实及其内部联系作出全面把握的。归根结底，经验性决策是同小生产的生产方式、政治民主不发达、缺乏现代科技手段连在一起的，从总体上说还不能算是科学的决策。决策模式发展的第三阶段，就是严格意义上的科学决策，它是现代经济、政治、文化、科技发展的产物。

在现代世界上，经济结构越来越复杂，商品经济的发展使越来越多的国家加入了"国际大循环"的行列，政治生活中民主化的呼声越来越高，文化发展越来越千姿百态，科学技术的创造日趋瞬息万变，整个人类知识的总和每几年就要翻一番。面对着这样的形势，各项事业的决策都要从经验决策的模式中超越出来，实行决策的科学化，否则，就要落后于时代的步伐。令人遗憾的是，迄今为止，在我国文艺事业的管理中，由一个人或几个人只凭自己的个人经验和知识来作决策的现象仍然是普遍存在的。彻底改变这种状况，在决策模式上实现普遍的历史超越，是提高我国文艺管理水平的当务之急。

那么，科学决策究竟包括哪些具体要求，怎样做才算实现我国文艺决策的科学化呢？根据现代管理科学的有关原则和我国文艺事业发展的实际需要，可以从以下几个方面来谈。

从科学决策所需要的基本条件来说，文艺决策的科学化至少有以下要求：

（1）决策必须有一个明确的目标。

任何科学决策都是为实现某一目标而制定的。如果没有目标，或目标不明确，决策本身就失去了意义。下至基层文艺团体，上至中央的有关领导机构，文艺决策的目标，或是创作新剧目的数量和效益，或是青年演员的培养，或是国家文艺事业的发展规模，或是提倡这种倾向而反对另一种倾向，或是某次文代会的召开主要应解决什么问题，凡此种种，作为目标都必须是明确的，决策的其他内容都应围绕如何实现决策目标来制定。如果决策的目标是模糊的，可以任人解释的，决策的其他内容就失去了明确依据，整个决策的科学化又何从谈起？

（2）必须在现有的条件下寻找达到目标的最佳途径和方法。

现代科学管理的原则是用最少的人办最多的事，以最小的代价取得最大的效果。因此，有了明确的决策目标，还必须寻找达到目标的最佳途径与方法，即用最少的人力、最小的代价去把决策目标变成现实。如果目标虽然达到了，但因途径和方法有问题，却弄得劳民伤财，或在其他方面付出过大的代价（如造成不必要的矛盾、引起思想动荡等），那就不能算是实现了决策的科学化。比如，一次艺术节的举办，即使基本达到了集中检阅艺术演出水平、增进艺术交流、活跃群众文化生活的目标，但如果因为筹备工作把剧协、音协、舞协、曲协、杂协等排除在外，造成了这些协会与主办部门的矛盾，因为有关场面和观摩的队伍过于宏大，增加了当地的财政和工作负担，那就不能说是符合管理最优化的要求的。

（3）决策方案必须是在若干个有价值的方案中进行选择。

这里，一是所有方案都必须是有一定科学价值的，二是必须有两个以上的不同方案可供选择。没有比较就没有最优化，没有不同方案的竞争和选择，也就谈不到最优化。当前，像艺术表演团体的管理体制的改革，影视管理体制中的矛盾的解决，文艺评奖方法的改进，文艺系统的工资待遇问题的解决，要实现最优化，提方案时决不应再搞只此一家、别无分店，必须有若干有价值的不同方案可供比较、选择、综合，实行方案竞争。

（4）决策过程中必须使用现代化的科学方法和科学技术。

文艺决策和其他决策一样，目标的提出，方案的制订、选择和论证，靠手工劳动是不行的，必须运用现代科技方法和手段才能真正做到最优化。我国是一个社会主义大国，文艺团体成千上万，文艺队伍的人数以百万计，文艺事业的结构和情况极为复杂而又多变，要作出一项决策特别是覆盖面大的决策，不使用系统科学的方法，不使用电子技术和信息技术，就不可能彻底超越经验性决策的局限。

（5）决策过程必须有专家参与。

文艺管理的科学决策归根到底是按文艺发展的客观规律办事，专家的作用是不可取代的。一个原系外行的人，不会因为担任了领导职务就自然变成了文艺管理的专家。有关文艺的一切决策，只是一般地听听文艺家的意见，找几个文艺家谈一谈，这是远远不够的，必须吸收文艺家直接参加决策方案的制订、辩论和选择，才能保证决策符合文艺发展规律的要求，实现最优化。比如，关于文艺事业投资在国民经济计划投资中所占的比例、它的使用方向，如果总是只由管经济工作的领导者去作决策，不吸收文艺管理家参加，怎么能保证决策的结果完全符合文艺事业发展客观规律的要求呢？

从科学决策所应有的程序来讲，文艺决策的科学化至少要做到以下几点：

（1）目标的确定不能搞想当然，不能谁的权大谁说了算，也不能只是简单地少数服从多数，要从实际出发，并用现代科学方法和技术（包括预测技术）来提出决策目标。这一目标对于所要取得成果应有明确的可以衡量的要求；可以而且应当规定实现目标所需要的时间；同时还要明确执行者的责任。惟其如此，这一目标才不致成为可有可无、可松可紧的“软任务”，才能成为一个切实可行的、不容置疑的管理规范。

（2）方案的拟订，不能搞脱离实际的主观设想，也不能满足于以点带面式的典型调查所提供的材料，而是要全面地收集历史的和现实的材料，在进行全面分析和科学预测的基础上提出可供选择的方案。作为供选择的方案，不但要提出实现决策目标的时间和职责分工，而且要提出达到目标的途径、步骤、条件和方法。这样制订的方案才是有科学价值的，也才能让执行者在每个环节都有明确的行动尺度。否则，像几年前有关部门所发的那个禁止营业性舞会的通知，由于缺乏全面的分析和预测，不仅决策目标（“营业性舞会”的严格含义和范围）就缺乏明确性，而且对达到目标的途径和方法更未作出明确而又可靠的具体要求和保证，其结果，很难让人普遍遵照执行，只能是各行其是，不了了之。

（3）不同方案的选优，不仅要通过分析、评估和比较等步骤，而且应当举行有专家参加的论证和答辩。几年前，在电影生产的归属问题上，由于没有不同方案的充分比较，没有让有关专家们展开充分的论辩，就匆忙作出了决定，结果是上改下不改。遗留问题至今尚未解决，并带来了新的矛盾。诸如此类的事，很需要总结一下经验教训。在科学面前人人平等，真理愈辩明，经过专家的论辩，才能找出最优的方案（择优的结果，可能是选择现有方案中的一个，也可能是将许多方案中的优点综合为一个新的方案—最佳方案）。

（4）决策方案选定后，要经过必要的试验证实再普遍实施。因为，方案毕竟只是方案，不管事先的分析、预测多么周密，不管对不同方案的比较和评估是多么认真，也不管专家参加的论辩是多么充分，都不能代替实践对方案的检验。所以，通过局部试点先检验一下方案运行的可靠性如何，是必要的。经过试验证实，表面上似乎是慢，实际上却是快，因为可以少走弯路。相反，像1983年某些部门和地区对演出团体承包问题的做法，一个方案提出来，不经试验证实就要求普遍上马，到头来是上得快下得也快．等以后再搞时就又费一番周折，这能算是科学化、最优化吗？

（5）在决策方案的普遍实施过程中，必须有健全的信息反馈系统，根据情况的发展变化及时对决策方案作出修正、补充和完善。实际生活是在不断发展变化的。即使按上述程序作出决策，即使决策方案经过了试点检验，在决策方案的普遍推行中也会发生各种新的复杂情况；因此，必须健全反馈系统，建立一套跟踪检查的制度和方法，随时根据新的情况来对决策方案作出某些调整，以求在新的情况下实现管理的最优化。如果实际情况发生了重大变化，需要重新确定目标，那就必须重新修订决策方案，作出“跟踪决策”，否则，就会落后于形势的发展。比如，伴随着中央提出的沿海地区要发展外向型经济的战略决策的实施，沿海地区原有文艺决策中的有些东西就会变得不适应，必须重新加以修订，作出跟踪决策，以便在新的条件下找出实现管理最优化的途径和方法。

实现文艺决策的科学化是一项系统工程。按照这项系统工程的全面要求来衡量，迄今为止，在我国从上到下的众多的文艺决策中，真正称得上科学决策的决策是很少的。因此，要普遍地实现文艺决策的科学化，需要从各个方面去作出努力和创造条件，包括要制定明确而又严格的制度来保证上述科学决策各项要求的贯彻。

当然，归根结底，任何科学要求都要通过人的工作去付诸实施。普遍实现我国文艺决策的科学化乃至整个文艺管理的科学化，同时就意味着对各级文艺管理干部、特别是其中的领导者提出了新的更高的要求。

三、领导者在科学管理中应履行的职责、应具备的素质和实现这些要求的应有保证

什么是领导？按照传统理论的说法，领导就是组织赋予领导者的职位和权力。现代行为科学的定义是，领导就是组织下属完成目标的行动过程。而在现代管理科学看来，领导的基本功能是组织与激励，即充分调动所属全体人员的责任感和能动性，科学地组织人力和物力，去实现组织确定的目标。当然，在不同社会制度的国家里，一般说来，对责任感和能动性的调动都是以维护各自的社会制度为现代管理科学对领导职能的要求，对一切科学管理都是适用的。

那么，作为领导者，其具体职责究竟有哪些，应当怎样规定？国际上的一些管理科学家把它规定得很明确、很细致。比如，有几位管理科学家提出，领导者的职责有十四条：（1）方针制定者（确定本单位的行动目标，制订具体的实施方案）；（2）计划者（为实现目标规划手段）；（3）执行者（最终调整集体内的活动，监督决定的执行）；（4）专家（提供有关的专业情报和技术）；（5）内部关系的控制者（控制内部的各种关系）；（6）对外关系的代表者（代表集体与外单位交涉）；（7）赏罚的执行者（利用赏罚权限控制集体）；（8）调整与仲裁者（调整与仲裁内部的纠纷）；（9）榜样（做具体行动的示范）；（10）象征（成为集体统一的中心和精神的支柱）；（11）替身（在必要时为集体承担责任）；（12）规范者（提倡集体的信念、价值和规范）；（13）理想者（做成员

们良好的感情对象，成为众望所归）；（14）牺牲者（集体失败时，成为众人发泄不满的对象，成为成员攻击的靶子当牺牲品）。应该说，这十四条规定真是相当明确、严格而又系统的了，在现代管理科学产生之前是无法作出这样的规定的。

当然，领导者的职责是否一定要规定为十四条，十四条的具体内容是否一定要这样分法，是需要讨论的。比如，其中有些条目（如“榜样”与“理想者”）似乎可以合并，有的条目（如“调整与仲裁者”）似乎应当分开。但我以为，作这些规定的原则和方法是科学的。因此，只要明确了维护我国社会主义制度的大前提，这些规定的具体内容对我国各方面包括文艺管理的领导者也是适用的。换言之，在组织与激励被领导者去实现社会主义文艺事业发展目标的过程中，只有能全面履行上述职责的领导干部才配称为科学管理的领导者。

用现代管理科学对领导者职责的这些规定来衡量一下我国与文艺管理有关的领导干部，不论是党的系统的负责文艺管理的领导干部，是政府文艺系统的领导干部，还是群众文艺团体（如各级文联及各艺术家协会）的领导者和其他社会文艺团体的领导者，除少数人外，大多数人的差距是显而易见的。比如“专家”职责，相当一批领导干部就无法履行，也不想履行这种职责，他们心目中的领导者的职责就是当“传达室”，上传下达，怎么能谈得上自己独立地提供文艺管理的情报和技术？又如“仲裁者”的职责，部分领导干部也是不能胜任的，因为他们首先想的是当官，为保官、图清闲，对内部矛盾和纠纷避之唯恐不及，纠纷越厉害，他们就躲得越远，又怎么能对正确解决矛盾纠纷起仲裁作用呢？再如“榜样”和“理想者”的职责，对某些领导干部来讲，不仅做不到，而且实际上要起相反的作用，因为他们只想用方案、规范来约束群众，自己则热衷于以权谋私；他们怎么能给大家作出行动的示范，更怎么能成为大家良好感情的对象？至于像“替身”和“牺牲者”的职责，这恐怕是某些领导干部最不愿承担的职责了。一个剧团搞得一团糟，团长却反而升了官，有了成绩归领导，出了问题怨群众，诸如此类的事情我们还见得少吗？我认为，应从实现我国文艺事业管理科学化的实际需要出发。参照现代管理科学对领导者职责的具体规定，尽快地对我国各个系统各级管理文艺工作的领导干部的全部职责分别作出明确而又具体的规定，并切实保证这些规定能付诸实行。这些规定越明确越好，越严格越好，越配套越好，决不能含含糊糊留下缺口。

进而言之，各级管理文艺工作的领导者能否严格履行按科学管理要求所规定的全部职责，这不只是个态度问题和认识问题，还要看是否具备应有的条件。或者说，并不是每个认识到并愿意履行全部职责的人都能当科学管理的领导者，只有同时具备一系列特殊条件和素质的人才能担此重任。

现代管理科学从各个方面对领导者的素质提出了相当高的明确要求。根据我国社会主义文艺事业管理科学化的需要，我认为，管理文艺工作的领导干部，特别是重要领导干部至少应具备下列素质：

（1）从智力、智慧方面讲：一是要有比一般人更为敏锐的观察力。美国的一位大制片人有句名言：“最成功的制片人就是最能及时知道观众下一次想看什么影片的人。”我们的文艺当然不能片面迎合观众的口味，但作为领导者同样必须具备敏锐的观察能力，从而能及时捕捉有关信息，确定本单位的行动目标。二是要有现代思维能力。思维能力是智力结构的中心，所谓现代思维能力，不仅包括全面的分析能力、综合能力，还包括科学的比较能力、抽象能力、概括能力。没有这样的思维能力。就很难从整体上把握对象，制定科学的决策方案。那种满足于凭经验和简单的归纳法去实施领导的做法，已经落后于时代的脚步了。另外，如果只是当作家、艺术家，可以不重视抽象和概括的思维能力，但如果他同时又当了文艺工作的领导者，那单靠感情的激动是不够的；单靠排比形象语汇和单口相声式的机智来履行方针制定者、计划者、赏罚执行者、仲裁者、规范者等领导职责，恐怕就失之于滑稽了。三是要有较强的创新能力。创新是最可贵的智力品格。这一点对文艺工作的领导干部尤为重要。没有创新能力，只能随大流，怎能领导大家探索前进？

（2）从意志和情绪方面讲：一是要有强烈的事业心和进取心。惟其如此，才能怀着紧迫感去积极掌握文艺管理的最新信息和方法，去追求管理的最优化，以自己的行动做集体的榜样和理想者。如果并不热爱文艺管理，只是为了来当官，不求有功，但求无过，充其量只能当“看守内阁”，根本没有资格当科学管理的领导者。二是情绪要稳定、乐观。情绪稳定，在决策和管理的全过程（特别是调整关系、执行赏罚和仲裁纠纷）中才能保持头脑清醒，情绪乐观，才能感染和激励大家去努力实现目标。如果领导者的情绪忽冷忽热、大起大落，必然影响群众，把事情办糟。三是要意志坚强。领导者意志坚强，不怕挫折。勇于克服各种困难，才能真正成为集体的精神支柱。意志脆弱者根本无法履行领导者的“象征”职责。

（3）从专业修养方面讲：一是要有较高的业务水平。所谓较高的业务水平，当然不是说文艺工作领导者都必须是第一流的诗人或演员，而是说，其一，对艺术创作、艺术生产的基本规律必须有系统的知识，像那种把“雷峰塔”和“雷锋精神”混为一谈的人不能领导文艺管理；其二，还必须懂得文艺管理规律，具备科学管理的系统知识，只会演戏而不熟悉党的文艺政策和管理科学的人也不够格当领导。二是要有广泛兴趣，最好是通才。因为，文艺管理是一门交叉学科、综合学科。光会写小说或演戏，对艺术其他门类缺乏了解固然当不了文艺管理的领导者，只懂文艺，对现代哲学、经济学、政治学、社会学、系统科学、管理科学缺乏起码的了解，也不能成为文艺管理科学化的合格领导者。三是要不断地更新知识，用最新的专业成果武装自己。专业知识是不断发展的，不同时期对专业修养有不同的要求。必须不断更新自己的知识结构，及时掌握最新专业成果，才能不断在新的基础上去追求管理的最优化。

（4）从组织管理能力方面讲：一是要有组织、统帅能力。如前所述，在文艺管理的诸多内容和因素中，处于中心地位的是对人的管理。因此，作为科学管理的领导者不只要熟悉艺术创作和艺术管理规律，还必须有对人的实际组织和统帅能力。正如杰出的数学家陈景润不一定适合当数学所所长一样，没有组织、统帅能力，即使是最优秀的艺术家或文艺理论家，也不适合去当文化厅长或剧团团长。二是要有决策能力。文艺的科学决策在决策条件和程序上提出了一系列严格要求，但这些要求都要由领导者的工作来使之兑现，领导者在决策中的地位和作用是不可取代的。变经验性决策为科学决策，并不意味着降低了对领导者决策能力的要求，恰恰相反，是提出了更高的要求。三是要有激励能力。当代管理科学发展的趋势之一，就是在对人的管理上从强调用强制方法提高工作效率变为强调用激励方法来调动人们的责任感、积极性和创造性。对社会主义国家的科学管理来说，更应当是如此。领导者具有高度的激励能力，才能在充分调动每个成员潜力的基础上组织起最佳的集体协作。

（5）从品德方面讲：一是要宽宏大度，二是要谦逊，三是要大公无私，四是要勇于负责。即使在资本主义制度下，作为科学管理的领导者也必须具备这四个方面的品质，否则，他就不能成为合格的内部关系的执行者和对外关系的代表者，就不能公正地执行赏罚和仲裁纠纷，更难于真正成为集体的榜样、象征、替身、规范者、理想者、牺牲者。当然，在资本主义制度下，所谓“大公”通常是局限于本部门、本团体的利益的范围，所谓“负责”往往也就只是指对领导者所在部门或团体负责。而在我国社会主义制度下，“公”的范围还包括全国人民的利益，“勇于负责”是要对个人、集体、国家三者负责。让那些心胸狭窄、文过饰非、私心重重、害怕负责的人来当实现文艺管理科学化的领导者，无异于缘木求鱼。

作为科学管理的领导者所应具有的这些素质并不是先天就有的、一成不变的，它主要是在学习和实践中获得的，而且是会发展变化的。那么，怎样才能保证把最具备这些素质的人推选到文艺管理的领导岗位上，又及时把不具备这些素质或者已经丧失这些素质的人从领导岗位上撤换下去呢？有两个问题要解决。

首先是各级领导干部和领导班子的产生要有科学的方法和严格的程序。从现有情况看，我国各级文艺工作的领导干部和领导班子的产生大体有四种方式，即任命式、选举式、组阁式、招聘式。应该说单就方式本身而言，这四种方式都有存在理由和适用范围，问题是在实际运用中究竟按什么方法和程序办事。比如同样是任命式，有的是经过严格考查和充分讨论的任命，有的则是凭个人印象任命，还有的是按私人关系的远近任命。同是选举式，有差额选举（选举人可以有所选择），也有等额选举（名单早已定死，选举只是形式）；有真正发扬民主的选举，也有少数人操纵的选举，还有的在“民主选举”的幌子下闹出了种种丑闻。同是组阁式，合格的组阁者能组出合格的领导班子，不合格的组阁者则只能组出不合格的领导班子。招聘似乎是最新鲜的，然而也有的招聘结果并不理想，原因是招聘的范围狭小，应招者之间缺乏充分的竞争。我以为，不管采用哪种方式（包括今后会出现的更新鲜的方式），要保证把具备应有素质的人推选到领导岗位上，关键是要按上述素质要求分别制定选拔各级各门类文艺管理的领导干部的具体标准，标准必须明确、严格，可以作为实际尺度使用，防止任人解释；同时，各种合理方式的运用都必须按科学化、民主化的原则规定严格的程序（特别是要防止提名权被少数人垄断，要按明确标准对所有选拔对象进行全面考查，被选人、应招者要全面陈述自己的主张并进行公开论辩），凡不按程序办事的，其结果一律不予承认。

二是对在职的各级文艺管理的领导干部要进行定期考核和评议，并实行轮换制。工厂的厂长和商店经理要进行定期的考核，为什么文化局长、剧团团长不应进行定期的业务考核？考核的内容要全面而又明确，考核的结果要载入档案并公之于众。同时，对各级领导干部的实际工作情况要由群众和上级领导按照作为科学管理的领导者的全部职责进行定期评议，其结果也要载入档案并公之于众。只有如此，才能把那些滥竽充数的人和由于年老或其他原因已不再合格的人及时从领导岗位上撤下去。与此相联系，实行领导干部的任期制和轮换制是必要的。试想：党的总书记和国务院总理都不能搞终身制，都要定期轮换，为什么某些群众文艺团体的领导职务要搞实际上的终身制，或者名义上退居二线、实际上却还要垂帘听政？新陈代谢是自然规律，即使是杰出人物，也不例外。正如自然科学家有发明创造最旺盛的“最佳年龄区”一样，文艺管理家也有最合适当领导的最佳年龄区，过了最佳期，就要走下坡路，不及时退，就会变成实现管理最优化的障碍了。

四、文艺体制改革是走向管理科学化的必由之路，也是艺术管理学建设的实践基础

正如对经济的管理要凭借一定的经济体制来进行一样，对文艺事业的管理也是凭借一定的文艺体制进行的。因此，要实现文艺决策的科学化，要保证我国各级文艺领导干部都具备科学管理所需要的素质、履行科学管理所规定的职责，要实现我国社会主义文艺事业的整个管理的科学化，在文艺管理体制上就要有一个相应的变革。

事实上，我国文艺体制改革的探索从1983年就开始了。现在，制定文艺体制全面改革的方案已作为重要课题提上了中央的议事日程。改革需要理论的指导，同时又推动着新的理论的诞生与发展。我国的社会主义文艺管理学的研究应当把为文艺体制改革提供具体的理论参照系作为自己的头等重要课题，并以此来带动整个文艺管理学的理论研讨的前进。

首先是关于我国原有文艺体制和改革的必要性的问题，这是探讨体制改革的前提。毫无疑义，我国的根本

制度是社会主义性质的。然而，我国改革前的经济体制、政治体制和文化管理体制并未很好地体现社会主义根本制度的要求。正如我国原有政治体制是在革命战争时期解放区政权形式的基础上产生，是在继续完成民主革命的遗留任务和进行社会主义革命、阶级斗争还相当复杂的形势下建立起来，在形成过程中又受到苏联模式的巨大影响一样，我国原有文艺管理体制的产生、建立和形成也有着某些类似的情形。在建国初期的历史条件下，这种文艺管理体制有着一定的历史合理性，对当时我国文艺事业的发展起了积极的作用。但在社会主义制度已经确立、经济建设作为中心任务摆在面前和文化建设变得日益重要之后，它就越来越和社会主义建设的要求不相适应，越来越和实现文艺管理科学化的要求不相适应，各种弊端日益暴露出来。

与充分体现社会主义根本制度优越性的要求相比，与文艺管理的科学化、现代化的要求相对照，我以为，我国原有文艺管理体制的弊端至少有如下一些：

一是权力过分集中。从横的方面讲，领导和管理的权力过分集中于党委部门，党对文艺工作管得太多太细，妨碍了政府文艺部门和群众文艺团体充分发挥自己的主动性和创造性。从纵的方面讲，权力过分集中于中央一级、集中于上面，甚至连群众文艺组织自身也要实行从中央一级到省、地、县级的垂直领导，严重束缚了下级文艺单位的积极性，削弱了基层文艺团体的活力。这种做法也不适应对外开放的需要。

二是绝大多数文艺团体包括许多群众文艺团体和社会文艺团体在财政上都由国家统包下来，经济所有制和经营方式过分单一。这种大锅饭体制使团体与团体之间缺乏竞争，使各级文艺团体领导人存在着普遍的依赖思想，缺乏进取意识和追求管理最优化的动力，尤其不能适应大力发展社会主义商品经济的形势对文艺管理提出的新要求。

三是各级文艺团体内部也是吃大锅饭，工资制度和各种待遇不能反映艺术创造的规律。团体内部吃大锅饭，干多干少一个样，干好干坏一个样，妨碍了每个文艺工作者个人的聪明才智的发挥，束缚了个人之间的竞争，因而很难做到人尽其才、组织起最有效的集体协作。而且，工资等待遇过分稳定，全靠熬年头，演员的艺术创造力最旺盛时期的工资很低，老了不能演戏了，工资却高起来，违背了艺术创造的规律，助长了混日子的懒汉思想。

四是文艺领导和管理部门机构臃肿、人浮于事，缺乏办事效率，机关化、衙门化的现象越来越严重。有的群众文艺团体，会员不过几千，而且许多是业余文艺工作者，但它的管理机关却有几百人，部门林立，机构重重，光是厅局级干部就有几十个，处级干部更不知有多少，结果大量的时间和精力都用在自我服务上，还怎么能充分发挥其作为群众文艺团体的管理机构的作用，又怎能提高业务工作的办事效率？

五是人事制度趋于僵化，不利于文艺队伍的新陈代谢，不适应艺术创新的要求。不但各级领导干部的任命、推选缺乏明确的标准和严格的程序，而且专业作家、演员等各类专业文艺工作者的分配、挑选和招考也缺乏明确的标准和严格的程序，按其他行政部门的办法实行统分统包，因而使一些缺乏艺术素质的人占据了专业团体的位子，有着艺术才能和发展前途的人却被排斥在专业团体的门外。更严重的是，专业作家和演员也搞实际上的终身制，一旦进来就不能出去，把许多文艺团体弄成死水一潭，难于新陈代谢，活力几于窒息。

六是缺乏必要的文艺法规。由于无法可依，缺乏必要的规章，虽然有了正确的号召和政策，在实际贯彻执行中还是很容易任人解释，变成可松可紧、可左可右乃至可有可无的东西，这样，在许多问题上包括在文艺决策上就不可避免地要出现一个人说了算或凭主观经验办事的现象，从而也无法提高工作效率和追求管理的最优化。甚至一部影片能不能上映、一部作品应不应得奖，有时都要拿到中央的领导机构去决定，这还怎么谈得上提高管理效率，又怎么能有效地防止下面根据上面的某一句话就刮这样的风或刮那样的风？

显而易见，文艺体制的改革势在必行，非改不可。按照文艺管理科学化、现代化的要求，按照与经济体制改革、政治体制改革相适应的要求，我以为，文艺体制改革的内容大体也可以概括为六个方面：

1. 实行党政分开，党群分开，政群分开。党、政、群的文艺领导机构和各级管理机构要有明确的分工，要严格规定各自的职责权限。党委领导及其宣传部门，特别是中央一级，对文艺工作主要是抓方针、抓大事，不能随意干预具体创作和行政管理。政府文艺部门（包括文化部系统和广播电影电视部系统）要依法行使自己的行政管理职责，同样不应干预甚至包揽群众文艺团体的业务工作。群众文艺领导和管理机构则是以法律为依据行使群众文艺组织的管理职能，不能以群代政、以群代党，把自己变成领导整个文艺工作的中心。

2. 文艺工作的领导部门要精简机构、下放权力，以扩大基层文艺实体单位的自主权。特别是在中央、在省级，文艺工作的领导部门要按照“多一个人就是多一个故障因素”的科学管理原则定编定员，精简机构，把具体管理权下放。党的职能部门管得要虚，文化部和文化厅、局也不要直接去管理各种演出团体，群众文艺组织的领导部门更要彻底克服衙门化，转变职能，把为自身服务变成为会员服务。基层演出团体和各种社会文艺实体应具有独立的艺术生产权和发行权、具有独立的人事权的财权，真正做到自己管理自己。惟其如此，在整个文艺管理上才能减少层次，提高效率，充分调动每个文艺团体自己的主动性和创造性。

3. 财政上要改变文艺团体由国家统包的办法，实行双轨制，充分发挥文化市场的作用。艺术演出团体，除少数由国家给予财政补贴、办成示范性院团之外，其余大多数要办成自负盈亏的社会文艺团体。各种群众文艺团体更要实行自负盈亏。在经济所有制形式上应多样化，除国家投资者外，鼓励艺术家联合的集体经营、文艺团体与厂矿企业组成联合体，也鼓励集体单位和个人向文艺团体投资。在法律规定的范围内，放手让各种文艺实体在社会主义文化市场中去优胜劣汰。这样做，既可解决吃大锅饭问题，激发文艺实体自身的活力，还能通过文化市场的作用建立起与人民群众审美需求结构相适应的最佳文艺（门类、层次和团体设置比例）结构。

4. 各种文艺团体（包括演出团体、制片厂和其他各种文艺实体）内要建立健全严格的责任制，彻底打破大锅饭和平均主义的做法。这种责任制要按岗位制定，任何人都不能例外，要具体、明确、严格，要体现责、权、利的统一，体现社会效益和经济效益的结合责任制的内容和要求，包括赏罚规定，要形成条文，作为合同加以执行。实行这样的责任制，才能有力地激发每个人的责任感和积极性，在文艺团体内部形成真正的竞争机制，从而在整个团体的管理上实现最佳的分工协作，并能随着艺术潮流和社会潮流的前进而前进。

5. 改革文艺系统的人事制度，改革文艺单位的思想政治工作。文艺系统的人事制度要按照艺术生产和艺术管理的特殊规律的要求加以改革。不仅各级领导者和管理干部要有严明的标准和推选、任命程序，作家、演员等各种专业文艺工作者也必须按严格标准来招聘和分配，并定期进行考核，坚决废除终身制。文艺团体的人员应该是一潭活水，不断地吐故纳新。只有这样做，文艺团体才能轻装前进，经常保持旺盛的艺术创造力，不断地为年轻的优秀艺术人才的脱颖而出提供保证。文艺单位的思想政治工作要围绕出产品出人才去做，要根据艺术生产的特点把思想政治工作渗透到艺术生产和流通的各个环节，坚决克服形式主义。

6. 建立健全文艺法规。不但要制定文艺的演出法、出版法、版权法，还要制定和健全电影的生产和发行法、电视（生产和上映故事片）法、评奖法、人事合同法，等等，使一切涉及法律问题的事情都有法可依，依法管理同时，各文艺团体内部，各级文艺领导机关和管理机关内部，要制定必要的规章。健全了文艺法规，大量的问题依照法规进行管理，再也用不着为一部影片的上映、为一件版权纠纷要弄到党的中央领导机构去讨论，既可以在涉及法规的问题上防止任人解释、谁的权大谁说了算，又能大大提高办事效率，是实现文艺管理最优化的重要保证和标志。

以上所说的六项改革内容，在具体叙述中虽未直接论及艺术科研体制、艺术报刊体制、艺术教育体制、群众性文艺活动、中外文艺交流体制的改革，但其基本精神和要求对这些方面的改革也是适用的。

正如我国经济体制改革、政治体制改革的根本目标是要建立有中国特色的社会主义的经济体制和政治体制一样，我国文艺体制改革的根本目标是要建立有中国特色的社会主义文艺体制。这是与实现我国文艺事业管理的科学化、最优化、现代化的目标是完全一致的，有中国特色的社会主义文艺体制当然应该是具有现代管理效率的、能实现管理科学化和追求最佳效果的体制。须要注意的是，因为我们管理的对象从整体上说来是社会主义的文艺事业，如前所讲，它在性质、结构、发展方向与任务上有着不同于西方资本主义国家的特殊规律与要求，所以，我们的文艺体制改革的目标，我们所追求的文艺管理现代化、科学化、最优化的内容在体现当代世界文艺管理先进潮流的普遍要求的同时，不能忘记我国文艺管理的特殊要求和目标：其一，我们是向着“文艺为人民服务，为社会主义服务”这个总方向去最大限度地调动、激励各种文艺团体，和广大文艺工作者的积极性与潜力的，而不是沿着别的方向去刺激积极性。其二，通过文艺体制改革要改善、因而也是更好地坚持党对文艺事业的领导，而不是取消这种领导。离开了党的领导就没有我国社会主义文艺事业，当然也就谈不到社会主义文艺事业管理的科学化、最优化。其三，文艺体制改革的目标之一、文艺管理科学化的目标之一，是要充分发挥文艺在建设社会主义精神文明和培育“四有”新人进程中的应有作用，凡是背离了这种要求的，都不是真正的社会主义的改革，效率越高，效果越大，就可能倒退得越远。这样一些要求，本来已贯穿和体现在上面我们对文艺体制改革的内容的具体论述中，但在这里再集中加以强调，还是很必要的。对此保持清醒头脑，有助于识别假改革之名的冒牌货，使文艺体制改革更好地沿着正确方向前进。

我国的文艺体制改革也是一项系统工程。它所要直接解决的是文艺体制的问题，但在其内容的系统联系上却关系到文艺管理的各个方面。因此，我国社会主义文艺管理学的研讨在理论联系实际方面要紧紧抓住文艺体制改革这个当前文艺实践的重要环节，要积极关注文艺体制改革的实践，投身于其中，而不应脱离改革实践和整个文艺实践去搞经院式的研究。脱离实际的理论，再漂亮，也只能是一朵不结果实的花。我呼吁，有志于此的文艺理论家们和文艺管理的实践家们携起手来，互相取长补短，共同建设有中国特色的社会主义文艺管理学。

（选自《社会科学战线》1988 年第 3 期）

艺术表演团体双轨制的有益探索

——民间艺术表演团体的兴起

赵绵池

一

十年文艺体制改革取得了成效，这是文艺界有目共睹的事实。文艺领域从属于政治的现象已经扭转，艺术产品商品属性的确立，文化市场的兴起和发展，使文艺能在某种程度上更好地按其自身的发展规律办事，在艺术表演团体内部，多种管理体制的探索走出了众多的改革之路。从承包经营责任制到分配制度上的打破大锅饭尝试，从院团长负责制到艺术家管理制，从民主选举、招标选举院团长到剧团内部实行聘任制，从文化经济企业（第三产业）的兴起到文企合作，从对外商业性演出的不断发展到中外文化交流的多渠道进行，这些对于打破旧文艺体制统包统管的弊端无疑是迈进了一大步，使原来僵化的体制出现了一定的活力。但是，清醒地反思一下文艺体制改革的实践，我们将会看到，旧体制主要弊端之一的“铁饭碗”、“大锅饭”并没有被完全打破，艺术表演团体事业费被人头费吃掉的状况没有多大的改变，文化主管部门下放给剧团的主要权力——人权、财权由于受到不能裁人的限制而不可能得到很好的使用，竞争机制没有实际运用的条件。同时，随着文化市场的兴起，艺术表演团体又面临着文化经济这一新问题，物价的上涨，直接影响其艺术生产演出的成本。剧团内部演职人员的“走穴”之风蔓延，进一步影响剧团艺术生产的正常进行。文艺体制改革实践遇到了新的挑战。

为了解决现存的多种弊端，有识之士提出了制订“配套措施”的办法，但是文艺体制改革还要受到社会经济、政治、文化环境的制约。以深化改革的关键所在人的问题为例，剧团内部已程度不同地实行聘用制，然而聘用制不和社会待业保险制结合，聘用制的效果要大大打折扣，人员流动办不到，原已见拙的事业经费还得养人头，大锅饭还是吃，铁饭碗将更牢固。而实行社会待业保险制不是文化部门所能决定的，它和人事、财政、税收、社会密切相关。“配套措施”的实际执行必然受到大气候的影响。

国营艺术表演团体的改革遇到众多阻力的同时，民间艺术表演团体却逐渐兴起。上海出现了多灵电子轻音乐团，新川艺术团，环球杂技团，蜂花电声轻音乐团，天津出现了“歌醍醐轻音乐团”，安徽宣州市实验黄梅戏剧团等。面对现状，文艺体制改革如何走出新的一步，我认为民间艺术表演团体的兴起是一个有益尝试。

二

民间艺术表演团体是相对于国营艺术表演团体而言的，其出现本身是文艺体制改革的产物，走向多元管理的一种探索。五十年代，在中央的部署下，我们曾进行“戏改”的工作，对民间艺术表演团体存在的众多问题进行了整顿，以端正文艺思想，加强宏观管理，并组织起国营剧团为示范，使文艺事业出现了繁荣兴旺的局面。然而由于强调了国营剧团的长处，其结果艺术表演团体出现了单一的公有制形式。在管理方法上，照搬苏联“大剧院”的模式，形成了高度集中的艺术表演团体体制，而民间艺术表演团体则就此全部转轨。实践证明旧体制统包统管的管理制度不符合文艺自身的发展规律，它所产生的众多弊端其实质是艺术生产主体的失落，发展艺术生产力的主要因素——人，其从事艺术生产的驱动力不是来自于自身，而是来自于外界，压抑了生产主体的积极性和创造性。改革旧体制弊端的实践过程使民间艺术表演团体的优势显露出来，成为文艺体制改革中的新事物。

客观地看一下民间艺术表演团体所走过的历史进程以及组织管理方式，对于我们正确认识民间艺术表演团体的利弊是有益的。

中国封建社会，作为艺术表演一大组织系统的是庞大的宫廷戏班，内廷供奉和士大夫官僚富豪的家乐私班，这在唐代由于经济繁荣，国力富强而达到鼎盛。唐代宫廷乐舞艺术成就之高使唐氏官办文艺团体在历史上享有盛名。但是即使在唐代，广大人民群众欣赏歌舞艺术的任务还是民间文艺团体来完成。宋代，城市经济发展，市民阶层兴起，民间文艺团体迅速发展，它在内容上更加多样化。宋孟元老《东京梦华录》有过记载。当时东京汴梁，演出场所（勾栏）观众盈席，“不以风雨寒暑，看棚诸人，日日如是”，至清代，民间文艺团体继续发展，乾隆时期，西安的秦腔戏班有三十六个，福建单中等城市泉州就集中了八个声腔剧种，显示了其顽强的生命力。

作为近代意义上的民间艺术表演团体是从清末民初大量民间职业戏班蓬勃发展开始的，其演出和组织管理模式发生了根本变化，此进程一直延续到建国前。由于大量兴起的商业性民间团体的发展，竞争更加激烈，从而使得演出组织管理方式必须适应这一变化而逐渐趋向合理。这一时期一些行之有效的管理方式相继出现，如梨园世家组班，名角办团组班，场团合一的组织管理方式，集体组班并出现了专职的“经励科”（经纪人）等，对于繁荣戏剧舞台，竞争出人起到了积极作用，戏曲界一批公认的艺术大师正是在此一时期经过磨炼而闪耀光辉的。

综观民间艺术表演团体具有这样一些特点：一、组团讲究效益，人员少，队伍精干，一人干多职，以最少的成本取得最大的效益。二、团内人员不是终身制，干得好干下去，干不好离开，或者自己不满意而跳槽。三、分配上以担当的角色，贡献大小分银，等级分明。四、团内管理体制以市场消费需要为转移，如戏曲界长期存在的主演中心制形成了名角组团，适应商业性演出的需要而形成了场团合一的组织管理方式以及剧场班底等。五、精干的队伍使民间戏班能广泛地活跃于乡间农村，港汊湖面。六、适应竞争局面，一些团体能够保持演出的艺术质量，以维护团体的声誉，同时在不断地演出中对内容和形式进行改革以适应消费者的需求和提高艺术质量。

民间团体的这些特点显示了其体制灵活适应竞争的长处，而竞争风险意识又在很大程度上促进了艺术的发展，人才的涌现，流派的纷呈，在一定程度上推动了文艺舞台的繁荣。然而必须看到，在旧社会剥削制度下，民间团体也存在着很多自身无法克服的弊端，压抑着中国戏剧组织的生存发展，如为了商业演出竞争而不惜在艺术上容忍低级堕落，封建的重师德，裙带、干亲关系以及老板剥削压榨日益加剧的现象同存于戏班，艺人地位低下，年老体弱无保障加之地痞流氓恶霸的欺压，文化上的白色恐怖等使艺人在社会上处境艰难。这些弊端经过新中国成立后的“戏改”工作和走向国营而基本得以扭转，取得了很大的成绩，然而强调了一面，忽视了另一面，使统包统管的体制逐渐形成。

八十年代再次出现的民间艺术表演团体从现象上看是对僵化体制的冲击，而更深一步正说明是艺术主体失落的回归。民间艺术表演团体所走过的这一历程正好是一个辩证的“正——反——合”否定之否定的过程。它扬弃了旧社会民间艺术表演团体的弊端，保持和发扬了民营团体的特长，而现时的宏观社会文化环境将为它的发展创造良好的条件，党的方针、政策以及具有的行政的、法律的、经济的、社会的调控手段能够对之进行宏观管理，这正是它出现、立足、发展的根本。

三

民间艺术表演团体在八十年代的产生与发展是在表演艺术必须摆脱原有体制弊端，按其内部规律和特点发展以及外部生存环境系统发生变化的综合作用下兴起的。

文艺必须按其自身的发展规律及特点办，这是一条浅近的真理。然而，长期以来，表演艺术团体依附于国家的体制导致了表演艺术习惯于按行政指令办事而忽视甚至取消了文艺发展规律，束缚艺术生产力的发展，改革这一僵化体制的弊端是文艺体制改革的根本任务，但是由于宏观环境的制约与配套措施的不健全使文艺体制改革没有取得突破性的进展。民间艺术表演团体正是在此时，在文艺体制改革的实践中以探索的形式脱颖而出，并以其尊重文艺发展的内部规律和特点而显示了其初步的生命力。

湖南省衡南杂技团是一个“自由组合，自主经营，自负盈亏”的民间剧团，他们跋山涉水，走乡串寨，去县镇、厂矿、学校、海岛、山寨演出，他们的杂技节目被广大观众和同行认为“造型奇特”，有“民族风格”，一些省市专业杂技团体也赶来向他们学习节目。他们还走出了一条多种经营、多业助文的道路，每年多种经营的纯收入达8万多元，流动资金5万多元，固定资产超过100万元，成为实力雄厚的民间职业剧团，并于1989年5月出访民主德国作为期两个月的商业性演出。上海多灵电子轻音乐团是一家民营乐团，他们充分利用小型、灵活的特点，调整自己以适应文化市场的复杂变化。1988年演出场次达352场，其执行全国演出会议签订的合同率为92%以上，他们以自己的工作，在社会上站稳了脚跟。多灵团虽是民营，但是团内却实行民主管理，不以个人说了算。乐团组成了一个核心班子统管全团工作，每个成员都有参政议政的权利；团内不允许歌手外出“走穴”；在工资待遇上用考核、评比业务等方式拉开差距，并以人身保险、医疗福利等保障每人的生活，从而使大多数演员能安心工作。他们认为，不断克服民营团体的弱点，充分发挥其长处，则善于经营，便于调整的优势将会使民营团体能够在文化市场取得一席之地。

民间艺术表演团体的出现，除了文艺内在规律发展使然外，在改革开放方针的指引下，外在客观环境的变化为它创造了很好的条件。首先，文艺从失落自己，依附于政治的局面中走出。《中共中央关于进一步繁荣文艺的若干意见》指出：“文艺基本上是一种社会文化现象。

文艺不等同于政治，不能要求文艺从属于政治，更不能要求文艺从属于临时的、具体的、直接的政治任务。”这就从根本上改变了文艺仅仅作为图解政策、政治宣传、形势教育的主要功能的状况。政艺合一的分离，管理制度的多元化为民间艺术表演团体的兴起创造了必要的前提，很明显，没有文艺体制对统包统管单一模式的改革，也就没有民间艺术表演团体的兴起。其次，还文艺于本来面目，确立艺术具有多重属性，充分肯定艺术产品的特殊商品，以及由此而产生的文化市场是民间艺术表演团体兴起的必要条件。走向社会的民间艺术表演团体不同于国家统包的剧团，其生存发展必须通过演出来实现，因此文化市场的出现、健全、完善给予民间艺术表演团体以立足的基础，按价值规律办事，适应文化市场的变化则为它发挥长处，提供了广阔的天地。第三，观念的变化，社会舆论环境的适宜则为有志于改变文艺受旧体制束缚状况的探索者另辟蹊径，一展天地。十年改革开放的深入进行，大大改变了人们一些旧有的观念，那种认为只有在全民所有制单位工作才可靠的观念已在多元的所有制实践中迅速改观，合同制已在很多领域站稳脚跟。文艺体制改革的多年实践则推动和鼓励有志者去不断开拓，人们的心理已经完全有能力承受建立民间艺术表演团体这一事物而不会用“左”的眼光去苛求。因此，当民间艺术表演团体悄悄兴起时并没有引起人们多大的震动。第四，民营团体出现，还在于已经涌现一批合适的经营者和管理者。十年文艺体制改革，在多种形式探索打破旧体制弊端的实践中，逐渐出现了一批能够初步适应文化市场竞争局面的新的艺术管理人才，正是他们的努力，而使民营团体的出现成为现实。

社会宏观文化环境的改善，文艺体制改革的深入，艺术管理科学化的需要决定了民间艺术表演团体必然要以新的姿态出现在文艺界，一些适应这一趋势并且取得了一定成绩的民营团体则更证明了这一点。

四

在新旧文艺体制处于碰撞、拉锯、改革一时难以突破的情况下，民间艺术表演团体的兴起无疑给予人们众多的启示，而它的健康发展将对文艺体制改革产生重大的影响。

解放艺术生产力，进一步繁荣文艺，加强文化建设是文艺体制改革的根本目的。因此，尊重文艺的发展规律，按文艺的规律和特点办，充分调动广大文艺工作者的积极性和创造性成为改革实践的重要内容。民间艺术表演团体正是在克服旧体制弊端，以自主、灵活、富有活力的机制初步解决了全民所有制剧团在目前情况下还难以解决的问题，以新的形象和经营方式活跃于文艺舞台上，从而为文艺体制改革的深化发展透露了生机。

民间艺术表演团体的兴起和进一步发展，将为文化行政管理部门转变职能，理顺关系创造条件。从直接管理转向间接管理是职能转变的方向，旧体制统包统管的方式使文化行政管理部门陷入繁杂的行政事务中，对于宏观的规划、管理任务力不从心，有限的文化经费拨款也只能养人头而不能养事业，在一定程度上限制了文化事业的发展。而社会化民营团体的出现将从根本上改变这种状况，文化行政管理部门将根据党的文艺方针政策，通过行政的、法制的、经济等手段健全和完善文化市场，通过对文化市场的宏观管理而达到间接管理艺术表演团体的目标。

民间艺术表演团体的兴起将进一步推动和促进文化市场竞争局面的形成和发展。旧体制的一个很大弊端是没有活力，缺乏竞争机制，束缚艺术生产力的发展。而走向社会的民营团体脱离了国家统包的保护伞，其生存经营带有一定的风险性，竞争意识很强，现实要求它必须适应演出市场的需求而获得更好的生存环境，从而决定了团体的首要任务是发展艺术生产力，努力从事艺术生产事业。文化市场竞争局面的形成还将帮助艺术表演团体布局更趋合理，旧体制下完全靠行政手段解决布局问题，因此某种程度上显得盲目的状况将为较为科学的市场和行政两种手段并存使用的方法加以解决，一般的剧团、剧种将在竞争中得到平衡，人才得到涌现。

加强剧团内部的管理是保证民间艺术表演团体适应文化市场的变化和竞争的重要条件，自主经营，自负盈亏的生存方式和环境使得剧团的从业人员不可能终身制，讲究经营效益则决定了各个岗位人员必须精干，因此机构臃肿、人浮于事、光拿钱不干事的铁饭碗现象将打破。在分配上民营团体必然要拉开差距，在团体内部鼓励竞争，大锅饭只会使人才流失跳槽而不会求得平衡。解决这些问题正是文艺体制改革的重要内容。

民间艺术表演团体的兴起将适应群众对文化市场的需求，丰富广大群众的文化生活。受价值规律作用，只要有竞争市场，就会有民营团体的足迹，这对于满足广阔的农村群众的文化需求具有积极意义，并将在很大程度上改变乡村及偏僻地方专业团体不愿去而造成的人们长年累月看不到剧团演出的状况。同时多层次的艺术欣赏和文化需求必将因民营团体的出现而得以补充。

作为文艺舞台的一支新的队伍，民间艺术表演团体已经以其初步的成绩给人们深刻的印象，并以其经营管理的特点而为文艺界所关注，一些专业艺术表演团体近年来在文艺体制改革中投身于文化市场的探索再次肯定了民间艺术表演团体走向社会的探索。上海人民滑稽剧团加强经营管理，积累六十多万元，培养了八个“小滑稽”。各评弹团实行“工资自理，收入大部归己，场子自接”的“三自”改革，充分调动了演员的积极性。上海评弹团二十几档演员纷纷奔赴码头，创近年来演出出勤率最高纪录。东方评弹团编演的现代长篇《筱丹桂之死》演出超千场，在竞争中取得了生存权。专业团体的这些实践无疑是走向社会化管理的很重要的一步，也是和民间艺术表演团体的发展方向相一致的。可以看到，只要我们采取正确的方针、政策、改善宏观社会文化环境，并完善管理机制，民间艺术表演团体作为专业团体的补充，在繁荣文艺中是可以起作用的。

[选自《上海大学学报》(社科版) 1990 年第 3 期]

关于制定艺术经济政策的思考

王文章

尽快制定和实施切实有效的艺术经济政策，是优化艺术表演团体经营行为，规范演出市场秩序，促进我国社会主义艺术事业繁荣、发展和弘扬民族优秀文化艺术的重要保证。

我国专业艺术表演团体，在建设方针上都不是以营利为主要目的，所承担的任务各有侧重。比如有的具有示范性、实验性，有的承担着对民族优秀传统艺术继承、发展的任务，有的把为基层观众演出或为少年儿童演出作为主要任务。还有一部分艺术表演团体（如大部分通俗歌舞剧团）演出的价值则更多地体现在娱乐性上。而目前实行的艺术经济政策（主要是以经费补贴方式体现的），基本上没有针对这种差别，体现出明显的层次性。同时，一些艺术表演团体脱离社会主义艺术生产的根本目的，在经营行为上颠倒了社会效益和经济效益的关系，却没有从艺术经济政策上受到惩戒性的制约；而一些很好地执行自己的方针任务，艺术生产取得显著社会效益的艺术表演团体，也没有从艺术经济政策上得到优惠待遇。这种状况必须通过制定完善的艺术经济政策予以改变。目前这种艺术经济政策不能很好制约、规范艺术表演团体经营行为。

艺术经济政策的制定，应坚持如下原则：（1）尊重艺术自身的发展规律；（2）有利于保证社会主义艺术生产根本目的（即建设社会主义精神文明、继承发展发族优秀文化艺术和满足人民群众多方面的文化生活需求）的实现；（3）有利于坚持文艺为社会主义服务、为人民服务的方向；（4）有利于促进艺术表演团体的艺术竞争，院、团建设竞争，形成充满生机的经营管理机制。

从各类专业艺术表演团体的建设方针和承担的不同任务，以及它们的经营行为和经营效果出发，确认需要国家补贴的艺术表演团体，其经费可按下列项目投入：

（一）基本保障性补贴。主要包括基本工资、大型设备购置及房屋修缮等专项费用。实行基本保障性补贴，并不是又要回到统包统管的老路上去。首先，享受基本保障性补贴表演团体，须具有独特的价值（如代表国家和民族的最高艺术水平的艺术表演团体；带有实验性、示范性的艺术表演团体；有特殊保留价值的一些古老剧种的艺术表演团体；少数民族传统艺术的表演团体；以健康、有益和较高的艺术质量主要为基层演出的艺术表演团体等）。随着政府对艺术表演团体以间接管理为主的宏观调控体系的形成，比较完备的艺术经济政策的实施，要逐步改变“人头费”的补贴方式，把享受基本保障性补贴的对象，集中到那些具有独特价值的艺术表演团体。基本保障性补贴的投入，既要体现对具有独特价值的艺术表演团体的保护，又要体现竞争规律。要适当降低基本保障性补贴在整个经费投入中的比例，逐步扩大政策性补贴和奖励性资助的比例，引导艺术表演团体通过自身经营行为的优化和经营责任目标的全面实现，扩大艺术再生产投资。

（二）政策性补贴。主要包括：（1）对需要扶持的继承、发展民族传统优秀文化艺术的创作资助，以及代表国家和民族最高艺术水平的艺术表演团体的创作资助；（2）对重大题材或重点剧（节）目的创作、排演资助；（3）用于专职艺术创作人员重点剧（节）目创作经费；（4）深入基层演出的资助；（5）专为少年儿童排演的剧（节）目，演出时儿童收费的须给予补贴；（6）其他专项补贴。

（三）奖励性资助。主要用于：（1）对经营管理先进，在出人才、出作品、出效益方面有突出成就的艺术表演团体的奖励；（2）对思想性、艺术性完美统一，有很高艺术质量或艺术上有独创性、引起较大反响的首演剧（节）目的奖励；（3）艺术表演团体在深入基层演出，为少年儿童演出等方面，除享受政策性补贴外，如做出显著成绩，还可得奖励性资助；（4）对开拓多种经费来源，筹措经费，并主要用于艺术生产投资取得成绩的艺术表演团体，可按其自筹经费的比例，给予奖励性资助；（5）对在国内外艺术表演、比赛中获奖，为国家争得荣誉的艺术团体和个人予以奖励；（6）对在其他方面有显著成绩和效益者予以奖励。

政策性补贴和奖励性资助的实施，一方面能最有效地保证艺术表演团体不脱离社会主义艺术生产的根本目的和方向；另一方面能保证艺术表演团体充分发挥所长。艺术经济政策也应包含着对违法经营和低效益经营的惩戒性制约，以及对通俗性娱乐性演出的合理税收。在国家对艺术表演团体经费补贴总额不变或逐年有所增加的情况下，基本保障性补贴、政策性补贴和奖励性资助三者中，后两者的比重应逐步扩大。同时，因政策性补贴和奖励性资助的实施，自然带来产前投入经费比例缩小，效益评估后投入的比例扩大。这样，就会进一步推动艺术表演团体动力机制的运转。

除了经费投入方式外，艺术经济政策还涉及其他与物质财富相联系的诸多形式，如作为重要经济调节手段的票价，鼓励社会性资助的办法，税收调节以及经济处罚使用是一个重要内容。舞台艺术生产的“产品与生产行为不能分离”，“不是作为物而是作为活动提供服务”（马克思语）。没有演出剧场，舞台艺术生产就不存在。而一些艺术生产，如民族的传统艺术品种的创作演出，以及歌剧、交响乐等非通俗性的艺术品种的演出，其价值与通过票房收入得到的价值补偿有很大差距，即价格脱离价值。这是中外舞台艺术生产的普遍现象。艺术产品的流通形式所呈现的商品属性，要求艺术表演团体在艺术生产中必须面对艺术市场的制约。但对非商品化的艺术生产，如仅靠演出市场来调节，其后果只会引来民族艺术的衰微和艺术产品精神价值的淡化。因此，对在艺术生产过程中起重要作用的剧场，也要实行优惠的经济政策。否则，剧场经营的商业化，只会削弱它对艺术表演团体的服务功能，不利于艺术生产的健康发展。

没有合理的艺术经济政策，就不能保证民族优秀文化艺术的发展处于主体的地位。这里应该强调，在我们调整艺术事业内部艺术经济政策的同时，国家对作为民族优秀传统文化集中体现的舞台艺术增加投资，以及对扶持民族的优秀传统艺术和其他高水平的艺术品种给予一些直接投资以外的优惠政策，这是制定和实施合理的艺术经济政策的重要保证。另外，制定了合理的艺术经济政策，还要靠政策文化部门通过加强和改善自身的管理来保证艺术经济政策的正确实施，否则艺术经济政策也难以发挥应有的作用。同时，经济手段是政府文化艺术的重要手段，但不是唯一手段，要在实施艺术经济政策的同时，运用行政的、法律的手段，推动艺术表演团体经营行为的优化和社会主义艺术事业的发展。

（选自1990年7月8日《中国文化报》）

社会主义商品经济与艺术文化

程代熙

一

人民中国刚刚度过了她的四十一岁生日。这是不平凡的四十一年。虽然至今她还是一个发展中国家，还处在社会主义的初级阶段，但是，同旧中国相比，完全可以说是旧貌换了新颜，发生了翻天覆地的巨大变化。当然，新中国的这四十一年也并非都是一帆风顺的，她经历了各种各样的风风雨雨，经住了多次的严峻考验。但她在伟大的中国共产党的领导下，认真地吸取了50年代末“大跃进”的教训，医治了“文化大革命”造成的严重创伤。她终于胜利地走出了过去的误区，并打破了西方敌对势力对她施加的长期经济封锁，她进入了一个改革开放的新时期，这个新时期使新中国的经济建设上了一个新台阶。现在，一些重要产品的产量，中国已经跃居世界前列。例如，原煤及粮食、棉花、肉蛋、水泥、棉布等的产量已居世界首位，原油居世界第五位，而钢产量和发电量则上升到第四位。就是说，新中国的综合国力是值得她和她的朋友们为之高兴和骄傲的。前不久，在北京成功地召开了第十一届亚洲运动会，这就是中国综合国力的一次生动的展现。中国由于底子薄，人口多，在人均收入方面还远远落在西方那些发达国家的后面，但尽管这样，中国现在人均每日摄入的热量已达2600～2700千卡。这个数字表明，中国已经初步解决了她的人民的温饱问题。中国成功地解决了十一亿人穿衣吃饭的问题（尽管还是低水平的），这是一个奇迹，一个神话般的奇迹。

中国综合国力的增强，就是改革开放政策结下的硕果。中国改革开放政策的一个十分重要的方面，就是放手发展商品经济（即商品生产）。

二

商品经济并不是什么新事物，而是古已有之。资本主义的商品经济才是这种经济发展的极致。在资本主义生产资料私有制社会，商品生产的目的完全是为了交换（出卖），为了满足资本家对利润（剩余价值）的追求，而且还是日益增长的追求。在资本主义社会，不仅物质产品的生产是商品，精神生产的产品也是商品，而且连一些诸如非物质生产的东西，例如良心、信誉等等也成了商品。总之，一切都是商品，一切都可以交换，一切都可以买卖。

中国实行的是社会主义商品经济，准确地说，是有计划的商品经济，这种商品经济具有不同于简单商品经济，也不同于资本主义商品经济的这样一些特点：（1）它是建立在生产资料公有制基础上的。在中国，也有个体经济成分和私营经济成分，但它们的作用只能是社会主义经济的有益的补充，而不能是其他。（2）劳动力不是商品。劳动所生产的剩余产品最终属于劳动者全体。（3）是有计划、按比例发展的。

有计划的商品经济，在中国还有另一个说法，即计划经济与市场调节相结合。这是中国社会主义商品经济的特色，也是中国人民的一个创造。在中国，计划经济和市场机制不是相互排斥，而是一个不可分割的整体。说得稍稍具体一点就是，国家指令性计划的制定和实施必须考虑市场的关系和自觉运用价值规律；国家指导性计划主要依靠经济政策和经济杠杆来促其实现；至于市场调节则须受国家总体计划指导和法规的制约。总起来讲，就是国家指令性计划和指导性计划都要利用市场机制，而市场调节也必须受国家计划的指导或者制约。这两个方面的结合就是计划经济和市场调节的结合。为什么中国实行的是这样的商品经济，

这是由中国的国情决定的。中国一方面人口众多，另一方面是幅员广大，资源分布和经济发展水平差别巨大。坚持计划经济符合社会主义的方向，体现了社会主义制度的优越性。这一点是不能有任何动摇的。同时，又必须看到中国经济生活的复杂性，计划不可能也不应当把一切都统起来，把什么都统起的计划，在现实生活中是办不到的。正如列宁早年所批评的，那种计划性不过是官僚主义的一种空想。

中国的有计划的商品经济是在经济改革的实践中产生出来的，它还将在进一步的深化改革的实践中日益成熟起来。

有计划的商品经济是了解和认识中国特色的社会主义商品经济的 个窗口。考察中国的社会主义艺术文化，以及整个精神文明的建设问题，也必须从这里着眼。

三

在资本主义社会，艺术文化也商品化了。

艺术文化生产的商品化，在资本主义社会既有不利于艺术生产发展的一面，也有促进艺术文化生产发展的一面。

资产阶级在为商品生产开辟世界市场时，也使原来囿于一隅之地的民族的精神产品走向了世界市场。如马克思和恩格斯在《共产党宣言》中所指出的：“各民族的精神产品成了公共财产。民族的片面性和局限性日益成为不可能，于是由许多民族的和地方的文学形成了一种世界的文学。”今天，书、画、电视、电影，尤其是音像文化制品已经形成了一个世界性文化市场，它极大地推动了各民族、各地区艺术文化的相互交流，沟通了各民族间的相互了解。这里须要说明的是，马克思和恩格斯所指的世界文学绝非是指某种模式化的、失去民族特色的文学。用中国的一句现成话来说，世界文学就是世界性的各民族的百花齐放的文学。

与上述情况直接相联系的是，艺术文化的商品化也加速了传播手段的改进及其现代化进程，从而使艺术文化日益走向大众化和民主化。艺术文化这类精神生产行业也因商品化而日益成为大规模的事业，这在出版、影视和音像行业方面表现得十分显著。

此外，由于艺术文化的商品化，使这种精神产品有了商品价值。这种情况促使精神产品的持有者的产权得到了承认，促使精神产品产权化，亦即著作权法的诞生。如计算机的软件（程序）乃信息智力劳动的产物，它的价格往往比电子计算机本身价格还高。现在保护软件产权的著作权法已受到国际社会普遍的尊重，这样就进一步提高了精神产品的生产者的积极性。

在资本主义社会，资本家把世间的一切都变成了“现金交易”。诚如马克思和恩格斯所指出的那样，资本家抹去了罩在医生、律师、教士、诗人和学者头上的“向来受人尊崇和令人敬畏的职业的灵光”，把他们“变成了它出钱招雇的雇佣劳动者”。资本家雇佣诗人、学者和艺术家，并非为了使他们自己获得什么艺术享受，而是为了一个目的——赚钱。所以，艺术文化等精神生产一旦商品化，“向钱看”就成了这种生产的最后目的和归宿。精神生产所追求的目的和商品经济所遵循的利润原则就成了不可调和的矛盾。在以金钱（利润）为轴心的资本主义社会，难怪列宁这样问道：“作家先生，你们能离开你们的资产阶级而自由吗？你们能离开那些要求你们作淫秽的小说和图画，用卖淫来‘补充’‘神圣’舞台艺术的资产阶级公众而自由吗？”在这里，作家、画家和女演员依赖的并不是他们的才能，而是资本家的钱袋。也正是在这个意义上，马克思指出：“资本主义生产就同某些精神生产部门，如艺术和诗歌相敌对。”以追逐金钱为目的的艺术家是不能为人类创造出伟大作品来的。不过这里说的“相敌对”，不能理解为资本主义社会根本不能生产出优秀的文学艺术作品，而是说资本主义的生产方式本身不利于文学艺术的发展。

在这里，有必要加以说明的是，即使在资本主义社会，在作为商品生产的，如书、画及其他物质生产的艺术作品中，也还存在着另一种情况：从事这类生产活动的作家、艺术家，既是生产工人（雇佣劳动者），同时也是艺术家。马克思就举了这样的例子：拿英国学校的教师来说，教师对于学校的学生当然不是什么生产工人，但对雇用他的老板来讲却是生产工人。因为老板用他的资本交换教师的劳动能力来发财致富。戏院、娱乐场等等的老板也是用这种办法来发财致富，在这里，演员对观众说来，是艺术家，但对自己的企业主说来，是生产工人。

这就是说，在直接商品生产以及在商品生产的过程和产品与消费者直接交换的过程中，对真正艺术家起作用的，或者说起主要作用的，仍然是那个艺术规律。“密尔顿写作《失乐园》是出于同春蚕吐丝一样的必要。”（马克思语）巴尔扎克的有些作品的确是出于要摆脱债务的纠缠，但是他拿起笔来之后，令他忘情的还是他笔下那个艺术世界。马克思在他早年写的一篇著名论文里说道：“作家当然必须挣钱才能生活，写作，但是他决不应该为了挣钱而生活。”他接下去又说，“作家绝不把自己的作品看作手段，作品就是目的本身，无论对作家或其他人来说，作品根本不是手段，所以在必要的时候作家可以为了作品的生存而牺牲自己个人的生存。”例如贝多芬就说过“是艺术，就只是艺术留住了我”。

马克思的这番话同上引他和恩格斯在《共产党宣言》所说的并不矛盾。同样，马克思的话与列宁在《党的组织和党的文学》一文里讲的也不相冲突。在资本主义社会，的确有一些下流文人，画画的，只要给他钱，他就

会给出版商写诲淫诲盗的“作品”，去画春宫等等。商品经济的等价交换原则在很大程度上影响了艺术创作。但尽管如此，在已有几百年历史的资本主义世界仍然涌现出了一代又一代的真正伟大的作家、艺术家，产生出了一批又一批传世之作。

四

十月革命后不久，列宁对蔡特金说道：“在一个以私有制为基础的社会里，艺术家为市场而生产商品，他需要买主。我们的革命已从艺术家方面铲除这种最无聊的事态的压力。革命已使苏维埃国家成为艺术家的保护人和赞助人。每一个艺术家和每一个希望成为艺术家的人，都能够有权利按照他的理想来自由创作……”列宁这段话清楚地表明在以生产资料公有制为基础的社会，即社会主义社会里，艺术生产不再是商品生产，国家应从预算中拨出相当的一笔基金来扶持艺术文化事业（即列宁说的苏维埃国家成了艺术的赞助人）。这就是我们对待艺术文化问题的基本出发点。为此：

（一）我不同意这样一种观点，认为在中国随着商品经济时代的到来，也就同时宣告商品文化时代的来临。如说，“当历史的车轮进入商品文化的时代时，一切都被冲破了，金钱美女、人性欲望等等，堂而皇之地步入了文学的殿堂。同时，经济杠杆的制约也使文学逐渐成为一种商品，主宰它的……是商品经济这只大手”。

（二）艺术文化产品除了在流通领域具有商品形式外，艺术文化本身不是商品。我国著名文艺理论家林默涵正确地指出：“我不赞成把文艺作品与商品等同，普通商品只供人生活上使用，而文艺作品是在思想上精神上影响人的，它只是以商品的形式流通。”

艺术文化本质上属于意识形态领域，是意识形态的形式之一。

艺术文化产品诚然要满足人们的需要，但它满足的是人们精神生活的需要，具体地说，它要丰富人们的精神生活，陶冶人们的道德情操，提高人们的精神境界，激发人们献身于社会主义的崇高事业以及爱国主义的精神。

（三）艺术文化本身既然不是商品，因此它的发生和发展以及演变等所遵循的不是，也不应该是什么商品经济原则，什么价值规律，而是也只应该是艺术规律，或者如马克思所强调的是艺术地掌握的方式。

一般的艺术规律是指艺术文化创作的唯一源泉，是社会生活，而不是什么脱离时代、脱离社会、脱离人民的抽象的形而上学的原则、僵化了的人类意识、亘古不变的人性哲理。中国的艺术文化创作不但要遵循这个符合历史唯物主义要求的这个共同的一般艺术规律，它还必须遵循具有中国特色的特定的艺术规律。这就是说它必须具有符合时代精神的中华民族的品格（即民族性，或者国民性），以及社会主义的性质。所以中国的艺术文化既不同于西方文化，也不同于一般的东方文化，它是具有中国特色的社会主义的文化。

（四）社会主义的艺术文化作为一种精神生产，它注重的首要是社会效益，即有益于人们的精神生活。但是，精神生产也是一种生产，在生产过程中，不仅要耗费物质材料，还要付出大量的脑力和体力劳动。这一切都须得到相应的补偿。否则就不能维持这种产品的再生产。另外，社会主义也还是一个存在着劳动分工的社会，精神产品也须按照类似等价交换的原则同其他领域的产品进行交换。所以，它也不能不讲经济效益。两种效益相较，占第一位的应是社会效益。

这里有两种观点是我不能表示赞成的：一种意见认为，“在社会主义社会，艺术文化是一种非商业性的精神活动，这种非营利的性质，是由国家安排，非艺术文化活动自身的规定”。另一种意见则认为，“让作为商品的文化艺术产品在市场竞争中任消费者自由选择，优胜劣汰，适者生存吧，这本身就是群众的选择。市场是唯一鉴别者，意味着群众是唯一的鉴别者”。

前者一概否定精神生产的经济效益，将它视为“福利事业”。后者则只注意经济效益。在实践中这两种观点都是有害无益的。

（五）由于艺术文化产品在流通领域是以商品形式出现，于是就相应地出现了艺术文化市场。对于这个文化市场，既要看到它有利于精神文明建设，多方面地满足人们精神需要的积极作用，但也必须同时重视它可能造成的严重的消极影响。所以对于这个涉及人们身心健康和社会安定的文化市场，应该实行科学的管理。国家文化主管部门必须对文化市场在宏观上进行计划控制和调节。否则，宣扬色情、淫秽和暴力的“文学作品”、音像制品，以及政治上反动的“理论学术著作”等等，就会堂而皇之地占领这个市场，并从而被敌对势力所利用，作为文化渗透的思想阵地。因为把精神产品完全商品化，交由市场去任意支配，结果就必然是庸俗、下流的东西排斥了严肃、优秀的艺术作品，劣货驱逐良货。前几年，我们在这方面的指导思想上有过较大的失误。这一年多来，由于一手抓整顿（包括扫黄），净化文化市场；一手抓繁荣，即促使文化市场沿着健康的方向发展。总结过去的经验教训，各级文化主管部门在下述三点上取得了新的共识：一是加强和发挥国家文化企事业单位在文化市场上的主导地位和作用，对个体和集体的文化经营者加强政治思想教育和业务指导；二是加强文化立法，完善各种必要的法规；三是加强对文化市场的预测和发展趋势的调查研究，以及对文化市场结构的调整。总之，既要做到管而不死，也要做到活而不乱。

最后，我还要着重强调的一点是：十年改革，使中国的面貌发生了巨变。中国的改革是成功的，这一点已经赢得了举世的公认。就连那些敌视中国的内外反动势力，也不得不承认这一点。当然，十年改革，道路也不是平坦的。在中国，存在着两种截然对立的改革观：一种是使中国退回到资本主义道路上去，最后沦为西方大国的附庸；一种是把改革视为社会主义制度自身的完善，增强社会主义的活力。中国人民根据自己切身的经验和根本利益所在，在总设计师邓小平的思想指导下，摒弃和批判了前一种倒退的“改革”观，选择并实行了后一种前进的改革观。中国人民深深地知道，只有社会主义才能救中国。

十年改革，无论是经济体制上的改革、政治体制上的改革，还是文化体制方面的改革，中国人民始终坚持了社会主义的大方向，坚持走社会主义的金光大道。这就是中国进行改革的经验，这也同时是中国改革的特色。也正是在这个意义上说，改革开放是中国的既定国策。

（选自《文艺理论与批评》1991 年第 2 期）

论我国拍卖市场的发育

潘旋昌

历史悠久的拍卖市场，在中国销声匿迹了 30 多年后，如雨后春笋般地发育起来，充分显示了它旺盛的生命力。因此，探讨我国拍卖市场存在的客观必然性及其发展具有现实意义。

一、拍卖市场是商业经济发展的必然产物

（一）商品经济的发展客观上需要拍卖市场的建立

商品经济是直接以交换为目的而生产的经济形式，而商品的相互让渡和转手就形成市场。在市场活动过程中，商品交换双方存在着实物和价值的经济联系，并且这种联系体现着交换双方的经济利益。随着商品交换的发展，一种新的情况出现了：某种具有一定使用价值的商品难以标准定价（如收藏品、待处理商品等），或者具有某种使用价值的商品没有价值保护人（如罚没物资、无主物资等），这就使得这类商品的交换难以进行了。为了既能保护好交换双方的经济利益，又能使交换顺利进行，一种新的市场——拍卖市场（Auction market）应运而生了。

拍卖，是英文 Auction 的意译，是指出卖者通过拍卖市场，采取公开叫价的办法，把商品出售给出价最高的购买者的一种交易方式。所以，拍卖也叫竞买。十分清楚，通过这种交易方式，任何一种有一定使用价值的商品都可以自由成交，因而，拍卖是商品交换的一种特殊形式。

（二）我国拍卖市场的形成是商品经济发展的必然结果

1840 年鸦片战争以后，资本主义国家的剩余物资大量倾销中国，打开了中国封建闭关自守的大门，促进了我国自然经济的分解和城乡商品经济的发展。1874 年，英国最大的拍卖行在上海开设了一家远东子公司——鲁意师摩洋行。之后，法、日、丹麦等国商人也纷纷在我国开设洋行，专营拍卖业务。开始时，他们的主要业务是对进出口贸易中的纠纷事件进行鉴定、估价、协商、公证和处理，后来，海关的没收物品、沉船打捞上来的水渍物资，以及保险公司、法院、银行的有些业务，都由他们代为处理了。

中国人仿办拍卖，是由沿街的一些店铺起头的。当时有些店铺生意不景气，就在门前扯起“大拍卖”的旗帜招揽顾客，设摊处理一些滞销商品。1876 年，中国人办的第一家拍卖行正式开业。以后，大大小小的拍卖行相继开张。拍卖的商品主要是当铺里过期不赎的物品、工厂里的冷背残次商品和关停企业的财物等等。抗战时期，外轮断绝，拍卖物资减少，拍卖业务不如往昔之盛。抗战胜利后，外轮复航，充公及水渍货大量增加，拍卖业又兴旺起来。

新中国成立后，由于受到传统观念的影响，长期以来，我们把商品经济看成是“旧社会的遗物”，拍卖行是“资本主义的东西”，所以，作为商品经济发展的产物——拍卖市场就渐趋萎缩了。仅以上海为例，解放初期共有拍卖行 37 家，到公私合营前剩下 11 家。公私合营后，并为 7 家。随着国家对资本主义工商业社会主义改造的逐步深入，剩下的 7 家拍卖行也相继关门，至 1958 年，上海的最后一家拍卖行也终于关闭了。

改革开放以来，特别是党的十二届三中全会明确提出了“发展社会主义商品经济”的科学论断以来，我国有计划的商品经济以前所未有的态势得到了发展。1986 年 11 月，广州拍卖行率先成立，嗣后，北京、天津、上海、沈阳、哈尔滨、大连、长春、成都、深圳和海南等地的拍卖市场先后开业。小至方寸邮票、日用消费品，大至房屋、土地，纷纷进入拍卖市场，拍卖交易此伏彼起。拍卖市场已成为我国社会主义市场体系中不可缺少的一个组成部分。

二、拍卖市场的主要特点

拍卖市场存在的旺盛生命力，是由它的特殊机制所决定的。

（一）公开性

拍卖是一种公卖形式。拍卖之前，要预先向社会发布公告，标明拍卖商品的品种、数量、拍卖日期和地点及其他有关事项，以便让一切有购买兴趣的人前来参加竞买，同时要接受竞买者现场看样和质量咨询。然后，在规定的时间和场所，当众逐批、逐件进行拍卖。因此，透明度高是拍卖市场的显著特点。

（二）公正性

在拍卖市场中，出卖人通常在与其订立合同的数人中，选择提供最有利条件者（出价最高者）作为买受人，并与其订立买卖合同。可以说，拍卖交易的过程，就是买卖合同执行的过程。拍卖面前，人人平等。整个拍卖交易都是严格按照一定的程序和规章进行，当拍卖人击槌或用其他习惯方法，宣布拍卖成立时，此次拍卖即告完成。任何一方违反拍卖合同，都要承担经济和法律责任。因此，一般情况下，拍卖活动还要求公证机关派人员监督，以维护拍卖的公正性。

（三）广泛性

一是参与拍卖的人员广泛。凡是有意向的企业或个人（凭有关证明或证件）均可委托拍卖或取得平等的竞拍权（定向拍卖除外）；二是经营的范围广泛。除了国家规定禁止买卖的商品外，一切允许流通的物品均可在拍卖市场上流通。

（四）竞争性

拍卖就是竞买。公开竞价，价高者得，正式拍卖市场的作价原则，也是它最突出的功能。由于拍卖市场的平等竞争和它的广泛性、公正性，所以它形成的价格往往成为左右某种商品的日常成交价。

（五）便捷性

拍卖市场的交易，都是现货交易，随叫随卖，一槌成交，买卖的时间短，成交的数量大，手续简便，吸引力强。

（六）服务性

拍卖市场是一种"媒介体"。它本身不从事商品买卖，完全遵守商品交换自愿让渡的原则，保护买卖双方的经济利益。它接受委托，组织拍卖，拍卖所得，扣除手续费后全数返还委托方，体现了拍卖市场的中介、公平、服务的性质。

由此可见，拍卖市场不是资本主义的专利，而是商品经济发展到一定阶段的产物，社会主义同样需要和可以利用它。

三、培育拍卖市场是发展有计划商品经济的客观需要

（一）培育拍卖市场是增强企业活力的需要

由于拍卖可以使生产资料或产品的产销直接见面，价格又随行就市，这就让所有的企业都站到了同一起跑线上，面对市场，公平竞争，有利于搞活企业。对破产企业来说，采用拍卖方式处理其财物，可以比较公正、合理、迅速地解决资产评估问题，加快企业组织结构调整的步伐。同样，对一些长期亏损的小企业，也需要通过拍卖，实行企业产权有偿转让，促进企业起死回生。对大多数企业来说，大量的转产、积压物资和闲置设备，往往是困扰它们的一大难题。而拍卖市场的特殊功能，有利于这些物资和设备以双方可以接受的条件进行调剂，使死货变活，资金回笼，企业走出困境。上海物资拍卖行，在一年中就让800余万元的闲置物资走出了"冷宫"，为中小型企业、尤其是乡镇企业提供了大批二手设备，促进了生产要素的合理流动。

（二）培育拍卖市场是加强廉政建设的需要

早在50年代，我国就有明文规定：对缉私、罚没、无主物品等公物的处理，必须交由贸易信托公司等有关单位办理。但由于管理措施不力，拍卖市场不健全，在这些公物的处理过程中，压级压价、内部私分、账目不清等情况比较严重。如一件新的羊毛衫作价4元；一只新的微型手电筒作价仅0.01元；有的旧货商店收购罚没物资没有清单留底，造成无账可查；有的收购商店长期拖欠应付款，而有关执法部门也不主动催交，心中无数……这样不仅造成经济损失，而且腐蚀了一些干部。造成这种情况的一个重要原因，就在罚没处理权和销售处理权混为一体，因而往往助长不正之风。通过公物拍卖，就把罚没处理权和销售处理权分开，尤其是拍卖具有透明度高、机会均等的特点，就能有效地制止公物处理中的不正之风。同时，由于公物拍卖，作价合理，不仅可以改变"内部处理"中价格和价值严重不符的状况，而且可以实现这些物资的实际价值增加国家财政收入。从目前公务拍卖的情况来看，成交价普遍高出原渠道处理价的50%～300%。

（三）培育拍卖市场是搞活流通的需要

随着社会生产力水平和人民物质生活水平的提高，商品生命周期不断缩短，因而商品更新换代、调剂余缺，成了人民生活的现实需求。用发展的眼光看，私人汽车、房产等今后也需要进行调剂。另外，由于人民精神生活水平的提高，邮品、字画、古董等有收藏价值的物品也需要有一条正常的流通渠道。目前，这些物品除了少数可以进入旧货市场外，大部分没有相应的渠道可以流通。而进入旧货市场，一是价格不尽合理；二是买卖时间不尽迅速；三是贵重物品的保管不尽安全。拍卖市场的建立，就为解决这些问题开辟了一条新的有效的流通渠道。1990年，全国的消费市场仍未走出低谷，然而，无论是在大雪纷飞的沈阳，还是在持续高温的上海，"拍卖行"门前却排起了"长龙"，拍卖活动场场爆满。

（四）培育拍卖市场是扩大开放的需要

随着对外开放的扩大，在与外国企业或个人的业务交往中，不可避免地会产生一些债权、债务等经济纠纷问题。当债务人无法清偿债务时，就需要利用拍卖市场

来强制拍卖其抵押品，以维护债权人的合法权益。可见，拍卖市场的建立也是完善投资环境所不可缺少的。

已有事实说明，外宾对我国的拍卖活动，尤其是邮品和文物的拍卖，怀有浓厚的兴趣。目前，我国各地文物商店有不少珍品摆售，但这种等客上门的销售方式不仅难以引起各国收藏家的注目，而且也严重影响着我国古今艺术品的价值。如果这些珍品进行拍卖，无疑将成为吸引外汇和旅游资源的有效措施，也有利于文物交流、打击非法经营和走私活动。据悉，北京将在1992年秋举办首届大型国际拍卖会，届时将有数千名外宾专程来京参加投买。可以相信，随着国际交往的扩大，繁荣的拍卖市场必将有利于对外开放，有利于发展社会主义商品经济。

四、积极促进我国拍卖市场健康发育

应该看到，我国的拍卖市场已经在调节商品供求、加强廉政建设、方便群众生活、吸收社会游资和增加国家财政收入、促进资产存量的优化组合等方面发挥了积极的作用。但是毋庸讳言，我国的拍卖市场目前还处于起步阶段。要使它健康地发育起来，并赶上国际上发达的拍卖市场，还有许多工作要做许多工作。

（一）加强理论研究，更新拍卖观念

改革开放的不断深入，市场调节比重逐步加大，客观上需要有个透明度高、信息集中、价格合理、交易规范、便捷的市场环境。拍卖市场的发育就适应了这一客观要求。世界上商品经济发达的国家和地区，它的拍卖市场也相对比较活跃。拍卖已不是“削价处理”的代名词，而是运用其特殊的功能，将大部分资源和可能导致垄断的特权推向市场，促进商品经济发展的一种有效的交易形式。

（二）争取政策扶持，加速人才培养

要积极促进我国拍卖市场的发育，除了观念的更新外，政策上也要相应放开。目前仍有不少无形的绳索捆绑着拍卖市场稚嫩的身躯，致使目前的拍卖市场难成气候。北京市拍卖市场开业三年来，虽然搞了20多次大型拍卖，社会效益很好，但经济效益不佳。同样，上海拍卖行开拍10次，至今未走出亏损的境地。广州拍卖行的成立时间虽居全国之首，但由于困难重重，徘徊4年半，直至1991年5月才进行首宗拍卖。所以，对拍卖市场迫切需要政策的扶持。不但要冲破市场封闭、分割的状态，扩大拍卖市场的经营范围，允许包括文物、首饰等物品（可先经有关部门鉴定）进入拍卖市场，而且要在财政、税收、物价等方面网开一面，按拍卖市场的性质、特点来培育市场。

人才匮乏是制约我国拍卖市场发育的又一重要因素。目前，全国范围内称得上拍卖师水平的人员屈指可数，建国前从事拍卖业的行家也所剩无几，而拍卖从商品鉴别到拍板成交，没有一支业务精通、训练有素的专业队伍是难以适应的。有关部门应尽早物色人才，编写统一教材，加速培训，以适应拍卖市场发展的需要。

（三）理顺市场体制，健全拍卖法规

由拍卖市场的特点所决定，拍卖市场应是分离于各专业行业之外的具有权威性、规范性、综合性独立的“拍卖业”，但由于目前的发育状况所限，各地的拍卖市场基本上都还依附于某个行业，甚至还不是自负盈亏的独立法人。针对这种情况，我们要创造条件先让拍卖市场能站起来走，然后跨出原属行业，独立地、自成体系地进行综合经营。其管理体制，可由市政府直接管理，并实行监事会领导下的总经理负责制。监事会可由市财办（商委）、工商局、公安局、税务局、法院、银行等部门组成。为了便于交流信息，拓展业务，培育统一的市场，拟在目前“八城市拍卖市场座谈会”的基础上，建立全国性的拍卖市场协调组织。

要促进拍卖市场健康发育，规范市场的行为十分重要。目前，天津、上海、广州、深圳等地的地方性拍卖暂行办法已先后制定，为了完善社会主义拍卖市场的行为规则，国家应尽快制定《拍卖法》，以统一规范各种拍卖活动。

（四）加强市场建设，参与国际竞争

当前国际上较发达的拍卖市场已普遍采用电脑来进行竞买，甚至利用卫星转播的双向电视来开展环球拍卖。相比之下，我国的拍卖市场不仅是竞拍手段原始，拍卖的场地、仓储、运输等设施也十分落后，无法适应有计划商品经济的发展。因此，应尽快把拍卖市场的现代化建设摆到政府的议程上来，同时，还要积极创造条件，吸引国外和中国港澳台地区的买卖双方进入我国的拍卖市场，开展国际间的业务交往，开拓国际市场，参与国际竞争。

（选自《财贸经济》1992年第6期）

关于当代文化艺术产业化趋向的思考

（香港）朱　桦

一

在当代社会经济发展的转型时期，“文艺女神”与“经济巨人”的密切结合构成了文化艺术发展过程中的一系列新的现象，文化艺术在社会经济的深刻制约和驱动下正朝着日益明显的商品化、产业化、市场化方向倾斜。文化艺术不再仅作为意识形态而存在，同时也是现代文明进程中不可或缺的重要生产力——文化艺术生产力。当代中国文化艺术的繁荣与否，在很大程度上取决于文化艺术生产力是否能得到全面的解放。解放文化艺术生产力是一个物质文化与精神文化、经济基础与上层建筑综合运动发展的过程，涉及当代社会中文化艺术的模式与结构、体制与机制、观念与政策等重要方面，也是当前改革开放历史条件下迫切需要认真思考和努力探索的重大课题，具有十分突出的现实意义与理论价值。

社会观念的更新是社会变革的先导，文化艺术的发展与革新也是如此。解放文化艺术生产力首先要解放文化艺术观念，破除旧观念，建立起一系列适应当代社会发展的新的思想意识。长期以来，我们的文化艺术观念十分狭窄、功利，强调文化艺术的意识形态而忽视文化艺术的现实生产形态，夸大文化艺术为政治服务的工具功能而淡化文化艺术的更为广泛的社会文化功能。尤其将文化艺术观念与经济观念片面对立起来，以为“文艺”与“经济”联姻会有害于文化艺术的创造与发展，有损于文化艺术崇高的精神品位，因而，在我们的实践上和理论上面对客观存在着的文化艺术中的经济现象或视而不见或避而不谈。在文化艺术观念中的“左”的思想当然应该反对，某些不合时宜的旧观念如文化艺术不能成为商品，文化艺术只能是事业不能成为产业，文化艺术不能讲经济效益等观念也需要更新，需要逐渐确立一系列新观念包括文化艺术的商品意识、产业意识、市场意识、效益意识等。这对于在当前社会主义市场经济条件下，调动文化艺术生产者的积极性，满足文化艺术不同层次消费需求，促进文化艺术的繁荣，以及进一步最大限度地解放文化艺术生产力具有积极的作用。

在解放文化艺术生产力的过程中，如何树立科学的文化艺术产业意识，如何健全与完善文化艺术产业结构及其功能，这给我们展示了一个崭新的实践领域和理论前景。应当承认，我们的文化艺术界多年来一直在政府部门统揽统包的管理体制下生存和发展，文化艺术的投入产出是按政策运行而不是按生产规律进行，文化艺术的生产与消费不是遵循社会互动机制调适而大都是人为盲目或强制调控，经常出现生产与消费的对峙与冲突，发展极不平衡。究其原因，主要在于相当一段时期内从根本上没有看到文化艺术的产业特性，没有正确地认识到文化艺术既有精神生产又具有物质生产双重特性的一面，注重“事业性”而忽略“产业性”。当代文化艺术发展的实践证明，在商品经济的特定社会形态中，文化艺术必然要从天国中回到大地，寻求在精神文化与物质文化之间的最佳位置，确立作为推进人类文明发展的一个重要生产部门的应有地位。

二

文化艺术不仅是一项崇高的事业，而且也是一种特殊精神生产活动，其物化活动过程同样具有一般物质生产的特点，也受到经济关系和经济规律的制约。马克思也认为“科学、艺术等等，都不过是生产的一些特殊形态，并且受生产的普遍规律的支配”（马克思：《1844 年经济学—哲学手稿》）。所谓普遍规律就是指特定社会条件下的经济规律和社会运行规律。文化艺术这种特殊的精神生产，是在一定经济基础上产生的。文化艺术成为产业最直接的原因在于社会分工。在人类社会的发展史上，有过二次大的社会分工。第一次是农业同手工业的分工。第二次是体力劳动和脑力劳动的分工，这意味着一批专事精神生产而不为生活资料奔波的人相对独立地从事精神产品的创造成为现实。这一分工，对于文化产业的形成具有直接意义。文化艺术成为一种社会产业，首先在于它是一种社会生产力，虽然不像物质生产那样提供人类赖以生存的首要物质财富，但是，它是人类文明发展必不可少的重要推动力，其创造出的精神产品同样是人类社会的宝贵财富。文化艺术生产劳动也是一种以人为主体，由人的活动引起的物质交换过程。一方面它是人的精神文化活动及审美活动；另一方面主要通过运用和改变自然的物质，使人的精神创造的成果获得物质的存在形式或称物质的载体，而成为一种物质产品。正如马克思指出的，书籍、绘画、雕塑等一切艺术和科学的产品，都需要人运用自己的“臂和腿，头和手”，要运用各种物质材料和物质生产工具和手段，才能制造出来。作为物化形态的文化艺术产品属于社会物质产品。文化艺术生产正是因这种物质生产的属性而成为社会产业的一个组成部分，具有推动社会生产力发展的功能。多年来，我们也不时谈论“文艺生产力”，但大都没有充分理解和揭示其物质形态的本质及其存在的客观性与必然性。生产力具有两种，即物质方面的生产力与精神方面的生产力，文化艺术则属于精神方面的生产力。在体现它精神文化功能和效用方面就不是生产力，在实现其物态化过程作为生产“物质产品”时就同一般的社会物质产品生产一样，具有一定的生产条件、生产能力及其内在结构即生产力。没有生产力的生产是不存在的。文化艺术生产同样具有自己的生产力，包括具备一定审美能力和各种技能的文艺工作者，以及各类文化艺术生产的物质工具，还有特殊的劳动对象即艺术文化消费者。其次，文化艺术作为一种社会产业，还在于它是整个社会经济体系中的一个有机组成部分。市场经济体系注重生产与消费的调适关系，运用市场经济规律来制约和协调生产与消费之间的关系。文化艺术作为"物质产品"进入流通领域必然在"交换"的过程中走向"商品化"。文化市场在沟通文化艺术生产与消费中具有重要作用。生产与消费的关系是辩证的，有生产的繁荣，才会有消费的繁荣。文化艺术生产对文化艺术消费的决定性作用，一方面源于生产决定市场的一般规律，另一方面受制于文化艺术生产所具有的相对的自主性与独立性，即文化品位。一般社会物质生产，是市场需要什么，就生产什么。文化艺术生产的动力和目标则不完全为消费所左右。文化艺术生产不是以赢利作为最终目的，而是以促进人类精神文明为最高原则与最高目的。因此，文化艺术消费对文化艺术牛产的制约与影响，相对于一般物质商品的消费之于生产的制约与影响要小些，而生产对于消费的决定作用则更明显些。文化艺术生产的投入与产出及其营销过程都受到市场基本经济规律的制约，市场交换关系、市场供求关系、市场价格、市场竞争和市场盈利等经济因素不同程度地规定着文化艺术生产的结构、规模、形式和质量等方面。文化艺术产业的投资意识、价值补偿意识都与经济意识密切相关，都与整个社会经济的发展机制紧密相连。文化艺术作为一种社会产业也自然在社会经济的大循环中求得生存和发展，所以，当前文化艺术从旧的运行机制与模式中走出来，与"经济"接轨，是当代中国社会发展的内在要求，是一种历史的必然，不能简单地将这种符合规律的接轨视为"一切向钱看"的短视行为。从世界现代化进程看，许多发达国家和地区十分注重"文化工业"建设，努力提高文化艺术的现代化水平，使文化艺术与当代科学技术的发展趋于同步，以更好地发挥文化艺术在人类文明进程中的积极作用。

三

文化艺术是一种社会生产力，因此在繁荣当代文化艺术的过程中就应当充分尊重和大力解放这种生产力。任何不利于解放文艺生产力的旧观念、旧习惯、旧模式、旧机制都要破除更新。文化艺术产业化趋向在一定程度上能够促进文艺生产力的解放。

文化艺术的繁荣主要在于文化艺术工作者的创造，但又不完全决定于文化艺术生产者，它是一个社会文化诸方面合力作用的结果。社会的经济体制、社会结构、文化构成以及价值观念等都作为"时代因素"内在而深刻地规定着文化艺术的宏观走向。当代中国的文化艺术生产面临"时代因素"的挑战是十分严峻的。前进中的问题、困惑和障碍不少。由于过去缺乏文化艺术产业意识，加上现有文化艺术管理体制与机制上的某些缺陷，整个文化艺术生产发展很不平衡，存在着一些不合理现象：

1. 面对市场经济，文化艺术生产者两极分化

一方面，在商品经济大潮的裹挟之下有些文化艺术生产者完全投入"商海"，并将有别于一般物质生产的艺术文化行为视同为商业行为，不是以精神文化目标为先而是"为钱而造"、追求利润，以至于在一部分文化市场上粗制滥造、迎合流俗的低俗作品泛滥成灾，严重地损害了艺术文化生产的品位和质量。另一方面，一些文化艺术生产者缺乏文化艺术的商品意识、产业意识和市场意识，以为文化艺术与市场经济的接轨是"向钱看"，是文化艺术的"堕落"，仍然深居象牙之塔远离现实，自娱自乐完全不顾社会消费需求，其生产与社会消费相脱节，因此，其文化艺术生产就不能直接为社会服务、为人民服务，最终也难以实现其文化艺术品的价值。

2. 面对日益丰富的文化需求，文化艺术产业化结构不合理

文化艺术生产是为了最大限度地满足日益增长的广大人民群众精神文化生活的需要。文化市场是文化艺术消费需求的示波器。当代人文化艺术消费呈个性化与多样化趋势，不同层次的消费者有不同的需求。文化市场中的供求互动关系可以反映出一个社会文化艺术生产结构的合理化程度。由于经济因素的影响，当前我国文化艺术产业结构偏向"大众文化"，消遣型的娱乐文化、通俗文艺成为文化艺术生产的主要部分，而"高雅文化"的生产相对萎缩，呈不景气状态，致使相当一部分较高层次文化消费者求不到"精品"而得不到满足。如何正确处理好文化艺术领域内生产与消费之间的关系，既讲究市场规律又遵循文化规律，自觉调整文化艺术产业结构，尽可能地满足不同层次的消费的文化需求，是当代文化艺术产业化过程中亟待解决的重要问题。

3. 面对现代化进程，文化艺术产业化条件落后

现代化社会的标志在于社会生产力和生产水平的现代化，文化艺术生产力现代化也是如此，除了文化艺术观念的现代化外，还应当体现在文化艺术产业的现代化水平上。由于我国总体社会生产力水平低下，尽管近年来有了迅猛的发展，但是离现代化要求还甚远，因此，文化艺术生产者的素质（知识水平与技能水平）普遍不高，文化艺术生产的物质生产条件（生产工具与文化设施）相当落后，少数经济发展较快的地区开始有所改观，但全国大部分地区水平低下，远远不适应当代文化艺术发展的要求。人们愈来愈清晰地看到，不能只加强经济建设的投资，而也应增加文化建设的投入。通过各种渠道筹措资金增强文化艺术产业的投入，改善文化艺术生产的物质条件，以提高文化艺术生产的现代化水平。

当代中国文化艺术经历着一场巨大的震荡，这场由经济改革而引起的文化撼动，必将在文化艺术的深层产生剧烈影响。从文化观念到文化行为，从社会到个体，都无法逃脱当代社会变革的有力制约，并在这个深刻的

制约中展开自己新的历史过程。其间有危机也有生机，有希望也有迷惘，有成功也有坎坷，但是不断地改革开放总能使当代文化艺术走向一个辉煌的明天——“一个需要巨人并且能够产生巨人的时代”。

（选自《文艺理论研究》1993 年第 4 期）

现代艺术商品化的内在机制

姚文放

现代艺术的商品化趋势乃是现代生活土壤上的产物，它在现代艺术的生产、传播、消费等环节上的表现都有其深刻的原因化，都受制于一定的内在机制，因此都包含着某种必然性。

如果说以往人们所提出的“艺术生产”这一概念带有明显的隐喻性的话，那么现代艺术的生产方式为真正意义上的“生产”。以往所说的“艺术生产”偏于人文性、创造性，审美心理占据重要地位，技术含量极其微薄，创作活动也主要表现为艺术家的个体行为；现代艺术的生产则偏于技术性、制作性，高新技术的引进、工艺流程的开发、机器装备的更新是其必要条件和显著特点，电脑技术的运用，更使其制作过程日趋程序化、数控化、精密化，其制作活动也走向社会化、集团化，形成了设备齐全、规模宏大、配套成龙、分工协作的文化工业，而艺术家则变成了在流水线上忙碌的人们。急遽增长的技术含量以冰冷的操作逻辑消解着现代艺术的人文内涵，使其价值标准、精神旨趣和观念意识失却了传统的内核。原有的艺术标准已经显得不合时宜了，必须加上一条更加实际因而更难违拗的标准：经济标准。一条非常浅显平易的道理便是，一件作品只有招徕顾客、占有市场才能问世、才能流传，并进而产生社会影响。反之，如果连在文化市场上立足的可能性都没有，那么哪里还谈得上其“思想性”、“艺术性”之类要求的实际意义？因此，如今人们在生产之前首先要考虑艺术产品如何才能推销出去，才能销得更多、更好，赢得的目的被推到了前台。以往人们普遍倾重并刻意追求的个人风格、艺术个性也已显得十分无谓，发挥群体优势、凭借梯队力量高效率地进行生产成为常规。例如，电视剧的创作，就很难靠个人的力量全完成，其底本的结撰往往是大伙儿七嘴八舌“侃”出来的，其创意的营构也有赖于一班人的精心策划。现代艺术的精品意识、大师意识也大大淡化了，“艺术大师”不再是令人艳羡的桂冠，“不朽之作”，也变得毫无吸引力，人们感兴趣的只是一茬茬轰动效应大起大落的轮回所带来的实利。此外，就不去想得更多，只要能够轰动一时，哪怕转瞬即朽，也足够了。

大众传播媒介的兴起为现代艺术建立了全新的传播格局，大大地推动了它的商品化进程。大众传媒的一个显著特点即大众化、普及化，报刊、广播、电视、唱片、激光盘、录音带、录像带、卡拉 OK 正在以惊人的速度打进寻常百姓家，极其深刻地改变着人们的生活习惯和思想观念，这就有力地促使现代艺术向大众审美文化靠拢，不再以满足少数人的趣味为目的，而是以雅俗共赏、老少皆宜为要义，难怪许多颇受欢迎的电视节目都以“综艺”的形式出现，而每年春节联欢晚会尽管众口难调，但编导者仍然年复一年地试图谐调众口。现代艺术以大众传媒为载体，其传播速度之快和覆盖面之广也令以往的艺术望尘莫及，一首流行歌曲一夜间便能红透半边天，一位明星的名字毫不费力便能为千家万户所熟知。因此，精明的制作人略施小计便能炮制出大红大紫的文化热点。广东的一群通俗歌曲作者有意先推出一些歌星以引起人们的注意，竟一时间销售录音带达几百万盒！另外，在人群中蔓延的从众心理往往是来得容易去得快，热浪袭来时趋之若骛，意兴稍缓时弃若敝屣。君不见近年来仅文学一隅就呈现为武侠小说、言情小说、“性文学”、“西北风”、知青文学、“新移民文学”、“痞子文学”等新潮此起彼伏、轮流坐庄的热闹景象。与日俱增的经济考虑使得作家像推销时装一样以越来越快的速度转换风格、改变手法、刷新创意，一次又一次地给予读者以全新的感受、意外的惊喜。王蒙小说从现实主义到意识流到新武侠再到新科幻的急速递变，吊得广大读者胃口大开，其收效当然不会只是经济上的。这是一个崇尚创新、呼唤重建的时代，以往那种由一二种艺术风格、创作原则独领风骚上百年的局面，已经永远成为历史而一去不复返了。

现代艺术的消费环节也许最能体现其商品化的特征了，原来沟通艺术产品与消费者之间联系的发行渠道行将废止，而由文化市场取而代之。这样一来，对现代艺术来说，在其思想性、艺术性基本得到保证的前提下，其命运就全然受制于供求关系的态势了，供不应求则身价百倍；供过于求则身价大跌，同样的书、画册和录音带，在畅销时甚至能为“黑市”提供牟利的机会，在滞销时却只能盈盈然充斥削价门市的柜台。这就使得出版社、书店、音像公司、电影公司、演出公司这些“中间商”，对于文化市场的信息、社会心理的热点变得极其敏感，一旦捕捉到了某个苗头，便以最快的速度反馈到生产环节中去，及时投放资金、指令生产、组织货源、推向市场，在短时间内获取高额利润。甚至还有人采取这样的策略：事先对社会文化需要进行超前引导，在被挑起的文化需求一发不可收时，再坐收其利。据报端揭秘，电视卡通片《变形金刚》、《圣斗士星矢》等原本都是广告商为推广新商标而预先投资制作的，当无数小观众尽入彀中时，以这些动画形象所制作的商标便轻而易举地申请到了巨额专利。文艺消费中经济规律作用的加强使得现代艺术的竞争机制和风险机制得到了强化，一切都必须无条件地接受整个时代文化需求的检验，都必须在这一基本尺度面前取得进一步发展的承诺或放弃继续存在的权利。那些本身就是在现代生活土壤上绽开的艺术之花，如各种形式的电视艺术虽然可能还幼小、还稚嫩，但终究代表着现代艺术发展的方向。

（选自《学术界》1993 年第 4 期）

戏剧与文化市场

靳大经

“你说，戏剧是不是商品?”笔者和一位经商的朋友闲聊时问道。

“当然是啊!”他睁大眼睛，一本正经地：“这明摆嘛！如今啥不是商品？你说吧，从看得见摸得着的，到看不见摸不着的。”接着，不无调侃地笑道：“真是书呆子！都啥年头了，还提这个问题，好像你不食人间烟火似的。”

笔者一时语塞，他倒慷慨激昂地讲了一通，让人吃惊又不便公开引用，但谁都能心领神会的事例。看来，戏剧是不是商品？这只是个戏剧圈里人感兴趣，而圈外人却认为是不值得劳神费力的、简单明了的问题。也许应了那句老话：“当事者迷，旁观者清。”所幸友人给了某种启发，使笔者能顺着他的思路，做一点粗浅探讨。

一、戏剧是具有审美娱乐价值的商品

按照马克思主义政治经济学的理论，“进入交换的产品是商品”。这自然是指物质产品的交换价值而言的，如果我们理解得不错的话，其同样适于文艺产品，尽管艺术产品有其特殊性，但也离不开物质载体为其外化的表现形式，离不开物质作其生产依托，戏剧作为非自然物，作为社会的一种特殊产品，也并不是看不见摸不着的。确切地说，戏剧是以精神为内核、以物质为表象和媒介的产品，是具体的，可见可感的，因而也是能以交换方式进入流通领域的。当然，由于戏剧产品的特殊性，这种交换即使在戏剧诞生之初，也不可能以简单的物物互换的形式出现，而必须借助“一种特殊商品——货币”来完成。毫无疑问，古今中外，作为戏剧的消费者——观众，看戏是要以货币作为交换价值的。

据说，古希腊的雅典人最初看戏是不收费的。但好景不长，不久，不仅看戏要交钱，连上法院打官司告状都要交钱了。

在 17 世纪英国伦敦的“环球大剧场”上演莎士比亚的戏剧时，一律买票入场，普通票价还算便宜，只需一个便士，要是额外多交些钱的人，还享受特殊待遇，可以坐在舞台边上，至于王公贵族、老爷太太们想坐在包厢里舒舒服服地看戏，则必须付出昂贵的票价。

在中国也是如此，即使是堂戏、庙戏、社戏、野台子戏，观众也不是无偿能看的，也大都是由施主、财东、族长等头面人物代为观众付给了戏班演出费用的。至于在剧场里演出，则门票当然是照收不误。元代文学家杜仁杰，曾在他的著名套曲《庄稼不识勾栏》中，精彩地描写过一个庄稼人进城后，站在剧场把门的毫不客气，伸手“要了二百钱放过咱，入得门上个木坡”。现在恐怕很难考究这“二百钱”和现行货币的真实比价，不过，按推想这二百钱作为看戏的交换价值无疑是不算低的。可见，戏剧作为商品，从古至今都具有交换价值，而且只有实现了交换价值，戏剧才有立身之地，才有生存、发展的可能。当然，交换价值的实现，还必须紧紧依赖其使用价值，两者互为对象，互相依存。

然而，戏剧商品的使用价值，很显然不能等同于物质商品的使用价值。这也许正是戏剧商品的特殊性，抑或也是所有文艺产品的特殊性。戏剧不能被其消费者作为物质而直接使用，但它可以娱乐身心，陶冶性情，间接地、潜移默化地作用于消费者的精神心理，左右思想意识，起到征服人心的作用。其强大的精神力量丝毫也不容低估。因此，戏剧作为商品与货币交换，是很难等价的。其正负值，常常取决于戏剧所表现的思想内容和审美品格。这样，消费者也就有权力对戏剧提出自己的要求，正如马克思所说："消费在观念上提出生产的对象，作为内心的意象，作为需要、作为动力和目的。"精神生活和物质生活是人类生活的两个主要内容，两者以不同的形式互为转换。戏剧作为商品的使用价值，需要一个精神变物质的转化过程，这如同社会科学不可能直接就是生产力，也需要一个转化过程一样，不可能立竿见影，一次性完成。可见，戏剧的使用价值实质上是一种陶冶性情的审美娱乐价值，它们在本质上是一致的。消费者心甘情愿用货币交换到的不是物质商品，而是一种美，是精神上的审美快感、审美享受。难怪哈迪森先生曾断言："美是一种商品"，审美显然要付代价。由此，我们是否也可以说，戏剧，是具有审美娱乐价值的商品呢。

二、多元化市场与戏剧

在十多年来改革开放大潮冲击下，我们的社会生活和人们的价值观念都发生了深刻变化，特别是赖以生存的经济基础，有了极大的改变，单从所有制来说，出现了公有、私有、公私合有、合资、外资以及股份制等等多种形式。重工业、轻工业、军工业、农业、交通等各项发展比例和规模速度也都发生了较大变化。所有这些作为经济基础，作为客观存在，肯定要影响甚至于制约着人们的精神状态，无疑也会直接决定着作为上层建筑的文化事业。"经济基础决定上层建筑"，存在决定意识，笔者对这一理论坚信不疑，有什么样的经济基础，就必然有什么样的上层建筑，从这个意义上说，文化艺术战线上所出现的种种令人欣喜、让人忧虑、使人愤慨的现象，都具有合理因素，实属必然，人们也是可以理解的。

面对五光十色的市场经济大潮，面对广大文化消费者的多元化选择和需求，与之相适应的文化市场也空前活跃起来，诸如：电影、电视、激光、录像、卡拉 OK、舞厅、夜总会、时装表演、通俗音乐、电子游戏、报摊、书摊、茶座以及街头文化、旅游文化、电脑文化、电子合成文化等等文化娱乐形式，异彩纷呈，这些文化形式充分选择和利用了现代科技所能提供的有效的表现手段，紧紧追随着时代的步伐，努力适应现代人的生活方式和已经变化了的审美情趣。它们普遍具有信息快、传播快、节奏强、效率高、密度大的特点。同时，又加强了通俗性、时效性、趣味性、娱乐性、刺激性、普及性、知识性、互动性。这里不容忽视的是，其中许多文化娱乐形式特别注意消费者的推销自我、表现自我的欲望，强调消费者的参与性，并提供重在参与的机会和可能，从而拥有了更多的消费者。

戏剧作为商品，跻身文化市场的热闹行列，面对这些高手如林的姐妹文化形式，显得那么陈旧孤独，那么落落寡合、格格不入，戏剧困惑之余不能不回过头来，认真地审视自己，认识自己。

毫无疑问，任何一种文化艺术形式，一经形成，就有其相对的稳定性，戏剧也不例外。就以传统戏曲来说，它毕竟是一定时代的社会经济生活的产物，以笔者愚见，其写意性、虚拟性以及程式化，是其所长，也是所短，是封建社会闭锁的小农经济、科技文化不够发达、艺术表现手段单调简陋、不得不以虚代实、以简代繁的结果。舞台上无法展现万马奔腾，只好挥舞马鞭，做比成样。观众一时分不出舞台上的好坏人，那就勾上脸谱，让其一目了然，后边的观众看不清演员的表演，那就让演员拉开架势，再穿上厚底高靴。观众不知何时演戏，在哪开台，于是击鼓鸣金，使用先于审美，所有种种方法的运用，都是为了当时的消费者——观众。历史上的戏剧家们勉为其难，因陋就简，以其丰富的想象力和聪明才智，创造了这些艺术表现手法。因难生智、因难见巧，适应了那个经济基础和历史时代，适应了当时观众。有趣的是戏曲一直带着历史的尘封、传统的重负，脚步蹒跚而顽强地走到了以电子、电脑、卫星为标志的高科技、高信息的今天。看来20年代周作人先生《论中国旧戏之应废》的结论未免过早，失之武断。这也许显示了传统戏曲顽强的生命力，是其优长，抑或是其短缺？

艺术形式是区别生活和时代的重要标志，很难设想，宋词不突破唐诗的形式格律，会发展成词的峰巅，元曲不冲出宋词的形式樊篱，会形成脍炙人口的散套曲。"李杜诗篇万古传，至今已觉不新鲜。"如果因袭旧诗体制，也就不会有今天的自由新诗。同样，戏剧发展史证明了，戏剧也概莫能外。今天的时代有权要求戏剧以崭新的思想内容和独特的艺术形式保持与其同步。

前些时候中央电视台在"戏剧欣赏"专栏中，播出了"舞钟馗、说钟馗、画钟馗"的节目。笔者正对"活钟馗"侯先生及其传人的精湛表演看得津津有味的时候，女儿叨叨咕咕地："也不知这世上到底有鬼没鬼，一个个青面獠牙怪吓人的！"说着，径自到电视机前，啪啪啪旋钮一拧，她要看"开放的中国盼奥运"。笔者扫兴之余，也不得不思索这些问题。

像《钟馗打鬼》《钟馗嫁妹》这类戏曲节目，不知凝聚了多少老一辈戏曲艺术家们的心血和汗水，使之日臻完善，成为艺术精品。可我们不得不承认，无论其思想内容还是表现形式，对90年代剧场的主要消费者年轻观众来说，已在某种程度上失去了昨天的风采和应有的魅力。我们姑且不论其思想内容如何，单是钟馗和小鬼们那可怕的脸谱，已够"少儿不宜"了，那吓人的尖头鬼脸，与当今小姐、男士们的美容化妆，那高难古朴的程式化跌扑滚翻身段做派，与当今自由洒脱的迪斯科、探戈舞步，其间有多大的反差，有何等的距离啊！不应该责备观众，就像生产厂家从来不敢，也不应该责备用户一样。尤其不应该责备年轻人文化层次低，历史知识差，欣赏水平凹。没有哪个人是必须读完历史系，文学系后才去欣赏戏曲的。戏曲，用李渔的话说是"读书人与不读书人同看，又与不读书之妇人小儿同看"的。足见戏曲是极为通俗的表现形式。"文若通俗方传远"，否则也不会流传到今天，即使是称为"国粹"的京剧，也莫不如此。如今戏曲之所以失去大部分观众，应当从自身寻找原因，去调整自身的结构、机制、质量、品种。我们不能不注意这样的事实："昨天受欢迎的东西今天不一定受欢迎，因为今天的状况和昨天不一样。"我们的经济基础变了，现实变了，我们的价值观念、审美情趣都变了。"为了表现变化着的现实，表现模式也必须改变。"如此说来，与其晚变莫如早变，与其小变莫如大变。戏曲还能以不变应万变吗？

三、戏剧现状遐想

戏剧现状做个总的大体估计，也许是有意义的，用句时髦的话，形容其圈里热、圈外冷，可能比较贴切。

粉碎"四人帮"后，戏剧曾有过一段辉煌时期。接着，面对市场经济大潮的冲击，文化市场姐妹艺术的挑战，处境越来越困难了。据说，现在许多剧团受制于经费，没法演戏，不演不赔，多演多赔。说每况愈下，也可能言重了，但至少没能从根本上好转却是事实，戏剧曾兴奋地从政治战车上跳下来，如今却不得不带着某种忧虑，无可奈何地爬上经济列车，戏剧事业是需要人扶持的。历代那些著名的剧团、戏班，大都由国家、朝廷、王公、贵族、财阀们出钱资助。比如莎士比亚的剧团，以及我国清代孙、谭、汪等那些著名的"内廷供奉"。尽管如此，也不可能都是这样的戏剧管理体制，大概只有社会主义国家才有。今天如果进一步强化戏剧的交换价值、使用价值，彻底断奶，大家都去找奶吃，那么对某些剧团来说，形势就不容乐观了。

当然，这并不是否定我们这些年来所做的艰苦工作以及所取得的丰硕成果。戏剧界的仁人志士们为了重振戏剧事业，曾做出许多不懈的努力，无论从理论研究到创作实践都取得了可喜的成就。他们理应受到人们的敬佩和赞誉。不论是从我省来说，还是就全国范围来讲，几乎年年都涌现一批优秀剧目，年年都可以开列出一长串优秀剧目的名单。正是由于这些成果，才标志着戏剧的存在，同时，也预示着戏剧的未来。于是人们能从上到下地咬紧牙关，搞汇演、调演，才能搞大大小小名目繁多的奖励，以及剧本创作会、戏剧理论研讨会，同行相见才能有共同话题，互相道贺，戏剧圈子才能显得那么热热闹闹，红红火火。实事求是地说，这一切都是应该的，理所当然，甚至还应进一步加强。否则更没人愿意从事这费力不讨好的事业了。因此，对戏剧界所取得成果，怎么估计都不算过分，给予何种奖励都受之无愧。

然而，令人忧虑的是，我们所取得的成就与整个社会、时代对戏剧的需要相比应该说还有一定的距离。两者还无法成为正比。戏剧圈里如此大热，戏剧圈外却显得冷冷清清。所谓圈外冷清，无非指观众对戏剧的参与意识淡漠。

这首先表现为戏剧的上座率普遍不高。大家辛辛苦苦，为了调演、汇演，为了这个节、那个节排演些新戏，付出了大笔投资，往往只以能演出个五七场、十来场，有的还靠红头文件、组织动员等行政手段。有些戏虽然卖出票，却无人去看，即使公家出钱人们也怕浪费时间，懒得参与。剧场观众寥寥，看的没兴趣，演的没情绪，这种情况并不是绝无仅有的。当然上座率低有很多具体原因。但最后带来的结果却只有一个，那就是戏剧作为商品的两个价值，得不到充分体现，从而也就没有能力从事扩大再生产，久而久之，剧团将失去生存能力。

其次，戏剧评奖孤芳自赏，脱离大多数观众。观众对看戏都没有兴趣，对戏剧评奖更为漠不关心。这些年来尽管没有多少观众，可评奖工作上上下下照样进行，因为还有专家和同行。笔者绝无非难各级评奖工作之意，反而觉得应该设大奖重奖对优秀戏剧以资鼓励。从某种意义上说，专家和同行们自然也是观众，而且能够代表观众。但事实上他们并不是一般意义上的观众，常常事与愿违，有时，他们并不能完全表达一般观众的意见和审美要求，可评奖毕竟是一种导向和规范。长此以往便有意无意地拉大了戏剧与观众的距离，形成了"得奖的不得观众，得观众的不得奖"。如此一来，只能圈里红火，圈外冷清了，可这样毕竟不算尽善尽美，观众是我们的衣食父母，他们长期冷漠，不参与戏剧创作、评奖，戏剧就很难生存。形势逼人，所幸文化官员们及时注意到这一点。据说文化部有新规定，演出不足三十场的一律不准参加评奖，这显然是代表观众，向我们提出了新的更高的要求，这对缩短戏剧和观众的距离，增强观众的参与意识，使戏剧尽快地进入文化市场，积极参与竞争，无疑是个有力的举措。由此，笔者想到风俗喜剧《没毛的狗》，这部戏在省内外演出已经超过了四百多场，经济收入一百多万元，它获大奖让人心服口服。在延边有许多观众对这部戏不止看过一遍，有人对剧中情节、人物台词都能脱口而出。有一阵子《没毛的狗》成了人们街谈巷议的话题，这在戏剧很不景气的今天，简直是个奇迹，剧中有许多有益的东西，值得我们研究和探讨。可话又说回来，照搬《没毛的狗》，也未必就是灵丹妙药。据说全国有些剧团也演了《没毛的狗》，但效果一般，反映平平。这也可能是地域不同，民族的审美习惯以及文化心理等等原因造成的，一句话：不是正宗。某电影厂也据此拍了电影，将来上映效果如何，现在还无法预测。

现在恐怕没有人能为戏剧举出个样板，开出一副济世良方。"救亡"也好，"振兴"也罢，无非要解决一个问题：吸引观众光顾剧场，使戏剧尽快实现其自身价值。这当然可以从方方面面去想办法找门路，笔者总觉得戏剧创作和演出，似乎应当扬长避短，紧贴现实，演观众身边的人和事，说观众想说反而又没能说的话，表达观众急于表达的感情，这也许不失为一个方法，戏剧只有想着观众，观众才会想着戏剧。总得让观众觉得他拿凝聚着血汗的货币和你的戏剧做交换是值得的，他失去的是钱，换回来的是戏剧商品——一种审美娱乐的精神享受。

（选自《戏剧文学》1994 年第 2 期）

市场经济与文艺观念的变革

张来民

国外艺术商品化的过程，一言以蔽之，即艺术从宫廷（或教堂）走向市场的过程；作为结果，艺术由贡品变成了可供买卖的商品。可见，“市场”正如昔日的“宫廷”一样，在现代艺术生产系统中占据着至关重要的地位。市场的概念可以分为六个基本层次来把握：1. 市场是商品买卖的场所。2. 市场的成员主要包括商人（商品生产者进入市场出售自己的货物时也成了商人的一种）、顾客（消费者）和管理员。3. 商人以迎合顾客的需要来推销商品，顾客根据自己的需要来购买商品，商界中普遍流行的“顾客就是上帝”的口号由此而来。换句话说，顾客是市场的主体。4. 商人和顾客之间的买卖活动是以金钱为中介的。对商人来说，他的目的是赚钱，他赚的钱越多，他在商界的地位也就越高；对顾客来说，他越有钱，买的东西也就越多，也就越能满足他更多的需要。因此，在商人一方，“顾客就是上帝”这一口号中的“顾客”，它的所指其实就是金钱；在顾客一方，他在市场中的主体地位，其高低强弱是以金钱拥有的多寡为转移的。由此可见，金钱是市场中唯一的价值尺度。5. 人类需要是操纵市场运作的“看不见的手”。需要又可分为不同的层次或种类。如个人需要和大众需要，物质需要和精神需要，生理需要和审美需要，低级需要和高级需要，一时需要和恒定需要，现实需要和未来需要，职业需要和娱乐需要，生产需要和消费需要，男性需要和女性需要以及不同年龄的需要等等。丰富多彩的需要刺激着五花八门的商品的生产和销售。6. 管理员根据商人和顾客的共同利益，制定和实施市场法规，保障商品买卖的公平进行。综合起来，所谓市场，就是以满足人类需要为目的，以金钱交易为手段，在法律的保障下进行商品买卖的场所。

艺术一旦进入市场，也就有了一般商品的属性。作为艺术商品生产者的作家，也要以作为艺术消费者的读者大众的需要为指归；另一方面，读者大众是根据自己的审美趣味或“快乐原则”去购买艺术商品的：二者的关系表现为金钱交易。艺术生产关系的变化必然要带来艺术生产者的社会地位、艺术观念、艺术职业、艺术对象、艺术风格、价值尺度以及管理方式的变革。所以，艺术从宫廷转入市场的结果是：艺术家的自由度（指社会地位，艺术观念和艺术生产）、艺术职业的商业化（金钱化）、艺术产品的大众化、价值判断的民主化、管理方式的法制化等等问题都出现了。但是，艺术毕竟是一种精神性的特殊商品。特别是那些具有独创精神的天才艺术家，他所生产的艺术产品不仅仅是为了满足别人的需要，而且常常寄托着自己的精神追求。这种艺术商品与市场上流行的大众艺术相比，具有鲜明的社会历史性，有些则具有先锋性和实验性。因而开始往往不被大多数读者所理解。一个严肃的艺术家如果对此不作调整，就可能面临饥饿的危险。同时，那些有着悠久传统的民族艺术形式，由于不容易引起大众（尤其是青年）的喜爱，在艺术商品化的过程中日益冷落，甚至面临着消亡的危险。为了保护艺术的独创性和民族艺术传统，现代艺术保护系统（政府保护、民间赞助和艺术家自我保护）应运而生。至此，一个有序的艺术市场体制宣告形成。

不过，艺术商品化的过程事实上并不像理论的表述那么简单。其中激荡着保守与革新、破坏与建设、旧与新、阵痛与欢乐诸如此类的矛盾与斗争。而这一切反映在认识上就是观念的冲突。由于君主制的传统和基督教思想的影响，把艺术当作商品在市场上进行买卖，一开始并不为大多数人所接受。即使有些为金钱而写作的作家也看不起金钱；有些人把刚刚兴起的大众艺术视为“垃圾”加以拒斥，而把高雅艺术一时遭到的冲击看作整个艺术的危机；那些不顾市场行情、坚持独辟蹊径的艺术家却往往被人视为“疯子”，致使他们的产品卖不出去而遭受贫困的折磨；凭借长官意志任意查禁一本书、禁演一出剧，把一幅画打入冷宫的事件以及畅销书的盗印、名画的仿制不断发生。总之，旧体制崩溃了，新体制还未完善，一切尚处在无序状态。直到二百年后，人们对艺术的商品化现象才有了比较一致的看法，到20世纪中叶第二次世界大战后，一个多样化的、比较完备的艺术市场体制才算真正建立起来。

中国目前的艺术商品化当然与国外的不同。它的起始点不是封建君主制而是社会主义国家统包制。即艺术的生产、分配、流通、消费以及艺术家的生老病死等等，一切都由国家根据统一的政策包办起来。但是从发展的趋势看，二者的归宿点则是相同的，即走向市场。不错，社会主义与资本主义有着根本区别，但二者既然都采用市场经济体制，必定有着相似处。事实上，如前所述，我国目前出现的艺术商品化现象在国外早就出现过。从历史上看，我国与国外资本主义国家的艺术商品化进程大体上是一致的，只是由于多种多样的原因我国的艺术商品化过程被中断了，因而造成了今天这种滞后的状态。但是，滞后并非完全没有积极意义。只要我们善于吸取国外的经验教训，就有可能避免重蹈覆辙，进而会以更快更有效的速度，赶上甚至超过国外，特别是当今时代国际发展的大环境，有助于把这种可能化为现实。要做到这一点，文艺观念的变革就显得十分重要。

从某种意义上说，人是观念的动物。人的行为举止是由观念支配的。一定的观念来源于一定的客观现实，并与之相适应。客观现实一旦发生变化，人的观念也应当发生相应的变化。否则，如果用固定不变的旧观念来看待变化了的新现实，那么就会像普洛克儒斯忒斯，用他的铁床束缚现实的发展，或者犹如刻舟求剑，既显得滑稽可笑，又徒劳无功。正确的态度应当是，根据客观现实的变化，不断调整和更新自己的观念。

文艺观念与文艺现实的关系也是如此。我们原有的文艺观念是适应国家统包制的现实形成的。如今国家统包制已转向市场经济制。如果再用在国家统包制基础上形成的文艺观念来看待市场经济制下所出现的文艺现象就会显得不相适应。市场经济体制呼唤与它相适应的新文艺观念的诞生。这是我国艺术生产力发展的要求，也是国外艺术商品化历程给我们的启示。

为了适应我国艺术市场体制的建立和完善，迫切需要文艺观念的变革：

文艺本质观念的变革：长期以来，我们一直把文艺的本质规定为“意识形态”；新时期以后不少人强调文艺的本质是“审美”；也有人把“意识形态”与“审美”辩证地融合在一起，提出了“审美意识形态”的观念。这说明理论界对文艺本质的认识在不断深化。但是，应当看到，所有这些深化都是在国家统包制时代条件下进行的。因此文艺进入市场后，我们原有的文艺本质观念立即就暴露出了自身的不足——它们都没有看到艺术的商品属性。事实上，在市场经济体制下，艺术与其他物质产品一样，也都耗费了一定量的人类劳动；它生产的目的并不是供自己消费，而是满足别人的需要；它也有使用价值和价值；而其价值必须通过交换才能实现；由于分工的不同，艺术家也要靠出卖自己的产品，去交换或购买别人的产品，以满足多方面的生活需要。历史地对照，原有的文艺本质观念客观上涉及现在作为商品的艺术的“使用价值”，而艺术商品的“交换价值”绝对地被排斥在它的视野之外。当然，这是它的时代的局限。但是，没有交换，艺术商品的使用价值和价值都无从实现，因为交换是任何劳动产品成为商品的前提。所以，要变革原有的文艺本质观念，首先应当承认，艺术也是商品——用来交换的劳动产品；然后在此基础上再区分艺术商品与一般商品的不同。由于不同商品的区别表现在各自的使用价值上，所以审美意识形态性就是艺术商品不同于一般商品的根本特征。显然，“商品”和“审美意识形态”是两个不同层次的概念。前者属于历时范畴，与“劳动产品”相对；后者属于共时范畴，与“价值”相对。从逻辑上说，前者属于属概念（上位概念），后者属于种概念（下位概念）。这样，把二者融合在一起，艺术在市场经济体制中的本质属性应当规定为：具有审美意识形态性的商品。

文艺职业观念的变革：在国家统包制下，由于艺术被规定为一种社会意识形态，因而，艺术家的创作计划，产品的出版发行，包括定价，以及他们的各种生活待遇，全部由国家统一包办。这种做法使艺术家有了比较稳定的生活基础，可以使他们专心致志地从事“人类灵魂工程师”的神圣的事业。但同时它也滋养了某些艺术家的依赖心理、平均主义思想和不求进取的惰性。在市场经济体制下，由于艺术成了商品，艺术家的职业也同别的从事一般物质产品生产的行业一样，变成了“谋生的手段”。艺术职业的这一转变，有些人不理解，甚至以为这是艺术的“堕落”。如果说，艺术作为商品的存在，把艺术家从国家统包推向市场，一时使他们失去了稳定的生活基础，但同时却使他们获得了相对的独立自由度。而正是较高的独立自由，才能使人的能力得到最优化的发挥。他们既可以继续做专业艺术家，也可以兼及其他行业，还可以转业，从事更适合自己才能的别的职业。作为专业艺术家，他们既可以专门从事大众艺术的生产，也可以从事高雅艺术的生产，还可以二者兼营。而且，由于根除了平均主义产生的土壤，激发了艺术家的创作潜能，因而可以使那些多产的艺术家有了发家致富的机遇。这些在国家统包制下都是很难想象的。所以，艺术职业转变为谋生的手段，毋宁说，是一种艺术的“进步”，它解放了艺术的生产力。

文艺对象观念的变革：作为艺术商品生产者的艺术家，要把艺术作为谋生的手段，必须相应地转变艺术对象即“读者”的观念。过去由于我们把艺术看作“生活的教科书”和对敌斗争的武器，因而艺术家与读者的关系是教育者与被教育者的关系。我们不断强调文艺必须为千千万万劳动人民服务，但实际上这仅仅是手段，其目的是通过文艺这一独特形式，用社会主义精神从思想上“改造”和“教育”劳动人民。所以，读者在先前的艺术生产系统中始终处于被动地位。然而，随着艺术作为商品进入市场，不可避免地要使艺术家与读者的既定地位发生置换。原因很容易理解：现在，读者作为艺术消费者是艺术市场中的主体；而作为艺术生产者的艺术家必须根据读者的需要进行艺术生产；否则，他的产品就卖不出去，这样会使他陷入贫困的境地。于是艺术家就必须改变观念，把读者放在“衣食父母”的位置上。正是在这个意义上，有人把商业中的信条略加改变，提出了“读者就是上帝”的口号。不过，在艺术市场上读者与艺术家的关系并不是固定不变的。一般说来，艺术家要先顺应或迎合（二者的含义实际上一样，只是主观情感上有所区别）读者，等赢得读者的信任和尊敬后，读者反过来则顺应或迎合艺术家，甚至把艺术家当作“上帝”加以盲目崇拜。

文艺类型观念的变革：也许有人会说，迎合读者就会使艺术变得“媚俗”。其实，问题在于对“俗”作何种解释。俗，带有宗教的意味，又称“世俗”、“尘世”、“现世”等等，含有“大众”的意思，往往与“天国”、“来世”、“上帝”并用。如此看来，艺术的“媚俗”就是指艺术为“现世”，也就是我们常说的为“社会现实”服务。这比艺术服务于空幻的“来世”更为实在。至于会有相当数量的人以作品去专门迎合人们的低级趣味，这也是一种“俗”，即把人引向庸俗、粗俗、低级，这另当别论。另一方面，人民大众购买艺术品与一般物品一样，完全是出于自己的需要。因而，随着市场经济的蓬勃发展，那些以人民大众为读者对象，以世俗生活为描写内容的“通俗艺术”（又称“大众艺术”）日益兴盛起来；而与之相对的“高雅艺术”却显出了窘态。于是，有人惊呼：艺术出现了“危机”！显然，这是一种旧的类型观念作出的反应。在这种观念看来，艺术只有一种类型，那就是高雅艺术，通俗艺术不能算作艺术。其实，艺术类型本来就应当是多种多样的，因为不同文化层次的读者有着不同的审美需求；只是由于我们过去片面地强调高雅艺术，遏制了通俗艺术的生长。如今，通俗艺术的流行，不仅是对过去长期压抑的反拨，而且更重要的是，使艺术获得了多样的发展。至于高雅艺术在通俗艺术的冲击下不如原来的读者多，也属正常。因为“阳春白雪，和者盖寡”与“下里巴人，和者众多”一样，也是一条艺术规律。而且，从历史上看，高雅艺术与通俗艺术并非是水火不相容的，二者往往可以互相渗透，互相借鉴，互相转化，这样就造成了艺术类型的多样化。不同类型的艺术不仅可以满足不同文化层次的读者，而且可以使同一文化层次的读者得到多方面的精神享受。从这个意义上看，通俗艺术的崛起，应当说使艺术获得了更多的生机。如果得出相反的结论，只能说明我们的文艺类型观念应当从单面变为多样和全面。

文艺功能观念的变革：把艺术的“多样”视为“危机”，进一步看，也根源于相应的艺术功能的观念。有的人认为，高雅艺术可以教育人，鼓舞人，引导人，而通俗艺术却只能使人精神涣散，散播腐朽。这里无疑受着“重教化，轻娱乐”传统艺术功能观念的暗中操纵。要知道，通俗艺术不是处于同一层次的，其中固然不少是胡编乱造，低级趣味，害人不浅；但不能依此从整体上否定通俗艺术。与高雅艺术相对，通俗艺术以娱乐性见长，因而可以称作“娱乐型艺术”。人们在工作之余、闲暇之时，看看这些贴近人生、轻松、新奇、甚至带点“刺激”的通俗艺术本身是一种精神愉悦和休息。这种作用较之那些以教育人为目的和以高层次的审美为目的高雅艺术（其中某些部分可以称作“教育型艺术”）的作用更为广泛。从历史上看，艺术功能的变化似乎与民族的贫富有着某种内在联系：民族贫穷时，教育型的艺术作品就比较受到重视；而民族富裕时，娱乐型的艺术作品就十分流行。从这个意义上说，经济转型时代娱乐型艺术的流行和教育型艺术的归位正是折射了我国民族发展的历史趋势。当然，无论是娱乐型艺术还是教育型艺术，它们的功能或作用都是有限的，不能兴邦，也不能灭国。我们过去长期夸大艺术的功能，也是造成今天对艺术发展中的转折不很理解的重要原因。

文艺价值观念的变革：这里可以分两个方面。一方面，通俗艺术与高雅艺术的区分，或者娱乐型艺术与教育型艺术的区分，在很大程度上暗含着经济标准。因为通俗艺术、娱乐型艺术在艺术市场上畅销不衰，可以赚钱；而高雅艺术、教育型艺术能够理解的顾客较少、往往赔本。事实上，由于艺术成了一般的商品，所以也以价格的高低、销路的好坏来衡量，因而经济价值往往就成了判断艺术成败得失的一个重要尺度。这与我们原来使用的价值标准有所不同。过去我们常常把艺术分为“革命艺术”与“反动艺术”、“进步艺术”与“落后艺术”以及“香花”与“毒草”、“好”与“坏”等等，运用的是绝对的“政治”价值标准。这一标准对于认识和甄别阶级斗争时期文艺中的阶级现象十分有用；但照搬到市场经济中用来说明艺术中的经济因素就不适合。我们不能说那些大众欢迎而少数人嗤之以鼻的畅销艺术就是“反动艺术”、“落后艺术”、“糟粕”、“毒草”、“坏”的艺术，而那些少数人津津乐道而大众冷眼相看的滞销艺术就是“革命艺术”、“进步艺术”、“精华”、“香花”、“好”的艺术。尽管不能完全依据畅销与否来衡量艺术商品的价值，但那些深受人民大众喜爱的艺术商品也绝对不是像一些人所痛斥的那样是“文化垃圾”。应当说，畅销本身也是一种价值，虽说不是唯一的价值。那些卖不出去的艺术商品，其价值即使被吹得天花乱坠也只能是它的生产者本人的主观想象。自然，其中也有不少确是有价值的东西。艺术商品的价值，就像别的一般物质商品的价值一样，应当由作为艺术消费者的读者大众来确证。从这个意义上看，读者大众越欢迎，艺术商品的价值就越大；反之，就越小；没人购买，就没有价值。但是，另一方面，由于艺术商品的使用价值是审美意识形态，这确又涉及“革命”与“反动”，“进步”与“落后”、“精华”与“糟粕”、“香花”与“毒草”、“好”与“坏”诸如此类的政治的、社会的、道德的价值评估。出于同一原因，我们也不能绝对用销路好坏，经济价值来判断艺术作品的高低上下。一部好的艺术作品，有时大众并不识货，这也是存在的。大众的趣味也并不总能成为一个标准，而必须加以引导、提高、深化。这是一个十分复杂的问题。由此可见，在市场经济条件下，经济价值标准并不排斥政治、社会、历史、道德价值标准。只不过以前我们没有把艺术当作商品来看待，因而经济价值标准没有提出的必要；现在艺术既然成了商品，那么经济价值标准就应该成为政治、社会、道德价值标准的基础。

文艺批评观念的变革：评估艺术的政治道德价值，过去长时期内是由批评家承担的。特别是在文革时期，一部艺术作品的好坏、优劣，生杀予夺，批评家说了算，尤其是那些执掌一定政治权力的批评家，简直成了真理的化身，他的话就是法律，读者、包括艺术家，只有被动服从的义务，没有主动发言的权利。这种独断论批评给文坛造成的危害是严重的。它判定的“毒草”几年后却成了“香花”；相反，它判定的“香花”群众却未必买账。结果在读者中造成了“逆反心理”。这不仅严重阻碍了艺术的正常发展，而且使批评本身的形象也遭到了损害。新时期后这种状况有了根本改变，但批评在创作与欣赏中的“桥梁”地位仍然存在。现在，由于艺术成了商品，读者可以在艺术市场上直接购买。这就在客观上减弱了批评的桥梁作用。一个艺术商品的审美、政治、社会、道德价值究竟如何，尽管批评的影响依然存在，但这时读者却可以运用自己的大脑做出自己的评判，不再像过去那样甚至根本没有看过作品却跟着批评家鹦鹉学舌。也就是说，市场经济使价值判断的中心由批评家转向了读者。因此，读者不仅决定着艺术商品的经济价值，而且对艺术商品的政治道德价值也有着决定性发言权。人民历来就是作家“够资格”和“不够资格”唯一判断者——马克思曾经提出的这一论断，只有在这时才能成为现实。而且，对同一的艺术商品，由于不同的读者具有不同的年龄结构、文化修养和审美趣味，自然会出现不同的评价；批评家的评价也只能是其中的一种，尽管是一种特殊的职业读者的评价。这样，过去那种批评家一统天下的局面一去不复返。不同的读者由于有着不同的审美需求，因而促使着艺术生产的多样化。所以，随着艺术产品进入市场，艺术批评的观念也要从独断走向民主。否则，批评家在“百花齐放、百家争鸣”的文化新格局中就很难找到自己的位置。但这并不意味着批评的独特作用已经消失。事实上，在艺术市场上，那些享有权威的批评家，其评论文章对一部艺术商品的畅销与否仍然有着决定性影响，并对艺术的健康发展起着“二为”的导向作用，只不过与过去的独断论批评有着根本区别罢了。

文艺发展观念的变革：以上表明，市场经济有利于艺术的发展。但必须清醒地认识到，这种发展也是相对的。对有些艺术形式，特别是那些具有悠久传统的民族艺术（古典艺术）和具有强烈独创精神的新型艺术（先锋艺术）反而会带来负面影响。这也与读者作为艺术消费的主体有关。因为文化水平中等的大多数读者喜欢购买轻松、易懂、“快餐”式的通俗艺术（流行艺术），而对需要经过专门训练才能接受的古典艺术、需要人动脑筋的严肃艺术以及“看不懂”的先锋艺术兴趣不大。结果致使流行艺术畅销不衰，古典艺术、严肃艺术日益萎缩，甚至面临着消亡的危险，至于先锋艺术更是举步维艰。然而，古典艺术铭刻过去，它负载着一个民族的艺术传统；流行艺术烙印现在，它标志着一个民族的艺术的一般发展水平；严肃艺术面向现实，伸向未来，它引导着一个民族的艺术的进步，先锋艺术中的某些部分可能成为严肃艺术。如果忽略这一点，而完全听凭读者大众的趣味自由选择，那么我们民族的艺术就会失去传统，没有未来，仅仅停留在一般发展水平上，这样会造成艺术的一种新的片面发展。要避免这种情况的发生，仅凭我们原有的艺术发展观念，无论是艺术随社会发展观，还是纵向继承横向借鉴观，都不够用，现实要求必须注入新的观念，这就是艺术保护系统观念。即对古典艺术、严肃艺术、先锋艺术实行政府保护、民间赞助和艺术家自我保护。这样就会造成古典艺术、流行艺术、严肃艺术以及先锋艺术多元并存的局面。它们在党和政府的宏观协调下，既相互竞争，又相互借鉴，相互融合，相互转化，从而共同促进我国民族的艺术生机勃勃而全面向上的发展。

文艺中的分配观念的变革：市场经济直接受着供求规律的制约。因而商品生产者的经济收入随着市场行情的波动而变化。艺术，作为商品进入市场后也不例外。有的艺术家，他的艺术商品畅销不衰，他就可能发财致富；有的艺术家，他的艺术商品卖不出去，他就可能陷入贫困的境地。这样，不同艺术家之间就出现了贫富差异。由于长期以来我们把两极分化与封建社会和资本主义社会的剥削制度天然地联系在一起，因而不少人对这种现象表示痛恨，认为违背了社会主义的分配原则，是历史的倒退。其实，这种观念不完全正确。不可否认，剥削制度是造成贫富悬殊的根本原因，但无论任何社会制度，如果商品生产者盲目生产，违背供求规律，也可能造成贫富不均；只不过我们过去实行计划经济体制，这一特点长期被掩盖住了；如今市场经济体制的实施，迅速使之尖锐地暴露了出来。在这种条件下，贫富差异，对某些个人当然不是好事，但对整个社会并非就是坏事。它可以刺激商品生产者（包括艺术商品生产者）独立、勤奋、创新、改进技术等等，以适应市场的需要。这就从根本上避免了平均主义分配制度所带来的依赖他人、不思进取、懒惰成性、盲目生产等弊端。如果认识不到这一点，就会把两种不同性质的贫富差异现象混淆在一起，一概加以反对，最后导致对我们的社会主义性质发生怀疑。当然，“富”也有两种：一种是依靠勤劳合法致富；一种是凭借欺诈非法致富。人们对后者深恶痛绝完全应该。而且政府部门应对非法致富者依法制裁，以保障人们在平等、竞争、公平的原则下共同致富。

文艺管理观念的变革：市场经济是一种法制经济。它有一套法律规范，一方面维护商品生产者、经营者和消费者的合法权益，另一方面对一些违法现象应由法庭予以裁决。作为商品的艺术，由于它的使用价值是一种精神性的审美艺术形态，与一般物质商品相比，更需要法律的保障。在不同的艺术消费者中间，由于具有不同的审美趣味对同一个艺术商品出现不同的评价，完全是正常现象。法律，作为民主意志的强制体现，既保障大多数人的审美趣味，又允许少数人保留自己的个人爱好。但是，如果离开了法律，而依靠长官意志或行政命令（即通常所说的“人治”）就可能出现个人爱好凌驾于人民群众审美趣味之上的情况。正是在这个问题上，我们有过深刻的教训。一部艺术品本来很受人民群众的欢迎，但如果某个领导人不喜欢，它就可能会遭到政治批判，甚至被打入冷宫，禁锢起来；相反，人民群众不喜欢的作品，但如果他感兴趣，他就会利用行政手段，强迫人们接受。这种现象在“文革”中表现得最为突出。现在，随着计划经济体制转入市场经济体制，“人治”的管理方法越来越不适用。另外，对那些无照经营、地下书市、盗印、盗版、伪作、剽窃以及偷税漏税等行为，依靠行政手段加以制止更显得软弱无力。又如，艺术生产确实也会产生某种“文化垃圾”，伤风败俗的有毒产品来，它们犹如物质生产中生产出来的有毒物品一样，只不过它们较之后者更难识别。一旦鉴别清楚，除了使用一般管理的手段，同时也必须诉之法律。所有种种，都要求我们的管理观念从“人治”转向“法制”。只有这样，我们才能更快地建立健全各种法规，从根本上保障我国艺术市场的正常运作。

当然，由于我们现行的文艺观念是长期历史积淀而成的，根深蒂固，因而，它的变革不是一件轻而易举的事。它需要一个过程，而且由于是向一个久远的历史的告别这会是一个伴随着某种精神痛苦的过程。然而，适者生存。客观现实可以形成观念，也可以改变观念。随着时间的推移，当艺术市场的优越性越来越充分地展现出来的时候，人们的艺术观念也会或快或慢地发生变革。这样，西方经历二百多年的暗中摸索才走过的艺术转型道路，我们只要在此基础上通过自觉调整和主动变革就可能用不长的时间提前完成。这本身难道不是一个令人鼓舞的奇迹吗？

（选自《中国社会科学院研究生院学报》1994年第5期）

“文学艺术消闲功能”笔谈

何西来

一、文艺的消闲、娱乐功能及其格调

文艺的消闲、娱乐功能为什么会突然变得显眼了？

文艺的消闲、娱乐功能是一个不争的事实。但是长期以来，人们对此并不十分自觉。它作为一个理论问题和实践问题，重新被提出来，并且一下子变得十分显眼，引起了社会各方面的广泛关注，应该说是事出有因。这可以从公众文化消费需要的变化、历史误导的补正、文艺功能多元系统的认知等角度加以分析。

文艺作品被创造出来，就是为了拿给一定范围的公众去读、去看、去听的，是为了实现与他们的交流的。纯粹只是为艺术家本人而创造的作品，如果不说是绝对没有，至少也是微乎其微的。就一般情况而论，一件艺术品，只有适应了鉴赏者的消费需要和审美情趣，才有可能被接受。也正是在这一接受中，它的价值才得以论定，它的生命力才得以在接受者参与创造的条件下被激活，被证实。从这一点来说，公众的鉴赏需要、鉴赏趣味以及由此而来的鉴赏选择，最终决定着一个时期文艺创作的一般面貌，决定着它的性质和发展进程。

当前，我国的社会生活正在经历巨大的变革。这一变革，涉及从物质到精神的广阔领域，涉及人们的生活方式、思维方式和娱乐方式等。其中：从原有的计划经济模式到市场经济模式的转型，是最根本的变革。在市场经济的条件下，强化了竞争机制，生活节奏明显加快，与此相适应，公众在繁忙紧张的工作之余，要求休息，要求文艺作品能够满足他们多方面的消闲、娱乐需要，就是势所必然的了。需要刺激着生产，生产也培养着新的需要。于是，供消闲、娱乐的文艺和文艺的消闲、娱乐功能，作为必须解决的课题，同时在实践上和理论上都被迫切地提了出来。

然而，文艺的消闲、娱乐功能是一个长期被有意无意地忽视、压抑了的方面。在实践上有偏颇，在理论上也存在着误导。从实践层面上来说，由于为政治服务成了艺术家创作的唯一宗旨，于是具有不同经历和才能的艺术家都被不加区分地驱赶到同一个狭窄的道路上去，这不仅使艺术家沦为具体政策和具体政治运动的简单的应声虫、吹鼓手，钝化了他们本来应该具有的艺术禀赋和艺术敏感，而且也使公众的鉴赏趣味严重退化，变得单调，变得粗糙。创造者的钝化和鉴赏者的退化，对于文艺的影响是严重的、灾难性的。

从理论层面上来说，对文艺功能问题的历史误导，亦相当严重。在近代和现代中国，这种误导，一直可以上溯到梁启超。这就是对文艺的政治宣传功能的简单地、片面地、绝对地强调与夸张。自梁启超以后，这种误导遂形成了一个强劲的传统，而为几代中国的革命党人所继承，所张扬。其正面作用是最大限度地发挥了文艺的政治战斗力，使文艺与民族救亡运动、与革命斗争共同着脉息；其负面的作用则是使得文艺的其他功能，特别是娱乐功能大大地萎缩了。产生这种误导，有其历史的必然性，甚至合理性，但其代价是昂贵的。这种误导在80年代得到了纠正。尽管个别做得可爱的理论权威至今仍在坚持文艺从属于政治、为政治服务的过时教条，但毕竟大势已去，公众才不管你那一套呢。从理论上纠正这一误导，已故的胡乔木功莫大焉，虽然他也时有摇摆。

文艺的功能是一个有机的多元系统。在过去，人们对它的认识并不很够。这当然与上述的历史误导关系极大。在新时期文学中，比较早地把文学功能的多元问题提出来讨论的是王蒙。他先是极其敏锐地发现：文学失去了“轰动效应”。其实新时期早期文学的轰动效应，主要是发生在“伤痕文学”和“反思文学”的大潮中，那原因主要并不在文学本身，而是一系列外部的历史原因造成的。那种轰动效应并非文学的常态，在某种意义上甚至可以说，它还处在被夸大了的功能模式的延长线上，只是价值取向相反罢了。失去了政治上的轰动效应，文学的功能也就同时在向自身回归。80年代中早期理论界对文学的审美特性以及文学本体性的重视，还有美学、部门美学、文艺心理学的走俏，都大体上反映着这一回归的走势。王蒙在80年代末发表的《文学三元》，在我国新时期文学功能多元系统的研究上是有开创性的。首先是王蒙，而不是别的人来做这件事，当然与王蒙本人的美学观念甚至哲学观念有关，比如他提倡“恕道”，揄扬“宽容”，崇尚“杂色”，主张作家要“多几副笔墨”，追求风格上的多样与变化等等，但更重要的却在于他对文化环境的变化及其发展趋势的敏感。由于王蒙向一种根深蒂固的实践积习和理论误导进行了认真的挑战，他因此而受到固守者持续不断的围击，是不难理解的。但接着，对文学功能的多元系统的研究也就渐渐引起理论界的重视，文章也渐渐多起来。北师大的童庆炳教授甚至提出了“五十元”的主张。

当文学功能多元系统的观念为比较多的人所认同，所自觉的时候，消闲、娱乐功能也就成了题中应有之义，而从理论上对它加以探讨和论证的时机也随之成熟了。90年代初，王蒙在其《红楼启示录》中，对于小说创作中的闲笔墨、闲情趣，以及与其相关的文学的消闲、娱乐功能，破愁解闷功能，“玩”的功能等作了较为深入的讨论。就个人的观念演进而言，从文学三元的阐释，到消闲、娱乐功能的论证，其内在的逻辑线索是明显的，但这也同时反映了问题本身在现实中必然会有的衔接关系。

总之，在我看来，文艺的消闲、娱乐功能正是在以上几个方面的历史的、文化环境的和理论本身的交叉关系中，变得突出，变得显眼了。

二、关键在于消闲、娱乐的文化格调

文艺的消闲、娱乐功能的实现，至少取决于三个方面的因素：艺术作品，作品的接受者，接受环境。因此，消闲、娱乐的格调也不能不受这几个方面的因素的制约，或者说，由它们所决定。

文艺作品的格调，也可以称之为文化品位。它是接受活动的对象，也是接受活动所可能具有的格调的基础和出发点。而作品的格调，又主要是由艺术家通过创作，并在创作结束时给定的。这就是说，作品的格调归根结蒂反映着创造主体本人的格调。以当前文化消费市场的情况而论，在与艺术欣赏有关的消闲、娱乐活动中，格调不高的问题是相当普遍的。而这种格调不高又都多半与创造主体有关。

作为创造主体的艺术家，他的个人素养和文化品格，直接决定着由他创造的作品的格调。道理是很简单的，诚如鲁迅所说，从血管里流出来的是血，从水管里流出来的只能是水。因此，加强艺术家的人格建设，就变得非常迫切了。这当然主要取决于艺术家的自觉，取决于他们的社会责任心，但同时也要形成相应的社会舆论，要注意理论的研究与疏导。

作为创造主体的艺术家，在面对提高作品的文化格调时，首先有一个对作品接受者即公众的尊重问题。一方面，他必须适应公众变化了的鉴赏需要，了解他们的审美口味，并尽可能地予以满足，这就是适俗。对于公众的鉴赏需要和审美口味，不管不顾，摆精神贵族的架子，老三老四，我行我素，谁还会来买你的账？在是否自觉的适俗这一点上，既表现出一个艺术家对于审美风习和文化心理变迁的敏感，也表现出他对民众文化要求的尊重，表现出他的历史责任感。但适俗之适，有一个限度，有一个分寸。这就引出问题的另外一个方面，即不能媚俗。所谓媚俗，就是无原则地适就公众中的某些低级趣味，低级情调，以取媚为能事，见利忘义，要钱不要脸；就是不尊重自己，不尊重公众，也不尊重艺术。这种情况，在文化市场正在形成、而有关的运行机制尚不完备，有关的游戏规则尚不配套时，显得尤其突出。以当前的情况而论，媚俗倾向是导致某些文艺作品格调低下的主要原因。这种倾向，甚至在有些很有一点声望的“星级大腕”那里，也在所难免。因此，是到了必须予以重视的时候了。

我是主张适俗而不媚俗的。界限在哪里，分寸在哪里？说起来好像很玄，其实，稍有经验而又没有泯没了良知的艺术家，心里都有一个数。不要说经过自觉的权衡，就是单凭直觉也不难把握到。以我看，把握好这个界限和分寸，主要有两条原则，这就是美的原则和道德的原则。

文艺的功能系统尽管由多元因素所组成，诸元既各司其职，发挥着他元无法替代的相对独立的作用，又相互配合，共同实现着与读者、听众、观众的交流，但是却可以把它们归类为，或划分为两个功能子系统。这就是宣传教化功能的一类和审美愉悦功能的一类。审美愉悦功能的一类，是艺术之所以为艺术的特点和本质之所在。文艺的消闲、娱乐功能，即属此类，就决定了进入具体作品之中的消闲、娱乐因素必须符合美的原则，必须按照美的原则造型。不美，即无所谓艺术，也无所谓格调。美，作为标准与尺度，不只是指形式，更指内容。艺术作品可以描写丑，审丑，但那目的却是引人向美的。艺术通过审丑，只能使自身变得更美，而不是相反，把自己搞得污秽不堪，丑陋不堪。

文艺的消闲、娱乐，总要有益于人的身心健康，即引人向善，而不是引人向恶，这就是所谓道德原则。误人子弟，坏人心性，诲淫诲盗，宣扬邪恶，凡此种种，都是不道德的。但这些都比较容易分辨，困难在于某些边缘地带的模糊性。以情欲的描写为例，分寸便不易掌握得恰到好处。情欲是人的一种生命现象，是人类瑰奇的内心世界的一个广阔领域。它不是艺术描写的禁区，不仅不是禁区，而且只要写人，写人的心理活动，就无法加以回避。但是，掌握不好，便与色情为邻。恩格斯在谈诗歌中肉感和肉欲的描写时，曾提出过“健康的”和“自然的”原则。这既可以看作是美的规范，同时也可以看作是道德的规范。情欲活动是人的一种生命活动，本身带有非理性和狂暴性。它的实现，一般离不开理性的控驭和节制。这里的理性，主要指某些公认的道德规范。在艺术作品中，艺术家对于情欲的描写，也要大致遵守这些道德规范，做到“乐而不淫”，做到“从心所欲，不逾距”，而决不可以借作品泄欲，或纵欲。当然，我这样说并不是要把文艺作品变成平庸的道德论，变成一般的道德教科书，更无意于把令人心醉神迷，其乐无穷的艺术活动变成正襟危坐的道德课堂。而只是觉得，艺术家在创作时，哪怕是进入了某种近似于忘我境界，也不可以完全忘记必要的道德自律。

文艺消闲、娱乐活动的格调，也受作为接受主体的读者、听众、观众的格调的制约。这种制约一是表现为选择什么样的作品，二是表现为在同样的作品中选择什么东西，选择什么角度。这些都与他的艺术素养，审美情趣，文化品格，以及接受作品时的具体心态不无关系。比如，在淫邪者的眼里，即使读如《红楼梦》这样的杰作，也会只看到淫。

接受者作为个人，未必会对艺术家产生多么大的影响，但是作为群体，一旦形成某种带有普遍性的趣味或需要，就会对艺术家的创作产生不可忽视的作用。没有一个作家在创作时会完全不考虑他的读者，也没有一个舞台艺术家在表演时会根本无视台下的观众。然而，艺术作品的接受者，因其素养的不同，是区分为不同层次的。把文化格调低的接受者提高到文化格调高的水平上来，一方面固然要靠综合的文化教育，但另一方面也要靠高格高调、高水平的文艺作品。因为，音乐的耳朵毕竟要靠音乐来培养。基于这样的认识，一定要在艺术家和接受艺术的公众之间逐步建立起一种相互促进，相互提高的良性循环关系。

还应该看到，艺术的消闲、娱乐活动的格调，在不小的程度上也会受到具体的文化历史环境的制约。这是因为，任何艺术接受活动总要在一定时空条件下进行，离不开相关的文化背景和文化传统，而社会风气，特别是审美风尚的影响则尤其大。这种背景，既影响同时代的艺术家，也影响同时代的艺术接受者。比如，当前文艺消闲、娱乐中存在的格调不高的问题，实际上就与社会风气的败坏以及道德的颓落关系极大。这就是说，提高文艺消闲、娱乐的格调，是一项综合性的系统工程，三个方面，缺一不可。

不过，以我的愚见，对于艺术家个人来说，最主要的，也是力所能及的，还是要先从加强自身的人格建设做起。

（选自《文艺争鸣》1996 年第 3 期）

书籍装帧艺术的“第三价值”

——电脑设计与出版业的利润结构新模式

林胜利

何谓书籍装帧艺术的“第三价值”？它是相对于传统设计艺术的“第一价值”、“第二价值”而言的。

传统设计艺术的“第一价值”，指的是书籍装帧艺术作品自身所具有的艺术价值；“第二价值”指的是书籍装帧艺术作品所具有的商品价值，正是由于它的“包装”，书籍才得以作为一种特殊的商品面世。这两种价值，是传统书籍装帧艺术的固有属性。现在，由于电脑设计（彩色桌面印前系统）的产生和日益成熟，书籍装帧设计者的工作由单纯的艺术设计变为设计兼生产、创意兼制作。这就是说，电脑设计并非只是单纯的艺术行为，它还是设计者直接创造利润的行为。在完成设计的同时，也完成了制版的工艺加工，创造了效益和利润。这就使书籍装帧艺术设计的性质发生了根本的变化：不仅改变了美术编辑设计、印刷厂分色制版的传统生产流程，而且也重构了设计者、出版者、制版者的利润结构，从而产生了书籍装帧艺术的“第三价值”——继续创意的制作利润。本文从以下几个方面加以详细阐述。

一、第三价值利润的生成

书籍装帧艺术第三价值的利润究竟从何而来？它来自制版费用的回流，出版成本向出版利润的转换。

由于使用电脑进行设计，把用于图书封皮彩页制版的费用节省下来，使原来用于制版的费用形成回流，变为出版者的直接利润。

我们知道，在传统电子分色制版（电子分色机扫描，手工拼版）工艺下，制版者根据出版者提供的凝聚着设计者创意的生产图纸（制版墨稿）进行照、分、修、拼等工艺加工，最终复制出再现设计作品的印刷菲林，从而获得制版利润。而出版者则年复一年地、一笔一笔地把用于图书制版的费用，源源不断地送到制版者的手中，变成制版者的利润。制版者的利润来自对设计者创意图纸的工艺复制，而出版者投入的成本则是对创意继续设计的延续。所以，当设计者一旦使用电脑进行设计，他们毫无疑问地视这块利润为墨稿成为菲林而继续创意的价值。因此，从本质上说，由电脑设计而形成的出版者与制版者之间的利润倒流，即是设计者把出版者与制版者之间的制版费转变为设计者与出版者之间的利润。

从这个意义上说，电脑设计的第三价值赋予出版者的利润，是设计者直接创造出来的，是设计者从制版者那里拿回来的。对于这块利润，出版者会感到利润回流后的惊喜，而制版者却不得不为失掉了利润而遗憾。

这种情况的发生是不以任何人的意志为转移的。这正是当代社会科技发展和市场竞争的客观法则。第三价值利润的生成，一方面体现在彩色图文桌面印前系统与电子分色制版系统之间的竞争，即光电技术和电子加工设备之间的竞争；另一方面是现代审美需求、设计观念与传统审美需求、设计观念相互撞击的结果。由于传统电分机的制版功能和手工拼版的生产手段已无法满足当代人创意与欣赏的需求，它必然被适应快节奏、高效益的电脑所取代。再者，电分机与电脑都是实现设计者创意的工具，设计者用电脑进行设计就意味着取代手工设计，而传统电分机恰恰是手工复制设计作品的唯一制版工具。当设计者抛弃了手工设计，电分机便失去了它存在的价值，那么电脑设计向电分制版索回高额利润也就成为必然。

二、第三价值利润的谋取

对出版业来说，电脑设计的前景无疑是诱人的。如何才能通过创造“第三价值”，谋取诱人的利润呢？这必须对有关现状进行客观的分析。

电脑设计的优越性已使电脑制版发展成为一个新兴产业。几年前，当电脑设计刚刚进入人们的视野时，制版者、出版者认为简易的桌面印前系统根本无法与高精密度的电分机抗衡。而一批具有现代经营意识的年轻人却敏锐地发现了电脑设计的背后隐匿着一大块诱人的制版利润。于是，在很短时间内，电脑设计公司如雨后春笋般地出现，并很快冲击了印刷厂的利润。当制版者发现很大的一块利润流入到电脑设计公司后，最先醒悟的制版者便与电脑工程师携手研制电分机与电脑接网技术，然而这却促使了电脑公司配备高精密度的滚筒扫描仪，进一步与制版行业竞争。至此，一批电脑公司已经毫不客气地吃掉了印刷厂三分之一以上的利润。不过，从总体上来看，电脑公司与印刷厂目前仍处在相持阶段。印刷厂还有一批实力雄厚的制版技术人员，能生产备受出版者青睐的优质菲林，损失的利润还不至于使他们倒闭。电脑公司虽有一大批计算机操作人员，但他们大多不懂得印刷、装订、材料、设备等适应制版全过程的工艺技术检测标准，所以仍处在发展的初级阶段。

这种现状为能把设计艺术、制版工艺与印装技术统为一体的美术编辑们提供了争夺制版利润的绝好契机。在这个契机之下，每一个出版社都面临着现代设计观念对传统设计观念的挑战，同时也有一次制版成本转换为出版利润的机会。每一位美术编辑也是既面临观念转换的考验，也潜藏着创造第三价值转换的机遇。

然而，对待这个挑战与机遇，出版业的回答是不尽相同的。大略说来，可分以下三种。

一些具有远见卓识的出版者，不失时机地抓住这个契机，更新观念，当机立断，率先购置电脑，开展了电脑设计业务，尝到了新技术带来的甜头。

一些不懂出版经营和印制价格的出版者只认识到电脑设计高雅美观的艺术性，却不懂成本与利润之间的关系，选择了去电脑公司加工制作的方式。通常电脑公司制作一个32开带勒口的封面，一般收费不低于1400元，其中电脑公司支付原材料和各种损耗300元，他们实盈利1100元。

更多的出版者，则是把眼光死死盯住购置电脑设备的资金投入上。在他们看来，一次投入十几万元甚至几十万元是不可思议的，却从来也没有思考过电脑设计的利润究竟有多少。在世界先进国家的出版业早已进入电脑时代的今天，他们还处在望洋兴叹和固守老一套的茫然状态中，这的确是中国出版业的不幸。

三、第三价值利润的评估

众多的出版者为什么舍不得拿出必要的投资，换取书籍装帧设计者为其创造的丰厚的“第三价值”利润呢？一个重要的原因，就是他们不清楚电脑设计究竟有多少利润。在他们看来，美术编辑利用电脑带来的效益，不能称为利润，而只是节约下来的成本。他们这种看法显然是不对的。过去一切用于图书出版的制版加工费，在电脑设计之下都可以转换为利润，当然，其间必须扣除设计折旧、材料消耗和用于设计与制作的其他费用，但这些费用与利润相比是微不足道的。

以年出书350个品种的北京大学出版社为例，以封皮含环衬、扉页、插页、征订招贴三项的电分制版费作估测依据（不含画册和图文并茂的图书）封皮制版费分为三类，设计繁复或图版较多的以1000~4000元计算，设计一般的按700~1000元计算，设计简单的按400~700元计算，平均每个封皮按800元计算，加上环衬、扉页等全年共支付制版费不低于15万元；彩图插页全年以500幅图版累计，应支付制版费不低于15万元（不含黑白及单色图片插页）；宣传页、征订招贴全年以40种计算，应支付制版费约10万元。仅上述三项制版费共计40万元（若选择电脑设计公司制版，它的总费用为80万元）。如果再加上图文并茂的图书，就远远不止这个数字了。这笔用于制版的成本支出，对于日出一书的综合性出版社来说，已超过350部书稿（以7000万字总计）的正文排版费（含出胶片）。比如一部20万字的图书，内有10幅彩图，以精、平装两种版本出版，那么这本书的彩色制版费是正文排版费的三倍。由此可见，这家出版社全年付出的彩色制版费，是一笔相当可观的成本开支。

当这家出版社投入25万元资金购置彩色桌面系统苹果电脑三台（Power Macintosh 8100/CD，主频110，内存扩至80MB，硬盘2GB），并配置除照排机以外的足以保证较高设计质量的其他附属设备（含高档平台扫描仪，彩色、黑白激光打印机等），由本社美术编辑自己操纵电脑设计，采取外加工出菲林的方法。这样算下来，全年付出外加工菲林费约 20 万元电脑设备以年折旧形式收回投资，平均每年收回 3 万元；扣除用于设计的原材料、电和其他损耗 2 万元；扣除额外工资 3 万元（另外雇用名专门从事电脑应用技术的操作员）；扣除设计室 50 ㎡的房费及其他杂费 2 万元那么，这家出版社最低还可以赢得利润 27 万元。

通过对这家出版社的评估，我们不难得出这样一个结论：这 27 万元就是美术编辑将节约的制版成本转化为电脑设计的利润。试以这家出版社 3 名正式美术编辑评估，他们每人全年可为出版社创造利润 9 万元。因此，美术编辑应用电脑设计生成的利润，是不可低估的。

四、关于继续创意的制作利润的界定

在前面我们已经谈到，所谓“第三价值”的准确定义应为“继续创意的制作利润”。为什么这样界定呢？是基于这样的考虑：这个利润是书籍装帧艺术第三价值“利润”的创造主体——美术编辑通过荧屏直观显像继续其设计创意，亲自投入制版而创造的。

在阐释电脑设计的“继续创意的制作利润”的时候，必须纠正以下两种偏见：其一，人们往往认为电脑操作员就是应用电脑的设计师，电脑制作就是电脑设计。这种看法是对设计艺术的错视，或说是对书籍装帧艺术设计的认识移位。设计师与操作员同时操作电脑，那是截然不同的两种行为。当一个具有创意能力的设计者进行电脑设计时，电脑只是他手中的笔、纸、色料等创作工具；而当操作员使用电脑对设计者创意的图纸进行复制加工时，电脑则是他的生产工具。设计者使用电脑是创造性行为，是继续创意的行为，而操作员使用电脑是生产行为，是复制创作者的意图。其二，一些出版者认为，电脑是经营生产中投入给美术编辑使用的设备，电脑创造的利润当属于出版者。这种看法同样是站不住脚的。因为美术编辑完全可以继续沿用传统的设计方法，完成创意墨稿以后交付工厂。如果是这样，电脑永远只是没有创造力的工具。而且，如果没有设计师的参与，一般电脑操作员是无法完美地实现设计师创意的。电脑只有在设计者创意思维的始终参与之下，才能描绘出丰富多彩的具有审美价值的作品。因此，美术编辑使用电脑创造了利润——第三价值以后，享有这个利润中相当的报酬，是合乎按劳取酬的分配原则的。所以，第三价值存在着设计者与出版者之间双重性权属问题。

如何界定电脑设计者的“继续创意的制作利润”的性质，实质上是如何划分美术编辑与出版者之间利益分配关系的问题，为了更好地说明这个问题，有必要对设计者的双重劳动进一步进行分析。所谓“继续创意的制作”，是指设计者的创意构思生成之后，又转为在电脑上新的一次创作，亦称电脑设计对创意构思的转移与完善。转移，是指设计者充分考虑选择适用于印刷与装订等加工程序的工艺性设置，以及制版技术标准的测定和工艺应用手段的设定。完善，是指第一次创意输入电脑进行设计时，对创意构思的检测实验、唤醒意识、修正甚至推翻原创意，直至设计者最终通过显像而达到艺术再创造，从而构成了设计者的第二次创作。至关重要的是，这次创作实施过程是与电脑制版过程同步进行的。当设计者的构思、构图、色彩、版面、文字等一切创作元素与制版、印刷、装习、材料等一切复制因素吻合时，电脑荧屏呈现着设计者创意的作品成品，而这个成品便是菲林的彩色直观显像。

在这样的电脑设计过程中，设计者付出了创作与制版的双重性劳动。而这种看似加工性质的制版劳动，实际上与传统制版工艺中纯复制性的加工劳动有着根本的区别。在传统的制版工艺中，设计者只能提供第一次创意的图纸，对于最终实现设计者创意的诸多工艺的后期创造，制版者与设计者之间根本不可能沟通，这是艺术创造与工艺加工之间难以跨越的障碍。从这个意义上说，电脑既是实现设计者创意构思的媒体，同时也是设计者兼容制版者生产工具的媒体。从另一个意义上说，由于设计与制版都是设计者一人完成的，原来出版者支付给制版者的制版费用，在设计者双重劳动之下转换成了出版利润，这个利润中的一部分作为美术编辑的报酬是无可非议的。

五、“第三价值论”的当代意义

在电脑设计第三价值的冲击下，无论你怎样认识电脑设计的今天和明天，电脑设计取代手工拼版，一统印刷行业 20 年的电子分色系统让位于彩色桌面印前系统是时代的必然。就如同 90 年代初，胶版印刷工艺只在短暂的瞬间轻松地取代了古老的铅与火的印刷术一样。

在电脑设计第三价值丰厚的利润诱惑之下，随着人们价值观的不断变化，出版者配备电脑以换取大大高于投资的出版利润的积极性无疑会越来越高。可以预言，到 2000 年时，全国将有 90% 以上的出版社加入电脑设计行列。由此，出版社的美术编辑部门和装帧设计者，将相继走向新的结构模式。这些结构模式大致可分为如下四类：（1）出版社内部出现设计室利润核算制（它的模式，前一半近似中青出版社吕敬人创办的设计室制，后一半是在出版社内部进行利润结算）。（2）出版社的美术编辑室或装帧设计部门，以群体形式走向设计中心制，它与出版社进行内部利润核算，设计者享有第三价值中应有的报酬（这种模式最能为出版者与设计者接受，且能使两者利益关系呈最佳状态）。（3）省出版局下辖的出版社和一些邻近的中小型出版社形成联合性质的设计公司（人员来自各家出版社，它由一家出版社投资或多家出版社合资，进行内部成本核算或均等利润分配方式）。（4）出版社的美术编辑组成社会型设计所或设计公司，进入全方位的设计实体制（它的模式近似美国和日本的一些设计所）。

在我看来，上述四类的新结构模式中，第四类设计公司最具有生命力。它们中间一些为数不多的设计公司，将逐步成为能与电脑设计公司形成竞争的实体，最终进入拥有印刷生产能力的全方位的电脑设计艺术印务公司。

总之，由电脑设计而产生的书籍装帧艺术的第三价值，正在使中国出版业发生翻天覆地的变化。这个变化的意义是深远的，它不仅为我国的出版业打开了一个全新的视界，而且最终以设计者与出版者为获得自己的利润而萌生的电脑设计，把中国书籍装帧艺术推向世界水平。我们有足够的理由相信，行将到来的世纪，将是具有古老传统的中国印刷出版业再度辉煌的世纪。

（选自《中国出版》1996 年第 6 期）

关于当前艺术品拍卖市场与艺术市场发展策略的思考

林　松

国内艺术市场的发展已近十年，从最初的私下交易，到店铺、画廊的明码标价，直到拍卖业的兴起，一步一步浮出海平面，逐渐成为社会生活中备受注目的热点之一。它是否能够成为继地产、股票之后的又一个投资领域或新兴产业？答案是肯定的，但尚存在很大的距离，就当今中国艺术市场的现状而言，仅仅是巨大的帷幕刚刚掀起一角。

一、拍卖业发展现状

让我们来观察一下近年来发展得如火如荼的艺术市场之龙头——拍卖业。拍卖行的成立是中国内地艺术市场真正步入社会、浮出水面、公开化的标志。在经历了三、四年的火爆与热闹之后，1997 年却迎来了滑坡。一方面是拍卖公司大量出现（国内注册拍卖公司已达千家，仅北京一地便聚集着 30 家），另一方面却是市场的低迷与停滞不前。造成滑坡的原因：除了受宏观经济发展状况、东南亚金融危机的影响以外，拍卖市场中价格的混乱、真伪难辨、炒作之风兴盛，使风险性增大，也阻止了一部分社会资金的投入。拍卖业并不是简单的“空手道”生意，而更多是依靠专业知识、专业人才、高质量的货源以及客户的培育与开发。所以缺乏充分准备、专业性较差的公司，在目前的状况下很难有所作为，相信在这几年中，将是拍卖业优胜劣汰的局面。

还有一点也值得注意，拍卖行毕竟是二级市场（即收藏家或经纪人、中介机构、收藏家），它需要有一级市场（即艺术家、中介人、收藏家）的有力支撑，对货源的开发以及基础客户的培育与开发并不是其长项，没有一级市场的积极配合，二级市场终将成为空中楼阁；反过来，二级市场的繁荣又直接刺激着一级市场的发展，只有拥有了良好的互动关系，才能拥有真正健康的艺术市场。而目前国内艺术市场的发展正好是反向的，拍卖业首先兴起，画廊业则相对脆弱。当然，这也是没有办法的办法，我们需要通过热闹来引起关注、引入资金，然后再来调整，再进行基础建设。所以，目前市场的低迷也好、滑坡也好，并不是件坏事，它是市场发展规律的体现，虚火过后，真实的一面方才显露，这也使我们从业者有时间进行思索，多做些基础工作。

虽然，拍卖市场面临诸多问题，有着种种不完善之处，但这毕竟是新兴“行当”，我们没有现成的老师。拍卖业经过几年的发展已成规模，并取得了一些很好的成绩，尤其是 97 年到今年上半年期间，在大局并不乐观的情况下仍取得一些可喜进步：（1）中国书画已成为市场主流、趋向稳定和精品化，收藏家也更加成熟、更专业也更挑剔。从嘉德拍卖公司 98 年春拍中便可看到如下的数字统计：书画拍卖总成交额为 2800 万，成交率为 78.8%，其中在 50 万元以上的精品成交率为 100%，5 万元以上的作品成交率为 80%，只要是真迹，品格好的精品绝不会出现无人识货而受冷落的局面。作为整场拍卖的最后一幅作品——清代宫廷画家张为邦的《乾隆御骑图》便是最好的例证，估价仅为 3 万至 4 万元，从 2 万元起拍，经过二十多个回合的竞拍，最终以 120 万元成交，令人咋舌。（2）国内买家不断成长。拍卖行的客户主要是国内经济效益较好的大企业、海外华人大收藏家、国内经纪人，有较强经济实力的国内个人收藏家还是极少数。当今拍卖中最大买家已从最初的港台海外集团转向为国内人士，98 嘉德春拍书画专场，国内买家已占 70%，这是一个令人鼓舞的数字，表明大陆市场正在不断拓展、潜力巨大。（3）当代中青年国画家开始进入拍卖，是一个可喜的变化。改变一味追逐过世大师作品的审美趣味，增添了活力，拓展出新的空间，无论是对艺术市场还是对当代文化建设都将产生深远影响。一方面由于文化艺术品这种不能再生产的特殊商品，经过几年的流动，货源稀缺；另一方面，大师级艺术作品的价格已经稳定、日趋顶峰，升值空间不大，所以买卖双方均不约而同地作出尝试，向当代中青年艺术家作品靠拢，选择某些“绩优股”。最先是嘉德公司在 97 秋拍中推出当代中青年艺术家专场，随后在 98 年嘉德、荣宝、翰海春拍中均推出中青年画家作品、中青年艺术家作品（包括国画、油画，油画已先于国画启动）的入市，虽然在总成交额中所占比例微乎其微，对过世大师的作品尚不能形成冲击，但它的出现对年轻的中国艺术市场的培育有四大益处：

1. 使收藏者以及关心中国艺术发展者集中看到了新中国成立以来，艺术风格的传承、延续与变化，使我们有机会了解到当代艺术家在建构具有当代性的中国绘画的审美图式上所作的努力，并力图在经济价值上予以肯定；

2. 投资正处于上升时期的中青年艺术家的市场潜力与增值前景巨大。参看发展成熟的西方艺术市场，我们可以清晰地看到成熟的市场核心是对当代艺术品的收藏，而带来的回报也是巨大的，这一点我们刚刚起步；

3. 市场的发展促使我们更加认真总结近、现代中国绘画艺术的发展历程，关注当代文化艺术的建设，梳理当代艺术发展脉络，进而能够为市场发展提供明晰的参考体系以及建立博物馆等公共收藏体制，这是艺术市场要得到充分发展的一个前提也是艺术市场趋向成熟的另一重要标志。这需要国家政府、文化管理部门的引导，相关政策的扶持，学者专家的研究以及经营机构、从业人员的共同努力，方可实现。虽然，路途艰辛而遥远，但这正是我们所应具备的文化责任感与历史责任感，即为新兴市场，又为民族文化的传承与发展。

4. 正是由于当代艺术市场的发展，促使与其紧密联系的专业画廊和专业经纪人走上历史舞台。在今天的中国艺术市场的发展历程中这一点显得尤为迫切与现实，如何为老客户提供长期而又有效的专业服务，如何为新客户提供准确而有序的投资咨询，又如何发掘富有才华的新艺术家，推荐富有新意的创作作品，从而努力开拓市场，形成良性循环。目前艺术市场发展中最欠缺与薄弱的正是这一关键环节。

二、中国艺术市场的发展策略与步骤

前文对近年拍卖业的现状予以简单勾勒，目的是让大家知道我们的市场尚处于初级阶段，中国艺术市场要想得以全面启动、健康而有序地发展，应当具备以下几个必要条件：

1. 国家宏观经济运行状况良好，保持快速而稳健的增长速度。西方工业国家自50年代初就进入史无前例的经济腾飞，在经济高速发展时期，通货膨胀总是一个如期而至的副产品，货币贬值，艺术品就成为一种有吸引力的投资，作为抑制膨胀的屏障。从历史上看，经济增长与通货膨胀总是循环不断，维持信誉和提高财产价值都会推动艺术品价格的上扬。所以艺术市场的波动与大经济环境息息相关，近年来国内拍卖业的火爆与迅速发展，正是我国经济处于快速增长时期，而1997年和1998年由于宏观调控，地产、股市的相对低迷，加之东南亚金融危机的不期而至，使目前的市场呈现徘徊不前的局面。但中国经济的稳步发展及国力的不断增加，为艺术市场的全面启动提供着发展背景。

2. 鼓励艺术投资的政策出台，尤其是税收制度。我们可以以美国为例，只要捐赠艺术品，便可以免税。如果十年前，你以1万美元购买一幅画，在今天如果此画已增值为10万美元，这时你将它捐赠给博物馆，就可按目前的10万美元的市场价值得到税收信誉卡。也许你投资非常准确或者投入较多，那么你就有可能免去数目可观的所得税。这是企业、个人购买艺术品非常重要的原因。当然，在我国目前实行类似制度尚有难度，需要依赖配套措施的出台以及文化艺术产业自身的发展程度。

3. 银行、保险业等金融机构对艺术品的认同。艺术品交易实际上与金融业密不可分。例如日本经济鼎盛期，购买凡·高《加歇医生肖像》等艺术作品，创造了一系列惊人的世界纪录，均是在银行贷款帮助下得以实现的。另外，世界各大著名银行、金融债券公司、保险公司都参与艺术品交易。这实际上在为促进艺术品的再流通、在社会上对其价值的肯定，树起可靠的保障。目前，我国金融业对此项目的了解以及关注点并不在此，这需要一个过程：从认识、到入市、再到操作。但国内已有个别银行、证券公司开始购画，寻找新的投资点，进入实质运作阶段尚要等待。

4. 大企业的收藏与公共收藏机制的确立。以上几个条件的确立，促使大企业、财团无论从投资还是减免税收的角度，有条件得以积极参与艺术市场，只有雄厚资金的投入，才可能使市场全面启动，博物馆等公共收藏体制便得以确立，才能使艺术市场真正能够健康地发展。

5. 画廊业的崛起。市场需求的扩大势必要求专门机构的专业化服务，那么画廊的繁荣才能成为可能，艺术市场中的坚实基础便得以确立。在80年代，美国纽约就拥有3000多家画廊，日本东京银座仅一条街上就有360多家画廊。我国的画廊从数量上与质量上与西方发达国家相去甚远，据说，北京现有画廊300家，但绝大多数是充数的画店、旅游纪念品商店，无力也无职责对艺术家进行发掘、宣传，也不可能对国内市场进行培育工作，所以，对艺术品的市场与文化价值的定位只能由专业画廊来完成。只有实行完善代理制，并有专业人员储备的画廊，才能称其为真正的画廊，提供更专业化的服务。目前在北京具备如此能力的不过三四家而已，上海情况类似，虽然它们数量极少，但其建设意义却是不言而喻的。

通过以上分析，我们寻找差距并提出相应对策，艺术产业问题已经提上日程。虽然路途漫漫、步履维艰，需要我们付出很多的努力，但艺术产业毕竟是一步步走向成熟，无论对整个市场而言，还是对从业人员，条件正在逐渐具备，对我们的要求也越来越高。面对中国这个巨大的市场，机遇与挑战并存，我们对此充满信心，时不我待！

（选自《美术观察》1998年第10期）

给教改注入新的驱动力
——艺术院校如何适应文化市场需求

张仲年　刘明厚

为适应新的文化市场的发展和要求，为履行社会责任与获取更佳效益，建议高等艺术院校扩大招生规模；扩大学校自主权，毕业文凭实行双轨制，即学校发专业毕业证书，国家发学位证书；以滚动式招生法，彻底实行学分制。

高等艺术院校是培养各类高级艺术人才的专业院校，虽然规模很小，被人称为“袖珍学院”，但办学的历史不算短，如上海音乐学院已有了70年的办学历史，上海戏剧学院也经历了半个世纪的辉煌。仅这两所院校培养出的好几代艺术家，已成为当代艺术界的中流砥柱。

21世纪即将到来，各高等艺术院校的领导和师生们，都在考虑如何进一步适应市场经济的需求，因为这关系到艺术院校的生存与发展。我们也为此进行了调查与讨论，现将我们的思考提供给各位领导和同仁们，希望对深化高等艺术院校的教改有一定的参考作用。

思考之一：学校规模是否可以适当扩大

这涉及市场需要，即学生毕业后的就业问题。我们以事实说话。

以上海戏剧学院为例，1996年、1997年和1998年这三年毕业生计有271人，其中215人顺利就业，仅有21%即五分之一的学生未能落实工作单位。但据了解，这些学生后来大都找到了工作，有些成为自由职业者。

上海音乐学院1995年、1996年和1997年共毕业280余人。其中93%落实了工作单位，只有7%没有落实。

上海市宣传系统今年公开招聘艺术人才166人，占全市高等艺术院校毕业生270人的59%，还不包括没有公开招聘的上海话剧、电影等单位需要的人员数。所以，应当说供需基本平衡，求还略大于供。

因此，我们认为艺术院校可以适当扩大规模，适当扩大招生，其好处是：

1. 增加办学经费，改善办学条件

从学校本身来说，艺术院校的办学成本大大高于其他大学，但办学经费严重不足。上海戏剧学院每年国家拨款500多万，实际支出1300多万。上海音乐学院每年国家拨款600万，实际开支1600多万。上海大学美术学院每年国家拨款380万，实际开支800多万。虽然近年来学费提高的幅度比较大，近40%。即一学年可以收1万元，试点单位可以收1万5千元，增幅达100%以上，但尚不能弥补经费缺口。

从市场经济的角度看，教育是产业，产品是人才。一个产业的产品在市场上能否站住，跟它占有的市场份额密切相关。据了解，艺术设计专业光上海就有14所院校在办。中国美术学院看准势头，也在上海办艺术设计分院，抢滩登陆。上海大学美术学院汪大伟说：“你培养小猫三只四只，在市场中根本占不到份额，你就会被挤掉被吃掉。一个设计院，有十个设计师，起码有六个是上大学术学院的，那才能成气候。所以招生必须扩大，必须参与市场竞争。”

教学经费在一定程度上，直接影响学校的办学质量。像上大美院艺术设计系，过去教师27人，学生仅80人，办学效益差，质量也不高。实行新机制后，学生数第一年就翻一倍，今年已达280人。收入多了，教学设备挑好的添，教师积极性也高，形成了良性循环。

2. 满足社会需求，提高民族素质

今后五年，上海高等教育面临着高中毕业高峰，面临着规模扩大的客观要求。最大限度地满足居民日益增长的高等教育需求，促进上海市民基本素质的提高及人的个性全面发展，为实现现代化大都市文明、健康、开放、进步的社会发展目标服务，是我们义不容辞的社会责任。

《上海高教研究》1998年第9期发表张春曙、包于灿撰写的《建立推进高等教育大众化的广泛社会基础》一文，文中提供高等教育适龄人口（18～21岁）的预算为：

1995	1996	1997	1998	1999	2000
100	102.63	108.25	113.92	116.65	132.68
2001	2002	2003	2004	2005	2010
146.44	152.27	154.53	144.67	139.69	101.57

根据以上数据，作者提出应力争2000年前后，高校入学率达到适龄青年的30%，2005年提高到40%，2010年达到50%。而上海高中毕业生人数已进入增长高峰。

年份	1999	2000	2001	2002	2003	2004
人数	77838	80292	70334	61785	66396	73252

如果维持1998年招生数不变，高校入学率到2001年会降至38%。

从市场需求调查，近年来上海高校毕业生供求比约1：2，这都证明上海高教供给不足，不仅不能满足社会经济发展需要，也不能满足市民对高教的需要。

1993 年社会调查问卷表明，97.2% 的居民宁愿自己受穷、借贷也要送子女上大学。把接受高等教育作为投资和消费的居民已占调查对象的60%以上。

董泽芳等进行的《初中家长教育分流意向的调查分析》（载《教育与经济》1996 年第二期）得出的结果是：低收入的希望子女达到大专以上的占 62.6%；中等收入以下的希望子女达到大专以上的占 67.1%；中等收入以上的希望子女达到大专以上的占 71%；高收入的希望子女达到大专以上的占 80.5%。再从艺术院校实际招生情况分析：

学校名称	报名人数	招生计划	录取比例
中央音乐学院*	565	154	3.7：1
中国音乐学院	629	135	4.7：1
中央美术学院*	1707	100	17：1
中央戏剧学院	1800	80	22.5：1
北京舞蹈学院*	737	178	4.1：1
上海音乐学院*	474	138	3.4：1
上海戏剧学院	2972	125	23.8：1
中国美术学院	4400	210	21：1
合　计	13590	1250	10.9：1

*表明报名人数比去年有所增加。其他持平。

资料来源：见《艺术教育》1998 年第4 期，第30 页。

就上海戏剧学院而言，1996 年招收新生 100 名，报名者 2000 名；1997 年招生 120 名，报名 2400 名，增幅为 20%；1998 年招生 125 名，报名达 3000 人，增幅达 25%。可见，喜爱艺术的青年学生不在少数。

所以，艺术院校的发展前景是十分光明的。上海将建设成为金融和高科技的中心，举行大量的国际性大型活动，居住和出入上海的国际朋友也将急剧增加。这一切都意味着文化娱乐活动的需求将日益上涨。

孙家正部长曾经指出，艺术院校一方面为国家队培养人才，另一方面应当为提高民族的文化素质而努力。采取措施，挖掘潜力，为迎接更多新生入学做好种种准备。

思考之二：扩大招生后市场能否消化？师资够不够？质量会否下降？

有人担心，招生扩大了，学生就业的竞争更激烈，市场消化得了吗？

从这几年实际操作来看，由于接收单位的用人体制在变革，就业是可以解决的。

上海话剧中心总经理杨绍林介绍说，这几年，剧院在人员聘用上已经转制，用工已变成为合同制，并不太受规模的限制。

上海电影演员话剧团副经理丁嘉元介绍，演员剧团在职 80 人，加上离退休共 170 人，编制没有限制。由于任务比较单一，管理简明，每个演员每年向剧团交纳劳务费，完成者发全额工资，超额可提成 40%，完不成者来年只发最低工资。连续三年完不成下岗，到人才交流中心。

由此可见，过去，国家不准多招学生，不准多发文凭，是因为国家采取全包的政策。现在，这样的局面已经打破。所以，作为培养人才的学校，不必太看重学生能否就业，专业能否对口。像音乐学院，管弦系那么多乐器，只招 40 名；民乐系有十五六种乐器，只招十来个人。这种“天才教育”的模式，已远远跟不上大众对精神、艺术的需求。现在光上海，钢琴考级一年就有 1 万 5 千人。因此，我们培养、招生的模式也应有大的改变。

首先要改变过去那种为用人单位培养人才的狭隘观念，树立为社会培养人才的观念。过去强调对口，是把专业当职业，很片面。职业是有限的，而专业是无限的。在美国，从音乐学院毕业的学生，有 70% 改行。有许多人学习戏剧表演，并非为了当演员，只为有利事业的发展。

可以预感到，上海艺术人才的体制正向着“工会”、“俱乐部”或“经纪人”制发展。也就是说向自由招聘、自由职业方向发展。人才的使用和流动都将进入市场操作，这样的体制将大大减少我们扩大招生的顾虑。

还有人担心，扩大招生会使教学质量下降。

上大美术学院汪大伟院长回答得切中要害：教学质量高低关键在教师。教师心不在教学上，就是带一个学生也不会高质量。只要教师的积极性调动起来，真心实意搞教学，人多一点，照样带出高质量。

本科教学质量有所下降，原因很多，直接的原因之一是教师精力没有集中在教学上。

同时，还受到上海业余艺校冲击。现在的业余艺校是每节课 60 元，再高的可以达到 100 元。而艺术院校每节课的超课时费少的仅 8 元，多的也才 25 元。差距之大，使教师都不愿超时上课，学院眼看师资被业余艺校抢走而毫无办法。

所以扩大招生不用担心没有教师，问题是应有吸引教师的政策和办法。

我们建议，参照国际经验，提高现任教师工作量，增加授教面。

提高教师工作量，关键在于提高工资待遇。大多数教师表示，只要每月平均工资能达到五六千元，他们就基本上不需要外出“打工”了。这意味着教学工作量应提高 1～2 倍。同样这些教师，扩教面可望增加 1～2 倍。据调查，兼课特别忙的基础课教师，几乎每天都上课。所以并不会影响教学质量。

这里，根据每个学校实际情况制订适合的改革措施成为关键。上大美术学院出台了一系列措施，促使教师把精力集中到教学上来。比如，他们采用了各系招生，学费归各系管理使用的政策，使招生多少直接同各系和教师的利益挂钩。同时，他们也制订了严格管理的办法对教学质量、教学纪律进行有效的监控。三年下来，美院学生增加到1100多人，而教师仍只有90来人。

提高工作量，可以采用岗位工资制、评聘分开、竞争上岗、真正体现多劳多得，优劳优得。也可以与学分制相结合。采用确定课程学分，按学分确定工资，竞争上岗。

这样做，要求岗位的设置和学分的设定，必须建立在科学合理有明确导向的基础之上。

思考之三：新的文化市场到底需要什么样的艺术人才？

新的文化市场到底需要什么样的艺术人才？艺术院校如果不能对此有清晰的了解和把握，不及时调整自己的教学内容和课程设置，培养出来的学生就有可能在市场竞争中被淘汰出局。

为此，我们专门进行了社会调查，走访了一些用人单位。下面是几个艺术院团领导的见解。

上海话剧中心总经理杨绍林认为：对于学校来说，培养的学生要让市场接收。例如，现在实行经费包干，必须在完成任务的前提下谈经费。我们团一年必须上演四个新剧目，完成两百场演出。完成任务，国家才拨款130万，其中80万交公积金、养老保险金，剩下50万，平均每人不过一二百元钱，根本谈不上制作。另外，离退休的钱每年要30万。怎么办？

一是靠演出，这两年演出每年有100万的收入。二是寻求社会资助。1997年我们得到了150万资助，搞了定向创作。三是出了好戏，政府奖励。四是靠开发，如房地产。这一切都建立在完成演出任务和新剧目创作上面。

这就要让学生明白，剧团不是一个铁饭碗。从走出校门，跨进剧团，你就肩负责任，想要得到必须付出。

另外，从剧团实际需要看，希望学校培养复合型的人才。剧团需要多面手，可以降低成本。从个人来说，多学点本领，社会不会亏待你的。就说演员，能演能唱能跳，本领越多，机会就越多。编剧也有这个问题。从剧团角度考虑，最好既懂创作，又懂电脑程序设计。我们不再需要单一的编剧人才。搞设计的也是，不能只懂一样，只会设计，不会动手；也不能只会手工设计，不会电脑设计。现在的毕业生生活在高科技时代，要求的是艺术与技术相结合的复合型人才。

上海电影演员剧团副团长丁嘉元说：来团工作的上戏毕业生，因为筛选严格，各方面令人满意。但是，也有少数在表演艺术上没有发展机会，只能改行搞副导演、制片和剧务，这就需要多方面的知识和能力。学院应当加强这些教育，让学生多多关心其他专业，多一些生存的本领。

调查告诉我们，在当今，高等艺术院校要生存下去，必须能培养一专多能的复合型人才，特别是具有创新精神和实践能力、具有社会责任感的高素质艺术人才。

建议与对策

1. 适当扩大招生规模

据国家计委调查，现在高等艺术院校办学的平均成本是一个学生每年2万8千元左右。今年提高学费为一个学生每学年1万元，也就是说，每培养一个学生，国家需投入1万8千元。扩大招生，如果国家不增加投入，对艺术院校来说，无疑是亏本买卖。招得越多，亏得越多。但要国家增加投资又不现实。

因此，我们建议，不要给钱，只需给计划，给政策。也就是允许院校按照或略高于国家认定的成本收取学费。“略高于”比较适合的尺度，是成本的20%～30%左右。愿不愿意接受，完全由考生和考生父母决定。当然，用不到担忧院校会不顾考试成绩而随意录取。因为，艺术院校每次录取，都有两倍的备取生。所以，仍然应按成绩高低依次录取。

2. 艺术院校文凭能否建立双轨制

高等艺术教育是一种特殊的教育。想从事艺术工作的高中学生，不仅要有天赋，而且要花费大量时间进行技艺技能训练，才能达到入学要求。而现今的普通高中不开设正规的艺术课程，高中生的艺术素质不高，使艺术院校的生源处于文化与专业难以两全的尴尬境地。在专业与文化不能兼顾的情况下，当然主要还是看专业素质。因为文化可以后补，天赋无法造就。

解决问题的关键在于给予艺术院校招生与毕业更多的自主权，实行双轨制，即毕业证书与学位证书分别管理。也就是说，凡艺术专业学习合格者，由院校发给毕业证书。而要取得学位者，必须完成国家规定的其他课程并通过考试。换言之，招生、毕业由院校自主。国家只监控不干涉。而学位则由国家考试并授予。这样，院校在课程体系的构成上，就多一个层次：专科毕业、本科毕业、学士学位课程、硕士学位课程和博士学位课程。

在国际教育界这种做法十分普遍。如英国皇家莎士比亚戏剧学院，学制三年，主要学习专业课程，文化课只有《艺术史》等两门。学生毕业，学院发给文凭，但没有学位。要取得学位，必须到大学就读。另如一家国际性的音响学院，只要修满50%的课程（均为专业课程），即可取得毕业文凭，再修满其他50%的课程，就可获得学位证书。有了学位证书方能报考硕士研究生。

当然具体做法应有我们的特点，适合自己的国情。

3. 是否可以滚动式招生，实行彻底学分制

现行的体制无法解决早出人才和在限定时间内完成学业两全的难题。所以，如果能够实施双轨制，那么，在这个前提下我们进一步建议，能否打破一年一度招生的制度，实行滚动式招生录取的措施和实行彻底学分制。滚动式招生可以在半年，或两个寒暑假期中进行招生录取工作。这样做可以使一批中专艺校的毕业生和经过业余艺校培训的学生，以及其他爱好艺术的青年有更多的机会到高等艺术院校来进行深造。与此相连的是，高等艺术院校应当实行彻底的学分制，打破年级、班级固定

的老观念。这样人才培养模式就会产生新的变化，对教学的组织形式、管理方式的变革都会产生积极的影响。

自主的滚动式招生和扩大招生目的都是围绕着一个目的，就是扩大培养“国家队”和“艺术尖子”的土壤或基础，扩大选择的余地，不让人才无形中流失或被扼杀。

在党中央的“科教兴国”战略方针的指引下，我国的高等教育出现了一系列重大变革。我们深感艺术教育深化改革形势的紧迫与严峻。这份决策咨询报告，是我们作为高等艺术院校中的一个成员，所尽的一份社会责任。

（选自《教育发展研究》1999 年第 8 期）

关于文化艺术活动的经济学分析

袁志刚

我们目前讨论知识经济，主要是从科学技术知识与经济创新和经济增长的关系的角度来进行的。的确，从国内外大量的有关知识经济的研究文献来看，对财富的增加和经济的增长起着重要作用的知识，主要是科学技术知识，并且主要是随着信息产业的出现和壮大，知识经济作为一个时代的标志越来越明显，因此有人干脆简单地把信息产业等同于知识经济，对知识的讨论就主要集中在对信息产业的出现、发展和壮大的规律性的研究上面。笔者认为，知识经济时代的到来，虽然可以把信息产业的出现和发展作为划分时代的重要标志，但是，知识经济的内涵及其发展的关系远比信息产业本身要丰富的多。知识经济是一个以所有人类知识在生产、消费和投资活动中越来越重要作为标志的经济。所有的人类知识自然包括文化艺术知识。而且随着人类社会的发展，一方面，由于人们收入水平的大幅度提高，人们对精神生活中高层次内容的追求也将大大提高，从而导致对文化艺术的消费需求也必将大幅度提高。另一方面，文化艺术的消费与物质产品消费不同的是：（1）需要大量的人力资本投入；（2）文化艺术教育的普及和提高；（3）消费本身需要花费大量的闲暇时间。这些条件，在人类社会发展处于较低阶段时是难以满足的，但随着人类社会的发展，生产劳动的时间将趋于下降，人们将拥有更多的时间进行文化艺术方面的人力资本投资，将拥有更多的时间消费文化艺术产品。按照马克思的说法，人类社会发展的终极目标是个人的全面发展，这个全面发展除个人在科学知识方面的发展之外，也包括个人在文化艺术修养方面的发展。因此，本文中要讨论的问题是，文化艺术如何成为经济活动的一个重要部分，像科学技术要素一样，从而在一个国家 GDP 增长中做出重要的贡献。其次，还要讨论文化艺术活动作为一种经济活动有什么样的特点，特别是文化艺术产品的需求和供给具有什么样的特征。最后，在这些讨论的基础上我们将分析政府文化艺术政策的重要性。

一、文化艺术在经济中的表现形态

我们要理解文化艺术在经济领域中的重要性，首先要对文化艺术在经济生活中的表现形态进行分类。毫无疑问，作为文化艺术经济学分析，首要关心的是艺术品市场的供给和需求。随着物质生活的不断提高和丰富，人们对精神生活的需求就日益重要起来。精神生活需求中，对文化艺术产品的需求和消费是一个重要的构成部分。就文化艺术产品的形态，我们大致可以把它们划分两部分，一部分是活动的艺术，一般被称为活艺术（arts vivants），或者说表演艺术（Performing arts），是由艺术家通过舞台演出的形式生产出来，消费者在支付了入场费之后，在剧院等场所现场聆听和观看，如音乐、舞蹈、戏剧等节目。随着科技的发展，活艺术可以通过一定的方式储存起来，并通过现代通讯设施重新展现，如电影、电视、广播等等。从表演艺术派生出来的这一类艺术被称之为视听艺术，也可以进一步细分为视觉艺术（电视、录像、VCD 等）和听觉艺术（hi-fi 音箱设备、广播、光盘、磁带）。另一部分则是凝固的艺术产品，如绘画、美术、工艺品、古董、雕塑以及博物馆的收藏品等等。对这两大类艺术产品，都有专门的艺术市场，前一类称之为演出市场，一般由演出公司、影剧院等企事业单位来组织，可以通过演出的成本、人工费用、票房收入、广告收入、税收等经济学概念对其进行投入—产出分析。后一类称之为艺术品市场，是由不同档次的市场构成的，如专门经营艺术复制品的低级艺术品市场；经营画家、雕塑家原作买卖的画廊和其他艺术品市场；专门的拍卖市场以及专营某一名家画作或雕塑的市场。第一种市场是垄断竞争的市场，第二种市场是寡头垄断的市场，第三种市场则是一种完全垄断的市场。除此之外，还有一种是阅读艺术市场，指的是非学术著作的书刊、杂志、报纸的生产和消费、供给与需求，它们也构成经济生活中的一个重要的投入—产出活动，对家庭来讲也是一项重要的支出。前面提到的活艺术或演出艺术以及视听艺术还与现代家庭生活中的另一个重要内容外出休闲联系在一起，在国外称之为外出艺术享受，通常指进电影院、剧场、音乐厅、舞场以及参观各种艺术品展览和博物馆。最后，文化艺术消费还体现在人们亲自参加的业余的艺术活动，如摄影、绘画、参加各种乐器演奏，等等。其次，文化艺术作为生产要素在经济中具有重要的作用。前面我们是从文化艺术活动的直接结果的角度来讨论文化艺术活动的经济价值，随着人们收入水平的提高，并随着人们文化艺术方面人力资本积累的提高，人们对表演艺术（活艺术）和凝固艺术、阅读艺术以及业余艺术实践等消费需求越来越强烈，这些活动就越来越成为经济活动中的一个重要部分，其所创造的价值在GDP中的份额就会不断上升。但是，我们还需要进一步指出的是，文化艺术在经济生活中的重要性还不仅仅体现在艺术产品本身的生产和消费上面。文化艺术作为一种重要的生产要素还进一步地渗透到其他产品生产中。文化艺术作为一个重要的生产要素在建筑物中得到了最好的体现。同样的建筑材料，同样的人工成本，文化含量和艺术含量高的建筑不仅在建筑物成交时可带来丰厚的利润，而且这些建筑物往往成为一个城市的标志性建筑。一个城市的建筑遗产又与旅游业的发展有着密切的关系，它们成为吸引源源不断游客的一个重要因素。荷兰的阿姆斯特丹运河边上那富有童话色彩的建筑，罗马和巴黎辉煌的宫殿式建筑，都由于其浓厚的特有建筑风格而吸引着游客。建筑物与文化有着十分重要的联系。巴黎圣母院就由于雨果的同名文学名著的深远影响，成为全世界游客到巴黎之后必须参观的项目。在歌德的家乡，在莎士比亚的家乡，在文化名人的效应之下，旅游者参观人数不断上升。在歌德诞生250周年之际，歌德家乡就获得6000万马克的额外收入。从旅游业角度来看，这些有着丰富文化艺术含量的建筑物，还有各类博物馆，不仅本身可以通过参观者带来丰厚的门票收入，而且还可以全面推动本地旅游业的发展。用经济学的行话来说，是一个外部经济十分明显的产业。巴黎的罗浮宫不断在扩展，展览场地不断扩大，展品不断丰富，游客越来越感到即使花费整个一天时间也难以参观完罗浮宫，这样就有人需要第二次、第三次进入，于是在巴黎逗留的时间就需要拉长，其外部效应十分明显。文化艺术将体现在所有其他物质产品的设计和生产过程上，如轿车车型的设计，家具和办公用品等等的设计，文化艺术含量对产品的附加值的提高将有着极其重要的作用。可以这样说，这些产品的生产企业，如果设计师是缺乏文化艺术品位的，其产品的质量再好，其经济效益将是十分有限的。这一点随着人类社会的发展，将日益明显地表现出来。另外，文化艺术在物质产品上所体现的重要性最为明显行业之一是服装业。同样的原料的服装其价值之差可达几倍、几十倍乃至几百倍，其差异来自质量、品牌和文化艺术含量等等，但越是高档的服装，其差异主要来自于文化艺术含量。

在现代经济中，以文化艺术传播作为主要内容的产业发展迅速，成为经济增长最有潜力的部门之一，如电影、电视和广播业的发展，报刊业和出版业的发展，以及主要依赖于这些传媒业发展而发展的广告业的发展等等。这些部门实际上是文化艺术和高科技相结合的产物，从而也是经济创新机会最多，经济增长最快的领域。因为传媒的发展，就其手段来看，是高科技发展的产物，如音箱、电视、多媒体，涉及高科技的许多领域，如激光、通讯、卫星、信息产业等等；但就其传播的内容来讲，文化艺术是一个主要的部分。在高科技没有发展起来之前，文化艺术的传播是十分落后的，传播的范围也是十分有限的，文化艺术只是一小部分人的享用的东西。在高科技高度发展的情况下，文化艺术的传播手段日益提高和丰富，传播的范围越来越广，但是如果没有好的文化艺术产品问世，传播的手段再发达，传播的范围再广，都会变得没有意义。因此在现代经济中，随着高科技的迅猛发展，我们要同时十分强调文化艺术发展的重要性，只有两者同步发展，才能给人们带来丰富的物质生活和文化精神生活，提高生活质量，加快经济增长速度，并且这种经济增长是可持续的经济增长，是健康的经济增长。

二、文化艺术产品的需求和供给特征

文化艺术的消费不同于其他物质产品的消费，具有自己非常强烈的特殊性。这种特殊性的存在，就需要经济学家对文化艺术消费的特有规律进行探索，而不是简单地把经济学的一般原理运用到文化艺术的消费领域。同样，文化艺术产品的供给，从事文化艺术活动人的报酬，进一步分析文化人和艺术家作为劳动力的供给和需求，都有着其鲜明的特殊性。

文化艺术品的消费的一个共同特征是文化艺术品的消费实际上是一种过程，这一消费过程给消费者带来两方面的效用：一方面是文化艺术消费时的即时满足和快乐，另一方面是关于文化艺术的知识的积累和增长。由于后一种效用的存在，因此许多研究文化艺术经济学的经济学家认为，文化艺术的消费不能用边际效用递减法则来解释，相反这一消费现象是边际效用递增的，即音乐越听越想听，艺术品越看越想看，等等。所谓“上瘾”的说法，就很好地反映了文化艺术品的消费特征。但笔者认为，文化艺术消费过程确实是一个比较特殊的过程，有“上瘾”的情况存在，同时也说明文化艺术消费对消费者文化艺术知识的要求很高。但是一般还是应该把文化艺术分为两部分：高雅的文化艺术和通俗的文化艺术。前者对专有知识的要求较高，并不是人人都能进入并享受的，需要消费者相当程度的人力资本投资，消费能力需要专有知识积累来培养，这一类需求的兴起需要文化艺术教育的普及。另一类是通俗的文化艺术，这一类文化艺术一般说来是人人都能进入并享受的，当然通俗艺术本身也有其知识含量和知识积累过程，但相对于高雅艺术来说，对这一类艺术的理解和知识积累并不是太难。但是，不管是哪种文化艺术，其消费过程中的“上瘾”

现象是普遍存在的。但是就每一次具体的消费来讲，由于文化艺术消费涉及时间投入，脑力、视力、听力的投入，最后疲劳的感觉将超过“上瘾”的感觉，因此每一次文化艺术的消费必然会出现边际效用递减的阶段，边际效用在每种产品（包括文化艺术产品）消费上是普遍存在的，是消费者均衡得以存在的前提条件，否则就很难解释消费者对文化艺术消费自动收敛的情况。文化艺术消费的“上瘾”现象说明文化艺术知识积累对下一次的消费强度具有重要的影响。这一点对于高雅艺术来讲尤其如此，如古典音乐会、歌剧等，都属于高雅艺术，对这些高雅艺术的需求和消费，对消费者本身艺术修养的要求就很高。许多研究显示高雅艺术需求的价格弹性是较低的，因为它们的替代品很少，因此“上了瘾”的消费者一般都愿意继续消费，而不管其价格变化如何。根据摩尔（T. Moore）的研究，美国对百老汇戏剧的需求价格弹性大约在 -0.33 和 -0.63 之间。与此相反，高雅艺术需求的收入弹性却很高，这是因为，收入高的阶层一般是教育水平较高的阶层，因而他具备了接受高雅艺术欣赏能力。所以统计数据显示，收入层次越高，对高雅艺术的需求就越高。因此如果要写出文化艺术消费的效用函数，其形式将是较为复杂的。美国经济学家贝克尔（G. Becker）和乔治·斯蒂格勒（G. Stigler）曾经把音乐消费的效用函数写成如下形式：

$$U=U\ (M,\ Zi)$$

其中 Z 代表音乐消费的投入品：时间、人力资本、市场购买的音乐商品，M 代表音乐享受本身，它包括过去的音乐消费和现在的音乐消费，其过去所欣赏的音乐越多，时间越长，音乐修养越高，其从音乐欣赏中所获得的效用就越高。总之，高雅艺术的欣赏本身是十分强调人力资本投资的，没有一定的人力资本投资和积累，即使一个消费者花了很多钱，购买一次高档音乐会昂贵的门票，但是他并不一定能获得与该门票相对应的效用。

另外，对于文化艺术的需求和消费特征，除了上述分析中指出的共同特征之外，还表现在文化艺术的种类不同，带有各自种类的特殊性。例如，绘画艺术和雕塑艺术不同于前面分析的表演艺术，除了欣赏名画名作需要具备这方面的专有知识即人力资本投资外，还需要具备其他信息，如有关名画名作的画家和雕塑家的情况的信息，因为对这一类艺术品的需求，除了本身需要欣赏的需求之外，还有一种是投资需求。由于艺术创作（生产过程）是完全的创新过程，艺术品可以被复制，但不能被重复生产，这是艺术品不同于其他产品的一个重要特点。由于艺术品不能被重复生产的特点，而被复制的作品，其价值又远远不如原作，因此艺术品由于其独一无二的市场垄断性质，是一种较理想的投资产品，因为它可以保值和升值，给投资者带来丰厚的利润。由此可见，对绘画、雕塑等艺术品的需求，尽管其基础是美学欣赏给人们带来的快感和满足，但是其价格的发展往往脱离了这一美学基础，有相当多的名画名作收藏者，其主要目标已经不是对艺术品的欣赏和享受，而是等待艺术品的价格再次升值以后把它们抛售出去，以获取超额利润，这样的行为就完全是投机行为了。正因为艺术品具有投资价值，因此艺术品的价值有两部分构成，一部分是它的美学价值，这种美学价值往往与创作该艺术品的艺术家所从事的艺术经历有关，也与该艺术家创作该艺术品时所投入的时间、精力和智力有关。艺术家与科学家不同的是，其投入的“智力”，“情商”成分可能要高于“智商”成分，或者说艺术创作中，其天才的成分可能更重要。艺术品价值的另一个构成部分是由市场的预期价值来决定，后者受许多不确定因素的影响：（1）如时尚的变化；（2）某种艺术风格的历史性演变；（3）大的艺术运动的兴衰；（4）大众媒介的介绍及推荐；（5）艺术家有否过世以及目前年龄、身体状况；（6）鉴定师的作用等等。另外，艺术品作为投资品，其价值的变动与当时的经济景气情况有着密切的相关性。前面我们对有关文化艺术产品的需求进行了粗略的分析，对文化艺术活动的经济分析，还涉及文化艺术产品和服务的供给方面的分析。下面我们分别通过表演艺术的供给，绘画艺术、雕塑艺术的供给，博物馆收藏品展览供给以及阅读艺术供给等进行经济学的分析。对于表演艺术的供给问题，我们首先要建立表演艺术的生产函数。表演艺术的产出就是舞台演出，从量上进行衡量，一是某一剧目的演出场次，二是每一场次的观众数目。从投入的角度来看，演出一个剧目首先涉及排演这个剧目的艺术家和非艺术家的劳动力投入和资本投入（如服装和道具的购买等等），其次涉及每一次演出的资本投入。如果我们用 v 表示剧院的最大观众席位，y 表示第 j 种剧目第 i 场演出的观众人数，那么 $y_{ij} \leqslant V$。同时，我们用 L^s 和 K^s 表示排演时的人力和物力投入，l^r 和 k^r 表示某场演出时的人力和物力投入，那么，我们可以建立一种以下形式的关于表演艺术的生产函数：

$$y_j = \sum y_{ij} = y_j(lj^s, Kj^s, m_j, q_j)$$

其中 $m_j - m_j$（lj^s，Kj^s）是某场演出时人力和物力投入的函数，q_j 是表示演出质量的指标。因此，第 j 种剧目所能吸引的观众数目是人力和物力投入和演出质量等变量的函数，而且这一生产函数还具有以下的性质：

$$\frac{\partial\ y_j}{\partial\ m_j}>0, \quad \frac{\partial\ ^2 y}{\partial\ m_j^2}>0$$

以上公式表明，一个剧种，演的时间越长，其最后的场次所能增加的观众递减。这有点类似于物质生产领域中生产要素边际生产率递减的情况，但其中的机理具有很大的不同。

关于绘画、雕塑等凝固艺术品的供给问题，首先涉及一个国家艺术家（画家、雕塑家）队伍的形成问题。也就是说，我们首先要问，是什么原因促使一个人选择艺术生涯，是由于天赋或者个人爱好，还是出于社会对艺术家的丰厚报酬？毫无疑问，由于艺术创作实际是一种创新活动，一方面它要求艺术家必须具备一定的天赋，即对美学有很好的感悟能力，另一方面它又要求艺术家对前人的艺术成果进行很好的学习、吸收和消化，两者的结合使得艺术家成功地进行创新，创作出具有个人风格的作品。因此，艺术活动不是人人都可以从事的，它需要一定的主观方面的条件。从艺术家队伍的形成来看，艺术家本身的天赋及其对艺术的追求成为艺术家劳动供给的一个前提条件。其次，对艺术家创造性劳动的丰厚报酬构成对艺术劳动供给的一种激励，因此艺术家劳动供给是其报酬的函数，其弹性系数为正，这也是毫无问题的。但是，艺术家劳动供给对其报酬的反应程度究竟有多大，或者说艺术劳动供给的收入弹性究竟有多大？这是一件非常复杂的事情。复杂性主要来自于艺术家付出的劳动与其收入报酬之间的关系并不是一种确定的关系，而是一种随机性很大的关系。换句话说，艺术家生涯是一种收入报酬差异极大从而导致艺术家活动是一种风险很大的活动。从事艺术活动的人们，有收入非常多的艺术大师，一幅画可能价值几千万元，但同时大量的小画家，或者还没有出名的画家，其收入可能难以维持温饱。上海电视台的记者 1998 年曾在巴黎采访过法国华裔抽象画大师赵无忌，据赵无忌先生的估计，法国大约有 3 万画家，但正式按画家交纳社会保险金的只有 8000 个，其中真正能用售卖画作维持生计的大约只有 200 个左右。因此，尽管在成功的艺术家那里，其艺术劳动的收入报酬远远高于其他劳动者，有时甚至远远高于科学家的收入。但是对于大多数从事艺术劳动的艺术家来讲，其收入报酬不能维持生计。因此从收入报酬角度来讲，少数艺术家的高收入并不构成对大多数艺术家劳动供给的激励，对于他们来说从事艺术活动的最初动机可能是艺术天赋和爱好使然。所以，对于大多数从事艺术活动的艺术家来讲，他们往往具有双重职业，如在学校里教书，或者在编辑部从事美编工作，等等，同时他们可以利用闲暇时间进行艺术创作。鉴于这些分析，我们基本上可以得出这样的结论，艺术家队伍的形成和壮大，艺术劳动的供给，主要取决于一个国家艺术人才的存量及其发掘，而艺术人才的存量及其发掘，又是与这个国家艺术活动的普及、美育方面人力资本投资的多寡有关。当然，我们在这里也不否认社会对艺术大师的丰厚的收入报酬激励从事其他活动的人向他们看齐，期待终有一天自己的作品能被社会所承认，从而能给其带来丰厚的收入。因此艺术家平均收入的提高是刺激艺术劳动供给增长的一个重要因素，但是与此同时，艺术家的艺术劳动供给本身就是一种艺术创新活动，是一种艺术享受。从这个角来看，艺术劳动供给不同于其他的简单劳动供给，艺术劳动不仅仅是谋生的手段，给劳动者所带来的不仅仅是负效用。因此，艺术劳动者在闲暇时间偏好、收入偏好、艺术创新活动偏好函数之下，做出的劳动供给决策远比普通劳动供给要复杂得多。我们在考察普通劳动供给时，我们假定劳动者在使自己的效用为最大的情况下做出选择，而他的效用取决于以下几个要素：消费品、闲暇时间（即其所支配的总时间 1 减去劳动时间 Is；$1-Is$）和货币（代表将来消费）。当劳动收入上升时，正常情况下劳动者根据替代效应，会提高其劳动供给，通过收入增加使得其消费品的消费增加（当然当其收入高到一定程度时，收入效应会发挥作用，这时闲暇会变得十分重要，因此收入提高到一定程度，劳动者对收入提高的反应是减少劳动供给，以增加闲暇的消费）。但是，当我们考察艺术劳动供给时，上述闲暇（$1-Is$）被视作消费品的替代品，而 Is 被视作是带来负效用的简单劳动的假定就难以成立了。因为在艺术家那里，艺术劳动往往是艺术家追求的一种享受，为了这种享受，他可能以其他谋生劳动获得收入，并用其他劳动获取的收入支持其艺术追求。当然，在大艺术家那里，艺术劳动为大家所承认，他们在艺术享受的同时，又可以解决生计问题，因此在大多数人看起来，艺术家的劳动是最高尚、最吸引人的劳动。一个国家艺术人才的形成还与一个国家的文化传统和艺术传统有关联，而一个国家的文化传统和艺术传统又通过一定的有形物留传下来，如建筑物、壁画、雕塑、国家及私人的绘画作品收藏，一个国家艺术宝藏越丰富，保存得越好，传播得越有效，这个国家的艺术氛围就越浓厚，就越容易造就大量的艺术人才。

三、政府政策对文化艺术活动促进的意义

前面我们就文化艺术在经济活动的作用以及文化艺术产品的供求特征进行了分析。经过前面的讨论我们发现，文化艺术产品的供给和需求不同于其他产品的供给和需求，有着其本身非常明显的特殊性，由于这些特殊性的存在，使得文化艺术活动不能被简单地置于市场经济中进行发展，而是需要政府的政策支持，才能使文化艺术得以健康地发展。

首先，新古典经济学是西方经济学中的主流派经济学，该经济学认为，完善的自由竞争市场机制是优化资源的最有效的手段，通过严密的数学论证，该理论证明了，在既定的经济资源拥有量和生产技术条件下，使全体经济行为人经济福利达到最大的帕累托最优是与完全竞争的市场均衡状态相一致的。因此，新古典经济学从本质上来讲是否定政府对经济生活进行干预和调节的，他们强调的是，要充分利用市场的调节力量，使各类经济活动在市场机制的作用下达到均衡。文化艺术活动作为一种经济活动，也不例外。市场中形成的文化艺术产品的价格是调节文化艺术产品供求的最好的信号，供求通过价格波动而达到均衡，同其他产品一样，是文化艺术活动中资源配置的表现。但是，许多经济学家同时也发现，并不是所有商品通过市场调节都可以使资源配置达到帕累托最优状态。特别是对于公共产品的供给和需求，市场机制是失灵的，即市场无法通过价格的设置和波动来调节公共产品的供求。而文化艺术产品就是具有公共产品性质的产品，因此，市场机制在调节文化艺术的供给和需求时，也是失灵的。所谓公共产品，如桥梁、路灯、海上的灯塔等等，其具有如下的性质：第一，非竞争性，一群消费者在消费某一公共产品的同时不影响其他新加入消费者在同一时点共同消费该产品的数量和质量；第二，不可分割性如电视广播等，文化艺术产品的供给不可能在不同的消费者那里进行分割；第三，公

共产品增加消费的边际成本等于零，当一群消费者消费某一公共产品时，增加其他人消费的边际成本等于零；第四，公共产品的非排他性，即公共产品一旦供给出来以后，产品的供给者无法要求需求者向其支付价格。如对于城市建筑和雕塑作品来说，这些建筑和雕塑的所有者很难要求每个欣赏这些雕塑的人支付价格。由于文化艺术产品具有很明显的公共产品性质，因此我们指望完全按照市场原则来处理文化艺术产品的供给和需求是不现实的。

其次，文化艺术产品的生产和消费具有很强的外部性。前面我们已经讨论过，文化艺术产品的生产和消费活动，如博物馆艺术品的展出和参观，文化艺术节在一个城市的举办，可以促进旅游业和其他产业的发展，增加就业机会。如法国卢瓦河上的一个名叫“香浓舍”的城堡，虽然属于私人家庭，但是该城堡每年接待参观者945000人，雇用劳动力70人。这些参观者大部分都是通过各旅行社安排前往的，是法国著名卢瓦河城堡游中的一部分。因此不仅“香浓舍”可以获得门票收益，而且各家旅行社可以获得导游等收益，同时还有“香浓舍”附近的旅馆、饭店、各类商店都可以因此而获得他们的收益。

第三，与前面文化艺术产品的外部性有着紧密联系的文化艺术活动能够对其他经济活动，产生一种乘数效应。1992年美国纽约市市长 Rudolgh Guliani 宣布市政府将对文化机构进行各种形式的资助。这一决策是基于一项调查，该调查指出某项文化支出将有可能导致纽约市100亿美元的收入增长，这个收入增长包括交通收入增长、旅馆收入增长和饭店收入增长等。在加拿大的魁北克市，三大文化活动（管弦乐队演出、博物馆展出和文化节）的举办将产生1.5~3倍于文化投入的收入增长。在法国，每年的阿维浓（Avignon）戏剧节，都可能带来大于戏剧节举办成本的收入增长。如1985年，举办戏剧节的投入经费为1350亿法郎，而综合收入为2550亿法郎。上述这些研究所显示的外部性收益还只是纯经济收益，非经济方面收益显然难以计量，但其影响可能比经济收益更大，更为持久。例如，文化艺术活动可以培养一个民族的爱国主义情操，提高民族的文化艺术素质。一个国家或民族的文化艺术遗产构成民族自豪感的重要的物质基础，让本国公民经常性地回顾参观文化艺术遗产，经常性地举办各类具有本民族特色的文化艺术节，一方面可以使他们充分吸收前辈的文化艺术养分，为文化艺术进一步创新和弘扬做准备，另一方面可以培养他们的民族自尊心和自豪感，进一步激发他们爱国主义情操，最后转化为一个奋发向上的动力。

第四，文化艺术活动中的投入—产出，象高科技方面的投入—产出活动一样是一项具有高风险的投资活动。因为在文化艺术活动中，高投入与高产出之间并不一定具有稳定的函数关系，而是一种概率关系。举例来说，某个艺术家投入其毕生的财力、物力和人力，在某一艺术风格的创新方面进行不断地探索，但是其最终的结果所创作的作品是否被大家所认可和接受，并可以卖出很高的价格，以补偿其投入所费，是件很不确定的事情。但是，对于某一具体的文化艺术投入—产出来说，它们之间的关系是不确定的。但并不等于文化艺术的投入—产出之间就没有正向的关系，从普遍性角度来讲，文化艺术方面的高投入毕竟可以带来高产出。而现在的问题是，当具体到某一项文化艺术的投入—产出活动时，由于存在相当程度的不确定性，私人在这方面的投入往往是不充分的，因此需要政府的支持，才能使文化艺术投入与整个经济的发展相适应。

从上述四个方面，我们论证了在文化艺术活动方面，单纯地依靠市场机制来配置经济资源，可能会使这方面的投入严重不足，从而使整个经济的资源配置处于一种非帕累托最优状态。如同其他的公共产品、具有很强外部性的产品、能够产生乘数效应的产品和具有高风险的投入—产出关系的产品一样，政府在文化艺术活动上面的介入是必要的，政府的介入可以解决外部性很强产品供给不足的矛盾；政府的介入可以充分发挥文化艺术产品供给所带来对整个经济的乘数效应的作用；政府的介入可以支持私人进入高风险的文化艺术的高投入，从整个社会角度来看，带来较高的收益，这是就文化艺术活动方面政府介入的必要性而言的。那么，政府的介入采取何种形式？政府在文化艺术活动方面的介入首先体现为政府直接的财政支出，即由政府拨款投资文化艺术方面建设，如建造博物馆、歌剧院等等，对维持这些机构的日常运作费用，也可以纳入国家和地方政府的财政预算项目。其次国家投入和筹集各类资金举办各类文化艺术活动，促进文化艺术活动的发展。最后，国家还可以通过制定各类法规和政策，一方面对文化艺术经济活动给予如税收等方面的优惠，另一方面鼓励企业和私人对文化艺术活动的资助，多方面动员社会力量支持文化艺术活动。

（选自《学术季刊》1999年第4期）

中国文化产业学术会议综述

以战略观点推动文化事业的发展

——全国文化事业发展战略问题研讨会

1986年11月20日，由文化部政策研究室和《中国文化报》联合召开的“全国文化事业发展战略问题研讨会”在厦门鼓浪屿举行。来自全国各地的百余名代表出席了会议。大会收到了七十余篇论文。

在会议期间，代表们畅所欲言，各抒己见，就文化艺术产品的商品属性问题、文化市场问题、老少边穷地区文化发展问题等一系列与文化事业发展紧密相关的问题进行了研讨，并取得了积极的成果。文化部常务副部长高占祥同志自始至终参加了会议，并在研讨会即将结束之际，作了长篇个人发言，题目是“以战略观点推动文化事业的发展”。发言分为四大部分，其中以第二部分最为重要，谈了观念更新的问题：即要树立开放观念、竞争观念、经营观念。高占祥同志的发言集中地体现了这次研讨会的成就，把会议气氛推向了高潮。会后，全国各地大小报刊纷纷宣传和报道了会议的成果，把近年来的“文化热”又推向了一个新的高潮。在提交大会的论文中，有些选题引起了代表们的重视，如文化发展与市场机制问题、把文化艺术生产作为第三产业来发展的问题、文化事业领域中如何实行间接控制的问题等等。应该说，这次会议为中国文化事业的发展作了可贵的、有益的探索。

“全国文化事业战略问题研讨会”的余波一直延伸到1987年年初。新年伊始，《中国文化报》理论版就开辟了“文化市场”专栏，接连发表了《文化发展与市场机制》（1月7日）和《文化领域中如何实行间接控制》（1月14日），引起了比较广泛的重视。这两篇文章有一个共同的特点，就是把文化事业的发展，把文化艺术生产的繁荣，与市场和市场机制联系起来，读完之后使人耳目一新。

［选自紫雪《近年来文化管理学科的建设与发展述评》，载《上海大学学报》（哲学社会科学版）1988年第6期］

确立文化商品观念　发挥市场机制作用

——全国文化事业发展战略问题研讨会就文化艺术产品的商品性问题展开热烈讨论

在厦门召开的全国文化事业发展战略问题研讨会上，文化事业的发展与商品经济的关系问题，是最感兴趣、讨论最热烈的问题之一。

与会者一致认为，建设社会主义精神文明，首先要更新观念。确立文化产品的商品观念，发挥文化市场机制的作用就是牵动全局的观念更新。这一观点的提出不仅是对我国长期存在的保守、封闭、安贫乐道、不思进取等陈腐观念的有力冲击，而且是文化事业求生存、求发展的必由之路。

在充分肯定文化艺术产品的商品属性、大力发展文化市场的前提下，代表们就一些具体问题展开争鸣。有人主张要发展、繁荣社会主义的文化事业，必须从以往的那种文化事业过分依附于政治和国家的有限投资的状态中挣脱出来，建立文化发展的主体意识，使文化事业纳入产业化、市场化的轨道。商品经济是人类社会发展长河中不可逾越的阶段，在一定历史时期其存在不仅是必要的而且是合理的、进步的。对此，在思想观念上应有正确的认识，在理论的研究上应有超前性。当前，应当从更高的层次和更广的视野上看待商品，既要破除精神产品不是商品、文化艺术与商品无关的观念，又要树立文化产品生产和管理中的开放、经营、竞争、自主和疏导等基本原则。有同志认为，文化事业要走市场化的道路，这是大势所趋，不可逆转，但是，也不可一下子走得很远，应分阶段逐步实现。文化艺术产品既包括商品也包括非商品，因此，使用“文化市场”的概念是不够确切的，研究文化发展的战略问题，不能只着眼于文化市场，还应研究文化发展与社会、现代化之间的关系。在讨论中尽管大家对文化艺术产品的商品属性的理解不尽一致，但一致肯定商品规律对文化事业发展的制约和推动作用，认为要促进新时期文化事业的蓬勃发展，必须增强文化市场观念。

（选自1986年12月3日《中国文化报》）

树立文化产业观念　加强市场管理体制建设

——文化市场理论研讨会综述

本刊记者

编者按：一个古老但又新鲜的事物，成了来自26个省、市、自治区及9个直辖市代表的议论中心。不管你承认不承认，赞成不赞成，文化市场已经确确实实地存在着、发展着。

既然是文化市场，它就既有与一般市场相通之处，又有与一般市场不同的特殊规律。它影响着精神产品的生产与消费。关注它、研究它，从而取得对文化市场的领导权，是当前不容忽视的一项工作，本刊与文化部社文局、《光明日报》社联合举办文化市场理论研讨会的目的就在于此。既是理论研讨，当然就会有不同的看法，通过不同意见的交流与探讨，将有助于深化对文化市场规律性的认识。这次研讨会涉及了文化市场的内涵、文化市场的管理体制、文化市场的立法原则，以及如何繁荣文化市场以不断满足人民群众日益增长的文化生活需求等众多的方面，希望能引起读者、特别是做文化领导工作的同志的兴趣，以期共同努力，扶植、促进、引导、调控、管理好文化市场。

80年代以来，随着在全国大大小小城市的商业大厦、大楼的缝隙中闪出一块又一块舞厅、歌厅、音乐茶座、游艺室、录像店的招牌，传播媒介也将一个新鲜的名词——文化市场——输入了人们的“信息库”——大脑。它从一开始便引起了有关人士的高度关注，但令人遗憾的是，近10年过去了，文化界、理论界对此除一些零散的探讨外，始终并无比较集中、系统的理论建设。为此，瞭望周刊、光明日报与文化部社会文化艺术事业管理局于8月24日至29日在哈尔滨召开了全国文化市场理论研讨会，来自全国20多个省市的文化、理论工作者第一次有机会就文化市场的性质、任务、作用及其管理等问题进行较深入的讨论，使建立有中国特色的文化市场理论有了一个良好的开端。

关于文化市场的概念

至少不是近十年才忽然出现的，有的人认为从人类能生产文化产品并进行交换的远古时代就已出现。对于如此漫长的历史似乎难以一时深究，但文化市场一直存在着，发展着。并给予精神生产以巨大影响则是不容置疑的。新中国成立后，由于产品经济的一统天下，尽管买书还要付钱，看戏还要买票，从事文化工作的人却很少有市场的概念。直到近十年，改革、开放和商品经济的发展才使得人们正视这样一个事实，精神产品的生产同样要尊重市场机制的作用。

那么，从理论上说，文化市场究竟是什么？为大多数与会者接受并采纳的概念是：文化市场是以商品向人们提供精神产品和各种有偿的文化娱乐服务的场所。如剧院、影院、音乐茶座、舞会、游艺室、书报店摊、投影录像店等。

但是，有同志认为，这个概念虽然比较准确地说明了文化市场的性质、特点，却因从“场所”出发而未免陷入狭义的市场观念。他们认为应把文化市场当一种商品交换关系来看待：文化市场是文化商品与任何形式的商品交换关系的总和，是文化生产资料所有者与任何生产资料所有者之间经济关系的体现。具体地说，它包括五个方面的关系：（1）文化的社会生产与文化的社会需求之间的关系；（2）文化产品的可供量与有支付能力的文化需求之间的关系；（3）文化产品生产者与文化商品消费者之间的关系，即文化市场人际间各种利益的关系；（4）文化生产部门与国民经济各部门之间的关系，如计划关系、分配关系、合作关系等；（5）政府办文化组织与社会的、集体的、个人的文化组织的关系。

关于文化市场的作用（功能）

有同志认为，文化市场在满足人民群众文化消费需求的过程中，具有以优质的多层次的文化商品和周到的服务，激发群众把自己满足生存需要之外的任意支配收入，更多地用于文化消费的功能和通过商品价格涨落和商品销售的滞畅状态，从宏观上调节文化商品的生产的功能。也有人将文化市场的作用概括为五个方面：(1) 促进两个文明建设。这是指文化市场与经济物质市场相结合时，不仅自身得到发展，而且促进了经济的发展。(2) 向人们提供精神食粮，丰富人们的精神文化生活。(3) 文化产品的生产者与消费者之间的渠道沟通。文化市场上文化商品的畅销与滞销，可以看出消费者对某一文化商品的基本态度，从而引起生产者对产品改进的思考。(4) 克服惰性，增强竞争意识的作用。既是市场，必然就有竞争，优胜劣汰是不可抗拒的规律，这对长期端铁饭碗的文化部门是一次冲击。(5) 减轻国家财政负担，增强文化事业活力的作用。文化市场上文化商品的收入可维持、扩大文化产品的再生产，极大地弥补国家文化事业经费的不足。

另一种持“文化市场是伴随城市而存在，是城市特有的现象”观点的人则提出，在谈到文化市场的作用时，还应注意到文化市场在城市生活中特有的消除疲劳，恢复体力，为投入再生产作为精神准备的作用和为每个人自我选择、自我实现提供了广阔天地的作用。

几个有关的概念

从文化市场的性质以及它在人们生活中的作用出发，有同志提出，一些与文化市场有关的观念应该进一步明确。首先是产业的观念。这种产业的观念，是对以往把文化事业简单地当成意识形态以及对文化来取狭隘的“政治挂帅”的道德功利主义和政治教育至上的简单模式的冲击，对全面发展社会生产，真正做到在提高人们物质生活水平的同时，通过文化市场为社会有偿提供精神文化消费资料以满足人们日益增长的文化生活需求有着重要意义。

其次是商品经济观念。作为满足人们发展和享受需要的精神文化产品，是社会主义商品经济的重要组成部分，不论它与其他的物质商品比较有怎样的特殊性，在商品的属性这一质态上是完全一致的。

第三是市场机制观念，包括竞争意识、优胜劣汰意识、社会服务意识等。还有一个很重要的观念是以娱乐为主的观念。强调文化市场以娱乐为主，既不同于政治伦理和道德规范的“教化”，也不同于传统文化“寓教于乐”的思想，娱乐就是娱乐，让人们在娱乐消费中得到愉快、轻松和欢乐的感觉和享受。

关于文化市场的效益原则问题

由与会者从全国各地带来的情况看，文化市场的发展的确出现了一些令人担忧的问题，较突出的有书刊市场和音像市场都不同程度地出现过黄色、淫秽、封建迷信、低级庸俗的出版物，音乐茶座和舞厅也时有不健康曲目演唱以及不健康行为发生。这无疑是文化市场的经营者片面逐利的必然后果。对此，不少同志指出，文化市场应当确立社会效益为首，社会效益与经济效益相统一的原则。他们认为，任何商品市场都要讲经济效益，否则就没有市场的存在。但是，文化市场是具有双重性的特殊市场，它既有市场的一般规律，又有着作为文化市场的特殊规律，也就是说，文化市场不仅要有经济目的，还有精神文明的目的，而后者更为重要。这是社会化市场区别于资本主义市场的重要特征。

有个别同志认为，市场就是市场，经济效益应理直气壮地成为文化商品生产追求的主要目标之一，成为文化市场工作的基础。我们既然承认文化市场的存在价值，就当然同时应当承认文化商品生产与其他商品生产在基本心态和行为目标上没有质的差异。文化市场把经济效益摆在次要地位，在逻辑上讲不通，在实际上也行不通。当然，这并不意味着不强调文化市场的社会主义性质。理想的文化市场模式应是以精神价值为导向，以文化价值为内核，以经济价值为中心的创利型文化模式。

关于文化市场的管理问题

不论是文化市场兴起最早的南国广州，还是西南四川、西北宁夏，文化市场在发展过程中都遭遇过或因管理经验不足、管理意识跟不上形势，或因管理不合理、管理措施不配套而造成的困境，如发展不均衡，结构、布局不合理，繁华街市“网点”密集，冷清僻静处却又是空白；又如音像制品市场、书刊市场等，多头领导，没有统一的管理，结果造成“谁都管，谁都不管”的实际无人领导状态。因此，加强文化市场管理的呼声甚高，因为它直接关乎文化市场能否健康发展，能否建立起正常的市场秩序。也正因为这样，如何加强文化市场的管理，也成了本次研讨会的“热点”。

与会者认为，加强文化市场管理，首先要本着既坚持四项基本原则，又坚持改革、开放、搞活；坚持把社会效益放在首位，又讲求经济效益的总的指导思想，和扶持有益的、允许无害的、抵制有害的，取缔违法的、打击犯罪的管理原则，用法律的、行政的、经济的方法，在积极疏导的基础上进行科学管理，使之管而不死，活而不乱。

文化市场的管理体制，前一段时期，有些地方采取了“条块结合，以块为主，统一归口，分级管理”的管理体制。“条块结合、以块为主”是指以市、区为单位成立由文化、宣传、工商、公安、物价、广播电视、出版等部门组成的文化市场管理委员会，各部门密切协作，以市或区为单位进行以块为主的管理，统一归口是指无论是音像制品、书报摊点、业余艺术团队的演出等，也无论是文化、工会、共青团等方面的文化市场活动等，都归口文化市场管理委员会统管。这种管理体制曾发挥过一定的作用。但是，不少同志认为，作为文化市场的政府行政管理部门，应该是权威的、统一的、有效能的机构，临时性的或由众多相邻部门联合组成的机构不能适应文化市场管理的需要。应在文化部设文化市场管理局，各级政府也设置相应机构，以便于统一领导，加强管理。

与会者对于文化市场立法问题极为重视。他们指出，文化市场不同于一般的物质产品市场，它提供的产品及服务是否文明、高尚、有益、健康，直接关系到广大人民群众文化素质的提高和社会风气的好坏，因此，当前文化市场的管理应逐步法规化，以保证文化市场的社会主义性质。

（选自《瞭望》周刊1988年第38期）

坚持方向深化改革　把艺术管理提到一个新的水平

——第三次全国艺术管理学研讨会纪要

路　远

第三次全国艺术管理学研讨会于1989年8月8日至13日在大连召开。这届会议由文化部艺术局、文化部政策法规司、《中国文化报》、中国艺术研究院、中国音乐学院、吉林省艺术研究所、福建省艺术研究所、湖北省文艺干校、辽宁省艺术研究所，沈阳市艺术研究所和大连市艺术研究所联合主办，来自全国的70余位代表在会上宣讲论文30余篇。

这次研讨会就如何贯彻党的十三届四中全会的精神，进一步深化艺术事业体制改革这一中心议题展开了热烈的讨论。会议首先认真回顾了几年来我国艺术管理学研究的发展状况。与会者指出，自1987年在大连召开第一次全国艺术管理学研讨会以来，在我国已初步形成了由从事艺术管理实践、从事艺术管理研究和从事艺术管理教学的三方面力量组成的艺术管理学研究队伍，并出现了一批研究成果。这几年，艺术管理学的研究侧重于体制改革与经营方式改变两个方面的问题。大家认为，上述两方面问题的研究是必要的，对推动艺术体制改革的发展，提高艺术表演团体的活力有着十分重要的意义。但是，大家也指出，我们在一些问题的研究上，强调了艺术团体作为经营实体的地位，甚至套用经济领域的办法，主张艺术商品化、剧团企业化，主张把艺术团体完全推到市场上，由市场决定其命运。大家认为这种说法在一定程度上忽视了从事精神产品生产的具有意识形态属性的文化艺术部门与从事物质产品生产的经济部门的区别，忽视了具有社会公益性的事业与企业的区别，对艺术事业的发展会带来不利影响。

会议认为，当前我国的艺术事业的发展已经进入到全面实行体制改革的新阶段，摆在我们面前的中心任务是如何进一步深化改革，完成新旧体制的交替。这是一项艰巨复杂的系统工程，需要我们付出长期的艰苦的努力。为保证这一任务的完成，大家提出，必须进一步明确体制改革必须在坚持社会主义方向的前提下进行，体制改革仅仅是改革不适应形势发展的弊端，而不是改变艺术表演团体的社会主义性质。几年来，我们确认了艺术团体不同于政府机关的属性和特点，明确了它的行业特点和职业特点，改变了过去由国家统包统管的方式，确定了艺术团体具有独立从事艺术生产和经营活动权力的社会文化团体的地位，采取了符合其特点的管理方式。但是我们在承认它的经营性的同时，必须看到它还具有社会公益性，担负着社会主义精神文明建设的重任。今天，我们强调这一点是十分必要的，这对克服那种放弃阵地、不闻不问和只重经济效益忽视社会效益的错误思想，保证改革的健康发展是十分有利的。大家认为，对具有社会主义公益性的艺术事业，国家和各级政府必须有保护和支持政策，必须给予必要的政策上和经济上的保证。

为进一步深化改革，我们还必须对市场机制的局限性和盲目性有清醒的认识。当前文化市场出现的混乱和无秩序状态是发人深省的。它说明市场机制不是万能的，缺乏正确导向的自然形态的市场具有很大的盲目性，它不可能完成优胜劣汰的任务，甚至可能出现劣胜优汰的状况。因此，在强调发挥市场机制的作用的同时，必须重视政策、法规、计划的宏观管理，必须将市场机制同社会选择机制有机地结合起来。与会者认为，要使体制改革不断深入，必须上下协调，尽快解决政策配套问题。各地在改革的进程中，分散决策，各显神通，办了很多事情，解决了很多问题，但是也都遇到了一些带有全国性的问题，这些问题涉及立法、财政、税收、干部人事制度、工资制度等许多方面，这些问题不解决，艺术事业的体制改革就很难深入下去。制定和完善艺术表演团体体制改革的配套政策是一项相当庞大、相当复杂的事情，需要引起全社会和国家各有关部门的高度重视。与会者坚信，我国的艺术表演团体体制改革一定会沿着社会主义方向不断深入下去。

（选自《中国戏剧》1989年第12期）

清理整顿文化市场　繁荣群众文化

——全国清理整顿文化市场工作会议在北京召开

程京生　由中华

文化部文化市场管理局主办的“全国清理整顿文化市场工作会议”于1989年8月22日在北京举行。

这次会议以清理整顿文化市场，保护广大青少年身心健康，繁荣群众文化为宗旨。文化部副部长高占祥提出，会议的任务就是在交流前段经验的同时，着重研究和讨论作为文化市场主管部门的文化部门，如何既担负起清理整顿社会文化市场的职责，又完成进一步活跃群众文化生活，繁荣社会主义文艺的任务。安排和组织好国庆40周年文化活动；既要实施突击检查整顿，又要理顺管理体制。为改革开放提供一个良好的社会文化环境。文化部副部长英若诚同志做了《彻底整顿清理文化市场努力繁荣活跃文化艺术》的主题报告，它分三部分组成。一、整顿清理文化市场刻不容缓；二、大力整顿清理文化市场，不断完善管理体制；三、振奋精神，活跃市场、繁荣文艺。他还就即将举行的第二届艺术节有关工作做了介绍。

与会者讨论了由文化部起草的关于《文化市场管理暂行办法》（征求意见稿）的文件。文化部文化市场管理局局长焦勇夫同志对此做了说明。大家还就李瑞环同志提出的如何一手抓清理整顿，一手抓活跃繁荣群众文化问题进行了较详细的研讨。此外，与会者还就如下问题进行了讨论：文化管理体制、社会文化管理委员会与文化主管部门的关系、文化市场与法律建设的关系等。先后有9个单位在会上向与会百余名代表介绍了工作经验。会议期间代表们出席了中央举行的全国整顿清理书报刊市场和音像市场电话会议。召开了“文化厅（局）长座谈会”，还参观了北京崇文区文化馆。刘思德、王维成、宁木文、刘德有等领导同志出席了会议。

（选自《东南文化》1989年第21期）

理顺文化市场的管理体制　加强娱乐市场的正确引导

——首届上海社会文化市场理论研讨会综述

吕民生　陈德祥

上海的社会文化市场现状如何？如何依法加强对社会文化市场的管理？作为亚城市文化圈的郊县社会文化面临何种困境？社会文化市场管理的合理模式应是怎样的？带着这些问题，120余位来自北京、江苏、安徽、江西、山东、福建以及本市的社会文化管理工作者、科研教学人员于1990年末云集上海，第一次就社会文化市场问题展开了较为切实、客观与全面的研讨。

与会者一致认为，上海的社会文化市场经过近六年来的发育、发展已经初具规模。目前上海已拥有328家舞厅、470多个录像放映点、125家“卡拉OK”、43家音乐茶座、219个桌球室、1023个电子游艺室、17支服装表演队和2800多个业余艺术培训学校这个多样化、多层面的文化市场，对于繁荣文化事业、促进改革开放、改善投资环境、满足人民群众日益增长的文化生活需求，发挥了积极作用，同时，市政府在文化管理方面也积累了一些经验。但是与会者认为：对上海的社会文化市场现状并不能就此满足而止步不前，当前文化市场尚存在着不少问题迫切需要从理论与实践两方面去加以解决。

1. 关于“市场文化”观念问题。有的代表认为，当前文化市场的结构发生了巨变，这集中表现为一种以市场为调节机制的文化形态——市场文化已经应运而生，它的产生拓展了文化市场的旧有结构与功能，致使文化发展的观念、文化领域的党政机构和具体生产实体的经营管理体系及其运行机制发生连锁反应；也有人认为市场文化的产生正是顺应了社会的需要、受众的需要与市场的需要而做的结构性与历史性的调整和改革，所以我们不能用传统的文化观念和标准去衡量这种新形态的市场文化；还有人则以为尽管上海有一个文化市场，但是否存在一个文化形态型的市场文化是值得商榷的，任何一种游艺活动都有一个意识形态问题、有一个精神文明建设问题，所以作为文化市场还得将社会效益放在首位；也有人认为，市场文化是城市现代化的必然要求，市场文化的崛起，使文化从意识形态扩展到市民生活，文化在这里已成为文明的娱乐形式城市化的象征，在市场文化中有些娱乐项目不存在意识形态问题，当然，讲市场文化“以娱乐为基础，盈利为核心”并不是说它可以反社会一般伦理、反社会法规。

2. 关于文化市场管理体制问题。这是代表们关注的另一个话题。有人认为目前文化市场的管理体制尚未理顺。这种管理必须同时顾及社会效益和经济效益，实行行政机制和市场机制有机结合的调节方式，要看到目前的文化有产业与事业之别，管理的重点也不一，作为文化事业必须加强党的领导，加强其意识形态的指导作用，而文化产业则不同，它的管理行为应是企业化、集约化与社会化的；也有的代表则以为目前文化市场市、区（县）、街道三级（“菱形”）网络不尽合理，市主管文化市场的机构都是建立在各自为政的基础上，彼此联络不多，这在很大程度上降低了办事效率，有关法规也难以一致，针对这种状况必须理顺条、块之间的关系，分清彼此的职责，然后在职责范围内进行管理；还有的代表认为，目前的文化市场管理体制不存在重大的问题，不管卡拉OK、舞厅是哪家企业开的，它既然是文化行为就应属文化职能部门来管理，只需明确各级管理部门的权限就行了，不必对现行体制作文化事业与文化产业的切割；鉴于文化市场本身的性质与特征，有的代表认为文化管理部门应从传统的格局中脱离出来，从事业管理变为产业管理。从产品管理转为市场管理，从硬性管理转向弹性管理，从行业管理变为综合管理。为建构一个统一的文化市场行政网络，应建立一个由市、区（县）两级文化市场管理部门组成的统一的管理机构；也有的代表则以为，这种管理机构应该实行工商、行政、物价、财政、文化各部门协调制度，或建立联席会议制度，这种制度或可称之为一体化（综合）管理模式。

3. 关于社会文化市场的导向问题。加强文化娱乐市场的正确引导，以引导促进管理，是与会者议论的又一个热点。代表们认为，加强文化市场的导向作用很重要，文化市场是提高民族文化素质的一个重要渠道，要利用人们对文化娱乐活动的需求，寓教于乐，使人们在潜移默化中逐渐提高自己的文化素质与艺术修养。当前主要问题是：（1）文化娱乐市场结构发生严重倾斜，外来文化娱乐项目占了很大比例，这就有一个如何发扬民族优秀文化的问题；还有的代表呼吁要重视民族娱乐设施的建设，比如西安唐乐宫、深圳锦绣中华，上海也应有这样的设施。（2）文化娱乐市场经营者素质和经营层次亟待提高。代表们认为，文化娱乐市场的管理，决不能仅仅满足于不打架、不起哄、不吵骂等低层次的管理现状，而是要不断提高娱乐市场的艺术品位和审美层次。也有的代表则指出政府可以通过整体调控、咨询服务、法律监督等行为来规范文化市场的管理行为。

4. 关于郊县社会文化市场问题。目前上海郊县共有各类文化市场网点1600多个，其中新开辟的文化市场网点占59.38%，郊县文化市场由于不断地受到城市文化的冲击与辐射，从而形成一种亚城市文化圈。它具体表现为开发较快、受制较多；项目不少，档次较低，县城初具规模，乡镇很不平衡；管理刚上轨道，机构不够健全。对此，来自上海郊县的代表认为应该采取“加强舆论引导，取得共识，树立形象；继续搞好扶持，挖潜开发，促进平衡；健全管理机构，完善职能，调控指导”的措施，使郊县社会文化走上正常、合理渠道，从而促进市郊农村文化市场的原生系统、生态系统、管理系统正常运行。

此外部分代表还分别论及了“文化市场评估体系”、“两个效益的关系”、“文化市场的立法与执法”以及“浦东新区文化市场的开发与建设”等问题。对这次理论研讨会，文化部和上海市委、市府的有关领导在会上给予了高度评价，并与代表们共同展开了研讨。

（选自《社会科学》1991年第2期）

尊重文艺特点和创作规律　用社会主义原则来指导和管理文艺事业

——邓小平论文艺学术讨论会述要

张家钊

为了庆祝毛泽东同志《在延安文艺座谈会上的讲话》发表50周年，深入研讨邓小平同志对毛泽东文艺思想的新发展，4月9日至11日，四川省社科联在成都召开了邓小平论文艺学术讨论会。来自成都地区的文艺理论工作者深入学习和细致梳理小平同志的文艺论述，认为小平同志的文艺思想十分丰富和深刻，对坚持和发展毛泽东文艺思想作出了重大贡献。认真学习和领会小平同志的文艺论述，对于我们总结文艺创作的经验教训，进一步繁荣社会主义文艺，都是十分有益的。

一、关于文艺与政治的关系问题

大家认为，小平同志根据社会主义四化建设的新情况和新问题，对文艺与政治的关系做出了新的概括，他提出：不“要求文学艺术从属于临时的、具体的、直接的政治任务”，“不继续提文艺从属于政治这样的口号，因为这个口号容易成为对文艺横加干涉的理论根据，它对文艺的发展利少害多。”但是，“不是说文艺可以脱离政治，长期的实践证明，文艺是不可能脱离政治的”。这是小平同志的文艺思想的核心。

围绕政治与文艺的关系，有的同志认为，从文艺不可能脱离政治的角度讲，文艺虽然不再从属于临时的、具体的、直接的政治任务，但是，文艺不能不从属于全局的、长远的、根本的政治。例如，文艺要为社会主义经济建设服务，经济建设就是当前最大的政治。有的同志以古今中外的文艺现象为例，论证文艺与政治有不解之缘，屈原的《离骚》、曹雪芹的《红楼梦》、巴尔扎克的《人间喜剧》、托尔斯泰的《战争与和平》，这些优秀的文学名著都包含了丰富的政治内容和鲜明的政治倾向。中国古代文艺家都怀有强烈的政治参与意识，他们认为“观乐（文艺）”可以了解政治，“声音之道（文艺）与政通”，他们提倡“诗教”、“乐教”、“文以载道”，用文艺为手段，推行政治教化。“五四”以来的新文学也证明了文艺不可能脱离政治。当然，这是就文艺与政治的整体而言，并不是说任何一首诗一幅画或一篇散文都不能脱离政治。有的同志提出，“政治”这一概念应当是广义而宽泛的，不能狭隘地理解为只有阶级斗争才是政治，阶级联合、四化建设都是政治。政治与文艺的关系既不是主仆关系，也不是父子关系，根据恩格斯的看法，政治给予文艺强有力的影响，反过来，文艺也能影响政治。有的同志着重阐述了毛泽东和邓小平在处理文艺与政治相互关系上的区别及其原因。毛泽东同志主张“一切文学艺术都是属于一定的阶级，属于一定的政治路线”，要求“文艺从属于政治”，在评价文艺作品时，提出“政治标准第一，艺术标准第二”。总的说来，毛泽东同志处理文艺与政治的关系显得比较“紧”，其原因是当时民族危机空前尖锐，党处于革命战争环境，因而“文艺从属于政治”在当时是十分必要的。但是，到了社会主义时期，党的工作重心发生转移以后，仍然坚持“从属论”就带来了消极影响和不良后果。小平同志用文艺为社会主义服务代替了文艺为政治服务，用文艺为人民服务代替了为工农兵服务，用“对实现四个现代化是有利还是有害”作为判断文艺作品思想艺术价值的标准，用是非标准代替了政治标准。总的说来，小平同志处理文艺与政治的关系显得比较“松”，这种调整和转变有利于社会主义的繁荣与发展。

大家认为，文艺不从属于政治，又不能脱离政治，关键是处理好二者的关系，这有利于澄清创作中的某些理论问题。例如，创作方法应该是一元还是多元，现实主义能否一统天下等等。

二、关于“人民需要艺术，艺术更需要人民”的问题

大家认为，小平同志精辟地概括了文艺与人民的血肉联系，提出了“人民需要艺术，艺术更需要人民”这一光辉思想。他号召作家、艺术家“自觉地在人民的生活中汲取题材、主题、情节、语言、诗情和画意，用人民创造历史的奋斗精神来哺育自己”。一些同志从文艺的生产与消费的角度阐述了小平同志的上述思想。首先，没有艺术消费就没有艺术生产，人民不仅是文艺表现的主体，而且也是文艺接受的主体。社会主义文艺只有通过群众的欣赏，才能产生相应的社会效益。其次，人民的生活为文艺创作提供艺术素材、营养和动力，是文艺创作的源泉。第三，文艺作品的思想成就和艺术成就，也需要由人民群众来评定和检验。

三、关于文艺与精神文明建设的问题

一些同志从文艺的功利性和社会文化的角度阐述邓小平的文艺思想。小平同志把社会主义建设分为物质文明建设和精神文明建设两大部分，把文艺纳入精神文明的范围来考虑，充分肯定了文艺对精神文明建设的重大作用，这是他根据新时期的实际情况而提出的理论原则和战略方针。关于文艺的功能，古人要求文艺“经世致用”、“有补于世”，其目的无非借助文艺以推行教化。小平同志论述文艺的功能，始终是与文艺的人民性、时代性和现实性结合在一起的。他要求作家艺术家“用自己的作品、表演，教育和引导人民正确对待历史，认识现实，坚信社会主义和党的领导，鼓舞人民奋发努力，积极向上，做到有理想，有道德，有文化，守纪律”。文艺对精神文明建设负有重要责任与作用，我们应该研究在新的文化心态下，如何发挥文艺的功能。

四、关于知识分子政策、文艺政策和文艺管理的问题

一些同志认为，小平同志根据社会主义现代化建设的性质和特点，及时调整了党的知识分子政策和文艺政策，理顺了党同知识分子的关系。他首先肯定了知识分子是工人阶级的一部分，恢复了他们应有的社会地位，这就极大地解放了文艺生产力，调动了广大文艺工作者的积极性。其次，他为文艺制定了正确的路线、方针和政策，强调贯彻“双百”方针，坚持“三不主义”，坚持文艺上两条战线的斗争，有“左”反“左”，有“右”

反“右”。在文艺管理上，小平同志一方面坚持用社会主义原则来指导和管理文艺事业，另一方面，他又非常尊重文艺特点和创作规律，反对艺术创作中公式化、概念化的倾向，主张文艺的创作的题材、风格和表现手法丰富多彩，不拘一格。

五、关于邓小平的文艺思想的特色问题

一些同志认为，小平同志的文艺思想的根本特点是他对时代特征的深刻认识和对历史发展趋势的准确把握。“五四”运动以来，革命文艺一直处于残酷的斗争环境和尖锐的民族矛盾之中，阶级斗争和救亡图存始终是文艺的最强音，因此，毛泽东同志的《在延安文艺座谈会上的讲话》是时代对文艺的要求。但到了社会主义建设阶段，在很长一段时间内，我们对时代特征认识不足，对阶级关系的分析有所失误，没有随着工作重心的转移及时调整战时文艺政策和知识分子政策，“左”的倾向越来越严重。小平同志的伟大功绩，就在于他代表了人民的要求和希望，从四化建设出发思考文艺、要求文艺、论述文艺，制定文艺政策和知识分子政策，这也是小平同志的文艺思想的基本特点。

一些同志认为，小平同志的文艺思想的基础是他一贯坚持的务实精神和实事求是原则。他是作为一个伟大的政治家，从实现四化的宏观角度来观察文艺。因此，他不是事务性地就文艺论文艺，而是高瞻远瞩，从全局出发规定文艺的基本原则和政策。

（选自《四川社科界》1992 年第 3 期）

来自文化市场的呼唤

——1992 年全国文化市场理论研讨会侧记

虎　翼

文化部和《光明日报》联合召开的全国文化市场理论研讨会 1992 年 12 月 18 日至 20 日在海口市举行。这是继 1988 年召开第一次全国性文化市场理论研讨会以来的第二次。时隔 4 年，文化市场的发展有了长足的进步。据不完全统计，目前我国歌舞厅和卡拉 OK 厅有一万多家，音像出版单位 500 多家，复录发行机构 1500 多个，放映点 5 万多个，每年大型营业性演出活动在百起以上。党的十四大提出建立社会主义市场经济的方针，整个文化事业面临着转轨变型的现实，加强文化市场的建设和管理，建设有中国特色社会主义文化市场已成为摆在广大文化工作者面前的紧迫任务。因而这次在海南召开的全国文化市场理论研讨会，就成为社会各界尤其是文化界、新闻界关注的热点。

冬天里的春天

12 月，北国已是飘雪的隆冬，海南却依然温暖如春，代表们一下飞机就把身上的衣服减到了最后一件。开幕式上文化部代部长刘忠德同志讲话指出，文化事业的发展要提倡“百花齐放、百家争鸣”，文化市场的理论研究同样要按照这一方针，做到各抒己见，畅所欲言，允许不同观点的争鸣，不打棍子，不扣帽子。在“二为”方向的指引下，开展“百家争鸣”，使我们对社会主义文化市场发展规律的认识向前推进一步。这次研讨会收到了近 20 个省市的 40 余篇个人和集体提交的论文，20 余位代表踊跃登台发言，提出了文化市场发展中的许多尖锐现实问题。

听了代表们的发言，使人感到，文化市场已经是活生生的现实，回避它是不可能的。文化事业的计划模式正在向崭新的市场机制发展，文化事业正在沉重地然而却是充满希望地进行着“转换经营机制”，社会主义文化市场的产生和发展，向文化事业提出了挑战，也带来了机遇。许多发言者对我们文化系统的改革开放步伐迟慢提出了批评，他们大声疾呼不能坐失良机。很多同志表示，建立社会主义市场经济体制是大势所趋，部领导态度明确，我们要以最大的热情投身于这一实践，作为文化市场的管理者，积极培育和发展社会主义文化市场是我们当仁不让的职责。文化部和《光明日报》的领导虚心听取了每位代表的发言，并在会议中间与代表个别交换意见。代表们心情舒畅，气氛宽松、和谐。难怪有位代表诙谐地说，海南开会好，冬天里有个春天。

从热土上的热点说开去

参加会议的代表是各省市文化厅（局）分管文化市场的厅（局）长和处长。因而对文化市场发展的规模状

况十分敏感。听说新兴的省会城市海口市仅歌舞卡拉OK厅就有200来家，不免浮想联翩。许多人谈到，小平同志南巡讲话后，社会各行各业，以及港台海外投资者目光纷纷转向娱乐业，社会办文化的热情再次高涨，申办的娱乐项目之广泛、数量之多是许多年没见的。然而我们目前的文化市场管理从方针政策到法规条例都比较陈旧，不能适应文化市场发展的需要，亟待清理重构，某些观念也必须更新。这些议论的焦点就是不要因强调文艺的教育功能而冲淡文艺的娱乐欣赏作用。只有在这种认识的前提下才能使许多文艺领导者观念中紧绷的这根弦松弛下来，才能去考虑文化的产业化，文化事业单位的“下海”等等问题 。

文化娱乐事业作为第三产业的重要门类面临着大发展的前景，它对于国计民生并不是无足轻重的。据报载，国家有关部门最近在研究规划第三产业发展目标时确定，90年代我国第三产业的增长速度要高于第一、第二产业。其增产值在国民生产总值的比重以及就业人数在社会劳动者总人数的比重，力争达到或接近发展中国家的平均水平。

据海南文体厅的领导介绍，海口作为海南经济的龙头，第三产业超出第一、二产业的发展速度，成为国民经济的先导产业。在海南，金融业、房地产是第三产业的主力两翼，而伴生的旅游业、娱乐业也是两支“看不见的手”。虽然各地情况千差万别，但是随着第三产业的迅猛发展、经济的腾飞，文化环境也将不断改善，文化娱乐业的大发展为期不远。

“绿色的”沉思

有句名言：理论是灰色的，生命之树长青。擅改这句话来作小标题是想说这么一层意思 如果说理论是灰色的，那么这种理论是进到了高层次，有理论体系的枯燥、甚至繁琐若一种理论尚未纯化，十分贴近现实，切入生活且新鲜可爱，作这种思考也就令人愉悦，姑妄称之“绿色的沉思”。文化市场理论就属此类。

直接参与文化市场管理的人思考文化市场的理论问题其特点也就在于紧扣文化市场的现实。这里笔者想把这次研讨会论文的观点作一扼要的介绍：

1. 文化市场与文化的改革开放

多数论文对这一问题比较一致的看法是，社会主义的市场经济体制要求文化事业加快改革开放步伐，文化市场作为整个社会主义大市场的有机组成部分必将日益活跃繁荣，文化部门作为管理者和生产经营者对此负有直接责任。说得耸人听闻点，社会主义的市场经济将急风暴雨之势涤荡社会生活的各个领域，文化工作者文化单位也绝不会例外。文化人要时刻准备下文化市场的“大海”，文化部则应成为大海上的航标和远航时的舵手。

2. 文化企业 · 文化产业 · 文化经济

文化作为事业的历史是漫长的，但是随着整个社会生活重心的转移，文化也要走产业化的道路。文艺表演团体、群众艺术馆、文化馆（站）、博物馆、图书馆，诸如此类的文化事业单位都面临着改革的问题，国家能养的、必保的终究是少数。所以它们中的多数要自主经营、自负盈亏、有偿服务，自己解决经费问题，这就预示着文化要进入企业的序列。其实这些单位中蕴含着深厚的艺术生产力，只要辅以相应的文化经济政策，我们的艺术家和广大文艺工作者是能够创造出丰富多彩、质优量足的文化产品通过文化市场提供给消费者的。大多数的文化人也将甩掉清贫的帽子。文化也要走向市场，这将是别无选择的时代趋势。

3. 文化市场的建设和管理

建设文化市场，文化部门、文化单位具有得天独厚的优势，虽然我们缺乏资金，虽然我们对经营管理不熟悉，但是只要政策正确，我们可以利用业务优势争取资金，我们也完全能够在实践中掌握管理文化企业的本领；文化市场的管理中存在着许多矛盾和困难，诸如体制不顺，法规不健全，队伍建设落，管理模式不清等等，但是，可以相信随着体制改革的深入、《中华人民共和国文化市场管理条例》的出台，以及各级文化市场管理部门责权利的明确界定，文化市场的管理是可以得到加强的，管理的到位程度和权威性都将逐步增强。文化市场因其门类众多，计有音像、演出、娱乐、书刊、文物、电影、美术、文艺培训八类，论文也五花八门，有一部分论文只选择某个具体门类乃至某个门类的分支问题加以阐述，这说明文化市场的理论政策探讨正在向精细发展。

文化市场中的许多理论政策问题不是一朝一夕就能解决的，这包括许多重大原则问题。刘忠德同志在发言中提出了七个问题请同志们深入研究探讨。

在建立社会主义市场经济体制的条件下，（1）是否所有的文艺作品都要进入文化市场？（2）进入文化市场的文艺作品，它们的商品性表现在哪里，它们的商品性和意识形态性之间是什么关系，它们与物质生产的商品有什么共同之处、有什么区别，它们作为艺术产品的特殊要求又是什么？（3）怎样看待艺术生产部门的社会效益与经济效益的关系，二者的一致性表现在哪里，文化市场出现的两种效益的背离、逆反现象又应当如何认识，怎样才能从总体上既保证社会效益作为最高标准、又努力实现两个效益的结合？（4）艺术生产部门与文化娱乐场所在性质上有什么共同性和区别，艺术生产部门能否像娱乐场所那样把走产业化道路作为体制改革的方向？（5）文化市场的管理与物质商品市场的管理有哪些共同要求，又有哪些区别，社会主义国家文化市场的管理应当从西方国家文化市场管理体制和办法中借鉴些什么，又应当有什么根本不同？（6）文化市场的作用应不应当有一个限定，能否完全听任市场来选择作家作品和艺术生产的门类与档次（7）进而言之，怎样做才既能适应建立社会主义市场经济体制的要求，又能按照社会主义文化自身发展规律的要求进行文化体制改革，加强文化市场管理，从而摆正文化发展长期战略和眼前的文化消费的关系，摆正大力活跃文化市场、满足人们越来越多样化的文化娱乐需求与鼓励创作讴歌改革开放和现代化建设的具有艺术魅力的精神产品的关系，使文艺发展能更好地激励人民群众振奋精神投身于改革开放和现代化建设的伟大实践?

这些问题给我们构建了文化市场理论的框架，深入研究这些问题对于完善文化市场理论将是十分必要的。由“绿色的”沉思到成熟的理论是一个实践、认识、再实践、再认识的过程，我们的探讨才开始。纵观我国的各门类市场发展，文化市场是起步比较晚的。文化市场的理论研究迈出了可喜的一步，它为文化事业的改革开放呼风唤雨，为文化理论的重构铺路搭桥。

（选自《中国戏剧》1993 年第 2 期）

文化市场的挑战与对策

——社会主义文化市场座谈会综述

《人民日报》记者　王德颖

2 月 17 日，《人民日报》文艺部邀请中宣部、文化部、广播电影电视部、新闻出版署等四家单位的部分部门负责同志，召开了“社会主义文化市场”座谈会。与会同志畅所欲言，纵论目前文化市场的现状、前景和走向，认真分析了各种新情况和新问题，并在此基础上尝试性地提出一些新对策。这对引导市场繁荣，加强市场管理和制定文化法规具有重要的参考价值。现将部分同志的发言综述如下：

李准（中宣部文艺局局长）：要重视对文化市场的理论研究。十四大以来，文化市场蓬勃兴起，成为引人注目的一大热点。与此同时，人们对新事物、新现象认识上也存在着相当尖锐的分歧，进而导致了管理上的一些混乱。制订的有关法规，停留在纸上得不到实施。这些情况说明了我们对文化市场的理论研究落后于实践发展的需要。我认为有不少理论问题亟待解决。譬如，文艺是不是商品？怎样看待艺术生产的社会效益与经济效益的关系？艺术生产部门是否应该划归第五类产业？能否按市场行情选择作家作品等等。这些问题都是前人从未遇到过的，解决起来的难度相当大。这就要求我们下大工夫，依据马克思主义的基本原理和邓小平同志建设有中国特色社会主义的思想，作出有深度的解答。

孟晓驷（文化部文化市场管理局副局长）：当前文化市场的现状和问题。我国当前的文化市场，与 10 年前相比，已经发生了深刻的历史性的变化。这些变化表现在以下几个方面：经营成分多元化、消费形式多样化、参与主体社会化、市场功能效益化、管理趋向规范化。这五个特点标志着我国社会主义文化市场日渐成熟。同时我们必须看到，文化市场的迅猛发展，向旧有的文化管理体制提出了挑战。现行的体制尚未得到理顺，“横向归口，纵向分级”的问题没有得到合理解决。“上面三国演义，下面各路诸侯”以及“左右扭曲”的现象十分突出。此外，急需制订全国统一的《文化市场管理法》。

康式昭（文化部政策法规司司长）：如何看待“走穴”现象。演员“走穴”作为特定的现象，具有一定的合理性，同时也存在着大量的弊端。如一些乡镇的“穴头”，拉一些素质极差的演员（有些甚至不是演员），打着某大歌舞团的旗号，到各地去“赶场”，演出的节目低级庸俗，不堪入目，造成了很坏的社会影响。

为此我们必须有相应的对策。第一要为演员开辟正规演出渠道，实行一定程度的放开。过去我们只允许国营单位组织演出，现在开放到集体，还可以再放开一些，但要求组织者必须有法人资格，并进行合法演出；第二是进行体制改革。先要确定演员的身份，是国家干部？自由职业者？还是半自由职业者？演员同剧团的关系也要梳理；第三是制订配套的政策法规，如演出赞助法、文化娱乐税法等。

王强华（新闻出版署副署长）：关于非法出版物。非法出版物现在充斥图书市场。对北京市的两个区进行了调查，发现 80% 是非法出版物，有一趟火车上小贩兜售的书刊 100% 是非法出版的，《读者文摘》就有六种版本是假的。我们不止一次进行打“非”活动，但是“打非打非，一打就飞”，关键还是措施不得力。因此，建议尽快制订一部《出版法》。其次进行一次大规模的综合治理，像打击经济犯罪一样，必要时也搞一个“文化产品质量万里行”，把假冒伪劣作品在报上曝光。第三，国家应该有计划地支持好的出版物。中宣部抓的“中华大家唱卡拉 OK”就很好。

仲呈祥（广电部电视艺术委员会副主任）：关于影视艺术如何走向市场。邓小平同志曾说过，在国家经济走向腾飞的过程中，必须坚持两手抓，两手都要硬，这是很深刻的。日本曾有过在经济滑坡时代文化也随之滑坡的教训，有一项调查表明日本当时的一些电视台为了迎合观众，播放大量低级趣味的片子，很大程度上助长了滑坡的势头。影视艺术对文化的影响是很大的。国家电视台要讲国格，多播放提高民族自信心和凝聚力的片子，这就需要国家进行大量资助。因此，影视艺术走向市场必须慎重。在影视行业中，也有个“理论弄清、体制理顺、法规健全”的问题，除此之外，要建设好“软环境”，即健康的文艺评论。

梁衡（新闻出版署报纸司司长）：关于报纸市场、报纸是否是商品？应该说有商品性的一面。过去只讲它的政治属性、文化属性、信息属性，很少提它的商品属性，现在要重新认识。党的报纸固然是“喉舌”，但不是所有的报纸都是“喉舌”，群众喜闻乐见的报纸就会受欢迎。应该很好地处理它的这些属性的关系。

薛守政（新闻出版署发行管理司市场处处长）：关于“扫黄问题”。去年至今查处的860种非法出版物内容大多不健康，一些调查表明，青少年的犯罪活动，与这些黄色报刊有很大关系。扫黄扫了这么多年为什么成效不大？一是黄书的流动性大，各地文化层次差异大；二是宣传跟不上，人员跟不上。要进行彻底治理，地方必须配合、重视。

谢明清（新闻出版署音像司司长）：关于音像市场。音像市场起步最早，1979年就开始了。但旧市场出现了新问题，条例不完备，把好人捆起来了，把坏人放跑了，这是教训。市场从发育到成熟，国外一般3～5年。健全的法规是非常必要的，台湾《出版法》出台的当天，电视台就在同一天改换节目，因为不合法者要罚25万新台币。除此之外，音像市场也必须进行综合治理，最好由一家来管，相互协调。

与会同志还提供了大量的、丰富的材料，提出了许多颇有见地的意见和富有启发性的建议，限于篇幅，这里只撷取几段，以飨读者，以后还要继续展开讨论。

（选自1993年3月11日《人民日报》）

中外专家学者谈出版学与出版业发展

——第六届国际出版学研讨会论文观点摘编

编者按：由中国编辑学会主办的第六届国际出版学研讨会自1993年8月26日至28日在北京举行。中国、日本、韩国、马来西亚、菲律宾、新加坡以及中国香港和台湾地区的90位专家学者出席了会议。会议共宣读了22篇学术论文。这些论文分析了国际出版业的现状，预测了出版业的发展前景，研究了促进出版业发展的有关对策，探讨了进一步加强国际合作交流的途径。由于版面所限，这里仅摘发部分观点。试图大致反映研讨会的主体与概貌。

关于出版学研究的几个概念

人民出版社编审　林穗芳

1. 社会传播是出版的本质。出版学是研究读者（视听人）、出版物和出版业及其相互关系，以揭示出版的规律和社会作用的综合性社会科学。出版虽早已产生和发展，但直至20世纪60年代后期才作为科学研究的对象。《世界版权公约》1971年本第6条给出版下的定义是“可供阅读或视觉可以感知的著作以有形的形式复制并向公众普遍发行”。据《中华人民共和国著作权法实施条例》，“出版，指将作品编辑加工后，经过复制向公众发行”。复制方式的选择取决于技术发展水平和社会需要，不限于印刷。人工抄写照样可以生产出从文字到版式都一样的书籍。把现代的录音、录像包括在复制概念之内，而将古代抄写排除在外，不是历史的科学的观点。

2. “书籍”这一概念，书史专家常常按广义加以使用，把报纸、杂志、图表，甚至金石铭文包括在内，这种做法不适用于出版业。中国对“书籍”的传统定义为“装订成册的著作”，但不能使书籍同期刊区分开来。此外，随着电子出版时代的到来，出现越来越多的既不装订也不成册的书籍，例如磁带书、光盘书等。在中国，一幅单张的地图有时可分配国际标准书号，作为一种书统计。从现代出版的观点看来，书籍的含义似可作这样的描述：书籍是用文字、声音、图像或其他符号按一定的主题和结构系统组成的独立的整体，以印刷或其他方式复制在供携带的材料上以向公众传播的作品。现代书籍通常印在纸上，不定期发行。可修订再版非印制在纸上的书籍，如记录在缩微胶片、磁带、光盘上的书籍等，可以认为是新型书籍，但目前分类统计时通常作为非书资料。

3. 《辞源》1988年版把“编辑”一词的传统意义归纳为“收集材料，整理成书”。这个定义不能使编辑劳动同作者劳动区别开来，得找出一个能揭示编辑工作的基本特征、从而适用于过去和现在编辑工作的定义。编辑选择也许可以看作这样一个基本特征。古代编辑主要从业已存在的材料中选择所需要的东西加以整理出版，现代编辑则主要负责选题，选作者和选稿，而最重要的是选稿，一个出版社的命运，它的成败，归根到底将由此决定。编辑加工无疑是出版好书的必要因素，但与选稿相比毕竟是第二位的，对不采用的稿件无须进行编辑加工。基于这一点，涉及新闻、出版、广播、电视等传播媒介的“编辑”一词的意义试作如下界定供研究讨论对主要是别人的作品和材料进行选择和加工，以供复制向公众传播。

学术交流的本质是文明的渗透

日本出版学会会长　箕轮成男

日本人究竟能够生产出多少真正具有“创造性”的知识，而不是西方科学的亚流？如同《生物化学工程》那样堪与西方科学堡垒相媲美的首创性研究著述，日本人能生产出多少？如果日本仍然缺乏那种一流的学术成就，而停留在大批量生产二、三流论文上，那日本就没有可能在科学上树立国际威信了。这样回顾起来，学术上的“文化交流”这个用词有些温吞水、不彻底。我认为，这并不仅仅是文化交流的问题。日本向各国传送学术信息，这意味着对抗西方文明的渗透和传播，意味着坚持、维护日本文明，意味着一个文明和另一个文明之间的激烈战斗。虽然文化是等价的，但文明却有优有劣。也许文化多少可以交流，但文明却是单向流动的。它是渗透，是传播。学术虽然是和文化不可分，不过和文化相比它更是文明的产物。

实际上，西方学者并不赞美文化交流之类的事情。他们不仅心里相信，而且还会明确地说：“科学，不仅自然科学，也包括在人文科学和社会科学，都是西方的思想，尽管它现在停滞不前，可是还有什么能够取代它呢?”他们对自己坚信不疑，他们会顽固地维护自己，尽管西欧是世界文明的后起之秀，它依靠自己的现代科学技术称霸世界，不过仅仅几百年。面对那种弥烈的自信、顽固的自我坚持，他们的自我批评就落后了，而且往往是不充分的。

书籍是不会消灭的

中国出版学会顾问　戴文葆

人类物质生活和精神生活的内涵是不可穷尽的。出版业可做与应做的工作也是没完没了、列举不尽的。尽管欧美电子书的时代已经来临，市场上纷纷以推出电子书籍、电子杂志为时尚。我深信，随着科技的进步，材质的增添，书籍的外部形态日益改进变化而作为人间最宝贵的事物—书籍，是不会消灭的！出版业越来越成为国民经济中的重要部门。编辑人、设计者的案头等待处理的文字稿和磁盘将越积越多，迫切要求迅速处理。出版业将成为人们尊敬和艳羡的行业，这绝不是我乱弹狂想曲。虽然地球上存在着重大的文化差异，但世界各族人民都希望生活在美好的社会中。那么，书籍，人类智慧的载体，就是人类社会进步繁荣的通天塔。

（选自《中国出版》1993 年第 11 期）

休闲将成为大产业

——“1993 年休闲产业国际研讨会”综述

杨佳风

我国研究休闲和休闲产业起步较晚。休闲文化研究的力倡者于光远先生 1993 年在给旅游企业的题字中写道：“玩是人的根本需要之一；要玩得有文化，要有玩的文化，要研究玩的学术，要掌握玩的技术，要发展玩的艺术。”今年 8 月下旬在北京召开的休闲产业国际研讨会，目的就是为了让刚刚开始体会休闲的中国人能正确理解新时代的休闲理念，由此促进休闲产业的发展。

我国居民已有 1/3 时间在闲暇中度过

何谓“休闲”？可能许多人会认为，“休闲”就是在工作之余恢复体力的休息、消遣、娱乐和游戏，是对紧张工作的调剂。然而几千年前中国圣贤的阐释是：“‘休’倚木而休，强调人与自然的和谐；‘闲’，娴静、思想的纯洁与安宁，”表明了休闲所特有的文化内涵和价值意义。

参加研讨会的美国教授杰弗瑞？戈比定义现时代社会的“休闲”为：“从文化环境的外在压力中解脱出来的一种相对自由的生活，它使个体能够以自己所喜爱的、本能地感到有价值的方式，在内心之爱的驱动下行动，并为信仰提供一个基础，休闲是人的存在过程的一部分。因此，休闲行为不止是寻找快乐，也要寻找生命的意义。

从根本上说，休闲是对生命意义和快乐的探索。"

北京六合休闲文化策划中心理论部主任马惠娣女士如是说：休闲是一个国家生产力水平高低的标志，是衡量社会文明的标尺，是人类物质文明与精神文明的结晶，是人的一种崭新的生活方式、生命状态，是与每个人的生存质量息息相关的领域。

可见，休闲直接关系到人的生命质量、生存质量，涉及人类存在状态和生存的环境。休闲与闲暇（空闲时间）更是两种不同的概念。空闲时间只是一种时间状态，而休闲不仅是一种观念，更是一种理想。人人都会拥有空闲时间，但并非人人都能够拥有休闲。

工业革命带给人们的一个重要影响就是把生活截然分成了工作和非工作两部分。对大多数工人来说，工作和休闲有泾渭分明的界线。但由于每个人的生活条件不同，工作也不同，所以工作与休闲之间的关系也因人而异。比如对艺术家或手工艺人来说，工作和休闲之间的界限就显得毫无意义。他们的同一个行为既是工作，又是游戏，工作和休闲合而为一，因为同一个行为既能满足内心冲动，又能解除外在压力。烹饪对一些人可能是工作，对另一些人也可能是一种享受；祖父母照顾孙子，既是工作，同时也可能是休闲；网络化时代，在家里轻松愉快地上网办公，也不失为一种休闲；老年人上大学已经不是为了求得谋生的手段，也可以说是为了休闲……

随着劳动生产率的提高，人们为了获得基本生活资料和从事家务所需要的劳动时间越来越少。于光远先生在研讨会中说："闲暇时间的长短与人类文明是同步的。"统计表明，美国的工作时间已经由占全部时间的50%下降到30%。我国从1995年5月起，在城市实行了5天工作制，再加上节假日，我们已经有1/3时间是在闲暇中度过的。怎样度过越来越长的非工作时间才有价值？这是摆在每个人面前的一个问题。

旅游业带动经济发展的作用日益显著

学者们认为，在现代社会，旅行作为休闲的一种方式已经成为日常生活中的一部分。现代人愿意改变环境，尤其是暂时性的，并且有更强的能力去适应新环境。他们对新鲜的事物、景观、习俗和文化很感兴趣，崇尚新奇的经历，旅游因而成为休闲的重要方式，旅游业也成为休闲产业的重要组成部分，而在经济发展中扮演至关重要的角色。

一个最简单不过的道理是：外出旅游需要交通工具，需要铁路、公路、航线；到了旅游景点需要吃、住、购买物品等，于是促进了交通运输业、旅馆餐饮业、旅行社团的发展。国家旅游局原局长韩克华在研讨会上介绍了我国50年来旅游业的发展情况；从1949年至1978年，我国旅游局、旅行社的任务主要是接待外国友人、港澳台胞，1978年一年只接待了过夜游人71.6万人，外汇收入只有2.63亿美元。改革开放的前10年，是旅游业的打基础时期，1988年接待过夜游人1236.1万，外汇收入22.47亿美元。90年代是中国旅游业大发展时期，1999年接待过夜游人2704.66万，外汇收入140.99亿美元。

旅游业的发展使一大批风景度假村像雨后春笋般涌现，而且设备越来越齐全。随着人们生活水平的提高，越来越多的人开始到城市边缘地区、郊区购买第二套住宅，专供假日休闲居住，促进了房地产业的发展。

逐渐地，景点观光旅游开始不能满足人们的需求，于是就出现了文化性观光、度假式旅游、专向和特种旅游如"生态旅游"、乃至冒险性的旅游。据估计，美国50%的成年旅行群体，即1.47亿人，曾参加过"探险"旅行，探险活动包括野营、远足和骑车等。据中国经济信息学会副理事长宋光贤介绍，我国去年曾组织了一次沙漠旅游，起先估计能达到200人就不错，然而出乎意料的是，花1万多元钱去茫茫大沙漠经受难以忍受的忽热忽冷的煎熬，报名人数竟达到2000多人。

学者们还认为，由于个人任意支配收入的上升、城市化程度的增加、移动性的增强、自由时间的增多、教育水平的提高和巨大的全球媒体网络化，导致最近40年里进行跨国旅行人数大大增加，旅行和旅游业可能已经成为世界上最大的产业。据美国学者调查，在美国，旅游业是第三大零售服务业，仅次于汽车交易和食品销售，特别是经济全球化时代，世界经济的相互依赖程度越来越高，了解彼此的文化就变得越来越重要，在未来的几年里，跨国旅游会在全世界范围内持续增长。

休闲产业将会形成下一个经济大潮

何谓休闲产业？马惠娣女士认为，休闲产业是指与人的休闲生活、休闲行为、休闲需求〔物质的与精神的）密切相关的产业领域，特别是以旅游、娱乐、服务业和文化产业为龙头形成的经济形态和产业系统，已成为国家经济发展的重要支柱产业。休闲产业不仅包括物质产品的生产，而且也为人的文化精神生活的追求提供保障。

杰弗瑞·戈比教授认为，旅游业可以说是世界最大的混合工业，它的发展速度相当迅速，因此目前人们还很难认识到它可能产生的影响。据世界旅游组织统计，1992年，全球国内和国际旅游业创汇达3.5万亿美元，到2005年，旅游业的增长预计将翻一番，届时国际游客将多达6亿多人。在全球有越来越多的人，喜欢通过旅行来享受生活乐趣，这种现象对经济产生了广泛的影响。有的国家的旅游业已成为其最大的工业，如西班牙。

然而，休闲的形式是多种多样的，除旅游外，还有游戏、体育健身、文化教育、甚至朋友聚会联欢、逛商店购物等，而且随着人们受教育的增多，休闲的形式更趋于文化和精神享受。因此，图书馆、博物馆、展览馆、影剧院、体育场馆、康乐中心、保健机构、老年安养院所、老年大学和其他非职业技能培训式的成人教育、名胜古迹、各类庆典活动等等文化设施和活动越来越时尚。而且为了适应不同群体（青少年、儿童、老人、妇女，残疾人等）的休闲需求，不断产生相应的休闲项目和设施，庞大的休闲产业就这样形成了。

国家越富有，休息时间就越多，而休闲的普及又会变成推动经济发展的重要力量。为休闲而进行的各类生产活动和服务活动正在日益成为社会经济繁荣的重要因素。据统计，如今，每4名工作者中，就有3个人在从事服务性职业，而不是物质产品的生产。

美国学者认为，如今全美国的休闲产业的规模已经远远大于汽车制造业，休闲产业的规模是汽车业规模的5倍到20倍。在1990年一年中，单是旅游寄宿服务中需要的工作机会所相当的全职工作职位，就是全部商业、制造业、机动车行业及其零部件行业加起来所能创造的就业职位总数的两倍。而且与汽车业和制造业相比，休闲产业劳动密集型程度要高得多，所以休闲能提供更多的就业机会。

随着知识经济时代的来临，未来的社会将以史无前例的速度发生变化。据美国学者预测，也许10～15年后，发达国家将进入“休闲时代”。发展中国家将紧随其后，休闲、娱乐活动、旅游业将成为下一个经济大潮，并席卷世界各地。

美国学者认为，随着中国建设事业的蓬勃发展，休闲问题将成为中国所面对的最重要的一个问题。旅游、大众传媒、体育、文化、与大自然的接触、艺术、对社区生活的自愿参与，个人爱好等和人们生活质量与身心健康相关的领域将变得更为重要。此外，与其他现代国家一样，休闲活动在中国的经济体系中也将扮演日益重要的角色。在未来的20年中，中国可能将成为世界上接待旅游者人数最多的国家，对休闲的利用将对中国广大的人民群众的身心健康与生产效率发挥极为重要的作用，而且随着中国人口老龄化社会的来临，休闲对人们适应晚年的生活也将发挥重要作用。

宋光贤在会上介绍说，改革开放20余年，我国经济发展突飞猛进，目前年GDP已达8万亿元，正向小康水平迈进。今年“五一”节日期间的“全国大出游”说明，人们日益鼓起来的钱袋对休闲的渴求。我国的生产能力大大提高，许多产品数量居世界第一，市场供大于求，内需相对不足，休闲能拉动内需；我国人口众多，就业压力很大，休闲产业的发展可以为解决就业作贡献，无疑还可增加国家税收，真是“一箭三雕”。

（选自《瞭望》2000年第39期）

全国文化市场工作会议在京召开

全国首次文化市场工作会议10月30日在京召开。中共中央政治局委员、国务委员李铁映出席会议并发表重要讲话。中宣部副部长、文化部部长刘忠德做了工作报告。

李铁映同志最近先后在北京、上海等地考察文化市场，召开座谈会。他在讲话中指出，文化市场是我国社会主义市场体系的重要组成部分，是社会主义精神文明建设的重要领域。

李铁映充分地肯定了我国文化市场的建设成绩和文化工作者的辛勤劳动。他说，我国文化市场已初步形成了包括传统的演出市场、书报刊市场、美术市场、文物市场和新兴的娱乐市场、音像市场、中外文化交流市场、文化艺术培训市场在内的综合型市场；初步形成了国家为主，集体、个人等为辅开发文化市场的经营主体，初步形成了中央、省、地、县4级文化市场管理网络。从中央到地方相继出台了一批文化市场管理法规和政策性文件。在文化市场中，以普及为主的大众文化艺术，也有以文化积累和发展提高为主的专门化艺术。文化的娱乐、教育、审美和认识等功能都在文化市场上得到不同程度的体现与发挥，为人民群众提供了丰富多彩的精神产品。

李铁映也指出了当前文化市场面临的几个突出问题：一是文化市场的违法犯罪现象没有得到根本解决；二是文化市场所提供的文化和文化服务在总量上还不够丰富，在结构上还不尽合理，在思想和艺术性方面还亟待提高和丰富；三是国有文化单位和国家级文艺演出团体，还不能适应新的形势，对他们也缺乏足够的保护、扶持政策；四是文化市场法制不健全，管理体制不顺，严重影响了对文化市场的绩效管理。

关于文化市场的发展，李铁映指出，实践证明，文化市场的繁荣发展，必须坚持党的“一个中心、两个基本点”的基本路线；必须坚持“为人民服务、为社会主义服务”的方向和“百花齐放、百家争鸣”的方针，突出纪律；必须坚持两手抓，一手抓繁荣，一手抓扫黄；必须坚持把社会效益放在首位，在这个前提下注意提高经济效益，实现社会效益和经济效益相统一。

李铁映指出，文化市场的繁荣发展只有通过深化改革，才能逐步建立适应社会主义市场经济体制的文化市场运行机制和管理机制。要在实践经验的基础上，加快文化市场的法规建设，依法管理文化市场；同时要运用经济、行政、舆论等多种有效手段，对文化市场积极加以规范调控和引导，以促进文化市场健康有序地发展。

李铁映希望广大文化工作者深入群众、深入生活，努力创作出无愧于我们伟大人民、伟大时代的优秀的文学艺术作品和表演艺术成果，为丰富人民群众文化生活，培育“四有”人才，繁荣社会主义文化事业作出贡献。

李铁映要求各级党委和政府，要从建设社会主义物质文明和精神文明的高度重视文化市场工作，把文化市场工作提到重要议事日程上来，研究新情况，解决新问题，加强宏观调控。财政、公安、工商、税务、海关等部门要加强与文化管理部门的协调和配合。

李铁映要求参加全国文化市场工作会议的同志，以邓小平同志建设有中国特色社会主义的理论和党的十四大精神为指导，认真总结经验，研究新问题，进一步解放思想，实事求是，深化文化管理体制改革，使我国社会主义文化事业有一个更大的发展。

刘忠德同志在会上做了工作报告。他说，这次会议的主要任务是，深入学习邓小平同志建设有中国特色社会主义的理论，回顾近十几年来我国文化市场迅速发展的历程，总结交流经验，清醒认识当前文化市场存在的问题及其严重性，研究制定切实可行的措施，加强管理，促进繁荣，建设有中国特色的社会主义文化市场。

刘忠德从正确认识文化市场的地位和作用的角度论述了建设文化市场需要弄清和处理好的几个关系问题——文化市场与市场经济的关系、文化市场与繁荣社会主义文化艺术事业的关系。他指出，要进一步解放思想，转变观念，从文化体制改革的战略高度，从繁荣社会主义文化事业的全局来认识文化市场，建设文化市场。

刘忠德指出，近十几年来，文化市场迅速发展，逐步地走向了全面发展和不断加强管理的道路。经过十多年对文化市场的引导、培育和建设，文化市场已经呈现出初步繁荣兴旺的局面。尽管现状尚不尽如人意，甚至存在许多严重问题，但其总的走势是应当肯定的。

刘忠德提出了当前文化市场存在的主要问题：(1) 在书报刊和音像市场中走私贩私、扒带盗版、倒卖书号等非法经营活动有愈演愈烈的趋势。(2) 淫秽书刊和淫秽音像制品在市场上屡禁不止。(3) 一些电了游戏机娱乐场所的经营者，利用有奖电子游戏机进行赌博活动。(4) 海内外影视歌星组台演出的出场费高得惊人，演出票价也居高不下，而且漏税现象严重。(5) 全国电影放映场次、观众人次、放映收入、发行收入四项指标全面下降，农村电影市场更加萎缩。个别地区不顾有关规定，竞相放映“资料片”、“三级片”，造成恶劣的社会影响。六、在文化市场中腐败现象有所滋生，在某些地方或某些项目中还相当严重。

刘忠德强调指出，文化市场存在的上述问题，已经到了十分严重的程度，干扰了社会主义物质文明和精神文明建设，给社会带来了极大危害。当前，最重要的是各级文化行政部门和有关部门要增加责任感，针对文化市场中存在的种种问题，制定相应的政策，采取坚决的、切实可行的措施，把我国文化市场管理工作提高到一个新的水平。

结合当前形势，刘忠德提出要强化四个方面的工作。第一，加强宏观调控，实行文化倾斜政策，促进文化市场健康有序地发展。第二，建立科学的管理体制，完善法律法规。第三，扫除精神垃圾，净化、繁荣文化市场。第四，加强管理队伍自身建设，提高管理水平。他要求与会者认真研究新形势下文化市场发展的规律，一手抓繁荣，一手抓管理，努力建设和培育有中国特色的社会主义文化市场。

会议由文化部常务副部长高占祥主持。徐志坚、吴修平、刘德有、陈昌本、王济夫、刘习良、何鲁丽、陈至立、于友先、周铁农、韩南鹏、蔡庆华、甘国屏等及全国各地代表200人参加了会议。

（选自1993年11月3日《中国文化报》）

抓住机遇　发展文化产业

——全国部分省市文化产业座谈会召开

由文化部计财司主持的全国部分省市文化产业座谈会，11月13日到17日在湖北省召开。来自全国18个省市文化部门主管部门的负责人及国家计委、国家税务总局的同志出席了会议。与会代表就《文化产业规划纲要和政策要点》的制定和发展及文化产业面临的诸多问题进行了广泛的讨论。

代表们认为，这次会议是新中国成立以来特别是改革开放以来第一次关于文化产业的专门讨论会，意义重大。与会代表指出，国家明确把文化事业划为第三产业的重要组成部分，是对我国文化事业的重要组成部分，是对我国文化事业的重新定位，标志着我国文化事业迈入了一个新的发展阶段。文化事业作为第三产业，能够与国家发展第三产业的整体规划相对接，将有利于它在社会主义市场经济中谋生存、求发展，势必对文化经济政策的制定、文化体制的改革、文化事业的繁荣产生巨大的影响。

在座谈中，与会代表对文化产业概念的界定、内涵与外延；对文化产业中主业与副业的关系；以文补文、多业助文与文化产业的联系；文化市场培育与文化产业的形成；政策法规；宏观调控等问题进行了探讨。同时，对《文化产业规划纲要和政策要点》的修改稿，从现状、规划到政策措施等方面，提出了许多富有建设性的意见。

文化部常务副部长高占祥在座谈会上作了题为《在改革开放中发展文化产业》的发言。他认为，要从产业界定的科学性、精神文化生产的全过程、文化事业发展趋势认识文化产业。他强调，文化产业的发展固然要注重经济效益，但必须把社会效益放在首位。他指出，在发展文化产业的过程中，要把握调查研究、完善政策的重点，抓住制订规划、明确目标的要点，突破培养人才、选项筹资的难点，立足培育市场、转换机制的基点。

文化部计财司副司长侯恩余对《文化产业规划纲要和政策要点》（修改稿）作了说明。他还就会议讨论情况同与会代表交换了看法和意见。他指出，文化产业侧重的是自身发展的程度和力度，它将变过去的依靠国家投入的事业型向国家投入和自身发展并重的经营型转变。他希望各地文化部门的同志要更新观念，开阔视野，抓住机遇，在制定行业规划和完善产业政策的基础上，将我国的文化事业推向一个新阶段。

会议期间，与会代表在武汉、荆州、沙市、公安县等地作了实地考察，对湖北省文化产业的发展给予高度的评价。

（选自 1993 年 11 月 24 日《中国文化报》）

经济社会发展的文化关切

——“中国传统文化与经济社会发展研讨会”述评

徐远和

中国社会科学院哲学研究所于 1994 年 2 月 16 至 17 日召开了一次别开生面的学术研讨会。海峡两岸 30 多位从事哲学、历史、文学、经济的学者们聚集一堂，从多学科、多侧面探讨中国传统文化与经济社会发展的关系问题，表现了人文社会科学工作者对当前我国经济和社会发展中文化（尤其是传统文化）问题的共同关切。

与会学者的发言，内容丰富，涉及面广，且不乏新颖而又深刻的见解。兹就会议研讨的几个主要问题评述如下。

一、传统文化与现代经济发展

传统文化是一种历史的存在。任何一个国家的经济发展，都必然受到传统文化的影响，打上它的烙印。就中国传统文化自身而言，既有适应现代经济发展的积极层面，也有桎梏现代经济发展的消极层面。这是人们已经达成的共识。与会学者除有此共识外，进一步强调，对待传统文化的不同态度，对于社会经济发展所产生的影响是不同的。关键在于我们今人怎样认识和运用。倘若不善于认识和运用传统文化，该受批评的是现代人，而不应完全归罪于老祖宗。有的学者从经济发展的角度考察，认为作为中国传统文化重要构成部分的儒家文化，从中可以筛选出若干积极层面，如有极大意识感染力的“仁”，在儒家文化中占有突出地位，以致儒家文化可称为“仁文化”。这种“仁文化”中所包含的建立和谐的人际关系、倡导群体凝聚的精神，对于任何时期的经济发展都有一定借鉴价值。中国在建立市场经济过程中，只要消除了它所拖累的小生产的历史陈垢，这种精神仍有一定积极作用。从现实需要看，传统文化研究应更多地关注社会主义市场经济实践中提出的新课题。比如，当前人们普遍关心的一个问题是：在社会主义市场经济条件下，应该形成怎样的道德体系来指导人们的行为？这就需要以马克思主义的价值观和历史观为指导，结合我国当前的社会实际，重新思考中国传统哲学中的义利之辨，对照分析西方哲学中功利主义与义务论之争，正确评价传统的价值观念，改变传统文化中重义轻利甚至以义代利的价值取向，以解决现实生活中日益增长的经济与道德之间的矛盾和冲突。传统文化中的一些合理的价值原则，如功利主义在形式上而不是在内容上是适合市场经济发展的，问题在于提倡什么样的功利主义。有一种意见认为，儒家功利派以关怀和增进民众生活福利为最高的价值原则，此种功利主义将效果、利益和正义融为一体，具有东方文化的特色。相反，如果空谈道德性命，只讲“仁”字或者将道德原则同个人福利对立起来，变相地宣扬存理去欲，就会挫伤劳动者的积极性，不利于市场经济的发展；如果只求个人福利，置公共利益于脑后，将功利主义引向个人主义，势必使拜金主义与腐败的“联姻”的权钱交易日益猖獗，危害社会的和谐与安定。当然传统文化对现代经济发展的影响绝不止于道德，还有思维方式、审美取向等方面。因此，如何造成全面发展的人理所当然地摆到了首要地位。任何忽视这个问题的倾向、提法，也包括对传统文化的弃取，如不联系到塑造新人的展开，就变得狭窄片面甚至失去意义。

二、传统文化与现代社会发展

中国传统文化是一个庞大、复杂的体系，具有多方面、多层次的内容。与会学者重新审视中国传统文化，普遍看重其有益于社会发展的精粹思想，强调文化选择的重要性。从历史上考察，中国近代以来曾有过几种不同的文化选择。众所周知，中国近代所面临的历史课题是：变封建主义的中国为资本主义的中国，发展民主与科学成为中国近代的两大主题。因此，在文化发展问题上，必须反对为封建主义服务的“旧文化”，建设适应近代化需要的民主与科学的“新文化”。然而，在实际的文化选择上，却多次发生失误。洋务派提出“中体西用”论的文化主张，旨在以中国传统文化抵制现代化，是一种文化保守主义；维新派提出“西体中源”论的文化主张，实质上认为中国传统文化无须现代化，是一种新文化保守主义；西化派提出“西体西用”的文化主张，旨在抵制马克思主义在中国的传播，是一种文化虚无主义。这些不同的文化主张反映了中国近代史上在文化发展方面的不同的文化选择。这些不同的文化选择都背离了中国近代历史发展的方向，无不以失败告终。历史事实证明，正确的文化选择因符合了历史发展规律可以推动社会的发展，而错误的文化选择因违背了历史发展规律会阻滞社会的发展。为了推动社会的发展，人文社会科学工作者除了应对基于历史唯物论基础上的文化选择进行历史的思考外，还应多作些实证研究。这是因为，现实的社会生活不断地产生新的文化现象，提出种种值得研究的新课题。正如有的学者指出的那样，市场与文化接轨，趋新浪潮与回归传统并存，构成今天中国现代化进程中出现的奇特的文化碰撞现象。这究竟是现代化援引传统作为支撑，还是传统借经济增长而还魂？是传统的更新，还是革新的文化包装？是旧瓶装新酒，还是新瓶装旧酒？或者两者都不是，而是新的综合？传统文化正在廉价零售，还是高价拍卖？这就要求人文社会科学工作者对现实生活中的文化现象进行实证研究，为新时期的文化选择提供科学依据。如“文化市场”这一概念的提出就有点模棱两可。因为它以“市场”来规定文化，甚至整合文化以至于把社会人文科学的研究工作“推入市场”。这样做的结果，必然导致下面这样一些问题的出现：重经济效益轻社会效益；通俗作品及作者身价提高而哲学人文作品及作者身价“贬值”。这种现实的倾斜，本质是一种“泛市场”论在文化领域的体现。固然，有些文化产品作为商品可以买卖，进入市场的交换领域，但不能说这就是“文化市场”。因为它遵照的仍然是一般的市场经济的规则，而不是特殊的“文化市场”。何况它早在“计划时期”早已存在，为何那时不叫“文化市场”，现在就是“文化市场”了呢？凡此种种，都是可以讨论的，也是不难弄清楚的。否则，把什么都圈入“市场”，那倒是值得忧虑的。历史和现实的经验告诉我们：正确的文化选择对于现代社会的发展是至关重要的。

三、传统文化与现代伦理道德

当今中国，市场经济的大潮正猛烈地冲击着传统的伦理道德观念的堤防，腐败现象、拜金主义的出现导致了社会道德的滑坡。对此，与会学者表示高度关切，认为建构与社会主义市场经济相适应的伦理道德思想体系和行为规范是时代的要求。而创立新的伦理道德观，既要依靠我国社会主义市场经济的具体实践，亦需利用传统文化提供的丰富资源。在利用传统道德文化资源方面，我们还做得很不够。我们实在大有必要在现代化目标的前提下汲取前人的智慧（如：“民胞物与”的思想），在调整人际关系之外，重新调整人与自然之间的关系。就人与自然的关系而言，东方主张天人合一、赞天地之化育，西方主张征服自然，这两种观点并非绝对对立、水火不相容的，而是既对立、又互补的。从一个层面看，人应该把自己看作自然的一部分，与万物为友，求人与自然的和谐；从实践的层面看，人应该积极地去改造自然、征服自然。把后一层面的应有态度绝对化，导致了生态环境危机；只有前一个层面的合理认识，却没有解决实践层面的认识，同样导致了生态环境的破坏。恰当地把二者结合起来，在一个层面取天人合一观，在另一个层面取征服自然的思想，这样的“中西结合”，或许是解决当前人类面临的生存危机的正确途径。

在利用传统道德文化资源时，对于某些曾经受到激烈批判和彻底否定的伦理观念或道德规范，例如“礼教”也应该重新反思。它的“以理杀人”的内容是完全错误的，但就形式看，礼（道德）的教育对于任何一个社会都是不可或缺的。礼是用来规定社会名分和协调社会人际关系的，它体现了一个社会的基本伦理观念。搞现代化，发展市场经济，也不能缺少这一方面。

四、传统文化与世界文明前景

人类文明的发展离不开多种多样的民族文化。一种文化一旦形成，就会作为民族精神的一部分而存在，对建构新一代人的文化观念、思维方式、人格以及各种精神气质起一定的作用。这就是有些学人所说的文化的民族性。但文化除了民族性外，还有一个时代性，尤其是对于走进“世界历史”进程中的民族来说，如何处理好民族性与时代性便成了关键所在。与会学者从不同角度考察了传统文化与世界文明前景的问题。从哲学上看，古典哲学传统包含着科学和人文两方面的问题，具有内在的矛盾。西方和中国面临着不同的挑战：西方人要把在科学束缚下的人文精神释放出来，中国人则要把在人文精神笼罩下的科学发扬出来。而无论是西方还是东方又都面临着一个新的局面，即高科技的发展。高技术深入生活，一方面助长了人控制自然的佞妄自大，从而使哲学家又一次敲响人不是全知全能的警钟，从而以将会付出“毁灭性代价”来遏制此种佞妄；另一方面高技术智能性产品的确使人们日常生活大大简易起来，人在被“闲暇化”了之后，如何充实自己，日益成为大问题。因此，尽管中外传统思想形态各异，但在承续性、包容性、生命性这些方面说，其精神是一致的。中国哲学为解决精神生活提供了丰富资源，西方哲学则为认识世界作出了重大贡献。就发展前景而言，二者的互补或渗透，是对双方都有益处的。在发展智能的同时，不断提高情操和境界，就不至于情感冷漠，变成理性的工具；而在提高精神情操和境界的同时，不断发展智能和理性，就不致缺乏科学精神，变成固步自封甚至盲目的实践者。如果真正做到情理合一，必将使人类心灵变得更加健康，也将更加美好。这是一种方向和可能，或一种设想。

“传统文化与经济社会发展”这一具有重大理论和现实意义的时代课题，必须聚集人文社会科学各方面的人才，开展理论的和对策性的研究，实现多维综合，才可望逐步获得解决。这次研讨会，作为一个有益的尝试，受到与会学者普遍好评。这种研讨方式，如能推而广之，必将取得更大的成果。

（选自《哲学研究》1994 年第 4 期）

机遇·风险·对策

——深化出版改革研讨会侧记

朱　诠

今年 3 月，来自 15 个省、自治区、直辖市的 32 位代表，汇聚在厦门大学学术交流中心，针对在社会主义市场经济条件下深化出版改革的问题，展开了讨论。这次研讨会是由福建省出版工作者协会、鹭江出版社和中国出版科学研究所《出版发行研究》编辑部联合主办的。经过研讨，代表们感到，应认清社会主义市场经济给出版业带来的新机遇、新风险，及时采取新对策，才能保证出版业的持续繁荣。

一、把握新机遇

代表们认为，要想把握住社会主义市场经济给出版业带来的新机遇，首先必须认真学习邓小平同志建设有中国特色社会主义的理论和党的基本路线，学习党的十四大和十四届三中全会的决定，从思想上认清什么是社会主义市场经济，掌握思想武器，更新观念、解放思想。

当前我国蓬勃发展的大好经济形势，为出版业的发展提供了良好的社会大环境。出版发展史证明，出版业的繁荣是与社会经济文化的发展密切相关的。我国经济空前的、持续的繁荣，人民生活水平极大提高，人民群众的文化消费水平也随之提高，为出版业提供了广阔的市场。社会主义市场经济的确立，揭开了我国社会发展的新篇章，极大地调动了人民群众的求知欲，为出版业提供了层出不穷的新题材。经济的发展，促进了文化、教育、科技事业的发展，增加了社会对出版物的需求，同时也为出版业提供了电子出版物新领域。

在深化改革的浪潮中，出版工作者的观念不断更新。出版社已由计划经济体制下生产型的事业单位，转化为社会主义市场经济条件下的文化产业。越来越多的出版工作者学会了运用社会主义市场经济规律来发展壮大出版业。随着劳动、人事、分配制度改革的不断深化，出版管理机制日益生机盎然，许多出版单位不断完善管理措施，极大地调动了出版工作者的积极性，取得了显著效益，为今后的发展打下了雄厚的基础。

改革开放的春风，吹开了封闭的国门，使出版工作者得以了解世界、走向世界。出版业有条件引进发达国家的先进管理经验和先进的技术、设备，提高了我国书刊的印刷、装帧质量，促进了我国编辑、印刷、发行以及出版管理手段的现代化。今天，我们的许多书刊可以毫不逊色地跨出国门，打入世界图书市场。对外交流还促使我国在版权保护、出版贸易等方面按国际惯例办事，使我国的图书市场逐步与国际图书市场接轨。

代表们在讨论的过程中，加深了对邓小平同志提出的“发展才是硬道理”的指示的体会。认识到社会主义市场经济给出版业带来了千载难逢的好机会。机不可失，失不再来。必须抓紧这一机遇，尽快发展出版业。

二、认清新风险

代表们在讨论中指出，我国的社会主义市场经济处于初起阶段，许多法律、规章、制度还很不健全。因此，一些非法出版行为，不正当竞争行为，给出版业的健康发展带来新的威胁。激烈的图书市场竞争以及市场经济所带来的盲目性，给出版业带来了新的风险。再加上一部分出版工作者对市场经济认识不足，思想上和行动上出现了一些失误，给出版业的发展带来新的危害。

例如，一些编辑受到拜金主义影响，打着协作出版的幌子“卖书号”，中饱私囊，为不法书商开绿灯。这种行为严重危害了出版行业利益，影响了国家税收，腐蚀了出版队伍，使众多精神垃圾披上了合法的外衣，扰乱了正常的出版秩序，污染了图书市场。

又如，对非法出版活动打击不得力，致使盗版行为泛滥，出版者的正当权益不能严格保障。目前，有些出版法规得不到认真贯彻执行，造成图书市场混乱，挫伤了作者和出版工作者的积极性。

再如，一些编辑追书“热”、赶浪头，造成大量选题重复、雷同的图书盲目出版，图书平庸品种众多，形成积压。有的甚至抄袭、翻印它社的好书，窃取它社的选题情报，抢出热点书，致使粗制滥造的图书面市。更有甚者，出版夹杂诲淫诲盗内容书刊、画册，败坏了社会主义出版工作者的形象，造成恶劣的社会影响。

有的代表指出，一些潜隐性的风险也应引起重视。目前，有些出版社周转资金不足，依靠大量贷款出书，负债经营，早已资不抵债，稍有变故就有破产的危险。另外，书刊品种数量激增，原有的发行渠道极不适应，形成出版业发展的“瓶颈”；图书批发盛行高折扣、高回扣，腐蚀出版人员，不正当竞争行为泛滥；图书发行网点萎缩，边远地区图书发行日益困难等，都潜伏着新的危机。

代表们分析，随着社会主义市场经济不断发展，那种靠上级补贴过日子、出版社只生不死的情况，将成为历史。出版业面临着相当严峻的考验。

三、采取新对策

代表们认为，在今年全国新闻出版局长会议上于友先同志提出的“由数量增长向优质高效转变”的号召，是把握新机遇、克服新风险的新战略，提出了深化出版改革的新思路。要使出版改革健康发展，必须进一步用邓小平同志建设有中国特色社会主义的理论武装出版工作者的头脑，真正解放思想，彻底摆脱计划经济体制下形成的旧的思想框框的束缚。

代表们指出：市场经济不是“自由经济”，从国际情况看，各国政府都不同程度地参与对经济的宏观调控。我国实行社会主义市场经济，更应采取适度的宏观调控，我国的出版业也应建立宏观管理机制。加强出版法制建设，尽快颁布出版法，规范出版行业行为，整顿出版秩序，严格依法办事，严惩违法行为。出版行政领导机关尽快转变职能，更好地运用法制手段、经济手段和必要的行政手段来调控出版业的发展。依照出版事业发展的需求，制定细致、具体、操作性较强的法规，配合公、检、法部门对违法者严加惩处，维护出版法规的严肃性，提高出版法规的震慑作用。还要注意发挥行业协会的作用，加强行业管理，使政府管理机构从繁琐的事务堆中解放出来。

代表们还建议，加强出版行业宏观经济调控手段，用国家返还的部分税收，设立学术著作和重点图书的出版基金，保障学术著作和重点图书的正常出版；设立发行印刷发展基金，扶持边远地区图书发行、扶持印刷技术改造和设备更新，实现全国出版行业计算机联网，促进出版业的现代化，设立优秀图书奖励基金，奖励出版优质图书的单位和有关人员。设立出版科研奖励基金，鼓励出版理论研究，加强出版改革的针对性。

代表们认为，各出版单位要按照党和国家的方针、政策深化改革，完善出版单位内部的激励机制和自我约束机制，加强自律，保障向广大读者提供优质的精神食粮。注意克服市场经济带来的生产的盲目性和只注重经济效益忽视社会效益的弊端。出版工作在面向市场的同时，注意开拓图书市场，引导图书市场，以满足社会主义精神文明建设的需求。

（选自《出版发行研究》1994 年第 4 期）

没有人文社会科学的发展，就没有健全的市场经济

——“市场经济与人文社会科学的发展”研讨会观点综述

陈麟辉

“市场经济与人文社会科学的发展”研讨会前不久在上海华东师范大学举行。这次会议是华东师范大学人文学院、《探索与争鸣》杂志、《文汇报》、《解放日报》理论部联合主办的。与会40余位专家学者就市场经济条件下人文社会科学发展的有关问题进行了研讨。现将有关观点综述如下。

一、关于人文社会科学的地位和作用问题

有学者认为，人文社会科学发展，归根结蒂，体现了一个民族的整体文明素质、智慧和水准，是民族传统、民族文化、民族时代精神综合实力的象征和体现，对整个社会发展有全面性、战略性影响。人文社会科学包容面很广，社会功能是多方面的，或探索人生，或研究社会发展规律，或参与社会大政方针决策，或对整个民族道德理想观念起导向作用，等等。简单地把人文社会科学的所有学科归为意识形态范畴，或者要求人文社会科学直接产生经济效益，都是不恰当的。人文社会科学应该从更高层次、更大范围上推动社会的进步。与会者指出，世纪之交是中国发展的关键时刻，也是大转折的时刻。中国社会发展进程中的一些负面因素，主要靠人文社会科学的发展来解决。诚然，自然科学是第一生产力，但人文社会科学能从更高层次上对自然科学进行调节。人是生产力的第一要素，只有提高人的素质，才能使科学技术产生效益。人文社会科学要从总体上和全局上把握社会的发展。

二、关于当前人文社会科学发展的处境问题

与会者认为，人文社会科学发展的处境，应该从两个方面加以分析。一是有成绩，二是存在问题。所谓有成绩，主要讲改革开放以来的成绩。尤其是关于真理标准问题的讨论，促成了人文社会科学工作者思想的解放，也促进了实事求是的思想路线的贯彻。十余年来，人文社会科学发展有比较稳定的进步。所谓问题，主要指当前人文社会科学发展遇到的问题。对此，与会者有不同角度的分析。有的认为，人文社会科学发展的困难主要有：一是人文社会科学的地位作用还没有得到足够的认识和重视；二是人文社会科学研究的体制不能适应新时代发展的需要。也有学者认为，目前人文社会科学的困难，主要是滞后于整个社会经济发展的问题，有三个方面的原因：（1）人文社会科学研究者缺乏足够的社会实践，无法了解现代社会的急剧变化；（2）人文社会科学工作者知识更新相对缓慢，有的知识结构已很陈旧；（3）研究者研究方法和手段滞后。还有的学者则认为，当前人文社会科学发展的困难实际上是学术工作者自身的估量和社会估量的距离造成的。人文社会科学工作者虽学有所长，颇有成就，但商品经济的发展，使社会的价值取向并不对此关注，而是趋于实利，提倡实惠，这样就很容易挫伤人文社会科学工作者的研究积极性。

三、关于人文社会科学工作者心态的调整问题

与会者认为，社会转型给人文社会科学带来困难，也带来机遇。人文社会科学工作者队伍中，确实有人心浮动、人才流失、人才断层的现象，但提高素质，坚持人文气质，学者们会另有一番新天地。有学者指出，中国哲学史上始终有功利和道义的争论，儒家伦理是重义轻利。当前在商品大潮冲击下，功利哲学思潮重新再现，似乎“道”和“义”都不足道了。这种现象必须扭转。从国家政府部门而言，要改变这种状况，要给人文社会科学工作者良好的理论创造环境；而作为学术工作者，则应有强烈的责任感和使命感。伟大的时代需要伟大的思想家和哲学家，跨世纪的卓越才干应从我们这里产生。关键是要调整心态，坚持艰苦的理论创造。也有的学者这样看问题：由市场经济激发的向现代社会转型的历史变革中，知识分子的心态是复杂的。缓解心态的浮躁，需要有两个正确的对待：一是以理性的精神正确地理解社会变革进程中出现的利弊相间、得失俱有、善恶共存的现象；一是以宽容的态度正确看待包括普通大众在内集体参与的社会变革事业。人文社会科学工作者不必怨天尤人，关键在于自己，可以领会一下经济学上的“供给学派”的观点，想方设法为社会提供优秀的作品，即精品。

四、关于市场经济与人文社会科学发展的关系问题

与会者指出，邓小平同志的关于精神文明和物质文明两手抓的理论实际上有更深层次的意义，就是说，市场经济的建立，绝非一种单纯的经济行为，它包括丰富的文化人文内涵。因为从广义的文化来讲，经济行为也是人类文化的表现形式，任何经济活动和经济模式的背后，总有某种文化意识（人文观念）的支配。比如，市

场经济就其本身而言，并不绝对排斥人与社会、人与自然的协调发展，阐述这一点有助于人们增进人与自然环境的协调意识、人类未来发展的全球意识。“现代企业”从文化哲学的层面上理解，就是人的自主性和创造性能最有效地得到保证和发挥，这一点，恰恰是东亚一些国家在建立市场经济方面的成功之处。换言之，“没有人文社会科学的发展，就没有健全的市场经济”。应该充分尊重人文社会科学的认同功能和批判功能；市场经济不仅仅是法制经济，还应当是道德经济。

与会者还指出，社会主义市场经济体制建立过程中，人文社会科学的发展意义重大。因为中国新市场机制的确定，一方面要注意向国外的学习和借鉴，一方面又要注意立足于本民族传统文化的沃壤。向西方学习不能照搬，向传统回归不能无批判，这一重大变革，使人文社会科学的发展有着非同寻常的意义。有学者进而认为，现代化道路实际上有一个思想解放和思想变革问题。西方现代化过程中，亚当?斯密、洛克、卢梭、加尔文、路德等人起过重要作用。也就是说，一个国家的指导精神、传统精神的变革可以深深影响到经济发展。中国的现代化道路，客观上有一个正确对待传统文化的问题。要使传统文化正确回归，要把优秀的传统文化化为可贵的精神资源来利用。

五、关于市场经济条件下人文社会科学发展的调整问题

与会者认为，市场经济条件下，人文社会科学发展客观上确实有一个调整问题。其一学科建设要作适当调整。有学者举经济学为例，似乎经济学已是这个时代的宠儿，但事实上经济学并非像人们所想象的那样繁荣和信心十足，同样面临危机，一些传统的经济学课程适应不了现实发展的需要，内容要作调整和充实，以适应社会主义市场经济的发展。其二，人文社会科学研究工作者队伍要作调整。有学者认为，人文社会科学适应现实形势发展的调整是多方面的，调整的目的在于找到新的结合点和均衡点。很显然，形势的变革已使人文社会科学不能回复到原来状况。现在要的是适应新形势的精兵强将。其三，人文社会科学工作者新形势下应作新努力。有学者提出可以从三方面作努力：(1) 要有时代感，积极参与社会，贴近社会，贴近时代；(2) 通过各种途径，提高素质适应时代；(3) 更新知识，发展新学科，面向21世纪。有学者提出，改革开放后的学者已与以前不一样。更注意用学理资源对中国现代化中间环节进行分析，理性的、求实的、平和的心态正在出现。这是一个值得关注的转变。其四，社会各界应该支持人文社会科学的发展。有学者指出，社会应该像支持高雅艺术那样来支持人文社会科学。其五，人文社会科学应该注意社会功能的开发。有学者认为，参与社会功能的开发，既是为社会服务，也是对人文社会科学发展的资助，提供了人文社会科学研究的新天地。面对这种难得的机遇，人文社会科学工作者要注意选择好的课题。而这种好的课题的选择，学者与时代脉搏的共同跳动，关键在于跳出书斋，深入社会实践，找准自己的位置。

（选自《理论前沿》1994年第17期）

大制作呼唤大制片，大制片呼唤大市场

——全国首届电视十佳制片颁奖大会及研讨会在京举行

杨　扬

〔**本刊讯**〕今年5月9日至12日，北京迎来了全国电视界的一大盛事，中国广播电视学会电视制片委员会决定把掌握电视作品生产命运的电视制片人推到前台来，首次给全国“十佳制片人”和“优秀制片人”颁奖并举办中心议题为电视制片与市场经济的研讨会。

在11日颁奖大会上受奖的十佳制片人是：中央电视台的于志超、北京电视艺术中心的刘沙、海政电视剧制作中心的刘通生、中国电视剧制作中心的李清水、中国国际文化艺术中心的杜禹、大连电视台的杜景林、湖南电视台的张光前、上海文化发展总公司的张雪村、太原电视台的靳大力、中国电视剧制作中心的靳雨生；优秀制片人是：中央电视台的王森山、吉林电视台的马世才、天津电视台的关键、四川电视台的朱钦孝、福建电视台的李栋、重庆电视台的陈文诗、浙江电视台的何滨安、原深圳电视台的金锡光、上海电视台的郭学鹏、北京电视台的宫宪利；在颁奖大会上受奖的还有“十佳摄制组”，他们是：《三·一五国际消费者日》、《上海一家人》、《凡人神曲》、《公关小姐》、《纪委书记》、《南行记》、《桃花扇》、《秦淮人家》、《渴望》、《赵尚志》。

在研讨会上，100多人汇聚一堂，有的谈经验、谈感

受，也有的谈失败的痛楚和教训，他们共同展望制片事业的宏图，更多的是交流了制片业的生产方式。(他们的精彩发言将行文后陆续在本刊和读者见面)。

中国广播电视学会电视制片委员会会长徐宏在研讨会上提出了一个大家思考已久的问题：电视摄制以谁为中心？制片人是否能形成中心？怎样当好一个名符其实的制片人？她指出：目前大制作呼唤大制片，大制片呼唤大市场，我们要把电视剧这一具有商品属性的文化产品的生产，在制片中创造最佳制片形态，在国际市场上打擂台。

(选自《中国电视》1994 年第 6 期)

文化建设的重大课题

——“文化与市场”学术座谈会述评

本刊记者

在建立和完善社会主义市场经济体制的新形势下，文化与市场的关系问题日益成为一个社会热点问题。文化事业实际上受到的市场化浪潮的猛烈冲击，文化单位所处的困境，文化工作者日益增长的困惑，……总之文化向何处去亦即文化的命运问题，迫切需要理论界进行探索并给予回答。针对社会上“文化市场论”似乎已成为定论、把文化工作者推向“市场”已成为“大趋势”等问题，《哲学研究》1994 年第 2 期、第 4 期相继发表了敏泽的《市场经济与文化建设》和庄思晦的《文化能否市场化?》两篇文章，引起强烈反响。为推动这方面探讨的深化，《哲学研究》编辑部与中国社会科学院哲学研究所“有中国特色的社会主义理论的哲学基础”课题组于 1994 年 5 月 12 日联合召开了“文化与市场”学术座谈会。电影、美术等艺术界，文化管理部门，哲学社会科学理论界的专家、学者 20 余人参加了会议。

与会者围绕市场经济条件下的物质生产与精神生产，文化产品的文化价值与交换价值，文化、市场与人本身的发展等问题展开了热烈讨论。尽管发言者的立论角度不尽一致，观点也不尽相同，甚至有较大分歧，但对文化的命运表达了共同的关切，以致于会议结束时，不少与会者还意犹未尽。

在“文化能否市场化”的问题上，发言者大致有以下观点。一种观点是在市场经济条件下，文化工作者进入市场是唯一的选择。只有进入市场，才能破釜沉舟，下决心实现“自我价值”，犹如被抛入旷野，才能激发其生存的活力。而大多数发言者则不赞成“文化市场化”的主张。

其中，有的论者认为：“文化市场”和“文化市场化”并不是一个概念。文化虽不能市场化，但不能因此而否认文化市场在当前存在和发展的某种合理性和现实性。其理由是：(1) 它是“物化劳动”，有交换价值。(2)“人民群众对健康向上的精神生活的需要和追求”，在许多情况下“可以转化为市场需求”。(3)“现有国力难以完全承担”文化艺术事业“所需经济投入”，文化艺术市场可以“增加新的资金来源”。持这种主张的论者一般都不否认市场对于文化发展的负面效应，都反对“市场万能论”，他们之所以不否认“文化市场”存在的理由，是和他们对“文化”概念的理解密切相关的。

例如，有的学者认为，文化产品的文化价值与交换价值从来都是不一致的，而每一时代的市场，都是从交换价值的眼光来看待文化产品的，这是文人的悲哀。文化是面向社会的，有的面向基层，有的面向知识分子，有的面向决策层。如果不注意这种区别，讲全盘市场化或全盘非市场化，都是偏颇的。还有的论者把文化分为雅文化和俗文化，或者分为文化事业、文化产品、娱乐品，认为文化事业作为公益性事业不宜推向市场，而所谓“俗文化”、“娱乐性文化”本来已在市场之中，无须“推”向市场。这种主张看来有一定的道理，但面临着如下的问题需要回答：文化是一个有机的整体，能否作这样的分割能否把人们所指的“俗文化”混同于国外所谓“商业性文化”？所说的俗文化，包含有娱乐成分，但能否归结为娱乐品，它既有可以上升为所谓“雅文化”的东西如(《诗经》就汲取了不少民歌成分)，也有雅文化和民俗中特定成分结合在一起的东西（如墨家与江湖文化），还有纯从民俗民风中来的东西。俗文化更多保存的是民族的传统的东西，有顽强的生命力，它歌颂美好、鞭策丑恶、憧憬未来的主流，与其说是同商品化同流合污，毋宁说更多表现了反商品化的品格。这种独立品格是作为商品化的对立面而存在的，这才是它的生命力所在。

另一些论者则认为，“文化市场”是一个不科学的概念。“文化”概念的基本内涵是着眼于人的求真向善爱美的素质、人格、个性的培育塑造、提高发展，简而言之，是着眼于人的自由而全面的发展。可以进入市场而成为买卖对象的不是文化本身，而是文化的物化载体和物化形式。文化和市场在本质上是对立的。提出建立社会主义市场经济体制的目的是富国，但是提出“ 文化市场”的目的是什么呢？一些人都是从引进竞争机制、破除“大锅饭”这个意义来理解的，可这是一个技术性的枝节问题，可以通过市场以外的途径来解决。为了使我们的改革、我们的市场经济坚持社会主义方向，除了坚持党的领导和坚持以公有制为主体以外，还需要第三个条件，就是以社会主义的文化建设为媒介。在市场经济条件下，文化产品虽然有商品属性，但这决不意味着可以把文化和经济的不同本质等同起来，把市场价值规律当成文化繁荣的推动力。我们在考虑建设社会主义新文化为目的的文化体制改革时，绝不应在这个基本问题上有所模糊。在与私有制结合为一体的资本主义市场经济条件下，市场规律全面笼罩文化艺术生产，文化与艺术几乎完全处在经济异化之中，文化艺术的本性和规律与市场的本性和规律本质上处在“相敌对”的状态。在社会主义社会中，难道二者就可以“相亲和”而造成社会效益和经济效益双丰收的局面吗？这个问题是值得我们今天深入考虑的。

有的学者指出，有人之所以把市场需求直接等同于人民大众的文化需要，以为按市场需求来安排文化艺术生产就可以体现“二为”方针，原因之一是没有搞清什么是文化价值。“文化价值所反映的是文化与人、与社会的关系，是人的先前的认识和实践成果与人的后继的认识和实践活动之间关系”，而不是一时一地的纯粹现实功利关系，例如市场的供需关系。一时一地的纯粹现实功利要求是孕育不出具有长久魅力的文化价值的，恰好相反，它一方面遮蔽、掩盖了文化价值，另一方面用交换价值的商品属性把文化产品仅仅变成了商品，甚至把文化生产者变成了赚钱的工具，所谓“各领风骚三五天、你方唱罢我登台”的“快餐文化”现象就是如此。而屈原“虽九死而不悔”的追求真理精神、文天祥“人生自古谁无死，留取丹心照汗青”的爱国壮怀，却一代又一代流传下来，直到今天还放射着使那些适应所谓市场需求的神侃阔聊或悄声细语的作品黯然失色的耀眼光芒。商品交换确乎是一切进入社会的文化产品的必经关口，但是文化产品中包孕着的作品创作者及作品中的崇高理想、献身精神、非功利追求这些可以“衣泽后人”的东西又怎样能够用交换价值尺度去衡量呢？马克思曾说知识是没有交换价值的。其实，一切称得上是文化的东西不都是这样吗？

多年来，在一些同志的头脑中形成了一种“一刀切”、“一哄而起”的思想习惯。例如在“文革”和“文革”前，讲政治挂帅，就用阶级斗争眼光“观察一切”；讲“以钢为纲”，就来个“全民大炼钢铁”。现在搞市场经济，就要不分青红皂白地把一切“推向市场”，要求文化部门、单位和经济部门一样讲经济效益。实际上，这是一种形而上学的思想方法。持这种主张的人会搬出历史唯物主义关于经济基础决定上层建筑的原理来论证他们的主张，认为只有把文化推向市场才能“适应”市场经济的发展。实际上，这是对历史唯物主义的庸俗化理解。正如有的与会者指出的，如果从总体上要求文化部门提供经济效益，这就如同要求政治部门提供经济效益一样可笑。有的熟悉国外情况的专家指出，发达资本主义国家的经济可谓是迄今成熟的市场经济，但这些国家并没有把文化事业都推向市场，也没有“文化市场”这个概念。相反，有些国家，例如瑞典在文化政策中明文规定“反对把文化艺术商品化”。美国学者 R · 威尔逊认为，高雅文化不能像通俗文化那样，专注于某种吸引力，而从不涉及人的心灵，恰好相反，它不建筑在追逐利润的价值体系之上，而是以非功利的态度，以超越特定时间地域的形式，谋求人的资源的无偿解放。否则，容忍通俗艺术的泛滥，只能钝化人的感觉，骗取文化消费者的时间，同时诱使艺术家误入歧途，导致审美的“格雷欣”效应，即拙劣艺术排斥优秀艺术的后果。而我们有些掌握经济权力的人却不理解文化的特性，以为“卡拉OK”就是文化，歌星就是文人。一些地方的财政部门，也把文化单位简单地理解为自谋生路的企业，推出不管，名曰“断奶”。这样一来，文化事业，特别是公益性的文化事业就要淹死在“大海”中了。

不仅文化，而且科技、政治等对经济的关系也不是单向的一一对应的因果演进关系。如果稍微回顾一下“文革”期间“抓革命”未必能“促生产”反而导致经济的停滞倒退，或者回溯近代史上的“洋务运动”，以及向西方追求真理的人物，包括康有为、孙中山等人的悲剧……无不说明了这一点。这些沉痛的教训有的不过百把年，有的才二十来年，是值得深刻反思的。正如有些与会者所指出的，在走向21世纪的今天，我们对文化的理解早就不应停留在洋务派的水平上了。

与会者怀着十分忧虑的心情，谈到“文化市场化”给文化建设带来的种种困境。问题已相当严重和突出。文化生产部门资金严重短缺，人才流失；文化生产结构、消费结构扭曲，发展性文化日趋萎缩，黄色、有害的毒品迅速蔓延；教育和科学事业困难重重，特别是拜金主义的泛滥对文化事业的冲击是触目惊心的。一位电影艺术家通过大量事实指出，由于把电影制片厂变成企业被推进市场，使电影业不得不只讲娱乐而不讲究审美、认识和教育功能。某制片厂的影视委员会被看作反面的“试金石”：凡该委员会认为格调粗俗的片子，就被批准上马；凡它认为格调高雅的，就一定下马。结果不是“优胜劣汰”，而是“优汰劣胜”。制片厂几乎成了海外港台片的加工地。有的人为了追求金钱，竟不惜向国外出卖有关电影资料的情报。这样发展下去，我们的电影业会不会成为海外制片商的“殖民地”，并不是一个耸人听闻的问题。

与会者进一步指出，提出“文化市场化”，主张给文化事业“断奶”，倡导所谓“以文养文”，实际上反映了忽视乃至无视文化建设的庸俗经济决定论或经济自发主义倾向，以为经济的发展会自然而然地带来文化的繁荣。

这不但违背了马克思主义的基本原理，也不符合历史事实。恩格斯指出：“政治、法律、哲学、宗教、文学、艺术等的发展是以经济发展为基础的。但是，它们又都互相影响并影响到经济基础。并不是只有经济状况才是积极的原因。”在掌握了政权、有了公有生产资料的社会主义国家依然如此。在俄国“采取市场的经济形式”实行新经济政策时，列宁特别强调了文化建设的意义，因为只有那些已经深入文化、深入日常生活习惯的东西，才能算已经取得的成就。所以，他指出，只有提高全体人民和国家干部的文化素质，才能更好地掌握和运用无产阶级政权和公有制的优越条件，建立一个“完全的社会主义国家”（参见《列宁选集》第4卷，第687～688页）。在这里，文化对经济的发展，非但不是消极的，而且还构成一个必要的前提，在某种限定的定义上说，成了社会进步、经济发展的尺度了。相反，如果文化建设得不到重视，或者走偏方向，经济建设也会出大问题，事倍而功半。

这次座谈会触到了文化建设中一个十分重要的问题。文化与市场的关系，实质上是关系到能否不折不扣地、扎扎实实地贯彻党中央“物质文明和精神文明建设要两手抓，两手都要硬”的方针的重大问题，是关系到文化体制改革和文化建设方向的重大课题，因而也成为关于文化的学术理论研究的新课题。事实证明，文化政策的制定仍然有一个进一步端正思想路线的问题。为了使我们的文化政策真正建立在实事求是的思想路线基础上，需要理论界、文艺界和文化管理部门同心同德、密切配合，以唯物主义的历史观和价值观为指导，结合改革开放实践，进一步探索发展市场经济条件下物质生产和精神生产、经济发展和人本身发展的具体关系，探索在这种特定历史条件下文化发展的特殊规律，在文化建设实践中增强自觉性，克服盲目性，实实在在地为繁荣有中国特色的社会主义文化事业尽力。

（选自《哲学研究》1994年第6期）

文化市场的反思

——“文化与市场”学术座谈会述评

李登贵

今年5月《哲学研究》编辑部和“中国特色社会主义理论问题”课题组，联合召开了“文化与市场”学术座谈会。与会的20多名哲学界、文艺界、新闻界的专家学者对当前文化市场化引发的各种问题，表示严重的关注。

一、对“文化市场”的质疑

提出“文化市场”概念的同志主张，为了在文化领域引进竞争机制，打破大锅饭，必须让文化与市场经济接轨，把文化推向市场，让市场来实现文化产品的文化价值，并根据市场需求决定文化建设的投资方向和机构设置，把市场作为繁荣文化的根本出路。

对此，与会者指出：

1. “文化市场”混淆了文化与商业文化的区别。商业文化作为文化事业的一个部分，其载体也是语言、文字、音像、造型等形式，与文化的载体相同，但功能不尽一致。商业文化的娱乐功能无法取代其他文化品类的认识功能和审美功能，无法承担文化的一般目的，即促进作为历史主体的人的全面发展、个性多样化，实现人的精神自由，致力于真、善、美的统一。相反，具有反文化性质的色情、暴力等因素，往往与商业文化有着世界性的联系。因此，不能把商业文化作为文化的一般内容，把商业文化的市场价值作为文化的普遍价值。

2. “文化市场”概念混淆了文化产品的交换价值、使用价值和文化价值的区别。在商品经济条件下，文化产品作为物化了的文化，必须以商品交换为媒介。但商品交换直接实现的只能是文化产品的交换价值，而一本书的价格只能根据印刷成本和稿酬来制定，这与书的使用价值（收藏、馈赠、转卖或研读）无关，与书的文化价值更没有联系。一本健康的武打小说与《红楼梦》价格相同，这就意味着市场无法体现这两本书在文化价值上的区别。事实上，由于接受文化价值需要相当的教育投入和一定的时间，更由于文化价值难以估价，文化产品的交换价值与文化价值的不一致已是普遍的现象。加之文化价值的消费有其独特的耐久性，一百个人读过同一本《红楼梦》之后，这本被磨损了的名著所具有的文化价值依然如故。因此，市场只能解决文化产品的交换价值问题，而与实现文化产品的文化价值没有直接联系。

3. “文化市场”概念混淆了市场需求和文化需求的

界限。文化市场需求是消费者文化水平和商业广告等因素的综合产物。在一个文盲、半文盲占很大比例的国家，把文化建设的方向交由市场需求自发调节，实际结果只能是放弃精神文明建设的领导权，放弃对人民大众文化水平的提高和引导，放弃保护民族文化、民族精神的历史使命。面对亟待提高文化水平的消费群体，奢谈群众对文化建设的发言权，往往是一种掩饰唯利是图之目的的虚伪托词。

二、文化与经济主战场的关系

文化市场化的另一立论根据是文化要面向经济主战场，为经济服务。但这种观点的真实内容是把文化市场纳入社会主义市场经济体系，把物质文明与精神文明都统一到经济轨道上来。这实质上混淆了物质生产与精神生产的本质区别，是新形势下的庸俗经济决定论。与会者指出，在一个亟待解决经济问题的国家，经济市场有吞噬一切的客观趋势。比如把生产力从社会发展的手段提高到社会进步的目的或唯一标志的高度，且把生产力的发展归结为物质财富的增长，忽视劳动者素质的提高；又比如“文化搭台，经济唱戏”的提法，以及“经济先上去，文化后跟上”等观念。但这种客观趋势并不是其合理性的证明。不能以现存的原因作为现实的理由。因为市场经济是文化行为，而文化却不能归结为市场行为。经济的直接目的是国富民强，但作为文化的手段，经济不能以自身为终极目的，更不能以此为遮蔽文化的终极目的。不能把解决生存的经济问题从目前的中心扩张为理想社会的唯一中心。

其次，经济发展不是没有前提条件的独立的、自发的过程。文化建设不仅与经济发展互为条件，而且还是经济发展的背景之一。在一个文化殖民化、纲纪崩坏、道德沦丧的环境之下，不可能有持续稳定的经济发展。在我国，商品经济往往被曲解成商人经济、泡沫经济，这与文化事业上忽左忽右的混乱不无关系。因此，必须从物质文明与精神文明的内在联系角度，考察文化与经济的关系。如果要求人文科学等文化门类产生实际的经济效益，本身就是不切实际的空想，是一种狭隘功利主义的文化观。文化建设对经济的作用，必须从社会大背景上考察。从这个意义上说，除了党的领导和以公有制为基础之外，文化建设应当成为、也能够成为社会主义经济的第三条件。它能够使党的领导具体化，也能够成为捍卫公有制的主导地位的有力手段。

三、如何借鉴西方的文化经验

由于市场经济的普遍性，中西文化建设在市场经济背景下所遇到的难题也有相似之处。早在资本主义萌芽时期，西方人文主义者就敏锐地感觉到金钱在瓦解封建等级制的同时，往往也使人变成了拜金主义者。他们对资本主义的批判，对人性的呼唤，构成了资本主义文化中的积极因素。即使在当代，由于中产阶级的文化品评能力对西方政府的文化政策有相当的制约作用，使得西方文化政策在协调物质文明与精神文明关系方面积累了许多可贵的经验。过去，我们武断地认为，西方资产阶级政府必然要扶持腐朽文化，但事实并非如此简单。西方文化中固然有没落的一面，但受西方政府扶持的却是高雅文化，而不是商业文化。在西方，高雅文化以及博物馆、公园、歌剧院等并不是自负盈亏的单位。它们往往作为社会二次分配的一部分，由国家投资，或以免税优惠政策鼓励私人赞助。在瑞典等国家，反对文学艺术商品化已成了文化建设的基本原则。西方国家在文教、卫生、环保、公益等领域出现了非市场化趋势，对市场的迷信早已成为历史。

我们不仅应该借鉴西方文化建设中市场与计划并用的措施，而且在向西方国家学习科技成就时，应该看到西方科技发展与西方文化之间的内在联系。不能以洋务派的老眼光对待西方文明，以为只能“学习西方的坚船利炮”而拒绝西方文化中的精神文明的积极成果，固守着所谓的“国学”或国粹。实际上，不仅仅是科学属于全人类，包括马克思主义在内的西方文化积极成果，也属于全人类。

四、文化改革要实事求是

迷信市场，把市场文化作为文化改革的唯一出路，是文化策略中的拜金主义。它在现实生活中已造成了有害的影响。它使文化队伍变形，把精兵简政变成市场面前各谋生路，进而把优胜劣汰的竞争法则演变为市场面前优汰劣胜。影视界的媚俗倾向，歌坛的追星丑闻，出版界对神秘主义、色情及暴力的热衷，哲学界复古主义的萌芽，都从反面提醒人们，一大批丧魂落魄的人已经形成，这些审美及批判能力钝化的精神懒汉，由于缺少高雅文化的熏陶，已沦为只有情欲、金钱支配的享乐主义者，或神秘主义思想的俘虏。尤其是一些承担着保护民族情感、民族精神的高雅文化领域被推向市场以后，破坏了人们心目中民族文化和民族精神的神圣感，比如对虎门炮台的破坏，对圆明园遗址公园以及对龙门石窟，敦煌石窟的商业开发，还有雨花台的狗展，使神圣的历史地理价值遭到了玷污。这种看不见、摸不着但又无处不在的价值，是构成民族自尊心和凝聚力的重要因素。有鉴于此，与会者提出，文化改革不能离开实事求是的思想路线，笼统地搞“非市场化”或“全方位市场化”。文化事业的改革应具体情况具体分析，不能一刀切。

文化包含市场因素，更包含超市场的因素。就文化的层次而言，有面向全社会的文化，如道德教化；有面向基层的文化，如文娱活动；有面向知识分子的文化，如人文科学、先锋派的探索活动；有面向决策阶层的文化，如管理科学、政治学。理论科学、先锋派探索活动关系到文化的过去和未来，是文化再生产的基础，在市场面前，它无以自养；大众文化中有公益性事业和非公益性事业，公益性文化一旦交付市场，只有两种结局：自生自灭，或文人苟活，文化已死，挣了几个小钱，丢了文化环境。至于非公益的商业文化，它自身就是市场的弄潮儿，无文可养，用不着推，就已下海了。根据这些情况，应分散决策，区别对待，综合运用行政、经济、法律、舆论等手段。能市场化的就市场化，不能市场化的，再想其他办法。

（选自《红旗文稿》1994 年第 16 期）

市场化大潮中的文化走向

——关于“文化发展与市场经济”的讨论会

主持人：徐中振

自本刊前两期发表文化讨论的文章后，引起了社会各方面的较大反响。5 月 12 日本刊又召开“文化发展与市场经济”讨论会。与会的专家学者讨论热烈，并提出了许多令人深思的问题。现刊发部分与会者的发言摘要，以期进一步深入探讨社会转型时期文化发展的基本思路和对策。

新三角结构：谁将制约文化发展的趋向

顾晓鸣（复旦大学教授）

市场经济对大众文化的影响已从表面上改变了整个社会的文化状态，但大众文化的背后究竟是什么？是谁在操纵和控制？社会上有许多人热衷于谭咏麟、梅艳芳，其实是大的音像制造商、演出经纪人和大文化公司发挥着决定性的影响。它们制作了大量的文化产品，以巨额金钱捧红一批“明星”。这些情况突出地表明了市场经济对文化的强大的制约作用，今天仅就文化市场的实际问题谈五点看法。

第一，文化大公司这只看不见的手正在愈益深入地介入文化市场，它的出现究竟代表多数人的霸权还是少数人的霸权？虽然由于文化公司在市场中的存在使得各种竞争趋于合理，文化消费有了一定程度的自由选择。然而，这些文化公司的支持赞助，从根本上说是市场导向的，赚钱导向的。同时，文化公司老板的素养远说不上都能合格，这就使支持、赞助出现较大盲目性，其结果是少数有钱人制约了社会的文化景观。在可能发展出文化艺术民主化的同时，也产生着某些文化决策上少数人说了算的局面，这是当前文化权力再结构的突出问题之一。

第二，驱动文化发展的钱往哪里流？文化公司资金投入的决策也好，企业界的赞助也好，往往是急功近利的，倾斜于社会知名度高的人。它们那些钱的流向如果没有合理控制的话，未必都能促进文化的健康发展。一些企业家向明星赠送豪华别墅，文化公司为明星大肆捧场，这些举动与真正切实推动文化进步几乎无关。

第三，文化趣味问题。后现代主义的最大特点之一是打破了高雅与低俗的二分法。当前，中国的有识之士已直接感受和关注到市场效果与趣味下降的问题了。但我认为更微妙、更深层次的问题则是，文化批评的标准正在消解。文化公司乃至大款老板纷纷通过赞助而主持着各种评奖活动，我喜欢哪个艺术种类，就给予支持，并对具体的奖项得主有强烈的倾向性影响。如此，艺术的标准何在？我们的艺术研究所、艺术评委的发言权又在哪里？况且评委们不时被赞助商收买或愚弄的情况已是时有所闻了。

第四，文化市场需要一定的协调。目前的情况是，政府已无法通过红头文件而完全调控文化市场的具体走向，而文化大公司的金钱也还不能完全左右一切，如何探索处理社会文化政策的制定与文化公司、赞助商出钱之间的关系，这是关涉当前文化市场发展的一个焦点。

第五，事实表明，政府的政策和文化公司的金钱，无法最后决定文化的发展趋向。应该抓住这样一个新的三角结构关系：政府的文化政策，文化公司的市场化介入，社会自身的文化规律（包括老百姓的趣味）。市场经济对文化的影响将表现为这三者之间的结构性制约关系。抓住了这一新的分析点，就能切实探索和解决文化市场的新问题，推动文化的新发展。

切实探索文化市场发展的协调性与规律性

周锦尉（《文汇报》理论部副主任）

当前文化发展中出现了一些无序现象，这就要求我们切实分析文化消费者和文化生产者的状况，它们是文化市场中直接运作的两个主体。当然还有政府的文化政策，社会文化机构及赞助基金等的影响。要有新的思路切实抓住这三方面的关系开展研究，研究它们之间的矛盾和协调，促进文化市场的有序发展。

从文化消费者的需求来看，随着经济发展和社会现代化的进步，文化消费的需求也必然大量增长。一是娱乐性、享受性的文化需求。人们的闲暇时间多了，除了其他消费外，文化消费将是一个极其重要和主要的方面。二是参与性消费需求。文化的创造性、自主性特征在这一消费形式中得到突出的体现，它已不满足于欣赏别人，而是追求自娱自乐，如卡拉 OK 等的兴起就是这个道理。三是刺激性消费需求。一则为了宣泄市场运作中成功或失败的情感；二则还模拟了市场经济激烈的竞争性环境，由此一些竞赛性强的体育和文化活动颇受欢迎。当然还有鉴赏优秀文化精品的消费需求。这些文化消费需求的迅速增长往往使我们产生“看不懂”、“看不惯”的忧虑和抱怨，但他们确实具有合理的进步的意义，向我们提出了如何满足和引导这些消费需求的新问题。

从文化产品的生产者这方面看，优秀、健康的文化产品对社会文化消费具有导向作用，与其他产品一样，消费需求促进产品开发，而产品又反过来开拓新的消费领域、消费方式。由于长期实行计划体制的滞后影响，往往难以较快、较顺利地与市场接轨，因而与迅速增长的消费需求形成了暂时性的矛盾。正是在这样一个真空期，港台文化、外来文化大量涌入大陆，占据了文化市场。对于这一局面不必持过于悲观的态度。随着文化体制的逐渐调整，随着社会各方面的关注和支持，国内的文化生产者将发掘和弘扬民族优秀文化的丰富库藏，并不断创造出反映当代社会生活情趣的精品。在这方面，政府及时制定正确的文化政策真有十分重要的影响。犹如市场经济发展需要宏观调控一样，文化政策的引导能避免文化市场发展的盲目性和无序性。尊重和遵循文化发展和市场经济的规律，从社会需求出发，大力繁荣文化市场；这应该是我们坚定不移的方向和任务。

昆剧发展的根本出路在于面向观众，面向市场

蔡正仁（上海昆剧团团长）

我们这些人每天都在碰到这样一个问题：排什么戏？有没有人看？有人说，现在昆剧没有观众，已失去了存在的意义。从我们每次演出总能得到观众较热烈的反响这一事实来看，我认为这个说法太偏激了。昆剧是有生命力的。但也确实面临着挑战：是重走过去的老路，等待“美丽的死亡”，还是拼杀出一条新路？

昆剧当前的困境，从根本上说是正在经历着计划经济模式向市场经济体制过渡的阵痛。过去我们以“指令”安排演出，至于有没有观众，那就与我无关，反正经费由上级批拨。现在实行差额拨款，排戏所需经费打了报告也不能满足，怎么办呢？要不要活呢？由于文化体制还没有根本的转变，一些艺术团体现在一边搞改革，一边还受着计划模式的观念影响，如眼睛总盯着上面拨款，最近一个时期又是想争赞助基金。这样的想法和做法是短视的、消极的。面临市场经济的大潮，昆剧的根本出路在于面向观众，从而切实开拓自己的演出市场。

我始终信奉这样的想法，昆剧亡不亡并不在于它是昆剧，而要从两个方面把握，昆剧是不是真有价值；从事这一剧种的艺术家能不能适应社会发展的需要。对于前一个问题，社会的认识还是基本肯定的。但是，随着时代的发展，广大观众的兴趣和品味不可能不发生变化，这就要求我们从内容到形式都作出大胆的变革和创新，使广大观众对昆剧从“敬而远之”到逐渐“敬而爱之”。社会上常常有人要求我们绝对地保持昆剧的原汁原汤，其实这是不可能的，也不利于昆剧艺术的发展。如果真这样做的话，那昆剧就将成为“博物馆艺术”，离寿终正寝也就不远了。

企业不是财政部

尹明华（上海东方广播电台副台长）

任何形式的文化发展都必然受制于社会经济基础。然而，作为经济基础重要构成部分的社会第三产业，一旦进入市场经济状态后，唯一的责任是正确选择合乎自身利益发展的企业行为，包括出资对文化事业的赞助，根本上也是为企业利益（形象策划，声誉宣传）所驱动，而不应出于对政治号召和形势要求的简单适应。

我并不反对企业赞助文化事业的行为。只是社会的发展已将企业推入了市场的大海，在强调“社会主义特色”的前提下，我们几乎都为拥护市场经济举起了双手。既然如此，我们又何必指令性或“半指令性”地常常要求企业怎样去做呢？我们何以嘴上说“这样”实际做时往往是“那样”呢？

有些国有企业动辄抛出巨款，完成对自身“讲求社会效益”的“社会慈善家”的形象塑造。我不知道这类举动是否经过企业最高权力机构职代会或股东代表大会的讨论通过。与国外一些大企业集团带有私人出资赞助文化事业的性质不同，我们的国有企业，所掏的钱都是出自国家的腰包，厂长个人是分文不出的。厂长仅是企业的法人代表而并非法人，因而他的重大决策必须能够最大限度地代表法人利益和企业职工利益。否则的话，我们无法解释这样的事实：有些企业离退休职工工资发不出，医药费报销不了，企业效益每况愈下，厂长却还在用“公款”东赞助、西赞助，图个“讲求社会效益”和“重视精神文明建设”的美名。依我看，这绝不是什么“企业行为”，而是完全违背市场经济规律、违背企业职工利益的“个人私利行为”，我们的社会舆论决不要为这样的“企业家”去谱写廉价的赞歌！

由计划经济进入市场经济以后，许多国有企业困难重重。自我改造、发展和提高效益的任务十分艰巨，有些已自顾不暇。因此，不能再用计划经济年代的做法来对企业“指手画脚”了。企业不是财政部，该对社会负些什么责任，让他们结合自己的效益情况和宣传需要，自己去决定怎样走路！

寻求艺术规律与市场规律的结合点

高义龙（上海艺术研究所研究员）

讨论文化发展与市场经济的关系，应当先确定一个

前提：我国正处于转轨期，实现建立社会主义市场经济体制这一目标尚需多年的努力。我们对“市场”的理解常常是肤浅的，表现之一便是在“市场”和“赚钱”之间画上等号，于是，一提市场就想到赚钱，赚钱似乎就能高奏进入市场经济的凯歌。其实，市场经济是门大学问，体制的转轨涉及整个社会的变革。从与文化的关系来说，不能忘记三个事实：文化发展与经济繁荣不同步，文化价值与经济价值不等值，各种文化形态与经济的关系不平衡。文化的发展有自身的规律，并不能全靠钱来解决一切、衡量一切。

文化发展又不是孤立的，它必然受社会大系统的制约。社会在转向市场体制，文化从整体上说必须进行与之适应的转型，文化人不应患“市场恐惧症”。市场机制的引入将给文化发展注入新的活力和推动力。市场机制的核心，我认为是供需关系，正确地把握住这一点，会使文化拓展出更广阔的前景，会使文化人释放出更大的创造力。如属于社会文化范畴的卡拉 OK、舞厅等，上海这十年来从无到有，已达3000多家，每天有10余万人参与，既能满足文化消费的需要，又有利于改善投资环境。长宁区沪剧团只有38个人，由于面向市场，编演通俗而有品位的好戏，两个效益都好，《清风歌》一剧演出超千场，并得了文化部的“文华奖”。

事实说明，艺术规律与市场规律是可以结合的。寻求结合点，有三个关系值得注意：一是审美价值和娱乐性的结合。就艺术本体而言，应力求精美，同时又要尽量使广大群众喜闻乐见，在欣赏中得到娱乐。象越剧《梁祝》、《红楼梦》、《祥林嫂》就既达到了一流的艺术水平，又征服了亿万观众。二是坚持艺术使命与拓展文化市场的结合。就艺术工作者而言，永远不能忘记艺术的主要使命是从精神上影响人、塑造人，但艺术生产不能孤芳自赏，没有受众，再好的作品、再优秀的艺术也难以实现自身的价值。其实，文化市场说到底是争取受众即观众、听众、读者的问题。淮剧《金龙与蜉蝣》从提高剧种品位着眼，昆剧《上灵山》、京剧《扈三娘与王英》从通俗化着手，都是为了争取观众。三是适应与引导结合。就领导和管理而言，适应大众需求，才能事业兴旺，同时又要引导市场，引导文化消费。上海社会文化管理处举办的歌手、乐手考核以及舞厅经理培训，对文化娱乐业的健康、有序的发展起了积极的作用。

积极引导，通俗文化的前景是乐观的

胡战英（上海声像出版社社长）

改革开放、市场经济以及当代科技的迅猛发展，给文化发展带来极为深刻的影响。在日益兴旺繁荣的同时，新事物、新问题和新矛盾也层出不穷，用传统观念和一般理论原则已很难把握深刻而剧烈的文化转型现实。因此，文化发展与市场经济不仅是理论问题，更是一个实践问题。事实上，从80年代后期，就不断有人从理论和实践两个方面进行初步但比较广泛、深入的调查研究。同样，今天再度进行更为深入的研究，则需要以走向市场经济体制的实践为基础才能有切实的把握。在这方面，仅从主观愿望出发或纯学术地看问题，除了提出的问题幼稚可笑外，还将把研究引向脱离实际的死胡同。

对于当前现实文化发展中的一些热点问题，如通俗文化和高雅文化，大众文化和精英文化所处的不同状况、际遇，应该以现实立场和历史目光来做深入、细致的分析、研究，不能简单地下结论，更不能凭个人感情和好恶来作判断。其实，有的现象，如一些欣赏难度较高的艺术样式或作品，像交响乐、经典文学作品等受众较少，因而从市场角度来看不大景气，应当说是很正常的事。正所谓“其曲弥高，其和弥寡”，古今中外，莫不如此，没什么可以大惊小怪的。倘若为此痛心疾首，危言耸听，倒是让人莫名其妙。

大众文化、通俗文化，毫无疑问是文化构成的基础和主要部分。有人提出，大众文化或通俗文化太富于商业性，因而只能算是商品而不算文化。我认为这种观点太偏激，文化概念的内涵和外延从来不是由哪些人主观界定的，那是客观存在。再者说，如果把大众文化、通俗文化拒之门外，那么文化剩下了什么呢？恐怕只能是少数人的专利品了。我们理所当然地反对这种文化观，并深信这种观点一刻也站不住脚。对于当前大众文化、通俗文化中存在的一些问题，如有些作品格调低下，水平不高，我更赞同那样一种观点，既加以引导，注重批评。我们在制作声像作品的实践中切身感受到，比起前些年，现在通俗、流行歌曲的词曲、配器和演唱，其品位和水平均有明显提高。如果理论界、新闻界和文化界的有识之士都来积极引导，其前景应该是乐观的。

大众媒体与大众文化

陈保平（《青年报》副总编）

谈四点想法：

第一，一般而言，明星、畅销书、社会故事往往成为广播、电视、报纸等大众传媒追逐的对象。在西方，广播电视的黄金时间也主要留给大众。大众媒体本身是大众文化的一部分，又是大众文化的传播者。从这样的定位出发，对它的评论能够达成一个比较冷静客观、恰如其分的标准。因此，仅仅从精英文化的角度衡量大众文化和大众媒体，有一定的片面性。

第二，从提高民族的文化素养来看，知识界有责任关注大众文化的走向。由于大众媒体往往是急就章式的，篇幅也较小，缺乏深入的剖析。为此，我们搞新闻的希望学者、教授积极参与大众媒体的工作，但是眼下中国新闻界缺少有影响的专栏作家、评论家。专栏领域的涉及面是很广泛的，知识界可以通过文化评论、文化批评对大众文化的走向起积极而深刻的影响。这方面的工作也需要很高的文化素养，并且要注意排除庸俗的和商业化动机的干扰。

第三，大众媒体从业人员的素质有待提高。这不仅是指从业人员对大众文化的品味格调要有清醒的认识和严肃的态度，而且也必须切实提高自己的专业知识水平，形成自己独立的见解。在一个急剧而又深刻变动的社会中，大众媒体的从业人员应注重真实地记录时代跳动的脉搏，提供和积累丰富生动的素材，不要轻易下判断。一会儿宣扬这个，一会儿倡导那个，很容易自己否定自己，今天这个时代不是下结论的时代。

第四，当前的文化评论我认为要抓住以下三个焦点：首先，对那些完全受商业利润支配的低俗文化现象要抵制。在市场利润的导向下，确实出现了不少宣扬庸俗、色情、暴力的坏东西，这既是对文化的侵蚀，也将对社会的健康发展造成持久深刻的负面影响。其次，提高通俗文化的品位，倡导一流的通俗文化，应该努力使审美功能与娱乐功能结合起来。再次，高雅文化应该立足创新。我非常赞同昆剧团的改革探索，不要一提高雅文化似乎只有古的、洋的东西，这有点崇洋复古的倾向。高雅文化也应该力求反映现代生活，否则我们给后人留下什么呢？高雅文化一定要有当代感的鲜活生命力。社会的赞助也好，政府的行政干涉也好，都难以从根本上改变当前高雅文化的困境。

转换思路，以层次性、区域性、氛围性把握文化发展的新景观

叶辛（上海市文联副主席）

文化发展当前再度面临着市场经济大潮的冲击。80年代早期，随着以阶级斗争为纲转向以经济建设为中心，文化人曾有过一个欢欣鼓舞的时期，各种文化都得以蓬勃发展。但过了那么几回之后，文化人发现，经商热、出国热和娱乐业的兴起等又反过来对传统意义上的文化形成了冲击。譬如说，当年我在贵州任《山花》杂志主编那一阵，发行量曾达到14万份，但在我离开时下降到了1.4万份，这在省级刊物中还不是最少的。现在几乎所有的文学刊物订数都大幅度下降。从这些文学杂志的现象中便能看到，以往的、传统意义上理解的文化确实面临着巨大的冲击和挑战。但与此同时，各种新的文化样式也大量地产生出来，如通俗小说、通俗音乐、娱乐文化等等，形成了经济大潮涌动中纷繁斑斓的文化新景观。

怎样看待和评价这些文化新景观？我认为仅仅以高雅与通俗的区分是很难说清楚的。我们是否应该转换一下思路，从文化的层次性、区域性和氛围性来把握这些新的文化现象。层次并不是质的高低差别，它们各有自己的特点，适合不同的需要。现在人们的生活多样化了，情感多样化了，利益和价值追求多样化了，文化也就应该满足这些不同的需求。文化发展也进一步体现出区域性的差别。在贵州这样的边远地区就有一些文化气息很浓的聚会，那里也有独特的自然文化景观。我至今还十分怀恋那山村中青的山，绿的水，看看云彩，听听风声，虽然那里方圆数十里也找不到一本书，但却有另一种文化气息。如今我身在上海这样的大都市中，到处是高楼汽车，开不完的研讨会，还有许多文化人，但这并不一定就说明只有这里才很有文化。在认识一些新的文化现象时，我们还需要理解不同文化活动的特殊氛围。如对于卡拉OK、流行音乐等人们就会有不同的态度。有的教授也很喜欢这些样式，但有的青年工人就是不喜欢。这里就有一个不同的文化氛围问题，应该宽容地对待人们追求不同的文化情趣。

总之，当前文化发展确实面临着市场经济转型中的许多新问题。我们文化人要面对市场，主动地适应市场，如果不去适应市场，一份杂志只发行2000份，甚至200份，那就会有生存危机。当然，还要积极地引导市场，这就要靠我们文化人以人文精神、知识性文化和审美意识推动文化的健康发展。

谁来当裁判

毛时安（上海作家协会副秘书长）

从计划经济到市场经济无疑是一个伟大的历史性转折。但是，市场和世间万物一样不是万能的。它有它适用的范围，行动的空间。现在市场的功能有些夸大了，它被认为是无所不包的网，异化为无所不能的神，渗透了经济，渗透了社会的角角落落，也渗透了各种类型和形态的文化，甚至渗透了公众的灵魂。大约在十年前我读过一篇出自发达国家的有关广告的短篇小说。说的是主人N先生住在一家免费公寓，忍受不了公寓中吃饭睡觉大便各种场合无所不在的广告，决定搬到从报纸广告中看到的另一处风景优美的新房子。他到了那里，果然鸟语花香如诗如画。但总觉得不对劲，仔细辨别，原来花草树木游鱼连候鸟的队形都是广告图案。蛙声鸟语也都是广告歌曲。小说无疑有些荒诞，但它切切实实地揭示了现代社会确实存在着的，那种我称之为市场异化综合征的病症。

市场异化症主要表现在两个方面。首先是市场的功能被异化，从经济领域异化到一切领域，如教育、医疗、文化等。经济价值摧毁了一切庄严神圣，一切的仁慈人道。甚至出现了诸如即使生命垂危，也首先要钱，不给钱不看病的无动于衷的冷酷，教师则身在课堂，心在股市。其次是文化被完全异化为市场的附庸。要求文化完全去适应市场经济的铁定法则，迫使文化进入唯一的市场管道。于是文化失去了它的精神上的自主性，不能再去适度提升公众的灵魂而只能向公众频频抛媚眼，逐渐形成了全心全意从公众口袋里抓钱为目的，不惜以种种低俗无聊来取悦公众的新的文化上的“总体大众秩序”。这种秩序和现代文化工业的复制性结合，再一步步缩小包围圈，吞食掉越来越小的仍然试图坚持高品位的精英的严肃的高雅的文化艺术。我想坚持说的是，文化不能都赚钱。也就是说，文化不能清一色的市场化。发达国家的实践已证明，教育无法赚钱。而芭蕾舞交响乐话剧歌剧，说到底每年至多只能收回投资的四分之一。遗憾

的是，几乎在我们毫无思想准备的情况下，匆匆忙忙投入了一个不成熟不规范无序的市场。几乎没有对文化的行之有效的保护措施和组织，如赞助制和基金会。

文化与市场就像一场足球赛中的两支球队。市场频频越位，而文化和文化人甚至连筑篱笆排人墙的资格都没有，因为没有裁判。是的，谁来当裁判呢？值得庆幸的是，我们的政府终于认识并且担当起了自己的裁判职能。当然，球场秩序已经有点混乱了。

清流与浊流

胡守钧（复旦大学社会学系副教授）

中国正处于由计划社会到市场社会的大转型时期，文化园地也理所当然地呈现一派纷繁的景象：五光十色，五音齐鸣，诸说激扬。既有百花竞开的先进文化组成的清流，亦有五花八门的落后文化汇集的浊流。

那么，应确立怎样的价值标准来判定某种文化的先进与否？

欲评论人文文化的进步与否，切不可以某个具体的文化流派作为价值标准，否则必然会导致概一则亡的文化萧条的局面。因为任何具体的文化流派，皆不具有理论的宽容性，一旦圣化为教条并与权势结合，势必伤害那些赞成别种文化的人的正当权利，应该以是否尊重人的权利这一最基本的原则作为价值标准，因为这个基本原则具有极大的理论宽容性。既然以尊重人的权利为最高原则，那么绝不会因理论见解不同而伤害对方，任何尊重人的权利的文化，不论其形态如何，皆属进步文化；反之，任何不尊重人的权利甚至反对尊重人的权利的文化，则属于落后文化甚至是反动文化。

因此，凡是有利于尊重和维护民众基本权利的文化，凡是有利于改善民众生存状态的文化，凡是有利于中国改革开放和四个现代化的文化，勿论是严肃的高雅的，还是诙谐的俚俗的，皆属清流。

凡是不利于尊重和维护民众的基本权利的文化，凡是不利于改善民众生存状况的文化，凡是不利于中国改革开放和四个现代化的文化，勿论是嬉皮笑脸的、粗制滥造的，还是正经讲教的精雕细琢的，皆属浊流。

区分文化表现形式上的庄与谐、精与粗、雅与俗，当然必要，但是，文化批评的根本任务却在于：揭示各种文化的内涵，鉴别先进与落后，区分清流与浊流，以便扬清抑浊，促进中国文化健康发展。倘若只关注文化的表现形式，而忽视其精神内核，岂不是在鉴别珍珠的真伪时，鉴椟而忘珠么？

文化市场萌发着新的生命源泉

朱士信（《上海文化报》总编辑）

不管你承认还是不承认，我们正赶上一个泛化的时代。以文化为例，一旦在市场法则的万花筒中滚动起来，就会产生令人眼花缭乱的变异和组合。文化被打破了原先坚硬的内核和外壳，迅疾地渗透于社会的各个领域，这种泛化现象使得文化这个盘子越变越大。

面对日益纷繁庞大的文化景观，不少人习惯地拿起原有概念的手术刀试着切割，努力寻找着其中的对应关系，诸如专业文化与群众文化、高雅文化与通俗文化、精英文化与市民文化、严肃文化与流行文化……林林总总，不一而足。然而，迄今为止，还没有一种划分和界定能够令人信服地涵盖文化的层次与构架，这种状况很清楚地告诉我们，在市场的催化下，文化显现出活泼的生命形态，它不理会任何的概念切割，正按照自身的规律迅猛发展。

文化生态的这一巨变，引起了文化人的困惑和忧患，于是不绝于耳的“危机”声几乎成为一种主流性思考。我却以为，刚迈人巨变轨道的中国文化，充满着生机，正萌生于前所未有的生命源泉之中。这个生命源泉大致可以分析出以下几种有效成分：

（一）当今文化剥离了强加的外力，正向着人的本性、人的自身需求复归。文化的愚民政策曾是统治者屡试不爽的法宝，权力文化成了“灭人欲，存天伦”的紧身衣，人民创造的文化逆转为人民必须依附才能享用的奢侈品。新时期文化的可喜转变就在于，文化以其前所未有的大众性（或者说通俗化）热潮回到了它的创造者手中，人性得以尊重，人民的自身需求可以找到各种层次的文化满足。这是真正意义上的文化的复归，当然还是一种开始。

（二）市场的法则并不是有钱人的法则，人民享有其前所未有的选择自主权。文化需求的选择，长期以来是一种权力者的选择，其极端的例子看一下十年“文革”就可以一目了然。从权力的选择到人民自主的选择，是通过市场的中介实现的一个飞跃。有钱人选择是一种选择，但它不能左右社会的整体选择。社会的整体选择的一个重要标志，是作为主体的大众具有相应的选择能力——一定的经济地位，经济迅速腾飞、人民日益富裕，为人们自主选择提供了厚实的基础。

（三）泛化的文化、庞大的文化市场，使文化由精神产品制造者的少数人行为演化为社会各层次都能参与的大众行为。我们都明白，现今文化的满足在很大程度上体现于文化享用者自身的参与上。不仅流行文化具有如此鲜明的特征，就连我们现在大力倡导的高雅文化也在注重研究和强化审美主体的参与程度。相对目前的状况而言，下一世纪的中国职业文化工作者将会骤减，而文化产品生产者的队伍却会愈益膨大，这种趋势将有力地证明，将文化创造的权利返还于民是文化繁荣的最大希望。总之，文化的大变革，打破了原有的运行秩序，在碰撞、排列、扭结中将形成当代文化新的生命链。

走出象牙塔　确立市场观

李惠康（《上海艺术家》杂志主编）

通俗文化的应运而生并获得迅猛的发展，在于它对计划经济模式中文化生态的反叛性。在市场经济大潮的冲击下，那种以集体服从限制个人创造、以传统道德禁锢人的本体欲求、以政治理想掩饰现实矛盾的社会生活方式和文化意识形态，逐渐发生了深刻的变化，这一切突出地在通俗文化中反映出来。通俗文化所特有的民众性，使它较早也较快地根据市场意识把人的需求放在首要地位，重视对人的生存状态、情感和心理的真实描写，其作品虽不精致，但内容却较贴近人的本体本性，具有一定的以人为本的创作观念。这也是它深入民心，占领市场的重要原因。因此，我们在指责它的所谓“无序”时，还得尊重它“无序”中的反叛性才好呢！

与此同时，原本是通俗文化的戏剧，作为一种通过演出造成交流的艺术，是为观众存在的，是最具市场意识的。然而在今天的市场面前它却表现出不敢越雷池一步的“恐惧症”，长期依赖计划经济的包办代替，习惯在“衙门化”的生态环境中继续脱离生活，脱离观众的“寄生”心理，由此所保持着的艺术生产的“有序”才值得我们批评。尤其是把戏剧划归“高雅艺术”而重新加以“保护”的走向，多少带有一些对市场经济的抗争性情绪吧？

无论“高雅”到何种程度的文化艺术，都必须如马克思所说的，“在更高得多的程度上用朴素的形式把最现代的思想表现出来”，高层次审美追求必须建立在被大众认可和接受的基础上。

我们的文化人和艺术家，能不走出象牙塔，确立文化艺术的市场观吗？

（选自《探索与争鸣》1994 年第 6 期）

人文精神：理想与现实

——“市场经济与人文精神”讨论会综述

文从周

浙江大学马克思主义研究所部分中青年学者，近日以“市场经济与人文精神”为主题举行了一场小型讨论会。

讨论中，一种观点认为，人文精神的失落、遮蔽及其重建，是一个世界性的话题。现代化导致了工具理性与价值理性的分裂并进而压灭价值理性，作为人生智慧与终极关怀的人文精神自然处于被遮蔽的状态。

有的同志从近代中国科技文化发展历程来论述上述问题，指出：科技发展所带来的西方文化和意义危机，是否又会成为中国文化和意义的危机？近代中国人的困惑是否又会成为当代中国人的困惑？中国传统的哲学文化，又如何在科技推动的理性化历程中再造光辉？科技与人文、西方文化与中国文化能否在新的形势下找到一个恰当的融合基点？

另一种观点认为，所谓人文精神的失落，不过是传统的文化观念与市场经济自身具有的文化观念的错位造成的，因而事实上不存在什么失落问题，有的只是人文精神的构建与不断完善。

有的同志则认为，人文精神是一个具体的、历史的概念，作为对人的主体地位的确立、肯认，每一时代的人文精神自然都有其时代的印痕。西方发达的市场经济对人文精神确有生成的一面，但其中的问题也是严重的。历史经验表明，现代市场经济、商品生产的发展，如果没有健康的价值系统加以平衡，势必危害人类自身，所以一定要创设一种新的人文精神。

在谈到现代人文精神重建的可能性时，有同志指出，中国传统文化无疑是一项十分有益的资源，比如李约瑟曾指出中国古代有机论自然观思想体系乃是中国 2000 多年哲学思辨之最高综合。另外，挖掘中国传统价值观念的形式意义，对于人的普遍性的形成起重要作用。

值得提及的是，有的同志特别强调了马克思主义对于现代新人文精神的建构的重要意义，认为具有浓厚历史理性的马克思在历史观与价值观相统一的基础上提出“人的全面而自由的发展”、“共产主义”诸论题，其中蕴含了一种新的、内在性与超越性相统一的人文精神，为现代人文精神的建构提供了一条可能性的途径。

［选自《浙江大学学报》（人文社会科学版）1994 年第 4 期］

市场经济与文化发展

——首届全国经济文化学术研讨会综述

程恩富　孙黎明

首届全国经济文化学术研讨会于1994年10月在浙江金华隆重举行。来自全国理论界和经济界的50多位专家学者出席了这次盛会。著名经济学家于光远到会并讲了话。与会代表就经济与文化的共生互动关系，特别是当前向市场经济转型的特殊条件下，如何协调经济与文化的发展，展开了热烈的讨论。

一、关于经济与文化相互关系

一种观点认为，文化的含义有大小之分、高低之分。通常人们讲的文化，主要是指教育、卫生、技术，范围小，属构成文化因素中的低层次。真正能对经济起决定性作用的是既包括教育、卫生和技术，又包括科学技术、道德观念、价值和人生观等高层次因素在内的大文化。大文化的诸因素对经济的作用各不相同，教育起基础作用，科技起关键作用，而道德观、人生观等观念形态起着决定性作用。从本源上看，经济是文化的基础；从发展上看文化是经济发展的根本动力和源泉；决定一个国家经济与产业结构发展方向和水平的是这个国家的文化内容。

另一种观点认为，经济发展离不开文化，经济发展又会带动文化发生变化和发展。这种文化生产和经济发展的共生互动效应在一切社会都存在，而在社会主义社会表现得尤为突出。由于文化与经济是两个社会系统，各自发展有其内在动因和独立性，两者的发展会不平衡，但不排斥它们在相互渗透、相互制约的作用中共同发展。

还有的观点认为，经济与文化的关系，从不同的角度可以有不同的说法。从纵向来看，经济是决定文化的。从人类历史发展所经历的几种社会形态来看，都有与之相适应的人类文化，相继经历了原始文化、奴隶文化、封建文化、资本主义文化和社会主义文化。在人类历史发展过程中，经济与文化呈现一种由低及高、由浅入深、相互促进的螺旋式上升趋势。从横向来看，文化对经济又起决定性作用。发展文化促进经济的发达，即使落后地区，能成功运用发达文化中适合自己的某些文化形态，也有可能实现经济由弱变强。

此外，也有的观点认为，文化与经济之间有着各种非常复杂的关系，这种关系有表层和深层之分。表层关系是两者之间显而易见的联系，它们对两者的变化、发展产生直接作用，显现出经济与文化两者一致、相互促进的互动关系，深层关系是经济与文化之间不易被觉察到的联系，它们往往是间接地发生作用，但它却是促进经济发展的最根本、最持久、最巨大的动力，这种作用来自于构成文化诸多因素当中的观点形态的人文因素的影响。另外，经济与文化中的某些领域之间也存在着矛盾，发生在表层关系上的矛盾易被人们认识并解释，表层关系也就经常显现为经济与文化一致、相互促进的互动关系；与此相反，深层关系往往被文化与经济的关系矛盾所掩盖，使人们看不清文化中某些基本方面在经济发展中的促进作用。

二、关于市场经济与文化协调发展的若干范例分析

有的学者指出，物质和经济的发展，不会自发地出现文化的繁荣。如果不加以正确引导，还可能出现物欲横流，精神颓废的现象。被人称为“东亚经济奇迹”之一的新加坡，在独立之后的几十年里，不仅在经济上取得非同寻常的发展，而且在很大程度上避免了西方工业国家内现代化所带来的社会弊病，最主要的原因是它在经济有一定发展后，及时开展了“文化再生运动”，大力提倡以节俭、吃苦耐劳、重视教育、社群信任和互助扶持为核心的儒家文化精神，以期建立“以东方价值为精神支柱，以西方语言科技为谋生手段”的文化体制，用儒家文化来抑制西方颓废文化的腐蚀，创造了经济奇迹和文化繁荣。

也有的学者提出，中国要实现社会主义现代化，需要弘扬优秀传统文化，利用传统文化资源，把大规模的文化活动与经济活动相结合，即“文化搭台，经济唱戏”，促进经济发展。如潍坊市开发风筝等文化资源，吸引外资，使这个长期封闭的农业县一跃成为明星工商业城市，传统文化也登上了新台阶，经济与文化协调发展取得了可喜的成就。

还有的学者强调，我国农村经过16年的改革，彻底打破了原来单一的经济发展模式，形成了生机蓬勃的多元经济模式。其中，地处沿海而又各具特色的苏南模式、温州模式、珠江模式很有代表性。这三地区域文化差异性，对现实经济模式的形成具有决定性作用。区域文化由传统文化、外来文化、计划经济体制文化和新型文化组成，前三种文化对一个区域经济发展模式的选择具有制约作用。产业文明在苏南表现为工业文明，“无农不稳，无工不富”的观念比较牢固；在温州则表现为商业文明，形成特色的区域商业文化——“瓯越文化”，具有“功利与仁义并存”的新价值观的重商主义商业文化构成

了温州人特有的文化“遗传基因”；产业文明在珠江三角洲则表现为工商文明，形成特有的“岭南文化”，富有“经世务实重功利”的传统，既有强烈的重商意识，又有重工的产业精神。比较而言，苏南模式受计划经济体制文化影响较深；温州模式受传统商业文化影响为重；珠江模式受外来文化影响尤烈。

三、关于经济文化理论研究的范围和任务

第一种意见认为，经济与文化理论是把社会经济运行过程及其规律所体现的文化内涵和文化意义作为研究对象，其中特别是把文化内涵所包含的文化观念、文化战略和丰富的文化意蕴与社会经济活动之间的相互关系作为主要的研究对象。应把物质文化、行为文化、制度文化和精神文化与社会经济发展之间的相互关系及其特性、功能、作用机制和发展规律等作为基本的研究内容。目的在于揭示社会经济发展变化的基本原因和发展动因。

第二种意见认为，研究的对象应是经济运行中文化力的渗透和作用的规律性，或者说是经济活动中的文化行为。这里说的文化力，是一种通过塑造人的功能而促进和推动经济发展的内在动力。

第三种意见认为，经济文化是特指经济领域或社会再生产一切环节和过程中的特有的文化现象，也可以称为商品生产与流通全过程中的文化现象。经济文化学就是研究经济与文化的关系和经济领域的文化现象和特点、规律的学科。

第四种意见认为，要区别文化经济学与经济文化学。前者分析的应是各个文化领域的经济行为和经济问题，如文化投资、文化消费、文化经济管理等，目的是要揭示文化经济的运行及其发展规律，而后者分析的应是各种经济活动中的文化现象，如企业文化，并可采取多层次、分区域的考察，以期总结经济与文化的关联状况，找出其特征。

（选自《社会科学》1995 年第 2 期）

加强文化市场建设　繁荣社会主义文艺

——“文化市场与文化建设问题学术讨论会”在楚雄举行

闻礼萍

由中国社会主义文艺学会、《人民日报》文艺部、《求是》杂志文艺部、《文艺报》、《大地》杂志社、《中流》、《文学评论》、《外国文学评论》、《文艺研究》、《文艺理论与批评》、《高校理论战线》、《阵地》、楚雄彝族自治州委宣传部、楚雄自治州文联、楚雄自治州文化局、楚雄师范专科学校、云南艺术学院、中国艺术研究院、马克思主义理论研究所、全国马列文论研究会、中国延安文艺学会、北京电影学院音像出版社、中国人口文化促进会等 22 个单位联合发起的“文化市场与文化建设问题学术讨论会”，于 1994 年 10 月 21 日至 28 日在云南楚雄举行。来自全国 14 个省、市、自治区的近 90 位学者、专家、文艺理论工作者、基层文化工作者、企业文化工作者出席了会议。

中国社会主义文艺学会名誉会长贺敬之到会。

云南省委副书记梁金泉在会议期间专程前来看望与会全体代表，对讨论会的召开表示祝贺并作了具体指导。

讨论会开幕式由中国社会主义文艺学会副会长程代熙主持，常务副会长陆梅林代表各发起单位致开幕词（另发），《中流》杂志社社长、《光明日报》社前总编辑张常海，楚雄州副州长杨成彪，楚雄州人大常委会副主任、楚雄师专校长张毓吉讲了话。《求是》杂志社副总编辑马蓥伯，楚雄州委书记吴朝顺，州长罗正富，州委副书记邓辉，州委宣传部部长周发洪，州政协副主席王成安，云南省文联副主席杨苏，楚雄州文联名誉主席芮增瑞，州文联主席祁树森，云南艺术学院党委副书记陈坚，《昆明日报》社总编辑刘全建出席了开幕式。严昭柱，马蓥伯、殷白、周良沛、田心铭、张炯、张捷、康式昭、罗明生、荀春荣、李万武、汤龙发、刘宗廉、米切若张（彝族）、余飘、钱海源、陈剑澜、崔志远、王畅等，先后在大会上发言。

这次讨论会，是在党的十四届四中全会后召开的。与会同志一致认为，十四届四中全会通过的《中共中央关于加强党的建设几个重大问题的决定》中所指出的，“以经济建设为中心，发展社会主义市场经济，发展社会主义民主政治，发展社会主义精神文明，都要求强有力的党的领导，进一步加强党的建设”，这十分重要。党的十四大确定了建立社会主义市场经济体制的改革目标，使我国的社会主义现代化建设和改革开放事业，进入了一个新的阶段。作为上层建筑的文化（文艺）体制，也应进行相应的改革。与会同志指出，我们的文化市场，

应该是社会主义文化市场，是为促进和繁荣有中国特色的社会主义文化服务的，必须置于共产党的领导之下。不断加强和改善党对文化市场的管理和领导，任何时候都是不可能忽视的首要问题；尤其是当前，更是如此。放松或者放弃党对文化市场的管理和领导，必然造成文化市场的严重混乱，必然会对社会主义精神文明建设造成严重的消极影响。那种将文化市场的作用无限夸大，所谓“文化问题找市场，不再找市长”的“文化市场万能”论，是一种不正确的糊涂观念，其结果必然沦为“文化靠市场，市场靠老板”的“市场尾巴主义”。因此，要通过建立和健全各种法规，加强对文化市场的管理；也要从社会主义物质文明和精神文明建设的全局利益出发，对文化市场进行宏观调控；同时，还有一个不可忽视的重要方面，就是要在党的领导下有组织、有计划地加强对文化市场的经营、从业人员的经常性的政治和思想教育。

与会同志一致认为，培育、建设文化市场，必须坚持以马克思列宁主义、毛泽东思想和邓小平建设有中国特色社会主义理论为指导。邓小平同志早在1979年底就提出，“对人民负责的文艺工作者”，要“认真严肃地考虑自己作品的社会效果”。80年代初，又对“一切向钱看”、精神产品商品化的倾向，提出了批评。他还明确指出：“思想文化教育卫生部门，都要以社会效益为一切活动的唯一准则，它们所属的企业也要以社会效益为最高准则”。邓小平同志的有关论述，为我们的文化市场建设，提出了明确目标，作出了原则规定。问题在于我们如何认真地、全面地加以贯彻和落实，发言的同志认为，文化市场问题并非是现在才出现的新问题。精神产品进入市场流通领域后，便具有一定的商品属性。十多年来，通过不断的建设、培育，我国的文化市场有了长足的发展，它作为文化艺术生产与消费之间的一条重要的联系渠道，对于活跃、丰富群众的文化生活，对于文化资源的配置、广泛积累资金以便扩大文化艺术的再生产和克服过去文艺体制所存在的种种弊端等方面，发挥了积极作用。但文化艺术产品作为一种特殊的意识形态，从根本上来说，其价值是不能以在市场流通中所实现商品价值来衡量。文化市场作为一种手段，当然应该重视，充分发挥其作用。但更为重要的、也是我们应该格外关注的，是在文化市场流通的文化艺术精神产品的思想倾向、格调和趣味，以及对群众产生的影响和所起的陶冶作用。目前文化市场建设所存在的问题，一方面是市场本身还比较混乱，盗版、逃税、走私等违法现象还相当严重；但更主要的，是在市场上流通的文化艺术产品中，有相当数量的是宣扬资本主义腐朽思想，宣扬拜金主义、享乐主义和极端个人主义，宣传封建迷信、诲淫诲盗以及政治上反动的文化垃圾，对群众尤其是对青少年产生了消极的、甚至是极为有害的影响。这是广大群众对目前文化市场的状况表现得更为关心和担心的。这个问题不是市场本身所能解决的。必须通过思想、宣传、文艺评论等多种方式和手段，对文化市场以正确的舆论引导，提倡扶植弘扬爱国主义、集体主义和社会主义的主旋律的文艺作品，抵制、批评各种文化垃圾。与会同志指出，各级政府部门宣传媒介，应该像抓“五个一工程”和百部爱国主义影片展播那样，加大对文化艺术生产的物质投入，使社会主义的主流文化在文化市场上占主导地位。这关系到社会主义精神文明建设的重要问题。我们在任何时候都不能以牺牲精神文明建设为代价来搞所谓的“经济繁荣”；只有物质文明建设和精神文明建设一起抓，两手硬，才是有中国特色的社会主义。

一些专家、学者在会上提出大众文化问题，是我们在研究文化市场与文化建设问题时应该密切注视的一个重要问题。他们指出，西方通常所说的“大众文化”其主要特点是：以商业赢利为目的；模式化的批量生产；通过大众传播媒介对大众实行强制性的文化消费，而且大多是一次性，因此又叫“快餐文化”。在这种文化观的统摄下，西方所谓的“大众文化”内容和成分都相当复杂，尽管其中也有好的东西，但糟粕及反文化的东西，也是大量存在着的。应当看到我国的国情和具体情况与西方有很大的不同。“五四”新文化运动以及此后的文艺大众化运动，尤其是经过延安的文艺普及运动，大众文化（文艺）在我国实现了革命性的改造，赋予了新的内涵，即革命的政治内容与群众喜闻乐见的形式相结合，反映现实生活迅速便捷，为广大群众所易于接受，并造就了像赵树理那样的一批文艺巨匠。近些年来，西方的“大众文化”观和“大众文化”现象逐渐侵蚀和影响了我国的文化和文艺界，使我们的大众文化（文艺）领域出现了严重混乱，一些低级、庸俗以至思想、政治倾向不好的大众文艺充斥图书、音像市场和大众传媒，造成不良的社会影响。两种“大众文化”观和“大众文化”的斗争十分激烈，是不可避免的。我们必须面对现实，面对挑战，正视和重视目前“大众文化（文艺）”中存在的种种问题，实事求是地加以解决，使其沿着社会主义的方向健康地发展，为满足人民群众日益增长的、多种多样文化生活需要服务。

一些学者、专家在会上介绍了他们对一些西方资本主义国家文化市场及其管理进行考察和研究的情况。他们认为，对资本主义国家文化市场建设和管理的有益的先进的经验，我们应当批判地借鉴，尽可能地为我所用；同时还必须看到，资本主义和精神产品商品化的现实，又使他们陷入不可解脱的深刻危机；尤其是某些西方大国打着“文化贸易自由”的旗号，企图霸占、垄断他国文化市场，以推销他们的生活方式、价值观念和意识形态，实行文化侵略，对此必须保持清醒的头脑和高度的警惕。他们指出，文化市场，有一般的规律，我们应该加以研究和揭示；但我们的社会主义的文化市场，还有其特殊规律，更要深入地加以研究和总结。这是我们目前面临的又一个十分紧迫的课题。

讨论会闭幕式由张炯、周发洪主持，涂武生代表会议工作小组致闭幕词，并对云南省、楚雄州党和政府各个方面对会议的支持、协助和周到的接待、安排，表示衷心感谢。

出席会议的还有栾保俊、刘金、梵杨、吴元迈、李光远、柏柳、王弋丁、董学文、邓可因、李正忠、方顺景、胡钧、杨庆功、杨毅、熊万平、苗祥、洪远芬、王淑秧、韩耀成、孟繁林、刘谦、黄力之、朱日复、田中阳、孙文宪、李昆山、李超鸿、罗守让、马龙潜、王苏生、杨勇、马旷源、杨玉华、陈昌连、李荣启、田力、戴阿宝、郭光华、刘江、武国华、冯起珍、周楷模、张福言、张曦红、吴然、严平、谭丁、张红、熊元义、马玉澜等。

（选自《文艺理论与批评》1995 年第 1 期）

传播学研究要与实践结合起来
——第四次全国传播学研讨会综述

阮志孝

第四次全国传播学研讨会于 1995 年 6 月在成都顺利召开。这次会议是自 1982 年第一次全国传播学研讨会召开以来，提交论文最多、参加人数最多的一次会议。从参加的单位来看，科研院所 4 家，大专院校 17 所，新闻机构 8 家，还有 3 家杂志社，反映了传播学在中国已经从纯理论研究走向理论、教育与传播实践紧密结合的发展趋势。从提供论文的内容来看理论研究正在向纵深发展，在基础理论和传播史、传播要素、传播过程、传播结构、传播类型、传播环境、传播效果、传播决策等方面都有质量较高的成果展示；应用研究亦广泛展开，包括电视、报纸、杂志、图书出版、教学、社会调查、舆论调控、妇女与传播权、国际跨文化传播、传统文化与传播及各种传播现象研究。

与历次研讨会相比较，这次会议突出的特点表现在以下方面：

一、在基础理论，特别是大理论问题的探讨上，有了深入的、开拓性的进展

从提交会议的有关基础理论的论文、论著来看，传播学在中国已经基本上走完了引进、介绍西方理论的初期阶段，开始进入批判借鉴，试图创立自己的理论体系的新时期；有的论著对传播的内涵、外延、功能、模式，对传播学的研究对象、目的、方法、理论框架等基本理论问题作了系统的再探讨；有的论文对什么是信息、什么是传播等传播学的基本概念及传播效果研究中的“魔弹论”等作了进一步的再思考，提出了独到的见解；有的论文对我国传播学学科建设提出了中肯的意见；还有的论文提出了传播是生产力的重要命题。在中国传播史的研究方面，也有人做了初步的尝试。

二、在借鉴、引进和跟踪西方传播理论与实践的重大发展方面，更加准确、及时

借鉴、引进西方传播理论中提出的问题，受到了不少专家、学者的重视；有的论文论证了马克思和恩格斯的传播思想及其与密尔顿、杰弗逊、穆勒在思想上的传承关系，做了纠缪的工作。有的论文在论述了席勒的媒介神话批判思想之后指出：缺少对媒介的批评是导致中国传播学发展较为缓慢的一个重要因素。

及时反映西方传播实践的最新发展是与会者十分关注的议题。有的专家指出信息高速公路与多功能媒体的发展，是信息传播手段的又一次革命；有的学者论述了这次革命带来的社会传播形式在更高层次上的回归现象，有的学者则提出了相关的对策建议。有的专家指出，跨文化传播从国际广播进而发展到国际电视，加剧了不同文化的碰撞与冲突，为此，中国的传播业应多方面的发展，以迎接国际传播带来的外来文化的挑战。有的专家、学者对电视的《新闻联播》节目作了定量分析、比较，提出了加速改进，面向世界，同海外卫星电视竞争的切实建议。有的专家在国外长期考察后，作出关于世界大众传播新潮和国际传播学术研究最新发展的思考，与与会者进行了交流。

三、在运用传播学理论、方法为市场经济服务，为现代化建设服务等方面，功夫更扎实，针对性更强

怎样运用传播学理论更好地为社会主义市场经济服务，为现代化建设服务，这是与会代表特别重视一个的问题。

有的专家指出虚幻性的经济新闻传播，引起社会机制的失调和错位构成新闻传播陷阱。它使受众对即将来

临的经济危机熟视无睹，甚至视为美妙前景因而造成局部的、暂时的经济震荡，这种传播是负墒传播，产生的是幻影传播效果，是一种舆论误导，加上注射式传播方式就能制造经济神话，而最终导致的是经济活动的挫折。要避免将受众引入陷阱，就要善于分析经济举措的实际价值和经济趋势，克服虚幻性，注重实益性，提高经济报道水平。

在经济传播方面，不少专家学者作了较为深刻的研讨。有的对经济传播的定义、内容、过程、要素、企业形象定位、企业传播系统进行了新的探索；有的对传播在市场经济中的特点和作用、市场经济形态下报纸的社会功能等问题作了明晰的阐发；有的就大众媒介调查带来的问题发表了见解；有的对建构与区域社会经济发展相适应的大众传播体系问题提出了具体对策。在社会主义市场经济条件下，由新闻体制改革带来的体现我国特色建立在公有制经济基础上的新闻集团的发展也引起了与会者的关注，并对发展中的理论与实践问题进行了探讨。

从这次会议上发表的论述经济传播方面的力作来看，已经显示出传播学理论试图直接服务于市场经济、为发展社会主义市场体系作出贡献的可贵努力，鼓声阵阵，新的突破可能来临。

四、在传播学应用研究方面更加深入

应用研究更加深入，主要体现在对传播的内在机制更加深入的探索和建立舆论传播系统数学模型方面的尝试。

为了探讨传播的内在机制问题，有的专家专门进行了实证研究，通过对实验数据的分析，来解决传受双方应具备多少“经验范围”叠加量才是合理的问题，并揭示了初级知觉和记忆程序对提高传播效率的一般规律。为了使舆论传播的研究在定性研究的基础上更精确，有的学者将定性研究的主要结论进行了数学形式的抽象，建立了舆论传播系统藕合与控制的数学模型，以使传播学研究的规律性结论形式化、定量化，更便于具体操作、运用。以上探索尽管尚有进一步研讨的必要，但努力的方向是值得肯定的。

五、理论界呼吁加大传播事业的改革力度

中国传播事业的改革与开放问题，在这次会上再次提了出来。问题是在对大众媒介的功能、使命、现行体制以及表现出来的种种现象深入认识的基础上展开的。针对大众传媒的现状，有的学者指出大众传媒作为现代舆论工具，其反腐败的功能没有能够正常发挥。在分析了种种原因之后，提出了对策建议。有的学者在论文中指出大众传媒有能力而且应当成为文化整合的最佳手段，为建设新的文化体系作出贡献。有的专家专文论述了大众传媒的特殊使命，形成有益于社会健全发展的信息环境。文中不仅指出大众传播形成什么样的信息环境，对社会的健全，尤其对精神文明建设具有极为重要的意义。而且，针对新闻、出版界中种种不良现象提出了批评，呼吁广大传媒提高社会责任感。

在分析大众传媒存在问题的同时，有的专家在论文中指出，中国传统的新闻传播体系的主要结构是一元新闻理论，强调新闻传播事业的党性原则和喉舌作用；生产资料全民所有，限制民间传播媒介的发展；实行纵横交叉、多层次、多流向的传播体系，包括党报系统、专业报系统和无线传播系统。专家分析了这种体系结构的优弊：最大的优势是便于统一管理，利于进行指导，并容易组织以正面宣传为主的公共传播活动。最大的弊害则是不能独立经营，没有竞争，缺乏活力。

考虑中国传播事业的现实状况与21世纪的发展，专家学者们呼吁大众传媒加大自身改革力度，亦希望有关方面为大众传媒创造更好的改革环境。

六、对传播学研究与传播业的关系进行了反思

有专家在论文中指出尽管传播学研究在我国已有多年的历史，而传播业却缺乏传播学的理论指导。造成这种状况的原因是传播学研究的现实动力不足，难以摆脱注解现状、依附国外的困境，因而未能从我国的传播业实践中提炼出一整套理论范式。为此，有的专家学者提出传播学研究的定位问题，希望通过研究者、研究对象、研究方法、研究结果等方面的定位以确立传播学研究与传播业互相促进的互动关系，更好地推动传播事业的发展，从而创立有中国特色的传播学理论体系。

（选自《新闻爱好者》1995年第11期）

面对现实 着眼未来

——"文学艺术的消闲娱乐功能与精神文明"研讨会纪要

闻 力

改革开放的时代环境，使文学艺术的整体形态发生了极大的变化，文学艺术的功能也越发超出了我们原有的认识：在市场经济条件下，文学艺术的生产——消费形成了新的机制，这就是人们惯常所说的"转型"期我们所面临的挑战。如何认识这一新的形势，对此做出怎样的回应、持有怎样的态度，是文学艺术工作者迫切需要回答的问题。在这样的形势下，中国社会科学院文学研究所文艺理论研究室，在本院"有中国特色的社会主义理论研究中心"的资助下，于1995年12月7日在京召开了"文学艺术的消闲娱乐功能与精神文明"研讨会，北京及外地的文学艺术工作者、文学批评家、新闻界人士50余人出席了研讨会。

文艺理论研究室主任杜书瀛先生主持了会议，他说，改革开放以来，计划经济向市场经济的转型，使人们的思想、观念发生了深刻的变化，就文学艺术来说，其消闲娱乐功能越来越突出，人们拥有了更多的休闲时间和空间的自由度。他们对文艺的要求越来越挑剔，文艺要适应这一变化，就必须重视"消闲娱乐"功能。从某种意义上说，大众文化市场的形成，适应了这一变化，但问题也随之产生。文化娱乐涉及千家万户、男女老幼，更与道德教化和社会安定相关，但长期以来理论界缺少系统研究和说明。今天请大家来，就如何看待文学艺术的消闲娱乐功能、文艺的消闲娱乐功能与精神文明建设有怎样的关系。如何提高消闲活动的文化含量和品位等问题展开讨论和交流。

会议就上述问题进行了热烈的讨论。

与会者普遍认为：文学艺术的消闲娱乐功能本是不争的事实，它是现实的需要。对这一功能的认同是社会稳定和进步的表现，从理论上说，文艺本来就具有这一功能。但是，以往对这一问题重视不够。更缺乏深入认真的研究。

有人进一步阐释说，文学艺术的功能是变动的，但主要功能是补偿功能。20世纪的文艺主要是意识形态功能。90年代后，这一功能才逐渐淡化并转化、演化为人与人的亲和。因此，文艺满足人们的娱乐是非常重要的。还有人认为：结合当前社会转型、世俗化趋势，文学艺术的消闲娱乐功能进一步获得了合法性。过去"教"重于"乐"，"乐"从属于"教"，"乐"没有合法性，世俗化趋势时代，"乐"有了独立的价值意义。乐与教分离了。今天应打破教与乐的支配与被支配、统治与被统治的关系。这一等级关系的背后是与社会等级相勾连的，寓教于乐隐含着权力运作机制。社会的世俗化打破了等级关系。并有解构"神圣"的功能。解构了"教"与"乐"的等级关系，也就解构了"教"的神圣性。同时也解构了政治权力的神圣性。文艺的消闲功能的意义也就在此。

在充分肯定文艺消闲功能的同时，也有人从理论和现实层面提出了不同看法，认为消闲娱乐作品要有历史感，要着眼于未来，要注意其艺术品位。市场经济的到来拓展了文化空间。"日常生活"概念提到了文艺理论面前，文学艺术的部分功能要与日常生活相匹配，要纠正单一的"教化"功能观，承认消闲的合理性，但不能将消闲娱乐同教化对立起来，这不是今天应采取的立场和方法。事实上，社会许多深层矛盾远没被揭示，不能从"意识形态"一步转到"好莱坞"，从一个极端到另一个极端同样是不正常的，"纯消闲"并不可取。同时有人认为：从过去的说教中解脱出来，承认人民有广泛的需要是进步，但今天面临的问题不是说"消闲"受到了阻挠，或者"教"抬头。而是今天的"消闲"有滑坡和误区，是如何提高其美学品位的问题。因此。对大众文化市场不应一味地迎合，读者就是"上帝"的说法值得考虑，"上帝"的神话应该破除。还有人对"大众文化"一词提出了质疑，认为这一概念在中国有极大的理论欺诈性，它的背后在历次讨论中总有不同的语义指涉，而它本身很少被认真关怀过，结合大众文化市场及其消费，对文学艺术的"奇观"神话作了批判。认为文学艺术的娱乐性也应体现出它对人性的关怀，体现出对人类基本价值维护的意愿。

对文艺的消闲娱乐性和文化消费市场，与会者存在不同看法。有人认为文艺的娱乐作用在以往曾是受压抑的，消闲娱乐似乎只是有闲者（有钱人）的事情，对消闲娱乐的合法性总是或多或少心存疑虑；因此，对文艺的消闲娱乐性问题，重视不够，强调不够。也有人指出，文艺的娱乐作用在过去被压抑了，事实不是这样。娱乐功能与经济发展有关，业余时间要求娱乐一下完全应该，但把娱性功能强调到极端就走到另一面了。现在的通俗文艺、娱乐性文化的不健康倾向是不能忽视的，性与暴力的过分张扬必须引起注意。文艺的消闲特征被强调的同时，也必须强调其格调，有人可以"玩文学"。但不能将其当作普遍的东西，调侃"伪崇高"、"伪神圣"，不能连真崇高，真神圣也一起调侃，有人连鲁迅也调侃。文学要发展、延续，就要有人文精神。许多同志同意这样的分析，并认为文学艺术的消闲功能已不仅仅是理论问题，同时更是实践问题，它之所以被提出来，显然与实践中的问题密切相关。文艺走向市场，注意了娱乐功能，但它是不是在另一方面也失去了我们应该坚持的东西，有些不入流的、末流的东西大量流入文化市场并受到推崇是不正常的。因此有的同志指出，商品社会制造了消费者是“上帝”的神话，是一个欺骗性的话语，是民众崇拜在新时期的反映。把大众打扮成“上帝”，目的都是要掏空他们的钱袋。群众趣味不是天然合理的，同样要经受分析。文学艺术家、批评家要有自己的判断识别能力，要坚持自己的职责。

还有人对大众传媒中多种话语支配的现象作了分析。认为这一现象混淆了传播者的声音，传媒本身也是存有问题的。权力话语相互交替，知识分子边缘化的声音偶尔被表达，而占支配性地位的是新权力话语，它的象征就是金钱。值得注意的是，流行的时尚很可能变成民间信仰，知识分子在关怀现实的同时也充满了困惑。

与会者在许多问题上持有共识，比如对文艺消闲娱乐功能的肯定，对现实文化市场的忧虑，对文学艺术工作者职守的坚持和知识分子文化批判功能的认同等等，使会议对部分论题的研讨得以深入。与会者提出的部分问题，由于时间原因未来得及展开或深入。但它同样给人以启发，并将受到关注，特别是对大众文化市场的判断和对具体作品的分析，虽然需要进一步的研究和关注，但它不是通过一次研讨就能解决的。总之，会议表达了文学艺术工作者和理论工作者对文化现状的深切思考和关怀，表达了他们对现实的热情和介入意识。会议始终充满了积极的、友善的、多音齐鸣、众声喧哗的气氛，它是一次高层次的、有理论深度并与文艺现实密切结合的会议。它的另一特点是，参与者不仅仅是文学理论工作者，同时还有艺术家，曲艺研究、影视研究、舞蹈研究工作者等。多领域、多学科的交流、融汇，不仅使大家了解了更多的情况，同时从不同角度谈论问题也具有相互启发的意义。

在会上先后发言的有：杜书瀛、童庆炳、贺兴安、姜昆、陶东风、许明、朱寨、孟繁华、毛崇杰、王学泰、贾德臣、隆荫培、栾勋、钱中文、郭铁成、罗筠筠、钱竞、林薇、雪汉青、牛宏宝、汤学智、党圣元、黎湘萍、张炯、董乃斌、何西来等。

（选自《文艺争鸣》1996 年第 2 期）

增强产业意识　加速产业发展

——经济界学者及文化管理工作者座谈文化产业发展趋向

徐　冰

文化产业的发展，为文化事业注入了生机与活力。在社会主义市场经济迅速发展的今天，文化产业的进一步繁荣与发展，呼唤着正确的理论指导和理论研究的不断深化。为此，本报日前特邀请在京的部分经济界专家学者及文化产业管理工作者就文化产业的界定和发展，以及发展趋向等理论与实践问题进行了座谈。

一、对文化产业的认识与界定

中国社科院经济研究所研究员张曙光说，旅游业是文化产业，人们要旅游，就是要得到文化享受。如不从文化入手，旅游业很难发展起来。同样，文物亦是如此，文物不仅仅是简单的挖掘出来的东西，它实际上具有潜在的产业价值。就此来讲，文化产业的内涵是很深的，而且发展前景很好，问题的关键是我们如何深刻认识它。

中国社科院经济所经济思想研究室主任、研究员厉以平指出，文化产业、文化市场这一类概念的提出标志着社会的发展与进步，市场经济体制的不断完善，人们对文化概念的认识还有待进一步深化，对文化产业发展过程中的一些心理障碍，将随着社会的发展逐渐消除。

文化部计财司财务处处长李晓磊、副处长边伟说，对文化产业的界定不能仅局限于文化部所管辖的范围，但这个范围也要有限度，范围太大了，在具体工作中就不好把握。

中国社科院经济所副研究员裴小革认为，文化产业的发展要靠全社会，仅靠文化部门是不能完成的。所以，对文化产业概念的界定也是比较广的。他认为所有生产精神财富的部门，都可归到文化产业的范畴来分析。

文化部计财司统计处副处长许钢说，文化产业主要是指从事文化产业活动的企事业单位、机关团体以及个人的总和，具体分为文化艺术业和娱乐服务业。

二、大力开发文化资源，合理发展文化产业

文化部计财司副司长侯恩余指出，这几年，虽然财政部、国家税务总局先后出台了一些对宣传文化单位实

行财税优惠的政策，但因其中对所享受优惠的范围和文化企业进行了严格界定，对整个文化系统而言，得到的优惠有限。假若不大力发展文化产业、努力创收，很难想象文化系统是一种什么局面。中共中央、国务院《关于加快发展第三产业的决定》指出："现有的大部分福利型、公益型和事业型第三产业单位要逐步向经营型转变，实行企业化管理。"但这对于图书馆、博物馆、文化馆以及从事高雅艺术演出的表演团体等尚需一个过程，尚需得到国家更多的扶持。根据目前文化事业单位开展经营活动遇到的新问题，我们将积极向中央和有关部门反映，并同财政、税务部门一起研究现行规定的完善问题。同时在落实文化经济政策时，要注重发挥中央、地方两个积极性，各地文化厅（局）也要积极努力，争取一些操作性强、政策效应大的地方文化经济政策尽快出台。

厉以平说，我国文化的管理体制一度比较死，影响了文化艺术生产能动性的发挥，必须要改革。体制的变革所激发出的能动效应是非常大的，经济领域一直在探讨这个问题。这实际涉及人的能动性以及文化资源的开发等许多问题，所以，文化产业管理体制的改革对发展文化产业、繁荣文化市场来说同样是亟待解决的问题。

中国社科院经济所副研究员左大培指出，西方经济理论讲效应价值论，即产品第一要有用，第二要稀缺。文化产品一般人都承认有用，但它稀缺不稀缺？就文化艺术产品来讲，很多门类属不能赚钱的，如一部分公益事业，只能靠国家，但应明确这一部分到底有多大比例。要对文化艺术品的提供做一番说理，区分一下哪些是真正要政府扶持的，哪些是可以进入市场的。这就如同国有大中企业讲的"抓大放小"一样，要建立一套科学的管理体系，使其能够拔优裁劣，各得其所，健康发展。

许钢认为：管理好文化产业要制定好规划目标。应规划出几个层次，明确优先发展什么，扶植什么，限制、禁止什么。这就体现了国家精神文明建设的方针、任务。但只注重社会效益显然是不够的，文化产业应有比较明确的发展目标，总的来讲，对文化产业的管理应立足于满足人民日益增长的文化需求，贴近市场，这样，两个效益才能结合得比较好。

厉以平说，文化产业的繁荣涉及文化产品的供给和需求，以及文化资源的开发、利用及配置。从经济学角度讲，只有供给才能繁荣，但供给必然牵扯到文化资源的开发。资源开发从经济学角度讲无非是内涵性和外延性两种。内涵性就是指如何提高文化资源的质量。我们有很好的文化资源，但缺乏精加工，缺乏包装，也即是说，它的附加值有待提高。注重提高附加值体现了经济的合理性。文化资源开发的外延性则是指多开发，从数量上增加。应把握文化产品的发展趋势，特别是在高科技发展的今天，一定要把科技因素充分估计进去，对文化产业发展的估计应有高度和前瞻性。另外，文化资源的开发要进入市场，利用市场机制，靠竞争去加快开发。

三、文化产业的发展应多元化

文化部计财司文化经营管理处处长白国庆说，1992年邓小平同志南巡讲话之后，中央做出了关于加快发展第三产业的决定。文化系统的同志适应形势需要，发挥文化的优势，迅速开发文化产业。据统计，目前全国文化产业的收入已占国拨文化经费的1/3，沿海及经济发达地区比例更大。从产业开发项目看，有以"文"为本的"主业"，也有涉及第一、二产业的。文化产业目前有很大发展，但尚未真正纳入产业发展轨道。左大培说，文化产业部门从事的第一、二产业，就其前途来说，我个人并不看好，没有能绝对赚钱的企业。发展文化产业应扬长避短，而文化部门发展一、二产业是扬短避长。

文化部计财司干部许蜀生说，文化部门出租土地及设备是拼消耗，并且有两大危害，一是用国有资产巩固了个人或集体的资本；二是文化系统内部的人得不到锻炼。有关管理部门应明确怎样才算以文补文，哪些是文化单位的长项。

中国社科院经济所研究员赵人伟说，严格来讲，出租土地、房屋不是文化产业，而是国有资产流失。对此，裴小革认为，分析文化产业的发展就要分析文化产品和产品生产者。文化产品是丰富多样的，从生产者来讲也有多种类型。文化产业的发展应使多种多样的文化产品都有一个发展，使多种类型的生产者的才能有比较好的发挥。所以，文化产业的发展就不可能是单一的，而应是多元化的。文化产业的发展实际上离不开市场，因为很多文化产品要通过市场进行供应。市场为文化产品的生产者提供了丰富的选择和巨大的空间，但如只是面向市场则又会使有的生产者和文化产品得不到充分的发展条件，这就需政府和一些基金会去资助。而单纯依靠政府同样会失去应有的发展空间，造成供给与需求的失衡。所以，文化产业的走向必然是多元化的。

李晓磊、边伟认为，文化产业的发展有几点应注意，一是发展文化产业的生产力问题；其次是要进行体制改革，体制不改革，生产力就要受到制约；三是科学技术现代化问题，文化产品可以通过很多渠道送到消费者面前，应适时地把文化艺术产品同科技进步相结合。

张曙光指出，文化产业发展的第一步是要解除许多禁区，让人们能够自由地进入，自由地去赢利，出现问题后再去规范它。如事先设计、规定出哪是禁区，文化产业就很难发展起来。

四、文化产业的资金投放应多渠道

赵人伟指出，文化产业的经费来源无非有三条途径，一是政府拨款；二是从市场上取得；三是利用各种基金。目前单一的政府拨款形式已被打破，正在向投资的多渠道过渡。既然是过渡，三个方面协调不好是难免的，一些较冷僻的文化门类得不到资金支持。我们尚未建立起正常的基金会制度，而管理部门在过渡期里既有管得不足之处，也有管得过度之处。

厉以平认为，文化产业资金短缺、紧张，实际是投资渠道没完全解决好的表现，仅靠政府显然不适应目前发展的需要，要广开财路，采取多元化的投资方式。目前，基金制度发展不健全，这不仅仅是宣传不足的问题，也不仅仅是企业家发善心的问题，而是国家与此相关的制度和经济政策不完善。捐助在某种意义上也是一种利益的选择，这不是单靠文化部门就能完成的，它是一个全社会的系统工程。

边伟说，国家财政、市场和社会捐助是文化产业部门经费来源的三个途径，最好能从市场中找到一种机制来调节三个比例的大小。同时，文化部门在具体工作或制定政策方面要考虑到促进文化产业综合实力的提高。我们不能通过行政手段来抑制一个文化品种而保护另一文化品种，单纯的保护或抑制都不是发展文化产业的方法，而应通过市场经济来调节。应把所有健康向上的文化产品都看作该发展的产业，这样才能均衡发展。

（选自 1996 年 2 月 4 日《中国文化报》）

继承与发展　中西文化的反思

——建设有中国特色社会主义文化理论研讨会述要

冯　琳

前些时候，国家教委社科中心“建设有中国特色社会主义文化”课题组和《高校理论战线》编辑部联合举行了“建设有中国特色社会主义文化理论研讨会”。与会学者围绕当代中国文化建设的根本指导思想、如何正确看待中国传统文化和西方文化、社会主义文化建设与社会主义市场经济的关系等议题展开了热烈的讨论。现将大家讨论的几个主要问题，简述于下。

一、当代中国文化建设的指导思想

与会学者一致认为，我们所要建设的是有中国特色的社会主义文化，这一点是确定无疑的。有中国特色的社会主义经济、政治、文化是一个有机的整体，我们应建立一种以马克思主义为指导的，充分吸收中国传统文化和西方先进文化的积极因素，与社会主义基本经济制度和政治制度相适应的文化形态。

学者们指出，必须坚持以马列主义、毛泽东思想和邓小平建设有中国特色社会主义理论作为文化建设的指导思想，贯彻执行“双百方针”。社会主义文化建设中指导思想的一元化是原则问题，不能以文化形态的多样性和多层次性去否定指导思想的一元化。指导思想的一元化并非社会主义所独有，阶级社会中任何占统治地位的思想都是统治阶级的思想。如资本主义社会居于统治地位的是维护资本主义私有制、维护资产阶级政权、巩固资本主义制度的学说和理论，任何反对资本主义私有制、反对资本主义社会的思想决不允许上升为指导思想。正确处理一元主导与“百家争鸣”的关系并不困难。从古到今每个时代都有其主导思想，今天我们的主导思想是马克思主义，同时也提倡学术民主。这是辩证的态度。

有学者指出，全盘西化派、现代新儒家和马克思主义者在文化建设上的分歧实际上是指导思想的分歧。以全盘西化来指导，只能建立资本主义文化；以新儒学来指导，则是通过改良道路建立资本主义文化。这已被历史证明是走不通的。

有的学者提出，建设有中国特色社会主义文化的一个重要立足点是培养造就社会主义的文化战士、文化人。一段时间以来，有些人贬低历史上的无产阶级文化战士，推崇、倾慕民主个人主义的文化人，也非常愿意当民主个人主义的文化人。社会主义文化战士与民主个人主义的文化人在如何处理个人与群众的关系、如何认识自己、如何处理政治立场与学术的关系、如何处理理论和实践的关系等方面有着明显的区别。只有坚定、自觉地站在无产阶级的立场上，把自己的命运同广大人民群众结合在一起，才能创造有中国特色的社会主义文化。

有的学者严肃指出，文化讨论中有一种议论，说辛亥革命搞糟了，似乎不搞辛亥革命，让清朝统治，就不会有军阀混战。这种思想是错误和荒谬的。辛亥革命的历史价值和历史意义应予充分肯定，它虽然没有完全推翻封建制度，但是它推翻了君主专制制度。辛亥革命以后，谁要想当皇帝，就不可能了；要是保持清朝皇帝，文化还会是封建主义的文化。难道我们愿意当皇帝的臣民？

二、如何正确看待中国传统文化和西方文化

关于中国传统文化，与会学者认为，要建设有中国特色的社会主义文化，就必须弘扬中国古代文化的优秀

传统，传统文化是有中国特色社会主义文化的思想来源之一，理解中国文化的优秀传统也是建立民族自尊心、自信心的一个基础。

一些学者分析了马克思主义与中国传统文化的关系，认为，二者之间既有对立的一面，又有相容相通的一面。中国传统文化带有宗法、等级制烙印，其时代内容与思想体系同马克思主义是根本对立的。同时，传统文化又是中国人几千年来总结历史经验，探索人生、社会和自然奥秘的成果和结晶，这些内容可以在经过改造之后成为社会主义文化的一部分。这种改造显然离不开马克思主义的指导。

有的学者对宣传非意识形态化、主张研究传统文化不需要指导思想的观点提出了批评，指出，继承和弘扬传统文化都是在一定的世界观的指导之下的。海内外一些学者搞的传统文化的现代转换，就是以新实证主义、实用主义、康德主义等作为指导思想的。要保证继承和

弘扬传统文化这项工作的科学性，我们就要理直气壮地举起马克思主义这面旗帜。

还有学者对那种认为“五四”以来“中国文化失落了”、要“把传统文化现代化”的观点表示了不同意见，指出，“五四”后逐渐形成的新民主主义文化和社会主义文化难道不是中国文化？传统文化立足于传统社会之上，作为一个整体，它不可能现代化。大力整理、研究传统文化，是要以科学的态度对待传统文化，取其精华、弃其糟粕，使传统文化的精华经过改造更充分地融入有中国特色社会主义文化之中。

关于西方文化，学者们认为，建设有中国特色的社会主义文化也必须吸收西方文化的成就，我们搞社会主义的四个现代化离不开人类创造的一切文明成果。不仅西方先进的科学技术和管理经验是必须汲取的，西方文学、艺术、道德、哲学当中也有不少值得借鉴之处。

与会学者同时指出，向西方学习决不能搞“全盘西化”。西方文化同中国传统文化一样，有积极因素，也有消极因素。我们对西方文化也必须采取分析的态度，以我为主，洋为中用，即使汲取西方文化的精华也要与中国实际相结合。

有学者提出，中国目前虽然在经济上落后于西方发达国家，但经济与文化的发展有不平衡现象，由于社会主义制度的存在，由于文化的相对独立性，中国文化的许多因素高于西方文化，例如在世界观、人生观、价值观等方面就是如此，我们不应妄自菲薄。

还有学者提出，在与西方文化的接触中要重视信息的较量。西方某些发达国家的文化侵略在本质上并未改变，他们利用先进的信息传播媒介，将其价值观、生活方式和社会制度传播给发展中国家，这也是它们对社会主义国家推行和平演变的重要方式。我们应从文化战略的高度来认识和解决有关问题，促进中西文化的双向交流和社会主义文化事业的健康发展。

三、有中国特色的社会主义文化与社会主义市场经济

与会学者认为，社会主义市场经济对社会主义文化建设有积极的推动作用。我国市场经济的社会主义性质与文化的社会主义本质是一致的。从根本性质上说，我们所要建立的不是仅仅与工业化相一致的所谓工业文化，也不是与自由市场经济相一致的市场经济文化，而是与我们的社会制度相一致的社会主义文化。

学者们指出，社会主义文化事业当然应该建立在社会主义经济基础之上。只有坚持公有制和按劳分配为主体，只有公有制的主体地位能得到巩固并充分发挥其作用，社会主义文化建设才是可能和必要的。

学者们还指出，社会主义与资本主义的市场经济在性质上是根本不同的。我国市场经济的社会主义性质，决定了市场经济的效应要受社会主义基本制度的约束。我们不能以市场经济追逐最大利润的原则为尺度，纯粹按“买卖人”的观点来规划我们的文化建设，不应把市场化作为社会主义文化的方向。要正确处理市场经济下文化建设的两种关系：一是文化战线与文化市场的关系。只提文化市场不再提文化战线，似乎文化市场只是以货币为中介的精神产品的买卖关系，不再有意识形态方面的矛盾和斗争，这是很片面的。西方资产阶级生活方式和腐朽思想的侵入、国内资产阶级自由化思潮和各种封建思想的沉渣泛起应当引起我们的严重关注。我们应当在文化思想上设立一道防线，在加强法律手段的同时，实行“双百”方针，展开必要的批评和反批评。二是文化建设者和文化商人的关系。我们要善于运用市场机制增强文化事业发展的活力，但是，精神文明建设中确有一些问题不是都能靠市场机制解决的。社会主义文化工作者的本质是文化建设者而不是文化商人。文化经营当然要考虑到市场和经济效益，但比经济效益更重要的是社会责任，即建设社会主义文化，巩固和完善社会主义制度。

研讨会上，与会学者还重温了江泽民同志在庆祝建党70周年大会上的讲话中关于有中国特色社会主义文化的论述。江泽民同志指出：“有中国特色社会主义的文化，必须以马克思主义为指导，不能搞指导思想的多元化；必须坚持为人民服务、为社会主义服务的方向和‘百花齐放、百家争鸣’的方针，繁荣和发展社会主义文化，不允许毒害人民、污染社会和反对社会主义的东西泛滥；必须继承发扬民族优秀传统文化而又充分体现社会主义时代精神，立足本国而又充分吸收世界文化优秀成果，不允许搞民族虚无主义和全盘西化。”学者们认为，这个论述极其精辟，有很强的现实针对性。我们要认真学习，坚决贯彻。

参加研讨会的有张岱年、黄楠森、陈志尚、董学文、陈先达、葛荣晋、夏甄陶、龚书铎、袁贵仁、钱逊、王瑞生、修海林、谷方、陈瑛、崔自铎等来自北京大学、中国人民大学、北京师范大学、清华大学、首都师范大学、中央音乐学院、中国社会科学院和中共中央党校等单位的40多名学者。

（选自《求是》1996年第4期）

文化与生产力的联姻

——“全国第一次文化与生产力学术研讨会”纪要

“全国第一次文化与生产力学术研讨会”组委会

文化经济一体化已成为世界性潮流，文化与生产力的密切关系早就是国际学者共同关心的课题。中国的学者、官员、企业家们亦已进行了一些开拓性的研究，但仍未穷其机理、尽窥底蕴，相应的对策方略更需建树。为此，中国生产力学会、贵州省文化厅、贵州省委宣传部、贵州省社会科学院、贵州省委讲师团、贵阳市委宣传部等六单位以“文化与生产力的相互关系和应取对策”为主题，于1996年5月23日至28日在贵阳市共同举办了“全国第一次文化与生产力学术研讨会”。全国21省市的80多名学者出席并提供了近50篇论文。刚刚向社会奉献了颇有理论深度的专著《文化经济论稿》的贵州省文化厅厅长王恒富主持会议。全国人大财经委员会副主任、著名经济学家董辅礽致函阐述文化与经济的辩证关系。国际经济协会副主席、著名经济学家罗元铮出席并作学术报告。

会议组织评委会对收到的论文进行了评审，甘肃王文学、刘进军以及青岛殷庆威、潘江业合写的两篇论文获一等奖、14篇论文分获二、三等奖、一些教授级专家的论文获荣誉奖。人民出版社已经同意将这些论文编辑成册在年内出版。

会议期间分别组织了各15位左右专家参加贵州省和贵阳市的经济发展咨询座谈会。会前主办单位曾给部分代表寄去有关资料或提出咨询任务，代表们作了充分准备。省市有关负责人（政府秘书长、经委主任、科委主任、有关部局负责人等）认真听取发言。并认为发言质量高，很有启迪意义和参考价值。有的负责人当场表示今后还要邀请某些专家再来贵阳详谈他们的高见。

中央电视台、中央人民广播电台、《人民日报》、《光明日报》、《经济日报》、《中国文化报》、人民出版社等中央宣传媒体，都派了部主任以上负责人和记者参加会议，贵州电视台、贵阳电视台、《贵州日报》、新华社贵州分社、《贵州都市报》、贵州人民广播电台、《贵阳晚报》等派了记者参加。它们都已经或即将报导会议的有关内容。

贵州省和贵阳市党政领导对这次会议非常重视。中共贵州省委书记刘方仁同志于会前接见了主办单位之一的中国生产力学会副会长薛永应，听取了有关的汇报，并对不能亲自到会表示歉意（省委常委会研究重大问题）。省委特别委派副书记王思齐同志专程赴会发表讲话。省委常委、贵阳市委书记王三运同志致欢迎词（后因同样原因改委托市委副书记张健代为致词）。贵州省政协副主席常征，贵阳市委副书记、贵阳市市长刘长贵，贵阳市委副书记兼宣传部长张健等同志出席开幕式或闭幕式，并发表重要讲话。贵州省副省长龚贤永在会议开幕前到宾馆看望会议代表，介绍贵州省情，并进行了长时间的谈话。主办单位的主要负责人薛永应、王恒富、黄钧儒、萧先治、冯祖贻、张雄龙、郭华玲等同志始终参加会议，并分别主持大会和仪式。

代表们指出，这次会议的召开无论在理论上还是实践上都有重要意义。它在全国第一次郑重地、科学地从学术的角度和理论的高度把文化与生产力联系起来，沟通起来，从而进一步丰富和发展了马克思主义的生产力理论和文化学理论，并必将有助于我国生产力迈上新的高度。过去，我国理论界和实践家们分别研究了文化和生产力的方方面面，取得了丰硕的成果，但文化学与生产力理论没有联姻，没有融合，没有形成统一的“文化生产力”理论，因而既未能更科学、更深刻、更全面地认识社会文化现象，也未能更科学、更深刻、更全面地认识社会生产力。今天，文化学家们开始用经济学家（特别是生产力经济学家）的眼光重新审视文化现象，经济学家们也开始用文化学家的眼光重新审视社会生产力，从而在理论上和实践上都将开辟一个划时代的新阶段。

代表们提出了一系列颇有理论深度和现实意义的观点：

（一）大文化观和大生产力观。大文化观认为，把文化仅理解为文学艺术和知识体系是很不够的，文化有三种形态，即物质文化、制度文化、精神文化；文化包含六大家庭，即科学技术、教育培训、卫生保健、体质培育、文学艺术、观念风俗；文化有五大功能即认识功能、教育功能、审美功能、媒介功能和经济功能。只有用“大文化”的观点才能准确地概括当代文化的本质和范围，只有遵循大文化观才能正确地处理当前面临的文化问题和生产力问题。大生产力观认为，社会生产力不是几个生产力因素的简单加总，而是一个运动着的、开放的系统，是各具特质的生产力因素在特定的结构方式和数量配比下，在适当的空间和时间内形成的，能够创造特殊使用价值或提供特种劳务的，多层次、多侧面、多领域的，复杂而多变的有机系统，是由文化力（首先是科学力）、劳动力和自然力合成的一种社会力量。只有用“大生产力”的观点才能准确地概括现代生产力的本质和范围，只有遵循大生产力观才能正确地处置当代生产力发展过程中的种种问题。

（二）文化是生产力之魂。在“大文化观”看来，文化是人类创造的物质产品和精神产品的总和。从本世纪

50年代开始，人类开始迎接第三代生产力。这就是电子时代的智能生产力。在第三代生产力之下，一系列社会经济现象有了崭新的面貌和迥异的性质，迫使人们重新认识它们。文化与经济以及二者之间的互相关系，就是这样的现象。其间，最令人瞩目的是两大潮流："文化的经济化"和"经济的文化化"。理解这两大潮流的关键是"文化的经济功能"和"经济的文化取向"这一对范畴。文化的经济功能根源于：（1）科学技术推动着社会生产力的智能化和整个经济的发展。（2）教育是高素质劳动力的再生产过程，是提高经济过程及其成果的文化含量的主要因素。（3）卫生保健和体质培育是重新塑造和优化劳动者身体素质的基本力量。（4）文学艺术是生产过程和社会产品以及社会生活的美学基础，也是劳动者心灵的洁净剂，通过它，可以大幅度提高生产过程和社会产品的文化含量。（5）观念风俗对劳动者则具有激励作用或消极作用，从而会影响经济活动的效率和效益。经济的文化取向根源于社会生产力不断智能化、人类生活不断上品位的历史走向。所谓文化取向，指人们在生活或生产中有意无意地使自己的活动及其成果凝聚、包含、渗透、显示一定的文化内容，打上文化的烙印，不断朝着文化因素含量不断提高的方向发展。在这种浪潮下，社会生产力确实存在一个"档次"和"品位"的问题。档次，主要指社会生产力在"世代等级表"上按所含科技量排列的名次。品位，则是按社会生产力中文化精华的含量排列的名次。总之，社会生产力的发展归根到底取决于文化的发展。一个国家，特别是贫困落后地区，只有采用以发展文化为基本举措的"内源发展战略"，其生产力的发展才有可能实现跨越和飞跃，从而才有可能在较短历史时期内缩短与发达地区的差距，与它们并驾齐驱，甚至后来居上。

（三）健康而丰厚的精神文化，是社会生产力持续、稳定、协调地发展的社会环境条件。关于精神文化的内涵、结构、积淀、取向等等问题的研究成果，是精神文明建设的理论基础。我们对精神文明建设应该有更深刻的理解。在社会主义市场经济条件下，道德进步对生产力发展具有十分重要的作用。精神文明建设基本上就是道德建设。必须用道德进步来制约"钱"和"权"的消极作用的恶性膨胀。精神文明建设也不能停留在礼貌语言、卫生习惯等表浅层次上。精神文明建设应该有三个高度。第一高度，培养卫生、文雅的生活习惯，焕发、培育和弘扬真善美的人性，抵制封建迷信和愚昧陋习，消除文盲，普及初等教育，为更高的、完整意义上的精神文明建设打下最底层、最必要的基础。第二高度，塑造个人的和民族的精神支柱。包括：爱国主义，对外敌宁死不屈的抗争精神，先公后私、先人后己的集体主义，奋斗进取、勇于竞争、实事求是、崇尚科学的创业精神和拼搏精神，符合市场经济规范的职业道德和敬业精神，科学的工作态度、生活方式、风俗习惯和思想观念等等。第三高度，使这根以爱国主义、科学态度、敬业精神为核心的人类共同的一般精神支柱，升华为以共产主义信念为最高境界、集中华民族优秀传统之大成、涵盖全国各地区各民族以至全球华夏子孙的擎天巨柱。精神文明建设不单单是个人的需要和行为，而且应是社会的需要，是生产、生活的需要，因而也应该是社会行为和政府行为。精神文明建设应该在三个高度上全面展开。从这个意义说，生产力的灵魂是文化，文化的灵魂是精神。精神文明建设的核心和目标就是塑造一根正确的、崇高的、壮实坚挺的、深深植根于中华民族、能够支撑社会主义中国屹立于世界民族之林的精神支柱。

（四）文化、经济与生产力必须协调发展。文化、经济、政治组成三维的社会空间，在一定的政治关系下，文化坐标与经济坐标组成"文化经济平面"，文化有深、中、表三个层面，经济有生产、流通、消费三个领域，从而使社会生产力有低、中、高三种水平，社会生产力只有在文化与经济的协调发展中才能得到最大的实现。经济体制和增长方式的转变都在呼唤文化结构的巨大变革，因此，当前应该实现的是经济体制、增长方式和文化结构的"三大转变"。在文化与生产力的这种彼此依存、互相促进、你中有我、我中有你、一损俱损、一荣俱荣的发展态势下，人们应该赶快走出"对立论"、"替代论"、"板块论"等种种认识误区，确立协调发展战略。

（五）企业文化必须向市场经济的精神和规范转变和升华。企业文化是企业在长期经营活动中逐渐形成的理想道德、价值观念、伦理意识、经营哲学、发展战略、管理方法等等的综合体现，是亟待开发的隐性资源。在社会主义市场经济体制下，必须通过企业文化建设，把企业单纯谋利的动机升华为一种社会成就感和社会责任感，使职工单纯的经济行为升华为高尚的敬业精神，把单纯重视货币资本的意识转化为首先重视人力资本的意识，把损人利己的经营行为升华为互惠互利的经营行为，把安逸享乐意识升华为追求生活价值和生活意义的超越精神。总之，社会主义市场经济的构建应兼顾经济效益、社会效益、环境效益和人文价值，充分反映现代市场经济的一般性和社会主义市场经济的特殊性。不仅要改善人的物质生活，而且要提高人的精神境界和文化修养，努力创造一种关心人、尊重人、理解人、信任人、爱护人的宽松环境和社会氛围，最终实现经济发展、社会进步与人的现代化的有机统一。

（六）应以文化生产力一体化发展为立足点，从大文化观的视角来划分生产力的历史类型和发展阶段，即"自然和谐的生产力"、"市场冲突的生产力"和"自由和谐的生产力"三个阶段，认为这对于推进我国经济增长方式的转化、保障国民经济的可持续发展具有重大现实意义。

（七）加大科技发展力度，增加教育事业投入，加快精神文明建设。总之，加快大文化的发展，是贵州等发展滞后省区获取"后发利益"的关键。对后发展省区党政领导提出的"治穷先治愚，扶贫先扶志"的口号和方针，应有新的更深的理解：治愚，就是发展教育，普及科技，用文化知识武装群众，为生产力发展打下智力基础；扶志，则是改变群众的精神面貌，塑造坚强的、正确的精神支柱。

会议结束时，代表们指出，正当世纪之交、我国社会生产力升级换代、党中央再次重申物质文明和精神文明两手抓两手都要硬的原则之际，本次会议无疑将对我国社会生产力上档次、升品位，对精神文明建设攀登新高度发挥积极作用。代表们还认为，本次会议选了一个好题目，开了一个好头，但这个题目还必须深入研究下去。

（选自《生产力研究》1996 年第 4 期）

借鉴日本市场经济模式　探索我国市场经济制度建设

——“日本式市场经济与中国向市场经济过渡国际学术研讨会”述评

本刊编辑部

中日两国同属东方文化国家，在近代以前相当长的历史阶段，两国在经济发展等方面有 许多相同的地方，尤其在经济发展过程中可资借鉴的东西也很多，日本市场经济体制的形成和市场经济制度的建立，对建设具有中国特色的社会主义有一定的参考和借鉴意义。为了借鉴日本市场经济的经验，1996 年 8 月 5 日，由辽宁大学日本研究所主办的“日本式市场经济与中国向市场经济过渡国际学术研讨会”经过了三天热烈、细致而深入的研讨，于 8 月 7 日圆满地落下了帷幕。大会期间，来自全国各日本研究机构、政府有关部门和大专院校的 70 余名专家学者以及来自日本的 8 名知名学者参加了研讨。辽宁省副省长刘克田、辽宁大学校长刘祁涛教授及日本驻沈阳总领事馆总领事大和滋雄等出席了开幕式并向大会致词祝贺。这次研讨会还受到我国著名经济学家宋则行、朱绍文、王积业先生的关心和支持，中日友好协会副会长肖向前先生也向大会表示了祝贺。开幕式上，辽宁大学日本研究所金明善教授、日本石卷专修大学木伏良明教授、中国社会科学院日本研究所冯昭奎教授分别做了有关日本市场经济的主题报告。

本次研讨会共分三大组，日本市场经济问题是各组研讨的主题。研讨期间，各与会代表结合我国具体的国情并根据日本建立市场经济的经验做法，就我国应如何建立市场经济制度等一系列问题，展开深入细致的探讨，提出了许多有益的建议和想法。大会达到了预期的效果，取得了圆满的成功。

围绕着日本市场经济的建立、市场经济制度、市场经济体制、市场经济运作、市场经济管理和市场经济性质等问题，三个组的与会代表各抒己见、畅所欲言。

第一组的辽宁大学日本研究所金明善教授在其《日本建立现代市场经济体制的历史经验》一文中指出，日本在世界主要资本主义国家中是一个最后兴起的国家。日本是在明治维新后才走上全面发展资本主义市场经济道路的，从此，市场经济开始取代自给自足的自然经济，日本的市场经济体制初步建立起来。从明治维新到第二次世界大战的这个时期是日本市场经济体制的创立阶段，但是由于日本资本主义经济发展的后进性，这一阶段的日本市场经济体制是极不规范，极不完善的。比较完善、规范的日本现代市场经济体制，是在第二次世界大战后才确立的，而且是在有力地促进经济复兴和高速增长的过程中得到不断完善的。接着，金明善教授从历史发展的角度深刻分析了战后初期的民主改革对市场经济的建立所发挥的作用：（1）经济上的三大民主改革调整了日本资本生产关系，为市场经济的建立奠定了社会经济基础；（2）政治改革构成了日本建立市场经济体制的有力保障；（3）战后日本的教育政策，极大地提高了日本国民的文化素质，促进了国民价值观念的转变，从而保证了现代市场经济的顺利进行。

对于由统制经济向市场经济过渡中日本经济转轨的教训与经验，金明善教授认为，严格地讲，日本从统制经济向市场经济的过渡，不能看作是正常意义上的经济转轨。即使在统制经济形式下，日本市场经济的基本体制并没有受到破坏，只是价格、供求、竞争机制的正常秩序在战争以及战后特定条件下受到了限制。因此，日本在 50 年代初完成的这一过渡，实际上是市场经济的正常秩序得到恢复。然而，这却不是简单的恢复。这是在民主改革后形成的不同于战前的新的社会经济基础上恢复的，并在这一恢复过程中，日本的国内市场同战后形成的新的国际市场接轨了，因而具有相当程度的经济转轨的因素。通过这一过渡，日本现代市场经济体制也就粗具雏形了。从这个意义上说，日本以道奇路线为契机的从统制经济体制向市场经济体制过渡的经验与教训，作为经济转轨中的一种思路值得加以研究。

江瑞平在《论日本法人垄断型市场经济中的金融体制》一文中指出，金融体制是市场经济体制的重要组成部分。研究日本式市场经济体制必须研究居其重要地位的日本式金融体制。（1）现代日本型市场经济的本质特征是法人垄断，法人垄断是现代日本型市场经济区别于市场经济在日本的战前形态和在欧美的现代形态的本质特征。法人垄断作为现代日本型市场经济的本质特征和重要基础，规定了构成这一市场经济之各个部分的基本特点。因此，作为这一经济体制之最重要组成部分的日本型金融体制，也必须以法人垄断这一现代日本型市场经济的本质特征为体制背景来进行说明。（2）现代日本型金融体制是在战后金融改革的基础上形成的，这一改革虽有效地实现了对战前及战时金融体制的清理，但在新体制形成过程中却未实现预期的美国化，而是最终走上了日本化。（3）金融系统在现代日本法人垄断型市场经济中占有主导地位，这一地位是由资本占有、资金供应、人事控制等基点来共同支撑的。（4）主要依赖外部资金、间接金融方式和主银行体制构成现代日本型企业金融体制的主要特征，而这些特征又与法人垄断密切相关。（5）“泡沫”破灭引发的金融危机本质上是日本型金融体制的危机，而后者又体现出现代日本法人垄断型市场经济体制的破绽。

中国世界经济学会副秘书长陈沙在其《中日非银行金融机构的比较研究》一文中，从中国非银行金融机构的发展、中国非银行金融机构的主要问题、中国非银行金融机构的发展方向、日本非银行金融机构概况和日本的不良债券危机与非银行金融机构五个方面对中日两国非银行金融机构进行了详尽的分析和阐述。作者指出，日本非银行金融机构多以消费金融公司、信用卡公司、信贩公司、事业金融公司、抵押债券公司、租赁公司、住宅金融公司等种种企业形式进行经营活动。在日本经济中最重要的作用是资金中介，即：（1）弥补了金融机构贷款的不足；（2）对应日本经济新的资金需求不断创造新的市场和金融工具。

另外，辽宁大学的李桂出教授、白钦先教授和辽宁省政府发展中心的金柯以及大连民族学院的金仁淑讲师、东北师范大学日本研究所的刘荣教授等，也都分别从不同的研究领域对日本市场经济的建立和运行做了详尽的分析和阐述，并对我国市场经济的建立提出了许多有益的见解。

第二组的辽宁大学日本研究所莽景石副教授在《日本与中国的制度创新—发展导向型市场经济探索》一文中首先从制度决定论假说入手，阐述了导致经济增长模式以及经济增长因素。作者认为，在关于经济增长和国家兴衰原因分析的众多彼此竞争的理论中，选择制度决定论作为研究的理论基础和分析框架。在战后日本的经济发展和实行改革以后中国的经济发展中所取得的经济成果，以及向世界展示的经济奇迹，首先是制度创新的结果。

另外，莽景石副教授还从结构变迁与制度演化角度分析了其发展形式，指出日本和中国的制度创新，一个直接的成果是日本从50年代中期开始、中国从70年代末期开始分别实现了举世瞩目的高速增长。这种高速增长是非常重要的，它大跨度地浓缩了现代化进程，极大地改变了日本在世界经济中的地位，也给中国再次崛起于世界带来了希望。对于战后日本经济发展，莽景石副教授认为，产业结构的变迁是最为典型的。而改革后中国经济发展过程中的结构变迁在很大程度上是对即往经济体制和发展战略造成的结构扭曲进行的调整，同样出现了产业结构优化的发展趋向。改革后中国经济的工业化率有了明显提高，但产业结构仍带有人口众多的发展中大国的特征。

构成日本和中国经济发展形式的另一面的制度演化更为显著。制度演化过程首先是一个制度创新过程，其起点则是改革。改革，首先是一种制度的重新安排或制度选择。仅就经济改革而言，日本和中国的改革都是市场取向的，其导致的制度演化的结果是日本现代市场经济体制的形成和中国向现代市场经济体制的过渡。但是，作为制度选择，无论是日本的市场经济还是中国的市场经济目标模式，既不是古典意义上的市场经济，也不是现代欧美国家的市场经济，而是具有东方后发展经济特点的市场经济。如果我们从政府与经济发展以及政府与市场的关系去把握这一点，那么可以说日本和中国都选择了一种被称之为发展导向型模式的市场经济。

关于发展导向型模式，莽景石副教授分析了后发展经济的制度选择问题，指出“发展导向型”是相对“纪律导向型”而言的。发展导向型国家，以发展为国家的最高目标，政府的功能在于促进经济发展；而纪律导向型国家，则以法规来维持市场秩序，政府的功能在于维持经济纪律。同时，对东方的发展导向型模式归纳为以下几个基本特征：（1）以经济发展为国家的最高目标；（2）制定以现代化为目标的经济发展战略；（3）经济过程与政治过程的同一；（4）存在一个有决心的领导阶层；（5）非新古典经济学的市场观。

讨论会上，辽宁省政府发展研究中心的副主任张辽源在他的《论中国社会主义市场经济体制模式的特点》一文中，首先阐述了主要工业国家经济体制的特点及其成因。指出发达国家经济体制的共同点，是都有发达的信用制度为基础比较完善的市场经济的微观结构和发达的市场体系以及法制体系。但社会保障体系、经济协调体系，特别是宏观调控体系，区别却很大。大体可分为三种类型。第一种，以美国为代表的北美模式。其特点是企业经济活动自由度比较高，其宏观调控仅仅着眼于减缓经济波动，是典型的间接宏观调控模式。第二种，以西德和瑞典为代表的西欧模式。由于长期社会动荡和战争破坏的痛苦经历，在北美模式的一般特点之外，特别重视社会的稳定与协调。西德自称“社会市场经济”，瑞典自称“福利社会主义”。第三种，以日本和韩国为代表的东亚模式，更具特色。主要是在较完善的市场经济微观结构基础上，充分发挥政府强有力的主导作用，被称为政府主导型市场经济。这是一种有利于自觉推进经济技术快速进步和发展的现代市场经济体制模式。

东北师范大学国经系副主任刘力臻在他的《日本市场经济的模式界定与中国向市场经济过渡的模式选择》一文中，指出对日本市场经济的模式界定，现阶段国内外学者的看法颇有分歧，归纳起来主要是两种相互对立的见解：一是“政府主导型”，二是“企业主导型”。接着，作者指出对日本式市场经济模式的界定出现上述两种截然不同的结论并不奇怪，因为日本政府的宏观调控和日本企业的微观活动都曾创造出极为出色的业绩，显示出日本式市场经济的特征。关于日本式市场经济模式界定的标准和依据，作者认为：（1）以最能反映日本式市场经济模式本质内涵的事物为界定标准，即日本式市场经济模式应界定为“市场为本，二元机制有机结合型”的市场经济；（2）以代表日本式市场经济总和的材料数据为依据来加以界定；（3）以历史发展进程中事物演进的史实为依据来加以界定。关于中国向市场经济过渡的模式选择，作者认为：（1）以市场为本，二元机制型的经济模式应是我国市场经济运行模式；（2）市场为本，二元机制型经济模式是经济后发育国家赶超先进国家的最佳载体。

吉林大学国际经济系主任李晓的论文是《“住专”处理与日本型市场经济的制度变革》。文章认为，“住专”形成、发展及其处理过程中所暴露出来的经济体制或制度上各种问题，已成为日本型市场经济制度性变革的出发点。关于“住专”处理对日本型市场经济制度的冲击，作者认为主要有：（1）制度疲劳；（2）制度缺欠。关于获得的两点启示是：（1）任何一项制度安排不是一成不变的，为确保持续、稳定的社会经济发展，必须进行有效的制度转换或变迁；（2）应注重加强对政府职能转换能力的研究。

另外，吉林大学国经系的邹建华在他给大会提交的《战后日本公有企业及其民营化的原因与特点》的论文中，从日本公有企业的概念及其沿革、日本公有企业的构成、日本公有企业民营化的概念及其方式、80的代日本公有企业民营化的原因、战后日本公有企业民营化的要点等方面，精辟地阐述了日本公有企业民营化形成的原因及其特点。

在第三组的讨论中，中国社会科学院日本研究所的冯昭奎教授，对日本市场经济中的计划性的三个来源做了精辟的阐述，冯昭奎教授指出，大凡对日本经济作过深入考察的人们都会感到，日本经济虽然不是计划经济，但是，非计划经济的日本却比某些原计划经济体制国家的经济显得更有条理性和计划性。对于日本市场经济为什么能够表现出较好的条理性和计划性，冯昭奎教授认为，这种计划性主要来源于三个方面：其一是经济企划厅编制的中长期计划；其二是日本政府其他各省厅编制的各种部门、行业计划、经济政策、行政法规乃至行政指导；其三是微观层次上的计划，即企业的计划及其相互之间的联系。

（1）本政府的中长期计划是动用政府的“官产学”结合的力量，对国民经济发展的战略目标和中长期发展趋势作出的权威性的规定和预测。这种有权威性的“中长期经济天气预报”为企业制定经营战略提供了参考。（2）依据上述的中长期综合规定的总目标，日本政府的各部门制定了干预经济的各种具体计划、政策、法规，并对民间企业实施行政指导。（3）计划不仅存在于宏观经济方面，而且存在于微观经济方面，日本企业也有计划。因此，日本的市场经济能够表现出较好的条理性和计划性。

吉林大学日本研究所的侯庆轩教授在他的《日本式市场经济体制的发展与特征》一文中指出，日本式市场体制的根本思想虽然与欧美发达国家相同，源于亚当·斯密的“自由市场经济主义”，但是其形成与发展都是从本国国情和“赶超”的需要出发，依据于多种经济学派的市场经济理论的综合运用。在生产方面，吸纳新古典综合派的观点，以自由市场制度为基础，根据“赶超型”、“成长型”经济的要求，不是像欧美国家那样把调整总需求作为重点对象，而是在实践中采用凯恩斯的需求管理方式，而且宏观经济管理政策和实践更侧重于运用供给管理方式，有处理生产与非生产的关系时比较重视生产，在处理宏观与微观的关系时比较重视微观，通过适当的政府计划干预，使竞争原理与计划原理并行不悖。在分配方面，虽然福利国家论的呼声很高，但是日本民众反对容易陷入“不良平均倾向”的分配论。因此，它致力于调整生产（成长）和分配（福利）的矛盾，协调经济（物质）和文化（非物质）的关系。

关于日本式市场经济体制的特征，作者认为，市场经济体制是经济社会中广泛存在的一种经济运行形式。而日本式市场经济体制则是其中被实践证明了的成功典型。其主要特征表现为：（1）体制主框架：“日本铁三角”支撑；（2）产权结构：公私并存，个人与法人所有制并存，但以私有和法人所有为主；（3）市场体系与结构：后发？健全的市场体系，寡占竞争型市场结构；（4）市场管理：以法律和必要的行政、经济手段维护市场秩序，规范市场行为。另外，作者还认为，日本式市场经济体制的形成、发展和成熟，是由多方面的原因促成的，然而在形成“日本式”这点上，日本的家族观的影响是不可忽视的。

东北师范大学日本研究所的宋绍英教授在他的《日本、政府、企业、市场》论文中，着重阐述了日本式市场经济模式，指出日本式市场经济模式是所谓“政府导向型”的，其主要表现为：（1）企业与政府，形成了所谓“官产复合体”和所谓“日本株式会社”的体制，表明日本政府对企业经营的介入。（2）政府对经济实行宏观管理，主要手段是产业政策、经济法规、计划调节、行政指导等。（3）政府与市场，政府干预主要是从宏观方面调节经济发展方向与结构，市场调节则包括经济的具体运行和具体结构。同时，政府通过宏观调控手段使国内市场既有竞争，又保持竞争的有序态势。（4）企业与市场，企业是市场的主体，企业为获取尽量多的利润，把竞争的侧重点放在最大限度地进行市场开发和扩大市场占有率方面。（5）企业经营模式，最大的特色是实行所谓“日本式经营”。这种日本特有的企业经营模式的本质是“人本主义”、“企业民主主义”以及“和为贵”的协调主义。终身雇佣制、年功序列工资制和企业工会的本质皆在于此。综上不难看出，日本模式是西方自由市场经济与东方传统文化相结合的产物。

接着，宋绍英又指出日本式市场经济模式既以市场机制为基础，实行市场调节，又有政府导向，称之为“二元机制”。其作为市场经济模式的最基本的特征就是有政府干预，甚至认为日本模式就是“政府主导型”市场经济，政府干预成了日本式市场经济的鲜明特色。主要表现为，一是管理体制上的“官产复合体”和所谓“日本株式会社”论；二是日本特色的宏观经济管理；三是计划调节；四是行政指导；五是经济手段。

东北财经大学经济研究所的刘昌黎教授的《浅析日本市场经济的封闭性、不完全竞争性》的论文中，重点分析了日本市场经济封闭性和不完全竞争性的表现和原因。指出战后以来，日本在重建资本主义市场经济的过程中，一直奉行所谓的“三大原则”和“两大自由”。其中，三大原则是指私有财产神圣不可侵犯的原则、契约自由的原则和自我负责的原则，两大自由是指生产者自由和消费者自由。以此为前提，日本基本上形成了以私有制为基础、以自由竞争为基本原则的资本主义市场经济体制，这乃是没有疑义的。尽管如此，但由于日本特殊的历史传统，文化习俗，社会环境和经营惯例，所以与美欧各国相比，日本市场经济却明显具有封闭性、不完全竞争性的特点。鉴于日本市场经济的封闭性、不完全竞争性集中体现于企业相互持股、系列内交易、企业内部劳动市场和政府管制下的金融资本市场等方面。

东北财经大学经济研究所的金凤德教授对日本市场体制取向，阐述道：市场体制的本质是竞争。竞争的主体是企业。这一本质特征的派生性特征是开放性。两者既有联系又有区别。从总体而言，二者是互为条件、相互促进的。竞争必须以开放为条件，否则就没有对手可竞争，开放的目的则又是为了促进竞争，没有竞争就失去了开放的意义和内容。另一方面，二者又有相矛盾的一面。竞争的结果即可能促进竞争，也可能导致垄断；同样，开放的结果即可能促进竞争，也可能导致非有效竞争，比如过度竞争。日本的市场体制的最重要的特征在于把握住了竞争与开放的有效衔接：有节制的开放，有组织的开放。

日本石卷专修大学的木伏良明教授在其《日本的市场经济与企业经营》一文中指出，市场经济是“根据市场上的自由交易来决定商品价格，根据价格来决定商品供求的一种经济体系”。对于市场经济的特征，作者认为主要有十：（1）在完全的市场经济中，生产手段或商品为私人所有；（2）通过市场上的自由交易决定商品价格，并通过价格在总量上调整商品供求；（3）市场上的自由交易往往在生产者间、生产者与流通业者间、生产者和消费者间造成支配力上差别；（4）市场经济受人口增减、所得增减、生活方式变化、价值观多样化变化的影响；（5）一国经济既然与世界经济结为一体，那么，市场经济就不限于一国经济，即与世界经济连在一起；（6）自由经济活动虽然是以人的欲望为动力，但必须从价值的观点上来调整人的欲望动力；（7）基本的价值观必须以市场经济的规则来规范化；（8）市场经济具有多种影响因素，因此，必须根据经济政策有意识地解决存在的问题；（9）经济政策的对象领域主要是面向国内问题，与世界经济有关的问题构成外交问题，因此，在国内方面经济政策的有效性很高，在国外方面经济政策的有效性则是未知数；（10）多种经济主体的责任意识、价值观、伦理观应同规则一样受到重视。关于市场经济研究的意义，作者认为，日本企业是在被称作市场经济的经济制度下，而且是在具有日本式特点的市场经济制度下进行经营活动的。为了维持企业活力，就必须保障企业的自主制度，确保自由的竞争条件。

此外，日本法政大学的伊牟田敏充教授、日本东京经济大学的村上胜彦部长、日本东京都立大学的田村纪之教授、日本亚洲经济研究所的井村哲郎教授、日本大学?专修大学的小林和夫兼任讲师、日本经济调查会大阪支局的村井淳支局长、日本大桥税理所的大桥为宣所长，也都在讨论会上做了精彩的发言，并对中国的市场经济建设提出了可资借鉴的建议。

由于本次研讨会经主办单位和与会代表的共同努力，又经后援日本国国际交流基金会和日本国驻沈阳总领事馆的大力支持，取得了圆满的成功。在整个研讨期间，中外专家学者紧紧围绕中日两国的市场经济问题，展开了富有实效的认真探讨，在中日有关研究领域中产生了积极的影响。中外专家学者一致认为，此次研究会的成功举办必将对中国改革开放的深入发展和社会主义市场经济的建设带来积极的影响和作用。

（选自《日本研究》1996 年第 4 期）

休闲旅游业：一门方兴未艾的产业

——休闲旅游业前景展望研讨会侧记

孙英兰

由中国社会科学院经济学博士发展研究中心、天津“香岛旅游村”有限公司联合主办的“中国休闲旅游前景展望研讨会”日前在珠海举行。全国政协常委、民建中央副主席路明，全国政协常委、北京市物资学院副院长王之泰，著名的经济学家何伟、于祖尧、李成勋以及宋光茂、张宇燕、朱广俊等20余位国内知名的专家学者参加了会议。天津“香岛旅游村”有限公司董事长彭爱萍也出席了此次研讨会。

这次研讨会是我国首次召开的以休闲旅游为议题的学术研讨会。全国人大副委员长、全国政协副主席王光英，全国人大副委员长万国权分别为此次研讨会题词：“发展旅游经济、促进改革开放”、“祝中国休闲旅游研讨会成功”。著名的经济学家、休闲旅游文化的倡导者于光远教授为会议发来了贺信。他在信中说，“发展休闲旅游，促进经济发展，大有可为”。并希望通过此会引起社会对包括休闲旅游在内的休闲文化的认识，希望国家的休闲旅游以及休闲文化有个积极的、适度的发展，希望企业界与学术界在促进包括休闲旅游在内的休闲文化的发展方面有一良好的合作。与会的专家学者就中国旅游业的发展状况、休闲旅游的发展前景、中国休闲旅游文化的发掘以及发展中国的休闲旅游应注意的问题等进行了研讨并达成了一定的共识。

（一）

中国旅游的发展历史源远流长。早在我国古代就曾出现过许多旅游者，如郦道元开山水游之先河，柳宗元加以推陈出新，及至明代则有大旅游家徐霞客，著名的大诗人李白、杜甫、苏轼、陆游等行万里路，破万卷书，他们都可以称得上是我国古代游者的代表。作为一种产业，我国的旅游业兴起于60年代。专家提供的资料表明：1966年我国接待的境外旅游人员只有4000千多人；改革开放的1978年，我国接待的境外旅游人员则达到188万人次，以后连年上升。1983年中国参加世界旅游组织之后，来华旅游的人数更是跳跃式上升。据美国专家预测，到2030年旅游业将成为全世界80%以上人员的生活必需，而休闲旅游则更具有广泛的国际市场。

与会的专家和学者认为，旅游和休闲旅游是有一定区别的。我们通常所说的旅游，是指以历史文化、自然景物为依托的观光游览；而休闲旅游，则是以旅游资源为依托，以旅游设施为条件，以特定的文化景观和服务项目为内容，为离开定居地而到异乡他国作一定时期的游览、娱乐、观光和休息。观光旅游和休闲旅游的不同还在于一“动”一“静”，一“行”一“居”；一为观光游览，以满足一定的精神需求，但易产生“游累”，一为身心全方位的休闲满足等……

著名的经济学家何伟教授认为，休闲是人们闲情所致，是为不断满足人们多方面的需要而处于一种文化创造、文化欣赏、文化建构的一种生存和生命状态。它是通过人群共同的行为、思维、感情，创造文化氛围，传递文化信息，构建文化意境。休闲实际讲的是休闲文化，它是对旅游的一种升华、抽象和概括，是由旅游、娱乐、游乐产生的，反过来又指导旅游休闲。我们讲休闲，不是提倡吃喝玩乐，而是通过这种形式，倡导健康文明的生活，培养“高度文明的人”（马克思语）。人们在休闲活动当中可以了解国家的历史，增加知识，从中受到爱国主义教育，提高人们自身的文化素质，促进精神文明建设。

（二）

与会专家学者们一致认为，旅游业作为中国的新兴产业得以迅速发展壮大，是在改革开放之后，从我国的旅游资源看，其前景是十分光明的。发展旅游业有其客观的必然性，也有重大的社会效益、经济效益。

全国政协常委、民建中央副主席路明教授认为，发展旅游业可以增加国家的外汇收入，可以带动交通、运输、建筑等相关产业的发展，可以扩大社会就业面，解决劳动力剩余问题；可以促进贫困地区的脱贫致富，加速货币回笼。路明说，目前我国的旅游外汇收入已大大超过侨汇收入，成为非贸易外汇收入的重要来源。随着旅游业的发展，我国的交通、运输、金融等行业也有了长足的发展，为社会再就业提供了大量机会。他说，按国际惯例，每接待一个境外旅游者，就需5～7名服务人员直接或间接的为其服务。1995年的统计资料表明，我国去年有1.4亿～1.7亿劳动力没有充分就业，而旅游业的迅速发展，则为社会剩余劳动力提供了再就业的机会。我国有着丰富的旅游资源，但很多自然景观分布在贫困地区，如神农架、张家界、武夷山、九寨沟等地。随着旅游资源的开发，旅游设施的不断完善，这些地区已逐渐脱离了贫困并开始走向富裕。

经济学博士、国务院研究发展中心宏观部第二研究室主任宋光茂认为，我国已具备了发展休闲旅游的条件。他引用西方经济学家的一个研究结论说，当人均GNP

（国民生产总值）超过300美元时就会产生强烈的旅游欲望；当人均GNP超过1000美元的时候，就会产生跨国旅游的欲望；当人均GNP超过3000美元的时候，就会产生洲际旅游的欲望。按这个结论计，中国已具备了旅游的经济基础和物资条件。另外，我国的旅游资源丰富，不仅是自然资源，还有着几千年的文化积累，这种特殊的旅游资源将随着时间的推移而不断的增值。

另有资料显示，1995年国际旅游业的总收入是3720亿美元，1995年世界十大旅游创汇国中，中国名列第9位，旅游创汇收入为82. 5亿美元，占世界旅游总收入的2. 2%。美国为580多亿美元，名列第一。到本世纪末，环球旅游的收入将以每年4. 1%的速度增长。因此，与会者们一致认为，发展休闲旅游业，意义重大，前景广阔。

（三）

通过对我国目前旅游业状况的分析，与会的专家学者认为，发展中国的休闲旅游业，必须要明确指导思想，进行科学管理。要注意处理好以下几方面的关系。即：正确处理国家、旅游企业、旅游者之间的利益关系问题；正确处理借鉴外国经验同走有中国特色的休闲旅游业发展道路的关系问题；正确处理提供多种服务、综合开发、加大对游客的吸引力与执行党和国家的方针、政策、法律、法令，加强社会主义精神文明建设的关系；正确处理好独资开发与中外合资开发、与确保休闲旅游业发展的社会主义方向的关系问题等。

与会者还对如何开发我国休闲旅游业提出了中肯的建议。他们认为，休闲旅游业的发展应与我国城市发展规划结合起来，充分利用当地的自然资源优势，办出特色，避免盲目性和“大帮哄”；应通过与当地政府及有关部门的有力配合，创造良好的工商、行政、管理、税收、物价、金融、交通等优良环境，搞好软件开发。休闲旅游对象的选择，应根据我国的国情，针对当前低收入阶层、小康阶层、富裕阶层、大款、外国人、公款旅游者、搭便车旅游者等不同消费对象，准确定位，以避免产生诸多意想不到的困难，要对特殊风险的消除及系统性风险的回避作出预测，并制定出相应的对策。对休闲旅游项目的设置，应首先进行科学的考察、论证，在借鉴国外好的经验的同时，有所吸收和创新，避免雷同和粗制滥造。

有专家担心，目前许多地方只注重开发旅游资源而不注重资源的保护和维修，加之一些游人自身修养差，所到之处乱刻乱划、乱丢废弃物等，这势必会造成开发一处景点就毁灭一处的局面。为避免这种情况的发生，必须对旅游资源进行科学的开发和严格的管理、保护，并加强对游人的宣传教育。与会者认为，休闲旅游企业的形式，可采取会员制、股份制和合资经营等多种方式。

专家和学者们还就目前我国开展休闲旅游研究的任务进行了研讨。他们认为，确定我国旅游事业发展战略并据以确立旅游经济发展的近期、中期、长期目标及实现目标的对策，研究我国旅游资源的开发、利用、保护以及研究旅游资源的聚集、分配、利用；研究国内外旅游市场的开拓、扩展和竞争，旅游消费的导引、旅游商品的需求等方面的问题；根据国情及国际社会的大环境，探讨我国旅游业发展的道路、模式等问题；探讨创造、完善旅游业必备的政治、经济、社会、法制等环境及其方法、途径，研究计划管理、财政税收、金融信贷、法律保障等方面配套措施的完善问题等，应是目前开展休闲旅游研究的主要任务。

总之，与会的专家学者通过对我国经济状况的分析，认为随着我国市场经济的发展，经济改革的不断深入，人们生活水平的日益提高以及带薪假期的增多，离退休人群的扩大，人们休闲的需求将明显增加。同时，对外开放力度的加大、使涉外经济往来越发频繁，来我国工作学习、短期休闲居住等观光和休闲旅游的人数大大增加，这都为我国发展休闲旅游业提供了良好的条件。因此，大力发展休闲旅游业，其前景是光明的，预期效益是可观的。专家学者们一致认为，发展休闲旅游业是社会主义市场经济发展的需要。它是一门方兴未艾的产业，在我国大有可为。

（选自《瞭望》1996年第33期）

中国传播学迈出坚实的一步

——第五次全国传播学研讨会综述

沈爱国

1997年4月21日至25日，第五次全国传播学研讨会在杭州大学举行。全国30多家新闻教学、研究机构和新闻单位的60余名专家、学者，递交了50余篇论文，主题是“传播与经济发展”。本次研讨会第一次邀请了台湾中国文化大学、台湾政治大学、香港中文大学、浸会大学和树仁学院的学者参加，堪称真正意义上的全国性传播学研讨会。此次会议一个显著的特点，就是注重传播理论与中国国情相结合，注重研究传播学在建设有中国特色社会主义市场经济过程中遇到的理论与实践问题。中国社会科学院新闻研究所所长喻权域教授评价，本次会议在传播学研究“中国化”方面迈出了重要的一步。

我国传播学研究视野的拓展：比较研究和前瞻性研究与前四次全国传播学研讨会相比，本次会议研究内容有了新的拓展。一是对不同地区大众传播媒介与经济发展不同机制和特点的比较研究颇具特色；二是预测性和前瞻性的研究占了相当重的分量，如信息高速公路的影响等议题，研讨较为深入。

复旦大学新闻学院教授张国良以90年代沪港传媒状况为对象，考察它们的异同、长短、特征和趋向等，对加强双方的彼此认识和启迪、相互取长补短并合力拓展中国大众传播事业的新局面，提出了自己的见解。

香港中文大学新闻与传播学系教授陈韬文则将眼光放在香港与新加坡新闻控制的比较研究中。为什么香港和新加坡两个城市在经济发展及很多方面都近似，对新闻控制却有很大差异？他认为，经济发展和民主制度都不是根本因素，最终应归结为权力结构的差别。

信息社会正大踏步向我们走来。作为发展中国家的中国，如何面对人类的第三次产业革命即信息革命，与发达国家保持同步？中国社科院新闻所研究员明安香指出，重视信息革命的同时，不可忽视传播革命。他认为，社会经济形态的发展阶段“不能跳过”，但某些技术发展阶段包括信息传播技术的发展阶段却可以跨越。尽快建立信息传播基础结构，是我国尽可能与发达国家同步进入信息社会的最佳跳板。华中理工大学新闻系教授吴廷俊和严赤卫、黄涛提出，我国在建设“信息高速公路”工作中应克服盲目性和片面性，并对其作了文化定位。他们认为，“信息高速公路”不仅仅是一种科技手段，也是社会文化综合发展的产物。

电脑互联网络对原有的大众传媒产生了深刻影响，引起全国传播学界的广泛关注。上海外国语大学新闻传播学院教授张咏华认为，电脑联网既是对传统的大众传媒的严峻的挑战，更为大众传媒机构利用网络改进自身工作、谋求更大发展，提供了前所未有的机遇。人类能以电脑网络为信息通道进行更多形式的通信和传播活动，包括电子邮件、电子布告、网上讨论、电子报刊以及交互式电视等，但出台传媒业管理的新规则和新措施也迫在眉睫。厦门大学新闻传播系讲师李展提出，Internet用户可能成为独立的新文化群，来自网络的巨大信息量将对我国社会文化产生巨大冲击，对这些没有经过“把关人”而来的信息应如何对待，对我国新闻管理体制是新课题。

市场经济条件下的大众传播和新闻传播

传播学研究如何为我国社会主义市场经济服务？大众传播、新闻传播在新时期如何正确定位、怎样经营管理？部分专家集中研讨了这方面的问题。

暨南大学新闻系教授吴文虎采用个案研究的方法，以广东作为典型案例，分析了经济增长与传媒发展的契机。他提出，一个国家或地区的经济增长和大众传播的发展有着内在的密切联系，经济增长为大众传媒的发展起着召唤、催生、启动和促成的作用，而大众传媒又使经济的起飞和发展如虎添翼，反过来指导、鼓动、推动经济的快速增长。

清华大学人文社会科学学院教授刘建明以新的角度审视了新闻传播中经济信息的作用。他认为，实际上新闻既能引导舆论，传播政令，又能交流经济信息和科学技术情报，是一种精神生产力。这些信息一旦被受众欢欣鼓舞地认同，就会转化为现实的物质生产力，连续不断地衍生巨额财富。

近年来，我国大众传播业空前繁荣，但也出现了良莠不分现象。兰州大学新闻传播系副教授段京肃提出，我们的传播内容和整体传播活动应有杰出的文化表现。要树立正确的大众传播价值观，使大众传播活动成为一种高层次的文化创造，将社会各方的价值追求在传播活动中尽量统一起来。要注意对传播媒介的宏观控制，优化传播者队伍。兰州大学西北文化研究中心副教授戴元光则从当代传播所处的社会背景、历史地位、传播的改革和发展等方面，探讨了我国大众传播在市场经济大潮中所应扮演的社会角色。

对传播学基本概念的辨析、再认识

要建立传播学的科学体系，必须十分重视基础理论的研究，包括对基本概念的辨析和界定。杭州大学新闻与传播学院教授张允若就传播、信息、符号、信息、传播媒介、传播渠道等概念提出了看法，建议消除概念使用上的混乱现象，逐步达成科学的共识。他对传播这一概念作了界定：传播是人类传递或交流信息的社会性行为。

杭州大学新闻与传播学院副教授黄旦认为，媒介在整个社会结构中究竟处于什么位置，至今尚无定沦，与此有关的大众传播研究的社会学框架也迟迟难以形成，他着重描述了追寻大众媒介社会定位的历史轨迹、所取得的进展及存在的问题。中国社科院新闻所副研究员王怡红认为“媒介权力”是一个构成传播研究的思想内核。她系统地梳理了西方传播研究史中关于“媒介权力”的主要理论线索，指出我国传播研究对于媒介权力的认识一直局限于功能、影响、效果等方面，较少把因媒介权力影响而发生的社会现象抽象成辅助性假说，加以系统地分析和论证。安徽大学新闻传播系副教授芮必峰则在阐发托马斯关于“情境定义”基本思想的基础上，探讨了人际传播，尤其是人们何以能够相互交流并最终取得某种程度的理解的理论机制。

与前几位学者“追寻历史、从中借鉴”的研究思路有所不同的是，新疆大学中文系新闻专业副教授韩强运用实证和数理分析方法，分析论证了传播制度与市场机制的调控能力、传播障碍与市场失灵、传播效率与劳动生产率增长、传播机制与宏观调控、传播制度设计与传播结构弹性等问题。黑龙江新闻研究所高级编辑杨思迅从独特的角度审视了大众传播研究的起点和核心信息。

关于传播学的应用与实践

本次研讨会中，传播学的应用与实践问题，是众多专家、学者关注的另一个重要领域。

台湾中国文化大学新闻研究所教授郑贞铭认为，以往研究近代中国大企业之成功，大多引用西方理念，与中华文化无关。郑教授认为，员工公关的圆融可与中华文化思想相结合，如此因员工对企业的方向、发展、策略、目标都能产生高度的共识，可凝聚为一股团结力。杭州大学新闻与传播学院潘向光、王兴华指出名牌战略从本质上看是一种传播行为。从传播方式看，名牌战略是整合性营销传播（IMC）需借助多元化的手段和全方位的渠道，使品牌形象顺利通过消费者的心理“黑箱”，从而达到传播的目标。

当前新闻界的一些热点问题也引起传播学界的关注。四川联合大学新闻学院副教授董天策提出，应严格区分“新闻报道策划”和“新闻事件策划”。前者属于新闻传播，后者属于公共关系，两者有本质的区别。西北大学新闻传播学系刘建勋、杨立川论证了有偿新闻对企业来说也是宣传的误区。天津师范大学中文系新闻传播专业副教授刘卫东列举了大众传媒伪劣“产品”的主要表现：虚假新闻、虚假广告、不规范文字符号、粗制滥造的节目以及不健康的信息内容等，并从传媒管理、法律约束和社会监督三方面寻求对策。

台湾政治大学教授李瞻在会议开幕式的讲话中，郑重提出了中国传播学研究要中国化、新闻教育要重视培养法律观念和伦理道德的问题，引起了与会专家、学者的共鸣。陕西日报高级编辑姚文华强调新闻传播的社会效益是社会主义国家的一个十分重大的原则问题，是我们的新闻传播的宗旨。四川日报高级编辑艾风认为，我国大众传媒历来把政治传播放在优先地位，近年来经济传播又成为我国传媒的中心，道德传播也应处于一个重要地位。

（选自《新闻记者》1997 第 5 期）

展望我国经济发展前景　加强广告市场的宏观管理

——“1998 年经济发展与广告市场战略研讨会”综述

侯彝庭

由中国发展战略学研究会和利兹·简广告公司联合举办的“1998 年经济发展与广告市场战略研讨会”于 1 月 23 日在中国科技会堂召开。到会的专家学者有于光远、朱厚泽、胡昭衡、黄静波、陈洁、李定、杨培青、张卓元、陈吉元、何伟、方生、晓亮、宋养琰、杨启先、乌家培、李泊溪、谢明干、宋毅、李成勋、赵犇鑫、万典武、黄国雄、侯善魁等近百人。研讨会由中国发展战略学研究会副理事长李成勋主持。

研讨会围绕 1998 年我国经济发展前景和广告市场战略展开了热烈讨论，现将主要观点综述如下。

关于 1998 年我国经济发展前景的研讨。专家学者们的发言比较热烈、广泛、具体。主要有两种观点一种观点：认为 1998 年是贯彻落实党的十五大精神的第一年，随着改革的深化和宏观调控能力的增强，经济增长速度将同上年大体持平，略呈趋缓状态，物价增幅仍属低水平。认为我国不会发生像东南亚那样的金融危机，即使受到东南亚金融危机的某种滞后影响，也不会妨碍 1998 年外贸出口和外贸总额的继续增长。人民币也不会贬值。总之对经济形势的估计比较乐观；另一种观点认为，1998 年的经济形势严峻，不容乐观，国企改革任务重、困难多，下岗职工剧增，压力很大，东南亚金融危机对我国的影响不容忽视，尽管人民币可以不贬值，但对我国的进出口贸易会有较大的冲击，经济增长速度也会受到一定影响，当然因受决策因素的作用，也不会比上年降低太多。

关于我国广告市场的研讨。专家们认为，我国广告市场的发展，在总体上同宏观经济的走势将保持一致，但由于广告在市场经济中的特殊功能，在企业经营状况不景气时，广告业反而趋火，关键是要善于经营。当前广告市场的突出问题是缺乏宏观管理，虚假广告泛滥，广告的可信度低，一些广告经营者素质不高，损害消费者利益甚至危害人身、财产安全的广告时有发生，特别是虚假广告已成为社会一大公害。专家们认为，我国广告市场亟待整顿，加强规范化管理，做到依法经营，并要提高广告的科技文化含量，精心培养广告专门人才。

（选自《商业时代》1998 年第 3 期）

文化产业大有可为

——“推动跨世纪文化产业发展研讨会”综述

本报记者　孙若风

文化产业是社会主义文化事业的中极具活力的组成部分，文化产业大有可为。这是“推动跨世纪文化产业发展研讨会”与会人员的共识。此次研讨会由本报（中国文化报）主办。文化部党组副书记、副部长李源潮，国务院研究室、财政部文教司有关负责同志刘兴华、方自今、文化部有关部门负责人王华、刘玉珠、金一伟，首都经济学界著名学者厉以平、高起祥、张曙光、陈胜昌、钱光培、杨德明、史清琪，地方文化厅局分管负责人及地市文化局、基层文化馆、文化站的代表胡继先、曹金平等参加研讨。

李源潮在研讨会上说，文化部已经将研究和发展文化产业列为文化工作的一项重要任务。他指出，发展文化产业已成为整个文化系统，也成为整个社会关注的问题。把文化艺术生产划入社会产业范畴，是文化艺术领域的一个重大变革，也是文化体制一系列改革的起点。这样一个变革的重大意义在于，一是应用现代化的专业生产结构和机制，使现有的文化艺术生产力得到解放，并与现代经济和技术的革命性发展相结合；二是使我们文化艺术生产作为社会主义现代化生产的重要组成部分，成为中国国民经济发展的新的增长点。他要求对文化产业应进行更深入、更解放的研究。

中国社会科学院经济研究所经济思想研究室主任厉以平认为，在对文化产业的研究中，除了进行理论探讨外，还要拿出实绩，并开展试点工作。要做一些超前的务实的研究，把握文化产业的发展趋势。

与会人员讨论了文化产业的概念、范围和性质。中国社会科学院经济研究所宏观经济研究室研究员张曙光认为，文化产业以生产和提供精神产品作为主要活动，以满足人们的文化需求为目标。中国生产力协会副理事长兼秘书长、研究员陈胜昌分析了文化产业从传统产业文化、现代工业时代产业文化到经济时代产业文化的演进，认为在知识经济时代，文化产业具有知识化、全球化、民主化、网络化等特征，学习占有重要的地位。尽管对文化产业的内涵、外延认识不尽相同，但大家一致认为，作为第三产业，高科技对当代文化产业的渗透越来越明显，文化产业与其他产业也呈交叉趋势。文化产业有可能发展成为我们国家经济中的支柱产业之一。大家希望国家对文化产业的发展提供更多的政策支持和资金支持。

与会人员认为，文化产业在国外突飞猛进，被国际经济学界公认为“朝阳产业”。在许多发达国家和地区，文化产业已经成为支柱产业之一。日本娱乐业经营收入超过本国汽车工业产值，美国的视听产品是仅次于航天航空的第二大出口产品。从大文化产业的范畴看，旅游业已成为当今世界第一大产业，图书出版发行业成了一些国家的支柱产业，体育经济收入在美国超过了石油工业与证券交易所的收入。在我国，十余年间，文化产业也取得了显著的成绩。北京市社会科学院院长高起祥、研究员钱光培介绍了北京市确立发展文化产业的战略和思路。来自地方和基层的同志介绍了文化产业方面成功探索。他们共同认为，产业化是文化事业发展的内在要求，是深化文化体制改革的必然结果。四川省文化厅副厅长胡继先指出，文化产业的兴起，是克服长期以来文化事业投入不足等制约的有效手段，打破了由国家办文化的单一格局，调动了社会办文化的积极性；它能较好地满足人民群众日益增长的文化需求；是社会主义文化事业中极具活力的组成部分，为文化事业的全面发展增添了后劲。与会人员认为，在社会主义市场经济条件下，生产文化产品和提供文化服务的行业面临着被市场的选择和在市场中的竞争，因此，文化事业中的许多行业必须走产业化道路。大力发展我国的文化产业，是在社会主义市场经济条件下加强社会主义精神文明建设的重要手段，是建设有中国特色社会主义的重要途径，是满足人民群众日益增长的文化需求的重要方式。

与会人员分析了当前困扰我国文化产业发展的主要问题。大家认为，从总体上看，我国的文化产业还处于起步阶段，存在着许多问题，有的问题还相当严重，例如：没有明确的文化产业界定和规划；人们的认识不统一，产业观念模糊；文化产业政策不统一；文化产业的增长方式主要还是以数量规模增长为主，普遍存在规模小、效益低的缺点，没有形成合理的产业结构；文化产业投资不足，文化企事业单位发展困难，国产文化产品的市场竞争力弱；文化产业的部门分割、地区保护等问题严重，市场经营环境差；文化体制不顺，多头管理等等。这些问题在相当程度上影响着我国文化产业的快速发展。本报副总编阎焕东认为，发展文化产业面临着诸多问题，但最突出的问题是要解放思想，澄清认识，大胆开拓。

围绕如何发展我国的文化产业，与会者各抒己见。国家发展计划委员会对外经济研究所所长、研究员杨德明赞成李源潮副部长在研讨会上强调的要注意三个规律：产业的一般规律，文化艺术产业的一般规律，有中国特色社会主义文化艺术产业规律。杨德明认为，在产业文化发展中，要以马克思主义为指导，发扬本民族特色，并与社区建设结合起来。国家发展计划委员会产业经济学与技术经济研究所所长史清琪认为，要正确处理两个“效益”的关系，并且，应加强文化产业界的国际交流。大家认为，要按照党的十五大精神来发展我国的文化产业，不拘泥于产业属性的争论，只要符合“三个有利于”的原则，就允许去试去闯；要充分相信广大群众的创造精神，发挥市场机制和政府宏观调控；加快对文化产业经济结构的调整，坚持公有制为主体，多种经济成分并存发展；实施“放水养鱼”的产业政策。刘兴华强调文化产业的发展要与我国社会经济发展水平相一致，他建议在文化产业上，要改体制、树支柱、造大船、立规矩、广动员、重科技、育人才、引精品。

（选自1998年4月23日《中国文化报》）

培育和发展文化市场　深入进行文化事业管理体制

——“社会主义文化市场理论座谈会”综述

张洪武

1998年6月18日，北京市委宣传部、北京市人民政府办公厅、北京市社会科学院和北京出版社在北京市社会科学院联合召开了“社会主义文化市场理论座谈会暨《社会主义文化市场概论》首发式”。参加座谈会的领导和专家学者有：市委宣传部副部长李牧、市政府办公厅副主任秦德海、市社会科学院院长高启祥、市社会科学院副院长黄禄银、市社会科学院副院长侯玉兰、北京出版社总编陶信成、北京出版社副总编曲仲、市政府办公厅处长曹振刚、市社会科学规划办公室主任张文启以及许征帆、许耀桐、阎志民、吴雄丞、康式昭等20多人。参加会议的还有中央人民广播电台、北京电视台、中国文化报、北京青年报、北京晚报、北京人民广播电视台等单位的记者和编辑，本书的三位作者也参加了会议。座谈会由北京市社会科学院院长高起祥主持。

市政府办公厅副主任秦德海参加并讲话，介绍了《社会主义文化市场概论》一书的主要内容和编辑出版的情况。《社会主义文化市场概论》一书，由北京市社会科学院科研组织处处长李贺林和北京市人民政府办公厅原文化处处长曹振刚同志任主编，由李贺林、于燕燕、张洪武撰写，全书共20万字，是一部系统研究社会主义文化市场理论的专著，由北京出版社出版。该书立足于作为全国文化中心的北京，是在对北京市的文化市场进行了长达3年之久的深入调查研究的基础上写成的。本书既有对文化市场理论问题的深入研讨，又有对文化市场实际问题的解剖，从文化产品、文化产品的生产者、经营者、消费者、管理者的角度和文化市场行业管理的角度对文化市场的管理作了论述，本书的有些观点是全新的。我国文化部原政策法规司司长康式昭同志看过本书后给予了高度评价，认为“这是一本适时的书，一本富于开拓性的书，一部严肃的科学论著。”认为“社会主义文化市场的培育，就某种意义上来说，是实施社会主义市场经济体制带来的新课题、新任务……本书的作者经过认真的努力，奉献出一部涉及面广、自成体系的专著，其理论勇气和实践成果都是值得称道的。”

与会的专家学者对本书的撰写和编辑出版给予了高度的评价。认为本书在理论上有重大突破，推出了许多值得重视的新见解，它在理论上是富于开拓性的，是适时之作，它自成体系，构筑了社会主义文化市场理论的框架；本书对文化市场的一些重大问题进行了探讨，提出了一些有价值的观点，如文化商品的价值、价格、经济效益与社会效益的关系以及文化市场如何管理的问题。专家们认为，在本书中，文化市场运行中的生产者行为、经营者行为、消费者行为等论题，每一章都是一个难题，而“开拓国外文化市场，促进国际文化交流”一章，更显示了作者们力图促进我国文化产业发展、让中华文化走向世界的魄力。

本书对于我国如何建设文化市场提出了一系列政策性建议，是很值得一读的一本好书。本书在写作过程中，采取的是理论部门和实际部门相结合的形式，把握文化市场发展中的热点和难点问题集中攻关，历经几载，写出了这么一本有用的好书，的确可喜可贺。在实践上，本书的出版对我国文化市场的发展具有指导意义，它立足北京，但其意义却将是全国性的。市政府办公厅副主任秦德海同志作为本书的顾问，从头到尾一直关心。本书书稿写成后，又认真审阅了全书。在座谈会上，秦德海同志充分肯定了社会科学理论研究的这种理论与实践密切联系的合作形式，并表示市政府将继续给予支持和合作。

首都高校和社科研究单位的专家学者以及各个文化单位的领导结合本书的出版，结合十五大报告提出的"文化市场一手抓繁荣，一手抓管理"的精神，还讨论了当前文化市场发展中所存在的问题及其对策。

与会专家认为，改革开放以来的近20年，我国的文化市场发展迅速。培育和发展文化市场，这是深入进行文化事业管理体制的需要，是发展我国社会主义文化事业的需要，是不断满足我国人民的精神文化需求、实现社会主义的生产目的的需要。同时，这也是在我国建立社会主义市场经济体制的历史背景下，我国文化事业发展的必然趋势，是进一步加强社会主义精神文明建设的迫切要求。与会专家认为，党的十四届六中全会和十五大都提出了培育和完善文化市场，繁荣和管理文化市场的问题，这充分说明了文化市场在社会主义市场体系中的重要性。另一方面，文化市场在我国还是一个新的实践和理论问题，它的发展在实践上来说还是有待深入的，在理论上来说更是需要不断加以探讨和总结的。这里面有许多新的问题、新的规律需要我们深入进行研究，为文化市场的经营者、管理者和文化产品的消费者提供理论指导，以提高我们规范和管理社会主义文化市场的自觉性。

（选自《北京社会科学》1998年第5期）

新世纪的机遇和挑战

——"面向21世纪的世界广播电视研讨会"综述

欧阳宏生

金秋十月，"面向21世纪的世界广播电视研讨会"在北京召开。

世纪之交，现代传播技术迅猛发展，世界广播电视急速变化，进一步研究和探讨世界广播电视的新趋势、新动向，结合我国广播电视改革的实际，提出21世纪的发展战略规划，是这次研讨会的主题。来自国内外的60多名专家学者以饱满的热情和求实的探索态度参加了这次研讨会。会议收到论文50多篇。中共中央宣传部、国务院新闻办公室、国家广播电影电视总局、中国广播电视学会、中国国际广播电台、中央电视台、北京广播学院的领导出席了会议。中央3个台的主要部门负责人及有关研究人员、科研单位和院校的广播电视理论工作者以及上海、广东、湖南、天津等部分省市广播电视界代表参加了会议，日本大学的有关专家学者以及香港特别行政区的电视媒体代表出席了研讨会。

与会人员各抒己见，从不同的角度研究和探索了世界广播电视的发展态势、信息技术革命对世界广播电视的影响、中国广播电视发展面临的任务和形势等一系列重要的理论问题，这些论文大多具有科学性、前瞻性和实践性，对未来我国广播电视发展中迫切需要解决的问题提出了自己的看法。

一些专家认为，随着数字压缩技术和卫星通讯技术为主要标志的21世纪即将来临，世界广播电视业面临着伟大的变革。我国广播电视传播业的风格化、数字化、产业化和全球化趋势，已注定了传播革命的不可避免性。面对高科技传播技术的迅猛发展，在新闻与信息传播世界一体化的新形势下，中国广播电视应有强烈的自觉参与国际广播电视竞争的意识，瞄准世界先进水平，努力把自己的节目办成可进行国际广播电视交流的精品节目与名牌栏目。要加快我国广播电视传播技术革命的步伐，要建立健全各种法规，把依法办电视纳入科学发展的快车道。

展望21世纪，分析世界传媒西强我弱的现状，怎样加强我国广播电视的对外传播？一些专家提出，在广播方面，要优化传播的生态环境，规划好广播电视的可持续发展战略，对外广播对象和内容是随着国际格局的变化而变化的。根据国际关系出现的新特点，我们应该以和平与发展为主题，以周边国家和发展中国家为主要传播对象，以服务我国的经济建设为主要目的。在电视方面，一些专家认为，在办好中文卫星频道的同时，尽快开办英语卫星频道；以中央电视台第四套和英语传送频道节日为基础，建立多频道海外电视平台；把多频道海外电视频道扩展为电视、电脑、电话于一体的多媒体互动式卫星传送网络。

广播电视的产业化经营是这次研讨会的热门话题。一些专家认为，广播电视走向产业化、集团化的道路是我国社会生产力发展的要求，是深化经济体制改革的必然，是信息社会发展的一种规律，是广播电视产业自身发展的基本趋势。广播电视业作为信息产业群中一个子产业，是以生产、传输、销售信息为主要活动内容，其基本特点是既有信息商品化产业的基本特征，又有准信息产业的基本特征。其突出特点是一项具有新闻性很强的信息产业。这一特点要求广播电视产业的经营者必须把新闻传播放在首位，这是广播电视信息业的要求，也是广播电视存在和发展的前提。如果不是根据这种原则去经营广播电视产业，不仅不能突出广播电视产业的特点，而且失去了存在的意义。与会的专家学者还就广播电视产业的发展趋势作了探索。他们认为，从世界各国信息产业的发展速度的基本分析，我国传媒产业必然会朝着更加现代化的方向发展，主要表现在以下几个方面：一是在一些地区已建立了报业集团公司，广播电视行业内部也实行了股份制，并开始筹划广播电视集团公司；二是在经营方式上朝着产业化方向发展，并按市场经济要求协调传媒产业内部之间的关系和其他行业的关系，市场机制已成为传媒产业部门的主要调节机制；三是在服务方式上，基本实现了有偿服务，价格机制起着重要作用；四是在生产过程中所采用的手段和使用的工具基本实现了电子计算机为代表的电子化；五是在管理手段上采用了宏观调控和微观搞活相结合的方式。各传媒实体根据市场化的要求逐步实现完全的独立核算、自负盈亏。一些专家提出，在广播电视产业发展过程中，要注意处理好三方面的关系：正确处理广播电视信息产业发展规模和服务质量的关系；正确处理广播电视技术与应用的关系；正确处理广播电视产业同其他传媒产业的科学联网关系。

一些专家在谈到21世纪广播电视管理体制创新问题时认为，现行管理体制容纳不下广播电视生产力的发展。政事不分、以政代事，削弱了广播电视参与经济和社会生活的主动精神与内在动力；条块分割，以块为主，抑制了广播电视系统优势与整体功能的开发；目前实行的行政机关管理难以适应市场经济条件下媒体自我革新的要求；自设藩篱、封闭运行，难以通过市场方式开发利用社会资源。因而广播电视管理体制的创新成了进入21世纪的重要论题。要改变这种现状，必须实行广播电视体制的创新。

一些专家认为，改革要使绝大多数广播电视媒体成为独立的节目传播和文化产品、信息服务产品的生产者和经营者，成为法律允许的自主经营、自负盈亏、自我发展、自我约束的特殊的法人实体与市场主体；要实行所有权与经营权的分离，政府可以通过董事会或经营管理委员会等机构，实施对台长或总经理的监督；要依法管理，加快立法进度，完善执法体系，建立执法队伍，严格违法案件处理；发挥非政府机构、特别是中介组织的作用，重视台、网领导骨干的推荐与监察。一些专家针对一谈广播电视体制改革总是离不开局（台）关系这一问题时说，体制问题远不是局部关系问题，要树立共同塑造媒体市场主体的意识，在保证我国广播电视传达政令、正确导向、维护国家与社会稳定的前提下，稳步实行公司制改组。

一些专家认为，目前我国电视从规模数量型向质量效益型转轨，应该在四个方面下工夫，这就是扩大以中央电视台和省电视台节目为主的综合覆盖；提高电视节目制作能力，多出精品；实现电视资源的优化配置，减少重复和浪费，走向集约化；推进电视管理法制化，加强行业管理和关系协作。同时要处理好十个方面的关系：喉舌性质与产业功能的关系；有线电视与无线电视的关系；节目供给与节目需求的关系；节目制作与节目播出的关系；中央台与地方台的关系；电视单位内部的利益分配关系；电视管理的条块关系；电视业与相关产业的关系；近期利益和长远发展的关系；自我发展与国际竞争的关系。

21世纪中国电视的发展同中国电视文化的发展是一致的，有关专家认为，研究电视文化的现状，展望电视文化的发展前景，有助于我们全面准确把握当今世界上纷乱复杂的社会、文化和经济现象；有助于把握契机，满足人民群众的精神物质生活的需求。要坚持电视文化在电视发展中的主导地位。电视文化包括新闻传播、社会教育、文化娱乐和信息服务四种功能。我国已经成为世界上最大的电视文化市场，但目前我国电视文化水准还有待于提高。因此，在电视节目中，要实施精品战略，增强创新意识，提高从业人员的素质，加强观众信息反馈，促进电视传媒的良性循环。

会议还对广播电视节目队伍建设等一系列问题进行了研究，自始至终充满研讨气氛。与会者认为，这次研讨会是富有成效的，研究21世纪广播电视是一个很好的开端，加强这一课题的研究任重道远。

这次研讨会由中国国际广播电台、中央电视台、北京广播学院主办。

（选自《电视研究》1998年第11期）

知识经济时代经济增长的新变化和新趋势

——“知识经济：21世纪的机遇与挑战”研讨会综述

权　衡

1998年10月30日，上海社会科学院研究生部召开了“知识经济：21世纪的机遇与挑战”理论与实践研讨会。会议就知识经济的本质与特征、知识经济与经济学理论创新、知识经济与发展中国家及其产业结构调整、知识给社会、经济、文化等领域带来的冲击与影响等问题进行了热烈讨论。现就主要观点综述如下：

一、关于知识经济的本质与特征

有的代表认为，知识经济作为一种新的经济形态，是“以知识为基础的经济”，即建立在知识的生产、分配和使用之上的经济，作为与传统农业经济和工业经济相并列的独立经济形态，知识经济最重要的特征就是知识成为一种独立的生产要素内在于经济增长的全过程，从而知识产业、高科技产业、知识密集型服务业成为经济发展的支柱产业；与传统的以大量消耗原材料和能源为特征的收益递减型工业经济相比，知识经济通过对知识这一最重要的生产要素的不断重复利用，将使经济增长走向收益递增的轨道。

有的代表认为，知识经济并非一种独立的经济形态，它只不过是工业经济发展的一个特定阶段，是工业经济的延续与发展，而不是断裂与变异。因此它本身无法独立于工业社会。知识经济提出的重要意义在于强调工业经济发展阶段中先后投入的生产要素不同，在前一个发展阶段，投入的生产要素是以劳动和资本为主，而在知识经济阶段，投入的生产要素以知识和信息为主，因而充其量只能是一种高科技作用明显的工业经济。

还有的代表认为，目前对知识经济的概念理解仅仅以经济合作与发展组织（OECD）的文献为主，但是，OECD对知识经济的解释过于宽泛，以对知识的重要性认识来划分经济形态显然缺乏充分的依据和说服力。事实上，农业社会、工业社会也都十分重视知识与科技在经济发展中的作用。因此，对知识经济的理解不应当局限于现有的文献资料，而应当密切关注知识经济的实践和发展，并随着实践的进一步发展而继续深化知识经济的研究方法和思路。

二、关于知识经济与经济学理论创新

知识经济对经济学理论产生的挑战，成为本次研讨会的焦点问题。代表认为，知识经济的兴起，知识经济时代的到来，必然对产生于农业经济与工业经济基础上的思维方式及理论观点产生重大影响乃至革命性变化。尤其是知识经济的产生对主要用来解释工业经济中各种问题的经济理论观点，假设条件乃至分析方法产生巨大冲击和影响。随着知识经济的兴起，现有的经济理论中，有些观点无法对知识经济运行规律提供更有效更充分的解释，有些理论甚至与知识经济实践相矛盾，有些模型及分析工具则更是需要修正。

至少有下列一些经济理论观点将受到挑战，从而必须对其进行修正或创新：一是知识经济将知识引入生产函数，并由于知识的无限丰富性和溢散效应，从而进一步拓宽了生产要素使用范围，并将突破要素稀缺性障碍，传统的要素稀缺性规律将予以修正。二是知识经济使经济学中处于支配地位的边际收益递减规律发生作用的条件改变，边际收益有可能因高效率的知识要素的使用从递减转为递增，从而为研究经济增长理论和规模经济理论提供了一种新思路。三是在知识经济中，经济学中属于核心地位的供给与需求决定价格的理论和方法将受到挑战，价值规律、等价交换原则等也将受到威胁。四是知识经济对传统的以实现效用最大化和利润最大化为目标的消费者均衡理论与生产者均衡理论及其分析方法提出了挑战，传统的均衡消费观发生变化，成本收益的分析方法将失去实际意义。五是知识经济将从客观上要求对传统的按劳分配与按要素分配制度进行修正，从而推动分配制度的创新。六是知识经济对传统的经济周期理论也提出了挑战，从而将推动周期理论和分析方法的创新与发展。七是知识经济将对传统的通货膨胀与失业理论提出挑战，表现通胀与失业之间交替关系的菲利浦斯曲线进一步受到怀疑。总之，知识经济使传统的经济理论及其分析方法受到了挑战，为此必须对其进行创新。

还有代表指出，知识经济时代的到来，将引起经济增长理论的革命性变化。传统经济增长理论受边际收益递减规律的作用及投入的劳动、资本等物质要素的局限，从根本上说是一种收益递减型增长理论。但在知识经济中，知识作为内生变量引入生产函数将引起收益递增的奇迹出现；事实上90年代新经济增长理论的兴起正是反映了知识经济时代，经济增长的新变化和新趋势。知识经济时代的到来，也必将引起传统发展观的革命性变化，知识经济将最终实现人类社会的可持续发展。

但也有代表不同意上述看法，认为现在提出知识经济对整个经济学理论体系产生的挑战乃至动摇、威胁尚为时过早，而且，即使知识经济到来后，也未必会从根本上动摇整个经济理论体系，并从不同角度、不同侧面对上述观点作了较为深入的分析与评述。

三、关于知识经济与发展中国家及其结构调整

有的代表认为，知识经济对全球社会与经济都带来了重大影响，对各国经济都构成了机遇与挑战并存的局面。对于发展中国家而言，知识经济对于他们在世纪之交实现经济腾飞将是一个重要的契机，但考虑到现实的基础和环境，可以看到知识经济对发展中国家的影响并不如人们设想的那样乐观。对此应该有这样两方面的认识：首先知识经济所要求的产业结构变革的实现需要国家整体经济结构与之相配合。对于尚处于工业化进程中的发展中国家而言，人均收入较低，产业结构较多地停留在以粗放型增长方式为基本特征的水平上，国家整体产业层次大大落后于发达国家，大部分产业发展都普遍缺乏对知识这一要素的投入，因此难以形成对知识产业的全面推广。其次从现实情况来看，发展中国家在发展信息产业方面所获利益十分有限。由于发达国家在技术上往往处于核心与优势地位，因而发展中国家现在仍处在国际分工的被动地位。因此知识经济给发展中国家带来更多的是挑战，其前景并非十分乐观。

但也有代表提出不同看法，认为知识经济是挑战，但也是一种机遇。发展中国家应在推进工业化进程中，抓住知识经济带来的机遇，发挥后发性优势，实施赶超战略，尽快缩小与发达国家的发展差距。代表们指出，发达国家之所以发达，就在于当时在极其落后的农业国基础上抓住了产业革命的机遇，迅速实现了从农业国向工业国的发展转型。

有的代表指出，发展中国家必须尽快调整产业结构，以适应知识经济时代的发展要求。他们认为知识经济从客观上将对传统产业结构产生深刻影响。一方面，传统产业部门的知识含量、信息含量、技术含量不断增加，将焕发出新的生命力。另一方面，知识密集型产业蓬勃兴起，将成为国民经济的主导产业，从而带动新一轮的经济增长。尤其对发展中国家的农业而言，农业技术革命引起的信息技术、电子技术、基因技术等广泛运用，会大大提高农业生产力和农业生产社会化水平。未来农业生产将日益专业化、工业化，农业管理手段也日益科学化；农业生产模式向工业生产模式转化，向生产流水线转变；农业在袖珍化的同时，农业蓝领将趋消失，农业白领成为农业生产的主力军。因此，知识经济给发展中国家产业结构带来的革命性变化必将推动其工业化进程。

四、关于知识经济对人类社会与经济生活产生的影响与意义

知识经济的兴起将会对人类社会生产方式、生活方式、管理方式及社会结构产生重大影响与深远意义。代表们认为，知识经济的到来，对未来的劳动科学将产生巨大影响。首先是知识经济对人力资源提出了更高的要求。人作为知识的载体，人的素质在经济增长中将起十分关键的作用，因此必须更加注重对人力资源的开发。其次，知识经济将对就业总量、就业结构及就业方式产生重大影响。知识经济一方面使人的素质提高，就业人口减少；另一方面随着知识进展和科技进步的加快，就业方式呈多元化特征，“家庭就业”成为可能，实现了真正意义上的“大就业”。总之，知识经济对劳动内容的方方面面产生了巨大影响，同时也对劳动科学的变革与创新提出了更高的要求。知识经济正呼唤劳动科学的现代化。

有的代表则认为，知识经济对传统的市场营销方式也产生了巨大的冲击与影响。企业的营销思想将以“知识营销”为特征，其核心在于更加突出知识的重要性和实践性，其功能在于谁掌握了知识的数量和技师，谁就拥有了未来的市场。

在知识经济时代，制度创新是构建知识创新和应用体系的前提和保障。有代表认为，如何应对知识经济的挑战和机遇，最关键的就是如何促进知识创新并使其转化为现实的生产力。而要做到这一点，就必须通过推动制度和组织创新及建立新的理念，从而尽快构建国家知识创新体系和知识应用体系。

（选自《社会科学》1999 年第 1 期）

出版改革二十年

——“中国出版改革发展二十年研讨会”综述

宋木文

1978 年 12 月召开的十一届三中全会，是新中国成立以来我党历史上具有深远意义的伟大转折，也是新中国

成立以来我国出版事业发展史上的伟大转折。为纪念党的十三中全会胜利召开和改革开放二十周年，新闻出版署、中国出版工作者协会于1998年12月16日联合召开“中国出版改革发展二十年研讨会”，对过去二十年出版事业取得的成绩进行评估和总结，对未来的21世纪中国出版业的发展前景做出展望，本刊特将其中部分老出版家的精彩发言加以摘编，在“出版家论坛”以专辑形式推出，以飨读者。

改革开放20年来，出版业取得了巨大成就，归纳起来，主要有八个方面：

（一）出版方针的重大调整使出版业由复苏走向繁荣。出版领域的拨乱反正深入发展的结果，是彻底否定以阶级斗争为纲的“左”的出版工作方针和任务，确定了适应全党工作转向以经济建设为中心的新时期的出版工作方针和任务。

国家出版局党组在1979年3~5月间连续召开党组扩大会议，讨论调整出版方针问题，纠正在出版与政治的关系下造成的混乱，要求在出版方针任务问题上进行拨乱反正。1980年4月，中宣部转发的国家出版局《出版社工作暂行条例》，1983年中共中央、国务院《关于加强出版工作的决定》，都对出版工作的指导方针和任务作出明确的规定，《决定》指出：出版工作“必须坚持为人民服务、为社会主义服务的根本方针，宣传马克思列宁主义、毛泽东思想，传播一切有益于经济和社会发展的科学技术和文化知识，丰富人民的精神文化生活。”这是对出版方针的重大调整，使出版工作从“以阶级斗争为纲”的束缚中彻底解放出来，广大著译者和出版工作者都有施展才能的广阔天地，出版工作逐步走向复苏和繁荣。

（二）出版布局的重大改变，使出版业得到高速发展。在60年代以前，中国的出版业基本上集中在北京、上海两地各省级出版社当时执行“地方化、群众化、通俗化”的出书方针。1979年12月在湖南长沙召开的全国出版工作座谈会（通称“长沙会议”）是对调整地方出版工作方针和全国出版布局有重要意义的会议。坚持解放思想、坚决支持地方出版社实行立足本省、面向全国的工作方针，出书不受“三化”限制。由于这个调整，促使整个出版布局发生了重大改变，地方出版社迅速发展起来，地方出版社由1978年的52家发展到1997年的345家，出书品种已占全国的63%。

（三）出版物品种、数量由匮乏到丰富，总体质量提高，从卖方市场向买方市场转变。图书品种从1978年的1.5万种增加到1997年的12万种，不仅数量增加而且出书的层次和结构发生了重大变化。过去以单本书居多，现在中型和大型重点图书增多。控制规模数量，强化质量效益，使再版书比率加大，精品书多。长期以来，制定各种出版规划，是保证出版物质量的重要措施。除了国家“八五”、“九五”重点图书规划外，辞书、古籍、少儿读物和音像、电子出版物也有规划。这些规划的实施带动了出版物整体质量逐步提高。出版物市场的丰富使图书市场由卖方市场变为买方市场，人均图书消费占社会商品流转总额的比例增加，从过去四十年来一直徘徊在0.7%上升到1.15%。有20多个省（区、市）出版物年销售额超过亿元，部分省新华书店已跨入了全国500家最大企业的行列。

（四）按照加强精神文明建设和发展出版生产力的要求进行的出版改革，使所有的出版单位都经历了一场深刻的变革，正在由适应计划经济的原体制向适应社会主义市场经济的新体制转变。出版改革是从发行体制改革首先开始的。国家出版主管机关于1982年提出“一主三多一少”的改革目标，随后又提出“三放一联”的要求，收到了明显成效，形成以新华书店为主的多条流通渠道、多种经济成分、多种购销形式并存的新格局，搞活了流通，也有利于出版社的发展。现正在加强社店联合，以建立全国统一、开放、竞争有序的图书大市场。

作为精神产品生产单位的出版社的改革，起步较晚。1984年在哈尔滨召开的地方出版工作会议上提出改进国家对出版社的管理，扩大出版社自主权，出版社要由单纯生产型向生产经营型转变，建立以提高图书质量为中心的各种责任制，建立生产精神产品的激励机制，促进多出好书。出版社的改革在全国展开。1988年，中宣部、新闻出版署在出版社改革的文件中，进一步明确提出，出版社必须加强经营，使出版社既是图书的出版者，又是图书的经营者，党的十四大提出建立社会主义市场经济体制的目标后，新闻出版署决定逐步建立适应社会主义市场经济体制的出版体制，逐步扩大出版单位作为适应市场的法人实体和竞争主体的自主权，进一步完善以提高出版物质量为中心的多种形式的责任制。为贯彻党的十五大精神，在中宣部和新闻出版署领导下，出版单位在组建出版集团，并按照建立现代企业制度的要求深化改革。改革的结果必将是各种出版集团成为我国出版事业的骨干，而各具特色的中小出版社也是不可缺少的重要力量。

（五）出版物由传统的单一纸介质，发展为图书、电子，音像多种媒体，形成纸张和声、光、电、磁共同发展的立体型现代出版产业。1979年以前除中国唱片公司外、全国没有其他录音录像出版单位，而现在有音像出版单位296家，电子出版单位64家。目前，全国已有113条光盘生产线纳入管理，彻底改变了光盘业以外资为主体的状况，初步建立起以宣传文化骨干企业为主体的国家光盘生产基地。最近，批准8家计算机企业建立电子出版社一事值得重视。新技术的发展使出版发生深刻变化，正在形成编辑、印制、发行、教育、外贸、科研等协调发展的出版产业。高新技术进入出版领域，不仅产生新的媒体和多种媒体并存，而且又使多种媒体相互渗透和互利互助，形成多种出版载体协调发展的“大出版”的新格局。

（六）建立队伍培训体系和人才成长奖励机制，是出版业可持续发展的关键。从80年代开始，逐步建立了高中等出版教育体系，全国现有出版、印刷、发行院校32所，在一些大专院校还建立了30多个编辑、出版专业，此外还有职业学校，培养了一批出版专业人才。在全国实行多年的专业职称考核和评聘制度，成为激励专业人才成长的重要制度。人才奖励制度也是近十年形成的，如新闻出版署与人事部联合评选新闻出版系统先进工作者和劳动模范、中国出版工作者协会评选韬奋出版奖、全国百佳出版工作者奖、全国优秀中青年图书编辑奖。为优秀出版人才脱颖而出创造了有利条件。

（七）出版法规逐步健全，为依法管理迈出坚实的步伐。改革开放以来、强调依法治国和依法行政、法律、法规建设得到加强，初步形成了一套出版法规制度。近年来全国人大国务院陆续颁布了《出版管理条例》、《印刷业管理条例》、《音像制品管理条例》等重要行政法规。这些法律、条例不仅适应了当前管理的需要，而且为今后进一步立法创造了条件。近十年来，“扫黄打非”成为我国出版管理经常的重要任务。1997 年修订的《刑法》为“扫黄打非”提供了有力的法律支持。

（八）打开对外交流的渠道，是发展我国出版业的必要条件。出版从业人员走出去请进来日渐增多，中外合作出版发展很快，图书进出口贸易大大增加，特别是版权贸易从无到有，有进有出，发展很快。1997 年我国版权贸易涉及图书共有 3577 种，其中引进图书版权 3224 种，输出版权 353 种。

（选自《出版经济》1999 年第 1 期）

深化文化体制改革　推动文化产业发展

——中国文化管理学会组织文化产业座谈

1998 年 12 月 26 日至 28 日，中国文化管理学会和辽宁省艺术研究所联合主办的文化产业研讨会在京召开，来自全国各地的 30 多名代表就文化产业发展与文化体制改革、文化产业结构等问题进行了广泛的研讨。

与会者普遍认为，文化产业发展要求深化文化体制改革。辽宁省艺研所孟祥林说，文化企事业单位的改革，改到深处必然触及产权问题。产权与经营权不分离，决定了国有文化企事业单位只能从国家获取资金，而实际上国拨经费又不足。产权与经营权不分离，不能使生产资料与劳动者实实在在地结合在一起，责任心自然也不强。文化产业要发展，就应当学习农村和企业改革的经验，给经营者以更大的活动空间。民建中央副主席朱相远说，文化体制改革需要有一个过程，在思想上、战略上我们可以超前，而在实践中，我们一定要务实，这是由我国国情决定的。甘肃省文化厅魏亚峰说，由于文化的内涵相当广泛，存在着广义和狭义之分，按现行行政隶属关系，则有归属文化部门和其他非文化部门从事的文化产业之分，这种严格的条块分割，严重阻碍了文化产业的发展。应当建立行之有效的文化产业发展体系。

产业规模小、经营项目比较单一是各地文化产业发展中普遍存在的问题。目前，在相当的省份，除娱乐业外的其他产业项目大都处于小打小闹的经营状况。贵州省群众艺术馆馆长王丰飞认为，要解决产业结构失衡问题，需要政府加大调整力度，提供一些优惠政策，以吸引投资者将资金投向文化项目；实施多种所有制经济形式下的大联合，在“龙头”企业的带动下走出一条规模经营的路子。河南省文化厅王世声说，在发展文化产业中，应当注重学习国外多方融资、跨国经营运作的经验。资金雄厚，其经营项目自然会增多，防范危机、抵御风险的能力也会逐渐增强。

政府的支持与法制化的政策保障也是与会代表普遍关注的话题。王世声说，日本文化产业之所以有今日的成就，是日本政府积极提供支持与政策保障的结果。日本的文化产业政策是建立在对文化巨大的潜在经济价值审视基础上的，并把它提高到立国安邦的高度上去实施，社会各界广泛参与，共促文化产业迅速崛起，日本的艺术电影、家用电器、电子游戏机、卡拉 OK 机也迅速打入国际市场。湖南省文化厅李天刚说，政府制定、出台有关文化产业的中长期发展规划和行之有效的文化产业政策，成为当前至关重要的事情。国务院及财政部出台了一系列文化经济优惠政策，但由于实践的不断变化，有关的政策不断被调整，过去的一些优惠政策不能继续实行，新的优惠政策又因种种原因不能到位，政策缺乏连续性、系统性。因此，迫切需要国家根据文化产业的特点和作用，给予文化产业扶持政策，并使之规范化、制度化、法制化。

（选自 1999 年 1 月 21 日《中国文化报》）

文化产业：风卷红旗过大关

——全国文化产业发展研讨会综述

孙若风

全国文化产业研讨会1月中旬在辽宁省大连市召开，这是文化部召开的首次全国性文化产业会议。李源潮副部长在总结会上将会议成果归结为三条：组织了调查研究；总结了经验；进一步解放思想，转变了观念。

系统调研——全国文化产业力量的大检阅

各地提交会议的论文，不少是有关本省，自治区，直辖市文化产业现状的调查，其中北京市的调查最为深入，对电影业，娱乐业，演出业分门别类做了细致的考察。这些调查涉及文化产业的基础条件，布局结构，资源配置，运作模式，市场机制，发展规划，经济政策等方面。

纵观这些调查，可以看到文化产业已经在各地启动，其势如万泉奔涌。据江苏省文化厅提交的论文，该省目前文化产业态势是：第一，文化产业收入逐年增加。据五年来的统计，1991年全省文化产业总收入8568万元，1992年增长47.3%；1996年增长16.7%。第二，经营规模不断扩大。许多经营实体和文化企业由小打小闹逐步向规模经营发展。第三，文化产业结构日趋合理。全省各级文化部门积极探索文化产业发展的新路子，走入大市场经营范围大大拓展。第四，加强了对文化产业的指导和管理。先后多次召开全省文化产业现场会，全省文化产业经验交流暨研讨会，使文化产业方面学有方向，赶有目标。而从全国来看，据会议交流的资料，90年代以来，我国的文化产业发展非常迅速。江苏省文化厅吕洪波对我国文化产业现状的分析是，许多文化行业走上了产业化经营之路，发展迅速，其产值已成为国民经济生产总值中的一个不可忽视的组成部分；文化产业单位发展由数量扩张，粗放经济，向规模经营，集约化方向发展；打破了文化产业单一公有制形式，出现了公有制为主体，多种所有制共同发展的文化产业群体；文化产业运行机制，由国家包办统管的事业供给型，向自主经营、自我发展、自我约束的企业经营型发展；投入渠道，由单一的政府投入，向多渠道投入发展；国家文化主管部门对文化企事业单位的管理从采用行政手段管文化办文化，转向采用经济手段，法律手段，教育手段与行政手段相结合的方式间接管理文化。与会者同时又指出，当前的文化发展仍存在着许多亟待解决的问题，主要是，对文化产业认识不足，没有看到文化产业的必要性和可行性；文化体制改革滞后，尚未形成行之有效的管理体制；不适应市场，没有形成面向消费需求的运营体制；经营管理人才匮乏；产业结构不合理，各地区之间发展不平衡；生产与流通脱节，而且生产方式落后，竞争能力弱，效益不稳定；文化经济政策远未完善，适合文化产业发展的为外部环境没有形成。

总结经验——杀开一条文化事业生存发展之路

远在改革开放之初，我们文化部门就深受文化的投入、产出和市场需求这种巨大反差的困扰，开始寻求文化的自主自救之路，从文化企业的完全自收自支，事业单位实行企业化管理到全额事业单位的逐步“断奶”；从以文补文，多业助文到文化产业兴起，一直在试图探索一条同市场经济相适应的文化生存、发展和繁荣之路，这实际上就是一条文化的产业之路。20年来，文化产业作为第三产业的一个行业，其发展之迅速，效益之可观，前景之广阔，正为社会所瞩目。但是只有到了党的十五大以来，回头再总结二十年来的探索和实践，我们对文化产业在今天文化事业当中所处的重要位置才能看得更清楚，对文化事业实行产业化的趋势才有了更清醒的认识，对把文化产业作为文化建设顺利跨入21世纪的战略手段切实抓好才有了共识。以上是吉林省文化厅王勇则，赵明对文化产业发展历程的分析。这是一曲文化工作者顽强自救，艰苦奋斗，努力在新形势下更好地服务于人民的壮歌。在这样一个不平凡的过程中，经过富有创造性的实践和探索，大家积累了发展文化产业的经验。重庆市沙坪坝文化馆当年冲破重重阻力办起全国第一家营业性舞厅，这是我国文化产业发展史上具有标志性的事件。经过这次探索，他们又有了新的体会。沙坪坝文化局杨燕认为，建立以市场经济是文化产业发展之本，所以，公司化是文化产业走进市场的先决条件，盘活文化国有资产是走进市场的物质准备，文化产业走进市场的突出优势是独有的文化资源，科学的管理是走进市场的根本保证。

因地制宜，扬长避短，是各地发展文化产业的基本思路。云南省文化厅徐发仓认为：“多、边、奇、古”是构成云南文化产业的鲜明特色，即是云南文化产业发展的丰富资源和基础，又是文化产业的四大优势。甘肃省文化厅苏国庆认为：戏曲、文物、民间艺术是该省三大文化产业的资源优势。戏剧要以拓展演出市场为切入点，实施传统剧目，保留剧目的普及演出，不拘一格地占领和拓展各类演出市场；文物要在抢救第一，保护为主的前提下，打破文物，旅游，交通的条块分割，共同建设；民间艺术要立足产业化的生产和营销，组建民间艺术产业集团，进行以国内外市场为取向的国内生产经营与销售。与会代表还认识到，文化产业的发展要适应知识经济时代的需求。河南省文化厅王玉印认为，文化产业必须重视无形资产开发，要寻求文化产业的可持续发展，文化产业的发展有赖于创造新体系的确立，要重视产权的保护。

解放思想——文化产业的希望所在

没有解放思想，实事求是的思想路线，就不可能有我国文化产业今天的局面。文化产业要继续健康、持久地发展下去，仍然要坚持这样的思想路线。

与会代表认为：认识不足，思想不解放，仍是文化产业进一步发展面临的首要问题。认识问题一直是困扰文化产业发展的核心问题。随着外部环境的变化及市场经济的深入发展，对文化产业的认识虽然也在不断提高，但认识提高的速度，思想解放的程度远远落后于形势发展的需要。

本着解放思想，实事求是的态度，与会人员对产业的未来发展有了进一步思考。广西文化产业课题组提出，一要优先发展本体产业；二要积极拓展延伸产业；三要主动寻求合作产业。并且提出无论发展哪些项目，都要坚持面向市场，立项准确，用人得当，管理严格的方针。特别是在管理上，一开始就要实施现代企业制度，按产业化模式运作。要努力做到投资多元，能公能私，市场运作，能活能死，严格管理，强化竞争。代表们认为，深化改革是发展文化产业的有效途径。要深化文化产业管理机制的改革，是指有利于解决文化艺术生产力，使文化产业单位焕发生机和活力，要深化文化产业运行机制的改革，在社会主义经济市场体制下，市场机制在全社会资源配置中应当起到基础作用。

（选自1999年2月2日《中国文化报》）

中国当代文化产业和文化发展面临的问题

——亚欧文化产业和文化发展国际会议圆满结束

本报讯（记者孙若风）在北京举行的亚欧文化产业和文化发展国际会议圆满完成各项议程，于5月21日下午闭幕。

文化部副部长、本次大会中方组委会主任李源潮出席会议。文化部副部长、本次大会中方组委会副主任、大会主席孟晓驷在闭幕式上讲话。她充分肯定了这次会议的成果，指出会议有三个特点：一是政界、学界、文化界、企业界精英荟萃；二是亚欧文化产业和文化发展高信息量、高智慧的凝聚；三是会议始终在平等的、学术的、建设性的气氛中进行，令人感到充实而愉快。

关于全球化、民营化与现代化对文化产业和文化发展的影响等几个会议热点问题，孟晓驷阐述了看法，这也是与会中外代表的基本共识。她指出，全球化、民营化与现代化对各国文化发展而言，既是难得的机遇，又是难得的挑战。中国当代文化产业和文化发展正遭遇着三个重要课题，这也是亚欧各国需要共同重视的问题。

第一，在民营化进程中，如何在文化与经济的良性互动中寻求平衡。文化与经济从来不是天敌，文化作为人类精神的花朵，只有根植于经济沃土才能茁壮成长。而不断提高经济的文化含量，为物质产品注入文化之魂，已经成为当代经济进程中日益强烈的文化呼唤。我们应当陶铸经济之犁，共同开掘人类文明的原野。文化与经济结盟，建设共同繁荣、彼此支撑的经济文化共同体，警惕过度商业化对文化的负面影响，将会有效地消除当代社会普遍存在的文化的经济贫困与经济的文化贫困现象，这应当是政府、企业和民众共同担负的责任。

第二，在全球化进程中，如何在博采世界文化精华与维护民族文化特性的良性互动中寻求平衡。各国文化正面临着全球化的挑战：一方面是一体化程度的加深，各国作为参赛的对手，必须以博大的胸怀走向世界，扩大文化的交流与合作，在这个前提下兼收并蓄，壮大、发展本国的文化；另一方面是多元化趋势在加强，只有民族的，才是世界的。面对世界文化被单一文化覆盖的危险，各国又要保持和发展本国文化的特色和个性。应该说，在这个世界上，不能只有一种声音，每一个民族、每一个国家都有权力讲述自己的故事。在我国古代，既有唐僧西天取经，又有鉴真浮海东渡，更有横亘万里、纵横千年的“丝绸之路”，这些都是一种开放与交流。我们这个会议本身也是在开放与交流的前提下，以文化的对话代替文化的对抗，以文化的交流代替文化的冲突，以文化的合作代替文化的孤立的典型例证。

第三，在现代化进程中，如何在保护和复兴民族传统文化与创造和发展现代新文化的良性互动中寻求平衡。现代科学技术日新月异，高新科学技术，尤其是大众传媒在文化领域的运用，创造了众多崭新的现代文化形态，那么，传统文化又该置于何位呢？长城是中国的，也是世界的，但长城永远只有一个。保护文化遗产，继承优秀传统文化，是中国政府的一贯政策。传统文化的更新、发展和新兴文化的创新、扩容，应当是建设当代文化的必由之路。亚欧基金总干事许通美、瑞典国家世界文化博物馆协会主席斯文森作为会议的另外两位主席也在会上讲话。

在3天的会议期间，共有30多位代表在大会上发言。会议还分组展开了讨论，代表们研究了亚欧文化产业和文化发展中的趋向和问题，探讨了彼此间进行合作的机遇及存在的障碍，一些文化产业界的代表还交流了各自的企业战略。与会代表还表达了加强信息交流、建立合作网络的愿望。会议通过了由希腊阿克罗保利新艺术馆总裁莫索里斯和中国社会科学院文学研究所研究员高建平两位总报告人的报告。

（选自1999年5月25日《中国文化报》）

加大社会责任　推进竞争合作　因应网络传媒

——第五届海峡两岸及港澳新闻研讨会

冉　沂

由中华全国新闻工作者协会主办的第五届海峡两岸及港澳新闻研讨会，于1999年9月2日至4日在昆明举行。研讨会收到12篇论文，来自海峡两岸及香港、澳门新闻界的近70位代表，就新闻报道与受众的关系及其社会意义，电子新闻媒体之间的合作、竞争与发展，如何因应网络新闻的冲击与挑战等共同关心的问题，开展了广泛的讨论。

受众在新闻传播中具有怎样的地位和作用？这是研讨的第一个问题。云南大学新闻系教授高宁远认为，受众是新闻传播各种功能得以实现的前提，是新闻事业得以存在和发展的根本条件。但在不同的社会条件下，媒介与受众的关系又会有不同的表现。他说，与其把受众捧为“上帝”，不如把他们看作是我们的知心朋友，建立起一种新型的、相互支持、共同提高的关系。台湾世新大学教务长皇甫河旺指出，新闻报道与受众的关系是随时代的演变而变动的。他从教育者、鼓吹者——受教育、追随者，到新闻贩售者——新闻消费者追溯两者关系演变的进程，着重论述了新闻报道的社会责任，认为社会责任理论诞生半个世纪以来符合广大受众的期望，在可预定的二十一世纪中仍是新闻报道依循的潮流。香港树仁学院新闻系教授张圭阳联系许多新闻报道的实例阐述新闻之精彩与新闻之价值的关系，进而抨击一些新闻工作者片面追求“新闻之精彩”，忽略新闻之价值，以至流害读者的现象，呼吁要承担起新闻工作者所应尽的本分，无愧于我们的新闻前辈。澳门新闻工作者协会理事长邓祖基对新闻报道只着重于经济效益而轻视社会效益的倾向提出了尖锐批评，认为当报业的自律不产生效应时，需要政府干预，以执法防范传媒滥用新闻自由。

随着科技进步，传播媒体的发展日新月异，电子媒体更是成为时代的宠儿。那么，电子媒体间应该如何既竞争又合作呢？这是研讨会关注的又一个重要问题。台北东森电视台总经理朱宗柯分析了台湾电视新闻媒体新闻频道高度竞争造成的冲击所产生的利与弊，他提出，如果进行频道整合，人才集中，资源共享，不仅可以降低成本，减少资源重叠与浪费，而且可以提高品质，并可避免众多频道的恶性竞争，彰显效益，获取合理利润，保持事业的稳定成长与永续经营。香港浸会大学新闻系主任俞旭认为，香港的电子传媒，特别是电视，在九十年代有了突飞猛进的发展，编织了一个多元的新闻传播网。在资本主义的字库中，“合作”绝对不是常用字，“汰弱留强”、“兼并”、“大鱼吃小鱼”、“恶性竞争”、“挖角”是人们屡见不鲜的字眼。因此香港本地电子传媒之间的合作少之又少，与香港以外的合作正不断开拓，且颇有建树。澳门新闻工作者协会副理事长余建栋指出，在先天不足的条件下，在有限资源支持下，澳门电子传媒要与外地强势传媒进行激烈竞争，确实困难重重。作为弱势传媒，只能寄望坚守新闻专业操守，取长补短，以社区电子传媒定位作为自强不息的发展基础。北京广播学院教授胡正荣介绍了大陆广播电视媒介生存环境，提出当前广播电视媒介需要在理念、资源配置方式、体制等各方面进行创新，并向市场化、产业化、集团化、全球化、区域化、高科技化发展。

网络媒体的迅速崛起，使传统媒体面临着新的挑战，也是这次研讨会上的一个全新的话题。香港中文大学新闻与传播学院教授苏钥机说，表面看来，所谓网络报纸（或称电子报纸）只是利用新科技，把传统印刷报纸的内容用别的载体来传送。但仔细思量，网络报纸却不光是传送方式的变化，它其实具备全新媒体的雏形，拥有与别的媒体不同的特征，其发展潜力不容忽视。他从14个方面列出并比较了不同媒体的特点，归纳了网络报纸的6个特点，即互动性、超链接、资料库、多媒体、即时性和个人化，提出现存的各种媒体要大力发展自己的固有强项，并尽快加入一些多媒体的元素，从而吸收网络报纸的特点，加强自己的竞争力。澳门大学英文传译系讲师黎飞雷在论述了网络新闻的特色、网络新闻和传统媒介新闻的比较、网络新闻对传统媒体可能带来的冲击之后，提出“把冲击看成挑战，将挑战变成机遇”，利用互联网带来的方便弥补现有媒体的不足。中国社会科学院新闻与传播研究所网络与数字传媒研究室主任闵大洪认为，大陆新闻媒体网站在网络世界中面对四大劲敌：全球著名的门户网站、世界上大国著名的新闻媒体网站、国外海外著名中文网站、大陆一些实力雄厚的网络公司所主持的商业网络站。尽管近三年来，大陆的新闻媒体在网络传播方面有了长足的进步，但必须看到有相当数量的新闻媒体网络尚处于低水平运作，面临着资金、人才、技术的短缺和不足，一些有巨大影响力的新闻媒体在网络世界却还没有产生应有的影响力。同时，网络传播所带来的一系列法律及管理上的新问题也有待解决。台湾中时晚报发行人林圣芬以中时电子报的发展经验为例，提出面对网络媒体的挑战，传统媒体的因应对策：发展独立的运作部门，建立独立的行销能力，传统媒体产业的促销，提升品质、内涵、互动性、分众性、即时性，普及率与电脑化程度、资讯需求、地理空间、频宽改善决定网络未来，受众对资讯需求态度决定传统媒体未来。

通过大会发言、专题讨论和会后交谈，与会者普遍反映这次研讨会既开阔了眼界，切磋了业务，又沟通了情况，增进了友谊。会议一致决定，第六届海峡两岸及港澳新闻研讨会明年将在台北举行。

中国新闻工作者协会主席邵华泽出席了这届研讨会开幕式并作讲话。

（选自《新闻记者》1999年第10期）

在多元视角下存在的传播学

——“面向21世纪的传播学研究”国际研讨会综述

段　鹏

一、概述：卓有成效的传播学界盛会

1999年10月15日，由北京广播学院中加信息传播研究中心，中央电视台研究处和加拿大康科迪亚大学艺术与科学学院联合举办的“面向21世纪的传播学研究”国际研讨会在北京广播学院召开。

这次研讨会旨在交流传播学研究的最新成果，掌握传播学研究的发展走向，加强传播学研究的国际合作，推进我国传播学研究和传播学的学科建设。这次会议的主题为“面向21世纪的传播学研究”，研讨范围包括：我国传播学研究的历史回顾，当前热点和发展走向，以及美加传播学研究的回顾、理论流派与前沿课题等。

参加本次会议的有国内多家著名高等学府的新闻传播院系和重要新闻研究机构的专家、学者以及来自加拿大、韩国的传播学专家。他们共向本次研讨会提交了14篇高水平的学术论文并积极参加了论文的讨论，会场的气氛空前热烈，最终在许多亟待解决问题的领域中取得了相当大的进展。借用本次会议主持人、北京广播学院传播学教授胡正荣先生的话说：“这是近年来一次卓有成效的传播学界盛会。”

以下本文将分别从回顾、反思、交锋、前瞻等4个方面对此次研讨会作一综合评述。

二、回顾：传播学与传播业发展脉络的梳理

来自南京大学的孟建教授向大会提交了题为《中国大众传播事业的发展与中国社会民主化进程》的论文，该文运用历史分析与相关分析的研究方法，在“历史态”与“共时态”交错的二维向量中，对“新时期”20年以来，中国大众传播事业的发展与中国社会民主化进程这一学术问题进行了较为广泛而又深入的历史性考察与分析。该文着重指出，中国大众传播事业的发展与中国社会民主化进程的相关性，在“历史态”中着重展现于6个不同的历史时期。这六个时期虽然波折起伏，但却已经呈现出良好的走向；在“共时态”中，这种相关性表现为两种合力因素（即传统与现代）的不同影响与作用。

该文最后阐明：我们应当更重视现代合力因素，让中国的大众传播媒介在“酿就符合社会民主化的时代精神”、“促使民众广泛的民主参与”、“展示政治领袖们的良知与智慧”、“提升政党选择民主模式的能力”等方面发挥应有的作用。

加拿大学者皮瑞古（Ross Perigoe）教授在发言中简要介绍了加拿大传播政策，学院派研究的历史，并为加拿大著名传播学者及他们的“加拿大视野”予以重新定位。他回顾道：本世纪50年代早期，英国在加拿大的影响力逐渐为美国所代替。正是从这时开始，加拿大开始寻求自己在国际上的“民族角色认同”（national identity），并逐渐接受“加拿大的国际角色是追随文化冲突中的强者”这一定位，由此形成了新的《广播法案》修正案的框架性文件。皮瑞古教授还介绍说，康科迪亚大学是该国第一个设立传播学系的高等学府；英尼斯和麦克卢汉作为加拿大著名的传播学者，均对传媒科技所带来的人类边缘化趋势提出了批判。皮瑞古教授的发言对于我们重新认识加拿大传播学的发展历史无疑具有非常重要的意义。

加拿大学者盖舍尔（Michael Gasher）也宣读了名为《公众参与式的文化政策：加拿大的经验》的论文。他介绍了加拿大文化政策由“发现问题到制定法规”的过程：第一步可能是公众发现加拿大本土的文化资料日益衰减；第二步就是在调查委员会监控下的公众咨询、公开听证会和小范围会谈；随后是调查委员会基于咨询结果及其自身判断为政府提供报告；第四步是往往导致文化政策搁浅的“政治领域讨论”。如果能够侥幸过关，则由文化遗产大臣起草文件送交内阁；最后的步骤是内阁将外交事务、经贸问题等与此文化政策进行综合研究，这将最后决定政策能否出台。很明显地，盖舍尔先生在论文中所介绍的加拿大文化政策制定等问题将会在一定程度上有助于我国在相应方面的研究工作。

北京大学副教授关世杰向大会提交了《90年代国际传播学的发展及对中国传播学发展的启示》一文。他回顾到，在过去几十年中，与信息跨国界传播相关的国际传播已经从过去一种边缘的、主要由美国人进行研究的领域，发展成为今日国际传播学研究的重要领域之一。另一门与信息跨国界传播相关的传播学分支——跨文化传播自70年代中诞生后也在不断发展壮大。近年来，随着因特网的发展，国际传播和跨文化传播呈现出相互渗透的趋势。

三、反思：大环境变迁带来的机遇

暨南大学陈卫星副教授题为《中国社会转型中的传播学反思》的论文在本次研讨会上颇为引人关注。文中宣称，“中国的经济转型在信息传播层面上导入了三个新的维度”：首先在生产关系方面，新的社会生产主体的涌现丰富了传播关系；其次在信息分配的关系方面，信息资源的赢利性和新的利益主体的崛起要求推动信息在经济层面和象征层面的再生产中强加一种合法的定义来与自己的利益相匹配。第三，涉及传播网络和传播区域，前者的配置创造了一个社会调解的空间，产生了地方认同的象征意义。信息资源的开发有利于打破市场建设中的画地为牢，形成一个有最大社会参与性意义的全国市场。陈卫星先生坚持认为：“社会转型的信息传播表象是横断面的、多重性的和网络化的。这恰恰关系到应对传播全球化挑战当中的‘去区域化’（deterritorialization）和‘重新区域化’（reterritorialization）的过程，这个分化和重组的过程旨在产生身份认同的意义，而传播的贴切性正在于如何把握作为社会认同标签的舆论环境。”

分别来自韩国汉城大学、建国大学和昌原大学的康贤斗等三位教授在本次研讨会上宣读了由他们共同完成的《中国舆论中出现的韩国、朝鲜形象比较分析（1949～1996）》。

中韩建交7年来，两国间的交流尚不圆满，两国人民之间彼此并不了解对方的真实面貌。我们急需抛弃旧有的、不正确的、先入为主的认识，着手从更为客观的角度重新认识对方。正是基于这样的目的，这篇论文针对以往43年间中国对韩国的认识这一问题，从国际传播学的角度进行了细致的实证分析，具有一定的参考价值。

四、交锋：传播学研究——泛化还是整合？

清华大学刘建明教授在他的论文《传播学从“泛化”、“立化”到两极发展——21世纪中国传播学研究的趋势》中指出，目前传播学研究尚处于“泛化状态”，呈现出大而化之的趋向，非科学因素很多。由于研究者将差别悬殊的传播行为归附于同一个具体论证，导致了传播学观点的浅薄。而正是为了摆脱传播学低层次的格调，有些学者和盘托出某些诡谲费解之论，这又使得传播学研究出现了“玄化倾向”。

他认为，传播学目前正处于艰难的形成阶段，其研究对象的包罗万象，推断的宏论与应用知识的浅俗，使传播学成为一种光怪陆离的玩具，迫切需要深度理论的支撑和应用知识的广泛辐射。

与刘建明教授的观点针锋相对的，是北京广播学院学报原副主编、高级编辑朱光烈先生。朱在发言中首先指正，刘的发言反映了后现代的悖论状况。后现代一方面向多元化、细化方面发展，一方面又在这个基础上向整合发展，学术如传播学也是这样。传播学出现了刘所讲的这种情况正是体现出后现代的悖论。在朱的论文《21世纪的传播学：将成为最大显学》中，朱光烈先生阐述到，信息高速公路将是21世纪财富的主要创造渠道，因此信息传播业和经济活动将在极大的程度上合流，随即传播学和经济学也必将合流；而传播学也必须引进经济学的基本原理和管理原则，将传播行为视作经济行为加以研究和管理。

朱光烈先生同时指出，传播学将成为与各种学科最广泛交叉的学科，这种广泛的交叉一方面会将传播学引向更加细化的研究，一方面又会将传播学引向整合的全息文化研究。传播学的研究已经具有混沌性质，传播学将是一门既有边界又没有边界的学科。"传播学有可能成为未来最大的显学之一，成为博大精深的学问。"

显而易见，在对待传播学"泛化倾向"（或称与其他学科广泛交叉）的问题上，刘建明先生认为这种大而化之的趋势是一种危机，而朱光烈先生则满怀信心地憧憬着"最广泛交叉学科"成为"最大显学"的光明前景。正是这样的针锋相对极大地活跃了研讨会的气氛，也激活了众多传播学专家的头脑中的固有模式。"真理越辩越明"，学术上的论争有助于更进一步地完善观点和整理思路，可以使我们拿出更具说服力、更充分、更完整的理论观点。本次研讨会上层出不穷的理论交锋恰恰可以证明这一点。

五、前瞻：广阔天地，大有作为

近几年来，将因特网作为第四媒体来研究，已成为国内新闻传播学者的一个新趋势。中国社会科学院新闻研究所的闵大洪副研究员就是国内较早开始网络传播研究的专家之一。他向本次研讨会提交了《中国网络传播研究现状及前瞻》这篇论文。在文中，他简要介绍了形成网络研究热潮的背景、信息高速公路和因特网研究状况以及网络研究中存在的问题等。

闵大洪先生认为，基于我国新闻传播学术界当前网络传播的研究状况（包括学术视野、知识结构、研究条件等），企望一下子建构起网络传播的理论模式是不现实的。所以在今后一段时间内将研究的主攻方向放在当前网络传播的一系列重大问题上亦属十分重要。比如网络传播法规，网络传播中的道德与自律，网络传播中的知识产权保护，网络传播与传统大众媒介的关系等。在研究这些问题的同时，也需要适时导入对原有传播理论的思考，这样才有可能在不远的将来逐步建立起包括新的基本概念、基本命题和传播模式在内的网络传播理论架构，并为整个传播学武库增添新的利器。

来自华中理工大学的石长顺先生也向大会提交了他与吴廷俊先生合作的《从第四媒体的崛起看人类追求怎样的一种传播境界》一文。该文为未来第四媒体的发展提供了几个预测数字，即：到 2001 年，全世界互联网使用者将达到万亿，我国的互联网用户年内即可突破千万大关。第四媒体的影响力有望在 10～20 年之内超过传统媒体。石长顺先生认为，未来媒介的发展昭示着人类对一种全新传播境界的追求。例如，个人化服务是对超越时空信息选择的追求；互动式服务是对人际交流的双向沟通的追求；多媒体服务是对传播形态融合重组的追求等等。他认为这些反映和追求势必推动新的媒体与传播形态的产生和发展，而新媒体又在人们的追求中不断完善和提高自己。

面对即将到来的 21 世纪，不论是国内的媒介管理活动还是国际上的媒介管理实践，都在进行着改革和创新，以期通过改革管理，增加实力，提交适应环境发展变化的能力，在更加激烈的竞争中求得生存和更大的发展。北京广播学院胡正荣教授的论文《大陆广播电视媒介管理运行体系创新研究》正是为解决媒介管理难题、并提供前瞻性思考的力作。

胡正荣教授的论文分别从制度层面和生产经营层面来说明广播电视媒介管理运行体系的创新。他为我们在管理制度层面上提供了这样两个创新走向：其一是政府部门的职能将进一步转换；其二是宏观管理手段将体系化，科学化。在生产层面的创新将包括：节目生产组织的大量增加使得生产日益社会化、市场化；受众市场的细分化和激烈的市场竞争使节目播出日益专业化、细分化。在经营层面的创新走向有联合经营、媒介集团以及以媒介业为主体的信息传播产业集团等多种模式。

胡正荣教授的论文为我们在面对 21 世纪的发展，树立先进的管理理念，创建良性运行的宏观管理的微观组织体系，着力优化资源配置，并最终构建起面向 21 世纪的广播电视媒介管理的创新体系方面做出了积极有益的尝试。

六、追问：未来的传播学研究往何处去？

"面向 21 世纪的传播学研究"国际研讨会已经结束一段时间了，然而它带给我们的启示与憧憬却是多方面的：

我们是否可以从更宽广、更深远的范围中来认识我们的传播学研究呢？我们面临的是经济社会的信息化和全球化，同时，我们的基础是社会主义市场经济。这种理念、机制以及由此而来的一系列变革将为我们的传播学研究提供宝贵而难得的课题。我们是否可以从更具体、更微观的层面上来审视我们的传播学研究呢？我们将看到多样化的研究方法和研究结论，看到从多层面和多角度对研究对象的观照，看到研究结果带动的认识与实践的变动，相信这些我们所亲见的学术状况会使我们有所收益。我们又是否能在加强经验量化描述及价值论层面研究的同时，也来关注质化批判和本体论层面的研究呢？

当然可以，我们一直在努力。

（选自《现代传播》1999 年第 6 期）

进一步深化艺术团体体制改革

——第七届全国艺术管理学研讨会综述

柯媞珠

第七届全国艺术管理学研讨会于7月15日到18日在大连召开。这次研讨会由文化部艺术司、中央文化管理干部学院、中国文化报与大连市文化局共同发起，由大连市艺术研究所承办。研讨会的中心议题围绕进一步深化艺术表演团体的体制改革展开。与会者回顾了20年来我国艺术表演团体体制改革的历程和经验，交流了各地院团改革的做法和思路，分析了当前改革的难点和症结，探讨了进一步深化改革的目标和途径。

大家认识到，我国艺术团体体制改革目前已经进入由浅层次向深层次过渡的攻坚阶段。深化改革任务艰巨，既要解决艺术团体体制自身问题，也涉及思想观念、心理承受能力等问题；同时又需要解决保障改革顺利进行的外部环境和客观条件，其中包括文艺立法、社会保障制度以及艺术市场、艺术人才市场等有关政策。

（一）与会者认为，建立与社会主义市场经济体制相适应的、与社会主义精神文明建设要求相一致的、与艺术发展规律相符合的新的艺术团体体制及运行机制是一个全新的目标，既是对艺术团体功能地位、存在价值、发展规律的重新认定，又是对原有体制的重大变革。其实质是艺术生产关系的重大调整，这个调整将在各方面引起一系列重大而又深刻的变化。体制转轨，具有根本性的意义，仅靠局部的修补是很难实现的。因此，要深化改革，必须对这场重大变革的目标及所引起的深刻变化有明确的认识和思想准备，这样才能下大气力，加大力度，打好攻坚战。

（二）深化改革，必须抓住症结。与会者在讨论中提出，目前一些实行多项改革的艺术团体（其中包括一些政府确定的重点院团）仍然缺乏活力，缺乏独立经营自我发展能力。其原因是多方面的，其中有客观的因素，如演出市场仍不景气等，但一个重要原因，是许多改革措施自觉不自觉地回避原有体制的主要弊端——政府的包办性和艺术团体的依附性。大家认为，这种弊端由来已久，既是高度集中的计划经济的产物，又是多年来片面强调艺术团体的政治配合功能的“左”的思想的产物。这种体制把艺术团体的生存和发展建立在单一的支柱上，使其失去了行业特点和职业特点，失去了自我生存、自我发展、自我经营的能力。累此，它成为在市场经济条件下艺术团体不适应形势发展的重要症结。与会者认为，解决这个问题应该从两方面入手：政府主管部门要彻底转变职能，真正给艺术团体以从事艺术生产独立经营的法人地位；艺术团体则必须实现由面向领导、依赖政府向面向市场、独立运行的转变，真正建立起适应市场经济的各种运行机制。大家认为，在改革中克服政府的包办性，并不意味着政府要减少对文艺事业的投入，而是要使艺术团体获得新的机制和活力；引进企业的经营管理机制是十分必要的，但是不能把具体事业性和经营性的文艺单位和企业混同，更不能简单地采取所谓“断奶”、“卸包袱”的办法。

（三）应进一步明确艺术表演团体的性质和地位。与会者认为，我们不能在放弃了过去单纯强调文艺为政治服务的提法后，否认艺术团体的社会地位和政治作用，不能在注重艺术的商品性、市场性的同时，否认艺术团体的事业性和公益性。我们要建立的艺术团体的新体制具有三个基本前提：与社会主义市场经济体制相适应，与社会主义精神文明建设要求相一致，与艺术自身发展规律相符合。这三个前提，决定了在社会主义制度下的艺术团体具有事业性、经营性。事业性确定了它的性质、地位、存在价值和社会功能，使其成为社会主义精神文明建设的重要组成部分；经营性使其与社会主义市场经济相适应，获得了生存、发展的新的机制和活力。确定这些属性，就承认了艺术事业的特殊性，使其既区别于党政机关，又区别于企业，既保证了艺术团体的社会主义性质和应有的地位，又使艺术团体获得了独立经营、独立运行的能力。

（四）艺术团体的改革不能只限于自身，还应实现由内而外的转变，就是除了搞好内部的自身改革，引进竞争机制和经营机制外，还要和社会建立广泛的联系，开拓市场，参与社会的大循环。目前演出市场的状况已成为艺术团体走向市场的瓶颈。与会者认为，政府和艺术单位应重视演出市场的培育和开拓，恢复和建立演出机构，改变阵地流失的状况，建立演出网络，为艺术团体走向市场开拓广阔的天地，提出要以演出市场为突破口，吸收参照国外演出市场的经验，建立“大剧院演出机制”、演出季制度等。

（五）创造保障改革顺利进行的外部环境和客观条件是改革的必要前提，其中包括文艺立法、完善文化经济政策和有关政策的确立，社会保障制度的建立和完善，演出市场的培育，艺术人才市场的建立，等等。与会者认为，艺术团体改革应纳入国家总体改革的大系统内，既要统筹安排，又要考虑它的特殊性，既要看到改革的必要性和迫切性，又要看到改革的艰巨性和长远性。只要上下一致，方向明确，坚定信心，完善政策，抓住症结，加大力度，艺术体制改革一定会取得新的丰硕成果。

（选自1999年8月21日《中国文化报》）

携手并进　共创未来
——首届京沪新闻学术研讨会综述

章　平

1999年11月7日至11月9日，首届京沪新闻学术研讨会在复旦大学新闻学院隆重召开，与会80多位代表就21世纪中国新闻业的发展走向、媒体业务现状的分析与展望、新闻改革与新闻理论的研究探索等三个中心主题进行了研讨。

一、关于21世纪中国新闻业的思考

世纪之交，中国新闻媒体面临着一个共同紧迫的问题：新闻媒体应该怎样迈向新的世纪？这正是与会代表极为关注的话题。

北京日报社社长满运来认为，报业发展机遇与挑战并存。发展机遇有：（1）政治稳定、国家安定、民族团结为中国报业发展提供了基本保证；（2）社会主义市场经济体制运行良好，国民经济持续、快速、健康发展，为中国报业发展提供了宏观保证；（3）报业经济的发展，为世纪之交和下世纪的报业发展奠定了良好基础；（4）以电视为主体、以多媒体为辅助的多种功能的信息互动传播，为报业在新世纪的发展拓宽了领域、增添了手段。面临挑战有：（1）来自传媒竞争；（2）来自"国际互联网"；（3）来自人才和管理方面；（4）来自资金方面。据此，要做好以下几项工作：（1）制订发展规划，抓好长远建设；（2）提高队伍素质，培养现代报人；（3）改革报业管理；（4）迎接"二次革命"，适应信息时代。

关于新时期党报发展，与会者仁者见仁智者见智。辽宁日报总编辑谢正谦认为，报业竞争的焦点是新闻。华中理工大学教授吴廷俊认为，只要树立起完全意义上的党报观点，充分发挥党的机关报的优势，新时期党的机关报是大有可为的。武汉大学教授罗以澄分析认为传播市场竞争的不规范、传播定位的失当两个原因导致党委机关报陷入困境。因此，必须大力整治媒介市场的滥与劣；党委机关报必须深入挖掘自身优势。

广播、电视以及新兴网络媒体也是此次研讨的热门话题。上海广播电台副台长陈乾年指出，广播将面临高新技术、社会主义市场经济、人们社会生产和生活方式改变等诸方面的挑战，传统广播必须"练好内功、更新知识、优化资源、加强协作、把好关口并发挥效应"。面对有线电视、卫星电视以及新兴媒体的竞争，无线电视台如何发展呢？上海电视台副台长陈海认为，无线台要加强区域性新闻；无线台之间要横向联合；尽可能淡化地方电视台的区域形象；积极涉足其他产业；鉴于无线台频道资源的局限，要参与有线台频道资源的买卖。上海有线电视台副台长唐书林则强调，培养、吸纳一专多能的人才是媒体获胜的关键。北京有线电视台编辑马克燕提出，新世纪电视台竞争应该侧重于创办名牌栏目、培养名主持人支撑节目，并要核算电视新闻的投入成本。复旦大学教师赵民对建设市场经济体制下的有线电视网络、尤其是吸引资本市场介入有线网的建设提出独特构想。复旦大学副教授张海鹰分析了网络时代传播环境的变化给大众传媒带来的挑战和机遇，提出传统传媒将成为网络信息导航员；传统媒体的跨媒体运作将促进大众传媒的繁荣；网络将极大提高传播者的工作效率和竞争能力；开拓全新的信息服务领域等新颖观点。北京日报高级记者刘霆昭谈了就参加《财富》论坛采访引发的三点思考：（1）新闻媒体功能的多元化；（2）新闻记者素质高能化；（3）新闻传播的网络化。

二、媒体业务现状分析与展望

复旦大学教授李良荣分析了中国新闻媒介总体格局的走向，认为行政壁垒下的四级建制的媒介格局严重制约着媒体的发展，因此必须要做结构上的根本调整，建立适应中国国情的分化型媒介新建制。调整的基本结构为：二级电视——无线、有线、教育及卫视台并为一个台，以公司模式运转；强化中央和省、市两级电视台，取消县级电视台；三级报纸：中央、省、地市；四级广播：尽可能接近农村受众。解放日报总编辑赵凯总结变革中的新闻实践认为，体制改革容易而机制改革相对较难，党报的出路应该在五个方面：（1）党报姓党；（2）党报姓报；（3）党报也是产业；（4）党报要办好，关键在党；（5）党报要办好，基础在人。大众日报编辑王金龙认为把关、发现、创新既体现了编辑工作的三个层次，又体现了其三重境界。工人日报高级编辑谢荫达通过回顾工人日报两个典型案例报道的成功经验，得出启示：（1）激情转化为使命；（2）理性思考既是报道的先导，又深化了报道主题；（3）精心策划是报道成功的重要因素。四川大学教授吴建认为新闻摄影在走向新世纪时也应有突破，首先是器材向高科技发展；其次新闻摄影要深入到社会各个角落，面临全新发展机遇；再次新闻摄影的传播方式将向多元化发展；最后新闻摄影的传播质量将日渐提高。郑州大学教授董广安对风风火火的都市报现象进行了研究，认为都市报成功的原因源自以下因素：定位准、面目新、运作新，真正实现了双重角色的统一。中国社会科学院教授沈兴耕分析了"假头条”现象，认为“假头条”一般是出于突出新闻、突出地方特色、对外交往的需要等原因，其目的是为了强化版面效果，有其存在的合理因素。复旦大学硕士生章平针对报刊发行当中现有两渠道现状，独特性地提出把特许经营这种先进的分销渠道导入报刊发行，从而有效地吸引社会商业资本进入报刊发行的运作中去。

传媒民主化、法制化进程也为与会代表关注。南京大学教授孟建认为传媒民主化进程取决于两个大的方面：传统因素与现代框架。传统因素有经济发展、私人财富的积累、价值观念的变化；现代框架有更合理的民主要求、更广泛的民众参与、媒体如何体现民主选择、大众传媒如何反映中国特殊国情。复旦大学教授张骏德则认为，中国媒体要走产业化管理、法制化管理的道路。中国已有可分作四个层次的新闻法法律体系，分别为宪法、相关法律、管理条例以及以职业道德为核心的各新闻单位的规章制度。相关法律这一块最薄弱，急需加强。

上海卫视副台长汤渭达评析上海卫视开播一周年，认为上海卫视的成功来自于：（1）独特的体制架构和运作方式；（2）以编为主的节目制作方针；（3）注重高雅艺术，突出上海特色；（4）落地面广。上海教育电视台台长张德明则把教育台从创台到成长乃至成功都归于邓小平理论的指引。复旦大学博士生王晴川认为电视编辑有十忌：重画面轻声音、同景别相接、反复使用同主体画面、运动镜头过多、随意使用特技、画面盲目跟着解说走、新闻“会议挂帅”、随意使用字幕颜色、违反视觉匹配、解说注释画面。

三、新闻改革与新闻理论研究

解放日报副总编陈振平认为现代报纸设计有别于传统报纸，具有形式服从功能的几个特点：（1）模块化发展：打破通栏、专题等传统规则，以适应新闻在版面上的组合；（2）静态式版面设计：版面只是帮助读者看新闻的载体，为报纸设定一个固定不变的版面形象；（3）快餐化：以有利于读者在短时间内获取信息；（4）图像化：强调写作、编辑、设计（WED）三位一体。清华大学教授刘建明认为新闻改革有三大转变：（1）指导思想、报道内容和媒体功能发生转变；（2）新闻改革树立了市场观念，把媒体推向了市场；（3）新闻改革在法制建设上迈出了第一步，但法制不健全，尤其缺乏保护记者权益的相关法律。复旦大学博士生李本乾通过对我党历史上三次新闻改革的纵向梳理和横向对比，认为三次改革都坚持了党性原则、都实现了三个历史转折、都促进了我国新闻理论的三次大发展、都具有三种不同的运作方式、都扩大了信息量、都有利于办好副刊和改进文风及作风。针对目前新闻界有些记者过于浮躁，部分新闻报道表象化甚至庸俗化现象，厦门大学教师赵振祥认为非常有必要在新闻界倡导学术理性，倡导新闻理性，记者应该成为“学者型”的新闻记者。

报纸产业化是近年来新闻界极为关注的热门话题。上海青年报总编辑李智平认为，报纸品牌经营应有以下几个方面：（1）建立品牌观念，报纸已经从单纯的产品竞争过渡到品牌竞争阶段；（2）报纸品牌的构成要素有：权威性、文化含量、技术指数等；（3）品牌价值体现在：象征性地改造媒体市场、争取媒体市场上文化的认同感及延伸价值；（4）建立品牌评价系统；（5）营销和推广品牌。北京青年报副总编郭坦对报纸变厚现象作了探讨，认为报纸变厚是顺应市场竞争的必然现象，应该正确对待厚报现象，因为厚报有如下优势：新闻版容量加大，报纸架构增强媒体适应能力，有助于参与社会管理，刊登更多副刊与广告，强调报纸视觉效果。

新媒体的日益勃兴将会对新闻传播观念带来何种影响呢？复旦大学副教授尹德刚认为将造成四个方面的变迁：（1）电子传媒进军大众传媒，社会大众可绕过大众媒体发布信息，扩大信息的沟通与分享；（2）受众与传者不再是一成不变；（3）信息共享被信息分享所替代；（4）电子媒介不会完全取代传统媒介，而是互为补充。同时，传媒的地域性将被打破、传统媒体将相互融合、旧的媒介管理模式和社会控制模式将改变。复旦大学教授刘海贵针对媒体日新月异的变化，新闻学科内部理论与业务理论脱节、理论研究与新闻实践脱节的现状，提出新闻业务的研究方向与方法亟待校正，认为当前新研究方法应当是三种相结合：（1）具体与抽象相结合；（2）分析与综合相结合；（3）静态与动态相结合。

京沪新闻媒体与新闻院校共同举办新闻学术研讨会，这是有史以来第一次。与会者一致认为，这次研讨会影响重大，意义深远，必将推动21世纪中国新闻事业的发展。中国记协常务副主席郑梦熊出席了此次研讨会，并对该会作出较高评价。

（选自《新闻大学》2000年第1期）

中国传播学：世纪之交的探索与前瞻

——第六次全国传播学研讨会综述

陆　晔

在传播学者 TimO’sullivan，John Hartlev，Danny Saunders，Martin Montgomery，John Fiske 合著的传播研究领域最为通行的工具书《传播及文化研究主要概念》中，“传播”一词（Communication）被赋予了这样的涵义：

广泛地看，传播有两种定义：一是将传播看作是一种过程；二是将传播看作是在协商和交换意义。

就 1999 年 11 月 7 日至 8 日在复旦大学新闻学院召开的第六次全国传播学研讨会（中国社会科学院新闻与传播研究所、复旦大学新闻学院主办）而言，“传播”作为一种过程和作为意义的协商和交换这两重含义，都得到了比较充分的展示。来自全国各高等院校和研究机构的传播学者和来自英国、日本、新加坡和找国香港、台湾的海外传播学者嘉宾 70 余人，本着沟通最新研究成果，探讨传播学研究的理论、方法和应用领域的前沿问题，增进相互了解的宗旨，在两天的研讨会期间，进行了一场大会主题报告和十五场专题讨论。无论是参加研讨会的学者人数，还是涉及领域的广度和深度，以及研讨会体现出的以学者为主体、以学术对话和交锋为中心的基本精神，或者不同话题和视野相互碰撞的活跃状态，都超过了历届研讨会。

在本世纪末全球经济、文化一体化的社会背景之下，国际传播学研究越来越体现出这样的特点：（1）针对不断变化的现实，丰富、深化和拓展传统传播理论多学科知识交叉、融合与共享，形成多元视角与多维框架的传播观注重差别、张力、对话，在二元对立的张力地带寻求传播的价值和意义。（2）世纪之交的中国传播学研究，也由于同样的社会背景，不仅越来越认识到与国际传播学研究共处于同一个研究平台，进行平等对话的必要性与重要性，而且也越来越关注在中国的社会现实环境之下传播学研究从理论来源到研究对象、从传播观念到研究价值的现实意义和理论贡献。因此，本次研讨会的主题定为“面向二十一世纪的信息与传播：中国与世界”，正是为了置身于国际化的经济、社会、思想、文化的宏观背景之下，寻求中国传播学研究在新世纪健康发展的广阔前景，与此同时，就像传播学大师威尔伯·施拉姆将传播视为人类社会得以形成和发展的基本动态过程。（3）中国社会正在经历的改革开放的巨大变化，为传播学研究提供了丰富的研究内容和良好的研究契机。“传播学”作为一个外来学科，自 20 世纪 70 年代末引进中国，到今天被国家正式确认为一级学科，其间的 20 年，中国的新闻传播学者在学习和吸收西方传播学研究成果的基础上，随着中国新闻传播的不断发展，已经形成了一支专门的研究队伍，初步积累了一定的研究经验，也形成了一定数量的有理论和运用价值的研究成果。近几年来，不少业内人士对此进行了总结和分析，认为中国传播学研究在方法上已变定性研究为定性、定量相结合，在内容上已从单一媒介研究走向综合性研究，在视野上已从封闭走向开放；但若站在国际传播学界的全局来看，就会发现我们对整个学科的全面了解仍然很不够，研究对象过于单一，对新领域的探索有待加强。（4）在此背景下，这次研讨会和以往相比，在组织方式、理论话语、关注焦点和探索方法诸方面，都体现出一些特点和进步，同时也反映出目前仍然存在的一些问题和局限，值得深思。

研讨会的组织和活动方式

本次研讨会的组织工作，是国内新闻传播学界第一次按照较规范的国际会议的操作方式进行。首先，在会议筹备前期，大部分提交的论文都经过了专家组的匿名遴选；其次，在会议日程安排上，除一个半天的开幕式外，其余三个半天各分为两个单元，计六单元。再除去一个单元的大会主题报告，另外五个单元分三个会场同时研讨，共计十二个场次，然后将内容相近的论文加以整理、归类，按以下十二个专题展开“传播学研究现状与发展”、“传播理论与传播哲学”、“西方传播学与媒介理论研究”、“大众传播与人际传播”、“传播与文化研究”、“中国传媒的制度与结构研究”、“中国新闻改革研究”、“中国传播学研究”、“海外媒介与传播研究”、“新媒介技术与传播”、“传播法”、“媒介文本与符号研究”等，每个场次（小组）在一个单元时间内进行专题论文报告和研讨；再次，在研讨议程上，每一小组设一主席或嘉宾评议人，掌握每篇论文演讲的时间，对该组宣读的论文（通常每组三到四篇）进行点评，并安排一定的自由问答时间，让参与该组的学者对宣读的论文发表自己的意见，提出问题，以形成对同类话题进行深入探讨的良好氛围。

同时，提交研讨会的论文，大多数能够比较明确地归入相应的专题小组，表明我国传播学者的研究领域，已经从以往比较宏观和单一的话题，开始分化、细化和深化；另一方面，尽管这些专题的划分还存在一些不尽合理的地方，但分类这种做法本身，就有助于中国传播学研究的主题和领域进一步集中和深入，以接近国际传播学研究的类别划分。

大会主题报告：两岸三地的研究视点和风格

研讨会于11月7下午1点30分正式开始，由中国社会科学院新闻与传播研究所所长尹韵公致开幕词并阐述自己对中国新闻传媒独具特色的反馈机制的理解，接着由陈桂兰院长即兴讲话，此后即转入大会主题报告活动。

在研讨会唯一的一场大会主题报告活动中，京、沪、粤、港、台新闻传播学者的代表，从各自的视点出发，为与会者提供了来自两岸三地的不同议题和思维架构，充分体现了中国传播学界正在不断呈现的对于异质性体验的理解、沟通和包容的多种可能性。清华大学传播系教授刘建明博士在肯定传播模式作为一种研究中的简约化思维的积极意义的基础上，提出质疑，探讨机械传播模式用于人的传播所面临的问题，提出把握反馈是克服传播过程中传播者对于效果不明确控制的混沌要素的有序之本的研究结论。香港中文大学新闻传播系教授陈韬文博士在其论文《文化转换：中国花木兰的迪斯尼化与全球化》中，从文化全球化的批判理论出发，通过“文化转换”这一概念，将迪斯尼新动画片“MULAN”作为个案，通过分析“一个文化为了自身需要而改造其他文化、据为己用”的过程，详尽探讨了文化转换的动机、转换带来的文化杂交、影响文化转换的全球化的因素等，提出杂交文化的全球化意味着文化双重界限——地区与全球间的界限及本国与外国间的界限——的跨越。该研究除结论本身的理论意义外，无论阐释架构还是研究范式，都为大陆的传播与文化研究，提供了一份有价值的参照。暨南大学新闻传播系吴文虎教授从新闻传播的符号系统和符号象征意义两方面，强调了符号学研究之于传播学研究的意义。上海外国语大学新闻传播学院张咏华教授以20世纪90年代因特网为代表的新媒介技术的崛起为背景，对以媒介技术的社会作用为研究焦点的麦克卢汉媒介理论重新审视，认为麦氏理论一反西方媒介理论大都围绕媒介传播的信息内容及其影响展开的传统，发展了传播学以媒介技术为焦点、以媒介技术史为主线的研究领域，其关于媒介技术与人类文化文明进程关系的一系列观点的预见性和前瞻性，是信息技术突飞猛进的今天，他再受瞩目的重要原因，并探讨了麦氏理论的局限性。会议特约嘉宾、台湾文化大学郑贞铭教授则对传播教育的理想和取向，提出了热忱的希望。

分组研讨关注焦点及其学术意义

（一）受到普遍关注的中国传播学研究

整个研讨会期间，无论分组研讨还是学者们在会间不同场合的交流，最受到普遍关注的中心话题，是中国传播学的现状与发展前景。所思考的向度，一是从中国新闻传播教育和研究的现实以及中国社会改革开放的思想和社会价值背景出发，对中国传播学研究的历程、现状进行了总结和概括；二是用西方现有的传播学理论和研究范式观照中国的现状，并探讨发展前景。本次研讨会在这两方面都提出了相当有价值的观点和意见。

中国社会科学院新闻与传播研究所徐耀魁研究员认为，中国引进并开展传播学研究的最大收获，在于媒介工作者思想观念和社会对媒介态度的转变，这包括受众概念的确立和对传播效果的重视，以及来自受众研究的定量分析和调查方法的兴起，但现存的误区影响到这个新兴学科在中国的发展。当前的首要任务是，明确传播学研究的领域和范畴，集中精力打好基础。所谓“传播学本土化”的提法不准确不科学，任何一个学科的理论，都具有普遍意义，但传播学应该与中国传播实践相结合，为中国传播实践服务。

复旦大学新闻学院副院长、博士生导师张国良教授指出，中国传播学研究这些年主要是学习和应用阶段，创造很少。即使学习，对海外传播学经典著作及新进展的介绍也很不够。在研究方法上，定性、定量都需要，但目前中国传播学应该把重点放在定量研究和实证材料的积累，只有在此基础上，定性研究才有希望突破；就定量研究而言，效果分析是最重要的领域，而我们做得太少；为此，他呼吁加大这项研究工作的力度，尤其应当重视采用实证方法测定中国主要传媒的传播效果。

新加坡南洋理工大学传播学院博士研究生徐小鸽以《亚洲传播手册》1987～1997年十年间有关中国传播研究的参考书目为样本，分析国外有关中国传播研究的特点。结果表明，整体上在核心学术刊物上发表的有关中国传播研究的论文不多；华人学者比非华人学者课题的领域较传统、狭窄，有关中国的传播理论、传播历史、传播道德与法律、媒介政策和公共关系等领域几乎被冷落；他认为国内学者要尽快在研究哲学、方法和运作方面与国际接轨，力争把我们的研究成果通过国际核心学术期刊介绍到国外。

复旦大学新闻学院青年教师、在职博士研究生廖圣清等通过对《新闻战线》、《中国记者》1989～1999年的论文进行内容分析，探讨中国传播学理论研究与传媒实践的互动关系，认为只有找到与新闻界的结合点，将从传媒实践中获取的资料进行理论阐释，再返回到传媒实践中，才能形成良性互动，促进双方发展其中应用传播学的内容分析方法，去分析传媒所传播的信息，可视作传播学研究与新闻界理论研究的首要结合点，用传播学理论为媒介发展研究提供不同视角也大有可为。

浙江大学新闻传播学院副教授黄旦博士梳理了美国传播学的发展阶段，认为其必要性不仅因为我国的传播学主要来自美国，更在于通过这样的梳理，可以为深入认识和科学规划我们自己的传播学研究现状和未来发展提供一个参照系。他在发言中着重分析了从以杜威、库利、帕克和米德为代表的芝加哥学派的早期传播思想中传播是人类关系本质的认识，经过李普曼《舆论学》所触及的从人的价值体系出发、有关媒介与社会现实关系的论述，到大众传播学的确立，认为这一过程体现出的变化主要在于传播由本体意义的“关系”演变为应用的具体技巧；传播功能由建立互动关系，变为线性的单向劝服；研究视野从人类关系向功能主义转化；而我们的研究不仅在于只以大众媒介为对象，而更在于全盘接受了“工具”和“功能主义”的研究传统，至今状况似未根本改变。面对新世纪，回顾我们走过的路程，我们有必要思考：如何选择研究传播现象的切入点？

北京大学国际关系学院关世杰教授回顾了与信息跨国传播相关的国际传播（International Communication）的研究概况和与跨文化传播（Intercultural Communication）的关系，介绍了20世纪90年代该领域的新进展主要体现在加强了经济和信息全球化环境下的国际传播研究，出现了学术界、政界与传播实业界联合研究的势头等方面；探讨了将国际传播和跨文化传播视为中国传播学研究的重要领域，扩大研究视野，加强人才和学科建设的现实意义。上海广播电视局总编室沈莉博士考察了日本大众传播研究的现状，对以消化他国既成理论为其主要方法论的日本传播学界，在转向社会信息学后所面临的问题进行了分析；目前正在美国华盛顿进行访问研究的中国社会科学院新闻与传播研究所副研究员王怡红，向研讨会提交了书面论文《向着世纪——论美国传播教育的发展、目标与结构的自我认识》，目的均在于通过考察域外的传播教育与研究，以期对中国传播学教育与研究在未来的发展有所借鉴。北京大学国际传播系龚文庠教授探讨了国际关系演变中国际传播的信息主权问题。复旦大学新闻学院副教授吕新雨博士在考察台湾传媒生态的基础上提出了对媒介社会责任等一系列问题的思考。中国社会科学院新闻与传播研究所助理研究员杨瑞明对“媒介帝国主义理论”的发展及意义进行了评介与分析，他们的论文均提供了有益的借鉴。北京广播学院朱光烈高级编辑则从哲学思辨的高度，提出以下推测21世纪的传播学将成为最大显学，而中心消解、边界难以确定将表明传播学的前卫学科性质。

从中国社会的历史传统和价值体系出发，探讨中国传统文化中的传播现象和传播观念的研究课题，一度是不少学人感兴趣的问题，并被视为“传播学中国化”的途径之一。这方面的重要论著当数1997年出版的《华夏传播论》。本次研讨会也有少量论文属于这一领域，这种探索精神是十分难能可贵的，但就本次研讨会而言，无论从概念和范式的使用还是从结论的理论价值看，其与传播学这一学科的有效契合程度尚体现得不够充分。

（二）形成热点的新媒介技术研究

在提交研讨会论文中，涉及以因特网为主体的新媒介和传播技术的研究，占论文总数的13.5%左右。与以往五届传播学研讨会相比，对新媒介技术的关注，体现出本次研讨会所处的时代背景给研究者的话题选择带来的影响。

中国社会科学院新闻与传播研究所明安香研究员在其《网络传播学断想》中，从网络传播的独特优势与其为受众带来的巨大变化出发，提出了网络传播学建设之于新世纪传播学学科建设的重要意义，及有关其包含网络传播环境学、网络传播生态学、网络传播媒介学、网络传播报道学等一系列学科内涵的构想。新华社新闻研究所唐润华研究员从新闻传播格局、公众获取新闻信息的习惯及方式、新闻采集处理手段、媒介市场等方面，探讨因特网的影响，并对网络传播中目前存在的滥用言论和新闻自由、新闻信息可靠性降低、知识产权得不到保障以及网络传播中的不均衡现象等问题，提出了批评和建议。清华大学传播系教授熊澄宇博士对我国电子出版物和以万维网中的媒体站点为主的基于网络环境的信息传播形式，进行了描述和分析，从技术角度对网络的速度和带宽、多媒体功能、个性化与人性化等问题，提出了有价值的意见。上海外国语大学新闻传播学院郭可副教授选择《上海之窗》网站作为调查对象，对该站点一份英文报纸《上海日报》（Shanghai Daily）进行了网上问卷调查，由此讨论因特网在我国对外传播过程中的效果和趋势，认为网上对外传播有较好的传播效果，网上读者阅读目的明确，新闻内容则格外重要，网络的对外传播也有部分国内受众，为进一步搞好对外报道提供了有益的参考。厦门大学新闻传播系讲师李展对《人民日报·网络版》的个案研究，特别关注其BBS的运作，探讨了我国大众传媒在新媒介技术的作用下，突破纸介报纸局限，体现出一定的公共论坛功能之可能性的现实意义。南昌大学新闻系刘仁圣教授针对网络传播中的无序性问题，提供了建设性的意见。与此相关，华中理工大学信息学院吴廷俊教授则重点讨论了传播科技在传播发展中的首要推动作用。

（三）作为传播学研究的对象和话题的中国媒介

改革进程由于许多传播学者的学科和理论知识背景集中在新闻、大众媒介领域，有关新闻和大众传媒的研究在中国传播学研究中一直占相当数量。本次研讨会这方面的论文约占论文总数的28.9%。尤其是社会主义市场经济体系的建立和健全，以及中国传媒改革的实践，给传播学研究提供了丰富的研究主题和内涵。

香港中文大学新闻与传播学系助理教授陈怀林博士用新经济学派的制度创新理论阐释中国媒介改革的制度演进过程；南京大学新闻传播系孟建教授以现代化中的城市化为背景，对城市电视的发展战略进行了前瞻性的对策研究；华中理工大学信息传播学院申凡教授分析了我国报业结构演变的社会原因；北京广播学院教授胡正荣博士从广播电视媒介制度、生产、经营等层面，讨论中国媒介管理运行体制的创新。

新闻改革中出现的一些新问题也进入研究者的视野，如南京大学新闻传播系宋新桂教授关于媒介舆论监督的研究，浙江大学新闻传播系李岩教授关于电视新闻现场报道的文本叙事分析，西北大学新闻传播学院副教授杨立川、刘建勋有关新闻媒介的不正当竞争的研究，四川大学新闻系副教授董天策关于公共关系对媒介竞争的影响的研究，南京师范大学新闻与传播学院副教授崔保国博士将媒介视为动态的研究对象探讨人的信息行为，暨南大学新闻系副教授陈卫星通过一则研究生教学案例，讨论媒介的社会功能和媒介话语等，都在不同层面和不同领域里，对中国媒介改革进行了理论与实践的多元反思和探讨。

与此相关，传播法、传播道德、传播哲学和传播与文化研究也受到一定关注，上海社会科学院新闻研究所魏永征研究员从法学理论和中国新闻改革的具体实践两个向度，从媒介组织、受众、传播者多个层面，着重探讨大众媒介与自然人的法律关系、南京大学新闻传播系丁柏铨教授从理论上研究新闻传媒与社会的互动关系，重点分析了建立新闻媒体与社会之间的良性互动关系的模式和制衡机制，上海交通大学传播系副教授陈先元探讨了传播内容、传播形式及其共同作用下的传播功能的有关问题，天津师范大学中文系刘卫东教授以多种学科视野对新闻传播效果进行观照，提出实现理想传播效果的基本原则，山东广播电视厅新闻研究所研究员李春利、周军研究了符号学之于传播学理论建构的重要性，苏州大学新闻传播系副教授陈龙对有关中国文化宿命论的研究，均具有一定的理论和现实意义。此外，新疆大学新闻传播系副教授韩强关于乌鲁木齐地区多民族受众的调查报告，从媒介普及程度和接触媒介的目的、对不同媒介的选择与偏好、媒介信誉度多方面，提供了较为翔实和具体的少数民族媒介使用情况的丰富材料。

（四）日趋多样、成熟的研究视野和研究队伍

由于提交研讨会的大部分论文，经过了专家匿名评审和遴选，从总体上看，本次研讨会的论文在一定程度上表现出国内传播学研究的规范化程度有所提高，尤其是业内的研究人员年龄开始呈下降趋势，而学历则在增高，他们往往具有良好的媒介、传播或文化等相关学科理论背景，相当一部分人有过在国外学习、进修、进行访问研究的经历，研究视野比较开阔，比较重视研究的规范性和研究方法的科学性。参加本次研讨会的学者45岁以下的中青年达48.6%（40岁以下25.7%），新闻传播学博士和在读博士研究生约占与会总人数的27.2%。

例如北京广播学院教授郭镇之博士在研讨会上重点介绍了传播学中非常有价值的研究方法“焦点群体访谈”的研究设计和操作；深圳大学传播系教授吴予敏博士关于传播与人的反思性的理论思考；中国青年政治学院副教授展江博士有关新闻媒介介入当代局部战争的方式、角色和特点的研究；复旦大学新闻学院副教授陆晔博士有关商业音乐电台的受众策略和流行文化关系的研究等，均体现出一定的深度和特色。

问题与展望

从研讨会的现场评议和后期会议资料整理来看，如果按照与国际传播学同行平等对话和奠定中国传播学未来研究重要基础的要求衡量，问题和局限依然存在。主要体现在：概念的使用仍有许多混乱；对于一些基本传播学理论的掌握不全面、理解有偏差；研究的规范化程度仍然很不够，一部分论文缺少必要的研究前提、理论综述、参考文献索引，缺乏对定性、定量研究方法的基本认识，有些论文选题空泛，缺少必要的材料支撑，有些缺少学术论文的基本架构，而是随感式的叙述，等等，几位海外学者作为嘉宾对此提出了富有建设性的意见。

新加坡南洋理工大学传播学院院长郭振羽教授对于研讨会按照国际会议标准进行分组讨论和论文点评给予了充分的肯定的同时，也希望今后论文本身的规范性和学术性能更强一些。日本龙谷大学卓南生教授认为在传播学的吸收和引进方面，虽然像日本、我国台湾等的经验和探索值得参考借鉴，但不是一成不变的照搬照抄，而需要具体分析，比如不要简单理解日本所谓从传播学向社会信息学的转向。香港浸会大学传播学院助理教授郭中实博士指出今后研究中几个应该注意的问题，如进行传媒研究时注意明确作为某项具体研究对象的传媒的定位；注意规范概念和探讨概念之间的关系；在使用传统经典的传播学理论来研究中国的媒介或传播现象时，注重寻求是否存在传播理论所不能涵盖的部分——这些偏离之处可能就是该研究的理论意义之所在。在研究中注重寻找事件或变化发生的条件而不是简单地寻找结果或答案，不要使用容易误读的集合概念，等等。台湾政治大学李瞻教授则对于中国内地传播学研究进一步规范化并形成自身特色寄予厚望。所有这些看法，值得我们认真思考。

此外，观照国际传播学界研究人际和小团体传播、组织传播、大众传播的三个不同层次，和政治传播、跨文化传播、发展传播、教育传播、健康传播、传播的文化研究、传播的性别研究等广泛的研究领域，我国的传播学者所涉猎的研究领域仍然十分有限，尤其人际传播、小团体传播和组织传播这样庞大的层面几乎未曾涉及；对于西方传播学理论较新的研究成果的了解甚少。这种状况势必限制中国传播学的健康发展，同时也影响中国传播学的研究成果进入国际传播学界的学术视野。

对于中国传播学研究而言，面向21世纪的回顾与展望，不应该是闭门造车或孤芳自赏，我们对于中国传播学研究的前景和未来，也不应该是妄自尊大或妄自菲薄。我们仍处在传播学作为一个独立学科在中国逐步建立的“学习、应用、创造”的过程当中。如果我们将传播视作创造社会的重要因素，那么，世纪之交中国社会正在发生巨大的变化，则更加开放和面向世界，这正是中国传播学研究与传播学教育发展的良好契机。中国传播学要加入世界传播学术研究领域的对话空间，有一点是可以想见的，那就是，我们的研究对象应该是中国的，这既是我们身处的社会环境提供给研究者的巨大宝藏，又是研究者关注现实的着眼点，而我们的理论贡献，则应该是世界性的，理论研究的普遍规律将因此而得以展示。正如本次研讨会一篇论文上的一句话“改善传播，改善世界”，这，或许可以认为是每一位传播学研究者的学术理想。

（选自《新闻大学》2000年第1期）

适应新世纪发展的趋势　探索影视媒体改革策略

——“新世纪的机遇和挑战与影视媒体改革研讨会”纪要

潘可武

编者按：5月9日，为贯彻落实党的十五大精神，建设适应新世纪发展要求的社会主义影视文化事业，努力满足人民群众日益增长的精神文化需求，及时应对加入世贸组织对我国影视文化事业可能带来的机遇与挑战，中国电视艺术学协会、中国人民大学舆论研究所、北京广播学院《现代传播》编辑部、北京电视台生活频道在北京香山饭店举行了“新世纪的机遇和挑战与影视媒体改革”研讨会。

中国电视艺术家协会主席杨伟光、北京市委宣传部副部长王学勤、北京广播电视学会常务副会长周溥雄、北京电视台总编辑陆莹以及中宣部、中央电视台、北京电视台生活频道、北京广播学院、中国人民大学、北京银汉文化传播有限公司等有关方面的领导、专家、学者30余人出席了会议。会议由杨伟光同志主持。与会者就适应新世纪发展的影视媒体改革趋势，WTO带来的机遇与挑战、舆论导向把握与制播分离探索，受众期待与媒体改革，市场竞争与媒体改革等问题进行了探讨，并取得了丰富的理论成果。作为主办单位之一，本刊以会议纪要的形式对会议成果进行反映。以下是会议纪要：

杨伟光（中国电视艺术家协会主席）：时间即将进入21世纪，整个世界在方方面面都面临着一场深刻的革命，我们所在的传播业也不例外。一是数字技术即将全球化，一是卫星传播的快速发展，使得整个传播学发生了很大的变化。还有互联网发展非常快，被称为第四媒体。再加上中国加入WTO，一系列冲击都会有，对影视业冲击也会更人。在这样的条件下，研究对策是很重要的事情，已引起中宣部、广电总局高度的重视。对中国电视业21世纪怎么发展，采取一个什么对策，我们探讨这些问题有非常重要的意义。面对新世纪的机遇，媒体怎么迎接挑战，我发表一点看法。我们要迎接挑战也要抓住机遇：(1）实行精品战略，应该有精品频道、精品栏目、精品节目，精品节目是基础。生活频道实施集团化的合作，是个好方法，可以多出精品。(2）节目内容要民族化、大众化、本土化。(3）信息要多样化。(4）设备要数字化，特别是中央台、省级台要达到数字化。(5）传播要网络化。(6）制作标准要国际化。(7）频道要专业化。(8）覆盖要全球化。(9）制播分离、节目制作市场化。(10）人才要精英化。(11）管理要科学化等。抓住了机遇，中国电视业就会有很大的发展，生活频道的改革，有可能推动整个全国电视业制播分离。

王学勤（北京市委宣传部副部长）：与生活频道改革非常相似的是中山公园音乐堂的改革。音乐堂是我们北京市政府花9000万改造的，要把它办成北京一流的音乐殿堂。张和平局长有个改革思路，就是把所有权和经营权分离。聘钱程为音乐堂经理，经营音乐堂，成立管委会。搞了一个小型但规格很高的签约仪式，文化部和北京市三位副部级领导参加了签字仪式。没想到一个月后，匿名举报信写到各个领导，控诉国有资产流失，我想大家都能想象出来这个语言，接二连三，经过高层领导转到我这里。我得出一个结论，改革潮流不可逆转，已经深入人心。套用到生活频道改革也是这个趋势和潮流。否则怎么跨世纪？按照十五大精神搞改革没错，只要朝这个方向努力，就会获得领导和大家支持的。

江泽民总书记讲中国共产党始终是三个“代表”，一个是先进生产力的代表，一个是先进文化前进方向的代表，一个是人民群众根本利益的代表。我们说电视业的改革代表了这三个方向。我们电视业的改革可以激发出更大的社会生产力。当然我们说生产力有两种：有形的和无形的。人也有两部分：一部分业内，圈子内的人，操作这个事情的人；还有圈子外受这个鼓舞的人。从这个角度看生活频道的改革，产生的积极意义怎么估计都不为过。虽然北京电视台生活频道是有线，但发展又是无限的，因为它是符合生产力发展的前进方向和要求的。相比较而言，比如北京电视台存在设备老化的问题，我说关键是人员老化、观念老化、知识层次老化，这更危险。从这个角度来说生活频道具有不可比拟的优势，关键在人，机制灵活，可生产出最好的精神产品给群众。这样好的事，没有哪个领导不支持。从改革的角度来说，发展我们的电视业，迎接挑战，这是最关键的。在2000年新旧世纪交替的转折点，生活频道又有了新的生机和活力，与社会的合作也是一种强强联合，这种捆绑有点儿像蹦极，为了体会蹦下来的快感，你必须站得高，才能享受这个快乐。改革一定会给生活频道带来生机和活力。

胡智锋：(《现代传播》副主编、副教授）谈谈制定中国影视媒体改革战略与对策。我们应该分析它的理论依据：(1）社会生活发展的依据。目前，中国社会生活的概念极其丰富，有农业时代的特点，有工业社会的特点和后工业社会、信息社会的特点，这些特点使生活内涵层次更加丰富。(2）媒体生存环境变化的依据，比如网上消费，电子商务等。(3）影视业十几年来自身的发展轨道，要求自身必须改革的依据。我不太赞成三种倾向：技术崇拜、形式崇拜、盲目改版创新和盲目迷信。最先进的技术，未必就有最有效的结果。再说盲目改版和创新：改革不意味着全面开花，如果有传统的品牌优势，为什么轻易放弃，新东西还没有非常充分的论证，怎么随随便便放弃？改变也好，创新也好，应该是扎扎实实，根据实际情况变，不能一窝蜂全变。迷信收视率也不对，一个节目收视率不高，可能有很多原因，也不见得有收视率，生命力就会久，看问题一定要掌握辩证法。

中国电视最近十几年从客观形态看，经历了节目经营、栏目经营到频道经营几个阶段，从主观形态看，经历了从制作人—制片人—策划人的演革。策划人是频道建设时期很重要的核心角色，他应该有头脑，了解社会发展趋势和动态，熟悉媒体发展轨迹，同时又具有较厚实的媒体经验。

中国电视近十年来经历了五个新观念的演变：第一，电视纪实；第二，电视栏目化；第三，电视谈话；第四，电视直播；第五，电视游戏娱乐；现在电视生活服务类节目有可能推动电视业的发展，成为新的增长点。因此，《生活频道》的创立当有很好的发展前景。

高鑫（北京广播学院电视学院教授）：网络、多媒体、新经济，这些新的词汇不断出现，使人有眼花缭乱之感。新经济的最终赢家很有可能就是那些善于自我更新、自我埋葬的旧经济人。只有自我更新才能跟得上这个时代，电视也一样。现在社会上大量独立的节目制作单位出现了，比如《中国娱乐报道》，在全国100多家电视台播出。《中国网络报道》，也有上百家电视台购买播出。保留省台，保留几个市台，其他都下马。形势逼迫产生更多的电视节目制作公司。卖节目，哪些节目好销？制作精良，有收视率，有大的覆盖量，这些节目就有人买。生活频道进行集团化的合作，从全局来说是一个大的变革，这一步迟早得走，早走了一步，就抢占了先机。现在是做频道的时代。小打小闹趁早别干，要干就干大。干事首先是资金，新经济时代本身就是要钱的时代，人家一融资就几个亿，没钱干不了事。夏骏作了这样大的决定，离开中央台办公司，跟生活频道合作，把自己融入经济大潮之中，是较有远见的。新经济时代还有大量人才的吸纳。不管什么事，无论怎么做，人是关键。吸纳那些既懂得电视又懂得网络，既能策划又能制作，既懂传播又懂经营，既懂传统的东西，又有新观念，才能立于不败。现在智力经济没有人才不行。人才的作用是一百个上千个人不能替代的。再一个，如何增强节目的覆盖性。一个节目想要打入很多家电视台，不仅在国内开花，还要想办法打入国际的传播系统和传媒系统。咱们生活频道的节目，在制作上不要强调地域性，应该有非常强的覆盖性，树立雄心，争取向国内外传媒提供。

喻国明（中国人民大学舆论研究所所长）现在注意力的重点已经不是过去那种精品战略。单靠单个的节目或者栏目，已经不适应现实的改革和发展的需要。未来有生命力的应该是专业化的频道或电视台的经营，现在生活频道做尝试，主动做比被动做好，早做比晚做好。国外资本威胁的态势逼人，比如时代华纳和美国在线，一个美国公司，广告营业额就60亿美元，相当于1998年我们全国的广告收入，规模极其大。在这种情况下，他们还不断兼并，不断把自己做大，不是为抢占美国本土市场，而是为了抢占世界市场的先机。我们自己的市场优势是什么？是本土化的优势。主要是政策资源，主动释放政府资源，抓紧时间把自己做成集团产业化。没有规模就没有竞争生存的余地。讲到生活频道，在总体思路上，还是先不要把摊子铺得太大，尤其刚一进入市场，要明确自己的范围，要在包含自己核心价值的领域里把它做厚、做透，这样才有可能在一个领域做成规模。以后的竞争不但是资金规模竞争，还是智力投入规模的竞争。市场没有独家的资源和新闻，只会有独家的视角和制作。靠什么？要靠人才。比如凤凰卫视，是把最大的钱用在人力上，它可以在一个资源很小的情况下取得成功。

胡正荣（北京广播学院广播电视研究中心主任）这次生活频道和节目制作公司合作，可以说是多少有些制度创新的味道，具有划时代的意义。丁百之和夏骏的合作是一个好兆头，既然走了第一步，后面担负中国第一的任务还很多，职责也很多。这种制度创新也将会带动国内的制播分离。受众的市场也将跟过去不一样，细分程度会更高。细分市场是社会进步的标志。我们如何把自己的专业化做得更好？应该从自己的角度定位，从频道定位考虑自己的专业走向。创新，首先要解决观念创新的问题。我很推崇全球化的思维，本地化的操作。第二要解决资源的组合方式和优化配置问题。最后，是制度创新，现在宏观制度的管理，还是行政手段在唱主角，市场手段与法制手段缺乏。

真正产业运作的台或频道，它的组织结构很简单，就是一个大的经营部、一个新闻部、一个大的节目部、让自己的管理层次越来越少，让自己的效率越来越高。媒介改革到最后，制度创新不做，就很难成功。

会议上，中央电视台经济部副主任刘连喜、中宣部电视处处长汤恒也作了精彩的发言。北京电视台生活频道节目部主任丁百之，北京银汉文化传播有限公司总经理夏骏介绍了双方的合作和新版生活频道的经营。会议于10日结束，大会希望电视界的专家学者对于北京电视台生活频道的改革投入更多的理论上的关注。

（选自《现代传播》2000年第5期）

中国文化产业：入世前的自检与前瞻

——21世纪中国首届文化产业论坛年会综述

李康化

党的十五届五中全会通过的《中共中央关于制定国民经济和社会发展第十个五年计划的建议》，第一次以中央《建议》的名义明确提出了“文化产业”这一新概念。“文化产业”的提出，绝不仅仅是多出一个新名词，而是反映了我们对精神产品生产与物质产品生产共性与个性认识的进一步深化，反映了我们对文化发展客观规律认识的进一步深化，反映了文化自身发展的多侧面和复杂性。为了加强对文化产业理论的探讨和对文化产业实践的指导，2000年11月4～5日，“21世纪中国文化产业论坛首届年会”在上海交通大学召开。该论坛由文化部和上海交通大学共建的国家级学术研究机构——国家文化产业创新与发展研究基地主办，旨在发展成为中国文化产业界的“财富论坛”。由于数字技术的快速发展和中国加入WTO的临近，中国文化产业如何把握机遇和应对挑战，成了首届年会的主要话题。

文化产业结构和经营方式亟待调整

合理的产业结构，是保障产业间协调发展的基础。然而，由于我国文化产业兴起不久，产业规模尚在形成过程中，目前文化服务产品生产企业规模弱小，而且在现有管理体制中，非文化企业不能经营文化产业，也不能以参股、融资方式等进入文化企业，导致文化服务企业难以发展。而国外有的文化服务企业的资产已达几百亿甚至上千亿美元，具有强大的产品开发和经营竞争能力。专家们认为，随着入世的临近，面对如此强大的竞争对手，通过制度创新和技术创新推动文化产业结构升级，已成为一个刻不容缓的课题。中国社会科学院哲学研究所“国家创新体系”研究小组章建刚认为，随着知识经济的到来，传统企业结构已经发生了变化，研发、设计部门越来越大，人员、投入都在增加，而纯粹的“制造”环节在逐渐缩小。文化产业部门尤其如此，它们的纯粹制作部分甚至可完全取消，一家文化企业可以只是一间设计公司或咨询、策划公司。这样一来，文化企业的规模虽然不是很大，但其产品的影响、销售量及利润回报却可以非常巨大。因此，不少与会者提出，现阶段我国的文化产业组织需要国家在经济政策上予以扶持，尤其是在财政税收和融资政策等方面的支持。比如，鼓励各种社会资本投入文化产业；取消一些对非公有制经济成分投入文化产业领域的限制；对于新兴和创新型的文化产业项目实行低息或贴息贷款；鼓励组建各级各类文化产业组织或文化投资公司，形成多元化投资主体的新格局，等等。

加强特色文化资源的开发和利用

经济全球化的浪潮正在推动文化市场多元化格局的形成，而生产经营的跨国化，已经成为当今世界经济领域最显著的国际现象，这也是文化产业走向全球化的深刻表现。有资料显示，全球50家媒体娱乐大公司占据了当今世界上95%的娱乐市场和出版市场，时代华纳、迪斯尼、索尼等9大媒体巨无霸支配着全球文化市场。面对文化全球化，尤其是资本主义文化产品纵横天下的文化霸权，近几年，我国传统民族文化的发展受到严峻挑战。而随着加入WTO，扩大文化市场的准入范围，允许国外文化资本和文化艺术产品、文化服务的进入，都已不可避免。与会专家不约而同地提出，应根据中国国情，结合我国传统文化的精华，发展具有中国特色的文化产业。上海社会科学院世界经济研究所张幼文强调，文化生产与服务的全球化不是以一种统一的文化取代各民族文化，而是各民族文化的生产、服务与消费的全球化，并且在各民族文化相互交融中创造新的人类文化成果。因此，在文化全球化的历史条件下，必须大力发展具有中国特色的文化产业，壮大中华民族文化。只有在发展壮大民族文化的基础上，中国文化才能在世界上获得应有的地位。

把握城市的文化消费需求

扩大市场准入意味着我们将“引狼入室”，加入WTO意味着我们将“与狼共舞”。结果如何？实力是一个重要的衡量标尺。但专家也指出，在我国文化产业和外来文化产业的竞争中，实力的强弱未必能决定胜负，以弱制强也是可能的，前提条件是必须善于扬长避短，善于运用自己的优势在要害处形成彼弱我强的格局。对于文化产业来说“，要害”是什么呢？首都文化发展中心常务副主任钱光培认为，文化产业的“要害”就是对文化消费需求的把握。谁能在最短时间内准确把握我国城市文化消费需求并满足这种需求，谁就能在这场竞争中取胜。美国好莱坞公司早在中美WTO谈判成功之前，就开始详尽地调查研究中国城市居民的文化消费需求了。他们不仅买了大批中国影片，研究中国观众的观赏兴趣，而且还通过派往中国的大公司人员，对不同观众的观片时间、服务要求以及可接受票价等进行了细化的调研。

然而恰恰是我们的文化企业，几乎还没有详尽而深入地对我国城市文化消费需求进行过调查和研究，以致文化产品生产和文化服务提供因缺乏依据而具有盲目性。钱光培指出，正是这种盲目性，造成了当前中国文化市场的一大特点：一方面是相当多的文化产品和文化服务没有销路，一方面是广大消费者多方面的文化消费需求得不到满足。他认为，在中国加入世贸组织以后，外资文化企业必然会很快填补文化消费需求的空间，到那时，就不是一般的实力强弱的竞争，而是需求对路的产品和服务与需求不对路的产品和服务之间的竞争。当前中国文化产业发展的头等大事，就是要以最快速度和最大动作，摸清中国城市的文化消费需求，并切实按照文化消费需求来组织文化产品的生产与文化服务的提供。

构筑文化产业和文化管理人才培养高地

文化产业是高科技与高文化相结合的产业，是一个特别需要高素质人才运作的领域，因而，对文化产业的经营、管理人员，文化素质和能力结构的要求非常高。中国入世后面临的最大困难和挑战正是在于人力资源的战略准备严重不足。而境外可准入的文化产业集团抢滩我国文化市场提出的人才本土化要求，又必将引发人才争夺战。时代华纳已经委托北京大学培养高级经理人员。人才流失对于人才准备不足的中国文化产业来说，意味着更严重的贫血。文化产业与文化管理人才培养政策的缺位，使我国21世纪人才高地的构筑少了一个制高点。国家文化产业创新与发展研究基地胡惠林针对这个问题提出，应依托高校和学术界的现有力量和资源优势，迅速制定相应的政策，把对文化管理与文化产业高级专业人才的培养纳入国民经济和社会发展“十五”规划的目标中，纳入国家公共管理硕士培养体系，形成从本科到博士生教育的人才后备资源高地。

正确处理文化产业发展过程中的有关关系

文化产业首先是产业，但又不是一般的产业，因为文化产业在某种意义上还是一定上层建筑的载体。对于一般的物质产品，我们要求它具有优越的使用功能、优良的产品质量、优异的外观设计和优质的售后服务；而对于精神产品，我们还要求它具备健康的内容和深邃的思想。上海交通大学文化管理系李康化认为，中国文化产业发展既要从经济的角度着手，又要从政治的角度着眼。从经济角度看，发展具有中国特色的文化产业可以调整产业结构，增创经济效益；从政治角度看，发展具有中国特色的文化产业可以增强民族文化认同，抵御文化帝国主义。为此，在发展中国特色的社会主义文化产业的过程中，应处理好六个方面的关系：一是文化产业与文化事业的关系，二是社会效益与经济效益的关系，三是文化产业中娱乐功能与教育功能的关系，四是发展有中国特色的社会主义文化产业与借鉴外国文化产业发展经验的关系，五是进一步开放搞活文化产业与加强法规建设和管理的关系，六是制定文化产业发展的阶段性和前瞻性规划的关系。

此外，与会专家还就文化体制的改革、传媒企业的发展、著作版权的保护等问题进行了深入探讨。文化产业界的代表则各自结合自身发展文化产业的经验作了广泛交流。

（选自《社会科学》2001年第2期）

世纪发新声　事业开新篇

——全国新闻出版局长会议述要

钟　楚

新的世纪，新的千年，在我国各项事业均取得巨大成绩并将面临进一步的创新与发展的宏观背景下，江泽民总书记于全国宣传部长会议上发表重要讲话，从而给全国宣传思想领域的同志们以极大的鞭策与鼓舞下，全国新闻出版局长会也在以“求实、进取、改革、发展”为基调的氛围中召开。这不是一次普通的年会，其内容也不仅仅限于一般的工作范畴，而是承先启后，是在为新世纪各项工作的展开谋篇布局的开局之年所召开的一次大会，它所肩负的特殊任务与所具有的重要意义及影响也许在将来更长的时期里才能愈加明显地体现出来。

江总书记不仅充分肯定了长期以来宣传思想战线所取得的工作成绩，而且强调指出：“宣传思想战线是十分重要的战线，宣传思想工作部门是十分重要的部门，宣传思想工作是全党的工作，事关改革、发展、稳定的大局，事关建设有中国特色社会主义事业的全局。”江总书记强调，宣传思想工作要继续宣传好抓住机遇、加快发展的思想，以发展解决中国的所有问题，解决人们的思想认识问题。

丁关根同志在全国宣传部长会议上也作了重要讲话，他指出，"宣传舆论阵地的建设和管理，关系到改革发展稳定的大局，关系到党和国家的长治久安"。宣传贯彻中央关于"抓住机遇、加快发展"的重要指导思想，为抓住机遇、加快发展提供强有力的思想保证和舆论支持，是宣传思想战线要着力把握的工作基点，也是衡量和检验宣传思想工作成效的一个重要标志。丁关根同志还就如何深入研究、阐述、宣传"三个代表"的重要思想，如何做好纪念建党80周年的宣传教育活动，如何加强宣传舆论阵地的建设和管理，统一规划、深化改革、应对挑战，等等，做了统一部署与安排，并就总体的指导原则与方向做了详细的说明。

新闻出版行业是宣传思想工作的主阵地之一，其重要性毋庸置疑。在新世纪召开的这次全国新闻出版局长会，面临着新的形势与紧迫的挑战，需要解决的是非常实际而又不能不通盘考虑的问题。继承与发展，改革与管理，创新与调控，时间紧、任务重、难度大，如何把握时机，理清难点，拓展思路，将新闻出版业的发展推到新的高度，成为本届局长会着重讨论的议题。新闻出版署署长石宗源同志在局长会上作了《认真落实五中全会精神，坚持先进文化的前进方向，推动新闻出版业在新世纪的更大发展》的工作报告，报告提纲挈领，总揽全局，从新闻出版业所面临的形势与任务、改革的总体目标与步骤、方案等多个方面进行了缜密论述。各位与会代表围绕石宗源同志的报告，结合学习江总书记、丁关根同志在全国宣传部长会议上讲话精神的体会，各抒己见，展开了热烈讨论。下面我们从几个较集中、可能难度也是较大的问题入手，力求反映出本届局长会活跃的思想与精辟的见解，从而为新世纪的新闻出版业留下一份值得参考的材料。

一、改革的总体目标与"十五"规划

从新闻出版业不同阶段的发展看，改革开放以来首先是解放出版生产力、多出书、解决"书荒"严重的阶段，90年代初新闻出版业开始走从以规模数量增长为主要特征的阶段向以优质高效为主要特征的阶段转移的发展道路，图书精品战略取得了明显成效，但迈入新世纪的新闻出版工作也面临着许多不容回避的挑战，这些挑战既来自国际，也来自国内，既来自行业外，也来自行业内，既来自体制与机制，也来自技术层面，只有深化改革，加快发展，才能化挑战为机遇，才能趋利避害，真正地具备应对挑战的能力。因此，新闻出版业改革的总体目标应当是：一方面要形成比较完善的、适应社会主义市场经济体制和精神文明建设需要的，符合新闻出版自身发展规律的管理体制和运行机制，满足人民群众对精神产品和文化产品不断增长并日益多样化的需求；另一方面，新闻出版业自身的经济实力和市场竞争能力也必须有较大的发展，进一步提高新闻出版经济总量在国民经济中的比重，为两个文明建设作出更大的贡献。

具体到"十五"规划的阶段性目标，那就是到"十五"期末，要形成5~10个年销售收入数十亿元乃至近百亿元的出版集团，10~20个有世界影响的名牌期刊，1~2个年销售收入3亿~5亿元的期刊集团；要形成有国际影响的音像电子出版集团；形成若干家书报刊、音像和电子出版物、网络出版以及广播影视综合经营的大型传媒集团；要基本形成统一开放、竞争有序的出版物大市场；组建具有一定规模和影响力的印刷企业集团。要通过全行业的努力，最终形成结构合理，管理制度完善，法律法规体系完备，科技水平提高，印刷复制生产能力和优质率显著提高，出版物出口数量稳步增长，知识产权得到应有尊重，出版科研和转化能力大大增强的出版产业体系。

二、改革攻坚战：对策与措施

改革的总体目标，包括"十五"规划的阶段性目标，都是以我们目前正在进行、或已认识到而准备进行的改革为基础，在一个较为明晰的思路框架下得出的。无疑要实现这些目标还有很长的路要走，有许多困难、甚至是前进道路中不可预测的困难要去克服，但不改革，就没有发展的动力，不发展，就没有事业的繁荣，这已是局长会上形成的共识。

1. 关于出版与发行体制改革，即集团化建设的问题

众所周知，出版体制改革从1979年长沙会议提出"立足本省、面向全国"，到"逐步推行社长负责制"等八项措施的实行，从1985年哈尔滨会议提出出版社由生产型向生产经营型转变，到党的十五大提出"加强管理，优化结构，提高质量"，出版业逐步向内涵式、集约化发展的道路迈进。发行体制改革20年迈出三大步，从1982年提出"一主三多一少"的目标，到1988年提出"三放一联"的目标，再到1996年提出"建立统一开放、竞争有序的大市场"的目标，发行业已初步形成了以国有经济为主体、多种所有制成分共同发展的大流通、大市场的出版物流通格局。报刊业通过治散治滥，优化结构，也为深化改革打下了基础。但我们也必须清醒地认识到，一方面出版体制改革的逐步推进，解放了出版生产力，促进了新闻出版事业的健康发展，但另一方面从新闻出版业日益发展的内在需求看，从迎接"入世"所带来的冲击与挑战看，从党的十五届五中全会对新闻出版业提出的改革与发展的要求看，出版体制改革还有很大差距。目前的出版体制仍带有浓厚的均衡发展的特征，不仅加剧了贸易壁垒，而且使得资源浪费、低水平重复出版现象严重，出版单位规模经营水平低，竞争能力弱。因此走集团建设之路，走不均衡发展之路，就成为深化改革的一项重大举措。

近两年来经中宣部和新闻出版署批准，全国已相继建立了6家出版集团、3家发行集团和16家报业集团，在树立品牌、扩大规模、提高资产运作水平上取得了一些阶段性成果。但组建集团一定要在转换机制上取得进

展，形成新的管理体制和运行机制，而不是徒自增加了一个新的行政管理层，那样无益反而有害；其次集团建设一定要在跨地区、跨行业方面与多种媒体兼并方面取得进展。对此各地新闻出版局的体会也很深切，如北京出版社出版集团总编辑陶信成说，组建试点集团应当有多种模式，可以强强联合，即“巨变”，也可以像北京出版社在自身改革的基础上组建集团，即“裂变”。河北省新闻出版局局长甄树声说，河北去年销售收入15个亿，利润3个亿，5年后要翻番，不搞集约化不行。我们的思路是先建小集团，后建大集团，第一步争取实现政企分开，第二步以资产为纽带，建立多种形式的子集团，最后待条件成熟，成立全省性的出版集团。上海东方出版中心总经理乔友农说，要组建跨地区、跨行业、有血肉联系的集团，目前一些集团一是靠行政手段，二是局限于地区，以省为中位，这样的集团不仅缺乏生命力，而且使以前的行政垄断变成行政垄断加经济垄断，反而强化了垄断。

集团的发展在当前的新闻出版行业改革中虽属试点阶段，但它是重中之重的工作，因为它在新闻出版业总的发展进程中将发挥重大作用，是希望所在，因此在相关的政策上应给予扶持，比如经批准，出版集团可在外地设立分支机构，开展组稿与编辑工作。有条件的单位可与电台、电视台合作开展业务，开展多种媒体综合经营。发行集团经批准可以拥有出版物进出口权和租型造货权，也可吸收国有资本参股，有条件的可申请上市融资。应当强调的是，这些政策均带有试验性质，要经过严密论证，具有较强的可操作性和可控度，并须事先报批，严格执行相应的报批程序。

2. 关于出版机制的转换，即“三项制度”改革

不仅是目前的试点集团要把注意力放在建立新的管理体制和运行机制上，新闻出版业中的所有国有企事业单位也应在内部机制改革上抓紧落实。中央于90年代初就提出三项制度改革，并反复强调，最近经国务院同意、国办转发的《国有大型企业建立现代企业制度和加强管理的基本规范（试行）》及中央批准的《深化干部人事制度改革纲要》，我们应认真学习，参照执行。三项制度改革中的劳动与人事制度改革起步较早，滞后的是分配制度改革。中国科学出版集团社长汪继祥认为，留住人才要依靠事业和感情，但还要靠待遇。转制后的企业或单位能否解决“期权”问题，联想的柳传志之所以不在乎上台下台，是由于他已成为千万富翁。这在政策上还需要进一步的研究。仅留住人才还不够，还要为应对将来包括“入世”的挑战，为我国出版业的大发展不断地培养、引进人才，对人才的概念也应有一个突破，即要兼顾不同学科、不同专业，尤其是懂经营管理、熟悉世贸规则与相关政策的复合型人才。

3. 关于出版产业产品结构调整的问题

如前所述，出版业均衡发展的另一弊端，就是许多出版单位产品单一，媒体综合利用水平低，且重复出版严重。仅从图书结构看，我国现在年出版图书10余万种，其中占出书总品种14.6%的课本，却占图书总印张数的48.7%，占出版总码洋的39.3%。可以说这种结构性弊端已经严重制约着出版产业的正常发展。教材出版发行体制早改比晚改好，主动改比被动改好，事实上我们目前的出版实力与出版业发展的总趋势已蕴涵了改革的契机，对于革掉一些出版单位依赖教材教辅的懒汉陋习来说，这次改革也恰逢其时。当前要重点做好两项工作：一是按照国家计委和新闻出版署《关于核定2001年秋季中小学教材价格有关问题的通知》的各项规定，尽快落实；二是认真研究制定教材出版招标和教材发行引进竞争机制的方案，积极开展试点工作。要从讲政治、服从大局、服务“科教兴国”战略、提高全民素质的需要这一高度去认识、解决这一问题。正如江苏省新闻出版局局长石启忠所说，面对教育减负、限制教材利润率和课本招标这些来自国内的冲击波，出版业应真抓实干，搞好产品结构的调整，积极寻找新的经济增长点。

4. 关于迎接“入世”挑战的话题

加入世界贸易组织对我国的改革与发展利大于弊，对新闻出版工作同样是利大于弊，但我们必须清醒地认识到，如果我们不能化挑战为机遇，以发展求生存，那么在加入世贸组织后我国民族出版产业能否继续居于主导和主体地位，已经不仅是一个经济问题，更是一个严峻的政治问题。因此加快发展，深化改革，就是我们当前最迫切、也是最根本的任务。此外我们应根据世贸组织规则和我国政府的承诺，对现有出版法律、法规和规章进行一次全面清理，不适应的应予以修改与废止。国家版权局副局长沈仁干认为，首先我们要增强民族自信心，加速我国版权产业的发展，以大城市为中心加快建立一批大型的版权产业基地与集团，争取控制80%以上的国内版权产品市场；其次是全面修改《中华人民共和国著作权法》，提高对本国作者和作品传播者的保护水平。上海新闻出版局局长孙颙建议“十五”期间“出版法”能尽快出台，否则入世后将会有一系列的复杂问题因法律武器不足而陷于被动。

5. 关于高新技术与互联网对出版业的冲击

用数字与网络技术改造传统产业，实现传统产业与信息时代的对接已经成为包括新闻出版业在内的各行各业一项迫切的任务。

就高新技术的发展而言，新闻出版业应加强对磁、光、电等新媒介的研究，积极开发新的出版媒体。要实现出版物编辑制作流程数字化，印制自动化，管理网络化，加快出版产业的信息化步伐。

网络出版对新闻出版业确实冲击很大，中国印刷科学技术研究所《数字及网络技术对新闻出版业的冲击和对策》一文认为，按读者阅读方式分，主要有三种网络出版技术：个人电脑下载，按需印刷和电子书（e-book）形式。它将对传统新闻媒体、传统出版业包括印刷业、发行业形成强烈冲击，其对策是一方面出版单位应抓紧数字化工作流程与数字化资源库建设，另一方面积极开发电子商务平台，开展电子商务。更重要的是要注重对网络出版人才的培养。就整个新闻出版行业而言，应统一规划，突出重点，建立有一定规模的、具有世界影响

的网络新闻出版体系，要防止一哄而起，给管理造成困难。政策、资金、资源应有所倾斜，组建全国性的网络出版公司、网上书店、跨媒体出版集团。要认识到这是一个全新的领域与产业，我们不去占领，别人就会占领，必须要有主动去学习、去领导、去掌握高新技术与网络出版的紧迫感与危机感。

6. 关于融资方式的政策

新闻出版署副署长于永湛同志指出，“入世”后，我国出版物市场将逐步对外资开放，跨国资本与传媒集团将和我们争夺市场，而投资和融资能力弱正是我国出版产业面临的一个突出问题。石宗源同志的工作报告提出，试点集团目前应在投融资体制的创新上下工夫，既利用好各种资金，又确保国家赋予的专有出版权不转移。试点集团的母公司目前只吸收宣传文化系统的国有资本参股，试点集团所属报刊、图书、音像和电子出版单位可吸收国有资本参股发行、印刷和复制企业可吸收国有与非国有资本参股，但本单位国有资本必须控股。社会法人资本金可以进入出版单位进行具体的项目合作，但出版单位必须坚持三审制，终审权不能转移。

7. 加快西部新闻出版业的发展

西部大开发，西部的新闻出版业同样需要一个大的发展。对此来自西部省区的新闻出版局长讨论话题较为集中，也很热烈。宁夏自治区新闻出版局局长刘长宗认为，出版结构调整，要从西部实际出发。提出“不均衡发展战略”可以反映产业化发展的规律，但在西部特别是西北开发中应总体平衡，还要考虑少数民族问题和资源开发等问题。陕西省新闻出版局局长冀东山说，全国新闻出版业是一个整体，要发挥行业整体优势，要研究共性，着眼全局，抓住大事。党中央对西部开发已经作了部署，新闻出版业在政策上要有倾斜，不仅是资金问题，还要有一个思路，注入活力。新疆新闻出版局局长米吉提热诚希望发达省市新闻出版部门积极支持西部大开发，合作开发西部出版资源。

三、加强对改革的领导与管理工作

改革要深化，管理要加强，这看似是一对矛盾，但却有着不可代替的重要性，并存在着相辅相成的关系。管理上首先要努力实现政企分开、政事分开、局社分离，由过去以行政调控手段为主，转向以经济、法律调控手段为主。管理部门要集中精力抓政治导向，抓产业政策，抓发展规划，抓健全法规，严格执法监督。要做到不越位、不缺位、不错位，决不能“管办不分”，既当“裁判员”又当“运动员”。特别是目前正在试点的集团，要处理好新闻出版行政管理和企业自主经营的关系，下“和”棋不下“围”棋，下活棋不下死棋。新闻出版行政机关要充分尊重集团依法行使经营自主权，并给予极大的关心和帮助，要研究到位，政策到位。试点集团也应守法经营，服从新闻出版行政机关管理，牢记企业自主权与社会责任是一致的、同比的。

目前互联网的发展给新闻出版管理带来许多新情况、新问题。现在网络出版尚处于起步阶段，关键是网站对新闻内容的发布比较随意，管理难度较大。丁关根同志在全国宣传部长会议上强调要加快发展我国的网络新闻宣传，办出特色与水平。中央集中力量办好六大重点新闻网站，各省、区、市再集中力量办好一至两个新闻网站。2000 年 9 月 25 日，国务院颁布了《互联网信息服务管理办法》，明确授权新闻出版行政管理部门应对从事网络出版业务的单位（包括经营性和非经营性）进行审批，对网络出版内容进行监管，新闻出版署应尽快制定《网络出版管理暂行规定》，争取在管理上取得主动地位。

始终不解地抓紧“扫黄打非”工作是维护出版物市场正常秩序、保障新闻出版业深化改革顺利进行的必备条件。一方面我们要严查、严管出版物内容导向上出现的问题，确保新闻出版业服从服务于党的中心工作大局，另一方面对于新闻出版业存在的买卖书号、刊号、版号，搞有偿新闻等不正之风，也要严肃处理。对出版物市场存在的盗版盗制、非法炮制危害社会主义精神文明建设的出版物的非法行为，要依法严惩。在立法方面，针对新闻出版工作面临的新情况、新问题以及应对加入世贸组织的要求，抓紧修订《出版管理条例》、《音像制品管理条例》和《印刷业管理条例》。“扫黄”“打非”工作要坚决贯彻落实中办、国办联合下发的《2001 年“扫黄”“打非”行动方案》的各项要求，清理整顿市场，查处大案要案，摧毁非法出版生产基地，尤其要继续清缴有关宣扬邪教“法轮功”类的读物，营造一个有利于改革开放事业进一步发展的文化环境。

1 月 14 日上午，历时四天的全国新闻出版局长会议闭幕。严峻的形势、光明的前景，使这次年会有了特殊的意义。当新闻出版业发展几年后再回头看本次会议，相信每一位代表都会更真切地感到它的务实与高效，并有着很强的前瞻性与预见性。

（选自《中国出版》2001 年第 2 期）

以高度的政治责任感推动中国网络媒体的发展

——在首届中国网络媒体论坛上的致辞（摘要）

邵华泽

互联网的迅速发展是信息传播技术领域带有根本性的一次突破和变革。互联网因其具有传播新闻信息的媒介功能，1998 年 5 月，联合国新闻委员会年会正式提出了“第四媒体”的概念，即指继报刊、广播、电视之后出现的互联网和正在兴建的信息高速公路。互联网的应用对新闻传媒业产生了深刻的影响。1987 年美国硅谷的《圣何塞信使报》首开网上大众传播之先河，此后，大量传统媒体争相创办“网络媒体”，以扩大自身的影响力。

中国新闻媒体迈开上网第一步始于 1995 年。截至 1999 年底，中国上网报纸接近 1000 家，上网广播电台和电视台超过 100 家。当时，中国多数新闻媒体的网站大都处于刚刚起步的“网络版”阶段。

2000 年，可谓是中国新闻媒体网站“升级年”，一批网站以全新的面貌亮相。不少网站从某一家媒体的网络版脱胎成为相对独立的网站。如“新华网”、“人民网”、“央视国际网站”等。这表明建设者们认识到媒体网站不应只是简单复制传统媒体的内容，而是一种有着自身特点的、有着更大功能的、有着广阔发展前景的新媒体。此后一年间，以北京“千龙网”、上海“东方网”的组建为标志，一批地区媒体联合网站兴起，使我国新闻媒体的网站建设出现了新的局面。从中国网络传播的发展历程中，我们可以看出，随着网络技术的成熟及人们对网络传播认识的不断深入，中国网络媒体在整体上经历了早期简单复制传统媒体，中期利用网络特性扩展母体传播内容，到现在独立发展综合新闻网站的三次跃进。中国网络媒体在新闻宣传上已经发挥了越来越重要的作用，在宣传党和政府的方针政策、进行正确的舆论引导方面，在对外宣传中国良好形象方面，起到了不可替代的作用。

今天，中国互联网的发展正日益融入广大人民群众的生活。应该看到，互联网为我们新闻宣传和思想政治工作提供了现代化手段，开拓了新的空间和渠道，使我们的工作提高时效性，扩大覆盖面，增强影响力，成为重要的思想舆论阵地。同时我们也应看到，互联网的便捷性使得网络传播主体更为多元化；网络世界中，跨境传播成为一种普遍现象，媒体竞争将更为激烈。今天，互联网已成为国际舆论斗争的新领域，西方大传媒集团凭借其强大的技术实力、意图通过互联网，主导世界舆论。我国已站在 WTO 的门口，传媒业一方面要积极适应 WTO 所带来的经济全球化趋势的要求，但又绝不能丧失在思想文化领域的主导地位和主动权。正在积极进入互联网领域的中国传媒业，不可回避地将与外来媒体展开舆论阵地和信息资源的争夺战。

以江泽民同志为核心的党中央对新闻网站的建设和发展极其重视。在今年的中央宣传工作会议上，江泽民同志指出：现代社会，各种媒体特别是信息网络化迅速发展，舆论的作用和影响越来越大，越来越需要加强引导。新闻媒体是党和人民的喉舌，应准确、鲜明、生动地宣传中央的精神，应及时、如实、充分地反映人民群众的意愿。要继续坚持团结稳定鼓劲、正面宣传为主的方针，深入宣传爱国主义、集体主义、社会主义思想，进一步做好典型宣传、热点引导、舆论监督工作，扶正祛邪，振奋精神，鼓舞人们奋发向上。要高度重视互联网的

舆论宣传，积极发展，充分运用，加强管理，趋利避害，不断增强网上宣传的影响力和战斗力，使之成为思想政治工作的新阵地，对外宣传的新渠道。这是对于网络媒体宣传和互联网建设的重要指示。我们要以此为指针，坚持正确的舆论导向，切实改进和提高信息传播的技术和新闻宣传的水平，增强新闻性、贴近性和服务性，千方百计地做好及时、准确、真实和全方位的信息服务，抓住读者、抓住市场，迎接世界传媒和市场经济的挑战。

近几年来，中国政府采取了一系列重要步骤和措施，鼓励和促进网络传播，同时又注意进行规范和引导，使其健康发展。1997 年 5 月，国家就明确了积极支持、促进发展、宏观指导、归口管理的方针，并授权国务院新闻办公室为归口管理机构。2000 年 4 月，国务院

新闻办公室网络新闻宣传局成立，负责统筹协调全国互联网新闻宣传工作。之后，各省、市、自治区也正陆续设立相应的管理机构。同年，我国相继颁布了《互联网信息服务管理办法》、《互联网站从事登载新闻业务管理暂行规定》、《互联网电子公告服务管理规定》、《关于审理涉及计算机网络著作权纠纷案件适用法律若干问题的解释》、《全国人民代表大会常务委员会关于维护互联网安全的决定》等一系列法律、法规和规章，使互联网信息传播基本做到了“有法可依”。

正因为网络传播是一项全新的事业，交流与沟通才显得格外重要。在互联网与传统媒体的最初互动中，对一些基础的网络新闻业务进行交流、研讨，成为不少媒体网站的迫切需求。中华全国新闻工作者协会作为我国新闻从业人员的“记者之家”，正是本着为新兴的网络媒体服务的精神，于 1999 年主办了第一届全国新闻媒体网络传播研讨会。三十多家媒体网站的创建者聚会杭州，就网站建设、网络新闻业务、网站合作展开热烈讨论。

这种横向的沟通不仅从实际上推动了媒体网站的建设，更使“网络传播”进入中国新闻传播界的视野。当“2000 全国媒体网络传播研讨会”在上海召开时，中国网络媒体已基本呈现出多层次、全方位的网络传播的格局，与会者所讨论的内容已超出业务研讨的范围，对网络媒体的未来，包括如何做强、做大给予了更多的注意。可以说，全国新闻媒体网络传播研讨会见证了中国媒体网站这两年扎实前进的历程。今天，我们在此召开的中国网络媒体论坛是全国新闻媒体网络传播研讨会的继续，更是研讨会的升华。中国网络媒体论坛以促进全国网络媒体相互之间的经验交流，推动全国网络传播健康、有序地发展为宗旨。本届论坛的主题是网络媒体与信息产业。我相信，通过与会者介绍情况，交流经验，深入探讨一些关系网络媒体建设和发展的、紧迫的、深层次的问题，这次会议一定能够取得丰硕的成果。

今天的盛会可谓是全国网络媒体界的朋友们共聚一堂。古人云：“创业维艰。”我知道，做网络媒体是件“苦差事”，大家为此付出了辛勤的劳动。没有大家的努力，很难想象我们的网络媒体在短时间内能取得这样的进步，受众能够得到如此丰富的网络新闻和网络多功能服务。另一方面，互联网技术的飞速发展又在推动我们一刻不停地前行，宽带网、移动互联网等新技术又给予我们新的事业空间。“路漫漫其修远兮，吾将上下而求索”。希望大家以高度的政治责任感和历史使命感，艰苦创业，求索不止，共同努力，推动中国网络媒体的发展。

（选自《中国传媒科技》2001 年第 7 期）

关注传媒环境　共图发展大计

——全国经济类报纸高级研讨会侧记

钟　楚

随着我国市场经济的稳步发展，人们对各类经济信息的需求不断增加，社会生活的经济化趋势为经济报纸提供了发展空间。我国现有经济类报纸 100 余种，在坚持以经济建设为中心，全面宣传党和国家的各项经济方针、政策，积极推进国家的经济改革和现代化建设中起了重要的作用。但也还存在一些问题，目前经济类报纸普遍发展不快，缺少高质量、有影响的品牌；经济类报纸在办报思路、报道内容、报道倾向等方面也存在一些问题。

为了进一步推进经济类报纸的迅速发展，2001 年 9 月 11～12 日，新闻出版总署报刊司在京召开全国经济类报纸研讨会，研讨会由中国经营报社承办。国内较有影响的 25 家经济类报纸的社长或总编辑出席会议。新闻出版总署党组成员石峰同志主持开幕式并在会议结束时做了总结性发言，中宣部新闻局李宝善局长出席会议开幕式并就国内经济类报纸的现状和发展要求等问题作了重要讲话。

会议紧紧围绕当前形势下我国经济类报纸的现状、问题和发展前景展开研讨，在政府主管部门、专家学者和经济类报纸的高层管理人员的沟通交流中，从不同的角度对我国现阶段经济类报纸发展中遇到的问题、新鲜的经验和做法以及为加快发展、促进繁荣所应做出的努力等方面进行了深入而切合实际的研究分析。

会议的成功举办，将会对今后一个时期我国经济类报纸的发展乃至整个报业市场的繁荣发展提供许多建设性的思路。会间所产生的许多富有前瞻性的观点和意见也必将会对今后经济类报纸的办报实践产生积极而深远的影响。

一、关注传媒环境

经济类报纸要获得更为稳健的发展，在政策环境、受众环境、经营环境等诸多方面尚有待进一步明确。本次研讨会的一个议题就是“关注传媒环境”。

（一）政策环境及政策要求

1. 经济类报纸在国家经济建设和新闻宣传队伍中的定位

经济报道在新闻宣传中占有很重要的地位和分量，经济类报纸是整个新闻战线的一支重要力量。中宣部新闻局李宝善局长说，“我们国家以经济建设为中心，只要这条不变，经济宣传、经济报道在整个宣传工作中始终会占有重要的分量”。

（1）经济类报纸是伴随着经济体制改革和经济建设而发展的，已经成为经济建设的重要组成部分。新闻出版总署党组成员石峰同志在大会的闭幕式上谈到，“是国家的改革开放和经济发展为经济类报纸的发展提供了条件。经济类报纸的品种、数量以及内容、结构始终与国家的改革开放以及经济建设的需要联系在一起。到目前为止，我国经济类报纸大约有 180 多种，如果加上行业报、企业的以及消费类报纸则将近600种，占现有报纸总数的将近三分之一，可以说，经济类报纸是我国报业队伍中的一支强大的生力军，是党的新闻工作的重要力量。”

（2）经济类报纸在改革开放和经济建设中发挥了重要作用。石峰同志说：“改革开放20多年来，在社会主义现代化建设的进程中，中央制定了一系列经济政策，出台了许多重大的经济改革措施，新闻媒体紧紧围绕党的中心工作，把中央的路线、方针、政策及时准确地传达给广大人民群众，经济类报纸结合自己的特点为群众解疑释惑，在经济建设中发挥了重要作用。比如过去的大量有关国有企业脱困的报道，以及近年来在金融改革和税制改革中的报道等等，都产生了积极影响，应该说读者是满意的。在积极宣传经济改革的同时，经济类报纸自身也在不断发展，包括管理体制、运行机制等，服务意识、市场意识大大增强，服务模式不断创新，报道手法日趋多样化，为经济类报纸注入了活力。”

（3）经济类报纸自身实力达到了平稳的发展阶段。在讲话中，石峰同志谈到，从1996年起根据中央的要求先后两次对报业结构进行了调整。今年小报小刊在各个省又做了局部调整，这为经济类报纸发展创造了有利条件。今年经济类报纸总量和品种不但没有下降，反而通过优化结构还增加了十几种。这一方面是经济发展的客观需要，促进了人员的合理流动；另一方面是经济类报纸不断调整自己的定位，为自己的生存和发展提供了空间。

2. 从经济报道的角度看，经济类报纸应当注意和把握的五个问题

在谈到经济报道在新闻宣传中需要加强和改善的重要方面时，李宝善局长从五个方面谈了这个问题：（1）经济类报纸要积极配合党和国家的公共利益，搞好重大的政治性或者说重大主题宣传，积极参与重大宣传战略。（2）始终把握正确导向，绝不能给错误的观点言论提供土壤。（3）加强热点引导和舆论监督，鼓舞群众信心。（4）改进采访作风，提高报道质量。（5）严禁有偿新闻，维护媒体声誉。

（二）受众环境及需求重点

在探讨“经济类报纸的市场构成与偏好”问题时，中国人民大学舆论研究所所长喻国明教授做了主题发言，他指出：尽管中国的传媒有较大的发展空间，但相对过剩已出现，在这种情况下，只有以聚焦的方式，有针对性地、专业化地处理好我们的资讯，整合好我们的资讯，使我们的资讯有一个相对来说比较明显的特征的时候，我们才有可能被社会有目的、有意识地自觉选择。

（三）经济类媒体的经济环境

经济类媒体的特殊地位决定了其于新闻实践中有近水楼台之利——关注经济动态，关注经营理念和技能，为自身的健康发展、有效经营提供便利的学习机会，而事实却未尽如人意。在研讨会期间，许多报社老总都多次提到由于发行、纸张、税收及人力资源投入等方面造成的经营压力。就经济类报纸的有效赢利模式问题，北京广播学院新闻传播学院院长丁俊杰教授做了专题发言，他认为，经济类报纸存在诸多问题，如缺乏独特的市场定位，广告从业人员不成熟、不规范、不专业、广告版面销售不畅等等，这些都将影响经济类报纸的赢利。

二、分享成功经验

随着市场经济的发展，读者对经济类信息的需求与期待日益升级，如何不断调整办报方针和市场定位，保持报纸的可持续发展，树立起知名度、名誉度俱佳的优秀品牌，成为经济类报纸的高层管理者的奋斗目标。本次研讨会，还请中国社会科学院的专家依据他们的研究成果向大家介绍了境外优秀的经济类报纸的运作经验。

在报界似乎一直存在一种观点，认为专业性较强的经济类报纸不会大红大紫，特别是一份全国发行的经济类报纸要蓬勃发展就更难。但是，我国许多经济类报纸如《经济日报》、《中华工商时报》等通过多年的不懈努力，用自身的实践改写了这一认识：全国性的经济类报纸不仅有其生存发展的空间，而且前途还是很光明的。《中国经营报》的做法是做好报纸内容，做好报纸营销，做好广告营销。其执行总编李佩钰对此作了详细介绍。

境外经济类报纸的成功经验也是我们应着重借鉴的，在本次研讨会上，中国社会科学院新闻与传播研究所所长明安香研究员重点选择了经济类报纸中的世界级品牌：《华尔街日报》、《金融时报》和《日本经济新闻》介绍给与会者，指出，应特别借鉴这些世界名报的成功之处。

三、锁定传媒热点

为了更深入地探讨实际问题，沟通交流思想，本次研讨会设置了几个热门话题供大家开放式地加以讨论。其中就“经济类报纸的生存发展空间”一题召开了专题座谈会，代表们积极地富有建设性地参与讨论，对现阶段国内经济类报纸甚而整个报业发展中遇到的问题进行了分析和判断。

（一）关于经济类报纸生存发展空间

随着国家改革开放的深入，经济体制改革、市场化程度的加剧，都将使经济类报纸所提供的资讯有广阔的市场需求。从理论上说，企业数量的增加、股民队伍的壮大等将使各类经济信息有广泛的市场需求。经济类报纸甚至综合类报纸的经济类报道内容都会大受欢迎。广义上的经济类报纸有着很大的生存发展空间。但讨论中发现，与会的经济类报纸的老总们对此并不乐观，认为经济类报纸的生存发展空间很大的属微弱声音，而大多数人均认为有着理论意义上的发展空间，但现实阻碍很多。从许多代表的发言中可以看出目前经济类报纸在政策环境、内部经营管理以及同行间的规范化竞争等许多方面均有待廓清障碍，大幅度改革。

（二）关于报刊市场财经热

专业化财经媒体的兴盛与资本市场的发育有着直接的联系，由于我国近年来证券市场的发展，企业和个人作为证券市场的积极参与者，使专业化财经类的媒体应运而生。财经热的兴起真的是既顺应了客观现实的呼唤，

更预示了未来的媒体发展吗？如何看待报刊市场的财经热？财经热的原因是什么？财经热将会持续多久！经济类报纸如何在这种“热度”面前保持应有的冷静和理智等等，成为老总们议论的重点。

（三）关于职业精神与专业水准

当前的国内经济类报纸，压力来自两方面：传媒业内外竞争环境的压力，受众经济信息需求的提升带来的压力。在探讨任何事物的发展因素时，我们都应既考虑事物发生的内因也考虑其外因。作为经济类媒体本身的建设问题，本次会议涉及的重要议题是“职业精神和专业水准”。与会代表认为，从业人员的职业精神和专业水准对经济类报纸而言非常重要，而目前国内经济类报纸从业人员普遍存在专业水平不高的问题，专业水准亟待提高，职业精神也应在一定规则基础之上实现并确立。这方面的问题解决好了，报纸的影响力，报纸的核心竞争力自会相应得到提升。

（四）为市场服务与在竞争中生存

国内报业市场的发育成长、国外媒体在有限的层面上的进入等，都将在一定程度上引发并激化竞争。经济类报纸即将和正要面对的竞争不仅仅是与其他种类的报纸或与国外媒体和资讯传输工具间的竞争，实事求是地看待自身所处的环境，明确自身定位，为市场提供高质量的服务将是经济类报纸面临的更为紧迫的任务。

四、共图发展大计

面对经济类报纸所处的政策环境、读者环境、经济环境和来自内部、外部的竞争压力，到会的主管部门领导和报业老总们深深感到：在目前状况下，经济类报纸要实现持续发展繁荣，必须加快内部机制改革和队伍建设，集中精力将报纸做好，找准自身的独特定位，共同构建经济类报纸健康的微观环境，从而使国内经济类报纸的竞争力得以提升。

石峰同志在会议的总结性发言中提到，“进入新世纪，我们又即将入世，我国经济将与世界经济全面接轨，并将逐步地进入经济全球化当中，这对我国经济的发展，经济体制改革以及经济生活都会产生深刻影响。我们的经济类报纸也面临着新的挑战和机遇，我们要把握好这个历史性的机遇，推进经济类报纸加快发展，提高竞争力，走出具有中国特色的经济类报纸的发展之路”。就此，石峰同志提出四点，作为对新时期经济类报纸的改革发展提出的希望。

（一）讲政治

针对经济类报纸的实际情况，在办报中如何讲政治，石峰同志谈到：第一，要以“三个代表”的重要思想指导办报工作。这里包括两层意思：一个是要宣传好“三个代表”的重要思想，第二是要实践好“三个代表”。我们有双重任务，不但要宣传好而且要实践好，使经济类报纸成为宣传和实践“三个代表”思想的一支重要力量。第二，宣传、报道要正确体现党和国家的方针政策。经济类报道政策性很强，人们非常关注，把握不好很容易出问题。一旦出了问题，不但直接影响经济建设，而且可能影响社会稳定，这就表现为很强的政治性。应该说在管理工作的实践当中，这方面的教训是很多的。在实践中，我觉得要把握好这么几条：中央已经决定的问题不能在报纸上发表不同意见，公开讨论；对一些社会敏感问题不要故意炒作，要讲社会效应；对拿不准的问题不要自作主张，要及时请示报告；对报道要实事求是，不能随心所欲，更不能编造虚假新闻，要讲职业道德；要严格岗位责任制，每个岗位责任人都要认真地履行各自的职责。第三，在任何时候都要坚持把社会效益放在首位。

（二）会经营

石峰同志讲到要把社会效益放在首位，并不是说不要经济效益。发展是硬道理，在新闻出版业同样适用，要发展就要讲经济效益。他指出，这些年来，我国的新闻出版业虽然有了很大的发展，特别是出现了若干已经有相当实力的报业集团，但目前我国新闻出版业的发展水平、经营规模、经济实力与我国经济的发展还很不适应，参与国际竞争我们还处于一种弱势。事实上，我们的整个报业面临着非常巨大的发展空间，要发展就要会经营，过去我们讲要重视经营，我看现在重视经营这个问题基本上解决了，但是光重视是远远不够的，关键是会不会经营。

在这个问题上石峰提出四点希望：要有创新思维、避免不正当竞争、抓内涵式发展、广纳人才。

（三）抓改革

要把中国的报业做强做大，最根本的就是靠改革，这些年来报业有所发展也是在改革当中发展的。一个时期以来，社会各界对新闻出版的改革议论很多，我们应把这种议论看作是大家对改革的一种期待。

最近，中央已就推进媒体改革进行了全面部署，我们要很好地学习研究，要抓住机遇，促进报业有大的发展。

（四）求实效

我们做任何事情都要注重实际效果。做一切工作都要从实际出发，实事求是、扎扎实实地去做，少点张扬，多点务实。

座谈研讨中，大多数与会代表认为，在经济类报纸参与市场竞争时所面临的许多问题，不是单纯的市场手段可以解决的。而且，在我国特有的新闻规律作用下，同类报社的不同待遇问题、同类报纸的扎堆问题、集中精力整合经济类报纸资源、树立权威品牌问题等等，均需要政府相关管理部门加强规范和指导。应在国家新闻出版管理部门的有力调控和指导下，共同构建国内经济类报纸的合理结构。

从发展的角度看，无论是专家还是报社老总们，普遍认为，经济类报纸近年来的确很红火，但总体上看，竞争力不强，报纸本身质量不高，财经类采编队伍建设薄弱。而要改革要发展，应该加强自身队伍建设和内部体制改革，做强做精报纸。一句话，参与报业市场竞争的根本是做好自身的报纸品牌。

（选自《中国出版》2001 年第 10 期）

辗转赴会　共谋发展

——首届世界华文传媒论坛综述

吴海山　吴　静　彭振刚

由中国新闻社主办、南京市人民政府承办的“首届世界华文传媒论坛”于2001年9月16~18日在南京国际会议中心举行。此次论坛是海外华文媒体诞生以来首次由中国内地举办的“峰会”，已经载入世界华文传媒的辉煌史册。

论坛期间，250多位海内外传媒精英，包括来自五大洲130家媒体150多名境外华文传媒高层人士在中国内地聚会，畅所欲言，共谋发展大计。回眸近二百年世界华文传媒历史，举办如此地域分布广、媒体全、层次高、人数多的论坛，堪称史无前例。

排除万难辗转赴会

受美国“9·11”事件的影响，许多参会的美洲地区华文媒体代表，未能准时搭乘原定班机赴会。但一些代表历经艰辛，在论坛开幕后辗转赶到南京。

加拿大《加华新闻》总编林君、美国《芝加哥华语论坛》社长兼发行人张大卫等为来宁赴会，经历了许多艰辛。巴拿马《侨声日报》社长、巴拿马中文电台董事长古文源来宁经历则更具有传奇色彩。由于巴拿马没有开通直飞中国的航线，他只有到美国洛杉矶转机。袭美事件发生后，他不得不改道经荷兰阿姆斯特丹飞中国香港。但航空公司的失误使他又一次改变了计划，他最后走“巴拿马—厄瓜多尔—哥伦比亚—美国—香港”的曲折线路才抵达南京。古先生几乎在每一个转机地点都要等六到七个小时，再加上在飞机上的时间，总共在旅途中耗费了近40个小时。在到达住地后，精疲力竭的古先生表示：“参加这么一次论坛大会太难得，这点周折值得。”

美国《世界日报》（旧金山社）总编辑陈裕如赴宁途中经历了“火与水的洗礼”，先是遭遇袭美事件，辗转到台湾后又遇台风，赶到南京时，论坛已在举行闭幕式，全场代表以热烈的掌声欢迎他的到来。

集思广益共谋发展

国务院副总理钱其琛在开幕当天到会，与全体代表合影留念并发表重要讲话。钱副总理首先代表中国政府欢迎前来参加论坛的代表。他指出，海外华文媒体的一个重要功能就是传播信息，既有来自家乡的消息，也有华侨华人在世界各地创业的事迹，同时也提供各方面的知识，使中华文化得以延续，使青年一代华裔有机会了解中国的情况。钱其琛最后祝愿海外华文媒体越办越好，成为华侨华人对外联系的桥梁，更有利于华侨华人融入当地主流社会。

为期三天的论坛共收到论文40余篇，有38位媒体老总走上论坛发表演讲。代表们在会议期间，广泛交流海外创办媒体的经验，分析海外华文媒体的现状与发展，探讨华文传媒在世界舆论格局的重新调整中面临的机遇和挑战，积极推动海外华文传媒之间以及它们与中国内地传媒界的交流与合作，从而促进全球华文媒体的更大发展。

论坛还提供了在宁媒体与海外及中央媒体交流、合作的良好机遇。海内外的媒体高层人士在论坛上“面对面”交流与研讨，在论坛外促膝言合作，相互启迪共谋发展良策。南京日报总编辑田涛说，参加这样的论坛对办报人很有益处，很有启发。澳大利亚《澳洲侨报》、加拿大《环球华报》老总主动找到《南京日报》田总，商谈交流合作事宜。南京电视台认为这是媒体切磋交流的好机会，他们把凤凰卫视董事局主席兼总裁刘长乐、新加坡《联合早报》总编辑林任君、日本大富电视台董事长张丽玲等请进演播室，与台长周莉一起，共同制作了一档《新世纪华文传媒何去何从》的专题节目，凤凰卫视资讯台总编辑阮次山担纲嘉宾主持，台长、老总纵论媒体现状与发展，电视台及观众都感到收益颇深。南京电视台网站也把此次论坛作为同行交流、切磋的好机会，他们把演示屏幕挂在了会场门口，全程宽带直播大会盛况，不仅引起了同行的关注和好评，而且点击率逐日上升。会议期间有5万多网民通过直播和点播观看了论坛，其中60%来自海外。

笔翰如流礼赞金陵

此次论坛所安排的活动丰富多彩。除了论坛开、闭幕式以及论坛发言外，主承办单位安排代表参加了第六届世界华商大会开幕式、参观经贸展览及“南京之夜”——第六届世界华商大会庆典晚会，组织代表参观了南京市容市貌，游览了中山陵、夫子庙、总统府、台城等名胜景区。面对南京悠久的历史、灿烂的文化、发达的经济、畅达的交通、如画的市容、繁荣的商贸、温馨的生活及文明的市民，海外华文媒体的老总感慨万端。大家纷纷表示，很高兴会议地点选在南京，令他们有机会领略具有两千多年历史的古都风情与现代化建设成就。加拿大《环球华报》社长张雁女士说："回一次南京，有一次新的感受。家乡的巨变既让人感到不可思议，又让人感到无比自豪和骄傲。我要通过自己的媒体及时传递家乡——南京的变化，让全世界的人了解她、喜欢她。"一位日本华文媒体的老总在参观台城时说，"这里的古迹虽经历了几百年的风化、战乱，但仍保存如此完好，着实让人感到意外，说明南京市政府极其重视对人类历史文化遗产的保护。"今年是辛亥革命九十周年，在参观"孙中山临时大总统办公室"时，许多海外华文媒体老总表示：这次参观为他们今后的工作提供了非常重要的线索和依据。

南京的美深深震撼了与会老总，许多人在会议期间就向自己媒体传回了稿件。许多老总表示，回去以后不但要将自己的感受整理、发表，有机会还将派出记者来宁采访。据不完全统计，参会的媒体老总及参与论坛报道的海外、中央及省市媒体的近百位记者采写、播发了300多篇（幅）稿件。

论坛与华商大会几乎是同期举行，代表们参加了华商大会开幕式等两项活动，由于代表身份特殊，对扩大华商会在海外的影响，起到了积极的推动作用。新加坡《联合早报》总编辑林任君说，此次论坛时机选择得很好，媒体和经济的关系是背靠背的、相辅相成的互动关系，华文媒体论坛与华商大会在同时、同地背靠背举行，其意义显得更加重大而深远，两者相互作用的互动关系也愈益明显。论坛代表参加华商大会的活动，亲身体验了全球炎黄子孙"华商携手新世纪、和平发展共繁荣"的共同心声；体察中国对华商的殷殷期望；体会了540万南京人民同心协力、辛苦劳作，精心承办第六届世界华商大会，尽展南京新世纪风采的豪情壮志。这种亲身经历，激发了代表们的热情，许多代表连夜将他们的报道及感想发回媒体。据了解，绝大多数的海外华文媒体的老总，都以不同的方式发回了关于华商大会的报道。

成功办会实践承诺

在论坛的开幕式上，南京市市长王宏民慷慨激昂地表示：世界华文舆论在世界华人圈乃至国际上都有非常大的影响，这次全球150多家华文媒体聚会南京，举办世界华文媒体史上的空前盛会，是南京的荣幸……南京市政府将尽力为各位提供服务和保障。

论坛结束后，许多代表对南京的办会水平赞叹不已。马来西亚《星洲日报》集团总编萧依钊说，原想承办第二届世界华文传媒论坛，但看到南京如此高质量的办会水平，感到有些怯阵了。此次论坛的主办单位中国新闻社，为了感谢南京市政府和南京人民的盛情，感谢市委宣传部、市政府新闻办的周到安排，特意给市里发来了感谢信。

为了使首届世界华文传媒论坛取得圆满成功，南京市委、市政府领导高度重视。在筹办工作中，市领导多次听取筹办情况汇报，审查筹备工作方案。市委分管领导还多次召开协调会，向有关部门提要求、交任务、抓落实，对一些重点、难点工作还主动过问、亲自去抓；省委宣传部有关领导对会议筹备工作也给予了极大的关心和支持；市委宣传部主要领导在备战华商会、党代会等重大活动人手紧、任务重的情况下，专门从有关处室抽调得力人员，充实论坛工作班子。不仅如此，还亲力亲为，直接参与重要计划的制订、重头活动的组织。新闻办领导更是身先士卒，从制订计划到组织落实，始终站在工作第一线。

由于此次论坛活动安排较多，涉及面较广，加之与华商大会几乎同期，因此给会务准备工作带来了一定的难度。宣传、侨办、公安、安全、供电、旅游、国会中心、卫生、电讯、机场、火车站等部门和单位，根据市委、市政府的要求，通力合作，对整个活动作了精心策划和周密安排，从而保证了活动的有序进行。

拥有一支素质高、专业精、作风正的队伍，是使论坛取得成功的坚强组织保证。参加此次论坛的每个工作人员都严谨细致、精益求精，具有高度的责任感、使命感；不计名利，甘当配角，团结协作，具有崇高的集体主义精神；身兼数职，加班加点，连续作战，任劳任怨，具有特别能战斗的精神。为了把工作安排得周密、严谨，在筹备工作阶段，南京市政府新闻办制定了22项工作方案，对重点工作方案的各个环节反复推敲。每项工作责任到人，每个人都定位在岗。

为论坛服务的每个志愿者都主动热情、周到细致、勤劳智慧，出色地展现出当代大学生的风采，展现了南京人的当代风采。英国《新世界》、马来西亚《光华日报》、香港的《凤凰卫视》等媒体，在报道论坛的同时，都把采访志愿者列入了议程，并在第一时间内将志愿者的形象传遍了五大洲。

国运兴，汉语热，传媒盛。海外华文传媒在新的世纪大有可为，与会代表深感作为文化特使肩负光荣与繁重的使命，纷纷表示全球华文媒体同行将相互提携勉力前行，努力办好各类华文媒体，使之成为华侨华人维系中华文化的精神纽带和认知中国与世界的重要桥梁，共同为华文媒体在新世纪得到更大发展打拼，用全球华人华侨的智慧和心血改写国际传媒业的版图。

（选自《华人时刊》2001年第11期）

WTO 与中国媒体发展趋势
——2001 年中国传媒年会综述

王锡松

随着中国加入 WTO 的临近，中国传媒行业面临着前所未有的发展机遇和挑战。研究加入 WTO 对中国媒体业的影响及今后的发展方向，已成为一个迫在眉睫的问题。为促进中国媒体间横向协作，探讨中国媒体事业整体发展趋势，解决媒体发展中面临的共性问题，促进传媒与市场的沟通合作，由中国报业协会、中国期刊协会、中国音像协会、中国广播电视协会、中国广告协会以及中国互联网协会等六家协会联合主办，江苏波司登公司赞助，每日传播事业集团承办的“2001 年中国传媒年会”，于 2001 年 10 月 12 日至 14 日在北京举行。

本届年会集结了国内外 300 多名传媒界精英。在为期三天的会议中，通过国内外传媒权威专家主题演讲、组织媒体行业发展论坛，集中研讨了中国加入 WTO 之后媒体面临的形势和机遇、现代传媒人才培养、媒体广告和国际传媒新技术等诸多课题。

世界上广告投放量增长最快的地区

成立于 1923 年 AC 尼尔森国际媒介公司是全球知名的广告监测评估系统公司。该公司执行董事 Philip Rich 先生在年会演讲中指出，到 2000 年底，中国广告投放量虽然在世界广告投放比例中只占 1%，但是依据本地区强劲的经济发展势头，尽管今年上半年中国广告投放有放缓的迹象，近年来它的广告投放增长速度还是毫无争议地成为全球最快的地区。

面对这样一个庞大的新兴市场，用《财富》中国版总编 Tomas D. Gorman 先生的话来讲，是形势“一派大好”。他说，国民经济的快速提高和增长会对媒体经济的发展产生积极的影响，中国 2000 年广告占 GDP 的比重为 0.79%，而发达国家通常为 2% 以上。未来 10 年内，中国人在广告上的花费大幅增长，而入世后外国企业进入中国也将加大他们广告的投放力度。他相信，随着中国的入世，一个给媒体和广告商带来无限商机的时代就要来临。Tomas D. Gorman 同时还认为，在这个急速发展的广告市场中，会有很多机遇出现，当然，外国广告公司的逐渐进入会对中国国内的广告公司构成威胁。这些广告公司往往会有更为强大的人才、资金优势，它们一旦实现本土化就会给中国国内的广告公司带来强烈冲击，也许届时在国内外有实力的广告公司的夹击之下，中国现在一大批中小型广告公司会就此消失或被兼并。

传媒成为资本追逐的热点

“一个行业从限制到逐步开放往往会充满超常赢利的机会，而资本追逐利润的本性，使它最为敏锐地感受到传媒市场的投资价值，虽然国家允许媒体接受投资的政策尚待明朗，但各类资本已经急不可待。”本届年会特邀嘉宾、中国人民大学舆论研究所所长喻国明教授在大会上作了《对于我国媒体行业现实状况的基本判断》的主题演讲。

我国目前整个传媒市场规模理论上可以超过 1000 亿元，但到今年为止，我国媒体总的市场“盘子”仅仅约在 800 亿元左右。喻国明指出，之所以还有三分之一的增量空间没有有效占用，和我国目前媒体行业的市场开发能力低下有关。同时，有力度、有规模的资本进入无疑会加速我国媒体市场开发能力，从而增强与国际传媒竞争的能力。

随着媒体投资热的出现，投资媒体的门槛也一再提高。作为北京多家报纸的主要市场投资分析人，喻国明教授有着切身的感受。他说，1998 年北京晨报创刊时，仅以 1500 万元就占据了北京报业市场上第三的位置，而仅仅过了两年，京华时报想要达到这一市场目标时资金的门槛已经提高到了 5000 万元。他判断未来一两年内，进入北京主流报业市场的资金门槛会进一步提高到 1 亿元以上的水平。行业垄断所带来超级利润下的中国传媒正进入到规模化发展的整合时期，而资本的金手指所到之处还是会泛起泡沫的浪花。尽管前景如此，但喻教授最后说：“媒体是一杯美味的暴利和空泛泡沫调和的鸡尾酒，懂行的人会在喝下它之前先把泡沫晃掉。”

挑战和应对：入世的危机和机遇

南方日报报业集团总经理钟广明认为，入世后作为中国报业主体的党报也将遇到深刻挑战。入世后中外媒体间必然出现渗透和反渗透、控制和反控制的激烈斗争，这既是意识形态的角逐，也是经济实力的较量。要在这一斗争中掌握主动，就必须充分利用入世头几年的保护期，抓住入世为我国报业提供的难得机遇来壮大自己，增强竞争实力。作为党的舆论喉舌，一定要实施名牌战略，办出可以与国外传媒相抗衡的报纸，巩固社会主义的舆论阵地。

文汇新民联合报业集团总经理顾行伟认为，入世将对中国报业从粗放型到集约化效益型转变起到积极作用，为了在未来的竞争中与国际新闻集团抗争，中国传媒应围绕做大做强，励精图治，以资本为纽带，以资本运作为手段，以多元化经营为舞台，改造传统媒体的经济结构，努力提升非传媒经济效益，形成具有综合实力能够抗衡各类风险的多媒体新闻集团。

《财富》中国版总编 Tomas D. Gorman 先生相信，入世后，国外公关业、广告业将会按照市场准入原则，会以更加灵活的方式进入中国市场。在与国际接轨过程中，整个行业的标准将会得到提高，从业人员的专业水准和道德要求会更高。在受众拥有更多选择空间的情形之下，媒体会对受众进一步负责和尊重，而目前存在的“软广告”等不规范的操作方式将丧失生存的基础，那些把本土化和国际化结合完美的媒体将在新一轮竞争中获得成功。

（选自 2001 年 10 月 23 日《中华新闻报》）

创新与发展：新世纪传播学研究

——全国第七次传播学研讨会综述

张　宸

10 月 18 ~ 19 日，全国第七次传播学研讨会在南京大学隆重举行。本次研讨会由中国社会科学院新闻与传播研究所、江苏省广播电视总台和南京大学新闻传播学系主办。来自全国高等院校、科研单位和海外的 70 多位传播学者出席了这次盛会。这是新世纪的第一次传播学盛会，其主题为：“新世纪的中国传播研究：创新与发展”。研讨范围包括传播与全球化；WTO 与中国传媒；外国传媒与政府如何应对 WTO；网络传播与人际传播；网络传播与组织传播；新世纪的传播学理论；传播学基础概念的界定与创新；新世纪的新闻传播大趋势，以及其他相关主题。

一、全球化浪潮中的传播

传播与全球化是本次研讨会的一个热门话题。巨额资本的迅速流动、资本信息的全球交换，需要信息传播全球化的支撑。而以数字技术、网络技术和多媒体技术等为代表的信息传播新技术、新媒介的逐渐成熟和广泛普及，则为信息传播的全球化提供了坚实的技术和物质基础。这种经济、技术与信息交互作用的关系在当今世界表现得日益突出。

我国作为最大的发展中国家，应如何参与信息全球化进程，为我国在新世纪的发展创造一个良好的全球信息交流、文化交流、新闻传播交流和国际舆论交流环境？中国社会科学院新闻与传播研究所明安香研究员在其论文《关于信息传播全球化和新世纪初我国传播发展战略的几个问题》中，从信息传播全球化的宏观视野出发，就我国面对信息传播全球化的浪潮，如何抓住机遇，迎接挑战，在信息全球化进程中占据主动提出了自己的设想：第一，充分利用信息传播新技术、新媒介特别是网络传播等带来的有利条件，积极主动地参与信息全球化的进程。第二，进一步认识和尊重传播规律，着力加强媒体的内容建设，提高传播效果，让我们的新闻传播和舆论传播在西方主流社会落地生根，逐步影响新世纪世界舆论的格局。当前，最迫切的是加强媒体自身的内容建设，让西方主流社会不仅愿意看中国的新闻传播和舆论传播，而且感到非看不可。我们的传播观念要转变到受众本位上来，新闻报道的手法要与国际接轨，探索与国外主流媒体合作、联营乃至兼并等多种途径，逐步进入外国媒体市场。第三，适应中国加入 WTO 以后面临的全球媒体激烈竞争的需要，按照市场经济规律办事，逐步实现媒介传播资源的最佳配置，建立中国自己的世界级媒体超级航母。

信息全球化不可避免地将媒介产业卷入全球化的浪潮。浙江大学新闻与传播学系邵培仁教授在其论文《论媒介产业全球化与中国的对策》中指出，媒介全球化对媒介的竞争力提出了新的挑战，主要表现在：媒介经营的跨国性，媒介管理的开放性，管理时间的快捷性，经营地点的全球性，媒介竞争的凶猛性。他分析了中国媒介在全球化竞争中的劣势，主要有：经济实力不强，媒介成分单纯，经营结构单一，资金分配失衡，媒介体制存在缺陷，政府职能存在问题。他认为，面对媒介全球化挑战，中国媒介产业应采取以下对策：一是参与媒介全球化进程，争取媒介全球化权益。二是制定和实施人才战略，培养和造就媒介人才。三是循序渐进，步步为营。四是引进与走出兼顾，联合与创新并举。

与会专家学者有关传播与全球化的研讨内容十分广泛，涉及全球化背景下的中国传媒与跨文化传播，经济全球化背景下的因特网及网站，全球化时代的传播与国家权力，全球化与中国新闻出版业的发展等。可见，传播全球化问题已引起中国传播学界的高度重视，学者们面对全球化浪潮，提出了一些富有真知灼见的对策和建议。

二、网络时代的传播学探索

自20世纪90年代中期以来，国际互联网以远远超出人们预期的速度，迅速发展成全球化的网络。迄今为止，国际互联网已经接入全世界240多个国家和地区。截至2001年8月，全球互联网用户5亿多。网络传播确确实实已经成为全球信息交换的新平台，所以网络传播自然成为本次传播学研讨会的另一个热点，学者们提交的有关网络传播的论文最多。

浙江大学新闻系张允若教授在其论文《关于网络传播的一些理论思考》中指出，网络传播并不是人们所说的“第四媒介”，而是人类传播和精神传播的第二世界（网络世界）。网络传播使人类传播活动出现了新的飞跃，赋予人类传播规律许多新的特点，并使传播规律有了新的延伸和发展。网络传播带来的理论挑战还不在于大众传播理论的调整和更新，而在于传播理论总体性的开拓、提升和创新，并把广义的传播学切实建立起来。

华中科技大学新闻与信息传播学院杨伯溆教授在其论文《关于“网众”的社会学理论探索》中，从社会学的角度，对“网众”进行了理论探索。他认为，因特网是全球化的中枢神经。它在为跨国公司提供了无限空间并把它们用网络的形式有机地互联在一起的同时，也创造出了一个新的有机体或者说“虚拟人”。就全球化而言，虚拟人的主宰就是跨国公司。而计算机网络则是虚拟人主宰者的中枢神经。资本主义工业化时代是要把人变成机器或者说把人当成机器来使用；后工业化时代则进而发展到要把人变成坐在电视机前的消费机器；而全球化时代产生的则是虚拟人。这种虚拟人在因特网的虚拟空间里构筑起各种虚拟关系的时候，他们也逐渐地失去了公民感、种族、民族和性别等结构性特征。正是从这个意义上说，“大众”正趋向于终结，“网众”诞生了。

武汉大学新闻与传播学院秦志希教授则强调从宽泛的文化背景中去解读网络传播，在其论文《互联网的“后现代”特征》中指出，互联网的后现代性根源于网络技术本身。互联网的后现代特征，集中表现在对现代文化的消解、颠覆，由此对全球文化带来巨大的冲击、复杂的影响。网络所表现的后现代主义的文化特征是我们不能回避的事实。网络既蕴含着一种新的文化特质，也就要求我们不能以传统的思路方法对待它，目前特别不能为了加强管理而钳制甚至扼杀它的优势，因为我们必须认识到，凭借这种优势，正是我们民族文化世界性散播和复兴的大好机遇，我们必须在一种新的文化视野中审视网络。

网络不仅对全球文化产生冲击和影响，而且也改变了人际传播这一古老的传播方式。南昌大学新闻与传播学院刘仁圣教授在其论文《交互主体性的回归—网络虚拟空间的人际传播》中认为：网络的虚拟空间为人际传播开拓了前所未有的新天地，带来了人际传播在传播方式转播对象传播效果上的新特点，它改变了大众传播单向模式，传受双方在传输过程中新创信息，从而使信息增值。目前，网络中虚拟空间人际传播尚处于无序、不受控制的状态。但是，可以肯定，随着科学技术的进步，在赋予传播主体更大的信息选择、支配权力的同时，通过技术自身的完善、法律法规的管理约束以及传播主体的自律自重，将会走上协调和有序。

此外，与会专家学者还就网络传播的语境，网络思维方式及其对电视传播的影响，网络媒体和传统媒体的冲突与合作前景，网络传播与大众文化等进行了广泛研讨，其中不乏创见。

三、传播学理论的创新与发展

新世纪的中国传播学研究亟需理论上的创新。这也是本次传播学研讨会关注的重大议题。

传播效果研究一直是传播学研究的一个焦点。在我国，新闻的有效传播问题，已愈来愈受到人们的关注。南京大学新闻传播学系丁柏铨教授在其论文《再论新闻的有效传播》中，从传者、媒介、受传者（受众）三者协调互动的角度，对新闻有效传播问题进行了探讨。他认为，新闻传播是一个复杂的运动过程。传者、媒介、受众三者，围绕新闻信息展开运动并相互作用，其结果，或者是达到平衡（实现有效传播），或者是最终并不能达到平衡（成为无效传播）。三者是否达到平衡，这就构成了有效传播与无效传播的根本区别。有效传播是传者、媒介、受众协调互动的产物。无效传播则是三者之间关系不协调的结果。正因为如此，研究新闻的有效传播，理应从对三者关系的把握切入。

暨南大学新闻与传播学院吴文虎教授在其论文《传播理论研究的大众文化转向》中提出，当今传播理论正呈现出向大众文化转向的新趋势。大众文化肯定了人生意义的平凡性和生存活动的现实要求，突出了日常生活的具体目标，突出世俗生活的回归——人性的回归。如果忽视这一新动向，传播理论研究也就只能在先前早已界定的圈子里打转。

深圳大学文学院传播系吴予敏教授在其论文《传播学知识论三题》中认为，从某种意义上说，传播学既是社会精致化管理技术的一部分，也是人们试图摆脱这种媒介控制，挽救言论和思想自由的一种努力。这种内在的悖论关系，决定了传播学的领域始终存在两个对立的思维动力。他认为，中国内地的传播学研究真正的困难是，由于特定的社会政治体制和意识形态缘故，很难将某种理论方法作为贯穿的知识逻辑。但是，随着全球化、市场化和都市化，人们的价值选择和知识兴趣都趋于多元。主导的社会观念和政治文化制度由于一定的多元化而变得更有活力，对于中国传播学来说，是回到人本立场的时候了。

本届研讨会取得了丰硕成果。中国社会科学院新闻与传播研究所组织一批专家对本次研讨会的近60篇论文进行评审，认为总体水平超过了上次。本次会议一个最主要的特色，就是“新世纪中国传播研究：创新与发展”这一主题的提出。众所周知，传播学是20世纪80年代初从西方传入我国，中国传播学研究前期阶段主要是外国著作的翻译整理，洋为中用。20年之后，中国传播学研究已基本跨越了翻译整理阶段，进入了创新与发展阶段。中国传播学研究创新与发展的条件包括研究队伍已经成熟。这种创新应体现在三个方面：一是定量调查的创新。包括定量调查方法的创新，成果积累的创新。二是理论思考的创新。中国传播学者要提出一些新概念新理论，这些概念和理论不仅符合我国现代化需要，而且能得到国际传播学界的认可。三是对策研究的创新。切实为媒体和现代化发展提出一些有用的方法、观点。

（选自《新闻记者》2001年第12期）

新经济中的音乐产业

——来自“亚—欧音乐产业研讨会”（2001，里昂）的报告

赵维英　萧　梅

会议概况

2001年10月25日至28日，“亚—欧音乐产业研讨会”在法国里昂召开。

会议由亚—欧基金会（ASEF）、艺术与文化法律欧洲学院（Eur ICAL）共同主办。亚洲、欧洲不同地区19个国家的51位代表，分别来自相关音乐产业各个领域，如跨国媒体集团、独立制作人、作家和作曲家社团的代表、国际联盟、艺术家和设计师的专业者协会、公共部门的政府官员、学者、经济、法律、国际管理等方面的大学教师等等。

参会的中国官方代表有文化部外联局国际处的赵维英、中国艺术研究院音乐研究所萧梅二人。另外，有法国人朱丽（女），作为中国的一家名为“北京联合动力文化交流中心”的企业代表，以“中国身份”报名参加会议。

面对新信息技术革命带来的飞速变化以及新经济形势，主办者提出了有关新技术（如因特网）的使用介绍；音乐产业管理和国际合作；行政（政治）与职业环境之间的关系；小型企业的境遇和它们的国际发展前景等话题，并希望研讨会能就下述三个目的，共同探讨亚—欧国家在音乐产业领域中的合作未来。

- 在音乐产业领域建立亚—欧艺术家、学者、生产商之间的网络；
- 促进亚—欧各国在音乐产业领域中使用新技术的合作；
- 对会员国中的中、小企业提供技术援助，并促进他们之间在保护不同音乐类型方面的合作。

就此问题，会议主办者采取了大会主题发言、圆桌会议以及工作坊性质的小组研讨等活泼多样的会议形式，以便于代表们畅所欲言，展开各自的表述及交流。尽管短短两天的议程就亚洲和欧洲面临的共同问题，难于做出权威性的结论，但里昂会议围绕音乐产业的话题之多、范围之广，还是大大超出了上述议题的内容。

议程及内容

10月25日研讨会的第一个单元，便是一个以“音乐与全球化”为主题的圆桌会议。会议由来自葡萄牙“欧洲—里斯本咨询公司”的Boris Marcq先生主持。在这个议题下，来自法国的歌手Fred Pradelle和来自新加坡的歌手兼作曲家、制作人Mark Chen以音乐家面对全球化处境的感受为题，分别发表了看法。比如在政治、经济日益紧密的联系中，音乐家如何保持独立？如何面对传统与流行？音乐作为世界性的语言应如何面对市场？全球化对音乐产业领域中的各独立小－中型公司意味着什么？等等。

10月26日，研讨会分为三个单元。在上午第一单元的主题发言中，来自布鲁塞尔“欧洲音乐事务所”的代表，从音乐的经济价值（音乐对欧洲经济的贡献，就业，录音产品销售集体经营，音乐消费）；音乐市场特点（地方音乐与国际性节目的对峙）；正在形成的数字传播市场等方面介绍了欧洲音乐产业的概况。来自印度尼西亚的作曲家Raharjio Sapto，借助于计算机幻灯手段，生动地演绎了印度尼西亚音乐产业的发展，亚—欧音乐在不同文化背景下的交流；并以基于“加美兰”音乐素材的创作，介绍了不同作曲家面对传统母语与西方新音乐技法的选择，并提出了作曲家需要市场支持等观点。

日本代表的发言，重点强调了小型音乐企业与大公司之间的关系问题。

“欧洲—里斯本咨询公司”的 Marcq 先生则就新经济中的音乐产业发表了他“尝试性的比较”分析。他就新技术导致的互联网音乐交换站、MP3 所提供的空前多样的音乐制作方式、消费方式；“全球化”与地方音乐节目；英语世界与全球五大音乐跨国公司；文化霸权对地方人才及主动性的抑制等问题。尤其是在传统民间音乐的版权保护方面，他指出作为具有具体传承代表人的传统音乐保护，和没有具体传承代表人，仅仅属于一个社区、一个村落的传统音乐的保护问题，值得我们深思。

26 日的第二个单元是以“行政（政治）和专业之间的相互关系论题”为题的圆桌会议。来自法国、爱尔兰、菲律宾、泰国的代表分别在专业团体与政府之间如何合作，亚—欧国家、地区的音乐产业发展政策等等领域交换了看法，泰国代表还以录像片的形式介绍了泰国音乐品种以及电影、音乐、软件所拥有的不同市场份额。

26 日下午，是工作坊形式的小组研讨。根据主办方的策划，小组研讨共分为三个专题：

1. 亚洲的欧洲音乐：经营者，公众，传播。
2. 欧洲的亚洲音乐：经营者，公众，传播。
3. 交流的意义和方式。

第一专题讨论的要点有：“多样化的亚洲市场如何接受非亚洲音乐?”“在什么程度上与当地同行一起开发泛亚音乐市场是可能的?”“什么样的途径适合于引起欧洲音乐商在亚洲投资的兴趣?”

第二专题讨论的要点有：“尽管欧洲作为一个文化消费市场非常重要，但亚洲的作品要得到承认和传播，似乎仍面临着艺术选择、公众口味、国际英语曲目的统治地位等各种障碍。”“怎样扫除壁垒并为亚洲经营者在欧洲的投资铺平道路?”

第三专题讨论的要点有：“在各个方面亚—欧音乐产业已经逐渐地组织起来，为了传播信息、提高兴趣、培育网络，以利于国家和地区间的相互利益。”“来自欧、亚大陆的经验，能够为更系统化的亚—欧合作提供参考。”“音乐、艺术和商业信息的电子化传播怎样才能成为培育合作和打开市场的工具?”等等。

作为中国代表，赵维英、萧梅参加了第一小组的研讨。在研讨中，欧洲代表最关心的是亚洲市场的口味和规范。其中的问题焦点集中在面对 WTO，中国市场的变化以及政府将要采取的措施？如何打击盗版行为？欧洲音乐在中国市场的份额等等。显然，欧洲方面对中国市场有着浓厚的兴趣。

27 日的议程分为四个单元。和 26 日一样，上午的两个单元分别为大会主题发言和圆桌会议。里昂大学的 Filali Osman 在发言中强调了文化政策、相关文化法律、法规的制订，以及在这些问题上加强与联合国教科文组织的联系等问题。菲律宾代表 Danilo Olivares 以全球化的福与祸为题，将话题集中在音乐及文化产业中知识产权保护严重滞后于新技术的发展方面。并以“国际知识窃贼”的概念描述和谴责了盗版行为，并提出了如何采取打击盗版的措施。

来自联合国的 Geneva，显然对音乐产业，尤其是电子商务意义上的“音乐在线”传播及其传播过程中如何加强专有性的版权保护，给予了极大的关注。她有关音乐产业是信息技术以及新经济环境下最为活跃的领域，如何在网络下载、曲目选择等传播方式变迁中，保证作者、生产商、消费者之间在版权许可和交易补偿中的良性循环等等论点，都涉及了极为现实的问题。

斯德哥尔摩的瑞典专家 Roger WALLIS 的发言，主要讨论了数字化新技术对音乐产业技术和商务模式的影响。这个影响主要体现为音乐商务流通渠道中的“中介”环节，即网络和电子商务作为新的中介，与原建立在经销商基础上的传统中介的不同。他认为，在电子商务中，音乐产业实际上是最为活跃的。而具有丰富音乐资源的“音乐收藏协会”，将成为重要的中介机构。因为他们拥有详细资料和数据库。从理论上讲，这样的中介机构可以提供新的舞台，通过这个舞台，创作者可以找到一个与使用者联系的捷径。这个使用者，包括了商业上的和个人的消费者。比如西班牙的“收藏协会”投入大量资金建立了 Portalatino 网站，给作曲家提供一个开创自己网页的机会，使作曲家将作品直接提供给访问者（网站用户），而不必经过传统的录音公司和出版商。可问题在于，新的中介形式并没有得到法律环境的支持，面对网络下载的各种问题，诉讼不断，说明了新的商业模式依然受到旧的传统法律的约束。

在 27 日第一单元的主题发言中，中国文化部赵维英的发言引起了与会者的热烈关注。她的发言阐述了中国音乐产业及市场面对 WTO 的挑战存在的机遇和必须重视的问题。其中涉及了音乐销售市场的开放、知识产权，尤其是在中国和亚洲这类有着悠久传统文化历史的国家，如何保护民族文化传统资源，如何参与如何打击盗版，建立完善的法律法规，以保护和培育音乐产业及其市场等等，表明了中国音乐产业界面对挑战、参与竞争的开放心态。

接下来的圆桌会议由亚—欧基金总干事长 Amb. Delfin Colome 主持。这个题为“全球化和艺术家”的系列发言主要围绕着大会主办者向参会的音乐家们提出的 10 个问题。这 10 个问题分别是：“全球化是否改变了您的工作方式?”“全球化是否改变了听众的感受方式?”“全球化是否改变了艺术家和观众之间的交流方式?”“这些变化是积极的吗?”“这些变化是否受到来自亚洲和欧洲的不同评价?”“全球化有助于艺术的发展?”“作为一个艺术家你以什么姿态参与全球化和文化同一性的论辩?”“在全球化能改善艺术家的创造力问题上你有何看法?”“在全球化将抑制艺术家的创造问题上，你有何看法?”“您认为能创立一个全球化美景吗?”

针对上述问题，音乐家们纷纷以自己的亲身经历参与了讨论，其中持乐观和悲观态度的皆有。中国艺术研究院音乐研究所的萧梅在会上介绍了音乐研究所半世纪以来对中国传统民族民间音乐的收集、整理、保存工作，提出在全球经济政治一体化的时代背景下，尤应该注重保护人类文化的多样性的观点。

当天下午，研讨会依然举行了工作坊小组研讨。小组研讨的两个专题分别是：

1. 全球化经济和贸易背景下的文化产业。这个专题主要围绕着下述问题展开：WTO的规则，其目的在于通过削减关税、扫除关税壁垒、保证投资合作以及最基本知识产权有效保护的方式协调世界性的市场环境。但是，发达国家对这一新环境的承受能力与不发达国家相比，显然是不平衡的。知识产权保护是否常常作为用以提高西方利益的唯一方式被接受？不发达国应怎样去保护和实施自己的原创知识和创造性？等等。

2. 跨国公司与独立制作人和小型企业。这个专题主要围绕着下述问题展开：在过去，跨国公司的生长壮大是通过控制录音复制品的销售达到的；现在，他们通过新的在线服务方式，沿用了同样的策略。独立制作人和小型企业是否为其自身的推广和产品销售留有足够的空间？在他们成长的某些阶段，跨国公司和独立制作人在发达的消费市场中处于互补的关系，那么亚洲有可能追寻同样的倾向吗？

小　结

总之，正因为这次研讨会是一个代表成分复杂（各领域），话题宽泛的会议，所以也提供了很多有价值信息。尤其是在长期缺乏欧亚大陆音乐产业同行之间、那种基于持久商业往来、清晰的合同环境、市场架构、信息共享的状态下，能有机会对共同关心的问题进行评估和讨论，是非常必要的。这些信息对我们思考中国音乐产业在加入WTO之后将面临的问题和对策都有十分积极的参考作用。

首先，面对跨国公司充分利用其雄厚的资金，在全球化背景下推行所谓“国际性”“艺术家”或传播他们拥有的作品曲目，亚洲和欧洲依然要各自保留和架构国内的市场，并依靠本土文化、智慧和语言，以形成本土经济持续发展的能动性。

由于亚—欧各国经济发展上的不平衡，形成了不同的生活标准。这些标准也造就了不同的消费市场。发达的市场往往需要输入艺术家和资源，这也是“世界音乐”与现实的关系。但在这个现实中，我们要充分注意到，正是由于发达国家的音乐消费和市场繁荣需要创作的资源，而这些原创性的资源往往来自于不发达国家。也就是说，越是发达的国家，越需要从不发达国家吸取创作的资源。面对这个现实，不发达国家如何看待这种原创资源？是廉价地输出，还是能借此创造发展的机会？

其中，有一个重要的作为，就是法律和规则的实施环境。对西方音乐产业的所有人而言，最为关注的热点是那些执法力度不够充分的市场存在着的盗版行为。但对那些不发达，但具有悠久历史传统的国家和地区来说如何保护民族传统文化资源更为重要，尤其是在知识产权意义上的法律保护。这是异于发达国家的、需要我们尽快探索和完善解决的问题。实际上，音乐产业已经进入了版权贸易时代，所以这个问题尤为迫切！

此外，新技术的发展带来了信息渠道的多样，也要求市场提供更多的信息内容。诸如声音、图像、文本、设计等等。它们为创造性的聪明才智提供了机会，也提供了新型的商务模式。然而，消费市场的变化，听众口味的把握都在要求一个新的中介形式，亚洲和欧洲的作者和生产者在新技术的运用中，也都面临着如何控制对其作品使用的问题。这些，都说明了技术环境与法律环境的互相依存关系。

（选自《人民音乐》2002年第4期）

立足实际　完善措施　推动期刊繁荣

——“中国期刊业未来走势”研讨会综述

戴云波

11月1日，新中国成立以来规模最大的首届中国期刊展在北京国际展览中心开幕。1日下午，由中国出版杂志社主办的“中国期刊业未来走势”研讨会暨部分期刊联谊会在北京皇家大饭店一楼会议厅举行。

研讨会主旨在于围绕期刊界广大同仁热切关注与思考的问题，深入探讨如何在坚持正确舆论导向的前提下，把期刊业做大做强；期刊业在多媒体联合互补与跨地区经营上如何发挥自身优势，实现体制创新中的突破；在坚持自身传统的办刊能力与经验基础上怎样吸引国外先进技术、管理经验为我所用；怎样壮大实力，使有条件的国内期刊走向世界；怎样优化市场环境，在平等的条件下展开竞争，期刊业目前的现状及未来的发展走势是什么，等等。主讲人分别为新闻出版总署报纸期刊管理司副司长李宝中，国家计委规划司处长杨玉英，新闻出版总署报纸期刊管理司期刊处处长张亮。中共中央宣传领导小组秘书组副组长韩永进也出席了研讨会。

李保中副司长在题为“中国期刊业发展应注意的有关政策”的发言中指出，中共中央办公厅、国务院办公厅转发的关于加强新闻出版广播影视业改革的“17号文件”非常重要，意义重大。一些同志反映文件离期望值还有些距离，一些规定要求太原则化，不够具体。但这个文件相对于过去又是一个极大的进步，因为文件是针对精神产品而言，绝不能等同于物质产品，因此内涵很丰富，总署目前正在抓紧进行调研工作，制定相应的实施细则，内容包括新闻出版业的融资问题、出版业跨地区、跨部门的兼并重组问题、组建新闻出版集团的意见、印刷企业的管理问题等。具体期刊，关于期刊的融资问题、期刊的版权合作、创建期刊集团等都会有明确的政策规定出台。目前重点的工作仍是治理整顿小报小刊，加大力度，这项工作已取得显著成效，并受到中宣部领导的肯定，准备在明年启动第二届国家期刊奖、提名奖，第三届全国百种重点社科期刊，第一届全国百种重点科技期刊的评选工作。

杨玉英处长在题为“未来我国文化企业发展的思路探讨”的报告中提出，出版业作为新兴的朝阳产业，除了作为舆论宣传的阵地与肩负传播、积累文化的使命外，作为一项产业具有重要的经济意义。我国第三产业即服务业的发展明显滞后，在国民经济中所占比重比大多数的发展中国家还要低，因此发展文化产业无疑大有潜力，大有可为。新闻出版、广播影视、文艺演出、文物博物、艺术教育等文化内容，是社会主义精神文明建设的重要组成部分，是一个国家强大与社会健康稳定的精神支柱。发展文化产业，不仅满足人民对文化产品日益多样化的需求，而且对吸纳就业人员、缓解就业压力，具有重要意义。当然，以产业发展的眼光看待文化发展，除了要认识到它的经济意义与社会意义外，文化产业本身也需要相应的改革与创新。比如对于文化产业的评估机制，文化创建与项目的政府招标制度等。要逐步改革政府对文化单位的投入方式，探索重大文化宣传题材、庆典活动等文化产品的政府采购及招投标方式；合理划分公益性与竞争性文化单位的性质和服务功能，国家实行分类指导；充分利用高新技术，推动文化创新，等等。

张亮处长在题为“我国的期刊管理与未来发展”的发言中首先概括总结了近年来我国期刊业发展的情况，指出自1996年起，按中央、国务院要求，报刊业进行治散治滥、结构调整，历时4年，共压缩报纸324种，期刊496种，取消了内部报刊，向着中央提出的“控制总量、合理布局、优化结构、提高质量”的目标迈进了一步。针对一段时期以来一些报刊出版的“不协调的声音”，甚至是严重的政治错误，张亮指出这与国际形势的新变化及国外敌对势力的加紧实施西化、分化图谋有关。目前期刊业出现的问题主要有这几个方面：（1）在刊物中公开宣扬错误的思想观点，如宣扬多党制，鼓吹私有化，歪曲党和人民的奋斗史等；（2）刊载虚假失实内容的报道，如一篇虚构的《陈希同夫人的内心独白》竟有十几家报刊转载，社会影响很坏；（3）“一号多刊”的问题比较突出，特别是在封面上做手脚，把刊名印小，隐藏形象，偏离了刊物的宗旨。在当前期刊发展形势很好的情况下，出现这些问题，一方面需要我们加大对小报小刊的治理力度，另一方面需要各位期刊社负责人提高责任感与责任心，要做到：

1. 在出版中要增强政治意识、大局意识与纪律意识，真正提高期刊质量；

2. 坚决依法出版，认真执行国家制定的有关文件与规定；

3. 建立防范把关机制，严格流程操作，及早防止错误的发生；

4. 在日常管理中加强期刊队伍的建设，提高人员素质。

此外，张亮处长还就我国期刊发展的趋势和目前的种类划分作了说明。他认为目前我国8000余种期刊大致可分为“发展类”与“生存类”、“发展类”期刊占总数的20%左右。所谓“发展类期刊”指在市场上盈利的，能够自负盈亏的期刊，大致有“知名品牌型”、“独家经营型”、“消费集中型”、“媒体延伸型”、“新型产业型”、“强大外援型”、“广告密集型”、“经济专业型”及权威的工作指导类刊物等，它们的竞争机制一般比较完善，能够吸纳办刊人才，面向市场的意识比较突出。还有绝大多数的“生存类期刊”，因主要依靠公费出版、订阅，或因品种退化、品种重复及市场与社会的接纳程度低等原因，存在着较严峻的生存危机。未来期刊业的发展，肯定是名刊大刊的市场占有率逐步增加，“生存类”的、缺少竞争力的小刊逐步淡出市场。将来名刊大刊必然要实施期刊集团战略，总署也准备对几个具备了条件的期刊进行论证、审批，近期要组建几个期刊集团。

研讨会由中国出版杂志社副主编孙悦主持，与会的有各省新闻出版局的主管领导、一些名刊大刊的社长及首都各大新闻媒体的记者。研讨会自始至终充满了热烈、求实的气氛，在业界反响很大。

（选自《中国出版》2001年第11期）

全面深入探讨“第四媒体”的国际学术盛会

——记第三届亚太地区传媒与科技和社会发展研讨会

文有仁

第三届亚太地区传媒与科技和社会发展研讨会2001年11月3日至6日在北京举行。笔者作为第一、二届研讨会学术委员会负责人和第三届研讨会顾问，参加了这三届研讨会。

1999年4月在北京举行的第二届亚太地区报刊与科技和社会发展研讨会上，与会者提出了“第四媒体”的概念，认为以因特网和信息高速公路为主体的“第四媒体”或曰“网络媒体”在10到20年之内对社会的影响力将可能超过报刊、广播和电视。很多代表认为，“第四媒体”是20世纪人类献给21世纪最宝贵的礼物之一。与会者希望尽快召开第三届研讨会，研讨21世纪科技对媒体发展的影响。

两年多的传媒科技发展证明这一看法的正确。因特网发展的速度超过了以前所有的传媒。无线电广播和电视诞生后达到拥有5000万受众的时间分别为38年和13年，而因特网达到5000万用户只花了4年时间。目前，全世界因特网使用者已达五亿，平均每分钟在网上传送的电子邮件达到97万封。中国网民1997年10月只有62万，到2001年6月30日达到2650万人。第二届研讨会以来，越来越多的人认识到，以因特网为龙头的信息技术正带来一场新闻媒体革命。而网络事业经历了大起大落，出现不少新的问题。在这种形势下，第三届研讨会确定以“网络与媒体革命”为主题，并决定2001年11月在北京举行。鉴于研讨的主题已远远超出报刊范围，第三届研讨会更名为“亚太地区传媒与科技和社会发展研讨会”。这届研讨会受到亚太地区媒体普遍关注并取得圆满成功，证明这届研讨会确定的主题适应当前传媒科技的新形势和亚太传媒界的需要。

本届研讨会上，有关方面负责人就我国关于网络媒体的政策发表了重要讲话。

全国人大常委会副委员长、中国科协主席周光召院士在研讨会开幕式讲话中指出，面对由信息技术发展引起的新闻媒体革命，政府从国家利益出发纷纷调整和制定相应的战略方针、政策和具体政策。2000年下半年以来，中国制定、颁布了《维护互联网安全的决定》、《互联网站从事登载新闻业务管理暂行规定》等一批适合中国国情的法规，使互联网逐步走上健康发展的道路，发挥越来越大的作用。他希望与会代表能进一步研讨媒体革命的性质、特点、影响和发展趋势，以使包括第四媒体在内的各媒体在新世纪进一步发挥推动社会发展的积极作用。

国务院新闻办公室副主任蔡名照在讲话中说，中国政府高度重视互联网新闻传播事业的发展。到目前为止，全国2000多家报纸、8000多家期刊、290多家广播电台和420多家电视台中，已建立了数千个网站和网页。中国在发展网络媒体的过程中，同样也面临着其他国家面对的问题。对这些问题必须利用法律手段进行依法管理，同时我们主张，加强国际交流与合作，制定国际互联网公约，共同加强信息网络安全管理。江泽民主席指出，“对信息网络化要积极发展，加强管理，趋利避害，为我所用，努力在全球信息网络化的发展中占据主动地位。”一手抓发展，一手抓管理，是我们所遵循的基本方针。发展和管理是统一的。近几年中国政府颁布了一系列有关互联网管理的法规，制定这些法规不是为了限制互联网的发展，而是为了规范互联网新闻传播秩序，保护网络媒体的合法权利和公众利益，减少和避免一些负面影响因素，为中国互联网新闻传播事业的发展创造更健康有利的环境。

信息产业部副部长张春江在讲话中谈到，信息产业部将会同有关部门和有关方面积极做好几个方面工作：(1) 规范互联网管理；(2) 鼓励竞争和创新，发展新技术、拓展业务；(3) 切实加强网络和信息安全管理；(4) 加强道德建设；(5) 扩大国际交流，积极参与国际技术标准的研究制定。中国政府高级官员的讲话，受到海内外与会者广泛重视。

与会者在会上就与“第四媒体”有关的多方面问题进行了认真的研讨，一些由于各种原因未能与会的学者也提交了论文。

一、与会者普遍认为，第四媒体在社会发展中已经发挥了重大作用，并且今后对发展的影响将进一步扩大和增强

周光召院士说，21世纪的新闻媒体是信息社会的核心领域之一，是各国政治和经济发展的制高点，是人们工作和生活不可或缺的基本工具。

蔡名照副主任指出，当前，以互联网为龙头的信息技术正在给新闻媒体带来一场深刻革命。它以其独具的传播优势，极大丰富了新闻传播的内容和形式。网络媒体的兴起在推进新闻传播事业发展的同时，也丰富了人民群众的文化生活，促进了我国改革开放、经济建设和社会发展，增进了中国与世界各国相互交流，促进了彼此之间的合作与共同发展。

张春江副部长说，网络媒体作为“第四媒体”异军

突起，对每一个国家乃至全球政治、经济、科技和社会的影响将越来越大，将自觉不自觉地改变我们每一个人的思维、生产和生活方式。我国目前已有10个骨干互联网，获准经营互联网业务的单位达3600多家，上网计算机1000多万台，域名数已达70万左右，网上中文站点达26万多个。在用户获取信息方面，新闻占63.5%，科技、教育信息占31.4%。国内的网络媒体也呈现出多层次、全方位的发展态势，成为发展最快的信息传播手段。据有关方面统计，全国2000多家传统媒体中有700多家成立了具有独立域名的网站。

清华大学信息学院学术委员会副主任张钹院士指出，因特网自20世纪60年代诞生以来，大大加速了科技发展。我国的因特网从80年代中期开始建设，现已成为推动我国科学技术发展的重要力量，我国的因特网已日趋成熟。网络的发展加强了科技人员的相互交流与协作，加快了科技成果的转化，为科学研究提供了便利的条件，也必将促进我国科技的发展。

美国密苏里－哥伦比亚大学新闻学院本科生院副院长罗伯特A·洛甘认为，大众传播媒介中，互联网在未来的科学传播中占据突出的支配地位；数字化技术的采用将使互联网渗入到文化和社会的绝大多数领域。

美国普度大学传播系主任卡马利普认为，全球化事实上从经济、社会、文化、政治以及结构等各个方面迅速地改变了世界上每个国家。而全球化的一个重要组成部分便是由日新月异的通信技术带来的国际传播。就这一主题，他论述了跨文化传播图像和理解、新通信技术、全球化的文化暗示、恐怖主义、数字鸿沟、表达自由、隐私权、自由市场概念、信息流、本地化和全球化，以及联合国等问题。

韩国新闻与传播学会主席、西江大学教授金学铢着重探讨网络社区这一新兴事物所引发的独特的社会潮流。他说，互联网跨越组织、团体、国家和大洲，建立众多风格迥异的网络社区，把志趣相投的人联系在一起，网络社区在全球范围内风起云涌。他提出了通过网络集体解决问题的设想。

台湾东华大学大陆研究所暨公共行政研究所教授兼所长朱景鹏认为，新闻媒体在两岸互动中扮演相当重要的信息传递角色。

二、对“第四媒体”发展的前景作了多方面展望和预测

周光召院士就这一点指出：21世纪，报刊、广播、电视和网络等媒体将在先进的信息技术基础上融合为声像图文并茂的多媒体新闻平台，并与电子商务、电子政务、电子公务、电子医务、电子教育等有交叉和融合的趋势。21世纪的新闻媒体是信息社会的核心领域之一。

张春江副部长说，今后五年我国信息产业将继续保持高速发展，产业规模将在2000年的基础上再翻一番。他在谈到我国互联网的发展趋势时认为，一是互联网在国内将迅速普及；二是宽带瓶颈的约束将消除；三是网上中文信息量将大量增加；四是网络媒体、电子部局等新业务将迅猛发展；五是网络终端将实现多元化。

中国新闻技术工作者联合会理事长孙宝传认为，当前传媒技术正向传媒网络化、信息多媒体化、通信移动化、服务个性化、管理现代化、技术趋同化方向发展。

新华社新闻研究所所长陆小华提出十大发展趋势：政策规则创新加速传媒结构调整；媒介形态趋向融合与互相进入；传媒集团特别是多媒体新闻集团将成为市场格局主导者；经济科技娱乐类新闻信息产品将成为竞争焦点；新闻媒介管理模式由资产管理向资本管理转变；新闻的运作基础由信息管理向知识管理转变；出售服务与经营媒体成为新的赢利模式；网络媒体、传统媒体、内容供应商与宽带网将以新的方式融合；人才激励、控制模式将加快变化；发展战略研究成为核心竞争力的关键因素。

北京广播学院曹璐教授和王宇认为，“大汇流”已经成为全球媒介发展的主要趋势。随着数字技术的发展，大众媒介（新闻、出版、广播、电视、电影、音像等）与通信和信息业之间的传统壁垒正在逐渐消失。中国最终将形成若干融多种媒介形式于一体的跨地域媒介集团，并在此基础上加速文化产业和信息产业的融合。

人民日报社网络版副主任蒋亚平指出，互联网这两年在中国是大起大落，大喜大悲，出现了上市圈钱、烧钱做广告、电子商务、职员高薪四大泡沫。但互联网是八九点钟的太阳，这块蛋糕肯定会越来越大，越来越甜。历经艰辛的互联网产业只要能活下来，挺过去，牢牢记住为网民服务和面向市场，一定能成为大赢家。

中国科技新闻学会网络媒体专业委员会秘书长杨昕在谈到网络媒体给媒体领域带来的变化时认为，媒体融合的时代即将来临，记者价值将得到凸现，媒体功能将产生本质的变化。

慧聪国际副总裁兼首席技术执行官陈沛认为，后门户时代的主要特征是在因特网上驾驭信息：搜索引擎将变为基本的信息服务技术；网络载体使个性化服务成为可能；实现“以网络为中心向以客户为中心的转移”。

清华大学传播系熊澄宇教授认为，从媒体内部层面来看，多种媒体相互整合在一起，组成跨媒体的产业集团是大势所趋；从资本运营层面来看，试图上市融资，或寻求大型企业集团投资成为必然；从行业融合的层面来看，电话公司有可能和有线电视公司联合起来，并有可能形成单一产业进而抢占传播市场的份额。

三、对第四媒体的特点作了多方面探讨

北京广播学院邓忻忻副教授说，网络新闻传播方面现在有网络版、媒体网站（媒体主持的具备新闻采编和发布权的网站）和网络平台（以国内商业门户网站为代表）三种类型。网络平台和网络媒体应该是有区别的。前者只做中性服务，一切以商业利益的最大化为目标，在传播信息时决不像新闻媒体那样直接发言。后者则不

但传递和报道各种信息，而且独立发言；它追求商业利益最大化，必须以遵从新闻工作的基本原则为前提。网络平台是普通的商业公司，商业化的网络媒体是特殊的商业公司。

中国社会科学院网络与数字传媒研究室主任闵大洪认为，“新媒体”即“第四媒体”、“网络媒体”，中国“新媒体时代”的起步与发展是与中国改革开放的社会大变动期同步的。中国社会变革为新媒体发展提供开放环境、市场环境、国民购买及使用新媒体的经济实力。新媒体在中国的大普及、大发展、大提高，有赖于中国社会的进一步变革。

华声报社总编辑高钢认为，中国第四媒体（网络新闻传播）的发展趋势是：全面进入多媒体应用时代；内容结构将向多元化、深层面发展；依托全新技术强化其信息传播的交互性；服务功能极大地扩展；专业队伍形成并壮大；基础理论与应用理论体系生成；网络新闻教育形成完整体系；网络新闻媒体与网络商业机构重新分割市场。

台湾铭传大学传播学院院长杨志弘说，台湾地区大众媒体设置的新闻性网络媒体在互动功能的服务包括了九个方面：即电子邮件、线上聊天室、讨论区、网络调查、个别文章评分、订阅服务、数据库搜寻、多媒体及超链接，他对此作了详细介绍。

南京钟山学院教授鄢光让认为，我国媒体网络不应盲目照搬商业网站的商业模式，媒体网站要以新闻内容作为盈利的基础价值，信息增值是媒体网络实现盈利的可行道路。

千龙新闻网总裁周科进论述了当前发展趋势明朗而产业运作低迷的网络媒体应该寻求的成功支点。

北京飞鱼泰克数码科技公司韩岩论证了网络媒体时代的知识资产保值、增值的手段和发展方向。

湖北大学新闻传播系副教授廖声武说，传统媒体网站要在同商业网站的竞争中取胜，必须走联合发展之路，注意资源开发，开发个性化服务功能，开发多媒体应用功能等。

四、探讨在激烈的国际竞争条件下我国应采取的对策

新华社国际部科技编辑室主任姜岩建议，我国应采取的对策是：（1）及早制定发展战略，占领竞争制高点，占据未来的世界舆论阵地；（2）完善新闻产品的生产、销售和服务三个环节；（3）引入市场机制，加强宏观调控，满足经济和社会发展的需要；（4）选准突破口，实现跨越式发展；（5）积极推动基于多媒体新闻平台的新闻产业与电子商务、电子政务等的交叉与融合，促进信息产业发展，带动传统产业发展；（6）加强对21世纪媒体发展规律的研究，加强有关立法工作，为其发展制造良好的软环境；（7）大力培养适应多媒体新闻平台的相关人才，采取优惠政策留住和吸引人才；（8）在多媒体新闻平台领域开发拥有自主知识产权的关键技术，以免受制于人；（9）充分认识多媒体平台的两面性，趋利避害；（10）将媒体的发展与国家安全密切结合起来，在信息战的备战中充分考虑21世纪多媒体新闻平台的重要性。

南京大学新闻传播学系主任丁柏铨在分析了加入世贸组织对我国网络业的影响后认为，我国网络新闻传播业需要采取的应对策略是：（1）在传媒产业的层面上各媒介必须沉着应对传播业的资源争夺战；（2）网络新闻传播在内容和传播方式层面上必须讲究有效性；（3）在传媒功能的层面上有必要进行相应的调整；（4）在传播空间的层面上应扩大对外传播的范围。

新加坡国立大学信息传播研究所所长兰迪·克拉夫指出，美国采取促进对华技术转移和科技转化的政策，其设想是科技将从根本上改变中国的社会主义经济政治体制，因特网将“民主化”中国，中国应对此采取相应措施。

中国科技新闻学会副理事长王友恭等认为，中国加入WTO后，西方传媒将长驱直入。中国传媒必须实行超常规发展，才能有立足之地。他们就此提出建议：（1）力戒炒作，谨防泡沫；（2）法律护航，规范发展；（3）共谋发展，打造团队；（4）志存高远，长期作战。

上海东方网公司总经理李智平说，迎接开放式市场竞争的媒体革命需要“特区”作为缓冲，互联网应成为中国传统媒体产业革命的“特区”；中国传媒业运作好“互联网特区”，必须坚持探索、开放、实行特区性政策举措，并在实践中确立国家信息安全的前提和“没有市场就没有影响力，没有效益就没有事业和没有竞争机制就没有活力”这三个基本观点。

英国金融电视公司主席科林·查普曼说，对于加入WTO后的中国，要锻造世界级的经济体系，必须要锻造强有力的财经媒体，经济的发展需要训练有素的财经记者，培育掌握真实信息的公众。

五、介绍了美国、澳大利亚、日本、巴西、韩国等亚太国家第四媒体发展情况及采取的各种措施的信息，使与会者开阔了眼界

美国布法罗纽约州立大学传播系副教授、博士生导师洪浚浩论述了美国互联网近年来的迅猛发展如何大大影响了传统媒体所扮演的角色、功能、运作形式和相关理论，传统媒体采取的反应与对策，以及这些做法的积极与消极的方面和意义。

北京广播学院郭镇之教授指出，在传播经济方面，几乎所有鼓吹“全球化”的国家其实都是攻守并用。美国的影视产品在全球各地四面出击；但它引进国外产品的比例却是最低的；美国对广播电视传播企业还有非外国所有权的规定（因而迫使默多克加入美国国籍，以获取进入美国市场的“准入证”）。亚洲国家对传播大多采取保护型政策。防守政策的制定和实施是必要的；但显然这是消极的防御。积极推进、大力发扬国内的传播，

才能变消极防御为积极保护。

澳大利亚科技协会联盟执行主席托斯·盖斯科恩先生和杰尼弗·迈特卡尔芙女士介绍了澳大利亚对新闻工作者进行的一次全国性调查，不同媒体对互联网的使用，以及互联网怎样改变了澳大利亚新闻工作者的生活。

河北大学新闻学院副院长张威指出，在20世纪90年代初，澳大利亚报业被默多克和约翰·费尔凡克思两大报团垄断。媒介老板深深陷入政治旋涡之中，或者报纸之外的其他利益之中，他们在任何情况下都不会容许自己的报纸采取不偏不倚的立场。在运用媒体影响当代政治方面，默多克达到了极致。默多克旗下的新闻记者曾组织一次示威游行，反对老板对媒体的控制；结果，一些记者被老板辞退。

日本东北大学信息科学院阿部四郎教授从政治新闻、政策民意调查、电视化政治三方面分析了媒体与日本政治的关系。

郭镇之说，尽管日本的卫星传播在世界上技术领先，发展甚早，但在全球及区域传播方面均作为不大。一个重要的原因是日本在亚洲各国人民心目中的“侵略者”形象挥之不去，决定了它在传播方面的天然劣势。因此，日本在传播方面的策略是国际化、区域化、地方化三头并举。

巴西圣保罗大学“科学网”总编路易斯·维克多维利说，因特网是新世纪的传播方式，也是最民主、最迅捷、最具互动性的方式。2000年巴西因特网用户增长了40倍，在美洲仅次于美国和加拿大，位居第三。就全世界计算机市场的增长速度来看，巴西仅次于中国。

郭镇之在介绍韩国网络时说，韩国非常重视高科技传播技术的研究和开发。韩国政府于1995年制定了“韩国信息基础设施计划”，大力推进宽带网络；并决定于2005年建成全国性的超高速信息网。据2001年尼尔森下属某公司抽样调查，韩国是世界上互联网使用最发达的国家。平均每个韩国人每月在家上网时间为16小时17分钟，为世界第一；其次才是加拿大（10小时48分钟）和美国（9小时46分钟）。韩国网民约为全国人口的一半，高于号称网民人口第一的美国（43%）。

六、与会者指出了网络媒体发展中的一些负面问题，并对解决这些问题提出了自己的意见

周光召院士在谈到网络媒体的巨大意义后指出，与此同时，也出现了一些亟待解决的重大问题，诸如管理失控、色情暴力信息泛滥、知识产权被侵害、新闻职业道德受到冲击、南北舆论力量失衡等等。

美国威尔逊国际研究中心研究员周永明说，将网站和讨论变成一种文化上的通俗小报式的东西，的的确确会扼杀处于萌芽状态的有着无限美好前景的公共电子区域。

针对这些问题，姜岩提出，要严格控制非媒体机构开设网络新闻，严厉打击利用网络传播色情、暴力和反动信息的不法活动，并采用新技术过滤这些不良信息。

香港阳光文化执行中心主席吴征博士谈到了互联网可能出现的“荒漠化”或“公地的悲剧”问题。他说，在无偿放牧的“公地”上，每个牧民都想尽可能增加自己放牧的牛羊数量。牧场最终因过度超载而成了不毛之地。有人担心互联网作为一种自由准入、高度开放的公共资源，可能发生“公地的悲剧”。网络的带宽是一定的，但网站数量、上网人数每年呈几何级数增加，网上势必会越来越拥堵，网络最终可能因极度超载而彻底瘫痪。网上难于在有限时间内找到有用的信息，漫无边际地搜索和浏览是对注意力的巨大浪费。内容是王，应以坚实的内容来重建人类的精神生态。

七、传统媒体如何应对第四媒体的迅猛发展

蔡名照说，对传统媒体来说，网络媒体的兴起既带来挑战，也带来机遇。网络媒体改变了传统新闻媒体的面貌，但并不意味着将取代传统媒体。传统媒体多年来积累的新闻信息采编和发布系统、品牌优势、资源优势等，决定了其在新世纪的媒体格局中仍将拥有无可代替的地位。传统媒体和网络媒体不是对立的关系，可以相互补充，相互促进，共同推进新闻传播事业的繁荣。面对互联网新闻传播带来的变革，传统媒体要在未来格局中掌握主动，就必须将自身原有的行业和资源优势与互联网技术优势充分结合，以更好地壮大和发展自己。

日本亚洲新闻社社长许至诚认为，新媒介通常并不会消灭旧媒介，只是将旧媒介推到他们具有相对优势的领域；目前的一个阶段内电子新闻还不可能完全取代报纸新闻，我们还是要继续关心读者需要和利益，办好我们的新闻事业。

北大方正技术研究院副总裁陈小鸥认为，传统媒体与网络媒体在传播方式、内容处理机制、内容保存方式、内容生命周期、内容主要来源五方面是不同的；并探讨了寻找新旧媒体都发展的办法。清华大学传播系刘建明教授认为，在新世纪，面临危机的不是传统媒体，而是传统媒体的旧体制、旧理念。它能不能走向世界，要看它给人类能否奉献真理，让人们透视社会的一切。

《国际新闻界》主编程曼丽教授谈到海外华文传媒时说，新媒体并不能消灭传统媒体；多种媒体相辅相伴、共依共存，将是海外华文传媒的发展趋势。

新华社新闻研究所外国新闻研究室主任唐润华介绍了西方三大通讯社如何应对互联网带来的挑战与机遇。他说，通讯社不能把自己办成纯粹的网络媒体，而要成为为各类网络媒体服务的网络新闻通讯社。路透社、美联社和法新社都把重点放在向各类网站提供新闻信息产品上，自己的网站主要用于形象和产品推广。截至2000年年底，路透社和美联社的网络用户已分别达到1400多家和800多家。向网站供稿业务已为这三家通讯社带来可观的收入，路透社2000年此项收入达3000万英镑。

路透集团亚洲区媒介内容总监白杰夫说，在路透的网站上看不见大量新闻，因为路透的新闻要卖给各家新

闻网站来赚钱。如果路透网站大量播发路透新闻，各新闻网站就不会买路透新闻了，这是自断财路。

第三届研讨会学术委员会主任、清华大学国际传播研究中心主任李希光教授，在做研讨总结发言时指出，这次研讨十分成功。会议上对一些问题有不同的看法。例如，网络媒体服务对象是定为中产阶层以上、精英阶层，还是公众；新闻媒体创品牌是靠娱乐节目、脱口秀等等还是靠新闻质量；新闻院校是进行象牙塔式的理论教育还是培养合格的新闻工作者；我国传媒市场是现在就对外开放还是内部调整好以后再考虑，印度传媒市场至今也没有对外开放目前网站进行的所谓学术讨论是争议、聊天、谩骂，能算真正学术讨论吗？学术研讨中有些不同看法是正常的，有助于研讨的深化。

第三届研讨会在举行学术研讨的同时，还举办了媒体产业、媒体技术、社会发展、媒体合作等多种论坛以及宽带、无线等技术专场报告，参加者十分踊跃。同时还举办了相关的展览。

本届研讨会无论是大会发言还是专题论坛，与会者许多人都自始至终全神贯注地参加。本届研讨会的主题“网络与媒体革命”，中心突出，这与前两届主题比较广泛有所不同，研讨全面而深入。每次大会发言后都尽可能安排出时间让大家提问。提的问题和发言者的回答都有相当深度，彼此有交流，有交锋，有争论，体现了自由民主、生动活泼的学术探讨精神。

第一届研讨会有亚太地区13个国家和地区以及埃及、英国、法国、德国近200位代表参加，提交论文58篇。第二届有14个国家和地区200多位代表参加，提交论文65篇。本届有10多个国家和地区约300多位代表参加，提交论文118篇，与会人数和论文数都超过了前两届，说明这一研讨会越来越受到亚太地区传媒界的广泛重视。

与会的澳大利亚学者托斯·盖斯科恩认为，这次研讨会内容的确十分丰富，自己收获颇多。已连续三次参加这一研讨会的马来西亚《美里日报》、《中华日报》社社长兼集团董事经理、八十高龄的黄克芳和马来西亚《国际时报》总编辑李福安认为，这三届研讨会的水平一届比一届高。他们都希望研讨会能一届接一届举行下去，并表示将参加第四届研讨会。

（选自《国际新闻界》2001年第6期）

中国艺术产业论坛硕果累累

——“2001中国艺术产业论坛”综述

李 蕊

在我国的“十五”规划中，第一次将文化产业写入了国家发展的大政方针。这就要求我们从全球化背景下思考中国与国际竞争的战略角度，进一步认识艺术的多重属性和功能，把文化产业作为增强我国综合竞争力的重要方面来抓好。作为文化产业重要组成部分的艺术产业，如何在新形势下为社会创造越来越多的文化艺术财富和商业利益，生产并提供更多更好的具有文化内涵的商品和服务，已成为当今急需解决的新课题。在此背景下，举办“2001中国艺术产业论坛”，目的是将中国艺术产业的实践活动提升到理论层面，扩大艺术产业的社会效益，推动中国艺术产业的健康发展，建立适应国际化大趋势和本国国情的艺术产业运行规则。此次论坛由文化部文化市场司主办，上海文化发展基金会、上海宽视网络电视有限公司、国家文化产业创新与发展研究基地承办。论坛于2001年11月17日在上海国际会议中心举行。

这次艺术产业论坛汇集海内外知名艺术家、收藏家、企业家、经纪人、策划人、评论家和研究人员及众多媒体参加，就艺术产业的诸多领域进行专题演讲和研讨。邀请的25位演讲嘉宾均是对艺术产业有着深入研究的专家，或有着丰富从业经验的经营人士，他们凭借着对市场的深入了解和研究，对在国际化背景下，中国艺术企业如何适应国际文化贸易规则，如何建立有中国特色的艺术产业运作方式等问题提出具有建设性、前瞻性的观点。同时，论

坛还邀请了法国、韩国、荷兰、日本、美国等国外演讲嘉宾，对国际艺术品市场的现状和发展前景作了精彩讲述。这是艺术产业精英的一次盛会，是了解国内、国际艺术市场的一个良好契机。出席会议的还有文化部文化市场司、文化产业司、国家文物局、中国历史博物馆、中国美术家协会的有关领导。文化部文化市场司副司长张新建主持会议，文化市场司司长刘玉珠、上海文化广播影视管理局艺术总监马博敏专程到会并讲话。

中国艺术产业论坛分别设置了“中国艺术产业三大支柱及相关产业的现状与发展，企业、媒体、收藏与艺术产业，全球化背景下的艺术产业”三个专题，从不同

层面和诸多领域，对中国文化市场和艺术产业的发展提出对策性思考和理论性探讨，为推动我国艺术产业健康有序进展发挥了积极作用。

在“中国艺术产业三大支柱及相关产业的现状与发展”专题中，来自北京、上海艺术博览会的主要组织者介绍了中国艺术博览会的现状、运作模式和发展思路。其中上海艺术博览会办公室主任钱建群提出艺术博览会有双重属性，要社会效益和经济效益并重。在组织过程中，应注重艺术博览会内部空间与外部空间的开拓，寻求艺博会与企业文化、传播之间的有效结合。中国艺术博览会办公室主任董梦阳则重点探讨了艺博会“主题展”的市场化运作，认为主题展对于提升艺博会的社会影响，扩大学术交流，引导消费者投资等方面有一定促进作用。来自法国的法兰西画廊亚洲部主任程昕东曾接触过国际上许多著名的艺术博览会，他指出中国艺博会在组织结构、招展方式、运作程序方面与国际上的艺术博览会相比还不够成熟，需进一步提高艺术质量和经济效益。应在软、硬件上参照国际标准进行建设，与国际著名艺术博览会的操作机制接轨。国家也需要对艺术投资予以政策和法规上的支持，以培育处于初级阶段的艺术品市场。

在谈到一级市场中的主体画廊时，上海艺博画廊董事长赵建平对画廊在艺术市场中的作用和地位作了介绍，他认为目前中国的画廊业才刚刚起步，公众对艺术品的认知还很少，要推动艺术市场，起关键作用的是收藏家和画廊。但画廊在税收上的负担很大，尤其是艺术品进出口的关税高达27%，在一定程度上制约了艺术市场的发展。美国国际文化传播公司总裁俞景璐认为经营艺术品，要关注国际市场，多方获取信息。画廊自身要树立良好的企业形象，形成经营特色。在引进海外艺术市场操作规范时，注意和了解中国市场的本身特点。引进来，走出去，把画廊作为国际艺术交流的窗口，给中青年画家提供展示才华的机会，以增强海外艺术家对中国市场的信心。香港云峰画苑在北京和广东中山都建立了规模较大的展示中心，董事长郭浩满在谈到中国画艺术的收藏与投资时指出，经得起历史和时间检验的画家和作品必定具备风格、难度、修养三项条件，而每位画家也必须经历学习成长期、成熟高峰期和衰退期三阶段，不要把画家的名气等同于水准。提升中国艺术产业国际地位需依赖于传媒的支持、政府的扶植、市场各方力量的全面调动和全民审美意识的提高。

艺术品拍卖是市场中的二级中介市场，近年来艺术品拍卖的发展很快，已成为艺术市场中最引人注目的热点。中国嘉德国际拍卖有限公司是我国从事艺术品拍卖的主要公司之一，他们在工作实践中注意开发企业收藏群体，收益颇丰。嘉德拍卖公司副总经理寇勤认为企业收藏开始成为我国艺术品收藏领域的重要组成部分，而且很有可能发展成为核心力量。目前我国企业收藏已开始讲求收藏的规模化、系列化和专题化，并把收藏与企业文化紧密结合，以提高企业形象和社会知名度。朵云轩拍卖公司总经理张荣德回顾了90年代以来，我国艺术品经营逐步改革的状况，介绍了中国拍卖市场中不同层面与需求的客户构成及各具特色的拍卖形式，比较了中国拍卖公司与海外著名拍卖公司之间的业绩，使大家对中国艺术品拍卖有了整体的了解。

第二个专题是“企业、媒体、收藏与艺术产业”。首先由本次论坛的承办单位之一、上海宽视网络电视有限公司总裁朱建民就企业文化产业战略的实施经验进行演讲。他从与刘令华签约并策划国粹油画的运作过程出发，介绍宽视作为实业界加入艺术文化产业行列的经验与启迪，并对在企业文化产业战略实施中如何将本土文化与国际文化进行交流与融合，推动以民族文化为精神基因的当代艺术创作作了较深层次的探讨。

互联网作为新的传播模式和载体，在目前艺术市场中起着越来越重要的作用。嘉德在线总裁陆昂着重介绍了互联网对艺术信息的传播作用。她认为网络可以为美术研究提供重要信息来源，是收藏家借以把握艺术市场风云变幻的重要依据。网络传播的快捷，为艺术品的网上销售提供了一个非常好的平台，与传统艺术品销售渠道相比，网络的开放型优势非常明显。新的传播方式促进了新的艺术形式的出现，借助网络传播的艺术已经开始流行，网络为艺术提供的空间和表现形式是无限宽广的。期刊在目前传播领域中似乎已成为一种传统的方式，《艺术世界》杂志主编陈保平认为艺术类杂志，在走向市场、面向产业化过程中的四个要素即定位、品牌、理念、运作。艺术类杂志要努力寻找生活与艺术的结合点，寻找艺术规律与杂志规律的结合点，在传统与现代之间寻找沟通，在东方与西方之间寻找平衡，在内容与形式之间寻找统一。

收藏其实是艺术市场中最重要的部分，中国的收藏队伍在鉴赏能力、收藏战略方面还比较薄弱。陈镇江是香港东方艺术基金会创办人，是位著名的收藏家和鉴赏家。他认为要将中国艺术品纳入国际性机构投资者的投资组合范围内，以此扩展中国艺术品的市场结构。中国艺术品还应通过银行系统参与按揭抵押运作，以促进中国艺术品收藏者的积极性。

最后一个专题中聚集了国内外研究艺术产业的专家，就“全球化背景下的艺术产业”作学术探讨。其中国家文化产业创新与发展研究基地秘书长胡惠林指出，中国加入世贸后，将为中国艺术产业发展提供新的市场理念，而目前产业政策的滞后将使中国艺术产业发展面临新的挑战，构筑与WTO原则相适应的中国艺术产业政策与法律系统，成为中国艺术产业繁荣发展的关键。上海社会科学院研究员花建认为好戏需要大舞台，艺术产业需要良好的空间。其中重要的是改善投资空间，资本准入的三个条件是市场准入、竞争秩序和赢利空间。同时要尊重投资的主体，形成投资的多元化，发展为投资者服务的支持系统。在提升政策空间方面要体现以人为本的精神，日积月累的心理需求决定了群众对艺术产品的需求程度，需要用艺术品激发潜在的心理需求。另外在文化产业发展过程中，受教育程度和闲暇时间是一对最活跃的变量，间接决定文化消费支出的多少，影响了产业的发展空间。他们在演讲的过程中都着重谈到了成立中国艺术品经营协会的重要性，认为只有行业协会才能真正承担艺术市场各环节的桥梁作用，才能调动市场中的力量，使中国艺术品市场以整体面貌和综合实力来应对国际市场的挑战，把握入世后给企业带来的机遇。

在此专题中，韩国文化内容产业振兴院产业支援部部长崔永昊和日本宝冢歌舞团团长植田绅尔分别介绍了韩国文化产业和日本艺术产业的现状和发展趋势。荷兰巴士蒂安画廊总裁巴斯蒂安和加拿大贝尔金美术馆特约策展人郑胜天也分别从荷兰、西班牙的艺术市场为研究个案，阐述了他们对于艺术产业国际化的研究思路。

此次论坛通过演讲嘉宾的报告和经验，对中国艺术产业的形势、问题、方法提出建设性的意见，协助艺术产业的管理者、经营者、消费者解决实际工作中所遇到的问题，同时也通过论坛让世界更了解中国的改革开放政策。这次论坛得到了艺术产业各相关人士的高度关注。中央电视台、上海东方电视台、各大媒体等50余名记者参加了论坛，并作了相关的详细报道。

论坛最后由文化部文化市场司副司长张新建作总结，他高度评价了各位演讲嘉宾对艺术产业的研究和探索，并对本次论坛的成果作了肯定。他表示“中国艺术产业论坛”将定期举办，希望论坛作为一种信息渠道、交流场所、学习课堂，充分发挥对市场的有效促进作用，为新世纪艺术产业建设作出积极贡献。

（选自《经纪人》2001 年第 10 期）

抓住机遇　推动艺术产业的发展

——在中国艺术产业论坛上的讲话

刘玉珠

APEC 会议刚刚落下帷幕，中国加入世贸的喜讯也已传来，我们在此举行这次论坛，可以说有着双重意义。一是国内国际的大环境都在表明国际化的时代已经到来，建立与国际接轨的中国艺术市场已成为历史发展的必然趋势。二是我国的艺术市场面临着新的挑战和机遇，如何发展、规范、健全艺术品市场，是当前急需解决的课题。我们希望这次论坛成为介绍我国艺术市场的一个窗口，是了解国外市场运作方式的一个渠道，是交流研讨艺术市场发展的一个课堂，也是来自艺术产业领域各位同仁的一次联谊良机。

艺术产业具有综合性、多元性的特点，涉及知识产权、艺术品的生产、管理、销售、收藏、宣传和调控等各个方面。在发达国家，艺术产业正逐步与信息产业一起发展为新世纪的支柱产业。在我国，随着经济的发展和社会进步，艺术产业呈现蓬勃发展之势，但艺术产业还处于初级阶段，其理论研究、法规建设和实际运作经验都还比较欠缺，因此迫切需要向艺术产业起步较早、市场成熟、法规健全的国家学习和借鉴经验，迫切需要听取来自市场方方面面的意见。

健全的艺术市场机制，是由艺术家、批评家、经纪人、投资人以及其他经营者、消费者在法律保障下的运作规则中参与平等竞争的良性循环系统，是艺术消费阶层、投资阶层、赞助阶层，依次组合成金字塔形的稳定结构。在艺术产业形成的过程中，希望通过各位演讲嘉宾的报告和经验，对中国艺术产业的形势、问题、方法提出建设性的意见，协助艺术产业的管理者、经营者、消费者解决实际工作中所遇到的问题，同时也希望通过论坛让世界更了解中国的改革开放政策。

在此我代表文化部文化市场司再一次向给论坛提供大力支持的上海文化发展基金会、上海宽视网络电视有限公司、国家文化产业创新与发展研究基地表示诚挚感谢！并对与会的各位专家学者表示热烈欢迎和慰问！

（选自《经纪人》2001 年第 11 期）

理论的张力与实践的自觉

中国文化产业行业典范综合考量

中国文化产业典范选登

| 典范行业 | 典范区域 | 典范项目 | 典范事件 | 典范人物 |

香港海洋公园•1977年开业

■ 香港海洋公园由香港赛马会耗资1.5亿元兴建，于1977年完成开放，公园占地87万平方米，位于香港南部香港仔海洋公园道，三面环海，东濒深水湾，南临东博寮海峡，西接大树湾，是世界最大的海洋公园之一。

■ 公园建筑分布于南朗山上及黄竹坑谷地。两园间设有架空缆车，游客只需乘坐1.4公里的缆车，便可来往于两园之间，形成一个完整的公园景区。在缆车内还可观赏深水湾、浅水湾海景。公园包括海洋天地、集古村、绿野花园、雀鸟天堂、山上机动城、急流天地、水上乐园、儿童王国等八个主题区。

■ 香港海洋公园山上以海洋馆、海洋剧场、海涛馆、机动游戏为主。山下有水上乐园、花园剧场、金鱼大观园及仿照历代文物所建的集古村。集古村仿中国宫廷建筑，村内有亭台楼阁、庙宇街景，反映中国历史风貌，使中国古代街景重现。金鱼大观园内以多媒体方式展示金鱼之美及文化，包括诗画文献实物、金鱼繁殖录影、文化历史介绍。

■ 海洋公园一直是香港最受欢迎的主题公园，但自1997年亚洲金融危机以来，香港海洋公园一直亏损，2000年之后经营刚有起色，2003年的一场SARS又再次给公园以重创。另一方面，香港迪士尼乐园即将于2005年开幕，给海洋公园带来的压力可想而知。此时，原任特首董建华将旅港加拿大人盛智文推向前台，出任海洋公园公司董事局主席，而有超过20年主题公园管理经验的苗乐文则被请来出任行政总裁。在香港迪士尼开业的两年里，海洋公园依靠准确的定位和睿智的市场宣传，取得了空前的成功，也为国内主题公园的发展提供了许多可资借鉴的经验。

经营者的理论观点、文化视野与发展思路

■ 海洋公园公司董事局主席盛智文面对世界一流的强手迪士尼，反复考量后找到了最直接的差异化方式，他说："他们有一只假老鼠，而我们的老鼠是真的。"他对迪士尼用的形容词是"幻想"、"城堡"、"卡通"，而海洋公园的则是"动物"、"环境"、"教育"。他强调："未来数年，海洋公园将频频推出新鲜刺激的主题项目，保持市场定位，巩固海洋公园作为世界级主题公园的地位，为香港旅游发展打下强心针。"

■ 海洋公园行政总裁苗乐文对迪士尼来港安家有自己的看法，他说，"我们应该是互为补充，我们应该做的是如何将精力放在两者的差异上，这将成为我们的强势所在。"海洋公园最大的吸引力在于天然的魅力和与动物做伴亲近自然的感觉。他强调："迪士尼是美国的文化产品，它的经验在于欢庆幻想，而我们是实实在在的本土公园，教育和动物保护也是我们的区别之一，恰如我们的理念所言：将人与自然紧密联系起来。"他还说："我相信，每个人都做得好，大家也都能做好，不过这也给我们以巨大的压力——我们必须有所差异，必须提供独特的产品和体验。"

■ 海洋公园的战略思路并不复杂，就是与迪士尼乐园不同，着重培育港人对海洋公园的感情，同时大力发展大陆市场。"我们有30年的历史，形成了一定的规模，有完善的宣传渠道以及针对大陆市场和海外市场的销售渠道，这些都能够为我们所用"，苗乐文说："我带来了主题公园的思维方式，增加投资，并且展开了扩张的规划，最重要的是要一改海洋公园懒洋洋的动植物园的形象，给它一种充满活力的世界一流主题公园的气息。"除此之外，海洋公园还加大了对亚洲其他地区游客的争取力度。苗乐文说："当香港日益成为亚太的旅游中心之后，我们就大力宣传'没有海洋公园的香港之旅不完整'。"

■ 香港海洋公园市场经理李玲介绍他们的目标顾客分析策略时强调："我们手上有两张王牌——动物情和香港情，这是海洋公园所特有的。我们将通过各种活动，争取香港人对于海洋公园的情感支持。"通过使用具有人情味的推广方法，比如利用海洋公园30周年的时机，推出"30年快乐的集体回忆"活动。这个活动可以唤起很多人的回忆，有一部分人是在孩子的时候来过，而现在带着自己的孩子来，这样一种本土感情，容易引起更广泛的共鸣。香港海洋公园本土化的营销策略，强调本土文化的吸引力，深受香港市民的欢迎。

中国文化产业典范选登

| 典范行业 | 典范区域 | 典范项目 | 典范事件 | 典范人物 |

台湾剑湖山乐园•1990年开业

■ 1990年由耐斯集团陈镜村董事长所创办的剑湖山世界正式开幕，这是台湾唯一一家中日合作的游乐园，游乐设施逐年增加，这也使剑湖山世界成为最受游客欢迎的游乐园之一。

■ 剑湖山世界位于台湾云林县古坑乡永光村，是台湾中南部最具规模的主题旅游据点。2002年剑湖山世界正式与日本王子大饭店集团合作，加入后改名为“剑湖山王子饭店”，对剑湖山世界而言又更向国际迈进一大步。

■ 剑湖山世界全园占地面积有60多公顷，是结合休闲、游乐、文化、科技四大功能的复合式主题乐园，也是全台湾领先的最大型化、精致化与多样化的高品质游乐产业，并且包含多元性、益智性、教育性以及娱乐性，因而连续六年荣获政府评鉴为全国最优良民营游乐区，也是第一家全面通过ISO9002国际品质认证的游乐区。

■ 剑湖山世界自创设之日起，就以“宏观、进取、领先创新”、“健康、环保、寓教于乐”、“和爱、诚信、永续经营”为园区发展的三大经营理念，为游客提供梦幻、欢乐、科技及流行性的产品与服务。

■ 剑湖山世界提供“清洁、微笑、以客为尊”的文化风格与“品质、安全、坚持完美”的完美服务，让游客在大自然的启示下，潜移默化于欢笑的天地之间，凝聚家庭亲子间的情感。

■ 剑湖山世界深信休闲游乐事业势必成为21世纪的主流产业，所以为营造复合式多样化的核心竞争力，已完成兴建集中式大容量度假休闲饭店，同时发展共生多元化主题设施，以发挥多客层多目标族群的交叉集客效果，不仅要带动地方观光产业的升级，更希望让台湾成为国际性娱乐景区，他们希望成为亚洲地区最具规模世界级的复合型游乐区。

■ 让21世纪的剑湖山世界成为亚洲地区人类欢乐指数的共同语言，这是剑湖山世界经营集团开业以来所服膺的理念与努力的目标。

经营者的理论观点、文化视野与发展思路

■ 剑湖山世界是耐斯企业集团经营的一个复合型休闲度假游乐园。耐斯集团董事长陈镜村在多年的经营中一直秉持“和爱诚信”的理念，以和平象征“和平鸽”为企业造型，并以“爱”、“和平”与“欢乐”为最高的精神指标，他特别强调剑湖山的“休闲、游乐、文化、科技”四大游憩内涵，缔造更健康、和乐与美满的生活质量。

■ 耐斯企业集团副总裁陈镜仁认为：虽然有人说“人因梦想而伟大”，但剑湖山世界则是“人因梦想而精彩”，他认为梦想就是欢乐。

■ 现任剑湖山世界休闲产业集团的总经理萧柏勋认为，再好的游乐设施都有玩腻的一天，只有在“娱乐软件”上，不断创造消费者需求，才是剑湖山保持领先地位的know-how。

■ “剑湖山为摩天轮创造出独特的‘个性’。”在情人节到来之前，萧柏勋将五十个摩天轮览箱，布置成玫瑰花、气球及保险套等主题情趣；配合剑湖山台湾米食文化节时，览箱又摇身成为世界五十大特色稻米的活动展场。他说：“游乐器材绝不是单纯的机器运转，而是感动体验的娱乐载具。”

■ 善于结合地方特色资源，是耐斯集团面临挑战的策略优势。剑湖山世界结合云林与古坑乡的地方特色，举办咖啡博览会、米食文化节、茶艺博览会，成功达到国民旅游的集客效果。萧柏勋善用云林咖啡、果园、美食特产，吸引大陆观光客体验台湾的常民生活，对此，他充满自信：“云林与古坑的观光资源，是剑湖山最佳的后花园。”

■ 剑湖山世界副董事长游国谦说：“台湾的观光产业一直处在半梦半醒之间，耐斯集团是少数有勇气将梦想化为行动的团队。”剑湖山世界之所以能成为台湾及亚洲地区主题乐园的龙头，就是因为他们不断创造消费者需求，不断创造更多的欢乐给

游客。这是剑湖山世界保持领先地位，成为国内国际性据点的主要原因，也是剑湖山世界成为亚洲地区最具规模的复合型休闲度假游乐园的主要原因。

中国文化产业典范选登

| 典范行业 | 典范区域 | 典范项目 | 典范事件 | 典范人物 |

苏州乐园•1997年开业

■ 苏州乐园地处苏州高新区中心，狮子山麓，占地54万平方米，是国家AAAA级景区，2001年通过ISO9002质量体系认证。

■ 20世纪末，由苏州新区经济发展集团总公司、上海东方电视台、香港新华银行、香港中旅等企业集团共同投资6亿元兴建的苏州乐园奇迹般地出现在这片土地上，这是天时地利人和的圆满组合。

■ 苏州乐园首期工程"水上世界"建成十年来，深受游人青睐，已成为华东地区夏季旅游的热点；苏州乐园二期工程"欢乐世界"，集西方游乐场的活泼、壮观和东方古典园林的安闲，宁静、自然于一体，游客来此，如入仙境，无不为之兴奋激昂，以"东方迪斯尼"之名驰誉全国。

■ 苏州乐园建筑风格上采用的是具有流行元素与古典结合双重功效的开放式设计，由绿树、白墙呼应而成，自然光的折射，与广场的高大幕墙形成鲜明的对比，体现广场内有天地浑然一体的非凡气势。欧美城镇有各种不同的建筑风格。百狮园的狮子造型各异，形象逼真，包含着各种信仰和观念，与狮子山的传说互为呼应，体现出苏州乐园所蕴涵的独特文化气息。

■ 近几年来，"欢乐世界"在国外引进飞碟探险、时空飞船和太空历险等近百项高科技游乐设施的基础上又先后增添了高空弹射、悬挂式过山车，夏威夷巨浪等国际上最新颖的游乐设施，使之更为精彩纷呈，出神入化，令游客乐而忘返。用现代化游乐器具装备起来的苏州乐园，在姑苏西郊美丽自然生态环境的映衬下，成为成千上万的人们向往的"游乐天堂"。

■ 十多年前，当苏高新集团"受命"建设苏州乐园时，它更大的意义还在于作为高新区的一项基础设施，通过主题公园的建设与发展为高新区带来足够的人气与活力。十几年来，苏州乐园已发展成国内首屈一指的主题公园，不但很好实现了管委会当初的意图，而且还成为中国人共同的"乐园"。

经营者的理论观点、文化视野与发展思路

■ 苏州高新集团总经理纪向群先生1998年接任苏州乐园总经理时，苏州乐园已经亏损两千万。他总结他走过的每一段历程和成功的奥秘说："九层之台，起于垒土；千里之行，始于足下。执著的信念加上灵活的经营方针，使苏州乐园发展成为享誉全国和海内外的主题乐园之一。"

■ 苏州乐园现任总经理包为夷诠释苏州乐园的经营模式时说："今天看来，这仍是一种经营城市的先进的理念。美国的迪斯尼在建设项目时，它的园区往往是亏损的，但它以自己的土地入股周边的宾馆饭店等产业，凭借每年4000万高消费能力的游客，迪斯尼在整体上还是有很大盈利。苏州乐园具有同样的效果，周边的土地迅速升值，三产也得到快速发展。"

■ 迪斯尼是全球主题公园的"老大"，欢乐谷是中国主题公园的"第一"，它们进入与苏州紧邻的上海，对苏州乐园压力可想而知。但包为夷对此似乎并不担忧。包为夷认为："迪斯尼和欢乐谷的确是非常强大的竞争者，它们目前都已在业内形成了品牌，但品牌既是优势，也可能是劣势。劣势在于，品牌就意味着经营模式等方面的固定化，而苏州乐园的优势恰恰在于它可以根据消费者需求和市场变化而对自己的经营策略加以灵活地调整。"对于苏州乐园来说，只有"变"才是唯一不变的真理。

■ 提到与迪斯尼和欢乐谷今后的关系，包为夷表示："不一定就是竞争关系。以自身灵活的经营方式，发挥出自身有山有水的独特优势，苏州乐园完全可以从市场细分中避开与它们的直接竞争。""给别人留有空间，就是给自己留下空间。"

中国文化产业典范选登

| 典范行业 | 典范区域 | 典范项目 | 典范事件 | 典范人物 |

深圳欢乐谷•1998年开业

■ 深圳欢乐谷是华侨城集团投资兴建的新一代大型主题乐园，1998年一期项目建成开业。占地面积35万平方米，总投资17亿元人民币，是一座融参与性、观赏性、娱乐性、趣味性于一体的中国现代主题乐园。

■ 1998年开业以来，深圳欢乐谷经过一期、二期、三期的滚动发展，已成为国内投资规模最大、设施最先进的现代主题乐园。实现了由观赏性公园，向参与、体验性主题乐园的转型，成为首批国家AAAAA级旅游景区。

■ 深圳欢乐谷的质量方针是：为游客提供新、奇、特的游乐体验和安全优质的游乐服务，打造中国最好的主题乐园。欢乐谷景区规划及项目设计遵循“体验即是生活，生活即是体验”的现代休闲理念。一方面注重项目的高科技表现手段，另一方面强化满足游客参与、体验新型时尚娱乐的需求。

■ 全园共有九大主题区：西班牙广场、魔幻城堡、冒险山、金矿镇、香格里拉森林、飓风湾、阳光海岸、欢乐时光和亚洲首座荣获国际水公园协会“行业创新奖”的玛雅水公园，共有100多个老少皆宜、丰富多彩的游乐项目。一次次惊心动魄的欢乐历程，一个个亦真亦幻的欢乐世界。深圳欢乐谷—中国最具魅力的都市娱乐中心，一个“动感、时尚、欢乐、梦幻”的繁华都市开心地让你永生难忘！

经营者的理论观点、文化视野与发展思路

■ 曾任欢乐谷总经理的吴斯远认为：“发展主题公园关键是找准定位，娱乐就是体验，欢乐谷区别于传统的旅游项目，不仅是观赏，更注重参与和体验。”在欢乐谷可以看到许多富有创意的项目，如“地道战现场电影拍摄”，布景里的碉堡、村庄，军车、鬼子兵的扮演，枪炮的爆炸和火光都惟妙惟肖，主持人还邀请观众扮演游击队员、村民、汉奸等角色。游客高兴地说，活动很精彩，既调动观众参与，又宣传了爱国主义。

■ 吴斯远说：“三年前我提出了都市娱乐这个概念，当时我在深圳欢乐谷，希望将欢乐谷三期向外延伸，把魔术剧场，四维影院打开，直接面对社区，做成一个新的都市娱乐产品。深圳欢乐谷所处的地理位置逐渐变成了城市的核心地带，它是都市中的一个公园，不能仅仅靠游乐设备。都市娱乐还有许多其他的元素，比如说演艺，酒吧文化，时尚文化等，需要有一个城市空间去容纳这些东西。”

■ 秉承“建不完的欢乐谷，玩不完的欢乐谷”经营理念，创造“常看常新、常玩常新”的顾客价值，是吴斯远经营欢乐谷的终极目标。他表示：“荣誉只能代表过去，现在我们应该把眼界放的更宽广一些，将欢乐谷更加具备实力、更加具有特色，更加吸引游客。”

中国文化产业典范选登

| 典范行业 | 典范区域 | 典范项目 | 典范事件 | 典范人物 |

阿拉里奥画廊•1989年创设

■ 阿拉里奥画廊是韩国以“现代美术的大收藏家”著称的金昌一先生于1989年设立的，目的是向韩国的广大观众介绍当代国际艺术，并改变韩国当代艺术的现状。阿拉里奥画廊一直以来致力于举办全亚洲最前沿的展览，它不仅提供了一个跨文化交流的模式，并且使国际对当代亚洲艺术有更深刻的理解和参与，在世界美术界享有“现代美术的大收藏家”的美称。

■ 2005年12月10日，阿拉里奥正式入住北京，在望京的酒厂艺术园建了世界面积最大的阿拉里奥北京艺术空间，旨在建立一种完整而有序的画廊体系，为更多的亚洲优秀的当代艺术家们实现梦想搭建了一个平台，使亚洲更多观众可以近距离接触世界当代艺术。

■ 阿拉里奥到亚洲最重要的场地中国北京开画廊是深具意味的，它通过亚洲与国际“对话”的方式扮演着积极和特定文化的角色。在这里，阿拉里奥建立起了另一个平台，使得东、西方对当代艺术的发展展开活跃而富有创新的平等对话，通过构筑亚洲和西方的一条水平线，创建两者崭新的对话方式，以此实现当代艺术更好的发展。

■ 阿拉里奥画廊创始人希望画廊成为国际文化的一座里程碑。他的先见之举已经在韩国艺术领域内惊起波澜，并以拥有一间成功画廊的收藏家身份在国际上享有盛誉。

■ 阿拉里奥的发展目标是为了向国际艺术界展示艺术家的才华，同时也为亚洲的观众提供更加广阔的国际当代艺术的体验。

■ 阿拉里奥画廊旨在建立一种完整而有序的画廊体系，为更多的优秀当代艺术家们搭建一个平台，广大观众也可以近距离接触世界当代艺术。

■ 阿拉里奥北京不仅提供国际当代艺术体验，同时也肩负将亚洲艺术家推向更广阔舞台的使命。

■ 阿拉里奥北京艺术空间是韩国阿拉里奥画廊新的分支机构。这个目前世界上面积最大的画廊，和大部分的画廊多面向私人藏家所不同的是，阿拉里奥将把作品提供给世界各大美术馆、博物馆。2007年举办的“今日亚洲艺术展”包含了50多名来自亚洲不同国家的艺术家及其作品，王鲁炎个展、萧昱个展等均在业界受到好评。

画廊领导人的文化视野、学术观点、前瞻意识、发展思路

阿拉里奥艺术总监　尹在甲

■ 经济大环境的好坏与艺术市场并没有特别直接的关联。因为这是由购买艺术品的收藏家决定的，艺术品作为最高级的奢侈品，能够购买的藏家都非常富有，经济的大环境并不直接影响它。并且，阿拉里奥画廊没有受到任何的影响，因为我们与其他商业画廊不同，主要是做学术展览，并不在意暂时的商业利益。

■ 艺术和资本永远是一对矛盾，文化产业虽然属于创意型产业，但本质上和别的产业并没有不同，有同样的矛盾。画廊独立空间的身份和职能在中国没有明显的区别，都倾向于商业化。

■ 画廊最重要的就是诚信，这样才会与藏家建立信任关系，才能让画廊良好地运营下去，形成艺术家、画廊、藏家的铁三角关系。

■ 金昌一先生作为阿拉里奥的投资人，也作为我的合作伙伴，从阿拉里奥建立伊始就制订了完备的运营计划。从长远角度上考虑，大力推动学术展览，短期的经济利益并不重要，只有鉴定了画廊本身的学术地位，赢得了国际认同感，才能在未来有更大赢利。

■ 我希望参与当代艺术的人用平静的心态去面对这样一个阶段。现在是一个爆发期，就想办法让这个爆发期给艺术界提供一个机会，过一段可能会有衰退期，也不必恐慌，都会有一个发展过程。所以对于现在的这种爆发状况，我觉得虽然有很多问题需要去解决，但还是应该以比较积极的态度去对待。

■ 文化一直以来就是被商业供养的，艺术一直以来就是由商业推动的，对商业的蔑视是毫无道理的，甚至是不道德的。耗费巨资打造的阿拉里奥北京画廊拥有良好的艺术品市场运作系统，但如何持续性地发展，并且对当代亚洲艺术产生实质性的影响，它需要收藏家与画廊策展人的创新与改革，它需要收藏家与画廊策展人艺术上的眼光与远见，展出或者收藏能真正反映出本时代的艺术作品并对之加以扶持。

发展思路和基本策略

■ 我们的主要方向是把中国最好的艺术家推向欧洲、美国的博物馆和大收藏家，同时也将国际著名艺术家的作品带到中国展览。

■ 阿拉里奥北京是实现梦想的第一步，亚洲广大观众可以近距离接触世界当代艺术，亚洲优秀的当代艺术家们亦可得到更广泛的机会。画廊希望构筑亚洲和西方的一条水平线，创建两者崭新的对话方式，以实现当代艺术的更好的发展。

中国文化产业典范选登

| 典范行业 | 典范区域 | 典范项目 | 典范事件 | 典范人物 |

麦勒画廊•1992年创设

■ 麦勒画廊是由瑞士人麦勒（Urs Meile）于1992年创立的，画廊以北京和瑞士为基地，十余年来，致力于促进高水平的当代艺术发展，巩固当代中国艺术创作的最新成就。麦勒画廊的事务方案着重于中国和欧洲当代艺术的最新发展动向，设有“旅居艺术家”长期项目，通过它寻求促进文化交流、观念灵感的产生和西方艺术家与中国艺术界之间的对话。

■ 2003年，麦勒画廊、北京-卢森和北京艺术文件仓库(CAAW)基于双向合作的共同意愿成为合作伙伴。2006年，乌斯•麦勒先生为兼作办公地和住所的北京画廊举行落成典礼。这个由建筑家艾未未设计的大规模双层展览及居住空间群围着一个庭院，其建筑理念为建筑群的庭院设计提供了一个绝妙的视角。

■ 作为对当今西方中国当代艺术热的回应，画廊致力于寻求持久、理想的方式来促进围绕画展进行的中国当代艺术对话。作为自1996年就在中国美术界发展事业的最早的西方画廊之一，乌斯•麦勒不仅把他的画廊看作是组织上的支持者，更把它视为中国艺术发展的推动者，为中国艺术在未来中国占有一席之地而努力。随着在中国本土举办的艺术展览、双年展、三年展和公共展所的数量剧增，麦勒画廊越来越强烈地感觉到自己的责任是在于为当代艺术家提供持久的、面对艺术市场的工作环境，通过不同的途径、方法和观念支持艺术家的创作。

画廊领导人的文化视野、学术观点、前瞻意识、发展思路

画廊负责人　乌斯•麦勒

■ 作为画商，只是简单的买卖艺术作品或自己收藏，而画廊不同，它是一种有中介运作模式的机制，搞画廊本身是艺术家的代理人、经理人，怎样使我们代理的画家成名、成为全世界顶级的艺术家，让全球艺术范围了解他们才是我们最终的目标。

■ 一个画廊经营者，其成功的原因之一在于你是否是一个非常守信用的人。我们需要的是真正愿意合作的艺术家。只要在你有了心目中愿意合作的对象，就算没有书面合约，你心中依然有着一个合约。

■ 我们深知是什么使我们的艺术家如此特别，成为最前沿和最重要的艺术家，我们也必须把所知的一切传达给对方。交流是最重要的，只有做到了这一点，你才可以进行其他计划。

■ 我们和艺术家之间进行长期紧密的交流和讨论，要非常了解艺术家现在在做什么，这样才能扮演好中介角色。在对艺术家的选择这个问题上，品质肯定是占据首位的。

发展思路和基本策略

■ 麦勒画廊对当今空前的创作自由和艺术经济增值的直接反映是，通过为艺术家提供新的批判性观念加强当代艺术的对话和发展。文化认同和自我导向是其中的话题；基于当前艺术市场与国际艺术主导潮流结盟的强制趋势日益强烈，这两个话题比以往任何时候都利害攸关。

■ 作为对当今西方中国当代艺术热的回应，画廊致力于寻求持久、理想的方式来促进围绕画展进行的中国当代艺术对话。

■ 随着在中国本土举办的艺术展览、双年展、三年展和公共展所的数量剧增，麦勒画廊越来越强烈地感觉到自己的责任是在于为当代艺术家提供持久的、面对艺术市场的工作环境，通过不同的途径、方法和观念支持艺术家的创作。

■ 麦勒画廊对当今空前的创作自由和艺术经济增值的直接反映是，通过为艺术家提供新的批判性观念加强当代艺术的对话和发展。

■ 麦勒画廊对当今空前的创作自由和艺术经济增值的直接反映是，通过为艺术家提供新的批判性观念加强当代艺术的对话和发展。文化认同和自我导向是其中的话题，基于当前艺术市场与国际艺术主导潮流结盟的强制趋势日益强烈，这两个话题比以往任何时候都利害攸关。

中国文化产业典范选登

| 典范行业 | 典范区域 | 典范项目 | 典范事件 | 典范人物 |

香格纳画廊•1996年创设

■ 香格纳画廊是由瑞士人劳伦斯（Lorenz Helbing）于1996年创办的，是上海首家当代艺术画廊(独立的)，也是最早落户上海的外资画廊。香格纳画廊致力于中国艺术的推广，并以介绍80年代以后的中国当代前卫艺术为主。

■ 香格纳画廊曾成功地在上海、香港以及海外等许多地方举办了十多个艺术家的个展。海外影响颇大。2000年香格纳画廊成为中国地区第一个进入巴塞尔博览会的画廊。2001年之后，香格纳画廊每年参加法国巴黎的FIAC艺术博览会。2004年之后每年参加巴塞尔迈阿密博览会。2007年，香格纳画廊迎来了它的10周年庆，并出版了纪念册。2008年2月，香格纳画廊北京地区的分支机构在北京草场地艺术区开幕，开启了画廊经营的新篇章。

■ 香格纳画廊的营业项目有油画、摄影、综合材料，代理及合作艺术家有周铁海、施勇、王广义、丁乙、甲凡、徐震、靳卫红、展望、杨冕、薛松、魏光庆、刘建华等。在过去的十年中，作为上海画廊主力的香格纳以呈现中国当代艺术的创新、完整及高品质而享有盛誉。

■ 香格纳画廊希望通过呈现中国当代艺术文化的多样性以及学术性来推出一些有创新意义的作品，并通过与艺术家们密切合作，带给人们崭新的当代艺术理念与正在发展中的中国当代艺术。

■ 作为一个画廊、制作者、赞助者及艺术顾问，香格纳画廊为促进中国当代艺术的发展作出了贡献，并记载了文化的思维方式及其表现形式。

■ 香格纳画廊致力于中国艺术的推广，并以介绍80年代以后的中国当代前卫艺术为主。

■ 香格纳画廊不仅作为首批中国当代艺术画廊，参加了许多国际主要的艺术博览会：例如巴塞尔国际艺术博览会、法国国际现代艺术博览会以及迈阿密巴塞尔国际艺术博览会；也是中国唯一一家被选入《国际画廊：从战后到新千年后》一书的画廊。在2006“艺术中国•年度影响力”评选活动中香格纳画廊被评为十家年度最具影响力的画廊之一。

画廊领导人的文化视野、学术观点、前瞻意识、发展思路

画廊负责人 劳伦斯

■ 我觉得买家应该花更多时间来研究。在2006年的中国艺术市场，我建议投资中国当代艺术品的收藏家必须尽早要确立自己的收藏系统和喜好。

■ 我现在如果看见一个好的作品，我会跟踪一个画家两三年，我要看他两年以后有没有新的想法，如过一开始有好的想法，但是以后没有，我们觉得不够，我们要与他们长期合作，最好要合作五年以上。

■ 画廊不仅仅是帮助塑造一个优秀的画家，也应该让普通人去了解艺术。我要让中国人知道自己的邻居在做什么。

■ 我做的不仅仅是一个画廊，而是一个全面展示中国当代艺术的平台，我希望更多的中国当代艺术家能从这里走向世界。

■ 这两年有些艺术家和画廊走的是泡沫这条路，他们可能会很惨。从画廊角度来说，画廊都怕价格很快涨上去，你要考虑十年的发展，而不是 两年。与艺术家的长期合作，对画廊来说，是挺过危机的关键。

■ 只要是表现当代艺术的，我不会排斥，我希望标新立异的作品，喜欢前无古人，后不知道有没有来者的作品，我们身处历史，也在创造历史，也许有一天就会诞生一个新的流派。

■ 明年肯定会比今年难过得多，不过对于画廊来说，在最困难的时候来买画的，应该是喜欢艺术的收藏家，而不是扫货的投资客。

中国文化产业典范选登

| 典范行业 | 典范区域 | 典范项目 | 典范事件 | 典范人物 |

■ 有许多的拍卖公司到画廊来征集作品，但是我刻意和他们保持距离，他们应该向藏家征集作品。也许这样的做法对画廊可能有用，但是必须选择优秀的拍卖行。

中国文化产业典范选登

| 典范行业 | 典范区域 | 典范项目 | 典范事件 | 典范人物 |

空白空间•1997年创设

■ “空白空间”是柏林画廊的中国部分。柏林画廊成立于1997年，是由Jaana Prüss和Alexander Ochs在德国柏林共同创立的。画廊自成立以来已成为代表东亚地区当代艺术的最好的画廊之一。该画廊通过与大量的美术馆、艺术机构和收藏机构的合作，从而得以在世界各地展示来自中国、韩国、日本、印度尼西亚和印度的众多艺术家的作品。

■ 作为柏林画廊总部的分支，北京空白空间画廊由Alexander Ochs先生于2004年创立，艺术总监为田源，是一个以中国当代艺术为主题的画廊。空白空间坐落在北京东北部的798大山子艺术区。自2005年以来，画廊开始以一个独立的机构运作并步入中国和东南亚艺术市场。在柏林画廊专注于亚洲艺术家展览的同时，北京空白空间也将德国和欧洲艺术家的展览加入到了它的展览计划之中。

■ 空白空间多次参加国际艺术博览会，包括在德国的科隆博览会和柏林艺术博会，在西班牙马德里的ARCO艺术博览会，在意大利的ARTISSIMA TURIN和布鲁赛尔艺术博会。空白空间将其代理的艺术家和艺术作品带到了柏林、科隆、马德里和布鲁塞艺术博览会等国际艺术市场，以及众多收藏机构和博物馆。

画廊领导人的文化视野、学术观点、前瞻意识、发展思路

艺术总监 田源

■ 我们必须为艺术家和他的作品负责。作为画廊，我们需要的不是买家，而是真正的藏家。我们对于艺术市场的一贯立场就是坚持某种谨慎态度，力图保持大脑的清醒。

■ 真正的艺术热爱者,真正的收藏家,对市场的任何现象都能处之若素。

■ “艺术家”是我梦想的职业，也是一个非常完美的职业，最重要的是它可以完全做自己。我是什么样的人，就可以在作品里表现出来，当然我指的是好的艺术家。

■ 不可否认，现在越来越多的人开始对画展感兴趣，询价和购买的人更是比比皆是。但是，真正出于欣赏和喜爱艺术的人却少得可怜。我们现在需要做的是培养真正的藏家。

■ 我们是有一些Big Name，但我们也关注年轻艺术家，只要和我们的理念契合，年龄不是问题。像迟鹏在大三的时候就已经和我们合作了。

■ 画廊的真正工作就是挖掘好的艺术家和好的作品，并将这些优秀的艺术家和作品展示给藏家们看，与他们沟通、交流，正确引导藏家，为藏家带来真正有价值的艺术作品。

■ 我们想做成一个国际化、专业化的画廊。我注重作品的质量，这是最简单的标准，而不是说这个艺术家可以马上拿来换钱。

■ 画廊汇集了来自欧洲、美国、其他亚洲国家和中国的当代艺术家，制造了一种多语言、多文化的对话。

■ 空白空间是非赢利性的、开放性的艺术空间。空白空间是一个以中国当代艺术为主题的画廊，也将德国和欧洲艺术家的展览加入到了它的展览计划之中。

■ 画廊通过与大量的美术馆、艺术机构和收藏机构的合作，从而得以在世界各地展示来自中国、韩国、日本、印度尼西亚和印度的众多艺术家的作品。

中国文化产业典范选登

| 典范行业 | 典范区域 | 典范项目 | 典范事件 | 典范人物 |

北京索卡艺术中心•2001年创设

■ 北京索卡艺术中心是台湾著名画廊索卡国际艺术中心的子公司。台湾索卡艺术中心是由萧富元于1994年5月创立的，是台湾最早有系统代理中国内地艺术家的画廊，主要经纪代理优秀华人艺术家作品。

■ 2001年，北京索卡艺术中心成立，负责人萧富元先生成为台湾到中国内地开设画廊的第一人，同时，索卡成为中国第一家以美术史观及学术角度来经营的画廊。2002年，索卡在韩国首尔设立办事处，负责中国内地、韩国当代艺术的交流推广。2003年，索卡增加了当代艺术的经营，推荐中国新一代有独创性的艺术家。2005年北京索卡当代空间成立，其后索卡邀请具有国际背景的专业策展人，将有潜力的中国当代艺术家成功推向国际。

■ 二十年来，索卡对中国油画作品做了大量精深的研究、整理及收藏工作。与此同时，也积极关注中国当代艺术的发展，倾力引荐与推广新一代有独创性的艺术家作品。

■ 北京索卡艺术中心的经营项目有油画、粉彩、雕塑、版画、陶艺、展览、经纪、收藏规划、谘询等。中心推展华人西洋美术作品，尤以影响中国西洋美术早期先驱的作品为主，并经纪代理十几位活跃于国际舞台之中的中青辈艺术家，长期规划、推展、代理画家之作品，协助其作品的收藏、整理及交流。

■ 北京索卡艺术中心致力于推广艺术品深入大众的生活，引荐中国新一代有独创性的艺术家作品，给广大艺术爱好者欣赏，并为中华文化传承与发扬贡献一己之力。

画廊领导人的文化视野、学术观点、前瞻意识、发展思路

董事长　萧富元

■ 索卡有它的属性，不是所有好的艺术家我们都做，做有中国传统人文思想的艺术家是索卡的属性。

■ 艺术品没有只涨不跌的事实。任何事物只要融进了市场这个体系，就是商品，涨跌很正常。

■ 我认为不管做什么行业，都应该有一定的专业操守，不能随意破坏规则。

■ 画廊就是中间人，只有跟收藏家，跟艺术家共同成长，才能实现持续发展。

■ 我希望我们代理的艺术家都能够在更远的以后成为非常好的艺术家，所以我们会比较审慎地选择艺术家。

■ 中国的市场变了，根本的原因是中国的经济好了，大环境变了，无论是艺术家还是收藏家大家都受益，但是很多艺术家就变脸了，作为画廊来说这才是困惑的。看到一个艺术家去违反合同的时候，我就很气愤。

■ 我们的理念就是要创造一个品牌的画廊。索卡艺术中心以《二十世纪中国西洋美术回顾》的开幕系列展，与北京艺文爱好朋友共同分享庆祝开幕的喜悦与荣耀，同时对在过去一百年间为中国艺术发展作出贡献的前辈们致敬，也放眼未来期许新进艺术家们承续着前辈的心意与努力，为中国艺术的发展规划出更美好的远景与希望。

发展思路和基本策略

■ 索卡国际艺术公司以经纪代理华人优秀艺术家作品为主，钟情于收藏古董文物及华人艺术作品，与各地艺术工作者深入接触，期望能有系统地整理介绍早期华人前辈艺术品，并引荐中国新一代有独创性的艺术家作品，给广大艺术爱好者欣赏，并为中华文化传承与发扬贡献一己之力。

■ 作为一专营现代与当代中国优秀艺术家作品的专业画廊，北京索卡艺术中心期望与艺术爱好者共同努力，为全球华人艺术的发展创造美好未来。

中国文化产业典范选登

| 典范行业 | 典范区域 | 典范项目 | 典范事件 | 典范人物 |

程昕东国际当代艺术空间•2001年创设

■ 程昕东国际当代艺术空间是法籍华裔著名国际策展人、艺术经纪人、出版人程昕东先生于2001年在其北京的住所——东城区东堂子胡同35号成立的，2004年11月迁至798艺术区。2006年3月，程昕东先生又在北京成立了新的空间，它位于京承高速望京科技园出口附近，前身是朝阳酿酒厂。第二空间占地面积约500平方米，集展厅、艺术家工作室、咖啡厅于一身，并提供空间租赁服务。程昕东国际当代艺术空间（包括画廊、出版公司、艺术工作室）内代理及展出数十名国际当代著名艺术家的作品。程昕东先生先后在北京、上海、广州、西安、杭州举办过数十个画展，于欧洲各国及国内各大城市策划组织各类艺术展览数十次，在文化艺术界产生深远的影响。

■ 程昕东国际当代艺术空间在中国与世界各国之间建立了一座文化的桥梁，其作用是在东西方当代艺术中断半个世纪的交流之后，为中国大众提供了开阔视野的机会。它也引领西方公众去发现和欣赏来自中国的崭新的当代艺术，同时也在很大的程度上拓展了大众对国际艺术的鉴赏力。

■ 程昕东国际当代艺术空间主要代理中国及西欧当代著名艺术家的作品。程昕东先生一直在欧洲各国及中国各大城市策划并组织各类艺术展，在文化艺术界产生较大影响。

画廊领导人的文化视野、学术观点、前瞻意识、发展思路

负责人　程昕东

■ 现在文化产业相比其他产业投资很小，但见效很快。多年的经验已经让我们完成了与艺术家和国外市场的资源积累，现在资金投入会立竿见影，一两个月马上有经济回报，比起其他投资不但有收益更有意义，对社会发展也将起积极作用。

■ 艺术的原创是一个小圈子进行的事情，而在后现代文化中，市场是最重要的，画廊是整个艺术品运作中的关键所在，只有通过画廊的推荐与个展，才能为艺术家带来声誉，使艺术家的身价倍增，而艺术品只有在画廊中才能成为商品，完成所有权的转移，由此产生商品的价值。

■ 画廊是肩负着历史使命的，在推动艺术发展中起着最主要、最前沿的宣导性作用。因为市场是由买家和卖家组成，如果人们对艺术品的商品价值都不了解，其艺术价值再高，价格也是零。

■ 做画廊需要各方面的综合能力、综合财力、综合条件，画廊是美术发展最前沿的一个阵地，它需要这个平台，不是单纯买卖、交易作品这么一个过程，恰恰是如何发掘、推动、提供一个艺术品的平台。

■ 我们的机构要做的是一个中介，是连接艺术家的创作和社会、公众的一个节点，要做的是对于艺术的推广，而不是单纯的一个买卖关系。

■ 一种艺术只有根植本土才能枝繁叶茂，现在如何给当代艺术以更多展示空间，让公众有更多机会了解艺术家的创作是当务之急。

■ 画廊的定位实际上是一种艺术观念，当有了一个明确的艺术观念时，则表现形式可以用油画、版画、架上、架下等多种形式体现。好的画廊中任何一个细小的地方都应该是美的。

■ 艺术是流动的，所以画廊也是流动的。要把艺术带到全中国，全世界。

中国文化产业“新业态”

手机传媒产业

核心理论/技术进展/权威数据/业内典范

“运用高新技术创新文化生产方式，培育新的文化业态”，是党的十七大报告中提出的中国文化产业的发展方向。

“新的文化业态”就是指网络技术与数字信息技术推动下不断衍生的新的文化业态，其核心技术是网络数字化技术；其表现和销售的内容应该属文化领域；其呈现的主要载体是电脑、手机和其他移动存储等终端平台。

手机传媒产业是以手机为视听终端，以手机上网为技术平台的数字信息化产业；是以“分众”为传播和营销目标，以“定向”为传播营销效果，以“互动”为传播营销优势的产业形态。手机传媒产业中的手机短信、手机报及手机书城、手机游戏、手机广告、手机音乐、手机电视等，是文化产业中具有典型意义的“新业态”，是数字信息技术与文化创意完美融合的新兴文化产业。

麦克卢汉：媒介是我们感知的延伸。

保罗·列文森：人类有两种基本传播方式：说话和走路。可惜自人类诞生之日起，这两个功能就开始分割，直到手机横空出世。手机是开天辟地以来的最完美、最强大、最潜力无穷的第一媒介。

中国移动公司　王建宙：我们正在建立一个无处不在和无所不能的数字生态系统，这个生态系统正在改变人们的生产、生活、学习和娱乐的方式，促进提高工作效率，提高人们的生活质量。以手机为载体的移动通信网络在建立无处不在的数字生态系统中发挥其独特的不可取代的作用。手机延伸了人的耳、嘴、眼的功能，正因为如此，手机正在成为人们的生活必需品。

中宣部文化体制改革办公室　高书生：研究文化产业必须要盯住“三屏”（电视屏幕、电脑屏幕、手机屏幕）。

相关说明

■以“手机传媒产业：核心理论、权威数据、技术进展与业内典范”为主题，对“手机传媒产业”这一文化产业的“新业态”予以系统推介，在推介的过程中，较多关注这一行业中的典范企业（如中国移动/山东移动的相关发展历程），全面考量中国移动在手机传媒产业中的首创性（如第一条短信、第一份手机报等）、推动性和引领性，以及其社会责任感（如手机防火墙和绿色短信文化）和公众形象等，是《中国文化产业学术年鉴》开创的一种新的文本形式，以期达到理论与实践、学术理念与业内典范、客观叙述与价值评判的密切结合。

■《手机传媒产业：核心理论、技术进展、权威数据、业内典范》中所涉及到的“核心理论”、“权威数据”以及有关“技术进展”的描述，主要依据：

① 吴满意主编，刘汉、谢海蓉、龙小平副主编：《网络媒体导论》，北京：国防工业出版社，2008年2月。
② 吴晓坤、吴信训著：《美国新媒介产业》，北京：中国国际广播出版社，2009年4月。
③ 宫承波著：《新媒体的多维审视》，北京：中国广播电视出版社，2008年10月。
④ 李怀亮主编：《新媒体：竞争与共赢》，北京：中国传媒大学出版社，2009年1月。
⑤ 匡文波著：《手机媒体概论》，北京：中国人民大学出版社，2006年9月。
⑥（英）大卫•赫斯蒙德夫著，张菲娜译，周蔚华校：《文化产业》，北京：中国人民大学出版社，2007年10月。
⑦（美）阿尔伯特•格雷柯编著，饶文靖、谢静颖、王茜翻译，饶文靖审校：《媒体与娱乐产业》，北京：清华大学出版社，2006年3月。
⑧ 陈勤著：《媒体创意与策划》，北京：中国传媒大学出版社，2009年3月。
⑨ 黄升民、周艳、王薇、马丽婕主编：《中国数字新媒体发展战略研究》，北京：中国广播电视出版社，2008年1月。
⑩ (美)保罗•莱文森著，何道宽译：《手机：挡不住的呼唤》，北京：中国人民大学出版社，2004年8月。
⑪ 汪森、余烺天著：《音乐传播学导论——音乐与传播的互文性建构》，重庆：西南师范大学出版社，2008年3月。
⑫ 王建元主编、曾遂今副主编：《音乐传播与音乐传播学——第三届音乐传播学术研讨会论文集》，南京：东南大学出版社，2008年10月。

■“业内典范”中所涉及的“中国移动”资料和图片，主要由中国移动山东分公司提供。

■手机传媒产业是近三十年来中国文化产业中影响最为巨大的“新业态”，已深刻改变了人们的生活方式和行为方式，因而《中国文化产业学术年鉴》特在1979～2002年卷、2008年卷中同时刊登手机传媒产业的相关内容，并在以后的相关卷帙中继续关注这一领域的产业形态、业内典范和理论进展。

手机传媒产业的
核心理论、技术进展、权威数据与业内典范：手机音乐之一

网络音乐、手机音乐与音乐产业数字化

■ “网络音乐产业”即文化产业“新业态”之一。

■ 网络音乐是指音乐产品通过互联网、移动通信网等各种有线和无线方式传播的，表现为数字化的音乐产品的制作、传播和消费模式。由两部分组成：

一是通过电信互联网提供在电脑终端下载或者播放的在线音乐，在线音乐娱乐基本上是通过网络音乐播放器进行的。网络音乐播放器的核心技术是软件的编码设计，软件编码技术的高低决定着播放器的使用范围。

二是无线网络运营商通过无线增值服务提供在手机终端播放的无线音乐，又被称为移动音乐。无线网络的传输容量、速度，和手机的质量的高低则决定着“移动音乐”的效果和使用范围。

■ 音乐产业发展的每一次变革都来自于音乐载体的改变，音乐的承载经历了从钢丝、胶片、磁带、CD到现在的无线下载的过程，未来手机将会为音乐的主要载体。比尔·盖茨在接受德国记者采访时说：如果你问我今后人们将主要使用哪种设备来听音乐，我敢肯定，那一定是手机。

■ 手机无线音乐产品的推出，使用户可以利用随身携带的手机随时看到精彩的音乐资讯，听到最新的歌曲，而且还可以将新歌设置为手机铃音，甚至还可以点播给亲朋好友，满足了歌迷随时获取最新音乐动态以及内容的需要。

■ 音乐平民文化中的经济潜力被空前激活，不需购买磁带、唱碟和MP3播放器，花2块钱就能在网上下载想听的音乐，虽然一个用户下载一首歌曲的费用只有2元钱，但中国拥有6.7亿手机用户，1.62亿的网民（2009年3月工信部统计），这样庞大的用户群形成的音乐产业是可观的。

■ 中国音乐产业在网络化的今天，找到了全新的发展机会。音乐产业价值链也在不断的更新、扩张、延伸。资本、技术等经济发展因素越来越多地进入到这个产业，音乐产业、音乐产品将越来越多的产业链接到一起。我们不妨想象这样一幅图景：

唱片公司通过电视、互联网和手机网络的“选秀”活动选出一位歌手，然后盯着百度公司无线音乐排行榜为这位歌手精心打造出一首符合歌手特质和当下市场流行元素的单曲，单曲通过无线平台完成首发，相关彩铃、铃声、手机视频同步推出。消费者从付费音乐网站购买了这首歌曲，然后把它发给了几位朋友，同时为他们支付了购买这首歌的费用……

事实上，这一切都不是科学幻想，而是今天音乐产业高度数字化的繁荣景象。

■ 音乐产业正在经历数字革命。网络选秀、百度排行、单曲营销、数字下载、无线传播……所有这些情景都正在发生，并且直接影响着音乐产业的产业链结构和盈利模式。

谁在引领中国de手机音乐

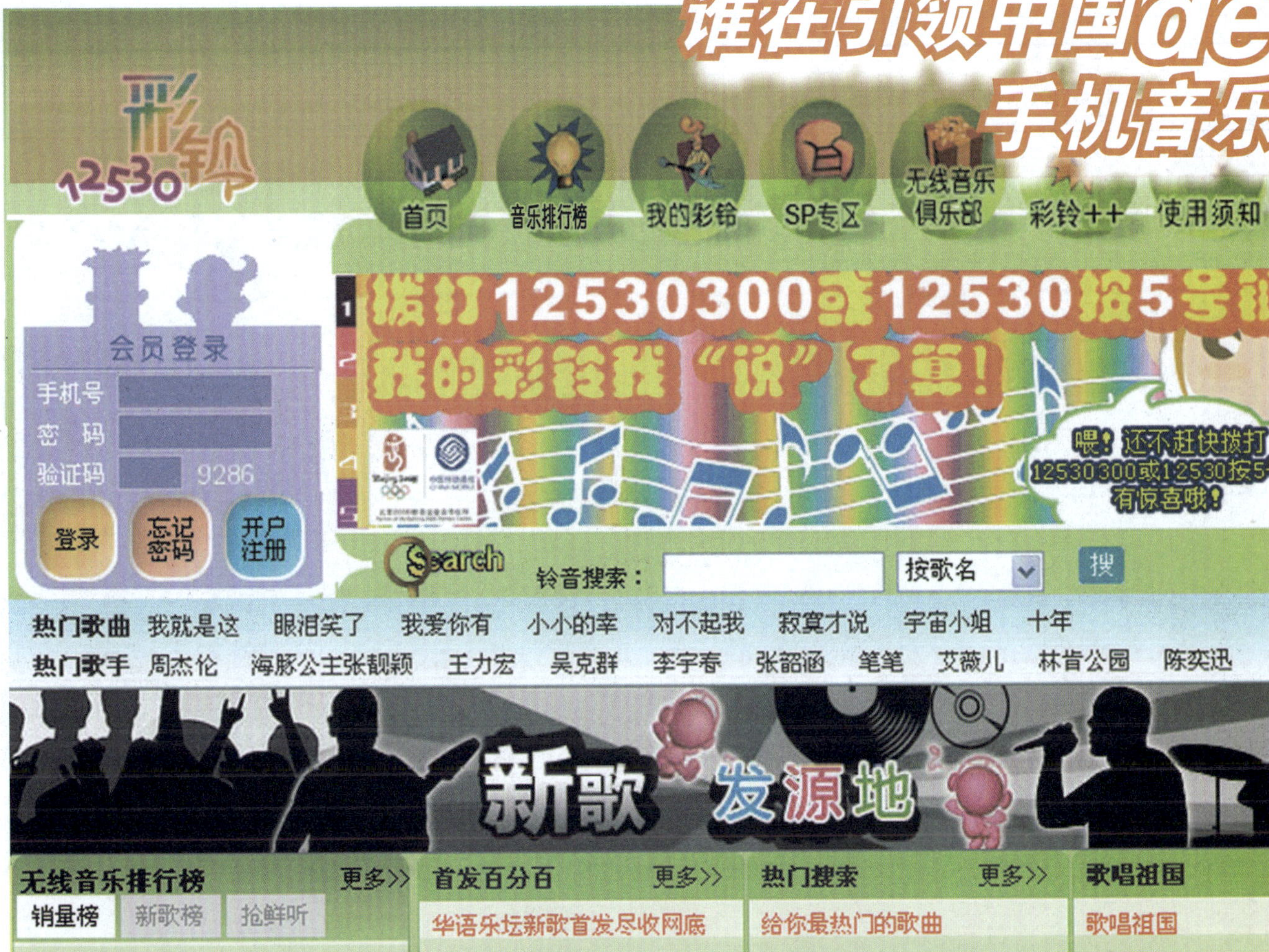

手机传媒产业的
核心理论、技术进展、权威数据与业内典范：手机音乐之二

中国移动引领手机音乐

■ 手机音乐是从音乐彩铃开始的。2001年5月，韩国SK电讯开创了音乐彩铃业务，迅速影响了日本、中国的手机音乐市场。

■ 2003年10月，中国移动在北京、上海、广东、浙江4省市开通了手机彩铃，而后在全国推广。当时上海以每天5000户的速度增加着手机彩铃用户。在向动感地带开放彩铃业务期间，深圳移动出现了每天2万用户的奇迹。

■ 2005年，网络歌手杨臣刚的《老鼠爱大米》创下中国移动彩铃月下载量600万次的记录。2005年，彩铃、铃声、IVR等形式的手机音乐在中国全面爆发，成为引领移动娱乐潮流的先锋。

■ 2004年5月，中国移动与香港英皇娱乐有限公司及杭州联梦娱乐软件有限公司合作，共同打造手机图铃下载业务——"英皇盛世"，中国移动着手从唱片公司直接获取铃声音乐资源。

■ 2005年4月，由A8音乐网牵手，中国移动与维亚康姆公司旗下的MTV全球音乐电视台签署阶段性合作协议，共同开启中国无线音乐市场。

■ 2004年5月初，中国移动推出移动梦网音乐频道，并推出针对彩铃业务，以用户对音乐订制、下载量为依据的"中国无线音乐排行榜"。该榜单的发布成为无线音乐服务和唱片业发展的里程碑式事件。

■ 2006年，中国移动举办"彩铃唱作先锋大赛"，是手机运营商打造文化品牌的新创举。

中国移动2006年7月宣布成立"M.Music中国移动无线音乐俱乐部"，启动音乐下载市场。

■ 在2007年1月初举行的第一届"无线音乐颁奖盛典"上，中国移动宣布，通过中国移动下载平台下载音乐的次数已经突破6600万次，以每首音乐2.5元计算，中国移动已经从音乐下载市场创造了超过1.6亿的产值。

■ 目前，中国移动的手机音乐服务包括：无线音乐排行榜、我的彩铃、无线音乐俱乐部、彩铃++、无线音乐搜索等，为客户提供应有尽有的服务。

手机传媒产业的核心理论、技术进展、权威数据与业内典范：手机音乐之三

中国移动的无线音乐排行榜与俱乐部

■“无线音乐排行榜”是中国移动以用户通过彩铃、IVR歌曲、手机铃声等音乐增值服务，对同一音乐内容实际下载数量、定制数量为基础设立的无线领域的音乐排行榜。与其他同类音乐排行榜部分数据来源不清晰、操作不透明的现状相比，“无线音乐排行榜”的优点在于数据来自于移动公司真实可查的用户下载、定制数据，能够反映用户对该音乐内容的实际购买行为，具有较高的公信力。

■打开手机里的“移动梦网”选项，点击“音乐频道”，进入“无线音乐排行榜”主菜单，会看到歌曲的“最新排行”，点击自己喜欢的歌曲后，在本地直接外呼12530的8号键(在外地则外呼“本省区号+12530”)，输入排名编号加#号键对歌曲彩铃进行试听，例如按1#试听第一名；而在试听中按1播放前一名，按2播放后一名，按3停止试听并下载当前铃音，按0号键返回主菜单。

■无线音乐排行榜对音乐创作、音乐市场的走向、音乐产业的健康发展具有一定的引领作用。

■中国移动无线音乐俱乐部(以下简称“无线音乐俱乐部”)是为广大中国移动客户提供的一站式音乐体验新平台，包括音乐下载、音乐共享、音乐传播、音乐交流等服务。无限优质丰富的音乐产品与服务将让俱乐部会员更加畅快地享受到移动音乐的淋漓尽致！音乐产品优惠、明星见面会、演唱会门票……各项会员特权，构成了具有业内典范意义的服务模式。

■中国移动对无线音乐俱乐部的服务定位是：

中国移动无线音乐俱乐部引领炫酷音乐风暴！

“音乐随身听”让你随时随地聆听你酷爱的美妙旋律，

在线听歌、彩铃订购、振铃下载、音乐搜索等你体验！

全曲下载将海量正版音乐、最酷的新歌“完整版”一网打尽！

快快点燃你的音乐小宇宙，尽情享受免费下载的畅快吧！

如何使用?

WAP方式：移动梦网首页—“MP3全曲”，进入全曲下载专区或直接访问http://wm..12530.com/music。

随身听方式：通过下载、安装、登陆音乐随身听的客户端2.0，使用全曲下载业务音乐随身听的下载地址：http:// wm..12530.com/。

如何开通?

通过WAP或随身听方式下载歌曲时，点击包月策略即完成包月订购。

短信方式：发送AQA至10658830订购5元包月；发送AQB到10658830订购10元包月。

如何收费?

移动梦网首页—“MP3全曲”，页面底部有退定全曲包月选项。

短信方式：发送AQQA至10658830取消5元包月；发送AQQB到10658830取消10元包月。

如何收费?

单曲按次下载：1—3元/首。

包月下载：5元/50首，10元/200首(俱乐部普通/高级会员分别享受9折和7折优惠)。

手机传媒产业的
核心理论、技术进展、权威数据与业内典范：手机音乐之四

中国移动的音乐彩铃

CRBT——彩铃

CRBT（color ring back tone）的专业名称是"个性化回铃音"，最早由韩国SK电讯于2002年3月在韩国推出。这项业务在中国移动的增值服务中被称为"彩铃"，在中国联通的增值服务中则被称为"炫铃"，是被叫用户为呼叫其移动电话的其他主叫用户设定的特殊音效的回铃音。它可以是一段音乐，或者是被叫用户自己设定的留言。当用户开通此业务后，若有其他用户呼叫该用户，主叫用户听到的不再是单调的"嘟、嘟"回铃音，而是由被叫用户在系统中设定的个性化回铃音。因为回铃音内容是存放在网络端的，对用户手机终端没有要求，因此具有广泛的客户群基础。

中国移动的"彩铃"服务

■ 2003年11月，CRBT业务被中国移动率先引入中国市场，并被命名为"彩铃"。

■ 2004年5月17日，"彩铃"业务被正式推出。根据中移动2004年年报显示，在短短不到一年的时间，手机"彩铃"注册用户总数就超过了2721万，按照移动"彩铃"业务每月5元的功能费计，仅此一项，中国移动当年就创造了超过6亿元人民币的收入。

■ 业内人士形容"彩铃"业务似乎是一夜之间长大的，在中国移动没有进行大规模的市场推广活动的情况下，"彩铃"业务就已经成功落地，并且在短时间内创造了惊人的收益。2005年，网络歌曲《老鼠爱大米》创下中国移动彩铃月下载量600万次的记录，2006年销量最大的歌曲《秋天不回来》订购则达到1700万次。2006年，中国移动彩铃订购次数超过4.7亿次。据中国移动数据部运营管理处副经理侯晓阳在"2007年手机多媒体应用大会"上透露，中国移动彩铃业务从2005年到2006年所创造的产值从34亿增长到67亿，增长97.2%，彩铃用户数增长87.5%。

■ 为了进一步扩大"彩铃"的影响力，中国移动公司于2006年举办了"彩铃唱作先锋大赛"。本次比赛基本是以选秀的方式进行的，但它又不仅是选秀，作为中国移动与传统电视媒体的一次深度合作，此次活动被视为中国移动打造文化品牌的一次重要试水。

■ 目前，在中国移动推出的一系列无线增值服务中，选择"彩铃"下载服务的用户已经占到全部用户总数的60%以上，"彩铃"所占的增值服务市场份额也仅次于短信息服务（SMS），近两年比较稳定地保持在13%左右。截至2008年底，中国移动增值服务业务的市场规模已达1251亿元，按照上述比例计算，"彩铃"的市场规模已经超过了162.6亿元。

如今，"彩铃"作为中国移动的一项已经成熟的业务，其定制功能已经实现了多样化，如对不同的来电人播放不同彩铃，在不同时段播放不同彩铃等。而其"1+#键复制功能"、"赠送功能"以及"收藏夹功能"则体现了其人性化特征。

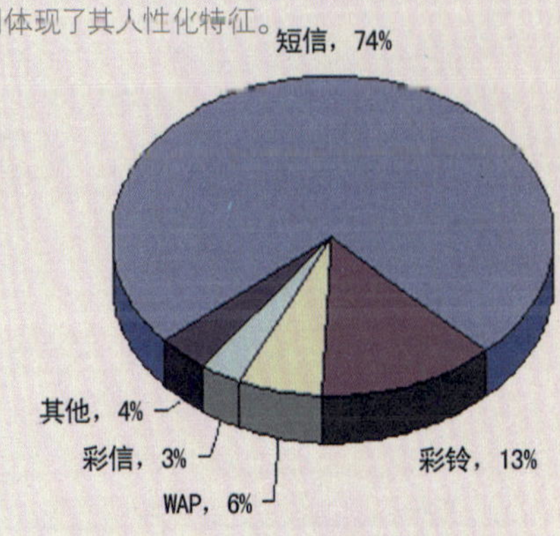

中国移动2008年增值服务市场份额细分

手机传媒产业的
核心理论、技术进展、权威数据与业内典范：手机音乐之五

中国移动彩铃的DIY模式

■ 彩铃是中国移动及服务提供商合作为手机用户提供的一项用户作为被叫用户时的个性化回铃音业务，需要通过相关的手续办理开通。申请开通了此项业务的用户可以设定管理自己的回铃音，自由设置个性化声音效果，回铃音可以是一段音乐、广告、音效，或者是被叫用户自己设定的留言等。

■ 在内容上彩铃出现了DIY的新模式，也就是使用电脑和一些软件来自我演唱、自我录制，通过自己录制声音作为彩铃，真正达到了独一无二的个性追求，在创意上体现了多样的风格。

它的制作模式缓解了目前彩铃缺乏新鲜血液的状况，扭转了流行曲目泛滥使用的无奈；另一方面，在DIY模式下，彩铃的版权来自广大的普通用户，用户不仅提供了丰富的声音资源，在使用上也避免了版权的纠纷。

■（1）彩铃“音乐盒”，也叫“八音盒”，它改变了以往普通彩铃单条订制的方式，每个音乐盒按照特定主题提供多首彩铃，并且每月自动更新。在音乐盒中会不断增添时下的新歌，用户还可以根据自己的喜好添加歌曲，使音乐盒成为一个个性洋溢的铃音库。（2）集团彩铃面向集团用户，即将一个集团所有的成员在一定时间内（如工作时间）的彩铃设置成统一的集团铃声。其主要内容可以是该集团的简洁广告，从而起到有声名片的作用。它是彩铃业务从个人娱乐走向商业应用，大大拓展了彩铃的服务群体。

音乐内容 永远是价值链核心

手机传媒产业的 核心理论、技术进展、权威数据与业内典范：手机音乐之六

手机音乐的价值链、版权和内容创作

■ 根据商业咨询调查机构“普华永道”一份研究报告，2005年在线音乐用户的数量突破1个亿，占互联网用户的85%，预计2008年在线音乐用户将超过2亿。而到2009年数字发行将占到整个亚洲音乐市场的60%，其中无线（手机音乐）和网络（电脑或其他播放器从网络下载播放）的比例大致为15: 1。传统的CD和卡带在音乐市场中的角色将不断削弱。网络数字音乐的到来，第一次省去了音乐的发行渠道，改变了这个产业的话语权。技术的进步，一定是在推动整个音乐产业的发展，但也一定会弱化甚至取消产业链的某个环节，这是社会的进步，历史的必然。科技使大众受益，手机音乐等数字音乐形式的出现不仅不会断送音乐产业，相反会使其进入新的繁荣期，当然，这一切都是以传统音像业、唱片业的淡出和产业链的重新组合为代价的，音乐市场的重新洗牌是不可避免的。

■ 技术的进步在提供了音乐流通便利的同时，也带来了复制的“猖獗”；同样在带来了“复制猖獗”的同时，又为音乐产业培育出了巨大的消费群体和无限多的商机。面对着当今庞大的互联网用户和手机用户，只要把握住音乐著作权（版权）作为产业价值链的主导地位，音乐产业必将永远焕发无限的生机，创造出更多的奇迹。在良好的音乐传播环境下也将会产生和传承更多、更好的优秀音乐作品。

■ 新技术带来新的社会分工，势必也就产生新的利益分配格局。只有积极融入其中，做好从心态到角色上的调整，才是正确选择。百代在意识到音乐版权保护技术DRM并没有起到应有的作用，也未能阻止盗版之后，于2007年4月2日宣布放弃DRM技术，除了甲壳虫乐队的唱片，其所代理的所有唱片都将搬上苹果的iTunes音乐商店。这说明唱片公司开始明智地认识到一味保守、严厉打压网络技术，并不可能消灭侵权现象，而只有顺应时势，积极融入网络家庭，实现音乐营销模式的更新换代，才是正道。

■ 2005年被称为中国手机音乐元年，但早在2004年中国移动已经为它的到来做着积极的准备。2004年5月，中国移动与香港英皇娱乐有限公司及杭州联梦娱乐软件有限公司合作，共同打造手机图铃下载业务——“英皇盛世”，中国移动着手从唱片公司直接获取铃声音乐资源。

到2005年4月，由A8音乐网牵手，中国移动与维亚康姆公司旗下的MTV全球音乐电视台签署阶段性合作协议，共同开启中国无线音乐市场。5月初中国移动推出移动梦网音乐频道，并推出针对彩铃业务，以用户对音乐定制、下载量为依据的“中国无线音乐排行榜”。该榜单的发布成为无线音乐服务和唱片业发展的里程碑式事件。

■ 对于盗版严重的中国唱片业而言，中国移动的彩铃无疑带来了重塑音乐产业链条的希望。具体操作彩铃业务的SP通常采用一次性买断、预付版权或签署分成协议等方式，从唱片公司或音乐人手中获得一首歌曲的彩铃制作权和运营权。一首比较流行歌舞的彩铃授权费，一般是一年10万至百万。按照音乐内容提供商和SP五五分成的惯例，2004年唱片公司从移动铃声下载中获得20多亿元的版权收入，这恰好相当于每年20亿元的正版唱片销售收入。这个成绩在正版利润被盗版和网络非法下载蚕食鲸吞的音乐市场，十分可观。

■ 新技术平台带来了重塑音乐产业链条的希望。音乐产业能够与新技术合作并获得丰厚的收入，的确有赖于中国移动对版权保护的严格，如果没有中国移动每月定时发放每首歌曲彩铃的被下载次数，没有它对版权的严格要求，恐怕彩铃和其同门兄弟手机铃声下载一样，被SP搞得跟唱片公司一点关系都没有了。2004年朴树的一首歌曲《白桦林》在彩铃业务上被下载了10万多次，为此唱片公司当年收到了近10万元。同样是这首《白桦林》，SP通过音乐著作权协会转交给唱片公司仅900多元。

■ “机器”（留声机、唱片、收音机、随身听、mp3、手机）为音乐提供了远为广泛的可能，同时，“机器”又限制了这些可能。无论人们乐意与否，“机器”已经强有力地介入人们置身的现实。“机器”对于人类的意义深刻地植根于资本和市场的历史之中。人们可说，某种技术的发明或许与某一个天才的发明家有关，然而，这种技术的繁盛必须得到历史逻辑的支持。时至今日，电子技术对于声音的传送、放大和复制还在持续，并且精益求精，以手机为代表的数字音乐已开始取代电子音乐并日益强大。事实上，无论是描述人类的牢笼还是谈论人类的解放，“技术”和“机器”都是一个绕不过去的前提。

■ 音乐内容永远是价值链核心。科技进步带来的是更方便、更快捷、更便宜的产品和服务，但是消费者对音乐质量的要求不会改变。新的渠道可以开拓，新的产业链可以构建，但是如果没有好的音乐，再好的商业模式也没有用。在网络音乐时代，音乐和公司之间的竞争力依旧是源源不断推出热点歌和热门歌手的能力；因此，无论有了什么样的新平台或者新渠道，技术都不能替代内容，数字更不能替代声音。数字发行不能够让一首原本让人听不下去的歌曲大卖特卖。真正支撑中国手机音乐产业健康发展的原动力，还是音乐人的激情、真诚、对生活的深刻感悟以及锐意突破的原创精神。

中国移动通信 CHINA MOBILE
移动通信专家

1992/2000年

世界/中国第一条手机短信引爆了今日最为壮观的“拇指上的经济”

手机传媒产业的核心理论、技术进展、权威数据与业内典范：手机短信之一

短信的历史、现状与类型

■ 手机短信是人们最熟悉的文化产业“新业态”之一。

■ 1992年，世界上第一条短信在美国沃尔丰的GSM网络上通过PC向移动电话发送。谁也不会想到，当初这项由电信运营商为解决手机话费过高而推出的低廉文本信息的服务，这个看似非常“小儿科”的东西，竟会在多年后对人们的经济文化生活，甚至对政治都产生了如此大的影响。

在当时，只是发送一条“圣诞快乐”的短信，也是一项复杂的工程。英国移动数据协会主席迈克·肖特认为，第一条手机短信“可谓人类的一项创举”。

■ 2000年5月17日，中国移动在中国首开手机短信，中国联通也迅速跟进，引爆了今日中国最为壮观的“拇指上的经济”。

■ 本世纪初的2001年，中国移动的短信量是159亿条，中国联通的短信量为30多亿条；2002年中国移动的短信量超过750亿条，中国联动为150多亿条，短信总量达到了900亿条。中国手机短信的发送总量在2003年得到了快速增长，实现了2200亿条，手机短信增值服务市场的规模也超过了200亿元。截至2008年底，仅中国移动SMS的市场规模就达到了885.9亿元人民币，占整个中国移动增值服务市场份额的70.8%。

■ 市场调研机构Gartner2006年一项调查显示，到2010年全球手机短信发送的数量将实现翻番，达到2.3万亿条。据预测，2010年短信业务的营收总额将从2005年的395亿美元增加至725亿美元。

■ 用短信的方式进行交流，开创了一种新的交流方式，其特点突出表现为：(1)及时性：短信真正实现了用户与信息的实时同步，由于手机的随身携带，短信的传播效率具有传统媒体甚至互联网无法比拟的优势；(2)私密性：用短信沟通，基本上是一对一的沟通渠道，不需要通过对话的话音方式，很好地保证了沟通的私密性；(3)便利性：短信可以让用户随时随地轻松送出自己的祝福，避免了一系列烦琐的程序。

■ 手机短信分为SMS、MMS等不同业务形式。

■ SMS(Short Messaging Service)是最早的短消息业务形式，也是现在我国普及率最高的一种短消息业务，它是由手机用户编辑简短的文本(目前，文本长度被限定在140字节之内)通过GSM网络到达其指定的用户。此项服务一经国内电信运营商推出，就受到了用户的广泛欢迎。

■ 手机用户数量的大幅度增长直接促成了短信发送量的强势增长，据中国互联网络信息中心(CNNIC)的《手机媒体研究报告》显示，截至2008年底，中国手机用户已超过6.4亿，较2007年5.4亿的用户数量增长了近20%。据工信部副部长奚国华介绍，截至2009年3月，手机用户达到6.7亿户。

■ SMS已经成为一种文化现象。其最初的产生可能是由于中国较高的电信收费制度，但现在它已经成为人们交流中不可或缺的一部分。在SMS的各种应用中，短信聊天、娱乐信息、新闻信息等成为手机用户普遍喜欢和应用的选择。其中，SMS发送更是节日问候的习惯选项，形成了显著的节日短信经济。

中国移动通信 CHINA MOBILE
移动通信专家

精彩来袭，你准备好了吗？

手机传媒产业的核心理论、技术进展、权威数据与业内典范：手机短信之二

MMS——“彩信”：发展过程与功能

■ MMS(Multimedia Messaging Service)，中文名称为多媒体短信服务，可以用于传送文字、图片、动画、音频和视频等多媒体信息。

MMS是在短信(SMS)业务基础上发展起来的一种新型消息业务，它将不同的媒体，如文本、图片、照片、音频、视频等组合成一个多媒体消息进行发送。MMS信息容量也大大增长，可以达到100kB左右。其商用规定的大小通常为50KB，这是由运营商和手机终端双方决定的。

■ 中国移动公司的MMS业务称为“彩信”。

■ 彩信的最大特色是支持多媒体功能，能够传递功能全面的内容和信息，这些信息包括文字、图像、声音、数据等各种多媒体格式的信息。其收费模式沿用了短信的方式，接收免费、漫游不另收费，由通信费和信息费两部分组成。

■ 运营商在推广彩信业务时常常这样形容彩信：从短信到彩信就像收音机到电视机的发展一样。

“彩信”这个名字相对于“短信”包括了两层含义：

一是突出了“彩”字，展现给人们一个丰富多“彩”的世界；

二是从使用的步骤上来说，基本和短信编辑、发送的方式相同，同时使之成为短信的升级延续，体现了运营商对彩信重现短信辉煌的希望。

■ 2002年10月，中国移动正式推出了彩信业务，使之成为移动通信增值业务的又一个亮点，也标志着中国开始进入了移动多媒体的新时代。紧随中国移动之后，中国联通也于2003年3月推出了具有品牌特色的“彩e”业务。

■ “彩信”服务并不依赖于基础网络，它能够在第2代、第2.5代及第3代无线网络中实施，无论GSM、GPRS、WCDMA网络都可以支持MMS业务。

■ 彩信业务刚推出时，有14家SP与中国移动合作为彩信业务提供内容服务，包括空中网、TOM、新浪、网易等；彩信业务从推出到2003年底用户数量突破150万，全年发送总量为1.5亿条，显示出彩信初期的良好发展态势。

■ 但客观说来，彩信之发展距离业界期望其能像短信一样迅猛发展的目标仍存在一定差距。在彩信推出的头两年，还是有很多因素成为彩信迅速普及的障碍，主要表现在终端产品、使用资费、SP服务内容等几方面。

■ 在手机方面，摄像头手机和支持彩信的手机2004年下半年开始大幅度降价，用户只要拥有了配置摄像头的而支持彩信功能的手机，就可以随时随地地拍照并把照片保存到手机上，并通过移动网络发送给他人，与亲人和朋友分享。

■ 从运营商方面来看，为了突破彩信发展初期的低速局面，推动彩信市场进入一个高速发展的阶段，中国移动于2004年5月进行了大幅度的降价促销活动。在终端问题得到有效缓解的情况下，彩信资费的下调有力地刺激了现有的和广泛存在的潜在用户更多地使用彩信业务。

■ 随着彩信业务的前景逐渐明朗，运营商也在彩信业务的开发上投入了更大的精力，逐步形成了各自富有特色的彩信产品品牌，大大丰富了彩信内容，同时提高了彩信对用户的吸引力。例如搜狐彩信频道与迪斯尼合作推出的“米老鼠和唐老鸭”、“小熊维尼”、“海底总动员”等迪斯尼卡通下载；空中网在其“彩信梦工厂”中专门开辟了“特色专题”，为用户提供诸如“彩信样板戏”等特色彩信服务。中国移动本身也推出了一系列的彩信产品，并以诸如“创作绿色贺卡比赛”的形式征集民众中的作品，极大地丰富了彩信的内容，扩大了彩信的使用范围与影响，提高了用户的参与度。

■ 由于上述措施，2005年彩信进入高速发展期，2005年底，仅中国移动就创造了30亿条以上的彩信业务，彩信用户达2000多万。

中国移动公司2008年“彩信”的市场规模为38.8亿元，考虑到目前GPRS网络中带宽以及数据传输速度等一系列问题对其发展的限制，“彩信”业务在未来3G网络中的走向应该值得期待。

彩信的业务功能

1.个人相册——用户以彩信形式将照片发送到“移动梦网”的“彩信相册”中。

2.信息类服务——重大新闻事件的图片报道，如配有现场图片的体育新闻、各种娱乐新闻、天气预报等。彩信新闻可以提供给用户图文并茂的完整新闻。

3.娱乐类服务——生动有趣的卡通漫画、影视图片等。

4.游戏类服务——虚拟交友、饲养精灵小宠物、智力闯关、武侠功夫等各类型的彩信游戏。

5.通信类服务——提供聊天服务，还可以配以图片、音乐等。

6.商业类服务——以彩信为媒介接收各类电子折扣券、电影票、机票等等。

7.位置类服务——基于手机的定位功能，与用户的位置信息相结合向用户提供各种地图信息、道路交通状况信息，以及与小区广播结合提供临近商场的打折信息、商家广告等。

手机传媒产业的
核心理论、技术进展、权威数据与业内典范：手机短信之三

短信的社会力量

■ 人类有两种基本传统方式：说话和走路。可惜自人类诞生之日起，这两个功能就开始分割，直到手机横空出世。手机是开天辟地以来的最完美、最强大、最潜力无穷的第一媒介。 ——保罗·列文森《手机》

■ 手机媒体发展的过程，就是一场包括科学革命、技术革命、信息革命、产业革命、文化革命、社会革命在内的互相交织的革命。

——中宣部新闻局副局长刘汉俊2008年12月5日在“第五媒体高峰论坛”上的演讲

■ 手机媒体会成为我们整个信息社会里的信息集散中心。

——北京大学教授谢新洲2007年8月24日在第二届“MMDC移动媒体学术年会”上的发言。

■ 手机媒体高度的便携性还带来了高度的个性化、隐私化与贴身性，手机成为与人们生活黏性最高的“带体温的媒体”。

——匡文波《手机媒体概论》

■ 2002年和2003年的各种调查报告显示：35%的年轻人用手机发信息，一般手机使用者发短信的比例有20%。50%18岁到24岁的年轻人表示对手机收发短信感兴趣，一般手机使用者对短信感兴趣的比例有35%。从全世界来看，2006年的估计数字是：手机短信及其改进文本将要占到年轻人手机费用的85%,实际上的口头交谈将要退居第二位（根据费城电讯公司、哈里斯互动公司和无线电世界论坛的数据；又见罗宾·格林斯潘《瞧，谁在说话、发短信、买手机》）。

■ 2005年3月，天津市发生了一起恶意牛奶投毒事件，政府紧急部署移动运营商发送手机短信传送信息，及时避免了事态的扩大。

2005年，上海、北京、辽宁等地也建立了相应的灾难天气手机短信预警机制。

2006年1月3日北京京广桥塌方，北京交管部门第一时间通过移动、联通向市民发送短消息，告知大家行经此处绕道而行。

此后，手机短信平台在一些大规模的群体事件以及区域性的公众危机中也发挥了重要的信息传播作用。短信给人们的生活带来了极大的方便，政府职能部门的效率也得到了相当程度的提高。

■ 在短信深刻广泛地应用于娱乐业之后，企业、政府职能部门也意识到了短信的力量，试图更好地利用短信这个便捷的信息平台为大众的社会生活提供更好更多的服务。

手机传媒产业的
核心理论、技术进展、权威数据与业内典范：手机短信之四

营造绿色手机文化

■ 手机既赋予我们了不起的力量，又使我们相当脆弱——保罗·列文森《手机》

■ 在手机短信聊天，以及各类笑话、幽默娱乐信息的传播中，"黄段子"、"黑段子"等"垃圾短信"的出现，成为手机媒体产业中需关注的一大问题。

■ "目前的移动媒体行业出现的种种问题，包括不良信息、垃圾短信等等，其实也都是一个行业在高速发展的过程中不可避免的。因此，业界对于手机媒体传播形态、营销模式以及行业规范等有着非常迫切的需要。"——中国传媒大学副校长 丁俊杰

■ 2007年，中国移动在首份企业社会责任报告中坦诚、详尽地报告了企业责任观及责任表现，并且承诺将"善尽责任，共创卓越"。

2007年，中国移动紧密围绕"和谐共成长"的责任主题，积极响应各利益相关方要求，着力实施了四大责任工程。其中围绕着第三大工程——文化工程，2007年中国移动开展了卓有成效的垃圾信息专项治理，通过"红段子"、"e拇指文学"等弘扬健康向上的绿色通信文化，以践行中国移动"正德厚生、臻于至善"的企业核心价值观。

■ 为更有效解决垃圾短信干扰用户日常生活这一难题，中国移动2009年推出了"信息管家业务"。用户可以通过登录中国移动网站，下载这款由网泰天下自主研发的具有语义识别功能的软件，对手机进行通信管理，有效防控垃圾短信骚扰。

■ 信息管家是一款手机客户端功能降低垃圾短信骚扰的产品，这一产品集成了短信防火墙、私密空间、短信黑名单等功能，其先进的"语义特征多层反骚扰引擎技术"让智能手机尽享信息安全。此款软件用户安装后不需要进行人工设置，即可准确掌握垃圾短信语义特点的变化，实现准确的短信过滤。此外，信息管家会定期公布最新的反骚扰策略库，并进行自动更新，不需要用户进行任何操作就可以防止不断变化的垃圾短信，大大方便了用户使用。

■ 作为垃圾短信发送产业链的重要一环，如何严格约束SP（信息服务商）的运营，成为有效治理垃圾短信的另一关键环节。山东移动设定专人对手机上网业务的文字、图片、动画、音频、视频进行观测；对涉嫌传播淫秽、色情信息的SP，立即关停其业务；情节违法的移交公安机关及主管部门依法处理，并在至少一年内不再受理该SP任何形式的全网基本地合作申请。

为联手打击垃圾短信，山东移动还与其它主要运营商建立"黑名单"交换互通机制。当其中一方发现对方用户向本网用户发送不良信息时，可按内部机制相应处理，将该用户列入"黑名单"并及时通知对方。双方网间"黑名单"每月至少交换一次，"黑名单"用户号码冷冻期为30天。

为营造"绿色"手机文化，自去年以来，山东移动与山东省文明办等单位联合发起文明短信大赛等公益活动，广泛征集反映社会公德、家庭美德等文明事的短信、彩信，传播社会美德。半年时间，征集到的"红色"短信、彩信超过十万条，掀起一股和谐手机文化的热潮，对"黄段子"、"黑段子"等不良信息形成有力抵制，真正让健康向上的短信文化占领手机舆论主阵地。

手机传媒产业的 核心理论、技术进展、权威数据与业内典范：手机短信之五

“飞信(Fetion)”

■ SMS(文字短信)以简单方便的使用功能受到大众的欢迎，但始终是属于第一代的无线数据服务，在内容和应用方面存在技术标准的限制，而MMS(彩信)在现有网络环境下则尚未成熟。针对这一问题，中国移动推出了即时通讯(Instant Message)软件“飞信(Fetion)”。

■ “飞信”是中国移动的综合通信服务，它融合语音(IVR)、GPRS、短信等多种通信方式，覆盖三种不同形态(完全实时的语音服务、准实时的文字和小数据量通信服务、非实时的通信服务)的客户通信需求，集商务应用和娱乐功能为一体，实现了互联网和移动网间的无缝通信服务。作为中国移动通信推出的一款基于手机应用以及与Internet深度互通的综合即时通信工具，它集成了聊天、交友、互动、娱乐等功能，为用户提供了一个沟通和展示自己的平台。

■ 具体而言，“飞信”具备以下几个特点：一是实现PC、手机、WAP等多终端登陆永不离线，“无缝即时互通”；二是免费短信无限量发送，并且引入了群发功能等功能；三是语音群聊的“超低资费”，并支持多达8人的在线会议；四是实现了手机与电脑之间图片、MP3和Office文件的传输功能。

■ 中国移动飞信业务于2007年6月5日正式推出。后来推出的飞信2008版完善了先前版本的不足，在聊天方面加入了自定义表情、截屏、群组等实用功能，几乎可以和腾讯QQ相媲美，以其强大的功能和完善的设计逐渐推广开来，在短短一年内注册用户就超过了1个亿，其活跃账户数也达到了2921万。

■ 飞信的产品定位为“中国移动的综合通讯服务”，以无线通信的应用为主，互联网应用为辅。中国移动飞信项目负责人表示：“飞信并非人们此前理解的与QQ、MSN直接短兵相接。移动在电信领域的垄断地位决定了产品的核心应用重点，飞信真正实现了永不离线、跨网沟通，是一款全新的打破网络限制的通信产品。飞信并不是外界理解的互联网IM(即时通讯)软件，飞信未来的意义也远比IM软件重要，将有可能成为电信和互联网融合的一个标志，更将成为3G时代的重要应用平台。”

■ 由移动和腾讯合作的飞信QQ已经正式上线。飞信QQ是中国移动与腾讯公司的合作产品，主要提供飞信手机用户同QQ用户的短信沟通服务。通过手机短信开通飞信QQ必须要先开通飞信功能。飞信QQ的主要功能有：

1. 手机聊QQ；
2. 短信查在线QQ好友；
3. 短信速配QQ好友；
4. 短信修改QQ资料；
5. 娱乐功能；
6. QQ客户端金色小手机等。

根据协议，腾讯的移动QQ业务将逐步过渡到飞信平台上。

这一平台正式开通后，中国移动正在公测的手机飞信业务将与腾讯QQ的海量用户实现互联互通。在开通“飞信QQ”服务后，移动飞信的手机用户与腾讯QQ用户之间可进行无障碍的短信交流。

手机传媒产业的
核心理论、技术进展、权威数据与业内典范：手机报之一

数字出版与手机报：定义与类型

■ 数字出版是以互联网为流通渠道，以数字内容为流通介质，以网上支付为主要交易手段的出版和发行方式，主要包括电子出版和互联网出版。数字出版是一个朝阳产业，全球年均增长率为33.8%，数字出版产业以内容（即著作权人、内容提供商）为源头，以数字图书馆、网上电子书店为渠道，通过电脑、手机、PDA、专用电子阅读器等阅读设备，为受众提供服务。在整个的产业链环节中，技术提供商贯穿数字图书的出版、发行、阅读全过程。

■ 手机报是中国数字出版产业中发端最早，发展相对成熟的行业典范。

■ 2003年9月1日，江苏移动与《扬子晚报》率先尝试将报纸新闻发布于手机上，但国内第一家真正意义上的手机报，是由中国移动、好易时空网络公司、《中国妇女报》2004年联合创立。7月1日试运行，7月18日正式推出，开始接待用户。**当时就职于一家国际酒店管理公司的张慷小姐无意中订阅了一份《中国妇女报·彩信版》，她是手机报的第一位订户。**

■《中国妇女报·彩信版》的产业链包括四方：运营商——中国移动；手机报系统开发技术公司——北京好易时空网络科技有限公司；信息源提供商——《中国妇女报》；用户。

■ 2005年5月17日，浙江移动与浙江报业集团和浙江在线新闻网站联合推出《浙江手机报》，这是中国第一家省级手机报。此后各大报业集团纷纷创办各自的手机报。

■ 手机报可以分为两大类型：一种是彩信手机报；另一种是WAP、I-mode或3G网站类型。

第一种类型类似于传统纸媒介，就是报纸内容通过电信运营商将新闻以彩信的方式发送到手机终端上，用户可以离线观看。

但与传统纸媒体不同的是，用户可以通过定制新闻的方式使运营商传送用户自身感兴趣的特定几方面的信息，从而提高了手机报的针对性和互动性。

第二种类型是手机报订阅用户通过访问手机报的网站，在线浏览信息，类似于上网浏览的方式。目前国内已开通服务的手机报大多采用的第一种模式 ；第二种模式需要更多的技术支持和手机终端支持。

■ 真正的手机报应该建立在3G技术基础之上，使得用户可以高速上网获取多媒体新闻信息，真正做到看新闻、听新闻。

手机传媒产业的 核心理论、技术进展、权威数据与业内典范：手机报之二

中国移动手机报的业务历程

■ 2004年7月18日，中国移动与《中国妇女报》推出了第一份国内"手机报"——《中国妇女报·彩信版》

■ 2004年9月，新华社云南分社与云南移动通信有限公司合作，开始向云南移动用户提供"新华快讯"。每日发送"新华快讯"3-4条，受众数10万。

■ 2005年5月17日，由《浙江日报》报业集团、浙江移动通信有限公司和浙江在线新闻网站联合创办的国内首张省级手机报——《浙江手机报》正式开通。

■ 2005年7月，新华社江苏分社与江苏移动通信有限责任公司签署合作协议，共同打造"江苏移动新华资讯"业务，大力推进个人移动终端媒体，通过短信、彩信、WAP、流媒体等新兴传播方式的推广使用，为广大市民和移动用户提供方便快捷、随时随地的新闻信息服务。

■ 2005年8月8日，广东移动与新华社广东分社以及《南方日报》、《羊城晚报》、《广州日报》三大报业集团联合创办的手机报正式"出版发行"，手机报将先期开通彩信版和WAP版，目前主要提供《新华快讯》、《南方日报》、《羊城晚报》、《广州日报》等9份报纸内容，并且每日更新，和传统报纸保持新闻同步。

■ 2005年9月26日，新华社和中新社联合中国移动共同推出以彩信技术为实现方式的手机报《新闻早晚报》，运行近两年后，于2007年6月25日晚，进行了第一次改版。新闻主要由新华网、中新网及ESPNSTAR这三大网站提供，此外《中国日报》、CFP（国务院新闻办公室图片库）、和讯网、环球网、国际在线、北青网、《新京报》以及《中国青年报》也成为其重要的新闻来源。

■ 2006年1月27日，《解放日报》报业集团与中国移动、中国联通上海分公司共同启动了I-news手机报和WAP版。

■ 2006年11月7日，"新华手机报"在中国移动上线，为全国手机用户带来了全新读报体验。

■ 2007年，全国手机报种类大约100多种，各大主流媒体均推出了手机报业务。中央级媒体的手机报包括人民日报手机报、新华手机报等。地方媒体的手机报包括南方报业手机报、浙江手机报、上海手机报、北京青年手机报等。各种专业性的服务也日趋成熟，如中国移动公司于当年4月15日经改版后推出的"无界篮球"以及后续推出的一系列产品如"中国国家地理"、"瑞丽"等，增强了受众与手机报之间有效的针对性和互动性。

■ 手机报问世以来，无论是从付费用户的保有量看，还是从内容建设方面看，都取得了阶段性成果，尤其是在一些重大事件中显示出巨大的传播力。

新华手机报与中国移动合作，在党的十七大期间推出十七大手机报，每天发行量为2500万份，累计发行量1.5亿份；在2008年两会期间累计发行2亿多份。

■ 2008年5月，中国移动创立首家英文手机杂志《北京周报》。

■ 2008年5月8日上午9：10，约22.6万用户通过中国移动手机报在第一时间见证了登山队员扎西次仁从海拔8844.43米的珠峰峰顶发回的圣火登顶彩信。

■ 2008年8月8日至24日，中国移动与多家权威媒体机构联手，推出的奥运手机报，以短信和彩信方式提供奥运赛前、赛时、赛后资讯，每天的读者超过1300万；约1000万用户通过中国移动的"掌上奥运"了解最新奥运信息。

■ 中国移动公司手机报业务的开发与运营是由其旗下的卓望信息技术有限公司来完成的。卓望信息在手机媒体和无线增值服务领域的积极创新和高效运营，促进了中国移动增值业务市场尤其是手机报市场的蓬勃发展。

手机传媒产业的
核心理论、技术进展、权威数据与业内典范：手机报之三

手机报推动了传统报纸向新兴媒体的跨越

■ "手机报纸"是基于原有内容商的新闻平台，通过移动运营商的网络平台和技术提供商的技术平台向以手机作为接受终端的用户传送多媒体信息的媒体形式。它改变了传统新闻由报社单一传递的方式，从而开创了新的信息传播模式。通过"手机报纸"这种形式，用户在每天的第一时间就可以通过手机阅读到当天报纸的内容。

■ 中国互联网络信息中心(CNNIC)的《手机媒体研究报告》显示，截至2008年底，中国手机用户已超过6.4亿，"手机报纸"业务普及率达到了39.6%，而用户的使用习惯和重视程度均好于手机小说、手机视频等业务。

■ "手机报纸"是中国数字出版业中发端较早、发展相对成熟的行业典范。自2004年7月18日《中国妇女报》推出了全国第一家"手机报纸"——《中国妇女报•彩信版》以来，"手机报纸"随之在各大城市遍地开花，杭州、广州、深圳等地主要报纸纷纷跃上手机屏幕：2005年5月，《浙江手机报》问世；2005年7月，《深圳晚报》与中国联通深圳分公司联合推出《深圳晚报手机版》；2005年8月，广东移动联合新华社以及《南方日报》、《羊城晚报》、《广州日报》三大报业集团，向用户推出《新华快讯》、《参考消息》手机版。2005年9月，华西都市报社又推出了第一张能听的手机报——《华西手机报》……

■ 2006年8月4日，由大众报业集团同山东移动联手推出的《齐鲁手机报》问世，成为山东省内跨媒体合作的一次创新。大众报业集团是山东最具影响力的强势媒体，拥有十报、四刊、一网站，有着强大的新闻采编实力和省内最丰富的新闻资源。《齐鲁手机报》的推出，标志着大众报业集团实现了集团产业链从"第一媒体"经"第四媒体"向"第五媒体"延伸的跨越发展。据《齐鲁晚报》报道，自2007年4月底推出《齐鲁晚报》手机版以来，截至7月底，订阅用户已突破40万。

■ 截至2008年底，全国报业整体(包括中央大报、都市报、行业报)已推出涵盖娱乐、体育、财经、旅游、健康、饮食、双语、教育等领域的手机报约1500种。仅以英泰利智为例，通过向运营商提供手机报产品一揽子服务，目前已与70多家报社合作，推出了120多份手机报，用户数量已经突破了500万份。

■ "手机报纸"的诞生及迅速发展，意味着当前报纸的形态已经走向了多样化，其"一花三朵"的形式——纸质报纸、手机报纸、网络报纸，进一步推动了传统报纸向新兴媒体的跨越。目前，"手机报纸"已经成为有重大社会影响力的新媒体，传统媒体借助手机作为新型快捷的传播渠道也正成为新趋势，各报业集团及众多报社正在这一领域进一步地拓展业务，越来越多的报社正开始为3G网络商用后抢占新媒体平台谋篇布局。

■ 在国家新闻出版总署教育培训中心和中国报协电子技术委员会联合举办的研修班上，中国最大的无线新媒体服务商英泰利智副总经理胡聪说："手机报是在手机用户数飞速增长条件下诞生的一种新媒体形式，其随时、随地、随身的特点摆脱了传统媒体的时空限制。"他大胆预测，随着合理、稳定、完整的手机报价值链形成，以及三大运营商业务格局的明晰，到2009年底，中国手机报业态将超过两亿的规模，其中付费用户将在2008年5000万用户的基础上剧增60%，达到8000万户，订费收入达40亿元，将持续成为新媒体消费的热点。

■ 《中国传媒科技》的总编辑韩志国认为，手机报是最新电信增值业务与传统媒体完美结合的信息技术产物，具有个人化、移动性、即时性的特点，符合现代人的生活节奏，有着巨大的潜能。

手机传媒产业的 核心理论、技术进展、权威数据与业内典范：手机报之四

“手机报纸”的类型、局限与发展前景

■作为中国移动与国内主流媒体单位合作的一项自有增值业务，“手机报纸”是电信增值服务与传统纸质媒体跨平台合作孕育出的新闻传播新方式，就其浏览方式而言，大体可分为两大类型：

一种是彩信手机报；另一种是无线网络客户端手机报，WAP、I-mode或3G网络类型。

第一种类型类似于传统纸媒介，就是报纸内容通过电信运营商将新闻以彩信的方式发送到手机终端上，用户可以离线观看。第二种类型是手机报订阅用户通过安装到手机上的浏览器访问手机报的网站，在线浏览信息，类似于上网浏览的方式。目前国内已开通服务的手机报大多采用的第一种模式；第二种模式则需要更多的技术支持和手机终端支持，目前还未普及。

■作为无线新媒体的典型代表，手机报已成为国内三大电信运营商力推的特色数据业务。继中国移动和中国联通之后，新进入移动市场的中国电信也将在CDMA网络原有手机报、手机电视等业务基础上，根据市场需求，在内容、形式及合作等方面积极拓展手机报市场。可以想见，3G技术时代的手机报纸将使得用户可以高速上网获取多媒体新闻信息，真正实现看新闻、听新闻。

■作为新兴媒体，“手机报纸”的发展也存在着局限性：例如手机存储容量的限制、网络传输速度、手机报的盈利模式等等一系列包括技术和经营方式等在内的问题，这些问题也正成为阻碍手机报纸发展的瓶颈。但是，随着3G的正式上线和普及，这一系列困扰手机报发展的问题会逐渐得到解决。

■为了满足便携性，手机屏幕的尺寸不可能很大。清华大学熊澄宇教授到芬兰赫尔辛基诺基亚总部区参观时，曾经问那里的设计人员：手机的尺寸以后可能会怎么变化？设计人员给了他一个情理之中意料之外的回答——手机的尺寸永远不会太大，也不会太小，他的大小得以嘴巴和耳朵之间的距离为标尺，以兼顾听说能力。

即使最先进的手机其屏幕大小也不可能与传统的报纸相比。一个版面的报纸有5000多字，要想在手机上看完一张报纸，读者需要阅读50页左右，阅读起来比较费工夫。所以对于狭隘视觉范围内的频繁翻页阅读，人们还需要一个适应过程。

另一方面，手机屏幕尺寸的大小、分辨率高低直接影响了图片文字的视觉效果。用户阅读习惯的培养需要时间，在新闻形式上可以采取文字、图片、FLASH、音频，增加活跃的元素，以形式的不断创新来吸引更多订户。

■手机报的优势之一是随地、随时、随身传播信息，因而手机报完全可以突破传统纸媒定时发布信息的局限，**从而在方寸之间创造出真正吸引读者的信息传递模式。**

■手机报的另一优势是它可以与读者互动，因而让读者、编辑、记者在手机报上互动，**从而在手机屏幕的方寸之间创造互动的辉煌。**

山东移动新近推出:移动书城

手机传媒产业的
核心理论、技术进展、权威数据与业内典范：手机出版

手机出版与移动书城

■手机出版是数字出版业的一种，是以CP(content provider)手机终端为运营平台，进行图书选题策划、编辑出版、信息发布、宣传营销以及售后服务的新型出版形式。在这里，出版社是内容提供商或文化事件发起者，而移动通讯设备则成为新型传播渠道，它将带给受众信息和广告发布的双重功能。

■随着移动网络技术的不断发展，手机技术的不断提高和功能的日益强大，手机出版物的技术手段从单一的短信方式发展为今天的短信、彩信(彩E)、彩铃(炫铃)、IVR(语音)等多种方式并行。其内容也从单一文本形式演变至目前的涵盖文字、声音、图像、影像等的多媒体形式。

■手机出版物可分为：手机广告、手机电视剧、手机电影、手机广播、手机新闻发布厅、手机文学小品、手机音乐、手机动漫、手机游戏等九大类。他们将会形成一个个新的盈利亮点。实现无疆界信息服务、一站式信息获取，由点到点的通讯变成点到面、一点对多点和多点发散式的互动沟通和分众消费。

■日本现在流行的手机都可以下载短篇的手机小说，连续显示在屏幕上，让使用者有如身在书店，可以任意浏览。不管你是在家里、办公室或汽车上，都好像有个缩微数字图书馆存在你的手机里，让你随时随地可以阅读。

■美国著名出版商蓝登书屋(Random House)已经投资专门制造手机产品的圣迭戈VOCEL公司,把蓝登书屋的学能评估测试应试材料、外语学习辅导和电脑游戏指南等书，开发成可以通过手机发送的产品。

■“移动书城”是山东移动联合无线阅读信息提供商通过手机为用户提供多形式、多内容的互动无线阅读书刊业务。该业务兼具宣传、教育、资讯、娱乐等多项功能，前期将以彩信业务为主，后期将丰富业务形式，可向客户提供多种阅读方式 。

■移动书城实现了利用手机进行随身阅读的功能，用户可以享受到省时、省力、省钱和随时随地阅读的体验。

■移动书城拥有20万册以上的图书授权储备，目前选择了其中较受大众欢迎的5000余册制作成产品提供给用户，今后会不断加入新鲜的图书作品，并根据移动用户在实际使用中的反馈进行书目上的调整，满足用户的使用需求。

■移动书城在业务实现形式上采用了彩信方式，在阅读效果上做到了图文并茂；在功能上，移动书城充分发挥了无线业务实时互动的功能特点，用户可以采用短信回复的方式实现书目点播、阅读进度控制、评论留言等多种互动功能。

■移动书城为用户提供有作品、作者关键字搜索的功能和按查找分类目录选书的功能，这两种功能便于用户根据自己的口味和爱好自由选择相应的图书进行阅读收看，改善用户的个性化使用体验。

■移动书城设有书签功能，能够自动记录用户阅读每本书籍的进度，借此功能，用户可以同时阅读多本图书，自有控制每本书的阅读进度，除此之外，用户还可以选择定时下发功能，采取类似于订阅手机报的方式在每天选定的时间段接收新的正文彩信进行阅读。

手机传媒产业的
核心理论、技术进展、权威数据与业内典范：手机广告之一

2006年：
中国手机广告平台正式启动

手机广告：定义与特征

■ “手机广告产业”是文化产业“新业态”之一。

■ 手机广告是指以手机为平台，以文字、图片、视频等作为传播形式，以各种业务为传播载体，包括以短消息、WAP、语音等向手机终端用户传递广告信息，它是一种新广告类型。当前，全球用户数量呈稳步上升的增长态势，全球手机用户已超过20亿，据预测到2010年，这个数目会达到30亿。手机的普及给人们带来了通讯的便捷，同时随着技术的发展，手机逐渐成为继报纸、广播、电视、网络之后的新型媒体，一个庞大的手机媒体受众市场已经形成。世界第三大广告公司BBDD的首席执行官安德鲁•罗伯逊认为：“手机将取代电视成为第一广告媒体。”

■ 手机广告是把移动电话和广告结合起来，形成客户、商家和运营商三方受益的局面。一方面，手机是一种新型媒体，广告公司和商家通过移动通信网络发布广告信息，等于把握了本地具有消费能力的客户，广告效果好，针对性强，信息的抵达率可达100%，是一种行之有效的经营方式和促销手段。

■ 因为手机具有覆盖面广、个性化、及时性和交互性等独特优势，能够帮助广告商接触到新的顾客和目标群体，从而成为富有吸引力的广告媒体。同时随着新一代消费者的成长，这群人每天盯着电视和报纸等传统媒体的时间越来越少，而手机作为每天随身携带的工具，拥有针对新一代消费者天然的媒体优势。分析家称，通过传统媒体打动13~34岁的消费者越来越难，因为对他们的需求捉摸不定，但是通过移动平台广告是接触这些年轻人的一种极好方式。

■ 日本是世界上手机媒体起步最早也是最发达的国家，1999年，日本电报电话公司（NTT）针对手机用户推出了互联网模式的服务I-mode，并在随后几年中成为重要的广告媒体。2005年底，I-mode广告代理商D2C通信公司公布的调查结果显示，I-mode画面上的旗帜（Banner）广告的点击率3.6%，这一数高于仅有0.5%的PC上网者对旗帜广告的点击率。另外，I-mode邮件广告的点击率为24.3%。I-mode是世界最成功的手机广告典范。

微软从2005年9月开始向企业客户发送手机广告。

■ 国内运营商则是从2006年才开始正式涉足手机广告行业。2006年3月21日，飞拓无限科技有限公司宣布与中国移动建立全面合作伙伴关系，联手推出手机互动广告平台，此次合作标志着国内手机广告平台正式启动。来自IT和电信咨询公司的相关数据显示，2006年我国手机广告市场达到6500万美元。

■ 据艾瑞发布的研究报告，2007年中国手机广告的产值为7.8亿，2008年为13亿，2009年将达到18亿，2010年将达到22亿。

手机传媒产业的核心理论、技术进展、权威数据与业内典范：手机广告之二

手机广告类型与营销效果

■ 推送类广告

短信推送:只包含静态文字的广告信息，每条推送短信为140个字符，即70个汉字，以运营商专用特服号发送。

互动短信:用户通过点击互动短信上的动态文字链URL，可直接登陆广告主手机网站，互动短信主要以WAP push的形式进行投放。

手机DM（手机直投杂志）：可为某个品牌制作，也可为某类消费热点制作。比如高尔夫杂志、现代会员杂志、时尚消费杂志等。

小区短信（基于位置的广告）:在机场、车站、商场、酒店、旅游景点等特定的区域，通过用户筛选向区域内的目标用户发送广告信息。

多媒体邮件:表现形式丰富，广告效果好，支持文字、图片、链接、动画、铃音、视频等。

■ 手机网站类广告

手机门户和free wap页面广告:与互联网广告类似，表现形式主要是文字链和banner。

手机页面广告的创新度较高，可以插入多种响应机制，包括：流量交换到特定的手机网站；定制广告邮件等。

企业手机站点:广告主专属手机站点，与企业互联网站类似，内容相对较少，站点设置相对简单。

分类信息:在手机网站上按行业分类进行分类信息广告业务，类似于互联网分类广告和报纸分类广告，是两者在移动媒体上的延伸。

手机搜索:类似于互联网搜索广告，通过手机网站搜索业务，开展竞价排名广告，或者类似于黄页的分类信息广告。

■ 其他类广告

二维码广告:基于二维形码的编码和识别技术，能够实现跨媒体广告传播的新型广告载体，二维码广告应用包括：手机扫码上网和二维码优惠券等。

铃音广告:包括在铃音中的插播广告和广告歌曲免费下载，具有“病毒式”扩散的传播特性。

游戏广告:手机游戏中置入的广告信息。

流媒体广告:包括视频广告、贴片广告等，是手机广告创意表现的最佳载体。

软件置入:通过运营商平台，在用户手机内置或用户下载指定客户端就可在手机上拥有播放软件，自动接收系统推送的各种内容和广告。

手机广告的营销效果

■ 美国斯坦福大学“移动手机广告劝服实验室”的结论：

对于大多数人来说，手机广告文字似乎很简单，每条信息140字符，很复杂吗？根据我们的经验教训，很复杂。

手机广告可能使手机使用者遭受痛苦，因为手机是非常个人化，它不同于其他广告富集技术，包括电台、电视和互联网。

也有手机广告双赢的案例。2006年夏季，美国80%地区的燃气价格已达到创纪录水平，消费者非常不满。这种趋势也为我们的客户Meijer Supercenters公司提出了一个问题，应该如何面对这种营销困境。为了让客户满意，Meijer Supercenters提出了创新的手机广告预告系统。在价格上涨之前的4至6个小时内，Meijer Supercenters通过文本提醒感兴趣的客户，允许他们在价格上涨前加满车油。这是一个简单却高价值的对准了目标消费人群的营销活动。

2006年5月，运动品牌ADIDAS在中国手机广告平台上进行广告投放，“效果出人意料的好”。

■ 手机，是和人们相关24小时的随身性媒体，随着人们的行为、情绪变化，媒介的接触行为也会随之变化。在一天的手机使用中，出现了四个高峰。

一是上班/上学时间

二是中饭/午休时间

三是下班/回家时间

四是就寝前的时间

虽然手机是随时随地都能使用的媒介，但是一般来说，对大多数人而言还是有一定的使用习惯。在这四个时间点中，手机作为购买前的广告媒介，会起到非常重要的作用。

另外，在夜晚就寝前的时间带（20点-23点），50%二十多岁的女性都在使用短信、互联网服务，和其他的媒介接触并行，以手机为基点的“广告传播”成为可能。

■ 跟手机广告相比，其他的移动媒体广告还处在发展的初期。跟它巨大的发展空间和潜力相比，当前最重要的是应该培育市场，把蛋糕做起来。如何把市场培育起来，把蛋糕做大？

第一，要有使移动使用者接受的广告模式，应当从受众的角度做充分的考虑，例如受众接受广告的时间、费用模式等等。

第二，行业自律，自律解决不了的问题，可以提请政府有关部门介入，有法律依据的，政府部门可以提供解决。

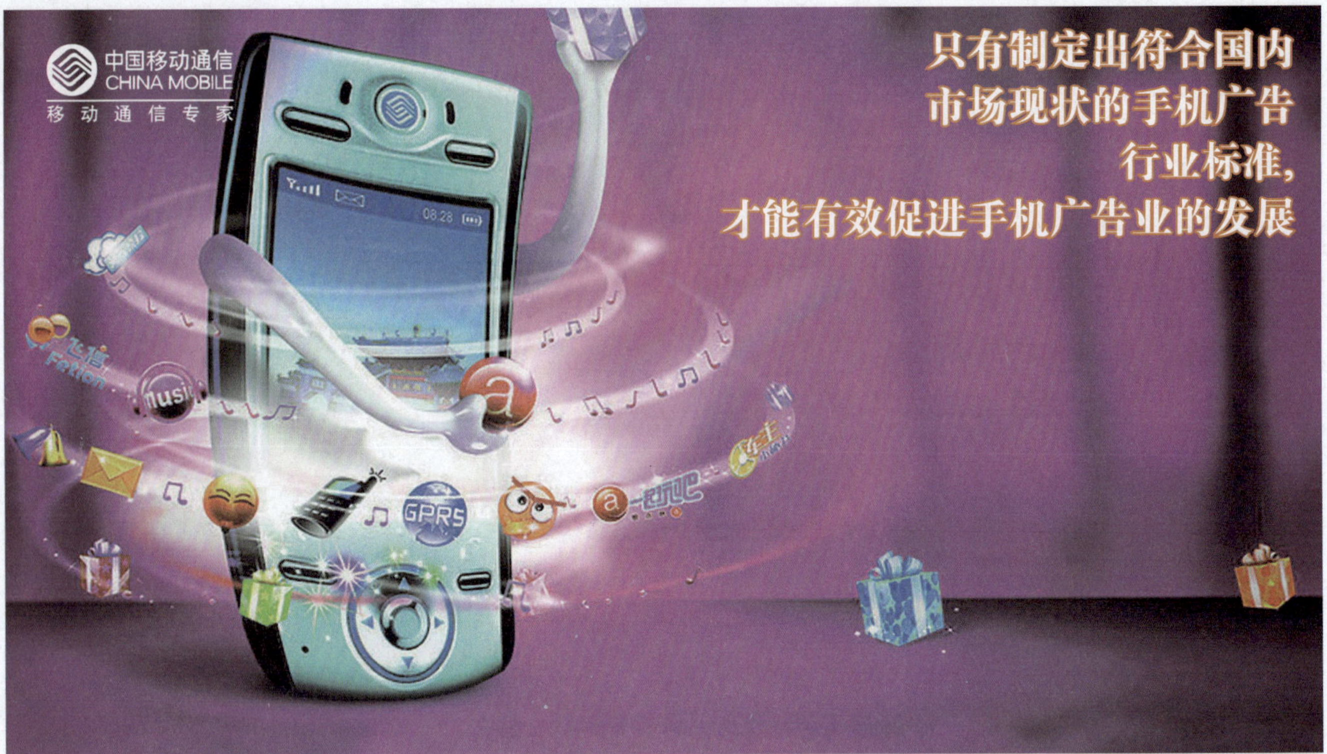

手机传媒产业的
核心理论、技术进展、权威数据与业内典范：手机广告之三

手机广告的行业规范与责任

■ 随着通信技术和市场的不断推动，手机广告可以根据广告创意需要对文字、图像、视频、音频、动画等进行任意的组合创作，从而有助于最大限度地调动各种艺术表现手段，制作出形式多样、生动活泼，符合消费者个人喜好，能够激发消费者购买欲望的广告。从理论上说，广告还能够个性化，从而达到更加卓越的宣传效果。

■ 但是，手机作为个人用品，许多手机用户本能地排斥手机广告，这是手机广告业发展的障碍。

因而，清除和打击垃圾手机广告，确保手机用户的个人信息不被泄露，是保证手机广告也发展的必须前提，也是手机运营商的社会责任。

■ 目前国内手机广告行业标准基本还是一片空白，导致了手机广告市场呈混乱无序的状态，只有制定出符合国内市场现状的手机广告行业标准才能有效地促进手机广告业的发展。

■ 欧美手机广告行业标准

1 广告不能以任何方式对接受者进行误导或迷惑。

2 不允许含有促销违法产品和服务的广告。

3 任何广告的赞助商应该能够清楚地被识别。

4 广告中不允许出现攻击性的、烦扰的或有可能引起群体愤怒、不满和悲观情绪的语言。

5 应尽量避免有可能引起争议的广告内容，但也应该视具体情况而定，比如有关政治、性及成人的话题。

6 广告不能宣扬或赞美暴力、罪行、武器的使用或提供关于该如何逃避罪行或非法活动。

7 广告中的所有言论在预定播出前必须要提交审核。包含承诺、担保或对使用者的其他形式的保证的广告必须符合相应的法律法规规定，比如联邦贸易委员会制定的法律法规，当然还包括联邦贸易委员会以外的其他机构制定的相关条例。

■ 国家工商总局广告司水志东说："在手机短信以外的移动媒体广告领域，有可能会形成一种以行业自律为基础、为主导，政府监管适度介入，多数时间做守夜人的新的管理模式。"

■ 山东移动总经理李秀川介绍：

山东移动综合治理垃圾短信广告采取疏导与堵截相结合，技术手段与人工控制相结合，端口治理与点对点治理相结合，治标更治本。其自主研发建立了覆盖语音业务、数据业务的违规业务不良信息自动监控系统，对不同类型的垃圾短信进行监测。

面对海量的短信信息，该系统打破了过去仅凭发送流量和单一关键字识别垃圾短信的传统方法，建立智能内容过滤机制，在国内率先实现对信令信息、话单信息、用户状态信息的联合诊断；通过关键字组合、关键字分级、内容智能识别等规则，进行全面内容过滤。

依靠这道严密的绿色网络“防火墙”，2008年，累计拦截垃圾短信号码82万多个，全省垃圾短信号码由原来的8720个/天，降低到目前的810个/天，垃圾短信数量较上年减少近九成。

目前，该系统已申请了四项国家专利，并被中国移动通信集团在全国推广。

手机传媒产业的 核心理论、技术进展、权威数据与业内典范：手机游戏之一

手机游戏产业的过去与现在

■ 手机游戏产业是文化产业"新业态"之一

■ 最早的手机游戏可追溯到诺基亚出品的5110，当时5110是第一款在手机中内置游戏的机型，从此手机中内置几款游戏成为一种默认的规则，类似于贪食蛇、俄罗斯方块、打地鼠、搬运工等经典的小游戏一直是众多手机终端厂商的首选，也深得用户的喜爱。随着彩屏手机的出现，内置手机游戏拥有了更大的发挥空间，出现了类似与早期插卡式游戏中赛车、飞机等游戏。

现在的手机游戏则突破了终端个体的范围，投向了依靠网络的手机游戏新形式，发展到了可以与掌上游戏机媲美的程度，具有很强的娱乐性和交互性。

■ 手机是人们生活黏性最高的带体温的贴身性媒体，手机游戏与其他网络游戏的一个最大不同是便捷性：游戏时间，在哪里都是我的游戏室。

■ 手机游戏产业横跨电信、互联网、计算机、软件、消费电子等诸多领域，已经在相当多的产业中形成了巨大的渗透力。

■ 以日本为例，日本在手机游戏领域占领了绝对的领导地位，在1999年包括北美在内的很多国家和地区手机游戏还处于未起步的阶段，日本就拥有超过30万的手机游戏用户，占全球手机用户70%以上。2001年初当短信游戏在全球逐步发展时，日本著名的NTTDoCoMo已经推出了近500万款i-mode手机网络游戏。

日本成为世界手机游戏的领头人，是因为其有着发展手机游戏的多方面有利条件：日本拥有庞大的移动数据业务用户数，到2004年6月底日本移动用户数已经达到8270万，其中7000万以上的用户使用移动数据业务，手机游戏作为其中的一项，拥有广泛的用户群；日本是传统的电子游戏大国，游戏市场的巨头索尼、世嘉、任天堂都在日本，已有的多种资源都可以转化为手机游戏产品。

■ 2005年中国手机游戏市场的规模达到14.3亿，2006年为18.5亿元，随着市场规模的扩大，用户规模也随之上扬。2008年，中国手机游戏市场达到3亿元人民币的规模，手机游戏用户达2700万。

■ 2008年欧洲的手机游戏市场达到了30亿欧元，占移动网络娱乐内容收入的19%；美国手机游戏用户达到6500万户的规模，美国手机游戏的迅速发展使手机这一平台有望成为继电脑、控制杆、掌机游戏、互联网之后的第五大手机游戏平台。

手机传媒产业的 核心理论、技术进展、权威数据与业内典范：手机游戏之二

手机游戏的种类

文字类游戏：

■ 文字类游戏是以文字互动为主要形式的游戏，分为短信互动游戏和WAP在线游戏两类。

■ 短信互动游戏是玩家按照游戏本身发出的提示做出相应的短信回复，从而形成互动所进行的游戏，如早先知名的《虚拟宠物》就是典型的短信互动游戏。

由于短信游戏的整个游戏过程都是通过文字来表达，造成短信游戏的娱乐性较差。但是短信游戏却是兼容性最好的手机游戏之一，只要手机可以发短信，就可以进行游戏。

■ WAP在线游戏的操作方式和短信游戏类似，玩家根据WAP浏览器浏览到的页面提示，通过选择不同选项的方式来进行游戏。

WAP是一种手机上网的网络服务通讯协定，就如同TCP/IP对于电脑的意义。通过WAP浏览器进行的游戏较短信互动游戏要复杂一些，但依然不够直观。

■ 文字类游戏的共同特点是游戏通过文字描述来进行。游戏过程中主要是文字，过于抽象，使得游戏相对比较单调。虽然有了彩信等特殊服务可以让这类游戏更加人性化，但是其本质依然无法改变。

图形类游戏：

■ 图像类游戏，顾名思义就是游戏以图像的形式表现，玩家通过动画所表现出的具体情节进行游戏。由于游戏采用了更为直观且更为精美的画面直接表现，因此图像类游戏的娱乐性普遍较文字类游戏高。目前，国内主要的图像类游戏包括四种类型：嵌入式游戏、K-Java游戏、Brew游戏和Uni-java游戏。

■ 嵌入式游戏是一种将游戏程序预先固化在手机的芯片中的游戏。由于这种游戏的所有数据都是预先固化在手机芯片中的，因此这种游戏无法进行任何修改。也就是说，用户不能更换其他的游戏，只能玩手机中已经存在的游戏，且不能将它们删除。如早期手机中的《贪吃蛇》就是嵌入式游戏的典型例子。

■ K-Java游戏是指以K-Java这种程序语言开发的游戏。所谓K-Java，是Java 2的一个微型版本，其施展身手的地方是移动设备和电视机顶盒等功能有限的设备。基于J2ME平台开发出来的基本是大小在几十KB到几百KB的小程序，一般不会超过2MB，这样的程序比较容易在手机上运行。

如果用户的手机支持Java且挑选的Java游戏与其手机兼容，即可进行K-Java游戏。目前支持Java已经成为手机一个普遍性的功能。

■ Brew游戏和K-Java游戏类似，Brew也是一种程序语言。

■ Uni-Java是为其手机准备的一个新的通用开发平台。

手机图形类游戏的种类：

■ 棋牌类：具有轻松、娱乐性强、上手容易等特点，尤其是对于那些本身对棋牌有兴趣又苦于找不到合适的时间、场合和牌友的用户们，手机上的棋牌类游戏刚好符合用户在零散的时间里轻松一下的娱乐要求。

■ 益智类：目前来说这类游戏是在手机平台上发展得比较顺利的游戏类型，这一类游戏不像动作类游戏强调画面的质量，也不需要像角色扮演类游戏那样有丰富的故事背景，它以操作简单又锻炼思维等特点受到广泛的喜爱，尤其是女性用户的钟爱。

■ 体育竞技类：这类游戏是体育爱好者的首选。在简单的游戏界面和熟悉的运动规则下，玩家可以通过游戏实现在真实世界里难以实现的目标，轻松进入游戏的状态。

■ 角色扮演类：这类游戏一般都有着深厚的故事背景、引人入胜的情节设置、丰富的人物关系，而且常以著名的影视、电脑游戏为背景，这样的设置可以直接吸引对原有内容熟悉的用户成为手机新游戏的玩家，拥有固定的用户群体。

■ 从2G时代至今，图形游戏无疑成为了手机游戏的主流，无线运营商们也在这方面倾注了大量的精力。中国移动的“百宝箱”服务是这一时期的典型代表。在“百宝箱”里，用户既可以下载单机版的游戏，也可以以手机为客户端通过无线网络进行网游。随着3G时代的来临，网游的形式势必更加多样化，其娱乐性也将极大地提高。

手机传媒产业的 核心理论、技术进展、权威数据与业内典范：手机游戏之三

"手机游戏"的内在魅力和产业前景

■ 手机游戏的本质仍然是游戏，游戏的本质不是教化而是娱乐。人们通过游戏来缓解现实的压力和解构现实的严肃性，从而将人们从日常生活的压力、等级和束缚中解脱出来，这正是游戏文化的魅力所在。

■ 康德说艺术的精髓在于自由，而游戏的灵魂也是自由，正是由于这一共通性，游戏与艺术被紧紧地联系在一起。

■ 席勒认为："在人的一切状态中，正是游戏而且只有游戏才使人成为完全的人，使人的人生双重性天性一下子发挥出来"。"只有当人在充分意义上是人的时候，他才游戏；只有当人游戏的时候，他才是完整的人"。

■ 伽达默尔认为，游戏是一个自足体，它不需要从主体那儿获得意义。

■ 约翰·胡伊青加在《人：游戏者》这部专著中，从文化史学的角度，阐明了游戏与文明的关系，提出了"人是游戏者"的这一命题，克服了"人是理性者"和"人是制作者"的片面性，并进而指出，"文明是在游戏中并作为游戏而产生和发展起来的"。他认为，"游戏是一种自愿的活动或消遣，这种活动或消遣是在某一固定的时空范围内进行的，其规则是游戏者自由接受的，但又有绝对的约束力，游戏以自身为目的而又伴有一种紧张、愉快的情感以及对它'不同于日常生活'的意识。"

■ 手机游戏具有自愿性、非实利性、封闭性、限定性等特点，具备秩序、张力、运动、变化、庄严、节奏、迷狂等要素。

■ 业内专业人士当乐网总裁肖永泉认为，手机网络游戏的互动性、娱乐性更强，这决定了它将来必定会超过单机游戏。

■ 据调查，2005年中国手机游戏的付费用户数为1391万，而2006年这一数字已达到6326万，增长了25.9%。同时，2006年国内手机游戏市场的规模已由2005年的14.3亿元迅速增长到18.5亿元。2008年，国内手机游戏玩家已突破1.5亿人，其中活跃用户的数量达到了698万人，手机游戏市场的规模更是高达近31亿元，市场前景喜人。

■ 正因为如此，如空中网等国内知名的无线网络增值服务商纷纷将手机游戏视为公司今后收入重要的增长点。2008年，空中网的SP业务总收入为8691万美元，占其总收入90%，而手机游戏业务的总收入占到10%。空中网异常看好手机游戏市场，空中网副总裁吴琳光日前表示，随着3G时代的到来，手机游戏成为公司收入增长的主要驱动力，2009年希望占到整体收入的25%—30%。吴琳光透露，空中网的手机游戏运营将走多元化模式，单机游戏、Wap页面游戏和手机网游都将会涉足，"今年单机游戏会运营80款，其中70%是自主开发，30%是靠品牌合作和分成模式；Wap页面游戏会有五款左右；手机网游会运营四款" 。

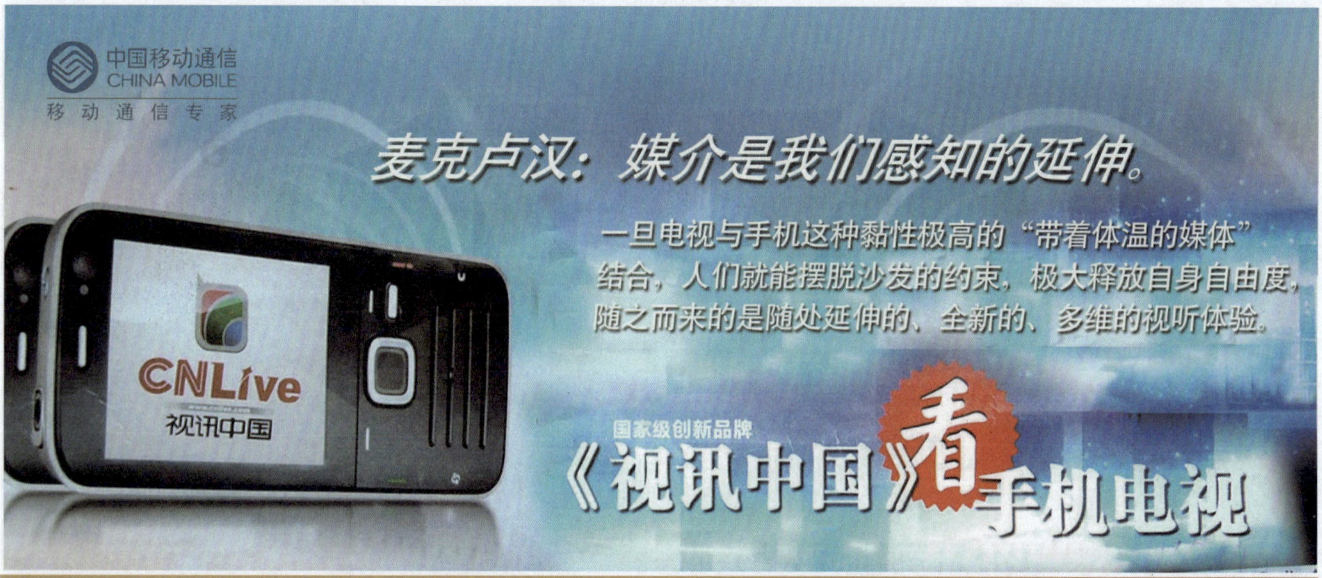

手机传媒产业的
核心理论、技术进展、权威数据与业内典范：手机电视之一

手机电视的定义、类型与行业特征

■ 手机电视是文化产业“新业态”之一。

■ 手机电视是指以手机为终端设备，进行电视内容传输的技术或应用，具体来讲就是利用具有操作系统和流媒体视频功能的智能手机，接受和播放电视视频节目。手机电视实现了手机与电视资源的融合，是传统收视节目的延伸。手机用户可以随身随时随地地收看电视节目，接收实时信息。 手机电视的概念正逐渐进入人们的日常生活，并与网络结合到一起。

■ “手机电视”大致可分为两种形式：

一种是通信方式，利用移动通讯技术、通过无线通讯网（如3G、GPRS、CDMA1X等）向手机点对点提供多媒体服务。以前只能用来通话，近来可以接发短信、彩信，可以下载铃声，还可以上网。手机的功能进一步发达，运营商如中移动也顺势网络升级，除了通话以外，视音频的服务越来越多而且速度越来越快，这就是我们常说的“3G”时代的到来。

另一种是广播方式，利用数字广播电视技术、通过地面或卫星广播电视覆盖网向手机、PDA、MP3、MP4、数码相机、笔记本电脑以及在车船上的小型接受终端点对面提供广播电视节目。

■ 有实用价值与市场潜力的手机电视是指以3G（第三代移动通信）技术为基础的播放方式，它能让人们随时随地地打开手机看电视。手机电视正处于飞跃发展的前夜。

■ 与传统电视相比较，手机电视的最大优点是可以随身携带，能随时接收最新的信息。所以具有突发性且时效性强的新闻节目、特定事件、体育节目的现场直播，都能充分发挥出手机电视的优势和特点。

■ 麦克卢汉在《理解媒介——论人的延伸》中提到：媒介是我们感知的延伸。

一旦电视业务与手机这种同人们生活黏性极高的“带着体温的媒体”结合，人们就能摆脱沙发的约束，极大释放自身自由度，随之而来的是随处延伸的全新的、多维的视听体验。

当人们在美术馆门前等待检票或在机场候机时，他们可以在手机上看电视，打发无聊的等候时间。

■ 相对于传统电视，手机电视可以被定义为“补偿性媒体”。因此，对于手机电视而言，传播效果的视听体验绝对不是其优势。手机电视只有从媒介特性、客户构成以及市场定位出发，充分发挥其媒体特性，充分利用贴身化、个性化、即时信息传输的优势，将手机作为个人手持移动多媒体信息终端，把向手机用户提供即时的多媒体信息服务作为业务内容，以“唯一性媒体资源”和“交互性媒体资源”为其发展的“双核”动力，这样才有可能探索出一条成熟的手机电视运营模式。

■ 对于移动通信运营商、手机增值服务商来说，手机电视是一个有巨大潜力的市场。对于一个传统的电视台来说，其创收来源基本以在电视剧或栏目中间为客户提供广告投放为主，经济收入单一。而手机电视业务在为电视台带来信息费（收视费）的同时，也为广告客户提供了电视、广播、报纸、互联网之外的另类广告投放途径，从而为电视台拓展出新的经营创收渠道。

手机传媒产业的
核心理论、技术进展、权威数据与业内典范：手机电视之二

手机电视的发展现状

■ 从2004年起，中国移动和中国联通相继推出了手机电视业务，2006年，手机电视的发展进入了规范化的快车道。经过三年的发展，手机电视用户超过了200万。有关机构预测，在未来的5年手机电视用户将高速膨胀，到2011年手机电视用户将达到1.18亿户，手机电视运营市场有可能达到上千亿元的规模。

■ 目前美国和我国移动运营商推出的手机电视业务主要是依靠现有的移动网络实现的。中国移动的手机电视业务是基于其GPRS网络，中国联通则是依靠其CDMATX网络。这种手机电视业务实际上是利用流媒体技术，把手机电视作为一种数据业务推出来。不管是GPRS手机还是CDMAIX手机，都需要在装有操作系统的手机终端(一般是PDA手机等高档产品)上安装相应的播放软件，而相应的电视节目则由移动通信公司或者通过相应的SP来组织和提供。

■ 2005年3月，在获得广电总局颁发的首张IPTV牌照后，上海文广新闻传媒集团（SMG）**夺得国内首张经营"手机电视"的牌照**，成为惟一被允许在手机上传输视听内容的媒体机构。

2005年5月，中国移动通信和上海文广新闻传媒集团在北京签署战略合作协议，双方协定共同推出"手机电视"流媒体业务，双方联手启动了移动媒体娱乐平台。

2005年9月，中国移动全网手机电视业务开通，最初采用免费形式。

2006年中国移动全国手机电视"梦视界"业务用户突破100万。

■ 2006年12月11日，中央电视台携手中国移动和中国联通两大移动运营商，在中央电视台举行"CCTV手机电视合作签约暨开通仪式"，正式开通了中央电视台、中国移动、中国联通手机电视业务。

与此同时，从多哈亚运会开幕之日起，中国移动联合中央电视台，在流媒体业务平台上为广大移动客户推出了"CCTV手机电视"服务，提供多哈亚运会所有赛事的全程直播和精彩点播、下载服务。中国移动和中央电视台合作的手机电视服务不仅推出了四路赛场视频直播及《第一现场》、《金牌30秒》等精彩视频点播、下载服务，还结合手机的特点作了一些形式上的创新，如为关注亚运会进程的客户特别设计的"金牌叫早"手机视频服务：从各精品栏目中精选3条最值得关注的亚运视频，每天直接发送到定制客户的手中。与中央电视台的合作，**是中国移动在前期联合上海文广集团推出"东方手机电视"后与主流媒体合作、致力于手机媒体化应用的又一创新。**

■ 目前，中国移动的全国手机电视用户可以看到8大主题频道，59个特色栏目，有诺基亚等75款手机支持中国移动的手机电视业务。

■ 作为一种全新的视听传播方式，手机电视同时兼备直观性、便携性、存储性、交互性等特性，它的出现，突破了当前收视传播的时空和地域限制，弥补了不同用户的收视需求，同时另一方面也日益成为传统电视媒体的强有力竞争对手，必将在一定程度上影响到传统电视媒体的市场份额。

但也不可否认，手机电视当前还是一种处在试运营期的技术，仍然存在很多不成熟的地方。运营商利用流媒体技术通过移动网络来传输视频节目，资源消耗大，网络突发堵塞，手机电视画面跳动延迟，手机电视接收信号比常规电视机相对较慢，手机电视直播的价格过高。此外，手机电视的内容缺乏独特性、手机电视客户群尚未形成、手机电视市场需要整合等等因素也制约着手机电视的迅速发展，但其已具备手机电视产业化的趋向。

■ 根据艾瑞市场咨询研究结果显示，2006年使用手机电视的用户数量已达到90万人，2007年国内手机电视用户达到410万人。

■ 受2008年奥运会的推动，手机电视业务进入快速成长阶段。据中国移动统计，截至2008年8月19日，有超过100万人通过该网络用手机欣赏精彩奥运视频，节目点击次数近700万，累计播放时长达30余万小时。2008年全年的手机电视用户数达到了1200万人。手机电视作为新兴的文化产业业态，蕴藏着广阔前景和无限商机。

手机传媒产业的
核心理论、技术进展、权威数据与业内典范：手机电视之三

CMMB与手机电视的发展前景

■ 广电总局科技司副司长曾庆军在“数字电视中国峰会”上透露，2009年广电将完成CMMB手机电视在337个城市的基本覆盖；2010年实现全国百强县的基本覆盖；2011年完成337城市和全国百强县的优质覆盖，并实现5亿用户以上的覆盖。

CMMB是英文China Mobile Multimedia Broadcasting的缩略语简称，意为中国移动多媒体广播电视。CMMB主要面向手机、PDA等小屏幕便携手持终端以及车载电视等终端提供广播电视服务，其主要特点是：

(1)可提供数字广播电视节目、综合信息和紧急广播服务，实现卫星传输与地面网络相结合的无缝协同覆盖，支持公共服务。

(2)支持手机、PDA、MP3、MP4、数码相机、笔记本电脑以及在汽车、火车、轮船、飞机上的小型接收终端，接收视频、音频、数据等多媒体业务。

(3)采用具有自主知识产权的移动多媒体广播电视技术，系统可运营、可维护、可管理，具备广播式、双向式服务功能，可根据运营要求逐步扩展。

(4)支持中央和地方相结合的运营体系，具备加密授权控制管理体系，支持统一标准和统一运营，支持用户全国漫游。

(5)系统安全可靠,具有安全防范能力，具有良好的可扩展性，能够适应移动多媒体广播电视技术和业务的发展要求。

■ 作为电信网、广电网、互联网“三网融合”的产物，手机电视的市场前景是无庸置疑的，但由于我国电信、广电分水而治，两方都试图掌握手机电视的行业主导权，造成目前标准混乱的局面：广电部门力推CMMB标准，电信部门主推TMMB标准。前者主打数字无线广播，信号收发无需经过运营商；后者则是基于流媒体技术，有着增值业务开发空间更大的优点。

■ 为履行申奥承诺，即在奥运会期间使观众能够通过手机观看奥运节目，中移动招标4万部CMMB电视手机，为电信、广电的跨部门合作开了好头，然而**在后奥运时代，电信、广电直接的合作能否在此基础上继续深入，成为业界关注的焦点。**

■ 据业内人士分析，在国内手机电视业务即将迈入快速成长期的关键阶段，一味的对立只能造成资源的浪费，甚至错过产业化运作的关键时间。

目前来看，就手机电视业务的发展而言，广电、电信双方其实是互为补充的，从二者在产业链中的优势来看，在三网融合的趋势下，双方的合作和互动将是谋取共同发展的大势所趋：一方面，电信阵营拥有通信技术、网络及庞大的手机用户基础；另一方面，广电阵营则掌握了丰富的内容与广播基础建设。

此外，具体盈利模式仍然是其不能回避的问题之一，广电方面仍需要借助移动网络来实现计费、收费、客户维护等业务运作。鉴于国外成熟运作体系以及国内在IPTV运营方面的经验教训，只有真正实现各利益主体间的平衡，打破原有的短视竞争格局，双方采取优势互补，形成有效竞合的模式，在多方面实现融合，充分发挥广播网和通信网的各自优势，打造合理高效的商业模式，才能进一步推进手机电视产业的纵深发展。

■ 据赛迪顾问统计，未来几年中，整个中国手机电视运营业务将快速增长：2011年业务收入有望达到360亿元。据艾瑞资讯研究数据，预计2012年，全球手机市场规模将达到48亿美元。

中国移动通信 CHINA MOBILE 移动通信专家

3G催生最绚丽的手机媒体产业

手机传媒产业的核心理论、技术进展、权威数据与业内典范：3G与G3之一

3G系统的应用，催生出迄今为止最大的手机媒体产业，是文化产业"新业态"中最绚丽的亮点

■ 3G即第三代移动通信系统（Third Generation）。与前两代系统相比，第三代移动通信系统的主要特征是可提供丰富多彩的移动多媒体业务。3G可支持高速的网络宽带用途。换言之，用3G手机可以更快速进行信息交换及得到各种资讯，**就像以往手机的网络是一般公路，现在手机的网络是高速公路一样**。有了3G手机，可以更快速地浏览网页、查看电邮、进行跨地区跨国界的视频会议。还可以看电影预告、音乐录像、焦点新闻及其他更顺畅的影像。3G手机的特点是高速度、多媒体、个性化。3G时代的来临将使手机媒体具有网络媒体的许多特征，成为人们随身携带的交互式大众媒体。**手机正在成为一种小巧的特殊迷你型电脑**，成为网络的延伸，可以从事电视、新闻、图书等一切与"文化"内容有关的活动，因而，**手机媒体将成为3G时代技术平台与文化创意相融合的最高典范，成为最巨大的文化产业**。

■ 手机媒体近年来蓬勃发展，为文化创意产业提供了一个更立体更全面的发展平台，同时，文化创意产业提供的文化创意内容又是解决手机媒体发展瓶颈问题的良方，文化创意产业为手机媒体的发展注入鲜活的动力，二者互相促进，使得两个产业获得长足进展。在信息技术全球化浪潮的推动下，信息产业和电信业迅速从传统的基础设施领域脱颖而出，进入一个传统电讯和计算机网络，电信产业和新闻媒体、金融服务的大规模"产业弥合"时期，成长为国民经济最大的综合性支柱产业。以信息产业为主的产业结构提升运动为大批与文化产业相关的新兴产业群的生长提供了新的技术基础，并反过来对一些文化产业领域产生了延伸影响。在这场产业结构运动中，手机媒体与文化创意产业是当之无愧的最典型代表。在全球经济讲求优化产业结构、追求共生共赢的的进程中，手机媒体与文化创意产业的良好互动无疑对其他产业的融合发展具有重要的启示意义。技术与文化相互促进，媒体与内容互相提升，知识经济时代的文化信息产业必将大放异彩。

■ 工业和信息化部部长李毅中说，按照电信运营企业各自发展规划，2009年、2010年两年预计完成3G直接投资2800亿元左右。有专家认为，3G投资近3年来能拉动近2万亿元社会投资，有助于刺激中国经济增长。

■ 三大运营商纷纷公布其2009年3G投资计划，中国移动将投资588亿元，中国联通将投资约600亿元，而中国电信未来三年升级CDMA网络投资800亿元左右。2009年，运营商在3G方面投资约1600亿元，到2011年，运营商预计3G总投资2800亿元，带动投资1万亿元。

■ 中国移动2009年计划实现3G网络覆盖238个地级城市的业务热点区，占全国地级城市数量的70%以上，其中东部省（市）的地市将实现全面覆盖。中国联通计划覆盖城市更多，2009年开通3G服务的城市预计达282个。

■ 中国移动宣称，公司在原有北京、上海、广州、深圳等10城市TD试验网的基础上，已经在2008年末顺利完成了TD与2G网的融合工程，使现有2G客户可以"不换号、不换卡、不登记"，只要换一部双模手机就可以方便地享用3G服务。中国移动还透露，其TD二期工程建设已全面展开，到今年6月可新增28个城市的TD网络覆盖。到2011年，TD网络将覆盖全国所有城市。

■ 中国移动已于2009年1月7日正式推出3G品牌标识G3，G3标识取材于中国传统文化中最具代表性的水墨丹青和朱红印章，以现代手法加以简约化设计。"G3，引领生活"的传播口号更加注重客户体验和感知，G3标识属于承载网标识，将不作为单独的客户品牌存在。

手机传媒产业的 核心理论、技术进展、权威数据与业内典范：3G与G3之二

3G技术的5点基本描述

■ **3G是第三代移动通讯系统的简称。**

■ **第三代移动通讯系统的特点是信息传输的网络通道更宽畅了；2G时代是"普通公路"，3G时代是"高速公路"。**

第一代移动通讯系统是模拟技术。所谓模拟技术，简单地说，就是通过电波技术把声音等所有信息像录音一样传输给对方。其传输速度显然缓慢。其标志产品是造型较大的，类似于"半块砖头"的"大哥大"。

第二代移动通讯系统是数字技术。所谓数字技术简单地说就是把声音等所有信息变成"010101——"的数字组合，以数字组合的方式转输给对方。2G时代由于信息传输的方式变成了数字，而不是原样的模拟，于是手机变得小巧了。但2G时代，信息传输的通道还是不够"宽畅"，因而手机表现数字信息的功能还是有局限的。

第三代移动通讯系统即3G。3G的最大特点就是数字信息传输的通道"宽畅"了。2G时代是普通公路，3G时代就是高速公路了，数字信息可以更快、更充分地传输于手机，在这种状态下，手机也就变成了一台小型电脑。

用专业的话说："3G网络最大的特点是具有较高的数据传输速度。与2G最明显的区别，就是能够提供更快的数据传输速率，如果说2G使社会'移动'起来，那么TD-SCDMA就使移动'宽带'起来，这使得基于无线宽带多种移动信息业务变成现实。在3G时代，随着传统2G带宽瓶颈问题的解决，以移动办公、移动娱乐和移动电子商务等为主的无线宽带应用业务将成为电信服务业的主旋律。无线宽带上网必将极大地拓展人们学习、工作、生活和娱乐的空间。"

■ **所以，3G时代的技术目标，就是要建成一条宽畅快捷，高速、高效、高能的信息传输的"高速公路"。**

■ **中国建设这条"高速公路"时，使用的核心技术是TD-SCDMA（简称TD）。**

TD-SCDMA是由我国自主创新，具有核心知识产权，被国际电联批准的主流第三代移动通信国际标准。拥有自主知识产权的TD系统，已经被公认为"目前唯一明确将智能天线和高速数字调制技术设计在标准中的3G系统"，具有高速无线数据业务有效覆盖范围更广，频谱效率高、频谱资源丰富、安全性高，3G/2G融合组网全球漫游，向4G网络演进更平滑等特点。

作为我国首次提出并被国际认可的完整通讯系统标准，TD-SCDMA标准打破了由欧美完全主导通信标准的格局，提升了我国移动通信产业自主创新能力和核心竞争力，使得我国有望在全球高科技战略领域首次从产业链的最高端切入，参与全球经济在新形势下的合作与竞争；为充分发挥我国自主技术的优势，实现跨越式发展提供了可能。

发展TD-SCDMA，可以促进形成我国完备、先进的芯片、软件、设备制造、终端等产业链条。**据预测，TD-SCDMA将使我国3G知识产权费每年少支出约160多亿元人民币**，降幅约为50%。

■ **中国移动是TD技术的全力推动者**

2009年1月10日，根据中国移动公布的2009年TD网络发展规划，全国将投资588亿元新建6万个TD基站，届时TD网络基站总数将超过8万个，实现网络覆盖238个地级城市的业务热点区，占全国地级城市数量的70%以上，其中东部几个地市将实现全覆盖。这一庞大的投资计划，预计将为网络建设、终端设备制造、运营服务、信息服务等领域的企业提供更多工作机会，为我国扩大内需和经济增长做出积极贡献。到2011年，TD网络将覆盖全国100%的地市。

中国移动在开展TD业务初期就规划了28类45项业务，其中既包括流媒体下载、手机电视以及可视电话、视频会议、多媒体彩铃等典型的3G业务，也包括如飞信、位置服务等2G迁移型业务和2G增强型业务。

中国移动在2009年规划中明确指出，为进一步推动TD-SCDMA技术和产业成熟，2009年中国移动将在个人、家庭、集团、行业信息化几大市场全面引入TD应用，并明确提出了"3+1"的TD发展策略，即"全力发展TD上网卡、TD上网本、TD无线座机及TD手机终端"。

手机传媒产业的
核心理论、技术进展、权威数据与业内典范：3G与G3之三

3G的到来将催生手机媒体成熟的商业模式和盈利模式

■ 在3G时代，运营商将从传统的基础网络运营商向多媒体电信运营商、内容运营商和综合信息服务提供商转变。业务转型要求运营商寻求新的商业模式和盈利空间。手机媒体的商业模式将在运营商整个运营模式的转型中走向成熟。

例如，运营商可以根据自身的技术能力将产业链上合作的深度把握在可控的范围内，多方合作，调动各方的积极性，充分发挥各方优势，提供优质的服务，摸索出一个多方共赢的手机媒体盈利模式。

■ 3G将促使信息内容缺乏的问题得到解决。手机媒体在不知不觉中已经逐渐形成了融视、听、看为一体的新的媒体阵营。目前，手机媒体按信息的不同承载传播方式可以分为手机报、手机电视、手机广播、手机电影、手机小说等。但无论什么形式的手机媒体，对用户而言，内容还是最关键的，内容才是吸引用户真正使用手机媒体的动力。

■ 与传统媒体运营方式不同，手机媒体要推出真正为用户喜爱的信息产品，并不仅仅是内容提供商一家的事情，需要运营商、终端厂商等产业链形成良好的协作关系，因为网络速度、终端感受、收费渠道、服务水平等都影响了用户对手机媒体的使用感受。

■ 在3G时代，运营商将介入内容服务业，走向“媒体化”。运营商通过加强对市场的指导作用，增强和内容提供商的互动，成为内容提供商和用户的桥梁，使得内容提供商能够设计出有针对性、目标精确的应用内容。

■ 手机媒体已经给媒体管理带来新的挑战。由于手机用户群非常庞大，而且手机媒体横跨多个行业，产业链十分复杂，在管理上遇到了以前从未出现的问题。手机媒体要良性发展，管理必须紧紧跟上。随着3G的上马，“电信法”的出台、手机实名制的实施，手机媒体将有望得以规范管理。

■ 随着3G在中国的逐渐普及以及相关法规的完善，手机媒体将实现网络化、宽带化，将成为随身携带的、交互式、多媒体的大众媒体，将创造一个巨大的媒体市场。

■ 在手机媒体的发展中，技术只是基础，成败的关键还在于能否提供合适、丰富的信息内容与服务，以及能否建立一个让手机媒体各博弈方共赢的经营模式。

手机传媒产业的
核心理论、技术进展、权威数据与业内典范：3G与G3之四

3G时代最具潜力的十大增值业务

■ “中国移动增值业务研究方阵”的《“3G时代最具潜力十大增值业务”预测报告》指出：手机音乐、手机电视、手机游戏、手机上网、可视电话、视频下载、即时通信(IM)、多媒体信息服务(MMS)、手机支付以及位置服务(LBS)等十项业务为“3G时代最具潜力十大增值业务”。

■ 最能体现3G特色的是那些在2G网络上很难或者不可能提供的业务，比如移动视频类业务。3G手机上能够以高速率为用户提供电视、电影、音乐、游戏、新闻、定位等功能，增值业务将成为主流。

■ 正是包括可视通话、位置定位、移动电视、电子邮件、高速互联网接入以及图片传输业务等3G服务的扩充和提升，为全球3G市场的发展提供了动力。

在3G业务开展得比较成功的日本和韩国，图片下载、彩铃、卡拉OK、游戏下载是最受欢迎的3G移动增值业务。以韩国为例，3G用户使用的业务以娱乐为主，其中使用最多的是铃声下载，然后是手机游戏及手机音乐、广播和VOD视讯服务。从图2SKT的移动数据业务使用情况可以看到不同业务的分布情况，其中，电视等移动视频业务在3G网络上的使用量较大。

■ 3G代表的网络高速率的突出优势，为移动多媒体业务提供了广阔空间。根据日本NTT DoCoMo的实际统计，在目前的应用中，视频内容的下载和转送是FOMA的应用亮点(见下图、表)。同时，从整个日本的移动通信市场趋势来看，数据业务量已基本与语音业务量持平并有赶超之势，这也预示了3G的多媒体业务巨大的发展潜力。

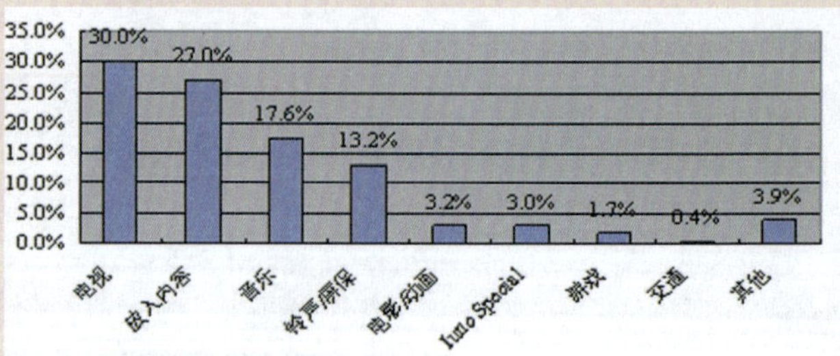

图 SKT用户数据业务使用情况
庾志成：《3G主要技术体制最新发展动态分析》，泰尔网

交易类	移动数据类	生活信息类	娱乐类	
1	移动银行服务	电话簿	新闻更新	网络游戏
2	移动安全交易	黄页	体育消息	占卜/预言
3	票务预定	餐馆指南	商业/技术新闻	卡拉 OK 信息/歌曲查找
4	机票信息/预定	字典服务	城镇信息	FM 收音信息
5	信用卡信息	烹饪查询	赛马信息	俱乐部信息
6	人寿保险	在线售书	外币汇率	铃声下载
7	旅游信息	在线售 CD	市场数据	图片下载
8		红酒评论	地图	字符下载

资料来源：手机博士•钟仔，手机博士讲座–博士带你看国外3G发展之日本篇。

手机传媒产业的
核心理论、技术进展、权威数据与业内典范：3G与G3之五

3G时代的消费群体

■ 哪些客户群体可能是最早拉动3G发展的使用者？这是运营商进入良性循环的切入点。一家国内的调查公司近期对网民进行的调研数据显示，未来3G服务中，对娱乐类服务最感兴趣的用户年龄主要在18到25岁之间，因此这个年龄段的用户将成为娱乐类服务提供商的重要客户，但也是支付能力有限的客户，这意味着对这类业务的提供价格不可能太高。

■ 娱乐类之外的交易类、移动数据类、生活信息类则会像语音业务一样，将几乎涵盖整个社会居民，但由于电信行业缺乏与其他产业特别是文化创意产业的结合，因而3G中蕴含量最丰富的金矿还未被开掘出来。例如，移动办公、移动定位、远程控制和数据业务传输等业务是3G时代移动增值服务的重要内容，也是增值服务的发展重点。

■ 从各国的3G发展来看，用户不仅把手机、移动终端作为通信的基本手段，而且还把它作为工作、娱乐等生活中必不可少的一部分。

在韩国，主推3G业务的SKT运营商，其3G数据业务收入超过总收入的25%。2005年，全球3G业务收入达到711亿美元，所占全球移动通信业务收入的比例超过10%。其中，亚太地区的3G业务收入最高，达到260亿美元；欧洲居其次，为244亿美元；北美第三，为123亿美元。

■ 据有关部门预测，到2010年，全球3G业务收入可达到3389亿美元，占全球移动通信业务收入的比例将为33%。其中，北美的3G业务收入将为681亿美元，欧洲将为1030亿，亚太将为1185亿。实践证明，个人通信和丰富多彩的信息服务越来越成为人类发展的重要需求，随时、随地、随意可用的通信手段才能满足人类获取信息、处理信息和交流信息的迫切需要。

■ 3G时代，动漫与广告的结合，将成为一种大众喜爱的文化传播形式，手机动漫的兴起，也少不了广告的一杯羹。在一些文字广告信息强行进入用户手机，引起用户的强烈抗议与不满的情况下，如果能用一种更委婉、更时尚、更具有趣味性的动漫广告代替生硬的文字广告，广告效果将会大大地改变。一是生动性。动漫采用与现实写真不同的艺术形式，其卡通形象富有动感和新鲜的元素，让观众在欣赏动画的同时得到广告信息。二是吸引力。冲破了传统广告的束缚，从视觉到听觉给观众一份新鲜的感受，在注意力经济时代，这就是吸引眼球的关键一步。三是时尚性。动漫最初是通过动画片的形式走入大众生活的，经过多媒体的互动与发展，动漫不断地走在时代的前沿，与最新的科技、最时尚的元素搭配在一起。

■ 以20世纪80年代出生的一群用户为基础，这一代人的童年是电视的动画片陪伴度过的，有着深厚的动漫情结。从另一方面来说，以Flash技术做支持，把动漫、游戏、广告三者巧妙地融合在一起，加入更多的互动与自由选择权，更加吸引了现代人的眼球。

■ 游戏广告是广告内容和游戏相互结合，玩家在游戏过程中与广告直接互动，以达到广告传播目的的广告形式，其广告受众主要集中在青少年。2005年《世界商业评论》报道，年龄在18—34岁的核心男性人群中，超过70%为游戏玩家，广大的受众群体形成让广告商“入侵”该领域成为必然。

“内容为王”，3G时代的典型特征

■ 3G时代，不论是网络设备还是终端设备，都具备了很强的服务支撑能力。在技术层面不存在问题的情况下，3G的发展则主要依赖于市场的发展。而市场的发展除了价格因素之外，用户对于3G的需求主要取决于其所提供的内容和服务是否符合自己的需要。3G内容和服务是影响3G业务量大小进而关系3G行业发展的又一关键因素。

■ “内容为王”已被认为是3G时代的典型特征。目前手机内容和服务收入（比如手机上网）占移动运营商总收入的比重越来越大，据国外权威机构预测，该部分市场的全球收入，将从2006年的893亿美元上升至2011年的1502亿美元。在欧洲，该部分收入已占运营商总收入的17.7%，而且还有很大的上升空间。

■ 一种增值业务能否吸引用户，很大程度上是依靠它的内容。

在韩国，通过手机下载音乐产生的收益已经超过通过唱片公司发行而产生的收益。2006年法国音乐下载业务的年营业额已达到2亿欧元，该市场将成为电信业的新增长点。

■ 3G时代，如何更好地利用不断提升的移动通信网络能力，如何针对市场需要选择合适的业务内容，是企业成功的关键，也是移动增值业务发展的一个基本方向。在新媒体领域，目前一些网络公司转播美国NBA每年需要花费几千万元甚至上亿元，中国创意产业面临的一个很严峻的问题就在于缺乏内容，因此快速提高创作水平是文化创意产业亟待解决的问题。

■ 综观全球3G发展状况，内容和服务提供是3G产业链中最薄弱的环节。如何让用户享受到更加人性化、个性化的内容和服务，是3G发展永恒的课题。

■ 文化创意产业的兴起和发展是当代经济、文化、科技融合发展在产业层面的具体表现。它以其独特的形态演变和运行方式与其他产业特别是电信产业发生广泛而复杂的联系，极大地影响着一个国家的经济运行和社会文化的发展。这种内容产业以创意为动力，将各种文化资源与最新数字技术相结合，融汇重铸，从而使3G的数据业务与增值业务极大地丰富起来，为3G搭建起新的生产和消费方式，培育出新的消费人群，从而创造出更多的经济与社会价值。

■ 文化创意产业将把人类的文化遗产、现代的科学思想、市场的运作机制，通过3G这一新型技术平台转变为社会的财富。3G手机媒体作为继报纸、广播、电视、网络四大媒体之后的“第五媒体”，为文化创意产业提供了广阔的空间。电信产业与文化创意产业的融合实际上是内容与表现形式的融合。内容是3G发展的关键和灵魂，是其核心价值所在。

Volume 1979 – 2002

1979 – 2002年卷 下册

中国文化产业学术年鉴

ACADEMIC ANNUAL OF CHINA`S CULTURAL INDUSTRY

山东大学出版社

Shandong University Press

图书在版编目（CIP）数据

中国文化产业学术年鉴.1979～2002年卷/王育济等主编.–2版.
—济南：山东大学出版社，2010. 1
ISBN 978-7-5607-4011-9

Ⅰ. 中… Ⅱ. 王… Ⅲ.文化–产业–中国–1979～2002
–年鉴 Ⅳ.G124-54

中国版本图书馆CIP数据核字（2009）第220924号

中国文化产业学术年鉴 1979～2002年卷

主　　编　王育济　齐勇锋　侯样祥　韩　英
责任编辑　王桂琴　谭学秋
封面设计　李　鹏
美术编辑　臧传宁
出版发行　山东大学出版社
地　　址　济南市山大南路27号
网　　址　www.cbs.sdu.edu.cn
电　　话　（0531）88365799　（总编室）
经　　销　山东省新华书店
印　　刷　山东鸿杰印务集团有限公司
版　　次　2010年1月第2版
印　　次　2010年1月第2次印刷
开　　本　889×1194毫米　1/16
印　　张　89.5
字　　数　正文1600千字+索引2299千字
定　　价　特精装（上、下）598.00元

《人民日报》《光明日报》《经济日报》《中国文化报》论文资料索引

✲文化产业学理研究与理论综合研究论文资料索引

1980 年

- 安徽一些地方出现民办文化设施//光明日报 1980-10-23
- 衡阳市群众文化生活生气勃勃//光明日报 1980-07-13
- 活跃农村文化生活，宣传党的各项政策//光明日报 1980-02-11
- 上海市举行农村群众文化工作现场会//光明日报 1980-08-18
- 少数民族文化生活//光明日报 1980-06-20
- 为当地科研、教学单位服务，我国第一个文化特区——杨陵特区建立//光明日报 1980-12-25
- 艺术生产与物质生产发展不平衡规律//光明日报 1980-02-20
- 应该把教育看作生产部门/肖灼基//人民日报 1980-02-02
- 应当重视和发挥县文化馆的作用/章传根 刘子富//光明日报 1980-05-09
- 玉林县农村文化站越办越好//光明日报 1980-07-18
- 逐步把小城镇建成农村文化中心//光明日报 1980-05-23

1981 年

- 黑龙江农村文化生活日趋活跃//光明日报 1981-10-09
- 内蒙古“文化车”活跃牧区文化生活//光明日报 1981-10-24
- 宁夏农村文化生活面貌改观//光明日报 1981-11-29
- 农村文化生活丰富多彩//光明日报 1981-02-01
- 全国已有工人文化宫、俱乐部一万四千多个//光明日报 1981-05-01
- 上海、浙江决定大力支援宁夏文化建设//光明日报 1981-01-02
- 文化部通知各地各地搞好春节群众文艺活动//光明日报 1981-01-10
- 要想着八亿农民的文化需要/艾嘉//光明日报 1981-04-10
- 重视科学文化 发展“第四产业”/钱学森//人民日报 1981-06-17

1982 年

- 笏石公社党委重视文化设施建设//光明日报 1982-01-01
- 开展文化娱乐与进行科学文化教育相结合，山西省农村建立近万所“联合学校”//光明日报 1982-11-04
- 临汾地区积极发展公社集镇文化中心//光明日报 1982-10-15
- 上海农民文化生活日趋活跃//光明日报 1982-01-23
- 上海文化事业逐年增长//光明日报 1982-04-02
- 我国农村文化艺术工作欣欣向荣//光明日报 1982-01-01
- 中国群众文化协会开始筹建//光明日报 1982-01-12

1983 年

- “不是学校胜学校”，东峰、南雅公社建立文化中心，寓教于乐//光明日报 1983-02-26
- 成都平原出现第一批文化农户//光明日报 1983--3-25
- 第二次文化科技成果评奖揭晓//光明日报 1983-03-11
- 对农民自办文化既要扶持又要管理/本报评论员//光明日报 1983-07-09
- 各地文化宫举办文化事业抵制精神污染//光明日报 1983-10-23
- 广州文化咨询服务公司成立//光明日报 1983-08-10
- 吉林省采取四条措施，加强对城乡文化市场的管理//光明日报 1983-08-08
- 加强管理 加强引导/泉州市文化市场面貌改观/孙静//人民日报 1983-10-18
- 加强文化市场管理/姜德昌//人民日报 1983-10-22
- 建始县出现 1500 多个农民文化户//光明日报 1983-08-25
- 沈阳市整顿文化市场//光明日报 1983-11-21
- 藤县依靠集体力量兴办文化事业，文化部在这里召开座谈会推广他们的经验//光明日报 1983-07-27
- 文化部部长朱穆之在一次会议上指出，文化系统改革工作要快马加鞭//光明日报 1983-01-01
- 文化馆要努力丰富群众文化生活/吕济民//光明日报 1983-08-08

1984 年

- 北京春节期间将举行大型文化庙会//光明日报 1984-12-15
- 春节期间首都文化生活丰富多彩//光明日报 1984-01-27
- 关于开办北京市文化夜市的建议引起强烈反响//光明日报 1984-07-11
- 广东涌现大批文化专业户//光明日报 1984-07-17
- 杭州大展文化建设宏图//光明日报 1984-03-14
- 积极开办文化夜市，丰富群众业余生活//光明日报 1984-07-18
- 既是补习班又是文娱活动场所——记郑州市北下街文化站/姜大中//光明日报 1984-02-21
- 坚定地进行文化体制改革/本报评论员//人民日报 1984-04-09
- 破除陈规，勇于改革，促进群众文化事业的发展——本报文艺部召开的群众文化工作座谈会纪要//光明日报 1984-07-08
- 上海出现第一个文化夜市//光明日报 1984-07-16
- 深圳文教系统办起多家文化企业//光明日报 1984-11-12
- 我国城乡基层文化站有三万多个//光明日报 1984-02-05
- 扎花灯闹花灯，喜迎新春乐盈盈，安徽城乡春节将普遍举行灯会/胡羊//光明日报 1984-01-30
- 中国国际文化交流中心理事会成立//光明日报 1984-07-06

1985 年

- 北京市决定大力发展第三产业//光明日报 1985-02-03
- 常州市基本形成四级文化网/黄永涛//光明日报 1985-05-23
- 广州市举行群众文化表彰大会//光明日报 1985-04-08
- 积极探索文化领域的改革工作/本报评论员//中国文化报 1985-12-16
- 精神产品的社会效益与经济效益/本报评论员//光明日报 1985-11-06
- 临沭县像扶持经济专业户那样大力扶持文化专业户//光明日报 1985-02-11
- 铜陵市对报刊、录像加强管理、努力把文化市场管好、管活/马晓音等//光明日报 1985-06-27

◎文化部政策研究室与本报编辑部联合召开文化发展战略问题座谈会，要唤起全社会对文化建设的重视/李春林//光明日报 1985-12-31
◎文化户是农村文化事业的重要补充力量/本报评论员//光明日报 1985-05-05
◎我国第一个农村文化户工作座谈会召开//光明日报 1985-04-30
◎应对第三产业进行跨学科的研究/沈殿忠//光明日报 1985-10-06
◎正确处理经济效益与社会效益的关系/内部评论员//中国文化报 1985-11-29
◎中共上海市委宣传部与本报编辑部在京联合召开座谈会邀请文化界人士座谈上海文化发展战略/孙扶民等//光明日报 1985-08-31
◎中国国际文化交流中心理事会举行全会//光明日报 1985-07-06
◎中国群众文化学会成立//光明日报 1985-10-17

1986 年

◎"有偿服务"、"以文补文"是群众文化工作重大改革——"以文补文"座谈会发言摘要//中国文化报 1986-06-01
◎参与——群众文化活动发展的新趋势/谭继廉//光明日报 1986-09-21
◎创立社会主义文化学/钱学森//中国文化报 1986-05-25
◎对群众文化发展趋势的预测/常治//光明日报 1986-01-17
◎高占祥说文化部门要开展竞争//光明日报 1986-12-04
◎给文化户一块用武之地//中国文化报 1986-03-16
◎关于思想文化问题的几点思考/朱厚泽//中国文化报 1986-07-23
◎关于文化事业领导体制改革刍议/汪菊平//中国文化报 1986-10-29
◎湖北决定为山区文化建设拨专款//光明日报 1986-02-02
◎坚持和完善文化上的对外开放/胡沙//光明日报 1986-01-23
◎扩大文化市场，满足群众需要，文化部召开沿海开放城市、经济特区群众文化工作研讨会//光明日报 1986-06-04
◎两种文化都必须具有"文化性"/郑洞天//中国文化报 1986-03-30
◎论艺术生产中的两种价值/丁振海 李准//中国文化报 1986-03-16
◎明确文化发展在社会发展中的地位/于光远//光明日报 1986-01-13
◎南京市建邺区对文化馆实行企业管理/毛荣方//光明日报 1986-11-21
◎强化文化管理意识 更新文化管理观念/杜长胜//中国文化报 1986-02-23
◎秦皇岛市召开文化宣传会议：在讲话中指出——当前文化建设的十大问题/高占祥//中国文化报 1986-11-12
◎青海三级文化活动网开展多种活动//光明日报 1986-02-07
◎确立文化商品观念，发挥市场机制作用——全国文化事业发展战略问题研讨会就文化艺术产品的商品性问题展开热烈讨论/周渺//中国文化报 1986-12-03
◎确立文化市场观念完善和发展文化市场，全国第一次文化事业发展战略问题研讨会在厦门召开/陶铠//光明日报 1986-11-27
◎群众文化活动的发展与管理/于伟国//光明日报 1986-03-02
◎让节日充满文化气息/李春林//光明日报 1986-02-09
◎上海市文化市场调查文化需求已成为重要的消费领域//中国文化报 1986-05-11
◎上海文化发展战略研讨会通过自由讨论，开阔眼界加深对文化问题的认识//光明日报 1986-05-24
◎社会主义精神文明建设与文艺工作/钱学森//中国文化报 1986-11-12
◎束鹿县形成四级文化网络/王东辉//光明日报 1986-02-17
◎苏联文化管理拾零/朱立人//中国文化报 1986-05-04
◎台湾文化消费明显趋向粗俗/日生//人民日报 1986-09-08
◎讨论中国文化建设与发展问题——本报编辑部召开座谈会//中国文化报 1986-03-09
◎天津古文化街开业/王莉华//光明日报 1986-01-02
◎文化部政研室与本报编辑部联合召开座谈会讨论建立文化艺术管理学的问题/萧笙//中国文化报 1986-04-27
◎文化发展要借助和利用相应的思想资料/张琢//光明日报 1986-01-23
◎文化管理学研究刍议/汪建德//中国文化报 1986-03-09
◎文化管理学研究取向浅议/许柏林//中国文化报 1986-05-04
◎文化开放是文化建设的一条规律/刘伟//中国文化报 1986-05-25
◎文化现代化的立足点在哪里/李侃//中国文化报 1986-04-06
◎文化艺术生产的目的和文化市场/陶铠//光明日报 1986-12-21
◎文艺与经济——一个值得认真探讨的新课题/罗汉//中国文化报 1986-03-30
◎文化专业户的出现是群众文化事业的重大发展/王奎章//中国文化报 1986-02-09
◎无锡县投资近两亿发展文化事业/杨开民//光明日报 1986-10-26
◎要加强农村的文化建设/包遵信//光明日报 1986-01-23
◎要协调两种文化因素的发展/严家其//光明日报 1986-01-17
◎要研究"文化"的三个层次/庞朴//光明日报 1986-01-17
◎应该尊重文化市场的价值规律/陈小川//光明日报 1986-12-28
◎用战略观点推动文化事业的发展/邵安//中国文化报 1986-12-10
◎制定文化发展战略需要考虑的几个问题/朱穆之//光明日报 1986-01-13
◎制定文化发展战略要考虑文化生态环境/司马云杰//光明日报 1986-01-17
◎中国对外文化交流协会在京成立/单三娅//光明日报 1986-07-04
◎中国文化发展建设问题讨论会——中国社会科学院与本报编辑部联合召开/许伯林//中国文化报 1986-06-22
◎中国文化建设要从实际出发/蓝翎//中国文化报 1986-04-06

1987 年

◎二百户居民家庭文化消费抽样调查//人民日报 1987-04-05
◎改革开放促进城乡文化事业繁荣发展，各种文化网点遍布广东各个角落/彭周贤//光明日报 1987-11-13
◎精神文化产品的商品意识漫谈/杜长胜//1987-11-18
◎辽宁省制定实施《辽宁省文化市场管理条例》//中国文化报 1987-06-03
◎美国大众文化浅谈/郑也夫//1987-11-11
◎南阳地区抓紧建设农村集镇文化中心//光明日报 1987-02-09
◎农村文化生活春天来到了 南宫市委扶植起五个乡镇文化市场/孙庭国 许庆余//人民日报 1987-02-16
◎全国城乡群众文化工作呈现好势头/甄庆如//中国文化报 1987-19
◎全国文化馆设计方案竞赛揭晓//光明日报 1987-10-17
◎群众文化建设要积极服务与发展商品经济——不发达地区文化建设中的一个战略问题/焦勇夫//光明日报 1987-11-17
◎提倡有益的 允许无害的 抵制有害的 打击犯罪的广东城乡文化

市场空前繁荣/梁兆明//人民日报 1987-09-22
◎为我国文化事业做出突出贡献，15名中青年专家受文化部表彰/王东辉//光明日报 1987-06-21
◎文化观念正在发生变化 自娱活动走向里弄乡镇 上海人十分之一收入用于文化消费/赵兰英//人民日报 1987-07-27
◎文化户协会——文化户发展的又一程/郭沫勤//1987-08-30
◎文化领域中如何实行间接控制/汪建德//中国文化报 1987-01-14
◎运用现代科学技术再现四千年前青铜文化异彩，副研究员盛宗毅创建中华青铜文化复兴公司/张贻复//光明日报 1987-02-20
◎正确认识文化市场中出现的一些问题/李军//光明日报 1987-01-10

1988 年

◎"社会主义初级阶段文化理论座谈会"部分发言摘要//中国文化报 1988-01-31
◎1987 年文化事业统计结果表明我国文化事业在调整改革中发展/童济//中国文化报 1988-01-03
◎1987 年我国文化工作：在改革中前进，在探索中发展//中国文化报 1988-02-28
◎按经济规律办文化市场//经济日报 1988-04-18
◎摆正位置，加强领导，在改革中发展群众文化事业/唐修佳//中国文化报 1988-02-03
◎办好文化企业，增强自身发展能力//惠州市文化局 1988-05-08
◎大力开展"以文补文"促进文化事业发展/广东省台山县文化局//中国文化报 1988-05-18
◎对"文化人"地位的功能的反思//光明日报 1988-08-04
◎对文化市场开发问题的思考/顾凯//光明日报 1988-09-30
◎对文化体制改革的几点思考/田子馥//中国文化报 1988-03-09
◎多元结构及评判尺度/晏亚仙//光明日报 1988-09-30
◎发挥文化建设的立体性/吴廷嘉//中国文化报 1988-11-23
◎反思"文化热"/赵士林//中国文化报 1988-11-30
◎改革呼唤着中国企业文化的重塑/王春播//中国文化报 1988-05-22
◎改革开放要求建立意识形态管理体制的新格局—意识形态管理体制研讨会综述/王仲田 王怀超//中国文化报 1988-09-11
◎改革开放中的农村文化工作/力川//中国文化报 1988-01-24
◎改革开放中的农村文化工作（续）/力川//中国文化报 1988-01-27
◎高占祥提出，建立有中国特色的"文化管理学"/王恩荣 苗家生 肖玉华//光明日报 1988-08-19
◎高占祥在全国文化工作会议上的报告有新内容/曾毅//光明日报 1988-05-19
◎高占祥重申对待文化市场的方针：开放搞活，扶植疏导，面向群众，供求两益//光明日报 1988-06-27
◎关于"初级阶段"文化特征的思考/杨志杰//中国文化报 1988-12-21
◎关于当前文化工作的几个问题/王蒙//中国文化报 1988-04-03
◎关于建立文化管理学构架的设想（一）/高占祥//中国文化报 1988-11-02
◎关于建立文化管理学构架的设想（二）/高占祥//中国文化报 1988-11-06
◎关于社会主义初级阶段文化建设问题的几个思考/霍绍亮//中国文化报 1988-02-03
◎广东举办文化系统多种经营经验交流会暨商品展销会/本报讯//中国文化报 1988-06-05
◎广东省高州县文化专业户稳步发展/茂文//中国文化报 1988-09-18
◎海南特区文化发展问题/邱文华//中国文化报 1988-12-18
◎海南特区文化建设刍议/陈高卫//中国文化报 1988-02-14
◎互惠互利的经济文化联合体/孙浩//中国文化报 1988-10-26
◎话说文化经济学/杜长胜//中国文化报 1988-11-02
◎积极慎重进行文化管理体制改革 确保稳定团结民主和谐繁荣活跃/杨良化 齐欣//人民日报 1988-01-01
◎加紧制定文化发展战略规划/胡绩伟//中国文化报 1988-05-15
◎加快文化体制改革的步伐/本报评论员//光明日报 1988-02-25
◎价值工程与群众文化经营//中国文化报 1988-02-03
◎坚持以文补文，发展文化事业/阎福君//中国文化报 1988-07-03
◎建立和发展充满活力的社会文化体制——上海市文化局召开大型改革座谈会//中国文化报 1988-01-06
◎建立良性循环"文化链"，促进群众文化工作发展/朱永准//中国文化报 1988-02-07
◎建立起适应艺术商品生产的文化管理机制/晏亚仙//中国文化报 1988-03-27
◎开拓以文补文、多业助文的新局面——在全国文化事业单位以文补文经验交流会上的报告/高占祥//中国文化报 1988-07-06
◎科学设置群众文化在社会中的组织形态/王淼//中国文化报 1988-04-10
◎肯定有偿服务和多种经营活动，文化部、财政部召开全国以文补文经验交流会/曾毅//光明日报 1988-07-02
◎理顺文化产品的交换关系/汪菊平//中国文化报 1988-04-06
◎论改革初期的文化市场开放/张绵厘//中国文化报 1988-06-22
◎论文化市场的控制/卞怀远//光明日报 1988-09-30
◎民俗与商品经济/莫高//中国文化报 1988-12-07
◎明确方针政策加强文化市场管理/鸿业//中国文化报 1988-03-16
◎目前的文化冲突与危机/孙立平//中国文化报 1988-11-9
◎宁攒千元买琴 不花十元购书 家庭不合理文化消费结构令人忧/郑战国 于绍良//人民日报 1988-11-24
◎蓬勃发展的深圳文化企业/王一章//中国文化报 1988-04-24
◎企业文化理论的提出及其特点/郭廷建//中国文化报 1988-01-10
◎全国部分边境地区市县文化工作交流会部分代表发言摘要（一）//中国文化报 1988-09-04
◎全国部分边境地区市县文化工作交流会部分代表发言摘要（二）//中国文化报 1988-09-08
◎全国部分边境地区市县文化工作交流会纪要/西湖//中国文化报 1988-09-04
◎全国出现四万个新兴文化市场：昔日"供给制"，一人一元文化费；今朝"商品化"，活动场所遍地/郗永年 李光茹//人民日报 1988-07-03
◎全国青年文化事业呈现新态势/陈品华//中国文化报 1988-11-16
◎全国文化工作会议在京闭幕/刘德伟//中国文化报 1988-05-25
◎全国文化工作会议在京召开，王蒙申明实行"双轨制"三十三字方针/曾毅//光明日报 1988-05-14
◎全国文化工作会议在京召开/刘德伟//中国文化报 1988-05-15
◎群众文化，群众来办——访赣州地区文化局副局长黄明光/雷良钧//光明日报 1988-01-10
◎如何办好文化市场/编者按//经济日报 1988-05-02
◎商品意识下的文化经营道德/程云端//中国文化报 1988-10-19
◎社会效益与经济效益不可偏废/毛书征//中国文化报 1988 05 22
◎社会主义初级阶段的农村文化建设/俞启谓//中国文化报 1988-

10-12
◎社会主义初级阶段文化的几个基本特征/张平//中国文化报 1988-05-22
◎社会主义初级阶段文化形态转变特征辨析/马亚平//中国文化报 1988-06-15
◎社会主义文化市场及其特点/陈德述//中国文化报 1988-04-06
◎深化改革开拓创收为发展文化事业创造经济条件/辽宁省文化厅//中国文化报 1988-07-03
◎市场的开放与管理/高占祥//中国文化报 1988-06-05
◎试论我国文化市场的形成和发育/徐春政//中国文化报 1988-02-28
◎适应商品经济发展，加快文化体制改革/郑熙亭//中国文化报 1988-05-01
◎探索文化企业的振兴之路//经济日报 1988-11-19
◎讨论社会文化同外向型经济关系/许柏林//中国文化报 1988-09-11
◎提高文化为经济服务的自觉性/钱来忠//中国文化报 1988-03-27
◎天长县涌现一批文化经济联合体//人民日报 1988-01-11
◎王蒙谈今年文化部工作重点，改革艺术表演团体体制，增加文化部工作透明度/曾毅//光明日报 1988-01-01
◎王蒙谈今年文化工作要求、学习、团结、改革、繁荣、提出艺术表演团体体制改革近期目标/史美圣//光明日报 1988-01-09
◎危机感与文化改革/刘希林//中国文化报 1988-11-30
◎蔚为大观——广东文化市场见闻之一/官苏艺//光明日报 1988-07-14
◎钱从何处来——广东文化市场见闻之二/官苏艺//光明日报 1988-07-15
◎管“活”而不是管“死”——广东文化市场见闻之三/官苏艺//光明日报 1988-07-16
◎文化部、国家工商行政管理局发出通知，确认文化市场的存在，加强文化市场管理/曾毅//光明日报 1988-03-17
◎文化部国家工商行政管理局联合发出通知，明确方针政策加强文化市场管理，文化部社文局长就有关问题答本报记者问/鸿业//中国文化报 1988-03-16
◎文化部和工商局通知要求各地 放手搞活管好文化市场/易凯//人民日报 1988-03-17
◎文化部在天津召开座谈会，要求活跃新年春节群众文化生活/王莉华//光明日报 1988-12-23
◎文化部制定长期发展规划/宋玮//中国文化报 1988-04-27
◎文化的建设与批判/王一民//中国文化报 1988-10-02
◎文化发展的新主题：制度创新/郑永波//中国文化报 1988-11-23
◎文化发展问题座谈会在京召开//光明日报 1988-04-30
◎文化管理的随意性/顾土//人民日报 1988-03-23
◎文化管理体制改革的原则和目标/刘玉珠//中国文化报 1988-11-16
◎文化经营的体制基础/程云瑞//中国文化报 1988-2-10
◎文化经营短期行为的功能调控/程云端//中国文化报 1988-06-01
◎文化经营体制的模式转换/程云瑞//中国文化报 1988-06-26
◎文化领域实行间接管理的几个问题/杜长胜//中国文化报 1988-01-20
◎文化人开始懂经济 珠海按新思路建设文化市场/毕方尧//人民日报 1988-10-06
◎文化人与文化环境/徐春政 余爱水//中国文化报 1988-12-21
◎文化市场的管理范围已经划定/项丹平//经济日报 1988-03-23
◎文化市场的开放与管理/高占祥//中国文化报 1988-06-05
◎文化市场的立法原则/余耕水//光明日报 1988-09-30
◎文化市场的若干新概念/李庆//光明日报 1988-09-30
◎文化市场的双向选择机制/孙浩//光明日报 1988-09-30
◎文化市场管理的内在机制/程云瑞//中国文化报 1988-02-28
◎文化市场论/车国成//经济日报 1988-11-12
◎文化市场社会功能/刘芳九//光明日报 1988-09-30
◎文化市场学的基本理论框架/贾立范//光明日报 1988-09-30
◎文化行政管理体制的改革/汪菊平//中国文化报 1988-07-24
◎文艺体制双轨制运行的阵痛与思考/张霁明//光明日报 1988-07-24
◎我国文化事业在调整改革中发展//中国文化报 1988-05-01
◎闲暇文化初探/陈民健//中国文化报 1988-06-12
◎现代文化交流是保持民族特色的唯一途径//光明日报 1988-05-26
◎要从“办”文化转向“管”文化——文化管理部门职能转变一席谈/许柏林//中国文化报 1988-04-24
◎一条文化发展的必由之路——关于四川省文化与经济相结合的回顾与展望/钱来忠 何金炉 于德明//中国文化报 1988-08-21
◎以改革总揽文化工作全局——高占祥在全国文化工作会议上的讲话/邵实//中国文化报 1988-05-22
◎引入企业经营体制，推动文化系统改革——抚顺市文化事业单位由单纯服务型向经营服务型转化/苗家生//光明日报 1988-11-11
◎用世界眼光看待中国文化建设/吴欣//中国文化报 1988-11-16
◎在全国文化工作会议上的讲话/李铁映//中国文化报 1988-05-18
◎在全国文化工作会议上的讲话/王忍之//中国文化报 1988-05-25
◎增加商品意识，促进文化产品健康发展/冼立位//中国文化报 1988-01-03
◎增强文化商品意识/冼光位//光明日报 1988-09-30
◎中国文化法制建设薄弱点初探/王跃//中国文化报 1988-01-31
◎走向市场/孙浩//中国文化报 1988-01-27

1989 年

◎“扫黄”深得人心/首都各界人士举行座谈拥护中央部署/强调协同作战铲除公害管好文化市场//人民日报 1989-08-29
◎“双轨制”的坚实路基——广东湛江地区文化调查之一/郁德生//中国文化报 1989-04-26
◎深化国营专业艺术表演团体的改革——广东湛江地区文化调查之二/郁德生//中国文化报 1989-05-10
◎变革中的文化事业——广东湛江地区文化调查之三/郁德生//中国文化报 1989-05-28
◎《意见》的科学精神——学习《中共中央关于进一步繁荣文艺的若干意见》的一点体会/云山//中国文化报 1989-04-16
◎1988 年全国文化事业费预算内支出情况简析/童济//中国文化报 1989-07-30
◎1988 年文化大事//中国文化报 1989-01-01
◎蚌埠市实施农村文化体制改革/袁泉//中国文化报 1989-05-07
◎包头市文化市场加强管理形成新格局/王惠//中国文化报 1989-07-12
◎保证文化产品质量，保护少数民族文化，欧共体确定今年文化工作重点/杨志清//光明日报 1989-02-13
◎波兰对文化事业的两项改革/梁炳文//中国文化报 1989-12-13
◎畅所欲言话改革，满怀信心看发展——访人大代表于是之、关肃霜/吴鸿业//中国文化报 1989-03-26

◎巢湖地委行署加强文化市场管理/倪鹤翔//中国文化报 1989-07-19
◎彻底整顿清理文化市场，努力繁荣活跃文化艺术——在全国整顿清理文化市场工作会议上的报告/英若诚//中国文化报 1989-09-03
◎创建企业文化的构想/平文艺//中国文化报 1989-03-12
◎从深圳的实践看社会主义初级阶段的特区文化（一）/蒙敬杭//中国文化报 1989-01-25
◎从深圳的实践看社会主义初级阶段的特区文化（二）/蒙敬杭//中国文化报 1989-02-01
◎大连文化生活出现五大变化/城宏//中国文化报 1989-05-28
◎当今中国文化价值体系轴心的转换/刘魁//中国文化报 1989-04-05
◎当前农村经济文化道德观念现状/襄樊市委宣传部//中国文化报 1989-07-05
◎当前文化市场内在机制失衡浅析/徐春政 余爱水//中国文化报 1989-07-30
◎对文艺事业卓有成效的资助与管理——访澳大利亚委员会/吴鸿业 李中岳//中国文化报 1989-03-05
◎福建省全面整顿文化市场/陈有仁//光明日报 1989-08-09
◎赣州市加强社会文化市场管理，注重市场培育，实现管好搞活//赣文//中国文化报 1989-02-22
◎高文化经济与低文化管理/周之良//人民日报 1989-04-05
◎宫小路宽，文财两茂——记江苏省海门县工人文化宫/祁采平 陶家伦//中国文化报 1989-01-18
◎关于 80 年代“文化热”的一些看法//光明日报 1989-02-02
◎关于海南文化战略的讨论//中国文化报 1989-01-04
◎管好文化市场的关键是立法执法/戴振中//中国文化报 1989-08-06
◎广东整顿文化市场清除精神污染/彭周贤//光明日报 1989-07-31
◎广西部分地区群众文化工作调查/李格训 李能甲 周鸿声 成志伟//中国文化报 1989-08-16
◎广西文化主管部门在整顿文化市场中积极发挥作用/唐建祥//中国文化报 1989-08-30
◎贵阳企业的文化热浪/刘茜//中国文化报 1989-03-12
◎贵州少儿文艺事业发展迅速/张宝林 侯天友//中国文化报 1989-05-28
◎桂林市文化建设智囊机构作用非凡/直言 丁一//中国文化报 1989-06-21
◎国家编委批准文化部“三定”方案/谷长江//中国文化报 1989-05-07
◎海南省文化机构设置：小政府大社会/杜长胜 卢正桂//中国文化报 1989-02-01
◎邯郸地区文化艺术事业越办越好/刘长顺//中国文化报 1989-08-02
◎邯郸市文化局注重对文化市场的引导与搞活/文可//中国文化报 1989-01-22
◎河北省文化建设硕果累累//中国文化报 1989-03-05
◎河北整顿文化市场/陈国琦//人民日报 1989-07-02
◎河南省文化厅深入学习贯彻四中全会精神/赵亚欣//中国文化报 1989-08-02
◎湖南省文化厅回报文化市场情况，王蒙强调完善管理制度加强市场建设/宋合意//中国文化报 1989-05-28
◎湖南文化市场得到净化/钟劲//经济日报 1989-12-15
◎活跃群众文化生活，强化文化市场日常管理，全国清理整顿文化市场工作会议开幕//光明日报 1989-08-23
◎既管理又服务 岳阳社会文化市场健康发展/邵建武//人民日报 1989-05-12
◎继承优秀文化传统，建设适应时代要求的新文化/谷牧//光明日报 1989-10-14
◎继续坚持“双百”方针/洪骊//中国文化报 1989-12-10
◎加强立法使教科文卫事业走上法治轨道/吴岳//中国文化报 1989-04-05
◎建立社会主义的文化艺术管理学/罗丁//中国文化报 1989-10-25
◎建造“金字塔”式的文化结构——冯骥才谈话摘录/刘茜//中国文化报 1989-04-09
◎江门市切实解决农村文化站编制和经费问题/广江//中国文化报 1989-03-26
◎江门市重视企业文化建设/江闻 尹诗//中国文化报 1989-07-12
◎接受舆论监督 采取果断措施 石狮市加强文化市场管理见成效/刘玉志 赵亚平//人民日报 1989-03-11
◎津门文化热——记天津群众文化事业十年来飞跃发展/张作民//中国文化报 1989-09-13
◎军营文化和文化市场/徐春政 徐秉君//中国文化报 1989-09-06
◎科威特重视民间文化/王炽文//中国文化报 1989-03-12
◎兰州市采取措施，加强文化市场管理/何俊//中国文化报 1989-05-28
◎李瑞环等与清理文化市场工作会议代表座谈：扫除精神毒品 繁荣文化艺术//人民日报 1989-08-27
◎李瑞环同整顿文化市场工作会议代表座谈，用群众喜闻乐见的东西占领文艺阵地//光明日报 1989-08-27
◎李振潜副书记向本报记者发表谈话：大力开展社会文化工作，重视贫困地区文化建设/周鸿生 成志伟//中国文化报 1989-01-29
◎领导文艺要遵循文艺规律/梁光弟//中国文化报 1989-04-30
◎流行歌曲和文化市场/焦勇夫//人民日报 1989-01-25
◎路，在黑土地上延伸——吉林省四十年文化艺术工作回顾/吴景春 孙超//中国文化报 1989-11-05
◎论媒介文化/钟梦白//中国文化报 1989-02-01
◎论企业文化的特点和作用/张绵厘//中国文化报 1989-09-06
◎论社会主义初级阶段文化的基本特征/张绵厘//中国文化报 1989-03-26
◎内蒙古自治区人民政府发出关于加强文化市场管理的通知/齐宝海//中国文化报 1989-01-22
◎内蒙古自治区主席布赫谈文化市场管理，让社会主义思想占领文化市场/齐宝海//中国文化报 1989-09-03
◎南昌县初步实现文化市场网络化规范管理/史安//中国文化报 1989-01-29
◎南通县文化馆把股份制引入有偿服务/成金顺//中国文化报 1989-01-04
◎七届人大二次会议隆重开幕，李鹏总理作政府工作报告，坚决贯彻治理整顿和深化改革的方针//中国文化报 1989-03-22
◎齐市居民家庭文化消费情况调查/林宪春//中国文化报 1989-06-28
◎企业文化：凝聚力和向心力/陈耀彬//中国文化报 1989-08-27
◎企业文化建设谈片/张魁星//中国文化报 1989-08-27
◎企业文化建设向何处去/民建 晓东//中国文化报 1989-08-27
◎企业文化在三明/张作民//中国文化报 1989-02-19
◎浅谈乡镇文化站的发展/王明礼 解满昌//中国文化报 1989-01-01

⊙强调社会效益，实现创作自由/尹言//中国文化报 1989-05-10
⊙强化管理，健康发展/焦勇夫//中国文化报 1989-08-13
⊙清理整顿文化市场工作全面展开/陈兴保 刘德伟//中国文化报 1989-08-09
⊙全国清理整顿文化市场工作会议在京举行/宋合意//中国文化报 1989-08-27
⊙全国文化外事工作会议在京召开/于文涛//中国文化报 1989-05-03
⊙全国以文补文研讨会在蓉召开/傅敬容//中国文化报 1989-05-28
⊙全国整顿文化市场会议开幕/邵建武//人民日报 1989-08-23
⊙认真抓好"扫黄"这件大事 全国清理整顿文化市场工作会议在京闭幕 李瑞环李铁映同出席会议的部分代表座谈/张济和//经济日报 1989-08-27
⊙三湘文苑尽朝晖/谢作孚//中国文化报 1989-11-05
⊙山西省文化厅认真落实四中全会精神/窦明生//中国文化报 1989-08-02
⊙山西治理整顿文化市场/王艾生 池茂花//人民日报 1989-07-13
⊙陕西整顿文化市场 十天查封有害书刊十七万余册/孟西安//人民日报 1989-07-28
⊙上海演出公司在文化市场起主导调节作用/陈品华//中国文化报 1989-06-25
⊙上海制定法规管理社会文化市场，文化主管部门拥有奖励和处罚权/余传诗//光明日报 1989-07-12
⊙社会主义初级阶段农村文化的基本特征/俞启渭//中国文化报 1989-05-03
⊙社会主义初级阶段商业文化的几个问题/胡平//中国文化报 1989-04-30
⊙社会主义初级阶段文化理论研讨会纪要/文化部政研室//中国文化报 1989-01-11
⊙社会主义文化建设的社会效益/杜长胜//中国文化报 1989-08-23
⊙社会主义文艺方向的历史与现实内涵/程云端//中国文化报 1989-11-29
⊙深圳清理整顿文化市场，净化特区环境/杨宏海//中国文化报 1989-09-10
⊙沈阳市管理文化市场有章法/孟宪民//中国文化报 1989-08-16
⊙十年改革：承德地区农村群文事业迅速发展/赵忠堂//中国文化报 1989-01-29
⊙试论文化专业户/李能甲//中国文化报 1989-02-19
⊙首届"商业文化学"理论研讨会综述/周渺//中国文化报 1989-04-30
⊙四川省文化厅召开党组扩大会，学习全会精神，繁荣文化事业/蔡文金 干德明 王铭星//中国文化报 1989-07-05
⊙松滋县企业文化蓬勃兴起/韩其林//中国文化报 1989-01-04
⊙苏联文化领域的改革——民主化·多元化·人道主义/韩维//中国文化报 1989-02-26
⊙谈谈艺术产品的交换价值/董大中//中国文化报 1989-11-19
⊙谈文化统计/罗丁//中国文化报 1989-03-19
⊙谈以文补文的几个具体问题/曾祥集//中国文化报 1989-06-18
⊙体改目的是解放生产力/周稽//中国文化报 1989-02-26
⊙桐庐县保安乡山区文化中心创造新经验，领导重视，广开财路，促进经济发展/郑锡纯 王关忠 吴良如//中国文化报 1989-07-09
⊙王济夫向文化部系统全国人大代表、政协委员汇报工作/张作民//中国文化报 1989-03-15
⊙王蒙撰文论述社会主义初级阶段文化主要矛盾是文明与愚昧的矛盾//中国文化报 1989-01-11
⊙委员们的心愿——几位全国政协委员谈话录/张作民//中国文化报 1989-03-22
⊙温州市文化市场的现状和管理/沈晖 郑永富 应东来 姚颂和//中国文化报 1989-07-05
⊙文化部长王蒙对本报记者谈话，去年全国文化生活平和稳定发展，今年将全面深化文化体制改革/黄华英//中国文化报 1989-01-04
⊙文化部党组继续举行座谈会要求党员同心同德，团结群众，贯彻四中全会精神/张作民//中国文化报 1989-07-09
⊙文化部外联局局长游琪对本报记者发表谈话：我国对外文化交流蓬勃发展/魏莲//1989-02-05
⊙文化部艺术局团委举办艺术咨询服务活动及座谈会/焦秀明 刘茜//中国文化报 1989-05-10
⊙文化部再次邀请党外人大代表政协委员座谈：进一步学好四中全会精神，落实中央提出的四件大事/张作民//中国文化报 1989-07-12
⊙文化观念更新与文化效应反馈/周鸿声//中国文化报 1989-03-01
⊙文化建设态势（一）：文化事业的较快发展/纪华//中国文化报 1989-11-12
⊙文化建设态势（二）：文化事业经费有所增长比例下降/纪华//中国文化报 1989-11-15
⊙文化建设态势（三）：文化事业经费短缺因素分析/纪华//中国文化报 1989-11-19
⊙文化建设态势（四）：文化馆及文物事业经费情况简析/纪华//中国文化报 1989-11-26
⊙文化建设态势（五）：艺术表演团体为什么多演多赔/纪华//中国文化报 1989-11-29
⊙文化建设态势（六）：公共图书馆事业的几个趋势/纪华//中国文化报 1989-12-13
⊙文化市场的现状及发展预测/孟晓驷 陈民建//中国文化报 1989-05-17
⊙文化市场功能的两重性/杜长胜//中国文化报 1989-09-06
⊙文化市场行业结构漫议/刘赣生//中国文化报 1989-05-17
⊙文化事业和艺术创作蓬勃发展的四十年/云山//中国文化报 1989-10-01
⊙文化事业似天马行空/高国祥//中国文化报 1989-01-22
⊙文化事业在前进/高占祥//光明日报 1989-09-30
⊙文化艺术产品为什么不能完全商品化/张绵厘//中国文化报 1989-12-13
⊙文化里面也有经济/王群//人民日报 1989-04-11
⊙无锡乡镇群众文化的特点/蒋履嵩//中国文化报 1989-05-03
⊙西藏民族文化事业成就显著蓬勃发展/鄂积恩//中国文化报 1989-04-12
⊙新时期文化管理的一个新课题——关于加强文化企业管理问题断想/杜长胜//中国文化报 1989-03-01
⊙盐城市群众文化工作十年改革成绩显著/刘华明//中国文化报 1989-03-08
⊙兖石铁路得文化一条线/张作民//中国文化报 1989-06-25
⊙也谈文艺管理学/索世晖//中国文化报 1989-01-01
⊙以块为主 综合治理 西安碑林区管好文化市场/舟行//人民日报 1989-10-06
⊙艺术管理亟待社会化/田子馥//中国文化报 1989-02-19
⊙艺术管理人才培养亟待管理/王岳龙 张宝瑞//中国文化报 1989-05-03

⊙英若诚谈文化市场工作的当务之急和长期任务，整顿清理文化市场，建立健全管理机构/谌强//光明日报 1989-08-28
⊙云南省文化界落实四中全会精神繁荣社会主义民族文化艺术/杨群//中国文化报 1989-08-02
⊙在改革中前进/高占祥//中国文化报 1989-09-24
⊙在改革中稳步前进的河南文化事业/王传真//中国文化报 1989-09-24
⊙在全国文化外事工作会议上王蒙部长的讲话//中国文化报 1989-05-03
⊙在文学艺术家春节联欢茶话会上的讲话/赵紫阳//中国文化报 1989-02-01
⊙掌握辩证法，坚持两手抓——在全国整顿清理文化市场工作会议上的讲话/高占祥//中国文化报 1989-09-10
⊙这儿的群众文化活动为什么越办越兴旺——记改革中的大连金州区文化馆/张作民//中国文化报 1989-04-05
⊙这里也是一片文化的沃土——陕南山乡文化调查随记/韩望愈//中国文化报 1989-05-31
⊙浙江省委省政府召开联合办公会议，省委书记李泽民要求强化文化市场管理/浙文//中国文化报 1989-08-02
⊙整顿文化市场是一项紧迫任务/高占祥//中国文化报 1989-08-06
⊙整顿文化市场要有配套的法规/崔永生//中国文化报 1989-08-13
⊙整治文化市场 切莫"走过场"/朴文峰//人民日报 1989-07-21
⊙政府和社会共同办文化 四川文化市场呈现勃勃生机/陈华//人民日报 1989-03-07
⊙政协委员发言摘登//中国文化报 1989-03-29
⊙中共中央关于进一步繁荣文艺的若干意见//中国文化报 1989-03-22
⊙中国企业文化的改造与重塑/郭廷建//中国文化报 1989-03-26
⊙中国企业文化的选择/韩天石//中国文化报 1989-11-01
⊙中外民族学家讨论传统文化等问题//光明日报 1989-10-23
⊙中宣部文艺局召开贯彻《中共中央关于进一步繁荣文艺的若干意见》研讨会/玉山//1989-04-19
⊙重视教育也要重视文化/吴鸿业//中国文化报 1989-03-29
⊙抓住有利时机强化文化市场管理，为改革开放提供良好社会文化环境/柳斋//中国文化报 1989-08-09
⊙庄河县创办文化专业基地，发展农村群众文化事业/李淑萍//中国文化报 1989-06-21
⊙追逐现代文明的国度——记澳大利亚先进的文化设施/吴鸿业//中国文化报 1989-02-26
⊙综合治理，正本清源/冯复加//中国文化报 1989-08-06
⊙总结工作，交流经验，切实做好对外文化交流工作——在全国文化外事工作会议上的工作报告/刘德有//中国文化报 1989-05-07

1990 年

⊙1989 年全国文化（文物）事业发展概况（一）//中国文化报 1990-07-11
⊙1989 年全国文化（文物）事业发展概况（二）//中国文化报 1990-07-15
⊙本溪企业文化建设形成格局/赵亚欣//中国文化报 1990-10-03
⊙处于困境中的波兰文化事业/齐全生//光明日报 1990-11-05
⊙从西关村看文化综合效应对经济与文化同步发展的促进作用/易水//中国文化报 1990-11-21
⊙促进西藏民族文化事业繁荣/鄂积恩//中国文化报 1990-09-02
⊙大众文化活动与文艺人才的开发/李萍//中国文化报 1990-10-28
⊙对文化市场应进行科学分析/朱国仁//中国文化报 1990-10-14
⊙繁荣文艺必须带弘扬民族优秀文化/李瑞环//中国文化报 1990-01-14
⊙福建实施发展社会文化的芳草计划/陈有仁//光明日报 1990-06-06
⊙关于弘扬民族优秀文化的若干问题——在全国文化艺术工作情况交流座谈会上的讲话/李瑞环//光明日报 1990-04-16
⊙关于民族地区文化建设的思考/陆耀儒//中国文化报 1990-03-25
⊙关于文化经济活动的思考/聂景春//中国文化报 1990-10-28
⊙关于文化经济政策的六点建议/刘玉珠//光明日报 1990-10-26
⊙管理好文化市场——读《文化市场管理手册》有感/高占祥//中国文化报 1990-05-27
⊙广东省从政策措施上为发展群众文化事业办实事/邹佩阳 吴义宏//中国文化报 1990-12-12
⊙河南省实行文化工作目标管理见成效/李祥辰//中国文化报 1990-03-14
⊙华东七省市加强文化市场管理/黄小雄//人民日报 1990-06-10
⊙加强对特区精神文化产品的舆论导向/蒙敬杭 彭立勋//中国文化报 1990-09-05
⊙加强群众文化事业建设/张作民//中国文化报 1990-08-29
⊙加强文化法制建设，促进文化事业繁荣/柏玉华//中国文化报 1990-06-06
⊙架起沟通各民族文化的桥梁——访国际民间艺术组织干事长法伊格尔/方祥生//光明日报 1990-12-30
⊙坚持文化管理改革方向，搞活搞正"以文补文"活动/力川//中国文化报 1990-11-25
⊙建立社会主义的文化经济学/王胜秋//中国文化报 1990-08-26
⊙江苏重视文化科技，探索综合管理模式/刘德伟//中国文化报 1990-04-22
⊙李瑞环在工会一次工作会议上强调：关心支持工人文化宫俱乐部发展，在两个文明建设中发挥更大作用/刘茜//中国文化报 1990-12-30
⊙论发展乡镇文化的基本途径/程鹏//中国文化报 1990-02-18
⊙论文化艺术产品的社会效益和经济效益/何少华//中国文化报 1990-09-12
⊙民族的与世界的/毕兹//中国文化报 1990-07-04
⊙青海省文艺事业蓬勃发展/胡怡 王军仓//中国文化报 1990-01-31
⊙清理文化市场 加强队伍建设/林声//人民日报 1990-10-28
⊙群众文化走向与群众文化工作的转变/沈中岳//中国文化报 1990-03-25
⊙人大代表政协委员发言摘登（一）//中国文化报 1990-04-01
⊙人大代表政协委员发言摘登（二）//中国文化报 1990-04-04
⊙陕西省文艺事业健康发展/秦天行 刘嘉军//中国文化报 1990-07-25
⊙商品文化简论/聂景春//中国文化报 1990-10-14
⊙社区文化的构想与实践/张宝章//中国文化报 1990-07-22
⊙深圳、珠海、中山市文化考察报告/王金海//中国文化报 1990-12-05
⊙试论地市文化市场管理机构的设置/刘金萍/中国文化报 1990-11-18
⊙四川省第二届文化市场研讨会综述/幸晓峰//中国文化报 1990-12-05
⊙四川提出文化市场实行分级管理措施/干德明//中国文化报

1990-10-03
◎四川文化厅召开会议根据文化部批文精神对文化市场实行分级管理//中国文化报 1990-09-02
◎琐议艺术从业者的文化荒芜/李昂//中国文化报 1990-08-26
◎听取批评建议共商繁荣文化良策/吴鸿业//中国文化报 1990-04-01
◎温州文化市场干净了/刘枫//人民日报 1990-10-28
◎文化经济政策漫议/张晓林//人民日报 1990-07-19
◎文化事业统计新报表利于反映综合信息/董济//中国文化报 1990-11-18
◎文化娱乐市场秩序井然/许柏林//中国文化报 1990-10-10
◎文化与经济、政治的关系/骞叔//中国文化报 1990-08-26
◎文化站的价值在于自身体现/高吉才//中国文化报 1990-09-02
◎我国社会主义文化艺术事业在健康发展/张作民//中国文化报 1990-09-30
◎我国文化市场的现状/朱正雄//中国文化报 1990-11-11
◎我国文化娱乐市场管理日趋科学规范/刘茜//中国文化报 1990-10-17
◎象补菜篮子那样补文化/郭俊胜//中国文化报 1990-08-19
◎依法加强文化市场管理，繁荣发展文化艺术事业/兴育 吴岳//中国文化报 1990-01-31
◎应当加强对文化市场理论的研究/陈德述//中国文化报 1990-02-25
◎在沃土上奏响金曲——大连金州农村社会主义文化事业调查/张作民//中国文化报 1990-06-10
◎在优化选择中建设社会主义现代化——季羡林、赵宝煦、罗荣渠谈中外文化交流/陶铠 李春林//光明日报 1990-07-20
◎扎根沃土，叶茂枝盛——贵州省繁荣群众文化的启示/吕延涛//光明日报 1990-05-01
◎浙江农村特色文化节异彩纷呈/沈晖 郑永富 应志良//中国文化报 1990-09-16
◎支支红杏出墙来——北京文化市场漫步/张宝瑞//人民日报 1990-01-30
◎中国东方文化研究会成立//光明日报 1990-06-29
◎奏出社会主义时代主旋律/郭玲春//中国文化报 1990-02-25

1991 年

◎“芳草计划”的思路/李联明//中国文化报 1991-05-12
◎“扫黄”工作见成效 查处一批大案要案，收缴大批淫秽物品，加强了文化市场管理//人民日报 1991-02-11
◎八十年代我国文化事业发展成就图表//光明日报 1991-04-03
◎把乐山建设成有地方特色的文化之乡/郭金龙//中国文化报 1991-09-08
◎把民族图书推向世界文化市场 滇桂黔联袂在香港举办书展/王连弟 周庆//人民日报 1991-06-05
◎出席计划单列市文化工作会议的代表呼吁 文化市场要加强科学管理/苗家生 孟宪民//人民日报 1991-08-23
◎传统文化与时代精神——关于建设有中国特色的社会主义文化问题/敏泽//光明日报 1991-10-13
◎促共识・抓特色・出效益——广西文化长廊建设的经验/郑琅//中国文化报 1991-08-25
◎促进社会主义文化事业繁荣发展的重要措施//中国文化报 1991-07-21
◎第六届全国计划单列市文化信息交流暨群文理论研讨会在沈阳举行/林瑞华//中国文化报 1991-09-01
◎方向・功能・使命感——全国文化工作先进集体经验综述/朱允祜 姜丰义//中国文化报 1991-11-13
◎福建成立海上丝绸之路研究会/陈有仁//光明日报 1991-02-19
◎高占祥在全国文化市场管理工作会议上指出：文化市场必须坚持社会主义方向/赵兰英//人民日报 1991-08-05
◎关于构建广西文化长廊的思考/邓达平//中国文化报 1991-05-22
◎关于建设有中国特色的社会主义文化的几点看法/贺敬之//中国文化报 1991-03-20
◎关于群众文化工作的几点认识/张其华//中国文化报 1991-02-17
◎管理服务教育引导多方入手 佛山市文化市场繁荣有序/麦家驹 李万发//中国文化报 1991-09-25
◎广州实施《广州文化发展战略纲要》成效明显 指导思想明确发展文化有法可依/林榜河 吴少瑜//中国文化报 1991-03-20
◎国务院批转文化部《关于文化事业若干经济政策意见的报告》//中国文化报 1991-07-21
◎贺敬之谈明年文化工作指导思想，进一步加强社会主义文化阵地，力争使文化工作上一个新台阶//光明日报 1991-12-25
◎贺敬之同志谈对外文化交流/步文//中国文化报 1991-10-13
◎黑龙江省人大常委会制定地方法规 确定文化部门主管文化市场/彭际野//中国文化报 1991-11-10
◎加强精神文明建设需要做些什么？——部分人大代表发言综述/吴岳 晓流//中国文化报 1991-04-10
◎加强学习 抓好整顿 促进繁荣 全国文化厅局长会议在北京召开/宋玮//中国文化报 1991-12-29
◎加强政策研究与法制工作，保障社会主义文化事业健康发展——在全国文化法制工作会议上的讲话（上）/贺敬之//中国文化报 1991-08-18
◎加强政策研究与法制工作，保障社会主义文化事业健康发展——在全国文化法制工作会议上的讲话（下）/贺敬之//中国文化报 1991-08-21
◎坚持文化市场的社会主义方向/高占祥//人民日报 1991-09-12
◎坚持文化市场的社会主义方向/高占祥//中国文化报 1991-09-18
◎建好乡镇文化站——农村文化的桥头堡/苗家生//光明日报 1991-01-03
◎建立有中国特色的社会主义文化体系，首都专家学者研讨文化建设/陆先高//光明日报 1991-06-09
◎建设有中国特色的社会主义文化理论系列研讨会发言摘要//中国文化报 1991-04-17
◎建设有中国特色的社会主义文化研讨会强调，文化研究必须坚持社会主义方向/陆先高//光明日报 1991-04-13
◎健全管理队伍 坚持不懈扫黄 温州文化市场干净多了/胡宏伟 童兆林//人民日报 1991-01-20
◎警惕文化的商品化趋向——访人大代表、作家马识途/徐可//光明日报 1991-04-03
◎刘文西代表呼吁：加强老区边区文化建设 宣传现代优秀民族文化/宋合意//中国文化报 1991-04-03
◎略论我国文化的社会主义性质/张建新//中国文化报 1991-12-22
◎略谈农村群众文化的发展趋向/嵇亚林//中国文化报 1991-12-08
◎论服务型向服务经营型转化/张汝宜//中国文化报 1991-10-27
◎论文化设施建设/高占祥//中国文化报 1991-11-27
◎马岁成果可喜 羊年仍须努力 刘德有副部长谈对外文化交流/徐有芳//中国文化报 1991-02-06
◎努力开创农村文化新局面/曹伟明//中国文化报 1991-12-11
◎蓬勃发展的群众文化事业/谌强//光明日报 1991-10-02

◎浅谈农村群众文化骨干队伍建设问题/刘淑敏//中国文化报 1991-10-27
◎全国部分省市文化厅（局）研究室主任会议强调 加强政策研究 健全文化法规/张作民//中国文化报 1991-04-17
◎全国计划单列市文化工作会议代表呼吁，加快立法工作，管好文化市场/苗家生//光明日报 1991-08-22
◎全国文化法制工作会议要求，建立健全文化法规体系//光明日报 1991-08-03
◎全国文化法制工作会议在青岛召开/张作民//中国文化报 1991-07-28
◎全国政协委员发言摘登//中国文化报 1991-04-03
◎确立“两手抓”思想 加强文化事业建设/陆兆钧 汤志明 沃建平//中国文化报 1991-06-23
◎群文产业经济政策初探/方熙//中国文化报 1991-11-17
◎群众文化普及工作重谈/毛华//中国文化报 1991-01-16
◎群众文化与经济建设/牟光义//中国文化报 1991-04-03
◎人大代表、政协委员发言摘登（一）//中国文化报 1991-04-07
◎人大代表、政协委员发言摘登（二）//中国文化报 1991-04-10
◎社会主义文化建设的春花——全国文化工作先进地区成就经验综述/朱允祜 姜丰义//中国文化报 1991-11-03
◎十年来我国文化事业蓬勃发展/方江山//光明日报 1991-04-03
◎试论集镇文化活动的特征/朱云先 许杰//中国文化报 1991-01-16
◎四川省文化市场管理法规问世/付敬蓉//中国文化报 1991-09-08
◎探探地区边界文化/陈辽//中国文化报 1991-09-11
◎探探文化事业单位财经管理/向文//中国文化报 1991-10-02
◎统一领导 归口管理 分级管理——《四川省文化市场管理暂行条例》颁布/杨奎本//中国文化报 1991-10-02
◎为文化事业健康发展提供法律保障——文化部政策法规司司长康式昭就文化法制建设有关问题答记者问/张作民//中国文化报 1991-07-28
◎文化部召开东北华北地区文化监察工作座谈会/牛中路 王洪波//中国文化报 1991-08-25
◎文化部召开全国对外文化交流会议 高占祥致开幕词刘德有作报告/徐有芳//中国文化报 1991-09-11
◎文化何时“唱戏”/王寿武//中国文化报 1991-04-14
◎文化建设必须以马克思主义为指导/周鸿声//中国文化报 1991-07-21
◎文化金字塔的基石——对黑龙江“群众文化”的思考/杨运泰//中国文化报 1991-11-17
◎文化经济活动中要建立责任会计制/陈玉芳//中国文化报 1991-06-26
◎文化科技的新曙光/高占祥//中国文化报 1991-12-08
◎文化市场管理有方 群众活动丰富多彩 包头市群众文化繁荣发展/梁立东 钱咏红//中国文化报 1991-07-24
◎文化市场上的新鲜事 张家口市举办“书刊交换会”/李爱萍 王越忠//人民日报 1991-01-21
◎文化市场与文化法制/杨明世//中国文化报 1991-10-27
◎文化事业“八五”计划要点//中国文化报 1991-03-17
◎文化事业基本建设工作怎么搞？河南的经验是——成立文化建设总公司/刘德伟//中国文化报 1991-12-01
◎文化也应有投入/陆泰//中国文化报 1991-01-23
◎我国文化部门普遍开展文化调研工作/叶子//中国文化报 1991-04-24
◎我国文化市场发展迅速，对满足群众日益增长的文化需求起到积极作用/余传诗//光明日报 1991-08-04
◎我们仍然需要民族的科学的大众的文化//中国文化报 1991-06-26
◎现阶段我国文化事业经济政策调整的基本原则/杜长胜//中国文化报 1991-06-05
◎延安精神对中国社会主义新文化建设的启示/郭廷建//中国文化报 1991-06-05
◎依法促进和保障社会主义文艺的发展——学习《彭真文选》体会/向云驹//中国文化报 1991-06-30
◎寓教于乐 健康益智 丰富生活 乌鲁木齐加强文化市场建设/曾坤//人民日报 1991-01-28
◎在社会主义思想教育中强化农村文化建设/乔宪忠//中国文化报 1991-12-29
◎增加文化投入 理顺管理体制 深化体制改革 繁荣文化事业/翟闻耀//中国文化报 1991-01-09
◎站在90年代的台阶上——纪念毛主席《讲话》发表49周年/董学文//中国文化报 1991-05-22
◎执行文化经济政策 促进文化事业繁荣/高运甲//人民日报 1991-08-30
◎中国农村必须走经济、文化同步发展的路子/王书亮 李祯林//中国文化报 1991-01-16
◎中国应创造文化、科学高峰点/邓裕民//中国文化报 1991-12-04
◎重视社会“文化消费”问题/杜长胜//光明日报 1991-06-09
◎重视文化经济的研究/刘玉珠//光明日报 1991-01-28

1992 年

◎“要重视社会效益”学习札记/仲呈祥//中国文化报 1992-12-16
◎大力发展文化产业，增强文化事业发展活力/李传玉//中国文化报 1992-10-21
◎对搞好农村文化活动的几点设想//光明日报 1992-09-18
◎对我国文化产业及其产业政策的初步研究/许钢//中国文化报 1992-07-15
◎多掌握一些影响人们思想观念的本领——在全国企业高级政工师研修班上的讲话/王立平//中国文化报 1992-12-02
◎发展文化事业的一项重要工作//光明日报 1992-12-21
◎方兴未艾的中国文化市场/曹鹏 张济和//经济日报 1992-06-08
◎改革开放不断深入，文化立法愈显迫切，文艺要繁荣：没有法就没有“法儿”/王洪波//中国文化报 1992-12-23
◎贯彻十四大精神，云南省制定“八五”期间文化发展蓝图/杨群//中国文化报 1992-11-25
◎加强乡镇文化站（中心）建设，是搞好村落文化的关键/吴药生 王耀辉//中国文化报 1992-11-22
◎坚持两手抓，两手都要硬/马良安//中国文化报 1992-12-02
◎牢牢把握解放思想实事求是这个重要法宝/文化部直属机关党委宣传部//中国文化报 1992-12-09
◎内蒙古自治区主席布赫说：文化事业单位要逐步转向企业化管理/姜永生//中国文化报 1992-12-13
◎南漳县清理整顿文化市场/覃棣//人民日报 1992-02-08
◎农民对文化生活有“七盼”//光明日报 1992-04-19
◎培育文化市场健康发展——深圳“歌舞厅艺术”座谈纪要/张传恺 黄啸 邓超荣//人民日报 1992-09-10
◎企业文化建设势在必行，中宣部文艺局等邀请有关人士座谈//光明日报 1992-09-10
◎全方位走向文化市场——桂林市群艺馆在竞争中取得显著成效

/张作民//中国文化报 1992-11-22
◎全国文化市场理论研讨会在海口举行/华明//中国文化报 1992-12-30
◎确立市场经济观念，加强文化体制改革——文化部青年“学习党的十四大精神理论研讨会”发言摘稿//中国文化报 1992-12-30
◎山东省重视文化设施建设/田承河//中国文化报 1992-12-30
◎山西省文艺界畅谈文艺体制改革/杨渊//中国文化报 1992-11-22
◎商品美学和社会主义两个文明建设/涂途//中国文化报 1992-12-20
◎社会文化的经济倾向和消费倾向/钟国兴 李小慧//光明日报 1992-10-04
◎深化改革，转换经营管理机制/王文章//中国文化报 1992-12-13
◎实行“一馆两制”——通什市文化馆事业蒸蒸日上/马仲川 潘先若//中国文化报 1992-12-09
◎四川文化体制改革深入发展/千德明//中国文化报 1992-12-02
◎谈谈当前“以文补文”存在的问题/凌武江//中国文化报 1992-04-29
◎完善文化经济政策/康式昭//人民日报 1992-11-05
◎王毅刚：愿做文化经纪人/徐良瑛//中国文化报 1992-07-26
◎潍坊：文化事业的改革之路/王元 刘林//中国文化报 1992-04-15
◎文化产业的确定/许钢//中国文化报 1992-12-30
◎文化产业经济的发展与群众文化活力的增强/曹伟明//中国文化报 1992-09-09
◎文化工作要牢固树立三个观念/班玛丹增//光明日报 1992-03-28
◎文化工作要适应社会主义市场经济——湖北省文化厅党组座谈学习十四大报告体会/杨利民//中国文化报 1992-11-25
◎文化建设必须纳入经济和社会发展规划/刘长顺//中国文化报 1992-01-26
◎文化经纪人 A、B、C/李辰生//经济日报 1992-11-07
◎文化企业的出路与困惑——访中录总社法人代表、副所长朴东生/徐晓//中国文化报 1992-12-23
◎文化企业的身手与局限——中国文化艺术发展公司访谈与思考/徐晓//中国文化报 1992-08-23
◎文化市场的拓展呼唤文化经营学的创立/周鸿声//中国文化报 1992-11-11
◎文化市场与精神产品/朱铁志//中国文化报 1992-12-30
◎文化事业单位的经济活动分析/圆翼//中国文化报 1992-06-24
◎文化投资的补偿优化/程云瑞//中国文化报 1992-02-19
◎文化消费心理探寻/秦东耕//中国文化报 1992-11-15
◎文史哲专家在京研讨，建设有中国特色的社会主义文化/曹继军//光明日报 1992-01-17
◎学习理论，繁荣文艺——十四大报告学习心得/马蓥伯//中国文化报 1992-11-25
◎用税收调控文化产业的建议/解思忠//中国文化报 1992-12-09
◎在改革中实现自身的价值——文化部青年畅议改革/王洪波//中国文化报 1992-12-16
◎增强自身能力更好服务社会广州文化经济向高层次发展/卢志勇 陆敏//人民日报 1992-08-03
◎浙江重视文化市场整顿一些形形色色的精神垃圾得到清理/朱国贤//人民日报 1992-02-11
◎中日文化交流的回顾与展望——写在中日邦交正常化二十周年之际/赖育芳//中国文化报 1992-10-28
◎忠于历史 面向未来——埃及、突尼斯文化政策与文化立法考察札记/闫焕东//中国文化报 1992-03-25
◎著名学者王元化呼吁在市场条件下制定合理的文化发展方针//中国文化报 1992-12-09
◎着力“以文化人”服务经济建设/龚来宝//中国文化报 1992-11-25
◎走向有序 不断繁荣——1991 文化市场一瞥/宝晨 亚欣//中国文化报 1992-02-16

1993 年

◎“风筝与经济齐飞”——谈传统文化与现代经济嫁接/王大海//光明日报 1993-04-26
◎“文化市场”（图片）/洪顺海//人民日报 1993-05-25
◎“中沪”、“金利”何以站稳文化市场/李激 东闻//经济日报 1993-05-15
◎《死水微澜》出演伦敦享誉归来，文化交流体制改革引起人们关注/孟勇//光明日报 1993-07-19
◎北京出现首家公私联营文化企业/杨健//经济日报 1993-09-30
◎北京作家拉开“包装”大战/达陆//中国文化报 1993-09-03
◎城镇居民文化消费结构需调整/苏万通//人民日报 1993-10-24
◎传统文化的现代作用/林甘泉//光明日报 1993-07-07
◎传统文化要在适应现代化中寻求生存点/刘泽华//光明日报 1993-07-07
◎传统文化与新文化建设/严绍玺//光明日报 1993-07-07
◎创造文化事业的新格局（上）/秦晋//光明日报 1993-10-24
◎创造文化事业的新格局（下）/秦晋//光明日报 1993-10-25
◎从纪念柴可夫斯基音乐会引发的问题看，文化市场应尽快走上法治轨道/单三娅//光明日报 1993-12-16
◎从实践的角度看传统文化与现代化/罗宗强//光明日报 1993-07-07
◎当前文化市场发展进程中的问题评述/王颖婕//中国文化报 1993-12-12
◎典型的民族性与广泛的国际性/万纪元//光明日报 1993-05-15
◎电脑与传统文化研究/田奕//光明日报 1993-04-23
◎电视剧与文化市场/仲呈祥//人民日报 1993-06-24
◎对外国文化制品——应激浊扬清/薛昌词//光明日报 1993-12-13
◎对文化市场的几种发展态势的思考/杨运泰//光明日报 1993-03-18
◎发挥行业协会作用兴利除弊，沈阳歌舞厅自成旋律/苗家生//光明日报 1993-05-06
◎发展教育事业的宏伟蓝图/本报言论//光明日报 1993-02-27
◎发展文化企业登记制度，保障严肃艺术稳定发展/汪志刚 龙艳萍//光明日报 1993-05-06
◎改革管理体制管理方式，促进文化市场健康发展//中国文化报 1993-10-31
◎改革体制，培育市场/曲润海//中国文化报 1993-09-19
◎高占祥、黄亚洲、马兰：文化：怎样面对市场的冲击/周立文//光明日报 1993-03-23
◎关于发展深圳文化产业的思考/杨宏海//中国文化报 1993-01-08
◎关于文艺产品的商品属性/赵克谦//光明日报 1993-10-13
◎海南文化市场呈现新局面/陈德雄//经济日报 1993-01-09
◎海南文化市场健康繁荣//光明日报 1993-01-26
◎亟待落实的文化经济政策/李程//中国文化报 1993-06-30
◎弘扬武夷文化发展文化经济/马照南//经济日报 1993-10-25
◎呼唤高品位——文化市场走势述评/周庆//人民日报 1993-07-10

◎湖北文化产业发展迅猛/杨利民//中国文化报 1993-01-03
◎积极推进文化体制改革/徐世丕//人民日报 1993-03-11
◎积极推进文艺体制的改革/李宪生//光明日报 1993-02-10
◎吉林省文化产业呈现腾跃之势/聂景春//中国文化报 1993-02-07
◎济南文化市场呈现繁荣景象/范有德//光明日报 1993-11-05
◎加快文艺体制改革/于是之//光明日报 1993-03-27
◎加强管理，促进繁荣，建设有中国特色的社会主义文化市场/刘忠德//中国文化报 1993-12-22
◎加强群众文化市场建设，完善文化市场管理/赵怡平//中国文化报 1993-10-24
◎加强文化长廊建设，推进广西文化体制改革/李振潜//中国文化报 1993-09-22
◎加强文化市场管理队伍建设/焦祝平 范宁生//人民日报 1993-08-25
◎建立队伍 立规立法湖南加强文化市场管理/吴兴华//人民日报 1993-10-06
◎建设具有特色的北疆文化长廊，为延边地区经济腾飞服务/周铁农//中国文化报 1993-09-22
◎建设社会主义文化市场必须以邓小平同志建设有中国特色社会主义理论为指导：学习《邓小平文选》对文化市场建设问题的思考//光明日报 1993-12-10
◎建设万里文化长廊，促进边疆繁荣发展/高占祥//中国文化报 1993-09-05
◎建设文化市场的几点思考/孟晓驷//人民日报 1993-09-30
◎建章立制标本兼治济南文化市场管有法活有序/贾建舟 杨秉云//人民日报 1993-11-15
◎教育：庞大的产业群体/李道平//光明日报 1993-02-18
◎教育的经济学本质——特殊产业/郭思乐//光明日报 1993-02-11
◎解放思想 加快文化体制改革步伐/刘忠德//人民日报 1993-03-18
◎经济文化一体论/孟宪忠 宋冬林 孙刚//光明日报 1993-05-31
◎经济与文化：一个互动的过程——访庞朴先生/包霄林//光明日报 1993-05-17
◎净化文化市场//人民日报 1993-03-21
◎净化文化市场要常抓不懈/千子//中国文化报 1993-09-01
◎开发和培育新的文化市场/熊元义//人民日报 1993-10-14
◎李铁映在全国文化市场工作会议上提出，加快改革加强管理促进繁荣/谌强//光明日报 1993-10-31
◎李铁映在全国文化厅局长会议上指出，文化艺术繁荣的根本出路在于改革/谌强//光明日报 1993-02-23
◎辽宁，让我对您说——文化经济/李巍//经济日报 1993-05-14
◎辽宁各地大力兴办文化产业/苗家生//光明日报 1993-12-03
◎辽宁省文化市场发展迅速/曲忠红//中国文化报 1993-09-05
◎辽宁提出文化事业深化改革思路/苗家生//光明日报 1993-04-16
◎辽宁文化财政两厅工商文化产业发展大计/姜兆晨//中国文化报 1993-11-14
◎刘忠德在文化工作理论研讨会上强调 文化体制改革要做到三个“有利于”/冯瑛冰//经济日报 1993-05-31
◎论农村文化市场的两个效益/杨斌庆//中国文化报 1993-09-01
◎论我国信息市场的发育与健全/郑英隆//光明日报 1993-01-19
◎迈向新世纪文艺的指南针——学习江泽民同志在中国文联第六次全国代表大会和中国作协第五次全国代表大会上的重要讲话/卢正佳 朱辉军//光明日报 1997-01-10
◎美国加拿大的文化经济管理/文沓//中国文化报 1993-10-24
◎面对市场经济新体制文化工作怎么办//中国文化报 1993-01-08
◎农村文化市场的两个效益/杨斌庆//光明日报 1993-08-18
◎努力实现文化事业的社会化、产业化、现代化、国际化/刘忠德//中国文化报 1993-10-13
◎欧美文化市场之争——欧美关系中的又一热点/李肇东//光明日报 1993-10-15
◎蓬勃发展的石狮文化事业/陈有仁//光明日报 1993-11-21
◎浅谈文化市场中个人收入调节的作用/孙瑞标//中国文化报 1993-04-11
◎秦皇岛市全面实行文化市场分级管理//经济日报 1993-06-12
◎请到文化市场来/高占祥//经济日报 1993-01-09
◎全国文化市场工作会议闭幕/刘德伟//中国文化报 1993-11-07
◎全国文化市场工作会议闭幕 丁关根与部分代表座谈李铁映讲话文化部表彰文化市场管理先进集体和单位/邵建武 袁晞//人民日报 1993-11-04
◎全国文化市场工作会议在京召开，李铁映发表重要讲话，刘忠德做工作报告中国文化报 1993-11-03
◎全国文化市场工作会议在京召开/刘德伟//中国文化报 1993-11-03
◎全国文化市场工作会议召开李铁映强调通过深化改革繁荣文化市场/邵建武//人民日报 1993-10-31
◎全社会都来为边境文化长廊建设出把力//中国文化报 1993-09-08
◎群文体制改革的几点构思/高万生//中国文化报 1993-02-10
◎让文化市场活起来本报文艺部与首都文化界座谈社会主义文化市场问题/李战吉//人民日报 1993-02-18
◎热销与热点/牛学武//中国文化报 1993-09-19
◎软件产业的诉说/周文斌//光明日报 1993-05-02
◎扫黄之外做什么？——广东文化市场采访笔记//人民日报 1993-11-02
◎山东省形成文化市场管理法规体系/曲永仲//中国文化报 1993-02-14
◎社会文化与市场经济/仲伟方//光明日报 1993-05-12
◎深化改革加强管理促进社会主义市场繁荣健康发展——在全国文化市场工作会议上的讲话/李铁映//中国文化报 1993-12-19
◎深入“扫黄”，净化社会文化环境：对当前文化市场“扫黄”的调查与思考/焦祝平//中国文化报 1993-09-01
◎审慎与微妙的管理——英国文化市场管窥/李文政//人民日报 1993-02-25
◎实行差别税率是调控文化市场的强有力手段/解思忠//光明日报 1993-06-23
◎市场文化和文化市场/周大鹏//光明日报 1993-01-21
◎树立市场意识，加速文化市场建设/蒋林//光明日报 1993-07-08
◎谈谈文化市场的社会效益和经济效益/石雅娟//光明日报 1993-04-08
◎谈谈文化事业的创优和创收/叶春//中国文化报 1993-06-13
◎为文化产业培养高级专门人才，上海交大开办文化艺术事业管理专业/胡慧林//中国文化报 1993-09-29
◎魏明伦创立文化经济公司/老月//经济日报 1993-09-02
◎温情的文化消费/郭炜//人民日报 1993-11-16
◎文化产业的魅力——深圳市南国影联娱乐中心的启示/易运文//光明日报 1993-02-04
◎文化产业在崛起——深圳特区文化建设速写/周庆//人民日报 1993-08-14
◎文化法规出台刻不容缓/立民//经济日报 1993-05-15
◎文化工作理论研讨会丁关根出席会议并作重要讲话，刘忠德强

调用三个“有利于”衡量文化体制改革/李战吉//人民日报 1993-05-31
◎ 文化经济面面观——文化事业“以文补文”活动述评/张铭清//人民日报 1993-02-22
◎ 文化商品化和商品化不了的文化/金兆钧//光明日报 1993-03-30
◎ 文化市场的繁荣与引导——虎坊艺谭/玛拉沁夫//人民日报 1993-07-16
◎ 文化市场的挑战与对策——社会主义文化市场座谈会综述/王德颖//人民日报 1993-03-11
◎ 文化市场的现状、问题及对应政策——全国文化市场工作会议综述/张济和//经济日报 1993-11-13
◎ 文化市场的一个新领域/孙川//经济日报 1993-08-14
◎ 文化市场的作用/刘玉珠//光明日报 1993-03-04
◎ 文化市场范畴三题/许柏林//光明日报 1993-02-04
◎ 文化市场和两个文明建设/孟晓驷//光明日报 1993-10-27
◎ 文化市场建设与发展理论研讨会在津举行 文化部部长明确强调“两不许”/晓晨//经济日报 1993-08-14
◎ 文化市场谁主沉浮/赵宝晨//经济日报 1993-08-17
◎ 文化市场天地宽/李正刚//中国文化报 1993-03-17
◎ 文化市场要占领/卢加强//中国文化报 1993-05-19
◎ 文化市场应归口管理/聂景春//中国文化报 1993-09-19
◎ 文化市场与文化经纪人/虎翼//经济日报 1993-07-10
◎ 文化市场运作中的市场行为与社会目标取向/杜长胜//中国文化报 1993-09-12
◎ 文化事业基建投资额增长速度快，占全国基建投资比重仍偏低/金一伟//中国文化报 1993-09-08
◎ 文化是重要的产业/冯韧//中国文化报 1993-12-29
◎ 文化体制改革要破除禁锢/王蒙//光明日报 1993-03-29
◎ 文化消费：提高品位，避免误区/谌强//光明日报 1993-09-09
◎ 文化消费下的冷思索/古楠//光明日报 1993-02-18
◎ 文化消费形态与市场/陈宇飞//光明日报 1993-07-15
◎ 文化消费与感官享受/周庆//人民日报 1993-06-23
◎ 文化消费中的“时装现象”/庹祖海//经济日报 1993-06-12
◎ 文化娱乐市场的特殊性与管理/韩超//光明日报 1993-04-22
◎ 文艺要为伟大的创作时代放声歌唱/傅庚辰//光明日报 1993-07-21
◎ 我国文化市场发展现状扫描/孟晓驷//人民日报 1993-04-01
◎ 夏世纪艺术中心发展文化市场/周阿旋//经济日报 1993-08-20
◎ 现代化与民族文化/阎步克//光明日报 1993-07-07
◎ 现代文明对传统文化的选择/刘志琴//光明日报 1993-07-07
◎ 象牙塔与商品潮/庞朴//光明日报 1993-07-07
◎ 要重视对文化市场的理论研究/李准//人民日报 1993-04-07
◎ 一边抓扫黄一边建制度内江全面清理净化文化市场/谢国明//人民日报 1993-09-27
◎ 一家言：重建大文化管理系统//光明日报 1993-02-11
◎ 以“倾斜”保“公正”/春雨//光明日报 1993-04-29
◎ 以文养文之路越走越宽，安塞文化馆与财政脱钩/张振声//光明日报 1993-11-17
◎ 忧思与希望共存——海南省文化市场调查随行记/周庆//人民日报 1993-09-18
◎ 由深圳歌舞厅行业看文化娱乐市场的发展/中宣部文艺局调查组//光明日报 1993-01-14
◎ 云南省制定文化经济配套政策/杨群//中国文化报 1993-01-31
◎ 在改革开放中发展文化产业/高占祥//中国文化报 1993-12-08
◎ 在改革开放中培育发展文化市场/高占祥//光明日报 1993-08-05
◎ 浙江省举办文化市场行政执法培训班/姚颂和//中国文化报 1993-09-29
◎ 真抓实干加快文化产业发展步伐/徐春林//中国文化报 1993-06-27
◎ 正确地引导文化消费/周鸿声 熊元义//光明日报 1993-05-26
◎ 中国传统科技文化在现代化过程中的作用/汪前进//光明日报 1993-07-07
◎ 中国传统文化与社会主义市场经济研讨会提出，建设适应市场经济的新文化/陈品高//光明日报 1993-12-12
◎ 中宣部召开文化工作理论研讨会，刘忠德强调文化体制改革要做到三个“有利于”//光明日报 1993-05-31
◎ 抓紧理论研究，加快改革步伐建设有中国特色的社会主义文化市场——写在“文化市场研讨征文”活动之前/刘德忠//光明日报 1993-01-07
◎ 抓住机遇，发展文化产业，全国部分省市文化产业座谈会召开/刘强//中国文化报 1993-11-21
◎ 转换机制，主动适应——“市场经济与深化教改”座谈会述要//光明日报 1993-02-11
◎ 走向市场是繁荣文化的根本出路/孙永猛//光明日报 1993-01-28

1994 年

◎“玩”文化产业的“乡下人”/王颂//经济日报 1994-08-07
◎“文化包装”现象分析/蔡闽//光明日报 1994-01-07
◎“文化市场与文化建设问题学术讨论会”召开/闻理平//人民日报 1994-12-15
◎“燕赵文化市场行”启示录/蔺玉堂//光明日报 1994-04-03
◎“要有开放的心态”——文艺界委员话文化市场/李勤//人民日报 1994-03-20
◎“赵德平现象”与文化市场/张玉华//中国文化报 1994-07-06
◎《兰陵王》准备再冒一把险 文化产业不能急功近利/杨伟民//经济日报 1994-12-10
◎《完善文化经济政策》出版/周鸿声//中国文化报 1994-01-30
◎《文化市场管理法》被列为一九九五年立法项目/林瑞华//中国文化报 1994-03-20
◎ 把文化市场管理工作推上新的高度：繁荣与精华并重，策略与措施齐定/文化部文化市场管理局//中国文化报 1994-03-11
◎ 产业视野中的文化分类与分流/黄大同//中国文化报 1994-10-02
◎ 超前管理建章立制着眼繁荣苏州文化市场健康活跃有序/孙健//人民日报 1994-05-23
◎ 从统计报表制度看文化产业的发展/金一伟//中国文化报 1994-12-28
◎ 大力推进集镇文化建设/高占祥//中国文化报 1994-10-05
◎ 大众文化：消解经典？/崔成泉//中国文化报 1994-09-14
◎ 东北首家专业文化市场建立//人民日报 1994-11-30
◎ 发展才是硬道理——来自江苏文化产业的报道之一/刘强//中国文化报 1994-07-17
◎ 自救，文化发展的出路——来自江苏文化产业的报道之二/刘强//中国文化报 1994-07-27
◎ 需要形成促进发展的外部环境——来自江苏文化产业的报道之三/刘强//中国文化报 1994-08-07
◎ 发展民间艺术，促进友谊和平——中国国际民间艺术节组委会负责人答记者问/梁溪虹//中国文化报 1994-08-14
◎ 发展社会主义市场经济，要切实加强文化建设/吴爱英//中国文化报 1994-08-17

◎发展文化经济 推进文化产业/刘忠超//中国文化报 1994-11-23
◎繁荣·健康·有序——上海文化市场评述/萧关根//人民日报 1994-06-26
◎繁荣与净化并重，策略与措施齐定：把文化市场管理工作推上新的高度//中国文化报 1994-03-11
◎甘肃文化市场生机盎然//经济日报 1994-08-14
◎共青团吉林省委在调查中发现青少年对文化市场有“五盼”/刘绍军//人民日报 1994-01-11
◎关于包头市文化市场的思考/向丽琴//中国文化报 1994-07-24
◎关于深圳特区文化发展的思考/苏伟光//中国文化报 1994-05-29
◎关于完善文化事业经济政策的几个问题/解思忠 郭兴旺//光明日报 1994-02-28
◎管好搞活，繁荣文化市场/雷育武//中国文化报 1994-11-04
◎管好市场，繁荣文艺，加强学习，深化改革/宋合意//中国文化报 1994-01-26
◎管好文化市场靠什么/吴岳//中国文化报 1994-04-10
◎国有文化产业：亟待重视与发展/周莉//中国文化报 1994-07-31
◎黑龙江文化市场管理有方/黄伟杰 任永恒//中国文化报 1994-01-05
◎黄河文化经济发展研究会成立//人民日报 1994-03-02
◎黄河文化经济发展研究会成立/柯//经济日报 1994-03-04
◎活跃、健康、繁荣——苏南地区文化市场巡礼之一/刘茜//中国文化报 1994-11-25
◎遵纪 守法 有序——苏南地区文化市场巡礼之二/刘茜//中国文化报 1994-12-02
◎基础文化不该进市场/沈卫星//光明日报 1994-06-22
◎集镇文化的地位、功能与作用/程俊//中国文化报 1994-10-23
◎集镇文化的性质与特征/许焕杰//中国文化报 1994-10-23
◎集镇文化建设的点、线、面/陈明高//中国文化报 1994-10-23
◎既搭台又场戏——泉州文化工作纪实/庄顺能//中国文化报 1994-06-12
◎加快文化事业发展的步伐/尹玉湘//中国文化报 1994-09-28
◎加强管理监督，繁荣文化市场/刘忠德//中国文化报 1994-12-14
◎加强文化市场，执法监督势在必行/黄常芝//中国文化报 1994-12-30
◎简论社会效益准则/于占德//中国文化报 1994-10-26
◎建设与社会主义市场经济相适应的新道德——市场经济与道德建设座谈会发言摘要//中国文化报 1994-06-05
◎界定·发展·对策：也谈文化产业/泽诚 姣英//中国文化报 1994-08-28
◎津门企业家谈业余文化生活/路清枝 蔡闻 张晓鲁//光明日报 1994-04-19
◎谨防人众文化贵族化/雷羽//中国文化报 1994-12-02
◎经济发展呼唤文化支持——来自苏南地区的考察报道（上）/陆彩荣 张义德//光明日报 1994-10-08
◎文化进步需要经济支撑——来自苏南地区的考察报道（下）/陆彩荣 张义德//光明日报 1994-10-13
◎警惕文化市场的失衡现象/杨文春//经济日报 1994-04-02
◎就加强文化市场管理民进中央提出重要建议/鲁克才//人民日报 1994-06-22
◎开发利用历史文化资源三题/马宝珠//光明日报 1994-04-25
◎开拓新形势下社会文化建设新局面/文化部社会文化司//中国文化报 1994-10-12
◎两个文明建设一起抓河北整顿白沟文化市场/李战吉//人民日报 1994-08-09
◎辽宁省文化体制改革向纵深发展/姜兆臣 黄凯//中国文化报 1994-06-19
◎刘德忠要求，切实加强文化市场管理/谌强//光明日报 1994-11-30
◎刘忠德接受记者采访时指出加强管理监督繁荣文化市场//人民日报 1994-12-08
◎略谈发展文化产业的思路/侯恩余//中国文化报 1994-07-03
◎略谈文化企业的发展道路/欣宜//中国文化报 1994-08-21
◎面向市场经济，建设特区文化/向云驹//中国文化报 1994-01-19
◎名牌与民族/叶盛//光明日报 1994-02-28
◎难以说清的文化经纪人/赵忱//中国文化报 1994-05-13
◎农民对文化市场有“六盼”/张秋光//中国文化报 1994-12-02
◎浅论文化产业意识/单国雄//中国文化报 1994-10-09
◎强化责任 查处大案河北大力治理整顿文化市场/陈国琦//人民日报 1994-08-29
◎切实加强文化市场管理/席义方//光明日报 1994-03-21
◎青藏高原上的文化市场/杨伟民//经济日报 1994-09-24
◎全国文化市场管理处长会议在京召开//人民日报 1994-06-11
◎全国文化市场监督检查工作会议在京召开/王洪波//中国文化报 1994-12-04
◎全国文化市场监督检查会议召开/秦杰//人民日报 1994-11-30
◎让“头脑产业”资产化/熊亚明//光明日报 1994-10-17
◎如何抓好文化市场管理/春声//中国文化报 1994-12-11
◎软件产业：何时崛起？/金振蓉//光明日报 1994-05-28
◎上海文化市场呈现新景象/史美圣//光明日报 1994-02-27
◎世界金融与信息产业/展舒//光明日报 1994-11-19
◎市场化、社会调控、社会化/缪智//中国文化报 1994-11-06
◎市场经济更需要文化建设/赵铁信//中国文化报 1994-08-03
◎市场经济下道德建设三题/周鸿声//中国文化报 1994-05-25
◎市场经济与文化建设/敏泽//中国文化报 1994-02-23
◎树立特区文明形象 海口加强文化市场管理/吴凯//经济日报 1994-12-04
◎树立文化事业产业化的新观念/岳颂东//中国文化报 1994-08-14
◎说说文化经纪人的文化/高云//光明日报 1994-04-14
◎四川文化市场一项调查发人深思//经济日报 1994-09-19
◎天琴开拓发展高技术文化产业//光明日报 1994-12-06
◎统一市场是管好文化市场的前提/杨运泰//中国文化报 1994-12-23
◎突破旧有文化模式，加快发展文化产业：加快发展文化产业座谈会综述/向云驹//中国文化报 1994-07-24
◎推进文化事业的全面发展 以创建文化先进市为动力/周元军//中国文化报 1994-12-16
◎拓展民族文化，立足文化市场/韦壮凡//中国文化报 1994-01-19
◎为文艺体制改革的深层启动推助/吕长河 田年利//中国文化报 1994-07-01
◎文化：本该属于大众——本报记者梁枢分析大众文化现象（上）//光明日报 1994-12-22
◎雅俗契合：语必关风始动人——本报记者梁枢分析大众文化现象（中）//光明日报 1994-12-23
◎警惕：大众文化中的反大众倾向——本报记者梁枢分析大众文化现象（下）//光明日报 1994-12-24
◎文化产业发展的应有举措/孙洪//中国文化报 1994-09-07
◎文化产业概念的再明确/张绵厘//中国文化报 1994-11-30
◎文化产业理论与实践的思考/任永发//中国文化报 1994-07-13
◎文化产业能唱大戏/杭天勇//光明日报 1994-07-30

⊙文化产业中政府的职能——从日本文化管理谈起//中国文化报 1994-10-16
⊙文化的“正餐”“快餐”/陶铠//光明日报 1994-04-15
⊙文化的包装与包装的文化/钟立飞//中国文化报 1994-03-06
⊙文化的财力从何来——苏南群众文化工作调查报告（上）/杭天勇//光明日报 1994-05-25
⊙寻找内在冲动——苏南群众文化工作调查报告（下）/杭天勇//光明日报 1994-05-26
⊙文化工作也要加强宏观调控/刘欣//中国文化报 1994-01-26
⊙文化企业亦风流/韩根路//中国文化报 1994-12-25
⊙文化企业缘何频频“失守”？/曹鹏 李庆华//经济日报 1994-11-12
⊙文化人经营文化市场/张海涛//经济日报 1994-02-16
⊙文化人消费文化/刘心武//经济日报 1994-12-17
⊙文化如何人搭台？/肖飞//光明日报 1994-10-08
⊙文化市场的二重性问题/严昭柱//光明日报 1994-02-02
⊙文化市场的净化/薛正昌//中国文化报 1994-05-18
⊙文化市场管理取得重大进展/林瑞华//中国文化报 1994-9-18
⊙文化市场监督检查队伍需要扶持/林瑞华//中国文化报 1994-12-14
⊙文化市场缺什么？//人民日报 1994-06-25
⊙文化市场需要完善的法制化管理/高贵君//人民日报 1994-11-29
⊙文化市场有法可依了/刘威//经济日报 1994-10-08
⊙文化市场与文化管理/向远方//中国文化报 1994-04-20
⊙文化事业蓬勃发展的四十五年/庄正华//中国文化报 1994-09-28
⊙文化为经济插翅 经济为文化添翼/林瑞华//中国文化报 1994-03-23
⊙文化消费投向何处/张雨生//光明日报 1994-07-02
⊙文化消费与生活质量/朽木//光明日报 1994-10-22
⊙文化在深圳充满生机/肖海鹰//光明日报 1994-01-06
⊙文化政策与文化立法/柏玉华/中国文化报 1994-05-18
⊙武汉坚持不懈净化文化市场，有力遏制了“黄毒”和非法出版物的泛滥/龚达发 杜若原//人民日报 1994-05-22
⊙西方文化经济政策一瞥/康式昭//人民日报 1994-07-28
⊙闲话个人文化投资/陶铠//光明日报 1994-04-29
⊙现代都市文化市场如何管？/吴逸群//经济日报 1994-07-02
⊙香港文化市场考察纪实/张济和//经济日报 1994-03-05
⊙襄樊建章规范三明热情指导文化市场/龚达发 胡立华 石玉生 王凡凡//人民日报 1994-11-29
⊙像搞经济建设那样抓好文化建设/王洪波//中国文化报 1994-02-23
⊙消费文化 de 多元走势/林白//中国文化报 1994-01-09
⊙兴办产业，发展文化/陶水平//中国文化报 1994-08-07
⊙行业组织：调节市场的新机制//光明日报 1994-06-27
⊙严格依法管理文化市场北京“扫黄”“打非”取得阶段性成果/赵兴林//人民日报 1994-11-07
⊙要大力推进文化事业建设/林宜瑾//中国文化报 1994-09-11
⊙也谈“搭台”与“唱戏”/沈苏儒//光明日报 1994-10-29
⊙引导市场管理市场繁荣市场——全国文化市场监督检查工作会议综述/张济和//经济日报 1994-12-03
⊙娱乐场所怎能离开大众/马兴宇//光明日报 1994-12-11
⊙与郭建新谈中国名牌/单三娅//光明日报 1994-02-26
⊙在法律的规范和引导下，黑龙江省文化市场繁荣发展/姬云程 袁健//中国文化报 1994-03-30
⊙浙江文化市场建设软硬件一起抓云南创建文明单位重在人的素质//人民日报 1994-01-17
⊙正路：怎样走下去——一个基层文工团在奋进中的呼唤/张炳森 王念//中国文化报 1994-03-06
⊙政府应当加强对文化工作的宏观调控和管理/杨运泰//中国文化报 1994-03-06
⊙中国文化面对 21 世纪/张颐武//中国文化报 1994-04-03
⊙重视经济与文化的互相促进/林启雄//中国文化报 1994-08-24
⊙抓住机遇 发展文化/李华年//中国文化报 1994-10-19

1995 年

⊙’95 大连国际研讨会述要/斯义宁//光明日报 1995-09-13
⊙’95 金秋文化节将举办//光明日报 1995-10-04
⊙“经济搭台 文化唱戏”/王浩//中国文化报 1995-02-19
⊙“老字号”：挺起腰杆/赵雯//光明日报 1995-02-13
⊙“文化牌”“经济牌”一起打——丹阳市文化局局长束成亮访谈录//中国文化报 1995-10-22
⊙“文化消费”漫议/艾斐//人民日报 1995-08-22
⊙1995：我国对外文化交流成果丰硕/刘德有//中国文化报 1995-12-27
⊙安徽大力推动农村文化市场发展 到二〇〇〇年全省农村文化经营项目将增长百分之八十以上/安华//经济日报 1995-09-29
⊙安徽农民文化消费比重上升/徐金平//人民日报 1995-06-07
⊙把最好的精神食粮贡献给人民——在精神文明建设“五个一工程”会议上的讲话/丁关根//中国文化报 1995-11-15
⊙白沟与商洛的启示：文化与经济应结伴而行/刘连翠//光明日报 1995-08-16
⊙变“政出多门”为“政出一门”沈阳文化市场走向规范化/施畅//经济日报 1995-08-25
⊙冲出认识误区 繁荣群文事业/杨博贤//中国文化报 1995-10-08
⊙村落文化怎样燎原/周伟//光明日报 1995-01-22
⊙打“中华牌”唱“传统戏”南戴河万博文化城文化市场有特色/赖朝汕//人民日报 1995-05-22
⊙打击文化市场中的违法经营文化部开展“集中执法期”行动/易凯//人民日报 1995-08-02
⊙胆量 力度 办法 特色——襄樊市文化产业的开发/杜忠道//中国文化报 1995-03-29
⊙第三种眼光：重视信息文化产业的开发/张毅//中国文化报 1995-03-05
⊙对“大众文化”的反思/严昭柱//中国文化报 1995-03-12
⊙对外开放中的中国文化市场/文博//经济日报 1995-04-29
⊙对文化产业的思考/王玉印//中国文化报 1995-04-19
⊙对文化产业政策的几点思考/边伟//中国文化报 1995-01-11
⊙多媒体文化艺术的勇敢探索者/徐天铎//光明日报 1995-09-07
⊙发掘传统文化资源，培育现代企业文化——“优秀传统文化与企业文化精神”研讨会纪要//光明日报 1995-08-18
⊙发展群众文化 振奋民族精神//光明日报 1995-01-27
⊙发展文化市场促进文化繁荣/王镜亮//中国文化报 1995-05-19
⊙法规滞后与执法监督——文化市场管理上两个不容忽视的问题/武华文//经济日报 1995-07-14
⊙法国意大利对文化事业的管理/宣汶//光明日报 1995-01-25
⊙繁荣为本 依法管理沈阳文化市场政出一门健康有序/魏运享 李新彦//人民日报 1995-04-11
⊙繁荣文化事业 促进经济发展/王庆德//中国文化报 1995-03-22
⊙繁荣文化艺术 促进经济建设/王英杰 周明军//中国文化报

1995-12-13

⊙负面文化：文化研究的新视角//光明日报 1995-01-26

⊙改造和发展传统文化——关于传统文化与市场经济关系的对话/李德顺 焦国成 杨耕//中国文化报 1995-04-02

⊙甘肃省当前农村文化的几个问题/张炳玉//中国文化报 1995-08-23

⊙甘肃实施小康文化建设工程/陈宗立//光明日报 1995-11-12

⊙赣州市加快经济和文化建设步伐//光明日报 1995-01-22

⊙各地争抢古代文化名人“户籍”图个啥？/刘永国//光明日报 1995-09-20

⊙功夫在“场”外 谈谈文化市场宏观管理的几个问题/许柏林//经济日报 1995-06-23

⊙关于市场经济体制下文化队伍建设和管理的思考/艾春春//中国文化报 1995-04-12

⊙关于文化产业发展总体规划的若干问题/宁吉 张耕耘//中国文化报 1995-06-04

⊙关于文化介入经济的宏观认识/殷崇俊//中国文化报 1995-04-02

⊙关于文化市场改革的几点建议/蒋林//经济日报 1995-12-08

⊙管理出人才 管理出水平 管理出效益 黑龙江省各级文化部门强化管理工作/黄伟杰 任永恒//中国文化报 1995-01-11

⊙贯彻落实党的文艺政策民族政策 西藏民族文化事业蓬勃发展/鄂积恩//中国文化报 1995-08-27

⊙贯彻中央指示 落实总体规划——在全国万里边疆文化长廊建设现场会开幕式上的讲话/刘忠德//中国文化报 1995-11-12

⊙规范文化市场拍卖的立法构想/肖辉//经济日报 1995-10-27

⊙国外文化管理：走向制度化与规范化/梁鸿鹰//中国文化报 1995-10-04

⊙过去，也有可爱的——挖掘、保护和发扬北京文化中的环保因素/舒乙//光明日报 1995-12-19

⊙海南省：借优势兴建文化市场/海振//经济日报 1995-04-29

⊙海南文化市场管理受好评/施畅//经济日报 1995-09-29

⊙汉城文化贸易馆在北图开馆/晓舟//经济日报 1995-10-18

⊙话说文化与经济的“对接”/玉良//中国文化报 1995-04-30

⊙加大投入正确引导严格管理宁波市文化市场健康繁荣/范伟国//人民日报 1995-03-21

⊙加大文化产业发展的力度/徐试//中国文化报 1995-02-08

⊙加快立法进程 健全执法队伍 重点整顿三个市场 文化部今年将切实推进文化市场管理工作//中国文化报 1995-01-11

⊙加快制定产业政策和发展规划/伊韦//中国文化报 1995-04-12

⊙加强对消费文化的研究/尹世杰//光明日报 1995-04-30

⊙加强农村文化建设 为全面实现小康目标而奋斗/高占祥//中国文化报 1995-06-25

⊙坚持“两手抓”推动文化市场健康发展/文化部文化市场管理局//中国文化报 1995-04-19

⊙坚持公益性质 确立主体地位 大力发展国办文化事业/刘材炜//中国文化报 1995-03-26

⊙谫论文化产业/郁中华//中国文化报 1995-03-08

⊙建立新机制 发展国有文化产业/秦学书//中国文化报 1995-03-22

⊙建一个文化支点，促新疆经济腾飞/郑晋鸣//光明日报 1995-01-25

⊙健康基础上求繁荣 调整基础上求发展 全国文化市场管理会议在成都召开/施畅//经济日报 1995-12-08

⊙江西省文化市场监督检查工作会议强调 加强管理要抓队伍 抓法规 抓难点/康云山//中国文化报 1995-09-03

⊙京都文化市场：传统与现代交汇/阿敏//经济日报 1995-05-26

⊙经济大潮中的文化与文化人——访中国艺术研究院四位博士/罗丽//中国文化报 1995-09-13

⊙经济转型期的文化馆走向/苏丽萍//光明日报 1995-10-17

⊙净“源”方能清“流”——文化市场“扫黄打非”之我见/衣明国//经济日报 1995-12-01

⊙净化文化环境保护祖国明天青年志愿者深入开展文化市场监督/高国营//人民日报 1995-07-19

⊙九四文化市场大事回顾/郭彩霞//经济日报 1995-02-18

⊙就襄樊市今日歌舞厅发生暴力抗拒检查事件，文化部要求加强文化市场管理//光明日报 1995-10-04

⊙开创大众的娱乐天地——上海市虹口区文化市场管窥/陈德祥//中国文化报 1995-08-25

⊙开拓产业市场领域 促进文化经济发展/何渝//中国文化报 1995-02-01

⊙科学技术是文化发展的重要基础/胡清亮//中国文化报 1995-08-30

⊙立法与执法并重 监督与导向并举 1994 文化市场管理工作回顾/郭彩侠//中国文化报 1995-01-15

⊙辽宁农村崛起一批文化品牌//光明日报 1995-08-18

⊙美泰讯公司为京数字数据网扩容/肖连兵//光明日报 1995-01-05

⊙民族地区文化艺术活动如何搞？/王丰飞//中国文化报 1995-11-15

⊙莫斯科文化市场见闻/李景阳//人民日报 1995-08-06

⊙脑力工薪层消费指向高雅文化/杭天勇//光明日报 1995-04-12

⊙努力抓好“三大件”促进文艺整体繁荣//中国文化报 1995-10-29

⊙培育和发展文化市场/甘永祥//中国文化报 1995-02-12

⊙浦东开发为文化留出空间/余传诗//光明日报 1995-06-21

⊙浅谈当前的大众文化/李生明//中国文化报 1995-09-20

⊙浅谈文化资源的开发与配置/方家良//中国文化报 1995-11-01

⊙抢占文化的制高点——关于珠海文化的探访//中国文化报 1995-07-14

⊙切实加强管理净化文化市场各地深入开展“扫黄打非”/江宝章 萧关根 陈杰 陈国琦 孟西安//人民日报 1995-12-26

⊙全国文化馆改革与管理研讨会在京举行/苏丽萍//光明日报 1995-10-11

⊙让高雅健康的文化占领文化市场//经济日报 1995-12-08

⊙让历史的瑰宝放出光华——袁新文评述我国古籍整理事业之一//光明日报 1995-02-17

⊙历史老人的尴尬——袁新文评述我国古籍整理事业之二//光明日报 1995-02-18

⊙老树春深更着花——袁新文评述我国古籍整理事业之三//光明日报 1995-02-19

⊙日本茶道与中日文化交流/赖育芳//中国文化报 1995-08-16

⊙洒满阳光的希望之路：张家港市文化事业与文化经济协调发展纪实/杨仪//中国文化报 1995-11-29

⊙沙坪文化馆的几组数字/谌强//光明日报 1995-02-09

⊙山东编制完成文化事业发展草案/何立宁//中国文化报 1995-08-20

⊙商业包抄一个文化提问/秦巴子//光明日报 1995-05-31

⊙深化改革 加强管理 促进文化市场健康繁荣发展/于侃//中国文化报 1995-05-28

⊙深化改革是人心所向/孙若风//中国文化报 1995-7-16

⊙深圳隐于闹市的文化群落/李跃//光明日报 1995-08-30

◎生气勃勃的农村文化市场//经济日报 1995-12-22
◎十元刊造就文化消费新群体/祝晓风//光明日报 1995-07-12
◎时尚文化公司神经末梢遍布地铁、商城/杭天勇//光明日报 1995-09-27
◎实行"谁投资谁得益"的市场机制 诸暨市走社会办文化之路/何剑光//中国文化报 1995-08-27
◎市场经济中的文化生态与精神渴求/艾斐//中国文化报 1995-05-10
◎试评当前的一场文化讨论/刘石//中国文化报 1995-10-18
◎适应市场 面向社会——当前农村群众文化工作的现状与思考/俞凤斌//中国文化报 1995-03-26
◎适应需要 促进发展 文化产业统计报表制度年底确定/金一伟//中国文化报 1995-12-03
◎谁为文化艺术出资/何刚//光明日报 1995-09-20
◎说文化消费的"时装化"/朱兰芝//经济日报 1995-09-29
◎四川文化市场管理走向成熟/郭彩侠//中国文化报 1995-02-08
◎四种关系不能忽视——谈文化市场管理中的几个问题/薛升槐//经济日报 1995-12-22
◎他不仅仅是商人——记台湾胜大庄文化企业集团董事长李志仁/刘莘//光明日报 1995-06-19
◎太原市文化市场管理规范化科学化/杨渊//中国文化报 1995-08-27
◎唐山市文化市场管理坚持六结合//中国文化报 1995-01-18
◎提倡健康向上的消费文化//经济日报 1995-07-10
◎团结奋进 开拓务实 狠抓工作重点 推进文化发展——全国文化厅局长会议代表讨论综述/王洪波//中国文化报 1995-01-25
◎完善经济政策发展文化产业/侯恩余//中国文化报 1995-10-04
◎文化不能只"搭台"/高云//光明日报 1995-08-28
◎文化部发出通报强调加强文化市场执法力度/邵建武//人民日报 1995-10-04
◎文化部门资金不足"以文养文"一时兴起/郑晋鸣//光明日报 1995-01-10
◎文化部确定今后农村文化工作十大目标/徐冰等//中国文化报 1995-05-17
◎文化产业中的五种关系/陈伯齐//中国文化报 1995-03-12
◎文化既搭台又唱戏//中国文化报 1995-05-05
◎文化价值：今日社会建构之基础——关于后现代思潮的一次对话/张鸣//光明日报 1995-04-06
◎文化价值：今日社会建构之基础——关于后现代思潮的一次对话（续）/张鸣//光明日报 1995-04-13
◎文化建设的生态平衡/王安//中国文化报 1995-08-06
◎文化力是经济力发展的切实保证——从重庆市沙坪坝区文化发展谈起/刘强//中国文化报 1995-03-01
◎文化利益集团抢分天下/沈卫星//光明日报 1995-01-04
◎文化人怎么看春节晚会/韩小蕙 李尔葳//光明日报 1995-02-08
◎文化市场法规体系待完备/蒋林 赵令珍//人民日报 1995-09-23
◎文化市场法规体系亟待完备/蒋林 赵令珍//经济日报 1995-08-25
◎文化市场管理的四个转换/王颖婕//中国文化报 1995-07-16
◎文化市场管理琐谈/孙若风//中国文化报 1995-05-24
◎文化市场稽查的关键一环/文施//经济日报 1995-04-01
◎文化市场稽查暂行办法//中国文化报 1995-01-13
◎文化市场将提高立法层次《娱乐业管理条例》已列入国家立法计划/施畅//经济日报 1995-07-14
◎文化市场立法力度亟待加大/雷喜宁//经济日报 1995-03-04
◎文化市场期待"拨云见月"/蔡闯//光明日报 1995-03-15
◎文化市场上的外国人/阿敏//经济日报 1995-03-04
◎文化事业也需练"内功"/梅常春//中国文化报 1995-02-26
◎文化为经济建设服务：云南文化长廊建设的思路/云南省计划委员会//中国文化报 1995-11-15
◎文化消费与消费文化之我见/张希光//中国文化报 1995-11-01
◎文化形态与经济生长：东亚的范例——访经济学家厉以平/徐冰//中国文化报 1995-12-03
◎文化娱乐抢占新增休息日，服务工薪族是明智之举/曹继军//光明日报 1995-05-03
◎文化在经济和社会发展中的地位和作用受世界性关注 中国代表参加'95 企业支援文化事业国际会议//中国文化报 1995-09-29
◎文化站里难觅"文化"/庄电一//光明日报 1995-02-25
◎文化资产经营管理：一个值得重视的问题/李惠民//中国文化报 1995-05-14
◎问题与对策——文化产业发展管见/杨渝生 刘仲文//中国文化报 1995-03-01
◎我国农村文化事业呈现新格局/夏斐//光明日报 1995-05-07
◎西安举办古文化节/凌翔//光明日报 1995-09-13
◎西方文化经济投入管窥（上）：政府管的越多，拨款也越多；政府拨款越少，自创收入也越多/梁鸿鹰//经济日报 1995-12-22
◎像抓经济建设那样抓好文化建设/徐世群//中国文化报 1995-01-11
◎消费者，对审美文化发话/姚文放//光明日报 1995-10-18
◎欣欣向荣的中国文化市场//经济日报 1995-09-29
◎新年在即——京城文化市场一瞥/孙秀艳//人民日报 1995-12-30
◎新形势 新情况 新机遇 新努力 全国文化厅局长会议在京开幕/王洪波//中国文化报 1995-01-18
◎新形势下精神生产的手段和方式/刘亚政//中国文化报 1995-09-20
◎兴办文化产业促进文化繁荣//中国文化报 1995-10-04
◎要注意文化市场的双重特点——关于文化市场立法的两点思考/田培炎//经济日报 1995-04-29
◎以改革为契机 繁荣首都文化事业/何鲁丽//中国文化报 1995-07-12
◎艺术与措施——略谈二十一世纪上海群众文化发展战略/曹伟明//中国文化报 1995-09-20
◎用科学的态度对待传统文化/敏泽//中国文化报 1995-10-18
◎越南整顿文化市场//人民日报 1995-12-19
◎云南"文化年货"下乡//光明日报 1995-01-17
◎在悖论中开辟文化产业的发展之路/金元浦//中国文化报 1995-04-09
◎在市场经济中建构文化管理学科——《文化发展与市场机制》读后/汪建德//中国文化报 1995-11-15
◎在稳定和变化中发展：95 文化市场回眸/江心//中国文化报 1995-12-29
◎在西方，谁为文化艺术出资？/何刚文//中国文化报 1995-10-11
◎在有序中求发展：政协委员谈文化市场建设撷记/孙若风//中国文化报 1995-03-17
◎造一方沃土育万紫千红——辽宁深化文化体制改革繁荣艺术纪事/魏运亨//人民日报 1995-11-16
◎这里的文化站何以红红火火——铁岭地区农村文化见闻之一/孙若风//中国文化报 1995-10-08
◎注重发展自身的特色文化——铁岭地区农村文化见闻之二/孙若风//中国文化报 1995-10-11

◎整顿市场秩序 规范经营行为 文化市场本月进入“集中执法期”/施畅//经济日报 1995-08-11
◎正泰集团热诚资助文化事业//光明日报 1995-01-15
◎郑州兴建商都文化街/赵亚山//光明日报 1995-05-17
◎中国文化市场一瞥//经济日报 1995-01-21
◎中文热：刮向全球的世纪风/张子荣//中国文化报 1995-10-11
◎中宣部召开精神文明建设“五个一工程”会议强调最好的精神食粮贡献给人民//中国文化报 1995-10-29
◎抓好文化领域的思想建设/黄邦应 徐福康//中国文化报 1995-08-02
◎抓住机遇搞改革“以文补文”求发展——白银市白银区文化馆的发展之路/侯样祥 刘燕 马玉萍//中国文化报 1995-10-08
◎做好文化稽查工作/章琼//中国文化报 1995-06-07

1996 年

◎’95 文化市场稽查工作取得突出进展/汶石//中国文化报 1996-01-21
◎“九五”武汉市文化产业选准五个突破口/汉文//中国文化报 1996-05-19
◎“文企联姻”，武清县文化工作出现新气象/赵庆玲 张有德//中国文化报 1996-01-10
◎《光明日报》载文提出公众精神文化消费比重偏低//人民日报 1996-09-14
◎《文化产业学》出版/国庆//中国文化报 1996-02-04
◎安徽成立文化市场管理局/汪顶胜 郭向峰//中国文化报 1996-02-28
◎把文化放在哪/孟凡茂//光明日报 1996-02-28
◎百花竞放靠土壤——辽宁文化体制改革述评/段心强//人民日报 1996-08-25
◎变文化优势为经济推力/江贤忠//中国文化报 1996-04-07
◎采取措施，培育大众文化消费市场/陈启宏/何力勋//中国文化报 1996-09-20
◎餐·饮·居“国际艺苑”—— 秀才创办的文化企业/淑兰//经济日报 1996-11-24
◎差别税率：控制文化产业的重要经济手段/刘茜//中国文化报 1996-09-01
◎长沙市财政局为文化事业发展开绿灯/湘才//中国文化报 1996-03-17
◎倡导健康的文化消费/陈锡铿//人民日报 1996-03-20
◎窗口意识与文化的无形价值/徐冰//中国文化报 1996-01-21
◎从“有效性”看文化与经济的联系/徐冰//中国文化报 1996-08-18
◎促进文化事业发展 建立多渠道投入机制 国务院决定进一步完善文化经济政策/新华社电讯//经济日报 1996-11-14
◎大西北对发展文化事业的呼唤/李晓琳//中国文化报 1996-03-20
◎丹阳市文化产业总产值突破亿元/建华//中国文化报 1996-01-24
◎调整结构，扶持引导，迎接文化娱乐业新的繁荣/文化部文化市场管理局//光明日报 1996-12-25
◎对当前文化问题的思考/吕春生//中国文化报 1996-01-14
◎发展文化产业要树立产业意识和产业思维——访经济学家张曙光/徐冰//中国文化报 1996-03-03
◎方兴未艾的文化产业/单参//中国文化报 1996-04-10
◎改革：呼唤现代的文化/张榕明//中国文化报 1996-01-21
◎搞活群众文化，管好文化市场/任若平//中国文化报 1996-05-22
◎关于促进农村文化市场繁荣发展的若干思考/文化部文化市场管理局//中国文化报 1996-10-06
◎关于农村文化市场发展对策的思考/王熙祥//中国文化报 1996-09-08
◎关于文化市场建设的理性思考/韩丰聚 于峰 孙恒杰//人民日报 1996-12-17
◎管好文化市场，服务文明建设/瞿宪周//中国文化报 1996-12-01
◎管好乡村书摊净化文化市场/李继春//人民日报 1996-01-24
◎广东文化市场管理不断取得实效/陆军科//中国文化报 1996-08-11
◎广西民族文艺事业蓬勃发展/新华社//中国文化报 1996-01-28
◎河南文化市场在规范中发展/王阿敏//中国文化报 1996-03-15
◎湖北文化产业跨入发展新车道/黄瑞和//中国文化报 1996-10-20
◎湖南财政部门为文化产业铺路搭桥/白国庆//中国文化报 1996-01-03
◎吉林东方大剧院当起文化经纪人，请剧团演出不收场租且付酬/聂景春//中国文化报 1996-03-03
◎吉林省农村文化市场呈现新气象/吉文//中国文化报 1996-10-09
◎吉林省农村文化市场渐具规模/聂景春//中国文化报 1996-01-10
◎加强基层文化建设要持之以恒/刘茜//中国文化报 1996-01-28
◎加强精神文明建设促进文化事业发展国务院决定进一步完善文化经济政策//人民日报 1996-11-14
◎建立国家与院团、院团与演员的新型关系我国将全面深化文化体制改革/王黎 徐怀谦//人民日报 1996-03-27
◎建立文化市场管理的制约机制/米新华//中国文化报 1996-12-22
◎江苏制定“九五”文化事业发展规划/陈晶//中国文化报 1996-02-07
◎经济化了的文化人/刘强//中国文化报 1996-03-22
◎经济文化搭台唱戏岂能简单组合/黄涛//光明日报 1996-11-11
◎经济与文化：在互动中建设/徐冰//中国文化报 1996-04-21
◎净化文化市场 社会各界有责——访全国人大常委、民进中央副主席楚庄先生/徐立京//经济日报 1996-01-21
◎开创农村小康文化建设的新局面/马玉萍//中国文化报 1996-01-17
◎论主导性文化和市场文化/郑佳明//中国文化报 1996-06-09
◎洛阳文化市场繁荣有序/张俊升//中国文化报 1996-01-26
◎农村“物交会”这块文化阵地不可忽视/雨林//中国文化报 1996-01-12
◎农村群众文化工作滑坡值得重视/庄电一//中国文化报 1996-01-14
◎农村文化市场建设局面喜人/瑜文//人民日报 1996-11-06
◎农村文化市场为农民添乐/苏丽萍//光明日报 1996-10-16
◎农村文化阵地不能放弃//光明日报 1996-08-22
◎品牌的文化含量也是财富/石峰//中国文化报 1996-04-21
◎企业角逐拉开文化战线/束栩 戎天豪//光明日报 1995-12-20
◎企业新课题：跨文化管理/陈颐//经济日报 1996-11-15
◎浅谈农村文化娱乐市场的开发/高源//中国文化报 1996-09-22
◎强化培育与管理，繁荣农村文化市场/徐冰//中国文化报 1996-09-15
◎全国首家区级国有文化产业联合体在上海成立/崔成全//中国文化报 1996-01-21
◎全国文化厅局长会议闭幕/王洪波//中国文化报 1996-04-03
◎让东方文化成为经济腾飞的指点/徐冰//中国文化报 1996-03-17
◎山东省财政厅大力支持文化事业发展/叶健//中国文化报 1996-03-03

- 上海加强日常管理净化文化市场/赵兰英//中国文化报 1996-01-07
- 市场经济负面效应的文化校正/郝永平//中国文化报 1996-12-04
- 市场经济呼唤“文化力”/傅铎//中国文化报 1996-11-17
- 市场经济中的双重文化效应/傅铎 曲彦萍//中国文化报 1996-12-15
- 市场经济中文化建设新机遇/鲁轩闻//光明日报 1996-10-02
- 市场信息 江浙沪文化市场人士呼吁 引进外国艺术团体要以“进好”为原则/小雷//经济日报 1996-04-21
- 首都各界举行座谈会表示净化文化市场保护青少年健康/汪金福 卢新宁//人民日报 1996-12-20
- 首都文化市场异彩纷呈/赵兴林//人民日报 1996-02-16
- 书香画美鼓乐声——全国农村文化市场座谈会侧记/王玉芳//人民日报 1996-10-12
- 四川省努力使文化科技成果转化为生产力/干德明//中国文化报 1996-01-07
- 四川省制定《文化产业发展“九五”规划》，2000 年文化产业总收入将达 15 亿元/杨奎本//中国文化报 1996-01-03
- 四川文化产业实现五个零的突破/干德明//中国文化报 1996-04-05
- 送戏下乡 送书下乡 送影下乡 安徽农村节日文化市场蓬勃兴旺/史萌萌//经济日报 1996-02-18
- 谈谈文化消费的误区/胡宝兰//中国文化报 1996-06-21
- 探索中国特色的文化娱乐业发展之路//光明日报 1996-10-16
- 通过法制和经济手段，扶持大众文化娱乐业/柳士发//光明日报 1996-10-30
- 推进文化体制改革，繁荣社会主义文艺：全国文化厅局长会议在京开幕：刘忠德讲话，李源潮主持//中国文化报 1996-03-27
- 为文化娱乐业的发展创造有利条件/童华新//光明日报 1996-11-20
- 文化，经济，“自由”/刘茜//中国文化报 1996-12-01
- 文化、市场经济及文化人心态/刘建民//中国文化报 1996-05-22
- 文化产业大有可为/刘兴民//中国文化报 1996-08-11
- 文化产业也要树立“环境”意识/刘茜//中国文化报 1996-11-17
- 文化工作重在落实——部分人大代表谈文化建设/李晓琳//中国文化报 1996-03-10
- 文化——经济发展的巨大推动力/徐冰 曲彦萍//中国文化报 1996-11-03
- 文化经济政策靠什么落实/陈玉芳//中国文化报 1996-12-15
- 文化科技产业体系初步形成，规模尚需扩大/徐冰//中国文化报 1996-12-01
- 文化市场持续繁荣/张作民//中国文化报 1996-06-05
- 文化市场宏观调控亟待加强/施畅//经济日报 1996-05-19
- 文化市场稽查的关键一环/施畅 志民//经济日报 1996-04-21
- 文化市场建设需要理论/丰聚 于峰 恒杰//光明日报 1996-12-18
- 文化市场引进的外国高雅演出团体//经济日报 1996-04-21
- 文化市场与精神文明建设/倪力亚//人民日报 1996-12-12
- 文化市场在变好/邵明泉//经济日报 1996-12-01
- 文化事业蒸蒸日上，文化年鉴举步维艰/云中君//光明日报 1996-05-08
- 文化是生产力之魂——“全国第一次文化与生产力学术研讨会”综述//光明日报 1996-06-29
- 文化消费也需引导/何默//经济日报 1996-06-30
- 文化新态时评 文化经纪人：从“地下”回到地面之后/金成 冀萌新//经济日报 1996-10-27
- 文经并重——文化产业的兴旺之道/刘茜//中国文化报 1996-10-02
- 西方文化经济投入管窥（下）：成龙配套的文化经济立法/梁鸿鹰//经济日报 1996-01-07
- 现代文化与现代经济的互动/洪永平 赵希杰//中国文化报 1996-07-24
- 消费文化与“消费主义”/尹世杰//人民日报 1996-08-24
- 小议文化与市场结缘/裴小革//中国文化报 1996-03-03
- 徐州市文化产业发展遇到新问题/刘茜//中国文化报 1996-10-20
- 一枚文化的“硬币”——漫谈商品与美/邓家林//中国文化报 1996-02-25
- 以产业开发带动农村文化发展/刘强//中国文化报 1996-01-21
- 艺术产品要根据社会需求合理配置——访经济学家樊纲/刘茜//中国文化报 1996-01-21
- 越南整顿文化市场初见成效/赫景秀//中国文化报 1996-06-28
- 再谈文化与市场/粟丹//中国文化报 1996-03-17
- 在全国文化市场管理工作暨理论研讨会上的讲话/刘忠德//中国文化报 1996-12-11
- 增强产业意识，加速产业发展——经济界学者及文化管理工作者座谈文化产业发展趋势/徐冰//中国文化报 1996-02-04
- 执法不严根子何在——写在《中国文化市场法》出台之前/赵令珍//经济日报 1996-05-05
- 中文信息产业如何面对“四面楚歌”/张朝晖//光明日报 1996-04-29
- 重庆文化产业巧打特色牌/刘亢//中国文化报 1996-05-19
- 抓住“文化下乡”的契机/孙志起 吕从坤//中国文化报 1996-03-20
- 专业艺术与农村文化/曲润海//中国文化报 1996-03-20

1997 年

- “文化市场”概念的界定与分类/朱兵//中国文化报 1997-03-13
- 把江苏建成文化大省——中共江苏省委书记陈焕友答问录/王晨 杨开民 郑晋鸣//光明日报 1997-01-10
- 把握精神实质，认真贯彻落实：学习《关于进一步完善文化经济政策的若干的规定》的体会/倪力亚//中国文化报 1997-02-01
- 北京朝阳区举办文化市场培训班法人要树良好形象/阎冰//人民日报 1997-08-15
- 不要再“炒”文化了/来新夏//中国文化报 1997-09-16
- 沧州郊区文化市场管理入轨/张智广//人民日报 1997-06-18
- 产业化程度是文化发展的重要标志/刘茜//中国文化报 1997-11-04
- 城区文化市场管理探索/王文义//中国文化报 1997-03-13
- 大学校园走出文化市场管理人才——京沪高校文化管理专业人才一瞥/温沁园 黄诗耘//中国文化报 1997-12-10
- 当代中国文化发展的六大趋势/邴正//光明日报 1997-01-08
- 对文化市场管理工作的几点认识/徐国良//中国文化报 1997-04-29
- 发展文化产业要分清阶段理清层次/刘微//中国文化报 1997-04-01
- 法国文化市场的经营管理/杨学伦//中国文化报 1997-11-19
- 繁荣有中国特色社会主义文艺/张炯//光明日报 1997-10-14
- 繁荣与发展并重，文化市场健康发展——96 文化市场管理工作

回顾/徐晋//中国文化报 1997-01-04

◎分类指导与管理——落实文化经济政策的重要步骤/曾国祥//中国文化报 1997-04-17

◎各地进一步完善落实文化经济政策/孙若风//中国文化报 1997-09-17

◎工人文化宫如何面向市场/高建进 东方丁//光明日报 1997-11-20

◎关于公益性文化与市场的思考/栾卫东//中国文化报 1997-01-01

◎广场文化：都市文化绿洲/史军方//光明日报 1997-01-01

◎规范文化市场秩序，保护文化消费者合法权益/柳士发//中国文化报 1997-03-12

◎孩子的文化和文化的孩子/宗介华//光明日报 1997-05-28

◎加强文化建设是历史的必然要求/杜林鸿//光明日报 1997-10-31

◎加强文化市场理论研究/吴勉 吴远航//中国文化报 1997-03-13

◎坚持“二为”方针，繁荣文艺事业/杨玉忠//光明日报 1997-09-19

◎建立和完善科学的文化市场管理体系/李勤//中国文化报 1997-03-13

◎建设有中国特色社会主义文化/包心鉴//光明日报 1997-11-08

◎建设与特区发展相适应的文化市场/杨胜生//中国文化报 1997-11-05

◎紧紧抓住当前精神文明建设有利时机 更好的促进经济发展和社会全面进步/新华社//光明日报 1997-05-27

◎经营，不只是文化机体内的微循环/程云瑞//中国文化报 1997-10-21

◎来自“中英街”的启示——深圳沙头角文化经济纪实/西草 吴少瑜//中国文化报 1997-02-01

◎李铁映在文化工作座谈会上要求认真观察落实十五大精神开创社会主义文化事业繁荣发展的新局面/王黎 杨全新//光明日报 1997-10-27

◎两个效益协调发展：文化建设面临的挑战/刘茜//中国文化报 1997-06-17

◎了解日本文化产业的窗口/刘进军//中国文化报 1997-11-18

◎论文化市场的宏观调控/杨运泰//中国文化报 1997-03-29

◎落实文化经济政策，事关文化发展大局/晓寒//中国文化报 1997-02-18

◎美国的文化产业/胡后法//经济日报 1997-10-11

◎面向新世纪的文艺的盛会——专家畅谈第五届中国艺术节/谌强//光明日报 1997-10-23

◎农村观光展示新的休闲动向/文心仪//光明日报 1997-05-21

◎让文化市场干净又繁荣/崔成泉//中国文化报 1997-07-23

◎乳山文化市场建设渐具规模/李江成//经济日报 1997-01-07

◎瑞典文化市场略述/朱瑞文//中国文化报 1997-12-23

◎陕西启动文化“八大工程”/凌翔//光明日报 1997-05-27

◎商场热心文化传播/王黎//光明日报 1997-04-30

◎社会主义精神产品生产必须实行两个转变——访青年学者韩永进/傅铎//中国文化报 1997-03-15

◎深入探索文化市场管理新机制/聂景春//中国文化报 1997-03-29

◎沈阳文化市场何以繁荣/魏运亨 苗家生//光明日报 1997-11-07

◎时代弘扬中华和合文化精神——为“中华和合文化弘扬工程”而作/程思远//光明日报 1997-06-28

◎实施税收优惠政策，鼓动企业捐赠文化/李静//中国文化报 1997-06-03

◎实现两个效益统一，促进文化产业发展/金一伟//中国文化报 1997-07-17

◎市场经济的文化追求/郎永平//中国文化报 1997-07-17

◎市场经济与文化体制改革——访文化部部长刘忠德/杨林林//经济日报 1997-01-24

◎谁拥有文化谁就拥有未来——谈经济文化一体化/胡典世//中国文化报 1997-02-06

◎踏访“文化个体户”/钟义山 罗晔 定华//光明日报 1997-03-12

◎特征·经营·效应——文化产业的三个问题/金一伟//经济日报 1997-12-20

◎统一领导 依法管理 坚持导向——来自沈阳文化市场的报告/魏运亨 苗家生//中国文化报 1997-10-15

◎团结奋进，繁荣文艺——在中国文联中国作协全委会上的讲话/丁关根//光明日报 1997-01-21

◎推动农村文化市场发展的几点思考/杨树德//中国文化报 1997-01-23

◎网络咖啡屋，喝出文化和品位/吕兰亭//光明日报 1997-05-15

◎网络文化：世纪末依稀可辨足音/秋斌 方刚//光明日报 1997-02-19

◎网上购物，方兴未艾/黄绍平//光明日报 1997-04-17

◎为实施精品战略执著追求/秦杰//光明日报 1997-04-07

◎文化产业：一个新的经济增长点/傅铎//中国文化报 1997-08-02

◎文化产业成为北京新的支柱产业//中国文化报 1997-01-18

◎文化产业结构也应合理配置与优化/刘茜//中国文化报 1997-02-01

◎文化产业与文化事业/周炳成//中国文化报 1997-09-06

◎文化管理部门也应守法/杜喜武//人民日报 1997-06-09

◎文化管理干部应具备的素质/张绵厘//人民日报 1997-08-09

◎文化判断与文化创造/邹定宾//光明日报 1997-05-17

◎文化市场：微观和宏观的协调管理/陈维荣//中国文化报 1997-12-31

◎文化市场“改行”/高勇//人民日报 1997-01-08

◎文化市场建设理论研讨会综述/丰聚 于峰 恒杰//人民日报 1997-02-06

◎文化市场统计走上正轨/施畅//经济日报 1997-08-16

◎文化市场与文化体制改革/蒋林//中国文化报 1997-03-13

◎文化事业蓬勃发展成绩喜人/李源潮//光明日报 1997-09-03

◎文化投资不能一哄而上/刘富//中国文化报 1997-10-08

◎文化投资频频“撞车”市场建设有待疏导/江心//中国文化报 1997-08-19

◎我国将全面推进文化市场法制建设/武彩霞//中国文化报 1997-11-12

◎信息：发展文化经济的重要资源/茜草 姜保国//中国文化报 1997-04-01

◎学者，你选择什么样的文化态度/陈彦川//光明日报 1997-01-15

◎寻找最佳效益——无锡市文化产业扫描/易凯//人民日报 1997-10-18

◎研究玩具问题是一项大事业/陈炜//光明日报 1997-08-02

◎以生活为支点撬动市场/王兴东//光明日报 1997-04-11

◎艺术与时代同辉煌——第五届中国艺术节漫步/宗新明//光明日报 1997-10-29

◎意大利文化的促销威力/叶蓁蓁//光明日报 1997-12-05

◎迎接新的文化建设的高潮——文化界认识座谈十五大精神/李韵 梁若冰 马蕊//光明日报 1997-09-24

◎迎接新世纪的文化繁荣——祝贺第五届中国艺术节开幕//光明日报 1997-10-25

◎有中国特色社会主义文化建设的指导方针/刘奔//光明日报

1997-10-17
- 与其拥有信息，不如租用信息/孙永杰//光明日报 1997-05-15
- 中宣部召开座谈会提出加强改进文艺评论推动文艺精品生产//光明日报 1997-04-04
- 重视名牌的文化含量/贾春峰//中国文化报 1997-03-15
- 抓住时机 落实和完善文化经济政策/赵怀才//中国文化报 1997-11-04
- 最新统计结果显示——我国文化市场从业人员已逾百万/施畅//经济日报 1997-08-16
- 作为商品的"商业文化"/傅华//光明日报 1997-11-12

1998 年

- '98 文化市场法制年启动/崔成泉//中国文化报 1998-01-13
- "社会主义文化市场理论研讨会"/马仲良//人民日报 1998-07-25
- "推动跨世纪文化产业发展研讨会"综述/孙若风//中国文化报 1998-04-23
- "文化院"里的市场经/刘升//中国文化报 1998-08-04/
- "紫禁城模式"与文化产业的选择/孙若风//中国文化报 1998-06-16
- 1997 文化市场记事簿//中国文化报 1998-01-07
- 把发展文化产业摆上文化工作的战略位置/徐世丕//中国文化报 1998-06-02
- 把非义务教育当做特殊产业来办/黄新茂//光明日报 1998-02-25
- 产业，文化馆前进的新动力/刘茜//中国文化报 1998-01-01
- 产业发展呼唤理论指导/金一伟//中国文化报 1998-01-01
- 城市文化消费的特点及发展趋势/杨家超//中国文化报 1998-12-24
- 从顺德市文化机构改革实践看文化体制改革的取向/张旗 符学成//中国文化报 1998-04-25
- 大文化，巧经营——广东社会文化发展的启示/杨重光//光明日报 1998-06-08
- 邓小平理论是中国电视繁荣发展的重要保证——访中央电视台研究室副主任王甫/李亚彬//光明日报 1998-08-30
- 对市场经济条件下发展文化产业的思考/郑如立 黄勤//中国文化报 1998-06-30
- 发挥特区优势办好文化产业/杨志杰//中国文化报 1998-09-01
- 发展产业：文化馆改革的真正之路/沈瑞龙//中国文化报 1998-05-16
- 发展文化产业，繁荣文化事业/赵焕章//中国文化报 1998-08-20
- 发展文化产业需要政府从四方面予以扶持/刘茜//中国文化报 1998-04-16
- 发展文化产业也要讲"拿来主义"/夏旸//中国文化报 1998-05-16
- 发展文化事业需培养经营管理型人才/王峰//中国文化报 1998-02-17
- 发展文化事业应加快按产业化模式运作的步伐/杜铁//中国文化报 1998-10-01
- 改革的大思路，朴实的好节风：关于第七届广东省艺术节的思考/简文//中国文化报 1998-09-24
- 关于文化市场滑坡状况的对话/崔成金//中国文化报 1998-08-12
- 广东"大文化"之路再探/陈杏 杜文//中国文化报 1998-10-22
- 韩国大力发展"文化产业"/曹世功//经济日报 1998-10-30
- 湖北省文化产业制定走出低谷对策/傅铎//中国文化报 1998-02-3
- 机制改革为文化产业发展带来活力/曾金千//中国文化报 1998-06-02
- 加大打击力度 净化文化市场 各地海关连续查获走私盗版光盘/唐虹 曲志红//人民日报 1998-02-24
- 加快发展信息产业——访新任信息产业部部长吴基传/刘志达//光明日报 1998-04-07
- 加强对文化市场的理论研究/阎志民//光明日报 1998-07-31
- 建设好有中国特色社会主义文化市场/刘玉珠//中国文化报 1998-10-10
- 解放思想，加快文化产业发展步伐/王志渊//中国文化报 1998-10-1
- 金陵文化风景线 华东图书集散地 长三角文化市场繁荣有序/卢新宁//人民日报 1998-06-10
- 经济轰动背后的文化之手/傅华//光明日报 1998-04-16
- 净化文化市场 创造良好环境 北京市扫黄打非集中行动出师初捷/曲志红//人民日报 1998-02-26
- 剧坛后生挑战文化市场/秦晴 王磊//光明日报 1998-06-04
- 开发文化产业 促进经济发展——宜昌市开发地域文化的实践与思考/杨行正 刘开美//光明日报 1998-02-06
- 开拓进取，推动跨世纪文化产业发展："推动跨世纪文化产业发展研讨会"发言摘登/王文章 张曙光 李源潮//中国文化报 1998-05-02
- 开拓市场系列评论之七 论开拓社会文化市场/潘凯雄//经济日报 1998-04-12
- 开拓中国的复数性和复制性艺术品市场/殷双喜//中国文化报 1998-06-10
- 靠改革促文化产业发展：全国邓小平文艺理论研讨会文化产业课题研究述评/孙若风//中国文化报 1998-11-17
- 跨世纪的课题：当代文化发展战略的思考：中国文化艺术发展战略学术研讨会综述/吴庆俊//中国文化报 1998-07-02
- 跨世纪的中国文化产业战略高级研讨交流会透析/孙若风//中国文化报 1998-07-02
- 面临严峻挑战的民族民间文化/罗明成//光明日报 1998-04-30
- 摸摸中国文化娱乐业的"家底"/姚涵 刘强//光明日报 1998-05-07
- 农村文化阵地不可丢/于江//光明日报 1998-07-11
- 盘活资产存量是发展文化产业的关键/刘茜//中国文化报 1998-03-17
- 培育文化市场，发展文化产业//中国文化报 1998-06-11
- 浦江开拓文化经济建设的新路/袁祥//光明日报 1998-02-04
- 浦江书香地 文化产业兴/傅昌波 徐利民//人民日报 1998-12-31
- 企业要注重"文化力"的开发/贾春峰//光明日报 1998-05-31
- 强化文化馆的市场服务功能/龙湘黔//中国文化报 1998-09-02
- 清游商端窝点 抓精品促繁荣 北京确保文化市场健康有序/卢新宁//人民日报 1998-02-12
- 全面推进文化市场法制建设//中国文化报 1998-04-01
- 让外国游客欣赏到真正的中国艺术/汪菲//光明日报 1998-07-16
- 如何发展文化支柱产业/吕洪波//中国文化报 1998-12-17
- 山东文化产业发展势头强劲/何立宁//中国文化报 1998-12-17
- 邵东县：如此文化市场/吴兴华//人民日报 1998-11-08
- 社会效益与经济效益的对立统一——论市场经济条件下文化市场的基本矛盾与对策/刘志华//中国文化报 1998-01-13
- 世纪的呼唤——发展文化产业/张振江//经济日报 1998-11-16
- 市场呼唤戏剧管理人才——访中央戏剧学院导演系教授姬崇恭

/吴晓阳//光明日报 1998-04-16

◎ 试论转型期的文化产业/阎宪奇 王业群//中国文化报 1998-11-12

◎ 四川省文化产业研讨会综述/孙若风//中国文化报 1998-07-16

◎ 踏踏实实地为文化艺术的繁荣服务——访新任文化部部长孙家正/苏丽萍//光明日报 1998-04-06

◎ 提高文化产业的市场竞争力/张诚//中国文化报 1998-03-03

◎ 推动区域性文化产业大发展/孙若风//中国文化报 1998-07-30

◎ 网络文化冲击波登陆中国（上）/黄一丁//光明日报 1998-03-10

◎ 网络文化冲击波登陆中国（下）/黄一丁//光明日报 1998-03-17

◎ 网络银行火爆/郭林//光明日报 1998-08-28

◎ 网上中文信息资源亟待开发/张喻 张传亚//光明日报 1998-11-10

◎ 温州文化市场透析/洪丽萍//中国文化报 1998-10-21

◎ 文化产业大有可为（“推动跨世纪文化产业发展研讨会”综述）/孙若风//中国文化报 1998-04-23

◎ 文化产业的发展需立足本体强化法规/刘茜//中国文化报 1998-04-02

◎ 文化产业的公益性与营利性的关系/景一彦//中国文化报 1998-08-18

◎ 文化产业发展新思路/刘茜//中国文化报 1998-03-03

◎ 文化产业发展中应注意的几个问题/达明郧 严俭山//中国文化报 1998-11-17

◎ 文化产业——富有无限生命里的朝阳产业（文化部文化产业司与本报联合举办“文化产业座谈会”发言摘登）/陈东升//中国文化报 1998-11-03

◎ 文化产业及其发展战略/洪永平//中国文化报 1998-01-22

◎ 文化产业跨世纪健康发展的条件/张太建//中国文化报 1998-08-18

◎ 文化产业——为人力资本增值提供服务/刘茜//中国文化报 1998-12-01

◎ 文化产业与股份制改革//中国文化报 1998-02-03

◎ 文化产业与企业化的管理/景一彦//中国文化报 1998-07-02

◎ 文化界企业界研讨发展文化产业/祝华新//人民日报 1998-10-15

◎ 文化力与社会发展/顾伯平//光明日报 1998-08-07

◎ 文化列车“驶进”信息高速公路/朱了峡//光明日报 1998-08-20

◎ 文化企业：在中国市场前景乐观/刘茜//中国文化报 1998-01-01

◎ 文化市场究竟有多大/赵永新//人民日报 1998-05-07

◎ 文化市场没有特区/宋奇慧//中国文化报 1998-06-02

◎ 文化事业的产业化前景/杜铁//中国文化报 1998-01-22

◎ 文化是综合国力的重要标志/王体正//光明日报 1998-11-20

◎ 文化消费权益：期待在投诉中完善/温沁园//中国文化报 1998-03-11

◎ 文化消费应提高自我保护意识/赵秋丽//光明日报 1998-05-11

◎ 文化娱乐产业发展对策/刘强//光明日报 1998-06-18

◎ 文化与创新/冯之浚//光明日报 1998-11-30

◎ 无形文化资产的开发利用要尽快步入法制轨道/孙若风//中国文化报 1998-03-17

◎ 新型文化产业需要加以扶持/玉玲//经济日报 1998-04-02

◎ 寻找文化建设的着力点/时龙//光明日报 1998-03-20

◎ 研究文化消费，发展文化产业/袁向东//中国文化报 1998-08-12

◎ 依托主业，大力发展文化产业/曲彦萍//中国文化报 1998-12-17

◎ 以文化地产业带动北京旧城改造——访北京正乙祠大戏楼负责人王宇鸣/胡骁//光明日报 1998-04-09

◎ 以知识经济思维推动产业发展——“大市场——新世纪科学技术与企业发展研讨会”综述/孙若风//中国文化报 1998-10-17

◎ 英雄山下新景观——济南文化市场素描/管斌//经济日报 1998-05-26

◎ 迎接知识经济时代，大力发展文化产业/马玉英//中国文化报 1998-07-16

◎ 迎接知识经济时代，加速文化产业发展/刘茜//中国文化报 1998-05-16

◎ 拥抱“朝阳”：“跨世纪的中国文化产业发展战略高级研讨交流会”透视/孙若风//中国文化报 1998-07-02

◎ 用精品启动市场 用市场带动观众/陈晶//中国文化报 1998-04-07

◎ 有感于“文化工业”的讨论/邵牧君//光明日报 1998-09-24

◎ 展望知识经济背景下文化产业新特点/孙若风//中国文化报 1998-08-18

◎ 整顿娱乐场所 净化文化市场/王亚平 王勇//人民日报 1998-02-18

◎ 正确引导文化消费/马欣//经济日报 1998-04-27

◎ 支持舆论监督 整顿文化市场 福州公开销毁违禁游戏机/赵鹏//人民日报 1998-01-05

◎ 知识经济时代的软件产业/孙永杰//光明日报 1998-03-24

◎ 只有世界的，才是中国的/叶廷芳//光明日报 1998-07-30

◎ 主流文化与文化建设/杨庆中//光明日报 1998-04-03

1999 年

◎“格格现象”说明了什么/李春利//光明日报 1999-07-29

◎“鬼才”钟情文化产业——关于桂林中华文化特技苑与魏明伦的一次访谈/桂子//中国文化报 1999-12-16

◎“教育产业化”的思考/张孝文//光明日报 1999-09-22

◎“千禧乐舞”：文化产业效益互动的新探索/徐涟//中国文化报 1999-09-01

◎“有为”与“无为”——文化体制改革系列谈/万东文//中国文化报 1999-01-14

◎ 99 巴黎中国文化光彩夺目/丁一凡//光明日报 1999-09-15

◎ ICQ 写真/兰河//光明日报 1999-01-01

◎ 安徽山东文化下乡活动全面铺开/杨名世//中国文化报 1999-01-28

◎ 澳大利亚文化产业的资金来源/中国驻墨尔本总领事馆文化组//中国文化报 1999-02-25

◎ 北京文化下乡，加大力度，改变模式/徐涟//中国文化报 1999-10-26

◎ 策划意识与开放意识——访河北省文化厅副厅长孙德民/孙燕//中国文化报 1999-08-05

◎ 产业化的运作方式确立了文化的坐标——访著名学者余秋雨/傅铎//中国文化报 1999-10-20

◎ 充分发挥社会科学在文化事业中的作用——访文化部教科司副司长童明康/孙燕//中国文化报 1999-08-12

◎ 充分发挥文化的经济功能/任克雷//中国文化报 1999-10-14

◎ 充满乡土气息的文化梦想——十五届三中全会后农村文化建设新步履（规划篇）/孙若风//中国文化报 1999-04-10

◎ 出新之树常青——文化市场杂笔/严国常//中国文化报 1999-07-08

◎创建社会文化先进县推进文化全面发展/张长森//中国文化报 1999-02-11
◎创新发展文化产业的着眼点——青岛市文化产业工作的几点做法/王永章//中国文化报 1999-05-01
◎创造在基层，希望在民间——十五届三中全会后农村文化建设新步履/孙若风//中国文化报 1999-04-13
◎纯文化投资功在千秋迫在眉睫——从桂林“愚自乐园”引发的政策思考/蓝棣之//光明日报 1999-08-26
◎从文化经济看深圳高科技产业崛起/周冰//中国文化报 1999-10-28
◎打通本世纪中国文化研究时空界限/宫苏艺//光明日报 1999-08-19
◎大力推进文化事业发展，以崭新面貌迎接新世纪——江阴市文化工作的调查与思考/方标军//中国文化报 1999-07-29
◎大力挖掘人才资源，促进地方文化发展/陈才喜//中国文化报 1999-06-23
◎当好文化产业的先行官和参谋——北京市文化产业调研工作启示/孙若风//中国文化报 1999-08-11
◎当前农村文化建设存在的问题及对策/于江//中国文化报 1999-03-25
◎导入现代化思维大力发展文化产业/李医平//中国文化报 1999-02-02
◎电视湘军开拓文化市场有新招/王秋和//经济日报 1999-04-16
◎电影市场有多大——从文化产业看扩大内需的潜力①/李刚//经济日报 1999-04-08
◎图书市场有多大——从文化产业看扩大内需的潜力②/李刚//经济日报 1999-04-09
◎音像市场有多大——从文化产业看扩大内需的潜力③/李刚//经济日报 1999-04-10
◎演出市场有多大——从文化产业看扩大内需的潜力④/李刚//经济日报 1999-04-12
◎收藏市场有多大——从文化产业看扩大内需的潜力⑤/李刚//经济日报 1999-04-13
◎报纸市场有多大——从文化产业看扩大内需的潜力⑥/李刚//经济日报 1999-04-14
◎电视市场有多大——从文化产业看扩大内需的潜力⑦/李刚//经济日报 1999-04-15
◎多元文化节上的中国热/张川杜//光明日报 1999-03-21
◎发挥优势不断扩大对外文化交流/白智民//中国文化报 1999-02-27
◎发展繁荣的辽宁文化市场/余国铭//中国文化报 1999-09-13
◎发展跨世纪文化产业的思考/叶金生//光明日报 1999-12-24
◎发展文化产业的战略思考/刘俊岩//中国文化报 1999-07-03
◎发展文化产业须四轮驱动/贾玉娥//中国文化报 1999-10-21
◎发展文化产业要从实际出发/聂景春//中国文化报 1999-07-10
◎发展文化产业要注重市场取向 / 杨燕//中国文化报 1999-01-02
◎发展文化经济建设经济文化——访湖南省委常委、省委宣传部部长文选德/李颖//经济日报 1999-11-18
◎繁荣和发展文化事业的有益探索/顾浩//光明日报 1999-01-01
◎繁荣文艺，服务大局/周年丰//中国文化报 1999-03-06
◎繁荣背后的反思——关于江浙文化市场的调查/理宣//中国文化报 1999-08-02
◎分久必合——文化体制改革系列谈/万东文//中国文化报 1999-03-11
◎风生水起——广东文化精品创作纪实/戴自更 辛文初//光明日报 1999-09-22
◎风雨中翱翔——我国文化市场法制建设巡礼/杜英姿//人民日报 1999-04-28
◎改革开放 20 年文化制度的发展与完善/杜长胜//中国文化报 1999-02-13
◎高科技与面向新世纪的文化事业/黄莉莉//中国文化报 1999-04-15
◎高雅这张牌，我们打对了/温沁园//中国文化报 1999-12-13
◎关于当代文化产业的若干思考/柳世发//中国文化报 1999-03-12
◎关于建设文化大省（市）的几个问题/陈辽//中国文化报 1999-03-27
◎关注社区里的文化服务业/王忠宏//中国文化报 1999-07-21
◎广东推出五十六个文化精品/陈杏//中国文化报 1999-09-09
◎广东文化产业现状、问题的若干思考/阎宪奇//中国文化报 1999-11-11
◎广西集中整顿文化市场 云南持续开展扫黄打非/杜峻晓 张帆//人民日报 1999-03-30
◎广州文化市场建设断想/徐启文//中国文化报 1999-03-11
◎国庆将至，文化消费正热//中国文化报 1999-09-27
◎海外网上文学漫谈/唐散宜//光明日报 1999-05-19
◎韩国：21 世纪文化产业政策/冯志远//中国文化报 1999-02-02
◎韩国文化产业局局长谈 21 世纪文化产业政策/冯志远//中国文化报 1999-02-25
◎河南文化下乡网络化/崔志坚//光明日报 1999-02-08
◎湖北宜昌市文化市场/夷文//中国文化报 1999-09-20
◎湖南师范大学消费经济研究所尹世杰教授建议——精神文化消费需加强引导//经济日报 1999-02-15
◎积极促进文化产业发展/张振江//光明日报 1999-04-19
◎积极引导大众文化发展//光明日报 1999-11-26
◎加快调整步伐，制定发展规划/尹明//中国文化报 1999-07-21
◎加快建立布局结构合理的文化产业体系/李自治//中国文化报 1999-09-01
◎加拿大为文化产业建基金/文成//人民日报 1999-01-29
◎加拿大文化产业发展基金会/王晓山//中国文化报 1999-02-25
◎加强民族传统节日的文化建设/胡家龙//光明日报 1999-12-02
◎加入 WTO 中国文化产业将进入全球化竞争/任向阳//1999-12-01
◎建构与开发区相匹配的文化发展格局/崔成泉//中国文化报 1999-09-27
◎建立文化事业科学的筹资机制/吴华//中国文化报 1999-04-01
◎建设民族文化大省/贺光曙//中国文化报 1999-01-16
◎姜昆：在网上开发名人资源/陈方//光明日报 1999-11-17
◎教育产业的特点/孟昭武//光明日报 1999-12-15
◎教育产业应有可为/曾天山//光明日报 1999-04-21
◎解放思想，加快产业实践/杜铁//中国文化报 1999-10-13
◎锦绣中华 文化产业的明珠/谢明//人民日报 1999-11-12
◎经济不景气冲击日本文化市场/石永菁//中国文化报 1999-09-01
◎经济全球化冲击各国传统文化/新华社//中国文化报 1999-10-13
◎精心构建文化大舞台——樟木头镇文化建设闻思路/陈杏//中国文化报 1999-01-14
◎开发老年文化市场大有可为/魏强//中国文化报 1999-09-23
◎开发民族文化产业，繁荣民族文化事业/王小蓓//中国文化报 1999-10-18
◎开发项目必须创新品牌//中国文化报 1999-05-13
◎立足省情开拓思路搞好农村文化工作——访河南省文化厅长孙

泉砀/陈丁昆 钱大梁//中国文化报 1999-01-12
⊙利用文化资源优势推动文化产业发展/杨燕//中国文化报 1999-01-16
⊙陆川农村文化产业发展的四个阶段/宁绍华//中国文化报 1999-01-16
⊙率先跨入现代化，增创文化新优势/卜灿雄//中国文化报 1999-09-17
⊙略论发展文化产业的意义/王忠宏//1999-11-04
⊙论社会主义初级阶段文化的功能/于幼军//光明日报 1999-11-19
⊙论文化事业与文化产业的辩证关系/胡佐莲//中国文化报 1999-09-08
⊙漫话网络小说/刘在平//光明日报 1999-08-11
⊙面对知识经济时代的广东文化产业发展战略研究/王业群 陈昂//中国文化报 1999-11-25
⊙面向市场促繁荣深化改革求发展/阎先奇//中国文化报 1999-01-28
⊙面向市场求生存，深化改革抓质量/王汝凯//中国文化报 1999-09-27
⊙面向新世纪——建设和完善社会主义文化市场/孟晓驷//人民日报 1999-01-15
⊙民营产业成为世界文化产业劲旅——来自亚欧文化产业和文化发展国际会议的报告/孙若风//中国文化报 1999-06-02
⊙明确产业属性，发挥民族和地域优势/焦雪岱//中国文化报 1999-08-11
⊙摸透市场再“造车”/吴魏文//中国文化报 1999-06-04
⊙牡丹江市推动文化产业工程/李长清 于林波//中国文化报 1999-12-15
⊙内蒙古建起文化长廊 边疆居民看戏不再难/杜戈鹏//光明日报 1999-03-20
⊙农村文化市场：发展迅猛，管理滞后/刘文谦//中国文化报 1999-07-31
⊙农村文化事业发展前景看好/任永恒//中国文化报 1999-09-18
⊙蓬勃发展中的中国文化产业/李源潮//中国文化报 1999-06-02
⊙浦江舞台展新颜——上海文化艺术事业蓬勃发展侧记/余传诗//光明日报 1999-08-29
⊙齐鲁大地再掀广场文化活动潮/张玉柱 冯庆东//中国文化报 1999-09-23
⊙岂能让“文化垃圾”乘机下乡/锦秀文//光明日报 1999-01-29
⊙浅谈文化市场的管理/张春兴//1999-11-18
⊙圈地与跑马——对文化产业与资源的再认识//中国文化报 1999-05-13
⊙全国扫黄工作小组检查北京文化市场/曲志红 任忆//人民日报 1999-01-09
⊙全国文化产业发展研讨会提出：文化产业要成为新的经济增长点/宋言荣//光明日报 1999-01-15
⊙全国文化法制工作会议召开//中国文化报 1999-07-10
⊙全国文化市场工作会议暨电影发行放映工作座谈会召开/孙若风//中国文化报 1999-03-20
⊙全国文化市场工作会议在杭召开/施畅//经济日报 1999-03-26
⊙全国文化市场管理工作会暨电影发行放映座谈会提出，整顿规范文化市场仍是重要任务/王黎 杜英姿//人民日报 1999-03-22
⊙全球化格局中的中国文化/周思源//1999-11-24
⊙全新文化生活方式的崛起：新中国文化娱乐市场回眸/其慧//中国文化报 1999-09-中国文化报 1999-09-20
⊙群众文娱支出显著曾增加——家庭文娱用品拥有量增大/张锦胜 吕鹏//中国文化报 1999-01-05
⊙让农民成为文化消费主体——一说扩大农村文化需求/若峰//中国文化报 1999-06-05
⊙提高农民对文化产品的现实购买力——二说扩大农村文化需求/若峰//中国文化报 1999-06-08
⊙形成合理的文化消费观念和消费结构——三说扩大农村文化需求/若峰//中国文化报 1999-06-09
⊙改善农村文化消费环境——四说扩大农村文化需求/若峰//中国文化报 1999-06-10
⊙为农民文化消费提供政策支持——五说扩大农村文化需求/若峰//中国文化报 1999-06-12
⊙增强文化消费品供给的有效性——六说扩大农村文化需求/若峰//中国文化报 1999-06-15
⊙让世界从文化视角了解中国——国务院新闻办主任赵启正谈“99 巴黎·中国文化周”/柴野//光明日报 1999-08-11
⊙让世界了解中国让中国了解世界——新时期对外文化工作 20 年/李刚//中国文化报 1999-01-02
⊙日本、韩国文化产业考察随感/吴江波//1999-11-10
⊙山雨欲来风满楼——透视文化产业研究的勃兴/孙若风//中国文化报 1999-04-17
⊙上海拆除“文化围墙”/赵兰英 余传诗//中国文化报 1999-09-02
⊙上海唱响文化大戏/曹继军//光明日报 1999-11-18
⊙上海以文化为主题开发居住区/李晓建//中国文化报 1999-01-05
⊙社区文化走近每一个人/李宏伟//光明日报 1999-09-09
⊙申城商家广树文化招牌/曹继军//光明日报 1999-01-21
⊙神州人人尽欢歌——从国庆庆祝活动看群众文化发展态势/程云端//光明日报 1999-10-21
⊙十年回望，说“不”声黯——日本信息产业评述/杨谷//光明日报 1999-04-14
⊙实施精品战略促进大庆文化事业全面发展/齐玉珍//中国文化报 1999-01-14
⊙实施小康文化工程推动农村文化工程/张炳玉//中国文化报 1999-02-13
⊙实行资产经营责任制后，铁路文化宫市场前景诱人/唐巍//中国文化报 1999-09-20
⊙世纪之交的欧洲文化发展战略/白阳//中国文化报 1999-01-21
⊙市场经济条件下文化工作的思路/周维杰//中国文化报 1999-03-27
⊙市场要发展，管理须跟上/徐晋//中国文化报 1999-07-05
⊙树立产业观念，实现战略转变/郑尚金//中国文化报 1999-07-14
⊙数字化社会的安全分析/玉玲//光明日报 1999-06-23
⊙数字化生存与第四纪冰川/胥云//光明日报 1999-07-07
⊙顺应时势，直足现实，抓住机遇，有所作为——全国文化产业发展研讨会召开/孙若风 曲彦萍//中国文化报 1999-01-19
⊙说“软”道“硬”——树立广东文化形象之我见/易红霞//中国文化报 1999-01-14
⊙说说文化消费投诉/岳明//经济日报 1999-08-26
⊙斯里兰卡的重点文化产业/张展//中国文化报 1999-04-17
⊙苏州市文化产业进入快车道/高福民//中国文化报 1999-07-07
⊙探索新机制繁荣文化事业/上虞市广播电视局//中国文化报 1999-04-21
⊙特区文化市场管理初探/丁国兴//中国文化报 1999-03-31
⊙提高文化品位，推动群众文艺，促进现代文明——贵阳市文化建设的实践与思考/辛维光//中国文化报 1999-05-27

◎投资方，何以赚的盆满钵满/洪丽萍//中国文化报 1999-09-13
◎透视制约文化产业发展的因素/王忠宏//中国文化报 1999-03-16
◎推动思想解放的犁铧，开垦文化繁荣的天地——谈文化市场的几个认识问题/苏章鸿//中国文化报 1999-10-28
◎网络发展的宣言/李健//光明日报 1999-08-20
◎网络——文化的双刃剑/程云瑞//光明日报 1999-05-26
◎网络与人文学术研究/黄振萍//光明日报 1999-01-13
◎网上购物面临考验/王晓昱//光明日报 1999-09-06
◎网上教育：新的经济增长点/肖立峰//光明日报 1999-09-01
◎网站如何赚钱——访广州网易计算机系统有限公司总经理丁磊/张庆//光明日报 1999-01-27
◎为文化资源转化提供广阔空间：四川省提出文化产业信息化发展基本构想/胡继先 邓涛//中国文化报 1999-09-15
◎维也纳加大文化投资/区听涛//中国文化报 1999-05-01
◎温州“文化升位”掠影/高深//光明日报 1999-07-22
◎文化：综合国力的重要标志/周正刚//光明日报 1999-06-18
◎文化本体是产业发展的重点——访重庆市文化局副局长李自治/曲彦萍/中国文化报 1999-06-09
◎文化部美术事业发展战略研讨会举行/振生//光明日报 1999-01-31
◎文化产业 前景看好/杜英姿//人民日报 1999-01-29
◎文化产业：风卷红旗过大关——全国文化产业发展研讨会综述/孙若风//中国文化报 1999-02-02
◎文化产业：挑战与对策/清源//经济日报 1999-05-21
◎文化产业：一个全新的研究课题//中国文化报 1999-08-26
◎文化产业大有可为/谷安民//中国文化报 1999-05-03
◎文化产业的“节假效应”/尔风//中国文化报 1999-10-20
◎文化产业的规范化管理和特色化思路/李九元//中国文化报 1999-08-18
◎文化产业发展要把握好四个要素/李宗明//中国文化报 1999-05-01
◎文化产业建设新思维——广东艺术中心借力引资发展自己/陆要武//1999-12-08
◎文化产业健康发展/郁文//中国文化报 1999-12-11
◎文化产业崛起的希望在体制创新/刘青云 曾石龙//中国文化报 1999-11-03
◎文化产业历经风雨见彩虹/胡建平//经济日报 1999-05-26
◎文化产业与“游戏规则”/荣处仁//人民日报 1999-04-28
◎文化大家的数字情怀/艾原//光明日报 1999-04-07
◎文化发展是一个战略问题/赵忧//中国文化报 1999-09-24
◎文化广场服务城市居民多重需求/柳小平//光明日报 1999-04-08
◎文化企业要在改革中求发展/温相勇//中国文化报 1999-09-30
◎文化人，不再远离市场调查/吴春燕 魏信德//光明日报 1999-04-22
◎文化市场“网”事滚滚来/谭雪梅//经济日报 1999-04-02
◎文化市场观察//经济日报 1999-05-07
◎文化市场管理面临的问题/张利明//中国文化报 1999-05-17
◎文化市场面面观/郭葳//中国文化报 1999-04-21
◎文化市场上的四种关系/李明泉//经济日报 1999-05-14
◎文化市场由乱到治——访中共潮阳市委副书记陈锡镇/孙勇 毛磊//人民日报 1999-04-28
◎文化事业必须与人民群众保持血肉联系——全国文化厅局长会议代表讨论孙家正部长的报告/孙若风//中国文化报 1999-01-28
◎文化事业的又一抹绚丽色彩/孙若风//中国文化报 1999-09-02
◎文化消费：扩大内需的手段之一/孙若风//中国文化报 1999-04-24
◎文化消费水平尚低潜力很大/李建军 孙晓华//中国文化报 1999-12-28
◎文化研究，充满活力的现代领域/毛少莹//中国文化报 1999-10-14
◎文艺界委员：畅谈政府工作报告，关注文艺热门话题/徐涟//中国文化报 1999-03-09
◎文艺界委员的热门话题：文物保护，电影立法，完善《著作权法》/苏晓明//中国文化报 1999-03-12
◎稳住主业，适应市场；多业经营，回报客户/王利静 孙英杰//中国文化报 1999-09-06
◎我国民营文化企业面临新机遇/孙若风//中国文化报 1999-07-21
◎我国文化管理体制与西方文化管理方式之比较/范中汇//中国文化报 1999-01-21
◎武汉促进文化产业蓬勃发展/周晓梅 熊金超//人民日报 1999-12-01
◎武汉文化产业发展战略研讨会综述/曲彦萍//1999-12-01
◎西北地区必须走“大文化”产业发展之路/王吉 孙爱群//中国文化报 1999-07-14
◎西方国家文化产业发展状况简析（上）/范中汇//中国文化报 1999-03-16
◎西方国家文化产业发展状况简析（下）/范中汇//中国文化报 1999-04-01
◎戏票成为礼品意味什么——上海文化市场新动态/张曼茵 王忠宏//中国文化报 1999-06-21
◎现代网络传承人类远古文明/王琳//光明日报 1999-07-14
◎协同作战突出重点，湖南净化文化市场/吴兴华//人民日报 1999-02-04
◎新世纪中国文化前景五人谈//光明日报 1999-12-30
◎信息产业实现历史性跨越/陆彩荣//光明日报 1999-09-15
◎亚欧文化产业和文化发展国际会议圆满结束//中国文化报 1999-05-25
◎亚欧文化产业和文化发展国际会议在京开幕//中国文化报 1999-05-21
◎亚欧文化产业交流的新起点——写在亚欧文化产业和文化发展国际会议闭幕之际/若峰//中国文化报 1999-05-25
◎烟台：“广场文化年”红红火火/徐良瑛//中国文化报 1999-09-11
◎燕赵大地文博事业 50 年令人瞩目/张建新 粟丹//中国文化报 1999-09-22
◎要把社区文化当作产业办/朱钧柱//中国文化报 1999-09-08
◎一九九八年群众文化业业务费增幅小，设施亟待改善/李建军//中国文化报 1999-07-13
◎一九九八年中国信息产业十大新闻//光明日报 1999-01-01
◎一片需精心开垦和护理的处女地——山东省沂水县的文化市场与管理心得/沂文//中国文化报 1999-01-20
◎一项文学研究带起一方产业/叶辉//光明日报 1999-07-06
◎依法管好文化市场//中国文化报 1999-05-27
◎已发展产业契机，实现文化主体价值/王远林//1999-12-01
◎以改革为动力积极探索发展文化产业新路/高福民//中国文化报 1999-05-18
◎引入多元开放机制，推进文化产业进程/蒋健安 范宁生//1999-11-10
◎英国文化产业政策重点放在启迪创新/吴逊//1999-11-17
◎英国文化管理架构与运作方式/王业群//中国文化报 1999-01-28

⊙营销文化产品进入市场的先导策略/郝相礼//中国文化报 1999-03-02
⊙鱼与熊掌可以得兼/吕天路//中国文化报 1999-09-06
⊙娱乐业下滑态势未止，其他行业效益稳中有进：'98 全国文化市场回眸/李建军//中国文化报 1999-06-07
⊙与经济并重的文化事业发展态势/郭定祥//中国文化报 1999-01-28
⊙与时代同步，与人民同心——新中国文化事业壮丽航程/孙家正//中国文化报 1999-09-15
⊙云南在向民族文化大省迈进/段跃庆//中国文化报 1999-08-07
⊙在改革中发展市场/严国常//中国文化报 1999-10-14
⊙在改革中求发展/王清湖//中国文化报 1999-08-09
⊙在全球化中保持和发展民族文化特性——亚欧文化产业和文化发展国际会议的突出话题/孙若风//中国文化报 1999-06-02
⊙在全球化中坚持和发展中国文化/杨胜生//中国文化报 1999-10-16
⊙在网上弘扬中华文化/蔺玉红//光明日报 1999-09-08
⊙张艺谋：文化、经济一条船/徐立京//经济日报 1999-03-11
⊙樟木头镇发展文化产业的做法和经验/林广华//中国文化报 1999-09-09
⊙这里也"输出"文化——大庆人构建文化事业巡礼/洛尘//中国文化报 1999-01-14
⊙镇江构筑跨世纪产业发展框架——找准文化与经济结合点开发自身文化资源/孙华杰//中国文化报 1999-01-16
⊙郑州文化广场讲特色讲质量/韩宇宏 沈良斌//中国文化报 1999-09-04
⊙知识经济，文化不能缺席的时代/孙若风//中国文化报 1999-12-15
⊙中国文化产业——期待在新世纪辉煌："亚欧文化产业与文化发展"国际会议专刊/樊纲 赵士林 钱光培//中国文化报 1999-05-13
⊙中国文化管理学会组织文化产业座谈/李静//中国文化报 1999-01-02
⊙中国文化企业如何应对 WTO/徐晋//1999-11-20
⊙众人拾柴火焰高，文化产业发展呼吁政府、金融等部门的支持/陆益寿 王晓春//1999-11-03
⊙抓好"转机改制"探索文化产业发展模式——推动跨世纪文化产业发展的思考/胡继先//中国文化报 1999-07-07
⊙抓文化工作不能用权宜之计——海南省文体厅有关人员答记者问/侯样祥//中国文化报 1999-01-26
⊙转换观念搞好农村文化工作报告——关于江苏农村文化工作的报告/陈静//中国文化报 1999-02-27
⊙转型与转项：文化产业前景广阔/程云端//中国文化报 1999-01-07
⊙着眼文化建设，关注精神生活各界政协委员为文化建言献策/徐涟//中国文化报 1999-03-13
⊙资金，人才，市场，文化产业发展的三大议题——关于河北省文化产业发展的调查/李建军 张公权/阎平//中国文化报 2009-08-04
⊙组建文化企业集团只是进入市场的第一步/徐晋//中国文化报 1999-04-07
⊙做产业发展的护航人/何泽正//中国文化报 1999-08-04

2000 年

⊙"华宝"文化现象引起关注/杨胜生//中国文化报 2000-12-30
⊙"九五"文化产业的自觉时期/孙若风//中国文化报 2000-11-01
⊙1999 年统计资料显示——全国文化市场行业结构需调整/李建军//中国文化报 2000-07-10
⊙2010：建成文化强盟/赵凤//中国文化报 2000-08-09
⊙奥地利：四季都有文化节/舒刚//人民日报 2000-08-18
⊙保卫民族创新能力/杨振武 卢新宁 祝华新//人民日报 2000-06-22
⊙北京琉璃厂将建成大型文化园区/宗焕平 孙晓胜//光明日报 2000-09-07
⊙北京琉璃厂文化产业园区正式启动/胡辉明//中国文化报 2000-12-20
⊙北京琉璃厂文化街将翻修改造/宗焕平 孙晓胜//人民日报 2000-09-04
⊙北京强化文化中心功能/颜世贵 吴坤胜//人民日报 2000-10-09
⊙北京市文化经纪人将持证上岗/周向阳//中国文化报 2000-09-04
⊙贝塔斯曼与文化：（公众对文化的需求是贝塔斯曼成功的契机）/潘彦//中国文化报 2000-03-01
⊙壁垒不破 市场难活/崔成泉//中国文化报 2000-06-26
⊙变文化资源特色为文化产业强项/徐晋//中国文化报 2000-09-07
⊙不断强化思想政治工作推动文艺体制改革与文化事业健康发展/鞍山市文化局//中国文化报 2000-12-26
⊙闯出古建维修保护产业化道路/栗丹//中国文化报 2000-09-13
⊙乘西部大开发之势 打响"南珠文化"品牌/李树华//中国文化报 2000-12-21
⊙穿越时空的文化纽带/杨明方//人民日报 2000-12-23
⊙创意无价，组合是金/花建//中国文化报 2000-07-12
⊙大力推进西部文化建设/杜英姿//人民日报 2000-08-23
⊙大众文化与文化产业/王玉印//中国文化报 2000-08-16
⊙到琉璃厂感受文化内涵/韩征//中国文化报 2000-12-04
⊙发展文化产业的关键：观念转变，政策调整，体制改革/曾石龙//中国文化报 2000-05-11
⊙发展文化产业亟待明晰的三个理论问题/李灵峰//中国文化报 2000-0-03
⊙繁荣发展的荆门文化事业/邓蓓 张四海//中国文化报 2000-09-231
⊙反思："九五"文化产业发展状况/王玉印 李玉东//中国文化报 2000-12-06
⊙奋飞吧，彩云之南/王君超 汪波//人民日报 2000-11-20
⊙高科技、全球化浪潮中的文化创新/孟晓驷//光明日报 2000-11-16
⊙公益性文化事业也要面向市场/王玉印//中国文化报 2000-07-053
⊙构建长江三峡文化产业体系/刘本荣//中国文化报 2000-10-18
⊙关于开发利用蜀文化的几点构想/肖永清//中国文化报 2000-06-14
⊙关于西部大开发中的文化建设问题/孙家正//人民日报 2000-08-09
⊙广东、广西、海南让千万人贴近舞台/毛燕 吴刚 周俏春//人民日报 2000-12-23
⊙广东文化产业发展存在的问题及对策/吴少瑜//中国文化报 2000-12-07
⊙韩国这样管理文化市场/杨越光//中国文化报 2000-12-18

◎河北文化系统直面挑战/王俊海//中国文化报 2000-08-22
◎欢欣与阵痛并存："入世"对我国文化产业的影响/顾文//经济日报 2000-05-25
◎机遇："文化产业"写入中央文件/孙若风//中国文化报 2000-10-28
◎机制创新是文化产业繁荣的重要前提/张勇//中国文化报 2000-05-25
◎加入 WTO：我国文化市场面临着什么/刘威//中国文化报 2000-03-27
◎加速云南民族文化产业化的步伐/范道桂//中国文化报 2000-09-13
◎家庭文化消费调查数据分析/关耳//中国文化报 2000-06-29
◎坚持多样性 提高竞争力/张诚//中国文化报 2000-06-23
◎坚持经济、政治、文化协调发展//中国文化报 2000-09-12
◎简论文化产业与文化的关系/王能宪//人民日报 2000-05-13
◎建民族文化大省 促经济社会繁荣/周斌 魏天顺//经济日报 2000-09-07
◎建设山东文化大省/常莉//人民日报 2000-11-25
◎江苏加快步伐建设文化大省/顾兆农 龚永泉//人民日报 2000-08-27
◎借西部大开发东风 促桂林文化事业发展/冼培芳//中国文化报 2000-07-20
◎经典怎样与大众互动/周莲//中国文化报 2000-09-08
◎经济全球化与中国文化/岂之//人民日报 2000-11-30
◎科技管理全面抓 人才培养细耕作/陆璐//中国文化报 2000-09-02
◎美国文化产业一瞥/梁立新//中国文化报 2000-09-07
◎面对西部我们的热情与思考//中国文化报 2000-08-31
◎瞄准国庆黄金周 京城文化市场整体出击/徐立京//经济日报 2000-09-14
◎民族文化渐成产业/徐冶 刘昆//光明日报 2000-09-19
◎明明白白发展文化产业/孙若风//中国文化报 2000-12-20
◎南非文化产业概览/许蓉//中国文化报 2000-07-28
◎努力提高全社会文化生活质量/梁若冰 苏丽萍 谌强 李春利//光明日报 2000-11-01
◎浅谈文化市场的管理思想和模式/高源//中国文化报 2000-05-15
◎墙外开花墙内香/方明//经济日报 2000-07-27
◎切莫忽视软国力/郭隆隆//人民日报 2000-12-07
◎去年人均文化消费二百一十四点八七元/左崇年 黄家祥//中国文化报 2000-06-13
◎全面推进西部文化建设/刘玉琴//人民日报 2000-06-12
◎如何建设民族文化大州/潘晓玲//中国文化报 2000-06-21
◎善待襁褓中的文化产业/王洪华//中国文化报 2000-11-22
◎韶关文化事业发展"十五"规划蓝图绘就/邓庭雄//中国文化报 2000-09-14
◎社科院成立文化研究中心/郭泉真//人民日报 2000-10-18
◎深入贯彻五中全会精神 推动文化产业繁荣发展/晓寒//中国文化报 2000-11-08
◎深圳的大文化管理体制好处多/简文//中国文化报 2000-09-07
◎沈阳文化广场异彩纷呈/蔡怀平//人民日报 2000-10-13
◎实现现代化 不能缺文化/柳河//中国文化报 2000-06-17
◎市场更要维护/彭利铭//中国文化报 2000-08-28
◎试论广东文化产品营销策略/赵珮贤//中国文化报 2000-08-24
◎特色文化放异彩/南收//中国文化报 2000-12-21
◎推进西部文化创新//中国文化报 2000-09-14
◎外资来了 电影业怎么办/汪建根//中国文化报 2000-08-21
◎网络立法：全球性的趋势/曾凡斌//人民日报 2000-12-01
◎维护国家文化安全/孙若风//中国文化报 2000-11-28
◎文化，民族的灵魂/张贤亮//中国文化报 2000-06-29
◎文化产业：21 世纪城市发展的必然选择/王琳//中国文化报 2000-08-09
◎文化产业不能搞成"大炼钢铁"/孙若风//中国文化报 2000-11-02
◎文化产业的热发展与冷思考/王洪华//中国文化报 2000-03-29
◎文化产业发展牵一发而动全身/曲彦萍//中国文化报 2000-11-01
◎文化产业如何助力城市发展/杜金卿//经济日报 2000-10-10
◎文化产业兴云南/和平//人民日报 2000-11-02
◎文化产业应主动迎接入世挑战 /徐晋//经济日报 2000-12-07
◎文化创业空间究竟有多大/万伟 高歌 索谦//经济日报 2000-10-27
◎文化经纪人先经营好自身/钟文//中国文化报 2000-09-28
◎文化明星与文化资本/金元浦//人民日报 2000-07-26
◎文化融入休闲中——我国休闲文化产业发展展望/成思危//光明日报 2000-12-21
◎文化深圳：一串春天的故事/鸣戈 尹昌龙 申文//中国文化报 2000-09-07
◎文化市场的现代化进程/高慕娟 姬建民//中国文化报 2000-07-24
◎文化市场管理需要信息化/闻思音//中国文化报 2000-09-18
◎文化市场新动向及加强管理的对策/覃厚彰//中国文化报 2000-07-19
◎文化事业与文化产业形成分野/孙若风//中国文化报 2000-12-05
◎文化消费：分流与攀升/李伟//中国文化报 2000-09-04
◎文化消费还需促进/魏风//中国文化报 2000-08-03
◎西部大开发与广西文化的创新与发展/蓝凌云//中国文化报 2000-07-20
◎西部开发文化为先/王磊 曹东安//中国文化报 2000-09-13
◎西部开发中的文化选择/杜英姿//人民日报 2000-09-02
◎西部文化资源有待规划和深加工/徐晋//中国文化报 2000-10-18
◎乡镇文化站——农村文化事业的重要依托/李文珊//中国文化报 2000-07-19
◎新龙年如何拓展国际文化市场：访文化部对外文化联络局局长李刚/李韵//光明日报 2000-02-03
◎新时代 新农民 新盛会/易萱//中国文化报 2000-07-20
◎研讨城市群文事业的可持续发展/杨鑫基//中国文化报 2000-12-27
◎也谈善待"襁褓"中的文化产业/焦雪岱//中国文化报 2000-12-20
◎依法行政 齐抓共管 营造优良文化环境/一鸣//中国文化报 2000-11-06
◎引爆文化经济的原子效应/徐立京//经济日报 2000-07-06
◎应加快发展我国文化产业/孙明泉//光明日报 2000-04-14
◎应重视文化产业经营人才的培养/李静//中国文化报 2000-11-22
◎迎接西部开发 弘扬民族文化/唐现春//中国文化报 2000-08-22
◎用民族文化铸造民族品牌/令平//甘肃经济日报 2000-11-08
◎云南唱响民族文化大戏/汪波//人民日报 2000-06-15
◎在服务中起步/林茂洲//中国文化报 2000-08-03
◎在市场经济条件下做好群文工作/张晓雁//中国文化报 2000-10-24
◎在演唱会的后面与外面/浙友//中国文化报 2000-10-26

◎怎样打开剧团的市场之门/洪丽萍//中国文化报 2000-07-31
◎中国高度重视文化事业/施晓慧//人民日报 2000-09-08
◎中国社会科学院文化研究中心成立暨文化研究与文化产业发展战略研讨会在京召开//光明日报 2000-10-24
◎中国文化产业：入世前的自检与前瞻/徐晋//中国文化报 2000-11-08
◎中国优秀文化网站评估调查揭晓/石磊//中国文化报 2000-07-13
◎抓品牌 打特色 促发展/曹阜金//中国文化报 2000-09-06
◎走出文化产业的认识误区/王业群//中国文化报 2000-07-06
◎走向新世纪的唐山文化/董成//中国文化报 2000-09-02
◎作为产业的文化在精神文明建设中的作用/王子平//光明日报 2000-05-09

2001 年

◎"韩流""汉流"交流/宋合意//中国文化报 2001-12-250
◎"入世"后必须加强我国文化安全/张平//中国文化报 2001-11-07
◎2000 年文化市场十大新闻/黄小驹//中国文化报 2001-01-08
◎WTO 条件下中国文化产业的发展方向/乔然//经济日报 2001-12-27
◎WTO 与中国的文化产业/孟晓驷//经济日报 2001-12-27
◎保护和开发区域性民族文化/陈学璞//中国文化报 2001-04-19
◎北京：倾力打造古都风貌/吴坤胜//人民日报 2001-05-24
◎北京将着力发展文化产业/刘贵民 关羽//中国文化报 2001-02-28
◎北京文化产业发展态势分析（上）/钱光培//中国文化报 2001-10-10
◎北京文化产业发展态势分析（下）/钱光培//中国文化报 2001-10-24
◎不断深化文化产业研究/田丰//中国文化报 2001-05-31
◎长沙市文化产业课题公开招标 中标课题组将获 40 万元奖金/韩棕树//中国文化报 2001-01-17
◎陈忱：专注于民族文化产业发展/李静//中国文化报 2001-06-06
◎充分发挥行政审判职能作用 保障整顿规范市场经济秩序/李国光//人民法院报 2001-05-20
◎打开腾飞的翅膀：关于文化市场与文化产业的思考/刘红武//中国文化报 2001-11-07
◎打造文化"主力军团"/卢新宁//人民日报 2001-11-20
◎大力发展文化产业/金一伟//光明日报 2001-09-01
◎大力加强农村文化建设/罗云川 陈新华//中国文化报 2001-10-11
◎点击中国文化产业的"软肋"/王玉印//中国文化报 2001-12-19
◎对借鉴西方文化的思考/薛亚玲//光明日报 2001-11-20
◎多出优秀作品 重视文化产业/王俊海//中国文化报 2001-02-24
◎发挥文化设施的空间效益/黄吉林//中国文化报 2001-04-25
◎发挥优势 转变观念 加快发展/包东波 陈卫军//中国文化报 2001-05-23
◎发挥资源优势 建设文化大市/伊志友 孔德安//中国文化报 2001-11-08
◎发掘历史的"金矿"/卢新宁//人民日报 2001-10-23
◎发扬优秀传统 建设先进文化/李玉梅//中国文化报 2001-09-04
◎发展农村文化产业对策/赵秀忠//中国文化报 2001-06-27
◎抚州文化产业开发渐入佳境/黄乐程 戢灿光//经济日报 2001-03-11
◎公共文化设施须立法/吴少瑜 于万东//中国文化报 2001-09-27
◎公共文化设施要走可持续发展之路/姚德发 吴少瑜//中国文化报 2001-02-22
◎关于发展文化产业的十个问题/黎元江//光明日报 2001-08-25
◎关于加入 WTO 后培育和发展文化产业的思考/刘宽忍//中国文化报 2001-11-27
◎关于深圳市文化立法"十五"规划的构想/王跃//中国文化报 2001-02-22
◎关于文化工业的对话/广东省社科院研究员/单世联 南帆//光明日报 2001-05-10
◎广东文化产业大调研/陈杏//中国文化报 2001-08-23
◎广东文化市场走向法制化、规范化//中国文化报 2001-09-24
◎广东文化事业万紫千红/师歌//中国文化报 2001-04-12
◎广州文化产业 5 年内年收入将达 600 亿元/陈建//中国文化报 2001-09-26
◎贵州民族地区文化建设异常艰难/林理//中国文化报 2001-03-21
◎国际贸易争端中文化与贸易的交叉争议/程大为//经济日报 2001-08-23
◎韩国媒体关注中国/薛飞//人民日报 2001-12-14
◎韩国文化产业抢滩北京/曲彦萍//中国文化报 2001-10-13
◎湖南发展文化产业的战略思考/唐之享//光明日报 2001-07-18
◎湖南文化产业千帆竞发 四川文化产业招商引资/韩棕树 钟欣//中国文化报 2001-03-14
◎徽州文化：明清文化的标本/朱万曙//光明日报 2001-06-12
◎积极进行文化创新 努力繁荣先进文化/毛琦//中国文化报 2001-08-30
◎基层文化市场管理之我见/王晓蓉 高胜才 毋世杰//中国文化报 2001-12-24
◎激浊扬清待有时：2001 年文化市场回眸/崔成泉//中国文化报 2001-12-31
◎加快发展文化产业/张和平//人民日报 2001-07-17
◎加强机关管理 服务文化事业/梁扉//中国文化报 2001-06-07
◎加入 WTO 对我国文化产业的影响和对策/王慧芬//中国文化报 2001-12-19
◎坚持不懈地整顿和规范市场经济秩序//人民日报 2001-05-09
◎坚持先进文化前进方向，提升文化市场管理水平/谢文富//中国文化报 2001-12-20.
◎建立具有中国特色科学的文化管理学/刘德有//中国文化报 2001-03-09
◎建立文化事业科学的筹资机制/吴华//中国文化报 2001-04-18
◎江苏出台新一轮文化经济政策/苏文//中国文化报 2001-06-20
◎江苏大力发展文化事业/龚永泉 顾兆农//人民日报 2001-11-25
◎江苏兪起文化经济学/李静//中国文化报 2001-09-26
◎江苏文化工作的重点：完善文化产业政策/李静//中国文化报 2001-01-17
◎蒋昌忠代表的文化产业发展思路/徐晋//中国文化报 2001-03-14
◎结构调整：文化产业的规模扩张/中共广州市委宣传部研究室//中国文化报 2001-07-26
◎金融业：应面向文化产业开拓市场/尔豪 周钦//中国文化报 2001-11-21
◎警惕西方的文化渗透/苏旭//光明日报 2001-06-14
◎警惕艺坛媚俗文化泛滥/仲呈祥//人民日报 2001-12-16
◎牢牢把握先进文化 创建特色文化大省/李晓燕//中国文化报 2001-08-09

⊙李白文化遗产与文化产业/肖薇 吴咏虹//光明日报，2001-09-28
⊙李岚清在全国整顿和规范文化市场秩序电视电话会议上强调，贯彻落实“三个代表”重要思想，大力整顿和规范文化市场秩序//人民日报 2001-08-17
⊙联合国教科文组织通过《文化多样性宣言》/卢苏燕//中国文化报 2001-11-06
⊙民族文化也要建立生态保护区/包泉万//中国文化报 2001-03-07
⊙内蒙古确定“十五”文化目标/姜永生//中国文化报 2001-03-10
⊙农村文化工作必须着眼于大文化建设/李晓林//中国文化报 2001-10-17
⊙农村文化是一件大事/徐晋//中国文化报 2001-03-15
⊙农民有热情有能力繁荣文化/缪小星 刘朝文//中国文化报 2001-09-19
⊙努力把青海建设成为特色文化大省/陈秉智//中国文化报 2001-07-07
⊙努力增创文化发展新优势/陈杏//中国文化报 2001-04-26
⊙培养我们自己的文化经纪人/汪建根//经济日报 2001-05-09
⊙破解视觉神话/方不割//中国文化报 2001-07-31
⊙全面推进先进文化建设/刘明珂//光明日报 2001-09-08
⊙全球化与中国先进文化的两个基本取向/陈胜利//中国文化报 2001-11-03
⊙确立全新的文化发展战略思维/王俊海//中国文化报 2001-08-16
⊙确立社区文化建设的有效机制/王平//中国文化报 2001-06-27
⊙确立新世纪宁夏文化事业发展框架/马慧玲//中国文化报 2001-09-15
⊙让社会主义文化在音像市场居主导地位/张新建 赵和平//光明日报 2001-12-12
⊙人文知识分子的产业之志/孙若风//中国文化报 2001-08-21
⊙认识“文化工业”的另一种视角/陈胜利//中国文化报 2001-07-28
⊙上海文艺体制改革的新手笔/娄靖//人民日报 2001-06-19
⊙深化预算管理改革 推进文化事业发展/陈丽萍 侯南疆//中国文化报 2001-12-22
⊙审美文化与华服创制/邢煦寰//中国文化报 2001-11-20
⊙实现市民的文化权利/王京生//中国文化报 2001-02-10
⊙世纪竞争：文化生产力/金元浦//中国文化报 2001-03-24
⊙市场经济呼唤文化创新/阚云忠//中国文化报 2001-06-30
⊙谁是我们这个时代的文化英雄/武善增//中国文化报 2001-07-28
⊙四川率先出台文化产业“十五”规划/川文//中国文化报 2001-01-03
⊙四川农村文化大餐丰富多彩/刘裕国//人民日报 2001-01-29
⊙太仓文化产业形成“联合舰队”/刘永泉//中国文化报 2001-10-10
⊙提高文化事业发展中的高科技含量/许乐//中国文化报 2001-09-06
⊙天津文化：以提高品位为中心/王宝珠 张建新//中国文化报 2001-02-10
⊙庭院文化：相伴庭园经济/林理//中国文化报 2001-08-22
⊙推进社会主义文化产业发展的有益探索/樊建国//光明日报 2001-02-09
⊙推进文化产业发展走可持续发展之路/沈瑞龙 王燕芬 黄霞芬//中国文化报 2001-09-19
⊙推进文化市场步伐，发掘文化产业潜力：2001 年文化市场、产业发展展望/刘亚东//中国文化报 2001-02-12
⊙网络时代大势：文化产业与信息产业汇流/张晓明/刘钢//中国文化报 2001-02-14
⊙网络时代的群众文学写作/周航//中国文化报 2001-04-04
⊙为了净化文化市场/吕网大//人民日报 2001-05-08
⊙为群众文化管理培养专业人才/张黎明//中国文化报 2001-09-05
⊙为中国艺术产业出谋划策/陆璐//中国文化报 2001-12-03
⊙文化：为长沙经济助力/孙振华//人民日报 2001-12-24
⊙文化产业：21 世纪的支柱产业/徐涟//中国文化报 2001-03-14
⊙文化产业：天津跨越式发展的新支点/江立云 郑广怀//中国文化报 2001-07-04
⊙文化产业单位需要摒弃的六种用人弊端/鈇羿//中国文化报 2001-07-04
⊙文化产业发展的体制思考/郎香萍//中国文化报 2001-04-11
⊙文化产业发展与国家文化安全/乐后圣//中国文化报 2001-08-18
⊙文化产业开发浅见/杨震望//中国文化报 2001-06-13
⊙文化产业前景广阔/刘玉琴//人民日报 2001-05-15
⊙文化产业兴云南/和平//人民日报 2000-11-02
⊙文化观念加速变革/徐晋//中国文化报 2001-12-15
⊙文化市场的健全与文化经纪人的培养/宗晓军//中国文化报 2001-12-20
⊙文化消费市场空间巨大/李俏//中国文化报 2001-03-28
⊙文化资产公司的运作与发展/杨燕//中国文化报 2001-04-11
⊙无锡市民重视文化消费/朱庆/佘辰//光明日报 2001-08-18
⊙西部农村文化：期待破茧而出/林理//中国文化报 2001-08-08
⊙先进文化——经济发展的动力/金山//中国文化报 2001-11-08
⊙先进文化与文化市场/刘恒志//中国文化报 2001-07-14
⊙小城镇文化发展的战略选择/刘先畅//中国文化报 2001-10-17
⊙新经济进程中的文化力竞争与对策/李建平//中国文化报 2001-02-15
⊙迅速整顿规范文化市场秩序/曲志红//人民日报 2001-04-14
⊙一年一个样 三年大变样/金蜀//中国文化报 2001-01-19
⊙依托民族文献资源 参与信息市场竞争/王才//中国文化报 2001-11-21
⊙以产业眼光看潮剧广场戏的市场前景/张昱//中国文化报 2001-12-27
⊙以实际行动发挥先进文化的影响力/徐恒秋 王晓满//中国文化报 2001-08-28
⊙艺术产业在尴尬中如何突围/邢兆远//光明日报 2001-10-02
⊙艺术经营管理人才的开发与培养/李立中//中国文化报 2001-04-25
⊙艺术团体应兼重经营性与事业性/张鸣//中国文化报 2001-03-14
⊙艺术只有贴近人民 人民才会喜欢艺术/佘明辉 李安仁 杨建伟 邹蓬//中国文化报 2001-05-01
⊙用“三个代表”思想 整合文化资源/方治齐//中国文化报 2001-07-26
⊙与时俱进——先进文化发展的必然要求/王俊海//中国文化报 2001-09-06
⊙云南：民族文化的风姿/汪波//人民日报 2001-07-24
⊙再创农村文化建设辉煌/贺清//中国文化报 2001-12-20
⊙展望民俗文化产业开发/郑纯方//中国文化报 2001-08-01
⊙展望民营文化产业的发展/聂道龙//中国文化报 2001-09-12
⊙招商靠传统文化 唱戏在经济舞台/王秋和//经济日报 2001-05-31
⊙浙江出台文化经济政策/柳河//中国文化报 2001-04-21
⊙浙江农村文化风景正好/许杰//中国文化报 2001-07-11

⊙浙江着力文化建设创经济优势/袁亚平//人民日报 2001-05-12
⊙整顿文化市场 弘扬先进文化//人民日报 2001-08-17
⊙正确处理发展文化产业的几个关系/周正刚//光明日报 2001-12-1
⊙知识经济对文化建设的影响/赵秀忠//中国文化报 2001-03-08
⊙中国社科院文化产业研究机构启动/李静//中国文化报 2001-01-17
⊙中国文化产业要有全球意识/徐晋//中国文化报 2001-04-10
⊙抓住先进文化的着力点/梁鸿鹰//中国文化报 2001-08-28
⊙专家为开发西部文化产业进言/宫苏艺//光明日报 2001-06-13
⊙壮大我国民族文化产业的国际竞争力/孟晓驷//中国文化报 2001-07-04
⊙走向新世纪的云南民族文化艺术/贺光曙//中国文化报 2001-01-16
⊙遵循“三个代表”重要思想 积极开创文化事业未来/徐涟 孙若风//中国文化报 2001-02-22

✲行业研究论文资料索引

图书、报刊产业

1979 年

- ⊙“六一”前后出版大量少年儿童读物//光明日报 1979-05-29
- ⊙《宝古斋》画刊出版//光明日报 1979-08-31
- ⊙编译出版少数民族文字科技图书//光明日报 1979-04-24
- ⊙充分利用图书资料为四化服务，首都图书馆、北京市科技情报所联合开设阅览室//光明日报 1979-04-03
- ⊙国家出版局召开北京地区部分出版社编辑工作座谈会，深入批判出版界的“两个估计”//光明日报 1979-03-22
- ⊙河南省出版局严肃处理滥印升学辅导材料事件//光明日报 1979-04-06
- ⊙回忆延安时期的新华书店/周保昌//光明日报 1979-09-01
- ⊙九大城市外国科技书展圆满结束//光明日报 1979-04-03
- ⊙科教片发行放映中亟待解决的几个问题//光明日报 1979-10-07
- ⊙美国出版业的一些动向/许邦兴//光明日报 1979-01-04
- ⊙努力做到教材“课前到书，人手一册”——第二次全国教材出版发行工作会议在京召开//光明日报 1979-02-25
- ⊙千方百计做好教材发行工作/张凯峰//光明日报 1979-03-23
- ⊙全国科普报刊编辑研究委员会在沪召开会议//光明日报 1979-11-22
- ⊙全国书刊印刷工作会议在太原召开//光明日报 1979-09-26
- ⊙刹住滥编滥印之风//光明日报 1979-07-04
- ⊙商务印书馆、中华书局举行座谈会提出和台湾同仁建立联系，交换出版物等倡议//光明日报 1979-04-14
- ⊙上海市印刷公司多印快印大中小学教科书，赣浙闽沪三省一市实行教材印刷发行协作//光明日报 1979-03-07
- ⊙受科技人员欢迎的书店//光明日报 1979-03-30
- ⊙苏联出版中国古代著作//光明日报 1979-11-09
- ⊙图书供应如何适应四化的急需？/焦琴颐//光明日报 1979-04-03
- ⊙图书情报工作必须走在科研工作的前面，中国科学院召开图书情报工作会议//光明日报 1979-01-18
- ⊙我对外翻译出版公司成立//光明日报 1979-11-20
- ⊙我国出版八十多种高校文科教材//光明日报 1979-11-25
- ⊙我国教材编辑出版发行工作取得很大成效//光明日报 1979-02-25
- ⊙我们对非法出版物的调查/浙江出版局//光明日报 1979-07-04
- ⊙西德科技图书出版发行掠影/刘文霞//光明日报 1979-06-21
- ⊙西德图书展览在京开幕//光明日报 1979-06-06
- ⊙迅速改变出版唱片的落后局面/廖小雄//光明日报 1979-03-21
- ⊙扬州市恢复刻印线装木板古籍//光明日报 1979-01-10
- ⊙增强人民性，提倡真实性，发挥战斗性——北京地区国庆三十周年学术讨论会新闻学组提出对报纸的要求//光明日报 1979-10-28
- ⊙招远县新华书店农业科技书籍发行工作越做越活//光明日报 1979-01-05
- ⊙中国出版工作者协会成立//光明日报 1979-12-22

1980 年

- ⊙《半月谈》即将出版发行//光明日报 1980-05-04
- ⊙《长征日记》出版//光明日报 1980-01-16
- ⊙《辞海》缩印本出版//光明日报 1980-08-14
- ⊙《科学技术百科全书》中译本陆续出版//光明日报 1980-05-01
- ⊙《时代的报告》在京创刊发行//光明日报 1980-04-11
- ⊙《文史知识》杂志即将创刊//光明日报 1980-12-14
- ⊙《新观察》半月刊即将复刊//光明日报 1980-05-14
- ⊙《中国大百科全书？农业卷》和《中国农业百科全书》已筹备出版//光明日报 1980-04-04
- ⊙《中国大百科全书？天文学》年底出版//光明日报 1980-10-11
- ⊙《中国史稿地图集》上册即将出版//光明日报 1980-09-14
- ⊙《中国现代文学史》出版发行//光明日报 1980-05-25
- ⊙别开生面的科学杂志《潜科学》创刊//光明日报 1980-11-28
- ⊙春风得意马蹄疾——访齐鲁书社/谷方//光明日报 1980-11-17
- ⊙大型故事集《三六五夜》即将发行//光明日报 1980-11-06
- ⊙地方出版社今年出版科技新书一千二百多种//光明日报 1980-12-04
- ⊙电视报刊陆续创刊出版//光明日报 1980-12-12
- ⊙繁花盛开的全国书市/郑德鑫//光明日报 1980-10-21
- ⊙旅大市新华书店为业余学校提供教材//光明日报 1980-06-24
- ⊙齐鲁出版社出版一批具有民间和地方特点的新书//光明日报 1980-07-28
- ⊙全国教育期刊经验交流会在京举行//光明日报 1980-03-31
- ⊙全国已有二十七种少年儿童刊物//光明日报 1980-08-02
- ⊙山东省《大众日报》对国外发行//光明日报 1980-01-04
- ⊙商务印书馆出版一批新的工具书//光明日报 1980-10-09
- ⊙时事出版社在北京成立//光明日报 1980-11-05
- ⊙四川人民出版社立足本省面向全国，多出书快出书出好书//光明日报 1980-02-03
- ⊙提高图书发行工作质量，重视社会效果//光明日报 1980-08-02
- ⊙我国第一本图集《大熊猫》即将出版//光明日报 1980-10-04
- ⊙我国古代地理巨著《徐霞客游记》即将出版//光明日报 1980-12-11
- ⊙我国少儿读物创作和出版工作成绩显著//光明日报 1980-05-29
- ⊙西藏整理出版古典和民间文学遗产//光明日报 1980-01-02
- ⊙小谈“版权印证”/陈巧孙//人民日报 1980-11-27
- ⊙孝感县新华书店坚持出租图书//光明日报 1980-10-20
- ⊙新版《新华字典》出版陆续发行//光明日报 1980-07-20
- ⊙要重视学术性刊物的出版工作//光明日报 1980-11-10
- ⊙一九八零年全国书市在京开幕//光明日报 1980-10-07
- ⊙中国林业出版社恢复//光明日报 1980-07-25
- ⊙中国少年儿童出版社成立特约发行处//光明日报 1980-06-02
- ⊙中国书店开放接待中外读者//光明日报 1980-02-24
- ⊙中美合办《计算机世界》创刊//光明日报 1980-10-30

1981 年

- 《大众电影》销量突破八百万份//光明日报 1981-02-03
- 《连环画报》成为我国最畅销文艺刊物//光明日报 1981-01-15
- 《瞭望》月刊创刊//光明日报 1981-04-05
- 《刘少奇选集》上卷将于年内出版//光明日报 1981-06-28
- 《萌芽》杂志复刊//光明日报 1981-01-05
- 《少年科普报》向全国发行//光明日报 1981-08-04
- 《孙中山全集》第一集将出版//光明日报 1981-04-23
- 《文物》月刊出版第三百期//光明日报 1981-05-26
- 《中国共产党中央委员会关于建国以来党的若干历史问题的决议》出版//光明日报 1981-07-02
- 《中国经济年鉴》将于七月出版//光明日报 1981-04-13
- 《中华大字典》重印出版//光明日报 1981-05-03
- 《周恩来选集》上卷发行//光明日报 1981-01-02
- 北京举行报刊发行宣传推广大会//光明日报 1981-11-01
- 采取措施制止非法出版活动/王国梁//光明日报 1981-07-31
- 出版界的一支"新兵"——中国对外翻译出版公司/缪群//光明日报 1981-11-23
- 从小报老板到国际报业大王——澳大利亚富商基思·鲁珀特·默多克/黄建大//光明日报 1981-04-23
- 大型连环画《西游记》陆续出版//光明日报 1981-02-13
- 江阴县新华书店适应农村大好形势需要，送书下乡办"书展"收到农村读者欢迎//光明日报 1981-03-18
- 解放军文艺社庆祝建社三十周年//光明日报 1981-05-27
- 经过五年来的研究、校订和注释工作 新版《红楼梦》即将问世//光明日报 1981-10-15
- 鲁迅、茅盾合编的《草鞋脚》首次出版//光明日报 1981-09-05
- 马尼拉国际书市的"一颗明星"——记中国国际书店的书展/杜展鹏//光明日报 1981-12-22
- 全国文艺期刊达六百多种//光明日报 1981-05-22
- 认真解决农村读物缺乏、农民买书困难的问题，全国农村读物出版工作会议在京举行//光明日报 1981-03-18
- 上海重视出版有较高水平的学术性图书//光明日报 1981-05-18
- 神田书店街散记/姜殿铭//光明日报 1981-01-17
- 书刊出版业人才短缺//人民日报 1981-03-23
- 我国第一部系统的妇产科专著出版//光明日报 1981-07-27
- 我国公共图书馆事业日渐兴旺，目前县以上公共图书馆已达一千七百多个，拥有图书两亿一千万册//光明日报 1981-05-15
- 我国科普宣传网初步形成//光明日报 1981-08-04
- 我国连环画内容丰富多彩//光明日报 1981-01-17
- 我国农村读物出版工作不断加强//光明日报 1981-12-04
- 新版《鲁迅全集》正式出版//光明日报 1981-09-11
- 一九八一年《中国百科年鉴》出版//光明日报 1981-09-12
- 一张别开生面的报纸——读英文《中国日报》/明中//光明日报 1981-06-01
- 英文报纸《中国日报》今日创刊//光明日报 1981-06-01
- 中国书店举办图书展销//光明日报 1981-10-02
- 中国图书行销全球，三十一年来对外发行书籍一亿七千万册//光明日报 1981-02-17
- 中华书局编辑部召开佛教典籍整理讨论会//光明日报 1981-11-01

1982 年

- 《中国出版年鉴》一九八一年刊出版//光明日报 1982-06-10
- 东沟县农村图书发行工作迅速发展//光明日报 1982-12-17
- 发展集体、个体所有制书店书摊，支持出版社自办发行，江苏新华书店改变独家经营局面/杨开民//光明日报 1982-12-16
- 黑龙江省出版局给国家出版局的调查报告//光明日报 1982-05-16
- 去年农村图书发行量显著增长//光明日报 1982-03-11
- 全国儿童剧创作，儿童读物出版加快步伐//光明日报 1982-05-21
- 全国图书发行量去年达到四十九亿册//光明日报 1982-06-12
- 全国优秀科技图书发奖大会在京举行//光明日报 1982-02-18
- 台湾出版业倒闭风突起//人民日报 1983-08-21
- 文化部就"买书难"问题召开座谈会提出解决措施，改革由新华书店独家经营的图书发行体制/马雨农//光明日报 1982-06-19
- 我国出版报纸四百七十多种//光明日报 1982-11-11
- 我国第一部音乐有声图书问世//光明日报 1982-08-25
- 我国第一家农业书店元旦在京开业//光明日报 1982-01-02
- 我国图书发行工作取得新进展，去年全国书店销售图书五十亿册达到十七亿元//光明日报 1982-03-11
- 西欧报业见闻/关在汉//人民日报 1983-01-16
- 英国的"电视报纸"/孙文芳//光明日报 1982-02-05
- 制止非法出版活动//光明日报 1982-05-16
- 中国书店将举办"五月图书展销会"//光明日报 1982-04-27

1983 年

- 1982 年度全国优秀科技图书发奖大会在京举行//光明日报 1983-07-07
- 北京市新华书店设立读者接待站//光明日报 1983-03-15
- 北京市召开报刊宣传推广大会//光明日报 1983-10-16
- 出版工作的光荣使命/本报评论员//光明日报 1983-01-09
- 出版工作在精神文明发展和建设中的作用/袁亮//光明日报 1983-07-30
- 从全国科技书市看读者需求/李琪//经济日报 1983-12-01
- 代销图书三十年——记图书发行表彰大会特邀代表个体户王德琪//光明日报 1983-04-15
- 改变单一发行体制，攸县图书发行量创历史纪录//光明日报 1983-01-31
- 个体图书发行员吴希学走村串户，去年销售各种图书一万八千多册//光明日报 1983-02-10
- 建议成立中国教材出版总公司，实行教材建设专业化//光明日报 1983-03-23
- 江西人民出版社积极配合爱国主义教育，出版百余种具有乡土特色的图书//光明日报 1983-01-03
- 交通书店在京开业//光明日报 1983-08-09
- 经教育部批准恢复高等教育出版社//光明日报 1983-11-22
- 全国出版工作在京闭幕//光明日报 1983-01-09
- 全国科技图书书市将在京举办/李琪//经济日报 1983-09-19
- 日本出版物文库阅览室在京开幕//光明日报 1983-05-12
- 世界知识产权组织大会在日内瓦召开，我国家专利局长黄坤益当选为会议主席//光明日报 1983-10-01
- 首届全国科技图书书市在京举行//光明日报 1983-10-05

◎四川人民出版社“要做出版家，不当出版商”自勉，坚决不出社会效果不良的图书//光明日报 1983-11-01
◎图书发行改革有了良好开端，出版局局长边春光指出，要防止单纯追求利润使精神产品商业化//光明日报 1983-03-26
◎图书发行如何满足读者的需要，中国青年出版社、少年儿童出版社采取征订包销和分配试销相结合的办法，解决读者买书难的问题//光明日报 1983-10-04
◎为解决农民买书难的问题，眉山组织农村图书发行员上门卖书//光明日报 1983-09-23
◎写好少年儿童历史读物——为《中国历史故事》的出版而作/白寿彝//光明日报 1983-06-01
◎友谊出版公司在京成立//光明日报 1983-01-08
◎中共中央、国务院《关于加强出版工作的决定》指出，要把出版工作放在前所未有的重要地位//光明日报 1983-06-28
◎中国图书进口总公司配合科研攻关，改进书刊供应工作//光明日报 1983-08-30
◎中国图书在国外/武庭杰//光明日报 1983-03-09
◎中国为世界科学文化交流作出贡献——记法兰克福国际图书博览会中国科学图书展出盛况/张立政//光明日报 1983-12-26
◎总结经验教训，明确方针任务，全国出版工作会议在京闭幕//光明日报 1983-01-09

1984 年

◎“深圳特区”图书贸易中心成立//光明日报 1984-07-01
◎《当代中国》丛书编辑部负责人就丛书编辑出版工作答记者问//光明日报 1984-06-14
◎报纸新闻漫画展览在京结束//经济日报 1984-10-08
◎北京市报刊零售总公司成立//光明日报 1984-12-20
◎出版业中将使用先进电子技术//人民日报 1984-10-17
◎各地科技报发行量两年内猛增//光明日报 1984-05-23
◎广东岭南美术出版社去年盈利 212 万元，为何贡献越来越大奖金却越来越少？//光明日报 1984-04-25
◎建议书店搞多种经营/潘国彦//光明日报 1984-08-03
◎开架售书难吗？//光明日报 1984-04-08
◎农业出版社出版一批适应农业新形势的读物//光明日报 1984-04-02
◎全国地方出版工作会议提出应给脑力劳动者以更多报酬//光明日报 1984-05-28
◎全国平均每四个人有一期报刊//光明日报 1984-02-16
◎全国新华书店将推行经营责任制//光明日报 1984-06-29
◎上海科技书店和新华书店上海发行所储运部搞改革为何半途夭折/余传诗//光明日报 1984-06-27
◎台湾出版业大量出版大陆游记/达生//人民日报 1984-01-03
◎文化艺术出版社编辑人员工作热情高干劲大//光明日报 1984-02-05
◎我国将出口中文报刊七百多种//光明日报 1984-01-23
◎我国已出版各种年鉴五十二种//光明日报 1984-04-16
◎我国邮局发行的报刊已达三千种//光明日报 1984-03-12
◎新华书店北京发行所成立京华图书发行服务公司//光明日报 1984-12-11
◎一九八三年度全国优秀科技图书发奖大会举行，六十八种优秀科技图书获奖/刘路沙//光明日报 1984-07-11
◎中国图书行销一百八十二个国家和地区//光明日报 1984-09-08

1985 年

◎《无线电》为何发行量居全国科普杂志之冠？//光明日报 1985-01-21
◎报业怪杰默多克/牛铁航//经济日报 1985-03-24
◎北京市平均每人订阅一份报纸//光明日报 1985-02-14
◎北京市图书进出口公司成立//光明日报 1985-11-19
◎北京图书展销服务中心开业//光明日报 1985-02-21
◎出版工作要把社会效益放在首位/本报评论员//光明日报 1985-12-07
◎出版工作者的社会责任/许力以//光明日报 1985-07-19
◎出版社也要有远大志向/赵明//光明日报 1985-08-03
◎出版学术著作，需要支持赞助/袁苹//光明日报 1985-01-18
◎从统计数字看世界和中国的出版/王益//中国文化报 1985-12-16
◎邓力群要求新闻工作者当好党和政府的喉舌//光明日报 1985-07-06
◎第六届全国好新闻评选揭晓//光明日报 1985-05-22
◎电脑编排新技术已应用于出版业//光明日报 1985-05-03
◎丁玲建议在报刊上继续讨论出版体制问题加速改革促使出版业日益繁荣/孙燕君 余良军//经济日报 1985-01-05
◎发挥图书馆在两个文明建设中的作用//光明日报 1985-07-25
◎国家版权局成立//人民日报 1985-08-08
◎国家版权局局长边春光就国家版权局的设立答记者问//人民日报 1985-09-13
◎河北省初步形成多渠道图书发行网//光明日报 1985-01-08
◎黑龙江省出版系统建立广泛图书信息网络//光明日报 1985-02-02
◎湖南录像管理开始走向正规//光明日报 1985-08-24
◎湖南实行出版合同制 大大缩短了出书周期//光明日报 1985-01-21
◎建议上海出版业提高编辑人才素质/赵霄云//经济日报 1985-01-31
◎两书市在京举办//经济日报 1985-08-14
◎辽宁加强对图书报刊市场的管理//光明日报 1985-02-03
◎农业出版工作要为两个转化服务/刘瑞龙//光明日报 1985-03-01
◎全国出版部门将积极稳妥地进行改革//光明日报 1985-04-25
◎全国出版社总编辑会议要求各级各类出版社提高图书质量//光明日报 1985-12-05
◎群策群力，综合治理，搞好出版发行工作/宋木文//光明日报 1985-12-23
◎让中国书刊更多地在西欧传播——在联邦德国访问三家书商/田积金//经济日报 1985-11-24
◎如何提高印刷出版生产能力，上海出版局局长王同忠提出建议/余传诗//光明日报 1985-07-21
◎为解决买书难题，文化部出版局决定进一步改造图书发行体制/庄建//光明日报 1985-05-01
◎文化部、财政部、国家工商行政管理局发出通知 加强出版管理对违反规定者要予以制裁//光明日报 1985-12-08
◎我国出版发行工作亟待实行综合改革//光明日报 1985-11-12
◎我国出版物运销到世界各地//光明日报 1985-03-15
◎我国进口书刊将有较大改革//光明日报 1985-02-15
◎我国图书发行体制将进行改革//光明日报 1985-04-17
◎学林出版社试行自费出书，挖掘了一批有价值的出版物/余传诗//光明日报 1985-06-03
◎一九八四年全国人均购书六本//光明日报 1985-01-25

◎浙江省出版部门出版有学术价值和地方特色的图书/马雨农//光明日报 1985-09-18
◎中国群众文化学会成立，暨第一次群众文化学术会议在成都召开//中国文化报 1985-11-29
◎中国图书销外国——访中国国际图书贸易总公司/余章瑞//人民日报 1985-01-02
◎中宣部出版局局长许力以说——按经济规律办出版发行/汪洋//经济日报 1985-01-31
◎总结经验，吸取教训，端正方向，开创出版工作新局面——边春光同志谈出版工作的三条经验教训/边春光//中国文化报 1985-12-16

1986 年

◎把图书发行工作搞活//光明日报 1986-05-05
◎报纸如何进行自身改革，以适应经济改革和政治改革的形势？//光明日报 1986-09-22
◎北京地区九家音像出版单位成立教育音像出版联合体//光明日报 1986-09-05
◎北京建立十八家专业书店/庄建//光明日报 1986-09-15
◎北京市新华书店举办专业图书展销月//光明日报 1986-08-24
◎本报等十四家新闻出版单位将举行“报刊宣传发行日”活动//光明日报 1986-10-01
◎沉重的经济负担，湖南出版界采访随笔（一）/陶铠//光明日报 1986-10-19
◎各方面的掣肘何其多？湖南出版界采访随笔（二）/陶铠//光明日报 1986-10-22
◎出版、发行要同舟共济，湖南出版界采访随笔（三）/陶铠//光明日报 1986-10-24
◎“专”与“杂”，“杂”与“经营”，湖南出版界采访随笔（四）/陶铠//光明日报 1986-10-26
◎青年编辑的呼声，湖南出版界采访随笔（五）/陶铠//光明日报 1986-10-28
◎出版社的书全部由新华书店包销好不好//光明日报 1986-11-22
◎出版社如何形成自己的出版优势，辽宁科技出版社主动开发某些学术研究领域取得经验/余传诗//光明日报 1986-08-25
◎出版业第一家中外合资企业组成/纪哲//经济日报 1986-07-15
◎传播文明的新事业——我国音像出版业方兴未艾/龚永泉//人民日报 1986-07-21
◎促进我国图书出版业的现代化，中国标准书号明年元旦实施//人民日报 1986-09-04
◎读者意向有无变化，图书市场是否萎缩，发行渠道如何理顺，首都社科书市启示多/吴义川 曹焕荣//人民日报 1986-09-16
◎赋税重、投资少、贷款难，影响了出版业发展/庄建//光明日报 1986-06-26
◎共商图书发行体制改革大计，探讨寻求买书难的解决途径，全国图书发行工作会议昨在京结束/庄建//光明日报 1986-05-04
◎国家版权局有关负责人要求，加强版权管理，维护作者权益//人民日报 1986-06-18
◎国家出版局、工商管理局和公安部联合通知，采取有力措施坚决取缔非法出版活动//光明日报 1986-03-31
◎国家教委奖励优秀教育影视片/王劲松//光明日报 1986-05-30
◎湖南供销社与出版发行部门试行联营/徐德火//经济日报 1986-07-29
◎湖南农村涌现千余家庭图书室//光明日报 1986-02-18
◎沪版图书开始进入国际市场//光明日报 1986-04-28
◎荟萃多种图书、吸引更多读者、建议让书市制度化固定化//光明日报 1986-11-02
◎建立全面版权保护制度刍议/郑成思//光明日报 1986-11-12
◎建议让书市固定化制度化//光明日报 1986-11-02
◎江苏出版总社形成本省图书特色和格局//光明日报 1986-05-13
◎近三十家文学期刊负责人要求进一步维护文学期刊的版权/盛祖宏//光明日报 1986-06-11
◎美做出保护知识产权计划/和铭//经济日报 1986-04-09
◎全国 150 多家出版社在京举办两大书市/曲志红//经济日报 1986-08-31
◎全国去年销售图书六十多亿册//光明日报 1986-04-26
◎全国图书展览在京开幕/余传诗//光明日报 1986-04-21
◎日本出版界的七个新动向/浩禰//中国文化报 1986-06-15
◎如何加速培养出版人才/张春林//光明日报 1986-07-30
◎如何扭转图书征订数量萎缩状况，应改革当前出版发行办法，支持自费出书//光明日报 1986-12-14
◎三十六家刊物获“乌金奖”//光明日报 1986-01-26
◎刹住滥编、滥印出版物歪风//光明日报 1986-03-31
◎上海出版业走向世界，与海外合作领域日趋广泛品种日渐增多，民族特色鲜明的图书在国际上大受欢迎/赵春祥 郭礼华//人民日报 1986-08-03
◎上海去年出版图书将近五亿册//光明日报 1986-01-27
◎社科出版社注重社会效益，一批有较高学术价值的著作问世/庄建//光明日报 1986-04-23
◎台出版业盛行“外印内销”//人民日报 1986-05-19
◎图书发行体制非改不可了/万木春//光明日报 1986-04-29
◎图书发行体制改革的启示/余传诗//光明日报 1986-05-07
◎为精神食粮告急——部分全国政协委员谈出版发行改革/黄景钧 傅旭//人民日报 1986-04-04
◎传播文明的新事业——我国音像出版业方兴未艾/龚永泉//人民日报 1986-07-21
◎新方针带来出版业的繁荣——粤湘川陕出版业巡礼之一/余章瑞//人民日报 1986-04-19
◎做社会主义出版家——粤湘川陕出版业巡礼之二/余章瑞//人民日报 1986-04-23
◎海内书林，湘版何以出众？——粤湘川陕出版业巡礼之三/余章瑞//人民日报 1986-04-28
◎风从窗口吹进——粤湘川陕出版业巡礼之四/余章瑞//人民日报 1986-05-02
◎新闻界进行大规模调查，系统揭示我国报业现状/曹焕荣//人民日报 1986-01-23
◎一件有利于出版事业繁荣的实事——赞全国优秀畅销书评奖活动/本报评论员//光明日报 1986-08-28
◎应尊重作家著作版权——萧乾与古华的通信//光明日报 1986-07-31
◎英法院查抄报业工会资产//经济日报 1986-02-12
◎在竞争中改进——南斯拉夫报业一瞥/朱维群//人民日报 1986-09-21
◎增强版权观念完善版权立法/沈仁干//光明日报 1986-08-10

1987 年

◎1986 年我国出版界十件大事//光明日报 1987-01-11
◎八年出版地图千余种，我国地图出版业跨进世界先进行列/杨

健//光明日报 1987-10-13
◎包括各个学科门类各种学说流派，全国图书出版体系初步形成/庄建//光明日报 1987-10-19
◎报刊应有一个合理的布局/本报评论员//光明日报 1987-07-20
◎北京春季图书交易会开幕/刘飒//光明日报 1987-04-11
◎北京将举办首届春季图书交易会//光明日报 1987-04-01
◎采取切实措施，打击非法出版活动/本报评论员//光明日报 1987-07-13
◎出版工作的三个薄弱环节/车冠光//中国文化报 1987-11-04
◎出版界竞争二要素说/车冠光//中国文化报 1987-10-07
◎出版界配套改革刍议/旷旷//中国文化报 1987-10-07
◎出版社体制改革三题/谭涛//中国文化报 1987-11-04
◎大学出版社大连书市结束/李天斌//经济日报 1987-10-13
◎党中央进驻延安初期的书刊发行工作/涂国林//光明日报 1987-04-15
◎地方出版社如何提高竞争力？河北人民出版社靠鲜明特色使读者刮目相看//光明日报 1987-12-10
◎第二届外国及港台地区音乐音像制品展销会开幕//光明日报 1987-03-29
◎非法出版活动的刑事责任问题初探/梁华//光明日报 1987-08-09
◎搞好报刊整顿工作/本报评论员//光明日报 1987-05-30
◎古旧书业有待振兴/郭仲义//经济日报 1987-09-27
◎关于版权的几个问题/郑寻//光明日报 1987-06-23
◎华北地区首届书市在天津举办//光明日报 1987-04-10
◎目前出版发行界存在的几个问题/王益//中国文化报 1987-08-26
◎南京新华书店改革发行体制搞活图书市场，发展书店与书店、书店与出版社之间的横向联系/毛荣方//光明日报 1987-04-20
◎盼私人图书交易市场兴旺起来/赵玉福//光明日报 1987-04-20
◎品种全、印数大、工艺精，地图出版业跨进世界先进行列/杨健 卓培荣//人民日报 1987-10-13
◎秋季书市今开张/郭仲义//经济日报 1987-09-20
◎全国版权工作座谈会举行//光明日报 1987-07-13
◎全国青年报刊评选昨在京揭晓//光明日报 1987-06-10
◎全国文学出版社总编辑座谈会强调，文学出版工作要为四化建设服务//光明日报 1987-08-03
◎全国政协新闻出版界委员紧急呼吁，邮电部门大幅度提高报刊发行费率，如不停止将不利于发展新闻出版业//人民日报 1987-04-02
◎商店林立的书市/翟象乾//经济日报 1987-12-31
◎省报经营管理座谈会在京举行，探讨办报和多种经营的关系//光明日报 1987-12-06
◎首都新闻出版界社科书市闭幕/庄建//1987-06-08
◎谁说书店经营难，请看本溪新经验/乔磊//光明日报 1987-05-06
◎谈谈版权/索来军//经济日报 1987-08-06
◎通过书刊了解中国，中国外文书展在京开幕/郑毅//光明日报 1987-11-16
◎图书购销体制改革的又一新尝试，人民体育出版社北京市新华书店实行全面分配寄销//光明日报 1987-01-07
◎为版权法的颁布实施做好准备——访国家版权法的版权局负责人/刚建//光明日报 1987-07-31
◎文物出版社举办建设 30 周年汇报展览，116 位文物出版界老同志喜获荣誉证书//光明日报 1987-02-14
◎我国出版界最高荣誉奖，韬奋出版奖发奖大会在京举行/庄建//光明日报 1987-09-10
◎我国已有新华书店 8866 处/庄建//光明日报 1987-04-09
◎我国与澳大利亚出版业再度合作，大型画册《俯瞰中国》明年出版/王溪元//人民日报 1987-12-09
◎西藏出版发行各类图书八百多种//光明日报 1987-02-01
◎新华书店积极扶持建立集体个体书店，乌鲁木齐年人均购书 14 册，跻身于全国城市先进行列/凌翔//光明日报 1987-04-20
◎新闻出版署等部门举行记者招待会强调，打击非法出版活动既要坚决彻底又要注意掌握政策/张胜友//光明日报 1987-07-25
◎严禁印刷非法出版物//光明日报 1987-04-19
◎要开发小集镇书市/卢春桃//经济日报 1987-01-28
◎应开辟文化书市/弘翌//经济日报 1987-09-09
◎展示报刊整顿新貌，促进报刊业健康发展，中国报刊博览会在京开幕/袁祥//光明日报 1987-09-25
◎整顿印刷行业，打击非法出版活动，西安市着力堵截非法出版物源头/刘炳琦//光明日报 1987-11-23
◎中国图书联合公司在京正式成立//光明日报 1987-01-05
◎重视编辑队伍的素质问题——再谈搞好报刊整顿工作/本报评论员//光明日报 1987-06-24

1988 年

◎1988 年青年读书新趋势："理论热" 降温，实用书籍受欢迎/曾毅//光明日报 1988-02-07
◎版权的特征及对我国文化事业的作用/毛清文//中国文化报 1988-03-02
◎北京琉璃厂文化街办古籍书市/郭仲义//经济日报 1988-09-08
◎北京召开出版业财会科学工作研讨会/芮留英//经济日报 1988-08-17
◎出版改革还须进一步深化——中宣部出版局负责同志谈出版改革中遇到的问题/赵亚欣 1988-05-25
◎出版界书业界的喜与忧——1988 年全国图书交易会一瞥/胡怡叶蹇//中国文化报 1988-09-11
◎出版界应整顿秩序改善条件/刘茜//中国文化报 1988-11-09
◎出版社的承包问题/车冠光//中国文化报 1988-05-25
◎出版社就是文化企业/梁友璋//中国文化报 1988-03-30
◎出版业纸荒之我见/周彦文//中国文化报 1988-10-12
◎大陆修订版权规定，台湾业者乐见其成//光明日报 1988-05-09
◎读者、作者、出版者之间的桥梁/陈小雅//中国文化报 1988-10-05
◎对 "金钥匙" 奖获奖图书的思考/季城//中国文化报 1988-05-25
◎对新闻出版业试行差别税率的思考/周彦文//中国文化报 1988-12-07
◎多种途径办出版/车冠光//中国文化报 1988-03-30
◎改革报纸行业现行的经营管理体制刍议/王涛//中国文化报 1988-03-30
◎改革使出版发行事业呈现生机，全国图书出版发行新格局初步形成//光明日报 1988-05-03
◎观念更新是深化出版业改革的关键/心旷//中国文化报 1988-03-02
◎国家版权局作出进一步规定，依法保护台湾同胞作品版权/萧家保//人民日报 1988-04-21
◎湖北省出版事业生机勃勃/亚欣//中国文化报 1988-05-04
◎呼唤版权法/刚建//光明日报 1988-04-20
◎加快新闻出版立法，深化出版发行改革/王彦琪 许柏林//中国文化报 1988-03-30

◎今天苏联的图书出版社/杭志高//中国文化报 1988-03-30
◎近百专家集股创办天则出版社，版权自有文责自负经费自筹发行自理/景险峰//人民日报 1988-06-10
◎京沪两地三年发生百余起版权纠纷，亟需在知识界普及法律知识树立版权意识/余传诗 赵兰英//人民日报 1988-08-09
◎来自全国出版改革理论研讨会的呼声，出版改革亟待克服理论上的盲目性/董郁玉//光明日报 1988-11-30
◎努力发展外向型出版物/朱明远//光明日报 1988-05-08
◎全国报业协会即将成立//经济日报 1988-02-06
◎全国出版改革研讨会综述//光明日报 1988-12-11
◎日美欧将协商知识产权问题//经济日报 1988-08-16
◎首届电视版权讨论会在杭州举行/张赤军 于卫民//人民日报 1988-10-30
◎书市，一只看不见的手——全国图书交易会综述/李泓冰//人民日报 1988-09-14
◎台湾出版界进入"大陆热时代"//光明日报 1988-03-01
◎体制和价格——深化出版改革的突破口/心旷//中国文化报 1988-07-24
◎图书成本变动与图书定价变动之比较/中宣部出版局//光明日报 1988-08-15
◎图书发行体制的改革有待进一步深化/王涛//中国文化报 1988-03-02
◎外贸教育出版社改革发行体制，自办发行多出书出好书//光明日报 1988-06-25
◎文化出版事业有它自己的规律/戴晴//光明日报 1988-01-14
◎我国初步建立起一支出版科研队伍/袁庶华//光明日报 1988-03-30
◎我国第一家版权事务所在京成立/吴恒权//人民日报 1988-04-02
◎香港举办座谈会探讨中文杂志发展趋势//光明日报 1988-07-18
◎香港图书业管窥/王效文//中国文化报 1988-10-12
◎学术著作出版难，出路何在？（上）/陶铠//光明日报 1988-07-08
◎学术著作出版难，出路何在？（下）/陶铠//光明日报 1988-07-09
◎要重视开发旧书报市场//光明日报 1988-07-10
◎音乐作品版权应受到保护/张棣//光明日报 1988-02-28
◎印度出版业一瞥/李南友//人民日报 1988-11-13
◎用税收杠杆调节图书市场/梁衡//光明日报 1988-07-17
◎浙江人民美术出版社实行社长责任制焕发生机/叶辉//光明日报 1988-01-05
◎知识界近来版权纠纷日益增多，有关人士建议推行合同制，减少此类案件发生/余传诗//光明日报 1988-08-09
◎中宣部新闻出版署联合发文：深化出版社暨图书发行体制改革//中国文化报 1988-06-15

1989 年

◎"北京三九九信箱"——记中国国际图书贸易总公司/田积金//经济日报 1989-12-10
◎1987～1988 年全国外国文学出版述评/晓妩//中国文化报 1989-03-08
◎出版事业繁荣随想/陶铠//光明日报 1989-09-16
◎从书摊书市看图书市场的反常现象/陈朴//经济日报 1989-07-09
◎党中央国务院召开整顿清理书报刊及音像市场电话会议，查禁"精神毒品"，扫除"文化垃圾"//光明日报 1989-08-25
◎第二届全国书市明起开幕//经济日报 1989-10-08
◎第二届全国书市自然科学图书旺销/向南//经济日报 1989-11-03
◎广泛开展宣传活动确保文物安全//中国文化报 1989-10-08
◎广州新闻出版业兴旺/梁兆明//人民日报 1989-03-23
◎逛书摊联想/马途//中国文化报 1989-11-08
◎国务院办公厅强调，对编辑出版"年鉴"等工作要加强管理//光明日报 1989-02-28
◎和共和国一起成长的中国音乐/崔小旺//中国文化报 1989-10-15
◎继承传统不断创新的苏联芭蕾/罗辛//中国文化报 1989-10-15
◎建国以来首批文化管理从事即将出版/许柏林//中国文化报 1989-01-25
◎建国以来图书、杂志报纸出版情况//光明日报 1989-09-16
◎尽快使演出经纪活动有序化/李军//中国文化报 1989-10-11
◎今年出版形势如何？——访 10 家出版社负责人/袁庶华//光明日报 1989-03-13
◎进一步加强书刊市场的管理/肖天如//中国文化报 1989-08-06
◎就新闻出版立法、新闻出版业价格税收、信贷政策问题，新闻出版署负责人发表谈话/赵亚欣//中国文化报 1989-02-19
◎扩大"扫黄"成果，繁荣图书音像市场——本报"扫黄"专题座谈会发言摘编（一）//中国文化报 1989-11-22
◎扩大"扫黄"成果，繁荣图书音像市场——本报"扫黄"专题座谈会发言摘编（二）//中国文化报 1989-11-26
◎扩大"扫黄"成果，繁荣图书音像市场——本报"扫黄"专题座谈会发言摘编（三）//中国文化报 1989-11-29
◎李瑞环同各地宣传出版部门负责人座谈时强调，整顿压缩报刊和出版社务求见效，并同建设发展相统一促进新闻出版业繁荣//人民日报 1989-09-21
◎李瑞环在整顿清理书报刊及音像市场电话会议会上强调：既要态度坚决，又要注意政策//经济日报 1989-08-25
◎理论建设和民族民间艺术收集工作成绩斐然的四十年/云山//中国文化报 1989-10-08
◎漫话知识产权/刘春田//人民日报 1989-05-08
◎清新·活泼·隽永——第二届中国艺术节曲艺专场漫评/吴文科//中国文化报 1989-10-15
◎全国书市出现"政治书籍热"/易运文//光明日报 1989-10-16
◎全面整顿清理书报刊和音像市场//中国文化报 1989-08-27
◎如何有效地防止淫秽书刊和录像带充斥文化市场？上海市人大常委会讨论一致认为清除"精神鸦片"必须堵截污水源头//光明日报 1989-08-19
◎深圳市新华书店全面推行承包经营责任制/黄永波//中国文化报 1989-03-08
◎十年对外合作作出版一瞥//光明日报 1989-09-16
◎十五家文化综合类刊物交流经验//中国文化报 1989-02-22
◎十亿张（盘）——他们的历程——访中国唱片总公司/如水//中国文化报 1989-10-22
◎首都报业进入电脑化时代/徐九武//光明日报 1989-10-21
◎书刊市场必须彻底整顿/韩小蕙//光明日报 1989-08-07
◎书刊市场的整顿必须治本堵源/贾文松//中国文化报 1989-08-13
◎书刊市场非整顿不可/叶邃//中国文化报 1989-07-19
◎书刊市场问题严重，急需整顿/姜荣生//中国文化报 1989-08-06
◎书刊市场整顿应注意的几个问题/周彦文//中国文化报 1989-08-13
◎四十年群众文化和戏曲改革的成就/云山//中国文化报 1989-10-04
◎天津市委副书记谭绍文提出清查整顿书刊音像市场四点要求/

张作民//中国文化报 1989-08-13
◎图书发行主渠道现状堪忧/余传诗//光明日报 1989-11-07
◎完善图书结构 多出学术专著//光明日报 1989-09-14
◎万里会见联合国知识产权总干事鲍格胥时说中国应借鉴发达国家经济立法经验/张虎臣//经济日报 1989-11-05
◎为社会提供高质量的精神产品——访新闻出版署署长宋木文/李春林//光明日报 1989-09-16
◎我国音像市场管理混乱亟待治理/吴岳//中国文化报 1989-04-26
◎小剧场戏剧的审美思维与观众的认同机制/赵大民//中国文化报 1989-10-08
◎小议音乐版权/金兆钧//人民日报 1989-06-20
◎协同努力做好书刊市场的管理工作/于健//中国文化报 1989-08-13
◎新书订数萎缩的原因和对策（上）/郑士德//光明日报 1989-03-17
◎新书订数萎缩的原因和对策（下）/郑士德//光明日报 1989-03-18
◎新闻出版署采取果断措施检查整顿书刊市场和协作出版/赵亚欣//中国文化报 1989-07-19
◎新闻出版署公布《关于认定淫秽及色情出版物的暂行规定》//光明日报 1989-01-31
◎新闻出版署为报界办实事/赵亚欣//中国文化报 1989-01-15
◎新闻出版署政策法规司负责人谈“出版基金”设想/赵亚欣//中国文化报 1989-03-29
◎新闻出版业将实行新的价格税收信贷政策//光明日报 1989-02-11
◎新闻出版业将实行新的价格税收信贷政策/许必华 陆小华//经济日报 1989-02-11
◎信息产权与版权法/郑成思//经济日报 1989-02-11
◎严肃文学期刊出路何在——访《星星》诗刊负责人叶延滨/言寺情//中国文化报 1989-04-09
◎庸俗低劣的音乐盒带从何而来/宁静//中国文化报 1989-11-29
◎云南风——记昆明南风音响公司/潜元兹//中国文化报 1989-04-12
◎云南民族出版业兴盛/袁晞//人民日报 1989-08-28
◎在出版改革中优化选题/钟轩初//光明日报 1989-01-05
◎在竞争中发挥整体效益，山东出版总社建立实业集团/庄建//光明日报 1989-09-01
◎在文化市场整顿中看录像业/朴东生//中国文化报 1989-12-27
◎整顿协作出版代印代发，改变混乱状况，新闻出版署决定采取措施整顿图书市场//光明日报 1989-07-14
◎知识产权（Intellectual property）//经济日报 1989-09-12
◎中国出版对外贸易总公司多形式多渠道出书//光明日报 1989-09-23
◎中国的报纸业面临挑战——访英国专家希契科克和布伦南先生/张鸣//光明日报 1989-01-01
◎中桥实业公司与《广州文艺》联合办刊/陈安先//中国文化报 1989-01-25

1990 年

◎“小三双”诞生记——北京人民机器厂献给新闻出版业的“礼物”/张朝阳 仲建春//经济日报 1990-10-25
◎版权法与版权保护的社会作用/沈仁干//光明日报 1990-03-16
◎保护智力成果，调动知识分子积极性——汤宗舜、郭寿康、郑成思谈知识产权/陶铠//光明日报 1990-11-20
◎出版界的根本任务是多出好书，李瑞环同出席全国新闻出版局长会议代表座谈//光明日报 1990-03-07
◎出版难道出版易的故事/尹强//中国文化报 1990-12-05
◎出版事业的一项“义举”——“泰山科技专著出版基金”记事/陶铠//光明日报 1990-07-04
◎出版业繁荣要体现在质量上——政协新闻出版组委员谈精神文明建设/丁刚//人民日报 1990-03-27
◎出版业面临新的技术革命/范中汇//人民日报 1990-05-17
◎出版政策要调整/马大谋//光明日报 1990-03-27
◎初见成效，继续向前——广东省直属艺术表演团体体制改革概述/广东省文化厅//中国文化报 1990-05-30
◎从“万神殿”风波看美国出版业/胡泳//人民日报 1990-06-07
◎第三届全国书市盛况空前/陈钢//经济日报 1990-09-13
◎多出好书，繁荣社会主义出版事业，在“中国图书奖”发奖会上的讲话/王忍之//光明日报 1990-09-13
◎反映我国出版业人才资源状况，《中国出版人名词典》问世/章瑞//人民日报 1990-06-20
◎公正合理保护国际知识产权/钱春元//人民日报 1990-12-07
◎国家版权局副局长刘杲谈著作权法/庄建//光明日报 1990-09-14
◎国家新闻出版署负责人强调，建立图书市场正常秩序//光明日报 1990-11-28
◎国内第一个知识产权审判庭成立/王文//经济日报 1990-12-15
◎吉林省召开新闻出版艺术创作会/姜铮//中国文化报 1990-04-18
◎艰难的行进——图书发行体制改革座谈会侧记/郭毅青 杨雁鸣//中国文化报 1990-04-18
◎解决“学术著作出版难”要立足于出版界/本报评论员//光明日报 1990-07-06
◎京华书海听潮声——从首都图书交易会传出的信息/庄建//光明日报 1990-06-02
◎警惕，非法出版活动又抬头了/黄晓新//中国文化报 1990-08-19
◎开创·奋进·腾飞——记北京大学出版社/邵静之//中国文化报 1990-02-04
◎李瑞环与全国新闻出版局局长座谈 期望多出好书满足群众精神需求/李光茹//中国文化报 1990-03-14
◎历史著作面面观——“关于历史著作的写作、出版与评论问题座谈会”纪要/凌晨//光明日报 1990-06-06
◎农村书市为何萧条/朱荣璋//经济日报 1990-09-07
◎农村需要图书销售个体户//光明日报 1990-08-01
◎全国古旧书业工作会议的代表呼吁——采取措施尽快实现古旧书业复苏/余长安//光明日报 1990-06-10
◎全国人民出版社工作研讨会提出：千方百计多出好书加强精神文明建设/戴宣长//光明日报 1990-05-14
◎深化出版改革，繁荣图书市场/吕文泉//中国文化报 1990-01-07
◎宋木文在全国新闻出版局长会议上指出，当前出版工作的重点是争取新的繁荣/庄建//光明日报 1990-03-03
◎提高认识加强领导，深入持久开展“扫黄”斗争——中宣部副部长刘忠德在全国“扫黄”工作会议上的报告//光明日报 1990-10-23
◎我国报业经过整顿健康发展//光明日报 1990-08-07
◎我国出版业正走向成熟与繁荣/宋玮//中国文化报 1990-11-18
◎我国软件出版业迅速崛起/余传诗//人民日报 1990-11-11
◎西藏自治区文化厅召开繁荣文艺和出版座谈会/鄂积恩//中国文化报 1990-04-25
◎西方国家出版业趋向/朱福铮//人民日报 1990-12-01

⊙香港漫画书年销售额达2亿港元//经济日报 1990-09-12
⊙新华书店向现代化管理迈出可喜一步，电脑首次进入我国图书发行管理系统/苗家生//光明日报 1990-05-03
⊙新闻出版署狠抓精神食粮生产/齐奋//中国文化报 1990-05-30
⊙新闻出版署召开座谈会呼吁，向社会提供精美精神食粮//光明日报 1990-09-15
⊙依法加强文化科技工作管理促进文化事业进步与繁荣/闻翟//中国文化报 1990-06-17
⊙在全国“扫黄”工作会议上的讲话/李瑞环//光明日报 1990-10-25
⊙争创一流的大庆市新华书店/宋潮//中国文化报 1990-01-17
⊙中国版权研究会在北京成立/胡蘅//光明日报 1990-03-11
⊙中国版权研究会在京成立/赵亚欣//中国文化报 1990-03-18
⊙中国文联召开著作权法座谈会/张作民//中国文化报 1990-10-10

1991 年

⊙《实用知识产权手册》出版//经济日报 1991-12-27
⊙12家音像出版社制品角逐国际市场/单三娅//光明日报 1991-10-03
⊙保护知识产权是搞好企业的重要条件/李照森//经济日报 1991-12-02
⊙保护作者权益 繁荣美术市场——《著作权法》与美术市场座谈会发言摘登//1991-05-26
⊙鲍格胥博士称赞中国知识产权事业/赵承//经济日报 1991-12-19
⊙北京图书节古籍书市将举行/吴凤祥//经济日报 1991-09-01
⊙标题新闻：李鹏总理会见——印度报业托拉斯代表团//经济日报 1991-09-12
⊙出版界当以社会效益为念——访政协委员、民进中央副主席叶至善/袁祥//光明日报 1991-04-10
⊙繁荣出版业的关节点/虎长才//经济日报 1991-02-02
⊙非洲国家积极发展出版业/朱福铮//人民日报 1991-03-07
⊙巩固成果 寻找新对策——全国加强出版物市场经常性管理研讨会综述/黄晓新//中国文化报 1991-10-23
⊙关心旧书业，支持旧书业/沈望舒//光明日报 1991-12-23
⊙国务院知识产权领导小组成立//经济日报 1991-10-24
⊙加强队伍建设，繁荣出版事业：出版界三人谈/许力以//光明日报 1991-08-15
⊙加强农村图书发行工作/孟祥林//光明日报 1991-08-04
⊙坚持正确舆论导向，办好文艺评论报刊/李准//光明日报 1991-12-29
⊙江泽民会见世界知识产权组织总干事//经济日报 1991-11-29
⊙进一步打击非法出版活动/孟祥林//光明日报 1991-08-08
⊙进一步繁荣学术著作出版事业——学术著作出版问题座谈会纪要/马兴宇//光明日报 1991-11-24
⊙经贸部新闻发言人谈中美知识产权谈判//经济日报 1991-12-19
⊙救救古旧书业/张贻复//光明日报 1991-06-12
⊙就中美知识产权谈判中国代表团发表声明经贸部发言人发表谈话/魏国强//经济日报 1991-11-28
⊙辽宁人民出版社改革经验受关注，目标承包经营责任制促进多出好书/李春林//光明日报 1991-02-03
⊙蒙古文图书出版业发展迅速/阿斯钢//人民日报 1991-11-21
⊙全国报业首次表彰经营管理先进/陈水璘//经济日报 1991-12-11
⊙日本书报刊发行居世界之最/余洋//光明日报 1991-05-04
⊙深入持久地开展“扫黄”斗争，全国“扫黄”会议在南京召开//中国文化报 1991-12-29
⊙深入持久开展“扫黄”斗争，进一步打击非法出版活动，在全国“扫黄”工作会议上的讲话/刘忠德//光明日报 1991-12-19
⊙外资兼并美国出版业/朱福铮//人民日报 1991-11-27
⊙我国古旧书业的现状/周建新//中国文化报 1991-01-23
⊙我国加强保护知识产权/傅刚//经济日报 1991-05-11
⊙我国知识产权法律基本形成体系，《计算机软件保护条例》将于十月一日实施/王玉玲//经济日报 1991-06-14
⊙我国知识产权制度向国际保护水平靠近/陶国峰//经济日报 1991-12-19
⊙下大力气提高图书质量/立木//光明日报 1991-08-27
⊙在中国，不会允许商标侵权——从处罚侵犯阿迪达斯案看我国对知识产权的保护/陶国峰//经济日报 1991-06-12
⊙增强全民法律意识 推动著作权法实施——访全国政协委员王立平/千子//中国文化报 1991-04-03
⊙重视和改进科技出版工作/孟祥林//光明日报 1991-11-04

1992 年

⊙“版权”之争种种/阿卉//经济日报 1992-12-05
⊙“阶梯”咏叹调——当前图书市场一瞥/张伟兰//中国文化报 1992-12-09
⊙保护知识产权与新药开发/孙悦平//经济日报 1992-02-06
⊙北方报业界书画联展将举行/司兰星//经济日报 1992-09-26
⊙出版发行界也可来个“质量万里行”//光明日报 1992-10-30
⊙出版发行应尽快与市场经济接轨/张辉冠//中国文化报 1992-12-16
⊙从十四大报告想到报纸的商品属性/吴鸿业//中国文化报 1992-11-01
⊙大陆报纸总数达1755种，报纸管理工作会议强调报业改革要逐步走向市场/谢国明//人民日报 1992-11-14
⊙第五届全国书市将于十月在成都举行/吴昂//经济日报 1992-06-06
⊙电视片《知识产权在中国》二十日播出/陶文//经济日报 1992-12-21
⊙电视片《知识产权在中国》开机//经济日报 1992-07-31
⊙电子行业加强知识产权保护工作/陈艳//经济日报 1992-06-19
⊙调整管理，扩大范围，下放权限，新闻出版署推出改革新措施/徐可 庄建//光明日报 1992-08-13
⊙独联体的报业/陆继农//经济日报 1992-06-07
⊙繁荣，需要深度的开掘和耕耘——1990年泉城书市启示录/王伟//中国文化报 1990-12-26
⊙关于经济发达地区农村图书发行情况的调查//光明日报 1992-06-18
⊙国家有关部门要求，加强著作权行政管理/黄晓//光明日报 1992-10-28
⊙江泽民会见出席中国版权制度国际研讨会代表//经济日报 1992-09-16
⊙金开诚、徐敏、沈望舒、郑宝瑞谈振兴古旧书业，弘扬中国文化/方江山//光明日报 1992-06-25
⊙九二北京书市即将开幕/苏亚//经济日报 1992-09-23
⊙靠人才优势开发农村图书市场/张辉冠//中国文化报 1992-12-13
⊙科技著作出版难问题亟待解决/林娜//光明日报 1992-03-29
⊙李瑞环会见新加坡报业控股华文报集团总经理周景锐一行//经济日报 1992-08-22

◎明年出版发行改革新举措——出版单位生产活动依照企业规范/庄建//光明日报 1992-12-25
◎全国版权工作会议在厦门召开/陈端杰 江文//人民日报 1992-11-04
◎全国清理整顿书报刊和音像市场工作小组召开会议强调，把“扫黄”工作落到实处/谌强//光明日报 1992-03-28
◎首都出版界人士座谈学习十四大精神，出版业要进入市场，领导者要解放思想/郭晓虹//人民日报 1992-11-05
◎书刊市场也应“治冒打假”//光明日报 1992-10-30
◎图书市场需综合治理——文物出版社的回信//光明日报 1992-10-30
◎我国保护知识产权法律制度趋于完善/王玉玲//经济日报 1992-10-31
◎我国连环画出版工作走出低谷/王劲松//光明日报 1992-05-18
◎我国知识产权保护整体水平进一步提高/李向南//经济日报 1992-01-27
◎香港工商界欢迎中美就知识产权保护问题达成协议//经济日报 1992-01-22
◎新闻出版：提高质量促繁荣/庄建 徐可//光明日报 1992-01-16
◎新闻出版署提出出版业深化改革思路/刘德伟//中国文化报 1992-12-30
◎眼光向外，多方合作，东北各朝鲜文出版社踏上繁荣路/刚建//光明日报 1992-09-06
◎在改革中兴起和发展——记湖北音像艺术出版社/刘国富//中国文化报 1992-08-12
◎知识产权高级培训班在京举办/朱伟//经济日报 1992-05-25
◎中国版权制度国际研讨会在京举行//人民日报 1992-09-15
◎中国正式加入世界版权公约/郭京花//人民日报 1992-08-01
◎中美联合召开知识产权管理研讨会/向南 刘丰//经济日报 1992-05-25
◎中美知识产权谅解备忘录原则适用于欧共体//经济日报 1992-05-31
◎中美知识产权谈判达成协议/和铭//经济日报 1992-01-18
◎中美知识产权谈判始末（一）/邱希淳 李争平//经济日报 1992-06-08
◎中美知识产权谈判始末（二）/邱希淳 李争平//经济日报 1992-06-09
◎中美知识产权谈判始末（三）/邱希淳 李争平//经济日报 1992-06-10
◎中美知识产权谈判始末（四）/邱希淳 李争平//经济日报 1992-06-11
◎中美知识产权谈判始末（五）/邱希淳 李争平//经济日报 1992-06-12
◎中美知识产权谈判始末（六）/邱希淳 李争平//经济日报 1992-06-13
◎中美知识产权谈判始末（七）/邱希淳 李争平//经济日报 1992-06-14
◎中美知识产权谈判始末（八）/邱希淳 李争平//经济日报 1992-06-15
◎中美知识产权谈判始末（九）/邱希淳 李争平//经济日报 1992-06-16
◎中美知识产权谈判始末（全文完）/邱希淳 李争平//经济日报 1992-06-17
◎中瑞政府签署知识产权备忘录/郝进//经济日报 1992-07-13
◎重视编辑出版专业人才的培养/卢玉忆//光明日报 1992-09-06
◎作家需要经纪人/赵化南//光明日报 1992-09-22

1993 年

◎’93 海峡书市 9 月在福州举行//经济日报 1993-08-01
◎“赛特”又出新闻因版权纠纷当了被告/金国政//经济日报 1993-07-12
◎《波士顿环球报》历尽百年沧桑今易主兼并之风刮进美国报业/萧定国//经济日报 1993-06-22
◎报刊出版发行的现状该改一改了/岳东//光明日报 1993-02-18
◎报业成为我国经济建设新军/曹鹏//经济日报 1993-09-30
◎报业技改面临新课题 70 多家报社共同研讨/牟华晨//经济日报 1993-06-05
◎北京鼎力知识产权咨询公司成立/柴茂//经济日报 1993-01-14
◎北京柳沈知识产权公司成立/柯技//经济日报 1993-03-12
◎北美出版业研讨会举行/赵智钢//经济日报 1993-03-09
◎藏书资源共享——图书馆的新探索/苗家生//光明日报 1993-07-29
◎畅销录音带盗版严重，各界呼吁打击地下网络/徐晓//中国文化报 1993-03-07
◎出版社的经营管理要识“书性”知“书路”/邓寿柏//光明日报 1993-11-12
◎大陆香港有关协会签署协议，解决音乐著作权异地保护问题/黄晓//光明日报 1993-11-28
◎电视系列片解说词知识产权在中国（编者按）//经济日报 1993-01-04
◎电视系列片解说词知识产权在中国（一）/陶国峰//经济日报 1993-01-04
◎电视系列片解说词知识产权在中国（二）/陶国峰//经济日报 1993-01-11
◎电视系列片解说词知识产权在中国（三）/陶国峰//经济日报 1993-01-18
◎电视系列片解说词知识产权在中国（四）/陶国峰//经济日报 1993-02-01
◎电视系列片解说词知识产权在中国（五）/陶国峰//经济日报 1993-02-08
◎电视系列片解说词知识产权在中国（六）/陶国峰//经济日报 1993-02-15
◎电视系列片解说词知识产权在中国（七）/陶国峰//经济日报 1993-03-01
◎电视系列片解说词知识产权在中国（八）/陶国峰//经济日报 1993-03-08
◎电视系列片解说词知识产权在中国（九）/陶国峰//经济日报 1993-03-15
◎电视系列片解说词知识产权在中国（十）/陶国峰//经济日报 1993-04-19
◎电视系列片解说词知识产权在中国（十一）/陶国峰//经济日报 1993-04-26
◎电视系列片解说词知识产权在中国（十二）/陶国峰//经济日报 1993-05-03
◎电视系列片解说词知识产权在中国（十三）/陶国峰//经济日报 1993-05-24
◎电视系列片解说词知识产权在中国（十四）/陶国峰//经济日报 1993-05-31
◎电视系列片解说词知识产权在中国（十五）/陶国峰//经济日

报 1993-07-05

◎电视系列片解说词知识产权在中国（十六）/陶国峰//经济日报 1993-07-08

◎电视系列片解说词知识产权在中国（十七）/陶国峰//经济日报 1993-07-12

◎电视系列片解说词知识产权在中国（十八·完）/陶国峰//经济日报 1993-07-19

◎繁荣国产文艺音像制品的思考/孟晓驷//光明日报 1993-04-15

◎福建出版业对外交流活跃/陈端杰//人民日报 1993-02-20

◎股市与书市/范明强//光明日报 1993-03-19

◎国际唱片协会讨论盗版问题/王大龙//光明日报 1993-11-03

◎国务委员宋健强调大中企业要率先保护知识产权/蒋峥//经济日报 1993-12-26

◎今年报业竞争激烈/千予//中国文化报 1993-01-03

◎经济图书市场走势/王建华//光明日报 1993-08-20

◎科学技术知识产权与市场经济/徐荣祥//经济日报 1993-03-08

◎理顺报刊发行渠道，提高投递服务质量/杨信坤//光明日报 1993-02-18

◎领袖图书出版热面面观/闫晓宏//光明日报 1993-07-30

◎买卖书号：权钱交易的勾当——出版“空手道”忧思录/潘国彦//光明日报 1993-09-24

◎买卖书号，我国当代出版史上的耻辱/郑上德//光明日报 1993-10-15

◎卖书号：出版界的不正之风/倪迅//光明日报 1993-10-08

◎美国报界的彩色革命/向荣//光明日报 1993-09-18

◎美国图书馆收藏的中文报纸/方汉奇//光明日报 1993-03-13

◎面对知识产权新课题/包霄林//光明日报 1993-06-13

◎明年什么图书最好卖？/孙树美//中国文化报 1993-11-26

◎全国公共图书馆购书量呈下降趋势/李建军//中国文化报 1993-09-19

◎全国清理整顿书报刊和音像市场工作小组扩大会议认为，越是改革开放发展经济，越是要加强“扫黄工作”//光明日报 1993-07-11

◎全国首家专事知识产权保护企业诞生/扬志//经济日报 1993-07-31

◎让版权贸易走向世界/薛昌词//光明日报 1993-07-07

◎日本音像出版界同海盗版的斗争/余心言//光明日报 1993-09-27

◎山特商标争议案审理结束华人企业家称赞中国政府保护知识产权/徐文//经济日报 1993-01-11

◎申翔知识产权服务公司/柯技//经济日报 1993-01-31

◎首都打击非法音像出版宣传咨询日活动侧记/林瑞华//中国文化报 1993-04-18

◎书报刊市场要建立有效的管理机制/许春山//光明日报 1993-07-29

◎宋文木、单荣范、吴葵光：打击非法出版物重在立法/程丹梅//光明日报 1993-03-29

◎缩短图书交易链——访北京图书批发交易市场/杨扬//人民日报 1993-07-21

◎天津出版界注重创“名牌”/刚健 徐可//光明日报 1993-04-10

◎听美国出版商谈生意经//光明日报 1993-11-05

◎图书购销形式的新构想//光明日报 1993-09-29

◎图书市场潮起潮落/徐可//光明日报 1993-03-31

◎完善司法保护，促进经济繁荣，北京法院成立知识产权审判庭/滑玉珍 马立群//经济日报 1993-08-06

◎我国出版业发展迅速，去年出书量占全球九分之一/叶俊东//人民日报 1993-05-31

◎希望公司与美签版权协议/南//经济日报 1993-03-26

◎以集体管理形式保护音乐作品著作权，中国音乐协会成立/黄晓//光明日报 1993-02-25

◎应加强企业图书馆建设//光明日报 1993-05-20

◎英意两国的版权法、色情法及其它/王一民//经济日报 1993-11-13

◎在繁荣出版事业，坚决禁止“买卖书号”座谈会上的讲话/徐惟诚//光明日报 1993-10-29

◎知识产权保护同国际标准接轨/袁祥//光明日报 1993-02-12

◎中国报协探讨报业如何适应经济发展//人民日报 1993-06-18

◎中国发行协会举办降价书市/宗边//经济日报 1993-06-12

◎中国图书业：负重前行/周立文//光明日报 1993-06-26

◎中科院加强知识产权保护//经济日报 1993-05-30

◎重生产，轻流通——出版业的误区/靳瀚恢//人民日报 1993-10-05

◎逐步建立新的出版体制，宋木文署长答本报记者问//光明日报 1993-02-05

◎抓住机遇开创经营新局面中国报协讨论报业如何适应新形势//经济日报 1993-06-10

1994 年

◎“万方数据”的启示/柳晓英//光明日报 1994-12-25

◎保护知识产权，打击非法出版物应着力抓好三个方面的工作/王泽洲//光明日报 1994-01-06

◎保护知识产权就是解放生产力/钱凤元//经济日报 1994-02-12

◎报业经营欲上新台阶百余家报社聚首鹏城共商大计/伍丽云//经济日报 1994-11-15

◎成功：文化考虑与市场计算——香港联合出版集团副董事长赵斌一席谈/庄建//光明日报 1994-11-09

◎出版工作要一手抓繁荣一手抓管理//中国文化报 1994-09-07

◎大力保护知识产权/刘希全//光明日报 1994-10-04

◎盗版：图书市场的浊流——关于图书盗版情况的调查/王岳龙//中国文化报 1994-04-06

◎第六届全国书市在武汉举办/欧阳治修//经济日报 1994-10-11

◎电子出版物向我们走来/沈卫星//光明日报 1994-11-29

◎丁关根在全国新闻出版局长座谈会上强调，出版业要一手抓繁荣一手抓管理//人民日报 1994-09-02

◎对簿公堂为哪桩？——中国版权官司面面观/周源 济和//经济日报 1994-10-29

◎法国书店的经营手法一瞥//光明日报 1994-04-29

◎改革推进出版事业发展/李明//光明日报 1994-10-14

◎高法要求进一步加强对知识产权司法保护/周德伟//经济日报 1994-10-07

◎古旧书业究竟是什么“业”？/陈朴//经济日报 1994-05-21

◎关贸总协定与版权/郑成思//光明日报 1994-03-02

◎关贸总协定中的版权与我国著作权法/郑成思//中国文化报 1994-06-12

◎国内首起广告版权纠纷结案/毛磊//人民日报 1994-11-22

◎国务院部署加强知识产权保护工作/朱幼棣//经济日报 1994-09-03

◎国务院关于进一步加强知识产权保护工作的决定//经济日报 1994-07-23

◎国务院新闻办公室发表《中国知识产权保护状况》白皮书//经

济日报 1994-06-17
⊙国务院召开电话会议加强知识产权保护工作/李向南//经济日报 1994-07-30
⊙加强两岸知识产权界的沟通与交流——访中国贸促会副会长解建群/赵兹//经济日报 1994-12-01
⊙加强音像出版业的建设/谢明清//人民日报 1994-09-01
⊙坚决打击盗版活动/沈仁干//光明日报 1994-07-01
⊙金秋北京书市规模盛大/柯文//经济日报 1994-09-05
⊙进一步加强知识产权保护 连城资产评估事务所成立/郭晓//经济日报 1994-08-18
⊙竞争中求发展 改革中找出路——北京大学出版社坚持多层次高质量出版图书/黄悦//中国文化报 1994-01-05
⊙科技出版繁荣，促进经济建设/王建臣//光明日报 1994-10-14
⊙科学出版社：不惑之年有困惑/刘路沙//光明日报 1994-10-10
⊙连锁书店：图书经营的新路子/周剑虹//光明日报 1994-10-31
⊙令人瞩目的香港印刷业/之光//光明日报 1994-04-01
⊙名牌是知识产权//人民日报 1994-11-23
⊙巧运舟楫济沧海：谈出版与市场/高明光//光明日报 1994-03-18
⊙且看图书挺进便利商场/白雪//中国文化报 1994-02-25
⊙让新华书店成为黄金行业/徐可 周迅//光明日报 1994-11-29
⊙让新华书店取得黄金效益/楚庄//光明日报 1994-11-01
⊙让这条“短腿”长起来——青岛部分企业知识产权问题采访纪实/张辉 侯蔚 胡考绪//经济日报 1994-08-07
⊙人像摄影有没有版权/吴燕//光明日报 1994-08-02
⊙上海古旧书业路在何方/刘平清//光明日报 1994-01-13
⊙少儿书出版如何再上新台阶/彭程//光明日报 1994-09-02
⊙设立非法出版罪的思考/贾永清//光明日报 1994-07-06
⊙深圳图书发行事业长足发展/陈斌//光明日报 1994-09-09
⊙实现中的光荣与梦想：谈国家“八五”重点图书的实施/阎晓密//光明日报 1994-10-14
⊙首届四川书市将于今秋举办/杨淼//经济日报 1994-07-26
⊙书市和庙会/徐城北//经济日报 1994-05-14
⊙宋健要求各地采取坚决行动严厉查处知识产权侵权违法活动/刘激扬 杨宁//经济日报 1994-11-09
⊙通县保护知识产权成绩斐然/祁杰//经济日报 1994-10-09
⊙图片新闻：中国版权界一瞥//经济日报 1994-06-04
⊙图书营销的新视角/潘国彦//光明日报 1994-07-01
⊙推进出版业向质量效益型转移，实现出版繁荣，第六届全国书市在武汉开幕/唐卫彬 方政军//人民日报 1994-10-09
⊙完善出版法制是制止非法出版活动的根本措施/刘春田//光明日报 1994-01-27
⊙维护我国保护知识产权的良好形象 广东查处非法盗版音像制品/王培楠//经济日报 1994-04-21
⊙我海关加强知识产权保护/王桦迟 黎伟//经济日报 1994-11-22
⊙武大学生谈出版/邓宁辛//光明日报 1994-05-20
⊙依法保护知识产权打击非法经营活动，京沪琼加强音像文化市场管理/颜世贵//人民日报 1994-06-11
⊙异军突起的旧书市场/胥树能 杜勇 杨利//中国文化报 1994-01-07
⊙音乐创作者的保护神/黄晓 李春利//光明日报 1994-06-07
⊙于友先谈如何促进我国出版业发展，一手抓繁荣，一手抓管理//人民日报 1994-10-18
⊙于友先提出新闻出版事业总工作方针，一手抓繁荣，一手抓管理//光明日报 1994-10-18
⊙政协委员蒋守规要学会依法保护知识产权/李向南 赵岷//经济日报 1994-03-21
⊙知识产权保护与利用：一个值得高度重视的问题/童书兴//经济日报 1994-09-14
⊙知识产权保护在中国/黄晓//光明日报 1994-06-13
⊙知识产权侵权监测网成立中国知识产权有了第二条战线/蒋峥//经济日报 1994-10-03
⊙知识有了法律保护才有力量——北京’94 国际知识产权保护国际研讨会侧记/陈颐//经济日报 1994-05-30
⊙中国政府与美国政府关于保护知识产权的谅解备忘录（1992 年 1 月 17 日签订）//经济日报 1994-10-26
⊙中国著作保护的新进展/于友先//光明日报 1994-10-29
⊙中文图书出口业的前景/甄西//中国文化报 1994-06-10
⊙中原信达知识产权代理公司挂牌/忠远//经济日报 1994-07-03
⊙中资香港联合出版集团致力于向海外弘扬中华文化//人民日报 1994-09-24
⊙专利，避免知识产权流失的法宝/吕贤如//光明日报 1994-03-28
⊙走向世界的中国出版业/寇晓伟//光明日报 1994-10-14

1995 年

⊙’95 大连图书博览会盛况空前//光明日报 1995-08-21
⊙“旧书”随意标价，读者奈其何？/赵晓梦//光明日报 1995-12-20
⊙“趣墨”画技受专利保护//光明日报 1995-02-05
⊙“人吃书”全国公共图书量增幅微弱/杭天勇//光明日报 1995-03-22
⊙“塞风”买断作家江浩作品版权/白山//经济日报 1995-02-23
⊙“万村书库”工程反响热烈//光明日报 1995-02-05
⊙“用文化包装文化”——漫议图书包装//中国文化报 1995-03-24
⊙“知识产权贸易问题”讲座举行/谷济//经济日报 1995-03-23
⊙“作为一个公民也不应当沉默”，作家出版家翻译家谴责侵权行为/祝晓风//光明日报 1995-12-02
⊙《新闻出版报》连续发表评论指出，新闻出版业要向优质高效转移//人民日报 1995-09-18
⊙1990-1994 年中国著作权保护大事记//中国文化报 1995-01-08
⊙1995 年中国知识产权研究展望/郑成思//经济日报 1995-03-06
⊙版权保护工作四人谈/孙若风//中国文化报 1995-06-09
⊙保护知识产权存在认识误区//经济日报 1995-05-15
⊙保护知识产权就是保护财富——法国科尔贝委员会主席谈打击假冒产品/陈颐//经济日报 1995-03-28
⊙报刊出版业的迅速发展，需要与之相应的撰稿队伍——各式撰稿人走进大众传媒市场/曹继军//光明日报 1995-04-19
⊙报业管理的新课题/肖锋//经济日报 1995-02-18
⊙北大版图书版权转让多//光明日报 1995-04-30
⊙北京：全国最大的报刊发行基地//光明日报 1995-08-02
⊙北京举办第三届图书节//光明日报 1995-09-17
⊙北京举办九五年秋季图书交易会//光明日报 1995-08-18
⊙北京举办两个专业书展//光明日报 1995-04-08
⊙北京日报社信息产业中心将举办知识产权贸易及无形资产评估讲座//经济日报 1995-03-02
⊙北京上摊报纸发售，报纸、邮局、报贩抢打时间差/温广为 杭天勇//光明日报 1995-12-27
⊙北京图书大世界开业/谢超美//光明日报 1995-05-27
⊙北京最大的科技书店开业//光明日报 1995-06-09

◎本报国际部与北京日报信息中心举办知识产权贸易及无形资产评估讲座（二）//经济日报 1995-02-23
◎本报国际部与北京日报信息中心举办知识产权贸易及无形资产评估讲座（一）//经济日报 1995-02-15
◎本报国际部与北京日报信息中心举办知识产权贸易及知识产权价值评估讲座（三）//经济日报 1995-03-07
◎本世纪稀见书刊资料拍卖会在京举行/庄建//光明日报 1995-09-24
◎不让侵权者有利可图，上海法院一年审结204件知识产权案/张贻复//光明日报 1995-02-16
◎成都举办首届农村书市/余长安//光明日报 1995-06-05
◎出版界也要闹“大片”？/张新//光明日报 1995-09-13
◎出版社之间题材雷同、重复出书现象多有发生——出版社办出特色方能百花竞艳/谷文雨//光明日报 1995-03-29
◎出版业选题重复是利是弊/徐涟//中国文化报 1995-09-08
◎从“两难”看版权——关于发展我国录像业的思考/周泉//经济日报 1995-11-10
◎打击盗版得人心 发展音像有信心 中国音像界人士谈反盗版//中国文化报 1995-03-10
◎打击盗版活动保护知识产权/马占成//经济日报 1995-08-29
◎大连：无人售报器走上街头/宋言荣//光明日报 1995-10-11
◎当代出版的人文精神/王建辉//光明日报 1995-09-14
◎盗版金庸小说被查处//光明日报 1995-06-06
◎电影版权维护网络中心日前成立/蓓//经济日报 1995-05-26
◎电子出版物，信息时代的宠儿/林瑞华//中国文化报 1995-06-09
◎读书社租书忙/叶春图//光明日报 1995-04-19
◎方正新闻综合业务网投入应用我国报业兴起第二次技术革命/柯国//经济日报 1995-09-26
◎方志年鉴图书博览会将在长春举行/肖玉华//光明日报 1995-07-31
◎佛陶知识产权纠纷启示录/陶国峰//经济日报 1995-09-11
◎福建书报刊音像市场“多云转晴”/高建进//光明日报 1995-02-25
◎高品位刊物与通俗文化争地盘/邵燕君//光明日报 1995-03-22
◎关于科技学术著作出版难问题的探讨/吴瑰琦//光明日报 1995-06-08
◎关于知识产权的四句话/陶国峰//经济日报 1995-05-22
◎关于知识产权的重要地位/宋木文//光明日报 1995-11-24
◎广州图书走进大百货公司/盛一平//光明日报 1995-04-19
◎国画市场亟需打假/青锋//光明日报 1995-02-15
◎国际电子出版系统展览会在京举行/朱文琴//光明日报 1995-09-24
◎国家版权局发出通知，出版境外音像制品一律登记//光明日报 1995-01-28
◎国家现代化呼唤科技出版繁荣发展——部分国家级科技出版社社长、总编辑共商繁荣出版大业//中国文化报 1995-03-12
◎国务院办公厅发出通知进一步做好知识产权保护工作//经济日报 1995-03-10
◎国晓书社非法出版物案公审//光明日报 1995-11-17
◎哈尔滨：书市进商城/汪大勇//光明日报 1995-10-07
◎海关实施知识产权保护办法/王桦//经济日报 1995-10-17
◎海关严查侵犯知识产权案件//经济日报 1995-02-23
◎海南出版社出版《新辞海》是否属于不正当竞争行为？/余传诗//光明日报 1995-01-30
◎行业协会与图书市场管理/郑士德//光明日报 1995-01-26
◎好书缘何出此门——关于人民文学出版社的调查（上）/韩小蕙//光明日报 1995-01-11
◎好书缘何出此门——关于人民文学出版社的调查（下）/韩小蕙//光明日报 1995-01-12
◎护卫知识产权/谢军//光明日报 1995-02-02
◎画坛怪招获专利/董山峰//光明日报 1995-02-08
◎黄色出版物——侵蚀青少年心灵的毒药/徐晋//中国文化报 1995-11-17
◎积极推动我国电子出版业发展华光与国际大公司携手合作/龚佼//经济日报 1995-09-26
◎计算机图书质量别在低水平上重复，引进亟需规范市场行为/陈品高//光明日报 1995-12-08
◎继续加大打击盗版力度，国家版权局近日又查处一批盗版者/权言//经济日报 1995-10-13
◎加强著作权管理的一项重要举措中国软件登记中心转入版权局/广为//经济日报 1995-06-09
◎江苏省新华书店优化购书环境，繁荣图书市场//光明日报 1995-01-10
◎江泽民会见摩托罗拉公司总裁，对中美就保护知识产权问题达成协议表示欢迎/张荣典//经济日报 1995-03-01
◎金山农民画有了商标注册证/闻画//光明日报 1995-05-31
◎经济开放与知识产权保护（二）/张谷//经济日报 1995-10-05
◎经济开放与知识产权保护（一）/张谷//经济日报 1995-09-25
◎精品书：何日尽显风流/郑骏//中国文化报 1995-08-30
◎京味书楼开业/刘汉俊//光明日报 1995-04-28
◎净化书刊市场 关键何在/陈贵民//中国文化报 1995-04-14
◎境外音像制品版权也受保护，国家版权局处罚三家侵权出版社//光明日报 1995-05-25
◎跨世界文丛的启示/韩小蕙//光明日报 1995-03-03
◎来自北京知识产权审判庭的报告——年轻的事业年轻的人/牛文文//经济日报 1995-02-16
◎李逵终于打倒了“李鬼”康宝保卫知识产权获得胜利/张朝阳//经济日报 1995-02-24
◎李鹏会见美摩根公司董事长 对中美知识产权谈判取得好成果感到高兴/杨国钧//经济日报 1995-02-28
◎两岸报业研讨会在台北闭幕/纪哲//经济日报 1995-06-27
◎辽宁出版业发展五十载精品迭出/武君//人民日报 1995-12-13
◎买书，赏书，读书，藏书，北京人文化消费新热点/刘路沙 庄建//光明日报 1995-09-26
◎漫画书市打鬼/毛铭三 李洪波//经济日报 1995-04-02
◎美在我国举办知识产权研讨会/孙屹//经济日报 1995-12-11
◎瞄准新作，推出精品，造米下锅——江苏文艺出版社探索文艺图书新路//光明日报 1995-05-01
◎清除音像制品中的“黄”毒刻不容缓/张凡//中国文化报 1995-11-17
◎穷追猛打“黄”与“非”//中国文化报 1995-12-29
◎全国版权局长会议传出信息，一年收缴盗版音像品逾二百万/王伟//经济日报 1995-04-29
◎全球音乐产品三百亿美元大市场/肖勇//光明日报 1995-08-23
◎全省发动，层层落实，辽宁全面推进“万村书库”工程//光明日报 1995-03-09
◎陕西摄影出版社严重违规被撤销登记//光明日报 1995-05-19
◎商标管理——坚决保护知识产权//经济日报 1995-12-26
◎少儿读物：如何贴近小读者？/刘燕//中国文化报 1995-11-26
◎沈阳建成北方图书城//光明日报 1995-04-01

◎沈阳书刊批发进场，零售归市/魏运亨//光明日报 1995-11-29
◎声明对美中达成知识产权问题协议表示高兴/应谦//经济日报 1995-02-28
◎首都图书交易会，看样订货人如潮//光明日报 1995-02-12
◎首家批发零售一体化图书城在沈问世/苗家生//光明日报 1995-07-12
◎首家以商标注册定名的油画上市//光明日报 1995-03-31
◎首届少儿歌曲卡拉ok电视大赛录音带、录像带出版//光明日报 1995-09-29
◎书价究竟高不高/曲冠杰//光明日报 1995-05-03
◎书价三人谈/克泰 南山 块垒//光明日报 1995-06-29
◎书价上扬症结何在?/曲冠杰//光明日报 1995-05-25
◎书市缺《劳动法》单行本/邓浩亭//经济日报 1995-08-09
◎书坛应速打假/阿乐//光明日报 1995-08-23
◎竖起探索的旗帜——我国新闻出版界的一个新动向/韩小蕙//光明日报 1995-11-15
◎宋健在庆祝专利法实施10周年大会上提出进一步做好知识产权保护工作/柯技//经济日报 1995-04-01
◎谈地图著作权的法律保护/袁一凡//光明日报 1995-04-15
◎探索图书出版发行新路，首届特价图书联展将举行/谢刚//人民日报 1995-04-28
◎特价书市的魅力/张翼//光明日报 1995-05-01
◎提高图书质量 弘扬中华文化——本报与广西师范大学出版社联合主办"如何进一步提高图书质量座谈会"发言摘登//中国文化报 1995-01-18
◎图书发行体制改革：难点与对策/苗家生//光明日报 1995-08-08
◎图书进口问题：仅仅是资金困难吗?/王昕//中国文化报 1995-10-27
◎图书情报新闻出版管理手段实现高度信息化，《中国学术期刊(光盘版)》即将向社会发行/王劲松//光明日报 1995-11-14
◎外交部发言人表示希望中美知识产权谈判取得进展//经济日报 1995-02-24
◎外交部发言人说中美知识产权谈判的关键是美方要放弃不合理的要求//经济日报 1995-02-10
◎万村书库工程启动//光明日报 1995-01-13
◎维护名牌产品 保护知识产权——南京广州查处假冒香港鳄鱼产品案件/昭文//经济日报 1995-07-24
◎为青少年健康成长 净化图书音像市场——全国"扫黄办"召开"扫黄"理论研讨会发言摘要//中国文化报 1995-01-20
◎文化味 书香味 人情味——三味书屋的经营之道/李晓琳//中国文化报 1995-09-08
◎文学翻译出版亢奋中也要冷静/刘晓玲//光明日报 1995-05-31
◎我国版权保护五年结硕果//光明日报 1995-09-08
◎我国保护知识产权进展加快成就大，22个省市建立办公会议制度或协调机构/刘敬智//光明日报 1995-01-17
◎我国出版社知多少//光明日报 1995-04-24
◎我国出版业实施持证上岗制度，首期全国出版社社长总编辑书店经理培训班结业//人民日报 1995-06-14
◎我国音像出版业对外开放步伐不断加快 近年进口音像制品已2000余种/陈//经济日报 1995-05-12
◎我国音像市场巨大，中外唱片界共商版权保护对策/沈卫星//光明日报 1995-04-25
◎我国知识产权立法执法现状/张仲英//经济日报 1995-08-28
◎我知识产权执法力度加大/李向南//经济日报 1995-01-17
◎武汉武胜路书刊市场"扫黄""打非"后，万村书库荫及京郊上百村//光明日报 1995-03-30
◎西安古旧书店岂能"入地"/凌翔//光明日报 1995-06-05
◎相继两份声明，《黄河》版权之争/谌强//光明日报 1995-11-29
◎新型电子辞典在京走俏//光明日报 1995-01-22
◎寻找品味和市场的结合点——记江苏美术出版社/晓辛//光明日报 1995-03-02
◎依法管理音像和电子出版物市场——访新闻出版署音像司司长任裕湛/孙若风//中国文化报 1995-10-29
◎音像业人士说，盗版牟利危害整个音像行业/马兴宇//光明日报 1995-10-29
◎音像制品版权保护刍议/王若军//光明日报 1995-04-29
◎有益的探讨，良好的开端——经济图书出版工作座谈会综述/林凯//光明日报 1995-06-01
◎愿有更多的书店进商场//光明日报 1995-02-04
◎占领农村图书发行市场，寿光市新华书店组建三级发行网//光明日报 1995-12-07
◎正版图书俏销，守法经营赚钱/夏斐//光明日报 1995-01-08
◎政协委员谭惠珠：保护知识产权不可一曝十寒/苏琳//经济日报 1995-03-19
◎知识产权的价值/王少豪//经济日报 1995-05-01
◎知识产权的无形、有限与无价/赵梅生//经济日报 1995-08-21
◎知识产权法律知识竞赛拉开帷幕/晓峰//经济日报 1995-08-14
◎知识产权驶入国际化轨道/周泉//经济日报 1995-05-29
◎知识产权与企业战略联盟/王少豪//经济日报 1995-04-10
◎知识产权专业函授将举办//经济日报 1995-06-30
◎中、美、英等十几个国家的代表齐聚北京共商唱片业版权保护新对策/音宣//经济日报 1995-04-29
◎中国版协公布，中国出版工作者职业道德准则//光明日报 1995-04-28
◎中国动画图书出版工程启动/徐可//光明日报 1995-12-15
◎中国书店筑巢引凤，沪版图书编队进京/刘汉俊//光明日报 1995-02-12
◎中美就知识产权问题达成协议/张益俊//经济日报 1995-02-27
◎中美下周恢复知识产权磋商//经济日报 1995-02-08
◎中美下周重开知识产权谈判/张益俊//经济日报 1995-01-13
◎中美正式签署知识产权协议/张益俊//经济日报 1995-03-12
◎中美知识产权磋商15日恢复/张益俊//经济日报 1995-02-15
◎中美知识产权磋商继续举行/张益俊//经济日报 1995-02-18
◎中美知识产权磋商取得进展//经济日报 1995-02-20
◎中美知识产权谈判恢复举行/张益俊//经济日报 1995-01-19
◎中美知识产权谈判未果而终/张益俊//经济日报 1995-01-29
◎中挪签署保护知识产权备忘录，李岚清副总理继续在挪威访问/徐沅潮//经济日报 1995-06-22
◎中外音乐著作权保护渠道再度扩大/黄晓//光明日报 1995-06-03
◎著作权登记开首例/唐旬//光明日报 1995-01-13
◎著作权法：回顾与展望//中国文化报 1995-09-15
◎著作权法颁布五周年我国版权保护工作进展显著/文宣//经济日报 1995-09-29
◎租书业，悄然复兴/赵雯//光明日报 1995-01-09
◎作者出版者版权保护机构联手打击盗版/庄建//光明日报 1995-12-14

1996年

◎'96北京书市将举办科普活动/柯峥//经济日报 1996-08-31

◎’96全国音像制品交易会举行/傅铎//中国文化报1996-

◎“八五”我国版权保护成果甚丰/辛广伟//中国文化报1996-03-22

◎《中国知识产权实务手册》面世/宗华//经济日报1996-01-10

◎安徽出版界狠抓重点工程/王立//光明日报1996-07-29

◎版面协会举办首届地市报业务研讨会/金叶//经济日报1996-10-28

◎保护知名软件维护知识产权，用友财务软件被侵权案审结/杨健//经济日报1996-02-15

◎保护知识产权净化文化市场，琼粤湘津查禁非法放映雷厉风行/鲍洪俊 郑德刚 吴兴华 陈杰//人民日报1996-01-08

◎北京法院礼聘知识产权法律咨询顾问/袁晓冰//经济日报1996-04-03

◎北京音乐厅“驶”上信息高速公路/谌强//光明日报1996-03-06

◎北图：以新的步伐向现代化图书馆迈进//中国文化报1996-03-06

◎李瑞环会见泰国华文报业代表团//经济日报1996-04-11

◎出版物将不能“抵抗”条码/三石//光明日报1996-04-24

◎出版业：高科技背景下的魔方/朱福铮//人民日报1996-06-26

◎出版业要为贫困地区着想//光明日报1996-08-22

◎出版业争“搭”影视车/刁燕燕//光明日报1996-08-21

◎从文学期刊预见’96文学形势/汪民安//中国文化报1996-02-02

◎大力提高正版音像制品市场占有率/文信//中国文化报1996-07-31

◎德国图书出版业走出困境营业收入去年上升8.7%/劳石//经济日报1996-08-29

◎对佛陶知识产权案报道的意见//经济日报1996-04-03

◎翻译与知识产权/李景端//光明日报1996-04-04

◎繁荣音像市场，提高正版音像制品的市场占有量//中国文化报1996-09-06

◎佛陶知识产权案接近尾声发明专利获维持两冤家变成亲家技术秘密依然有效/陶国峰//经济日报1996-04-03

◎港台报业的黑色12月/赵兹//经济日报1996-01-06

◎公安部发出通知严厉打击侵犯知识产权犯罪活动/辛文//经济日报1996-05-28

◎古旧书业：亟待开发的行业/谢宏章//人民日报1996-10-26

◎广东海关着力保护知识产权/林红 李争平//经济日报1996-02-24

◎广州工商行政管理机关注重保护国际知识产权/柴茂//经济日报1996-05-23

◎广州日报报业集团成立/梁兆明//人民日报1996-06-05

◎广州日报报业集团诞生/王培楠//经济日报1996-03-30

◎广州音像市场喜忧参半/牟文建//光明日报1996-02-07

◎国际书展京城“聚会”，我国出版业走向世界步伐加快/平延//光明日报1996-09-11

◎国家版权局发出通知，禁止销售未经合同登记认证的境外故事片VCD/韦文//中国文化报1996-03-01

◎河北省清理整顿印刷业/王炳美 景如月//中国文化报1996-01-24

◎河南出版业以质量促繁荣/刘自良//经济日报1996-08-14

◎黑龙江出版业向优质高效发展/汪大勇//光明日报1996-07-31

◎湖南整治音像市场成效显著/韩棕树//中国文化报1996-06-26

◎加强版权保护，打击盗版制黄，有关部门派监督员进驻光盘厂/曲志红//中国文化报1996-01-03

◎建起永不落幕的书市/易运文//光明日报1996-12-03

◎江苏省新华书店塑造文化企业新形象/欣文//中国文化报1996-02-04

◎今日少儿出版物市场/徐晋//中国文化报1996-09-27

◎经济要发展，需要图书馆——费孝通教授谈乡镇图书馆建设/甘霖//光明日报1996-07-08

◎连锁租赁：中国录像业市场的新举措/沈卫星//光明日报1996-12-25

◎买卖版号，音像出版业的不正之风——版号问题探访录（上）/马兴宇//光明日报1996-03-25

◎对策：严厉禁止和规范引导并重——版号问题探访录（下）/马兴宇//光明日报1996-03-26

◎强化协调功能，发挥集团优势，江苏出版业以管理促繁荣/杨明方 龚永泉//人民日报1996-07-04

◎去年我国图书销售66亿多册/陈斌//中国文化报1996-08-18

◎全国音像市场管理工作会议在京召开/江心//中国文化报1996-05-19

◎全国音像市场集中治理成效显著/文信//中国文化报1996-07-21

◎让“招牌”更闪亮——湖北省襄樊市新华书店考托经营纪实/刘东仿 周对葵//光明日报1996-04-18

◎让国家图书馆更好发挥作用/宋合意//中国文化报1996-03-06

◎上海古籍出版走出低谷/欣文//中国文化报1996-02-04

◎深圳报业竞争新景观/周立军//中国文化报1996-04-12

◎实施精品战略，湖北出版业步入质量效益型轨道/徐可//光明日报1996-07-28

◎世界各国是如何对付非法电子出版物的？/林宗//中国文化报1996-01-05

◎世界知识产权贸易迅速上升/陈镜波//经济日报1996-02-26

◎嗜书者的乐园——德国图书馆、书店散记/陈峰//光明日报1996-08-03

◎首届中国音乐作品版权拍卖会将举行/陕音//中国文化报1996-10-18

◎书店商场，是喜是忧，联姻渐成气候，尚待市场检验/徐晋//中国文化报1996-07-12

◎泰晤士报业集团全部入网/姜岩//人民日报1996-01-10

◎图书出版中的“两个转变”/马兴宇//光明日报1996-04-05

◎图书发行开创连锁经营模式/胡骁//光明日报1996-10-16

◎图书馆的社会功能/任继愈//光明日报1996-07-29

◎外交部发言人就中美知识产权谈判答记者问，美政府应纠正其错误决定//经济日报1996-05-17

◎外经贸部有关负责人谈中国知识产权保护现状与前景//经济日报1996-03-05

◎文化部图书馆司司长、第六十二届国际图联大会中国组委会秘书长杜克谈，传统意义上的图书馆会消失吗/梁若冰//光明日报1996-08-31

◎文化部与全国音像制品总批发单位签订保护知识产权责任书/秦杰//人民日报1996-08-04

◎文化企业改革之路——关于江苏省新华书店的调查/中共江苏省委宣传部//光明日报1996-01-27

◎我国保护知识产权打击侵权盗版成效显著/徐涟//中国文化报1996-05-15

◎我国出版业向优质高效发展，重版率创建国以来最高纪录//人民日报1996-03-26

◎我国加大知识产权保护力度，清理非法音像制品卓有成效/曲

志虹//中国文化报 1996-04-17
◎ 我国加大知识产权保护力度，海关查处盗版及假冒产品成果显著/王桦//经济日报 1996-06-17
◎ 我国加强知识产权人才培训/郭晓//经济日报 1996-04-03
◎ 我国首例严肃音乐作品版权转让成交/杨永林//光明日报 1996-04-19
◎ 我国重视知识产权司法保护//中国文化报 1996-06-12
◎ 武汉治理音像市场：重拳出击/张新建 刘晓东//中国文化报 1996-06-26
◎ 香港的报业/陈力丹//光明日报 1996-06-08
◎ 新闻出版局长会议指出，推进新闻出版工作阶段性转移/杨开民//光明日报 1996-03-20
◎ 依法保护知识产权，广东康宝起诉 20 余家侵权企业均胜诉/李文//经济日报 1996-09-19
◎ 宜昌书店火爆现象透视/何道新//中国文化报 1996-08-02
◎ 音像出版：渐显繁荣主色调/周源//光明日报 1996-01-31
◎ 音像市场呼吁良好的经济环境//中国文化报 1996-09-18
◎ 音像制品专卖店何时再现"牛市"景象/吕天璐//中国文化报 1996-11-05
◎ 印尼的出版物政策/李文忠//中国文化报 1996-01-21
◎ 针对美国就知识产权保护问题对我国实施"制裁"国家版权局发表谈话//经济日报 1996-05-16
◎ 正版音像制品正迅速占领市场/徐晋//中国文化报 1996-09-08
◎ 知识产权普法活动告一段落/金涛//经济日报 1996-07-10
◎ 中国报协书记处扩大会议提出：报业与纸业协作，稳定新闻纸市场/纪哲//经济日报 1996-08-28
◎ 中国海关知识产权边境保护纪实（上）——从国际水准起步/王桦//经济日报 1996-05-23
◎ 中国海关知识产权边境保护纪实（下）——联手护权事半功倍/王桦//经济日报 1996-05-30
◎ 中美间举行知识产权磋商，美商吁予华永久最惠待遇/王忠//经济日报 1996-06-18
◎ 中美知识产权磋商达成一致/李争平//经济日报 1996-06-18
◎ 重拳清市场，活水注源头——写在'96 全国音像制品交易会开幕之际/本报评论员//中国文化报 1996-09-11
◎ 重在建设，繁荣出版——热烈祝贺"中国出版成就展"开幕/本报报评论员//光明日报 1996-07-14

1997 年

◎"中国报业协会"正式更名//经济日报 1997-01-09
◎ 巴基斯坦的旧书业/白洁//光明日报 1997-01-04
◎ 报业同行话回归——来自香港的报道之四/本报记者//人民日报 1997-06-19
◎ 北京破获盗印《现代汉语词典》案/马兴宇 马新明//光明日报 1997-06-16
◎ 北京音响展京城独特的文化景观/晓彬//光明日报 1997-11-06
◎ 长沙黄泥街书市实现整体搬迁/徐德火//经济日报 1997-11-22
◎ 唱片让人欢喜让人忧/夏滟洲//光明日报 1997-01-15
◎ 出版管理有了新法规——访新闻出版署署长于友先/庄建//光明日报 1997-01-31
◎ 出版要引导学术发展——访浙江教育出版社社长曹成章/叶辉//光明日报 1997-04-02
◎ 出版优秀音像制品如何迅速占领市场/韩进峥//光明日报 1997-08-06
◎ 第八届全国书市将办/郑静//经济日报 1997-04-05
◎ 俄侵犯版权和商标权案增多//经济日报 1997-08-11
◎ 二十四比特唱片好在哪里/樊强//光明日报 1997-06-25
◎ 奉献的百年光荣的百年——中国现代出版业百年史回眸/于友先//人民日报 1997-06-21
◎ 扶正方能祛邪/朱一兵//光明日报 1997-02-19
◎ 港商日益重视知识产权/张志辉//经济日报 1997-05-04
◎ 高校图书馆：渴望新书扑鼻香/吴海栋 丰华芳 潘剑凯//光明日报 1997-06-04
◎ 共商 21 世纪中国报业经济发展大计//光明日报 1997-04-19
◎ 古典音乐唱片短缺问题不可轻视/杨效雄//光明日报 1997-06-25
◎ 古旧书业在困境中前行/吴宁//中国文化报 1997-06-11
◎ 关于发展我国版权产业的思考/沈仁干//光明日报 1997-04-25
◎ 广东犁庭扫穴，再清音像市场/于万东//光明日报 1997-06-04
◎ 广东音像城：让正版音像旺销起来/于万东//光明日报 1997-04-16
◎ 广东音像城是怎样办起来的/陈嘉鲲//光明日报 1997-12-03
◎ 规模经营：音像业发展的必由之路/周源//光明日报 1997-04-09
◎ 国家科学技术学术著作出版基金管理办法//光明日报 1997-03-20
◎ 国外报业美国大报发行量减少/芝年//经济日报 1997-05-21
◎ 韩国报业竞争有喜有忧/曹世功//经济日报 1997-05-21
◎ 捍卫权益，作家律师共组集团保护体/曹继军//光明日报 1997-01-22
◎ 杭州书市一派明媚阳光/余鸿鹤//经济日报 1997-10-11
◎ 互联网让新闻出版告别纸与墨/赵楠//光明日报 1997-04-10
◎ 华东最大图书批销中心启动//光明日报 1997-05-21
◎ 加拿大的校园书市/徐学清//光明日报 1997-09-24
◎ 加强知识产权司法保护，依法保障正当市场竞争，一批知识产权民事案件审结/马立群 易红//经济日报 1997-07-17
◎ 江苏教育出版社送书送教下乡/李春林 徐可//光明日报 1997-05-09
◎ 解决音像业历史遗留问题，让假授权音像制品没有市场/文洁//光明日报 1997-06-25
◎ 近十年来的唱片出版/贾明//光明日报 1997-06-04
◎ 经济与报业/邓维//经济日报 1997-07-11
◎ 九七岁末话音像/王炬//光明日报 1997-12-31
◎ 立体出版：旅游出版新思路——访中国旅游出版社社长常振国/徐可//光明日报 1997-08-05
◎ 录像出版为何"不旺"/周源//光明日报 1997-03-26
◎ 录像租赁路在何方/周源//光明日报 1997-10-22
◎ 美国和香港地区音像制品租赁概况/曹葵//光明日报 1997-01-15
◎ 面对因特网挑战，美国报纸要说不/石河//光明日报 1997-11-11
◎ 名人出书，真诚为上/田勇//光明日报 1997-06-04
◎ 欧洲录像市场为什么"滞后"于中国/肖锋//光明日报 1997-01-29
◎ 齐鲁书社以精品书赢得读者/刘希全//光明日报 1997-02-11
◎ 侵权货物难逾雄关——九龙海关知识产权保护纪实/许永贤 刘昆//经济日报 1997-03-28
◎ 全国百余家主要报社负责人聚会北京，共商二十一世纪中国报业经济发展大计，中宣部副部长徐光春、中国报协主席许中田等到会讲话/茂生//经济日报 1997-04-01
◎ 让正版音像制品占领市场/李韵//光明日报 1997-05-28
◎ 人大代表孙华心强化知识产权意识/管斌//经济日报 1997-03-12
◎ 山东青岛海关加大知识产权保护力度/吴瑕 胡考绪//经济日报

1997-07-14
◎商务印书馆暨中国现代出版喜度百岁/庄建//光明日报 1997-05-09
◎商务印书馆书香百年/何加正 朱幼棣//光明日报 1997-05-09
◎少儿图书馆建设应尽快结束徘徊/李家杰//光明日报 1997-06-11
◎深圳新华书店何以脱颖而出/易运文//光明日报 1997-12-15
◎生机盎然，气象万千：我国出版事业进入健康繁荣发展新阶段/庄建//光明日报 1997-08-30
◎世界知识产权组织新总干事接任//经济日报 1997-09-25
◎书店进商场前景怎样/李海秀 张继瑜//光明日报 1997-12-01
◎数据库与现代出版/吴源//光明日报 1997-04-24
◎宋健在全国专利工作会议上提出进一步放活知识产权中介组织/郭晓 李云萍//经济日报 1997-12-01
◎太原阅报栏遍布街头/杨荣//光明日报 1997-05-13
◎提高出版队伍素质，努力多出精品图书/闫国庆//光明日报 1997-04-18
◎提高文化品味是音像出版面临的重要课题/周源//光明日报 1997-07-09
◎妥善解决教材著作权问题/袁新文//光明日报 1997-06-06
◎网络，能否与出版业契合//人民日报 1997-11-22
◎我国唱片业发展的三个阶段/王巨//光明日报 1997-11-19
◎我国五十至七十年代的唱片出版/王炬//光明日报 1997-03-19
◎我国音像业要走联合发展之路/韩进峥//光明日报 1997-10-29
◎我国早期的唱片出版/王炬//光明日报 1997-01-29
◎五地商务联手图发展/庄建//光明日报 1997-05-09
◎武汉出版社成为图书出版"精品库"/顾亦兵 夏斐//光明日报 1997-01-14
◎武汉书业呼吁：旧书不是废书/熊克寒//光明日报 1997-06-11
◎湘版图书涌出精品群/周晓曲 蒋祖煊//光明日报 1997-02-03
◎新闻界研讨音像知识产权//人民日报 1997-01-05
◎译著出版前景喜人/张业清 朱永华//光明日报 1997-02-11
◎音响租赁与连锁经营：音像业发展的主流/邹建华//光明日报 1997-07-30
◎音像版权贸易的冷与热/王利民//光明日报 1997-11-12
◎音像业如何面对新的发展机遇/邹建华//光明日报 1997-10-15
◎音像制品大战谁是赢家/靳晓燕//光明日报 1997-11-05
◎引人注目的五起重大知识产权案/易红//经济日报 1997-07-23
◎应尽快规范音像出版物的权利用语/王利民//光明日报 1997-07-16
◎英国公布新的报业行为准则//经济日报 1997-09-29
◎用优秀的音像作品占领市场/庄建//光明日报 1997-07-11
◎在竞争中提高市场占有率，必须冲出抄搬仿制、产品趋同的"怪圈"——自主知识产权意识亟待加强/张卫平//经济日报 1997-06-09
◎斩断伸向音响市场的黑手——广东公安机关大计非法盗版、生产、走私光碟侧记/罗炳益//光明日报 1997-12-17
◎拯救报业广告危局法通过新税种提案/杨明柱//经济日报 1997-11-12
◎整治音像市场任重道远/李春利//光明日报 1997-08-20
◎知识产权制度是保证科技文化进步的巨大杠杆/李静//中国文化报 1997-07-17
◎中国走向书香社会/陈刀//光明日报 1997-03-19
◎中美知识产权执法培训班在京举办/走井//经济日报 1997-02-10
◎走中国唱片的精品道路/都可新//光明日报 1997-08-20

1998 年

◎'98 电脑图书市场透析/曹敏燕//中国文化报 1998-10-13
◎"一元书"成了图书市场的"俏妹子"/杨闻//光明日报 1998-11-12
◎1997 中国书业八大话/余言//中国文化报 1998-01-01
◎21 世纪专利合作条约制度国际研讨会在北京举行，中国知识产权培训中心教学科研楼同时启用/郭晓//经济日报 1998-04-19
◎版权交易的喜与忧/杨宗兵//光明日报 1998-09-17
◎版权贸易利润丰厚，引进机制尚待完善/衡予婉//中国文化报 1998-09-16
◎报业成为新兴产业/曲志红//中国文化报 1998-03-28
◎报业已成新兴产业/曲志红//光明日报 1998-03-23
◎出版发行呼唤代理制/徐东生//人民日报 1998-11-05
◎出版社，你的反盗版意识如何/永青//光明日报 1998-11-19
◎出版业：如何推进精品战略//光明日报 1998-05-25
◎打特色牌，出精品书，念效益经，云南出版业好红火/任维东 张帆//人民日报 1998-04-01
◎地图出版不容混乱/陆彩荣 金立明//光明日报 1998-08-01
◎电子出版物管理会议强调，电子出版业要加强管理优化结构/程红根//人民日报 1998-04-07
◎电子出版业前景广阔/王斌来//人民日报 1998-07-29
◎发挥集团优势，促进报业发展，中国农机化报加入经济日报报业集团/包观//经济日报 1998-12-29
◎方庄有一家书店——兼谈书店的软件/王仿子//光明日报 1998-08-03
◎古旧书业无可奈何花落去？//经济日报 1998-08-16
◎光明日报报业集团成立//经济日报 1998-06-09
◎广东音像城力推高品位音像制品/仲涛//光明日报 1998-05-07
◎逛网上书店览天下图书/胡畅萍//经济日报 1998-10-25
◎国内网上书店尚需完善/丁乙//光明日 1998-10-03
◎呼唤新世纪书业文明/徐雁//中国文化报 1998-10-29
◎继往开来创新业——庆祝经济日报报业集团成立//经济日报 1998-06-09
◎加强软件知识产权的保护/晓白//经济日报 1998-11-28
◎加强知识产权保护/冯之浚//人民日报 1998-11-14
◎建立出版基地培育出版集团/曲志红//经济日报 1998-01-19
◎经济日报报业集团正式成立//经济日报 1998-06-09
◎竞争呈现新局面，书业呈现新视点/温沁园//中国文化报 1998-02-11
◎九届书市热后的冷思考/介子平//光明日报 1998-11-26
◎开拓思路，走向市场，繁荣出版——98 年国际图书博览会后的思考/林凯//光明日报 1998-09-28
◎看虎年音像市场如何"造大船"/王炬//光明日报 1998-02-19
◎库存：中国书业必须解开的结/介子平//光明日报 1998-04-23
◎面向新世纪的新闻出版业/于友先//光明日报 1998-07-05
◎名著光盘改变传统阅读习惯/曾亚波//光明日报 1998-09-17
◎女性图书正日益引起关注/陆士杰//光明日报 1998-08-06
◎全国报纸内部管理改革经验交流会提出，加强管理促进报业繁荣发展//人民日报 1998-06-03
◎陕西将办第九届全国书市/丛峰//经济日报 1998-06-14
◎商场书市何以潮起又潮落/介子平//光明日报 1998-11-19
◎上海文汇新民联合报业集团成立/陈钢//经济日报 1998-07-26
◎市场新课题：图书专营/左峰//中国文化报 1998-01-21
◎首都图书市场寻求新发展/李静//中国文化报 1998-02-17

⊙特价何必待书市/郝怀明//经济日报 1998-10-30
⊙特价书市春潮涌动/秦海波//经济日报 1998-05-08
⊙图书订货会遍地开花的背后/介子平//光明日报 1998-09-10
⊙图书双效益的求解/郑有栋//中国文化报 1998-12-22
⊙推进新闻改革的重大举措，经济日报光明日报两报业集团挂牌/王锦鹤//人民日报 1998-06-09
⊙网络上的知识产权保护亟待加强/张传亚 吴绍林//光明日报 1998-07-21
⊙文化是综合国力的重要标志/王体正//光明日报 1998-11-20
⊙我国报业成为新兴产业/曲志红//经济日报 1998-03-23
⊙我国新闻出版业进入法治轨道/刘亢//经济日报 1998-04-18
⊙我西藏图片展在捷受欢迎，日内瓦书展介绍西藏出版业//人民日报 1998-05-04
⊙戏曲音像制品岂能冷眼相待/杨文//光明日报 1998-11-26
⊙西安书市落幕论短长/杨永林 庄建/光明日报 1998-10-31
⊙心系人民，服务大局，努力提高新闻工作水平/丁关根//光明日报 1998-04-03
⊙新时期如何办好期刊/肖玉华 王冰 李中茹//光明日报 1998-08-02
⊙新闻出版业发展趋势刍议/宋木文//人民日报 1998-04-30
⊙营造书香世界——访国家新闻出版署署长兼国家版权局局长于友先/杨明方//人民日报 1998-05-08
⊙有决心就有魄力，有突破才有希望，出版产业造“大船”/卢新宁//人民日报 1998-01-22
⊙有效运用知识产权制度/姜颖//人民日报 1998-11-14
⊙知识产权保护突出重点/新文//经济日报 1998-01-25
⊙知识产权是知识经济的核心/吴澄//1998-11-14
⊙知识产权要迎接新挑战/柳卸林//人民日报 1998-11-14
⊙中国版权保护中心成立/徐克强//经济日报 1998-09-24
⊙中国报协研讨报业集团建设问题//人民日报 1998-05-28
⊙周恩来与图书事业/刘淑敏//光明日报 1998-08-09
⊙走向市场 步履不再蹒跚——从北京图书订货会看图书出版发行的变革/庄建 靳晓燕//光明日报 1998-02-16

1999 年

⊙’99 文学期刊重新设定“读者群”/段崇轩//光明日报 1999-06-17
⊙’99 音像业最大期盼：走出谷底/王炬//光明日报 1999-01-14
⊙“当当”囊括十八万种中文图书/小禾//经济日报 1999-12-16
⊙“光盘杂志”异军突起/穆华//光明日报 1999-06-10
⊙“海南知识产权第一大案”/行人//经济日报 1999-10-13
⊙“九五”国家重点音像出版规划进展顺利/名芳//中国文化报 1999-08-02
⊙“跨世纪中国报业与报业集团”座谈会在穗举行/炳初//人民日报 1999-12-17
⊙“皮书”火爆的启示——看学术图书出版的市场化运作/邢建毅//光明日报 1999-02-26
⊙“司法解释”为非法出版物敲响警钟/倪迅//光明日报 1999-01-13
⊙《泰坦尼克号》正版 VCD 挑战盗版碟/李春利//光明日报 1999-03-04
⊙《中国报业集团发展研究》出版/范静//人民日报 1999-06-08
⊙《中国知识产权报》创刊/庄力//经济日报 1999-07-13
⊙《中国知识产权大案实录》出版/陶国峰//经济日报 1999-01-13
⊙VCD 降价的无奈/曲冠杰//光明日报 1999-08-02
⊙WTO 与中国出版业/魏玉山//光明日报 1999-12-03
⊙百年磨砺，再铸辉煌——本世纪中国出版业回眸/魏玉山//中国文化报 1999-06-18
⊙版权贸易：重在输出/张魁星//人民日报 1999-10-15
⊙保护知识产权符合中国最大利益/陶国峰//经济日报 1999-11-24
⊙保护音像权益/孙建红//人民日报 1999-06-25
⊙北京春季书市将举行/海//经济日报 1999-04-27
⊙北京图书大厦图书热销/唐旬//光明日报 1999-05-27
⊙北图出版社力推收藏精品图书/粟丹//中国文化报 1999-10-11
⊙长沙书市成果空前/李颖//经济日报 1999-09-30
⊙出版大船锻造已见雏形//光明日报 1999-10-08
⊙出手谨慎，仍挡不住好书诱惑——来自’99 全国图书订货会上的信息//光明日报 1999-01-15
⊙传媒与书结缘能否“天长地久”/龚宇一//光明日报 1999-11-26
⊙创新：接力出版社发展的秘密/刘昆//光明日报 1999-04-10
⊙从 99 北京图书订货会观图书市场新走向/沈建林//中国文化报 1999-01-19
⊙代销制使音像出版单位举步维艰/白炜//1999-11-15
⊙盗版猛如虎 音像业到底应该怎么办?/王炬//经济日报 1999-07-15
⊙盗版音像制品有七害/闻思音//中国文化报 1999-04-07
⊙盗版光盘软件遇到克星，“光盘狗”忠实保卫知识产权/阮建//经济日报 1999-07-27
⊙第十届全国书市金秋在长沙举行/庄建//光明日报 1999-05-28
⊙电子图书馆建设应避免小而全大而全/崔志坚//光明日报 1999-06-30
⊙调整和优化三大结构——关于中国出版发展战略的思考/王於良//中国文化报 1999-08-10
⊙读书人不买精装书/罗伟章//光明日报 1999-02-26
⊙敦煌学与敦煌书的出版/胡福生//光明日报 1999-06-04
⊙繁荣出版市场的几个问题/于友先//光明日报 1999-03-22
⊙方正科技投资网上书店//经济日报 1999-09-24
⊙非新闻出版机构不得从事报刊有关活动——新闻出版署报刊司负责同志答本报记者问//光明日报 1999-08-31
⊙更美、更好、更快，中国出版业追赶多媒体浪潮/杨健//人民日报 1999-06-14
⊙观望书市/周晓//光明日报 1999-10-08
⊙关于 DVD 版权贸易的几个问题/朴东生//中国文化报 1999-03-24
⊙光盘复制企业为何如此火爆/李凌己//光明日报 1999-01-13
⊙国家图书馆藏上网，考验著者维权神经/王蔚//光明日报 1999-11-03
⊙国家知识产权局力促专利技术转化/郭晓//经济日报 1999-02-09
⊙国庆大典余味悠长，出版市场商机广阔//光明日报 1999-10-22
⊙国外书商谈图书营销策略，中外专家论中国图书海外发行/裴少铭//中国文化报 1999-08-30
⊙坚持民族音像出版的主体地位/刘国雄//人民日报 1999-05-28
⊙江泽民会见世界知识产权组织总干事指出，近 20 年来中国知识产权事业发展迅速，取得了很大进展/谭国器//经济日报 1999-01-28
⊙将科学精神注入民族文化——科学人文图书出版热透视/续鸿明//中国文化报 1999-03-16
⊙将音像制品快速准确的送达客户——澳大利亚娱乐节目发行公

司（EDC）见闻/沈卫星//光明日报 1999-02-04
⊙教材著作权需要法律的保护/张冬梅//光明日报 1999-04-07
⊙近期唱片市场流行"精选专辑"/百欣//中国文化报 1999-10-18
⊙经济类图书引进战烽烟四起/于克凌//光明日报 1999-04-02
⊙警惕教材出版中的纯商业行为/余传诗//光明日报 1999-01-16
⊙菱角湖畔飘书香——记武汉图书大世界/夏斐 马少春 曾舟记//光明日报 1999-11-07
⊙美国报业协会调查显示，因特网为报业提供发展空间/孙屹//经济日报 1999-12-29
⊙美术图书挑战市场——记'99 全国美术图书交易会/刘彦生//中国文化报 1999-08-16
⊙面向市场，出版科研必须面对的课题——访中国出版科学研究所副所长郝振省/徐昙 邢宇皓//光明日报 1999-11-12
⊙名牌产品的灵魂是知识产权/段恒中//光明日报 1999-05-07
⊙你未唱罢我先登场——贺岁片刚出炉，盗版碟已抢滩/李春利//光明日报 1999-01-21
⊙剖析我国音像出版生产力之一——京沪穗三地音像出版实力超群/余声//中国文化报 1999-08-23
⊙全国报业集团迅速崛起/朱忠良 吴小军 刘东凯//经济日报 1999-09-29
⊙全国第一家出版集团上海世纪出版集团成立/余传诗//光明日报 1999-02-25
⊙全球媒体竞争加剧 美国报业持续衰退/芝年//经济日报 1999-02-20
⊙让盗版成为过街老鼠/郑蔚//中国文化报 1999-07-19
⊙人均之最的澳门报业/赵兹//经济日报 1999-07-29
⊙人民出版社以精品书争市场/邓凯//光明日报 1999-01-08
⊙人民教育出版社祝贺'99 北京图书订货会圆满成功//光明日报 1999-01-07
⊙上海 5 年受理知识产权案 1500 件/史美圣//光明日报 1999-03-05
⊙上海科技成果转化步伐加快，知识产权注入资本成为时尚/柯集//经济日报 1999-06-29
⊙上海世纪集团推出"双庆双赢"精品图书/余传诗//光明日报 1999-04-23
⊙少儿图书出版热中的冷思考/吴乐平//中国文化报 1999-05-28
⊙深化出版事业改革，上海世纪出版集团成立/娄靖//人民日报 1999-02-25
⊙深赛格加入知识产权联盟//经济日报 1999-11-16
⊙深圳特区报报业集团挂牌/邹大虎//经济日报 1999-11-02
⊙省级文学期刊再觅"知音"/罗川洲//光明日报 1999-04-29
⊙实现出版业跨世纪的良性发展/于友先//人民日报 1999-04-08
⊙使用广播电视节目出版音像制品的版权问题/孙建红//中国文化报 1999-12-27
⊙世界知识产权组织负责人访华//经济日报 1999-01-28
⊙首例五环标志侵权案/罗京生//光明日报 1999-01-02
⊙书刊设计领域探索与开拓的新成果/邓中和//中国文化报 1999-05-25
⊙书市，为图书"挤水"/元尚//中国文化报 1999-10-26
⊙书装艺术的可喜探索/邓中和//光明日报 1999-06-13
⊙图书"克隆"该缓行/胡子宏//光明日报 1999-01-06
⊙图书出版 面向农村大有可为/王绍雄 胡晓军//光明日报 1999-02-25
⊙图书盗版：到底有治没治/徐丹鹿//光明日报 1999-01-22
⊙图书馆"火"起来/东民 江北//光明日报 1999-06-10
⊙图书质量纠纷为何多起来/余亚仕//光明日报 1999-08-31
⊙网虫看作家状告网站/吴过//光明日报 1999-07-07
⊙网上书店成交少，手续多/王琳 刘平//光明日报 1999-06-16
⊙网上书店蓄势待发/施喆//人民日报 1999-04-12
⊙为书籍量体裁衣/苏晓明//中国文化报 1999-10-15
⊙为正版音像精品拓展空间/本报评论员//人民日报 1999-03-23
⊙温家宝考察国家知识产权局强调：依法做好知识产权工作推动科技进步经济发展/刘振英 尹鸿祝//经济日报 1999-06-11
⊙文化部发出通告，开展打击非法录音制品的专项斗争//中国文化报 1999-12-27
⊙我国低幼报刊市场需开发/王天齐//光明日报 1999-06-03
⊙我国加快金融电子化步伐/苛椋//经济日报 1999-08-17
⊙我国散文期刊订数全线上升/韩小蕙//光明日报 1999-05-06
⊙我国首届自由软件版权问题研讨会在京召开/沈津京//经济日报 1999-07-13
⊙我国音像业如何摆脱盗版困扰/杨光//光明日报 1999-11-11
⊙我国最大一起知识产权案/黄晓 唐旬//光明日报 1999-03-02
⊙喜忧参半的胜诉/尚方 闻琦//经济日报 1999 04 21
⊙向盗版宣战/杨谷//光明日报 1999-10-20
⊙小说《还珠格格》续集加班入市，琼瑶呼请各界打假，读者辨假/魏刚//光明日报 1999-03-18
⊙行业报走好市场路/段化//中国文化报 1999-02-10
⊙修改著作权法面临的信息技术问题/邹忭//光明日报 1999-04-07
⊙眩目而纷纭的书影——出版社在 1998 年/邓凯//光明日报 1999-01-08
⊙一部出版后即夭折的书/郑学锋//光明日报 1999-07-23
⊙英国书刊市场掠影/吴安宁//中国文化报 1999-10-11
⊙余秋雨说："为防盗版，我们成了地下工作者"/吴春燕//光明日报 1999-04-01
⊙云南出版业，再上新台阶/郑明//中国文化报 1999-10-26
⊙正版占领市场难在哪里/李韵//光明日报 1999-11-14
⊙正版进则盗版退/徐晋//中国文化报 1999-05-26
⊙知识产权法学高等教育成果显著/赵兹//经济日报 1999-08-25
⊙知识产权审判力量增强//经济日报 1999-07-12
⊙知识产权与经济国际研讨会举行/柯纪//经济日报 1999-10-14
⊙知识产权与企业创新展开研讨/邢慧娜//经济日报 1999-08-24
⊙知识产权在创新中扮演什么角色/张志安//经济日报 1999-04-13
⊙知识经济：给出版业带来的新机遇/郑明//中国文化报 1999-06-08
⊙知识时代与出版改革/谢军//中国文化报 1999-02-23
⊙中唱上海公司大型戏曲类音像制品在京展销/沈卫星//光明日报 1999-02-05
⊙中国报业自律公约公布实施//经济日报 1999-12-16
⊙中国名家名作限量印刷品市场何在/徐晋//1999-11-08
⊙中国图书出口面对难题/吴娟//中国文化报 1999-09-02
⊙中国音像蓄势待发/靳晓燕//光明日报 1999-09-03
⊙朱镕基会见世界知识产权组织总干事//经济日报 1999-10-14
⊙专家指出杜绝盗版非动大手术不可/杭天勇//光明日报 1999-11-15
⊙着力在最佳结合上下功夫——对繁荣我国出版业几个重大关系的辩证思考/阳建国//人民日报 1999-09-02
⊙资源重配置协力造大船，北京出版社组建出版集团/孟宪励 颜世贵//人民日报 1999-07-07
⊙走近汇纳思想的大海——湖南出版业巡礼/刘虔 王必胜//人民

日报 1999-09-17

2000 年

◎"2000 中国国际报业展" 在京开幕/杨雪梅//人民日报 2000-11-16
◎"百年老店" 不甘沉寂/吴兴//光明日报 2000-09-20
◎e-book 走近大众阅读/王彦慧 丰捷//光明日报 2000-11-30
◎百家期刊拓展精神文明阵地/卢新宁//人民日报 2000-09-25
◎版权法与新科技/符福渊//人民日报 2000-08-07
◎版权贸易期待良好环境/薛福康//光明日报 2000-08-18
◎版权贸易走向理性/曹敏燕//中国文化报 2000-09-12
◎出版界在中外交流中的差异/叶路//光明日报 2000-08-18
◎出版业的现状与思考/任如花//山西经济日报 2000-11-03
◎传统出版业你不能只等待/华卫列//人民日报 2000-11-17
◎盗版何日不猖獗/黄晓新//光明日报 2000-07-27
◎盗版音像制品泛滥的原因/周建民//中国文化报 2000-09-04
◎电视红，书就火？/哲仁//中国文化报 2000-07-31
◎电子报纸随身带 手机一掏信息来/严恒元///经济日报 2000-07-20
◎电子书挑战传统出版物/丁亚平//中国文化报 2000-07-04
◎非法报刊为何屡禁不止/王华兴//人民日报 2000-12-07
◎关于知识产权的近距离对话//经济日报 2000-08-14
◎国际书展话版权合作/董秀玉//光明日报 2000-08-30
◎互联网与文化传播/叶紫//人民日报 2000-07-10
◎建造中国书业旗舰/庄建//光明日报 2000-04-13
◎辽宁出版集团改革模式受关注/苗家生//光明日报 2000-04-17
◎辽宁出版集团推出标准电子图书//中国文化报 2000-09-05
◎美国电影产业如何打击影碟和因特网盗版/王乃红//中国文化报 2000-07-05
◎纽约举行中国图书文化展览//人民日报 2000-10-18
◎劈海冲浪 托举起一流教材/夏欣 莫文/光明日报 2000-11-28
◎如何整治盗版电影音像制品/光安//中国文化报 2000-07-17
◎三联书店 全面进军电子出版业/阮建//经济日报 2000-09-14
◎数字和网络环境下的版权保护/孙建红//中国文化报 2000-10-16
◎数字图书馆，离我们有多远？/丁玎 杨明方//人民日报 2000-08-27
◎谁是今天的畅销书作家/续鸿明//中国文化报 2000-12-19
◎台湾出版业生存艰难//光明日报 2000-07-11
◎谈谈《出版物上数字用法的规定》/厉兵//人民日报 2000-08-18
◎图书定价如何降下来/邢和明//经济日报 2000-11-02
◎图书说分量 专家论短长//光明日报 2000-10-10
◎网络版权不可无/郭开森//光明日报 2000-09-06
◎网络出版逼近传统出版业/陈磊//光明日报 2000-04-27
◎网络立法：全球性的趋势/曾凡斌//人民日报 2000-12-01
◎网络文学的兴起与发展/王强//人民日报 2000-11-11
◎我国报刊业实现两个可喜转变/计亚男//光明日报 2000-12-22
◎吸引"国际投稿"/聂震宁//光明日报 2000-08-18
◎一张超星读书卡 饱览图书十万种/谢瑞东//中国文化报 2000-09-07
◎音像界的觉醒/刘国雄//中国文化报 2000-09-25
◎音像业与国际接轨是大势所趋/叶荷//中国文化报 2000-07-03
◎英法日出版同行评点中国书业/何农 张晓 蒋道鼎//光明日报 2000-08-30
◎再谈《出版物上数字用法的规定》/厉兵//人民日报 2000-11-17
◎知识产权问题不容忽视/饶戈平//光明日报 2000-03-08
◎中国出版如何面对"入世"/段然//经济日报 2000-09-07
◎中外图书版权贸易达 2．5 万项/杨雪梅//人民日报 2000-09-01
◎中文电子图书"揭开盖头"/庄建 王松//光明日报 2000-09-04
◎衷情"网络文化"/韩新颖//经济日报 2000-11-16
◎著作权法修改该加速了/徐晋//中国文化报 2000-09-23
◎作家维权初见成效 网络版权交易起步/续晨//光明日报 2000-03-02
◎作为出版商的李渔/袁逸//光明日报 2000-11-16

2001 年

◎《大公报》保存经过/吴葆//光明日报 2001-03-01
◎畅销书：消费时代的时尚文本/李春媚//中国文化报 2001-05-12
◎唱响主旋律 多出精品书/汪大勇//光明日报 2001-02-20
◎出版全部博士论文/沈兆乾//人民日报 2001-09-25
◎出版业 跨进黄金时代/杨雪梅//人民日报 2001-09-27
◎打击走私盗版 繁荣音像市场/黄丽陆//经济日报 2001-10-21
◎第十二届中国图书奖颁发/施芳//人民日报 2001-02-21
◎电子图书国际市场看好 网络出版国内刚刚起步/金慧//中国文化报 2001-09-12
◎管理体制不顺 盗版屡禁不止/白炜//中国文化报 2001-07-02
◎关于数字图书馆的几点认识/徐文伯//光明日报 2001-06-27
◎海外华文媒体的黄金时代/黄之豪 连锦添//人民日报 2001-09-19
◎好书也要靠营销/刘国辉//中国文化报 2001-08-15
◎结构调整是出版业发展主线/卢新宁//人民日报 2001-01-16
◎科普出版人，你们的科学素养如何/刘华杰//光明日报 2001-08-02
◎莫让盗版图书堂而皇之面世/陈航//经济日报 2001-10-11
◎欧盟通过网络版权法/梁晓华//光明日报 2001-04-16
◎培养公民版权意识/金兼斌//人民日报 2001-11-17
◎期刊：美女封面何时休/程秋生//人民日报 2001-12-07
◎让散文走进百姓家/林非//人民日报 2001-05-14
◎扫描中国百版珍藏报/王纪民//经济日报 2001-05-23
◎书价虚高害了谁/杨忠阳//经济日报 2001-07-26
◎书市"读"市场/袁亚平//人民日报 2001-12-07
◎谁解学术期刊之忧/施芳 卢新宁//人民日报 2001-03-20
◎图书的电子化趋势/白木 子荫//中国文化报 2001-08-15
◎图书定价之我见/三木//中国文化报 2001-08-01
◎推广上海东方书报亭经验 深化出版发行体制改革/吕网大//人民日报 2001-12-07
◎网络环境著作权保护的几点思考/李维//光明日报 2001-01-31
◎网络时代学术期刊编辑出版模式/张超//光明日报 2001-10-20
◎文学期刊：光靠改版能自救吗/吴俊//光明日报 2001-02-21
◎文学期刊：面对市场和读者的选择/李舫//人民日报 2001-12-11
◎文学期刊的坚守与寻觅/柳萌//人民日报 2001-12-07
◎文学期刊如何"策划"/陈枫//中国文化报 2001-01-17
◎我国期刊业将呈宝塔形结构/刘彦生//中国文化报 2001-11-21
◎新技术条件下如何保护期刊知识产权/金振蓉//光明日报 2001-12-03
◎新世纪第一个图书盛宴/丰捷//光明日报 2001-01-04
◎中国网络出版前程似锦/许红洲//经济日报 2001-06-14

- 中国要有国际一流学术期刊/赵绪民//光明日报 2001-05-07
- 中国音像业如何做大做强/邹建华//光明日报 2001-03-28
- 中华人民共和国著作权法//光明日报 2001-10-28
- 尊重知识产权/杨一依//人民日报 2001-05-16

影视、网络传媒产业

1979 年

- "瓦尔特，你好!"——祝贺南斯拉夫电影周开幕/胡健 王传智 曾宪瑞//光明日报 1979-12-07
- "五一"节首都上映一批新影片//光明日报 1979-04-29
- 打好广播电视产品翻身仗/本报评论员//人民日报 1979-06-08
- 大幅度大踏步地放手发展电影事业 全国故事片厂长会议在京召开 胡耀邦讲话//人民日报 1979-03-03
- 电影工作者和观众一个心愿——全国故事片厂厂长会议见闻//光明日报 1979-03-23
- 电影观众的心声/郦苏元//光明日报 1979-05-05
- 电影生产苦于"婆婆多"//人民日报 1979-01-22
- 电影为什么上不去?——谈文艺民主与电影艺术//人民日报 1979-01-21
- 电影要民族化//人民日报 1979-03-12
- 对发展科教电影的几点希望/刘述周//光明日报 1979-03-31
- 发扬艺术民主，电影大有作为/严寄洲//光明日报 1979-07-27
- 法国的全国数据传输网络/王宪华//光明日报 1979-05-31
- 关心电影导演 提高艺术技巧//人民日报 1979-03-12
- 贯彻双百方针，尊重艺术规律，繁荣电影创作——文化部文学艺术研究院电影研究室召开建国三十年来电影创作经验座谈会//光明日报 1979-09-27
- 广播电视工业公司调整企业初见成效，上半年电视机产量为去年同期的两倍半，收音机产量提高百分之八点五//光明日报 1979-08-14
- 胡耀邦同志在全国故事片厂厂长会议上强调，要大幅度地大踏步地放手地发展我国电影事业//光明日报 1979-03-03
- 解放思想 深批极左 繁荣创作——安徽、上海分别召开座谈会，讨论发展戏剧、电影创作问题//人民日报 1979-08-06
- 尽早建立电视制片厂/游默//光明日报 1979-12-19
- 科教电影事业将大幅度发展//光明日报 1979-03-17
- 两点感谢——谈谈美术电影片//人民日报 1979-08-06
- 墨西哥电影优良传统的生动体现——影片《叶塞尼娅》、《玛丽娅》、《冷酷的心》观后//人民日报 1979-08-06
- 勤学苦练，掌握电影的特性//人民日报 1979-04-24
- 让青年导演更快的健康成长/海郎//光明日报 1979-05-05
- 日本的电视广播//人民日报 1979-04-10
- 日本电影周开幕式在京隆重举行//光明日报 1979-09-05
- 四月份上映新故事片//光明日报 1979-04-06
- 为科学和艺术搭桥——自然保护区题材科教片座谈会侧记/宫苏艺//光明日报 1979-12-20
- 文化部文学艺术研究院电影研究室召开建国三十年来电影创作经验座谈会//光明日报 1979-09-27
- 要放手搞电影创作//人民日报 1979-08-27
- 要热情关心和培养业余电影作者//人民日报 1979-08-13
- 要下功夫迅速提高电视机质量——国家广播电视工业总局召开电视接收机质量工作会议//人民日报 1979-06-08
- 要重视电视观众的呼声/本报记者//光明日报 1979-10-7
- 以满足用户需要为目的 发展广播电视产品生产/新华社记者//人民日报 1979-11-15
- 银幕初绽报春花——建国三十周年献礼新片集锦/北京市电影公司 中国电影公司//光明日报 1979-09-29
- 中国电影合作制片公司成立//人民日报 1979-08-10
- 中国科学电影协会筹备处成立//光明日报 1979-03-15
- 重视电影编剧和编辑队伍的培养//人民日报 1979-03-12

1980 年

- 《北京晚报》将复刊//光明日报 1980-02-06
- 《世界经济导报》将在上海创刊//光明日报 1980-06-20
- 《中国法制报》将在北京创刊//光明日报 1980-06-17
- 埃及电影//人民日报 1980-02-11
- 北京新闻学会成立//光明日报 1980-02-07
- 北影拍摄一批彩色故事片//光明日报 1980-11-14
- 大力发展电视剧——中央电视台，中国戏剧家协会举行电视剧座谈会//光明日报 1980-11-08
- 电影，要关注八亿农民//光明日报 1980-12-21
- 发展电视剧大有可为//光明日报 1980-11-29
- 繁荣电视剧创作，丰富人民文化生活——电视剧本创作座谈会在京举行与会者就电视剧的题材、艺术质量、审查制度等问题展开讨论//光明日报 1980-11-29
- 繁荣电视剧创作，丰富人民文化生活：上海电影制片厂和电视台合作发展电视剧创作//光明日报 1980-11-29
- 富于创新精神的法国电影——为"法国电影周"而作/何振淦//人民日报 1980-11-05
- 关于电影的借鉴与创新问题/张明堂//人民日报 1980-11-01
- 湖南湘西等地放映少数民族语言译制影片//光明日报 1980-09-08
- 积极为过暑期的中小学生服务，北京首都电影院安排电影专场等活动//光明日报 1980-08-02
- 济南明星影院配合学校做思想教育工作//光明日报 1980-06-02
- 济南市组织科教片放映效果显著//光明日报 1980-01-14
- 恐怖电影的生意经//人民日报 1980-06-10
- 漫谈意大利电影的艺术处理/邵牧君//人民日报 1980-06-26
- 内蒙古蒙文报刊迅速恢复和发展//光明日报 1980-07-26
- 全国科技报举行首届年会//光明日报 1980-03-13
- 群众的电影节日——热烈祝贺第三届电影"百花奖"/袁文殊//光明日报 1980-05-24
- 日本电影业不景气——去年平均每人只看一点零三次电影//人民日报 1980-02-11
- 日本电影业继续衰退//人民日报 1980-02-02
- 上海电影制片厂和电视台合作发展电视剧创作//光明日报 1980-11-29
- 上海加紧生产和改装全频道电视机//光明日报 1980-09-06
- 上影厂一批中青年导演初露锋芒//光明日报 1980-04-25
- 上影今年将再拍八九部新电影//光明日报 1980-07-17

◎沈阳路官街自筹资金办影院//光明日报 1980-07-20
◎首都纪念人民广播事业创建四十周年//光明日报 1980-12-30
◎首都兴建地下影剧院//光明日报 1980-06-28
◎提高电影质量，繁荣电影创作//光明日报 1980-04-30
◎卫星直播小型地面接收站试收成功//光明日报 1980-01-03
◎魏庄四分之一农户有了电视机//光明日报 1980-12-24
◎温州利用坑道建科教电影院//光明日报 1980-06-08
◎我国初步建成全国范围的广播电视系统//光明日报 1980-10-08
◎希望多发行少数民族语言的电影拷贝/张川保//人民日报 1980-06-19
◎细看电影事业新人辈出//光明日报 1980-12-24
◎兴旺发达的印度电影事业/特安//人民日报 1980-10-11
◎一批外国影片和香港影片近期陆续上映//光明日报 1980-08-22
◎再谈卫星电视广播/许中明//光明日报 1980-02-15
◎中共广东省委决定，体育比赛、文艺演出、上映新影片都应该让电视台及时转播、录像//光明日报 1980-10-16
◎中日合拍大熊猫动画故事片//光明日报 1980-11-01

1981 年

◎1980 年全国好新闻照片评选揭晓//光明日报 1981-07-04
◎八一厂正摄制一批故事片//光明日报 1981-10-02
◎北京儿童电影制片厂成立大会在京举行//光明日报 1981-06-02
◎春节将上映一批中外电影//光明日报 1981-01-30
◎电影金鸡奖百花奖授奖大会在杭州隆重举行//光明日报 1981-05-24
◎电影中一个值得深思的现象/郁中叔//光明日报 1981-02-08
◎广西农村群众看电影不难了//光明日报 1981-07-03
◎国庆电视节目五彩缤纷//光明日报 1981-09-25
◎欢乐的山区农民“电影招待会”//光明日报 1981-05-08
◎记第十一届吉福尼国际儿童电影节——我国美术片《小鸭嘎嘎》、《三个和尚》、《金色的海螺》受到好评/万子美//光明日报 1981-09-08
◎辽宁一些农村放映宽银幕影片//光明日报 1981-01-01
◎美国的有线电视/寇至中//光明日报 1981-11-27
◎民族地区和山区人民的喜讯——中影公司免费供应万台放映机//光明日报 1981-12-04
◎农民希望看到反映自己生活的电影//人民日报 1981-02-18
◎努力提高电影质量——电影“金鸡奖”、“百花奖”揭晓/林杉//光明日报 1981-05-24
◎青海成立藏语电影译制厂//光明日报 1981-10-03
◎全国少年儿童电视节目座谈会在杭州召开//光明日报 1981-12-05
◎全国优秀电视节目评选揭晓，一百二十五个电视新闻、电视剧和各类专题节目获奖//光明日报 1981-04-30
◎日本电影业一瞥/穆小林//人民日报 1981-09-04
◎上海《新民晚报》明年元旦复刊//光明日报 1981-11-19
◎上海美影摄制一批新片//光明日报 1981-05-29
◎踏踏实实地为孩子们做点事——访北京儿童电影制片厂厂长于蓝/孙扶民//光明日报 1981-06-13
◎我国第一部电视连续剧《敌营十八年》于春节播出//光明日报 1981-01-31
◎我国举办的首届国际影展在京开幕//光明日报 1981-10-16
◎我们需要建立一个电视剧中心——访著名戏剧、电影艺术家金山/黄永涛//光明日报 1981-05-10
◎新疆少数民族观众每月能看两部译制片//光明日报 1981-02-26
◎新闻纪录电影的新探索/艺军//人民日报 1981-03-14
◎印度的电影事业/元瑞昌//人民日报 1981-08-03
◎印度电影高产的奥秘——访孟买“电影城”/何长城//人民日报 1981-03-16
◎中国影协举办电影金鸡奖评奖活动//光明日报 1981-03-04
◎中央电视台开设专题播送纪念鲁迅诞辰一百周年的节目//光明日报 1981-09-16
◎中央电台、电视台将转播世界杯排球赛实况//光明日报 1981-11-03
◎中央人民广播电台今日八时起改用协调世界时（UTC）发播民用时号//光明日报 1981-01-01

1982 年

◎“银幕上的农业科技推广站”——农业科教影片受到农民普遍欢迎/林玉树//光明日报 1982-03-11
◎《中国电影年鉴》（一九八一）即将问世//光明日报 1982-02-09
◎北京电视制片厂成立//光明日报 1982-09-19
◎北京电视制片厂今年录制十五部电视剧//光明日报 1982-12-31
◎大家都来关心小学生的思想品德教育——中共中央宣传部召开的少年儿童思想品德教育座谈会上的发言摘要：广播电视要寓教育于娱乐之中/吴冷西//光明日报 1982-07-10
◎第二节中国电影剧照展览在上海等地展出//光明日报 1982-10-13
◎电影艺术要开创一个创作繁荣的新局面/荒煤//光明日报 1982-10-14
◎非洲努力发展民族电影事业/高秋福//光明日报 1982-07-16
◎古田县实现社社有影院//光明日报 1982-10-16
◎海南岛电视事业发展迅速//光明日报 1982-02-26
◎黑非洲努力发展民族电影事业/高秋福//光明日报 1982-07-16
◎千万学生的“家庭教师”——埃及的电视教学/陈凤丽//光明日报 1982-08-13
◎前进啊！电影/苏叔阳//光明日报 1982-10-07
◎全国报刊发行会议在郑州召开//光明日报 1982-09-30
◎山东电视台摄制的电视连续剧《武松》收到好评//光明日报 1982-03-23
◎生产更多更好的广播剧//光明日报 1982-04-06
◎十九个省市（区）建立新闻研究所//光明日报 1982-01-11
◎孙悟空与动画/万籁鸣//人民日报 1982-10-12
◎台湾的电影业/巴继//人民日报 1982-03-19
◎为科学普及提供形象教材——访上海科教电影制片厂/梁沾璇//光明日报 1982-02-02
◎文化部一九八一年优秀影片获奖名单//光明日报 1982-04-22
◎我国电影界一九八一年十大新闻//光明日报 1982-01-30
◎我国首次参加西德曼海姆国际电影节//光明日报 1982-10-07
◎英国的“电视报纸”/孙文芳//光明日报 1982-02-5
◎振兴埃及电影业的种种探索——从第二届地中海电影节谈起/李瑞//光明日报 1982-11-12
◎中国电影发行放映公司召开农村电影工作座谈会/林玉树//光明日报 1982-09-24
◎中央电视台准备把《西游记》、《红楼梦》拍成电视连续剧//光明日报 1982-03-23
◎中央电台和全国各地电台将举办全国优秀广播剧展播//光明日报 1982-01-24

1983 年

◎"我爱儿童片"——记著名电影演员张瑞芳/谢军//光明日报 1983-01-09
◎《大众电视》举办"大众电视奖"//光明日报 1983-01-07
◎《中国电影年鉴》一九八二年卷出版//经济日报 1983-08-02
◎1982 年全国好新闻评选揭晓//光明日报 1983-06-02
◎北京提前完成去年任务，一批新片又将拍成//光明日报 1983-01-09
◎滁县地区改革农村电影管理体制/胡羊//光明日报 1983-01-09
◎创造出新时代有中国特色的更美的电影——访六届政协常委陈荒煤/刘志达//光明日报 1983-06-27
◎从奥斯卡金像奖看英国电影业/梁丽娟//人民日报 1983-04-23
◎从电影"典子"谈优生——访严仁英教授/潘小妹//经济日报 1983-09-03
◎邓力群接见新闻教育工作座谈会代表时强调，加快培养大批合格的新闻人才//光明日报 1983-06-01
◎邓力群强调各级领导都要重视广播电视工作，迅速发展我国的广播电视事业//光明日报 1983-04-10
◎邓力群强调要迅速发展广播电视事业//经济日报 1983-04-22
◎邓力群强调重视广播电视工作/康平 卓培荣//人民日报 1983-04-10
◎第三届中国电影金鸡奖评选揭晓//光明日报 1983-03-16
◎第十一次全国广播电视工作会议在北京开幕//光明日报 1983-04-01
◎电影民族化三题/罗艺军//光明日报 1983-02-17
◎根据中央书记处规定的根本性质和任务，广播电视将作多方面改革//经济日报 1983-04-01
◎广播电视部决定成立中国电视剧制作中心//光明日报 1983-03-30
◎广播电视工作会议在京召开//光明日报 1983-11-22
◎国产故事片"五多"现象何其多/翁立//光明日报 1983-03-19
◎湖北农家自办电影队一百多//光明日报 1983-04-04
◎民族化才是电影艺术发展的正道——访六届政协委员陶金/金涛//光明日报 1983-06-15
◎闽西农村建立影剧院六十一座//光明日报 1983-08-08
◎农村电影管理体制应该改革/秦晋//光明日报 1983-06-04
◎努力发挥广播电视的作用//人民日报 1983-04-11
◎全国电视剧座谈会提出加强理论研究，提高导演艺术素质/黄永涛//光明日报 1983-01-30
◎全国故事片创作会议在上海开幕//光明日报 1983-01-05
◎全国广播电视工作会议确定改革方针和措施，以新闻改革带动整个宣传工作改革//光明日报 1983-04-11
◎全国新闻摄影展览开幕//光明日报 1983-05-19
◎全国优秀电视剧评选工作开始 02-22
◎全国优秀电视专栏节目评奖已揭晓//光明日报 1983-09-15
◎审时——为中央新闻纪录电影制片厂三十周年作/钟惦棐//光明日报 1983-07-07
◎谈电视连续剧《红楼梦》的改编/曹禺//光明日报 1983-09-15
◎体制改革促进农村电影事业发展，建瓯县农民去年每人看了四十六场电影/白京兆//光明日报 1983-02-02
◎文化部 1982 年优秀影片奖评选揭晓//光明日报 1983-04-20
◎我国第一个电影外景拍摄基地在杭州筹建//光明日报 1983-10-03
◎我国新闻界二十多年来的一次盛会——记协第三届理事会议在京举行//光明日报 1983-04-09
◎我国已有九座立体声广播电台//光明日报 1983-08-23
◎希望多创作当代题材的电影——袁文殊谈电影创作问题/贾靖宏//光明日报 1983-05-26
◎银幕上的技术推广站——科教电影在枣阳/冯麟//光明日报 1983-06-09
◎在改革中开创广播电视新局面，第十一次全国广播电视工作会议在京开幕，吴冷西作报告传达了中央书记处重要指示//光明日报 1983-04-01
◎中共中央批转广播电视部党组汇报提纲，要求各级党委加强和改进对广播、电视工作的领导//光明日报 1983-11-18
◎中央电视台去年播出电视剧二百三十七部//光明日报 1983-01-16

1984 年

◎八一电影制片厂厂长张景华说：疏通电影发行渠道，搞好产供销挂钩/肖宁 汪洋//经济日报 1984-11-24
◎北京电影制片厂副厂长高汉说：必须打破影片"统购包销"的体制/余良军 王秋和//经济日报 1984-11-24
◎长春电影制片厂副厂长刘儒说：电影的"三性"要一齐抓/钟演//经济日报 1984-12-08
◎第二届优秀电视专题评奖举行//光明日报 1984-07-22
◎第四届电影"金鸡奖"评选揭晓//光明日报 1984-05-09
◎第四届电影金鸡奖评选工作已全面展开//光明日报 1984-03-30
◎第四届全国优秀电视剧"飞天奖"评选揭晓//光明日报 1984-04-12
◎电视剧艺委会在京召开重点剧本讨论会//光明日报 1984-04-24
◎电影创新为什么步履艰难/夏衍//光明日报 1984-12-29
◎电影发行体制将改革 电影厂可以自产自销/思馥//经济日报 1984-12-06
◎电影放映新光源开始推广应用//光明日报 1984-09-05
◎电影业的经营与改革/袁小平//经济日报 1984-12-22
◎电影业要讲经济效益/肖宁 陈雷//经济日报 1984-11-28
◎峨眉电影制片厂党委书记吴宝文说：要遵循电影业的内在规律/李康生 李江天//经济日报 1984-12-08
◎法国电影成本高　卖座低　每况愈下//光明日报 1984-10-05
◎法国电影出口居世界第二位/赵建//经济日报 1984-09-08
◎改革电影体制 讲求经济效益/陆继农 陈雷//经济日报 1984-12-27
◎河北省电影发行放映公司改革发行放映体制，大力扶持集体和个体放映队/王东辉//光明日报 1984-11-28
◎加强法制宣传是新闻界的重要职责——彭真同志召集首都新闻界座谈会侧记//光明日报 1984-05-12
◎江苏为新闻单位建立情报通报会制度//光明日报 1984-08-22
◎临清四兄弟办起"农家乐"电影院//光明日报 1984-05-28
◎第五届好新闻评选工作在哈尔滨开始//光明日报 1984-06-03
◎平山县自办调频电台和电视转播台//光明日报 1984-05-17
◎千家驹建议电影管理部门从提高经济效益出发 给电影厂放权允许自由竞争/庹震 汪洋//经济日报 1984-11-23
◎全国新闻摄影一九八三年作品展览开幕//光明日报 1984-05-17
◎全国新闻系统测试于近日结束//光明日报 1984-03-11
◎全国新闻真实性问题座谈会提出进一步提高新闻报道的质量//光明日报 1984-07-02
◎如何繁荣我国电影事业？夏衍主张——改变政企不分统购包销

格局/陈雷 汪洋//经济日报 1984-12-11
◎三家电影乐团在北京联合演出//人民日报 1984-08-25
◎山东电视台与香港合作拍摄两部电视剧//光明日报 1984-10-05
◎上影干部谈电影体制改革的关键——把财权人权自销权下放给企业/陈雷//经济日报 1984-12-20
◎适应农村商品生产发展的需要，甘肃六万农民参加农村应用技术广播学校学习//光明日报 1984-10-31
◎数量场次增加 收入反倒减少——我国电影业经济效益很差/汪洋 肖宁//经济日报 1984-11-19
◎提高电影质量 讲求经济效益——北大电影爱好者协会座谈纪要/汪洋 陈雷//经济日报 1984-12-13
◎提高电影质量 讲求经济效益//经济日报 1984-12-06
◎统得太死不利于电影事业的繁荣——于彦夫建议改革影片统购包销的老规矩/武培真//人民日报 1984-05-20
◎文化部 1983 年优秀影片奖揭晓//光明日报 1984-04-15
◎文化部顾问陈荒煤对电影业的改革提出实行政企分开成立联合公司/孙燕君 陈雷//经济日报 1984-12-20
◎文化部举行波兰电影日首映式//光明日报 1984-07-22
◎我动画片《蚌埠相争》获西柏林电影节银熊奖//光明日报 1984-03-01
◎新中国电影的摇篮//人民日报 1984-08-26
◎延边电视事业蓬勃发展//光明日报 1984-04-21
◎一九八三年全国好新闻评选揭晓//光明日报 1984-06-20
◎宜昌县改革电影的发行放映体制//光明日报 1984-07-03
◎英国电影的复兴/李庄藩//人民日报 1984-08-25
◎影片质量不高是经济效益差的主要原因 唐非建议电影业在管理体制、摄制、发行等方面应当改革/孙燕君//经济日报 1984-11-23
◎优秀电视剧"飞天奖"评选活动开始//光明日报 1984-04-01
◎于回顾中求发展——记新中国三十五周年电影回顾学术讨论会/沈卫星//光明日报 1984-12-20
◎郁文谈我国新闻工作者当前的任务，要学习好宣传好十二届三中全会的《决定》//光明日报 1984-11-29
◎在国营及现有集体放映队缺少的地区应积极支持和扶植集体或个体放映队//光明日报 1984-02-22
◎浙举行电视剧电影创作座谈会//光明日报 1984-08-29
◎中国电影家协会副主席袁文殊认为电影业应实行"三自一中心"/肖宁 汪洋//经济日报 1984-12-12
◎中国电影艺术研究中心已成立//光明日报 1984-02-16
◎中央领导同志批示四年已过主要问题仍未解决"以政代企"的电影体制亟待改革/肖宁 汪洋//经济日报 1984-11-19
◎重视发展我国电影音乐/王云阶//人民日报 1984-08-27

1985 年

◎《中国广播电视年鉴》首届年会在京举行//光明日报 1985-12-23
◎1984 年全国新闻摄影作品评选揭晓//光明日报 1985-03-06
◎把提高电视剧质量放在重要位置上——广播电视部副部长谢文清谈电视剧《乡里妹子》/赵健 李洪波//经济日报 1985-01-25
◎报纸印刷走向现代化//经济日报 1985-02-15
◎北京市第一家全景电影娱乐中心开业//光明日报 1985-02-23
◎别具风情的巴基斯坦电影/阮援朝//经济日报 1985-09-05
◎不要把"连续"变成"滥续"/黄子锡//光明日报 1985-11-11
◎从所谓电影危机说起——试论电影与电视片的关系/荒煤//人民日报 1985-11-11
◎从小说和电影的缘分谈起/冯牧//光明日报 1985-01-24
◎第三届《大众电视》金鹰奖评选揭晓//光明日报 1985-04-24
◎第五届"金鸡奖"评选揭晓//光明日报 1985-03-10
◎第五届金鸡奖第八届百花奖授奖大会在成都举行/余长安//光明日报 1985-05-24
◎第五届优秀电视剧"飞天奖"评选揭晓//光明日报 1985-06-18
◎电影电视记者协会在京成立//光明日报 1985-11-24
◎电影票价不能"一刀切"//经济日报 1985-09-19
◎电影要把社会效益放在首位/王秋和//经济日报 1985-12-08
◎儿童需要儿童电影/陈保山//经济日报 1985-05-26
◎儿童影视为何落后？主要是忽视电影电视对儿童的教育作用/张聚//经济日报 1985-05-26
◎改革电影体制 讲求经济效益/姜波 汪洋//经济日报 1985-01-03
◎广州市整顿小报市场以促进小报健康发展//光明日报 1985-02-01
◎国产首部球银幕电影试映//光明日报 1985-02-03
◎胡乔木邓力群会见《四世同堂》电视剧组部分演职员//光明日报 1985-09-05
◎李鹏在卫星地面接收站试点工作总结会上说，要使我国电视事业短期内有较大发展//光明日报 1985-10-08
◎伦敦举办中国电影回顾展/许世玲//光明日报 1985-03-19
◎全国广播剧"丹桂杯"赛在京发奖//光明日报 1985-01-03
◎全国今年将制作电视剧七百部左右//光明日报 1985-03-09
◎全国提高电视剧质量研讨会在京召开/黄永涛//光明日报 1985-10-27
◎全国新闻摄影作品展在京开幕//光明日报 1985-06-21
◎上海筹建电影乐园/陈雷//经济日报 1985-02-10
◎首届传播学研讨会在上海召开//光明日报 1985-06-14
◎首届儿童电影"童年奖"揭晓//光明日报 1985-04-18
◎谈谈战后的日本电影——写在"日本电影回顾展"举办之时/王秀媛//人民日报 1985-11-18
◎通山县加强管理营业性录像放映活动//光明日报 1985-02-16
◎我国广播电视台获最佳电台亚洲奖//光明日报 1985-10-29
◎我国影片参加第 35 届柏林电影节//光明日报 1985-02-17
◎我国影片参加首届东京国际电视节//光明日报 1985-06-04
◎西安将于下半年建成一座电影城//光明日报 1985-01-10
◎西欧六家电视台将加强生产合作//光明日报 1985-08-01
◎新风格电影简评/郝大铮//光明日报 1985-06-27
◎要重视影像文化/戚方//光明日报 1985-03-02
◎云南农村电影放映事业发展快//光明日报 1985-01-14
◎中国电视剧制作中心等拍大型剧集《徐霞客》//光明日报 1985-01-14
◎中国电视艺术家协会在京成立//光明日报 1985-04-30
◎中国电影表演艺术学会昨成立//光明日报 1985-01-21
◎中国电影发行放映公司经理胡健提出，建立多样化多层次的电影发行体系/孙燕军 汪洋//经济日报 1985-01-17
◎中宣部文艺局召开座谈会探讨《四世同堂》成功经验，我国电视剧发展大有希望//光明日报 1985-08-28
◎朱穆之谈电影业体制改革 电影厂对内可自产自销/汪洋 孙燕君//经济日报 1985-01-04

1986 年

◎1985 年惊险样式影片创作浅析/布西//中国文化报（创刊号）

1986-01-24
◎八五年新闻作品评选揭晓//光明日报 1986-03-25
◎北京国际电影交流中心即将兴建//光明日报 1986-12-18
◎北京国际媒介会议举行/鲍平//经济日报 1986-08-01
◎第六届全国优秀电视剧"飞天奖"揭晓//光明日报 1986-06-06
◎第七届全国好新闻评选揭晓//光明日报 1986-06-02
◎电视喜剧展播后的思考/王秋和//经济日报 1986-11-16
◎电影观众为何急剧减少//光明日报 1986-03-10
◎歌坛的希望——评第二届青年歌手电视大奖赛/夏晓//光明日报 1986-07-10
◎广播电视部改为广播电影电视部//经济日报 1986-01-21
◎广播电视部改为广播电影电视部//人民日报 1986-01-21
◎广播电影电视部等三单位联合发出通知，加强录音录像制品市场的管理//光明日报 1986-02-19
◎广播电影电视部通知要求加强管理，制止盲目拍摄故事片//光明日报 1986-04-13
◎辽宁怎样改革电影发行管理体制//光明日报 1986-09-16
◎六月开始实行电视剧制作许可证制度//光明日报 1986-04-30
◎名著改编在电视屏幕上的新成就/李希凡//光明日报 1986-04-10
◎平庸是阻碍电影发展的顽症/和风//人民日报 1986-11-03
◎青海个体电影放映队已达二百七十二个/陈宗立//光明日报 1986-10-21
◎全国电影发行放映工作会议希望让八亿农民多看电影，把城市观众请回影院/沈卫星//光明日报 1986-04-25
◎全国故事片创作会议强调，端正创作思想集中精力提高影片质量//光明日报 1986-06-14
◎上海电影发行公司为观众找电影，为电影找观众//光明日报 1986-04-27
◎上海对录像事业发展状况的调查表明：录像业将成为城市文化生活的"第三传播网"//光明日报 1986-01-28
◎上影总公司去年为何能产八部好影片//光明日报 1986-03-04
◎深圳电视台的节目引起香港观众兴趣//光明日报 1986-02-24
◎提高电视剧质量是当务之急/艾知生//光明日报 1986-03-06
◎我国将新建首座电影城——长春电影城//光明日报 1986-03-02
◎我国已有城市电视台一百四十个//光明日报 1986-09-19
◎我国影片参加西柏林电影节//光明日报 1986-02-16
◎我国自己研制的环幕电影问世/柯岐//经济日报 1986-08-17
◎现代文明呼唤喜剧电影/何渊耀//人民日报 1986-08-04
◎一九八五年优秀影片奖、第六届电影金鸡奖、第九届电影百花奖在京同时揭晓//光明日报 1986-06-18
◎优秀电影电视剧授奖大会在京举行//光明日报 1986-08-18
◎中国电影在"千丘之国"/辛光//经济日报 1986-01-12
◎中央电视台成立国庆春节晚会联合剧组//光明日报 1986-09-28

1987 年

◎"生活好了，电影跑了"——浅谈开拓农村电影市场/崔建平//经济日报 1987-12-06
◎埃及电影纵横谈/张文建//中国文化报 1987-05-03
◎从和尚谈到动画/方成//人民日报 1987-08-10
◎大和小 动和静——再谈漫画表现手法/梅珞//经济日报 1987-08-09
◎第六届全国新闻摄影作品评选揭晓//光明日报 1987-03-19
◎第五届大众电视金鹰奖评选揭晓/白建刚 刘炳琦//光明日报 1987-04-26
◎电影，我对你有所认识/梁晓声//中国文化报 1987-01-04
◎电影在冲击中求发展/李南友 阎玲//人民日报 1987-11-01
◎二十七个单位联合举办"大庆杯"全国工业新闻摄影大奖赛//光明日报 1987-01-16
◎广西农村电影放映工作日趋活跃/桂挺宫//光明日报 1987-02-11
◎开拓乡镇电影市场，改"集体包场"为售个人票——应山县改革农村电影放映体制/樊云芳//光明日报 1987-08-06
◎美国漫画中的新闻传播媒介/梅珞//经济日报 1987-04-19
◎明年我国将首次举办上海国际动画电影节//人民日报 1987-07-26
◎努力反映社会主义实践和人民的要求——广播电影电视部电影局和本报文艺部召开的电影创作座谈会发言摘登//光明日报 1987-07-03
◎欧日在音像产品市场上激烈争夺/李治良//经济日报 1987-09-14
◎全国首届科教电影电视创作座谈会在京举行//光明日报 1987-03-02
◎全球电视联网之梦——鲁珀特·默多克//经济日报 1987-12-04
◎上海译制厂卅年译制影片近千部//光明日报 1987-04-03
◎首都新闻界首届书法展在京开幕/韩小蕙//光明日报 1987-01-01
◎首届"理想杯"大学生电视剧展播即将开始/黄永涛//光明日报 1987-05-09
◎首届中外电视优秀作品奖揭晓//光明日报 1987-05-28
◎苏联的电视及电视剧/杨仲子//中国文化报 1987-02-22
◎苏联电影问题片的勃兴/胡榕//中国文化报 1987-03-29
◎提高电视剧质量，促进电视剧繁荣，我国召开首届电视剧美学研讨会/黄永涛//光明日报 1987-03-29
◎我国广播电视事业呈现五大发展趋势//光明日报 1987-12-05
◎我国首次参加布鲁塞尔国际影节//光明日报 1987-01-17
◎现代电影创作新观初探/罗慧生//中国文化报 1987-07-26
◎新时期十年电影奖在上海揭晓//光明日报 1987-03-13
◎新时期十年电影思潮走向/陈犀禾//中国文化报 1987-01-04
◎新闻漫画研究会成立/金名//经济日报 1987-10-25
◎宜宾市人民影院改革见效/王东辉//光明日报 1987-12-02
◎音像制品销售网遍布全省 江苏音像市场管理走向制度化/龚永泉//人民日报 1987-11-07
◎越是民族的文化越能走向世界，中国电影已进入西欧市场/贾斌//光明日报 1987-04-26
◎中国电视剧制作中心颁发 1986 年度奋进奖//光明日报 1987-10-25
◎中国国际广播电台英语节目获"培特奖"//光明日报 1987-03-15
◎中央电视台将开设纪录电影之窗//光明日报 1987-05-24
◎著名漫画家华君武提出，漫画家应积极投身改革大业/纪哲//经济日报 1987-09-26

1988 年

◎《电影法》立法研讨会综述/宋杰//中国文化报 1988-10-16
◎《末代皇帝》与美国电影的趋势/杨仲子//中国文化报 1988-10-23
◎1987 年我国生产故事影片 140 部//光明日报 1988-01-09
◎把握时代契机加快电影体制改革——中宣部文化局和本报文艺部联合召开电影体制改革座谈会发言摘要//光明日报 1988-10-19
◎北影西影对比报道引来的话题 电影要尊重我们的观众/陈昊苏

//经济日报 1988-12-01
⊙北影西影对比报道引来的话题 驯服亏损的野马——电影企业采访札记/郑波 陈旭东//经济日报 1988-12-01
⊙北影西影对比报道引来的话题 要用改革去繁荣电影/田源//经济日报 1988-12-01
⊙电视的潜在挑战/木木//经济日报 1988-11-20
⊙电视广告也是文化 法国人付钱看门道/徐渭冰//经济日报 1988-07-09
⊙电视剧：娱乐的困惑/韩小磊//中国文化报 1988-04-17
⊙电视文化的发展趋向/朱光烈//经济日报 1988-08-27
⊙电影不是艺术/钱海毅//中国文化报 1988-08-03
⊙电影的“宣言”/梁晓声//光明日报 1988-08-05
⊙电影的艺术特性与经济体制——兼及对制片人职能的再认识/郝建//光明日报 1988-11-03
⊙电影界人士呼吁，加快电影体制改革步伐——中宣部文化局与本报文艺部举行座谈会/黄永涛//光明日报 1988-09-21
⊙电影批评的失误/陆伍潭//中国文化报 1988-11-27
⊙电影商品机制与艺术民主/余纪//光明日报 1988-11-03
⊙电影十年/李文斌 王秋和//经济日报 1988-12-25
⊙电影市场不景气 观众呼唤好影片——全国故事片厂厂长聚会谈如何提高产品质量/李德润//人民日报 1988-01-28
⊙电影市场的娱乐和消费/彭加瑾//中国文化报 1988-10-23
⊙电影体制需要改革，民族政策不能忽视/忻劳//中国文化报 1988-10-19
⊙电影文化的头脑建设/张献//光明日报 1988-11-03
⊙电影专家会诊我国娱乐片徘徊低谷现象/沈卫星//光明日报 1988-12-25
⊙独立制片、艺术影院、娱乐片——陈昊苏谈我国电影发展诸问题/洪颖//光明日报 1988-07-17
⊙对外广播事业亟待发展//经济日报 1988-04-13
⊙繁荣电影艺术，促进文化交流——记西柏林国际电影节/陈文奎//光明日报 1988-06-11
⊙放映员弃影归田 农民看不上电影/陈善君 曾德贵//经济日报 1988-01-06
⊙搞好经营管理，增强报纸活力——中华全国报纸行业经营管理协会即将成立//光明日报 1988-02-06
⊙关键是抓剧本抓队伍建设——辽宁电视台和电视剧制作中心打响的原因/黄永涛//光明日报 1988-04-17
⊙关于电影制片与发行的经济学探讨/白振华//经济日报 1988-10-01
⊙关于盒带市场的讨论（一）/曾毅//中国文化报 1988-03-20
⊙关于盒带市场的讨论（二）/曾毅//中国文化报 1988-03-23
⊙关于现阶段电影生产的思考/弘石//中国文化报 1988-07-27
⊙观众谈电影/李民//中国文化报 1988-09-11
⊙广播影视部长艾知生强调，农村广播电视事业不能盲目发展//光明日报 1988-05-13
⊙几经风雨、几度奋起，文化报 50 年座谈会在京举行/刘志达//光明日报 1988-01-29
⊙既强调艺术价值，又要求内容健康——莫斯科国际电影节在改革中前进/高凤仪//光明日报 1988-06-11
⊙近年国内电影放映业不景气 电影机械行业路到尽头了吗？/刘乃中 吴华发//经济日报 1988-02-20
⊙竞争促进巴西电视业繁荣/吴志华//人民日报 1988-12-09
⊙开创西影历史的新纪元/牟玲生//中国文化报 1988-12-28
⊙联邦德国电视事业漫谈——访青年电视工作者依·英斯宾克邦克/刘强//中国文化报 1988-10-09
⊙片子 班子 票子——访北京电影制片厂厂长宋崇/袁方//经济日报 1988-11-27
⊙浅谈中国农村电影市场的开发/钟颖文//中国文化报 1988-02-14
⊙全国首家广播技术市场在沈阳开张//光明日报 1988-03-01
⊙让中国电影走向世界/霍达//中国文化报 1988-04-10
⊙瑞士音像市场看好/李治良//经济日报 1988-05-02
⊙生活、艺术、民族精神——张艺谋就电影《红高粱》答本报记者问/刘炳琦//光明日报 1988-03-15
⊙世界新闻摄影展览在京开幕//光明日报 1988-01-06
⊙搜集信息有了新媒介/邹进//经济日报 1988-01-01
⊙谈音像录制中的不合理现象/郑华//经济日报 1988-04-17
⊙探索和开拓电影企业综合经营的新路子/广东省电影公司//中国文化报 1988-05-04
⊙滕进贤通报电影界改革情况/刘茜//中国文化报 1988-10-16
⊙我国电视观众已达六亿/乔红党//光明日报 1988-01-27
⊙武打片：文化上的意义//中国文化报 1988-04-17
⊙西影是怎样走向世界的/李炎 唐荣//中国文化报 1988-05-04
⊙香港电影业一瞥/王效文//中国文化报 1988-01-27
⊙新时期电影音乐面面观/金湘//中国文化报 1988-08-28
⊙新闻报道与“大众需求”/张明新//光明日报 1988-01-05
⊙影视艺术的观赏价值/白晓朗 黄林妹//中国文化报 1988-11-06
⊙增强“造血机能”，搞活电影企业——中国电影的呐喊（之一）/黄永涛//光明日报 1988-07-05
⊙重视电影的娱乐功能——中国电影的呐喊（之二）/黄永涛//光明日报 1988-07-06
⊙协调影视关系——中国电影的呐喊（之三）/黄永涛//光明日报 1988-07-07
⊙中国电影走向世界需要开放的社会环境/党荣华 张秦//中国文化报 1988-05-08
⊙中国电影走向世界与观念变革/刘乃中 吴华发//经济日报 1988-05-29
⊙中国喜剧电影：一个被瓜分的概念/陈孝英//中国文化报 1988-05-29
⊙中华全国报纸行业经营管理协会成立//光明日报 1988-03-23
⊙走向世界：中国电影的时代使命——电影艺术家思索的剪辑/宫苏艺//光明日报 1988-03-29

1989 年

⊙88 上海电视节留给人们的启示？/余传诗//光明日报 1989-01-10
⊙“天下第一楼”剧本版权纠纷裁决/聚//经济日报 1989-08-26
⊙“走穴”问题面面观/潜元兹//中国文化报 1989-05-03
⊙《晚钟》现象引起争议和思考/尹诗//中国文化报 1989-03-05
⊙1988 年度电视剧文化品格可与电影媲美——影视评论家议论电视剧/黄永涛//光明日报 1989-03-29
⊙保护创作自由，重视社会效益——访巴基斯坦全国电影审查委员会主席/何洪泽//光明日报 1989-11-15
⊙承包使电影院走出低谷/张晓华//中国文化报 1989-01-22
⊙城市影院改造进展快效益好/中影公司城市影院改造办公室//中国文化报 1989-10-29
⊙从录像片谈及“后广播电视时期”/罗辛//经济日报 1989-03-19
⊙当前电视录像业的几个问题/罗辛//中国文化报 1989-08-16

◎当前电影市场形势及对策/蒋万新//中国文化报 1989-05-17
◎第五届全国漫画学术座谈会召开/孙栋华//中国文化报 1989-05-31
◎电视剧生产亟需改进/黄永涛//光明日报 1989-11-23
◎电视连续剧的十年/戴临风//光明日报 1989-10-19
◎电影，独树一帜的文化事业/陈昊苏//光明日报 1989-09-28
◎电影生产成本上升的背后/王泾洋//光明日报 1989-05-11
◎电影文化——研究的一个新的逻辑起点/陆弘石//中国文化报 1989-08-09
◎动画艺术家的呼声/钟艺//光明日报 1989-09-21
◎读卖国际漫画大赛作品展在北京举行//经济日报 1989-05-14
◎儿童电视剧所面临的问题/谌强//光明日报 1989-08-31
◎儿童电影，形势严峻/朱荣康//中国文化报 1989-05-17
◎儿童电影工作者磨破嘴跑断腿汗水加泪水：儿童电影形势严峻，于蓝呼吁尽快采取措施//人民日报 1989-06-01
◎法国电影业面临严峻的挑战//光明日报 1989-10-16
◎改革中的苏联电影事业/解红//光明日报 1989-07-09
◎甘为山区电影事业献年华/李献渠//中国文化报 1989-12-20
◎歌剧传播方式的现代化/廖家骅//人民日报 1989-06-03
◎广州市积极开发农村电影市场//中国文化报 1989-10-04
◎回顾与展望——中国电视剧三十年/王枫//光明日报 1989-09-30
◎积极开发电影市场，为农民看好电影服务/湖北省电影发行放映公司//中国文化报 1989-12-20
◎纪录影片命运堪忧/吴坚//光明日报 1989-10-26
◎紧跟时代步伐，满足观众需求——湖北省 1989 年新创作剧（节）目展览演出的几个特点/毕大松//中国文化报 1989-11-29
◎崛起的电视艺术片/朱汉生//中国文化报 1989-11-29
◎开拓儿童剧的新天地——由《魔鬼面壳》引出的话题/布而//中国文化报 1989-11-22
◎兰州市文化局抓剧本创作有方/森林//中国文化报 1989-03-19
◎历史题材电视剧随想/朱汉生//中国文化报 1989-03-19
◎辽宁省电影发行放映事业生机勃勃/孙牧//中国文化报 1989-02-01
◎录像业的优势、问题及解决措施/黄永涛//光明日报 1989-08-22
◎论“走穴”/袁万里//中国文化报 1989-06-28
◎媒介新星/劳石//经济日报 1989-08-31
◎名导演 + 大明星 = 名片？/祝君//中国文化报 1989-05-31
◎木秀于林不可摧——中国电影乐团巡礼/蒋力//中国文化报 1989-04-19
◎南京影剧公司改革电影发行效益大增/毛荣芳//光明日报 1989-01-17
◎欧美影视界掀起法国大革命狂潮/杨仲子//中国文化报 1989-05-07
◎评论界就影坛“王朔热”各抒己见/尹诗//中国文化报 1989-03-12
◎浅谈新闻自由/谢公望//光明日报 1989-10-13
◎全国农村电影市场发生喜人变化/杨群//中国文化报 1989-05-31
◎如何办好报纸副刊——首都新闻文化界人士聚会研讨/韩小蕙//光明日报 1989-02-01
◎山城有一朵文明之花——记宝鸡市人民电影院双文明建设的事迹/曹文 卢国朝//中国文化报 1989-04-23
◎四川省文化厅副厅长钱来忠认为，组织好文化系统电视片制作是文化部门的本职工作/川文//中国文化报 1989-02-12
◎踏上希望之路——苏联电影业改革综述/熊伊珊//人民日报 1989-03-10
◎探索娱乐片的艺术性、艺术片的观赏性——访珠影公司总经理孙长城/盛一平//光明日报 1989-02-11
◎体察民意 认真“扫黄”——从治理音像出版事业谈起/仲呈祥//人民日报 1989-09-05
◎为了亿万农民看好电影——中国电影发行放映公司四十年/葛文//中国文化报 1989-12-20
◎为啥刚醒过闷儿——青年导演金涛谈娱乐片//中国文化报 1989-01-08
◎我国的动画艺术/方成//人民日报 1989-10-21
◎我国已拥有电视观众六亿多//光明日报 1989-09-08
◎戏曲与电视联姻断想/孟凡树//光明日报 1989-07-20
◎香港传播媒介重视四中全会 经济界人士认为全会对投资者有正面影响//人民日报 1989-06-26
◎香港电影的三级制/李湄//光明日报 1989-03-09
◎新时期十年电视剧之我见/阮若琳//光明日报 1989-07-06
◎也谈电视的艺术属性/陈复昌//中国文化报 1989-03-15
◎影剧院建设中的问题和对策/宋歌//中国文化报 1989-03-22
◎影片公映之前——介绍瑞典的电影审查制度/顾耀铭//人民日报 1989-05-26
◎影视要满足观众多方面的需要——广播影视部长艾知生谈 1989 年影视创作/黄永涛//光明日报 1989-02-10
◎由“条子肥”引出的报道 在舆论上对“条子”形成压力 访中央人民广播电台台长杨正泉/郑波//经济日报 1989-03-23
◎有感于电影文化辐射力的钝化与错位/黄式宪//人民日报 1989-05-30
◎娱乐片“主体论”引起争议/尹诗//中国文化报 1989-02-26
◎娱乐片唱主角值得商榷，1989 应奏响时代主旋律/尹诗//中国文化报 1989-01-22
◎运用数学手段描述我国报业现状，范东生、钟秉林提出研究报告/洪颖//光明日报 1989-03-28
◎在改革中寻找成功之路——记广州市电影公司/郑光辉//中国文化报 1989-10-29
◎中国当代娱乐片研讨会召开/尹诗//中国文化报 1989-01-15
◎中国的报纸业面临挑战——访英国专家希契科克和布伦南先生/张鸣//光明日报 1989-01-01
◎中国电视剧制作中心的生产形势/黄永涛//光明日报 1989-12-14
◎中国电影 40 年研讨会记略//光明日报 1989-10-05
◎中宣部新闻局召开座谈会强调，新闻改革必须坚持四项基本原则，新闻界应该认真总结经验教训//光明日报 1989-07-01
◎走穴必须治理/刘诗嵘//中国文化报 1989-03-19

1990 年

◎“西部片”断想/戴思尚//中国文化报 1990-11-28
◎阿尔及利亚整顿文艺音像市场/陆大生//人民日报 1990-10-24
◎从“小电影”到大世界——电视文化特征管窥/高小康//光明日报 1990-11-11
◎从本届奥斯卡奖看美国电影的新动向/杨仲子//中国文化报 1990-08-08
◎大文化浪潮中的电影市场/王光军//经济日报 1990-09-16
◎电视剧创作要多一点精品/赵大民//中国文化报 1990-10-21
◎电视文化向幼儿教育提出的问题/霍力岩//光明日报 1990-08-08
◎电影大国印度的生存之道/何洪泽//光明日报 1990-05-12
◎多样化的电视传播方式/范中汇//人民日报 1990-02-01
◎高奏主旋律，伴奏多样化——记重振雄风的长春电影制片厂/

殷学敏//光明日报 1990-03-16
⊙关于党的新闻工作的几个问题——在新闻工作研讨班上的讲话提纲//光明日报 1990-03-02
⊙光明日报、深圳特区报、深圳电视台、深圳广播电台、深圳市文化委员会、深圳市政府新闻处联合举办，深圳经济特区创办十周年“十大新闻”评选候选条目//光明日报 1990-10-10
⊙广东音像市场管窥/朱思雄//人民日报 1990-12-15
⊙纪录电影的困惑与希望/翟亚娜//人民日报 1990-04-01
⊙净化繁荣音像市场/朱思雄//人民日报 1990-09-29
⊙九十年代中国电影的必然趋向/李耀富//中国文化报 1990-09-12
⊙开创社会主义录像事业的新局面/仲呈祥//中国文化报 1990-11-07
⊙来自音像市场的报告/朱思雄//人民日报 1990-09-11
⊙李瑞环谈繁荣电影创作//光明日报 1990-02-22
⊙李瑞环在纪念中央建台五十周年大会上要求，把各类广播电视节目办得丰富多彩//光明日报 1990-12-29
⊙美国华人电影业/建本//人民日报 1990-07-01
⊙农村电影市场前景广阔——来自山西的调查/冯超五//经济日报 1990-04-01
⊙全国将压缩整顿音像单位，同时要尽快推出一批优秀音像作品/沈卫星//光明日报 1990-03-25
⊙让亚运之火点燃电影之光——滕进贤谈电影创作与打算/宋玮//中国文化报 1990-11-04
⊙认真解决电视文化中存在的问题/黄德音//光明日报 1990-03-31
⊙试论城市电影市场的结构与功能/高保林//中国文化报 1990-10-21
⊙谈谈电影言情片/李亚威//中国文化报 1990-10-07
⊙外国富豪“入侵”美国电影业/王信强//光明日报 1990-07-21
⊙吴贻弓谈繁荣电影艺术/罗沐//中国文化报 1990-03-28
⊙西方企业沉浮录 从扑克牌到游戏机——日本“任天堂”公司的成长之路/阎海防//经济日报 1990-04-10
⊙新闻“不受众官节制”行吗/晁涌//光明日报 1990-02-05
⊙要求改善和加强农村电影工作/武扬//中国文化报 1990-03-18
⊙引导音像事业健康发展/陈晓琳//人民日报 1990-12-15
⊙影视创作策马争春/沈卫星 黄永涛//光明日报 1990-04-30
⊙有感于周晓文的“好电影”/李柏生//经济日报 1990-06-24
⊙在第五届全国优秀剧本创作授奖大会上的讲话/赵寻//中国文化报 1990-12-12

1991 年

⊙安徽音像市场管理成一统/薛昌词//光明日报 1991-01-01
⊙把电视剧的生产纳入科学的轨道/蔡骧//光明日报 1991-08-06
⊙长影厂导演张国仰呼吁，拓展科教片发行渠道/肖玉华//光明日报 1991-07-11
⊙从“形势严峻”到“柳暗花明”——一九九零年影坛回顾与展望/尹诗//中国文化报 1991-01-27
⊙打击“音枭”，净化音像市场//光明日报 1991-06-28
⊙电视观众爱看什么？/陈宁//经济日报 1991-09-29
⊙电视剧创作的丰收及其启示/李准//光明日报 1991-08-25
⊙电视剧生产将实行“双保险”//光明日报 1991-01-26
⊙电视剧艺术国际交流重庆会议记略//光明日报 1991-11-23
⊙电视晚会大展销/阳元秋//光明日报 1991-08-27
⊙电影，在希望的田野上——四川农村电影业现状扫描/李江天//经济日报 1991-06-09
⊙电影经济如何走出低谷/金文雄//经济日报 1991-01-05
⊙发挥电视优势，把电视单本剧搞上去/刘扬体//光明日报 1991-08-06
⊙发挥电视优势，生产电视剧/蔺兴汉//光明日报 1991-08-06
⊙今年电视剧题材出现量多//光明日报 1991-05-04
⊙具有本国特色的阿曼广播电视业/张慧明//人民日报 1991-01-07
⊙录像出租业不容忽视/肖宏华//中国文化报 1991-07-24
⊙录像带市场亟待加强管理/张振歧//中国文化报 1991-05-01
⊙录像节目进口亟待加强管理/镜子//中国文化报 1991-01-27
⊙面对录像市场的思考/荒煤//光明日报 1991-06-18
⊙农村广播电视教育是提高农村劳动者素质的好形式/刘锡庚//光明日报 1991-01-23
⊙农村题材电视剧研讨会呼唤，让“窗口文艺”更贴近农村//光明日报 1991-07-04
⊙盼电影事业日益繁荣——访全国人大常委、著名电影导演谢铁骊/徐华西//光明日报 1991-04-04
⊙全国电视剧题材规划会提出，发展电视剧生产好势头/黄永涛//光明日报 1991-04-01
⊙深谋眼前 发掘老市场 远虑长久 开拓新领地——上海八一电影机械厂活力源源后劲不断/张广 雷智杰//经济日报 1991-02-28
⊙首都部分文艺评论工作者座谈，电视剧为何能保持创作好势头//光明日报 1991-09-13
⊙王济夫委员认为加强音像管理刻不容缓//中国文化报 1991-04-03
⊙我国报纸管理走上法规化科学化轨道，新闻出版署颁布《报纸管理暂行规定》//光明日报 1991-03-15
⊙我国电视剧生产需要综合治理/黄永涛//光明日报 1991-05-07
⊙我国科技新闻事业多层次发展//光明日报 1991-01-23
⊙香港影院去年票房总收入再创纪录//经济日报 1991-01-23
⊙协调地发展中国电影事业——访人大代表、长春电影制片厂导演于彦夫/谌强//光明日报 1991-04-08
⊙写时代风云，系万家情怀：记北京电视艺术中心的成长道路/单三娅//光明日报 1991-07-26
⊙新闻文化学术研讨会在京举行//光明日报 1991-06-21
⊙宣传规模空前宏大 传播媒介各具特色——新闻界纪念建党 70 周年报道形成高潮/秦杰//人民日报 1991-06-26
⊙一九九一年全国电影创作会议强调，全面提高电影创作质量/沈卫星//光明日报 1991-03-01
⊙音像业，繁荣之后的课题/李光茹 张宝瑞//人民日报 1991-03-31
⊙在中华全国新闻工作者协会第四届理事会上的讲话/李瑞环//光明日报 1991-01-16
⊙中国和平动画中心成立/李南//光明日报 1991-01-08

1992 年

⊙不要放弃国际电影市场/汪泾洋//人民日报 1992-04-09
⊙大胆探索社会主义制片企业道路——北京电影制片厂实行承包经营/沈卫星//光明日报 1992-07-05
⊙大连影院改造取得好效益/宋言荣//光明日报 1992-01-09
⊙当前电视艺术片的特点和趋势//光明日报 1992-09-29
⊙电视：全新的阅读/杨挺//光明日报 1992-07-03
⊙电视专栏节目的新探索/钱竞//光明日报 1992-01-07
⊙电影生产呼唤经济管理机制——长影副厂长郑全刚一席谈/沈卫星//光明日报 1992-09-20

◎多培养电影剧作家/葛阿刚//人民日报 1992-03-14
◎高性能动画创作系统面市/杨二//经济日报 1992-01-21
◎国产儿童电视剧产量大滑坡//光明日报 1992-06-09
◎开创电视剧商品化生产新路,《北京人在纽约》贷款拍片/沈卫星//光明日报 1992-09-13
◎李瑞环说各地都在积极加快改革扩大开放,新闻工作者要跟上时代潮流//光明日报 1992-06-02
◎让国产片跃出低谷,领导部门强调提高影片的观赏性/黄永涛//光明日报 1992-06-17
◎三维动画展现高科技与艺术结合风采,北京金星电脑工程公司达到先进水平/陈歌//经济日报 1992-10-02
◎上海电影体制将从事业型转向产业型/千子//中国文化报 1992-12-02
◎上海电影系统兴办产业/余传诗//光明日报 1992-11-03
◎我国电视文艺的早产化——关于电视文艺晚会的讨论/刘建//中国文化报 1992-04-15
◎一九九三:中国传媒广告大提价/朱啸波 匡天放//经济日报 1992-11-25
◎有线电视如日中天——访中国广播电视学会副会长何大中/梁沂滨 刘彩声//经济日报 1992-10-17
◎愿电影与群众贴得更近/王咏刚//人民日报 1992-04-09
◎中国电影界改革开放初露端倪/陈艳华//中国文化报 1992-07-22
◎中国电影市场何去何从?/孙东闽//经济日报 1992-10-03
◎中国新闻史学会成立//光明日报 1992-06-16
◎总结经验,提高质量,促进影视艺术更大繁荣——重大革命历史题材影视创作述评/黄永涛//光明日报 1992-02-25
◎走出中国喜剧电影的新路/童加勃//人民日报 1992-04-09

1993 年

◎"电影老板"也能赚大钱/石仲景//经济日报 1993-04-10
◎把电影拍得既叫好又卖座/奇波//光明日报 1993-07-15
◎把市场机制引入广电事业——访上海广播电视局局长龚学平/谢军//光明日报 1993-02-14
◎百万农民盼电影——来自安岳农村电影市场的调查//光明日报 1993-08-05
◎北京举办首届音像博览会/赵兴林//人民日报 1993-09-28
◎部分专家座谈指出,协力振兴大陆连环漫画/庄建//光明日报 1993-02-06
◎产业化为福建广播电视带来生机/高建进//光明日报 1993-11-01
◎电视剧也要面向市场——访著名导演尤小刚/李春利//光明日报 1993-07-24
◎电视图文动画创作系统/李文玲//经济日报 1993-09-12
◎电影不应仅仅为了获奖——看《秋菊打官司》有感/陶澍//光明日报 1993-03-31
◎电影人的经济困惑/朱蕾//经济日报 1993-09-04
◎电影市场怎么了?/桃桃//中国文化报 1993-09-17
◎电影院何时走向潇洒/孙小宁//中国文化报 1993-06-18
◎丁峤谈革命历史题材影视片的过去、现状、未来/李春利//光明日报 1993-12-23
◎多创作些歌颂漫画/王乐天//经济日报 1993-07-24
◎芬兰的电影审查制度/冯少杰//光明日报 1993-07-17
◎扶持艺术电影作品,完善电影分级制度//光明日报 1993-09-23
◎福建音像市场管理有效/林瑞华//中国文化报 1993-09-29
◎高鸿鹄谈国产电影怎么办/李春利//光明日报 1993-09-09
◎高价买电视剧本创作//光明日报 1993-01-15
◎关于日本广播电视的一些情况:NHK 和 CBC 访问记/余心言//光明日报 1993-09-05
◎管好音像市场//人民日报 1993-07-27
◎广州电影市场大滑坡/欣文//中国文化报 1993-02-17
◎合拍电影的喜与忧/千予//中国文化报 1993-06-23
◎沪国际广播音乐节开幕//人民日报 1993-07-06
◎济南大观电影院百日收入超百万/文若//中国文化报 1993-09-26
◎减少劣质电影,严把审片大关/丁南//中国文化报 1993-09-24
◎联手构筑西部影视城/李洪波//经济日报 1993-02-22
◎漫画大门要敞开/缪印堂//光明日报 1993-12-05
◎漫画杂谈:中国漫画,举世无双/伦杰尔·刘鸿英//光明日报 1993-05-02
◎漫画展何以受冷遇/方成//光明日报 1993-07-27
◎美国互动电影/和铭//经济日报 1993-05-14
◎农村电影市场忧思录——一份来自农村电影市场的调研/刘威//经济日报 1993-06-12
◎农民看电影难亟待解决/千子//中国文化报 1993-09-10
◎欧美音像产品贸易分歧严重欧洲议会要求保护欧共体视听工业/孙维佳//人民日报 1993-07-18
◎评论家眼中的中国电影/李文斌//中国文化报 1993-09-24
◎全国征集动画主人公形象//经济日报 1993-09-18
◎全球音像盗版严重//经济日报 1993-09-13
◎让国产动画片赶超"米老鼠"/尚海//光明日报 1993-09-23
◎让国产动画片走出困境/端木庆权//光明日报 1993-11-27
◎日本刺激电影市场的新招数/刘小君//经济日报 1993-03-13
◎三维动画软件用途广/柯峥//经济日报 1993-07-04
◎三维动画在广告中的运用/张方//经济日报 1993-10-17
◎三位分裂,一场不该发生的大战:电影、电视剧、录像三位一体备忘录之一/沈卫星//光明日报 1993-11-13
◎关键一位,电视剧走向市场:电影、电视剧、录像三位一体备忘录之二/沈卫星//光明日报 1993-11-14
◎三位一体,建立中国"大电影"体制:电影、电视剧、录像三位一体备忘录之三/沈卫星//光明日报 1993-11-18
◎散兵游勇与系统工程——说说戏曲电视剧形象/徐城北//光明日报 1993-08-05
◎谈谈"走穴"/朱克宁//光明日报 1993-05-20
◎通俗剧往何处去?/朱汉生//光明日报 1993-09-02
◎我国第一个电影博士学位授予点获批准//中国文化报 1993-09-29
◎我国动画软件应用达国际先进水平/暴夏//经济日报 1993-09-19
◎我国首个民间电影市场在苏州形成/徐宁 叶成华//中国文化报 1993-06-20
◎我国有了"卡通明星"/海帆//经济日报 1993-11-27
◎无纸读物世界的较量——福建省音像市场观感/周庆//人民日报 1993-09-22
◎戏外戏,戏中戏,漫人笔底出新奇——浅谈以戏剧入漫画/陈惠龄//光明日报 1993-05-23
◎厦门街头看音像/林瑞华//中国文化报 1993-09-10
◎新闻媒介应有健康导向/尚长荣等//光明日报 1993-03-25
◎雅俗共赏,潜移默化——孙道临谈电影/史美圣//光明日报 1993-03-12
◎亚洲音乐电视的影响/陈凤丽//光明日报 1993-08-07
◎音像大世界,不妨走一回/晓东//人民日报 1993-01-16
◎音像界:水到渠未成?/张大农//人民日报 1993-07-31

◎影都影院走向市场发展事业/杨渊//中国文化报 1993-03-24
◎于蓝谈电影/刘承智 隋力//光明日报 1993-04-30
◎中国传媒 抢占市场——新闻传播领域中的“商战”/蔡雯//经济日报 1993-04-24
◎中国电视的一场革命——《东方卫视》刍议/马也//中国文化报 1993-09-03
◎中国电影不拟实行分级制//经济日报 1993-04-10
◎中国影片走向世界——第 43 届柏林国际电影节侧记/严建卫//光明日报 1993-02-26

1994 年

◎94 国产故事片：艰难中的开拓/顾华//中国文化报 1994-10-14
◎被游戏机“俘虏”的孩子们/杨矿//经济日报 1994-06-01
◎不妨把自己当电影看/寇成茂//经济日报 1994-06-04
◎传媒使用中文字体研讨会召开/胡波//人民日报 1994-09-10
◎促进社会主义音像事业健康发展中国音像协会在京成立/周庆//人民日报 1994-04-30
◎大众传媒与商品开发连动/路侃//经济日报 1994-05-10
◎电视：超国界的传播与限制/朱景和//光明日报 1994-03-26
◎电视：为收视率而战/张军//光明日报 1994-05-16
◎电视评书道破传统艺术新出路/肖海鹰//光明日报 1994-06-27
◎电视文化的困惑/肖飞//光明日报 1994-09-17
◎电影观众到底要看什么？/杨文春 史依宁//经济日报 1994-04-09
◎电影市场改革现状透视（上）下海，谁的姿式更好看？/谢文钦//经济日报 1994-07-23
◎电影市场改革现状透视（下）在“江苏突破”之后……/谢文钦//经济日报 1994-09-03
◎电影市场为何不火/程丹梅//光明日报 1994-01-13
◎电影要有商业促销这根弦/魏然然//经济日报 1994-04-23
◎电子游艺张开“虎口”——来自电子游艺市场的调查报告（上）/张军//光明日报 1994-08-24
◎根本出路在于专营专控——来自电子游艺市场的调查报告（下）/沈卫星//光明日报 1994-08-26
◎放映队在流散——农民看电影难调查报告之一/沈卫星//光明日报 1994-01-28
◎银幕往哪挂？——农民看电影难调查报告之二/沈卫星//光明日报 1994-01-31
◎股份制：电影产业化的主要途径/黄一庆//中国文化报 1994-09-14
◎规范化效率化制作电视节目：电视剧弄潮看中北/李春利//光明日报 1994-08-23
◎国产动画片生产出现转机，中央电视台基本形成国产动画片制作播出新格局/谌强//光明日报 1994-07-25
◎韩尚义说：漫画与电影有相通的东西/储凤梧//经济日报 1994-04-16
◎荒原神话——记宁夏华夏西部影视城/林瑞华//中国文化报 1994-09-09
◎加强和改进书报刊影视音像市场管理/新华社//中国文化报 1994-12-09
◎加强音像出版业的建设/谢明清//人民日报 1994-09-01
◎架起影片与观众间的桥梁/刘永国//中国文化报 1994-06-15
◎坚持正确舆论导向，努力促进广播事业的发展/孙家正//光明日报 1994-09-21
◎健全电影市场 繁荣电影创作/石磊//中国文化报 1994-10-23
◎净化音像市场/杨子才//经济日报 1994-03-23
◎六十余家音像出版单位联手打击翻版盗版//人民日报 1994-05-01
◎录像业：艰难跋涉中的希望/张作民//中国文化报 1994-10-07
◎漫谈动作片的气质/伍立杨//光明日报 1994-04-07
◎面对电视、录像冲击沉着应变，首都电影院两个效益交互辉映//光明日报 1994-01-04
◎拍影视片应为大多数人着想/山溪//光明日报 1994-10-06
◎日本不愧为“漫画王国”/余洋//光明日报 1994-02-26
◎日本漫画与《三国志》/田樱//光明日报 1994-10-08
◎日广播业另辟蹊径收音机能听又能看/国成//人民日报 1994-02-20
◎涉县电影市场为何繁荣/冀涉宣//光明日报 1994-08-15
◎数据广播步入生活/沙青//经济日报 1994-11-19
◎西方电影市场——有人欢喜有人愁/劳石//经济日报 1994-04-13
◎下功夫塑造漫画形象/韦启美//光明日报 1994-08-14
◎香港影业面面观/子敏//光明日报 1994-10-07
◎一个新样式的诞生：文学电视（LTV）/程丹梅//光明日报 1994-06-28
◎依法保护知识产权打击非法经营活动——京沪琼加强音像文化市场管理/颜世贵//人民日报 1994-06-11
◎音像市场混乱不能再继续下去/肖新举 胡铁树//经济日报 1994-04-23
◎中国电影市场：何时走出低谷？/邓泽洲//中国文化报 1994-04-17
◎中国音像协会成立//经济日报 1994-05-07
◎中国制片人/蔡闽//光明日报 1994-08-16

1995 年

◎94 中国电影回眸/李春利//光明日报 1995-01-20
◎95 北京国际电视市场即将开幕/李家杰//光明日报 1995-06-11
◎95 国际音像博览会的冷与热/林瑞华//中国文化报 1995-10-13
◎“抗战”题材，九五影视大热点/希盼//光明日报 1995-08-23
◎“樱桃”红了电影市场/李春利//光明日报 1995-10-04
◎“正大综艺”与电视文化/徐城北//光明日报 1995-01-03
◎1994：中国电影在改革中稳步前行/石磊//中国文化报 1995-02-01
◎1994 年国产故事影片 148 部//光明日报 1995-07-13
◎保利又成电影热点/李春利//光明日报 1995-06-07
◎北京电影院又“火”了/刘新武//光明日报 1995-04-23
◎北京国际音乐音像博览会举行/孙朝辉//人民日报 1995-09-24
◎北京将举行 95 国际电视交易//光明日报 1995-05-31
◎北京市民家庭娱乐占主导地位//光明日报 1995-03-29
◎北京中日新闻事业促进会成立//光明日报 1995-04-01
◎长影：构筑精神大厦/李春利//光明日报 1995-12-27
◎川味影视绵阳跑滩//光明日报 1995-02-06
◎创造中华卡通形象/田木//人民日报 1995-12-16
◎大喇叭高唱劳动号子，广播人初试电视晚会/谌强//光明日报 1995-04-12
◎大连怎样办活了电影市场/宋言荣 苗家生//光明日报 1995-12-07
◎大片来了，我们何去何从/金继武//中国文化报 1995-07-14
◎导演们：拎着片筒卖片忙/李春利//光明日报 1995-03-29

- 地方电视台争相开播，节目匮乏观众已感乏味/余勇//光明日报 1995-04-26
- 第45届“柏林电影节”开幕/严建卫//光明日报 1995-02-11
- 第四届中国国际儿童电影节在京举行/李春利//光明日报 1995-05-29
- 第五届“中国新闻奖”评选揭晓//光明日报 1995-06-29
- 第五届上海国际广播音乐节自费参展，盛况空前/余传诗//光明日报 1995-12-01
- 电视地位如日中天，许多人却对广播情有独钟——广播与电视谁更能获得知识层的青睐/易木//光明日报 1995-03-22
- 电视剧：多些“短平快”/胡子宏//光明日报 1995-08-30
- 电视剧：离市场化还有多远？/辛喧//光明日报 1995-08-23
- 电视剧拿什么献给观众/黄永涛//光明日报 1995-03-30
- 电视文化与书籍文化/王少敏//中国文化报 1995-09-06
- 电视喜剧三题/陈孝英 鲁涛//中国文化报 1995-05-17
- 电视制片人在行动/蔡闯//光明日报 1995-11-29
- 电影“出国做后期”并不可取/琥岩//光明日报 1995-09-20
- 电影创作：精神比资金更重要/魏钢//光明日报 1995-10-25
- 电影工作者聚会纪念世界电影诞生一百周年，中国电影诞生九十周年，再上新台阶，迎接新世纪/杨振武//经济日报 1995-12-28
- 电影广告画何时再辉煌？/杨建明//光明日报 1995-08-02
- 电影节向何处去/李春利//光明日报 1995-02-22
- 电影票价别太离谱，中影公司对进口大片票价实行宏观调控/丰捷//光明日报 1995-04-27
- 电影市场岂可拱手让人/王秋和//经济日报 1995-07-21
- 丁关根在省级电台台长研讨班上强调：努力办好广播为党和人民的事业服务//经济日报 1995-06-01
- 短片的出路：影、视、录一体化//光明日报 1995-06-21
- 对报刊总量应进行宏观调控/张弛//中国文化报 1995-10-04
- 儿童电影何时质高量多/李春利//光明日报 1995-11-14
- 方兴未艾的电影电脑特技/黄浩勋//经济日报 1995-10-10
- 福建省电影公司充满生机//光明日报 1995-09-23
- 高科技助广播一臂之力/金振蓉//光明日报 1995-05-/01
- 公众调查争抢媒介板块/陈蓬 杭天勇//光明日报 1995-12-13
- 关于音像业发展走向的思考/朴东生//人民日报 1995-08-09
- 广播电影电视系统“二五”普法考核验收全面展开//光明日报 1995-07-18
- 广播音乐如何再受宠/余传诗//光明日报 1995-12-11
- 广播影视工作要把正确引导舆论放在首位/李铁映//光明日报 1995-03-05
- 广州电视台小台唱大戏/黄永涛//光明日报 1995-05-06
- 国外音像市场管理① 法律健全，举国重视——德国音像市场管理的特点/孙奎贞//经济日报 1995-11-07
- 国外音像市场管理② 盗版再猖獗，严打更有招——新加坡大力打击盗版活动/谢宁//经济日报 1995-11-08
- 国外音像市场管理③ 制品等级分明，管制有增无减——应不断强化对影像市场管理/严恒元//经济日报 1995-11-09
- 河南焦作兴建大型影视城/小力//经济日报 1995-07-28
- 弘扬主旋律的重点影片该如何面对市场？/梁溪虹//中国文化报 1995-08-06
- 呼唤“中华牌”的“卡通明星”/金梦玉//人民日报 1995-05-29/
- 花钱看电影值不值/高军//光明日报 1995-02-08
- 黄色 VCD ——文化市场的浊流/林瑞华//中国文化报 1995-10-27
- 加拿大的电子游戏机市场（上）/雷喜宁//经济日报 1995-06-09
- 加拿大的电子游戏机市场（下）/雷喜宁//经济日报 1995-06-23
- 江泽民会见电影工作者代表时指出：深入生活吸取营养 大胆探索多出精品/张素堂 杨振武//中国文化报 1995-12-31
- 节目传送网全国，广播影视事业发展迅速/黄永涛//光明日报 1995-02-23
- 今年影片知多少/李霁//光明日报 1995-06-21
- 京城电视剧制作三足鼎立//光明日报 1995-05-03
- 京城影院还剩几家/江心 郭彩侠 林瑞华//中国文化报 1995-06-02
- 京城又添影视城/文滔//经济日报 1995-06-23
- 精品与发行——儿童电影需解决的两大难题/梁溪虹//中国文化报 1995-11-19
- 救救科教片/文铎//光明日报 1995-02-07
- 卡通漫画要打中华牌/武卫政//人民日报 1995-11-04
- 看电视能替代阅读吗？/潘凯雄 肖永青//经济日报 1995-11-01
- 辽宁电影市场红火的启示——辽宁省电影公司闯市场记/周朗 魏运亨 苗家生//光明日报 1995-07-29
- 录像厅——亟待净化的空间/李晓琳//中国文化报 1995-10-27
- 美国“有偿新闻”行情见涨/杨传坤//光明日报 1995-08-02
- 美国片在法国、日本市场占有率上升/袁文强//光明日报 1995-03-29
- 年轻的电视制片人和鲜活的电视文化//中国文化报 1995-02-17
- 扭亏为盈靠什么——来自安徽含山电影院的启示/唐华甲 黄茂金//中国文化报 1995-02-08
- 农村题材影片荣登榜首——“九四”中国电影华表奖在京隆重颁奖/李春利//光明日报 1995-05-24
- 农民呼唤电影下乡//光明日报 1995-02-06
- 期待再掏腰包看一回国产片/郭扶庚//光明日报 1995-05-10
- 浅谈电视剧的发展与电视市场/阮若琳//中国文化报 1995-02-10
- 强化书刊音像市场管理/苏琳//经济日报 1995-03-07
- 全国电视剧题材规划会提出，把出精品作为繁荣电视剧的重要标志/黄永涛//光明日报 1995-03-26
- 全球手持式移动卫星电话计划起步，总投资28亿美元，中国是最大投资者之一//光明日报 1995-01-26
- 日本连环漫画进入中国图书市场 漫画家怎样看/张永君//中国文化报 1995-02-10
- 上海：电影市场经营不再唱“独角戏”/余传诗//光明日报 1995-06-24
- 上海电影市场生机勃勃/余传诗//光明日报 1995-11-11
- 深入生活适应市场 国产影片的必由之路/石磊//中国文化报 1995-05-10
- 十部大片，票款谁拿大头/甘江//光明日报 1995-03-08
- 十部大片又来一部艺术片，《阿甘正传》将上映/晓梅//光明日报 1995-06-07
- 石家庄影院向“点头票”宣战/李兴发//光明日报 1995-05-03
- 时代呼唤中国卡通图书/海飞//人民日报 1995-04-18
- 收视率调查有了专门机构//光明日报 1995-05-20
- 首家“电视报纸”在杭州创刊//光明日报 1995-01-03
- 首届“奋发文明进步电视奖”揭晓/梁捷//光明日报 1995-12-03
- 首届文化新闻奖颁发，本报三篇作品榜上有名//光明日报

1995-04-03
◎谁为电视传媒先，广州与京沪回答不一/杭天勇//光明日报 1995-03-08
◎谁在电影院看电影//光明日报 1995-12-21
◎塑造中国的卡通形象/李新//人民日报 1995-10-19
◎挑战：来自创作本身——沈卫星分析影视创作之一//光明日报 1995-01-19
◎缺乏精神比缺乏资金更可怕——沈卫星分析影视创作之二//光明日报 1995-01-20
◎蚂蚁追赶大象——沈卫星分析影视创作之三//光明日报 1995-01-22
◎为影视创作绘制蓝图——沈卫星分析影视创作之四//光明日报 1995-01-23
◎提高质量 多出精品——我国广播影视事业发展迅速/石磊//中国文化报 1995-03-01
◎文化部有关负责人谈停止营业性放映激光视盘故事片//光明日报 1995-12-31
◎文化市场管理琐谈/孙若风//中国文化报 1995-05-26
◎我国报业将进入"告别纸与笔"新时代——祝贺新闻综合业务网在《光明日报》投入使用/王选//光明日报 1995-09-22
◎我国电视节目如何走进国际市场/郭彩侠//中国文化报 1995-08-04
◎我国动画业缺少了什么/周源//光明日报 1995-12-13
◎我国广播、电视发展迅速//光明日报 1995-01-05
◎我国开播加密卫星电视频道/谌强//光明日报 1995-11-16
◎我看方言电视剧/盛祖宏//光明日报 1995-06-02
◎乌鲁木齐三家影剧院出租给店商引起市民议论，要金钱，还是要舞台？/郑晋鸣//光明日报 1995-01-05
◎武打片票房呈下跌趋势，《书剑恩仇录》能否一搏/士范//光明日报 1995-04-12
◎香港、日本电影市场何以陷入困境？/庄然//经济日报 1995-01-07
◎香港电影何以寄厚望于内地？/李振民//经济日报 1995-05-12
◎小药能否治大病 中国音像协会提出治理音像市场新建议/周源//经济日报 1995-01-21
◎新年，上海电影像带成礼品/杨建明//光明日报 1995-12-20
◎新闻出版报推出新学科出版物述评系列//光明日报 1995-05-22
◎也许评介"大片"的不足/王晨//光明日报 1995-05-31
◎叶缨：《红樱桃》再圆电影梦/黎薇//光明日报 1995-10-04
◎夜场电影还能走多远/陈品尚//光明日报 1995-01-07
◎一年前，影院变迪厅；一年后，影院扩改建/刘小兵//光明日报 1995-11-29
◎一年一度的"美国电影市场"/铁东//经济日报 1995-09-15
◎一项为繁荣中国电影市场注入活力的善举 企业投资拍电影/刘翔//经济日报 1995-07-28
◎音像市场：期待管理基金/鲁源//经济日报 1995-11-24
◎音像业 白天不懂夜的黑/李晓琳//中国文化报 1995-08-11
◎音像业：倾斜的天平何以校正/林依源//经济日报 1995-12-15
◎音像制品新宠——VCD 的今天与明天/任裕湛//中国文化报 1995-09-15
◎英电视台弄虚作假在意大利引起公愤/穆方顺//光明日报 1995-06-15
◎影视：新媒介的花朵——写在电影诞生一百周年之际/朱青君//光明日报 1995-10-11
◎影视正被数字技术革"命"/赵瑜//光明日报 1995-03-08
◎影坛，社会投资人崭露头角/石磊//中国文化报 1995-09-01
◎影院合资是与非/汪大勇//光明日报 1995-01-27
◎勇闯音像市场的黑马——来自广东音像出版社的报告/章以武//中国文化报 1995-06-23
◎在外国电影输入和中国电影输出方面，欲做最大的买家也做最大的卖家/沈卫星//光明日报 1995-08-23
◎暂别舞台，争相"触电"，戏曲演员纷纷进军影视/苏丽萍//光明日报 1995-06-07
◎张浚生在香港新闻业研讨会上说九七后新闻自由只会增加//人民日报 1995-11-29
◎真假合拍片看好海外市场/虎生//光明日报 1995-01-25
◎中国电视节目抢占海外荧屏/沈卫星//光明日报 1995-11-06
◎中国电视节目市场有场无市/小林//光明日报 1995-05-03
◎中国电影 90 年//光明日报 1995-12-31
◎中国电影发行放映协会在京成立/李春利//光明日报 1995-10-24
◎中国电影如何面对新世纪——首都部分影评家、专家、领导谈电影/李春利//光明日报 1995-12-28
◎中国电影制片业的第三方面军/何可人//光明日报 1995-03-01
◎中国独立制片人/辛升 尚夏//光明日报 1995-02-15
◎中国通信广播卫星公司贷款一点三亿美元买卫星//光明日报 1995-12-14
◎中国文化扶贫委员会扶持新县，建成 15 做乡镇电视差转台/谷文雨//光明日报 1995-06-01
◎中国音像业艰难历程中的期待/向钧//中国文化报 1995-04-07
◎中国影片和西方影片的差距在哪儿/李春利//光明日报 1995-11-22
◎中影公司重新发行国产片/李春利//光明日报 1995-03-27
◎专家研讨企业文化与广播影视/曹生//人民日报 1995-01-20

1996 年

◎"音乐电视"应消"肿"/玉良//中国文化报 1996-01-05
◎《漫画大王》诞生随想/丁午//光明日报 1996-08-25
◎《人民公仆孔繁森》何以创出高票房收入/柳士发//经济日报 1996-03-03
◎把中国影片介绍给世界，中国电影展映会举行/李春利//光明日报 1996-04-11
◎超越终身制的屏障——中国交响乐团改革纪实/梁若冰//光明日报 1996-09-29
◎成都影城热的启示/江心//中国文化报 1996-05-24
◎电视剧创作该向何方/李春利//光明日报 1996-09-26
◎电视剧适应市场有新招/张作民//中国文化报 1996-03-22
◎电视人看电视/李春利//光明日报 1996-03-22
◎电视与书画艺术传播/李新生//中国文化报 1996-01-14
◎电影：还会险象环生吗？/余韶文//中国文化报 1996-01-19
◎电影：请听听观众的心声/梁若冰//光明日报 1996-01-03
◎电影生产必须树立强烈的精品意识/李国民//光明日报 1996-05-17
◎电影市场呼唤国产精品/王秋和//经济日报 1996-06-16
◎电影事业：终于有法可依了——写在《中华人民共和国电影管理条例》实施之日/扬钺//经济日报 1996-07-21
◎电影艺术理论研究的现状/贾磊磊//光明日报 1996-01-11
◎动画书刊：扬起希望的风帆/会临//光明日报 1996-08-25
◎杜绝"假集体真个体"——音像市场管理中一个亟待解决的问题/安惠文//经济日报 1996-07-07

◎ 多出精品，促进繁荣，振兴中国电影事业——本报编辑部与广电部电影局联合举行的电影界知名人士座谈会纪要//光明日报 1996-05-03
◎ 多出优秀作品，繁荣电影事业/丁关根//光明日报 1996-04-10
◎ 各地电影人：争推国产精品/李春利//光明日报 1996-06-17
◎ 贯彻长沙会议精神促进中国电影繁荣：电影生产必须树立强烈的精品意识/李国民//光明日报 1996-05-17
◎ 贯彻长沙会议精神促进中国电影繁荣：入乎其内才能出乎其外——论时代生活与电影创作/于敏//光明日报 1996-05-22
◎ 贯彻长沙会议精神促进中国电影繁荣：呼唤健康的电影评论/邵牧君//光明日报 1996-05-28
◎ 贯彻长沙会议精神促进中国电影繁荣：论弘扬主旋律与提倡多样化/朱虹//光明日报 1996-06-12
◎ 贯彻长沙会议精神促进中国电影繁荣：精品·人才·队伍/许建海//光明日报 1996-06-19
◎ 国产电影市场多云转晴/王新益 封同//经济日报 1996-02-18
◎ 国产动画：社会投资人的巨大诱惑/陆虹//中国文化报 1996-01-19
◎ 国产纪录片重进大影院/秦杰//中国文化报 1996-01-12
◎ 湖北省推动全省电影事业迈新步/黄瑞和//中国文化报 1996-01-21
◎ 划时代的文化载体——多媒体/赵建国//中国文化报 1996-05-15
◎ 积极发展音像租赁业/徐惟诚//人民日报 1996-12-30
◎ 纪录片：眺望真实的窗口——近年电视纪录片创作一瞥/丁亚平//光明日报 1996-01-11
◎ 建立国有音像发行主渠道——谈音像市场集中治理期的几个主要任务/文华 晓闻//经济日报 1996-06-16
◎ 江泽民视察八一电影制片厂，就促进我国电影事业进一步繁荣、推动社会主义精神文明建设发展发表重要讲话/王文杰 罗玉文//经济日报 1996-06-11
◎ 江泽民视察八一电影制片厂并发表重要讲话//光明日报 1996-06-11
◎ 江泽民总书记致信上海美术电影制片厂，为少儿提供更多更好精神食粮/江泽民//中国文化报 1996-01-14
◎ 江泽民总书记致信上海美术电影制片厂希望，让中国的动画英雄形象成为少儿楷模//光明日报 1996-01-12
◎ 叫好与叫座/徐城北//光明日报 1996-06-26
◎ 警惕盗版魔掌伸向国产电影/赫景秀 刘连良//中国文化报 1996-06-07
◎ 靖江电影院经营有方效益好/徐伟//中国文化报 1996-04-05
◎ 剧本：不只是编一个好看的故事/王兴东//光明日报 1996-02-07
◎ 镭射电影厅当何去何从——岁末年初北京音像市场的现状与思考/王建新//经济日报 1996-02-04
◎ 连环漫画怎样打造“中华牌”/林阳//光明日报 1996-08-25
◎ 媒体：莫为商业操作而媚俗/刘非//光明日报 1996-07-10
◎ 媒体刊歌应有时/宗文//经济日报 1996-12-08
◎ 美国有线电视业的难处/汪游//人民日报 1996-12-05
◎ 民族动画业发展的机会/纪文//人民日报 1996-10-27
◎ 努力创造无愧于时代的艺术精品：天津电影制片厂调查/中共中央办公厅调研室//光明日报 1996-04-15
◎ 培育中国特色的卡通文化/金马//光明日报 1996-08-25
◎ 票房火全凭市场意识强/路虹//中国文化报 1996-03-22
◎ 悄然兴起的我国民营电影企业/方楠//经济日报 1996-01-21
◎ 让话剧运作走向市场/蔡闯//光明日报 1996-07-22
◎ 如何解决农民看电影难——对湘乡市农村电影市场的调查与反思//光明日报 1996-04-18
◎ 上海国产影片为何红红火火/李春利//光明日报 1996-02-08
◎ 上海举办第三届农民电影节//中国文化报 1996-01-14
◎ 上海美术电影制片厂积极生产国产动画片//光明日报 1996-05-29
◎ 上海塑造中国自己的动画英雄形象，浙江为少儿提供健康的“精神食粮”//光明日报 1996-01-12
◎ 上影厂改制成立影视（集团公司）/王齐//中国文化报 1996-03-01
◎ 首都部分电影界人士举行座谈会，让中国电影多出精品走向繁荣/沈卫星//光明日报 1996-04-26
◎ 为健康与繁荣敞开大门——来自中国音像城的报道与思考/林瑞华//中国文化报 1996-05-10
◎ 文化部广电部发出通知，禁止营业性放映激光视盘故事片/张凡//中国文化报 1996-01-03
◎ 文化部市场局负责人谈，禁止营业性放映激光视盘故事片/王黎//中国文化报 1996-01-03
◎ 文化消费者要求影剧场所改善服务/单三娅//光明日报 1996-01-10
◎ 我国电影界采取措施，使九亿多农民看到更多更好的电影//光明日报 1996-04-26
◎ 武汉市整顿音像市场措施得力//中国文化报 1996-01-24
◎ 喜剧片推动德国电影重振雄风/华玉//光明日报 1996-04-24
◎ 香港：世界第二大电影出口地//光明日报 1996-03-30
◎ 新连环漫画的起步和思考/陈惠冠//光明日报 1996-08-25
◎ 信息高速公路与大众传媒//人民日报 1996-10-09
◎ 严厉打击侵权盗版，繁荣精华文化市场，全国各地全面清理镭射影院/新华社//中国文化报 1996-01-07
◎ 音乐广播——一道迷人的风景线/周游//人民日报 1996-04-07
◎ 音像市场的一道曙光——录像带出版发行业的现状与前景/何凯//经济日报 1996-02-18
◎ 音像市场管理推出新举措/文华 晓闻//经济日报 1996-06-02
◎ 音像制品经营将实行统一管理//经济日报 1996-06-02
◎ 影视：紧跟社会热点，眼界仍需放开/李春利//光明日报 1996-01-12
◎ 影视创作者如何人对待观众/李春利//光明日报 1996-07-10
◎ 影视演员出演不能没谱/庄电一//中国文化报 1996-05-17
◎ 浙江、长沙、成都清理净化音像市场/欣文//中国文化报 1996-01-17
◎ 中国电影周在秘鲁开幕/新华社//中国文化报 1996-03-10
◎ 中国动画业初露峥嵘/孟冰纯//光明日报 1996-10-09
◎ 中国儿童动画出版在崛起/蔡闯//光明日报 1996-10-28
◎ 中国孩子有了自己的“卡通伙伴”/赵文//经济日报 1996-08-21
◎ 中国卡通：在“卡”与“通”之间/王力军//人民日报 1996-01-26
◎ 中国卡通“卡”在哪里/叶辉 刘昆//光明日报 1996-10-18
◎ 走出治理电子游戏机的怪圈/陈川雄//经济日报 1996-04-07
◎ 走红开罗国际电影节的中国人/王贵发//中国文化报 1996-01-21
◎ 租赁连锁：音像制品流通新模式/施芳//人民日报 1996-12-25
◎ 作家惊呼：电视剧是否走到了前头？/韩小惠//光明日报 1996-01-03

1997 年

◎97 北京国际电视周开幕/李家杰//光明日报 1997-05-13
◎"合同电影"为农民配送"精神套餐"/杨光 郭金发//光明日报 1997-09-24
◎1997 国产电影回眸/谯进华//光明日报 1997-12-31
◎55 项常设全国性文艺新闻评奖获准立项//光明日报 1997-05-01
◎从亚洲电影的生机看中国电影策略/倪震//光明日报 1997-12-17
◎促进音像出租业的发展/陈通//中国文化报 1997-07-16
◎大连电影缘何能常下乡/宋言荣//光明日报 1997-04-06
◎导演应该有沉甸甸的责任感/冯小宁//光明日报 1997-04-11
◎德国大众传播报告会举行/劳石//经济日报 1997-03-15
◎电脑游戏经营活动谁来管/崔成泉//中国文化报 1997-07-16
◎电视剧不一定低电影一筹/邵牧君//光明日报 1997-04-16
◎电视喜剧尚欠功力/邵牧君//光明日报 1997-01-08
◎电影工作座谈会在京召开 丁关根出席会议并讲话/向兵 秦杰//经济日报 1997-03-28
◎电影何以要严格管理——访电影局有关负责人/李春利//光明日报 1997-03-12
◎电影界共商繁荣发展大计/向兵 秦杰//光明日报 1997-03-28
◎电影频道，你好么——一点引发频道进入市场的启示与忧思/齐冰//光明日报 1997-12-27
◎电影应按质论价/陈小奇//经济日报 1997-02-16
◎动感电影：跨步竟如中国/祝华新 杭天勇//光明日报 1997-08-27
◎动感电影：中国人抢占电影产业新生长点/曾欣//光明日报 1997-11-05
◎动画工程如何在接力出版社启动的/黄俭//光明日报 1997-11-26
◎多出精品力作 促进电影繁荣//经济日报 1997-04-07
◎儿童剧在艰难中奋起/苏丽萍//光明日报 1997-05-28
◎发挥广播电视的作用/刘习良//人民日报 1997-11-15
◎繁荣动画 须树立"大动画"观念/周源//经济日报 1997-10-25
◎公益电影的效益/黄小平//光明日报 1997-05-28
◎关于规范音像市场经营秩序的几点对策/廖国平 陆继东//中国文化报 1997-10-29
◎广播剧冷落之因/赵誉泳//光明日报 1997-08-27
◎广播剧如何走向繁荣/余传诗//光明日报 1997-12-21
◎广播影视事业取得长足进步/张振东//光明日报 1997-09-03
◎国产电影是持续兴旺/荣燕//光明日报 1997-09-24
◎海星推出电脑电视/山封//光明日报 1997-06-05
◎贺岁片谨防"千篇一面"/曹继军//光明日报 1997-12-17
◎红红火火 音像业；健健康康 向前走/陈通//中国文化报 1997-08-20
◎活跃电影理论，促进电影繁荣——评《电影学新论》丛书/吴文科//光明日报 1997-04-15
◎加强宣传评论，促进电影繁荣/明振江//光明日报 1997-04-11
◎建立有中国特色电视理论体系/欧阳宏生//光明日报 1997-10-02
◎建设具有中国特色社会主义电视理论/杨伟光//光明日报 1997-08-09
◎剧本，依旧是沉重的话题/蔡体良//光明日报 1997-10-08
◎辽宁省 26 家放映收入超百万元影（剧）院倡议——发行放映好国产优秀影片/苗家生//光明日报 1997-06-10
◎辽宁影剧票价向工薪层靠拢/苗家生//光明日报 1997-06-06
◎漫画艺术，任重而道远/田勇//光明日报 1997-12-10
◎美国商业电影如何赚钱/肖力//中国文化报 1997-01-02
◎哪些影院可进入"中华院线"/翁立//光明日报 1997-05-07
◎挪威电影首访中国/单万里//光明日报 1997-10-22
◎欧洲电影的出路/邵牧君//光明日报 1997-03-26
◎欧洲电影业"病因"新说/张勇//人民日报 1997-05-30
◎欧洲影视业的出路何在/杨志清//光明日报 1997-02-20
◎企盼更多的精品电影——影院经理谈电影/王大龙//光明日报 1997-05-19
◎让国产卡通在孩子们心里扎根/吴明//中国文化报 1997-06-04
◎让辉煌的历史重现银屏——重大革命历史题材影视创作座谈会述评/沈卫星//光明日报 1997-08-13
◎日本动画攻打世界/士申//光明日报 1997-01-14
◎山东建成中华影城杨//光明日报 1997-05-24
◎上海加强儿童卡通片创作//经济日报 1997-05-31
◎深化改革，赢得观众，赢得市场，开创电影发行放映工作新局面：在全国电影发行放映工作会议上的讲话（1997 年 4 月 27 日）/艾青春//中国文化报 1997-04-29
◎实施精品战略的重要保证——天津电影制片厂重视党的基层组织建设的情况调查/陈建强//光明日报 1997-06-05
◎抒张神气，抖擞雄风——1996 年国产电影片佳作印象/竹迅//光明日报 1997-04-02
◎岁末年初话电影/邵牧君//光明日报 1997-02-05
◎天津试行"优惠票价电影专场"/路清枝//光明日报 1997-06-06
◎未来题材：中国影视作品的缺憾/李永新//光明日报 1997-08-20
◎文化经济的幼子"传媒经济"——访经济学家周鸿铎/傅铎//中国文化报 1997-11-18
◎我国娱乐业引入"动感影院"技术/孙德//光明日报 1997-06-04
◎新闻界研讨音像知识产权//人民日报 1997-01-05
◎学习贯彻十五大精神，推动精品电视剧创作/胡恩//光明日报 1997-10-21
◎演出代理制走向前台/杭天勇//光明日报 1997-03-26
◎一九九七，中国电视直播年/周勇 刘凡平//光明日报 1997-12-17
◎音乐电视的晨风/王向东//经济日报 1997-04-19
◎音像市场：在治理中走向繁荣/陈通//中国文化报 1997-01-15
◎英国影业重振雄风/唐若水//光明日报 1997-03-04
◎迎接二十一世纪中国电影的辉煌/滕进贤//光明日报 1997-04-11
◎荧屏繁荣也要靠规范节目市场/冯惠玢//光明日报 1997-06-25
◎影视剧：走出"明星"主演的误区/魏敬东 左今明//光明日报 1997-07-30
◎影视剧创作，作家独领风骚/雷彦平//光明日报 1997-10-29
◎影视文化的拓荒者——访北师大艺术系教授尹鸿/江大勇//光明日报 1997-02-12
◎游戏软件业如何迎接挑战/孙永杰//光明日报 1997-10-02
◎再版连环画热销书市/杨传坤//光明日报 1997-06-25
◎正版优秀 VCD 市场占有率正在扩大/徐晋//中国文化报 1997-08-06
◎中国电视"连锁店"请走好//中国文化报 1997-01-29
◎中国电影如何面向市场/梁鸿鹰//中国文化报 1997-03-06
◎中国动画片持续发展动力何在/小水//光明日报 1997-08-20
◎中国卡通大步走近小读者/丰捷//光明日报 1997-05-28
◎中国音像市场与传媒研讨会召开/袁晞//人民日报 1997-12-24
◎重大革命历史题材影视作品要少而精/韦廉//光明日报 1997-04-11

◎做好跨世纪的电视文化人/赵安//光明日报 1997-12-09

1998 年

◎98 音像市场几个延续的热点话题/江心//中国文化报 1998-01-28
◎"卡通在中国"研讨会在京召开/晓峰//经济日报 1998-06-26
◎"媒体如何走向市场论坛"举办/东生//经济日报 1998-07-06
◎《快乐大本营》何以让人乐起来/刘健安//光明日报 1998-11-26
◎《泰坦尼克号》成功的背后/邵牧君//光明日报 1998-04-02
◎《泰坦尼克号》画外话/秦晋//光明日报 1998-04-23
◎《新闻，1998》让广播再度魅力四射/朱燕之//光明日报 1998-08-22
◎VCD 光碟正在改变我们的消费格局和娱乐生活/林瑞华//中国文化报 1998-02-25
◎北京：影视合流撑起市场/李牧//光明日报 1998-04-16
◎北京电影票房去年达 1．8 亿/徐晋//中国文化报 1998-01-14
◎北京电影市场红火的启示/何振红//光明日报 1998-03-26
◎产业化与体育传播功能//人民日报 1998-01-12
◎充分发挥传媒优势，推进体育产业发展/李仁臣//人民日报 1998-01-08
◎从电影《泰坦尼克号》看美国文化/林炎志//中国文化报 1998-08-15
◎第 18 届"飞天奖"评选札记/仲呈祥//光明日报 1998-11-19
◎电脑：推动中国文化产业发展//中国文化报 1998-06-16
◎电视剧改编是醇醇酒还是兑白开水/李韵//光明日报 1998-09-03
◎电影人，电影节上话电影/李春利//光明日报 1998-11-26
◎电影如何卖座？/孙展//经济日报 1998-04-17
◎电影要发展，出路在改革/张德江//光明日报 1998-06-18
◎电影要反映主流社会心理/卫防//光明日报 1998-03-19
◎电影院旱涝保收吗？/郭凤桐//中国文化报 1998-11-25
◎电影院为何不赚钱？//中国文化报 1998-12-16
◎动画发展与未来研讨会举行/艾笑//人民日报 1998-06-01
◎高科技电影走入中国/柳芽//光明日报 1998-08-27
◎股份制为辽宁电影市场注入活力/陈彬//中国文化报 1998-06-17
◎关于电影市场发行的思考/南子//中国文化报 1998-03-04
◎关于调整音像产业投资结构的思考/王国庆//中国文化报 1998-07-22
◎关于加快音像产业的步伐的思考/文化部文化产业课题组//中国文化报 1998-04-16
◎国产动画艰难收复失地/苏丽萍//光明日报 1998-06-11
◎何群批评影视创作急功近利/晓迪//光明日报 1998-11-19
◎河南多方解决农村电影市场问题/刘先琴//光明日报 1998-04-20
◎河南农民又一创举——股份制电影放映联合体//经济日报 1998-07-26
◎横店集团建成浙中影视旅游城/郭万杰//光明日报 1998-04-18
◎纪录片抢滩影视市场/冬子//光明日报 1998-04-23
◎纪录片要另辟新天地——访北京电影学院教授司徒兆敦/秦晴//光明日报 1998-05-14
◎近期电视剧创作漫评/张德祥//光明日报 1998-11-05
◎净化音像制品市场/张芸//经济日报 1998-03-11
◎卡通读物不能独霸孩子们的小书架/刘文刚//光明日报 1998-07-09
◎开发电子出版新市场/时雨 陈秋良//经济日报 1998-09-03
◎拉近亚洲与世界文化距离——访卫星电视有限公司执行董事长张镇中先生/陈颐//经济日报 1998-11-14
◎辽宁电影系统向电影企业集团过渡/苗家生//光明日报 1998-05-13
◎漫画图书呈现多元格局/呼延华//光明日报 1998-10-26
◎媒体广告信息汇集因特网//经济日报 1998-06-14
◎美国电视抢风头/任则//经济日报 1998-06-11
◎美国开播数字式电视节目——数字电视离消费者尚遥远/陈如为//光明日报 1998-11-03
◎情景喜剧亦喜亦忧/冬子//光明日报 1998-05-14
◎社会投资影视又到涨潮时/紫草//光明日报 1998-07-23
◎深化理论研究，推进电视改革——访杨伟光/李亚彬//光明日报 1998-10-16
◎首届国际卡通艺术博览会将办/胡军//经济日报 1998-06-26
◎网络经济时代即将到来——经济学家钟朋荣谈中国 C 网及网络经济/柯技//经济日报 1998-11-29
◎小卡通，大商机/张燕 张朝阳//经济日报 1998-07-27
◎新闻传媒大有用武之地/陈兴贵//人民日报 1998-01-09
◎游戏软件扛起民族旗帜/吴王//光明日报 1998-03-24
◎游戏软件业好悲壮——访前导公司总经理张立波/魏新德//经济日报 1998-11-28
◎在全国电影工作会议上的讲话/丁关根//光明日报 1998-05-26
◎中共中央政治局委员 中宣部长丁关根寄语电影工作者：为繁荣电影事业作出新贡献//经济日报 1998-08-14
◎中国电影赶上了"好年景"——访中国电影家协会新任主席谢铁骊/杭天勇//光明日报 1998-08-17
◎中国动画如何"中国化"/刘昆 徐可//光明日报 1998-04-21
◎中国儿童动画出版工程初见成效/庄建//光明日报 1998-06-01
◎中国呼唤自己的灾难片——访中国电影资料馆研究员胡克/张美华//光明日报 1998-10-22
◎中国卡通何以"卡"而不通/沈则瑾 刘自良//经济日报 1998-10-23
◎中国卡通应走民族化道路——首届"卡通在中国"专题研讨会在北京召开/张燕//光明日报 1998-06-25

1999 年

◎"电视小说"让人欢喜让人忧/饶国斌//光明日报 1999-11-11
◎"电影频道"开源供片/李春利//光明日报 1999-06-24
◎"世纪之光"塑造中国电视业群体形象/刘玉//人民日报 1999-06-18
◎"综艺热"谨防遭冷遇/杨翠 屠小文//光明日报 1999-04-01
◎《雍正王朝》何以好看 三个方面值得借鉴/王甫//光明日报 1999-03-11
◎1998 年度中国电影"华表奖"揭晓/李春利//光明日报 1999-05-21
◎1999：国产电视剧面临引进片的挑战/孙越//中国文化报 1999-03-03
◎1999：中国电影掀起第三次高潮/王秋和//经济日报 1999-12-09
◎1999：中国电影希望之年/倪震//光明日报 1999-04-01
◎2000 年贺岁片从闹剧回归理性/梦隐//中国文化报 1999-12-27
◎50 年编织一个灿烂的银幕——新中国电影发行放映事业回眸/沙浪//中国文化报 1999-10-11
◎澳门新闻传播业/郭新陆//经济日报 1999-11-29
◎北京电影院评星定级，电影市场能否星光灿烂/李凯//1999-11-22

◎北京影业探索产供销一条龙模式/吕天路//中国文化报 1999-01-13
◎北京最新调查显示——电影观众构成发生变化/夏菁苓//中国文化报 1999-05-03
◎成都率先迈向数字电视时代/韩秀琪 袁祥 张喻//光明日报 1999-01-02
◎城市影院如何增强竞争力——中国城市影院发展协会召开专题研讨会/吕天路//中国文化报 1999-01-13
◎城乡影剧市场冷落的原因何在/苏锦清//中国文化报 1999-03-11
◎出版界造大船三集团扬帆试海 传媒业绘蓝图产业化思路渐清/施诺 张欣//经济日报 1999-11-11
◎处于边缘的德国东部电影/刘风//中国文化报 1999-05-19
◎传统媒体吃饱今天的饭，网络媒体种好明天的田/高赛//光明日报 1999-08-18
◎创造电影新的辉煌/谢铁骊//光明日报 1999-10-03
◎从电视剧《天龙八部》说起/楚庄//光明日报 1999-04-01
◎打经济牌，走特色路——湖北经济电台发展的启示/夏静 禾喜 屈黎辉//光明日报 1999-01-06
◎打破模拟数字界限 实现电视电脑兼容“网上电视” 崭露头角/夏春喜 济泽//经济日报 1999-06-22
◎大手笔大网络，多层次多形式——好个文化大观园/黄东红 郭照洪 江健河//中国文化报 1999-09-17
◎当代影视文化研究的新成果/魏时煜//中国文化报 1999-06-29
◎德国有线电视和电信网络分离//经济日报 1999-02-11
◎第六届北京大学生电影节开幕/沈卫星//光明日报 1999-04-18
◎第一款国产网上对战游戏问世/阿勇//经济日报 1999-08-31
◎电广实业聚焦传媒业//经济日报 1999-10-22
◎电广实业向传媒业渗透//经济日报 1999-09-17
◎电脑技术为影视制作加油/张歌东//光明日报 1999-04-21
◎电视产业走上前台/徐立京//经济日报 1999-07-08
◎电视穿上了新装/彭吉象 王长田//光明日报 1999-05-13
◎电视发行人谈发行/李春利//光明日报 1999-07-15
◎电视亟待分级/刘朝//光明日报 1999-03-04
◎电视节目不许随意插播广告/高端芳//经济日报 1999-09-01
◎电视剧创作跟风当刹/俞胜利//光明日报 1999-01-14
◎电视剧带动出书热效应//光明日报 1999-06-03
◎电视市场有多大——从文化产业看扩大内需的潜力/李刚//经济日报 1999-04-15
◎电视湘军开拓文化市场有新招/王秋和//经济日报 1999-04-16
◎电视新闻现场感与真实性刍议/刘京山//光明日报 1999-11-16
◎电影改革又迈新步，出品权扩大后意味着什么/方城//光明日报 1999-04-01
◎电影距离农民尚有“三远”/张改云//光明日报 1999-03-25
◎电影人会诊“喜剧电影”/马晓迪//光明日报 1999-01-07
◎电影人眼中的新中国银幕 50 年成长的风景/沈卫星//光明日报 1999-08-26
◎电影市场令人忧虑的票房滑坡/史依宁 王光明//经济日报 1999-08-19
◎电影市场有多大——从文化产业看扩大内需的潜力/李刚//经济日报 1999-04-08
◎电影音乐会南国走红，新春又迎来北京听众//光明日报 1999-02-11
◎电视游戏打算做到哪一天/吴信//光明日报 1999-02-04
◎定位好才有好票房/周红//中国文化报 1999-11-29
◎动画片《猫咪小贝》走向影院/谌强 靳晓燕//光明日报 1999-07-21
◎对症下药，农村包围城市，新招迭出，做火电影票房——张家港电影市场繁荣的启示/王士群//中国文化报 1999-08-30
◎多伦多将成为“北方好莱坞”/若水//光明日报 1999-05-26
◎多为儿童拍好电影/于蓝//经济日报 1999-10-03
◎俄罗斯电影业：面临困难又充满希望和活力/周雁//中国文化报 1999-05-31
◎发展音像业之我见/周源//人民日报 1999-07-09
◎发展音像租赁业建立健康的流通机制/李鼎祥//中国文化报 1999-02-10
◎光盘世界无限精彩/周源//中国文化报 1999-09-27
◎广播剧：新的跨越——第七届“五个一工程”获奖广播剧综述/李京盛//光明日报 1999-09-23
◎广电总局着手整顿电视剧制作发行秩序，清理“假国产”、“假合拍”电视剧/秦杰//中国文化报 1999-09-20
◎国产“卡通”在何处/张海涛//经济日报 1999-06-25
◎国产电视剧能否“拔起萝卜不带泥”/王晓明//中国文化报 1999-12-27
◎国产电视剧期待告别亏损/向阳 安裕//中国文化报 1999-03-10
◎国产电视剧掀起你的盖头来/文迪//中国文化报 1999-04-23
◎国产动画创作飞跃在即，辉煌尚远/温沁园//中国文化报 1999-06-14
◎国产动画片的“辉煌”与“低谷”/沈卫星//光明日报 1999-07-22
◎国产动画片蓄势待发/舒明//中国文化报 1999-01-18
◎国产科幻片千呼万唤不出来/易群进//中国文化报 1999-04-28
◎国产科普动画《蓝猫淘气 3000 问》与洋卡通抗衡/满岩//中国文化报 1999-09-15
◎国产片，为新世纪准备了什么“见面礼”/谯进华//光明日报 1999-11-11
◎国产片独享最佳档期高票房是否指日可待/白炜//中国文化报 1999-03-31
◎国产游戏软件业已无路可退/金增辉//中国文化报 1999-03-03
◎海南影视城三喜临门/单三娅//光明日报 1999-01-07
◎韩国电视剧走俏业内人士有忧/孙越//中国文化报 1999-03-10
◎韩国电影限额放映制引争议/卞智洪//中国文化报 1999-05-03
◎韩国家庭题材电视剧逼近国内荧屏/程佑俊//光明日报 1999-03-18
◎杭城出现电影超市/李俏//中国文化报 1999-10-13
◎贺岁片：专家说短长/李春利//光明日报 1999-02-04
◎狠抓原创作品增大品牌效应/徐安祥//中国文化报 1999-01-06
◎横店影视城 成败谁能知/詹国枢 许宝健//经济日报 1999-01-26
◎呼唤“中国科幻”从困境中突围/徐昙//光明日报 1999-08-13
◎华影公司：电影改革一劲松/王大成//光明日报 1999-05-06
◎积极推进数字电视技术的产业发展/张业清//光明日报 1999-01-02
◎家庭影音市场谁唱主角/张未民 沈路涛//中国文化报 1999-07-26
◎肩负起繁荣艺术的历史责任——中央电视台电视剧创作播出情况调查/朱小波 韩惠//光明日报 1999-06-14
◎建立真正的音像行业主渠道/华敏民//中国文化报 1999-03-03
◎交流·分享·展望——99 杭州音像多媒体国际博览会侧记/亦南//人民日报 1999-11-26
◎进一步完善并深化“制片人制”/周向阳//中国文化报 1999-10-25

◎ 开创电视剧创作新局面——第七届"五个一工程"电视剧（片）奖述评/路海波//光明日报 1999-09-23

◎ 科技音像制品市场挑战重重//中国文化报 1999-08-16

◎ 科学地建设音像市场/周源//人民日报 1999-04-16

◎ 控制盗版渠道，监督票房统计，《宝莲灯》未雨绸缪/温沁园//中国文化报 1999-07-26

◎ 老聂上网 可视广播开先河/王琳 刘平//光明日报 1999-06-16

◎ 力推精品，繁荣银幕——评第七届"五个一工程"入选影片/沈卫星//光明日报 1999-09-16

◎ 罗顿旅业涉足动画影视//经济日报 1999-11-20

◎ 美娱乐传播业大兼并//人民日报 1999-09-09

◎ 明朗的动画天空/朱虹子//中国文化报 1999-08-10

◎ 农村电影市场如何兴旺/李瑞庆//中国文化报 1999-01-20

◎ 农民盼望电影下乡//经济日报 1999-03-24

◎ 挪威报业还能红火多久/孙夜晓//光明日报 1999-05-26

◎ 拍中国电影与大牌争高下/天路 李凯//中国文化报 1999-12-13

◎ 巧妙策划拉动票房/王力 车飞//中国文化报 1999-12-15

◎ 圈点音像精品佳作启示：选题策划加把劲儿/余声//中国文化报 1999-05-19

◎ 全球媒体竞争加剧 美国报业持续衰退/芝年//经济日报 1999-02-20

◎ 让观众"一个都不能少"——四千万票房打出一个信号/谢文钦//经济日报 1999-04-09

◎ 日本电影：久病初愈？/小水//中国文化报 1999-10-07

◎ 市场逼着中国电影提高质量/刘军//光明日报 1999-11-04

◎ 首批音像制品进口单位是如何产生的/闻思音//中国文化报 1999-10-11

◎ 数据广播大有可为/蒋峥//经济日报 1999-06-29

◎ 数字电视的时代来临了吗/张鸣//光明日报 1999-05-07

◎ 数字电视可能不如模拟电视好//光明日报 1999-01-20

◎ 数字电视离我们有多远/刘志达 张玉珍//光明日报 1999-05-24

◎ 数字电视引发的第一场官司/郭丽君 高鹏//光明日报 1999-01-04

◎ 数字化技术把电影院推向死路？/封华//中国文化报 1999-10-20

◎ 数字化浪潮与音像出版业的繁荣/王树忠//中国文化报 1999-05-05

◎ 数字化与电影发行放映的战略态势/王安民//中国文化报 1999-06-24

◎ 谁来为动画市场添把火/温沁园//中国文化报 1999-07-05

◎ 孙家正在全国文化市场工作会议暨电影发行放映座谈会上强调：面向人民群众做好文化市场电影发行放映工作/孙若风//中国文化报 1999-03-23

◎ 天津电影制片厂何以能夺"华表奖"七连冠/魏刚//光明日报 1999-05-27

◎ 同心同德，共创辉煌——中国影协召开新中国电影系列光盘座谈会发言摘登//光明日报 1999-09-09

◎ 童影五部新片走进小观众//光明日报 1999-04-01

◎ 王选为"电子传播"打气/贾晓宏//经济日报 1999-09-21

◎ 网络媒体带来的机遇与挑战/赵晨抒//光明日报 1999-09-29

◎ 网络天下走 媒体俊杰出/石军军 程昊鹏 俞叔文//经济日报 1999-04-01

◎ 网易推出"新媒体网站"/柯闻//经济日报 1999-07-13

◎ 网络游戏"玩"出新商机/刘晓峰//经济日报 1999-06-10

◎ 文化部、广电总局发出通知，依法严厉打击走私影片活动//光明日报 1999-02-02

◎ 文化部发出通知，认定第一批音像制品进口单位资格//中国文化报 1999-09-20

◎ 文化部下发《通知》要求清理整顿音像制品集中经营场所/白炜//中国文化报 1999-03-24

◎ 我国加快发展数字电视广播/刘晓峰//经济日报 1999-04-22

◎ 我国卫星通讯事业将进入新的发展时期/林英//光明日报 1999-05-31

◎ 我国新闻事业五十年变化巨大成就喜人——中国记协负责人答本报记者问/何才庆//光明日报 1999-09-22

◎ 无声的传播/潘凯雄//经济日报 1999-10-06

◎ 献礼片展开质量战/李春利//光明日报 1999-03-18

◎ 小放映队做活市场"大文章"/杜惠珍 刘三元 何全国//中国文化报 1999-10-20

◎ 小投入，精制作，能否闯出"重围"/徐晋//中国文化报 1999-06-14

◎ 小制作电影能否打天下/李春利//光明日报 1999-05-13

◎ 新模式带来好效益——聚焦上海音像制品批发交易市场/白炜//中国文化报 1999-04-28

◎ 新闻网络媒体聚会北京/翦迅//经济日报 1999-04-22

◎ 寻求和观众的最佳契合点/徐晋//中国文化报 1999-12-13

◎ 压缩音像制品集中经营场所决不能手软——访中国音像协会会长刘国雄/白炜//1999-08-09

◎ 一批电影著作权纠纷案在京审结/计亚男//光明日报 1999-04-01

◎ 音像集中经营场所在南京当被告/白炜//1999-11-29

◎ 音像界研讨高新技术带来的影响/华愈//人民日报 1999-05-28

◎ 音像企业快快长大/王国庆//中国文化报 1999-04-14

◎ 音像市场的困惑/王比学//人民日报 1999-10-13

◎ 音像市场有多大——从文化产业看扩大内需的潜力/李刚//经济日报 1999-04-10

◎ 音像业：需要企业扶持/白炜//中国文化报 1999-10-11

◎ 音像业 21 世界新的经济增长点/刘国雄//中国文化报 1999-01-13

◎ 音像业呼唤音像出版集团/余声//1999-11-22

◎ 音像制品出版品位有待提高/立青//中国文化报 1999-01-06

◎ 音像制品集中经营场所的现状和问题/海文//中国文化报 1999-03-17

◎ 音像制品集中经营场所压缩没商量/徐晋//中国文化报 1999-12-20

◎ 音像制品降价前景堪忧/陈丹苗//中国文化报 1999-01-28

◎ 迎接网络对文化的挑战/程云瑞//中国文化报 1999-04-17

◎ 迎面而来的数字电视/韩秀琪 袁祥 张喻//光明日报 1999-01-02

◎ 影视资本市场亟待发展和规范/刘志远//光明日报 1999-11-25

◎ 用社会效益带动经济效益——佛山市农村电影市场的调查/王尚晓//中国文化报 1999-05-27

◎ 用音像电子馆提高未来国民素质/徐永光//人民日报 1999-01-05

◎ 优化制作配置，制作人制不可低估/李强//1999-12-06

◎ 有线电视，大有希望的行业/岸都//经济日报 1999-02-11

◎ 有线电视台既收费又播大量广告，鱼与熊掌岂可兼得/吴春燕//光明日报 1999-01-07

◎ 岳阳县影企联姻服务农民/唐湘岳//光明日报 1999-02-21

◎ 再为国产动画片加油/杨志芳//光明日报 1999-06-03

◎ 中国彩电业迎来"数字时代"/周易//中国文化报 1999-09-20

◎ 中国电视节目健步走世界/沈卫星//光明日报 1999-08-12

◎ 中国电视剧，需要健全制片人制度/严长元//中国文化报 1999-06-26

⊙中国电视业，进入“战国时代”——写在99中国电视节目交易会之后/严长元 吕天路//中国文化报1999-06-28
⊙中国电影大事记（1979年—1999年）/影文//经济日报1999-09-02
⊙中国电影光荣梦想五十年/倪强华//光明日报1999-09-24
⊙中国电影集团公司成立//光明日报1999-02-13
⊙中国电影要闯三道关：面对新世纪，专家纵论国产电影怎样走向市场//中国文化报1999-11-01
⊙中国国际广播电台第二套对内广播开播/邓凯//光明日报1999-04-01
⊙中国卡通敢问何时辉煌/初志英//经济日报1999-12-02
⊙中国首届互联网游戏大赛开赛/赵亮//经济日报1999-07-27
⊙中国数字光盘技术联合体成立/唐虹//中国文化报1999-09-27
⊙中国音像协会等举行座谈会 探讨音像产业生存发展问题/卢新宁//人民日报1999-01-12
⊙主旋律电影可以拍的非常好看/张小兰//中国文化报1999-09-25
⊙抓影视热点，灭盗版淫威/李君遐//中国文化报1999-10-11
⊙综合娱乐场所如何摆脱困境/刘梦杰//中国文化报1999-06-07
⊙综艺节目你说我说/隗瑞艳//中国文化报1999-08-13
⊙走过坎坷与辉煌——广西电影制片事业百年闪回/申辰//中国文化报1999-12-16
⊙走进音像制品大市场，拓展文化产业新领域/张达兴//中国文化报1999-10-04
⊙走私，电影市场的黑色幽灵/张燕驰//中国文化报1999-07-08

2000年

⊙《新中国传媒五十年》出版座谈会举行/谢国明//人民日报2000-06-27
⊙CNET合并ZDNET的启示/陈方//光明日报2000-08-02
⊙北京电影学院九十年代以来的国际合作交流活动/俞剑红//光明日报2000-09-27
⊙传统文化+电视传媒拉动卡通读物市场/丰捷//光明日报2000-04-13
⊙大众传媒中的性别成见/卜卫//光明日报2000-07-06
⊙电脑游戏第九艺术或电子海洛因/陈晓星//人民日报2000-11-24
⊙电视湘军开动产业快车/罗霄//经济日报2000-12-14
⊙电子游戏专项治理取得成效/王黎//人民日报2000-08-02
⊙对于发展中国电影产业的几点看法/刘清俭//中国文化报2000-08-02
⊙儿童拒绝卡通动画中生硬的道德说教/代大权//光明日报2000-08-17
⊙二000中国传媒经济论坛在京举行/李丹//人民日报2000-09-29
⊙好莱坞进军多伦多/邹德浩//人民日报2000-06-30
⊙横店影视城力拓文化产业路/何安丽//中国文化报2000-07-26
⊙湖南广播影视集团成立//人民日报2000-12-31
⊙进一步深化中国电影业改革//人民日报2000-07-08
⊙了解世界传媒的窗口/唐河//人民日报2000-09-23
⊙媒体广告的德育效应/陈正良//光明日报2000-11-01
⊙美国电影产业如何打击影碟和因特网盗版/王乃红//中国文化报2000-07-05
⊙名人与媒体/陈家兴//人民日报2000-07-26
⊙培育电影市场发展电影文化/简文//中国文化报2000-10-26
⊙启动媒介运作新理念/王哲//经济日报2000-07-06
⊙群星璀璨的犹太电影/陈克勤//光明日报2000-12-15
⊙认识新媒体经济/蒲越//经济日报2000-06-14
⊙时代呼唤电视艺术美学/仲呈祥//人民日报2000-10-07
⊙试论广东文化产品营销策略/赵珮贤//中国文化报2000-08-24
⊙数字和网络环境下的版权保护/孙建红//中国文化报2000-10-16
⊙谁应担起科学传播的重任/吴国盛//光明日报2000-11-02
⊙探索媒体新形式/任建民//人民日报2000-08-17
⊙外资来了电影业怎么办/汪建根//中国文化报2000-08-21
⊙网络时代如何发展我国的影视制作业/张明智 刘志远//人民日报2000-08-24
⊙网络时代与电视传播/李松海//中国文化报2000-11-29
⊙网络新闻：争夺眼球的竞争/戚鸣//光明日报2000-08-02
⊙网民未形成网上文化消费习惯//中国文化报2000-08-01
⊙中国电影面对WTO/李春利//光明日报2000-04-06

2001年

⊙Flash动画“飘”出无限商机/许红洲//经济日报2001-11-22
⊙HID成败在市场/路明日//光明日报2001-04-20
⊙传媒伦理与社会发展//光明日报2001-04-24
⊙传统媒体如何实现“蝶变”/段福德//人民日报2001-06-29
⊙从西方媒体透视文化霸权/张晓//光明日报2001-05-11
⊙迪斯尼的追求/江建国//人民日报2001-12-21
⊙电视：公众理解科学的桥梁/孙珉//人民日报2001-07-22
⊙电视进入品牌时代/尹鸿//中国文化报2001-09-04
⊙电视离不开文化/石学锋//中国文化报2001-10-20
⊙电影：何以面对两亿八千万双稚纯的眼睛/童古 丽珂//人民日报2001-06-08
⊙电影：面对数字化的挑战/张振华//人民日报2001-10-14
⊙电影市场打破垄断初现生机/毛羽//人民日报2001-03-20
⊙调查业中的一匹黑马/袁瑗//光明日报2001-01-19
⊙动画发展的战略目标/魏星//光明日报2001-12-26
⊙多厅影院——电影市场的一缕曙光/毛羽//人民日报2001-04-13
⊙多厅影院能否拯救电影市场/毛羽//中国文化报2001-04-23
⊙构建民族化的影视艺术理论/胡智锋 郑世明//中国文化报2001-03-10
⊙关注中国影视的当代命运/丁玉兰//中国文化报2001-05-15
⊙广东影视“主旋律”赢得市场/祁海//中国文化报2001-07-12
⊙国产动画：走出象牙塔式的辉煌/铁铮//人民日报2001-11-20
⊙国产动画片春光乍泄/苗春//人民日报2001-03-15
⊙国产动画片何时满足少儿需要/李家杰//光明日报2001-05-31
⊙海外华文媒体的黄金时代/黄之 连锦添//人民日报2001-09-19
⊙韩国媒体关注中国/薛飞//人民日报2001-12-14
⊙好莱坞的全球化策略及其文化挑战性/尹鸿 萧志伟//中国文化报2001-04-17
⊙加强和改进舆论监督工作//人民日报2001-03-20
⊙假如媒体缺席/裴智勇//人民日报2001-08-27
⊙搅动美国传媒的神奇女人/王如君//人民日报2001-07-27
⊙解读文化与传媒的互动关系/皇甫玉蓉//光明日报2001-12-07
⊙流媒体将成网络主流/路沙//光明日报2001-09-19
⊙媒体产业整合是大势所趋/闵大洪//人民日报2001-04-06
⊙美国网络传媒管窥/李少鹏//光明日报2001-01-03
⊙南京市影剧公司新思路：整合电影产业/王士群//中国文化报2001-08-01
⊙全面审视国际传播中的传播效果/秦志希//光明日报2001-11-13
⊙缺少想象力：国产动画的致命伤/刘亚东//中国文化报2001-

08-16
◎确立电影的经济评价体系/贾磊磊//中国文化报 2001-09-04
◎让传媒更加理解科学/包霄林//光明日报 2001-10-10
◎深化电影发行放映改革的几点思考/钟宣文//光明日报 2001-11-22
◎市场运营给中国动画业带来生机/季虹//光明日报 2001-02-07
◎太原影都：以现代经营理念创新型文化企业/吴坤志//中国文化报 2001-05-23
◎谈谈网络传媒/仇东方//光明日报 2001-08-11
◎突出公益特色 打造独特品牌/胡智锋 史雪云//光明日报 2001-11-23
◎网络电视是"第五媒体"/李涛//光明日报 2001-06-13
◎网络改变中国媒体/杨明//光明日报 2001-09-05
◎网站结盟进军"互动影视"/欣文//中国文化报 2001-01-01
◎我国加强大众传媒广告宣传管理/邹清丽//光明日报 2001-02-18
◎武舞神话：中国武侠影片的过去和现在/贾磊磊 苗春//人民日报 2001-08-07
◎新兴媒体轮番冲击美国电影/徐彤//中国文化报 2001-08-24
◎寻找中国动画发展之路/刘彦婷 陈伟//中国文化报 2001-10-10
◎影视产业集团化模式初探/张明智 刘志远//中国文化报 2001-02-28
◎影视教育市场大有可为/粟丹//中国文化报 2001-05-29
◎游戏网站如何收费好/沈童//经济日报 2001-08-16
◎游戏与电影越走越近/吕永朝//人民日报 2001-04-13
◎有线电视加快网络化进程/杨明方//人民日报 2001-03-21
◎中国电影：在全球化市场中求发展/李春利//光明日报 2001-10-31
◎中国电影期待腾飞/翟晶//经济日报 2001-04-19
◎转型期影视批评思考/张东//中国文化报 2001-03-22
◎资本试水中国电影产业（上）/汪建根//经济日报 2001-12-04
◎资本试水中国电影产业（下）/汪建根//经济日报 2001-12-20

广告、会展、节庆产业

1979 年

◎漫谈外国广告/陈德彰//人民日报 1979-05-06
◎上海恢复商品广告业务//人民日报 1979-03-12
◎一条广告的启示/十川//人民日报 1979-07-18

1980 年

◎漫话广告/郎志谦//人民日报 1980-12-02
◎要研究点广告学/张庶平//人民日报 1980-08-10
◎中国文物立体摄影展览在京开幕//光明日报 1980-06-14

1981 年

◎反映人心思归的广告/牧星//人民日报 1981-03-30
◎广告的生命在于真实/本报评论员//人民日报 1981-01-31
◎漫谈日本的商品广告/姜英选//人民日报 1981-07-16
◎名人与广告/蔡栋//人民日报 1981-05-03
◎商业广告要真实可信/夏秉智 徐文正//人民日报 1981-12-21
◎五光十色的广告前后/陈诗信//人民日报 1981-10-17
◎希望改进电视广告/张铭清//人民日报 1981-06-10

1982 年

◎办好人民广告事业/苍石//人民日报 1982-03-06
◎办好社会主义广告事业/本报评论员//人民日报 1982-02-18
◎第一届全国广告装潢设计展览在京开幕//光明日报 1982-02-24
◎广告的妙用/龙永图//人民日报 1982-01-17
◎全国摄影工作会议在京召开//光明日报 1982-01-17
◎中国摄影家协会理事会在京召开//人民日报 1982-07-21

1983 年

◎防止广告污染社会空气/车世湘//人民日报 1983-07-09
◎广告的出新/曹石//人民日报 1983-08-08
◎广告和陷阱/张连兴//人民日报 1983-07-31
◎广告宣传不应言过其实/王国瑞//人民日报 1983-02-23
◎广告宣传中的混乱现象亟须纠正 国家工商行政管理局要求各地加强广告管理/杨洁//经济日报 1983-08-22
◎广告要有新意/王松青//经济日报 1983-07-07
◎好广告引人注目/赵育冀//经济日报 1983-09-24
◎话说广告/俞剑明//经济日报 1983-07-23
◎刊登广告要注意社会影响/章然//人民日报 1983-06-01
◎全国城市广告管理工作会议召开 要求制止广告弄虚作假欺骗消费者的现象//经济日报 1983-08-17
◎全国广告管理干部会议提出 加强管理端正广告经营思想/高永毅 郭君正//人民日报 1983-11-03
◎全国广告管理干部会议提出反对广告中的资产阶级自由化倾向//经济日报 1983-11-03
◎我国电影摄影的新突破/杨恩璞//光明日报 1983-06-16
◎这不是旅游广告吗？/张文涛//经济日报 1983-11-21
◎中国广告协会首次代表大会今闭幕//经济日报 1983-12-31

1984 年

◎第十三届全国摄影艺术展开幕//光明日报 1984-11-09
◎电视广告也要来一番改革，全国电视广告专业人员聚会研究对策//光明日报 1984-06-23
◎发展农村广告/易昌泰//人民日报 1984-04-13
◎广告在日本/杨重光//人民日报 1984-10-07
◎国家工商行政管理局、文化部、教育部、卫生部关于文化、教育、卫生、社会广告管理的通知//经济日报 1984-04-13
◎国家工商行政管理局发出通知 要求对广告进行一次普遍检查/张航//经济日报 1984-09-19
◎哪类电视广告的效果好？/吴然//经济日报 1984-03-17

◎商品广告应该标明价格//经济日报 1984-05-14
◎为广告正名/萧玉纶//人民日报 1984-07-24

1985 年

◎“原始广告”的魅力/李百//经济日报 1985-02-03
◎《中国广告文艺》在济南创刊//光明日报 1985-01-06
◎报纸刊登广告应想到消费者的利益/吕洪臣 陈屹峰//人民日报 1985-10-10
◎财政部国家工商行政管理局规定对赞助广告要加强管理/张航//经济日报 1985-10-03
◎超越广告之外/张沛 卞毓方//经济日报 1985-02-16
◎对办好广告商店的几点建议/谢文三//经济日报 1985-05-06
◎广告不能危害精神文明建设//经济日报 1985-07-06
◎广告对经济发展的作用/矶边律男//经济日报 1985-05-21
◎广告管理混乱 弄虚作假 蒙骗群众 扰乱市场 国家工商行政管理机关将整顿广告加强管理/张航//经济日报 1985-07-06
◎广告务必要科学/曹小宁//人民日报 1985-04-30
◎广告要对人民负责/徐宝林//经济日报 1985-06-02
◎广告要为建设社会主义两个文明服务 国务院办公厅发出《关于加强广告宣传管理的通知》//人民日报 1985-11-24
◎广告中的法律问题/晓旭//经济日报 1985-03-17
◎国内第一家经营广告摄影艺术服务的“长城广告摄影公司”成立//光明日报 1985-01-06
◎国务院办公厅提出五点要求 加强广告宣传管理//经济日报 1985-11-24
◎计算机广告大量增加/高凤仪//经济日报 1985-06-18
◎坚持社会主义广告真实性的原则 不登虚假崇洋庸俗的广告//经济日报 1985-07-12
◎了解法规 监督广告/刘建军//经济日报 1985-03-31
◎美国消费者组织要求整顿广告//经济日报 1985-08-07
◎欧洲最大的广告公司——英国萨奇广告公司飞速发展/陆惟信//经济日报 1985-06-18
◎碰头碰脑尽是广告/宋仁良//经济日报 1985-06-18
◎颇具特色的西德广告/孙奎贞//经济日报 1985-02-17
◎切实加强药品广告管理//经济日报 1985-09-06
◎全国报纸广告工作委员会成立//光明日报 1985-11-19
◎首都新闻单位座谈指出坚决不登虚假和崇洋媚外的广告//光明日报 1985-07-12
◎首届旅游摄影竞赛开始举办/绍熙//经济日报 1985-12-08
◎我国第一家广告摄影公司成立//人民日报 1985-01-02
◎我国广告业发展迅速/尹克//经济日报 1985-11-28
◎我国首次开办广告专业大专函授班/田中//经济日报 1985-06-03
◎香港的广告/王仰//人民日报 1985-12-18
◎也谈广告中的法律问题/张其亮//经济日报 1985-04-28
◎一个设想——设立广告商店/魏杰 石高宏//经济日报 1985-02-25
◎赞助广告活动亟待加强管理/刘保孚//经济日报 1985-11-15

1986 年

◎登广告上电视是一条重要的经营之道/张航//经济日报 1986-08-21
◎电视广告别出心裁/陈封//人民日报 1986-02-02
◎杜绝虚假广告//经济日报 1986-07-02
◎对广告也得讲法制//人民日报 1986-11-15
◎广告提供的未来信息/红梅//经济日报 1986-09-30
◎广告协会着手整顿广告经营活动/柴茂//经济日报 1986-02-23
◎广告业务要遵循的几个原则/新摘//经济日报 1986-01-04
◎广告正面观/新民//经济日报 1986-08-20
◎广告中的法律问题/宁雯//人民日报 1986-03-17
◎尽快制定广告法/金昆平//人民日报 1986-07-31
◎经营单位六千家 年营业额六亿元 中国广告事业迅速崛起/张航//经济日报 1986-05-29
◎经营单位六千余家 年营业额近八亿元 广告业已成为我国新兴行业/卢凯民 杨国民//经济日报 1986-12-23
◎全国广告经营单位已达六千余家 按营业额依次为报纸、广告公司、电视台、电台/廖玒//人民日报 1986-12-26
◎全国首届报纸广告理论探讨会提出 坚持报纸广告的知识性服务性//光明日报 1986-10-27
◎任中林谈我国广告事业的发展 经营广告要对社会负责对消费者负责 逐步形成多系统、多层次的广告信息服务网络/卢凯民//经济日报 1986-12-27
◎商品广告与服务态度/姜彦//经济日报 1986-11-07
◎世界三大广告公司//人民日报 1986-03-17
◎首届报纸广告理论会研讨建立具有中国特色的广告理论体系//光明日报 1986-11-03
◎台湾去年广告投资锐减/憬顺//人民日报 1986-03-17
◎提高广告宣传经济效益和社会效益 中国广告协会召开理事扩大会贯彻国务院精神//人民日报 1986-02-23
◎意大利电视减少广告节目/晋标//人民日报 1986-03-12
◎怎样看待商品广告/尚强民//经济日报 1986-03-09

1987 年

◎成见与广告/克洛斯・马居斯//经济日报 1987-06-19
◎第三世界广告大会在北京召开/李争平//经济日报 1987-06-16
◎沟通世界产、供、销的桥梁：广告——一九八七年阿拉伯广告大会侧记/王士芳 黄建纲//经济日报 1987-03-16
◎广告心理学/傅荣//经济日报 1987-09-02
◎广告宣传应注意社会效益/裴民慧//经济日报 1987-03-01
◎广告艺术/解廉廉//经济日报 1987-07-25
◎广告有术/章明//人民日报 1987-02-19
◎广告在花样翻新/王如君//人民日报 1987-12-20
◎广告在我国商品市场中的作用/杨存生//人民日报 1987-06-26
◎国际广告协会中国分会成立/孙屹//经济日报 1987-05-13
◎国务院发布新的《广告管理条例》//人民日报 1987-11-10
◎花样翻新的广告术//人民日报 1987-09-26
◎且对电视广告“吹毛求疵”/申孝伯 纪哲//经济日报 1987-07-26
◎全国报纸广告工作会议提出 尽快建立有中国特色的广告体系/刘瑞武//人民日报 1987-04-21
◎深圳国际推销研究所最近在一份研究报告中提出——中国需要“国际广告城”//经济日报 1987-06-16
◎首届广告摄影大奖赛在京举行//光明日报 1987-10-07
◎探讨广告对发展经济的作用——第三世界广告大会侧记/孙屹 梁图强 李争平//经济日报 1987-06-30
◎万里在第三世界广告大会上发表讲话 我国的对外开放面向全世界/李争平 孙屹//经济日报 1987-06-17
◎我国广告媒介中报纸居首位 占全国广告营业额的百分之三十以

上//人民日报 1987-06-20
◎我国广告事业将有更大的发展//人民日报 1987-03-11
◎制止摊派 开放市场 增强意识 提高质量 五十家企业代表谈发展广告事业/卢凯民//经济日报 1987-01-05
◎中国广告市场仍具吸引力 第三世界广告大会定于6月16日在京举行/尹克//经济日报 1987-04-10
◎中国广告协会的行为为什么是乱摊派/本报群众工作部信访组//人民日报 1987-09-19

1988 年

◎奥运会期间的广告竞争/陈封//人民日报 1988-02-20
◎巴黎街头看广告/翟象乾//经济日报 1988-05-15
◎保加利亚将加强广告宣传工作//经济日报 1988-09-07
◎电视广告也是文化 法国人付钱看门道/徐渭冰//经济日报 1988-07-09
◎广告也是门艺术/凤元//经济日报 1988-10-17
◎话说广告/解欣欣//经济日报 1988-12-21
◎漫画与广告/梅珞//经济日报 1988-01-31
◎美国电视广告的魅力/晓薇//经济日报 1988-08-20
◎奇巧的广告术——加拿大市场报告会侧记/任振强//经济日报 1988-12-30
◎日美广告艺术及其风格——观《国际艺术设计者作品展览》/李家德 蒋千红//人民日报 1988-04-29
◎如何看待"广告文学"一说/李洪波 项丹平//经济日报 1988-04-24
◎提高对广告宣传的认识/佟瑞林//经济日报 1988-09-28
◎我国广告事业发展健康喜人 中央省级媒介基本杜绝虚假/潘岗//人民日报 1988-05-11
◎要维护广告的严肃性/张广元//经济日报 1988-09-28
◎重新认识广告的作用/大龙 贞一//经济日报 1988-10-17

1989 年

◎电视广告要健康文明/阮观荣//光明日报 1989-10-10
◎发挥广告宣传在改革开放中的作用——本报广告宣传研讨会发言摘要/卢盘卿//经济日报 1989-11-13
◎广告：企业和消费者的良友——访电扬广告有限公司总裁黄慧琼女士/张杰 翁东辉//经济日报 1989-09-26
◎广告的"品牌形象法"/黄宇翔//人民日报 1989-07-29
◎广告过热应当降温 混乱现象必须整顿/潘岗//人民日报 1989-04-08
◎广告新趋势：图像多于文字/张亮//人民日报 1989-02-18
◎广告业成为香港经济重要一环 上半年收益逾25亿港元/吴凤霞//经济日报 1989-12-20
◎广告应"广而告之"什么/元敬//经济日报 1989-12-11
◎广告用语也该"优化组合"/黄用//经济日报 1989-08-13
◎广水市加强文化经营广告管理/陈维献//中国文化报 1989-08-23
◎开展节庆活动 实施促销方案 旅游业开拓客源/刘霄//人民日报 1989-08-17
◎世界广告业一片好景 亚太区更是繁花似锦/俯拾//经济日报 1989-12-19
◎台湾广告投资增长迅猛//经济日报 1989-12-06
◎谈谈广告的艺术/马小真//经济日报 1989-04-02
◎香港广告业排座次/子牛//经济日报 1989-03-29
◎中美将开展广告与市场促销合作/郭广//经济日报 1989-03-09

1990 年

◎从一则广告谈起/韩志金//人民日报 1990-12-14
◎电视广告的画面选择/张博颖//人民日报 1990-10-12
◎发挥电视广告的魅力/周岫冰//经济日报 1990-07-15
◎改进国内商品广告/桑文华//经济日报 1990-07-22
◎广告·营销及其他/韩立辰//经济日报 1990-04-13
◎广告文化小议/马途//中国文化报 1990-07-08
◎广告业发展的症结与出路/罗子明 南自卫//经济日报 1990-09-29
◎惊人的香港广告消费/征文//经济日报 1990-05-30
◎两岸广告界举行大规模交流/沈莉//经济日报 1990-11-07
◎强行闯入的传真广告/薛福康//光明日报 1990-01-31
◎我国第一部广告系列丛书问世/尚远//经济日报 1990-04-18
◎虚假广告 社会公害/程敏//人民日报 1990-03-29
◎虚假广告何时休？/李仲春//人民日报 1990-12-01
◎一种新的广告术/陈封//人民日报 1990-04-14
◎走出广告经营的误区/罗华//人民日报 1990-12-11

1991 年

◎电视广告的惑与悲/贺生如//人民日报 1991-07-16
◎广告业的明天/王智//经济日报 1991-03-07
◎广告应标出商品价格/韩志金//人民日报 1991-05-16
◎来自文明古国的热情召唤——记中国旅游广告首次出现在伦敦地铁站/严恒元//经济日报 1991-11-08
◎明星广告的矛盾/东闽//经济日报 1991-12-07
◎欧共体建议使用比较广告//经济日报 1991-05-28
◎商品广告与国情/李达仁//经济日报 1991-03-31
◎首届中国国际广告研讨会开幕/柴茂//经济日报 1991-05-09
◎台今年首季广告投资金额下降//经济日报 1991-08-14
◎台去年媒体广告营收排行报纸广告收入呈下降趋势//经济日报 1991-05-01
◎我国广告业发展飞速 去年营业额增长66.3%/王智//经济日报 1991-01-30
◎无声胜有声——名牌与广告/李海燕 魏丽军//经济日报 1991-12-09
◎新技术为广告业带来黄金时代/张翼//经济日报 1991-10-25
◎虚假广告泛滥美国/张建成//人民日报 1991-10-19
◎宣传、广告与洋货/甄爱国//经济日报 1991-04-22
◎治理虚假广告的思考/李仲春//人民日报 1991-07-06
◎作"金奖"广告应实事求是/徐源//人民日报 1991-12-21

1992 年

◎"广告战"白热化/谷言//经济日报 1992-02-03
◎"九三"中外广告研讨会将在京召开/张卫//经济日报 1992-12-04
◎北京成立体育广告公司/刘宪宗//经济日报 1992-12-05
◎不妨做点广告/孙国伟//经济日报 1992-08-07
◎打开"万花筒"的钥匙——记青年广告工作者孙有为和《广告世界》/李林//人民日报 1992-02-08
◎电视广告播出要适当/张德育//人民日报 1992-04-21

⊙电视广告不得违法/邓海清//人民日报 1992-03-14
⊙电视广告大赛的苦与乐/马戎//人民日报 1992-01-25
⊙电视广告门外谈/呈祥//人民日报 1992-07-25
⊙电视广告三题/孙东闽//经济日报 1992-07-18
⊙东京广告业务额超过纽约/陈边//经济日报 1992-06-29
⊙工商管理部门积极引导 企业商标广告意识增强/崔士鑫 陈平//人民日报 1992-01-27
⊙广告，需要美学/翟墨//人民日报 1992-01-11
⊙广告宣传要有环保意识/姚宏鹏//人民日报 1992-04-25
⊙广告意识//经济日报 1992-10-18
⊙呼唤成熟的广告意识/梁勇//经济日报 1992-12-02
⊙纪念品与广告/高爱民//人民日报 1992-07-11
⊙刊登广告要考虑社会效益/美平//人民日报 1992-10-20
⊙看着广告说广告（一）"五特"定义·女性形象/汪永晨 傅勘//经济日报 1992-06-06
⊙看着广告说广告（二）教化作用 创新意识/傅勘 汪永晨//经济日报 1992-06-20
⊙看着广告说广告（三）附加功能 折射效应/张大为 李天纵//经济日报 1992-07-04
⊙看着广告说广告（四）众口一词说"真实"/胡伟清 潘有庆 崔澍//经济日报 1992-07-25
⊙看着广告说广告（五）需求层次 定价因素/王建国//经济日报 1992-08-08
⊙看着广告说广告（六）精神产品也须广而告之/蔡惠福//经济日报 1992-08-22
⊙看着广告说广告（七）策略运用 优势转换/谭雪梅//经济日报 1992-09-05
⊙看着广告说广告（八）正因为离不开电视……//经济日报 1992-09-19
⊙看着广告说广告（九）艺术品位·"CI 方略"/周阿原//经济日报 1992-10-03
⊙看着广告说广告（十）同宗同源话商标/陈福生 刘林清 杨景越//经济日报 1992-10-24
⊙看着广告说广告（十一）亮相欲望 经济实力/刘艺//经济日报 1992-11-14
⊙看着广告说广告（十二）样式多样 产品是根/萧菲//经济日报 1992-11-28
⊙美国的广告//经济日报 1992-11-14
⊙权力 关系 回扣冲击广告业/羊慧明//经济日报 1992-04-29
⊙首届中国电视广告产品博览会将举办/作华//经济日报 1992-12-09
⊙送上门来的"广告"/谷言//经济日报 1992-02-04
⊙特色旅游各具特色节庆活动更添喜庆中国友好观光年旅游活动异彩纷呈/施明慎//人民日报 1992-07-03
⊙违禁虚假广告是怎么出笼的/罗华//人民日报 1992-08-15
⊙消费心理专家马谋超访谈（一）产品质量＋广告＝无敌于天下？/张小国//经济日报 1992-09-16
⊙消费心理专家马谋超访谈（二）吸引力是广告的第一要义吗？/张小国//经济日报 1992-09-30
⊙消费心理专家马谋超访谈（三）广告如何取信于民？/张小国//经济日报 1992-10-14
⊙消费心理专家马谋超访谈（四）"暗示"广告前景如何？/张小国//经济日报 1992-11-04
⊙消费心理专家马谋超访谈（五）广告说服的情感诉求/张小国//经济日报 1992-11-11
⊙一九九三：中国传媒广告大提价/朱啸波 匡天放//经济日报 1992-11-25
⊙忧喜参半话广告/宁欣//经济日报 1992-10-28
⊙做广告也讲中国特色/柴红//人民日报 1992-11-27

1993 年

⊙"息斯敏"的成功——科学广告的运作/魏永刚//经济日报 1993-07-02
⊙《中国广告法规汇编》一书出版//经济日报 1993-10-06
⊙电脑广告设计实现创新/王为//经济日报 1993-09-23
⊙发展中的中国广告/刘保孚//经济日报 1993-06-29
⊙法国如何对广告业实施管理？/陈志萱//经济日报 1993-09-26
⊙个中艰难有谁知——谈如何做成功的广告/吴晓华//经济日报 1993-08-22
⊙古人怎样做广告/吴天//人民日报 1993-08-01
⊙广告：崛起的新行业/王晓文//光明日报 1993-05-04
⊙广告包围战和标价的学问/李海燕 魏丽军//经济日报 1993-10-03
⊙广告传亲情/张世强//人民日报 1993-06-26
⊙广告的心理效应/周永康//经济日报 1993-09-14
⊙广告管理知识问答（一）什么是广告代理制？/国工宣/经济日报 1993-11-15
⊙广告管理知识问答（二）为什么要实行广告代理制？//经济日报 1993-11-22
⊙广告管理知识问答（三）广告代理制会干涉企业的经营自主权吗？/国工宣//经济日报 1993-12-06
⊙广告管理知识问答（四）广告代理制对广告公司有哪些要求（上篇）/国工宣//经济日报 1993-12-13
⊙广告管理知识问答（四）广告代理制对媒介的要求（下篇）/国工宣//经济日报 1993-12-27
⊙广告忌吹牛/金犁//人民日报 1993-05-29
⊙广告技巧的运用/钟灵剑//经济日报 1993-10-06
⊙广告究竟做给谁看？/里德//经济日报 1993-07-06
⊙广告莫污染大众/李长青//中国文化报 1993-12-03
⊙广告内容必须真实//人民日报 1993-09-28
⊙广告牌的语言艺术/邓加荣//光明日报 1993-07-17
⊙广告文学悄然兴起/唐恩龙//人民日报 1993-05-02
⊙广告要"专心"/王磊//经济日报 1993-08-06
⊙广告业：吃市场饭？吃垄断饭？/李德来//经济日报 1993-06-15
⊙广告业面临挑战/戴自更//光明日报 1993-03-13
⊙广告意识与企业广告定位/高德//经济日报 1993-04-14
⊙海湾广告市场呈现繁荣/苏长会//经济日报 1993-03-17
⊙海峡两岸广告业发展迅速/陈友仁//光明日报 1993-08-08
⊙建立广告运作新机制/张大卫//经济日报 1993-09-15
⊙江苏广告业蓬勃发展/建国//经济日报 1993-02-15
⊙教育性与艺术性相结合——谈把握公益广告创作的基本原则/吴晓华//经济日报 1993-10-14 三维动画在广告中的运用/张方//经济日报 1993-10-17
⊙禁止虚假广告 促进公平竞争——访国家工商行政管理局广告管理司司长刘保孚/傅丁根//人民日报 1993-09-21
⊙禁止虚假和引人误解的广告///经济日报 1993-06-17
⊙经济不振 费用不减 德国企业扩大广告宣传/劳石//经济日报 1993-03-31
⊙经济衰退 生意受损 日本广告业营业下降/白晓煌//经济日报

1993-03-31
◎九三中国高级广告讲座暨研讨会将办/白京华//经济日报 1993-11-03
◎看着广告说广告（十三）心理渗透 公益倾向/蒋才虎//经济日报 1993-01-02
◎看着广告说广告（十四）为“己”作嫁·创意推销/谭雪梅 李天纵//经济日报 1993-01-30
◎看着广告说广告（十五）文化内涵·社会背景/徐康宁//经济日报 1993-02-13
◎看着广告说广告（十六）从商标对比谈产品取名的学问（上）——听觉符号·切忌雷同/罗兰 田仲//经济日报 1993-02-27
◎看着广告说广告（十七）从商标对比谈产品取名的学问（中）——视觉符号 切忌繁琐/罗兰 田仲//经济日报 1993-03-20
◎看着广告说广告（十八）从商标对比谈产品取名的学问（下）——精神名片·切忌平庸/罗兰 田仲//经济日报 1993-04-03
◎看着广告说广告（十九）创造空间 模仿时段/贺卫方//经济日报 1993-04-24
◎看着广告说广告（二十）共识四点 目标一个 代结束语/董松泉 李洪波//经济日报 1993-05-15
◎快意广告：从漫画到卡通/赵天华//经济日报 1993-10-10
◎名人与广告/翟粤//经济日报 1993-03-29
◎企业家谈广告（一）广告，更是忠告/郭金孚//经济日报 1993-05-29
◎企业家谈广告（二）广告贵在做得“巧”/刘宝堆//经济日报 1993-06-12
◎企业家谈广告（三）谈谈我的“逆反广告”/曹继彬//经济日报 1993-06-19
◎企业家谈广告（四）不做广告会咋样/王福山//经济日报 1993-07-03
◎企业家谈广告（五）广告赋（上）/王雅卿//经济日报 1993-07-10
◎企业家谈广告（六）广告赋（下）/王雅卿//经济日报 1993-07-17
◎企业家谈广告（七）商标上糊涂不得/于建忠//经济日报 1993-08-07
◎企业家谈广告（八）有一说一 说一个二/洪增尚//经济日报 1993-08-14
◎企业家谈广告（九）咬定商标 做足文章/劳彩兰//经济日报 1993-08-28
◎企业家谈广告（十）生产资料也须广而告之/张曼东//经济日报 1993-09-04
◎企业家谈广告（十一）媒体选择有讲究/姜愉斌//经济日报 1993-10-02
◎企业家谈广告（十二）广告策略运用浅见/兰庆君//经济日报 1993-10-23
◎企业家谈广告（十三）如何为主产品扬名/滕继新//经济日报 1993-11-13
◎全球广告业收入近三千亿美元/陈镜波//经济日报 1993-10-18
◎日本的广告如何管理 如何自律——日本电通公司访问记/余心言//经济日报 1993-08-25
◎日本广告业陷入困境/陈镜波//经济日报 1993-04-11
◎日本广告业印象（上）电通与中国/赵兹//经济日报 1993-08-20
◎日本广告业印象（下）飘香味的报纸/赵兹//经济日报 1993-08-21
◎如何进行广告创意/于法昌//经济日报 1993-07-16
◎如何制定广告媒体策略/胡延荣//经济日报 1993-07-27
◎如何做好电视广告（上）/于法昌//经济日报 1993-07-30
◎如何做好电视广告（下）/于法昌//经济日报 1993-08-03
◎善终与善始——广告效果测定的过程/胡正荣//经济日报 1993-08-21
◎什么是广告代理制/国工宣//人民日报 1993-12-05
◎市场调查：广告活动的基础/丁俊杰//经济日报 1993-07-09
◎首届中国广告与企业发展研讨会召开/张卫//经济日报 1993-10-29
◎图书广告谈屑/王建辉//光明日报 1993-05-28
◎文化产品应怎样做广告//中国文化报 1993-02-24
◎我国报纸广告业发展迅速//光明日报 1993-07-25
◎新型户外广告媒体//经济日报 1993-04-29
◎虚假广告哪里来？/马立群//经济日报 1993-10-09
◎业内人士京城研讨形成共识 把广告业推向市场向全面代理制过渡/赵强//经济日报 1993-11-12
◎语不惊人死不休——如何撰写广告的标题和正文/于法昌//经济日报 1993-07-23
◎怎样让广告有艺术性/齐爱军//经济日报 1993-09-02

1994 年

◎“广告人”在行动/晓万 皮泓//经济日报 1994-09-07
◎“中华鳖精”赢得广告版权官司/郑文//经济日报 1994-11-14
◎充分发挥广告在经济发展中的作用/刘瑞武//人民日报 1994-02-21
◎发展中的澳门广告业/月明//光明日报 1994-05-13
◎法国广告业处在困难中/杨广志//经济日报 1994-05-10
◎广告，您走好……/虞震//经济日报 1994-08-03
◎广告报价的“妙用”/余立平//人民日报 1994-04-05
◎广告代理费该收多少？/马立群//经济日报 1994-11-30
◎广告的生命，真实性与艺术性的统一/孙霞//中国文化报 1994-06-19
◎广告电视中的儿童形象/陈朴//光明日报 1994-09-01
◎广告管理知识问答（五）什么是广告发布前审查制度/国工宣//经济日报 1994-01-17
◎广告媒体开发引人注目新突破——我国将首次推出“命名列车”/王培楠 黄爱明//经济日报 1994-10-15
◎广告行业近年发展迅猛/聂伟//经济日报 1994-12-07
◎广告也有个导向问题/李德民//人民日报 1994-09-21
◎广告与文化/鸣舫//光明日报 1994-04-02
◎广告制作要重视社会效益/王建光//光明日报 1994-12-25
◎广告中的法律界定/李文 成贵军//人民日报 1994-01-09
◎国内首起广告版权纠纷结案/毛磊//人民日报 1994-11-22
◎忌“公害广告”/陆天旺//人民日报 1994-09-20
◎加拿大的商业广告管理/幸锡林//光明日报 1994-05-07
◎今年全国广告营业额可超一百六十亿元/京白//人民日报 1994-12-17
◎谨防“广告躲避”/季风//经济日报 1994-09-14
◎漫谈美国的广告宣传/李道庸//光明日报 1994-04-02
◎美国去年广告费——483 亿美元 200 项最大广告品牌排定座次/张芝年//经济日报 1994-09-10

◎哪些广告需送审/马立群//经济日报 1994-11-24
◎南北广告意识比较/左梦奎//人民日报 1994-04-30
◎全国广告管理会议提出 打虚假 破垄断 反回扣/黎大东//经济日报 1994-08-06
◎如何看待现阶段广告代理制/张惠琪 王清//经济日报 1994-04-04
◎台广告业收入去年居亚洲第三位///经济日报 1994-09-15
◎我国内资企业发展加快，广告公司逾三万家，从业人员增六成/三番//人民日报 1994-02-25
◎香港：广告世界/邓维//经济日报 1994-11-18
◎严重侵害社会主义新闻事业和读者利益 津鄂一批非法报刊广告被查处//人民日报 1994-05-19
◎也谈广告的文化内涵/邓家林//中国文化报 1994-09-11
◎制止广告业中的违法行为/经济日报 1994-11-06/
◎中华人民共和国广告法（1994 年 10 月 27 日第八届全国人民代表大会常务委员会第十次会议通过）//经济日报 1994-10-28
◎中华人民共和国广告法//人民日报 1994-10-28

1995 年

◎’95 中国 50 家最大广告公司综合实力排序//经济日报 1995-11-04
◎“巧妙”的广告/盛祖宏//光明日报 1995-06-09
◎《广告法》实施后——电视广告怎么啦/周泉//经济日报 1995-07-20
◎报纸广告的优势/胡锡进//人民日报 1995-03-07
◎产品功能与广告宣传是否相符？索尼公司成为被告/张京民//光明日报 1995-06-27
◎高技术赋予广告新生命/吴珞//经济日报 1995-04-26
◎关于广告的广告/邹大虎 傅申驿//经济日报 1995-01-26
◎广告，广告怎么做有效/吴雅丽//光明日报 1995-04-25
◎广告，莫对儿童“狂轰滥炸”/向朝阳//光明日报 1995-05-31
◎广告，再不能随心所欲——全国电视广告执法大检查综述/聂伟 易媛//经济日报 1995-06-27
◎广告丑角脸谱/邹大虎 傅申驿//经济日报 1995-02-04
◎广告导向不能忽视//光明日报 1995-11-07
◎广告法制的新篇章——谈《中华人民共和国广告法》的主要特点/刘保孚//经济日报 1995-01-11
◎广告管理——健全规范促进发展//经济日报 1995-12-26
◎广告化用成语究竟好不好？且听——众人评说“换字术”/百合//人民日报 1995-02-22
◎广告教育任重道远/路盛章//经济日报 1995-02-15
◎广告纠纷的背后/江宝章//人民日报 1995-02-25
◎广告究竟有多广？/李舫//人民日报 1995-10-07
◎广告片挑战的不仅是影视邹大虎//经济日报 /1995-01-29
◎广告片投“女性”所好/李建军//光明日报 1995-03-22
◎广告市场建设的撑梁/潘大钧//经济日报 1995-01-21
◎广告为何遭到拒绝/石河//光明日报 1995-12-22
◎广告文化研讨会召开/王胜颜//经济日报 1995-08-28
◎广告行为必须对社会负责/唐仁承//经济日报 1995-02-11
◎广告要逐步走向规范/王建平//人民日报 1995-04-14
◎广告业健康发展的保证/刘瑞武//经济日报 1995-01-23
◎广告业怎么掌握判别尺度/吴雅丽//光明日报 1995-05-02
◎广告诱人推销殷勤/葛玮//光明日报 1995-02-22
◎国际广告“四新”展交会将举行/王颖 刘吟//经济日报 1995-10-20
◎国家工商局抽查发现电视广告存在 5 类违法问题/李争平//经济日报 1995-02-09
◎杭州拍卖公益广告/潘剑凯//光明日报 1995-08-09
◎加强广告法制建设 促进经济健康发展/杨培青//经济日报 1995-01-10
◎建议大力发布社会公益广告//光明日报 1995-11-14
◎劳德公司的广告术/苏民//人民日报 1995-01-14
◎媒体广告部抢分广告市场/杭天勇//光明日报 1995-04-05
◎美国出版广告界革新经营手段/孙屹//经济日报 1995-08-09
◎美国电影中的软广告/禾禾/经济日报 1995-07-14
◎明星做广告应自重/汪大海//人民日报 1995-06-24
◎莫拉学生做广告//光明日报 1995-07-04
◎欧洲经济升温 广告支出看涨/陈志萱//经济日报 1995-06-23
◎全国性调查结果显示：六成公众对广告感兴趣/黄丽陆//经济日报 1995-01-19
◎认真贯彻《广告法》之我见/杨晓红//光明日报 1995-08-08
◎社科院竖起广告牌，有人高兴有人摇头/韩小蕙//光明日报 1995-02-15
◎是是非非说广告//中国文化报 1995-11-24
◎谁来强化执法力度——广告法实施百日综述/吴珞//经济日报 1995-05-29
◎谁是赢家？——中央电视台一九九六年黄金段位广告招标大扫描/王青//经济日报 1995-11-17
◎四部局严要求四类商品七月始登广告须先审查/吴雅丽//光明日报 1995-05-06
◎四种特殊商品广告的审查标准/志东//经济日报 1995-06-27
◎提高电视广告水平/景厚//人民日报 1995-07-07
◎香烟广告与香港说再见//光明日报 1995-06-05
◎消费者对虚假广告投诉情况//光明日报 1995-04-02
◎虚假广告透析/晓谕//人民日报 1995-04-17
◎虚假邮购广告亟待整治//光明日报 1995-02-19
◎学习《广告法》提高服务品质/冯国庆/经济日报 1995-02-13
◎烟草广告禁止还是限制/吕贤如//光明日报 1995-08-01
◎医疗广告弄虚作假多//光明日报 1995-05-14
◎依法加强对广告的监督管理/刘保孚//经济日报 1995-06-27
◎增强法制观念 发挥广告效益（一）/徐道礼//经济日报 1995-01-12
◎增强法制观念 发挥广告效益（二）/徐道礼//经济日报 1995-02-10
◎展销会也要打假/吕贤如//光明日报 1995-04-01
◎整顿药品广告刻不容缓//光明日报 1995-02-19
◎政治社会办医从广告始/刘汉俊//光明日报 1995-02-26
◎中国广告的里程碑/刘林清//经济日报 1995-01-20

1996 年

◎报纸广告业自律公约出台/经广//经济日报 1996-06-13
◎促进产业发展 引导健康消费——第三十五届世界广告大会侧记/曹世功//经济日报 1996-06-19
◎电视广告中的问题种种/吴一帆//人民日报 1996-10-16
◎公益广告 多多益善/潘胜文//经济日报 1996-08-11
◎公益广告：都市文明新特写/刘效仁//人民日报 1996-04-06
◎公益广告的赚与赔/齐东向//经济日报 1996-10-22
◎公益广告也需立法/姚芃//人民日报 1996-11-23

⊙广告 为商品塑造“性格”/陈颐//经济日报 1996-12-06
⊙广告的夸张/夏珺//人民日报 1996-03-28
⊙广告市场潜力巨大/唐旬//光明日报 1996-12-01
⊙广告要符合精神文明要求/王众孚//人民日报 1996-06-27
⊙广告也要讲导向/田国栋 潘荣//人民日报 1996-06-08
⊙广告幼稚病/寇成茂//经济日报 1996-06-07
⊙《国际广告》独家买断美国《广告时代》版权/争平//经济日报 1996-10-11
⊙海湾国家广告业发展迅速/王生元//经济日报 1996-08-16
⊙加强我国广告市场建设/潘大钧//人民日报 1996-06-08
⊙评说我们的生活“广告”//经济日报 1996-11-24
⊙评说我们的生活 再谈“广告”//经济日报 1996-12-01
⊙评说我们的生活 三谈广告//经济日报 1996-12-08
⊙请重视广告著作权/李炜//人民日报 1996-12-21
⊙我们的广告为何不能走向世界//光明日报 1996-11-14
⊙影视广告，除了大制作，你还能给我什么/曹晓峰//中国文化报 1996-12-20
⊙中国展览业走向联合之路——访中国国际展览中心总经理刘景海/马晓毅//光明日报 1996-09-02

1997 年

⊙《中国及海外会展概览 1997—1998》出版///经济日报 1997-01-25
⊙报业广告工作者喜获奖章/广言//经济日报 1997-07-21
⊙大连展览业好红火/宋言荣//光明日报 1997-07-26
⊙电视广告一定胜过报纸广告吗/吴雅丽//光明日报 1997-03-31
⊙东西南北中四季有节庆//人民日报 1997-05-15
⊙广播电影电视部发出通知 坚持正确舆论导向 加强广告宣传管理/宗文//经济日报 1997-02-28
⊙广告，莫掉进钱眼/木莓//人民日报 1997-10-16
⊙广告必须真实/李功勋//经济日报 1997-07-16
⊙广告的生命/李尚才//经济日报 1997-07-11
⊙广告缺点啥/方超//人民日报 1997-06-24
⊙规范广告/王月心//经济日报 1997-03-11
⊙杭州中国丝绸城展销会越办越红火/陈燮衡//光明日报 1997-05-05
⊙互联网上的广告发展/蔡泽平//光明日报 1997-12-18
⊙会展“辩证法”陈剑夫//经济日报/1997-10-18
⊙齐鲁广告 一道动人的风景线/于勇 管斌//经济日报 1997-01-29
⊙去年全球广告开支显著增长//人民日报 1997-01-21
⊙全球广告开支显著增长//经济日报 1997-01-22
⊙三项广告管理新法规将实施/吕贤如//光明日报 1997-01-30
⊙讪笑广告语/韩小蕙//光明日报 1997-01-29
⊙商业广告也要讲文化品位/齐海滨//人民日报 1997-02-17
⊙室内外广告制作获新技术支持/三艾//经济日报 1997-03-23
⊙首家主营上网广告公司成立/敖威//经济日报 1997-03-01
⊙我当广告人① 初出茅庐/李光斗/经济日报 1997-10-24
⊙我当广告人② 让广告与卫星联姻/李光斗//经济日报 1997-10-31
⊙我当广告人③ 品尝第一的滋味/李光斗//经济日报 1997-11-07
⊙我当广告人④ 路在脚下/李光斗//经济日报 1997-11-21
⊙我当广告人⑤ 且说小霸王/李光斗//经济日报 1997-11-28
⊙我当广告人⑥ 出奇方能制胜/李光斗//经济日报 1997-12-19
⊙香港之窗——会展中心/张志辉//经济日报 1997-01-25
⊙校园公益广告：一抹明丽的新绿/廖启涛//人民日报 1997-02-05
⊙学会做广告/孙东闻//经济日报 1997-10-18
⊙这样的广告不该寄/张栓成 王秀卿//光明日报 1997-06-05
⊙中国广告业——走向规范和繁荣/龚广颜//经济日报 1997-10-03
⊙走出广告宣传的误区/吕道宁//经济日报 1997-01-01

1998 年

⊙电视直销产品走进“广告”天地/杨新斌//经济日报 1998-10-27
⊙公益广告：不求回报的商业运作/王惜纯//光明日报 1998-02-26
⊙关于广告道德的思考/王新明 张金花//光明日报 1998-04-26
⊙广告：对充数的专家说不/童言//经济日报 1998-06-03
⊙广告创作要做到“三不”/王正在//光明日报 1998-11-09
⊙广告代理制出世五年步蹒跚/谭雪梅//经济日报 1998-07-20
⊙广告明星不等于市场明星/曲冠杰//光明日报 1998-07-06
⊙广告市场战略研讨会召开//光明日报 1998-02-20
⊙广告中的经济学/葛长丽//光明日报 1998-07-31
⊙美国广告开支大幅增长/张芝年//经济日报 1998-12-10
⊙明星广告说短长/任学路//光明日报 1998-06-25
⊙全球广告业“供血不足”/杨广志//经济日报 1998-08-06
⊙世界杯打破国内因特网广告收入//经济日报 1998-07-26/
⊙适时发展文化演出市场广告业/于万东//光明日报 1998-07-09
⊙网络广告看好/王丰霖//光明日报 1998-08-28
⊙网上广告方兴未艾/阿祥//经济日报 1998-07-21
⊙我当广告人（7）好广告=促进销售/李光斗//经济日报 1998-02-19
⊙我当广告人（8）选什么样的明星做广告/李光斗//经济日报 1998-04-07
⊙我当广告人（9）请成龙拍广告/李光斗//经济日报 1998-04-14
⊙我当广告人（10）明星广告如何做/李光斗//经济日报 1998-04-21
⊙我当广告人（11）求人不如求己/李光斗//经济日报 1998-05-19
⊙我当广告人（12）守成与创新/李光斗//经济日报 1998-05-26
⊙我当广告人（13）“读书郎”变成“小霸王”/李光斗//经济日报 1998-06-02
⊙我当广告人（14）再请成龙/李光斗//经济日报 1998-06-23
⊙我当广告人（15）三请成龙/李光斗//经济日报 1998-06-30
⊙我当广告人（16）巧借“飞黄”做文章/李光斗//经济日报 1998-07-14
⊙我当广告人（17）事件行销重时机/李光斗//经济日报 1998-07-21
⊙我当广告人（18）从“春兰杯”到“伊利杯”/李光斗//经济日报 1998-07-28
⊙我当广告人（19）借势扬名 意在促销/李光斗//经济日报 1998-08-04
⊙下世纪全球网上广告将异军突起//经济日报 1998-08-22
⊙香港广告业的发展潜力丰厚/邱松鹤//经济日报 1998-05-03
⊙一块广告多少钱?：法国世界杯赛的回顾与分析/王芳//人民日报 1998-07-13
⊙艺术广告不可媚俗/杨东鲁//光明日报 1998-07-09
⊙因特网上广告收入剧增/陈如为//人民日报 1998-04-10
⊙中国“广告战场”新格局：“外籍军团”挑战“本土公司”/宋文敬//经济日报 1998-06-03
⊙中国广告反省自身/曾新民//经济日报 1998-12-02

◎中国广告业走上快车道/王遂//光明日报 1998-10-26

1999 年

◎21 世纪广告新浪潮/刘林清//经济日 1999-05-14
◎大导演何以纷纷拍广告/辰生 世民//经济日报 1999-07-22
◎公益广告 谁来呵护/盛振利//人民日报 1999-03-29
◎公益广告不能变味/李丽辉//人民日报 1999-11-05
◎公益广告为什么感人//光明日报 1999-07-01
◎广告的今天和明天//光明日报 1999-08-27
◎广告市场在哪里/王正在//经济日报 1999-06-22
◎广告需要中介服务/王正在//经济日报 1999-10-12
◎广告应担起文化责任/宋玉书//光明日报 1999-06-03
◎国际商演（展览）蕴藏无限商机——国际商业演出（展览）经营管理高级研修班综述/孙若风//中国文化报 1999-04-01
◎国际组织看好中国会展产业市场/王小润//光明日报 1999-08-23
◎户外广告设置应划区分类/王蔚//光明日报 1999-04-06
◎户外广告需要“美容”/李家杰//光明日报 1999-03-02
◎加强公益广告发布管理/龚墒//经济日报 1999-11-04
◎节庆活动要适度/斯雄//人民日报 1999-05-04
◎节庆经济值得琢磨/杨林林//经济日报 1999-02-24
◎美国网络广告收入上升/孙屹//经济日报 1999-08-20
◎全国电视收视率与广告研讨会举行/李仲春//人民日报 1999-04-05
◎让法律规制网络广告/沈卫利//经济日报 1999-12-09
◎世界因特网广告业火了/刘工//经济日报 1999-01-06
◎网络广告 含苞待放/苏蕾 金非//经济日报 1999-11-12
◎网络广告中的法律难题/沈卫利//光明日报 1999-12-01
◎网上广告莫违规/方圆//经济日 1999-06-01
◎网上广告直销模式诞生/俞叔文//经济日报 1999-11-11
◎网页广告能赚到钱吗/陈慧//光明日报 1999-06-30
◎香港人均广告支出居世界榜首/亚新//经济日报 1999-10-21
◎央视广告竞标折射出什么/张玉玲//光明日报 1999-11-15
◎由网络电话广告谈起 立法规范是当务之急//人民日报 1999-02-14
◎展会依旧热　网上风景新/惠彬//经济日报 1999-08-31

2000 年

◎办好洽谈会 展示新风采/郅振璞//人民日报 2000-07-31
◎保暖内衣广告争挤明星独木桥/江帆 台林珍 韩新颖//经济日报 2000-09-29
◎光靠名人还不行/东景//中国文化报 2000-08-28
◎广告市场亟待整治/杜海涛//人民日报 2000-12-21
◎广告市场须净化/屈建民//经济日报 2000-12-08
◎广告业呈现新特点/李争平//经济日报 2000-08-06
◎广告业稳定增长/罗兰//人民日报 2000-08-12
◎会展活动纷至沓来/徐晋//中国文化报 2000-11-07
◎会展经济给南京带来什么/管丽雅//经济日报 2000-10-18
◎会展经济也应是品牌经济/王晓雄//经济日报 2000-11-02
◎会展旅游收益多/王小润//光明日报 2000-11-17
◎京城会展：走向专业化/周泓洋//人民日报 2000-11-10
◎看世界五大车展如何登峰造极//经济日报 2000-06-06
◎买保健食品切莫跟着广告走/梁捷//光明日报 2000-08-15
◎媒体广告的德育效应/陈正良//光明日报 2000-11-01
◎名人“说”广告/陈家兴//人民日报 2000-08-09
◎名人广告：应该有个“分寸”/度震//经济日报 2000-08-30
◎名人广告热的冷思考/吕贤如//光明日报 2000-09-15
◎名人和古人效应/季永健//人民日报 2000-12-02
◎明清老药铺的医方广告包装/庞云//光明日报 2000-10-19
◎你看网络广告吗/秦海波//经济日报 2000-11-23
◎网络出现有声广告新技术/张勇//人民日报 2000-12-09
◎网络广告，哪些障碍难以逾越/田永胜//光明日报 2000-10-18
◎网络广告，亟待游戏规则/安吉//人民日报 2000-12-18
◎网络企业：到底靠什么挣钱/秦海波//经济日报 2000-07-27
◎厦门国际会展商贾云集/郅振璞 秦京午//人民日报 2000-09-13
◎医药广告悠着点/李俊国//人民日报 2000-08-25
◎用法律手段遏制虚假药品广告/王京 李玉玲//人民日报 2000-08-25
◎着力应对“会展经济”/刘鲁燕//人民日报 2000-10-31

2001 年

◎保健品企业自身也需“保健”/陈燕//经济日报 2001-07-03
◎电视广告缘何日渐势微/杨欣//人民日报 2001-03-20
◎光明网等十大网站首次响起自动声音公益广告/叶蓁蓁//光明日报 2001-07-02
◎广告和促销投入是一门学问/陈颐//经济日报 2001-01-07
◎广告战，国产手机后来居上/李奕//经济日报 2001-04-25
◎国产品牌竞相亮相 宝洁独大局面不再/李奕//经济日报 2001-07-04
◎国外会展经济方兴未艾/熊训林//经济日报 2001-05-30
◎户外广告与城市环境/付增杰//人民日报 2001-09-14
◎会展打造福州经济新亮点/石伟//经济日报 2001-07-18
◎会展服务业市场前景看好/曲彦萍//中国文化报 2001-12-05
◎会展旅游成为北京旅游业主攻方向/王小润//光明日报 2001-12-31
◎会展业须打精品牌/陈小力//经济日报 2001-01-12
◎将公益广告进行到底/徐立京//经济日报 2001-11-25
◎将会展业做出品牌/程静薇 刘栋//光明日报 2001-08-10
◎看洋品牌广告如何打市场/赵学敏//经济日报 2001-10-31
◎美国激活双向效应 维护广告公平/李正信//经济日报 2001-07-28
◎全力推进会展业健康发展/马跃//经济日报 2001-04-18
◎上海打折广告满天飞/高渊//人民日报 2001-07-06
◎违法广告数量全面下降 医疗广告违法仍居榜首//经济日报 2000-11-02
◎我国加强大众传媒广告宣传管理/邹清丽//光明日报 2001-02-18
◎新广告与人本观/饶德江//光明日报 2001-08-21
◎展览业：亟待提高“含金量”/龚雯//人民日报 2001-08-28
◎智利广告支出自定 政府不加限制/杨树田//经济日报 2001-07-28

旅游、生态观光、休闲产业

1979 年

- 保护好园林和风景区/本报评论员//人民日报 1979-02-12
- 大力保护古树古木/陈恩久//光明日报 1979-06-27
- 大有前途的事业——希腊旅游业见闻/姚力文 刘须钦//光明日报 1979-10-09
- 救救桂林风景区/周秀文//人民日报 1979-02-12
- 切莫毁掉全国罕见的"洞中音乐厅"/朱达林//光明日报 1979-11-21
- 切实加强自然保护区的保护和管理工作/王武//光明日报 1979-12-20
- 山东曲阜古城修建一新//人民日报 1979-04-06
- 上海兴建淀山湖游览风景区/李晔//人民日报 1979-02-12
- 我国著名的文化古城——曲阜/骆承烈//光明日报 1979-06-13
- 消除"三废"保护名胜古迹/孙桂珍 章林森 陈和昂//光明日报 1979-12-14
- 修建旅游公路要注意保护风景/陈山 广源//光明日报 1979-06-20
- 要加强风景资源的保护和开发/本报评论员//光明日报 1979-11-21
- 要重视文物古迹的保护/刘立存//光明日报 1979-08-22
- 一定要做好文物古迹的保护工作//光明日报 1979-11-01

1980 年

- 北京市大规模兴建扩建旅游旅馆//光明日报 1980-06-20
- 大力保护文物古迹：北京提出保护管理暂行办法，西安注意保护古城风格//人民日报 1980-11-22
- 海南岛天涯海角游览区动工修建//光明日报 1980-11-11
- 决心把承德建设成为风景优美的旅游城市——承德市革委对本报发表的黄景旭等同志来信的答复//光明日报 1980-08-27
- 盼望承德早日成为市容整洁风景优美的旅游城市//光明日报 1980-07-30
- 切实加强文明古迹的保护管理/国家文物局//人民日报 1980-06-02
- 四川山河明珠——兴文石林//光明日报 1980-04-29
- 泰山游览公路通车//人民日报 1980-05-08
- 我国发展登山旅游事业//光明日报 1980-08-15
- 我国旅游事业稳步发展，今年接待外国旅游者比去年增加四分之一//光明日报 1980-12-28
- 我国上半年接待二百七十二万自费旅游客人//光明日报 1980-08-02
- 武夷山以新面貌迎接游客//光明日报 1980-04-30
- 新辟太湖——西湖旅游航线通航//光明日报 1980-08-07
- 新疆天池自然景观保护区考察工作完成//光明日报 1980-11-24

1981 年

- 筹集资金抢修龙门古迹/张崇发//人民日报 1981-10-30
- 大力加强旅游事业中的地学研究//光明日报 1981-01-18
- 大型旅游杂志《中国风貌》创刊//光明日报 1981-05-02
- 国内旅游业大有可为/唐亚明//光明日报 1981-04-29
- 积极、稳步地发展我国的旅游事业/吕式萍//光明日报 1981-04-13
- 旅游新风/钟河//光明日报 1981-04-23
- 美不胜收的古运河旅游——记苏州至扬州旅游航线首次开航/杨开民//光明日报 1981-05-07
- 葡萄牙的旅游职业教育/蒋咸康//光明日报 1981-05-06
- 徐霞客纪念堂重建后开放//光明日报 1981-09-05
- 夜幕降临以后——南京夫子庙游乐场见闻/毛荣方//光明日报 1981-10-02
- 怎样认识参观名胜古迹收门票/孔庆亮 胡振洪//人民日报 1981-04-25
- 重视中小城市的文物古迹/周成为//人民日报 1981-08-27

1982 年

- 充分利用北京的古建筑//人民日报 1982-08-18
- 国家拨款修复少林寺//人民日报 1982-02-30
- 积极搞好泰山管理/山东泰安市人民政府//人民日报 1982-07-17
- 经国务院批准 24 个城市定为我国首批历史文化名城//人民日报 1982-02-16
- 提高文物古迹的发掘质量/丁雪萍//人民日报 1982-05-28
- 走中国式旅游的路/韩克华//光明日报 1982-07-19

1983 年

- "马超龙雀"被定为我国旅游图形标志//人民日报 1983-12-05
- 1983 年中国国际旅游会议在京开幕/董毓林//经济日报 1983-03-01
- 澳门着力兴建旅游服务设施 旅游业人士对今年发展前景表示乐观//经济日报 1983-02-15
- 包船旅游开会不应该/赵皖军//经济日报 1983-09-05
- 保加利亚发展滨海地区旅游/李祥荣//经济日报 1983-03-02
- 北京建成多条旅游公路/夏传莽//经济日报 1983-03-08
- 地方古文物建筑也应保护/思尧 傅明//人民日报 1983-10-06
- 第一次全国风景名胜区工作座谈会在千山召开//光明日报 1983-10-07
- 广东省将在放鸡岛建海底潜水旅游点//光明日报 1983-07-16
- 贵州奇特"龙宫"吸引数万游客/戴宣长//光明日报 1983-08-21
- 黑龙江"鹤乡"首迎游客//光明日报 1983-01-01
- 今年来我国旅游客人已超过七百万//经济日报 1983-11-22
- 进行爱国主义教育的一个课堂——谈谈风景名胜区的保护和利用/肖体焕//人民日报 1983-10-23
- 景德镇旅游瓷成交踊跃/徐天茂//经济日报 1983-05-16
- 开发旅游纪念品大有可为/胡铁生//经济日报 1983-10-11
- 联利计酬 上下浮动 企业盈利 职工增收——杭州两个旅游饭店实行浮动工资好处多/董毓林//经济日报 1983-01-15
- 旅游博览会将在港举行//经济日报 1983-05-06
- 旅游工艺品内销比例扩大 实用化具有明显发展优势/诸静华//

经济日报 1983-08-18
◎ 旅游工艺品种繁多//经济日报 1983-07-02
◎ 旅游旺季不要到杭州搞展销/李伯衡//经济日报 1983-04-23
◎ 目前旅游最发达的地区/超文//经济日报 1983-09-24
◎ 努力开创我国旅游事业的新局面，中国国际旅游会议在京开幕//光明日报 1983-03-01
◎ 去年接待海外游客近八百万人 旅游收汇总额突破八亿美元//经济日报 1983-02-11
◎ 全国风景名胜区工作座谈会举行//光明日报 1983-09-27
◎ 全国旅游管理干部训练班开学//经济日报 1983-03-11
◎ 全国旅游系统表彰大会在京开幕//光明日报 1983-01-11
◎ 日本人海外旅游趋向活动多样化 来我国旅游者八年增长十倍仍有待开拓/柴静//经济日报 1983-03-02
◎ 上海制成大型旅游野餐汽车//经济日报 1983-06-27
◎ 上海中国银行支持旅游事业发展 首先提供外汇贷款兴建虹桥宾馆//经济日报 1983-01-05
◎ 实行僧人治庙 开办圣地旅游 制定建设规划——山西省加快开发五台山/帖经魁 李一丁//经济日报 1983-09-15
◎ 实行市管县后的体制之后，苏州扩大旅游风景点//光明日报 1983-04-10
◎ 世界旅游费用最贵的十二个城市/陈家英//经济日报 1983-03-23
◎ 斯里兰卡旅游收入增加//经济日报 1983-04-06
◎ 苏联同西方国家加强旅游合作/吕//经济日报 1983-06-12
◎ 苏州修整园林古迹确保古城风貌//光明日报 1983-10-15
◎ 太湖明珠无锡水上旅游丰富//光明日报 1983-11-06
◎ 突出特色 注意创新 我国旅游产品销售势头良好/董毓林//经济日报 1983-05-06
◎ 万里在旅游系统表彰先进大会上说 坚持友谊为上，经济受益，发展中国式的旅游事业//经济日报 1983-01-15
◎ 为世界旅游者提供好的旅游环境 我国有计划加强旅游地区建设/董毓//经济日报 1983-03-15
◎ 我国旅游纪念品的发展趋向 注重内容、突出民族风格和地方特色//经济日报 1983-03-28
◎ 我国上半年接待游客突破四百万//光明日报 1983-08-20
◎ 我国自然保护区增加到一百多处//光明日报 1983-01-09
◎ 我们是堂堂主人翁——记全国旅游系统先进单位杭州饭店/周荣新 冯璞如//经济日报 1983-10-21
◎ 五台山风景名胜区正在积极筹备开放//光明日报 1983-09-11
◎ 要保护、建设好中小历史文化名城/金涛//光明日报 1983-10-19
◎ 要保护鄂城西山游览胜地/陈鲜//人民日报 1983-08-13
◎ 一种新的旅游饭店集团国际饭店联号在竞争中出现/张广瑞//经济日报 1983-03-02
◎ 园林城市更添新景，苏州新开辟太湖游览点//光明日报 1983-08-28
◎ 这不是旅游广告吗？/张文涛//经济日报 1983-11-21
◎ 值得重视的农民旅游问题/郁正汶//经济日报 1983-07-11
◎ 中国有良好条件发展旅游事业 国际旅游业人士建议把各地旅游项目搞活/郭吉//经济日报 1983-06-12
◎ 中华旅游纪念品联合开发总公司在上海成立//经济日报 1983-05-06

1984 年

◎ 八达岭长城旅游设施简陋 游人吃饭难、饮水难、住宿难、上厕所难问题日益突出/杨洁 尹大明//经济日报 1984-07-09
◎ 把山海关长城建成第一流旅游胜地 秦皇岛市提出设想，切望各方大力支持/谢牧 杨洁//经济日报 1984-08-25
◎ 把西安地区作为旅游特区进行开发//经济日报 1984-06-25
◎ 不断开发丰富多彩的旅游产品/季龙//经济日报 1984-05-05
◎ 长江旅游部门将造中档旅游船//光明日报 1984-05-11
◎ 大力开发旅游产品//经济日报 1984-04-30
◎ 对外开放，发展旅游事业——访西藏自治区主席多杰才旦/范朗 李雷//经济日报 1984-08-27
◎ 发挥山地优势 带动经济发展 奥地利在山区开展滑雪旅游/孟一波//经济日报 1984-04-24
◎ 发展旅游产品 美化人民生活/吴文英//经济日报 1984-05-05
◎ 访姑苏话旅游/赵明杰//经济日报 1984-08-03
◎ 丰富的闽南旅游资源/王长锋//经济日报 1984-03-15
◎ 谷牧在旅游工作会议上提出 依靠政策调动积极性共同搞好旅游业/黄建纲//经济日报 1984-08-31
◎ 国际风筝比赛将在山东省潍坊市举行//光明日报 1984-02-26
◎ 国家旅游局通知各地加强国内旅游管理//经济日报 1984-07-07
◎ 海南岛旅游胜地——三亚/黄守鸿 袁复镜//经济日报 1984-05-24
◎ 海南军区支援旅游事业的发展/何锦胜 彭世安//经济日报 1984-10-10
◎ 韩克华题词祝贺世界旅游日/陈树青 徐汎//经济日报 1984-09-28
◎ 韩克华在旅游工作会议上传达中央领导同志意见 旅游业很重要应有较大发展 要充分调动地方、部门、集体和个人的积极性搞好旅游点/黄建纲//经济日报 1984-09-07
◎ 韩克华在全国旅游工作会议上提出 立足改革把旅游事业搞活/黄建纲//经济日报 1984-08-27
◎ 杭州经济社会发展战略及体制改革理论讨论会提出 应实行特殊政策给予必要自主权 把杭州办成世界第一流旅游城市/黄文福 黄全斌//经济日报 1984-07-17
◎ 杭州旅游公司适应旅游事业发展需要积极利用外资兴建旅游饭店/黄慧琴//经济日报 1984-11-14
◎ 湖南举办优秀新产品旅游产品展销会//经济日报 1984-09-28
◎ 华西村农民办旅游中心 田园风光深受游客称赞/蒋文安 贾德昌//经济日报 1984-08-16
◎ 即墨县发挥当地养殖旅游等优势，欢迎国内外客商采用多种形式开办各类企业//经济日报 1984-12-18
◎ 集体经营旅游企业 燕京旅游服务公司成立/黄建纲//经济日报 1984-08-16
◎ 加快开发兴城旅游疗养区/冯家齐 许长文//经济日报 1984-10-03
◎ 经济理论工作者和管理干部建议，国家地方集体个人都办旅游/张瑞熙//光明日报 1984-09-06
◎ 精英荟萃 美不胜收——旅游产品展销会综合馆巡礼/叶自鲁//经济日报 1984-05-05
◎ 九寨沟风景区将成为旅游胜地//光明日报 1984-02-10
◎ 开创旅游事业新局面——旅游经济效益理论讨论会在郑州召开/樊纪宪//经济日报 1984-02-16
◎ 开发旅游纪念品管见/胡铁生//经济日报 1984-08-11
◎ 开发旅游是一条富“贵”之路/宋红岗//经济日报 1984-12-27
◎ 开发与保护并重的两个旅游胜地 九寨沟 浦江//经济日报 1984-07-16
◎ 利用山区资源创造非贸易外汇 许多国家重视发展高山旅游/王松交//经济日报 1984-04-24

◎岭南第一关雄姿尚在 游客慕名来吃住无着 南雄钟鼓岩风景区开发建设困于资金缺乏旅游设施不足/罗开富//经济日报 1984-11-05
◎龙虎山旅游区亟待开发/程关森 赵相如//人民日报 1984-08-11
◎旅行家旅游服务公司在京开业/金真//经济日报 1984-10-23
◎旅游登山事业方兴未艾//经济日报 1984-08-27
◎旅游饭店必须适应新形势解决新课题 国家旅游局长韩克华对旅游饭店工作提出要求/郭茂生//经济日报 1984-01-23
◎旅游改革的一个突破口//经济日报 1984-09-19
◎旅游纪念品：一个正在开发的天地——访中华旅游纪念品联合开发总公司董事长胡铁生/张瑞熙//光明日报 1984-04-22
◎旅游纪念品开发成果展览会在京开幕//经济日报 1984-04-14
◎旅游建设也是对外开放重要内容 项南就发展福建旅游业发表谈话/黄建纲 王长锋//经济日报 1984-10-13
◎旅游建筑应有民族特点//经济日报 1984-06-18
◎旅游商品要别出心裁独具特色/朱皋玲//经济日报 1984-05-21
◎旅游体制必须改革//经济日报 1984-07-17
◎内蒙古拨专款修缮扩建成吉思汗陵//人民日报 1984-05-12
◎全国旅游产品内销工艺品展销会闭幕/戚应祥//经济日报 1984-06-15
◎全国旅游产品内销工艺品展销会在京开幕//光明日报 1984-04-30
◎全国政协委员提出处理好城市建设与文物保护的关系//人民日报 1984-11-09
◎让旅游产品内销工艺品更上一层楼/陈宝光//经济日报 1984-06-22
◎上半年旅游业保持继续增长好势头 旅游人数和收汇增长速度均高于往年/黄建纲//经济日报 1984-08-22
◎上海开办旅游用品店//经济日报 1984-05-25
◎尚待开发的旅游资源/戴仁信 李庭坚 吴永良 田积金//经济日报 1984-04-18
◎十四个开放的沿海港口城市概观（一）//光明日报 1984-06-11
◎十四个开放的沿海港口城市概观（二）//光明日报 1984-06-16
◎十四个开放的沿海港口城市概观（三）//光明日报 1984-06-22
◎十四个开放的沿海港口城市概观（四）//光明日报 1984-06-30
◎苏州市区开展水上旅游//光明日报 1984-04-01
◎提倡多家办旅游//经济日报 1984-08-16
◎突出民族风格 发展旅游产品//经济日报 1984-05-31
◎为我国增添一项新的旅游设施 沈阳建成旧型蒸汽机车陈列馆/王逢义//经济日报 1984-10-10
◎我国第一家刊办旅游服务公司十三日在京正式开业//光明日报 1984-10-15
◎我国对外旅游业正在不断扩大//光明日报 1984-01-11
◎我国旅游事业不断发展取得可喜成就 全国现有旅游饭店三百一十八座，拥有床位十二万三千多个，去年接待游客比一九七八年增长五倍/黄建纲//经济日报 1984-07-18
◎我国旅游事业稳步发展//经济日报 1984-03-31
◎我国旅游用品生产发展很快//光明日报 1984-06-05
◎西安：东方旅游圣地/黄启勋 张东顺//经济日报 1984-09-25
◎西藏已成为登山家旅游者圣地//光明日报 1984-01-28
◎烟台崆峒岛增添旅游设施/仲崇民 毕建聚//经济日报 1984-10-10
◎雁荡山农民旅游服务业蓬勃发展/刘岳杰 卢友中//经济日报 1984-09-17
◎扬喜马拉雅山之长 补经济不发达之短 尼泊尔放宽政策大搞高山旅游/雷李//经济日报 1984-04-24
◎要保护山水和文物古迹/朱家溍//人民日报 1984-04-10
◎游客有吃住 国家增收入 专业户致富 北戴河民办旅游多方得利/尹克//经济日报 1984-10-13
◎张家界农民办旅游/张几家//经济日报 1984-12-18
◎浙江旅游产品畅销/黄全斌//经济日报 1984-11-27
◎中共中央办公厅国务院办公厅要求 切实加强风景名胜区管理//光明日报 1984-07-24
◎中国旅游纪念品开发成果展览在京开幕//光明日报 1984-04-14
◎中央办公厅、国务院办公厅转发国家旅游局报告：加快改革步伐 迅速开创旅游工作新局面//经济日报 1984-08-16
◎中央办公厅和国务院办公厅联合通知，加强对风景名胜区管理，严肃处理所有违章建筑//人民日报 1984-07-24
◎中央领导同志肯定旅游发展方向 密云县将建设成为首都旅游胜地 北京市今年接待中外游客八千万人次/黄建纲 杨洁//经济日报 1984-12-25

1985 年

◎“丝绸之路”旅游热/杨金声//经济日报 1985-10-02
◎把京西建成风光秀丽的旅游胜地 永定河畔将建龙泉度假村/荆溪//经济日报 1985-02-17
◎北国草原可纵马狩猎 江南水乡能垂钓采莲 各地发展旅游注重民族特色/崔爽//经济日报 1985-12-06
◎北京春节文化庙会开幕//光明日报 1985-02-23
◎北京旅游宾馆饭店档次偏高/顾涓//经济日报 1985-10-28
◎北京旅游学会举办旅游业系列介绍会//光明日报 1985-12-03
◎别开生面的沙漠旅游//经济日报 1985-02-24
◎厂家三千多 产品数万种 中国旅游商品走向国际市场/陈棋//经济日报 1985-12-06
◎城市规划专家任震英呼吁：兴建旅馆不要破坏自然风景//人民日报 1985-04-10
◎除夕夜，枫桥旁，寒山寺，一千多日本游客前往听钟//光明日报 1985-01-03
◎第十七届旅游产品交易会上多数旅游工艺品销量倍增/雷建//经济日报 1985-04-26
◎第一个潜水旅游点在海南开办//光明日报 1985-05-27
◎风景名胜区管理暂行条例（1985 年 6 月 7 日国务院发布）//人民日报 1985-06-15
◎歌颂祖国山河 促进旅游事业 全国十大风景名胜评选侧记/黄建纲//经济日报 1985-10-27
◎贵州每年有多少传统的民族节日集会？/何东平//光明日报 1985-01-13
◎国家旅游局有关负责同志希望 组织去黄山旅游最好避开旅游旺季//光明日报 1985-07-07
◎杭州西湖增添新十景//人民日报 1984-09-25
◎杭州一些传统旅游产品生产下降/黄金斌//经济日报 1985-11-15
◎合肥市春节将举行“庐州大观园”活动//光明日报 1985-01-27
◎黄平重安镇成立了“旅游开发服务股份有限公司”//经济日报 1985-01-04
◎黄山市成立太平湖旅游公司/何悟深//经济日报 1985-05-07
◎济阳成立古都学会//光明日报 1985-04-26
◎坚持经济技术开发与旅游开发相结合 秦皇岛开发区建设正在起步/孙燕君//经济日报 1985-03-23
◎建设旅游饭店应以中低档为主/王强//经济日报 1985-05-04

⊙甪直——水乡文化古镇/徐尊六//光明日报 1985-01-20
⊙介绍旅游资源 宣传旅游产品 维护资源信誉 中国国际旅行社积极开展公共关系工作/黄建纲//经济日报 1985-06-18
⊙今年十大城市的消费将继续高涨//光明日报 1985-01-09
⊙泾县城关开办农民旅游公司/王金海//经济日报 1985-01-29
⊙开拓短线产品 扩大销售能力 今年旅游商品可望创汇五亿美元/李铁铮//经济日报 1985-12-27
⊙旅游产品交易会成交额创新纪录 具有民族风格和地方特色的产品畅销/雷建//经济日报 1985-10-28
⊙旅游饭店的建设应当加快——北京涉外饭店宾馆调查/黄建纲//经济日报 1985-12-29
⊙旅游纪念品小议/嘉尧//经济日报 1985-03-24
⊙旅游热季谈旅游/周锦骝 吴闻//经济日报 1985-06-19
⊙旅游事业大有前途//经济日报 1985-12-06
⊙旅游旺季将提前到来/黄建纲//经济日报 1985-01-11
⊙旅游业应有较大的发展 蒲江县兴办旅游百业兴旺/梁捷//经济日报 1985-11-29
⊙旅游业专家预测 我国国际旅游客源相当可观/柴茂//经济日报 1985-12-06
⊙美国旅游新趋势/陆黎//经济日报 1985-09-08
⊙闽江水上旅游俱乐部开业/郑克兴//经济日报 1985-07-12
⊙内蒙古成立草原旅游社/马拉吉尼玛//光明日报 1985-04-21
⊙内蒙古旅游产品发展较快/张世庆//经济日报 1985-11-15
⊙南亚五国联合兴办旅游事业/赵亚卿//经济日报 1985-12-06
⊙青藏高原成为一个旅游"热点"//光明日报 1985-10-28
⊙曲阜举行第二次孔子诞辰故里游活动//光明日报 1985-10-16
⊙去年来华旅游者超一千二百万//光明日报 1985-01-26
⊙全国旅游地学讨会提出开辟更多的旅游地学点/胡有泉//光明日报 1985-04-07
⊙上海科普公园正式接待游客//光明日报 1985-05-06
⊙上海旅游设施建设缓慢/赵霄云//经济日报 1985-10-28
⊙上海召开城市文化发展战略研讨课题发布会//光明日报 1985-06-20
⊙嵊泗岛积极开发旅游资源/许爱根//经济日报 1985-03-19
⊙世界旅游业收入大幅回升 去年旅游总人次达三十八亿人次，总收入超过一万亿美元//经济日报 1985-05-08
⊙世界旅游组织成立十周年 李先念主席题词祝贺"发展旅游，增进友谊，促进经济合作，维护世界和平"/黄建纲//经济日报 1985-09-27
⊙适应群众性旅游活动需要 各地开辟新的旅游路线/黄建纲//经济日报 1985-04-09
⊙首都各界人士举行春节团拜会//光明日报 1985-02-21
⊙四川发挥资源优势改革旅游体制/寇孟良//光明日报 1985-02-25
⊙台湾的观光旅游业/泉庆//经济日报 1985-06-16
⊙太平洋地区旅游协会年会认为 今后十年亚太地区旅游发展速度加快/吕新新//经济日报 1985-12-06
⊙天津利用外资兴建旅游饭店//经济日报 1985-12-06
⊙潍坊市将举行第二届国际风筝会//光明日报 1985-03-24
⊙文物古迹重修和保护应尊重历史保持原貌/李敬人//人民日报 1985-11-23
⊙我国国际旅游蓬勃发展 来华人数增加 创汇金额上升/蔡茂//经济日报 1985-09-10
⊙我国旅游教育事业的发展//经济日报 1985-08-25
⊙我国旅游局庆祝世界旅游组织成立十周年//光明日报 1985-09-27
⊙我国旅游业发展迅速，来华游客四年半超四千万//光明日报 1985-09-22
⊙我国旅游专业人才不足/邓观利//经济日报 1985-12-06
⊙我国全面改革旅游体制/蔡茂//经济日报 1985-02-26
⊙我旅游局参加汉堡国际旅游展览//光明日报 1985-02-17
⊙五台山急需旅游纪念品//经济日报 1985-01-29
⊙厦门对鼓浪屿风景点进行了多项建设和修整//光明日报 1985-01-06
⊙新型旅游管理计算机系统在中国国际旅行社投入使用/黄建纲//经济日报 1985-07-01
⊙兴城县海滨旅游条件良好/训汉屏//光明日报 1985-08-20
⊙英国人出国旅游数量预测/伦旅//经济日报 1985-12-06
⊙英国苏理大学旅游与旅馆业管理研究系教授阿切尔谈世界旅游业发展趋势/乔玉霞//经济日报 1985-12-06
⊙有待开发的旅游风景区//经济日报 1985-02-28
⊙摘去"禁区"牌子 接待中外游客 厦门驻军调整防务支援特区办旅游/杨和发 常志彪//经济日报 1985-07-23
⊙珍珠、花鼓几时有？——漫谈开发旅游纪念品/陈雷//经济日报 1985-01-20
⊙中国十大风景名胜评选揭晓//人民日报 1985-09-10
⊙自然景观独特 旅游资源丰富 昌黎一段"黄金海岸"辟为海滨浴场/黄建纲//经济日报 1985-07-04

1986 年

⊙"人间仙境" 蓬莱阁整修一新迎游人//人民日报 1986-10-10
⊙"五百里滇池奔来眼底 数千年往事注到心头"——昆明将建成面向世界的国际旅游城/杨洁//经济日报 1986-02-14
⊙"新北京十六景" 评选揭晓//人民日报 1986-10-09
⊙1986 年度假旅游博览会在英举行//经济日报 1986-01-25
⊙北京旅游人才需求量大//经济日报 1986-02-14
⊙北京市旅游商品供应服务总公司党委 听取群众意见 纠正不正之风/王佩//经济日报 1986-04-03
⊙北京至青岛空中旅游航线将开航/方锦//经济日报 1986-06-10
⊙避重就轻 由粗转精 从内趋外 苏州工业围绕旅游转型/陈洁//经济日报 1986-01-24
⊙承德等地工商银行筹措资金支持旅游/冯征//经济日报 1986-01-10
⊙大力发展旅游业促进海南开发建设，海南行政区开会研究具体方案和措施/邓加荣//光明日报 1986-03-18
⊙第一家经营专项旅游公司成立/建//经济日报 1986-01-10
⊙发展横向经济联合 积极开发旅游资源 黄山市需要引进资金和技术//经济日报 1986-06-16
⊙发展旅游城市的横向联系//经济日报 1986-01-24
⊙仿古旅游项目不宜提倡//光明日报 1986-11-03
⊙福州评选出十个最佳风景区/白京兆//光明日报 1986-8-22
⊙工业企业向郊县疏散 旅游项目环西湖集中 杭州旅游发展战略可供众多城市参考/杨洁 陈雷//经济日报 1986-01-24
⊙国际国内旅游市场日益兴旺 我国民用航空将有较大发展/黄建纲//经济日报 1986-02-14
⊙国家旅游局局长韩克华说，欢迎报刊对旅游业提批评建议，要求采取措施提高旅游服务质量/郑德鑫//光明日报 1986-07-26
⊙国内旅游热的思考——吉林旅游考察札记/孙勇//经济日报 1986-09-13
⊙国务院批准二十个区域为国家保护区//光明日报 1986-07-18

- 汉堡国际旅游博览会开幕//经济日报 1986-02-17
- 花色品种繁多 地方特色浓厚 国外重视加强旅游纪念品竞争力//经济日报 1986-03-28
- 欢迎到青海来旅游/刘枫//经济日报 1986-04-22
- 欢迎游客来我国跑马射箭打猎钓鱼 中国国际体育旅游公司在京成立/陈铁军//经济日报 1986-02-28
- 吉林将开辟长白山区采掘人参旅游之路//光明日报 1986-02-02
- 吉林旅游开发独具特色//经济日报 1986-07-18
- 江西将开发水文化旅游区//光明日报 1986-05-20
- 今年新加坡旅游促销计划/海岷//经济日报 1986-02-28
- 开辟知识性、趣味性旅游项目 联邦德国掀起“童话之路”旅游热/翟华//经济日报 1986-01-24
- 开发旅游资源 发展旅游事业 国务院成立旅游协调小组//经济日报 1986-03-12
- 开发旅游资源//经济日报 1986-01-10
- 开发旅游资源要因地制宜//经济日报 1986-02-14
- 历史文化名城的保护和建设/徐文成//经济日报 1986-12-28
- 联结南京、黄山、歙县、千岛湖，华东腹地新辟一条旅游线/薛贵宝//经济日报 1986-06-18
- 了解中国——中国国际旅行社 1987 年旅游展销会侧记/杨洁//经济日报 1986-12-09
- 卢沟桥地区将成为文化旅游胜地//光明日报 1986-11-25
- 旅游：一项重要的外汇来源——奥地利旅游经济考察纪行/牛铁航//经济日报 1986-07-05
- 旅游：一项重要的外汇来源——奥地利旅游经济考察纪行/牛铁航//经济日报 1986-07-12
- 旅游饭店协会成立/柴茂//经济日报 1986-03-07
- 旅游管理人才的“摇篮”——访英国萨里大学旅游系/关树芬 张广瑞//经济日报 1986-10-19
- 旅游新“热点”——小三峡//经济日报 1986-11-06
- 美国去英国旅游人数锐减/关树芬//经济日报 1986-05-03
- 名城盛会论名城/董苇//经济日报 1986-06-11
- 南京路辟为步行旅游街 大世界成为夜间游乐场 上海确定“七五”旅游开发项目/洁//经济日报 1986-02-14
- 南政府拨款以改善旅游设施/许强//经济日报 1986-06-10
- 宁夏确立三十九处自然保护区//光明日报 1986-10-09
- 培养旅游人才的基地——介绍英国萨里大学旅游管理系//光明日报 1986-07-29
- 前景展望 建成旅游网络 增强接待能力 革新游览形式/陆怀琛//经济日报 1986-05-19
- 青海省新开设六个高山旅游点//光明日报 1986-02-25
- 全国旅游物资供应网络初步形成/刘玉平//经济日报 1986-11-03
- 全国政协委员考察新疆时指出，新疆旅游也要注重民族特色//光明日报 1986-09-14
- 日出国旅游人数连年增加/陈庄//经济日报 1986-04-23
- 如何提高旅游事业的质量，高占祥认为旅游应和文化结合起来/王绍雄//光明日报 1986-08-03
- 三省市联合举行旅游学术讨论会//光明日报 1986-04-24
- 三十八城市加入历史文化名城行列//经济日报 1986-12-20
- 三峡形成一条龙旅游服务网//经济日报 1986-09-19
- 沙漠旅游/王厚林 李洪波//经济日报 1986-11-23
- 山区开发旅游资源刍议/邹蓝//经济日报 1986-10-28
- 陕西计划建成国际旅游区//光明日报 1986-03-19
- 善搞推销、招徕运动——谈谈美国的旅游宣传/徐汛//经济日报 1986-02-28
- 上半年我国国际旅游业发展势头良好 来华旅游人数超过一千万人/杨洁//经济日报 1986-07-26
- 上海初步制定出城市文化发展战略，召开大型研讨会检阅成果深入讨论/余传诗//光明日报 1986-05-12
- 社会各界通力合作 提高旅游服务质量/李宁来//经济日报 1986-07-28
- 沈阳故宫博物院纪念建院六十周年//人民日报 1986-10-11
- 十一朝古都留下遍地文物，数千年历史吸引天下游人，陕西城乡并举建设十大旅游区/黄建纲//经济日报 1986-01-10
- 首都既是旅游胜地又是游客集散城市/李赓 武强//经济日报 1986-01-10
- 四条游船创汇二百万 重庆长江轮船公司积极开展三峡旅游/姜洋//经济日报 1986-02-14
- 太原需要文化街，山西需要保护文物//光明日报 1986-08-25
- 万里在会见参加旅游展销会代表时说，旅游也是对外开放政策的重要组成部分/李础//光明日报 1986-10-05
- 我国将成为远东国际旅游中心主要接待国/尹克//经济日报 1986-03-16
- 我国旅游纺织品很有吸引力/吴稼荣//经济日报 1986-02-14
- 我国旅游经济理论研究已经形成专门学科/张念群//经济日报 1986-09-18
- 我国旅游事业将有较大发展//光明日报 1986-01-21
- 我国推出一批新的旅游路线和项目 国旅优质服务评比南京名列榜首/杨洁 陈芸//经济日报 1986-12-05
- 我旅游宣传范围扩大渠道增多 亚太地区旅游宣传研讨会在京开幕/杨洁//经济日报 1986-10-14
- 无锡开辟民俗风情旅游/雷建//经济日报 1986-03-17
- 西安桂林苏州杭州市长呼吁 发挥旅游中心城市多功能作用/陈杨//经济日报 1986-01-24
- 西班牙是怎样成为“旅游王国”的/李海瑞//经济日报 1986-02-28
- 香港旅游部门的“生意经”/李梅//经济日报 1986-02-19
- 新加坡开展会议旅游和奖励旅游 收益高 淡季不淡/常耕//经济日报 1986-01-24
- 宣传先行 不惜工本：一些旅游大国的经验/江文//经济日报 1986-02-28
- 一个值得称道的对外宣传窗口——访日本奈良观光案内所/邵春//经济日报 1986-02-28
- 一九八六年国际旅游博览会在香港举行//经济日报 1986-07-03
- 一九八五年我国国际旅游市场统计数字/纪同//经济日报 1986-02-14
- 一位日本朋友建议：中国应发展汽车旅游/李荣祖//经济日报 1986-02-14
- 一些国家旅游商品收汇在其旅游收汇总额中的比例/旭//经济日报 1986-03-28
- 以成都重庆两市为中心 以经济旅游干线为重点“七五”期间四川将新扩建十条干线公路/书石//经济日报 1986-05-30
- 英国发挥传统文化优势 文艺旅游跃居主要项目/田雨//经济日报 1986-01-24
- 在第二十届国际旅游博览会上中国馆受到极大欢迎/梁图强//经济日报 1986-03-29
- 浙江出现第一个旅游镇/任贵银//经济日报 1986-07-27
- 中国将参加国际旅游博览会/纲//经济日报 1986-01-10
- 中国旅游协会在京成立/柴茂//经济日报 1986-01-31
- 中国特殊旅游项目交流会开幕/卢良//光明日报 1986-03-16

◎中国展厅获马德里旅游博览会奖//光明日报 1986-02-04
◎自然环境得天独厚 旅游措施积极有效 旅游业——突尼斯的主要外汇来源/姜凤云//经济日报 1986-07-24

1987 年

◎“城市文化”研讨会综述/管益忻//中国文化报 1987-07-08
◎“旅游热”，喜与忧/邓维//经济日报 1987-08-29
◎“首届城市文化研讨会”综述/舒待之//中国文化报 1987-11-01
◎80 多家旅游企业在京洽商/京生//经济日报 1987-12-25
◎9 月 27 日——世界旅游日 全球去年有 3．4 亿人出国旅游 旅游已成为世界第三大出口业/杨洁//经济日报 1987-09-26
◎埃及积极开展多种旅游/黄建纲//经济日报 1987-04-30
◎北京国际旅游年活动丰富多彩 天安门城楼将向国内外游客开放/杨洁//经济日报 1987-11-18
◎北京旅游管理走向标准化规范化 国外游客在京旅游将获更大方便/杨洁//经济日报 1987-05-13
◎北京设立旅游好新闻奖励基金//光明日报 1987-10-08
◎北京市东城区举办文化艺术节//光明日报 1987-06-02
◎城市文化纵横谈/时维//中国文化报 1987-09-13
◎从黄酒看绍兴旅游经济/钟劲 余良军//经济日报 1987-11-21
◎发展中的世界旅游业/李南友 阎玲//人民日报 1987-02-08
◎法国——世界第三大旅游国/李宁来//经济日报 1987-07-21
◎各行各业 佳音频传“丝绸之路”旅游创汇五百万美元//经济日报 1987-01-19
◎贵州民族节日文化的分析与思考/李瑞岐//光明日报 1987-08-25
◎国产旅游产品水平不断提高/马小泉//经济日报 1987-10-13
◎国家对保护云南石林提出要求//人民日报 1987-01-16
◎黄果树瀑布群天星景区开放//光明日报 1987-05-01
◎机构精简 职能增强 效率提高 北京市改革旅游事业管理体制/杨洁//经济日报 1987-03-06
◎加速城市建设 振兴旅游经济/郑义//经济日报 1987-08-06
◎嘉峪关关城开始全面动工修复//光明日报 1987-06-25
◎九门口长城经修复后对外开放//光明日报 1987-06-13
◎决定着“中国热”的消退与回升——我国国际旅游服务质量述评/尹克//经济日报 1987-06-27
◎开放搞活综合利用长江资源，黄金水道成为旅游热线/桂慧樵//经济日报 1987-05-21
◎旅游农业大有作为/钟华生//经济日报 1987-11-20
◎旅游热方兴未艾 天津千户居民旅游意向调查/程雯//经济日报 1987-07-20
◎七个重点旅游城市和旅游区健康发展 接待外国游客和旅游创汇已占全国百分之七十左右/杨洁//经济日报 1987-08-27
◎青岛重视旅游产品购销活动/苏敏//经济日报 1987-09-12
◎山海关长城修复工程初见成果//光明日报 1987-05-26
◎上海还在大建旅游宾馆 亟需有关部门采取措施“降温”/谢然浩//经济日报 1987-07-07
◎世界“无烟工业”的勃兴——1987 年世界旅游业新特点/耿秋成//人民日报 1987-12-28
◎首都明年举办国际旅游年活动//光明日报 1987-05-27
◎苏联会议旅游发展迅速/西嘉//经济日报 1987-02-06
◎外国游客打分评价我旅游城市揭晓/尹克//经济日报 1987-06-16
◎文明古国风景壮丽 山山水水尚待开发 旅游建设不打“退堂鼓”投资计划不变/杨洁 尹克//经济日报 1987-03-03
◎我国旅游事业已进入新阶段//光明日报 1987-08-12
◎我国五年建成二千公里旅游公路/李建设//经济日报 1987-05-21
◎西班牙旅游收入突破百亿美元/洪彬//经济日报 1987-02-19
◎沿海旅游纪念品市场纵览/李一丁 姜洋//经济日报 1987-11-27
◎要重视保护旅游胜地风景/杨小云//经济日报 1987-04-29
◎一个风格独特的新旅游区，西安环城公园初具规模/刘炳琦//光明日报 1987-05-11
◎吁请发展经济慎勿污损文物/王艾生//人民日报 1987-05-06
◎中国旅游文化及其改造之我见/喻学才//中国文化报 1987-06-24
◎中外闻名的沙坡头“沙坡鸣钟”景观处境堪忧，专家们呼吁发展旅游业要重视保护旅游环境/王广华//光明日报 1987-04-28
◎1988
◎《全国旅游工艺品海南展销会议》将举行//经济日报 1988-07-17
◎1990 年世界旅游者将增至四亿 去年全球旅游总支出达两万亿美元/孙奎贞//经济日报 1988-11-07
◎88’北京国际旅游年专题报告：日本人来华旅游的兴趣和前景//经济日报 1988-04-05
◎北京国际旅游年吸引大量游客/赵克非//经济日报 1988-07-21
◎北京国际旅游年新闻评选揭晓/晓蔡//经济日报 1988-07-18
◎北京旅游贸易股份有限公司成立/王伟//经济日报 1988-12-14
◎北京市隆重庆祝“世界旅游日”/李争平//经济日报 1988-09-28
◎部分省市旅游农业方兴未艾//经济日报 1988-05-24
◎打破独家经营，挖掘社会潜力，苏州旅游公司依靠社会发展旅游事业//光明日报 1988-10-11
◎第十三届巴黎世界旅游博览会闭幕 中国展台备受观众青睐 专项旅游最为游客欢迎/李宁来//经济日报 1988-02-26
◎发展旅游业是国家的一项产业政策 李鹏指出：旅游事业是很有发展前途的综合性事业，希望各级政府进一步重视旅游工作/陈芸//经济日报 1988-04-22
◎广东白藤湖农民度假村将建成全国第一座综合性旅游城/柳语//经济日报 1988-01-05
◎广东成立海外旅游总公司/刘杰//经济日报 1988-10-07
◎国产旅游产品进入热销阶段/马小泉//经济日报 1988-09-10
◎国际旅游收入 10 年增长 3 倍/喻广生//经济日报 1988-01-15
◎国家拨巨款修布达拉宫//人民日报 1988-05-26
◎国家旅游局确定今年为旅游优质服务年/杨洁//经济日报 1988-01-29
◎国务院公布第二批国家级自然保护区//光明日报 1988-05-22
◎国务院将成立旅游委员会，李鹏要求各级政府重视旅游工作//光明日报 1988-04-22
◎海外旅游：正在实现的梦——访广东海外旅游总公司副总经理刘岗/赵健//经济日报 1988-11-17
◎今年世界旅游业前景广阔 西德去年保持世界“旅游冠军”称号/孙奎贞//经济日报 1988-03-22
◎冷静评价中国旅游市场/杨洁//经济日报 1988-04-12
◎旅游文化管窥/卜昭理//中国文化报 1988-02-10
◎旅游奇花——江阴市华西村“农民旅游中心”/严其荣//经济日报 1988-05-08
◎旅游体育产品在京博览/文一//经济日报 1988-07-07
◎美国国际旅游收入达 155 亿美元//经济日报 1988-02-24
◎全国旅游创汇突破十亿美元/谢镇江//经济日报 1988-08-16
◎全国旅游工艺品展订会在京开幕/马毅//经济日报 1988-08-24
◎全国旅游商品展销会将于三月二十八日在北京展览馆开幕/弘之//经济日报 1988-03-13

⊙日本出国旅游人数大增//经济日报 1988-01-27
⊙瑞典举行国际旅游博览会 世界旅游业新趋势引人注目/顾耀铭//人民日报 1988-04-01
⊙山西翻修文物古迹弄巧成拙//人民日报 1988-02-09
⊙世界旅游代表大会将在匈召开/许强//经济日报 1988-03-22
⊙世界旅游市场发展趋势/珈河//经济日报 1988-06-17
⊙世界旅游业大有可为/张友新//人民日报 1988-06-28
⊙世界五大洲的缩影——记伦敦国际旅游博览会/关树芬//经济日报 1988-12-09
⊙王芳在山西旅游点谈维护瑰宝，对文物古迹要防火防盗防破坏//人民日报 1988-08-11
⊙我国六处文化和自然遗产列入“世界遗产清单”这六处遗产是泰山、长城、故宫、敦煌石窟、秦始皇陵和北京猿人遗址//光明日报 1988-01-04
⊙西安旅游市场亟待整顿/刘颖奕//经济日报 1988-08-09
⊙厦门旅游品交易会开市大吉/徐涵//经济日报 1988-11-16
⊙新加坡人过年与旅游热/子夜//经济日报 1988-02-16
⊙匈牙利举办世界旅游展览/许强//经济日报 1988-01-22
⊙一九九〇年为欧洲旅游年//经济日报 1988-12-20
⊙要重视对旅游者的研究/冯乃康//中国文化报 1988-11-23
⊙英国旅游收入创历史新纪录//经济日报 1988-01-07
⊙英上半年旅游收入逆差高//经济日报 1988-09-03
⊙迎接未来旅游业的挑战——今后十年旅游业的发展趋势和问题/吴志华//人民日报 1988-09-28
⊙中国——北京国际旅游年拉开序幕/张念群//经济日报 1988-01-01

1989 年

⊙“老舍茶馆”获得政府旅游管理部门授予的“旅游定点”标志/华云//经济日报 1989-04-16
⊙“龙”“蛇”之交谈旅游/金国政//经济日报 1989-01-13
⊙“中国的旅游业是大有发展潜力的”——北京国际旅游研讨会侧记/吴建友 陈小方//光明日报 1989-07-16
⊙《旅游名优产品信息交流会》在天津国际商场举行//经济日报 1989-01-29
⊙45 万台胞赴大陆探亲旅游长江三峡成为新旅游热点/谭文//经济日报 1989-04-05
⊙北京国际旅游年的一点缺憾——天安门开放一载悠悠过 理想纪念品至今尚难求/陈默//经济日报 1989-02-04
⊙北京国际旅游年说明了什么？/杨洁//经济日报 1989-01-28
⊙北京国际旅游研讨会召开 共商重振北京旅游大计/郭仲义//经济日报 1989-07-12
⊙北京旅游接待从未中断/谷安才 李业非//经济日报 1989-06-21
⊙瓷都文化与旅游/易木//中国文化报 1989-08-16
⊙广东旅游业呈上升趋势//人民日报 1989-12-30
⊙国际旅游趋势漫谈/徐汎//经济日报 1989-04-04
⊙国家旅游局局长刘毅指出，旅游业信誉下降整顿已刻不容缓//光明日报 1989-03-25
⊙国家旅游局提出重振旅游业对策//光明日报 1989-08-11
⊙国内最大旅游集团组成 李先念题词祝贺/张念群//经济日报 1989-03-27
⊙国务院办公厅发文批转加强旅游工作十点意见//经济日报 1989-01-25
⊙国务院办公厅批转国家旅游局十点意见，加强协调管理，发展旅游事业//人民日报 1989-01-25
⊙海内外同行昨天聚会北京，共商重振中国旅游业大计//人民日报 1989-07-13
⊙江泽民会见孔子学术讨论会中外学者时指出，继承学习我国文化遗产中的精华//光明日报 1989-10-09
⊙经合组织国家旅游收入增加/李治良//经济日报 1989-03-21
⊙旅游断想/杨泓//人民日报 1989-06-06
⊙旅游科学理论与实践研讨会召开/柴茂//经济日报 1989-01-10
⊙旅游文化：独特的消费与积累/卜昭理//中国文化报 1989-08-16
⊙旅游业呈发展势头，去年创汇 22 亿美元//人民日报 1989-01-12
⊙旅游业滑坡浅议/李海瑞//人民日报 1989-08-27
⊙旅游业开拓客源//人民日报 1989-08-17
⊙旅游业如何继续发展/戴巴冠//人民日报 1989-05-25
⊙旅游业十年创汇 116 亿美元//光明日报 1989-09-16
⊙旅游业是一种文化交流——记西柏林中国旅游研讨会/闵中王//中国文化报 1989-04-16
⊙去年世界旅游人数三点九亿//经济日报 1989-02-18
⊙试论城市特质文化/李贵堂//中国文化报 1989-02-22
⊙世界旅游收入去年达 3700 亿西德马克/孙奎贞//经济日报 1989-10-13
⊙台湾居民去年外出旅游大幅增长//经济日报 1989-01-25
⊙我国旅游市场继续回升 八月份来华旅游人数已达去年同期 7 成/徐涵//经济日报 1989-10-16
⊙我国旅游业持续发展//人民日报 1989-01-26
⊙吴学谦同旅游局长谈治理整顿，旅游业要以质量求发展//人民日报 1989-03-26
⊙吴学谦向旅游部门提出希望，树立信心克服旅游业暂时困难//人民日报 1989-07-15
⊙西安杭州桂林苏州四城市，共商重振旅游业对策//人民日报 1989-10-30
⊙厦门旅游业持续发展//人民日报 1989-11-20
⊙香港居民外出旅游十年增一倍//经济日报 1989-08-09
⊙一九九零年被定为欧洲旅游年//经济日报 1989-11-28
⊙一些学者、旅游工作者、饭店经理提出，发展高层次多元化的旅游/沙铭//光明日报 1989-01-09
⊙印度重视发展旅游业/童地轴//光明日报 1989-07-30
⊙中国旅游文化史的研究/林永匡 王熹//中国文化报 1989-02-19
⊙中国旅游文化学会在京成立/韩小蕙//光明日报 1989-09-23
⊙中国旅游资源具有强大吸引力——伦敦世界旅游博览会中国馆侧记/严恒元//经济日报 1989-12-07

1990 年

⊙“到北京旅游去”——第十五届世界旅游博览会观感/吕网大 张启华//人民日报 1990-02-09
⊙“七五”期间 13390 万海外游客来华观光//经济日报 1990-12-17
⊙“小三峡”成为旅游新热点/桂慧樵//经济日报 1990-09-15
⊙“中国旅游具有巨大发展的可能性”——第十届米兰国际旅游博览会侧记/万子美//光明日报 1990-03-02
⊙《旅游经济工作手册》即将出版/旅宣//经济日报 1990-06-23
⊙475 种旅游商品获天马奖/刘杰//经济日报 1990-10-06
⊙奥旅游人均收入居世界之首//经济日报 1990-01-04
⊙北京开设旅游艺术品批发市场/郭仲义//经济日报 1990-05-26
⊙北京旅游商品公司销货额成倍增长/郭仲义//经济日报 1990-

08-27
⊙北京台湾将合建旅游文化经济区//经济日报 1990-08-01
⊙北京整顿旅游市场//人民日报 1990-08-10
⊙福建开发文化旅游资源/温京平//人民日报 1990-09-13
⊙国家旅游局颁布旅游安全管理办法，确保来华旅游者人身财产安全//人民日报 1990-02-24
⊙国家旅游局公布上半年旅游实况 前六个月入境旅游者达一千三百万/徐红//经济日报 1990-08-05
⊙国内旅游由疲转旺//经济日报 1990-07-15
⊙哈萨克牧民在旅游业中显身手//人民日报 1990-04-18
⊙好聪明的白藤湖农民 开展妙趣横生的“农”字旅游/王培楠//经济日报 1990-10-24
⊙会议旅游市场广阔 中国优势不容忽视/任振强//经济日报 1990-05-17
⊙加强经营管理 提高服务质量 今年要更加开放重振旅游/姜波//经济日报 1990-02-13
⊙净化旅游景点气氛/景宪民//人民日报 1990-09-02
⊙九华山旅游事业蓬勃兴旺/王小伟//经济日报 1990-05-10
⊙九华山特色旅游吸引游客/王伟//人民日报 1990-04-19
⊙开发旅游客源市场/李海瑞//人民日报 1990-12-31
⊙李鹏总理听取全国旅游工作会议汇报时说，我国旅游业进入恢复和发展时期//光明日报 1990-02-17
⊙利用剑川文物风景兴办旅游事业/康东福//经济日报 1990-01-07
⊙旅游安全管理暂行办法颁布//光明日报 1990-02-22
⊙旅游产品订货会将在广州举办/郭仲义 王晓雄//经济日报 1990-02-08
⊙旅游环境恶化 服务质量下降 西班牙旅游业面临困境/爱戈//经济日报 1990-10-26
⊙旅游业成为海南第三大产业/钟新//人民日报 1990-09-28
⊙旅游走出低谷/何光暐//光明日报 1990-12-28
⊙略论节日文化活动的发展趋势/牟光义//中国文化报 1990-12-02
⊙农民集资办旅游，开辟庐山第一景//人民日报 1990-07-28
⊙青海形成高原特色旅游//人民日报 1990-04-27
⊙山西加紧开发旅游资源/蒋祖钢 李一丁//经济日报 1990-10-16
⊙上海旅游购物节开幕/陈钢//经济日报 1990-09-28
⊙石狮民办旅游业兴旺//人民日报 1990-06-19
⊙首都节日文化初探/刘春香//中国文化报 1990-12-26
⊙台湾开放赴大陆旅游势在必行/郁辛//经济日报 1990-11-07
⊙泰安发展旅游振兴经济//人民日报 1990-12-17
⊙天鹅国际旅游公司人均创汇 15 万/丁富山//经济日报 1990-12-28
⊙文化名城更要加强精神文明建设——访七届全国人大代表、泰安市委书记王建功/吴鸿业//中国文化报 1990-03-25
⊙我国旅游业出现新转机//人民日报 1990-06-04
⊙我国旅游业发展势头好，旅游交易会在沪开幕//人民日报 1990-10-09
⊙我国旅游业形势喜人//光明日报 1990-06-02
⊙我国旅游业怎样走向繁荣——旅游科学理论与实践第二届学术研讨会侧记/李家杰//光明日报 1990-12-01
⊙吴学谦在旅游工作会议上强调，加强经营管理，提高服务质量//人民日报 1990-02-13
⊙五台山国际旅游月即将开幕/王智//经济日报 1990-07-23
⊙西安筹建仿古文化旅游街/东顺//经济日报 1990-09-06
⊙西藏旅游业出现升温的好势头//光明日报 1990-05-21
⊙西南五省区决定联合开发当地旅游资源/戴宣长//光明日报 1990-08-14
⊙亚运村成为北京旅游新热点/王辉//经济日报 1990-10-30
⊙亚运会向我们走来——第 11 届亚运会商业旅游服务工作/王智 徐红//经济日报 1990-09-06
⊙亚运会指定标志旅游商品批发市场成立/朱海丽 赵公//经济日报 1990-04-10
⊙亚运旅游纪念品陆续上市/吴晨光//经济日报 1990-03-24
⊙也争待客“甲天下”——桂林市奋力振兴旅游业/班明丽//人民日报 1990-05-29
⊙印度尼西亚努力发展旅游业/孔远志//光明日报 1990-05-12
⊙英国成为世界第五大旅游国/陈边//经济日报 1990-01-11
⊙迎亚运特色旅游//经济日报 1990-09-09
⊙迎亚运体育与经济系列谈——亚运会：中国旅游事业的大考场/李洪波 黄文彬//经济日报 1990-04-01
⊙粤港澳携手开发大三角旅游区//人民日报 1990-03-19
⊙振兴中国旅游业——访国家旅游局副局长何光暐/刘霄//人民日报 1990-01-13
⊙正定农民办旅游/晓正//经济日报 1990-03-04
⊙中国旅游购物节艺术节将于 9 月举行 今年我国旅游呈回升趋势年创汇可达 20 亿美元/李争平//经济日报 1990-06-26
⊙中国旅游交易会在沪举行//光明日报 1990-10-10
⊙中国旅游文化学会在潍坊召开学术研讨会/周谦//中国文化报 1990-04-25
⊙中国旅游业前景乐观——我国参加第十五届巴黎世界旅游展侧记/李国庆//光明日报 1990-02-09
⊙中国旅游艺术节办的有特色/吴鸿业//中国文化报 1990-10-14
⊙中国旅游饮品国产化研讨会在广东珠海举行//经济日报 1990-11-18
⊙中国招商国际旅游总公司人均创汇 30 万元/一兵//经济日报 1990-12-26
⊙中国中旅集团公司成立/中旅//人民日报 1990-08-01
⊙瞩目远东——记黑龙江旅游业的崛起/杨国俊 张杰//人民日报 1990-12-03
⊙走旅游与经济深度结合之路/李月辉//人民日报 1990-08-21

1991 年

⊙“浦水情”添旅游新品/和平//经济日报 1991-01-10
⊙“秦俑”的孤独——陕西旅游商品生产供应现状、问题和对策/刘颖奕//经济日报 1991-09-01
⊙“五千年史一跃过”——记旅游热点必背瑶寨/刘杰//经济日报 1991-08-31
⊙“中国令人向往”——第十六届巴黎世界旅游展侧记/李国庆 肖连兵//光明日报 1991-01-31
⊙1991 年世界旅游日庆祝活动将在山东举办/王正训//经济日报 1991-04-21
⊙保定地区旅游业形成规模效益/王渊 李成福//人民日报 1991-03-05
⊙北戴河为游客开办旅游保险/黄述剑//经济日报 1991-08-28
⊙北京市旅游业发展迅速//人民日报 1991-10-02
⊙北京整顿旅游市场//人民日报 1991-07-05
⊙不负奇松怪石之绝景 黄山迎来国际旅游黄金时期/胡宁 毕无非//经济日报 1991-07-05
⊙不枉避暑山庄之美称 承德借助旅游优势发展经济/杨海洋 寇占文//经济日报 1991-07-05

- 朝鲜积极开发旅游业/崔永秀//光明日报 1991-05-02
- 方兴未艾的妇女旅游业//光明日报 1991-07-06
- 繁荣节日文化生活 促进节日文化研究 节日文化研讨会在京举行/宋玮//中国文化报 1991-01-30
- 甘肃：成为国际旅游新热点//人民日报 1991-12-24
- 港人热衷美加旅游//经济日报 1991-08-14
- 港上半年旅游收入比去年少5亿多港元//经济日报 1991-10-09
- 光华旅游制品厂创汇500多万美元/黄建华 邹香 李万成//经济日报 1991-12-17
- 广东旅游业景象喜人//人民日报 1991-10-05
- 广东省旅游业发展势头良好/梁兆明//人民日报 1991-06-12
- 国家旅游局日前在京召开全国旅游安全管理工作会议//经济日报 1991-12-29
- 海湾战争影响经济 旅游行业首当其冲/任振强//经济日报 1991-01-25
- 弘扬中华文明 开拓旅游天地 河南投资一亿八重建十大文化景点/宋全忠//经济日报 1991-10-30
- 汇率下调对旅游经济的影响/王东梅//经济日报 1991-01-12
- 济南举行世界旅游日庆祝活动/雷建//经济日报 1991-09-28
- 江苏国际旅游项目全部恢复/魏辅政//经济日报 1991-08-06
- 江西今年举办10项国际旅游活动/李厚信//经济日报 1991-02-25
- 借得旅游之船扬起外贸之帆 承德六个月出口收购总值二亿多元，超额完成全年任务/左晓梅 寇占文//经济日报 1991-09-10
- 节日文化活动应有较深的思想内涵，贺敬之说要通过群众文化活动弘扬民族精神/谌强//光明日报 1991-01-25
- 节日文化与社会稳定/程云瑞//中国文化报 1991-02-13
- 今年由香港赴内地旅游人数大幅度增长//经济日报 1991-06-15
- 京津澳旅游实业开发总公司开业/保国//经济日报 1991-12-20
- 九二年中国友好观光年引人入胜/吴鸿业//中国文化报 1991-05-26
- 九华山借佛事促旅游经济发展/炳尧 晓庆//经济日报 1991-09-29
- 九省区民俗旅游展销在昆举行/刘瑞麟//经济日报 1991-04-22
- 九十年代将成为澳门旅游业黄金时代 去年来澳旅游人次突破六百万大关，旅游业在整体经济中已跃居第一位/何广才//经济日报 1991-11-06
- 九一中国苏州国际丝绸旅游节将启帷幕/张晓莲//经济日报 1991-08-18
- 李鹏强调要重视国内旅游的发展//光明日报 1991-03-06
- 李鹏希望“八五”期间旅游业有大发展 把国内旅游提上议事日程/陈芸//经济日报 1991-03-06
- 旅游，未获认知的产业/何若泉 李海瑞//人民日报 1991-08-07
- 旅游经济前途无量/邓春来//经济日报 1991-04-03
- 略论节日文化意识/陈锡源//中国文化报 1991-02-27
- 内地赴澳旅游人数增加//经济日报 1991-05-15
- 农村旅游经济交流大会举行/谢国明//人民日报 1991-09-19
- 农民办旅游好/江志伟//经济日报 1991-12-15
- 浅议年节文化/卞怀远//中国文化报 1991-02-17
- 全国今年举办百余项节庆活动//经济日报 1991-02-28
- 全国70家企业组成旅游联合体/郑宇光//经济日报 1991-03-30
- 山东：旅游业发展快/贾建舟//人民日报 1991-09-17
- 陕西的旅游/张东顺//经济日报 1991-09-30
- 陕西省一季度旅游外汇收入大增/樊贾//经济日报 1991-05-22
- 汕头市旅游业蓬勃发展/朱峰//人民日报 1991-03-21
- 上半年海外去台观光者呈负增长//经济日报 1991-09-18
- 上海近郊农村正形成亚城市文化圈/余传诗//光明日报 1991-01-15
- 深圳旅游业集仿古文化购物度假于一体//人民日报 1991-05-21
- 首都旅游业进入新发展时期//人民日报 1991-07-11
- 苏州丝绸旅游节成果累累/晓彬 建国//经济日报 1991-10-03
- 台决定开放旅游从业人员带团到大陆//经济日报 1991-05-22
- 特色出，引力足——旅游纪念品小议/储凤梧//经济日报 1991-12-08
- 我国组建旅游产品新体系/刘霄 陈芸//人民日报 1991-02-25
- 我旅游产品生产形成产业规模//经济日报 1991-03-18
- 欣欣向荣的石景山旅游中心/张聚//经济日报 1991-11-13
- 宜兴旅游产品市场广阔/费伟伟 刘川//人民日报 1991-02-24
- 政治经济社会稳定 旅游安全 中国旅游业发展很好 我展团在柏林旅游博览会受欢迎/许宏治//人民日报 1991-03-05
- 珠海发展旅游经济城市面貌焕然一新/张聚//经济日报 1991-11-11

1992 年

- ’92北京黄金旅游年开幕/李争平//经济日报 1992-01-01
- ’92生活旅游商品交易会开幕/国民//经济日报 1992-11-13
- ’92天马旅游商品展销将举办/陈曦//经济日报 1992-07-10
- ’92烟台旅游博览会即将举办//经济日报 1992-07-03
- ’92友好观光年美食节举行/宗边//经济日报 1992-06-17
- ’92友好观光年游客大增//光明日报 1992-08-08
- ’92中国旅游购物节将在京举行/王卫平//经济日报 1992-09-15
- ’92中国旅游交易会开幕/陈芸//经济日报 1992-06-11
- 1991年国际旅游接待人数和收入最多的国家//经济日报 1992-10-22
- 90年代国际旅游市场的新变化/徐汎//经济日报 1992-06-23
- 八月草原逢盛会 贸易旅游闹边城/马二//经济日报 1992-07-22
- 把旅游作为大产业来办/施明慎//人民日报 1992-02-22
- 北京扩大旅游企业自主权/施明慎//人民日报 1992-07-11
- 北京旅游黄金年推出新节目/李争平//经济日报 1992-04-14
- 北京旅游商城将落成/吴昂//经济日报 1992-09-05
- 本世纪最后8年，我国旅游业将掀三高潮/刘霄//人民日报 1992-10-25
- 大文化意识：现代城市的呼唤/武迪生//中国文化报 1992-06-24
- 到港旅游人数增加//经济日报 1992-12-09
- 第二届黄山国际旅游节将举行/胡宁 吴绍辉//经济日报 1992-11-11
- 第三届全国旅游学术研讨会与会者希望，采取措施制止削价竞争/李家杰//光明日报 1992-01-09
- 富有魅力的“观光农业”/易运文 盛一平 翟慧生//光明日报 1992-03-02
- 改变旅游商品单调粗糙状况，中旅等四单位设奖求精品/施明慎//人民日报 1992-12-31
- 改革开放十余年，突飞猛进旅游业/江平//中国文化报 1992-06-24
- 国际旅游开发研讨会在三亚召开/晓彤//经济日报 1992-12-15
- 国家级旅游度假区将享受税收优惠新政策//经济日报 1992-12-18
- 国家将重点扶持一批旅游商品厂家//人民日报 1992-12-24

⊙湖南大力发展旅游业/吴兴华//人民日报 1992-09-11
⊙话说"节"、"会"的经济促进效应/李正刚//中国文化报 1992-07-22
⊙淮安旅游业蓬勃发展/魏党生//人民日报 1992-06-13
⊙黄山向世界招商 新推一批旅游合作项目/崔书文//经济日报 1992-11-27
⊙加快发展旅游事业/阎锋//人民日报 1992-09-18
⊙加快旅游城市经济发展的步伐/李月辉//人民日报 1992-09-19
⊙借内引外联创出企业高效益 普宁旅游工艺品厂海外扬名/杨国民//经济日报 1992-09-01
⊙今年来华游客大增//光明日报 1992-09-29
⊙九二中国旅游购物节博览会将举行/汪文//经济日报 1992-11-24
⊙九二中国旅游艺术节在广州举行/吕成齐//经济日报 1992-10-17
⊙开拓旅游新天地——欧洲会议、专业、奖励旅游展侧记/任振强//经济日报 1992-06-14
⊙辽宁将办文化旅游活动月/宋丽军//经济日报 1992-07-29
⊙旅游产品在港叫响/徐涵//经济日报 1992-08-22
⊙旅游经济成为蓬莱支柱产业/陈鹏 孙志全//人民日报 1992-07-05
⊙旅游可以成为龙头产业——访黄山市委书记季家宏/陈雷 杨军//经济日报 1992-08-03
⊙旅游文化正崛起/庄茂国//中国文化报 1992-12-30
⊙旅游业各项指标月月刷新/李建平//人民日报 1992-12-19
⊙旅游资源 化为优势 湖口旅游业发展带来百业兴旺/舒传珍 刘兴鹿//经济日报 1992-08-27
⊙美国经济衰退阴影笼罩 旅游市场前景暗淡/赵柏生//经济日报 1992-03-08
⊙蒙交会暨草原旅游节将举行/建国//经济日报 1992-07-31
⊙前四个月旅游收入达 10 亿美元/李争平//经济日报 1992-06-10
⊙秦皇岛"东引西延"发展旅游业/赵兴林 周国武//人民日报 1992-10-03
⊙青岛旅游开发区独具特色/牛军//人民日报 1992-06-20
⊙请到天涯海角来 三亚市 3 月举办旅游展销暨投资洽谈会/卢东华 张子臣//经济日报 1992-02-14
⊙日本的海外旅游热/世昌//经济日报 1992-11-22
⊙日本旅游业转向悠闲型//光明日报 1992-11-14
⊙三峡工程待上马宜昌旅游已升温/林毓卿 覃船凭//经济日报 1992-06-11
⊙三亚将建成国际海滨旅游城市"八五"集中精力开发七个风景点/张子臣//经济日报 1992-02-24
⊙山东济南仲宫镇开发旅游经济/范清安//经济日报 1992-09-26
⊙山东牟平农民大力发展旅游业/施明慎//人民日报 1992-06-09
⊙陕西发展旅游促开发/苏民生 亚东//人民日报 1992-07-14
⊙陕西旅游业带动第三产业/孟西安//人民日报 1992-08-07
⊙上海国内旅游市场发展有喜有忧//人民日报 1992-06-09
⊙深圳将建两座大型旅游公园，以股份形式广集民资，不要国家一分钱拨款/李洪波//经济日报 1992-05-25
⊙世界旅游收入达 2780 亿美元 旅游总人数创 4．5 亿新纪录 各地区发展不平衡日益明显/宋慧明//经济日报 1992-02-11
⊙世界旅游业的竞技场——记柏林国际旅游交易会/李海瑞//经济日报 1992-06-23
⊙首家大型股份制旅游开发企业成立/海文//经济日报 1992-05-29
⊙首家开发旅游景区的股份公司在海南成立/关桥//经济日报 1992-12-28
⊙四川兴建旅游开发带/杨全新//人民日报 1992-08-24
⊙汤口农民办旅游/戴浩//经济日报 1992-12-12
⊙外宾云集海南共商开发旅游资源/计泓赓//人民日报 1992-12-09
⊙为扩大改革开放配套服务，我国决定试办国家旅游度假区//光明日报 1992-09-04
⊙为什么且看"雪球效应"：文物古迹之于旅游经济/杨子才//经济日报 1992-05-09
⊙我国发展旅游文娱活动//光明日报 1992-11-07
⊙我国旅游业全面增长//人民日报 1992-02-26
⊙吴学谦要求旅游部门，发挥现有设施潜力提高队伍素质//人民日报 1992-03-02
⊙吴学谦在广东考察时强调，进一步提高旅游业创汇水平/蒋志敏//人民日报 1992-10-28
⊙吴学谦在贵州考察时指出，开发旅游资源促进经济发展//人民日报 1992-05-28
⊙吴学谦在旅游工作会上说旅游业利用外资思想要更解放范围要再扩大//经济日报 1992-02-26
⊙香港经济首季明显转活 外贸旅游零售表现俱佳/黎伟成//经济日报 1992-05-13
⊙向观光度假综合型方向发展 我国将试办国家旅游度假区/李争平//经济日报 1992-09-04
⊙新行业——代办家庭旅游/黄宜兰//经济日报 1992-06-10
⊙依势开发建设旅游特区/胡淑英//经济日报 1992-08-12
⊙以旅游开发带动经济发展 古城涿州重修楼桑三义宫/建国//经济日报 1992-07-02
⊙云台山成为旅游热点/梅思明 田健//经济日报 1992-09-14
⊙酝酿中的中国旅游热——第 17 届巴黎世界旅游展侧记/李国庆 肖连兵//光明日报 1992-03-30
⊙中国旅游市场前景看好/方祥生//光明日报 1992-03-15

1993 年

⊙'93 吉林长白山森林旅游节将于 6 月拉开序幕//经济日报 1993-05-14
⊙'93 旅游礼品展示订货会开幕/丁洋//经济日报 1993-12-12
⊙'93 中国桂林山水旅游节 10 月开幕/徐涵//经济日报 1993-05-26
⊙'93 中国旅游购物节开幕/海鹰//经济日报 1993-08-31
⊙"东南亚旅游年"成绩可观//经济日报 1993-07-03
⊙"干在浦东 玩在马山"太湖国家旅游度假区建设拉开帷幕/李平//经济日报 1993-02-15
⊙"尊敬的客人请您留下来"广东加紧建设旅游新景点/刘杰//经济日报 1993-02-16
⊙1-8 月旅游外汇收入创历史最好水平/柴茂//经济日报 1993-10-04
⊙澳大利亚旅游因奥运获益/李国章//经济日报 1993-10-28
⊙保定地区综合开发旅游资源/王渊//经济日报 1993-12-25
⊙保护历史文化名城，避免建设性破坏/叶星//中国文化报 1993-11-03
⊙北京房山加速发展旅游业/关向东//人民日报 1993-06-16
⊙北京旅游业四项指标居榜首/龚雯//人民日报 1993-07-23
⊙北京市旅游行业协会成立/争平//经济日报 1993-08-03
⊙必须加速旅游业的发展/张小可//光明日报 1993-03-26
⊙长春利用外资发展旅游业/潘岗//人民日报 1993-05-24
⊙承德市旅游开花经济结果/寇占文 何庆奎 杨海洋//人民日报 1993-06-20

- 发展具有中国特色的旅游业/刘毅//光明日报 1993-01-06
- 风貌毁在旦夕 保护刻不容缓“建设性”破坏现象威胁名城/毕竟//经济日报 1993-10-12
- 改变“白天看庙 晚上睡觉”旧貌 内蒙古全面开发旅游资源/黄慎//经济日报 1993-06-28
- 广东出现开发旅游资源热/戴自更//光明日报 1993-02-26
- 广东旅游外汇收入 10 亿美元/梁兆明//人民日报 1993-02-20
- 广东旅游业发展迅速/彭周贤//光明日报 1993-02-15
- 广西北海“天下第一滩”国家旅游度假区建设全面展开/肖榭//经济日报 1993-05-31
- 广州兴建世界大观园/刘霄//人民日报 1993-08-28
- 桂林以旅游带动开放发展/罗广英 王庚南//人民日报 1993-04-15
- 国际旅游观光组织预测 全球旅游业将持续发展/刘林森//经济日报 1993-04-19
- 国家旅游度假区广招外商/李建平//经济日报 1993-10-12
- 国家旅游度假区稳健起步/龚雯//人民日报 1993-09-10
- 国家旅游局明年推出“文物古迹游”//人民日报 1993-11-19
- 海南建设旅游大省/鲍洪俊//人民日报 1993-02-14
- 海南开发海上旅游项目/鲍洪俊//人民日报 1993-11-13
- 海南天涯海角股份有限公司进行大规模旅游项目开发/方锦//经济日报 1993-03-07
- 海峡两岸第三产业研讨会发言摘登 台胞到大陆旅游的现状及问题/许晋睿//经济日报 1993-04-30
- 海峡两岸旅游研讨会在台北举行/吕协//经济日报 1993-07-05
- 河南省密县开发旅游资源/刘海发//经济日报 1993-06-13
- 江西专家学者建议，创建动态景观文化旅游/王绍雄//光明日报 1993-02-26
- 今年旅游创汇可达 46 亿美元，钱其琛强调旅游协会应为全行业改革创造条件/龚雯//人民日报 1993-12-28
- 今年仍是世界旅游黄金年//经济日报 1993-03-04
- 经合组织国家旅游收入增加/任振强//经济日报 1993-04-07
- 井冈山开发胜地旅游/周勇//人民日报 1993-11-15
- 开发一点端午旅游商品/余心言//经济日报 1993-05-12
- 旅游规划开发研究机构设立/张珉//经济日报 1993-06-15
- 旅游商品市场在呼唤/王承舜//光明日报 1993-11-22
- 旅游文物共携手 明年观光有新招/柴茂//经济日报 1993-12-14
- 旅游兴 百业旺 三亚市拓宽思路搞建设/韩舫舫//经济日报 1993-04-13
- 旅游业将成为世界经济最大产业——第 27 届柏林国际旅游博览会侧记/严建卫//光明日报 1993-03-19
- 钱其琛在全国旅游局长工作会议上强调，坚持适度超前发展旅游业/丛亚平 龚雯//人民日报 1993-11-18
- 秦皇岛旅游形成新格局/周国武//人民日报 1993-01-19
- 曲阜发展特色旅游/刘斌 袁明//人民日报 1993-08-19
- 曲阜工行扶持发展“三孔”旅游/陈华 国庆//人民日报 1993-06-16
- 森林旅游成为“朝阳产业”//人民日报 1993-11-14
- 山东举办国际武术旅游活动/于勇//经济日报 1993-08-25
- 山东乳山兴建银滩旅游城/宋文臣 宋继平//经济日报 1993-05-29
- 上百家企业蜂拥而至 五十亿资金形成合力 海南崛起“旅游金三角”中国太阳城即将开工/张小国//经济日报 1993-04-05
- 上半年旅游外汇收入达 21．1 亿美元/徐涵//经济日报 1993-08-20
- 少办节庆得人心/张振国//人民日报 1993-08-10
- 世界旅游市场看好/陆晓明//人民日报 1993-01-15
- 世界旅游组织预测 九十年代世界旅游发展先慢后快/陈振安//经济日报 1993-01-28
- 水泊梁山成为旅游开发“热点”/张宪春//人民日报 1993-05-19
- 苏州国际丝绸旅游节成果累累/晓彬 建国//经济日报 1993-10-14
- 随州发展古文化旅游经济/荣国 罗毅//人民日报 1993-04-21
- 台湾居民外出旅游成风 支出费用已影响到外汇收支平衡/宜兰//经济日报 1993-10-04
- 土耳其——迅速发展旅游业的典范/吴建友//光明日报 1993-03-03
- 我国旅游业跃上新台阶/肖玉华//光明日报 1993-01-04
- 西安旅游集团发展多元经营/孙文//人民日报 1993-11-07
- 西藏旅游独具魅力/贺广华//人民日报 1993-08-29
- 西双版纳大力发展民族旅游/任维东//人民日报 1993-08-23
- 戏剧艺术在国际文化名城闪出的亮色/魏正元 刘国臻//中国文化报 1993-09-12
- 香河光华旅游制品生意红火/黄建华 邹香//人民日报 1993-03-02
- 新纪元亚洲集团投资建崂山湾度假城/宋学春//人民日报 1993-06-29
- 寻根文化与旅游事业/薛正昌//中国文化报 1993-04-14
- 沂州地区以旅游业带动经济发展/张美明//人民日报 1993-07-17
- 以旅游开发养文物保护 涿州走出文物旅游新路/于斌 秋和//经济日报 1993-08-01
- 寓经济于旅游 借名胜以交友 五台山国际旅游月将举行/方卉//经济日报 1993-07-21
- 袁凤兰的“旅游经”/罗开富 庹震//经济日报 1993-08-17
- 镇江举行“三国名城”旅游经贸活动/赵建国//经济日报 1993-10-30
- 中国国内旅游协会成立 去年我国国内旅游收入达二百五十亿元/徐涵//经济日报 1993-06-17
- 中国旅游业：三足鼎立/刘霄//人民日报 1993-01-02
- 诸葛亮文化节在襄樊市隆重举行 全国历史文化名城会议同时召开/欧阳治修 曹鹏//经济日报 1993-10-10
- 走向大海——方兴未艾的海洋旅游业/王辉//光明日报 1993-07-05

1994 年

- ’94 河南国际武术旅游节将举行/江如//经济日报 1994-08-17
- ’94 黄山国际旅游节十月举行/绍辉//经济日报 1994-10-12
- ’94 涌起自费旅游潮/曹晋//经济日报 1994-12-21
- “旅游科学理论与实践”研讨会举行/徐菊凤//经济日报 1994-12-07
- 1993 年全球旅游目的地排行中国位居第八/丛亚平//经济日报 1994-08-01
- 北京推出森林旅游项目/赵连庆//人民日报 1994-04-21
- 潮州旅游公司确立“大旅游”战略/汪哲//光明日报 1994-01-19
- 抽样调查结果显示——上半年国际旅游外汇收入近三十四亿美元/苏琳//经济日报 1994-12-14
- 出口兴旺 旅游繁荣 西班牙经济快速回升/陈振安//经济日报

1994-08-29
◎川西南形成旅游金三角/伍辉//经济日报 1994-04-01
◎创立中国自己的管理模式——上海市锦江（集团）公司发展纪实/萧关根 郭伟成//人民日报 1994-04-16
◎刺激旅游消费 促人全面发展/罗卫国 苏琳//经济日报 1994-11-09
◎东边日出西边雨——1993 年世界旅游市场简述/张凌云//经济日报 1994-04-12
◎敦煌：向国际旅游城迈进/陈宗立//光明日报 1994-02-26
◎方兴未艾的家庭旅游热/杨矿//经济日报 1994-09-21
◎扶贫走出改革思路 旅游引来传统风情//经济日报 1994-05-30
◎古城：留一片风貌做“舞台”/毕竟//经济日报 1994-01-29
◎古城的生命：关于历史文化名城的保护和现代化建设的思考/郑北鹰//光明日报 1994-11-29
◎桂林建行积极扶持旅游业/于延//人民日报 1994-02-20
◎国际观光组织指出环境恶化将危害亚洲旅游业/刘林森//经济日报 1994-01-14
◎国旅总社迈入事业发展黄金时期/龚雯//人民日报 1994-01-08
◎国内旅游：大幕正徐徐拉开/郑由之//经济日报 1994-03-05
◎国人旅游，好梦成真/龚雯//人民日报 1994-01-29
◎海南沿高速公路开发旅游业/何伟//人民日报 1994-08-27
◎基础设施日臻完善，旅游景点不断添新，武夷山市向国际旅游城迈进/潘帝都//人民日报 1994-09-08
◎加强历史文化名城保护 建设部、国家文物局聘请 15 位“智囊”/桑海//经济日报 1994-09-15
◎借湖光山色生财 用自然景观聚宝 云南旅游成为龙头产业/魏天顺//经济日报 1994-11-09
◎今年旅游业兴旺/刘霄//人民日报 1994-12-06
◎金陵聚高朋 共度旅游日 我国旅游业如日中天/王建国 苏琳//经济日报 1994-10-03
◎两个成果一起拿——上海市锦江（集团）公司发展纪实/萧关根 郭伟成//人民日报 1994-04-04
◎临潼农民办旅游致富/王理 柏青//人民日报 1994-03-09
◎庐山旅游开新篇/余清楚//人民日报 1994-07-25
◎庐山旅游业长足发展/尹海超//人民日报 1994-06-05
◎旅游，咸宁的支柱产业——湖北咸宁地区行署专员曾世民一席谈/魏劲松//经济日报 1994-11-16
◎旅游不仅有经济——北京中国国际旅行社记事/王清宪//人民日报 1994-08-02
◎旅游促进发展——访国家旅游局局长刘毅/苏琳//经济日报 1994-07-20
◎旅游带动经济起飞——广西桂林市长袁凤兰一席谈/董毓林//经济日报 1994-04-07
◎旅游市场需打“假”治“乱”/高建进//光明日报 1994-06-17
◎旅游是篇大文章/寇占文//经济日报 1994-08-24
◎马德里国际旅游博览会闭幕，中国旅游业获广泛重视/胡泰然//人民日报 1994-02-01
◎迈向国际旅游城——三亚市发展旅游业记事/方舟 昕暐//人民日报 1994-06-29
◎民俗旅游——撩开面纱现古今/建章//经济日报 1994-10-19
◎明年再相会 明年会更好——记九四年广州国际旅游展销会/邓海平//经济日报 1994-08-10
◎莫斯科市开始征收旅游税/黄炳均//经济日报 1994-01-28
◎农垦旅游业有特色发展快/贾大明//人民日报 1994-02-03
◎钱其琛在全国旅游局长工作会议上说，旅游业要进一步改革开放/杨广增 丛亚平//人民日报 1994-12-04
◎钱其琛在四川调查研究时说，要重视旅游软件开发和改善/兰凝//人民日报 1994-05-20
◎黔滇以旅游优势促进经济发展/石新荣 欧阳昌佩 杨跃萍//人民日报 1994-02-15
◎让世界了解中国，使中国走向世界——国家旅游局局长刘毅访谈录/周象光 国永毅//人民日报 1994-12-25
◎山川风物总相宜 生态旅游在各国兴起/林森//经济日报 1994-07-10
◎山是风景山 城是旅游城 泰安市旅游业渐入佳境/曲岩 刘东//经济日报 1994-08-15
◎陕西中行唱旅游戏//经济日报 1994-06-10
◎上半年国旅接待海外游客 20 万人次/马晓秋//经济日报 1994-08-08
◎市场与旅游资源开发并重 侯马经济增速居山西前茅/徐克强//经济日报 1994-04-12
◎苏州：基本建设不忘文物保护/黄振业//中国文化报 1994-03-30
◎太阳从这里升起——海南省乐东黎族自治县以旅游带动经济腾飞/万乐兴//经济日报 1994-05-28
◎天津成为发达旅游城市//经济日报 1994-11-27
◎天津海滨浴场成为新旅游胜地/李斌//经济日报 1994-07-11
◎我国旅游收入统计制度趋于完善/龚雯//人民日报 1994-12-13
◎我国旅游业发展迅速/龚雯//人民日报 1994-10-29
◎我国森林旅游业突飞猛进/周泓洋//人民日报 1994-08-20
◎我国森林旅游业异军突起/封加平 赵连庆//人民日报 1994-06-20
◎希望的热土——万宁县吸引港台资金发展旅游业记事/符雄 郑宏范//人民日报 1994-10-14
◎小山村办起大旅游 虎峪六年接待游客三百五十万/何连生//经济日报 1994-03-28
◎新疆旅游业发展规划通过评审/李晓清//人民日报 1994-10-24
◎宜昌放开旅游市场迎宾客/钟华林 雷汉发//经济日报 1994-11-23
◎有计划 有重点 有声势 安徽加快旅游事业发展步伐/蔡文//经济日报 1994-05-03
◎重大节日应恢复一些庆典活动//光明日报 1994-01-09
◎中国旅游事业的里程碑——记深圳华侨城三大文化旅游景区/庞廷福 邹大虎//经济日报 1994-08-03
◎钟情于中国旅游市场——访加拿大旅游业总理特别顾问布坎宁先生/李向南//经济日报 1994-11-23

1995 年

◎’95 旅游热点话题 旅行社质量保证金制启动 净化市场有良方/苏琳//经济日报 1995-02-15
◎’95 中国国际旅游大巡展将举行/苏琳//经济日报 1995-09-15
◎’95 中国黄山国际旅游节举行在即/昌文//经济日报 1995-10-09
◎’95 中国民俗风情游帷幕拉开/汪哲//光明日报 1995-01-02
◎“观光”业是新的经济增长点/高桥幸也//经济日报 1995-12-11
◎1994 年旅游入境情况//光明日报 1995-02-25
◎保护古城风貌莫等闲视之——全国政协委员著名古建专家罗哲文谈历史文化名城发展/徐冰//中国文化报 1995-03-01
◎保护和发展历史名城/崔林涛//光明日报 1995-05-26
◎北京国旅迎来第 350 万名旅游者/王小润//光明日报 1995-07-14

⊙北京将办旅游展示会/胡国//经济日报 1995-05-04
⊙彩云之南旅游热——访云南省旅游局长李禄安/魏天顺//经济日报 1995-10-06
⊙打出“山湖村”牌——宁波旅游局局长谈旅游资源开发/范伟国//人民日报 1995-10-06
⊙打旅游经济牌——访桂林市委书记张文学/唐维涓 周骁骏//经济日报 1995-08-08
⊙打旅游牌 拓开放路——访四川乐山市委书记陈德玉/任芳 于忠平 李江天//经济日报 1995-12-12
⊙大瞳村以旅游带动经济发展/焦文亮 王波//经济日报 1995-09-24
⊙第二届乐山国际旅游大佛节金秋举行//光明日报 1995-07-26
⊙峨眉山市以旅游促经济/毛朝敬//人民日报 1995-02-01
⊙发展旅游事业 建设人间仙境/凌丽华//中国文化报 1995-07-28
⊙发展旅游要开阔思路/卡林//经济日报 1995-05-31
⊙发展民族地区旅游业，不要破坏自然文化生态/徐冶//光明日报 1995-02-19
⊙房地产业和旅游业迅速发展，忽视生态环境保护——莫打水库的主意/戴自更//光明日报 1995-04-13
⊙风景这边独好——记发展中的北京旅游业/龚雯//人民日报 1995-01-16
⊙福建省推出“假日旅游工程”/陈有仁//光明日报 1995-06-21
⊙福建推出旅游新举措/林长榕//人民日报 1995-04-06
⊙妇女投身旅游业/李仁臣//人民日报 1995-12-04
⊙广西去年旅游业收入创历史最高纪录//人民日报 1995-02-24
⊙国际旅游市场的发展//光明日报 1995-07-13
⊙国际休闲产业实务研讨 暨项目洽谈会将举办//经济日报 1995-08-14
⊙国旅步入崭新发展阶段/龚雯//人民日报 1995-01-27
⊙海南将办国际旅游商品博览会/曹广文//经济日报 1995-09-13
⊙何不发展“旅游农业”/易丰伟//经济日报 1995-10-18
⊙沪甬联手开发旅游资源/李勤//人民日报 1995-06-07
⊙今年国内公民旅游人数将达六亿多人次/杨连成//光明日报 1995-12-04
⊙京城初见“旅游街”/孙镜//经济日报 1995-05-23
⊙九五中国民俗风情游，新疆吐鲁番葡萄节将举办/王小润//光明日报 1995-05-23
⊙开发“三国”旅游资源面面观/工黎 工兆麟//中国文化报 1995-02-24
⊙昆明兴建世界文化公园//光明日报 1995-08-14
⊙历届中国国内旅游交易会//光明日报 1995-12-26
⊙利用本地资源 发展旅游事业 鼓励外商投资兴办旅游业/龚铁军//经济日报 1995-02-26
⊙庐山：亮“文化牌”，促旅游热/谈云龙//人民日报 1995-05-16
⊙庐山旅游高涨“文化潮”/尹超海//光明日报 1995-04-19
⊙旅游别于旅游业/刘培学//经济日报 1995-12-15
⊙旅游成为大有希望产业/蔡文//经济日报 1995-10-26
⊙旅游纪念品亟待提高文化含量/陶映荃//经济日报 1995-11-10
⊙旅游讲解待改进/张文林//人民日报 1995-05-11
⊙旅游企业：转机建制迫在眉睫——青旅集团董事长兼青旅总社总经理张希钦一席谈/怡然//经济日报 1995-07-19
⊙旅游文化有正道，求知娱乐相结合/曹继军//光明日报 1995-04-05
⊙旅游消费：挡不住的诱惑/柏强忠//经济日报 1995-05-03
⊙旅游业成为井冈山“龙头”产业/李庐琦 胡刚毅//人民日报 1995-05-09
⊙旅游业收入可观//光明日报 1995-05-31
⊙旅游业新的增长点/计泓赓//人民日报 1995-11-15
⊙美国旅游巨头进军中国市场/晓良//经济日报 1995-05-23
⊙莫高窟中出怪事，游客参观不买票/黄毅 李江//光明日报 1995-12-13
⊙宁夏开发特色旅游//经济日报 1995-03-28
⊙农业、工业、旅游业三足鼎立，海南经济出现历史性转折/杨连成//光明日报 1995-09-24
⊙平谷县旅游收入 10 年增长 250 倍//光明日报 1995-06-18
⊙让历史吟唱未来——历史文化名城赣州随笔/梁沂滨 蒙在恒//经济日报 1995-01-18
⊙陕西开始整顿旅游市场/杨永林//光明日报 1995-04-28
⊙陕西旅游业不该徘徊不前/杨永林//光明日报 1995-03-23
⊙上海旅游市场空前活跃/李勤 孙志俊//人民日报 1995-06-02
⊙上海旅游业医治“跛足”/李勤//人民日报 1995-07-26
⊙世界旅游理事会主席理普曼认为亚太地区旅游发展潜力大/谢宁//经济日报 1995-07-19
⊙世界旅游业快速发展 旅游收入占国民生产总值十分之一/孙奎贞 杨广志//经济日报 1995-08-09
⊙市容文化与城市的健康发展/吴加庆//中国文化报 1995-08-30
⊙首届中国民俗旅游节将举行//光明日报 1995-04-01
⊙首届中国民俗旅游节将在京举行/孙镜//经济日报 1995-04-04
⊙首张旅游联名卡诞生//光明日报 1995-12-07
⊙双休日市民何处去——上海开拓短途休闲游/张豪//人民日报 1995-04-15
⊙四处名胜获世界遗产证书/李海秀//光明日报 1995-06-30
⊙四川推出旅游新招/兰凝//人民日报 1995-05-09
⊙泰安旅游业步入新境地/戴冰//人民日报 1995-09-12
⊙泰安人打好“泰山牌”//光明日报 1995-09-20
⊙谈我国大城市的文化发展战略/陈辽//中国文化报 1995-07-02
⊙体现特色，转换机制——对旅游节庆活动的思考/范能船//人民日报 1995-10-20
⊙拓展活动空间 增强生存与服务能力——全国部分城市群众文化改革与发展理论研讨会综述/徐冰 白炜//中国文化报 1995-09-10
⊙文化——旅游产品的试金石/苏琳//经济日报 1995-07-05
⊙文化消费价格系列报道：旅游景点门票：怎么这么贵？/赫景秀//中国文化报 1995-10-08
⊙我国国际旅游业稳步发展/龚雯//人民日报 1995-09-19
⊙我国际旅游业创汇已跃居世界第十位/李争艳//人民日报 1995-07-23
⊙我国将创建和推出一批“优秀旅游城市”//光明日报 1995-05-08
⊙我国旅游业结构发生变化//光明日报 1995-06-19
⊙我国旅游业去年再创佳绩，国际旅游创汇突破 70 亿美元，国内旅游收入达 950 亿人民币//人民日报 1995-02-02
⊙我国旅游业有新发展/梅洪如//人民日报 1995-05-06
⊙我国首次推出国内旅游联名卡/陈颐//经济日报 1995-09-20
⊙五台山国际旅游月蜚声中外//光明日报 1995-07-16
⊙五台山国际旅游月拉开帷幕/秦德继//经济日报 1995-07-19
⊙武夷山农业创旅游特色/伊启皓//经济日报 1995-03-20
⊙现代化、国际化——旅游城市起飞的双翼/叶国标//经济日报 1995-05-17
⊙亚洲旅游业欣欣向荣 市场规模不断扩大 观光游客人数激增/梁

图强//经济日报 1995-03-06
⊙云南西双版纳大力发展旅游业，以此带动其他行业的发展/江林//人民日报 1995-12-06
⊙张家界，旅游龙头舞得活/吉祥//经济日报 1995-02-15
⊙抓住机遇 发展旅游/杨德庆//经济日报 1995-07-05
⊙涿州市文化旅游部门以文养文/王小润//光明日报 1995-09-17
⊙涿州文物旅游形成特色/王秋和//经济日报 1995-08-23

1996 年

⊙’96 国际旅游博览会在港举行//经济日报 1996-06-11
⊙’96 中国国内旅游交易会在沪举行/陈钢//经济日报 1996-12-26
⊙’96 中国庐山国际旅游节将于 10 月举行/廖国良//经济日报 1996-07-14
⊙’97 中国旅游年筹备工作全面展开/苏琳//经济日报 1996-08-26
⊙’97 中国旅游年风景这边独好/苏琳 //经济日报 1996-06-19
⊙’97 中国旅游年准备就绪/苏琳//经济日报 1996-06-13
⊙“朝阳产业” 托起的盛会/戎霄//人民日报 1996-12-20
⊙“泰山旅游” 在沪上市/陆//经济日报 1996-09-21
⊙1995-世界十大旅游创汇国//经济日报 1996-05-14
⊙安徽树立旅游产业概念/葛如江//人民日报 1996-06-26
⊙北京旅游业挑大梁/施明慎//人民日报 1996-02-13
⊙北京市森林旅游发展迅速/王逯屏//人民日报 1996-04-18
⊙除夕话题：老节庆的新过法/潘凯雄//经济日报 1996-02-18
⊙大力培植旅游支柱产业/贾治邦//人民日报 1996-07-05
⊙都市人庆典方式追求文化品味/东云//光明日报 1996-06-12
⊙发挥文化优势，促进名城建设/庄顺能//中国文化报 1996-06-26
⊙关于发展国内旅游的述评（上）：朝阳，正喷薄而出/姜波//经济日报 1996-04-02
⊙关于发展国内旅游的述评（下）：快马还须备好鞍/姜波//经济日报 1996-04-06
⊙关注旅游业/缘碟//人民日报 1996-12-23
⊙广西桂平旅游兴市迈新步/罗宇飞//经济日报 1996-12-06
⊙广州的旅游前景/常力//人民日报 1996-02-25
⊙规范市场呼唤“旅游法”/赵安元//经济日报 1996-08-11
⊙桂林整治旅游市场收效明显/周骁骏//经济日报 1996-12-19
⊙国际休闲产业实务研讨暨项目洽谈会将办/晓伟//经济日报 1996-04-25
⊙国内旅游——坎坷的发展之路/苏琳//经济日报 1996-02-11
⊙国外旅游研究现状座谈会召开/徐丹鹿//光明日报 1996-10-10
⊙海南综合整治旅游市场/鲍洪俊//人民日报 1996-11-20
⊙海外旅游引发新话题/谢卫群//人民日报 1996-02-26
⊙合理利用旅游资源/吴季松//经济日报 1996-08-19
⊙华东旅游业应加强区域联合——访国家旅游局副局长孙钢/娄靖//人民日报 1996-12-17
⊙荆楚大地，旅游为何不红火/夏斐//光明日报 1996-08-28
⊙井冈山风景区每年接待游客 60 万人次，旅游业已成为井冈山的支柱产业之一/王绍业//人民日报 1996-05-25
⊙九江举办庐山国际旅游节/武家奉 廖国良//经济日报 1996-10-07
⊙开发都市旅游业——与上海市副市长龚学平一席谈/娄靖//人民日报 1996-05-16
⊙辽宁旅游度假产业蓬勃兴起/张书政//人民日报 1996-06-05
⊙旅游·文化·文明——福建省创建文明旅游区暨旅游文化讨论交流会侧记/徐怀谦//人民日报 1996-10-03
⊙旅游生态经济研究亟待加强/朱铁臻//经济日报 1996-04-14
⊙旅游市场呼唤法律规范/苏琳 蒋祖//经济日报 1996-09-23
⊙旅游兴 百业旺/苏琳 //经济日报 1996-04-28
⊙旅游也要创名牌——海南省副省长毛志君谈发展海南旅游业/吴凯//经济日报 1996-10-27
⊙旅游业：扶贫开发的有效途径/张义德//光明日报 1996-10-02
⊙旅游业：描绘产业风景线——访国家旅游局局长何光暐/施明慎//人民日报 1996-01-04
⊙旅游业：未来世界经济的重要支柱/端木庆权//光明日报 1996-04-04
⊙旅游业成为三峡库区支柱产业/刘刚//人民日报 1996-07-13
⊙旅游业呼唤立法/林长榕//光明日报 1996-08-26
⊙旅游业推动黄山经济勃兴/汪延 王启明//人民日报 1996-11-20
⊙旅游业已成为北京支柱产业之一/王小润//光明日报 1996-02-18
⊙旅游应扩大内涵/张泽//经济日报 1996-01-28
⊙旅游，在香港/赵兹//经济日报 1996-05-11
⊙魅力香港 万象之都——访香港旅游协会主席罗旭瑞先生/陈颐//经济日报 1996-07-27
⊙密云县加快旅游业开发建设/云秋 翠平//人民日报 1996-04-11
⊙前进中的上海国旅/朱谔言//人民日报 1996-04-10
⊙钱其琛在海南考察时强调，发展旅游关键是保持天然风光/卜云彤 鲍洪俊//人民日报 1996-01-04
⊙钱其琛在河南考察时强调，对外开放中发挥旅游先行作用/李爱梅 邱红杰//人民日报 1996-10-30
⊙钱其琛在旅游工作会上强调，抓好三件事发展旅游/索研//人民日报 1996-02-01
⊙钱其琛在旅游工作会议上指出，中国要成为旅游大国/苏琳//经济日报 1996-02-01
⊙钱其琛在陕西考察时说，发挥自身优势加快旅游业发展/许祖华//人民日报 1996-09-13
⊙抢抓历史机遇建设京九名城//光明日报 1996-12-13
⊙全国最大旅游品专业市场建成//经济日报 1996-11-10
⊙山东节庆活动趋冷对外招商走向务实/侯严峰//人民日报 1996-07-10
⊙上海流行自助旅游//经济日报 1996-11-10
⊙少林寺为何变冷清了/刘雅鸣 张毅兵//人民日报 1996-09-12
⊙绍兴赴沪推销旅游资源/邓建胜//人民日报 1996-10-21
⊙深圳确定目标，建成现代名城/马庆//中国文化报 1996-06-12
⊙生物矿产旅游 云南培育三大产业/魏天顺//经济日报 1996-02-27
⊙世界旅游组织发展一九九五年度报告欧美继续领先 亚洲迎头赶上/李国章//经济日报 1996-05-14
⊙首届上海旅游节 9 月揭幕/振安//经济日报 1996-07-28
⊙台旅游支出世界第 10 个人消费全球第 6//经济日报 1996-06-11
⊙特色旅游在河南/赵安元//经济日报 1996-08-25
⊙推进两个根本转变，培植旅游支柱产业/贾治邦//光明日报 1996-04-30
⊙拓展旅游文化新内涵，鼓浪屿展现天风海韵/郅振璞//人民日报 1996-08-09
⊙文化特色——打开旅游市场的钥匙/范能船//人民日报 1996-03-14
⊙我国旅游购物发展迅速/龚雯//人民日报 1996-08-01
⊙无锡大旅游格局再现亮点/金凤娟 韩志中//人民日报 1996-

10-09
◎五台县大力推进旅游业/云贵 计芳 存慧//人民日报 1996-11-13
◎香港旅游业何以兴旺/邓小河//光明日报 1996-03-30
◎协调 组织 指挥 齐心协力发展旅游——广州市副市长王守初谈政府在旅游业中的位置/妙歌//经济日报 1996-02-25
◎休闲产业引人注目但须避免恶性竞争/杨//经济日报 1996-02-06
◎亦喜亦忧国内旅游/苏琳//经济日报 1996-09-22
◎优化旅游环境 拓宽客源市场 泰安旅游业收入猛增/李清利 刘水//经济日报 1996-04-14
◎张贤亮委员说发展旅游最有希望/苏琳//经济日报 1996-03-05
◎浙江专项整治旅游市场/王慧华//人民日报 1996-11-14
◎中国旅游商情//经济日报 1996-05-26
◎中国首家由航空公司参与的中国旅游网在穗兴建/王培楠//经济日报 1996-12-13
◎资源共享 弥补缺憾 北方七省市联袂促旅游/苏琳//经济日报 1996-11-10

1997 年

◎’97 旅游年 泰山好热闹//经济日报 1997-03-06
◎’97 中国国内旅游交易会在大连落幕/单超哲//经济日报 1997-11-01
◎’97 中国旅游年“紫禁城艺术节”揭幕/张济和//经济日报 1997-05-03
◎’97 中国旅游年推出庆回归活动/苏琳//经济日报 1997-06-18
◎’97 中国旅游年众多活动伴随您/张立诚//经济日报 1997-02-09
◎“农业旅游”潜力大/黄小平//人民日报 1997-05-20
◎《旅游法》呼之欲出/苏琳//经济日报 1997-03-22
◎1997 中国旅游好机遇/徐晋//中国文化报 1997-03-19
◎澳大利亚拓展中国旅游市场/苏琳//经济日报 1997-04-26
◎澳门旅游业发展喜人/车玉明//光明日报 1997-01-04
◎城市的外文标牌亟需规范/杨永林//光明日报 1997-05-26
◎城市建设与文化意识/秦光荣//光明日报 1997-10-10
◎出境旅游走向成熟//人民日报 1997-02-20
◎春节旅游热起来/邹清丽//经济日报 1997-01-20
◎大西北旅游：新的经济增长点/马千里 刘海峰//人民日报 1997-11-27
◎第六届桂林山水旅游节将举行/晓雪//经济日报 1997-10-11
◎都市旅游如何定位？/王正华 陈宗海 沈梅华//人民日报 1997-02-13
◎福建突破传统旅游促销模式/林长榕//经济日报 1997-08-23
◎福州内外资并举兴旅游/巫奕龙//人民日报 1997-05-15
◎高校能否成为新的旅游景点/裴泽生//光明日报 1997-12-22
◎古镇同里以旅游促发展，将申报世界历史文化遗产/沈文敏//人民日报 1997-04-21
◎光华旅游制品集团创汇 3000 万美元/王晓颖 孙振生//经济日报 1997-07-14
◎规范旅游企业 提高竞争能力/肖歌//经济日报 1997-05-24
◎国际旅游商品博览会将举行/张立诚//经济日报 1997-03-22
◎国家计委国家旅游局专家座谈会指出，旅游业应成为新的经济增长点/龚雯//人民日报 1997-04-02
◎国家旅游局开通中国旅游网/谢文//人民日报 1997-11-11
◎国旅局公布二十家文明窗口示范单位/新华社//光明日报 1997-05-22
◎果园的假日/舒曼//光明日报 1997-05-27
◎换个角度看“优势”/正文//人民日报 1997-05-13
◎加大结构调整力度 加快实现两个转变 旅游：国民经济新增长点/钟海生//经济日报 1997 02 15
◎加强国际交流与合作促进旅游业的全面发展——在太平洋亚洲旅行协会年会开幕式上的讲话/李鹏//光明日报 1997-04-22
◎加强国际交流与合作促进旅游业全面发展——在太平洋亚洲旅行协会年开幕式上的讲话/李鹏//人民日报 1997-04-22
◎江苏大旅游战略见成效/王建国//经济日报 1997-03-18
◎江苏多元投资发展旅游/杨福田//人民日报 1997-03-26
◎今年旅游工作//经济日报 1997-03-08
◎井冈山抓住机遇发展旅游业/傅丁根 董纪新//人民日报 1997-10-31
◎昆明：旅游业亮起来/陆彩荣//光明日报 1997-12-29
◎昆明旅游淡季不淡/徐冶//光明日报 1997-05-13
◎李瑞环在黄山考察工作时要求，抓住机遇把黄山旅游推向世界/王树成 王雷//人民日报 1997-11-19
◎丽江古城格局探秘/夫巴//光明日报 1997-05-21
◎庐山将举行国际旅游节/尹超海//经济日报 1997 05 10
◎旅游纪念品：何日靓起来/包蹇//经济日报 1997-07-05
◎旅游六要素在中国/李文亮//人民日报 1997-05-15
◎旅游论坛 建立投资基金实行产业整合/魏小安//经济日报 1997-11-22
◎旅游要发展 竞争需有序/黎明//经济日报 1997-06-20
◎旅游业：国民经济新的增长点//光明日报 1997-09-22
◎旅游业成为西藏支柱产业/宣宇才//人民日报 1997-01-02
◎旅游业快步迈向新世纪/何光//人民日报 1997-05-15
◎美去年旅游创收六百多亿美元/马文//经济日报 1997-02-14
◎牡丹花会繁荣洛阳旅游经济/袁文//经济日报 1997-04-04
◎盘活资源资产 建设旅游大县——访山西应县县长赵建平/秦德继//经济日报 1997-10-10
◎钱其琛在福建考察时指出，进一步做好港台旅游工作/颜振育 王运才//人民日报 1997-04-09
◎钱其琛在全国旅游工作会议上提出，旅游业要成为支柱产业/龚雯//人民日报 1997-02-23
◎钱其琛在全国旅游工作会议上提出，让旅游业成为真正的支柱产业/苏琳//经济日报 1997-02-23
◎强化管理 净化市场 规范服务 北京旅游市场治理整顿成效显著//经济日报 1997-04-26
◎区域合作开发景点/钟海//人民日报 1997-05-08
◎去年我国旅游创汇突破一百亿美元 李鹏钱其琛分别题词祝贺/邹清丽//经济日报 1997-02-17
◎趣味旅游 这是谁在飞？/陶国锋//经济日报 1997-09-27
◎全国首次旅游消费研讨会召开//经济日报 1997-07-14
◎全球观光业发展前景广阔 旅游人数到 2020 年可达 16 亿/杨广志//经济日报 1997-07-16
◎让游有力度购有后劲/范伟国//人民日报 1997-04-14
◎人造文化景观要走出误区/胡晓//光明日报 1997-03-26
◎如椽之笔写潇洒——浙江桐庐旅游业发展纪实/张豪 陶元//人民日报 1997-03-17
◎三峡旅游市场亟待整治/苏琳//经济日报 1997-07-12
◎三亚市明确发展方向 以旅游为龙头 优化经济结构/高以诺 刘唯一 徐立京//经济日报 1997-10-22
◎山东蓬莱全方位抓旅游/崔金勇//经济日报 1997-05-24
◎上海旅游节开幕/戎霄//人民日报 1997-11-03

◎上海旅游特色在购物殿堂，旅游与商业联动/杨济诗//人民日报 1997-01-06
◎上海着力发展都市旅游/戎霄//人民日报 1997-04-16
◎世界“第一”产业正在走进（旅游篇·上）/吴焰//人民日报 1997-01-21
◎向 10% 靠拢（旅游篇·下）/吴焰//人民日报 1997-01-22
◎世界旅游业收入大增 欧洲又成为观光热点/孙奎贞//经济日报 1997-04-02
◎市场的呼唤：艺术与旅游联姻/王彦祺//光明日报 1997-01-11
◎苏皖赣 13 市携手兴旅游/何钦//人民日报 1997-03-05
◎谈旅游//经济日报 1997-06-28
◎探险原非百姓事，探险旅游应该“打百姓牌”的意见有失偏颇/葛剑雄//人民日报 1997-08-21
◎万象之都话旅游/龚雯//人民日报 1997-06-10
◎为旅游业立“规矩”/钟海//人民日报 1997-04-24
◎我国国际旅游外汇收入继续增长/邹丽清//人民日报 1997-10-04
◎我国旅游业稳定增长/龚雯//人民日报 1997-08-08
◎我国森林旅游业稳步发展/周霄羽//人民日报 1997-03-26
◎香港回归后仍是国际旅游中心/朱力平//经济日报 1997-04-10
◎香港旅游业向内地发展/钟吕//人民日报 1997-05-15
◎要加快发展旅游业/本报评论员//人民日报 1997-03-30
◎以旅游经济兴市/蔡永伦//人民日报 1997-11-07
◎云南迈向旅游大省/徐冶//光明日报 1997-08-09
◎展览旅游携手谋发展/郭亮//人民日报 1997-01-29
◎正确认识国内旅游/钟海//人民日报 1997-03-27
◎知识旅游大有可为/长华//人民日报 1997-06-05
◎中国传统旅游产品需要新包装/星雪//光明日报 1997-05-19
◎中国旅游产业受世界关注/王小润//光明日报 1997-04-28
◎中国旅游业迎来辉煌/吴雅莉 王小润//光明日报 1997-03-22
◎重庆长江三峡将成为世界旅游名牌/钟延年//经济日报 1997-03-08
◎重庆整治三峡旅游市场/李晞朦//经济日报 1997-10-02
◎重视旅游产品策划/范能船//人民日报 1997-07-31
◎专家学者为旅游市场号脉——不正当竞争须严加防范/林丹//经济日报 1997-12-27
◎做活旅游大文章，促进经济大发展/程远斌 刘新民//光明日报 1997-03-29

1998 年

◎’98 北京国际旅游文化节圆满结束/苏琳//经济日报 1998-09-28
◎’98 上海旅游节开幕/吴凯//经济日报 1998-10-18
◎’98 中国国际旅游交易会闭幕/吴凯//经济日报 1998-11-05
◎’98 中国国际旅游交易会将在上海举行/林丹//经济日报 1998-08-16
◎1997 年中国旅游业发展情况//人民日报 1998-04-06
◎1997 年主要城市国际旅游外汇收入//人民日报 1998-04-06
◎把三亚建成旅游“龙头”城市/李茹萍//经济日报 1998-11-18
◎把四川建成旅游大省/李江天//经济日报 1998-10-25
◎北方旅游交易会在京举行/苏琳//经济日报 1998-05-04
◎北京为何要改革旅游业管理体制——访北京旅游集团公司董事长段强/李家杰//光明日报 1998-05-28
◎北京组建旅游集团/颜世贵//人民日报 1998-02-27
◎避暑山庄丰富文化内涵吸引八方宾客/江南//人民日报 1998-07-27
◎春节旅游去处多/苏琳//经济日报 1998-01-18
◎打好旅游牌 建设新池州/周泉//经济日报 1998-03-21
◎导游市场何日规范化/卫文省//人民日报 1998-10-09
◎对旅游业低投入高产出论的思考/田玲 齐子鹏//光明日报 1998-10-03
◎佛山文化旅游发展的问题与对策/邓光民//中国文化报 1998-12-10
◎高科技与大旅游/马新民 熊德//经济日报 1998-12-21
◎搞好旅游资源的深度开发/任向军 单超哲 李天斌//经济日报 1998-10-07
◎关键在“特色”/彭华//人民日报 1998-10-23
◎观光农业路有多宽？//经济日报 1998-05-03
◎观光农业在欧美//经济日报 1998-05-03
◎国旅总社经营全面增长/龚雯//人民日报 1998-02-26
◎海南出台旅游市场管理规定/李茹萍//经济日报 1998-11-29
◎韩国旅游走进中国/刘丽华//经济日报 1998-07-31
◎汉中：正向现代化迈进的国家历史文化名城//经济日报 1998-03-11
◎合理开发旅游资源//经济日报 1998-02-16
◎黄山大旅游格局初步形成/谢维贤//经济日报 1998-01-31
◎建好历史文化名城/任芳//经济日报 1998-12-22
◎建立大旅游形成大产业/魏天顺//经济日报 1998-03-07
◎建设中西部旅游经济的思考/范钦臣//经济日报 1998-11-30
◎将深圳建设成为现代文化名城/常稔//中国文化报 1998-01-10
◎九八北京国际旅游文化节九月举行/刘丽华//经济日报 1998-08-16
◎开发传统文化资源 发展现代城市文化/王振民//中国文化报 1998-04-07
◎昆明：邻国旅游成时尚/刘世昕 李自良//人民日报 1998-01-20
◎丽江旅游，特色取胜/丁冬红 何建华//人民日报 1998-06-05
◎论开拓国内旅游市场/王秋和//经济日报 1998-04-13
◎旅游成为北京支柱产业/龚雯//人民日报 1998-02-18
◎旅游将是下世纪经济增长热点/梁硕林//经济日报 1998-10-09
◎旅游开发不要顾此失彼/白英 孙捷//光明日报 1998-06-06
◎旅游市场要找准定位/魏小安//经济日报 1998-06-12
◎旅游事业蓬勃发展/刘小青//人民日报 1998-12-09
◎旅游业成为秦皇岛三产龙头/屈维英 李新彦//人民日报 1998-11-01
◎旅游业可持续发展研讨会提出，要合理开发利用旅游资源/苏琳//经济日报 1998-01-05
◎旅游业要提高产业素质增强竞争力/龚雯//人民日报 1998-07-16
◎旅游资源的开发新路/徐冲//人民日报 1998-11-09
◎旅游走入家庭 带来就业良机//经济日报 1998-05-03
◎面向未来发展的新型产业/吴钧//人民日报 1998-09-01
◎念活“旅游经”唱响“经济戏”/刘存瑞 杜云贵 秦德继//经济日报 1998-10-29
◎钱其琛出席全国旅游工作会议要求 全面提高行业素质 积极扩大市场需求/苏琳//经济日报 1998-03-27
◎钱其琛在黑龙江考察旅游工作时指出 开发地方特色景点 满足不同层次需求/姬云程//经济日报 1998-02-02
◎钱其琛在全国旅游工作会议上指出，旅游业应提高素质发挥更大作用/龚雯//人民日报 1998-03-37
◎如何发展假日经济/刘国训 刘冰//经济日报 1998-04-21
◎三亚旅游服务出新招 做实事 更解新难/李茹萍//经济日报

1998-11-05
◎森林旅游：二十一世纪林业的支柱/张子臣//经济日报 1998-12-06
◎山东开发特色旅游产品/刘磊 王荣国//人民日报 1998-12-09
◎山东曲阜旅游瞄海外定“坐标”/孔鹏 管斌//经济日报 1998-08-16
◎十里秦淮今胜昔 商贸旅游舞龙头/杨丽//经济日报 1998-06-14
◎特色旅游：国际旅游新趋势/刘林森//经济日报 1998-08-03
◎特色旅游兴丽江/魏天顺 周斌//经济日报 1998-10-23
◎统筹规划发展旅游/李铁铮//经济日报 1998-03-19
◎危机面前看旅游——访国家旅游局市场开发司司长杨文珍//人民日报 1998-04-06
◎文化资源利用与旅游市场开发/卞怀远//中国文化报 1998-05-13
◎我国将从四个方面加强出国旅游市场管理/邹丽清//人民日报 1998-04-13
◎我国旅游收入大幅增长/龚雯//人民日报 1998-01-16
◎我国已成为世界旅游大国/苏琳//经济日报 1998-02-17
◎五台山国际旅游月好戏连台/刘述国//经济日报 1998-06-30
◎西藏的旅游资源（上）/吕文//光明日报 1998-06-06
◎西藏的旅游资源（下）/吕文//光明日报 1998-06-13
◎西藏旅游业稳步发展/王建新 张忠//人民日报 1998-08-07
◎厦门旅游产业成支柱/郅振璞//人民日报 1998-12-09
◎厦门旅游业呈现产业化规模化/郅振璞//人民日报 1998-11-26
◎现代文化名城：深圳文化发展的战略抉择/王京生//中国文化报 1998-01-29
◎香港旅游商品竞争力居全球第三/翟文//经济日报 1998-03-01
◎校园旅游待开发/秋和//经济日报 1998-09-18
◎兴旅游须治理乱收费/赵志文//人民日报 1998-05-18
◎亚太旅游朝阳再升/王涛//经济日报 1998-04-17
◎亚运经济圈 亚运兴 旅游热/潘凯雄//经济日报 1998-12-17
◎一九九八年旅游行业十件大事/牛文文//经济日报 1999-02-09
◎以旅游业为载体发展文化产业/傅铎//中国文化报 1998-02-03
◎因地制宜发展旅游业/张达华//人民日报 1998-05-16
◎知观光农业者多少 欲农业观光者寥寥//经济日报 1998-05-03
◎中国旅游九七关注焦点//经济日报 1998-01-18
◎中国旅游艺术节暨广东欢乐节将举行/邓海平//经济日报 1998-08-25
◎走南闯北话旅游（1）智利乘车记/杨树田//经济日报 1998-09-02
◎走南闯北话旅游（2）奥地利出门旅游真方便/魏爱苗//经济日报 1998-09-05
◎走南闯北话旅游（3）欧盟旅游便利图 发展特色促竞争/孙健//经济日报 1998-09-07
◎走南闯北话旅游（4）温馨的家庭小旅馆/邓克堂//经济日报 1998-09-08
◎走南闯北话旅游（5）旅游也要重品牌/陈振安//经济日报 1998-09-09
◎走南闯北话旅游（6）巴基斯坦无限资源待开发/李满//经济日报 1998-09-10
◎走南闯北话旅游（7）公共交通优惠多/孙奎贞//经济日报 1998-09-14
◎走南闯北话旅游（8）游客偏爱巴黎地铁/杨明柱//经济日报 1998-09-16
◎走南闯北话旅游（9）尼泊尔小旅馆印象/崔军//经济日报 1998-09-18
◎走南闯北话旅游（10）瑞士山区靠旅游致富/杨广志//经济日报 1998-09-22
◎走南闯北话旅游（11）匈牙利：温泉旅游好去处/梁硕林//经济日报 1998-09-26
◎走南闯北话旅游（12）难忘服务“一条龙”/曹世功//经济日报 1998-10-03
◎走南闯北话旅游（13）狮城走一回/孙屹//经济日报 1998-10-09
◎走南闯北话旅游（14）英国：火车优惠票名目繁多/赵剑英//经济日报 1998-10-10
◎走南闯北话旅游（15）埃及旅游：让古迹焕发青春/朱国才//经济日报 1998-10-12

1999 年

◎’99 巴黎文化周今日开幕/新华社//中国文化报 1999-09-01
◎’99 北京国际旅游文化节将办/萧芳//经济日报 1999-08-24
◎’99 北京生态旅游年拉开序幕/萧方//经济日报 1999-04-09
◎’99 生态环境游在桂林揭幕/邓海云//光明日报 1999-01-02
◎“长安”何以耀京城/周向阳//中国文化报 1999-05-01
◎“都市农业”带动济南槐荫区经济腾飞/王磊 李新 管斌//经济日报 1999-12-19
◎“假日经济”是篇大文章/庹震//经济日报 1999-10-09
◎“农家乐”旅游在四川兴起/詹国枢 李江天 任芳//经济日报 1999-12-02
◎“泰山旅游”/谢文哲//经济日报 1999-08-12
◎“文物带旅游，旅游保文物”/王厚林//经济日报 1999-03-09
◎《创世纪》创出文化旅游新天地/曲彦萍//中国文化报 1999-05-18
◎21 世纪旅游资源保护与开发研讨会召开/王绚//经济日报 1999-01-25
◎21 世纪中国旅游资源暨石林保护与开发战略研讨会举行/孟扬//人民日报 1999-01-23
◎八达岭长城：树立中国旅游品牌形象/赖仁琼 金萱//人民日报 1999-12-06
◎把古城南京建成现代文明城市/罗志军//光明日报 1999-01-29
◎保护生态环境 时不我待——旅游别忘保护生态环境/盛文鹏//经济日报 1999-05-26
◎北京大力整顿旅游市场/曹鹏//经济日报 1999-03-12
◎北京发展国内旅游扩大内需/龚雯//人民日报 1999-04-14
◎北京环球影城地带旅游有特色/宇红//经济日报 1999-05-28
◎北京开展城市旅游文化活动/林文//人民日报 1999-09-03
◎北京旅游法规开始实施/艾芳//经济日报 1999-06-19
◎北京旅游去年收入六百亿/艾芳//经济日报 1999-04-15
◎北京旅游新年新春出新招/苏琳//经济日报 1999-02-13
◎北展“推销”旅游资源/思源//中国文化报 1999-09-01
◎亳州旅游业发展步入快车道/陈共文//经济日报 1999-03-12
◎曹伯纯调研桂林提出旅游发展新思路，让群众参与旅游业发展/罗昌爱//人民日报 1999-12-02
◎郴州旅游开发战略/李大伦//人民日报 1999-08-02
◎城市发展：需要商贸旅游两互动/何建农//经济日报 1999-01-25
◎从投诉看旅游消费/晓魏//人民日报 1999-08-13
◎打造世纪名桥 做活旅游文章/杨阳腾//经济日报 1999-12-29
◎大同积极调整产业结构大力发展旅游/刘人杰 王鸿//人民日报 1999-12-15

◎发挥资源区域优势，实施旅游名牌战略，努力培育新的国民经济增长点/徐宝站//光明日报 1999-08-09
◎发展旅游要突出特色/令狐安//人民日报 1999-02-02
◎繁荣城市社区文化的思考/姜广华//中国文化报 1999-06-24
◎尴尬海南游/齐广兴//人民日报 1999-02-01
◎赣州市旅游收入超亿元/陈定辉 廖国良//经济日报 1999-04-07
◎港澳沪浙研讨旅游合作/戎霄//人民日报 1999-06-22
◎工业旅游悄然兴起/戎霄//人民日报 1999-06-21
◎公园日票月票，哪个更该调价/王蔚//光明日报 1999-04-18
◎观光农业话观光/李歆月//经济日报 1999-11-10
◎观光农业让你成为多面手//经济日报 1999-06-16
◎广东年节文化有三大趋势/于万东//光明日报 1999-02-04
◎广东让旅游业成为支柱产业/邓圩//人民日报 1999-01-20
◎广西充分利用自然、人文优势，以较高的文化品位引导开拓旅游市场，全区旅游业出现喜人局面/陈天湖//人民日报 1999-12-24
◎广西发展旅游业推动经济增长/杜峻晓//人民日报 1999-04-21
◎广西旅游“大篷车”驶向全国/周骁骏//经济日报 1999-07-25
◎广西旅游业能否“甲天下”/杜峻晓//人民日报 1999-04-08
◎广西旅游业提出新构想/庞革平//人民日报 1999-03-29
◎广州旅游业积极开拓香港市场，香江推介广州游/吴秀兰//人民日报 1999-12-13
◎国际旅游业实现“开门红”/龚雯//人民日报 1999-04-29
◎国内旅游刚“破题”/龚雯//人民日报 1999-11-26
◎过个文化的春节——“年味淡化”现象反思/杨翠//光明日报 1999-02-11
◎海南规范旅游市场/何伟//经济日报 1999-07-01
◎海南致力开发旅游文化/江心//中国文化报 1999-04-07
◎河南中原文物旅游网形成/王建明//光明日报 1999-11-30
◎华侨城的崛起说明了什么/汪人飞 吴星 赵一贞//人民日报 1999-09-08
◎化区位优势为旅游优势/段增庆//人民日报 1999-04-13
◎黄山旅游新品层出不穷/黄拓//经济日报 1999-07-28
◎黄山旅游业带动安徽旅游经济发展/刘杰//人民日报 1999-07-19
◎积极发展旅游业 培育经济增长点/索研 龙松林//经济日报 1999-01-06
◎加速培育旅游支柱产业/王雨顺//经济日报 1999-11-29
◎家庭旅游的最新调查//人民日报 1999-05-14
◎假日经济读你千遍不厌倦/徐立京 窦康//经济日报 1999-10-28
◎坚持面向旅游产业/赵鹏//光明日报 1999-02-03
◎江西国际旅游收入大幅增长/赖永峰//经济日报 1999-07-28
◎借助悠久的草原文化 张北发展特色旅游实现脱贫/边家耘//经济日报 1999-05-27
◎今年旅游总收入欲再增一成/牛文文//经济日报 1999-02-05
◎锦绣大地观光农业的背后……/徐文营 李歆月//经济日报 1999-11-10
◎锦绣中华，文化产业一明珠/谢明//人民日报 1999-11-12
◎京郊观光农业：“六不足”与“十努力”/徐再城//经济日报 1999-01-04
◎井冈山旅游唱大戏/廖国良//经济日报 1999-01-15
◎景洪开发独特生态文化资源/周鸿 吴彬//人民日报 1999-11-11
◎举办博览会振兴旅游业//经济日报 1999-03-22
◎扩大内需：国内旅游如何升温/朱中奇 吴元柳//经济日报 1999-06-11
◎冷静看旅游/朱孟芳//人民日报 1999-10-26
◎历史文化名城开封//经济日报 1999-01-20
◎旅游 蛋糕要做“精”/艾芳//经济日报 1999-08-13
◎旅游成为阿坝支柱产业/颜世万//光明日报 1999-06-28
◎旅游成为印度第三大创汇产业/巴李//经济日报 1999-08-13
◎旅游的问号/联响//人民日报 1999-11-12
◎旅游纪念品当打“个性”牌/聂景春//中国文化报 1999-05-05
◎旅游拉着开封经济走/刘海法 党涤寰//经济日报 1999-11-28
◎旅游是精神文明建设的重要阵地//人民日报 1999-12-09
◎旅游文章到底能做多大/冯是虎//经济日报 1999-03-16
◎旅游兴百业旺/夏程琳//人民日报 1999-06-10
◎旅游兴市/蒋祖钢//经济日报 1999-07-22
◎旅游业：快点适应消费需求/曲哲涵//人民日报 1999-03-15
◎旅游业成为贵州新支柱产业/李建兴//人民日报 1999-04-01
◎旅游业崭露头角/沈传坤//人民日报 1999-05-28
◎旅游与环保、绿化、生态首度联盟/云中君//经济日报 1999-01-08
◎漫谈旅行社/郭毓玲//人民日报 1999-05-14
◎民族风情魅力独特 内蒙古旅游大打“草原品牌”/岱钦//经济日报 1999-07-29
◎南京玄武区构建城区经济三大支柱产业/王玉兰//光明日报 1999-04-19
◎农场办起了旅游城/李茹萍 黄丽陆//经济日报 1999-12-02
◎农民操办中国农民旅游节/刘志江//经济日报 1999-11-09
◎农民集资办旅游/黄航辉 黄红星//人民日报 1999-11-16
◎蓬莱：给旅游城市以文化品格/徐涟 振安 志明//中国文化报 1999-07-27
◎蓬莱市动员社会力量发展旅游业/范有德 戴发利//光明日报 1999-08-16
◎钱其琛在全国旅游局长会议上指出，把旅游业培养成经济新的增长点/龚雯//人民日报 1999-01-06
◎浅谈大理的旅游特色/张金康//光明日报 1999-04-23
◎曲阜塑名城形象促旅游业发展/曲轩//光明日报 1999-08-11
◎去年我国旅游总收入达三千四百亿元/李丹//经济日报 1999-01-04
◎全国生态环境建设规划/新华社//光明日报 1999-01-07
◎全国政协旅游工作考察团——评点广东旅游/李士燕 张俊//人民日报 1999-11-05
◎让旅游名珠更有光彩/刘师文//中国文化报 1999-09-27
◎让旅游热更热些/张吉林//人民日报 1999-10-25
◎让旅游与文化联璧生辉——肇庆景区游览活动有感/文多多//中国文化报 1999-08-26
◎让农民也来办旅游/罗昌爱//人民日报 1999-11-29
◎人文景观要有人文意义/马恒海//光明日报 1999-02-25
◎融水民族旅游业带动经济发展/何顺斌 龙涛//人民日报 1999-09-16
◎山西将举办恒山文化旅游节/童进 秦德继//经济日报 1999-08-05
◎商家应善待“假日消费”热/邱贤成//中国文化报 1999-10-25
◎陕西旅游集团公司成立/孟西安 郑少忠//人民日报 1999-01-03
◎陕西旅游强强联合建集团/张毅//经济日报 1999-01-05
◎陕西全面整顿旅游市场/刘晓辰//经济日报 1999-06-30
◎陕西文物观光旅游业发展势头强劲/孟西安 郑少忠//人民日报 1999-07-10
◎陕西以新思路再打旅游王牌/刘晓辰//经济日报 1999-03-02
◎陕西怎样振兴旅游业/胡永林//光明日报 1999-05-30

◎深圳锦绣中华：把旅游文化做到极致/赵忱//中国文化报 1999-09-03
◎深圳向世界旅游名城奋力登攀/邹大虎//经济日报 1999-08-25
◎慎称"国际化大都市"/汪长伟//光明日报 1999-04-19
◎生态旅游不能滥/钱宪中//人民日报 1999-03-29
◎生态旅游要注意保护生态环境/庹震//经济日报 1999-04-14
◎生态旅游有喜有忧/万秀斌//人民日报 1999-07-20
◎石林景区创建文化品牌/毕平 梁志强//人民日报 1999-08-05
◎世博会带动云南旅游业发展//光明日报 1999-04-19
◎四川自然和文化旅游定位/天李江//经济日报 1999-04-02
◎随州旅游农业展风采/罗毅 魏劲松 孟宪江//经济日报 1999-03-31
◎泰安：走向大旅游/于勇 单保江//经济日报 1999-08-12
◎泰山国际登山节迈向市场/马鹏举 吴立寅//人民日报 1999-08-20
◎为保护历史文化名城 定海市民状告市政府部门/高端芳//经济日报 1999-07-21
◎为游客营造动感之都——香港旅游产业经营探秘/吕天路//中国文化报 1999-05-05
◎文化、旅游、投资——来邵阳看看/孔令志//中国文化报 1999-09-25
◎文化伴商机/秀录//人民日报 1999-03-29
◎文化旅游联袂，同演博览好戏//中国文化报 1999-10-21
◎文化名人街与旅游商机/吴少华//中国文化报 1999-09-15
◎文化牌：庐山旅游的新景观/尹超海//中国文化报 1999-05-06
◎我国国际旅游业发展迅速//人民日报 1999-06-19
◎我国国际旅游迎来增长高峰/艾芳//经济日报 1999-12-07
◎我国历史文化名城知多少//经济日报 1999-04-15
◎我国旅游创汇升至世界第七/龚雯//人民日报 1999-02-03
◎我国旅游创汇世界排名第七/索研//经济日报 1999-02-03
◎我国旅游管理专业本科生达3．2万人/宋言荣//光明日报 1999-06-17
◎我国旅游外汇收入增势喜人/艾芳//经济日报 1999-07-07
◎我国生态旅游还缺文化味/刘江//经济日报 1999-11-19
◎乌鲁木齐农牧区旅游"四季青"/姜帆//经济日报 1999-06-13
◎西安旅游产业增势强劲/张毅//经济日报 1999-06-17
◎消除历史名城的现代化危机/侯仁之 李孝聪//光明日报 1999-04-16
◎小心"偏头疼"谨防"热伤风"——再谈如何面对"假日经济"/徐立京 窦康//经济日报 1999-11-04
◎新疆建设西部特色旅游景区/陈才来 姜帆//经济日报 1999-05-11
◎新疆开发旅游资源 构筑支柱产业/杜文正//光明日报 1999-03-22
◎休闲旅游茶为媒//人民日报 1999-04-12
◎休闲旅游引发假日经济/张仲英//经济日报 1999-11-22
◎寻觅亚太旅游新热点/翁淑贤//人民日报 1999-08-06
◎兖州农业示范园成旅游热点/张颂阳 颜秉礼//经济日报 1999-08-23
◎一九九九年中国西安旅游节活动简介//经济日报 1999-06-17
◎以高新技术产业和旅游业为主导产业 带动西安经济快速发展/崔林涛//光明日报 1999-07-18
◎粤港澳旅游区进入实质运作，有能力与"东盟六国旅游协作区"相媲美/郑砾//人民日报 1999-12-28
◎粤港澳旅游业迎来历史新时期，珠三角将成旅游国际品牌/张传熙//人民日报 1999 11 11
◎粤港高层共商旅游//人民日报 1999-03-19
◎粤西桂东携手开发旅游业/谢大明 李彩英//人民日报 1999-04-26
◎云南加快旅游经济大省建设/汪波//人民日报 1999-01-11
◎云南旅游接待能力面临考验/周斌//经济日报 1999-03-03
◎在"红色摇篮"挖掘绿色宝藏/李炳华 胡刚毅 廖国良//经济日报 1999-07-10
◎制定国民旅游计划拉动旅游需求/魏小安//经济日报 1999-12-06
◎中国国内旅游交易会举行/周斌//经济日报 1999-05-21
◎中国旅游市场对外试开放/徐春光 郭毓玲//人民日报 1999-11-01
◎中国农民旅游节将在横店举办/管毓琳 黄平//经济日报 1999-09-17
◎中国文化旅游座谈会在京举行/曲彦萍//中国文化报 1999-05-01
◎重庆旅游过年成时尚//经济日报 1999-02-15
◎重庆生态环境旅游团来京促销旅游/薛瑶//经济日报 1999-04-13
◎珠海旅游带动航空业//经济日报 1999-02-07
◎专家呼吁：生态旅游需有环保意识//经济日报 1999-03-28
◎自助旅游 方兴未艾/谭雪梅//经济日报 1999-08-26

2000 年

◎"黄金周"第一天全国旅游接待井然有序/龚雯//人民日报 2000-10-02
◎"十一"长假，准备好了吗？/苏琳//经济日报 2000-09-03
◎"十一"出境游：得管！/龚雯//人民日报 2000-09-15
◎"十一"黄金周 5500 万人次出游/龚雯//人民日报 2000-10-08
◎"十一"旅游接待仍有潜力/宗河//经济日报 2000-09-27
◎"四大古官衙"国际旅游专线开通/吴闻//中国文化报 2000-10-25
◎"越南旅游太方便了"/李莎 孔晓宁//人民日报 2000-07-26
◎2000 年中国西安投资与贸易洽谈会丝绸之路国际旅游节//人民日报 2000-09-12
◎阿城——黑龙江上一朵"金"花/黄岩 黄文利 黄海英//人民日报 2000-07-17
◎安徽大力发展旅游经济/刘杰//人民日报 2000-06-18
◎把旅游城市做成精品/鄂平玲//人民日报 2000-12-19
◎保护文物资源 促进文化旅游/佩都//中国文化报 2000-08-24
◎保护与发展必定是"鱼与熊掌"的关系吗/隋建轼 邹剑仑//经济日报 2000-11-28
◎保护自然资源 开发生态旅游/袁在学 熊建平 陈维//人民日报 2000-11-09
◎北京暑期旅游 情趣别有/龚雯//人民日报 2000-07-21
◎北京推出旅游新线路/鄂平玲//人民日报 2000-07-21
◎常德市扬起发展旅游的风帆/王本银//人民日报 2000-12-19
◎穿越腾格里沙漠/李长云//人民日报 2000-07-14
◎创文明景区 促旅游发展//人民日报 2000-09-18
◎从荒岛到旅游胜地/张金江//人民日报 2000-10-05
◎大庆：独具特色的旅游城/孔晓宁//人民日报 2000-07-20
◎岛屿旅游国际会议在三亚开幕/陈一鸣//人民日报 2000-12-07
◎邓小平旅游经济思想与新世纪旅游业的发展//王太华//人民日报 2000-08-03
◎低水平竞争坑了海南旅游/陈一鸣//人民日报 2000-08-20
◎第三批全国创建文明景区示范点确定/刘霄//人民日报 2000-

09-18
⊙滇泰加强跨国旅游合作/屈明光//人民日报 2000-08-10
⊙发展旅游经济 建设旅游强市/罗志军//光明日报 2000-03-21
⊙发展特色旅游/敖其尔//人民日报 2000-07-07
⊙风景名胜的景观价值及其可持续利用/孙明泉//光明日报 2000-05-23
⊙甘肃着力再创丝路辉煌/裴智勇//人民日报 2000-11-08
⊙工商部门加强旅游市场监管/李丽辉//人民日报 2000-09-08
⊙公园免费开放行不行？//人民日报 2000-05-09
⊙构建中国休闲学/胡延武//光明日报 2000-12-21
⊙古都新风貌 旅游最佳地/鄂平玲//人民日报 2000-12-21
⊙关于旅游纠纷的法律思考/杜焕芳 崔小艳//经济日报 2000-06-14
⊙关于旅游伦理的思考/李健//光明日报 2000-04-11
⊙关于旅游商品的思考/马润涛//人民日报 2000-08-31
⊙广西开出首列旅游铁路“大篷车”/罗昌爱//人民日报 2000-07-09
⊙广州引爆文化旅游核能/廖锋 彭小群//中国文化报 2000-10-05
⊙桂林加快城市文化建设步伐/罗昌爱//人民日报 2000-09-13
⊙桂林张家界接待争创优/栾峰//人民日报 2000-09-25
⊙国内旅游交易会在乌鲁木齐举行/李忱//人民日报 2000-07-16
⊙海南旅游业何时“旺丁又旺财”/李茹萍 王晓雄 李国章//经济日报 2000-08-20
⊙海南面貌一新 迎接国庆旅游黄金周/鲍洪俊//人民日报 2000-10-01
⊙海南生态旅游掀热潮/陈一鸣//人民日报 2000-05-05
⊙海南省综合整顿旅游市场/陈一鸣//人民日报 2000-08-28
⊙河北旅游独特景观/吕友//人民日报 2000-11-02
⊙华侨城旅游又有新举措/汪佑元//人民日报 2000-07-11
⊙会展旅游收益多/王小润//光明日报 2000-11-17
⊙济州岛的开发之路/王林昌//人民日报 2000-10-17
⊙加强对假日旅游的管理和引导/龚雯//人民日报 2000-06-23
⊙家庭文化消费调查数据分析/关耳//中国文化报 2000-06-29
⊙假日办发布第二号“十一”旅游信息预报/龚雯//人民日报 2000-09-27
⊙假日经济：文化产业如何唱戏/鸣戈//中国文化报 2000-09-14
⊙假日经济不只是旅游经济/钟水映//光明日报 2000-10-10
⊙假日经济看各地/刘达友 陈煜//经济日报 2000-10-10
⊙假日旅游 大有可为/林长榕//人民日报 2000-06-13
⊙假日旅游市场需要科学调控/王小润//光明日报 2000-05-11
⊙假日旅游新趋势 文化消费唱主角/邓海云 王小润//光明日报 2000-10-09
⊙假日旅游与文化之我见/魏小安//人民日报 2000-10-19
⊙假日消费 多元化好还是集中消费好/万建民//经济日报 2000-10-12
⊙假日消费 价格该不该涨？//经济日报 2000-09-28
⊙节日旅游？假日经济？休闲产业/魏小安//经济日报 2000-09-29
⊙借“创优”东风 促旅游发展/熊光荣 李迎涛//人民日报 2000-09-14
⊙借古城优势 建文化名城/邝宏志 赵长海 许新益//光明日报 2000-09-29
⊙京郊延庆旅游发展“三级跳”/郭东亮 吕鲁瑾//人民日报 2000-08-15
⊙崛起在西部大开发前沿/陈兴贵//人民日报 2000-07-07
⊙开创假日旅游工作新局面/韩祝平//人民日报 2000-08-28
⊙开展生态旅游需提高环保意识/武勤英//光明日报 2000-08-18
⊙看开封人巧打“旅游牌”/郑波 刘海法 党涤寰//经济日报 2000-09-17
⊙科技旅游：风景这边独好/赵雨舟//人民日报 2000-08-25
⊙拉萨将大力开发特色旅游/刘喜梅//人民日报 2000-06-20
⊙乐山：向着国际旅游城市迈进/黄明全//人民日报 2000-11-15
⊙旅行社在旅游中的作用/周伟坪//人民日报 2000-10-20
⊙旅游的文化解读/吴松//光明日报 2000-09-29
⊙旅游发挥主体作用/刘赵平//经济日报 2000-06-23
⊙旅游经济火爆张家界/王建军 汪涌 冯举高//经济日报 2000-10-02
⊙旅游景点都爆满 齐鲁文化醉游客/刘磊//人民日报 2000-05-02
⊙旅游市场出现联合化趋势/崔砺金//中国文化报 2000-12-18
⊙旅游四千六百万人次出游/龚雯//人民日报 2000-05-08
⊙旅游与电子商务共进/张翼南//人民日报//2000-07-31
⊙面对火爆的假日旅游/王玉华//人民日报 2000-06-22
⊙民俗文化：21 世纪旅游新热点/王麟//中国文化报 2000-10-23
⊙南京旅游市场“纯泰游”客源锐减/辛华//人民日报 2000-08-28
⊙南岭风光无重数 生态旅游来郴州/周政坤//人民日报 2000-09-16
⊙培养高素质旅游人才/杨明方//人民日报 2000-07-21
⊙前三季我入境旅游保持两位数增长/龚雯//人民日报 2000-11-07
⊙切实做好“十一”黄金周旅游服务工作/龚雯//人民日报 2000-09-28
⊙秦皇岛依托旅游发展农业/杜力华 郑学清//人民日报 2000-07-26
⊙让出境旅游市场再现艳阳天/苗晓//人民日报 2000-09-29
⊙让黄金旅游周不再尴尬/齐东向//经济日报 2000-08-18
⊙让旅游“照亮”西部的“天”/艾芳 钟云华//经济日报 2000-08-21
⊙认识休闲学/马惠娣//光明日报 2000-12-21
⊙三楚大地旅游兴/潘杏英 李迎涛//人民日报 2000-07-27
⊙陕西出台措施搞好假日旅游/孟西安//人民日报 2000-09-15
⊙上半年我国旅游创汇逾 78 亿美元/龚雯//人民日报 2000-07-22
⊙生态旅游热湘南/袁在学 陈维 冯举高//经济日报 2000-12-12
⊙世界之窗的经营管理模式与创新效应//中国文化报 2000-11-27
⊙市场给杭州旅游超市上课/黄平//经济日报 2000-07-11
⊙首次发布“十一”出游信息/龚雯//人民日报 2000-09-22
⊙首批中国公民旅游团抵东京/于青 管克江//人民日报 2000-09-15
⊙谁来填补旅游纪念品空白/陈国安 索研//光明日报 2000-08-18
⊙台港澳同胞回乡观光旅游/侯伟生//人民日报 2000-05-02
⊙台观光业愁云密布/赵峰//光明日报 2000-11-21
⊙泰大力推介我国旅游市场/孙伟//人民日报 2000-10-09
⊙提高文化含量与假日旅游的可持续发展/吴必虎//人民日报//2000-10-20
⊙提升旅游文化综合效益/康云山//中国文化报 2000-09-06
⊙体育健身游定为我国新世纪开局之年“旅游大餐”//光明日报 2000-11-17
⊙通讯落后制约非洲旅游发展/张克千//人民日报 2000-08-18
⊙推荐几项特色旅游活动/鄂平玲//人民日报 2000-07-13
⊙外国人到“珠三角”旅游更加便利/刘霄//人民日报 2000-06-22
⊙完善假日旅游预报制度之浅见/宋志伟//人民日报 2000-10-20

⊙为大西北旅游交通建设作贡献/汪法频 胡春根//人民日报2000-09-13
⊙为旅游培养高素质人才/杨明方//人民日报2000-09-14
⊙文化和旅游如何做到1+1>2/徐晋//中国文化报2000-12-22
⊙文化融入休闲中/成思危//光明日报2000-12-21
⊙我国旅游景区将按“四级”划分/钱江//人民日报2000-11-19
⊙西北旅游 画龙还需点睛/杨秦 王小涛//光明日报2000-04-07
⊙西部开发：如何珍惜发展文化//人民日报2000-05-20
⊙西藏着力建设国际旅游胜地/岳富荣//人民日报2000-11-22
⊙西南各省携手发展旅游产业/李维平//人民日报2000-10-05
⊙西南六省区市携手开拓旅游大市场/李维平//人民日报2000-09-05
⊙闲、休闲、休闲业/于光远//光明日报2000-12-21
⊙香港旅游业上半年增效明显/吴长生//人民日报//2000-08-09
⊙香港旅游展在京举行/李凯//人民日报2000-09-25
⊙新疆石河子旅游前景看好/沈峰//人民日报2000-11-23
⊙新世纪游新三峡/刘刚//人民日报2000-09-13
⊙休闲经济如约而至/徐立京 韩新颖//经济日报2000-10-12
⊙修复皇城相府 开发旅游资源/赵林英//中国文化报2000-06-29
⊙学习邓小平旅游思想 大力开发旅游资源/颜亚玉//光明日报2000-08-18
⊙研究旅游市场 有效开发资源/周国洪//人民日报2000-09-20
⊙依靠资源优势 发展旅游产业/王秋和//经济日报2000-10-17
⊙应在旅游设施的完善上多做工作/王骏//人民日报2000-10-20
⊙迎接“十一”旅游黄金周/林红梅 蒋桂斌 龙松林//人民日报2000-09-21
⊙营造自己的旅游狂欢节/杨凡 杨超//人民日报2000-09-08
⊙用“敦煌”牌打造甘肃旅游大产业/宋今//经济日报2000-08-17
⊙岳西：华东旅游新亮点/李丽鑫//人民日报2000-08-25
⊙越南将成为区域旅游中心/南纹//人民日报2000-08-28
⊙云南假日旅游有特色/张帆//人民日报2000-05-05
⊙中长线旅游不及“五一”火爆 区域内旅游远比“五一”兴旺/宗边//经济日报2000-10-08
⊙中国：向瑞士旅游学点什么/艾芳//经济日报2000-06-13
⊙中国国际旅游交易会在上海开幕/戎霄//人民日报2000-10-19
⊙中国体育健身游/鄂平玲//人民日报2000-09-29
⊙中国为旅游经济发展“添柴加火”/赵春晓//人民日报2000-08-14
⊙主题公园该怎么建/郑庆东//经济日报2000-08-08
⊙抓好行风建设 净化旅游环境/吕明军//人民日报2000-05-14
⊙走进桂林旅游经济圈/孟宪江 李丹//经济日报2000-07-17

2001年

⊙“后花园”里“农家乐”/夏珺//人民日报2001-10-15
⊙“黄金线路”的遗憾/罗盘//人民日报2001-04-06
⊙“开放年”热了宝鸡/南忍孝 王晋//经济日报2001-09-04
⊙“十一”黄金周全国有6397万人次出游 实现旅游收入近250亿元/龚雯//人民日报2001-10-09
⊙“五一”出游人数旅游收入创新高/王政//人民日报2001-05-08
⊙“五一”黄金周旅游火而有序/李丽辉//人民日报2001-05-11
⊙“五一”期间：铁路增开客车保旅游/龚雯//人民日报2001-04-16
⊙500处景点迎游客/吴绍冰//河北文化旅游业前景美好/王许可//经济日报2001-09-06
⊙奥运为旅游带来长远效应/魏小安//人民日报2001-07-28
⊙保定旅游成为服务业支柱/谷峰//中国文化报2001-11-08
⊙北海市建设海洋文化名城/潞平 唐岗//中国文化报2001-10-25
⊙长假期引发的旅游结构调整/张广瑞//经济日报2001-07-21
⊙朝鲜重视旅游业/张兴华//人民日报2001-04-16
⊙城市化进程中的文化思考/姚亚平//中国文化报2001-03-03
⊙城市以文化论输赢/李伦初//人民日报2001-08-11
⊙春节黄金周出游者达4496万人次/龚雯//人民日报2001-02-02
⊙打响文化品牌 提高城市品位/何开长//中国文化报2001-02-15
⊙打造“高品质旅游”——泰国旅游见闻（下）/人民日报代表团//人民日报2001-09-26
⊙打造“山水”品牌 建设旅游强市/李有存//人民日报2001-08-10
⊙打造中国旅游精品/刘思敏//人民日报2001-03-31
⊙德国：人人都可带薪休假/陈秋良//经济日报2001-08-25
⊙第二届中国昆明国际旅游节开幕/汪波 张帆//人民日报2001-04-11
⊙电影旅游：二十一世纪旅游新概念/易游人//中国文化报2001-04-19
⊙冬季旅游去处多/张玉来 孟辉 贺广华//人民日报2001-12-21
⊙发展我国服务业的战略思考/李善同 侯永志//经济日报2001-08-13
⊙发展休闲渔业/夏阿国//人民日报//2001-10-16
⊙法国农村兴起绿色旅游/陈志萱//经济日报2001-05-17
⊙芬兰圣诞旅游创名牌/刘仲华//人民日报2001-12-19
⊙关于湘西州南大门生态旅游资源开发的建议/向民贵//人民日报2001-06-26
⊙广东旅游收入破千亿元大关/郭莹玉 张俊//人民日报2001-02-06
⊙广东旅游文化何以迅速发展/王炎//中国文化报2001-06-25
⊙广东鸟屿观鸟成为旅游亮点/许国章 君佳 郑木泉//人民日报2001-08-25
⊙桂林大力整治旅游市场秩序 确保游客玩得好走得顺/周晓骏//经济日报2001-04-19
⊙桂林围绕旅游做强特色经济/涂晓东 古亦忠//人民日报2001-09-07
⊙桂林文化品位提高旅游金牌更亮/孙小良//中国文化报2001-01-18
⊙国家旅游局重拳规范旅游市场秩序/龚雯//人民日报2001-04-11
⊙河南构筑新世纪文化旅游大省/李杰//人民日报2001-04-28
⊙河南沿黄河旅游带成热点/刘雅鸣//人民日报2001-01-16
⊙黑龙江：夏季旅游持续升温/董伟 胡斌//人民日报2001-08-14
⊙衡山不断优化旅游环境/吴兴华//人民日报2001-09-26
⊙红色旅游：火爆与持续的话题/建舫//中国文化报2001-07-09
⊙黄金周：服务业还需加力/龚雯//人民日报2001-10-08
⊙黄金周旅游：走向成熟的消费/龚雯//人民日报2001-05-18
⊙黄山 寻找新的支点/许立群//人民日报2001-09-14
⊙会展旅游成为北京旅游业主攻方向/王小润//光明日报2001-12-31
⊙火了文化 热了旅游 促了经济/蒋晓文//中国文化报2001-10-25
⊙蓟县“大旅游”带来大发展/庞晓光 金学钧 王彦军//人民日报2001-08-07
⊙加快培育旅游产业的思考/黄建国//经济日报2001-10-10
⊙假日旅游经济要走可持续发展之路/陈天湖//人民日报2001-

11-22
⊙假日旅游日益升温 博物馆需及时应对/施春生//人民日报 2001-11-20
⊙渐入佳境的新疆旅游/李忱//人民日报 2001-10-25
⊙江西大力发展“红色旅游”/余清楚//人民日报 2001-08-04
⊙江西制定 20 年旅游发展规划/方良根//人民日报 2001-09-25
⊙奖励旅游提供新型管理工具 拓展特种旅游方式/苏琳//经济日报 2001-05-20
⊙借旅游电子商务“航母”出行/白清//经济日报 2001-11-25
⊙今年“十一”游新特点频现说明了什么/窦群 苏琳//经济日报 2001-10-09
⊙晋商文化旅游舞出龙头/底安民//人民日报 2001-10-09
⊙晋中打响晋商文化旅游品牌/刘杰 耿彦军 王丽峰//人民日报 2001-09-30
⊙京沪高速旅游带呼之欲出/龚雯//人民日报 2001-01-05
⊙镜泊湖抓环保巧梳妆/董伟//人民日报 2001-10-08
⊙九华山僧俗共建文明山/王启明//人民日报 2001-09-16
⊙喀纳斯自然保护与文明旅游协调发展/李忱//人民日报 2001-09-28
⊙开发“三国文化之旅”之我见/沈伯俊//人民日报//2001-09-06
⊙开发文物资源 要以保护为主/梁俭//中国文化报 2001-04-19
⊙开放祖国大陆人士赴台观光/武侠 姚小敏//人民日报 2001-08-15
⊙开封“五一黄金周”火爆有序/刘淮河 刘海法//经济日报 2001-05-10
⊙拉美各国掀起生态旅游热/李强//人民日报 2001-08-01
⊙立足文化优势 创建旅游品牌/刘玉琴 吕诺//人民日报 2001-09-11
⊙两汉文化游 相约在徐州/苏金康//中国文化报 2001-11-07
⊙旅游保险：这事有点烦/龚雯//人民日报 2001-07-27
⊙旅游产品出新求异上台阶/苏琳//经济日报 2001-10-14
⊙旅游贷款应放低门槛/孙潜彤//经济日报 2001-01-12
⊙旅游电子商务方兴未艾/徐晋//中国文化报 2001-02-19
⊙旅游景点门票该不该涨/齐东向//经济日报 2001-02-19
⊙旅游开发不能再搞重复建设/徐立京 梁杰//经济日报 2001-05-13
⊙旅游开发新眼光/李学江//人民日报 2001-12-03
⊙旅游门票提价当慎思/季音//人民日报 2001-04-30
⊙旅游汽车租赁能否更完美/温泉//光明日报 2001-08-31
⊙旅游虽仍尽显风光 却已不再一枝独秀/苏琳 贺莉丹//经济日报 2001-05-09
⊙旅游文化给我点特色——由云南旅游业发展引出的话题/李永林//光明日报 2001-02-09
⊙旅游消费者如何维权/时间//中国文化报 2001-04-30
⊙旅游研究所带起广西师大科研/保斌 刘昆//光明日报 2001-11-19
⊙旅游用品何其少/黄秋丽//光明日报 2001-06-22
⊙论经济发达地区的中心城镇文化建设/陈民宪 谢根芳 龚昭叶//中国文化报 2001-10-17
⊙满洲里致力建设国际贸易旅游城/郅振璞//人民日报 2001-12-05
⊙孟子故里为何遭冷遇/董学清 陈国军//中国文化报 2001-03-05
⊙民航全力保障“十一”旅游运输服务/杨国民//经济日报 2001-09-26
⊙民间资金为西部旅游“插翅”/武勇 逯寒青 张燕//人民日报 2001-11-01
⊙闽台共同探讨旅游合作前景/柏安//经济日报 2001-02-11
⊙盘点“十一”黄金周/王小润//光明日报 2001-10-12
⊙普陀山营造文明旅游环境/鲍洪俊 江南//人民日报 2001-09-14
⊙青岛旅游收入突破百亿/宋学春//人民日报 2001-01-08
⊙青海旅游开发应留住原始美/梁娟 钱荣 王娟//人民日报 2001-08-25
⊙清东陵优化旅游环境/周志军 杨春利//中国文化报 2001-11-08
⊙全球最具特色的探险旅游项目//光明日报 2001-12-14
⊙让孩子们也去旅游/阿雯//人民日报 2001-06-01
⊙让天津旅游资源闪出光亮/卢盘卿//经济日报 2001-03-21
⊙三明荣膺“中国优秀旅游城市”称号/江宝章//人民日报 2001-12-10
⊙森林公园成为新兴旅游胜地/周泓洋//人民日报 2001-11-13
⊙生态家园 旅游乐土/魏小安//人民日报 2001-12-29
⊙生态旅游“活”栾川/胡继鸿//人民日报 2001-06-30
⊙生态旅游大有可为/常玉生//人民日报 2001-06-20
⊙世界旅游巨头抢滩中国/钱春弦//人民日报 2001-06-05
⊙世界旅游市场风光好/任振强//经济日报 2001-02-01
⊙双赢：文化旅游的目标/徐晋//中国文化报 2001-02-23
⊙四川生态旅游热持续升温/郑德刚//人民日报 2001-09-06
⊙嵩山旅游质量迈上新台阶/李杰//人民日报 2001-09-25
⊙台胞来祖国大陆旅游去年突破 300 万人次/明星 刘涛//人民日报 2001-02-14
⊙泰国旅游外交结硕果/徐步青//人民日报 2001-11-26
⊙探索旅游酒店发展新路/康子义//人民日报 2001-05-26
⊙吐鲁番加快发展旅游产业/李忱//人民日报 2001-12-09
⊙网络改变中国旅游/张滨//光明日报 2001-11-28
⊙网上旅游切莫错过假日商机/方家平//人民日报 2001-10-22
⊙文化旅游风景独特 精品可期/贺莉丹//经济日报 2001-06-03
⊙文化旅游业前景美好/王许可//经济日报 2001-09-06
⊙我国大力拓展洲际旅游市场/黄豁//人民日报 2001-01-17
⊙我国旅游业快速发展/王小润//光明日报 2001-11-29
⊙我国生态旅游开发新品精品/新文//人民日报//2001-11-24
⊙我国最佳旅游城市标准制定工作启动/龚雯//人民日报 2001-10-24
⊙我看东北亚区域旅游/梁春香//人民日报 2001-05-08
⊙乌鲁木齐创建旅游名城/李忱//人民日报 2001-12-22
⊙西部旅游绝品开发与保护/魏小安//人民日报 2001-08-25
⊙忻州旅游产业成新的经济增长点/刘杰//人民日报 2001-12-02
⊙休闲，老北京的新韵味/阎晓明//人民日报 2001-04-30
⊙休闲旅游新概念/晓杜//人民日报 2001-02-02
⊙修学旅游 暑期新热点/小征//中国文化报 2001-06-25
⊙延庆打造旅游牌/阎晓明 吴坤胜//人民日报 2001-09-02
⊙扬孔子文化 兴现代旅游/谢文哲//经济日报 2001-09-20
⊙伊春发展森林生态旅游/孟辉//人民日报 2001-10-14
⊙遗产保护与旅游开发/粟丹//中国文化报 2001-08-02
⊙以先进文化引领城市文化建设/林树森//人民日报 2001-12-27
⊙亦堵亦疏 引导旅游/刘赵平//人民日报 2001-04-28
⊙英国旅游渗透度假意识/张晓// 光明日报 2001-08-17
⊙用文化装点桂林国际旅游名城/谢文富//中国文化报 2001-07-19
⊙云南丽江向国际旅游景区迈进/汪波//人民日报 2001-09-15
⊙整顿和规范市场经济秩序工作取得成效/原国锋//人民日报 2001-12-12
⊙中国旅游面临发展新机遇/张辉//经济日报 2001-11-08
⊙重视文化旅游内涵 提升文物利用效益/康云山//中国文化报

2001-07-23
⊙注重城市文化建设/魏春香//人民日报 2001-07-20
⊙抓住入世机遇发展休闲产业/王小润//光明日报 2001-11-30
⊙淄博创建优秀旅游城市/宋光茂//人民日报 2001-12-23
⊙走俏国外的绿色旅游//人民日报 2001-07-28
⊙做大假日旅游经济能否换个思路/严群力 周骁骏//经济日报 2001-09-16

体育产业

1979 年

⊙第四届全运会将于九月在京举行//光明日报 1979-03-09
⊙第四届全运会圆满成功胜利闭幕//光明日报 1979-10-01
⊙第四届全运会组织委员会成立//光明日报 1979-07-18
⊙国际奥委会经过全体委员的通讯表决，中国奥委会在国际奥委会的合法权利得到恢复//光明日报 1979-11-27
⊙国际体育记联接纳我为会员//光明日报 1979-06-03
⊙国家体委、中华全国体育总会、中国奥委会召开参加奥运会动员大会//光明日报 1979-12-19
⊙国家体委和教育部发出关于加强学校体育工作的三个文件//光明日报 1979-06-03
⊙国家体委体育科学研究所举办体育科学报告会//光明日报 1979-03-24
⊙国家体委召开全国体育科学技术工作会议，努力把体育科学研究工作搞上去//光明日报 1979-06-05
⊙加强学校体育、卫生工作，培养全面发展人才//光明日报 1979-05-29
⊙全国体育工作会议热烈讨论高速度发展体育事业问题//光明日报 1979-03-04
⊙全国学校体育、卫生工作经验交流会议在扬州市召开//光明日报 1979-05-29
⊙上海群众体育活动蓬勃开展//光明日报 1979-01-19
⊙世界羽联将在杭州举行锦标赛//光明日报 1979-06-03
⊙我足协接受国际足联关于中国代表权问题的决议//光明日报 1979-11-03
⊙现代化需要体育，体育需要现代化——热烈祝贺第四届全国运动会隆重开幕//光明日报 1979-09-15
⊙亚洲田径运动会闭幕//光明日报 1979-06-10

1980 年

⊙《足球世界》创刊//光明日报 1980-01-22
⊙北京举行冬泳表演//光明日报 1980-01-14
⊙登封县少林武术之花盛开//光明日报 1980-06-04
⊙奋战十年争取优异成绩，王猛谈八十年代我国体育工作的新形势新任务//光明日报 1980-01-11
⊙国家体委举办省、市、自治区体委领导干部培训班//光明日报 1980-11-10
⊙加强体育科研，发展体育事业//光明日报 1980-12-23
⊙开展女子足球运动的探讨//光明日报 1980-04-13
⊙全国马拉松、春季竞走比赛在合肥举行//光明日报 1980-03-25
⊙全国体育科学学术报告会在京召开，中国体育科学学会成立//光明日报 1980-12-23
⊙体育馆场要为体育服务//光明日报 1980-01-22
⊙体育有理论，大家来研究//光明日报 1980-06-25
⊙我国第一张《足球》报问世//光明日报 1980-01-04
⊙我国举行第一次体育选材会议//光明日报 1980-08-09
⊙我国体育科学研究有新进展//光明日报 1980-03-06
⊙我国运动员勇攀运动技术高峰//光明日报 1980-01-01
⊙要讲究点体育的"优胜学"/巴逊//光明日报 1980-12-27
⊙中国体育科学学会成立//光明日报 1980-12-23

1981 年

⊙1980 年全国十名最佳运动员评选揭晓//光明日报 1981-01-21
⊙第五届全运会定于 1983 年在上海举行//光明日报 1981-06-12
⊙全社会都来关心和支持文教卫生体育事业——人大代表和政协委员讨论政府工作报告旁听记//光明日报 1981-12-11
⊙我国首次举行国际马拉松赛//光明日报 1981-09-28
⊙我国体育史上新的一页——热烈祝贺中国女排荣获世界杯冠军//光明日报 1981-11-17
⊙意气风发，斗志昂扬，为国争光——我乒乓健儿荣获世乒赛七项冠军五项亚军，第 36 界世乒赛圆满结束//光明日报 1981-04-27

1982 年

⊙第九届亚运会开幕//光明日报 1982-11-20
⊙首届大学生运动会隆重开幕//光明日报 1982-08-11
⊙中华人民共和国第一届大学生运动会//光明日报 1982-07-04

1983 年

⊙"贺龙杯"足球邀请赛在长沙揭开战幕//光明日报 1983-10-02
⊙长城杯国际足球锦标赛揭开战幕//光明日报 1983-07-12
⊙成立"农家乐体育协会"/高昊田//经济日报 1983-05-09
⊙促进农村体育运动发展，田径之乡——莆田县再抓十件事//光明日报 1983-05-02
⊙第五届全国冬运会在哈尔滨开幕//光明日报 1983-03-13
⊙第五届全运会开幕式在上海隆重举行//光明日报 1983-09-19
⊙第五届全运会隆重举行闭幕式//光明日报 1983-10-02
⊙第五届全运会组委会成立//光明日报 1983-08-19
⊙发扬女排的光荣传统//光明日报 1983-07-10
⊙国际奥委会将赞助中国举办体育艺术竞赛//光明日报 1983-09-21
⊙国家体委举行表彰大会，向六十名运动员和教练员颁发了体育运动荣誉奖章//光明日报 1983-03-03
⊙国务院批准成立中国老年人体育协会//光明日报 1983-07-15
⊙近三千七百名体育健儿将参加上海全运会决赛//光明日报

1983-08-10
◎经亚洲足球联合会批准，我国将首次举办国际女子足球邀请赛//光明日报 1983-10-01
◎看到差距，奋起直追——从首届世界田径世界锦标赛看我国田径运动/刘绪民//光明日报 1983-08-14
◎攀登体育运动和精神文明的新高峰——热烈祝贺第五届全运会胜利召开//光明日报 1983-09-19
◎全运会“振兴中华火炬接力”点火仪式在天安门广场举行//光明日报 1983-09-03
◎十一届三中全会以来体育事业成就的大检阅 第五届全国运动会在上海隆重揭幕//经济日报 1983-09-19
◎首都二十家新闻单位联合举办的评选今年全国十佳运动员下月开始//光明日报 1983-10-29
◎首届世界田径锦标赛开幕//光明日报 1983-08-09
◎首届亚洲杯乒赛在无锡开幕，亚乒联执委会决定亚洲杯赛今后每年举行一次//光明日报 1983-10-09
◎四天办了四件事——为发展体育事业快速落实党中央国务院领导同志批示/史习传//经济日报 1983-01-24
◎体育、乐器用品旺销//经济日报 1983-07-27
◎体总常委讨论我国参加奥运会等问题//光明日报 1983-09-26
◎万里在全运会主席团组委会联席会上讲话——发展体育运动，推动现代化建设//光明日报 1983-10-01
◎我国百分之七十的公社文化中心和青年之家把体育作为重要活动内容//光明日报 1983-10-03
◎我国建起首个体育训练基地//光明日报 1983-08-24
◎我国将举办长城杯国际足球锦标赛//光明日报 1983-06-19
◎我国申请在京举办第十一届亚运会//光明日报 1983-09-08
◎我六名运动员进入世界举重最佳运动员行列//光明日报 1983-05-04
◎五届全运会筹备工作正紧张而有条不紊的进行//光明日报 1983-06-05
◎五届全运会体育新器材/陈龙鑫//经济日报 1983-10-03
◎五届全运会组织委员会举行会议表彰群众体育先进集体和个人/余传诗//光明日报 1983-09-20
◎西班牙评选世界最佳运动员，李宁名列第二//光明日报 1983-01-05
◎学校体育的目的任务及其实施途径/张良瑞//光明日报 1983-07-01
◎叶剑英邓小平李先念陈云分别给第五届全运会题词//光明日报 1983-09-16
◎运城地区开展创建“体育城”、“体育乡”活动//光明日报 1983-01-10
◎中国足球队组成新阵容//光明日报 1983-05-06
◎重庆将建成“田径之乡”、“足球之城”//光明日报 1983-07-15

1984 年

◎八三年全国“十佳”评选揭晓，发奖大会在京举行//光明日报 1984-02-17
◎北京市健美运动方兴未艾//光明日报 1984-04-29
◎本报等六新闻出版单位联合主办体育日活动昨天在京举行//经济日报 1984-09-10
◎第二十三届奥运会在洛杉矶隆重开幕//光明日报 1984-07-30
◎第二十四届亚洲青年足球赛中国队获东亚区预选赛冠军//光明日报 1984-03-25
◎第十四届冬季奥运会在萨拉热窝开幕//光明日报 1984-02-09
◎国家体委、中国体操协会实行奖励创造难新动作制度//光明日报 1984-06-24
◎国务院致电中国体育代表团，热烈祝贺我体育健儿在奥运会取得好成绩//光明日报 1984-08-14
◎建国三十五年来三十五件体育大事评选揭晓//光明日报 1984-09-22
◎津市农村体育用品热销/黄栋贤//经济日报 1984-05-19
◎论体育与经济建设/张采珍 吾如仪//经济日报 1984-08-18
◎洛杉矶奥运会盈一亿五千万美元//光明日报 1984-09-14
◎庆建国卅五周年 贺奥运健儿凯旋 首都六新闻出版单位将办“体育日”活动//经济日报 1984-09-03
◎全国足球甲级队联赛广州赛区首创“当日球星奖”//光明日报 1984-03-04
◎首都隆重集会为中国体育代表团庆功//光明日报 1984-08-20
◎首届全国伤残人运动会将举行//光明日报 1984-01-08
◎我国将派出二百二十五名运动员参加洛杉矶奥运会//光明日报 1984-06-23
◎我国将于一九八八年举办亚洲游泳锦标赛//光明日报 1984-05-10
◎我国今年将举办九次国际邀请赛//光明日报 1984-01-01
◎我运动员获国际跳水赛全部冠军//光明日报 1984-09-24
◎向体育健儿学习，为四化做出更大贡献//光明日报 1984-08-20
◎亚洲游泳锦标赛结束，中国队金牌数居首位//光明日报 1984-05-04
◎亚足联十一届代表大会将在穗举行//光明日报 1984-03-20
◎一百一十四个国家和地区参加洛杉矶奥运会//光明日报 1984-06-06
◎迎接第六届全运会，广州将兴建六座体育馆//光明日报 1984-05-09
◎在一九八三年的比赛中，我体育健儿共获三十九个世界冠军//光明日报 1984-01-11
◎中国体育健儿在奥运会上的成功轰动了世界/郑言//光明日报 1984-09-02
◎中国羽坛健儿必须奋力拼搏——“汤姆斯杯”“尤伯杯”赛前谈/夏浩然//光明日报 1984-04-22

1985 年

◎《世界体操》评选优秀选手，我国总数占首位//光明日报 1985-01-06
◎北京春节环城赛跑准备就绪//光明日报 1985-01-06
◎北京市成立冬泳俱乐部//光明日报 1985-12-05
◎参加第四届世界羽毛球锦标赛后我国羽毛球队载誉回京//光明日报 1985-06-20
◎春节安徽体育活动多/陈雷//经济日报 1985-02-17
◎春节期间首都体育活动丰富多彩/温文//经济日报 1985-02-17
◎第 38 届世乒赛隆重开幕/桑洪臣//光明日报 1985-03-30
◎第十三届世界大学生运动会隆重开幕//光明日报 1985-08-25
◎第四届世界杯排球赛开幕//光明日报 1985-11-09
◎济南郊区农民办大型体育设施 山东省第一届农民田径运动会和全国第一届农民运动会将在这里举行/王正训 朱司祥//经济日报 1985-04-28
◎建设精神文明的一项内容——记“足球城”大连/陈文清//经济日报 1985-04-07

⊙讲究精神文明，开好体育盛会——祝贺国际足联柯达杯世界锦标赛开幕/本报评论员//光明日报 1985-08-01
⊙今年中国十大体育新闻揭晓//光明日报 1985-12-24
⊙今年中国十名最佳田径运动员揭晓//光明日报 1985-12-25
⊙洛杉矶奥运会收入的风波//光明日报 1985-03-06
⊙能将相遇，争夺激烈——写在第十三届世界大学生运动会前夕/夏浩然//光明日报 1985-08-23
⊙评选今年全国十佳运动员活动即将开始//光明日报 1985-10-28
⊙全国体育科学学会举办理论研讨活动//光明日报 1985-08-11
⊙让体育有一块固定的阵地/凌志伟//光明日报 1985-01-12
⊙上海国际体操邀请赛揭开战幕/夏浩然//光明日报 1985-04-15
⊙世界体操锦标赛在加拿大开幕//光明日报 1985-11-05
⊙首届全国青少年运动会在郑州开幕，万里副总理致开幕词/侯红光等//光明日报 1985-10-07
⊙体育科研大面积丰收/夏浩然//光明日报 1985-12-06
⊙我国获亚洲青年体操赛十三项冠军//光明日报 1985-05-21
⊙我国将举办世界群众体育周//光明日报 1985-02-08
⊙我国女排再次捧回世界杯//经济日报 1985-11-21
⊙现代体育科学//经济日报 1985-07-01
⊙形势严峻，锐意进取——写在第三十八届世乒赛前夕/夏浩然//光明日报 1985-03-24
⊙一九九零年第十一届亚运会组委会在京成立//光明日报 1985-05-17
⊙在和平与友好的旗帜下——第十三届世界大学生运动会回顾/夏浩然等//光明日报 1985-09-05
⊙中国女排夺得日本杯赛冠军//光明日报 1985-04-13
⊙中原大地喜迎体育健儿——访首届青运会组委会副主任、河南省副省长胡悌云/守贤//经济日报 1985-10-06

1986 年

⊙“篮球之乡”——武清县梅厂乡见闻//光明日报 1986-01-05
⊙长城杯国际足球邀请赛开幕/夏浩然//光明日报 1986-07-30
⊙第八届亚乒赛将在深圳举行/吴晓民//光明日报 1986-07-26
⊙第八届亚乒赛在深圳揭开战幕//光明日报 1986-10-08
⊙第二届大学生运动会在大连开幕//光明日报 1986-08-04
⊙第三届全国少数民族传统体育运动会开幕//光明日报 1986-08-11
⊙第十届亚洲运动会隆重开幕/夏浩然//光明日报 1986-09-21
⊙国际排联行政委员会同意中国举办第十一届世界女排赛//光明日报 1986-04-21
⊙国家足球队组成红黄两支队伍//光明日报 1986-03-01
⊙贺龙杯足球赛开赛/夏浩然//光明日报 1986-04-08
⊙她们迈步走向世界足坛——浅谈我国的女子足球运动/小鸣//经济日报 1986-10-05
⊙今年国内十大体育新闻揭晓/何东宪//经济日报 1986-12-14
⊙培养体育后备人才，争取赛风根本好转，全国体委主任会议在京闭幕/夏浩然//光明日报 1986-03-16
⊙去年世界“十佳”运动员评选揭晓//光明日报 1986-03-02
⊙世界杯赛国际足联公布世界杯赛各队名次//光明日报 1986-08-07
⊙世界杯足球大赛电视转播已备妥//光明日报 1986-05-14
⊙世界杯足球赛面临三个难题/辛育//经济日报 1986-01-05
⊙世界女篮锦标赛拉开战幕/高凤仪//光明日报 1986-08-09
⊙苏联队、中国队分获尼赫鲁金杯足球赛冠、亚军//光明日报 1986-02-03
⊙探索体育竞赛和企业竞争的共同规律 体育界同企业界进行别开生面对话/郭晓//经济日报 1986-08-22
⊙体委决定举办全国城市运动会//光明日报 1986-05-24
⊙向体育健儿学习//光明日报 1986-10-06
⊙亚非拉十六国抵制英联邦运动会//光明日报 1986-07-21
⊙亚运会上赛出了风格赛出了水平，体育健儿载誉归来//光明日报 1986-10-07
⊙一百六十个国家和地区将转播世界杯足球大赛//光明日报 1986-02-14
⊙一九八六年中国羽毛球公开赛在福州揭开战幕//光明日报 1986-05-29
⊙一九八五年全国游泳十佳揭晓//光明日报 1986-01-29
⊙一九八五年亚洲“十佳”运动员揭晓//光明日报 1986-01-25
⊙邮电部对十三届世界杯足球赛的电视转播收费实行优惠//光明日报 1986-06-01
⊙祝贺八五年全国“十佳”评选揭晓//光明日报 1986-02-01

1987 年

⊙1987 年我国国际十大体育新闻//经济日报 1987-12-20
⊙78 个县被命名为全国体育先进县//光明日报 1987-04-20
⊙北京代表团提出倡议，争取运动成绩和精神文明双丰收//光明日报 1987-11-17
⊙第 30 届远东桥牌锦标赛在沪揭开战幕/夏浩然//光明日报 1987-06-07
⊙第 39 届世乒赛传来捷报，我国男女乒乓球队双获团体冠军//光明日报 1987-02-25
⊙第 39 届世乒赛开幕/罗京生//光明日报 1987-02-19
⊙第九届世界业余围棋赛落幕/罗京生//光明日报 1987-05-20
⊙第九届亚洲青年篮球锦标赛降下战幕，中国男女队双获冠军/张川杜//光明日报 1987-01-06
⊙第九届亚洲青年篮球锦标赛上中国男女队双获决赛权//光明日报 1987-01-04
⊙第六届全运会在广州闭幕，李鹏、万里、李铁映、薄一波等出席闭幕式并颁奖/夏浩然//光明日报 1987-12-06
⊙第三十九届世乒赛中我国选手惠钧耿丽娟获混双冠军/罗京生//光明日报 1987-03-01
⊙第四届亚洲女排锦标赛战火点燃/夏浩然//光明日报 1987-06-07
⊙第五届世界羽毛球锦标赛闭幕，中国运动员囊括五项冠军/夏浩然//光明日报 1987-05-25
⊙多国体育器材及保健设备展览会 7 月将在哈尔滨市举行//经济日报 1987-06-05
⊙高敏获世界跳水赛跳板跳水冠军，我选手已获四项冠军三项亚军//光明日报 1987-04-28
⊙广东队获足球冠军/臧平分 何东宪//经济日报 1987-12-04
⊙古老的体育游戏——拔河/田宝来//经济日报 1987-01-25
⊙国家体委，教委表彰先进体育传统项目学校和优秀工作者，百所学校和千名个人受到奖励/邓海云//光明日报 1987-12-26
⊙国家体委副主任张彩珍向本报记者谈体育改革，社会化、科学化给体育事业注入新的活力/夏浩然//光明日报 1987-09-08
⊙检阅体育运动水平 推动全民体育发展 第六届全运会在广州隆重开幕/李国利//经济日报 1987-11-21
⊙李鹏在六运会闭幕式上的讲话//光明日报 1987-12-06
⊙六届全运会准备工作就绪//光明日报 1987-11-08

◎全运会将评最受欢迎的运动员//光明日报 1987-10-12
◎赛出了水平，赛出了风格，中国足球队凯旋归来//光明日报 1987-10-29
◎世界杯跳水赛团体赛结束，中国队获女子团体冠军//光明日报 1987-04-27
◎世界羽毛球锦标赛近日将进行决赛，我女双选手已稳获冠军/夏浩然//光明日报 1987-05-24
◎体育科研人员纷纷上阵/李南//光明日报 1987-11-20
◎体育投资不容忽视/董盛福//经济日报 1987-07-13
◎我国选手在澳跳水赛获三枚金牌/骆以清//光明日报 1987-01-29
◎向着更高的目标奋进——第六届全运会综述/夏浩然//光明日报 1987-12-06
◎亚洲十佳运动员评选揭晓，中国有五名运动员入选/夏浩然//光明日报 1987-01-11
◎研究一下体育经济学/谢琼桓//经济日报 1987-11-28

1988 年

◎当代体育科技工作的大趋势/蔡俊五//光明日报 1988-01-23
◎国际体育器材将在北京展览/盛军学//经济日报 1988-05-31
◎旅游体育产品在京博览/文一//经济日报 1988-07-07
◎全国名优体育用品展销会举行/王耀章//经济日报 1988-08-18
◎热心支持体育的企业受表彰/张仲英//经济日报 1988-03-03
◎十佳体育系列用品展览会举行/明彬//经济日报 1988-03-19
◎世界最有名的体育用品公司阿迪达斯/木木//经济日报 1988-09-17
◎体委体总和中国奥委会举行招待会欢迎中国体育代表团鏖战归来 杨尚昆、李鹏、胡启立等出席 李铁映讲话/李贺普//经济日报 1988-10-06
◎体育，欧洲建设的新内容/杨志清//光明日报 1988-04-23
◎体育与体育产业/林双//经济日报 1988-09-30
◎我国体育器材打入国际市场/成茂//经济日报 1988-06-07

1989 年

◎“1989 年国内、国际十大体育新闻”日前在京揭晓//经济日报 1989-12-31
◎“全国体育用品展览交易会”举行//经济日报 1989-04-30
◎“体操王子”任“健力宝”经理助理 李宁说此举意在开拓体育实业/李铁铮//经济日报 1989-04-22
◎北京利生新体育用品展销会开幕/耀章//经济日报 1989-09-13
◎本报召开体育文化座谈会/向云驹//中国文化报 1989-09-03
◎从体育人才外流谈起/梁言//经济日报 1989-08-27
◎第四届“名新优中外体育用品博览会”开始举办/王耀章//经济日报 1989-04-16
◎国际体育用品展将开幕 大陆与港台合作更紧密/王凯//经济日报 1989-09-27
◎弘扬奥林匹克精神，开好北京亚运会/熊斗寅//中国文化报 1989-09-13
◎举办亚运会意义大，效益广/王鼎华//中国文化报 1989-09-13
◎廓清模糊认识，发展体育文化/吾如仪//中国文化报 1989-09-13
◎群众体育活动被冷落//经济日报 1989-05-14
◎如何构建社会主义的体育文化/谢琼桓//中国文化报 1989-09-13
◎社会办体育向何处去？/李轩 梁言//经济日报 1989-01-29
◎体育科技事业的创建和发展/谈大钰//光明日报 1989-09-24
◎体育文化对发展体育事业的意义/毕世明//中国文化报 1989-09-13

1990 年

◎“体育热”探源/谢琼桓//经济日报 1990-09-22
◎11 届亚运会国产体育器材占 70%/陈烁 吴晨光//经济日报 1990-03-14
◎39 个国家和地区表示派体育代表团参加北京亚运会/李志贤//经济日报 1990-03-06
◎广告与体育/雷越//经济日报 1990-03-25
◎竞技场上看科技——世界体育科技发展瞭望/周延国//经济日报 1990-06-30
◎美的建筑 美的人——记国家奥林匹克体育中心游泳馆的设计者/翟惠生//光明日报 1990-05-11
◎三单位联合评选出国际国内十大体育新闻//经济日报 1990-12-23
◎体育事业蒸蒸日上/伍绍祖//光明日报 1990-09-18
◎我们的目标——为了振兴体育事业/里行//经济日报 1990-06-03
◎亚运会向我们走来系列通讯：舍我其谁——第 11 届亚运会中国体育器材扬眉记/陈建//经济日报 1990-09-04
◎亚运会要发扬奥林匹克精神/谢亚龙//中国文化报 1990-08-08
◎扬起新文明的风帆——我国文化、体育设施十年发展掠影/陆彩荣//光明日报 1990-12-28
◎以体育促经济——一个衰落中的城市为什么要举办世界性运动会/彭剔强//光明日报 1990-09-17
◎以新纪录最多载入亚洲体育史册 第 11 届亚运会各项赛事圆满结束//经济日报 1990-10-07
◎迎亚运体育与经济系列谈（1）亚运会：中国经济的大广告牌/傅勘 黄文彬//经济日报 1990-03-11
◎迎亚运体育与经济系列谈（2）亚运会：“充胖子”还是“养胖子”/傅勘 黄文彬//经济日报 1990-03-18
◎迎亚运体育与经济系列谈（3）亚运会：你能给中国带来什么/李洪波 黄文彬//经济日报 1990-03-25
◎迎亚运体育与经济系列谈（4）亚运会：中国旅游事业的大考场/李洪波 黄文彬//经济日报 1990-04-01
◎迎亚运体育与经济系列谈（5）亚运会：管理堪称“第二软件”/李洪波 黄文彬//经济日报 1990-04-08
◎迎亚运体育与经济系列谈（6）亚运会：当拥有举世无双的“智囊团”/李洪波 黄文彬//经济日报 1990-04-15
◎迎亚运体育与经济系列谈（7）亚运会：理直气壮说集资/李洪波 黄文彬//经济日报 1990-04-22
◎迎亚运体育与经济系列谈（8）亚运会：商界探温/李洪波 黄文彬//经济日报 1990-04-29
◎迎亚运体育与经济系列谈（9）亚运会：“搭台唱戏”看科技/李洪波 黄文彬//经济日报 1990-05-06
◎迎亚运体育与经济系列谈（10）亚运会：会歌引出的经济话题//经济日报 1990-05-13
◎迎亚运体育与经济系列谈（11）亚运会：你能让嘉宾带回什么/李洪波 黄文彬//经济日报 1990-05-20
◎迎亚运体育与经济系列谈（12）亚运会：艰苦奋斗是“营养源”/李洪波 黄文彬//经济日报 1990-05-27
◎迎亚运体育与经济系列谈（13）亚运会：促我们重视体育经济学/李洪波 黄文彬//经济日报 1990-06-10
◎愿体育与经济结下不解之缘——《亚运大视角》读后/伍绍祖

//经济日报 1990-08-26
◎ 中共中央国务院致信祝贺 11 届亚运会组委会中国体育代表团//经济日报 1990-10-08

1991 年

◎ 第 27 届 AMF 世界杯保龄球赛将在北京丽都假日饭店举行/李媛//经济日报 1991-07-14
◎ 青岛市文化体育用品批发公司以变应变 既吃“计划饭”也吃“市场饭”//经济日报 1991-08-27
◎ 迎接第四届全国少数民族传统体育运动会召开//经济日报 1991-07-28
◎ 运动场发展趋势：规模小设施好//光明日报 1991-10-13
◎ 中国体育国际经济技术合作公司近日成立/李星//经济日报 1991-12-29

1992 年

◎ 1991 年国内、国际十大体育新闻//经济日报 1992-01-11
◎ 北京成立体育广告公司/刘宪宗//经济日报 1992-12-05
◎ 变生产优势为经营优势 北京出现首家文化体育用品集散市场/张念群//经济日报 1992-09-23
◎ 参加二十五届奥运会 中国体育代表团成立/臧平分//经济日报 1992-06-16
◎ 飞翔在巴塞罗那上空——跻身奥运会的国产“皇冠”体育器械成名记/余海波//经济日报 1992-08-29
◎ 国外体育产业发展一瞥①/利军//经济日报 1992-05-23
◎ 国外体育产业发展一瞥②/杜利军//经济日报 1992-06-06
◎ 国外体育产业发展一瞥③/杜利军//经济日报 1992-09-12
◎ 国外体育产业发展一瞥④/杜利军//经济日报 1992-09-26
◎ 国外体育产业发展一瞥⑤/杜利军//经济日报 1992-12-12
◎ 紧锣密鼓迎奥运：使者三百八 后盾十一亿——全国人民关心、参与、声援体育事业速写/余海波//经济日报 1992-07-04
◎ 李宁牌体育世界商场在京开业/秦晓风//经济日报 1992-02-20
◎ 李宁牌体育系列产品奖在京联合展销//经济日报 1992-09-07
◎ 名特优新体育产品博览展销会将举行//经济日报 1992-03-28
◎ 体育：悄悄的变化/桂鑫 艾行//经济日报 1992-05-09
◎ 西方体育的金钱“魔方”/土辉 洪俊//经济日报 1992-01-25
◎ 一百七十二个国家和地区体育使者与巴塞罗那公众欢聚一堂 第二十五届奥运会圆满闭幕/臧平分//经济日报 1992-08-10
◎ 一九九二中国国际十大体育新闻揭晓//经济日报 1992-12-26
◎ 中国体育国际经济技术合作公司成立//经济日报 1992-01-11
◎ 中国体育文化城将在上海动工//经济日报 1992-11-28
◎ 中国足球敢问路在何方/晓东//经济日报 1992-02-15
◎ 中国足球将有新动向/济健//经济日报 1992-03-07
◎ 众名将泳池争雄 世界杯游泳赛一月在京举行/金文//经济日报 1992-12-26
◎ 足球比赛率先鸣笛 往日魅力荡然无存“世界第一运动”备受冷落原因何在//经济日报 1992-07-26
◎ 足球甲 A 联赛又有新气象//经济日报 1992-05-23

1993 年

◎ ’93 世界杯体育舞蹈选赛在京举行/天祥//经济日报 1993-11-06
◎ ’93 体育消费精品调查活动开始/维//经济日报 1993-08-05
◎ 北方体育经济发展公司成立//经济日报 1993-10-02
◎ 北京成立一家民办足球俱乐部//经济日报 1993-01-09
◎ 北京国安足球俱乐部成立/安稳//经济日报 1993-01-13
◎ 北京将办生活与体育用品博览会/韩//经济日报 1993-05-18
◎ 东亚运动会中国体育代表团成立/臧平分//经济日报 1993-03-04
◎ 国外体育产业发展一瞥/杜利军//经济日报 1993-01-09
◎ 话说中国足球市场风险/汪大昭//经济日报 1993-01-30
◎ 借体育腾飞的“健力宝”/谢文//经济日报 1993-10-23
◎ 九三年游泳世界杯赛在京落幕/何//经济日报 1993-01-12
◎ 首届全国文化体育生活日用保健品博览会将在京举行//经济日报 1993-04-12
◎ 体现改革开放的巨大成就 展示体育发展的丰硕成果 第七届全运会隆重闭幕 李鹏、李岚清、李铁映、陈希同等领导人出席闭幕式/王岳龙 苏会志//经济日报 1993-09-16
◎ 体育：是包袱还是财富？——电视机前对话录/蒋祖钢//经济日报 1993-09-08
◎ 体育搭台 经贸唱戏 林县将办亚洲滑翔大赛/聂伟//经济日报 1993-01-01
◎ 我国对来华从事文艺演出及体育 表演收入严格征税作出明确规定//经济日报 1993 11 25

1994 年

◎ ’93 全国体育消费精品调查活动揭晓/孙爱琪//经济日报 1994-03-30
◎ 10 亿体育彩票开始发行/李洪波//经济日报 1994-12-24
◎ 北京国际体育用品展参展报名进入高潮//经济日报 1994-04-23
◎ 北京世界杯射击赛将在北京举行/佳林//经济日报 1994-02-06
◎ 从数字看世界杯赛/高凤仪//光明日报 1994-07-01
◎ 宏远篮球俱乐部成立//经济日报 1994-01-08
◎ 今年国内国际十大体育新闻评出/何东//经济日报 1994-12-31
◎ 全国体育经济问题研讨会在京召开/晓云//经济日报 1994-12-13
◎ 十大体育新闻——’93 体坛折射/任可//经济日报 1994-01-08
◎ 世界杯竞走赛将在京举行//经济日报 1994-08-27
◎ 市场经济给中国体育带来什么？——写在全国体委主任会议召开之际/李洪波//经济日报 1994-04-09
◎ 体育产业前景广阔/戴学东//人民日报 1994-12-09
◎ 体育事业发展迅速 企业支持功不可没 中国体育发展贡献奖评选揭晓/兴旺//经济日报 1994-04-09
◎ 体育之中有经济/盛言//经济日报 1994-10-16
◎ 学校体育卫生保健品博览会将办/东宪//经济日报 1994-09-05
◎ 中国足球步入市场//经济日报 1994-04-23
◎ 中央电视台将设《体育空间》专栏//经济日报 1994-12-24

1995 年

◎《全民健身计划纲要》颁布实施/罗京生//光明日报 1995-06-29
◎《体育产业发展纲要》出台//经济日报 1995-07-07
◎ 奥运会中国体育代表团专用标志评选运动装备招标揭晓//经济日报 1995-12-01
◎ 把中国篮球推向市场/保生//经济日报 1995-01-28
◎ 北京体育界开发体育产业//人民日报 1995-12-23
◎ 创办具有中国特色的职业俱乐部——上海申花足球俱乐部纪事

/陆继农//经济日报 1995-01-28
◎第四十三届世界乒乓球锦标赛隆重开幕/夏浩然 罗京生//光明日报 1995-05-02
◎发展体育产业促进全民健身 中国体育用品博览会十月举行/许立群//人民日报 1995-08-04
◎国家体委主任伍绍祖说 将体育与市场联系起来/何东宪//经济日报 1995-01-07
◎呼唤真正的体育人才流动/孙保生//经济日报 1995-11-03
◎经济界体育界携手开发体育信息/傅勘//经济日报 1995-04-04
◎老字号前门文化体育用品公司专中求全全中求优效益显著/何建华//经济日报 1995-03-05
◎培育体育市场 加速产业化进程/张发强//经济日报 1995-01-14
◎首届中国足球双星金鞋奖揭晓/李//经济日报 1995-04-22
◎体育产业的发展要预防“泡沫化”/黄兴年//经济日报 1995-06-16
◎体育人才交流初现市场行为——首届全国体育人才信息交流大会采访记/李巍//经济日报 1995-04-08
◎体育市场与企业形象/华民//经济日报 1995-01-28
◎体育也需要经济基础/张济和//经济日报 1995-09-01
◎体育与经济协调发展乃大势所趋——国家体委主任伍绍祖访谈/杨林林//经济日报 1995-11-17
◎天津 43 届世乒赛准备就绪/路清枝//光明日报 1995-04-21
◎透过数字看足球——有关商业性足球比赛的调查报告/甘波//经济日报 1995-06-30
◎外国体育记者关心中国经济/余晓勇//经济日报 1995-05-11
◎伍绍祖谈体育法//经济日报 1995-09-08
◎欣闻农民发了体育财/何士军//经济日报 1995-06-30
◎一九九五年度体育用品博览会将召开/胡其萍//经济日报 1995-08-09
◎一项读者点题活动表明足球改革备受公众关注//经济日报 1995-02-11
◎云南民族传统体育文化/戴世能//中国文化报 1995-11-05
◎中国篮球市场渐“火”/保生//经济日报 1995-02-25
◎中国体育：拨响经济之弦/叶国标//经济日报 1995-05-19
◎中国体育报、中央电视台等评出一九九五年中国、国际十大体育新闻/何//经济日报 1995-12-29
◎中国体育产业的窗口——’95 中国体育用品博览会将在天津举办/越陵//经济日报 1995-10-06
◎中国体育用品博览会成交九个亿/路清枝//光明日报 1995-10-19
◎中国有了体育法//经济日报 1995-09-01
◎足球热过热篮球/任可//经济日报 1995-12-15

1996 年

◎’96 名牌体育用品展示会将办/金羊//经济日报 1996-04-19
◎“八五”期间中国体育事业迅速发展/任可//经济日报 1996-01-07
◎“维维”踏入足球之门/晋采//经济日报 1996-05-26
◎26 届奥林匹克运动会中国体育代表团成立/何东宪//经济日报 1996-06-18
◎奥运中国代表团礼服设计揭晓 九五北京体育好新闻评选结束 北京举行政府机关网球邀请赛//经济日报 1996-02-04
◎创联网络公司与中国体育报合作 将通过信息高速公路转播奥运会/蒋峥//经济日报 1996-07-11
◎第四届全国体育用品博览会在南昌举办//经济日报 1996-11-03
◎发展体育产业多创国产名牌 中国体育用品博览会在南昌开幕/王霞光 傅丁根//人民日报 1996-10-31
◎甘愿赔本为哪般——韩国体育产业一瞥/任建民//人民日报 1996-06-06
◎湖北美尔雅足球俱乐部竖旗/林蔚明 刘伟民//经济日报 1996-03-03
◎嘉人将拍卖北青报广告版及体育珍藏品/长云//经济日报 1996-05-26
◎冷落的赛场 萧条的球市——从全国手球锦标赛透析体育市场的改革/葛如江 刘炜//经济日报 1996-05-05
◎李瑞环会见中国残疾人体育代表团/刘振英 杨振武 高殿民//经济日报 1996-08-30
◎利用体育载体 树立企业形象/张明//经济日报 1996-06-02
◎男子职业篮球联赛揭幕//经济日报 1996-11-03
◎全国政协体育研讨会钱伟长谈体育产业化/李贺普 方益波//人民日报 1996-10-16
◎如何开发体育产业无形资产 首都体育记者举行专题座谈/何//经济日报 1996-01-28
◎宋晓波篮球俱乐部成立/李岩//经济日报 1996-06-30
◎体育彩票收益金已用于支持十二项重大体育赛事/任//经济日报 1996-03-24
◎体育活动冠名权摆上拍卖台/长云//经济日报 1996-04-07
◎体育交流也是市场/郝进//经济日报 1996-05-19
◎推动体育产业发展——访江西省体委副主任胡开志/王霞光 余清楚//人民日报 1996-11-06
◎我国将办职业篮球联赛//经济日报 1996-09-29
◎伍绍祖团长接受本报记者采访时说 经济发展为体育提供雄厚基础/何东宪//经济日报 1996-08-03
◎迅速发展的世界残疾人体育运动/肖骅//经济日报 1996-09-01
◎中国体育报等评出今年十大体育新闻//经济日报 1996-12-29
◎中国足球“三金奖”评选揭晓//经济日报 1996-12-29
◎足球改革这三年……——中国足协副主席王俊生一席谈/千里//经济日报 1996-11-24
◎足球热 篮球热 热闹背后/越陵//经济日报 1996-12-01

1997 年

◎北京体育场馆亟待进一步开放/李家杰//光明日报 1997-05-28
◎部分经济学家呼吁：重视体育产业在经济发展中的作用/王煦菱//光明日报 1997-08-12
◎从八运看中国体育/王东//光明日报 1997-10-25
◎大连还地于民扩大健身场地/宋言荣//光明日报 1997-06-01
◎第八届全国优秀体育摄影作品展在沪展出/任可//经济日报 1997-10-11
◎发展壮大体育产业/何振梁//人民日报 1997-03-12
◎国家体委副主任刘吉提出，开展全民健身需要做好多项工作/罗京生//光明日报 1997-06-02
◎国家体委将加强体育器材设备审定工作//经济日报 1997-01-19
◎国家体委主任伍绍祖谈八运会意义和特点 承前启后的体育盛会/王秋和 何东宪//经济日报 1997-10-10
◎辉煌的五年 长足的进步——记党的十四大以来的中国体育事业/辛体//经济日报 1997-08-30
◎计算机为中国体育助力/罗萍//经济日报 1997-12-27
◎建设部规划司有关人士指出，要从规划上保证城市体育运动场地/周晓曲//光明日报 1997-06-02

- 今年中国、国际十大体育新闻揭晓/史明//经济日报 1997-12-27
- 李宁公司开经济与体育结合先河/冯//经济日报 1997-02-04
- 立足市场 谋求生存 九七中国体育改革稳中求进//经济日报 1997-12-27
- 面对体育产业化的必由之路——企业和水上运动研讨会在京举行/越陵//经济日报 1997-12-06
- 明年中国体育竞赛项目在京招商/白静//经济日报 1997-12-20
- 南京健身设施价位能否再低些/郑晋鸣//光明日报 1997-05-28
- 全国体育摄影作品评选拉开帷幕/吕小钢//经济日报 1997-08-16
- 让因特网成为体育迷的乐园/高铁生//光明日报 1997-12-18
- 人民体育出版社图书将在全国百店联展/新体//经济日报 1997-09-27
- 山东鲁能足球俱乐部成立/王剑//经济日报 1997-12-08
- 上海公共体育资源怎样开发/谢军//光明日报 1997-05-27
- 市场制高点 体育用品市场呼唤更多中国名牌——兼议北京国安"新航线"挑战广东"李宁"/李洪波//经济日报 1997-03-29
- 体育产业——新的经济增长点/阎世铎//人民日报 1997-04-16
- 体育门票的新内涵/杨磊//经济日报 1997-12-20
- 体育市场/何东宪//经济日报 1997-07-05
- 体育市场开发研讨会即将召开/许立群//经济日报 1997-12-20
- 为中国足球"盖棺定论"/杨秀武//经济日报 1997-11-15
- 温州的体育市场何以红火/张奇志 张和平//经济日报 1997-08-02
- 也来为中国足球定位/华民//经济日报 1997-11-29
- 支持中国足球大型系列活动展开/新华//经济日报 1997-08-16
- 中国的体育市场/张发强//经济日报 1997-10-04
- 中国队获得第 44 届世乒赛男团冠军/夏浩然//光明日报 1997-05-01
- 中国羽毛球队蝉联苏迪曼杯赛冠军/梁金雄 曹立//光明日报 1997-05-26
- 足球集贴进入中国市场/李霖//经济日报 1997-09-20
- 足球三说//经济日报 1997-12-13

1998 年

- '98 世界杯中文网站启播/王青笠//经济日报 1998-04-28
- "世界杯" 里分杯羹/金平//经济日报 1998-06-06
- 参加第十三届亚运会 中国体育代表团组成/潘凯雄//经济日报 1998-11-06
- 充分发挥传媒优势 推进体育产业发展/李仁臣//人民日报 1998-01-08
- 大学生篮球联赛渐入佳境/龚文//经济日报 1998-07-24
- 大众体育是体育产业的根源/何慧娴//人民日报 1998-01-09
- 复旦大学博士生傅红岩提出——应重视体育经济学的研究/余传诗//光明日报 1998-05-23
- 画一幅体育人口分布图——国家体育总局公布中国社会体育调查结果/杨铭//经济日报 1998-08-14
- 利生：探索体育产业新路/王霞光 包铁军//人民日报 1998-12-01
- 鲁能泰山足球俱乐部成立/何东宪//经济日报 1998-01-13
- 明年体育赛事将公开招标/阎//经济日报 1998-09-25
- 乔丹"效应"：一名篮球选手的神话/徐培强//光明日报 1998-07-01
- 群雄角逐法兰西 商家争打足球牌/丛峰//经济日报 1998-06-12
- 沈阳将办九八亚洲体育节/丛峰//经济日报 1998-06-19
- 世界杯笔记/邹静之//光明日报 1998-07-09
- 世界杯标志产品首次进入中国/张航//经济日报 1998-02-06
- 世界杯打破国内因特网广告收入//经济日报 1998-07-26
- 世界杯掀热浪 商家出招看谁强/梅绍华 文远竹//经济日报 1998-06-16
- 世界杯与网站/风闻//经济日报 1998-07-02
- 世界杯中文网站开通/李朝辉//经济日报 1998-05-22
- 踏遍他山玉难攻——从 F1 比赛看体育产业发展/杨健//人民日报 1998-11-11
- 体育产业化的先锋/张发强//人民日报 1998-03-20
- 伍绍祖在京考察体育用品市场/丛峰//经济日报 1998-07-10
- 新华社创办《体育快报》/何东宪//经济日报 1998-11-25
- 新疆将办体育用品展示会/李静//经济日报 1998-05-29
- 亚运会动员大会在京举行//经济日报 1998-11-24
- 亚运经济圈 体育促进旅游业/潘凯雄//经济日报 1998-12-09
- 争夺岂止在球场 商战更甚世界杯/邓克堂//经济日报 1998-07-17
- 中国体育用品博览会将在榕举办/兰燕//经济日报 1998-06-26
- 中国足球甲 A 联赛纪念卡发行/北体//经济日报 1998-06-12
- 足球业俨如跨国公司/邓克堂//经济日报 1998-06-25

1999 年

- '99 中国体育经纪人研讨会将举办/枫叶//经济日报 1999-01-05
- 1998-中国、国际十大体育新闻选出/王方//经济日报 1999-01-08
- 99999 份《北京足球报》今晨与读者见面/纪哲//经济日报 1999-09-09
- 澳大利亚体育生活影展在京举办/赵槿//经济日报 1999-08-16
- 参加第二十届世界大学生运动会 中国体育代表团在京组成/立波//经济日报 1999-06-18
- 成功的体育产业实践家——记全国政协委员朱树豪/许立群//人民日报 1999-03-10
- 从体育运动发展看百年中国：百年体育史，百年强国梦/钟世伟//光明日报 1999-04-26
- 到底赚不赚钱——美欧职业体育经营内幕//经济日报 1999-04-02
- 第六届全国民族运动会隆重开幕/苏会志 王永治 江涛//经济日报 1999-09-25
- 第七届远南残疾人运动会 中国体育代表团总结大会举行/周斌//经济日报 1999-01-19
- 第四届亚冬会中国体育代表团成立/王东//光明日报 1999-01-06
- 方兴未艾的中国体育用品业/李贺普 史春东//经济日报 1999-10-28
- 关于中国羽毛球队的望闻问切/雨文//光明日报 1999-04-10
- 国际媒体诸多巨头 纷纷涉足体育产业/胡叟//经济日报 1999-03-26
- 换一种眼光看中国足球/宗河//经济日报 1999-12-23
- 经济界专家高度重视体育产业与经济发展/李贺普//人民日报 1999-07-14
- 开拓高校体育产业化新道路 第二届中国大学生篮球联赛揭幕//经济日报 1999-12-16
- 美国人干嘛要"赔钱"——关于女子足球市场的再思考/潘凯雄//经济日报 1999-07-08

⊙默多克开始进攻足球市场/周杰//经济日报 1999-11-11
⊙女足市场，一扇亟待开启的门/王东//光明日报 1999-08-28
⊙浅谈文化体育走向市场的产业化运作/丁国兴//中国文化报 1999-03-10
⊙谁来“喝彩”？——本届世界杯女足赛说女足市场的开拓/潘凯雄//经济日报 1999-06-25
⊙体验中国篮球新感觉/华民//经济日报 1999-04-30
⊙体育产业是新的经济增长点/蔡闯//光明日报 1999-10-23
⊙体育经纪人——市场的特殊人才/宗河//经济日报 1999-11-25
⊙体育市场这座“金矿”亟待开发/李刚//经济日报 1999-04-17
⊙体育事业为国人敬仰世人瞩目——访国家体育总局局长伍绍祖/王东//光明日报 1999-10-10
⊙体育运动新趋势：两极分化/未文//光明日报 1999-04-02
⊙万里赴戎机 关山无坦途——第三届女子足球世界杯赛揭幕在即/潘凯雄//经济日报 1999-06-18
⊙我国体育产业发展的观察与思考/刘小明//人民日报 1999-07-24
⊙希玛：民族体育产业之光——访北京市希玛保龄设备制造有限公司/王霞光//人民日报 1999-08-25
⊙亚洲最大的体育娱乐中心在京落成/李朝晖//经济日报 1999-10-14
⊙也在体育上花点钱/朱殿伟 李琪//经济日报 1999-05-07
⊙再搭体育台唱响经济戏/孙耕 卢盘卿 余晓勇//经济日报 1999-09-12
⊙在开拓市场上下功夫——中国大学生篮球联赛获支持//经济日报 1999-03-12
⊙支持中国足球 开拓中国市场/徐斌 贝昊//经济日报 1999-11-04
⊙中国奥委会批准北京申办奥运会/许基仁 李贺普//光明日报 1999-01-07
⊙中国第一个专业体育网站开通//光明日报 1999-07-10
⊙中国体育企盼合格的经纪人/童欣//经济日报 1999-02-05
⊙中国足球的“黄埔军校”——天津火车头俱乐部经营方式探微/卢盘卿//经济日报 1999-12-16
⊙中国足球的 1999/王东//光明日报 1999-01-23
⊙中国足球环境是否有利于足球发展/李威 赵万宏 孙理 李志天//经济日报 1999-04-23
⊙专业体育网站——鲨威正式开通/夏雨//经济日报 1999-07-08
⊙足球管理层需引进人才/亦军//经济日报 1999-02-26
⊙足球管理需要引进人才/王西//光明日报 1999-03-07

2000 年

⊙“彩票经济”有戏/侯宪利//人民日报 2000-06-20
⊙“太极拳好”/王友唐 昌沧//人民日报 2000-11-03
⊙把全民健身工程建成民心工程/李中文//人民日报 2000-05-12
⊙国家将大力扶持西部体育事业/孙彬//人民日报 2000-08-25
⊙竞技体育与高科技/梓晓 杨帆//光明日报 2000-09-29
⊙企业怎样巧打奥运牌/江帆 韩新颖//经济日报 2000-09-15
⊙四成国人要健身体育用品商机有多大 壮大规模成趋势中小企业是否会出局/闫喜定//经济日报 2000-11-17
⊙体育开辟更多消费场所/林洁 忻日昕 徐万国//经济日报 2000-06-23
⊙体育收藏大有雅趣/司芒//经济日报 2000-07-06
⊙为中国足球把脉//光明日报 2000-04-15
⊙悉尼奥运三大推断/缪鲁//人民日报 2000-08-18
⊙应当加强体育法制建设//光明日报 2000-12-15
⊙与奥林匹克同行//人民日报 2000-09-11
⊙中国体育健身游/鄂平玲//人民日报 2000-09-29

2001 年

⊙从全运走向奥运/薛原//人民日报 2001-11-24
⊙大运会直通 2008 /李中文//人民日报 2001-08-30
⊙地掷球——休闲又竞技/梁金雄//人民日报 2001-10-29
⊙积极探索社区体育 架构健身服务体系/江潮//人民日报 2001-06-04
⊙健身路径在海河两岸延伸/许立群//人民日报 2001-05-30
⊙健身市场：休闲经济的新亮点/周倩//经济日报 2001-02-21
⊙借太极盛会 展三亚风采/王霞光 郑红深//人民日报 2001-03-27
⊙经济兴促成体育热 体育热反助经济兴/何东宪//经济日报 2001-11-18
⊙开发中国体育大西北/薛原//人民日报 2001-11-17
⊙两只眼看“体育”/许立群//人民日报 2001-10-19
⊙没什么也不能没足球/李志明 汪大昭//人民日报 2001-07-31
⊙培育体育人才市场 促进体育事业发展/江正茂 朱凯//人民日报 2001-03-26
⊙全运模式与竞技战略/汪大昭//人民日报 2001-11-25
⊙谁将拿到世界杯盛宴请柬/陈晨曦//人民日报 2001-09-14
⊙太极拳将成为健身时尚/李杰//人民日报 2001-03-19
⊙体博会，应向“四化”靠拢/言午//人民日报 2001-07-13
⊙体育保险亟待突围/陈静//经济日报 2001-05-23
⊙体育场馆如何创造效益/杨连成//光明日报 2001-10-07
⊙体育市场机遇无限/陈燕//经济日报 2001-07-15
⊙体育与艺术的盛会/童古丽珂//人民日报 2001-08-31
⊙天津社区体育为何如火如荼/江正茂//人民日报 2001-06-04
⊙武术散打在台湾/关伟慧//人民日报 2001-07-30
⊙武术欲进奥运会/郑红深//人民日报 2001-07-23
⊙以“三个代表”重要思想为指导促进新世纪体育事业健康发展/薛寿元 李贺普//人民日报 2001-02-08
⊙以场养场 以馆养馆 淡化竞技 强化健身/沈铁卫//光明日报 2001-03-15
⊙以申办促发展 以发展助申办/李贺普 刘广 江涛 王霞光//人民日报 2001-02-19
⊙中国篮球的摇篮/廖文//人民日报 2001-11-30
⊙中国球迷“热”韩国/王林昌//人民日报 2001-12-01

艺术品、演艺、文博收藏产业

1979 年

⊙“汉代画像石刻陈列”在南阳市正式展出/长山 毕永玉//光明日报 1979-02-07
⊙安岳县抢救历代名家字画//光明日报 1979-09-05
⊙鞍山市图书馆发扬优良传统为四化建设“跟踪服务”//光明日报 1979-12-29

⊙北国乐坛唱新声——记哈尔滨之夏音乐会/章丰//光明日报 1979-07-27
⊙北京画店正式营业//光明日报 1979-01-19
⊙北京图书馆"小少慢"的状况急需改变/丛林中 欧庆林//人民日报 1979-05-26
⊙北京图书馆何时能有个变化？//人民日报 1979-08-25
⊙北京图书馆同志的回答//人民日报 1979-08-25
⊙必须重视医学图书馆工作，努力为教学科研医疗服务//光明日报 1979-03-17
⊙参观《敦煌艺术摄影展览》有感/常书鸿//光明日报 1979-12-12
⊙参加献礼演出的团体到全国各地巡回演出//光明日报 1979-06-22
⊙长沙市街道图书馆受到青少年欢迎//光明日报 1979-11-24
⊙充分发挥科技图书馆作用的好形式，江苏常熟部分工厂联合举办科技图书流动展览//光明日报 1979-10-07
⊙充分重视图书馆在四化建设中的地位和作用/本报评论员//光明日报 1979-11-24
⊙传统戏必须推陈出新/朱洪//光明日报 1979-10-16
⊙大力开展对长城的保护和研究工作，国家文物局召开的座谈会提出五项建议//光明日报 1979-08-25
⊙发展图书馆事业 积极为四化服务 中国图书馆学会成立大会和图书馆学科学讨论会在太原举行/冯木平//人民日报 1979-07-28
⊙福建举办书画篆刻展览//光明日报 1979-06-30
⊙福建省各级剧团实行"四定一奖"成果显著//光明日报 1979-10-06
⊙贯彻双百方针，繁荣歌舞艺术创作，有关单位积极展开对艺术创作问题的探讨//光明日报 1979-10-28
⊙广西科技图书馆开展各种服务活动//光明日报 1979-11-15
⊙广州举行国画展览//光明日报 1979-12-07
⊙国庆献礼演出进入第六轮//光明日报 1979-04-06
⊙杭州西泠印社举办近代著名书画家吴昌硕作品展览//光明日报 1979-10-16
⊙合肥清理包拯墓/程如峰//光明日报 1979-01-10
⊙河南省发现一处新石器时代早期文化遗址/开封地区、新政县文管会、郑州大学历史系考古专业//光明日报 1979-01-10
⊙华主席叶剑英邓小平李先念副主席等接见工艺美术艺人、创作设计人员，全国工艺美术艺人、创作设计人员代表大会闭幕//光明日报 1979-08-15
⊙怀念陈毅同志对文博事业的巨大关怀/沈之瑜//光明日报 1979-08-25
⊙欢迎这样的传统戏/吴雪//光明日报 1979-03-23
⊙加快现代化图书馆事业建设为四化服务，中国图书馆学会举行成立大会和科学讨论会//光明日报 1979-07-25
⊙解放思想，加快工艺美术的发展步伐/本报评论员//光明日报 1979-08-17
⊙科威特举办中国绘画工艺品展览会//光明日报 1979-01-27
⊙刘海粟绘画展览在京举行//光明日报 1979-07-13
⊙麦克风要推广应用/傅承全 齐忠凯//光明日报 1979-03-20
⊙毛泽东同志、周恩来同志在陕西米脂县杨家沟旧居陈列馆开放//光明日报 1979-01-09
⊙内蒙古抢救濒临于失传的民间文艺//光明日报 1979-05-27
⊙内蒙古乌兰牧骑举行会演//光明日报 1979-07-27
⊙秦始皇兵马俑博物馆巡礼/刘炳琦 李志岐//光明日报 1979-10-05
⊙轻工业部授予江西省南昌工艺美术厂老艺人杨厚兴以工艺美术家的光荣称号//光明日报 1979-12-23
⊙庆祝中华人民共和国成立三十周年献礼演出活动一月份开始在京举行//光明日报 1979-01-05
⊙山东省图书馆采取措施，千方百计为科研工作服务//光明日报 1979-11-24
⊙首都画坛春意浓//光明日报 1979-04-06
⊙首都举行清明朗诵演唱会//光明日报 1979-04-06
⊙首都图书馆、北京市科技情报所联合开设阅览室//光明日报 1979-04-03
⊙首都文艺工作者演出五四以来我国部分优秀的话剧和音乐节目//光明日报 1979-05-02
⊙书籍装帧新作——全国书籍装帧艺术展览得奖作品选//光明日报 1979-05-06
⊙陶瓷传统技艺后继有人，景德镇一批老艺人带子传艺效果好//光明日报 1979-12-07
⊙同音乐工作者的谈话（一九五六年八月二十四日）/毛泽东//光明日报 1979-09-09
⊙图书馆工作要有一个新的发展/肖自力 鲍振西//光明日报 1979-10-07
⊙文化部长黄镇宣布邀请台湾省文艺界参加全国文艺汇演//光明日报 1979-01-18
⊙文化部直属艺术表演单位实行考核制度//光明日报 1979-07-24
⊙现代化的日本大学图书馆/魏龙泉//光明日报 1979-02-22
⊙新成立和恢复一些文物考古机构//光明日报 1979-01-16
⊙要重视古建筑的保护和研究/冯利芳//光明日报 1979-03-04
⊙中国儿童艺术剧院暑期为学生专场演出//光明日报 1979-08-31
⊙中国戏曲学院举办示范演出//光明日报 1979-04-06
⊙周总理关怀祖国的文化遗产/李玫忠//光明日报 1979-03-13

1980 年

⊙"弘一大师（李叔同）书画金石音乐展"在京展出//光明日报 1980-12-10
⊙30 年最佳邮票评选揭晓//光明日报 1980-07-03
⊙安徽"文房四宝"展览在京展出//光明日报 1980-09-30
⊙办好"自修大学"图书馆——有关专家读者对发展图书馆事业的建议//光明日报 1980-07-20
⊙报告文学创作研究会成立//光明日报 1980-08-18
⊙北京京剧院即将赴美演出//光明日报 1980-08-06
⊙北京皮影戏恢复上演//光明日报 1980-03-14
⊙北京市文化局召开戏曲剧团音乐工作者座谈会//光明日报 1980-01-15
⊙北京图书馆扩建工程明年动工//光明日报 1980-07-12
⊙别具一格的四川谐剧//光明日报 1980-06-20
⊙藏书四万多册的农村图书馆//光明日报 1980-08-01
⊙出席全国政协文化组文物保护座谈会的同志呼吁，采取紧急措施保护文物古迹//光明日报 1980-01-19
⊙出席中国文物保护技术协会第一次代表大会的代表呼吁，重视文物保护科学研究，搞好文物保护工作//光明日报 1980-12-30
⊙淳化县出土西周大圆鼎//光明日报 1980-09-02
⊙访美国国会图书馆/寇至中//光明日报 1980-08-12
⊙丰姿多彩的中国邮票在香港展览//光明日报 1980-01-19
⊙福州举行首届闽剧唱腔艺术会演//光明日报 1980-02-11
⊙故宫博物院藏名画及复制品展览在香港举行//光明日报 1980-

12-12
⊙关于我国现代音乐文化的建设问题/贺绿汀//光明日报 1980-10-06
⊙广东粤剧团到香港受到热烈欢迎//光明日报 1980-05-13
⊙贵州抓现代戏的演出取得可喜成绩//光明日报 1980-12-27
⊙河南发掘八千年前的文化遗址//光明日报 1980-04-07
⊙河南发现"唐三彩"窑址//光明日报 1980-11-17
⊙侯宝林和相声研究//光明日报 1980-07-18
⊙湖南省设立现代戏剧创作基金//光明日报 1980-11-24
⊙江苏评弹团赴香港公演/张棣华//光明日报 1980-08-13
⊙江苏戏曲现代戏欣欣向荣//光明日报 1980-12-24
⊙江西省举行部分古老剧种会演//光明日报 1980-12-15
⊙教育部在南开大学图书馆设立华北地区外国教材中心图书室//光明日报 1980-06-26
⊙京沪电影宣传画展在京举行//光明日报 1980-06-13
⊙洛桑加措献出稀世珍宝贝叶经//光明日报 1980-10-11
⊙民族文化宫图书馆恢复开放//光明日报 1980-09-23
⊙内蒙古发现北魏古墓//光明日报 1980-08-14
⊙内蒙古阴山西段发现大批古代岩画//光明日报 1980-02-01
⊙评弹家云集苏州举行会书//光明日报 1980-02-09
⊙齐齐哈尔马戏团增加演出节约开支，演出两个月盈利六万元//光明日报 1980-08-23
⊙前卫歌舞团民乐队在京演出受到欢迎//光明日报 1980-01-25
⊙青海省六个自治州恢复少数民族语言文字翻译机构//光明日报 1980-04-07
⊙全国美术作品展览在北京开幕//光明日报 1980-02-11
⊙全国少数民族文艺会演明起在京举行，历时一个月//光明日报 1980-09-19
⊙山东展出三件清宫珍贵文物//光明日报 1980-03-31
⊙陕西省举行秦腔著名演员联合演出//光明日报 1980-08-01
⊙上海新建和扩建图书馆//光明日报 1980-07-30
⊙沈阳故宫展出溥仪交还的珍宝玉器//光明日报 1980-05-02
⊙首都作家创作忙//光明日报 1980-02-03
⊙首届全国琵琶比赛在上海举行//光明日报 1980-05-20
⊙首届全国舞蹈比赛大会在大连开幕//光明日报 1980-08-02
⊙受欢迎的"小人书"出租点//光明日报 1980-09-01
⊙书画出版、发行、收藏有待改进//人民日报 1980-09-06
⊙四川川剧改革迈出可喜步伐//光明日报 1980-08-04
⊙四川省川剧团在香港做首场演出//光明日报 1980-12-26
⊙苏州评弹学校复办招生//光明日报 1980-06-03
⊙提高创作质量，繁荣话剧艺术，文化部艺术二局召开话剧创作座谈会//光明日报 1980-12-19
⊙天津成立集体所有制的外文翻译所//光明日报 1980-08-17
⊙图书资料微缩技术已在天津鉴定验收//光明日报 1980-01-18
⊙为繁荣农村文化艺术说几句话/李刚//人民日报 1980-07-06
⊙文化部决定成立图书馆事业管理局//光明日报 1980-07-12
⊙文化部直属文艺团体巡回演出受到欢迎//光明日报 1980-01-01
⊙文化部组织部分在京文艺工作者到承德消夏//光明日报 1980-08-15
⊙文艺演出的"四定一奖"，不应"一刀切"/李准 王强华//光明日报 1980-06-29
⊙闻名中外的文化遗址殷墟受到严重威胁//光明日报 1980-10-28
⊙我国第一次粉画联合展览在京开幕//光明日报 1980-04-16
⊙我国音乐工作者采集到大量民间民歌//光明日报 1980-05-08
⊙我国音乐界的第一个学术团体聂耳星海学会在武汉成立//光明日报 1980-11-01
⊙乌鲁木齐举办少数民族美术工作者作品展览//光明日报 1980-10-11
⊙五月版画展由京赴晋展出//光明日报 1980-06-06
⊙西藏壁画艺术展览在京举行//光明日报 1980-12-31
⊙西藏举行首届藏语曲艺会演//光明日报 1980-10-15
⊙西藏自治区举行首届业余藏戏会演//光明日报 1980-06-29
⊙戏曲音乐应当推陈出新//光明日报 1980-01-12
⊙新疆石窟壁画在京展出//光明日报 1980-03-22
⊙新型"釉中彩"瓷器问世，轻工业部召开技术鉴定会建议推广使用//光明日报 1980-01-06
⊙要保护管理好历史文物/郑天禄//光明日报 1980-06-17
⊙要堵死盗窃和走私文物的漏洞/张祖璜//光明日报 1980-11-11
⊙用知识武装起来——北京图书馆见闻/周长年 郭远发//光明日报 1980-05-08
⊙浙江戏曲界涌现一批后起之秀//光明日报 1980-10-06
⊙中国版画家协会成立//光明日报 1980-05-09
⊙中国红楼梦学会成立//光明日报 1980-08-05
⊙中国民族古文字展览会国庆展出//光明日报 1980-09-28
⊙中国人文科学发展公司成立//光明日报 1980-09-23
⊙中国书法家协会即将成立//光明日报 1980-04-18
⊙中国戏曲现代戏研究会成立//光明日报 1980-12-16
⊙中国现代话剧剧照展览会在纽约举行//光明日报 1980-04-04
⊙中央歌舞团抵青海高原演出//光明日报 1980-06-22

1981 年

⊙"明代第一陵"——明祖陵修复//光明日报 1981-08-13
⊙"世界语之友会"在北京成立//光明日报 1981-12-09
⊙"台湾歌曲演唱会"受到首都群众欢迎//光明日报 1981-01-12
⊙"文房四宝"放新彩：宣纸/胡羊//光明日报 1981-11-03
⊙"文房四宝"放新彩：徽墨/胡羊//光明日报 1981-11-06
⊙"文房四宝"放新彩：湖笔/陈文锦//光明日报 1981-11-19
⊙"文房四宝"放新彩：歙墨/章列兵 胡羊//光明日报 1981-11-20
⊙巴黎的"街头艺术"王宪华//光明日报 1981-07-30
⊙北京歌舞团交响乐队向大、中学生普及交响乐//光明日报 1981-11-06
⊙北京将大幅增加文教科学卫生事业费//光明日报 1981-04-24
⊙北京市文物保护工作得到恢复和发展，修复重点文物古迹十多处，开放了三十二个重点文物保护单位//光明日报 1981-06-14
⊙必须改变滥印滥售年画的现象/戴慧文//光明日报 1981-04-17
⊙播下真善美的种子——记成长中的中国儿童艺术剧院/程容 黄永涛//光明日报 1981-05-29
⊙不容忽视的一角——对评弹艺术发展的一点看法/左弦//人民日报 1981-12-10
⊙大胆的创造，成功的演出——祥林嫂形象首次出现在我国芭蕾舞台上//光明日报 1981-01-31
⊙大篷车剧团受欢迎//光明日报 1981-10-02
⊙对少年儿童图书馆工作的建议/史景霞//光明日报 1981-02-21
⊙发展我国的杂技艺术/乔然//光明日报 1981-10-30
⊙繁荣木偶皮影艺术 努力为少年儿童服务//光明日报 1981-12-06
⊙访卡蒙斯盲人图书馆/蒋威康//光明日报 1981-12-11
⊙菲律宾绘画展览在京开幕/戴慧文//光明日报 1981-12-05
⊙抚松县评剧团深入山区演出//光明日报 1981-12-06
⊙工艺美术品在国内销路越来越好//光明日报 1981-03-28

- 哈尔滨话剧院演好戏深受人民欢迎/王恩荣 李宝中//光明日报 1981-12-07
- 河北临城探寻到新的唐代瓷窑遗址//光明日报 1981-05-02
- 话剧《雷雨》搬上芭蕾舞台//光明日报 1981-11-24
- 加强高等学校图书馆的建设/本报评论员//光明日报 1981-09-26
- 京剧存在危机么？//光明日报 1981-08-11
- 洛阳仿唐三彩达到新水平//光明日报 1981-11-01
- 努力建设高度的社会主义精神文明 保证物质文明建设的社会主义方向/新华社//光明日报 1981-12-02
- 前线话剧团深入部队演出//光明日报 1981-04-17
- 秦始皇陵考古又有新发现//光明日报 1981-04-21
- 青海汉墓中发现珍贵古代兵书//光明日报 1981-05-13
- 曲艺舞台一片繁荣，文化部举办曲艺优秀节目观摩演出//光明日报 1981-10-02
- 全国首次培训农村摄影师//光明日报 1981-11-15
- 全国文物商店工作会议重申，通过商业手段抢救祖国珍贵文物//光明日报 1981-01-19
- 全国艺术表演团体巡回演出工作会议推出 上山下乡为八亿农民服务/新华社//光明日报 1981-12-06
- 让湮没毁损的文物重放异彩——中国文物保护技术协会第一次代表大会暨学术讨论会侧记//光明日报 1981-01-24
- 山东去年戏剧创作丰收//光明日报 1981-01-09
- 上海发现一批鲁迅佚文//光明日报 1981-08-09
- 上海举行首届戏剧节//光明日报 1981-11-22
- 神韵为高——汤夙国的面塑艺术/孙美兰//光明日报 1981-01-18
- 失传已久的松花石砚恢复生产//光明日报 1981-02-02
- 首都美术界盛赞全国青年美展//光明日报 1981-01-14
- 天津人艺来京演出《闯江湖》//光明日报 1981-01-23
- 图书馆工作的当务之急/范持//人民日报 1981-07-26
- 图书馆事业今日谈——访文化部图书馆局有关同志/刘庆民//光明日报 1981-02-01
- 王羲之故乡发现《小兰亭图》/张立功 刘家骥//光明日报 1981-01-27
- 文化部、全国剧协等单位在苏州集会纪念“昆曲传习所”创办六十周年//光明日报 1981-11-02
- 文化部成立少年儿童艺术委员会//光明日报 1981-05-29
- 我代表团首次参加国际剧协代表大会//光明日报 1981-06-09
- 我国公共图书馆事业日渐兴旺，目前县以上公共图书馆已达一千七百多个，拥有图书两亿一千万册//光明日报 1981-05-15
- 我国少数民族艺术教育事业蓬勃发展/唐旬//光明日报 1981-10-13
- 我们这里应设新华书店/黄怀远//光明日报 1981-12-01
- 舞剧《红楼梦》第一次搬上舞台//光明日报 1981-01-03
- 希望摄影师下乡来/廖先福//光明日报 1981-12-01
- 戏曲现代戏汇报演出在京开幕//光明日报 1981-10-08
- 相声应该维护语言的纯洁//光明日报 1981-12-04
- 小提琴协奏曲《梁祝》流行台湾//光明日报 1981-01-09
- 新疆社会科学院成立//光明日报 1981-03-30
- 学习干“四化”本领的学校，进行娱乐活动的乐园，全国已有工人文化宫、俱乐部一万四千多个//光明日报 1981-05-01
- 延安革命纪念馆即将正式开馆//光明日报 1981-06-25
- 要把故宫保护好/魏传流//光明日报 1981-12-05
- 要使相声艺术健康地发展——访著名相声艺术家侯宝林/孙扶民//光明日报 1981-11-13
- 一批音乐工作者深入北大谱写新歌//光明日报 1981-04-10
- 浙江民间灯舞《百鸟灯》重放异彩//光明日报 1981-01-23
- 中国儿童歌舞研究会成立//光明日报 1981-05-01
- 中国民间文艺研究会举行首届年会//光明日报 1981-05-22
- 中国美术馆举办藏品陈列//光明日报 1981-05-01
- 中国书法家第一次代表大会开幕//光明日报 1981-05-07
- 中国杂技艺术家首次代表大会开幕//光明日报 1981-10-29
- 中央民族乐团到矿山林区演出//光明日报 1981-07-17

1982 年

- 保护文物是党和国家的一贯政策/张羽新//光明日报 1982-12-01
- 北京京剧院一团一队大胆改革管理体制，实行经济“大包干”，集体经营演出业务//光明日报 1982-12-22
- 成都川剧团二队坚持为农民台上演文明戏，台下做文明事//光明日报 1982-10-18
- 邓力群在高校图书馆工作委员会会议上说建设两个文明离不开图书馆事业//光明日报 1982-12-19
- 繁荣音乐创作和表演 中国音协理事会提出今年总任务//人民日报 1982-03-15
- 贵州学习民间工艺美术新作展览开幕//光明日报 1982-07-09
- 积极发展工艺美术生产/南京明//光明日报 1982-01-09
- 吉林省财政厅配合文化局做好工作，帮助县剧团把演出重点放在农村//光明日报 1982-04-04
- 江苏宜兴紫砂工艺陶展在京开幕//光明日报 1982-09-06
- 剧团也可试行“大包干”/肖岩//光明日报 1982-12-22
- 李凌谈流行歌曲问题//光明日报 1982-11-02
- 墨西哥的文物保护工作/傅明明//光明日报 1982-04-23
- 培训青年文物保护修复技术人员//光明日报 1982-12-18
- 全国少年儿童图书馆事业迅速发展//光明日报 1982-12-22
- 山海关工艺美术厂生产人造琥珀//光明日报 1982-10-18
- 陕西省制定文物管理暂行办法//光明日报 1982-02-15
- 上海民族乐团来京演出//光明日报 1982-10-01
- 上海杂技团魔术队试行体制改革/余传诗//光明日报 1982-12-12
- 盛唐歌舞再现西安舞台，陕西省歌舞团演出《仿唐乐舞》//光明日报 1982-10-24
- 实行经济承包责任制，辽阳县评剧团扭亏为盈恢复生机/孙钧//光明日报 1982-12-22
- 汤阴县兴办二百多个农村俱乐部//光明日报 1982-11-23
- 铜山县梆子剧团坚持面向农村//光明日报 1982-09-20
- 为繁荣电视剧好好服务——访电视剧艺术委员会主任金山/黄永涛//光明日报 1982-01-29
- 为剧团送戏下乡搭桥铺路，滕县工农兵剧场服务周到//光明日报 1982-05-20
- 文化部、总政选调一批文艺团体来京演出//光明日报 1982-08-26
- 文物商店是文物管理事业的一部分//人民日报 1982-04-10
- 文物在精神文明建设中的作用/吕叔湘//人民日报 1982-12-21
- 我国文物管理事业得到全面恢复和发展//光明日报 1982-08-30
- 西北五市科协交流科普画廊经验//光明日报 1982-08-09
- 向民间艺术学习——评《贵州学习民间工艺美术新作展览》/曹振峰//光明日报 1982-08-23
- 一切为了孩子们——湖南省少儿图书馆开馆纪实/张祖璜//光明日报 1982-01-28
- 艺术家近况：他们相逢在天桥剧场//光明日报 1982-04-02
- 英吉沙县杂技团恢复自负盈亏制度/黄冬元//光明日报 1982-

12-27
◎中国第一部戏剧年鉴出版//光明日报 1982-09-19
◎中国馆——世界博览会的皇冠/寇至中//光明日报 1982-09-01
◎中国图书馆学会理事长、天津图书馆馆长黄钰生呼吁迅速恢复和建立中心图书馆委员会/王茂修//光明日报 1982-11-04
◎自负盈亏的张桂兰剧团自给有余//光明日报 1982-11-26

1983 年

◎"服装是流动的艺术品"——访著名服装设计师陈富美/周金华//经济日报 1983-08-26
◎安徽省杂技团的体制改革健康发展，领导重视抓演出的艺术质量，演员苦练硬功夫技巧有创新//光明日报 1983-09-25
◎北京市各艺术团积极进行体制改革//光明日报 1983-01-21
◎滁州歌舞团曲艺队试行联演承包责任制一举三利//光明日报 1983-01-22
◎川剧艺术的蓬勃生机——看成都市川剧院的精彩演出/霍大寿//光明日报 1983-07-14
◎川剧振兴，好戏连台//光明日报 1983-06-08
◎第二届国际摄影艺术展览在京开幕//经济日报 1983-10-18
◎第三届工艺美术品"百花奖"评选揭晓/刘国诠 王玉玲//经济日报 1983-08-04
◎福建剧团制定承包责任制//光明日报 1983-02-01
◎福建厦门工艺美术厂创作新产品//经济日报 1983-03-12
◎改革管理体制后改变靠国家补贴窘况，广州魔术团一年半收入达三十二万元//光明日报 1983-01-11
◎甘肃省歌舞团思想建设和艺术创新双丰收//光明日报 1983-10-12
◎工艺美术的新天地——赞壁毯艺术的新成就/郁风//经济日报 1984-09-25
◎工艺美术品杂咏/洪学仁//经济日报 1984-01-31
◎古代建筑艺术的精华——布达拉宫/习传//经济日报 1983-12-12
◎光彩的事业——北京燕山庄个体音乐茶座访问记/庚震 李洪波//经济日报 1983-11-09
◎国务院批转文化部报告，严禁私自组织演员进行营业性演出//光明日报 1983-07-07
◎贺敬之在中国作协工作会议上讲话强调，文艺界要更高的举起社会主义文艺旗帜//光明日报 1983-09-01
◎纪念毛泽东同志诞辰九十周年《毛泽东书信选集》等三书今日发行 音乐舞蹈史诗《中国革命之歌》正在排练//经济日报 1983-12-26
◎金坛县废品收购站注意保护文物//经济日报 1983-05-16
◎剧协主席团会议认为剧团改革不应该"向钱看"//光明日报 1983-06-29
◎鲁昂博览会中国馆受欢迎//经济日报 1983-05-21
◎农村迫切需要科技书画//经济日报 1983-01-10
◎农民欢迎工艺美术陶瓷制品/陆士余 于才亮//经济日报 1983-11-17
◎农民自办书画社//经济日报 1983-06-04
◎培养话剧人才//光明日报 1983-04-02
◎轻工业部、中国摄影家协会、经济日报社联合举办《轻工新貌》摄影艺术展览//经济日报 1983-12-30
◎请学学"五分钟经营艺术"//经济日报 1983-11-14
◎全国群众艺术馆长讲习会结业//光明日报 1983-01-09
◎全国宣传画展览在上海开幕//光明日报 1983-10-04
◎全国政协文物保护调查组呼吁曾侯乙编钟出土地点亟待保护//经济日报 1983-11-02
◎让中国艺术走向世界/竹风//人民日报 1983-03-14
◎商品的形式和社会主义文艺的性质/李准//光明日报 1983-07-13
◎上海艺术表演团体试行首演报酬制//人民日报 1983-02-03
◎上海杂技团四位正副团长实行责任制，与文化局签订三年为期的承包合同//光明日报 1983-01-27
◎是为观众演出，还是大捞外快？/李汝安 武凤长//经济日报 1983-11-14
◎是艺术，也是一门技术——记意大利的文物修复工作/万子美//光明日报 1983-01-07
◎他们是怎么把买卖做活的——北京燕京书画社创业见闻/潘荻//经济日报 1983-02-12
◎天津将创建曲艺学校//光明日报 1983-11-07
◎天津两演员要求成立承包演出队，当天打报告当天批准//光明日报 1983-01-27
◎文化部直属文艺院团积极酝酿体制改革//光明日报 1983-01-28
◎文艺改革要搞综合治理/纪伦//光明日报 1983-04-04
◎文艺改革与艺术质量/郭瑞//光明日报 1983-09-08
◎文艺商品化倾向还需克服/林默涵//光明日报 1983-07-04
◎西安秦俑博物馆展出新出土文物//经济日报 1983-08-03
◎协作演出是个好方法/肖岩//光明日报 1983-01-15
◎音乐指挥拾趣/延培//经济日报 1983-01-08
◎寓科普于娱乐之中——漫步迪斯尼乐园"未来世界"/光明日报访美代表团//光明日报 1983-12-29
◎杂技艺术的创新/唐莹//光明日报 1983-01-27
◎在布达佩斯秋季国际博览会上近六十万人参观中国馆//经济日报 1983-09-30
◎造型艺术的明珠——敦煌石窟/丹穗//经济日报 1983-10-05
◎这种"艺术"照相应取缔/施良生//经济日报 1983-09-05
◎中国工艺美术品第三届"百花奖"名单//经济日报 1983-08-04
◎中国音协举行灯节联欢茶会，朱穆之说文艺改革要采用多种方式//光明日报 1983-03-02
◎中纪委通报要求按照国家法律和法令对出土文物和财宝严加保护//经济日报 1983-12-28
◎重视和加强图书馆事业的建设/胡耀辉//人民日报 1983-01-06
◎周吉提出发展新疆少数民族音乐事业的四点建议//光明日报 1983-02-23
◎自负盈亏的文艺团体被评为先进集体，凤城县满族文工队深受欢迎//光明日报 1983-02-22
◎自贡市川剧团出人才出好戏走正路//光明日报 1983-07-09

1984 年

◎"全聚德"音乐茶座吸引人//光明日报 1984-08-05
◎"群星中的一颗最明亮的星"——罗马尼亚人民赞赏国际博览会中国馆//经济日报 1984-11-13
◎"艺术家的呼唤"——美国街头艺术新潮/乐山 方成//人民日报 1984-02-19
◎白孔雀艺术世界将在京开业 商店附设旅馆、饭馆及娱乐场地/李志贤//经济日报 1984-10-17
◎北京市文化局说晚间娱乐场所少节目单调 有关部门要联合办好文化夜市/李志贤//经济日报 1984-07-16
◎本报邀请部分在京作家艺术家评论家座谈，文艺应深刻反映改革推动历史发展//光明日报 1984-03-27

◎本来就少 又关一家——“燕山庄”个体音乐茶座不该歇业/冯黎民//经济日报 1984-05-08
◎瓷砖书画即将投放市场//经济日报 1984-02-23
◎大连市群众艺术馆多方改革充满活力//光明日报 1984-12-18
◎邓小平、赵紫阳、李先念等同志观看音乐舞蹈史诗《中国革命之歌》/李德润 李光茹//经济日报 1984-09-29
◎第二届“晨钟奖”优秀歌曲评选揭晓//光明日报 1984-05-31
◎东方艺术瑰宝——洛阳唐三彩/东//经济日报 1984-04-09
◎富有艺术特色的生活用品/次仁顿珠//经济日报 1984-12-07
◎给文艺工作者的新信息//光明日报 1984-04-20
◎广西安排春节期间文艺演出活动//光明日报 1984-01-26
◎广州市音乐茶座已发展到七十二家//光明日报 1984-07-14
◎河北部分文艺团体深入农村为群众演出//光明日报 1984-04-07
◎河南鲁山县两剧团承包五年演戏四千多场，演出质量高，收入百万余元//光明日报 1984-10-18
◎贺敬之提出当前文艺工作重点是提高质量//光明日报 1984-05-06
◎加强文物保护 发展博物馆事业 全国文物工作会议在京召开/余章瑞//人民日报 1984-05-08
◎精神产品也要讲经济核算，全国艺术表演团体体制改革座谈会结束//光明日报 1984-07-15
◎具有楚文化特色的湖北工艺美术/熊俊德//经济日报 1984-06-22
◎开创文物、博物馆工作的新局面//光明日报 1984-05-08
◎来自国际博览会的信息/编者//经济日报 1984-09-11
◎美国城乡生活油画展览在京开幕//光明日报 1984-04-29
◎墨西哥举办“中国之船”博览会/吴瑞根//经济日报 1984-12-08
◎内蒙古文物队考古工作者建议修缮长城要统一规划落实责任/张世庆//经济日报 1984-07-24
◎全国话剧、戏曲、歌剧优秀剧本授奖大会在福州举行/白京兆//光明日报 1984-06-07
◎全国艺术表演团体体制改革座谈会强调 精神产品也要讲经济核算/李光茹//人民日报 1984-07-15
◎山西开办文化艺术事业贷款//经济日报 1984-11-27
◎社会赞助修长城开辟了保护文物新路 陕西将为修复省境内的长城做好工作/张东顺//经济日报 1984-07-11
◎涉县农村业余剧团达一百二十多个//光明日报 1984-04-08
◎深圳市竹园宾馆开设音乐茶座//经济日报 1984-02-14
◎首届全国戏剧理论著作奖评选揭晓//光明日报 1984-11-15
◎天津市委召开文艺创作会议，讲清政策，解除顾虑，保护创作积极性//光明日报 1984-01-13
◎王府井全聚德烤鸭店晚间音乐茶座越办越红火/李洪波//经济日报 1984-07-28
◎我国第一家艺术开发公司开业//光明日报 1984-08-01
◎乌鲁木齐市曲艺团演出队试行演出承包合同收入增加//光明日报 1984-06-17
◎西欧艺术事业往何处去？/乐山//人民日报 1984-08-15
◎现代题材戏曲、话剧、歌剧观摩演出在京举行//经济日报 1984-07-31
◎新颖的展品，热情的观众——布尔诺消费品国际博览会散记/周象光 俞浚民//人民日报 1984-04-24
◎亚太国际贸易博览会明年在京举行为此兴建的中国国际展览中心已动工/辛文//经济日报 1984-07-20
◎亚洲丝绸博览会在港结束//经济日报 1984-08-27
◎一九八四年世界博览会开幕//经济日报 1984-05-18
◎一项新兴事业的开拓——访北京“图书馆服务社”/陈颂//光明日报 1984-01-16
◎伊朗人民喜爱中国商品——第十届德黑兰国际博览会侧记/刘璞华//经济日报 1984-12-12
◎在改革中开创图书馆工作新局面/冯木平//人民日报 1984-12-25
◎在艺术生产中正确运用经济手段/世平//光明日报 1984-07-07
◎在赞比亚国际贸易博览会上中国获最佳展品流动奖杯/董承彬//经济日报 1984-09-11
◎中共中央宣传部召开文艺工作座谈会提出，开创文艺界大鼓励、大团结、大繁荣新局面//光明日报 1984-09-18
◎中国雕塑壁画艺术公司成立//经济日报 1984-01-07
◎中国艺术壁毯在京展出/高瑞芳//经济日报 1984-06-15
◎中国展览馆协会已在杭州成立//光明日报 1984-06-07
◎中国作曲家无标题作品将首次在西方音乐节演奏/陆建明//光明日报 1984-04-27
◎中外顾客称便，销货稳步增长，北京工艺美术服务部开办夜市生意兴隆/李志贤//经济日报 1984-04-05
◎朱穆之在全国艺术表演团体体制改革座谈会上讲话指出，要敢于大胆改革促进艺术事业的发展/孙扶民//光明日报 1984-07-07
◎装饰织物绽新蕾苏州开发纺织工艺书画成功/高洪义//经济日报 1984-12-28

1985 年

◎“美化广州博览会”开幕/胡年等//光明日报 1985-01-02
◎“美在广州”博览会开幕//经济日报 1985-01-04
◎“首届乌金奖”评选揭晓/黄永寿//光明日报 1985-01-09
◎“音乐热”中音乐厅遭冷落 北京音乐厅工程一拖八年至今未竣工/郝北上 张妣丹//经济日报 1985-06-05
◎把古代和现代科技聚集一堂——日本筑波国际博览会“中华人民共和国馆”见闻/陈庄//经济日报 1985-06-10
◎保护世界文化和自然遗产/赵永魁//光明日报 1985-12-04
◎北京白孔雀艺术世界出售纯金首饰//经济日报 1985-01-18
◎北京举办传统书画展销会/辛习//经济日报 1985-05-07
◎北图首届艺术作品展揭幕//光明日报 1985-01-01
◎博览会点滴/翟滨//经济日报 1985-03-16
◎传统书画展销在北京揭幕/辛习//经济日报 1985-05-01
◎创新才能繁荣——关于发展杂技艺术的几个问题/夏菊花//人民日报 1985-07-08
◎大型音乐舞琴前的祝愿——李主席观看刘忠笃兄弟的新发明/张朝阳//经济日报 1985-10-11
◎第三届华北音乐节《北京之歌》音乐会闭幕 胡乔木出席并讲话/刘林春 秦杰//经济日报 1985-06-01
◎第五届工艺美术品百花奖揭晓//光明日报 1985-07-21
◎第五届工艺美术品百花奖揭晓/高瑞芳//经济日报 1985-07-21
◎东方艺术瑰宝——唐三彩/刘洪发//经济日报 1985-06-23
◎发展沿海开放城市和经济特区的工艺美术生产/陈宝光//经济日报 1985-01-18
◎法兰克福国际图书博览会侧记/田积金//经济日报 1985-12-03
◎繁荣文艺，重要的是坚持中国特色/叶佩英//光明日报 1985-04-03
◎方兴未艾的美国游乐产业/赵章云//光明日报 1985-08-21
◎港澳摄影艺术作品展览开幕/绍熙//经济日报 1985-12-29
◎古老的戏曲不改革是没有生命的/邝健廉//光明日报 1985-04-03
◎古县芦山文物多/罗开富//经济日报 1985-06-17

◎广州市奖励优秀剧本作者/张国光//光明日报 1985-01-11
◎既要满足，又要引导——谈社会主义文化艺术工作与联众关系的一个问题/陈南等//光明日报 1985-04-03
◎家具流行组合化艺术化 香港中东需求将大幅增长 发达国家重视款式和质量//经济日报 1985-02-06
◎江南古城文物宝库——《镇江文物精华》展览巡礼/刘建国//经济日报 1985-07-21
◎江西将建四个文化博览区//光明日报 1985-09-22
◎剧团与企业挂钩是个路子/金宝花//光明日报 1985-04-03
◎开拓少儿文艺工作新局面，全国少儿文艺委员会召开第三届会议/孙扶民//光明日报 1985-01-01
◎昆明儿童艺术剧团演出受欢迎/路振德//经济日报 1985-10-13
◎卢沟桥历史文物修复委员会成立//经济日报 1985-08-12
◎搜集整理研究民族文化遗产、文化部在西宁召开工作经验交流会/陈宗立//光明日报 1985-07-25
◎民间工艺美术是我国工艺美术事业发展的基础/徐运北//人民日报 1985-02-15
◎民族舞蹈教学研究班开始举办//光明日报 1985-09-01
◎模仿 革新 创造——从筑波科技博览会看日本科技发展道路/黄晴//人民日报 1985-05-15
◎南通建成我国首家织纺博物馆//光明日报 1985-10-01
◎纽约大都会艺术博物馆/任嘉尧//经济日报 1985-06-09
◎努力创作艺术性较高的作品/石慧//光明日报 1985-04-03
◎欧洲音乐早在世界音乐之乡揭幕//光明日报 1985-01-03
◎平凉地区“文化长廊”办得有生气//光明日报 1985-01-10
◎青海藏族艺术团在香港演出//光明日报 1985-01-20
◎青山绿水卓克基 风景秀丽 桥边官寨艺术精 建筑明星/罗开富//经济日报 1985-07-15
◎区别对待，分类指导——山东省省长李昌安谈艺术表演团体体制改革/李昌安//中国文化报 1985-11-29
◎全国文化厅（局）长会议探讨文艺体制改革//光明日报 1985-04-14
◎全国文化厅（局）长会议提出：坚持文艺体制改革，迅速发展文艺生产力/孙扶民//光明日报 1985-04-03
◎全面理解剧团承包的含义/世平//光明日报 1985-10-13
◎日本举办博览会效益显著/健//经济日报 1985-03-16
◎日本评八名民间艺人为“国宝”//光明日报 1985-03-25
◎日本邮票展在京开幕//光明日报 1985-05-12
◎三项全国优秀文学作品评选揭晓//光明日报 1985-03-17
◎上海筹资十万元发展交响乐//光明日报 1985-07-23
◎适应国内外市场变化，发展内销产品生产，工艺美术行业重视繁荣景象/李铁铮//经济日报 1985-03-30
◎台湾展出名家书画和陶瓷精品//经济日报 1985-05-12
◎谈谈工艺美术/李泽厚//人民日报 1985-10-26
◎提高思想认识繁荣文艺创作//光明日报 1985-11-30
◎图书馆事业如何改革？——全国图书馆工作会议采访随记/余章瑞//人民日报 1985-07-27
◎图书馆之忧/曹金华//人民日报 1985-07-24
◎为繁荣工艺美术事业提几点建议/丁竹林//经济日报 1985-11-17
◎文化部在全国试行营业演出许可证规定//光明日报 1985-07-12
◎文化艺术改革也应强调中国特色/于淑珍//光明日报 1985-04-03
◎文物工作要以社会效益为唯一准则/吕济民//中国文化报 1985-11-29
◎文物价连城巧匠更可贵——访上海市国华瓷器商店老技师饶鸿发/陈钢//经济日报 1985-09-01
◎文物字画何以价高/晓明//经济日报 1985-08-25
◎文艺工作者要担负起教育青少年责任/李春林//光明日报 1985-10-27
◎我国服装首次参加国际大型服装博览会/龚佼//经济日报 1985-08-24
◎我国京剧轰动伦敦国际戏剧节//光明日报 1985-10-15
◎我国目前有七百多座博物馆//光明日报 1985-07-18
◎我自己有十七个儿童剧团//光明日报 1985-05-02
◎五个各具特色的美展在京开幕//光明日报 1985-02-19
◎消费水平提高 旅游事业发展 市场需求增加 工艺美术行业面临新形势/鄢钢//人民日报 1985-11-13
◎新疆的艺术宝库/杨金声//经济日报 1985-11-04
◎形形色色的音乐日用品//经济日报 1985-10-01
◎延边歌舞团积极改革推动艺术生产力发展//光明日报 1985-05-04
◎演出单位应尽量矮小精悍/李少华//光明日报 1985-04-03
◎要鼓励施工单位和个人保护文物/毛泽英//经济日报 1985-11-03
◎要知情要出力 要讲究交谈艺术——邓颖超同志在大连政协会上讲话//经济日报 1985-08-28
◎一片冰心在玉壶——访鼻烟壶艺术大师王习三/尹庆民 齐水清//经济日报 1985-01-27
◎艺术创作与、欣赏者的关系//光明日报 1985-08-01
◎艺术陶瓷异军突起贸易急增 低档瓷品市场越来越小 我应升级换代提高档次//经济日报 1985-02-06
◎音乐对话/管绍熙//经济日报 1985-03-17
◎音乐年里的音乐之国/李昌芳//光明日报 1985-02-13
◎应重视引进国外先进的艺术管理方法/余传诗//光明日报 1985-09-18
◎用艺术启迪人们奋发向上/于淑珍//光明日报 1985-09-24
◎在世界杂技锦标赛中我杂技英豪大显身手，在总共二十八枚金牌中夺得二十五枚//光明日报 1985-11-27
◎展示未来的筑波国际科技博览会/王燕岫 康健 翟滨//经济日报 1985-03-16
◎浙江省“小百花”越剧团演员们表示坚持文化体制改革，争取更大成绩/卢良等//光明日报 1985-09-20
◎振兴戏曲艺术的盛会——祝贺“一九八五年全国戏曲观摩演出”开幕本报评论员//光明日报 1985-11-22
◎镇江文物精华展在京开幕//经济日报 1985-05-28
◎中国根的艺术联展在京开幕//光明日报 1985-04-28
◎中国现代文学馆在京正式成立//光明日报 1985-02-05
◎中国展品在巴黎博览会四省轻工展品销售一空/李宁来//经济日报 1985-05-24
◎重庆市举办雾季艺术国画展/姜洋//经济日报 1985-10-20
◎重庆市文艺团体同厂矿企业建立经济联合体//光明日报 1985-01-13
◎著名音乐指挥家李德伦说 我们天天盼北京音乐厅早竣工/郝北上 张妣丹//经济日报 1985-06-08
◎装帧艺术研究会在京成立//光明日报 1985-10-15
◎走向世界的中国文化艺术//光明日报 1985-01-29

1986 年

◎“背景音乐”在美国盛行//经济日报 1986-09-21
◎“娱乐片”的兴隆与匮乏/黄艾禾//中国文化报 1986-11-26
◎把文化艺术当作第三产业来发展/李军//光明日报 1986-11-16

- 把文物工作视为第一生命——记汝南县文化馆文物组组长刘东汉/汝文//中国文化报 1986-04-13
- 北京交响乐团正式成立//光明日报 1986-01-20
- 北京人艺平均每年演出三百余场//光明日报 1986-09-26
- 大连杂技团的成功说明，艺术团出国进行商业演出大有可为//光明日报 1986-12-16
- 当前我国音乐结构的分离化趋势/李西安//中国文化报 1986-07-23
- 第二届全国舞蹈比赛大面积丰收/曾毅//光明日报 1986-10-24
- 对文艺表演团体改革推向前进的几点建议/华年轮 秦杰//中国文化报 1986-06-25
- 改革给上海杂技团带来生机，胡耀邦赞扬该团是发愤图强自力更生的典型/于传诗//光明日报 1986-11-28
- 国家文物鉴定委员会成立//中国文化报 1986-03-09
- 杭州市实行专业作家合同制//光明日报 1986-08-15
- 杭州图书馆改革被动服务方式封闭型的“藏书楼”变成信息中心/叶辉//光明日报 1986-06-02
- 建设性破坏的危害应引起重视——古建筑保护杂谈/罗哲文//中国文化报 1986-08-13
- 江西各级专业剧团将到乡村演出/王少雄//光明日报 1986-01-23
- 进一步发展中国民间舞蹈艺术//光明日报 1986-12-09
- 京剧在这里赢得了观众——记北京京剧院演出团在英国和爱尔兰/许世铨//光明日报 1986-12-19
- 经济改革与文化艺术的撞击及反馈/童大林//中国文化报 1986-04-13
- 兰州市普查文物点有新收获//经济日报 1986-12-13
- 鲁锦与现代工艺美术结了缘/陈雷//经济日报 1986-08-24
- 美“环球歌剧音乐会使者”将来我国演出/黄炳钧//经济日报 1986-08-17
- 美国爵士音乐在京首演/丹//经济日报 1986-10-26
- 飘在蓝天的艺术——访天津风筝厂顾问周树棠老人/牛润疆 晓卿//经济日报 1986-04-13
- 评选名优产品要看企业管理市场销路第六届全国工艺美术品百花奖评比开创先例/李铁铮//经济日报 1986-09-18
- 钱学森说文艺管理应“宏观引导，微观放活”/蒋立//中国文化报 1986-11-05
- 倾心于紫砂艺术的探索/蒋尧基//经济日报 1986-09-15
- 曲艺发展的必由之路——看扬州市曲艺团演出有感/罗扬//人民日报 1986-08-30
- 全国儿童广播剧“金猴奖”在京颁奖//光明日报 1986-01-11
- 全国群众艺术馆工作座谈会提出，不坚持改革，群众文化事业就没有出路/王东辉//光明日报 1986-04-10
- 让“泥人张”彩塑艺术走向社会——访“泥人张”第四代张铭/卢盘卿//经济日报 1986-03-30
- 让孩子们从小得到音乐熏陶 儿童乐器生产待开发/辛习//经济日报 1986-05-16
- 如何改变博物馆门庭冷落社会效益低的现象/宗明//光明日报 1986-08-27
- 沙漠上的艺术博物馆/阿钧//经济日报 1986-03-23
- 上海第三届戏剧节隆重开幕//光明日报 1986-01-27
- 上海交响乐团在京首演反应强烈//光明日报 1986-06-14
- 上海音乐界人士指出，当前我国流行歌曲存在三个缺陷//光明日报 1986-11-17
- 神秘的小鬃人——记民间艺术工作者白大成/孟皋卿//经济日报 1986-08-03
- 室内电料制品发展的新动向 装饰型、艺术型产品受欢迎//经济日报 1986-06-16
- 首都将兴建一所综合性娱乐设施——北京友谊康乐中心/金真//经济日报 1986-01-03
- 首届北京国际图书博览会即将开幕/赵兹//经济日报 1986-08-31
- 首届北京国际图书博览会开幕 我国政府决定今后每两年举办一次/王溪元//人民日报 1986-09-06
- 书籍装帧艺术展览在京开幕/小沅//经济日报 1986-04-01
- 宋庆龄珍藏的百子吉庆有余被面 由苏绣艺术博物馆精心复制完成//经济日报 1986-05-25
- 宋元南戏活化石——记梨园戏实验剧团在京演出/周鼎//经济日报 1986-01-19
- 王蒙在全国文化厅长会议上指出，要争取文化艺术工作长期稳定发展，坚决而又慎重的推动文艺体制改革//光明日报 1986-07-17
- 文化·人才·艺术/余倩//中国文化报 1986-04-06
- 文化部决定举办中国艺术节，首届中国艺术节明年六月在京举行//光明日报 1986-10-22
- 我公益美术展品在土耳其受欢迎//光明日报 1986-06-25
- 我国第一座专业音乐殿堂 北京音乐厅昨晚正式启用/郝北上 张姒丹//经济日报 1986-01-05
- 我国工艺美术行业发展迅速/成茂//经济日报 1986-03-08
- 我国艺术和电影在国际上频频获奖//中国文化报 1986-05-18
- 西洋古典音乐与大自然/管绍熙//经济日报 1986-10-19
- 现代化的上海美术馆于昨日开馆//光明日报 1986-10-10
- 新的艺术风格的追求者——浅谈黄健中导演及其新作/王晓庆//经济日报 1986-11-09
- 燕赵智慧之光——《河北古代科技文物展览》一瞥/毛铭三//经济日报 1986-09-12
- 以社会效益促经济效益：西安市五一集团承包演出队走出改革新路/卜云彤 冯瑛冰//中国文化报 1986-01-24
- 艺术歌曲与流行歌曲/晓宁//经济日报 1986-04-13
- 艺术陶瓷中的奇葩——刻瓷/孙照华//经济日报 1986-12-14
- 音乐界应进行文化发展战略的讨论/刘念劬//中国文化报 1986-07-23
- 音乐厅五十五场严肃音乐会场场爆满//光明日报 1986-03-02
- 音乐艺术的严肃与通俗/晨耕//中国文化报 1986-04-20
- 音乐中的“黄金分割”/苏兆安//经济日报 1986-03-16
- 英国举办英国国际讨论会/许世铨//光明日报 1986-09-30
- 展览预告 中国美协将举办文学插图艺术展览/李恒展//经济日报 1986-11-02
- 张金英——裱书画妙手回春/张仲英//经济日报 1986-01-12
- 赵鹏翥——半生心血复制书画/赵润庭//经济日报 1986-02-16
- 中国昆剧艺术研究会成立，名演员云集首都联演优秀传统戏/曾毅//光明日报 1986-03-16
- 中国杂技在巴黎获两项金奖//光明日报 1986-01-28
- 中日艺术家在京举办插花艺术展/方诚//经济日报 1986-06-29
- 中央军委和北京市领导同志参观战士郭宝芝根雕艺术展/刘正义 陈马//经济日报 1986-08-28
- 重视文化艺术管理科学的研究/李军//中国文化报 1986-05-04
- 专业文艺表演团体改革谈/华杰//中国文化报 1986-06-25
- 自然景观理应任其自然文物古迹更须妥善保护——访风景及历史名城规划研究所所长王健平/陈雷 杨洁//经济日报 1986-01-26

1987 年

- “卢京春画展”在北京艺术家画廊展出//经济日报 1987-10-11
- 《人民音乐》杂志评选出去年音乐活动十大新闻//光明日报 1987-01-01
- 阿弭和她奇特的艺术品——访微画家周晴/陆继农//经济日报 1987-08-16
- 巴黎的橱窗艺术/李宁来//经济日报 1987-01-16
- 把艺术融进生活——介绍年轻的环境艺术设计中心/徐涵//经济日报 1987-01-30
- 表演艺术的成本核算和价值工程管理/赵方//中国文化报 1987-11-29
- 采一炼十 天道酬勤——访艺术大师李可染/赵润庭 陈水璘//经济日报 1987-04-12
- 春季工艺美术品旅游用品展览会下旬举行/晓渡//经济日报 1987-03-04
- 第四届戏剧“梅花奖”评选揭晓//光明日报 1987-03-13
- 工艺美术事业亟需扶持/鄢钢//人民日报 1987-01-11
- 工艺美术新花——珐琅珀晶/宋春祥//经济日报 1987-03-23
- 关于艺术表演团体体制改革的回顾与思考/郑华//中国文化报 1987-10-25
- 广告艺术/解廉廉//经济日报 1987-07-25
- 海伊博物馆的建筑艺术/燕君//经济日报 1987-09-27
- 河南严厉打击盗掘走私文物者/王泽河 弋振云//经济日报 1987-07-23
- 黑非洲的传统音乐/段建国//中国文化报 1987-04-22
- 继承传统特色引进现代化设施，上海恢复并开放“大世界”//光明日报 1987-01-12
- 加快和深化文化艺术体制改革势在必行/世平//中国文化报 1987-11-29
- 加拿大艺术节介绍/宗颜//中国文化报 1987-08-09
- 加强保护、改善管理，搞好改革，国务院要求进一步加强文物工作//光明日报 1987-12-11
- 加强话剧艺术的现实性，鼓励严肃的艺术探索：8 月 11 日在东北地区话剧观摩研讨会上的讲话/王蒙//中国文化报 1987-08-23
- 加强文物管理/舜阶//人民日报 1987-04-22
- 建筑画成为我国艺术园地的奇葩/何东平//光明日报 1987-07-03
- 金明华的版画艺术/阿庚//经济日报 1987-12-06
- 雷山县民族文化工作队为各族农民送戏到乡村/戴宣长//光明日报 1987-02-01
- 漫画艺术的新尝试/毛铭三//经济日报 1987-08-02
- 农村办轻音乐团要量力而行/熊泽民//光明日报 1987-04-06
- 农村需要文化娱乐商品/李桂元//经济日报 1987-01-28
- 努力经营好社会主义文化企业——关于深圳特区博雅艺术公司的调查报告/吴晓民//光明日报 1987-03-18
- 青黄转绿到艺术多维/从维熙//中国文化报 1987-11-05
- 全国通俗音乐研讨会/居其宏//人民日报 1987-12-15
- 陕西省坚持戏曲改革振兴秦腔/王东辉//光明日报 1987-05-28
- 上海春夏季服装流行趋势 潇洒 简洁 奔放 突出艺术化个性化//经济日报 1987-02-28
- 上海交响乐团坚持八年普及交响乐，共举办了近 200 场普及音乐会，听众达 20 万人次/余传诗//光明日报 1987-08-02
- 诗与音乐/薛峰//经济日报 1987-01-25
- 试论文化艺术生产调节机制/李军//经济日报 1987-10-10
- 试谈文化艺术干部队伍的结构因素/李金旺//中国文化报 1987-10-21
- 首届国际伊斯兰书法大奖赛举行//光明日报 1987-01-12
- 首届中国艺术节将于 9 月举行/盛祖宏//光明日报 1987-07-05
- 探求北方盆景的艺术风采——访河南省平顶山市盆景艺人周脉常/杨秀武//经济日报 1987-06-21
- 陶瓷艺术/王晓林//经济日报 1987-08-15
- 图片新闻：“音乐之村”/岳峰 李洪波//经济日报 1987-12-20
- 图书馆改革浅议/杨元生//人民日报 1987-08-30
- 外国音乐中的中国唐诗/杜玉明//经济日报 1987-05-17
- 文化部公安部国家工商局发出通知，允许举办营业性舞会//光明日报 1987-02-26
- 文化艺术事业管理浅谈/赵方//光明日报 1987-08-20
- 文物出版社成立卅周年/苏士树//经济日报 1987-02-15
- 我国芭蕾舞艺术的崛起/张作民//中国文化报 1987-01-14
- 我演员获巴黎“明日”国际杂技节金银奖/贾斌//光明日报 1987-02-11
- 芜湖市越剧团在北京演出//经济日报 1987-11-22
- 西藏曲艺家土登的艺术之路/闾振中//中国文化报 1987-07-19
- 现代音乐的听众观与“超前意识”——关于“新潮”的反思/居其宏//中国文化报 1987-04-50
- 香港文物市场/赵榆//经济日报 1987-03-29
- 新乡火车站打击走私文物活动/尚卫平//经济日报 1987-12-03
- 烟壳登上艺术殿堂/程刚//经济日报 1987-01-11
- 艺术壁挂——装点居室的珍品/张汉军 李国浦//经济日报 1987-06-29
- 一些小博物馆突破僵化的陈列形式向专题化多样化发展吸引众多观众/曾毅//光明日报 1987-01-04
- 用经济手段繁荣艺术事业——访北京国际艺苑董事长、著名油画家刘迅/司兰星 王秋和//经济日报 1987-11-08
- 杂技艺术在呼唤创新/晓许//经济日报 1987-05-17
- 振兴民族音乐专场音乐会/余春生//经济日报 1987-01-25
- 中国电影表演艺术学会将举办首届“学会奖”/陈光//经济日报 1987-02-22
- 中国工艺美术总公司修改“百花奖”评比办法/高初建//经济日报 1987-08-20
- 中国广播交响乐团赴澳门演出/小敏//经济日报 1987-01-18
- 中国轻音乐团举行建团音乐会//光明日报 1987-11-14
- 中国艺术节地区性活动在大连打开序幕/苗家生//光明日报 1987-08-16
- 中国音协召开座谈会呼吁保护音乐家合法权益//光明日报 1987-09-20
- 中央乐团赴美演出//经济日报 1987-09-27
- 中央民族乐团引入竞争机制实行内部聘任制/曾毅//光明日报 1987-12-21
- 紫砂艺术品飞出喀左县/李东东//经济日报 1987-06-16

1988 年

- “壁挂艺术展览”在中国美术馆开幕/兰星//经济日报 1988-10-30
- “金秋文艺演出”在北京中山公园音乐堂举办//经济日报 1988-09-25
- “流行音乐向民族化发展是必然的”——访侯德健/周晓勤//光明日报 1988-06-12

◎“拍卖热”重返上海滩//经济日报 1988-12-09
◎《甘肃丝绸之路文物珍品展》在京开幕//经济日报 1988-09-25
◎《全国打击文物违法犯罪活动成果展》开始展出//经济日报 1988-09-25
◎《鹰潭风貌》摄影艺术展览在北京中国美术馆展出//经济日报 1988-07-10
◎《中国戏曲脸谱艺术展览》于二十二日至三月三日在北京中国美术馆举行//经济日报 1988-02-14
◎《中国音乐报》将于明年创刊//经济日报 1988-12-11
◎奥地利联邦直属剧院在国家中的地位和作用/朱傲文//中国文化报 1988-04-03
◎白云轻歌剧团在京演出受到好评/一帆//经济日报 1988-09-04
◎班禅、周谷城副委员长强调，坚决打击走私盗窃文物的犯罪活动/梁捷//光明日报 1988-09-29
◎保护文物是我们的历史责任/高占祥//中国文化报 1988-12-14
◎保加利亚“皮林”国家民间歌舞团举行了两场歌舞演出//经济日报 1988-06-05
◎北京成立自负盈亏演出队/兆南//经济日报 1988-04-10
◎北京能否开设文物拍卖市场/孙勇//经济日报 1988-11-23
◎北京友谊商店举办仲夏书法艺术展销/王炳志//经济日报 1988-08-02
◎壁上风景如画——记山东烟台搪瓷厂的斑釉艺术品/刘自强//经济日报 1988-05-29
◎波兰国家交响乐团于本月四日在北京音乐厅举行首场演出/艺//经济日报 1988-03-06
◎部分政协委员也谈文艺体制改革/柳韧//中国文化报 1988-04-10
◎从科隆看联邦德国的博物馆事业——参观科隆古代和现代艺术博物馆侧记/陈文奎//光明日报 1988-12-17
◎从失策的痛苦中寻求对策：关于进一步深化艺术表演团体管理改革的思考/王幼贝//中国文化报 1988-02-24
◎大陆文学作品出版热被列为八七年台湾文坛十大事件之首//光明日报 1988-01-11
◎大陆音乐带将进入台湾市场//人民日报 1988-07-18
◎担负起文艺改革和建设的历史使命——中国文联第五次代表大会侧记/冯立三 沈卫星//光明日报 1988-11-12
◎第三届全国“艺代会”隆重闭幕，一批“中国工艺美术大师”受到国家表彰/李铁铮//经济日报 1988-04-29
◎对商品经济条件下的文化艺术生产要进行再认识/本报评论员//光明日报 1988-02-29
◎对政府艺术表演团体领导管理体制改革的几点意见（1987 年 11 月 14 日文化部党组扩大会上的发言）/赵起扬//中国文化报 1988-03-20
◎多明戈将在人民大会堂举行二场演出//经济日报 1988-07-10
◎改革促进艺术生产力的发展——丹东歌舞团狠抓人才培养和艺术创作/周晓勤//光明日报 1988-05-19
◎改革呼唤着文艺//光明日报 1988-02-14
◎改革没有回头路——苏联文化部部长扎哈罗夫就戏剧改革试验答《消息报》记者问//中国文化报 1988-01-10
◎改革时代需要崇高的文学/马新国//光明日报 1988-01-22
◎改革现行“大锅饭”文艺体制，孙爱珍提出京剧“场团挂钩”演出方案//光明日报 1988- 01-01
◎改革现有体制加强通俗音乐盒带市场管理/崔小旺//中国文化报 1988-02-24
◎改善和加强党对文艺工作的领导/本报评论员//光明日报 1988-02-09
◎工艺美术品已成为大宗出口产品//光明日报 1988-04-24
◎工艺美术行业成为轻工创汇冠军/李铁铮//经济日报 1988-04-26
◎关于发展音乐艺术生产力的思考/居其宏//中国文化报 1988-07-06
◎关于理顺剧（节）目生产关系的思考/朱静民//中国文化报 1988-08-03
◎关于文艺现状的思考/王汉华//中国文化报 1988-04-13
◎广东民间艺术欢乐节盛况空前/彭周贤//光明日报 1988-01-03
◎广西桂林地区属第一家信托、拍卖商行开业/刘子营//经济日报 1988-05-29
◎广西文化艺术事业在改革中求得发展/闻涛//中国文化报 1988-12-11
◎广州话剧团改革经验谈/张迈//中国文化报 1988-11-20
◎广州杂技团将赴法进行演出//经济日报 1988-06-05
◎国际博览会小史/蔷//经济日报 1988-10-24
◎国际艺术管理研讨会在京召开，英若诚强调艺术管理不可缺少/曾毅//光明日报 1988-04-19
◎国家文物局负责人强调，制止粗制滥造随意出售文物复制品/林英//光明日报 1988-09-27
◎国务院公布第三批全国重点文物单位 258 处//光明日报 1988-01-27
◎轰动京城的演出/晓章//经济日报 1988-07-24
◎胡启立等同志畅谈文艺体制改革/柳韧//中国文化报 1988-05-22
◎胡启立同山西文艺界人士座谈时强调，繁荣文艺要继续坚持贯彻“双百方针”//光明日报 1988-01-06
◎既是生财之道 也是用武之地——艺术表演团体可为电视剧录像出力/罗辛//经济日报 1988-12-25
◎简论文化艺术劳务市场/商尔刚//中国文化报 1988-06-15
◎建立具有中国特色的演员俱乐部/陈智超//中国文化报 1988-01-03
◎鉴藏年少独名家——记著名文物鉴赏家史树青/李立新//中国文化报 1988-05-08
◎今日美国的乡村音乐/罗玉洁//中国文化报 1988-11-27
◎进一步深化艺术体制改革/汪菊平//中国文化报 1988-01-13
◎经济实行双轨制，管理实行经营制，辽宁乐团充满活力/韩小蕙//光明日报 1988-11-29
◎竞争机制引进企业剧团以后——来自丹东市的报告/潜元兹//中国文化报 1988-08-07
◎崛起的秘诀何在——记改革中天津广播电视艺术团/张作民//中国文化报 1988-04-06
◎柯尼卡彩色艺术摄影大奖赛//经济日报 1988-01-17
◎李铁映在全国文化工作会议上讲话指出，坚决而审慎地改革艺术表演团体体制//光明日报 1988-05-17
◎两把刀辟“奥琪”漫画艺术鉴赏专栏/玉婷//经济日报 1988-03-06
◎两颗大宝石将在美拍卖//经济日报 1988-10-18
◎辽宁出现一家经济文化艺术联合体/彭璋庆//光明日报 1988-11-25
◎蔺清凡、郭文志、王海增书法篆刻与装裱艺术展览蔺清凡、郭文志、王海增书法篆刻与装裱艺术展览展出//经济日报 1988-09-25
◎论艺术产品的商品属性和非商品属性/张绵厘//中国文化报 1988-03-09
◎论艺术管理/英若诚//中国文化报 1988-05-04
◎美国表演团体的结构、经费及票务（一）/谢红军//中国文化

报 1988-08-10
◎ 美国表演团体的结构、经费及票务（二）/谢红军//中国文化报 1988-08-17
◎ 美国表演团体的结构、经费及票务（三）/谢红军//中国文化报 1988-08-28
◎ 美国艺术版权介绍/杨大经//中国文化报 1988-10-23
◎ 民艺学者提出有价值的新观点//光明日报 1988-11-21
◎ 南斯拉夫表演艺术团体的改革/柴盛萱//中国文化报 1988-05-18
◎ 年画艺术//经济日报 1988-02-14
◎ 农村需要这样的“剧团老板”——记农民演出组织家宋力行和他的群芳越剧团/吴鸿业//中国文化报 1988-08-07
◎ 蓬勃发展中的四川文化艺术事业//中国文化报 1988-10-26
◎ 漆画艺术//经济日报 1988-10-09
◎ 浅谈创作中的意识和无意识/陈传才//光明日报 1988-01-15
◎ 清新爽丽的“东北风”——大型音乐艺术片《东北风》观后/张冠宇//经济日报 1988-05-01
◎ 全国名优企业职工书法艺术大赛将举办//经济日报 1988-08-28
◎ 认识文艺发展的宏观规律，加强对文艺工作的战略指导，中宣部文艺局召开“社会主义初级阶段文艺问题”座谈会//光明日报 1988-04-28
◎ 日本名歌星玉置浩二来华演出/赵健//经济日报 1988-12-04
◎ 日本四季剧团应邀来华演出//经济日报 1988-10-23
◎ 日本文艺领域的经济法规/霍凤人//中国文化报 1988-09-25
◎ 日本娱乐市场规模不断扩大年消费额高达五十万亿日元/陈镜波//经济日报 1988-08-29
◎ 如皋木偶剧团的生存之路/张作民//中国文化报 1988-10-16
◎ 芮杏文在全国文艺工作会议上强调，坚持“二为”方向和“双百”方针，保证文艺长期稳定发展繁荣//光明日报 1988-07-21
◎ 芮杏文在全国文艺工作会议上强调制定政策繁荣文艺要服从改革大局，团结奋斗共渡难关，文艺有重要作用//中国文化报 1988-07-24
◎ 社会主义初级阶段与艺术表演团体体制改革/阮润学//中国文化报 1988-04-10
◎ 沈阳市文化部门举办创作剧本洽谈会，推动戏剧创作建立演出市场机制/苗家生//光明日报 1988-12-10
◎ 沈阳市艺术表演团体、体制改革取得积极成果//中国文化报 1988-07-10
◎ 沈阳图书馆实行开放式管理/乔磊//光明日报 1988-03-03
◎ 石愚的艺术世界/刘建伟//经济日报 1988-04-10
◎ 实用工艺美术与民间工艺美术/刘恪山//人民日报 1988-01-06
◎ 首届冰灯艺术展昨日在北京北海公园开幕//经济日报 1988-01-10
◎ 首届工艺产品博览会将开幕/傅勘//经济日报 1988-10-02
◎ 首届全国篆刻艺术展表明，我国当代篆刻艺术异彩纷呈/陆彩荣//光明日报 1988-10-13
◎ 首届油画展为何未见“力作”——就中国油画发展问题访詹建俊//光明日报 1988-02-07
◎ 书斋的变迁/金开诚//光明日报 1988-02-13
◎ 谁当买主？北京昌平木器厂公开拍卖//经济日报 1988-08-06
◎ 四川实施文物保护法/赵文//经济日报 1988-06-09
◎ 他们带来了世界一流水平的演出——兼向我国的某些获奖演员进一言/张越 薛峰//经济日报 1988-05-15
◎ 台湾近期出现“大陆艺术热”//光明日报 1988-01-04
◎ 谈谈国际博览会趋势/任振强//经济日报 1988-10-24
◎ 探索走“公穴”的人们——访新成立的中国艺术开发公司演出部/陈小雅//中国文化报 1988-04-24
◎ 讨论作协体改设想 促进文学事业发展——中国作协召开四届理事会第三届会议/潘仁山//光明日报 1988-11-21
◎ 图片新闻：北京首家拍卖市场开市/李晓果//经济日报 1988-05-16
◎ 图片新闻：壁画艺术/孙景波//经济日报 1988-05-08
◎ 图片新闻：陈樊镇的微雕艺术/刘野//经济日报 1988-11-06
◎ 图片新闻：艺术陶瓷/木野//经济日报 1988-06-12
◎ 图书馆也可搞一些企业性经营/杨荣//光明日报 1988-11-29
◎ 皖成立文物保护技术协会/戴培钧//经济日报 1988-09-26
◎ 王蒙同部分政协委员座谈会时指出，文化艺术面临挑战，突破希望在于改革/夏欣//光明日报 1988-07-07
◎ 王蒙在全国话剧、戏曲、音乐、舞蹈创作会议上强调，艺术应该给人民以精神力量/曾毅//光明日报 1988-02-11
◎ 文化部颁布艺术表演团体领导人试行聘任制管理暂行规定/吴岳//中国文化报 1988-10-19
◎ 文化部关于加快和深化艺术表演团体体制改革的意见//中国文化报 1988-09-28
◎ 文艺新秩序的诞生——艺术表演团体体制改革述评（一）/秦晋//光明日报 1988-08-23
◎ 文艺新秩序的诞生——艺术表演团体体制改革述评（二）/秦晋//光明日报 1988-08-25
◎ 文艺新秩序的诞生——艺术表演团体体制改革述评（三）/秦晋//光明日报 1988-08-26
◎ 文艺新秩序的诞生——艺术表演团体体制改革述评（四）/秦晋//光明日报 1988-08-29
◎ 文艺新秩序的诞生——艺术表演团体体制改革述评（五）/秦晋//光明日报 1988-08-31
◎ 文艺新秩序的诞生——艺术表演团体体制改革述评（六）/秦晋//光明日报 1988-09-02
◎ 文艺新秩序的诞生——艺术表演团体体制改革述评（七）/秦晋//光明日报 1988-09-05
◎ 我国地县博物馆管理工作亟待加强/孙大卫//光明日报 1988-02-04
◎ 我国美术事业何时走向世界，有关专家在座谈会上提出新看法/韩小蕙//光明日报 1988-04-04
◎ 我国明年将举办国际博览会/柴茂//经济日报 1988-10-07
◎ 我国通俗音乐发展趋向/梁茂春//中国文化报 1988-02-07
◎ 我国文艺演出专业物资市场初具规模/鸿业 和评//中国文化报 1988-09-25
◎ 我国现行艺术表演团体体制必须改革，胡启立李铁映芮杏文与参加全国文化工作会议的代表座谈//光明日报 1988-05-18
◎ 我们的实践和思考——谈艺术表演团体体制改革/谢国祥//中国文化报 1988-06-01
◎ 五年三步实现“双轨制”格局——福建专业艺术表演团体改革方案出台//中国文化报 1988-08-10
◎ 喜剧队哪儿去了？/刘强//中国文化报 1988-05-29
◎ 戏曲现状与趋势研讨会在京举行//光明日报 1988-01-29
◎ 戏曲艺术产业概念与双轨制/张晓果//中国文化报 1988-07-20
◎ 戏曲作为传统文化的价值与传承/安琪//中国文化报 1988-03-12
◎ 效果不甚圆满的原因何在？——王昆谈东方歌舞团赴新加坡演出得失/吴鸿业//中国文化报 1988-01-13
◎ 新潮艺术与他的观众/方舟//中国文化报 1988-12-18
◎ 兴旺发达的波兰博物馆事业/王敖和//光明日报 1988-12-17

- 宣扬历史遗产 培育民族精神——漫话法国的文物保护和利用/马为民//人民日报 1988-05-08
- 也谈文艺的商品化/白晓朗 黄林妹//中国文化报 1988-01-13
- 一方奇景一方情——北京北海冰灯艺术展散记/刘云平//经济日报 1988-02-21
- 一个迷人的去处——北京艺术家画廊/项丹平//经济日报 1988-04-24
- 一件文物/蒋自饶//经济日报 1988-12-04
- 一批曲艺家聚会烟台探讨曲艺改革/张世英//人民日报 1988-05-09
- 一种新型艺术商品正在兴起 中国漆画将为世界瞩目/雷建//经济日报 1988-08-27
- 以领导体制变革推动文艺管理体制改革，文化部颁布艺术表演团体，领导人试行聘任制暂行规定//中国文化报 1988-10-19
- 艺术"搭台"经济"唱戏"云南民族艺术节经贸市场活跃/谢先斌//经济日报 1988-10-09
- 艺术表演团体改革的三个问题/张作民//中国文化报 1988-10-30
- 艺术表演团体实行待业保险制和合同聘用制可行性五题/杜长胜//中国文化报 1988-02-10
- 艺术表演团体体制改革的几个问题/王文章//中国文化报 1988-03-23
- 艺术表演团体体制改革的症结——对专业艺术团体与艺术工作者属性的再认识/李振远//中国文化报 1988-04-13
- 艺术表演团体体制改革势在必行——文化部艺术局局长方杰答本报记者问//中国文化报 1988-04-13
- 艺术表演团体体制改革要掌握几个要点——全国政协委员、文化部副部长王济夫谈/刘德伟//中国文化报 1988-4-17
- 艺术产品的商品属性和非商品属性/张绵厘//中国文化报 1988-01-31
- 艺术城市的明天/罗晋标//人民日报 1988-07-16
- 艺术交流与友谊的桥梁——庆祝中国对外演出公司成立三十周年/宋天仪//中国文化报 1988-12-25
- 艺术节的对话/高德林//中国文化报 1988-10-16
- 艺术生产的比例失调——环境艺术透视之一/布正伟//人民日报 1988-10-04
- 艺术事业的未来与希望——访文化部副部长英若诚//中国文化报 1988-09-08
- 艺术——英国经济的"助跳板"/唐若水//光明日报 1988-09-03
- 音乐传播方式的改变与通俗音乐的社会效益/舒泽池//中国文化报 1988-02-07
- 音乐作品版权应受到保护/张棣//光明日报 1988-02-28
- 应当积极扶持我国的拍卖市场/王金滨//经济日报 1988-12-23
- 应运而生的西苑职工艺术团——艺术表演团体改革的调查与思考/姜大中//中国文化报 1988-01-17
- 英国芭蕾的昨天和今天——兼谈塞德勒斯·威尔斯皇家芭团的演出/张越 薛峰//经济日报 1988-04-10
- 英国的艺术管理体制/谢红军//中国文化报 1988-08-03
- 英国塞德勒斯·威尔斯皇家芭蕾舞团在北京展览馆剧场举行首场演出//经济日报 1988-04-03
- 有关音乐的趣闻/胡澎 薛峰//经济日报 1988-07-10
- 娱乐和思辨/刘功成//中国文化报 1988-04-17
- 愿作艺术之"桥"——访北京画店经理刘树功/庞淳 陈铁军//经济日报 1988-05-29
- 云南民族艺术节闯出新路//中国文化报 1988-10-12
- 再谈艺术表演团体管理改革中的失策/林一柳//中国文化报 1988-04-10
- 浙江曲艺团在竞争中求生存图发展/叶辉//光明日报 1988-02-20
- 正气凛然 书如其人——舒同书法艺术展览见闻/张默//经济日报 1988-06-19
- 中国工艺美术品博览会开幕/项丹平//经济日报 1988-04-17
- 中国文联召开座谈会，讨论自身体制改革问题/曾毅//光明日报 1988-01-22
- 中国艺术品在港拍卖//光明日报 1988-02-01
- 中央芭团首席明星张伟强与日本合作演出古典芭蕾舞剧《吉赛尔》//经济日报 1988-06-05
- 中央歌舞团访美演出载誉归来//经济日报 1988-06-05
- 踵论国画市场及其它/陈履生//中国文化报 1988-09-18
- 转变观念是搞好剧团体制改革的关键/周卫国//中国文化报 1988-03-27
- 走向社会之后——关于深圳艺术表演团体体制改革的调查和述评/舒待之 韩金英//中国文化报 1988-10-09
- 走向社会之后——关于深圳艺术表演团体体制改革的调查之二/ 舒待之 韩金英//中国文化报 1988-10-16
- 走向社会之后——关于深圳艺术表演团体体制改革的调查之三/舒待之 韩金英//中国文化报 1988-10-19
- 走向社会之后——关于深圳艺术表演团体体制改革的调查之四/舒待之 韩金英//中国文化报 1988-10-23
- 走向社会之后——关于深圳艺术表演团体体制改革的调查之五/舒待之 韩金英//中国文化报 1988-10-26
- 作曲家庄德淳的舞剧音乐作品《木兰飘香》在台湾公开出版//光明日报 1988-01-11

1989 年

- "禅定学与舞蹈"在京试验演出//经济日报 1989-11-05
- "理解友谊合作"——首届北京国际博览会侧记/王厚林//经济日报 1989-07-18
- "一馆两制"的构想/姜典凯//中国文化报 1989-05-03
- "油画人体艺术大展"民意调查/北京市健康人格研究会 北京市社科院社会学所 中国社会调查事务所//中国文化报 1989-01-18
- 《东方之梦》明日在北京长城饭店进行首场演出//经济日报 1989-09-03
- 1988：严肃音乐的严峻年度/蒋力//中国文化报 1989-03-12
- 80 年代建筑艺术作品评奖揭晓/毛铁//经济日报 1989-07-08
- 阿根廷探戈乐团访华演出获得成功//经济日报 1989-12-10
- 按"双轨制"思路全面深化文化艺术体制改革/郑熙亭//中国文化报 1989-06-28
- 奥地利的民间管乐队/郑涌波//中国文化报 1989-07-30
- 澳中合作制作"轻松音乐"节目/赵翁//经济日报 1989-05-18
- 保护好祖国建筑艺术的瑰宝——著名古建筑专家、国家文物局高级工程师罗哲文答记者问/郑凯歌//中国文化报 1989-08-09
- 北京工艺美术品总公司获自营进出口权/金禧//经济日报 1989-01-05
- 北京工艺美术品总公司扩大出口/金禧//经济日报 1989-01-31
- 北京人艺艺术道路研讨会综述/蒋力//中国文化报 1989-04-16
- 北京市工艺美术品总公司实现时间过半任务过半/金禧 谷丽雅//经济日报 1989-07-12
- 北京首次举办市级邮票拍卖 最高成交价一万四千元/徐克强//

经济日报 1989-02-15
◎部分文化艺术界政协委员呼吁，加强对文艺环境的管理，提倡为艺术献身精神/白建国//光明日报 1989-03-25
◎承包见成效，出戏又育人——记河北省肖月珠京剧演出团/关偶//中国文化报 1989-05-24
◎从北京到南京——试论小剧场运动的中国特点/童道明//中国文化报 1989-08-30
◎从经营方式改革入手，逐步进行所有制改革，四川提出剧团"双轨制"基本构想/袁祥//光明日报 1989-02-25
◎大潮奏鸣曲——呼市艺术表演团体改革纪实/乌兰//中国文化报 1989-11-19
◎大剧院演员承包县级小剧团/陈品华//中国文化报 1989-03-29
◎大院小团，全面实行聘任制，上海京剧院艺术建设进入良性循环/余传诗//光明日报 1989-03-02
◎淡风不淡——记宝乐粤剧团/晓月//中国文化报 1989-07-16
◎当代中国表演艺术的流变与律动（上）/程云端//中国文化报 1989-03-08
◎当代中国表演艺术的流变与律动（下）/程云端//中国文化报 1989-04-12
◎当前小剧场理论的一些偏颇/温大勇//中国文化报 1989-07-19
◎道路曲折，成就巨大——文化报图书馆司负责人谈新中国公共图书馆事业/宋合意//中国文化报 1989-10-04
◎地方戏曲的危机与出路/肖玉华//光明日报 1989-10-22
◎第二届中国艺术节将加强群艺活动/黄华英//中国文化报 1989-03-15
◎典当拍卖在宁波/王建中//经济日报 1989-02-02
◎电视文艺出现危机/黄望南//光明日报 1989-06-01
◎东方绘画学的理论构建/李德仁//中国文化报 1989-08-23
◎东西音乐交流与华夏新音乐文化的建设——与金湘一席谈/吕丁//中国文化报 1989-04-16
◎独具民族民俗特色的乡村博物馆——访蔡官村地戏博物馆/侯良//中国文化报 1989-02-19
◎发挥县级图书馆的作用/吕春青//中国文化报 1989-02-22
◎发掘和继承民族音乐文化传统——访苏联哈萨克民族音乐博物馆/高凤仪//光明日报 1989-12-17
◎法国重视舞蹈业的发展/邹启山//中国文化报 1989-11-08
◎繁荣文艺亟需制定相应的文化经济政策——人大代表、政协委员关于文艺话题的呼吁/张胜友//光明日报 1989-04-04
◎繁荣艺术的重要途径——从第二届中国艺术节群众艺术节目所想到的/常泊//光明日报 1989-11-23
◎奋力跋涉中的东北话剧——评首届东北地区话剧节/乡子//中国文化报 1989-08-02
◎福建省文化厅采取具体措施切实加强演出市场管理/黄山//中国文化报 1989-08-30
◎福建省杂技团"一团两制"气象新/陈有仁//光明日报 1989-04-12
◎福州美术馆改革焕发活力/福文//中国文化报 1989-02-01
◎改革，给这里注入了生机——记困境中崛起的长治市杂技团/张若霞//中国文化报 1989-03-22
◎改革，图书馆的希望/杨荣//光明日报 1989-10-31
◎馆藏珍贵文物被盗数量剧增，国家文物局决定采取断然措施/宋合意//中国文化报 1989-01-08
◎广州文艺市场管得好/韩小蕙//光明日报 1989-05-09
◎国务院办公厅发出紧急通知，要求各地加强文物安全工作//光明日报 1989-06-24
◎国务院发布《中华人民共和国水下文物保护管理条例》//光明日报 1989-10-27
◎衡阳演出公司热情扶助戏曲团剧/房祝 于宗泽//中国文化报 1989-07-05
◎化整为零，走出困境——试论歌剧工作室、歌剧小剧场/刘诗嵘//中国文化报 1989-12-03
◎话剧不景气是可以克服的/胡可//中国文化报 1989-10-29
◎话剧能摆脱不景气吗？/宫苏艺//光明日报 1989-01-01
◎话剧逃避了什么/解铃//中国文化报 1989-03-05
◎话剧——走出沙龙的误区/吴英俊//中国文化报 1989-08-02
◎继承民族传统，繁荣戏曲创作/李希凡//光明日报 1989-08-15
◎加强文物管理防止"利用性破坏"/罗哲文//光明日报 1989-04-18
◎坚持、运用、发展毛泽东文艺思想——"全国毛泽东文艺思想研究会"理事会侧记/许志平//光明日报 1989-09-05
◎坚持四项基本原则，坚持改革开放，在发展商品经济条件下进一步繁荣文化艺术，中宣部文艺局和山东省委宣传部联合召开研讨会//光明日报 1989-06-02
◎剪下自有万物生——民间剪纸艺术在山西/春泉//经济日报 1989-05-21
◎简论艺术欣赏的社会参与/李贵堂//中国文化报 1989-09-20
◎江西省文化厅召开艺术表演团体体制改革经验交流会/陈蓉 李如华//中国文化报 1989-08-30
◎景泰蓝艺术/李新民//经济日报 1989-04-09
◎救救祖国文物——文物走私引起的现象透视/董毓林//经济日报 1989-08-15
◎峻峭雅洁 自然流畅——蒋维崧的书法艺术/杨学锋//经济日报 1989-07-09
◎开辟演出新天地——谈长沙市歌舞剧院演出"校园剧"/张新民 李克琳//中国文化报 1989-06-25
◎来自观众的立体思考——2 月 14 日中国现代艺术展见闻/张作民//中国文化报 1989-02-22
◎乐山"大佛杯"摄影艺术作品在京展出/百忠//经济日报 1989-05-20
◎雷州半岛农村戏曲舞台的奇观/祝宇//中国文化报 1989-01-08
◎李广元油画展的启示/达路//中国文化报 1989-06-21
◎李瑞环等与清理文化市场工作会议代表座谈 扫除精神毒品 繁荣文化艺术 让群众喜闻乐见的作品占领文艺阵地//人民日报 1989-08-27
◎李瑞环同文化部同志座谈国庆宣传工作时指出，既要反对自由化并坚决"扫黄"，又要活跃群众文化生活繁荣文艺//光明日报 1989-08-10
◎辽宁省进一步加强剧场管理工作/徐忠文//中国文化报 1989-04-26
◎临汾地区眉户剧团四年迈出四大步/练达//中国文化报 1989-05-24
◎临淄齐国故都文物展览开幕/董毓林//经济日报 1989-04-27
◎论人体艺术的轰动效应——兼与柯文辉同志商榷/翟墨//中国文化报 1989-01-18
◎洛阳市文化局抓艺术生产实打实/李明宣//中国文化报 1989-04-30
◎美国运动员乔伊纳演出《华丽的追踪》电视剧//经济日报 1989-11-26
◎美术，在繁荣中走向世界/尹鸿祝//中国文化报 1989-01-18
◎美术市场的发展与问题—北京美术市场调查/张平//中国文化

报 1989-04-16
◎美术市场的整顿与繁荣/张学颜//中国文化报 1989-11-01
◎面对艺术产品价格与价值背离的现象/刘芳九//中国文化报 1989-01-11
◎民间美术与文化心理结构——民间美术的文化思考之一/何式昱//中国文化报 1989-03-15
◎民间美术的跨文化现象——民间美术的文化思考之二/何式昱//中国文化报 1989-03-19
◎民族风俗歌舞也应透射时代气息——广西金秀瑶族艺术团晋京演出的启示/薛峰//经济日报 1989-01-08
◎民族歌剧大一统戏曲格局的形成——关于戏曲发展趋势的思考/王辉//中国文化报 1989-08-09
◎民族智慧的结晶，工艺美术的宝库——中国工艺美术馆巡礼/程丹梅//光明日报 1989-12-29
◎木雕艺术/刘升平//经济日报 1989-01-15
◎内蒙古民族歌舞艺术蓬勃发展/李洪军 印洗尘//中国文化报 1989-09-27
◎内蒙古文物总店在改革中走出三步好棋/印洪尘//中国文化报 1989-05-24
◎南国剧社与小剧场戏剧/刘平//中国文化报 1989-12-03
◎宁夏回族自治区制定艺术表演团体改革方案和配套措施/陆耀儒//中国文化报 1989-04-23
◎拍卖带来“1+1”的效益//经济日报 1989-01-15
◎谱写改革曲，陕歌满生机//孙豹隐//中国文化报 1989-02-22
◎浅谈戏曲的现代意识/简光//中国文化报 1989-05-31
◎秦皇岛市重视发展图书馆事业/李兴春 王丽茹//中国文化报 1989-03-15
◎青岛市话剧团以副补文促进艺术生产/王晋军//中国文化报 1989-04-12
◎曲艺艺术的文化品格/吴文科//中国文化报 1989-11-22
◎全国少儿艺术作品大奖赛开始举行//经济日报 1989-01-15
◎全国文物工作会议在京召开/宋合意//中国文化报 1989-05-10
◎群众文艺登上大雅之堂——第二届中国艺术节民族民间艺术表演述评/官苏艺//光明日报 1989-10-15
◎让木偶戏向更高的层次发展/周荻//中国文化报 1989-02-12
◎日本怎样保护音乐工作者的权益/陈志江//光明日报 1989-04-22
◎三河县评剧团改革纪实/李云 马夫//中国文化报 1989-06-25
◎山东曲阜高度重视历史文化遗产，励精图治四十年，万件文物得安然/孔令河 张福华//中国文化报 1989-11-08
◎山西省博物馆建设呈现多元化趋势/程卫军//中国文化报 1989-02-12
◎山西省副省长吴达才指出适应经济改革需要，搞好文物有偿服务/侯八五//中国文化报 1989-01-11
◎社会主义艺术表演团体经营目的及其实现/李宏//中国文化报 1989-12-03
◎深化艺术表演团体的体制改革/唐瑜//中国文化报 1989-02-12
◎沈阳话剧团的艺术追求/杨学义//中国文化报 1989-08-02
◎沈阳曲艺团自收自支见成效/魏运亨 齐世明//中国文化报 1989-02-12
◎沈阳市文化局直属剧院团深化改革成绩显著/叶邃//中国文化报 1989-03-19
◎省长说文物，都有一本经——文化部邀请几个省的负责同志座谈文物工作/宋合意//中国文化报 1989-05-17
◎盛况空前，众说纷纭——油画人体艺术大展现场采访实录/潜元兹//中国文化报 1989-01-01
◎什么是“人艺风格”，首都戏剧家、评论家今日进行热烈探讨/盛祖红//光明日报 1989-04-05
◎试论民间美术的艺术形式特征及艺术表现规律/张学琨//中国文化报 1989-08-30
◎首届北京国际博览会开幕姚依林邹家华出席开幕式/梁图强//经济日报 1989-07-15
◎水下文物保护管理条例发布//经济日报 1989-10-27
◎苏联艺术家谈传统与创新/单三娅//光明日报 1989-09-21
◎他们带来的不仅仅是友谊——朝鲜民主主义人民共和国艺术团演出的启示/国华//经济日报 1989-10-08
◎泰安市艺术表演团体体制改革取得可喜成绩/纪华//中国文化报 1989-07-16
◎挑战·抉择·启示——近年来文化（艺术）馆改革综述/谈祖应//中国文化报 1989-01-15
◎通俗歌曲创作的流向/金兆钧//光明日报 1989-03-09
◎通俗赢得世界——1988 年冬季北京社会音乐调查报告/杨晓勋//中国文化报 1989-05-31
◎图书馆事业急待开发/徐文凯//人民日报 1989-05-20
◎团要下去，戏要上来——记贵州铜仁地区文工团/张作民//中国文化报 1989-03-08
◎外国通俗文艺团体经营管理的形式与特点/范中汇//中国文化报 1989-04-23
◎王蒙在全国文物工作会议上指出，当前保护文物的任务仍然十分繁重/郑天禄//光明日报 1989-05-05
◎为什么名画在拍卖声中售价暴涨//光明日报 1989-07-06
◎为戏曲音乐创作正名/阎可行//中国文化报 1989-04-09
◎伪造艺术珍品的人/青波//经济日报 1989-12-29
◎文化部、国家税务局发言人强调：演员演出收入要依法纳税//光明日报 1989-02-26
◎文化艺术与经济趣谈/马小真//经济日报 1989-03-12
◎文物保护与爱国教育/陈朴//经济日报 1989-11-19
◎文艺界人大代表政协委员呼吁 民族艺术严肃艺术亟需保护/张万象 吴明//人民日报 1989-03-27
◎文艺舞台既要活跃又要加强管理/文新//中国文化报 1989-03-01
◎我的音乐宝库/管绍熙//经济日报 1989-11-12
◎我国第一家金属艺术品“雕塑出版社”/黎杨//经济日报 1989-07-09
◎我们为什么要支持话剧事业？——几位企业家的话/张作民//中国文化报 1989-01-29
◎我们需要更多的艺术歌曲/达威//光明日报 1989-01-02
◎无人迹处有奇观——张天原和他的木包雕艺术/刘浩三//经济日报 1989-06-04
◎无需“正名”的小剧场戏剧/杜清源//中国文化报 1989-10-25
◎西北风歌曲何以成潮/杨瑞庆//中国文化报 1989-03-19
◎西方歌剧艺术如何生存？/孙慧双//经济日报 1989-10-31
◎锡剧艺术的新走向——江苏省第三届锡剧节观后/缪智//中国文化报 1989-01-08
◎喜剧小品简论/陈孝英//中国文化报 1989-03-29
◎戏剧，回到民间/高鉴//光明日报 1989-11-16
◎戏剧范式：一个新的研究视角/关林//中国文化报 1989-03-22
◎戏剧批评在 1988/高鉴//中国文化报 1989-07-19
◎戏曲界进入专业化综合创造阶段/曾毅//光明日报 1989-01-08
◎纤维艺术的境界/木木//经济日报 1989-07-28
◎现代书法刍议/路怀中//中国文化报 1989-05-31
◎现代图书馆科学管理新趋向/范中汇//人民日报 1989-08-31

⊙小剧场戏剧的意义/简光//中国文化报 1989-09-03
⊙小剧场戏剧之我见/非阳//中国文化报 1989-07-16
⊙小议湖南的民间工艺美术/春泉//经济日报 1989-07-23
⊙欣慰与焦虑——中央芭蕾舞团 30 周年的思考/李承祥//中国文化报 1989-12-10
⊙牙雕艺术//经济日报 1989-12-10
⊙一手抓“扫黄”，一手抓繁荣文艺/本报评论员//光明日报 1989-08-25
⊙艺术表演团体的管理/王文章//中国文化报 1989-07-16
⊙艺术表演团体体制改革“双轨制”在理论上的一个重大突破/世平//中国文化报 1989-03-12
⊙艺术——飞越海外的金桥/刘德有//光明日报 1989-02-19
⊙艺术家与商品经济/张霁明//光明日报 1989-01-08
⊙艺术魅力在民间/满维钧 卢盘卿//经济日报 1989-12-17
⊙艺术欣赏价值的社会观/李贵堂//中国文化报 1989-09-17
⊙艺术需要崇高——面对艺术庸俗化倾向的呼唤/张鸣铎//光明日报 1989-10-03
⊙艺术与商品结缘的新尝试——读《温州货艺术广告集》有感//经济日报 1989-04-09
⊙异彩纷呈，争奇斗艳——西安市第二届艺术节戏剧述评/张东向//中国文化报 1989-09-17
⊙意大利政府发展话剧事业的新措施/李国庆//中国文化报 1989-07-05
⊙音乐与经济效益/千祖榆//经济日报 1989-01-15
⊙娱乐业大亨邵逸夫//经济日报 1989-05-24
⊙云南出土了大批精美的青铜时代文物//经济日报 1989-01-22
⊙在“振兴话剧奖”发奖会上的讲话/高占祥//中国文化报 1989-01-15
⊙在第二届中国艺术节开幕式上的讲话/李铁映//光明日报 1989-09-16
⊙在第二届中国艺术节开幕式上的讲话/李铁映//中国文化报 1989-09-17
⊙在困境中崛起——戏剧在湖南/潘一尘//中国文化报 1989-03-08
⊙在探索的道路上——福建省艺术表演团体改革纵横谈（上）/李联明//中国文化报 1989-05-28
⊙在探索的道路上——福建省艺术表演团体改革纵横谈（下）/李联明//中国文化报 1989-06-18
⊙在艺术与金钱间寻求平衡——杭州维维达画廊的风度/沙德安//中国文化报 1989-11-08
⊙浙江省完成全民所有制剧团考评等级/西冷 钱宏//中国文化报 1989-01-25
⊙整顿市场演出秩序，抑制演出市场萎缩——部分城市演出市场情况调查/文化部政策研究室研究处//中国文化报 1989-01-29
⊙中国话剧如何寻求发展？南京小剧场戏剧节展示新前景/毛荣方//光明日报 1989-05-15
⊙中国京剧院联系实际学习四中全会精神，加强思想政治工作，振兴民族艺术/吴岳//中国文化报 1989-08-16
⊙中国流行音乐研讨会评估十年历程/王晋军//中国文化报 1989-01-22
⊙中国陶瓷艺术的魅力/刘纪抗//中国文化报 1989-02-26
⊙中华博览会将在羊城举行//经济日报 1989-12-07
⊙驻京部队隆重举行庆祝八一歌舞演出/罗玉文//经济日报 1989-07-30
⊙著名指挥家郑小瑛国外归来谈改革/蒋力//中国文化报 1989-02-19
⊙字画文物保护膜//经济日报 1989-01-30
⊙走出象牙塔——农村对戏剧的呼唤/黄波//光明日报 1989-05-03
⊙走向大众——中国戏曲艺术的出路/姚练//中国文化报 1989-02-26

1990 年

⊙“探索”、“创新”与艺术发现/艾斐//人民日报 1990-02-06
⊙《电视艺术辞典》出版/纪//经济日报 1990-12-12
⊙1989 年艺术表演团体基本情况：剧团经费补贴和支出继续增长，经费自给率下降/董济//中国文化报 1990-11-21
⊙1989 年全国县级图书馆购书费增中有憾/文化部计财司//中国文化报 1990-10-17
⊙把世界图书引进中国 让中国图书走向世界 北京将举行国际图书博览会/步青//人民日报 1990-08-22
⊙把文物科学保护推向新高度/于平陵//光明日报 1990-12-12
⊙版画创作生机盎然/王绍雄//光明日报 1990-05-18
⊙保护研究民间艺术结晶，弘扬民族优秀文化遗产/关偶//中国文化报 1990-05-02
⊙北京开设旅游艺术品批发市场/郭仲义//经济日报 1990-05-26
⊙北京音乐书店开业/秋和//经济日报 1990-10-01
⊙北京中国民间文化艺术中心成立//光明日报 1990-12-24
⊙必须加强文艺与人民群众的血肉联系，中宣部文艺局召开首都部分文艺报刊负责人座谈会//光明日报 1990-05-09
⊙成都市川剧院一二联合团努力走出戏曲低谷/张作民//中国文化报 1990-11-28
⊙澄清是非，促进音乐事业繁荣/肖笙//中国文化报 1990-07-11
⊙充分发挥博物馆的多种社会功能/马沈//光明日报 1990-11-25
⊙春风吹进首都话剧舞台——东北六台话剧晋京演出综述/李汉飞//中国文化报 1990-02-21
⊙从脸谱说开去/汪文风//中国文化报 1990-04-08
⊙从普及中看到话剧的生机——谈所谓的“定向剧”的兴起/胡可//光明日报 1990-02-20
⊙盗墓黑潮危及文物/康东福//经济日报 1990-06-13
⊙独特的木偶、皮影艺术/王荣//经济日报 1990-09-23
⊙多举办民族文艺节目专场演出/傅金玉//经济日报 1990-09-16
⊙繁荣文艺必须大力弘扬民族优秀文化，李瑞环在全国文化艺术工作座谈会上发表重要讲话//光明日报 1990-01-12
⊙繁荣戏曲演出市场的思考/路树军//中国文化报 1990-08-12
⊙泛戏剧现象/胡应明//中国文化报 1990-03-04
⊙福建艺术表演团体在治理整顿中深化改革/千子//中国文化报 1990-11-28
⊙阜阳县农民图书协会异军突起/张杰玉//中国文化报 1990-05-13
⊙富有魅力的艺术探索——沈阳话剧团“探索之路”艺术研讨会扫描/乡子//中国文化报 1990-04-11
⊙歌舞在当代话剧舞台上/丁涛//中国文化报 1990-04-18
⊙根深才能叶茂——张家口地区青年晋剧团为群众演出的二、三事/吴德源 赵永安//经济日报 1990-10-21
⊙古巴艺术家小组在京举行访华演出//经济日报 1990-05-06
⊙古树新花满枝头 看‘程派’新秀联合演出/周桓//经济日报 1990-04-22
⊙关于话剧的地位问题/田本相//中国文化报 1990-04-15
⊙关于社会主义文艺本质特征的三点浅见/李思孝//光明日报 1990-12-23
⊙关于制定艺术经济政策的思考/王文章//中国文化报 1990-07-08

◎广东艺术中心的启示/崔永生//经济日报 1990-05-20

◎国外的电影图书馆//人民日报 1990-04-22

◎黑龙江文化艺术何以日渐繁荣/杨运泰//中国文化报 1990-04-18

◎横穿新大陆的成功演出——上海交响乐团在美国/曹畏//中国文化报 1990-12-19

◎弘扬民间艺术，增进和平友谊，首届中国国际民间艺术节组委会主任林默涵答本报记者问/谌强//光明日报 1990-08-08

◎弘扬民族优秀文化，发展中国戏剧艺术//光明日报 1990-12-02

◎弘扬陶瓷文化，建设现代瓷都/江国镇//中国文化报 1990-10-10

◎回顾京剧发展，促进艺术繁荣/马少波//光明日报 1990-12-20

◎货币与音乐/劳石//经济日报 1990-03-30

◎集文化、旅游、经济于一节 景德镇将举办首届国际陶瓷节/王景秋//经济日报 1990-06-11

◎继承发展振兴京剧//中国文化报 1990-12-23

◎加强对艺术演出的管理/全利//中国文化报 1990-04-08

◎加强社会主义文艺的理论建设/李准//光明日报 1990-11-13

◎坚持社会主义道路，繁荣社会主义文艺，中宣部文艺局召开首都文艺界座谈会，王忍之出席，贺敬之讲话//光明日报 1990-08-04

◎建设美好的音像世界/陈沙//中国文化报 1990-04-22

◎健全管理秩序依法管好美术市场/许柏林//中国文化报 1990-11-18

◎江泽民李瑞环会见文艺界代表时强调，弘扬中华民族优秀文化，奉献更多更好精神食粮//光明日报 1990-01-12

◎介于怀旧与趋新之间的艺术——记北京明源老式家具店/张爱平//经济日报 1990-11-04

◎京剧的抗老防衰/吴乾浩//中国文化报 1990-06-17

◎京剧要实现两个转化/贾志刚//中国文化报 1990-04-29

◎京穗港举办服装艺术展/杨京京//经济日报 1990-09-19

◎精湛和完美的演出——亚运会艺术节朝鲜青年艺术团歌舞专场观后/马小珍//经济日报 1990-09-23

◎卡拉 OK，OK？——京都“OK 歌厅”一瞥/赵亚欣//中国文化报 1990-06-10

◎看不见得剧场/丁定//中国文化报 1990-03-04

◎考古人员呼吁——制定暂行法规，落实文保措施/庄电一//光明日报 1990-09-01

◎李瑞环在全国文化艺术工作情况交流座谈会上发表讲话 繁荣文艺必须大力弘扬民族优秀文化//经济日报 1990-01-12

◎李瑞环在振兴京剧学术讨论会上指出，振兴京剧是弘扬民族优秀文化的大事，继承发展相结合是振兴京剧正确道路//光明日报 1990-12-28

◎两岸书画艺术展在京举行//经济日报 1990-10-24

◎辽宁省政府采取措施繁荣图书馆事业/张作民//中国文化报 1990-07-25

◎略论社会主义文艺的本质特征/严昭柱//光明日报 1990-11-20

◎漫谈瓯绣艺术/计广溟 黄建华//经济日报 1990-01-21

◎门外谈“歌”——在歌剧观摩座谈会上的发言/马畏安//中国文化报 1990-12-12

◎蒙古图书馆事业的发展/周家高//人民日报 1990-02-15

◎面塑艺术//经济日报 1990-03-11

◎民间剧团——戏曲舞台的生力军/陈维敏//中国文化报 1990-02-11

◎民间艺术——世界瑰宝——访国际民间艺术组织秘书长亚历山大·法格尔/程丹梅//光明日报 1990-08-16

◎名扬世界的淄博刻瓷艺术/邢儒斌 吕自义//中国文化报 1990-03-14

◎某些画展亟待整顿/丁南//中国文化报 1990-12-26

◎南京图书馆探索“科技兴省”新路子/刘德伟//中国文化报 1990-04-11

◎努力展示民间艺术/王佐宝//经济日报 1990-07-29

◎奇货可居的陈酒收藏业/万子美//光明日报 1990-02-24

◎气象不凡 困难不少——图书馆事业的发展与面临的问题/郑德刚//人民日报 1990-06-27

◎乔石和萨马兰奇为体育艺术展剪彩//经济日报 1990-09-22

◎全国话剧戏曲座谈会在京召开，江泽民李瑞环接见全体代表并发表重要讲话//光明日报 1990-01-22

◎纱纸上的艺术/劳石//经济日报 1990-02-27

◎上海文化娱乐市场初具规模/余传诗//光明日报 1990-12-17

◎社会主义文艺的本质和塑造新人/马玉田//光明日报 1990-12-09

◎社会主义文艺的本质和特征笔谈//光明日报 1990-11-13

◎社会主义文艺的结构与功能/张炯//光明日报 1990-11-18

◎深化体制改革，繁荣民族艺术/陕西省歌舞剧院//中国文化报 1990-09-30

◎深化整顿改革，努力繁荣创作——在全国专业艺术表演团体管理经验交流会闭幕式上的讲话/陈昌本//中国文化报 1990-12-19

◎深入群众深入生活，大力繁荣文艺创作——纪念《在延安文艺座谈会上的讲话》发表四十八周年/本报评论员//光明日报 1990-05-23

◎首届中国国际民间艺术节开幕/千子//中国文化报 1990-08-19

◎首届中国曲艺节在南京隆重开幕//光明日报 1990-10-24

◎速写艺术/邵宇//经济日报 1990-06-10

◎台商看好北京饮服娱乐市场投石问路“四合一”俱乐部开业/雷建//经济日报 1990-12-05

◎台文艺团体将参加亚运会艺术表演//经济日报 1990-02-28

◎谈艺术表演团体的剧目管理/孙浩//中国文化报 1990-08-12

◎探索适应艺术表演团体体制改革的投资规模/张立文//中国文化报 1990-08-12

◎探索性与小剧场戏剧/丁涛//中国文化报 1990-03-04

◎提倡大众文学，繁荣社会主义文艺/王震//光明日报 1990-05-13

◎天地广阔，大有可为——一出话剧的启示/毛书征//中国文化报 1990-09-09

◎通俗文学发展前景如何？在京召开的繁荣通俗文学创作座谈会提出了一些新看法/彭程//光明日报 1990-06-17

◎痛定反思——谈文化馆功能的发挥/王广礼//中国文化报 1990-07-04

◎图书馆工作要多办实事/张桂香//中国文化报 1990-12-05

◎完善拍卖市场十分必要/郭仲义//经济日报 1990-05-23

◎文化部表彰参加亚运会、国庆节演出单位/辉//经济日报 1990-11-04

◎文化部召开艺术表演团体管理经验交流会，艺术表演团体改革明年全面展开/谌强//光明日报 1990-11-29

◎文艺必须有党的领导/张庚//光明日报 1990-03-31

◎文艺团体基层党建的根本所在——山东歌舞剧院党委工作调查/郭山文//中国文化报 1990-07-18

◎文艺演出要重视社会效果/钟振发//光明日报 1990-03-26

◎文艺要走向大众——纪念左联成立 90 周年/倪墨炎//光明日报 1990-03-06

◎我国的艺术教育亟待改革/姚诗圣//人民日报 1990-03-24

◎戏剧的综合机制与审美需求/杨聚臣//中国文化报 1990-04-11

◎戏曲创作的新“危机”——批评当前戏曲文学中的一种偏颇/

崔伟//光明日报 1990-02-27
◎香港的拍卖市场/征文//经济日报 1990-04-05
◎小剧场戏剧的空间意识与南京小剧场戏剧节/吴戈//中国文化报 1990-02-11
◎小品的繁荣与相声的失落/余钊//中国文化报 1990-04-18
◎小议新时期通俗歌曲存在的问题/陈志昂//中国文化报 1990-08-22
◎新趋势，新问题，新办法——1989 年广州市演出市场调查//中国文化报 1990-05-13
◎新时期戏曲导演的职能——第三届戏曲现状研讨会扫描/孙蓓君//光明日报 1990-08-02
◎宣传画艺术/张汝济//经济日报 1990-04-15
◎亚运期间将举办酒文化博览会/珈//经济日报 1990-07-07
◎亚洲民族艺术的一次检阅——第十一届亚运会艺术节巡礼/孙东闽//经济日报 1990-09-23
◎演出票价上涨原因浅析/欧荣昌//中国文化报 1990-07-22
◎羊城中华博览会吸引百万游客/钮海津 王培楠//经济日报 1990-02-17
◎叶树勋的艺术追求/方学辉//经济日报 1990-07-31
◎一九九零：文艺舞台交响曲/谌强 程丹梅//光明日报 1990-12-31
◎一台动人心弦、催人奋进的演出/毛卉//经济日报 1990-07-15
◎艺术表演团体基本情况统计（一）/董济//中国文化报 1990-10-28
◎艺术表演团体基本情况统计（二）/董济//中国文化报 1990-11-04
◎艺术表演团体院、团长的素质与能力/王文章//中国文化报 1990-02-18
◎艺术长青，友谊长存——记首届中国国际民间艺术节/千子//中国文化报 1990-09-05
◎艺术管理中几个值得研究的问题/于敏//中国文化报 1990-08-12
◎艺术植根于生活——记全国人大代表、著名吕剧表演艺术家郎咸芬/学锋//经济日报 1990-04-01
◎音乐艺术片《大山的奉献》首映式在京举行//经济日报 1990-06-03
◎银行里的艺术画廊/崔庆平//人民日报 1990-11-11
◎张家口地区青年晋剧团进京演出/关仲//经济日报 1990-06-03
◎振兴京剧弘扬中华民族优秀文化/邵建武//中国文化报 1990-12-30
◎振兴京剧是我们的心愿/孙毓敏//中国文化报 1990-04-22
◎振兴京剧学术讨论会畅议继承与创新——陈昌本副部长到会讲话/蒋力/中国文化报 1990-12-30
◎振兴京剧应办的几件实事/刘厚生//中国文化报 1990-09-16
◎争取民族的社会主义的歌剧艺术的新繁荣——在歌剧观摩演出座谈会上的讲话/贺敬之//中国文化报 1990-12-02
◎争取民族的社会主义的歌剧艺术的新繁荣——在歌剧观摩演出座谈会上的讲话摘要/贺敬之//光明日报 1990-12-07
◎中国当代黑陶文化的前景/汪易扬 邢葆东//中国文化报 1990-04-08
◎中国当代摄影艺术展在苏举行/黄炳钧//经济日报 1990-08-05
◎中国民间收藏博览会欢迎台港澳参展/晓曹//经济日报 1990-08-08
◎中国文联工作会议认为，文艺界出现新转机/沈卫星//光明日报 1990-12-27
◎中国宜兴陶瓷艺术展在京举行/秋和//经济日报 1990-01-07
◎中国中医药文化博览会将在京举行/辛习//经济日报 1990-03-19
◎中国中医药文化博览会在京开幕/闻鉴//中国文化报 1990-09-16
◎中国中医药文化博览会开幕//经济日报 1990-09-13
◎中宣部文化部召开文化艺术工作座谈会提出，宣传和意识形态工作都要着眼于稳定局势，增强信心，振奋精神//光明日报 1990-01-12
◎中医药文化博览会将举办/付勘//经济日报 1990-07-18
◎中原文化艺术展 18 日开幕/宛军//经济日报 1990-09-17
◎中州舞台仍是春——河南省第三届戏剧大赛漫议/程林远//中国文化报 1990-10-03
◎重庆报刊博览会国庆节开幕/胡晓//经济日报 1990-09-29
◎重视文物保护专业人才的培养/庄电一//光明日报 1990-12-06

1991 年

◎“搭台”途径初探/韩剑//中国文化报 1991-08-04
◎“发展有中国特色的社会主义美术”研讨会综述//光明日报 1991-07-13
◎“关东戏剧”的内涵与层面/经百君//中国文化报 1991-10-20
◎“西山会议”主持者坚持什么艺术方向？/钟韵//中国文化报 1991-09-15
◎“中国古筝艺术研讨会”在辽宁朝阳举行/王晓庆//经济日报 1991-08-04
◎保护作者权益 繁荣美术市场——《著作权法》与美术市场座谈会发言摘登//中国文化报 1991-05-26
◎北京海淀区举办摄影艺术展/李建荣//经济日报 1991-07-15
◎北京金鱼艺术彩笔受欢迎/岩//经济日报 1991-06-03
◎北京音乐界隆重纪念莫扎特//经济日报 1991-12-07
◎变革中的日本图书馆/阎海防//光明日报 1991-04-06
◎病态艺术的解剖——西方现代艺术一瞥/庄锡华//中国文化报 1991-09-04
◎博物馆建设有感/张德海//中国文化报 1991-09-08
◎部分政协委员强调繁荣文艺要——明确政策 正确引导 增加投入 综合治理/千子//中国文化报 1991-04-07
◎朝鲜王在山轻音乐团在京演出获得成功//经济日报 1991-11-03
◎成都话剧团晋京演出/秋和//经济日报 1991-11-03
◎创造良好的音乐文化环境——北京音乐厅巡礼/蒋力//中国文化报 1991-12-22
◎大力弘扬朝鲜族歌舞艺术/吉林省延边朝鲜族自治州歌舞团//中国文化报 1991-03-17
◎大陆书画在台艺术市场受青睐//经济日报 1991-02-20
◎大陆艺术书籍在台身价高/十兄//经济日报 1991-07-03
◎担忧：社会文化娱乐的反文化倾向/张毅//中国文化报 1991-04-10
◎电视剧艺术国际交流会将在重庆举行/齐鸥//经济日报 1991-10-20
◎调动四代人积极性 推动京剧再攀高峰/千子//中国文化报 1991-01-06
◎对文艺工作的几点想法/李默然//光明日报 1991-12-01
◎对戏曲传统戏与现代戏的一些认识/张青野//中国文化报 1991-09-22
◎发展创作群体 繁荣北疆文艺//中国文化报 1991-10-20
◎发展演出物资事业 促进文化艺术繁荣——访中国文艺演出物资协会理事长张永嘉/刘德伟//中国文化报 1991-05-05
◎法国人与音乐//光明日报 1991-01-05

◎繁荣社会主义文艺的重要措施/贺敬之//光明日报 1991-10-02
◎高扬主旋律 发展多样化——第三届沈阳艺术节观略/乡子//中国文化报 1991-10-30
◎搞好服务管理 活跃演出市场 淄博市影剧演出呈现繁荣景象/鲁文//中国文化报 1991-05-12
◎搞活博物馆也得会"赚"钱/刘茜//中国文化报 1991-11-24
◎古老剧种如何活下来、传下去——福建梨园戏的启示/孟繁树//中国文化报 1991-09-22
◎关于当前繁荣文艺创作的意见/中共中央宣传部 文化部 广播电影电视部//光明日报 1991-05-10
◎关于当前繁荣文艺创作的意见//中国文化报 1991-05-15
◎关于对文艺演出经纪机构实行演出经营许可证制度的规定/中华人民共和国文化部//中国文化报 1991-08-14
◎关于加强演出市场管理报告的实施办法/中华人民共和国文化部//中国文化报 1991-08-14
◎关于群众文化理论研究的思考/李民雄//中国文化报 1991-09-04
◎关于通俗戏剧的思考/朱秉龙//中国文化报 1991-11-06
◎关于娱乐的三言两语/李振民//经济日报 1991-05-19
◎哈达洁白 歌舞传情——中国西藏歌舞团在马林国际民间音乐舞蹈节上/李海燕 魏丽军//经济日报 1991-08-31
◎河北省省长程维高主持会议 研究解决文艺工作实际问题/周荫曾 赵同安//中国文化报 1991-08-25
◎荷兰指挥家与中央乐团合作演出成功//经济日报 1991-12-29
◎贺敬之要求各地演出管理部门，彻底取缔非法演出，努力解决走穴问题//光明日报 1991-03-10
◎弘扬民族优秀文化 发扬光荣革命传统 全国博物馆工作座谈会在沪召开/张作民//中国文化报 1991-04-21
◎积极扶持民族文化艺术 竭力发展边疆音像事业/吴岳//中国文化报 1991-05-12
◎纪念"6·5"世界环境日文艺演出在京举行//经济日报 1991-06-16
◎坚持党的领导 繁荣舞蹈创作/贾作光//中国文化报 1991-07-10
◎坚持社会主义文艺方向和贯彻"双百"方针/周忠厚//光明日报 1991-01-06
◎坚持正确方向 繁荣文化市场 全国文化市场管理工作会议在上海闭幕//中国文化报 1991-08-14
◎坚持正确方向 努力艺术创新——包头市戏剧创作和艺术团体改革回顾/梁立东 宋晓刚//中国文化报 1991-09-01
◎坚持正确方向 戏剧形势喜人——河南省繁荣戏剧创作的一些做法/丁文//中国文化报 1991-06-16
◎建筑——文化的鲜明体现/萧默//中国文化报 1991-12-29
◎金苹果娱乐城一期工程最近正式开业/王厚林//经济日报 1991-03-03
◎仅有娱乐是不够的/孙沐梨//经济日报 1991-01-20
◎京津沪供销社文艺汇演首场演出/柴茂//经济日报 1991-09-29
◎京剧新编历史剧音乐创作趋向/闻音//中国文化报 1991-02-06
◎酒店音乐面面观/周冠增//经济日报 1991-06-23
◎蜡像艺术创作谈/张守祥//中国文化报 1991-04-24
◎李瑞环谈文物工作的首要任务，采取切实措施保护抢救珍贵文物//光明日报 1991-04-08
◎路在脚下——上海京剧院的体制改革与艺术建设/马博敏//中国文化报 1991-01-20
◎马克斯·韦伯与西方古典音乐/程钢//经济日报 1991-01-13
◎美国电话电报公司特邀"爱乐女"演出获得成功//经济日报 1991-10-20
◎蒙古总理拜会杨尚昆主席 杨主席在蒙古参观并观看演出/巴塔尔仓 周慈朴 李佳好//经济日报 1991-08-28
◎明确指导思想 完善演出管理 全国专业演出管理工作座谈会召开/张作民//中国文化报 1991-03-10
◎内地香港文艺交流日趋活跃/宋玮//中国文化报 1991-10-23
◎年历艺术生产及市场亟待指导——首都部分文化界人士座谈实录//中国文化报 1991-08-11
◎欧共体的"艺术品自由流通"之争/穆方顺//光明日报 1991-02-09
◎千百种风情——中国民族文化博览会侧记/阮秉森//人民日报 1991-10-12
◎浅议艺术高校教学与开发的关系/方茂桐 李乐玉//中国文化报 1991-01-02
◎庆祝建党七十周年 献礼演出拉开序幕 李瑞环等观看首场音乐会//经济日报 1991-06-16
◎曲艺与民俗/吴文科//中国文化报 1991-03-03
◎全国第二届篆刻艺术展在烟台举行/曲正基//经济日报 1991-10-20
◎全国首届"MIDI"音乐作品评选/杨晓东//经济日报 1991-11-03
◎日本和服顾问协会中国东方歌舞团国庆联袂演出受到欢迎//经济日报 1991-10-06
◎山西煤矿工人的杰作 中国民间艺术彩灯赴马来西亚展出/小泉//经济日报 1991-12-13
◎山西在京举办文物精华展/金一//经济日报 1991-11-24
◎上海市文化娱乐场所法规建设配套成龙/赵亚欣//中国文化报 1991-08-14
◎社会主义文艺内容与形式的互相转化/刘润为//中国文化报 1991-07-17
◎生生不息的延安精神——发扬延安精神、繁荣文艺创作座谈会综述//光明日报 1991-05-18
◎首都筹办中国民族文化博览会/曙红//经济日报 1991-07-21
◎首都将举办首届文物节/王丽明//经济日报 1991-04-14
◎首届中国民间文化艺术展开幕 我国民间文艺工作发展迅速/宋合意//中国文化报 1991-07-10
◎首届中国曲艺史研讨会举行/路清枝//光明日报 1991-10-06
◎书画家的苦恼/朱洸//光明日报 1991-01-07
◎四通公司开发出电脑音乐系统//经济日报 1991-03-13
◎苏联彼尔姆芭蕾舞团在京演出获得成功/副勘//经济日报 1991-06-23
◎图书馆如何走出困境/蒋吕文//中国文化报 1991-08-18
◎团结奋进，繁荣杂技艺术/聂大江//光明日报 1991-10-15
◎为更多艺术家走向世界艺术舞台服务/薛奕明//中国文化报 1991-01-27
◎为社会主义文艺的繁荣而团结奋斗——在全国青年业余文艺创作者会议开幕式上的讲话/林默涵//光明日报 1991-03-08
◎为社会主义文艺的繁荣而团结奋斗——在全国青年业余文艺创作者会议开幕式上的讲话/林默涵//中国文化报 1991-03-13
◎为中国杂技开了新路/李国庆 肖连兵//光明日报 1991-02-03
◎文艺大众化问题漫议/刘建//光明日报 1991-03-05
◎文艺工作者要不断提高文化素养/陈沙//中国文化报 1991-03-03
◎文艺界研讨延安及解放区京剧改革/程丹梅//光明日报 1991-01-08
◎我的希望——在全国青年业余文艺创作者会议开幕式上的书面发言/曹禺//光明日报 1991-03-08

◎我国将举办首届中国书法艺术博览会/韩小蕙//光明日报 1991-03-12
◎西藏民族艺术遗产抢救继承工作成绩显著/鄂积恩//中国文化报 1991-06-16
◎希望更多的专业剧团这样做//光明日报 1991-12-21
◎昔日"贱民",今朝"国宝"——我国首次授予民间说唱艺人荣誉称号/向云驹 千子//中国文化报 1991-11-27
◎昔日看戏看名角,而今出新靠导演——振兴京剧思考之一/单三娅//光明日报 1991-01-20
◎时代呼唤现代戏——振兴京剧思考之二/单三娅//光明日报 1991-01-22
◎振兴京剧思考之三,艺海奔涌赖后波/程丹梅//光明日报 1991-01-30
◎戏剧要搞创新发展的剧目/张继青//光明日报 1991-04-06
◎戏曲艺术要与时代同步/闻艺//人民日报 1991-06-20
◎弦索嘈切话振兴——上海曲艺家协会副主席李庆福关于评弹一席谈/史美圣//光明日报 1991-04-13
◎小议雅俗及其艺术消费层/佟玉洁//中国文化报 1991-12-11
◎学史与看戏——振兴京剧一得/刘恩启//光明日报 1991-08-18
◎学习毛泽东文艺思想 繁荣社会主义文艺事业——在纪念毛泽东同志题词"百花齐放、推陈出新"40 周年大会上的发言/陈昌本//中国文化报 1991-05-05
◎亚洲传统戏剧国际研讨会在京开幕,李瑞环等莅临祝贺/谌强//光明日报 1991-12-02
◎演出管理工作对繁荣社会主义文艺至关重要 文化部采取措施加强演出管理工作/张作民//中国文化报 1991-03-17
◎一九九〇年全国文化(文物)事业发展概况/童济//中国文化报 1991-05-01
◎艺术之都业难成/李国庆 肖连兵//光明日报 1991-06-17
◎印度、古巴等艺术团体在京举行访华演出//经济日报 1991-05-05
◎勇攀舞台技术高峰的人们——记浙江舞台电子技术研究所/刘德伟//中国文化报 1991-08-25
◎游戏机风靡一时 游戏卡经久不衰/杨晓怡 李铁铮//经济日报 1991-03-20
◎在繁荣社会主义文艺的旗帜下携手前进——全国青年业余文艺创作者会议闭幕词/林默涵//中国文化报 1991-03-24
◎在纪念徽班进京200 周年振兴京剧学术讨论会上的讲话/李瑞环//光明日报 1991-01-13
◎在全国青年作家会议上的讲话/李瑞环//光明日报 1991-05-27
◎振兴京剧思考之四,争取观众,赢得未来/单三娅//光明日报 1991-02-03
◎振兴琼剧 繁荣文艺/辛业江//中国文化报 1991-08-28
◎正确处理"两个效益"的关系//中国文化报 1991-05-05
◎正确处理保护与开发关系造福后代/东方鸿//中国文化报 1991-02-06
◎治理整顿 除去弊端——从流行歌坛种种现象说起/祖振声//中国文化报 1991-05-08
◎中国油画在香港市场大有潜力/刘茜//中国文化报 1991-07-28
◎中国杂协第三次代表大会工作总结表明 我国杂技艺术近年来发展迅速成绩卓著/辛闻//中国文化报 1991-10-16
◎中宣部等联合发出通知要求充分运用文物进行爱国主义和革命传统教育//经济日报 1991-09-15
◎中宣部文艺局等在京联合召开座谈会,发扬延安精神,繁荣文艺创作//光明日报 1991-05-16
◎重视民间收藏活动/吕济民//光明日报 1991-09-29
◎重视文物保护,造福子孙后代——访人大代表、陕西省考古研究所研究员石兴邦/徐华西//光明日报 1991-04-05
◎周恩来论京剧艺术及其改革——为纪念徽班进京二百周年而作/余飘//中国文化报 1991-01-13
◎周恩来同志与中国戏曲改革/马少波//光明日报 1991-01-11
◎总结经验 增强团结 努力繁荣社会主义文艺事业——当前文艺工作扫描/闻一举//中国文化报 1991-11-20
◎总结历史经验,促进文艺繁荣,"全国新时期文艺论争学术讨论会"概述//光明日报 1991-11-19
◎做跨世纪的一代新人——在全国青年业余文艺创作者会议开幕式上的讲话/王忍之//光明日报 1991-03-09

1992 年

◎'92 中国玩具及文化用品博览会将在广州举行/刘杰//经济日报 1992-08-28
◎"美":工业产品的经济附加值——与艺术教育家赵沨一夕谈/富义 周颂//经济日报 1992-10-24
◎安徽文化界的"江淮"效应——江淮大戏院发展多种经营纪实/薛昌词//光明日报 1992-07-08
◎巴塞罗那奥运会音乐专辑在京发行/月游//经济日报 1992-08-05
◎白孔雀艺术世界汇展万种商品/柴茂//经济日报 1992-09-23
◎办好艺术节,促进两个文明建设——第三届中国艺术节总结//中国文化报 1992-05-17
◎北京创办了"音乐之角"//经济日报 1992-11-07
◎北京工艺美术批发交易市场开业/齐平//经济日报 1992-09-07
◎北京亚视模特艺术公司成立//经济日报 1992-10-19
◎本报文艺部举行"文艺与市场经济"座谈会/沈卫星//光明日报 1992-12-01
◎不改革,剧团就没有出路/何治国//中国文化报 1992-10-14
◎崇尚环保意识追求新颖设计——从法兰克福秋季消费品博览会看消费品市场趋势/胡后法//经济日报 1992-08-28
◎当代字画精品拍卖会 划时代的一槌/李依萍//经济日报 1992-12-30
◎敦煌石窟文物的产权、研究与保护:敦煌学专家任继愈、段文杰、樊锦诗访谈录/肖黎//光明日报 1992-04-08
◎法兰克福博览会中国公司获佳绩/胡后法//经济日报 1992-09-03
◎访英国一位文物收藏家/成肖玉//光明日报 1992-08-15
◎抚州将设立汤显祖文化艺术中心/万一//经济日报 1992-11-21
◎改革使北京文博事业红火起来//光明日报 1992-01-21
◎高扬社会主义文艺的主旋律/刘润为//光明日报 1992-12-11
◎工业版画,与时代同步/宋源文//光明日报 1992-05-22
◎构筑国家级艺术殿堂的成功之路:关于北京人民艺术剧院的调查//光明日报 1992-01-06
◎古建保护应与城市规划相协调/李准//光明日报 1992-04-24
◎关于坚持和发展毛泽东文艺思想的几点思考/马銮伯//中国文化报 1992-06-03
◎关于戏剧管理的若干问题/李庆成//中国文化报 1992-09-20
◎国务院决定,大规模增加文物保护经费,以抢救维修重点文物古迹/李瑞英 刘炳琦//光明日报 1992-05-06
◎绘画进入市场面面观/张楠//中国文化报 1992-07-22
◎集全军艺术精华的《长城之歌》今晚与观众见面//经济日报 1992-08-01
◎加强民族团结,促进艺术繁荣:祝贺第三届中国艺术节开幕//

中国文化报 1992-02-19
⊙加强文艺评论工作，促进社会主义文艺繁荣——文艺评论研究会记略//光明日报 1992-01-07
⊙加深认识 明确方向——中国社会主义美术创作研讨会综述/凌耘//中国文化报 1992-02-23
⊙浇灌中国时装之树——中港合作举办红宇时装艺术展/赵兹//经济日报 1992-01-08
⊙九二中国服装博览会将在沪举行/傅工//经济日报 1992-09-15
⊙李瑞环在全国文物工作会议上发表讲话//经济日报 1992-05-09
⊙李瑞环在全国文物工作会议上强调，文物工作要把抢救放在首位/刘炳琦 李瑞英//光明日报 1992-05-09
⊙李瑞环指出经济建设和改革开放势头很好，文艺界要跟上形势团结起来繁荣文艺//光明日报 1992-06-24
⊙李瑞环祝贺中国京剧艺术基金会成立//经济日报 1992-11-24
⊙两岸相互举办文物书画展/小文//经济日报 1992-10-14
⊙辽宁省图书馆主动为经济建设服务/苗家生//光明日报 1992-04-10
⊙录音棚内外的故事——流行音乐的梦魇/金兆钧//中国文化报 1992-11-29
⊙美国好莱坞演出团访华//经济日报 1992-07-04
⊙民族化和艺术繁荣/孙加保//人民日报 1992-01-02
⊙民族文化博览会将举行/潜元兹//经济日报 1992-08-29
⊙墨西哥舞蹈团访华演出成功//经济日报 1992-03-21
⊙耐克"改行"办艺术/孙屹//经济日报 1992-10-28
⊙奇"书"将在北京拍卖/李东东//经济日报 1992-10-05
⊙全国文物精华展开幕/毓林//经济日报 1992-04-21
⊙三维动画展现高科技与艺术结合风采 北京金星电脑工程公司达到先进水平/陈歌//经济日报 1992-10-02
⊙上海市演出公司做演出市场主力军/余传诗//光明日报 1992-02-13
⊙沈阳市动手调整艺术团体布局/姜兆臣//中国文化报 1992-12-02
⊙沈阳市演出公司以市场为轴心组织经营/苗家生//光明日报 1992-11-14
⊙时代需要戏剧小品——在全国戏剧小品研讨会上的讲话/陈昌本//中国文化报 1992-12-06
⊙市政设施维护筹资有新招 北京成立长虹艺术广告部/李惠敏//经济日报 1992-04-10
⊙收集外国硬币漫谈之二自建文物宝库/孚威//经济日报 1992-12-12
⊙首次《中国古稀树木摄影艺术展览》开幕/施光孚 张子臣//经济日报 1992-01-07
⊙首届全国服饰文化博览会开幕/緦阳//经济日报 1992-05-06
⊙首届新型建材产品博览会将在京举行/胡勇//经济日报 1992-12-11
⊙首届中国电视广告产品博览会将举办/作华//经济日报 1992-12-09
⊙首届专利新技术博览会结束/朱宏//经济日报 1992-09-24
⊙台胞在豫兴办民族艺术学校/聂伟//经济日报 1992-10-14
⊙台发售大陆文物纪念币//经济日报 1992-10-28
⊙台上能演 台下能看——记徐竹初的木偶艺术/毛铭三//经济日报 1992-09-26
⊙图片新闻：部队艺术家生活、演出集影//经济日报 1992-08-01
⊙图书馆：改革与现代化——北京图书馆副馆长金宏达博士访谈录/徐可//光明日报 1992-09-27
⊙完善文物保护工作的法规/郭旃//光明日报 1992-04-24
⊙潍坊兴建"国际艺术碑林"/佼玉//经济日报 1992-12-04
⊙文化搭台 经济唱戏：中国艺术节经贸科技活动捷报频传/任维东//人民日报 1992-02-26
⊙文化企业的身手与局限——中国文化艺术发展公司访谈与思考/徐晓//中国文化报 1992-08-23
⊙文化艺术节的群体动因及效应/刘永坚//中国文化报 1992-02-09
⊙文物保护事业的春天/庹震//经济日报 1992-05-06
⊙文物拍卖分歧甚多/王洪波//中国文化报 1992-10-25
⊙文物私枭的祸害/江帆//经济日报 1992-01-25
⊙文物专家就国宝保护问题指出，增强科技意识，不做千古罪人/葛增福//光明日报 1992-06-09
⊙文物专家罗哲文谈三峡库区文物保护/刘德伟//中国文化报 1992-04-12
⊙文艺发展应有长远规划/王立平//光明日报 1992-03-29
⊙文艺管理必须立法/邹德华//光明日报 1992-03-27
⊙文艺要为经济建设服务/王巨才//光明日报 1992-11-13
⊙文艺要为经济建设服务——纪念《在延安文艺座谈会上的讲话》发表50周年//中国文化报 1992-05-20
⊙我国环境文艺蓬勃兴起/杨兆波//中国文化报 1992-06-24
⊙五星级饭店，一流歌唱家，10元钱的"超值享受"，只因是严肃音乐，听众寥寥/李安定//经济日报 1992-09-16
⊙五专家笔谈保护文物古建筑/郑孝燮//光明日报 1992-04-24
⊙武汉艺术摄影的崛起/王汉桥//经济日报 1992-12-02
⊙戏剧与剧团出路之我见/祛非//中国文化报 1992-12-16
⊙香港苏富比中国艺术品拍卖成交1．08亿港元//经济日报 1992-05-06
⊙小品：一场新戏剧运动/吴英俊//中国文化报 1992-12-20
⊙小筱顺子生活艺术展将揭幕/晓光//经济日报 1992-08-29
⊙新凤霞莫让艺术染铜臭/余海波//经济日报 1992-05-16
⊙新形势下艺术表演团体体制改革的几点思考/王文章//中国文化报 1992-12-23
⊙新型音乐制作系统通过鉴定/国民//经济日报 1992-03-23
⊙学习理论 繁荣文艺——十四大报告学习心得/马鍌伯//中国文化报 1992-11-25
⊙艺术表演团体经济政策问题的思考/张立文//中国文化报 1992-06-07
⊙艺术表演团体体制改革应以市场为取向/王文章//中国文化报 1992-11-22
⊙艺术品市场将成为投资新热点/王培楠//经济日报 1992-10-31
⊙艺术事业大繁荣亟需艺术管理大经营——关于当前深化艺术表演团体体制改革的思考/田军利//光明日报 1992-12-22
⊙勇气、信念、专心——记美国超级歌星迈克尔·杰克逊/车兆和//中国文化报 1992-11-22
⊙用"雅俗共赏"占领艺术市场——文化部副部长陈昌本谈艺术创作如何适应新形势/姜兆臣//中国文化报 1992-12-09
⊙邮票正在拍卖/贺伟 张怡 王厚林//经济日报 1992-03-18
⊙游戏机京城大战/侯杰//经济日报 1992-08-26
⊙越是改革开放越要加强文物保护/刘茜//中国文化报 1992-11-25
⊙在坚持和发展毛泽东文艺思想理论研讨会上方的献言/林默涵//中国文化报 1992-05-31
⊙珍贵文物是如何走失的？//经济日报 1992-08-15
⊙振兴川剧，繁荣文艺，四川大力推进剧团体制改革/孟勇//光明日报 1992-10-18
⊙振兴戏剧的根本途径/梁立东 李野//中国文化报 1992-09-16
⊙中国木版年画具有四大优势/路清枝//光明日报 1992-02-18

⊙中国农业博览会将开幕/龙春//经济日报 1992-09-14
⊙中国文物市场能否放开?/王彬 李凯宁//经济日报 1992-12-02
⊙中国艺术市场/曹小鹏//光明日报 1992-03-21
⊙珠海举办首届名优产品国际博览会/周晖//经济日报 1992-10-02
⊙走向市场的石家庄市群艺馆/王刚 黄平安//中国文化报 1992-12-20

1993 年

⊙'93 北京当代书画精品国际拍卖会拍卖成交的名家作品选登//经济日报 1993-06-19
⊙'93 全国图片广告艺术大赛垂幕/韩//经济日报 1993-12-09
⊙'93 中国专利技术博览会将在武汉举办/朱伟//经济日报 1993-01-28
⊙"火爆"拍卖热//经济日报 1993-04-21
⊙"纪念毛泽东"艺术收藏怀表面世/朱魏//经济日报 1993-12-23
⊙"神勇无敌"野战娱乐项目问世/林工//经济日报 1993-05-26
⊙"音乐礼品卡"节目将开播/吴志飞//经济日报 1993-02-27
⊙"赞助严肃艺术是义务也是传统"/李景强//经济日报 1993-06-12
⊙《十三世达赖喇嘛》晋京演出/曹鹏//经济日报 1993-11-30
⊙《书法艺术报》创刊//经济日报 1993-05-29
⊙埃及娱乐市场一瞥/朱爱楚//经济日报 1993-06-12
⊙奥地利对艺术的资助政策/肖勇//人民日报 1993-09-04
⊙奥林匹克的艺术真谛——七运会开幕式文体表演将是啥样/于文武//经济日报 1993-07-24
⊙澳门大都会投资内地娱乐业//经济日报 1993-05-10
⊙把建立演出市场机制作为剧团改革的龙头来抓/刘欣//中国文化报 1993-05-02
⊙把文化博览事业推向辉煌/梁若冰//光明日报 1993-07-31
⊙摆正娱乐功能的位置/冯广//中国文化报 1993-03-31
⊙斑斓多彩的夜上海——上海娱乐市场采访札记/张济和//经济日报 1993-09-11
⊙北京出现文化娱乐业协会//经济日报 1993-06-12
⊙北京出现文化娱乐业协会/刘茜//中国文化报 1993-02-28
⊙北京国际汉字艺术研究中心成立/继兵//经济日报 1993-04-30
⊙北京国际拍卖今年再将起槌 欲投艺术资可一试身手/孙桑//经济日报 1993-02-09
⊙北京金龙水道娱乐中心签约/宗边//经济日报 1993-06-18
⊙北京举办中国第一次邮票画稿拍卖//经济日报 1993-05-15
⊙北京市将实施《文化娱乐市场管理条例》/刘德伟//中国文化报 1993-10-31
⊙北京市少儿图书馆面临生死存亡/郭扶庚//光明日报 1993-06-09
⊙北京图书馆:瘦死的骆驼?/徐可//光明日报 1993-06-28
⊙北京西郊商贸娱乐城开业/李罡//经济日报 1993-09-14
⊙北京稀有图书拍卖会的"精"与"妙"/余斌//经济日报 1993-10-16
⊙北京最大歌舞娱乐中心建成//经济日报 1993-10-17
⊙表演艺术的出路/房培陵//中国文化报 1993-09-22
⊙博览会姓什么?//人民日报 1993-12-26
⊙博物馆的历史陈列不可无/韩绍诗//光明日报 1993-05-27
⊙博物馆在市场经济体制下的走向/马沈//光明日报 1993-02-25
⊙成都开拓演出市场与剧团改革并进//中国文化报 1993-06-20
⊙承德积极挖掘民族文化遗产//光明日报 1993-01-15
⊙诚招天下宾客尽显京城丰采 第三届北京国际博览会即将举行/翁东辉//经济日报 1993-03-22
⊙崇武兴建海生动物画廊/张生贵//经济日报 1993-05-14
⊙大力开发高雅艺术产品市场/熊元义//中国文化报 1993-09-29
⊙第二届专利博览会将举行/洪文//经济日报 1993-06-12
⊙第三届北京国际博览会四月初举行大批港商将来京参展//经济日报 1993-02-22
⊙第五届乐凯摄影艺术大奖赛举行/罗巩//经济日报 1993-07-24
⊙第五届亚太博览会将在京举办/李扬松 赵雪英//经济日报 1993-05-15
⊙东北最大贸易娱乐中心开工/闻中远//经济日报 1993-06-05
⊙东方歌舞团将首次赴台作商业性演出/王芳 洪波//经济日报 1993-06-21
⊙对少儿音乐的思考/陈国权//光明日报 1993-09-25
⊙对现阶段戏剧市场化的思考/唐跃//中国文化报 1993-10-20
⊙法国的拍卖行及拍卖主持人/刘晓君//经济日报 1993-04-10
⊙法艺术盛花艺术团访华演出//经济日报 1993-08-21
⊙福建省图书馆闯出新天地/高建进//光明日报 1993-06-21
⊙福建省杂技团在改革中崛起/黄永涛//光明日报 1993-04-22
⊙港商独资北京东尼艺术精荟公司开业/伟林//经济日报 1993-06-28
⊙歌星晚会靠什么取胜/伊夫//中国文化报 1993-05-21
⊙个人承包剧团后的思考/胡艺北//中国文化报 1993-02-03
⊙谷建芬、乔羽、王立平:严肃音乐的出路何在/程丹梅//光明日报 1993-03-31
⊙关于社会主义市场经济条件下文艺领域面临的新问题/中宣部文艺局课题组//中国文化报 1993-03-03
⊙广告艺术大赛拉开帷幕/晓兰//经济日报 1993-01-29
⊙国办文艺团体转换机制的实质与对策/张平//中国文化报 1993-12-05
⊙国际中国书画博览会 10 月举行/肖林//经济日报 1993-05-30
⊙国家级文化珍品拍卖公司成立/刘德伟//中国文化报 1993-05-23
⊙国情·民情·歌情——对当前流行歌曲创作的思考/晨枫//光明日报 1993-12-23
⊙河南重视经济开发区文物保护/谷文雨//光明日报 1993-02-02
⊙黑龙江营业性演出管理规定出台//经济日报 1993-03-13
⊙湖南省群众艺术馆大胆改革闯新路/文西//中国文化报 1993-10-03
⊙画院画廊画商共同参与文化发展模式转向市场 首届中国艺术博览会在穗开幕/陆敏//人民日报 1993-11-17
⊙加快改革步伐,繁荣文化艺术,在全国文化厅局长会议上的讲话/刘忠德//中国文化报 1993-03-10
⊙加快建立剧团管理新机制/李庆国//中国文化报 1993-09-15
⊙加强美术馆建设,促进美术事业发展/陈昌本//中国文化报 1993-09-26
⊙加强演出市场管理的重要步骤/郭彩侠//中国文化报 1993-04-21
⊙加强舆论引导 讲究宣传艺术——本报记者会议在南昌举行/蒋祖钢//经济日报 1993-06-28
⊙家庭美学八探——实用装饰艺术的大众化/王晓雄//经济日报 1993-07-14
⊙嘉德国际文化珍品拍卖有限公司成立/陈艳//经济日报 1993-05-22
⊙建立文化艺术人才市场的可行性/姜丰义//中国文化报 1993-08-25
⊙建立艺术表演团体新的运行机制/阮润学//中国文化报 1993-04-21

◎建立中国特色文化实体，培育发展演出市场/萧凉//中国文化报 1993-12-19
◎江苏拍卖典当行挂牌/建国//经济日报 1993-01-17
◎江泽民参观《科学与艺术绘画展》//经济日报 1993-06-05
◎京城筹办国际影像与感光科技博览会/黄//经济日报 1993-02-25
◎警惕娱乐业的“红”“黑”现象/刘威//经济日报 1993-12-04
◎开个“人才拍卖市场”如何/商正//经济日报 1993-05-07
◎科学和艺术——一个硬币的两面/李政道//经济日报 1993-06-26
◎雷诺阿的印象艺术/斯原//经济日报 1993-04-30
◎李鹏总理写信祝贺二十世纪华人音乐经典系列活动开幕//经济日报 1993-06-06
◎李瑞环与日本艺术家谈科技艺术/柴世宽//经济日报 1993-08-01
◎两岸合办插花艺术培训班/张丽华//经济日报 1993-08-30
◎论各地文化艺术节/聂邦瑞//光明日报 1993-03-11
◎罗丹的雕塑艺术/梅协//经济日报 1993-02-26
◎漫话“有偿艺术评价” 春泉//经济日报 1993-05-08
◎美国扶植严肃艺术的经济策略/王一民//经济日报 1993-08-14
◎面向市场的文艺人才管理/王太钰//中国文化报 1993-03-07
◎名牌“品味”与民族身价/施展熊//挂光明日报 1993-10-04
◎南方大都市夜总会、歌舞厅扫描/江心//中国文化报 1993-09-17
◎欧共体国家艺术品管理的清单制/赵宝晨//经济日报 1993-07-10
◎拍卖会假画现象令人忧虑/暐民//经济日报 1993-11-13
◎拍卖热潮/高洪波//中国文化报 1993-10-08
◎拍卖业日趋红火/汪绍铨//经济日报 1993-06-22
◎浅谈我国营业演出许可证制度/陈迎宪//光明日报 1993-05-13
◎让每座建筑都成为“艺术珍品”恒万公司成为创优能手/刘雪芹 李志贤//经济日报 1993-09-08
◎三人谈港台歌星演唱会越演越烈/王文远 侯湘华 王建敏//中国文化报 1993-09-17
◎散落文物有了验明正身处，北京成立文物鉴定中心/刘伟//经济日报 1993-06-29
◎山东艺术表演团体旧貌换新颜/陈鹏 欣温//中国文化报 1993-09-22
◎上海：加强法制建设，保证文化娱乐市场健康有序发展/文海尚//中国文化报 1993-12-05
◎上海给图书馆“松绑”/郭伟成//人民日报 1993-07-26
◎上海文艺体制改革进一步深入/柳百建//中国文化报 1993-02-10
◎上海娱乐业最新措施出台//经济日报 1993-04-10
◎社会化：艺术体制改革的基本思路/司达//中国文化报 1993-09-08
◎社会主义市场经济与文艺创作/包泉万//中国文化报 1993-02-03
◎深化图书馆改革，更好地为现代化建设服务/刘德有//中国文化报 1993-01-13
◎深圳目前放宽娱乐场所营业时间//经济日报 1993-07-10
◎神州盼奥运艺术大展即日起征稿/马宁秀//经济日报 1993-06-19
◎沈阳将举办商标广告展示艺术周/安景学 张宏伟//经济日报 1993-07-13
◎沈阳市全面整顿电子游戏市场//中国文化报 1993-04-07
◎时装巨子看好中国中外名牌荟萃北京国际服装服饰博览会开幕/李铁铮//经济日报 1993-05-15
◎首都绘定跨世纪城市建设蓝图，注重历史文化名城保护与发展//中国文化报 1993-12-22
◎首都将举办“北京大博览会”/刘野//经济日报 1993-08-18
◎首届北京日用艺术品 国际博览会将举行/谭雪梅//经济日报 1993-01-22
◎首届环保产品博览会将举办/曹文//经济日报 1993-07-28
◎首届食文化博览会举行/宋健//经济日报 1993-07-11
◎首届中国科技博览会将举办/柯//经济日报 1993-08-01
◎首届中国科技之星国际博览会将在珠海举办//经济日报 1993-07-01
◎首届中国食文化博览会将举办/宋健//经济日报 1993-06-05
◎受冷落的拍卖会/张海涛 王呈选//经济日报 1993-03-04
◎谁是书画拍卖会上的买家？/史依宁//经济日报 1993-09-04
◎说竞技娱乐业/孙秀清//经济日报 1993-03-13
◎速写艺术 佳作欣赏/佳音//经济日报 1993-08-27
◎索思比、佳士德为何到香港设拍卖点？/高辉//经济日报 1993-02-13
◎他们听古典音乐/刘自立//经济日报 1993-07-23
◎台湾“蓝带”投资上海娱乐业/郑光兴//经济日报 1993-10-04
◎谈音乐作品改编中的著作权纠纷/屈景明//光明日报 1993-08-18
◎天津将举办亚洲中文书刊博览会//经济日报 1993-02-07
◎天鹏国际科技娱乐城动工//经济日报 1993-06-19
◎透过“大馆演出”帷幕，看到的一系列值得深思的问题——“大馆演出”走俏的背后……/张海琴//经济日报 1993-10-16
◎图书馆里的忧思/唐绍明 金沛森//光明日报 1993-10-30
◎图书馆里话短长/刘世德 秦笃烈 张苌//光明日报 1993-10-02
◎图书馆业面临的重要课题/杨挺//光明日报 1993-04-01
◎为促成费城交响乐团访华 中国最大演出公司的新举措/陈新海//经济日报 1993-03-13
◎为中国音乐造“势”做“眼”/杜英姿//人民日报 1993-08-07
◎潍坊风筝博览会在京举行/秋和//经济日报 1993-11-20
◎文化大亨：记湖北音像艺术出版社社长贺志怀/荆夫//中国文化报 1993-03-03
◎文化娱乐业三题/周立文//经济日报 1993-02-13
◎文物保护工作亟待加强/胡继高//光明日报 1993-03-29
◎文物保护面对市场经济的挑战/马宝珠//光明日报 1993-07-15
◎文物热文物保护学风——访中国社科院历史所所长，研究员李学勤/武勤英//光明日报 1993-07-04
◎文物市场何去何从/范敬宜//经济日报 1993-01-09
◎文物市场三人谈/陆虹//中国文化报 1993-11-26
◎文艺是不是商品？/吕信伟//中国文化报 1993-04-11
◎我国报刊事业发展迅速中国报刊博览会在京举行/曲志红 李斌//经济日报 1993-09-28
◎我国对来华从事文艺演出及体育 表演收入严格征税作出明确规定//经济日报 1993-11-25
◎我国花卉业花开正红第三届花卉博览会将在京举行/梅绍华//经济日报 1993-04-08
◎我国将举办报刊业发展成就大型博览会//经济日报 1993-06-27
◎我国将举办首次音乐作品拍卖/王卫平//经济日报 1993-08-14
◎我看艺术与艺术的商品化/赵士林//中国文化报 1993-12-05
◎我们需要怎样的节日文化/益西加措//光明日报 1993-12-31
◎我首座名星娱乐城兴建在即/赵文//经济日报 1993-06-14
◎吴桥国际杂技节越办越好/宋合意//中国文化报 1993-09-19
◎西班牙兴建中国商业娱乐城/张云//经济日报 1993-07-02
◎希望继续加强文化遗产的宣传/罗哲文//光明日报 1993-11-12
◎喜忧参半的对外商业演出/田润民//经济日报 1993-05-15
◎夏世纪艺术中心发展文化市场/周阿旋//经济日报 1993-08-20
◎向全国少年儿童问好 祝孩子们健康成长 江泽民等观看蓝天幼儿艺术团演出/孙茂庆 齐含笑//经济日报 1993-05-30
◎新技术就在我们身边——首届中国科技博览会侧记/解春 任维

刚//经济日报 1993-08-15
⊙新体育成立音乐广告公司//经济日报 1993-04-24
⊙一篇报道引出一段个体户资助严肃音乐的佳话——中央乐团喜获新门牌/曹鹏//经济日报 1993-07-03
⊙一手抓戏，一手抓钱——艺术表演团体体制改革的基本思路/王蕴明//中国文化报 1993-06-20
⊙以开放的心态看消闲娱乐业的发展/邵静之//中国文化报 1993-06-09
⊙艺术表演团体的市场在哪里？/焦勇夫//中国文化报 1993-11-28
⊙艺术表演团体体制改革断想/焦勇夫//中国文化报 1993-09-05
⊙艺术殿堂唱经济大戏 山东潍坊昌龙石艺集团成为同行业“排头兵”/刘景贤 王守芳 温效彦//经济日报 1993-06-19
⊙艺术品市场暗流涌动/盛一平//光明日报 1993-12-08
⊙艺术生产与艺术消费/马銮伯//中国文化报 1993-10-13
⊙艺术作品与市场经济//光明日报 1993-08-11
⊙营业性歌舞娱乐车场所管理办法//中国文化报 1993-12-01
⊙影视新秀表演艺术大赛开始//经济日报 1993-04-10
⊙由深圳歌舞厅行业看文化娱乐市场的发展//光明日报 1993-01-14
⊙邮票拍卖/陈学思//经济日报 1993-04-28
⊙邮票市场走向预测/牧扬//中国文化报 1993-12-10
⊙油画：呼唤艺术市场：“中国油画双年展”的启示/曹小鸥//光明日报 1993-08-03
⊙娱乐 北展举办消夏晚会//经济日报 1993-05-11
⊙珍藏纪念金怀表将在京拍卖//经济日报 1993-12-28
⊙镇江市经济建设摄影艺术展在京展出//经济日报 1993-01-20
⊙中国报刊业发展成就博览会将在北京举行/曲志红 李斌//经济日报 1993-09-24
⊙中国高新技术博览会将举行/王建国//经济日报 1993-08-18
⊙中国将出现第一个“艺术大集”——谈艺术市场与中国艺术博览会/安远远//经济日报 1993-11-13
⊙中国企业文化节广州博览会将举行/王蜀//经济日报 1993-08-05
⊙中国艺术博览会年内在广州举办//经济日报 1993-07-10
⊙中国艺术品将从整体上介入国际市场/谌强//光明日报 1993-07-10
⊙中国艺术品市场面面观/张学颜//中国文化报 1993-05-07
⊙中央乐团合唱团出访路费窘迫，全国各地伸出援助之手，此事引出一个发人深思的话题：严肃音乐如何再度辉煌/庄建//光明日报 1993-07-05
⊙珠宝’93 北京国际拍卖会开幕/王海鹰//经济日报 1993-10-26
⊙资助而不干预——奥地利国家的艺术政策/肖勇//光明日报 1993-07-17

1994 年

⊙’94 中国文物古迹游景点介绍江南三名楼//经济日报 1994-08-10
⊙’94 中国文物古迹游景点介绍七大古城墙//经济日报 1994-08-17
⊙’95 开春拍卖第一槌/葛海霞//中国文化报 1994-12-23
⊙“高丽亚娜”艺术团访华演出在京举行/王强//经济日报 1994-07-02
⊙“弘扬主旋律，提倡多样化”与培养造就跨世纪的艺术人才/艾青春//中国文化报 1994-12-04
⊙“嘉德”紧锣密鼓再推秋季拍卖会/庄然//经济日报 1994-11-05
⊙“十部大片”为何发行不畅/一康//中国文化报 1994-12-23
⊙“艺术生产论”讨论综述/楚昆//人民日报 1994-03-10
⊙“艺术治疗工程”在华开展/郭//经济日报 1994-07-11
⊙“远南”报告演出团 为驻京部队报告演出/许沛成 贾永//经济日报 1994-07-28
⊙“远南”运动会报告演出团为国家机关举行专场演出/何东宪//经济日报 1994-07-05
⊙《鱼美人》拍卖：曲终人散费思量/洪金镳 梁彦军//经济日报 1994-05-21
⊙《中国木偶艺术》画册问世/孙国良//经济日报 1994-12-16
⊙1994 北京邮品拍卖会将举行/若竹//经济日报 1994-11-03
⊙巴蜀艺术群体——成都画派/草朋//经济日报 1994-07-16
⊙版权：文艺家的保护伞（上）/柏玉华//中国文化报 1994-06-22
⊙版权：文艺家的保护伞（下）/柏玉华//中国文化报 1994-06-26
⊙保护是为了发展——弘扬民族音乐，保存、保护民族音乐遗产学术座谈会综述/孙燕//中国文化报 1994-10-05
⊙北京“儒邦”文稿拍卖留下的疑惑/庄然//经济日报 1994-12-03
⊙北京出现一元拍卖市场/吴丽//经济日报 1994-10-06
⊙北京广告博览会将在京举行/陈辛//经济日报 1994-08-02
⊙北京广告博览会开幕/陈义//经济日报 1994-08-23
⊙北京将举办大型商贸艺术灯会/刘国//经济日报 1994-07-28
⊙边疆文化娱乐业发展中几个值得注意的问题/潘晓玲 杨群//中国文化报 1994-06-08
⊙博物馆不靠国家资助也能生存/肖连兵//光明日报 1994-12-10
⊙博物馆的出路何在/陈旭钦//光明日报 1994-04-17
⊙不可让博物馆“无奈闭馆”/傅山泉//中国文化报 1994-08-10
⊙长江三峡水库地区古建筑的价值及其保护抢救之意见/罗哲文//中国文化报 1994-01-09
⊙乘经济建设航船，扬文化艺术风帆——山东省副省长吴爱英强调文化工作必须纳入经济发展战略/闻一 国力//中国文化报 1994-01-19
⊙从制约“大馆演出”说起/王一民//经济日报 1994-02-26
⊙促进海峡两岸文物交流的“良性互动”——访即将赴台的文物代表团团长张德勤/赵兹//经济日报 1994-11-11
⊙大地艺术正走红——邸乃壮的创作探索小记/张锦胜 黎今//经济日报 1994-12-24
⊙当年驾车跨长城 今日在京办歌厅 柯受良投资北京娱乐业/苏琳//经济日报 1994-05-01
⊙德国的博览会/李昌芳//光明日报 1994-05-28
⊙邓小平同志倡立特区 15 周年艺术大展将举办/赵岩丰//经济日报 1994-08-08
⊙东方民俗时装艺术展示会将办/李小华//经济日报 1994-10-21
⊙发生在北京艺术品拍卖市场上/冯家驳//经济日报 1994-01-29
⊙福建合资企业与新闻单位 共办八闽时装艺术大赛/郑智恩//经济日报 1994-08-11
⊙改革让北京音乐厅亮起来/张作民//中国文化报 1994-09-02
⊙甘肃文物资源的五大优势/贺养洲//人民日报 1994-08-24
⊙港商刘伟海开设多家文明娱乐场所/丁于//经济日报 1994-12-22
⊙高雅艺术票价如何定位/刘爱华 叶榕 王纪宴//光明日报 1994-08-06
⊙高雅艺术团体时兴易地演出/经晓晔//经济日报 1994-09-10
⊙高雅音乐响进商场/谷文雨//光明日报 1994-07-27

◎歌舞娱乐场所管理办法发行//经济日报 1994-07-02
◎更新展览：博物馆振兴之路/庄电一//光明日报 1994-04-15
◎关于当前繁荣舞台创作的几个问题：在全国艺术创作会议上的讲话/陈昌本//中国文化报 1994-06-15
◎关于昆剧的若干思考/周传家//中国文化报 1994-07-17
◎广东艺术创作的回顾和思考/广东省艺术研究所///中国文化报 1994-07-20
◎国际娱乐文化品博览会将举办/晓雷//经济日报 1994-10-11
◎国内首次拍卖商品概念创意"痛苦牌啤酒"将走进拍卖厅/长田//经济日报 1994-07-26
◎翰海艺术品拍卖公司将开槌/李庆华//经济日报 1994-09-10
◎豪华≠出路——从 JJ 看当前的城市文化娱乐业/贝佳//经济日报 1994-11-23
◎弘扬主旋律，更需艺术魅力/李德润//中国文化报 1994-05-22
◎胡问遂书法艺术回顾展将举行/彭利铭//经济日报 1994-09-24
◎华东六省一市演出协作会议在杭州举行//经济日报 1994-01-15
◎话剧制作人舞台的台唤/王彦祺//中国文化报 1994-11-18
◎亟待完善的艺术博览会——1994 中国艺术博览会综述/江心//中国文化报 1994-12-23
◎既要堵，又要疏——关于文物市场管理的建议//光明日报 1994-02-24
◎加强历史文化名城保护建设部、国家文物局聘请 15 位"智囊"/桑海//经济日报 1994-09-15
◎家庭文化博览会将在京举行/陈郁//经济日报 1994-08-01
◎嘉德：为您敲出永恒艺术瞬间/江心//中国文化报 1994-11-25
◎嘉德秋季拍卖会成功落槌/嘉//经济日报 1994-11-19
◎坚持社会主义文艺的正确方向/周祖元//中国文化报 1994-11-16
◎健风版刻艺术展举行//经济日报 1994-12-17
◎交响乐发展走向漫谈/孙小宁 李德伦 吴祖强//中国文化报 1994-09-30
◎京、皖对娱乐业进行检查整顿/宝民//经济日报 1994-04-23
◎京城专家、学者谈文稿拍卖/晓京 春泉//经济日报 1994-05-07
◎京港合资创办印地安文化娱乐中心/瞿建//经济日报 1994-05-31
◎京华商场兴办购物娱乐节/贺琳//经济日报 1994-01-31
◎京剧赛场的困惑/苏丽萍//光明日报 1994-09-08
◎九四文物古迹游拉开帷幕/徐//经济日报 1994-01-05
◎李兰英摄影艺术作品展举行/文一//经济日报 1994-10-22
◎美国魔术团将在北京演出/赵启明//经济日报 1994-09-04
◎民族歌剧《党的女儿》党演出/周兴旺//经济日报 1994-07-30
◎民族团结的颂歌文物保护的典范——在布达拉宫维修工程竣工庆祝大会上的讲话/李铁映//经济日报 1994-08-10
◎民族绣品博览会将在长沙举办/文一//经济日报 1994-08-13
◎名砚博览会将在京揭幕/将平//经济日报 1994-10-08
◎墨竹画《和平万年》以 1500 万港元拍卖 创中国画艺术收藏最高价/杨国钧 冯秀菊//经济日报 1994-11-29
◎挪威音乐家举行首次访华演出//经济日报 1994-10-08
◎拍卖会的槌声敲响之后——透视刚刚起步的大陆艺术品拍卖市场/陈兴宝//经济日报 1994-01-15
◎拍卖将进入寻常百姓家/晓佳//经济日报 1994-09-24
◎齐白石艺术研究会举办迎春画展/艺//经济日报 1994-12-31
◎浅议科学与艺术之不同/陈祖甲//人民日报 1994-05-02
◎清江画廊呈异彩/刘洪进 雷汉发//经济日报 1994-08-10
◎秋天的音乐使者/黄文//经济日报 1994-09-17
◎全国陶瓷艺术评比在宜兴揭晓/蒋尧基 乐荷华//经济日报 1994-06-04
◎日本音乐著作权管理一瞥/陈音//经济日报 1994-09-24
◎如何保护民族民间音乐/乔建中 郭石夫 曲景明//中国文化报 1994-08-19
◎商业演出中的"出奇制胜"/田润民//经济日报 1994-01-29
◎商业主义大潮中的"文化裸体"/周翼虎 傅小北//中国文化报 1994-01-05
◎上海评弹团赴京演出受到欢迎//经济日报 1994-10-08
◎上海文艺体制改革的标志：面向市场 转换机制/尚文//中国文化报 1994-01-23
◎深化体制改革 振兴高雅艺术中央歌舞团焕发生机/王谨汤 李梁//人民日报 1994-08-29
◎深化文艺体制改革 繁荣首都文艺舞台：北京市召开市场经济与文艺体制改革理论研讨会/安瑞//中国文化报 1994-01-02
◎世界艺术瑰宝面对危机（上）/董健//经济日报 1994-04-23
◎世界艺术瑰宝面对危机（下）/董健//经济日报 1994-05-07
◎市场经济与芭蕾艺术——广州成立芭蕾舞团引发的思考/羽风//经济日报 1994-06-25
◎市场经济与艺术教育/王次炤//中国文化报 1994-06-12
◎市场在向艺术逼近……/王再承//中国文化报 1994-02-11
◎首次慈善拍卖募捐演出活动将举行/郭文//经济日报 1994-04-19
◎首都举行迎春大型文艺晚会 江泽民等领导与双拥模范和首都军民观看演出/罗玉文 潘红星//经济日报 1994-02-06
◎首届海滩自行车赛将拍卖命名权/陈冰//经济日报 1994-08-26
◎首届中国音像博览会将在北京举办//经济日报 1994-09-24
◎书法艺术在日本/周莲//光明日报 1994-02-05
◎谈谈艺术价值与市场价格/徐建融//人民日报 1994-12-06
◎图书馆：不应萎缩的事业/杜弋鹏//光明日报 1994-05-03
◎图书馆与信息高速公路/唐绍明//光明日报 1994-12-18
◎为繁荣高雅艺术做贡献/张学军//人民日报 1994-08-17
◎为高雅艺术拓展一条生存出路 为娱乐场所增添一项经营内容/符闻//经济日报 1994-12-03
◎文稿拍卖的另一面/吴昂//经济日报 1994-06-04
◎文化部市场局将编印娱乐市场大型画册//经济日报 1994-01-15
◎文化艺术与娱乐业：也谈文化产业/汪志刚//中国文化报 1994-11-02
◎舞台艺术创作的可喜收获：第四届中国艺术节演出剧目和节目观后漫笔/陈昌本//中国文化报 1994-10-30
◎西安独特的文物街/梁沂滨//经济日报 1994-01-29
◎戏剧的希望——"映山红"发展启示录/唐湘岳//光明日报 1994-06-19
◎戏剧舞台艺术繁荣的一次重要检阅：全国地方戏曲交流演出的成功与启示/沱浪//中国文化报 1994-03-16
◎相声：你怎么不逗了？（上篇）/肖海鹰//光明日报 1994-04-08
◎相声：你怎么不逗了？（下篇）/肖海鹰//光明日报 1994-04-09
◎相声的"平面现象"/吴文科//中国文化报 1994-04-17
◎小百花飘逸芳香——浙江振兴地方戏曲略记/叶辉//光明日报 1994-11-01
◎小剧场 唱大戏/孙燕//中国文化报 1994-06-08
◎新疆发现珍贵文物//经济日报 1994-09-26
◎新时期文艺发展的指针——"邓小平文艺思想研讨会"侧记/周江沅//中国文化报 1994-10-05
◎学习残疾人运动员顽强拼搏精神 首都举行"远南"残疾人运动会报告演出座谈会/刘思扬//经济日报 1994-08-20
◎雅文化的俗化与俗文化的雅化/曹廷华//中国文化报 1994-09-11
◎严肃音乐：走进春天/单三娅//光明日报 1994-02-05

- 炎黄艺术馆举办捐赠书画文物展/宗边//经济日报 1994-09-25
- 炎黄子孙的骄傲——记新中国文物对外及对台交流与合作/焦子 肖澎//经济日报 1994-09-28
- 演出市场新景观/汪丽亚//中国文化报 1994-04-10
- 也谈电视相声/余钊//中国文化报 1994-08-10
- 一条艰辛的路——高雅艺术走入市场透视/陆虹//中国文化报 1994-07-22
- 一项容易忽视的"权益"——谈音乐作品的使用报酬/孙小宁//中国文化报 1994-06-24
- 已是姹紫嫣红时——1994 中国音像博览会侧记/祝华新//人民日报 1994-10-11
- 艺术大海洋里浪花朵朵——第四届中国艺术节记事/伟民 建华 阿敏//经济日报 1994-09-10
- 艺术大师傅抱石画展揭幕/李庆华//经济日报 1994-10-29
- 艺术家的生理阶段与艺术创造兴奋点的选择/陈宝蓉//中国文化报 1994-05-01
- 艺术品拍卖市场亟待规范/杨伟民//经济日报 1994-11-19
- 艺术融入床具"艺翔"别出心裁/刘颖//经济日报 1994-01-24
- 艺术生产谈片/刘宪国//中国文化报 1994-06-12
- 艺术市场价格缘何混乱/彭利铭//光明日报 1994-12-28
- 艺术要大胆健康地走向市场/王洪波//中国文化报 1994-03-16
- 音乐的"度"/裴章传//经济日报 1994-03-16
- 由"嘉德拍卖"想到的/田淼//中国文化报 1994-11-25
- 元宵的娱乐与文化，节日漫谈之三/晓明//光明日报 1994-02-06
- 愿大家都真正关心民族戏曲的兴衰/余笑予//光明日报 1994-03-09
- 在改革开放中繁荣文艺/王晓家//中国文化报 1994-01-09
- 在竞争中求发展：略谈英国艺术团体的管理和运行机制/林迪夫//中国文化报 1994-04-24
- 在市场经济中求生存——伦敦学会室内乐团的经营术/林迪夫/中国文化报 1994-02-27
- 战士与艺术家：论黄新波版画艺术/王璜生//中国文化报 1994-07-31
- 争取评剧艺术的新繁荣——在纪念成兆才先生诞辰 120 周年振兴评剧座谈会上的讲话/高占祥//中国文化报 1994-11-27
- 正视严肃音乐的内部机制问题/蒋力//光明日报 1994-03-30
- 中国歌舞厅音乐协会在京成立//经济日报 1994-01-29
- 中国画市场亟需打假/赵忱//中国文化报 1994-03-25
- 中国嘉德九四年拍卖会将举行//经济日报 1994-01-29
- 中国书画市场大写意/张宝瑞//中国文化报 1994-12-09
- 中国现代都市文化娱乐业掠影//经济日报 1994-07-02
- 中国艺术博览会的走向/蒋力//人民日报 1994-10-15
- 中国艺术博览会近期举行/巩双印//经济日报 1994-11-27
- 中国艺术博览会年内揭幕/李星//经济日报 1994-04-16
- 中国艺术品市场：充满希望，还需整顿//陈兴宝//中国文化报 1994-04-10
- 中华服饰艺术展示活动拉开帷幕/刘闻//经济日报 1994-06-06
- 中华书画艺术博览会将举办/张宝彤//经济日报 1994-07-22
- 中直院团与娱乐场所首次签约/林华//中国文化报 1994-11-30
- 朱镕基观看蓝天幼儿艺术团演出/孙茂庆 肖璞//经济日报 1994-06-02
- 装饰 艺术装饰新品——"藏秀石"牌匾/曲长缨//经济日报 1994-07-28
- 走访京城文物市场/刘茜//中国文化报 1994-09-30

1995 年

- '95 北京国际音乐音像博览会闭幕/尉莉//经济日报 1995-09-29
- '95 国际服装博览看什么//光明日报 1995-02-08
- '95 京城秋季艺术品拍卖热的观察与思考//中国文化报 1995-10-20
- '95 维也纳音乐舞会将在京举办/卉文//经济日报 1995-04-04
- '95 文学：批评活跃 创作繁荣/汪民安//中国文化报 1995-12-13
- '95 音乐舞蹈弘扬主旋律坚持多样化 高水平的演出赢得观众和市场/宁静//中国文化报 1995-12-17
- '95 中国吉林雾凇冰雪节隆重开幕/王东 肖玉华//光明日报 1995-01-18
- '95 中国艺术博览会将在北京举行//光明日报 1995-05-10
- "多媒体"令美国娱乐界发狂/史明//经济日报 1995-10-27
- "净霸"被誉为文物图书"保护神"/小夏//经济日报 1995-08-23
- "美女与野兽"纷至沓来，演出、赞助商犹疑未决/杭天勇//光明日报 1995-08-23
- "农"字特色的图书馆//光明日报 1995-05-15
- "热爱祖国 自强不息"巡回报告演出团 首场报告在豫引起强烈反响/刘海法//经济日报 1995-03-03
- "三厅"需要更多的艺术精品/王镜亮//中国文化报 1995-05-28
- "西南第一槌"的启示/盛建武 李天勇 尤忠铮//中国文化报 1995-08-30
- "洋歌剧"如何面对市场——来自中央歌剧院的报告/张作民//中国文化报 1995-09-29
- "正大综艺"与电视文化/徐城北//光明日报 1995-01-03
- "著名"何其多，"名著"何其少/陈垦//光明日报 1995-08-30
- "走红"走到明皇宫，大地艺术带来巨大社会效益/苏丽萍//光明日报 1995-08-28
- 《黄河艺术》及其特色/艾治国//中国文化报 1995-08-16
- 《中国艺术报》创刊/朱小平//经济日报 1995-07-28
- 307 件珍贵文物拍卖前在京预展/李家杰//光明日报 1995-10-04
- 373 个剧团 1994 年零场演出/李建军 赵和平//光明日报 1995-05-10
- 95 音乐剧要走红/杭天勇//光明日报 1995-01-11
- 奥地利文物保护有招/柴野//光明日报 1995-01-05
- 白石书画重现，境外珍品回流//光明日报 1995-08-03
- 百余音乐家联袂，千余爱乐者被倾倒/谌强//光明日报 1995-03-29
- 版画为何不景气/陈品高//光明日报 1995-01-28
- 包装：打入国外商演市场的关键//中国文化报 1995-04-21
- 保留剧目如何保留得住？/王洪波//中国文化报 1995-06-14
- 北京翰海 95 春季拍卖将举行/秋和//经济日报 1995-03-18
- 北京翰海 95 秋季拍卖 10 月开槌/秦公//经济日报 1995-09-15
- 北京将举办古董拍卖会/京文//经济日报 1995-02-20
- 北京将举行今年最后一场拍卖会/谭文//经济日报 1995-12-25
- 北京将又挥古董拍卖槌//光明日报 1995-02-15
- 北京京剧院将举办拍卖会/晓晓//经济日报 1995-10-27
- 北京龙庆峡举办第九届冰灯艺术节/林英//光明日报 1995-01-17
- 北京群星艺术学校成立/丁文//经济日报 1995-11-24
- 北京人艺为何占尽话剧风流？/蒋力//光明日报 1995-08-16

◎北京荣宝艺术品拍卖责任公司成立/宗远//经济日报 1995-04-15
◎北京什刹海古玩市场开业/王君//人民日报 1995-08-22
◎北京市艺术表演团体体制改革不断深化/傅铎//中国文化报 1995-01-08
◎表演民间艺术 展示珍贵玉雕 古堡艺苑在京开幕/田仲//经济日报 1995-12-22
◎博览会该降温了/邓泽群 车晓慧//光明日报 1995-01-05
◎春秋九十五古树发新枝：记上海书画出版社？朵云轩//中国文化报 1995-12-27
◎从实际出发办好中小型特色博物馆/王承典//中国文化报 1995-08-23
◎打击犯罪活动保护国家文物十二名盗掘、倒卖珍贵文物的犯罪分子被处极刑//经济日报 1995-05-26
◎打破分割 促进人才流动/于学剑//中国文化报 1995-09-20
◎大力发展咨询产业/宋健//光明日报 1995-01-17
◎大遗址保护不能放松/粟丹//中国文化报 1995-07-23
◎当心！拍卖有底牌/南宫品//光明日报 1995-02-15
◎地方戏与戏曲文化遗产/傅谨//中国文化报 1995-04-19
◎地利风助，莫高窟方保千年不变；沙剥土蚀，壁画像需防灭顶之灾/陈宗立//光明日报 1995-01-11
◎第四届中国戏剧节好戏连台/苏丽萍//光明日报 1995-09-15
◎第五届中国吴桥国际杂技艺术节举办/梁若冰//光明日报 1995-10-03
◎度假：杭州市民新时尚/潘剑凯 叶辉//光明日报 1995-10-31
◎短暂性艺术品/木木//经济日报 1995-07-09
◎对当前若干文艺现象的思考——著名美学家王朝闻访谈/徐涟//中国文化报 1995-05-19
◎对外资兴办文化娱乐业的思考/赵云龙//中国文化报 1995-03-31
◎多媒体让娱乐界巨头发狂/赵瑜//光明日报 1995-05-17
◎俄模范古典芭蕾舞团来京演出/任力//经济日报 1995-10-24
◎法国的古典音乐经济/肖连兵//光明日报 1995-01-08
◎法国意大利对文化事业的管理/宣汶//光明日报 1995-01-25
◎繁荣曲艺还需加强精品创作和理论指导 第二届中国曲艺节综述/陆璐//中国文化报 1995-10-22
◎方兴未艾的电视戏曲/陈昌本//中国文化报 1995-03-29
◎非法举办的"'94 西安国际拍卖会"被查处/晓文 陈兴//经济日报 1995-04-01
◎改革推动以文补文 补文促进艺术繁荣/马有明//中国文化报 1995-05-03
◎歌舞娱乐场所将清理唱视盘/施畅//经济日报 1995-05-26
◎给话剧插上影视翅膀——承德话剧团的兴旺之路/黄永涛//光明日报 1995-06-10
◎工商、税务、海关、文物等部门齐聚广西共商美术市场管理新举措/施畅//经济日报 1995-03-18
◎公共图书馆，你大有作为/刘汉俊//光明日报 1995-01-08
◎公共图书馆该不该收费？/徐冶//光明日报 1995-01-04
◎公共图书馆何此冷落？/刘汉俊//光明日报 1995-01-07
◎古周城遗址今何在/杨永林//光明日报 1995-02-27
◎故宫"文物保护鞋"，知其一还须知其二/张海波//经济日报 1995-07-19
◎关山月情注特区 艺术馆深圳奠基/易运文//光明日报 1995-01-13
◎关于繁荣舞蹈创作的思考/陈昌本//中国文化报 1995-07-16
◎关于文化艺术人才管理的思考/艾青春//人民日报 1995-04-04
◎关注当代中国文化的发展进程"走向二十一世纪：艺术与当代审美文化"研讨会综述/宋生贵//中国文化报 1995-08-23
◎观现代德国艺术展/劳石//经济日报 1995-11-12
◎观众可买票看排练，北京音乐厅首次"公开走台"/庄建//光明日报 1995-02-16
◎馆藏文物被盗为何屡屡发生？/庄电一//光明日报 1995-01-04
◎光彩事业公益广告拍卖将举槌/中西//经济日报 1995-12-08
◎光明日报点评：公共图书馆何以有冷有热/刘汉俊//人民日报 1995-02-04
◎广东实施跨世纪南粤锦绣工程/盛一平//光明日报 1995-08-21
◎广东图书馆将"走"进读者家中//光明日报 1995-05-14
◎广东艺术品市场：步步为营/罗利//中国文化报 1995-04-28
◎广东粤剧院靠精品赢得市场/段化//中国文化报 1995-10-08
◎广州图书馆与企业联手 全国首家电脑图书馆诞生/盛一平//光明日报 1995-01-03
◎规范文化市场拍卖的立法构想/肖辉//经济日报 1995-10-27
◎规范艺术品市场的新开端/彭利铭//经济日报 1995-01-07
◎国内电脑游戏娱乐软件开发，一个被遗忘的角落？/刁燕燕//光明日报 1995-04-13
◎国外办展的关键：适应运作特点/展玉成//中国文化报 1995-08-11
◎海口市娱乐业有冷有热//光明日报 1995-07-29
◎海南将举行书画名家精品拍卖/文一//经济日报 1995-12-01
◎寒冬里的春光——记荷兰爱士曼花卉拍卖市场/陈志萱//经济日报 1995-01-13
◎豪华娱乐渐失宠//光明日报 1995-02-06
◎和平宾馆歌舞厅服务大众//光明日报 1995-03-02
◎河北成立第一家文化娱乐业协会/李文//经济日报 1995-10-27
◎河南采取措施保护古代遗址/谷文雨//光明日报 1995-01-14
◎荷兰荡起中国风——记西藏那曲、山南歌舞团访荷演出/陈志萱//经济日报 1995-06-27
◎黑龙江戏剧创作精品迭出/欣文//中国文化报 1995-07-26
◎狠抓精品 开拓市场 武汉市艺术创作演出步入良性循环轨道/王丽亚//中国文化报 1995-07-23
◎弘扬爱国主义精神 促进新时期文艺繁荣——抗战文艺回顾座谈会部分发言摘要//中国文化报 1995-08-20
◎弘扬民族艺术 奋力创作精品——在全国重点剧节目创作会议上的讲话/陈昌本//中国文化报 1995-04-23
◎弘扬民族艺术 振奋民族精神 江泽民李瑞环与戏曲艺术家专家座谈//中国文化报 1995-01-01
◎弘扬民族艺术 振奋民族精神——九九四年十二月二十七日纪念梅兰芳、周信芳诞辰一百周年时在中南海怀仁堂举行的座谈会上的讲话/江泽民//经济日报 1995-05-23
◎呼唤国家自然博物馆/陈斌//光明日报 1995-04-01
◎话娱乐/东闽//经济日报 1995-02-04
◎计算机，能成为艺术家吗/董山峰//光明日报 1995-04-12
◎加大管理力度 寻求市场繁荣——全国部分省市美术市场管理工作座谈会综述/江心//中国文化报 1995-03-24
◎加快民族地区文化艺术事业的发展/文化部少数民族文化司//中国文化报 1995-01-04
◎佳士得香港秋季拍卖首展京城/晓平//经济日报 1995-10-02
◎嘉德'95 秋拍，国宝悠然回归 有关人士认为这是国内艺术品市场有序开放带来的好事/管文//经济日报 1995-09-15
◎坚持社会效益与经济效益相统一 上海演出市场呈现新局面/吴文//经济日报 1995-08-25
◎建立现代管理制度 推动剧团改革发展——第六届全国艺术管理

研讨会综述/刘忠君//中国文化报 1995-07-26
⊙建立艺术表演团体现代管理制度/刘中军//中国文化报 1995-08-23
⊙健康娱乐的世界——“新偶像”/郑征 高原//经济日报 1995-10-09
⊙今年境外演出组织访华活跃/杭天勇//光明日报 1995-03-08
⊙京苑娱乐城桃峪山庄近日开始接待游人/崂士//经济日报 1995-05-28
⊙经济与艺术相结合——赛里丝服装公司办起了杂技团/王秋和//经济日报 1995-06-23
⊙景德镇陶瓷精品展轰动武汉//光明日报 1995-01-16
⊙九四中国艺术博览会：画家摆地摊/江心//光明日报 1995-01-11
⊙九五北京国际音乐音像博览会九月举行//光明日报 1995-04-02
⊙九五艺术博览会今夏推出//经济日报 1995-04-29
⊙巨型瓷壶即将拍卖/陈玲//经济日报 1995-05-23
⊙巨型艺术珍品彩石镶嵌连屏《奥运之光》问世/星//经济日报 1995-08-18
⊙剧场姓“剧”不姓“商”华东演出会议呼吁剧场强化演出职能/文宣//经济日报 1995-07-14
⊙剧团送戏下乡，喜煞高原戏迷/刘鹏//光明日报 1995-03-03
⊙剧团体制转型期的怪圈现象/戴义德//中国文化报 1995-08-23
⊙剧院（团）建设是出人出戏的保证——上海京剧院给我们的启示/高义龙//中国文化报 1995-12-13
⊙困境中的上海自然博物馆/文铎//光明日报 1995-01-03
⊙拉萨庆祝布达拉宫列入世界文化遗产/益西加措//光明日报 1995-01-19
⊙离贵族远点，离音乐近点/高星//光明日报 1995-05-17
⊙理性思考下的艺术探索/汪人元//中国文化报 1995-12-13
⊙辽宁民俗风情游拉开序幕//光明日报 1995-02-07
⊙刘海粟美术馆在沪落成开馆/余传诗//光明日报 1995-03-17
⊙刘忠德在文化部处以上干部和直属单位领导干部大会上指出：文艺呼唤改革改革势在必行//中国文化报 1995-04-05
⊙流失海外文物将返回国内拍卖/文鉴//经济日报 1995-04-01
⊙略论建设中国特色现代美术博物馆/杨力舟//中国文化报 1995-11-15
⊙略谈市场经济中的艺术生产/赵方//中国文化报 1995-11-26
⊙美国的公共图书馆/蒋千红//人民日报 1995-02-18
⊙美国艺术品拍卖终于等来好时光/唐三彩//光明日报 1995-05-24
⊙美术品经营管理办法//中国文化报 1995-02-24
⊙美术市场需要引导更需规范/杨胜生//中国文化报 1995-01-22
⊙米罗艺术大展近日在北京隆重推出/阿铁//经济日报 1995-04-15
⊙民间剧团亟待走上健康发展之路/李晓琳//中国文化报 1995-08-23
⊙民间剧团苦撑苦挺巡演忙/曹继军//光明日报 1995-12-27
⊙明星与剧院：缘何客大于店/苏丽萍//光明日报 1995-08-09
⊙募捐性义演必须接受审计监督 上海实施演出市场管理新举措/申文//经济日报 1995-04-01
⊙努力创造良性生存环境——陕西省歌舞剧院努力适应市场/郭彩侠//中国文化报 1995-05-07
⊙拍卖为中国文物事业带来了什么——访北京市文物事业管理局局长单霁翔/杜英姿//人民日报 1995-12-03
⊙评剧艺术继承与创新的思考——在天津纪念成兆才评剧创作座谈会上的发言/陈昌本//中国文化报 1995-02-15
⊙评剧在沈阳久演不衰/苗家生//光明日报 1995-02-02
⊙钱学森与艺术科技/俞健//中国文化报 1995-06-21
⊙乔石昨天上午来到北京国际展览中心，参观’95 中国艺术博览会//经济日报 1995-08-06
⊙切莫放过“洋”字号黑窝——有关外资兴办娱乐业的思考/赵云龙//经济日报 1995-04-01
⊙曲艺有框不是筐——谈“曲艺的本质”问题/吴文科//中国文化报 1995-08-30
⊙全国开展加强公共娱乐服务场所管理专项治理行动/刘彦广//经济日报 1995-07-24
⊙全国首家国家级拍卖市场——上海国际商品拍卖中心揭牌/范干平 陈钢//经济日报 1995-03-27
⊙全国文物工作会议提出国家文物要有效保护合理利用加强管理//中国文化报 1995-09-13
⊙让更多的人走进“音乐厅”/谌强//光明日报 1995-10-12
⊙让民族艺术在大宾馆立足扎根——福州温泉大饭店经营旅游艺术团的调查/谢文钦 申江文//经济日报 1995-11-24
⊙日本文艺团体多种经营的启示/张爱平//中国文化报 1995-03-15
⊙荣宝艺术品拍卖落槌/刘新惠//经济日报 1995-10-07
⊙荣宝斋今秋将举办拍卖会//光明日报 1995-03-23
⊙山东华夏 95 中国书画名家精品拍卖会举行//光明日报 1995-10-25
⊙上海发放公共图书馆通用证//光明日报 1995-06-03
⊙少儿歌曲贫乏的症结何在？/宁静//中国文化报 1995-11-22
⊙深化改革 繁荣文艺/云南省文化厅//中国文化报 1995-01-18
⊙深化体制改革 开拓演出市场北京市专业艺术表演团体走出低谷/洪业 王岳龙//人民日报 1995-02-12
⊙深入生活 深化改革 完善政策 繁荣文艺——全国政协委员李默然访谈/孙若风//中国文化报 1995-03-05
⊙深圳今日将办名家字画拍卖会//光明日报 1995-06-18
⊙生机与危机共存的音乐市场/金兆钧//中国文化报 1995-01-06
⊙时代主旋律与艺术感染力——谈当前话剧创作的两大热点/郭建光//中国文化报 1995-09-13
⊙世界著名乐团用人之道/肖勇//中国文化报 1995-09-08
⊙市场·价格·艺术//中国文化报 1995-09-15
⊙市场经济与道德建设/李连科//光明日报 1995-01-26
⊙收藏品：从秘而不宣到展示于民/单三娅//光明日报 1995-12-27
⊙首都高水平演出供不应求/曹鹏//经济日报 1995-04-29
⊙首家电脑图书馆在广州/戴自更//光明日报 1995-03-31
⊙首届烟盒装潢艺术展评会举行/李海秀//光明日报 1995-10-07
⊙首届烟盒装潢艺术展在京开幕/杨国强//经济日报 1995-10-13
⊙首届中国京剧节 11 月在津举行/苏丽萍//光明日报 1995-10-07
⊙首届中国京剧节——京剧发展的新契机/杨胜生//中国文化报 1995-11-26
⊙首届中国民间鼓吹乐学术研讨会召开/吴力田//光明日报 1995-10-13
⊙首届中央部委产业报质量抽查评比揭晓/彭程//光明日报 1995-12-04
⊙首体演出的迪斯尼场外功夫没有做足/王斐//光明日报 1995-10-25
⊙书画市场雅事流俗/李伟杰//光明日报 1995-12-06
⊙鼠年未到，鼠票画家已不堪其忧/东方//光明日报 1995-11-29
⊙树立精品意识 积极参与竞争 拓宽演出市场/艾明义//中国文化报 1995-01-18
⊙双休日公共图书馆“半休眠”/刁燕燕//光明日报 1995-06-28
⊙苏富比香港秋季拍卖会在京预展/赵文//经济日报 1995-10-09
⊙苏州娱乐业“三厅”分布有序/陈成//经济日报 1995-08-11

◎台湾现代琉璃艺术在沪展出/唐斯复//经济日报 1995-07-07
◎谈歌舞娱乐场所的合理定位/黄仂//中国文化报 1995-11-17
◎探求多样化的民族音乐演出形式/宁静//中国文化报 1995-07-09
◎探探文艺作品的社会认定问题/柏玉华//中国文化报 1995-06-07
◎天安门旧宫灯拍卖//光明日报 1995-02-19
◎天津京剧票房何其多/张淑英//光明日报 1995-11-22
◎天津人时兴到北京欣赏高雅艺术/云中君//经济日报 1995-06-28
◎听曲看戏更方便了 京城出现演出票务代理机构/张久英//经济日报 1995-04-29
◎突破难点 深化改革——上海市文艺体制改革谈略/周渝生//中国文化报 1995-07-26
◎推动文艺事业的真正繁荣——访文化部艺术局局长曲润海/王洪波//中国文化报 1995-02-15
◎推动戏曲艺术的新繁荣/李准//中国文化报 1995-05-21
◎挖掘历史文化资源，天津注重提高博物馆教育功能/路清枝//光明日报 1995-05-13
◎完善服务 广招客商 扩大影响 促进交易——’95 中国艺术博览会将以新面貌推出/江心//经济日报 1995-07-28
◎文化利益集团抢分天下/沈卫星//光明日报 1995-01-04
◎文化市场将提高立法层次《娱乐业管理条例》已列入国家立法计划/施畅//经济日报 1995-07-14
◎文化娱乐业统计将纳入国家统计范围 全国首次文化娱乐业普查即将全面展开/雷喜宁//经济日报 1995-11-24
◎文物的价格与价值/马尔昌//经济日报 1995-04-15
◎文物拍卖与文物保护/单霁翔//人民日报 1995-11-18
◎文物修复委员会为文保工作做贡献/白建国//光明日报 1995-01-22
◎文物专家谈文物市场与文物保护/徐良瑛//中国文化报 1995-02-17
◎文艺创作要在普遍繁荣的基础上抓精品/傅铎//中国文化报 1995-12-27
◎问路交费与图书馆的优质服务//光明日报 1995-02-04
◎我国加强对大遗址文物保护/王兆麟 杨新河//中国文化报 1995-08-23
◎我国将首次举办国际管乐艺术节/谌强//光明日报 1995-04-15
◎我国文艺事业进入新的繁荣期///中国文化报 1995-10-01
◎我国娱乐业管理正进入法制化轨道 三个娱乐业法规已呈送国务院审议/施畅//经济日报 1995-11-24
◎无锡“造”城运动方兴未艾/田星//光明日报 1995-07-12
◎吴冠中：艺术的重点在东方/陈颐//经济日报 1995-06-21
◎舞台技术第一所——浙江舞台电子技术研究所系列报道之一/丁黎敏//中国文化报 1995-09-03
◎调光设备全面达到国际先进水平——浙江舞台电子技术研究所系列报道之二/丁黎敏//中国文化报 1995-09-06
◎舞台、歌舞厅技术全面发展——浙江舞台电子技术研究所系列报道之三/丁黎敏//中国文化报 1995-09-10
◎放眼世界 走出国门——浙江舞台电子技术研究所系列报道之四/丁黎敏//中国文化报 1995-09-13
◎西安公安机关严打文物犯罪一批珍贵文物移交文物部门//经济日报 1995-03-28
◎喜剧小品：挑战与机遇共存/陈孝英//中国文化报 1995-01-29
◎戏班子再走红浙江乡镇，传统剧为戏迷喜闻乐见//光明日报 1995-02-11
◎戏剧要“抓”——黑龙江省文化厅厅长杨运泰访谈/孙若风//中国文化报 1995-01-04
◎现代北京没有现代舞团/欧建平//光明日报 1995-02-08
◎现代戏曲创作需要新的亮点——陕西现代戏创作漫议/韩望愈//中国文化报 1995-02-12
◎乡下人赞助城里老人跳秧歌，民间艺术首次登上大雅之堂/晓梅//光明日报 1995-03-01
◎香港公共图书馆全面电脑化//光明日报 1995-03-30
◎香港娱乐业见闻/黄一佳//经济日报 1995-03-18
◎消遣：不应成为文艺创作审视历史题材的基点——谈大众文化中的“历史消费现象”//中国文化报 1995-03-05
◎小品：戏剧魅力的延续——访著名剧作家胡可/杨胜生//中国文化报 1995-05-14
◎新建博物馆吸引观众乏力/程京生//光明日报 1995-07-05
◎星期天：博物馆能免费参观吗？/程京生//光明日报 1995-10-18
◎行业协会与图书市场管理/郑士德//光明日报 1995-01-26
◎休息日，市民“外食”/周星//光明日报 1995-05-17
◎寻常百姓缘何不进歌舞厅？/徐晋//中国文化报 1995-10-11
◎亚太区中国艺术品市场的现状及前瞻/郭浩满//中国文化报 1995-12-27
◎亚洲文化遗产破坏严重亟待保护/见独//光明日报 1995-05-03
◎严格执法 加强导向——对演出市场管理的思考/陆凤仪 胡国均//中国文化报 1995-09-20
◎炎黄艺术馆建馆三周年举办书画文物展览/艾陪//经济日报 1995-02-10
◎演出＋媒介：入夏，京城芭蕾将起热风/杭天勇//光明日报 1995-04-26
◎演出票价：定位合理才能赢得市场/石磊//中国文化报 1995-10-15
◎演员与剧院：究竟谁有权购买首演权？/大野//光明日报 1995-12-20
◎赝品成灾，商贩撤摊，沪古玩市场“熊市”/黄飞珏//光明日报 1995-07-05
◎赝品假货抢占潘家园/沙琳//光明日报 1995-08-09
◎扬州市木偶剧团文化产业内形成规模 艺术演出大有市场/唐野苍//中国文化报 1995-07-23
◎也谈以文补文的招式/宋继大//中国文化报 1995-04-02
◎叶辅理——用艺术沟通文化/苏琳//经济日报 1995-09-27
◎一掷千金 买乡情——海外华人掀起购买大陆艺术品热潮/陈占飞//经济日报 1995-02-06
◎艺术拍卖市场期待成熟与规范/张学颜//中国文化报 1995-04-14
◎艺术品价值的综合因素/田淼//中国文化报 1995-10-20
◎艺术品价值及真伪鉴定将不再是难题 中国艺术品鉴委会即将成立/梅适//经济日报 1995-07-14
◎艺术品拍卖喜与忧/柏生//经济日报 1995-04-29
◎艺术品市场在发育——记’95 中国艺术博览会/伟民 古寒//经济日报 1995-08-25
◎艺术需要经纪人/元也//人民日报 1995-04-29
◎音乐剧何以走红世界/孙允文//光明日报 1995-10-11
◎音乐剧走向中国/流水//中国文化报 1995-08-16
◎音乐厅前乐迷多//光明日报 1995-03-30
◎音乐制品销量激增/许强//经济日报 1995-05-06
◎营销严肃艺术趋势日显/杭天勇//光明日报 1995-04-19
◎营造发展艺术生产的宽松环境/陈发仁//中国文化报 1995-08-23
◎影响艺术市场价格的主要因素是什么？/吴力超//中国文化报 1995-07-14
◎有关部门规定，与“英特网”联网须经审批//光明日报 1995-

05-22
◎有效保护 合理利用 加强管理——在全国文物工作会议上的讲话/李铁映//中国文化报 1995-10-01
◎娱乐场馆经理：来玩的越来越少；工薪阶层人士：能玩的地儿越来越少/徐鹏飞//光明日报 1995-02-12
◎娱乐业暴利亟需治理//中国文化报 1995-03-31
◎娱乐业层层转包现象 面面观/盛珉珉//经济日报 1995-01-21
◎娱乐业的问题要对症下药/刘玉珠//经济日报 1995-01-07
◎娱乐业如何面向大众/春泉//经济日报 1995-10-27
◎娱乐业是有发展前景的产业/刘威//中国文化报 1995-03-03
◎娱乐业治理须从宏观入手/沈萌//经济日报 1995-04-15
◎欲卖书画好困惑——襄樊书画市场探微/刘东仿//人民日报 1995-04-11
◎杂技艺术的三个新趋向/王春红//中国文化报 1995-05-21
◎再谈构成艺术品价值的综合因素/田淼//中国文化报 1995-10-27
◎再现民族家具艺术风采——记香港富华家具企业有限公司董事长陈丽华/向明//经济日报 1995-09-04
◎再造京剧艺术辉煌/高占祥//中国文化报 1995-01-25
◎在文化部直属艺术表演团体艺术专业人员应聘资格考评委员会成立大会上的讲话/陈昌本//中国文化报 1995-08-13
◎造一方沃土育万紫千红——辽宁深化文化体制改革繁荣艺术纪事/魏运亨//人民日报 1995-11-16
◎增城兴建中国历史博物馆公园/盛一平//光明日报 1995-11-24
◎乍暖还寒已是春——公共图书馆问题探析之一/杨明方 李新彦//人民日报 1995-02-18
◎呼唤"图书馆意识"——公共图书馆问题探析之二/杨明方 李新彦//人民日报 1995-02-19
◎路在何方——公共图书馆问题探析之三/杨明方 李新彦//人民日报 1995-02-20
◎找准戏剧艺术与演出市场的契合点，哈儿艺演出社会经济效益俱佳，《少年毛泽东》、《少年周恩来》均上演500余场观众100余万/武培真 董伟//人民日报 1995-01-17
◎真假合拍片看好海外市场/虎生//光明日报 1995-01-25
◎珍惜文化遗产，保护古旧书籍//光明日报 1995-07-22
◎真正来自黄土地的艺术/鲁忠民//经济日报 1995-02-25
◎振兴京剧繁荣戏曲弘扬民族艺术：参加江泽民李瑞环同志与戏曲艺术家、专家座谈会代表发言摘登//中国文化报 1995-01-01
◎郑州南郊：唐朝长安城风格将再现/羽白//光明日报 1995-05-24
◎郑州人的收藏热//光明日报 1995-01-08
◎政策的限定与宽容/田淼//中国文化报 1995-11-10
◎执法不严等于纵容犯法——中国音乐著作权协会主席王立平一席谈/郭培华//经济日报 1995-08-14
◎职业音乐制作人介入，《校园民谣Ⅲ》不再原汁原味/杭天勇//光明日报 1995-01-18
◎中国电影表演艺术学会将在新疆颁奖/葛宗渔//经济日报 1995-03-25
◎中国歌剧：如何走向新的繁荣——'95歌剧创作工作会议综述/宁静//中国文化报 1995-04-23
◎中国根艺美术学会成立//光明日报 1995-02-26
◎中国工业设计的局限/张继丰//光明日报 1995-03-23
◎中国国际游艇俱乐部首次招商/谌强//光明日报 1995-03-31
◎中国京剧团赴澳演出受到热烈欢迎//经济日报 1995-11-10
◎中国京剧团将赴澳演出/赵槿//经济日报 1995-04-29
◎中国民间博物馆崛起/官曙光//光明日报 1995-08-16
◎中国民间手工艺品展览会将在日举行//光明日报 1995-12-17
◎中国民间艺术5月荟萃京华//光明日报 1995-03-15
◎中国拍卖市场缺少中介公司/刁燕燕//光明日报 1995-11-15
◎中国首届摄影文学理论研讨会召开//光明日报 1995-12-01
◎中国乡土艺术协会成立//光明日报 1995-12-27
◎中国乡土艺术协会成立/苏琳//经济日报 1995-10-10
◎中国新音乐群落将入荧屏//光明日报 1995-05-03
◎中国艺术博览会将首次在京举办/谌强//光明日报 1995-08-02
◎中国艺术品国际市场中心转向境内/高小龙//光明日报 1995-04-26
◎中国艺术品拍卖回顾与前瞻/吴力超//中国文化报 1995-05-19
◎中国艺术品拍卖市场：槌声阵阵说是非/李丽辉//人民日报 1995-02-22
◎中国艺术品直逼世界行情/沙琳//光明日报 1995-01-25
◎中国音乐剧的症结在哪里？/韦明//人民日报 1995-11-19
◎中国娱乐市场面面观//经济日报 1995-04-01
◎中华青少年文学艺术作品大赛拉开帷幕/葆琪//经济日报 1995-10-13
◎中央乐团，该捧牢手中饭碗/刘洪涛//光明日报 1995-02-22
◎中央乐团首获外国公司大额赞助/苏丽萍//光明日报 1995-03-15
◎周康林以经济手段从事艺术事业拍个"三峡"给世界/王秋和//经济日报 1995-05-19
◎抓好重点工作 促进文艺繁荣//中国文化报 1995-01-22
◎涿州兴建大型健身娱乐园//光明日报 1995-06-08
◎走红大地艺术将被出售/张方//经济日报 1995-01-21
◎走向市场的话剧制作人制度/徐涟//中国文化报 1995-05-12
◎做好文化艺术档案工作为繁荣发展文艺事业服务——在华东暨全国部分省市艺术档案工作交流会上的书面讲话/陈昌本//中国文化报 1995-12-10

1996年

◎'95外地剧团进京演出有新特点/赫景秀//中国文化报 1996-01-07
◎'96北京邮品拍卖会将鸣槌/徐红//经济日报 1996-05-09
◎'96海南艺术品拍卖会将开槌/岳甄//经济日报 1996-12-05
◎'96纽约国家艺术博览会开幕/朱振国 肖成林//中国文化报 1996-03-15
◎"工商画廊"出版一百期//经济日报 1996-09-15
◎"红色经典"走红京城的启示/谌强//光明日报 1996-10-16
◎"九六敦煌艺术周"在北京举办/苏琳//经济日报 1996-08-19
◎"九六南京春季拍卖会"即将开槌/赵文//经济日报 1996-07-04
◎"乐爵士"音乐演示会在京举行/胡其萍//经济日报 1996-02-11
◎"免费"的效益——南京博物院大范围免费开放之后/曹小鸥//光明日报 1996-06-20
◎"中和"以产业方式运作艺术教育/余力信//中国文化报 1996-08-18
◎《梁祝》拍卖喜忧谈/宗文//经济日报 1996-08-25
◎《演出市场个人所得税征收管理暂行办法出台》//中国文化报 1996-02-07
◎《艺苑风景线》呼吁更多的艺术剧团参与/宁静//中国文化报 1996-02-02
◎95全国戏曲现代交流演出述评（上）——戏曲现代戏：走向成熟/苏丽萍//光明日报 1996-01-26
◎95全国戏曲现代交流演出述评（下）——剧本：呼唤更多的创作者/苏丽萍//光明日报 1996-01-29

- 八闽时装艺术大赛面向港澳台/智恩//经济日报 1996-08-03
- 巴克艺术装饰板进入中国市场/李玉华//经济日报 1996-05-10
- 巴山蜀水筑边关——三峡库区文物保护散记/罗小林 陈贵全//经济日报 1996-04-03
- 把娱乐市场建设成大众文化乐园/陈广明//光明日报 1996-10-23
- 保留一方心灵的家园——云南丽江古城修复和文化保护的思考/徐冶//光明日报 1996-05-06
- 北京第六届北京国际图书博览会//经济日报 1996-07-22
- 北京国际图书博览会开幕/劳石//经济日报 1996-09-02
- 北京举行桂林风光摄影艺术展/李健生//经济日报 1996-06-16
- 北京市多方筹资维护文化保护单位建筑/粟丹//中国文化报 1996-03-17
- 北京书画摄影艺术展揭幕/傅勘//经济日报 1996-09-19
- 北京音乐厅高雅音乐演出供不应求/张作民//中国文化报 1996-01-12
- 北京娱乐市场扫描/赫景秀 白炜//中国文化报 1996-10-18
- 别把鲁迅故居"开发"了/孙若风//中国文化报 1996-01-19
- 播音主持艺术学院举行成立庆典/晓寒//经济日报 1996-09-20
- 博物馆：基于与挑战并存/赵彩婧//光明日报 1996-11-06
- 博物馆：开始向娱乐场挑战/张传亚//光明日报 1996-10-28
- 不妨一试：用电脑听音乐/徐青//经济日报 1996-01-20
- 倡导卡拉 OK 新风，挖掘大众娱乐人才/吕长河//光明日报 1996-11-13
- 闯进大市场的小剧团/谌强//光明日报 1996-01-17
- 城市雕塑：让有形的艺术进入精神空间——兼谈社会主义精神文明建设需要更多的有效载体/薛晓峰 汤文浩 王德亮//经济日报 1996-06-02
- 创建群众文化艺术集团，行否？/肖正礼//中国文化报 1996-01-31
- 从查处"港星"非法演出说起/李壮民//经济日报 1996-09-15
- 第六届国际图书博览会将在京举行/劳石//经济日报 1996-08-15
- 第六十二届国际图联大会隆重开幕/粟丹 孙若风//中国文化报 1996-08-28
- 第五届山东省艺术节开幕/何立宁 王昕//中国文化报 1996-01-07
- 第一张彩色丝绸报拍卖捐赠/小禾//经济日报 1996-10-23
- 电视综艺节目也可以卖了/张作民//中国文化报 1996-02-02
- 电影：艺术和科学牵手/洪眉//人民日报 1996-05-08
- 丁聪从艺 65 周年艺术回顾展在中国美术馆举行/吴琼//经济日报 1996-10-20
- 敦煌艺术剧院积极开拓演出市场/黄毅 孙志平//中国文化报 1996-01-31
- 敦煌艺术巡回报告在京举行/墨夫//经济日报 1996-06-24
- 二十一世纪的中国音乐文化格局/肖黎生//光明日报 1996-10-23
- 发挥革命遗址的文化价值/王凯//中国文化报 1996-01-31
- 发展大众娱乐的四个原则/杨运泰//光明日报 1996-11-06
- 法国人重视保护自己的文化遗产/丁一凡//光明日报 1996-03-13
- 风光不与旧时同——记北京朝阳剧场的演出特色/晓伟//中国文化报 1996-01-10
- 冯雪敏摄影艺术展在京举行/秋和//经济日报 1996-05-09
- 佛山市升平娱乐宫设赌受查处//经济日报 1996-06-02
- 富于表现力的音乐创作/王西麟//人民日报 1996-02-15
- 改革是艺术表演团体"活"起来/张作民//中国文化报 1996-06-02
- 赣州市艺术剧院把主戏台搭在农村/杨崇 张冠军 丁承蓴//中国文化报 1996-01-07
- 高档次话剧如何走向市场引起讨论/张作民//中国文化报 1996-03-22
- 高票价误了高雅艺术/李振堂//经济日报 1996-08-18
- 高雅文化在文化娱乐市场的使命/孙英臣 张雪珍//光明日报 1996-12-04
- 高雅艺术演出市场应走向规范化——本报文化周刊邀请首都部分艺术界人士及剧场、院团经理人员座谈会纪要//光明日报 1996-07-17
- 古典音乐沙龙/木木//经济日报 1996-05-05
- 鼓励社会资助——国外艺术管理的一种有效途径/李国庆//中国文化报 1996-01-31
- 关于首都部分艺术院团营销工作的调查/宁静//中国文化报 1996-04-07
- 观众多多何以票款寥寥/林瑞华//中国文化报 1996-05-17
- 观众看大片想花多少钱/徐晋//中国文化报 1996-02-02
- 光彩事业拍卖"广而告之"/中西//经济日报 1996-01-15
- 广东剧团下乡演出今年已超万场/吴少瑜//中国文化报 1996-12-04
- 规范拍卖活动 加强监督管理 我国将依法管理拍卖市场/徐涵//经济日报 1996-07-19
- 规范演出市场的重要举措//中国文化报 1996-06-19
- 贵州出现一批新型博物馆/向云驹//中国文化报 1996-08-07
- 国际电子商务博览会网络将开通/中言//经济日报 1996-10-21
- 国家艺术院团踏上新台阶——文化部直属艺术表演团体体制改革扫描/谌强//光明日报 1996-09-23
- 国外门面艺术的魅力/兰红光//经济日报 1996-02-21
- 杭州古玩书画展卖备受青睐/刘琼 相如//人民日报 1996-05-20
- 黑龙江省冬季演出红火/任永恒//中国文化报 1996-01-03
- 话剧如何面对市场/苏丽萍//光明日报 1996-12-07
- 活跃的城乡节日演出市场//经济日报 1996-01-07
- 积极引导 加强管理 浙江演出市场焕发生机/萧杭//经济日报 1996-09-01
- 济南将举办新春民俗文化博览会/爱录//中国文化报 1996-01-28
- 加强电子游戏机娱乐场所管理，取缔有奖电子游戏机经营活动/文玉//中国文化报 1996-10-23
- 嘉德周末拍卖会日渐红火/江心//中国文化报 1996-08-09
- 嘉人将拍卖北青报广告版及体育珍藏品/长云//经济日报 1996-05-26
- 价高演出难红火/京城戏楼面向谁/江心//中国文化报 1996-08-02
- 坚定不移地推进艺术表演团体体制改革/艾青春//中国文化报 1996-04-24
- 坚决取缔非法出版活动，促进出版健康繁荣发展——新闻出版署负责人答新华社记者问//中国文化报 1996-02-07
- 艰难的历程，重要的突破——文化部部长刘忠德就文化部直属院团体制改革答人民日报记者
- 今年齐白石书画的价格走势/吴力超//中国文化报 1996-01-12
- 京城藏家逾百万/安久亮//中国文化报 1996-01-26
- 京城将出现首家专业演奏民乐的场所/李晓琳//中国文化报 1996-01-26
- 经济发展的重要课题（上）/施克明//经济日报 1996-11-17
- 经济发展的重要课题（下）/施克明//经济日报 1996-12-01
- 精品荟萃市场旺——首届北京书画摄影艺术博览会观后/梁振明//经济日报 1996-10-20

◎九六北京国际计算机艺术作品展将办/燕妮//经济日报 1996-04-01
◎九六中国古玩艺术品博览会将办/苏琳//经济日报 1996-10-02
◎九五中国美术在平稳中出现新拓展/雷正民//中国文化报 1996-01-05
◎控制总量、优化结构宁波合理发展娱乐业/宁文//经济日报 1996-05-05
◎辽河艺术团名扬辽河/傅铎//中国文化报 1996-01-14
◎流行音乐失语了/尚洁//光明日报 1996-08-28
◎流行音乐现状及其历史流向/王永令//中国文化报 1996-04-17
◎美的源泉——介绍中国民间工艺美术/刘恪山//经济日报 1996-01-02
◎美国费城交响乐团将第三次来华演出/徐立京//经济日报 1996-05-26
◎美国商演市场探秘/李刚//中国文化报 1996-06-12
◎面向农村天地宽/宋合意//中国文化报 1996-01-31
◎名城巧装点楼宇变画廊//经济日报 1996-10-10
◎名画仿真复制吉凶未卜/江心//中国文化报 1996-12-06
◎农民需要戏剧，戏剧需要农民，首都文艺界座谈大厂评剧团经验/梁若冰//光明日报 1996-01-21
◎挪威海德鲁艺术展在京开幕/孙屹//经济日报 1996-02-12
◎拍卖界在沪召开研讨会/陈钢//经济日报 1996-11-16
◎普及型高雅音乐会火爆京城/张作民//中国文化报 1996-08-09
◎启明演出公司进入国际联网/小徐//经济日报 1996-11-24
◎全国扇子艺术展开幕/王溥//经济日报 1996-07-28
◎全国首次文化娱乐业普查结束：我国娱乐业经营单位已近二十万，从业人员已近百万/施畅//经济日报 1996-08-18
◎全国文化娱乐业普查培训班在上海结束/玉珠//经济日报 1996-01-21
◎全国演出市场管理会议即将召开/史然//经济日报 1996-03-24
◎让高雅艺术占领演出市场//经济日报 1996-03-24
◎日趋成熟的中国艺术品市场——写在'96 中国艺术博览会开幕之际/王进激//经济日报 1996-08-04
◎涉县：村村挂银幕/李晓琳 王洪波 崔成泉//中国文化报 1996-02-28
◎深化院团体制改革，加强重点剧团建设，四川公布首批一级剧团/干德明 傅敬蓉//中国文化报 1996-01-28
◎深入群众 深入生活 中央电视台“心连心”艺术团赴延安慰问演出/屈胜文 陈雁//经济日报 1996-08-27
◎深圳：艺术品市场为何不火/易运文//光明日报 1996-07-05
◎生机勃勃的招远市吕剧团/丛玉才//中国文化报 1996-01-17
◎世界太极修炼大会中国养生博览会开幕在即//经济日报 1996-10-27
◎市场的呼唤——文化经纪人面面观之一/刘强//中国文化报 1996-02-16
◎市场经济与图书馆发展对策/胡永欣//中国文化报 1996-09-04
◎首都北海冰灯艺术展举行/王颖//经济日报 1996-01-28
◎首都将办园林广告设计艺术展/姜星//经济日报 1996-05-21
◎首都举办军民迎新春大型文艺晚会 江泽民李瑞环朱镕基刘华清胡锦涛等观看演出/罗玉文//经济日报 1996-02-15
◎首届国际书画摄影艺术博览会将举行/李锋//经济日报 1996-08-23
◎首届扇子艺术大展将在京亮相/郑波//经济日报 1996-02-25
◎说收藏“投资”/晓明//光明日报 1996-06-06
◎苏富比香港秋季拍卖会在沪港举行/汪洁//经济日报 1996-10-05
◎速成品与艺术品/孙展//经济日报 1996-08-18
◎太平洋公司举办中国书画拍卖会/龚佼//经济日报 1996-04-07
◎太平洋拍卖有限公司推出精品/张平//经济日报 1996-07-03
◎太原市实验晋剧院青年团来京演出/张小虎//经济日报 1996-11-10
◎体育活动冠名权摆上拍卖台/长云//经济日报 1996-04-07
◎天津举行春季文物展销会/刘晓辰//经济日报 1996-04-12
◎天门市盘活剧场有新招/常为民//中国文化报 1996-03-03
◎图书馆是传播革命知识的地方/谷牧//光明日报 1996-08-31
◎完善市场运作机制，加强组台演出管理//中国文化报 1996-11-01
◎文化市场引进的外国高雅演出团体//经济日报 1996-04-21
◎文化遗产丢不得/王明华//光明日报 1996-01-22
◎文化娱乐场所应成为传播精神文明重要阵地/聂景春//中国文化报 1996-11-17
◎文化娱乐业健康繁荣的根本出路在大众化/孟晓驷//光明日报 1996-10-09
◎文化娱乐业要确立面向大众的立足点/王洪波//中国文化报 1996-07-07
◎文物，并非谁都可以拍卖/宋合意//中国文化报 1996-03-22
◎文物复制品亦可拍卖收藏/新华社//中国文化报 1996-02-25
◎文艺团体出国商演渐热/赵彩婧//光明日报 1996-12-11
◎我国将办“国际交响音乐年”活动/苏伟//经济日报 1996-03-03
◎我国将依法管理拍卖市场/徐涵//中国文化报 1996-07-26
◎我国首家企业举办自藏艺术精品展览/丁//经济日报 1996-02-02
◎我国艺术家作品首次入选雷达画廊/宋合意//中国文化报 1996-01-12
◎西北地区首家娱乐协会在银川成立/庄电一//光明日报 1996-05-09
◎戏剧走向市场的好形式/邵锋//中国文化报 1996-01-28
◎现代戏，令人耳目一新——95 全国戏曲现代戏交流演出扫描/杨胜生 赫景秀//中国文化报 1996-01-19
◎新疆文化厅兑现演出超场奖励/万勇 谢友规//中国文化报 1996-02-14
◎新时期戏剧工作的总方针：重温江泽民同志《弘扬民族艺术，振奋民族精神》讲话/曲润海//中国文化报 1996-07-07
◎新时期中国娱乐业回顾与前瞻（一）——第一个“音乐茶座”/孙东闽//经济日报 1996-03-03
◎新时期中国娱乐业回顾与前瞻（二）——深圳有个大舞台/孙东闽//经济日报 1996-03-24
◎新时期中国娱乐业回顾与前瞻（三）——上海的“爵士乐酒吧”/孙东闽//经济日报 1996-04-07
◎新时期中国娱乐业回顾与前瞻（四）——“不要问我从哪里来”/孙东闽//经济日报 1996-04-21
◎新时期中国娱乐业回顾与前瞻（五）——她们到底从哪里来/孙东闽//经济日报 1996-05-05
◎新时期中国娱乐业回顾与前瞻（六）——“红”与“黑”阴影/孙东闽//经济日报 1996-05-19
◎新时期中国娱乐业回顾与前瞻（七）——让高雅艺术进入娱乐场所/孙东闽//经济日报 1996-06-02
◎新时期中国娱乐业回顾与前瞻（八）——娱乐业将向大众倾斜/孙东闽//经济日报 1996-06-16
◎新兴娱乐项目哪能“三不管”/陈一湘//经济日报 1996-08-18
◎演出界人士共商演出市场发展目标/李晓林//中国文化报 1996-

04-19
◎演出市场扫描/黄珊//人民日报 1996-04-14
◎演员个人营业演出活动管理暂行办法//中国文化报 1996-04-19
◎一九九五年江苏舞台演出突破三万场/陈晶//中国文化报 1996-02-14
◎以假乱真，拍卖场上风云难测；打假不宜，众位行家细说根由/江心//中国文化报 1996-03-01
◎以精品求生存，无锡市歌舞团既占市场又捧大奖/创建//中国文化报 1996-02-28
◎以戏剧团，小剧团走向大剧场——访上海长宁沪剧团//中国文化报 1996-02-14
◎艺术，需要“与世界接轨”吗？/陈醉//人民日报 1996-10-07
◎艺术创作体制要改革/王西麟//人民日报 1996-05-19
◎艺术品与市场/小玉//经济日报 1996-09-29
◎艺术岂能“炒”得？/杜焕常//人民日报 1996-02-06
◎迎九七艺术品拍卖会在京开槌/王军//经济日报 1996-12-28
◎云南民族博物馆落成/木基元//中国文化报 1996-01-10
◎在普遍繁荣的基础上不断创作精品——戏剧现状与发展研讨会综述/易木//中国文化报 1996-02-11
◎在演出市场中趟出新路/王正春//中国文化报 1996-04-17
◎浙江越剧团走出办团新路子/丁莺华//中国文化报 1996-11-06
◎中国广告摄影艺术大奖赛拉开序幕/中奥//经济日报 1996-04-04
◎中国嘉德’96 春拍四月开槌/江心//中国文化报 1996-03-22
◎中国交响乐团改革纪实/梁若冰//中国文化报 1996-10-09
◎中国体育用品博览会下月南昌揭幕//经济日报 1996-09-29
◎中国一批民间音乐将存入“世界记忆库”/黄燕//人民日报 1996-08-26
◎中国艺术大展将在明年推出/晓文//经济日报 1996-11-17
◎中国艺术品拍卖市场面面观之一 首次突破百万大关/陈实川 张富义//经济日报 1996-07-07
◎中国艺术品拍卖市场面面观之二 艺术品拍卖的第一槌/陈实川 张富义//经济日报 1996-07-21
◎中国艺术品拍卖市场面面观之三（上）谁是买家/张富义//经济日报 1996-08-04
◎中国艺术品拍卖市场面面观之三（下）谁是买家？/陈实川 张富义//经济日报 1996-08-18
◎中国艺术品拍卖市场面面观之四（上）冷门迭爆/陈实川 张富义//经济日报 1996-09-01
◎中国艺术品拍卖市场面面观之四（下）冷门迭爆/陈实川 张富义//经济日报 1996-09-15
◎中国艺术品拍卖市场面面观之五“后生”可畏/陈实川 张富义//经济日报 1996-10-06
◎中国艺术品拍卖市场面面观之六（上）忧患重重/陈实川 张富义//经济日报 1996-11-03
◎中国艺术品拍卖市场面面观之六（下）忧患重重//经济日报 1996-11-17
◎中国艺术品拍卖市场面面观之七 崭新气象/陈实川 张富义//经济日报 1996-12-15
◎中国音乐作品——如何从尘封走向演出/吴春燕//光明日报 1996-12-04
◎中国油画拍卖的几个特点/吴力超//中国文化报 1996-03-22
◎中国油画挺进拍卖市场/程京生//光明日报 1996-08-21
◎中华人民共和国拍卖法 1996 年 7 月 5 日第八届全国人民代表大会常务委员会第二十次会议通过//经济日报 1996-07-09
◎中美签署首份音乐著作使用权协议/任振强//经济日报 1996-05-27
◎中央电视台开办电视画廊/燕枫//经济日报 1996-05-31
◎中影公司推进农村电影市场建设/周易//中国文化报 1996-02-16

1997 年

◎’96 年文物工作回眸——有效保护合理利用加强管理/栗丹//中国文化报 1997-01-09
◎’97 北京国际音像博览会下周举行/李文//经济日报 1997-08-02
◎’97 青岛国际啤酒节暨啤酒饮料博览会//经济日报 1997-07-08
◎’97 中国艺术博览会将在京举行/文宣//经济日报 1997-08-16
◎’97 中国国际音乐音像博览会采访记/吴春燕//光明日报 1997-08-27
◎“博览会带来好生意”//经济日报 1997-06-07
◎“海”上“看”音乐——“辉煌之夜—北海灯光音乐会”彩排侧记/徐立京//经济日报 1997-08-30
◎“叫好”还应“叫卖”——唐诗宋词元曲新唱/吴雨//光明日报 1997-05-07
◎“金泰之夜”在京演出/金台//经济日报 1997-09-17
◎“京九文化列车”昨离首都 丁关根勉励艺术工作者把美留给人民/胡晓梦//经济日报 1997-04-11
◎“盛世典藏”系列演出登场/晓苹//经济日报 1997-08-23
◎“秧歌进城”的文化意味/于平//光明日报 1997-02-19
◎“在大海中永生”音乐朗诵会举行 胡锦涛丁关根等领导同志出席//经济日报 1997-04-09
◎“中演”“中芭”首创国内演出代理制/文一//经济日报 1997-03-22
◎“主题歌舞晚会”的文化景观/于平//光明日报 1997-07-09
◎《金銮宝座》摆上拍卖台/行人//经济日报 1997-12-17
◎《晋祠文物透视》出版/林文//经济日报 1997-06-07
◎《营业性演出管理条例》（全文）/新华社//中国文化报 1997-08-27
◎《中国京剧艺术》座谈会在京召开/包蹇//经济日报 1997-03-29
◎1997 百家艺术绘画的幕后新闻/杨志鹏//中国文化报 1997-06-06
◎奥林匹克儿童艺术大赛结束/何东//经济日报 1997-02-09
◎北京“捐城墙砖”的启示：保护好文物也要靠人民/庄建//光明日报 1997-01-15
◎北京出台演出票务服务系统/宗贝音//光明日报 1997-06-04
◎北京人艺重演《雷雨》纪念曹禺逝世一周年 丁关根观看演出，希望再接再厉，努力创作更多优秀作品/郝庆//经济日报 1997-12-15
◎博览会给烟台带来了什么/许宝健 丁勇//经济日报 1997-06-10
◎博览会上中外比较/徐立京 徐涵//经济日报 1997-06-10
◎博物馆，为收藏与鉴赏出把力/王建明//光明日报 1997-05-07
◎博物馆建设插上科技翅膀/何才庆//光明日报 1997-08-20
◎博物馆内无白丁/王蔚//光明日报 1997-11-13
◎博物馆骤冷骤热如何调节/王蔚//光明日报 1997-12-12
◎蔡文颖动感雕塑艺术开拓新空间/张振声 单三娅//光明日报 1997-06-05
◎测量戏剧是赔是赚/江心//中国文化报 1997-06-06
◎唱片大奖——格莱美//光明日报 1997-05-14
◎唱片公司竞争的两大焦点：新艺术家和新技术/都可新//光明日报 1997-04-23

◎唱片里的歌剧/王纪宴//光明日报 1997-04-23
◎唱片里的中国现代京剧/王炬//光明日报 1997-04-30
◎唱片市场发行难症结何在/周亚平//光明日报 1997-08-13
◎唱片中的中国现代芭蕾舞剧/王炬//光明日报 1997-05-07
◎出人出戏出效益的出色剧团/张华山//光明日报 1997-06-04
◎从新年音乐会说开去/单三娅//光明日报 1997-01-15
◎从照相有了"艺术"说起/陆士华//经济日报 1997-05-02
◎错位与潜力并存——我国艺术市场的现状扫描/李荔//中国文化报 1997-11-19
◎大厂县评剧团为农民演出事迹报道一：在农村搭起大舞台/单三娅//光明日报 1997-05-13
◎弹响钢琴的市场之手/阎墨//光明日报 1997-08-13
◎第二届亚太经合组织国际贸易博览会闭幕/李承祖//经济日报 1997-06-11
◎第五届中国艺术节准备就绪 三十二台文艺演出异彩纷呈/文宣//经济日报 1997-10-18
◎调整经营策略 加强服务意识 南京大众娱乐场所回归大众/叶文//经济日报 1997-10-25
◎丁关根在京剧青年研究班座谈会上强调：振兴京剧艺术，培养跨世纪人才//光明日报 1997-03-21
◎杜尚·斯科弗兰室内乐团将来华演出/晓山//经济日报 1997-11-22
◎多媒体教育应用的新发展/何克抗//光明日报 1997-05-30
◎俄罗斯红旗歌舞团访华演出/徐丽英//经济日报 1997-04-26
◎翻开图片市场的多彩一角/张世杰//光明日报 1997-07-09
◎扶持重点团体 繁荣文化艺术/魏劲松//经济日报 1997-03-07
◎感受新闻——烟台 APEC 经贸博览会新闻竞争纪实/刘彦广//经济日报 1997-07-09
◎钢印为农民画证明身价/王蔚//光明日报 1997-05-30
◎高雅艺术享誉江阴乡镇/荷芬 国兴//经济日报 1997-01-05
◎高雅艺术知音多/李清民//经济日报 1997-05-17
◎歌剧：为人民大众的艺术/刘诗嵘//中国文化报 1997-10-25
◎歌坛复苏的手/陈明生//光明日报 1997-06-11
◎歌舞晚会市场争夺从幕后转入前台//光明日报 1997-01-29
◎关于文艺演出市场营销有思考/陈纤//中国文化报 1997-02-17
◎关于戏剧制作负责人制的两个话题/侯钦孟？//中国文化报 1997-10-08
◎关于演出市场的票价问题（上）/庹祖海//经济日报 1997-07-19
◎关于演出市场的票价问题（下）/庹祖海//经济日报 1997-08-02
◎关于艺术表演团体改革的"经济思考"/王峰//中国文化报 1997-09-02
◎广州博览会开幕/邓海平//经济日报 1997-07-18
◎规范演出市场繁荣文艺事业——文化部负责人就《营业性演出管理条例》发布施行答记者问/王黎//人民日报 1997-10-03
◎规范主体 依法挥锤 国家拍卖法正式实施/争平//经济日报 1997-01-10
◎国典音乐音响精品 CD 问世/黄承敏//经济日报 1997-04-26
◎国内画廊业——在困惑中期待/江心//中国文化报 1997-10-22
◎国内拍卖公司竞争激烈 困难重重//中国文化报 1997-08-27
◎国务院发布《营业性演出管理条例》/刘思扬//中国文化报 1997-08-21
◎弘扬京剧的主阵地在哪里/马也//光明日报 1997-04-23
◎弘扬民族文化，兴建紫檀家具博物馆/王世襄//光明日报 1997-11-01
◎宏观调控：文化娱乐业健康发展的保证//中国文化报 1997-01-18
◎呼唤个性——从中国艺术博览会谈起/剑武//人民日报 1997-08-07
◎虎年计划：让世界倾听中国/金兆钧//光明日报 1997-10-15
◎华夏奇珍——记绞胎陶瓷艺术的再开发//经济日报 1997-08-30
◎华韵九芳音乐会演出首场/新华社//光明日报 1997-05-11
◎画廊经营三题/田淼//中国文化报 1997-01-02
◎画廊老板——艺术家不可或缺的经纪人/陆璐//中国文化报 1997-10-22
◎画坛亟需打假——析书画市场上的赝品/傅二石//人民日报 1997-02-27
◎话剧演出呈现活跃趋势/宋宝珍//光明日报 1997-08-13
◎桦甸市歌舞团团小魅力大/肖玉华 吉宣//光明日报 1997-04-09
◎黄胄——平和亲切的艺术大师/鲁兵//经济日报 1997-08-09
◎机上娱乐——航空公司竞争出现新焦点/杨国民//经济日报 1997-03-20
◎纪录片《中华文物备忘录》开拍/志强//经济日报 1997-09-02
◎寄望 97：做"365"音乐厅/钱程//中国文化报 1997 -01-18
◎加强外资兴办娱乐业管理的思考/赵云龙//中国文化报 1997-03-13
◎坚持正确导向和宏观调控 全国演出市场呈现好势头/施畅//经济日报 1997-05-17
◎江泽民观看慰问部队老干部文艺演出/王文杰 罗玉文//经济日报 1997-01-25
◎今年全国演出市场高雅艺术唱主角/吴春燕//光明日报 1997-05-07
◎今日指南'97 青岛国际啤酒节暨啤酒饮料博览会//经济日报 1997-07-09
◎近年当代艺术市场的"无价值标准收藏"/栗宪庭//中国文化报 1997-11-26
◎京城，拍卖槌为百姓敲响/易红 肖蔚鸿//经济日报 1997-09-24
◎警惕：国宝在流失/李春利//光明日报 1997-02-15
◎净化和规范演出市场，繁荣和发展文艺事业——文化部负责人就《营业性演出管理条例》发布施行答记者问/王黎//光明日报 1997-10-02
◎九七上海国际邮票、钱币博览会举办/郑建平 陈钢//经济日报 1997-11-29
◎剧团还不能完全推向市场/庄电一//中国文化报 1997-06-17
◎开创文物工作新局面——访国家文物局局长张文彬/危兆盖//光明日报 1997-02-17
◎跨越关山，任重道远：全国艺术表演团体改革稳步推进/孙若风//中国文化报 1997-08-16
◎礼乐之邦听新声——北京国际音乐音像博览会综述/卢新宁//人民日报 1997-08-22
◎李铁映在全国艺术表演团体工作会议上强调改革艺术院团繁荣演出市场/杜英姿 刘玉琴//人民日报 1997-07-31
◎历经五届，艺术博览会走向成熟/马蕊 陈朋//光明日报 1997-09-03
◎刘德忠强调指出进一步加大院团改革力度/谌强//光明日报 1997-01-23
◎梅兰芳纪念馆文物亟待保护/蔡侗辰 杨守民//光明日报 1997-10-29
◎美国剧场的运行机制/汪志刚//光明日报 1997-01-22

◎面对不够景气的戏剧市场怎么办/盛祖宏//光明日报 1997-01-30
◎面对市场的法国艺术博物馆/沈孝泉//经济日报 1997-03-01
◎面对市场压力，台湾音乐人已无暇顾及音乐中的文化建构/孙宁//中国文化报 1997-06-25
◎面向市场的法国艺术博物馆/晓光//中国文化报 1997-02-21
◎名画复制几可乱真/赵锐//中国文化报 1997-06-25
◎农民请画进家中/木花//光明日报 1997-05-07
◎拍卖：这块蛋糕怎么分//中国文化报 1997-08-27
◎拍卖公司尚需做好准备迎接挑战/左牛//中国文化报 1997-08-27
◎拍卖市场有隐忧/韩起祥//经济日报 1997-05-17
◎拍卖走入金陵百姓家/唐跃辉//经济日报 1997-12-31
◎排练精品 演出精品 弘扬精品 中央乐团少年及女子合唱团享誉全球/音童//经济日报 1997-05-31
◎潘霞：艺术与责任同在/郑静 华洁//经济日报 1997-05-24
◎齐鲁乘风更开放——访博览会主席团主席、山东省省长李春亭/于通 管斌//经济日报 1997-06-08
◎企业策划也应注重信誉——访北京笔王艺术中心董事长王艺/徐文营//经济日报 1997-12-29
◎敲响书画打假的警钟_北京“书画打假研讨会”综述/陆璐//中国文化报 1997-03-12
◎乔石出席文物出版社成立四十周年座谈会//经济日报 1997-07-20
◎全国革命文物工作会议在南昌召开国务院总理李鹏致信祝贺/程曦 卢晶//经济日报 1997-08-06
◎全国艺术表演团体工作会议在京举行//经济日报 1997-07-29
◎全国艺术表演团体工作会议召开//中国文化报 1997-07-29
◎全国艺术表演团体体改会议要求深化改革增强艺术表演团体活力/杜英姿//人民日报 1997-01-27
◎全国艺术人才信息网成立/吴//经济日报 1997-10-04
◎让精彩的华人经典音乐变成 CD/吴春燕//光明日报 1997-04-23
◎让文物“活起来”/庄电一//中国文化报 1997-06-03
◎让文物变“活”/庄电一//光明日报 1997-07-09
◎任你手段隐秘我有高超技艺海关查获大批走私文物/张军雄//经济日报 1997-10-09
◎山东举办迎春书画拍卖会/晓冬//经济日报 1997-02-02
◎商业演出票价由高转低/吴春燕//光明日报 1997-04-16
◎上海：让领导干部走近高雅艺术/史美圣//光明日报 1997-06-25
◎上海减免演出广告费/申文//经济日报 1997-04-19
◎上海将举办首届邮品拍卖会/陈颐//经济日报 1997-08-26
◎上海京剧界改革见成效/苏丽萍//光明日报 1997-02-15
◎上海民间职业剧团挺进演出市场//中国文化报 1997-06-18
◎少儿戏剧的机遇与挑战/梁鸿鹰//光明日报 1997-04-15
◎世纪之交对现代艺术的回顾/流马//中国文化报 1997-08-21
◎世界婚俗文化用品博览会将在京举办//经济日报 1997-11-29
◎世界明星芭蕾舞团在京演出获得成功/中艺//经济日报 1997-08-16
◎世界文化遗产在中国/曾梅//光明日报 1997-12-31
◎势头看好的高雅艺术演出市场/孙若风//中国文化报 1997-12-24
◎收藏品位日益提高猎奇斗富逐步匿迹，国内买家渐成劲旅热闹火爆的艺术品市场/李万里//人民日报 1997-02-02
◎手工文化呼唤当代精神/韩小蕙//光明日报 1997-01-29
◎首都举行国庆大型文艺晚会 胡锦涛尉健行李岚清与首都各界一起观看演出/吴恒权 汪金福//经济日报 1997-10-01
◎首届娱乐蹦极跳将举行/苏琳//经济日报 1997-10-25
◎首届中国服装设计博览会将办/方文//经济日报 1997-08-30
◎书画拍卖“恒温空间”正在形成/马丹妮//中国文化报 1997-08-06
◎书画拍卖市场有待规范/曲冠杰 谢孝国//光明日报 1997-04-02
◎数字文化与数字艺术/郑文//中国文化报 1997-12-23
◎谁来探寻中国音乐剧本土化道路/田本相//光明日报 1997-08-06
◎谁在炒作邮币卡/王建明//光明日报 1997-05-07
◎私立乐团生存空间有多大/杭天勇//光明日报 1997-02-05
◎宋长荣：要把京剧艺术传下去/赵壮//经济日报 1997-08-30
◎送戏下乡服务基层/刘鹏//光明日报 1997-05-03
◎苏锡常湖同唱“太湖美”/余传诗//光明日报 1997-05-31
◎太原举办鸵鸟艺术珍品与制品展/李歆玥//经济日报 1997-10-03
◎谈娱乐市场的导向管理/方家良//中国文化报 1997-11-05
◎特色染红“双叶”/张华//光明日报 1997-05-07
◎天然去雕饰：青年陶瓷家高振宇的创作/冯其庸//中国文化报 1997-10-01
◎铁十八局二处施工爱护文物/张少峰//经济日报 1997-12-27
◎同是民乐作品，市场反响不一——内地借鉴香港同行“包装”术/杨闻集//光明日报 1997-04-16
◎投资书画：请找准目标/于抒霞//光明日报 1997-09-03
◎投资书画必须先作价格分析/于抒霞//光明日报 1997-07-23
◎图片新闻：国外现代园林艺术//经济日报 1997-01-29
◎团结协作 依法经营 多出精品 全国演出洽谈会圆满闭幕/施勒//经济日报 1997-04-19
◎文化部涉外文化艺术市场表演及展览管理规定（全文）//中国文化报 1997-07-29
◎文物拍卖管理松了还是紧了/赵彩婧//光明日报 1997-01-08
◎我国公益美术品遇阻海外市场/刘京利//光明日报 1997-08-20
◎我国将首次举办大型国际博览会，李岚清要求做好昆明世界园艺博览会筹备工作/李自良//经济日报 1997-07-14
◎我国首批拍卖师考试在沪举行/范干平 陈钢//经济日报 1997-03-25
◎五龄童办专场/晓晨//光明日报 1997-05-21
◎舞台艺术的新景观——第六届“五个一工程”入选戏剧作品选评/梁鸿鹰//光明日报 1997-10-15
◎西方、市场与舞蹈抉择/于平//光明日报 1997-01-15
◎戏曲的困惑/吴冠中//光明日报 1997-02-19
◎戏曲老唱片谁来抢救/吴春燕//光明日报 1997-06-11
◎下乡、下厂、下部队 天津演出市场渐入佳境/文君//经济日报 1997-03-01
◎现代中国与中国现代舞/于平//光明日报 1997-06-25
◎相声的尴尬/秦弓//光明日报 1997-10-08
◎小公司赢得大市场——北京启明演出公司在市场中步步为营/袁岚//中国文化报 1997-09-10
◎小剧场话剧：几多欢喜几多愁/曾梅//光明日报 1997-12-10
◎心连心艺术团在大庆/谌强//光明日报 1997-05-01
◎新海派京剧展现光明前景/苏丽萍//光明日报 1997-05-07
◎信息革命对文化艺术的影响/马相式//中国文化报 1997-11-29
◎血红素与市场并举——写在 1997 中国艺术博览会揭幕前夕/杨悦浦//光明日报 1997-08-06
◎雅尼’97 中国行开始北京演出/单三娅//光明日报 1997-05-24
◎亚洲艺术市场的新卖点/肖勇//中国文化报 1997-06-11
◎演出“订货”，新鲜！/华卫列//经济日报 1997-01-28
◎演出代理为市场注入催化剂 规范运作尚需法规保障/徐晋//中国文化报 1997-12-10
◎演出代理制：嫩芽破土显生机 枝繁叶茂待时日/徐立京//经济

日报 1997-12-06
◎ 演出代理制离表演团体还有多远/蔡利//光明日报 1997-08-13
◎ 演出市场呼唤国产精品/柳士发//中国文化报 1997-04-02
◎ 演出市场健康繁荣大战的经济保障——写在《营业性演出管理条例》正式实施之际/崔成泉中国文化报 1997-10-02
◎ 演出市场矩从法出/柳闻华//光明日报 1997-08-27
◎ 演出市场现代剧目受青睐/陈蒙//经济日报 1997-02-16
◎ 演出市场有法可依了/晓曹//经济日报 1997-09-06
◎ 演出收入从持平转为盈余 中演公司首推的演出代理制初见成效/侯孟钦//中国文化报 1997-08-20
◎ 要舍得为图书馆事业投资/丘山君//人民日报 1997-06-04
◎ 也谈演出票价/陈川雄//经济日报 1997-12-06
◎ 一节一会比翼齐长——'97 青岛国际啤酒饮料博览会开馆仪式侧记/牛文文//经济日报 1997-07-11
◎ 以镜头抢救书画艺术/方年//经济日报 1997-08-16
◎ 以色列芭蕾舞团将访华演出《灰姑娘》/文一//经济日报 1997-10-11
◎ 艺术创作与市场运作同步的成功尝试/李晓明 陈克己//经济日报 1997-06-07
◎ 艺术交易的"魔方"——'九七中国艺术博览会札记/江心//经济日报 1997-10-04
◎ 艺术品经营方式——网上交易/青木//中国文化报 1997-11-26
◎ 艺术与市场的碰撞——记 97'上海艺术博览会//中国文化报 1997-10-29
◎ 意大利一音乐学院交响乐团将来京演出/张衍//经济日报 1997-09-20
◎ 音乐出品人处境尴尬/江心 吕天璐//中国文化报 1997-01-18
◎ 音乐会"溢出"音乐厅/项量//光明日报 1997-03-05
◎ 音乐剧创作漫议/陈刚//光明日报 1997-08-05
◎ 音乐剧演出市场尚待开发/白炜//中国文化报 1997-07-23
◎ 银行要适时拍卖抵押物/谭桂莲 张金明//经济日报 1997-05-07
◎ 应当办个中国国际声乐艺术年/吕胜景//光明日报 1997-02-12
◎ 用计算机技术保护敦煌壁画/王骏//中国文化报 1997-09-28
◎ 邮展轰动博览会/徐涵//经济日报 1997-06-07
◎ 有钱修庙，为何不能建馆/陈小村//光明日报 1997-05-15
◎ 娱乐业当务之急：合理布局 理性投资 特色经营/上海市社会文化管理处//中国文化报 1997-11-12
◎ 娱乐业投资与结构调整/刘晓东//经济日报 1997-10-18
◎ 娱乐业投资与结构调整/刘晓东//中国文化报 1997-12-16
◎ 云南版画令人刮目相看/徐冶//光明日报 1997-03-12
◎ 再谈京剧演出和扩声/魏荣爵//光明日报 1997-07-23
◎ 在京九文化列车艺术团总结汇报会上的讲话//中国文化报 1997-06-03
◎ 在全国艺术表演团体工作会议上的讲话（1997 年 7 月 28 日）/刘忠德//中国文化报 1997-07-31
◎ 在文化部贯彻《营业性演出管理条例》工作会议上的讲话（1997 年 9 月 11 日）/孟晓驷//中国文化报 1997-10-22
◎ 在舞台和荧屏之间——谈地方戏剧演员的双栖能力/徐云媛//光明日报 1997-07-30
◎ 怎样代理画家 如何经营艺术/黄诗耘//中国文化报 1997-11-19
◎ 中芭推出"金秋北京芭蕾季"系列演出/袁苹//经济日报 1997-09-27
◎ 中国当代艺术设计展在京开幕/楼蔚兰//经济日报 1997-07-05
◎ 中国的革命历史博物城/康龙 刘书云//光明日报 1997-06-18
◎ 中国广播交响乐团首次西北行/陈凌//光明日报 1997-05-14
◎ 中国嘉德九七秋季拍卖会举槌在即/魏军//中国文化报 1997-10-15
◎ 中国交响乐团合唱团迈步走出困境/杭天勇//光明日报 1997-06-04
◎ 中国经济信息网举办网上拍卖会/李传东//经济日报 1997-10-15
◎ 中国流行音乐需要什么样的乐评人/杭天勇//光明日报 1997-05-21
◎ 中国书画拍卖出现新热点/晓常//经济日报 1997-02-16
◎ 中国现代舞直面市场/从音侠//中国文化报 1997-07-09
◎ 中国现代音乐奏响民族音乐新声/谌强//光明日报 1997-05-14
◎ 中国音乐剧的艰难行进/高扬//光明日报 1997-07-09
◎ 中国娱乐业的发展与繁荣/江蔚涛 张承续//经济日报 1997-09-06
◎ 中央美院惠普电脑艺术中心成立/陈颐//经济日报 1997-05-24
◎ 周末休闲哪里去？看博览会去/许宝健//经济日报 1997-06-08
◎ 逐步建立社会主义文化市场的法规运营体系/崔成泉//中国文化报 1997-08-27
◎ 庄重的开心：山东快书与观众/王朝闻//中国文化报 1997-12-25
◎ 走向新世纪的中国音乐文化/金兆钧//光明日报 1997-09-17

1998 年

◎'98 艺术品拍卖业生机在望/寇勤//中国文化报 1998-01-07
◎"喜洋洋地白吃午餐"非长久之计——首例音乐作品著作权拍卖引出的话题/陶国峰//经济日报 1998-11-11
◎"姓资姓社"话拍卖/赵伟明//经济日报 1998-12-16
◎《百年丰碑》大型广场演出活动举办/张力//经济日报 1998-03-13
◎《名画观止》为艺术市场解忧/江心//经济日报 1998-10-09
◎1999 年艺术市场有望走出低谷/朱浩云//中国文化报 1998-12-30
◎ 保护汉江流域文物/李云升//经济日报 1998-07-15
◎ 保护历史文化名城风貌迫在眉睫/宋晓梦//光明日报 1998-06-03
◎ 保护利用文物资源，丰富城市文化内涵/慕绥新//中国文化报 1998-09-10
◎ 北京将办中国国际民间艺术博览会/星宇//经济日报 1998-06-05
◎ 博物馆呼唤收藏基金/张海燕//光明日报 1998-11-19
◎ 不是瓷都 胜似瓷都/陆继农//经济日报 1998-06-05
◎ 长春文化娱乐市场调查/聂景春//中国文化报 1998-08-19
◎ 潮剧与文化市场/陈韩星//中国文化报 1998-06-25
◎ 抽象艺术五十年/任振强//经济日报 1998-03-01
◎ 创造艺术教育的辉煌/钱守仁//人民日报 1998-08-21
◎ 从数据卡文化娱乐业的现状与发展/姚涵 刘强//中国文化报 1998-05-06
◎ 打击文物犯罪任重道远/粟丹//中国文化报 1998-11-14
◎ 大型书法艺术工具书《中国历代书法家人名大辞典》最近由新世界出版社出版/徐德山//经济日报 1998-12-18
◎ 当前我国艺术品市场的主要特征/冯经湖//中国文化报 1998-03-11
◎ 第八届国际摄影艺术展将办/王厚林//经济日报 1998-11-25
◎ 第八届中国国际演出器材展览会举办/忠良//经济日报 1998-05-08
◎ 第二届北京古玩艺术博览会举办/田晓明//经济日报 1998-10-06
◎ 第七届北京国际图书博览会闭幕/李红//经济日报 1998-09-11
◎ 第七届北京国际图书博览会开展/李红//经济日报 1998-08-28

◎ 调整文化娱乐结构 逐步优化行业格局/柳士发//中国文化报 1998-04-16

◎ 对艺术品拍卖热的冷思考/徐晋//中国文化报 1998-03-04

◎ 繁荣文化艺术事业//人民日报 1998-03-18

◎ 仿真复制市场前景展望/田森//中国文化报 1998-03-04

◎ 扶桑尽览世纪风——'98 世界电脑博览会侧记/卢新宁 于青//人民日报 1998-10-17

◎ 高科技将把当代艺术引向何方/金锋//经济日报 1998-02-13

◎ 各地春节文化娱乐市场扫描/温沁园 吴宁//中国文化报 1998-01-28

◎ 给演出市场提意见/曹利群//人民日报 1998-06-12

◎ 工艺美术何愁出路/张仃//人民日报 1998-10-30

◎ 管理自动化 信息网络化 我国致力于图书馆现代化建设//人民日报 1998-09-23

◎ 广东音乐如何奏响"步步高"/于万东//光明日报 1998-07-02

◎ 画廊业面临新选择/华观//中国文化报 1998-01-21

◎ 机遇与风险并存的艺术品市场/石千//中国文化报 1998-02-25

◎ 纪念《拍卖法》实施一周年座谈会举行/柴茂//经济日报 1998-02-05

◎ 济南举办新春文化博览会/张鲁成//经济日报 1998-02-01

◎ 加强市场运作 振兴戏曲艺术/饶丹华//中国文化报 1998-10-15

◎ 加强艺术表演团体财务管理 适应市场经济发展/张景生 胡明//中国文化报 1998-06-18

◎ 家用电脑娱乐教学光盘上市/来高//经济日报 1998-02-15

◎ 架上雕塑市场尚待开发/吴应骑//中国文化报 1998-06-10

◎ 建构文化娱乐产业/刘强//中国文化报 1998-05-23

◎ 江泽民李岚清欣赏美国克利夫兰交响乐团访华演出//经济日报 1998-05-31

◎ 金科集团开拓网上娱乐业/柯峥//经济日报 1998-03-20

◎ 京剧票友大赛名不虚传，天津群众文化红红火火/李韵//光明日报 1998-11-16

◎ 九八武汉国际现代家庭用品与技术博览会//经济日报 1998-09-29

◎ 开一个数字化博览会如何？/柯良//经济日报 1998-11-01

◎ 看国际优秀民间艺术共舞中华/肖海鹰//光明日报 1998-08-13

◎ 昆明世博会将拍卖唯一指定产品特许权/贾伟//经济日报 1998-05-12

◎ 冷眼观看邮品拍卖热/锐强//中国文化报 1998-07-01

◎ 李鹏总理为《周恩来风采摄影艺术作品展》题词："公仆风采，光照千秋"//经济日报 1998-01-07

◎ 利用文化寻找商贸亮点/曲彦萍//中国文化报 1998-09-01

◎ 利用文物大国优势 推动文化大国建设 国家文物局加快改革步伐/卢新宁//人民日报 1998-02-18

◎ 流行乐坛何以风光难在/杨光//光明日报 1998-08-20

◎ 美国文化艺术事业概况/展玉成//中国文化报 1998-04-25

◎ 民营艺术团：演出市场的轻骑兵/刘茜//中国文化报 1998-02-3

◎ 内联外引培养市场 营造卖点追求票房/崔成全//中国文化报 1998-05-20

◎ 拍卖"锦绣中华"专场拍卖会将于 12 月在京举行/小京//经济日报 1998-11-20

◎ 浅议中国艺术品拍卖业与国际同行的差距/季涛//中国文化报 1998-07-08

◎ 强化营销管理 促进文化娱乐业的发展/王锦官//中国文化报 1998-07-08

◎ 切实做好对文化产业的扶持和培育工作/蒋小宁//中国文化报 1998-08-01

◎ 请看国内演出市场能否好戏连台/唐德宽//中国文化报 1998-03-25

◎ 日本 NHK 交响乐团将来华演出/晓仆//经济日报 1998-10-09

◎ 上海出现字画投资群/卢迅//光明日报 1998-08-13

◎ 什么在困扰国家图书馆//人民日报 1998-05-19

◎ 市场跟着艺术走/刘曦林//人民日报 1998-04-24

◎ 市场经济条件下的艺术保护/金元浦//中国文化报 1998-02-19

◎ 首都文艺舞台异彩纷呈//经济日报 1998-01-23

◎ 首都艺术博览会"五一"开展/秦宏奇//经济日报 1998-05-08

◎ 首届国际卡通艺术博览会将办/胡军//经济日报 1998-06-26

◎ 首届海峡两岸花卉博览会将举行/杨阳腾 林晓聪//经济日报 1998-12-27

◎ 首届景德镇艺术陶瓷展举行/永鹿//经济日报 1998-06-28

◎ 首届中国国际茶文化博览会将举行/章雯//经济日报 1998-05-24

◎ 首届中国陶瓷博览会将在唐山举行/张国信//经济日报 1998-08-31

◎ 首届祖国万岁全国书画摄影艺术大联展/王忠//经济日报 1998-12-04

◎ 探讨新形势下如何保护文物/曲志红//经济日报 1998-02-19

◎ 天津表演团里各显神通闯市场/温沁园//中国文化报 1998-03-18

◎ 天津文化娱乐品热销/卢盘卿//经济日报 1998-01-23

◎ 投资文化娱乐业应着眼大众立足市场/徐晋//中国文化报 1998-11-18

◎ 图书馆：怎样迎接知识经济的挑战/唐绍明 顾犇//光明日报 1998-08-08

◎ 完善演出市场运行机制的思考/严国常//中国文化报 1998-09-16

◎ 王刚：谁来雇我——《音乐之声》浪漫 商业运作头痛//经济日报 1998-06-21

◎ 为孩子打开音乐之门/祝晶//经济日报 1998-08-07

◎ 为文化娱乐业把脉开方/徐雍安 刘俊芳 熊源远//中国文化报 1998-06-17

◎ 文化部举行迎春演出慰问首都干警//经济日报 1998-01-23

◎ 文化与网络——写在中国文娱网开通之后/邵牧君//光明日报 1998-07-02

◎ 文物拍卖市场管理立法亟待完善/程道//中国文化报 1998-06-13

◎ 文物拍卖市场亟待规范/郑准实//中国文化报 1998-05-02

◎ 文艺产品效益问题新探/洪永平//中国文化报 1998-08-22

◎ 我国政府对保护祖国历史文化遗产立场坚定/危兆盖//光明日报 1998-08-10

◎ 我们需要什么样的艺术经纪人/田森//中国文化报 1998-04-15

◎ 无限江山：李可染的书画艺术及其市场行情/牧之//中国文化报 1998-08-05

◎ 舞台技术产业发展前景广阔/俞健//中国文化报 1998-03-03

◎ 戏曲市场需要培育/雷章//中国文化报 1998-09-02

◎ 咸阳文化部门切实转变观念 多方招商引资开发利用文物/马健君 邵春//中国文化报 1998-02-4

◎ 相声的"返祖现象"及其"诊治"/吴文科//光明日报 1998-11-19

◎ 小提琴演奏家阿卡多将来华演出/晓庄//经济日报 1998-04-17

◎ 校园歌曲：为何走不出尴尬/陈全新 杨时清//光明日报 1998-07-30

◎ 笑星笑了，观众笑了吗/肖海鹰//光明日报 1998-08-06

◎ 新鲜事 成都人民商场里拍卖旧货//经济日报 1998-04-12

◎ 信息服务职能与传统职能的和谐：图书馆的未来/朱淑华//中

国文化报 1998-08-13
◎信息时代的文化交汇——北京国际图书博览会述评//人民日报 1998-09-14
◎匈牙利艺术团来华演出/京文//经济日报 1998-07-10
◎许英来油画艺术在艺博会展出并举行义卖/周冰心//经济日报 1998-08-28
◎寻求适合国情的艺术品经营方式/李静//中国文化报 1998-04-16
◎演出：剧团的效益和生存之本/溪流//中国文化报 1998-04-25
◎演出经纪人制度势在必行/崔纪夫//中国文化报 1998-05-20
◎演出业：如何更好地服务普通观众？/刘茜//中国文化报 1998-01-22
◎一样的剧目 一样的演出 不同的投入 不同的回报/徐立京 王厚林//经济日报 1998-10-16
◎伊弟利斯代表呼吁：新疆文物保护刻不容缓/丁炜 陈才来//经济日报 1998-03-19
◎以“文保”促进旅游，以旅游强化“文保”——泰山文物保护进入良性循环/张用衡 文梦//人民日报 1998-03-26
◎以花卉传世，开一代画风：吴昌硕的书画艺术及其市场行情/罗随祖//中国文化报 1998-02-04
◎艺术·友谊·和平——中国国际民间艺术节揽胜/赵国政//光明日报 1998-08-27
◎艺术表演团体初尝股份制/温沁园//中国文化报 1998-06-10
◎艺术表演团体剧目成本核算初探/潘维林//中国文化报 1998-12-31
◎艺术管理体制探微/周稽//中国文化报 1998-04-25
◎艺术经纪人谈市场/陆璐//中国文化报 1998-05-27
◎艺术经纪思考点滴/徐之森//中国文化报 1998-08-19
◎艺术面临数字化/张戈//人民日报 1998-11-20
◎艺术品拍卖缘何问题多？/木心//中国文化报 1998-04-02
◎艺术品市场新变化/吴力超//中国文化报 1998-02-18
◎意大利的历史文化遗产保护事业/邹肖力//中国文化报 1998-12-15
◎音乐人要关注著作权/孙海涛//人民日报 1998-04-26
◎音乐作品费用为何这样难收/刘一平//光明日报 1998-08-27
◎音乐作品著作权的法律保护亟待完善/白炜//中国文化报 1998-06-17
◎影响艺术品市场价格的十大因素/冯经湖//中国文化报 1998-01-21
◎鱼目岂能混珠——读专家论古玩赝品/马飞孝//人民日报 1998-07-02
◎娱乐也要把握住大众消费/叶雷//中国文化报 1998-03-25
◎娱乐业成为山西省文化市场主导产业/王玉花//中国文化报 1998-02-4
◎在平稳中寻觅胜机的文化娱乐业/喻乐之//中国文化报 1998-01-21
◎张大千绘画作品的艺术特色及收藏价值/叶子//中国文化报 1998-11-25
◎郑州工艺美术品交易中心开业/陆岭伍//经济日报 1998-09-15
◎中办、国办转发中宣部等六部委《关于加强革命文物工作的意见》的通知//经济日报 1998-02-20
◎中国海关严厉打击文物走私/孔良//经济日报 1998-06-24
◎中国画如何创新/邓福星//光明日报 1998-09-03
◎中国九九昆明世界园艺博览会北京宣传周活动丰富多彩/纪哲//经济日报 1998-10-25
◎中国民歌之路怎么走/李韵 张喻//光明日报 1998-11-19
◎中国体育用品博览会将在榕举办/兰燕//经济日报 1998-06-26
◎中国现代艺术展/周慧//经济日报 1998-12-04
◎中国艺术博览会本月在京揭幕/晓琼//经济日报 1998-08-14
◎中国音乐剧前景如何/刘玉//人民日报 1998-11-20
◎中国游乐业渐趋成熟/宫苏艺//光明日报 1998-05-28
◎中国杂技团全面走向市场/徐江善//光明日报 1998-02-26
◎中华五千年文明艺术展在纽约举办/张芝年//经济日报 1998-02-09
◎中外文化产业世纪之交的对话//中国文化报 1998-09-05
◎中演公司首次按国际惯例运作中国交响乐团赴欧洲巡演/单三娅//光明日报 1998-11-12
◎众人“捧场”身价高——京城商场油画销售扫描/曲彦萍//中国文化报 1998-01-22
◎周末看电影 月末赏晚会/刘金城 马增富//经济日报 1998-08-14
◎主题晚会如何走进大众——《抗洪精神颂》大型文艺晚会大家谈//光明日报 1998-11-12
◎尊严·较量·警醒——3000 余件走私文物重返家园纪实/危兆盖//光明日报 1998-08-10

1999 年

◎’99 北京国际设计博览会将办/李闻//经济日报 1999-07-27
◎’99 华夏行系列演出将办/立波//经济日报 1999-07-08
◎’99 上海国际文具博览会将办//经济日报 1999-06-11
◎’99 上海国际文具博览会招展//经济日报 1999-04-21
◎’99 数字图书馆话坛在京举行/王劲松//光明日报 1999-07-01
◎’99 艺术市场回眸/朱浩云//中国文化报 1999-12-27
◎“大众化娱乐场所”工程开创新思路/施畅//经济日报 1999-08-26
◎“古玩城杯”书画展举行//人民日报 1999-10-15
◎“国际演出经营管理专题讲座”在广州举行//中国文化报 1999-09-09
◎“梅开三度”的期盼——98 黄梅戏艺术年的启示/薛昌词//光明日报 1999-03-21
◎“网络京城”在科普画廊开展/苏蕾//经济日报 1999-10-15
◎“文化艺术座谈会”在京举行/艺文//经济日报 1999-01-15
◎“我们的成功在于一体化”——访索尼音乐加拿大公司/沈卫星//光明日报 1999-01-14
◎“西餐”改成“中国菜”，观众是否吃得惯？——迪斯尼音乐剧《美女与野兽》票房前瞻/徐晋//中国文化报 1999-10-11
◎“小剧场戏剧”面临的问题/周传家//光明日报 1999-02-25
◎“小石头”里有“大秘密”/叶雷//光明日报 1999-07-15
◎“赠票”的尴尬/刘峥//光明日报 1999-12-02
◎“庄户剧团”闹乡村/邱家兴 李永刚//中国文化报 1999-01-22
◎《中华情》书法绘画艺术展举行/栗山儿//经济日报 1999-12-02
◎21 世纪邮票拍卖/王建平//经济日报 1999-12-30
◎99 国际电脑音乐节现代舞专场大幕将启/王深//中国文化报 1999-10-20
◎WTO 为中国市场引来娱乐业“巨头”/华笙 欣平//中国文化报 1999-12-27
◎爱我祖国，爱我广州——第五届羊城艺术博览月拉开帷幕//中国文化报 1999-09-30
◎安仁县文化馆产业兴文成效显著/王诗语//中国文化报 1999-10-20
◎巴西投 2 亿美元保护历史文化遗产/郑大方//中国文化报 1999-

12-11
◎把艺术观赏性放在重要位置/孙燕//中国文化报 1999-01-09
◎把最美的艺术献给共和国//中国文化报 1999-08-11
◎白城市博物馆把资源优势转化为效益优势/聂景春//中国文化报 1999-05-01
◎百年构筑的文物史迹网——访中国文物协会副会长谢辰生、俞伟超/隗瑞艳//中国文化报 1999-06-11
◎百年中华英杰艺术大展开展/木易//经济日报 1999-12-30
◎半年邮市的回顾与展望/王国强//光明日报 1999-07-12
◎保利集团重金收回海外文物/李鹏//经济日报 1999-07-21
◎北京举行庆祝澳门回归大型音乐会《江山赋》/刘玉琴 曲志红 朱冬菊//经济日报 1999-12-22
◎北京举行中国专利技术博览会/柯纪//经济日报 1999-04-02
◎北京剧场“旧换新”/王蔚//光明日报 1999-01-06
◎北京曲剧团以京味闯市场/苏丽萍//光明日报 1999-07-08
◎北京市属艺术表演团体改革巡礼（上）//中国文化报 1999-09-23
◎北京市属艺术表演团体改革巡礼（下）//中国文化报 1999-09-25
◎北京特色剧场改建快马加鞭/吕亚欧//光明日报 1999-03-04
◎北京文艺演出伴您过年/张雷//经济日报 1999-02-12
◎北京演出市场今秋“虚火旺”/徐晋//中国文化报 1999-12-07
◎北京音乐厅的经营之路/徐涟//中国文化报 1999-04-01
◎北京音乐厅改革奏鸣曲/谌强//光明日报 1999-01-13
◎编剧担点收入风险好/杨传坤//光明日报 1999-06-17
◎标题新闻：李岚清出席第二届北京国际音乐节开幕式//经济日报 1999-10-19
◎表现的欲望：现代民间绘画的艺术风格和价值趋向/丁原禄//中国文化报 1999-12-04
◎别把电视综艺节目搞邪了/郑晋鸣//光明日报 1999-04-23
◎宾馆收藏书画怪现状/康伟//光明日报 1999-02-25
◎博物馆，建好还要用好——“文物保护世纪行”采访札记/卢新宁 李泓冰//人民日报 1999-11-05
◎藏戏源流及其艺术特色：《金色的黎明》/泽仁拉姆//中国文化报 1999-10-09//新中国文化 50 年/廖奔//中国文化报 1999-10-08
◎策划，服务，也是生产力——广州友谊剧院经营之道/蔡汉斌//中国文化报 1999 07 14
◎姹紫嫣红地方戏/廖奔//中国文化报 1999-09-24
◎产销对路 开发演出市场的关键/周有成 夏扬//经济日报 1999-05-21
◎产业之路是文化馆发展的根本出路/冯桂元//中国文化报 1999-06-03
◎成功的作品来自良好的创作状态——第二届中国京剧艺术节的启示/孙若风//中国文化报 1999-01-21
◎处理好学习中几个关系更好地发挥图书馆作用/马鉴伯//中国文化报 1999-04-03
◎传统娱乐节目“东芝动物乐园”最近全面改版/赵红亮//经济日报 1999-11-04
◎创新是晚会创作的关键/白志群//中国文化报 1999-07-29
◎从’99 上海艺博会看中国艺术市场新动向/周向阳//中国文化报 1999-12-06
◎从“一潭死水”到“波光潋滟”——访走出困境的中国杂技团/严长元//中国文化报 1999-09-25
◎从《千年传世珍宝鉴赏》看文物的开放/仲滔//光明日报 1999-06-10
◎从《千年传世珍宝鉴赏》看文物开放/江文//经济日报 1999-06-18
◎从产业角度看演出/杨越光//光明日报 1999-12-30
◎从小舞台走向大社会/徐涟//中国文化报 1999-09-23
◎从中国艺术大展看主题性绘画创作/夏硕琦//中国文化报 1999-12-23
◎促进艺术事业发展的积极探索——珠海市文化局用人育戏的调查/梁旭//中国文化报 1999-01-14
◎打黄梅戏品牌，实行市场化运作，安徽演出市场趋向繁荣/程晓晶//中国文化报 1999-08-16
◎大潮头上看飞虹：新中国 50 年舞蹈艺术掠影//中国文化报 1999-10-15
◎大众支持北京国际音乐节/陈颐//经济日报 1999-10-30
◎代理制走进京剧演出市场/李韵 张小乐//光明日报 1999-01-07
◎单田芳说：抢救评述艺术迫在眉睫/李春利//光明日报 1999-11-25
◎当今画坛六大误区/穆华//光明日报 1999-05-13
◎第 22 届大众电影百花奖揭晓/江继兰//中国文化报 1999-09-25
◎第二届北京国际音乐节：按国际惯例营造市场/温沁园//中国文化报 1999-11-01
◎第三届北京国际音乐节十月举办/徐涟//中国文化报 1999-09-09
◎第二届中国国际钢琴比赛圆满结束/文一//经济日报 1999-12-16
◎第二十六届哈尔滨冰灯艺术博览会开幕/李勇//经济日报 1999-12-26
◎第六届北京国际博览会将开幕/郝进//经济日报 1999-05-13
◎第七届北京国际艺术图书博览会将举行/纪哲//经济日报 1999-08-15
◎第七届电影表演艺术学会奖在济南颁奖/管斌//经济日报 1999-05-14
◎第七届中国吴桥国际杂技节成果空前/文一//经济日报 1999-11-25
◎第三届中国儿童音乐电视大赛揭晓/文一//经济日报 1999-05-28
◎电脑音乐人/张碧涌//光明日报 1999-01-01
◎定位准确的赚钱，盲目上马的亏损——浙江演歌厅现状一瞥/洪丽萍//中国文化报 1999-10-25
◎东海涛中听华章：首届中国上海国际艺术节回眸/徐涟//中国文化报 1999-12-04
◎二十年文物事业取得巨大成就/李建军 郝云泽 粟丹//中国文化报 1999-02-09
◎发挥文化馆自身优势坚持走产业兴文道理/刘宗海//中国文化报 1999-02-23
◎发扬传统，重振辉煌——连环画兴衰的反思/于瀛波//中国文化报 1999-08 03
◎繁花似锦，争奇斗艳——新中国成立五十周年全国优秀剧目献礼演出述评/郭建光//中国文化报 1999-08-19
◎繁荣艺术歌曲创作任重道远/徐晋//中国文化报 1999-07-21
◎反思娱乐文化/邓凯文//中国文化报 1999-01-04
◎非洲六国为中国木偶欢呼——成都市木偶皮影艺术剧院非洲六国巡回演出纪实/赵忱//中国文化报 1999-07-30
◎服饰的表演诱惑/程云瑞//中国文化报 1999-05-21
◎福建大力抢救闽剧传统艺术/阎平//中国文化报 1999-10-19
◎该把把演出成本关了/魏新德//光明日报 1999-06-10
◎改革为本，剧目为先/禹言//中国文化报 1999-06-21
◎改革艺术创作体制，力求继承创新，一批新人新剧走上舞台

——黄梅戏再展新姿/谢卫群//人民日报 1999-06-02
◎高科技手段尽现自然之美 中国科技馆开辟“分形艺术展”/柯谐//经济日报 1999-04-06
◎歌声舞影不夜天——玉林歌舞娱乐也大扫描/刘世臻 熊祖霞//中国文化报 1999-09-20
◎构筑我国文化艺术科学的大厦/本报评论员//中国文化报 1999-09-25 数字电视进入中国尚需十年//中国文化报 1999-09-24
◎古老艺术开新花：记杂技剧《木兰传奇》在巴黎迪斯尼园的成功演出/徐希忠//中国文化报 1999-11-02
◎古朴精致围棋桌 文物市场成新宠/云中君//经济日报 1999-05-21
◎古玩城：听人说古玩/周庆//人民日报 1999-10-10
◎关于繁荣艺术歌曲创作的思考/田玉斌//中国文化报 1999-08-28
◎关于现代艺术的对话（上）——熊秉明访谈录/陈瑞林//中国文化报 1999-06-22
◎关于现代艺术的对话（下）——熊秉明访谈录/陈瑞林//中国文化报 1999-06-30
◎关注现实突出地方特色——第六届山东文化艺术节综述/王昕 何立宁//中国文化报 1999-01-09
◎广东图书馆事业成绩斐然/涂文科//中国文化报 1999-12-30
◎广东文学院变养作家为养选题，专业作家终身制将被废除/隋闻远//光明日报 1999-04-29
◎广东艺术中心的“三大战役”/陆要武//中国文化报 1999-09-08
◎广州博览会开幕/邓海平//经济日报 1999-07-09
◎广州文化娱乐市场建设发展成果展漫步/崔成泉//中国文化报 1999-11-08
◎广州艺术品拍卖为生存而挣扎/周洪威//中国文化报 1999-06-28
◎国办艺术节不花国家钱——中国上海国际艺术节市场运作透视/徐晋//中国文化报 1999-10-18
◎国际商业演出（展览）经营管理高级研修班受关注/李韵//光明日报 1999-02-08
◎国际数字技术博览会举行/袁峰//经济日报 1999-08-02
◎国际艺术节票务销售新现象显示观众消费层次出现分化趋势/金涛//中国文化报 1999-11-11
◎国家图书馆揭牌仪式在京举行/新华社//中国文化报 1999-09-11
◎国家图书馆启动三项服务措施/粟丹//中国文化报 1999-09-01
◎国内首家国际摆件艺术城登场亮相/周易//中国文化报 1999-09-20
◎国内珠宝拍卖喜中有忧/万君//中国文化报 1999-02-24
◎国内最大的文化娱乐网站开通/杜雅微//经济日报 1999-11-16
◎国庆前夕，首都新馆掀盖头/伊志友//中国文化报 1999-09-03
◎哈尔滨冰灯艺术博览会//经济日报 1999-01-28
◎韩美林的艺术世界/斯兰//经济日报 1999-05-12
◎韩美林艺术展在京举办/日生//经济日报 1999-05-07
◎好花何以失颜色——看国内部分艺术团访美商演/赫景秀//中国文化报 1999-08-02
◎合理配置演出市场资源/梁强/中国文化报 1999-06-09
◎河北杂技马戏团在演出市场如鱼得水/黄平安//中国文化报 1999-06-16
◎荷兰艺术大师埃舍尔作品展将在京举办/韩文高//经济日报 1999-04-05
◎湖南省演出公司实施“绿色文艺工程”/韩棕树//中国文化报 1999-10-30
◎沪上新时尚 家庭租钢琴/杨建明//光明日报 1999-03-04
◎画廊给予热情关注，收藏家拭目以待/辛子//中国文化报 1999-09-06
◎话剧健步走市场/苏丽萍//光明日报 1999-03-25
◎还市场以法度——文化艺术品拍卖研讨会纪要/木心//中国文化报 1999-09-20
◎环保与艺术的完美结合/胡后法 黎越//经济日报 1999-03-30
◎黄梅戏：在探索中收获/苏丽萍//光明日报 1999-07-01
◎回溯百年中国美术是，中国嘉德举槌秋拍/陆璐//中国文化报 1999-10-25
◎活跃中有忧虑——话剧现状三人谈/徐涟 刘松媛 周向阳//中国文化报 1999-05-22
◎艰难跋涉的画廊业/木心//人民日报 1999-04-02
◎建设中国数字图书馆工程，开创中华文化光辉的未来/徐文伯//中国文化报 1999-06-03
◎建设中国数字图书馆工程/徐文伯//光明日报 1999-05-07
◎建筑艺术 拿什么奉献给 21 世纪/王秋和//经济日报 1999-05-07
◎交流·分享·展望——’99 杭州音像多媒体国际博览会侧记/亦南//人民日报 1999-11-26
◎近期诗坛不寂寞/韩小蕙//光明日报 1999-05-27
◎进一步深化艺术表演团体改革/徐尚文//中国文化报 1999-12-04
◎进一步深化艺术团体体制改革——第七届全国艺术管理学研讨会综述/柯媞珠//中国文化报 1999-08-21
◎晋江市民间剧团管理成章法/阆平//中国文化报 1999-10-18
◎京城古玩市场笔筒走俏/云中君//经济日报 1999-06-04
◎京城收藏热升温//光明日报 1999-03-25
◎京城戏楼，精心打造好前景/李凯//中国文化报 1999-09-27
◎京沪穗剧场剧团眼盯票房/吕天路//中国文化报 1999-09-13
◎京津沪渝演出市场一瞥//经济日报 1999-02-12
◎京剧：以新的风采迈向二十一世纪/易木//中国文化报 1999-01-07
◎京剧节能否为京剧市场加温/徐晋 黄小驹//中国文化报 1999-01-06
◎京剧距离年轻人有多远/欧阳立波//中国文化报 1999-08-04
◎京剧走向 21 世纪的思考/孙燕//中国文化报 1999-01-14
◎经纪人“串”起杂技演出市场的红线/黄小驹//中国文化报 1999-11-15
◎经久不衰的百老汇剧院生命力何在/柏玉华//中国文化报 1999-12-15
◎警惕文化娱乐场所起“赌”风/李人庆//经济日报 1999-02-24
◎九九文体市场回眸：收藏拍卖市场 热点不断 亮点频闪/许红洲//经济日报 1999-12-23
◎剧目产业化，红楼续新梦//中国文化报 1999-10-11
◎剧团股份改革路该怎样走？/吕天路//中国文化报 1999-08-02
◎开辟东西方艺术新航道的画家：“吴冠中的艺术：东西文化百年聚集国际研讨会” 综述/叶荷//中国文化报 1999-11-18
◎看京戏 到逸夫/高美芬//中国文化报 1999-05-05
◎跨世纪城市雕塑建设的思考/范晋阳//中国文化报 1999-01-30
◎昆明世纪博览会今日开幕/谭熙鹏//经济日报 1999-04-30
◎昆曲人才群落与吴门曲派/顾聆森//中国文化报 1999-05-21
◎李静毛体书法艺术展在京举行/王华//经济日报 1999-12-23
◎李乐见：高原的“音乐”/忽培元//中国文化报 1999-12-28
◎李瑞环出席纪念吴作人诞辰九十周年暨吴作人艺术大展开幕式//经济日报 1999-04-21
◎立足点：为老百姓演戏/周向阳//中国文化报 1999-09-23
◎两岸热心人冷静看民乐/孙晓萌//中国文化报 1999-05-05

◎流行乐坛需要喝彩与喝倒彩/杨乐//光明日报 1999-03-11
◎留住我们的艺术精神：郭庆祥和玥宝斋/小武//中国文化报 1999-12-14
◎六盘山下有一个书画之乡/庄电一//中国文化报 1999-09-22
◎马可波罗“发烧鸟”系列致力推广中国音乐/单三娅//光明日报 1999-05-27
◎漫画出品人制浮出水面/李秀芝//光明日报 1999-06-10
◎贸发局在京举办香港设计服务博览会//经济日报 1999-08-05
◎没有围墙的图书馆//中国文化报 1999-12-16
◎美国现代艺术展日前在京开幕/展一//经济日报 1999-12-23
◎美国现代艺术之一瞥/瑞廷//中国文化报 1999-12-29
◎觅京剧知音于市场/若峰//中国文化报 1999-01-06
◎面向 21 世纪的说唱艺术/荣天玙//中国文化报 1999-11-27
◎面向 21 世纪的中国文化艺术/杨胜生//中国文化报 1999-07-08
◎面向 21 世纪京剧发展的攻坚难题/汪人元//中国文化报 1999-01-09
◎面向市场求生存，深化改革抓质量：记“国家级重点专业学校”山东省潍坊艺术学校/王汝凯//中国文化报 1999-09-27
◎面向新世纪的现代图书馆//中国文化报 1999-12-16
◎瞄准 21 世纪的交流——第六届北京国际博览会侧记/邢慧娜//经济日报 1999-05-25
◎民间文化唤知音——“文物保护世纪行”采访札记/卢新宁 李泓冰//人民日报 1999-11-12
◎民营剧团，风景这边独好——浙江台州农村演出市场的调查/洪丽萍//中国文化报 1999-01-19
◎民族服装服饰博览会开幕/周骁骏徐立京//经济日报 1999-11-13
◎民族音乐只有升华才能走向世界/王笑然//中国文化报 1999-01-20
◎名导演成了“抢手货”/白丁//中国文化报 1999-09-13
◎明天的流行乐经典在哪里/马丁//中国文化报 1999-04-21
◎明天谁来修复文物？——我国文物修复人才面临断档/丹展//中国文化报 1999-05-03
◎明天艺术家会失去饭碗吗/江山//光明日报 1999-01-20
◎内蒙古艺术表演团体改革见实效/杜戈鹏//光明日报 1999-04-02
◎南京娱乐场所降低“门槛”/叶雷//光明日报 1999-06-17
◎南宁兴起陶艺热//光明日报 1999-07-01
◎宁波“小百花”文化名城的文化名牌：宁波小百花越剧团/吕天璐//中国文化报 1999-11-15
◎凝固的艺术和活跃的因素/姜波//经济日报 1999-12-29
◎农产品拍卖“拍”出了什么/宗海燕 邹大虎//经济日报 1999-05-19
◎农村演出市场亟待净化/胡生//人民日报 1999-01-15
◎努力开拓，再创图书馆事业新局面/林迪夫//中国文化报 1999-12-30
◎暖冬春声——小记“1999 年新音乐发表会”/韩新安//中国文化报 1999-01-01
◎傩词与明代傩戏演出礼资/刘辉//中国文化报 1999-12-30
◎拍卖交易上亿/铁铮//经济日报 1999-12-17
◎蓬勃发展的曲靖文化事业/何祥旺//中国文化报 1999-08-21
◎票友：京剧繁荣的推进者/张晓晨//光明日报 1999-05-06
◎品牌剧目赢双效——关于庆祝国庆 50 周年中直院团评比展演的市场观察/徐晋//中国文化报 1999-08-16
◎平度剧院“文企联姻”做演出/白世忠 王忠友//中国文化报 1999-09-06
◎普及与提高的契合点——中外艺术歌曲音乐会略议/卜大炜//光明日报 1999-04-29
◎奇花异卉摇钱树，青山绿水聚宝盆——文化产业视野中的昆明世博会/孙若风//中国文化报 1999-06-30
◎千年古乐重绽现代艺术之花/文一//经济日报 1999-04-02
◎切除演出市场的毒瘤——色情表演/李健//中国文化报 1999-05-26
◎青岛建起国内最大音乐广场/刘成//经济日报 1999-09-23
◎庆澳门回归中国艺术大展将举行/赵兹//经济日报 1999-08-12
◎曲艺：喜看新人辈出/朱光斗//人民日报 1999-10-29
◎去年国内艺术院团：演出产次增加，创收能力提高/李建军//中国文化报 1999-10-13
◎让京剧畅想校园——访中科院院士杨叔子、华中理工大学教授陶绪楠/周向阳//中国文化报 1999-01-05
◎让中国京剧全面走向世界/刘玉琴 蔡疑//光明日报 1999-04-08
◎热门“艺术大超市”/辰生//经济日报 1999-11-11
◎热市场的冷思考——从世界明星芭蕾舞团访华演出看芭蕾演出市场的培育/余枚//中国文化报 1999-08-18
◎人才资源开发是图书馆不断发展的基础和内在动力/颜良辉//中国文化报 1999-07-08
◎人与自然和谐共处的画卷——热烈祝贺昆明世博会隆重开幕/新华社//光明日报 1999-04-30
◎认清形势抓住机遇加强管理加快发展——全国文物局长会议召开/粟丹 孙若风//中国文化报 1999-02-11
◎戎生编钟等鉴定为文物珍品 保利集团斥资抢救先秦文物/危兆盖//光明日报 1999-07-19
◎如何投资艺术品/贾云涛//中国文化报 1999-01-06
◎三万件文物“再生”记/徐越 张翼//光明日报 1999-06-16
◎山东省演出市场逐渐升温/何立宁//中国文化报 1999-11-29
◎陕西省：文物怎样变成经济来源/刘晓辰 冯是虎//经济日报 1999-10-27
◎汕头举办纪念改革开放 20 周年艺术展/许自敬//光明日报 1999-01-03
◎上海儿童剧演出市场活跃/曹继军//光明日报 1999-05-27
◎上海戏剧：探索都市新时尚/苏丽萍//光明日报 1999-12-14
◎深度开发海南文化艺术资源的优秀之作/朱明国//中国文化报 1999-09-30
◎深圳龙城广场成为公众精神乐园/彭罡 邹大虎//经济日报 1999-01-20
◎十年树戏，百年树人/安葵//中国文化报 1999-05-22
◎石质文物在呻吟 抢救石质文物 急需治理大气/郭桂香//经济日报 1999-12-15
◎世博盛会更无前——’99 昆明世界园艺博览会回眸之一/张帆//人民日报 1999-11-18
◎可观的“世博效益”——’99 昆明世界园艺博览会回眸之二/孟扬//人民日报 1999-11-25
◎永久的世博园——’99 昆明世界园艺博览会回眸之三/周庆 汪波//人民日报 1999-11-26
◎世纪艺术大匠何海霞/周韶华//中国文化报 1999-11-06
◎世纪音乐感言——中西之交、世纪之变中的中国音乐/乔建中//中国文化报 1999-05-07
◎世界第一恐龙蛋化石群在呼救/陈军//光明日报 1999-01-12
◎世界遗产申报应统一管理加大力度/粟丹//中国文化报 1999-04-01
◎市场之门由此打开——记山东省杂技团/荀成富//中国文化报 1999-06-09

◎试谈文化馆产业化的分类管理/程笠公//中国文化报 1999-05-11
◎适应时代要求，推动剪纸发展——福建漳浦剪纸艺术节研讨会综述/关耳//中国文化报 1999-07-22
◎适者存变者兴——对文化馆工作从低谷走向兴盛的思考/陆琴 谢天德//中国文化报 1999-01-07
◎收藏市场呈现四大趋势/闻欣//光明日报 1999-10-28
◎首届上海国际艺术节，产业化运作见成效/曹凌燕//中国文化报 1999-12-08
◎首届上海国际艺术节隆重开幕/徐涟 周向阳//1999-11-03
◎首届网上中国名优食品博览会将办/李中华 徐艳英//经济日报 1999-07-16
◎首届中国上海国际艺术节节旗升起//中国文化报 1999-10-19
◎首届中国上海国际艺术节进入高潮/申艺//经济日报 1999-11-25
◎首届中国上海国际艺术节开通 40 个网络售票点/新华社//中国文化报 1999-09-01
◎首届中国上海国际艺术节市场化运作方式扫描/周向阳//中国文化报 1999-11-10
◎树立经营意识，启动城市戏曲市场/谭静波 刘景亮//中国文化报 1999-09-01
◎数码处理技术博览会将举行/梁图强//经济日报 1999-06-23
◎数字化的新纪元——从东京世界电脑博览会看信息产业发展//人民日报 1999-11-14
◎数字图书馆知识经济时代的必然趋势/易木//中国文化报 1999-02-27
◎四川将承办今年体育博览会/庄贝//经济日报 1999-06-25
◎探访北京演出市场/刘琼//人民日报 1999-07-02
◎探索文艺团体产业化之路——新昌沃州名珠艺术团办活了/叶辉//光明日报 1999-06-17
◎天津市首次举办文化消费博览会/张建新//中国文化报 1999-09-20
◎天津文艺演出市场挑戏曲民乐大梁/金红岳//中国文化报 1999-01-27
◎图片新闻：第二十六届哈尔滨冰灯艺术博览会开幕/李勇//经济日报 1999-12-26
◎图书馆的服务也是品牌/程亚男//中国文化报 1999-08-12
◎图书馆的现代化与服务意识/程亚男//中国文化报 1999-04-08
◎图书馆需要"淘井"与"拾柴"/李艾田//中国文化报 1999-07-27
◎图书馆要为技术创新服务/粟丹//中国文化报 1999-09-14
◎图书馆与文化产业/曹晓莉//中国文化报 1999-04-29
◎土与火的艺术——第二届唐山中国陶瓷博览会写真/杜少光 司兰玉 田威 葛昌秋 司兰星//经济日报 1999-10-31
◎网络，开辟音乐产业新天地/周树春//中国文化报 1999-09-27
◎网络拍卖新景观 网上报价 网下相识/王越 易安//经济日报 1999-12-28
◎网络时代的广西桂林图书馆/郭欣/覃振锋//中国文化报 1999-10-21
◎网络音乐潜力无穷/夏林//中国文化报 1999-07-07
◎网上拍卖成新宠/晓东//经济日报 1999-05-25
◎为大型文化活动确立新支点——中国上海国际艺术节市场化运作的启示/谌强//光明日报 1999-11-25
◎为了中国特色 世界一流——'99 昆明世界园艺博览会序曲/周巍 周斌 魏天顺//经济日报 1999-04-25
◎为五千年文明存照——记中国文物事业五十年特别展/卢新宁//人民日报 1999-09-03
◎为艺术精品配赠"身份证"/孙友//经济日报 1999-07-29
◎为引进海外艺术精品当好"红娘"——记上海市演出公司/胡盈//中国文化报 1999-07-07
◎违规操作：演出市场繁荣的"杀手"/李健//中国文化报 1999-05-19
◎未雨绸缪——小议艺术品市场的培育与发展/田涛//中国文化报 1999-01-20
◎文化部艺术司和中国音协召开研讨会，促进艺术歌曲创作繁荣和推广普及工作//中国文化报 1999-07-10
◎文化部召开美术发展战略研讨会/徐涟//中国文化报 1999-01-30
◎文化产业：文化馆发展的根本出路/冯桂元//中国文化报 1999-06-19
◎文化馆产业发展的几个环节/陈恒生//中国文化报 1999-05-27
◎文化馆的产业发展新思路——智力商品化/康云山//中国文化报 1999-02-06
◎文化馆的公益性质和产业化/班继胤//中国文化报 1999-06-24
◎文化馆发展产业要处理好"三个关系"/张为农//中国文化报 1999-03-02
◎文化馆发展产业应吸纳多种经济成分/肖正礼//中国文化报 1999-05-27
◎文化馆发展文化产业的几点思考/韩国栋//中国文化报 1999-03-06
◎文化馆如何发展文化产业/罗维加//中国文化报 1999-01-19
◎文化馆应建立适应市场经济的管理制度/任其泰//中国文化报 1999-01-02
◎文化馆应科学稳妥地发展文化产业/张小兰//中国文化报 1999-07-08
◎文化名城：艰难的固守——"文物保护世纪行"采访札记/卢新宁 李泓冰//人民日报 1999-11-18
◎文物工作："保护为主，抢救第一"/吴逢辰//中国文化报 1999-07-24
◎我国古旧书业亟待振兴/闻鉴//光明日报 1999-05-20
◎我国首家"世界遗产研究中心"在北大成立/李丹//光明日报 1999-01-01
◎我们投资娱乐业——四大城市四位经理谈经营/温沁园//中国文化报 1999-01-06
◎我投资因为我喜欢——个人投资博物馆俱乐部初露端倪/王洁明//中国文化报 1999-08-18
◎五大问题制约我国动画业发展/赵文江//光明日报 1999-04-08
◎舞蹈何时摆脱陪衬角色/刘爱芳//光明日报 1999-03-11
◎舞台艺术：请珍惜你的版权/徐涟//中国文化报 1999-11-13
◎舞台制作：能否从"分兵"走向"合成"？/周向阳//中国文化报 1999-08-09
◎西安将拍卖四城会冠名权/刘晓辰//经济日报 1999-06-25
◎戏剧的出路在哪里——江苏省第三届戏剧节的启示/郑晋鸣 金怡//光明日报 1999-07-12
◎戏剧小品因何受冷落/吕育忠//光明日报 1999-06-24
◎戏曲文物的历史研究价值/黄竹三//中国文化报 1999-10-27
◎夏季音乐节将在京举行/沈国麟//经济日报 1999-03-19
◎咸阳一汉墓发现珍贵文物 70 多件/刘晓辰//经济日报 1999-06-04
◎县级博物馆大有潜力可挖/孙广梅//光明日报 1999-03-18
◎县级艺术团体存在的问题和改革方向/叶梓禄//中国文化报 1999-06-24
◎现代娱乐产业运作——由米拉麦克斯崛起谈起/马丁//中国文

化报 1999-04-07
⊙相声之“病”如何根治/郑万里//光明日报 1999-01-07
⊙香港佳士得、苏富比秋拍创佳绩/周彧//中国文化报 1999-11-22
⊙向思想和艺术的深处开掘——第七届“五个一工程”戏剧入选作品述评/梁鸿鹰//光明日报 1999-09-23
⊙向文化站长进一言/刘殿生//中国文化报 1999-05-04
⊙小剧场戏剧的繁荣与误区/刘平//中国文化报 1999-07-22
⊙小剧场应该有个性和特色/严承章//中国文化报 1999-10-14
⊙小木偶闯出大市场——中国木偶剧团走上良性发展路/周向阳//中国文化报 1999-08-02
⊙小品艺术路正宽/李韵//光明日报 1999-04-29
⊙小人书津门重受宠/马平//光明日报 1999-04-08
⊙小瑞典做出大音乐/王深//中国文化报 1999-08-04
⊙新版《宝莲灯》欲照亮京剧舞台/温沁园//中国文化报 1999-09-13
⊙新时期“两馆一站”建设和发展的思考/曾伟//中国文化报 1999-09-09
⊙新中国话剧五十年：营建神圣的艺术官殿/高鉴//中国文化报 1999-09-09
⊙新中国美术 50 年/刘曦林//中国文化报 1999-09-15
⊙新中国戏曲音乐研究的成就/余从//中国文化报 1999-10-30
⊙薪火相传，振兴曲艺/段化//中国文化报 1999-09-25
⊙兴宁重视提高图书馆人员业务素质/刘乐群//中国文化报 1999-01-28
⊙绚丽多彩的新疆文化艺术//中国文化报 1999-09-30
⊙寻找生活和艺术的最佳结合点：第七届“五个一工程”戏剧入选作品选评/梁鸿鹰//中国文化报 1999-10-07
⊙亚洲最大的体育娱乐中心在京落成/李朝晖//经济日报 1999-10-14
⊙烟台美术博物馆自己垒山自己爬/徐良瑛//中国文化报 1999-10-19
⊙演出管理的国际营销/白曦//光明日报 1999-12-23
⊙演出交易会为演出商搭个大舞台/徐涟//1999-11-13
⊙演出经营需强化法律和风险意识/洗兵//中国文化报 1999-07-29
⊙演出市场的培育与产业化运作/林宏鸣//1999-11-03
⊙演出市场遏止色情表演的浊流/王向明 李荣生//经济日报 1999-08-12
⊙演出市场要建立统一营销机制/赵今珍//中国文化报 1999-10-11
⊙演出市场有多大/李刚//经济日报 1999-04-12
⊙演出资源亟待合理配置/梁刚 刘强//光明日报 1999-07-22
⊙羊城娱乐场所舞出新境界/崔成泉//中国文化报 1999-12-06
⊙杨先水墨艺术展在京举行/金易//经济日报 1999-05-21
⊙洋歌手纷纷到上海“淘金”/杨传坤//光明日报 1999-04-22
⊙要相信艺术市场和观众/叶雷//光明日报 1999-05-13
⊙一次跨世纪的音像盛会——写在’99 北京国际音像电子出版物博览会开幕之际/孙建华//经济日报 1999-08-26
⊙一道丰盛的“艺术大餐”——文化部部长孙家正就首届上海国际艺术节答记者问/刘玉琴 王黎//光明日报 1999-10-23
⊙一九九九年演出市场有哪些特点/王洪波//人民日报 1999-12-24
⊙一切为了突破——湖南省杂技团见闻/韩棕树//中国文化报 1999-01-19
⊙一盏灯下表古今——荆山民间皮影艺术/柳长武//中国文化报 1999-07-23
⊙一座流动的艺术博物馆——《传世画藏》/隗瑞艳//中国文化报 1999-07-23
⊙宜黄农民剧团走俏乡村/吴永来 张年生//中国文化报 1999-09-11
⊙以“两转变”“两优势”为基础实施文化馆产业发展“三步走”/郝树申//中国文化报 1999-06-01
⊙以《著作权法》为杠杆促进音乐创作繁荣/徐涟//中国文化报 1999-03-10
⊙以品牌走市场——广州交响乐团经营透析/李南//中国文化报 1999-11-22
⊙以艺术表演为中心推动产业发展/陕歌//中国文化报 1999-04-17
⊙艺术博览会应以学术求“升档”/甘学军//光明日报 1999-07-08
⊙艺术不仅仅为增值/朱国良//光明日报 1999-04-22
⊙艺术创作成果的集中展示：山西省庆祝新中国成立五十周年献礼展演综述/孙志勇//中国文化报 1999-12-11
⊙艺术公司操作文物大展利益何在——访北京华观艺术品有限公司总经理甘学军/陆璐//中国文化报 1999-05-26
⊙艺术仅有真实是不够的/李春利//光明日报 1999-06-17
⊙艺术精神永存：林风眠先生百年祭/肖峰//中国文化报 1999-11-23
⊙艺术品拍卖呈四大特点/文悦//光明日报 1999-04-22
⊙艺术品市场仍处于初级阶段/周向阳//中国文化报 1999-11-29
⊙艺术品限量复制商机无限，开发市场贵在培育/徐晋//中国文化报 1999-07-26
⊙艺术投资有何风险/李沙//中国文化报 1999-10-11
⊙艺术与市场并非冰炭不能同炉，负阴抱阳，冲气为和，艺术对市场所取的心灵姿态，并不应是抵触和较量，而是相生相长。请看——杂技悠然独步国际市场/周鸿雁 刘剑锋//人民日报 1999-03-12
⊙因地制宜发展馆办产业/王铭//中国文化报 1999-01-16
⊙音乐界专家纵论音乐界演出运作模式//中国文化报 1999-11-05
⊙音乐剧的时代/刘雪枫//中国文化报 1999-05-19
⊙音乐剧在北京/郭葳//中国文化报 1999-12-01
⊙音乐为英国带来甜头/王深//中国文化报 1999-08-18
⊙音乐制品可收藏/谭雪梅//经济日报 1999-08-12
⊙应建立“圆明园遗址博物苑”/仲滔//光明日报 1999-07-01
⊙迎接艺术设计的新纪元/徐良瑛//中国文化报 1999-09-14
⊙营业性演出正成为演出市场的主流/其慧//中国文化报 1999-09-13
⊙影视作家有了“艺术户籍”/丁白//中国文化报 1999-09-13
⊙邮坛新时尚：投资邮集/李征//中国文化报 1999-11-29
⊙游乐消费 寓教于乐/周熙檀//经济日报 1999-06-04
⊙有待培育的市场/曹丹//经济日报 1999-04-09
⊙娱乐场所管理条例/新华社//光明日报 1999-04-02
⊙娱乐节日勿失健康品格/王秋和//经济日报 1999-08-26
⊙娱乐新解/边哲//中国文化报 1999-11-17
⊙娱乐业：立规矩才能成方圆/温沁园//中国文化报 1999-03-03
⊙娱乐业正向理性回归——访中国社科院工业经济研究所投资与市场研究室主任张世贤/温沁园//中国文化报 1999-01-06
⊙源于民间的艺术之路：旅法画家王以时的选择/班巴诺//中国文化报 1999-09-01
⊙粤剧的发展出路，市场，精品，明星/卢盛霞//中国文化报 1999-07-29
⊙杂技：我们共同的语言：中国吴桥国际杂技艺术节简介/冀文//中国文化报 1999-10-21
⊙杂技如何唤起国内观众阔别已久的热情？/黄小驹//中国文化

报 1999-11-08
◎杂技应走出“高难度”误区/魏信德//光明日报 1999-05-20
◎在改革开放中大踏步前进——写在广东粤剧院成立 40 周年之际/袁润澄//中国文化报 1999-01-14
◎在生活中淘金：庆祝新中国成立五十周年话剧献礼演出观感/刘平//中国文化报 1999-11-11
◎在音乐中度一个闲适的假期/艾乐//经济日报 1999-02-12
◎增强文保意识，切实加强管理——揭阳市文物保护成绩显著/黄小章//中国文化报 1999-05-27
◎展出一片晴空来——广西首届民族文化艺术品博览会侧记/谢昕 盘文波//中国文化报 1999-12-16
◎珍惜国家历史，保护文化古迹——访瑞士普朗然国家博物馆/刘军//光明日报 1999-01-29
◎中国’99 届昆明世界园艺博览会正式开园//光明日报 1999-05-02
◎中国芭蕾，你往何处去？/余枚//中国文化报 1999-09-15
◎中国电影交响乐团将在北京为观众奉献两场音乐/安山//经济日报 1999-02-05
◎中国歌舞剧院尝试市场化运作/周颖//中国文化报 1999-01-02
◎中国京剧饮誉歌剧之乡/刘玉琴 蔡毅//光明日报 1999-04-01
◎中国九九昆明世界园艺博览会隆重开幕/周斌 魏天顺//经济日报 1999-05-01
◎中国昆明世界园艺博览会开幕式隆重举行/新华社//光明日报 1999-05-01
◎中国昆明世界园艺博览会正式开园/周斌 魏天顺//经济日报 1999-05-02
◎中国乐坛的“独行侠”：音乐大师朱践耳印象/白麟//中国文化报 1999-11-13
◎中国历史博物馆将展出 龙黔石书画并举办拍卖/王景山//经济日报 1999-12-30
◎中国民族服装服饰博览会将办/齐闻//经济日报 1999-06-24
◎中国模特业的挑战与机遇——模特与城市时尚构建研讨会纪要/小丁//中国文化报 1999-04-28
◎中国木偶艺术剧团：产业化运作结出硕果/严长元//中国文化报 1999-09-25
◎中国上海艺术博览会第三届规模扩大、集团作战/徐晋//中国文化报 1999-10-18
◎中国陶瓷艺术应上“台阶”/吴春燕//光明日报 1999-03-18
◎中国文化艺术展在韩国釜山举行/高浩荣//经济日报 1999-09-08
◎中国文物珍品将在英国展出/刘晓辰//经济日报 1999-10-21
◎中国艺术博览会掠影/喻非卿//中国文化报 1999-09-20
◎中国音乐大师有了自己的发烧音碟//光明日报 1999-04-22
◎中国音乐剧离百老汇还有多远/杨光//光明日报 1999-01-29
◎中国娱乐市场现状与问题① 这里不再是“大款”与“公款”的天下/施畅//经济日报 1999-06-04
◎中国娱乐市场现状与问题② 把握商机 领先时尚/施畅//经济日报 1999-06-11
◎中国娱乐市场现状与问题③ 如何看待娱乐市场滑坡/施畅//经济日报 1999-06-18
◎中国娱乐市场现状与问题④“三陪”到底陪的啥？/施畅//经济日报 1999-07-08
◎中国娱乐市场现状与问题⑤ 变“出身门槛”为“经济门槛”/施畅//经济日报 1999-07-15
◎中国娱乐市场现状与问题⑥ 起步就踏上了市场经济大道/施畅//经济日报 1999-07-22
◎中国杂技：墨西哥商演 12 载/熊长毅//中国文化报 1999-08-04
◎中国杂技该如何发展/王昕//中国文化报 1999-04-06
◎中国专利博览会将在国内外召开/许滔//经济日报 1999-02-22
◎中外剧节目报价怎么这样悬殊/周向阳//中国文化报 1999-11-29
◎中外演出经纪机构看好中国上海国际艺术节演出交易会/周向阳 徐涟//中国文化报 1999-11-06
◎中演公司首次代理杂技节目/单三娅//光明日报 1999-04-01
◎中央军委举行迎新春文艺演出 江泽民向全军老同志祝贺新春/王文杰 罗玉文//经济日报 1999-02-09
◎重视舞蹈发展中的文化生态保护/资华筠//中国文化报 1999-08-28
◎朱总理签发国务院令副题：《娱乐场所管理条例》7 月 1 日起施行/叶边//经济日报 1999-04-03
◎专家指出：演出票价应与大众收入形成合理比例//中国文化报 1999-11-19
◎走出认识误区，发展文化产业——对文化馆发展文化产业的思考/戴金刚//中国文化报 1999-03-04
◎走出误区把地方演出舞台搭结实——与温岭市文化局局长梁方秋一席谈/洪丽萍//中国文化报 1999-05-19
◎走活“以文补文”之路——禹州市钧窑址博物馆侧记/刘先琴//光明日报 1999-09-08
◎走近陆俊和他的根雕艺术/徐晋//中国文化报 1999-10-08
◎走进戏剧独立制作人和戏剧工作室/梁鸿鹰//光明日报 1999-05-27
◎走向市场的广西第五届剧展/华钢 彭梅玉//中国文化报 1999-10-21
◎尊重艺术，尊重市场/仇逸//中国文化报 1999-11-03
◎做音乐行业的好公民——美国索尼音乐娱乐公司纽约总部采访记/沈卫星//光明日报 1999-01-07

2000 年

◎保护利用好文物资源 积极参与西部大开发/兰瑞书//中国文化报 2000-10-19
◎北京琉璃厂将建成大型文化园区/宗焕平 孙晓胜//光明日报 2000-09-07
◎北京琉璃厂文化街将翻修改造/宗焕平 孙晓胜//人民日报 2000-09-04
◎博物馆百尺竿头待进一步/李韵//光明日报 2000-10-30
◎构筑古代书画文献的宝库/骆红 胡传海//人民日报 2000-09-06
◎河北重视文物及相关产业的开发/张文瑞//中国文化报 2000-11-22
◎横店影视城力拓文化产业路/何安丽//中国文化报 2000-07-26
◎加强娱乐场所管理/云文//中国文化报 2000-09-28
◎坚持先进文化前进方向 促进文化艺术繁荣发展/刘琼 刘玉琴//人民日报 2000-09-29
◎近五万家娱乐服务场所被取缔/王京//人民日报 2000-09-14
◎历史文化名城保护形势严峻/曲冠杰//光明日报 2000-07-17
◎入世对中国音乐产业的影响/王晖//中国文化报 2000-06-21
◎网络音乐前景诱人问题尖锐/未未//中国文化报 2000-12-04
◎文化生态与文学艺术//光明日报 2000-10-26
◎我国博物馆事业任重道远/杨雪梅//人民日报 2000-10-18
◎香港拟建新海滨娱乐区/陶世安//人民日报 2000-12-11
◎厦门爱乐乐团开拓改革新路/谌强//光明日报 2000-08-04
◎娱乐新闻别太“花”/廖仲毛//经济日报 2000-06-29

◎浙江整顿文化娱乐场所/方益波 余继军//人民日报 2000-09-12
◎中国音乐权益保护任重道远/单三娅//光明日报 2000-09-07
◎中国娱乐业如何往前走/奇慧 景新//经济日报 2000-07-06
◎中外音乐经纪人研讨技艺/北青//中国文化报 2000-11-09

2001 年

◎沧州杂技文化产业开发的思考与展望/董存峰 燕树义//中国文化报 2001-01-10
◎大厂评剧团文化产业的成功之路/杨恩华//中国文化报 2001-05-10
◎高仿文物值得收藏/陈良//经济日报 2001-12-19
◎关注音乐产业人才培养/严长元//中国文化报 2001-04-11
◎国际艺术的盛会//人民日报 2001-11-02
◎开发文物资源 要以保护为主/梁俭//中国文化报 2001-04-19
◎历史文化名城更需加强保护/叶荷//中国文化报 2001-08-06
◎让世博会“开花结果”/赵文斗//经济日报 2001-09-22
◎如何看待“《石渠宝笈》著录”/简庐//中国文化报 2001-08-13
◎深圳国际水墨画双年展的创新/徐良瑛//中国文化报 2001-12-29
◎体博会，应向“四化”靠拢/言午//人民日报 2001-07-13
◎透视 2000 年演出热点/徐晋//中国文化报 2001-01-08
◎文化不应放入博物馆/马小宁//人民日报 2001-01-20
◎文化遗产保护的忧思与建言/罗亚蒙//人民日报 2001-03-31
◎文物保存利用的新趋势/霍全利 李韵//光明日报 2001-07-04
◎文物所有权与经营权分离应当停止/徐嵩龄//光明日报 2001-04-18
◎香港佳士得 2001 年春拍刷新中国漆器拍卖世界纪录/周彧//中国文化报 2001-05-07
◎以“三个代表”为指导 繁荣少数民族文化艺术/李德洙//人民日报 2001-09-13
◎艺术产业在尴尬中如何突围/邢兆远//光明日报 2001-10-02
◎艺术品拍卖到底缺乏哪类人才/祝君波//中国文化报 2001-06-18
◎艺术期待“中国品牌”/徐涟//人民日报 2001-10-16
◎娱乐节目与游戏情感/雪凡//中国文化报 2001-03-05
◎知识娱乐可否双赢/张贺//人民日报 2001-11-20

中国文化产业年度研究资料索引

学术期刊、报纸论文资料索引

✲文化产业学理研究与理论综合研究论文资料索引

1979 年

◎忽视消费品生产不是马克思主义观点/林丕//经济研究 1979-06
◎论生产资料和消费资料的平衡/欧阳胜//经济研究 1979-06
◎商品经济的规律和计划//经济研究参考资料 1979-118
◎试论社会主义精神生产/孙长宁 沙吉才 曾五一//经济研究 1979-06
◎试论社会主义市场经济//经济研究参考资料 1979-50
◎我国经济管理体制的改革//经济研究参考资料 1979-84
◎现代化、市场经济及其他//经济研究参考资料 1979-74
◎研究和运用社会主义经济发展的客观规律/薛暮桥//经济研究 1979-06
◎资本主义国家"服务业"的范围//经济研究参考资料 1979-43

1980 年

◎对建立服务业经济学的初步意见/陶桓祥 金火//江汉论坛 1980-06
◎服务部门的独立化以及对再生产实现条件的修正/顾宝孚//经济科学 1980-06
◎改革经济结构 提高经济效果/张曙光//东岳论丛 1980-02
◎关于我国商业、服务业网点和人员发展中的问题探讨/曹厚昌//经济研究参考资 1980-38
◎关于消费经济学的几个理论问题/王美涵//经济研究 1980-03
◎关于研究社会主义经济基本结构和体制的几个问题/马家驹//东岳论丛 1980-02
◎教育实质上也是一种生产/孙凯飞//文汇报 1980-05-19
◎日本服务业的就业结构//经济研究参考资料 1980-10
◎日本经济中"第三次产业"的发展及其趋势/姜春明//世界经济 1980-09
◎社会主义制度下的生产劳动与非生产劳动/张寄涛 夏兴园//经济研究 1980-12

1981 年

◎百年来日本劳动力结构的变化与"第三产业"的发展/张开敏//上海师范大学学报（哲学社会科学版）1981-05
◎必须大力发展第三产业/王胜泉//经济与管理研究 1981-03
◎第三产业（服务行业）——从文化论的观点出发/（日）日下公人//经济研究参考资料 1981-140
◎第三产业刍议/张永福//兰州学刊 1981-03
◎第三产业的社会经济作用/沈越//世界经济导报 1981-04-13
◎第三产业的由来/朱杏清//世界经济导报 1981-06-08
◎第三产业——现代经济的必然趋势/宫策//瞭望 1981-04
◎第三次产业与第三产业/晓陆//金融研究 1981-05
◎调整产业结构 发展消费品生产/林新康//兰州学刊 1981-02
◎对建立服务业经济学的初步意见/陶桓祥 金火//江汉论坛 1981-04
◎发展服务业，是今后安排劳动就业的主要途径/武光汤//经济问题 1981-10
◎非生产劳动者日趋增多是社会寄生性的表现吗？/李江帆//哲学社会科学通讯 1981-02
◎服务消费品的使用价值/李江帆//经济研究参考资料 1981-133
◎关于第三产业/艳秋//世界经济导报 1981-10-12
◎关于教育经济学研究的几个问题/张文学//经济研究参考资料 1981-105
◎关于经济结构的概念和分类/张曙光//经济与管理研究 1981-02
◎关于三次产业和"配第——克拉克规律"简介/东生//经济问题 1981-08
◎关于生产劳动和非生产劳动 国民收入和国民生产总值的讨论——兼论第三次产业这个资产阶级经济学范畴以及社会经济统计学的性质问题/孙冶方//经济研究 1981-08
◎关于生产劳动和非生产劳动的划分问题/佟哲晖//财经问题研究 1981-01
◎国外有关"第三产业"的问题和情况简介/杨仲伟//经济研究参考资料 1981-140
◎还是不用"第三产业"的概念为好/袁恩桢//世界经济导报 1981-06-08
◎加强信息社会工程研究 发展我国第三产业/青禾//未来与发展 1981-03
◎略论服务消费品/李江帆//华南师范大学学报（社会科学版）1981-03
◎略论社会消费力/林丕//前线 1981-01
◎论社会主义的服务劳动/沙吉才 孙长宁//财贸经济 1981-03
◎论增加消费品生产与国民经济的调整和发展/杨启先 项镜泉 刘振廷//经济理论与经济管理 1981-10
◎马克思恩格斯关于精神生产论述的部分索引和语录/沙吉才 孙长宁//经济研究参考资料 1981-61
◎评现代资产阶级服务经济理论/傅殷才//世界经济 1981-12
◎浅议发展第三产业问题/侯效忠//经济问题 1981-08
◎三论社会主义制度下的生产劳动与非生产劳动/何炼成//学术研究 1981-02
◎商业、饮食业、服务业实行多种经济成分并存的客观经济依据/万典武//商业研究 1981-03
◎社会主义的生产目的与社会需要/葛光前//求索 1981-03
◎社会主义建设与生活方式、价值观和人的成长/于光远//中国社会科学 1981-04
◎社会主义生产劳动的概念不能随便扩大/洪远朋//复旦学报 1981-04
◎社会主义制度下的生产劳动与非生产劳动/于光远//中国经济问题 1981-01
◎什么叫第三产业/唐棣//世界知识 1981-12
◎谈谈"服务消费品"/李江帆//广州日报 1981-06-06
◎谈谈发展"第三产业"的问题——学习再生产理论的一点认识/林景梧//求实 1981-06
◎我国第三产业大有文章可做//世界经济导报 1981-05-25
◎西方的第三产业/孔凡静//宏观经济研究 1981-06-06
◎西方发达国家第三产业为什么能够迅速发展/世界经济导报资料室//世界经济导报 1981-05-25

1982 年

◎关于多种经济形式并存的几个理论问题/何建章//宏观经济研究 1982-34
◎关于生产劳动与非生产劳动问题的讨论/陆文//经济研究 1982-03
◎尽快建立服务经济学/陶桓祥//财贸经济 1982-04
◎略谈非物质生产劳动者日趋增多问题/李江帆//学术研究 1982-01
◎论战后日本第三次产业的发展对吸收过剩劳动力的作用/张景柏//人口学刊 1982-05
◎日本第三产业的发展给我们的启示/张新一//浙江学刊 1982-03
◎研究社会主义财富创造事业的学问——文化学/钱学森//中国社会科学 1982-06

1983 年

◎本世纪末我国服务业就业比重预测/李江帆//经济学周报 1983-07-11
◎国民经济的发展水平与服务业就业比重定量分析/李江帆//未来与发展 1983-02
◎论研究服务消费品的生产规律的实践意义/李江帆//哲学社会科学通讯 1983-04
◎美国第三产业的发展/崔维//世界经济 1983-07
◎文化领域经济学的现实问题/马廷 瓦尔特 李兆雄//国外社会科学文摘 1983-01
◎新兴服务行业的发展现状与前景/卢建 刘定刚//经济研究参考资料 1983-191
◎中心城市与服务产业/朱正颐//社会科学 1983-12

1984 年

◎本世纪末我国服务业就业比重预测/李江帆//经济学周报 1983-07-11
◎关于发展上海第三产业的几个问题/赵椿荣//财经研究 1984-06
◎关于社会主义精神产品的质量管理/汪建德//求索 1984-06
◎略论服务消费品的价值问题/李江帆//上海经济科学 1984-10
◎论服务消费（品）的相对价值量和价格/李江帆//价格理论与实践 1984-02
◎论服务消费品的使用价值与价值/李江帆//中国社会科学 1984-03
◎论精神生产是社会生产的一个有机组成部分/范贤超 国世平//求索 1984-06
◎论研究服务消费品的生产规律的实践意义/李江帆//经济与管理研究 1984-03
◎日本第三产业在战后的发展/祁忠武//吉林大学社会科学学报 1984-02
◎上海第三产业初析/孙恒志 葛伟民 谢依艺//社会科学 1984-10
◎什么是第三产业？//投资研究 1984-06
◎试论信息对社会经济发展的重要性/周起凤//管理现代化 1984-01
◎试谈我国计算机服务业的创建与发展/王仲臣//经济研究参考资料 1984-182
◎应当重视发展服务消费（品）的生产/李江帆//羊城晚报 1984-11-28

1985 年

◎北京市第三产业的现状及发展/唐若霓 程秀生//经济研究参考资料 1985-184
◎必须根本改变“谁办谁赔钱”的政策——浅议生活服务行业发展道路/刘元松//江苏商论 1985-06
◎不建立合理的劳务产品价格体系，发展第三产业只能是一句空话/李江帆//广州研究 1985-05
◎产业、第三产业和第三产业统计初议/董友松//统计与决策 1985-02
◎城市经济改革与发展第三产业/方秉铸//财贸经济 1985-11
◎城市居民现代生活方式与第三产业/易宏伟 刘仁清//长江论坛 1985-02
◎从商业发展看第三产业协调发展之必要/陈锡军//江苏商论 1985-04
◎当前的消费动态及发展趋势/顾纪瑞//消费经济 1985-01
◎第三产业的地位和作用/白仲尧//商业时代 1985-02
◎第三产业的发展特点和我们对它的看法/欧阳钧//人口学刊 1985-06
◎第三产业的划分及我国服务业发展方向/党诚恩//商业时代 1985-04
◎第三产业的开拓与统计/夏一成//思想战线 1985-05
◎第三产业的科学含义及其范围/松杉//求是学刊 1985-04
◎第三产业的理论和上海发展第三产业的实践/胡润松 刘百扬//社会科学 1985-03
◎第三产业的起飞有待政策理论导航/徐景安//瞭望 1985-06
◎第三产业的迅速发展和新技术革命是一个同步过程/石健//求索 1985-05
◎第三产业发展途径初探/孙宗福//商场现代化 1985-03
◎第三产业发展战略初探/李江帆//中青年经济论坛 1985-03
◎第三产业概念及应用探析/草禾//江西社会科学 1985-05
◎第三产业和电视经济报道/周济//新闻实践 1985-01
◎第三产业和社会经济发展/马凤森//求是学刊 1985-04
◎第三产业情况介绍/郭薇//华北金融 1985-07
◎第三产业是合作经济活动的大舞台/李恢 陈丽华 陈青湖//世界经济导报 1985-01-25
◎第三产业与经济发展的战略和策略/张艺//求是学刊 1985-04
◎第三产业在经济发展中的地位和作用/吴镝//商业研究 1985-12
◎对大力发展第三产业的几点认识/李连城//长白学刊 1985-06
◎对第三产业问题的不同观点/高建//学术论坛 1985-04
◎对建立第三产业统计指标体系的探讨/佟平//经济研究参考资料 1985-61
◎对建立劳务统计学若干问题的探讨/万寿桥//财贸研究 1985-08
◎对生产劳动和非生产劳动、国民经济部门分类之我见/罗国梁//财经研究 1985-01
◎对我国“七五”期间第三产业发展的几点看法/张凡 叶章和//财贸经济 1985-09
◎对我国发展第三产业的分析/周天豹//经济问题探索 1985-05
◎多功能中心城市应以第三产业为主导/王楚洪//财经科学 1985-06
◎发达国家的第三产业/陆亨俊//瞭望 1985-09
◎发挥城市多功能作用与发展第三产业/张军 李陵生//甘肃理论学刊 1985-05

◎发挥税收杠杆的调节作用促进第三产业发展/焦天立//经济研究参考资料 1985-61
◎发挥税收杠杆作用促进第三产业发展的建议/王金昌//财会月刊 1985-10
◎发展"第三产业",强化几个观念/赖武森//长江论坛 1985-04
◎发展第三产业 提高社会经济效益/韩杰//商业研究 1985-07
◎发展第三产业必须为社会经济服务/赵恺泰 蒋济中 施铭志//商业研究 1985-11
◎发展第三产业不宜否定物质生产两大部类的划分/余敏//经济问题探索 1985-06
◎发展第三产业是社会主义建设的客观要求/文暘//学术论坛 1985-04
◎发展第三产业是一项重要的战略任务/夏蔚莼//辽宁大学学报(哲学社会科学版) 1985-04
◎发展第三产业要坚持实事求是稳步前进的方针/孙剑锋//商业研究 1985-08
◎发展服务消费品生产,促进劳动力素质的提高/李江帆//人口研究 1985-03
◎发展我国第三产业必须解决的三个问题/李江帆//商讯商业经济文荟 1985-05
◎发展中心城市第三产业的宏观对策/罗叶祥//华中师范大学学报(人文社会科学版) 1985-05
◎服务经济化的分析/深谷庄一 陆时兴//国外社会科学文摘 1985-09
◎服务经济理论讨论会综述/白仲尧 白景明 苏广文//商业时代 1985-04
◎服务经济论的课题/饭盛信男 包承柯//国外社会科学文摘 1985-09
◎服务消费品的生产规模与发展趋势/李江帆//经济理论与经济管理 1985-02
◎关于第三产业/郁丽文//江苏商论 1985-03
◎关于第三产业的几个理论问题/郝国印//前线 1985-02
◎关于第三产业的几个问题/宋锦剑//当代经济科学 1985-02
◎关于第三产业的两个问题/丁淑贤//现代财经——天津财经学院学报 1985-04
◎关于第三产业的现状及其发展对策初探/赵承亮 张立波 王美玉//经济问题 1985-04
◎关于第三产业和有关这一范畴的理论问题/蒋学模//商业经济与管理 1985-06
◎关于第三产业价格改革/田军//经济研究参考资料 1985-61
◎关于发展北京市第三产业的问题/陈元//理论月刊 1985-10
◎关于发展第三产业的几个理论问题/蔡畅元//湘潭大学社会科学学报 1985-05
◎关于发展第三产业的路子问题/胡季 易之//财贸经济 1985-09
◎关于发展第三产业的探讨/汤标中//消费经济 1985-01
◎关于服务经济理论讨论会上提出的几个问题/高涤陈//商业时代 1985-04
◎关于加快发展第三产业的几点认识/钱兆坤//实事求是 1985-04
◎关于加快发展湖南第三产业的问题/梅兴保//经济研究参考资料 1985-114
◎关于建立中国社会主义服务经济学体系几个问题的探讨/李长洲 孙艾华//财贸研究 1985-08
◎关于精神产品的几个问题/李孺义//江汉论坛 1985-04
◎关于消费结构一些值得研究的问题/尹世杰//湘潭大学社会科学学报 1985-06
◎何建章谈关于第三产业的几个理论问题/邵旺//广东社会科学 1985-02
◎积极发展我国的第三产业/赵秀英//中央财经大学学报 1985-01
◎加快我国第三产业的发展/杜铁章 张凡//经济理论与经济管理 1985-04
◎加速发展第三产业/高成林 王丽莉//求实 1985-01
◎加速发展第三产业需要解决的几个理论和政策问题/郝国印//经济管理 1985-11
◎建立和发展消费经济学(代发刊词)/于光远//消费经济 1985-01
◎教育、文化、科研属第三产业//理论观察 1985-02
◎教育服务消费品生产问题的探讨/李江帆//华南师范大学学报 1985-04
◎解决第三产业与第一,第二产业比例失调是今后经济发展的战略任务——发展第三产业理论与实践探讨会纪要//经济研究参考资料 1985-61
◎开展"上海城市文化发展战略"研讨活动的动因/黄安国//社会 1985-06
◎开展第三产业经济理论问题的研究——在全国第三产业经济理论讨论会上的开幕词/张卓元//财贸经济 1985-11-27
◎开展服务经济研究 推动第三产业发展/高涤陈//商业经济与管理 1985-08
◎旅游城市经济体制改革/乔玉霞//经济研究参考资料 1985-102
◎略论"服务"的商品性与第三产业的发展/齐守印 杨南方 刘永瑞//河北学刊 1985-04
◎略论精神产品的商品性/李江帆//学术研究 1985-05
◎论第三产业的崛起/董小麟//中山大学学报(社会科学版) 1985-04
◎论第三产业的生产性/刘伟 何小锋//经济研究参考资料 1985-61
◎论发展具有中国特色的第三产业/易昌泰 陈强//经济与管理研究 1985-04
◎论劳务消费结构及发展第三产业/陈胜利//财贸经济 1985-09
◎论消费在社会再生产中的积极作用/尹世杰//河北学刊 1985-04
◎论中国式的社会主义消费模式/罗季荣//消费经济 1985-01
◎论资本主义国家第三产业服务劳动的生产性与非生产性的划分/吴忠群//经济科学 1985-01
◎马克思的服务理论和现实/何小锋//经济研究参考资料 1985-114
◎漫谈第三产业/钟铁华//经济管理 1985-05
◎浅谈第三产业/张燕//兰州学刊 1985-02
◎浅谈劳动力的流向规律及第三产业在我国就业战略中的地位/刘少波//人口学刊 1985-06
◎浅谈如何推动第三产业的发展/陈宗胜 吴晓云//福建论坛(社科教育版) 1985-09
◎浅谈我国发展第三产业的途径/孙宗福//北京工商大学学报(社会科学版) 1985-03
◎浅析发展第三产业的必要性/萧梁 成惠//上海经济研究 1985-02
◎浅议发展第三产业的战略问题/李宝卿 张建文//经济问题 1985-07
◎全国第三产业经济理论讨论会综述/邓凡//社会科学研究 1985-05
◎全国服务经济理论讨论会综述/徐七凌//江苏社会科学 1985-03
◎全国首次第三产业经济理论讨论会观点综述/陶永宽//社会科学 1985-11
◎三次产业理论与我国的实践/郭振英//天津社会科学 1985-04

- 上海第三产业发展战略的研究/《第三产业》课题组//上海社会科学 1985-03
- 社会产品的范围应该突破实物形态的界限/李江帆//理论与实践 1985-07
- 社会主义第三产业劳动性质初探/郭恒军//当代财经 1985-06
- 生活方式研究中的一些问题/郑必清//消费经济 1985-01
- 世界第三产业发展的一些情况//广西壮族自治区人民政府公报 1985-05
- 市场关系与消费者利益/周万钧//消费经济 1985-01
- 市场机制与第三产业/李贯岐//理论学刊 1985-03
- 试论服务产品的流通/白仲尧//商业时代 1985-04
- 试论科技产品商品化的基础/金建 唐豪//经济研究参考资料 1985-99
- 试论劳务现代化/王慎之//求是学刊 1985-03
- 试论文化专业户的成因及其发展趋向/朱建辉//企业经济 1985-11
- 适应经济改革需要 大力发展第三产业/李学智 张超 卢自民//当代经济科学 1985-01
- 树立新的观念 发展第三产业/王守川//学术交流 1985-04
- 谈发展我国第三产业的几个问题/南岭 信长星 熊战勋//华中师范大学学报（人文社会科学版）1985-01
- 谈商业与消费的关系/饶荣元//消费经济 1985-01
- 谈谈发展第三产业的设想/邓谦//商业研究 1985-11
- 谈谈发展第三产业的问题/张云永//商业研究 1985-06
- 提高消费水平与发展第三产业/李明义//商业时代 1985-02
- 文化管理学理论意义浅谈/商尔刚//文化管理 1985-01
- 文学与消费/吴亮//上海文学 1985-02
- 我国的消费管理/易然//消费经济 1985-01
- 我国第三产业的状况和问题/江帆//经济研究参考资料 1985-61
- 我国与国外第三产业的比较分析/刘湜贤//经济与管理研究 1985-03
- 消费经济学应该成为商业院校的必修课/夏建平//消费经济 1985-01
- 消费经济研究前瞻/尹世杰 李新家//消费经济 1985-01
- 消费经济与第三产业——兼述广州市商业发展的战略重点/何正//消费经济 1985-03
- 消费是社会主义经济增长的积极因素/杨镇安//消费经济 1985-01
- 消费资料的生产过程在消费领域里的继续/黄倚衡//消费经济 1985-01
- 要切实加快第三产业的发展/杜铁章 张凡//宏观经济管理 1985-12
- 应该开展对服务消费品的研究/李江帆//经济学周报 1985-01-28
- 有计划商品经济和服务业的发展/顾纪瑞 张君诚 徐七凌//商业时代 1985-03
- 运用税收杠杆为发展第三产业服务/苏忠遂//财会月刊 1985-08
- 战后西欧国家的第三产业/周建平//世界经济 1985-11
- 振兴第三产业 发挥城市的多种功能/田同生 张兵生//经济问题 1985-01
- 振兴上海第三产业，发挥中心城市功能/赵椿荣 王根贤 刘百杨//经济研究参考资料 1985-61
- 知识密集型产业的发展和对策初探/易培强 隆江//湖南师范大学社会科学学报 1985-04

1986 年

- 北京产业结构战略性调整初探/管益忻//北京社会科学 1986-01
- 从精神生产的重要性看知识分子在社会主义生产中的地位和作用/袁博文//科学社会主义 1986-05
- 第三产业价格总水平及其发展趋势/李江帆//财贸经济 1986-08
- 第三产业就业数量界限研究/李江帆//发展研究 1986-02
- 第三产业与两大部类的关系试析/李江帆//体制改革探索 1986-03
- 对精神产品商品化的认识/李江帆//广州研究 1986-08
- 发展社会主义商品经济与加强社会主义精神文明建设讨论综述/叶芝伟//社会科学研究 1986-03
- 高占祥谈中国文化发展战略问题/李光茹//中国记者 1986-09
- 关于广东文化发展战略研究的几点思考/黄浩//学术研究 1986-02
- 关于精神生产力和精神生产关系的思考/陈仲华//哲学动态 1986-03
- 关于社会主义商品生产与社会主义精神文明协调发展的几个认识问题/王继宣//青海社会科学 1986-06
- 关于制定"上海城市文化发展战略"的思考/吴云溥 黄安国 吴修艺 魏承思 朱红//社会科学 1986-05
- 广州应成为中国新文化的生长点/李江涛//开放时代 1986-08
- 建立文化统计指标体系的必要性和可能性——城市文化发展战略研究中的一个问题/刘豪兴//福建论坛（社科教育版）1986-04
- 近年国内对第三产业理论的讨论综述/李江帆//经济研究参考资料 1986-168
- 精神产品的内涵和外延/李江帆//消费经济研究资料 1986-04
- 精神产品的社会效益与经济效益/鲁家果//社会科学研究 1986-06
- 精神生产刍议/周积泉//探索与争鸣 1986-06
- 精神生产的特点及其与编辑工作的关系/王华良//编辑学刊 1986-02
- 精神生产及其产品价值/丁长青//学术研究 1986-01
- 精神生产力及其发展规律体系论要/李鸿烈//马克思主义研究 1986-04
- 精神生产与精神文明/安起民//教学与研究 1986-04
- 精神生活的方式和内容//思想政治工作研究 1986-05
- 精神性消费及其计量/云瑞群//财贸研究 1986-02
- 科学地评估广州文化发展的历史和现状——广州文化发展战略第一次研讨会综述/文彦子//开放时代 1986-05
- 略论城市群众文化发展的趋势和环境/张文范//兰州学刊 1986-05
- 略论精神生产力的性质和两种生产力的关系/周照梅//湖南师范大学教育科学学报 1986-S
- 论城市的精神生产及其与城市管理之关系/李敏//新视野 1986-01
- 论教育的生产性是财富之源（续）/牢里//教育与经济 1986-01
- 论精神产品的社会效益/晋兴湖//理论月刊 1986-11
- 论精神价值的生产/李连科//人文杂志 1986-03
- 论精神生产关系/李孺义//江汉论坛 1986-09
- 论精神生产力与历史唯物主义的"物"/李鸿烈//江汉论坛 1986-09
- 论精神生产与商品生产/王锐生//社会学研究 1986-02

- 论马克思精神生产理论的渊源及其形成过程/吴元庆 周世中//社会科学家 1986-01
- 论企业文化——兼谈传统文化的影响及管理的个性化/陈炳富 李非//经营与管理 1986-2
- 论社会主义精神产品的生产/范英//东岳论丛 1986-02
- 论社会主义精神产品的转让形式/范英//学习与探索 1986-05
- 论社会主义精神产品与物质产品的联系和区别/范英//云南社会科学 1986-01
- 论市场文化的管理/邓焕然/开放时代/1986-01
- 马克思主义的“精神生产”概念的含义/李文成//复旦学报(社会科学版) 1986-01
- 浅议广州都市文化的特色/周大鸣//开放时代 1986-09
- 全国第三产业经济理论讨论会观点综述/李江帆//学术情报与资料 1986-01
- 人类应当建立一门崭新的学科——精神经济学/李向民//南京艺术学院学报 1986-03
- 上海城市家庭文化消费现状及分析/陶冶 孙慧民 张西鸣 胡敏//社会 1985-06
- 上海城市文化发展战略研讨方法的启示/陶冶 魏承思//社会科学 1986-11
- 社会主义精神产品的价值分析/鲁家果//财经科学 1986-06
- 试论精神产品的消费/李孺义//学术月刊 1986-06
- 试论精神产品与精神文明建设的关系/丁一海//思想战线 1986-01
- 试论精神生产/安起民//甘肃社会科学 1986-01
- 苏刚等同志关于“精神生产科学”的研究/丕栋//科学技术与辩证法 1986-02
- 为什么社会主义的精神生产必须以社会效益为最高准则?/赵卫忠//党政论坛 1986-04
- 文化消费简论/任红葆//社会科学 1986-10
- 宣传工作要尊重精神生产的规律/贾春峰 郑仲兵 彭湘福//前线 1986-10
- 真理的发展与社会的精神生产/柯木火//暨南学报(哲学社会科学版) 1986-04
- 珠江三角洲文化新发展阶段和我们的选择/张锡洪//学术研究 1986-05

1987 年

- 城市文化消费趋向及其引导/赖志刚 易安泰//消费经济 1987-01
- 城市文化消费趋向及其引导/赖志刚//消费经济 1987-01
- 创建“文化经营管理学”的一些断想/施建伟//社会科学 1987-08
- 当前消费经济领域一些值得研究的问题//消费经济 1987-02
- 第三产业发展中的几个问题/许精德 高新华//陕西理工学院学报(社会科学版) 1987-03
- 第三产业和新技术革命/马凤森//求是学刊 1987-04
- 第三产业价格改革初探/薛彬海//经济纵横 1987-07
- 东欧四国文化政策片谈/邹民生 孙爱国//上海大学学报(社会科学版) 1987-03
- 发展我国信息服务业初探/王法锟//经济纵横 1987-09
- 关于第三产业的兴起与卫生服务业发展问题的设想/陈元伦//中国卫生事业管理 1987-02
- 关于精神生产的研究综述/陆云彬//江西社会科学 1987-05
- 关于审美活动的哲学思考/许明//福建论坛(人文社会科学版) 1987-03
- 广东文化发展的几个问题/伍任//广东社会科学 1987-04
- 广州文化市场日趋活跃/刘卓安//瞭望 1987-38
- 加强文化政策建设,推动文化事业发展/刘恩培//辽宁师范大学学报(社会科学版) 1987-03
- 简论社会精神生活/安起民//江汉论坛 1987-03
- 建立社会主义服务经济学的若干问题/陶永宽//上海社会科学院学术季刊 1987-03
- 精神产品存在的形式及其传播与消费/李文成//中州学刊 1987-04
- 精神产品研究概述/田薇//哲学动态 1987-04
- 精神交流的功能/张康侯//学术研究 1987-06
- 精神生产、精神生活与精神文明——建立精神文明统一体系的探讨/冯永宁//贵州社会科学 1987-2
- 精神生产的特点/李佐棠//教学与研究 1987-01
- 精神生产的特点及其规律/刘明如//甘肃理论学刊 1987-01
- 精神生产和精神消费之间平衡的特点/郑云正//中州学刊 1987-02
- 精神生产和日常意识生产/孙承叔 王东//江汉论坛 1987-03
- 精神生产近期研究概况//中共山西省委党校学报 1987-03
- 精神生产力和精神生产关系研究综述/陆云彬//探索与争鸣 1987-03
- 精神生产力探讨/林完红//贵州社会科学 1987-02
- 精神生产与社会主义精神文明建设/刘明如//内蒙古社会科学(汉文版) 1987-03
- 精神文化生活的特点与综合反映指标/曲卫彬//财经问题研究 1987-04
- 略论科学的精神本性/沈铭贤//社会科学 1987-03
- 论精神产品流通/李孺义//福建论坛(社科教育版) 1987-04
- 论精神生产的形成及发展规律性/张凤桐//社会科学战线 1987-02
- 论精神生产的性质/关键//教学与管理 1987-01
- 论精神生产同物质生产的关系/绍平//浙江师范大学学报(社会科学版) 1987-S
- 论精神需要/顾智明//学术研究 1987-05
- 论美学研究范围的自律与扩展/彭修良//学术研究 1987-04
- 论社会主义城市文化消费/林玳玳//消费经济 1987-04
- 论社会主义市场文化/周振华//社会科学研究 1987-04
- 论微观消费结构的层次性及其合理化引导/王时杰 程启智//消费经济 1987-05
- 论文化社会效益的实现途径/钟国兴//社会科学辑刊 1987-02
- 论引导消费/李明义//北京工商大学学报(社会科学版) 1987-01
- 马克思论精神劳动产品的商品化问题/骆耕漠//商业经济与管理 1987-01
- 宁夏第三产业发展探讨/存理//宁夏社会科学 1987-02
- 浅论精神产品的二重性/卢国良//长沙理工大学学报(社会科学版) 1987-03
- 浅谈文化环境对市场营销的影响/姚俊华//华东经济管理 1987-04
- 全国第三产业理论讨论会综述/陈学功 李崇坚//南方经济 1987-01
- 日本第三产业就业现状及发展前景/李玉新//国外社会科学 1987-2
- 上海文化发展战略研究/中共上海市委宣传部研究室主编//上

海人民出版社 1987-09

⊙社会主义精神生产的物质利益原则及道德标准/曾锡//求索 1987-01

⊙社会主义精神文明建设的辩证思考/张康侯//学术交流 1987-03

⊙试论当前农村群众不同的文化消费层次/蔡德东//消费经济 1987-04

⊙试论当前农村群众不同的文化消费层次/蔡德东//消费经济 1987-04

⊙试论第三产业的商品市场（上）/白仲尧//商讯商业经济文荟 1987-01

⊙试论第三产业的商品市场（下）/白仲尧//商讯商业经济文荟 1987-02

⊙试论精神产品的价值/李春秋//东岳论丛 1987-02

⊙试论精神生产的特点/仁智//湖南师范大学教育科学学报 1987-06

⊙试论精神生产的主体与客体/周积泉//广东社会科学 1987-01

⊙试论精神生产和物质生产的相互关系/汪国训//武汉大学学报（哲学社会科学版） 1987-06

⊙试论精神生产劳动的特性/李文成//郑州大学学报（哲学社会科学版） 1987-S

⊙试论精神文明建设的整体性/刘茂才//贵州社会科学 1987-04

⊙试论马克思关于精神生产的思想/郭福平//东北林业大学学报 1987-S5

⊙试论提高精神产品质量的必要性和必然性/刘四辈//中南财经政法大学学报 1987-02

⊙试论我国文化市场的特点/车国成//商业时代 1987-06

⊙试论我国信息产业的开发及其对策/金建//南方经济 1987-02

⊙试论中国第三产业发展面临的几个问题/刘晓峰//哈尔滨商业大学学报（自然科学版） 1987-09

⊙试析贵州省居民文化生活消费问题/刘渝棠 龚勇//消费经济 1987-03

⊙谈谈服务经济学的研究对象/白仲尧//财贸经济 1987-04

⊙文化——把握三个规律的联结/康式昭//北京社会科学 1987-02

⊙文化管理和社会主义文艺的繁荣发展/徐鸿喜//上海大学学报（社会科学版） 1987-03

⊙文化管理学研究中的文化视角/金冠军 甄平//上海大学学报（社会科学版） 1987-03

⊙文化素质影响人们的消费观/张烈军//商业研究/1987-01

⊙我国第三产业的发展状况及理论思考/侯忠云//江淮论坛 1987-04

⊙我国第三产业发展战略研讨综述/马珑珑//经济纵横 1987-03

⊙我国第三产业发展之我见/欧阳晓慧//衡阳师范学院学报 1987-04

⊙我国第三产业结构探讨/涂萍//经济科学 1987-05

⊙我国第三产业运行机制的转换问题/马建堂 王育琨//经济问题 1987-04

⊙我国社会主义文化市场初探/车国成//贸易经济 1987-07

⊙西方早期文化管理的社会化/王晓华//上海大学学报（社会科学版） 1987-03

⊙消费功能论纲/冯天才//消费经济 1987-05

⊙消费品生产与家庭消费方式的变革/张继明//经营与管理 1987-02

⊙新技术革命与发展第三产业/唐新民//商业研究 1987-04

⊙新技术革命与精神生产/周世中//广西师范学院学报（哲学社会科学版） 1987-02

1988 年

⊙1988 年文化用品市场预测/王国俊/商场现代化 1988-01

⊙城市文化的十二个新观念/李庆//城市问题 1988-06

⊙大众文化：当代文化的主角/高冠钢//复旦学报（社会科学版） 1988-03

⊙大众文化刍议——兼论广州的大众文化/吴海//开放时代 1988-05

⊙当前发展第三产业需要解决的几个问题/李明生//消费经济 1988-04

⊙第三产业的计划与市场/华光彦//求是学刊 1988-02

⊙对近年来我国信息经济理论研究的学术观点综述/金建//东疆学刊 1988-04

⊙对闲暇消费统计的初探/万寿桥//财贸研究 1988-01

⊙关于文化管理学科建设之管见/龚心瀚//上海大学学报（社会科学版） 1988-01

⊙关于中国城市化政策之我见/张志鸿//人口与经济 1988-05

⊙管理文化与文化市场管理/文芳九//瞭望 1988-38

⊙亟待加强文化立法工作/雷喜宁//瞭望 1988-05

⊙价值和魅力的深刻源泉——试论精神生产的独创性/王东 孙承叔//教学与研究 1988-01

⊙教育产业化 产业教育化——试论社会主义商品经济下的教育趋向/韩宗礼//教育与经济 1989-01

⊙精神产品的含义和特点/阎文学 母青松//学术研究 1988-02

⊙精神生产的创造性与精神生产者的个性特征/罗盛希//理论探讨 1988-03

⊙精神生产的结构、规律及其评价标准/李发美//求索 1988-05

⊙精神生产劳动的特征——兼论知识分子政策的客观依据/黄韬 袁丁//财经理论与实践 1988-05

⊙精神生产力超前发展是发展经济的一条重要规律/于朋 辛玉//财经理论与实践 1988-05

⊙精神生产力与科学方法论/文辉璧 肖立见//求索 1988-02

⊙精神生产三题/王荫庭//马克思主义研究 1988-04

⊙居民的消费选择与国民经济成长/中国社会科学院经济研究所居民行为课题组//经济研究 1988-01

⊙劳务消费的发展趋势/蔡畅元//财经科学 1988-01

⊙理论研究的哲学化和科学化/尹鸿//当代电影 1988-02

⊙略论社会主义初级阶段文化工作的标的/卢鸣//理论探讨 1988-06

⊙略论团办经营性文化实体/陈石//中国青年政治学院学报 1988-05

⊙略谈文化市场的立法原则/余耕水//瞭望 1988-38

⊙论城市文化建设/刘荣惠//河北学刊 1988-01

⊙论当前我国城乡居民文化消费的特征/张克昕//北京工商大学学报（社会科学版） 1988-03

⊙论第三产业的特征、功能和发展规律/吴春波//中国人民大学学报 1988-02

⊙论建立消费风俗学的客观必然性/国世平 袁铁坚 杜平//湘潭大学学报（哲学社会科学版） 1988-01

⊙论精神产品的价值/罗盛希//学习与探索 1988-04

⊙论马克思精神生产力概念的提出及其基本思想/彭恒军//山东师范大学学报（人文社会科学版） 1988-04

⊙论社会主义的精神生产/吴江//现代哲学 1988-01

⊙论社会主义的文化产业/李建中//人文杂志 1988-03

◎论适度消费/蒋桂珍//财经问题研究 1988-03
◎论文化创造的优化环境——文化体制改革的目标/贺乐民//理论导刊 1988-09
◎论文化管理体制改革/刘玉珠//管理世界 1988-05
◎论咨询服务业的劳动特点/金建//科技管理研究 1988-01
◎民族地区应大力发展第三产业/曹国成//贵州民族研究 1988-04
◎评关于精神生产涵义的几种观点/陈仲华//北京师范大学学报（社会科学版）1988-04
◎浅谈日本消费市场的发展趋势/麦丽臣//日本研究 1988-02
◎日本的第三产业（二）/黄景旭//前线 1988-11
◎日本的教育服务业兴盛/赵秀琴//外国教育研究 1988-04
◎社会生产力是物质生产力、精神生产力和人类自身生产力的有机统一体/潘春葆//马克思主义研究 1988-03
◎社会主义消费类型分析——兼与厉以宁教授商榷/程恩富 沈建新 陈荣耀//世界经济文汇 1988-04
◎市场文化的兴起及其特征/冼光位//南方文坛 1988-06
◎试论精神产品的特性及其功能/山曰比//出版发行研究 1988-01
◎试论精神生产的一般特点/曲家齐//北京师范大学学报（社会科学版）1988-04
◎试论外来文化对开放地区的影响及对策/王瑞生//东南学术 1988-03
◎试论我国第三产业的健康发展/黄美莺//厦门大学学报（哲学社会科学版）1988-02
◎试论现代咨询服务业的劳动性质、特点及其价值实现/金建//上海大学学报（社会科学版）1988-05
◎试论消费经济学的对象、性质及消费经济学科群/冯天才//天府新论 1988-02
◎王亚南的经济文化观述评/甘民重//厦门大学学报（哲学社会科学版）1988-03
◎文化管理学科的建设与发展述评/紫雪//上海大学学报（社会科学版）1988-06
◎文化市场的兴起和表演艺术的发展/钱祖惠//瞭望 1988-38
◎文化市场理论研讨综述/文理平//瞭望 1988-38
◎我们能走出“文化低谷”吗？/周彦//读书 1988-12
◎现阶段意识形态管理体制运行状况概览/冯仑//社会主义研究 1988-03
◎消费模式面临的矛盾与转换/龚一萍 谢翔 肖四如 陈漓高//消费经济 1988-04
◎新时期群众文化生活的新趋向/陈金发//社会 1988-10
◎新信息产业——发展信息化的基础产业，当代社会的战略产业/陶佩琮//科学学与科学技术管理 1988-11
◎意识形态的工作体制与改革开放的冲突//社会 1988-09
◎用法律调控文化市场/刘真//党政论坛 1988-07
◎增强商品意识 促进文化健康发展/冼光位//广西社会科学 1988-05
◎政治文化与大众文化/三水//南风窗 1988-09

1989 年

◎铲除毒草 培育香花——全国整顿清理文化市场会议侧记/殷金娣//瞭望 1989-37
◎创立精神生产力经济学势在必行/文壁辉 邓宇鹏 王涛生//生产力研究 1989-02
◎从纳西文化看消费经济/冯魄//云南民族大学学报（哲学社会科学版）1989-03
◎大众文化与精神文明建设/蔡茂生 林海华/华南师范大学学报（社会科学版）1989-04
◎第五次文代会代表部分意见综述/石城子//文艺理论与批评 1989-02
◎对“大力发展第三产业”的反思/陈进//江苏大学学报（高教研究版）1989-03
◎对本市文化市场管理问题的几点意见和建议//上海市人民代表大会常务委员会公报 1989-05
◎对发展第三产业问题的再探讨——兼与彭罗生同志商榷/余云州//财经理论与实践 1989-05
◎对文化市场的褒贬/任宜//北京支部生活 1989-04
◎对制定我国文化经济政策的探讨/许钢//管理世界 1989-05
◎服务商品使用价值初探/孙福利 白仲尧//财贸经济 1989-2
◎高等教育的产业性质及其产业化的意义/邵森万//高等教育研究 1989-03
◎关于上海文化市场整顿、管理工作的汇报/刘振元//上海市人民代表大会常务委员会公报 1989-05
◎关于文化体制改革的思考/李树民//社会科学家 1989-01
◎广东若干地区文化市场综览/孙心华//上海大学学报（社会科学版）1989-03
◎广东文化发展前瞻/田丰//广东社会科学 1989-02
◎广州都市文化辐射问题略论/周大鸣//东南文化 1989-Z1
◎广州酝酿文化新突破/杨钦泉//南风窗 1989-Z1
◎国外文化管理体制与经营方式初探/金冠军 尚月//上海大学学报（社会科学版）1989-03
◎精神产品初析/张劲帆//湖北社会科学 1989-08
◎开拓文化市场 改善投资环境——在沪外国人文化生活及其需求调查/周凯军//上海大学学报（社会科学版）1989-03
◎论社会主义初级阶段的文化市场/董逊//成都大学学报（社会科学版）1989-03
◎论文化产业管理中的政府行为/黄辛猗//社会科学 1989-05
◎论我国文化市场的积极作用与正常发育/车国成//经济体制改革 1989-06
◎论我国现阶段精神生产的商品化/曲家齐//学术论坛 1989-01
◎茫然于武汉“文化市场”/荒煤//瞭望 1989-11
◎浅谈精神产品的社会效益和经济效益/缪典民//东岳论丛 1989-01
◎浅析人的心理需要层次对文化市场繁荣的影响/龚山峰//广西社会科学 1989-04
◎全国清理整顿文化市场工作会议在北京召开/程京生//东南文化 1989-Z1
◎日趋活跃的广东社会文化市场/吴义宏//瞭望 1989-02
◎上海文化发展的若干问题散论/樊人龙//上海大学学报（社会科学版）1989-03
◎上海文化系统“多业补文”情况和政策研究/孙慧民//社会科学 1989-04
◎试论精神产品的经济学意义与个人所得税/何玉先//哈尔滨商业大学学报（社会科学版）1989-01
◎试论消费文化建设的内涵/蔡华兴//工业技术经济 1989-Z1
◎台湾的信息服务业/朱世南//科技导报 1989-02
◎谈谈消费市场管理法/国世平//经济科学 1989-05
◎文化人？文化商？——谈广州、深圳群众文化经营/郭常明//上海大学学报（社会科学版）1989-03
◎文化危机与民族振兴——中国文化现状与中国新文化建设任务/孟宪忠//文艺争鸣 1989-03

◎消费文化和文化消费/李新家//消费经济 1989-02
◎一手抓整顿 一手抓繁荣/闻萍//瞭望 1989-38
◎政治体制改革中的文化障碍及克服途径/胡象明//社会主义研究 1989-03
◎浊流、误导与对策——文化市场的调查与分析/陕西省委宣传部文化市场调查组//人文杂志 1989-04

1990 年

◎“高等教育产业化”评析/方耀林//高等教育研究 1990-04
◎第三产业发展战略/王慎之//学术论坛 1990-05
◎第四产业源流/易原绥//当代财经 1990-01
◎发展商业服务业 满足多层次的消费需求/金其永//前线 1990-02
◎服务产品是服务经济学的主体范畴/白仲尧//商业时代 1990-04
◎服务业：90 年代全面发展行业/林森//国际展望 1990-05
◎安莉同志在吉林省首届社会文化市场理论研讨会闭幕式上的讲话/安莉//群众文化研究 1990-06
◎对贵阳市文化市场的调查与反思/姜中毅//贵州文史丛刊 1990-01
◎对文化市场管理的思考/刘彦生//瞭望 1990-25
◎广州文化改革目标新议/李小鲁//开放时代 1990-02
◎国内外第三产业的发展比较//宏观经济管理 1990-2
◎海南文化资源的开发与民族的发展/关键//民族研究 1990-03
◎经营者·市场·社会组织·文化——日本经济社会的新视角/杨咏中//天津社会科学 1990-01
◎精神生产的特殊规律（论纲）/王东 孙承叔//内蒙古社会科学（汉文版）1990-03
◎精神生产的主体/福米乔夫 文新//国外社会科学文摘 1990-09
◎精神生产研究概况/姚休//理论前沿 1990-01
◎精神生产研究新进展/姚休//哲学动态 1990-02
◎精神消费与精神文明建设/舒扬//学术论坛 1990-05
◎略论第三产业内部结构的调整与优化/叶树生//经济纵横 1990-06
◎略论精神生产和消费中的道德问题/荣新海//道德与文明 1990-03
◎论第三产业内部结构的调整与优化/叶树生//当代财经 1990-02
◎论精神产品的价值评价/马润青//学术界 1990-04
◎论精神生产的特征和导向/赵子忱//南京社会科学 1990-04
◎论精神需要/张洪武//大庆社会科学 1990-04
◎论社会的精神生产/张德荣//盐城师范学院学报（人文社会科学版）1990-03
◎社会闲暇时间的历史文化分析/崔文华//电影艺术 1990-06
◎市场营销与社区公众文化/郭芳芳/外国经济与管理 1990-02
◎试论精神消费范畴/李明生//经济科学 1990-05
◎文化：产业结构演进的深层因素——兼谈我国产业结构演进的文化障碍与对策/叶树生//中国经济问题 1990-01
◎文化生活消费与经济发展/江道源//大庆社会科学 1990-03
◎文化市场的结构功能及其发展中的对策研究/赵子祥//社会科学辑刊 1990-04
◎文化市场控制主体素质谈/龚山峰//广西社会科学 1990-Z1
◎我国居民文化消费的发展趋势及其对策/周方平//消费经济 1990-05
◎西部文化特征与科技队伍建设/马天彩//中国科技产业 1990-03
◎珠江三角洲的大众传播与大众文化/周大鸣//社会学研究 1990-05
◎总结经验 迎接高潮——对改革时期群众文化建设的思考/仇学英//贵州社会科学 1990-02

1991 年

◎产业文化与技术开发的新形式//国外社会科学快报 1991-09
◎创造富有地方特色的广州新文化 ——近期广州文化发展概览/王冬云//开放时代 1991-03
◎促进我国信息服务业发展的对策探讨/陈昭楠//情报科学 1991-06
◎当前农村青年精神文化消费情况的调查/段连友//消费经济 1991-01
◎第三产业行业发展的现状和问题（一）/梁真 高云虎 陈亚军//宏观经济研究 1991-S1
◎第三产业行业发展的现状和问题（二）/梁真 高云虎 陈亚军//宏观经济研究 1991-S1
◎第三产业行业发展的现状和问题（三）/梁真 高云虎 陈亚军//宏观经济研究 1991-S1
◎高技术对文化结构的影响/徐祥运//新技术革命及高技术产业 1991-03
◎关于社会主义制度下精神产品属性问题的思考/全惠玲//西安航空技术高等专科学校学报 1991-02
◎关于实施广州市社会文化市场稽查制度的通知//广州政报 1991-12
◎关于文化消费的两个理论问题/周方平//求索 1991-03
◎国际市场——布满文化禁忌的“雷区”/迈克·童生罗//世界博览 1991-02
◎教育产业探讨/潘振勇//科学学研究 1991-02
◎精神生产：一个相对独立的生产领域/刘月梅//河南师范大学学报（哲学社会科学版）1991-04
◎精神生产不参与价值创造吗？/鲁家果//财经科学 1991-02
◎精神生产与认识活动/刘继岳//社会科学辑刊 1991-01
◎精神生活需要与精神生产/傅建世//长白学刊 1991-01
◎略论精神客体及其表述/严辰松//解放军外国语学院学报 1991-03
◎略论我国文化市场的结构优化/江学恭//理论与创作 1991-02
◎论产品观念的两次扩展及社会文明的对垒/张佩德//东岳论丛 1991-04
◎论精神劳动的性质及其补偿/苏树厚 杨思基//山东医科大学学报（社会科学版）1991-04
◎论精神生产力的含义/彭恒军 赵健杰//江西师范大学学报（哲学社会科学版）1991-02
◎论精神生产问题研究的必要性/孙云//求是学刊 1991-01
◎论精神生产在国民经济中的地位和作用/刘平斋 鲁家果//社会科学研究 1991-06
◎论精神生产者/杨松//暨南学报（人文科学与社会科学版）1991-02
◎论社会主义社会人民群众的精神文化需要（博）/张民耕//中共中央党校 1991-07-01
◎论文化市场/石宝//社会科学战线 1991-04
◎论文化市场的本质及其表现/陈德述//探索 1991-03
◎论壮族的传统文化对广西旅游经济的作用/闭应尚//广西民族研究 1991-03
◎疲软·繁荣·竞争——文化市场现状漫论/丁尔纲//内蒙古民族大学学报（社会科学版）1991-02

⊙浅论精神生产的特点及其作用/沈路//丽水师范专科学校学报 1991-04
⊙浅析上海城市文化市场的特点/周家友//上海大学学报（社会科学版）1991-04
⊙浅析文化消费结构失衡的原因/米克荣//消费经济 1991-03
⊙浅议市场群众文化的管理/孙玉生//柴达木开发研究 1991-05
⊙日本新兴的文化型第三产业/新华//创业者 1991-06
⊙社会主义初级阶段的文化市场刍议/许鲁州//红河学院学报 1991-04
⊙社会主义精神生产基本特征初探/姚休//浙江学刊 1991-02
⊙试论我国文化运行机制的改革/李军//管理世界 1991-03
⊙试论中国商业文化的塑造与培育/李庆润//商场现代化 1991-10
⊙试论资金短缺条件下的文化市场开拓/王正沛//上海大学学报（社会科学版）1991-04
⊙提高精神产品质量/古希之//群言 1991-07
⊙我国第三产业的现状与问题/梁真 马焕召 高云虎//宏观经济研究 1991-S
⊙我国居民文化消费结构的问题与对策/黄泰岩 刘燕秀//消费经济 1991-02
⊙我省文化市场管理情况调查/马鸿瑞//群众文化研究 1991-04
⊙现代主义的广播文化理论再探/云桂宾//现代传播 1991-02
⊙现阶段我国社会主义精神生产发展中存在的问题和对策/姚休//浙江社会科学 1991-01
⊙要加强对文化市场的管理和引导/刘冰//瞭望 1991-16
⊙中国传统商品文化简论/蒲心文 孙在国 曾庆钧//社会科学家 1991-04

1992 年

⊙“文化产业”冲破壁垒/林青华//南风窗 1992-04
⊙“文化消费水平”的建立与文化生活状况的测定/汪书忠//统计与决策 1992-05
⊙城市文化市场的管理透视/井传玉//群众文化研究 1992-01
⊙对加快发展我国第三产业的思考/倪小庭//管理世界 1992-03
⊙对南京市传统文化消费的观察与思考/王国钧//南京社会科学 1992-02
⊙对信息服务业有关问题的法律探讨/牛振亚//南都学坛 1992-01
⊙发展精神消费力/尹世杰//求索 1992-06
⊙发展我国信息服务业的思考——试论传统信息服务业的改造/邬锦雯//图书情报工作 1992-06
⊙关于保护知识产权情况的调查/李殿才//知识产权 1992-06
⊙关于深圳文化产业的调查与思考/杨宏海//特区经济 1992-11
⊙管理好文化市场积极为经济建设服务/张荣//学术交流 1992-06
⊙海南省文化市场管理方法论/洪寿祥//海南师范学院学报（社会科学版）1992-01
⊙技术创新与大众消费文化/杨英辰//自然辩证法研究 1992-07
⊙简论精神生产的内容结构/田薇//哲学动态 1992-01
⊙教育产业发展的经济学思考/金建//教育与经济 1992-01
⊙精神生产与社会文明/田薇//教学与研究 1992-04
⊙精神消费引论/李本书//曲靖师范学院学报 1992-04
⊙略论广东社会文化市场管理的滞后与对策/邓存汉//广东行政学院学报 1992-02
⊙略论我国经济特区的文化塑造/林子华//福建论坛（社科教育版）1992-03
⊙论第三产业的社会经济效益/温海池//南开经济研究 1992-06
⊙论服务业的市场营销/王卫国//财贸研究 1992-01
⊙论精神传播/贺培育//江西社会科学 1992-05
⊙论精神生产关系/陈仲华//北京师范大学学报（社会科学版）1992-04
⊙论精神生产力的内在结构及其相互关系/邓宇鹏//生产力研究 1992-02
⊙论文化消费对物质生产的双向驱动/杨铁垒//福建论坛（社科教育版）1992-02
⊙论珠江三角洲社会文化的基本特点/黄泽才//中国党政干部论坛 1992-11
⊙普及、提高与市场文化/叶青//江西社会科学 1992-03
⊙社会主义经济波动理论述评/李向民//集团经济研究 1992-06
⊙市场发育的文化战略/李瑞华//商业时代 1992-08
⊙市场与流通：一个躁动的文化意识/曾强//广西社会科学 1992-01
⊙试论精神生产及其作用/马毓新//西北民族大学学报（哲学社会科学版）1992-04
⊙试论群众文化产业的开拓与发展/方晨光//群众文化研究 1992-06
⊙谈谈消费文化/于光远//消费经济 1992-01
⊙文化人的“产业意识”：关于群众文化与发展第三产业的思索/叶小龙//群众文化研究 1992-06
⊙文化市场开放与管理/黄卫东//社会科学辑刊 1992-03
⊙文化市场上的“俗文化现象”/王赋元//群言 1992-06
⊙文化事业正属于第三产业/高占祥//文艺理论研究 1992-06
⊙我国文化产业及其产业政策/许钢//管理世界 1992-06
⊙我国信息服务业的现状与未来/乌家培//中国工业经济 1992-06
⊙战后日本高等教育产业适应性浅析/邓耀彩//现代教育科学 1992-03
⊙中小城市的文化、市场和技术/袁泽沛//中南财经政法大学学报 1992-01
⊙珠江三角洲群众文化建设探究/林琼//广东社会科学 1992-05

1993 年

⊙“民族传统思想文化与社会主义市场经济研讨会”综述/何成轩//哲学研究 1993-10
⊙“文艺女神”对文化管理的呼唤——论文化管理在社会主义文化市场中的作用/夏玲英//上海大学学报（社会科学版）1993-01
⊙SOS：来自文化市场的呼唤/沈开艳//上海经济研究 1993-05
⊙郦正：市场经济冲击下中国文化的三大走向/郦正//哲学动态 1993-12
⊙成都、德阳、绵阳等地文化经济政策有关问题的调查/王蓉//四川戏剧 1993-04
⊙除了钱，我们还缺少什么——关于经济建设中的文化思考/关东升//经济师 1993-09
⊙从“文化中国”到“市场中国”——近代欧洲“中国观”的历史性转变/雷颐/读书 1993-11
⊙从 1979 年到 1993 年上海文化产业十四年跨越三个台阶/张琳//新闻报 1993-05-29
⊙大力发展我国信息服务业/胡海棠//国际技术经济研究 1993-03
⊙大众文化为什么会流行/何鸣鸿//福建论坛（社科教育版）1993-05
⊙当今信息服务机构模式与行为的比较研究/葛守江 刘建 王寒秋

//情报理论与实践 1993-03
◎对“教育市场化”问题的认识及对策探讨/刘兰//东北师大学报（哲学社会科学版）1993-06
◎对发展信息服务业的思考/徐淑英//广东行政学院学报 1993-01
◎对加快文化产业开发的几点思考/高金晔//新长征 1993-02
◎对市场经济下享受型消费的若干思考/李西梅//消费经济 1993-Z1
◎对文化和文化体制改革的思考/李永全//瞭望 1993-32
◎对文化教育是第一消费力的认识/黄河清//消费经济 1993-02
◎对文化与市场经济现状的思考/王世同//社会科学辑刊 1993-04
◎对新形势下繁荣文化市场的几点认识/潘力//内蒙古宣传 1993-Z1
◎发达国家第三产业发展情况评介（续）/田夫//商业研究 1993-07
◎发挥整体优势 发展科技信息服务业/张玉洁//大学图书馆学报 1993-06
◎繁荣文化事业 丰富文化生活/马莉莉//群言 1993-02
◎改革文化管理体制 繁荣我国文化市场/张玉玑//宏观经济研究 1993-11
◎高等教育不能产业化/刘宝存//山东大学学报（哲学社会科学版）1993-04
◎高校文化产业初探/许红珍//华东师范大学学报（哲学社会科学版）1993-02
◎关于市场经济和法律文化的一点思考——兼评“市场经济就是法制经济”/苏力//北京大学学报（哲学社会科学版）1993-04
◎关于市场经济条件下思想文化建设的几点浅见//理论前沿 1993-20
◎关于市场经济问题的十点看法/于光远//文化月刊 1993-01
◎关于特区文化市场的思考/李云鹏//理论前沿 1993-03
◎关于文化市场的分类和发展/王慎之//经济研究参考 1993-Z4
◎关于文化市场的若干思考/王颖婕//艺术百家 1993-03
◎海南净化文化市场的新探索/朱维新//瞭望 1993-27
◎基础教育的产业特点及其开发/李锐//现代教育论丛 1993-03
◎加快改革步伐，繁荣发展文化艺术事业——关于当前我省文化工作的几点意见/徐世群//四川戏剧 1993-03
◎加强市场经济发展中“文化力”的研究/贾春峰/理论前沿 1993-19
◎简论消费文化/李彦和//调研世界 1993-01
◎建立教育市场推动我国教育机制转轨/冯增俊//中国教育学刊 1993-01
◎教育产业与教育开发——一个教育与经济关系探索的新视野/张铁明//教育导刊 1993-01
◎教育产业与教育市场/韩树华 舒松//中国高教研究 1993-02
◎教育的产业性与高教改革发展思路/杨移贻//教育发展研究 1993-01
◎教育的经济学分析/黄祥铭//教育导刊 1993-Z2
◎教育非产业论/孙传宏//现代中小学教育 1993-03
◎教育科学研究的一个全新视野：教育产业论/张铁明//教育导刊 1993-04
◎经济大潮冲击下的社区文化浅析/徐相廷//群众文化研究 1993-06
◎经济发展与文化消费要并重/刘醒夫//消费经济 1993-Z1
◎精神产品“两次生产”原理的理论与现实意义/崔青林//财经科学 1993-01
◎九十年代城市文化消费的特点及其影响因素的调查/雷五明//消费经济 1993-03
◎就当前文化工作问题答记者问/王元化//文艺理论研究 1993-01
◎跨三个世纪的文化产业革命/罗沛霖//经济与信息 1993-05
◎论“全息文化”——市场经济过程中大众传播文化的选择/朱光烈//现代传播 1993-02
◎论建立社会主义市场经济中的经济与文化的整合/刘茂才//经济体制改革 1993-02
◎论教育市场的不规范性/童跃年//教育理论与实践 1993-05
◎论教育市场的形成及其作用/刘兰平//教育导刊 1993-11
◎论精神产品的共享性/罗盛希//求是学刊 1993-05
◎论精神接受/聂荣华//求索 1993-04
◎论精神生产力的外部环境/邓宇鹏//生产力研究 1993-02
◎论市场经济的文化内蕴/邹广文//哲学动态 1993-11
◎论苏南市场经济条件下的文化变迁/姜念涛//江南论坛 1993-03
◎论文化市场经营管理的方针和策略/赵建中//社会科学 1993-02
◎论文化与经济的互渗——社会主义初级阶段根本性的文化特征/顾晓鸣//复旦学报（社会科学版）1993-03
◎面对挑战的决策选择——“文化与市场”丛谈之二/康式昭//文艺理论与批评 1993-06
◎民办信息咨询服务业行为规范化探讨/刘建 顾文莉 孙燕玲//情报理论与实践 1993-02
◎能力本位论——兼论社会主义市场经济的文化建设/韩庆祥//中州学刊 1993-06
◎努力探索繁荣民族文化的新路子/单学文//内蒙古宣传 1993-Z1
◎浦东新区文化产业模式探论/花建//上海改革 1993-03
◎浅谈文化行政部门的职能转变/徐碧芳//广东行政学院学报 1993-01
◎浅析云南民族文化走向市场经济的态势/孙少文//民族艺术研究 1993-06
◎切实加强社会主义文化市场的建设/王伟光//理论前沿 1993-20
◎认识教育产业可经营性的意义/李志厚//现代教育论丛 1993-01
◎商业文化研究在市场经济中的积极作用/黄淑佳//江苏商论 1993-02
◎商业文化与市场竞争/王宏志//江南论坛 1993-Z1
◎上海文化界、学术界人士提出：文化产业文化事业要分流//文学报 1993-04-08
◎社会主义市场经济本身就是一种文化/李君如//理论前沿 1993-19
◎深圳文化产业的调查与思考/杨宏海//社会学研究 1993-04
◎市场、文化、改革/郑也夫//文论报 1993-09-14
◎市场经济·精神文明·文化消费结构/程恩富//消费经济 1993-Z1
◎市场经济·时代机遇·文化品位/王仲明//新疆社会科学 1993-06
◎市场经济冲击下中国文化的三大走向/邴正//社会科学战线 1993-05
◎市场经济的培育与法律文化的重构/陈鹏生//学术月刊 1993-11
◎市场经济体制建立过程中的五大文化价值观念矛盾/李小兵//理论前沿 1993-23
◎市场经济文化建设观念转变/厉以宁//理论前沿 1993-20
◎市场经济文化现象及道德规范//理论前沿 1993-10
◎市场经济下的信息服务业/徐网大//现代情报 1993-06
◎市场经济下民族文化与经济发展/王海生//地域研究与开发 1993-04
◎市场经济要求的文化环境/丁荣余//山东大学学报（哲学社会

科学版）1993-01
◎市场经济与传统文化的撞击与融合/王国敏//理论探索 1993-01
◎市场经济与精神文明/张守礼//内蒙古宣传 1993-21
◎市场经济与市场文化/李新家//求索 1993-04
◎市场经济与文化建设//文艺理论研究 1993-05
◎市场经济中的文化思虑/邵纯//实事求是 1993-06
◎市场经济中社区文化发展思路/井传玉//群众文化研究 1993-30
◎市场竞争意识与中国传统文化的有为主义/邹恒甫//管理世界 1993-03
◎市场意识与文化意识/江曾培//编辑学刊//1993-02
◎试论当代大众文化的社会功能/谢丽玲//湖北民族学院学报（哲学社会科学版）1993-04
◎试论上海浦东新区文化发展中的若干问题/杨德林//文艺理论研究 1993-05
◎试论社会精神生产的基本涵义和主要特点/刘卫国/江西社会科学 1993-03
◎试论我国教育市场机制形成的必然性/苏志宏 郝丹立//西华师范大学学报（哲学社会科学版）1993-03
◎试论我国经济信息服务业的发展/江敏//江西图书馆学刊 1993-04
◎试论现代教育产品和教育劳务的商品性/韩宗礼 高建民//黑龙江高教研究 1993-06
◎试析文化市场的构成要素/宋明亮//群众文化研究 1993-02
◎适应市场经济的要求来提高和改善精神文化消费/林文益//消费经济 1993-Z1
◎适应市场经济需要，走自我发展的道路/崔更岐//天津社会科学 1993-06
◎特区文化市场管理探索/黄志秋//中国党政干部论坛 1993-02
◎文化的二重性及其他/陈伯海//文汇报 1993-05-21
◎文化的分类与重心——关于市场经济条件下文化建设的几点建议/李小兵//理论前沿 1993-19
◎文化市场：从混沌到有序——河北文化市场扫描/孙英臣//领导之友 1993-06
◎文化市场：繁荣中的忧思/张宝瑞//瞭望 1993-30
◎文化市场管理原则略论/张元忠//江汉论坛 1993-04
◎文化市场机制和文艺的活动/何满子//方法 1993-01
◎文化市场也要打击“假冒伪劣”/玉树//中国工商管理研究 1993-08
◎文化市场与文化事业发展资源配置方式的变革/杜长胜//文化月刊 1993-06
◎文化市场与文学价值/赵淑媛//文艺评论 1993-02
◎文化事业单位第三产业管理之我见/周志华//图书馆杂志 1993-06
◎文化是明天的经济——兼论如何建立社会主义的文化经济学/田磊//上海交通大学学报（哲学社会科学版）1993-02
◎文化消费的特点和规律探析/施涛//广西社会科学 1993-03
◎文化消费引导刍议/王秀清//文艺评论 1993-04
◎我国发展第三产业的新机遇/徐惠兰//经济与管理研究 1993-04
◎我国信息服务业现状分析（上）/朱岩 傅兰生//情报理论与实践 1993-04
◎我国信息服务业现状分析（下）/朱岩 傅兰生//情报理论与实践 1993-05
◎物质消费也要渗透精神文化消费/李彦和//消费经济 1993-Z1
◎现代教育之经济性能辨析/高建民//教育评论 1993-01
◎现代市场经济的文化与价值/王金洪//探索与争鸣 1993-05
◎现阶段中国教育市场的形成和发展/黄育云 刘福国//重庆师范大学学报（哲学社会科学版）1993-04
◎向市场经济过渡期的广义文化建设问题/姜长斌//理论前沿 1993-20
◎小议文化市场上的一种稀缺商品/蒋学模//消费经济 1993-Z1
◎需求带有鲜明年龄特点和时代特征——来自上海文化市场建设的报告/薛文祥//当代青年研究 1993-01
◎研究文化市场现状 提出文化市场管理对策——评《文化市场管理》/张仲良//江汉论坛 1993-06
◎以文化产业塑造广州的都市风骨/周兆晴//开放时代 1993-02
◎应重视文化产业的建设与改革/马庚存//时代论丛 1993-04
◎迎接市场经济新挑战 勇攀21世纪中国文化新高峰/胡平//理论前沿 1993-19
◎优化青少年成长的文化环境/花建//当代青年研究 1993-01
◎掌握现代市场经济文化/湘//理论视野 1993-01
◎正确处理三个关系 管好基层文化市场/杨淑华//中国出版 1993-09
◎正确处理社会主义市场经济条件下文艺领域的几个关系问题/王新兰//甘肃社会科学 1993-05
◎症结安在？路归何处？——沿海文化市场管理透析/叶俊东//瞭望 1993-34
◎中国产业文化的组成特点：地区团体主义与家族主义/何梦笔//中国农村观察 1993-06
◎中国教育产业系统运行的宏观模式选择及其市场化趋势/韩宗礼 高建民//教育与经济 1993-01
◎中国文化市场的现状及走向/殷金娣//瞭望 1993-47
◎中国文化市场新走向//调研世界 1993-05
◎中外第三产业结构比较研究/张德霖//中州学刊 1993-03
◎重视研究向社会主义市场经济过渡中的思想道德文化建设/贾春峰//特区经济 1993-03

1994 年

◎“把文化全方位推向市场”是错误的/庄正华//党建 1994-07
◎“文化与市场”研究述要/阎献晨//中共山西省委党校学报 1994-05
◎“雅”文化滑坡未止/王赋元//群言 1994-03
◎90年代消费文化的走势/陈晓明//中共贵州省委党校学报 1994-06
◎刍议现阶段文化产品/于东方//社会科学 1994-09
◎大庆文化市场的现状、作用及发展对策/齐玉珍//大庆社会科学 1994-04
◎大型文化活动是现代城市建设中一项不可忽视的内容/秦力军//上海艺术家 1994-04
◎当代炎黄文化热的兴起及其时代意义/邓乐群//当代思潮 1994-06
◎当前精神文化消费存在的问题与对策/姚育才//消费经济 1994-03
◎当前精神文化消费一些值得研究的问题/尹世杰//消费经济 1994-03
◎当前文化市场的问题及对青少年的影响——当前文化市场调查综述/林守法//资料通讯 1994-10
◎当前消费文化一些值得研究的问题/尹世杰//消费经济 1994-06
◎都市文化消费大写真/张英//时代风采 1994-06
◎对加强文化市场管理的若干思考/吴祖鲲//新长征 1994-06

◎ 对完善宁波文化市场的探讨/王国安//中共宁波市委党校学报 1994-01
◎ 对文化市场的反思——“文化与市场”学术座谈会述评/李登贵//红旗文稿 1994-16
◎ 对文化市场的一些看法——王元化教授访谈录/王元化//探索与争鸣 1994-07
◎ 对文化市场管理的思考/武戈//探索与求是 1994-05
◎ 二十世纪末大城市的文化发展/西格弗利德·胡默尔//上海艺术家 1994-04
◎ 发达国家地方政府与我国地方政府的职能比较研究/杨国强//广东行政学院学报 1994-04
◎ 发挥人才资源优势，促进文化产业发展/孙忠明//四川群众文化学报 1994-05
◎ 发展文化产业初探/张建勋//经济问题探索 1994-12
◎ 发展中的我国文化市场/刘玉珠//中国软科学 1994-08
◎ 关于“文化与市场”的学术讨论//广东艺术 1994-03
◎ 关于建立社会主义文化市场的若干思考/陈雨田//湛江师范学院学报 1994-03
◎ 关于建设社会主义文化市场的思考/严昭柱//文艺理论与批评 1994-03
◎ 关于精神文化消费的一些思考/彭明朗/消费经济 1994-03
◎ 关于上海文化产业发展的若干思路/陈鸣//上海大学学报（社会科学版）1994-05
◎ 关于市场经济下社会主义文化市场的理论观点综述/文理平//文艺理论与批评 1994-04
◎ 关于文化和经济问题的讨论/李英姿//中共山西省委党校学报 1994-06
◎ 关于文化市场的几点思考/李世文//社会科学论坛 1994-05
◎ 关于文化市场的几个问题/尉文杨//中共山西省委党校学报 1994-02
◎ 关于文化市场建设的几个问题/周建信//大连干部学刊 1994-03
◎ 关于文化市场理论与实践若干问题的探讨/肖桂珠//新长征 1994-05
◎ 关于文化市场问题的思考/杨汉池//文艺理论与批评 1994-05
◎ 关于文化市场研究/范春双//戏剧文学 1994-03
◎ 关于文化与市场关系的几个问题/丰子义//哲学研究 1994-07
◎ 关于我国文化市场问题的断想//河北学刊 1996-06
◎ 弘扬民族优秀文化 促进精神文明建设/王与立//四川统一战线 1994-03
◎ 加强对精神文化消费的引导与调控/易培强//消费经济 1994-03
◎ 加强对文化市场的宏观管理/党建 1994-09
◎ 加强精神文化消费的宏观调控/刘时平//消费经济 1994-03
◎ 加强精神文化消费研究/李开望//消费经济 1994-03
◎ 简论当前文化市场的管理/张建勋//红河州党校学报 1994-02
◎ 建设繁荣健康的文化市场/徐廷生//中共贵州省委党校学报 1994-04
◎ 江西城镇居民精神文化消费透视/陈志诚//消费经济 1994-05
◎ 近期关于文化市场的研讨综述/杜江南//理论前沿 1994-07
◎ 经济对文化事业的支持亟待法律化/康式昭//党建 1994-07
◎ 精神生产的地位、属性、作用、特点和规律再认识/杨思基/齐鲁学刊 1994-04
◎ 精神文化生产在精神文化消费中的作用/田禾//消费经济 1994-03
◎ 精神文化消费的特点及发展趋势/李松龄//消费经济 1994-03
◎ 精神文化消费的特点与消费导向/刘伏海//消费经济 1994-03
◎ 精神文化消费的特征/张自信//消费经济 1994-03
◎ 精神文化消费需要引导/蔡德容//消费经济 1994-03
◎ 精神文化消费要有精神支柱/刘醒夫//消费经济 1994-03
◎ 精神文化消费与人文精神的遮蔽/舒远招//消费经济 1994-03
◎ 精神文化消费与物质消费的关系/聂超群//消费经济 1994-03
◎ 精神文化消费座谈会发言（摘登）/消费经济 1994-03
◎ 略谈文化市场的特殊性及其道德建设/姚锦江//青海师专学报 1994-03
◎ 论城市功能重塑与文化发展/佘国平//社会科学 1994-07
◎ 论国际大都市建设的文化产业问题/李大华//开放时代 1994-05
◎ 论精神生产的历史形式及其特点/田薇//郑州大学学报（哲学社会科学版）1994-04
◎ 论精神文明与市场经济的互动与整合/李晓南//创造 1994-01
◎ 论市场经济条件下的文化运作方式/王南//天津社会科学 1994-05
◎ 论文化部门发展文化产业的无形资源优势//湖南群众文化 1994-03、04
◎ 论文化促销/黄翔//成都大学学报（社会科学版）1994-01
◎ 论文化市场的调节机制及其功能/朱桦华//东师范大学学报（哲社版）1994-02
◎ 论文化与市场经济的共生互动效应/程恩富//复旦学报（社会科学版）1994-03
◎ 论现代都市文化市场管理/吴逸群//上海艺术家 1994-04
◎ 浅谈市场经济下的文化产业思路/李思展//四川群众文化学报 1994-03
◎ 浅议特区文化市场的发展趋向/孙京//商业经济研究 1994-02
◎ 浅议文化与市场/胡蓉芳//天池学刊 1994-03
◎ 倾斜的文化市场引出的思考/学习与思考 1994-02
◎ 瘸腿的文化市场/齐畅//价格与市场 1994-01
◎ 群众的文化消费需要正确引导/逯弘秀//中国党政干部论坛 1994-09
◎ 认真搞好“精神文化消费”的研究/肖浩辉//消费经济 1994-03
◎ 日本市场经济中政府“主导”特征及效能/丁炎辉//现代经济探讨 1994-11
◎ 如何加强对消费文化的研究和引导（座谈会发言摘要）//消费经济 1994-06
◎ 商业精神：新时期文化的酵母/李思民//学术交流 1994-06
◎ 上海文化发展面临的问题及其对策/寿山根//上海艺术家 1994-04
◎ 上海文化市场走向成熟/赵兰英//瞭望 1994-08
◎ 社会主义市场经济条件下的消费文化与文化消费/陈贤昌//消费经济 1994-06
◎ 社会主义文化市场的价值标准和功利原则/田立立//求实 1994-09
◎ 社会主义文化市场的培育和宏观管理——成都市文化市场调查报告//四川大学学报（哲学社会科学版）1994-04
◎ 深圳文化产业发展刍议/黄继营//特区理论与实践 1994-04
◎ 沈阳市文化市场现状与对策/谢丹//辽宁教育行政学院学报 1994-01
◎ 失衡的文化消费——对珠海市居民文化消费现状的思考/赵来忠//中国国情国力 1994-02
◎ 市场经济的日本模式/罗卫东//学习与思考 1994-06
◎ 市场经济改革与消费文化引导/廖进中//消费经济 1994-06
◎ 市场经济条件下的文化产业/孙洪//江南论坛 1994-05
◎ 市场经济条件下的文化发展与现代经济文化的研究——《市场

经济与文化发展》一书的前记/贾春峰//世界经济与政治 1994-05
⊙市场经济条件下精神文化消费的特征/柳思维//消费经济 1994-03
⊙市场经济条件下文化毒品的特点与扫除对策/马新 叶景忱 姚凤林//学术交流 1994-04
⊙市场经济条件下文化消费引导浅论/杜伟//学术交流 1994-06
⊙市场经济下文化产品的管理及对策/谭顺祥//四川戏剧 1994-07
⊙市场经济与文化建设/敏泽//哲学研究 1994-02
⊙市场行为与文化行为/李鹏程//哲学研究 1994-07
⊙试论当代的"文化工业"/金元浦//文艺理论研究 1994-02
⊙试论精神产品市场的建立及其管理/彭熙//渝州大学学报（社会科学版）1994-04
⊙谁决定谁？——一段有关文化与市场的闲话/安定//中国国情国力 1994-07
⊙思想文化事业的经济效益与社会效益/于占德//发展论坛 1994-01
⊙谈社会主义市场经济条件下促进精神消费的必要性/李明义//甘肃社会科学 1994-02
⊙谈谈"文化市场"的"宏观调控"/刘正成//哲学研究 1994-06
⊙谈谈创建消费文化学的问题——在消费文化座谈会上的讲话/刘正//消费经济 1994-06
⊙谈谈文化市场的产业属性/聂炳华//大众日报 1994-07-19
⊙提高精神文化消费水平是市场化改革的本质要求/唐未兵//消费经济 1994-02
⊙提高精神消费力与繁荣精神文化消费/尹世杰//湖南师范大学社会科学学报 1994-06
⊙提高消费文化的质量是当前的一项重要任务/胡浩正//消费经济 1994-06
⊙推进文化营销的思考/陈祝平//上海大学学报（社会科学版）1994-04
⊙为发展中国服务贸易开路/白仲尧//商业经济与管理 1994-01
⊙文化产品的价值构成及其市场走向/文曼青//编辑学刊 1994-03
⊙文化产业经济研究/赵雅安//群众文化研究 1994-02
⊙文化地位·文化产业·文化市场——关于深圳文化发展的三点认识/宋丁//开放导报 1994-02-15
⊙文化管理的基本构架——社会主义市场经济体制下文化发展模式研究之一/陈凤翚 施镇平 禹国兴//学术交流 1994-01
⊙文化价值与商品价值：再谈文化能否市场化/庄思晦//哲学研究 1994-10
⊙文化经纪人//网络与信息 1994-09
⊙文化裂变忧思录——当前消极文化现象浅析/杨贵荣//前进 1994-02
⊙文化绿地的"沙化"/晓言//网络与信息 1994-12
⊙文化生态环境也应治理/韦泽洋//群言 1994-02
⊙文化市场：让人欢喜让人忧/夏玉兰//群众 1994-08
⊙文化市场刍议/姜兰波 吕咏梅//前沿 1994-Z1
⊙文化市场的现状和改进管理的对策——访中共中央宣传部文艺局长/李准 刘鹏//中国党政干部论坛 1994-02
⊙文化市场发展的新趋势/车明正 郭舒权//探索与争鸣 1994-12
⊙文化市场发展趋势断想三章/车明正 郭舒权//上海综合经济 1994-07
⊙文化市场化反思："文化与市场"学术座谈会述评/李登贵//社会科学 1994-08
⊙文化市场论/王慎之//学习与探索 1994-02
⊙文化市场漫议/刘厚成//求是 1994-06
⊙文化市场让人欢喜让人忧/崔玉山//东方艺术 1994-03
⊙文化市场为何文化味越来越少？/迟国维//中国工运 1994-06
⊙文化市场一议/王蒙//群言 1994-06
⊙文化事业发展之现状及财政对策之思考/马新南//财政 1994-02
⊙文化特性与文化发展的相关问题/张君超//实事求是 1994-02
⊙文化消费产业革命与信息高速公路/罗沛霖//新闻与传播研究 1994-04
⊙文化消费的特点和规律探析/施涛//消费经济 1994-02
⊙文化需要市场，也需要引导/周玉国//思想政治工作研究 1996-05
⊙文化与经济交叉发展的相互渗透和影响/张丽娴//社会主义研究 1994-01
⊙文化资源的市场机制配置和政府宏观调控/金冠军//上海大学学报（社会科学版）1994-06
⊙我国第三产业就业人口的历史、现状与发展/张念//西北人口 1994-02
⊙我省城镇居民精神文化消费的现状、问题及对策/陈志诚//统计与信息 1994-05
⊙现代大众文化消费略论/王嫱//上海大学学报（社会科学版）1994-05
⊙现代市场经济的国际经验/程极明//江苏社会科学 1994-02
⊙消费文化"门外谈"/谢璞//消费经济 1994-06
⊙消费文化的本质/刘伏海//消费经济 1994-06
⊙消费文化的根本功能是培育人/朱蔚文//消费经济 1994-06
⊙消费文化的作用指导消费·引导生产·影响社会/廖九如//消费经济 1994-06
⊙消费文化是一个新的课题/王以平//消费经济 1994-06
⊙消费文化研究是社会主义市场经济的内在要求/罗维治//消费经济 1994-06
⊙消费文化要全面地发展——著名经济学家于光远谈消费文化问题/唐未兵 尹向东//消费经济 1994-06
⊙小议文化市场的一股暗流/刘期才//资源开发与市场 1994-03
⊙新形势下农民精神文化消费问题初探/何云坤 周密//消费经济 1994-06
⊙寻找文化与经济的契合点/侯小伏//社会 1994-09
⊙也说文化市场的多功能特征/唐国裕//上海艺术家 1994-05
⊙应当重视文化艺术高级管理人才的培养/胡惠林//上海艺术家 1994-04
⊙掌握规律 科学调控 把文化市场管理工作推上新的高度/赵宝晨//经济研究参考 1994-32
⊙正确对待我国文化产业的市场前景/申忠健 王晓燕//技术经济与管理研究 1999-04
⊙中国农民的文化消费/卢嘉瑞 陈素梅//消费经济 1994-04
⊙中国文化市场三分归一统/殷金娣//中国市场 1994-02
⊙重庆文化经济的兴起与发展/段明//四川戏剧 1994-07
⊙重视研究精神文化消费的问题/唐凯麟//消费经济 1994-03
⊙专家学者提出：建立市场经济新文化//党的建设 1994-04
⊙走出文化消费的误区/周海波//经济工作导刊 1994-01

1995年

⊙"大众文化"研究概述/宁逸//文艺报 1995-03-25
⊙"文化市场与文化建设问题学术讨论会"开幕词/陆梅林//文艺理论与批评 1995-01

◎“文化市场与文化建设问题学术讨论会”在楚雄举行/闻礼萍//文艺理论与批评 1995-01
◎“文化味”醉倒生意场/陈明杰//价格与市场 1995-09
◎“物质化的精神享受”/江曾培//社科信息文荟/1995-22
◎“消费倾向”在文化市场中的地位和作用/李珠//上海艺术家 1995-06
◎“珠三角”市场经济发展的文化意义//学术研究 1995-02
◎90 年代批评的经营——为文化消费的指南/应雄//上海艺术家 1995-05
◎把文化当产业/王石//学习 1995-09
◎从展厅到市场/韩雅怡//群众文化研究 1995-06
◎大力促进文化产业发展，增强文化事业发展能力/崔力夫//吉林财政研究 1995-01
◎大力发展文化市场 正确引导文化消费/薛养贤//消费经济 1995-03
◎大众文化的论析/张晓林//社科信息文荟 1995-13
◎大众文化与文化大众/冯宪光//文艺报 1995-04-01
◎大众文化杂说/李克海//群众/1995-11
◎当代大众文化特征透视/司马俊莲//湖北民族学院学报（哲学社会科学版）1995-01
◎当代文化经济的社会形态初探/谭砺//社会科学 1995-06
◎当代文化消费心态及趋向/车明正 郭舒权//上海艺术家 1995-04
◎当今文化打工族/阿今//文史春秋 1995-04
◎当前文化市场两种社会效应的控制与对策/唐建祥//南方文坛 1995-01
◎当前我国文化市场对青少年的影响及其对策/李准//中国音乐教育 1995-05
◎都市青年型家庭消费文化浪漫曲/尹发跃//价格与市场 1995-10
◎都市文化消费态势析/邓朴安//上海大学学报（社会科学版）1995-05
◎对加强文化市场管理的思考/覃美艳//广西社会科学 1995-05
◎对精神文化消费的几点实证与理论分析/李松龄//消费经济 1995-01
◎对市场经济条件下文化（艺术）馆“辅导人才社会化”的设想/张庆珠//群众文化研究 1995-06
◎发挥自身优势 开发文化资源/焦雪岱//实践 1995-01
◎发扬自力更生精神 开拓发展文化事业//经济视角 1995-08
◎改革文化产业管理体制促进文化产业发展/师明//体改信息 1995-14
◎改革文化市场管理体制之我见/陈世荣//党的生活 1995-01
◎根据精神产品双重属性正确发展文化市场/高运甲//改革与理论 1995-04
◎关于大连文化市场的调查与思考/石柏林//大连干部学刊 1995-04
◎关于发展文化产业的哲学思考/谢名家//广东社会科学 1995-05
◎关于加强文化市场宏观管理的思考/寿山根//上海艺术家 1995-04
◎关于建立我国安全文化产业的思考/徐德蜀//中国安全科学学报 1995-S2
◎关于社会主义文化市场的三点认识/黄刚//南方论刊 1995-05
◎关于市场经济条件下文化工作的几点思考/管玉华//群众文化研究 1995-04
◎关于文化产业问题的思考/钱来忠/天府新论 1995-06
◎关于文化工业的思考/侯万宝//中外企业家 1995-04
◎关于文化市场的虑析与思考/陶荣//大舞台 1995-03
◎关于文化市场若干问题的思考/刘光俊 刘咏梅//井冈山师范学院学报 1995-01
◎关于消费文化的几点思考/尹世杰//消费经济 1995-04
◎管理与繁荣并重 文化市场健康发展/史治国//上海艺术家 1995-03
◎加强管理促进文化市场繁荣/王秀春//新闻出版交流 1995-07
◎加强精神文化消费的研究/唐凯麟//高校理论战线 1995-02
◎家庭消费 de 文化味/尹发跃 秦翠云//经营管理者 1995-05
◎坚持原则，加强管理，促进文化市场健康繁荣发展/张指挥//群众文化研究 1995-04
◎简论文化产品的属性、价值和效益/孙更新//行政论坛 1995-01
◎建构大郑州商贸城文化产业的战略思考/史玉德//经济经纬 1995-03
◎建设健康繁荣的文化市场/朱文//出版发行研究 1995-06
◎进一步加强文化市场管理/自治区文化市场管理办公室//内蒙古宣传 1995-10
◎经济体制转轨中的市场文化建设/宋葛龙//北京商学院学报 1995-01
◎精神文化消费现状及与经济发展的关系/黄素梅//财经理论与实践 1995-01
◎精神消费与经济发展/尹世杰//湖南经济 1995-02
◎警惕“文化沙漠”在农村蔓延/姜建国//农村. 农业. 农民 1995-02
◎九十年代上海都市文化建设/花建//社会科学 1995-03
◎绝色也应巧打扮——市场经济条件下的文化走向之三/叶俊东//中共贵州省委党校学报 1995-03
◎开发区文化市场的开发管理之我见/金明虎//群众文化研究 1995-04
◎刘忠德谈促进文化市场健康发展//社科信息文荟 1995-01
◎刘忠德谈建设文化市场的几个关系//体育文史 1995-04
◎略论消费文化/尹世杰//财贸经济 1995-03
◎略谈我市文化市场管理/金明虎//群众文化研究 1995-04
◎论当代文化的消费主义化/桂勇//复旦学报（社会科学版）1995-05
◎论经济与道德的对立统一与整合——市场经济发展与道德文化、价值观念的更新和重建/朱乐尧//学习与探索 1995-01
◎论精神文化消费的特点、功能及引导/鲁礼华 彭金池//消费经济 1995-04
◎论社会主义精神文化消费/易可法//医学与社会 1995-04
◎论市场经济条件下的深圳文化发展模式//特区理论与实践 1995-02
◎论市场体制下中国司法文化的构建//社会科学研究 1995-06
◎论文化——民族文化与市场文化/施琳//民族研究 1995-01
◎论我国城乡居民文化消费与政府引导/李又才//江汉论坛 1995-04
◎漫谈文化消费/赵世利//消费经济 1995-02
◎缪斯走进市场——对当前部分文化市场的调查与思考/宋家惠//当代文坛 1995-04
◎莫忘农民“精神菜篮子”/夜郎//农村·农业·农民 1995-04
◎南京文化市场概述/王颖婕//艺术百家 1995-01
◎农民的文化消费及政府的引导/李又才//中国行政管理 1995-10
◎努力探索我区文化市场建设的发展途径/潘力//实践 1995-03
◎培育市场文化 促进价格管理/魏举峰//中国物价 1995-02
◎浅论文化市场的分级管理/傅庭龙//艺术百家 1995-01
◎浅谈郊区文化市场//艺术百家 1995-01

◎浅谈农民的文化消费取向以及政府宏观调控/李又才//理论月刊 1995-09
◎浅谈社会主义市场经济条件下民族地区文化（艺术）馆出路何在/金成弼//群众文化研究 1995-04
◎浅谈市场经济建设与文化建设//经济师 1995-01
◎浅谈文化市场的发展与繁荣/张炳淳//群众文化研究 1995-04
◎浅谈文化市场的影响/徐学锋//群众文化研究 1995-04
◎浅谈文化市场管理工作人员运用语言的艺术/崔光洙 吕延成//群众文化研究 1995-04
◎浅谈在社会主义市场经济条件下群众文化事业的发展/孙晓葵//群众文化研究 1995-03
◎确保高文化经济健康发展之我见/陈景普//沧州师范专科学校学报 1995-02
◎如何看待精神消费力/王素娴//北方经贸 1995-06
◎如何利用传统文化引导市场营销/赵轶//税收与企业 1995-02
◎商业企业文化及其在“商战”中的运用/顾仁元 陈立仁//95 商业文化研讨会——海派商业文化研讨会 1995-11-01
◎社会文化心理环境与市场经济建设/高惠珠//毛泽东邓小平理论研究 1995-01
◎审美文化的历史形态及其变异——谈高雅文化与大众消费文化/周宪//文学评论 1995-01
◎世纪之交的回顾与展望——94 杭州中国文化国际学术研讨会述评/项义华//学习与思考 1995-01
◎市场经济、民族文化与民族学/周星//思想战线 1995-03
◎市场经济：爱国主义的思考——我国民族企业标志、商标文化取向问题/张超//西南民族学院学报（哲学社会科学版）1995-04
◎市场经济·文化建设·高等教育/晏开利//教育发展研究 1995-01
◎市场经济呼唤“文化力”//中国成人教育 1995-11
◎市场经济呼唤精英文化：中国会出现文化沙漠吗/郭舒权 车明正//文化市场 1995-05
◎市场经济条件下广东文化战略思考/张绰//学术研究 1995-01
◎市场经济下的公关文化与战略/齐冰//中国软科学 1995-07
◎市场经济下公关文化三战略/齐冰//江西社会科学 1995-07
◎市场经济与传统文化/马蔚华//经济学家 1995-02
◎市场经济与法律文化的更新——评郝铁川《儒家思想与当代中国法治》/殷啸虎//法商研究-中南政法学院学报 1995-01
◎市场经济与精神生产/童党成//太原师范学院学报（社会科学版）1995-06
◎市场经济与文化发展——首届全国经济文化学术研讨会综述/程恩富 孙黎明//社会科学 1995-02
◎市场经济与文化市场法制建设/成功//法商研究-中南政法学院学报 1995-01
◎市场经济与文化艺术/陈涌//文艺理论与批评 1995-01
◎市场经济与主文化、亚文化、反文化/郑杭生//思想政治工作研究 1995-12
◎市场文化论/王慎之//学习与探索 1995-05
◎试论当前国内消费文化的特点及其影响/张蕊//财金贸易 1995-09
◎试论地县城镇文化市场建设和管理的若干问题/许鲁州//蒙自师范高等专科学校学报 1995-03
◎试论社会主义初级阶段的文化市场/许鲁州//杭州师范学院学报（自然科学版）1995-01
◎试论市场经济条件下群众文化事业的生存与发展/常勇 张献宾//群众文化研究 1995-02
◎试论我国文化产业的发展/郁中华//兰州学刊 1995-02
◎试论现代人精神生活消费的特点/方家良//上海艺术家 1995-06
◎试谈文化市场的两重性/卢厚今//艺术百家 1995-01
◎台湾文化市场见闻/常志康//世纪 1995-01
◎特区文化建设的时空坐标/林衍超 封斌林//文化市场 1995-05
◎特区文化与文化产业//学习 1995-09
◎统一认识加强管理促进文化市场的健康发展/席义方//民主 1995-09
◎拓展对外文化交流的新市场：新形势下对外文化交流工作的几点做法/袁惠国 钱世锦//文化市场 1995-05
◎挖掘群众文化活动的市场潜力/殷红坚//上海艺术家 1995-03
◎文化·市场·“海派”/尚丁//群言 1995-03
◎文化大合奏——市场经济条件下的文化走向/叶俊东//刊授党校 1995-02
◎文化工业、品味文化与文化阶层西方大众文化研究管窥/吴迪//电影艺术 1995-06
◎文化工作必须适应社会发展的要求/尹秉友//群众 1995-05
◎文化快餐/宋平凡//理论与当代 1995-12
◎文化能赚多少钱/肖友元//特区企业文化 1995-03
◎文化区域间的交流合作与跨文化产业准备——专业外语教学改革刍议/南佐民//宁波大学学报（人文科学版）1995-09
◎文化三忧/姜秀玉//理论学习与探索 1995-01
◎文化市场：“扫黄”劲风吹过之后/祝杨 黄晓新//中国市场 1995-07
◎文化市场·文化现象·文化事业//群言 1995-03
◎文化市场粗议/童大焕//三明高等专科学校学报 1995-S1
◎文化市场的繁荣和管理浅议/陈华光//艺术百家 1995-01
◎文化市场调控之我见/施友松//21 世纪 1995-05
◎文化市场管理的认识与思考/欧阳利义//福建艺术 1995-03
◎文化市场管理者与经营者之间的关系/高巧生//艺术百家 1995-01
◎文化市场说文化/陈克勤//民族艺术研究 1995-02
◎文化市场与图书馆/鲁海//贵图学刊 1995-01
◎文化市场与文化产业的当代发展/金元浦//社会科学战线 1995-06
◎文化消费市场一瞥/徐晓琴//价格与市场 1995-10
◎文化消费与当代人的文化价值观：研究的目的、意义和方法/陈文江 江波//兰州学报 1995-01
◎文化与市场三题/马鍪伯//文艺理论与批评 1995-01
◎无锡市文化市场走向有序/苏轩新//瞭望 1995-43
◎县域文化市场管理说/杨定久 赵万海//艺术百家 1995-01
◎现代文化在社会主义市场经济中的地位和作用/孟凡驰//社会科学辑刊 1995-02
◎享乐主义、经济主义与消费文化/卢风//消费经济 1995-05
◎消费文化：产品开发和宣传的制高点——访遵义德岛公司总经理郑培德/陈德荣//经济世界 1995-01
◎消费文化及对它的批判/陈云卿//管理科学文摘 1995-10
◎消费文化及其对现代社会文化发展的影响/陈文江//科学·经济·社会 1995-02
◎消费文化学导言/尹世杰//邵阳学院学报（社会科学版）1995-06
◎消费中要提高文化含量//消费经济 1995-02
◎延吉市文化市场失控现象浅析/崔春根//群众文化研究 1995-04
◎要加强对文化市场的宏观管理/寿山根//文化市场 1995-05

◎要重视满足人们的精神消费需求/刘四辈//学习月刊 1995-05
◎要注意社会文化的新变化/叶朗//高校理论战线 1995-03
◎雨花台区文化市场透视与思考/骆嘉刚//艺术百家 1995-01
◎再造特区文化产业的辉煌//学习 1995-09
◎在市场经济条件下对开展“补文”工作的再认识/王永艳//群众文化研究 1995-05
◎在市场经济条件下发展群文事业的构想/彭柯 侯岩//群众文化研究 1995-03
◎中国安全文化产业建设构想/金磊//劳动保护科学技术 1995-04
◎中国市场经济制度的文化性特征/朱家峰//社会科学 1995-02
◎中国文化市场扫描/诸毕//思想政治工作研究 1995-02
◎重视社会主义市场经济条件下的文化市场建设/刘叔鹤//统计与决策 1995-11
◎主旋律与文化市场/钟河//上海大学学报（社会科学版）1995-03
◎资本主义文化市场谫议/严昭柱//文艺理论与批评 1995-01
◎作为消费文化的当代审美文化/姚文放//北京社会科学 1995-03

1996 年

◎“大众文化”谈/程代熙//求是 1996-03
◎“全国第一次文化与生产力学术研讨会”纪要//生产力研究 1996-04
◎“社会主义精神文化消费”笔谈//消费经济 1996-04
◎“文化兴都”——北京市发展首选之路/民建北京市委//北京观察 1996-04
◎把最好的精神食粮贡献给人民/沈晖//学习与思考 1996-11
◎百名市民诉喜忧——精神文化消费调查/许铁 张凤文//统计与决策 1996-02
◎大文化市场营销新观念/陈东海/企业研究 1996-02
◎大众文化时代的批判意识/尹鸿//文艺理论研究 1996-03
◎当前文化消费的负效应/张世新//文化市场 1996-01
◎第三产业的兴起与文化的产业化趋势/陈新春//长春师范学院学报 1996-03
◎定期开出“精神消费餐”，给市民“点菜”/李建华///消费经济 1996-04
◎对大众文化的案例性批判：崔健与商业文化的悖论/王晓华//中国青年研究 1996-02
◎对发展精神文化消费的若干思考/颜文//消费经济 1996-02
◎对黑龙江省文化市场的思考/张颖辉//黑龙江社会科学 1996-01
◎发展研究三题/郎友兴//浙江社会科学 1996-02
◎分析消费者行为拓展消费品市场//经济与信息 1996-12
◎关于公益性文化与市场的思考/栾卫东//文化月刊 1996-10
◎关于精神文化生产的几个问题/余颂//消费经济 1996-04
◎桂林市社会文化及文化消费若干问题探讨/苏明伦//广西师范大学学报（哲学社会科学版）1996-03
◎河北省召开文化市场建设理论研讨会/从敏//出版参考 1996-24
◎积极发展文化事业是社会主义精神文明建设的重要内容/刘永新//实事求是 1996-S1
◎加快文化事业的繁荣发展 积极营造健康向上的氛围//江苏政协 1996-10
◎加强宣传文化事业投入的建议/文建一//中国国情国力 1996-06
◎建造与我国市场经济发展相适应的新道德文化//南方经济 1996-04
◎经济师经济学应开展“文化经济”的研究补遗——写在《经济师经济学》即将出版之际/王汉斌//经济师 1996-11
◎经济学视野中的文化发展战略/项义华//学习与思考 1996-04
◎精神文化消费与后工业化社会/尹业杰//中外管理导报 1996-03
◎精神文化消费与精神文明建设/蔡德容//湖南师范大学社会科学学报 1996-02
◎精神文化消费与社会主义市场经济/奚惟华//消费经济 1996-04
◎开创文化市场管理工作新局面/孟晓驷//文化市场 1996-03
◎扩展中的青年文化消费/黄志坚//中国青年政治学院学报 1996-01
◎略论社会主义市场经济条件下的群众文化工作/傅国君//群众文化研究 1996-02．03
◎略论市场经济文化/何伟//南方经济 1996-11
◎略论消费文化学/尹世杰//经济科学 1996-06
◎论国际市场营销与文化环境/杨鹄//乐山师范学院学报 1996-03
◎论茂名市城市管理城市规划中的城市文化塑造/林英杰//南方论刊 1996-03
◎论市场个体的文化牵引/易小明 付永吉//求是学刊 1996-06
◎论市场经济条件下文化产品的取向/哈达//思想工作论坛 1996-04
◎论市场文化与文化不能市场化/郑欣淼//青海社会科学 1996-03
◎论市民文化与文化消费——一种社会文化现象的观照/张天佑//甘肃理论学刊 1996-04
◎论特区文化市场的特征与模式/高静川//工业技术经济 1996-02
◎论文化产业的发展与我国社会现代化的关系（上）/谢名家//现代哲学 1996-03
◎论文化产业的发展与我国社会现代化的关系（下）/谢名家//现代哲学 1996-04
◎论文化发展的市场化与非市场化/李道文//重庆邮电学院学报（社会科学版）1996-03
◎论文学接受度/金元浦//河北学刊 1996-05
◎论文学阅读的三级视野/金元浦//文艺研究 1996-05
◎农村社会青少年文化消费不良状况亟待改善/熊汉富//消费经济 1996-04
◎农村文化市场管理浅探/陈参军//文化市场 1996-05
◎农村文化消费：现状特征及计量分析/陈汉圣 武志刚 左熠//经济研究参考 1996-01
◎农村文化站要适应市场经济，促进农村精神文明建设/严世善//群众文化研究 1996-04、05
◎农村文化站在市场经济体制下的走向/房连斌 杨新民//群众文化研究 1996-02、03
◎农业的文化消费与都市农业/黄青禾//上海农村经济 1996-10
◎努力建设健康有序的山东文化市场/山东省文化厅//文化市场 1996-01
◎培育市场经济的文化精神/孟宪忠 杜飞进//文化市场 1996-03
◎启动开发文化市场是繁荣农村文化工作的一个重要方面/杨平章 林常贞//群众文化研究 1996-02、03
◎浅淡文化在社会协调中的作用/蔡捷//天津商学院学报 1996-04
◎浅论精神文化消费/梁燕君//理论与现代化 1996-10
◎强化文化市场管理的探讨/刘厚成//红旗文稿 1996-02
◎切实加强对精神文化消费的引导/尹世杰//消费经济 1996-06
◎切实增加精神文明建设的投入//发展论坛 1996-11
◎确立文化发展的产业意识和产业思维/张曙光//三月风 1996-06
◎人文精神与世俗化——关于 90 年代文化讨论的对话/陶东风//社会科学战线 1996-02
◎认真抓好文化市场的正确导向工作/沈义龙//皖西学院学报

1996-03
⊙日本的“文化教育产业”/郝智//人才开发 1996-05
⊙日本式市场经济体制的启示/祝平//中外管理 1996-07
⊙如何处理文化市场管理中诸多关系/黄隆凯//文化市场 1996-01
⊙上海文化产业推动事业发展/赵兰英//瞭望 1996-22
⊙少数民族地区文化市场的培育与管理之我见/陈启贵//文化市场 1996-01
⊙社会主义市场经济呼唤社会主义精神文化消费/易可发//计划与市场 1996-01
⊙社会主义市场经济条件下文化市场运行的特殊性/刘厚成//理论视野 1996-01
⊙深圳文化市场掠影/张践//成人高教学刊 1996-06
⊙失衡的文化现象：富足与贫弱/周全//浙江师大学报（社会科学版）1996-04
⊙世纪之交：浙江文化事业该如何发展/沈正年//今日浙江 1996-13
⊙市场经济·文化转型·生存方式重建//求是学刊 1996-03
⊙市场经济的高文化性及市场经济下文化消费的规律性特征/柳思维//消费经济 1996-05
⊙市场经济呼唤“文化力”——访著名学者贾春峰/苑洁//马克思主义与现实 1996-04
⊙市场经济条件下的文化选择/倪鹤琴//特区企业文化 1996-04
⊙市场经济与传统文化之命运/王南湜//求是学刊 1996-01
⊙市场经济与文化建设----对当前文化建设的一点思考/吕春生//文化月刊 1996-01
⊙试论城镇文化市场建设和管理/许鲁州/玉溪师范学院学报 1996-05
⊙试论大众审美文化的消费性/刘学兰//华南师范大学学报（社会科学版）1996-06
⊙试论文化市场的性质与特征/杨运泰//学术交流 1996-05
⊙试论文化消费结构更新/王嫱//上海大学学报（社会科学版）1996-02
⊙思考：当代文化消费心态及趋向/车明正//艺术界 1996-01
⊙谈发展和繁荣城区文化市场的几个问题/杨毅 姚维明//理论界 1996-03
⊙谈谈改善落后地区农民的精神文化消费问题/刘起军//消费经济 1996-02
⊙谈谈精神文化消费/曹久玷//消费经济 1996-04
⊙探索文化企业发展的最佳“结合点”/郑敏//决策咨询 1996-12
⊙万紫千红满园春——无锡文化市场透视/缪维荣//江南论坛 1996-02
⊙为人文精神守望：当代中国大众文化批评导论/尹鸿//天津社会科学 1996-02
⊙文化：城市形象的灵魂/郑刚//公关世界 1996-09
⊙文化被误解值得正名/曾伯炎//新闻界 1996-03
⊙文化产品商品化的内在根据和必备的社会条件/周德海//甘肃理论学刊 1996-05
⊙文化产业的兴起与前景/张国钧//马克思主义与现实 1996-04
⊙文化建设对构建社会主义市场经济的重大作用/赵广艳//学习论坛 1996-10
⊙文化街的非文化现象/张家勇//教师博览 1996-02
⊙文化竞争：商战新视点/東栩//企业活力 1996-01
⊙文化市场调控论/陈子舜 徐百尧//社会科学辑刊 1996-03
⊙文化市场管理三题/陈发仁//瞭望 1996-33
⊙文化市场呼唤完善的管理法规/解思忠 刘兴华//瞭望 1996-46
⊙文化市场加快立法步伐/文化部文化市场管理局信息研究处//中国市场 1996-12
⊙文化市场巡礼//文化月刊 1996-09
⊙文化市场要靠精神文明来规范和支撑/马黎//创造 1996-02
⊙文化市场与社会主义市场经济/许加启//文化市场 1996-03
⊙文化市场与文化产业思考/刘晓东//文化市场 1996-03
⊙文化市场与文化人格/苏志宏//21 世纪 1996-04
⊙文化厅长焦雪岱提出发展文化事业要“五破五立”//内蒙古宣传 1996-05
⊙文化需要市场，也需要引导/周玉国//思想政治工作研究 1996-05
⊙我对文化消费的一点认识/闻潜//消费经济 1996-04
⊙我国消费文化的现存问题与对策研究/杨桂香//民主与科学 1996-01
⊙我国宣传文化事业投入的基本趋势/熊振南//中国国情国力 1996-06
⊙我国宣传文化事业投入中的主要问题/佘同//中国国情国力 1996-06
⊙要加强对精神文化消费的适当引导/钱津//消费经济 1996-04
⊙一流的城市呼唤一流的文化——上海、广州、深圳三市文化建设扫描/北京社科院首都文化发展研究中心//北京观察 1996-10
⊙一手抓繁荣，一手抓管理——对加强文化市场建设的思考/高艳//理论与当代 1996-11
⊙一手抓繁荣，一手抓管理，促进文化市场健康发展/马淑清//天池学刊 1996-04
⊙拥有文化优势就拥有市场竞争优势/王月芬//中外企业文化 1996-05
⊙浙江与韩国的产业布局比较/徐剑锋//浙江社会科学 1996-04
⊙正确认识文化产品的二重性/李建中//学习与思考 1996-05
⊙正确引导精神文化消费/肖浩辉//消费经济 1996-05
⊙中国传统文化不利于市场经济的九大弊端/文懿//商业文化 1996-06
⊙中国新文化现象聚焦/野平//价格与市场 1996-06
⊙转变经济增长方式必须从本地实际出发/孙国棋//经济问题探索 1996-12
⊙自贡市二次创业的文化力驱动/王东洲//世界经济与政治 1996-04
⊙作为快餐文化的当代审美文化/姚文放//学习与探索 1996-02

1997 年

⊙“聚会”文化现象的透视/杨廷贵//创作评谭 1997-03
⊙“文化市场”问题的价值学透视/刘宗碧//呼兰师专学报 1997-03
⊙按市场经济要求提高和改善精神文化消费/林文益//南方经济 1997-01
⊙创名牌要借助文化/郭双平//群众文化研究 1997-02
⊙大力发展上海的文化产业/王晓科//上海综合经济 1997-05
⊙大力发展文化产业是北京产业结构调整的重要战略抉择/钱光培 高起祥//北京社会科学 1997-04
⊙大众文化不等于审美文化/滕守尧//北京社会科学 1997-02
⊙大众文化消费热透视/李金蓉//思想政治工作研究 1997-04
⊙大众文化与时间性危机/陈刚//北京大学学报（哲学社会科学版）1997-04
⊙当代大众文化消费与舆论引导/陈力丹//现代传播-北京广播学

院学报 1997-03
⊙对“扫黄、打非”的三点思考/蔡东民//文化市场 1997-03
⊙发展有中国特色的文化产业/谢名家//南方日报 1997-06-07
⊙繁荣文化市场的关键/丁琦娅//学习与思考 1997-10
⊙甘肃文化市场与经济发展/王建疆//社科纵横 1997-01
⊙关于促进文化市场健康发展对策的思考/王长森//理论探讨 1997-02
⊙关于发展北京文化产业的几个问题/钱光培 高起祥//北京日报 1997-07-28
⊙关于农业的文化消费功能/黄青禾//改革与战略 1997-06
⊙关于审美文化的对话/聂振斌//哲学动态 1997-06
⊙关于文化市场的一些认识问题/严家栋//文化市场 1997-02
⊙关于文化市场繁荣发展问题的思考/杨兴华 王志坚//文化市场 1997-04
⊙关于文化消费的几个问题/徐淳厚//北京商学院学报 1997-04
⊙关于我国市场经济条件下精神文化消费问题探讨/陶永富/广西师院学报（哲学社会科学版）1997-01
⊙关于西安文化市场现状消费引导的构想/胡克正//唐都学刊 1997-02
⊙海南藏族自治州文化市场建设刍议/旦正加//青海民族研究 1997-01
⊙简论社会主义精神文化消费/陈颜//毛泽东思想研究 1997-06
⊙建设健康、繁荣、有序的文化市场/陆幸生//群众 1997-07
⊙精神文化消费的现状及其引导/周咏梅//广西教育学院学报 1997-03
⊙精神文化消费与社会主义精神文明建设——近年来精神文化消费讨论综述/邓国用//消费经济 1997-01
⊙精神文明建设呼唤：文化市场健康发展/张萍//价格与市场 1997-03
⊙开发文化产业，促进经济文化共同发展——宜昌市开发地域文化的实践与思考/调研组//江汉论坛 1997-10
⊙兰州市民文化消费状况调查/王晓兴 陈文江//发展 1997-11
⊙力求实现文化产品社会效益和经济效益的最佳结合/陈立旭/中共浙江省委党校学报 1997-06
⊙略论市场文化的可控制性及其原则/马德军//社会科学论坛 1997-04
⊙论当代文化市场的生成、影响和管理思路/潘一禾//浙江社会科学 1997-05
⊙论经济发展中的文化问题/孙瑞玲//群众文化研究 1997-03、04
⊙论社会主义市场经济与文化建设/王玉玲//黔西南民族师范高等专科学校学报 1997-04
⊙论市场经济条件下消费文化的特点/李金蓉//山东经济 1997-01
⊙论网络社会的负面影响及文化矫正/张福全//现代情报 1997-06
⊙论文化产品社会效益和经济效益的一致性和矛盾性/陈立旭//中共宁波市委党校学报 1997-04
⊙论文化市场的效益原则/陈平江//理论导刊 1997-10
⊙论文化市场管理队伍建设/吴马林//文化市场 1997-04
⊙论文化政策的内涵及价值取向/胡惠林//上海交通大学学报（哲学社会科学版）1997-02
⊙漫议文化消费/仇润喜//经营与管理 1997-02
⊙农村文化消费：现状特征及计量分析//中国农村观察 1997-02
⊙努力提高精神文化消费的质量/尹世杰//南方经济 1997-05
⊙期盼——文化市场管理规范化/燕树义 张卓年 吴云福//文化月刊 1997-01
⊙浅论西方消费文化研究/蒲心文//社会科学研究 1997-04
⊙浅谈海南少数民族地区新型群众文化建设/林日举//琼州大学学报 1997-04
⊙浅谈文化市场的法制管理/周尔达//群众文化研究 1997-01
⊙浅谈文化市场的管理与繁荣/王纯孝//群众文化研究 1997-05、06
⊙浅谈文化消费中的几个问题/金泽萍//消费经济 1997-02
⊙浅谈新兴文化与市场管理/张金龙//群众文化研究 1997-05、06
⊙切实提高消费文化的质量/尹世杰//湖湘论坛 1997-01
⊙权益保护，莫忘文化消费//中国质量万里行 1997-07-16
⊙日本政府文化事业管理体制初探/长安庆 严荣利//武汉大学学报（人文社会科学版）1997-04
⊙日趋繁荣的温州文化市场/徐伟//文化月刊 1997-07
⊙世纪转型：当代中国的大众文化时代/尹鸿//电影艺术 1997-01
⊙市场经济条件下对文化的思索/高志德 郭科宏//群众文化研究 1997-05、06
⊙试论技术管理在文化市场管理中的地位和作用/刘逸平//艺术科技 1997-04
⊙试论市场经济与文化功能的转换/宋晓莉//群众文化研究 1997-05、06
⊙试论有中国特色的社会主义文化产业/谢名家//马克思主义与现实 1997-04
⊙谈提高和改善精神文化消费/林文益//中国工商管理研究 1997-02
⊙谈文化市场的法制建设/王文远//文化月刊 1997-07
⊙温情 绝情 商业文化/邱秀桐//现代传播 1997-06
⊙文化产品商品化对青少年的危害及其对策/杨连云//河北学刊 1997-01
⊙文化产品走向市场的思考/王树林//新视野 1997-01
⊙文化产业：北京新的经济增长点/高长印//城市问题 1997-03
⊙文化仅仅“无害”是不够的/朴克//四川监察 1997-09
⊙文化进入市场，驿站何在——冯骥才文化市场建设答问/刘兴元//民主 1997-05
⊙文化市场悖论——关于文化市场本质的一个理论探讨/徐亮//杭州师范学院学报 1997-10
⊙文化市场发展探析/魏平 泽民//河北学刊 1997-06
⊙文化市场管理现状剖析/刘卫国//文化月刊 1997-10
⊙文化市场亟待强化依法治理——《河南省文化市场管理条例》执法情况扫描/周亚伦//人大建设 1997-05
⊙文化市场扫黄打非实录/杨为民//中国市场 1997-03
⊙文化事业与经济发展的整合与互化/王明强 李克萍//发展论坛 1997-08
⊙文化用品市场繁荣/荣文光//市场观察 1997-01
⊙我国文化产业的发展透视/梁向阳//中山大学学报论丛 1997-12
⊙我国文化市场的地区分布/李健伟//文化月刊 1997-11
⊙乡村文化消费失衡的原因与对策分析/陈润儿//消费经济 1997-01
⊙消费文化论纲/蒲心文//南方经济 1997-02
⊙消费文化论——引导消费的看不见的手/蒲心文//特区企业文化 1997-01
⊙需要什么样的大众文化研究/孙卫卫//读书 1997-09
⊙有中国特色社会主义文化首先是大众的文化/孙志东//岭南学刊 1997-06
⊙在市场经济中寻求文化发展的新途径/赵守俭//群众文化研究 1997-03、04
⊙正确认识、处理文化与市场经济的关系/杨益群//特区经济

1997-02
⊙正确认识文化市场彻底清除文化垃圾/黄华东 霍君/特区理论与实践 1997-09
⊙中国改革开放以来社会消费的变化与家庭消费的发展趋势/汪文甫//消费经济 1997-01
⊙转型时期文化企业的趋向和管理/张旭东//自然辩证法研究 1997-04

1998 年

⊙“疯狂英语”中的文化淘金者——一个新兴文化市场的传奇与启示/项梓//南风窗 1998-01
⊙“社会主义文化市场理论座谈会”综述/张洪武//北京社会科学 1998-04
⊙“淘金”文化产业/吴锦才//中国企业家 1998-04
⊙“文化人”需要文化官/闫伟//北京工人 1998-01
⊙《泰晤士文摘》:“多元文化”与文化消费的单一性/孟悦//读书 1998-07
⊙1998，文化市场法制年/刘玉珠//中国市场 1998-02
⊙把发展文化产业摆上文化工作的战略位置/徐世丕//文化市场 1998-04
⊙北京将迎接文化开发新时代/徐江善//记者观察 1998-05
⊙北京市民精神文化消费档次提高/茅振芳//北京统计 1998-04
⊙北京文化产业的现状与对策/白志刚//城市问题 1998-03
⊙北京文化产业信息交流会纪要//北京社科联 1998-05
⊙北京迎接开发文化时代/徐江善//经济世界 1998-05
⊙产业化：福州文化事业的“希望工程”/林山//中国第三产业 1998-11
⊙从文化市场冷热看上海市民文化/龚维才//文化月刊 1998-02
⊙打好“两张牌”——关注 21 世纪的产业文化与文化产业/许平//南京艺术学院学报（美术及设计版）1998-04
⊙大众文化消费与精神文明建设/李金蓉//发展论坛 1998-01
⊙当前农村精神文化消费的误区与对策/况永勇//地方政府管理 1998-05
⊙对当今广东文化现状及其发展的思考/温朝霞//现代哲学 1998-03
⊙对市场经济条件下农村群文工作如何发展的思考/张爱兵//群众文化研究 1998-06
⊙对文化消费倾向的若干思考/李西梅 王飞雪//晋阳学刊 1998-01
⊙对我国文化消费结构问题的探讨/金世和//长白学刊 1998-02
⊙发展产业化文化——谈文化在知识经济中的战略作用/胡庆胜//经济论坛 1998-19
⊙发展光辉灿烂的文化大产业/张振江//经济工作导刊 1998-09
⊙发展首都文化产业的前提、依据及面临的困难/孟固//北京社会科学 1998-04
⊙发展文化产业的对策/郑奋明//文明导报 1998-09
⊙发展文化产业与抵御外来腐朽文化渗透/张诚//文化市场 1998-01
⊙发展文化支柱产业是建设国际中心城市的战略选择/花建//上海改革 1998-07
⊙繁荣文化市场巩固文化阵地/孙志东//羊城晚报 1998-01-27
⊙关于大众文化的几点思考/谢传仓//现代哲学 1998-04
⊙关于发展文化产业的理论性探讨//白志刚//城市问题 1998-01
⊙关于繁荣文化市场的几个关系问题/千文吉//群众文化研究 1998-02
⊙关于进一步繁荣与发展文化市场的思考/辛昌权//群众文化研究 1998-02
⊙关于市场文化的一些思考/杨践//四川社科界 1998-05
⊙关于文化市场的繁荣与发展/崔美子 郑昌龙//群众文化研究 1998-02
⊙关于文化市场管理的理性思考/任宁云//民族艺术研究 1998-05
⊙关于中国文化产业现状的思考与建议/沈望舒//北京社会科学 1998-02
⊙基于差异的互补——转型时期的经济学家与文学家/陶东风 金元浦//浙江社会科学 1998-04
⊙汲取传统精华 发展文化产业/张大建//文化月刊 1998-07
⊙加快建设有中国特色的社会主义文化市场/梁植文//民主 1998-06
⊙加强对文化事业的管理/孙立臣 马贵义//理论学习 1998-08
⊙加强文化产业的基础：国有资产的管理/方明//行政事业财务 1998-03
⊙加强文化市场法制建设培育良好市场环境/李健//文化月刊 1998-03
⊙建立有中国特色社会主义的可持续发展体系/张传奇//社会科学辑刊 1998-03
⊙借鉴香港经验发展文化产业/张广芳//中国第三产业 1998-05
⊙经济与文化一体化和精神文明建设集约化/董四代//理论与现代化 1998-08
⊙净化北京文化市场不能手软/黄威 任忆//了望 1998-48
⊙军人文化消费浅析/王其华 李永富//军事经济研究 1998-01
⊙开发激活并重 推进文化事业产业化进程/秦卫星//群众 1998-09
⊙流传的时尚——文化重构中的消费文化/孟繁华//文明与宣传 1998-03
⊙略论在社会主义市场经济条件下群众文化的繁荣与发展/赵香淑//群众文化研究 1998-02
⊙论文化力与社会发展（上）/顾伯平//对外大传播 1998-Z2
⊙论文化力与社会发展（下）/顾伯平//对外大传播 1998-11
⊙论文化政策选择的矛盾运动与价值取向/胡惠林//上海交通大学学报（哲学社会科学版）1998-02
⊙漫谈文化市场的嬗变与管理/周然//群众文化研究 1998-01
⊙面对市场的选择与竞争：文化行业怎样走好产业化之路//了望 1998-20
⊙面向 21 世纪的中国文化发展/陈立旭//资料通讯 1998-02
⊙民族地区文化产业化进程与文化产业扩张/孙福民//湖北民族学院学报（哲学社会科学版）1998-05
⊙南京建设文化大省的文化中心战略研究/吕德雄//南京社会科学 1998-10
⊙努力繁荣和发展社会主义文化市场/蒋凤想//探求 1998S1
⊙铺架欧亚之间的桥梁——第一届欧亚文化论坛在巴黎召开/丁一凡//1998-02-12
⊙浅谈文化产业的发展趋势与基本对策/李英//湖南社会科学 1998-04
⊙浅谈文化市场的现状与管理/王志民//群众文化研究 1998-02
⊙浅谈文化市场在我国的初步发展/高福进//上海交通大学学报（哲学社会科学版）1998-02
⊙浅谈我市农村文化市场发展的对策与思考/高惠岭 刘光辉//群众文化研究 1998-02
⊙浅析现阶段文化市场管理的方式和手段/阎加荣//群众文化研究 1998-02
⊙浅议民族地区文化市场建设的“四性”/徐学锋//群众文化研

究 1998-02
◎浅议文化产业发展的现状与对策/李成华//文化市场 1998-05、06
◎浅议文化市场及其产业发展的现状与对策/李成华//群文论苑 1998-04
◎曲阜文化市场管理的“三招棋”/扈明秀 管荣斌//文化月刊 1998-02
◎让文化产业“大”起来/张振江//经济论坛 1998-19
◎日本近代文学研究的现状与课题：对产业社会“文化装置”的分析/川崎贤子著 孟庆枢译//世纪论评 1998-04
◎汕头文化市场的现状及其发展趋向/司徒允昌//汕头大学学报（人文科学版）1998-01
◎商业文化：营销谋略新时尚/于泓//中国第三产业 1998-06
◎上海文化产业的发展趋势和政策导向/花建//毛泽东邓小平理论研究 1998-04
◎社会进步的标准和民族新型文化的发展/钱家栋//探求 1998-06
◎社会主义市场经济条件下的文化市场管理/王宁//发展论坛 1998-01
◎社会转型期的大众文化定位/邹广文//吉林大学社会科学学报 1998-06
◎社会资金：文化产业的重要依托/王强//文化月刊 1998-12
◎申城文化市场的最新趋势和前瞻思考/花建//上海商业 1998-09
◎实践活动中的消费文化/谢静//新疆大学学报（哲学社会科学版）1998-01
◎世纪之交的中国文化发展战略/胡惠林//学术月刊 1998-10
◎市场没有“皇帝女”/沈湘渠//广东艺术 1998-03
◎试论市场机制在群众文化发展中的作用及影响/张波//群众文化研究 1998-03
◎台州市文化产业现状及其发展战略/张武鹏 丁琦娅//政工师 1998-02
◎谈谈摆正文化与市场的关系/赵东范//群众文化研究 1998-02
◎文化、文化产业与意识形态/刘杲//出版广角 1998-03
◎文化产业，统计的新热点/阎明//北京统计 1998-06
◎文化产业：21 世纪的新兴工业/金元浦//21 世纪 1998-06
◎文化产业：国民经济新增长点/张君秋//中国第三产业 1998-12
◎文化产业：社会发展的推进器/袁向东 甘秉楠//广东职业技术师范学院学报 1998-03
◎文化产业的发展问题研究/刘兴华//红旗文稿 1998-24
◎文化产业的问题点/都正一//当代韩国 1998-01
◎文化产业性之我见/钱广才//群文论苑 1998-04
◎文化公司弄潮/思语//中国质量万里行 1998-09
◎文化价值与文化市场的限度/沈湘平//青海社会科学 1998-01
◎文化市场的瑕疵/丰之//价格理论与实践 1998-01
◎文化市场的新宠/关於//舞蹈 1998-08
◎文化市场发展中的政策建设/李珠//上海艺术家 1998-03
◎文化市场应当以社会效益为中心/韩国栋//民族艺林 1998-04
◎文化市场与市场文化/李志远//工业技术经济 1998-04
◎文化市场中的地下工作者/安也致//经贸世界 1998-02
◎文化与文化产业发展的理论思考/李建盛//新视野 1998-03
◎我们所面对的文化现实/谢武军//理论前沿 1998-17
◎武陵山区文化产业也是支柱产业/陈洁琼//吉首大学学报（社会科学版）1998-04
◎消费的文化和文化的消费/文嘉//室内设计与装修 1998-04
◎消费文化畸变的原因及其对策/李左人//理论与改革 1998-06
◎消费文化与市场营销/田东霞//商业文化 1998-02
◎新产业文化初探/杨鸿汶//国内外经济管理 1998-05
◎新形势下引导和培育文化市场的构想/孙春波//齐鲁艺苑 1998-01
◎信息技术对文化产业的冲击/钱波//民主与科学 1998-04
◎信息时代的文化产业建设与市场准入问题/王强//文艺研究 1998-04
◎怎样认识“文化工业”？/文从周//红旗文稿 1998-24
◎正在升温的世纪话题：保护文化艺术/金元浦//21 世纪 1998-04
◎知识经济与可持续发展战略/张绍镛//福建质量管理 1998-06
◎知识经济与上海文化产业发展的战略思考/薛敏芝//群文论苑 1998-04
◎中国社会主义市场文化精神的一般特征/朱同丹//重庆大学学报（社会科学版）1998-02
◎重视知识经济/隋喜文//中国特色社会主义研究 1998-04
◎抓住机遇，大力发展信息文化产业/王祖强//文化月刊 1998-07

1999 年

◎“三二一”产业顺序的体现——上海文化产业蓬勃发展/李根成//国际市场 1999-11
◎90 年代文化产品的趋众性探析/夏朝//探求 1999-04
◎把文化资源大市建设成为文化产业大市/李露儿//浙江社会科学 1999-07
◎城市文化消费发展趋势/杨家超//政工研究动态 1999-08
◎促进文化市场健康发展的适时之作——《社会主义文化市场概论》评介/李敬德//新视野 1999-03
◎大潮冲浪--中国加入 WTO 给上海文化产业带来的机遇和挑战/花建//毛泽东邓小平理论研究 1999-06
◎大力发展有中国特色的社会主义文化产业（近年来文化产业研究的新进展）/黄南珊 何念龙//社会科学动态 1999-09
◎大连开发区文化产业建设的战略抉择/任引沁 肖兵//大连干部学刊 1999-06
◎大众文化与青少年社会化问题/王素华//桂林市教育学院学报 1999-02
◎当代文化消费危机/刘士林//粤海风 1999-04
◎当代中国大众文化的道德追寻/赵继伦//道德与文明 1999-03
◎当代中国文化政策的转型与重构——20 年文化政策变迁与理论发展概论/胡惠林//上海交通大学学报（哲学社会科学版）1999-01
◎邓小平理论对发展文化产业的指导意义/王忠宏//青年思想家 1999-03
◎独特的竞争优势来自文化创业/马来西亚//中国国情国力 1999-03
◎对加强文化市场管理问题的思考/郑明//中国出版 1999-11
◎对开拓文化市场的思考/李永才//西藏艺术研究 1999-02
◎对确立我国文化体制改革产业化目标的思考/周贤安//攀登 1999-01
◎对文化产业的几点认识/曹发义//北京舞蹈学院学报 1999-04
◎对文化市场改革和发展的思考/刘福臣//群众文化研究 1999-03
◎多彩而无垠的文化大陆——99 巴黎·中国文化周侧记/杨学锋//走向世界 1999-06
◎二三十年代的上海文化市场状况/王忠宏//文化月刊 1999-11
◎发展文化产业要处理好十对关系/王忠宏//党政论坛 1999-08
◎发展文化产业要有大思路//四川宣传 1999-07
◎发展县域文化产业的实践与思考/李彦菊//经济论坛 1999-14

◎繁荣发展社会主义文化市场/孙家正//中国市场经济报 1999-04-22
◎繁荣与管理两手齐抓 社会与经济效益统一——广西文化市场发展研究/吴毅 陈学璞//桂海论丛 1999-03
◎福州文化市场规范管理浅述/陈平//福州党校学报 1999-03
◎改革开放与“大众文化”研究/李翠贤//社会科学研究 1999-02
◎高科技与面向新世纪的文化事业/黄莉莉//艺术教育 1999-02
◎高起祥：文化产业是21世纪世界经济中最具活力的产业/张启亮//学习与实践 1999-02
◎关于“十五”及未来一个时期我国文化产业发展的战略思考/李宝元//经济研究参考 1999-A1
◎关于大连市文化产业发展战略重点的研究/李伟 陈丽华 杜洪义//大连干部学刊 1999-04
◎关于当前文化市场工作中需要强调若干问题/孙家正//文化市场 1999-09
◎关于敦化市文化产业发展的再思考/管玉华//群众文化研究 1999-04
◎关于发展长春市文化产业的思考/丁丽君//长春市委党校学报 1999-03
◎关于尽快制定天津“文化经济发展战略”的建议/贾培起//天津经济 1999-06
◎关于开发南京文化、旅游资源和市场的几个问题/李仝根//南京社会科学 1999-S1
◎关于培育文化市场、发展文化产业的几点思考/杨承志/内部文稿 1999-03
◎关于文化产业的若干认识问题/柳士发//文化市场 1999-05
◎关于文化产业发展的思考/张佳 王真慧//中南民族学院学报（人文社会科学版）1999-S1
◎关于文化市场需求的辩证理解/李金蓉//发展论坛 1999-07
◎关于我国发展文化产业的思考/王忠宏//文化市场 1999-11
◎关于我区城镇居民文化消费问题的思考/焦雪岱//实践 1999-08
◎国办文化单位的现实出路/高德祥//文化月刊 1999-07
◎回顾与展望——写在四川省傩文化研究会成立5周年/于一//四川戏剧 1999-02
◎吉林省文化消费的现状及其走势/陈若莉//社会科学战线 1999-02
◎简析二十世纪末的新型产业——文化产业/张文林//宁夏社会科学 1999-09
◎谫论文化市场管理人员素质建设/乔培土//群众文化研究 1999-3
◎建立健康繁荣有序的文化市场：普陀区文化市场现状分析及其加快发展的几点设想/李逢军//文化市场 1999-11
◎建立文化市场的前提/朱国宏//社会科学报 1999-09-23
◎建立文化中介机构，培育文化经纪人/陈志强//上海艺术家 1999-01
◎建设新时期农村文化中心初探/刘家前//文化市场 1999-03
◎建设一支高素质的群众文化干部队伍/范宁生//文化市场 1999-11
◎建设云南民族文化大省的五个基本工程/尹绍亭//民族工作 1999-06
◎金大中的文化观/韩今玉//当代韩国 1999-05
◎经济文化的辩证统一与文化产业的发展/孙万菊//发展论坛 1999-07
◎可持续发展与文化市场建设/孙生//群众文化研究 1999-03
◎扩大内需，要大力拓展文化需求/承志//扬州大学学报（人文社会科学版）1999-05
◎论发展社会主义经济文化/丁瑞莲//长沙大学学报 1999-01
◎论农村文化消费与农村文化市场开发/冯建平//文化市场 1999-05
◎论市场经济下的文艺功能及文化产业/高红樱//内蒙古社会科学（汉文版）1999-05
◎论文化产业的地位与作用/王国宾//北京舞蹈学院学报 1999-04
◎论文化产业在国民经济中的地位和作用/廖春江//群众文化研究 1999-03
◎论文化产业在现代化建设中的地位与作用/王国宾//北京舞蹈学院学 1999-01
◎论文化市场的法制化管理/娄桂红//群众文化研究 1999-03
◎论文化市场社会效益的显性失调与对策/李凤春//群众文化研究 1999-03
◎论文化事业的市场化和制度化转换/郑成文/经济研究参考 1999-31
◎论文化消费的特点/李金蓉//理论与改革 1999-03
◎论文化与经济的共生互动关系/李大方//理论探讨 1999-01
◎论我国文化产业的基本特征/王国宾//北京舞蹈学院学报 1999-02
◎密云县文化产业现状的分析与思考/张文//群文博览 1999-春季刊
◎面向新的世纪，拓展文化产业/曹伟明//群文论苑 1999-01
◎民族的 科学的 大众的文化——中国文化发展报告（一）/中国政府代表团//中外文化交流 1999-02
◎民族的 科学的 大众的文化——中国文化发展报告（二）/中国政府代表团//中外文化交流 1999-03
◎民族的 科学的 大众的文化——中国文化发展报告（三）/中国政府代表团//中外文化交流 1999-04
◎民族的 科学的 大众的文化——中国文化发展报告（四）/中国政府代表团//中外文化交流 1999-05
◎民族的 科学的 大众的文化——中国文化发展报告（五）/中国政府代表团//中外文化交流 1999-06
◎农村家庭文化消费力发展探析/刘敏//湖南税务高等专科学校学报 1999-04
◎农村文化市场的管理/陈春木//福建艺术 1999-05
◎贫困地区文化产业发展构想/卢延庆//群文天地 1999-05
◎浅论90年代文艺市场化及其对公众的影响/高福进//上海交通大学学报（哲学社会科学版）1999-02
◎浅论社会主义文化市场的社会定位及其思考/郝晶华//群众文化研究 1999-03
◎浅论文化产业及其发展对策/王翔//文化市场 1999-09
◎浅谈加强文化市场稽查队伍建设/高文升//群众文化研究 1999-03
◎浅谈建立“五分离”的规范化管理机制/陈树清 刘逸平//文化市场 1999-03
◎浅谈经济欠发达地区文化市场的发展与管理/刘春华//文化市场 1999-11
◎浅谈文化（艺术）馆在市场经济条件下的生存与发展/王冰//群众文化研究 1999-05、06
◎浅谈文化市场的法制建设/姜沿//群众文化研究 1999-03
◎浅谈文化市场的建设与需要/徐学锋 高承哲//群众文化研究 1999-03
◎浅谈文化市场的扫黄工作/金明虎 朴东学//群众文化研究 1999-03

◎浅谈文化市场繁荣与管理的关系/黄义//群众文化研究 1999-03
◎浅谈文化市场管理与民营经济发展/黄成斌//文化市场 1999-09
◎浅谈文化市场管理中社会效益的提高/藏忠谊//群众文化研究 1999-03
◎浅谈文化市场中的自由竞争与宏观调控/金玉柱//群众文化研究 1999-03
◎浅析文化市场繁荣中的几个问题/马里//文化市场 1999-03
◎浅析文化市场管理中几层关系/蒋俊臣//文化市场 1999-09
◎浅议白州民族乡文化市场发展的现状与对策/字金昌//文化市场 1999-11
◎浅议文化市场建设/徐梦泽 聂弘//经济视角 1999-03-15
◎强化管理，重在繁荣：延边文化市场繁荣发展的思考/聂景刚//群众文化研究 1999-03
◎强化管理是文化市场健康发展的根本途径/张明前//群众文化研究 1999-03
◎清末维新派的文化产业运作与思想启蒙/焦润明//社会科学辑刊 1999-01
◎全球化文化消费的双重效应及我们的对策/李金蓉//消费经济 1999-06
◎群众文化与文化市场/王隆芬//群众文化研究 1999-04
◎如何管好文化市场/金敏//群众文化研究 1999-03
◎如何解决文化市场的宏观调控问题/韩冰//群众文化研究 1999-03
◎上海文化产业发展的战略思路和政策导向/花建//党政论坛 1999-02
◎上海文化市场发展浅析/陈敏//文化市场 1999-01
◎社会主义市场经济中的文化产业/樊洛平//社会科学战线 1999-05
◎世纪的都市支柱产业——上海文化产业/李光一//上海艺术家 1999-01
◎世纪之交文化发展的基本趋势/韩宇宏//周口师范高等专科学校学报 1999-03
◎世界一体化 市场一体化/高焕祥//商业研究 1999-06
◎世贸组织谈判中的文化商品谈判/刘兴华//出版发行研究 1999-07
◎市场·竞争·特色化/李云阁//北京成人教育 1999-01
◎市场经济条件下的文化建设问题/邓红风//人文杂志 1999-01
◎市场经济条件下文化产业的战略定位/蒯大申//上海文化报 1999-05-28
◎市场经济条件下文化辐射的感应现象/田执雨//群众文化研究 1999-03
◎市场经济条件下文化馆的生存与发展/王连发//群众文化研究 1999-05-06
◎市场经济与大众文化的发展/钟淑洁//长白学刊 1999-06
◎视察文化市场重在注重成效/张世英//人大建设 1999-01
◎试论加强文化伦理规范/郑又贤//中共福建省委党校学报 1999-04
◎试论文化教育在消费中的地位/温凤英//理论观察 1999-05
◎试论文化商品市场的政府规制/张旭昆//浙江大学学报（人文社会科学版）1999-04
◎试论文化市场的宏观调控/高卓//群众文化研究 1999-03
◎试论文化市场的社会功能/张世新//文化市场 1999-05
◎试论文化市场稽查工作的服务意识/王观太//群众文化研究 1999-03
◎试论我国大众文化产生的原因及其特点/连连//江海学刊 1999-04
◎试论知识经济的基础与灵魂——知识经济与软科学/李京文//中国软科学 1999-01
◎试谈文化市场繁荣与管理的关系问题/魏艳娟 王雪山//群众文化研究 1999-03
◎试谈文化市场中的负面效应/王琪//群众文化研究 1999-03
◎适应市场经济寻求文化发展的新思路/金成光 傅晓//群众文化研究 1999-05、06
◎守好这方净土——山东省曲阜市文化市场管理一瞥/扈明秀//文化月刊 1999-09
◎首都文化产业发展中迅速崛起的歌华集团/张东//党建 1999-01
◎思想道德建设是文化市场建设的重要组成部分/赵立夫//群众文化研究 1999-03
◎四川文化产业发展现状与对策研究/卢仁声 傅荣 吴成钢//四川宣传 1999-12
◎谈农村文化市场的培育与管理/杜文荃 赵连有//群众文化研究 1999-03
◎谈谈文化市场管理信息化的若干问题/陈峰//文化市场 1999-11
◎谈现阶段中国文化产业（文化部文化产业司副司长金一伟答记者问）/齐大任//文化月刊 1999-01
◎探索文化产业新世纪发展对策，文化产业的发展与管理研讨会昨召开/文汇报 1999-09-08
◎文化部部长孙家正说 整顿和规范文化市场仍是一项重要任务//城市质量监督 1999-04
◎文化部副部长李源潮称文化是个大产业/邓聿文//广东大经贸 1999-08
◎文化产业：21 世纪可持续发展的新增长点——城市文化产业发展的理论思考/林熠//天津行政学院学报 1999-02
◎文化产业：现代化建设的支柱产业/王国宾//艺术教育 1999-04
◎文化产业：新的投资领域/严敏//上海投资 1999-10
◎文化产业：一道亮丽的致富风景线/郭金发 刘鲜芝 周玉振//河南农业 1999-10
◎文化产业的类型及发展特征/张曼茵//经济论坛 1999-13
◎文化产业的位置及其政策导向/王卫//河南科技 1999-11
◎文化产业化：群众文化发展的误区/宋长星//工会理论研究（上海工会管理干部学院学报）1999-03
◎文化产业化：文化宫俱乐部发展的选择/符时宝//工会理论研究（上海工会管理干部学院学报）1999-03
◎文化产业化当务之急是建立文化企业/周洪晋//特区展望 1999-06
◎文化产业化——山西经济发展格局的战略构想/白正梅//经济问题 1999-05
◎文化产业将成为下个世纪韩国经济的主要成分//当代韩国 1999-Z1
◎文化产业经济效益测算方法之探讨/张卫红//经济与管理研究 1999-01
◎文化产业要有序发展/张文林//民族艺林 1999-01
◎文化产业与再就业的内在联系/程云瑞//群文博览 1999-夏季号
◎文化的转型及其对法治进程的影响/周洪英//南方论刊 1999-10
◎文化工业：当代审美文化批判/姚文放//社会科学辑刊 1999-02
◎文化市场产业化将成为发展第三产业的一个新的增长点/李莉萍//企业文化 1999-05
◎文化市场的繁荣与管理/邢明春//群众文化研究 1999-03
◎文化市场的特征与作用争议/沈军军 刘洪//文化市场 1999-01
◎文化市场繁荣与管理中应注意的几个问题/吕余龙//文化市场

1999-09
◎文化市场根本特征和管理原则的探讨/徐亮//济南市社会主义学院学报 1999-02
◎文化市场管理体系规范化的思考/霍岩//群众文化研究 1999-03
◎文化市场基本矛盾的对立统一/张世新//文化市场 1999-01
◎文化市场稽查工作的服务意识/王观太//行政与法 1999-05
◎文化市场态势与问题谫析/周然//群众文化研究 1999-02
◎文化市场应坚持社会效益第一的原则/杨桂兰//群众文化研究 1999-03
◎文化消费：扩大内需的手段之一/孙若风//政工研究动态 1999-20
◎文化消费的多样化趋势及效应/李金蓉//山东社会科学 1999-04
◎文化也要产业化/陈文湘//江南论坛 1999-03
◎西方大众文化理论研究评介/金民卿//哲学动态 1999-10
◎西方国家文化产业发展现状简析/贾正宏 魏杰//山东经济战略研究 1999-08
◎西方文化产业的分析与思考/贾正宏 孔炘 魏杰//青年思想家 1999-02
◎现代化管理方式在文化市场管理中的应用/李晓媛//牡丹江师范学院学报（哲学社会科学版）1999-03
◎消费，中国经济明日之“午宴”/罗文文//珠江经济 1999-09-15
◎消费文化：鲍德里亚如是说/陈昕//读书 1999-08
◎信息传播在文化产业中的支柱性作用/王小蓓//文化月刊 1999-11
◎严复中国文化建设与逻辑思想探赜/郭桥//洛阳师范学院学报 1999-01
◎要重视发展文化产业/白仲尧//政策 1999-06
◎依法加强文化产业档案管理的必要性/范丽珍//档案学通讯 1999-05
◎以“三讲”为动力，建设高素质的文化市场管理干部队伍/赵令珍//文化市场 1999-11
◎优化上海文化资源配置的理论思考和前瞻探索/花建//学术季刊 1999-03
◎云南省文化市场现状、发展思路及建议/云南文化市场调查组//文化市场 1999-05
◎在二重定位中建设健康的文化市场/徐晓伟//中共中央党校学报 1999-05
◎在社会主义市场经济条件下全面启动广场文化发展的新思路新举措/肖英奎//群众文化研究 1999-04
◎在世纪之交全面推进四川文化事业/傅敬蓉//四川戏剧 1999-05
◎在市场经济条件下全面启动广场文化发展的新思路、新举措/郭利宏//群众文化研究 1999-03、06
◎增强文化力在经济发展中的作用/朱明伟//浙江经济 1999-11
◎正确对待我国文化产业的市场前景/申忠健//技术经济与管理研究 1999-04
◎知识经济到底怎么看？/仲大军//科技智囊 1999-01
◎知识经济及其知识经济时代的文化产业建设/南燕//群文论苑 1999-02
◎知识经济与文明消费/尹世杰//中南工业大学学报（社会科学版）1999-01
◎中国的经济发展与文化产业/林毅夫//社会科学报 1999-07-29
◎中国社会文化发展面临的十个新问题/黎田//侨园 1999-02
◎中国消费文化的现状及思考/李左人//中共四川省委党校学报 1999-02
◎中国消费文化探析/王乐忠//东岳论丛 1999-01
◎注重大众文化的社会导向，促进文化市场的繁荣发展/刘悦//群众文化研究 1999-03
◎抓住历史机遇，推动武汉跨世纪文化产业发展/叶金生//学习与实践 1999-12
◎转变政府职能培育文化产业/于石东//文化市场 1999-05
◎转换观念做好市场经济条件下的群众文化工作：在省艺术馆理论中心组学习会上的发言/刘连生//群众文化研究 1999-01

2000年

◎“产业化”是文化市场发展的必然趋势/高慕娟 姬建民//探索与求是 2000-08
◎“符号价值”消费悄悄走来//中国机电日报 2000-07-17
◎“广州市文化产业与文化立法”研讨会于近日召开/温朝霞//探求 2000-02
◎“入世”后我国文化产业将受到三重冲击/钟哲//安徽经济报 2000-07-07
◎“数字化生存”的伦理（一）/章建刚//微电脑世界 2000-23
◎“数字化生存”的伦理（二）/章建刚//微电脑世界 2000-24
◎“数字化生存”的伦理（三）/章建刚//微电脑世界 2000-25
◎“网话文”展示了新世纪的文化形态/顾晓鸣//世纪 2000-01
◎“网上北京”尽展文化风采/胡晓纯//网络世界 2000-09-11
◎“文化工业”理论述评/戴阿宝//河北师范大学学报（哲学社会科学版）2000-04
◎2000年上海文化发展蓝皮书/尹继左//上海社会科学院出版社 2000
◎20世纪文化事件之最/广臻//大舞台 2000-03
◎21世纪甘肃文化产业发展的思考/金玮//甘肃理论学刊 2000-06
◎WTO与中国文化产业/李国刚//前沿 2000-06
◎把文化产业的触角伸向方方面面/何安丽 刘慧//浙江日报 2000-09-04
◎白族“三道茶”进入文化产业的启示/杨泽新//云南日报 2000-09-11
◎保护西部文化的多样性/黄鹏//中华工商时报 2000-09-18
◎北京圈定文化产业模式/北京文化发展基金会//中华工商时报 2000-07-11
◎北京市文化产业状况简析/王军//投资北京 2000-05
◎北京文化消费需求分析 首都文化发展研究中心/钱光培//中华工商时报 2000-07-11
◎北京文化消费需求分析/钱光培//中华工商时报 2000-07-11
◎长江三峡文化产业发展框架构想/刘本荣//重庆行政 2000-06
◎长沙市拉开兴办文化产业帷幕/李光华 姚学文//湖南日报 2000-12-31
◎城南新事宣武要兴文化旅游/金启宁//中国旅游报 2000-12-15
◎城市人文化消费多样化/苏凡//山西日报 2000-07-21
◎城市社区文化建设探讨/张骏//学习与实践 2000-10
◎城市文化产业发展研究/李建国//中共杭州市委党校学报 2000-08
◎城市文化与城市经济/刘维新//中国经济时报 2000-10-27
◎刍议名牌文化的内涵和特点/缪冠伟 叶平生//中国企业报 2000-07-18
◎楚雄打造民族文化品牌/贾云巍//云南日报 2000-11-01
◎处理好继承借鉴与发展的关系/张振江//河北日报 2000-08-07
◎传统文化处境与现代文化产业/王咏刚//云南日报 2000-09-18

◎创新文化与文化创新/金吾伦//学习月刊 2000-04
◎从“办文化”到“管文化”/金涛//文汇报 2000-11-11
◎从发展市场文化谈防止文化的市场化/忽云芳//能源基地建设 2000-06
◎从经济文化一体化发展的新维度看文化对经济的影响/王燕//长白学刊 2000-09
◎从文化到文化产业/祁述裕//中国改革 2000-05
◎大城市文化产业研讨/路艳霞//北京日报 2000-10-25
◎大城市文化产业研讨会在京举行/周玉宁//文艺报 2000-11-07
◎大力发展文化产业 加速实现新的跨越/张珏娟//四川日报 2000-09-27
◎大力挖掘文化产业的潜值//内蒙古宣传 2000-07
◎大市场里显身手/毛国兴//中国工商报 2000-11-14
◎大众文化的生成、现状及其影响探微/李生文//攀登 2000-05
◎大众文化论/孙占国//社会科学战线 2000-01
◎大众文化批评的功能（上）/许文郁//北京市政法管理干部学院学报 2000-02
◎大众文化消费与我国文化产业发展关系探讨/连连//福建论坛（经济社会版）2000-06
◎大众文化与高校德育建设/纪光欣//理论学习 2000-03
◎当代文化发展的产业化潮流及其双重效应/赵子忱//南京政治学院学报 2000-02
◎当代文化消费中的粗俗时尚/刘士林//民族艺术 2000-04
◎当前文化领域的趋众性特征/吴冰//红旗文稿 2000-14
◎当前我国文化市场对青少年的影响及其对策探讨/刘福州//阜阳师范学院学报（社科版）2000-01
◎当下中国大众文化的“两种时间”/孟繁华//中华读书报 2000-10-18
◎当做文化产业来办 实现两个效益丰收/孙玉山 周暹//北京日报 2000-10-23
◎迪庆着力建设香格里拉民族文化/王咏刚//云南日报 2000-08-23
◎抵御文化市场消极影响/黄金声//政工学刊 2000-06
◎都市文化消费多元化/苏凡//亚太经济时报 2000-08-12
◎都市文化与人本角色/冯桂林//湖北日报 2000-12-22
◎对文化产业的理解与认同/萨仁满都拉//内蒙古艺术 2000-01
◎对文化市场与文化产业发展的几点思考/苏金鸿//云南日报 2000-12-19
◎对转型期文化产业的思考/张伟红//理论研究 2000-01
◎二十一世纪的朝阳产业——文化产业漫笔之一/覃振锋//沿海企业与科技 2000-03
◎发挥资源优势 加快产业步伐 实现“两翼齐飞”/范恩//内蒙古艺术 2000-01
◎发展民族文化产业是云南经济结构调整的理性选择/杨红英 杨军//思想战线 2000-03
◎发展农村文化产业大有可为/赵秀忠//河北日报 2000-09-18
◎发展文化产业 培育城市新的经济增长点/苏华清//南宁师范高等专科学校学报 2000-04
◎发展文化产业刍议/李腾飞//探求 2000-01
◎发展文化产业的有益尝试/曾晓云//重庆日报 2000-07-23
◎发展文化产业的重要因素与时机/平视之//世界经济文汇 2000-03
◎发展文化产业我们能做什么——“文化体制改革与文化产业”座谈会摘要 做好三件事/李源潮//中国改革 2000-05
◎发展文化产业与北京产业结构调整的战略抉择（节选）/钱光培//经济世界 2000-06
◎发展云南文化产业的思考/陈德金 杨美萍//云南日报 2000-08-14
◎风景、文化产业：金碗不是用来讨饭的/王兴斌//中国国情国力 2000-06
◎福建省文化市场管理问题研究/叶志坚//中共福建省委党校学报 2000-04
◎赣文化打出好“牌”/柳笛 柳易江//江西日报 2000-10-09
◎构建 21 世纪经济社会新亮点/焦玉强//山西日报 2000-12-15
◎构建文化支柱产业 加快云南经济发展/熊黎明//支部生活 2000-10
◎关于“文化产品、文化产业与文化市场”文献的分类/李青华//山东图书馆季刊 2000-04
◎关于大学生精神文化消费的几点思考/贺兆涛 陈士福 张峰//青少年研究-山东省团校学报 2000-01
◎关于大众文化和文化产业的思考/沙潮//中国电视 2000-09
◎关于发展文化产业的几个理论问题/王少明//星海音乐学院学报 2000-03
◎关于发展我省文化产业的宏观思考/王希奎//理论观察 2000-04
◎关于河北文化艺术工作的几个问题/王辅捷//探索与求是 2000-12
◎关于湖南文化产业发展的一些思考/刘健民//中国改革 2000-10
◎关于开展文化市场管理征文活动的启事//福建艺术 2000-03
◎关于投资文化产业的对话/徐骥//四川日报 2000-08-11
◎关于文化产业的思考//中国电视 2000-03
◎关于文化市场管理情况的报告——2000 年 2 月 28 日在第九届全国人民代表大会常务委员会第十四次会议上/孙家正//全国人民代表大会常务委员会公报 2000-01
◎关于我国文化产品走向国际市场的思考：兼谈我国加入 WTO 后对国内及北京市文化市场的影响和对策/马欣//中国特色社会主义研究 2000-S1
◎关注 22 种文化形态的嬗变//北京日报 2000-11-20
◎关注文化消费/苏凡//经济消息报 2000-07-26
◎贯彻五中全会精神，推进文化产业发展/毛三元//民族艺术研究 2000-06
◎广东茶楼文化一瞥/邹沛颜//中国水利报 2000-11-18
◎广州市文化产业蓬勃发展/钟玉明//厂长经理日报 2000-09-11
◎广州文化产业发展研究“广州文化产业发展专题调研”课题组//开放时代 2000-06
◎国际文化交流成为亮点/伍斌//解放日报 2000-12-17
◎国家文化安全：经济全球化背景下中国文化产业发展策论/胡惠林//学术月刊 2000-02
◎韩国全面接纳日本大众文化/徐志坚//法制日报 2000-06-29
◎河南省文化市场的现状与发展探析/陈润中//河南社会科学 2000-01
◎呼唤文化品牌/王咏刚//云南日报 2000-07-03
◎虎视眈眈下的中国文化产业/文丰//山西经济日报 2000-12-17
◎化文化事业为文化产业/李晓伟//内蒙古艺术 2000-01
◎欢欣与阵痛——从文化市场看文化产业/蔚子//市场观察 2000-12
◎既要有知识，又要懂法规——文化经纪人也要“考本”//经纪人 2000-01
◎加快文化产业发展 促进两个文明建设/曹智//辽宁日报 2000-09-22
◎加强文化市场建设 促进首府创建文明城市活动/张勐//疏导 2000-S1

◎加入 WTO：文化市场的机遇和挑战//中国教育报 2000-03-14

◎加入 WTO 对北京文化产业的影响和对策/马朝军//前线 2000-05

◎加入 WTO 对文化产业会产生怎样的影响？//探索与求是 2000-03

◎加入 WTO 后文化产业怎样同世界接轨？//探索与求是 2000-03

◎加速发展文化产业/李源潮//今日浙江 2000-21

◎假日消费文化初探/王麓怡//湖北财经高等专科学校学报 2000-04

◎坚持文化民族性并非意味着保守/吴伟农//新华每日电讯 2000-09-08

◎建构大少儿文化产业/黄瑶莉//中国图书商报 2000-06-02

◎建构社会主义经济文化市场/周念忠//重庆行政 2000-04

◎建构云南民族文化娱乐业产业化格局/高天一//云南日报 2000-06-26

◎建设文化大省 发展文化产业/张德江//今日浙江 2000-13

◎建设中国科技文化产业的主力军/汪继祥//出版广角 2000-09

◎剑川：向民族文化大县迈进/张小平//云南日报 2000-11-04

◎江县开发特色文化产业/王咏刚//云南日报 2000-08-11

◎经济全球化与中国文化产业的发展导向/花建//上海改革 2000-12

◎精神生产与文化建设探析/陈质敏//长白学刊 2000-02

◎精神文化消费与全民素质提高/王若军//河南机电高等专科学校学报 2000-02

◎九十年代中国文化市场调查/戴锦华//上海文学 2000-04

◎开创文化产业发展的新局面/赵亚迅//学习时报 2000-12-18

◎开放市场强化主流/王有才//中国改革 2000-05

◎叩响新世纪文化之门/金元浦//瞭望 2000-01

◎老舍茶馆走传统文化经营之路/任延军//中国企业报 2000-12-13

◎丽江古乐文化市场探析/梅佳//云南日报 2000-07-31

◎辽宁省城市文化产业发展战略研究//理论界 2000-04

◎论 21 世纪中国消费文化建设的方法论原则/王忠武//淄博学院学报（社会科学版）2000-06

◎论刺激内需利益驱动与文化诱动/Research Group//河北经贸大学学报 2000-02

◎论经济与文化互动和广州文化产业的立法/周翠玲//探求 2000-01

◎论区域民族文化建设的层递推进——兼谈曲靖市民族文化产业建设的对策与措施/方然//曲靖师专学报 2000-05

◎论文化产业在浙江建设文化大省和现代化中的作用/陈立旭//浙江学刊 2000-06

◎论文化营销的趋向与策略/杨明刚//华东理工大学学报（社会科学版）2000-04

◎论组建文化产业集团中的政府行为/张学木//理论界 2000-02

◎迈出文化产业发展的“四步曲”/包新旺//今日浙江 2000-22

◎魅力无穷的朝阳产业/夏玉兰//群众 2000-03

◎民俗文化产业化的构想/张来芳//江西社会科学 2000-05

◎民俗文化产业与振兴民族经济/何学威//中南工业大学学报（社会科学版）2000-02

◎民族文化产业化，路有多远？/叶孜//今日民族 2000-09

◎民族文化产业建设的思考/陈真//云南日报 2000-09-04

◎民族文化产业信息化势在必行/阿侯·依热//中国企业报 2000-12-26

◎民族文化多样性保护与发展的思考/何耀华//云南日报 2000-07-24

◎宁波全面推进文化大市建设/李建新//浙江日报 2000-09-27

◎农村产业文化的魅力/谢文君//辽宁日报 2000-08-17

◎农村产业文化建设应突出地方特色/高月//辽宁日报 2000-10-15

◎努力创建有中国特色社会主义文化/李铁映//广东社会科学 2000-04

◎盼望将“文化体改与文化产业”的讨论再深入一步/朱荣璋//中国改革 2000-07

◎品牌名称的文化误区/孟昭泉//黄河科技大学学报 2000-01

◎浦东文化发展的新问题及对策/杨国珍//解放日报 2000-10-22

◎谱写都市文化建设新篇章//文汇报 2000-11-01

◎启动垦区文化消费促进经济发展/傅强//农场经济管理 2000-02

◎浅谈流行文化现象/王珣//乐府新声 2000-03

◎青海特色文化呼唤大构建/魏兴国//青海日报 2000-09-08

◎青梅煮酒论英雄——文化市场月月大盘点/小萌//国际音乐交流 2000-Z1

◎区分三类文化/王能宪//中国改革 2000-05

◎全力打好“秦淮文化”牌/俞巧云 陈思平//新华日报 2000-10-10

◎全面规划重点突破 推进首都文化建设/徐雪梅//北京日报 2000-11-25

◎让文化产业成为城市发展的支柱/浦任//了望 2000-11

◎如何提高文化商品的市场竞争力/张壮旭//市场经济导报 2000-02-29

◎商业街没文化行吗？/高以道//中国质量报 2000-09-08

◎上海市民收入变化对文化消费发展的影响/冯义涛 邹晓东//上海经济研究 2000-11

◎上海文化产业发展浅析/苏永军 邹晓东//上海大学学报（社会科学版）2000-04

◎上海文化消费相关因素的实证分析/邹晓东 苏永军//世界经济文汇 2000-03

◎设立国有控股公司加快文化产业制度创新/子木//理论界 2000-01

◎社会学视野中的文化产业/杨照曾 季国清//哈尔滨市经济管理干部学院学报 2000-01

◎社会主义文化生产的双重规律及其产业自觉/张龙平//理论与改革 2000-01

◎深化文化体制改革 推进文化产业发展/王玉明//地方政府管理 2000-09

◎世纪之交文化发展的基本趋势/韩宇宏//周口师范高等专科学校学报 2000-03

◎市场开拓中的“文化沟通”/顾伯平//云南日报 2000-08-07

◎市场文化与文化市场化浅论/黎珍//贵州师范大学学报（社会科学版）2000-03

◎市民文化消费潜力大着呢！/端木复//解放日报 2000-10-24

◎试论广州发展文化产业面临的思想创新//岭南学刊 2000-02

◎试论群众文化与市场文化的关系/许加启 邬云萍//山东省群文理论研讨会 2000-06-30

◎试论市场经济条件下大众文化的人文提升/张文生 李宏斌//延安大学学报（哲学社会科学版）2000-02

◎试论文化产业存在的问题及对策/张凤//赤峰教育学院学报 2000-01

◎试论云南民族文化产业/张军毅 龙梅//云南师范大学学报（哲学社会科学版）2000-05

◎试谈文化市场改革与市场经济/李延林 杨幼芳//湖南财经高等专科学校学报 2000-04

◎树新思想创新机制 促文化产业大发展/谭晶纯//云南日报 2000-08-21
◎谁来开发《山海经》文化产业/王红旗//文史杂志 2000-07
◎谈社会文化市场对军营文化建设的冲击/王守山//西安政治学院学报 2000-06
◎谈文化产业的规划和开发/赵爱民//赤峰教育学院学报 2000-01
◎天津文化产业发展之管见/缪缈//理论与现代化 2000-05
◎挑战与机遇——“入世”与中国文化建设/刘玉珠//求是 2000-10
◎透视文化立法/刘晓霞//法制日报 2000-08-10
◎完善产业经营模式 推动农村文化建设/李世忠//人民政协报 2000-11-04
◎威海千里海疆成为文化长廊/张松青//中国水利报 2000-12-09
◎为大众文化辩护/唐欣//甘肃社会科学 2000-04
◎维护世界文化多样性/郭京花//新华每日电讯 2000-06-19
◎未来消费市场的四大趋势//中国食品质量报 2000-10-12
◎文化“洋巨头”抢滩中国市场/文丰//企业家天地 2000-12
◎文化产业：建设文化大省的突破口/姚休//浙江日报 2000-10-16
◎文化产业：经济战略转折点/刘飏//亚太经济时报 2000-12-13
◎文化产业：科技与文化冲撞的必然产物/赵雪静//唐山高等专科学校学报 2000-03
◎文化产业：未来经济支撑点/刘飏//亚太经济时报 2000-12-13
◎文化产业：文化建设的重要生长点/周长风//发展论坛 2000-12
◎文化产业：现代经济增长点/刘飏//亚太经济时报 2000-12-13
◎文化产业：新的增长点/刘璜特 马朝军 高起祥//中华工商时报 2000-07-11
◎文化产业：新世纪中国的支柱产业（北京大学文化产业研究所所长叶朗教授一席谈）//文汇报 2000-11-06
◎文化产业：新世纪中国的支柱产业/徐春发//文汇报 2000-11-06
◎文化产业：在冲击中长大/李薇薇//侨园 2000-05
◎文化产业：中国市场一块最靓的风水宝地/锦秀文//财会月刊 2000-09
◎文化产业“游戏规则”/辛华//江苏经济报 2000-09-29
◎文化产业——21 世纪经济的另一只翅膀/冉茂金//中国艺术报 2000-10-13
◎文化产业大有作为/刘兵兵 吴一鸣//云南经济日报 2000-08-22
◎文化产业的商业机会/杨育谋//企业活力 2000-04
◎文化产业发展研究/姚休//资料通讯 2000-11
◎文化产业发展与国家文化安全——全球化背景下中国文化产业发展问题思考/胡惠林//学术季刊 2000-02
◎文化产业化发展战略的思考/陈煦//理论与改革 2000-05
◎文化产业将成新的经济增长点/赵腊平//中国改革报 2000-07-13
◎文化产业精神文明强大推动器/刘飏//亚太经济时报 2000-12-09
◎文化产业崛起的希望在于体制创新/刘青云//广东艺术 2000-04
◎文化产业理论的几个问题/白仲尧//财贸经济 2000-02
◎文化产业面临的挑战/刘玉珠//中国改革 2000-08
◎文化产业是朝阳产业/隆准//重庆商报 2000-06-11
◎文化产业——新世纪的朝阳 北京文化产业发展规划课题组//北京观察 2000-12
◎文化产业兴则民族文化大省立//云南日报 2000-08-25
◎文化产业应对“入世”要有紧迫感/庄会宁 浦树柔 史湘洲 汤华//瞭望 2000-12
◎文化产业缘何叫好不叫俏/张爱军//北京日报/2000-08-21
◎文化产业在“入世”初期可能受到三重冲击//海峡时报 2000-07-07
◎文化产业壮大文化事业/刘世领 徐向明 邹建丰 朱新法//新华日报 2000-07-03
◎文化工业——中国文化发展的必然/刘静//河北学刊 2000-07
◎文化建设的主旋律与多样化/卢云伍//云南日报 2000-11-21
◎文化经济品评/史学文//中国税务报 2000-11-17
◎文化生产力与文化经济/金元浦//学术季刊 2000-01
◎文化生产能否产业化——关于发展文化产业的几个观念问题//中南财经大学学报 2000-02
◎文化市场：天平怎能失衡/李薇薇 木心//记者观察 2000-10
◎文化市场不再错过夏日/徐立京//中国质量报 2000-06-19
◎文化市场的冷与热/刘玉珠//中国改革 2000-05
◎文化市场的特性及其矛盾冲突/吴灿新//南方日报 2000-02-11
◎文化市场管理队伍建设不容忽视/杨嘉寿//云南日报 2000-09-11
◎文化市场管理要注重正面引导/方军//江南论坛 2000-11
◎文化市场盼你越走越好//中国审计报 2000-09-13
◎文化市场现象私窥/何满子//大舞台 2000-03
◎文化市场行政执法错案责任追究暂行办法//司法业务文选 2000-07
◎文化投资与投资文化——文化产业漫笔之二/覃振锋//沿海企业与科技 2000-04
◎文化消费：好大一个市场/何安丽//浙江日报 2000-08-07
◎文化消费在哪里/金介华//中国石油报 2000-08-06
◎文化行政体制改革与首都文化产业的发展/缴俊友//北京市总工会职工大学学报 2000-03
◎文化研究的视野：大众传播与接受/金元浦//天津社会科学 2000-04
◎文化营销及其思维特征/甄海胜//山西高等学校社会科学学报 2000-12
◎文化与经济关系的深层透视/王燕//新长征 2000-11
◎文化——正在兴起的消费热点/晏才群//消费经济 2000-01
◎文化资源 重组是金/花建//世纪 2000-04
◎我省文化产业如何走出困境/陈建国 谢险峰 汪顶胜//安徽日报 2000-07-12
◎我省文化市场建设的调查与建议/山东省文化厅//发展论坛 2000-08
◎西部文化复兴的新契机/赵自立//北京日报 2000-10-16
◎喜洲白族民居的保护和开发/赵勤//云南政协报 2000-06-17
◎消费文化、消费政策与扩大内需/李永周//消费经济 2000-02
◎消费文化是消费的知识化和理论化形态/熊汉富 袁丹洁//湖南教育学院学报 2000-01
◎消费心理文化论/许绍康 蒋艳菊//许昌师专学报 2000-04
◎信息技术整合文化产业/田捷//市场报 2000-07-11
◎选好建设文化大省的突破口/姚休//今日浙江 2000-08
◎延庆文化产业现状与对策研究//投资北京 2000-05
◎依靠科技提升民族文化产业/吴一鸣 刘兵兵//云南经济日报 2000-08-22
◎以“三个代表”为指针 把浙江建成文化大省//浙江日报 2000-06-10
◎以人为本走向文化管理/孙彤 焦子勤//山西发展导报 2000-08-15
◎引入市场机制 发展社区文化产业/鲍宗豪//探索与争鸣 2000-12
◎隐形因素：消费文化对消费需求的影响/薛新伟//经济与管理研究 2000-01
◎营造健康发展的空间与环境/邹建华//新闻出版报 2000-12-18
◎营造上海文化大市场的思考/毛时安//毛泽东邓小平理论研究

2000-01
◎用好作品打开农村文化市场//农民日报 2000-10-14
◎用文化引导消费/李扬//中华工商时报 2000-11-21
◎云南大力推进文化产业发展/纳家骅//厂长经理日报 2000-09-11
◎云南民族文化大省建设第二次高级研讨会暨云南文化产业展览洽谈会综述/黄淳//云南社会科学 2000-05
◎云南文化产业展览洽谈会引人注目/王咏刚//云南日报 2000-07-29
◎在文化产业中寻觅商机/杨育谋//财会月刊 2000-04
◎怎样当好文化经纪人//经纪人 2000-01
◎正确引导和调控精神文化消费/朱元兰//财金贸易 2000-04
◎支持先进文化的繁荣发展//中国财经报 2000-08-23
◎中德文化产业研讨会在京召开//中国经贸导刊 2000-07
◎中国体改研究会副会长杨启先提出 发展文化产业需处理好六个关系/杨启先//领导决策信息 2000-28
◎中国文化产业/锦秀文//经营管理者 2000-06
◎中国文化产业的发展路径/王中桥//江汉论坛 2000-11
◎中国文化产业面对加入 WTO 的战略选择/花建//探索与争鸣 2000-05
◎中国文化产业期待重头戏/理新//中国社会报 2000-09-13
◎重视文化建设 促进城市发展/杜金卿//河北日报 2000-07-27
◎转变观念 走出误区 构建文化产业的新格局/何治国//艺海 2000-01
◎追寻古滇文化/王咏刚//云南日报 2000-06-19
◎综合国力中的文化力量/邱小玲//中共天津市委党校学报 2000-08
◎走出传统重工业的阴影——文化产业的诱惑与现实/锦秀文//商业文化 2000-03
◎做好产业结构调整这篇大文章/宋西林//中国企业报 2000-09-29
◎做活文化产业大文章——访琼海市委书记/肖杰 黄基钊//今日海南 2000-10

2001 年

◎"海纳百川、与时俱进"：深圳文化建设的目标/杨宏海//深圳商报 2001-09-18
◎"韩流"滚滚向我来/高洁荣//西藏日报 2001-09-27
◎"韩流"流入中国市场/高洁荣//文汇报 2001-11-18
◎"金鹰节"：承载湖南文化产业发展的希望/邵捷//湖南经济报 2001-11-01
◎"全球化"与我们的文化选择/张学昕//文艺报 2001 09 08
◎"榕树"嫁接民族资本"诚成文化"最有希望/谭琴//中国经营报 2001-09-13
◎"入世"后上海文化产业如何走向世界/叶启亮 段元萍//上海理工大学学报（社会科学版）2001-01
◎"入世"挑战下的深圳文化产业发展/关志钢//特区理论与实践 2001-05
◎"入世"与云南文化产业发展/熊思远 王文兵//云南政协报 2001-09-12
◎"四大"文化市场集中整顿/沈路涛//新华每日电讯 2001-08-22
◎"中戏"为文化经纪人正名/汪建根//市场报 2001-04-16
◎21 世纪市场新宠——文化营销/唐华//经营管理者 2001-03
◎WTO 风暴下的文化产业/申华建//科学投资 2001-07
◎WTO 让中国文化产业重新洗牌/马相武//中华合作时报 2001-11-09
◎WTO 使中国文化产业发展出现变化/李妮//发展导报 2001-12-25
◎WTO 挑战中国文化产业/吴建中//科技成果纵横 2001-03
◎WTO 走向大一统与中国文化/许苍竹//中国质量万里行 2001-12
◎巴赫金的狂欢化理论与新时期中国大众文化研究/孙长军//江汉论坛 2001-10
◎把握方向 选准载体 努力推动文化产业发展/高翔//福建艺术 2001-04
◎把握经济文化一体化趋势自觉建设先进文化/韩安贵//广东社会科学 2001-01
◎北京 上海 广州 深圳文化产业可持续发展比较研究/王文英//广东艺术 2001-05
◎北京：春节文化消费精品吃香/倪敏//中国消费者报 2001-02-06
◎北京市文化产业的发展/陈蕴真//城市发展研究 2001-05
◎北京市文化产业发展对策（上）/徐和建//中外企业文化 2001-05
◎北京市文化产业发展对策（下）/徐和建//中外企业文化 2001-07
◎北京重点整顿六类市场/王国明//中国工商报 2001-05-01
◎必须注重抓好社会主义文化建设/张蕾青 段林 穆峻峰//河北经济日报 2001-05-03
◎标准化制造文化经纪人/康旻//中国经营报 2001-07-24
◎策划——给文化产品的畅销"搭个桥"/浦任//了望 2001-08
◎产业簇群现象研究及其政策意义/刘琦岩//中国高新技术产业导报 2001-06-09
◎产业链衍生：第五产业新说/张曾芳 张龙平//江海学刊 2001-01
◎长江三峡文化产业发展刍议/刘本荣//中国三峡建设 2001-04
◎长沙历史文化资源的利用与整合/万里 徐孙铭//湖南第一师范学报 2001-S1
◎长沙文化产业巨舰起航/刘凌 陶小爱 杨道余//湖南日报 2001-09-15
◎长阳民族文化蓬勃发展/王子君 刘玉萍//中国民族报 2001-04-20
◎超越雅俗：透视"文化明星"现象/沈庆利//中国审计报 2001-07-06
◎成都：春节文化市场火热/刘铭//中国消费者报 2001-02-06
◎城市的文化风骨/陈燮君//文汇报 2001-12-13
◎城市文化资源的产业化运作——以北京市为例/沈望舒//城市问题 2001-02
◎城市支柱：文化产业/文丰//经营管理者 2001-04
◎充满文化和艺术的生命驿站/赵峥蔚//市场观察 2001-06
◎传统文化产业提升论/鲁占奎//中国土族 2001-04
◎创新是文化产业发展的动力和源泉/胡德池//学习导报 2001-03
◎从城市综合竞争力看文化产业的贡献/花建//人民政协报 2001-10-18
◎从偶像崇拜透视青年文化消费/余开亮//青年研究 2001-11
◎从文化到产业/杨晓敏//中国图书商报 2001-11-13
◎从文化视角看入世/刘洋//北京日报 2001-11-19
◎从研究物质文化到保护文化多样性/宋向光//中国文物报 2001-01-31
◎促进民族文化事业蓬勃发展//中国民族报 2001-02-06
◎打造上海都市文化品牌/程伟礼//文汇报 2001-11-14
◎打造职业文化经纪人/李小米//组织人事报 2001-08-13
◎大集团奠定上海文化产业化雏形/高宇//上海国资 2001-07
◎大力发展群众文化产业/悦珩//晋阳学刊 2001-05

◎大力发展文化产业，培育经济社会新的增长点/杨承志//华东船舶工业学院学报（社会科学版）2001-02
◎大力发展文化产业/诚挚//群众 2001-05
◎大力发展文化产业/王珉//群众 2001-11
◎大力发展先进文化 促进社会全面进步/桂宣//广西日报 2001-09-29
◎大力弘扬主旋律 积极发展文化产业/全哲洙//社会科学战线 2001-04
◎大众文化对话/李玉中//文明与宣传 2001-10
◎大众文化与垄断资本主义/陈刚//北京大学学报（哲学社会科学版）2001-01
◎当代中国大众文化及其生成背景/邹广文//清华大学学报（哲学社会科学版）2001-02
◎当前国外文化产业发展情况/沈轩娇//新华日报 2001-05-27
◎第二届大城市文化产业发展论坛在杭召开//杭州科技 2001-06
◎第三产业，新财富的创造者/吴乐晋 王瀛波//浙江日报 2001-12-15
◎第三产业要在我省经济中唱主角/彭敏//湖南经济报 2001-01-18
◎第四大产业：知识经济时代的文化产业/江鸣//天水行政学院学报 2001-10
◎都市社区的文化产业建设/鲍宗豪//经济参考报 2001-01-17
◎都市型文化产业运作的最新趋势/王泠一//上海经济研究 2001-04
◎读皮特·霍尔的《创造性城市与经济发展》/黄怡//国外城市规划 2001-08
◎对我国文化产业内涵的再认识/郭玉林//社会科学报 2001-05-10
◎发展广州文化产业之我见/周建平//岭南学刊 2001-02
◎发展文化产业 繁荣先进文化/方小毅//浙江日报 2001-12-24
◎发展文化产业 建设文化强省/陈奇亮//中国新闻出版报 2001-10-10
◎发展文化产业 建设文化强省/薛伯清//湖南日报 2001-08-09
◎发展文化产业：掘“富矿”而非“甩包袱”/陈伟//岭南学刊 2001-04
◎发展文化产业必须有政府和社会参与/高建平//中国经贸导刊 2001-13
◎发展文化产业必须做好战略定位分析/郭玉林//社会科学报 2001-03-08
◎发展文化产业的思考/刘政//连云港化工高等专科学校学报 2001-S1
◎发展文化产业的助推器/尹秉友//群众 2001-09
◎发展文化产业建设文化强省/陈奇亮//中国新闻出版报 2001-10-10
◎发展文化产业是实现承德经济跨越式增长的重要途径/武永东//探索与求是 2001-11
◎发展文化产业要处理好三个关系/周正刚//社会科学报 2001-08-16
◎发展文化产业与改革文化体制的思考/张华英//经济师 2001-12
◎发展文化产业重在实现“三个突破”/哲锋//前进 2001-07
◎服务贸易新协议与湖南主要服务业的对策/洪永红//湖南经济报 2001-12-25
◎福建清理文化市场/陈苏//中国工商报 2001-08-14
◎改革创新，大力发展文化产业/陈通//求是 2001-09
◎搞好文化产业，管好文化市场/张志刚//经济论坛 2001-18
◎巩沙：文化市场需要净化/孟菁苇//中国消费者报 2001-03-07
◎构建文史产业/征敏//文史月刊 2001-08
◎构筑平民的历史/解福谦//山西经济日报 2001-08-25
◎构筑首都“护城河”坚固防线/王新//中国新闻出版报 2001-08-07
◎购物行为中的文化消费/梁勇//厂长经理日报 2001-03-13
◎关于“社区服务产业化”的几点思考/唐钧//中国社会报 2001-11-03
◎关于“文化产业”定义的一些思考/万里//湖南第一师范学报 2001-01
◎关于发展文化消费的思考/王克西//宝鸡文理学院学报（社会科学版）2001-03
◎关于湖南文化产业发展的现状和对策/文选德//湖南日报 2001-04-09
◎关于江西文化资源组合发展的战略思考/王东林//江西社会科学 2001-02
◎关于金鹰文化产业的思考/刘沙白//新闻天地（论文版）2001-04
◎关于面向新世纪文化建设的思考/杨杰//河北经济日报 2001-01-07
◎关于文化产业发展的几个问题/王京生//特区经济 2001-09
◎关于文化产业发展的冷思考/脱少华//丝绸之路 2001-S1
◎关于文化产业化问题的探讨/张金凤//青海学刊 2001-03
◎关于我国文化产业应对“入世”的思考/陈春岭//实事求是 2001-05
◎关于我国文化消费领域主要问题的分析及宏观引导的思路/李金蓉//消费经济 2001-03
◎观察“东方明珠”文化产业之路/戴仲燕 徐惟礼//新华日报 2001-05-21
◎广东：假日经济带旺文化产业/陈冀//中国旅游报 2001-10-17
◎广泛开展群众性活动 繁荣文化事业/阙爱民//河南日报 2001-10-27
◎广西精心安排 确保成效/黄有权 韦军凯 汪品霞//中国工商报 2001-04-21
◎广西民族文化园地生机勃勃百花争艳/桂文//中国民族报 2001-09-18
◎广西文化产业的发展及 2001 年展望/李建平//沿海企业与科技 2001-01
◎广州加大文化产业投入力度/罗庆华//市场报 2001-08-09
◎广州文化产业发展对策研究——兼评当前有关文化产业化发展的若干理论热点问题/时旭辉//开放时代 2001-06
◎贵阳市文化市场建设与管理思考/胡吉宏//贵阳市委党校学报 2001-02
◎桂北文化考察报告/潘琦//广西日报 2001-07-28
◎国际文化竞争力与中国文化产业的发展/祁述裕//国家行政学院学报 2001-05
◎国外文化产业发展趋势及对浙江的启示/陈立旭//资料通讯 2001-Z1
◎夯实文化产业支柱地位的对策与建议/吴秋耘//上海青年管理干部学院学报 2001-02
◎河南省文化市场存在的问题及治理对策/张德志//平原大学学报 2001-01
◎弘扬主旋律需要积极发展文化产业/全哲洙//中国党政干部论坛 2001-08
◎后现代精神和中国大众文化发展/金民卿//北京大学学报（哲学社会科学版）2001-02
◎湖南文化产业的发展优势及其对策探讨/李克琴//求索 2001-04

◎积极发展健康向上的优秀文化/孙家正//法制日报 2001-08-26
◎积极进行文化创新 大力发展文化产业/胡伯俊//学习导报 2001-09
◎积极推进先进文化建设/张作兴//福建日报 2001-08-15
◎积极引导消费文化的发展方向/李伍荣 杨海水//湘潭大学社会科学学报 2001-02
◎积极应对全球化趋势下的国家文化安全问题/贾英健//红旗文稿 2001-14
◎加快建设先进文化城市/陈光明//新华每日电讯 2001-11-25
◎加快我国文化产业发展的重要意义/张向东//财经科学 2001-S2
◎加拿大文化产业的行业管理/戴茸//北京观察 2001-10
◎加强文化市场管理 拓展先进文化空间/肖安鹿//甘肃理论学刊 2001-06
◎加强湘潭古城文化建设/王再承//中国教育报 2001-04-10
◎加入 WTO 对我国文化产业的影响及对策/张金凤//福州党校学报 2001-12
◎加入 WTO 与中国文化产业的发展/张丽云//商业研究 2001-07
◎加入 WTO 与中国文化产业发展/张凤羽//中共贵州省委党校学报 2001-05
◎坚持先进文化前进方向加快文化大省建设步伐——在全省文化工作会议上的讲话/回良玉//群众 2001-06
◎坚持中国先进文化的前进方向/秦天行//陕西日报 2001-07-20
◎建设先进文化城市的思考/胡晓华//辽宁日报 2001-09-03
◎江苏省 2001—2010 年文化大省建设规划纲要//新华日报 2001-09-26
◎江西大力推进城市化进程/王纪洪//中国建设报 2001-09-18
◎江西文化产业灿烂的前景/熊伟明 柳易江//江西日报 2001-08-21
◎解读 WTO 之后的中国文化产业（一）/李镔//对外大传播 2001-12
◎解读江苏文化大省建设蓝图/王晓映 薛颖旦//新华日报 2001-05-29
◎解读品牌的“符号价值”/赵加积//山西经济日报 2001-10-10
◎解放和发展文化生产力//新华日报 2001-05-29
◎解放思想更新观念更好地代表先进文化的前进方向/周玲//民族艺术研究 2001-02
◎金泉打造文化产业的名牌/赵永平 张国材//市场报 2001-12-11
◎进入 WTO 与广州文化产业发展/周建平//学术研究 2001-08
◎经济全球化背景下的文化发展战略/董伟//吉林日报 2001-11-28
◎经济全球化与中国文化产业的资源开发战略/花建//学术季刊 2001-01
◎警惕国外势力的不良文化渗透/临风//中国教育报 2001-07-26
◎开创中国文化产业发展的新纪元/金元浦//文艺研究 2001-04
◎牢牢把握先进文化发展的主导权/刘静福//理论学习 2001-12
◎李岚清强调整顿和规范文化市场秩序六大重点//四川政报 2001-26
◎略论文化的经济属性/谭剑林 易伟义//湖南工程学院学报（社会科学版）2001-Z1
◎论经济大省的文化产业结构与发展政策/陈惠雄//财经论丛 2001-05
◎论经济全球化对我国文化产业发展的影响及其对策/周洪晋//学术交流 2001-03
◎论美育与新世纪文化产业/姚军//南京理工大学学报（社会科学版）2001-02
◎论文化产业/孙是炎//嘉兴学院学报 2001-04
◎论文化生产力的内涵及其发展新思路/殷庆威//中共青岛市委党校．青岛行政学院学报 2001-05
◎论文化支出的政策选择/何秋仙//商业经济与管理 2001-08
◎论新经济时代的文化消费与营销/江林 杨大鹏//市场营销导刊 2001-02
◎论影响文化产业发展的因素及其应对策略/高翔//福州师专学报 2001-01
◎论重塑齐鲁文化形象/章亚昕//东岳论丛 2001-02
◎马克思的预言和文化产业的兴起/马丽//广州大学学报（社会科学版）2001-07
◎面对现实 前瞻未来——“文化艺术交流与文化产业国际研讨会”开幕辞/王文章//文艺研究 2001-04
◎面向新世纪的文化市场与文化产业/徐和德//福建艺术 2001-01
◎民俗文化与文化产业——评何学威《经济民俗学》/艾娣雅·买买提//民俗研究 2001-04
◎民族文化与民族文化产业浅论/李炎//经济问题探索 2001-02
◎南京：全力构建主流文化向心力/俞巧云//新华日报 2001-10-24
◎南京大力培植文化产业之树/刘树佳 俞巧云//新华日报 2001-05-11
◎农村文化产业存在的问题及对策/赵秀忠//领导之友 2001-03
◎努力开创农村文化建设新境界/罗猛//广西日报 2001-12-12
◎努力开创全省文化工作新局面/陈苗//河南日报 2001-03-24
◎盘点 2001 年中国文化市场：一场清理整顿的狂飙/曲志红 沈路涛//亚太经济时报 2001-12-19
◎品牌“符号价值”扑面而来/赵加积//山西日报 2001-07-25
◎浅述民间文化与民间文化产业/王军//黑龙江民族丛刊 2001-01
◎浅说都市文化产业的发展趋势与保障机制/张晓莲//经济前沿 2001-Z2
◎浅议“入世”对文化产业的影响/张平//安徽日报 2001-11-13
◎强化对文化市场的正确引导/张忠红//理论观察 2001-02
◎去文化产业淘金/葛春涛//中国质量报 2001-01-10
◎全球化风暴下的中国文化产业/花建//政策与管理 2001-09
◎全球化浪潮中的民族消费文化/陈海燕//洛阳师范学院学报 2001-06
◎全球化语境下的文化产业与政府职能转变/黄斌//学术研究 2001-11
◎全球一体化与中国文化产业格局——国际文化产业论坛撷英/兰林//文化月刊 2001-06
◎群文系统文化产业的创新战略重组——兼谈我国入世后群文产业面临的挑战与应对/邵国春 李玖香//第二届长江沿岸城市群众文化发展论坛论 2001-10-01
◎群众文化事业大有可为/王爽//音乐周报 2001-11-09
◎让传统文化推陈出新健康发展/扈双龙 蔡普春 冯印涛 孙晓函 周国生//河北经济日报 2001-03-22
◎让网络与文化联姻/田捷//中国计算机报 2001-06-07
◎让先进文化占领城乡文化阵地/高志顺//河北日报 2001-07-26
◎人文奥运与文化建设/卞留念//中国体育报 2001-12-21
◎认真学习江总书记“三个代表”的理论 努力建设文化大省/回良玉//对外大传播 2001-11-15
◎如何发展文化产业/史晋云//云南日报 2001-04-24
◎如何管理通俗文化市场/林力源//中国改革 2001-02
◎入世，如何做大文化产业/刘蓉//四川日报 2001-12-24
◎入世带来文化生态变革/余秋雨//西藏日报 2001-12-02
◎入世对我国文化产业的严峻挑战//中共石家庄市委党校学报 2001-10

⊙入世后的大文化产业战略/朱相远//人民政协报 2001-11-22
⊙入世后文化市场争夺战更加复杂/傅旭明//中国经济时报 2001-11-21
⊙入世了 文化产业怎么办?/田士祺//时事报告 2001-12
⊙上海文化产业发展及启示/江克//云南日报 2001-10-31
⊙社区文化产业:繁荣国际大都市文化的新观点/鲍宗豪//中国青年政治学院学报 2001-04
⊙深化文化管理体制改革的几点思考——兼论文化体制与文化产业发展的关系/向有明 王玉明//广东行政学院学报 2001-01
⊙深圳"文化航母"将驶向何方?/刘卫东//经济世界 2001-12
⊙什么样的文化才能提升城市经济/宋明霞//市场报 2001-09-22
⊙实施文化产业化战略的几点思考/邹广文//理论学习 2001-10
⊙视觉文化与消费社会/周宪//福建论坛(人文社会科学版)2001-02
⊙试论文化产业与廊坊城市化发展的产业定位/杨华彬//廊坊师范学院学报 2001-03
⊙试论知识经济时代的假日文化消费/吴芙蓉//经济问题 2001-06
⊙试论中国文化产业发展中的十大关系/朱相远//对外大传播 2001-11
⊙试论中国文化的价值理想和价值导向/汤标//信阳师范学院学报(哲学社会科学版)2001-05
⊙暑期文化市场出现新亮点/倪敏//中国消费者报 2001-07-06
⊙说说文化产业的双效益/杨宗兵//政工研究动态 2001-13
⊙四川整顿十类市场规范十种行为/唐成远 姜文彬//中国工商报 2001-04-21
⊙谁的注意力经济?/吴生华//中国新闻报 2001-01-22
⊙宿迁农村有支"永久牌"文化"军团"/王朝文 沈建华//农民日报 2001-11-23
⊙特色经济优势产业与文化品位名牌效应//青海日报 2001-01-18
⊙提高全社会的文化生活质量/方立//了望 2001-02
⊙天津应大力发展都市文化产业/缪缈//环渤海经济瞭望 2001-02
⊙投资媒体风险有多大/钱晓文//国际金融报 2001-05-29
⊙突出品牌特色 发展文化产业/史学文//中国税务 2001-11
⊙推进河北文化产业的几点思考/毕顺堂//沧州师范专科学校学报 2001-03
⊙推进先进文化建设/郑耀银//四川日报 2001-10-19
⊙拓展文化产业的外宣功能——以广州为例/周建平//开放时代 2001-02
⊙为奥运服务 促文化产业/白仲尧 吴焰//首都经济 2001-11
⊙未来五年我国将大力发展现代服务业/闻之//中国乡镇企业报 2001-02-15
⊙文化部部长孙家正指出:大力整顿和规范文化市场秩序//领导决策信息 2001-35
⊙文化差异与产业差距/王一方//中国图书商报 2001-10-30
⊙文化产业 新世纪的朝阳/肖雯慧//北京日报 2001-02-09
⊙文化产业:风头渐劲 呼唤规则/冯青//中国经营报 2001-12-25
⊙文化产业:欠发达地区也有作为/曹巧兰//群众 2001-10
⊙文化产业:探求中国新财富/周卉萍//政策与管理 2001-09
⊙文化产业:新千年财富之源/傅景宏//经贸导刊 2001-03
⊙文化产业:需要优先发展的"朝阳工业"/姚休//浙江经济 2001-05
⊙文化产业:诱人的经济增长点/吕永朝//华人时刊 2001-09
⊙文化产业:中国经济新的增长点/吕前昌//改革与战略 2001-06
⊙文化产业:最后一块"肥肉"/陈清华//中国财经报 2001-05-30
⊙文化产业成佛山经济新增长点/方正//中国海洋报 2001-05-29
⊙文化产业春风化雨/王淑玲//陕西日报 2001-12-28
⊙文化产业当自强/王慧峰//人民政协报 2001-02-16
⊙文化产业的成功之路/谢明//湖南日报 2001-08-06
⊙文化产业的宏观调控与微观搞活/周良洛//红旗文稿 2001-13
⊙文化产业发展探析/张金凤//青海师范大学学报(哲学社会科学版)2001-09
⊙文化产业发展要提速/赵力平//浙江经济 2001-12
⊙文化产业发展战略的构建与思考/冯桂林//长江论坛 2001-02
⊙文化产业化上海领风骚/苏永军 邹晓东//中国教育报 2001-02-20
⊙文化产业亟须五种界定//中共石家庄市委党校学报 2001-02
⊙文化产业人才有了培养基地/何自力//市场报 2001-07-17
⊙文化产业如何应对 WTO/顾列铭//金融时报 2001-08-10
⊙文化产业商机巨大/孟燕星//中国贸易报 2001-05-08
⊙文化产业市场化/江山 周永会//经济参考报 2001-04-25
⊙文化产业需求高层次经纪人/王静//经纪人 2001-04
⊙文化产业应成为国民经济支柱产业/孙小杰//北京日报 2001-03-09
⊙文化产业迎接 WTO/白刚//经济论坛 2001-16
⊙文化产业与产业文化/杜超//信阳师范学院学报(哲学社会科学版)2001-03
⊙文化产业与大众文化——批判理论的批判和中国语境的规范/傅泽//资料通讯 2001-12
⊙文化产业与民营经济发展/乔然//中国工商 2001-12
⊙文化产业在当代发展中的地位、特征及其趋势/王琳//科学学与科学技术管理 2001-10
⊙文化产业政策与城市发展:欧洲的经验与启示/汪明峰//城市发展研究 2001-07
⊙文化交流——人类进步的桥梁/孟晓驷//中外文化交流 2001-01
⊙文化界跟上时代/苗野 王朔//辽宁日报 2001-09-17
⊙文化经纪人:新行业 新群体 新管理/朱晓玲//中国乡镇企业报 2001-08-14
⊙文化经纪人大揭秘/李涛//中国工商 2001-08
⊙文化经纪人争议最多/小冰//中国企业报 2001-02-19
⊙文化经济:潜力巨大的支柱产业/胡毅//浙江日报 2001-02-26
⊙文化经济化 经验文化化——横店集团大力发展文化产业纪事/钱雄伟//中国乡镇企业 2001-02
⊙文化经济简论/王来金//理论导刊 2001-03
⊙文化经济启动财富新快车/张锐//中外企业文化 2001-20
⊙文化经济——正是扬帆时/唐志军//新闻天地 2001-07
⊙文化开发研究中值得注意的几个问题/江业国//广西梧州师范高等专科学校学报 2001-04
⊙文化商品的特殊性与文化的经济化趋势/李大方//学术交流 2001-01
⊙文化市场 蓬勃发展正逢时/罗庆华//市场报 2001-12-31
⊙文化市场:蛋糕何时做大?/许素琨//经济世界 2001-04
⊙文化市场不治不行/旭东//中国老年报 2001-06-16
⊙文化市场的理论定性与文化的市场定位及其管理/廖奔//科学社会主义 2001-03
⊙文化市场建设中的政府介入机制/顾江//江海学刊 2001-05
⊙文化市场两相宜/刘云国//经济参考报 2001-04-30
⊙文化市场整顿列出清单/华文//中国商报 2001-05-16
⊙文化市场中国最大 国际巨头虎视眈眈/浦任//市场报 2001-04-26

◎文化市场专项治理工作将加大力度/今日//全国商情（综合版）2001-35
◎文化是明天的经济/陈海飞 何剑光//中国乡镇企业报 2001-09-06
◎文化湘军崛起之谜/刘玉琴//科学投资 2001-07
◎文化消费新视点：文学讲座/张翠微//北京日报 2001-06-10
◎文化消费要唱假日旅游主角/尚烨 小清//华东旅游报 2001-03-06
◎文化消费与文化产业——以北京为例/孟固//城市问题 2001-03
◎文化信息产业路向何方/江洲 孙薇//中国企业报 2001-03-01
◎文化与文化产业的社会化/孙是炎//马克思主义与现实 2001-05
◎文化转型是先导/杨甫旺//云南经济日报 2001-06-06
◎文化转型中的家庭消费文化变迁/无听//江苏社会科学 2001-02
◎我国大众文化研究中的几个问题/田蕴莸//长白学刊 2001-02
◎我国加入 WTO 后辽宁文化产业的发展对策/张学本//辽宁经济 2001-05
◎我国文化产业创新体系的若干问题/胡惠林//学术月刊 2001-11
◎我国文化产业的定位与发展/李江帆//学术研究 2001-09
◎我国文化产业的理论研究、实践探索与政策透视/毛三元//民族艺术研究 2001-06
◎我国文化产业发展面对加入 WTO 的挑战和战略选择/周道华//福建论坛（经济社会版）2001-07
◎我国文化产业理论研究方兴未艾/晓林//学术月刊 2001-04
◎我国文化产业需有战略眼光/李礼//市场报 2001-12-03
◎我国文化产业应对 WTO 的战略选择/周道华//开放时代 2001-02
◎我国文化消费与消费文化研究之概观/司金銮//兰州大学学报（社会科学版）2001-06
◎我看琉璃厂文化产业园区建设//中国文物报 2001-05-27
◎我省对外文化交流快速发展/王婷//浙江日报 2001-12-07
◎我省文化事业繁荣兴旺/何长风//安徽日报 2001-07-05
◎我省稳步推进文化事业改革/王咏刚//云南日报 2001-08-24
◎西安市整治文化市场初见成效/杨俊辉//中国信息报 2001-10-08
◎西部大开发与文化产业/乔然//内蒙古统战理论研究 2001-04
◎西部大开发中要把文化建设放在更重要的位置/巨伟//青海学刊 2001-03
◎西部地区依托文化资源优势 发展文化产业问题探讨/郑俊义//兰州商学院学报 2001-06
◎西部开发与“高感情”文化产业的发展/方李莉//文艺研究 2001-07
◎西部少数民族地区文化产业发展对策中的多元化问题/赵玲//学术探索 2001-12
◎西部乡村：文化在产业开发中实现资源保护/王亚南//云南政协报 2001-04-25
◎现代化进程中文化——经济协调发展及其管理创新（博）/杨承志//南京农业大学 2001-04-01
◎现代消费文化对我国生活方式的影响及其调适/郭景萍//湖南商学院学报 2001-05
◎消费文化漫议/海风//新疆科技报（汉）2001-02-23
◎消费文化是重要的城市资源——杭州市副市长项勤关于城市文化问题的访谈录//领导决策信息 2001-37
◎消费文化与经济增长/廖碧波//南华大学学报（社会科学版）2001-04
◎消费知识化与消费文化的发展/陶伟军//宁夏党校学报 2001-05
◎新北京 新奥运 新经济/鲍明晓//中国体育报 2001-07-19
◎新经济进程中的文化力竞争（续）/李建平//沿海企业与科技 2001-02
◎新经济时代，打文化牌/杨军 曹阳//科学时报 2001-09-15
◎新时期大众文化：批评现状、本质及特征/孙长军//商丘师范学院学报 2001-05
◎新世纪文化产业的走向/叶中强//探索与争鸣 2001-03
◎新世纪文化产业发展的机遇和挑战/王云珠//经济问题 2001-11
◎新兴产业与文化命运的话题/鲁顺元//中国土族 2001-03
◎星城地产业唱响“文化营销”//湖南经济报 2001-11-22
◎兄弟省市文化产业发展概况/沈轩娇//新华日报 2001-07-22
◎雅文化走入市场/梁勇//厂长经理日报 2001-03-29
◎要重视文化产品的市场属性/卢敦基//浙江日报 2001-02-12
◎以创新精神促文化产业发展/吴水弟 柳易江//江西日报 2001-07-22
◎以文化产业构筑国家文化安全体系/左宇帆//湖南经济报 2001-11-02
◎以先进文化推进社会的繁荣进步/王曙星//文艺报 2001-01-23
◎以新一轮思想解放推动文化产业建设/张粉琴//新华日报 2001-03-01
◎用科学技术支撑民族文化产业创新发展/孔晓莎//云南日报 2001-04-24
◎云南民族文化蒸蒸日上/李舒//新华每日电讯 2001-09-03
◎在产业开发中实现保护/王亚南//云南日报 2001-04-10
◎在实施西部大开发战略中加快发展青海文化事业的基本构想/陈秉智//青海学刊 2001-03
◎珍惜云南的文化生态/张胜冰//云南日报 2001-06-12
◎正确认识和处理弘扬主旋律与发展文化产业的关系/全哲洙//红旗文稿 2001-13
◎郑州市第三产业迅猛发展/张如铁//河南日报 2001-03-01
◎直面中国民族文化产业“入世”的落脚点/庹祖海//中外文化交流 2001-05
◎中国“入世”对文化产业的影响/中新//企业天地 2001-01
◎中国“维特热”与 20 年代文化市场/刘香//郭沫若学刊 2001-09
◎中国文化产业的大都市发展战略/柯可//亚太经济时报 2001-02-07
◎中国文化产业融入世界的思考/沈望舒//中外文化交流 2001-06
◎中国文化产业应对“入世”的科学举措/张志刚//理论探讨 2001-02
◎中国文化产业应对 WTO 挑战的策略（上）/吴永长//厦门科技 2001-03
◎中国文化产业应对 WTO 挑战的策略（下）/吴永长//厦门科技 2001-04
◎中国文化事业取得许多新进展/俞铮//文艺报 2001-03-01
◎中国文化是否淹没在数字鸿沟//中国经营报 2001-05-22
◎中国文化与市场开发研究/王自强//江西社会科学 2001-03
◎重新审视大众文化/金元浦//当代作家评论 2001-01
◎注重民族精神的政府导向——加拿大发展文化产业的经验/花建//探索与争鸣 2001-11
◎专家指出 WTO 使中国文化产业发展出现变化//浙江传媒学院学报 2001-04
◎做大文化产业/秦朔//青年记者 2001-06

✲行业研究论文资料索引

图书、报刊产业

1979 年

⊙论图书馆未来的缩微化/迟仁达//图书馆建设 1979-04
⊙美国报业统计表//国际新闻界 1979-03
⊙美国出版业一瞥/杨文//中国出版 1979-04
⊙日本的出版业//读书 1979-01
⊙日益兴盛的我国出版工作/陆本瑞//中国出版 1979-10
⊙苏联的出版社/羽戈//中国出版 1979-11
⊙台湾出版业一瞥/汪家熔//中国出版 1979-07
⊙图书资料的重要作用和缩微出版物的兴起/辛希孟//中国出版 1979-06
⊙无形帝国——美国报业垄断组织/乐山//世界知识 1979-07

1980 年

⊙从数字中看日本出版业/吴铭//中国出版 1980-05
⊙经济危机阴影笼罩英美报业/林珊//国际新闻界 1980-04
⊙连锁董事与美国报业/林珊//国际新闻界 1980-02
⊙美国出版业管窥/邓蜀生//中国出版 1980-09
⊙全国书市巡礼/石峰//中国出版 1980-12

1981 年

⊙《1981 年中国出版年鉴》出版/念文//图书情报工作 1981-06
⊙彼得·方德:《国际图书市场:1979—1980》/吴长义//国外社会科学文摘 1981-02
⊙对我国出版工作的几点建议//中国出版 1981-10
⊙风雨飘摇的英国出版业/亢泰//读书 1981-07
⊙旅英书简(二)——从伦敦学术书展看英国出版界的不景气/关仪//中国出版 1981-06
⊙略论美国的垄断报业/张隆栋 王泰玄//国际新闻界 1981-04
⊙美国出版业一瞥/凌彰//编辑之友 1981-03
⊙美国人如何经营出版业——访美见闻/林尔蔚//中国出版 1981-05
⊙美国新闻事业加速垄断化/戴增义//新闻大学 1981-01
⊙日本报界的发行竞争/李维//新闻战线 1981-01
⊙日本的出版业/编辑之友 1981-02
⊙日本最大的书店——日本书业的竞争/白杰明//读书 1981-08
⊙我国出版物版权的起源/赵馥//重庆师范大学学报(哲学社会科学版)1981-03
⊙我国古代出版事业/方厚枢//编辑之友 1981-03
⊙西德的出版业概况/杨德//编辑之友 1981-04
⊙战后的泰国华文报业/林西//新闻与传播研究 1981-02
⊙自费出书有好处/鲁宁//读书 1981-01

1982 年

⊙"我们要出版这本书吗?"/杨德//编辑之友 1982-02
⊙报业巨头鲁珀特·默多克/林伟成//新闻大学 1982-05
⊙法国出版业——马松出版社图书批发分公司经理杜邦谈话摘要//编辑之友 1982-01
⊙法国的出版业和学术研究动向/乔桂云//编辑之友 1982-04
⊙戒烟与出版业/小溪//世界知识 1982-19
⊙连续出版物标准化的内容和文献标准化现状/姜树森//情报科学 1982-06
⊙美国一般图书的出版业出路何在?/翟一我//编辑之友 1982-01
⊙美国最大黄色日报走向拍卖台——《纽约每日新闻》的命运表明了什么/苏金琥//国际新闻界 1982-02
⊙日本报社集团的综合经营/翁其银//新闻大学 1982-05
⊙日本报业简史//当代语言学 1982-02
⊙日本出版界的现状/田村胜夫 吴晓农//中国出版 1982-03
⊙日益发展的墨西哥出版业/苏鸿谭//拉丁美洲研究 1982-04
⊙世界图书分类学大事记/白国应//山东图书馆季刊 1982-01
⊙我国出版业面临的形势和任务/叶再生//图书情报工作 1982-02
⊙西欧国家的出版发行情况/吴晓农//编辑之友 1982-03
⊙香港出版业举步维艰——香港出版界人士谈香港出版现状/江工//编辑之友 1982-01
⊙香港图书市场/身城//中国出版 1982-10
⊙印度图书出版业的危机/周文//编辑之友 1982-01
⊙英国出版业的一些情况/沈志彦//中国出版 1982-02
⊙英国词典出版业现状/殷罡//辞书研究 1982-01
⊙英国的报业王国——"舰队街"/张一凡 安小茹//新闻战线 1982-03
⊙英国一九八〇年出版业生意萧条/杨德//编辑之友 1982-01

1983 年

⊙"报业和出版帝国"的崩溃/朱梦魁//新闻战线 1983-08
⊙八十年代的美国报业/明安香//新闻记者 1983-06
⊙从"支票新闻"看英国报界的竞争/洛季//新闻记者 1983-02
⊙二次大战后的世界报业/皮埃尔·阿尔贝费尔南·戴鲁 杨新贵//国际新闻界 1983-02
⊙法国出版业一瞥/黄贞//中国出版 1983-09
⊙略论英国垄断报业/张隆栋//国际新闻界 1983-01
⊙美国赫斯特报团的新扩张/刘树贤//国际新闻界 1983-01
⊙浅谈国内书业目录/李玉进//山东图书馆季刊 1983-02
⊙书业百科全书/阳光/图书馆理论与实践 1983-01
⊙缩微出版物的现状和发展前景/P·H·伊万诺夫Γ·Γ·罗金 大可//编辑之友 1983-03

1984年

⊙"电子报纸"纵横谈/黎信//新闻记者 1984-01
⊙版权的产生和第一批版权法/沈仁干//中国出版 1984-07
⊙从"火与铅"到电子化——美国日本报纸编排技术见闻/谈锋//新闻战线 1984-10
⊙法国报业反托拉斯法案/许崇山//新闻战线 1984-02
⊙关于出版物的经济效益问题/韦君宜//中国出版 1984-01
⊙国外未来图书馆研究的考察与思索——评"图书馆、印刷品消亡"说/周旭洲//图书情报知识 1984-03
⊙略论英国报业衰退的由来与其前景/张隆栋//国际新闻界 1984-01
⊙美国报纸的读者调查/张黎//新闻战线 1984-01
⊙美国杂志出版业简况/刘昭青//国际展望 1984-20
⊙墨西哥报业概况/刘晓陆//国际新闻界 1984-01
⊙日本报界迎接新通信技术的挑战/于青//国际新闻界 1984-02
⊙三十五年来的中国出版事业//中国出版 1984-09
⊙台湾"正中"、"三民"书局总经理谈出版工作//编辑之友 1984-03
⊙希望在于改革//瞭望 1984-36
⊙新技术革命中我国出版业发展对策探讨/郭耀中 李果//科学经济社会 1984-04
⊙新形势下新华书店怎么办——实习调查的感想/练小川//图书情报知识 1984-02
⊙印度的图书出版概貌//编辑之友 1984-03
⊙英国发表《新技术与出版业的各个环节》//中国出版/1984-11

1985年

⊙1984年香港出版业简况/曹芷//中国出版 1985-03
⊙北美书市见闻/王益//瞭望 1985-27
⊙采用电脑排版的报纸/李喜根 王剑萍//新闻战线 1985-07
⊙电子出版物/M·克鲁格尔博士 陈胜芳 崔大文//现代图书情报技术 1985-04
⊙法国的报业/张隆栋//国际新闻界 1985-04
⊙给"办报热"泼点冷水/石路//新闻战线 1985-10
⊙国际"报业大王"经验谈/梁公元//新闻记者 1985-05
⊙捷克斯洛伐克实用美术设计展览及出版业/刘杰//中国出版 1985-01
⊙困难重重的印度图书出版业/宋春江 晏世经//南亚研究季刊 1985-04
⊙默多克——美国广播电视业的新巨头/季力群//新闻实践 1985-08
⊙日本报业近况/于青//国际新闻界 1985-04
⊙苏联出版业的近况和改进我们出版工作的几点建议/林穗芳//出版发行研究 1985-02
⊙台湾出版业近况点滴/曹芷//中国出版 1985-01
⊙西方出版业/D·L·麦克卡梅 林益仲//图书馆 1985-03
⊙英国出版业状况（上）/项项//中国出版 1985-04
⊙英国出版业状况（下）/项项//中国出版 1985-05

1986年

⊙《国外出版动态》即将复刊/晓宁//中国出版 1986-08
⊙报业前景依然看好——美国最新的研究与实践/祝建华//新闻战线 1986-06
⊙出版工作亟待改革/费孝通 韦君宜 叶至善 冯亦代 李湜 张定 范用 罗涵先//群言 1986-05
⊙出版问题的宏观经济分析/李勉//群言 1986-05
⊙出版业改革与法制的思索/曹剑英//法学 1986-10
⊙当代日本出版业发展现状及动向/姜开//编辑之友 1986-02
⊙当今出版业的新趋势——关于综合性丛书的编辑出版工作/方鸣//编辑之友 1986-02
⊙电子出版物——我们应当展望的前景/沙红叶//中国出版 1986-12
⊙对全国报纸进行调查表明 八十年代我国报业蓬勃发展/文水//新闻记者 1986-07
⊙菲律宾出版业访问散记/毛鹏//中国出版 1986-07
⊙改革报业结构是新闻改革的重要一环/卢惠民//新闻大学 1986-12
⊙关于出版经营体制改革的几点设想（续）//中国出版 1986-11
⊙关于出版经营体制改革的几点设想//中国出版 1986-10
⊙呼吁国家解决出版资金短缺的困难/朱正//中国出版 1986-07
⊙论人民出版事业及其发展方向——在第一届全国出版会议上的报告/胡愈之//编辑学刊 1986-02
⊙漫谈旧上海的图书出版业（续）/朱联保//出版发行研究 1986-06
⊙漫谈旧上海图书出版业/朱联保//出版发行研究 1986-05
⊙美国第一家"电视式"报纸/施鲁佳//中国记者 1986-12
⊙日本报业的多种经营/许青//国际新闻界 1986-03
⊙我国报业的现状/周文华//新闻实践 1986-05
⊙我国报业发展呈现多样化特点//视听界 1986-03
⊙新传播媒介和日本报业/于青//国际新闻界 1986-04
⊙新技术冲击下的英国报业/陈封//新闻实践 1986-04
⊙愈演愈烈的报业兼并/崔煜芳//国际新闻界 1986-01
⊙再展宏图 振兴军事出版业/陈石平//编辑之友 1986-01
⊙正确对待出版经济问题/李勉//经济纵横 1986-08

1987年

⊙"灰色的金子"——谈谈美国报纸的分类广告/隋玉洁 宋健吾//国际新闻界 1987-01
⊙《今日美国》为什么能在美国报业中独占鳌头/洪育林//中国记者 1987-10
⊙把握时机推动电子照排技术的实际应用/陈源蒸//中国出版 1987-02
⊙报纸应该实行经营企业化//新闻知识 1987-04
⊙北京古旧书业的变迁/周岩 幸思崇//出版发行研究 1987-04
⊙北欧图书发行工作见闻录/王仿子//中国出版 1987-12
⊙出版改革三题/王庸声//中国出版 1987-05
⊙出版社现代化经营管理模型/黄炳印//中国出版 1987-11
⊙出版业的先驱者/汪太理//瞭望 1987-05
⊙出版业改革与法制的思索/曹剑英 俞峰//法学 1986-10
⊙从统计数字看我国出版事业的发展/方厚枢//编辑之友 1987-01
⊙从一个省的图书发行体制改革说起/王仿子//群言 1987-07
⊙法国的报业帝国——埃尔桑报团/孙维佳//新闻战线 1987-04
⊙港报称台北图书市场兴旺/林间//中国出版 1987-04
⊙高师图书馆藏书建设简论/曲静涛//辽宁师范大学学报（社会科学版）1987-03

- 和“书刊滞销”搏斗中的日本出版业/宋世宜//现代日本经济 1987-06
- 华北书市的启示/赵振录 冯玉墀//出版发行研究 1987-06
- 加拿大英文图书出版业是如何发展起来的/翟一我//中国出版 1987-09
- 见闻·感受·思索——访日本出版业/卢昆//编辑之友 1987-02
- 建立合理的报业结构——提高新闻传播工具社会效益的一个重要问题/艾丰//新闻与写作 1987-11
- 近年来我国丛书出版情势剖析/曹晓英//中国图书评论 1987-04
- 略谈目前图书市场及图书采购工作/曲静涛//河南图书馆学刊 1987-03
- 伦敦的晚报战和“报业繁荣”/程克雄//中国记者 1987-10
- 论战后法国报业集中化的趋势/李峰//国际新闻界 1987-02
- 码洋·产值·利润——概念辨析和出版社经济效益评价/王纪卿//中国出版 1987-12
- 漫谈旧上海的图书出版业（续）/朱联保//出版发行研究 1986-05
- 日本出版业的过去、现在和将来/箕轮成男 杨泰俊//编辑学刊 1987-02
- 日本出版业是一个重要的“情报场”/罗路//图书馆建设 1987-02
- 试论开拓特区出版工作的几个问题/曾凡益//编辑之友 1987-06
- 台湾出版业的金鼎奖/苏晨//编辑之友 1987-04
- 台湾出版业近况/古继堂//出版发行研究 1987-03
- 图书物流系统的改革势在必行/刘慕宗//出版发行研究 1986-04
- 武汉地区报业现状及战略发展设想/周光国 杨甦 刘君勉//湖北大学学报（哲学社会科学版）1987-04
- 新加坡印刷出版业交易额增长/杨红//中国出版 1987-04
- 优质优价 不可缓行/古斯丁//中国出版 1987-07
- 战后法国地方报业的兴起/李峰//国际新闻界 1987-03
- 中国出版业面临的挑战及其对策/罗以民//中国出版 1987-08

1988 年

- “本丹鸡”故事——纸皮书出版的三十年（一）/克拉伦斯·彼特森著 王纪卿译//编辑之友 1988-01
- 报社开展多种经营之我见/高兴烈//新闻与写作 1988-05
- 报业多种经营纵横谈/徐培汀//新闻知识 1988-08
- 报业建设絮语——澳门日报社社长李成俊先生访问记/李克夫//新闻战线 1988-11
- 报业每况愈下 期刊独领风骚 处于改组中的法国新闻界/陈鸿斌//新闻记者 1988-06
- 必须开展对国际书刊市场的研究/夏宪//图书馆杂志 1988-03
- 出版经营机制改革构想/曾凡益//出版发行研究 1988-05
- 出版业的经济特性/米歇尔·雷恩 练小川//出版发行研究 1988-02
- 出版业电脑化综述/文胜利//编辑之友 1988-06
- 出版业要按社会主义商品经济的规律办事/高明光//中国出版 1988-02
- 出书的难与易/唐芜//中国出版 1988-08
- 对我国报业现状的几点思考/刘亢//齐鲁学刊 1988-02
- 改革开放后的报业新变化——访南京政治学院新闻系副教授卢惠民/张跃//传媒观察 1988-09
- 甘尼特报系成功的奥秘——访美国甘尼特报系访华团/路元//中国记者 1988-06
- 建国前三年间哈尔滨的报业体制/肖野//社会科学战线 1988-01
- 精英文化·桥梁文化·大众文化——访三联书店/王振华//中国出版 1988-09
- 开拓书刊国际市场的思路/方振益//图书情报知识 1988-04
- 理顺价格体系 完善市场机制——对出版发行体制改革的再思考/陈新//中国出版 1988-05
- 美国报业的集中垄断与市场机制/高冠钢//新闻大学 1988-04
- 美国报业的一些最新数字/熊蕾//中国记者 1988-09
- 美国出版业点滴/李东//中国图书评论 1988-04
- 企业化是报业经济改革的必由之路/赫建中//新闻记者 1988-06
- 情报是改变出版业“三难”现状的重要手段/周政敏//图书与情报 1988-04
- 深化报业经营管理改革的探讨/冯百祥//新闻实践 1988-03
- 台湾出版业情况点滴//中国出版 1988-03
- 台湾图书出版业面面观/黄文//中国图书评论 1988-03
- 谈谈出版改革的几个问题/王仿子//中国出版 1988-03
- 图书定价传统结构的现实危机和改革的基本走向/王纪卿//编辑之友 1988-04
- 未来的出版业/林恩·马克尔 陈江丰//中国出版 1988-03
- 文化市场上一个被遗忘的角落—来自北京古旧书业的报告/程红根 郎婧婧//瞭望 1988-51
- 西子湖畔的出版业 访浙江人民、教育、美术出版社/山人//中国图书评论 1988-01
- 香港出版业前景观照//出版发行研究 1988-04
- 英国出版社的体制及其他/高明光//编辑之友 1988-03
- 浙江古代图书出版史简述/邹身城//杭州师范学院学报（社会科学版）1988-05
- 振兴古旧书业之我见/周岩//中国出版 1988-05
- 正视通俗文学期刊的作用/高江波//中国图书评论 1988-03
- 做一个有良心的出版家/王仿子//中国出版 1988-10

1989 年

- 《出版业产业政策研究》课题组成立/刘宪宪//中国出版 1989-08
- 阿拉伯科学出版业：成就与追求/Radwan Mawlawi 王晓春//科学对社会的影响 1989-04
- 报业世纪大战/徐乘//新闻知识 1989-03
- 北美报业垄断对报纸内容的影响/陆卫华//新闻大学 1989-01
- 出版改革要解决的问题/金常政//中国出版 1989-03
- 出版改革要借鉴历史经验/王仿子//中国出版 1989-03
- 出版改革与 TQC/金常政//中国出版 1989-01
- 出版事业要有计划地发展/冯复加//出版发行研究 1989-03
- 出版业的出路何在？/王碧蓉//群言 1989-07
- 出版业危机与繁荣的背景思考/孙颙//编辑学刊 1989-04
- 从书价问题谈出版业的改革/朱希//中国出版 1989-06
- 促进商品生产 深化出版改革/王鸣阳//中国出版 1989-03
- 法兰克福书展和德国的出版业/陈志强//中国图书评论 1989-01
- 供大于求的数字背后——中国出版业现状探析/陈昕//瞭望 1989-45
- 关于报业经营管理的探索与思考——访问江苏无锡地区几家报社有感/黄瑚//新闻大学 1989-02
- 光辉的里程 盛大的检阅——第二届全国图书展览巡礼/胡清//中国出版 1989-10
- 国际出版业概况及我国出版业的改革/阮波//出版发行研究

1989-04
- 国外出版业的兼并风/魏龙泉//出版发行研究 1989-06
- 过去两年台湾图书出版业概况/雷中原//中国出版 1989-09
- 荷兰出版业纪事/葛新德//新闻知识 1989-03
- 滑坡·忧思·断层——对当前中国出版业现状的断想/李冰封//中国出版 1989-08
- 简论图书出版管理/毛鹏//编辑之友 1989-04
- 救救我们的出版业/冯亦代//群言 1989-06
- 靠经营来发展报业——对近年来报社开展多种经营情况的探讨/徐宝成//新闻记者 1989-08
- 联邦德国的出版业与图书馆/许胜光//图书馆学 1989-04
- 两个效益的位置和"变换"/谢宏//中国出版 1989-03
- 论出版发展二元战略/曾凡益//出版发行研究 1989-06
- 论出版集团/山曰比//中国出版 1989-11
- 论当前出版改革中的盲目性/李冰封//中国图书评论 1989-01
- 论开拓书刊国际市场——发展外向出版问题探讨/方振益//出版发行研究 1989-03
- 美国出版业简况和关于我国出版改革的几点设想（上）/林穗芳//出版发行研究 1989-04
- 美国出版业简况和关于我国出版改革的几点设想（中）/林穗芳//出版发行研究 1989-05
- 美国出版业简况和关于我国出版改革的几点设想（下）/林穗芳//出版发行研究 1989-06
- 前景堪忧的中国报业/张昆//中国青年政治学院学报 1989-03
- 浅述日本的电子出版业/汤兆魁//中国出版 1989-05
- 浅谈报刊社经济管理体制改革/梁肇唐//新闻战线 1989-Z1
- 瑞典政府对新闻出版业的支持/高航//中国出版 1989-04
- 三个重要课题/陈新//中国出版 1989-03
- 三谈图书定价问题——答复朱希同志/王仿子//中国出版 1989-09
- 事实与数字——美国报纸出版人协会 1988 年统计概要/林海//国际新闻界 1989-03
- 试论出版经济政策/唐砥中//出版发行研究 1989-06
- 试论出版社实现良性循环的途径/吴世灯//编辑之友 1989-05
- 试析"出版发行联合集团"/张小平//出版发行研究 1989-05
- 台湾文学出版社简介/陈辽//中国出版 1989-09
- 谈谈出版改革中的"积极性"/李全安//中国出版 1989-04
- 谈谈出版经纪人/白跃世//编辑之友 1989-05
- 谈谈出版业差别税率/唐砥中//中国出版 1989-08
- 谈谈出版业的竞争意识与社会效果/贺晓闻//企业活力 1989-08
- 西方出版业的国际化/魏龙泉//出版发行研究 1989-02
- 再谈书价和出版改革问题/朱希//中国出版 1989-07
- 整治出版环境要抓政策的调整配套/冯复加//中国出版 1989-05
- 中国报业的困境与出路/张昆//学术论坛 1989-01
- 中国出版业：从卖方市场转向买方市场/陈昕//上海社会科学院学术季刊 1989-04

1990 年

- 安徽出版改革的十年/林清发//中国出版 1990-08
- 报社经营分析/屠忠俊//新闻与传播研究 1990-03
- 编辑出版业计算机化趋势浅析/刘辉//编辑学刊 1990-03
- 长足发展的陕西出版业/李天增//中国出版 1990-12
- 畅销书的学问——读《畅销书》/陈平原//瞭望 1990-05
- 畅销书选题决策中的竞争意识/王春南//中国出版 1990-05
- 出版发展战略纵横谈——中国出版业走向世界研究/方振益//编辑之友 1990-05
- 出版经济学的对象 性质 意义/梁宝柱//出版发行研究 1990-01
- 当前出版业如何走出困境/老铁//中国出版 1990-02
- 电视时代中国报业的生存问题/张昆//新闻知识 1990-03
- 东北三省和天津市联合举行第三届出版研究年会/林/中国出版 1990-09
- 反腐促廉深化出版改革/赵玉秋//中国出版 1990-02
- 关于出版体制的两点思考/南丁//中国图书评论 1990-06
- 何谓"好书"？——繁荣出版中的一个具体问题/滕明道//中国出版 1990-10
- 火锅—茶炊——苏联编辑谈苏联出版业/赵炬//中国图书评论 1990-03
- 集团化：出版改革面临的新选择/魏以成//编辑学刊 1990-03
- 加强图书的宣传推销工作/林疆燕//中国出版 1990-05
- 坚持为教学、科研服务的方向 努力办出大学出版社的特色/牛太臣//武汉大学学报（人文科学版）1990-04
- 建议给出版业增加补贴/李明//群言 1990-09
- 科技图书成本的简捷估算/高本辉//出版发行研究 1990-02
- 扩展第二市场 振兴出版事业——哈尔滨版权贸易研讨班的启迪/朱明远//中国出版 1990-05
- 论出版活动中犯罪的司法与立法问题/陈兴良//法学家 1990-04
- 论当前地方出版经济的出路与选择/朱文虎 张辉冠//编辑之友 1990-04
- 论图书出版业的法律调控/王朴林//法学评论 1990-02
- 论图书价格/魏志强//经济管理 1990-08
- 漫话出版适度论/卢大中//编辑之友 1990-03
- 浅谈出版管理的宏观与微观/孟祥林//中国出版 1990-02
- 强化开放市区出版社外向型摭议/曾凡益//编辑之友 1990-06
- 上海：新闻出版业在整顿中着眼于建设/赵兰英//瞭望 1990-10
- 试论报纸经营企业化问题/覃修龙//新闻知识 1990-01
- 台湾出版业面面观（一）/仓师//编辑之友 1990-01
- 台湾出版业面面观（二）/仓师//编辑之友 1990-02
- 台湾出版业面面观（三）/仓师//编辑之友 1990-03
- 台湾出版业面面观（四）/仓师//编辑之友 1990-04
- 台湾出版业面面观（五）/仓师//编辑之友 1990-05
- 台湾出版业面面观（六）/仓师//编辑之友 1990-06
- 我国报业发展的因素分析/钟秉林 范东生//东南大学学报（自然科学版）1990-04
- 我国报业经营和管理的历史方位/覃修龙//新闻知识 1990-08
- 我国录像出版业大事记/瑞丽//中国电视 1990-03
- 我国现代编辑群体业务理论素养提高的战略思考/张玉 刘旭升 刘国生//东北林业大学学报 1990-S1
- 香港"商务"如何面向"九七"——"商务"总编辑陈万雄一席谈/靳智//中国出版 1990-06
- 香港的阁楼书店 青年人的"黄金屋"/绿竹//中国出版 1990-08
- 应重视编辑队伍的思想建设/胡海清//编辑学刊 1990-01
- 英国出版业的创立Ⅰ/约翰·费瑟 张立 周宝华//编辑之友 1990-01
- 英国出版业的创立Ⅱ/约翰·费瑟 张立 周宝华//编辑之友 1990-02
- 英国出版业的创立Ⅲ 约翰·费瑟 张立 周宝华//编辑之友 1990-03
- 英国出版业的创立Ⅳ/约翰·费瑟 张立 周宝华//编辑之友

1990-04
◎英国出版业的创立V/约翰·费瑟 张立 周宝华//编辑之友 1990-05
◎杂志出版业的困境/J. B. 梅里曼//世界科技研究与发展 1990-03
◎在改革浪潮中成长壮大——访新华出版社/唐芜//中国出版 1990-05
◎正确处理"双效"关系 搞好报社经营管理/王强华//新闻战线 1990-03
◎中国图书市场：短期竞争的展开与长期竞争的不足/陈昕 杨龙 罗靖//上海社会科学院学术季刊 1990-03
◎注重文化建设 提高出版水平——赣版部分重点书评介/毛军英//中国出版 1990-11
◎著作权和著作权法浅论/左羽//群言 1990-07
◎总编工作琐议/张品兴//出版发行研究 1990-06
◎阻碍出版业发展的两个政策性问题/曾勇新//出版发行研究 1990-02

1991 年

◎90年代中文出版的一个趋向——中文出版世界的整合/陈万雄//编辑学刊 1991-01
◎出版社性质及体制问题浅议/毛鹏//编辑之友 1991-06
◎出版事业"八五"计划及十年发展规划/国家新闻出版署课题组//管理世界 1991-04
◎从特色入手改进和完善产业报/岳凤先//新闻战线 1991-02
◎当前加强出版理论工作的几项迫切任务/秋水//出版发行研究 1991-02
◎德国出版业考察印象录/王大路//中国图书评论 1991-06
◎德国地质出版业的特点/褚松和//地质科技情报 1991-03
◎发展对外合作出版是我国图书走向世界的重要途径/陈榕飞//出版发行研究 1991-01
◎法国袖珍书出版业一瞥/冯竹梅//中国出版 1991-03
◎扶桑观书海 异邦思"三难"/胡晓林//中国出版 1991-09
◎个性与活力——记上海文艺出版社/陈增爵//中国出版 1991-06
◎激光电子类书崛起出版面临挑战——兼谈出版机遇与选择/刘渝民//中国出版 1991-09
◎建国前与建国初期福建省科技刊物/甘景镐//学会 1991-06
◎她是"001"——记人民出版社/刘哲//中国出版 1991-05
◎开拓创新结硕果——上海人民出版社一瞥/徐坚忠//中国出版 1991-06
◎两个效益问题的思考/老铁//中国出版 1991-12
◎论出版繁荣与出版改革/吴世灯//编辑之友 1991-05
◎论江西出版业的经济政策/李任真//企业经济 1991-02
◎论新时期的出版走向与对策/赵航//河南大学学报（社会科学版）1991-06
◎论中国出版业的优良传统/吴旭//中国出版 1991-04
◎迈向电子化的中国报业/理科 仕深//中国记者 1991-08
◎漫谈现代英国出版业/吴骅//中国出版 1991-09
◎美国报纸新闻模式的演变/陈玉申//山东师范大学学报（人文社会科学版）1991-02
◎美国的图书贸易和出版业/邵金丽//新世纪图书馆 1991-06
◎美国七十年代以来的出版发行业概况（上）/戴龙基 朱强 丁卫//出版发行研究 1991-04
◎闽浙赣三省召开地方出版工作理论研讨会/吴功伟//出版发行研究 1991-04
◎浅议出版者的社会责任/李莉//编辑之友 1991-05
◎让社科图书进入市场——走访"社科书店"/衣嘉言//中国出版 1991-08
◎日本出版文化之现状——论经济性与文化性的矛盾/岩崎胜海 申力扬//出版发行研究 1991-03
◎日本中小书店考察记（上）/王益//出版发行研究 1991-06
◎日益繁荣的山东图书出版业/刘廷銮//中国出版 1991-07
◎上海出版人士谈出版/龚文//中国出版 1991-06
◎深化管理，促进科技出版业的新繁荣/徐福生//出版发行研究 1991-01
◎试论出版经济与国民经济的关系/梁宝柱//出版发行研究 1991-01
◎书市之后话发行/刘茜//中国图书评论 1991-06
◎双重目标下出版业的矛盾与出路——图书出版中的商业化、庸俗化倾向及其匡正/张旭东//甘肃社会科学 1991-03
◎台湾的杂志出版业/王立柱//中国出版 1991-05
◎谈中国科技出版业走向世界/杨再石//中国出版 1991-09
◎提升出版文化素质 推动香港健康文化的发展/董秀玉//编辑学刊 1991-01
◎图书出版业现代化构想/郭廷贤//编辑之友 1991-05
◎图书进货的新构想——浅谈进销曲线平行推移进货法/罗泽存//图书情报知识 1991-04
◎我党成立前后的无产阶级新闻出版业/毕无畏//中国记者 1991-06
◎我国版权保护的历史和现状/黎海明//湖南城市学院学报 1991-02
◎我国出版教育的回顾与展望/陆本瑞//编辑之友 1991-03
◎我所见的苏联出版业/王大路//中国图书评论 1991-01
◎西方出版管理概说（下）/周奇//编辑之友 1991-06
◎西方国家出版业发展特点/李福秀//中国出版 1991-10
◎香港出版业透视——海港国际书展纵览/许力以//中国出版 1991-11
◎消费与积累——关于出版业的理论与政策之二/梁衡//编辑之友 1991-01
◎新格局的形成与未来发展趋向——上海图书市场十年变革综述/汪耀华//中国出版 1991-06
◎新闻出版署图书司司长杨牧之谈——进一步繁荣出版业//瞭望 1991-02
◎一九九〇年美国十大商业类畅销书/德蒙 陈无忌//国外社会科学文摘 1991-08
◎一业为主 多种经营——谈报业的经营管理/张国安//新闻知识 1991-12
◎在分工范围内形成优势/谭燕//中国出版 1991-12
◎中国报业扩版改革评点/陆彩荣//新闻实践 1991-11
◎中国图书业：长期发展的问题和潜力/陈昕//编辑学刊 1991-02
◎中国应有自己的在版书目——中西比较和设想/顾犇//中国出版 1991-09
◎重点图书出版的几个制约因素/孔则吾//出版发行研究 1991-04
◎抓好重点图书的出版/陈旭//中国出版 1991-10

1992 年

◎澳洲华文杂志出版业一瞥/何宏//编辑之友 1992-04
◎出版改革的回顾与思考/石峰//出版发行研究 1992-03

- 出版竞争与创新/陈昕//编辑学刊 1992-01
- 出版企业集团再探索/延卿//中国出版 1992-08
- 出版业发展第一生产力的两个重要课题/孔则吾//出版发行研究 1992-06
- 德国出版业考察见闻录/王大路//中国出版 1992-02
- 第三世界的出版业——面向21世纪：问题与趋势/阿尔特巴赫 胥珍珍//出版发行研究 1992-05
- 发展以资产为纽带的出版企业集团/楼山//集团经济研究 1992-08
- 繁荣新时期出版业有赖于科技进步/张新涛//编辑之友 1992-01
- 敢于走向市场/倪为国//中国出版 1992-09
- 关于出版“热潮”的理论思考/陈建中//中国出版 1992-01
- 关于转变观念深化出版改革的思考/石峰//瞭望 1992-50
- 湖南省版协在长沙召开信息交流会/长弓//湖南农业大学学报（自然科学版）1992-01
- 简论出版经济政策的作用与制定/彭建炎//图书情报知识 1992-01
- 拉美国家图书出版概况/铁樯//中国出版 1992-03
- 聊城刊刻出版业的兴衰/苏道宏//聊城大学学报（社会科学版）1992-03
- 论报纸走向市场/梁衡//新闻记者 1992-12
- 论编辑与印刷、发行的关系/刘光裕//出版发行研究 1992-03
- 论图书出版经营的创新/陈昕//编辑学刊 1992-04
- 论图书出版业的价值及其实现/许国良//编辑学刊 1992-03
- 论增强出版企业活力与多角化经营/延卿//中国出版 1992-11
- 论中国出版业的买方市场及其他——求教于王益同志/陈昕//中国出版 1992-08
- 美国电视与图书的结合/杨柳//当代电视 1992-09
- 美国新闻出版业的超级巨头“时代—华纳”集团/毕吕贵//中国图书评论 1992-03
- 青年与书刊出版/邵益文//中国出版 1992-02
- 全国报纸管理工作会议在舟山举行//新闻记者 1992-12
- 山东出版业走上集团化的道路——山东省出版总社体制改革的基本情况/石洪印//出版发行研究 1992-06
- 社会主义市场经济条件下的报纸管理/梁衡//中国记者 1992-12
- 深化出版改革 再上新的台阶——新闻出版署直属10家出版社负责人改革谈/薛德震 陈早春 单基夫 林尔蔚 熊国祯 沈昌文 陈允鹤 倪和文 姜维州 王新善//中国出版 1992-07
- 十年书展话香港出版业/沈本瑛//中国出版 1992-07
- 世界报业的发展——世界出版业纵横谈之二/戴龙基//编辑之友 1992-03
- 世界早期出版业的发端——世界出版业纵横谈之一/戴龙基//编辑之友 1992-01
- 试论出版改革中政企关系的重组与出版社发展方向/延卿//中国出版 1992-09
- 试论地方出版业的集团竞争/陈玉龙//编辑之友 1992-06
- 试论中国古旧书业的危机和对策/周建新//出版发行研究 1992-01
- 谈谈中国出版社/徐雪寒//中国出版 1992-10
- 图书出版经济效益小议/郑新//编辑学刊 1992-04
- 图书的两个效益及其结合初探/蔡学俭//出版发行研究 1992-04
- 我国报业改革初探/俞敏//中国党政干部论坛 1992-12
- 西方近现代图书贸易发展的启示——世界出版业纵横谈之二/戴龙基//编辑之友 1992-02
- 喜忧参半的台湾出版业/魏龙泉//中国出版 1992-11
- 以书会友 并搏五洲——第四届北京国际图书博览会侧记/孙建庆//中国出版 1992-10
- 音像出版物与图书馆/罗志雄//图书馆论坛 1992-05
- 杂志大王及其他——世界出版业纵横谈之四/戴龙基//编辑之友 1992-06
- 中国出版事业略史（一）/曹予庭 周文熙//出版发行研究 1992-01

1993 年

- “北京青年报现象”——中国报业启示录/浦树柔//国际新闻界 1993-03
- “媒介大战”思考录/明安香//新闻记者 1993-10
- 报业竞争与市场经济/朱铭佐//新闻实践 1993-09
- 报纸面向市场加强自我推销刍论/庄国荣 赵锦国//江南论坛 1993-03
- 畅销书 纵横谈/梅中泉//中国出版 1993-10
- 出版改革的目标：市场取向/一言//中国出版 1993-01
- 出版企业多角化经营初探/朱小平//中国出版 1993-06
- 出版社出书结构初探/郭有声//科技与出版 1993-05
- 出版社改革的一个重要目标——人才到位/江曾培//中国出版 1993-12
- 出版业的国际化及我们的思考/贺剑峰//编辑学刊 1993-01
- 出版业向现代化“质变”的五个表现//编辑学刊 1993-02
- 出版业与市场经济的关系/豫海//中国出版 1993-07
- 出版者的文化意识与市场意识/萧宿荣//中国出版 1993-10
- 刍议产业报在市场经济体制下的发展/孙煊//新闻战线 1993-03
- 从实际出发 深化出版改革/彭小华//中国出版 1993-10
- 大出版观念与出版集团/贺剑锋//编辑之友 1993-01
- 大陆期刊的现状及走势/张宝妮//编辑学刊 1993-04
- 当代出版业大趋势/刘爱灵//科技与出版 1993-03
- 电子出版物对图书情报工作的影响/陈光祚//武汉大学学报（哲学社会科学版）1993-06
- 对集个体书业的几点希望/刘杲//中国出版 1993-07
- 发挥大学出版社的优势 为实现我省出版战略构想建功立业/李禹河 杨东奇//学术交流 1993-05
- 发展报业经济的好机遇/田玉棉//当代传播 1993-01
- 发展中国家图书出版业的一面镜子——评介《图书出版业与第三世界》/符孝佐//东北师大学报（哲学社会科学版）1993-05
- 反映时代 走向市场 开拓未来——93 中国报刊业博览会巡礼/刘彦广//中国记者 1993-11
- 方兴未艾的地情书/刘辰//编辑之友 1993-02
- 高校学报消费者及其消费心理浅析/李素贤//编辑学刊 1993-02
- 更新观念 接轨转型/周元//出版发行研究 1993-01
- 古旧书业复苏的路子/周岩//出版发行研究 1993-06
- 关于加速我国图书出版业现代化问题（上）/林穗芳//中国出版 1993-10
- 关于加速我国图书出版业现代化问题（下）/林穗芳//中国出版 1993-11
- 关于全面提高图书质量的探索/赵继准//图书情报知识 1993-02
- 国外出版业新趋势——网络出版/李伟//中国出版 1993-05
- 海外出版业热点问题透视/胡清//中国出版 1993-01
- 荷兰出版业的明珠——埃尔塞维尔出版社/顾犇//中国出版 1993-12
- 坚持特色，满足需求——我们在1994年的首要任务/林尔蔚//

中国出版 1993-12
⊙建立社会主义市场经济新体制与出版改革/彭小华//长江论坛 1993-03
⊙建立社会主义图书市场体制的思考/蒋敦雄//湖湘论坛 1993-03
⊙建设社会主义现代化报业集团/黎元江//新闻实践 1993-01
⊙奖书与励人——写在《图书评奖与获奖图书》出版之际/高明光//中国图书评论 1993-04
⊙九十年代初的美国百科全书出版业/张幼//编辑之友 1993-03
⊙九十年代日本出版业/许力以//中国出版//1993-10
⊙立足出版业实际 为边疆各族人民服务/段金录//创造 1993-04
⊙练好内功 致力繁荣/邓耘//中国出版 1993-12
⊙论出版竞争目标的选择/殷靖华//宁夏大学学报（人文社会科学版）1993-02
⊙论买卖书号的性质危害和对策/张训智//出版发行研究 1993-06
⊙论社会主义市场经济体制下出版队伍的结构调整和素质提高（上）/佟树平//中国出版 1993-07
⊙美国新闻出版业见闻/王幅明//编辑之友 1993-06
⊙面对市场经济的抉择/廖晓勉//中国出版 1993-12
⊙面对着市场经济的大海——全国晚报第七届年会侧记/吕怡然//新闻实践 1993-01
⊙日本报业：立足本业 综合发展/王树本//中国记者 1993-08
⊙日本出版政策演变述略/杨贵山//中国出版 1993-09
⊙日本电子出版业现状/朱庆华//出版发行研究 1993-04
⊙上海印刷出版产业的近代化/陈鸣//上海大学学报（社会科学版）1993-01
⊙社会主义市场经济体制下的编辑角色/陶佳珞//武汉大学学报（人文科学版）1993-05
⊙深化完善新书试销制/谢德元//中国出版 1993-12
⊙世界主要国际图书博览会/朱水鑫//江西图书馆学刊 1993-01
⊙市场经济推动下的报业发展及其趋势/冯振德//新闻记者 1993-03
⊙市场经济与出版社的经营管理/周盛发//中国出版 1993-11
⊙市场经济与宏观出版调控/杨咸海//中国出版 1993-06
⊙市场与科技：现代出版业发展的两大主题——第四届沪港出版年会研讨综述/许乃青//编辑学刊 1993-04
⊙市场在召唤——企业报办报思想漫谈/忻才良//新闻记者 1993-06
⊙试论地方出版业的集团竞争//编辑学刊 1993-02
⊙试论市场经济下的出版社图书馆工作/高凤桂 严全胜//江西图书馆学刊 1993-04
⊙试论新形势下出版社的宏观控制/金维克//科技与出版 1993-04
⊙适应市场经济发展的需要 加快两个“转换”的步伐/薛德震//出版发行研究 1993-01
⊙台湾出版业近况/许生根//中国出版 1993-05
⊙台湾图书出版业的走向——访台纪行与随想/许力以//中国出版 1993-08
⊙通过改革 走出困境/叶海云//科技与出版 1993-06
⊙外部要支持 内部要努力/林万清//中国出版 1993-08
⊙为市场经济服务的必然趋势——由《新民晚报》扩版想到的/丁法章//新闻大学 1993-02
⊙文化事业单位如何面向市场搞改革——关于《书刊导报》社生存和发展的调查与思考//湖北社会科学 1993-01
⊙我国编辑出版现状及其原因分析/黄明慧//大连大学学报 1993-02
⊙我国出版业发展迅速/一文//水利水文自动化 1993-04
⊙我国近代教育和出版业的开拓者——回忆我父亲陆费伯鸿/陆费铭琇//编辑学刊 1993-01
⊙我们可以从美国出版业借鉴些什么——《出版学概说》给予的启示/王益//中国出版 1993-11
⊙西方出版业的“圣经”——《出版概论》评介/王益//出版发行研 1993-06
⊙现代出版的管理/钟洁雄//编辑学刊 1993-04
⊙现代国际出版研究一瞥/杨贵山//编辑之友 1993-02
⊙现代书刊发行中的广告攻势/陆瑞萍//出版发行研究 1993-02
⊙新加坡出版业向外发展的三个方向/苗耀华//中国出版 1993-11
⊙新闻出版与计算机技术/陈沪生//出版与印刷 1993-01
⊙印度出版业一瞥/史梦熊//中国出版 1993-04
⊙英国的杂志出版与人员培训/杨贵山//科技与出版 1993-04
⊙英国中小出版社的竞争策略/李伟//中国出版 1993-03
⊙勇对竞争 稳步前进/朱象清//中国出版 1993-12
⊙涌动的春潮——报纸扩版后的思考/李建华//新闻爱好者 1993-03
⊙中国出版业的理性思维审视——评《出版科研论文选粹》/毛鹏//出版发行研究 1993-06
⊙中国近现代出版业的优良传统/邵益文//中国出版 1993-12
⊙中国特色社会主义出版事业刍议/阙道隆//出版发行研究 1993-04
⊙中外图书产销体制的比较研究/孟凡舟//图书情报知识 1993-02
⊙中外专家学者谈出版学与出版业发展——第六届国际出版学研讨会论文观点摘编/林穗芳//中国出版 1993-11
⊙重生产轻流通的倾向急需改变/靳瀚恢//中国出版 1993-11
⊙重视学术著作的出版/宋原放//编辑之友 1993-04
⊙祝第六届国际出版学研讨会圆满成功/雷洁琼//出版发行研究 1993-06
⊙抓住机遇 积极发展报业经济/李立彬//新闻知识 1993-03
⊙转换出版社内部机制的思考/董玉英//中国出版 1993-10

1994 年

⊙’93、’94 的出版业/蔡健光//中国出版 1994-05
⊙“多媒体”化的大众传媒——日本出版的各种非日文报刊/方士//新闻战线 1994-12
⊙“买卖书号”的经济学思考/张辉冠//中国出版 1994-03
⊙“你必须成功”——访美国 EGW 国际出版公司董事长林文钊先生/郭博信//新闻出版交流 1994-03
⊙“享受冬天的太阳”——一位英国出版商的经验之谈/魏龙泉//中国图书评论 1994-05
⊙1994 年美国多媒体出版物销售预测/木易//出版参考 1994-18
⊙93 中国版权再回首/蔡纪万//编辑之友 1994-04
⊙94 年版日本《出版年鉴》与《出版指标年报》出版/白晓煌//出版参考 1994-18
⊙澳大利亚的图书出版业/张培东//科技与出版 1994-04
⊙版权及版权保护/江红//新闻与写作 1994-04
⊙北京国际电子出版研讨会及展览即将举行//现代图书情报技术 1994-04
⊙必须关注产业报刊竞争的走势/刘建明//新闻知识 1994-04
⊙变异作品的版权思考/吴旭君//出版与印刷 1994-02
⊙出版电子化与出版管理思想的革命/尤丹立//中国出版 1994-10
⊙出版改革四题/蔡学俭//编辑学刊 1994-03
⊙出版企业与市场经济关系问题/徐方//出版科学 1994-04

⊙出版社要多出“长命书”/黄侃//中国图书评论 1994-02
⊙出版体制改革与现代企业制度浅议——兼谈股份制出版集团/刘进社//编辑之友 1994-05
⊙出版文化与市场取向/周涤尘 谢珩//中国出版 1994-09
⊙出版系统要实现整体功能优化/王耀先//出版发行研究 1994-06
⊙出版业的新信息技术/李斌//管理科学文摘 1994-09
⊙出版业改革与发展探索/贾鸿鸣//红旗文稿 1994-05
⊙出版业与文化市场/侯文富//中国出版 1994-03
⊙出好大科普图书 繁荣科技出版业/高枫//中国出版 1994-04
⊙大陆、台湾、香港出版协会负责人举行会谈 三方同意以“华文出版业联谊会议”形式开展活动/常振国//出版参考 1994-18
⊙大学出版社出版物特色初探/马腾 蔡和全 郭明//三明高等专科学校学报 1994-03
⊙当代中国出版大事记编纂得失谈/秋水//出版发行研究 1994-05
⊙当代中国新闻史上的丰碑——解放日报率先恢复商品广告的前前后后/贾亦凡//新闻记者 1994-08
⊙当前大学音像出版工作需要解决的若干问题/徐培忠//大学出版 1994-01
⊙当前的学术著作出版问题/庞家驹//中国出版 1994-01
⊙盗版和反盗版/王化鹏//中国出版 1994-08
⊙德国图书出版业概况/谢晋洋//科技与出版 1994-06
⊙德国图书市场的启示——兼谈我国出版改革中的一些问题/周绍华//大学出版 1994-01
⊙电子信息的版权保护问题/耿小强//知识产权 1994-06
⊙多媒体与未来出版业/李伟//科技与出版 1994-06
⊙发展社会监督 保证图书质量/钟言//编辑学刊 1994-04
⊙发展中国家的版权：必需品还是奢侈品？//国外社会科学 1994-02
⊙跟上国际出版业发展潮流 我国电子出版业已全面起步/杨贵山//出版参考 1994-22
⊙关于出版业改革途径的探索/贾鸿鸣//出版参考 1994-06
⊙关于出版资源市场配置的几点思考/聂方熙//编辑之友 1994-03
⊙关于建立区域性“大学出版社联合体”的初步设想/夏大平//大学出版 1994-02
⊙国外出版拾零/李小荣//科技与出版 1994-01
⊙国外近年来图书情报版权研究文献述评/刘健//图书情报论坛 1994-04
⊙韩国出版业的发展——课题与前景/李钟国//编辑之友 1994-02
⊙话说版权贸易/焦广田//中国出版 1994-08
⊙还文化以尊严——日睹中国辞书出版之怪现状/邵平//中国质量万里行 1994-09
⊙机遇·风险·对策——深化出版改革研讨会侧记/朱诠//出版发行研究 1994-04
⊙加强版权保护 促进经济文化发展/常城//科技与出版 1994-04
⊙加强出版信息工作/贺庆兰//出版科学 1994-04
⊙加强基础管理促进内部协作——改善省级出版系统管理之管见/李润海//中国出版 1994-12
⊙加强新闻出版理论建设/于友先//出版发行研究 1994-03
⊙加强自律 独创特色 开拓市场——浅谈出版社走向市场的自身建设/黄国荣//出版发行研究 1994-02
⊙加速出版社内部的机制转换/姜影//出版发行研究 1994-04
⊙坚持不懈地抓重点图书出版工作/张凤瑞//新闻出版交流 1994-01
⊙坚持方向提高质量是繁荣出版的关键/杨牧之//科技与出版 1994-02
⊙坚持正确方向 促进出版发展/徐诚//中国图书评论 1994-02
⊙建立高质量图书生成保证监督体系/阮光页//编辑学刊 1994-03
⊙建立现代出版企业制度/杨咸海//中国出版 1994-12
⊙江苏与台港出版业的交流/凌朝栋//中国出版 1994-12
⊙将挑战变成机会——90年代的美国图书销售/魏龙泉//中国图书评论 1994-06
⊙交流与远眺——为第六届出版国际论坛而作/戴文葆//编辑之友 1994-01
⊙教育音像制品版权保护刻不容缓/丁学儒//电化教育 1994-01
⊙竞争激烈的台湾出版业/李岩//中国出版 1994-09
⊙九十年代世界出版业展望/赵增力 张力勇//中国出版 1994-01
⊙开发版权潜值/黄煜//中国出版 1994-02
⊙科技书刊校对质量问题初探/王乐//出版发行研究 1994-06
⊙历程、误区和走势——关于当前出版改革的思考/冬风//编辑之友 1994-01
⊙两岸三地中文出版业的发展趋势与整合方向/陈信元//编辑之友 1994-06
⊙略论出版者权/张秀全//政治与法律 1994-02
⊙论版权理论中的作品概念/金渝林//中国人民大学学报 1994-03
⊙论出版产业/张辉冠//江苏社会科学 1994-04
⊙论出版软科学研究/凌丹//科技进步与对策 1994-04
⊙论市场经济条件下的出版宏观调控/路用元//出版发行研究 1994-05
⊙论图书出版者的专有出版权/姚伯岳//编辑学刊 1994-06
⊙罗马尼亚涌现千余家个体出版社/雪//出版参考 1994-01
⊙美国出版教育概况/魏龙泉//中国出版 1994-01
⊙美国电子出版业初具规模/季风//出版参考 1994-11
⊙美国图书出版业经营概况/魏龙泉//中国出版 1994-12
⊙美国微软公司进军电子出版业/越人//出版参考 1994-20
⊙面对保护版权冲击的台湾翻译出版业/曹洪东//编辑之友 1994-01
⊙面对非法音像制品的冲击/三石//中国出版 1994-01
⊙内地20余家出版社参加香港书展/柯真//出版参考 1994-16
⊙前途无量的电子出版业/林森//自动化博览 1994-01
⊙浅谈出版业与政治、经济体制改革的全方位接轨/钱柏年//新闻出版交流 1994-01
⊙侵权盗版严重 业者呼吁保护——河南省关于版权的调查/韩可平//中国出版 1994-09
⊙日本出版界1993年回顾/肖顺杰//科技与出版 1994-03
⊙日本图书出版业近况及销售趋势一瞥/赵人//出版参考 1994-10
⊙日本政府对出版业的宏观管理及民间协会的作用//编辑学刊 1994-03
⊙社店联销值得一试——出版业营销方法探讨之一/李东//编辑之友 1994-05
⊙深化期刊出版业改革的整体构想/高江波//出版发行研究 1994-03
⊙市场经济条件下的出版宏观调控/郑路//出版科学 1994-03
⊙市场经济中的教育音像出版/焕华//电化教育 1994-02
⊙试谈版权保护/陈光磊 冉榴红//法学天地 1994-04
⊙适应市场引导市场——出版社面临的重大课题/杨咸海//中国出版 1994-08
⊙树立质量意识 提高图书品位/罗湘//大学出版 1994-02
⊙台湾出版界步入剧变时代/越人//出版参考 1994-24
⊙台湾出版业近年发展概略/孟荐//出版参考 1994-06
⊙台湾电子出版物概况及问题/小丁//出版参考 1994-20

◎台湾图书营销变化/魏龙泉//出版发行研究 1994-02
◎谈"特约主发经销包退"的购销办法/陈一兵//图书发行研究 1994-01
◎谈出版业与发展着的政治经济体制改革全方位接轨/钱柏年//编辑学刊 1994-01
◎谈谈图书出版业的竞争/陈和//编辑学刊 1994-04
◎投身文化市场是出版业面临的重大课题/侯文富//大学出版 1994-03
◎图书出版的重大历史使命——谈走向市场中的马克思主义图书出版/赵燐//中国出版 1994-02
◎图书出版业的新机遇/丁一平//出版科学 1994-07
◎推进出版业的计算机技术应用/梁杰//中国出版 1994-07
◎完善出版机制 深化出版改革——全国出版科学研讨会在广州召开/朱铨//出版参考 1994-24
◎网络出版、电子图书馆和虚拟图书馆/李伟//国家图书馆学刊 1994-01
◎为建立健康繁荣发展的出版业而努力/徐福生//书城 1994-01
◎文艺出版社如何走出困境/马森彪//新闻出版交流 1994-06
◎文艺作品出版中的版权问题/辛广伟//中国出版 1994-12
◎我国 CD-ROM 光盘出版业/戚其秀//今日印刷 1994-03
◎我国出版业发展现状及其前景/孙柏林//北京印刷学院学报 1994-01
◎我国出版业和图书市场发展的态势/陆本瑞//出版发行研究 1994-06
◎我国出版业利用外资可行性初探/曲晶晶 汪冰//编辑之友 1994-05
◎我国新闻出版业现状与发展研究/吴江江//管理世界 1994-03
◎西方出版管理面面观（之一）/周奇//中国出版 1994-03
◎西方书刊出版业管理研究/李苓//社会科学研究 1994-06
◎香港举办电子出版物展/越人//出版参考 1994-09
◎新加坡出版业的发展与展望/苗耀华//编辑之友 1994-02
◎新闻出版署对书报刊音像出版单位成立集团问题作出规定/柯真//出版参考 1994-12
◎学者与商人：青年编辑的双重角色/戴兵//河南师范大学学报（哲学社会科学版）1994-01
◎压缩品种 提高质量 注重特色 确保重点 皖省局加强选题管理实现战略转移/查结联//出版参考 1994-14
◎一个企业家的气质——商务印书馆创办人夏瑞芳/赵宗颇//上海师范大学学报（哲学社会科学版）1994-04
◎以繁荣出版印刷事业 实现教育现代化作为我校的改革目标/杜飞龙//出版与印刷 1994-01
◎音像出版事业亟待加强管理/王芳宪//民主与科学 1994-03
◎音像教材出版面临的困难与对策/姚凤林 马新//电化教育 1994-09
◎印刷出版行业的一枝新秀——多媒体电子出版物/钟玉琢//今日印刷 1994-04
◎英德两国出版业访问记/刘质彬//对外大传播 1994-01
◎英国 80 年代的杂志出版业/谌山涛//新闻与传播研究 1994-04
◎英国的出版管理体制/魏玉山//科技与出版 1994-05
◎英国图书出版的显著特征/杨贵山//新闻出版交流 1994-04
◎中国 CD 市场一瞥/殷金娣//瞭望 1994-46
◎中国版权之战/马志刚//宁夏画报 1994-03
◎中国报纸走向市场的误区/时统宇//新闻与传播研究 1994-03
◎中国传统文化与著作权制度略论/吴汉东 王毅//法学研究 1994-04
◎中国图书如何进入美国市场/李顺祺//中国出版 1994-11
◎注重加强医学专著的出版/林小凡 王隼 徐青//中华医学图书情报杂志 1994-03
◎抓质量 抓效益 繁荣新闻出版事业/于友先//中国记者 1994-03
◎抓住机遇 迎接挑战 在竞争中求出路/雷永利//大学出版 1994-04
◎转变出版机制 实现阶段转移/赵文海//大学出版 1994-02
◎转机建制增强市场竞争能力——新闻出版署计财司司长吴江江访谈录/郑维桢//财务与会计 1994-05

1995 年

◎"老出版"纵谈抗战出版事业/罗琳//中国出版 1995-08
◎"洛阳纸贵"下的中国新闻出版业/韩月香//科技潮 1995-09
◎"心有余而力不足"——一起软件盗版案件的思考/闫鲁文 张岩//北京工商 1995-07
◎"信息高速公路"与出版业/王德庆//大学出版 1995-03
◎爱尔兰发表书业评估报告/杨贵山//出版参考 1995-18
◎澳大利亚将推出一批出版业专著/阎京萌//出版参考 1995-09
◎澳门的书刊出版业/黄荐//出版参考 1995-01
◎版权工作的春天——第一次全国版权局长会议侧记/宇之//中国出版 1995-06
◎版权贸易市场行为探讨/潘运根//现代法学 1995-03
◎报纸、广播、电视：谁为中国"第一传媒"？——1995 年全国报纸读者的调查报告/喻国明//新闻采编 1995-06
◎北京保护"米老鼠"——第一起美国公司在中国提起版权诉讼案纪实/徐江善//中国质量万里行 1995-12
◎出版社深化改革的若干思考/佘孟仁//中国出版 1995-11
◎出版社专业分工与配套政策/杨荣//出版发行研究 1995-02
◎出版体制研究是一项艰巨的任务/闫晓宏//出版发行研究 1995-05
◎出版业的新产品——电子图书/杨鸥//编辑学刊 1995-05
◎出版业的新发展方向：为图书馆提供复合型的信息媒体/张屹//大学图书馆学报 1995-02
◎出版业质量管理三观/高思正//新闻知识 1995-04
◎从 1994 年旧金山的 SEYBOLD 展览看美国的电子出版业上/吴本中//今日印刷 1995-02
◎从统计数字看美国出版业：简要的概括/王益//出版参考 1995-10
◎大处着眼 实处着手/戴文葆//出版发行研究 1995-05
◎大力开展版权贸易 积极促进对外文化交流/任彦//出版与印刷 1995-04
◎电子出版和电子图书馆/许桂菊//当代图书馆 1995-04
◎电子出版要为信息高速公路建设服务（续）/于万源//电子出版 1995-07
◎电子书籍冲击出版业/郭亮采//科技潮 1995-09
◎对编辑出版教育的几点看法——访南京大学硕士生导师倪波/张志强//编辑之友 1995-02
◎对出版物价格形成机制的探索——评《出版物成本定价估算与技巧》/管彤//中国出版 1995-09
◎对发展科技出版生产力的思考/范卫平//科技与出版 1995-02
◎对美国出版业的考察/中国出版代表团//中国出版 1995-03
◎对西方出版管理体制的几点看法（一）/袁亮//中国出版 1995-10
◎对中国出版业分流管理的战略构想/郑俊琰//编辑之友 1995-01

◎ 俄罗斯出版业现状/李伟//中国出版 1995-01

◎ 发展中的美国电子出版物/周水玉//中国出版 1995-03

◎ 发展中的中国电子出版业/戚其秀//今日印刷 1995-04

◎ 法国的出版管理体制/魏玉山 杨贵山//出版发行研究 1995-04

◎ 翻译图书版权问题初探/刘先涛//内蒙古师大学报（哲学社会科学版）1995-02

◎ 改革出版社干部选配制度/董玉英//中国出版 1995-05

◎ 改造省级店 服务出版业/周立伟//中国出版 1995-09

◎ 高校学报的多重属性与面对市场经济的思考/李星//陕西师范大学学报（哲学社会科学版）1995-S1

◎ 关于国有新华书店状况的调查/罗紫初//出版发行研究 1995-03

◎ 关于市场经济条件下出版社改革的思考/李书堂//石油大学学报（社会科学版）1995-02

◎ 关于中国著作权法观念的历史思考/吴汉东//法商研究-中南政法学院学报 1995-03

◎ 国际古旧书业及中国古旧书业国际化/沈望舒//出版发行研究 1995-02

◎ 国外版权已成为美出版业的重要经济支柱/李玲玲//出版参考 1995-11

◎ 韩国将建现代出版基地/白晓煌//出版参考 1995-02

◎ 积极探索科技报适应市场经济的新路子/巴合提汗·布拉力//当代传播 1995-05

◎ 计算机在报纸出版业的应用之现状与前景/沈志刚//新闻传播 1995-03

◎ 加拿大的知识产权保护/昌洛川//全球科技经济瞭望 1995-10

◎ 加强出版业行业管理的思考/孙鲁燕//编辑学刊 1995-02

◎ 竞争 创新——旧上海书业的生命线/刘建辉//编辑学刊 1995-02

◎ 立足广西 走向世界——漓江出版社版权贸易成果丰硕/李侃//中国出版 1995-02

◎ 两个效益与读者观念/李大星//编辑学刊 1995-05

◎ 略论市场经济对图书出版的积极效应/顾传菁//编辑学刊 1995-01

◎ 论出版改革的文化视野/丁少伦//编辑学刊 1995-06

◎ 论出版人才/张辉冠 钟诚//出版发行研究 1995-02

◎ 论出版业的文化认同功能及其实现机制/贺修铭//图书情报知识 1995-04

◎ 论大学出版问题/秦振华//辽宁高等教育研究 1995-05

◎ 论建立出版集团/方鸣 郭毅青//中国出版 1995-05

◎ 论民国时期出版业发展中图书馆的作用/赵长林//出版发行研究 1995 04

◎ 论软件著作权人的权利及其权利限制/谷照明//电子出版 1995-07

◎ 论我国知识产权保护的范围及实施/江继兰 孔繁俊//济宁师专学报 1995-04

◎ 美国 1994 年出版业统计数字/贺泽//出版参考 1995-19

◎ 美国的出版管理体制/魏玉山 杨贵山//科技与出版 1995-01

◎ 美国电子出版现状/杨贵山//出版发行研究 1995-02

◎ 美国多媒体出版业的现状及发展前景/希恩//出版与印刷 1995-01

◎ 美国图书市场见闻录/张黎洲//中国出版 1995-03

◎ 面向第三世界的出版业杂志——《贝拉吉尔出版组织通讯》/阎京萌//出版参考 1995-13

◎ 面向廿一世纪电子出版业急需再创业/于万源//电子出版 1995-01

◎ 面向廿一世纪电子出版业急需要创业（续）/于万源//电子出版 1995-02

◎ 年鉴事业要进行适应市场经济的改革/周斌//年鉴信息与研究 1995-01

◎ 欧共体在数据库版权保护方面的进展/倪晓红 赖茂生//情报学报 1995-02

◎ 浅谈版权保护/张静//报刊之友 1995-Z1

◎ 人民日报华东版与上海两报之比较/裘正义//新闻记者 1995-03

◎ 日本 JPIC 开会探讨 21 世纪日本出版业/白晓煌//出版参考 1995-02

◎ 三次图书编校质量检查的启示/李明//出版发行研究 1995-01

◎ 深化新华书店改革 促进出版业繁荣/徐福生//书城 1995-01

◎ 市场经济与图书的文化含量//编辑学刊 1995-01

◎ 市场占位意识 读者本位意识——试析《北京青年报》的办报特色/喻国明//青年记者 1995-03

◎ 试析图书出版业的无序竞争/伍先华//编辑学刊 1995-01

◎ 书市的兴旺和读书人的悲哀/蔡鹰扬 钟晖//检察风云 1995-05

◎ 数据库版权保护问题/倪晓红//现代图书情报技术 1995-03

◎ 数据库产品的知识产权保护/周六炎 叶建华//情报探索 1995-04

◎ 苏中革命根据地的新闻出版业/倪波 纪红//南京大学学报（哲学社会科学版）1995-01

◎ 台港出版界人士谈电子出版物的发展趋向：电子出版物应积极开拓并由出版业为主导/洛丁//出版参考 1995-11

◎ 台港出版业现况一瞥/钟宜//出版广角 1995-01

◎ 台湾 1994 年版《出版年鉴》出版发行/金梦//出版参考 1995-14

◎ 台湾出版业现状印象记/孙伟华//中国图书评论 1995-12

◎ 台湾的有声出版业/金梦//出版参考 1995-16

◎ 台湾电子出版业的现状与两岸合作的展望/何志韶//编辑之友 1995-04

◎ 台湾将利用现有电脑网络开办购书服务/越人//出版参考 1995-15

◎ 台湾漫画出版业力图向外发展/越人//出版参考 1995-12

◎ 台湾目前出版业的特点/徐平//出版参考 1995-14

◎ 谈进一步深化图书发行体制改革/路遥//出版发行研究 1995-03

◎ 谈谈美国政府在保护版权方面的作用/王骅//社会科学家 1995-06

◎ 谈谈数据库的版权保护/张广良//科技与出版 1995-06

◎ 停滞不前的非洲出版业/李玲玲//出版参考 1995-01

◎ 图书版权所载内容的法律意义/曾敬//科技与出版 1995-01

◎ 图书馆与出版业——旅美杂忆/王益//出版参考 1995-17

◎ 图书流通/罗紫初//图书发行研究 1995-02

◎ 图书市场的症结与开发/陈玉范//新长征 1995-03

◎ 图书市场竞争论/巢峰//编辑学刊 1995-04

◎ 图书资料工作对于出版事业的影响与作用/王有朋//编辑学刊 1995-03

◎ 未来十年的出版业/G. J. E. Rawlins 陈昭楠//情报科学 1995-01

◎ 文科学报的标准化规范化反思/王东记//编辑之友 1995-05

◎ 我国出版业情况未能在 ILMP 上得到恰当反映值得注意/王益//出版参考 1995-02

◎ 我国电子出版业现状简析/朱庆华 余力//江苏图书馆学报 1995-03

◎ 我国首例软件版权侵权案若干问题探讨/寿步//知识产权 1995-03

◎ 西方出版社的主要类型及其简析/苗华建//大学图书馆学报

1995-05
⊙现代编辑角色谈/刘迎秋//山东理工大学学报（社会科学版）1995-01
⊙新加坡印刷出版业积极向外发展/越人//出版参考 1995-16
⊙新闻出版科技发展“九五”计划和 2010 年长期规划纲要/谢俊旗//印刷技术 1995-10
⊙新闻出版业的技术新进展/王选//电脑技术 1995-09
⊙信息高速公路将对出版业有什么样的影响/陈金伟//电子展望与决策 1995-03
⊙信息技术与电子出版业的分析与展望/梁祥丰 王明君//今日电子 1995-01
⊙信息与出版决策/王壮 卢晓宾//编辑学刊 1995-06
⊙一部重要的出版理论著作——读《边春光出版文集》/邵益文 毛鹏//中国图书评论 1995-09
⊙一九九四年香港书业市场回顾/唐松//对外大传播 1995-04
⊙音像制品的版权控制/刘青//山东图书馆季刊 1995-03
⊙音像制品著作权保护应采取的措施/马新 杨桦楠 韩建国//呼兰师专学报 1995-01
⊙优化选题是出版社走向良性循环的基础/高虹//中国出版 1995-09
⊙有关出版导向的几个问题/冯国祥//编辑学刊 1995-04
⊙于友先署长说中国出版业“八五”期间成绩喜人//出版参考 1995-20
⊙早春鸣号角 出版跨新程——全国新闻出版局长会议侧记/宋林//中国图书评论 1995-02
⊙政策倾斜财政支持行业互保 加拿大扶植民族出版业/李宗慧//出版广角 1995-04
⊙知识产权保护的经济分析——以音像作品版权为例/张圣平 杨蕙馨//经济理论与经济管理 1995-03
⊙纸价飞涨，中国报刊怎么办/柏强忠//编辑之友 1995-05
⊙纸张困扰新闻出版业/北方朔//理论观察 1995-04
⊙质与量的和谐是当代出版业的使命/彭斐章//出版科学 1995-02
⊙中国版权贸易现状与走向/辛广伟//中国图书评论 1995-03
⊙中国的版权法与国际版权合作/沈仁干//中国出版 1995-01
⊙中国古代书院和出版业/平雨//出版参考 1995-22
⊙中国书业：以个性走出自己的风采/郑骏//中国图书评论 1995-05
⊙中国数据库产业的知识产权保护/赖茂生 倪晓红//科技与法律 1995-01
⊙中国音像出版业发展的现状和前景/谢明清//中国出版 1995-09
⊙中文出版与国际合作的发展趋势/陈万雄//出版参考 1995-09
⊙抓住机遇 在国际合作中加速发展自己/梁祥丰//科技与出版 1995-06

1996 年

⊙’96 中国报业发展的趋势和特点/喻国明//新闻爱好者 1996-02
⊙“八五”期间我国出版业发展指标呈全面增长的良好态势//出版参考 1996-08
⊙“八五”硕果累累“九五”再创辉煌——安徽出版业加快发展步伐/陶有法//中国出版 1996-07
⊙“电线杆”的启示——上海书画出版社巡礼/天要//美术之友 1996-03
⊙“九五”我国出版业将出现十大竞争趋势/朱华明//中国图书评论 1996-06
⊙“卡夫卡是我编出来的”，你信吗/中茂//出版广角 1996-01
⊙“有出版才有编辑”——谈编辑的产生和发展/刘光裕//编辑学刊 1996-06
⊙“种子总要萌”——“国际出版与版权知识”讲座纪要/张东//出版广角 1996-01
⊙《中国书业的新途径》读后/王益//出版科学 1996-04
⊙11．2 亿说明什么——第 9 届首都图书交易会综述/舒//出版参考 1996-05
⊙1996，中国新闻出版业面临难关/阿瑶//新闻知识 1996-01
⊙把读者意识体现在出版的全过程/李景端//中国出版 1996-01
⊙版权、著作权和出版权辨析/李凤玲 孙秀英//大学出版 1996-03
⊙版权所有者/安奇//科技与出版 1996-03
⊙版权转让探析——文稿竞卖呼唤继续完善版权立法/吴鹏里//探索 1996-04
⊙报业集团浮出海面——集团化经营风行报界/黄文宁//光彩 1996-07
⊙报业经济运作模式初探/宋建武//中国人民大学学报 1996-04
⊙编辑不宜搞编印发一条龙——出版社经营管理之我见/慕明宜//新闻出版交流 1996-04
⊙出版技术革命与现代编辑/李新生 孙云//编辑学刊 1996-03
⊙出版经济学的研究及建构/刘杰//出版科学 1996-02
⊙出版科研要紧密联系出版工作实际——在第十届全国出版科学研讨会上的讲话/于永湛//出版发行研究 1996-01
⊙出版配置与出书承包/戴文葆//群言 1996-05
⊙出版社的市场调查/马永杰//编辑学刊 1996-03
⊙出版特色及其形成/张颖//编辑之友 1996-01
⊙出版物传播的新概念——网络化自动化社会化/汪季贤//多媒体世界 1996-05
⊙出版业必须控制“制高点”/朱福铮//中国出版 1996-04
⊙出版业应率先成为文明行业/陶信成//出版参考 1996-22
⊙出版业转型中的理性思考/继才//编辑之友 1996-02
⊙传播视野中的近代出版/项翔//编辑学刊 1996-04
⊙从粗放型向集约型转变——出版业增长转型答问录/杨牧之//出版广角 1996-02
⊙从鄂教版图书看版权贸易/陈毓美//出版科学 1996-02
⊙从香港报业恶性减价战看新闻传媒的市场取向/华大真//新闻传播//1996-02
⊙大力发扬协作精神 加速我国电子出版事业的发展/梁祥丰//出版参考 1996-12
⊙大学出版社发展趋势与工作重点/贾国祥//大学出版 1996-02
⊙当代中国出版业的“白皮书”——评《中国出版业的发展与经济政策研究》/陈晓东//出版科学 1996-01
⊙电子报刊——报刊业一道新的风景线/闵大洪//新闻记者 1996-09
⊙电子出版：信息时代的新兴产业/卢天贶//大学出版 1996-04
⊙电子出版物的发展与印品书籍的前景/邵益文//出版与印刷 1996-01
⊙电子出版物的挑战及应注意的问题/宋建鲁//山东图书馆季刊 1996-01
⊙电子出版物的现状与未来/管健//水利电力科技 1996-01
⊙电子出版系统发展的新趋势/殷步九 张涛//中国电子出版 1996-01
⊙电子工业出版社走出北京为书店培训业务人才/张验//出版参考 1996-12
⊙电子化——出版业发展的必然趋势/天颖//出版与印刷 1996-04

◎调整品种结构 加大一般图书比重/胡光清//出版参考 1996-24
◎读者：排行榜中是阿谁/李大星//出版广角 1996-06
◎对开发电子出版物的认识和建议/汪伯延//电子出版 1996-09
◎对外版权贸易成功三要素/包以健 姜新祺//中国出版 1996-03
◎多媒体出版物的编辑/杨许国//编辑学刊 1996-01
◎多媒体电子出版物写作系统的分析与设计/何秀玲 梁妙园 冯刚//多媒体世界 1996-09
◎多做“雪中送炭”的苦活/李大星//中国出版 1996-12
◎鄂版书刊耀京华/梁前刚//出版科学 1996-03
◎发展我国版权产业的一点思考/沈仁干//中国专利与商标 1996-04
◎发展我国图书进出口业务的新思路/罗紫初//武汉大学学报（哲学社会科学版）1996-06
◎发展信息产业培养信息人才——’96 ISIRSD 第三分会场观点述要/罗紫初//图书情报知识 1996-04
◎翻译与知识产权/李景端//中国翻译 1996-05
◎繁荣少儿出版培育四有新人——中国少儿出版物成就展综述/王岩镔//中国出版 1996-11
◎方正为我国电子出版物发展做贡献//电子产品世界 1996-02
◎访问新加坡出版业随笔/郭有声//科技与出版 1996-03
◎非流行：图书市场的总体把握——兼论影响图书市场的若干社会心理倾向/夏德元//编辑学刊 1996-03
◎改革出版业的几种新思路/吴復明//南京理工大学学报（社会科学版）1996-05
◎改革开放以来中国出版业十大变化/潘国彦//出版发行研究 1996-05
◎赶上信息时代步伐推进出版产业发展/徐福生//书城 1996-01
◎高校“内刊”学报的困惑与出路/张延达//长春金融高等专科学校学报 1996-02
◎高校出版业发展中的若干问题与对策/范瑜 朱丹红//大学出版 1996-02
◎高校文科学报作为传媒的个性特征/战涛//佳木斯大学社会科学学报 1996-03
◎关于96 中国报业发展趋势的基本判断/喻国明//青年记者 1996-01
◎关于电子环境版权问题的论证/郑冠石//河南图书馆学刊 1996-04
◎关于图书经营资金运行问题的探讨/王敏//图书发行研究 1996-03
◎关于推动出版业产业化发展的思考/邱久钦//出版科学 1996-04
◎关于我国软件如何获得自主版权的建议/邹忭//软件世界 1996-04
◎馆藏电子出版物建设探讨/杨秀萍//图书馆论坛 1996-03
◎国际合作出版的作用性质和基本原则/杨陵康//科技与出版 1996-06
◎国际图联第 62 届大会会前会“版权与图书馆”论文摘要//图书馆工作与研究 1996-05
◎国内外电子出版业概况/徐海波//软件世界 1996-09
◎呼唤哲学社会科学的春天——出版业推动学术繁荣的遐想/毛鹏//出版发行研究 1996-04
◎胡真《我的出版观》出版/秋水//出版参考 1996-10
◎互联网络将电子出版引向新纪元/王峰松//电子出版 1996-08
◎互联网络与出版业的新发展/林穗芳//编辑之友 1996-02
◎华文图书在海外销售有多少/徐平//出版参考 1996-11
◎话说翻译工作者的版权/芮敏//对外大传播 1996-11
◎机遇·挑战·对策——关于发展中国电子出版业的若干断想/张晓丹//科技与出版 1996-05
◎计算机革命下出版业的新景象/卞玉清//同济大学学报（社会科学版）1996-02
◎计算机在编辑出版业中引起的技术变革/许志宏 余向东 王新宇//编辑学报 1996-04
◎加大发行差价 均衡出版发行利益——也谈购销方式改革/覃万清//出版科学 1996-02
◎加快出版业转换经营机制步伐/胡梦文//中国出版 1996-06
◎加快我国电子出版物健康发展的建议/牧野//出版参考 1996-23
◎加强交流 促进中文电子出版业的新发展——在“中文多媒体出版专家座谈会”上的发言/谢明清//中国电子出版 1996-02
◎加强新闻出版计划财务工作/吴江江//出版发行研究 1996--03
◎坚持深化改革 促进出版繁荣——辽宁出版业“八五”成就与“九五”蓝图/刘国玉//中国出版 1996-08
◎建立出版业最佳运行机制——集团化道路浅探/杨荣//中国出版 1996-06
◎阶段性转移的回顾与思考/王可平//出版发行研究 1996-01
◎解放军文艺出版社版权贸易见成效/黄国荣//出版参考 1996-24
◎进入多媒体时代的出版业/王涛//出版发行研究 1996-04
◎进一步，海阔天空——由纸价飞扬引申出的出版改革大思路/刘光裕//中国出版 1996-05
◎跨世纪出版业发展战略初构/郑俊琰//编辑之友 1996-06
◎两个转变与我国新闻出版业的关系/冯并//出版发行研究 1996-03
◎略论南宋两浙地区的出版业/陈国灿 陶立方//宁波大学学报（教育科学版）1996-05
◎论 21 世纪编辑人才的素质及其培养/彭向阳 胡弼成//长沙大学学报 1996-04
◎论编辑的出版意识/张秀英//沈阳师范学院学报（社会科学版）1996-02
◎论编辑素质与图书质量/李永华//青海民族学院学报（社会科学版）1996-04
◎论出版编辑综合能力的具备及提高/覃文静//广西社会科学 1996-05
◎论竞争中的图书市场定位/闻洁//大学出版 1996-01
◎论跨世纪编辑人才的素质/杨蕾//河南大学学报（社会科学版）1996-06
◎论二类图书出版体制模式/李宝宁//延安大学学报（哲学社会科学版）1996-04
◎论新闻出版业从粗放经营到集约经营的转变/梁衡//新闻与写作 1996-07
◎漫议编辑活动的创造性/任九军//淄博学院学报（社会科学版）1996-03
◎美国的版权大辩论及其对图书馆的影响/方平//图书馆 1996-03
◎美国多媒体出版业的现状及前景/沈燕//中国出版 1996-08
◎面向 21 世纪——青岛出版业的发展大思路/徐诚//中国出版 1996-03
◎面向大中华——“九七”前夕访香港出版人/解冰//出版广角 1996-05
◎面向市场走报刊产业化运作之路——访北京青年报社社长崔恩卿/孙王秀//编辑之友 1996-05
◎民族出版的立足点与超越意识/冯艺//出版广角 1996-02
◎尼泊尔新闻出版业现状/戴表屯//出版参考 1996-21
◎努力发展与繁荣中国的电子出版事业//于友先//中国电子出版

1996-01
◎努力开创新闻出版工作的新局面/罗鉴宇//学习与思考 1996-11
◎努力实现中国出版业的阶段性转移/于友先//新闻出版交流 1996-01
◎拍出“新闻背后的新闻”——兼谈大众日报的专题摄影/钱捍 孙京涛//中国记者 1996-04
◎浅谈出版业中的不正当竞争行为/张志强 徐雁平//出版发行研究 1996-03
◎浅谈科技对我国出版业的影响/郭红建//信阳师范学院学报(自然科学版) 1996-04
◎浅谈年鉴业的“阶段性转移”/刘菊兰//年鉴信息与研究 1996-04
◎强化管理 推动新闻出版工作向优质高效阶段转移/王开河//特区展望 1996-02
◎侵权——出版业的公害/冬林//全国新书目 1996-09
◎清末著作权立法初探/姚琦//青海师范大学学报(哲学社会科学版) 1996-04
◎确立读者在出版业中的地位/李大星//编辑之友 1996-06
◎日本出版业的特色和特点(二)/郭有为//出版参考 1996-19
◎日本出版业的特色和特点(三)/郭有为//出版参考 1996-20
◎日本出版业的特色和特点(四)/郭有为//出版参考 1996-21
◎日本出版业的特色和特点(一)/郭有为//出版参考 1996-18
◎日本和美国图书销售制度的异同/魏龙泉//图书发行研究 1996-02
◎软片会消失吗/晓荷//今日印刷 1996-02-15
◎若无大手笔 谁堪创世纪——浅议世纪之交与传世之作/海飞//出版参考 1996-10
◎上海对美版权贸易的特点与问题/赵靖//上海经济 1996-03
◎尚未走出低谷的俄罗斯出版业/怀国//对外大传播 1996-08
◎社会信息化及编辑出版业的发展对策/张爱绒//编辑学刊 1996-02
◎实现“阶段性转移”的十个标志/熊向东//中国出版 1996-02
◎世风之交的出版竞争阶段论/胡守文//出版参考 1996-01
◎世界纸价回落 出版业受惠/一兵//出版参考 1996-16
◎市场经济条件下编辑面临的挑战与社会责任/何池//中共福建省委党校学报 1996-11
◎市场经济条件下出版体制改革的思路/黄健//学术论坛 1996-02
◎市场经济与编辑队伍建设/王金楚//河南大学学报(社会科学版) 1996-06
◎市场经济与高校出版改革/时惠荣 杨金荣//大学出版 1996-01
◎试论电子出版与版权保护/沈仁干//中国电子出版 1996-01
◎试论跨世纪科技编辑的素质建设/夏艾生//湖南大学学报(社会科学版) 1996-02
◎试论新华书店的“阶段性转移”/颜长庚//图书发行研究 1996-01
◎试论行业内部报刊质量与管理/蒋振邦//固原师专学报 1996-04
◎书籍装帧艺术的“第三价值”——电脑设计与出版业的利润结构新模式/林胜利//中国出版 1996-06
◎书香长久在优质——’96 中国出版成就展观后/庞俭克//南方文坛 1996-05
◎书展归来话定位/陈肖人//出版广角 1996-05
◎数字电子技术的发展与应用对出版业的挑战及对策/唐广军//内蒙古民族师院学报(自然科学汉文版) 1996-01
◎数字信息环境中的电子出版/陆达//电子出版 1996-03
◎双休报:挑战和契机——从《解放日报》读者调查看“双休报”的内容编排与发行体系/周岩//新闻记者 1996-03
◎四川在版权保护方面作出的努力/黄煜//今日四川 1996-04
◎四家国际性书展“撞车”京城——中国出版业走向世界步伐加快/胡延平//中国科技信息 1996-10
◎台湾出版不景气 众人献计想对策/小丁//出版参考 1996-07
◎台湾出版业的人才培养和职业进修/史菲//出版参考 1996-07
◎台湾电子出版业的现况及展望/何志韶//中国电子出版 1996-01
◎台湾音像出版业印象——中国音像代表团赴台考察札记/郭中华 柳富全//中国出版 1996-06
◎谈建立新的出版体制的原则/姚德鑫//出版科学 1996-01
◎谈谈图书馆工作中的著作权保护/张冬阳//图书情报知识 1996-03
◎探索我国版权业的发展之路/杨波久 滕丽//中国出版 1996-10
◎图书发行形势与对策/陈昌尧//大学出版 1996-03
◎图书馆与知识产权——于图书馆未来的对话之五/吴建中 马远良//图书馆杂志 1996-01
◎图书质量与编辑的责任意识/严奉强//暨南学报(哲学社会科学版) 1996-02
◎外向型科技图书刍议/傅东伟//中国出版 1996-07
◎为生存而奋斗的乌克兰出版业/怀国//对外大传播 1996-08
◎未来出版 无“网”而不胜/李斌//电子出版 1996-09
◎我国版权转让贸易立法的现状与完善/刘剑文 傅绪桥//法商研究 1996-01
◎我国出版业面临的机遇与挑战/杨陵康//科技与出版 1996-05
◎我国商业高校学报现状及发展对策研究/王雪萍//兰州商学院学报 1996-03
◎我国图书市场供需特征分析/陆祖康//暨南学报(哲学社会科学版) 1996-02
◎我看奥地利出版业/王志民//出版科学 1996-03
◎厦门音像出版业的地位和发展前景/王国庆//中国出版 1996-03
◎现代出版业呼唤金融改革/沈敏特 宋木铎//中国出版 1996-12
◎现代出版业走向电脑自动化/倪琴芬//大学出版 1996-02
◎现代期刊发展大趋势/朱胜龙//出版参考 1996-05
◎现代信息技术发展对图书出版的影响/刘蔚绥//暨南学报(哲学社会科学版) 1996-02
◎新变局与沪港出版业/陈万雄//编辑学刊 1996-01
◎新闻出版署对 1996 年工作做了部署 继续推进“阶段性转移”促进出版业繁荣健康发展/柯真//出版参考 1996-02
◎新闻出版署发出举办“中国出版成就展”的通知/柯真//出版参考 1996-02
◎新闻出版信息中心重新组建 信息交流工作即将全面启动/言自//出版参考 1996-10
◎信息时代的新兴科技产业:电子出版业/刘汉富//沿海企业与科技 1996-Z1
◎信息数字化技术和联网技术对现有版权理论的影响/金渝林//国际商务 1996-02
◎信息数字化与出版业/书林//出版发行研究 1996/04
◎寻找一个书的概念——台湾出版业者谈“书系”的开发与经营/楚毅//出版参考 1996-03
◎扬改革风帆　展“九五”宏图——全国新闻出版局长会议综述/张晓丹//中国出版 1996-05
◎也谈出版社的特色发展/孙五川//编辑学刊 1996-01
◎一个记者眼中的台湾出版业(上)/谢海阳//出版参考 1996-15
◎一个记者眼中的台湾出版业(下)/谢海阳//出版参考 1996-16
◎一九九六中国新闻出版业面临新困难/阿瑶//新闻出版交流

1996-01
◎一张综合性大报如何在市场上“卖得动”——一次读者调查给我们的启示/喻国明//青年记者 1996-03
◎译林出版社积极开展版权贸易/周建新//出版参考 1996-19
◎音乐版权拍卖行为的数量经济分析/龚玺//数量经济技术经济研究 1996-09
◎在规范中快速健康发展——关于我国电子出版物的思考/朱奕宝//中国科技信息 1996-03
◎在天津召开的 IFLA“版权会前会”的总结发言/桑迪·挪曼//图书馆工作与研究 1996-06
◎知识产权若干问题再析/郑成思//中国法学 1996-06
◎知识产权与图书馆研究综述/周进良//晋图学刊 1996-04
◎直挂云帆济沧海——对我国出版产业文化性的一点考察/毛鹏//出版发行研究 1996-01
◎中国出版，离世界还有多远？从第六届北京国际图书博览会看中外出版交流现状与走向/胡延平//出版广角 1996-06
◎中国出版业的现状与发展/高文//图书发行研究 1996-04
◎中国电子出版事业的现状与发展——在 EP media 96 国际学术报告会上的报告/于友先//印刷质量与标准化 1996-05
◎中国青年出版社湖北人民出版社庆祝建社 45 周年/钟青 杨正光//出版参考 1996-03
◎中国现代出版业：你的源头在哪里/陈胜华//出版发行研究 1996-05
◎中文出版与世界出版/赵斌//编辑学刊 1996-01
◎中文多媒体出版专家座谈会专题报道//中国电子出版 1996-02
◎转轨期新闻出版业的危机与机遇/廉正祥//编辑之友 1996-02
◎自强自律创繁荣——全国文艺出版社社长研讨会制订行规行约/张东//出版广角 1996-05

1997 年

◎“协作出版”的法律评价/周鑫//社会科学家 1997-02
◎“原编书”成功之道/乔琛//出版广角 1997-06
◎《现代编辑学》出版发行/马惠敏//出版参考 1997-04
◎96 中国版权贸易回眸/萧遥//出版参考 1997-01
◎DVD 的版权保护技术/张锋 袁佑荣 邓和//电子天府 1997-05
◎Internet 在出版中的运用/唐圣平//出版发行研究 1997-04
◎澳大利亚的版权法与图书馆——专有权与付费/简·英格丽施 张树声//图书馆学研究 1997-05
◎版权保护与图书馆的合理使用/柳晓春 方平//图书情报工作 1997-02
◎版权管理任重道远——全国版权局长会议侧记/刘硕良//出版广角 1997-03
◎版权贸易/杨陵康//科技与出版 1997-01
◎版权贸易信息/志平//出版参考 1997-01
◎报刊里面有“金”采/姚国华//小康生活 1997-11
◎报纸副刊要为精神文明建设服务/张英爱//青年记者 1997-03
◎编辑人才与终身教育/阎现章//中国出版 1997-11
◎不会相互取代 必将同步而行——电子与纸质比较/陈静//编辑学刊 1997-05
◎不应这样“倒轧账”——谈杨振雄寻找文物的报道引起的新闻官司/秦泽//新闻记者 1997-10
◎步出幼稚——对中国出版业跨世纪的观照/李大星//编辑之友 1997-04
◎策划编辑制为何举步维艰/吴海//中国出版 1997-10
◎乘势发展 开创出版工作新局面/高江波//出版发行研究 1997-06
◎出版，必须和世界沟通——读李苓新著《世界书业通论》/赵航//编辑之友 1997-03
◎出版产业化的思考/邱久钦//企业导报 1997-02
◎出版传播事业中把关人的地位和要求/师曾志//编辑之友 1997-05
◎出版工作质与量的辩证法/王连弟//出版科学 1997-04
◎出版理论研讨会的热门话题：对造大船的条件与时机问题进行热烈讨论/柯楚//出版参考 1997-24
◎出版领域新的增长点——湖北省电子出版状况调查/张儒//中国出版 1997-07
◎出版人：瞄着股市炒股票书/阎京萌//出版发行研究 1997-02
◎出版社的出版权三问/焦广田//中国出版 1997-01
◎出版社建立计算机网络要考虑的问题/尤建忠//编辑学刊 1997-04
◎出版生态平衡与出版业治散治滥/范卫平//中国出版 1997-10
◎出版体制改革必须进一步深化/以周//出版发行研究 1997-05
◎出版物“散、滥”的原因及治理对策/郑保荣//出版科学 1997-03
◎出版也要“造大船”/南方//中国出版 1997-09
◎出版业：换一个角度看走向世界/王建辉//出版参考 1997-14
◎出版业的时代步伐（上篇）/戚其秀//今日印刷 1997-04
◎出版业发展中的战略调整问题/胡光清//编辑之友 1997-02
◎出版业合并继续升温/晓舟//出版参考 1997-11
◎出版业精品战略的障碍及其对策/王晓明//编辑学刊 1997-04
◎出版业企业形象论略/潘雅琴//暨南学报（哲学社会科学版）1997-03
◎出版业要从适应性调整转向战略性重组/路用元//出版参考 1997-21
◎出版业专业期刊现状及出路初探/蒋振邦//固原师专学报 1997-05
◎出版资源开发研究——从出版资源的运用论当前出版物的质量及对策/胡福生//出版发行研究 1997-06
◎创新与优质是图书出版的生命/陈晓东//同济大学学报（社会科学版）1997-01
◎从读者地位谈及“金钥匙”/牟边纪//编辑之友 1997-01
◎德国的图书出版与’96 德国书展/陈晓东//德国研究 1997-02
◎德国的图书市场/陈晓东//国际市场 1997-12
◎第六届“五个一工程”“一本好书”参评图书综评/钟舒初//中国图书评论 1997-09
◎第二届布拉格国际图书博览会将举办/晓舟//出版参考 1997-08
◎电脑普及后编校合一的必然性/李喜婷//出版发行研究 1997-04
◎电子版权：机遇与挑战——国际图联第 62 届大会会前版权研讨会（天津）论文综述/海胜利//图书馆工作与研究 1997-01
◎电子出版物的发展及其对图书馆的要求/唐曙南//淮北煤师院学报（哲学社会科学版）1997-02
◎电子出版业：信息时代的新兴产业/卢天觃//科技潮 1997-02
◎电子出版业已初具规模，问题突出仍需加强管理——“全国电子出版物管理研讨会”侧记/本刊编辑部//多媒体世界 1997-01
◎电子出版走向何方/尤丹立//中国出版 1997-02
◎电子化对出版业的影响/尤丹立//中国出版 1997-04
◎电子网络出版物与法律法规/张西明//信息系统工程 1997-02
◎定性与定量/李大星//出版参考 1997-09
◎东京的地方产业——日本出版业/李长声//编辑学刊 1997-06
◎读者需要发展大趋势/朱胜龙 李绍达//图书发行研究 1997-03

◎读者需要发展大趋势/朱胜龙//出版参考 1997-12
◎多媒体出版与知识产权保护/沈仁干//中国电子出版 1997-05
◎多媒体与电子出版/刘渝民//中国电子出版 1997-01
◎发挥编辑主体意识之诸原则/高虹//编辑之友 1997-01
◎发展出版产业与深化出版改革/刘保明//前进论坛 1997-12
◎发展香港的新闻与出版业/张云枫//发展论坛 1997-07
◎法国出版业概况/王续红//对外大传播 1997-Z1
◎非洲出版业私有化困难重重/张其骈//出版参考 1997-14
◎高举伟大旗帜 全面推进工作/以周//出版参考 1997-19
◎高科技环境中的编辑出版（上）/叶敢 倪波//中国出版 1997-04
◎高科技环境中的编辑出版（下）/叶敢 倪波//中国出版 1997-05
◎高校学报集约化办刊之初探/庞政梁//苏州科技学院学报（社会科学版）1997-02
◎高校学报治散治滥与专业化改革/郑良勤//中国出版 1997-09
◎给智慧一个支撑——从国家科技出版基金看科技出版业/孙永杰//科技潮 1997-07
◎工欲善其事 必先利其器/张卉//科技与出版 1997-01
◎构建新闻出版职业道德系统工程/查结联//中国出版 1997-02
◎古籍类图书面对市场经济的定位/李大星//编辑之友 1997-02
◎关于策划编辑制的思考/杨荣//中国出版 1997-10
◎关于出版产业集团化及中文图书打入国际市场的思考/钱宏//出版发行研究 1997-06
◎关于出版的政治定位/范卫平//中国出版 1997-02
◎关于湖南出版产业经济发展的调查与思考/段林毅//中国出版 1997-06
◎关于图书发行改革的思考/余永畅//出版科学 1997-04
◎关于中国出版业集团化问题初探/胡守//出版参考 1997-22
◎观走势 理思路——我国音像出版业面临的机遇和挑战/黄述言//出版广角 1997-05
◎贯彻十五大精神 探索出版改革新思路——华东五省一市新闻出版局长会议在江西举行/魏玉山//出版参考 1997-21
◎光盘图书出版企业运作的经验/朱一兵//多媒体世界 1997-09
◎光盘业发展随想/余望//福建师大福清分校学报 1997-02
◎国外常用的图书宣传推广方法/魏龙泉//图书发行研究 1997-02
◎韩国出版市场居世界第七位/江流//出版参考 1997-16
◎韩国出版业现状/魏玉山 赵丛//出版发行研究 1997-03
◎互联网让新闻出版告别纸与墨/赵楠//今日印刷 1997-05
◎祸起萧墙——教辅读物出版现象剖析/陈肖人//出版广角 1997-04
◎集体讨论、通过图书选题好不好/王曦昌//编辑学刊 1997-04
◎加快新闻出版阶段性转移的步伐/张凤瑞//新闻出版交流 1997-04
◎建立社会化出版服务体系/赵从息//中国出版 1997-08
◎精品图书内涵与精品图书生产刍议/胡跃生//曲靖师范学院学报 1997-01
◎警惕出版腐败/虹飞//出版广角 1997-01
◎抗日战争解放战争期间的香港出版业/王仿子//中国出版 1997-06
◎跨世纪出版信息工作之我见/梅丽//江西图书馆学刊 1997-01
◎跨世纪出版战略思考——中国编辑学会青年编辑专业委员会主任胡守文访谈录/晓青//中国出版 1997-02
◎黎明前后的商务印书馆/汪家熔//编辑学刊 1997-03
◎李伯元身后的版权纠纷/李明山//中国出版 1997-12
◎立足高教 面向社会——访高等教育出版社电子出版中心主任曹铁生/吴籍//全国新书目 1997-05
◎利用国际互联网宣传出版物/田荣华//中国电子出版 1997-04
◎辽金元时期儒家经典图书的编译及出版/莎日娜//内蒙古大学学报（人文社会科学版）1997-01
◎论出版战略的阶段性转移与出版行为的自觉性转变/朱建伟//河南大学学报（社会科学版）1997-05
◎论大学出版增长方式的转变/蒋振邦//中国出版 1997-09
◎论电子网络对传统出版业的影响/徐丽芳//出版发行研究 1997-05
◎论健全中国图书评价系统//朱静雯//图书情报知识 1997-02
◎论市场定位与选题开发/官永久//编辑之友 1997-01
◎论数据库的保护/邹忭//电子知识产权 1997-01
◎论图书名牌/何民胜//中国图书评论 1997-06
◎漫议出版业宣传的方式/李大星//出版参考 1997-04
◎美国《纽约时报书评》如何选书与评书（上）/郑丽园//出版参考 1997-04
◎美国的“附属版权”贸易/魏龙泉//中国出版 1997-10
◎面对国际市场 中国出版业如何踢好临门一脚/魏玉山//出版发行研究 1997-01
◎面对日益繁荣的图书市场/王书铭//新闻出版交流 1997-05
◎瞄准新目标 再上新台阶——江苏出版业发展战略浅议/王於良//群众 1997-09
◎内地和香港书业合作前景广阔——访香港出版总会会长李祖泽/陈斌//中国出版 1997-07
◎培育和建立出版市场体系的战略思索/宋富盛//编辑之友 1997-02
◎蓬勃发展的宋代民营出版业/方厚枢//中国出版 1997-04
◎平稳发展的日本出版业/王益//出版参考 1997-12
◎期刊市场，谁能跑到头/小林//编辑之友 1997-04
◎浅谈产业报周末版的市场定位/魏红野//新闻与写作 1997-10
◎浅谈地方小报的管理/董保林//中国记者 1997-12
◎浅谈广播电视类报纸的广告经营策略/王揖东//报刊之友 1997-04
◎浅谈世纪之交的中国出版与出版教育/杜飞龙//出版与印刷 1997-05
◎切实增加编辑含量/马镇兴//中国出版 1997-01
◎青年编辑专业委员会主任胡守文谈世纪之交我国出版业发展趋势/洛丁//出版参考 1997-02
◎清代中后期出版业的发展与清代公案侠义小说的繁荣/苗怀明//编辑学刊 1997-02
◎日本 1995 年出版业概况——见到多媒体时代曙光的一年/张仁英//中国印刷物资商情 1997-06
◎日本出版业与出版教育/吉田公彦 毛劲道//中国出版 1997-05
◎如何拓展图书市场——《孤儿泪》出版给我们的启示/田红//前进 1997-02
◎少儿出版业的三定位/隅人//中国出版 1997-06
◎社长总编辑的策划意识/徐诚//中国出版 1997-01
◎社会信息化进程中的出版业研究/何皓//编辑之友 1997-03
◎深化出版改革必须循着规律来/张辉冠//出版发行研究 1997-02
◎实施精品战略 力求双效统一/吴源 刘卫//出版发行研究 1997-05
◎世纪之交出版的前瞻性思考/胡守文//编辑之友 1997-01
◎世纪之交的关注——科技发展给编辑出版业带来的著作权问题/叶敢 倪波//中国出版 1997-09

◎世界各地的旧书市/张凯//质量天地 1997-05
◎世界期刊业的发展规律（上）/张伯海//中外企业家 1997-03
◎世界期刊业的发展规律（下）/张伯海//中外企业家 1997-04
◎市场经济条件下地图出版业的出路与发展/岳天荣//测绘软科学研究 1997-04
◎试论科技出版业可持续发展/李祥洲//编辑之友 1997-03
◎试论商务印书馆的成功之路——祝商务印书馆建馆 100 周年/长洲//编辑学刊 1997-03
◎试论我国出版业的可持续发展/张开群//出版科学 1997-01
◎书价结构分析与书价结构合理性研究/阎京萌//出版发行研究 1997-04
◎书刊印刷业走出困境的思考/慕明宜//印刷技术 1997-11
◎书业竞争：考察近代出版史的一条辅线/王建辉//编辑学刊 1997-06
◎数据库的版权保护问题/洪小娟杨小进//图书馆杂志 1997-02
◎数据库及其版权保护/叶桂英//图书情报工作 1997-06
◎数字化作品的著作权保护问题 ABC/梁祥丰//科技与出版 1997-01
◎宋代政府主办的出版事业/方厚枢//中国出版 1997-01
◎台出版商谈参与对外的出版竞争/小丁//出版参考 1997-07
◎台湾出版业纷纷抢占香港滩头 有关人士评估“九七”后港台图书市场的合作与竞争/方彦//出版参考 1997-19
◎台湾出版业纷纷抢占香港滩头/方彦//新闻出版交流 1997-06
◎台湾出版业简讯一束/萧嫣//出版参考 1997-09
◎台湾出版业将步入 EDI 时代/思迅//出版参考 1997-03
◎台湾出版业近来的变化/一兵//出版参考 1997-04
◎台湾出版业值得注意的几个现象/安华//出版参考 1997-04
◎台湾的图书推销/杨林青//中国出版 1997-09
◎台湾多媒体出版情况问题和趋势/华安//出版参考 1997-04
◎台湾印刷业的现状/平人//出版参考 1997-03
◎谈谈新闻出版业发展繁荣的几个问题/梁衡//当代传播 1997-06
◎谈谈新闻职业道德建设与专业报的发展/刘庆华//新闻前哨 1997-04
◎提高整体质量是少儿出版工作的着眼点/龚心瀚//中国图书评论 1997-12
◎提高质量 办出刊物特色/张爱文//中国远程教育 1997-07
◎统一思想 明确任务——青海省新闻出版业当前做好的几项工作/扎喜拉旦//柴达木开发研究 1997-05
◎投入乏力困扰着出版业/以周//出版发行研究 1997-03
◎图书编辑的职业意识/郭爱民//编辑之友 1997-04
◎图书出版：社会性图书生产/冯国祥//编辑学刊 1997-03
◎图书馆面临出版业的挑战与对策/曹亚卿//江西图书馆学刊 1997-02
◎图书广告与图书宣传/俞玲芝//编辑学刊 1997-04
◎图书社会效益的概念及标准探究/邓子平 杨惠龙//编辑之友 1997-04
◎图书市场宏观走势/罗紫初//中国出版 1997-04
◎图书直销网络的建立/孙宝林 陈钢//中国出版 1997-02
◎图书质量滑坡的原因及其对策/刘明凯//科技与出版 1997-05
◎推进出版产业更大繁荣/徐福生//书城 1997-01
◎外语教学与研究出版社立下宏图大志 力争五年内再创辉煌 图书销售突破五亿元/洛丁//出版参考 1997-03
◎为历史留下见证 为未来提供借鉴——推荐《中国出版论丛》/章宏伟//出版发行研究 1997-03
◎我国版权制度发展述略/仲崇山//编辑学刊 1997-05
◎我国出版高等教育的特点与展望/萧舟 李晓晶//中国出版 1997-09
◎我国出版业发展所面临的机遇与挑战/满福玺//内蒙古社会科学（汉文版）1997-04
◎我国电子出版物产业的现状与发展/刘燕飞 商鸿业//现代图书情报技术 1997-06
◎我国电子出版物现状问题及对策探讨/韦秋虎//光盘技术 1997-01
◎我国图书重版率若干问题的研究/阎京萌//出版发行研究 1997-05
◎武汉大学出版发行学专业综合教学改革的探索/罗紫初//图书情报知识 1997-03
◎现代化——出版业发展的必由之路/葛维威//大学出版 1997-01
◎现代信息载体的系统研究成果——《电子出版物及其制作》评介/王洪志 陈佳俊//大学图书馆学报 1997-02
◎香港报业竞争的消长/陈昌凤//新闻记者 1997-07
◎香港出版业的过去和现在/沈本瑛//出版参考 1997-13
◎香港出版业的历史现状和未来/陈怡//中国出版 1997-03
◎香港出版业概况/王德厚//贵州文史丛刊 1997-03
◎香港出版业及报业略述/陈怡 倪波//图书馆论坛 1997-01
◎香港出版业社团积极促进本行业繁荣发展/凌武//出版参考 1997-13
◎香港的地图出版业/汪季贤//出版参考 1997-18
◎香港的新闻与出版业/张云枫//走向世界 1997-03
◎香港的知识产权与版权/雨平//出版参考 1997-07
◎香港地区书文化事业散记/谭华军//中国图书馆学报 1997-05
◎香港回归为出版业走向世界提供的有利因素/喻建章//中国出版 1997-07
◎香港回归与新变局下的图书出版业/陈万雄//出版参考 1997-13
◎香港进入资讯出版时代/李祖泽//出版参考 1997-13
◎协力开拓大市场 齐心营造新环境 电子出版纵横谈之三/陈生明//出版广角 1997-02
◎欣欣向荣的香港出版印刷业/吴育频//出版与印刷 1997-02
◎新闻出版行政管理现代化的实现方式/熊川 李江//中国出版 1997-01
◎新闻出版业的健康发展需要强有力的理论支持/于友先//出版参考 1997-24
◎新闻出版与 Internet/赵楠//网络与信息 1997-05
◎新形势下民族类图书出版的状况与对策/宁玉//中央民族大学学报（哲学社会科学版）1997-05
◎信息高速公路上的版权保护/DanielGercais. 粟为农//中国电子出版 1997-01
◎信息时代出版业要狠抓技术改造——清华大学出版社边出出版现代化建设新步伐/王民阜//大学出版 1997-01
◎依靠科技进步 增强竞争能力——谈谈电脑在出版社的应用/周成翼//广西大学学报（哲学社会科学版）1997-5
◎意义与作用——谈《出版管理条例》的颁发/杨忠诚//中国出版 1997-12
◎应当从出版业文化内涵的深层次理解“我国的出版事业与资本主义国家的出版事业根本不同”/秋水//出版参考 1997-23
◎英国出版业的职业资格/吉田公彦 张觉民//出版与印刷 1997-03
◎英国的组稿编辑/徐丽萍//中国出版 1997-10
◎用繁荣出版实际行动缅怀小平同志/袁亮//出版参考 1997-06
◎有利于发展出版生产力的经济形式都可大胆利用/杨荣//出版参考 1997-24

◎在整体提高中追求精品效应/李保平//编辑之友 1997-06
◎展望未来 开拓明天 第二届跨世纪出版战略研讨会在昆举行/洛丁//出版参考 1997-02
◎正确处理图书进出口业务中的三个关系——中国图书进出口业与国际书业接轨远行的思路/罗紫初//出版发行研究 1997-03
◎职业出版业的两难选择与对策/周雪芳//企业活力 1997-06
◎中国编辑学会确定1997年工作要点以提高编辑队伍素质和编辑工作质量为中心/王省//编辑之友 1997-02
◎中国出版精华的集合——第十届中国图书奖百种获奖书总体评述/王大路//中国图书评论 1997-01
◎中国出版要走向世界/南方//中国出版 1997-04
◎中国出版业的无形资产辨析/宋城//中国出版 1997-12
◎中国地图出版社社长汪季贤谈香港特别行政区出版业的管理模式/图丁//出版参考 1997-08
◎中国书业：在沉思与盘整之后——'97 北京图书订货会评述/臧永清//中国图书评论 1997-02
◎中美图书出版发行比较表（上）/王益//出版参考 1997-01
◎中外出版业发展规模比较/罗紫初//武汉大学学报（哲学社会科学版）1997-06
◎重视对境外引进图书的审读/吴江//中国出版 1997-06
◎重视对通俗文化报刊开展评论/成常福//中国记者 1997-08
◎注重实际技能训练的美国出版教育/陆本瑞//出版与印刷 1997-02
◎著作权·版权·邻接权及出版者的权利——从某些杂志社的“郑重声明”谈起/李力//科技与出版 1997-03
◎抓住机遇 走出困境——在竞争中发展书刊印刷业/刘逢春//印刷技术 1997-04
◎抓住历史机遇 繁荣出版事业——学习江泽民同志在十五大上的报告的体会/徐志伟//大学出版 1997-04
◎转变出版业经济增长方式/姚德鑫//中国出版 1997-04
◎追求特色 避免雷同/倪集裘//编辑学刊 1997-04
◎走产业化发展之路——关于中国出版业改革与发展的思考/聂昌慧//中国出版 1997-12
◎走向市场的困惑/王慷//中国出版 1997-06
◎作为第三者的“购读者”/李大星//中国出版 1997-09

1998 年

◎“金钱第一”，诱发出图书出版“四大怪”/周长庆 马扬//记者观察 1998-01
◎“外研社模式”魅力何在？——外语教学与研究出版社社长李朋义访谈录/陈复尘//中国出版 1998-10
◎《中国编辑研究（1997）》出版/西溪//出版参考 1998-24
◎1949 年大转折时期党的出版业政策管窥/黄品良//广西师范大学学报（哲学社会科学版）1998-S2
◎1997 年中国电子出版业的回顾与展望——访北京伟地计算机有限公司总经理王铨先生/房美丽//中国电子出版 1998-02
◎21 世纪中国出版业的可能样式/李大星//出版参考 1998-11
◎CIS，离中国出版业还有多远/王卉//中国出版 1998-02
◎Internet 时代的网络出版/彭静//现代图书情报技术 1998-03
◎Internet 与新闻出版业/孔祥宏//中小学图书情报世界 1998-03
◎八面来风——第七届北京国际图书博览会散记/郝智慧//美术之友 1998-06
◎把出版纳入产业化轨道（上）/罗鉴宇//中国出版 1998-04
◎把出版纳入产业化轨道（下）/罗鉴宇//中国出版 1998-05
◎把图书定价和发行折扣控制在合理范围/赵晓恩//全国新书目 1998-10
◎把握机遇 开创新局面——江西省局属社办期刊发展新思路/江新//中国出版 1998-09
◎百科全书满足读者多元化的需求/方群//出版参考 1998-13
◎版权产业在中国/胡知武//中国出版 1998-01
◎版权贸易：要重视对民族文化的开发/乔良//出版参考 1998-21
◎半月出版掇闻//出版参考 1998-18
◎编辑出版现代化的建议/焦希君//编辑学报 1998-S1
◎编辑出版业是知识经济发展的重要推动力/司有和//科技与出版 1998-06
◎标志书：建构出版社品牌特色的核心/杜传贵//中国出版 1998-09
◎不正当竞争：出版业的“自杀”行为/刘文//中国出版 1998-11
◎策划负责制对出版体制改革的意义/王少杰//新疆大学学报（哲学社会科学版）1998-02
◎产业化发展——出版业摆脱潜在危机之路/袁钟//中国出版 1998-01
◎充分应用微机高新技术——提高电子出版系统性能/舒忠//广东印刷 1998-01
◎出版：要三条腿走路 北大方正集团副总裁、出版系统工程公司总经理蒋必金//每周电脑报 1998-17
◎出版产业的市场作用机制及产业调控政策/毕伟//中国出版 1998-06
◎出版产业发展的原则/姚德鑫//中国出版 1998-02
◎出版产业战略/邓耘//中国出版 1998-01
◎出版的热闹与文字的寂寞/叶宁//编辑之友 1998-05
◎出版工作要向新世纪全面推进——全国新闻出版局局长会议述要//中国图书评论 1998-02
◎出版机构产业化与股份制的探讨/常虹//中国出版 1998-08
◎出版结构战略性调整的思路/周三胜//出版科学 1998-03
◎出版界悄然兴起“工作室”引人关注/方彦//出版参考 1998-04
◎出版人的“呆气”/丁亚平//中国出版 1998-03
◎出版社面临的十大挑战/王增恂//出版广角 1998-06
◎出版社社长素质的新要求/方羽//中国出版 1998-08
◎出版社宣传意识自觉四论/蔡剑峰//中国出版 1998-09
◎出版是支柱产业吗？——一些出版专业报刊的宣传误导值得注意/张伯山//出版参考 1998-17
◎出版体制的转变迫在眉睫/谢曙光//出版发行研究 1998-01
◎出版体制改革与行业自律机制/唐学荣//中国出版 1998-06
◎出版信息系统的组成/陈钢//科技与出版 1998-01
◎出版业：在质量与数量之间/丁渝//中国出版 1998-11
◎出版业持续发展的一个重要前提——建立健全人才保证机制/吴晓佳//出版科学 1998-04
◎出版业打假可否走商业化道路/许爱国//出版参考 1998-01
◎出版业的紧迫感/李大星//出版发行研究 1998-05
◎出版业的经营战略/李玉光//出版发行研究 1998-01
◎出版业的时代步伐（下）/戚其秀//今日印刷 1998-01
◎出版业可持续发展的途径/蔡学俭//出版发行研究 1998-01
◎出版业两个属性与产业化发展/樊希安//中国出版 1998-02
◎出版业面临的挑战与机遇/尤建忠//科技与出版 1998-06
◎出版业市场经济条件下的若干关系/白小平 高美然//新闻出版交流 1998-04
◎出版业要从适应调整转向战略性重组/路用元//出版发行研究 1998-01

⊙出版业也要走集约化发展的道路——从图书市场"三难一滥"谈起/林红//大学出版 1998-04
⊙出版业怎样迈进21世纪——中国版协老出版工作者委员会座谈纪要/汪轶千//中国出版 1998-08
⊙出版资源的优化利用与出版业的可持续发展/董中山//编辑之友 1998-06
⊙传统读物 光盘读物 网络出版谁主沉浮/时蕾//光盘技术 1998-06
⊙创立中国出版业品牌刍议/胡钰//中国出版 1998-11
⊙从上海企业报好新闻评选获奖消息看——新闻写作和标题之通病/贾安坤//新闻记者 1998-08
⊙从适应性调整转向战略性重组——兼论出版业新一轮改革/路用元//中国出版 1998-01
⊙从系统论观点看图书出版业/黄毅//系统辩证学学报 1998-04
⊙促进出版业发展的重要指针——谈加强管理 优化结构 提高质量/孙恩道//出版科学 1998-04
⊙当代出版业编辑的地位和作用/徐耀明//编辑之友 1998-02
⊙当前图书出版的发展和面临的问题/董高怀//新闻出版交流 1998-05
⊙地上本没有路——访北京大学出版社社长彭松建/彭松建 黎松峭 //出版广角 1998-01
⊙电子出版步入战国/齐威//中国计算机用户 1998-42
⊙电子出版物行销初探/巢乃鹏 万宇//电子出版 1998-08
⊙电子时代的版权问题/刘志刚//图书情报工作 1998-10
⊙调整出版产业结构 培育大型出版集团//出版参考 1998-04
⊙对加快出版产业发展的理论思考/王宝秀//学习与探索 1998-04
⊙对我国出版业与世界接轨问题的一些看法/谈德颜//出版参考 1998-23
⊙俄国家出版委员会谈出版/董栓存//出版参考 1998-11
⊙帆满风劲——香港出版家李祖泽和"联合出版"大船/吴呵融//出版广角 1998-04
⊙方兴未艾的中国电子出版业/匡文波//中国青年科技 1998-01
⊙风雨兼程的中国书评/徐雁//中国出版 1998-04
⊙改革开放20年出版大事记/何秀珍//全国新书目 1998-12
⊙改革开放为我国出版业发展带来生机和活力——20年来已发展成为门类齐全、规模扩张、实力增强、装备先进的独立出版产业体系//出版参考 1998-24
⊙高科技将给出版发行带来家园般的便捷与轻松——网络化介入出版业/秦竿//中国图书评论 1998-01
⊙高校学报编辑也应增强选题策划意识/褚自刚//开封教育学院学报 1998-04
⊙高校学报的经营及发展趋向瞻视/郑良勤//郑州大学学报（哲学社会科学版）1998-05
⊙高校学报深化改革的目标/傅恒//浙江大学学报（人文社会科学版）1998-02
⊙稿费、书价与品种——对出版业市场化进程的思考和展望/利仁 健波//浙江师大学报（社会科学版）1998-01
⊙构想网络时代的出版业/王卉//中国出版 1998-05
⊙关于"出版集团"/李大星//编辑之友 1998-04
⊙关于出版产业化的思考/罗鉴宇//红旗文稿 1998-08
⊙关于出版集团化的辩证思考/曹光哲//中国出版 1998-09
⊙关于出版业跨世纪发展的思考/夏文丽//出版科学 1998-04
⊙关于出版业跨世纪发展的思考与建议/王可平//出版发行研究 1998-05
⊙关于对外版权贸易的思考/马如海//中国出版 1998-04
⊙关于加速实现出版业信息化的思考/刘杰//图书情报知识 1998-02
⊙关于做好科技出版工作的思考/刘益秋//南水北调与水利科技 1998-02-15
⊙关注热点问题 提供背景资料——谈新形势下《文摘》报的选稿/刘世芳//新闻窗 1998-03
⊙贯彻落实党的十五大精神 加快我国电子出版业的发展/于永湛//中国电子出版 1998-01
⊙贯彻落实十五大精神 努力实现广西新闻出版业改革与发展新突破/阳建国//广西社会科学 1998-01
⊙贯彻十五大精神 探讨深层次问题——"大学出版社纵深发展研讨会"侧记/陶艺军//大学出版 1998-01
⊙光盘出版物的版权保护技术/张锋 袁佑荣 邓和//电子商务 1998-01
⊙桂林市新闻出版业改革与发展战略思考/郑国芳//社会科学家 1998-06
⊙国际电子出版业的现状/潘继财//中国电子出版 1998-02
⊙国际合作出版促进会举行报告会——在平等互利和信任基础上发展国际版权贸易/季方//出版参考 1998-19
⊙海南特区书、刊出版业的发展特点/胡厚芳//海南师范学院学报（人文社会科学版）1998-03
⊙韩国出版业1999年对外开放/文平//当代韩国 1998-04
⊙汉代出版业的成就/陈昌文//中国出版 1998-05
⊙环境分析法在出版管理中的应用/周蔚华//中国出版 1998-06
⊙集思广益 开拓未来——河北人民出版社面向21世纪选题研讨会召开/纪茬//出版参考 1998-09
⊙计算机类图书出版的特点及其对科技出版业的影响/戴晓平//中国图书评论 1998-02
⊙加强出版对外贸易/耿瑞华//出版科学 1998-01
⊙加入世界贸易组织对我国出版业的影响/杨贵山 阎京萌 李世涛//出版发行研究 1998-03
⊙艰苦的图书市场/萧夏林//文化月刊 1998-11
⊙简论出版业建立现代企业制度的途径/黄先蓉//出版发行研究 1998-02
⊙简论我国出版单位版权工作科学化/张杰 张晓霞//科技与出版 1998-06
⊙建立长期稳定合作的策略联盟/梁祥丰//出版参考 1998-19
⊙建立现代出版企业面面观/王宇鸿//新闻出版交流 1998-06
⊙交叉与定位——市场条件下作者、编辑、读者关系初探/刘兰生//中国出版 1998-06
⊙杰出的编辑出版家马怒提乌斯和阿尔丁出版社（上）/林穗芳//出版科学 1998-01
⊙解放思想 开拓进取 把党报办得更好/秦绍德//新闻战线 1998-01
⊙九届书市归来话"桥梁"——浅谈书市的功能和出版业的信息化/田邦安//全国新书目 1998-11
⊙开创社办期刊工作的新局面/蔡健光//科技与出版 1998-02
⊙开创印刷业健康发展新局面/长青//中国出版 1998-08
⊙开拓外文版图书市场的思考/曾建华//图书情报知识 1998-03
⊙科技出版的产业化/李建臣//中国出版 1998-01
⊙科技出版改革断想/柏涛//出版参考 1998-13
⊙科技图书版权保护的现状与对策/王雁宾 张国友//科技与出版 1998-02
⊙联手抵制侵权 加强信息交流——我国内地与港台华文出版业中的两个问题/辛广伟//中国出版 1998-09

◎刘杲随感录——出版业的多种经济成分/刘杲//出版广角 1998-04
◎刘杲随感录——未雨绸缪/刘杲//出版广角 1998-02
◎刘杲随感录——文化、文化产业与意识形态/刘杲//出版广角 1998-03
◎刘杲随感录——也说“造大船”/刘杲//出版广角 1998-01
◎陆费逵与中国现代出版业/吴迪//编辑之友 1998-06
◎略论出版结构的战略性调整/周三胜//编辑之友 1998-04
◎略谈我国出版业产业化的必要性/龙钢//广西社会科学 1998-03
◎论 Internet 在科技编辑出版中的应用/梁星//科技与出版 1998-01
◎论报纸的“卖点”/喻国明//新闻传播 1998-04
◎论出版社品牌经营/胡家诗//辽宁大学学报（哲学社会科学版）1998-02
◎论出版业的资本运营/邹慷//中国出版 1998-03
◎论出版资源的政府配置/钱建国//图书情报知识 1998-04
◎论电子出版业的发展/胡珏//出版发行研究 1998-03
◎论优化出版业的发展环境/严金胜//江西社会科学 1998-10
◎论组建中国出版集团的若干问题/陈昕//编辑学刊 1998-01
◎美国报界在因特网上的经营模式及其发展趋势（上）/唐绪军//新闻传播 1998-02
◎美国报界在因特网上的经营模式及其发展趋势（中）/唐绪军//新闻传播 1998-03
◎美国报界在因特网上的经营模式及其发展趋势（下）/唐绪军//新闻传播 1998-04
◎美国电子信息时代的版权法、知识产权和图书馆/张沙丽//中国图书馆学报 1998-04
◎美国每年新开 7000 余家出版社/杨贵山//出版参考 1998-04
◎美国书籍成本构成/翟文//出版参考 1998-02
◎美术图书出版的困境与出路/吴士余//编辑学刊 1998-02
◎面临挑战——某些中央级出版社问题简析/吴方泽//中国出版 1998-06
◎面向二十一世纪，加快实现我国出版物销售网络化（续）/吴江江//中国电子出版 1998-04
◎面向二十一世纪电子出版物与传统出版物的发展与思考/方晋平//现代预防医学 1998-01
◎面向二十一世纪加快实现我国出版物销售网络化/吴江江//中国电子出版 1998-03
◎面向知识经济的出版观念创新/王家声//粤海风 1998-05
◎内地与香港两地晚报业兴衰之比较/谢骏//新闻界 1998-04
◎努力提高《中华人民共和国年鉴》的办刊质量/邱永生//年鉴信息与研究 1998-01
◎浅谈版权代理的几个问题/刘文//科技与出版 1998-03
◎浅谈广播电视报的功能和作用/刘奋//中共宁波市委党校学报 1998-01
◎浅谈云南书刊印刷业的再发展/杨文斌//印刷世界 1998-03
◎浅析出版业人才资源开发/傅立谚//中国人才 1998-09
◎青出于蓝的报业主/日昌//中国人才 1998-01
◎驱动力与突破点——从教材看发行体制改革/王慷//中国出版 1998-05
◎确立大众图书精品战略/韩知更//中国出版 1998-09
◎认真执行《电子出版物管理规定》发展和繁荣我国的电子出版产业/于国华//中国电子出版 1998-01
◎日本出版业与大学生录用/俞慈韵//出版发行研究 1998-04
◎上海的古代出版业/王有朋//编辑学刊 1998-01
◎深化出版体制改革的几个认识问题/周三胜//中国出版 1998-10
◎省级机关报广告经营滞后现象的政经分析/陈怀林 郭中实//新闻大学 1998-02
◎十位香港出版界人士联袂递提名表 期望通过参选推动香港出版业/方彦//出版参考 1998-11
◎实施出版业精品战略的障碍/王晓明//出版发行研究 1998-01
◎实施精品战略 繁荣出版事业/石启忠//群众 1998-06
◎世纪之交 重庆直辖——重庆出版界给自己出课题/曾宪鹄//出版参考 1998-10
◎世纪之交出版三人谈——市场化产业化探索/吴江江//出版广角 1998-01
◎世纪之交的我国电子出版物/田亦夫//广东印刷 1998-03
◎世界出版产业有多大?/王益//出版参考 1998-06
◎市场环境下的报业可持续竞争战略/刘鹏//新闻采编 1998-06
◎市场经济 海风四起 出版业岂能总是陆地行船——关于出版社集团化及股份制问题之我见/黄思铭//出版发行研究 1998-03
◎市场经济条件下主编意识的调整与创新/吴毅//桂海论丛 1998-03
◎试论出版产业化/罗鉴宇//浙江学刊 1998-03
◎试论黑龙江省出版业的发展取向/王晓明//出版发行研究 1998-06
◎试论图书出版与市场经济的辩证关系/张茂才//新闻出版交流 1998-02
◎试论我国民族出版产业/何兴民//兰州大学学报（社会科学版）1998-04
◎试析科技出版业可持续发展的途径/李祥洲//编辑学刊 1998-03
◎试析我国电子出版物的版权问题/巢乃鹏 万宇//电子出版 1998-10
◎书好看 价格高/高晓春//人民论坛 1998-11
◎书业不能承受之重与轻——我国出版发行课本教材透视/吴克明//中国出版 1998-08
◎数据库版权保护若干问题探讨/祝莹雪 秦珂//晋图学刊 1998-02
◎数字化时代出版业还能自我封闭多久/其蒙//出版发行研究 1998-04
◎台北记者笔下的大陆出版发行业/严伟强//出版参考 1998-11
◎台湾出版史话/辛广伟//出版广角 1998-04
◎台湾出版业者怎样看大陆出版产业集团/洛奇//出版参考 1998-13
◎谈编辑在知识创新中的作用/蔡剑峰//出版参考 1998-22
◎谈谈 21 世纪我国出版业发展的趋势/郭有声//科技与出版 1998-05
◎图书出版与商业秘密/王瑞//全国新书目 1998-06
◎图书广场——我国图书出版领域的电子化信息集散地/赵党志//出版发行研究 1998-04
◎图书价格机制与出版业经营管理/康庆强//中国出版 1998-07
◎万方数据中心发展电子出版物的几个策略/吴家柱//中国信息导报 1998-10
◎王云五与中国出版业/吴迪//编辑之友 1998-03
◎网络触电出版业/陈晨星//经济与信息 1998-04
◎网络化：中国出版物销售的新模式——中国现代书店的实践与探索（下）/吴江江//市场与电脑 1998-10
◎网上书店尚待时日/左峰//微电脑世界 1998-11
◎为跨世纪发展夯实基础/胡守文//全国新书目 1998-03
◎未来出版业发展的主流——电子出版物/张卫国//渭南师范学院学报 1998-06
◎未来的编辑与编辑工作/汪宁//出版科学 1998-04

◎我国报业发展的产业角度考察/武志勇//生产力研究 1998-02
◎我国出版业可持续发展初探/张开群//党政干部论坛 1998-04
◎我国电子出版业的现状与发展对策/匡文波//情报科学 1998-03
◎我国电子出版业发展对策分析/汪琴//图书情报知识 1998-04
◎我国电子出版业发展势头良好——1997 年共出版电子出版物 1025 种，年增长率为 200%/辛楚//出版参考 1998-05
◎我国书目出版中存在的问题与对策/王蕾//出版发行研究 1998-04
◎我国新闻出版新动态（一）/水青山//对外大传播 1998-05
◎西方儿童图书出版业鸟瞰/吴迪//中国出版 1998-07
◎西方国家政府调控出版业的主要经济手段/董涛//出版发行研究 1998-01
◎现代出版观与期刊出版/胡文启//江汉论坛 1998-09
◎湘书为什么这么香？——新时期湘版图书特色论/苏仁进 杨春丽//中国出版 1998-11
◎新景象 新思维——部分新闻出版局局长谈发展思路和规划//中国出版 1998-02
◎新契机 新冲浪 新模式——对我国出版业电子商务的思考与探索/吴江江//中国出版 1998-08
◎新闻出版部门组建集团走产业化新路的思考/黄进先//特区展望 1998-05
◎新形势下编辑职业道德建设问题刍议/张俊超//武汉大学学报（哲学社会科学版）1998-02
◎信息与选题策划刍议/石建英//出版发行研究 1998-05
◎兴盛发达的清代扬州出版业/陈建勤//中国出版 1998-01
◎学报在文化市场中的定位/李萍//中山大学学报论丛 1998-10
◎寻找“疏堵”的灵丹妙药——关于电子出版物流通渠道的系列报道/池宇//多媒体世界 1998-10
◎寻找实现出版产业化的突破口/罗鉴宇//中国出版 1998-02
◎要控制书价过分上涨/刘燕武//出版参考 1998-03
◎也论出版业集团化发展——从辽宁的实践谈起/刘国玉//中国出版 1998-04
◎一九九七年出版情况简析//中国图书评论 1998-02
◎一九九七年全国新闻出版业基本情况概述//中国新闻出版统计资料汇编 1998-01
◎以建立现代企业制度为目标 稳妥地推进科技出版产业的发展/李建臣//出版发行研究 1998-01
◎用精品擦亮出版社的招牌——广东出版业精品图书生产 10 年综述/苏毅//中国出版 1998-09
◎有特色、有成就的新世界出版社/邵东//对外大传播 1998-11
◎云南省师专学报的编排标准化势在必行/王伟//蒙自师范高等专科学校学报 1998-S1
◎再上新台阶——全国版权局长会议综述/冯威//中国出版 1998-02
◎造一条科技出版大船/梁祥丰//全国新书目 1998-02
◎展望印刷型图书的前景/杨惠龙 姜玉敏//出版参考 1998-02
◎知识经济与出版策划时代/肖宿荣//粤海风 1998-04
◎知识经济与出版产业/周蔚华//大学出版 1998-02
◎知识经济与出版事业/杜昕生//出版科学 1998-04
◎知识经济与知识出版/朱建伟//出版发行研究 1998-05
◎中国出版：来一次深呼吸/金平//出版广角 1998-05
◎中国出版产业化发展管见/陈才俊//暨南学报（哲学社会科学版）1998-03
◎中国出版集团臆测/李大星//出版参考 1998-09
◎中国出版界悄然兴起“工作室”引人关注/方彦//出版参考 1998-04
◎中国出版业产业化初探/龚莉//中国出版 1998-06
◎中国出版业的无形资产辨析/宋城//编辑之友 1998-02
◎中国出版业发展之探索及参照——访中国编辑学会赴日考察团团长胡守文//编辑之友 1998-01
◎中国出版业来一个深呼吸/金平//中国质量万里行 1998-11
◎中国出版业面临的严峻挑战/王於良//中国出版 1998-07
◎中国出版业在改革开放中前进/布衣//出版发行研究 1998-04
◎中国的网上书店——中国现代书店的实践与探索（上）/吴江江//市场与电脑 1998-09
◎中国近代图书出版事业史略/彭平一//株洲师范高等专科学校学报 1998-04
◎中外出版高等教育办学体制比较——中外出版高等教育比较研究之二/罗紫初//中国出版 1998-03
◎中外出版业宏观调控体制比较——中外出版业比较研究之一/罗紫初//编辑学刊 1998-04
◎中外出版业宏观调控手段比较——中外出版业比较研究之二/罗紫初//编辑学刊 1998-05
◎中外高校出版学类专业设置情况比较——中外出版高等教育比较研究之一/罗紫初//中国出版 1998-01
◎重视知识产权 加强版权保护——国家版权局将组建全国反盗版联盟/潘国彦//出版参考 1998-04
◎注重新闻策划 小报也有大精神/田晓耀 尹国发//新闻前哨 1998-06
◎专有出版权利弊谈/李景端//出版广角 1998-05
◎转型期专业报走向的思考及对策/沈俊军//新闻前哨 1998-04
◎走向辉煌的历程——十四大以来我国出版业改革开放的主要进展/肖莹 士新//中国出版 1998-03
◎最赚钱的产业 最典型的竞争——关于澳大利亚报业市场的采访笔记/裘新//新闻记者 1998-06

1999 年

◎’98 出版热门话题追踪/为民//出版参考 1999-01
◎’98 欧美出版业综述/杨贵山//出版经济 1999-01
◎’98 日本出版界回眸/白晓煌//出版参考 1999-03
◎’98 音像出版回顾及前景展望/邹建华//出版参考 1999-01
◎’98 中国出版回眸/本刊编辑部//出版经济 1999-01
◎“被盗窃”的民族地区出版业/米一//中国民族 1999-03
◎“凡事预则立，不预则废”——出版业如何应对“入世”的挑战/龚援//出版发行研究 1999-11
◎“亮点”“卖点”之我见/董涛//出版发行研究 1999-06
◎“入世”给出版业将会带来什么影响/余文//出版参考 1999-24
◎“大使”的愤怒/李大星//出版参考 1999-07
◎《南洋商报》的办报特色与社会影响/彭伟步//东南亚研究 1999-04
◎1978—1998 中国出版业量化分析（上）/朱晓峰//出版经济 1999-01
◎1978—1998 中国出版业发展的量化分析（下）/朱晓峰//出版经济 1999-02
◎1998 年美国出版业的新走势：兼并盛行、垄断加剧、纵向联合/杨贵山//出版发行研究 1999-03
◎1999 年全国新闻出版局长会议文件为新闻出版业跨世纪发展奠定坚实基础/于友先//传媒 1999-01
◎20 世纪我国图书出版业研究概览/邓咏秋//出版与印刷 1999-01

◎21 世纪出版业发展及人才培养学术研讨会侧记/吴旭君//出版与印刷 1999-02
◎29 种光盘获’98 优秀多媒体光盘奖 湖北省两种光盘获奖/鄂音//出版科学 1999-03
◎3 +1：大学出版社的经济增长点/杨宗周//大学出版 1999-04
◎WTO 知识产权保护及中国出版业/李顺德//出版发行研究 1999-08
◎爱尔兰图书销售额上升 出版从业人员数量下降/季风//出版参考 1999-02
◎澳大利亚的华文报纸/咏之//新闻爱好者 1999-01
◎澳门报刊和出版业概说/印红标//中国出版 1999-12
◎澳门的出版业/林更生//海峡科技与产业 1999-04
◎澳洲归来话报业/周勇闯//新闻记者 1999-03
◎把握导向 加强管理 深化改革 促进繁荣——山西新闻出版业’99 工作思路/谢洪涛//新闻出版交流 1999-03
◎版权保护在网络时代的调整与改革/蒋茂凝//中国出版 1999-10
◎版权管理带来市场大发展——江苏省通州市志浩市场的调查/曹光福 曹华//中国出版 1999-06
◎版权贸易：出版产业新的增长点/乔台//出版发行研究 1999-11
◎版权贸易的现状及趋势/励臻欣//出版科学 1999-01
◎报刊里面可掏“金”/渝元//新闻三昧 1999-04
◎报刊批评学浅说/张羽//报刊之友 1999-02
◎报刊市场进展与行情变化/曹鹏//新闻记者 1999-06
◎报刊业 产业化时代正在到来/赵锐//报刊之友 1999-02
◎报刊业进入“春秋战国时代”——’99 年初中国传媒市场观察与分析/曹鹏//新闻三昧 1999-01
◎报业集团化：路径依赖，马太效应，政策优化/张龙平//新闻知识 1999-03
◎报业经营：拳头伸向哪里——关于传媒经营的调查与思考/葛玮//科技智囊 1999-11
◎报业竞争上海滩/穆木 红梅//新闻爱好者 1999-04
◎报业入市：时机已经成熟/朱夏炎 董林 何高峰//新闻爱好者 1999-12
◎报纸的“电视化”倾向/周雷//采写编 1999-05
◎报纸的形象策划与质量策划/任建谊 孙法智//新闻爱好者 1999-09
◎报纸如何面对电子媒介冲击之我见/孙玺祥 戚泥莲 史向群//新闻传播 1999-02
◎北京出版社为适应市场经济条件做出有益探索/龙杰//出版参考 1999-04
◎编辑出版类的若干问题/吴乐平//出版参考 1999-08
◎编辑出版学研究永无止境——《选题论》读后/罗紫初//出版发行研究 1999-02
◎编辑工作的现代化发展趋势/尤红斌//上海大学学报（社会科学版）1999-01
◎编辑室工作四论/杨陵康//出版科学 1999-04
◎编辑是做学者，还是做出版家？——对编辑出版人才发展方向问题的思考/郑良勤//北京大学学报（哲学社会科学版）1999-05
◎编辑行业产业独立性/司有和//中国出版 1999-12
◎编制索引：哪些工序电脑可以代劳/林穗芳//出版参考 1999-23
◎波兰出版业现状/杨帆//出版参考 1999-03
◎不均衡发展规律与出版改革/杨晓鸣//编辑学刊 1999-04
◎策划编辑论稿（上）/李正培//四川行政学院学报 1999-03
◎策划编辑与编辑策划/陈业新//出版科学 1999-04
◎产量 质量 品种 效益——我国 PS 版行业述评/袁朴//中国印刷物资商情 1999-05
◎产业化：我国出版业跨世纪发展的必然趋势/胡建华//中国党政干部论坛 1999-08
◎成就辉煌 任重道远——新中国新闻出版 50 年/于友先//中国出版 1999-09
◎冲出夹缝天地宽——对江西音像电子出版事业的几点思考/夏玉峰//声屏世界 1999-11
◎出版，如何继续生存——出版社亟待应用新技术新设备/史岩//中国出版 1999-05
◎出版百花艳 湘书香益浓——湖南出版业改革开放 20 年发展综述/苏仁进//中国出版 1999-02
◎出版产业的发展离不开市场营销——《图书营销学》简评/钱建国//武汉大学学报（人文社会科学版）1999-01
◎出版产业规模经济略论/张千骥//中国出版 1999-03
◎出版产业化发展之我见/席广辉/中国出版 1999-08
◎出版产业建设的原则和重点/姚德鑫//出版科学 1999-02
◎出版产业与出版经济/王涛//出版经济 1999-01
◎出版产业与支柱产业/魏玉山//出版发行研究 1999-01
◎出版产业战略性转变中的高校文科学报精品战略/张维城//牡丹江师范学院学报（哲学社会科学版）1999-03
◎出版产业中的品牌意识/任立//出版广角 1999-02
◎出版创新：中国出版业的必然选择/范卫平//出版发行研究 1999-04
◎出版改革 20 年/宋木文//出版经济 1999-01
◎出版改革和发展的本质要求/路用元//出版科学 1999-03
◎出版和社会的世纪经验/岩崎胜海//出版与印刷 1999-Z1
◎出版经济要闻/孙光燕//出版经济 1999-01
◎出版经济与知识经济/一江//出版经济 1999-02
◎出版经营新理念/李岩//出版经济 1999-01
◎出版社“自办发行”的提法不科学/杨韶辉//出版发行研究 1999-01
◎出版社发展理念浅探/周昆//新闻出版交流 1999-04
◎出版社建立 Intranet 网的思考/李新社//出版参考 1999-10
◎出版事务管理计算机化的作用/何桂林//中国出版 1999-07
◎出版要闻/金山//中国出版 1999-01
◎出版业：功能、机遇挑战和抉择/李树江//宁夏社会科学 1999-04
◎出版业摆脱思想上的束缚开拓迈进的历程/许力以//出版发行研究 1999-03
◎出版业产业化经营的若干理论问题/史玉德//经济经纬 1999-05
◎出版业的改革发展与观念的变化/莫久愚//内蒙古大学学报（人文社会科学版）1999-06
◎出版业的合力、活力与竞争力/刘宗贵//贵州师范大学学报（社会科学版）1999-04
◎出版业的开放与外资进入/刘蕾//出版科学 1999-02
◎出版业的现实选择：优化结构 面向市场/张莉//企业家天地 1999-06
◎出版业精品战略刍议/龚雁//贵州社会科学 1999-02
◎出版业新增长点曙光初现——1998 年我国电子出版业的回思/周源//中国图书评论 1999-01
◎出版业要高度重视图书选题策划和发行工作/刘宗贵//理论与当代 1999-06
◎出版业在知识经济挑战面前/海继才//中国出版 1999-11
◎出版业转型时期高校学报面临的压力与抉择/王坤//松辽学刊

（人文社会科学版）1999-01

◎ 出版主体的人格建设/郑纳新//出版广角 1999-11

◎ 传媒时代的新跃进——羊城晚报报业集团纪事/杨诚//中国出版 1999-03

◎ 从国家创新体系看出版业在知识经济中的地位和作用/苏仁进//湖南大学学报（社会科学版）1999-03

◎ 从全国书刊印刷品质量检测认定中引发的思索/赵峰//印刷杂志 1999-06-15

◎ 从数字看建国50年我国出版业的成就/方文//出版参考 1999-20

◎ 从选题竞争到价格竞争——论我国出版社的现状及发展/李欣//编辑之友 1999-04

◎ 从最新的统计数字看日本图书杂志出版的低迷状态/陈宝贵//出版参考 1999-14

◎ 丛书策划出版优劣论/要力石//出版广角 1999-05

◎ 搭知识经济之船 走改革发展之路/薛德震//出版经济 1999-01

◎ 大船扬帆下海时——对目前出版业集团化改革若干问题的思考/桂本东//中国出版 1999-11

◎ 大学出版业前瞻/刘生全//出版发行研究 1999-12

◎ 到了什么样的关头——中国出版业如何面对 WTO/吴宝安//中国出版 1999-10

◎ 邓小平理论是新时期出版工作的指南/罗卡 徐燕//社会科学研究 1999-03

◎ 地方文艺出版社要走特色道路/李世琦//出版参考 1999-18

◎ 第九届出版学国际论坛在吉隆坡举行/张玉辉//出版参考 1999-20

◎ 第九届闽浙赣鄂出版理论研讨会召开/朱胜龙//出版参考 1999-22

◎ 电子出版新观察/陈生明//出版广角 1999-08

◎ 电子化：挑战传统图书出版业/郃杰//中国出版 1999-03

◎ 电子期刊的安全和版权保护问题/杨兆弘//情报学报 1999-S2

◎ 电子图书挑战传统出版业/方元//今日印刷 1999-02

◎ 电子音像生存危机与资产重组/陈古//中国出版 1999-11

◎ 对编辑史、出版史研究的一点想法/刘果//中国出版 1999-06

◎ 对成都市新闻出版事业发展的思考/李维绰 王允红//成都行政学院学报 1999-03

◎ 对出版物“两个效益”的几点思考/辛全伟//青海民族学院学报（社会科学版）1999-02

◎ 对当前电子出版业面临问题的思考/王忠林//出版科学 1999-03

◎ 对发展版权产业的探讨/土骅//社会科学家 1999-01

◎ 对目前出版业的随想/霍宝珍//新东方 1999-04

◎ 对外版权贸易断想/张俊超//大学出版 1999-02

◎ 对网上报纸的几点思考/张大天//报刊之友 1999-03

◎ 发挥长江上游中心城市辐射作用——重庆市新闻出版业不断壮大实力走集团化道路/洛丁//出版参考 1999-11

◎ 发展湖北出版业：起点、弱点、重点和增长点/刘自虎//出版科学 1999-02

◎ 法国报刊出版业的体制结构及特点/孙维佳//国际新闻界 1999-05

◎ 防范黄色、非法出版物在市场上流通的几点措施/朱荣祥//文化市场 1999-01

◎ 改革发行机制 发挥规模优势——省级图书发行企业集团新一轮发展构想/罗紫初//出版发行研究 1999-01

◎ 改革开放 20 年中国新闻出版业稳定健康发展//出版经济 1999-01

◎ 改进和加强出版社自办发行之我见/方平//出版科学 1999-04

◎ 高科技环境下出版权利关系初探/向淑君 张恩红//中国出版 1999-09

◎ 高校出版社面向知识经济时代的准备/杨宗周//大学出版 1999-02

◎ 个体书报刊市场在群众文化生活中的作用及其对策/谢超颖//文化市场 1999-03

◎ 工具书的生命在于质量/潘熙祥//出版科学 1999-02

◎ 古籍出版业现状及发展思路/张继红//新闻出版交流 1999-02

◎ 关于21世纪初中国出版业发展的思考/于国华//科技与出版 1999-06

◎ 关于报纸必读性的几点思考/濮端华/传媒观察 1999-11

◎ 关于出版“两重性”的对话/胡国祥 郝实//湖北大学学报（哲学社会科学版）1999-06

◎ 关于出版的跨世纪思考/刘生全//大学出版 1999-04

◎ 关于出版人才队伍建设的思考/邵明义 刘杰//图书情报知识 1999-02

◎ 关于出版社专业分工/李大星//编辑之友 1999-05

◎ 关于出版实行市场化产业化的思考/李英健//记者摇篮 1999-07

◎ 关于出版业“增值税进项税转出”的探讨/叶世洪//商业会计 1999-09

◎ 关于出版业的广告形象/李大星//出版参考 1999-18

◎ 关于出版业未来走向的思考/李岩//中国出版 1999-03

◎ 关于调整我国音像产业结构与布局的思路/余声//中国出版 1999-07

◎ 关于繁荣民族出版事业的若干思考/白玉振//内蒙古民族大学学报（社会科学版）1999-06

◎ 关于扩大内需激活图书消费市场的思考/林虹//中共四川省委省级机关党校学报 1999-03

◎ 关于上海国有书刊印刷业改革发展的思考/杨益萍//印刷杂志 1999-09

◎ 关于我国出版业产业化发展的探讨/姜涛//中共四川省委省级机关党校学报 1999-03

◎ 关于中国现代出版业诞生的几个问题/魏玉山//出版发行研究 1999-05

◎ 光盘杂志渐成“趋势”/刘莹//每周电脑报 1999-16

◎ 贵州出版业发展战略之我见/龚湘筑//山花 1999-05

◎ 国产游戏出版物——现状及发展/林广利//中国电子出版 1999-02

◎ 国际版权贸易发展途径初探/申蔷//中国出版 1999-04

◎ 国内报业 市场形势及展望/曹鹏//新闻记者 1999-12

◎ 国内电子出版业忧思/李连保//多媒体世界 1999-02

◎ 国外网络型电子版本的开发与服务/田义梅//现代图书情报技术 1999-03

◎ 国有书店资产流失的成因与对策/王建平//出版经济 1999-01

◎ 韩国出版现象考察/李钟国//出版发行研究 1999-03

◎ 韩国加入世界贸易组织前后出版业状况研究/金基泰//出版发行研究 1999-03

◎ 厚重少儿出版/海飞//出版参考 1999-11

◎ 湖北省召开新闻出版业跨世纪发展战略研讨会//出版科学 1999-02

◎ 湖北图书出版二十年概述/邱久钦//出版科学 1999-03

◎ 湖南出版 劲风满帆——《湖南出版年鉴》序/郑培民//书屋 1999-02

◎ 回归自然 画地争艳——《河南画报》再次改版的启示/董勇//报刊之友 1999-01

◎回眸辉煌岁月 继续开拓奋进——兵团新闻出版事业五十年回顾与展望/辛建军 韩爱莲 范荣新//兵团建设 1999-06
◎机制·市场·效益——新闻出版业改革透视/林瑞发//福建理论学习 1999-12
◎即时印刷：国际出版业新动态/胡杨//中国出版 1999-07
◎加快出版产业化进程/许明//当代贵州 1999-06
◎加快出版业信息化建设的步伐/洪帆//出版参考 1999-22
◎加快我市音像电子出版业发展的思考/王芳宪//重庆社会科学 1999-01
◎坚定信心 深化改革 把新闻出版产业推向新的更高发展阶段/于友先//中国出版 1999-10
◎建构现代出版业的新格局/徐诚//出版参考 1999-19
◎建设人类文明的伟大工程——出版业/于国华//出版参考 1999-19
◎建造自己的"航空母舰"——关于中国出版业产业发展的思考/王春阳//中国出版 1999-02
◎江苏出版业规模与亮点/江齐//出版广角 1999-06
◎今日俄罗斯报刊市场/叶红//国际观察 1999-03
◎近代出版三巨头：选题想得早还要做得好/汪家熔//出版发行研究 1999-06
◎进军报刊业 跻身富人榜——20 世纪中国经济最后的晚餐/黄霁//港澳经济 1999-10
◎居一隅 知天下——谈地方党报的国际新闻报道/王世明//青年记者 1999-04
◎课题丛中的探索——对转型期中国出版业的透视/余健波//中国出版 1999-10
◎跨世纪出版编辑人才培养纵横谈/彭松建//出版发行研究 1999-01
◎跨越世纪 把握未来/张帆//出版发行研究 1999-07
◎李朋义：遨游出版业"王国"/阿员//国际人才交流 1999-11
◎理工类大学出版社的发展思路/肖锦清//中国出版 1999-03
◎立足市场应对报业"全面竞争"/彭晓勇//新闻窗 1999-06
◎聆听出版的世纪"绝唱"/胡守文//出版参考 1999-01
◎略论图书出版业的多角化发展/赵颖弘//出版科学 1999-04
◎论出版产业在我省国民经济中的地位和作用/刘渝民//理论与当代 1999-11
◎论出版业与知识经济/朝克 呼和//内蒙古大学学报（人文社会科学版）1999-03
◎论出版资源的政府配置/田方斌//中国出版 1999-06
◎论读者需求与出版人的责任/梁衡//传媒/1999-02
◎论高校文科学报的精品化/郭锡健//扬州大学学报（人文社会科学版）1999-05
◎论跨世纪的出版信息工作/顾石生//江西图书馆学刊 1999-04
◎论期刊版权保护的发展与变化/鲁松//中国出版 1999-07
◎论社会主义市场经济条件下图书编辑的职业意识/张俊超//武汉大学学报（人文社会科学版）1999-06
◎论宋代版权意识的形成和特征/徐枫//南京大学学报（哲学.人文科学.社会科学版）1999-03
◎论图书编辑的创新活动/赵连稳//青海师范大学学报（哲学社会科学版）1999-03
◎论我国出版产业经营/冯志杰//出版发行研究 1999-12
◎论因特网对图书出版业的影响/李京明//湖南商学院学报 1999-05
◎论知识产权与出版业的发展/周小鹏//开发研究 1999-04
◎论知识经济时代编辑行业的产业独立性/司有和//编辑学报 1999-03
◎迈向新世纪的贵州出版业/姚康乐//当代贵州 1999-05
◎漫谈德国图书出版业/柯乐迪//出版发行研究 1999-05
◎漫议联合办刊的领导体制及其管理/高桂荣//辽宁师专学报（社会科学版）1999-04
◎贸权贸易：精品"助推器"/黄建中//中国出版 1999-03
◎美国报业现状及发展趋势/蒋晓丽//西南民族学院学报（哲学社会科学版）1999-06
◎美国出版业新的冲击波——最大的连锁书店将兼并最大的图书批发商/穗祥//出版参考 1999-02
◎面对猖獗的盗版出版社怎么对付？——作家出版社社长张胜友谈反盗版的对策和经验//出版参考 1999-01
◎面对我国图书市场的新一轮竞争/周殿富//编辑之友 1999-06
◎面向 21 世纪的中国出版业：机遇与挑战/何皓//武汉大学学报（人文社会科学版）1999-06
◎面向市场 优化选题 实现吉林出版业的可持续发展/蓝军//新长征 1999-01
◎面向市场的思考/辰目//出版发行研究 1999-05
◎面向知识经济的出版观念创新/王家声//编辑之友 1999-03
◎面向知识经济时代的出版业/刘奇俊//中国图书评论 1999-05
◎民间出版业对二十世纪中国文化事业的影响/杨扬//文艺理论研究 1999-03
◎名人出书大写自己已走到尽头/邓雷仓//出版参考 1999-03
◎谋划出版发展策略 探讨人才培养模式——21 世纪出版业发展及其人才培养学术研讨会召开//出版发行研究 1999-05
◎你的，我的，大家的 对 Internet 知识产权的重新思考/王德全//中国电子出版 1999-01
◎农村书刊市场几个问题的分析与思考/王晓兰//农业图书情报学刊 1999-05
◎欧美国家政府管理出版业的经济手段/杨帆//出版经济 1999-02
◎期刊的生命来自读者的认同/王火青//江苏教育学院学报（社会科学版）1999-01
◎企业报挖掘报道深度的基本视角——兼议《上海铁道》深度报道的特色/孟奇//新闻三昧 1999-07
◎企业报滞后成因及对策/祝秀芳//新闻采编 1999-03
◎浅谈发展中的广西版权贸易/袁家剑 古里平//出版与印刷 1999-Z1
◎浅谈我省音像市场的现状与对策/周佩保//群众文化研究 1999-03
◎浅谈音像市场的发展与管理/金波//群众文化研究 1999-03
◎浅议电子出版业现状及发展战略/袁国雄//多媒体世界 1999-05
◎全面强化企业管理 不断提高国有出版物印刷企业的市场竞争能力/冯书//印刷世界 1999-04
◎让"朝阳产业"燃烧得更明丽/江曾培//出版参考 1999-19
◎让报纸副刊更贴近时代/刘福林//新闻窗 1999-05
◎让出版为农村服务/梁凯峰//中国出版 1999-09
◎让人才脱颖而出——关于建立出版人才机制的思考/孙永大//中国出版 1999-07
◎让我们一起过好日子——《生活日报》"生活化"新闻探索/支英琦//青年记者 1999-04
◎人文荟萃之地版权交易中心——法兰克福书展与德国版权贸易/柯乐迪 王星//中国出版 1999-10
◎日本一套名牌图书的经营/孙连民//出版广角 1999-09
◎日本音乐 CD 店与 24 小时超市的特色图书经营/白晓煌//出版参考 1999-02

◎如何打好国际版权贸易牌/荆彦周//中国出版 1999-06
◎如何搜集图书选题信息/吴培华//中国出版 1999-06
◎上海出版业要适应现代科技的发展/徐匡迪//编辑学刊 1999-02
◎社会文化消费结构与地方报刊发行问题研究/浦真//曲靖师专学报 1999-02
◎社会转轨与编辑意识的转换/崔月琴//吉林大学社会科学学报 1999-06
◎沈阳新闻出版业可持续发展战略初探/马占军//中共沈阳市委党校学报 1999-04
◎实现《新闻出版业2000年及2010年发展规划》应注意的三个问题/石峰//出版经济 1999-01
◎世纪末，中国报业整合出击/李春频//企业研究 1999-05
◎世纪洗礼——图书出版业面对 Internet/阿清//软件世界 1999-03
◎世纪之交 出版业"大鱼吃小鱼"的年代已经来临——浅论世界书刊贸易现状及发展/散儿//韩山师范学院学报 1999-01
◎世纪之交的中国出版业/于友先//出版经济 1999-01
◎世纪之交期刊的走向与对策/谌纪平//东北大学学报（社会科学版）1999-02
◎世界纸价：涨，还是落/朱又瑜//中国出版 1999-03
◎世界纸张市场走势对我国出版业的影响/朱又瑜//出版经济 1999-02
◎世贸组织谈判中的文化商品谈判/刘兴华//出版发行研究 1999-07
◎市场经济 新闻改革与党刊/王丽萍//新闻出版交流 1999-04
◎试论当代晚报的市场化探索/董秦//江苏社会科学 1999-04
◎试论盗版物泛滥的经济根源——版权保护的经济学分析/姚怡昕//中国出版 1999-01
◎试论清末至民国前期安徽出版业的历史地位（一）/徐学林//出版发行研究 1999-03
◎试论清末至民国前期安徽出版业的历史地位（二）/徐学林//出版发行研究 1999-04
◎试论清末至民国前期安徽出版业的历史地位（三）/徐学林//出版发行研究 1999-05
◎试论清末至民国前期安徽出版业的历史地位（四）/徐学林//出版发行研究 1999-06
◎试论清末至民国前期安徽出版业的历史地位（五）/徐学林//出版发行研究 1999-07
◎试论我国出版结构的战略性调整/阳建国//广西师范大学学报（哲学社会科学版）1999-03
◎试论我国出版社的经营管理/蔡克难//编辑之友 1999-06
◎试论我国出版业未来十年的改革/刘杰英//益阳师专学报 1999-03
◎试论新闻出版业面临的机遇与挑战/刘华为//理论导刊 1999-02
◎适应知识经济时代要求 加快新闻出版业信息化建设/石峰//中国出版 1999-04
◎数字图书馆的知识产权保护初探/郑燕华 杨宗英//现代图书情报技术 1999-03
◎谁升起，谁就是太阳！——百舸争流的江苏出版业/本刊记者//出版广角 1999-06
◎台湾出版史话/辛广伟//出版广角 1999-01
◎台湾出版业困境求生存/辛华//图书馆建设 1999-05
◎台湾出版业面临连锁书店的挑战/翟孟//出版参考 1999-16
◎台湾杂志出版业的历史现状与发展趋势/吴迪//中国出版 1999-03
◎谈《出版管理条例》中有关报刊的规定/王国庆//传媒 1999-01
◎谈如何开创地方地图出版社的特色/黄哲武//地图 1999-02
◎谈谈出版社的性质问题（续上期）/袁亮//出版参考 1999-07
◎探索优秀出版企业成功之路/李世涛//出版参考 1999-24
◎提高编辑出版学教育水平 迎接知识经济新世纪到来//出版发行研究 1999-02
◎提高出版行业核心业务能力的思考/李岩//出版参考 1999-14
◎体制环境与媒体发展——《导报》10年暨"沙龙"6年志庆/左令//中外房地产导报 1999-02
◎通向贝塔斯曼的网络之门//计算机周刊 1999-37
◎突出晚报风格 办好有线新闻/巨文教//中国有线电视 1999-07
◎图书版权国际贸易中应注意的主要问题/张健//大学出版 1999-01
◎图书出版及其社会条件的系统分析/张敏//出版与印刷 1999-Z1
◎图书出版业：不以规模论英雄/胡登峰//石油大学学报（社会科学版）1999-03
◎图书发行机制改革管见/张祥涛//出版发行研究 1999-02
◎图书精品化——出版业必由之路/柳闽南//中国出版 1999-12
◎图书精品论/章红立//湘潭大学社会科学学报 1999-06
◎图书新品种的"保卫战"/李祥洲//中国出版 1999-03
◎图书营销的话题/程力//出版参考 1999-18
◎外研社以雄厚实力参与出版业竞争 国际合作出版发展势头强劲/徐平//出版参考 1999-17
◎完善我国出版产业管理的思考/田方斌//武汉大学学报（人文社会科学版）1999-04
◎网络版权若干问题的分析与思考/周德明//图书馆杂志 1999-12
◎网络出版：目前能成为一种独立的出版方式吗/王越//河南师范大学学报（哲学社会科学版）1999-05
◎网络传播：报业发展的世纪增长点/钱季平//新闻战线 1999-01
◎网络对出版业与著作权的影响/张昭华//中国出版 1999-06
◎网络与图书市场营销/刘磊//中国出版 1999-07
◎网上电子出版新方式——图书馆与学术携手建立"电子出版服务器"/卓军//大学图书馆学报 1999-05
◎为社会主义精神文明建设立言——读《广西通志·出版志》/孔令士//广西地方志 1999-06
◎未来辞书出版业的三大竞争/李伟国//出版广角 1999-08
◎未来五年报业发展态势预测/喻国明//记者摇篮 1999-02
◎未来校对职能趋向探析/李生明//编辑之友 1999-01
◎魏晋时期的出版业/陈昌文 陈世象//中国出版 1999-04
◎文化与产业的有机结合——读《广西通志·出版志》/王炬//广西地方志 1999-06
◎我国30年代的杂志出版业/吴迪//编辑学刊 1999-05
◎我国版权贸易的现状、问题与对策/宋军//中国出版 1999-08
◎我国出版业成为朝阳产业//出版参考 1999-04
◎我国出版业创新刍议/袁家刽//出版与印刷 1999-02
◎我国出版业发展的特点及趋势/邱萍//出版科学 1999-02
◎我国出版业也要调整结构/阳建国//中国改革 1999-09
◎我国电子出版物的现状与发展对策/陈玉国//河海大学学报（哲学社会科学版）1999-03
◎我国图书出版现状及展望/阎晓宏//出版发行研究 1999-06
◎我国图书市场现阶段特点及出版社的对策/黄思铭//出版发行研究 1999-02
◎我国新闻出版业信息化建设工作已进入新阶段/石峰//出版发行研究 1999-07
◎我们为什么要实施图书精品战略/杨牧之//中国出版 1999-11
◎我说市场导向/龚莉//出版参考 1999-08

⊙现代出版中的误区/鹿丽萍//出版科学 1999-03
⊙现代性的构建：流行出版业的作用与意义/李欧梵 毛尖//开放时代 1999-05
⊙新世纪对出版信息工作提出新要求/顾石生//中国出版 1999-09
⊙新中国出版50年征程获得巨大发展——改革开放20年是建国以来出版发展最好的时期/本刊编辑部//出版参考 1999-19
⊙信息高速公路与出版业发展/顾涛//东北大学学报（社会科学版）1999-10-15
⊙信息时代的图书馆与版权保护/郭太敏//大学图书馆学报 1999-04
⊙信息资源开发与音像电子出版业发展关系刍议/祝晓丹//贵图学刊 1999-06-25
⊙悬念与挑战——谈出版改革面临的三个难题/高诚毅 刘安民//出版科学 1999-01
⊙学报的现制约与突破/刘寒辉//湖南财经高等专科学校学 1999-06-30
⊙学术著作特征与出版政策研究/吴江江//出版广角 1999-12
⊙也该提到的10种书/郭晓虹//出版广角 1999-11
⊙也谈知识经济与出版产业的关系/黎强//编辑学刊 1999-04
⊙一部全面系统记述广西出版事业的志书——评《广西通志·出版志》/谢永雄//广西地方志 1999-06
⊙依法行政促进新闻出版管理方式的变革/石峰//中国出版 1999-02
⊙因特网给出版界带来什么/李小红//中国出版 1999-09
⊙因特网上的版权问题/闫桂贞//中国出版 1999-07
⊙因特网上音乐作品的流通与版权保护/严国荣//电声技术 1999-08
⊙音像出版业应成为支柱产业——对21世纪音像出版业发展的思考/白昌懋//出版科学 1999-04
⊙应对激烈的竞争/谢仪方//出版发行研究 1999-12
⊙应加快培育农村图书市场的步伐/晏宗文//出版发行研究 1999-01
⊙英国出版业全面复苏/木易//出版参考 1999-15
⊙英国现代印刷出版业的创始人——威廉·卡克斯顿/贵山//出版参考 1999-02
⊙影响报纸广告经营因素浅探/韩璐//新闻传播 1999-05
⊙优势互补 长期共存——电子与传统出版物关系谈/沈燕//中国出版 1999-01
⊙由均衡到不均衡——出版业发展面临的选择/孙鲁燕//出版发行研究 1999-01
⊙有益当代 惠及后世——读《广西通志·出版志》随想/张昌华//广西地方志 1999-06
⊙云南省新闻出版局成立’99世博会出版工作组委会 精心组织园林选题的精品图书/季质//出版参考 1999-14
⊙杂志性图书：一种值得探索的出版模式/吴乐平//出版参考 1999-21
⊙增加新闻含量——农村报生存与发展的改革取向/王庆礼//新闻爱好者 1999-S2
⊙增强出版业国有资产整体实力的思考/张成行//中国出版 1999-12
⊙知识经济的驱动与出版业的变革/唐晴//大学出版 1999-04
⊙知识经济对图书出版业的影响及对策/刘先中//中国出版 1999-04
⊙知识经济环境中的出版业变革及我国的发展对策/曾建华//图书情报知识 1999-04
⊙知识经济形态下出版资源的战略开发/梁春芳//新闻出版交流 1999-01
⊙知识经济与出版策划时代/肖宿荣//出版广角 1999-08
⊙知识经济与出版创新/肖凌之//出版与印刷 1999-Z1
⊙知识经济与出版业关系简论/杜昕生//长江论坛 1999-01
⊙知识经济与图书发行/陈东华//出版科学 1999-02
⊙纸磁光电同繁荣 出版产业大发展/柳富全//中国电子出版 1999-Z1
⊙中国版协老委会召开一届五次会议/柴胡//出版科学 1999-04
⊙中国出版量化分析/刘拥军//出版广角 1999-10
⊙中国出版业：迎澳门回家/王平//中国出版 1999-12
⊙中国出版业面临的挑战及其对策/李晏墅//南京师大学报（社会科学版）1999-05
⊙中国出版业如何面对WTO——中国出版科学研究所在京召开研讨会/张玉辉//出版发行研究 1999-01
⊙中国出版业在知识经济条件下面临的挑战及对策/孟绍勇//中共太原市委党校学报 1999-03
⊙中国电子出版的发展与印刷业的关系（摘要）/田胜立//印刷杂志 1999-12
⊙中日出版教育校际学术交流会再度举行/杜飞龙//出版与印刷 1999-Z1
⊙中日出版业发展规模比较/古洪宁//出版发行研究 1999-08
⊙中文图书如何走向世界——中文图书海外发行研究会在京召开/徐升国//出版参考 1999-17
⊙重复出版杂谈/李大星//出版发行研究 1999-10
⊙重视新闻出版业改革开放二十年实践经验的总结/于友先//出版参考 1999-04
⊙主编与刊物质量的若干关系/孙继国//曲靖师专学报 1999-01
⊙抓住契机 开创我省电子出版业的新局面——谈谈《辉煌五十年·海南》多媒体光盘编制体会/林坚//特区展望 1999-05
⊙着力在最佳结合上下功夫——对繁荣我国出版业几个重大关系的辩证思考/阳建国//出版广角 1999-01
⊙走向世界的河南图书出版业——赴美书展散记/王成法//中州今古 1999-02
⊙走向知识经济时代的出版业/魏玉山//出版经济 1999-01
⊙做好科技出版工作 迎接建国五十周年/李建臣//科技与出版 1999-03

2000年

⊙’99美国图书出版业/叶新//出版广角 2000-05
⊙“潮味”图书策划浅探/庄少明//汕头大学学报（人文科学版）2000-03
⊙“出版‘入世’研究”要深入具体/辰目//出版发行研究 2000-07
⊙“教科现象”探秘/李晓锋//新闻出版报 2000-12-08
⊙“冷眼看待”电子版权/唐明霞//中国图书商报 2000-09-01
⊙“全球第二大畅销书”中文版权悄然引进/赵晨钰//中华读书报 2000-11-29
⊙“入世”背景下的出版业编辑转型/陈金川//中国出版 2000-05
⊙“入世”对出版业的影响及对策/蓝军//新长征 2000-04
⊙“入世”对我国出版产业经济的影响及对策/桂梅//企业经济 2000-12
⊙“入世”——印刷出版业面临的机遇与挑战/邹萍//印刷杂志 2000-01

◎“社”“网”联姻磕磕绊绊/赵晨钰//中华读书报 2000-08-16

◎“十五”国家重点音像出版规划将制定/赖名芳//新闻出版报 2000-07-05

◎“提高质量”与提高出版业的竞争力——关于出版发展战略的思考之四/王於良//江苏社会科学 2000-02

◎“小巫师”也难过盗版的坎儿/赵永平//市场报 2000-09-25

◎“一路发”与 230 家企业的版权官司/胡喜盈 金瑛//中国工商报 2000-06-03

◎“影视驮着文学走”——电视催动出书热/邓雷仓//出版参考 2000-10

◎“造大船”备忘录——我国出版集团建设之我见/贺剑锋//中国出版 2000-10

◎《博尔赫斯全集》引进纪事/舒建华//文汇报 2000-07-01

◎《成语学习词典》热销有因/马镇兴//中国教育报 2000-09-17

◎《哈利·波特》会不会水土不服？/晏文//中华工商时报 2000-10-18

◎《哈利·波特》魔力无边/余慧明//中国图书商报 2000-10-20

◎《环球时报》的办报特色（上）/苏利平//中华新闻报 2000-07-17

◎《环球时报》的办报特色（中）/苏利平//中华新闻报 2000-07-24

◎《环球时报》的办报特色（下）/苏利平//中华新闻报 2000-08-07

◎《纽约时报》儿童畅销书排行榜变脸//中华读书报 2000-10-11

◎《学习的革命》引起版税争议/罗辑//中国贸易报 2000-07-06

◎1935～1936 年：中国近代出版的高峰年代/王建辉//武汉大学学报（人文社会科学版）2000-05

◎1937～1949 年的香港出版业（上）/王仿子//出版科学 2000-03

◎1937～1949 年的香港出版业（下）/王仿子//出版科学 2000-04

◎2000 美国最佳儿童图书综述/敏添//中国图书商报 2000-11-24

◎2000 年图书出版管窥/郭新//出版参考 2000-24

◎20 世纪中国出版业回望/江鸣//出版经济 2000-06

◎21 世纪：学报编辑应具备的现代意识/康桂芳//西藏民族学院学报（哲学社会科学版）2000-01

◎21 世纪初：出版业的“变形时代”/张秋林//中国出版 2000-05

◎21 世纪图书编辑美学展望/杨秦予//河南教育学院学报（哲学社会科学版）2000 10 20

◎21 世纪中国出版业战略性前瞻/陈金川 李旭//中国出版 2000-01-30

◎21 世纪中国行业报论坛召开/钟笙//中国绿色时报 2000-12-06

◎5100 种期刊跨入数字化网络时代/柳堤//中国新闻出版报 2000-12-29

◎512“死亡”系列使书界柳暗花明/舒晋瑜//中华读书报 2000-12-20

◎CIS 战略与中国出版产业发展研究/陈才俊//暨南学报（哲学社会科学版）2000-06

◎E-BooK 你的春天在哪里/江树//科学时报 2000-12-13

◎Ebook 传统书业的终结者？//中国高新技术产业导报 2000-09-05

◎E 时代书业如何赶路/易超波//中国质量报 2000-10-18

◎E 网打尽出版业——人民时空的经营之道/刘亚民//中国电子商务 2000-20

◎ISO900 认证走进中国出版业/王颖//中国图书商报 2000-10-20

◎MOOK 浮出水面 尽显风流/刘昶//中国图书商报 2000-11-03

◎P to P：互联网信息服务新热点/黄山//中国知识产权报 2000-10-25

◎PTP：专业技术出版/武木//中华读书报 2000-08-02

◎TOM. COM 收购羊城报业及鲨威体坛/熊明山//中国商报 2000-09-06

◎WTO 前夜中国出版界的练兵场/倪敏//中国消费者报 2000-09-05

◎WTO 有关知识产权的七项权利/赵维田//市场报 2000-07-31

◎WTO 与中国出版业/于珊//新闻出版报 2000-06-02

◎WTO 与中国的知识产权保护/季梅//安徽经济报 2000-10-26

◎按需印刷 热点初现——世纪之交国外出版业发展新动向透视/罗紫初//出版科学 2000-04

◎按需印刷 一个新时代正悄悄来临/吴荷//中华读书报 2000-09-06

◎奥多比反盗版案的启示/程武//中华工商时报 2000-08-02

◎八十多种期刊大“变脸”/黄松飞 富晓星//中华读书报 2000-11-01

◎把脉西部出版业/刘兰生 刘惠星//中国出版 2000-09

◎把握特色提高文化内涵——浅谈专业杂志在市场竞争中的对策/陈辉//传媒 2000-02

◎把握现在 放眼未来：版权贸易纵横谈/赵彤宇 翁昌寿 萧钰 张隽 贺玉荣 舒晋瑜 刘丽梅 李萍 马建波 郑桂红 惠红 陈玲//中华读书报 2000-08-30

◎百年历史尚缺一部中国期刊史/谢其章//科学时报 2000-07-24

◎版权产业与知识经济/李明德//知识产权 2000-01

◎版权贸易：出版经营的更高境界/吴呵融//出版广角 2000-05

◎版权贸易奋力跃上新平台/孟叶//中国图书商报 2000-09-08

◎版权贸易日火 引进力超输出/李顺利//中国贸易报 2000-08-31

◎版权贸易与具体操作/徐明强//中国出版 2000-06

◎版权引进八戒/叶路//出版广角 2000-05

◎保护电子出版物的思考与建议/刘家真//中国图书馆学报 2000-04

◎报社业务建设取得长足发展/高巍//中国气象报 2000-10-23

◎报业格局新/柳堤//新闻出版报 2000-09-25

◎报业集团化：中国报业发展的必然趋势——关于组建报业集团的调查报告/钱吉寿//新闻实践 2000-06

◎报业经济接轨资本市场/鲁艺//财经时报 2000-12-22

◎报业市场的发展空间还有多大？/喻国明//新闻实践 2000-02

◎报业志中的佳作/方汉奇//重庆日报 2000-11-25

◎报业走向“相关多元经营”初探/张春丽//新闻实践 2000-10

◎报纸出版印刷技术现状及发展趋势/夏天俊//中国包装报 2000-07-18

◎报纸的定位：大众传播网络的结构性考察——来自 2000 年我国城市居民接触大众传媒状况调查的报告/喻国明//新闻战线 2000-07

◎报纸堆里出选题/章红雨//新闻出版报 2000-09-29

◎报纸越来越厚了//解放军报 2000-09-25

◎北大方正全面推进网络出版产业/罗红//中国信息报 2000-11-21

◎北京报业市场的发展空间到底还有多大？/喻国明//新闻与写作 2000-01

◎北京青年报：为传统媒体注入新的经济元素//互联网周刊 2000-50

◎北京市民阅报行为、习惯及偏好——北京人读报情况抽样调查分析报告/喻国明//新闻记者 2000-03

◎北京图书大厦：实际与虚拟结合发展/白晓伟//信息与电脑 2000-03

⊙必读性——当今报纸的第一“卖点”/刘学美//中国消费者报 2000-08-25
⊙编辑文化塑造与创新论/姚德全//湖南商学院学报 2000-03
⊙编辑要以文化价值为本位价值/王占英//广播电视大学学报（哲学社会科学版）2000-04
⊙编辑意识要适应知识经济时代的出版业/丛燕//宁波大学学报（教育科学版）2000-05
⊙并购重组 形成高潮——世纪之交国外出版业发展新动向透视（之一）/罗紫初//出版科学 2000-02
⊙不可忽视版权保护/长寿//新闻出版报 2000-07-14
⊙不要想 去看吧 德国 2000 年新书一瞥（下）/蔡鸿君//中国图书商报 2000-09-22
⊙不专本业，陨落“报业女王”/邓小河//财会月刊 2000-09
⊙财经：报业下一轮分割？/张彬//新闻出版报 2000-11-15
⊙参观法兰克福汇报社/任树宝//中国电力报 2000-07-23
⊙参评图书不能忽视经济效益/黎洪波//出版广角 2000-09
⊙藏界又出“原始股”集存书标成时尚 /山水//深圳商报 2000-10-15
⊙插图本历史书会不会突然走红/刘丽梅//中华读书报 2000-08-16
⊙产业报的品牌战略/韩金池//中国机电日报 2000-08-31
⊙产业化·市场化·报业集团/王文//当代传播 2000-01
⊙产业组织优化与中国出版产业发展/王晨//中国出版 2000-02
⊙长篇小说市场：新千年的复苏/孟叶//中国图书商报 2000-08-04
⊙畅销书·排行榜·盗版书/村夫//中国工商报 2000-07-29
⊙畅销书背后/戴西·马里莱斯//中国图书商报 2000-08-29
⊙畅销书与常销书/姚贞//新闻出版报 2000-10-18
⊙畅销书遭遇“盗版一条龙”/刘朝//检察日报 2000-08-30
⊙超星：为网络时代打造文化中心（下）/翁昌寿 杨沛奇//中华读书报 2000-11-22
⊙陈独秀、胡适与出版家的一次联手/钟扬//文艺报 2000-11-21
⊙成都报业市场风云录/古隆媛//新闻出版报 2000-08-22
⊙充分发挥经济特区出版优势——海天出版社图书形成特色/王蕾//出版参考 2000-11
⊙出版，网络时代的长青藤/陶明天//中国图书商报 2000-09-08
⊙出版策划呼唤市场定位/孙锋//中国图书商报 2000-08-25
⊙出版产业跨世纪发展的基础：出版专业人才培养/孙文科//出版经济 2000-02
⊙出版产业战略性转变中的高校文科学报精品战略/张维城//牡丹江师范学院学报（哲学社会科学版）2000-06
⊙出版产业中的省域经济/王建辉//出版广角 2000-03
⊙出版电子化的发展趋势刍议/崔秋菊 张建淳//新闻传播 2000-03
⊙出版改革：今后的路怎样走/楚欣//出版科学 2000-01
⊙出版管理刍议/佘斯勇//咸宁师专学报 2000-04
⊙出版广告：竞争潮头新浪花/吴乐平//出版参考 2000-03
⊙出版集团组建与运作中的若干问题及对策/范卫平//出版经济 2000-03
⊙出版经济要闻/孙鲁燕//出版经济 2000-06
⊙出版面临 WTO 的世纪思索/王凤//编辑之友 2000-01
⊙出版企业创新人才的培养/吴江江//出版经济 2002-01
⊙出版企业考核制度的几个重点/林慧南//出版经济 2000-06
⊙出版情报//中国图书商报 2000-10-27
⊙出版社的财务管理定位/段明安//出版经济 2000-06
⊙出版社开发电子出版物的难处/邓韬//中国电子出版 2000-01
⊙出版社可持续发展之路/曹春富//科学时报 2000-10-14
⊙出版社签订出版合同的“四个审查”/常守风//新闻出版报 2000-08-23
⊙出版社为何不知不觉作被告/章红雨//新闻出版报 2000-10-27
⊙出版社应及早涉网/邢晓芳//文汇报 2000-09-08
⊙出版社与图书网站共探书市走向/赵晨钰//中华读书报 2000-07-05
⊙出版体制改革中几个问题的思考/廖炳兴//出版经济 2000-05
⊙出版物商战的第二战场——网上营销与网上书店/毛建新//出版与印刷 2000-02
⊙出版物营销学研究的现状及其发展/朱诠//出版发行研究 2000-03
⊙出版业：拒绝传媒的不实报道/程力//出版参考 2000-23
⊙出版业：让品牌推动市场/田桑//出版参考 2000-16
⊙出版业：样式变化的惊人成本对一个实例的研究/G·J·施蒂格勒 吴珠华//书城 2000-07
⊙出版业：在产业化经营与文化责任之间/郝诗仙//中国出版 2000-04
⊙出版业“造大船”的再思考/廖小勉//出版发行研究 2000-11
⊙出版业策划的得失分析/林疆燕//出版发行研究 2000-04
⊙出版业的解构与整合/闫富东//出版经济 2000-06
⊙出版业的网络化革命/高明星//出版发行研究 2000-10
⊙出版业的现状与思考/任如花//山西经济日报 2000-11-03
⊙出版业的信息化走向——中国地图出版社网络结构评析/郑建军 陈光宇//中国科技月报 2000-09
⊙出版业发展与加强会计监督/张永平//出版经济 2000-03
⊙出版业发展与农村出版物市场开拓/蒋少英//宁夏大学学报（社会科学版）2000-04
⊙出版业繁荣发展的生动体现/邬书林//中国出版 2000-11
⊙出版业管理的法律化问题/温六零//理论学习 2000-07
⊙出版业互联网开架交易平台研讨会在京召开/木仝//出版发行研究 2000-05
⊙出版业看好网络题材图书/郝文//中国电子出版 2000-01
⊙出版业跨世纪发展的思考/郭淑杰//民主 2000-10
⊙出版业面向 21 世纪的改革思路一元化出版/李祥洲//出版经济 2000-01
⊙出版业实施精品战略浅谈/易志毅//学术论坛 2000-04
⊙出版业投资基础科研——一种深层次合作的设想/孟白//出版发行研究 2000-05
⊙出版业需要加快信息化步伐/刘杲//出版参考 2000-24
⊙出版业要认真贯彻《会计法》/立里//出版科学 2000-03
⊙出版业也要加强售后服务/闫富东//出版科学 2000-03
⊙出版业与因特网/田荣华//出版科学 2000-02
⊙出版业周期性波动研究/张赛加//出版发行研究 2000-01
⊙出版业转型三论/林学勤//出版广角 2000-05
⊙出版资本运营论/张先立//出版科学 2000-01
⊙传播先进文化 承载人类文明——论出版业的价值取向/高伟//宁夏社会科学 2000-06
⊙传播学精品图书选介/唐明霞//中国图书商报 2000-09-22
⊙传道·授业·解惑——浅议出版业的教育功能/宾长初//社会科学家 2000-02
⊙传媒类出版社如何出彩/毛栗//中华工商时报 2000-12-21
⊙传统出版、电子出版与网络出版/王澄//图书馆杂志 2000-08
⊙传统出版的危机无处不在/林成林//中国图书商报 2000-09-29
⊙传统出版社开始两极分化/郭洪//中国经营报 2000-10-24
⊙传统出版业应全面“触网”/王嘉晖//新闻出版交流 2000-06
⊙传统出版应战网络//中华工商时报 2000-06-21

◎传统儿童图书为何越来越干瘪？/李晓霞//中国图书商报 2000-09-22
◎传统连环画困境分析/高崇华//出版广角 2000-12
◎创立策划编辑制度 实施精品出版战略/杨立国//宁夏大学学报（社会科学版）2000-02
◎创新出版思维 发展综合实力 加快产业升级——新形势下大学出版社应变与发展的战略思考/萧启明//出版广角 2000-08
◎创新——世纪之交的出版业使命/王联合//大学出版 2000-02
◎春水一池 冷暖自知——二月至三月中旬书业手记/卢云//全国新书目 2000-04
◎纯文学期刊的终结与再生/宫瑞华//深圳商报 2000-12-03
◎从“国际版权在线”谈网络版权贸易/刘大馨//大学出版 2000-03
◎从《香港年报99》看本地印刷及出版业//中国包装报 2000-12-21
◎从BIBF看中外专业出版之差异/刘力//中国图书商报 2000-09-15
◎从参加第32届开罗国际书展想到的/张爱国//出版参考 2000-07
◎从朝阳产业迈向支柱产业/徐诚//出版发行研究 2000-01
◎从分类的角度看现行的图书在版编目/于剑波 尤铁梅//图书馆学研究 2000-02
◎从阶段性转移到产业整合/王建辉//出版科学 2000-01
◎从可持续发展观看编辑伦理/董世峰//佛山科学技术学院学报（社会科学版）2000-04
◎从领导角色切入出版热点/胡守文//出版广角 2000-01
◎从莫斯科印刷研究学院透视俄罗斯印刷业的变革/小曹//中国包装报 2000-07-20
◎从欧美出版之比较看中国出版的发展/安庆国//出版广角 2000-09
◎从四大城市报业经济的激烈竞争看文化产业的发展趋势——文化产业漫笔之三/覃振锋//沿海企业与科技 2000-05
◎从网络版权纠纷看网络版权保护/陈希//重庆日报 2000-10-11
◎从网上售书看书店为读者服务/王巧珍//中华读书报 2000-10-25
◎促进图书贸易 传播精神文明//新华日报 2000-10-13
◎打好农村发行“硬仗”/陈斌//中国图书商报 2000-06-30
◎打假 方正电子上法庭/靳菁//计算机世界 2000-11-20
◎打一场文化产业“保卫战”——全国“扫黄”、“打非”工作座谈会采访随记//中国出版 2000-06
◎打造传统出版业与高科技的策略联盟/胡守文//出版广角 2000-08
◎打造贵州报业航母/王锡松//中华新闻报 2000-10-30
◎打造书业界电子商务旗舰/胡蕾//中国计算机用户 2000-32
◎大报，“大”在哪儿？/黄传芳//新闻出版报 2000-11-15
◎大出版时代在召唤/刘拥军//出版广角 2000-04
◎大读者观念：对大众化报纸传统定位的反思/濮端华//中华新闻报 2000-07-24
◎大汉版通全面支持新闻出版业/房迎//中国电子出版 2000-03
◎大力发展我省著作权保护事业/甄树声//河北日报 2000-08-31
◎大型印刷企业印前技术的发展趋势/魏奇志//中国包装报 2000-08-15
◎大学出版社有了自己的网站/岳凤翔//新闻出版报 2000-11-23
◎大众报业集团正式成立//中华新闻报 2000-09-29
◎大字本开拓大市场/汪琴//中国图书商报 2000-10-06
◎单片机相关书籍专题介绍/陈伟鑫 杨叶珍//电子报 2000-08-06
◎党报改版学初探/王佶娅 刘宇庆//记者摇篮 2000-02
◎党报改革必须保证党的绝对领导/王华放//新闻出版报 2000-11-17
◎盗版泛滥 削弱民族创新精神/朱广菁//大众科技报 2000-09-28
◎盗版风潮：音乐之后就是软件/IDG电讯//计算机世界 2000-09-04
◎盗版音像制品为何仍畅旺/家声//信息时报 2000-12-11
◎德、法出版企业考察/钟碧惠//出版发行研究 2000-11
◎德国印刷市场一览//新闻出版报 2000-07-14
◎德中版权贸易：蜜月旅行已经启程/柯乐迪//中国图书商报 2000-08-25
◎地市报社新闻采编网络的实施方案与发展前景/李世民//中国传媒科技 2000-10
◎地图出版难露笑脸/格子//中国信息报 2000-06-23
◎地域文化丛书“色香味浓”/万玉云//中华读书报 2000-05-10
◎第六届国际电子出版及多媒体展会在京举行/张珂//中国包装报 2000-10-31
◎点亮一片读者星空/朱侠//新闻出版报 2000-08-08
◎电信服务开放对出版业的影响/魏玉山//出版经济 2000-03
◎电子出版：离隧道口还有多远/杨贵山//中国图书商报 2000-12-22
◎电子出版的机遇：优惠政策和高新技术/田金栋//中国电子出版 2000 03
◎电子出版发展猛/程晓龙//新闻出版报 2000-10-23
◎电子出版技术与地图出版/张燕燕//测绘技术装备 2000-02
◎电子出版将对图书出版产生重大影响//中华读书报 2000-10-11
◎电子出版可持续发展性研究/郭游//编辑学报 2000-04
◎电子出版你怎么了？/任路平//中华读书报 2000-07-05
◎电子出版物：出版业新的经济增长点/陈玉国//大学出版 2000-01
◎电子出版物版权保护问题探究/吴丹 易辉//图书情报论坛 2000-02
◎电子工业出版社致力IT出版/何芳芳//新闻出版报 2000-09-15
◎电子课本成为美国校园新热点//新闻出版报 2000-09-22
◎电子商务时代的第三方物流/杨东明//国际商报 2000-10-28
◎电子商务图书风靡书市/刘锐 顾巍钟//新华日报 2000-06-20
◎电子商务与传统图书业融合/李顺利//中国贸易报 2000-08-29
◎电子商务与知识产权/梅绍组//计算机世界 2000-07-10
◎电子商务与中国出版业/于增//中国图书评论 2000-04
◎电子书：今天的惊恐还是来世的幸福/黄艾禾//中华读书报 2000-09-13
◎电子书的前景/英子//重庆日报 2000-12-08
◎电子书籍：楼梯响人下来/梅新文//中华工商时报 2000-10-13
◎电子书竞争进入“战国时代”/张伟//新闻出版报 2000-12-15
◎电子书在日本的发展/黄钧浩//印刷杂志 2000-11
◎电子图书，风风雨雨来时路/胡春民//中华读书报 2000-12-06
◎电子图书冲击纸媒传统/杨联民 花善岱//中华工商时报 2000-11-01
◎电子图书冲击纸质图书/张正东//北京科技报 2000-07-07
◎电子图书馆版权保护若干问题探讨/秦珂//四川图书馆学报 2000-01
◎电子图书真的来了/汪向勇 王洪波//中华读书报 2000-05-17
◎电子图书真能大行其道吗？/时代//国际市场 2000-08
◎电子图书走俏美国//中国贸易报 2000-07-06
◎奠基性的“三套丛书”//新闻出版报 2000-07-21
◎调整战略 提升出版理念/梁春芳//民主 2000-10

◎订货会旺出版业兴——二〇〇〇年北京图书订货会归来感怀/刘堤地//中国出版 2000-02
◎定义网上书店/程晓龙//新闻出版报 2000-06-29
◎读书，还是读网？/杨耕耘//湖北日报 2000-10-28
◎读书进入电子时代/吴凡//今日科苑 2000-08
◎读网时代/钟秀斌//互联网周刊 2000-46
◎读者的“心理价位”——北京人读报情况抽样调查分析报告（之三）/喻国明//新闻记者 2000-04
◎对 MP3 音乐版权的法律思考/李恩来//网络世界 2000-07-24
◎对比 + 互补：图书宣传新方法/赵晨钰//中华读书报 2000-10-18
◎对出版而言——“e”是威胁，也是机会/范根定//每周电脑报 2000-03-01
◎对出版业网络化的冷静思考/王於良//中国电子出版 2000-02
◎对发展期刊产业的思考/蒋光祖//科技与出版 2000-06
◎对公开发行的成人高校学报现状的思考/郑广永//哈尔滨市经济管理干部学院学报 2000-01
◎对韩版权输出经验谈/王飙//出版发行研究 2000-12
◎对华版贸大有可为/陶明天//中国图书商报 2000-09-08
◎对新世纪科普图书出版的思考（摘要）/罗晓宁//科学时报 2000-11-03
◎对中国出版业跨世纪发展趋势的几点意见/房元济 路正刚//新闻出版交流 2000-05
◎俄罗斯出版业的新情况/双玉//出版发行研究 2000-12
◎儿童畅销书榜诞生记/康慨//中华读书报 2000-07-26
◎二十一世纪出版：四个挑战、一个思路、二个战略/王建辉//出版广角 2000-01
◎二十一世纪中国出版人的决策参考《WTO 与中国出版》引人注目/太和//出版参考 2000-19
◎发展：面向 21 世纪大学出版社的主题/顾海良//新闻出版报 2000-11-23
◎发展出版产业要走出九个认识误区/孔则吾//出版发行研究 2000-04
◎发展电子出版物技术是关键//人民政协报 2000-07-11
◎发展电子商务：立法先行/相峰 陈雨松//国际商报 2000-11-10
◎发展邮政图书业务两招/张永贤//中国邮政报 2000-07-21
◎法国报业：笑迎网络挑战/宋国城//中国信息报 2000-08-23
◎法国出版署副主席谈法国版权贸易与网络版权/陈丰//中国图书商报 2000-07-07
◎法国漫画抖擞精神欲在书报亭小试牛刀/孙圣英//中国图书商报 2000-10-06
◎反盗版，任重道远//联合时报 2000-06-09
◎反思老牌期刊的价位/谢其章//中国商报 2000-07-29
◎方正：创新网络科技与文明/杨丽华//国际商报 2000-07-03
◎方正出版向网络进军/黄果//计算机世界 2000-08-07
◎方正要过一个坎儿/范春荣//中国财经报 2000-09-26
◎放眼入世后的版权贸易/宋木铎//出版广角 2000-09
◎浮躁——出版工作之大忌/南方//中国出版 2000-09
◎福建报业的一匹黑马 八闽都市的阳光、空气——海峡都市报//中国企业报 2000-11-24
◎改革开放与深圳出版业的发展——纪念深圳特区建立 20 年/黄士芳//特区经济 2000-08
◎港台图书版权交易风云冷眼观/周建华//中华读书报 2000-09-13
◎高科技条件下出版业的发展/杨祖彬//渝州大学学报（社会科学版）2000-02
◎高校出版社应坚持学术性特色/贺圣遂//出版广角 2000-04
◎高校图书馆藏书建设如何与出版业现状协调/刘凡儒 宿长海 马克芬//晋图学刊 2000-04
◎高扬先进文化的旗帜 构筑书香浓郁的社会/朱新法//新华日报 2000-10-11
◎给著作人与出版人当红娘/唐明霞//中国图书商报 2000-09-01
◎更新出版理念 迎接 WTO 时代——华文图书如何走向世界/阮继祖//出版与印刷 2000-04
◎构建“社刊工程”刍议/邓勇//广西社会科学 2000-03
◎构建多媒体出版平台/赵晨钰//福建日报 2000-09-22
◎构建自己的数字图书馆/刘丽//国际金融报 2000-07-14
◎古今沧桑书为传/姚贞//新闻出版报 2000-09-15
◎关于出版体制改革的几点思考/谭天//出版参考 2000-02
◎关于出版业建立现代企业制度的思考/吕建华//出版发行研究 2000-08
◎关于发展与改革的四点思考/辰目//出版发行研究 2000-01
◎关于图书出版业的外向型发展/张彦彬//编辑之友 2000-06
◎关于原版与插图的问题/洁尘//四川政协报 2000-12-14
◎关注“自由软件”版权问题/李维//计算机世界 2000-08-28
◎广西报业发展概况/张鸿慰//广西政法报 2000-11-08
◎广西台湾出版界联手推出畅销书/金龙格//新闻出版报 2000-09-05
◎规范数字化作品著作权管理/陈晓红//新闻出版报 2000-06-26
◎国际出版巨头云集北京/江南//科学时报 2000-08-14
◎国际书展将魅力永存/任江哲//中国图书商报 2000-09-08
◎国内报业市场形势判断与经济前景展望/曹鹏//新闻知识 2000-02
◎国内出版社吸引读书人/路艳霞//北京日报 2000-08-31
◎国外出版管理概述/王育红 党大恩//商洛师范专科学校学报 2000-03
◎国外出版业的发展趋势和我们的对策/林穗芳//出版广角 2000-02
◎国外电子出版物维护的研究概述/刘家真//图书馆杂志 2000-02
◎国外发达国家及港、台知识产权行政执法部门机构设置/徐俊 戚昌文//中国知识产权报 2000-06-23
◎哈里·波特中文版权尘埃落定/惠心//中华读书报 2000-08-16
◎韩国出版学会的建立与发展/尹炯斗//出版发行研究 2000-05
◎合理使用与数字图书馆版权问题/秦珂//图书馆学刊 2000-04
◎合作与联盟是出版业发展最佳思路/一草//文学报 2000-07-06
◎何去何从话产权/刘建生//出版广角 2000-04
◎河北省出版业的改革/常晓明//出版经济 2000-01
◎湖南出版集团与纸业巨头优势互补强强合作/赖英来//造纸信息 2000-12
◎互联网对图书业的影响/俞渝//中国图书商报 2000-09-15
◎互联网时代出版业的危机和出路/黄乐//编辑学刊 2000-04
◎互联网引爆出版业革命/许剑秋//中国经济时报 2000-05-16
◎互联网与传统出版业/史江群//中国出版 2000-06
◎华应申在人民出版社的日子——略述人民出版社建社初期的出版制度建设/王仿子//中国出版 2000-11
◎华中师范大学编辑学研究中心讨论网络与出版/张红梅//出版科学 2000-02
◎话说欧洲的固定书价//中国图书商报 2000-08-25
◎话说网络出版/王友//中国贸易报 2000-11-02
◎唤起书籍生命力/李海峰//新闻出版报 2000-08-11
◎回归市场：出版业应对 WTO 挑战/汪季贤//出版参考 2000-24
◎回眸 2000 中国书业/牧歌//中国质量报 2000-12-13

◎获奖图书新特点/海粒//新闻出版报 2000-11-23
◎激发创造力——谈出版业人力资源的开发与激励/李勇//中国出版 2000-10
◎集存书标成时尚/郑定劲//国际金融报 2000-10-11
◎集体管理：现代著作权保护的必由之路/柴春元//新闻出版报 2000-12-01
◎集团化专业化电子化——新世纪中国出版发展之探讨/陈焕仁//出版广角 2000-09
◎集中研讨在新形势下办好报纸的思路/胡俊//中国有色金属报 2000-08-01
◎加快出版业信息化步伐/刘杲//中国图书商报 2000-12-15
◎加快西部出版业改革与发展/郑明//中国出版 2000-08
◎加拿大出版业考察散记/王为松//出版广角 2000-03
◎加强版权行政执法 促进版权产业发展——国家版权局副局长沈仁干就版权工作通报情况（摘要）//中国出版 2000-02
◎加强社店联合，促进发行改革/邓本章//出版发行研究 2000-07-10
◎加入 WTO 后的我国音像出版业——在“国际出版及印刷技术报告会”上的讲话/王涛//印刷技术 2000-12
◎加入世界贸易组织对我国出版业的影响/魏玉山//出版经济 2000-04
◎加入世贸组织与我国的版权保护——在“国际出版及印刷技术报告会”上的讲话/沈仁干//印刷技术 2000-12
◎驾驭市场 新千年路在何方？——对报业竞争的思考/童韵//传媒观察 2000-03
◎建立“e”渠道/龚杰//计算机世界 2000-07-10
◎建立统一的知识产权管理机关的必要性/徐俊 戚昌文//中国知识产权报 2000-06-23
◎将科普出版进行到底/杨子//科学时报 2000-09-04
◎讲政治 讲党性 讲大局 开拓新闻出版新局面/王连弟//新闻出版报 2000-07-24
◎降低关税与出版物市场开放对中国出版业的影响/魏玉山//出版经济 2000-02
◎胶印和数字印刷开辟印刷业的未来/陈虹//印刷技术 2000-10
◎脚踏实地 服务社会——中国现代书店开通三周年有感/吴江江//市场与电脑 2000-08
◎教辅期刊就走品牌发展之路/王军翔//新闻出版报 2000-06-02
◎教育出版社获奖情况分析 国家图书奖研究/叶新//出版广角 2000-05
◎教育出版社未来之路断想/尚甫署//出版科学 2000-03
◎教育读物面临的挑战与出路/刘玉玲//出版科学 2000-01
◎教育理论图书出版启示录/蒋建华//中国教育报 2000-12-09
◎接力社的版权贸易之路/夏蓓//出版广角 2000-08
◎街道图书馆亟待走出困境/王建运//联合时报 2000-12-01
◎解放日报报业集团宣告成立/洪梅芬//解放日报 2000-10-10
◎今秋流行 CD/杨贵山//中国图书商报 2000-09-22
◎今日电子出版/周立群//电子出版 2000-09
◎今日匈牙利出版业/舒外//出版发行研究 2000-07
◎金秋又开图书盛会/贾薇//北京日报 2000-07-29
◎金融资本追逐报业经济/航云//内蒙古日报（汉）2000-11-28
◎近代活字印刷在东方的传播与发展/刘元满//北京大学学报（哲学社会科学版）2000-03
◎近年科普读物调查与分析/吕芳//中国图书商报 2000-11-17
◎经济转型期俄罗斯政府对出版业的管理/一林//中国图书商报 2000-11-10
◎经验·忧患·改革·未来——出版社社长、总编辑研讨中国出版业的经营与发展/金淑清//出版经济 2000-03
◎警惕陷阱——谈出版企业多元化经营/张先立//中国出版 2000-01
◎九九归一话澳门出版业/程力//出版参考 2000-01
◎开创报业产业新时代/肖云 蓝轲//新闻出版报 2000-08-21
◎开启电视图书出版新思路/赵晨钰//中华读书报 2000-10-11
◎考古图书：持续刺激公众想象力//文汇报 2000-10-06
◎科技出版 如何与狼共舞/黄松飞 李萍//中华读书报 2000-11-29
◎科技出版的永恒主题/李士//中国教育报 2000-08-29
◎科技出版如何迎接“入世”的机遇与挑战/钟之筠//出版参考 2000-24
◎科技前沿的知识产权/李立//法制日报 2000-08-09
◎科普出版面临三大“瓶颈”/张艳//文汇报 2000-11-11
◎科普精品——21 世纪出版业的黄金强档/唐韧//出版广角 2000-06
◎科普期刊：科技传播主力军/钟鞍钢//法制日报 2000-07-27
◎科普期刊已显现独特作用 远未达普及程度/老书//大众科技报 2000-10-15
◎科普事业呼唤出版与发行创新/刘华杰//科技日报 2000-09-22
◎科学史著作出版正逢其时/韩燕丽//科学时报 2000-08-21
◎科学文化：出版与研究相辅相成（上）/王卉//科学时报 2000-12-01
◎跨世纪中国报业的现状与未来趋势——第二届全国地方报社管理先进单位评选结果分析/丁汉青//中国出版 2000-12
◎快速、健康、协调发展的湖北出版业/邱久钦//今日湖北 2000-01
◎昆明报业以价论英雄/田砚君//中华工商时报 2000-08-28
◎来自东方传统出版者的声音/金星//中华读书报 2000-08-30
◎老百姓的读报观念——北京人读报情况抽样调查分析报告/喻国明//新闻记者 2000-05
◎老牌“三联”全面进军电子出版业/叶芳//文汇报 2000-09-16
◎连环画走红藏市/青茗//中国社会报 2000-06-30
◎两岸三地业者探讨出版业应对多媒体挑战/星月//出版参考 2000-17
◎两岸图书出版业交流评析/袁伟//台湾研究 2000-02
◎两岸网络与出版研讨会在京召开/朱音//新闻出版报 2000-07-10
◎两极分化：报刊林立谁称雄/朱胜龙//新闻出版报 2000-11-13
◎辽出版集团出“掌上书房”/毛付俊//每周电脑报 2000-08-23
◎辽宁爱书人俱乐部首家推出会员版图书/张国际//出版参考 2000-18
◎辽宁出版集团：加快产业“一条龙”发展/任慧英//中国出版 2000-03
◎辽宁出版集团电子图书领域先行一步/王松//工人日报 2000-09-01
◎辽宁出版集团隆重推出标准电子图书/王松//中国高新技术产业导报 2000-09-20
◎旅游书：365 天都爱你/孙牧//新闻出版报 2000-10-27
◎略论西部大开发中的西部出版业/刘铁薇//甘肃教育学院学报（社会科学版）2000-01
◎伦敦图书博览会再创新高//中国图书商报 2000-08-25
◎论编辑在知识经济发展中的作用/张铁莉//大连教育学院学报 2000-01
◎论出版产业发展的税收政策支持/朱承斌//中国税务报 2000-10-09

◎论出版改革中的经济学原则/胡彦威//山西财经大学学报 2000-01
◎论改善中国出版文化的生态环境/张辉冠//南京社会科学 2000-02
◎论南宋的两件图书出版保护法规/祝尚书//人民政协报 2000-11-10
◎论社办期刊的发展/马如俊 杨俊杰//湖南商学院学报 2000-04
◎论宋代的出版管理/郭孟良//中州学刊 2000-06
◎论宋代的图书盗版与版权保护/祝尚书//文献 2000-01
◎论图书盗版行为与专有出版权救济/杨振洪//中国知识产权报 2000-08-16
◎论图书选题策划与出版社形象/梁小红//山西经济日报 2000-09-14
◎论现代出版业起源的决定因素/王清//出版发行研究 2000-04
◎论政府行为与图书出版业/杨晓鸣 寿彩丽//编辑学刊 2000-01
◎漫游纸上博物馆/温儒敏//中华读书报 2000-06-14
◎美国：问题少年日渐增多 家庭教育书籍市场火爆/尹月燕//中华读书报 2000-08-09
◎美国报业竞争潮起潮落/吴伟农//中华新闻报 2000-11-20
◎美国出版业的市场竞争技巧/蒋新平//广西师范大学学报（哲学社会科学版）2000-03
◎美国出版业概况分析及市场准入/韦启福//中国出版 2000-06
◎美国出版业市场营销体制一瞥/汤锐//出版经济 2000-04
◎美国磁带书出版业发展迅速/杨贵山//出版广角 2000-02
◎美国的版权法/林辛乐//法制周报 2000-08-12
◎美国的数字版权管理/徐阳//社会科学报 2000-08-24
◎美国连锁书店上季度销售增势趋缓/王企//中国图书商报 2000-12-15
◎美国网络版权保护制度/蒋茂凝//出版广角 2000-11
◎美国新建互联网出版公司展示传统出版企业在网络时代的运营模式/扬帆//出版参考 2000-13
◎美国中小出版社如何操作/徐雨//出版参考 2000-18
◎面对 WTO：中国出版业如何应对国际竞争/王建平 赵鸿秀//出版经济 2000-06
◎面对报业竞争挑战 开拓新闻发展思路/赵冰峰//山西经济日报 2000-12-12
◎面对知识经济时代出版业如何对应/梁春芳//新闻出版交流 2000-04
◎面对知识经济时代的需求——发展变化中的上海出版印刷高等专科学校/杜飞龙//印刷杂志 2000-12
◎面临四大冲击，出版业亟需沉稳应对 加紧调整——江苏省新闻出版局局长石启忠一席谈/刘硕良 何小民 韦然//出版广角 2000-04
◎面向 21 世纪的宣言——未来 20 年印刷业发展综述//今日印刷 2000-01
◎面向 21 世纪的中国出版业——在“国际出版及印刷技术报告会”上的讲话/于永湛//印刷技术 2000-12
◎面向世界创立中国期刊报业走向“相关多元经营”初探/张春丽//新闻实践 2000-10
◎面向新世纪的北京印刷学院/张珂//中国包装报 2000-10-17
◎民营书店的优势在哪儿？/张体星//新闻出版报 2000-12-14
◎民族出版大有可为/韦启福//新闻出版报 2000-08-01
◎民族类出版社如何面对市场经济的挑战/戴佩丽//中央民族大学学报（哲学社会科学版）2000-02
◎明清时期的徽州出版业（上）/徐学林//中国出版 2000-09
◎明清时期的徽州出版业（下）/徐学林//中国出版 2000-10
◎明天你上网买图书吗？/李晓旭//国际商报 2000-10-06
◎某些出版社怎么了/江鸣//出版经济 2000-03
◎目前我国报刊社资产均属国有资产——新闻出版署报刊管理司副司长王国庆答记者问//传媒 2000-01
◎哪些出版社会死掉？——有关出版社生存状态的对话/安民//出版广角 2000-11
◎南京书市三大看头/张辉冠 翁昌寿//中华读书报 2000-10-11
◎年鉴的市场定位与产业发展/丛坤//年鉴信息与研究 2000-03
◎年鉴跨世纪的思索/陈时雍//年鉴信息与研究 2000-01
◎牛运震和他的学术思想及出版业/颜世菊//山东图书馆季刊 2000-03
◎农民日报入主中国农网座谈会举行/李永生 何兰生//农民日报 2000-08-19
◎女性期刊难中求进/孟祥琴//中国妇女报 2000-10-31
◎欧美在线版权交易公司生存现状/杨贵山//中国图书商报 2000-11-17
◎欧盟起草数字媒体版权法/朱亚//电脑报 2000-06-12
◎品牌出版社的永恒魅力/周建华//出版与印刷 2000-02
◎剖析行业形势 探索未来发展/程晓龙//新闻出版报 2000-08-25
◎期刊编辑人文意识刍议/钱卫//新闻出版报 2000-11-15
◎期刊彩印 谁执牛耳？/梁华//新闻出版报 2000-06-16
◎期刊策划 要追求新角度、阔视野/朱晓军//民主 2000-10-15
◎期刊产业化问题浅探/王宇鹏//锦州师范学院学报（哲学社会科学版）2000-02
◎期刊定位日趋“小众化”/邢晓芳 顾安安//文汇报 2000-08-07
◎期刊发行的公关策划/陈培一//科学时报 2000-10-14
◎期刊发运将提速/刘乃科 黄俊毅//中国邮政报 2000-10-17
◎期刊广告，潜力有多大/杨理健//新闻出版报 2000-08-24
◎期刊将步入“全市场时代”/王一木//出版广角 2000-06
◎期刊结构与市场化/许松山//新闻出版报 2000-07-03
◎期刊人：观众变了！/王燕枫//新闻出版报 2000-10-17
◎期刊上网渐成热点/柳堤//新闻出版报 2000-08-17
◎期刊挟风而来/王燕枫//新闻出版报 2000-10-12
◎期刊形式美刍议/翟向荣//新闻出版报 2000-10-20
◎期刊运行机制改革初探/项光荣//传媒 2000-05
◎企业协办期刊现象之我见/张泽青//出版经济 2000-05
◎千禧之年：谈谈我的出版理念/钱宏//编辑学刊 2000-01
◎浅论编辑观念转变中的观念衔接/杨晋红//山西教育学院学报 2000-02
◎浅论图书市场的调研/李晨//新闻出版交流 2000-05
◎浅谈公共图书馆期刊的开发与利用/亢宪萍//山西经济日报 2000-09-11
◎浅谈少儿报纸插图的作用及原则/吴菁华 高纯宇//宿州师专学报 2000-02
◎浅谈网络出版/陈夏洁//出版与印刷 2000-02
◎浅谈网络出版及对传统出版业的挑战/管兆宁//苏州丝绸工学院学报 2000-06
◎浅议电子出版物/黄光虹//广东青年干部学院学报 2000-02
◎倾力构筑“大少儿”文化产业——访中国少年儿童新闻出版总社社长海飞/赵大恒//全国新书目 2000-08
◎清末民初教科书出版述论/韩文宁//江苏图书馆学报 2000-02
◎全国的书市 书业的希望/水木//新闻出版报 2000-10-11
◎全国书市启示录/翁昌寿 周建华//中华读书报 2000-10-18
◎全面创新 以人为本——如何实施出版业的知识管理/黄建中//

中国出版 2000-01
◎全球化 网络化——1999年环球出版业回眸/萧妍//出版发行研究 2000-04
◎全球化和中国出版业的发展/郑保荣//出版科学 2000-04
◎全球印刷业面临的冲击和发展机遇//中国包装报 2000-08-29
◎缺乏原创经典 小鬼难成巨人/邢晓芳//文汇报 2000-12-03
◎人才断链危及古籍出版/郑桂红//中华读书报 2000-09-06
◎日本漫画书二次流通引发版税争议/白晓煌//中国图书商报 2000-06-30
◎日本实施绝版文库本 数字化战略开拓出版新路/大正//出版参考 2000-19
◎日本为什么没有出现出版集团/王益//出版参考 2000-13
◎如影随形：出版与经济/黄宾堂//出版广角 2000-03
◎入世——挑战与机遇并存——WTO涉及中国新闻出版业的相关协定简介/谢金文//新闻记者 2000-07
◎三联书店进军电子出版业//中华读书报 2000-09-13
◎三联书店全面进军电子出版业//科技日报 2000-09-13
◎三联书店探索学术普及化道路/先晓//中国图书商报 2000-10-13
◎三联再版书 品质薪火传/余慧明//中国图书商报 2000-07-07
◎三年磨一剑 小地图做出大市场/龚静//中国图书商报 2000-06-30
◎山西出版业的现状、问题与对策/李广洁//新闻出版交流 2000-02
◎山西出版业期待腾飞的几点设想/赵志春 张丽萍//新闻出版交流 2000-05
◎陕西省新闻出版工作（会议）提出把新闻出版业融入西部大开发战略/来明善 沙庆超//报刊之友 2000-02
◎商业秘密保护是否禁止软件反向工程/张玉瑞//中国知识产权报 2000-09-06
◎上海出版业必须“突出重围”/金良年//民主 2000-08
◎少儿立体动画书开拓立体大市场/蒋丹//中国图书商报 2000-12-08
◎少数民族出版业：走出困境 路在何方/林永万//中国出版 2000-04
◎社办期刊：出版业新的增长点/邓雷仓//编辑学刊 2000-01
◎社办期刊“老化”现象引人关注/金鑫//新闻出版报 2000-08-16
◎社科期刊与知识创新工程/尹玉吉//新闻出版报 2000-06-02
◎社区高校学报的困境与出路/李继高//商洛师范专科学校学报 2000-03
◎深度恳谈儿童出版/黄瑶莉//中国图书商报 2000-09-01
◎深化改革 推动发展/谢洪涛//新闻出版交流 2000-01
◎深圳商报在改革探索中超速发展//中华新闻报 2000-08-14
◎深圳新闻出版业的开拓创新之路——深圳经济特区成立20周年回眸/黄士芳//当代传播 2000-05
◎省新闻出版局浙江出版联合集团组建成立/应舍法 王志坚//浙江日报 2000-12-21
◎什么样的报纸才好卖？——北京市报摊零售状况的抽样调查报告/喻国明//新闻记者 2000-01
◎实现出版产业的跳跃发展/李慎谦//出版科学 2000-01
◎世纪回眸，我们更应该看到些什么——中国图书出版业问题探究/吴培华//出版广角 2000-04
◎世纪之交的俄罗斯图书出版业/高昶//中国出版 2000-08
◎世界出版业格局及发展趋势/杨贵山//大学出版 2000-01
◎世贸组织协议及其与出版业的关系/小蒙//出版发行研究 2000-04
◎世贸组织与出版业（之一）/京萌//出版发行研究 2000-03
◎市场结构分析与公司战略：以中国图书出版业为例/刘建生//出版广角 2000 08
◎试论出版业的转型/林学勤//出版发行研究 2000-02
◎试论计算机软件的知识产权保护/王勤秀//中国知识产权报 2000-10-27
◎试论民族类图书市场开发与营销策划/邱立//中央民族大学学报（哲学社会科学版）2000-02
◎试论我国出版业未来十年的改革/刘杰英//新闻出版交流 2000-02
◎是什么在影响电子书接受程度/林成林//中国图书商报 2000-10-06
◎是谁侵害民族地区出版业/马国仓//新闻出版报 2000-07-21
◎首届记者节中国产业报协会致广大产业报同仁的慰问信/中国产业报协会//国际商报 2000-11-08
◎书店经营期刊的四大误区/万凌云//新闻出版报 2000-06-19
◎书业入世 冷静应对/岑学锋//中国贸易报 2000-09-07
◎书业网上交易的四种解决之道/陈宇华//中国计算机报 2000-10-26
◎书展上 老外谈中国出版业/马莹//中国贸易报 2000-09-05
◎书展掀起 ebook 狂潮//中国贸易报 2000-09 05
◎树雄心立大志 努力创立品牌 在国际竞争中形成中国强劲“方阵”/居骥尧//出版参考 2000-23
◎数字版权保护环境中的图书馆/秦珂//四川图书馆学报 2000-06
◎数字化出版：出版业的必由之路/姜乐英 孙牧 海粒 王波 京平//新闻出版报 2000-09-01
◎数字化作品不是法律保护客体吗？/白而强//网络世界 2000-07-31
◎数字时代的“纸”和“笔”（上）/黄绍平//大众科技报 2000-12-24
◎数字时代的出版/史领空//编辑学刊 2000-04
◎数字图书馆与版权保护问题初探/王韫华//现代图书情报技术 2000-03
◎数字图书馆中的知识产权保护问题/饶戈平//中国贸易报 2000-09-28
◎数字音乐版权保护刹住网上盗版歪风/苏月琼//中国电子报 2000-12-07
◎数字印刷技术广泛应用//新闻出版报 2000-06-30
◎谁是报纸的“重量级消费者”/喻国明//新闻与写作 2000-08
◎谁是现阶段报纸的“重量级消费者”？/喻国明//新闻实践 2000-12
◎思源思进，续写上海出版历史新篇章/陈纪宁//编辑学刊 2000-04
◎四川版权产业：立足出版 面向社会/李正培//中国出版 2000-03
◎四川日报报业集团管理子报实施“三抓”/古隆媛//新闻出版报 2000-11-09
◎四年磨出 MBA 经典教材/李瑞秋 李欲晓//中国经营报 2000-10-03
◎苏尔坎普出版社：文亦载道 文亦言志/蔡鸿君//中国图书商报 2000-08-25
◎缩短社刊成长期/朱效荣//出版广角 2000-04
◎踏花归来马蹄香——华沙书展手记二则/段军//出版广角 2000-10
◎台湾图书市场怎么样/阿伟//山西经济日报 2000-07-09

⊙台湾网上书店现状素描/钟华//中华读书报 2000-08-02
⊙台湾研讨21世纪杂志编辑趋势 日本编辑制作公司经营体制将成为引进目标/安华//出版参考 2000-07
⊙台湾知名网上书店现况//中华读书报 2000-08-02
⊙谈电子技术与出版业及存在的问题/陈小林//经济师 2000-04
⊙谈年鉴的规范化/郑维桢//年鉴信息与研究 2000-01
⊙探寻中国特色的电子商务//中国企业报 2000-11-09
⊙特色：广播电视报的制胜法宝/王蓉//新闻出版报 2000-12-08
⊙特色是行业期刊的生命/曾联盟//中国绿色时报 2000-12-08
⊙提高整体竞争能力 迎接网络时代挑战/董秀玉//出版广角 2000-02
⊙体制改革是出版业转型的首要课题/赵熒//编辑之友 2000-03
⊙挑战到联姻——审视中国网络与出版之关系/聂震宁//出版广角 2000-09
⊙挑战与应战——印刷出版业的变革与发展/沈海祥//中国电子出版 2000-01
⊙突出重围——简议中国出版业发展面临的挑战与机遇/刘静//出版经济 2000-04
⊙图画书的另一种编法//新闻出版报 2000-06-26
⊙图书编辑工作与网络时代/吴曼华//学术研究 2000-07
⊙图书出版合同在书稿档案中的作用/史静明//安徽经济报 2000-08-15
⊙图书出版业中侵权盗版和无序竞争为何愈演愈烈/孙巧云//价格月刊 2000-09
⊙图书电子商务何时落地/马璐瑶//中华工商时报 2000-11-29
⊙图书馆管理专家抗议 Elsevier 公司兼并/王丹红//科学时报 2000-11-10
⊙图书馆拥抱数字革命/陈军梅//中国质量报 2000-11-01
⊙图书品牌与文化追求/叶宁//新闻出版报 2000-07-03
⊙图书期刊齐头并进/广舒//中国图书商报 2000-09-29
⊙图书网站：春天在哪里/于静//中华读书报 2000-12-20
⊙图书网站赚钱不谈书/张宏达 曹春玲//中国信息报 2000-06-01
⊙图书想和电视剧联姻/章红雨//新闻出版报 2000-12-08
⊙图书营销八大新理念/朱胜龙//出版广角 2000-03
⊙图书展劲吹网络风/朱巍//中国电子报 2000-09-14
⊙推动出版产业向现代出版转轨/蒋绮芳//中国出版 2000-12
⊙推进网络出版 加强行业管理/王涛//中国电子出版 2000-05
⊙拓宽信贷领域支持新闻出版业/吴颢//中国城市金融 2000-05
⊙拓展大学出版社功能/张留芳 王宏波//出版广角 2000-12
⊙拓展面向21世纪的出版战略新思路——上海召开出版战略研讨会/申楚//出版参考 2000-16
⊙外国出版商为啥看中“科技社”?/张鲜明//河南日报 2000-08-22
⊙外文出版物编校中的若干问题/徐元歌//出版经济 2000-02
⊙外文原版书何日“多多益善”/贺玉荣//中华读书报 2000-06-21
⊙外资涌入美国出版市场的启示/杨贵山//出版广角 2000-05
⊙完全市场化的台湾电子出版业/滇初//出版参考 2000-18
⊙皖西革命根据地的图书出版业/孔凡仲//党史纵览 2000-03
⊙网络：为版权贸易加速/广舒//中国图书商报 2000-08-25
⊙网络“点睛”书市/陈宇华//新闻出版报 2000-09-29
⊙网络版权争议多/黄一丁//中国信息报 2000-06-12
⊙网络报纸是否会取代传统报纸?/姚雪痕//中华读书报 2000-06-21
⊙网络出版：21世纪出版业新主题/陈刚 毕卫东//中国出版 2000-01
⊙网络出版冲击传统/天羽//云南经济日报 2000-12-03
⊙网络出版的特点及其对传统出版业的挑战/彭秀军//中国出版 2000-08
⊙网络出版的现实与未来/朱信明//中华读书报 2000-05-17
⊙网络出版的预热期是否将要过去?/徐沁//中华读书报 2000-11-22
⊙网络出版对我国出版业的影响及对策/师曾志//中国出版 2000-08
⊙网络出版离中国还有多远?/莱茵//中国图书商报 2000-09-08
⊙网络出版——神奇而不神秘/陈生明//出版广角 2000-04
⊙网络传输对报刊的影响及局限/刘良初//吉首大学学报（社会科学版）2000-03
⊙网络的冲击与新闻出版业的生存/穆小琳//大众科技报 2000-09-28
⊙网络环境下的法律规制/赵志刚//检察日报 2000-11-21
⊙网络技术在学报编辑工作中的应用/徐生然//西江大学学报 2000-02
⊙网络媒体挑战传统报业/夏晓阳//中华新闻报 2000-11-27
⊙网络期刊 来去匆匆?/刘昶//中国图书商报 2000-12-29
⊙网络时代，传统出版业怎么办/常晓征//解放日报 2000-07-24
⊙网络时代出版业的危机和挑战初探/龚维玲//社会科学家 2000-06
⊙网络时代的“版权问题”/白而强//检察日报 2000-08-23
⊙网络时代的编辑工作/高亢 张平慧//出版科学 2000-04
⊙网络时代的知识产权法学研究/常青//中华读书报 2000-11-01
⊙网络时代的中国电子出版业/彭承进 王翠萍 王书兰//情报科学 2000-01
⊙网络图书震撼传统出版业/郭洪//中国经营报 2000-10-24
⊙网络写手会不会成为传统作家?/黑可可//文学报 2000-08-03
⊙网络音乐：唱片公司心头的痛/蓝鸟//广西日报 2000-10-19
⊙网络著作权 尘埃落定会有时/宋慧献//国际商报 2000-07-02
⊙网上侵权与版权保护/陈方林//新闻出版报 2000-07-21
⊙网上售书 火爆异常——世纪之交国外出版业发展新动向透视（之二）/罗紫初//出版科学 2000-03
⊙网上书店 传统书店“井水”与“河水”汇流/唐贾军//中国图书商报 2000-12-15
⊙网上书店：生存还是毁灭?//科技日报 2000-09-27
⊙网上书店祭起服务大旗/刘毅//中华读书报 2000-07-19
⊙网上图书阅览要收费?/童铭//中国计算机报 2000-08-24
⊙网页著作权纠纷 你未唱罢我登场/涂莉 尹为//市场报 2000-12-04
⊙威胁、教训与问题——当前出版业面临的挑战/杨牧之//出版科学 2000-03
⊙微软、Amazon 联手数字图书交易//中国计算机报 2000-09-07
⊙为科普图书叫好/王一方//大众科技报 2000-12-26
⊙为了21世纪的辉煌——首届山西出版改革研讨会侧记//新闻出版交流 2000-01
⊙伪科学图书穿着洋装/杨虚杰//科学时报 2000-07-03
⊙未来出版业：明天的早餐在哪里/李曙光//出版经济 2000-04
⊙未来期刊的多媒体发展与应对策略/白继英//出版科学 2000-01
⊙未来十年 我们怎么办——兼谈出版业优化结构问题/吴智仁//中国出版 2000-05
⊙文化消费看图书市场走势/蒙莉莉//山西经济日报 2000-10-12
⊙文学刊物涉入书业/刘锋//国外文学 2000-04

- 文学期刊 路在何方/子心//西安日报 2000-12-14
- 文学期刊改版后的生存状态/陈洁//中华读书报 2000-11-29
- 我观"中国出版网"/南飞//出版参考 2000-24
- 我国90年代早期电子出版业的探索/陈少华//中国出版 2000-08
- 我国报刊管理编年大事一览（1987—1998）——1994 年//传媒 2000-09
- 我国编辑类著作出版二十年成果斐然/萧嫣//出版参考 2000-02
- 我国出版企业预算管理模式/张其友//中国财经报 2000-07-20
- 我国出版企业资本经营方式的探讨/张其友//出版经济 2000-04
- 我国出版物出口贸易面临的新形势及对策/朱朝旭//出版经济 2000-06
- 我国出版业"入世"后的发展走向/朱光甫//出版发行研究 2000-12
- 我国出版业如何面对 WTO 的挑战/徐锐//新闻出版交流 2000-03
- 我国电子出版面临严峻挑战/王铨//人民政协报 2000-07-11
- 我国电子出版业现状与图书馆采访原则/孔燕//现代情报 2000-03
- 我国期刊工作在结构调整中实施社刊工程和品牌战略初显成效//出版参考 2000-10
- 我国图书在版编目简论/彭华//盐城师范学院学报（哲学社会科学版）2000-04
- 我国网络售书现状透视/罗紫初//出版发行研究 2000-12
- 我国新闻出版业的改革与发展正处在"将要有所突破的前夕" 新闻出版 朝阳产业亮色渐起/浦树柔//瞭望 2000-18
- 我国已有超级书店十余家//中华读书报 2000-07-19
- 我国音像业发展现状与对策/王国庆//新闻出版报 2000-09-01
- 我国印刷业如何加快发展步伐/鲁兵//新闻出版报 2000-12-15
- 我们面临的挑战与机遇——加入 WTO 对科普及科技出版业的影响/李士//中国出版 2000-04
- 我们面临怎样的困境——当前文艺出版业发展的制约因素/吴丽芳//中国出版 2000-07
- 我省出版业改革与发展的思考/白小平//新闻出版交流 2000-04
- 我省古籍整理喜中有忧/鲍义来//安徽日报 2000-08-02
- 无版印刷挑战传统印刷方式/梁华//新闻出版报 2000-11-03
- 西部出版业明天更美好/郑明//新闻出版报 2000-11-21
- 西部大开发与发展民族出版业/赵建新//出版参考 2000-16
- 现代出版产业中的责任编辑/冯志杰//出版发行研究 2000-10
- 现代出版的内涵/王建辉//出版科学 2000-04
- 现代出版业"三 B"管理初探/孙巍//科技与出版 2000-02
- 现代出版业技术创新初探/詹德优//南通师范学院学报（哲学社会科学版）2000-03
- 现代出版业中总编辑的选题策划/关小群 朱光甫//中国出版 2000-01
- 现代图书出版中的十大误区/鹿丽萍//武汉大学学报（人文社会科学版）2000-05
- 香港报纸全面涨价/阿兰//工人日报 2000-10-27
- 香港首次捣毁盗版音乐网站/佳佳//法制日报 2000-08-23
- 香港印刷业现状及发展趋势/小费//中国包装报 2000-08-17
- 硝烟弥漫发行战/张瑞一//中国邮政报 2000-10-27
- 小说评点与晚明出版业/白岚玲//中华读书报 2000-09-13
- 小议最终用户使用盗版现象/文三白//北京科技报 2000-06-26
- 校园新热点——电子课本/流水//市场报 2000-09-14
- 携手同进创双赢——"入世"后出版用纸供需关系态势分析/龚家荣//中国出版 2000-06
- 忻州三代作家掀起文坛冲击波/班彦钦//山西日报 2000-11-24
- 新迹象新特点新趋势——1999 年我国电子出版业形势及思考/周源//中国图书评论 2000-02
- 新技术·新经济·新世纪的出版业/潘英伟//粤海风 2000-03
- 新技术的应用与旧机制的转换——也谈现阶段出版科的作用与地位/虞信棠//出版与印刷 2000-03
- 新经济下的出版业/肖新兵//出版经济 2000-06
- 新千年来时我的出版理念/钱宏//编辑之友 2000-01
- 新时期中国出版业发展的实录——《中国出版年鉴》创刊 20 周年座谈会在京召开/西溪//出版参考 2000-24
- 新世纪印刷、包装期刊所面临的形势和任务//中国包装报 2000-12-19
- 新世纪印刷人才需求展望//中国新闻出版报 2000-12-29
- 新世纪中国出版五大新趋势/海飞//出版广角 2000-01
- 新世纪中国出版业畅想曲/潘国彦//出版发行研究 2000-01
- 新图书馆运动对近代出版业的影响/陈幼华 吴永贵//图书与情报 2000-03
- 新闻出版改革进入攻坚阶段/卢新宇//新闻出版交流 2000-03
- 新闻出版管理中的新问题及其对策/冯力军//成都行政学院学报 2000-01
- 新闻出版兼容模式的首次尝试 两家少儿龙头行业的强强联合 中国少年儿童新闻出版总社在京成立/钟自仁//全国新书目 2000-06
- 新闻出版业：请关注税收筹划/梅廷娟//出版经济 2000-04
- 新闻出版业的信息化/刘成//印刷世界 2000-06
- 新闻出版业互联网及电子商务应用/金震宇//中国电子出版 2000-02
- 新闻出版业领军人物在京共话网络机遇/李华鹏//中国律师 2000-12
- 新闻出版业网络化与电子商务研讨/刘力//中国电子出版 2000-02
- 新兴佳藏话书标/黄桂华//福建工商时报 2000-12-22
- 新形势下的报业集团与报业竞争/李良荣//新闻实践 2000-06
- 新一代数字出版平台竞争升温/钟威//新闻出版报 2000-12-01
- 新一轮发行体制改革的五大特征/谢振伟//中国图书商报 2000-08-18
- 信息高速公路与出版业发展/顾涛//东北大学学报（社会科学版）2000-01
- 信息化出版业的必由之路/邱家和//新闻出版报 2000-12-18
- 信息化建设：出版业改革的重要内容/王莹//报刊之友 2000-06
- 信息时代的新生事物 校园内外的亮丽彩虹："中小学图书馆电子阅览室"//中国教育报 2000-07-25
- 信息时代的阅读时尚/刘朝//山西发展导报 2000-07-21
- 兴旺的德、奥、瑞新闻出版业/舒刚//了望 2000-25
- 选题策划：出版企业核心竞争力/闻洁//中国出版 2000-03
- 学术期刊的装帧/刘海飒//美术报 2000-12-23
- 学习"三个代表"重要思想搞好出版工作/于基荣//民主 2000-10
- 延安革命根据地的编辑出版事业（上）/倪波 张志强//新闻出版交流 2000-04
- 严把校对关 提高出版物质量/田雪峰//内蒙古大学学报（人文．社会科学版）2000-01
- 沿着中国先进文化前进方向 推动广西出版业的持续发展/阳建国//新闻出版报 2000-06-27
- 也谈"陈独秀、胡适与出版家的联手"/钱念孙//文艺报 2000-

12-26
⊙也谈纯文学期刊的版块结构/宁珍志//中国建材报 2000-06-21
⊙一盘激战正酣的棋局——试析 IT 图书出版业/郭立//出版广角 2000-10
⊙一字一句关乎版权保护/孙卫卫//新闻出版报 2000-12-28
⊙医学专业出版在美国/唐明霞//中国图书商报 2000-10-27
⊙移动电子版报纸将成时尚/顾仲和//中国质量报 2000-08-16
⊙以邓小平理论为指导促进我国出版业的健康快速发展/梁伟//社会科学家 2000-03
⊙以输出版权为己任/李红阳//中国贸易报 2000-09-05
⊙译林出版社近期独家出版叶利钦自传《午夜日记》//中国图书商报 2000-10-27
⊙因特网对全球出版的冲击/安华//出版经济 2000-04
⊙因特网与现代出版业/张俊 陈松明//电子科技大学学报（社会科学版）2000-04
⊙音乐版权产业面面观（之一）/宗晓军//人民音乐 2000-01
⊙音乐出版公司的内部运作结构（之三）/宗晓军//人民音乐 2000-03
⊙音像出版管理之我见/高新建//新闻出版报 2000-06-26
⊙音像蓄势待发/赖名芳//新闻出版报 2000-10-12
⊙音像制品出版三题/皮汉平//出版科学 2000-02
⊙引进版热销 输出版走俏/李军//中国图书商报 2000-09-15
⊙印刷包装媒体聚首京城 迎接新世纪畅谈新思路//中国包装报 2000-12-19
⊙印刷和“数字”今秋约会/张伟//新闻出版报 2000-11-03
⊙印刷业，如何面对网络时代的挑战/田胜立//中国出版 2000-02
⊙英国出版从业人员的工资收入/颖洛//出版参考 2000-23
⊙英国出版商倾情电子出版/穆宏志//中国图书商报 2000-12-29
⊙英国出版业考察报告/李秀英//出版经济 2000-06
⊙英国归来谈中国出版/陶明远//出版广角 2000-05
⊙英国图书营销模式的借鉴与思考/王昕//新闻出版报 2000-09-05
⊙英国网上书店增幅 900% 图书俱乐部受到严重冲击/木易//出版参考 2000-10
⊙英国小巫师 书市掀狂飙/魏兵//中国图书商报 2000-08-11
⊙迎接 WTO 挑战 建设中国的出版集团——在“国际出版及印刷技术报告会”上的讲话/魏玉山//印刷技术 2000-12
⊙迎接挑战 深化改革 促进发展——对西藏图书出版业的几点思考/旦杰//中国出版 2000-11
⊙迎接挑战 先要成为真正的市场竞争主体/孙庆国//出版广角 2000-01
⊙迎接挑战：面向新世纪的中国图书出版业/蒋恒//浙江学刊 2000-04
⊙迎接新世纪挑战促进出版业发展的一种想法/常振国//出版参考 2000-06
⊙迎接知识经济时代的挑战 中国出版科研所为出版人充电/萧嫣//出版参考 2000-08
⊙影视剧本成了畅销书/倪敏//中国消费者报 2000-08-15
⊙影视剧让书店火一把/郭秀萍//安徽经济报 2000-09-01
⊙影响我国版权贸易发展的原因和对策/赵琴//中国出版 2000-04
⊙用市场的眼光看党报新闻改革/喻国明//新闻实践 2000-Z1
⊙优化出版结构 促进出版繁荣 山西省局出台整合出版业改革方案/梁肇唐//出版参考 2000-06
⊙优化结构 深化改革 稳步发展——中国报业一九九九年回顾/聂静//传媒 2000-06
⊙由 Napster 案谈网络著作权保护/宗晴//人民法院报 2000-11-23
⊙有根的阅读与有根的出版/王一方//出版参考 2000-17
⊙有关《毛泽东选集》出版情况的补正//中国图书商报 2000-12-15
⊙渔艇棹歌相续——出版与影视传媒的互动关系/肖潇雨//出版广角 2000-11
⊙与出版业相关的网站/艾荣//出版发行研究 2000-06
⊙与美国《出版商周刊》资深记者谈出版/张宏//出版广角 2000-09
⊙域外的风——国外出版经营管理研讨班（上海班）综述/伊洛//出版与印刷 2000-01
⊙欲分中国书业一杯羹/李顺利//中国贸易报 2000-08-22
⊙杂志书发展势头强劲/刘毅//中华读书报 2000-07-19
⊙杂志性图书：一种值得探索的期刊出版模式/吴乐平//编辑学刊 2000-01
⊙杂志也是“成长股”/程继明//人民政协报 2000-11-30
⊙遭遇减负 教育出版社如何发展/宋舒白//民主 2000-10
⊙造就出版家/费润民//出版广角 2000-11
⊙增强编校质量意识/尹宁锋//传媒观察 2000-05
⊙真实是妇女期刊的生命力/项光荣//新闻出版报 2000-09-21
⊙真真假假期刊“世纪婴儿”/祝晓风//中华读书报 2000-08-16
⊙整顿科普期刊 繁荣科普创作/谢耕发//科技日报 2000-07-08
⊙支持服务西部大开发——内蒙古新闻出版业现状与前瞻/王东生//中国出版 2000-08
⊙知识产权与国际贸易/尚明//中国工商报 2000-08-09
⊙知识经济时代出版业的创新模式/吴长安//大学出版 2000-02
⊙知识经济与出版业发展/刘金凯//出版发行研究 2000-06
⊙知识经济与中国出版业的对策/郑之新//内蒙古农业大学学报（哲学社会科学版）2000-01
⊙知识经济与中国出版业的发展/魏勇//大学出版 2000-01
⊙直面出版革命/闻文//福建日报 2000-09-22
⊙直面图书电子版权/翁昌寿 舒晋瑜 周建华//中华读书报 2000-09-13
⊙中国版权问题探源/郭孟良//齐鲁学刊 2000-06
⊙中国版协科技出版工作委员会年会研讨新世纪我国科技出版业发展战略/柯楚//出版参考 2000-01
⊙中国报刊碑林情况介绍会在京召开/白洋//中国特产报 2000-09-18
⊙中国报业也须加速 WTO 进程/李艳芳//发展导报 2000-12-19
⊙中国出版科学研究所邀请专家进行深入研讨加入 WTO 对我国出版业发展的影响及对策/于珊//出版参考 2000-12
⊙中国出版业：加入 WTO 后的前景/陆盛强//编辑学刊 2000-04
⊙中国出版业：跨国经营会有时/肖冬发 徐明德//中国出版 2000-06
⊙中国出版业：为“入世”做好准备/张文定//出版参考 2000-22
⊙中国出版业：抓大的误区与放小的羁绊/王建平//出版经济 2000-03
⊙中国出版业的恶性肿瘤/吴智仁//出版广角 2000-04
⊙中国出版业呼唤互联网开架交易平台//出版参考 2000-10
⊙中国出版业竞争趋势分析及对策/张先立//出版科学 2000-03
⊙中国出版业面对学生“减负”的挑战与对策/王大路//中国图书评论 2000-03
⊙中国出版业如何应对“入世”冲击——中国出版科研所举办加入 WTO 与中国出版业发展研讨会/初颜//出版发行研究 2000-06
⊙中国出版业如何应对 WTO/牧野//全国新书目 2000-12

◎中国出版业应积极迎接加入 WTO 后的挑战/陈昕//出版广角 2000-07
◎中国出版业走势展望/杨荣//出版发行研究 2000-02
◎中国加入世贸组织对出版业的影响/朱静雯//图书情报知识 2000-02
◎中国将加强软件版权保护力度/行健//国际商报 2000-07-26
◎中国科学出版集团诞生/孙爱民//中国电子报 2000-06-30
◎中国期刊：扬自己的旗帜/晓燕//四川政协报 2000-10-07
◎中国市场：外国畅销书的滑铁卢？/赵武平//中华读书报 2000-08-30
◎中国书业迈向 21 世纪/张楠//知识经济 2000-11
◎中国书业重构信息标准化/潘明青//中国图书商报 2000-10-20
◎中国图书出版业的现状分析与展望/尤佳娟//出版与印刷 2000-03
◎中国图书如何走向世界/王巧珍//出版科学 2000-04
◎中国图书业与 21 世纪/孟歌//中国企业报 2000-08-25
◎中国网络版报纸的生存与发展/全锋//内蒙古社会科学（汉文版）2000-04
◎中国网络版权交易初起 版权人企盼规范管理/李贵//中国贸易报 2000-11-02
◎中国新闻出版业正面临两大挑战//国际商报 2000-10-12
◎中华读书网 2000BIBF 初显身手/同网//中华读书报 2000-09-06
◎中美图书出版业比较研究/徐丽芳//图书情报工作 2000-02
◎中青 IT 图书的门道/晓江//中华读书报 2000-10-11
◎中图要由中间商变为内容供应商//国际商报 2000-10-19
◎中外专家切磋版权贸易 北京国际版权贸易研讨会信息丰富/解冰//出版广角 2000-05
◎中文报纸在美国/邱葵//上海高校图书情报学刊 2000-04
◎中文图书的海外市场/向洪//四川商业高等专科学校学报 2000-03
◎中文图书走向世界任重道远/常晓征//解放日报 2000-08-08
◎终生学习出版业的新机遇/余慧明//中国图书商报 2000-10-20
◎重视出版文化建设/阙道隆//出版广角 2000-02
◎重视儿童书销售/杨榕//中国图书商报 2000-06-23
◎重视人才培养 加强行业自律——国家版权局局长于友先谈国际版权贸易//出版广角 2000-05
◎重新审视侦探小说/于洪笙//中华读书报 2000-10-18
◎周雁翎·“做书”北大/傅婷//科学时报 2000-07-10
◎注重现代报业人才资源开发的前瞻性研究/石晓林//河南日报 2000-12-23
◎祝贺与希望——在《中国出版年鉴》创刊 20 周年座谈会上的讲话/邬书林//年鉴信息与研究 2000-04
◎著作权“读”你不容易/柳易江//江西日报 2000-08-02
◎著作权侵权案中所涉及的权利/郑军//新闻出版报 2000-08-23
◎抓住大好时机 迎接新的挑战——高等教育出版社社长于国华谈出版发展战略问题//出版参考 2000-19
◎抓住盗版的黑手/邵蔚 李新月//河南日报 2000-07-29
◎抓住零售这个中心——对中国出版业的市场观察/胡国祥//出版科学 2000-02
◎抓住西部大开发机遇 发展新闻出版产业/李正培//四川政报 2000-35
◎抓住西部大开发机遇 谋求出版业更快发展/何志勇//出版参考 2000-13
◎抓住西部大开发历史机遇 加快青海新闻出版业发展/巨伟//出版广角 2000-07
◎抓住西部开发良机 实现出版资源共享/杨立国//宁夏社会科学 2000-05
◎专家眼里的网络出版//互联网周刊 2000/-03
◎专业周刊走上“窄众”之路——北京晚报楼宇周刊的改革尝试/张兆南//新闻与写作 2000-11
◎转换时期的大学出版业——第四届日韩中大学出版研讨会随感/辛文//大学出版 2000-03
◎转型之后俄罗斯出版业的困惑/李晓霞//中国图书商报 2000-12-15
◎装在手提箱里的加拿大文化和出版业/林成林//中国图书商报 2000-09-01
◎自办发行现状与对策/蓝轲//新闻出版报 2000-08-17
◎自助出版羽翼渐丰/姚辉//中国图书商报 2000-11-10
◎纵横网络的数字化工厂/胥军//中国机电日报 2000-08-16
◎邹应龙与四堡雕版印刷/廖荣富//福建工商时报 2000-10-20
◎走出制约出版业发展的观念误区/白小平//编辑之友 2000-06
◎走近日本出版业——岩波书店和讲谈社/林申清//编辑学刊 2000-02
◎走进图书按需生产时代/王星//中国图书商报 2000-06-16
◎走入图书营销之学/郭立群//山西日报 2000-10-10
◎组建出版（发行）集团的几点思考/李薇薇//出版经济 2000-04
◎组建出版集团 壮大出版事业/宋朝晖//集团经济研究 2000-07
◎最终用户使用未经许可软件的版权责任/应明//人民法院报 2000-10-19
◎坐拥图书馆/方艺//中华读书报 2000-06-21
◎做个新潮数字“出版家”/简武//电脑爱好者 2000-20

2001 年

◎“报型刊”与市场占位意识/吴惠萍//中国广播电视学刊 2001-05
◎“报纸网络版”质疑/杨剑虹//河南师范大学学报（哲学社会科学版）2001-04
◎“插图珍藏本”靠什么让人“珍藏”？/张志雄//中华读书报 2001-04-18
◎“出版工作室”的调研分析/广文//出版经济 2001-03
◎“党报竞争力”解读/刘宇庆//中华新闻报 2001-01-22
◎“第三方物流”崛起对出版业的启示/木仝//出版参考 2001-15
◎“复旦博学”开创学术图书新品牌/孙晶 余传诗//中华读书报 2001-11-21
◎“加入 WTO 与中国出版业发展”课题公开研究成果 如何应对承诺、寻求对策，提出多种模拟解决方案/肖武/出版参考 2001-14
◎“接口”艺术的选择——以新理念面向新世纪的辽宁科技出版社/袁跃东//出版广角 2001-04
◎“联网配送”畅通书业物流/王冰 李中茹//中国新闻出版报 2001-09-03
◎“买卖书号”——出版利润的世纪争夺战/朱胜龙//出版经济 2001-06
◎“民营书业”：正待浮出水面时——回望“北京市第一届出版物发行研讨会”/刘薇 徐升国 李海//出版参考 2001-05
◎“纳尼亚”中文版权花落译林/亦闻//中华读书报 2001-08-22
◎“入世”：国际合作出版怎么做？/张惠珍//中国新闻出版报 2001-08-16
◎“入世”对我国新闻出版业的影响及其我们的对策/谢金文//江

苏社会科学 2001-02
⊙"入世"对中国科技出版业的影响/史梦熊 杜丙照//科技与出版 2001-02
⊙"入世"后我国新闻出版业面临的挑战及对策/程道才//当代传播 2001-01
⊙"数字出版"走近你我/姜小玲 胡微//解放日报 2001-07-28
⊙"五元书店"盗版猖獗/刘徽 肖显//中华工商时报 2001-09-05
⊙"一社两制"/肖武//出版参考 2001-04
⊙"中国期刊方阵"重任在肩/范树立 王燕枫//中国新闻出版报 2001-11-02
⊙《报业管理艺术》：管理模式与规则/曹鹏//中国新闻出版报 2001-07-09
⊙《不列颠百科全书》兴衰的启示/孙杰//中国出版 2001-11
⊙《财经》刊期提速/范萍//中国图书商报 2001-09-04
⊙《创意》：囊中有创意/肖草//中国图书商报 2001-08-21
⊙《辞海》：新世纪的前瞻/李伟国//出版广角 2001-02
⊙《读者》：用五项行动开发市场/康力平//中国新闻出版报 2001-07-20
⊙《广州日报》报业集团——"洗"出来的现代报业/浦任//瞭望 2001-22
⊙《华尔街日报》：美国财经报纸的市场定位//中国新闻出版报 2001-03-26
⊙《家庭》杂志向电视媒体延伸/沈山//中国图书商报 2001-08-07
⊙《鲁迅全集》要修"国家版本"/陈洁//中华读书报 2001-06-20
⊙《鲁迅佚文全集》价值何在/毕目鱼//中华读书报 2001-11-14
⊙《女友》到国外交朋友——《朋友》杂志访谈录/叶子 芦中//报刊之友 2001-04
⊙《时尚邮购》：行业报纸社会化的尝试/张晓家//中华新闻报 2001-01-08
⊙《淘气包》为何能逆流而上/蓝欣//中国新闻出版报 2001-07-06
⊙《体坛周报》启示录/邓经伦 胡果雄//湖南经济报 2001-07-31
⊙《小说月报》魅力何在/徐丽梅//中国图书商报 2001-04-17
⊙《中国出版》举办期刊业未来走势研讨会/王燕枫//中国新闻出版报 2001-11-05
⊙《著作权法》修改对出版业将有何影响/高思//出版经济 2001-01
⊙《足球》《体坛周报》《南方体育》十强赛期间竞争手法总结分析/徐方//中国报业 2001-12
⊙10%独立书店淘汰出局/林成林//中国图书商报 2001-03-15
⊙10件大事拓展中国报刊天地/柳堤//中国新闻出版报 2001-01-08
⊙1990～2000年十年来中国图书版权贸易状况分析（1）/辛广伟//出版经济 2001-01
⊙1990～2000年——十年来中国图书版权贸易状况分析（3）/辛广伟//出版经济 2001-03
⊙1990～2000年十年来中国图书版权贸易状况分析（4）/辛广伟//出版经济 2001-04
⊙2000美国的印刷市场热点：出版业和电信业成为新千年印刷主流市场/王政洋 张文钟//今日印刷 2001-01
⊙2000年"印刷展望-Print Outlook"年会探讨美国印刷行业的发展前景//中国包装报 2001-01-09
⊙2000年畅销书/萧三郎//科学时报 2001-01-06
⊙2000年电子音像出版扫描/陈生明//出版广角 2001-01
⊙2000年美国图书出版业/叶新//出版广角 2001-05
⊙2000年全国新闻出版业基本情况（系列）/新闻出版总署计划财务局//中国新闻出版报 2001-07-11
⊙2000年全国新闻出版业基本情况（系列）/新闻出版总署计划财务司//中国新闻出版报 2001-07-16
⊙2000年全国新闻出版业基本情况（系列）/新闻出版总署计划财务司//中国新闻出版报 2001-07-23
⊙2000年全国新闻出版业基本情况（系列）/新闻出版总署计划财务司//中国新闻出版报 2001-08-13
⊙2000年全国优秀畅销书评出/谭子谦//中国新闻出版报 2001-01-04
⊙2000年全美畅销书岁末盘点/杨山//出版参考 2001-03
⊙2000年日本出版统计/甄西//出版经济 2001-05
⊙2000年图书产业年度分析报告//中国图书商报 2001-01-23
⊙2000年我国报业广告大盘点/梁勤俭//中国信息报 2001-01-18
⊙2000年英美出版并购大案回眸/肖忘//中国新闻出版报 2001-03-13
⊙2001WTO与中国图书零售业大家谈/任江哲//中国图书商报 2001-01-02
⊙2001图书市场热点展望/王建平//出版广角 2001-04
⊙2001中国报业二十个关键词/曹鹏//中国新闻出版报 2001-12-25
⊙2001中国出版全面提速/赵晨钰//中华读书报 2001-09-12
⊙20世纪的香港出版业/陈才俊//东南亚研究 2001-01
⊙20世纪书业营销方式的变革和创新（上）/林成林//中国图书商报 2001-01-02
⊙21世纪的人才培养与出版竞争力/刘迎秋 梅焕钧//枣庄师专学报 2001-03
⊙21世纪高教教材建设的展望/左春明 杨前//中国教育报 2001-03-02
⊙50年前的四川报业先驱/廖伯逊 曾鸣//四川日报 2001-11-09
⊙90年代少年长篇小说创作热现象思考/周晓波//文艺报 2001-01-23
⊙Adobe挺进网络出版/IDG电讯//计算机世界 2001-04-23
⊙Apabi能为电子图书"保驾"？/范占英//中国新闻出版报 2001-05-11
⊙E-book——传统出版物的终结者/陈军//中国包装报 2001-04-16
⊙ebook风靡北大校园 Apabi方案崭露头角/程诵//中国新闻出版报 2001-02-14
⊙e时代出版与网络牵手/朱胜龙//科学时报 2001-07-07
⊙SCI之外天地宽/车成卫//科学时报 2001-12-04
⊙WTO和信息技术时代/张树//中国新闻出版报 2001-09-28
⊙WTO与世界出版业/杨贵山//中国图书商报 2001-01-09
⊙阿帕比进军电子书/小石//中华读书报 2001-04-18
⊙按需印刷：何时生根开花/卫朝峰//出版参考 2001-07
⊙澳洲报业管窥/彭玉敬//中国煤炭报 2001-07-30
⊙把会计控制渗入出版社经营管理/郭瑛//出版经济 2001-03
⊙百年名刊 老而弥鲜/林成林//中国图书商报 2001-01-11
⊙百年营销：20世纪书业营销方式的变革和创新（下）/林成林//中国图书商报 2001-01-09
⊙版多了刊什么——说传媒之三/潘凯雄//传媒 2001-03
⊙版权：不小觑网络文学作品/杨蕾//中国知识产权报 2001-01-05
⊙版权：从规则意识到策略意识/宋慧献//出版参考 2001-20
⊙版权保护如何应对网络冲击/高颖//计算机世界 2001-09-10
⊙版权保护遭逢言论自由/宋慧献//检察日报 2001-09-26
⊙版权产业机遇大于挑战/柳堤//新闻出版报 2001-01-15
⊙版权产业如何把握入世契机/徐晋//法制日报 2001-09-21

⊙版权大战谁输谁赢？/孙爱民//中国电子报 2001-02-23
⊙版权贸易 异常活跃——世纪之交国外出版业发展新动向透视/罗紫初//出版科学 2001-04
⊙版权贸易：如何多“出口”？/姜小玲//解放日报 2001-05-30
⊙版权人不能成为知识和信息的垄断者/刘玉群//国际商报 2001-02-18
⊙版权输出到台湾/王颖//中国图书商报 2001-05-31
⊙版权营销大潮起/渠竞帆//中国图书商报 2001-02-06
⊙版权与对外版权贸易/赵丽萍//出版广角 2001-09
⊙版权在图书馆中的限制与反限制/秦珂 高利华//晋图学刊 2001-03
⊙办报要走出的几个误区/利让贤//传媒 2001-10
⊙办报艺术的结晶/邵华泽//中国新闻出版报 2001-01-05
⊙办好周末版准确定位是根本/张文圣//中华新闻报 2001-07-17
⊙办刊的坚守与寻觅/柳萌//传媒 2001-04
⊙保护，是福是祸？——日本出版政策述评/韩莉//出版参考 2001-09
⊙保卫“文化副刊”/从维熙//北京日报 2001-02-05
⊙报刊电视与社会资本进入双向角逐/辛奇//中国国情国力 2001-07
⊙报刊发行：邮政任重道远/黄俊毅//中国邮政报 2001-11-27
⊙报刊发行连续翻番/刘本辉//中国图书商报 2001-05-29
⊙报刊数据“全记录”/李健英//中国新闻出版报 2001-08-27
⊙报刊阅评对于舆论引导的重要作用/吴运金//中国新闻出版报 2001-04-20
⊙报业、广播电视业与证券资本市场/屠忠俊//新闻大学 2001-02
⊙报业传媒：维持暴利的行业/东方//商业时代 2001-06
⊙报业传媒靠拢资本市场/赵淳//中国企业报 2001-12-17
⊙报业传媒生存现状及发展之我见/任君宁//新闻知识 2001-11
⊙报业集团——改革与发展简议（上）/李晓晔//出版经济 2001-09
⊙报业王国的骄人业绩/江潜//中国新闻出版报 2001-12-04
⊙报业网络广告竞争的策略/陈希//新闻天地 2001-01
⊙报业现状面对危机/刘瑛//中国贸易报 2001-04-05
⊙报纸多少版合适？——说传媒之二/潘凯雄//传媒 2001-02
⊙报纸向广播学习什么/叶雷//新闻爱好者 2001-09
⊙报纸怎样发展“眼球经济”/陈奇亮//中国新闻出版报 2001-11-09
⊙北大方正：开创网络出版战略联盟/石毅//中国电子与网络出版 2001-11-15
⊙北大方正全数字化五大解决方案亮相国际印展/马国仓//中国新闻出版报 2001-05-24
⊙北大方正推出“阿帕比”网络出版解决方案/程晓龙//中国新闻出版报 2001-05-09
⊙北大方正为印刷业网络化运行扫清障碍/丁军杰//工人日报 2001-11-25
⊙北京：多报并不等于多元/童序//新闻天地 2001-09
⊙北京报业 山雨已来风满楼/彭梧//中国质量报 2001-06-05
⊙北京成为我国版权贸易最发达地区/刘东威//中国新闻出版报 2001-02-16
⊙北京青年报 求“厚”求“重”/孙卫卫//中国新闻出版报 2001-09-10
⊙北京日报社“网络建设三部曲”//中国高新技术产业导报 2001-02-07
⊙贝塔斯曼：不动声色的中国步调/沈山//商务周刊 2001-Z1
⊙贝塔斯曼：长袖善舞，障碍难越/丁一 谭琴//中国经营报 2001-09-13
⊙贝塔斯曼兵临城下/陈敏 熊熙玲//互联网周刊 2001-11
⊙贝塔斯曼为何能服中国水土/管德泳//中国企业报 2001-04-24
⊙贝塔斯曼引诱 Napster/伍兵//中国企业报 2001-04-12
⊙贝塔斯曼远征中国/刘涛 苏祖辉//数字财富 2001-15
⊙编辑、策划与市场/王波//中国新闻出版报 2001-06-11
⊙编辑和营销 插上双翅飞上天/杨葵//中国图书商报 2001-08-16
⊙编辑室公司化运作/邓映如//出版参考 2001-09
⊙编辑室功能的重构与发展/郑纳新 桂林//编辑之友 2001-03
⊙编织书业“天罗地网”/志丹//中国新闻出版报 2001-11-28
⊙别让高价套住了图书市场//中国信息报 2001-05-07
⊙兵临城下 泰然应对——加入 WTO 对山西出版业的影响及我省出版业的应对措施/荆作栋//新闻出版交流 2001-06
⊙波澜迭起的中国书业/仝春建 李国训//中国企业报 2001-08-27
⊙不入刊林非好汉？/何虹//中国图书商报 2001-12-18
⊙财大社生财之道/余慧明//中国图书商报 2001-10-04
⊙财经杂志的春天——解读美国财经传媒《福布斯》/喻国明//财经界 2001-05
⊙彩云之南现新书/何雪//中国图书商报 2001-09-13
⊙插图学术著作：多余，抑或必要？/郭晓虹//中国新闻出版报 2001-03-09
⊙畅销：不需要理由/王兴栋//中国图书商报 2001-04-19
⊙畅销的“萝卜”带着“泥”/周建华//中国图书商报 2001-07-12
⊙畅销书≠选题方向/李庆//中国新闻出版报 2001-11-30
⊙畅销书的营销运作/任衍慧//出版经济 2001-07
⊙畅销书是这样打造的/段薇//中国质量报 2001-08-21
⊙畅销书天使还是魔鬼/林成林//中国图书商报 2001-04-10
⊙畅销书新概念：影视同期书/段薇//中国质量报 2001-10-09
⊙畅销书与盗版书/郑勇//科学时报 2001-11-06
⊙畅销书与谁牵手？//辽宁日报 2001-03-01
⊙唱片界、出版界资源人士共商数字化版权问题/古丽//中国图书商报 2001-03-06
⊙超级畅销书作者索要巨额版税/林成林//中国图书商报 2001-10-30
⊙超星引导图书馆数字化革命//中华读书报 2001-06-06
⊙成都报业群体的生存环境与体制创新/李苓//编辑之友 2001-06
⊙出版产业发展与出版队伍素质/高亢//中国出版 2001-11
⊙出版产业集团：塑造新形象/任慧英//中国出版 2001-01
⊙出版创新，发展先进文化的必然要求/黎松峭//学术论坛 2001-06
⊙出版的终极目的是教育//中国图书商报 2001-04-12
⊙出版法规对出版自由是如何规定的/于慈河//中国新闻出版报 2001-03-15
⊙出版风险及其规避对策浅议/楼山//出版经济 2001-02
⊙出版改革面临突破/文东//中国图书商报 2001-01-18
⊙出版跟着影视走是喜？是忧？/倪敏//中国消费者报 2001-02-23
⊙出版和影视都是新兴的产业/高爽 王润福//辽宁日报 2001-08-13
⊙出版集团财务机制创新/肖新兵//出版经济 2001-08
⊙出版界“交际博士”黄警顽/王建辉//出版广角 2001-07
⊙出版界的新“熟人”纪晓岚/周建华//中国图书商报 2001-08-02
⊙出版界有了经纪人/赵晨钰//中华读书报 2001-04-25

- 出版经营中不容忽视的问题：多元化战略选择/张先立//出版经济 2001-04
- 出版企业制度创新/吴江江//出版经济 2001-12
- 出版全球化来龙去脉/杨贵山//中国图书商报 2001-03-13
- 出版社变革组织结构/陈闯//中国新闻出版报 2001-04-20
- 出版社几家欢喜几家愁/杜一娜//中国新闻出版报 2001-09-21
- 出版社面临的问题与产业集约化发展的出路/于殿利//出版经济 2001-09
- 出版社人才引进提速/余慧明//中国图书商报 2001-05-29
- 出版社如何利用晚报做广告/李卿//出版参考 2001-14
- 出版社需要引进现代企业制度/刘杲//中国图书商报 2001-01-04
- 出版社资源管理分析/张旭东//出版经济 2001-06
- 出版市场的"危"与"机"/杨忠阳//中国市场 2001-06
- 出版数字化 方正领潮流/赵海军//中国计算机报 2001-03-26
- 出版王国世纪末的无奈/海飞//中华读书报 2001-03-28
- 出版物的互动式经营/陆路//国际商报 2001-09-27
- 出版湘军快马杀进股市/郑小兰//证券时报 2001-12-23
- 出版——向农村进军/王宏波//出版科学 2001-03
- 出版行业从明年起实行职业资格制度/王波//中国新闻出版报 2001-09-07
- 出版要以科技进步为动力/王建辉//出版科学 2001-04
- 出版业：迈向国际化/夏晗//中国新闻出版报 2001-08-31
- 出版业"走出国门"的困惑/南方//中国出版 2001-11
- 出版业当联手出击/肖可//中华工商时报 2001-11-19
- 出版业的产业化、集团化和现代化/朱银昌 吴明新//江苏理工大学学报（社会科学版）2001-04
- 出版业的解构与整合/阎富东//出版发行研究 2001-01
- 出版业的新时代：网络出版时代/姚德全//新闻出版交流 2001-03
- 出版业发展问题思考之管见/李莉//中国出版 2001-10
- 出版业发展战略要以先进生产力为基础/欧阳广//出版发行研究 2001-02
- 出版业改革的微观取向/郝振省//出版发行研究 2001-11
- 出版业管理政策制定的数理方法探讨/姚德海 杨惠龙//编辑之友 2001-03
- 出版业核心竞争力初探/费润民 禹鸿斌//中国出版 2001-11
- 出版业价值链实现方式/姚德海//出版发行研究 2001-12
- 出版业建立现代企业制度的思考/那拓祺//出版科学 2001-03
- 出版业今后 20 年发展预测/祝得彬//出版参考 2001-14
- 出版业面对的新课题/刘东杰//大学出版 2001-02
- 出版业人力资源的开发与管理谈/方平//出版经济 2001-03
- 出版业如何做大做强/王波//中国新闻出版报 2001-08-31
- 出版业十五目标/石宗源//中国科技月报 2001-07
- 出版业谁主沉浮/杨忠阳//经济月刊 2001-06
- 出版业所有制结构调整中应注意把握的问题/萧盈//出版发行研究 2001-08
- 出版业要迎接数字化的挑战/王涛//出版广角 2001-02
- 出版业应对 WTO/张胜纪//大众科技报 2001-11-08
- 出版业在新世纪/江鸣//出版经济 2001-01
- 出版业走进资本运营新时代/肖武//出版参考 2001-03
- 出版业走向"e"时代/朝辉//珠江经济 2001-07
- 出版优惠经济政策再次延续——本刊记者采访新闻出版总署计财司有关负责同志//出版经济 2001-06
- 出版专家解说 21 世纪出版社数字化面临的挑战/王企//中国图书商报 2001-01-02
- 出版专业学科建设刍议/罗维扬//北京印刷学院学报 2001-01
- 出版资本运营要点——出版资本运营若干问题之三/李旭茂//出版经济 2001-08
- 出一点娱乐图书/邢和明//中国新闻出版报 2001-06-22
- 刍论数字图书馆的版权问题/王恺荣//情报杂志 2001-03
- 传统出版业面临的挑战——对加快当前出版管理改革的几点思考/文连台 王小剑//宁波经济 2001-04
- 创新：书业永不歇止的引擎/约翰·霍金斯 林成林//中国图书商报 2001-07-05
- 创新才会赢——新世纪出版断想/聂震宁//出版广角 2001-02
- 纯文学刊物亦能突出重围/陈超群//中国新闻出版报 2001-12-05
- 辞书社：寻找自己的坐标/刘昶//中国图书商报 2001-12-06
- 从 2000 年期刊状况看发展/高江波//出版广角 2001-03
- 从报业生产的实际出发推进报业印刷改革//中国新闻出版报 2001-03-16
- 从第一下滑到……——俄罗斯放开出版后面临的难题/张洪波//出版参考 2001-01
- 从都市报看传媒的市场化运作/蒋海斐//株洲工学院学报 2001-06
- 从国际书市看将畅销什么书/常肖//福建日报 2001-01-05
- 从排行榜看图书市场走向/赵亦冬//工人日报 2001-06-06
- 从三大图书奖看科技出版/姜坤//中华读书报 2001-05-16
- 从我国图书报刊出版业看图书馆事业发展/张昭 张莉//图书馆建设 2001-02
- 从希望的价位 期待的篇幅 关注的"卖点"看北京人喜欢什么样的报纸/喻国明//新闻与写作 2001-02
- 从现代传媒角度看大学出版/王霁//中华读书报 2001-12-12
- 从小机关报到周报王牌/邓经伦//湖南经济报 2001-07-30
- 打击侵权盗版 保护知识产权/云南省版权局版权处//云南日报 2001-04-26
- 打响捍卫电子版权之战/申玲玲//中国电子出版 2001-02
- 打造地市报自强之本——苏州日报社近几年发展的实践与思考/陈军//中国报业 2001-11
- 打造开放平台 聚合出版资源/王颖//中国图书商报 2001-09-11
- 打造印艺未来之路/吴萍//计算机世界 2001-04-16
- 打造中国军队出版业的旗舰——解放军出版社精品图书巡礼/徐贵祥//中国经济周刊 2001-15
- 大出版社首次全面支持版权交易网站/林//中国图书商报 2001-02-06
- 大学出版：主题与强势/贺圣遂//大学出版 2001-02
- 大学出版对我国电子出版业的早期探索/陈少华//大学出版 2001-01
- 大学出版社：激烈竞争中赢得市场 特色成长中寻找定位/蔚然//中华读书报 2001-07-11
- 大学出版社的工作流程和会计人员的基本工作任务/朱永红//出版经济 2001-02
- 当代中国出版研究述评/孙琇//山西师大学报（社会科学版）2001-04
- 当前出版结构性矛盾剖析/范卫平//中国出版 2001-04
- 当前音乐图书市场存在的问题/陈荃有//音乐周报 2001-08-10
- 盗版软件业的顽疾/刘亚民//中国高新技术产业导报 2001-08-21
- 盗版——谁心中最痛/傅继红//中国经济时报 2001-03-31
- 盗版——音像市场亟待铲除的冰山/陈通 赖名芳//中国新闻出版报 2001-01-23
- 德国零售书店的经营术/钟智锦//出版参考 2001-10

⊙德国文学出版中的常青树和新秀/欧宏 林成林//中国图书商报 2001-08-23
⊙地方报业新闻人才培育面面观/赵建//中国新闻出版报 2001-08-24
⊙地方报纸怎样发行好/赵文龙//内蒙古日报（汉）2001-02-13
⊙地方党报如何应对网络时代/王兰//陕西日报 2001-09-27
⊙地方新闻出版管理机构建设亟待加强/肖秀芳//中国新闻出版报 2001-05-21
⊙地州市报应发挥优势增强竞争力/周洑生//新闻窗 2001-06
⊙第八届“五个一工程·一本好书”入选书目（共65种）//中国图书商报 2001-09-25
⊙点击数字海图/吴瑞虎 李韬伟//解放军报 2001-08-08
⊙电子出版 日益繁荣——世纪之交国外出版业发展新动向透视（之六）/罗紫初//出版科学 2001-03
⊙电子出版：反击黑客有术/马津//中国工商报 2001-05-09
⊙电子出版的困境和前景/杨建生//中国电子出版 2001-02
⊙电子出版物与纸质出版物异同论/刘锋//情报科学 2001-07
⊙电子出版与超文本/林成林//中国图书商报 2001-07-17
⊙电子出版在中国的回顾与展望/王选//今日印刷 2001-03
⊙电子商务——何时走上回归之路？/赵永平//市场报 2001-06-19
⊙电子社与北大方正结成策略联盟/蔡明菲//中国图书商报 2001-04-03
⊙电子书籍将改变出版业的未来/新华//福建科技报 2001-03-22
⊙电子书上市年底见分晓/李丽//中国图书商报 2001-07-17
⊙电子图书 谁在挡着我的路？/陆杰//中华读书报 2001-03-07
⊙电子信息报协扬帆启航/杨维全//中国电子报 2001-10-02
⊙订货会上观书潮/赵亦冬//工人日报 2001-01-17
⊙定向发行是增强竞争实力 谋求更大发展——石家庄日报社报业发展探索/王贵海//采．写．编 2001-03
⊙东欧开放出版业的反思/尤建忠//出版参考 2001-14
⊙都市快报版式理念浅析/任州//中华新闻报 2001-07-10
⊙独立书店人气激升/林成林/中国图书商报 2001-12-18
⊙对出版自由是如何规定的？/于慈珂//中国新闻出版报 2001-05-29
⊙对改革现行高校学报体制的思考/张治国//武警工程学院学报 2001-06
⊙对科技类出版社选题策划的五点思考/王庆超//中华读书报 2001-12-19
⊙对美图书出口仍需慎重/李涵//出版参考 2001-06
⊙对中国报业发展的回顾与展望/连福寅//中国新闻出版报 2001-01-02
⊙对中国图书出版印刷文化的总体思考/肖东发//出版科学 2001-03
⊙多样化更彰显繁荣——兼及书价问题/潘国彦//出版参考 2001-23
⊙俄罗斯出版社排行/高昶//出版参考 2001-24
⊙俄罗斯出版业十年回顾、现状、前瞻/张冰//出版发行研究 2001-05
⊙俄罗斯的读书报/林精华//中华读书报 2001-03-21
⊙俄罗斯图书出版业何时走出低谷？/门立军//出版参考 2001-24
⊙儿童图书的电子出版革命何时到来？/林成林//中国图书商报 2001-03-15
⊙儿童图书的品牌铸造/窦君瑶//中国图书商报 2001-05-29
⊙儿童图书走过百年风雨/胡建中//中国教育报 2001-05-31
⊙儿童文学期刊如何“突破重围”/孙卫卫//中国新闻出版报 2001-03-14
⊙二○○○年：今晚报经营管理创新高/樊国安//中国新闻出版报 2001-02-06
⊙二十一世纪：中国行业报纸的改革与发展/吕华麟//中国新闻出版报 2001-01-16
⊙发人深思的出版家：吴朗西/倪墨炎//中华读书报 2001-04-04
⊙发行精英营销揭秘/王兴栋 渠竞帆//中国图书商报 2001-11-01
⊙发展：21世纪大学出版社的主题/顾海良//大学出版 2001-01
⊙发展期刊产业的4大认识误区/刘清华//中国出版 2001-11
⊙发展中的北京印刷业/王会友//中国包装报 2001-06-19
⊙法国书展掠影/周白义//出版科学 2001-03
⊙法律图书走势与出版对策/艾其来//中国图书商报 2001-03-20
⊙法院审结：专有出版权在约定期内受法律保护/章红雨//中国新闻出版报 2001-09-28
⊙反盗版调查遭遇地方保护主义/姜坤//中华读书报 2001-03-14
⊙方正电子进军网络出版/孟叶//中国图书商报 2001-05-15
⊙方正全数字印刷/沈力钧//计算机世界 2001-05-21
⊙放宽职数限制 促进人才引进/席广辉//出版参考 2001-03
⊙分水岭 1995年以来的中国期刊业/吕祥//中国图书商报 2001-11-01
⊙奋起直追 加倍努力 使广西的社刊工程有一个大的发展——访广西新闻出版局局长阳建国/晓岳//中国出版 2001-04
⊙风景这边独好——2000年全国期刊业发展述评/吴乐平//出版经济 2001-01
⊙扶桑归来话出版——第七届中日出版教育校际学术交流会散记/吴旭君//出版与印刷 2001-04
⊙服务与管理并重 探索版权保护新路/沈文忠//中国新闻出版报 2001-03-23
⊙福建新闻纸质优又增产将为新闻出版业提供更多更好产品/周志艺//造纸信息 2001-01
⊙赴美参加“出版管理培训班”随感/秦颖//传媒 2001-03
⊙改版——希望与挑战并存/海苹//中国新闻出版报 2001-12-17
⊙改革创新发展党报文化信息产业/吴松营//中国报业 2001-07
⊙改革进取，加强管理，创立品牌，推动我国报刊业的繁荣健康发展/石宗源//中国新闻出版报 2001-01-09
⊙改革开放前沿的上海出版业/金鑫//中国新闻出版报 2001-12-06
⊙改制后的波兰出版业/海英//出版参考 2001-06
⊙干好结构调整这件人事 推动我国印刷业的持续发展/于永湛//中国包装报 2001-08-07
⊙高档科普杂志：尴尬面对重重难关/李国训//中华读书报 2001-05-23
⊙高校图书出版业的现状与发展/龚维忠//编辑之友 2001-05
⊙高校学报应练好市场功/徐永平//太原师范专科学校学报 2001-01
⊙高新科技条件下传统出版业的创新和再生/胡守文//出版广角 2001-02
⊙搞好图书发行 增强竞争优势/李红军//出版与印刷 2001-03
⊙稿费还是版税？/林成林//中国图书商报 2001-10-23
⊙给电子书版权之争出个主意/木子//中国新闻出版报 2001-11-08
⊙给校对工作重新定位/骆鹏展//出版广角 2001-06
⊙更好地为报刊社和读者服务/徐晓宁//中国邮政报 2001-12-25
⊙共同塑造未来教育出版/林成林//中国图书商报 2001-06-21
⊙构建书刊互动资源互补的营销平台/朱胜龙//中国新闻出版报 2001-02-21
⊙构建一支适应新经济时代发展需要的高素质出版人才队伍/马

保民//理论观察 2001-04
⊙古代书坊对图书编排技术发展的贡献/施勇勤//出版与印刷 2001-02
⊙故事期刊打造新攻略/柳堤//中国新闻出版报 2001-08-14
⊙故事期刊缘何不断“超生”/习诏//中国新闻出版报 2001-12-19
⊙关于“湖北期刊方阵”建设的若干思考/黄国钧//理论月刊 2001-11
⊙关于21世纪初中国出版业发展的思考/于国华//中国出版 2001-06
⊙关于报业集团改制中涉税问题的探讨/李兰香//中国报业 2001-09
⊙关于报业集团实现跨越式发展的思考/黄京尧//新闻大学 2001-02
⊙关于出版社“资金进入”问题的思考/张合运//全国新书目 2001-11
⊙关于出版业引入“金股份”制度的探讨/何志勇//出版发行研究 2001-10
⊙关于促进出版集团化的几点思考/赵金敏//新长征 2001-07
⊙关于图书版权引进的战略思考/姚文瑞//中国出版 2001-03
⊙关于文学期刊“变脸”的辩论/刘晶//河北日报 2001-02-23
⊙关于我国出版业国际化竞争策略/贺剑峰//编辑之友 2001-02
⊙关于中国出版业“走出去”战略的思考/沈望舒//出版经济 2001-10
⊙贯彻“三个代表”重要思想 开创新世纪高校出版社工作的新局面/袁贵仁//中国教育报 2001-12-28
⊙贯彻落实“三个代表”促进新闻出版业的发展/魏晓虹 雷晓虹//山西大学学报（哲学社会科学版）2001-06
⊙贯彻执行著作权法 促进版权产业发展/雒书秋//吉林日报 2001-12-03
⊙广播电视报将走多远/刘宏//中华新闻报 2001-08-21
⊙广东报纸文学副刊的平民化和娱乐化走向/田秋生//广州大学学报（社会科学版）2001-03
⊙广东经济类图书缘何崛起迅速/李远谋//中国新闻出版报 2001-02-09
⊙广东提前堵塞盗翻版源头/纪湘萍 王丹凤//中国电子报 2001-08-23
⊙广西加大结构调整力度 稳步推进出版改革/卢佑祥 周三胜//中国新闻出版报 2001-08-16
⊙广州日报筹划重组上市/刘峥//财经时报 2001-07-13
⊙规范市场秩序 促进出版繁荣/梁华//中国新闻出版报 2001-04-24
⊙贵州民族出版业迎接WTO挑战的思考/郭堂亮//贵州民族研究 2001-04
⊙国产成功学著作火过海外/为民//中国新闻出版报 2001-11-16
⊙国外畅销 国内未必能畅销/舒晋瑜//中华读书报 2001-01-23
⊙国外期刊如何进行调查/小玉//中国图书商报 2001-08-28
⊙海上来风：重兴上海出版大气象/刘薇//出版参考 2001-17
⊙海峡两岸期刊业概述/宋晓兰//中国出版 2001-02
⊙韩国出版业的新亮点——网上书店和电子书刊/郑思泓//当代韩国 2001-04
⊙韩国出版业近期焦点/陈磊//出版参考 2001-13
⊙夯实基础 稳步发展——湖北社刊工程实施三阶段发展战略/郝实//出版广角 2001-01
⊙夯实经营基础 明确出版理念/常汝吉//中国新闻出版报 2001-11-08
⊙好刊是设计出来的/范萍//中国图书商报 2001-11-01
⊙郝明义给当代出版定位//中国图书商报 2001-09-20
⊙河南报业网成为省重点新闻网站/赵汴光//河南日报 2001-05-16
⊙湖北出版业：规模与亮点/楚文//出版广角 2001-01
⊙湖北省新闻出版局邱久钦局长的讲话/邱久钦//出版经济 2001-11
⊙湖南出版集团开帆迎好风/张验//中国图书商报 2001-02-13
⊙湖南邮政书报刊音像局：打造“航母”/徐启建//中国邮政报 2001-04-28
⊙互联网给美国报业出了三道难题/茹晴//中华新闻报 2001-08-28
⊙互联网时代与版权贸易/孔令嘉//出版广角 2001-01
⊙互联网在出版业的应用/龙玉明 常红昕//周口师范高等专科学校学报 2001-04
⊙互联网周刊创刊三周年汇报/胡延平//互联网周刊 2001-20
⊙回顾2000德国出版市场走势平稳/谷青//中国图书商报 2001-04-17
⊙会计出版论坛在京举行/海涛//中国财经报 2001-07-26
⊙获奖出版社经验谈/汪继祥//科学时报 2001-07-13
⊙机关刊的新探索/马国仓//中国新闻出版报 2001-08-17
⊙机遇 挑战 对策——报刊业如何面对WTO/李淑华//记者摇篮 2001-08
⊙积极推进我国印刷业的跨世纪发展/肖时国//中国包装报 2001-09-25
⊙积极应对“入世”后出版业面临的冲击/潘琦//出版广角 2001-06
⊙几经起伏的韩国出版业/陈海珠//出版参考 2001-06
⊙计算机技术推动电子出版物的发展/刘红 卢业珍//现代情报 2001-06
⊙计算机网络给高校出版社带来的机遇与挑战/李锋//石油大学学报（社会科学版）2001-05
⊙既要“放电”又要“充电”/赵海军//中国计算机报 2001-03-12
⊙继承·创新·改革·发展——写在中国新闻出版业迈入新世纪之际/石宗源//中国出版 2001-02
⊙加大反腐败力度 努力保障新世纪新闻出版业健康发展/刘有志//中国出版 2001-02
⊙加大治理整顿力度 促进出版繁荣——全国部分社长总编座谈会在京召开/黎松峭//出版广角 2001-08
⊙加快出版业自身转轨与转型——《不倦的追求——王益出版印刷发行文集（三编）》读后/毛鹏//出版发行研究 2001-12
⊙加快我国出版业市场化进程的意义与前景/张先立//出版科学 2001-04
⊙加拿大图书零售市场是否向外国书商开绿灯/石阅//中国图书商报 2001-07-17
⊙加强出版物定价管理的思考/张其友//出版经济 2001-12
⊙加强内部管理 促进出版事业健康发展/张维薇//出版经济 2001-11
⊙加强社会文化生活类报刊管理/柳堤//中国新闻出版报 2001-08-07
⊙加强网络著作权保护/闻思//湖北日报 2001-06-08
⊙加强网络著作权保护势在必行/王雷鸣 沈路涛/新华每日电讯 2001-04-28
⊙加入WTO对出版业的影响及对策/刘新英//中国测绘 2001-02
⊙加入WTO对出版业发展的影响及对策/王篆//山东行政学院 山

东省经济管理干部学院学报 2001-03
⊙加入 WTO 后的编辑工作/景慧芝//新闻出版交流 2001-05
⊙加入 WTO 后的图书出版业/石志敏//枣庄师专学报 2001-02
⊙加入 WTO 后我国出版业面临的挑战/齐凤//安徽科技 2001-12-15
⊙加入 WTO 后中国出版业的走向及对策/和龙天//红旗文稿 2001-05
⊙加入 WTO 与出版业管理转变/乔丽//中国新闻出版报 2001-12-05
⊙加入 WTO 与我国版权保护/冯志杰//出版科学 2001-04
⊙加入世贸组织与我国的版权保护/沈仁干//中国出版 2001-01
⊙家教图书的“洋”情结/王巧珍//中国图书商报 2001-09-18
⊙家庭教育出版 一个悄然勃兴的市场/王兴栋//中国图书商报 2001-09-11
⊙价格因素仍是文学期刊敏感点/祝晓风//中华读书报 2001-11-14
⊙嫁接新科技：两岸三地合作出版新趋向/安琪//出版参考 2001-14
⊙简论期刊的定位与期刊编辑的品牌意识/董霞//临沂师范学院学报 2001-01
⊙建出版强省 振川军雄风/李正培//四川政报 2001-03
⊙建构面向未来的读者群——《北京晚报》版面的整体定位/肖培//中国记者 2001-05
⊙建国 50 年来少数民族文字图书出版状况分析——兼析我国少数民族文字在印刷传媒中的实际应用情况/菅志翔//西北民族研究 2001-01
⊙建立出版企业创新机制/吴江江//出版经济 2001-06
⊙建设先进文化是出版业的奋斗目标/赵永平 刘海芳//市场报 2001-07-20
⊙建设现代化彩印基地/李佳//中国包装报 2001-10-16
⊙江苏美术社三项制度改革初见成效/张辉冠 张希//中国新闻出版报 2001-02-21
⊙江西省出版集团致力求特求强/黄春//中国新闻出版报 2001-02-02
⊙将现代企业制度引入出版界/葛素红 王军 宋海燕//新华每日电讯 2001-10-10
⊙讲谈社面向 21 世纪的组合战略/陈磊//出版参考 2001-10
⊙胶印书刊纸走俏之我见/邓付加//中国印刷物资商情 2001-07
⊙教材版权有法可依/孟叶//中国图书商报 2001-11-13
⊙教材教辅：让市场重新定义/朱胜龙//中国新闻出版报 2001-07-30
⊙教辅图书出版品种品牌品质/涂明//中国新闻出版报 2001-03-14
⊙教辅图书谁主沉浮/焦清超//中国新闻出版报 2001-02-20
⊙教师用书，逐鹿中小学/于建坤//中国教育报 2001-11-08
⊙教育出版 路向何方/王广存 黄新峰//中华读书报 2001-03-14
⊙教育类期刊走向市场的六大策略/彭中华//中国新闻出版报 2001-03-30
⊙接力社首夺门票“头彩”/阮慧勤//中国图书商报 2001-12-25
⊙解读《电脑报》合订本畅销之谜/王颖//中国图书商报 2001-11-29
⊙金庸作品出版权易主的背后/赵艳红//中华读书报 2001-12-26
⊙近代上海科技出版的启示/邹振环//文汇报 2001-11-09
⊙近观中国期刊市场走势/吴乐平//中国图书商报 2001-12-04
⊙近十年历史地图的编制出版/刘子刚//中国测绘报 2001-02-09
⊙进一步解放和发展出版生产力/宋亚萍 费润民//中国新闻出版报 2001-03-16
⊙进一步深化大学出版社改革/杨小岩//中国新闻出版报 2001-12-18
⊙京城报摊又添了一只虎？/齐馨//财经时报 2001-05-30
⊙京城报纸忙“变脸”/大米//中国有色金属报 2001-02-06
⊙精彩阅读始于新世纪文学杂志/陆梅//文学报 2001-01-04
⊙窘境和出路——音像出版业现状扫描/徐海//出版广角 2001-10
⊙九十年代文学与文学期刊/蔡兴水 郭恋东//文艺报 2001-02-13
⊙旧时代商务印书馆与政府关系之考察（1897—1949）/王建辉//出版广角 2001-01
⊙剧变中的美国出版业/陈方//对外大传播 2001-06
⊙聚焦美国出版新趋势/尤建忠//出版参考 2001-17
⊙聚焦著作权法修改/吴娟//法制日报 2001-01-19
⊙军事类期刊热卖 9·11/李晓霞//中国图书商报 2001-10-16
⊙开创党校期刊新局面/郭晓明//中国新闻出版报 2001-08-14
⊙开放后的波兰出版业/舒外//出版发行研究 2001-04
⊙开启农村少儿图书市场钥匙在哪里？/周建华//中国图书商报 2001-07-1
⊙开拓国际联合办刊新路/黄兴章//科学时报 2001-06-15
⊙开拓中国少儿读物市场/李安//中国图书商报 2001-10-30
⊙刊名商标注册的标准要求/辛期//中国新闻出版报 2001-04-10
⊙科技出版：在大众出版中突破/李立//科学时报 2001-12-04
⊙科技出版山雨欲来/汪继祥//中国科技月报 2001-07
⊙科技期刊“科技装帧”/苏海一//中国新闻出版报 2001-07-19
⊙科技期刊值得收藏/赵世敏//中国商报 2001-01-06
⊙科技音像制品：全面挺进市场难在何处/邹建华//中国新闻出版报 2001-09-16
⊙科普、科技图书无热点？/温新红//科学时报 2001-09-21
⊙科普翻译你怎么了/张振胜//中华读书报 2001-08-29
⊙科普和我们越来越亲近/箫笛//大众科技报 2001-12-20
⊙科普期刊：在市场化的道路上如何走好/范萍//中国图书商报 2001-08-07
⊙科学出版业面临大合并//科学时报 2001-05-11
⊙科学期刊要走精品路线/李存富//科学时报 2001-05-31
⊙可持续发展——中国现代出版业的必然选择/魏勇//南亚研究季刊 2001-01
⊙苦练内功 迎接“入世”——略论出版社“三项制度”改革/旷昕//中国出版 2001-08
⊙跨媒体出版之高歌猛进/周宇红//桌面出版与设计 2001-01
⊙跨世纪的俄罗斯图书出版业/董栓存//出版参考 2001-13
⊙宽带时代的网络出版及其监管/林江//中国出版 2001-08
⊙宽带网与出版业的“数字化生存”/陈生明//出版广角 2001-12
⊙来自出版集团的报告/章红雨//中国新闻出版报 2001-01-01
⊙历史地图编制出版展望/刘子刚//中国测绘报 2001-03-30
⊙连锁经营 持续升温——世纪之交国外出版业发展新动向透视/罗紫初//出版科学 2001-01
⊙连锁书店与独立书店应共同繁荣/姚贞//中国新闻出版报 2001-12-07
⊙联手开创华文出版新世纪/肖武//出版参考 2001-18
⊙两个历史悠久的国家出版业的相同与不同/保罗·理查森 欧宏//中国图书商报 2001-12-11
⊙两国际条约对版权产业的影响/黄文霞//中国知识产权报 2001-04-13
⊙两极分化：期刊营销新走势/朱胜龙//北京日报 2001-02-05
⊙辽金时期西京的出版业/杜成辉//雁北师范学院学报 2001-03
⊙辽宁出版集团启动国际化发展战略/王冰//中国新闻出版报

2001-12-26
◎零售市场 书业市场化的真正竞争舞台/孙庆国//中国图书商报 2001-10-16
◎龙之媒从专业书店到行业资讯提供商/任江哲 赵刚//中国图书商报 2001-07-31
◎旅游指南书扩张有道/王兴栋//中国图书商报 2001-11-08
◎论报业生存环境的变化及其对策/吴庚振 商建辉//中华新闻报 2001-04-02
◎论编辑主体的市场意识/陈晓宏//中共福建省委党校学报 2001-11
◎论出版产业整合/姚德鑫//出版发行研究 2001-04
◎论出版行业的不正当竞争行为/潘玉萍//南京大学学报（哲学. 人文科学. 社会科学版）2001-06
◎论出版业发展对我国文献资源建设的影响/吴永贵//图书与情报 2001-02
◎论传统出版向网络出版的转型/王巧珍//图书情报知识 2001-03
◎论从传统出版向现代网络出版的范式转换/周蔚华//出版发行研究 2001-10
◎论高校校报的网络化/彭恒礼//开封大学学报 2001-03
◎论社会主义市场经济对编辑职责的要求/刘磊//新闻窗 2001-02
◎论市场经济条件下出版业制度创新的目标及途径/高美然//新闻出版交流 2001-06
◎论网络与出版革命/蒋华//公安大学学报 2001-02
◎论转型时期的中国出版业/向洪//西南民族学院学报（哲学社会科学版）2001-12
◎买方市场下的图书营销策略/王辉//中国图书商报 2001-10-23
◎麦格劳·希尔的数字出版策略/张冀婷//中国图书商报 2001-02-13
◎卖场讲座：图书销售的磁场/王萍//中国图书商报 2001-05-17
◎满街都是老鼠奈何奈何——京文向盗版挥泪出拳/刘莉//文化月刊 2001-Z1
◎漫画出版借我一双慧眼吧 借我一种神力吧/天葤//中国图书商报 2001-08-30
◎漫画正在“漫出来”/周毅//文汇报 2001-01-24
◎漫说出版社版权管理/臧惠娟//出版经济 2001-09
◎美出版业遭遇退货狂潮/古青//中国图书商报 2001-04-19
◎美大学出版社联合进军电子出版/李德益//中国图书商报 2001-01-23
◎美国报业面临的三大挑战/骆兰兰//检察日报 2001-09-11
◎美国出版商如何从学习中赢利/王兴栋//中国图书商报 2001-04-17
◎美国出版商涉足远程教育/王兴栋//中国图书商报 2001-08-02
◎美国大学出版社搏杀在学术与市场之间/杨贵山//中国图书商报 2001-11-20
◎美国大学教科书受二手书和网络夹击/杨贵山//中国图书商报 2001-03-13
◎美国电子出版的新动力/新东//中国图书商报 2001-08-21
◎美国翻译作品为何出版少？/陈明//出版参考 2001-18
◎美国漫画出版的商业模式/王兴栋//中国图书商报 2001-08-30
◎美国人怎样办报纸/覃匡龙 苏晓红//检察日报 2001-04-02
◎美国少儿读物增长靠什么/杨贵山//中国图书商报 2001-06-12
◎美国图书发行渠道之利弊/史建华//出版参考 2001-22
◎美国图书退货及其对策/魏龙泉//出版参考 2001-23
◎美国杂志出版业简史——一战以前的美国杂志出版/徐丽芳 陈利霞//编辑学刊 2001-01
◎美国杂志出版业考察/秦朔//出版发行研究 2001-07
◎美术出版走出象牙之塔/范占英//中国新闻出版报 2001-08-31
◎美英有声读物市场火爆/王兴栋//中国图书商报 2001-05-01
◎面对电子书传统出版何去何从？/卫朝峰//出版参考 2001-10
◎面对入世的中国出版业如何作为/阎京萌//新闻出版交流 2001-03
◎面向21世纪的版权贸易/聂震宁//出版经济 2001-10
◎面向 WTO 的中国出版行政管理/章雪峰//出版经济 2001-01
◎面向 WTO 的中国出版营销战略思考/禄佳妮//理论与当代 2001-09
◎面向新世纪的《书与画》杂志/舒士俊//美术之友 2001-03
◎民族出版社的服务意识/莫德格//中国新闻出版报 2001-10-25
◎民族出版业发展浅谈/郭堂亮//中国民族 2001-11
◎民族地区省级党报改革初探/张玉岭//中华新闻报 2001-10-09
◎民族院校理科学报刊文现状研究/雷红灵 谢亚平//湖北民族学院学报（自然科学版）2001-04
◎男性期刊左瞧瞧，右瞅瞅/范萍//中国图书商报 2001-08-21
◎南昌：报纸风格如出一辙/武敏//新闻天地 2001-09
◎你的名字叫“智慧”/朱杰人//出版参考 2001-09
◎聂震宁：文学出版业走向成熟/晓石//文学报 2001-11-08
◎农民日报社进军书刊印刷业/卢云//出版广角 2001-08
◎欧美超级连锁书店运营模式初探/杨贵山 史建华//中国图书商报 2001-06-12
◎欧美医学出版 应对全球化、网络化/杨贵山//中国图书商报 2001-08-28
◎盘点 2000 年科普出版/范占英//中国新闻出版报 2001-01-05
◎盘踞排行榜的经典奇幻小说/刘芳//中国图书商报 2001-01-16
◎炮轰“报刊垄断发行”/理智//中国工商报 2001-01-10
◎培养出版人才四议/胡磊//出版科学 2001-03
◎培植文学版权市场/游涵 袁靖//中国新闻出版报 2001-03-15
◎配套书盘的收藏与管理/侯芹英//情报杂志 2001-12
◎蓬勃向上的广西期刊出版业/阳建国//中国新闻出版报 2001-11-01
◎品牌：少儿出版的法宝/张志雄//中华读书报 2001-12-05
◎平衡的艺术——从美国新闻出版业的历史与现状看编辑与发行人员的关系/孙利军//中国出版 2001-03
◎平面媒体对网络时代的呼应——谈《生活报》“网事日刊”版的定位/李树权//新闻传播 2001-05
◎平装本发家和成功上市/林成林//中国图书商报 2001-10-04
◎谱写新世纪出版业的新篇章/杨牧之//中国出版 2001-02
◎七月献礼图书红似火/谢光军//中国新闻出版报 2001-07-06
◎期刊，少些遗憾/王国庆//中国新闻出版报 2001-03-01
◎期刊版式设计中的“序”与“尺度”/郭晓明//中国新闻出版报 2001-07-19
◎期刊出版的市场化国际化走向/沈山//中国图书商报 2001-04-17
◎期刊到底怎么发展？/施诺//中华读书报 2001-07-11
◎期刊发行 新世纪伊始有新招/吴乐平//中国新闻出版报 2001-04-10
◎期刊发行放飞市场正有时/朱胜龙//中国新闻出版报 2001-12-03
◎期刊封面设计刍议/杨军//安徽日报 2001-10-10
◎期刊封面设计——以人为本/张建荣//中国新闻出版报 2001-07-19
◎期刊集团化 历史的选择/吕祥//中国新闻出版报 2001-04-10
◎期刊趋势：走向资本市场/吴乐平//出版经济 2001-12
◎期刊社积极开发自身资源/吴乐平//出版参考 2001-19

◎期刊市场：无边风月看新年/徐升国//出版参考 2001-03
◎期刊收藏之我见/文先国//中国商报 2001-11-24/
◎期刊为何难以做大做强？——说传媒之九/潘凯雄//传媒 2001-09
◎期刊新概念：刊群经营/吴乐平//中国新闻出版报 2001-02-19
◎期刊行销 百式千招/吴乐平//中国图书商报 2001-04-03
◎期刊争抢“同学”饭/闻暨//中华合作时报 2001-01-12
◎千呼万唤始出来 书业经纪公司浮出水面/林辉//中国图书商报 2001-12-13
◎潜在市场：图书出版面对的老人需求/刘建生//出版广角 2001-08
◎浅谈传统出版业应对网络出版的基本策略/顾翀//科技与出版 2001-03
◎浅谈未来报纸发展几个趋势/刘光明//中国新闻出版报 2001-08-22
◎浅议网络出版对高校学报的影响/梁碧芬//广西大学学报（哲学社会科学版）2001-S2
◎强化出版社宣传信息工作/张建明//出版广角 2001-11
◎切磋大学教材出版新战略/林成林//中国图书商报 2001-04-03
◎请专家论证 给图书“把脉”/王坤宁//中国新闻出版报 2001-04-25
◎区域化：期刊发展走势/吴乐平//出版参考 2001-08
◎全国版权工作座谈会在合肥召开/查结联//中国新闻出版报 2001-11-21
◎全国出版社网站述评/安秀敏//出版经济 2001-05
◎全国人大常委会关于修改著作权法的决定//法制日报 2001-10-29
◎全国少儿图书市场大盘点/张春平//中华读书报 2001-05-30
◎全国书市热教育/孟叶//中国图书商报 2001-10-02
◎全国新华书店连锁经营研讨会形成共识——深化发行体制改革推进连锁经营战略/孟远烘//出版广角 2001-08
◎全力做好书/孙卫卫//中国新闻出版报 2001-12-11
◎全面反映我国出版业发展轨迹和态势——《中国出版年鉴》2001 年版问世/骆芷//出版参考 2001-23
◎全面理解一般图书/朱胜龙//出版广角 2001-04
◎全面认识 SCI/任胜利//科学时报 2001-09-23
◎全球第一畅销书来到中国/侯洁//中国保险报 2001-10-19
◎全球化浪潮下的台湾出版/陈信元//中国图书商报 2001-02-06
◎让盗版者无空可钻/何德龙//法制日报 2001-03-29
◎让国产漫画笑开颜/姚贞//中国新闻出版报 2001-05-25
◎让中国图书漂洋过海/胡志挥//北京日报 2001-03-12
◎人才与机制：出版业可持续发展之关键/张建明//中国出版 2001-09
◎人力资本——出版业经济增长的重要源泉/李济平//出版科学 2001-01
◎认真学习贯彻“三个代表”重要思想 进一步推动新闻出版业的改革和发展/石宗源//中国图书评论 2001-10
◎认真研究 WTO 加快我国出版业的发展/邬书林//中国图书商报 2001-08-21
◎认真抓好出版集团 报业集团和发行集团的试点工作——在全国新闻出版局长会议上的讲话（摘要）/石宗源//传媒 2001-03
◎日本报纸独特的发行方式（上）/刘洪恩//中华新闻报 2001-05-28
◎日本报纸独特的发行方式（中）/刘洪恩//中华新闻报 2001-06-04
◎日本报纸独特的发行方式（下）/刘洪恩//中华新闻报 2001-06-18
◎日本出版概览/尤建忠//出版参考 2001-24
◎日本出版社近十年的变化及展望/中町英树 张觉民//出版与印刷 2001-11-15
◎日本书业不景气引发购书券纷争/大正//中国图书商报 2001-07-10
◎日本中小书店面临四大困扰/陈思鼎//出版参考 2001-15
◎日韩中小学教材出版政策/杨贵山//中国图书商报 2001-08-14
◎如何及时归集和结转图书的实际成本/张丰萍//出版经济 2001-04
◎如何让社办期刊成为出版社飞翔的又一翅膀/冯琬惠//中国图书商报 2001-11-06
◎如何迎接中国音像业的明天？/顾迎莉//中国新闻出版报 2001-10-31
◎如何抓到畅销书稿/周百义//中国新闻出版报 2001-10-19
◎如何做活报纸的经济新闻/夏芳 赵晓松//新闻传播 2001-06
◎入世：中国书业竞争提速/王一方//中国图书商报 2001-11-29
◎入世对年鉴带来的影响与对策/杨隽//江苏地方志 2001-06
◎入世后外刊会以何种方式进入/吴乐平//出版参考 2001-16
◎三领阅读：来自期刊市场的借鉴/刘东亮 刘若盈//中国图书商报 2001-01-23
◎扫描 2000 印刷展会/张伟//中国新闻出版报 2001-01-12
◎山东出版集团向实质性改组、改制迈进/孙继芬//出版参考 2001-23
◎闪光的足迹 光荣的历程——半个世纪新中国出版业回眸/钟楚//中国出版 2001-02
◎商务品格的新诠释——访商务印书馆总经理杨德炎/肖武//出版参考 2001-05
◎上海出版业百年历程/邹振环//档案与史学 2001-02
◎上海出版业的百科全书——读《上海出版志》/曹宪镛//编辑学刊 2001-03
◎上海科技出版社跻身世界出版舞台//中华读书报 2001-05-30
◎上海世纪出版集团大步跨入电子商务/李石磊//中华读书报 2001-08-08
◎上海译文社购得《假如这是真的》版权/尚文//中国图书商报 2001-02-22
◎少儿期刊日子好过成长却难/王均玲//中华读书报 2001-05-30
◎少儿图书引进由感觉走向理性/胡婧//中国图书商报 2001-08-07
◎少儿图书营销 家长教师儿童三位一体/渠竟帆//中国图书商报 2001-05-29
◎少儿图书又到山花烂漫时/王波//中国新闻出版报 2001-01-10
◎少儿外版引进图书旺销市场/小喻//中华读书报 2001-08-08
◎社办报纸：延伸出版产业链/朱胜龙//中国新闻出版报 2001-03-27
◎社办的出版资源优化重组/祝得彬//出版广角 2001-12
◎社办期刊 从编辑本位转向市场本位/朱胜龙//中国新闻出版报 2001-01-05
◎社会文化生活类报纸导向剖析/钱之强//报刊之友 2001-05
◎社会转型期编辑群体的战略营销理念/苏爱华//编辑学报 2001-04
◎摄影图书市场前景看好/赵功博//中国新闻出版报 2001-10-17
◎深化改革开创高校出版新局面/孙牧//中国新闻出版报 2001-11-30
◎深化人事制度改革 适应报业竞争需要//中华新闻报 2001-05-21

⊙深圳邮政：撑起音像市场/李锦明 谢雨霏//中国邮政报 2001-10-02
⊙沈知方：冒险和投机兼备的出版家/王建辉//出版广角 2001-06
⊙审视少数民族出版/曾晓武//中国新闻出版报 2001-11-27
⊙生活书店的"总管"徐伯昕/王建辉//出版广角 2001-12
⊙省出版会计学会如何办/孙海燕 娇敬本//出版经济 2001-03
⊙师大社的品牌之路/帅云//中国图书商报 2001-08-14
⊙十年来中国图书版权贸易状况分析（2）/辛广伟//出版经济 2001-02
⊙石宗源纵谈加速中国新闻出版业信息化建设/明朗//中国电子出版 2001-01
⊙实现出版效益最大化的障碍及其突破/贾平静//出版发行研究 2001-04
⊙实现二次创业迈向主流报纸/张秀平//中国新闻出版报 2001-05-25
⊙世纪超星：抢占数字图书市场/杨蔼新//中国经营报 2001-11-01
⊙世纪出版人的精神品质/胡细生//出版参考 2001-16
⊙世纪发新声 事业开新篇——全国新闻出版局长会议述要/钟楚//中国出版 2001-02
⊙世纪老刊图新业 关山再越续华章//大众科技报 2001-09-23
⊙市场：出版业创建的价值依据/冯弢//黔南民族师范学院学报 2001-02
⊙市场大潮中，电影学术杂志如何生存？/祝晓风//中华读书报 2001-11-21
⊙市场化经营模式：教材出版的改革方向/万智//出版科学 2001-02
⊙市场经济下出版业的模式/魏杰//中国出版 2001-02
⊙市场竞争中的图书选题策划/李秀琴//宁夏大学学报（人文社会科学版）2001-05
⊙市场营销——出版业的一个重要环节/马汝军//中国出版 2001-04
⊙试论出版服务的形式和内容（上）/吴旭君//出版与印刷 2001-03
⊙试论出版业的知识管理/杨小岩//出版发行研究 2001-04
⊙试论当前出版面临的问题和发展/李凤琴 曹辉//黑龙江省政法管理干部学院学报 2001-04
⊙试论高校学报作者队伍建设/张丽英//河南大学学报（社会科学版）2001-03
⊙试论人机交互技术在出版业的应用与发展/袁征宇//中国出版 2001-10
⊙试论如何提高高校学报质量/李品秀 王敏//西南民族学院学报（哲学社会科学版）2001-08
⊙试论我国出版结构的战略性调整/阳建国//学术论坛 2001-04
⊙试论我国出版业的发展战略/李兆青//印刷技术 2001-05
⊙试论新世纪编辑素质与创新/张立元//扬州大学学报（人文社会科学版）2001-06
⊙试论营销宣传策划在图书市场竞争中的作用/薛惠文//全国新书目 2001-08
⊙试论有效开展出版物连锁经营/王新民 全玉玲//出版经济 2001-09
⊙试析"入世"与中国图书出口/卢玉考//出版经济 2001-07
⊙适应电子出版时代 书商如何改变商业模式/新东//中国图书商报 2001-04-17
⊙适应新形势促进与海外交流——国际合作出版促进会召开座谈会//出版参考 2001-23
⊙书店、出版社、读者各有说法/刘树德//深圳商报 2001-03-22
⊙书店营销借脑超市 照葫芦画瓢亦出彩/赵刚//中国图书商报 2001-11-08
⊙书法出版与创作初探/张又栋//中国艺术报 2001-06-01
⊙书价何昂？/魏雅华//民主与法制 2001-02-27
⊙书价畸高导致市场缩水/韩晓言//中国信息报 2001-05-22
⊙书价虚高迷人眼/王进业//厂长经理日报 2001-05-22
⊙书价涨上去 利润降下来/魏雅华//中国国情国力 2001-Z1
⊙书刊良性互动的形成/何虹//中国图书商报 2001-12-18
⊙书刊资源共享与市场互动/沈山//中国图书商报 2001-06-26
⊙书业发展新趋势/赵亦冬//工人日报 2001-05-16
⊙书业活跃于经济前沿地带/李颖//中国信息报 2001-02-15
⊙书业网站危情时刻回归传统/范占英//中国新闻出版报 2001-07-20
⊙书业现代物流离我们有多远？//中国图书商报 2001-05-29
⊙书业最有影响的 10 位名人/仲剑//出版参考 2001-14
⊙数字产品版权保护神——长通公司"网上数字出版系统"分析/何进伟//网络世界/2001-11-26
⊙数字产品的优势：复制、流通、价格与保存/李莉莉//人民政协报 2001-11-06
⊙数字化、网络化出版——21 世纪出版社发展的方向/熊昕绘//出版科学 2001-03
⊙数字化：2001 年英国书业的一次冒险/熊妍妍//出版参考 2001-06
⊙数字化背景下未来出版七大战略原则/杨贵山//中国图书商报 2001-04-05
⊙数字化生产基地 智能化管理枢纽——辽宁出版集团智能大厦一瞥/周化铁//出版广角 2001-04
⊙数字及网络技术对新闻出版业的冲击和对策/沈海祥//印刷质量与标准化 2001-01
⊙数字图书馆的法律地位及其版权问题/秦珂//图书馆学刊 2001-03
⊙数字图书馆建设中的版权问题/党跃臣 王韫华//中国图书馆学报 2001-03
⊙数字图书馆数据库开发和使用中的版权问题/党跃臣 王韫华 胡国华//图书馆杂志 2001-06
⊙数字图书馆数据库开发和使用中的版权问题/党跃臣 张晔 王韫华//情报学报 2001-03
⊙数字战略打造核心竞争力/周建华//中国图书商报 2001-05-31
⊙数字作品版权家族新成员/梁志文//检察日报 2001-06-13
⊙双语教学开始扩展 出版社看好原版教材/唐明霞//中国图书商报 2001-10-23
⊙思考出版业发展七个问题/张建明//出版发行研究 2001-05
⊙思考与断想：中国期刊产业化问题/王维钧//报刊之友 2001-04
⊙四川文学期刊寻求突围/伍松乔 高云君//四川日报 2001-08-13
⊙苏区出版业管窥/毛赣萍//求实 2001-12
⊙孙中山与近代中国出版/王建辉//华中师范大学学报（人文社会科学版）2001-02
⊙台出版人谈如何应对不景气/丁江//出版参考 2001-11
⊙台湾出版：在景气的交叉点上/徐淑卿//中国图书商报 2001-01-02
⊙台湾期刊出版发行变化给我馆馆藏带来的影响/周延华//图书馆学研究 2001-05
⊙台湾人士期盼华文图书在两岸同步发展/志力//出版参考 2001-12

◎台湾首家网络原生媒体——《明日报》/闵大洪//新闻记者 2001-03
◎台湾网络书店看好 POD/东海//出版参考 2001-07
◎台湾最大杂志出版集团出炉/王展 周璐/财经时报 2001-12-19
◎台湾最有品质的书店/任江哲/中国图书商报 2001-12-27
◎台湾作家与商品社会的文学生存/樊洛平//文艺报 2001-02-27
◎谈报纸的定位和结构/陈伟成//中华新闻报 2001-08-28
◎谈数字化时代的著作权保护/王化鹏//出版发行研究 2001-09
◎谈谈网络出版发展的三个阶段/刘炼//电子出版 2001-11
◎谈网络时代信息传播与出版的变革/封玲 张忠//石河子大学学报（哲学社会科学版）2001-04
◎谈我省新闻出版业的信息化发展/陈生明//群众 2001-06
◎谈引进版权应遵循的几个原则/张东平//中国新闻出版报 2001-03-23
◎探索新闻出版现代化管理模式/王坤宁//新闻出版报 2001-01-15
◎探讨 WCT 与 WPPT 对版权产业影响/魏晓薇 欧彩群//中国新闻出版报 2001-03-29
◎探讨新世纪我国出版产业改革与发展主题——2001 年全国出版理论研讨会综述/赵海生//出版发行研究 2001-11
◎体育期刊：往昔辉煌何日再现/党小卉//中国图书商报 2001-09-25
◎体育期刊：一个正在升温的市场/李宁//中国经营报 2001-12-11
◎体育图书热起来/卢菲//中国税务报 2001-11-16
◎体制改革：科技出版可否先行一步？/刘薇//出版参考 2001-08
◎天津报业扛起物流大旗/李国军 高鹏//中华工商时报 2001-08-02
◎天下熙熙，皆为书来；天下攘攘，皆为书往 门泊东吴万里船 第 14 届全国大学出版社图书订货会续写辉煌/黎松峭//出版广角 2001-12
◎同质化竞争下的都市报/王锡松 王强//中华新闻报 2001-09-11
◎童书商业化秘诀：坚守艺术性/朱自强//中国新闻出版报 2001-03-09
◎透视法国图书出版业/陈磊//出版参考 2001-14
◎突出民族特色 出好教育图书/范聪卓 阿不都热扎克·沙依木//中国教育报 2001-08-30
◎图片书向大众出版模式靠拢/王兴栋//中国图书商报 2001-12-13
◎图书产业的内在价值链/肖飞飞//中国图书商报 2001-08-02
◎图书出版万变不离其宗/李德益//中国图书商报 2001-01-16
◎图书出版业改革中的制衡战略/张胜友//文学报 2001-06-07
◎图书出版业中侵权盗版和无序竞争为何愈演愈烈？/孙巧云//价格月刊 2000-09
◎图书出版与中国文化创新/贺圣谟//出版广角 2001-02
◎图书搭影视快车 是繁荣？是泛滥？/洪蔚//科学时报 2001-03-16
◎图书馆文献资源共享中的知识产权问题/郑福清//图书馆学研究 2001-03
◎图书广告 生存空间有多大/舒晋瑜//中华读书报 2001-09-26
◎图书广告词打造新世纪的品牌/朱胜龙//中国信息报 2001-11-19
◎图书俱乐部威风犹在/王兴栋//中国图书商报 2001-09-18
◎图书评论：六大不足/王宏波//中国新闻出版报 2001-08-06
◎图书热点的冷思考/温漫//中国新闻出版报 2001-08-09
◎图书上架率——“小”问题引发大思考/于殿利//中国出版 2001-09
◎图书市场：重整山河待机制/陈清华//中国财经报 2001-08-15
◎图书市场存在的问题及整治建议/张其友//编辑学报 2001-04
◎图书市场的“STP”营销/吴襄//出版经济 2001-03
◎图书市场机遇大于挑战/倪敏//中国消费者报 2001-11-23
◎图书市场进入品牌竞争时代/文言//中国商报 2001-01-05
◎图书市场能否旧貌换新颜/倪敏//中国消费者报 2001-01-12
◎图书市场现状、存在问题及解决办法/陈小健//出版经济 2001-06
◎图书网站的批发之路/萧钰//中华读书报 2001-02-21
◎图书网站的问题与出路/蒋晓京//计算机世界 2001-04-09
◎图书宣传有高招 打出“北大清华”系/李萍//中华读书报 2001-09-05
◎图书选题策划之我见/胡毓坚//中华读书报 2001-08-29
◎图书选题策划中的文化因素/董中锋//出版科学 2001-04
◎图书营销 概念先行/朱胜龙//中国新闻出版报 2001-06-02
◎图书营销五大难题/张天蔚//中国新闻出版报 2001-12-12
◎图书直销的几种途径（下）/林成林//中国图书商报 2001-02-27
◎推出连环漫画书/白晓煌//中国图书商报 2001-10-18
◎推动典藏图书之风/傅熹年//中国新闻出版报 2001-05-16
◎推动中国软件产业化发展/王依夏//国际商报 2001-04-26
◎推进陕西新闻出版业在新世纪快速发展/翟光//报刊之友 2001-01
◎脱胎不换骨——20 世纪末中国书业随笔/卢云//全国新书目 2001-01
◎拓展少儿期刊教育功能/莫剑敏//中国新闻出版报 2001-07-02
◎外国文学出版：市场压力下的舞蹈/章祖德//中国新闻出版报 2001-10-19
◎晚清出版业的近代化历程/史春风 李中华//滨州教育学院学报 2001-02
◎王涛：出版业要迎接数字化的挑战/龙宫//华侨大学学报（人文社会科学版）2001-03
◎网络版权，E 时代亟待正名/吴学安//国际商报 2001-04-27
◎网络版权法浮出水面/黄果//计算机世界//2001-07-02
◎网络报纸前景光明/嘉文//上海金融报 2001-01-18
◎网络冲击与新闻出版业生存/穆小琳//编辑之友 2001-04
◎网络出版，福耶？祸耶？/赵玲玲//出版广角 2001-10
◎网络出版：eBooK/赵亦冬//工人日报 2001-05-23
◎网络出版的发展与图书文献采访工作/翟云仙//津图学 2001-03
◎网络出版的法律问题/黄先蓉 徐丽芳//出版广角 2001-11
◎网络出版的钱途/徐哓健//电子出版 2001-11
◎网络出版的失范与伦理约束/付立宏//情报学报 2001-02
◎网络出版的特点和发展前景/学庆//出版科学 2001-04
◎网络出版对传统出版的影响、比较和对策/陈庆章 赵小敏 吕凌燕//电子出版 2001-07
◎网络出版离我们有多远？/姜小玲//解放日报 2001-02-25
◎网络出版内容为王/张晓明//中国电子出版 2001-01
◎网络出版与传统出版：鸟之两翼 车之双轮/柯尊全//出版发行研究 2001-11
◎网络何处不侵权/何剑文//信息时报 2001-05-07
◎网络环境下出版理念的变迁/师曾志//北京大学学报（哲学社会科学版）2001-02
◎网络环境下国外学术期刊新趋势/袁水仙//中国图书商报 2001-12-11
◎网络时代版权代理业的运作策略/罗丹丹//出版发行研究 2001-02
◎网络时代编辑出版工作的几点思考/廖维勇//浙江万里学院学

报 2001-03
◎ 网络时代出版的五个特征/秦祖儒//中国电子出版 2001-01
◎ 网络时代的“数字化权”问题/冯梦成 仙慧丽//社会科学报 2001-11-15
◎ 网络时代的开拓者——远流出版公司/阳明//出版参考 2001-06
◎ 网络文学出版：喜悦中裹着忧愁/张志雄//中华读书报 2001-08-08
◎ 网络文学出版风云又起/余慧明//中国图书商报 2001-03-13
◎ 网络文学还能热多久/王毓钧//工人日报 2001-08-08
◎ 网络与编辑工作现代化/冯雪红//湖北民族学院学报（哲学社会科学版）2001-01
◎ 网络与出版的对接/宇一//中共山西省委党校学报 2001-01
◎ 网络与出版社共享与共赢/阮慧勤//中国图书商报 2001-11-15
◎ 网络阅读山雨欲来/祁建//中国商界 2001-01
◎ 网络著作权：世纪之交的话题/柴春元//中国新闻出版报 2001-01-12
◎ 网上商品便宜有好货/彭梧//中国质量报 2001-05-29
◎ 网上书店进入“战国时代”/陈军//中华合作时报 2001-03-02
◎ 网上音乐传播“开闸”/碧波//中国电子报 2001-11-15
◎ 为 WTO 培养最有身价的中国职业出版人/红娟//中华读书报 2001-11-21
◎ 为古籍出版默默奉献//中国新闻出版报 2001-03-26
◎ 为了智的飞越——湖北出版科研一瞥/郑远行//出版广角 2001-01
◎ 为陕西新闻出版业进入新世纪的发展开好头 起好步/冀东山//报刊之友 2001-02
◎ 未来版权管理模式初探/杨贵山//中国图书商报 2001-07-10
◎ 未来期刊的发展趋势/王俊峰//传媒 2001-10
◎ 未来五年印刷业的趋势/杰夫·杰克布森//中国电子出版 2001-03
◎ 文博类出版物的现状及其出路/李让//中国文物报 2001-01-17
◎ 文化研究译著再度走红/解玺璋//北京日报 2001-02-25
◎ 文化珍奇与出版骁勇/伊树 李实//中国图书商报 2001-08-28
◎ 文学报刊与中国文学的近代变革/王学钧//文艺报 2001-10-23
◎ 文学出版：紧扣先进性/张福海//中国新闻出版报 2001-07-13
◎ 文学期刊：大变 小变与不变/宋文京//中国图书商报 2001-06-05
◎ 文学期刊：让经营和编辑并重/陆梅//文学报 2001-11-22
◎ 文学期刊：生存面临挑战/姜小玲//解放日报 2001-11-18
◎ 文学期刊的出路/贾兴安//河北日报 2001-02-23
◎ 文学期刊卖不动了/黄哲雯//工人日报 2001-11-03
◎ 文学期刊如何走出低迷/李凌俊//文学报 2001-10-11
◎ 文学期刊遭遇图书挑战/慧文//中国新闻出版报 2001-12-03
◎ 文学期刊争出长篇专号/何虹//中国图书商报 2001-09-11
◎ 文学图书缘何开始走旺？/章红雨//中国新闻出版报 2001-01-10
◎ 文艺作品国际保护的确立/聂义峰//中国知识产权报 2001-05-30
◎ 文摘期刊纷纷上市 封面设计大同小异/张靖//中华读书报 2001-08-22
◎ 我国版权社会管理和社会服务组织的建立与发展/齐相潼//中国新闻出版报 2001-08-28
◎ 我国畅销书的六大功能/朱胜龙//中国新闻出版报 2001-12-05
◎ 我国畅销书运作机制的探索/陈莞//中国电子与网络出版 2001-Z1
◎ 我国出版产业集约化发展的模式分析/于殿利//出版经济 2001-10
◎ 我国出版企业集团发展现状的分析/顾金亮//科技与出版 2001-04
◎ 我国出版业结构问题及其调整/贺剑锋//出版发行研究 2001-03
◎ 我国出版业人力资源管理改革思路/张筱峰//出版经济 2001-10
◎ 我国出版业运行质量评价的思考/陈小玲//出版经济 2001-05
◎ 我国高校图书出版业的历史、现状与发展/龚维忠//云梦学刊 2001-03
◎ 我国近代地图出版业的文化贡献/李明杰//编辑学刊 2001-04
◎ 我国图书出版业“九五”发展综述/吴尚之//中国图书评论 2001-02
◎ 我国图书情报单位电子出版物的收集与利用情况调查/徐丽芳//出版发行研究 2001-06
◎ 我国著作权法将作重大修改/王化鹏//中国图书商报 2001-02-06
◎ 我国著作权法应改称为版权法/张志宇//河北经济日报 2001-01-03
◎ 我看美国图书营销/龙晓君//出版科学 2001-02
◎ 我看文学期刊/杨晓敏//文艺报 2001-09-04
◎ 我们的版面精彩回放//中国图书商报 2001-11-01
◎ 我们正处在多元化阅读时代/刘伟见//北京日报 2001-12-03
◎ 我区出版业面临的机遇与对策/李海平//西藏日报 2001-11-22
◎ 无轴驱动技术在报业中的运用/吴光超//中国包装报 2001-12-03
◎ 五大涨价因素逼近新闻纸/于梦//中国包装报 2001-05-18
◎ 五中全会精神与出版业前瞻/辰目//出版发行研究 2001-01
◎ 武侠小说笑傲江湖 20 年/余慧明//中国图书商报 2001-04-17
◎ 勿轻视 SCI，勿滥用 SCI/孙亦樑 徐克敏//科学时报 2001-11-29
◎ 西部出版不能再徘徊/罗沛//出版广角 2001-11
◎ 西部出版业：实现产业升级的突破口何在？/建平//出版经济 2001-05
◎ 西部出版业的现状与对策/徐丹红//西南民族学院学报（哲学社会科学版）2001-05
◎ 西部大开发与中国出版业/杨吉哲//中国出版 2001-10
◎ 西夏的书籍业及其特点——《西夏书籍业》提要（上）/李习文 景永时//图书馆理论与实践 2001-01
◎ 闲话“出版文化”/汪家熔//中国图书商报 2001-04-19
◎ 现代出版学的建立及其影响因素/师曾志//出版发行研究 2001-06
◎ 现代传播环境下的报纸创新/肖培//新闻与写作 2001-11
◎ 现代传播环境与传统报纸的创新环境/肖培//中国报业 2001-10
◎ 现代期刊：有“人”则灵/胡荣锦//中国图书商报 2001-10-16
◎ 现代阅读：这样进入图文时代/京平//中国新闻出版报 2001-01-19
◎ 线装书当然有盗版/李建魁//中国商报 2001-09-25
◎ 香港漫画四十年/王玉梅//中国新闻出版报 2001-08-03
◎ 香港书展吸引爱书人四十万/祝晓风//中华读书报 2001-07-25
◎ 销售侵权音像制品不能免责/李红阳//中国贸易报 2001-07-05
◎ 小出版商的守护神/渠竞帆//中国图书商报 2001-06-12
◎ 小社如何自我发展/陈川//中国新闻出版报 2001-03-29
◎ 小型专业出版社的“快艇”策略/魏耘//出版参考 2001-13
◎ 小印数图书出版难原因浅探/赵方//郑州经济管理干部学院学报 2001-02
◎ 校对工作在电子出版时代应如何定位/张懿//出版与印刷 2001-03
◎ 欣喜与尴尬——2000 年中国出版社上网情况调查分析/卫朝峰//出版参考 2001-07
◎ 新出版的变化意味着什么/黄卫来//出版广角 2001-06

◎新创期刊入市之忧/吴乐平//中国新闻出版报 2001-09-16
◎新华书店：如何做活期刊经营/周天云//中国新闻出版报 2001-07-20
◎新技术对传统出版业的挑战/周建平//印刷杂志 2001-01
◎新刊忙择渠 老刊重固渠/何虹//中国图书商报 2001-11-01
◎新趋势——教材配套“多媒体”/郑睿//中国图书商报 2001-12-04
◎新时期加强和改进报纸通联工作的思考/潘巧珍//中国绿色时报 2001-08-20
◎新世纪 新特色——写在第十二届全国书市闭幕之际/王世钧//出版经济 2001-10
◎新世纪巴黎图书沙龙受法德两国高层青睐/王兴栋//中国图书商报 2001-04-03
◎新世纪出版人的精神品质/胡细生//出版参考 2001-16
◎新世纪大学出版业前景的几点思考/王兴业//中国出版 2001-07
◎新世纪世界报业发展的大趋势及我国报业的发展前景（待续）/明安香//中华新闻报 2001-04-23
◎新世纪世界报业发展的大趋势及我国报业的发展前景（完）/明安香//中华新闻报 2001-04-30
◎新世纪世界报业发展的大趋势及我国报业的发展前景/明安香//中华新闻报 2001-04-16
◎新世纪首次全国出版理论研讨会10月揭幕/肖//出版参考 2001-14
◎新世纪新闻专业期刊的进与退/孙东哲//报刊之友 2001-05
◎新世纪中国报业的现状与未来趋势/文成//中华新闻报 2001-01-22
◎新世纪中国出版业前景之管见/路勇祥//中国出版 2001-02
◎新世纪中国文学期刊向何处去/杨晓升//中华读书报 2001-09-26
◎新闻出版署领导谈工作——纪检监察工作/刘有志//出版经济 2001-02
◎新闻出版署领导谈工作——进一步推进信息化进程/于永湛//出版经济 2001-02
◎新闻出版署领导谈工作——形势逼人 责任重大/杨牧之//出版经济 2001-02
◎新闻出版业呼唤人力资源管理/邹建华 王彤//中国新闻出版报 2001-08-23
◎新闻作品著作权保护的限制/段佳//中国新闻出版报 2001-04-17
◎新一代书商“悄悄进城”/义新//新财经 2001-01
◎新中国期刊出版大事记//中国新闻出版报 2001-11-02
◎信息产业引导印艺革命/海伦//中国电子报 2001-06-19
◎信息化是知识经济时代出版业发展的必由之路/王恩民//学术交流 2001-05
◎信息技术催化出版业的质变/许春焕//计算机世界 2001-10-22
◎信息时代与图书出版业/彭欣//新闻出版交流 2001-02
◎信息与出版业/张卫国 房河钰//西安教育学院学报 2001-03
◎行业报在新世纪的走向/吴霖//中华新闻报 2001-07-17
◎宣传促销 不断升级——世纪之交国外出版业发展新动向透视（之五）/罗紫初//出版科学 2001-02
◎学术期刊因何“高抬贵手”？/智效民//北京日报 2001-02-19
◎学习贯彻《决定》精神 再创新闻出版佳绩/石宗源//中国出版 2001-11
◎亚玛逊网上书店近期电脑图书畅销榜及分析/郭立//中华读书报 2001-02-07
◎亚洲出版业：数字化进程要多久/周芷旭//出版参考 2001-23
◎延伸图书的产业价值链/朱胜龙//中国新闻出版报 2001-11-30
◎也论出版创新/徐鸿钧//出版科学 2001-04
◎也谈“洋”教材的引进/叶行昆 邹颂倩//中华读书报 2001-05-16
◎也谈版权法的修订/周林//中华读书报 2001-04-04
◎也谈建设高素质的新闻出版队伍/程学军 何昕//理论观察 2001-01
◎一般书出版 中国出版业的痛/王建平//出版广角 2001-01
◎一本书触动一个产业/田一珊//中国经营报 2001-09-04
◎一个华裔在美国的创业生涯——访亚裔英文传媒大亨、方氏报业帝国掌门人方李邦琴/夏春平//人才瞭望 2001-08
◎一家在旧中国的俄侨报业托拉斯/赵永华//中华新闻报 2001-04-30
◎一社两营 格局分明/李娇龙 晓流 雪村//中国图书商报 2001-07-31
◎一位西方人眼中的中国出版/伊安·麦考文 杨贵山//中国图书商报 2001-04-10
◎一项系统工程——漓江出版社图书版权贸易散记/魏志明//出版广角 2001-05
◎以“三个代表”重要思想指导新闻出版工作的改革/周乃成 马良乾//成都行政学院学报 2001-05
◎以人为本——谈出版业人力资源的开发与管理/方平//中国出版 2001-03
◎以信息化促进中国期刊走向世界/王坤宁//中国新闻出版报 2001-11-06
◎译作有著作权和专有出版权/章红雨//中国新闻出版报 2001-04-06
◎因特网时代的编辑和出版特色/陶丹 汪季贤//编辑学报 2001-06
◎音乐出版与涉外著作权/祖振声//中华读书报 2001-06-20
◎音乐图书市场——琴瑟和鸣还是战鼓喧天/舒晋瑜//中华读书报 2001-02-28
◎音乐图书市场之怪现状/陈荃有//中国新闻出版报 2001-05-11
◎音乐著作：不再提供免费午餐/冀文海//中国经济时报 2001-11-27
◎音像、电子出版物欲与图书试比高/孟叶//中国图书商报 2001-09-18
◎音像业要重新洗牌/孟群华//中国质量报 2001-02-14
◎引导与规范相结合 扶持与管理相统一 湖北省电子出版发展之道/张儒//出版广角 2001-01
◎引进版图书热的冷思考/王巧玲//新闻出版交流 2001-02
◎印刷出版数字化的方向及对策/李长江//出版科学 2001-01
◎印刷业奔向数字化/湖畔//计算机世界 2001-05-28
◎印刷业的互联网前景/石阅//中国图书商报 2001-05-15
◎印刷业过时了吗？/陈莞//中国电子出版 2001-02
◎印刷业巨头谈未来印刷发展趋势/印协//中国新闻出版报 2001-08-24
◎英国版权交易种类//中国图书商报 2001-09-06
◎英国出版从业人员收入情况调查/舒外//出版发行研究 2001-03
◎英国的出版业/刘静//中国财经报 2001-02-24
◎英国学术出版面临诸多挑战/杨贵山//中国图书商报 2001-02-20
◎英国杂志巨头的国际扩张战略//中国图书商报 2001-03-29
◎英国在线教育出版如何赢利/林成林//中国图书商报 2001-02-20
◎英语口语图书的过去时、现在时、将来时/林辉//中国图书商报 2001-05-31
◎营造规范的出版物市场秩序/文连台//宁波通讯 2001-06
◎影视红 图书火 出版追着演员跑/舒晋瑜//中华读书报 2001-

03-07
⊙影响报纸发行的因素/谭军波//财经时报 2001-08-29
⊙影响出版经济增长的几个非体制因素/江鸣//出版经济 2001-03
⊙影响出版企业竞争力因素的综合分析/师曾志//图书情报工作 2001-05
⊙用积极的心态迎接电子出版时代/王若//中华新闻报 2001-07-31
⊙由电子书收费看国内出版业的革命方向/林艳//电子出版 2001-07
⊙游戏类图书：不可忽视的市场/韩浩//中国图书商报 2001-11-06
⊙与书同行到未来/张秋林//出版参考 2001-01
⊙与资本联姻——行业报生存与发展的机遇/钱敏/中国报业 2001-09
⊙原创力、品牌与服务创新——网络时代的出版业探析/李莺//苏州大学学报（哲学社会科学版）2001-03
⊙云南科技出版社勇于竞争求发展/杨燕//云南日报 2001-04-19
⊙云南民族文化在新闻出版业中的地位及其作用/王敏 龙燕春//云南财贸学院学报 2001-S2
⊙云南日报报业集团今天成立/沈向兴 李绍明//云南日报 2001-09-13
⊙再版书焕发青春有秘诀 影视促销最先行/渠竞帆//中国图书商报 2001-08-07
⊙再谈出版业结构问题/辰目//出版发行研究 2001-04
⊙在不发达地区办出发达的报业/文成//中华新闻报 2001-08-07
⊙在激烈竞争中寻求 IT 图书精确定位/严丽川//中国图书商报 2001-04-17
⊙在夹层中生存的游戏——纵谈国内网络出版/李明顺//中国电子与网络出版 2001-04
⊙在新形势下高校学报管理中应注意的几个问题/赵方//新疆师范大学学报（哲学社会科学版）2001-02
⊙在新形势下更好地发挥中国编辑学会的作用/杨牧之//出版广角 2001-05
⊙詹宏志为何扬名台湾出版业/丁江//出版参考 2001-21
⊙展望出版的数字化生存/汪季贤//出版参考 2001-08
⊙展望经济类报纸的明天/陈谷 王国庆 喻国明//中国经营报 2001-09-11
⊙站到 WTO 的肩上——看转型期中国出版业竞争优势的再构/王利明//编辑之友 2001-04
⊙张静庐：刊行杂志整理史料有功之人/王建辉//出版广角 2001-09
⊙张胜友：出版改革平衡战略第 1 人/周慧敏//中国企业报 2001-05-28
⊙浙大社 4 年打响收藏图书品牌/林如//中国新闻出版报 2001-06-22
⊙争也期刊 俏也期刊/范树立//中国新闻出版报 2001-09-16
⊙整顿和规范出版物市场/柳易江//江西日报 2001-05-16
⊙正确处理组建出版集团的几个关系/刘自虎//出版科学 2001-02
⊙正确认识加入 WTO 后的年鉴出版/张芝慧//年鉴信息与研究 2001-02
⊙芝加哥印刷设备展览会业内人士“盘点”十七亮点/张文钟//中国包装报 2001-12-17
⊙知识经济给出版产业大发展带来新机遇/郑明//中国党政干部论坛 2001-04
⊙直面出版业三大挑战/晓理//中国图书商报 2001-10-04
⊙直邮媒体：挑战杂志业？/澎澎//中国图书商报 2001-09-25
⊙制度创新：出版业改革的核心/严红//出版科学 2001-02
⊙制度创新需要重视建制创新/许志锐//出版参考 2001-02
⊙制片厂模式——出版业商务模式新构想/徐丽芳//出版参考 2001-13
⊙中德对话：文学与出版市场/山野//北京日报 2001-11-25
⊙中国 eBook 及数字版权保护联盟成立/小石//中国图书商报 2001-12-04
⊙中国 PS 版业的现状及未来/徐工//中国包装报 2001-06-26
⊙中国报协面临的新形势和新任务/朱新民//中国报业 2001-04
⊙中国报业发展的基本走向/明安香//中国妇女报 2001-08-25
⊙中国报纸版式走上新世纪“T”型台/张光 焦尚意 许林//中国新闻出版报 2001-08-31
⊙中国出版人才全面升级/张志雄//中华读书报 2001-09-12
⊙中国出版外贸总公司和科利华公司联手开通“中国版权交易场”、“图书交易场”/文东//中国图书商报 2001-01-09
⊙中国出版行政管理如何面对“入世”/章雪峰//出版科学 2001-02
⊙中国出版业：不畏入世挑战/马九轩//经济论坛 2001-10
⊙中国出版业：建立现代企业制度需要明确的几个问题/王建平//出版广角 2001-09
⊙中国出版业：为竞争而战/李萌//改革与理论 2001-11
⊙中国出版业的全球化战略/朱静雯//中国出版 2001-08
⊙中国出版业定位/陈保平//出版广角 2001-01
⊙中国出版业国际化的思考/冯志杰//出版发行研究 2001-08
⊙中国出版业集团化过程中的问题与障碍/朱静雯//编辑学刊 2001-04
⊙中国出版业垄断行为浅析/卓晓辉//编辑学刊 2001-02
⊙中国出版业市场营销全面加强势在必行/李威//苏州大学学报（哲学社会科学版）2001-03
⊙中国出版业应主动迎接 WTO 的挑战/魏杰恒//哈尔滨市经济管理干部学院学报 2001-02
⊙中国的第一部版权法/闵杰//检察日报 2001-09-02
⊙中国电子出版业发展战略/宋以超//出版科学 2001-01
⊙中国电子出版业面面观/黄芳//广东科技 2001-05
⊙中国共产党早期的出版业/张召奎//新闻出版交流 2001-04
⊙中国古代作家的版权保护意识/宋晓兰//中国新闻出版报 2001-03-15
⊙中国海关出版社：正式加盟出版市场竞争/范占英//中国新闻出版报 2001-01-05
⊙中国结图书为何而发 因何而热/冯婉惠//中国图书商报 2001-12-11
⊙中国科技期刊水准提升/王勇//文汇报 2001-12-05
⊙中国科技期刊越办越好/潘云涛//科技日报 2001-06-18
⊙中国科普：一个世纪的简要回顾/章道义//科技日报 2001-08-31
⊙中国期刊：放飞市场/时之言 彭澎//中国图书商报 2001-08-07
⊙中国期刊不惧国际竞争挑战/张伯海//中国图书商报 2001-11-13
⊙中国期刊触网调查报告（下）/张立//中国新闻出版报 2001-12-03
⊙中国期刊的发行市场和广告市场大有潜力/张伯海//中国图书商报 2001-11-13
⊙中国期刊业：困境·机遇·空间/沈山//中国图书商报 2001-08-02
⊙中国期刊业现状及市场环境简析/钱宏//出版经济 2001-08
⊙中国期刊展落下帷幕/柳堤//中国新闻出版报 2001-11-05
⊙中国书业：穿行动漫时代/林成林//中国图书商报 2001-08-30
⊙中国书业：需要一场物流革命/刘若盈//中国图书商报 2001-

03-01

- 中国书业“经纪人”缘何缺席？/刘昶//中国图书商报 2001-04-05
- 中国书业市场冲击波/张永江 刘文彬//中国乡镇企业报 2001-02-01
- 中国数字图书的未来/周劲//电脑报 2001-12-17
- 中国新闻类周刊调查/吕书练//中华读书报 2001-12-26
- 中国音像市场四大变化与三大趋势/邹建华//中国图书商报 2001-05-01
- 中国印刷业的现状与未来/沈山//中国图书商报 2001-05-15
- 中国与世界主要国家出版情况对比/杜大力//北京大学学报(哲学社会科学版) 2001-11-20
- 中华书局：时代商机的驭手/欧宏//中国图书商报 2001-05-03
- 中美音像业：差异与选择/邹建华//中国图书商报 2001-07-03
- 中青 IT 图书：版权贸易向纵深发展/王颖//中国图书商报 2001-03-06
- 中外版权部的设置/叶新//出版参考 2001-22
- 中小学教辅材料管理办法//中国新闻出版报 2001-09-21
- 中宣部出版局局长邬书林强调：中国从未承诺加入 WTO 后放开出版业/邬书林//出版广角 2001-08
- 中英出版科研机构共商构筑产学研交互平台/木仝//出版参考 2001-23
- 重庆日报社形成一社八报一网站格局//重庆日报 2001-02-21
- 重铸出版理念 培养世界眼光/李保平//出版参考 2001-16
- 主流传媒——晚报战略大转移/叶鸿南//新闻传播 2001-06
- 主渠道的活水从何而来——浅谈新华书店的发展思路/高伟//宁夏大学学报（人文社会科学版）2001-01
- 著作权法与新闻作品的保护（上）/张大昕//中华新闻报 2001-12-18
- 著作权集体管理制度的发展与完善/邵明艳 张晓津//科技日报 2001-07-07
- 著作权人的保护者/李明霞//法制日报 2001-11-23
- 抓住机遇 超常发展/程鸿//出版参考 2001-12
- 抓住机遇 迎接挑战 促进陕西新闻出版业的快速发展/冀东山//报刊之友 2001-01
- 抓住机遇 勇于开拓 创造版权贸易新纪元/苏志军//中国新闻出版报 2001-02-16
- 抓住机遇 造就出版业的竞争优势/王志刚//出版参考 2001-13
- 抓住西部大开发历史机遇 加快陕西新闻出版业发展步伐/袁纯清//报刊之友 2001-04
- 自办发行悄然革命/谢光军//中国新闻出版报 2001-11-16
- 总编室——被遗忘的管理角落/杨为民//中国新闻出版报 2001-11-16
- 走出“入世”认识误区 把握出版历史机遇/胡海涛//出版经济 2001-10
- 走出版集团个性化发展之路/顾金亮//出版参考 2001-13
- 走出报业“泡沫”时代的《体坛周报》/谢明//湖南大众传媒职业技术学院学报 2001-01
- 走近地质出版社/陈兰芹//中国测绘报 2001-12-04
- 走俏期刊市场/吴乐平//中国图书商报 2001-09-11
- 组建出版集团过程中值得注意的几个问题/宋朝晖//科技进步与对策 2001-04
- 组建出版集团一家言/顾金亮//出版广角 2001-11
- 组建少儿传媒集团 强化少儿产业特色 寻求少儿新闻出版业历史性的跃变/海飞//中国图书评论 2001-10
- 作家出版社献礼书熠熠生辉 畅销书榜上有名/唐明霞//中国图书商报 2001-06-21
- 作者侵权官司频繁 美国版贸平中有升/尤建忠//出版参考 2001-10

影视、网络传媒产业

1979 年

- 动画片是怎样拍成的//电影评介 1979-Z1
- 欢迎这样的动画片——赞美术片《奇怪的病号》/傅国基//电影评介 1979-02
- 漫谈美术电影/章柏青//电影评介 1979-Z1
- 美术电影要走民族化的道路/松林//电影艺术 1979-02
- 万氏兄弟与我国动画片/褚千//电影评介 1979-07

1980 年

- 罗伊·考恩律师与纽约报界/亨利·波斯特 张景明//国际新闻界 1980-04
- 美国著名儿童节目“芝麻街”/房纪庆//国际新闻界 1980-02

1981 年

- “公众传播学”研究的领域/W·菲利普斯·戴维森 弗莱德雷克·俞德基 张景明//国际新闻界 1981-01
- 电视剧与故事电影属于同一艺术形式/卢炳勋//现代传播 1981-04
- 电视特性与电视新闻作品的主要特征——电视新闻简论之一/叶家铮//现代传播 1981-02
- 动画片和华特·狄斯耐/威·科兹兰柯 李庄藩//世界电影 1981-03
- 论新闻美/孙振斌//现代传播 1981-03
- 漫谈新闻和新闻评论/徐铸成//新闻大学 1981-01
- 社会与传播漫谈/居延安//社会 1981-00
- 谈谈大众传播/韦尔伯·施拉姆 李中子 周致//国际新闻界 1981-03
- 我们能不能建立一门新闻经济学？/安岗//新闻战线 1981-03
- 由少数人控制的“公众媒介”/米琪尔·巴兰蒂 苏金琥//国际新闻界 1981-02

1982 年

- “新闻传播公司”成为“合众国际社”的新业主/王泰玄//国际新闻界 1982-04
- 传与传播/陈韻昭//新闻大学 1982-02

◎电影感受剖析/谢·金兹堡 郑雪来//世界电影 1982-06
◎圭亚那的新闻事业/马海亮//新闻战线 1982-07
◎拉美八国新闻业简况/管彦忠//新闻战线 1982-06
◎美国新闻观念的演变（之一）——时效观念之形成/陈乔//新闻大学 1982-04
◎他山之石——观摩日本电视及电视剧的摄制散记/于今//中国电视 1982-08
◎唐代新闻传播活动考/姚福申//新闻大学 1982-05
◎我国第一部动画片及动画片的几个“第一”/毕云程 陈志超//电影评介 1982-02
◎重大新闻传播过程的调查/尹德刚//新闻大学 1982-02

1983 年

◎《中国新闻年鉴》的编纂宗旨和方法/何光先//辞书研究 1983-05
◎从电视传播的特性谈电视新闻之“新”/叶家铮//现代传播 1983-01
◎大众传播的接收对象/俞旭//新闻大学 1983-01
◎电影艺术概论/朱玛//电影评介 1983-07
◎电影艺术概论——电影史论/朱玛//电影评介 1983-08
◎动画片的审美特征/胡依红//电影艺术 1983-02
◎国外电视剧概况/裴玉章//瞭望 1983-01
◎话剧要发展，必须扬长避短/童道明//中国戏剧 1983-01
◎论电影艺术的综合性/吴雪景//温州师范学院学报 1983-01
◎世界新闻传播问题/刘尊棋//国际新闻界 1983-04
◎中国新闻学研究工作的发展概况/温济泽 赵玉明 谢骏//中国社会科学院研究生院学报 1983-06

1984 年

◎从《画的歌》看动画电影语言的突破/胡依红//电影艺术 1984-06
◎从美国新闻业看“信息社会”/林珊//国际新闻界 1984-02
◎从手抄新闻到印刷新闻——浅谈欧洲新闻传播方式的早期进化/林溪//新闻战线 1984-12
◎大众传播的正负功能/查尔斯·莱特 陈乔//新闻大学 1984-01
◎动画片之王——狄斯尼/盐谷太郎 刘慧玲//世界文化 1984-05
◎关于电视剧艺术特征的探讨/宋家玲//文艺研究 1984-02
◎话剧个性探说——由电影的“电影化”引起的思考/凌申//文艺研究 1984-06
◎近年来关于电影观念问题的探讨/王忠全 郭青//电影艺术 1984-07
◎美国关于改革新闻教育的讨论/倪宁//国际新闻界 1984-02
◎美国新闻业漫谈/练性乾//新闻记者 1984-07
◎浅谈加快新闻传播的节奏/陈秉智//青海社会科学 1984-02
◎新闻工具要反映社会的变革——苏里南新闻业的情况/倪宁//国际新闻界 1984-04
◎印度的新闻事业/王泰玄//国际新闻界 1984-04
◎影片的类型/亨·阿杰尔，热·阿杰尔 李恒基//世界电影 1984-06

1985 年

◎“米老鼠”到了应体面地退休的时候了/许荣光//电影评介 1985-02
◎“一稿不能两投”说不利于新闻传播/周志卓//当代传播 1985-04
◎《画的歌》与动画电影观念——与胡依红同志商榷/钱运达 马克宣//电影艺术 1985-06
◎1985 年将被作为动画影片年/余定良//电影评介 1985-02
◎澳大利亚的新闻事业/王泰玄//国际新闻界 1985-02
◎报业怪杰默多克的成功之道//新闻战线 1985-05
◎出新的一年 争艳的一年——简评 1984 年故事片创作/李兴叶//当代电影 1985-02
◎电影感受剖析——运动/谢·金兹堡 伍菡卿//世界电影 1985-04
◎对抗世界新闻传播新秩序不得人心/林珊//国际新闻界 1985-04
◎反馈在新闻传播中的作用/马增奇//新闻大学 1985-10
◎观众审美心理的变化与电影的对策/沈及明//当代电影 1985-02
◎控制论和新闻业 介绍斯蒂芬·卡瑟的《新闻业的管理》/钟锐//国际新闻界 1985-04
◎默多克——美国广播电视业的新巨头/季力群//新闻战线 1985-08
◎浅述新闻的起源与发展/俞慈韵//东疆学刊 1985-01
◎挑战对策展望——1985 年故事影片生产动向/吴政新//当代电影 1985-05
◎萎缩：不容乐观的电影市场现状/胡健//电影艺术 1985-11
◎无“新变”，便落“俗套”——寄语影视作品的编导和演员/王淼生//电影评介 1985-08
◎新闻事业 = 大众传播吗？/张国良//新闻大学 1985-10
◎信息与新闻/武岚//新闻战线 1985-05
◎影视漫画//电影评介 1985-07
◎中国电影应冲出去——谢晋谈访美观感/李正清//电影评介 1985-10

1986 年

◎波兰新闻界掠影/王志兴//国际新闻界 1986-01
◎传播媒介统治权/李海容//国际新闻界 1986-01
◎从‘市民新闻集团’看日本的地方报纸/田桓//新闻战线 1986-02
◎从法国私营电视的兴起看密特朗政府的新闻政策/孙维佳//国际新闻界 1986-02
◎从新闻传播手段窥视文书的定义及文书与新闻的关系/王振远//档案时空 1986-04
◎发达的印度新闻业/李楠//中国记者 1986-02
◎法国新闻体制概况/孙维佳//国际新闻界 1986-04
◎关于电影市场预测的构想/刘牛//福建论坛（社科教育版）1986-05
◎花枝春满 蝶舞蜂喧——十一届三中全会以来的新闻史研究工作/方汉奇//新闻与传播研究 1986-01
◎建立国际新闻和传播新秩序的斗争/周启朋//外交评论-外交学院学报 1986-02
◎江苏农村新闻传播状况的调查/白桦//社会学研究 1986-04
◎经济报道的改革与新闻业的大趋势/张学洪 弭秀玲//视听界 1986-03
◎联邦德国新闻业管窥/吴健友//新闻记者 1986-09
◎论短新闻的传播生命力/秦立新//延边大学学报（社会科学版）1986-02
◎美国人眼中的古巴新闻业/时统宇//新闻记者 1986-12

◎美国新闻、大众传播教育的现状/理查德·科尔//国际新闻界 1986-01
◎蓬勃发展的中国音像制品出版事业/吴言毽//人民音乐 1986-05
◎浅谈新闻传播的双向功能/何春禄//新闻与写作 1986-11
◎上海录像事业的现状和发展//社会科学 1986-03
◎上海文化单位创汇现状及前景/李民权 陈沛霖 唐波 顾龙//社会科学 1986-09
◎什么是“新闻经济学”/徐培汀//新闻记者 1986-04
◎视觉传播——新闻摄影者的演变/颜志刚//新闻大学 1986-13
◎新闻 转轨 刍议/方明//新闻知识 1986-06
◎新闻传播工具/卢惠民//新闻知识 1986-05
◎新闻的传播媒介/王寄忠//传媒观察 1986-05
◎新闻结构应适合信息传播的要求/张骏德//新闻大学 1986-12
◎寻求电视剧的个性/朱汉生//现代传播 1986-04
◎英国报界的革新趋势/陈封//新闻实践 1986-03
◎影视齐飞跃 团结共向前——艾知生同志在 85 年度电影电视剧授奖大会上作重要讲话/郝春阳//电影评介 1986-10
◎振兴放映事业 发展电影文化/孟光//电影 1986-10
◎中国电影进入转折期/朱毓朝//今日中国（中文版）1986-06

1987 年

◎“放于利而行，多怨”——读一篇传播经营之道的新闻/辛民//新闻爱好者 1987-05
◎不断改进电视制作 逐步提高节目质量/艾知生//现代传播 1987-04
◎从《雪野》看电视文化的特点/丁道希//当代电视 1987-01
◎大有作为的文化经营事业——记腾飞中的上海音像公司/钱宝余 褚与根//社会科学 1987-09
◎电视节目制作中的电脑革命——英国新闻传播事业见闻之四/明安香//新闻实践 1987-04
◎电视艺术的审美本质/刘隆民//贵阳师范高等专科学校学报（社会科学版）1987-01
◎动画电影剧作/杜·伏科蒂克 楚汉 汪海 谌三//世界电影 1987-06
◎对话录——从影视艺术说开去/宋家玲//当代电视 1987-03
◎法国电影业何去何从（上）//电影评介 1987-10
◎菲律宾新闻业的现状/朱幸福//新闻记者 1987-02
◎观众的反映与戏剧的思考——关于戏剧现状的调查/黄安 鄢辑吾//文艺评论 1987-02
◎广播、电视、电影编辑工作简论/李显杰//华中师范大学学报（人文社会科学版）1987-05
◎广播电视的软科学研究刍议/吴贤纶//中国广播电视学刊 1987-02
◎广播电视受众研究浅探/唐弦//中国广播电视学刊 1987-03
◎胡愈之与新闻业/于友//新闻记者 1987-03
◎即将问世的第三代电视——英国新闻传播事业见闻之二/明安香//新闻实践 1987-02
◎坚持四项基本原则 进一步繁荣社会主义电影创作——在全国故事片厂厂长会议上的讲话（摘要）/艾知生//当代电影 1987-03
◎开展群众影评的几点思考/徐斌 楼为华 陆建民//电影艺术 1987-03
◎论美国新闻界对政府的政治监督/周光辉//政治学研究 1987-01
◎米老鼠和唐老鸭/李伯祥//电影评介 1987-04
◎默多克何以成功？/张梦珍//新闻战线 1987-09
◎欧美儿童电视节目新动向/小平幸子 周波//当代电视 1987-06
◎浅议新闻传播的系统性/徐小冬//当代传播 1987-04
◎情绪波动率·接受定向·接受心境——影视艺术欣赏的心理层面之一/戴剑平//安庆师范学院学报（社会科学版）1987-04
◎让全国人民看好电影——胡健谈我国电影发行放映工作/何义纯//瞭望 1987-14
◎人咬狗和“无聊新闻”——英国新闻传播事业见闻之三/明安香//新闻实践 1987-03
◎思维·领域·方法——从“十年”看我国新闻学术研究变化/徐培汀//新闻知识 1987-02
◎台湾新闻事业发展概况/林慧儿 尹韵公//新闻与传播研究 1987-01
◎我国录像事业的兴起与展望/欧泽纯//中国广播电视学刊 1987-03
◎香港的新闻传播事业/钟紫//暨南学报（哲学社会科学版）1987-04
◎新时期典型人物报道的新变化——京沪杭三市的新闻传播效果调查/刘宏//新闻实践 1987-02
◎新闻传播媒介与美国政治/樊体宁//世界知识 1987-07
◎新闻传播中的宣传手段/建安//贵州大学学报（社会科学版）1987-03
◎新闻转轨的关键何在？/何光先//新闻知识 1987-07
◎信息传播和新闻改革/常憬存//宁夏大学学报（人文社会科学版）1987-03
◎音像资料著录规则/陈卓君 乔宜 李晓云 刘焱林 刘国强//广播与电视技术 1987-S3
◎影视评论要有大众“意识”/晓杨//电影评介 1987-10
◎影视社会学的研究领域/于沛//社会 1987-03

1988 年

◎阿根廷新闻业一瞥/管彦忠//国际新闻界 1988-01
◎不仅仅是热点——改革题材影视创作谈/丁道希//中国电视 1988-01
◎充分发挥广播电视“最直接”的优势/董启焕//视听界 1988-06
◎促进录像文艺片生产 推动我国录像业健康发展/马向前 赵水福//中国广播电视学刊 1988-02
◎大众传播与文化：向一个新模式过渡（上）/罗伯特·A·怀特 钟梦白//国际新闻界 1988-03
◎电视剧：开放时代的挑战/花建//当代电视 1988-09
◎电视剧的社会性与当代性/任远//当代电视 1988-10
◎电影电视改编理论问题/纪令仪//文艺研究 1988-01
◎动画电影中的“中国学派”/尹岩//当代电影 1988-06
◎对新闻传播流通不均衡的思考/仇学英//贵州大学学报（社会科学版）1988-03
◎发挥新闻传播的多功能作用/王福如//新闻爱好者 1988-04
◎工业社会中的电影/郝建//电影艺术 1988-02
◎公共关系与新闻传播/明安香//新闻战线 1988-11
◎古代报纸产生前的新闻传播活动/姚福申//新闻与传播研究 1988-01
◎关于深化新闻改革的思考/傅克家//内蒙古社会科学（汉文版）1988-02
◎观众的文化心理与银幕形象的文化显示——外国影视片热的文化透视/吴士余//文艺争鸣 1988-01
◎国产动画片生产必须走出“低谷”/叶建新//电影评介 1988-12

⊙话剧将走出低谷——记英若诚副部长与几位戏剧界人士的对话/凌申//中国戏剧 1988-01
⊙简论广播电视的阶级性、社会性及其任务/宋民//中国广播电视学刊 1988-06
⊙接受美学和新闻传播/羊凡//视听界 1988-06
⊙近代西方新闻法制革命考——关于提出与确立自由的若干问题/夏勇//世界历史 1988-05
⊙论我国电视新闻之不足/陈梁//新闻大学 1988-04
⊙论新时期影视艺术观念的新变化/戴剑平//阜阳师范学院学报（社科版）1988-04
⊙普通人的世界——关于近期一种新闻现象的新闻考察/陆彩荣//新闻战线 1988-06
⊙浅论新闻传播工具在社会协商对话中的作用/从仪//淮北煤炭师范学院学报（哲学社会科学版）1988-Z1
⊙浅论新闻的传播效果/沈俊法//南昌大学学报（人文社会科学版）1988-02
⊙倾心中国新闻业——记美国斯坦福大学传播系博士研究生朱迪女士/廖晓英//新闻战线 1988-05
⊙让体育影视片脱颖而出/程小林//电影评介 1988-08
⊙让新闻"满负荷"传播信息/黄长江//新闻知识 1988-06
⊙日本对新闻业的扶助性措施/许青//国际新闻界 1988-03
⊙世界电视掠影之二——影视"龙虎斗"/乐安//上海戏剧 1988-06
⊙试论我国广播影视事业的整体性/吴贤纶//中国广播电视学刊 1988-06
⊙试论新闻媒介的信息传播及其反馈/康泽民//社科纵横 1988-06
⊙体育影视要与体育同步发展/刘凯//电影评介 1988-01
⊙维护音像报道中的政策严肃性——从几篇有关音像的报道谈起/张迅//视听界 1988-04
⊙我国录像事业的发展趋势/张挺//新闻实践 1988-02
⊙我们需要中国的"米老鼠"/贾肇曾//当代电视 1988-01
⊙先秦时期兄弟民族的新闻与新闻传播/白润生//中央民族大学学报（哲学社会科学版）1988-01
⊙新时期广播电视新闻的实质/金照//中国广播电视学刊 1988-05
⊙新闻报道要多传播信息/赵藏虎//新闻实践 1988-05
⊙新闻传播和协商对话/吴培恭//中国记者 1988-01
⊙新闻改革 任重道远——中国社科院新闻研究所建所十周年学术讨论会综述/姚文华//新闻知识 1988-11
⊙新闻改革的思路/王晨//群言 1988-06
⊙新闻媒介要加强民主意识的传播/方索//当代传播 1988-01
⊙新闻事业的发展趋势//中国记者 1988-09
⊙新闻业起飞的一翼——新闻摄影与版面改革座谈会侧记/朱竞若 许林//新闻实践 1988-04
⊙也谈影视剧引进的问题/洪开//电影评介 1988-11
⊙音像出版物版权保护问题/才华//中国出版 1988-05
⊙影视剧的未来之梦/刘长春//未来与发展 1988-05
⊙影视艺术审美特性浅说（上）/王冠华//阜阳师范学院学报（社科版）1988-02
⊙在影视动画座谈会上的讲话（摘要）/杜春甫//齐鲁艺苑 1988-04
⊙真相和流言的辩证法——从"甲肝"事件谈新闻传播的客观真实性/许涯文//新闻记者 1988-06
⊙中国当代电影的困境和电影文化的重构/花建//电影艺术 1988-11
⊙中国电视剧三十年/郭镇之//当代电视 1988-05
⊙中国电视剧走向世界/汤恒//当代电视 1988-10
⊙走电视剧自己的路/吴能//当代电视 1988-03

1989 年

⊙"看家狗"看得如何——漫话美国新闻媒介/徐成时//中国记者 1989-07
⊙1988 年的香港新闻事业/雷渝平//新闻与传播研究 1989-04
⊙把握好新闻工作的基点——福建宁德地委书记习近平谈新闻工作/许一鸣//中国记者 1989-07
⊙保护新闻自由 完善对新闻事业的管理/林枫//新闻与写作 1989-04
⊙变革潮流中的澳大利亚新闻传播界——访澳印象记/明安香//新闻战线 1989-05
⊙传播的功利性和新闻的选择性/童兵//新闻与写作 1989-04
⊙传播媒介与公众社体/尼・甘纳姆 黄煜 陆晓明//国际新闻界 1989-03
⊙大众传播与文化：向一个新模式过渡（下）/罗伯特・A・怀特 钟梦白//国际新闻界 1989-03
⊙电视特征/邹定武//西南师范大学学报（人文社会科学版）1989-04
⊙电视作为审美文化/田本相//现代传播 1989-02
⊙电影与电视：作为通俗文艺面面观/戴剑平//赣南师范学院学报 1989-03
⊙对话：中国动画电影的困惑和解脱/吕律//电影艺术 1989-11
⊙繁荣音像事业 建设社会主义精神文明/颜长山//视听界 1989-05
⊙反馈——新闻改革的催化剂/刘亮//新闻爱好者 1989-06
⊙盒式原声节目磁带制作质量的探讨/王泽祥 邹峰//信息记录材料 1989-04
⊙纪录：电视的魅力——看'88 上海国际电视节/康定//上海戏剧 1989-01
⊙历史的进步 困惑的问题——十年新闻改革断想/秦绍德//新闻大学 1989-01
⊙流行音乐与磁带市场现状评析/舒泽池 曾毅//瞭望 1989-10
⊙论广播电视受众的逆反现象及受众心理规律/陆原//中国广播电视学刊 1989-04
⊙论西方新闻传播的多元矛盾与导向特征/张惠仁//四川师范大学学报（社会科学版）1989-06
⊙论新闻体制改革/汪伊举 肖敏//探索 1989-01
⊙漫议观众情绪与亚运宣传/杨国庆//体育与科学 1989-03
⊙美国广播电视媒介控制概谈/方颂先//新闻大学 1989-02
⊙美国记者的新闻事业观/章朝东//新闻知识 1989-07
⊙浅谈新闻、信息的传播与控制/晓鸣//武汉大学学报（人文科学版）1989-03
⊙浅谈音像磁带的保护/李景仁//图书馆论坛 1989-03
⊙浅析美国新闻业的"独立性"/赵子健//中国记者 1989-10
⊙让国际新闻打进地方报纸/陈振平//新闻记者 1989-04
⊙如何维护新闻媒介的相对独立性/孙友深//新闻记者 1989-04
⊙时代在召唤杂志型电视新闻节目/陈怀林//中国广播电视学刊 1989-03
⊙世界新闻事业的结构调整/张昆//新闻记者 1989-10
⊙谈音像出版/沈铁侯//人民音乐 1989-10
⊙探讨传播媒介的形象问题 苏美中三国新闻学者聚会莫斯科/力丹//新闻记者 1989-09
⊙通俗电视剧漫议/宋家玲//当代电视 1989-03

- 香港新闻传播媒介鸟瞰/甘华//新闻大学 1989-03
- 效益性传播的探索——试论初级阶段新闻传播在农村社区实现效益优化的途径/仇学英//贵州社会科学 1989-02
- 协调发展 共同繁荣——中国影视事业的必由之路/马向前//中国广播电视学刊 1989-02
- 新闻出版署署长杜导正谈新闻界热门话题//中国记者 1989-02
- 新闻传播和新闻监督的统一/李和平//当代传播 1989-01
- 新闻传播媒介要敲响京剧锣鼓/何玉麟//上海戏剧 1989-06
- 新闻传播与优化社会控制/张希圣//社会科学战线 1989-02
- 新闻传播中道德评价的困惑与思考/赫英全//南京政治学院学报 1989-02
- 新闻改革实践的主体研究和发展研究——对全国新闻界关于新闻改革问题抽样调查的研究分析报告/喻国明//中国广播电视学刊 1989-02
- 信息反馈与新闻传播效应/林雪蓉//兰州大学学报（社会科学版）1989-04
- 宣传功能的突破/翁大毛//新闻记者 1989-08
- 要加快发展我国影视动画节目/赵群//中国电视 1989-11
- 一九八九年全国电影、电视剧、录像题材规划会议综述//中国电视 1989-04
- 音像事业的发展与治理整顿/甄方//道德与文明 1989-06
- 音像制品版权立法刍议/林玉兰//中国广播电视学刊 1989-06
- 影视发展需要大众的参与/黎桀//电影评介 1989-03
- 影视业的新行当家庭影院/林号//中国电视 1989-10
- 影视艺术审美特性浅谈（下）/王冠华//阜阳师范学院学报（社科版）1989-Z1
- 用传播的观点研究新闻与宣传的关系/陶象卿//南京政治学院学报 1989-03
- 幽默：娱乐片一个被冷漠的文化视角/陈柏健//湖北社会科学 1989-05
- 游戏中的生存与选择——娱乐片本质探论/花建//当代电影 1989-04
- 娱乐，电影艺术的一种社会功能/徐志祥//湖北社会科学 1989-05
- 中国录像片交易市场目睹记/老桅//当代电视 1989-11
- 中国新闻业的结构调整/张昆//中国广播电视学刊 1989-06

1990 年

- “金蜂”的路——湖南金蜂音像出版发行总公司纪实/叶丽明道//中国电视 1990-03
- 澳门的新闻传播事业/钟紫//暨南学报（哲学社会科学版）1990-02
- 充斥色情与暴力的现代日本影视业/黎枫//电影评介 1990-09
- 冲破封锁与垄断走向平衡和发展——第三世界大众传播业透视/徐兆荣//国际新闻界 1990-02
- 传播媒介与犯罪/王新建//烟台大学学报（哲学社会科学版）1990-01
- 传媒——“华星”飞向世界的翅膀/高天//新闻记者 1990-08
- 从传播学的视角看电影业/谢金文//当代电影 1990-04
- 从珠江三角洲的传播媒介看大众传播对社会安定的作用/周大鸣//开放时代 1990-01
- 大陆动画行业的世界大战/兵临城下//电影评介 1990-06
- 大众传播媒介：理论与批评/李奕明//电影艺术 1990-06
- 大众艺术传播中的“明星”与观众心理/张育年//视听界 1990-03
- 丹麦色情影视录像业猖獗空前/黎枫//电影评介 1990-09
- 当代电影走向三大趋势/官宇//戏剧艺术 1990-01
- 电视文化随想录/邓曈曈//社会 1990-07
- 电视文化与影像思维/戴剑平//安庆师范学院学报（社会科学版）1990-04
- 电影：一个关于叙事的神话——再论电影与戏剧的关系/殷安建//江汉大学学报（社会科学版）1990-02
- 公共广播电视面临世界挑战/维拉德·D·罗兰得 米奇尔·德瑞塞 缪书平//国际新闻界 1990-04
- 公关工作在新闻传播中的作用/余观//中国广播电视学刊 1990-01
- 关于大众传播媒介社会功能的几种理论/弗朗西斯·巴斯 廖晓英//新闻与传播研究 1990-02
- 关于党的新闻工作的几个问题——在新闻工作研讨班上的讲话提纲/江泽民//新闻战线 1990-03
- 广播、电视、电影编辑工作简论/李显杰//华中师范大学学报（人文社会科学版）1990-S1
- 活跃新闻理论研究 促进新闻工作实践/姚文华//新闻知识 1990-05
- 录像业：与影视争短长/殷金娣//瞭望 1990-03
- 论媒介文化/钟梦白//新闻与传播研究 1990-02
- 美国垄断资本对新闻传播媒介的操纵/尹韵公//新闻实践 1990-07
- 美国新闻与大众传播研究/戴维·H·韦弗 理查德·G·格雷邓炘炘//国际新闻界 1990-01
- 美国新闻与大众传播研究/戴维·H·韦弗//国际新闻界 1990-01
- 欧共体电视事业的现状与动向/李武强//全球科技经济瞭望 1990-08
- 欧洲性都哥本哈根色情影视业趋向衰落//电影评介 1990-06
- 试论音像文化/张迅//中国广播电视学刊 1990-03
- 试谈新闻信息传播特点/李文喜//当代传播 1990-05
- 我国录像出版业大事记/瑞丽//中国电视 1990-03
- 我国新闻业统计资料一组//新闻与传播研究 1990-03
- 西方新闻事业的内在矛盾及其体制的弊端/陈颐//学海 1990-03
- 新赫尔墨斯神的罪愆——大众媒介与社会引导方式/殷安建//电影艺术 1990-06
- 新闻传播效果透视/张学洪//学海 1990-04
- 新闻传播中的抽象与具象问题初探/季燕京//中国社会科学院研究生院学报 1990-02
- 新闻及其传播/顾勇华//新闻知识 1990-05
- 需求层次与新闻传播活动/刘智//新闻与传播研究 1990-03
- 宣传·大众传播·党性——对新闻根本属性的再认识/李汉岗//新闻爱好者 1990-04
- 疑幻疑真的迪士尼新作/林号//中国电视 1990-07
- 音带忧思录/三永 小易//视听界 1990-04
- 音像管理话廉洁/王克茂 刘清湘//视听界 1990-05
- 影视行业成为投资大热门/宏秉//国际展望 1990-03
- 在新闻传播中运用辐射法和辐集法之我见/方胜中//当代传播 1990-04
- 珠江三角洲的大众传播与大众文化/周大鸣//社会学研究 1990-05

1991 年

◎“卡拉，永远 OK”——一种大众传媒的新兴及矛盾/王强//视听界 1991-04
◎1990 年我国新闻业统计资料一组//新闻与传播研究 1991-01
◎传媒为弘扬亚运精神发挥重要作用——一项大规模群众调查得出重要结论/亚运精神宣传效果调查组//新闻记者 1991-02
◎创立新闻消费学的构想/金明正 郭兰波//消费经济 1991-01
◎磁性音像记录材料的现状及发展/谢宜凤//信息记录材料 1991-04
◎从文化背景看电影/蔡耀//电影艺术 1991-02
◎从洋“慧芳”因《渴望》而传播 看新闻的放大效应/廖显辉//新闻知识 1991-07
◎催变与偏畸——音像问题琐谈之三/谭恬//中国出版 1991-06
◎大可开拓的天地——全国新闻文化学术研讨会侧记/党朝晖//新闻知识 1991-08
◎大学生和影视——对大学生影视观众的一次调查/凌常荣 何正华//电影评介 1991-10
◎电视机前谈京戏/金开诚//群言 1991-12
◎电视纪录片的界定和创作/任远//中国广播电视学刊 1991-05
◎电影和电视：相悖的认同机制/唐锡光//电影艺术 1991-01
◎奠基与开拓——音像问题琐谈之一/谭恬//中国出版 1991-04
◎动画电影的空间/刘浩东//文艺研究 1991-03
◎对广播特点认识不断深化的 10 年/唐弦//中国广播电视学刊 1991-01
◎对国产美术片民族化的思考/李永全//瞭望 1991-22
◎对新闻文化中“围城现象”的思考/党朝晖//新闻知识 1991-09
◎关于电视新闻“家庭味”的几点思考/何锡君//视听界 1991-02
◎广播电视论文选登 电视广告经营的治理与发展趋向/朱月昌//中国广播电视年鉴 1991-01-01
◎广播专题节目的优化组合原则/杨继红//现代传播 1991-04
◎国际传播与一国的文化一致性/伊滕阳一 胡正荣//社会学研究 1991-02
◎海湾战争中的新闻启示录/金戈//中国广播电视学刊 1991-04
◎坚持新闻的党性原则与提高传播艺术/冯国庆//绍兴文理学院学报（社科版）1991-01
◎坚持有思想设防的开放——试论音像文艺进口与反思想文化渗透/徐忠//视听界 1991-01
◎镜头对着家庭——一种电视文化心态/谭庭浩//开放时代 1991-01
◎崛起中的新兴事业——关于音像资料的若干认识//视听界 1991-06
◎刘忠德谈中国音像业的整顿和繁荣/殷金娣//瞭望 1991-19
◎录像及其社会背景（上）/罗伊·阿姆斯万千//电影艺术 1991-04
◎录像及其社会背景（下）/罗伊·阿姆斯万千//电影艺术 1991-06
◎论文化继承的媒介及形式/韩虎龙//太原师范学院学报（社会科学版）1991-04
◎论新闻传播的主体意识/任怀民//新闻实践 1991-02
◎漫画文化的日本/李长声//读书 1991-05
◎农村电影观众消费心理分析/胡炳泉//上海大学学报（社会科学版）1991-01
◎欧洲电视抵御美国影视/小雪//当代电视 1991-03
◎契机与屏障——音像问题琐谈之八/谭恬//中国出版 1991-12
◎倾斜与冲突——音像问题琐谈之四/谭恬//中国出版 1991-07
◎清理整顿好音像阵地//中国出版 1991-06
◎上海录像市场的调查报告——录像市场的现状与问题/周宪法 陈圣来 陈锡强 朱开元//党政论坛 1991-12
◎社会政治涵义：电影本体的组成要素——一个电影社会学的重要课题/顾晓鸣//社会科学 1991-02
◎试论电视记者在新闻现场的境前传播行为特性/谢越青//中国广播电视学刊 1991-03
◎试论电影市场研究的特点和趋势/汪天云//上海师范大学学报（哲学社会科学版）1991-01
◎试论我国高清晰度电视传播事业的发展战略/吴贤纶//中国广播电视学刊 1991-04
◎试论新闻媒介传播和引导舆论的原则/郑保卫//中国广播电视学刊 1991-02
◎枢纽与桥梁——音像问题琐谈之七/谭恬//中国出版 1991-11
◎台湾的趋势研究与大众传播媒介/莽萍//中央社会主义学院学报 1991-02
◎顽症与准绳——音像问题琐谈之六/谭恬//中国出版 1991-10
◎我国动画影视的危机及其原因——动画影视发展研究之一/马向前//中国广播电视学刊 1991-06
◎我国农村大众传播状况分析及卫生知识传播对策初探/王林昌//中国健康教育 1991-02
◎下一代新闻传播新技术和新媒介的前景/明安香//新闻实践 1991-08
◎新闻传播史研究的重大成果——读《中国明代新闻传播史》/曲长缨//新闻实践 1991-03
◎新闻传播研究中的新方法/郑保卫//中国广播电视学刊 1991-05
◎新闻时效与传播时宜/徐光春//中国记者 1991-02
◎信息传播与舆论引导——谈谈新闻节目的正面宣传/汪寅生//传媒观察 1991-03
◎影视文化三题/邹定武//西南师范大学学报（人文社会科学版）1991-01
◎影响广播电视突发性重大新闻报道效果之因素研究——广播电视“海湾战争”报道效果调查/张帆 柯惠新//现代传播 1991-03
◎再谈广播电视语言的特点/李文明//视听界 1991-01
◎早期香港传媒与国家民族意识/卓南生//新闻与传播研究 1991-03
◎中国当代喜剧电影的艺术风范/钟友循//长沙理工大学学报（社会科学版）1991-03
◎中国音像出版的新课题——关于音像出版管理问题的答问/月水兰//中国出版 1991-Z1
◎中国音像业的调查剖析/罗辛//中国出版 1991-Z1

1992 年

◎《攻克》动画谈/王植民//电影艺术 1992-06
◎传播新闻要注意社会效果/成鸿昌//河南大学学报（社会科学版）1992-06
◎传播学及其效果分析之历史走向/吴永和//江苏社会科学 1992-04
◎从组织传播彻底转变为大众传播——关于新闻改革的一点思考/弭秀玲//学海 1992-04
◎从组织传播到大众传播——关于新闻改革的一点思考/弭秀玲

//新闻与传播研究 1992-04
⊙电视动画的起步——访徐家察/杨扬//中国电视 1992-12
⊙电视新闻的社会效果娱乐消遣/羊凡//现代传播 1992-01
⊙东欧五国新闻业现状/张丹//新闻与传播研究 1992-02
⊙动画片要重视质量/特伟//中国电视 1992-12
⊙法兰克福学派与大众文化批判/刘春//现代传播 1992-03
⊙广播电视报的特点及其发展趋势/王路//中国广播电视学刊 1992-03
⊙广播电视节目效益探/陶皆良//现代传播 1992-06
⊙广岛国际动画电影节断想/胡依红//电影艺术 1992-01
⊙广州市媒体追踪/后华杰 陈朝生//开放时代 1992-03
⊙后现代都市孤独的流浪者——美国现代电影喜剧大师伍迪·艾伦/钟大丰//当代电影 1992-05
⊙黄梅戏与音像影视共生同荣——黄梅戏现状某侧面的调查与思考/吴元骥//黄梅戏艺术 1992-04
⊙建立新闻传播控制机制的基本构想/戴宁华//南京政治学院学报 1992-01
⊙来自电影圈外的评议——"中国电影现状与中国文化"研讨实录/许纪霖 倪乐雄 蔡翔 吴俊何平 徐甡民 郑向虹 张振华 顾晓鸣//电影艺术 1992-06
⊙略论教育时空观的演变——从传播媒介的发展看大教育观/刘复唐 贾思//江西教育科研 1992-01
⊙论电视文艺的新闻介入/王琮祺//现代传播 1992-01
⊙论音像卡拉 OK 与中华大家唱（卡拉 OK）曲库/凌旋//人民音乐 1992-04
⊙论音像社会组织的管理职能与整化作用/尹朔茯//中国出版 1992-03
⊙漫谈中国动画片的前途/张松林//中国电视 1992-12
⊙美国社会对广告的批评/陈祝平//外国经济与管理 1992-12
⊙美国新闻传播的新形式——文传/季文//国际新闻界 1992-01
⊙面对帝国文化的扩张——对当代美国影视的若干思考/孟建//视听界 1992-01
⊙农民需要反映自己的影视片/龙超领//电影评介 1992-05
⊙普利策的敛财之道与"新式新闻事业"/林肃//新闻知识 1992-05
⊙期待电影经济的繁荣——上海电影经济研讨会发言摘要/钱国民 陈清泉 李民权 吴孟辰 姚国华 周浩斐 柴益新 张雷村 金达昊绍炜 王松青 秦大年//当代电影 1992-06
⊙浅谈我国音像市场及其管理/邵志定//视听界 1992-06
⊙浅议我国影视的服务对象问题/杜玉//齐齐哈尔大学学报（哲学社会科学版）1992-02
⊙日本新闻传播领域的新技术应用与发展/宁新//新闻与传播研究 1992-04
⊙始发与终端——音像问题琐谈之九/谭恬//中国出版 1992-01
⊙市场经济与新闻宣传/文选德//湖南社会科学 1992-06
⊙我国新闻传播受众调查10年/姜秀珍//中国广播电视学刊 1992-03
⊙香港的各类传播媒介/晓华//新闻与传播研究 1992-03
⊙新闻，跳出无形的"圈"——从"呼啦圈"报道谈新闻改革/蔡雯 丁士//新闻实践 1992-10
⊙新闻、新闻价值及时空传播刍议/陈中民//当代传播 1992-03
⊙新闻传播的潜在信息/范建山//现代传播 1992-05
⊙新闻传播效力的一项实证分析/张学洪//新闻与传播研究 1992-02
⊙新闻传播中的"一"与"多"/樊凡//新闻爱好者 1992-10
⊙新闻的新进击——论经济新闻的快速成长及其对我国新闻业的影响/陆彩荣//新闻实践 1992-11
⊙新闻信息传播论/刘惠文//新闻知识 1992-11
⊙信息时代的日本新闻传播业/孙旭培//群言 1992-10
⊙选择与融合——音像问题琐谈之十/谭恬//中国出版 1992-02
⊙研究观众 了解观众 吸引观众——电影迎接挑战的对策思考之二/吴鸣//电影 1992-12
⊙音像记录的国际标准编码——ISRC/万锦堃 蔡京生//现代图书情报技术 1992-04
⊙影视联姻 繁荣动画/常光希//中国电视 1992-12
⊙影视文化与旅游结合的新尝试——记无锡广播电视一日游/蔡革文//视听界 1992-03
⊙有特色的新闻宣传和管理——访新加坡新闻业的若干印象/刘祖禹//新闻战线 1992-11
⊙振兴我国动画影视的必要手段及其主要方针——动画影视发展研究之二/马向前//中国广播电视学刊 1992-01
⊙中国动画明星在哪里？/俞百鸣//电影评介 1992-06
⊙中国新闻业的职业化历程——观念转换与商业化过程/特里·纳里莫李斯颐//新闻与传播研究 1992-03
⊙中国影视民族学的发展历程及前景展望/李德君//广西民族研究 1992-04
⊙重金新闻业/胡泳//新闻战线 1992-09
⊙重视娱乐功能，走出电影低谷/龙炘成//电影评介 1992-12
⊙总结经验 提高质量 为繁荣和发展重大革命历史题材影视创作而奋斗/丁峤//当代电影 1992-02

1993 年

⊙"社会主义市场经济与新闻事业"学术研讨会综述/宋新桂//新闻大学 1993-03
⊙"新闻商品化"质疑/彭朝丞//新闻实践 1993-07
⊙"有偿新闻"与经济创收/王德和//当代传播 1993-05
⊙《我爱我家》剧组采访散记"家"里的名堂 情景喜剧——话剧与电视剧两种艺术的极好结合方式/范新宇 高扬//中国戏剧 1993-06-15
⊙1993：滔滔商海中的新闻之舟/时统宇//新闻知识 1993-06
⊙90 年代初日本视像产品发展动向/徐国光方晓虹//电视技术 1993-04
⊙阿拉伯世界的新闻媒介——从报纸到通讯卫星/孟庆顺//阿拉伯世界 1993-01
⊙澳大利亚新闻传播状况考察报告/陈崇山//新闻与传播研究 1993-01
⊙把"公关"引入电影宣传——关于如何培育电影市场的思考之二/李建强//电影评介 1993-04
⊙百家争鸣说"通俗"——"通俗电视剧"研讨会综述/解玺璋//中国电视 1993-10
⊙报纸策划：当代新闻学新课题/蔡雯//中国记者 1993-03
⊙报纸群众工作如何为市场经济服务？/赵知友//当代传播 1993-06
⊙驳"'有偿新闻'有理"论/秦泽//新闻记者 1993-07
⊙出版、受传与出版效益实现机制/吴旭君//出版与印刷 1993-01
⊙刍议社会主义市场经济条件下的新闻业/孙旭培//新闻与传播研究 1993-02
⊙从东广台的实践看新闻改革的走向/马达//探索与争鸣 1993-04
⊙从新闻改革看"新闻官司"——兼论制订"新闻纠纷和诉讼条

例”的必要性和可能性/魏永征//新闻与传播研究 1993-02
◎从新闻消费看新闻生产/陈力丹 宋小卫//新闻记者 1993-08
◎从直播到电话参与：中国新闻改革的传播学道路/朱光烈//现代传播 1993-03
◎当前“媒介大战”的传播学思考/裴显生 夏文蓉 孟建//新闻大学 1993-03
◎电视剧能否面向文化市场？/陆炎//中国电视 1993-04
◎电视剧走向：雅俗共赏“精品化”/汤华//瞭望 1993-45
◎电视新闻表现形式应走自己的路/王珏 袁东亮//新闻实践 1993-03
◎电影迎接挑战的对策思考/吴鸣//电影 1992-09
◎电影在转变中/张颐武//群言 1993-07
◎电子出版物的战略地位和我们的发展战略/田胜立//出版与印刷 1993-02
◎丁关根在人民日报国内记者工作会议上的讲话//新闻知识 1993-06
◎对当前影视创作一种思潮的哲学思考——学习党的十四大政治报告的体会/仲呈祥//中国电视 1993-01
◎对我国电视剧面向文化市场的思考/海飞//中国电视 1993-04
◎对新闻传播与社会主义市场经济的思考/何光先//新闻知识 1993-01
◎反对拜金主义 禁止“有偿新闻”/田玉棉//当代传播 1993-05
◎港台影视何以风靡大陆？/蔡昌延//电影评介 1993-07
◎港台影视片与观众效应/唐亮//当代电视 1993-02
◎港台影视片与观众效应/唐亮//当代电视 1993-02
◎个性化：大众审美文化的内核/姚文放//福建论坛（人文社会科学版）1993-01
◎给张艺谋电影泼凉水/萱草//电影评介 1993-11
◎关于大陆录像市场的问题与对策/王泽成//中国出版 1993-07
◎关于广播电视体制深层改革的思考/张丹宁//中国广播电视学刊 1993-05
◎国际传媒登陆香港/朴石//南风窗 1993-11
◎合作与竞争：孕育新的生机——一九九二年中国新闻界一瞥/陆彩荣//中国记者 1993-01
◎加强四种意识 深化电视改革/季世昌//视听界 1993-04
◎加强音像制品经营管理的几点分析/喻万祥//中国广播电视学刊 1993-02
◎假如边播边拍/江辉跃//瞭望 1993-15
◎教化还是娱乐——对电影功能的一种理解/陈晓云//浙江师范大学学报（社会科学版）1993-04
◎禁竞净——音像市场的现状与对策/徐忠//视听界 1993-03
◎禁止“有偿新闻”初探/戴国邦//中国广播电视学刊 1993-06
◎京沪新闻界名流向大学生谈新闻改革——复旦新闻学院学生“中国新闻改革行”纪事/杨扬//新闻记者 1993-03
◎经济基础与新闻事业社会属性——对毛泽东的新闻事业阶级性论断的再认识/卢惠民//视听界 1993-06
◎经济政策应向新闻纪录电影倾斜/辛路//电影 1993-06
◎录像市场引起的几点思考/王泽成//电影评介 1993-07
◎略谈影视创作中的细节/慧惠//广西师范学院学报（哲学社会科学版）1993-03
◎论当代中国大众文化浪潮中的大众传播媒介/杨瑞明//新闻大学 1993-04
◎论新闻传播活动中的价值观念/刘惠文//新闻知识 1993-05
◎论有偿新闻之怪现象/夏商周//中国记者 1993-09
◎马克思的新闻思想与市场经济/陈力丹//新闻记者 1993-03
◎满足新闻受众需要 提高新闻节目传播效益/田金祥//中国广播电视学刊 1993-01
◎漫谈喜剧笑声和喜剧表演/齐士龙//中国电视 1993-01
◎面向市场办广播/贾耀斌//理论观察 1993-02
◎浅论新闻传播中的社会负效应/庆振轩//兰州大学学报（社会科学版）1993-3
◎全球性后殖民语境中的张艺谋/张颐武//当代电影 1993-03
◎群众参与和新闻改革/居欣如//探索与争鸣 1993-04
◎日本新闻媒体的经营/张煦棠//中国记者 1993-06
◎瑞士新闻业一瞥/施光耀//中国记者 1993-07
◎上海新闻改革巡礼/秦小泽//新闻实践 1993-05
◎社会主义市场经济引发的新闻理论思考/卢惠民//南京政治学院学报 1993-Z1
◎社会主义市场经济与新闻观念更新/沈世纬//新闻与写作 1993-10
◎社会主义市场经济与新闻事业研讨会畅谈新闻学术界的 10 个热门话题/李小冬//新闻与传播研究 1993-02
◎社会主义市场经济中的广播宏观改革/刘玉峻//中国广播电视学刊 1993-04
◎审理涉港影视作品侵权案件若干问题的探讨/赖惠鸿//法学杂志 1993-06
◎市场经济：中国新闻界的新课题——兼议新闻改革的价值取向及其纠正/童兵//新闻知识 1993-03
◎市场经济对新闻事业影响两面观/丁柏铨//江苏社会科学 1993-05
◎市场经济下的新闻事业改革/孙旭培//现代传播 1993-01
◎市场经济与大众传播的社会控制/毛微昭//新闻知识 1993-12
◎市场经济与新闻的党性原则/时统宇//新闻战线 1993-08
◎试论市场经济与新闻体制改革/康荫//新闻知识 1993-06
◎试说录像制品的分类/邹建华//中国出版 1993-11
◎谁主宰美国的新闻传播？/龚文庠//北京大学学报（哲学社会科学版）1993-05
◎谈谈当前广播节目中的几个关系问题/李力//现代传播 1993-05
◎提高认识 加强管理 进一步繁荣和发展书报刊音像事业/袁志发//内蒙古宣传 1993-Z3
◎我国地方新闻传播的格局和特点/毛微昭//四川大学学报（哲学社会科学版）1993-01
◎喜剧电影：现代娱乐方式的一种/周政保//当代电影 1993-04
◎现实不能回避——市场经济与中国新闻改革若干重大问题/布玄//新闻知识 1993-08
◎新闻不是商品 记者不是商人/戴邦//新闻与写作 1993-08
◎新闻传播与社会主义市场经济/何光先//新闻与写作 1993-03
◎新闻传媒的社会责任/王木林//华中科技大学学报（社会科学版）1993-01
◎新闻的商品性与党报的喉舌作用/秦德成//新闻记者 1993-07
◎新闻的商品属性与“有偿新闻”现象辨/蔡雯//中国记者 1993-09
◎新闻改革随想录（一）/陈念云//新闻记者 1993-03
◎新闻改革随想录（二）/陈念云//新闻记者 1993-05
◎新闻媒介的地缘政治学和地缘战略——新闻学研究的一门新学科/廖晓英//新闻与传播研究 1993-01
◎新闻媒体要处理好三个带根本性的关系/陈念云//探索与争鸣 1993-04
◎新闻商品属性之我见/柳明瑞//中国广播电视学刊 1993-05
◎新闻信息传播论/刘惠文//新闻知识 1993-01

- 新闻业竞争与两个市场问题/裘正义//中国记者 1993-07
- 新闻业市场行为的发展与基本观念的确立/裘正义//新闻大学 1993-03
- 以文化产业塑造广州的都市风骨/周兆晴//开放时代 1993-02
- 音像市场：莺歌燕舞中的困扰/周红军//中国改革 1993-09
- 印度民间传说与古典戏曲在国家发展中的作用——一种传播学的分析/涂江莉//汕头大学学报（人文社会科学版）1993-01
- 应大力开发音像出版物农村市场/三石//中国出版 1993-02
- 迎接挑战——从南京电视台新闻节目改版、扩版谈起/汪波//视听界 1993-03
- 迎接新文化型态：传播主体和受体的互渗——对广播、电视“直播”的文化解析/顾晓鸣//探索与争鸣 1993-04
- 影视合流 势在必行/顾景发//电影评介 1993-05
- 影视市场与影视片走私透析/李永全//瞭望 1993-18
- 影视应正视报刊扩版的冲击/龙超领//电影评介 1993-08
- 用影视宣传中华民族的形象，访北京2000年奥申委影视传媒顾问胡波博士/刘建雄//电影评介 1993-10
- 由影片《蒋筑英》说开去/金万化//群言 1993-07
- 游戏规则——娱乐电影的定位/李一鸣//电影艺术 1993-03
- 娱乐片：文化转型和市场经济的必然产物（上）/李奕明//电影艺术 1993-05
- 娱乐片：文化转型和市场经济的必然产物（下）/李奕明//电影艺术 1993-06
- 杂志化，还是报纸功能的增强与扩展/庞孝浚//新闻记者 1993-02
- 在历史、艺术与商品之间寻找立足点——中国历史题材电视剧创作景况窥探/任晓润//当代戏剧 1993-06
- 中国录像业大透视/沈卫星//中国有线电视 1993-00
- 中国新闻改革的大趋势——“社会主义市场经济与中国的新闻事业”研讨会侧记/尹德刚//新闻大学 1993-01
- 着意于情的点化——电视剧《孝子》琐谈/宋鲁曼//中国电视 1993-07
- 走向市场经济的广东新闻界/王志纲//中国记者 1993-02
- 走向市场增强竞争能力/傅玉泉//电影 1993-06
- 做广告刊播的“好管家”/王民生//中国记者 1993-05

1994年

- “丑小鸭”怎么变成了“白天鹅”？——从广播“动作到位”看受众主体性确立的传播学意义/金玉琴 朱永祥//浙江传媒学院学报 1994-01
- “东方好莱坞”与文人“下海”——张贤亮访谈录/程明//唯实 1994-09
- “丰富电视节目源”初探/钟亮//声屏世界 1994-04
- “信息高速公路”的冲击——关于信息高速公路对大众传媒之影响的评估/谢静//新闻大学 1994-04
- 21世纪西方新闻出版传媒的走向/宋建新//中国出版 1994-11
- 70—80年代的美国华文传播媒介/王士谷//新闻与传播研究 1994-03
- 94中国长春电影节访谈录/笠村 伊人//现代交际 1994-11
- OK，东方好莱坞——中央电视台涿州“中国电视城”掠影/韩为卿//电影评介 1994-08
- 艾知生部长谈广播影视宣传//中国广播电视学刊 1994-02
- 澳大利亚大众传媒管理考察/王怡红//新闻与传播研究 1994-03
- 编辑与传媒形象的关系/刘晴//工会理论与实践——中国工运学院学报 1994-06
- 参差错落 巧妙组合——浅谈广播新闻节目编排艺术/马文静//新闻传播 1994-03
- 传媒不能渲染封建迷信/程深//新闻窗 1994-03
- 传媒的格调/何满子//新闻记者 1994-10
- 传媒广告与导购效果——上海社科院新闻研究所进行抽样调查/贾亦凡//新闻记者 1994-03
- 传媒文化导向与社会文化环境——兼议江苏文艺台的文化导向及其社会效果/浩淼//视听界 1994-04
- 传媒应给青少年更多更好的精神食粮/王锡渭//文艺理论与批评 1994-03
- 传媒与沟通：对后现代文化交流的透视/王岳川//现代传播-北京广播学院学报 1994-01
- 传媒之间的互相影响和摹仿/赵维//社科信息文荟 1994-20
- 从编写三部电视片谈档案走向社会/郝臣杰//陕西档案 1994-01
- 从政府对传媒的管制看中国古代禁书——中国古代禁书专题研究之一/师曾志//编辑之友 1994-02
- 大众传播与文学之互动/吴娟妹//江汉大学学报 1994-01
- 大众传媒的分众化趋势/谢静//中国记者 1994-11-15
- 大众传媒与精神文明/于昕//青年记者 1994-04
- 当代广播音乐的文化建构/冯明洋//现代传播-北京广播学院学报 1994-06
- 电视：作为大众传媒和艺术/邹平//上海大学学报（社会科学版）1994-03
- 电视剧发展新态势/徐慧征//电视研究 1994-09
- 电视剧发展新态势/一泓//视听界 1994-05
- 电视剧工厂——试论国内电视剧制作观念的改变/方珍平//声屏世界 1994-09
- 电视剧生产应向专业化、商品化方向发展/云秀文//辽宁经济 1994-04
- 电视文化的现状与趋向/金水//上海大学学报（社会科学版）1994-03
- 电台旋风/周红军//世纪行 1994-02
- 电影教育在中国/李亦中//电影艺术 1994-01
- 电影与电视：未来发展的问题思考/杨静//思想战线 1994-03
- 电子游戏市场的治安管理/祁金锁，刘海生//人民公安 1994-07
- 多媒体技术与市场/刘建岭//计算机世界 1994-10
- 多媒体是最有希望的高新技术产业/陈幼松//中国科技产业 1994-12
- 法律监督非游戏——省人大代表检查东莞执行电子游戏机室管理规定情况侧记/容玉凌//人民之声 1994-02
- 关于大陆台湾传媒文化的思考/秦志希//现代传播-北京广播学院学报 1994-05
- 广播电视走向市场的思考/张越//新闻大学 1994-02
- 计算机三维动画与我国动画事业的发展/金辅棠//电视字幕、特技与动画 1994-01
- 加强管理开拓国产音像制品市场/刘习良//广播电视信息 1994-05
- 坚持梦想 争取辉煌——游览华夏西部影视城/陈琢如 高天//宁夏画报 1994-02
- 今天的电视，明天的世界/帕·休斯//世界电影 1994-02
- 跨世纪：新闻传媒的八大转变/包临轩//新闻传播 1994-06
- 林妹妹商海荡轻舟——访长城国际影视广告有限公司总经理、万洋贸易公司董事长陈晓旭/陈霞 邹中华 黄国华//外向经济 1994-Z2

◎论电视节目的审美教育功能/曾学远//声屏世界 1994-04
◎论科幻影视片的社会价值与创作/段方敏//镇江师专学报（社会科学版）1994-04
◎论新闻媒介的经营与改革/邵培仁//新闻知识 1994-11
◎美电子游戏业现状及趋势/曹卫国//今日电子 1994-04
◎美国影视文化向世界各国渗透//广播电视信息 1994-08
◎你在收看我么？/胡正荣//世界电影 1994-03
◎欧洲广播电视现状一瞥/尹明华//新闻记者 1994-05
◎千呼万唤始出来——有感于国产动画片的生产现状/程放//中国电视 1994-10
◎浅谈 CATV 自办节目管理/凌宗禄//有线电视技术 1994-04
◎青少年影视文化兴趣问卷调查报告/张令振 胡远芳//中国广播电视学刊 1994-05
◎轻之惑：后现代语境中的中国电影/尹鸿//当代文坛 1994-06
◎全新的思维 全方位的改革——记哈尔滨市电影公司经理 张广友/天元//企业文化 1994-04
◎让受众走向权利主体——谈谈传媒消费领域中的公民权利/木雨//新闻与传播研究 1994-03
◎时代需要高素质的新闻工作者——兼谈学习新闻学的必要性/胡正荣//中国有线电视 1994-02
◎世界电子游戏机市场空前繁荣、前景广阔/肖亚//现代计算机 1994-S1
◎市场化与行政化：关于新闻传播资源配置方法的选择与思考/喻国明//新闻与传播研究 1994-03
◎试论电台公众形象的塑造/蔡凯如//现代传播-北京广播学院学报 1994-04
◎试论新闻教育改革的市场观/梁廷耀//郑州大学学报（哲学社会科学版）1994-04
◎首都音像界座谈《音像制品管理条例》 为繁荣音像事业提供可靠保证/曲志红//中国有线电视 1994-Z1
◎数字程控交换机与专网中的多媒体通信/龚兴华//世界电信 1994-05
◎为钱所左右 盲目追豪华——电视娱乐的非大众化//戏剧文学 1994-02
◎未来影视谁主沉浮？——漫话数字成像技术/哲民//家庭电子 1994-04
◎我看影视作为产品/华亭//声屏世界 1994-10
◎我们将化为“泡沫”——信息高速公路将给传播业带来什么？/朱光烈//现代传播-北京广播学院学报 1994-02
◎喜看川剧“触电”忙/李祥林//四川戏剧 1994-02
◎现代影视明星现象和明星效应/齐士龙//中国电视 1994-01
◎谢晋“下海”/刘鹰//理论与创作 1994-03
◎新传媒/顾土//中国记者 1994-04
◎新闻传播媒介的社会角色/杨思迅//新闻知识 1994-03
◎新闻传媒的宣泄功能/蔡华东//新闻界 1994-06
◎新闻传媒与领导形象/郝振省//新闻出版交流 1994-02
◎新闻媒介管理改革浅议/邵培仁//当代传播 1994-06
◎新闻能否坚持公正原则——介绍日本传媒围绕“椿贞良发言事件”展开的激烈争论/刘成安//新闻界 1994-03
◎迅速发展中的多媒体网络/黄绍平//电子产品世界 1994-05
◎音像市场//广播电视信息 1994-02
◎银屏渴望调色板/何晓琴//声屏世界 1994-02
◎影视合一是必然的趋势/唐亮//电影评介 1994-07
◎影视经纪人//网络与信息 1994-09
◎影视业要不要纳入关贸总协定/张叔雄//广播电视信息 1994-Z1
◎影视转轨浅议/唐亮//电影评介 1994-05
◎优化音像市场，造就健康的下一代/张大钟 徐宝康//青少年犯罪问题 1994-03
◎掌握规律 科学调控 把文化市场管理工作推上新的高度/赵宝晨//经济研究参考 1994-32
◎政府转变职能和传媒“喉舌”作用的改进/李自敏//中国广播电视学刊 1994-04
◎窒息的市场——中国连环画困境种种/韩智东//新闻与传播研究 1994-03
◎中国 CD 市场一瞥/殷金娣//瞭望 1994-46
◎中国录像业如何再度繁荣/肖锋//中国有线电视 1994-Z1
◎中国音像业大扫描/殷金娣//记者观察 1994-12
◎重塑阳刚：影视的历史使命/廖晓明//声屏世界 1994-08
◎追星：新传媒网络中的大众文化增殖与偏食——兼论当代青少年的审美特征与审美导向/孙抱弘//当代青年研究 1994-01
◎走出“夹缝”，搞好行业电视新闻报道/刘学凡//浙江传媒学院学报 1994-04
◎走出沉默的尴尬——影视大战的艺术思考/杨静//电影评介 1994-04
◎走出误区：1993 电视剧印象/尹鸿//当代文坛 1994-02

1995 年

◎“好听，好看，好懂”——谈胡连翠的黄梅戏音乐电视剧/钟艺兵//中国电视 1995-03
◎“米老鼠”创造的娱乐王国——美国迪斯尼公司创世界名牌的经历/山城客//中国质量万里行 1995-06
◎“米老鼠”走上中国公堂/陈平//当代司法 1995-01
◎“有偿新闻”的病理与疗治——与邓自强同志会诊/阮志孝//新闻界 1995-02
◎《狮子王》和中国动画业/孙永杰//科技潮 1995-09
◎《天生杀手》：对美国传媒的控诉和反讽/刘波//电影评介 1995-04
◎90 年代影视剧作：“文化工业”的典型产品/杨经建//理论与创作 1995-06
◎澳大利亚新闻界一瞥/陈新//中国记者 1995-01
◎八十年代以后的中国电影美学思潮/尹鸿//电影艺术 1995-04
◎报道传媒经营，好/宋建武//新闻记者 1995-12
◎传媒变革与现代的诗稗之争/傅修延//江西师范大学学报（哲学社会科学版）1995-01
◎传媒亟须质量万里行/曾伯炎//新闻界 1995-03
◎传媒市场取向与中国新闻改革中观思路的若干问题/裘正义//复旦学报（社会科学版）1995-03
◎传媒业：市场空间还有多大/康宁//开发区导刊 1995-03
◎传媒艺术的兴起与戏曲艺术的振兴/肖海鹰//中国电视戏曲 1995-04
◎创建影视电子游戏产业迎接家庭多媒体娱乐革命/杨南征//多媒体世界 1995-01
◎从“世妇会”等报道看美国新闻传媒的“客观公正”/姜克安//国际新闻界 1995-Z1
◎从“唐老鸭”到“迪斯尼乐园”/钱棠宁//当代世界 1995-10
◎从代理到买断，喜乎？忧乎？——上海广告业买断媒体现象评述/王放//新闻记者 1995-05
◎大众传媒带来了新的审美需要/曾田力//文艺研究 1995-06
◎大众传媒的“窄播”服务功能/龚炜//贵州教育学院学报

1995-04
◎大众传媒中的信息污染与信息选择/潘荣//新闻窗 1995-03
◎当前中国电影策略分析/尹鸿//当代电影 1995-04
◎当前中国电影的形势和我们的主要对策/田聪明/影视技术 1995-06
◎德国公法广播电视业的历史及现状/李刚//社科纵横 1995-02
◎德国新闻传媒界掠影/杨学锋//对外大传播 1995-Z2
◎迪斯尼带来的新变化/史元//世界知识 1995-19
◎电视情节连续剧：寓教于乐的电视剧/伊·洛扎诺//世界电影 1995-01
◎东京迪斯尼乐园——日本娱乐产业的辉煌/白水//北方经贸 1995-Z1
◎读有关外国新闻业的报道有感/张允若//新闻记者 1995-01
◎对电视剧“轰动效应”的思考/吴小丽//上海大学学报（社会科学版）1995-04
◎方兴未艾的美国娱乐业//国外社会科学 1995-01
◎关于《关于纸老虎的神话》/王霞//现代传播-北京广播学院学报 1995-06
◎国产动画片：等你等得我心痛/曾颖//当代电视 1995-10
◎国外多媒体产业的发展/陈建平//南通工学院学报（社会科学版）1995-Z1
◎海南电子游戏市场现状和科学管理/陈川雄//特区展望 1995/05
◎后现代大众传媒透视/王岳川//民主与科学 1995-02
◎互动共荣：市场经济与新闻传播/邵培仁//新闻知识 1995-03
◎回顾昔日的辉煌 正视面临的挑战 展望跨世纪的发展趋势——在《21 世纪影视展望研讨会》闭幕会上的讲话/刘国典//电视研究 1995-10
◎计算机动画的现状与发展/金辅棠//影视技术 1995-09
◎加强改进书报刊影视音像市场管理//社科信息文荟 1995-01
◎贾平凹谈对传媒的感受/刘慧同//新闻传播 1995-02
◎坚持正确导向 提高节目质量 努力把广播电影电视工作提高到新水平——在全国广播电影电视工作会议上的报告/孙家正//中国电视 1995-05
◎建立健康有序、全面发展的音像市场/建华//出版发行研究 1995-04
◎借助现代传媒促进戏曲发展——全国电视戏曲研讨会在昆明召开//电视研究 1995-08
◎近代广州大众传播业的发展（1827—1911 年）/乐正//开放时代 1995-05
◎经济有效地利用大众传媒——新闻报道/刘庆楚//编辑之友 1995-04
◎卡拉 OK 台：音乐电视大战的后来者/荣光//对外大传播 1995-08
◎连环画市场怎么啦？/李玲//中国质量万里行 1995-08
◎论广播电视节目运行中的市场意识/王振山//苏州大学学报（哲学社会科学版）1995-02
◎论新闻传播在当代社会中的功能/邵培仁//黔南民族师范学院学报 1995-02
◎梅花奖风波的是与非/施芳//新闻记者 1995-09
◎美国传媒为何热衷“暴力”/姜克安//国际新闻界 1995-01
◎美国电影与有线电视的共生共存现象（之一）/许浅林//影视技术 1995-10
◎米老鼠创造出的娱乐王国（下）/山城客//中国质量万里行 1995-07
◎米奇老鼠与迪士尼王国/石友//经济世界 1995-02
◎农村电影如何适应市场/黄光明//理论月刊 1995-12
◎让电影的光辉重新照耀农村/印荣生//电影评介 1995-04
◎让我们走进动画世界 影视天地/赵亚山//艺术广角 1995-03
◎日本的科幻机器人与铁臂阿童木（上）/王秀梅//机器人技术与应用 1995-05
◎日本漫画、卡通出版热令人忧虑/周慧林//中国图书评论 1995-04
◎日本人与漫画/赵建中//书城 1995-03
◎融合：大众传媒发展的新趋势/沈莉//新闻记者 1995-10
◎试论陇东解放区新闻传媒的“三性”/郑波//科学·经济·社会 1995-04
◎试论人类学影视片的拍摄视角/李德君//中央民族大学学报（哲学社会科学版）1995-06
◎思想传媒与文化走势/丁东//中国国情国力 1995-11
◎泰国荧坛的火爆热点/邹鸿君//当代电视 1995-06
◎谈市场经济中的音像市场/韩铁军//行政与法 1995-01
◎谈谈享受传媒服务的利益问题/宋小卫//新闻与传播研究 1995-04
◎探索要闻版的深度报道/毕俊峰//新闻记者 1995-02
◎推动学术发展的可贵努力——电视片《红楼梦与丰润曹》观后/严昭柱//中国电视 1995-07
◎拓展新闻传媒的服务功能/吴培恭//传媒观察 1995-07
◎为了中国的好莱坞——访中央电视台太湖影视城主任冷敏述/苏军 商湘涛//中国电视戏曲 1995-04
◎我国传播学研究与传播业的互动（论纲）/胡正荣//现代传播-北京广播学院学报 1995-06
◎我国首家传媒研究机构成立/任大新//新闻爱好者 1995-11
◎我谈电视广告/周红昌//当代电视 1995-08
◎我钟情制片/刘大印//中国电视 1995-09
◎西方国家企业对新闻传媒的影响/朱丽//新闻三昧 1995-07
◎析市场经济条件下的音像市场/王明新//理论界 1995-06
◎戏曲与电视的结合是电视与戏曲的双向选择/孟繁树//艺术百家 1995-04
◎闲扯“戏曲电视”/徐柏森//当代戏剧 1995-06
◎新闻传媒要维护祖国语言/宁吉祥//中国广播电视学刊 1995-07
◎新闻节目“经营”初探/周鸿铎//现代传播-北京广播学院学报 1995-05
◎新闻也要“打假”/端文//新闻记者 1995-05
◎亚运会上的日本传媒/聂泽恒//新闻界 1995-01
◎音像市场 症结初诊/凌冬//视听界 1995-02
◎音像业的前途 转变政府管理职能/才华//人民音乐 1995-08
◎应慎重对待涉及企业产品的新闻报道——谈谈当前经济新闻面临的一个新课题/申凡//当代传播 1995-04
◎舆论监督中的新闻报道必须完全正确吗？ 兼论报道失当的判定与免责/喻国明//新闻爱好者 1995-02
◎在喧哗和骚动中走向多元化——90 年代中国电影策略分析/尹鸿//天津社会科学 1995-03
◎中国卡通连环画谁领风骚——试论中国卡通连环画发展的几个问题/何骏//南方文坛 1995-04
◎中国人，请读点书吧/云德//新闻三昧 1995-04
◎走进动画世界/赵亚山//声屏世界 1995-06
◎作为现代社会文化情境的“媒介真实”——试论电视传播对社会现实的建构/陆晔//社会科学 1995-02

1996 年

⊙"电视微型喜剧"刍议——兼论"哈哈 TV"的艺术探索/陈孝英 鲁涛//当代电视 1996-03
⊙"瑞典的贝鲁斯科尼"——传媒巨头斯坦伯格走红欧洲/方迎九//国际新闻界 1996-02
⊙"妖魔化"中国的背后——美国传媒是如何讲政治的/李希光//国际新闻界 1996-06
⊙"议题设置"理论与"炒新闻"现象/孙玮//新闻大学 1996-01
⊙"影视合流"的成效/金达//电影新作 1996/01
⊙"娱乐片"——新潮电影的另一副面孔/蔡师勇//文艺理论与批评 1996-04
⊙《红粉》：没有完成的缝合/尹鸿//电影艺术 1996-03
⊙20 世纪初中国传播媒介的繁荣与人的现代化/闾小波//新闻与传播研究 1996-01
⊙INTERNET、JSSN 和地方信息网络/陈新祥//江苏科技信息 1996-08
⊙澳门及澳门的新闻传媒/文广//报刊之友 1996-01
⊙把对农报道视角转向市场/王小斌//声屏世界 1996-09
⊙把握导向 多出精品 促进广播电影电视工作迈上新的台阶——在全国广播电视（影视）厅（局）长会议上的报告/孙家正//电视研究 1996-03
⊙办好卡通画刊，繁荣儿童出版物市场——中宣部出版局与《少年漫画》、《北京卡通》编辑部座谈会侧记/张吉霞//中国图书评论 1996-02
⊙编者的人品和文品/施锦昌//传媒观察 1996-02
⊙冲突与和解：日本传媒管理体制一瞥/宁新//国际新闻界 1996-02
⊙传播模式论/邵培仁//杭州大学学报（哲学社会科学版）1996-02
⊙传媒不可滥加封号/刘章西//新闻三昧 1996-01
⊙传媒帝国冲击着美国大众文化/杨建华//国际新闻界 1996-02
⊙传媒发布虚假广告意味什么/子枚//新闻记者 1996-11
⊙大众传媒广泛关注的全球信息基础设施和 Internet/王晓琪 易庆国//中山大学学报（自然科学版）1996-S2
⊙大众传媒应尽量减少差错/郭凤鸣//采·写·编 1996-03
⊙当代中国的精神处境——兼谈台湾传媒中的消闲文化/黎湘萍//文艺争鸣 1996-03
⊙电视的新发展——美国新闻传媒扫描之三/徐熊//新闻界 1996-05
⊙电影不是一个筐——观陈逸飞《人约黄昏》有感/张兆前//电影评介 1996-03
⊙电子书籍出版业的奇葩/郭亮彩//科技信息 1996-03
⊙电子游戏机与我国城市青少年的研究报告/卜卫//青年研究 1996-06
⊙东方好莱坞——香港电影业鸟瞰/张文彦//世界华文文学论坛 1996-03
⊙独立制片人家族添丁进口/虎生//当代电视 1996-03
⊙恶性竞争下的香港新闻业/黄煜//国际新闻界 1996-01
⊙耳闻目睹传媒之怪现象/彭炀//中国出版 1996-05
⊙发扬民族传统 重振动画辉煌/居纪晋//出版参考 1996-14
⊙反侵占：全球抵制好莱坞/张燕萍 胡仕春//记者观察 1996-12
⊙反思电视媒介环境/尹鸿//中国电视 1996-08
⊙访美归来话传媒/孙旭培//国际新闻界 1996-02
⊙改进会议报道三要点——新闻性 灵活性 艺术性/胡正荣//传媒观察 1996-01
⊙敢问路在何方——与李歇甫导演就祖国大陆动作片一席谈/张云龙//中华武术 1996-03
⊙关于报喜报忧与传媒可信度的控制实验研究/任志强//新闻大学 1996-04
⊙关于电视节目市场研究/周鸿铎//现代传播-北京广播学院学报 1996-03
⊙关于电影与电视关系的调查报告/张同道 刘宁子 宋娟 路春燕 李学武//电影艺术 1996-02
⊙关于电影与电视关系的调查报告/张同道//电影艺术 1996-02
⊙关于儿童媒介需要的研究——以电视、书籍、电子游戏机为例/卜卫//新闻与传播研究 1996-03
⊙广播电视信息产业的功能/周鸿铎//浙江传媒学院学报 1996-Z1
⊙归于消失，还是再获新生——试论传媒的发展前景兼与朱光烈先生商榷/张咏华//国际新闻界 1996-05
⊙河北省近年全国新闻获奖作品现状的透视与思考/杨连云//采·写·编 1996-06
⊙红灯 绿灯一起亮——中国影视经纪人向何处去//当代电视 1996-09
⊙互映互动：影视一体化的新空间/贾磊磊 解芳//电影创作 1996-05
⊙华人有线电视逐鹿欧洲/张小茸//中国广播电视学刊 1996-03
⊙讲好电视剧的故事/孟繁树//中国电视 1996-09
⊙讲政治 讲事实 讲新闻规律——谈电视新闻工作者为什么首先要讲政治、讲政治如何通过新闻事实来体现/史联文//声屏世界 1996-11
⊙借助广告的智慧创造商家的辉煌——评《广告与传媒》/陈月琴 陈月琪//美术之友 1996-06
⊙拒绝"创意"——谈谈 90 年代影视改编中存在的一点问题/严辉//电影评介 1996-06
⊙卡通故事类型与教育功能/李红霞//浙江师大学报（社会科学版）1996-05
⊙开拓是最佳的自我保护——"传媒大王"麦多克/张平阳//经营与管理 1996-12
⊙看不见的虚构物——论电视的受众/胡正荣//国际新闻界 1996-05
⊙老谋子：敢问路在何方？——从《外婆桥》谈到导演的模式与创新/张兆前//电影评介 1996-01
⊙历史再现与人民记忆——评《南京大屠杀》/李奕明//电影艺术 1996-03
⊙利用海内外传媒 构架信息传输网/赵鸣//对外大传播 1996-07
⊙另眼相看奥斯卡/赵武平//大众电影 1996-09
⊙略论科技传媒/杨雄里//世界科技研究与发展 1996-06
⊙论人类传播史上的五次革命/邵培仁//中国广播电视学刊 1996-07
⊙论影视艺术的商业性/宋振文//湘潭师范学院学报（社会科学版）1996-04
⊙没有受众的传媒——多媒体时代的传播概念/刘云峰//现代传播-北京广播学院学报 1996-02
⊙媒介批评的意图/丁俊杰//现代传播-北京广播学院学报 1996-02
⊙美国的传媒格局和中美文化交流/曹京柱//新闻爱好者 1996-08
⊙美国华裔电视记者的崛起/榕叶//对外大传播 1996-Z2
⊙米老鼠京城告状记——第一起美国公司在中国提起版权诉讼案纪实/边江//经济世界 1996-03

◎米老鼠来了之后……/石吟//税收与社会 1996-03
◎米老鼠与唐老鸭（MD）/蔡黎辉//家用电器·消费 1996-10
◎纽约——美国影视之都一瞥/丁荣源//新闻大学 1996-03
◎评“新闻走穴”/丁夫//报刊之友 1996-04
◎企业界人士评说传媒/肖晓冬//新闻界 1996-04
◎浅析西方大众传媒的社会控制/颜春峰//声屏世界 1996-09
◎请看传媒如何改变“上帝”——从培养理论的视角看美国电视剧对受众的影响/廖圣清 丁国生//新闻大学 1996-03
◎让我们的新闻学会“微笑”——试论新闻“向散文式方向发展”与媒介角色转换间的必然联系/喻国明//新闻爱好者 1996-06
◎日本的大众传媒与国际化/张国良//国际新闻界 1996-06
◎日本漫画文化浅论/孙树林//日本学刊 1996-05
◎如何看待“坐台”节目/裴哲//声屏世界 1996-05
◎上海科技传播媒介现状与发展研究/尹德刚 汪珉//新闻大学 1996-04
◎上海科技传媒的现状和策略/张咏华//计算机周刊 1996-19
◎少儿科普读物呼唤卡通明星——浅谈跨世纪卡通科普读物的出版/曹俊强//中国出版 1996-06
◎时代呼唤：卡通艺术再创辉煌/姜维朴//博览群书 1996-04
◎市场经济条件下新闻的属性与功能/祁永华//写作 1996-09
◎市场经济下区县传媒功能的走向/林谟猷 张迪修//新闻大学 1996-01
◎试论传播的“营销”/喻国明//新闻与传播研究 1996-03
◎试论台湾电视剧的通俗化走向/李献文//世界华文文学论坛 1996-03
◎是广告谋利，还是传媒的本分责任/镜之//源流 1996-01
◎受众需要及其特性浅析/张满丽//新闻知识 1996-07
◎受众需要与编辑方针的互动——传播系统运动的内在动力/张满丽//新闻知识 1996-06
◎数字会聚对广播电视的影响——机会和挑战/侯自强//广播电视信息 1996-09
◎塑造中国的卡通形象/廖晓安//中国出版 1996-06
◎台湾省反主流传播现象与追踪/夏倩芳//新闻与传播研究 1996-03
◎谈漫画的变形/缪印堂//美术向导 1996-01
◎推广著作权的质押担保拓宽影视生产的筹资渠道/李春月 云秀文//辽宁经济 1996-02
◎王冠上的斑点——大众传媒从业者腐败现象管窥/许旭//党风与廉政 1996-09
◎网络与大众传媒/庆庆//计算机周刊 1996-18
◎微软大举进攻媒体领域/杨福泉//电子出版 1996-10
◎为了中国影视文化的繁荣与辉煌——“世纪之交影视文化发展研讨会”讨论纪要/友平 平华 沈琲//文艺理论研究 1996-02
◎卫星电视的影响与控制——种跨文化传播研究/胡正荣//国际新闻界 1996-03
◎文化工业现实化的探索与张和平谈音像制作及其它/远婴//当代电影 1996-02
◎我国儿童媒介发展现状及其分析/宋蕙芳//新闻与传播研究 1996-03
◎我国公民享受传媒服务的权利属性与特征/宋小卫//新闻记者 1996-03
◎我国首例新闻业无形资产价值评估——《小主人》报商标名号价值是怎样评出来的？//新闻记者 1996-04
◎我说漫画/方成//群言 1996-11
◎无纸报进入寻常百姓家——美国新闻传媒扫描之一/徐熊//新闻界 1996-02
◎闲话戏曲与电视联姻/马力前//中国电视戏曲 1996-06
◎香港“九七”回归与传媒运作态势/谢骏//新闻界 1996-05
◎香港新闻传媒的昨天、今天与明天的展望/谢骏//新闻界 1996-02
◎新闻传播的第三次媒介革命/黄玉顺 肖娅曼//新闻界 1996-03
◎新闻传播者的特点、权利和责任/邵培仁//新闻知识 1996-08
◎新闻传媒不要宣扬“吉祥数字”/文平//新闻战线 1996-06
◎新闻与社会文化系统/包临轩//新闻传播 1996-03
◎信息技术进步对新闻传播业的影响/程道才//中国广播电视学刊 1996-09
◎要注意儿童漫画的形象/劳心//美术之友 1996-06
◎一九九六年电视剧创作态势/朱国梁//电影艺术 1996-05
◎影碟退出营业性放映市场好/何菁菁//电影评介 1996-03
◎影视观众理论和大众文化批评/徐贲//文艺争鸣 1996-03
◎影视市场//当代电视 1996-08
◎悠悠两岸情 盈盈一线牵——浦江之声广播电台开播八周年掠影/陈祖民//新闻记者 1996-04
◎有线电视：把握其本质属性 研究其商品属性/谢翠娥//声屏世界 1996-09
◎娱乐大王迪斯尼/赫历//中外企业家 1996-Z1
◎预警·审判·挽歌——评布热津斯基的媒介失控论/邵培仁//国际新闻界 1996-05
◎越南：历史、文化与传媒/潘玉鹏//国际新闻界 1996-04
◎在“信息高速公路”——美国新闻传媒扫描之二/徐熊//新闻界 1996-03
◎造就“名记”与传媒竞争/沙龙//新闻界 1996-06
◎战役性新闻报道的策划与推动/许文涛//公关世界 1996-04
◎直面生活的平淡，讲述老百姓的故事——《生活空间》的平民意识取向及其意义/王淑军//新闻爱好者 1996-06
◎中国卡通片“三病”/陈尚萍//当代电视 1996-05
◎中国影视界与世界影视高科技的大汇合//电子出版 1996-11
◎中文电视角逐欧洲传媒市场/雪里//华人时刊 1996-03
◎中央电视台广告为何一枝独秀？——析“强传媒、弱广告公司”现象/王淑军//投资北京 1996-08
◎重新定位：欧洲广播的生命力/胡正荣//世界电影 1996-03
◎抓住机会 迎头赶上——数字视听产品发展战略的思考/侯自强//今日电子 1996-10
◎走大工业的发展道路——关于“影视合流”的断想/方玉强//电影新作 1996-01
◎走自己的路办出有线电视特色/傅瞰//中国广播电视学刊 1996-04

1997 年

◎“打鸣儿”与“下蛋”——论电影的二重性和两个效益/李兴发//经济工作导刊 1997-07
◎“大白兔”的形象/陈伟中//上海工艺美术 1997-01
◎“大白兔”与“米老鼠”的对抗/晓闻//中国企业家 1997-11
◎“第四传媒”与大众传播的新趋势/丁子//国际新闻界 1997-04
◎“卡通”备忘录/张玉国//中国图书评论 1997-07
◎“卡通”——卡而不通/肖赛亮//人民论坛 1997-07
◎“球媒”与球市/王刚//新闻界 1997-01
◎“受众是上帝”质疑/刘章西//新闻战线 1997-11

◎“有偿新闻”反弹实堪忧/登荣//报刊之友 1997-01
◎DVD 行业展望/刘宪坤//电子天府 1997-06
◎城市广播：方向与市场/胡正荣//中国广播电视学刊 1997-02
◎传播观念断想/邵培仁//杭州大学学报（哲学社会科学版）1997-04
◎传媒“都市化”的倾向要淡化/刘章西//新闻战线 1997-06
◎传媒的良知与责任/鲍勃·考德威尔//国际新闻界 1997-03
◎传媒刮起“都市潮”/张希//新闻三昧 1997-06
◎传媒时代/李旭//美苑 1997-05
◎传媒也要注意社会导向/刘章西//新闻三昧 1997-08
◎传媒语言的准确与明晰/陈德三//鹭江职业大学学报 1997-04
◎从《开心岛》到《龙蝙蝠》——探索中国卡通艺术有感/马永杰//出版广角 1997-05
◎从东西方文化的角度谈进口“十大片”/王韬//电影创作 1997-02
◎大众传媒对经济发展的影响/王燕//长白学刊 1997-06
◎电脑联网业对大众传播的影响/张咏华//新闻记者 1997-08
◎电视剧的好题材/龙子木//群言 1997-02
◎电视销售流通在荧屏/刘志刊//中国商界 1997-03
◎电视新闻慎策划/黄匡宇//新闻记者 1997-08
◎电影艺术面临挑战——世纪之交电影理论思索之一/潘秀通//上海大学学报（社会科学版）1997-06
◎电子传媒的数字化浪潮/闵大洪//国际新闻界 1997-04
◎电子游戏：一种戏耍方式，或者时代精神状态/王军//软件世界 1997-Z1
◎电子游戏在中国//电脑采购周刊 1997-39
◎对 21 世纪广播业的展望/同向荣//声屏世界 1997-01
◎对中国卡通的希望/苏荣模//群言 1997-09
◎多出贴近生活、关注人生的佳品——谈广播文艺专题节目/江兰//视听界 1997-04
◎多发掘经济新闻的新鲜题材/吴培恭//新闻爱好者 1997-01
◎发展我国电视事业的几点浅见/姚天皎//电影艺术 1997-03
◎发展中国游戏软件产业的思考/边晓春//多媒体世界 1997-09
◎方言和共同语词汇在港澳传媒中的应用/张卓夫//中国语文 1997-03
◎关于“中国电视制片人”的思考/张家滨//中国电视 1997-11
◎关于大众传播消费的几个问题/周鸿铎//现代传播-北京广播学院学报 1997-06
◎关于精品和电视精品的若干断想/喻国明//中国广播电视学刊 1997-05
◎广播发展趋势及其走向/吉保邦//青年记者 1997-05
◎广播节目主持人如何获得良好的传播效果/李强//传媒观察 1997-12
◎广播媒介的重新定位及其生命力——欧洲广播业变动的思考/胡正荣//中国广播电视学刊 1997-04
◎广播优势再认识/陈颂英//新闻窗 1997-02
◎国际互联网域名动态/伟伟//科技与经济画报 1997-03
◎国际网络软件发展方兴未艾/刘林森//深圳特区科技 1997-05
◎海湾战争与美国新闻媒介的倾向性/谢金文//国际新闻界 1997-06
◎互联网对大众传媒及社会文化的影响初探/李展//新闻记者 1997-10
◎沪港大众传媒比较研究/张国良//新闻与传播研究 1997-02
◎经济报道浅探/凌健//安徽教育学院学报 1997-02
◎精品：创新意识与风险意识——神脑聪仔卡通系列运作启示/叶斌//沿海企业与科技 1997-06
◎警惕“帕帕拉齐”侵入我国新闻界/章佳斌//新闻战线 1997-11
◎净化传媒语言 完善传媒形象/陈达时//世纪行 1997-01
◎卡通漫画与《北京卡通》期刊/于虹//中国出版 1997-06
◎类型化与商业影视创作框架/涤非//电影艺术 1997-01
◎两种“有偿新闻”之比较/罗青山//同舟共进 1997-12
◎论商标传播在企业名牌战略中的作用/万乔//湖北商业高等专科学校学报 1997-03
◎论香港新闻传媒母体意识的回归/李宣良//郑州大学学报（哲学社会科学版）1997-04
◎论新闻媒介的双重性质——兼论传媒产业化运作的条件、方式及后果/宋建武//中国广播电视学刊 1997-11
◎论影视观众的文化选择/盘剑//社会科学战线 1997-06
◎美国大众传媒参与科普状况一瞥/武夷山//中国科技论坛 1997-02
◎美国新闻传媒是怎样丑化和敌视中国的——美国新闻传媒扫描之六（上）/徐熊//新闻界 1997-04
◎美国某些传媒是怎样丑化和敌视中国的——美国新闻传媒扫描之六（下）/徐熊//新闻界 1997-05
◎美国某些传媒为什么丑化和敌视中国——美国新闻传媒扫描之七（上）/徐熊//新闻界 1997-06
◎美国新闻媒介的运行机制/展江//新闻爱好者 1997-05
◎面对三亿少年儿童应该做什么？——媒介传播与青少年发展研究中心规划会侧记/李晓冬//新闻记者 1997-09
◎面临着双重压力的大众传播媒介——商业主义与社会责任之冲突及其限制与解决的方法/王雄//南京大学学报（哲学·人文科学·社会科学版）1997-03
◎欧洲卡通市场寻求突破/轶楠//电视研究 1997-11
◎期盼卡通艺术更好地为青少年服务/姜维朴//美术之友 1997-03
◎歧途中的思考——大众传播媒介的自律和他律/马秋枫//暨南学报（哲学社会科学版）1997-02
◎浅谈广播新闻的优势/徐华//新闻前哨 1997-06
◎浅谈农村电影市场的开发与运作/冯玉书//群众文化研究 1997-01
◎浅谈制片人负责制/吴志荣//新闻爱好者 1997-12
◎浅议连环画和卡通/孟庆江//美术之友 1997-03
◎球星投中电影“篮筐”——乔丹出场大片《空中大掼篮》/黎枫//电影评介 1997-05
◎山东电影电视剧制作中心：一个颇具规模和实力的影视生产基地/孙春亭//走向世界 1997-01
◎上星电视的影响与控制/胡正荣//声屏世界 1997-01
◎深度报道：一种结构化的新闻操作方式/喻国明//电视研究 1997-06
◎实话实说国产片/王永明//电影通讯 1997-06
◎试论电视传媒对文化的影响/吴凡//宁波大学学报（人文科学版）1997-02
◎试论卡通与卡通产业/姜竹松//苏州丝绸工学院学报 1997-06
◎受众的负效应心理透视/余德旺 吴永沛//河南教育学院学报（哲学社会科学版）1997-04
◎受众的真实世界/J·哈特立//世界电影 1997-01
◎树立广播节目主持人的形象/周小勤//新闻窗 1997-02
◎数字化革命对广播电视的影响——机会和挑战/侯自强//中国科技信息 1997-11
◎谈谈新加坡的新闻文化管理机制/丁圣光//中国记者 1997-03
◎网络空间上的交互式电视服务——互联网上的实时视频/侯自

强//中国图象图形学报 1997-04
⊙我国儿童媒介发展现状及其分析/宋蕙芳//青年研究 1997-10
⊙香港传媒印象/苏冰//新闻界 1997-06
⊙香港传媒争霸战/祝春亭//港澳经济 1997-09
⊙香港的好莱坞（续）驰名的梦工场/夏春平//当代电视 1997-08
⊙香港电影对大陆的影响/胡克//电影艺术 1997-04
⊙香港电影走世界/海云//华人时刊 1997-05
⊙香港新闻传媒的行政调控与法律监管/童兵//新闻记者 1997-07
⊙香港新闻业——“立体交叉”的大众传媒/张健//青年记者 1997-02
⊙新闻信息含量及市场需求/王晓光//新闻传播 1997-06
⊙新闻与传播：走向网络空间的时代/马克·利维//新闻与传播研究 1997-01
⊙信息传媒，悠着点/王匡时//新闻三昧 1997-05
⊙一个提上日程的新课题——大众传播消费——北京召开的“大众传播消费理论研讨会”综述/李小冬//新闻记者 1997-02
⊙一项前所未有的动画产业工程——《神脑聪仔》/东翔//中国出版 1997-11
⊙依法规范传媒 杜绝新闻造假/傅中平//法律与生活 1997-07
⊙亦真亦幻说卡通——与卡通迷侃《卡通总动员》/董克//软件 1997 06
⊙应该能够做得更好——历史影片《鸦片战争》的几点遗憾/吴蔚 傅国兴//电影评介 1997-06
⊙由一个电子游戏迷的转化引起的思考/闫连珍//思想工作论坛 1997-01
⊙有喜有忧的广播业/张守国//青年记者 1997-06
⊙有线新闻——仍待探索的领域/杨锡华//视听界 1997-02
⊙展示新疆的瑰丽画卷《新疆印象》编导阐述/范皓文//当代电视 1997-05
⊙展望回归后的香港传媒/陈昌凤//新闻爱好者 1997-07
⊙振兴我国卡通事业必须走大合作大发展的道路/周舜培//出版广角 1997-05
⊙中国的传播业已进入“营销时代”/喻国明//青年记者 1997-01
⊙中国动画片堪忧的“洋化”倾向/陈尚萍//电影评介 1997-03
⊙中国化：中国动画业生存之路——接力出版社动画工程的几点启示/黄俭//中国出版 1997-11
⊙中国卡通，何去何从？/刘朝//科技智囊 1997-04
⊙中国新闻传媒市场现状和趋势/谢金文//新闻出版交流 1997 06
⊙注重名牌栏目的培育/登荣//刊之友 1997-11
⊙注重培育叫得响的名牌栏目/贾登荣//传媒观察 1997-11

1998 年

⊙“迪斯尼”和“华纳兄弟”的发家史与生意经/陈奎宁//中国出版 1998-10
⊙“花木兰”回“娘家”，我们拿什么奉献给她——国产卡通，“卡”在哪里/蒋太萱//中外企业家 1998-11
⊙“卡通”成为新的文化增长点——沪上研讨“青少年与卡通文化”//当代电视 1998-07
⊙“漫画”之蜕变/白杰明 陈军//杭州师范学院学报 1998-05
⊙“明星也是商品”文化是冒险产业//当代韩国 1998-05
⊙“若即若离”总相宜——浅谈经济新闻宣传中的“时”与“度”/胡琳瑛//采·写·编 1998-04
⊙“新世纪”在21世纪到来前终结 美国电子媒体网络联盟计划中途搁浅/刘弢//新闻记者 1998-06
⊙《泰坦尼克号》钩沉/陈长生//文艺理论与批评 1998-06
⊙90 年代：中国电视剧的成熟期/姜静楠//山东师大学报（社会科学版）1998-06
⊙90 年代电影传媒中的女性形象/屈雅君//当代电影 1998 02
⊙98 世界游戏业追踪/刘管乐//家用电器 1998-09
⊙DVD 与多媒体/刘宪坤//电子世界 1998-08
⊙impulse（刺激）和《柏林早报》——德国新闻传媒的经营之道/廉正祥//新闻界 1998-01
⊙PC 将逐渐被网络电视所取代//广播与电视技术 1998-11
⊙WWW 作为广告新媒体的运用与传播特性分析/刘萍//情报科学 1998-03
⊙摆脱新闻传媒的“两难”境地/章剑华//中国党政干部论坛 1998-04
⊙报纸新闻与电视新闻竞争中的优势/马源喜//记者摇篮 1998-07
⊙北欧传播研究中的女性主义视角/杨瑞明//国际新闻界 1998--03
⊙产业扩张·适度规模·制度创新——传媒集团化建设的三点思考/裘正义//新闻战线 1998-05
⊙称雄美国传媒界的时代—华纳公司——兼评美国媒介兼并浪潮的社会影响/赵民//新闻大学 1998-02
⊙传媒打架/赵洪涛//新闻三昧 1998-08
⊙传媒栏目和节目的名称用引号还是书名号/林穗芳//语文建设 1998-07
⊙传媒文化及其权力现象——“传媒权力”之一/李思屈//西南民族学院学报（哲学社会科学版）1998-05
⊙传媒形象与传播者的形象/卢惠民//新闻窗 1998-03
⊙传媒要避免当被告，不怕当被告/赵瑛//新闻传播 1998-06
⊙从“布隆伯格”看信息时代的新闻业/嵇美云//国际新闻界 1998-04
⊙从播出方式的改革论现代广播之路/黄筱波//南通师范学院学报（哲学社会科学版）1998-04
⊙从辉煌到低谷？——对我国动画片现状的思考/梁晓涛//中国电视 1998-12
⊙从历史的角度看东南亚华人网络/丘立本//华侨华人历史研究 1998-03
⊙大众传媒与当代中国政治/郝家林//理论前沿 1998-02
⊙当代传播的一个奇迹——十一位中青年学者纵论《泰坦尼克号》/丁俊杰//现代传播-北京广播学院学报 1998-03
⊙盗版光盘：游荡在影视市场上的黑色幽灵/邢林池//大众电影 1998-03
⊙第四大传媒的兴起/武晋先//互联网周刊 1998-07
⊙电脑游戏：异军突起/汤文辉//福建艺术 1998-03
⊙电视剧播出栏目化运作的思考/王仁海//新闻爱好者 1998-11
⊙电视新闻呼唤即时即播/朱秋月//青年记者 1998-02
⊙电视直销——为啥迟迟“火”不起来/王寿斌//决策探索 1998-01
⊙电影的审美娱乐性及其整体性效应/朱印海//电影评介 1998-01
⊙电影宣传艺术与接受理论/应湘源//当代电影 1998-02
⊙电子宠物是玩具天使还是人熊外婆？/陈新//科技与经济画报 1998-02
⊙电子游戏：让人欢喜，让人忧/叶辉 杨超//中国质量万里行 1998-05
⊙冬天过后是春天 看国产游戏业/乐水//电气技术 1998-06
⊙对某些传媒的舆论导向的反思/林如鹏/新闻记者 1998-12
⊙对社会主义市场经济条件下受众特点的思考/薛金强//宁夏大学学报（社会科学版）1998-02

◎ 俄罗斯联邦调节大众传媒的法律规定/于洪君//国际新闻界 1998-Z1
◎ 俄罗斯取消对大众传媒的海关优惠/孙玉鹏 贾乐蓉//新闻战线 1998-07
◎ 改进大洋两岸的中美新闻报道/大卫·亚当斯//国际新闻界 1998-04
◎ 关护受众——改革开放以来中国大陆的受众权益研究/宋小卫//新闻与传播研究 1998-04
◎ 关于海峡两岸传播媒介比较研究的反思/单波//新闻与传播研究 1998-03
◎ 光碟巨人——迪士尼/陈冬阳//光盘技术 1998-01
◎ 广播电视必须走产业化、集团化之路/周鸿铎//粤海风 1998-06
◎ 广州电视台与日本 RKB 每日放送之比较/王建忠//新闻与传播研究 1998-02
◎ 国产卡通"卡"在哪里?/蒋太萱//中国市场 1998-09
◎ 国际互联网对西方新闻圈的影响/张子让//新闻大学 1998-03
◎ 互联网络成为大众传媒的社会环境/吴廷俊//现代传播-北京广播学院学报 1998-02
◎ 互联网络对大众传播的影响(上)/卜卫//国际新闻界 1998-03
◎ 互联网络对大众传播的影响(下)/卜卫//国际新闻界 1998-04
◎ 角色认知与职业意识——中国新闻工作者职业意识与职业道德抽样调查报告(之一)/喻国明//青年记者 1998-02
◎ 节目主持人政治素质浅议/杨婕//新闻窗 1998-04
◎ 镜头对准咱老百姓——百部电视短剧《咱老百姓》一瞥/梁光弟//当代电视 1998-07
◎ 卡通读物中国化的新发展/白冰//中国图书评论 1998-04
◎ 卡通人从银幕走上舞台/罗松//中国戏剧 1998-11
◎ 卡通王国/陈奎宁//出版广角 1998-01
◎ 考察卡通归来的思索/陈奎宁//出版发行研究 1998-02
◎ 论大众传媒及对主持人的要求/郑亚楠//新闻传播 1998-02
◎ 论大众投资型节目及广播主持艺术(上)/陈坦汶//声屏世界 1998-03
◎ 论大众投资型节目及广播主持艺术(中)/陈坦汶//声屏世界 1998-04
◎ 论大众投资型节目及广播主持艺术(下)/陈坦汶//声屏世界 1998-05
◎ 论多媒体技术对新闻传播的影响(之三)/程道才//当代传播 1998-03
◎ 论广播电影电视的产业化/花建//学术季刊 1998-03
◎ 论卡通画之前途/张爱玲//上海档案 1998-02
◎ 论卡通造型和卡通广告/吴晓兵//苏州丝绸工学院学报 1998-06
◎ 论中国古代受众的信息接受特色/邵培仁//杭州大学学报(哲学社会科学版) 1998-03
◎ 媒介的权力——一种全景透视方法/郝家林//现代传播-北京广播学院学报 1998-01
◎ 媒介力量:构建场——试析媒介的长期潜在效果/陆敏//现代传播-北京广播学院学报 1998-01
◎ 美国某些传媒为什么丑化和敌视中国——美国新闻传媒扫描之七(下)/徐熊//新闻界 1998-01
◎ 美国新闻界撞上了冰山——从几起丑闻看美国新闻界的现状/唐润华//中国记者 1998-08
◎ 内地传媒亮相"广告之都"——一九九八年亚洲广告展侧记/王思穗//新闻记者 1998-12
◎ 期盼卡通艺术更好地为青少年服务/姜维朴//中国图书评论 1998-08
◎ 企业广告策划与新闻"联姻"析/肖伟//企业活力 1998-05
◎ 浅谈电视深度报道/万凯//采·写·编 1998-04
◎ 浅谈新闻标题的广告效应/何大成//新闻窗 1998-03
◎ 浅析"卡通现象"/杨锋//中山大学学报论丛 1998-01
◎ 浅析卡通读物/徐海鸥//苏州丝绸工学院学报 1998-06
◎ 抢滩登陆的好莱坞动画市场/余红//当代电视 1998-04
◎ 让古典名著走进现代生活——谈中国古典名著的电视剧改编/王彩萍//山西大学师范学院学报 1998-03
◎ 人类学及其对大众传媒研究的贡献/萨拉·迪基//国际社会科学杂志(中文版) 1998-03
◎ 善待听众——关于办好广播社教类节目的粗浅认识/龙永生//新闻窗 1998-01
◎ 生存状态新闻理念——从东视新闻说开去/杨靖//现代传播-北京广播学院学报 1998-03
◎ 市场经济下中国新闻传媒栏目与节目的结构性调整/王泽华//河北学刊 1998-02
◎ 市场经济与中国传媒/刘宏//现代传播-北京广播学院学报 1998-05
◎ 市场营销与电视广告/龚贻平//出版与印刷 1998-01
◎ 试论电视产业经营原则/韩泽//视听界 1998-06
◎ 试论中国新闻传媒市场及其拓展/谢金文//新闻记者 1998-11
◎ 试论转型期中国传媒的市场传播意识/戴宇立//湖北民族学院学报(哲学社会科学版) 1998-02
◎ 适度竞争、协调发展:上海广播电视改革模式探讨/陆晔//新闻与传播研究 1998-02
◎ 收购曼联和传媒经营之道/应中迪//新闻大学 1998-04
◎ 受众逆反心理与新闻宣传艺术/陈怡雪//新闻窗 1998-04
◎ 数字彩电:离我们到底有多远/郭迪祥//中国商贸 1998-05
◎ 挑战 机遇 发展——"中国女记者与 21 世纪"研讨会在京举行/含笑//新闻三昧 1998-06
◎ 托马斯·希格斯传媒新帝王/赵加//英才 1998-09
◎ 我国新闻工作者职业意识与职业道德调查报告/喻国明//民主与科学 1998-03
◎ 雾里看花:走笔游戏市场/易名//软件世界 1998-09
◎ 雾中行走——"讲述老百姓自己的故事"评奖后记/尹鸿//电视研究 1998-02
◎ 喜剧片推动了德国电影业繁荣/江本敏//大众电影 1998-01
◎ 现状与未来:印刷类大众传媒与当代青年的互动/张纯颖//中国青年研究 1998-02
◎ 香港中文报纸中的中国内地新闻:新闻文本的框架研究/陆晔//新闻大学 1998-02
◎ 新闻传播事实——从新闻≠传媒论起/赵宏洲//浙江大学学报(人文社会科学版) 1998-02
◎ 新闻传媒商品、市场和产业化/谢金文//新闻出版交流 1998-06
◎ 新闻传媒要强化理论传播/济人//中国记者 1998-01
◎ 新闻传媒与新闻教育/邱沛篁//新闻界 1998-01
◎ 信息时代党报版面改革初探/赵绍龙 陶达//传媒观察 1998-05
◎ 亚洲的好莱坞 驰名的梦工场(续)/夏春平//当代电视 1998-04
◎ 亚洲的好莱坞 驰名的梦工场(续完)/夏春平//当代电视 1998-09
◎ 也谈新闻报道的倾向性/夏鼎铭//新闻界 1998-04
◎ 一九九七年国际新闻界回眸/明安香//新闻记者 1998-04
◎ 一门新兴学科:媒介教育/宋昭勋//广西大学学报(哲学社会科学版) 1998-02

◎意象：经轮流转与牦牛奔突——论《红河谷》象征艺术的影像表征/管恩森//电影评介 1998-05
◎因特网上大众传媒的优势及其发展的制约因素/张晓东//视听界 1998-03
◎因特网上影视 500 强/B 戴维尔特//世界电影 1998-03
◎音像软件业面临什么/陈通//经济与信息 1998-12
◎由计算机游戏娱乐园所想到的……/寒风//科学时代 1998-09
◎游戏软件：游戏中的真功夫//电脑采购周刊 1998-15
◎有线电视网综合新业务的规划与开展/孙润生//广播电视信息 1998-09
◎欲望的机器——当代审美文化批评视野中的大众传播现象/王德胜//文史哲 1998-01
◎在电场世界里漫游/周维达//少年电世界 1998-04
◎在改革中完善管理 在管理中求得发展——申城专家学者研讨广播电视管理/周晓//新闻记者 1998-11
◎怎样才能创出新闻精品来——兼评第七届“中国新闻奖”部分获奖作品/刘保全//新闻爱好者 1998-02
◎政治传播中的职业道德（上）/马伊卡斯 沈跃萍 士林//国外社会科学文摘 1998-08
◎政治传播中的职业道德（下）/马伊卡斯//国外社会科学文摘 1998-09
◎职业道德意识及对职业道德现状的估价——中国新闻工作者职业意识与职业道德抽样调查报告/喻国明//青年记者 1998-03
◎中国电视剧市场：繁荣后面的危机/李平//中国经贸 1998-07
◎中国将举办首届卡通博览会//中国图象图形学报 1998-05
◎中国新闻工作者的职业意识与职业道德/喻国明//新闻记者 1998-03
◎中国影视美学建设刍议（上）/黄会林//当代电视 1998-07
◎中国影视美学建设刍议（下）/黄会林//当代电视 1998-08
◎做好知识经济时代的新闻传媒“第一把关人”/徐爱民//中国记者 1998-10

1999 年

◎“带宽爆炸”展峥嵘——看“大爆炸”下的美国传媒/徐熊//新闻界 1999-01
◎“数字电视”白话/李曙光//实用影音技术 1999-02
◎“谈话”——传媒中的新潮流/晓青//新闻大学 1999-04
◎“网络新生代”的声音构思/姚国强//当代电影 1999-03
◎“新闻”一词始于何时/史文贵//新闻爱好者 1999-09
◎“新闻策划”应注意的问题/陈辉映//新闻爱好者 1999-S2
◎“新闻策划”之我见/章洁//浙江传媒学院学报 1999-01
◎“新闻自由”背后的霸权主义/喻权域//思想理论教育导刊 1999-06
◎“亚视”总裁吴征/震霖//决策与信息/1999-08
◎“真实”的广播闹剧/李文绚//青年记者 1999-02
◎《底特律自由新闻》是如何做改版设计的/乔·斯特鲁普//新闻三昧 1999-07
◎《电视研究》读者调查报告（1999 年）/喻国明//电视研究 1999-05
◎《广播电视理论动态》创刊/老元//新闻传播 1999-05
◎《花木兰》后话卡通——好莱坞 1998 卡通回眸/张雨//家庭影院技术 1999-03
◎《上海电视》：在改革与竞争中求发展/王豫//新闻记者 1999-08
◎《实话实说》：大众传媒中的人际传播空间/王晓娜//中国电视 1999-03
◎1998：媒介的权力与竞争/喻国明//现代传播-北京广播学院学报 1999-01
◎1998：媒介与社会互动关系的发展/胡正荣//现代传播-北京广播学院学报 1999-01
◎21 世纪我国大众传播业走势前瞻/邢建毅//声屏世界 1999-04
◎21 世纪我国广播影视业前景分析/吴贤纶//中国传媒科技 1999-03
◎50 年新闻历程回望/王立纲//青年记者 1999-05
◎90 年代后期欧洲公共广播业的发展/邵国松//国际新闻界 1999-02
◎99 图书订货会：传媒议论的话题/程力//出版参考 1999-03
◎99 网络潮/苏佳士//计算机周刊 1999-22
◎CIS 亟待引入大众传媒/蔡雯//传媒观察 1999-01
◎澳门新闻传媒掠影/萧云龙//传媒观察 1999-01
◎澳门新闻传媒业概览/柳旭东//新闻知识 1999-12
◎办出特色：传媒网站生存之道/张咏华//新闻记者 1999-10
◎北京传媒五十年/石轩//新闻与写作 1999-09
◎比特比原子先行——我读世界经理人文摘网站/奇平//互联网周刊 1999-18
◎彼得彻宁：默多克圈定的接班人/紫藤//华人时刊 1999-18
◎编织梦想的人——谈电脑游戏策划人与游戏开发/赵剑平//中国电子出版 1999-02
◎参与，延伸传媒的服务功能/秦建萍//青年记者 1999-05
◎产业化：大众传媒广告经营之路/徐如言//广告大观（综合版）1999-08
◎产业整合与跨世纪变革——美国广播电视业的发展走向/胡正荣//国际新闻界 1999-04
◎传播经济学的诸要素与中国传播产业的现状和问题/吴征//复旦学报（社会科学版）1999-06
◎传播媒体的技术现状与发展前景/张忻喜//新闻采编 1999-02
◎传媒、稿酬与近代作家的职业化/郭延礼//齐鲁学刊 1999-06
◎传媒、权力与权利——现代青少年社会问题的媒介背景及防护策略分析/田杰//当代青年研究 1999-05
◎传媒产业与资本市场“两情相悦”——略论资本市场与传媒产业结缘的机遇、操作方式与风险规避/喻国明//新闻记者 1999-12
◎传媒触角伸向资本市场/夏日//青年记者 1999-06
◎传媒的“窄播”与“分众化”趋势/吴生华//新闻大学 1999-01
◎传媒的使命/于小鱼//群言 1999-07
◎传媒革命：电影的机遇？挑战？/马经标//福建艺术 1999-01
◎传媒工作者的社会性别意识取向/潘绥铭 刘光华//广西青年干部学院学报 1999-02
◎传媒管理与经营关系刍议——兼评《媒介经营管理学》/支庭荣//新闻大学 1999-04
◎传媒经营的战略与层次/王立纲//青年记者 1999-03
◎传媒竞争中党报路子怎么走/苗连生//新闻知识 1999-06
◎传媒竞争中的党报路子怎么走/丁伟跃//新闻采编 1999-05
◎传媒竞争中公关行为的介入及其影响/董天策//新闻与传播研究 1999-04
◎传媒巨子默多克/韩一辉//企业研究 1999-09
◎传媒评论的现实主义方法（上）/林之达//当代传播 1999-02
◎传媒评论的现实主义方法（下）/林之达//当代传播 1999-03
◎传媒评论的主体/刘建明//当代传播 1999-01
◎传媒时代的文化身份和文学功能/雷诺德·维霍夫//外国文学

1999-04
⊙传媒形象与传播者形象/卢惠民//南京政治学院学报 1999-05
⊙传媒要做公益活动的策划人/夏勤耕//青年记者 1999-06
⊙传媒业：资本市场跨世纪的亮点/郑则壮//开放导报 1999-11
⊙传媒业产品的商品性/龚莉//经济理论与经济管理 1999-05
⊙传媒业与资本 市场悄悄结缘/郑则壮//中国商界 1999-10
⊙传媒业资本的新“情人”/顾列铭//经济 1999-12
⊙传媒与世风/王红宇//记者摇篮 1999-07
⊙传媒在如何棒杀企业/李彬//改革先声 1999-09
⊙创造中国特色的卡通形象 培植健康向上的卡通文化/程力//出版参考 1999-09
⊙从“北约轰炸使馆事件”看传媒的即时性报道策划/陈红梅//青年记者 1999-04
⊙从 CI 设计谈大众传媒的特色/骆卫华//新闻爱好者 1999-04
⊙从媒介现实到受众现实——从框架理论看电视报道我驻南使馆被炸事件/张克旭 臧海群 韩纲 何婕//新闻与传播研究 1999-02
⊙从人类进入知识经济时代谈加快建设广播影视有线网的重要性/王健华 王健 李迎春//广播电视信息 1999-10
⊙从上视更新 CIS 看传媒品牌资产经营/陈江//新闻大学 1999-04
⊙从武汉地区新闻媒介的发展状况看我国新闻传播的权能控制/陈文莉//新闻与传播研究 1999-04
⊙大众传播与新公共性的建构/陶东风//粤海风 1999-02
⊙大众传媒不应为科学退化推波助澜/刘建明//同舟共进 1999-09
⊙大众传媒的功能比较——兼论广播广告的挑战与对策/张鹏//新闻前哨 1999-11
⊙大众传媒与当代大众世界——论大众传媒的社会功能/黄永林//华中师范大学学报（人文社会科学版）1999-02
⊙大众传媒中的性别歧视/刘伯红//新闻三昧 1999-03
⊙当前电视生存环境及其走向/胡正荣//现代传播-北京广播学院学报 1999-04
⊙第四媒体：跨文化传播的新挑战/郭天一//南京政治学院学报 1999-06
⊙第四媒体与中国新闻业/向淑君//湖北民族学院学报（哲学社会科学版）1999-02
⊙第五届海峡两岸及港澳新闻研讨会议题：加大社会责任推进竞争合作因应网络传媒/冉沂//新闻记者 1999-10
⊙电视“湖南化”，喜忧参半/苗棣//现代传播-北京广播学院学报 1999-01
⊙电视编辑与有线电视新闻的制作/蒋文波//出版科学 1999-01
⊙电视产业经营的必然性/周鸿铎//电视研究 1999-08
⊙电视传播媒体在实施名牌战略中的作用/张长顺//国土资源科技管理 1999-04
⊙电视传媒的产业经营范畴/曲秀锦//电视研究 1999-11
⊙电视传媒的信息之路——架构电视媒体信息系统一些影响因素的分析/韩强//广播与电视技术 1999-12
⊙电视传媒网上冲浪/曲秀锦//中国广播电视学刊 1999-11
⊙电视环境报道应形成强势/王嫣//中国广播电视学刊 1999-12
⊙电视屏幕文字的表现与创造/吴斌//广播与电视技术 1999-03
⊙电视文化的大众化亟待走出误区/王洪英//传媒观察 1999-04
⊙电视新闻图像热中的冷思考/秦可飞//新闻爱好者 1999-S3
⊙电视真拿你没办法/姬建民 姬妹婷//当代电视 1999-06
⊙电视走向“爆炸”——看“大爆炸”下的美国传媒（三）/徐熊//新闻界 1999-03
⊙电子传媒时代艺术的困惑/曹而云//福建艺术 1999-01
⊙对电视新闻两种属性的思考/刘中朝//新闻爱好者 1999-10
⊙对信息流向受众的透视——谈大众传媒的信息分类、信息密度与信息力度/杨思迅//学术交流 1999-04
⊙二十世纪末中国传媒的角色转变——完全市民报透析/李苓//出版发行研究 1999-05
⊙二十一世纪的广播靠什么吸引人/黄蓓//新闻窗 1999-05
⊙发挥广播的快捷优势/毕晓峰//新闻爱好者 1999-09
⊙法制栏目的定位与风格/石建华//新闻爱好者 1999-07
⊙风雨兼程——原创游戏回顾/冬石//电脑爱好者 1999-08
⊙港、台电视新闻的形式追求/黄匡宇//新闻记者 1999-07
⊙给传媒以品位和深度——文学与学术对大众传媒的参与度/包临轩//新闻传播 1999-05
⊙给现代传媒一个说法/赵庆群//思想政治工作研究 1999-08
⊙更新观念跟上世界电视传媒发展的步伐/王嫣//中国广播电视学刊 1999-S2
⊙构建中国电视媒体产业的新框架/屈小平//电视研究 1999-12
⊙关起门来人人都是“皇帝”——从斯塔尔报告上网谈“传媒麦卡锡主义”/夏鸿//微电脑世界 1999-14
⊙关于“电视化”的两点思考/韩炼//新闻爱好者 1999-10
⊙关于电视“改版热”的一点思考/张晓文//视听界 1999-02
⊙关于电视传媒进入 21 世纪的政治思考/陈伟民//电视研究 1999-10
⊙关于动画影视艺术规律的一点思考/武珉//中国广播电视学刊 1999-11
⊙关于实行电视制片人制的探讨/董德军//理论观察 1999-01
⊙关于组建广电集团的探索/虞国胜//视听界 1999-05
⊙管理知识——传媒中的商机//农电管理 1999-08
⊙广播电视走产业化、集团化道路的实践和理论依据/周鸿铎//现代传播-北京广播学院学报 1999-05
⊙广播影视产业化趋向/王桂科//中国广播电视学刊 1999-06
⊙广纳群言 赢得受众——新闻媒体受众调查方法谈/陈昌凤//中国记者 1999-01
⊙国产游戏出版物——现状及发展/林广利//中国电子出版 1999-02
⊙过剩时代的朝阳产业/张晶明//中国市场 1999-10
⊙海飞、戈骆、阿正三人谈——卡通文化及中国卡通之命运/阿正 海飞 戈骆//出版广角 1999-05
⊙和搜狐一起去上网——好莱坞网络神话//计算机周刊 1999-25
⊙互联网络：一个虚拟的传播社会（上）/张锦//国际新闻界 1999-03
⊙互联网络：一个虚拟的传播社会（下）/张锦//国际新闻界 1999-04
⊙回归 500 天的香港传媒/童兵//新闻传播 1999-01
⊙积极参与社会文化生活 努力完善电台专业形象——为江苏音乐台五周年而作/夏冰 李强// 视听界 1999-03
⊙纪录特定时空中人的历史——谈人文题材纪录片的选题与选材/田华凯//记者摇篮 1999-07
⊙纪实抑或大众传媒的文化想象/邓广//电影艺术 1999-05
⊙加强对书籍传媒系统的研究/许力以//图书发行研究 1999-02
⊙坚持喉舌观念与拓宽有线电视市场的思考/王银明//新闻界 1999-03
⊙江泽民访日期间日本传媒的舆论导向/卓南生//国际新闻界 1999-01
⊙将目光投向 21 世纪的中国传播——“第二届两岸传媒迈向 21 世纪”学术研讨会综述/李兆丰//新闻界 1999-06
⊙交锋、互补与握手——从 72 小时网络生存报道看四大媒体的

合作/顾龙 张弘//新闻记者 1999-12
⊙节目优化组合：让荧屏更具魅力/荣谦//观察与思考 1999-08
⊙节目主持人的模式化进程/叶昌前//新闻大学 1999-04
⊙近代组织传媒与晚清公共舆论的扩张——以学堂生群体和功能性社团为中心/刘增合//新闻与传播研究 1999-01
⊙进口卡通片告诉我们什么——兼论国产卡通片的现状及出路/顾晓芳//电视研究 1999-01
⊙经济报道情绪化特征辨析/陈旭钦//中国记者 1999-12
⊙经济新闻说"四变"/王风光//青年记者 1999-04
⊙卡通艺术切莫淡忘"思想性、艺术性、观赏性高度统一"的标准/姜维朴//出版参考 1999-09
⊙科技报道与传媒的社会责任（上）/文有仁//新闻三昧//1999-06
⊙科技报道与传媒的社会责任（下）/文有仁//新闻三昧 1999-07
⊙口语为题 新闻标题制作的一种趋势/王勇//新闻界 1999-01
⊙牢固树立马克思主义新闻观——由西方主流媒体对科索沃问题的报道引起的思考/丁柏铨 屈雅红//传媒观察 1999-07
⊙利用资本市场投资中国的影视产业/张敏霞//经济与信息 1999-11
⊙两岸学者共议传媒发展之路/汪凯//中国记者 1999-12
⊙两种社会中的新闻工作——在新闻业机制改革与管理研讨会上的发言/金庸//新闻记者 1999-12
⊙撩开荧屏娱乐风的面纱/刘培国//当代电视 1999-07
⊙了解新闻媒介发展动态的窗口/郁炳隆//传媒观察 1999-02
⊙略论资本市场与传媒产业结缘的机遇、操作方式与风险规避/喻国明//新闻与传播研究 1999-04
⊙略论走向世界级大台的观念准备/喻国明//现代传播-北京广播学院学报 1999-04
⊙论 BBS 的法律管制制度/王迁//法律科学-西北政法学院学报 1999-01
⊙论电视媒体的品牌经营/曾凡安//当代电视 1999-07
⊙论新时期后 10 年电影思潮的演进/饶朔光//当代电影 1999-06
⊙论新闻传媒的服务功能/吴培恭//新闻窗 1999-01
⊙论新闻教育的大众化/程道才//当代传播 1999-01
⊙漫话"原生态新闻"/张徽贞//采·写·编 1999-06
⊙媒介产业化：思路及对策/刘军茹//西安教育学院学报 1999-01
⊙媒介经营，大势所趋/丁俊杰//现代传播-北京广播学院学报 1999-01
⊙媒介竞争中电视传播观念的转变/尹鸿//现代传播-北京广播学院学报 1999-04
⊙媒体的狂欢——对台湾传媒生态的观察与思考/吕新雨//新闻大学 1999-04
⊙媒体合作：媒体竞争的明智策略/蔡尚伟//新闻与传播研究 1999-04
⊙媒体新锐：光盘杂志/王非//多媒体世界 1999-02
⊙媒体与资本联姻——一道亮丽的风景/喻国明//经济与信息 1999-11
⊙美国好莱坞娱乐业输出/叶辛//国际市场 1999-11
⊙美国开创新的动画电影时代/曾广昌//电影评介 1999-02
⊙美丽的新世界/尹鸿//当代电影 1999-03
⊙米老鼠"落户"香江背后的故事/李鲲//知识经济 1999-06
⊙拿过来 打进去——电视应对网络/刘仁圣//声屏世界 1999-06
⊙你相信现在的传媒吗？/肖霄//南风窗 1999-08
⊙欧盟继续实行将电信、传媒部门区别对待的行政管理体制/吴贤纶//广播电视信息 1999-11
⊙欧盟继续实行将电信、传媒部门区别对待的行政管理体制（续）/吴贤纶//广播电视信息 1999-12
⊙培养新闻精品意识的六个"度"/张天斌//新闻采编 1999-05
⊙培植需求 开拓市场——从"VCD"现象谈起/甘亚平//市场营销导刊 1999-03
⊙频道品牌战略与电视发展/刘智//新闻战线 1999-05
⊙浅谈电视对高雅音乐的传媒作用——从"中外艺术歌曲系列音乐会"的成功播出引发的思考/刘万捷//人民音乐 1999-12
⊙浅谈电视文化品位/耕夫//采·写·编 1999-01
⊙浅谈都市频道的形象塑造/李波//新闻爱好者 1999-S3
⊙浅谈农村广播网的现状及对策/郝风宏//有线电视技术 1999-07
⊙确立受众意识：一个不可忽视的命题/丁柏铨//中国记者 1999-01
⊙让·鲍德里亚的大众传媒理论述评/季桂保//学术月刊 1999-06
⊙让我轻轻地告诉您——刘环城先生影视评论浅析/许雯丽//贵阳建筑大学学报 1999-02
⊙认清坚持实事求是与坚持正确舆论导向的必然联系/济人//中国记者 1999-01
⊙日本传媒如何解读北京的"历史情结"？/卓南生//国际新闻界 1999-02
⊙如此新闻德行/喻国明//记者摇篮 1999-07
⊙如切如磋 如琢如磨——"两岸传播媒体迈向 21 世纪学术研讨会"综述/董天策//新闻界 1999-01
⊙上海首家国办电影院股份合作制改革的探讨与思考/沈立新//文化市场 1999-05
⊙社会新闻无定式/张波涛//青年记者 1999-04
⊙摄影报道的组织策划/柴继军//中国记者 1999-12
⊙深刻理解广播节目的新闻性特征/赵佳//记者摇篮 1999-01
⊙深受传媒关注的 10 家出版社/张志强//出版广角 1999-10
⊙生存状态 传播理念——地方新闻传播媒介状况浅析/仇学英//新闻窗 1999-04
⊙时代呼唤新的散文式新闻/郭乾湖//江西社会科学 1999-11
⊙世纪门槛上的总结与展望——第二届两岸传媒向 21 世纪学术研讨会综述/李宁//现代传播-北京广播学院学报 1999-06
⊙世纪之交的重新审视——国际"中国传媒研究"的某些新视点/张威//国际新闻界 1999-06
⊙世界传媒奇人——大卫·奥格威/林山//新闻记者 1999-10
⊙市场营销看谁棋高一招——盯住传媒/王志荣//中外管理 1999-10
⊙试论电视从业人员的基本素质/李红生//新闻爱好者 1999-S3
⊙试论电视批评报道发展的必然性与优势/陈江//新闻大学 1999-03
⊙试论我国电视传媒的基本功能/杜渝//当代电视 1999-11
⊙试论新闻媒体的文化价值/郭红原//学术交流 1999-02
⊙试论影视经济政策/董元莉//中国电视 1999-S2
⊙试析激烈竞争中大众传媒发展的新趋势/张萍//当代传播 1999-05
⊙受众需求与传媒发展/郑敦杰//青年记者 1999-04
⊙受众注意力的吸纳模式：施拉姆公式的启示/喻国明//青年记者 1999-05
⊙树立电视大产业大开发大集团观念/王贵平//电视研究 1999-11
⊙数字电视带来的市场机遇/黄升民//电视研究 1999-10
⊙数字化时代的大众传播/张歌东 申家宁//现代传播 1999-02
⊙双向参与：电视纪录片的优势所在/赵力//传媒观察 1999-03
⊙探析当今美国传播与政治的关系/方丽//东南亚研究 1999-06

◎提高我国媒体在国际传播领域的地位——从"我驻南使馆被炸事件"引发的思考/张海鹰 陈旭东 应中迪//新闻战线 1999-07
◎体育报道中的反文明倾向/吕国荣//传媒观察 1999-02
◎外国卡通与我国儿童影视/郝月梅//电影艺术 1999-05
◎网络传播对新闻传媒的影响及发展对策/王俊杰//河北大学学报（哲学社会科学版）1999-03
◎网络传播与未来公关/徐志京//公关世界 1999-04
◎网络传媒与网络传媒工作者/王永杰//南京政治学院学报 1999-04
◎网络的挑战与诘难/辰目//出版发行研究 1999-12
◎网络发展与网络管理——传统传媒与传媒管理如何面对因特网的挑战/郭乐天//新闻记者 1999-11
◎网络环境下电子出版物传播的文化效果分析/田艳//新闻与传播研究 1999-03
◎网络上的文化竞争//新闻与写作 1999-12
◎网络时代传播环境的变化给大众传媒带来的挑战和机遇/张海鹰//新闻大学 1999-04
◎网络时代带给新闻媒体的机遇和挑战/闵捷 林谷//了望 1999-19
◎网络时代中的新闻传媒变革/南方//发展论坛 1999-06
◎网络文明之路——网络宽带化意味着什么//互联网周刊 1999-48
◎网络新闻：更先进的大众传媒/汪勇刚//中国青年研究 1999-02
◎网络营销的冲击及对策/刘琰//辽宁经济职业技术学院、辽宁经济管理干部学院学报 1999-01
◎网站建设：电视传媒面向信息社会的生存策略/韩博//新闻大学 1999-01
◎危机与希望——99 媒介与广告市场述评/黄升民//现代传播-北京广播学院学报 1999-04
◎为快乐而生活——"中国首届互联网游戏大赛"揭示的商机/一东//互联网周刊 1999-27
◎卫星多媒体广播的新领域——从世广卫星数字音频直播系统看二十一世纪新广播/马毓鸿//中国传媒科技 1999-07
◎文化工业—公共领域—收视率——布尔迪厄的媒体批判理论/周宪//国外社会科学 1999-02
◎文艺消费与大众传媒的调控/黄士芳//特区理论与实践 1999-10
◎我国传媒监督的保障性立法问题研究/黄宝玖//三明高等专科学校学报 1999-04
◎我国大众传媒在新技术条件下发展策略的思考/杨超//新闻大学 1999-03
◎现场感——电视新闻的灵魂/洪利//记者摇篮 1999-05
◎现代传媒对教育的冲击/李春//衡水师专学报 1999-04
◎现代传媒与大学生偶像崇拜/丁志卫 刘枫//广西青年干部学院学报 1999-04
◎限制媒介暴利/仲大军//中国企业家 1999-03
◎香港传媒玩媚俗——陈健康事件引发的媒体闹剧/江迅//新闻记者 1999-01
◎想说爱你不容易——关于中国商业电影的讨论/颜纯钧//电影艺术 1999-02
◎想说爱你不容易——我看电视游戏节目/蒋愈红//新闻爱好者 1999-09
◎想象力、泛灵论及其它——浅谈动画片/张静 徐婧英//中国电视 1999-09
◎向"慢"字开刀——关于改革广播新闻节目的感想/刘亚辉//新闻爱好者 1999-06
◎新技术与市场化——大众传媒发展的支柱和动力/张海鹰//记者摇篮 1999-04
◎新疆新闻传媒五十年/邵强//当代传播 1999-05
◎新时期电影的人文模式及其对话效应/厉震林//戏剧艺术 1999-01
◎新世纪大众传媒的挑战与机遇——21 世纪大众传播媒介竞争新格局学术研讨会/赵曙光//现代传播-北京广播学院学报 1999-06
◎新闻、传媒网络化发展新趋势/张咏华//新闻记者 1999-04
◎新闻：广播新一轮改革的突破口/陈红梅//传媒观察 1999-05
◎新闻策划：世纪之交的受众文化阐释/戴宇立//湖北民族学院学报（哲学社会科学版）1999-04
◎新闻策划的前提与方法/赵振宇//中国记者 1999-09
◎新闻传媒市场与舆论监督/谢金文//新闻前哨 1999-01
◎新闻传媒宣传与经济社会的可持续发展/杨嘉//渝州大学学报（社会科学版）1999-02
◎新闻改革与社会主义文化建设/蔡骐//新闻战线 1999-05
◎新闻管理体制与新闻行政机构设置/王国庆//传媒 1999-05
◎新闻规律与市场规律的契合点/丁柏铨//南京大学学报（哲学·人文科学·社会科学版）1999-03
◎新闻媒体广告违法成因析/史济豪//新闻记者 1999-03
◎新闻侵权与免责——从山东卫视打假走上被告席谈起/邹志梅//青年记者 1999-05
◎新闻摄影要用形象"说话"/冯世杰//记者摇篮 1999-02
◎新型文献传媒对受传者的影响/朱蓓//图书馆杂志 1999-05
◎新中国传媒事业 50 年光辉历程述略/刘保全//新闻界 1999-05
◎新中国传媒事业五十年（述略）/刘保全//新闻与写作 1999-10
◎信息时代的传媒之争/任波//开放潮 1999-06
◎信息时代媒体英雄/辛厉//计算机周刊 1999-24
◎妖魔化别人与天使化自己——析西方"新闻自由"的虚伪性/因心//青年记者 1999-04
◎一个话语的寓言——市场逻辑与 90 年代中国大众传媒话语空间的构造/刘文瑾//新闻与传播研究 1999-02
◎一个有待研究的新课题：电视文化/海风//价格与市场 1999-09
◎艺术传媒的科学性原则/程大利 邓福星 周宪//中国艺术 1999-02
◎因特网对新闻传播的影响/唐润华//新闻与传播研究 1999-03
◎因特网上的跨文化传播/李展//厦门大学学报（哲学社会科学版）1999-01
◎因特网与报纸传媒的新角色/陈红梅//传媒观察 1999-07
◎因特网与传统大众传播媒体/王天德//中国广播电视学刊 1999-10
◎音乐广播节目的创新空间/夏冰//视听界 1999-06
◎引导传媒改进 扩展正面舆论——试论新形势下受众调查的双重功能/陈嘉栋//传媒观察 1999-04
◎隐私不隐与传媒的商业追求/邓庄//粤海风 1999-03
◎迎接知识经济对湖北新闻业的挑战/詹金生//新闻前哨 1999-02
◎影视摄制中的资金预算及运作问题/田杰//发展论坛 1999-07
◎影视行业急需严把投入产出关/李凤英//北方经济 1999-11
◎由讨论新闻策划引发的思考/尹颂//采·写·编 1999-01
◎游戏设计的焦点——游戏设计师们谈游戏/蔡臻欣//计算机周刊 1999-28
◎游戏网站总动员/程子//互联网周刊 1999-03
◎舆论导向与新闻价值/周跃敏//传媒观察 1999-05
◎运用电视传媒 搞好老年教育——上海电视老年教育问卷调查综述/张柏梁//开放教育研究 1999-01
◎在美国举办"哈尔滨电视展播周"后的思考/吕汇霞 刘怡娟 黄

松珍//新闻传播 1999-02
⊙躁动与焦虑——面对市场挑战的影视人/王群//浙江传媒学院学报 1999-02
⊙怎样挖掘独家新闻/曾胜泉//新闻三昧 1999-02
⊙赵本山：为喜剧寻"魂"/马智//电影艺术 1999-03
⊙知识经济催促媒体创新/倪宁//新闻记者 1999-05
⊙知识经济对新闻宣传的六大挑战/彭祝斌//湖南大学学报（社会科学版）1999-04
⊙知识经济时代的广播电视角色/胡瑞庭//现代传播 1999-02
⊙中国传媒大发展的曙光/尹鸿//现代传播-北京广播学院学报 1999-01
⊙中国传媒巨人横空出世——文汇新民联合报业集团规模经营纪实/闻新//上海国资 1999-04
⊙中国电视传媒与因特网/谢晓路//中国广播电视学刊 1999-07
⊙中国电视媒介的数字化生存/黄升民//现代传播-北京广播学院学报 1999-06
⊙中国电视突围上海——'99 上海电视媒体品牌营销研讨会后记/申音//中国新时代 1999-06
⊙中国电视业：呼唤系统经营战略/李清章//中国改革 1999-06
⊙中国电子游戏十年——十大风云游戏（一）//多媒体世界 1999-08
⊙中国电子游戏十年——十大风云游戏（二）//多媒体世界 1999-09
⊙中国动画片形势严峻//电影评介 1999-01
⊙中国卡通：梦醒时分/张弛//价格与市场 1999-09
⊙中国连环画的盛衰谈/徐海鸥//苏州丝绸工学院学报 1999-06
⊙中国气派和文化厚度的展示——略论近年来我国音乐电视的民族艺术风味/周星//当代电视 1999-11
⊙中国新闻业——迎接网络革命的挑战/向淑君//广播电视大学学报（哲学社会科学版）1999-02
⊙中央电视台因特网站点的技术及信息结构分析——兼论因特网的发展及其在电视传媒的应用/韩强//广播电视信息 1999-12
⊙抓重点·求共识·重效果——关于强化新闻报道三大功能的实践与启示/陈华荣//传媒观察 1999-07
⊙专栏节目的运作控制/于加波//青年记者 1999-05
⊙追踪学术热点 展望未来电视——第 7 届上海电视节国际学术研讨会综述/周晓//新闻记者 1999-02
⊙走近"新闻调查"——《新闻背后的新闻》读后/雷雨//传媒观察 1999-04
⊙足球媒体与被报道者/卢劲//新闻窗 1999-05

2000 年

⊙"21 世纪中国互联网大会"在京举行//互联网周刊 2000-16
⊙"WTO"带给中国影视业什么/顾列铭//金融时报 2000-06-16
⊙"传媒"、网络谁怕谁/寿川//市场报 2000-06-14
⊙"第四传媒"：传统媒体的终结者？/裕明//四川政协报 2000-11-21
⊙"第五产业"——21 世纪的"朝阳"/马艳辉//经济工作导刊 2000-08
⊙"电视湘军"探秘/杨红梅 孟秀敏//中国财经报 2000-07-25
⊙"电视湘军"战略中的财务管理思路/周竞东//湖南财政与会计 2000-05
⊙"电影超市"激活电影市场/檀梅//浙江日报 2000-09-03
⊙"入世"后广告市场的震荡与重构/晓梅 董斌//信息时报 2000-11-25
⊙"时代华纳"与"美国在线"合并启示录/长林//知识经济 2000-02
⊙"世纪新闻传播百年学术研讨会"在京举行/赵彦华//中华新闻报 2000-10-25
⊙"特价电视"：已经蜕变为"营销工具"/罗清启//中国信息报 2000-08-09
⊙"网络"传统理财的新嫁妆/陈丽红//财经界 2000-S1
⊙"文化帝国主义"的全球化传播与影视文化的反弹（上）/孟建//中华新闻报 2000-11-27
⊙"文化帝国主义"的全球化传播与影视文化的反弹（下）/孟建//中华新闻报 2000-12-04
⊙"我想建一个互联网上的思想库"/罗昱//中华新闻报 2000-10-09
⊙"湘军儒将"魏文彬/杨瑞春//中国新闻周刊 2000-23
⊙"新浪"浪高几尺？/薛礼//国际商报 2000-10-06
⊙"新世纪的机遇和挑战与影视媒体改革研讨会"纪要/潘可武//现代传播-北京广播学院学报 2000-05
⊙"影视评论"哪去了？/齐殿斌//文艺报 2000-12-21
⊙"影音头等舱"——松下 TAUGIGA/于又燕//国际商报 2000-12-17
⊙《经济半小时》的品牌资产及问题分析/喻国明//电视研究 2000-03
⊙《世界传媒概览》出版/鲁奇//国际新闻界 2000-06
⊙《知识经济与大众传媒》出版/甄学宝//中华新闻报 2000-07-03
⊙1999 中国电影备忘/尹鸿//当代电影 2000-01
⊙2000：今世"花样年华"续新篇/广琴//信息时报 2000-12-22
⊙CSM：中国首家电视广告效果监护人/袁源 李项云 闫孝兰//中国改革报 2000-08-18
⊙NewsML：全球新闻界的新语言//中国计算机报 2000-07-24
⊙TOM. COM 的并购策略：想捞"快钱"别找我/张民旭 李缅晔//信息时报 2000-11-18
⊙WTO 将给中国影视业带来什么？/顾列铭//安徽经济报 2000-11-20
⊙WTO 与中国媒体业前途/王培先//上海经济 2000-06
⊙澳大利亚：政府部门的新闻发布与管理/张金玲 廖路明 王薇 陈羽 姚怡昕//中国财经报 2000-12-22
⊙把握媒体特长有效投放广告/新生代市场监测机构//市场报 2000-12-13
⊙爆发在演播室里的技术革命/陈存瑞//中国计算机报 2000-07-24
⊙北京电影学院副院长张会军谈影视教育应如何面对 WTO 带来的挑战/唐榕//中华儿女（海外版）2000-24
⊙北京居民电视新闻类节目收视情况及收视意愿调查分析报告/喻国明//电视研究 2000-08
⊙北京人如何收看电视新闻类节目/喻国明//中华新闻报 2000-07-24
⊙并购华纳也拉响了我国电视业加速发展的汽笛/李岭涛//广播电视信息 2000-04
⊙博瑞传播紧拉传播业的手//深圳商报 2000-09-07
⊙不宣而战一欧洲视听业的现状及其对美策略/大卫·普特男//现代传播-北京广播学院学报 2000-02
⊙参与网络经济——世界经济论坛 2000 中国企业高峰会议侧记/范根定//每周电脑报 2000-15
⊙城市广播电视产业集团化构想/李伦//中国有线电视 2000-01
⊙出售听众——美国商业音乐电台对流行文化的控制/陆晔//新

闻与传播研究 2000-01
⊙传播的危机/陈卫星//信息时报 2000-09-02
⊙传播者权别错位/魏永征//法制日报 2000-12-02
⊙传媒比拼欧锦赛/虹飞//新闻出版报 2000-06-19
⊙传媒大王“搅闹”体育圈/王会寨//体育博览 2000-06
⊙传媒改革难过三道坎/骆正林//新闻窗 2000-05
⊙传媒与社会主义文化领导权/孟繁华//文艺报 2000-12-12
⊙传统媒体，你别无选择/朱光烈//中华读书报 2000-08-16
⊙传统媒体的网络化“蝶变”——AOL 大兼并启示之二/陆群//互联网周刊 2000-15
⊙传统媒体如何应对网络挑战/习常司空//中国建材报 2000-06-28
⊙传统媒体掀起网上联合潮/张立勤//中国记者 2000-06
⊙传统媒体再风光几年？/陈小平//中国信息报 2000-09-05
⊙传统媒体走向何处/燕都//辽宁日报 2000-07-24
⊙传统与现实的碰撞/朱承斌//计算机世界 2000-09-04
⊙创新——电视媒体走向新世纪的必然选择/刘能发//声屏世界 2000-S2
⊙创新为王——我们怎样面对新世纪（3）/喻国明//采·写·编 2000-03
⊙从“湖南电视现象”看电视创新/丁新吾//中华新闻报 2000-08-21
⊙从 NAB2000 看广播电视技术的最新发展/张济民//广播电视信息 2000-11
⊙从电子游戏机热到电脑游戏热的思考/刘小聘//中国妇女报 2000-09-20
⊙从互联网到宽频互联网/林红熳//中国高新技术产业导报 2000-06-17
⊙从互联网络到视觉传达/曲国先//桂林电子工业学院学报 2000-02
⊙从科学普及到科学传播/吴国盛//科技日报 2000-09-22
⊙从美国在线收购时代华纳看网络产业与网络股/邵秋涛//证券市场导报 2000-02
⊙从容面对因特网/熊澄宇//中国电子出版 2000-01
⊙从收视率到满意度/胡运芳//新闻出版报 2000-10-24
⊙从网络版权纠纷看网络版权保护/陈希//重庆日报 2000-10-11
⊙从新中国电影摇篮到北方影视生产基地/赵国光//电影艺术 2000-03
⊙大传媒小世界/鲁奇//中华新闻报 2000-11-09
⊙大众传媒：告别精英文化/喻国明//青年记者 2000-04
⊙大众传媒：人民监督的耳目和喉舌/孔祥振//求实 2000-02
⊙大众传媒趋向大众文化/喻国明//中华新闻报 2000-10-16
⊙大众传媒时代的文艺传播机制/常俊玲//民族艺术 2000-04
⊙大众传媒是一口大浴缸/陆乐//中国图书商报 2000-08-08
⊙大众传媒与竞技体育产业关系的分析/唐成//成都体育学院学报 2000-03
⊙大众传媒与心理战/林永胜//中国国防报 2000-11-27
⊙大众传媒中国经济最后的暴利/郑建辉//新财经 2000-05
⊙当代文化建设和影视媒介/徐静//安徽日报 2000-07-11
⊙当前推进广播电视集团化改革的现实路径/蔡尚伟//声屏世界 2000-12
⊙迪士尼长盛不衰的奥秘/杜海清//财会月刊 2000-21
⊙第四媒体，全新的挑战/皮藤江//江西日报 2000-08-31
⊙第四媒体迅猛崛起“三老哥”风光依旧/李理//中国邮政报 2000-07-25
⊙第一个端到端的媒体资产管理解决方案——InformixMedia360//网络世界 2000-06-26
⊙电广传媒：全面启动广告招商活动/曹东林//中国企业报 2000-11-28
⊙电广传媒：与中广有线强强联合/刘东林//中国企业报 2000-11-15
⊙电广传媒构建传媒产业集团/余淦//中国证券报 2000-10-27
⊙电广传媒两增发项目签约//中华工商时报 2000-12-19
⊙电脑档案共用网业酝酿巨变/光年//电脑与电讯 2000-08
⊙电脑游戏术语知多少/徐敏荣//解放日报 2000-07-31
⊙电视 = 俗文化/潘峰//当代电视 2000-S2
⊙电视广告对文化建构的导向作用/丁学梅刘小燕//中华新闻报 2000-07-17
⊙电视节目亮出你的王牌来/倪敏//中国消费者报 2000-06-23
⊙电视节目制播分离刍议/高宝华//中华新闻报 2000-07-03
⊙电视节研讨电视的现状和未来/熊海钧//文汇报 2000-11-01
⊙电视剧要隐恶扬善/村夫//中国工商报 2000-11-04
⊙电视频道应专业化/夏陈安//人民法院报 2000-09-02
⊙电视体育新闻传播的文化解析/张玉梅//中华新闻报 2000-08-28
⊙电视娱乐节目何去何从//张明尧//辽宁日报 2000-10-08
⊙电视娱乐节目将走向何方/张翼飞 黄健//中国税务报 2000-10-06
⊙电视娱乐走到头了/赵文侠//北京日报 2000-07-11
⊙电视与社会/李永刚//中华读书报 2000-10-11
⊙电视转播权的开发步入正轨/高进//中国体育报 2000-07-25
⊙电影界狂人吴宇森/黄汉威//音乐天地 2000-05
⊙电影魔术揭秘/程鸿//计算机世界 2000-11-20
⊙电影票价不能一刀切/倪敏//中国消费者报 2000-11-17
⊙电影市场岁末大整合/楚益祥//市场报 2000-12-27
⊙电影业让人揪心/史彦//中华工商时报 2000-07-26
⊙电影怎样步入产业化的轨道/赵建中//电影评介 2000-02
⊙电子商务时代的 IT 产业/杨元庆//互联网周刊 2000/17
⊙电子游戏产业被插生死签/徐峰//中国消费者报 2000-09-14
⊙动感之源 Flash/李旭//中国电脑教育报 2000-06-28
⊙动画片：肥水莫流外人田/同洲//中国艺术报 2000-07-28
⊙读网络经济/罗朝晖//中国科技信息 2000-05
⊙杜琪峰类型片的“杰出作者”/张燕//电影评介 2000-09
⊙对传媒产业化的冷思考/熊忠辉//青年记者 2000-04
⊙对公众人物舆论侵权的免责范围初探/邓志伟 谷国文 马贤兴//人民法院报 2000-09-26
⊙对美国媒体可信度的调查/郑瑜//中华新闻报 2000-10-16
⊙对现阶段媒介舆论监督的思考/张谷风//中华新闻报 2000-07-17
⊙对新版《东方时空》“实话实说”//文汇报 2000-12-10
⊙对新闻媒体强化“受众意识”的思考（上）/周翔//中华新闻报 2000-10-23
⊙对组建我国电视产业集团的几点思考/严三九//新闻实践 2000-01
⊙多媒体信息传播解决之道/棋子//中国计算机用户 2000-17
⊙多样化与集中化——放松管制的大众传媒领域/Petros Iosifides//国际新闻界 2000-05
⊙多元化的媒体时代/卓嘉//联合时报 2000-07-21
⊙俄罗斯新闻业在过渡时期痛苦求索/聂长云//现代传播—北京广播学院学报 2000-06
⊙二十世纪的中国新闻传播事业/方汉奇//中华新闻报 2000-10-30
⊙发达国家与我国网络信息服务业比较研究/王玉 龚国伟//广东商学院学报 2000-04

◎发挥媒体优势优化舆论氛围/王健儒//法制日报 2000-09-29
◎发展电影产业 拓展电影市场/邓朴安//上海大学学报（社会科学版）2000-01
◎方正联想南下抢滩/景小倩//中国信息报 2000-12-19
◎房地产广告怎样投放最有效/新生代市场监测机构//中国经营报 2000-12-05
◎放弃意味着更多收获/陈焱//中国成人教育信息报 2000-10-26
◎给中国漫画寻个活法/华明//文艺报 2000-12-14
◎古辛斯基：媒体大亨被媒体热炒/王桂香//中国财经报 2000-07-04
◎故事·游戏·动物朋友——对儿童影视节目理论建构的探讨/吕新雨//现代传播 2000-03
◎关于电视娱乐节目的文化思考/黄维诚//辽宁日报 2000-11-23
◎关于发展儿童电视卡通剧的几点思考/倪娜//中国电视 2000-01
◎关于谈话类节目的思考/佟婷//中华新闻报 2000-07-24
◎关于文化与传播译丛/周宪 许钧//中华读书报 2000-05-17
◎关于新闻传媒无形资产折股的思考/方道南//现代管理科学 2000-02
◎关于中国四大媒体现状与趋向研究/刘海贵//新闻大学 2000-03
◎关注新兴媒体探索网络传播/罗昱//中华新闻报 2000-09-27
◎广播传媒应重视“听众本位”/周文力//中国广播电视学刊 2000-12
◎广播电视产业化经营的客观依据/黄少萍//福建日报 2000-11-01
◎广播电视与网络的生存格局/董天策//西南民族学院学报（哲学社会科学版）2000-11
◎广电湘军咄咄逼人/谢荣//中国企业报 2000-12-22
◎国产电视剧今年“利好”/包明廉//文汇报 2000-06-25
◎国产动画该睁眼看世界了/柯南//北京日报 2000-10-18
◎国产动画片快些动起来/吴冰//中国质量万里行 2000-05
◎国产动画期待飞跃/陆梅//文学报 2000-06-22
◎国家的宏观调控与传媒的双重角色/刘宏//传媒 2000-08
◎国内网站进入战国时代/程武//中华工商时报 2000-08-02
◎国务院办公厅转发文化部等部门关于开展电子游戏经营场所专项治理意见的通知//中华人民共和国国务院公报 2000-20
◎哈里·波特飞到中国/惠心//中华读书报 2000-08-30
◎合纵连横 传媒业的新策略/夏谦//网际商务 2000-02
◎和孩子一起欣赏卡通/屈笑宇 张辉//技术监督纵横 2000-06
◎横店影视城发展文化产业商机无限/何安丽//浙江日报 2000-06-25
◎后电影时代的“大片”/白玉//信息时报 2000-12-24
◎湖北电视媒体上网探析/曹化民//中华新闻报 2000-07-24
◎互联网的机遇/肖新兵//出版科学 2000 03
◎沪产动画片夺回荧屏阵地/陈晓黎//文汇报 2000-10-23
◎换个脑子搞新闻 ——关于新闻工作方法论的对话/崔保国//新闻传播 2000-02
◎会议报道应回归新闻传播本位/单波//中华新闻报 2000-11-20
◎基于 Internet 网络营销分析/余先进//安徽科技 2000-02
◎纪录片：中国影视业的骄傲//文汇报 2000-11-12
◎加拿大动画业的历史与现状/许颖//世界电影 2000-06
◎加入 WTO 给中国广播影视业带来什么？/梁平//国际市场 2001-11
◎加入 WTO 与我国新闻传媒对策刍议/陈静诗//当代传播 2000-06
◎建设高度发达的新闻事业——迎接新世纪寄语/刘民安//新闻知识 2000-01
◎交流与合作是加深了解的有效途径——在 2000 年亚洲娱乐与传媒大会上的发言/张长明//电视研究 2000-06
◎解析有线电视宽频互联网服务/李滔//中国电子报 2000-06-27
◎金鹰奖的问题到底出在哪儿？/马也//文艺报 2000-11-16
◎金鹰节给湖南带来什么/任新庆//科学时报 2000-12-02
◎进军互动传播业务/张民旭刘雪琼//信息时报 2000-08-26
◎巨舰出海 谁与争锋——美国在线与时代华纳合并综述/范新宇//微电脑世界 2000-04
◎聚焦《最初幻想：First Faery》——全面追踪报道《最初幻想》及其开发小组/刘拓//多媒体世界 2000-10
◎卡通：纯真世界商业化/兴佳//商业文化 2000-05
◎卡通读物的喜忧/关源成//编辑之友 2000-01
◎卡通漫画和动画的异同/魏龙泉//中国出版 2000-07
◎卡通漫画图书为何热销？/王智娜//出版发行研究 2000-06
◎卡通形象在广告中的作用/姜小岩//信息时报 2000-11-03
◎卡通艺术面面观/任家蓁//装饰 2000-06
◎来自虚拟空间的真实挑战（上）/李希光//新闻出版报 2000-08-16
◎来自虚拟空间的真实挑战（下）/李希光//新闻出版报 2000-09-11
◎利用互联网加快智力成果价值转化/程变爱//科技日报 2000-07-28
◎联众在线游戏/华 &K7& 鹏//中国电脑教育报 2000-06-14
◎两个平台一起抓 大小传媒创一流/赵征//新闻前哨 2000-01
◎论百年新闻传播史上的两次飞跃/程曼丽//国际新闻界 2000-06
◎论法兰克福学派的大众传播批判理论（上）/黄一芳//中华新闻报 2000-08-14
◎论法兰克福学派的大众传播批判理论（中）/黄一芳//中华新闻报 2000-08-21
◎论法兰克福学派的大众传播批判理论（下）/黄一芳//中华新闻报 2000-08-28
◎论广播电视工作的创新/赵随意//新闻采编 2000-05
◎论互联网中的商标保护问题/郝玉强//知识产权 2000-03
◎论近年中国传媒产业高速发展的动力/薛长琴//现代情报 2000-02
◎论我国信息服务业的发展路向/付立宏//图书情报工作 2000-10
◎论新闻传播效益最优化/张本伟//黑河学刊 2000-02
◎论新闻业的改革与发展/辛文峪//山西经济日报 2000-12-14
◎麦克鲁汉：e 时代的先知/周晓虹//中华读书报 2000-10-11
◎漫画式生存——新人类的世纪童话/惠丰//现代交际 2000-06
◎漫画现状与去向/阮美勤//甘肃日报 2000-12-21
◎媒介——从传媒的时代到介入的时代/倪梁康//中华读书报 2000-10-11
◎媒介的世界 世界的媒介——《世界传媒概览》前言/徐耀魁//国际新闻界 2000-05
◎媒介分析领域的重要理论成果——贝尼格的“控制革命”论评析（下）/张咏华//新闻大学 2000-04
◎媒介管理中人文因素的作用与影响/霍文利//声屏世界 2000-01
◎媒介重组 时不我待——面对 WTO 中国传媒业的对策初探/张向东//新闻记者 2000-12
◎媒体：如何面对企业的策划新闻/邓伟进//青年记者 2000-04
◎媒体炒作的价格大战/沈平之//解放日报 2000-08-16
◎媒体成为新亮点/任飞//中华工商时报 2000-07-21
◎媒体错了还是王力军错了/张元仲//科学时报 2000-12-10
◎媒体的“有所言”与“有所不言”/刘武俊//检察日报 2000-

12-13
⊙媒体广告如何组合运用/王信东 姜大华//河北经济日报 2000-08-30
⊙媒体洁身自爱远离"广告新闻"/沈艳阳//信息时报 2000-10-20
⊙媒体介入资本市场的可行性分析/康卫华//天津经济 2000-10
⊙媒体竞争中的电视业发展战略初探/杨军//当代电视 2000-S3
⊙媒体开始"品牌化变脸"/星光品牌资源管理中心//中国信息报 2000-08-30
⊙媒体有权保持沉默/刘武俊//大众科技报 2000-11-26
⊙媒体智者——刘长乐与魏文彬/杨瑞春//中国新闻周刊 2000-27
⊙美国对菲律宾传媒的影响与控制/李异平//新闻大学 2000-02
⊙美国广播电视业现状/马杰颖//中国记者 2000-07
⊙美国在线时代华纳告诉我们什么?/孙坚华//新闻实践 2000-01
⊙美国在线与时代华纳合并的财务思考/汤谷良//财务与会计 2000-09
⊙美国在线与时代华纳合并启示有线电视业的重要地位/吴贤纶//广播电视信息 2000-03
⊙美国最新一项调查显示——网络新闻业的职业道德亟待加强/张咏华//新闻记者 2000-09
⊙名家学者为 21 世纪中国电影找出路/李青山 潘曙光//中国消费者报 2000-12-07
⊙明天媒体也去做生意/景小倩//中国信息报 2000-08-01
⊙您可以试一试创意媒体/叶保//中国经营报 2000-10-03
⊙拍影视片上哪儿去找钱?//文艺报 2000-08-31
⊙捧出 76 部动画经典/周翠芳//中国教育报 2000-10-31
⊙祁思定:美国传播业大亨/鉴平哲//沪港经济 2000-02
⊙千龙品牌等待千锤百炼/彭兰//中华新闻报 2000-08-14
⊙千龙网"新闻"制胜/杨亮//北京日报 2000-08-15
⊙浅论两台合一后的运行机制及发展方向/刘付德//当代电视 2000-S4
⊙浅论中国电视的产业经营——从"湖南电视现象"说起/彭晓燕//新闻大学 2000-03
⊙浅谈网络传播的道德规范/张洪超 王胜红//中华新闻报 2000-10-09
⊙浅析中国电视产业经营内容的重心转移/王冬冬//新闻传播 2000-03
⊙巧用媒体做营销/段佳//中国保险报 2000-09-14
⊙侵犯名誉权:媒体的困惑与难题/张祺//中国妇女报 2000-10-07
⊙情迷卡通/顾勤//现代交际 2000-11
⊙全国平面媒体谁收的银子多/慧聪媒体研究中心//中国信息报 2000-11-29
⊙全球电脑游戏公司力拓中国市场/路虹//国际商报 2000-11-22
⊙让孩子成为游戏的主人/黄进//中国教育报 2000-08-26
⊙让科技传播更加贴近受众/唐弦//新闻出版报 2000-10-10
⊙如何看待中国目前的网络热/张继升//发展论坛 2000/10
⊙入世:中国电影业"逼上梁山"/李海燕//中国贸易报 2000-08-29
⊙入世——挑战与机遇并存——WTO 涉及中国新闻出版业的相关协定简介/谢金文//新闻记者 2000-07
⊙入世对大众传媒的影响及对策/陈桂兰//新闻实践 2000-10
⊙入世对我省电子传媒产业的影响与对策/许光辉//广东经济 2000-02
⊙入世在即,中国电影向何处去/李凤英//北方经济 2000-12
⊙三维卡通动画的发展趋势/李丹//电视字幕·特技与动画 2000-04
⊙闪客降临——细说 Flash5/Penny//中国电脑教育报 2000-12-13
⊙上海传媒业:静悄悄的变革/朱光//新闻实践 2000-03
⊙上海广电业发展的经济学考察/沈莉//中国记者 2000-02
⊙深入报道电台大有可为/叶飞//新闻出版报 2000-12-08
⊙实战 Flash/李庆泉//中国电脑教育报 2000-07-19
⊙世纪的电视人需要树立十大意识/张荣标//中国广播电视学刊 2000-12
⊙世纪新闻传媒展望(续)/高兴烈//新闻采编 2000-02
⊙世纪新闻传媒展望/高兴烈//新闻采编 2000-01
⊙世界第二大传播业集团诞生/朱人来//国际商报 2000-10-20
⊙世界媒体亮相新世纪的上海/建强//广告人 2000-05
⊙市场化的足音 从"制播分离"看电视业改革/郭大誌//中国改革 2000-05
⊙市场看好迪斯尼发展前景/刘林森//国际市场 2000-05
⊙试论受众注意力资源的获得与维系(上)——关于传播营销的策略分析/喻国明//当代传播 2000-02
⊙试论受众注意力资源的获得与维系(下)——关于传播营销的策划分析/喻国明//当代传播 2000-03
⊙试论我国广播电视业的产业化/夏进//重庆广播电视大学学报 2000-04
⊙试论中国传媒产业化的发展现状与策略/丁晖//湖南大学学报(社会科学版)2000-S2
⊙试论中国网络域名的保护问题/李爱红//图书情报论坛 2000-01
⊙手机+在线游戏=?/王晓涛//科学时报 2000-11-15
⊙数据库新闻——网络传播新概念(上)/毕建忠 邢卫国//中华新闻报 2000-12-04
⊙数字世界:主流文化"抢滩"的重点领域/姚万华//新华日报 2000-12-31
⊙数字索尼/解燕喃//中国电子报 2000-08-31
⊙数字王国的跃进运动——美国在线与时代华纳梦幻组合的思考/翁宝//南风窗 2000-03
⊙双人对弈游戏服务程序/胡朝晖 王海瑛//计算机世界 2000-08-07
⊙谁来推醒中国影视业/徐东华//中国社会报 2000-12-16
⊙谁是大众传媒中的女性形象/周晔 林林//文艺报 2000-07-13
⊙他山之石——日本动画片带给我们的思考/李剑平//电视研究 2000-09
⊙谈话节目进入"百台大战"/张楠//工人日报 2000-08-02
⊙谈谈"科学传播"的主体结构/刘华杰//中华新闻报 2000-07-03
⊙贴近受众的心灵——浅析钱江台"新闻速写"的定位/叶靖//新闻实践 2000-Z1
⊙透视 媒介 联动/苏华//传媒观察 2000-10
⊙外商热衷于把影视文化打入中国市场/千力//江苏经济报 2000-09-29
⊙晚晚生代崇拜 Cartoon/刘树英 沈农夫//中国信息报 2000-11-20
⊙网吧何去何从/韩俊//中国邮政报 2000-07-04
⊙网络"点睛"书市/陈宇华//新闻出版报 2000-09-29
⊙网络传播新概念//科技日报 2000-11-29
⊙网络传媒对传统传媒的影响/苗菁//中国艺术报 2000-09-15
⊙网络的冲击与新闻出版业的生存/穆小琳//大众科技报 2000-09-28
⊙网络对传统媒体的冲击与挑战/詹冬龙//决策与信息 2000-07
⊙网络公司角逐克里奥奖/胡满涛//中国商报 2000-09-04

- 网络广告你准备好了吗/郑文华//中国信息报 2000-08-17
- 网络广告谁来评价/南飞//中国计算机报 2000-10-26
- 网络巨人祈思定/汤玛士//电脑与电讯 2000-05
- 网络崛起时代：北京人媒介接触行为变化调查/喻国明//新闻与写作 2000-11
- 网络崛起时代：北京人媒介接触行为的变化及其特点/喻国明//中华新闻报 2000-10-23
- 网络媒体兼具“互动”与“多媒体”//信息时报 2000-08-19
- 网络媒体明日能否辉煌/陈建华//新闻出版报 2000-09-20
- 网络媒体圈地与报刊媒体自卫/明亮//经济消息报 2000-06-14
- 网络媒体失败的产业？/刘美欣//科学时报 2000-09-06
- 网络媒体有“钱途”吗//中国信息报 2000-08-08
- 网络时代：广播电视的媒介管理体与生存/罗昱//中华新闻报 2000-07-31
- 网络时代传统媒体面临的冲击/宋卫平//中华新闻报 2000-06-19
- 网络时代德育工作的创新/李康平//中国教育报 2000-11-08
- 网络文化给文学带来什么/宋炳辉//文汇报 2000-12-09
- 网络新闻：夹缝中出击/薛礼//国际商报 2000-09-15
- 网络新闻编辑浮出水面/毕永光//中华新闻报 2000-07-24
- 网络新闻遭遇麻烦？/曹春玲//中国信息报 2000-11-14
- 网络信息传播中的问题及对策/郑淑荣 赵培云//网络世界 2000-10-30
- 网络游戏玩出大市场/吴南雁//中国财经报 2000-06-14
- 网络与传统媒体的世纪“婚礼”/孙镜//中国记者 2000-02
- 网络与组织的双轨整合——解读中国电视媒介经营走向/黄升民//现代传播-北京广播学院学报 2000-01
- 网上十种文化娱乐方式/枫彦//刊授党校 2000-02
- 网上直播关注媒体互动/刘子阳//互联网周刊 2000-20
- 网上抓电影愁坏好莱坞/东行//法制日报 2000-06-18
- 网页动画大揭密/朱艳//中国电脑教育报 2000-07-26
- 网页制作 FLASH 的用法/小茹//福建日报 2000-08-25
- 网页制作 FLASH 的优点/晓茹//福建日报 2000-08-18
- 网站刮起裁员风潮/程武//中华工商时报 2000-08-23
- 网站设计 65 条原则/黄俊//中国计算机报 2000-05-11
- 威旺迪荣登传媒业老二/徐茜//中国企业报 2000-12-14
- 为网页制作动画//中国电脑教育报 2000-06-21
- 为中国电影“会诊开方”/北新//辽宁日报 2000-11-23
- 文学搭车：成也影视败也影视/舒晋瑜//中华读书报 2000-08-23
- 我国“入世”对传媒业的影响及对策刍议/陈思劼//当代传播 2000-01
- 我国广播影视业的集团化之路/龙锦//上海大学学报（社会科学版）2000-04
- 我国网络媒体的发展历程/闵大洪//中华新闻报 2000-10-30
- 我国网站已过两万/金志明//中国教育报 2000-12-31
- 我国新闻传媒的产业式发展（下）/谢金文//新闻出版交流 2000-04
- 我国新闻业产业化进程概述——中国新闻传媒产业化之路探索之一/谢金文//当代传播 2000/02
- 我国有线电视网发展现状与趋势//中国计算机报 2000-11-09
- 我军第一影片库揭秘/柴岩柏 慈爱民//解放军报 2000-07-07
- 武侠风能救国产游戏软件吗/徐锋//中国消费者报 2000-10-19
- 西部大开发与传媒业人才问题/高栋//中国广播电视学刊 2000-11
- 西部地区电视产业发展的新思路/周鸿铎//中国广播电视学刊 2000-06
- 希望东方网成为上海“新窗口”/海星//联合时报 2000-12-01
- 现代传播评论网站开通/程晓龙//新闻出版报 2000-09-20
- 现代传播与全球化文化/李希光//新闻出版报 2000-11-27
- 线上游戏玩个够/刘焱彬//中华建筑报 2000-08-19
- 香港十大传媒富豪/雷鸣//财会月刊 2000-05
- 校园电影：当代中国的“梦工场”/欧阳天沛 张晋军//中国教育报 2000-09-05
- 携红色风暴金山新年出击 Internet/尹建芬//电子测试 2000-02
- 携手并进 共创未来——首届京沪新闻学术研讨会综述/章平//新闻大学 2000-01
- 新的结构模式——分布式网关//中国电子报 2000-08-01
- 新华网领跑新闻网站/夏日 刘振冬//经济参考报 2000-09-01
- 新加坡：管理有序的新闻业/徐耀魁//新闻实践 2000-03
- 新经济给财经新闻带来的挑战/李希光//新闻出版报 2000-11-14
- 新媒体·新形象/余丹清 黄岷珉//中国邮政报 2000-12-01
- 新媒体环境中的电视生存/王甫//现代传播-北京广播学院学报 2000-01
- 新千年震撼大关注——美国在线购并时代—华纳/本刊编辑部//市场观察 2000-02
- 新闻媒体网络发展“隆中对”/程晓龙//新闻出版报 2000-07-28
- 新闻侵犯名誉权案件的三次高潮/徐迅//中国妇女报 2000-10-07
- 新闻网站——风景这边独好/张德海//团结报 2000-08-22
- 信息时代传媒面临的市场化革命/叶晓林//中国广播电视学刊 2000-08
- 信息网络将推动广播电视向高层次大众传媒发展——评广播电视将消亡或被融合之说/吴贤纶//中国广播电视学刊 2000-02
- 行政执法中的影像资料不可忽视/高士明 赵玉顺//中国质量报 2000-07-06
- 行政主导，还是市场主导——组建广电集团面临的主要矛盾/王飞//新闻前哨 2000-07
- 虚拟演播室的发展//计算机世界 2000-09-04
- 徐铁峰：为科龙“造名”/张民旭//中国乡镇企业报 2000-09-15
- 压力·动力·活力——走向 21 世纪的电视业展望/张楠//青年记者 2000-06
- 央视，扁的就是你/龙雪晴//信息时报 2000-11-18
- 一“网”打尽娱乐业/王平//经贸世界 2000-05
- 一名香港学生眼中的台湾传播业/平泽//工人日报 2000-10-13
- 以理服人 以新引人 以实感人——我所理解的电视新闻/董丽//新闻采编 2000-01
- 应对挑战，中国新闻传播业直面 WTO/丁柏铨//新闻记者 2000-05
- 英国电影的领军人物/严敏//文汇报 2000-07-23
- 英国动画奇才尼克·帕克/宁宁//文汇报 2000-09-03
- 荧屏栏目上演网络大战/琛子//中国信息报 2000-09-05
- 影视“三角债”困扰艺术生产/傅庆萱//文汇报 2000-06-12
- 影视剧让书店火一把/郭秀萍//安徽经济报 2000-09-01
- 影视剧图书互动双赢/张珏娟//四川日报 2000-11-10
- 影视业要充分利用资本市场/方舟//电视研究 2000-12
- 用 FrontPage2000 制作动态网页/陈楚楚//中国电脑教育报 2000-07-19
- 优势麦肯媒体/小何//信息时报 2000-07-29
- 游戏大战相约暑期/安也致//中国商报 2000-07-25
- 游戏软件欲登“贺岁”商船/李同欣//市场报 2000-12-05

◎游戏之中见环保/乐亦欧//中华读书报 2000-09-13
◎有关电视业发展的几个问题/胡正荣//中国广播电视学刊 2000-08
◎娱乐化 本土化——美国新闻传媒的两大潮流/李良荣//新闻记者 2000-10
◎在挑战中正视机遇——对电视传媒业在网络时代发展趋势的思考/刘思旗//记者摇篮 2000-06
◎展影音精品风采 树质量明星企业/萧马 方剑//中国电子报 2000-09-07
◎站在时代的前列/杨保军//中华新闻报 2000-11-09
◎赵凯谈上海传媒业集团化发展的现状和思路//新闻大学 2000-01
◎浙江影视创作所创文化产业新路/刘慧//浙江日报 2000-07-04
◎正确看待新闻传媒产业化的积极作用和消极影响——中国新闻传媒产业化之路探索之二/谢金文//当代传播 2000-04
◎正确运用大众传媒搞教育/陈飞//解放军报 2000-06-27
◎证券市场对中国传媒产业化的推动/曾璘//湖南大学学报（社会科学版）2000-S2
◎直面 WTO，中国电影在竞争中求发展/凌子//信息时报 2000-12-24
◎制播分离——电视业市场化改革的景气指数/王长田//商业文化 2000-04
◎制播分离还是分立？/陆地//声屏世界 2000-09
◎制播分离势在必行/董涛//中国艺术报 2000-06-23
◎质疑"传媒文艺评论"/肖云儒//文学报 2000-12-07
◎中国传媒产业化与中国证券市场研究/刘晓兵//湖南商学院学报 2000-02
◎中国传媒业：迎战 WTO/陈思劼//新闻实践 2000-04
◎中国第一个村庄网吧/孔维国//世纪行 2000-06
◎中国第一个国际传媒研究机构在清华大学成立//新闻前哨 2000-04
◎中国电视：迎来人际传播的特色时代/于丹//中国教育报 2000-11-28
◎中国电视夏季体检报告/罗清启//中国信息报 2000-07-19
◎中国电视怎样面对新世纪//重庆商报 2000-12-24
◎中国电影如何瞄准市场/王臻青//辽宁日报 2000-12-13
◎中国电影市场的机会和构成/刘建宏//现代传播-北京广播学院学报 2000-04
◎中国电影市场怎么赚？/小马//科技日报 2000-11-17
◎中国动画急眼了//中国煤炭报 2000-07-03
◎中国互联网产业的六大隐患//市场观察 2000-05
◎中国记协倡议举办中国传媒网络论坛/程诵//新闻出版报 2000-07-18
◎中国漫画，不得不发的牢骚/磊路特//中国教育报 2000-08-29
◎中国网络媒体走向何方/王锡松//中华新闻报 2000-07-03
◎中国新闻事业的表情/杨沛奇 翁昌寿//中华读书报 2000-11-01
◎中国影视业发展与世界接轨是必然的课题//华东旅游报 2000-08-29
◎中华网赢收秘籍大披露/翟海涌//网络世界 2000-11-20
◎中文网络，迎击全球化时代/闵大洪//Internet 信息世界 2000-11
◎中文在线——21 世纪网络新文化/雨阳//互联网周刊 2000-25
◎中央电视台打造平民主持/刘灵//中国艺术报 2000-09-01
◎重提媒介产业化/黄升民//现代传播-北京广播学院学报 2000-05
◎主流媒体唱响网络主旋律/倪国和//文汇报 2000-12-16
◎主题公司与媒体融合的趋势/聂晓民 裴芳//中国旅游报 2000-11-27
◎主页图像的好帮手 Cool3D/阿雷//中华建筑报 2000-07-29
◎专家看好新闻媒体网络市场/卫民//新闻大学 2000-02
◎资本市场——中国传媒产业化的必由之路/魏安周//湖南大学学报（社会科学版）2000-S2
◎奏响地方经济宣传的强音——从淮阴市新闻传媒的策划与组织谈起/金厚勋//新闻战线 2000-08
◎作为民族文化产业的法国电影//电影艺术 2000-03
◎做动画跟我学/周勇生//中国电脑教育报 2000-08-02

2001 年

◎"IT"传媒业的弄潮儿——记计算机世界出版服务公司总裁石怀成/晓芳//传媒 2001-08
◎"传媒巨子"默多克的经营战略/王生智//电视研究 2001-09
◎"传媒社会"辨析/樊克宁//中国记者 2001-07
◎"大众传媒与现代文学"学术讨论会召开/葛涛//鲁迅研究月刊 2001-12
◎"回归剧场"：相声的田园梦想/吴文科//中国艺术报 2001-12-14
◎"江湖"论剑网上过招——央视版《笑傲江湖》精彩点评/时暇//戏剧之家 2001-02
◎"科教兴国"与《煤炭教育信息》的传媒作用/陈宇峥//华北科技学院学报 2001-02
◎"狼"已经来了——海外媒体在国内大陆的动作/立纲//青年记者 2001-06
◎"联姻"历程/胡英//计算机世界 2001-06-18
◎"炼狱"里的网络广告/冯英健//中国企业报 2001-06-04
◎"流媒体"将成为未来互联网应用的主流//中国经营报 2001-09-20
◎"媒体在全球化过程中承担不可替代的责任"——中美传媒技术培训中心主任王青平博士访谈/赵彦华//国际新闻界 2001-05
◎"入世"推进中国传媒整合/彭锦琼//中国企业报 2001-12-13
◎"入世"在即的中国传媒业/刘毅//商业时代 2001-11
◎"守门者"与舆论导向/曹晖//中国新闻出版报 2001-05-09
◎"殊途同归"为哪般？——说传媒之八/潘凯雄//传媒 2001-08
◎"网吧"不应是瘟疫/韦小红//甘肃日报 2001-09-03
◎"网络与生活"专题之一：网络媒体 VS 传统媒体 好风凭借力送我上青云——网络之于大众传媒文化产业/张永璟//广东科技 2001-03
◎"媒体二记"当自重——说传媒之四/潘凯雄//传媒 2001-04
◎"整合营销传播"优势何在？/孙健//中华工商时报 2001-01-16
◎"主旋律"要成为百姓共鸣的旋律/郐焕庆//新华每日电讯 2001-12-23
◎《宝莲灯》：开创中国动画电影的新路/徐强//吉林艺术学院学报 2001-04
◎《财富中国》要做财经平台老大/南师//中国企业报 2001-09-03
◎《传播政治经济学》：市场的理性分析//中国新闻出版报 2001-07-19
◎《传媒链接》的编排及传播方式探讨/李法宝 刘海贝//新闻大学 2001-01
◎《家庭》杂志向电视媒体延伸/沈山//中国图书商报 2001-08-07
◎《默多克传》：媒体大亨的制胜法宝/郁古台//国际商报 2001-11-13
◎2000 年中国网络新闻传播领域回眸（上）/闵大洪//中国新闻

出版报 2001-01-03
◎2000 年中国网络新闻传播领域回眸（下）/闵大洪//中华新闻报 2001-01-22
◎2001 年：中国传媒走势分析/郭乐天//新闻记者 2001-01
◎2001 中国传媒年会：媒介群体应策 WTO/刘薇//出版参考 2001-21
◎2005 年互联网的 12 个预测/陈维义 陈秀娟//中国计算机报 2001-01-04
◎2005 年娱乐与传媒业市场将达 1. 2 万亿//广播电视信息 2001-10
◎20 年历史回顾：市场经济对中国传媒的主要影响/刘宏//新闻实践 2001-01
◎20 世纪 90 年代美国动画电影综述（上）/李高华//吉林艺术学院学报 2001-04
◎21 世纪，我国新闻媒体展望/尚墨玲//新闻实践 2001-05
◎21 世纪的传媒，该怎样认识自己？/黄白//传媒 2001-08
◎21 世纪的网络媒体如何发展/庄稼旭//中国市场 2001-06
◎21 世纪——世界华文媒体的春天/李小霞//人民政协报 2001-09-17
◎21 世纪文艺播台的新霸主——大众传媒文艺兴盛的历史必然性/孙亭 程显锋//大庆高等专科学校学报 2001-01
◎21 世纪影视要成新经济/李稚田//中国经营报 2001-01-23
◎3DMAX 影视动画大制作/张友伟//电脑报 2001-08-27
◎3DMAX 制作火焰燃烧的几种方法/阿立//电脑报 2001-11-05
◎3DMAX 中表达式动画的控制方法/黄忠良//电脑报 2001-03-26
◎3DSMAX4 问答/李鸿//电脑报 2001-04-30
◎3dsmax4 渲染动画特效/陈友梅//中国计算机报 2001-03-19
◎3G 何去何从？/龚胜//数字通信 2001-08
◎3G 牌照：如何是好/侯健//通信产业报 2001-10-24
◎Authorware 实用技巧/孙宝京//电脑报 2001-10-01
◎BOLChina 坐望内地音像市场/李丽//中国图书商报 2001-12-04
◎COM 不再辉煌 传媒成为资本市场新焦点/梁志坚//市场观察 2001-06
◎COM 时代的智者宝典——与读者谈《网络传播研究丛书》/邵培仁//今日科技 2001-07
◎Delphi 的动画制作技巧/李文龙//电脑报 2001-06-11
◎E Sport 能“玩”出多大市场/王继晟//市场报 2001-10-31
◎E 视网·赢利“梦工场”/萧恩明//网际商务 2001-21
◎Flash5 常见问题与解答/Water//中国电脑教育报 2001-08-29
◎Flash 动画采集好工具——FlashCap/闫海江//电脑报 2001-05-21
◎Flash 动漫的第一桶金/宣兴章//中华读书报 2001-07-18
◎Flash 下载播放两手抓/张建华//中国电脑教育报 2001-03-21
◎Flash 制作小工具集锦/潘翔城//中国电脑教育报 2001-08-29
◎IBM 的媒体资产管理方案//网络世界 2001-07-30
◎ICT 系统标准正上演“世界大战”/许小飞//中国经济时报 2001-01-08
◎IMI 媒介、市场与企业营销战略演讲会在北京举办/凌平//大市场·广告导报 2001-08
◎Java·SUN：技术借 PR 杠杆撬动品牌/关健//中国计算机报 2001-08-20
◎Konvertor 教你百变神通/顾鹏尧宋文奇//电脑报 2001-12-24
◎NewsML 在传媒行业应用探讨/祁宁//中国传媒科技 2001-11
◎OFDM 推进家庭网络//网络世界 2001-11-12
◎PowerPoint2000 使用技巧/王鸣//电脑报 2001-06-04
◎Real 不仅是播放器/薛斐//计算机世界 2001-12-17
◎SL-MCGS 组态开发实验系统/耿德根//电子报 2001-09-23
◎SOHO 创业方案一/鸣涧//电脑报 2001-05-14
◎Swift3D 让平面动起来/韩欲青//中国电脑教育报 2001-06-06
◎Swish 上手指南/淑敏//河南日报 2001-01-14
◎TOM 的能量转化之路/翟海涌//网络世界 2001-04-09
◎TOM 野心有多大/胡品洁//中国企业报 2001-05-28
◎WTO：媒体能否过关/义川//网络世界 2001-08-06
◎WTO 背景下，中国新闻媒体正面临新一轮改革/李良荣//新闻记者 2001-05
◎WTO 后的中国传媒/李品齐//数字财富 2001-Z2
◎WTO 与媒介整合/熊澄宇//中国传媒科技 2001-12
◎WTO 与中国的网络文化发展/刘小敏//求索 2001-12
◎WTO 重整中国传媒产业/熊澄宇//文汇报 2001-12-12
◎奥运将给中国宽带网带来新的机遇/陈礼明//中国高新技术产业导报 2001-07-27
◎把广播带进网络/郑敏 白振祥//记者摇篮 2001-09
◎把握先进文化的前进方向 捍卫社会主义文化领导权——兼谈大众传媒的社会责任/张福平// 河南社会科学 2001-01
◎摆脱浮躁——关于电视文化的思考/郝卫平//当代电视 2001-12
◎报纸面对网络媒体的挑战与选择/雷刚//中华新闻报 2001-02-19
◎鲍岳桥联众游戏/刘韧 张亮//计算机世界 2001-02-26
◎北京国际电视周开幕/赵文侠//北京日报 2001-05-20
◎北京市电视收视市场总体状况/吴东//广告人 2001-04
◎北京——香港——台北看中国信息产业的未来/张亚勤//IT 经理世界 2001-01
◎贝卢斯科尼欧洲传媒大王·AC 米兰老板·意大利总理/王非//多媒体世界 2001-07
◎奔腾的事业：中国网络新闻发展回顾/张洪超//中华新闻报 2001-11-08
◎本报评出 2001 年股市十大人物/刘晓博//深圳商报 2001-12-17
◎本土传媒集团进军电视产业/段世文//市场报 2001-05-14
◎辩证看待网络新闻的真实性/杨保军//中华新闻报 2001-07-10
◎博瑞传播：玩概念还是做实业/詹娟//中国证券报 2001-11-21
◎博瑞传播主业转型尘埃落定/刘军//财经时报 2001-11-24
◎不应忽视的口碑传播//人民邮电 2001-07-20
◎裁员之后 ICP 的生存之道/朱建红//中国石油报 2001-06-11
◎查媒介追根源促规范/沈艳阳//中国工商报 2001-03-27
◎产业化运作是影视业的方向/郭洪//中国经营报 2001-03-27
◎成都媒体一条街/文三白//北京科技报 2001-08-13
◎吃饱今天饭 种好明日田——论网络媒体与传统媒体的“交互式”发展/安健//城市党报研究 2001-04
◎充分利用资金市场创电视发展新路/冯骥//中国电视 2001-01
◎充分挖掘影视传媒发展潜力/吴敬菽//证券时报 2001-08-24
◎出版跟着影视走是喜？是忧？/倪敏//中国消费者报 2001-02-23
◎初解 Flash/周国卿//网络世界 2001-02-19
◎初期社会主义中国电影文化的再评价/孟繁华//艺术广角 2001-05
◎初识电脑动画/鸣涧//中国电脑教育报 2001-06-27
◎初识流媒体/江国炜编译//计算机世界 2001-09-10
◎初识麦克卢汉/刘云龙//湖北日报 2001-04-11
◎传播生态规律与媒介生存策略/邵培仁//新闻界 2001-05
◎传播研究法/华子//中华新闻报 2001-03-26
◎传播业面临好机遇/史敬平//中国证券报 2001-05-28
◎传媒，切莫加剧社会性别歧视/沈峥嵘//新华日报 2001-12-07
◎传媒，怎样才能不输官司——新闻侵害名誉权诉讼的构成及对

策/王英涛//新闻知识 2001-12
⊙传媒：晦涩的非均衡增长点/梅涛//电子商务 2001-05
⊙传媒：面对网络挑战你紧张吗/黄费稳//通信信息报 2001-05-23
⊙传媒：政策、经营和市场/张建//华东经济管理 2001-05
⊙传媒：知法更需守法/刘烈云//检察日报 2001-03-23
⊙传媒：中国最后的暴利行为？/陈革非//企业家天地 2001-06
⊙传媒：资本的新情人/贾玉萍//科学时报 2001-07-02
⊙传媒“传”什么/胡荣//新闻知识 2001-02
⊙传媒板块：具有长期投资价值/李江涛//上海财税 2001-12
⊙传媒变化与记者新闻观念冲突初探/牟东明//四川师范学院学报（哲学社会科学版）2001-06
⊙传媒不可承受之轻/王立纲 杨晓白//青年记者 2001-03
⊙传媒操守刍议/丁柏铨//新闻记者 2001-03
⊙传媒产业：大风起兮云飞扬/曾东平//四川日报 2001-12-24
⊙传媒产业：待掘的金矿/刘艺文//新闻传播 2001-04
⊙传媒产业和资本市场/崔书文//理论前沿 2001-01
⊙传媒产业化过程中的管理创新/肖红梅//湖南经济管理干部学院学报 2001-03
⊙传媒产业化及其资本运作模式分析/汤懿芬//科技进步与对策 2001-12
⊙传媒产业热运作三重趋势的冷思考/蒋晓丽 王炎龙//西南民族学院学报（哲学社会科学版）2001-05
⊙传媒产业为中国新经济备下盛宴/汪文//企业导报 2001-07
⊙传媒产业迎来风云激荡的日子/施韬//金融时报 2001-05-18
⊙传媒产业在网络时代的机遇与挑战/石怀成//计算机世界 2001-06-18
⊙传媒触摸经济/王振令//中国信息报 2001-07-18
⊙传媒触网内容为王/方家平//中国经济时报 2001-09-15
⊙传媒大亨“闷声大发财”/鉴平哲//沪港经济 2001-04
⊙传媒大亨瞄准网络金融路透伺机而动/刘子阳//互联网周刊 2001-21
⊙传媒大战一触即发/周颖 王峰//中国信息报 2001-07-02
⊙传媒的“狼”——说传媒之十/潘凯雄//传媒 2001-10
⊙传媒调查业缘何而起——兼谈如何选择传媒调查公司/郭洪新//新闻与写作 2001-12
⊙传媒发布广告与著作权侵权/宋亚萍 沙庆超//报刊之友 2001-05
⊙传媒方式的变革与视觉艺术的发展/秦宁//平原大学学报 2001-03
⊙传媒改革打开阻力面/吴畏//中国市场 2001-05
⊙传媒改革三道坎/骆正林//新闻采编 2001-02
⊙传媒股升值潜力大/上海益邦投资//中国信息报 2001-12-04
⊙传媒竞争态势的特点/陆小华//中国新闻出版报 2001-05-24
⊙传媒竞做早教文章/孙明//早期教育 2001-S2
⊙传媒科技世纪回眸/王立彬 张晓松 李佳路//中国传媒科技 2001-01
⊙传媒面对网络的挑战和对策/刘国英//新闻知识 2001-09
⊙传媒莫传“流言”/胡荣//传媒观察 2001-03
⊙传媒莫忘弘扬先进文化/刘付德 李庆华//青年记者 2001-01
⊙传媒全球化的一些理论与议题/洪浚浩//太平洋学报 2001-04
⊙传媒让体育更精彩/骆正林//青年记者 2001-06
⊙传媒热潮的背后/王冉//多媒体世界 2001-06
⊙传媒热潮涌进资本市场/周颖//科技创业 2001-01
⊙传媒热潮涌进资本市场/周颖//中国信息报 2001-06-14
⊙传媒如何优化传播效果？——由地方媒体影响力越过“楚河汉界”说起/秦刚//新闻记者 2001-04
⊙传媒时代的大众文化及其批评/郭谦//山东行政学院-山东省经济管理干部学院学报 2001-05
⊙传媒驶入“对话”时代/何江//中国国情国力 2001-10
⊙传媒市场调研能够告诉我们什么——谈谈调研目标的类型选择（一）/喻国明//新闻三昧 2001-02
⊙传媒市场调研能够告诉我们什么——谈谈调研目标的类型选择（二）/喻国明//新闻三昧 2001-03
⊙传媒市场三大趋势/喻国明//中国新闻出版报 2001-02-22
⊙传媒市场资本爱火熊熊/杨光润//中国企业报 2001-05-14
⊙传媒投资热远未到来/黄文夫//中华工商时报 2001-05-31
⊙传媒投资现在进行时/杰瑞//科学投资 2001-Z1
⊙传媒外向化：地方宣传的新课题/赵鸣//群众 2001-02
⊙传媒网站与商业网站：东边日出西边雨/王倩倩//科技日报 2001-08-01
⊙传媒下一步：跨平台整合/陈立辉//数字财富 2001-14
⊙传媒先锋——媒体内容大工业生产实验/王星//IT 经理世界 2001-16
⊙传媒形态与受众心理空间的构建/夏文蓉//广播电视大学学报（哲学社会科学版）2001-02
⊙传媒业 中国最后一个暴利行业？/陈革非 肖亮//经济世界 2001-09
⊙传媒业：入世后风雨兼程/杜中杰//人民法院报 2001-11-28
⊙传媒业：网络业之后的泡沫/常丹红//山西经济日报 2001-07-18
⊙传媒业：网络业之后的泡沫/李芳芳//珠江经济 2001-06
⊙传媒业的明天是重组吗/吴眠//中国企业报 2001-02-01
⊙传媒业短缺“企业家”/胡亚莉//组织人事报 2001-06-04
⊙传媒业将成投资新热点//安徽经济报 2001-06-04
⊙传媒业可能是中国下一个泡沫//中国报业 2001-05
⊙传媒业正视经营管理人才短缺危机/曹鹏//新闻记者 2001-11
⊙传媒业资本盛宴后格局将变/王以超//中国商报 2001-07-27
⊙传媒舆论引导逆向思维的“点化”方式/王炎龙//声屏世界 2001-09
⊙传媒与受众心理/余静 孙晓烽//采·写·编 2001-01
⊙传媒与资本联姻又一个美丽的泡沫？/孙宝传//中国传媒科技 2001-08
⊙传媒与资本牵手/晏彦刘银海//中国财经报 2001-08-08
⊙传媒与资本市场握手/梁彦军//传媒 2001-03
⊙传媒遭遇“跳槽”激情/赵金//青年记者 2001-04
⊙传媒正进入“比拼内力时代”/本刊评论员//新闻三昧 2001-05
⊙传媒之道与市场化原则/朱竞//商业文化 2001-05
⊙传媒资本呼唤法治/魏永征//浙江传媒学院学报 2001-03
⊙传媒资源和市场面临重新洗牌与整合/李成//新闻传播 2001-06
⊙传媒资源整合的必由之路——资本运营/张辉锋//新闻界 2001-03
⊙传统传媒如何应对网络传播的挑战/漆文//黄勇贤 刘巍//新闻前哨 2001-12
⊙传统媒体如何面对网络挑战/王克勤//甘肃经济日报 2001-02-20
⊙传统媒体如何面对现代信息消费挑战/刘春芳//图书馆学刊 2001-02
⊙传统媒体网站：彷徨在十字街头/燕文//中国信息报 2001-04-17
⊙传统媒体网站何去何从/欧阳梦云//中国工商报 2001-02-21
⊙传统与现代的完美结合——评广东木偶剧团演出的《木偶套餐奇趣集》/陆上飞//南国红豆 2001-05
⊙创新管理体制是广播产业发展的当务之急/李戈//声屏世界 2001-12

◎春风化雨 润物无声——论影视等传媒与道德建设的关系/张凤铸//当代电视 2001-10
◎从"9·11"事件看西方媒体的跨国境传播/夏林//中国记者 2001-12
◎从"湖南电视现象"看体制和机制的创新/严三九//新闻大学 2001-01
◎从"互动式"电视节目说开去……/王英//电视研究 2001-04
◎从传媒的演变预测网络时代的曲艺艺术/刘梓钰//烟台大学学报(哲学社会科学版)2001-01
◎从国家文化安全的视角 看我国广播电视集团化/张德勇//新闻知识 2001-11
◎从湖南电广传媒的崛起看我国广告业的发展趋势/王培先//广告大观(综合版)2001-03
◎从蓝猫谈中国动画产业/铁铮//中华读书报 2001-10-17
◎从审美视角看网络新闻版面——从比较中看网络新闻传播形式的不完善性/姚丽萍//新闻大学 2001-04
◎从实际出发积极进行电视创新/刘晓光//当代电视 2001-14
◎从数据看传媒广告经营/徐卫华//新闻实践 2001-06
◎从台湾媒体的网络化进程看"大媒体"趋势/闵大洪//中国记者 2001-2
◎从投资角度看中国媒体产业的市场准入/徐锦泉//中国经营报 2001-10-30
◎从文学名篇到影视名片/金永兵//河北日报 2001-07-06
◎从现代传媒角度看大学出版/王霁//中华读书报 2001-12-12
◎从新旧传媒的比较,看新媒体对受众的掌控力/邓炘炘//程序员 2001-12
◎打造华文传媒的旗舰——访香港凤凰卫视董事局主席兼执行总裁刘长乐先生/纪涛//走向世界 2001-04
◎打造跨媒体平台/郝磊//中华新闻报 2001-10-11
◎打造中国传媒娱乐业的航空母舰——访上海文化广播影视集团总裁叶志康/肖莘//中国报业 2001-10
◎大陆网络游戏争霸世界需十年磨一剑/温波能//程序员 2001-12
◎大学生喜欢的传媒排出座次/张大伟//新闻前哨 2001-04
◎大众传媒的社会责任/喻向午//湖北广播电视大学学报 2001-04
◎大众传媒对大学生社会化的作用/鲁红艳//江汉大学学报 2001-04
◎大众传媒时代的电视文化与当代中国叙事格局/于德山//中国电视 2001-12
◎大众传媒与城市青年的闲暇文化生活——对 592 名城市青年的问卷调查/胡杰容//青年研究 2001-01
◎大众传媒与儿童社会化/李夏//山东教育科研 2001-Z1
◎大众传媒与扶贫报道——以 1990-1999 年《安徽日报》为例/谢天勇 张国良//新闻大学 2001-02
◎大众传媒与精神价值重建/云慧霞//文艺报 2001-10-26
◎大众传媒与军事心理战/蔡惠福//解放军报 2001-04-10
◎大众传媒与美国政党政治/李会欣//世界经济与政治论坛 2001-05
◎大众传媒与青少年思想教育/汪汉菊//青年探索 2001-04
◎大众传媒与受众的社会化/石卫平//江苏社会科学 2001-06
◎大众传媒与受众社会化/易军//信阳师范学院学报(哲学社会科学版)2001-05
◎大众传媒与五四运动"内除国贼"目标的确立/熊玉文//史学集刊 2001-04
◎大众传媒与行政发展——信息社会行政发展的新趋势/顾丽梅//理论与改革 2001-01
◎大众传媒在德国/王才勇//国际新闻界 2001-01
◎大众传媒在舆论监督中的角色意识/慕明春//新闻知识 2001-08
◎大众媒介相对过剩及其传播效果/阎思甜//中华新闻报 2001-07-31
◎大众媒介与饭店形象/张海怀//福建工商时报 2001-03-14
◎当代漫画的人文价值取向/刘恩波//辽宁日报 2001-08-09
◎当代艺术与传媒/杨盅//文艺报 2001-09-06
◎当今中国城市电视观众的收视特征及传媒对策/叶家铮//现代传播 2001-03
◎当前广播《证券节目》存在的问题/李易//新闻窗 2001-01
◎当前我国漫画读者群定位的调查/杨树山//美术观察 2001-11
◎当资本爱上媒介/查本恩//广告大观(综合版)2001-10
◎倒计时动画制作一点通(上)/伍新宇 刁龙梅//电脑报 2001-09-17
◎倒计时动画制作一点通(下)/伍新宇 刁龙梅//电脑报 2001-09-24
◎盗版——谁心中最痛/傅继红//中国经济时报 2001-03-31
◎德国大众传媒的市场性操作/王才勇//新闻与写作 2001-05
◎等待网络广告的花样年华/杰雯 李媛//中国经营报 2001-05-29
◎迪斯尼——"摇钱树"/龙夫//国际市场 2001-02
◎迪斯尼动画电影的造型特征/高放//电影艺术 2001-03
◎地方传媒如何宣传西部大开发/董天策 谭舒//西南民族学院学报(哲学社会科学版)2001-06
◎第三波戏谷专题访谈/赵靖//电脑采购周刊 2001-36
◎第三方势力大举进入影视产业面临强力整合/刘兴//中国经营报 2001-03-27
◎第三人效应理论:传播效果研究的新视角/陶鹤山//国际新闻界 2001-04
◎第四媒体的兴起对大众传播理论研究的影响/周渡//镇江师专学报(社会科学版)2001-01
◎点播电视节目将成现实/刘向东//中国财经报 2001-02-06
◎电广传媒打造财富系电视节目类型化挡不住/老段//中国经营报 2001-10-23
◎电广传媒打造中国"媒体航母"/王炎龙//传媒 2001-07
◎电脑动画文件格式/李军//中国电脑教育报 2001-06-27
◎电脑游戏市场硬起来了/张力//中国信息报 2001-06-05
◎电脑游戏外设小产品大市场/寿山//中国质量报 2001-07-27
◎电视产业市场的发展与投资环境/方舟//当代电视 2001-14
◎电视传播:在技术与文化之间/詹七一 张立新//云南师范大学学报(哲学社会科学版)2001-05
◎电视传媒产业化的理念与操作/周红//声屏世界 2001-04
◎电视传媒进军农村大市场——试析农村受众注意力的获取与维系/黄良奇//声屏世界 2001-05
◎电视传媒与互联网/武华//阴山学刊 2001-06
◎电视大军寻"财"路/金光印张翼//市场报 2001-03-31
◎电视的说话方式/王文蓉//传媒 2001-11
◎电视发展起步篇//中华新闻报 2001-11-08
◎电视发展趋势未来篇//中华新闻报 2001-11-08
◎电视法制节目的五大问题/徐寿松//新闻大学 2001-02
◎电视分众传播的信息驾驭/曾海燕//中华新闻报 2001-06-25
◎电视广告为何出现负增长?/李豪//中国信息报 2001-01-04
◎电视节目市场化的经济学思考/徐华 尹协康//视听界 2001-06
◎电视节目制作中的格式转换/尹亿平//电视字幕、特技与动画 2001-07
◎电视剧创作的别一种参照/王昕 刘徐州//中华读书报 2001-

03-07
◎电视剧市场的策划与运作/刘丽莎//当代电视 2001-13
◎电视剧市场刮起"作家风"/慧谷//中国税务报//2001-04-13
◎电视栏目的个性化三题/闫小玉 王保生//当代电视 2001-14
◎电视媒介的频道化生存/梅迪//辽宁商务职业学院学报 2001-01
◎电视频道专业逻辑起点：专业电视节目自制/程旭辉//视听界 2001-04
◎电视体制的改革与展望/尧风//电视研究 2001-07
◎电视文化中市民价值意识构建与自组织现象/顾成昕//大连大学学报 2001-03
◎电视湘军的腾飞宝典/甄学宝//中华新闻报 2001-09-04
◎电视湘军二轮整编/刘慧玲//商务周刊 2001-04
◎电视新闻要创新/王怀棠//青年记者 2001-04
◎电视新闻要打假日牌/陈晓辉 王萃文//新闻传播 2001-03
◎电视业开放：狼的圆舞曲/周翀//电子商务 2001-10
◎电视游戏机市场烽烟又起/刘昕//国际经贸消息 2001-06-21
◎电视与 IP 网络融合/侯自强//中国计算机报 2001-06-07
◎电视与互联网/郑威//中国广播电视学刊 2001-S1
◎电视与网络的联姻/李明伟//新闻大学 2001-01
◎电视周极大促进民族电视产业/许志文//中华新闻报 2001-05-11
◎电视专题文艺演出初探/湛庆臣//当代电视 2001-12
◎电信传闻泛滥令人忧/徐少红//通信信息报 2001-11-14
◎电影"梦工厂"——动画电影/弘林//电影评介 2001-08
◎电影发行谁执牛耳/高志顺//河北日报 2001-09-07
◎电影生来就是赚钱的行当——话说"最后一个暴利领域"（之一）/颜纯钧//管理与财富 2001-09
◎电子传媒与文艺传播/陈定家//常德师范学院学报（社会科学版）2001-02
◎电子纸——一种新的信息传媒的崛起/刘仁庆//国际造纸 2001-06
◎定义中国传媒业/瞿哲//多媒体世界 2001-07
◎东方网的资本运作/肖春江//计算机世界 2001-07-30
◎东方网整合资源抢占网络制高点/仇逸 吴纪椿//中华新闻报 2001-06-04
◎懂点新闻史/朱世辉//云南经济日报 2001-02-19
◎动画：艺术的这边，电脑的那边/陈红//财经时报 2001-09-12
◎动画光标巧设置/卢万珠//中国电脑教育报 2001-06-20
◎动画片期待理论关注/朱清华//中国艺术报 2001-10-19
◎动画为移动互联添生气/刘兵//计算机世界 2001-11-12
◎动画制作的 Flash 时代/叶紫//中国电脑教育报 2001-08-29
◎动漫创作利器/姚文明//中国计算机用户 2001-41
◎动漫的温柔一刀——动漫网站介绍/常怡//电子与电脑 2001-09
◎动漫的温柔一刀——动漫网站介绍/常怡//电子与电脑 2001-09
◎动漫网上家园/小泉//电脑采购周刊 2001-35
◎动漫站点大放送/刘海涛//电脑 2000-08
◎动态文字制作利器/何振善//电脑报 2001-06-25
◎都市新闻传媒的版面策划走向/李鹏//中国新闻出版报 2001-12-13
◎对《中国传媒"议题设置功能"现状分析》的几点看法/张允若//新闻记者 2001-11
◎对电视文化产业若干问题的思考/耀武//湖南大众传媒职业技术学院学报 2001-01
◎对湖北卫视媒介形象塑造的九个建议/丁俊杰//现代传播 2001-05
◎对目前我国媒体产业投资状况的基本分析/喻国明//中国出版 2001-12
◎对气象影视发展的思考/张立多 陈荣让//中国气象报 2001-08-23
◎对我国传播媒体产业化发展的思考/徐东华//中国报业 2001-Z1
◎对于我国媒体产业现实发展状况的基本判断/喻国明//城市党报研究 2001-06
◎多媒体课件制作的利器/王伍增//中国电脑教育报 2001-04-04
◎多媒体课件制作工具//电脑报 2001-07-30
◎多媒体平台：21 世纪传媒热点/张翎//情报探索 2001-04
◎多媒体视频点播系统在校园网的应用/叶图强//厦门教育学院学报 2001-03
◎多元时代的媒体/蔡小枫//中华工商时报 2001-12-05
◎儿童网站朝哪走？/金错刀//中国妇女报 2001-06-11
◎二十一世纪，中国新闻媒体展望/尚墨玲//新闻与写作 2001-01
◎二十一世纪我国新闻媒体展望/尚墨玲//中华新闻报 2001-03-26
◎发挥传媒桥梁作用 开发利用我省科技资源/王津 廖良禾//湖南大众传媒职业技术学院学报 2001-02
◎发挥广告媒介的积极作用/星亮 周诚//甘肃日报 2001-04-29
◎发挥数字式交互电视优势，主导消费者宽带市场——北美、西欧广电产业的动向/吴贤纶//有线电视技术 2001-18
◎繁荣新闻事业 建设现代传媒/刘民安//新闻知识 2001-02
◎反思传媒的千禧年/张伯存//读书 2001-01
◎方正会战未来电视/范春荣//中国财经报 2001-05-29
◎方正全数字印刷/沈力钧//计算机世界 2001-05-21
◎飞速发展中的湖北广播影视业//中华新闻报 2001-12-08
◎风靡世界八十年——卡通王国的缔造者迪斯尼公司/苏明吾//中外企业文化 2001-19
◎封小平再造亚视/王长春//英才 2001-10
◎凤凰盘旋难在落地卫视市场资本迷途/洪金//中国企业报 2001-03-19
◎凤凰卫视大打全方位牌/陈球//湖南经济报 2001-08-01
◎福建省传媒业的现状与未来发展的对策思考/管宁//福建论坛（经济社会版）2001-11
◎改革创新 从容应对/赵仲三//传媒 2001-11
◎改革开放中的大陆英语传媒及功能分析/黄煜 郭中实//国际新闻界 2001-06
◎改扩版的理性基础与风险规避/喻国明//新闻战线 2001-02
◎改写美国新闻业史的方李邦琴/夏春平//华人时刊 2001-09
◎盖了公章是否就能免除媒体的审核责任？/魏永征//检察日报 2001-03-14
◎敢与国际传媒试比高/王锡松//中华新闻报 2001-12-18
◎感悟信息时代公益海报蕴涵的文化特质/屈梅//内江师范学院学报 2001-03
◎高品味 软着陆——关于传媒引导艺术的几个视点/翁惠娟//现代传播 2001-04
◎高奏改革华章 力创传媒一流——蓬松发展的湖北经济电视台/胡经//当代电视 2001-10
◎告别暴利品牌为王/喻国明//中国经营报 2001-10-23
◎歌华启示录：文化传媒如何应对 WTO/梁彦军//辽宁日报 2001-02-12
◎给你个爱《大话西游》的理由先/王晓天//中国图书评论 2001-08
◎关于传媒大众化倾向问题/白衍吉//中国广播电视学刊 2001-11
◎关于大众娱乐类节目的走向与思考——兼论《欢乐总动员》节目的成功与不足/喻国明//现代传播-北京广播学院学报 2001-01

⊙关于发展传媒经济的思考/孙宝祥//湖南大众传媒职业技术学院学报 2001-01
⊙关于海外华文传媒的战略性思考/程曼丽//国际新闻界 2001-03
⊙关于新媒体其实无话可说/岳冰清//财经时报 2001-07-25
⊙关于新闻传媒集团的调研报告/毕一鸣//中国广播电视学刊 2001-06
⊙关于有线电视网络与因特网视频广播融合发展的几个问题/周威 马可明//广播电视信息 2001-04
⊙关于中国加入 WTO 的新闻思考/刘海贵//新闻天地（论文版）2001-01
⊙关注并购合作中的传媒板块/谭晓雨//中国证券报 2001-11-09
⊙关注传媒发展 塑造城市特色——以厦门市户外广告规划设计为例/邓伟骥//规划师 2001-04
⊙管窥西方媒体的市场竞争手法和策略/颜伟//中国报业 2001-10
⊙广播创新：面对 WTO 的选择/韩维滨//中国广播电视学刊 2001-08
⊙广播电视：信息技术拓时空/李思宁//中国电子报 2001-07-20
⊙广播电视产业化运作的理解与探讨/杨平//广播电视信息 2001-05
⊙广播电视节目创新战略分析/胡正荣//中国广播电视学刊 2001-11
⊙广播电视专业建设之我见/吕晓林//内蒙古师范大学学报（哲学社会科学版）2001-S1
⊙广播节目的资源构成与良性循环/邵培仁//现代传播 2001-04
⊙广播影视必须始终代表先进文化的前进方/任贤良//陕西日报 2001-08-06
⊙广电产业改革重组大行动/小宇//中国妇女报 2001-06-15
⊙广电合并构造北京传媒市场新格局/任忆//辽宁日报 2001-09-10
⊙广电集团还需资本推动/董晓常//中华工商时报 2001-12-25
⊙广电是个大市场/于寅虎//中国电子报 2001-03-23
⊙广电网：DVB 时代/张清辰 杨建凤//电脑报 2001-07-16
⊙广电有线电视城域宽带网的术语和结构/陈柏年//广播电视信息 2001-11
⊙广电酝酿购并大戏/和鸣 王尚 康文钊//中华工商时报 2001-06-01
⊙广东电视业出路何在/芳芳//证券时报 2001-07-15
⊙广州新闻竞争的观察和分析/傅媛//中国新闻出版报 2001-10-16
⊙规划媒体资源管理/阿甘//中国计算机报 2001-11-26
⊙贵州媒介市场暗潮涌动/王松 管弦//中华工商时报 2001-10-12
⊙郭招金：全球化浪潮中海外华文传媒的定位与角色/郭招金//首届世界华文传媒论坛 2001-09-01
⊙国产动画片：一声叹息/浦树柔//中国市场 2001-Z1
⊙国产动画片的困扰与前途浅探/徐正军//电影艺术 2001-03
⊙国产动画片渐成气候/郁清//浙江日报 2001-03-05
⊙国产动画片应创立自己的流派/刘东强//文艺报 2001-12-13
⊙国产动画市场的遗憾/李昕//中国质量报 2001-07-13
⊙国产漫画，何日起飞？/鲍红 陈思鼎//出版参考 2001-08
⊙国内媒体网站现有模式的局限/李智平//计算机世界 2001-07-30
⊙海虹建造数字娱乐“王国”/童铭//中国计算机报 2001-08-09
⊙海虹说，互联网是张皮/吕雪梅//网际商务 2001-21
⊙海外华文传媒现状/张素平//中国报业 2001-09
⊙海外华文媒体应帮助华侨华人融入当地社会/奚彬 牟维旭//新华每日电讯 2001-09-17
⊙韩国的大众传播与社会发展/臧海群//新闻与传播研究 2001-01
⊙韩国电影：“拿来”研究研究/李光一//解放日报 2001-11-28
⊙韩国电影给我国电影人的启示/李光一//市场报 2001-12-03
⊙韩国游戏的“孵化器”/阿凯//电脑报 2001-08-06
⊙横店集团大步跨进新世纪之门//中国乡镇企业报 2001-01-12
⊙横店集团绘就新世纪影视文化旅游蓝图/钱雄伟//中国旅游报 2001-01-03
⊙横店能不能持续繁荣/贾鹏云//中华工商时报 2001-11-08
⊙弘扬主旋律创影视精品/赵文侠//北京日报 2001-11-23
⊙红色，是一种时代精神/邬焕庆//新华每日电讯 2001-06-29
⊙红色影视催人奋进/邬焕庆//市场报 2001-07-03
⊙呼唤网络时代的“文房四宝”/孙宝传//中国传媒科技 2001-03
⊙呼唤中国的大众传播史研究/杨鹏//新闻大学 2001-01
⊙湖北卫视演绎媒体变革/瞿长福//中国经营报 2001-07-03
⊙湖南广电暗藏杀机/李树锋//中华工商时报 2001-06-05
⊙互动电视：谁来赚这几百亿？/龚伟同//商务周刊 2001-10
⊙互动电视：资本的博弈游戏/邢平平//数字财富 2001-09
⊙互联网产业发展的四重阻力/刘峰//企业经济 2001-07
⊙互联网的游戏规则有待改变/网论//中国信息导报 2001-02
⊙互联网法制建设研讨会辑要 中国互联网络法规政策状况的反思/田捷//环球法律评论 2001-01
⊙互联网给美国报业出了三道难题/茹晴//中华新闻报 2001-08-28
⊙互联网广告等待起飞/李根 罗广//中国工商报 2001-10-01
⊙互联网挑战美国新闻业/茹晴//市场报 2001-07-12
⊙互联网推动娱乐与传媒业//中国计算机报 2001-06-18
⊙华侨城将步入现代传媒业/全景//中国信息报 2001-12-06
⊙环保影视谁来拍/屈遐//中国环境报 2001-07-17
⊙回眸《传媒直播室》/程康//新闻窗 2001-02
⊙回眸 2000 国内媒介市场的 12 个关键词/曹鹏//中国新闻出版报 2001-01-05
⊙活跃在现代战争中的大众传媒/李海明 翟兴强//现代军事 2001-06
⊙机遇和挑战知多少——新闻传播业应对 WTO 研究综述/董天策//新闻知识 2001-04
⊙挤干传媒业资本化泡沫/邵秋涛//IT 经理世界 2001-23
⊙计算机技术的里程碑与中国传媒发展/贾靖峰//中国记者 2001-11
⊙记录新闻业史跨越千年沧桑/宋素红//中华新闻报 2001-02-05
⊙纪录片的真实与虚构/刘金陵//传媒观察 2001-04-15
⊙继往开来话广播/赵彦华 陈富清//中华新闻报 2001-01-03
⊙继往开来加快发展繁荣公安影视文化事业/中共公安部金盾影视文化中心委员会//文艺报 2001-02-06
⊙加拿大广播电视的政策保护/周峻//中国记者 2001-02
⊙加强公安题材影视节目管理/宗边文//人民公安报 2001-01-16
⊙加强学术交流 共谋传媒发展——“华人社会的传播研究”国际学术研讨会综述/秦亚萍//新闻记者 2001-09
⊙加入 WTO：新闻业呼唤创新/丁柏铨//江苏社会科学 2001-03
⊙加入 WTO：中国影视不是“羊入世”也不是“狼入室”/彭俐//北京日报 2001-10-28
⊙加入 WTO 对传媒业信息传播的影响/杨鹏//报刊之友 2001-06
⊙加入 WTO 给中国广播影视业带来什么/梁平//国际市场 2001-11
⊙加入 WTO 后传媒业理财问题初探/聂利平//时代财会 2001-09
⊙加入 WTO 后中国传媒的角色定位/邓闪//城市党报研究 2001-01
⊙加入 WTO 后中国影视业面临的机遇与挑战/孟建//南京林业大学学报（人文社会科学版）2001-01

⊙加入世贸与中国数字传媒的发展/孙旭培//中国工商 2001-11
⊙架起信息桥梁——《世界传媒概览》/周世慧//燕山大学学报（哲学社会科学版）2001-01
⊙兼并中国传媒业的必然选择/张辉锋//企业研究 2001-08
⊙建设世界一流的新闻与传播学院/赵彦华//中华新闻报 2001-06-11
⊙将“公益品牌”打造彻底/徐舫州//现代传播 2001-05
⊙将娱乐进行到底——评《娱乐经济》/海滨//财经界 2001-06
⊙交互媒体与交互模式/项国雄 王佑美//计算机世界 2001-03-12
⊙交互式电视普及仍缺乏核心竞争力/吴佳祺//中国高新技术产业导报 2001-12-14
⊙交互游戏行业引领未来娱乐潮流/宋剑峰//中国高新技术产业导报 2001-06-01
⊙节目质量是电视台的生命线/邹伟//当代电视 2001-07
⊙解读媒介资本/苏仪//市场报 2001-09-29
⊙解剖 2000 年. com 公司烧钱行为/伍毅然//中国经营报 2001-03-27
⊙借助媒介与上帝谈平等/陆扬//中国图书商报 2001-08-02
⊙今后 10 年最有价值的产业/胡杨//中外管理 2001-02
⊙金鸡百花双赢国际影坛夺魁/苏嵘//陕西日报 2001-06-25
⊙进入 3D 显示的时代 001pc. com/邱晓光//中国计算机报 2001-04-09
⊙京广集团：“立体传媒”巨航出航/周翀//中国报业 2001-10
⊙经济全球化背景下的因特网及网站的经济模式/张咏华//新闻与传播研究 2001-04
⊙精办栏目，打造品牌；精办频道，突出特色——感言湖北卫视的公益特色之路/唐源涛//现代传播-北京广播学院学报 2001-05
⊙警惕影视女性形象的集体陷落/左芳//文艺报 2001-08-16
⊙境外电视媒体与珠江三角文化的相互关系探讨/伍毅然//广告大观（综合版）2001-12
⊙旧媒体迈向新经济——香港文传集团转型实录/刘涛//数字财富 2001-03
⊙巨头征战数字娱乐市场/若望//中华工商时报 2001-10-30
⊙巨星影业密谋借壳上市/蒋杰升//中国企业报 2001-11-05
⊙俱孟军：首届世界华文传媒论坛开幕贺辞/俱孟军//首届世界华文传媒论坛 2001-09-01
⊙聚焦传媒市场调研/喻国明//中国新闻出版报 2001-03-22
⊙聚焦当代印度影视/李萱//当代电视 2001-11
⊙聚焦第四媒体探索网络春秋/张其瑶//科学时报 2001-05-08
⊙卡通，让世界插上奇异的翅膀/林梦园柳西鸣//企业家天地 2001-11
⊙卡通文化与文化卡通/朱清华//文艺报 2001-05-26
⊙卡通一代及未来艺术/黄一瀚//西北美术 2001-02
⊙开放一体化的传媒信息系统（上）/万良君//传媒 2001-11
⊙开放一体化的传媒信息系统（下）/万良君//传媒 2001-12
⊙科幻影视不能再荒了/杨东伟//大众科技报 2001-03-11
⊙科学的传播方式与宣传效果辩证/闫爱华//当代电视 2001-15
⊙科学地把握大众传播心理/陈力丹//中华新闻报 2001-03-26
⊙科学家终于来了——从《实话实说》的“与科学家谈心”说起/吴跃农//当代电视 2001-14
⊙恐惧，为美国网络新闻业定位/孙坚华//新闻记者 2001-05
⊙口碑传播含金量多少/凌越//中国企业报 2001-12-07
⊙口号·理念·品牌·作品/赵正//中国工商报 2001-07-03
⊙口头传播是绝好的营销渠道/凌颖//消费日报 2001-10-16
⊙跨国传媒集团发展的新趋势及其影响/张辉锋//玉林师范学院学报 2001-02
⊙跨媒体经营：现状、问题与趋向/肖武//出版参考 2001-16
⊙跨媒体经营“咚咚”敲门/张靖//中华读书报 2001-08-15
⊙跨媒体经营不惧网络“寒冬”/萧萧//科学时报 2001-06-13
⊙跨世纪中国电影艺术与商业观念辨析/周星//首届中国影视高层论坛 2001-01-01
⊙跨越宽带内容鸿沟/阿祥//中国高新技术产业导报 2001-11-02
⊙快乐着的笑的年轮——中国漫画百年回眸/孙晓龙//中国图书评论 2001-06
⊙宽带：韩国信息产业的骄傲/弘林//经济世界 2001-12
⊙宽带风暴正在酝酿/李玉霞//通信产业报 2001-04-04
⊙宽带管家/张旭东//IT 经理世界 2001-23
⊙宽带流媒体解决方案/徐勇//人民邮电 2001-11-21
⊙来自上海、广东新闻业的调查报告/蓝军//中华新闻报 2001-12-04
⊙栏目化成熟的标志/蔡起泉//中国新闻出版报 2001-01-31
⊙蓝色巨人引领数字化时代媒体发展//中国高新技术产业导报 2001-08-08
⊙冷观媒体投资热/若漪//财经界 2001-10
⊙冷静面对热闹的谈话节目//文汇报 2001-01-14
⊙李亦非：来自传媒巨头的财富新贵/岳冰清//中国经营报 2001-05-17
⊙李颖：跨媒体的高级操盘手/辛健//中华工商时报 2001-12-25
⊙李颖：赛迪传媒直面网络霜冻/张翼//中国经营报 2001-12-06
⊙理性审视传媒经济/王锡松//中华新闻报 2001-09-25
⊙立足教育办特色 另辟蹊径创品牌——论“大教育”意识兼谈许昌教育台《戏曲大舞台》/徐森荣//当代电视 2001-10
⊙连环画干不过洋卡通？/张志雄//中华读书报 2001-06-06
⊙联想和 AOL 的故事背后/王冉//多媒体世界 2001-07
⊙联众：开创互联网应用新天地//通信产业报 2001-05-02
⊙联众盈利是将来时成长是现在时/朱杰//中国经营报 2001-05-10
⊙联众作证：网络游戏市场不是梦——访联众公司总裁鲍岳桥/吕雪梅//网际商务 2001-13
⊙林任君：首届世界华文传媒论坛开幕贺辞/林任君//首届世界华文传媒论坛 2001-09-01
⊙领军网络游戏/吴萍//计算机世界 2001-04-16
⊙刘国基：新“媒体量贩人”/刘慧玲//商务周刊 2001-12
⊙流媒体技术的“中国芯”/柯文//中国高新技术产业导报 2001-08-22
⊙流媒体技术的发展与应用/尹逊钰//计算机世界 2001-08-13
⊙流媒体正在崛起/傅红//科学时报 2001-09-18
⊙陆兴东 挑战国际传媒/李伟利//北京经济瞭望 2001-11
⊙略论百年来中国新闻业的地理观流变/陈力菲//南京政治学院学报 2001-04
⊙略论大众传播媒介对青少年犯罪的影响/石亮//山西警官高等专科学校学报 2001-03
⊙略论因特网对传播业的影响和促进作用/王萍//青海社会科学 2001-06
⊙论传媒暴力对青少年的负面影响/吕刚//山西青年管理干部学院学报 2001-09-30
⊙论传媒大众化倾向问题/白衍吉//新闻传播 2001-05
⊙论传媒监督/贾平 林兵 白彦//燕山大学学报（哲学社会科学版）2001-02
⊙论大众传播的传递文化功能与我国的社会现代化/吴瑶//齐齐哈尔大学学报（哲学社会科学版）2001-06

⊙论大众传媒对思想政治教育的影响/游清富//渝州大学学报(社会科学版)2001-06
⊙论大众传媒如何更好地服务于青年受众/李大敏//新闻知识2001-10
⊙论大众传媒与大众文化/梁桦//新闻爱好者2001-04
⊙论大众在大众传播中的责任/孙爱军//淮阴师范学院学报(哲学社会科学版)2001-05
⊙论当代大众传媒文化的特点/车美萍//中共济南市委党校、济南市行政学院、济南市社会主义学院学报2001-04
⊙论电视文艺功能与价值的异同——兼谈电视文艺功能的两个层面/李显杰//华中师范大学学报(人文社会科学版)2001-06
⊙论科普传媒效益的"二元动力"/曹彦//呼兰师专学报2001-01
⊙论库利在传播研究史上的学术地位/邵培仁//杭州师范学院学报(社会科学版)2001-03
⊙论跨国媒体进入中国的现状、影响及其对策/嵇美云//中国广播电视学刊2001-07
⊙论媒介产业全球化与中国的对策/邵培仁//传媒观察2001-11
⊙论媒介生态的五大观念/邵培仁//新闻大学2001-04
⊙论媒体竞争力/祁国钧//理论月刊2001-07-10
⊙论能与国际传媒公司抗衡/李导龄//中国电子出版2001-03
⊙论入世后我国传媒业的新走势/王永福//对外大传播2001-12
⊙论网络技术平台上大众传媒传统编辑思想的坚守/拾景炎//扬州大学学报(人文社会科学版)2001-06
⊙论新时期中国大众文化的出场/孙长军//信阳师范学院学报(哲学社会科学版)2001-04
⊙论新闻传媒的自律/邱璇//广西社会科学2001-05
⊙论新型消费文化下的网络营销策略/陈昆玉//山西财政税务专科学校学报2001-05
⊙论正确发挥广播电视的导向作用/龙泽巨//新闻天地(论文版)2001-02
⊙论制播分工与节目管理/印铁青//新闻大学2001-04
⊙马克思主义美学传播历史领域的新探索/张岩冰//中国新闻出版报2001-10-11
⊙马克思主义新闻观的基本方面/文有仁//中华新闻报2001-06-25
⊙马克思主义新闻观的基本内涵/林枫//中华新闻报2001-05-21
⊙马克思主义新闻观的应有之义/韩凤鹏 秦跃平//中华新闻报2001-06-25
⊙麦克卢汉——电子时代的超常预言/陈晓明//中国教育报2001-09-06
⊙漫画出版借我一双慧眼吧借我一种神力吧/天莳//中国图书商报2001-08-30
⊙媒介·经济·社会/梁小民//中国图书商报2001-08-02
⊙媒介产业化给新闻侵害肖像权认定带来的困境/王赐江//人民法院2001-12-18
⊙媒介产业面临的竞争环境和对策分析/钱永红//城市党报研究2001-04
⊙媒介的教训/冯媛//中国妇女报2001-03-21
⊙媒介革命与知识分子地位的演变/张志伟//中国教育报2001-05-24
⊙媒介广告你何日才能规范?/李媛//中国工商报2001-03-06
⊙媒介即意识形态——论法兰克福学派的媒介控制思想/邵培仁//浙江大学学报(人文社会科学版)2001-01
⊙媒介军师喻国明/周慧敏//中国企业报2001-07-30
⊙媒介狂欢时代的先知/李彬//中国图书商报2001-04-05
⊙媒介全球化:是机遇还是挑战?/邵培仁//湖州师范学院学报2001-05
⊙媒介全球化的价值宝库/刘建明//国际新闻界2001-06
⊙媒介推进的品牌策略/崔艳华//中华新闻报2001-10-09
⊙媒介资讯//大市场·广告导报2001-05
⊙媒体,资本最后的晚餐?——不是谁都能吃这碗饭/欧阳剑//中国工商2001-08
⊙媒体:不是块好啃的骨头/侯振威//传媒2001-07
⊙媒体:如何面对企业的新闻策划?/邓伟进//新闻知识2001-05
⊙媒体:如何面对企业进行新闻策划?/何冰//零陵师范高等专科学校学报2001-01
⊙媒体:下一个大泡泡?/刘威//国际市场2001-08
⊙媒体:缘何钟情王志东/林泉//传媒2001-08
⊙媒体+网络路该怎么走/易霄//科学时报2001-03-03
⊙媒体办彩票专版(栏)之我见/任志勇//新闻传播2001-02
⊙媒体变革/瞿长福//中国乡镇企业报2001-05-31
⊙媒体策略与广告效果/肖建兵//中华建筑报2001-05-19
⊙媒体炒作时代的电影批评/陆绍阳//文艺报2001-03-24
⊙媒体的品格/曾纯//中国电子商务2001-Z1
⊙媒体的融合与跨媒体记者/李希光//中华新闻报2001-11-08
⊙媒体风险投资:吃螃蟹者?/刘元煌//中国经营报2001-03-20
⊙媒体集团化可能是1+1<2/刘元煌 刘福兴 喻国明 陈少峰//中国经营报2001-05-08
⊙媒体将是新的泡沫/祁建//中国商界2001-10
⊙媒体镜头怎样对准犯罪嫌疑人/陈煜儒 魏永征//法制日报2001-09-03
⊙媒体泡沫年?/东方更夫//科学投资2001-06
⊙媒体如何促进性别平等/黎星//中国妇女报2001-05-08
⊙媒体如何遭遇资本/李亮 黄靖涛 林木 邓妍 赵燕凌 娄和文 郭贺兴//财经时报2001-06-01
⊙媒体审判应该降温/蔡定剑//法制日报2001-04-15
⊙媒体市场的三大趋势——价格效用递减 主流人群受宠"三化"成为时尚/喻国明//新闻与写作2001-05
⊙媒体网站≠网络媒体——兼谈加强对网络媒体研究的必要性/孙宝传//中国传媒科技2001-11-15
⊙媒体要努力传播好先进文化/马洪渠 丛恒日 张军//中华新闻报2001-08-21
⊙媒体与.com战略联盟/孙爱军//中国经营报2001-01-23
⊙媒体与艺术形成新的互动格局/杨应时//北京日报2001-10-28
⊙媒体与资本:不合法的婚姻/马永强//中国商报2001-09-25
⊙媒体组合广告主越来越喜欢/杜鹏程 刘筠筠//中国经营报2001-05-01
⊙美国"电视上的因特网"应付困境举措所显示的运营策略新动向/吴贤纶//有线电视技术2001-08
⊙美国传媒大跳热舞/徐茜//中国企业报2001-08-09
⊙美国传媒业的资本价值/邵秋涛//IT经理世界2001-21
⊙美国传媒业巨头合并风潮的启示/王原//传媒观察2001-06
⊙美国的网络传媒/广春//中国传媒科技2001-01
⊙美国广播电视市场的细分与走势/胡正荣//中国记者2001-09
⊙美国联邦通信委员会有条件地批准"美国在线-时代华纳"成立/吴贤纶//有线电视技术2001-04
⊙美国媒体惊叹反恐报道"养不起"三大广播公司新闻部门预算可能被迫削减//记者摇篮2001-12
⊙美国媒体联姻对新闻传播的影响/王永亮//记者摇篮2001-02
⊙美国人怎样办/覃匡龙 苏晓红//检察日报2001-04-02
⊙美国新闻业发展新趋势/茹晴//中国经济时报2001-07-06

◎美国在线-时代华纳成立交互视频部//广播电视信息 2001-10
◎美国在线时代华纳公司起航/孙东哲//中国记者 2001-02
◎美国在线意欲何为/程武//中华工商时报 2001-06-12
◎面对 WTO 中国新闻业的选择/何宁//新闻实践 2001-05
◎面对 WTO，中国传媒产业打造航母/小木//经贸世界 2001-02
◎面对网络传媒/金春郊//孝感学院学报 2001-06
◎面对网络传媒的挑战纸质媒体的优势及对策/肖江玲//新闻前哨 2001-10
◎面向未来的第 3 代互联网/蒋树春//信息系统工程 2001-08
◎民间电视制作公司：从赤道到南极/明洁//科学时报 2001-12-23
◎民警名誉权谁来保护？/李华//人民公安报 2001-02-12
◎名著挺进“动漫”时代/孙牧//中国新闻出版报 2001-10-19
◎模式：外资传媒更大的威胁/祝得彬//出版参考 2001-20
◎默多克！站在世界传媒之巅/维可//财经界 2001-04
◎默多克：传媒“恺撒大帝”/方向//新闻天地 2001-02
◎默多克：锻造卫星电视帝国/沉默//数字财富 2001-01
◎默多克的“异域”经营战略/王生智//青年记者 2001-05
◎默多克的传媒帝国/刘继成//数字财富 2001-Z2
◎默多克的经营战略/王生智//中国报业 2001-08
◎默多克对网上传媒业投下不信任票//中国报业 2001/Z1
◎默多克将以 700 亿美元控股 DirecTV/熊熙玲//互联网周刊 2001-01
◎默多克瞄准中国传媒市场/谭欢//中国经营报 2001-10-30
◎能不能“网”住盈利？/本报实习生李扬//科技日报 2001-12-02
◎你说我说：软件行业的“硬伤”与“软伤”/老墨//广东科技 2001-09
◎农村电视节目大有作为/陈琰//当代电视 2001-08
◎农业电视科教片可视性初探/牛振乾//采·写·编 2001-06
◎女性传媒在思考/中张满丽//中国妇女报 2001-09-11
◎潘多拉的魔盒：大众传媒作为世界/潘知常 林玮//新闻与传播研究 2001-04
◎盘账，“电视湘军”坐卧不安/武京杭//中国企业报 2001-12-10
◎品牌——大众媒介竞争的王牌/宋玉书//记者摇篮 2001-06
◎品牌节目：电视传媒的生命线/高福安//传媒观察 2001-08
◎评论：网络时代传媒竞争的利器/吕坤良//青年记者 2001-04
◎瓶颈与出路——我国广播电视集团化进程分析与对比研究/胡正荣//中国记者 2001-11
◎企业炒作 媒体是把双刃剑/邵红//经营者 2001-10
◎企业怎样从网上赚钱/张锐//改革与理论 2001-03
◎气象影视和“分众化”潮流/陈荣让 张立多//中国气象报 2001-07-16
◎气象影视要出精品树形象/赵均壮//中国气象报 2001-03-15
◎浅谈电视的数字化/宁铁楠//记者摇篮 2001-07
◎浅谈网络传播的独特功能和负功能控制（上）/戴轶群 黄厚珍 张野//中华新闻报 2001-01-08
◎浅谈影视作品中的女性形象及其批判/李银河//文艺报 2001-11-22
◎浅析现代大众传媒对青少年的影响/沙红//当代青年研究 2001-01
◎浅议传媒的城市化/陈鹏飞//新闻实践 2001-09
◎浅议中国电视传媒在日本的发展/张丽玲//首届世界华文传媒论坛 2001-09-01
◎清华同方引爆数字电视问号/彭晓红//中华工商时报 2001-06-15
◎趋利务实求俗——探析传媒受众心理变化新动向/蒋晓丽 王炎龙//新闻界 2001-02
◎全方位阐述网络传播/春光//中国图书商报 2001-11-13
◎全面深入探讨“第四媒体”的国际学术盛会——记第三届亚太地区传媒与科技和社会发展研讨会/文有仁//国际新闻界 2001-06
◎全球传媒体系与新自由主义、文化帝国主义/郭莲//国外理论动态 2001-07
◎全球化背景下的传媒产业发展态势/王泠一//新闻记者 2001-04
◎全球化传媒产业将影响中国/单羽青//中国经济时报 2001-11-01
◎全球化时代的文学及传媒的功能/王宁//四川外语学院学报 2001-01
◎全球最大卫视传媒争夺战进入白热化/魏道培//经济世界 2001-12
◎确立新的办台理念 重塑广州电视形象/李锦源//当代电视 2001-14
◎群雄逐鹿的台湾电视业/海峡//中华新闻报 2001-07-12
◎让 Flash 遍地开花/吴小荣//中国电脑教育报 2001-08-29
◎让公众监督传媒/田中初//新闻战线 2001-02
◎让你的网页动起来/彦卓//中国电脑教育报 2001-03-21
◎让网络与文化联姻/田捷//中国计算机报 2001-06-07
◎热衷合并的时代华纳/马莹//中国工商 2001-04
◎人格化传播：理念与技巧——上海电视台《晚间新闻》栏目解析/周基琛//新闻大学 2001-03
◎人文关怀精神对大众传媒的影响和意义/孙丽萍//新闻大学 2001-02
◎日本漫画产业的竞争优势与作品开发的特征——兼述讲谈社在作品“AKIRA”上采取的国际化战略/尹良富//新闻大学 2001-02
◎日本政府对广播电视业的管理及对我国的借鉴作用/阎成胜//中国广播电视学刊 2001-05
◎如何吃好“免费的午餐”——运用二手资料进行传媒市场分析/喻国明//新闻三昧 2001-04
◎如何应对网络传播时代受众的变化/唐弦//湖南大众传媒职业技术学院学报 2001-01
◎如何增强新闻舆论的影响力——对当前抓好新闻宣传的几点思考/李凌沙//新闻天地（论文版）2001-01
◎如何抓好娱乐新闻的卖点/李霞//记者摇篮 2001-08
◎入世对我国新闻业的影响/旭培//人民法院报 2001-04-09
◎入世后的跨媒体经营/张丹//中国国门时报（中国出入境检验疫报）2001-12-13
◎入世后广播电视的应对策略/王秀艳 王春明//理论学习 2001-10
◎入世在即新闻业面临考验/余东晖//大众科技报 2001-09-18
◎软件中无处不在的动画/沉舟//中国电脑教育报 2001-01-10
◎软交换的创新能力/范毅波//网络世界 2001-12-17
◎软交换技术及其标准/庄振运 戴晓慧//网络世界 2001-02-26
◎萨默·雷石东：世界上最年轻的老头儿/杰雯 綦久竑//中国经营报 2001-04-05
◎萨默投石问路中国/岳冰清//财经时报 2001-04-06
◎赛迪影视大举介入财经电视领域//中国高新技术产业导报 2001-05-25
◎三网融合之前高峰对话/顾洪文//计算机世界 2001-08-06
◎删冗三字，增收亿元——一个电视节目开发时间资源的设想/敦一夫 单叶骅//采·写·编 2001-06
◎闪客文化“钱”景几何/凌宁//中国信息报 2001-09-18
◎陕版电视剧追踪/苏嵘//陕西日报 2001-11-30

◎商业模式的困惑/杨贵山//中国图书商报 2001-05-22
◎上海电视台体育频道开播/姜宗仁//当代电视 2001-14
◎上海加快数字电视发展进程/朱仁康//通信产业报 2001-03-21
◎上海加快数字电视进程/朱仁康//中国电子报 2001-03-23
◎上海青年的媒介接触动机——"当代传媒与青年"抽样调查报告/杨鹏//新闻记者 2001-01
◎少儿电视卡通片的选题初探/陈文俊 张丁丁//伊犁教育学院学报 2001-02
◎社会文化消费与影视产品生产/魏文彬//湖南大众传媒职业技术学院学报 2001-02
◎生存环境·战略思考·策略问题——湖北卫视媒介形象塑造三论/胡智锋//现代传播-北京广播学院学报 2001-05
◎省级电视台：另类品牌分析/黄升民//中国质量报 2001-12-21
◎省级卫视的营销之道/吴涛//中国经营报 2001-11-13
◎盛会传媒的硬件基础——从 APEC' 2001 看通信保障在国际会议中的重要作用/张尧//信息空间 2001-04
◎什么样的媒体投资才是有效的——对于我国媒体产业现实发展状况的基本判断/喻国明//新闻传播 2001-06
◎时代不同了传媒可上市/寒边//中国保险报 2001-02-13
◎实现跨越发展 打造传媒集团/马朝军 李建//前线 2001-12
◎世纪变革下电视产业的抉择/李爽//记者摇篮 2001-12
◎世界杯转播问题引人关注/黎明京//中国体育报 2001-04-23
◎世界游戏产业市场分析//中国高新技术产业导报 2001-09-04
◎世界游戏市场潜力巨大/刘工//国际商报 2001-12-23
◎市场经济与传媒和党报/文有仁//新闻与传播研究 2001-03
◎市场离不开媒体监督/刘彩娜//中华工商时报 2001-10-11
◎视频传媒网络化构/宋斌 李勇//西部广播电视 2001-02
◎视频点播、在线游戏：宽带应用吾先行/临海//中国高新技术产业导报 2001-08-10
◎视频点播：遥不可及的幸福/李杰//计算机世界 2001-07-09
◎试论 21 世纪中国的国家传播安全/支庭荣//中国广播电视学刊 2001-04
◎试论传媒对科学界的两种误读/王珏 孙朋//新闻记者 2001-12
◎试论传媒工作者的角色定位/傅芳华//新闻实践 2001-04
◎试论传媒监督司法的合理界限/吕莹//中华新闻报 2001-05-14
◎试论电视艺术的再认识和再创造/李爽//沈阳教育学院学报 2001-02
◎试论广播台网站在互联网上的发展/周欣枫//中华新闻报 2001-06-25
◎试论广播新闻的深度报道/刘瑞儿//闽西职业大学学报 2001-04
◎试论如何把握正确的新闻舆论导向/郗媛//昭乌达蒙族师专学报 2001-02
◎试论网络传媒对传统体育传媒影响/张松贞//哈尔滨体育学院学报 2001-02
◎试论网络媒体的统计与评估/李宏//新闻大学 2001-01
◎试论我国加入 WTO 大视野中广播传媒的坐标定位/李秀娟//黑河学刊 2001-04
◎试论系统科学整体突现原理在新闻传播策划中的运用/赵东方//中华新闻报 2001-03-19
◎试论新闻传播的国家与公众利益观/凌坚//中华新闻报 2001-06-25
◎试论信息时代高校传媒的角色定位和功能拓展/徐翎//徐州师范大学学报（哲学社会科学版）2001-04
◎试论影响电视传媒持续发展的因素/孙枫林//湖南大学学报（社会科学版）2001-03
◎试论中国传播媒介的品牌化经营/范欣//肇庆学院学报 2001-01
◎试评宫崎骏 90 年代的动画电影制作/秦刚//当代电影 2001-05
◎试谈军队新闻传媒的竞争/濮端华//军事记者 2001-02
◎收费电视颠覆中国电视业//华夏时报 2001-09-22
◎收费拯救互联网/杨云 龙石岩//中华工商时报 2001-08-13
◎收费拯救互联网/杨云龙//科技智囊 2001-09
◎收视率与电视节目的调整与改版/王萃文 吴凯//新闻传播 2001-06
◎守好阵地把好导向为召开党的十六大营造良好的舆论氛/吉炳轩//中华新闻报 2001-11-17
◎受众的认知心理与新闻传播反效果（上）/许佃兵//中华新闻报 2001-06-18
◎受众的认知心理与新闻传播反效果（下）/许佃兵//中华新闻报 2001-06-25
◎殊途同归，共谋发展——当前中国部分传媒与产业资本嫁接的新现象及其思考/卢怀谦 王友恭//程序员 2001-12
◎树立有特色的频道形象/苗棣//现代传播-北京广播学院学报 2001-05
◎数据港的"魔圈"/翟海涌//网络世界 2001-03-12
◎数字电视冲刺 2008/樊哲高//中国电子报 2001-12-04
◎数字电视得标准者得天下/周慧敏//中国企业报 2001-08-06
◎数字广电：方正电子的新嫁衣/靳菁//计算机世界 2001-07-02
◎数字化：你走了多远/羽人//科技智囊 2001-06
◎数字化媒体的明天/王昱虹//网络世界 2001-07-30
◎数字化网络化时代要坚持信息传播的导向性——高校新闻媒体管理思考/徐荣生//无锡教育学院学报 2001-01
◎数字娱乐：IT 业的出路？/吕永潮//改革与理论 2001-11
◎数字娱乐业：各国竞风流/萧烨//国际经贸消息 2001-10-18
◎谁来取代三大门户/黄果//计算机世界 2001-04-23
◎谁来为新媒体提供内容/罗会祥//科学时报 2001-07-21
◎所谓"文学批评的传媒化"质疑/刘绪义//文艺报 2001-02-20
◎索尼、雅虎跨行业联手合作全球网络和娱乐业又生变数/杨秋艳//中国信息报 2001-08-08
◎索尼：向另一个时代迁移/张鹏//IT 经理世界 2001-21
◎索尼雅虎牵手共闯虚拟世界/杨秋艳//市场报 2001-08-14
◎台湾传媒在痛苦中格局重组//中国报业 2001-06
◎谈高校传媒的作用/刘万军//辽宁税务高等专科学校学报 2001-02
◎谈谈如何提高电视播出质量/王威 潘军敏//有线电视技术 2001-03
◎谈新闻受众在新闻传播中的地位和作用/夏继明//理论观察 2001-05
◎探索互联互动 推动整体发展——中国六大媒体首次联手举办传媒年会/京广//出版发行研究 2001-11
◎探寻国产动画片包装播出的新思路/陈晓莱//中国电视 2001-02
◎唐龙耐心等待把电视台落后栏目竞争下去/张辉//中国经营报 2001-06-12
◎天籁之音——浅谈动漫游戏音乐/八越//电脑采购周刊 2001-39
◎挑战虫媒介/研究员赵彤言//科技日报 2001-09-12
◎眺望网络传播的发展道路//中国新闻出版报 2001-05-14
◎贴近现代流行文化国产动画片寻求创新/倪敏//中国消费者报 2001-03-30
◎通缉令追捕传媒大亨/陈聪舒 钟立峰//当代世界 2001-06
◎投融资体制创新中的传媒股份制探析/孙旭培//当代传播 2001-02

⊙投资不是网络而是传媒//中国建材 2001-11
⊙投资冲动让资本与传媒互动加速/洪金//中国企业报 2001-03-20
⊙投资媒体风险有多大/钱晓文//国际金融报 2001-05-29
⊙投资新宠从后台走向前台的传媒产业/马晓晴//中华儿女（海外版）2001-20
⊙透视传媒产业/吴皓//计划与市场 2001-05
⊙透视媒体遮蔽下的影视状态/刘树元//当代电视 2001-13
⊙透视中国广电有线网络的融资政策/金诗玮//广播电视信息 2001-12
⊙突发事件的大众传播与人际传播/韩炜林//中国记者 2001-09
⊙突发性事件报道的政策把握和策略步骤/姜海鹏//理论观察 2001-01
⊙托普传媒帝国梦黄粱/何晓晴//网际商务 2001-12
⊙外国传媒与反邪教斗争/文有仁//国际新闻界 2001-03
⊙外资传媒在华经营模式及其影响/钱晓文//新闻记者 2001-08
⊙外资电视媒体"蚀本"赌明天/黄靖涛//财经时报 2001-11-07
⊙玩转游戏江湖选好外设是关键/琳宜//中国信息报 2001-09-11
⊙王长田：我不怕传媒巨头侵略/王京//科技智囊 2001-09
⊙王长田：我开放我规矩我存在/周慧敏//中国企业报 2001-02-19
⊙王宏民："首届世界华文传媒论坛"开幕式致辞/王宏民//首届世界华文传媒论坛 2001-09-01
⊙王中军：简简单单做电影/周慧敏//中国企业报 2001-04-09
⊙网吧的前景/李素娟//电脑报 2001-06-11
⊙网络＋电视＋NBA/杜婕//中国体育报 2001-09-06
⊙网络版权法浮出水面/黄果//计算机世界 2001-07-02
⊙网络并购，中国媒体准备好了吗？/沈懿//计算机世界 2001-03-19
⊙网络并购：相约 2001/何滨//财经界 2001-05
⊙网络冲击下的电视广告/梅迪//辽宁商务职业学院学报 2001-02
⊙网络出版——人类何时告别书籍//计算机世界 2001-07-02
⊙网络传播的特点及运作问题分析/李胜//西南民族学院学报（哲学社会科学版）2001-04
⊙网络传播规律的掌握与运用/王再承//记者摇篮 2001-03
⊙网络传播人才教育走上正轨/张舒 王强//中华新闻报 2001-05-28
⊙网络传媒年代的三个迷思/苏钥机//中国报业 2001-11
⊙网络带来传媒业的变革/孙锐//广告大观（综合版）2001-03
⊙网络道德建构刍议/栾好利//辽宁大学学报（哲学社会科学版）2001-03
⊙网络的媒体属性与生俱来/张小文//华夏时报 2001-04-09
⊙网络电视：宽带的下一轮焦点/李涛//中国高新技术产业导报 2001-06-15
⊙网络调查新闻何以兴起？/姜秀珍//中国经济时报 2001-01-31
⊙网络调查新闻优劣大评点（下）/姜秀珍//中国信息报 2001-01-09
⊙网络动画业：卡通人物之间的竞争//中国计算机报 2001-03-22
⊙网络对传统传媒的影响/许明//新闻窗 2001-02
⊙网络广告该怎么"吆喝"/黄果//计算机世界 2001-03-26
⊙网络广告真的使你更精彩//中国高新技术产业导报 2001-06-20
⊙网络环境下传媒生存状态的进化逻辑/王炎龙//广西民族学院学报（哲学社会科学版）2001-S2
⊙网络经济的新规则/张锐//市场观察 2001-04
⊙网络崛起时代：北京人媒介接触行为的结构性变化及其特点——来自 2000 年北京居民媒介接触行为的抽样调查报告/喻国明//国际新闻界 2001-01
⊙网络媒体：挟"第四"姿态剑指霸主宝座/吴学安//中国乡镇企业报 2001-10-11
⊙网络媒体的冲击与传统媒体的变革/崔青青 朱丽斌//嘉兴学院学报 2001-02
⊙网络媒体的明日在哪里？/燕文//中国信息报 2001-03-27
⊙网络媒体对当代新闻学教育的影响/吴宇华//中华新闻报 2001-03-19
⊙网络媒体路在何方/顾汶//中国高新技术产业导报 2001-09-25
⊙网络媒体群——网络业的"新生代"/吕俊宏//河北经济日报 2001-04-10
⊙网络媒体在舆论监督中的作用/方玉//新闻采编 2001-06
⊙网络迷茫/鹰扬//大众科技 2001-03
⊙网络抢食动画市场大饼 黑猫警长渴望点石成金/刘燕//中国经营报 2001-02-06
⊙网络让经销商走出"阴影"/董生//中华工商时报 2001-12-18
⊙网络时代的电视技术//中国高新技术产业导报 2001-05-11
⊙网络时代的电视生存/周小普 金梅//电视研究 2001-06
⊙网络时代的核心 IT 传媒/张晔//互联网周刊 2001-20
⊙网络时代的消费特征、企业变革和企业文化/马丽//河北学刊 2001-02
⊙网络时代的新闻传媒变革/靳青 陈培爱//东南学术 2001-02
⊙网络时代高校思想道德教育的挑战与对策/朱霞//西藏日报 2001-01-15
⊙网络时代广播路在何方/刘玉慧//记者摇篮 2001-04
⊙网络时代海外华文媒体的挑战与机遇/李小霞//人民政协报 2001-09-20
⊙网络时代审美意识的变异/巫汉祥//厦门大学学报（哲学社会科学版）2001-02
⊙网络时代实现音像资料资源共享的构想/初征//中国传媒科技 2001-02
⊙网络时代中国媒体面临的革命与整合/吴树新//未来与发展 2001-06
⊙网络市场的菱形结构与网络企业的整合发展研究/袁泽沛//湖北商业高等专科学校学报 2001-03
⊙网络术语寻根溯源/张海鹏//计算机世界 2001-05-07
⊙网络文化与社会主义精神文明/吕明伟 孙国良//理论学习 2001-04
⊙网络新闻：大众传媒新的增长点/宋艳华 伊臣//情报科学 2001-02
⊙网络新闻传播教育的"视角观"探析/周鸿铎//现代传播-北京广播学院学报 2001-02
⊙网络新闻传播面临的问题浅析/戴佳 祝兴平//新闻窗 2001-03
⊙网络信息的传播法理/刘建明//声屏世界 2001-05-10
⊙网络游戏：摄氏 75 度的水/张鹏//IT 经理世界 2001-09
⊙网络游戏：神话还是陷阱/张鹏//IT 经理世界 2001-22
⊙网络游戏：网站盈利明星/邹奕萍//通信信息报 2001-08-15
⊙网络游戏 10 亿的盘子谁来端//中国企业报 2001-07-30
⊙网络游戏冲出起跑线/熊熙玲//互联网周刊 2001-21
⊙网络游戏的蛋糕大战/杨子//科学时报 2001-10-13
⊙网络游戏看上去很美/李嘉//电脑采购周刊 2001-27
⊙网络游戏能挖到金子吗？/凌宁//中国信息报 2001-07-10
⊙网络游戏能凿开 10 亿元市场吗/徐锋//中国消费者报 2001-10-25
⊙网络游戏牵动中国互联网/计育青//国际商报 2001-08-03
⊙网络游戏有钱赚/凌宁 计涛//北京日报 2001-07-13

◎ 网络游戏与新圈地运动/Dragon//大众科学·科学研究与实践 2001-03
◎ 网络游戏拯救网络/凌华年 汤怀恩 何剑文//信息时报 2001-03-24
◎ 网络与青少年的心理成长/姚志鹏//上海商业职业技术学院学报 2001-02
◎ 网络怎样文明起来？/欧阳梦云//中国工商报 2001-05-17
◎ 网络中的动漫卡通世界/坐看云起//网络与信息 2001-12
◎ 网络中的韩国/唐纳德·麦辛泰尔//开放潮 2001-02
◎ 网络著作权：世纪之交的话题/柴春元//中国新闻出版报 2001-01-12
◎ 网页动画利器 Anfy/秦俊琦//中国计算机报 2001-12-03
◎ 为何难以做大做强？——说传媒之九/潘凯雄//传媒 2001-09
◎ 为了电视气象服务事业的发展/竟云//中国气象报 2001-08-02
◎ 为了理想——访名专栏《新闻纵横》/程康//新闻窗 2001-04
◎ 为媒体违法广告把脉/吴一帆//中国工商报 2001-07-31
◎ 为您的广告找一个合适的媒体/齐忻//中国信息报 2001-08-27
◎ 为谁拍片？/峻岭//文艺报 2001-01-04
◎ 维亚康母进军中国走大路/师晖//中华工商时报 2001-08-06
◎ 维亚康姆：还能坚持"内容为王"吗/叶琦//中国经济时报 2001-09-19
◎ 维亚康姆牵手唐龙文化/卢爱芳//证券时报 2001-04-15
◎ 卫视整合传播挑战央视广告/李媛//中国经营报 2001-11-13
◎ 未来传媒谁领风骚/李国明//时代风采 2001-08
◎ 未来传媒谁最"酷"/汝佳//国际市场 2001-03
◎ 未来大众传媒的发展格局/吴飞//浙江大学学报（人文社会科学版）2001-01
◎ 文广影视目媒体信息资源数据库系统总体结构设计探讨/郭克榕 夏天//电视工程 2001-04
◎ 文化保护与市场化进程中的法国广电业/贾玉敏//当代传播 2001-04
◎ 文化报道：曲高如何求"和众"/冯秋红//传媒观察 2001-07
◎ 文化的转向：当代传媒与视觉文化 看的方式与视觉意识形态/周宪//福建论坛（人文社会科学版）2001-03
◎ 文化网站面临经济危机/网友：小瘪三//江苏经济报 2001-07-31
◎ 文学、影视谁当家/张志雄//中华读书报 2001-07-18
◎ 文学和影视：双赢的可能性/冉茂金 喻静//中国艺术报 2001-08-24
◎ 文学和影视：双赢的可能性/张同道 聂震宁//中国艺术报 2001-08-31
◎ 文学嫁影视一门好姻缘？/鲁粟//福建日报 2001-02-02
◎ 文学网站 站起来还是倒下去/鲁大智//中华读书报 2001-08-22
◎ 文学与影视：共同撑起一片天空——兼论 21 世纪（山东）审美文化的一种趋势/朱德发 贾振勇//烟台大学学报（哲学社会科学版）2001-01
◎ 我国传媒产业化的必然性及影响/李泳//岭南学刊 2001-03
◎ 我国传媒产业经营政策及其影响/周茂君//武汉大学学报（人文科学版）2001-02
◎ 我国传媒如何应对 WTO/黄传芳//中华儿女（海外版）2001-05
◎ 我国传媒业会出现自己的"默多克"吗？/王以超//团结报 2001-11-10
◎ 我国传媒业如何利用业外资本/魏永征//新闻界 2001-02
◎ 我国电视创作的喜与忧/刘乾//团结报 2001-01-11
◎ 我国电视业发展面临的机遇与挑战/李刚//现代传播-北京广播学院学报 2001-03
◎ 我国媒介产业的资本运作/段永刚//新闻与传播研究 2001-02
◎ 我国网络新闻媒体发展之思考/蔡超英//采·写·编 2001-04
◎ 我国网络新闻业问题探讨/周锡生//中华新闻报 2001-02-05
◎ 我国新闻传媒集团特征分析/赵腓罗//新闻实践 2001-03
◎ 我国新闻媒体资本运营情况初探/孙正一//新闻记者 2001-04
◎ 我国因特网的发展状况/李国雄//广东印刷 2001-04
◎ 我国有线电视加快数字化网络化进程//中国电子报 2001-03-27
◎ 我看网站收费/张静君//知识经济 2001-03
◎ 我们为什么需要传媒市场调研——传媒市场调研系列讲座（一）/喻国明//新闻三昧 2001-01
◎ 我们为什么要极其重视零售市场/喻国明//新闻实践 2001-01
◎ 我们需要什么样的网络游戏——中国第一届网络游戏研讨会整理报导/DRAGON//大众科学·科学研究与实践 2001-08
◎ 西部大开发——一个可持续发展的报道主题/陈力丹//当代传播 2001-06
◎ 西方传媒是商场，是战场/刘亚//军事记者 2001-03
◎ 西方传媒业集团的成因和特点评介/潘玉鹏//新闻大学 2001-03
◎ 西方反恐怖主义斗争中的媒体控制/崔磊//新闻大学 2001-01
◎ 戏说·正说——说传媒之十二/潘凯雄//传媒 2001-12
◎ 细节：电视纪录片的灵魂/周建国//宿州教育学院学报 2001-01
◎ 先进文化与现代传媒——学习江泽民同志的"七一"重要讲话/申义//桂海论丛 2001-05
◎ 县级有线电视的建设与发展/孟永斌 李有忠//广播电视信息 2001-02
◎ 现代传播与营销的握手——传媒黑马"南方楼市"传播模式剖析/周帆//青年记者 2001-01
◎ 现代传媒的市场策略/包弛//出版经济 2001-09
◎ 现代传媒教育：新时代 新热点——关于信息传媒专业建设的调查报告/饶晓明//黄冈职业技术学院学报 2001-01
◎ 现代传媒与文学艺术研究纲要/陈定家//许昌师专学报 2001-01
◎ 香港传媒业暗潮汹涌/施清彬//中国报业 2001-10
◎ 香港举办两岸四地"资讯时代的传媒操守研讨会"/马闻理//新闻与传播研究 2001-01
◎ 小魔神Ⅲ——全面攻克电脑动画造型/孙立军 刘阔//中华读书报 2001-08-01
◎ 小默多克在亚洲圈地/杨秋艳//中国信息报 2001-04-25
◎ 小说：红红火火上荧屏/舒晋瑜//中华读书报 2001-10-31
◎ 小议电视片中电脑动画制作存在的问题/许旭//电视字幕·特技与动画 2001-07
◎ 新传媒≠"不要脸"传媒/梁半秋//计算机周刊 2001-22
◎ 新华在线打造传媒工场/沈莉//中华工商时报 2001-11-01
◎ 新经济时代传统媒休的经营创新——从香港文化传信集团转型谈起/支庭荣//新闻知识 2001-07
◎ 新浪沉没/义川//网络世界 2001-07-02
◎ 新浪飞升之道//中国经营报 2001-06-12
◎ 新浪阳光共建网络电视模型/李涛//网际商务 2001-19
◎ 新媒体：在拓展与审视之间/许江//美术报 2001-09-29
◎ 新媒体呼唤内容供应商/阿祥//中国国门时报（中国出入境检验疫报）2001-06-15
◎ 新媒体年代/霍咏强//中国报业 2001-06
◎ 新媒体时代的机遇与挑战/武凤仪//中国报业 2001-11
◎ 新媒体与受众习惯的互动关系/张海鹰//新闻大学 2001-03
◎ 新媒体运动/覃远军//多媒体世界 2001-06
◎ 新千年盘点（3）//计算机世界 2001 01 15
◎ 新千年日本漫画一瞥/白晓煌//中国图书商报 2001-01-18

◎新世纪初的投资热点：中国传媒业/卢玉考//出版经济 2001-12
◎新世纪的银幕世界该是啥模样//解放军报 2001-01-19
◎新世纪世界报业发展的大趋势及我国报业的发展前景（一）/明安香//中华新闻报 2001-04-16
◎新世纪世界报业发展的大趋势及我国报业的发展前景（二）/明安香//中华新闻报 2001-04-30
◎新世纪新闻传媒技术走向/孙宝传//中国传媒科技 2001-01
◎新世纪舆论监督的几个法律问题/王强 祝明//中华新闻报 2001-12-25
◎新条件下传媒创新策略——访传媒研究专家喻国明教授/王立纲//青年记者 2001-02
◎新闻报道要引导大众服务大众/文湘暾//新闻天地（论文版）2001-03
◎新闻策划的利益驱动模式/黄顺铭 张德勇//兰州学刊 2001-06
◎新闻策划三论/王建新//中国消费者报 2001-08-28
◎新闻策划与策划新闻/小尘//四川政协报 2001-08-04
◎新闻传播业面对 WTO 的机遇、挑战与对策/董天策//新闻实践 2001-05
◎新闻传媒的市场经营与社会效益/谢明//理论观察 2001-04
◎新闻传媒走向市场与新闻事业的党性原则/丁柏铨//传媒观察 2001-10
◎新闻创新应对 WTO 的必由之路/李卫//陕西日报 2001-10-31
◎新闻官司，媒体为何多喊冤/周泽//人民法院报 2001-12-21
◎新闻广告泛滥媒体声誉贬值/王永亮//中华新闻报 2001-02-26
◎新闻集团全球竞争战略给中国传媒业的启示/唐万明//中国报业 2001-09
◎新闻监督对司法活动影响之平衡/谢圣华//人民法院报 2001-08-24
◎新闻看点的捕捉/张辉//记者摇篮 2001-10
◎新闻理论研究的丰硕成果/梁衡//中国新闻出版报 2001-01-05
◎新闻伦理学的新创获/唐凯麟//湖南日报 2001-07-20
◎新闻媒体的网上延伸线/仇东方//中国新闻出版报 2001-11-13
◎新闻媒体与弘扬先进文化/朱丹//当代电视 2001-09
◎新闻媒体在西部大开发中的角色定位/张平宇//探索 2001-02
◎新闻如何面对隐私权/孙欣菊//检察日报 2001-05-29
◎新闻摄影图片亟需实行数字化管理/柴继军//新闻实践 2001-11
◎新闻摄影在新世纪的新应对/胡颖//第五届全国报纸总编辑新闻摄影研讨会 2001-08-01
◎新闻摄影资源管理与数字化革命/柴继军//中国记者 2001-08
◎新闻市场的供需关系与趋势/许亚丹//中国记者 2001-09
◎新闻事件可以合理策划/王羚//中国广播电视学刊 2001-08
◎新闻投融资体制创新论/孙旭培//新闻界 2001-02
◎新闻网站广告经营赢利新模式/张浩//中华新闻报 2001-08-14
◎新闻也要讲“科学”/柯萱//大众科技报 2001-04-19
◎新闻自由的认识逻辑/刘建明//新闻爱好者 2001-02
◎新兴的广电集团未来的“航空母舰”/李耀武//当代电视 2001-12
◎信息时代中国传媒直面跨媒体经营/小洁//中国经营报 2001-12-04
◎信息网络化与社会建构/熊澄宇//世界科学 2001-03
◎星传媒闯入内地电视市场/李豫川//中国经营报 2001-08-30
◎行业传媒——企业投资新热点/钱敏//化工管理 2001-07
◎形象经营：广电传媒的市场经营主导模式/阮志孝//成都大学学报（社会科学版）2001-01
◎形象与传媒——记朱立教授在暨南大学的一次演讲/百宁 张妍施建//当代传播 2001-05
◎兄弟省市文化产业发展概况/沈轩娇//新华日报 2001-07-22
◎虚拟还是现实（上）——再描广播电视媒介的市场竞争版图/黄升民//现代传播-北京广播学院学报 2001-01
◎虚拟还是现实（下）——再描广播电视媒介的市场竞争版图/黄升民//现代传播-北京广播学院学报 2001-02
◎寻找 IT 报道的核心价值/柯斌//中国记者 2001-02
◎亚太传媒聚会北京深入研讨第四媒体——记第三届亚太地区媒体与科技和社会发展研讨会/文有仁//中国传媒科技 2001-11
◎央视首项大型日播文艺新闻栏目“综艺快报”新年推出/刘梅//传媒 2001-01
◎也谈电视节目改版问题/黄升民//现代传播-北京广播学院学报 2001-06
◎也谈影视女性形象的陷落/秦志钰//文艺报 2001-10-18
◎一部学术价值、实用价值兼备的力作——简评新著《创建中国传媒机制》/楚翔南//新闻知识 2001-03
◎移动电视媒体欲分市场几杯羹/宋明霞//市场报 2001-07-07
◎移动游戏带来无限风光//中国高新技术产业导报 2001-04-27
◎以“产业链”带动湖南广电业的发展/左宇帆//湖南经济报 2001-11-20
◎以高度的政治责任感推动中国网络媒体的发展——在首届中国网络媒体论坛上的致辞（摘要）/邵华泽//中国传媒科技 2001-07
◎以管理创新为核心 提高运营品质——中视传媒股份有限公司经营思考/崔屹平//电视研究 2001-12
◎以色列在传媒战场上的招数/江亚平//中国记者 2001-09
◎以优为先 以你为先——新加坡优频道推广案例评析/唐乐//中国报业 2001-06
◎艺术传播的当代性与大众传媒/薛萍 陈娟//徐州教育学院学报 2001-04
◎意味深长的较量——“第三届国际卡通博览会”随感/李成志//市场观察 2001-09
◎意义、生产与消费——当代中国电视剧的政治经济学分析/尹鸿//现代传播 2001-04
◎因地制宜地推进改革——广州广电“联合舰队”的集团化运作/马杰颖//中国记者 2001-11
◎因特网对美国电视业意味着什么/陈新华//中华新闻报 2001-02-05
◎因特网与三大新闻传媒：竞争、合作、共同发展/郑立威 刘丹//理论观察 2001-01
◎因特网重新整合大众传播/张晓//大众科技报 2001-11-01
◎因网上链接而产生的法律责任/王素娟//人民法院报 2001-12-24
◎印刷传媒——从电子化、数字化、一体化到网络化/万良君//传媒 2001-07
◎英国传媒业中介管理机构的影响和作用/朱兵//新闻战线 2001-02
◎英国广播电视印象/刘宏//中华新闻报 2001-05-28
◎英国政府将调查民众能否接受电视制式模——数转换限期/吴贤纶//有线电视技术 2001-22
◎英中媒体探讨：新闻媒体中的法律问题/纪涛//北京日报 2001-12-19
◎迎接流媒体时代/张烈 李铁//中国计算机报 2001-12-06
◎营造大广电 开拓大市场/罗仲伟//经济管理 2001-15
◎影视产业的核心是资本增殖/李稚田//中国经营报 2001-01-23
◎影视产业尚未引起关注的沃土/李稚田//中国经营报 2001-01-23

◎影视艺术及其动像视听传媒对市井艺术的消解与振兴/黄俊杰 常迪娜 王莉娟//贵阳金筑大学学报 2001-02
◎影视语言中的喜剧手段/鲁涛//西安石油学院学报（社会科学版）2001-03
◎永乐股份：影视产业是如何走向市场的——访永乐股份有限公司董事长杨玉冰/沈云//沪港经济 2001-05
◎用性别意识的眼光看大众传媒中的女性形象/王建军//中共成都市委党校学报 2001-02
◎优化环境：媒介现实的话题/许永//现代传播 2001-06
◎由市场角度看全球光电记录媒体产业的发展/范继良 简明 杨明生//光盘技术 2001-02
◎游戏规则：我是狼/王威克//中国乡镇企业报 2001-07-05
◎游戏机和 PC 谁更有潜力？/科技日报//2001-11-08
◎游戏类图书：不可忽视的市场/韩浩//中国图书商报 2001-11-06
◎游戏——渗入客户关系管理/陈宏//国际经贸消息 2001-03-01
◎游戏外设市场国产品牌倾力出击/华砚//中国企业报 2001-06-29
◎游戏外设市场狼烟四起/王敏//中国贸易报 2001-11-03
◎游戏在教学中的运用/李文石 李军//中国体育报 2001-12-25
◎有线电视：触摸宽频时代/解燕喃//中国电子报 2001-03-29
◎有线电视的潜力与魅力/叶水乔//中国信息报 2001-04-20
◎有线电视的网络媒体价值/张彦//广播电视信息 2001-12
◎娱乐化：传媒的鸦片还是良药/王立纲 昝爱宗 令狐磊//青年记者 2001-04
◎娱乐网络化网络娱乐化/刘林森//文汇报 2001-04-15
◎与奥美观点不同常规也能建品牌/耿一诚 夏毅//中国企业报 2001-12-21
◎阅读 3：网络的力量/王慧然//领导文萃 2001-04
◎在 Authorware 中如何有效地控制片头动画/庄礼杰//电脑报 2001-02-05
◎在全球化国际背景下审视新闻集团现象/毕一鸣//视听界 2001-10
◎在线游戏叩响财富之门/赵霞//计算机世界 2001-09-03
◎在线娱乐能救网站的命吗/魏琳//中国信息报 2001-07-24
◎在游戏中长大/徐凤梅//安徽日报 2001-02-16
◎展示财经传媒神奇活力媒体帝王福布斯探访中国/党小卉 仰山 陈晨星 于小松//财经界 2001-05
◎张朝阳：搜狐不是垃圾股/紫色//计算机世界 2001 03 12
◎浙江五大产业网站何以家家盈利/甞宁//华南金融电脑 2001-01
◎整合传媒 网刊合一/李克川//华商 2001-08
◎整合——传媒业艰难的再生/金景波//财经界 2001-07
◎整合营销传播其实很“简单”/点石//河北经济日报 2001-09-26
◎整合营销传播——新的策略/南风//中华建筑报 2001-07-14
◎正视观众需求 履行传媒责任/陈仕洪//电视研究 2001-05
◎政府托起的游戏产业/阿凯//电脑报 2001-08-06
◎政治仪式中的媒介权力——大众传媒对美国总统竞选的影响/叶琦//现代传播-北京广播学院学报 2001-01
◎知识经济呼唤高素质传媒人才/向思贵//中国人才 2001-10
◎直击网络媒体优劣——网络记者弄潮“第四媒体”的清醒辨析/王淑军//中国传媒科技 2001-04
◎直面挑战 把握机遇 寻求发展——略论世纪之交的中国审美文化/凌珑//上海师范大学学报（哲学社会科学版）2001-01
◎直邮媒体：挑战杂志业/澎澎//中国图书商报 2001-09-25
◎质疑传媒文艺评论/肖云儒//报刊之友 2001-01
◎中公网股权有变 海虹成网上娱乐业老大/陈敏//互联网周刊 2001-16
◎中国．com 问题/肖春江//计算机世界 2001-04-09
◎中国“入世”与电视文化安全问题/张志君//当代电视 2001-14
◎中国传媒：冬天还是春天？/王宝平//中国工商 2001-11
◎中国传媒产业需要融资/李卫玲//中国财经报 2001-07-26
◎中国传媒产业需要融资/龙秋云//领导决策信息 2001-32
◎中国传媒蛋糕的诱惑/孙慧英//当代传播 2001-06
◎中国传媒的新篇章/未艾//电子商务世界 2001-11
◎中国传媒发展十大趋势/陆小华//新闻记者 2001-12
◎中国传媒面对危情时刻/霖言//中国信息报 2001-11-20
◎中国传媒世纪寄语/胡智锋//现代传播-北京广播学院学报 2001-01
◎中国传媒市场：暴利还是泡沫/张克旭//中国广告 2001-08
◎中国传媒投资热潮/杨鹏//中国报业 2001-09
◎中国传媒业：掀起新世纪投资新热潮/闻晓//开放潮 2001-07
◎中国传媒业：新的投资热潮/闻晓//经营管理者 2001-09
◎中国传媒业“资本盛宴”后面临大变局/王以超//科技创业 2001-02
◎中国传媒业利用业外资本合法性研究/魏永征//新闻与传播研究 2001-02
◎中国传媒业是“迟到”的泡沫？/萧马//中国信息报 2001-05-25
◎中国传媒业正在酝酿巨变/阿祥//程序员 2001-10
◎中国传媒遭遇“资本制造”/刘朝//企业家天地 2001-07
◎中国的卡通明星在哪里？/林阳//中华读书报 2001-12-05
◎中国电视产业资源补偿方式的变化和危机/陆地//声屏世界 2001-12
◎中国电视业：与世界同步/丁洁//中国艺术报 2001-05-25
◎中国电影寻找传统文化与全球化的“接口”/柴骥程 郑黎//文艺报 2001-10-25
◎中国电子商务三题/刘爽//现代传播-北京广播学院学报 2001-01
◎中国动画的昨天、今天与明天/范黎明//太原大学学报 2001-03
◎中国独立制片人全景档案/王铁成 王铁军//中国档案报 2001-11-09
◎中国广播的网上发展及制约因素/周小普 刘展//现代传播 2001-03
◎中国广播影视集团在京成立//中国广播电视学刊 2001-12
◎中国和欧洲传媒体制改革及其合作前景分析/陶鹤山//开放时代 2001-05
◎中国红媒的光荣与梦想/陈彤旭//新闻天地 2001-07
◎中国互联网投机时代的终结/冀书鹏//电子商务 2001-07
◎中国卡通“卡”在哪里/冉茂金//中国艺术报 2001-08-31
◎中国卡通有戏唱/吴为忠 顾咪咪 李光一//解放日报 2001-08-25
◎中国媒体惊呼狼来了/曹宇//中国社会导刊 2001-03
◎中国媒体渴望进入资本市场/付乐//中国贸易报 2001-04-28
◎中国媒体应对 WTO 传媒年会研讨对策/王非//多媒体世界 2001-09
◎中国入世电影临难关/瞿晓林//市场报 2001-11-19
◎中国市场著名品牌平面媒体广告投放分析/姚林//品牌 2001-04
◎中国文化是否淹没在数字鸿沟//中国经营报 2001-05-22
◎中国新闻传播事业世纪回眸/方汉奇//中国新闻出版报 2001-01-04
◎中国新闻类周刊调查/吕书练//中华读书报 2001-12-26
◎中国影视工业“后开发”时代来了/杨青//深圳商报 2001 03-18

◎中国影业新的“起跑线”/关宁 瞿佳//中国水利报 2001-10-27
◎中国有线电视：路在何方/陈晓宁//中国电子报 2001-02-13
◎中美传媒在相互“妖魔化”吗？——中美主流媒体记者、专家学者对话录/肖欣欣 刘鉴强//新闻记者 2001-03
◎中美音像业：差异与选择/邹建华//中国图书商报 2001-07-03
◎重视传媒业资本经营中的误区/颜伟//新闻实践 2001-09
◎重新认识受众需求及其对制定媒介策略的影响/程士安//新闻大学 2001-04
◎逐渐升温的流媒体/宗和//人民邮电 2001-11-21
◎专家认为传媒仍存女性歧视/石永红 陈志玲//新华每日电讯 2001-12-08
◎专家谈美国电影如何制胜国际市场/胡瀚霖 戴仲燕//新华日报 2001-05-24
◎专家细看传媒投资机会//财经时报 2001-08-08
◎准确把握新闻出版广播影视业改革特点//中国报业 2001-03
◎资本杠杆撬动媒体集团/覃远军//市场报 2001-06-12
◎资本和媒体——从“暗恋”到“公开求爱”/大云//经贸世界 2001-03
◎资本搅动媒体市场/潘洁//中国新闻周刊 2001-21
◎资本经营：托起传媒腾飞的翅膀——访著名金融新闻专家、《金融时报》总编辑杨其广/韩素勤//金融经济 2001-07
◎资本厉兵传媒业/周明//经济月刊 2001-06
◎资本联姻传媒：美梦与玄机/高路//经济月刊 2001-06
◎资本青睐动画 20 亿港元敲响三辰大门/夏欣//中国经营报 2001-08-16
◎资本涌入促传媒业发展提速/梁勤俭//新闻三昧 2001-11
◎资本游戏玩垮 8848//网络世界 2001-11-26
◎资本与媒介有个“约会”/杜中杰//人民法院报 2001-08-10
◎资本运营：中国传媒产业发展的助推器/严三九//新闻界 2001-06
◎资本在媒体中遭遇的尴尬/欧阳剑//中国牧业通讯 2001-10
◎资本助力传媒业/李立红//中国经营报 2001-05-17
◎资源共享成网络新贵/郭萌萌//电脑与电信 2001-01
◎走向科学传播的双向互动/杜悦//中国教育报 2001-07-12
◎走向崭新的传媒时代/曲志红 李佳路//中国传媒科技 2001-01
◎组建跨媒体集团 增强媒体竞争力/黄耀华//中国广播电视学刊 2001-09
◎组建少儿传媒集团 强化少儿产业特色 寻求少儿新闻出版业历史性的跃变/海飞//中国图书评论 2001-10
◎尊重新闻规律尊重足球规律/郝清亮//中国体育报 2001-08-15
◎左右我们生活的传媒与大众文化/孙郁//解放军艺术学院学报 2001-03
◎做大游戏软件这块蛋糕/温伟//上海科技报 2001-06-15
◎做好互联网时代的“本地新闻”/蒋金玲//新闻实践 2001-06
◎做记者是有“门槛”的——三谈“传媒正进入比拼内力时代”/本刊评论员//新闻三昧 2001-12

广告、会展、节庆产业

1979 年

◎报刊广告与电视广告的起落/迈克尔·墨菲 关书剑//国际新闻界 1979-02
◎报纸登商品广告好/王明辉//新闻战线 1979-05
◎广东电视台播放外商广告/吴书剑//国际新闻界 1979-03
◎漫话三十年代书籍广告/辛雨//读书 1979-04
◎美国的广告/吴书剑//国际新闻界 1979-03
◎为广告正名/丁允朋//文汇报 1979-01-14
◎一则广告引起的变化/谷一//经济管理 1979-09

1980 年

◎不断提高广告质量——十一家报纸举行广告工作座谈会//新闻战线 1980-12
◎广告三议/易昌泰//中南财经政法大学学报 1980-03
◎美国广告小景/惠珍//新闻战线 1980-02
◎期刊广告成了马后炮/姜意年//新闻战线 1980-03
◎社会主义制度下广告的特点与作用/胡祖源//财贸经济 1980-03
◎试谈商业广告及其效果/曾青春//商业研究 1980-05
◎苏联的广告/赵荣麟//国际新闻界 1980-04
◎要重视广告在社会主义流通中的作用/陈良//财经研究 1980-02

1981 年

◎报刊商业英语广告的一些特点/陈开顺//国际贸易问题 1981-02
◎对广告问题的探讨/王五兰 田同生//经济问题 1981-03
◎广告学中的几个基本问题/于才//国际贸易问题 1981-04
◎广告与道德/易昌泰//企业经济 1981-11
◎浅谈商业广告/吴凤山//商业研究 1981-03
◎日本广告界社团简介/傅金铎//国际新闻界 1981-01
◎商品广告面面观/王素一//浙江学刊 1981-04
◎书刊广告不可轻视/华然//中国出版 1981-09
◎书刊广告小议/于其化//读书 1981-06
◎重视广告新闻的制作/汜晓//新闻战线 1981-07

1982 年

◎菲律宾提倡健康的报刊电视广告/申明河//新闻战线 1982-05
◎广告的作用是什么？//河南化工 1982-02
◎广告是改善企业经营管理的有效手段之一/张一舟 钱慧德//上海企业 1982-02
◎广告小议/刘春亭//中国出版 1982-10
◎广告——新闻名词解释/于立凯//新闻大学 1982-04
◎广告宣传的几种策略/易昌泰//经济与管理研究 1982-04
◎广告艺术/赵彩虹//新闻战线 1982-05
◎广告在社会主义经济活动中的作用/田同生//前线 1982-07
◎国外广告心理学评介/杨治良//外国心理学 1982-04
◎既做大广告 又做小生意/董鑫书//商业研究 1982-06
◎美国广告文体的形成与特点/丹尼尔·J·布尔斯丁 张景明 王泰玄//国际新闻界 1982-01
◎莫道美女广告就是美/黎夫//世界知识 1982-02
◎日本的报纸广告赏/大洪//新闻战线 1982-01

◎试谈瞬间艺术——广告招贴/马华//西北美术 1982-02
◎图书广告也要精益求精/施小枫//中国出版 1982-09
◎外贸广告浅谈/丁允朋//国际商务研究 1982-02
◎我国商品广告史话/刘果毅//求索 1982-02
◎我国社会主义广告工作的实践与认识/胡跃农 钟育赣//江西社会科学 1982-04
◎要正确认识和发挥广告的作用/田雨//财贸经济 1982-01
◎应慎重对待外商广告/张岩//新闻战线 1982-09
◎资本主义广告业/李原//世界知识 1982-01

1983 年

◎"广告新闻化"好/民会//新闻战线 1983-11
◎"新闻广告化"不好/寒原//新闻战线 1983-13
◎广告的今昔/王秋山//商业研究 1983-02
◎广告三"病"/何松新//南方经济 1983-05
◎广告宣传与销售价格/朱博//企业管理 1983-04
◎广告要适合国内市场的特点/宋顺清//山西财经大学学报 1983-04
◎广告与出口贸易/吕琦//国际贸易 1983-07
◎广告与心理学/刘学宏//经济与管理研究 1983-04
◎漫谈现代广告/程春//国际贸易 1983-11
◎南方大厦的"广告经"/李立//南方经济 1983-05
◎浅谈出口商品广告宣传的媒介选择/吕琦//国际商务研究 1983-04
◎浅谈商品广告的经济效益/杜坚 彭春//当代财经 1983-03
◎浅谈商业广告美/赵育冀//北京工商大学学报（社会科学版）1983-04
◎日本广告杂谈/刘明华//国际新闻界 1983-03
◎日语广告中的"醒目标题"/李秋忠//解放军外国语学院学报 1983-03
◎世界最大广告公司—"电通"的内幕/陈今淼//国际新闻界 1983-03
◎谈谈现代广告战略问题/丁允朋//国际商务研究 1983-01
◎谈做广告/蔡志甦//企业管理 1983-01
◎外国的广告漫画/梅珞//国际新闻界 1983-01
◎西方广告业的新花样/万口林//国际展望 1983-01
◎现代广告中心理学的运用/李树伟//吉林艺术学院学报 1983-01
◎展望广告装潢艺术/周绍淼//美苑 1983-01

1984 年

◎产品广告策略/邸乃壮//企业管理 1984-07
◎出口广告的效果管理/李世义//国际贸易 1984-02
◎雏议商业广告的内涵及外延/张绍明//商业时代 1984-06
◎从香港的广告业谈起/张南舟//福建论坛 1984-12
◎法国广告业一瞥/桑榆//国际新闻界 1984-02
◎关于商品广告的民法调整/周林彬//社会科学 1984-11
◎广告经济效益最佳化的探讨/张屹山//财贸经济 1984-05
◎广告美学初探——从美感谈开去/宋顺清//山西财经大学学报 1984-02
◎广告目标与广告表现/丁允朋//国际贸易 1984-11
◎广告宣传是报纸的重要社会职能/张学培//新闻战线 1984-04
◎力争广告费开支能取得较大效益/张文杰//财会通讯（综合版）1984-11
◎漫话广告/大光//商业研究 1984-04
◎漫话商业广告/杜坚//南方经济 1984-05
◎浅谈注意原理及其在广告中的应用/赵育冀//北京工商大学学报（社会科学版）1984-04
◎日本的广告及其特点/胡叔英//现代日本经济 1984-05
◎如何撰写有说服力的广告/大卫·奥奇威 熊华丽 吴伟//国际新闻界 1984-03
◎社会主义广告纵横谈/陶永宽 胡祖源//宁夏社会科学 1984-02
◎世界各国的广告媒介及其选择与运用/陈厚生 程逢知//国际商务研究 1984-03
◎谈广告媒介的选择/王盾//中国工业经济 1984-08
◎谈做图书广告的最佳时期/朱明远//中国出版 1984-11
◎现代广告/程春//商讯商业经济文荟 1984-01
◎现代广告作品的素质/方朴//国际商务研究 1984-01
◎现代销售广告的基本特征/于才//国际贸易 1984-04
◎要做"活广告"/王友根//商业研究 1984-06
◎做广告要讲究效果/刘家栋//上海企业 1984-01

1985 年

◎"广告新闻"论辨/公今度//新闻战线 1985-08
◎城市小报的广告工作///新闻战线 1985-08
◎从邹韬奋的广告观谈起/李江苏 程绍林//中国记者 1985-07
◎对提高广告效果的探讨/盛立中//企业经济 1985-09
◎关于商业广告几个问题的探讨/纪良纲//当代经济科学 1985-03
◎观众在"视而不见"中接受广告/倪峰//商业研究 1985-03-02
◎光怪陆离的电影广告/刘瑛//电影评介 1985-02
◎广播广告稿琐议/齐水同//汉语学习 1985-04
◎广告策略初探/张天君//商业研究 1985-11
◎广告设计的当务之急/周绍淼//美苑 1985-05
◎广告设计略谈/陈伟//商业研究 1985-07
◎广告十忌/李端生//商业研究 1985-11
◎广告是促进产品销售的重要手段/群声//武汉金融 1985-05
◎广告效果测定法/王继德//上海企业 1985-07
◎广告心理/许宗惠 赫葆源//心理科学进展 1985-03
◎广告心理学初探/徐培汀//新闻大学 1985-10
◎广告新闻析论/范焱//现代传播 1985-04
◎广告宣传策略初探/刘雨田//当代财经 1985-05
◎广告宣传前的市场调查/高才明//上海企业 1985-07
◎广告宣传艺术/蒋光宜//新闻实践 1985-02
◎广告宣传艺术/蒋光宜//新闻实践 1985-02
◎广告用语四忌/程斯//江苏商论 1985-05
◎广告有学/戎章榕//新闻实践 1985-11
◎广告与传播媒介（一）/本·巴格迪坎 王泰玄//国际新闻界 1985-04
◎广告与新闻不应混淆/洪一龙//新闻与写作 1985-05
◎广告中的法律问题/鸿//法学 1985-10
◎广告资料的情报价值/车世家 吴贤明//图书馆 1985-03
◎开创出口广告工作新局面/郭济芳//国际商务研究 1985-02
◎刊登广告要分缓急/陈志强//新闻实践 1985-06
◎略论广告商店——城市改革的一点设想/魏杰 石高宏//商业时代 1985-01
◎略论商业广告合同的性质和法律效力/侯正涛//现代法学 1985-08-29
◎论广告学的边缘性/易昌泰//求索 1985-03

◎论社会主义商品广告/胡祖源//学术论坛 1985-02
◎漫话电视广告节目/朱景和//现代传播 1985-03
◎美国商业广告转向新领域/杨圣//商场现代化 1985-044
◎莫轻视电影广告/张发红//电影评介 1985-10
◎浅谈如何使广告发挥 AIDA 作用/郭冀//国际商务研究 1985-06
◎浅谈商品广告/众布//河南科技 1985-07
◎浅谈做广告的技巧和适度/洪常//商业研究 1985-11
◎浅析广告资料的利用/车世家 吴贤明//技术与市场 1985-06
◎请把好"广告关"/刘善兴//新闻战线 1985-11
◎日本国内广告一瞥——日本社会写真之九/金戈//国际展望 1985-04
◎如何利用广告，大有文章可做/于光远//经济管理 1985-03
◎商业广告的形式与效果/源泉//江苏商论 1985-04
◎试论广告不真实的民事责任/刘俊臣//政治与法律 1985-03
◎试论广告的经济功能/种吉灵//经济问题探索 1985-11
◎谈树立现代广告观念/王坚//福建论坛（社科教育版） 1985-08
◎谈谈中国式广告/朱瑶//当代传播 1985-04
◎我国商品广告的合同法律效力/周林彬//现代法学 1985-01
◎现代广告战略问题的探讨/赵育冀//北京工商大学学报（社会科学版） 1985-04
◎消费心理与广告/沈志义//山西财经大学学报 1985-01
◎新闻与广告/李海燕//中国记者 1985-09
◎虚假广告中的刑事责任/史建三//法学 1985-11
◎影响广告效果的几个因素/熊荣生//商场现代化 1985-12
◎怎样写广告/艾钰//国际贸易 1985-02
◎战后日本广告媒体的新特点/郭碧翔//现代日本经济 1985-05
◎中国古代广告探源/仲富兰//复旦学报（社会科学版） 1985-06

1986 年

◎报上的广告也应有几个"W"/周宏//新闻记者 1986-10
◎产品定位与广告目标/柳夕良//国际贸易 1986-04
◎对电视广告的浅见/孟欣//当代传播 1986-04
◎改革广告经营体制 充分发挥广告作用/宋顺清//山西财经大学学报 1986-01
◎改进广告策略 提高出口效益/王学成//现代财经-天津财经学院学报 1986-04
◎关于赞助广告有关问题的解答/山成//上海会计 1986-03
◎"广告"与"新闻"关系的争论///新闻记者 1986-04
◎广告词漫议/张雄//汉语学习 1986-08-29
◎广告贵真/张宿东//新闻知识 1986-12
◎广告生辉靠佳题/蒋光宜//新闻记者 1986-08
◎广告系统的最优控制/刘豹 杜亚峰 王正欧//信息与控制 1986-01
◎广告小史/王松青//商业时代 1986-04
◎广告要推陈出新/孙继才//新闻记者 1986-07
◎广告用语初探/王晨//徐州师范大学学报（哲学社会科学版） 1986-04
◎广告与传播媒介（二）/本·巴格迪坎 王泰玄//国际新闻界 1986-01
◎广告与道德/张智勇//道德与文明 1986-04
◎广告与上海新闻媒介/祝建华 左贞//新闻大学 1986-13
◎广告杂谈三则/熊荣生//商业研究 1986-09
◎国内外广告心理学研究新动向/乔桂云//应用心理学 1986-3
◎建立具有中国特色的社会主义广告业/张南舟//厦门大学学报（哲学社会科学版） 1986-03
◎巨大无比的模拟广告/王垂芳//商业研究 1986-12
◎美国学者高家龙有关上海广告史的研究计划/李必樟//上海经济研究 1986-05
◎浅谈广告的宣传艺术/滕传江//新闻知识 1986-04
◎浅谈现代广告的职能/侯文玉//汽车与配件 1986-10
◎日本对广告的管理与限制/美余//国际展望 1986-03
◎如何拟定广告标题/熊荣生//商场现代化 1986-09
◎如何使你的广告更有效？/余惕君//经营与管理 1986-05
◎善用广告策略 促进产品营销/王文钧//现代财经-天津财经学院学报 1986-04
◎商业广告信息活动功能发展阐微/张南舟//商业时代 1986-06
◎社会主义商品广告与商品信息/刘合行 杨培景//商丘师范学院学报 1986-01
◎视觉流程与广告设计/满柏//美苑 1986-06
◎试论广告效果测定的几种方法/张殿国//商场现代化 1986-08
◎苏联加强商业广告管理的情况/刘永生//商业研究 1986-07
◎谈国际市场上的广告促销/章汝荣//国际经济合作 1986-08
◎特定条件下的广告决策/刘裔宏//系统工程 1986-10-28
◎我的广告设计点滴/唐戌鸣//南京艺术学院学报（美术与设计版） 1986-04
◎小议"形象"广告的作用/高才明//上海企业，1986-04
◎怎样提高广告效果/纪良纲//商业研究 1986-09
◎增强商业广告效果的几种心理策略/于琛//广西财经学院学报 1986-01
◎增设制作、传播虚假广告罪刍议/王永昌//法学评论 1986-01
◎真实，是广告的生命/金慧馨 李恩经//当代财经 1986-01

1987 年

◎当前各国广告业之发展/付秀瑛//中南财经政法大学学报 1987-06
◎广告的种类/王国伦//装饰 1987-03
◎广告费用的膨胀不能作为社会劳动巨大浪费的佐证/薛念祖//华东经济管理 1987-02
◎广告抗拒心理分析/胡洪涛//经营与管理 1987-07
◎广告媒介的选择/熊荣生//商场现代化 1987-11
◎广告媒体的选择与文字设计/丁光曜//上海大学学报（社会科学版） 1987-01
◎广告四媒体的特点及其应用/章广成//企业经济 1987-02
◎广告心理战略/姚建雄//经营与管理 1987-05
◎广告新说/鲁庄公//中国记者 1987-07
◎广告信息市场体系的完善及其宏观控制/戴先华 吴乃木//商业时代 1987-03
◎广告宣传策略探要/王静//当代财经 1987-02
◎广告宣传手法探微/王静//商场现代化 1987-09
◎广告也当珍惜信誉/隐波//商业研究 1987-05
◎国际商业广告的基本类型/薛其和 彭振德//商场现代化 1987-09
◎交通广告——世界广告之四/王垂芳//商业研究 1987-10
◎利用有限的外贸广告费用取得较高效益的途径/王学成//国际商务研究 1987-03
◎论广告不真实的法律责任/钟斌//河北法学 1987-01
◎论广告策略/黄焕钧//广州市财贸管理干部学院学报 1987-03
◎论广告信息/高震华//现代情报 1987-06
◎论虚假广告民事责任/周潞嘉//法学评论 1987-06

◎漫谈书刊广告/钱伯城//编辑学刊 1987-02
◎美国电视广告受谁制约？/姜桂英//新闻实践 1987-05
◎企业应学会运用特殊广告/张建伟//商讯商业经济文荟 1987-02
◎企业怎样选择广告媒介/尚苏//上海企业 1987-12
◎浅谈广告学科体系及研究方法/赵育冀//北京工商大学学报（社会科学版）1987-S1
◎浅议成功广告的衡量标准/许晓明//上海企业 1987-05-01
◎日本 NTT 的广告业务宣传/郑雁//通信企业管理 1987-06
◎如何使用广告工具/丁贤平//管理现代化 1987-08-29
◎社会主义广告基本理论问题探讨/赵育冀//北京社会科学 1987-01
◎涉外广告浅谈/张殿国//哈尔滨商业大学学报（自然科学版）1987-09
◎试论报纸广告的特点及构成要素/田雨光//北华大学学报（社会科学版）1987-01
◎试论跨国度广告对发展中国家经济和社会发展的影响/方宏进//社会学研究 1987-03
◎适度广告原则和社会经济福利/王锡麟 樊益华//华东经济管理 1987-04
◎谈谈广告对银行的作用/黄建//西南金融 1987-07
◎图书广告宣传媒体的选择与运用/张兆瑞//图书情报知识 1987-02
◎推销产品的广告要合乎逻辑/陈国华//思维与智慧，1987-03
◎新闻乎？广告乎？/小溪//当代传播 1987-05
◎一则广告引起的行政诉讼///人民司法 1987-12
◎杂志广告——世界广告介绍之五/王垂芳//商业研究 1987-12
◎怎样写文字广告？/周荣寿//秘书之友 1987-05
◎怎样做产品广告/李国华//经营与管理 1987-03
◎真人广告——世界广告介绍之二/王垂芳//商业研究 1987-01

1988 年

◎"大众传播海洋"里的特殊冲击波——新民晚报广告经营透视/潘新华//新闻记者 1988-11
◎DM 直接邮寄广告——世界广告之八/王垂芳//商业研究 1988-10-27
◎澳大利亚广告业的自我控制/杨冬松//外国经济与管理 1988-09
◎包装广告——世界广告介绍之六/王垂芳//商业研究 1988-03
◎公共关系广告浅议/沈根荣//国际商务研究 1988-04
◎广告策略秘诀/王大庆//经营与管理 1988-07
◎广告促销面面观/章广成//企业经济 1988-07
◎广告文化与广告艺术/李砚祖//文艺研究 1988-05
◎广告效用的价值分析/王乃静//经营与管理 1988-08
◎广告宣传是新时期党报的重要功能/杨存生//新闻实践 1988-04
◎广告宣传之于博物馆/贾旭敏//中国博物馆 1988-02
◎广告——一种传播艺术/范伟明//文艺研究 1988-05
◎广告艺术三题/王炯//文艺研究 1988-05
◎广告与社会/顾宝桐//国际商务研究 1988-01
◎广告与微观经济新闻/刘瑞武//新闻实践 1988-08
◎广告与新闻关系试析/杜小明//当代传播 1988-05
◎空中广告——世界广告之七/王垂芳//商业研究 1988-09
◎略谈广告的表现技巧/张洪生//常州工学院学报 1988-01
◎论商品广告中的情感设计/谢燕淞 高孟焕//南京艺术学院学报（美术与设计版）1988-04
◎美国工业的广告竞争及其市场作用/张纪康//中国工业经济 1988-11
◎美国广告业一瞥/张羽//国际贸易 1988-02
◎企业广告费用决策分析/邱立平//系统工程 1988-01
◎浅谈商业广告形式及其由来/王夏梅//兰州商学院学报 1988-031
◎浅谈要约广告和要约引诱性广告/李政明//法学家 1988-04
◎冗余信息在各类广告中的作用/林可//广西大学学报（哲学社会科学版）1988-03
◎如何选择广告媒介/程国平//管理现代化 1988-03
◎商品流行的心理基础及广告对策/范全林//当代财经 1988-11
◎社会主义广告体系探讨/傅汉章//新疆社会科学 1988-03
◎摄影广告的工程与创意/刘立宾//文艺研究 1988-05
◎试论国际市场经营中的整体广告（上）/吴经荃//国际贸易 1988-09
◎试论国际市场经营中的整体广告（下）/吴经荃//国际贸易 1988-10
◎试析外商来华广告的策略与特点/袁锋//国际贸易问题 1988-05
◎谈谈视听商品广告的创新意识/张洪林//商业研究 1988-10
◎我国商业广告小史/兰殿君//文史杂志 1988-05
◎以理服人 切忌武断——读《新闻乎？广告乎?》有感/大江//当代传播 1988-02
◎欲在竞争中取胜不可忽视广告宣传/王东麟//中国农垦 1988-06
◎中国报刊广告向何处去？/张未名//中国记者 1988-03-31
◎广告与新闻关系试析/杜小明//当代传播 1988-05
◎广州广告业发展并不缓慢/何家锟//南风窗 1988-07
◎美国广告业一瞥/张羽//国际贸易 1988-02
◎美国科普报刊的广告业/戴维桂//世界知识 1988-13
◎摸着金石头过河 ——广州广告业一瞥/黄茵//南风窗 1988-Z1
◎企业广告费用决策分析/邱立平//系统工程 1988-01
◎应时而生 富于新意——《现代广告学》评介/吕亚亮//商业时代 1988-10

1989 年

◎"成功，就在于广告！"/周渔村//华东经济管理 1989-04
◎《广告管理条例》宣传要点（摘登）/丁西//社会科学辑刊 1989-06
◎谙熟"广告心理"/孔令明//经营与管理 1989-11
◎报纸广告：趋势、模式与特征—— 1985—1988 上海报纸广告内容分析/俞振伟//上海大学学报（社会科学版）1989-06
◎当前我国企业运用广告的障碍及其疏导/郭与//上海企业 1989-10
◎电视广告创作方法探究/高晓虹//新闻战线 1989-11
◎对齐齐哈尔市马路广告文化的调查与思考/王国祥//理论观察 1989-05
◎广告词和消费者心理/黎斌//广西财经学院学报 1989-01
◎广告的语言/徐盛桓//华南师范大学学报（社会科学版）1989-02
◎广告里有学问/唯忠//世界知识 1989-11
◎广告美学初议/李双建//湖南城市学院学报 1989-02
◎广告小史/李荣启//世界知识 1989-15
◎广告形式创新种种/夏冰//商业时代 1989-04
◎广告学初探/李志武//编辑学报 1989-12
◎广告业的现状与对策——关于广告法制建设的对话/肖华 禹风//法学 1989-09

◎广告在现代经济中的作用初探/姜建军//上海大学学报（社会科学版）1989-03
◎广告纵横/樊文江//西北美术 1989-00
◎河北省广告工作十年回顾与思考/李树喜//领导之友 1989-03
◎进取创新是广告发展的关键——参加第三十一届国际广告大会的启示/刘瑞武//新闻战线 1989-02
◎略论商品广告的主题及其主要的表现方法/祝秉权//贵州商业高等专科学校学报 1989-01
◎论广告语言中的 AIM 法则/杨平方//上海大学学报（社会科学版）1989-01
◎论社会主义广告法的主要原则/许振中//中国社会科学院研究生院学报 1989-06
◎漫话广告的渊源及发展/庄皎元//商讯商业经济文荟 1989-03
◎努力提高广告在发展商品经济中的作用/广文//甘肃社会科学 1989-02
◎期刊广告学初探/李志武//编辑学报 1989-04
◎企业广告的艺术/黎红雷//企业活力 1989-06
◎企业广告意识浅议/许小轩//企业经济 1989-12
◎企业如何做好广告宣传/高平//企业经济 1989-07
◎企业运用广告的障碍及疏导/郭与//企业管理 1989-10
◎浅谈广告效益/吴建社//武汉金融 1989-06
◎浅议商业广告的特性/李汉超//广东社会科学 1989-02
◎巧妙地运用广告策略是企业成功的必要手段——记一次取得“轰动效应”的免费广告/徐友方//船艇 1989-04
◎试论冰雪节的经济效益/王更强 王巍//东北林业大学学报 1989-S1
◎试论产品与广告/陈昌林//工程机械 1989-02
◎试论社会主义广播电视广告的特征/徐益//中国广播电视学刊 1989-01
◎乡镇企业不应忽视广告宣传/王才军//乡镇论坛 1989-01
◎新闻、广告差异性简析/卢根祥//当代传播 1989-06
◎新闻广告应以真诚取胜/江静//新闻知识 1989-07
◎寻求报纸广告经济和社会效益的统一/杨存生//新闻实践 1989-09
◎赠品、实物等广告——世界广告之十/王垂芳//商业研究 1989-05
◎真实·健康·清晰·明白——谈广告的原则/李静//江苏商论 1989-05
◎中国特色的广告宣传之我见/杨晋安//当代经济科学 1989-04
◎走出困境——我们怎样开展报纸广告工作/闻章 伯修 明惠//中国记者 1989-02

1990 年

◎“昼卖招牌晚卖灯”——美国广告业一瞥/郑时骏//国际展望 1990-14
◎巴黎地铁的广告艺术/任梦璋//美苑 1990-04
◎倡议研究广告文化/王小平//商业研究 1990-Z1
◎成功广告的塑造/彭星闾//中南财经政法大学学报 1990-06
◎创新还是冲击——对于某些广告词的思考/沈锡伦//语文建设 1990-06
◎电视广告创意的表现手法/徐益//新闻实践 1990-11
◎电视广告符号与人类文化/任一鸣//社会科学 1990-11
◎电视广告面临着由量到质的转变——当前电视广告设计制作刍议/梁华//深圳大学学报（人文社会科学版）1990-04
◎给人一面镜子——从《广而告之》看社会公德性广告节目/化民//中国记者 1990-03
◎关于商业广告费用的定性分析/胡松//北京工商大学学报（社会科学版）1990-S1
◎广播广告应该具备“五性”/曹仁义//新闻与写作 1990-06
◎广东广告事业的回顾与展望/郑明//商讯商业经济文荟 1990-04
◎广告不等于销售/吴炳生//财会月刊 1990-05
◎广告的背后/尹仁//群言 1990-06
◎广告的灵魂/张大为//船艇 1990-04
◎广告的误区/马善记//船艇 1990-04
◎广告的艺术性——从一则获奖广告语谈起/凌锡昌//秘书之友 1990-02
◎广告的应用心理学问题/许宗惠 林仲贤//应用心理学 1990-03
◎广告的种类/周//船艇 1990-04
◎广告费用决策中的数量方法/耿生//山西财经大学学报 1990-03
◎广告何其多/岩人//新闻实践 1990-10
◎广告宣传与产品实力/黄继昌//企业活力 1990-07
◎广告语言引例分析——读台湾商业广告/范全林//当代财经 1990-07
◎广告纵横谈（二）广告的求实/高鹤军//船艇 1990-08
◎话说 POP 广告/欣炜//商业研究 1990-07
◎几种广告策略之浅析/宋玮岩//税务与经济 1990-01
◎加强广告管理 注重社会效益//新闻实践 1990-02
◎简论广告定位及其表现/宋玮岩//税务与经济 1990-05
◎利用广告促销应注意的问题/方光正//经营与管理 1990-02
◎令人生疑的广告/崔慕良//新闻战线 1990-09
◎论成功广告的塑造/范平//新疆社科论坛 1990-04
◎论电视广告与电视经济新闻的协同发展/李炜安 胡广清//现代传播 1990-03
◎论广告管理的基本目标/安景祥//管理科学 1990-04
◎论广告说服性功能的延伸/金贵鑫//汕头大学学报（人文社会科学版）1990-03
◎论我国广告系统的功能及其调控方式/杨万铭，吴忠君//财经科学 1990-06
◎企业广告工作的现状及其管理对策/沈文良//上海企业 1990-03
◎浅谈工业企业的广告效果/王金荣//工业技术经济 1990-05
◎浅谈广告的法律限制/吴桂梅//鞍山师范学院学报 1990-02
◎浅谈广告的意会手法的应用/王火保 阮东明//企业经济 1990-07
◎浅谈商品广告应注意的几个问题/王德贵//现代财经-天津财经学院学报 1990-02
◎浅谈我国商业广告应注意的几个问题/戴勇//西北民族大学学报（哲学社会科学版）1990-02
◎全国第四届电视广告评选长短论/唐忠朴//中国电视 1990-06
◎全国第一家恢复商品广告联想/吉建纲//新闻记者 1990-01
◎让客户心甘情愿地做广告——《新闻报》广告科的独特构想/秦宇//新闻记者 1990-04
◎商品广告陈述热点研究/徐盛桓//华南师范大学学报（社会科学版）1990-02
◎视觉思维与广告读解/吴予敏//深圳大学学报（人文社会科学版）1990-04
◎试论广告文的创意问题/姚振生//北京工商大学学报（社会科学版）1990-S1
◎试论角色与电视广告的关系/徐益//新闻战线 1990-02
◎书店门市销售服务中的广告策略/张辉冠//图书情报知识 1990-03

◎谈“广告”/莫炸元//新闻战线 1990-05
◎谈广告口号的拟写/李禄兴//经营与管理 1990-06
◎文字广告的创作技巧/黄焕春//企业活力 1990-08
◎小议广告经营人才/舍钿//中国人才 1990-12
◎虚假广告剖析/程敏//瞭望 1990-01
◎要提高广告的艺术性/郭宝和//经营与管理 1990-12
◎要注重广告的社会效益/齐忠亮//领导之友 1990-08
◎中国民族资本广告宣传术述略/李刚//经营与管理 1990-06

1991 年

◎“刊播广告不亮标志”现象初析/曾昭鸣//新闻知识 1991-02
◎“软卖”型广告中的“移情”/陈道明//现代外语 1991-04
◎“信赖广告”——企业经营新策略/康江峰//企业经济 1991-02
◎倍受青睐的廉价广告/李元成 程彻//经营与管理 1991-05
◎成功的广告与心理因素的关系/张健//财贸研究 1991-02
◎创意，电视广告艺术的内核/何共淮//中国广播电视学刊 1991-03
◎从创意中寻求魅力——关于工业产品广告招贴设计/李丽//美苑 1991-01
◎从电视传播和观赏的特点看电视广告节目的制作/陈积流//南昌大学学报（人文社会科学版）1991-03
◎打出动人的口号——谈广告口号用词策略/何永亭//企业活力 1991-08
◎电视商标形象广告论略/袁军//中国广播电视学刊 1991-02
◎对商业广告的新探讨/王世德//兰州商学院学报 1991-03
◎防止不良广告泛滥/林雷//中国工商 1991-08
◎富于创造性的探索——《当代广告学——广告理论与应用》评介/陈正//中南财经政法大学学报 1991-04
◎公益广告初探/许俊基 丁俊杰 衡晓阳//现代传播 1991-04
◎公益广告之社会功能刍议/杜延龄//学术界 1991-01
◎广播广告探略/刘海//中国广播电视学刊 1991-04
◎广告，一条必须结扎的血管/朱光烈//现代传播 1991-04
◎广告背后/周欢//电影艺术 1991-01
◎广告策划的一条重要途径/公庆刚//新闻实践 1991-03
◎广告传播的三个误区/牛铁山//企业活力 1991-03
◎广告的“古为今用”/章明//群言 1991-12
◎广告的社会效用与经济效用的辩证统一/巴俊宇//北京工商大学学报（社会科学版）1991-02
◎广告服务业营销/金重 金培武//广州市财贸管理干部学院学报 1991-Z1
◎广告技艺拾零/陈颐//中国科技信息 1991-04
◎广告价值分析/高树余，马道中//价值工程 1991-06
◎广告乱收费的成因及对策/张卫国 卞黎明 吴东林//价格月刊 1991-10
◎广告媒介的选择/陈先枢//商场现代化 1991-03
◎广告媒体的选择/汪涛//企业活力 1991-11
◎广告区域政策略探析/孙丽辉//经营与管理 1991-12
◎广告设计十忌/唐振驿//企业活力 1991-07
◎广告琐谈/顾土//中国记者 1991-01
◎广告文案的创意策略及其心理效应/戴顺斌//商业时代 1991-10
◎广告文化论导论/邹徐文//徐州师范大学学报（哲学社会科学版）1991-03
◎广告宣传的契机/张德辰//经营与管理 1991-11
◎广告艺术/刘雨田//商场现代化 1991-06
◎广告艺术的民族特色与现代性/王冠华//阜阳师范学院学报（社科版）1991-04
◎广告与现代企业/熊才华//企业活力 1991-02
◎广告与质量、品种、效益/沈文良//上海企业 1991-06
◎广告语言的心理效应/李明//苏州大学学报（哲学社会科学版）1991-03
◎广告预算与产品生命周期/胡永康//财会月刊 1991-03
◎国外企业的广告策略及其借鉴意义/竺鸣//经营与管理 1991-12
◎加强广告管理小议/秦汉//新疆社会科学 1991-03
◎戛纳国际电视广告节巡礼/凌荣华//新闻记者 1991-10
◎解放初期广播广告概况/袁军//新闻与传播研究 1991-03
◎谨防顾客对广告产生逆反心理/樊月琴//决策探索 1991-02
◎经济新闻稿与广告稿的异同/丛昌富//视听界 1991-03
◎科技图书广告吸引力探寻/尹发跃 尹宁园//图书情报知识 1991-03
◎跨国公司的广告国际化策略及其借鉴意义/竺鸣//南方经济 1991-05
◎论“异化广告”和“广告费异化”的限制途径/杨万铭 吴忠启//当代财经 1991-04
◎论广告的本质——兼谈广告学的学科体系/星亮//兰州商学院学报 1991-02
◎漫话企业广告/陶勇//企业活力 1991-12
◎漫谈电视广告/萧乾//瞭望 1991-01
◎美国的广告与大众文化/丹尼尔·布尔斯廷 户晓辉//文艺研究 1991-02
◎企业不可忽视广告文化的功能/俊明//中国经贸导刊 1991-05
◎企业促销制胜的诀窍——广告技巧实例及简析/张德全//管理科学 1991-04
◎企业广告策略与产品市场生命周期浅析/靳俊喜//北京工商大学学报（社会科学版）1991-02
◎浅议广告促销原理的应用/田园//贵州商业高等专科学校学报 1991-03
◎日本报纸上的书刊广告/王益//中国出版 1991-12
◎如何把握广告宣传的契机/敖然 刘占魁//经营与管理 1991-10
◎商品广告考/白光//文物春秋 1991-04
◎商务广告初探/张东英//北京工商大学学报（社会科学版）1991-04
◎商业广告及其法律约束力初探/张文瑛 沈义峰//审计与经济研究 1991-02
◎试论广告要与文化相结合/公庆刚//新闻爱好者 1991-06
◎试谈电视广告的作用及不足/穆昭山//现代传播 1991-04
◎说说洋泾浜广告/刘夏塘//决策探索 1991-05
◎谈电视广告的语言/李明德//新闻知识 1991-06
◎谈谈电视广告用语的听觉美/肖鹿麟//视听界 1991-02
◎提高广告质量的关键在于提高广告的市场意识和效益观念/章汝奭//国际商务研究 1991-03
◎图书馆书刊广告宣传初探/周金林//图书情报知识 1991-02
◎图书馆书刊广告宣传十谈/周金林//图书与情报 1991-03
◎外国广告业自律对完善我国广告业的启示/黄维礼//华侨大学学报（哲学社会科学版）1991-01
◎以“奇”制胜——谈谈广告的语言艺术/刘宁//商业研究 1991-04
◎隐性广告的艺术/朱胜龙//企业经济 1991-08
◎语言在电视广告中的作用/陆云鹏//新闻实践 1991-04
◎怎样避免虚假广告/李守业//现代农业 1991-12

◎怎样增强广告吸引力/李新宝//吉林艺术学院学报 1991-02
◎中国当代广告审美变革与取向/汝羊//暨南学报（人文科学与社会科学版）1991-01
◎中国人的广告态度研究/凌文铨 方俐洛//管理评论 1991-02
◎中国市场与现代广告/潘大钧 孟杨//北京工商大学学报（社会科学版）1991-03
◎中日大学生的广告态度调查/凌文铨 方俐洛 小嶋外弘//管理世界 1991-03
◎做产品广告要改变的几个认识问题/阿冰//中国建材 1991-02

1992 年

◎“广告”的由来//国际新闻界 1992-02
◎“揭短”广告及其效应/丁绍煦//经营与管理 1992-06
◎“亮底广告”妙不可言/吴迅逊//决策探索 1992-04
◎报纸广告设计原理初探/塔怀阳//现代传播 1992-01
◎成功广告的前提/强惠英//国际商务研究 1992-02
◎电视广告的隐态信息及其对受众的影响/杨斌//中国广播电视学刊 1992-03
◎电影广告的历史和理论/珍·斯泰格，单红王义国//世界电影 1992-02
◎发达国家广告竞争与市场结构的相关理论述评/张纪康//世界经济研究 1992-02
◎公共关系·市场营销·商品广告/丁桂兰//中南财经政法大学学报 1992-01
◎广播广告的艰难及对策/冯锡保//视听界 1992-04
◎广告策略的新内容——目标、形式、特征和效果/曹迎泽//外国经济与管理 1992-07
◎广告创意的民族文化考虑/陈邵//商业研究 1992-04
◎广告的文化起源/邹徐文//徐州师范大学学报（哲学社会科学版）1992-04
◎广告技巧谈/蔡苏华//管理科学 1992-04
◎广告美学论说二则/祝秉权//贵州商业高等专科学校学报 1992-03
◎广告人才与说服艺术战略/舍钿//浙江学刊 1992-05
◎广告文化与“观念”推销/庞春岭 戎晓若//上海大学学报（社会科学版）1992-02
◎广告效果研究/吉里安·戴尔 孙五三//新闻与传播研究 1992-02
◎广告宣传“三满意”/丛昌富//视听界 1992-06
◎广告也要注意真实、准确/姚淑琴//新闻爱好者 1992-03
◎广告业的职业道德/袁飞//道德与文明 1992-02
◎广告与广告策略/吕文强//南京艺术学院学报（美术与设计版）1992-02
◎广告展示方式种种/张钊//江苏商论 1992-11
◎广告作品评价系统的心理学研究/马谋超 陈毅文等//心理学报 1992-04
◎海外广告致胜术种种/陈兆祥//商业研究 1992-08
◎户外广告的起源和发展/徐百益//装饰 1992-01
◎集中·变换·新颖——商业广告主题策划论析/龙生庭//吉首大学学报（社会科学版）1992-01
◎加强广播广告的规范管理/陈乃贵//传媒观察 1992-04
◎近代上海广告文化/亦鸣//上海大学学报（社会科学版）1992-02
◎科技期刊的广告经营/樊松金//现代情报 1992-03
◎论广告词的作用及其撰写/楚之江//西北第二民族学院学报（哲学社会科学版）1992-04
◎论广告的语言特质/汪缚天//徐州师范大学学报（哲学社会科学版）1992-02
◎论广告语与经济效应/舍钿//浙江学刊 1992-03
◎论科技期刊广告的作用和地位/孙安垣//编辑学报 1992-03
◎论确定广告策略和制定广告目标/章汝奭//国际商务研究 1992-02
◎漫话广告的正、零、负效应/郭济芳 桂慕宗//国际商务研究 1992-01
◎美国社会对广告的批评/陈祝平//外国经济与管理 1992-12
◎名人与广告/赵居礼//世界知识 1992-11
◎企业走向市场的战略选择——论广告宣传学/盛雄雄//上海企业 1992-11
◎浅论当前我国商品广告制作的新形势/段铁//贵州商业高等专科学校学报 1992-03
◎浅谈作产品广告之几“忌”/阿冰//特区经济 1992-04
◎浅议名人广告的轰动效应/刘忠平//企业经济 1992-07
◎强化广告的竞争意识/罗真如//装饰 1992-02
◎强销售手段——广告/高鸣//经营与管理 1992-10
◎日本的广告方式//中国集体经济 1992-08
◎日本的广告研究状况/刘志明//新闻与传播研究 1992-02
◎日本企业在中国市场的广告策略分析/王慧农//外国经济与管理 1992-12
◎如何认识我国新时期广告事业的成就与存在的问题/孙恭恒//山西大学学报（哲学社会科学版）1992-01
◎如何提高广告的说服力/侯轩娇 何永祺//暨南学报（哲学社会科学版）1992-01
◎如何影响消费者对广告信息的处理/孙丽辉//税务与经济 1992-01
◎商标、广告与商品经济的发展/李轩//郑州大学学报（哲学社会科学版）1992-03
◎商业广告漫谈/郭新生//郑州轻工业学院学报（自然科学版）1992-04
◎社会主义商业广告的道德准则/王极//道德与文明 1992-06
◎市场细分与广告策划/张爱萍//国际商务研究 1992-06
◎试论古代广告艺术的审美特征/宋顺清//兰州商学院学报 1992-04
◎试论广告评估/章汝奭国际商务研究 1992-03
◎试论广告人才的素质/舍钿//浙江学刊 1992-02
◎书刊音像产品广告的表现战略/李晓晶//中国出版 1992-04
◎书刊音像制品广告的语言特色/李晓晶//中国出版 1992-12
◎台湾广告业印象/郭伟峰//中国工商 1992-03
◎谈电视广告/林宝柱//江苏经贸职业技术学院学报 1992-01
◎谈广告的创意/彭雷//沈阳大学学报 1992-Z1
◎谈商业广告中的伦理文化/曹亚冰//北京工商大学学报（社会科学版）1992-05
◎谈谈产品与广告艺术/高伟//管理科学 1992-03
◎谈谈广告的心理诱导/廖伦建//中国工商 1992-05
◎探求广告的现代理解/王世德//经济学家 1992-03
◎探讨广告的定义与性质/王世德//兰州商学院学报 1992-04
◎我国报纸广告业面临挑战/孟繁六//新闻战 1992-06
◎我国电视广告的社会功能及文化导向/方文//上海大学学报（社会科学版）1992-02
◎闲话广告/吴家晢//民主与科学 1992-04
◎现代促销法宝——广告/邵焱//中原工学院学报 1992-04

⊙现代广告与广告摄影/董河东//齐鲁艺苑 1992-03
⊙新闻媒体虚假广告及原因/曹仲勋//新闻爱好者 1992-11
⊙形形式式话广告/陈兆祥//商业研究 1992-03
⊙要有一点广告意识/冠石//中国资源综合利用 1992-03
⊙中小型零售企业广告促销的策略/吴东林//江苏商论 1992-11

1993 年

⊙"广告"一词考略/金石//文史杂志 1993-03
⊙"中意"的广告意识/彭石普//管理科学 1993-05
⊙"自贬"——以退为进的广告策略/颜秋许//中国科技信息 1993-11
⊙1993：广告冲击波/曹轲//国际新闻界 1993-06
⊙93：商战中崛起的广告/罗鸣//企业经济 1993-12
⊙保护消费者权益与广告道德/张曙临//消费经济 1993-Z1
⊙创造美的广告的研究/陈庆忠//商业研究 1993-08
⊙从现代国际广告的发展看我国广告存在的问题/宋华//外国经济与管理 1993-05
⊙电视广告的征服力/王一川//中国广播电视学刊 1993-01
⊙电视广告效果测量的实验研究/彭聃龄 陈华峰 姜涛 何立新//应用心理学 1993-02
⊙电视广告之我见/朱小平//视听界 1993-05
⊙电视广告中的语言和图像的相对重要性/黄合水//现代传播 1993-05
⊙对"新闻广告"的认识和思考/陈德钧//中国工商管理研究 1993-11
⊙对广告的社会学思考/何鸣鸿//福建论坛（社科教育版）1993-10
⊙对广告活动的学科认识/张祖健//上海大学学报（社会科学版）1993-05
⊙关于广播电视广告经营的指标体系研究/汤卫国 成寿松 陈开泰//视听界 1993-05
⊙关于企业的商标选择、使用和广告策略/郝旭光//南方经济 1993-06
⊙观察、辩论与思考——第三十三届世界广告大会及欧洲广告市场考察报告/丁亮 赵路//南开管理评论 1993-01
⊙广告版面竞买记/若尘//新闻记者 1993-08
⊙广告策划的公共意识/赵农//装饰 1993-03
⊙广告传播与中国传统文化的融入/陈培爱//齐鲁学刊 1993-03
⊙广告大世界/向明月//中国工商 1993-11
⊙广告大战面面观//领导文萃 1993-10
⊙广告带动了社会脉向/彭国顺 汪凤梅//决策探索 1993-02
⊙广告的呼唤/冯根良//管理科学 1993-05
⊙广告的净化和管理/朱耀华陈自忠//学海 1993-03
⊙广告对信息的传播/王庆//技术与市场 1993-01
⊙广告管理必须有利于广告业的发展/刘保孚//中国工商管理研究 1993-01
⊙广告价格初探/曾建明//价格月刊 1993-05
⊙广告价格研究/任鸿泉 张佑林//价格月刊 1993-01
⊙广告媒体的心理研究/李彬彬 沈大为//应用心理学 1993-03
⊙广告情报的收集与管理/张效赤//现代情报 1993-04
⊙广告情报源的初步研究/张效赤//情报杂志 1993-04
⊙广告手？欺骗手？/周克明//乡镇论坛 1993-08
⊙广告王国面面观——访美见闻/铁婴//中国工商 1993-02
⊙广告文化的传播/殷东升//中国广播电视学刊 1993-05
⊙广告现象学的角色依据/邹徐文//徐州师范大学学报（哲学社会科学版）1993-04
⊙广告效果的测定与提高/胡旭呈//企业管理 1993-10
⊙广告效益分析/徐菊英//华东经济管理 1993-06
⊙广告心理学初论/黄建华//上海大学学报（社会科学版）1993-05
⊙广告欣赏漫谈/张岩竹//新闻知识 1993-09
⊙广告欣赏有所得/张岩竹//视听界 1993-03
⊙广告信息的序化分类与二、三次广告信息的生产/何佳讯//技术与市场 1993-05
⊙广告信息是市场经济宣传的组成部分/林凤生//新闻实践 1993-03
⊙广告行为应遵循的法律准则/乔新生//商业研究 1993-11
⊙广告宣传应注意的几个问题/苏广文//北京工商大学学报（社会科学版）1993-03
⊙广告要与产品经济寿命周期相适应/杨绍礼//华东经济管理 1993-03
⊙广告业，跌跌撞撞奔向代理制/成磊飞//南风窗 1993-08
⊙广告业发展的几个问题/王洪兴//工业技术经济 1993-03
⊙广告意识与广告舞蹈/陈娟//艺术百家 1993-03
⊙广告与市场竞争/宋玮妍张甦//税务与经济 1993-03
⊙广告与宋代商业文化/杨恒智//中州学刊 1993-04
⊙广告与政治——对日本广告政治功能的考察/张国良//新闻大学 1993-02
⊙国际广告和我们"入关"/周开金//民主与科学 1993-02
⊙经济广告在市场经济中的作用/张志//理论探讨 1993-06
⊙酒文化与广告文化的经济效应/王正先//经营与管理 1993-04
⊙劣质广告面面观/渠敬华//企业活力 1993-02
⊙论广告人才的素质修养/舍钿//浙江学刊 1993-04
⊙论商品广告中的公关意识/张鸣//福建师范大学学报（哲学社会科学版）1993-04
⊙论社会经济生活与广告艺术审美/宋顺清//山西财经大学学报 1993-06
⊙论社会主义市场经济中的广告信息活动——兼论广告活动的"信息与传播"观/何佳讯//情报科学 1993-05
⊙玛丽莲·梦露广告业/赵玉杰//电影评介 1993-07
⊙漫步香港广告海洋/王今//中国工商 1993-12
⊙漫话名人与广告/张祜曾//中国工商 1993-08
⊙漫谈"自贬"广告/王新 刘冬梅//江苏商论 1993-06
⊙漫谈广告写作/田乃如//鞍山师范学院学报 1993-01
⊙媒介参与企业广告策划创意势在必行/羊惠民//当代传播 1993-01
⊙面向社会主义市场经济 提高电视广告文化品位——在第七届全国电视广告"印象奖"颁奖大会上的讲话/刘习良//中国电视 1993-07
⊙企业广告促销中存在的误区/杨嘉桢//兰州商学院学报 1993-02
⊙企业广告七忌/段前文//秘书之友 1993-11
⊙企业广告情报浅议/翟连恩//技术与市场 1993-02
⊙企业腾飞的双翼：商标与广告/房春根//中国工商 1993-07
⊙企业形象与广告/李新全//上海企业 1993-12
⊙浅谈电视广告创作的"合理性"/孙凯文//新闻爱好者 1993-07
⊙浅谈商业广告在企业营销活动中的功能和作用/颜承法//江苏商论 1993-08
⊙浅谈使用广告的必要性/郭祖汉//广西财经学院学报 1993-02
⊙浅析不正当竞争中的广告行为/刘燕//中外法学 1993-03

⊙浅析广告的社会效用/杨杰//济南大学学报（社会科学版）1993-02
⊙浅议现代广告艺术的时代特征——论市场经济条件下的广告审美/宋顺清//兰州商学院学报 1993-03
⊙浅议虚假广告存在的原因及其治理/刘银花//云南财贸学院学报 1993-02
⊙抢占通往市场的快车道——略论情感诉求型广告与营销策略/韩希明//审计与经济研究 1993-04
⊙日本企业形象广告异军突起//企业管理 1993-06
⊙商品 de 一半是广告——世纪之交中国广告新视野/刘汉清//社会 1993-09
⊙商品广告设计与受众心理/刘学海//学海 1993-06
⊙商业广告，消费文化与社会学宣传——关于广告理论的读书札记/孙振斌//现代传播 1993-04
⊙市场经济与新闻改革——党报头版整版登广告理论初探/胡梦梨//浙江学刊 1993-04
⊙试论我国电视广告的发展/马大薇//新闻与传播研究 1993-01
⊙试议广告特点与功能/朱金荣//江苏经贸职业技术学院学报 1993-01
⊙谈谈广播广告业务人才的几个问题/李向阳//视听界 1993-01
⊙谈谈广告的版权保护/李琛//知识产权 1993-06
⊙谈谈我国的书刊广告/李剑桥//图书情报知识 1993-01
⊙谈谈做广告的艺术/熊荣生//企业经济 1993-05
⊙提高广告的整体水平/朱辛华//商讯商业经济文荟 1993-06
⊙提高广告水平，促进商品销售/张树果//国际商务研究 1993-06
⊙提高广告质量应体现的几个原则/刘少龙//商业研究 1993-11
⊙提高我国广告水平的关键是教育/徐百益//上海大学学报（社会科学版）1993-05
⊙天津市广告主行为调查/张忠民//南开经济研究 1993-05
⊙我国广告业发展中的障碍及排除法/则余怿//甘肃政法学院学报 1993-01
⊙我国进行广告代理制和发布前审查制试点/坦言//宏观经济研究 1993-12
⊙西部牛仔所表现的企业形象——万宝路电视广告得失谈/孙晓明//新闻记者 1993-03
⊙闲话广告/张国华//中国农垦 1993-02
⊙县台广告在市场经济的发展中求发展/陈乃贵//视听界 1993-02
⊙现代广告艺术的审美趋向/阳晓儒//学术界 1993-04
⊙现代广告与现代广告意识纵论/孔进//南京社会科学 1993-01
⊙现代书刊发行中的广告攻势/陆瑞萍//出版发行研究 1993-02
⊙信息与反映——谈电视广告中的若干问题/张政//上海大学学报（社会科学版）1993-02
⊙形形色色广告业/时杉桦//情报杂志 1993-05
⊙虚假广告四例/樊鹏//新闻记者 1993-07
⊙异构与同质：电视广告感性诉求与理性诉求初探/陈作平//现代传播 1993-02
⊙引人注目是电视广告的首要任务/刘平//心理学探新 1993-01
⊙用心理学原理指导广告的设计和制作/赖明//商业研究 1993-06
⊙有心雄嵩岳 无意巧玲珑——追记"河南第一广告"产生的内情和效应/齐式武//新闻爱好者 1993-05
⊙中国古代的书业广告/袁逸//编辑之友 1993-01
⊙中国广告沉思录/章夫//消费经济 1993-03
⊙中国广告黑洞/张桦 刘凯//炎黄春秋 1993-02
⊙中小型商业企业广告促销策略探讨/吴东林//经济师 1993-04

1994 年

⊙'93：商战中崛起的广告/罗鸣//包装世界 1994-01
⊙'93——"中国广告年"/范鲁斌//中国广告 1994-03
⊙"本车世界最贵"——比较广告的设计方法/李中榜//国际市场 1994-09
⊙"出奇"才能"制胜"——谈谈广告制作/谢西越//计划与市场 1994-03
⊙"二类广告"：新闻还是广告？/殞石//中国广播电视学刊 1994-05
⊙"复关"对我国广告业的影响/马逸 汪涛//中国广告 1994-01
⊙"老字号"广告轶闻/陈亦愚//文史春秋 1994-02
⊙"名人广告"效应谈/华多//前线 1994-24
⊙"全球广告"将起潮/荆林波//经济论坛 1994-03
⊙"热浪"飞出"变奏歌"——广告误导现象扫描/黄雪峰//北京工商 1994-09
⊙"神药"与"广告创意拍卖"/阿微//中国广告 1994-02
⊙"手托两头"天地宽——培育社会广告意识点滴/左梦奎//中国广告 1994-03
⊙"在什么时候最好不做广告"——我并不认为广告总能解决问题/皮尔·马立克 章汝爽//中国广告 1994-03
⊙《申报》、《大公报》1925—1935 十年间广告手法评析/曾宪明//郑州大学学报（哲学社会科学版）1994-02
⊙《中华人民共和国广告法》将从 1995 年 2 月 1 日起施行/吴坚勇//检察风云 1994-12
⊙1993 年广告继续全面快速增长//工商行政管理 1994-11
⊙1993 台湾地区综合广告代理排行榜//中国广告 1994-02
⊙93 中国广告界引人注目的几件事/本刊编辑部//中国广告 1994-02
⊙办好电视广告促进经济发展/陆文苓//电视研究 1994-01
⊙报形广告：步入歧途/徐胜 樊国安 吕吉//中国记者 1994
⊙报纸广告设计实践点滴谈/王仁定//中国广告 1994-02
⊙报纸广告适应市场经济的几点思考/周定华//新闻大学 1994-01
⊙报纸广告与新闻媒介的混淆/高泱//市场观察 1994-01
⊙报纸广告之走势/许长江//新闻爱好者 1994-07
⊙北京广告公司总经理胡纪平致全国广告主——企业界朋友们的一封信/胡纪平//市场观察 1994-01
⊙辨认虚假技术广告 保护自身合法利益/吴俊 高法新//适用技术市场 1994-06
⊙搏击冲浪竞风流——记走在广告业前列的广东省广告公司/储仪芬//广东对外经贸 1994-06
⊙成功的广告创意/康建中关克难//经济管理 1994-09
⊙成功的广告谋略/冷崇总//北京工商 1994-03
⊙出口商品广告的对象定位与制作探新/王仙发//国际市场 1994-01
⊙刍议市场经济条件下商标广告管理工作的新思维/曹士新//江苏经贸职业技术学院学报 1994-01
⊙传媒广告与导购效果——上海社科院新闻研究所进行抽样调查/贾亦凡//新闻记者 1994-03
⊙创意广告的抢滩战/朱胜龙//江苏商论 1994-02
⊙戳穿虚假广告/张伟//经济世界 1994-02
⊙从企业营销谈广告/王增明//泸天化科技 1994-03
⊙从石油公司的一则广告谈起/杨家宏//中国石化 1994-09
⊙从无孔不入的美国广告想到……/郝建平//广东对外经贸 1994-02

⊙从消费者喜爱新奇的广告心理谈起/顾玉麟//华东经济管理 1994-03
⊙达格玛观念在广告实践中的应用/张晓光//中国广告 1994-02
⊙打开市场的金钥匙——谈企业广告宣传的作用/陈景业//宁夏科技 1994-01
⊙大产业的呼唤——中国旅游广告漫谈/胡剑辉//旅游研究与实践 1994-02
⊙大力进行广告宣传 促进市场营销业务/黄锡铮//财贸研究 1994-02
⊙代理、发布广告中的不正当竞争及其治理对策/姚岱//中国工商管理研究 1994-09
⊙当代中国新闻史上的丰碑——解放日报率先恢复商品广告的前前后后/贾亦凡//新闻记者 1994-08
⊙当前广告中的一些问题/张耀兰//河南大学学报（社会科学版）1994-05
⊙德国：音乐在广告中的作用/张协云//经营管理者 1994-06
⊙地市不可忽视创造优秀的广告语言/胡襄根 杨黎明//新闻前哨 1994-02
⊙电视广告的发展趋势与对策/赵颖//理论界 1994-11
⊙电视广告的音乐策略（下）/曾田力//现代传播-北京广播学院学报 1994-01
⊙电视广告的语言/周传基//中国广告 1994-01
⊙电视广告忌繁琐宜简炼/宋平//中国广告 1994-01
⊙电视广告结构形式是广告整体创意的体现/杨德林 曲丽娜//理论观察 1994-06
⊙电视广告应充分利用电视媒介的优势/沈玖玖//江西社会科学 1994-11
⊙电视塔下的遗憾——从“一枝花”广告取代武汉龟山电视塔“KENT”广告所想到的/陈全保 刘艺//计划与市场 1994-10
⊙都市广告潮/嵇立平//北京物价 1994-11
⊙都市广告面面观/陈维//消费经济 1994-02
⊙独具魅力的国际广告//政策与管理 1994-07
⊙对“明天吃醋不要钱”虚假广告案的法律思考//工商行政管理 1994-10
⊙对推行“广告代理制”问题的探讨/王勇//新疆农垦经济 1994-02
⊙对我国《反不正当竞争法》中不正当竞争性广告立法的反思？/刘泽华//新疆警官高等专科学校学报 1994-01
⊙对我国市场经济中广告行为的评析/刁仁德//山西财经大学学报 1994-05
⊙发达的法国广告业/周苹//国际市场 1994-10
⊙发挥广告协会作用 促进行业发展//中国工商管理研究 1994-09
⊙发展广告业的宏观思考/王树军//中国工商管理研究 1994-09
⊙发展我国广告业刍议/林艰//嘉应大学学报 1994-03
⊙方兴未艾的广告大战（上）/伊麦//科技潮 1994-10
⊙方兴未艾的广告大战（下）/伊麦//科技潮 1994-11
⊙风起云涌“展览潮”/赵宪生//南风窗 1994-12
⊙拂去浮尘碧空净——谈广告中虚假内容的剔除/韩进林 陈卫国//工商行政管理 1994-10
⊙拂去浮尘碧空净——谈剔除广告谎告/韩进林 陈卫言//声屏世界 1994-01
⊙服务性企业广告基本原则/汪纯孝//中国广告 1994-01
⊙复关后，中国广告商甘为“拾遗补缺”吗？/欧阳在三//中国广告 1994-04
⊙复关与中国广告业/李国政//工商行政管理 1994-20
⊙港台广告策略——悬念·奇特·情感/陈兆祥//商业研究 1994
⊙高新技术企业的广告策划/俞卓立//中国科技信息 1994-11
⊙公共关系广告在图书馆的应用/夏旭//江苏图书馆学报 1994-05
⊙公共关系广告之我见/奇文//科学，经济，社会 1994-03
⊙公关广告对“ZAPPING”问题的有效解决/陈渊//公关世界 1994-12
⊙公关广告与广告公关/文言//公关世界 1994-12
⊙公益广告——人类的共同利益/董健//走向世界 1994-03
⊙关于广播电视广告经营的效益指标体系研究/汤卫国 成寿松 陈开泰//江苏统计 1994-04
⊙关于广告的夸张/慕明春//修辞学习 1994-05
⊙关于广告的社会学思考/陈宏军 江若杰//贵州商业高等专科学校学报 1994-03
⊙关于广告立法若干问题的思考/李巧毅//中山大学研究生学刊（社会科学版）1994-02
⊙关于广告业经营机制的研究/朱远//江苏经贸职业技术学院学报 1994-03
⊙广播广告：寻找和重建自己的风景线/赵东//中国广播电视学刊 1994-03
⊙广播广告制作浅论/谢慧星//声屏世界 1994-08
⊙广东报纸广告发展启示录/王放//新闻大学 1994-03
⊙广东广告发展启示录/王放//新闻大学 1994-03
⊙广而告之/张家声//北京观察 1994-02
⊙广而告之的魅力/小溪//四川财政 1994-10
⊙广而告之扬名制胜——企业广告谋略漫谈/冷崇总 邓瑞明//税收与企业 1994-08
⊙广告 你的风采是否浪漫依然——虚假广告扫描/李强//刊授党校 1994-05
⊙广告 人们如何看你——一次对广告看法的调查及简析/吴建//中国广告 1994-04
⊙广告，商战中的旗手/晓秋 海鹰//江苏商论 1994-02
⊙广告，涨价没商量/潘熙宁//供销员之友 1994-08
⊙广告：挡不住的诱惑/李少华//东方艺术 1994-03
⊙广告：亟待打假/张国云//中国监察 1994-10
⊙广告：叩开心灵之门——从心理学角度看广告效应/张芹//浙江传媒学院学报 1994-04
⊙广告·万宝路牛命的精髓/雯·郦//国际新闻界 1994-01
⊙广告“创意”新探/赵有广//淮北煤师院学报（哲学社会科学版）1994-03
⊙广告“吆喝”的艺术/张敏//视听界 1994-05
⊙广告编辑工作随感/刘庆军//青年记者 1994-03
⊙广告变奏曲/许国明//江苏统计 1994-02
⊙广告策划技巧/李建立//北京市财贸管理干部学院学报 1994-03
⊙广告潮头动地来/张伟//中国国情国力 1994-03
⊙广告出奇制胜实例分析/赵捷//开发区导刊 1994-08
⊙广告创意的“奇”美/冰静//供销员之友 1994-06
⊙广告创意的新走势——论公关广告与产品广告的兼容并蓄/文言//公关世界 1994-06
⊙广告创意例话/胡宏峻//企业研究 1994-06
⊙广告创意启示录/訾唯忠//企业研究 1994-09
⊙广告创意与传播致效/王放 郑东//中国广告 1994-02
⊙广告创意中的情感渲染法/刘明//现代经济探讨 1994-11
⊙广告创作艺术漫议/陈晓丹//衡阳师范学院学报 1994-02
⊙广告创作中的心理因素及其应用/李亦菲//心理学动态 1994-01
⊙广告创作中对传统文化非精华部分的渲扬/池昌海//中国广告

1994-01
⊙广告词创新意的思维方法/汤定宗//漳州师范学院学报（哲学社会科学版）1994-01
⊙广告词创作要注重企业形象/刘绪湖//乌鲁木齐成人教育学院学报 1994-04
⊙广告词的写作思路/卢椿同//声屏世界 1994-03
⊙广告词写法技巧荟萃（上）/贾志让//现代企业 1994-03
⊙广告词写法技巧荟萃（中）/贾志让//现代企业 1994-04
⊙广告词写法技巧荟萃（下）/贾志让//现代企业 1994-05
⊙广告代理制：势在必行/汪建新//江西社会科学 1994-11
⊙广告代理制刍议/贾永壮//东方论坛 1994-03
⊙广告档案浅议/陈林//图书情报知识 1994-01
⊙广告道德问题刍议/符国群//中国工商管理研究 1994-09
⊙广告的“CI”效应初探/王永利 贾红//经济工作月刊 1994-05
⊙广告的“眼睛”——漫谈广告标语/岳喜林//理论与当代 1994-07
⊙广告的策划艺术/冯建//计划与市场 1994-01
⊙广告的策划艺术/张继丰//供销员之友 1994-11
⊙广告的魅力与魅力的广告/尔东//声屏世界 1994-09
⊙广告的数字魔方/陈妹金//语文建设 1994-10
⊙广告的写作设计思维/张宝明//新闻与写作 1994-09
⊙广告的心理学运用/陈大明//北京工商 1994
⊙广告的信息传递原则/张晓光//中国广告 1994-03
⊙广告的沿革和作用/林兰昭//商业经济文荟 1994-06
⊙广告的艺术/冯建//企业销售 1994-04
⊙广告对社会文化影响刍议/杨海平//盐城师范学院学报（哲学社会科学版）1994-03
⊙广告对消费行为的促销作用/陈宏敏//中国自行车 1994-11
⊙广告对新闻媒介的影响/王勇//中国记者 1994-06
⊙广告公司的喜与忧——来自广告年检工作的报告/刘艺//工商行政管理 1994-16
⊙广告管理改革取向的行业思考——兼谈发挥广告协会的中观作用/罗志上//工商行政管理 1994-06
⊙广告花枪招招鲜/尹发跃//港澳经济 1994-03
⊙广告亟待打假——虚假广告面面观/张国云//中国经贸导刊 1994-20
⊙广告监管当前抓什么？——访刘保孚司长/杨爱军//工商行政管理 1994-18
⊙广告接纳拒绝与戒备/费野//集团经济研究 1994-06
⊙广告竞争策略/杨秋宝//决策与信息 1994-12
⊙广告决策的几个问题/范满泓 姜继英//决策探索 1994-10
⊙广告绝活/訾唯忠//山东农业（农村经济版）1994
⊙广告美学及其审美特质/赵朕//唐山师范学院学报 1994-02
⊙广告魅力浅析/张国军//淮阴工学院学报 1994-01
⊙广告魅力与企业促销/徐正国 平国旺//企业经济 1994-08
⊙广告面面观/王珂//现代企业 1994-12
⊙广告面面观/杨爱军//工商行政管理 1994-15
⊙广告情报与企业营销/杨文霞 苏永//中国信息导报 1994-05
⊙广告情感传达的正确把握/张金花//经济论坛 1994-12
⊙广告人的社会责任感初论/裴风安 金丽//理论界 1994-11
⊙广告人与广告主：谁主沉浮？/汪建新//中国广告 1994-04
⊙广告审查标准//中国广告 1994-01
⊙广告失实 三方受罚/敖光东//学习月刊 1994-08
⊙广告时代 还是“窄告”时代？/丘莉玲//市场观察 1994-01
⊙广告是商业企业提高效益必不可少的促销手段/金宝华//上海商业 1994-06
⊙广告收费，一个“乱”字怎了得?! ——广告乱收费原因及其对策/骆玉虎//中国广告 1994-04
⊙广告收费，怎一个“乱”字了得?! /吴东林//中国工商管理研究 1994-12
⊙广告受众心理漫谈/徐永敏王福林//新闻传播 1994-03
⊙广告文稿创意浅谈/第环宁//秘书之友 1994-06
⊙广告文体与广告制作/曾祥芹//经济经纬 1994-06
⊙广告无意识与广告艺术/邹诗鹏 张树武//企业研究 1994-08
⊙广告下的新闻媒体/奚岭//投资北京 1994-08
⊙广告陷阱/渭水//中国质量万里行 1994-04
⊙广告效应与保险意识/万朋//中国保险 1994-09
⊙广告心理战的依据及原则/孔维民 欧阳文珍//淮北煤师院学报（哲学社会科学版）1994-03
⊙广告新思维：飞越常规媒介/汪一新//沪港经济 1994-02
⊙广告新闻 YU 新闻广告解决“有偿新闻”问题初探/王长宗//新闻出版交流 1994-02
⊙广告新闻媒介 你该承担什么责任/孙会川//城市质量监督 1994
⊙广告信息传播方式研究——基于信息坐标分析法的应用/何佳讯//情报科学 1994-05
⊙广告信息传播研究/何佳讯//情报理论与实践 1994-03
⊙广告信息功能的产品生命周期模式/何佳讯//中国信息导报 1994-10
⊙广告形象的创造与超现实想象/李巍//中国广告 1994-02
⊙广告形象的美学阐释/潘知常林玮//文艺研究 1994-06
⊙广告宣传必须和企业的经营战略相结合/邓仲明//中国经贸导刊 1994-19
⊙广告宣传也有“导向”问题/朱立云//视听界 1994-03
⊙广告宣传与河南经济发展/项德生 李宏根 高传伟//郑州大学学报（哲学社会科学版）1994-02
⊙广告宣传与企业经济效益/杨光//理论界 1994-10
⊙广告宣传中不正当竞争行为的法律分析/范健 刘爱珍//法学天地 1994-02
⊙广告业，“希望在神州”/赵素云//南风窗 1994-02
⊙广告业的未来——信息时代的消费模式/周方珠//安徽科技 1994-03
⊙广告业面临的问题/刘伯光//中国工商 1994-02
⊙广告业市场调查之研究/吕巍 陈丹燕 黄尹孚//中国广告 1994-02
⊙广告业新动向：投“女性”所好/陈吉飞//中国广告 1994-03
⊙广告艺术的美学剖视/顾建华//商业文化 1994-00
⊙广告音乐小议/朱秋华//人民音乐 1994-08
⊙广告应诚实可信/王世勤唐爱明张晓鸣//中国广告 1994
⊙广告优劣谈/王洪江//公关世界 1994-12
⊙广告与吹牛/庄贵军//价格与市场 1994-05
⊙广告与体育联手发展/刘保孚//经济与信息 1994-06
⊙广告语的著作权及其保护对策/朱强//中国律师 1994-04
⊙广告语言的十大效应/张建国//江苏商论 1994-05
⊙广告语言的修辞方式/浦玉生//中外企业家 1994-Z4
⊙广告语言技巧探析/高翔//中国工商 1994-11
⊙广告语言疏误谈/郑荣馨//修辞学习 1994-03
⊙广告语言文字艺术 de 六字诀/李志敏//经营管理者 1994-07
⊙广告语言修辞谈/张金花//河北经贸大学学报 1994-02
⊙广告语言研究面临的课题：深化和实用化/曹志耘//语言文字应用 1994-01

◎广告语言与商品营销/黄得莲//青海民族学院学报（社会科学版）1994-02
◎广告语中夸张手法运用的两个问题/陈桂良//修辞学习 1994-06
◎广告杂谈/范富//税收与企业 1994-04
◎广告在促销中的作用和地位/潘祖和//昆明理工大学学报 1994-02
◎广告在企业营销中的作用及其应用/陆发云//贵州民族学院学报（哲学社会科学版）1994-04
◎广告展示方式种种/张钊//新疆农垦经济 1994-06
◎广告治乱 呼唤法治/陈芸//记者观察 1994-11
◎广告中的 Pun/江久文//重庆三峡学院学报 1994-01
◎广告中的诉求定位/吴旭东//决策与信息 1994-01
◎广告主题的“具象”与“拟境”——我国电视广告画面创意技巧谈微/丁国生//声屏世界 1994-06
◎广告——走入受众的心灵/纯菲//理论界 1994-10
◎广告走向法制——《中华人民共和国广告法》一瞥/朱明政//中国民营科技与经济 1994-12
◎广告作品设计风格举隅/钱朝阳//上海大学学报（社会科学版）1994-06
◎广州的广告污染/李明伟//同舟共进 1994-08
◎国际促销广告媒体选择/赵广志//国际市场 1994-03
◎国外的高科技广告//企业销售 1994-05
◎国外广告业的管理及其启示/宋华 胡秀红//外国经济与管理 1994-09
◎海内外广告艺术扫描/刘雨田 王静//企业家天地 1994-04
◎好标题 成功的一半——广告标题写作方法初探/李中榜//秘书 1994-04
◎河北广告业应有一个大发展/左梦奎//经济论坛 1994-23
◎华夏广告潮/张伟//中国广告 1994-02
◎加快广告事业发展是建立现代企业制度的客观要求/丁浩哲//理论界 1994-11
◎建议增设制作虚假广告罪/张春和//法学杂志 1994-05
◎教你如何做广告——一个广告人的肺腑之言/周宏//价格与市场 1994-03
◎节庆与花店促销/蔡淑珍//园林 1994-06
◎借题发挥的洋广告/黄越//轻工标准与质量 1994-01
◎今日广告面面观/山豆子//当代建设 1994-06
◎金圆堆砌的广告世界——海外广告营业杂谈/董立津//中国广告 1994-04
◎京都奇想 登广告卖剧本/星竹//南风窗 1994-04
◎酒香诗美话广告/苏忠宝//酿酒 1994
◎看不看 没商量——我说当前广告/闻之//中国质量万里行 1994-01
◎看似寻常最奇崛——现代广告创作特点谈/杨虹//湖南商学院学报 1994-03
◎科技广告——新生的文献资源/郭美珍//图书馆杂志 1994-01
◎乐为广告人/黄迈//江南论坛 1994-S1
◎两种广告观念剖析/黎超然 唐刃//广西大学学报（哲学社会科学版）1994-03
◎路牌广告·创意·市容/赵晓童//经济工作导刊 1994-06
◎旅游宾馆报刊广告设计探议/黄明光//旅游研究与实践 1994-04
◎绿色广告——跨世纪的市场战略/段志祥 傅治平//企业家天地 1994-02
◎略论广告的经济意义及其市场化取向/李诗白//现代财经-天津财经学院学报 1994-02
◎略论广告的挑战与学校的对策/陈桂生//江西教育科研 1994-03
◎略谈我国广告业中的不正常现象/梁庚寿//河北经贸大学学报 1994-04
◎论创意广告/朱胜龙//当代财经 1994-12
◎论对虚假广告行为的惩治/张春和//人民司法 1994-11
◎论符号学方法在广告语言创意设计中的运用/苟志效//宝鸡文理学院学报（社会科学版）1994-01
◎论符号学方法在广告语言创意设计中的运用/苟志效//东方论坛 1994-03
◎论广告的定位策略/徐舟汉//宁波大学学报（人文科学版）1994-02
◎论广告风险/张曙临//湖南师范大学社会科学学报 1994-03
◎论广告公关人才的沟通艺术/陈舍钿//浙江学刊 1994-05
◎论广告管理的市场经济取向——兼谈开辟广告市场/罗志上//工商行政管理 1994-21
◎论广告活动的统一性/孟天运//东方论坛 1994-03
◎论广告与广告写作艺术/李广德//湖州师范学院学报 1994-04
◎论广告与新闻/邱沛篁//新闻界 1994-02
◎论明星广告的法律调整/庄春泉//广东商学院学报 1994-03
◎论企业广告对企业文化的冲击及导向作用/杨再舜//中国广告 1994-02
◎论商业广告的美学特征/曾庆均//重庆商学院学报 1994-03
◎论商业性广告的几个法律问题/宁诗敏//法治论丛 1994-05
◎论提高广告的竞争性/杨松敏//黑龙江财专学报 1994-02
◎论文化因素对现代广告的作用/许少康 王振华//上海科技翻译 1994-04
◎论信服要素在当今广告创作中的重要性/张墨含//北方美术 1994-03
◎论虚假广告的法律责任/卢文道 张斌//同济大学学报（社会科学版）1994-02
◎论虚假广告的刑事责任/张明楷//法学 1994-10
◎论中国的广告市场/舍钿//浙江学刊 1994-03
◎漫话“车厢广告”/丁来//新闻传播 1994-02
◎漫谈“趣味广告”/陈应琪//商业经济文荟 1994-06
◎毛泽东与广告/雷六龙//企业研究 1994-06
◎名产·名牌·名地——话说汕头广告/张更义//特区企业文化 1994-01
◎名牌与广告/林天英//公关世界 1994-12
◎明星到底有多大促销作用——明星广告现象多维透视/黄文宁//计划与市场 1994-08
◎模糊数学给广告美学的启发/王世德//兰州商学院学报 1994-03
◎某些电视广告的副作用不容忽视/朱行辉//视听界 1994-01
◎南方四城市推行广告两制一瞥/樊兴初 高雪丽//当代传播 1994-02
◎霓虹灯下不夜城——港岛广告博览/曾佳//记者观察 1994-12
◎蓬勃兴起的广告业/纪淑平//高校社科情报 1994-02
◎平面广告设计的创意/任晓诗//美苑 1994-Z1
◎企业公共广告策略/李永清//决策与信息 1994-08
◎企业形象与广告/李新金//经营与管理 1994-02
◎企业与广告/倚瑄//政策与管理 1994-04
◎企业怎样做好广告及寻找广告代理/成刚//上海企业 1994-06
◎浅论虚假广告及其法律责任/李麒 冯卫国//山东法学 1994-03
◎浅谈电视广告制作中的几个问题/刘斌//西部广播电视 1994-S1
◎浅谈广告标语/岳喜林//贵州商业高等专科学校学报 1994-01
◎浅谈广告创意/张德鸣//声屏世界 1994

◎浅谈广告创作的抑扬法/金雅//秘书之友 1994-12
◎浅谈广告事前审查制/孙丽明//理论观察 1994-02
◎浅谈广告宣传“过”与“不及”/田明银//新闻前哨 1994-02
◎浅谈广告语的创作/吴道辉//贵州商业高等专科学校学报 1994-01
◎浅谈旅游广告设计/王兰英//旅游研究与实践 1994-04
◎浅谈年鉴广告及其设计/左力光//新疆地方志 1994-01
◎浅谈企业公共关系广告与商品广告/张东伟//商业研究 1994-11
◎浅探商业广告语境的作用/关霞//湖南商学院学报 1994-02
◎浅析广告媒体的选择方法/魏江雷//电子产品世界 1994-12
◎浅析幽默广告及其辞格运用/范学新//伊犁师范学院学报 1994-04
◎浅议振兴广告的基本对策/范长敏 覃培安//新闻前哨 1994-04
◎强调电视广告制作的一体化/宋平//中国广告 1994-03
◎请在你的工作中增加点广告色彩/桂林//晋图学刊 1994-03
◎让广告为报纸“化妆”/王放 郑东//新闻爱好者 1994-05
◎人情味——最易打动人心的广告策略/高伟杰//中国广告 1994-03
◎人要衣装 佛要金装——访广州汇丰广告设计大师罗焕文先生/姚辉饶欠林//广东科技 1994-09
◎日本的电视广告/闫成胜//广播电视信息 1994-08
◎日本广告业发展及企业广告管理模式/王俊杰 王文利//日本问题研究 1994-04
◎日本企业在中国市场的广告策略分析/王慧农//广西商业高等专科学校学报 1994-03
◎如何“堆鸭蛋”——广告宣传高招枚举/晓茜//华夏星火 1994-02
◎如何选择广告代理商/杜文东//江苏商论 1994-02
◎三通未始 广告先行/张纪康//中国广告 1994-02
◎商标广告管理如何服务于社会主义市场经济/曹士新//工商行政管理 1994-07
◎商品广告制作探析/徐凌//台州学院学报 1994-01
◎商品生命周期不同阶段的广告表达/欧阳康//深圳大学学报（人文社会科学版）1994-04
◎商业广告史话/梁燕君//商场现代化 1994-04
◎商业广告应注重“感情投入”/祖兆林 许尔平//江苏经贸职业技术学院学报 1994-03
◎十分广告七分骗吗？/陈芸//中国质量万里行 1994-12
◎识破虚假科技广告/静叶//宁夏科技 1994-04
◎市场经济呼唤广告法制化/孟亚生//企业家天地 1994-05
◎市场拓销系列知识（四）国际营销的促销策略（Ⅲ）广告/刘晓惠//世界机电经贸信息 1994-10
◎市场又“传”敲门声——从“莱州特曲”独家买断省电台全天广告权说起/孙加顺//中国食品工业 1994
◎视知觉与路牌广告的色彩设计/全维华//南方文坛 1994-04
◎试论电视广告对儿童的影响/刘云峰//现代传播-北京广播学院学报 1994-06
◎试论公共关系策划中的广告和宣传策略/穆建刚//科学. 经济. 社会 1994
◎试论公共关系广告/谷颖//吉林省经济管理干部学院学报 1994-05
◎试论公关广告的逻辑定位/黄骏//晋阳学刊 1994-04
◎试论广告代理制与国际化的发展趋势/林啸//中国工商管理研究 1994-09
◎试论广告的历史演进/丁柏铨 庞绍堂//江海学刊 1994-06
◎试论广告定位策略/陈宇//秘书 1994-04
◎试论广告对报纸编辑业务的积极影响/王放//新闻窗 1994-03
◎试论广告美的本质和特征/祝秉权//贵州商业高等专科学校学报 1994-02
◎试论广告情报与企业营销/杨文霞 苏永//情报杂志 1994-02
◎试论广告商操作广告中侵犯公众权益的问题/晁斌//贵州警官职业学院学报 1994-03
◎试论广告用语的创作技巧/王文举//财贸研究 1994-02
◎试论经济新闻的广告价值/温玲进//新闻战线 1994-05
◎试论联想在广告设计中的应用/柴清华 李付斌//菏泽师范专科学校学报 1994-03
◎试论期刊媒体的广告优势/郑书峨//网络与信息 1994-11
◎试论我国广告业发展的几个问题/冯彦章//经济纵横 1994-11
◎试论我国新闻媒介机构的广告角色及角色冲突/星亮//兰州商学院学报 1994-02
◎试谈报纸广告的形象思维/罗学珊//新闻前哨 1994-04
◎试谈大广告意识/李广军 李军//财贸研究 1994-05
◎试析电视广告的文化特征/张阿林//电视研究 1994-06
◎试析——电视广告制作/卓文//声屏世界 1994-10
◎试析虚假广告损害消费者权益的民事责任/王小红 钟海华//法律适用 1994-09
◎书刊广告的形式及发展趋势/谢克省 王桂宝//图书发行研究 1994-03
◎数学与广告/牟林 郭洪春//四川师范学院学报（自然科学版）1994-04
◎数字量化 广告的技法/于润鑫//供销员之友 1994-09
◎谁靠谁——广告业现状报告/李尚才//价格与市场 1994-11
◎说长道短话广告/顾农//农家顾问 1994-07
◎说服：广告创意的核心/阎秀文 辛余兵//东岳论丛 1994-03
◎四字广告漫谈/段晓平//杭州师范学院学报（社会科学版）1994-01
◎台湾举办广告流行语金句评选活动//中国广告 1994
◎谈电视广告的艺术性/李生文//视听界 1994-06
◎谈广告媒体的选择/薛维君//经济论坛 1994-02
◎谈广告视觉语言的特点/张华//西部学坛 1994-03
◎谈广告宣传与消费者“注意”/苏广文//北京商学院学报 1994-02
◎谈目前广告中的几个误区/李四雄//中国广告 1994-03
◎谈商标与广告的关系/陈一虹//决策借鉴 1994-02
◎谈商业广告的翻译/蒋磊//中国翻译 1994-05
◎谈谈“公共关系广告”词的创作/李端梅//潍坊教育学院学报 1994-01
◎谈谈国际博览会的功用/张勇//山东对外经贸 1994-07
◎谈谈企业的广告意识/王春和 郭笑欣//经济与管理 1994-06
◎谈文化因素对国际广告的影响/林炎钊//企业文化 1994-02
◎谈我国广告业的五个误区/呼翔 乔莉//经济与管理 1994-05
◎谈虚假广告的甄别/韩进林 陈卫国//新闻记者 1994-02
◎提高广告的传播意识/鲁峡 安锋//河南大学学报（社会科学版）1994-03
◎天南地北吆喝声——漫话中国广告业/任朝生 叶霞中 王铁云//经济师 1994-12
◎同识、同行、同舟共进——重庆电视台举办小型广告代理研讨会/梁华//中国广告 1994-03
◎为中国广告业作贡献——访 A. C. 尼尔森公司鲍乐寿先生/李东//经济世界 1994-07

- 违法广告当今社会一大公害/陈芸//开发区导刊 1994-11
- 未来十年广告业发展趋势//工商行政管理 1994-16
- 文化定位与广告“入关”/祁聿民//北京商学院学报 1994-04
- 文化节庆与经济宣传——关于潍坊国际风筝会新闻报道的思考/任成海 窦锦平//新闻记者 1994-11
- 我国广告业的现状、问题与对策/李振国//高校社科情报 1994-04
- 我国广告业的现状及其存在的问题/胡治艳//统计与决策 1994-02
- 我国广告业现状/高呈德//经济与信息 1994-12
- 我国科技期刊广告的现状分析与思考/刘瑞兴//编辑学报 1994-04
- 西方国家的儿童广告及其法律限制/汪涛//国际商务研究 1994-04
- 西方市场营销中的广告运用/贺倩茹//经济经纬 1994-06
- 夏威夷广告上当记/王屏 刘兹恒//时代风采 1994-07
- 鲜花与杂草共生——广告公司“热”透析/崔广韬//新闻知识 1994-10
- 现代产品广告宣传应注重“三性”/陈应琪邵吉明//福建质量管理 1994-03
- 现代广告创作策略/汪涛//国际商务研究 1994-06
- 现代广告的传播艺术手段与审美教育作用/郑学诗//银行家 1994-02
- 现代广告的美学原则探微/刘立中//沈阳大学学报 1994-01
- 现代广告设计的观念/赵建科//西北美术 1994-Z1
- 现代广告文案写作艺术初探/马晓燕//兰州商学院学报 1994-03
- 现代广告文艺术特征探微/于立源 于雅君//理论界 1994-04
- 现代广告业的由来/李世忠//世界文化 1994-02
- 现代广告语言艺术探微/彭云帆//广西师院学报（哲学社会科学版）1994-02
- 现代经济之窗——浅谈广告/王正鹏//调研世界 1994-01
- 现代意识的冲击波——《深圳特区报》的广告设计艺术赏析/顾培利//新闻知识 1994-01
- 香港居民对广告中女性形象的评价/马力安 崔绮云//新闻与传播研究 1994-02
- 小台广告怎样更加兴旺起来/王崇德//视听界 1994-05
- 虚假广告 骗你没商量/吴东林//北京工商 1994-08
- 虚假广告/吴东林//致富之友 1994-05
- 虚假广告：骗你没商量/张伟//价格月刊 1994-01
- 虚假广告面面观//党风与廉政 1994-04
- 悬念广告：吊起上帝的胃口/周涧//供销员之友 1994-09
- 言过其实 必有假——谈“证人广告”的“度”/沙奇林//企业研究 1994
- 要重视广告文化建设/楚庄//人大工作通讯 1994-18
- 一种经济信息资源：广告——谈广告信息的开发和利用/谢友宁//江苏图书馆学报 1994-06
- 依法管理广告 规范广告行为/李万清//中国信息导报 1994-12
- 依法增强广告监督管理的执法力度/刘保孚//工商行政管理 1994-23
- 依法整顿广告经营净化市场风气/卢绳祖//政治与法律 1994-03
- 以少胜多——谈广告媒体的选择/张炯//科技信息 1994-02
- 亦喜亦忧话广告/吴华//经营管理者 1994-01
- 应对“二类广告”重加审视/张允若//视听界 1994
- 应重视科技广告资料的开发与利用/郭美珍//图书馆建设 1994
- 营造广告协会自律机制/罗志上//中国工商管理研究 1994
- 幽默广告艺术探奥/危磊//广西师院学报（哲学社会科学版）1994-04
- 幽默在广告/罗青波//供销员之友 1994-03
- 诱惑“上帝”——当今广告业透视/潘熙宁//网络与信息 1994-06
- 诱惑上帝——当今广告业透视/潘熙宁//文明与宣传 1994-05
- 杂议广告的特殊功能/袁庆宏//消费经济 1994-04
- 在市场经济中重视广告的作用/刘伯午//现代财经-天津财经学院学报 1994-05
- 怎样给广告穿上“盛装”/卢斌//现代交际 1994-05
- 怎样能做出好广告/赵德海//商业研究 1994-10
- 真、善、美——浅谈广告设计的三要求/任建华//包装世界 1994
- 真实，是广告的生命/南珠//当代传播 1994-06
- 指鼠为熊的广告大骗局/姜成祥//新闻记者 1994-09
- 质量万里行 何时到此处——虚假广告面面观/张国云//中国软科学 1994-12
- 中国报纸与广告的历史姻缘/王放//新闻与传播研究 1994-03
- 中国传统节庆漫谈/熊志潮//焦作大学学报 1994-01
- 中国广告大战/江建高//中国质量万里行 1994-12
- 中国广告人——《现代广告全书》编辑小札/杨平//中国图书评论 1994-06
- 中国广告业 你的一九九四/杨效宏//中国广告 1994-02
- 中国广告业面临一场“革命”/何玲玲//世纪行 1994-01
- 中国广告业面面观/吴东林//文明与宣传 1994-11
- 中国广告业现状与发展趋向分析/张新伟 武巧珍//山西财经大学学报 1994-05
- 中国人听不懂的中国话——对几则广告语设计与评价的异议/陈亦愚//中国广告 1994-03
- 中国摄影企业发展的利剑——广告·广告/龙绪明//照相机 1994-11
- 中国——再造广告潮/曹中轩 刘修云//计划与市场 1994-02
- 中华人民共和国广告法（1994 年 10 月 27 日第八届全国人民代表大会常务委员会第十次会议通过）//中国律师 1994-11
- 重视广告宣传扩大对外出口/郑家腾//黑龙江对外经贸 1994-04
- 注重广告创新 增强广告效果/高伟富//内江师范学院学报 1994-03
- 铸就利剑拓市场——怀化白云山广告经营手法评析/邓永红//经贸导刊 1994-09
- 抓住机遇 迎接挑战——谈谈推行广告代理制广告公司面临的课题/温卫平//广东对外经贸 1994-06
- 壮丽的刹那间……——谈典型瞬间广告形象的创造/李巍//中国广告 1994
- 走出广告误区/姚兴隆//企业研究 1994-01
- 走出物资广告的误区/程洵//中国物资流通 1994-02
- 走向成熟——盐城企业广告透视/单纯//中国广告 1994-02
- 醉翁之意不在酒：“隐形广告”/严志华//现代交际 1994-12
- 做广告 选择哪种媒体更合适/延河//中外企业家 1994-Z1
- 做一个真正的广告人/盛亚舟//中国广告 1994-03

1995 年

- ’94 年中国广告界引人注目的几件事/范鲁斌//中国广告 1995-02
- ’94 中国广告业/范鲁彬//中国广告 1995-03

◎“广告事件”的策划/朱厚玉//企业研究 1995-09
◎“广告新闻”辨析/刘驰//新闻三昧 1995-03
◎“摸着石头”侃广告/庞家琦//中国广告 1995-04
◎“奶声奶气”为哪般——漫谈电视儿童广告及其影响/任远 王晓红//中国广播电视学刊 1995-08
◎“挑剔者沙龙”的广告效应/文大会//企业销售 1995-07
◎“象牙塔”里的广告潮/周忠//南风窗 1995-05
◎“谐音广告”当慎用/言拾//新闻知识 1995-04
◎“星闻”与“拉广告讲师”/阿微//中国广告 1995-01
◎“诱骗”“上帝”的艺术——中国广告业现状旁观/海夫//企业销售 1995-01
◎《广告法》存在的问题及其完善/赵瑞琦 王景斌//经济纵横 1995-11
◎《广告法》第18条的立法思考/陈志 张志辽//现代法学 1995-06
◎《广告法》断喝：虚假广告该打住了/吴东林//中国工商 1995-02
◎《广告法》亮相120天/方进玉//了望 1995-24
◎《广告法》内容评介/范云波 王永江//当代法学 1995-01
◎《广告法》知识讲座（一）/雷体华//适用技术市场 1995-06
◎《广告法》知识讲座（二）/雷体华//适用技术市场 1995-07
◎《广告法》知识讲座（三）/雷体华//适用技术市场 1995-08
◎《广告法》知识讲座（四）/雷体华//适用技术市场 1995-09
◎《中华人民共和国广告法》的特点/王学政//法学杂志 1995-01
◎《中华人民共和国广告法》讲座（一）//北京工商 1995-01
◎《中华人民共和国广告法》讲座（二）//北京工商 1995-02
◎《中华人民共和国广告法》讲座（三）//北京工商 1995-03
◎《中华人民共和国广告法》问答//致富之友 1995-01
◎《中华人民共和国广告法》宣传提纲//工商行政管理 1995-Z1
◎1994年我国广告业持续全面发展//工商行政管理 1995-09
◎95年广告创意个案评说/宋言//经济与信息 1995-12
◎CI广告面面观/贾亦凡//新闻记者 1995-02
◎POP广告及包装/张鹏搏//浙江工艺美术 1995-Z1
◎POP广告设计的艺术/吴守明//美术之友 1995-01
◎暗示：广告攻心术之一/廖万军//公关世界 1995-08
◎把握公关时机·达成广告效果——四大晚报贺岁广告初考/郝卫东//现代传播-北京广播学院学报 1995-02
◎办好广播广告的一些思考/李力//中国广播电视学刊 1995-11
◎报刊广告设计ABC/康富平//新闻出版交流 1995-06
◎报纸广告面临的竞争及对策/周定华//新闻大学 1995-01
◎报纸广告与报纸传播效益面面观/仇学英//新闻窗 1995-03
◎北京市报告《广告法》过程中的有关问题及其对策/张蕾//新闻与传播研究 1996-04
◎不可一日无此君——今日中国广告/杨学军//国际市场 1995-03
◎不做总统 就做广告人/金俊彦//博览群书 1995-06
◎超越企划者意料的广告负效应/木月//中国广告 1995-02
◎闯入中国市场的洋广告/徐建文//声屏世界 1995-01
◎成功的广告点子/叶成鑫 戴荫堂 叶爱军//广西市场与价格 1995-03
◎出口广告的问题与对策/陶飞//对外经贸实务 1995-10
◎传播社会学进入广告理论与实践的几个问题/刘韵涵//思想战线 1995-02
◎传媒广告中的文化诉求/潘荣 张红星//新闻记者 1995-12
◎传统谋略中的“势”与广告策划/刘慧晏//东方论坛 1995-01
◎传统文化和广告语言/胡安良//青海民族学院学报（社会科学版）1995-02
◎创维电视广告的创意——兼谈广告功能中的社会效益/孙传思//视听界 1995-03
◎创意：现代广告的灵魂/贾明//出版与印刷 1995-03
◎吹牛不能不上税——虚假广告的热点透视及对策思考/杜润生//经济论坛 1995-04
◎刺向不法广告的法律之剑——学习贯彻《中华人民共和国广告法》/郑国华//人民政坛 1995-07
◎从“巨丰”大豆种子案看广告监管与广告发布者的责任/谷泉//工商行政管理 1995-12
◎从“溪黄草茶广告”被查处看广告主的责任/东平//工商行政管理 1995-13
◎从宝洁公司广告策略的一个失误说开/陈颖涛//中国广告 1995-03
◎从代理到买断，喜乎？忧乎？——上海广告业买断媒体现象评述/王放 孙未//新闻记者 1995-05
◎从法律上看变相香烟广告/郑友德//律师世界 1995-04
◎从广告的特性看广告的真实性/陈宝琼//中国广告 1995-04
◎从几则英文广告谈起/王炜//中国广告 1995-03
◎从精品商厦广告谈企业形象塑造/韩斌生//上海商业 1995-03
◎从虚假广告识伪劣商品危害/李其光 于英海//商业经济 1995-Z2
◎当前广告设计与传播存在的问题/刘玉明 鲁滢//工业技术经济 1995-06
◎第三季度上海电视报纸广告投放量排行榜分析/冯学锋//新闻记者 1995-11
◎电视“二类广告”的特点及制作/史松明//视听界 1995-06
◎电视广告：好难吃的一碗饭/张建刚//中国有线电视 1995-03
◎电视广告播放技巧/王乐忠//企业销售 1995-12
◎电视广告创意浅谈/严峰//电视研究 1995-06
◎电视广告词的美学特征/韩爱平//河南师范大学学报（哲学社会科学版）1995-03
◎电视广告的创意与制作——教学体会/余源//北方美术 1995-04
◎电视广告的情节设计与广告词写作/杨德林 曲丽娜//理论观察 1995-01
◎电视广告的特征与创意/壮春雨//浙江传媒学院学报 1995-01
◎电视广告呼唤收视监测机制/方珍平//声屏世界 1995-02
◎电视广告文化纵横谈/孙逸民//中国电视 1995-10
◎电视广告语稿一组//当代电视 1995-03
◎电视广告知识10问答/朱岩//当代电视 1995-06
◎电台广告全程化管理的尝试/张国轩 季瑜芳//声屏世界 1995-11
◎都说是受害者 究竟谁在害人——对寻求合作加工广告的调查/冉志强//经济管理 1995-12
◎独具匠心的广告创意/赵郁//经营管理者 1995-12
◎对广告用语侵害名誉权的认定和法律适用/王雷//山东审判 1995-03
◎对广告争鸣的争鸣/罗宗贤//中国广告 1995-03
◎对民族文化心理坐标的背离——评我国受众难以接受的几种广告/陈亦愚//广西大学学报（哲学社会科学版）1995-06
◎对信息广告要学会“挑刺”/毛惠辉//中国科技信息 1995-09
◎而今迈步从头越——关于广播广告的思考/易学君//现代传播-北京广播学院学报 1995-02
◎二十至三十年代上海国货广告促销及其文化特色/徐鼎新//学术季刊 1995-02
◎发挥广告对经营活动的积极作用——《广告法》简介/杨利//中国机电工业 1995-05
◎发挥协会职能 推动广告业自律/杨培青//中国工商管理研究

1995-01
◎发展广州展览业刍议/陈政勇//广州市财贸管理干部学院学报 1995-04
◎发展中的中国广告业/湘林//装饰 1995-01
◎法律界人士提醒：虚假广告要负连带责任//新闻采编 1995-04
◎反不正当竞争法与广告法的“法条竞合”现象初探/王庭熙//福建法学 1995-02
◎非商品广告升温——党报广告经营的新契机/胡宇芬//新闻记者 1995-03
◎符号学与广告分析的若干问题/范亚刚//北京大学学报（哲学社会科学版）1995-04
◎个性：广告创意的走向/弋胜//消费经济 1995-04
◎给广告经营单位号脉下药/高健//北京工商 1995-07
◎给广告看病/李尚才//价格与市场 1995-05
◎古今广告趣谈/罗玉山//决策探索 1995-03
◎关于“敬请对时”/杜成庚//中国广告 1995-04
◎关于“中华民族文化与广告”的几点想法/张国耀//中国广告 1995-01
◎关于当前若干不规范广告的思考/郑友德//中国工商管理研究 1995-09
◎关于广告的创意/郝玉明//北方美术 1995-01
◎关于广告的社会学思考/陈宏军 江若尘//财贸研究 1995-05
◎关于广告法的几个问题（上）/黄建初//人大工作通讯 1995-01
◎关于广告法的几个问题（下）/黄建初//人大工作通讯 1995-02
◎关于广告法的几个问题/陈重//当代司法 1995-01
◎关注社会问题的商业广告/潘荣//新闻记者 1995-05
◎贯彻《广告法》贵在严自律/云文//视听界 1995-02
◎贯彻执行《广告法》促进广告业健康发展/富恩礼//中共贵州省委党校学报 1995-06
◎广而告之切莫“走火入魔”/云珊//文明与宣传 1995-01
◎广告 不再无法可依……——上海依法审查传媒广告旁听侧记/贾亦凡//新闻记者 1995-04
◎广告 请尊重中国女性/杨晋安//价格与市场 1995-05
◎广告 欲语泪先流/李伟//经济论坛 1995-17
◎广告 占领市场的法宝/高耀岭//纺织器材 1995-03
◎广告、商标“出奇”制胜谈/陈大明//北京商学院学报 1995-03
◎广告被告/晓舟//北京工商 1995-04
◎广告必须进行科学的效果测定/施志坚 赵心耘//中国广告 1995-03
◎广告策划步骤及基本要素/赵立新//企业销售 1995-08
◎广告承诺虚实论/吴德江//中国广告 1995-03
◎广告传播中的民族特色与文化互跨/朱月昌//中国广告 1995-01
◎广告传播中的人际传播/潘向光//新闻与传播研究 1995-03
◎广告创意十招/张岩松//公关世界 1995-07
◎广告创意应与人的情感需求合拍/吴越//声屏世界 1995-06
◎广告创意与“雕虫小技”/尹发跃//经营管理者 1995-09
◎广告创作的艺术性原则/陈立恒//广西商业高等专科学校学报 1995-04
◎广告创作论/丛怀光//新疆职业大学学报 1995-01
◎广告创作审美表现原理/方蔚林 王晓燕//湖北大学学报（哲学社会科学版）199
◎广告促销的十大效应/王曼莹//经济纵横 1995-11
◎广告大潮下的暗流/杜江涛//北京工商 1995-03
◎广告代理制刍议/贾永壮//中国广告 1995-01
◎广告代言人形象的分析与选择/辛宪//商业文化 1995-02
◎广告的力量在于真实/曾新民//企业文化 1995-06
◎广告的企业文化内涵/罗志上//中国广告 1995-04
◎广告的生命：广告的真实性/陈宝琼//珠江经济 1995-08
◎广告的文化内涵/鲁开疆//中国广告 1995-03
◎广告的信息选择与意义重构/潘荣//新闻大学 1995-01
◎广告的幽默/方雄//南风窗 1995-01
◎广告的真实性问题/朱李明//财贸研究 1995-02
◎广告定位原理与定位信息的表现/何佳讯//情报理论与实践 1995-05
◎广告定义之我见/金鹰//企业销售 1995-07
◎广告读解/刘一玲//语言文字应用 1995-01
◎广告法律体系的完善尚需时日——访国家工商局刘保孚司长/施晓红//经济管理 1995-07
◎广告公司现状的喜与忧——来自广告年检工作的报告/刘艺//中国广告 1995-01
◎广告公司与广告客户的关系/李安//中国广告 1995-04
◎广告活动中不正当竞争行为的特征、表现形式及法律责任/朱军华 刘德生//武汉市经济管理干部学院学报 1995-04
◎广告价格构成、影响因素及趋势分析/罗萍 林邦豪//发展研究 1995-08
◎广告经济学的形成与发展/张纪康//学术研究 1995-05
◎广告漫谈——写在《广告法》颁布半年之后/詹中瑶//管理现代化 1995-05
◎广告频闯禁区/潘西令//中国市场 1995-Z1
◎广告——企业的金钥匙/陈全保 陈捷//工商行政管理 1995-15
◎广告岂容“包装”/阿微//中国广告 1995-02
◎广告侵权行为初探/周韬//中国行政管理 1995-05
◎广告人说《广告法》/方政//了望 1995-24
◎广告认知检测的统计调查方法初探/卞祖武//浙江统计 1995-05
◎广告三境界：心理·创意·语言/胡秦保//中国质量万里行 1995-08
◎广告商标中的“出奇制胜”/陈大明 徐勋明//文明与宣传 1995-04
◎广告设计的基本原则/胡宝芳//企业销售 1995-05
◎广告设计艺术探索 3 题/张可隽//美术大观 1995-03
◎广告诗苑亦醉人/高万全 万士吉//江苏商论 1995-12
◎广告市场行为的准则和规范//中国工商管理研究 1995-02
◎广告谈趣/肖唯忠//企业研究 1995-04
◎广告文案写作中的几个问题/曹志耘//语言文字应用 1995-01
◎广告文案写作中的误区种种/周定华//新闻记者 1995-05
◎广告文稿的叙述方式/李胜梅//语言文字应用 1995-03
◎广告污染何时休？/袁宪翠//南风窗 1995-09
◎广告误导面面观/池昌海//学习与思考 1995-04
◎广告误区面面观/刘洪//调研世界 1995-03
◎广告效果调查方法/林永军 黄鲁平//陕西经贸学院学报 1995-01
◎广告信息传播初论/杨海平//盐城师范学院学报（哲学社会科学版）1995-01
◎广告信息污染面面观/蔡晔//情报杂志 1995-03
◎广告行为的侵犯、保护与控制/薛维君//中国广告 1995-02
◎广告行为合法性的特征与问题/张雄伟 杨洁//广西政法管理干部学院学报 1995-03
◎广告形象的特点及运用规律/张燕云//中国包装工业 1995-02
◎广告修辞的理论和实践/傅朝//锦州师范学院学报（哲学社会科学版）1995-04
◎广告修辞与受众心理/周成霞//淮阴师范学院学报（哲学社会

科学版）1995-04
◎广告需求的弹性及由弹性决定的广告投资规模/夏清华//经济评论 1995-06
◎广告宣传的导向问题/朱春涛//新闻大学 1995-03
◎广告宣传焉能信马由缰/吴东林//致富之友 1995-05
◎广告要腾飞 广告法是根本 策划、创意是关键/景厚//电视研究 1995-04
◎广告业"大哥大"新故事/清泉//广东大经贸 1995-01
◎广告业的禁区/牛车//企业家天地 1995-06
◎广告业务管理系统的设计与实现/黄章树//计算机工程与应用 1995-02
◎广告业缘何遭冷落/华始//经济师 1995-04
◎广告艺术的悬念技法/金雅//秘书之友 1995-05
◎广告艺术的重要表现手法—仿拟/杨智敏//广西商业高等专科学校学报 1995-01
◎广告营销效果谈/肖立新//经营与管理 1995-08
◎广告用语·文化·修辞/曹铁根//湘潭师范学院学报 1995-05
◎广告与泛文化社会/赵金庆//中国青年政治学院学报 1995-03
◎广告与媒体/张桂华//中国软科学 1995-12
◎广告与女人/佟新 张选伟 张新梅//妇女研究论丛 1995-02
◎广告语的知识产权法律保护初探/郑友德//华中理工大学学报（社会科学版）1995-02
◎广告语言的背后——《广告语言》评介/缑瑞隆//郑州大学学报（哲学社会科学版）1995-05
◎广告语言的变异运用/夏中华//修辞学习 1995-02
◎广告语言的民族互易性/吴启金//上海科技翻译 1995-02
◎广告语言的信息传递方式/盛林//语言文字应用 1995-01
◎广告语言的艺术特征/沈国清//湘潭大学社会科学学报 1995-02
◎广告语言风格类型初探/荔技//修辞学习 1995-05
◎广告语言论衡/姚锡远 陈伟琳//信阳师范学院学报（哲学社会科学版）1995-03
◎广告语言失范现象的心理分析/史灿方//语言文字应用 1995-01
◎广告语言与大众心理/王紫娟//外国语（上海外国语学院学报）1995-04
◎广告语研究的现状与我们的对策/邵敬敏//汉语学习 1995-03
◎广告语著作权纠纷的法律思考/吕国强//华东科技 1995-03
◎广告预算与媒体选择/刘友林//企业经济 1995-08
◎广告在美国/伊夫//价格月刊 1995-10
◎广告真实性的公众判断/高丕烈//中国广告 1995-03
◎广告真实性的若干问题/陈安全//厦门大学学报（哲学社会科学版）1995-02
◎广告真实性的特征与标准问题/星亮//中国广告 1995-03
◎广告知识/刘捷//油气田环境保护 1995-01
◎广告中的怪味/熊威//中国广告 1995-04
◎广告中的女性人物假借/李健//郑州大学学报（哲学社会科学版）1995-06
◎广告中的数字用法/覃凤余//语言文字应用 1995-03
◎广告追求个性传播/蔡泽平//中国广告 1995-04
◎广告奏鸣曲——浅谈广告歌与背景音乐/李重邦//秘书之友 1995-06
◎广告做好了有罪吗/左梦奎//中国广告 1995-01
◎广州展览业应加速国际化进程/谢天祯//广东经济 1995-08
◎逛街侃广告/早早//深圳特区科技 1995-06
◎规范我国广告市场的思考/朱月昌//中国广告 1995-04
◎国际广告策划秘诀/陈海洋//现代交际 1995-02
◎国家工商行政管理局副局长杨培青就《广告法》答《中国工商报》记者问/杨培青//中国广告 1995-01
◎国外广告管理综述//中国工商管理研究 1995-02
◎国外商业广告管理艺术点滴/章明//公关世界 1995-08
◎海外广告中的女性人物假借/李健//中国广告 1995-04
◎害人的虚假广告/计伟民//新闻三昧 1995-08
◎韩国的广告/徐百益//中国广告 1995-02
◎好的标题是成功广告的一半/徐大玲//现代交际 1995-01
◎合作广告 方兴未艾/王新//中国广告 1995-04
◎会议与展览//感光材料 1995-04
◎坚决打击假冒注册商标、虚假违法广告、不正当竞争行为//北京工商 1995-12
◎简论商品广告的写作艺术/王玉华//牡丹江师范学院学报（哲学社会科学版）1995-02
◎经济欠发达地区报纸广告工作的现状及发展趋势窥探/姚昌明//新闻前哨 1995-01
◎警惕广告诈骗/改洪琴 姚瑞华//北京工商 1995-12
◎究竟谁在害人——对寻求合作加工广告的调查/冉志强//北京工商 1995-11
◎开拓国际市场的广告宣传契机/唐琦玉//湖南商学院学报 1995-01
◎科技期刊广告设计浅议/章德平//编辑学报 1995-01
◎克服弊端 增强魅力——试论现阶段广告发展对策/邢萱//企业文明 1995-03
◎跨世纪广告的发展趋势及对应的关键词/傅汉章//暨南学报（哲学社会科学版）1995-02
◎快速发展中的浦东广告业/邓悦人//浦东开发 1995-07
◎拉斯韦尔模式与广告传播/朱月昌//厦门大学学报（哲学社会科学版）1995-02
◎立法——国外广告的管理艺术/章明//决策与信息 1995-11
◎刘保孚司长谈 1995 年广告监督管理工作//工商行政管理 1995-08
◎略论新闻单位广告收入的财务管理和核算/汤俭//上海企业 1995-09
◎略谈广告的"情感诉求"/万忠群//语言文字应用 1995-01
◎略谈市场调查是提高广告企业服务能力与水平的前提/蔡敏//重庆工学院学报 1995-02
◎论当前虚假广告的特点、成因及治理对策/吴彦书//社会科学辑刊 1995-03
◎论广告传播的文化学意义/赵永建 李少咏//周口师范学院学报 1995-S3
◎论广告词如何塑造商品个性/熊威//新闻前哨 1995-03
◎论广告道德原则的几个操作性问题/郭永军//山东医科大学学报（社会科学版）1995-01
◎论广告的社会效益/张金花//经济论坛 1995-10
◎论广告的文化特质——兼论广告业应建立的文化原则/张激//中国广播电视学刊 1995-06
◎论广告风险/张曙临//湖南商学院学报 1995-01
◎论广告经营中的"连带责任"/李锐 王红卫//理论月刊 1995-11
◎论广告业的政府管理与行业自律/张新伟//财金贸易 1995-01
◎论广告语创作的定位策略/邵敬敏//语言文字应用 1995-01
◎论广告整体策划艺术/舍钿//浙江学刊 1995-03
◎论广告中的虚拟性承诺/汪又发//孝感学院学报 1995-03
◎论商品广告的撰制艺术性/王桂宏//连云港师范高等专科学校

学报 1995-02
- 论我国广告法的可操作性/刘良钢 贾泽远//理论界 1995-01
- 论现代广告与风土民情/张琪亚//贵州民族学院学报（哲学社会科学版）1995-04
- 论虚假广告的民事责任/卢文道//新疆警官高等专科学校学报 1995-03
- 论中国广告市场/潘大钧//北京商学院学报 1995-01
- 漫话公益广告/姜洪军//博览群书 1995-05
- 漫谈广告/罗玉山//秘书 1995-02
- 漫谈文化与广告商标艺术/徐冬根//上海艺术家 1995-04
- 美国报纸发行广告工作一瞥/好知//新闻记者 1995-04
- 美国广告的语言特色/周一兵 姜洪 叶永昌//上海科技翻译 1995-04
- 美国广告教育概况/哈筱盈//中国广告 1995-04
- 美国人是怎样作广告的/胡汉昌//中外企业文化 1995-03
- 美国如何管理广告业/涂昌波//中国广告 1995-01
- 面对广告大潮的沉思/刘锟龄//理论学刊 1995-03
- 明星广告热还会持续多久？/宋绪钦//中国广告 1995-02
- 明星广告正走向盲区——忠告明星 劝告广告主 正告广告公司/赵碧君 汪文敏//中国广告 1995-02
- 明智的广告主与有良知的广告人联姻/阿微//中国广告 1995-03
- 摹仿——一种拙劣的广告创作技巧/胡记芳//中国广告 1995-02
- 南北广告意识比较谈/邯郸//理论观察 1995-01
- 年鉴广告构图的四大立意原则/杨汉平//年鉴信息与研究 1995-04
- 农村商标广告谈/陈大明//中国工商管理研究 1995-02
- 评《公关广告》等广告系列书/孙文声//中国出版 1995-01
- 期刊广告浅谈/赵小暎//科技与出版 1995-06
- 期刊广告杂议/杨冬伟//编辑学刊 1995-05
- 企业报发布广告应体现为企业服务的编排意图/韩立伟//新闻三昧 1995-03
- 企业广告创意方法/荆林波//税收与企业 1995-03
- 企业广告决策的模型优化和模拟/胡介埙//浙江大学学报（工学版）1995-05
- 企业广告——你可不能千篇一律/戴军//经营管理者 1995-10
- 企业广告浅述/万小鹭//冶金管理 1995-06
- 企业广告巧设计/田晖//税收与企业 1995-10
- 企业广告市场环境分析/成刚//科学·经济·社会 1995-04
- 企业广告与营销策略的统一/刘鸿燕//开发研究 1995-06
- 企业拒打广告浅议/秦玉明//攀枝花大学学报 1995-01
- 企业如何做好广告宣传/周长华 徐友昌//经济论坛 1995-05
- 企业形象广告是耶非耶？——上海新闻出版局举行专题研讨会侧记/魏永 贾亦凡//新闻记者 1995-06
- 浅论广告创意/陆少游//常州技术师范学院学报 1995-02
- 浅谈报刊广告设计/仲文华//企业家天地 1995-05
- 浅谈报业广告面临的新形势——从省级党报广告业务现状谈起/周斌 赵成君//传媒观察 1995-05
- 浅谈比较广告的设计方法/李中榜//公关世界 1995-05
- 浅谈广告档案的建立/朱美珍//浙江档案 1995-04
- 浅谈广告的负面效应/李书华//广西会计 1995-10
- 浅谈广告诉求定位/彭庆环//广东农工商职业技术学院学报 1995-01
- 浅谈广告语的特征和更迭/张振华//贵州商专学报 1995-02
- 浅谈广告语言文字写作/孟凡章//新闻前哨 1995-04
- 浅谈商品广告语言的修辞艺术/彭文//吉首大学学报（社会科学版）1995-04
- 浅谈商业广告词语与消费者心理/苏向红//湖州师范学院学报 1995-01
- 浅谈虚假广告的表现、原因及治理/魏永才 卢文培//中国工商管理研究 1995-11
- 浅谈运用广告策略进行影片宣传/张文炯//新闻采编 1995-04
- 浅探广告语言的艺术手法/刘凤玲//广州师院学报（社会科学版）1995-04
- 浅议公关广告/岳喜林//广西商业高等专科学校学报 1995-01
- 浅议广告成语现象/郭爱荣//兵团党校学报 1995-03
- 强化广告监督管理/冉志强//中国工商管理研究 1995-10
- 强化广告意识 增强竞争能力/以体洁//年鉴信息与研究 1995-04
- 巧妙用修辞 广告增魅力/刘泽民//北京市财贸管理干部学院学报 1995-02
- 巧言妄语 众所共恶——话说虚假广告/杨爱军 吴东平//工商行政管理 1995-03
- 切入对象本性——鲁迅和广告谈/顾智敏//鲁迅研究月刊 1995-03
- 让“伪成语”走出广告/张启跃//决策与信息 1995-08
- 人情味：淡化广告商业气息的妙招/陈桂良//商业经济与管理 1995-06
- 认真执行《广告法》/纪尧文//中华医院管理杂志 1995-05
- 认知策略在广告设计中的应用/王辉 张侃 郭素梅 时勘 朱新明//心理学动态 1995-04
- 日本的广告管理一瞥/祝少军//北京工商 1995-02
- 日本企业与广告/任丽青//上海大学学报（社会科学版）1995-02
- 如何充分发挥广告的促销作用/乔瑞中 刘爱群//佳木斯大学学报（自然科学版）1995-01
- 如何到广告公司求职/叶茂中//人才开发 1995-12
- 如何判定广告的真实与虚假/王树军//工商行政管理 1995-20
- 如何准确理解广告英语/张建佳//郴州师范高等专科学校学报 1995-04
- 商标广告与名牌战略——兼谈工商行政管理在实施名牌战略中的作用/曹士新//知识产权 1995-01
- 商标与广告中的有趣现象：生物受宠/孙剑峰//企业销售 1995-11
- 商家广告渐入佳境/赵强//工商行政管理 1995-03
- 商品广告的标引/金巍//图书情报论坛 1995-01
- 商品广告的创作艺术与营销效应/杨虹//湖南师范大学社会科学学报 1995-01
- 商品广告诗效应浅说/李作俊//广东商学院学报 1995-01
- 商品广告与社会风气/贾晞儒//青海民族学院学报（社会科学版）1995-01
- 商品价格也应广而告之/胡建国 钟金莲//经济师 1995-09
- 商业广告的“多”与“少”/姚岱//中国工商管理研究 1995-11
- 商业广告面面观/潘西令//楚天主人 1995-05
- 商业广告写作刍议/岳喜林//理论与当代 1995-04
- 商业信函：第五大广告媒体/吴言//经济与信息 1995-11
- 商业银行与公共关系广告——初探银行如何开展广告宣传/俞浩进//南方金融 1995-01
- 商战中的广告大交锋——企业营销策略探微/谈进彪//甘肃省经济管理干部学院学报 1995-01
- 神州涌动广告潮——写在《广告法》实施第一年/王雄文//新闻知识 1995-09

◎十年磨一剑，至今难出鞘——步履维艰的广告代理制/刘云峰//现代传播-北京广播学院学报 1995-03
◎时尚未必真英雄——几种广告流行病透析/朱厚玉//公关世界 1995-05
◎实施《广告法》查处违法广告/卢绳祖//群言 1995-06
◎实施《广告法》，保证广告业健康发展/王纪平//北京工商 1995-04
◎世界广告业巨子克罗尔/任之文//企业研究 1995-06
◎市场营销中的广告策略/吴玮//重庆工学院学报 1995-02
◎试论公关广告的逻辑定位/黄骏//中国广告 1995-01
◎试论广告传播与社会流行的联系及控制/李军//武汉冶金管理干部学院学报 1995-03
◎试论广告效果测定/施志坚//上海管理科学 1995-06
◎试论广告业的监督管理/邵利红//中国工商管理研究 1995-02
◎试论广告语与打开市场的关系/陆佩鹤//国际经贸探索 1995-04
◎试论广州市广告业的特点和发展策略/邓顺国//情报理论与实践 1995-05
◎试论特殊广告的推销效应/刘志远//焦作大学学报 1995-02
◎试论中国广告代理制/黄庆//广西商业高等专科学校学报 1995-02
◎试论走出广告误区的策略/金多才//河南省政法管理干部学院学报 1995-02
◎试谈广告的永续开发/应兴隆//新闻传播 1995-05
◎试谈广告语言的真善美/朱茂汉//赣南师范学院学报 1995-04
◎试谈科技期刊广告信息的开发利用/陈奇平//情报探索 1995-02
◎试析广告活动的发展趋势/孙长清//情报杂志 1995-05
◎试析广告情报中 Zapping——广告躲避现象/杨文霞 苏永//情报杂志 1995-04
◎试析模糊语言在广告写作中的负效应/赵寅//贵州警官职业学院学报 1995-03
◎书面广告用语中的不规范现象/唐韵//四川师范学院学报（哲学社会科学版）1995-05
◎双关广告评析/李延文//学习论坛 1995-04
◎俗广告的兴起——欧洲广告业误入歧途了吗/胡军//国际市场 1995-10
◎诉求对象与广告语言的选择/荔枝//修辞学习 1995-02
◎台湾广告界“守门人”汪志龙的故事/卢泰宏李世丁//中外管理 1995-08
◎台湾市场中广告言语文化的特色/方珍平//公关世界 1995-02
◎谈比较广告的法律规定/赵善徽//大连干部学刊 1995-04
◎谈广告的思想性、真实性、艺术性/汪建新//求实 1995-03
◎谈广告文案设计中“押韵”技巧的运用/黄明光//中国广告 1995-02
◎谈谈广告业务的财务管理与会计核算/游品世//财会通讯 1995-04
◎探索广告监管的新路子/邝思坚//工商行政管理 1995-15
◎挑信息广告之“刺”/毛惠辉//调研世界 1995-04
◎透析虚假广告/文飞//人民政坛 1995-06
◎外商进入上海广告业/雅舟//经济世界 1995-01
◎违反广告法应当承担的法律责任/江海//云南大学学报（法学版）1995-03
◎未来即是现在——中国广告业纵横谈/戴云峰//理论观察 1995-01
◎我国广告公司现状及发展建议/尹春兰//山西财经大学学报 1995-01
◎我国广告业前景辉煌/赵国华//河北学刊 1995-03
◎我国企业请名人作广告应注意四个问题/蒋先波//经济师 1995-02
◎我国违法广告例谈/陈大明//企业家天地 1995-09
◎无孔不入的商业广告（一）/王常在//光彩 1995-11
◎无孔不入的商业广告（二）/王常在//光彩 1995-12
◎五花八门的香港广告/吴育频//贵州理论观察 1995-01
◎五则竞销广告接受公众评判/高丕烈//企业销售 1995-11
◎武汉市户外广告存在的问题及对策/向庆平 张民仰 辜孝勇//学习与实践 1995-09
◎西方商流大潮中的名人广告/王慧农//学习月刊 1995-05
◎喜看中国广告“吃螃蟹”/郑永辉//企业销售 1995-07
◎县市报广告存在的问题及对策/袁宝银//青年记者 1995-02
◎现代广告传播与社会流行/胡桂林//江汉大学学报 1995-02
◎现代广告的战略使命/陈乙//企业销售 1995-12
◎现代广告语言与中国传统文化/王义平//淮阴师范学院学报（哲学社会科学版）1995-04
◎现代企业家应具备的九种广告意识/汪建新//江西社会科学 1995-08
◎现代市场营销中的广告设计/王伟光//沈阳师范学院学报（社会科学版）1995-04
◎香港广告业趣谈/于彦北//外向经济 1995-10
◎消亡或繁荣：未来广告业面临选择/田颖慧//中国广告 1995-01
◎小点子大广告/江山//企业研究 1995-02
◎心理失衡和语言吸引——广告创意评析/凌云//语言文字应用 1995-01
◎新潮广告 拒绝美女/江广陵//企业研究 1995-03
◎新闻媒介广告的新思考/陈锡周//新闻记者 1995-01
◎新闻媒体拜倒在广告脚下/蹊岭//决策探索 1995-04
◎新闻与广告的界限在哪里？/朱铭佐 陈金山//传媒观察 1995-04
◎信函广告 千张万张入户来/李春来//供销员之友 1995-12
◎行为广告透视/辛宪//商业文化 1995-05
◎行销大战的黑马：公关广告/刘庆孝//齐鲁艺苑 1995-04
◎形象广告的内容及其应坚持的原则/李文//兰州商学院学报 1995-02
◎虚假广告的产生与消费心理/赵云芬//荆门大学学报（哲学社会科学版）1995-03
◎虚假广告的法律责任/纪琳//特区理论与实践 1995-10
◎虚假广告及其治理/孙在国//重庆商学院学报 1995-03
◎野狼 台湾广告策划的一个神话/颜伯勤//供销员之友 1995-05
◎依法治广告——写在《广告法》施行之际/吴东林//北京工商 1995-02
◎依托商场进行广告代理探/吴志华//江苏商论 1995-05
◎应当警惕广告对青少年的心灵侵害——谈广告的社会效应问题/赵永建 王琳//周口师范学院学报 1995-S2
◎应加大广告执法力度——关于辽宁省电视、报纸广告检查的专题报告/李冰//工商行政管理 1995-17
◎用法律规范新闻媒介的广告发布/张启才//新闻采编 1995-01
◎用法律筑起商品与消费者之间的桥梁——介绍《中华人民共和国广告法》/阿藤//北京观察 1995-06
◎优化广告投资的客观标准/韩强//新疆大学学报（哲学社会科学版）1995-03
◎幽默广告的力量/李巍//中国广告 1995-02
◎诱导消费心理的广告语言策略/肖群英//赣南师范学院学报 1995-04

⊙语言变异的审美心理探析——从广告语言的变异谈起/张辉//现代外语 1995-02

⊙语言变异和广告创新/陈琪宏//广西大学学报（哲学社会科学版）1995-06

⊙在竞争中拓展报纸广告业/刘晓凤//当代传播 1995-04

⊙在深化新闻改革中发挥广播广告优势/赵林//当代传播 1995-05

⊙在中国树立知名度——美国大公司广告战的新动向/徐景东//新闻记者 1995-07

⊙怎样举办科技展览会/高昌文//中国科技产业 1995-01

⊙增强广告效果的策略——谈引起注意/彭维文//工业工程 1995-02

⊙真善美——电视公益广告的美学追求/潘泽宏//湘潭大学社会科学学报 1995-05

⊙睁大眼睛看“广告”/乔燕飞//政工学刊 1995-05

⊙正确认识和把握广告的导向作用/蒋祖煊//学习导报 1995-06

⊙中国大陆电视广告的资讯内容/陈家华//新闻与传播研究 1995-02

⊙中国古代商标与广告发展史初探/刘志 //湖南包装 1995-04

⊙中国广告协会第四次会员代表大会开幕词/王众孚//工商行政管理 1995-Z1

⊙中国广告业：有了新规矩/玉晨//理论观察 1995-01

⊙中国广告业及其发展构想/李玉兰//国际商务研究 1995-05

⊙中国广告业增长全球第一//重型汽车 1995-04

⊙中国广告业走上规范化法制化轨道/肖强//中国对外贸易 1995-03

⊙中国期刊广告设计的发展/田剑云//中国出版 1995-12

⊙中国企业的广告创新/朱厚玉//公关世界 1995-08

⊙中外报纸广告的不同特点及其原因/潘玉鹏//复旦学报（社会科学版）1995-03

⊙中外广告魅力谈/余忠//新闻传播 1995-06

⊙忠告广告商/此言//公关世界 1995-10

⊙重庆广告业的发展机遇与前瞻性的应对/罗志上//重庆商学院学报 1995-03

⊙主题：广告法//现代传播-北京广播学院学报 1995-03

⊙走出广告误区 展现广告魅力/刘卫衡//株洲工学院学报 1995-02

⊙走向低谷的广告业/华始//城市开发 1995-05

1996 年

⊙’95 广告违法现象面面观/张惠琪//北京工商 1996-02

⊙“大喊大叫”的图书——图书广告趣谈/李中榜

⊙“单相思”与“对牛弹琴”/阿微//中国广告 1996-02

⊙“反广告”的攻心特点/万军//公关世界 1996-02

⊙“公开意识”加盟广告/张宗洲//企业研究 1996-01

⊙“广告征服战”的“诱惑”技法大观/翟峰 曹蓉//秘书 1996-02

⊙“垃圾”广告扰人心烦/江潮 任流//乡镇论坛 1996-06

⊙“企业形象广告”偏差论/李春//新闻大学 1996-02

⊙“小霸王”现象启示——一个成功广告的战略分析/王宜川李东林//中国广告 1996-01

⊙“新飞广告做得好 没有新飞冰箱好”“新飞广告”说优劣/赵建华//科技智囊 1996-02

⊙“悬念广告事件”一波三折——郑州电视台状告龙马公司名誉侵权/王建新//广告大观（综合版）1996

⊙《广而告之》——真·善·美/潘泽宏//电视研究 1996-09

⊙95 中国广告界引人注目的几件事/范鲁彬//中国广告 1996-02

⊙POP 广告浅谈/胡俊斌//商场现代化 1996-07

⊙嘎纳国际广告节的感受与启示/苍震华//中国广告 1996-04

⊙百万寻呼闹京城 传播广告待规范/罗伟 吴志刚//北京工商 1996-07

⊙报纸广告长短论/孙伟//新闻前哨 1996-02

⊙报纸广告创意断想/张士龙//新闻前哨 1996-02

⊙报纸广告经营的实证研究/张卫平 郭新媛//中国广播电视学刊 1996-12

⊙报纸广告艺术与受众心理/陈希//中国广告 1996-03

⊙被广告“包围”的日子/吴晓波//南风窗 1996-01

⊙必然趋势：广告业的联合与持股兼并/陈颖涛//中国广告 1996-03

⊙标本兼治 坚持不懈抓好广告市场秩序——谈今年广告监督管理工作思路要点/郑和平//工商行政管理 1996-Z1

⊙病态广告何时休//外向经济 1996-02

⊙不能忽视广告的导向作用/姚连学//经营管理者 1996-12

⊙不正当竞争性广告的种类和法律对策/刘燕//中外企业家 1996-Z1

⊙不做总统就做广告人/李中榜//企业销售 1996-06

⊙布尔希科的成败与中国广告界//中国青年研究 1996-05

⊙策划 广告的灵魂/刘庆军//青年记者 1996-01

⊙产品生命周期与广告策略/汪建新//企业经济 1996-09

⊙成功从策划开始——广州蓝色创意广告公司金福米广告个案纪实/宋言//广告大观（综合版）1996-07

⊙刍议出版社图书广告中的误区及对策/薛培华//出版与印刷 1996-02

⊙传媒发布虚假广告意味什么？/子枚//新闻记者 1996-11

⊙传统文化与现代广告/易斌 欧阳天红//中国包装工业 1996-06

⊙创作具有中国特色的电视广告/谭希松//电视研究 1996-09

⊙春风化雨 润物无声——谈谈广告中的社会主义精神文明建设/郭爱荣//兵团党校学报 1996-05

⊙从“南方黑芝麻糊”谈广告的情感化策略/莫敏//广西大学梧州分校学报 1996-01

⊙从广告引发的思考——浅议对外宣传与广告宣传的区别与联系/刘志坚//对外大传播 1996-08

⊙从两幅广告的创意谈起/严瑜仲//饰 1996-02

⊙打住！贬低性广告/马忠勤//北京工商 1996-01

⊙大众传播功能与广告的真实性/王兴华//浙江传媒学院学报 1996-04

⊙当代广告中的企业文化精神/文言//企业文化 1996-01

⊙当前广告创作应处理好几个关系/阿微//中国广告 1996-01

⊙当前广告使美宣传的特征及误区/甘明远

⊙点歌：广告新冲击/王亚平//经贸导刊 1996-04

⊙电视：企业最佳广告媒体/张冰//电视研究 1996-06

⊙电视公益广告——精神文明宣传的轻骑兵/陈昌频 刘颐静//声屏世界 1996-S1

⊙电视广告：美丽的诱惑/王茜//青年记者 1996-01

⊙电视广告的地域特色/杨斌//视听界 1996-02

⊙电视广告的回忆率回归方程/赵心耘 施志坚//外国经济与管理 1996-01

⊙电视广告的集约购买策略/徐益//中国广告 1996-02

⊙电视广告的文化断想/潘一禾//学习与思考 1996-04

⊙电视广告三题/张允若//中国广播电视学刊 1996-09

⊙电视广告琐议/张允若//新闻传播 1996-06

⊙电视广告形象选择的五个误区/谢静 李运波//新闻记者 1996-01

◎电视广告要适合观众心理/姜建山//中国广播电视学刊 1996-06
◎电视广告语言探微/张兰英//邢台师范高专学报 1996-01
◎电视广告知多少//广告大观（综合版）1996-04
◎电视广告智能编排/林锦贤//福州大学学报（自然科学版）1996-06
◎电视广告中的女性形象/杨斌//声屏世界 1996-03
◎电视广告中的人物形象/谢静 李运波//中国广告 1996-04
◎电视广告资讯内容减少的原因/李文//兰州商学院学报 1996-04
◎电台广告的成功诀窍/俞蓓迪//新闻大学 1996-02
◎对东欧贸易的广告策略/李开//投资理论与实践 1996-03
◎对发展我国广告代理制的思考/王艳//重庆商学院学报 1996-03
◎对禁止使用专利申请做广告的思考/张百伟 张哲敏//知识产权 1996-03
◎对我国广告信息中欺骗现象的若干思考/奚莉莉//广东商学院学报 1996-04
◎多媒体广告——商业领域中一种新的市场工具/俞海洛//光盘技术 1996-01
◎发挥县报优势 开辟广告途径/韩书成//新闻知识 1996
◎发挥优势积极竞争开拓报纸广告事业新天地/吴锡仁//青年记者 1996-02
◎发展广告业与树立新观念/朱卫民//新闻前哨 1996-01
◎法国的广告业/陈云卿//管理科学文摘 1996-03
◎方寸之间窥世界——漫谈驰名商标与广告策略/王兴科//中华商标 1996-04
◎丰富多彩的高科技广告/大甲//商业文化 1996-01
◎佛山地区四类广告媒体受众调查/裴万辉//佛山科学技术学院学报（自然科学版）1996-05
◎给您一个完美的梦——浅谈需要心理在广告设计中的应用/李中榜//公关世界 1996-07
◎公关广告创意的八大战略/尹发跃//现代交际 1996-02
◎公关广告定位与形象定位/尹发跃//现代交际 1996-11
◎公关广告如何分类——与干勤老师商榷/陈瑜//公关世界 1996-08
◎公害广告——何日被逐出生活空间/凯兰//广告大观（综合版）1996-01
◎公益广告 一道美丽的风景线/丁亚鹏//广告大观（综合版）1996-09
◎公益广告：一道绚丽多彩的风景线/沈玉春//南方论刊 1996-Z1
◎公益广告的设计策略/陈伊娜 华宇//新闻爱好者 1996-11
◎公益广告面面观/丁亚鹏//公关世界 1996-10
◎公益广告让我为你歌唱/张再忠 白英俊//工商行政管理 1996-20
◎公益广告语言的感情策略探析/于凤静//鞍山钢铁学院学报 1996-03
◎古典广告对联对现代广告词写作的启示/陈在东//石油大学学报（社会科学版）1996-03
◎关于二类广告的法律思考/刘云峰//现代传播-北京广播学院学报 1996-04
◎关于广告表现的困惑/林岚涛//中国广告 1996-03
◎关于广告的学问/俞卓立//云南民营科技 1997-01
◎关于户外广告的开发/裘东明//中国广告 1996-03
◎管好广告要重视监督环节/刘小平//工商行政管理 1996-04
◎广播广告创意二十金律/王建文//广告大观（综合版）1996-03
◎广播广告的创意、制作及艺术魅力——试析几则获奖广播广告的特色/李力//中国广播电视学刊 1996-06
◎广而告之 财源茂盛——商业广告的作用及策划/李家柱//中国商贸 1996-13
◎广告“八忌”/箴玉//广告大观（综合版）1996-10
◎广告：瞄准女人/林西//经贸导刊 1996-09
◎广告——沟通产销的桥梁/张向荣//宁夏科技 1996-03
◎广告必须守规矩/曹汉基 刘保民//广告大观（综合版）1996-12
◎广告必须追求效应/柳文//市场观察 1996-06
◎广告标题的创作原则/蒙坚//石油大学学报（社会科学版）1996-02
◎广告不可忽视社会效益/曾毅平//广告大观（综合版）1996-06
◎广告不是“语言游戏”/周剑//公关世界 1996-06
◎广告策划的 Petri 网模式/喻宗斌 王浣尘 熊刚//系统工程理论方法应用 1996-03
◎广告策划十步曲/艾辅仁程桢//广告大观（综合版）1996-06
◎广告策划与品牌定位/程春生//公关世界 1996
◎广告传播新大陆：Internet/谢永红//中国计算机用户 1996-S1
◎广告创意 不能离谱/周红军//广告大观（综合版）1996-09
◎广告创意的审美性与科学性/贾明//出版与印刷 1996-03
◎广告创意个案评析/华言//经营管理者 1996-04
◎广告创意谋略种种（上）/纂玉宁//广告大观（综合版）1996-01
◎广告创意能力培养初探——天津市职工纺织学院附属正源广告职业学校广告教学实践/韩玉琳//中国广告 1996-01
◎广告创意释意试例/郭春萍//南京经济学院学报 1996-03
◎广告创意与传播致效/王放//新闻三昧 1996-06
◎广告创意原则三论/孙瑞祥//中国记者 1996-08
◎广告吹牛要“上税”/尚云//科技智囊 1996-03
◎广告从业人员：具良知，就大胆称广告人/阿微//中国广告 1996-03
◎广告代理制若干问题探讨/詹扬//福建法学 1996-03
◎广告当以“信”为本/光启//投资北京 1996-12
◎广告导向问题浅析/赵晨//报刊之友 1996-06
◎广告的“民族情结”与“现代观念”——法国“坎城国际广告节”归来之思考/李谋//中国广告 1996-04
◎广告的创意与设计/钱朝阳//上海大学学报（社会科学版）1996-02
◎广告的代价和效益/周宏//企业销售 1996-04
◎广告的科学性 艺术性 真实性/曹小红 马斌//广东农工商职业技术学院学报 1996-03
◎广告的社会文化定位与其艺术表现力/马晓燕//兰州商学院学报 1996-02
◎广告的文化意味/潘向光//杭州大学学报（哲学社会科学版）1996-03
◎广告的艺术与骗术/黄绍安//经贸导刊 1996-03
◎广告法律问题及对策思考/贡志军 彭江民//河北法学 1996-05
◎广告法实施诸问题初探/马云升 改洪琴//中国工商管理研究 1996-02
◎广告费 300 亿谁能分杯羹/杜峻晓//广告大观（综合版）1996-05
◎广告公司你愿意为谁代理——关于“代理”问题的经济学思考/薛维君//中国广告 1996-02
◎广告攻心术故弄玄虚/西玲//经济工作月刊 1996-01
◎广告构思中的巧妙联想/熊立胜//公关世界 1996-03
◎广告观止/吴晓波//南风窗 1996-02
◎广告贵在独创/曾庆均//企业销售 1996-02
◎广告和精神文明建设/赵家新//语言文字应用 1996-03

⊙广告活动中不正当竞争行为的表现与控制/王瑞龙//中南民族学院学报（哲学社会科学版）1996-05
⊙广告价格的构成、影响因素及趋势分析/罗萍 林邦豪//福建论坛（经济社会版）1996-06
⊙广告经营者及发布者应当核实哪些广告内容//法制与经济 1996-02
⊙广告究竟有多广？/李舫//广告大观（综合版）1996-02
⊙广告巨子——利奥·伯内特/龚刚//领导文萃 1996-08
⊙广告媒介的文化透视/吴艳 高炜//内蒙古财经学院学报 1996-04
⊙广告铺天盖地/于晓明//发明与革新 1996-09
⊙广告取胜之道——突出主题 适当夸张/东白//广告大观（综合版）1996-08
⊙广告人 也应走正门/雷莉//新闻前哨 1996-01
⊙广告人的窘境/潘向光//广告大观（综合版）1996-03
⊙广告人的职业道德/张晓光//中国广告 1996
⊙广告人下跪：挑战尊严？——下跪者："决不后悔"反对者："有损人格"造成者："勇气可嘉"/张卉 顾学文//广告大观（综合版）1996-12
⊙广告人下跪事件缘由——广告业呼唤尊重智力劳动/来云//中国广告 1996-04
⊙广告人与读书/徐智明//广告大观（综合版）1996-09
⊙广告认知检测/张梅琳//上海大学学报（社会科学版）1996-02
⊙广告商品侵权的分析与对策/丁聪//吉林省经济管理干部学院学报 1996-01
⊙广告设计的思维过程及其影响因素/李亦菲 朱新明 张侃//心理学报 1996-01
⊙广告设计中的创意初探/刘心慧//装饰 1996-02
⊙广告审美的崇高、善、真/镡立勇//公关世界 1996-12
⊙广告是否已入误区？/上官见广//技术经济与管理 1996
⊙广告是什么——并非老生常谈/李文明 庞家琦//中国广告 1996-01
⊙广告受众的文化心态浅析/张爱玲//经济师 1996-06
⊙广告文案撰写实质问题的再确定/胡晓云//中国广告 1996-03
⊙广告误导莫小视/胡守文//广告大观（综合版）1996-06
⊙广告信息污染/赖晓云//中国广告 1996-04
⊙广告信息与消费行为/张伟//图书与情报 1996-04
⊙广告行为·符号·文化/杨海涛 高炜 吴艳//内蒙古财经学院学报 1996-02
⊙广告行为的道德软化及其矫正/章小波//苏州大学学报（哲学社会科学版）1996-04
⊙广告行为及其定量化研究/骆品亮//工业技术经济 1996-02
⊙广告形象初探/苏宏元//广告大观（综合版）1996-12
⊙广告宣传必须重视精神文明/史林杰//当代传播 1996-06
⊙广告宣传应符合社会道德的要求/刘亚文//开发研究 1996-05
⊙广告要符合精神文明要求/王众孚//广告大观（综合版）1996-08
⊙广告也要讲导向/田国栋//广告大观（综合版）1996-07
⊙广告业 吃创意饭/孙宇光//广告大观（综合版）1996-02
⊙广告业 改革的晴雨表/宋言//广告大观（综合版）1996-01
⊙广告业，从无序走向有序/叶丽敏//南风窗 1996-02
⊙广告业的未来之路/游淑秀//企业文化 1996-01
⊙广告用语面面观/龚文俊//江苏外语教学研究 1996-02
⊙广告幼稚病/寇成茂//广告大观（综合版）1996-11
⊙广告与公关的汇流已成定势/蔡惠平//公关世界 1996 06
⊙广告与逻辑思维/温华//江汉大学学报 1996-02
⊙广告与现代企业营销/胡燕//经济论坛 1996-24
⊙广告与信息传输浅说/袁磊//皖西学院学报 1996-04
⊙广告语言的创新与规范化/王春//连云港职业技术学院学报 1996-02
⊙广告语言探微/霍西民//北京市经济管理干部学院学报 1996-03
⊙广告语言艺术浅析/王苹//宁波大学学报（教育科学版）1996
⊙广告语言应注意的几个问题/刘红//喀什师范学院学报 1996-01
⊙广告战略与名牌意识/文华 红芹//广西质量监督导报 1996-02
⊙广告战略在企业竞争中成功适用的初步研究/吕龙德//热带农业工程 1996-02
⊙广告真实性的界定与广告的困境/夏清华//江汉论坛 1996-03
⊙广告中"谐音成语"文化现象透视/陈莎//修辞学习 1996-06
⊙广告中的女性视觉形象创意及文化意义/曹方//南京艺术学院学报（美术及设计版）1996-01
⊙广告中的女性形象及其他/潘一禾//中国青年研究 1996-06
⊙广告中关于心理特性应用的探讨/林建宁 陆建尚//南京经济学院学报 1996-04
⊙广告主：你为什么需要代理——关于"代理"问题的经济学思考/薛维君//中国广告 1996-01
⊙广告主：谁能为你代理/薛维君//中国广告 1996-04
⊙国际广告业务蓬勃发展/刘林森//广告大观（综合版）1996-04
⊙国家工商局局长王众孚撰文：广告要符合精神文明要求//北京工商 1996-09
⊙国外电视广告创意谈/刘友林 王智军//企业经济 1996-05
⊙国外商业广告活动的管理艺术/章明//广告大观（综合版）1996-03
⊙海湾国家广告业发展迅速/王生元//广告大观（综合版）1996-11
⊙韩国对传播虚夸广告者判刑/东方//经济世界 1996-12
⊙轰动广告究竟轰动什么/杨晓渝//企业销售 1996-01
⊙户外广告发展与管理/赵公霖//福建论坛（经济社会版）1996-06
⊙话说"广告"/刘绍泉//经贸导刊 1996-08 美国的广告管理/潘惠德//广告大观（综合版）1996
⊙话说"新飞广告"/赵建华//广告大观（综合版）1996-01
⊙计算机动画在电视广告制作中存在的问题及解决办法/梁郑丽//电视字幕·特技与动画 1996-01
⊙纪文凤：抢占世界最大的广告市场/艾辅仁 施养德//广告大观（综合版）1996-07
⊙纪文凤：抢占世界最大的广告市场/艾辅仁施养德//广告大观（综合版）1996-07
⊙加拿大广告基金会的《广告争议处理程序》/安青虎//工商行政管理 1996-24
⊙加拿大广告基金会的《性别描绘准则》/安青虎//工商行政管理 1996-18
⊙加强电视公益广告 推动精神文明建设——杨伟光副部长在首届全国电视公益广告题材规划会上的讲话//电视研究 1996-06
⊙加强监督管理 禁止新闻广告/贾移林//中国广告 1996-02
⊙价格与广告/卢荣铸//价格月刊 1996-10
⊙坚持广告正确导向 办好具有中国特色的社会主义广告/杨伟光//电视研究 1996-11
⊙简论广告宣传的心理学基础/董原//科学·经济·社会 1996-03
⊙借助广告的智慧创造商家的辉煌——评《广告与传媒》/陈月琴//美术之友 1996-06
⊙经典创意诞生 CLIO 广告大赛启示录/白俊良全忠//广告大观

（综合版）1996-09
⊙警惕：广告污染/高金章 张彦军//连锁与特许 1996-03
⊙净化广告荧屏 培养文明鉴赏心理/曹登松//声屏世界 1996-09
⊙竞标惊心动魄 秦池报出天价——中央电视台黄金广告时段第三次招标大会纪实/王文寒江//中国酒 1996-06
⊙九十年代中前期全球广告业的基本走势/徐小娟//北京工商大学学报（社会科学版）1996-06
⊙咖啡是什么？——诉求原理在广告设计中的应用/李中榜//公关世界 1996-10
⊙开辟广告三途径/韩书成//新闻记者 1996-07
⊙刊播广告的次数与效果/沈洪//农村百事通 1996-02
⊙刊样备案审查——广告管理的利器/刘燕华//北京工商 1996-04
⊙侃侃广告公司/叶茂中 顾小君//中国广告 1996
⊙看了就想买——试论电视广告的实效性策略/冯嘉元//中国广播电视学刊 1996-06
⊙科技广告正负效应观/张小玲//科技与出版 1996-02
⊙可口可乐广告争霸战/裴莹莹//广告大观（综合版）1996-11
⊙空前的较量——中央电视台 1996 年黄金段位广告招标纪实/王青//市场研究 1996-02
⊙令人困惑的广告/丰之//价格理论与实践 1996-03
⊙旅游业怎样做广告？/欧阳在三//旅游学刊 1996-05
⊙绿巨人·外星人·北京人——隐性广告设计方法/李中榜//公关世界 1996-08
⊙略论"一句话广告"的修辞原则/徐建华//修辞学习 1996-01
⊙略论企业的广告促销与 SP 促销/朱李明//内蒙古财经学院学报 1996-02
⊙论广告的品牌定位/庞绍堂 丁柏铨//南京大学学报（哲学社会科学版）1996-03
⊙论广告的企业文化内涵/罗志上//重庆社会科学 1996-01
⊙论广告的文化气质/祁聿民//中国广告 1996
⊙论广告人的创新意识/陈新民//新闻前哨 1996-04
⊙论广告形象——关于广告的美学阐释/潘知常 林玮//装饰 1996-02
⊙论广告与社会生产力的发展/汪建新//江西社会科学 1996-05
⊙论广告语言的文学化倾向/张弓长//陕西经贸学院学报 1996-01
⊙论广告语言的艺术特色/刘萍//宜春师专学报 1996-03
⊙论广告运动的规律/陈能华//湘潭大学社会科学学报 1996-02
⊙论违法广告的表现及其杜绝途径/范高社//当代经济科学-陕西财经学院学报 1996-04
⊙论虚假广告的治理/马发明//发展研究 1996-08
⊙漫谈电视广告对少年儿童的影响/杨斌//电视研究 1996-01
⊙媒介办广告公司与广告代理制/赵公霖//中国广告 1996-03
⊙媒体广告成为气象部门创收的新路子/李建文 高明亮 王毅//陕西气象 1996-02
⊙媒体广告也要注意舆论导向/王双//新闻知识 1996-11
⊙美国"强生广告学院"随学记/哈筱盈//中国广告 1996
⊙美国电视广告的新变化/徐小娟//广告大观（综合版）1996-12
⊙美国电视广告近 10 年来发展趋势简述/金初高//中国广播电视学刊 1996-06
⊙美国对虚假广告的界定与防范措施/刘宝宏//中国广告 1996-04
⊙美国儿童、青少年和广告/陈晓莉//中国学校卫生 1996-02
⊙美国广告 治假有妙招/方文//广告大观（综合版）1996-09
⊙美国广告学问多/蒙思//同舟共进 1996-04
⊙美国广告业的管理//北京工商 1996-03
⊙美国广告业的作业方式/曹汉基 吴东彬//广告大观（综合版）1996-10
⊙美国广告业一瞥/张振明//广告大观（综合版）1996-08
⊙密集 平实 持久——美国宝洁公司的广告策略//广告大观（综合版）1996-08
⊙民族文化在广告中的应用之我见/耿改智//延安大学学报（社会科学版）1996-03
⊙明星广告，挡不住的诱惑/沈玉春//文明与宣传 1996-10
⊙明星广告的负效应/陈桂良//现代交际 1996
⊙明星广告风正劲/任学路//当代电视 1996-09
⊙能否以新闻报道的形式发布内容真实的商业广告/牛车//中国工商 1996-02
⊙平面广告设计的图象语言/王伟明//苏州教育学院学报 1996-04
⊙平面广告制作系统的新组合/林锋//贵州大学学报（自然科学版）1996-02
⊙评几则人才招聘广告的不良文风/汪又发//中国广告 1996-03
⊙期刊广告媒体的特点和优势/钟天明//编辑学刊 1996-06
⊙企业广告：为何缺少大手笔/汪建新//中国企业家 1996-09
⊙企业广告策划要为实施名牌战略服务/琚耀庆//经济师 1996-01
⊙企业广告媒体的选择和组合/江明华//市场与人口分析 1996-04
⊙企业广告市场环境分析/成刚//经济管理 1996-01
⊙企业广告意识的调查分析/汪建新//经济导刊 1996-05
⊙企业广告运动策略探讨/余序洲//中南民族学院学报（哲学社会科学版）1996-04
⊙企业如何利用广告促销/吴建有 潘高峰//决策借鉴 1996-03
⊙企业形象的广告定位/陈晓永//公关世界 1996-05
⊙浅论广播广告/杨杰//理论月刊 1996-03
⊙浅论广告策划的消费者因素/方世敏//湘潭大学社会科学学报 1996-02
⊙浅论广告与市场文化/钟伟华//韶关大学学报（社会科学版）1996-03
⊙浅谈广告违法行为的原因及对策/陈涛//福建论坛（经济社会版）1996-06
⊙浅谈广告语言的情感性/刘丽珍//广西商业高等专科学校学报 1996-03
⊙浅谈情感与广告的创意/李威//齐齐哈尔大学学报（哲学社会科学版）1996-05
⊙浅谈如何承揽广告/堵燕招//编辑学报 1996-01
⊙浅谈怎样做好广告/书富//重型汽车 1996-04
⊙浅探广告语言的艺术手法/刘凤玲//修辞学习 1996-01
⊙浅析广告促销策略/王嘉信//漳州师范学院学报（哲学社会科学版）1996-03
⊙浅析广告与企业营销环境的关系/聂茂林//内蒙古财经学院学报 1996-02
⊙浅议广告活动及其文化底蕴/刘惠文//新闻知识 1996-11
⊙秦池酒厂 抖出家底做广告/冯学会张忠//企业销售 1996-09
⊙情感诉求广告的设计与应用/周骏宇 陈洪斌//理论月刊 1996-05
⊙全国广告业发展迅猛/宁海//广告大观（综合版）1996-01
⊙让广告的地位斯文一点/王万云//中国广播电视学刊 1996-03
⊙让文案放出光芒/叶茂中 顾小君//中国广告 1996-03
⊙让文章内容与广告相互促进/孙治安 张秀清
⊙日本广告多而有律 杂而有序/于华//广告大观（综合版）1996-08
⊙日本广告业稳固高效的管理/北斗//投资北京 1996-01
⊙如此广告谁敢信/周晓骏杨福平//广告大观（综合版）1996-09
⊙如何提高广告创意力/夏元强//中国广告 1996-02

◎ 如何选择广告公司/钟炜//广告大观（综合版）1996-01
◎ 如何增强广告的视角效果/魏祥迁//华东经济管理 1996-01
◎ 如何正面理解广告的负面效应/郑仁霞//中国广告 1996-03
◎ 软硬结合 以软为本——关于申亚公司广告宣传的调查/戴新华//商业时代 1996-12
◎ 三大广告创意哲学思想价值浅析/苏盈//国际市场 1996-07
◎ 商品广告信息要素研究/李冠强//审计与经济研究 1996-05
◎ 商品广告中的著作权问题初探/李明发//政法论坛 1996-01
◎ 商业广告策划原则初论/谭建林//湖南税务高等专科学校学报 1996-01
◎ 上海房产广告趋平实/李明洁//广告大观（综合版）1996-04
◎ 社会学组织"卡桑德拉"论俄国广告业/陈云卿//管理科学文摘 1996-07
◎ 社会主义广告管理的使命/汪建新//中国工商管理研究 1996-07
◎ 时尚文化的广告/潘向光//中国广告 1996-01
◎ 实业经营与广告创收相结合/高英杰//新闻记者 1996-06
◎ 食品广告管理存在的问题及对策/兰真 魏仁均 毛朝明
◎ 世界各地广告点滴/苏勇//中国广告 1996
◎ 市场经济下电视广告的取向/李铁林//采·写·编 1996-04
◎ 市场营销的广告原则与策略/傅方剑//现代企业 1996-07
◎ 试论 POP 广告的形式和功能/管云林//江苏商论 1996-03
◎ 试论广告创意的情感化策略/孙瑞祥//采·写·编 1996-04
◎ 试论广告需求量的科学测控/张海明//新闻前哨 1996-05
◎ 试论广告与市场竞争/汪涛//山西财经大学学报 1996-04
◎ 试论广告语言的特点/邵新芬//贵州教育学院学报 1996-04
◎ 试论广告真实性标准——从广告的科学性与艺术性谈起/马斌 曹小红//华南热带农业大学学报 1996-01
◎ 试论年鉴广告/苑申成//周口师范学院学报 1996-S2
◎ 试论农业科技期刊与广告/白献晓 薛喜梅//农业图书情报学刊 1996-05
◎ 试论企业广告经济效果及其影响因素/刘晓晓//西北民族学院学报（哲学社会科学版·汉文）1996-01
◎ 试论市场经济条件下企业的广告意识/贾俊环//经济与管理 1996-04
◎ 试论影响广告效果的多元价值/吴恩//兰州商学院学报 1996-01
◎ 试谈有线电视的广告优势/王峰//中国广播电视学刊 1996-12
◎ 试析报纸的双重出售方式与广告/刘永保 刘红//新闻前哨 1996-06
◎ 试析广告中的欺诈行为/赵瑞莲//内蒙古电大学刊 1996-01
◎ 适度与失度——广告中夸张手法的运用/李亚群//吉林商业高等专科学校学报 1996-02
◎ 说广告/叶曙明 黄茵 石娃//南风窗 1996-07
◎ 谈电视公益广告的审美特征/张峰//零陵师范高等专科学校学报 1996-Z1
◎ 谈广告创意及方法/李春燕//石家庄经济学院学报 1996-05
◎ 谈广告创意与思维定势/李艳华//企业销售 1996-05
◎ 谈广告创意与思维定势/林岚涛//商业文化 1996-02
◎ 谈广告的民族文化现象/罗志上//重庆社会科学 1996-05
◎ 谈广告效果的测定/慧明//湖北财经高等专科学校学报 1996-01
◎ 谈广告语言/彭洪//经济与管理研究 1996-01
◎ 谈如何在国际上做广告/高福兰//黑龙江对外经贸 1996-01
◎ 谈商品引入期和衰退期的广告处理/吕梦南//吉林商业高等专科学校学报 1996-01
◎ 谈谈报纸广告中策划活动的运用/汪健//新闻前哨 1996-01
◎ 谈谈广告公司的"广告"/张笑长//广告大观（综合版）1996-02
◎ 谈谈体育广告的运作/苗淑宝//广告大观（综合版）1996-05
◎ 谈谈我国广告中的"洋污染"/杨全红//北京工商大学学报（社会科学版）1996-06
◎ 谈西欧户外广告的特点/顾世鸿//中国广告 1996-03
◎ 提高电视广告水平之我见/景厚//广告大观（综合版）1996-01
◎ 提高广告可信度之我见/杨俊凯 曹建勇 赵春艳//北京商学院学报 1996-02
◎ 通俗性与非通俗性——关于广告语言双重性的思考/万秀凤//上海金融学院学报 1996-04
◎ 突破表层 冲击纵深——中国广告新态势/朱厚玉//企业研究 1996-05
◎ 图书馆也要有"广告"意识/张美华//图书馆界 1996-01
◎ 推进报纸广告经营市场化/魏德中 李淑娅//青年记者 1996-02
◎ 脱俗·和谐·健康·真实——谈报纸广告设计/韩振涛//青年记者 1996-02
◎ 外国广告公司进入中国市场应有多高的期望值？/周福仁//商业研究 1996-09
◎ 外国广告片好在哪/李四雄//中国广告 1996-01
◎ 完善管理体制 规范广告行为/杨爱梅//广西商业高等专科学校学报 1996-03
◎ 王众孚同志在全国广告监督管理工作座谈会上的书面讲话//工商行政管理 1996-18
◎ 违法广告十个典型案例//工商行政管理 1996-07
◎ 潍坊 企业乐做广告/鲁文//广告大观（综合版）1996-10
◎ 伟人广告效应/廖万军//公关世界 1996-04
◎ 文化·文化·文化——让广告更靓 使商标更帅/陈大明//经济工作月刊 1996-05
◎ 文化承传中的华文广告/郦辉//广告大观（综合版）1996-02
◎ 问题与对策——析国营广告公司的生存与发展/王濂洪//中国广告 1996-02
◎ 我看广告/孙喜庆//现代传播-北京广播学院学报 1996-06
◎ 我省广告业的现状问题与发展的思考/张晓//福建论坛（经济社会版）1996-06
◎ 我是广告人/杨海涛 孙玉梅 马林 侯燕钦//时代风采 1996-04
◎ 吴氏广告创意十五法/吴晓波//广告大观（综合版）1996-05
◎ 五花八门的台湾报纸广告（上）/晓言//广告大观（综合版）1996-03
◎ 五花八门的台湾报纸广告（中）/晓言//广告人观（综合版）1996-04
◎ 五花八门的台湾报纸广告（下）/晓言//广告大观（综合版）1996-05
◎ 西方广告业面临社会老龄化挑战/肖起//广告大观（综合版）1996-11
◎ 现代电视广告的隐性价值误导/张国功//声屏世界 1996
◎ 现代公共关系与广告/刘建平//北京市财贸管理干部学院学报 1996-03
◎ 现代广告表现的特殊性与广告文写作的研究/张庆晋//北京经济了望 1996-03
◎ 现代广告设计：场景·时效·创意·规划/朱春华//苏州大学学报（工科版）1996-S1
◎ 现代广告文化的阐释及其功能/杨海涛//内蒙古财经学院学报 1996-03
◎ 现代广告与消费者行为/赵小坚//经济与信息 1996-12
◎ 香港广告界的冒尖人物——纪文凤/何萍//中国工商 1996-03

⊙小论广告业/沁源//中国集体经济 1996-04
⊙小议分类广告/姚福申//新闻记者 1996-12
⊙写在“广告”边上/李尚才//公关世界 1996-04
⊙新疆广告业面临的机遇与挑战/刘晓凤//当代传播 1996-05
⊙新闻媒体加强广告审查该是当务之急/李桥 贾德俊//新闻传播 1996-06
⊙信息时代的广告新媒体——电子传单/慕岩//电子出版 1996-03
⊙信息在广告中的应用/李淑娅//青年记者 1996-01
⊙行走着的广告/叶茂中 顾小君//公关世界 1996-06
⊙虚假广告 你不能再逍遥/戎天豪 晓君//光彩 1996-08
⊙虚假广告=企业自杀——韩国依法管理商业性广告一瞥/黎龙清//前线 1996-08
⊙虚假广告及其判定标准/黎广胜 黄川//法制与经济 1996-06
⊙虚假广告屡禁不止的原因与对策/孙鹏杰//中国工商管理研究 1996-11
⊙虚假广告——骗你没商量/长弓//中国质量万里行 1996-06
⊙虚假广告问题的危害根源及治理研究/张洪富//科技智囊 1996-06
⊙玄虚广告：花环下的陷井/张金龙//文明与宣传 1996-12
⊙寻找丢失的“草帽”——对当今电视广告文化的一点浅见/陈昌频//声屏世界 1996-04
⊙亚洲广告市场增长迅速“国际化”成广告制作方向/陆文//广告大观 1996-08
⊙亚洲会展市场动向/许兴臣//旅游研究与实践 1996-02
⊙严厉打击虚假广告势在必行/赵国华//经济论坛 1996-03
⊙洋广告巧打“中国牌”/陈菊//文明与宣传 1996-09
⊙要天使还是要魔鬼——对当今广告观念导向的思考/黄子//广西民族学院学报（哲学社会科学版）1996-03
⊙也说“谐音广告”/李运波//中国广告 1996-02
⊙也说特型演员拍广告/刘章西//学习月刊 1996-07
⊙也谈“换字广告”/戚晓杰//语文建设 1996-02
⊙也谈广告的多与少/周筱莲 庄贵军//价格与市场 1996-09
⊙一个广告人的手记/亦杰//税收与社会 1996-02
⊙一言难尽的广告设计/费爱华//公关世界 1996-01
⊙一则品而有味的广告/李华丰//青年记者 1996-04
⊙以“假”求真的广告策略/赵应宗//文明与宣传 1996-03
⊙以改革求生存 以开拓求发展 以联合求壮大——在 95 中国广告联合总公司成员公司经理会议上的讲话/仇学忠//中国广告 1996-01
⊙异彩纷呈的高科技广告/何忠顺//技术经济与管理 1996-06
⊙用企业文化塑造广告公司自身形象/陈希//中国广告 1996-04
⊙用情感广告推销产品/王新玲//中国广告 1996
⊙用想象包裹真实的艺术——广告真实性浅论/徐凤兰//浙江传媒学院学报 1996-Z1
⊙优秀广告的创作窍门/肖冬 邵林科//企业技术开发 1996-01
⊙幽默广告的特点和作用/吴恩//科学·经济·社会 1996-03
⊙邮购广告存在的问题及监督管理/赵美琪//北京工商 1996-12
⊙有关广告五十强排序的解答/何海明 张树庭//广告大观（综合版）1996-06
⊙有线电视广告业务的开拓与管理探讨/戴勇坤//中国有线电视 1996-09
⊙有效的广告策略——广告的心理学法则/蒋旭峰//南京大学学报（哲学社会科学版）1996-03
⊙怎样辨别信息广告的真伪？/毛惠辉//乡镇经济 1996-02
⊙怎样创新设计有效的广告/司图特·若格斯 张秀玉//北京市经济管理干部学院学报 1996-04
⊙怎样防止在利用信息广告时受骗？/毛惠辉//企业活力 1996-02
⊙怎样界定商业广告//中国工商 1996-12
⊙增强广告意识 提高竞争能力/姚至善//物资流通研究 1996-03
⊙摘除广告肌体中的毒瘤——广告活动中不正当竞争行为的构成与责任/籍恺//北京工商 1996-05
⊙招招新奇特 巧妙各自宜——广告创意个案评析/华言//企业销售 1996-04
⊙睁大眼睛看广告/王峰//广告大观（综合版）1996-07
⊙值得探讨：虚假广告的治理/马发明//中国广告 1996-04
⊙中国广告的民族化走向/程建平 史鸿文//文明与宣传 1996-11
⊙中国广告戛纳受挫的启示/成立 张岩//广告大观（综合版）1996-12
⊙中国广告界的 1995/范鲁彬//中国广告 1996-03
⊙中国广告晴雨表 CCTV 广告招标/吴益他//广告大观（综合版）1996-02
⊙中国广告迎来创意革命//广告大观（综合版）1996-12
⊙中国民族实业家的广告智慧/陈晓莉//陕西经贸学院学报 1996-02
⊙中国未来广告价格走势及其对策/罗萍 林邦豪//经济研究参考 1996-43
⊙中国消费者如何看广告/袁岳//经济与信息 1996-12
⊙中华民族文化特征在广告传播中的运用/李亚男//河北大学学报（哲学社会科学版）1996-S1
⊙中视广告为何一枝独秀？——析“强传媒、弱广告公司”现象/王淑军//新闻记者 1996-06
⊙中外广告商逐鹿五羊城/裴莹莹 曾胜泉//广告大观（综合版）1996-10
⊙中央电视台 1996 年黄金段位广告招标纪实/王青//世纪行 1996-01
⊙重视监督环节 管好广告发布活动/刘小平//中国工商管理研究 1996-02
⊙自律——广告业健康发展的重要保证/陈安民//中国工商管理研究 1996-02
⊙邹韬奋的报刊广告观/丁淦林//新闻大学 1996-01
⊙钻《广告法》的空子/李尚才//广告大观（综合版）1996-05
⊙做广告 选择哪种媒体/长伟//广告大观（综合版）1996-01

1997 年

⊙’96 中国广告大事回眸/本刊编辑部//广告大观（综合版）1997-04
⊙’97 国际孔子文化节经贸洽谈会胜利闭幕/李月云//山东对外经贸 1997-10
⊙“成语谐音广告”断想/杨全红//广东商学院学报 1997-01
⊙“电通广告讲座”启示录/周蓉//装饰 1997-03
⊙“广告”的智慧——读《中外广告妙语金句选评》/刘孟扬//中国图书评论 1997-03
⊙“浙报”广告人/陆建亮//新闻实践 1997-05
⊙《广告法》有关语言文字应用条款的缺憾/高洪年//萍乡高等专科学校学报 1997-03
⊙1996 年中国广告业脚步/刘旭//广告人 1997-01
⊙1997 中国广告推崇务实/一凡//广告人 1997-01
⊙24 亿人民币的广告新闻/李宏//时代风采 1997-03
⊙96 报纸广告管窥/周羽//广告大观（综合版）1997-05

◎96 克莱奥金像奖走笔/华英//广告大观（综合版）1997-03

◎96 中国广告业/范鲁彬//中国广告 1997-03

◎CCTV97 广告黄金时段招标大写真//广告大观（综合版）1997-01

◎CIS 的报刊广告设计/陶济//包装世界 1997-06

◎Internet 网上的电子广告/魏琦//情报探索 1997-01

◎澳大利亚为何取消对广告公司的认证制度/夏清华//广告大观（综合版）1997-08

◎巴州广告业难耐隐忧/马明慧//中国民营科技与经济 1997-Z1

◎把报纸广告经营推向新水平/谌笛//新闻窗 1997-05

◎把好广告审核关/朱永贞//传媒观察 1997-01

◎把握全局 突出重点 强化执法——在全国广告执法办案座谈会上的讲话/惠鲁生//工商行政管理 1997-20

◎把握行政处罚适用原则 加大广告监管力度/丁浩哲 金辉//中国工商管理研究 1997-11

◎报社的广告业如何适应当前的宏观经济政策刍议/王自亮//新闻大学 1997-03

◎报业广告之现状部分报社之对策（上）/梁勤俭//新闻三昧 1997-09

◎报业广告之现状与部分报社之对策（下）/梁勤俭//新闻三昧 1997-10

◎报纸广告的情感诉求/杨国雄//广告大观（综合版）1997-11

◎报纸广告的艺术魅力/钱朝阳//上海大学学报（社会科学版）1997-06

◎报纸广告设计的创意/陈希//中国广告 1997-04

◎报纸广告业务的激励机制/叶启亮//新闻战线 1997-12

◎报纸广告怎样做合算/舒啸//广告大观（综合版）1997-06

◎北京公益广告：弘扬精神文明//工商行政管理 1997-Z1

◎别信广告?! /庆肖于生//中国商界 1997-07

◎不知疲倦的广告人——《国际广告》杂志社社长兼主编刘立宾访谈/周羽//广告大观（综合版）1997-01

◎产品市场生命期与企业广告策略/李晓刚//理论与改革 1997-11

◎陈汉元纵谈电视广告//广告大观（综合版）1997-06

◎成语在广告中的运用/任文香//公关世界 1997-01

◎城市户外广告管理中存在的问题应引起重视/蒋锡贤//城市规划通讯 1997-24

◎充分发挥公益广告在社会主义精神文明建设中的重要作用/王正在//北京工商管理 1997-10

◎充分运用媒体组合技巧——使广告主在大型展览会上收到最佳效果/谭新政//中国广告 1997-05

◎初探广告作品中的震撼力与感染力/陈慰慈//中国广告 1997-06

◎橱窗广告的魅力/钱朝阳//上海大学学报（社会科学版）1997-01

◎传统市、商民俗与现代商业广告的民俗文化底蕴/宋玉书//民间文学论坛 1997-02

◎传统思维模式与广告语言/肖群英 钟玖英//赣南师范学院学报 1997-02

◎创名牌要打好“广告牌”/张国华//广告大观（综合版）1997-11

◎创新——广告创作的真谛/王新明 张金花//经济论坛 1997-14

◎创意在广告中的地位和作用/王洪林 白永康//郑州工业大学学报（社会科学版）1997-01

◎创造名牌与销售名牌/李光斗//科技智囊 1997-07

◎春华秋实 佳作纷呈——第五届全国优秀广告作品赏析/王秉钧//广告大观（综合版）1997-11

◎从“大家来爱我”到“大家来买我”——广告艺术性琐议/徐晓慧//视听界 1997-01

◎从宝洁的电视广告看理性诉求方式在广告创制中的运用/王玉荣//采·写·编 1997-01

◎从广告设计与绘画的区别谈广告设计教育/毛加农//南昌高专学报 1997-02

◎从广告语看企业文化/何标//中国计算机用户 1997-30

◎大广告及其中国广告市场的发展/彭星闾//中南财经大学学报 1997-02

◎大力发展上海展览业/王丽明//国际市场 1997-07

◎大力发展展览业 充分发挥城市综合功能作用/陈振鸿//上海管理科学 1997-03

◎大陆首家综合性广告代理公司委员会在穗成立/刘勇 凌平//广告人 1997-01

◎代理不是“剥皮”——析目前广告代理制所面临的困惑/丁亚鹏//中国广告 1997-03

◎代营销必须重视广告定位/孙在国//福建行政学院福建经济管理干部学院学报 1997-02

◎党报广告策划初探/叶云龙//新闻实践 1997-03

◎第三代广告人/钟健夫//电脑采购周刊 1997-44

◎电脑经销商如何选择广告公司/醒天//电子出版 1997-11

◎电视公益广告的时代性与民族性/潘泽宏//湘潭大学社会科学学报 1997-04

◎电视公益广告的艺术特性及社会作用/唐忠朴//电视研究 1997-04

◎电视公益广告——精神文明宣传的轻骑兵/陈昌频 刘颐静//声屏世界 1997-01

◎电视广告 大家都听懂了吗？——由一则广告歌曲想到的/陈谦//中国广告 1997-03

◎电视广告要发挥正确的引导作用/陈莉珠//声屏世界 1997-07

◎对广告文化走出误区的思考/卢自民//理论导刊 1997-02

◎对戛纳广告节的再思考/任文香//公关世界 1997-06

◎对商业广告的伦理思考/李颖//长沙电力学院学报（社会科学版）1997-01

◎对上海户外广告现状之思考/李年//中国广告 1997-04

◎对世纪之交中国电视广告发展的思考/孟立蓬 李似弘//理论观察 1997-05

◎对我国公益广告现状的一点思考/程士安 陈文轩//新闻大学 1997-03

◎对我国广告业的现实问题和对策探讨/张宝艳//学术交流 1997-03

◎夺杯——中央电视台 1997 年广告争霸纪实/秦朔//南风窗 1997-01

◎俄罗斯电视广告研究/徐小娟//俄罗斯研究 1997-05

◎二十一世纪的广告媒体/姜晖//广告大观（综合版）1997-11

◎发布社会办学广告的几点思考/张香莲//广告大观（综合版）1997-08

◎发挥广告优势推动我区产业工作上新台阶//山西气象 1997-04

◎发展公益广告事业的若干思考/潘大钧//工商行政管理 1997-07

◎发展国际展览会议旅游 上海有戏可唱/谈学良//上海经济 1997-03

◎发展内陆城市广告的三个切入点/李怀福//广告人 1997-02

◎发展商业函件广告业务初探/周慧锋//邮政研究 1997-02

◎法国广告业繁荣与竞争/金玉华//广告大观（综合版）1997-02

◎风景独好的美国广告业/沈洪//决策探索 1997-12

⊙高科技把广告带进人们生活/舒言//广告大观（综合版）1997-04
⊙高尚的广告人——从经济学角度论及广告业的自律精神/丁鹏飞//市场经济导报 1997-06
⊙高校培养广告专业人才的模式探讨/郑欢 赵明泉//学术交流 1997-02
⊙跟广告主"结婚"/叶茂中 顾小君//中国广告 1997-03
⊙公共关系广告划分系统简论/方东//内蒙古财经学院学报 1997-04
⊙公共关系广告与企业形象塑造/汪伦//广告人 1997-03
⊙公关广告：平衡营销的方略/刘建芬//经贸导刊 1997-04
⊙公益广告步入新纪元——上海传媒参加"中华好风尚"主题公益广告月活动述议/施东//新闻记者 1997-03
⊙公益广告的现状及其发展的几点建议/赵民 李东//新闻大学 1997-02
⊙公益广告的主题及其表现形式/宋玉书//中国广告 1997-06
⊙公益广告呼唤创意/朱厚玉//企业研究 1997-01
⊙公益广告莫走调/郭建义//广告大观（综合版）1997-10
⊙公益广告一道绚丽多彩的风景线/沈玉春//民主与科学 1997-01
⊙公益广告与城市形象/何春晖//中国广告 1997-06
⊙构建广告管理理论的有益尝试——评《广告管理学》/邓惠兰//武汉大学学报（哲学社会科学版）1997-05
⊙怪味的广告语征集官司/姚录岐//中国广告 1997-03
⊙关于公益广告的法律思考/李凌燕//工商行政管理 1997-07
⊙关于广告策略与广告效果的几点研究/吴敏 秦书华//兰州学刊 1997-04
⊙关于广告的真实性问题/马斌//河北经贸大学学报 1997-03
⊙关于广告真实性问题的探讨/马斌 靳建国//中国工商管理研究 1997-02
⊙关于名人广告的思考/周茂君//江汉大学学报 1997-05
⊙贯彻广告法规 搞好广告宣传——由几起新闻媒介的广告案引起的思考/刘一琴 丁勋民//视听界 1997-03
⊙广播电视儿童广告准则/安青虎//工商行政管理 1997-18
⊙广播广告——声音的魅力/邹斌//新闻爱好者 1997-08
⊙广播广告文案与消费动机/徐小娟//北京商学院学报 1997-03
⊙广播广告要有精品意识/程茂苏//声屏世界 1997-06
⊙广告 个性时代/杨效宏//中国广告 1997-04
⊙广告 请站在背后/醒天//电脑采购周刊 1997-38
⊙广告 人们寄予你希望/黄达明//上海人大月刊 1997-01
⊙广告，亟待科学管理/史国江 高萍//中国广告 1997-03
⊙广告：效能如何/关晓静//中国统计 1997-08
⊙广告：如何做得更好/张弛//企业改革与管理 1997-02
⊙广告：中国离戛纳多远/郭伏男//中华商标 1997-01
⊙广告"游击战"引发的官司/包蹇//广告大观（综合版）1997-09
⊙广告·媒体·创意·生活/严瑜仲//饰 1997-02
⊙广告标题、口号的套译/刘季春//中国科技翻译 1997-04
⊙广告策划研究若干问题/刘小华//决策借鉴 1997-04
⊙广告策划中值得商榷的话题"制造新闻"/孙瑞祥//报刊之友 1997-09
⊙广告承诺难兑现 信和公司成被告/房栋//广告大观（综合版）1997-10
⊙广告稠密透视/哈筱盈 麻争旗//现代传播 1997-02
⊙广告传播与文化传播的互动作用管窥/宋维山//兰州大学学报（社会科学版）1997-01
⊙广告创意的层次/翟庆萱//公关世界 1997-11
⊙广告创意的逆向思维技巧/徐舟汉//宁波大学学报（人文科学版）1997-04
⊙广告创意的心理学理论与方法/鲁忠义//河北师院学报（社会科学版）1997-02
⊙广告创意和横向思维/徐舟汉//宁波大学学报（人文科学版）1997-02
⊙广告创意与民族情结/林峥 毛淑萍//广告大观（综合版）1997-10
⊙广告创造消费观念/赵刚健//中国广告 1997-06
⊙广告创作与民族风格/张双昊//吉林商业高等专科学校学报 1997-02
⊙广告大转折：个体化的新时代/顾剑//中国广告 1997-04
⊙广告代理权的产生与无权代理/王瑞龙 彭建安//广西民族学院学报（哲学社会科学版）1997-04
⊙广告道德意识亟待增强/张金花//河北学刊 1997-01
⊙广告的"五性"/许俊基//广告大观（综合版）1997-01
⊙广告的导向作用也应引起注意/刘洪//报刊之友 1997-04
⊙广告的功能及费用效益分析/张富强 黄渝祥//天津商学院学报 1997-01
⊙广告的夸张与夸大/张勇军//修辞学习 1997-02
⊙广告的美学定位/陈代湘//湘潭大学社会科学学报 1997-01
⊙广告的民族风格/陈海燕//济南大学学报（社会科学版）1997-03
⊙广告的潜意识折射化策略/何辉//现代传播 1997-02
⊙广告的人格/醒天//电脑采购周刊 1997-41
⊙广告的思想性原则/王瑞龙 彭建安//中南民族学院学报（哲学社会科学版）1997-04
⊙广告的特性与广告人的职责/刘兆峰//财金贸易 1997-01
⊙广告的写作/杨丽君//软件工程师 1997-02
⊙广告调研内容简论/傅林//学习与探索 1997-02
⊙广告对我国居民消费行为的影响日益加深/关晓静//中国国情国力 1997-08
⊙广告分类和广告预算/邓蓉 王伟//北方经贸 1997-06
⊙广告公司的集中化和专业化发展——广告公司面临的形势和发展思路/陈鹭流//中国广告 1997-01
⊙广告乎？新闻乎？/王汉钦//青年记者 1997-06
⊙广告监管工作要上档次——国家工商局广告司司长郑和平谈 1997 年工作思路//工商行政管理 1997-04
⊙广告监管缘何难以到位/曹汉基 顾玉海//广告大观（综合版）1997-08
⊙广告交际的多层面研究模型/左岩//解放军外国语学院学报 1997-05
⊙广告教育与广告管理——美国广告业发展的启示/刘友林//企业经济 1997-03
⊙广告经理协调误区及突破/陈希//湖南商学院学报 1997-02
⊙广告经营初探//新闻战线 1997-09
⊙广告经营中神秘的黑洞/裴莹莹 高叙法//广告大观（综合版）1997-03
⊙广告经营资格检查办法//工商行政管理 1997-23
⊙广告跨文化传播的宏观控制/张苗//呼兰师专学报 1997-04
⊙广告离法制究竟还有多远/胡引定//企业文明 1997-06
⊙广告明星 你的身价有多高？/梦江南//南风窗 1997-09
⊙广告人，切莫入误区/肖林//广告大观（综合版）1997-09
⊙广告人对招标说"不"/一凡//广告人 1997-04

◎广告人如何走出困境/李谋//中国广告 1997-02
◎广告人需要怎样的电脑印前系统/阿达//广告人 1997-03
◎广告人员素质论/章永林 何贵才//北京商学院学报 1997-03
◎广告设计人员要走出去/吴敬文//新闻前哨 1997-06
◎广告世界乌托邦——CIS 在中国/醒天//电脑采购周刊 1997-34
◎广告世情/尹江//北京观察 1997-08
◎广告市场现状与监管/赵宇可 朱淑娣//上海综合经济 1997-02
◎广告受众个性因素分析/吴艳//内蒙古财经学院学报 1997-04
◎广告文化的效应/蒙坚//石油大学学报（社会科学版）1997-03
◎广告误导面面观/李晓红//理论导刊 1997-05
◎广告误区面面观/刘洪//经营管理者 1997-04
◎广告效果评估/李涛 黎伟//商业研究 1997-03
◎广告信息的研究与利用/赵定垚//情报杂志 1997-06
◎广告信息特征分析/林平//四川图书馆学报 1997-06
◎广告信息污染及其治理/程刚 刘玉侠//经济问题 1997-04
◎广告行业“怪现象”扫描/周诚//广告大观（综合版）1997-09
◎广告宣传不能背离真善美/柳芸//秘书之友 1997-12
◎广告宣传如何把握正确的舆论导向/刘素颖//新闻传播 1997-02
◎广告宣传也忌“一曝十寒”/方蘅//电脑采购周刊 1997-50
◎广告要体现城市改革开放水平/金起农//广告大观（综合版）1997-05
◎广告也要“平易近人”/醒天//电脑采购周刊 1997-40
◎广告业的国际化和广告运作的本土化——21 世纪中国广告业前瞻/潘向光 王兴华//杭州大学学报（哲学社会科学版）1997-02
◎广告业的计算机化/李天铎//管理科学文摘 1997-10
◎广告业的未来/沈洪//广告大观（综合版）1997-04
◎广告业若干关系浅析/蓝天//当代传播 1997-02
◎广告艺术的硬推销与软推销——从“黑芝麻糊”广告谈起/韩江河//南宁职业技术学院学报 1997-01
◎广告音乐及其商业文化内涵/钱建明//交响-西安音乐学院学报 1997-01
◎广告与大众文化心理/杨海平//盐城师范学院学报（哲学社会科学版）1997-02
◎广告与女性意识/卜卫//妇女研究论丛 1997-01
◎广告与品牌（一）/刘保孚//中华商标 1997-01
◎广告与市场集中/甘碧群 汪涛//商业经济与管理 1997-01
◎广告语言的社会透视与文化内涵/周丽萍 郭小伟//黑龙江教育学院学报 1997-01
◎广告语言的文化批判——兼论当今时代的语言问题/周宪//江苏社会科学 1997-01
◎广告语言探微/岳东生//菏泽师范专科学校学报 1997-03
◎广告语言研究三题/徐国庆 朱慧娟//商业研究 1997-04
◎广告语言与商业道德/黄得莲//青海民族学院学报（社会科学版）1997-01
◎广告语言与消费心理/霍西民//北京市经济管理干部学院学报 1997-02
◎广告在流动/裴莹莹 熊建民 陈峰//广告大观（综合版）1997-08
◎广告中的男人女人/卜卫//中国企业家 1997-07
◎广告走上信息高速公路/金仲国//广告大观（综合版）1997-02
◎广告作品著作权归属初探/王瑞龙 彭建安//知识产权 1997-04
◎桂林市户外广告的现状与发展/熊越强//桂林航天工业高等专科学校学报 1997-Z1
◎国际广告兴旺发达亚洲市场最受关注/刘工//广告人 1997-01
◎国内电视广告创意表现技巧改进综述/李亦文//中国有线电视 1997-06
◎国有广告公司出路何在/阿愚//广告大观（综合版）1997-05
◎韩国的广告/姜燕//当代韩国 1997-03
◎何不借事造势——评析巧借新闻事件创作的广告/阎立忠 周琪//新闻三昧 1997-12
◎河北省企业广告心理策略应用分析/王晓彤//经济论坛 1997-19
◎轰动广告拾趣/邱宇文//经营管理者 1997-07
◎呼唤公益广告的春天/马世瑞 谢喆//现代交际 1997-05
◎沪、港、台晚报广告比较/潘玉鹏//新闻记者 1997-05
◎机遇与挑战并存——中国广告市场 97 展望//广告大观（综合版）1997-03
◎计算机与现代广告业/项国雄//今日电子 1997-12
◎加拿大广告标准委员会组织结构及其程序/王培章//工商行政管理 1997-14
◎加拿大广告业基本结构一瞥/刘谊人 王培章//广告大观（综合版）1997-09
◎加强广告人才培养体系的系统性/郑和平//广告大观（综合版）1997-12
◎坚持精神文明 促进广告业的健康发展/刘玲//河北供销与科技 1997-03
◎建立公益广告的良性循环机制/赵晨妤//广告大观（综合版）1997-01
◎建立新型的广告监督管理模式——关于广告审查员制度和广告监测制度/国家工商局广告监督管理司//工商行政管理 1997-14
◎江苏广告业呈健康快速增长态势/闻琪//广告大观（综合版）1997-04
◎节庆·电视·舞蹈——观“省、市迎回归大型文艺晚会”札记/聂乾先//民族艺术研究 1997-04
◎捷克加强对广告业管理/鲁惠民//广告大观（综合版）1997-04
◎进一步加强广告宣传管理/李向阳//视听界 1997-03
◎进一步健全广告经营管理体制 不断提高广告业的整体水平/赵晨妤//中国广告 1997-01
◎经济欠发达地区广告工作探析/王亮//中国广告 1997-02
◎聚焦在 CCTV 黄金广告时段/来云//中国广告 1997-01
◎跨世纪的广告人才培养——历时二年的专题调查已见结果/梁华//中国广告 1997-03
◎廓清公共关系广告义界/方东//内蒙古财经学院学报 1997-02
◎两届戛纳国际广告节引出的思考/王正在//投资北京 1997-12
◎旅游年话旅游广告/吕广言 任林静//北京第二外国语学院学报 1997-02
◎略论公关广告的策略与应用/刘建芬//湖南商学院学报 1997-02
◎略论目前我国的报业市场与报业经营/唐绪军//新闻与传播研究 1997-04
◎略论虚假广告/冯伟//绍兴文理学院学报 1997-01
◎略论议广告设计中的逆向思维/李晓萍//理论月刊 1997-05
◎略述广告的文化属性/朱志成//北京市财贸管理干部学院学报 1997-04
◎论比较广告/杨青平//新闻爱好者 1997-03
◎论当前中国的广告市场/陈舍钿//浙江学刊 1997-01
◎论电视广告的潜在危机与理性引导/谢商精//传媒观察 1997-12
◎论公益广告的社会功能/吴元梁//电视研究 1997-04
◎论广告创意的语境/杜骏飞//南京大学学报（哲学．人文科学．社会科学版）1997-01
◎论广告促销策略/付宝宇//商业研究 1997-09
◎论广告的促销作用及如何增强其记忆效果/韩富华//北方美术

（天津美术学院学报）1997-04
◎论广告定位/钟惠泉//工业工程 1997-02
◎论广告服务商品的特性/王晓红//经济论坛 1997-17
◎论广告公司的品牌经营与管理/王军元//广告大观（综合版）1997-12
◎论广告信息传播/程刚//情报杂志 1997-06
◎论广告信息传播的控制/陈能华//湘潭大学社会科学学报 1997-02
◎论合理编排电视广告及其收视率/张锦妙//广告大观（综合版）1997-02
◎论科技期刊广告经营的策略/刘明寿 张立元 陈筱燕//编辑学报 1997-03
◎论商业广告的文化伦理责任/王剑峰 陈漭//商业经济与管理 1997-02
◎论中国古代广告发展及表现/郭天昊 杨海军//史学月刊 1997-06
◎买了鞭炮给人家放——柯受良飞黄广告策划的失误谈/阿微//中国广告 1997-04
◎毛泽东的广告情缘/梁立真//党史博览 1997-10
◎媒介办广告公司与实行广告代理制/赵公霖//中国工商管理研究 1997-02
◎媒体与广告买方市场/刘洪//新闻界 1997-05
◎美国：名人与广告/立之 梅子//当代世界 1997-08
◎美国的广告业/思羽//企业文化 1997-02
◎美国广告见闻/林新生//中华商标 1997-06
◎美国广告业印象/吴柏尔//中国广告 1997-04
◎美国幽默广告研究/郭虹//现代传播-北京广播学院学报 1997-02
◎民俗文化的广告效应及商品属性/张晓东//民间文学论坛 1997-02
◎名牌展览与现代营销/于万源//电脑采购周刊 1997-39
◎名人广告探析/陈谦//东方论坛 1997-02
◎明星广告的诱惑与困惑/诗梅//思维与智慧 1997-02
◎明星广告是挡不住的诱惑还是困惑/诗梅//质量天地 1997-02
◎明星广告之我见/徐小娟//商业文化 1997-03
◎你敬我一尺 我敬你一丈——给广告主的一点忠告/醒天//电脑采购周刊 1997-35
◎你有没有钻进虚假广告的圈套？//西南民兵杂志 1997-03
◎年鉴广告谈/凌岩顾端华//年鉴信息与研究 1997-01
◎年鉴广告特性研究/李卫东//新疆地方志 1997-02
◎努力创作具有浓郁的民族风格和时代气息的电视广告/刘习良//中国电视 1997-07
◎欧美的比较广告/程国平//外国经济与管理 1997-08
◎培育广告市场要有三种意识/张相春//青年记者 1997-03
◎平面 POP 广告的设计与功能探讨/陈芳 陈少明//郑州轻工业学院学报（自然科学版）1997-S1
◎苹果电脑与电脑广告设计/文新//中国广告 1997-01
◎期刊广告的经营方略/钟天明//中国出版 1997-01
◎千金难买寸光阴——中央电视台一九九七年黄金段广告招标纪实/王青//中国质量万里行 1997-02
◎浅谈如何完善广告在期刊中的作用/马凤杰//铁道劳动安全卫生与环保 1997-03
◎浅谈商业广告的审美艺术/金谢谢 尚晓莉//华夏文化 1997-03
◎浅析广告的负效应/杨爱明//湖北电大学刊 1997-03
◎情有独钟话广告 访华人广告大师颜伯勤教授/卢泰宏 李世丁//广告人 1997-03
◎情有独钟话广告（续）——访华人广告 大师颜伯勤教授/卢泰宏 李世丁//广告人 1997-04
◎认真学习贯彻十五大精神把中国广告业推向二十一世纪/郑和平//工商行政管理 1997-22
◎日本企业在中国市场的广告策略/李荣生//科技智囊 1997-04
◎日本株式会社电通广告周巡礼/禹人//市场与人口分析 1997-01
◎溶入 POP 广告世界/容昌 韩全 于哥//中国商界 1997-01
◎如何选择广告公司/程国平//经济管理 1997-05
◎删繁就简 立异标新——广告创意浅谈/靳文艺//新闻窗 1997-01
◎商界涌动广告新潮/邹豪生//广告大观（综合版）1997-04
◎商品的特性和有创意的成语广告——兼议劣质的成语广告/张万仪//重庆广播电视大学学报 1997-01
◎商业 POP 广告的经营与制作/燕然//中国商贸 1997-04
◎商业广告媒体选择和受众人口分析/孙晓红//市场与人口分析 1997-05
◎商业广告也要讲文化品位/齐海滨//广告大观（综合版）1997-06
◎上海广告业的现状告诉人们：——“广告饭”不好吃/管国忠//广告大观（综合版）1997-03
◎设置虚假广告触犯刑律/郭光华//人民公安 1997-19
◎社会文化环境对国际市场广告 de 影响/谭爱平//经营管理者 1997-05
◎沈阳：近二百家广告公司为何废业/段孔凡//广告大观（综合版）1997-05
◎生存与发展——广告人畅谈广告出路/高丕烈//广告大观（综合版）1997-02
◎实施名牌战略 加强名牌广告意识——我省名牌的广告现状与对策/石青辉 杨学锋//湖南商学院学报 1997-05
◎世纪之交：中国广告业的发展现状与前景/程士安//新闻大学 1997-01
◎世界广告史上的一道奇景——山东秦池酒厂 3. 2 亿勇夺“标王”值还是不值？/贾亦凡//新闻记者 1997-02
◎市场结构、广告和收益率的动态分析方法——VAR 法/杜秀燕//商业研究 1997-01
◎市场经济条件下报纸广告的组织/麦筱莹//广告人 1997-03
◎试论报纸广告的舆论导向/张换喜//采·写·编 1997-04
◎试论报纸广告对报纸的负面影响/贾亦凡//新闻大学 1997-02
◎试论电视新闻节目中的广告插播/田中初//新闻大学 1997-01
◎试论广告的民族特色/张金花//河北师范大学学报（哲学社会科学版）1997-02
◎试论广告时效/孙文清//零陵学院学报 1997-04
◎试论广告英语的句法特点/陈恪清//上海科技翻译 1997-04
◎试论广告语创意思路的科学把握/崔欣//采·写·编 1997-05
◎试论广告语的创意及其双关修辞方式/童慧刚//上海大学学报（社会科学版）1997-06
◎试论广告语言的特色/沈朝蓁//黄石高等专科学校学报 1997-01
◎试论民族特色广告/赛莱西·阿东别克//当代传播 1997-06
◎试论商业广告表现/黄丽慧//技术经济 1997-07
◎试论商业广告的文化传播性质与功能/张金海//江汉论坛 1997-08
◎试论商业广告宣传主题的创造/周琳//黑龙江社会科学 1997-05
◎试论我国对青少年的广告法律保护/包锡妹//中国青年政治学院学报 1997-03
◎试论我国广告应有的品格/崔乃瑜//吉林省经济管理干部学院学报 1997-03
◎试论展览在市场经济中的地位和作用/陈重光//辽宁经济

1997-05

◎试论中国广告如何走向世界——兼谈广告的营销策略/康静芳//郑州轻工业学院学报（自然科学版）1997-S1

◎试谈广告文化的特征/赵建国 张晓芳//采·写·编 1997-02

◎试析我国电视广告中的男女角色定型/刘伯红 卜卫 陈新欣//妇女研究论丛 1997-02

◎谁帮中小企业做广告/李会营//广告大观（综合版）1997-08

◎诉情原理在广告设计中的应用/李中榜//公关世界 1997-03

◎素质·潜能·环境——谈广告人的规范化管理/陈文//广告人 1997-02

◎台湾广告业一瞥/未名//台声 1997-12

◎谈 VCD 产品的广告意识/冯枫//电脑采购周刊 1997-47

◎谈广告创意中的文化个性/丰兴军//济宁师专学报 1997-03

◎谈广告词的写作/刘显昌//大连大学学报 1997-01

◎谈广告主题的确立/于红//辽宁广播电视大学学报 1997-02

◎谈国际商务广告/龚东风//洛阳工业高等专科学校学报 1997-02

◎谈年鉴广告的承揽/王照伦//年鉴信息与研究 1997-03

◎谈商品广告语言的艺术性/陈德义//华东经济管理 1997-02

◎谈商业广告的社会效应/诚成 佴荣进//江苏经贸职业技术学院学报 1997-04

◎谈谈公共关系广告的魅力/孔琳//开封大学学报 1997-03

◎谈中国广告业的现状及发展趋势/冯智敏//高校社科信息 1997-01

◎提高广告媒体的科技含量及开发运用/徐永祥//企业经济 1997-06

◎提高广告质量 努力实现出版和经营的良性循环/周冰//福建金融 1997-10

◎提高我国电视广告社会效益的对策研究/陈培爱//中国广播电视学刊 1997-07

◎万众瞩目 盛况空前——'97 中国（广州）广告节隆重开幕在即/杨艾元//中国广告 1997-04

◎网络广告——现在就是未来/谭旭//网络与信息 1997-08

◎网络广告有多灵？——如何测量网络广告的效果//网络与信息 1997-10

◎我国电视广告业反垄断问题的探讨/邱鹭风//中国工商管理研究 1997-06

◎我国电视广告中女性形象的研究报告/刘伯红 卜卫//青年研究 1997-10

◎我国广告业的现状及未来走势/吴赣英//企业经济 1997-05

◎我国科技期刊广告经营中的问题及对策/钟天明//编辑学报 1997-01

◎无处不在的广告阵地——谈 Internet 上的广告渠道/商慧玲 姚敏皎 秦冲//网络与信息 1997-09

◎五秒钟的广告情/徐小娟//企业销售 1997-04

◎西方关于儿童与广告关系的研究/王文忠 徐金灿//心理学动态 1997-04

◎西方广告观/赵国青//中国商界 1997-09

◎戏说广告人/叶茂中 顾小君//中国广告 1997-06

◎狭路相逢智者胜——广告竞争策略漫谈/邓惠兰//学习与实践 1997-08

◎县级电台广告应定位/居建生//广告大观（综合版）1997-09

◎现代 SP——展览业发展的思考/程华//商业研究 1997-08

◎现代广告的实践策略和文化分析/陈卫星//现代传播-北京广播学院学报 1997-06

◎现代广告文学手法初探/艾瑛//新疆大学学报（哲学社会科学版）1997-03

◎现代广告应立足于市场/杨玉明//福建论坛（经济社会版）1997-09

◎现代广告与 CIS/段岩涛//昭乌达蒙族师专学报 1997-04

◎现代广告与人口分析/李和平//市场与人口分析 1997-04

◎现代商品广告的写作/侯迎华//河南师范大学学报（哲学社会科学版）1997-05

◎限制垄断 促进发展——我国电视广告业亟待加强立法/刘谊人 邱鹭风//广告大观（综合版）1997-08

◎香港回归与中国广告业——漫话香港回归对我国广告业的影响/何辉 李硕 夏卫国//广告大观（综合版）1997-07

◎香港回归之后，香港广告业前景如何？《广告与营销》的一项民意调查显示：香港广告业前景看好/朱凌云//广告大观（综合版）1997-07

◎想说爱你不容易——关于北京人对报纸广告的接触、评价与偏好的考察/喻国明//广告大观（综合版）1997-11

◎消费者警惕身边的违法广告/易光文李文刚//广告大观（综合版）1997-06

◎小霸王学习机的广告策划/李光斗//科技智囊 1997-07

◎携起手来向前走——与本土的广告同仁商榷/王宇//广告人 1997-03

◎新媒体广告的经营与管理/赵晨妤//中国记者 1997-03

◎新闻广告散论/喻国伟//柳州师范高等专科学校学报 1997-02

◎新闻媒体广告的经营与管理/赵晨妤//中国记者 1997-03

◎新闻事业管理学论纲之四——论广告、发行在报业经济中的地位和作用/鄢光让 周斌//当代传播 1997-04

◎行销传播新形态——互联网络广告/谭旭//港澳经济 1997-09

◎虚假广告产生的原因及其防范措施/郭玉芹 王广清//工业技术经济 1997-01

◎虚假广告的成因及对策/程刚//中国软科学 1997-08

◎虚假广告的若干法律问题探析/曹世华//法制与经济 1997-06

◎虚假广告及其治理/孙在国//商业时代 1997-07

◎虚假广告屡禁不止的原因与对策/孙鹏杰//广告大观（综合版）1997-01

◎亚东的广告宣传/吴永贵//编辑学刊 1997-06

◎研究中外广告差异 提高名牌促销效益/王学成//南开管理评论 1997-02

◎羊城广告媒介多姿彩/张大林 黄懿//广告人 1997-01

◎要建立公益广告的良性循环机制/赵晨妤//工商行政管理 1997-07

◎叶茂中：不当总统就当广告人（上）/彭诗金//企业研究 1997-01

◎叶茂中：不当总统就当广告人（下）/彭诗金//企业研究 1997-03

◎一个广告主对广告业的零星思索/胡季强//中国广告 1997-02

◎一起虚假的化妆品广告引发的案例评释//质量天地 1997-08

◎一项调查表明：电视台、广告公司注重形象投资/田红//广告大观（综合版）1997-09

◎以声夺人 以情感人——浅谈广播广告的地方特色/范寿春//广告大观（综合版）1997-01

◎意大利的电视行业与广告/丁一//新闻与传播研究 1997-01

◎硬广告软做 软广告硬做/陈颐//经济世界 1997-05

◎远离邪恶的诱惑——写给艰难抵御虚假广告的人们/李金波//质量天地 1997-04

◎怎样把握广告的整体效应和长远效应/李志刚//贵州商专学报

1997-04
⊙怎样才算“好广告?”——访戛纳广告节组委会主席罗杰·哈时/吴明先//广告大观（综合版）1997-07
⊙展览 广告在商品推销中的作用/赵兴武//黑龙江对外经贸 1997-05
⊙展览业——公关又一用武之地/郭文臣//公关世界 1997-12
⊙展览业——牵动城市社会与经济发展的现代经济产业/王伟娅//财经问题研究 1997-07
⊙掌声给予中国·金马广告讲座/大雄//中国广告 1997-05
⊙招标莫入“死胡同”——’97CCTV 广告黄金时段招标的思考/周羽//广告大观（综合版）1997-02
⊙真正广告人沙场秋点兵——’97 中国（广州）广告节呼唤广告人一展雄风/杨艾元//广告大观（综合版）1997-08
⊙震撼心灵——“南京广告饕餮之夜”随想录/王秉钧//广告大观（综合版）1997-09
⊙争办广告专业，“热”中有隐忧/张浩达//中国高等教育 1997-Z1
⊙征服消费者——广告创意的永恒主题/马晓燕//兰州商学院学报 1997-04
⊙直接、简练：国际广告新境界——“戛纳”归来话创作/胡川妮//广告人 1997-02
⊙直接·简练——国际广告新境界/胡川妮//新闻三昧 1997-12
⊙中国的广告亟需来一场哲学革命/洪建宁//中国广告 1997-02
⊙中国的广告效率/汪涛//中国工商管理研究 1997-02
⊙中国广告 如何与国际接轨/刘朝//质量天地 1997-01
⊙中国广告“大阅兵”——97 中国（广州）广告巡礼/韩文根 陈徐彬//广告大观（综合版）1997-10
⊙中国广告观念变革与运作形态/孟建//中国广告 1997-01
⊙中国广告今年还会兵败戛纳吗/李国庆//广告大观（综合版）1997-05
⊙中国广告如何走自己的路/孙志强//经济与信息 1997-12
⊙中国广告协会首次授“广告人终身成就奖”——“中国第一广告人”徐百益先生获此殊荣/王永林 蒋竞元//中国广告 1997-05
⊙中国广告业背水一战/裴莹莹 刘大鹏 葛玮//广告大观（综合版）1997-06
⊙中国广告业呼唤报刊发行量审计机构/杨树丰//中国广告 1997-02
⊙中国广告业面临的市场形势和经营管理上的对策/章汝爽//中国广告 1997-02
⊙中国广告业如何广而告之/陈婷//广告大观（综合版）1997-03
⊙中国广告业如何走向规范/潘向光//中国广告 1997-04
⊙中国广告业迎接高科技挑战/张梦云//中国科技信息 1997-08
⊙中国展览业风云际会/陈晨星//经济与信息 1997-09
⊙中华现代广告文化艺术特征/徐祝林//鞍山师范学院学报 1997-03
⊙中老年形象走俏广告业/陈甬沪//广告大观（综合版）1997-06
⊙中美电视广告文化价值比较/徐松 段青//企业文化 1997-06
⊙中美广告教育之比较/哈筱盈//现代传播-北京广播学院学报 1997-03
⊙中美广告讯息内容的对比研究/范亚刚//清华大学学报（哲学社会科学版）1997-03
⊙中外广告法规定之比较及借鉴/环建芬//甘肃政法学院学报 1997-01
⊙中外广告管理比较/夏清华//经济评论 1997-03
⊙中外企业广告水平比较研究/高继军//中国广告 1997-05
⊙中央电视台 5 秒标版效果调查/文春英//广告大观（综合版）1997-05
⊙重广告创意 更重营销实效——访“纽约广告节”主席 G·M·戈登博格先生/丁亚鹏//广告大观（综合版）1997-11
⊙重庆广告“九五”计划及二〇一〇年远景目标研究/重庆市广告业发展战略研究课题组//重庆社会科学 1997-05
⊙重庆市户外广告的现状评估与发展趋势探讨/庞大庆//重庆工学院学报 1997-03
⊙重人才 讲真实 创新意 ——试谈党报广告事业发展的几个问题/曹水秀//中国记者 1997-03
⊙注意：形势已经发生变化——有关 1996 年广告形势对广告人的几点忠告/黄升民//中国广告 1997-01
⊙专利市场广告发布管理亟待规范//河南科技 1997-09
⊙走出广告宣传的误区/吕道宁//新闻出版交流 1997-02
⊙醉翁之意不在酒/徐小娟//中国广告 1997-02
⊙做一个有作为的广告人/梁勘俭//新闻三昧 1997-11

1998 年

⊙’97 广告热点——’97 中国广告业引人注目的几件大事/范鲁彬//中国广告 1998-01
⊙’98 世界杯广告战与足球赛比精彩/符刚//广东大经贸 1998-05
⊙“广告情报站”在国际互联网上开通/孙玫//广告人 1998-01
⊙“外籍军团”挑战中国本土广告公司/宋文敬//广告大观（综合版）1998-07
⊙“香港——广告创作的良伴”研讨会在沪举行/一丁//中国广告 1998-02
⊙《泰坦尼克号》之广告现象/曾亚波//广告大观（综合版）1998-05
⊙把好广告市场准入关 提高广告业整体素质/唐安京//广告大观（综合版）1998-04
⊙报业广告从业人员的素质审视/王宝祥//记者摇篮 1998-06
⊙报纸广告组织之我见/麦筱莹//新闻三昧 1998-01
⊙必争之地——中国广告市场/王玉//国际市场 1998-02
⊙初读“大贺”/陈徐彬//广告大观（综合版）1998-12
⊙创意：攻陷戛纳的利器/黄清河//广告大观（综合版）1998-11
⊙从“太阳神”看文化型产品广告/郑建春//企业经济 1998-08
⊙从广告市场存在的问题谈广告业的规范化经营/林峥//广告大观（综合版）1998-08
⊙从泰山国际登山节看节庆性竞赛活动的社会学特征/和立新 庞风东//山东体育科技 1998-03
⊙从信息经济学的角度看虚假广告现象/李洪军//南京政治学院学报 1998-05
⊙电视，在 21 世纪门槛上——由“电视广告”满街跑想开去/施中阳//新闻爱好者 1998-12
⊙电视广告经营理念之我见/李文明 姜银贵//视听界 1998-04
⊙电子广告业的兴起/杨树智//信息系统工程 1998-03
⊙奠定坚实基础 迈向 21 世纪——中国广告业’98 展望/郑和平//广告大观（综合版）1998-02
⊙丁俊杰看广告策划/丁亚鹏//企业研究 1998-09
⊙对北京中关村地区“电子商情广告业”的调查/张力军 何红//中国工商管理研究 1998-11
⊙俄罗斯广告业争夺激烈/军君//广告大观（综合版）1998-02
⊙二十一世纪，做个广告人/白马 孜晓//广告大观（综合版）1998-04

◎发展广告函件促进经济增长/石艳蕊//邮政研究 1998-06

◎法国广告业的成功经验/成言实//广告大观（综合版）1998-08

◎法国广告业兴旺发达/李作勇 巴尔//广告大观（综合版）1998-04

◎巩俐与张艺谋给广告界"上课"/阿微//中国广告 1998-03

◎关于报纸广告策划的几点思考/周定华//广告人 1998-01

◎关于中国广告市场的思考/白马 孙小兵//广告大观（综合版）1998-07

◎广播广告的经营现状与思考/杜华峰//广告大观（综合版）1998-01

◎广告：对充数的专家说不/童言//中国技术监督 1998-08

◎广告·广告业·广告人的再思考/董立津//中国广告 1998-03

◎广告 1997/范鲁彬//中国广告 1998-03

◎广告策划要讲政治/李争//广告大观（综合版）1998-12

◎广告道德浅议/王琦//扬州职业大学学报 1998-02

◎广告的繁荣与危机/彭健//广告大观（综合版）1998-06

◎广告公司，靠什么生存/刘建锋//广告大观（综合版）1998-07

◎广告监测·广告客户的守门人/张贵泉//青年记者 1998-01

◎广告媒介竞争的白热化与建立 ABC 组织的必要性/戴顺斌//湖北商业高等专科学校学报 1998-04

◎广告企业资质量化及前瞻分析/罗志上//中国工商管理研究 1998-07

◎广告切莫走错了道/王敏//商业文化 1998-05

◎广告设计与广告管理法规/赵玉晶//黑龙江教育学院学报 1998-01

◎广告是不是在"赔钱赚吆喝"？——关于广告的经济学思考/巴祥松//中国广告 1998-03

◎广告是一种有毒气体/阎晶明//粤海风 1998-05

◎广告诉求的三大主题/赵凯 王海涛//企业研究 1998-12

◎广告——图书馆与读者的信息桥/杨秀坤 尚金芬//邢台师范高专学报 1998-01

◎广告误区/老川//中国质量万里行 1998-01

◎广告业存在的问题及对策/方明月//北方经贸 1998-06

◎广告业的喜与忧/曹鹏//商业研究 1998-08

◎广告业内无单个英雄——广告效果的评价标准探讨/周青//中国广告 1998-06

◎广告业青睐何种人才/郑锐文//中国人力资源开发 1998-04

◎广告制胜浅谈/张红宇//辽宁师范大学学报（社会科学版）1998-01

◎广告制作业——广告业新的经济增长点//广告人 1998-02

◎国有广告企业改革要走自己的路——广州市广告公司改革的几点体会/连达//中国广告 1998-01

◎海外广告撷趣/李忠东//中国广告 1998-02

◎合纵连横：中国广告公司的规模化之路/钱磊 匡莉莎//广告大观（综合版）1998-08

◎互联网上的广告发展/蔡泽平//广告大观（综合版）1998-03

◎户外广告与首都城市建设的和谐统一/王正在//北京工商 1998-11

◎加拿大广告业注重自律/王培章//广告大观（综合版）1998-02

◎加强广告管理 净化广告市场/黄强 滕峰//山东农业（农村经济版）1998-01

◎简论广告策划/毛加农//江西社会科学 1998-04

◎建立广告专业职称系列势在必行/胡以德//广告大观（综合版）1998-12

◎金融危机冲击越南广告业/胡晓明//广告大观（综合版）1998-05

◎近代性，中国广告的定位/孙文清//中国广告 1998-04

◎经济广告探源及发展/郭有献 张丹郁//地质技术经济管理 1998-02

◎经商不言商——广告人的艺术包装/陈兆荣//广告人 1998-04

◎开启"上帝"的心扉——浅谈广告人与广告心理/纪胜红//北方美术 1998-04

◎可喜的"第一本"——评陈培爱《中外广告史》/曾宪明//新闻大学 1998-01

◎冷眼观潮热心奉献——谈中国广告业现状与发展趋势/潘大钧//广告人 1998-03

◎旅游节庆是都市旅游的生力军/朱佩军//桂林旅游高等专科学校学报 1998-03

◎论虚假广告的整治对策/瞿丰//公安学刊 1998-03

◎漫话展览会/肖克之 王玉清//古今农业 1998-02

◎媒体广告资料汇集国际互联网/孙玫//广告人 1998-03

◎美国的节日文化/倪大昕//世界文化 1998-03

◎美国广告：广新奇/李作勇//广告大观（综合版）1998-08

◎美国广告业的历史和现状/顾剑//中国广告 1998-01

◎美国广告业考察记/顾洪甫//江南论坛 1998-09

◎美国广告业客户多变节/陈澄//广告大观（综合版）1998-05

◎美国人怎样管理广告业/刘谊人 王颖//广告大观（综合版）1998-04

◎努力拓宽省级党报广告发展空间/王福堂//广告大观（综合版）1998-10

◎欧美国家对广告业的管理/李树//计划与市场 1998-12

◎旁观展会热/韩文根//广告大观（综合版）1998-07

◎平谷整顿户外广告/福泉 建军//北京工商 1998-01

◎企业与媒体合作发展的一个创举 全国广告业的首次大型集会'98 全国广告联谊会暨'99 长城汽车广告签约会在河北保定举行/常诚//广告人 1998-06

◎启迪心智 拓宽思路——中国电视广告高级研讨会发言摘要/张全力//广告大观（综合版）1998-09

◎浅论年鉴广告业市场运行的规范化/以体洁//年鉴信息与研究 1998-04

◎浅述我国现阶段的广告管理/邱志敏//发展研究 1998-12

◎浅谈英语广告/王健 刘朝晖//统计与信息论坛 1998-03

◎让儿童生活在蓝天、净土之中——第 36 届世界广告大会随想/王正在//北京工商 1998-07

◎日本报纸广告经营面临挑战/倪宁//新闻与写作 1998-09

◎商品节庆活动一瞥/黄建平 钮华芬//上海商业 1998-12

◎商品节庆活动一瞥/黄建平//上海商业 1998-12

◎上海，将成为国际广告中心——访上海广告协会会长甘忠泽/丁建平//沪港经济 1998-03

◎市场经济需要企业投入广告费用/常青//价格月刊 1998-03

◎首届亚太广告节揽胜（上）/华英//广告大观（综合版）1998-05

◎书业广告问题谈/王小//中国出版 1998-07

◎树品牌意识 创名牌展览——浅谈我国展览业领域的品牌战略/徐桦//国际商务研究 1998-S1

◎说说咱们广告人/如雪//中国质量万里行 1998-10

◎体育广告研究/杨艳霞 于晓红//中国体育科技 1998-06

◎透视广告业的不正当竞争/王正在//广告大观（综合版）1998-03

◎网络广告的性能与趋势/李海峰//社会科学动态 1998-05

◎网络广告缘何备受推崇/顾明//经济工作导刊 1998-07
◎为广告业提供全面信息服务及交流的"广告情报站"在国际互联网上开通/孙玫//中国广告 1998-01
◎文化差异与中国广告/王肖生//上海师范大学学报（哲学社会科学版）1998-03
◎我在东京发广告/吴岭//广告大观（综合版）1998-05
◎西安发展展览业可为西北提供发展新契机/冯勇 陈卓 王华//价格与市场 1998-12
◎现代信息技术与报业广告经营/张先为//广告人 1998-06
◎香港广告业考察团访京沪/张利群//国际市场 1998-04
◎香港会展业/孙嘉荣//国际市场 1998-04
◎消费文化与虚拟享乐——当代审美文化批评视野中的广告形象/王德胜//北京社会科学 1998-02
◎小议广告效果/周恩静//商业研究 1998-09
◎虚假广告成因谈/何凤霞 樊玮娜//中国广告 1998-05
◎旭日东升话展览/谢明客//经济论坛 1998-03
◎亚太广告风正劲——首届亚太广告节巡礼/刘洪军//广告人 1998-03
◎一个疯子说广告/翟明磊//科技与经济画报 1998-03
◎一枝红杏出墙来——石家庄发达公司大型广告制作系统巡礼/张晓红//网印工业 1998-06
◎一琢磨就变味——小议广告词创意得失/牧原//广告大观（综合版）1998-08
◎因特网与广告业的未来/彭景荣//广告大观（综合版）1998-01
◎印刷品广告亟待整治/柯忠道//中国广告 1998-02
◎迎接网络广告新时代/易木//计算机与网络 1998-01
◎渔翁得利——广告的魔力/何洁 王则柯//珠江经济 1998-07-15
◎与姜弘先生对话——国有广告企业何处去/黄勇//广告人 1998-05
◎粤广：托起民族广告业的希望/沙宗义 吴柏林//中国经贸 1998-12
◎展览业 二十一世纪的朝阳产业/勤勤//港澳经济 1998-06
◎展览业——面向 21 世纪的朝阳产业/李明//科技与经济 1998-05
◎中国广告市场的国际竞争与保护/张纪康//广告大观（综合版）1998-01
◎中国广告业 请拨正你的航向/严肃//广告大观（综合版）1998-09
◎中国广告业：争广告主，争媒介，争人才/吴志芬//中国质量万里行 1998-06
◎中国广告业的 AMM 之路/陈东//中国广告 1998-04
◎中国广告业该持创意当空舞/邱志坚 谭雪梅//广告大观（综合版）1998-11
◎中国广告业前景不容乐观/欧阳在三//广告大观（综合版）1998-12
◎中国广告业迎接高科技挑战/张梦云//广告大观（综合版）1998-01
◎中国铁路广告业经营与发展问题的思考/朱永明//苏州科技学院学报（社会科学版）1998-06
◎中国展览界的龙头老大——中国国际展览公司三大主业在竞争中发展/韩大庆//中国对外贸易 1998-04
◎中外广告业的比较及其启示——参加国际广告节和考察欧洲广告业的观感/黄小杭//学习与思考 1998-01
◎注重提高电视广告的社会效益/陈恺 马发明//中国广告 1998-01
◎自进入 90 年代以来，中国广告业每年增速 45%——我国广告业发展迅猛//广告大观（综合版）1998-06
◎自由广告人：潇洒赚钱/白俊良 李西蜀//广告大观（综合版）1998-02

1999 年

◎"金嗓子喉宝"电视广告剖析/索胜军//中国广告 1999-02
◎"六届广告四新展"在京举行/徐彬//广告大观（综合版）1999-09
◎"美的"空调广告的形象策略/白马//广告大观（综合版）1999-03
◎"新会展"夭折暴露展览业忧患/伊晓霞 罗爱萍//宁波经济 1999-10
◎20 世纪中国广告学理论的发展/陈培爱//厦门大学学报（哲学社会科学版）1999-04
◎21 世纪，新媒体主导广告业/夏忠华//中国市场 1999-10
◎21 世纪：九大产业领风骚/晓萍//城市质量监督 1999-10
◎WTO，中国广告业你准备好了吗？——首都广告界召开专题座谈会/梁华//中国广告 1999-04
◎奥运广告怎么做/木棉//广告大观（综合版）1999-02
◎澳门广告业特色/胡锦汉//广告大观（综合版）1999-02
◎澳门广告业与国内同行协作的需求与前景/周道宁//广告大观（综合版）1999-07
◎澳门应及早实行广告代理制/胡锦汉//广告大观（综合版）1999-04
◎拜真佛、念真经/阿微//中国广告 1999-04
◎标志设计，别吊死在一棵"树"上/王君 徐昭晖//中国广告 1999-05
◎产业市场营销中应重视广告功效/韩梅//山东纺织科技 1999-05
◎初入广告行/问无//创业者 1999-04
◎此间文章最耐看——人民日报节庆报道览要/周庆//中国记者 1999-09
◎从讲政治高度正确认识广告监管工作——在昆明广告监管干部培训班上的讲话（节选）/王晋杰//广告大观（综合版）1999-12
◎从心理活动规律看广告功能/安贺新 张春河//工业技术经济 1999-04
◎从邮筒上的广告说起/苗凌云//中国邮政 1999-05
◎大型文体节庆活动市场化运作行吗？/《市场化运作大型文体节庆活动研究》课题组//上海综合经济 1999-08
◎大众文化与广告摄影的审美趣味//张亚杰//现代传播 1999-02
◎当心！广告主行骗/沈建勋//中国广告 1999-04
◎电视广告违法种种/刘范生 古承斌//青年记者 1999-03
◎电子广告争妍斗艳/莲玉//广告大观（综合版）1999-03
◎东营地区广告业发展中存在的问题及对策/徐化义 崔洪亮//胜利油田党校学报 1999-06
◎独具中国特色的户外墙体广告/罗丹//江西社会科学 1999-12
◎对当前高校广告教育的几点思考/曾迪来//有色金属高教研究 1999-01
◎对我国当代广告业发展问题的几点思考/杨晋安//陕西省行政学院·陕西省经济管理干部学院学报 1999-04
◎对中国广告业发展的检视/胡远珍//湖北大学成人教育学院学报 1999-05
◎二十年前，他们……——恢复中国广告始作俑者/本刊编辑部//中国广告 1999-01
◎发展广告业务刍议/齐传发//新闻前哨 1999-08

◎法国广告的文化意蕴和创意技巧/徐舟汉//宁波大学学报（人文科学版）1999-04
◎改革开放以来中国广告业的发展/葛桂莲//兰州大学学报（社会科学版）1999-01
◎广告的研究与广告学的定位/王国全//中国广告 1999-01
◎广告公司怎么算“到位”/恒德 梅子//中国质量万里行 1999-01
◎广告管理——树立以消费者为中心的观念/胡梅//天津市财贸管理干部学院学报 1999-03
◎广告媒介竞争的白热化与建立 ABC 组织的必要性/戴顺斌//商业研究 1999-07
◎广告人应增强全面策划的能力/王展//广告大观（综合版）1999-05
◎广告市场在哪里/王正在//广告大观（综合版）1999-08
◎广告信息污染及其管理对策/张河清//湘潭大学社会科学学报 1999-05
◎广告宣传必须有利于精神文明建设/张德丽//成都行政学院学报 1999-04
◎广告也有了《圣经》/李智勇//广告大观（综合版）1999-11
◎广告业，是否也需要有一个批评机制/阿微//中国广告 1999-06
◎广告业：未来流行什么/夏忠华//企业经济 1999-09
◎广告业面对下一个千年的挑战——参加 WFA 第 46 届大会纪实/夏忠华//石油企业管理 1999-07
◎广告与精神文明/朱小聪//广告大观（综合版）1999-03
◎广告与网络牵手/胡泳//互联网周刊 1999-16
◎广告中的缪斯——兼论广告艺术性与功利性的关系/宋玉书//艺术广角 1999-02
◎贵州少数民族节庆活动开发探析/余青//贵州社会科学 1999-02
◎海外二则可资借鉴的广告/李忠东//中国广告 1999-02
◎杭州会展业的发展研究/冷晓//商业经济与管理 1999-04
◎户外广告制作技术现状及发展前景/贺超兵//广告大观（综合版）1999-01
◎画好蓝天下的大写意——对户外广告发布情况的调查/赵美琪 张惠琪//北京工商 1999-01
◎话说广告管理/王俊杰//广告大观（综合版）1999-11
◎会展业：杭州应走以特取胜之路/郭东风//浙江经济 1999-11
◎会展业：活跃经济科技文化的旋转舞台/周泠//宁波经济 1999-10
◎慧眼识广告/毕游//北京工商 1999-03
◎经济市场化过程中的中国广告产业发展现状案例分析/唐文荣//商业研究 1999-07
◎警惕广告业发展的负面影响/廖俊群//广告大观（综合版）1999-08
◎酒类电视广告之我见/高玉福//中国广告 1999-03
◎科学与艺术相融 提升中国广告创意水平/朱维理//中国广告 1999-01
◎跨越广告业的误区/谭长贵//经营管理者 1999-08
◎论广告的道德问题/李业昆//广告大观（综合版）1999-03
◎论广告监督管量的必然性/杨同庆//中国工商管理研究 1999-08
◎美国广告/贾玉斌//广告大观（综合版）1999-02
◎美国广告：经济效益与社会效益的两难/李小勤//中国广告 1999-02
◎美国广告业今昔/郭素友//北京工商 1999-11
◎美国日本英国的广告业一览/张丽 王菲//辽宁行政学院学报 1999-03
◎美国网络广告产业面面观/杜启容//广告大观（综合版）1999-08
◎面对下一个千年的挑战——全球广告业的发展及未来趋势/夏忠华//现代企业 1999-08
◎南美洲的广告和公共关系：最关心什么/童清艳//中国广告 1999-06
◎千姿百态广告业/严肃//经营管理者 1999-03
◎浅谈如何当好户外广告市场的“裁判”/徐印信//中国工商管理研究 1999-10
◎浅谈中国广告业的管理问题/杨军//中国广播电视学刊 1999-07
◎青岛国际啤酒节的持续发展战略研究/盛红//海岸工程 1999-02
◎让广告主更像广告主/张冬梅//中国广告 1999-02
◎认清形势 抓住机遇 扬长避短 走出困境——访中国广告协会副会长、中广协委员会主任、《人民日报》广日本广告意识面面观/徐晓光//广告大观（综合版）1999-09
◎善待创造/韩文根//广告大观（综合版）1999-08
◎世纪之交的中国广告业/魏超 曹志平//经济与管理 1999-02
◎世界广告巨星陨落：大卫·奥格威逝世/徐如言//广告大观（综合版）1999-09
◎市场经济中体育的广告策略/洪清华 沈越//西安体育学院学报 1999-02
◎试论广告传播的社会化功能/程明 谢述群//新闻与传播研究 1999-02
◎试论广告管理者的形象定位/范旦如//广告大观（综合版）1999-08
◎试论广告语境/郑立仁//工会理论研究（上海工会管理干部学院学报）1999-01
◎试析“三电合一”对广告业的影响及邮政广告应采取的对策/王平//邮政研究 1999-02
◎书籍广告拒绝欺骗/王仿子//出版参考 1999-07
◎台湾的广告业/高群服//海峡科技与产业 1999-02
◎谈《广告法》第 30 条执行难的原因及对策/曹毓凯 阎明//中国工商管理研究 1999-08
◎谈大宝广告/吴玉红//中国广告 1999-02
◎谈谈户外广告的不足/韩戈//经贸导刊 1999-01
◎谈休闲娱乐类站点的广告经营/任向晖//互联网周刊 1999-15
◎网络广告：现在着手，开始自律/封晓飞//互联网周刊 1999-12
◎网络广告——21 世纪广告业的主题曲/孙洪庆 汪百知//外向经济 1999-10
◎网络广告的“瓶颈”/沈文强//互联网周刊 1999-33
◎网络广告——广告新景观/胡晓娟//改革与理论 1999-Z1
◎网络广告——新世纪广告传媒的“黑马”/张海鹰//新闻大学 1999-02
◎网络广告业的崭新领域/丁言鸣//计算机周刊 1999-21
◎网络媒体广告优势/吴健龙//程序员 1999-08
◎网络时代广告业/张晖//国际市场 1999-09
◎为广告安“家”/李鹏//中国计算机用户 1999-01
◎为商业广告恢复而呐喊的人——访“为广告正名”一文的作者丁允朋/曹时炯//中国广告 1999-01
◎为网上传播提速——论网络广告的监测及结果评估/袁珏明//互联网周刊 1999-18
◎未来世纪的广告业/夏忠华//上海企业 1999-08
◎我国电视广告的现状及发展/张立霞//新闻爱好者 1999-S3
◎我国广告业处于“可喜”势态吗/田明华//中国广告 1999-02
◎我国杂志广告信息量和信息内容的时差分析/李东进//南开管

理评论 1999-01
◎我们用广告创意未来——第六届全国优秀广告作品展参观侧记/王卫国//广告大观（综合版）1999-12
◎无处不在的风景——美国的户外广告/艾辅仁//广告大观（综合版）1999-03
◎无孔不入的英国广告业/郭爱民//广告大观（综合版）1999-01
◎现代广告设计应注意时代特征/梁彤//重庆工学院学报 1999-04
◎新兴的广告形态——网络广告/陈原 刘静毅//工业工程 1999-04
◎信息广告的新奇乐/冯小洋//广告大观（综合版）1999-04
◎嫣然一笑百万生——"美的"空调广告的形象策略/吴迎君 束长泉//思维与智慧 1999-01
◎仰仗人情 高额回扣 价格不透明 广告业患流行病/王琳 王宝玲//广告大观（综合版）1999-04
◎影响我市广告公司发展壮大的因素及促进发展的对策/何健生//武汉晚报新闻前哨 1999-05
◎与其挤死广告业何不打开眼界全面发展/林诒洪//桌面出版与设计 1999-01
◎圆梦园没有神话——广告功效的再认识/张晓光//中国广告 1999-03
◎展会不是摇钱树/韩文根//广告大观（综合版）1999-07
◎整合优势 广告业跨世纪生存之道/徐如言 李世丁 袁乐清//广告大观（综合版）1999-12
◎知识经济条件下广告营销面临的市场机遇与挑战/赵春雷//商业研究 1999-12
◎中国广告公司面临严峻的生存挑战/刘建忠 秦问宇//经济世界 1999-07
◎中国广告你大胆地往前走——从时代特点看中国广告业发展/刘杰//中国广告 1999-03
◎中国广告商及媒体国际互联网络市场（CAM 网站）开通上海大学 CAM 网络广告学院建成/梁华//中国广告 1999-02
◎中国广告业：喜忧参半/唐忠朴//中国经贸 1999-08
◎中国广告业 1998/范鲁彬//中国广告 1999-02
◎中国广告业二十年（上）/范鲁彬//广告大观（综合版）1999-05
◎中国广告业二十年（下）/范鲁彬//广告大观（综合版）1999-07
◎中国广告业二十年点点滴滴札记/范鲁彬//中国广告 1999-01
◎中国近代早期报刊广告源流考/刘家林//新闻大学 1999-02
◎中日广告表现之比较/顾宁//日本研究 1999-02
◎重庆泉水鸡文化节创意/舒明武//企业销售 1999-05
◎专题策划 浓墨彩绘——南方日报的节庆报道思路/杨兴锋//中国记者 1999-09
◎走出广告误区/高金章 马向晖//连锁与特许 1999-02
◎走过广告世纪/李玉 笛音//中国商界 1999-07

2000 年

◎". Com"广告走入低谷/Diane Anderson //网络世界 2000-06-26
◎"传单广告"传播了什么/卢然 刘军 林伟 吴启钊 周晓强//福建工商时报 2000-06-09
◎"电影广告"力拯中国电影/连云丽//工人日报 2000-06-13
◎"光大"会展中心年收入一点八亿元/熊海钧 许琦敏//文汇报 2000-09-27
◎"广告传单"真是烦人/何涛//中国商报 2000-10-20
◎"广告饕餮之夜"荟萃世界 500 部佳作/小田//浙江日报 2000-08-29
◎"哈洽会"后说"瑕""瑜"/关非 谭力新//中华工商时报 2000-08-31
◎"航空广告"有奇趣/雨相//中国工商报 2000-10-11
◎"会展"也是旅游/陈勇 罗继飞//四川日报 2000-08-07
◎"会展商机"挡不住的诱惑/郑燕南 钱志军 黄红芳 王颖//新华日报 2000-08-20
◎"克里奥"缘何历久不衰？/龙儿//中国工商报 2000-12-20
◎"龙玺"华文广告创意未来——著名广告人李明"龙玺"归来一席谈/王秉钧//企业研究 2000-10
◎"品牌营销"并非"广告营销"/黎殿春//中国医药报 2000-11-23
◎"入世"后广告市场的震荡与重构/晓梅 董斌//信息时报 2000-11-25
◎"我们这样办邮递广告"/石邮//中国邮政报 2000-07-18
◎"展览经济"大展商机/解蓉//现代营销 2000-05
◎《广而告之》在中国公益广告史上的意义/王云//新闻大学 2000-03
◎10 个亿 2000 年家电平面广告怎样玩活儿？/慧聪家电商务网//中国信息报 2000-12-25
◎11 亿广告将砸出 80 亿销售/匡雁//北京科技报 2000-08-09
◎1999 年广告监管统计分析/董京生//中国工商管理研究 2000-05
◎1999 中国广告业大事记/由中国广告协会提供//中国工商报 2000-09-13
◎2000 年台湾地区电视广告表现趋势/范碧珍//信息时报 2000-11-11
◎2000 年我国报业广告大盘点/梁勤俭//中国信息报 2001-01-18
◎2000 年亚太区广告市场直逼 300 亿美元/AC 尼尔森//中国经营报 2001-05-01
◎2000 年中国广告业"中期报告"/国家工商行政管理局广告监管司//深圳商报 2000-09-04
◎2004 年：网络广告将超过传统媒体广告/小达//中国工商报 2000-09-13
◎21 世纪广告任重而道远/王克东//信息时报 2000-11-10
◎24 位广协负责人坦言相露 2000 年，全国各地广告协会主要活动"全曝光"/张宁 方立军 孙丰国//大市场广告导报 2000-02-23
◎8848 推进中国网络广告发展进程/小达//中国工商报 2000-09-13
◎AD007 为广告业指南/董锐//中国经营报 2000-12-05
◎AdForce 推出新媒体广告管理计划/科技日报 2000-11-08
◎AP：广告业界的新族群/南宫//中国工商报 2000-10-18
◎E 广告：进军互动传播业务/南宫//中国工商报 2000-09-13
◎WPP：全球广告巨子追求永不止步/张云中//国际商报 2000-09-05
◎阿拉伯国家广告的禁忌/乐细林//中药报 2000-08-14
◎阿拉伯国家广告中的禁忌/凌夫//中国工商报 2000-09-20
◎巴黎街头看广告/于华//市场报 2000-12-06
◎百姓评说名人做广告/东民 王晓军//人民政协报 2000-10-16
◎摆脱小作坊、土法、群众运动 广告业面临结构性调整/钟欣//中国信息报 2000-11-02
◎摆正广告的位置/魏超//新闻出版报 2000-06-30
◎办会展赚大钱/王克群//知识经济 2000-10
◎保险广告，为生活保驾护航/何卫兵//中国工商报 2000-08-16
◎保险广告应给人一份好心情/郭初 淳寿//金融时报 2000-10-26

◎报刊广告作利器 影碟厂家大比拼/慧聪商务网//中国企业报 2000-08-29
◎报纸广告的"卖点"在哪里?——关于读者对广告需求、偏好的调查/喻国明//新闻实践 2000-04
◎报纸广告经营 De 九大策略/文杰//科学时报 2000-12-02
◎北京广告市场将来时/陆云//英才 2000-06
◎北京会展走马观花/高艳芳 李雅清 董燕京//中国质量报 2000-07-14
◎北京迁喜房博会让你得到更多/刘晴//中华建筑报 2000-10-13
◎本土广告站直了别趴下/秦问宇//中国信息报 2000-08-03
◎比较广告 该不该打板子/阿迪//中国消费者报 2000-06-29
◎比较广告讨不来欢心/吴浩//市场报 2000-11-22
◎比萨饼盒:开创广告新天地/流水//国际商报 2000-08-17
◎辨认招聘广告/宣新章//中国高新技术产业导报 2000-08-15
◎别出心裁的国外广告/壮凌//中国工商报 2000-08-23
◎不可忽视公益广告/云补瑞 韩瑞祥 陈美玲//内蒙古日报(汉) 2000-07-18
◎不能不采访的广告人/于晶波//工人日报 2000-07-12
◎擦边球广告不受欢迎/廖仲毛//中国包装报 2000-06-28
◎彩电广告大幅滑坡行业走向成熟/王惜纯 张岗//中国质量报 2000-10-20
◎餐饮业,广告策划的定位/弘文//经济信息时报 2000-08-04
◎徜徉在广告的海洋/李春//中国工商报 2000-10-25
◎车身上打广告咋这么难/邓航 柴琴//贵州日报 2000-07-12
◎车展,要按市场规律办/赵丽丽//中国汽车报 2000-07-11
◎车展拉动"会展经济" 旅游喜得意外收获/李安定 张毅//中国旅游报 2000-06-14
◎成长中的中国广告教育/金定海//中国广告 2000-04
◎成都不让气球广告胡乱飘/李媛//中国工商报 2000-09-06
◎城市户外广告规划初探/宋金民 刘延民//规划师 2000-03
◎WTO:冲击与整合/刘万军//中国广告 2000-04
◎出版物广告形式设计的美学原则/阎晶//新闻出版报 2000-08-01
◎传统媒体广告业的潜在对手——网络广告/冯璞如//中国广播电视学刊 2000-10
◎传统媒体上网拍卖广告版位/爱军//中国经营报 2000-09-19
◎创意:广告的灵魂//中国工商报 2000-12-20
◎创意把握受众审美心理/赵正//中国工商报 2000-11-08
◎创意圣殿的虔诚信徒/李春//中国工商报 2000-12-27
◎创意时代 策划未来/李春//中国工商报 2000-10-25
◎创意与网络同台献技/叶子//中国工商报 2000-07-26
◎春节晚会连打"群众牌" 广征公益广告及祝福语/鲁网//福建日报 2000-12-01
◎从奥运赛场没有广告谈起/洛特//中国体育报 2000-09-30
◎从粗放到集约中国展览业的现代化之路/熊训林//中国贸易报 2000-07-11
◎从观光旅游到会展旅游/万润龙//中国旅游报 2000-12-01
◎从广告词看广告的非产品角度定位/谭本艳//经济师 2000-12
◎从广告投放看空调企业品牌策略/赵学敏//中国机电日报 2000-09-04
◎从广告投入看空调市场//中国企业报 2000-08-01
◎从绿色广告到绿色营销/黄健//中国工商报 2000-08-09
◎从数字看'99 中国广告业/范鲁彬//中国广告 2000-02
◎从一句广告语说起/惺庵//中国信息报 2000-11-16
◎促进会展经济规范与发展/金灿//经济参考报 2000-10-25
◎打出无锡城市发展的品牌——培育无锡会展业的若干思考/汤可可//江苏商论 2000-07
◎大贺,争做中国广告业先锋/方立军//大市场·广告导报 2000-02-23
◎大贺:用高科技创广告精品/弘顿//新华日报 2000-12-19
◎大力发展会展经济 培育新的经济增长点/陈向军//江苏商论 2000-07
◎大连以展会扬名、会商、聚财、兴市/洪源栋//中国信息报 2000-09-25
◎大卫·奥格威:广告人的精神领袖/何佳讯//公关世界 2000-08
◎贷款广告:天下人人渐识君/季任春//中国城乡金融报 2000-06-16
◎到加拿大做广告/丽菲//中国信息报 2000-09-07
◎登虚假广告"长寿长乐"被处罚/江南 孟涛//中国食品质量报 2000-08-22
◎第七届北博会将向消费品专业性展会转型//国际商报 2000-10-18
◎点击"万科广告"/李咏涛//深圳商报 2000-07-17
◎点击率失去赢得广告的准星/张怀旭//中国消费者报 2000-11-02
◎电视购物温柔一刀?//亚太经济时报 2000-08-19
◎电视广告对文化建构的导向作用/丁学梅 刘小燕//中华新闻报 2000-07-17
◎电视节目带片广告的利弊调查与对策/柯仙炉//广告大观(综合版) 2000-05
◎电视直销谁来"三包"/谢莉葳//中国消费者报 2000-11-15
◎电信产业聚焦亚洲展/辛鹏骏//中国电子报 2000-12-12
◎电子商务中的网上宣传策略/李辉//中国建设报 2000-11-23
◎定向广告 看人下菜/杰雯//中国经营报 2000-11-14
◎定向广告 量身订制/胡晓纯//网络世界 2000-11-20
◎定向广告 为网民"量体裁衣"/宗春霞//财经时报 2000-11-07
◎定向广告来了/朱巍 何江涛//中国经济时报 2000-11-07
◎定向广告让广告和受众亲密接触/程继明//中国经营报 2000-11-21
◎定向网络广告将"男女有别"/杜萍//中国信息报 2000-11-28
◎东方创意让西方也疯狂/传动//深圳商报 2000-09-18
◎东营户外广告谱新篇/赵雪松 冯其和//人民邮电 2000-07-19
◎读者爱看什么样的报纸广告?——北京人读报情况抽样调查分析报告(之一)/喻国明//新闻记者 2000-02
◎对当前中国广告业发展状况的几点认识/田明华//广告大观(综合版) 2000-05
◎对广告经营中无序竞争的思考/裴凤安//记者摇篮 2000-04-15
◎对规范当前广告经营活动的思考/曹永萍//攀登 2000-04
◎儿童电视广告:开放抑或禁止/心如//中国工商报 2000-08-09
◎发展创新中国广告业从容应对 WTO/梁勤俭//广告大观(综合版) 2000-01
◎发展会展业正当其时/邵金钱//浙江经济 2001-08
◎方太新广告演绎"家的感觉"/张德麟 石章强 张华//中国轻工报 2000-07-07
◎房产广告噱头多/吕勇//中国消费者报 2000-08-17
◎房产广告扎堆为这般/吴飞//中国信息报 2000-09-21
◎房地产广告更需效果测试//深圳商报 2000-07-31
◎房地产广告——看上去很美/迟智广//中国审计报 2000-12-20
◎房地产广告六张牌浅析/秦永健//信息时报 2000-08-04
◎房地产广告你敢信吗/张立伟//安徽经济报 2000-07-31
◎房地产广告有法律约束力吗/向明//中华建筑报 2000 12 01
◎房地产广告怎样投放最有效/新生代市场监测机构//中国经营

报 2000-12-05
◎房地产虚假广告探源/阿超//信息时报 2000-07-06
◎服务是过硬广告/兰岚//云南日报 2000-08-21
◎浮躁的网络公司 泡沫的网络品牌/中展//科学时报 2000-07-12
◎各路厂商大做广告文章 品牌空调深受百姓欢迎//中国企业报 2000-09-05
◎给房地产广告把脉/阿超//中国财经报 2000-07-12
◎给广告加点味精/张秀莲 王志荣//中国物资报 2000-08-28
◎给名人广告戴上法律"紧箍咒"/郭建义//法制日报 2000-11-20
◎公交广告 京城流动的彩虹/陈晓凤//中国汽车报 2000-06-30
◎公益广告吹开精神文明之花/广言//中国工商报 2000-07-26
◎公益广告发展之我见/杨忠愚//信息时报 2000-12-15
◎公益广告能否办得更好/吴卫群//解放日报 2000-10-17
◎公益广告遭遇"模糊性"瓶颈/赖俊杰//中国工商报 2000-11-29
◎巩俐广告事件：成功案例？策划败笔/李伯云//福建工商时报 2000-07-25
◎关乎广告业的十大经济问题/何少明//采·写·编 2000-03
◎关注盖中盖现象/刘元煌//中国经营报 2000-07-18
◎管理者说网络广告/李媛//中国工商报 2000-08-09
◎管一管广告传单的扰民行为/何涛//科技日报 2000-10-22
◎广告，潜力有多大/杨理健//新闻出版报 2000-08-24
◎广告：家电晴雨表/刘平//中国电子报 2000-09-28
◎广告：恼人的擦边球现象/肖黎明 吴小亮//法制日报 2000-08-02
◎广告：弱冠之年再回首/钱//中国教育报 2000-10-08
◎广告：重视战术，更要重视战略/赵文海//医药经济报 2000-06-19
◎广告"三乱"期待法剑快斩/燕子//中国贸易报 2000-10-31
◎广告策划 架起沟通的桥梁/赵锋//中华建筑报 2000-12-15
◎广告策划的两个定位/尚恒德//科学时报 2000-11-25
◎广告策略浅谈/王义林//中国包装报 2000-07-07
◎广告闯出希望路/刘云山 杨维//中国邮政报 2000-10-17
◎广告创意：如何面对同质化时代的到来/匡雁鹏//中国信息报 2000-10-12
◎广告创意呈本地化趋势/钮怿//文汇报 2000-12-18
◎广告创意创新谈/孙文清//企业文化 2000-07
◎广告春天/范志明//深圳商报 2000-07-31
◎广告代理业面临的税收问题/李玉庆 李任斌//中国税务报 2000-12-04
◎广告代理制的发展及其适应分析/苗文棣//新闻采编 2000-05
◎广告帝国的统帅索雷尔/魏道培//经济世界 2000-11
◎广告发展趋势与国际化影响/崔德群//商业研究 2000-04
◎广告公司面临的机遇和挑战/韩文根//广告大观（综合版）2000-07
◎广告管理 2000 年上半年全国广告监管统计分析/广言//广告大观（综合版）2000-09
◎广告及其伦理问题探析/金光风//贵州财经学院学报 2000-05
◎广告界的"奥斯卡"——"克里奥"奖/张辉//河北经济日报 2000-07-19
◎广告界的"奥斯卡"登陆北京/李春//中国工商报 2000-12-13
◎广告禁区/李瑾//深圳商报 2000-08-28
◎广告经营的九大策略/文杰//科学时报 2000-12-02
◎广告经营活动规范与广告监管/杨同庆//中国工商报 2000-06-28
◎广告精英香港"碰头"/文达//中国工商报 2000-08-09
◎广告竞标"竞"出了什么？/施韬//金融时报 2000-11-17
◎广告里头学问大/都文//中国工商报 2000-08-23
◎广告没效果 该怪谁/周慧敏//中国企业报 2000-11-24
◎广告媒体投放浅谈/钟广德//河北经济日报 2000-08-23
◎广告魅力：靠创意还是技术/张楠//工人日报 2000-07-19
◎广告妙语招客来/林云//河北经济日报 2000-06-13
◎广告莫太"广"/陈明杰//中国工商报 2000-09-06
◎广告——企业形象的传播器/臧斗尔//河北经济日报 2000-06-21
◎广告侵权——掀起轩然大波/刘冰//辽宁日报 2000-10-18
◎广告请自重些/张翠文//党员干部之友 2000-10
◎广告让我怎能相信你/张慧军 陈德//中国防伪 2000-09
◎广告人学习学习再学习/丁俊杰//中国信息报 2000-11-02
◎广告人应是市场投资人/戴定南//中华工商时报 2000-10-25
◎广告商如何寻求法律保护/徐丛林 马静静//中国信息报 2000-09-28
◎广告市场监管如何应对冲击/孙璟//中国工商报 2000-07-11
◎广告市场日趋成熟/朱艳燕//中华工商时报 2000-10-13
◎广告市场迎接"全媒体"/谢丽//中华工商时报 2000-10-25
◎广告投放的八大陷阱/贾鹏云//中华工商时报 2000-11-17
◎广告投放的误区/凌波//中国水利报 2000-12-07
◎广告为"飞天"插翅/温照民//中国石油报 2000-09-22
◎广告文化品格透视/府阳//湖北日报 2000-09-26
◎广告效果与因特网应用/金培武//信息时报 2000-08-18
◎广告新闻不会长久/沈艳阳//中国工商报 2000-10-11
◎广告行业发达了我们才有发展的空间——与深圳润江实业发展有限公司副总经理刘航一席谈/方立军//大市场·广告导报 2000-02-23
◎广告也要 e 化/姚绍文//中国经营报 2000-08-29
◎广告业：新生代的春天到了/晓群//中国广告 2000-04
◎广告业：诱惑来自于挑战/叶茂中//中国信息报 2000-11-09
◎广告业个私经济争城夺地/王薇//中国工商报 2000-08-18
◎广告业界的新族群/南宫//中国工商报 2000-10-18
◎广告业应对 WTO 挑战三要素/郝福玲//新闻出版报 2000-09-12
◎广告——一个生产形象的产业/高萍//北京联合大学学报 2000-02
◎广告艺术/牧惠//中华工商时报 2000-11-16
◎广告应对公众生活负责/王晓晖//科学时报 2000-11-04
◎广告与法/李文成//大众标准化 2000-01
◎广告与人员推销/魏立军//上海金融报 2000-10-21
◎广告语中看营销/庞亚辉//中国商报 2000-12-21
◎广告运用的心理艺术/庄奎太 曾凡华//中国工商报 2000-06-28
◎广告怎样才算好？//中国轻工报 2000-09-29
◎广告战搅乱保健品市场/吴学安//文汇报 2000-09-04
◎广告之奇/蒋子龙//知识经济 2000-04
◎广告中的音乐魅力/陈建春//中国经济时报 2000-07-27
◎广告主和媒介要相互帮衬/黄升民//中国经营报 2000-11-14
◎广告主及其组织的地位和作用/傅石林//中国广告 2000-02
◎广告主与媒体：真情互动/姚磊 郑文华//中国信息报 2000-11-30
◎国际茶博会为何"冷""热"不均/周文波 李晓//中国旅游报 2000-07-31
◎国际广告展展出新亮点/许巍//中国质量报 2000-08-14
◎哈药现象：仿佛标王又来/于宁 杰雯//中国经营报 2000-07-18
◎海峡两岸广告教育面面观/吴智良//中国广告 2000-04

◎荷桂飘香迎“西博”/程春红//中国旅游报 2000-09-08
◎湖南广告业如何入世/黄亚文//中国包装报 2000-08-18
◎互联网广告的隐忧——网络隐私权的保护/李媛//中国工商报 2000-11-01
◎互联网上出现“广告超市”/张晓松//西藏日报 2000-07-12
◎话说网络广告/网观//中国有色金属报 2000-08-22
◎皇帝庙乡——兴起“广告农业”/鲁俊涛//河南科技报 2000-10-21
◎回眸克里奥中国广告路在何方?//中国信息报 2000-09-21
◎会展产业正当其时/国务院发展研究中心市场经济研究所//中国信息报 2000-11-29
◎会展对经济推动力有多大?/国务院发展研究中心市场经济研究所//中国信息报 2000-12-07
◎会展经济 百业商机/蔡恩泽//中国乡镇企业报 2000-10-11
◎会展经济 商机无限/钟敏//重庆商报 2000-06-28
◎会展经济，好大一个产业/王纲//浙江日报 2000-08-31
◎会展经济/赵景芳//中国财经报 2000-08-09
◎会展经济：春天的故事/顾列铭//国际市场 2000-12
◎会展经济：离“增长点”有多远/郑小琦//瞭望 2000-46
◎会展经济：区域发展新视点/潘华苏 田景熙//现代经济探讨 2000-05
◎会展经济：现代都市新支撑/李春频//决策与信息 2000-11
◎会展经济：现状、问题与对策/杨虎涛//长江论坛 2000-06
◎会展经济：云南新增长点/朱世辉//云南经济日报 2000-07-14
◎会展经济“火”了新疆//新疆日报（汉）2000-08-30
◎会展经济“九五”广东新亮点/青群//中国贸易报 2000-10-31
◎会展经济——成都新“名片”/向军//四川日报 2000-11-12
◎会展经济成亮点/国标//科技日报 2000-10-29
◎会展经济大有可为/顾新东 朱新法 陈炳山 任志强 李大容//新华日报 2000-11-02
◎会展经济风头正劲/黎虹//中国质量报 2000-07-14
◎会展经济驾到深圳：准备好了吗?/杨子//深圳商报 2000-12-22
◎会展经济魅力四射/刘甚//中国企业报 2000-11-21
◎会展经济热浪滚滚/欧阳梦云//中国工商报 2000-10-24
◎会展经济引发强大冲击波/余萍//饲料广角 2000-21
◎会展经济云南爬坡/綦书环 李扬 田砚君//中华工商时报 2000-11-24
◎会展经济助推云南/李自良 李舒//云南经济日报 2000-12-15
◎会展经济走红乌鲁木齐/赵北明//中国贸易报 2000-09-19
◎会展景气上海最旺/邱海华 顾安安//文汇报 2000-08-02
◎会展旅游：心动不如行动//中国旅游报 2000-11-27
◎会展旅游大步走向南京/宁旅//华东旅游报 2000-08-24
◎会展旅游是块大蛋糕/张纪红//华东旅游报 2000-08-03
◎会展评估是空白/黄名中//厂长经理日报 2000-12-05
◎会展业，能否成为经济新亮点/张翱//江苏商论 2000-Z2
◎会展业成为“生财”新亮点/叶国标//中国商报 2000-10-26
◎会展业——名利双收的产业/刘洋//厂长经理日报 2000-12-05
◎会展业能否让经济热起来//领导决策信息 2000-25
◎会展业潜力有多大/万润龙 蒋萍//中国旅游报 2000-12-08
◎会展业应成为重庆经济发展的重要支柱/高宜新//重庆工商大学学报 2000-06
◎会展营销做大精亚品牌/贾贵杉 张应真//中国纺织报 2000-12-18
◎会展与广州经济发展/汤义君//珠江经济 2000-12
◎会展怎样“经济”/国务院发展研究中心市场经济研究所//中国信息报 2000-12-13
◎加大执法力度，规范医疗、药品、保健食品广告/国家工商行政管理局广告监管局//中国工商报 2000-07-19
◎加入 WTO，广告业将如何面对/王正在//工商行政管理 2000-22
◎加入 WTO 对我国广告业的影响及相应对策/王正在//北京工商管理 2000-05
◎加入 WTO 对中国广告业的影响及对策/李昌凰//荆州师范学院学报 2000-04
◎加入 WTO 对中国展览业的影响/岳祖德//中国贸易报 2000-07-25
◎家电广告一路走好/郑灯康//中国电子报 2000-11-16
◎减肥广告需“减肥”/翁东劲//沈省文 沈雁中国工商报 2000-09-06
◎减肥广告引诱法种种/焦东海//中国轻工报 2000-08-05
◎建立连锁机构 促进广告发展/范同成//中国工商报 2000-10-11
◎江西会展业，何时露芳容/朱晓晖//江西日报 2000-11-08
◎节庆活动会成为旅游产业之星吗?/吴伟余//中国旅游报 2000-11-20
◎节庆活动如何拉动经济/陈惟 潘田//文汇报 2000-11-16
◎解读房地产广告/张晶明//中国财经报 2000-10-25
◎解析中国展览业/李佳//中国贸易报 2000-12-26
◎金融服务公司的网络广告投入/溪泓//中国经营报 2000-11-21
◎金鹰电视节首次为广告设奖/李春//中国工商报 2000-11-01
◎近代中国广告的产生发展及其影响/朱英//近代史研究 2000-04
◎进军互动传播业务/张民旭 刘雪琼//信息时报 2000-08-26
◎酒类企业倾情广而告之/李奕//中国食品质量报 2000-10-12
◎居民最信电视广告，名人促销未必都好/钟景//中国信息报 2000-10-11
◎举全市之力确保第四届中国投资贸易洽谈会圆满成功//国际商报 2000-09-08
◎卡通形象在广告中的作用/姜小岩//信息时报 2000-11-03
◎开发期刊广告经营潜力/李频//出版广角 2000-06
◎看不懂的广告，卖火了的产品/周文胜//中国信息报 2000-09-12
◎看看人家的广告/阿辉//中国信息报 2000-11-02
◎看清房地产广告/周山//中国工商报 2000-09-06
◎看世界五大车展如何各领风骚/何芳//中国汽车报 2001-06-20
◎看招聘广告得多个心眼/景明//工人日报 2000-07-11
◎科普展“公益营销”如何/姜晓凌//上海科技报 2000-09-13
◎空调广告各显神通/刘国强 赵学敏//中国商报 2000-09-28
◎昆明会展业还缺什么/和玉//中国经济时报 2000-11-27
◎老少明星还该补点啥?//河南日报 2000-06-16
◎立邦漆惹祸的广告 得大奖的广告//中国信息报 2000-07-27
◎利用会展业推动经济发展/喻山澜//中国工商报 2000-08-08
◎令人瞠目的广告创意/小达//中国工商报 2000-07-26
◎旅游打好节庆活动这张牌/刘寅//西安日报 2000-08-25
◎旅游广告：何时不再雾里看花?/李玲//中国旅游报 2000-10-27
◎旅游——会展—高科技 构筑首旅大产业/丁曙成//中国证券报 2000-11-07
◎论发展公共图书馆会展业/贾晓东//图书馆建设 2000-02
◎论广告文化与广告的审美价值/夏乾丰//新闻大学 2000-01
◎迈向新世纪的中国广告业/屈建民//广告大观（综合版）2000-01
◎媒体广告如何组合运用/王信东 姜大华//河北经济日报 2000-08-30
◎媒体洁身自爱远离“广告新闻”/沈艳阳//信息时报 2000-

10-20
◎美国繁荣时期的广告与经济发展/高芳英//江海学刊 2000-03
◎美国网络广告将超电视广告/周嚣//通信产业报 2000-07-05
◎面对钱币广告要清醒/安徽 朱福民//中国商报 2000-10-28
◎民俗多姿多彩 节庆斑斓纷呈/郭路 张学虎//甘肃日报 2000-07-29
◎名人不要滥做保健品广告/袁潮//工人日报 2000-06-25
◎名人广告不是“戏”/姚芃//工人日报 2000-10-22
◎名人广告错在哪里? //法制导报 2000-08-25
◎名人广告的角色迁移与广告说服/李奇云//西南民族学院学报(哲学社会科学版) 2000-09
◎名人广告也应守法/郭建义//福建工商时报 2000-11-24
◎名人学点《广告法》/廖仲毛//中药报 2000-09-04
◎明明白白识广告 清清楚楚来消费/李媛//中国工商报 2000-08-09
◎明年广告投放量将超千亿/郑文华//中国信息报 2000-10-16
◎明天的广告怎么做//国际金融报 2000-12-10
◎明星大腕助阵，IT 业广告激战正酣/赵婷//北京日报 2000-06-28
◎明星广告莫缺“钙”/崔鹤同 嵇维柏//中国食品质量报 2000-08-22
◎明星广告悠着点儿/辛喜//工人日报 2000-10-14
◎明星广告有何魅力/张民旭 黄汉英//信息时报 2000-12-16
◎明星做广告该不该先考证广告的内容/鲁客//中国商报 2000-09-03
◎模特不甘做地毯 地面广告起纷争/李媛//中国工商报 2000-08-02
◎内蒙古广告收入四千万/毛素奎//中国邮政报 2000-11-24
◎内外企业逐鹿亚洲 广告行业渔翁得利/玉亭//中华工商时报 2000-11-02
◎耐克广告又惹麻烦/田文//中国工商报 2000-11-29
◎南京户外广告打假/张文 李跃 春燕//新华日报 2000-07-20
◎南京用心培育“会展经济”/徐云翔//中国税务报 2000-10-19
◎腻人的广告/樊金荣//江西日报 2000-07-13
◎宁波邮送广告在包围中冲锋/寒林//中国邮政报 2000-06-23
◎农产品进入会展时代/周静恺 肖世峰//中国经济时报 2000-11-15
◎努力开创中国广告事业和法制建设新局面——在《广告法》实施五周年座谈会上的讲话(节选)/王众孚//广告大观(综合版) 2000-03
◎努力营造健康有序公平竞争的广告市场环境/屈建民//中国工商报 2000-10-11
◎盘点会展经济/赵景芳//安徽经济报 2000-08-03
◎啤酒电视广告 今年达到高峰/张签名//中国商报 2000-11-01
◎品牌发展与广告同步/沈艳阳//中国工商报 2000-11-01
◎品牌广告如何变招? //信息时报 2000-08-19
◎平面广告作利器商家展开大比拼//中国电子报 2000-09-14
◎期刊广告，潜力有多大/杨理健//新闻出版报 2000-08-24
◎奇特广告拾趣/庄奎太//中国工商报 2000-08-02
◎汽车广告 盘子有多大/管学军//中国经营报 2000-10-10
◎浅谈粮油会展纸质广告的传播(上)/石少龙//粮油市场报 2000-10-05
◎浅谈粮油会展纸质广告的传播(下)/石少龙//粮油市场报 2000-10-07
◎浅析当前电视广告宣传导向中的误区/张玮 陈超峰//中华新闻报 2000-06-05
◎强化产品广告视觉效果/黄庆海//信息时报 2000-09-08
◎强化专业布展 注重需方组织/华文//中国电子报 2000-08-25
◎巧借新闻事件广告事半功倍/闫立忠 周琪//信息时报 2000-09-15
◎秦池：成也广告，败也广告/达文//中国工商报 2000-08-30
◎清真食品中华小吃联袂上演 两台会展八面来风疾步西行/胡安东//中国商报 2000-08-18
◎请办个安全的车展/张宇星//中国汽车报 2000-06-16
◎请旅行社走出“菜单式”广告的误区/李微智 黄程亮//中国旅游报 2000-09-18
◎去年我国广告经营额 622 亿元/邹清丽//传媒 2000-05
◎全国报纸杂志广告谁收的银子多/慧聪//内蒙古日报(汉) 2000-12-26
◎全球广告巨子追求永不止步/张云中//国际商报 2000-09-05
◎全球广告支出继续增长/刘谊人//广告大观(综合版) 2000-04
◎让广告更专业化/丁俊杰//信息时报 2000-11-24
◎让您的广告更有效/车志远//中国经营报 2000-09-19
◎让商函真正成为重中之重/朱秀亮//中国邮政报 2000-06-23
◎让中国广告走向世界/李春//中国工商报 2000-08-09
◎日本商界巨头钟情网络广告/杨秋艳//国际经贸消息 2000-10-19
◎日益“E”化的广告业/豆豆//中国工商报 2000-09-06
◎如何防范虚假加工承揽广告/郭怀清 常新荣//中国工商报 2000-09-06
◎如何认定比较广告与不正当竞争//中国知识产权报 2000-07-07
◎如何提升网络广告的点击率/小义//中国计算机报 2000-07-27
◎如何选择网上广告形式/海脉//江苏经济报 2000-12-05
◎如何做广告人/天地//中国信息报 2000-08-10
◎入世，中国本土广告业前景光明/刘湘萍//广告大观(综合版) 2000-03
◎山西全面加强药品广告监督管理/冯子刚//中药报 2000-09-11
◎商函广告：商机无限/宁益刚 马晓辉//中国企业报 2000-10-23
◎上半年水饮料广告大幅萎缩/伍毅然//中国经营报 2000-09-26
◎上半年我国广告业稳步增长/广言//中国信息报 2000-11-09
◎上半年我国广告业增速加快/国家工商行政管理局广告监管司//中国信息报 2000-09-12
◎上海：国际五金大市场呼之欲出/袁华//中国贸易报 2000-12-19
◎上海成为国际展览业“大舞台”/汤颋//国际商报 2000-09-20
◎上海广告年经营额超百亿元贡献率为 2. 66%//上海国资 2000-03
◎上海会展业现状及发展趋势分析/郑建瑜//旅游学刊 2000-11-18
◎上海净化广告市场 维护市场环境/上海市工商局广告处//中国工商报 2000-07-19
◎舍不得广告 套不出“金”/赵加积//中国企业报 2000-10-25
◎设计好客户策划书/周文俊 孙艳萍 陈方盛 秦燕//人民邮电 2000-07-12
◎慎用明星做广告/廖仲毛//中国包装报 2000-10-02
◎生活产生创意 创意擦亮品牌/李世丁//中国信息报 2000-11-16
◎时代变了报纸广告该如何变/中国信息报 2000-08-31
◎世博园锐意开创新纪元/大川//中国旅游报 2000-12-29
◎世界这样面对未来的挑战 2000 年世界博览会侧记/盛培德//珠江经济 2000-06
◎试论我国会展经济的发展/陈向军//求实 2000-12
◎适应新形势 采取新对策——谈我国广告业的规范发展/王晋杰//工商行政管理 2000-06

◎手机广告：哪是卖点/万子//亚太经济时报 2000-07-05
◎手机广告“国机”占几成/张签名//中国商报 2000-07-06
◎手机广告洋品牌独占鳌头/阿迪//中国消费者报 2000-11-30
◎手机广告有实有虚/马瑞洁//中华工商时报 2000-09-06
◎首起虚假网络广告/刘贤杰 朱品昌//中国物资报 2000-09-06
◎数字里的 2000 年（上）中国广告业/范鲁彬//中国广告 2000-05
◎谁可以设计、制作、代理、发布广告/牛车//中国工商报 2000-07-26
◎谁来管管电视直销/陈育焕//福建工商时报 2000-12-08
◎说说美国银行广告/王志诚//国际金融报 2000-08-25
◎台湾广告猛人喂招/Twelve//信息时报 2000-07-22
◎谈企业专利广告中存在的问题/田宝会//中国知识产权报 2000-06-14
◎谈虚假广告的赔偿责任/党宏//中国防伪 2000-09
◎糖酒会广告策划六计/马千里//河北经济日报 2000-09-26
◎提醒打奥运牌的企业/谢宝康//中国经济时报 2000-09-21
◎天气预报与“眼球”争夺战/陈清郁 黄凯安//中国气象报 2000-10-09
◎投洽会为厦门旅游带来商机无限/史蔓蓉 高传斌//中国旅游报 2000-09-25
◎透析广告战略/宋养琰 刘肖//厂长经理日报 2000-11-07
◎外资广告公司在中国的发展回顾/刘瀛//商业研究 2000-10
◎网络成为日本第五大广告媒体/姜俏梅//科技日报 2000-09-11
◎网络公益广告浮出水面/摩尔 昊子//中国计算机报 2000-10-26
◎网络广告，传统企业为何不买账/曹春玲//中国信息报 2000-11-07
◎网络广告 ABC/田明华//市场观察 2000-Z1
◎网络广告不应随意标榜/刘娜//中国工商报 2000-11-01
◎网络广告冲击传统/傅强 杨云龙//中华工商时报 2000-07-05
◎网络广告大有技巧/于冬波 刘国信//河北经济日报 2000-09-19
◎网络广告的技巧/赵志莲//金融时报 2000-05-16
◎网络广告的前景好吗？/秀霞//中国信息报 2000-10-26
◎网络广告何时互动/李媛//中国工商报 2000-07-05
◎网络广告还要“爬山”//国际商报 2000-09-01
◎网络广告亟待规范/冯浩//中国工商报 2000-06-14
◎网络广告亟待行业规范/安古//中国妇女报 2000-12-25
◎网络广告计费的形式及方法/李媛//中国工商报 2000-08-16
◎网络广告将向“一对一”的定向服务发展//中国计算机报 2000-11-23
◎网络广告你准备好了吗？/郑文华//中国信息报 2000-08-17
◎网络广告如何加强监管/宋玉池//浙江日报 2000-08-29
◎网络广告市场以何取胜/慕容//中国工商报 2000-12-13
◎网络广告谁来评价/南飞//中国计算机报 2000-10-26
◎网络广告先锋/任向晖 郑文华//中国信息报 2000-12-21
◎网络广告先锋——独具特色的专业网站/雨阳//互联网周刊 2000-08
◎网络广告想说爱你不容易/欧阳梦云//中国工商报 2000-11-01
◎网络广告业发展的障碍及对策/王圣奇 王文胜//经济理论与经济管理 2000-06
◎网络广告业呼唤买方代理/任向晖//互联网周刊 2000-09
◎网络广告业竞争浮出水面/高初建//中华工商时报 2000-07-21
◎网络广告已非吴下阿蒙/高初建//中华工商时报 2000-09-19
◎网络广告意味着什么？/赵雷//中华工商时报 2000-12-27
◎网络广告怎么了？/李媛//中国工商报 2000-12-27
◎网络广告障碍多/田永胜//中国妇女报 2000-10-30
◎网络广告中介强力出击/胡晓纯//网络世界 2000-08-07
◎网络广告主该信谁？//信息时报 2000-06-17
◎网络经济不是广告经济/盛晓白//国际经贸消息 2000-12-21
◎网络媒体兼具“互动”与“多媒体”//信息时报 2000-08-19
◎网络为广告业输氧/张民旭 李缅晔 黄汉英//信息时报 2000-09-02
◎网络营销的有效手段——网络广告研究/陈继伟//上海海运学院 2000-12-30
◎网上广告在摸索中前进/南宫//中国工商报 2000-11-08
◎网站广告“告”什么/金世佳 刘海峰//中华工商时报 2000-07-26
◎网站广告别瞎搞/诸华//中华工商时报 2000-07-26
◎网站广告撤出“地道战”/艾达//中国工商报 2000-07-19
◎为“20 万也不登”叫好/胡德桂//中国工商报 2000-07-05
◎为“地方广告版”立规矩/心板//中国工商报 2000-08-23
◎为广告业指南/董锐//中国经营报 2000-12-05
◎为网络广告制定游戏规则/黄霁//中华新闻报 2000-08-14
◎为网络广告做“嫁衣”/张欣//计算机世界 2000-08-07
◎维护广告的真实性：从广告主谈起/聂艳梅//广告大观（综合版）2000-01
◎我国会展市场含苞待放/刘果//中国信息报 2000-11-22
◎我国网络广告的发展趋势/王慕东//社会科学报 2000-09-14
◎我国网络广告发展面临三道槛/宇子//福建邮电报 2000-11-01
◎我们该怎么看明星做广告//文汇报 2000-08-21
◎我区媒体广告经营注重自律/彭文明//新疆日报（汉）2000-07-06
◎我省将对广告业实施全天候监管/李红//江苏经济报 2000-07-13
◎无线网络广告姗姗走来/博文//经济消息 2000-06-12
◎西安的广告不入流/木森//市场报 2000-11-25
◎西安市户外广告设置管理条例//西安日报 2000-07-10
◎西部大开发催生新疆会展经济/郭立 武彩霞//中国物资报 2000-09-11
◎西部广告业的差距与对策/杨晋安//中国工商报 2000-07-05
◎西部开发激活“会展经济”/杨晓东 陈晓雷 戚其龙//中国煤炭报 2000-11-07
◎悉尼奥运会：广告界的眼球大战/传动//深圳商报 2000-10-07
◎洗发水的战场上受益者不只是头发/素萍//中国化工报 2000-10-27
◎洗发水市场广告大角逐/李奕//市场报 2000-11-15
◎细辨虚假广告//中国消费者报 2000-08-24
◎厦门打造会展业/吴健 王蕾//中华工商时报 2000-09-28
◎厦门会展业渐成气候/张建琛 孟晓宁//经济参考报 2000-08-01
◎厦门实行三位一体广告监管模式/曾庆光 王晓丽//中国工商报 2000-08-16
◎闲聊 8848 广告/浪子雨枫//中国信息报 2000-08-24
◎羡望他人，不如拥有国展家园//中国贸易报 2000-07-18
◎乡村涌动广告潮/孙展春//山西经济日报 2000-07-23
◎香港广告主须支付创意比稿费/章汝奭//中国广告 2000-03
◎消费者呼吁：名人莫做广告托儿/李媛//中国工商报 2000-09-13
◎新创意：风险广告合作/东桥//上海轻工业 2000-01
◎新加坡、日本公益广告基本情况/董京生//中国工商管理研究 2000-09
◎新老媒体的对话——广告行业进入互联网的必要和前景/王海靖//浙江传媒学院学报 2000-02

⊙形象代言人上演一仆二主/诸华//中华工商时报 2000-08-30
⊙虚假广告 人人喊打/李媛//中国工商报 2000-08-30
⊙虚假广告掀起你的盖头来/赵俊梅//人民法院报 2000-08-26
⊙虚假广告消费陷阱/田柯 拓峰//陕西科技报 2000-08-08
⊙虚假广告也是伪劣产品/刘萍//大众科技报 2000-12-26
⊙虚假广告贻害不浅/杨渭源//中国消费者报 2000-09-23
⊙徐州广告整治初战告捷/徐广//中国工商报 2000-08-09
⊙选好你的代言人/吉时//中国工商报 2000-12-27
⊙学会分析房地产广告/向阳//云南日报 2000-10-18
⊙亚太区广告市场表现强劲//中国信息报 2000-10-25
⊙亚洲互动传播网络助力网络广告/房瑞//通信产业报 2000-09-13
⊙洋车京城展风采 众里寻芳国产车//中国国门时报（中国出入境检验检疫报）2000-06-12
⊙药品 网络 住宅“凉风”构成申城广告主题/陈甬沪//中国工商报 2000-08-09
⊙药品、医疗广告违法数量明显下降/王浩//中国工商报 2000-10-11
⊙药品广告虚假成灾 多管齐下严厉监管/张宗利//医药经济报 2000-07-19
⊙药品广告最害人 新闻广告最诱惑/六月//中国妇女报 2000-12-25
⊙要创意不要创伤/冬波拉//中国工商报 2000-07-19
⊙要做好广告档案管理工作/朱丽英 王莉 黄德生//兰台内外 2000-03
⊙一个刺激经济增长的特殊产业——会议经济/晓辉//中国经贸导刊 2000-02
⊙一个法国广告人的广告故事/李春//中国工商报 2000-12-27
⊙一个广告诉求的决策模型——广告公司可以如何决定广告活动主题/黄合水//广告大观（综合版）2000-10
⊙一批虚假广告“曝光”/孟晓捷//健康报 2000-11-02
⊙一日千里的网络广告/魏超//河北经贸大学学报 2000-04
⊙一则广告掀起多重风浪/吴汉 董娟 王华山//湖北日报 2000-08-08
⊙一张十分珍贵的戒烟广告/何言//人民政协报 2000-07-28
⊙依托口岸优势 做好展会文章/洪源栋//中国贸易报 2000-10-17
⊙宜昌市广告行业的现状及对策浅析/朱涛//湖北三峡学院学报 2000-12-30
⊙移动广告有没有市场？/沈蕾//中国计算机报 2000-08-03
⊙以西部开发为契机 发展重庆会展经济/汪忠满 刘亚文//重庆行政 2000-03
⊙饮料广告：何时长大//中国信息报 2000-09-07
⊙英国 2000 邮展纪行/刘佳维//中国邮政报 2000-07-18
⊙影视广告能否多些文化底蕴/珞珈//河北日报 2000-08-11
⊙庸俗广告何时休/时铃//国际金融报 2000-11-28
⊙永远的广交会/王屏//国际商报 2000-10-15
⊙用广告鼓舞士气/赵正//中国工商报 2000-09-13
⊙邮政广告撑起半边天/朱桂峰//中国邮政报 2000-12-19
⊙邮政商函广告市场营销探析/王绍华//邮政研究 2000-03
⊙有广告才有力量/张怀安//信息时报 2000-07-01
⊙与台湾广告权威面对面//中国信息报 2000-11-02
⊙宇航展实物变模型/张松伟 姚敏//中国消费者报 2000-07-19
⊙越南广告业方兴未艾//国际商报 2000-09-18
⊙云南省广告发展态势与广告教育发展/李振东 杨青//云南财贸学院学报 2000-06
⊙杂议广告文化/来新夏//解放日报 2000-11-08
⊙再看嘎纳——从文化的角度看中外广告的差异/夏洪艳//公关世界 2000-07
⊙在线广告 精确制导/冯蕾//中国经营报 2000-10-24
⊙咋让村里人看你的广告/陆刃波 越学敏//中国信息报 2000-07-24
⊙展会风暴掀动业界经济潮/金弓一矢//医学美学美容 2001-07
⊙展会经济呼唤大型展馆 会展中心建设夜以继日//吉林日报 2000-10-18
⊙展会新思路：汽车展走向主题展/钱婵娟//汽车与配件 2000-39
⊙展览会 摇钱树/蔡恩泽//国际金融报 2000-09-17
⊙展览经济：如何产业化/魏建玲 叶清//中国贸易报 2000-06-21
⊙展览经济——三产中的新星/陈建国//江苏统计 2000-11
⊙展览业——世纪之交的朝阳产业/王蓓莉//大经贸 2000-05
⊙这是不是虚假广告/祝明//中华新闻报 2000-07-10
⊙浙江规范广告行为 加大打击力度/浙江省工商局广告处//中国工商报 2000-07-19
⊙真实广告也有片面性/成竹//中国工商报 2000-12-27
⊙整治违法医药保健品广告/姜祺//新疆日报（汉）2000-07-08
⊙直面新兴广告媒体——ATM（下）/晖文//金融时报 2000-08-16
⊙只要你“心动”——浅析一则广告/李刚//公关世界 2000-09
⊙制约我国广告业健康发展的三个问题/张慧军 王华峰//中华新闻报 2000-06-05
⊙治理城市广告“五乱”/孙治忠//甘肃经济日报 2000-11-13
⊙中国广告将居世界第四/徐滨//中国经济时报 2000-11-30
⊙中国广告经营 200 强诞生/李春//中国工商报 2000-07-26
⊙中国广告业 1999 年统计数据分析/范鲁彬//广告大观（综合版）2000-06
⊙中国广告业的发展与中国消费形态——对中国广告业在拉动经济增长中的若干思考/孟建// 常州工学院学报 2000-01
⊙中国广告业发展综述/王培先//中国广告 2000-06
⊙中国广告业该如何面对“入世”/王正在//投资北京 2000-08
⊙中国广告业面临“入世”喜忧参半/钟欣//中国贸易报 2000-12-28
⊙中国广告业如何面对“入关”/洪怡//广告大观（综合版）2000-01
⊙中国广告业如何面对 WTO 的思考/陈慰慈//中国广告 2000-02
⊙中国广告业整体形象还可以//市场报 2000-10-18
⊙中国广告业直面 WTO/贺超兵//广告人 2000-01
⊙中国航展走向成熟/时旭//中国航天报 2000-11-15
⊙中国互联网广告的现在与将来//计算机世界 2000-09-04
⊙中国会展经济的现状和未来/唐力声//中国军转民 2000-06
⊙中国会展旅游商机无限/晨星//中国贸易报 2000-11-09
⊙中国企业竞相海外打广告/王芳//中国信息报 2000-06-15
⊙中国艺术博览会应该办成什么样/张建峰//中国信息报 2000-08-21
⊙中国展览经济发展面面观/张会祥//科协论坛 2000-06
⊙中国展览业：跟着全球跑/岳祖德//中国信息报 2000-07-31
⊙中华广告网：展现自我指点江山的好去处/王浩//中国工商报 2000-09-13
⊙中消协历数违法药品广告招数/杨珂 吕勇//中国消费者报 2000-08-24
⊙诸侯纷争演绎新春秋战国//中国电子报 2000-08-24
⊙主题广告的创意与政治敏感/王浩//中国工商报 2000-07-19
⊙住交会，显赫深圳品牌/刘凤翼//深圳商报 2000-12-12

⊙注意有效监管广告经营/龙健//中国工商报 2000-11-21
⊙专家建言：如何做大南京会展经济/杨玉红 汪晓霞//新华日报 2000-11-22
⊙专家谈比较广告/胡喜盈 吴斌//人民法院报 2000-08-10
⊙自行车展 中国自行车行业发展晴雨表/马成明//中国信息报 2000-07-17
⊙走近会展经济/李丽娜//互联网周刊 2000-36
⊙走马观花看日本广告/晓夫//中国工商报 2000-08-02
⊙走马投资洽谈会/吴健 王蕾//中华工商时报 2000-08-10
⊙最具魅力的中国广告市场//中国工商报 2000-08-09
⊙做广告的学问/方子//中国企业报 2000-06-22
⊙做广告该不该核查内容 明星众说不一/鲁客//中国消费者报 2000-08-25
⊙做有的放矢的电子商务（三）//国际金融报 2000-10-20

2001 年

⊙"点石成金"的会展经济/周艳琼//北方经济 2001-03
⊙"飞镖"广告何去何从/高伟//人民法院报 2001-05-09
⊙"工博会"努力谱写新篇章/李颖浩//国际商报 2001-01-18
⊙"会展旅游"——经济腾飞的丝绸之路（三）/马艳辉//湖南经济报 2001-03-08
⊙"借会造会"靠定位/于新春//国际商报 2001-11-22
⊙"力士"登陆广州的广告策略/梁捷麟//湖南经济报 2001-05-09
⊙"炼狱"里的网络广告/冯英健//中国企业报 2001-06-04
⊙"门缝广告"何时休/赵慧//中国信息报 2001-08-03
⊙"太太"小药做出大市场/广深//医药经济报 2001-10-22
⊙"万宝路"的广告魅力/曾平//厂长经理日报 2001-04-18
⊙"以德治国"与广告伦理/孙瑞祥//新闻战线 2001-05
⊙"中国制冷展"加入国际展览联盟正式获得国际展览联盟认证/冷文//中国机电日报 2001-03-07
⊙《广告法》应该修改了！（上）/贾玉斌//中国工商报 2001-01-09
⊙《广告法》应该修改了！（下）/贾玉斌//中国工商报 2001-01-16
⊙《中央日报》刊登《资本论》广告风波/刘小清//中华读书报 2001-12-26
⊙11 届中国国际海事会展蓄势待发/刘颖//中国船舶报 2001-10-05
⊙12 月上海车展风云突变 汉诺威遭阻击/钟师//中国商报 2001-08-23
⊙2000，给广告降温？/于非//农民日报 2001-02-21
⊙2000 年我国报业广告大盘点/梁勤俭//中国信息报 2001-01-18
⊙2000 年亚太区广告市场直逼 300 亿美元/AC 尼尔森//中国经营报 2001-05-01
⊙2001 国际水展 精彩值得企盼/王鑫 彭祥//中国水利报 2001-04-26
⊙2001 年 REPLICATION EXPO 展会见闻/云鹏//光盘技术 2001-05
⊙2001 年上半年亚太区广告市场放缓/沈艳阳//中国工商报 2001-09-04
⊙2001 年中国国际通信展观感 点击新电信/本刊记者//中国电信业 2001-11
⊙2001 中国广告大趋势/余明阳//深圳商报 2001-02-26
⊙2001 中国国际通信设备技术展览会汇聚全球通信业精英 促进商业技术交流//无线电工程 2001-11
⊙2004 年：网络广告将超过传统媒体广告/小达//中国工商报 2000-09-13
⊙2008 年奥运会，本土广告业的馅饼？陷阱？/喻波//大市场·广告导报 2001-05-08
⊙20 世纪书业营销方式的变革和创新（上）/林成林//中国图书商报 2001-01-02
⊙21 世纪广告业变天/张民旭//信息时报 2001-01-06
⊙3·15 该怎么广告/小鱼儿//中国工商报 2001-03-27
⊙559 万宝路的成名之路/隆瑞//湖南经济报 2001-05-16
⊙8 起典型广告案例被曝光/齐中熙 邹清丽//新华每日电讯 2001-08-18
⊙FDA 支持立法管制烟草广告/海萃//健康报 2001-02-27
⊙IBM 靠另类广告搞定你/李媛//中国经营报 2001-07-31
⊙IT：发展会展经济的重镇/王景//计算机周刊 2001-29
⊙ITE 香港旅游展 演绎"八仙过海"//中国旅游报 2001-06-04
⊙Lycos 创新网络广告"卖点"/边锋//中国计算机报 2001-03-15
⊙POP 广告：第二推销员/杰雯//中国经营报 2001-08-14
⊙奥运引领 E 广告走出寒冷冬天/吴庆才//市场报 2001-09-06
⊙把展览办到国外去/与跃//中国信息报 2001-04-30
⊙百怪千奇：微观中国广告业/张怀旭//经贸世界 2001-01
⊙办好大型会展 服务全市经济/田中华//吉林日报 2001-08-03
⊙包装展会必须加强宏观调控/计纲//中国包装报 2001-03-16
⊙保健品广告虚假知多少/保骏//市场报 2001-02-20
⊙保健品行业要变个活法/莫扬//中华工商时报 2001-06-01
⊙保健品雄踞广告头把椅/李力 陆斌 于华真//证券时报 2001-04-22
⊙报业广告竞争与市场/凌平//大市场·广告导报 2001-05
⊙北京"国际周"首次增设现代农业展//展览与专业市场信息 2001-07
⊙北京城市房地产交易会再掀楼市风云//中国建设信息 2001-15
⊙北京率先全国形成会展产业雏形/王屏//国际商报 2001-10-25
⊙北京体博会将有大突破、大动作/旭光//中国体育报 2001-05-23
⊙北京为户外广告设置"区划"/沈艳阳//中国工商报 2001-08-28
⊙比较广告起争议/刘芳//解放日报 2001-07-23
⊙别克：用平面创造品牌形象/赵正//中国工商报 2001-03-06
⊙不是我不明白广告明星更新快/李玲//中国信息报 2001-02-12
⊙参展商为何"撤退总动员"/钟师//中国商报 2001-06-18
⊙长春车展 三个大众一台戏/魏惠娟//中国经营报 2001-08-21
⊙长春车展扫描/钟师//中国商报 2001-08-27
⊙长春汽博会："一路绿灯"/何琳娣//吉林日报 2001-08-03
⊙长春要办中国最好的汽博会/李苗苗//中国商报 2001-07-23
⊙长沙"套"招牌抹去广告词/余知都//中国消费者报 2001-09-12
⊙朝阳中的会展业/张伟//深圳特区科技 2001-05
⊙车展成为品牌展/高朔//中国汽车报 2001-01-22
⊙成都会展路在何方？/王向华//四川日报 2001-07-11
⊙成功广告如何引起消费者的注意/姚建平//中国包装报 2001-09-10
⊙承办奥运带给广告业什么/熊素洁//大市场·广告导报 2001-05-08
⊙出国展审批易制 监管服务两分明/顾乃昭//国际商报 2001-03-04
⊙出游广告要加油！/关耀辉//中国旅游报 2001-12-07
⊙刍议包装广告现状与规范/赖俊杰//中国工商报 2001-06-05

◎传统产品渐成网络广告大户/钟新朗//证券时报 2001-05-20
◎创意的缺席：2000 年广告回眸/郑新安//中国信息报 2001-02-01
◎创意广告有黄金/李晓光//中国旅游报 2001-06-01
◎创意是第一位的/潘欣信//美术报 2001-09-01
◎创造平面的个性/毕锦云 许勇//中国工商报 2001-10-01
◎从“耐克神话”看广告/范冠峰//贵州政协报 2001-05-19
◎从 BIRTV 展探讨北京会展业发展道路/冯高如//中国信息报 2001-03-01
◎从 it168. com 看网上广告的新模式/小兵//中国电子报 2001-07-03
◎从比萨饼做太空广告说起/陈学礼//中国工商报 2001-08-07
◎从广告理念看企业的学习力/曹仓//企业研究 2001-08
◎从广告投放看手机市场品牌竞争/赵学敏//中国机电日报 2001-08-13
◎从广告投放量看中国啤酒市场/朱毅//中国食品质量报 2001-02-22
◎从广告业界薪金说起/田明华//广告大观（综合版）2001-05
◎从国产手机广告看市场/伍毅然//中国信息报 2001-05-07
◎从韩国经验看国资在会展业如何“进而有为”/要英//上海国资 2001-02
◎从湖南电广传媒的崛起看我国广告业的发展趋势/王培先//上海综合经济 2001-04
◎从会展业发展看北京展览场馆建设/王敏//中国贸易报 2001-12-11
◎从欧美展会中找借鉴/熊训林//中国信息报 2001-11-01
◎从艺术博览会看中国画廊/杰米//国际金融报 2001-07-25
◎从源头上治理虚假违法广告/贺寿天//中国工商报 2001-06-02
◎从中国最大花事看会展经济/孔令剑//中国绿色时报 2001-06-12
◎打动孩子们的心/严庆安//河北经济日报 2001-06-13
◎打击违法广告 实施综合治理/于法昌//中国工商报 2001-06-19
◎打击虚假违法广告 规范广告经营行为/宋幼勤//国际商报 2001-02-19
◎打造“长春车展”品牌/李苗苗//中国商报 2001-09-03
◎打造广告人自己的品牌/武高汉//法制日报 2001-06-20
◎打造会展租赁业新模式/宋鹏霞//解放日报 2001-10-29
◎打造精品会展阔步走向世界——访全国农展馆展览开发中心总经理陈军/文四 张秀丽//中国牧业通讯 2001-06
◎打造展览业的城市品牌/张青果 孟庆辉//河北经济日报 2001-12-18
◎打造自身品牌——浅谈本土广告公司的发展方向/汤小剑//广告人 2001-04
◎大力开发我国“节庆”和“节文化”旅游资源/范春//渝州大学学报（社会科学版）2001-05
◎大连上演建材展/孙岳 木子//中国旅游报 2001-03-23
◎大陆各地掀起“会展经济”热//中国会展 2001-09
◎等待网络广告的花样年华/杰雯 李媛//中国经营 2001-05-29
◎地产广告公司找不着北//证券时报 2001-08-12
◎地产广告直击消费群/苏永宁//证券时报 2001-10-28
◎地方车展应主打市场/周丽娟//中国汽车报 2001-11-02
◎地方经济文化节庆活动规模及对地区经济发展作用的模型与分析/石玉凤//科技进步与对策 2001-07
◎地方台：念好广告这本“经”/冯亚兵//采·写·编 2001-04
◎第四媒体时代的广告业/茅于海//有线电视技术 2001-16
◎第五届广州国际广告展回顾/王树声//广告人 2001-03
◎第一季度空调广告火爆荧屏/伍毅然//中国电子报 2001-04-24
◎电视广告的败笔/丁俊杰//中国质量报 2001-12-07
◎电视广告为何出现负增长？/李豪//中国信息报 2001-01-04
◎电视广告闲谈/金鑫//科学时报 2001-03-24
◎电通广告：本土化经营的典范/李瑾//深圳商报 2001-08-20
◎电影带着广告来/周文林//湖南经济报 2001-02-12
◎东京车展将大有看头/何芳//中国汽车报 2001-10-22
◎东西洽谈会商机欢跳/聂益南 傅春荣 张瑞军 边峰//中华工商时报 2001-04-06
◎冬季房展一场恶战/伊度//中华工商时报 2001-12-12
◎短缺：广告人才供不应求 造血：匮乏呼唤教育领先/王国明//中国工商报 2001-12-11
◎对发展湛江会展经济的若干思考/龚江南//湛江师范学院学报 2001-10-30
◎对广告作品著作权的思考/刘湘萍//河海大学学报（哲学社会科学版）2001-06-15
◎对节庆活动文化与经济内涵的思考/石玉凤//科技进步与对策 2001-02
◎发挥广告媒介的积极作用/星亮 周诚//甘肃日报 2001-04-29
◎发展广州会展业的思考/宋建军//广东商学院学报 2001-02-28
◎发展会展产业 培育新的经济增长点/贺大州//中共南宁市委党校学报 2001-01
◎发展会展旅游 拓宽旅游市场/许金如//华东旅游报 2001-07-14
◎发展会展业还应做些什么？/蒋明 汪晓霞//新华日报 2001-02-11
◎发展会展业正当其时/邵金钱 邵振红//浙江经济 2001-08
◎发展南京会展旅游研究/卞显红 黄震方//城市发展研究 2001-04
◎发展上海会展经济的对策研究/王泠一//社会科学 2001-11
◎法国信箱广告邮件的经营之道/方芬//中国邮政报 2001-11-20
◎方兴未艾的会展业与杭州/丁萍萍//今日科技 2001-11
◎房地产广告：读起来挺美/李广//中国城乡金融报 2001-08-13
◎房地产广告偏爱纸质媒体/伍毅然//厂长经理日报 2001-04-25
◎非公有制广告公司发展之路/周山//中国工商报 2001-06-05
◎非一般策略 非一般广告/欧阳永权//中国广告 2001-10
◎风景独好的“电影广告”地铁卡/殷敏//国际金融报 2001-05-09
◎福建揭示虚假广告几大特点/张文章//中国消费者报 2001-10-11
◎钙制剂广告打市场有得有失/金盈//江苏经济报 2001-03-22
◎高档杂志广告如何定位读者/赵正//中国工商报 2001-12-11
◎给广告代言人们提个醒/杨贵成 韩付东//中国工商报 2001-03-13
◎给中国广告提个醒/黄章晋//华夏时报 2001-07-25
◎公关与广告：两个误区 三大关系/张杰//计算机世界 2001-06-18
◎公益广告：烫手的山芋？/史幼军//工人日报 2001-04-13
◎公益广告的法律规则/李凌燕//中国工商报 2001-02-27
◎公益广告的选题和导向/齐永平//内蒙古日报（汉）2001-04-09
◎公益广告各方评说/陈文波//市场报 2001-12-20
◎关于《广告媒体企划》/黄升民//中国广告 2001-03
◎关注公益广告/马汝伟//青海日报 2001-06-13
◎光大会展崛起沪上/王敏//中国贸易报 2001-03-06
◎广告，一道尴尬的风景/高红十//法制日报 2001-05-18
◎广告，悠着点儿/任炳荣//价格与市场 2001-08
◎广告：经济的晴雨表//中国工商报 2001-03-06
◎广告：医药市场扩张战略的重要环节/江一帆//中国高新技术

产业导报 2001-10-25
◎广告：应回归理性时代/王强//中华新闻报 2001-04-16
◎广告"牛角尖"钻不得/纪桂华//医药经济报 2001-09-17
◎广告百年跨世纪//中国工商报 2001-01-01
◎广告背后的轿车市场/管学军//中国机电日报 2001-05-18
◎广告背后的理性思考（上篇）/许海鸣 陈俊//医药经济报 2001-04-16
◎广告策略成功七要素/王丽//中国体育报 2001-02-14
◎广告创意 贵在创新/项建中//中国广告 2001-08
◎广告创意的冲击与品牌塑造/乔远生//中国汽车报 2001-08-14
◎广告创意与广告文案/韩建芳//吕梁高等专科学校学报 2001-03
◎广告促销要分步骤/陈颐//中华工商时报 2001-02-05
◎广告打出的市场 究竟能撑多久/尚媛//中国企业报 2001-09-19
◎广告的艺术/孔祥伟//广告大观（综合版）2001-02
◎广告点亮绵山/赵加积//中国旅游报 2001-06-01
◎广告调研在营销中的作用/徐卫文//安徽经济报 2001-04-23
◎广告定位浅谈/陈晓永//河北经济日报 2001-01-31
◎广告发布的多彩创意/章丽萍//内蒙古日报（汉）2001-04-16
◎广告费税前扣除悄然松绑/姚长辉 李政//中国财经报 2001-08-22
◎广告费限额 8%：新的起跑线/林碧莲//医药经济报 2001-10-15
◎广告风险投资业能长大吗？/王玉祥//中国乡镇企业报 2001-04-03
◎广告歌曲漫谈/江春//音乐周报 2001-03-02
◎广告公司打造第五媒体战舰/屈晓燕//中国企业报 2001-08-14
◎广告寒流席卷平面媒体/韩彦//中国经营报 2001-11-20
◎广告轰炸能否托起保健品市场的明天？/克坚//中国高新技术产业导报 2001-03-24
◎广告监测/欧树芳//中国工商报 2001-05-01
◎广告节挺热闹 广告业熬小年/范利祥//中国经营报 2001-11-13
◎广告界翘楚纵论中国广告业/董斌 任煜//中国报业 2001-03
◎广告界职业道德透视/李海枫//采・写・编 2001-05
◎广告开始反误导打虚假/杜登彬//中国经济时报 2001-02-07
◎广告联盟智者的生存术——关于吉林省广告联盟动向的思考/贾昌荣//广告人 2001-03
◎广告没效果，赖谁？/韩晓静//河北经济日报 2001-01-03
◎广告内容不实发布者应否担责/陈济华//法制日报 2001-07-28
◎广告攀附彩票"嫁"值每天百万/周山//中国工商报 2001-02-06
◎广告人如何看广告/黄伟集//中国审计报 2001-12-05
◎广告认识的十二大误区/王开//福建工商时报 2001-09-29
◎广告市场标本兼治之我见/徐国才//中国工商报 2001-06-26
◎广告市场风云突变/余慧斌//中国经营报 2001-05-01
◎广告市场松口气/肖可//中国乡镇企业报 2001-08-23
◎广告套路一二三/邝超//中国煤炭报 2001-02-05
◎广告投放：主力品牌较劲/阿迪//中国消费者报 2001-02-22
◎广告投放映照产业沉浮/肖可//中华工商时报 2001-09-04
◎广告围攻世界儿童/罗纳德・布朗斯坦//中国工商报 2001-07-24
◎广告限额从 2% 到 8% 传媒业机会来临/黄靖涛//财经时报 2001-08-22
◎广告新面孔——网络广告/肖洁冰//中国包装报 2001-05-28
◎广告需要贞洁带/汪信标//广告大观（综合版）2001-02
◎广告宣传"策划"先行/蔡华//中国旅游报 2001-07-06
◎广告业，怎一个假字了得/刘长忠//福建日报 2001-01-05
◎广告业的又一个春天/王正在//北京工商管理 2001-09
◎广告业喊出自律口号/谭俞雄//中华工商时报 2001-03-29
◎广告业呼唤双责任制/天闻//中国信息报 2001-01-04
◎广告业冷水浇头/李君//中国企业报 2001-02-01
◎广告业纳税人该如何纳税/张路秋//税收与企业 2001-07
◎广告业入世能否成为参天大树/唐清建 陈峰 孙中旦//中国经营报 2001-12-18
◎广告业偷税的表现形式及对策/刘玉//河南税务 2001-16
◎广告业需要松绑/刘更喜//中国牧业通讯 2001-02
◎广告业与广告教育的问题研究/张玉春//滁州师专学报 2001-02
◎广告业走进科技春天/王正在//中国工商报 2001-06-19
◎广告邮件，各国邮政的新增点/汪源//人民邮电 2001-03-27
◎广告邮件 ABC//中国邮政报 2001-12-25
◎广告有用论/长军//中国工商报 2001-04-03
◎广告与《广告法》/李文成//中国石油报 2001-01-06
◎广告与促销：要整合不要混淆/乔纳森・M・克雷默 潘兴 译//医药经济报 2001-01-01
◎广告与七种武器——一个年轻广告人的自我反思之一/高扬//广告大观（综合版）2001-01
◎广告在创立品牌中的作用/王晓北 党林 狄彤//内蒙古日报（汉）2001-04-05
◎广告在品牌塑造中的功能/陈启明//中华建筑报 2001-03-24
◎广告战略：西部开发的杀手锏/王蜀华 王辰龙//中国工商报 2001-02-13
◎广告整治圈出重点/杨磊//中国消费者报 2001-01-23
◎广告治理重点：反误导 打虚假/王永平//中国商报 2001-01-22
◎广告中的大话西游现象/赵正//中国经营报 2001-10-02
◎广告重复大有讲究/吴清功//医药经济报 2001-07-25
◎广州展览业步入繁荣/陈八荣//中国信息报 2001-02-22
◎规范广告用语迫在眉睫/钟岚 王嘉//四川日报 2001-08-01
◎规范户外管理 展示青浦形象/柏培峰 徐志才//中国工商报 2001-12-04
◎国际互联网上网络广告的新策略/李振东//学术探索 2001-S1
◎国际会议展览界巨头将聚会广州/本草//中国贸易报 2001-11-08
◎国际会展经济发展的问题与对策研究/陈向军 田志龙//商业经济文荟 2001-04
◎国际因特网广告新格式出台/冉周//中国机电日报 2001-03-12
◎国家工商局严查全国卫视广告/黄微//中国食品质量报 2001-10-18
◎国家工商总局发布广告监测公告/沈艳阳//中国工商报 2001-06-21
◎国外办展有了新办法//中国信息报 2001-04-30
◎国外食品广告创意管窥/许宁//中国食品质量报 2001-07-17
◎国展信息蓝图/沈力钧//计算机世界 2001-05-07
◎韩国：倾力打造会展旅游目的地/贾鹤鹏//中国旅游报 2001-05-21
◎汉诺威挺进中国展览业/李苗苗//中国商报 2001-11-12
◎河南部署全年广告监管工作/陈萌//中国工商报 2001-04-03
◎核心竞争力"软肋"中国广告业之痛/张政//华商 2001-09
◎横看竖瞧台湾展览业/陈若薇//中国信息报 2001-05-24
◎红火了半个世纪的中百协商品交易会/百协//中国商报 2001-02-23
◎后广告主义——品牌全程管理/吴海明//广告大观（综合版）2001-03
◎湖南会展业出路在哪里/邓经伦//湖南经济报 2001-03-07
◎湖南节会经济在走钢丝/刘浪//湖南经济报 2001-11-21
◎互联网广告不能只讲点击率/柏晶伟//中国经济时报 2001-08-11

◎互联网广告到底该怎样赢人心/徐锋//中国消费者报 2001-04-05
◎互联网广告等待起飞/李根 罗广//中国工商报 2001-10-01
◎互联网广告及其在中国的发展前景/张漫序//中国广告 2001-07
◎户外广告 呼唤精品/刘全盛//重庆商报 2001-02-12
◎户外广告的管理与规范/贾玉斌//中国工商报 2001-12-18
◎户外广告抢夺市场不手软/户外传动公司研究部//中国经营报 2001-08-28
◎户外广告设施管理现状及对策/滕锡侯//上海城市管理职业技术学院学报 2001-03
◎华商大会后再论会展经济/陶美珍//江苏政协 2001-11
◎化妆品广告两大误区/华南//河北经济日报 2001-05-09
◎化妆品企业大打广告战/AC 尼尔森国际媒介研究总部//中国经营报 2001-10-02
◎话说“广告策划”/杨丽媛//云南日报 2001-03-20
◎黄升民：在广告学研究体系中耕作的农民/郑建鹏 张毓强//中华读书报 2001-10-31
◎挥正义铁帚 扫违法广告/潘华三 彭玲//中国工商报 2001-05-22
◎回眸：2000 年中国广告业/范鲁彬//中国广告 2001-06
◎会议市场如何做大 ICCA 高官传经送宝/汤一原//北京日报 2001-06-21
◎会议市场有多大/晓黎//中国劳动保障报 2001-04-18
◎会展 北京经济发展助推器/马佳//中国旅游报 2001-11-23
◎会展，企业营销新利器/张秀开//江苏经济报 2001-09-05
◎会展：企业营销巧运筹/肖谦//医药经济报 2001-12-17
◎会展：一种新兴的营销方式/汪立元//国际市场 2001-01
◎会展：遇上经济/简霞//四川日报 2001-07-11
◎会展“抠”出租赁新“钱眼”/沙泉//经济参考报 2001-10-27
◎会展广告：为会展经济加油/郑迎九 戴仲华//深圳商报 2001-04-10
◎会展红火过后的冷思考/李辛华//中国贸易报 2001-11-20
◎会展经济 一种新的经济形式/杨亚田//市场报 2001-03-16
◎会展经济，长大了才是摇钱树/李志俭//发展 2001-08
◎会展经济，我们抓到了吗/童浩麟//河南日报 2001-08-18
◎会展经济：成都新的经济增长点//中国会展 2001-01
◎会展经济：问题与对策/刘宗太//经营管理者 2001-05
◎会展经济：武汉大有可为/王家麒//学习与实践 2001-05
◎会展经济“钱”程无限/锦秀文//商业时代 2001-06
◎会展经济——城市经济的助推器/甄明霞//经济前沿 2001-Z2
◎会展经济步入洗牌期/张艳蕊//中国企业报 2001-01-19
◎会展经济产业带动系数 1：10/高丽 文龙//山西经济日报 2001-11-03
◎会展经济充满魅力/刘健康//中外企业文化 2001-05
◎会展经济的新船票/乔阳//华夏星火 2001-08
◎会展经济风光无限好/程宏//发展 2001-08
◎会展经济火起来/熊训林//国际经贸消息 2001-02-20
◎会展经济亟待产业设计/吕凯//中国贸易报 2001-03-08
◎会展经济利弊谈/姚铭明 林卫//中国贸易报 2001-05-19
◎会展经济面临挑战/王哲//对外大传播 2001-06
◎会展经济确实热 操作起来要冷静/刘刚//现代营销 2001-04
◎会展经济为成都聚集人气/陈雪莲 李金波 杜积西 罗侠//重庆商报 2001-09-19
◎会展经济新的经济形式/杨亚田//商业经理人 2001-07
◎会展经济要印质量名片/任荣 王梅//中国质量报 2001-11-29
◎会展经济欲腾飞/刘胜//中国邮政报 2001-02-06
◎会展经济正在升温/吕志华//北京工商管理 2001-11
◎会展漏税“明”着来/杨波 魏文忠//福建工商时报 2001-01-12
◎会展旅游 潜力无穷的经济亮点/黎文安//西安日报 2001-08-17
◎会展旅游成为北京旅游业主攻方向/张悦//国际商报 2001-12-21
◎会展旅游——海口旅游发展的新亮点/符晓亮 黄晓丽//特区展望 2001-06
◎会展旅游业蓬勃发展//河北经济日报 2001-06-12
◎会展旅游诱人商机谁在分享/祁岳//中国旅游报 2001-02-26
◎会展旅游壮云南/刘栗//中国旅游报 2001-10-12
◎会展市场营销策略探讨/陈向军//河南商业高等专科学校学报 2001-01
◎会展小史//亚太经济时报 2001-10-24
◎会展行业——改革体制 前景看好/万贵生//市场报 2001-10-17
◎会展业 北京国际化的推进器/姚望//中国贸易报 2001-10-30
◎会展业 城市经济的最后晚餐？/吴畏//中国市场 2001-03
◎会展业：21 世纪新的经济增长点/覃洁贞//社会科学家 2001-04
◎会展业：想说发财不容易/高格//中国信息报 2001-08-02
◎会展业：一个新兴的产业/胡培//发展研究 2001-09
◎会展业打造福州品牌/李沉浮 高申现 黄德华//中国经济时报 2001-04-02
◎会展业的外汇管理对策/陈小五//国际金融报 2001-02-22
◎会展业的作用与其在中国的健康发展/郭梁//平顶山师专学报 2001-S1
◎会展业对深圳旅游业发展战略的影响——一个分析框架的适用/朱明芳//桂林旅游高等专科学校学报 2001-01
◎会展业崛起 场馆要先行/赵伟//中国信息报 2001-09-20
◎会展业在新经济时代的作用及我们的实践/何翎//环渤海经济瞭望 2001-05
◎会展业怎样迈向世界//中国信息报 2001-11-08
◎会展业展示勃勃生机/吴冬艳//辽宁日报 2001-10-24
◎会诊药品广告市场/周山//中国工商报 2001-06-12
◎慧眼识广告消费不上当/邱建国//中国信息报 2001-01-04
◎货样广告品进出口管理//国际商报 2001-11-17
◎加强管理促进广告业发展/欧树芳//北京工商管理 2001-01
◎加强广告监管 实现规范经营/王正在//法制日报 2001-06-20
◎假广告泛滥刊物 广州工商局严查/叶华新 房毅昌//中国工商报 2001-04-24
◎减肥产品广告曲美坐上首把交椅/李奕//中国经营报 2001-11-06
◎简论虚假广告赔偿责任/王德山//法制日报 2001-01-28
◎建立我国独立广告审查制度刍议/周茂君//湖北社会科学 2001-11
◎江苏广告业的发展与对策研究/韩耀//北京工商大学学报（社会科学版）2001-05
◎揭开会展经济的面纱/熊训林//中国经营报 2001-07-24
◎节庆报道思辨/陈建明//新闻爱好者 2001-10
◎解读楼市广告十大现象/张韬//财经时报 2001-02-28
◎解剖 2000 年. com 公司烧钱行为/伍毅然//中国经营报 2001-03-27
◎今年车展有点乱/班卫东//中国汽车报 2001-11-19
◎今年房展货丰味美/云子//中华工商时报 2001-01-31
◎今年英国广告业前景堪忧/孙立伟//国际商报 2001-07-16
◎近看欧洲会展业/张清华//经济论坛 2001-16
◎京沪 谁执展览业牛耳/傅强诸华//中华工商时报 2001-03-26
◎经济全球化与提升江苏·南京会展经济竞争力/陶美珍//南京社会科学 2001-S2
◎精心创意 提高品位/张波//中国工商报 2001-03-20

⊙警惕4A公司——境外广告公司市场扩张透析/乔均//广告人 2001-03
⊙究竟该在广告上投入多少/达纳·W·海曼 潘兴 译//中国电力报 2001-08-09
⊙九五广告迈大步/贾玉斌//中国工商报 2001-05-01
⊙酒广告的另类操作/三河//中国食品质量报 2001-10-18
⊙拒绝无效广告/赵正//中国工商报 2001-11-06
⊙开发商"烧钱"不得"要领"/刘树绎 公衍奎//中国经济时报 2001-11-01
⊙看似"馅饼"实"陷阱"/王坚毅 闫涛 王黎//中国信息报 2001-05-31
⊙靠特色取胜的节展经济/荣曹 文杰 云高 建丰//新华日报 2001-08-26
⊙柯达的中国推广战略/张晓//中国劳动保障报 2001-11-16
⊙可口可乐的地下广告另辟蹊径/杨秋艳//中国经营报 2001-05-22
⊙可口可乐更土了/韩晓静//中国经营报 2001-01-23
⊙可乐巨头的营销战/张丽影//中国经济时报 2001-03-31
⊙空调广告盯紧电视/伍毅然//中华工商时报 2001-10-22
⊙空调广告投放锐减千万/学敏//中国电子报 2001-12-20
⊙宽带——中国网络广告的转折点/小柯//中国高新技术产业导报 2001-05-09
⊙老人拒绝接受不良药品广告/刘爱华//中国老年报 2001-03-22
⊙历经八年品牌路 引导广告新潮流/王敏//中国贸易报 2001-09-11
⊙联网广告的蓝色咏叹/正奇//网络世界 2001-03-05
⊙两个亿炸出的市场/胡明沛//中国工商报 2001-02-06
⊙楼盘广告的立体效应/孙华良//国际金融报 2001-03-01
⊙旅行社出游广告透视/徐菲菲 刘湘萍 周亚芳 杨达源//中国旅游报 2001-12-07
⊙旅游广告，雾里看花/于普增 王辉 李征伦//中国质量报 2001-04-26
⊙律师广告谁来规范/李媛//中国工商报 2001-02-13
⊙论发展公共图书馆会展业/贾晓东//图书馆 2001-02
⊙论广告公司的效益观/王多明//中国工商报 2001-04-10
⊙论广告欺诈的防治对策/崔广平//重庆工学院学报 2001-01
⊙论广告行业自律/刘林清//中国工商管理研究 2001-07
⊙迈向新世纪的首都会展业/梁建国//首都经济 2001-08
⊙卖场广告：抓读者眼球 饰书店脸面/朱伟//中国图书商报 2001-03-29
⊙漫说广告这一行/夏蕴琦//青海日报 2001-03-21
⊙媒介广告 你何日才能规范？/李媛//中国工商报 2001-03-06
⊙媒介广告公司能撑起本土广告业的一片蓝天吗/周茂君//广告大观（综合版）2001-06
⊙媒体策略与广告效果/肖建兵//中华建筑报 2001-05-19
⊙媒体风险投资：吃螃蟹者？/刘元煌//中国经营报 2001-03-20
⊙媒体广告经营的道德取向/陈春晓//新闻传播 2001-04
⊙媒体如何面对广告代理制/钱玉文 李龙明//新闻传播 2001-04
⊙媒体与.com战略联盟/孙爱军//中国经营报 2001-01-23
⊙媒体整合大趋势/黄升民//中国广告 2001-08
⊙媒体组合广告主越来越喜欢/杜鹏程 刘筠筠//中国经营报 2001-05-01
⊙每逢佳节倍思亲——纽约地区美中民俗节庆/齐青云//北京统计 2001-01
⊙美国：户外广告大行其道/王迎//国际商报 2001-01-24
⊙美国80%靠广告生存/王松苗//检察日报 2001-09-03
⊙美国广告初创期——Web可视善本数据库/斯微//中国科技信息 2001-Z1
⊙美国广告客户分析/祝得彬//出版参考 2001-10-08
⊙美国网络广告监测进入中国/新星//证券时报 2001-05-20
⊙美国杂志的广告营销/彭澎//中国图书商报 2001-11-01
⊙美容广告也需治理/山澜//中国工商报 2001-04-07
⊙门户网站的跨媒体优势何在/王雷雷//财经时报 2001-07-11
⊙门户网站广告的二重回归//计算机世界 2001-04-09
⊙门户自救网络广告靠得住吗/于东辉//中国经营报 2001-04-24
⊙名人促销能走多远/李跃坤//中国贸易报 2001-09-27
⊙名人广告 为谁代言/赵正//中国工商报 2001-11-20
⊙明星广告的得失反省/吴勇毅//厂长经理日报 2001-08-30
⊙明星气质与广告定位/郭兆平 王艳洁//中国经营报 2001-05-01
⊙明星做广告 艺术法律当兼顾/顾烈驹//检察日报 2001-01-10
⊙摩配会明年进展馆是大势所趋/杨琳//中国汽车报 2001-09-06
⊙莫康孙广告创意的20多种方式/殷国华 韩静//广告人 2001-03
⊙内地广告：800亿元大蛋糕/北青//中国商报 2001-04-24
⊙内热外冷的茶博会/李晓明//中国信息报 2001-06-14
⊙男人与女人在广告中的角色分配/陶东风//人民法院报 2001-05-23
⊙南京户外广告管理步入"数字化"时代/张文 罗康华//中国建设报 2001-01-04
⊙南京市会展业要上路/蒋明//中国信息报 2001-02-19
⊙南京整治医疗广告再下"猛药"/龚尚//江苏经济报 2001-06-14
⊙你方唱罢我登场 汽车展览会应该怎么办/俞清木//中国贸易报 2001-10-09
⊙宁波圈定广告监管重点/陈萌//中国工商报 2001-02-27
⊙农业会展重在找准"卖点"/于洪光 汪秀丽 马康生//农民日报 2001-07-26
⊙努力开创商会工作新局面/阿勇//国际商报 2001-03-08
⊙品牌竞争加剧 手机广告趋弱/赵学敏//中国信息报 2001-08-13
⊙品牌竞争与广告策略/黄升民//中国质量报 2001-11-09
⊙品牌兰州——西部大开发中的兰州广告业/韩永林//甘肃教育学院学报（社会科学版）2001-S1
⊙品牌手机逐鹿平面媒体广告/赵学敏//湖南经济报 2001-08-06
⊙品牌需要广告这只巨手托起//中国包装报 2001-08-13
⊙品味清末香烟广告片/孙忠文//中国商报 2001-06-23
⊙凭什么收礼只收脑白金？/张继明//中国经营报 2001-10-09
⊙朴实无华效果实际/赵正//中国工商报 2001-07-24
⊙期待邮送广告的花样年华/张劲松 李群//中国邮政报 2001-07-06
⊙奇妙的广告戏剧性/赵正//河北经济日报 2001-02-21
⊙企业促销制胜的诀窍——广告//北方经济时报 2001-07-04
⊙企业该如何参展/区力兵//科学时报 2001-11-02
⊙企业广告需引导/廖廷彬//中国工商报 2001-04-10
⊙气象影视广告还有青春饭吗？/陈清郁 丁继武 王瑾 严桃林//中国气象报 2001-07-09
⊙汽车广告 挡不住的诱惑看不够的你/那日斯//中国机电日报 2001-06-22
⊙汽车广告投放量激增/李燕京//中国消费者报 2001-11-01
⊙汽车广告缘何牵手IT网站/董生//中华工商时报 2001-11-06
⊙汽车会展经济带来洪波与暗流/姚福泰//中国汽车报 2001-06-25
⊙汽车展览 多了？少了？/丁波//解放日报 2001-04-11
⊙浅谈电视广告的创意/张玉果 范力沛//中华新闻报 2001-08-07

⊙浅谈广告的社会责任/李西梅 张文华//山西财经大学学报 2001-05
⊙浅谈我国广告业的现状及发展/刘峥//经济师 2001-03
⊙切实把会展业作为城市经济的重要产业去发展/于向明//山东经济战略研究 2001-Z1
⊙青岛：品牌名城的品牌隐忧/罗清启//中国信息报 2001-10-29
⊙青岛会展经济前景广阔/楼伟列 李永强//国际商报 2001-03-08
⊙情愿花钱看广告/王玉//四川日报 2001-07-20
⊙去年广告费谁花得最多/李力 陆斌//山西经济日报 2001-03-19
⊙全国民营广告公司经营与发展研讨会在京召开/李建强 宗振举//广告人 2001-03
⊙全面推行广告代理制/彭文明//新疆日报（汉）2001-12-20
⊙泉州陶瓷建材展：追寻自己的理念/刘艺华 王少雄 蔡培峰 宋华 蔡金勤//中华建筑报 2001-06-30
⊙让创意说服广告主/山峰整理//中国信息报 2001-10-11
⊙让广告与内容亲密接触/田一珊//中国经营报 2001-08-21
⊙让会展业走向成熟/齐殿斌//中国信息报 2001-08-23
⊙让网络广告更受欢迎/中国互联网络信息中心//中国信息报 2001-10-15
⊙热门广告点评/恩之//厂长经理日报 2001-02-07
⊙人本精神在广告业管理中的地位/张小玲//新闻前哨 2001-01
⊙日本杂志广告业现状/李培成//中国记者 2001-03
⊙如何解读广告/陶东风//中华读书报 2001-12-19
⊙如何看待和规范我国会展经济/任兴洲//决策咨询 2001-Z1
⊙如何实施与运作现代展会/潘臻//中国信息报 2001-11-29
⊙入世后中国会展业面临的局面及对策/任兴洲//中国信息报 2001-12-13
⊙塞盖拉：广告使我快乐/马宁秀//国际商报 2001-01-09
⊙三大顽疾 桎梏中国药品广告/赵红//中国经营报 2001-06-19
⊙三大顽疾桎梏中国药品广告/申飞//大众科技报 2001-08-07
⊙三元广告执著京味风格/赵正//中国工商报 2001-05-15
⊙山东涌现一批广告"小巨人"/曹勇//中国邮政报 2001-06-12
⊙山东治理违法广告 狠抓"两制两点"/曹国恩 许宏伟 吴毓超//中国工商报 2001-08-07
⊙商家打起公益广告的主意/郭强//工人日报 2001-04-13
⊙商业广告入侵福建一些校园/张文章//中国消费者报 2001-05-12
⊙上半年手机平面广告手头紧/赵学敏//中国经营报 2001-09-25
⊙上海：会展业魅力初显/辛桦//国际经贸消息 2001-12-04
⊙上海车展凸现售后服务主题/杨晓方//中国汽车报 2001-06-26
⊙上海——广告汇聚中心（上）/陈甬沪//中国工商报 2001-02-20
⊙上海广告市场重现兴旺/张仲超//中国商报 2001-08-10
⊙上海广告五强 合资公司占四/刘芳//解放日报 2001-02-14
⊙上海户外广告大"整容"/金滢//市场报 2001-04-24
⊙上海旅游节在探索中创新/陶健//解放日报 2001-09-15
⊙申奥成功 广告练兵/周山//中国工商报 2001-07-24
⊙申奥成功，给广告业带来的商机/许明//大市场·广告导报 2001-05-08
⊙深邮广告 催广告航母 举邮政大旗/惺庵//中国工商报 2001-09-11
⊙深圳会展经济要火啦！/王永长 张奕//深圳商报 2001-11-12
⊙深圳市发展会展经济的研究报告/王肇文 伍斌 王江涛 余元旗//深圳商报 2001-11-11
⊙石博会支起顺德不落幕的会展经济/慧峰 区建彬//中国绿色时报 2001-09-11
⊙时尚与民俗演绎广告手拉手/叶飞//中国信息报 2001-02-12
⊙食品营销广告的超值文化/王致诚//中国工商报 2001-02-20
⊙世界顶级的建材盛会/葛玉广//中国贸易报 2001-03-20
⊙世界会展经济发展趋势及借鉴/程宏//经济纵横 2001-09
⊙世界经典广告语欣赏//中国信息报 2001-02-12
⊙市场调研，药品广告的一剂良药/王勇//医药经济报 2001-03-19
⊙市场研究：户外广告少不了/杜鹏程 刘筠筠//中国经营报 2001-08-14
⊙试论广告信用/王兴科//中国工商报 2001-10-09
⊙试论影视广告的"亚健康"状态/李晓红//陕西青年管理干部学院学报 2001-01
⊙试论中国电信业广告业务的开发/黄秋英//四川通信技术 2001-06
⊙适应加入 WTO 要求 调整广告监管策略/方惠萍//中国工商管理研究 2001-08
⊙数据——广告公司的眼睛/刘新民//中华建筑报 2001-04-07
⊙谁是"廉政公益广告"的诉求对象/刘以宾//工人日报 2001-07-12
⊙谁在纵容虚假广告/王苏伊 朱悦华//市场报 2001-03-12
⊙税收公益广告为何留不下深刻印象/云昌//中国税务报 2001-09-17
⊙私营广告公司的大手笔/徐鸿//中国经济周刊 2001-S1
⊙苏格兰威士忌的广告策略/老威//湖南经济报 2001-10-19
⊙谈报纸广告的策划/徐翔麟 高平 孙瑞梅//内蒙古日报（汉）2001-04-05
⊙谈如何做好广告策划/王山蒙 赵廷凯 唐月绥 姜立平//内蒙古日报（汉）2001-04-05
⊙探求国有广告公司的发展与对策——有感于江苏国有广告公司的现状/姚杰 韩耀//广告大观（综合版）2001-07
⊙提高参展广交会的综合效益 促进上海展会经济发展/陈启豪//国际商报 2001-04-15
⊙体博会看什么/本草//中国贸易报 2001-06-26
⊙体博会擂响进军世界战鼓/侯志鸿//中国消费者报 2001-02-22
⊙体育广告体育赞助双主体整合传播/周海斌//信息时报 2001-04-20
⊙体育广告研究/程惠美 李莹//焦作大学学报 2001-03
⊙体育明星广告市场探析/陈彩香//天津体育学院学报 2001-02
⊙体育明星拍广告：很精彩/蔡书贵//中国审计报 2001-03-02
⊙天津会展越做越大/槐克刚 鲁元立 王春彤//中国信息报 2001-07-19
⊙天津全国建材商品交易会率先实行"资格准入制"/王莉//中国贸易报 2001-09-25
⊙透视长春会展经济/宋晓杰 张文学//中华工商时报 2001-09-13
⊙透视广交会/窦红梅//北京日报 2001-10-29
⊙图书广告 生存空间有多大/舒晋瑜//中华读书报 2001-09-26
⊙拓展浦东会展功能增强综合竞争力/马建明//浦东开发 2001-03
⊙外资牙膏何以占领中国市场/张晓冬//中国化工报 2001-12-27
⊙网络广告 期待春天/刘松楠//中国高新技术产业导报 2001-08-01
⊙网络广告：关键在于点击之后/俞毅峰//计算机世界 2001-07-16
⊙网络广告：逝去的诺言？/马津//中国工商报 2001-05-01
⊙网络广告：网站救世主？/张强//中国信息报 2001-06-11
⊙网络广告"规矩"何在/郑世发 张俊杰//中国工商报 2001-08-28
⊙网络广告成长的烦恼//网络世界 2001-04-09

- 网络广告创新才是根本/刘松楠//中国高新技术产业导报 2001-07-25
- 网络广告的悲歌/立楗//国际经贸消息 2001-03-08
- 网络广告的春天到了吗？//中国信息报 2001-04-03
- 网络广告的春天还远吗？/豆豆//中国信息报 2001-01-18
- 网络广告的冬天来了？/刘亚民//中国高新技术产业导报 2001-11-20
- 网络广告的生命是什么//中国高新技术产业导报 2001-12-05
- 网络广告该怎么吆喝/黄果//计算机世界 2001-03-26
- 网络广告管理六问//中国经营报 2001-04-24
- 网络广告何日“彩云飞”/彭梧//中国质量报 2001-11-20
- 网络广告何以变/李佳师//中国电子报 2001-03-30
- 网络广告挥别度日如年/张伟//中华工商时报 2001-08-13
- 网络广告尖峰时刻/阳光//计算机世界 2001-04-02
- 网络广告监管“三大块”/朱世雄//中国工商报 2001-10-01
- 网络广告品牌行销/Sunrain//中国企业报 2001-09-21
- 网络广告升温/王丛军//中华工商时报 2001-05-07
- 网络广告外包成必然/马海邻//解放日报 2001-06-07
- 网络广告迎春来/李冬梅//北京日报 2001-04-14
- 网络广告有的做/付乐//中国贸易报 2001-04-21
- 网络广告真的使你更精彩//中国高新技术产业导报 2001-06-20
- 网络媒体觊觎地产广告/朱戈//证券时报 2001-09-09
- 网上广告，为什么点击率低？/天极网//中国经营报 2001-03-20
- 网上广告迷了谁的眼？/张闻天//中国信息报 2001-09-04
- 网上广告需要创新/王志东//计算机世界 2001-02-19
- 网上广告卓有成效/汪尚//中国企业报 2001-08-24
- 网站盈利路在何方？/王汝林//计算机世界 2001-07-02
- 危险的游戏：对比广告/周和毅//厂长经理日报 2001-07-23
- 为发展造势——江苏会展经济高层论坛侧记/沈燕//中国会展 2001-13
- 为媒体违法广告把脉/吴一帆//中国工商报 2001-07-31
- 为您的广告找一个合适的媒体/齐忻//中国信息报 2001-08-27
- 为我所用：广告中的文化资源盗用/陶东风//中华读书报 2001-05-30
- 为展览界提供交流与合作/王敏//中国贸易报 2001-01-09
- 为中国网络广告把脉/何进伟//网络世界 2001-04-23
- 违法药品广告蒙人四大招/邹清丽//中国商报 2001-06-22
- 违法药品广告骗术举要/景兴//大众科技报 2001-08-07
- 违法医疗广告缘何屡禁不止/仲其宽//中国工商报 2001-08-14
- 卫视整合传播 挑战央视广告/李媛//中国经营报 2001-11-13
- 文化经济时代的广告/徐舟汉//广告大观（综合版）2001-10
- 文化型广告：顺应经济与文化一体化发展趋势/金涛声//宁波大学学报（人文科学版）2001-03
- 我对广告从一而终/金祖德//中国广告 2001-04
- 我国出国展览业走向成熟/孙钢//中国信息报 2001-02-12
- 我国发展会展经济存在的问题及对策/刘宗太 杜伟//河南省情与统计 2001-02
- 我国发展会展旅游业的前景及策略初探/林翔 李菊霞//人文地理 2001-03
- 我国广告市场投放总量飙升/叶国标//河北经济日报 2001-04-04
- 我国广告业加入 WTO 的应对策略/杨同庆//中国工商管理研究 2001-06
- 我国会展经济的完善与发展/唐志刚//中国流通经济 2001-06
- 我国会展经济的制约“瓶颈”/刘奇中//社会科学报 2001-05-10
- 我国会展经济发展存在的问题及对策/刘宗太//经济纵横 2001-02
- 我国会展经济发展的问题与对策研究/陈向军 田志龙//北京工商大学学报（社会科学版）2001-05
- 我国会展经济发展中存在的问题及其对策/严学军//理论月刊 2001-12
- 我国会展旅游发展中的问题与对策探析/卞显红 黄震方//旅游科学 2001-04
- 我国会展业的市场化发展/刘住 金辉//桂林旅游高等专科学校学报 2001-01
- 我国会展业发展中存在的问题及对策探讨/冯晓丽 覃家君//科技进步与对策 2001-09
- 我国轿车广告众生相/郑言//河北经济日报 2001-08-21
- 我国网络广告的现状与发展趋势/徐红 刘爱清 李红军//商业经济文荟 2001-03
- 我国邮政广告业务发展迅猛/宁国富 周力文//中国邮政报 2001-09-14
- 我国展览业应备战未来/姚望//中国信息报 2001-03-22
- 五百万元：会展中心演绎信息大厦/李慧//中国计算机用户 2001-34
- 五剂猛药狠治违法医疗广告/许步伟//中国工商报 2001-06-02
- 西安会展业显露尖尖角/任建飞//中国信息报 2001-08-16
- 西博会车展 尽显“卖点”/高朔//中国汽车报 2001-10-26
- 西部广告的春天来了！/王蜀华 王辰龙//中国信息报 2001-02-15
- 西部会展业：几分欢喜几分忧/李梁 刘谨//新华每日电讯 2001-12-03
- 西部会展业谨防“虚火伤身”/李梁//厂长经理日报 2001-10-31
- 西部会展业谨防“虚假繁荣”/李梁//西藏日报 2001-11-06
- 西部会展业起点须再高/王敏//中国贸易报 2001-09-04
- 西汉铜镜上的广告/吴文清//中国艺术报 2001-08-03
- 细查严惩 安徽广告治理来实的/沈艳阳//中国工商报 2001-04-24
- 厦新广告让人身临其境/李媛//中国工商报 2001-02-13
- 香港：会展经济生机蓬勃/丛亚平//国际经贸消息 2001-12-18
- 香港珠宝钟表展缔造广阔商机/傅莲英//国际商报 2001-04-27
- 小食品广告挺热闹//中国食品质量报 2001-07-14
- 校园广告欲抓住学生眼球 价格门坎使企业望而却步/杰雯 李媛//中国经营报 2001-08-07
- 新的展会新的希望/贾翔//中国汽车报 2001-08-16
- 新经济与品牌管理/张兵武//亚太经济时报 2001-07-21
- 新浪“发酵”广告/李媛//中国工商报 2001-03-20
- 新浪网络广告越玩越大/陈红育//中国经营报 2001-03-20
- 新闻单位严把药品广告关/李佳路//新华每日电讯 2001-07-11
- 新闻广告泛滥 媒体声誉贬值/王永亮//中华新闻报 2001-02-26
- 新闻网站广告经营赢利新模式/张浩//中华新闻报 2001-08-14
- 形象·广告·品牌 企业赢的战略/宗世举//亚太经济时报 2001-09-26
- 形象广告 电信巨头谁更胜一筹/赵正//中国工商报 2001-05-08
- 幸福生活的谎言与广告中的角色分配/陶东风//中华读书报 2001-03-21
- 虚假广告：今年治理重点/李秀玲//工人日报 2001-02-01
- 虚假广告的认定/赵迪存//人民法院报 2001-09-26
- 虚假广告——侵犯消费者知情权/李轩//中国质量报 2001-08-31

◎学习：信息时代广告人的生存法则——对当代青年广告人学习现状的描述与分析/当代中国青年广告人现状研究课题组//大市场·广告导报 2001-04
◎亚太区广告市场放缓//中国信息报 2001-08-27
◎烟草广告宣传 带着脚镣跳舞/杨徽//厂长经理日报 2001-10-17
◎烟草广告主要影响市场分割//经济参考报 2001-06-26
◎严把药品广告关/李佳路//中国民族报 2001-08-10
◎严查都市报纸拉出违法清单/沈艳阳//中国工商报 2001-12-25
◎扬长避短发展北京会展业/本草//中国贸易报 2001-12-25
◎杨凌"农高会"实现软着陆/许祖华 储国强//农民日报 2001-11-10
◎药品、保健品广告两成以上违法/李秀玲//工人日报 2001-08-25
◎药品广告：实话实说/张旭//中国医药报 2001-12-08
◎药品广告：直面同质时代/蔡戈//医药经济报 2001-03-26
◎药品广告新规定出台/王丹//中国高新技术产业导报 2001-11-15
◎药品广告演绎花样年华/鲁余华//医药经济报 2001-04-09
◎药品广告走入误区/李雪墨//中国高新技术产业导报 2001-07-19
◎药业广告战鹿死谁手/宋广辉//中华工商时报 2001-07-30
◎要鲜花还是要果实——从国内创意奖项看广告的实效性/贾丽军//广告人 2001-03
◎一个广告专业毕业生的自白——对中国广告教育现状的思考/郑言//广告大观（综合版）2001-01
◎一起典型广告案例被曝光/齐中熙 邹清丽//新华每日电讯 2001-08-18
◎医药广告 一道经济风景线/张艳蕊//中国企业报 2001-12-20
◎医药广告：面临信任危机/刘言//大众科技报 2001-08-07
◎医药广告活动强烈/李雪墨//中国高新技术产业导报 2001-07-19
◎以正合，以奇胜——广州丽江花园康城居广告策划纪实/丁邦清//广告人 2001-03
◎银行广告有点"牛"/迟智广//法制日报 2001-11-28
◎银行广告走过来/迟智广//证券时报 2001-09-02
◎引进广告监测机制 改变被动管理方式/刘宝恒//中国工商报 2001-09-04
◎迎华商大会，论会展经济/陶美珍//江苏政协 2001-07
◎迎接第十届乌洽会/张野//国际商报 2001-04-15
◎营销广告的指向定位与深化/胡雨//中国工商报 2001-04-10
◎邮政广告 凭什么"火"/赵春秋//中国邮政报 2001-08-07
◎娱乐营销时代已经来临/李跃坤//中国贸易报 2001-09-11
◎云南会展经济来势迅猛/新华//中国消费者报 2001-11-27
◎在竞争中求得广告业发展/陈玲 刘斌//内蒙古日报（汉）2001-04-05
◎怎样的广告代言人有人缘/冯振洲//中国经营报 2001-11-13
◎展会这只筐不能什么菜都装/林源//中国信息报 2001-08-09
◎展览会不是集市贸易——温州会展业的忧患和思索/王建敏//中国皮革 2001-22
◎展览里面大有文章/王惠敏//中国贸易报 2001-01-16
◎展览业：永远的朝阳产业/封建亭//上海财税 2001-01
◎展览业面临新机会/陈若薇//中国信息报 2001-10-18
◎展览业悄然进入资本市场/高广新//中国会展 2001-11
◎展览业新世纪迎来新机遇/马跃//中国信息报 2001-01-15
◎展销会，展示商企风采的大舞台/朱江明//江苏农村经济 2001-09
◎招聘广告 也有"弦外之音"/胡慧平//中国劳动保障报 2001-09-19
◎浙江展会欢迎您/张顺荣//中国自行车 2001-06
◎诊断雅虎 少了广告网络该怎么活/义川//市场报 2001-03-10
◎整合茶业会展经济/陆尧 李晓明//中国旅游报 2001-12-05
◎整治违法医疗广告的对策/郭怀清 常新荣//中国工商报 2001-05-08
◎政策有利形式创新 网络广告即将脱困/付志平//通信信息报 2001-08-29
◎政协委员呼吁修改《广告法》国家工商局有关人士做出回应/周山//中国工商报 2001-03-20
◎直邮媒体：挑战杂志业？/澎澎//中国图书商报 2001-09-25
◎中国：会展经济火起来/张晓松//解放军报 2001-10-22
◎中国本土广告公司如何与国际接轨//深圳商报 2001-09-10
◎中国车展急需打造自己的品牌/桂俊松//国际商报 2001-10-16
◎中国车展业步入竞争时代/桂俊松//中国汽车报 2001-08-01
◎中国车展业急需打造品牌/桂俊松//中国汽车报 2001-09-19
◎中国的发行市场和广告市场大有潜力/张伯海//中国图书商报 2001-11-13
◎中国广告：简单一点 个性一点/张冰//厂长经理日报 2001-07-23
◎中国广告业 20 年经营档案/贾玉斌//广告人 2001-03
◎中国广告业怎样迎接 WTO 的挑战/孙晓斌//武汉冶金管理干部学院学报 2001-03
◎中国广告怎么样/施乾元//中国消费者报 2001-07-18
◎中国广告只能打 55 分/苏小和//厂长经理日报 2001-08-27
◎中国国际海事会展越办越好/孙国栋//中国船舶报 2001-04-27
◎中国互联网广告市场 Double Click 重点出击//亚太经济时报 2001-01-10
◎中国互联网络广告发展报告/中国互联网络信息中心//通信产业报 2001-07-25
◎中国户外广告业的明天 访大贺企业董事长贺超兵先生/加贝//广告人 2001-01
◎中国会展企业如何实现 CRM/继泽//中国贸易报 2001-10-09
◎中国会展业还要加把劲/任兴洲//中国商贸 2001-05
◎中国会展业如何协调发展/陈婷 李永斌//中国经济时报 2001-10-09
◎中国期刊的发行市场和广告市场大有潜力/张伯海//中国图书商报 2001-11-13
◎中国企业如何提高广告促销的有效性/胡忠兵 陈颐//中国经济时报 2001-01-18
◎中国网络广告文化尤为重要/杨红芬 李琪//网络世界 2001-06-18
◎中国展览如何创品牌/亿发//中国贸易报 2001-05-22
◎中国展览业：需要多少巨型展馆/王小波//经济参考报 2001-12-01
◎中国展览业的现状和发展前景//中国贸易报 2001-01-09
◎中国展览业的新发展 新问题 新思路//中国贸易报 2001-02-13
◎中国展览业前景广阔/本草//中国贸易报 2001-04-24
◎中国展览业需克服瓶颈制约/傅莲英//国际商报 2001-03-09
◎中国展览纵横谈/王敏//中国贸易报 2001-01-09
◎中华传统节庆的儒学化倾向/赵东玉//兰州大学学报（社会科学版）2001-01
◎中外群雄逐鹿会展业/庞彩盛 张晓晖//中华工商时报 2001-10-29
◎中西部展览业与大开发同行/张学山//中国信息息 2001-07-05
◎中小企业的广告策略/李笛//科学时报 2001-06-02
◎中小企业借在线广告东风/吴志强//国际经贸消息 2001-10-25
◎中影推出随片广告竞标/周文林//市场报 2001-03-02

◎ 中展网开创电子化展览业//中国贸易报 2001-01-09
◎ 重庆广告业发展现状与问题/王巧萍//重庆商学院学报 2001-06
◎ 重庆会展业发展的思考/陈迅 屈谦//重庆大学学报（社会科学版）2001-04
◎ 重庆市会展产业现状分析/应丽君//重庆工学院学报 2001-06
◎ 专家点评体育明星广告/王静//中国体育报 2001-03-20
◎ 专家论证与名人广告/张吉//人民法院报 2001-03-18
◎ 专家质疑 限制做广告是否合适？/昝爱宗//中国信息报 2001-02-01
◎ 卓尔不凡的中国互联网络广告//中国乡镇企业报 2001-07-26
◎ 资本与媒介有个"约会"/杜中杰//人民法院报 2001-08-10
◎ 走近世界会展经济/熊训林//中国贸易报 2001-01-09
◎ 最古老的广告媒体——直邮广告/北京易拜天地网络技术有限公司//计算机世界 2001-10-22
◎ 最具推销力的广告标题/端俊//中国工商报 2001-04-10
◎ 做大中国展览会的产业蛋糕/吴荣富//中国禽业导刊 2001-11

旅游、生态观光、休闲产业

1979 年

◎ 菲律宾的旅游业/陈有为//世界经济 1979-09
◎ 风景旅游城市规划座谈会在肇庆召开//城市规划 1979-02
◎ 风景游览城市规划布局中的几个问题/周复多//城市规划 1979-02
◎ 国际旅游现状//经济研究参考资料 1979-43
◎ 旅游事业//经济研究参考资料 1979-138
◎ 旅游业——一种无形的输出//经济研究参考资料 1979-138
◎ 旅游政策和国际旅游//经济研究参考资料 1979-138
◎ 蓬勃发展的香港旅游业/陈招顺//世界经济 1979-07
◎ 颇具特色的东盟国家旅游业/陈乔之//东南亚研究 1979-01
◎ 日本的旅游业/齐秀丽//吉林大学社会科学学报 1979-02
◎ 善于创新的新加坡旅游业/徐成龙//世界经济 1979-08
◎ 卓有成效的突尼斯旅游业/聘如//世界经济 1979-06

1980 年

◎ 城市规划中风景文物的保护区问题/郑孝燮//城市规划 1980-08
◎ 对发展黑龙江省旅游事业的初步探讨/王君健 武岫岚//学习与探索 1980-12-26
◎ 发展旅游事业要走企业化的道路/刘世杰 王立纲//经济管理 1980-04
◎ 发展我国具有民族特点的旅游事业/王立纲 刘世杰//社会科学战线 1980-04
◎ 关于我国旅游事业的情况与设想/卢绪章//财贸经济 1980-01
◎ 国际旅游业的发展/吴志宏//外国经济与管理 1980-05
◎ 建立适合我国实际的旅游经济学科/沈杰飞 吴志宏//社会科学 1980-06
◎ 劳动生产率与旅游事业/王立纲 刘世杰//税务与经济 1980-02
◎ 旅游和旅游业/李柱锡//外国经济与管理 1980-05
◎ 旅游经济规律初探/徐和平//经济问题探索 1980-03
◎ 旅游商品价值、价格问题初探/蒋丁新 陈献民 周群//杭州大学学报（哲学社会科学版）1980-03
◎ 旅游事业在国民经济中的地位和作用/刘世杰 王立纲//经济研究 1980-02
◎ 旅游收益要取之有道/蔡上国 张丹子 王季深//社会科学 1980-06
◎ 旅游业：奥地利经济的重要支柱/许凤歧//外国经济与管理 1980-05
◎ 旅游业——二十一世纪的世界最大行业？/美斯蒂芬·帕普森 吕游祖//国外社会科学文摘 1980-03
◎ 旅游业和外汇收入知识/韩章宝//山西财经大学学报 1980-03
◎ 论旅游事业在发展国民经济中的重要作用/王立纲//税务与经济 1980-01
◎ 马来西亚的旅游业/郑士元//东南亚研究 1980-04
◎ 如何发展我国旅游事业/沈玉清//经济问题探索 1980-04
◎ 如何建设桂林风景区/汪之力//建筑学报 1980-04
◎ 试论历史古迹旅游城市的规划与建设——以曲阜规划为例/吴良镛//国外城市规划 1980-03
◎ 西班牙的旅游业是怎样发展起来的/朱祥忠//世界经济 1980-05
◎ 迅速发展中的拉丁美洲旅游业/王宽成//拉丁美洲研究 1980-03
◎ 饮食业如何适应旅游业的需要/王宜泰//商业研究 1980-02
◎ 预测中的旅游业——未来的最大行业/霄虹//未来与发展 1980-03
◎ 云南旅游业初探/刘隆//经济问题探索 1980-01

1981 年

◎ 财贸部门要大力支援旅游事业的发展/刘世杰 王立纲//财贸经济 1981-01
◎ 论旅游业在国民经济发展中的作用/潘静致//学术论坛 1981-01
◎ 旅游资源的开发与环境保护/杞桑//环境保护 1981-01
◎ 漫步"燕京"话旅游/李安定//瞭望 1981-08
◎ 论旅游资源开发、利用和保护的经济原则/王立纲 刘世杰//税务与经济 1981-01
◎ 掌握旅游业的特点 提高旅游业的经济效果/颜邦英//财经问题研究 1981-02
◎ 旅游经济发展的客观条件/武文军//兰州学刊 1981-01
◎ 谈加强旅游业的经营管理/乔玉霞//经济管理 1981-03
◎ 一本论述旅游业的书/王垂仍//世界知识 1981-06
◎ 用经济办法管理旅游事业/刘世杰//税务与经济 1981-02
◎ 旅游投资必须保证重点/何嘉荪 黄公白//浙江学刊 1981-02
◎ 我国旅游经济政策初探/骆昌慈 丁玫 庞铁坚//中南财经政法大学学报 1981-02
◎ 积极稳步地发展旅游事业/佟华龄 乔玉霞//财贸经济 1981-05
◎ 对旅游业贯彻调整方针的看法/黄公白 何嘉荪//经济问题探索 1981-05
◎ 新兴的经济部门——旅游/侣友//企业经济 1981-06
◎ 青岛市国内旅游业对商业、服务业的影响/刘晓光 张克昕//财贸经济 1981-06
◎ 旅游业职能浅议/蒙春光//学术论坛 1981-06
◎ 旅游容量与风景区规划/刘家麒//国外城市规划 1981-03

◎略谈我国的国际旅游市场/葛立成//浙江学刊 1981-04
◎迅速发展中的罗马尼亚旅游业/刘开铭 郑坚//世界经济 1981-08
◎南斯拉夫旅游建筑一瞥/宝志方//世界建筑 1981-05
◎美国旅游旅馆考察/许屺生//世界建筑 1981-05
◎石林风景区总体规划浅谈/郭方明 庄忆 张明光//建筑学报 1981-12
◎现代旅游业的发展及其在国民经济中的作用/李靖华//西北大学学报（哲学社会科学版）1981-06

1982 年

◎埃及旅游业一斑/程永宁//阿拉伯世界 1982-02
◎北京文物与旅游事业/王玲 毛希圣//未来与发展 1982-01
◎必须改善国际旅游商品的销售工作/王铁生//浙江学刊 1982-01
◎必须重视旅游业的人才投资/刘住//经济问题探索 1982-01
◎对西安地区旅游客源的粗略分析/李宝三//人文杂志 1982-01
◎发挥我省旅游资源的经济优势/蒋丁新//浙江学刊 1982-01
◎发展福建旅游业也要念好“山海经”/单曙光//福建论坛（社科教育版）1982-02
◎发展旅游商品生产 搞好销售供应工作/杨礼忠//学术论坛 1982-06
◎发展我国旅游业应以日本为主要客源市场/刘世杰//税务与经济 1982-04
◎干旱环境与新疆旅游资源/唐明达//新疆大学学报（自然科学版）1982-03
◎古代杭州旅游杂谈/郑绍昌//浙江学刊 1982-02
◎关于桂林风景区风景资源的保护和建设问题/王献溥//广西植物 1982-05
◎关于旅游地理的若干见解/罗伯特·布里顿 黄辉实//经济地理 1982-06
◎关于中国旅游业发展道路的几个问题/高涤陈 张子镁//经济研究参考资料 1982-159
◎广东风景资源的类型及其开发利用/陈新一//广东园林 1982-02
◎广西旅游资源探讨/陆怀琛//学术论坛 1982-02
◎国内旅游的发展趋势和问题——对 1987 年杭州市外出旅游者的抽样调查报告/王铁生 葛立成//经济研究参考资料 1982-159
◎湖南旅游资源的类型和地域特征/翟辅东//湖南师范大学社会科学学报 1982-03
◎建设九江市 发展旅游业/黄河//企业经济 1982-07
◎旅游部门的形成/B. 克里伐雪也夫 吕有实//国外社会科学文摘 1982-0
◎旅游服务浅论/顾铮//浙江学刊 1982-04
◎旅游商品的特点及其价格资金运动/蔡万坤//经济研究参考资料 1982-159
◎旅游业经济效果刍议/秦志光//学术论坛 1982-02
◎旅游业在国民经济中地位和作用/徐崇云 王如芳 顾铮//杭州大学学报（哲学社会科学版）1982-03
◎莫干山旅游优势和发展方向探讨/叶康先 顾志兴//浙江学刊 1982-03
◎剖析游客特点 改进旅游经营/葛立成 方民生//浙江学刊 1982-01
◎日本发展国际旅游事业的教训/刘世杰//税务与经济 1982-02
◎如何建设旅游胜地/肖国金//经济研究参考资料 1982-159
◎试论旅游业的地位、作用和苏州风景旅游城市的建设/徐惠德//苏州大学学报（哲学社会科学版）1982-S2
◎试论旅游住房挖潜/王立纲//税务与经济 1982-01
◎试论我国旅游事业的基本特点/王荣昌 周纬 方民生//浙江学刊 1982-02
◎论旅游市场/王立纲//税务与经济 1981-02
◎试探中国式的旅游事业发展道路问题/刘明夫//财贸经济 1982-05
◎我国旅游事业发展战略的几个问题/何礼荪//财贸经济 1982-08
◎一个旅游区的国际旅游业内部主要比例关系的探讨/方铁成//浙江学刊 1982-01
◎中国式旅游道路浅议/李靖华//人文杂志 1982-05
◎中国式旅游发展道路浅议/阚沸//财贸经济 1982-04
◎自然风景区的规划建设与风景保护/朱畅中//城市规划 1982-02
◎综合开发太湖旅游风景资源的建议/刘冬森 罗祖德//世界科学 1982-05
◎走出一条中国式的旅游道路/郑家度//经济研究参考资料 1982-159

1983 年

◎充分开发利用安徽省旅游资源/马大道 陈泽普//财贸研究 1983-02
◎从两个旅游市场的关系谈我国旅游业发展道路/贺宝晏//福建论坛（社科教育版）1983-02
◎发展简易旅游设施/刘成基//未来与发展 1983-01
◎发展苏州旅游经济六字诀/徐忠德//未来与发展 1983-02
◎法国人的旅游开支/巴尔布尔 蔡志云//国外社会科学文摘 1983-03
◎菲律宾的旅游业/黄惠莲//东南亚研究 1983-03
◎风景名胜区规划与建筑/蔡德道//建筑学报 1983-09
◎改变旅游业的收入构成 提高经济效益/张子镁//财贸经济 1983-06
◎关于划分旅游旅馆等级的建议/张皆正 唐玉恩//建筑学报 1983-06
◎关于旅游商品的生产和销售/杨天赐//当代财经 1983-03
◎关于深圳特区旅游业的发展及改革问题/沈元章 周秉腾//南方经济 1983-05
◎广东省经济特区旅游事业的现状与发展前景/曾牧野 罗福群//经济研究参考资料 1983-171
◎广西风景资源初步探讨/易利国 何瑞兰//广东园林 1983-03
◎国际旅游行为分析/麦金托什 顾铮//国外社会科学文摘 1983-07
◎杭州成为“国际会议旅游中心”的设想/翁得哉//未来与发展 1983-01
◎杭州城市与旅游规划若干问题探讨/胡理琛//建筑学报 1983-09
◎杭州国际旅游的新变化/葛立成 王铁生//浙江学刊 1983-01
◎积极发展区域旅游/刘世杰//财贸经济 1983-04
◎建设桂林旅游区对发展广西经济的意义/郑家度//广西民族学院学报（哲学社会科学版）1983-02
◎开发大鸣山风景区、发展旅游事业的初步设想/张朝有 莫让军//广东园林 1983-05
◎立足国内，走中国式的旅游建设道路/刘仪舜 潘忠会//经济研究参考资料 1983-26
◎旅游服务质量问题的探讨/邹益民//经济问题探索 1983-02
◎旅游和旅游者/刘兵//经济问题探索 1983-09
◎旅游商品经营初探/沈玉清//甘肃社会科学 1983-04
◎旅游消费对现代劳动力再生产的作用/宋维真//浙江学刊

1983-04
◎旅游心理和旅游动机/（美）罗伯特·W·麦金托什 莎雪肯特·盖珀塔//经济研究参考资料 1983-171
◎旅游业必须遵循综合性发展的规律/徐秉文//经济研究 1983-09
◎旅游与商业/刘世杰//税务与经济 1983-04
◎论广州旅游业提高经济效益问题/曾牧野 罗福祥//商讯商业经济文荟 1983-02
◎论旅游业的文化特性/林洪岱//浙江学刊 1983-04
◎论西北地区旅游资源的开发/武文军//甘肃社会科学 1983-01
◎浅谈林区风景资源的开发利用/朱好生//林业经济 1983-02
◎浅谈我国旅游事业的性质和特点/王立纲//经济问题探索 1983-01
◎青岛市海滨风景区环境保护对策/孙克军//环境污染与防治 1983-08
◎日本——我国最重要的旅游客源市场/翁雅玲//经济问题探索 1983-09
◎上海经济区旅游优势浅析/冷芒 丁萍萍//商业经济与管理 1983-08
◎试论承德的旅游资源及其合理开发利用/杨积余 路紫//河北师范大学学报（哲学社会科学版）1983-01
◎试论旅游业的质量管理/徐秉文//财贸经济 1983-12
◎试论社会主义基本经济规律对旅游事业发展的决定作用/王立纲//浙江学刊 1983-03
◎苏州旅游环境容量问题初探/赵红红//城市规划 1983-06
◎台湾旅游业的发展和趋势/陈飞宝//台湾研究集刊 1983-01
◎谈中国式旅游道路/刘世杰//财经问题研究 1983-04
◎提高旅游业服务质量的根本途径/乔玉霞//经济研究参考资料 1983-26
◎我国旅游管理体制的改革/蔡万坤//财贸经济 1983-11
◎我国旅游事业战略布局刍议/刘振礼//经济地理 1983-06
◎无锡开辟古运河旅游的启示/黄辉实 罗消难//社会科学 1983-12
◎武夷山风景名胜区总体规划技术鉴定意见//建筑学报 1983-09
◎武夷山风景区总体规划大纲//建筑学报 1983-09
◎沿着马克思主义指引的方向 发展我国社会主义旅游事业/王立纲//税务与经济 1983-01
◎张家界地质风景资源开发及若干问题探讨/翟辅东//湖南师范大学自然科学学报 1983-02
◎中国的旅游客源与解决问题的建议/张广瑞//经济研究参考资料 1983-26
◎中国式旅游价格的特点/雷熹平//价格理论与实践 1983-01

1984 年

◎1983 年我国旅游业有新发展/国家统计局贸易物价统计司//中国统计 1984-05
◎巴西旅游业一瞥/王卫光//国际贸易 1984-12
◎把上海建成远东第一流国际旅游中心/黄辉实 冯纪民//社会科学 1984-10
◎保护黑龙江省旅游资源问题/车英林//学习与探索 1984-10
◎从日本旅游政策和管理体制看我国旅游事业的发展/蔡万坤//现代日本经济 1984-10-27
◎对开发贵州旅游业的几点看法/斯丹普斯 石京//贵州师范大学学报（社会科学版）1984-03
◎对开发旅游纪念品之管见/胡铁生//社会科学 1984-03
◎对来杭国内旅游者的动态分析/王铁生 葛立成//浙江学刊 1984-04
◎对新疆发展旅游事业的一些看法/刘振礼//新疆社会科学 1984-02
◎发展陕西旅游业刍议/李靖华//人文杂志 1984-03
◎发展西湖南线旅游建设的意义、线路和重点/李立心//杭州师范学院学报（社会科学版）1984-03
◎发展中的泰国旅游业/徐邦文//瞭望 1984-11
◎风景区的保护和建设是一门科学——武夷山风景名胜区规划设计随感/杨德安 赖聚奎//建筑学报 1984-02
◎福建旅游资源的特点及开发利用战略/林惠滨//福建论坛（社科教育版）1984-10
◎关于改革我国旅游体制的几个问题/郑建和//学术论坛 1984-04
◎关于桂林旅游系统采用"电脑化"管理的探讨/陶法 梁晖 叶怀//桂林电子工业学院学报 1984-02
◎关于今后二十五年内国际旅游发展趋势的展望/张广瑞（摘译）//经济研究参考资料 1984-129
◎关于旅游经济的几个理论问题/方民生 王铁生 葛立成//浙江学刊 1984-02
◎广东海南岛自然保护区与发展旅游事业的关系/王献溥//广西植物 1984-02
◎国际旅游市场的新动向//商讯商业经济文荟 1984-08-28
◎国际旅游业的现状和展望/关成//国际贸易 1984-09
◎国际旅游业与潮汕经济/洪松森//韩山师范学院学报 1984-03
◎国际旅游与国内旅游应当同步发展/王松交 荆子玉//财贸经济 1984-12
◎国外旅游业的生产经营型管理/陈世红 方婷//外国经济与管理 1984-Z1
◎加快改革步伐 开创旅游工作新局面/韩克华//财贸经济 1984-11
◎加速发展闽东旅游业/王凌//福建论坛（社科教育版）1984-10
◎建设具有中国特色的旅游经济体制/乔玉霞//经济研究参考资料 1984-129
◎建设中国传统建筑形式的旅游旅馆是旅游事业发展的需要/欧阳骖//古建园林技术 1984-01
◎建议开辟马可·波罗旅游线/梁清强//福建论坛（社科教育版）1984-07
◎进一步开发上海旅游资源的几点设想/沈玉清//城市问题 1984-02
◎开发海南岛旅游事业的设想//未来与发展 1984-02
◎开发晋西南旅游资源及其经济社会效益/杨晓国//晋阳学刊 1984-05
◎开发旅游经济 发展商品生产/郑祯诚 冯贵欣//农村经济 1984-11
◎利用外资加快广州地区旅游设施的建设/曾牧野 罗福群//学术研究 1984-05
◎旅游对社会文化影响初探/徐崇云 顾铮//杭州大学学报（哲学社会科学版）1984-03
◎旅游商品需求和旅游商品价格问题/殷金龙//经济问题探索 1984-06
◎旅游市场的不同分类构成/张广华//外国经济与管理 1984-03
◎旅游业规划/H·罗宾逊 张克东//经济地理 1984-03
◎旅游业经营效益问题/郑家度//学术论坛 1984-02
◎旅游资源的微观开发/马文杰//开放时代 1984-03
◎论积极发展西双版纳旅游业/黄辉实 刘隆//经济问题探索 1984-07
◎努力发掘旅游资源加速我省旅游事业发展/余宁青//青海社会科学 1984-04

⊙普陀山风景名胜区开发之管见/姚永正 周茜//浙江大学学报（农业与生命科学版）1984-04
⊙浅谈人文因素在风景区建设中的意义/何重义//新建筑 1984-04
⊙浅议贵州旅游业的现状及发展前景/李朝//贵州社会科学 1984-05
⊙让旅游资源为振兴河南经济发挥巨大作用/刘维德//南都学坛 1984-02
⊙如何提高我区旅游业的经营效益/陆怀琛//学术论坛 1984-04
⊙塞浦路斯的旅游业/刘仲华//西亚非洲 1984-03
⊙试论国际旅游市场的动向和特点/蔡万坤//世界经济 1984-03
⊙试论旅游业在广东经济发展战略中的地位与作用/曾牧野 罗福群//南方经济 1984-04
⊙试论山东旅游资源的特点及其开发利用/冯群力//东岳论丛 1984-02
⊙试论我国国际旅游业的经济效益/何建民//经济理论与经济管理 1984-05
⊙试论用法律办法调整旅游经济/王立纲//税务与经济 1984-02
⊙苏联东欧旅游业的发展/林洪岱//世界经济 1984-06
⊙谈旅游点、旅游商业网点、旅游商品生产的同步发展/陈世红 方婷//商业时代 1984-06
⊙谈谈旅游业的体制改革/乔玉霞 张子镁 张广瑞//财贸经济 1984-04
⊙谈谈中国旅游产品/胡东光//经济研究参考资料 1984-129
⊙我国国际旅游市场的战略结构/蔡万坤//经济研究参考资料 1984-129
⊙我国国际旅游业正在稳步发展/钟海生//国际贸易 1984-03
⊙我国旅游事业大有可为——访中国国际旅行社副总经理乔加钦/张守平//世界知识 1984-02
⊙香港客商谈厦门旅游业/夏建发//福建论坛（社科教育版）1984-07
⊙应当把旅游业作为建设厦门经济特区的战略重点来抓/彭一万//福建论坛（社科教育版）1984-05
⊙有关风景区建设的几个问题/汪之力//建筑学报 1984-02
⊙中国与近邻旅游业的比较/林洪岱//财贸经济 1984-02

1985 年

⊙“服务和物质不出口的出口”——保加利亚旅游业/吴锡俊//瞭望 1985-08
⊙“三通”与未来的桂林旅游业/尚智//未来与发展 1985-04
⊙1984 年印尼旅游业创外汇五亿美元/阳光//东南亚研究 1985-04
⊙埃及积极发展旅游事业/杜幼康//阿拉伯世界 1985-03
⊙保护和发展旅游资源/王德铭//环境污染与防治 1985-02
⊙保护森林的一个重要对策——积极发展森林旅游业/孙筱祥//科技进步与对策 1985-01
⊙大力发展西藏的旅游业/李竹青//西藏研究 1985-03
⊙地貌的旅游评价研究/陈传康//河南大学学报（自然科学版）1985-01
⊙独具特色的海岛旅游胜地——普陀山旅游区/黄辉实 李竹舲 范家驹 黄伯炎//海洋开发与管理 1985-05
⊙对发展河南旅游事业的一些看法/肖国献//经济经纬 1985-05
⊙对发展普陀山旅游业的几点建议/黄辉实 李竹舲 黄伯炎 范家驹//浙江学刊 1985-03
⊙发展北海旅游业的可行性初探/李志俭//学术论坛 1985-04
⊙发展华东区域旅游业刍议/王大悟//社会科学 1985-04
⊙发展旅游业是振兴西藏经济的重要途径/汪青春//西藏研究 1985-01
⊙发展闽南三角地区旅游业刍议/彭一万//福建论坛（社科教育版）1985-12
⊙发展商业服务业是促进旅游业的基础/赵国柱 诸永东//商业经济与管理 1985-02
⊙风景名胜区的保护与规划/孙筱祥//中国园林 1985-03
⊙风景游览区宜发展旅游专业户/喻培元//社会科学 1985-04
⊙甘肃旅游资源的开发和利用/汤明宝//科学经济社会 1985-03
⊙更好地发挥旅游业在振兴广西经济中的作用/郑家度//学术论坛 1985-06
⊙广州旅游业：印象、现状与前景/鲍衡//开放时代 1985-02
⊙桂林旅游经济考察/瞿宁淑//地理学报 1985-02
⊙国内旅游应比国际旅游发展更快/王正华//社会科学 1985-04
⊙杭州发展旅游事业和提高经济效益的探讨/陈洁行//商业经济与管理 1985-08
⊙河南旅游地理初探/王建堂//河南大学学报（自然科学版）1985-01
⊙黑龙江省旅游业发展道路问题/车英林//学习与探索 1985-01
⊙黄石旅游资源的地域特征及其在经济发展中的地位和作用/罗继业 谢如良//黄石教育学院学报 1985-06
⊙积极支持旅游事业的发展/夏更生//中国财政 1985-01
⊙开拓海南岛旅游业问题初探/黄循平//广东社会科学 1985-01
⊙漓江水资源的开发利用与桂林旅游事业/易宏义//人民珠江 1985-04
⊙隆冬时节旅游热/顾万明//瞭望 1985-05
⊙庐山旅游消费导引/王宪章//企业经济 1985-08
⊙旅游基地选择与性质的确定——贵州西线区域景区旅游基地选择举例/糜秋灵//国外城市规划 1985-03
⊙旅游纪念产品结构要大胆创新/马东江//企业经济 1985-07
⊙旅游经济学/华淑华//社会科学 1985-08
⊙旅游经济与发展江西旅游业/戴建平//企业经济 1985-07
⊙旅游美学研究/郑家度//财贸经济 1985-06
⊙旅游业要跟上形势发展//中国财政 1985-02
⊙美国的国家公园与森林旅游业/赵兴华//内蒙古林业 1985-07
⊙墨西哥的旅游业/李建国//拉丁美洲研究 1985-06
⊙蓬勃发展的非洲旅游业/黄泽全//西亚非洲 1985-01
⊙浅谈甘肃旅游业的开发/谢继忠//甘肃理论学刊 1985-06
⊙浅谈旅游资源的开发和旅游饭店的兴建/唐德鹏//经济问题探索 1985-08
⊙浅谈提高我国旅游服务质量的途径/景晓春//南开经济研究 1985-01
⊙浅析兰州市旅游资源的几个特点/梁治寇//甘肃社会科学 1985-05
⊙浅议厦门旅游业的发展及存在问题/徐铠薪//福建论坛（社科教育版）1985-12
⊙山西的旅游资源/张继前//山西师大学报（社会科学版）1985-02
⊙上海旅游业发展的情况调查/施国昌//党政论坛 1985-09
⊙社会文化是重要的旅游资源/陆立德 郑本法//甘肃社会科学 1985-06
⊙世界各国重视发展森林旅游业/赵兴华//内蒙古林业 1985-02
⊙世界旅游市场的未来发展/于学谦//国际贸易 1985-05
⊙世界旅游业的发展与我国的对策/张广瑞//外国经济与管理 1985-11

◎试论旅游城市的产业结构/方民生 葛立成//浙江学刊 1985-03
◎试论西藏旅游业的优势/胡祖源//西藏研究 1985-03
◎试论信阳旅游资源及其开发利用/刘嘉言 谢谨德//河南大学学报（自然科学版）1985-02
◎试析我国旅游业的竞争策略/易昌泰//财经问题研究 1985-05
◎苏州市的经济建设与园林风景的保护/孙普峻//城市问题 1985-04
◎谈谈越南的旅游业/李君//东南亚纵横 1985-02
◎突出“奇”字 发展新疆旅游业/胡祖源//新疆社会科学 1985-03
◎我国旅游法的几项原则/杨伟民 佟小鄂//政治与法律 1985-12-27
◎西藏高原旅游业/群桑 郭礼华//瞭望 1985-35
◎西昌市以旅游业为重点的经济发展战略/张礼华 沈元瀚//财经科学 1985-05
◎新疆旅游资源及其开发问题/胡祖源//干旱区地理 1985-10-01
◎亚太地区旅游业的发展/林猷红//亚太经济 1985-02
◎依托旅游事业，带动农村经济全面发展/袁俊维//农村经济 1985-12
◎以保护促开发，以自然美取胜——发展武夷山旅游业片谈/秋实//福建论坛（社科教育版）1985-02
◎英国旅游事业与城市经济的发展/夏岩//城市问题 1985-02
◎云南风景旅游资源及建设浅议/艾定增//华中建筑 1985-04-02
◎浙江旅游业的发展战略/葛立成//财贸经济 1985-04
◎中小型旅游区经营浅议/屈友军//浙江学刊 1985-03
◎自然风景的瑰宝——张家界/何重义//建筑学报 1985-06

1986 年

◎“中国式旅游道路”试析/刘振礼//旅游学刊 1986-01
◎CVP 分析法——旅游企业经济效益分析的重要方法之一/景晓春 孟勤学//南开经济研究 1986-02
◎阿勒泰地区的旅游资源/徐金发//干旱区地理 1986-04
◎阿勒泰旅游资源开发的研究/徐金发//新疆社会科学 1986-06
◎安徽旅游经济发展战略目标预测/姚跃武//预测 1986-05
◎百尺竿头 更进一步——外国旅游业人士对我旅游工作的建议/黄山//国际展望 1986-14
◎保护、开发利用鸡足山自然生态资源发展旅游事业的探讨/杨正荣//生态经济 1986-01
◎北海市旅游业发展构想（1986 年——2000 年）/曾晔//广州市财贸管理干部学院学报 1986-02
◎北京风景资源的开发和观赏研究/陈传康 孙秀萍//城市问题 1986-01
◎北京市国内旅游市场分析/邢道隆//旅游学刊 1986-01
◎比较对云南发展旅游业的启示/陈复英//经济社会体制比较 1986-04
◎别具情趣的肯尼亚森林旅游业/赵兴华//云南林业 1986-03
◎别具一格的非洲旅游建筑/高士苓//建筑学报 1986-09
◎博物馆与旅游/布伦达·卡普斯蒂克 周燕群//中国博物馆 1986-03
◎长白山的旅游问题/赵正阶//野生动物 1986-01
◎长白山旅游资源及开发战略初探/杨青山//国土与自然资源研究 1986-03
◎长江流域旅游景观资源分布特征的探讨/汪训一 谭鹏家//中国岩溶 1986-04

◎刍议开发黄金旅游带“富春江——新安江”/陈洁行//商业经济与管理 1986-02
◎从广东旅游业现状谈旅游经济体制改革问题/罗福群//南方经济 1986-01
◎从经济特区谈旅游业的发展/李海峰//未来与发展 1986-02
◎从丽江看民族地区旅游资源的开发利用/王若//经济问题探索 1986-12
◎从深圳珠海建设谈特区旅游建筑的创作/薛诚//石家庄铁道学院学报 1986-03
◎大庸市旅游业发展战略研究/王万川//地域研究与开发 1986-02
◎导向·支柱·平衡——珠海特区旅游业与工业的发展研究/杨志和//学术研究 1986-02
◎登山旅游的发展与接待/靳建明//旅游学刊 1986-02
◎对发展三峡地区旅游业的探讨/陈国阶//经济地理 1986-04
◎发挥苏州城市功能 振兴旅游事业/孙普峻//苏州大学学报（哲学社会科学版）1986-04
◎发展北海旅游业的不同看法/陈荣//学术论坛 1986-01
◎发展桂林旅游业亟待解决的问题/蔡雄//社会科学家 1986-01
◎发展海南旅游业刍议/张纬//海南大学学报（人文社会科学版）1986-02
◎发展江西旅游业的一点建议/李宝庆//企业经济 1986-03
◎发展昆明国际旅游业之我见/杨荣刚//云南财贸学院学报 1986-03
◎发展深圳特区旅游业的若干问题/曾牧野//特区经济 1986-02
◎发展浙江旅游业道路初探/李秀泉//丽水师范专科学校学报 1986-02
◎繁荣的事业——奥地利旅游业浅析/乐缨//国际展望 1986-22
◎改革体制 建设好历史文化名城——关于发挥曲阜旅游优势的探讨/冯群力//东岳论丛 1986-01
◎赣闽两省旅游业发展状况之比较/陈荣华//企业经济 1986-11
◎谷牧考察陕西旅游业侧记/张若愚//瞭望 1986-34
◎关于发展我国旅游业的几个问题/刘志远//财经研究 1986-11
◎关于桂林市经济社会发展战略若干问题的探讨/雷华生//改革与战略 1986-01
◎关于加速旅游业开发建设的几点意见/李志中//长沙电力学院学报（自然科学版）1986-01
◎关于建设皖南旅游区的几个问题/卢村禾//地理与地理信息科学 1986-02
◎关于建设中国旅游学的构想/喻学才//湖北大学学报（哲学社会科学版）1986-05
◎关于开展成都旅游区旅游资源调研评价和开发工作的意见/张彦儒//四川地质学报 1986-02
◎广东旅游资源初探（1）/陈广万//广东园林 1986-02
◎广东旅游资源初探（2）/陈广万//广东园林 1986-03
◎广州旅游文化发展战略设想//广州市财贸管理干部学院学报 1986-04
◎贵州省旅游业发展条件初析/吴必虎//旅游学刊 1986-03
◎桂林的林业与旅游业/梁晓峰//林业经济 1986-01
◎海岸带开发在经济建设中的作用/丘乐毅 江璐明 刘军//海洋开发与管理 1986-04
◎海南经济发展战略的若干问题/黄家驹 许镇德//华南师范大学学报（社会科学版）1986-04
◎汉阳工业发展对风景旅游资源影响的遥感测定与分析/陈军 关泽群//武汉大学学报（信息科学版）1986-02
◎沪港旅游合作问题探索/刘明信//财经研究 1986-11

⊙黄山旅游市场的分析和预测/叶涛//数量经济技术经济研究 1986-02
⊙黄山市玉河旅游接待区规划方案构思/林言官 张易生 汪正章//新建筑 1986-02
⊙积极开发成都地区水资源的旅游效益/陈渭忠//资源开发与市场 1986-02
⊙积极支持以旅游业为主导的第三产业配套发展/黄伟//武汉金融 1986-08
⊙吉林松花湖风景资源评价及规划设想/戚式娵//中国园林 1986-04
⊙加快开发千岛湖旅游资源/潘仰生//商业经济与管理 1986-03
⊙加强横向联系是上海旅馆行业改革的方向/吴志宏 郑琦//旅游学刊 1986-03
⊙加强旅游业法律调整初探/高谊//法学论坛 1986-02
⊙加速开发清西陵旅游业的条件分析/孙仲明//旅游学刊 1986-03
⊙简析我国的旅游形象/邱焰美//经济问题 1986-08
⊙建立中国旅馆等级体系刍议/洪亮//南开经济研究 1986-03
⊙建设我国国际旅游中心/于英士 李赓//旅游学刊 1986-02
⊙江西的历史文化资源及其开发利用/许智范//南方文物 1986-01
⊙尽快改变桂林城市基础设施落后状况的办法/谭元星//社会科学家 1986-01
⊙开发贵州山区的先锋经济——浅谈旅游业的社会效益和经济效益/何临昌//中国农村经济 1986-08
⊙开发辽宁沿海旅游资源/魏成凯//海洋开发与管理 1986-04
⊙开发旅游资源 振兴民族经济/廖正斌//中国民族 1986-12
⊙开发旅游资源 振兴郑州经济/李秀英//地域研究与开发 1986-02
⊙肯尼亚旅游经营有方/陈岳林//国际展望 1986-20
⊙来华游客对我国旅游业的看法/郭吕//瞭望 1986-48
⊙乐山市旅游资源构成、特点及开发利用/袁俊维//资源开发与市场 1986-03
⊙连云港市旅游业的发展趋势/黎明//海洋开发与管理 1986-03
⊙林区风景资源调查区划与开发规划问题/张华龄//林业资源管理 1986-05
⊙龙胜温泉保护与开发的几点意见/韦志德//改革与战略 1986-05
⊙旅游不发达地区应以国内旅游为主/安江林//开发研究 1986-03
⊙旅游地调查法（摘译）/浅香幸雄 山村顺次 庞规荃//人文地理 1986-02
⊙旅游地理学的一些问题/H·罗宾逊 楚义芳 李晓宝//人文地理 1986-01
⊙旅游环境污染的经济损失分析及对策建议/黄士青//环境保护 1986-07
⊙旅游建设要保护好风景名胜资源和风景环境——兼论桂林兴建高层建筑问题/郑福元//中国园林 1986-03
⊙旅游经济管理人员的知识结构与学历层次剖析/北京旅游学院调研小组//旅游学刊 1986-02
⊙旅游理论界面临的新挑战/张践//旅游学刊 1986-03
⊙旅游社会学：方法、问题和研究成果/科恩 费涓洪//国外社会科学文摘 1986-04
⊙旅游体制改革刍议/郑家度//改革与战略 1986-03
⊙旅游信息搜集与旅游促销宣传/王彦峰//南开经济研究 1986-04
⊙旅游需求预测重力模型和旅行发生模型/韩德宗//预测 1986-06
⊙旅游要兴旺 美食须先行——杭州饮食业现状调查/谷幼英 高小平//商业经济与管理 1986-01
⊙旅游业的层次及其开发/孙宝存//河北学刊 1986-03
⊙旅游业发展的新势头/谭曼尼//今日中国（中文版）1986-06
⊙旅游业经营术选介/杨德昌//广州市财贸管理干部学院学报 1986-02
⊙旅游与文化/于光远//瞭望 1986-14
⊙旅游资源评价：一种实用的方法论/弗朗哥·弗·费拉里奥 张凌云 李新中//旅游学刊 1986-03
⊙略论我国的旅游环境保护/周延亭//旅游学刊 1986-01
⊙论旅游文化/俞慈韵//东疆学刊 1986-02
⊙论旅游学的研究对象/王立纲//社会科学家 1986-01
⊙论旅游业在西藏经济中的战略地位/顾效荣//西藏研究 1986-02
⊙论水利工程的旅游效益/许志方//水利经济 1986-04
⊙论岳阳市发展旅游业的条件和特点/孙云仙//长沙理工大学学报（社会科学版）1986-01
⊙漫步美国旅游纪念品市场/王鸿余//国际展望 1986-21
⊙漫话丝绸旅游品/裘愉发//丝绸 1986-03
⊙漫谈提高旅游服务质量/马东江//企业经济 1986-06
⊙猫儿山自然保护区与桂林旅游业的关系/李光照//广西科学院学报 1986-01
⊙美国旅店餐馆与旅游业管理教育特点/谭宗尧//商业经济与管理 1986-01
⊙美国人类学教授赛瑞娜撰文谈发展旅游业的好处和问题/傅庚//中国改革 1986-03
⊙南、波旅游业的经营管理和旅游价格/王利亚//外国经济与管理 1986-06
⊙农村金融如何适应旅游城市经济发展需要/李国强//广西农村金融研究 1986-04
⊙欧洲的农场旅游业/曹立三//世界农业 1986-04
⊙配套、协调与效益、潜力——从沪港旅游业比较引出的几点思考/张不知//上海企业 1986-10
⊙齐齐哈尔市的旅游资源及其开发前景/李一泉//理论观察 1986-03
⊙浅论外汇汇率对国际旅游业的影响/张凌云//旅游学刊 1986-02
⊙浅论西藏发展航空业与发展西藏旅游业的关系/梁有劳//西藏研究 1986-03
⊙浅谈旅游饭店的销售管理/罗莉//西北大学学报（哲学社会科学版）1986-04
⊙浅谈旅游业中的小包价业务/韩平//旅游学刊 1986-02
⊙浅谈我国旅游业发展对策/王谦光//财贸经济 1986-10
⊙浅谈知识旅游/何小庭//旅游学刊 1986-02
⊙浅析来陕国际旅游者的消费结构/唐德鹏//西北大学学报（哲学社会科学版）1986-02
⊙浅析旅游发展趋势与对入境旅游者的管理/马亚学//社会科学家 1986-01
⊙浅析台湾与香港的旅游业关系/李非//亚太经济 1986-04
⊙浅析闲暇旅游的产生和发展/杨贤庚//南开经济研究 1986-06
⊙区域旅游发展战略的理论和案例研究/陈传康//旅游学刊 1986-01
⊙日本旅游事业的发展/林树彬//中国水利 1986-02
⊙荣获“金苹果”奖的旅游城—苏兹达尔/阿边科 王步鸿//世界文化 1986-06
⊙如何实现由工业经济型到旅游经济型的转换/叶佩苇//社会科学家 1986-01
⊙山东聊城地区的风景旅游资源及其开发保护/陈传康//地理与地理信息科学 1986-01
⊙山西旅游发展战略之管见/李霆//经济问题 1986-05
⊙陕西国际旅游市场开发刍议/岳仁华//西北大学学报（哲学社

会科学版）1986-03
◎陕西省旅游体制改革浅探/赵小谋 余鸿志 杨炯//当代经济科学 1986-01
◎陕西省旅游业的系统分析/郭干慈//系统工程理论与实践 1986-02
◎食的吸引力略论——“食在广州”与旅游经济/陈棠//广州市财贸管理干部学院学报 1986-02
◎世界旅游市场的竞争与我国旅游业的对策/冯宗苏//人文杂志 1986-05
◎试论风景资源的择优开发——以淀山湖风景区建设为例/王家骏//经济地理 1986-03
◎试论湖南省的旅游资源及其开发利用/杨载田//经济地理 1986-02
◎试论旅游人口分布/陆立德 郑本法//甘肃社会科学 1986-06
◎试论旅游者的态度对旅游决策的影响/刘纯//旅游学刊 1986-03
◎试论我国七大重点旅游城市和地区旅游优势及其开发战略/卢云亭//地理与地理信息科学 1986-03
◎试论颐和园后山、后湖旅游风景区的开发利用/成纪峰 武琳//旅游学刊 1986-01
◎试谈旅游饭店经营管理中的经济法律关系/王健//南开经济研究 1986-03
◎适应国情 解决矛盾 迎接旅游大发展/郑家度//财贸经济 1986-10
◎苏联的旅游业与精神文明建设/赵泓//俄罗斯研究 1986-06
◎苏联旅游区域和地带发展的总方向/V. S. 普洛布雷斯基 Y. V. 维特宁//地理科学进展 1986-01
◎苏州园林风景旅游价值及其环境保护对策研究/汪嘉熙//环境科学 1986-04
◎索溪峪自然风景区及其开发/谈石城 熊绍华//经济地理 1986-01
◎谈国际旅游与国内旅游的关系/张践//旅游学刊 1986-01
◎谈杭州人文景观旅游资源的开发/仲向平//杭州师范学院学报（社会科学版）1986-03
◎谈旅游中如何欣赏山水美/卢善庆//广西社会科学 1986-03
◎谈香港的旅游业/赵栋义//长沙理工大学学报（社会科学版）1986-01
◎提高旅游业的经济效益/乔玉霞//社会科学家 1986-01
◎突尼斯旅游业的成功之道/岳岭//国际展望 1986-14
◎围绕旅游业发展杭州的商业和饮服业/尤夫 义云//商业经济与管理 1986-02
◎温州市旅游资源的特色与开发/曾立人//科技通报 1986-03
◎我国旅游饭店档次评判标准研究/刘晓光 白京生 刘晓军//旅游学刊 1986-01
◎我国旅游饭店业发展趋势与对策/冯宗苏//管理世界 1986-05
◎我国旅游业发展亟须处理好的几个关系/王谦光//企业经济 1986-12
◎无烟的黄金业——关于在市郊农场发展旅游业的前景初探/李玉忠//经营与管理 1986-02
◎武汉旅游事业发展的战略——总体规划构思/徐德宽//华中建筑 1986-04
◎西非旅游业初创时期存在的主要问题/李永奎//旅游学刊 1986-03
◎系统论在桂林市经济发展战略中运用的探讨/刘第勇//改革与战略 1986-01
◎厦门特区应以发展旅游商品工业为起点/王健//中国工业经济 1986-07
◎先秦旅游活动初探/刘德谦//旅游学刊 1986-01
◎现代旅游业的特点/乔玉霞//财贸经济 1986-06
◎香港的旅游业为什么能够迅速发展/张佐华//旅游学刊 1986-03
◎香港学联旅游部的功能/龙加林//青年探索 1986-02
◎新加坡旅游业兴旺不衰/A·马帕拉//东南亚研究 1986-03
◎燕赵山前旅游金带开发战略刍议/郭康 贾毅//地理与地理信息科学 1986-03
◎要重视旅游业在对外开放中的作用/项安明//浙江社会科学 1986-02
◎也谈国际旅游和国内旅游的关系——兼与张践同志商榷/苏爱军//旅游学刊 1986-03
◎一个旅游型小城镇的兴起——繁峙县砂河镇建设的调查/何高计 王书东//经济问题 1986-06
◎一个未来旅游城市的开发之路——试论鄂州市旅游资源的开发和利用/李明//旅游学刊 1986-03
◎伊通火山群旅游地质资源评价与利用保护/苗长青//吉林地质 1986-01
◎以有计划的商品经济为依据促进我国旅游业的发展/张汝昌//旅游学刊 1986-03
◎迎接旅游事业的大发展/王慕曾//旅游学刊 1986-01
◎岳阳旅游资源及其开发利用的初步研究/何林福 李翠娥//云梦学刊 1986-02
◎粤东客家妇女的民俗特色/杨宏海//岭南文史 1986-02
◎粤港合作发展旅游业具有广阔前景/罗福群//广东社会科学 1986-04
◎在起飞点上的我国旅游业/姬乃甫//瞭望 1986-08
◎郑州旅游资源开发利用初探/李秀英//河南大学学报（自然科学版）1986-03
◎制订发展战略要有世界进步与社会发展的眼光——就桂林市建设发展论历史文化风景名城的战略地位和历史作用/罗元铮 黄吉锡//改革与战略 1986-03
◎中国发展旅游业要有竞争意识/梅敏慧//瞭望 1986-48
◎中国旅游事业发展中的人力资源开发/李景龙//南开经济研究 1986-04
◎中外合作经营旅游业的成本核算/郑荫藻//会计之友（上）1986-02
◎中原旅游资源特征及其开发对策/杜明乾//资源开发与市场 1986-04
◎抓住这个黄金时机——我国旅游业发展纵横谈/李兴波//瞭望 1986-08

1987 年

◎“山以贤称 境缘人胜”——中国旅游文化的重人传统/喻学才//湖北大学学报（哲学社会科学版）1987-06
◎1987——泰国观光年/周欲晓//世界知识 1987-07
◎澳门与内地的旅游业关系/余绩慧//商讯商业经济文荟 1987-01
◎把敦煌建设成具有开放型经济结构的旅游县/陈传康//干旱区地理 1987-04
◎把握游客心理积极发展桂林的旅游业/邓祝仁//广西社会科学 1987-03
◎保加利亚国际旅游业的发展/周家高//俄罗斯研究 1987-04
◎北京导游队伍现状调查/孙本爱 张秀文//旅游学刊 1987-01
◎北京旅游发展战略和分区研究/陈传康//旅游学刊 1987-01
◎必须加强对旅游环境理论的研究/周延亭//旅游学刊 1987-02

⊙楚山之胜数潇湘——漫谈永州旅游业/陈小月//零陵学院学报1987-01
⊙从《服务地理学》一书看苏联疗养和旅游的发展/杨国维//地理科学进展1987-04
⊙从国际旅游发展态势看大连旅游发展战略/倪占元//辽宁师范大学学报（社会科学版）1987-04
⊙从国际旅游人口的动向看厦门旅游业的发展/庄求辉//人口学刊1987-04
⊙从一家饭店看旅游业对环境的影响——桂林市旅游业发展中值得注意的问题/王芬梅 许东楚//环境保护1987-01
⊙大力发展山区旅游业/陈池波//当代财经1987-02
⊙大力发展浙江旅游业/王邦铎//商业经济与管理1987-03
⊙东北的火山山水与火山旅游/孙文昌 韩杰 崔库//旅游学刊1987-02
⊙对发展广西旅游业的思考/郑家度//社会科学家1987-06
⊙对发展湖南旅游业的几个问题的分析和建议/朱国南//经济地理1987-04
⊙对旅游商品发展的一点看法/何冠杰//中国园林1987-02
⊙对我国边远冷线地区发展旅游业的思考/薛军//社会科学家1987-05
⊙发展北京旅游商品增加旅游业创汇能力/贾春生//旅游学刊1987-01
⊙发展广西旅游业的意义和设想/陆怀琛//广西社会科学1987-01
⊙发展旅游经济的几个问题/董辅礽//新疆社会科学1987-03
⊙发展旅游商品生产和销售是充分发挥旅游优势的必由之路/兰育生//社会科学家1987-05
⊙发展旅游业振兴民族经济（摘要）/陆怀琛//改革与战略1987-04
⊙发展神农架旅游业刍议/李乃艳//旅游学刊1987-02
⊙发展中国式旅游业的刍见/田家乐//社会科学家1987-01
⊙方兴未艾的山西旅游业/梅敏慧//瞭望1987-33
⊙风景溶洞的开发和利用/毕愚溪//广西社会科学1987-02
⊙甘肃旅游资源开发利用的几个问题/李希平//西北师范大学学报（自然科学版）1987-02
⊙甘肃省旅游资源浅析/毕小宁//兰州学刊1987-01
⊙古巴发展旅游业/居南方//国际展望1987-18
⊙关于对旅游业加强宏观控制与管理的认识/张广瑞//旅游学刊1987-03
⊙关于发展农垦展销服务和旅游业的几个问题——北京、湛江、湖北、江苏等几个农垦饭店、宾馆及展销服务楼经理座谈会纪要/胡中//中国农垦经济1987-11
⊙关于开发桂林旅游商品的思路/叶佩韦//社会科学家1987-02
⊙关于旅游地理的几个问题/楚义芳 钱小芙//经济地理1987-02
⊙关于旅游美学的几个问题/黄贯群//广西社会科学1987-02
⊙关于旅游消费的几个问题/龚晓宽//贵州社会科学1987-05
⊙关于旅游资源开发利用的若干问题——兼谈福建旅游资源的开发利用/林惠滨//福建论坛（社科教育版）1987-09
⊙关于旅游资源评价的几个基本问题/邢道隆 王玫//旅游学刊1987-03
⊙关于旅游资源区域开发的探讨/杨冠雄//旅游学刊1987-02
⊙关于严格禁止在旅游业务中私自收授回扣和收取小费的规定//中华人民共和国国务院公报1987-20
⊙广西的旅游资源初探/谢惠芹//广东园林1987-03
⊙广西国际旅游市场战略探讨/茅津//广西财经学院学报1987-02
⊙广西水库旅游事业初探/张猷//广西水利水电1987-02
⊙广州旅游饭店的竞争与北京旅游饭店业的改革/孟昭随//旅游学刊1987-01
⊙广州市旅游事业发展条件的初步评价/陈敬堂//华南师范大学学报（自然科学版）1987-01
⊙规模经济理论与发展陕西旅游业/俞小玲//西北大学学报（哲学社会科学版）1987-02
⊙贵阳市旅游地质调查及其初步研究/付子冲//贵州地质1987-01
⊙桂林的城市功能及信贷对策/扈远庆//广西农村金融研究1987-10
⊙桂林旅游业发展前景和亟待解决的问题/蔡雄//地理与地理信息科学1987-01
⊙桂林市城市功能刍议/唐光荣//社会科学家1987-06
⊙桂林市是以天然岩溶峰林景观为主 人为景观为辅的风景游览城市/朱德浩//中国岩溶1987-02
⊙国际旅游市场的回顾与展望//旅游学刊1987-02
⊙国际旅游业的新特点和新动向/魏燕慎//瞭望1987-29
⊙国际旅游者的法律地位/焦承华//旅游学刊1987-02
⊙海南旅游工艺美术纪念品开发初探/王广生//海南大学学报（人文社会科学版）1987-01
⊙海南旅游资源开发的战略思考/黄家驹 张向阳//国际贸易1987-07
⊙合理开发海岛的旅游资源/盛显纯//海岸工程1987-02
⊙横断山地区的旅游资源及其开发利用/郑远昌 高生淮//资源开发与市场1987-01
⊙湖北旅游业发展浅议/李家声//江汉大学学报（社会科学版）1987-01
⊙湖北省国际旅游发展战略研究/《湖北省对外经济贸易发展战略研究》课题组//湖北社会科学1987-12
⊙湖南省衡山的旅游资源及其开发利用初探/刘惕之 杨载田//经济地理1987-01
⊙积极开发民族旅游商品/贾光杰//中国民族1987-12
⊙集资开发晋阳湖旅游区的设想/李冠煌 徐东明//山西财经大学学报1987-S1
⊙简论旅游饭店管理人才的素质与培养/钱忠//社会科学家1987-01
⊙建立武汉市旅游网络初探/李乃艳 陈御生//经济地理1987-02
⊙江西旅游业发展的战略思考/邹敏才//求实1987-05
⊙焦作市风景名胜资源及其开发利用/张效诚 顾函//地域研究与开发1987-04
⊙近年来旅游业对罗瓦林夏尔巴人社会经济的影响/贾尼斯·萨切勒//世界民族1987-05
⊙京西“三环”旅游线路探索/杨晓国//经济问题1987-08
⊙静海县旅游业发展战略构思/徐华鑫//天津社会科学1987-06
⊙镜泊湖旅游资源开发中急待解决的几个问题/刘福恕 葛岩等//国土与自然资源研究1987-04
⊙九宫山地区旅游资源及开发前景/周燕 曾汉珠//咸宁学院学报1987-S1
⊙开发贵州旅游业的东西线之争及线点利弊对比/段春林//贵州社会科学1987-03
⊙开发井冈山旅游业初探/陈启鸿//企业经济1987-03
⊙开发科技旅游业的构思/李喜岷//科技进步与对策1987-03
⊙开发旅游资源 振兴九江经济/王宪章//九江师专学报1987-04
⊙开发新疆喀什旅游纪念品生产大有可为/刘礼诚//中国集体经济1987-06
⊙开发烟台旅游资源刍议/张景芬//地理与地理信息科学1987-03

◎开拓南疆旅游业刍议/毛宝弟//新疆社会科学 1987-04
◎科特迪瓦重视发展旅游业/毛雪良//瞭望 1987-29
◎昆明旅游业发展刍议/虞桦//经济问题探索 1987-03
◎来华旅游者抽样调查资料/张伯昊//中国统计 1987-01
◎崂山风景区旅游服务点规划/张金明//中国园林 1987-02
◎老区发展旅游工艺品生产大有可为/张炳高//老区建设 1987-Z1
◎历史考察旅游纵横谈/吴仁安//西北大学学报（哲学社会科学版）1987-02
◎利用外资建设旅游饭店问题浅析/朱一兵 苏国//宏观经济研究 1987-08
◎联合发展旅游重兴“丝绸之路”/唐德鹏//开发研究 1987-02
◎陇海—兰新线旅游发展前景及对策/朱玉槐 张辉//人文杂志 1987-04
◎旅游冲击波与热点旅游管理/王亚东//旅游学刊 1987-03
◎旅游瓷设计浅论/冯绍华//中国陶瓷 1987-06
◎旅游地理学：过程、成果和展望/S. 史密斯 邓地//地理科学进展 1987-04
◎旅游地理学的理论和方法基础/И. И. 皮罗日尼科夫 邹凤其 跃辉//地理科学进展 1987-02
◎旅游动机研究与旅游发展决策/岳祚茀//旅游学刊 1987-03
◎旅游饭店上水平思考/傅林生 罗智扬//南开经济研究 1987-04
◎旅游饭店中的公共关系/许建明 许义婷//旅游学刊 1987-01
◎旅游风光片的新尝试/马力//当代电视 1987-05
◎旅游观光城市的公共标识/罗德启//时代建筑 1987-02
◎旅游类型的划分及发展趋势/韦章尧//社会科学家 1987-01
◎旅游美学浅论/许共城//社会科学家 1987-01
◎旅游牵头 繁荣承德/肖云//领导之友 1987-01
◎旅游商品理论讨论会纪要//社会科学家 1987-05
◎旅游设施建设是取得旅游效益的必要条件/陈洁行//商业经济与管理 1987-01
◎旅游问题纵横谈/陆立德 郑本法//甘肃社会科学 1987-05
◎旅游岩石资源—石景/罗正富//四川地质学报 1987-01
◎旅游业的服务与管理/陈乃新//广州市财贸管理干部学院学报 1987-02
◎旅游业的投入产出分析/全惟幸//外国经济与管理 1987-08
◎旅游业系统自组织/周曼殊//农业系统科学与综合研究 1987-04
◎旅游业与地区经济发展——以湘西土家族苗族自治州为例/刘振礼//经济地理 1987-03
◎旅游业与气候/戴松年//旅游学刊 1987-02
◎旅游业在南京社会经济发展中的意义与作用/何腾高//地理与地理信息科学 1987-04
◎旅游业在南斯拉夫/鲍世奋//国际展望 1987-17
◎旅游战略规划研究中的几个理论问题/蔡万坤//旅游学刊 1987-02
◎旅游者行为研究/保继刚//社会科学家 1987-06
◎旅游资源开发条件评价/杨森林//科学经济社会 1987-02
◎略论国际旅游市场战略问题/廖日裕//广西社会科学 1987-04
◎略论旅游经济管理人才的优化教育/周达人//华侨大学学报（哲学社会科学版）1987-02
◎略谈提高旅游业的经济效益/来宛仙//商业经济与管理 1987-02
◎略谈浙江旅游业发展的经营思想/傅祖熙//商业经济与管理 1987-01
◎论番禺县旅游资源及其开发/陈广万//广东园林 1987-03
◎论风景资源开发次序的确定——以我国六处拟开发海滨旅游区为例/王家骏//社会科学家 1987-06
◎论杭州旅游资源开发前景/奚柳芳//地域研究与开发 1987-03
◎论旅游景观/吴必虎//社会科学家 1987-04
◎论旅游资源分类及分级/艾万钰//旅游学刊 1987-03
◎论四川旅游资源的开发与利用/陈国阶//财经科学 1987-03
◎论我国国内旅游业/王松交//财贸经济 1987-08
◎论我国旅游业的宏观管理规则/何建民//管理世界 1987-04
◎论西安的古都风貌与保护/吴祖宜//长安大学学报（建筑与环境科学版）1987-01
◎论现代旅游/于学谦//旅游学刊 1987-02
◎洛阳旅游开发刍议/刘建新 程杰//决策探索 1987-04
◎摩洛哥的旅游业/张迈进//国际商务研究 1987-06
◎内江市旅游业开发及对策/苏明武//内江师范学院学报 1987-01
◎欧洲旅游业的喜与愁/晓唐//国际展望 1987-19
◎千岛湖旅游资源概述/洪煊//杭州师范学院学报（社会科学版）1987-03
◎浅论厦门特区旅游业/冯忠义//特区经济 1987-01
◎浅谈发展桂林旅游商品生产/扈远庆//广西农村金融研究 1987-09
◎浅议广东旅游业发展的特点/罗福群//商讯商业经济文荟 1987-02
◎切实解决发展桂林旅游经济的投资问题/庄昭建//社会科学家 1987-01
◎认识国内旅游特征制定合理发展措施/谢长淮//旅游学刊 1987-01
◎日本旅游地诊断中的调查方法与经济波及效果分析/桑春//现代日本经济 1987-04
◎三峡工程对自然风光与文化古迹的影响评价/陈国阶//重庆环境科学 1987-04
◎森林风景资源的开发利用——兼谈国营林场发展森林旅游业/汪祖辉//江苏林业科技 1987-04
◎森林旅游的价值评价/李裕国//林业资源管理 1987-02
◎森林旅游效益的计量与评价——兼谈天童森林公园的旅游效益/戴俊强//浙江林业科技 1987-01
◎汕头市游客市场开发和旅游活动的组织/王玫//旅游学刊 1987-01
◎上海旅游发展战略研究/上海旅游发展战略研究课题组//上海社会科学院学术季刊 1987-03
◎世界旅游市场及其发展趋势/李朝//西北大学学报（哲学社会科学版）1987-04
◎试论地质旅游资源评价原则及旅游地质图件类型/陈克强 郑恒有//中国地质 1987-07
◎试论风景区划——以湖南省为例/翟辅东//经济地理 1987-01
◎试论国际旅游业在发展中国家的发展/赵坚//世界经济 1987-01
◎试论湖南旅游资源的择优开发/周跃云//湖南师范大学社会科学学报 1987-06
◎试论旅游不发达地区旅游业发展道路/侯学东//西北大学学报（哲学社会科学版）1987-04
◎试论旅游动机的多源性/刘纯//心理科学 1987-05
◎试论旅游饭店部门协调/丁学进//社会科学家 1987-03
◎试论旅游饭店餐务管理/袁启忠//旅游学刊 1987-02
◎试论旅游交通的几个问题/王凌云//南开经济研究 1987-06
◎试论旅游文化对旅游业的影响/徐慧//学术论坛 1987-03
◎试论旅游业的横向联合问题/刘志江//旅游学刊 1987-02
◎试论旅游业的稳步发展/钟禄俊 晓扬//四川大学学报（哲学社会科学版）1987-02

⊙试论旅游资源的开发和保护/陈荣//西北大学学报（哲学社会科学版）1987-03
⊙试论四川旅游资源及其开发利用/田野//旅游学刊 1987-02
⊙试论西安市的旅游资源与环境保护/沈景文//资源开发与市场 1987-01
⊙试论西安中心区旅游资源开发利用中的几个问题/王满厚//地域研究与开发 1987-03
⊙试论厦门成为旅游热点的可能性与现实性/严向群//旅游学刊 1987-03
⊙试论现阶段我国国际旅游业和国内旅游业的关系/叶菊英//浙江社会科学 1987-06
⊙试谈旅游与文化的关系/郑克兴//福建论坛（社科教育版）1987-12
⊙台湾观光农园得失分析及其发展趋向/林更生//台湾农业探索 1988-02
⊙台湾省的观光农业/陈裕鹏//世界农业 1987-12
⊙泰国的旅游业/康达君//东南亚纵横 1987-01
⊙泰国的旅游业/李滋仁//南洋问题研究 1987-02
⊙泰国是如何发展旅游业的/翁琳//东南亚研究 1987-04
⊙谈谈旅游业的经营管理和服务质量问题/郑家度//广西社会科学 1987-01
⊙谈谈神农架旅游资源开发问题/李乃艳 陈御生//湖北大学学报（哲学社会科学版）1987-06
⊙谈吴山风景区的旅游资源及其开发/何如旦//杭州师范学院学报（社会科学版）1987-03
⊙谈增强旅游吸引力/徐惠蓉//经济问题探索 1987-06
⊙探索香港旅游业的成功之道/沈玉清//西北大学学报（哲学社会科学版）1987-04
⊙突尼斯旅游业一瞥/陆应飞//阿拉伯世界 1987-04
⊙吐鲁沟景观资源开发利用的构想/唐少卿 王丽丽//兰州学刊 1987-03
⊙为搞好旅游地质工作而努力/殷维翰//地质通报 1987-01
⊙温冷线旅游业继续深化经济改革战略问题思考/车英林//旅游学刊 1987-02
⊙文化与旅游/彭林森//企业经济 1987-07
⊙我国高档旅游宾馆出现过剩应加强管理/蒙泽群//武汉金融 1987-03
⊙我国旅游管理体制改革的理论和实践/于英士//旅游学刊 1987-02
⊙我国旅游就业初步分析/冯宗苏//湖北社会科学 1987-05
⊙我国旅游业的发展特征和道路/刘显斌//西南师范大学学报（人文社会科学版）1987-S1
⊙我国旅游业发展战略初探/易昌泰//南方经济 1987-01
⊙我国旅游业在日本国客源市场中占有率状况/杨平林//财贸经济 1987-02
⊙我国森林旅游业概况/韩惠正//林业科技开发 1987-01
⊙我国重点旅游城市发展战略构想/黄筱传//投资研究 1987-04
⊙西藏旅游业近况简介/涂伯祥//西藏研究 1987-03
⊙西湖风景名胜区的保护、规划和建设刍议/施奠东//商业经济与管理 1987-02
⊙新加坡开发会议性质的旅游业务/靳施//国际商务研究 1987-05
⊙新兴的水下观光旅游业/马继安//海洋开发与管理 1988-02
⊙休假地规划和开发应考虑的主要问题（摘译）/朱卓仁 刘振礼 朱锡炎//旅游学刊 1987-02
⊙延庆旅游资源开发战略与实施方案构想/郭来喜//地理与地理信息科学 1987-02
⊙以区域旅游为主的接待方式将成为我国旅游接待的主体/唐德鹏 赵峰//浙江学刊 1987-04
⊙因地出奇独步天上——试论开发黄石旅游业的方针兼与罗继业等同志商榷/万弓//黄石教育学院学报 1987-01
⊙英国旅游业的现状及其发展/张广瑞//外国经济与管理 1987-02
⊙永济县旅游资源的基础与发展优势/裴洁//经济问题 1987-12
⊙约旦旅游业纵横谈/程永宁//阿拉伯世界 1987-04
⊙云南省 1986 年对外经济和旅游业取得新进展/云才//云南财贸学院学报 1987-02
⊙在旅游的发展与研究中的两个值得注意的问题/张广瑞//财贸经济 1987-08
⊙浙江旅游资源开发浅议/杨森林//商业经济与管理 1987-04
⊙正确处理我国国内旅游与国际旅游的关系/朱玉槐//西北大学学报（哲学社会科学版）1987-03
⊙中国居民的旅游：发展中的但尚不发达的消费格局/冯宗苏//西北大学学报（哲学社会科学版）1987-04
⊙中国旅游业发展战略初探/魏小安//旅游学刊 1987-01
⊙中心地方论在旅游资源开发中的应用——大西南旅游资源开发设想/陈吉环//旅游学刊 1987-02

1988 年

⊙“旅游开发价值”的模糊决策模型/罗崇澍 徐金发//人文地理 1988-02
⊙“神农”异彩放今朝——神农架林区旅游规划刍议/冷奄//华中建筑 1988-02
⊙“天堂”游客知多少/赵宁//中国统计 1988-08
⊙《北京旅游发展战略》序——现代旅游业研究发微/陈元//旅游学刊 1988-02
⊙保护旅游资源迫在眉睫/柴宗新//资源开发与市场 1988-02
⊙不必把注意力放在建设旅游中心上——发展大理旅游业刍议/董越//大理学院学报 1988-01
⊙承德丹霞地貌及其旅游资源的开发与利用/赵佩心//地域研究与开发 1988-03
⊙从大气环境规划单方面确定旅游环境容量的方法简介/李时蓓 张菁//环境科学研究 1988-02
⊙从旅游地理角度看京津冀旅游协作的重要性/郭康//河北省科学院学报 1988-02
⊙从新安江水库的旅游业发展看大型水库的综合利用/粟运华//华东电力 1988-05
⊙大力发展信用卡业务提高旅游业综合服务经济效益/蒙泽群//旅游学刊 1988-02
⊙大连旅游发展战略若干问题思考/姜楠//财经问题研究 1988-03
⊙东盟国家旅游资源的特点及开发利用/朱振明//东南亚 1988-02
⊙度假村区位探讨/王家骏//旅游学刊 1988-01
⊙对旅游业改革与发展的若干思考/葛立成//浙江学刊 1988-02
⊙对我国旅游业若干问题的再思考/朱葆琛//旅游学刊 1988-03
⊙发展地方旅游培养业务骨干——首届全国农民旅游业管理干部学习班圆满结业/关欣为//旅游学刊 1988-04
⊙发展广东旅游业应重视水景资源的开发利用/陈政勇//广州市财贸管理干部学院学报 1988-02
⊙发展海南旅游业之我见/吴长芳//科技进步与对策 1988-03
⊙发展开放式森林旅游业/王恩元//中国林副特产 1988-01
⊙发展旅游商品刍议/袁绍荣//当代财经 1988-10

⊙发展旅游业 增加外汇收入//科技进步与对策 1988-06
⊙发展旅游业应注意的两个问题/陈纲//瞭望 1988-30
⊙发展民族风情旅游大有作为/钟明喜//经济问题探索 1988-12
⊙发展我国独具特色的旅游事业/余训言//经济问题 1988-05
⊙发展我国森林旅游业的探讨/林承惠//林业实用技术 1988-05
⊙发展专项旅游促进上海向外向型经济转变/张包镐//旅游学刊 1988-02
⊙发展专项旅游的福建旅游资源优势/郑克兴//旅游学刊 1988-04
⊙番禺横档岛旅游区规划构想/邓其生 陈广万 叶志//广东园林 1988-03
⊙浮戏山旅游资源开发初探/张凌云 李天元 甘朝有//地域研究与开发 1988-04
⊙改革赋予旅游教育以强大的生命力/桂智贞//旅游学刊 1988-03
⊙格尔木的旅游资源及开发利用/李全举//柴达木开发研究 1988-02
⊙各类游客在夏威夷的相对经济贡献（续）/Juanita Liu 王国堂//旅游学刊 1988-02
⊙各类游客在夏威夷的相对经济贡献/Juanita Liu 王国堂//旅游学刊 1988-01
⊙关于福建旅游发展主攻方向和重点之我见/陈及霖//旅游学刊 1988-04
⊙关于吉林省旅游经济发展战略问题的探讨/高群//经济纵横 1988-09
⊙关于建立健全旅游业统计指标体系探讨/崔连城//财经问题研究 1988-11
⊙关于进一步开发黄帝陵旅游区之我见/官浩兴//人文杂志 1988-06
⊙关于旅游地学若干理论名词概念的探讨/马恒玮//旅游学刊 1988-S1
⊙关于旅游地学资源分类原则的探讨/刘澂勤//旅游学刊 1988-S1
⊙关于旅游业影响之研究/杜炜//旅游学刊 1988-04
⊙关于旅游资源评价的几个基本问题/邢道隆 王玫//人文地理 1988-02
⊙关于穗港澳旅游"金三角"的构想（上）/陈广万//广东园林 1988-01
⊙关于穗港澳旅游"金三角"的构想（下）/陈广万//广东园林 1988-02
⊙关于我国旅游饭店投资失控问题的思考/张凌云//旅游学刊 1988-04
⊙广东旅游发展战略研究/陈广万//旅游学刊 1988-S1
⊙广西国际旅游业的回顾与展望/廖日裕//社会科学家 1988-04
⊙广西旅游资源分区开发的构想/秦权人//旅游学刊 1988-S1
⊙广州旅游业的形势与对策/屈志洲//广州市财贸管理干部学院学报 1988-02
⊙贵州旅游资源及其开发/邓佑先//经济地理 1988-04
⊙贵州省旅游资源及其开发利用研究/李永福//地理与地理信息科学 1988-02
⊙国际经济发展进程中的若干机遇与中国旅游业/李东岗//旅游学刊 1988-02
⊙国际旅游经营商的法律责任/贾炜//旅游学刊 1988-02
⊙海南岛的资源及其合理利用问题的探讨/徐美娟 方如康//资源科学 1988-03
⊙海南旅游业经济效益问题/陈烈 邢文坚//中山大学学报论丛 1988-02
⊙杭州古代旅游业发展历程探索/林聿//商业经济与管理 1988-01
⊙黄山国内游客流量预测/陆林//安徽师范大学学报（自然科学版）1988-03
⊙黄土高原地区自然旅游资源及其开发设想/张继前//旅游学刊 1988-S1
⊙积极发展量力而行稳步前进——对旅游业发展现状的一些思考/雷军//旅游学刊 1988-01
⊙吉林省通化-集安区旅游资源的开发与利用/韩杰//东北师大学报（自然科学版）1988-04
⊙集团化——中国旅行社系统巩固和发展的必由之路——兼谈中旅系统集团化构想/雷军//旅游学刊 1988-04
⊙加强风景区统一管理刻不容缓——峨眉山旅游市场调查纪实/王一岷 王晓梅//旅游学刊 1988-04
⊙加强管理促进旅游事业的发展/毛信萃//中国经贸导刊 1988-23
⊙简论国际旅游发展模式与发展趋势/俞小玲 畅士家//甘肃社会科学 1988-05
⊙解放思想 发展粤北现代旅游/陈传康//旅游学刊 1988-S1
⊙京津冀地区旅游发展趋势探讨/李登科//旅游学刊 1988-02
⊙经互会成员国国际旅游业的发展/卡苏莫夫//俄罗斯研究 1988-Z1
⊙井冈山风景名胜区总体规划的构思与布局/朱观海//建筑学报 1988-07
⊙九峰山风景区的动物资源及其在旅游业上的意义/丁瑞华//资源开发与市场 1988-03
⊙喀什旅游资源及其开发利用/贺霖//干旱区地理 1988-03
⊙开发武陵源旅游资源战略初探/全华山//国土与自然资源研究 1988-04
⊙历史文化名城与旅游/郭子昇//旅游学刊 1988-02
⊙利用外资建设旅游饭店问题浅析/朱一兵 苏国//宏观经济研究 1988-08
⊙零陵地区旅游资源考察报告/蒋诗堂//零陵学院学报 1988-04
⊙鲁中南地区喀斯特洞穴旅游资源的初步评价/赵建//中国岩溶 1988-02
⊙旅游的度量/H·罗宾逊 保继刚//社会科学家 1988-03
⊙旅游地地区交通经济的定量分析/张凌云//南开经济研究 1988-06
⊙旅游地理学与旅游业/陈传康//旅游学刊 1988-03
⊙旅游地学的诞生及其面临的任务——为《旅游学刊·旅游地学专辑》而作/陈安泽//旅游学刊 1988-S1
⊙旅游地学概论/张和纬//旅游学刊 1988-S1
⊙旅游地学论文集粹/陈诗才 张继前等//旅游学刊 1988-03
⊙旅游地学一些基本理论问题初探/徐君亮//旅游学刊 1988-S1
⊙旅游地学一些基本理论问题的初步研究/徐君亮 郑良文//地理与地理信息科学 1988-04
⊙旅游地学中有关"美学"问题及"旅游地学图"的编制/洪昌松 王琪//旅游学刊 1988-S1
⊙旅游地学资源究竟是什么资源/陈诗才//旅游学刊 1988-S1
⊙旅游公路的文化建设/巫东浩//城市问题 1988-04
⊙旅游管理体制改革的系统工程原理/陈仙波//商业经济与管理 1988-01
⊙旅游见闻选萃/王梅影//广州市财贸管理干部学院学报 1988-02
⊙旅游景观资源的分类及其归属—兼与汪训一、谭鹏家二位商榷/何京生//中国岩溶 1988-02
⊙旅游客源中短期季节预测模型/许杰锋//管理工程学报 1988-Z1
⊙旅游流空间分布模型：普洛格理论在定量研究中的推广/张凌云//地域研究与开发 1988-03

⊙旅游年末话旅游——记北京大学地理系教授陈传康/张智楚 施迅//瞭望 1988-52
⊙旅游企业与顾客冲突的产生及对策/叶培//旅游学刊 1988-02
⊙旅游社会问题初探/周国兵//社会科学家 1988-03
⊙旅游史话又二题/何小庭//旅游学刊 1988-04
⊙旅游事业与经济发展/乐游//江苏经贸职业技术学院学报 1988-03
⊙旅游狩猎业规划/杨晶//华东森林经理 1988-01
⊙旅游系统的开放性及其实践意义/刘志江//广州市财贸管理干部学院学报 1988-02
⊙旅游宣传的一些基本观念——在全国旅游局长研讨班上的发言/李海瑞//旅游学刊 1988-01
⊙旅游业乘数效应的几个问题/张凌云//南开经济研究 1988-03
⊙旅游业档案的形成及其管理/谢长荣//档案时空 1988-04
⊙旅游业发展战略和规划的研究/于英士//地理与地理信息科学 1988-03
⊙旅游业利用外资问题/夏贵军//经济地理 1988-01
⊙旅游业——农垦外向型经济的新兴事业/贾大明//中国农垦经济 1988-07
⊙旅游用地分类和评价的科学及应用问题/K. B. Зворыкин 赵抱力//地理科学进展 1988-04
⊙旅游与保险/焦承华//旅游学刊 1988-02
⊙旅游者的行为研究及其实践意义/陈健昌 保继刚//地理研究 1988-03
⊙旅游中欣赏山水美与欣赏社会美之异同/卢善庆//广西社会科学 1988-02
⊙旅游资源定量评价初探/保继刚//干旱区地理 1988-03
⊙旅游资源和旅游景观概念浅析/王清廉//旅游学刊 1988-S1
⊙略论宏观旅游管理/孟一波//湖北社会科学 1988-04
⊙略论旅游者的投诉心理及对策/刘纯//旅游学刊 1988-04
⊙略论云南森林风景资源及其开发/刘德隅//林业调查规划 1988-02
⊙论城市风景旅游区生态经济系统/马传栋//社会科学家 1988-05
⊙论导游的心理品质及其对旅游者行为的影响/刘纯//社会科学家 1988-01
⊙论国际旅游市场结构的变化趋向/杨森林//商业经济与管理 1988-03
⊙论旅游商品/周达人//旅游学刊 1988-01
⊙论旅游业在扬州社会经济发展中的作用/徐桂卿//扬州大学学报（人文社会科学版）1988-04
⊙论旅游业中的科学技术/杨汉奎//贵州环保科技 1988-01
⊙论旅游最低保护价/郑东 谢迪辉//社会科学家 1988-06
⊙论名山的特性、类别和旅游功能/卢云亭//旅游学刊 1988-S1
⊙论我国旅游资源开发条件的地域性/牛亚菲//人文地理 1988-01
⊙论五台山旅游后的返程线路经营/杨晓国//五台山研究 1988-01
⊙论浙江省旅游资源开发利用战略/周复多//旅游学刊 1988-S1
⊙洛阳旅游资源的开发利用/王铎 魏伟//地域研究与开发 1988-04
⊙马耳他旅游业的最新趋势/D. G. 洛克哈特 关化//地理科学进展 1988-02
⊙美国扬长避短 积极发展旅游/严向群//外国经济与管理 1988-05
⊙美国政府对国际旅游的政策（摘译）/刘伟 吴雅丽//旅游学刊 1988-01
⊙美景招来天下客——广西旅游业蓬勃发展/陆汉魁//中国民族 1988-12
⊙明天的旅游业/木子 陈秋//未来与发展 1988-01
⊙南四湖旅游区的开发设想/张义丰//治淮 1988-03
⊙农垦商贸旅游业发展问题研讨会纪要//中国农垦经济 1988-07
⊙努力提高旅游业的宏观经济效益/何礼荪//旅游学刊 1988-03
⊙黔东南旅游资源开发探讨/保继刚 戴金荣//贵州社会科学 1988-01
⊙浅谈北海旅游/孙剑秋//改革与战略 1988-03
⊙浅谈杭州旅游环境建设/冷晓//商业经济与管理 1988-04
⊙浅析江西旅游经济发展的对策/陈英姿//南昌大学学报（人文社会科学版）1988-02
⊙青藏公路沿线旅游资源调查与开发利用问题刍议/张忠孝 赵维张 曹风荣//青海社会科学 1988-04
⊙青海湖旅游区的开发研究/张忠孝 杨昭辉//青海师范大学学报（自然科学版）1988-04
⊙区域旅游发展战略理论初探/保继刚 唐新民//云南社会科学 1988-05
⊙让神秘感永不消失——上海经济区发展国际旅游的启迪/刘公武 肖达政//瞭望 1988-18
⊙如何认识森林旅游与自然保护的关系/张建列 刘杰//野生动物 1988-05
⊙三亚地区旅游业发展管见/周家慧//广东技术师范学院学报 1988-01
⊙陕西旅游资源开发战略与旅游区建设/许惠芳//西北大学学报（哲学社会科学版）1988-02
⊙上海旅游旅馆的发展与趋势/张皆正//时代建筑 1988-02
⊙韶山革命纪念地和风景名胜区建设刍议/卢道湖//经济地理 1988-02
⊙深圳旅游经营战略目标的合理选择/严观//特区经济 1988-Z1
⊙世界国际旅游业未来发展趋势的展望/张广瑞//旅游学刊 1988-02
⊙试论国内旅游发展趋势和对策/瞿宜兴//商业经济与管理 1988-04
⊙试论旅游管理学的研究对象/王立纲//旅游学刊 1988-03
⊙试论旅游商品质量结构在旅游业发展中的作用/鲁开垠//社会科学家 1988-05
⊙试论旅游业的不确定性——兼论旅游体制改革基本思路/王强//社会科学家 1988-01
⊙试论旅游业的经济特性及其在我国的发展/黄辉实//社会科学家 1988-03
⊙试论旅游优势是发展大庸经济的最大优势/田贵君//旅游学刊 1988-03
⊙试论旅游与旅游城市的功能和建设/陈洁行//商业经济与管理 1988-02
⊙试论旅游资源开发规划/杨冠雄//旅游学刊 1988-S1
⊙试论马蹄寺石窟群的历史地位和艺术价值——兼论修复与发展旅游业/张浩廉//河西学院学报 1988-01
⊙试论排队论在旅游业中的应用——兼析餐厅服务员的最优配置/张凌云//社会科学家 1988-01
⊙试论听觉旅游资源的开发和利用/叶岱夫//旅游学刊 1988-04
⊙试析旅游点的选点与开发/唐德鹏//社会科学家 1988-02
⊙适应外向型经济需要 建立旅行社经营管理运行新机制/王大悟 谭德辉 黄太年 全惟幸//旅游学刊 1988-04
⊙适应形势需要 培养善于实践的旅游专门人才/何岩 张跃//旅游学刊 1988-02
⊙四川旅游资源开发优势、存在问题及对策/刘兴诗//资源开发与市场 1988-04

- 四川少数民族地区旅游资源的开发/杨健吾//财经科学 1988-09
- 四位旅游城市负责人呼吁：把旅游业纳入外向型经济轨道/梅敏慧//瞭望 1988-26
- 谈发展农工业、旅游业的某些生态经济学观点/侯学煜//生态经济 1988-01
- 探讨旅游活动规律创造旅游发展的积极平衡/岳祚茀//旅游学刊 1988-03
- 腾龙洞风景区旅游资源评介/张肇锐//湖北民族学院学报（哲学社会科学版）1988-01
- 提高陕西旅游经济效益的几点设想/王祥瑞//理论导刊 1988-02
- 体育与旅游业/龚顺树//体育博览 1988-05
- 我国高等旅游教育的现状和改革刍议/王景荣//旅游学刊 1988-02
- 我国国际旅游业发展的市场背景、基础条件、所处阶段和主要思路/邱毅勇//旅游学刊 1988-01
- 我国旅游的文化特色/谢鹤林//旅游学刊 1988-03
- 我国旅游地理学的发展/杨冠雄//人文地理 1988-01
- 我国旅游湖泊开发的宏观决策/王家骏//地理与地理信息科学 1988-01
- 我国旅游交通的现状、问题及对策/俞新 张跃 何岩//旅游学刊 1988-03
- 我国旅游事业发展中的潜在险情及对策/朱一兵 饶权//宏观经济研究 1988-07
- 武汉市旅游地貌资源特征/吕秀兰 刘昌茂//华中师范大学学报（自然科学版）1988-04
- 武陵源自然景观资源特征和成因分析/刘金山//旅游学刊 1988-S1
- 西安地区旅游资源分区与旅游业发展刍议/李占昌//唐都学刊 1988-04
- 西北地区旅游客源市场战略探讨/唐德鹏//西北大学学报（哲学社会科学版）1988-04
- 西北地区旅游资源开发的战略与对策/申培德//社科纵横 1988-03
- 现代旅游的结构和特点/庞规荃//旅游学刊 1988-S1
- 香港旅游市场和价格/胡邦定 王良 王华//价格理论与实践 1988-03
- 湘西猛峒河旅游资源开发/全华//经济地理 1988-02
- 湘西武陵山区的旅游资源及其开发利用/刘惕之 刘正德//衡阳师范学院学报 1988-01
- 新加坡——一个新的世界旅游王国/李彬诚//外国经济与管理 1988-05
- 新疆的又一颗旅游风景明珠——乌鲁木齐南山风景区/徐金发//旅游学刊 1988-S1
- 新兴的水下观光旅游业/马继安//海洋开发与管理 1988-02
- 徐霞客对自然旅游资源的考察研究/徐建春//浙江学刊 1988-02
- 迅速发展的首都旅游业/党祖义//前线 1988-12
- 扬州的独特个性及其发展旅游业的潜在优势/韦培春//江苏社会科学 1988-01
- 扬州市旅游资源开发利用学术讨论会纪要//江苏社会科学 1988-05
- 扬州瘦西湖景观的特点与旅游开发的初步设想/殷勤//中国园林 1988-02
- 一颗“旅游新星”进入轨道/沈祖润 纪成助//瞭望 1988-02
- 以旅游为主对漓江进行梯级开发/谭树国//人民珠江 1988-06
- 引力模型在旅游地理学中的应用/Stephen Smith 张凌云 李新中//地理科学进展 1988-03
- 应当重视对闲暇问题的研究/熊盛文//江西社会科学 1988-03
- 应重视对广西民族旅游资源的开发/陆怀琛//社会科学家 1988-03
- 优化我国国际旅游价格的探索/严向群//价格理论与实践 1988-11
- 在旅游供给计划中旅游营销活动的协调/奥格尼恩·巴基奇 张广瑞 杨冬松//旅游学刊 1988-04
- 在深化改革中办好供销合作社旅游业/钱大钧//商业经济与管理 1988-02
- 张家界旅游区地貌构景作用的特殊性/周华山//河南大学学报（自然科学版）1988-03
- 浙江旅游业的开拓和发展/王邦铎//商业经济与管理 1988-03
- 浙江普陀朱家尖海岛旅游气候资源的分析和评价/方龙龙 刘际松//浙江气象 1988-02
- 正确处理好发展福建旅游业的几个关系/南江//旅游学刊 1988-04
- 政府之手——试论中国旅游管理体制的改革/林洪岱//旅游学刊 1988-03
- 中国国内旅游的一翼——会议旅游/林洪岱//旅游学刊 1988-01
- 中国旅游管理体制改革思考/王大悟//上海社会科学院学术季刊 1988-01
- 中国旅游史话二题/何小庭//旅游学刊 1988-03
- 中国旅游业进一发展的思路/何秀贤//淮阴师范学院学报（哲学社会科学版）1988-03
- 珠江三角洲旅游大三角区的开发条件和广东旅游区布局/陈国强 雷强//南方经济 1988-06
- 注重八闽特色 迅速发展福建旅游业/李治莹//旅游学刊 1988-02
- 抓住有利时机 开辟海南市场/张玲//经济问题 1988-07
- 自然保护区森林旅游业的系统规划/莫景林//林业调查规划 1988-04
- 综合性的旅游组织形式——度假村/白世慧//旅游学刊 1988-01

1989 年

- 澳大利亚旅游业及澳中旅游/Clem Tisdell 温洁//南开经济研究 1989-04
- 保加利亚旅游业的发展/刘金福//俄罗斯研究 1989-01
- 北京国际旅游年的启示/卢兵//旅游学刊 1989-01
- 产业关联：有待释放的潜在功能——中国旅游产业的现实思考/李赓//旅游学刊 1989-02
- 昌平旅游事业大有可为/史静贤//前线 1989-09
- 城乡规划·园林建筑及绿化—首届山水文化与旅游景观开发研讨会综述/喻学才//华中建筑 1989-04
- 充分发挥旅游职能部门作用，积极推行旅游全行业管理——南岳衡山旅游全行业管理调查报告/刘汉洪//旅游学刊 1989-04
- 充分利用亚运会良好契机促进北京市旅游业的发展/王仕平//旅游学刊 1989-01
- 从杭州看中国的旅游业/楼达人//群言 1989-09
- 从我国旅游收入的构成看我国旅游业发展亟待解决的问题/龚水林//社会科学家 1989-01
- 大西南旅游业发展刍议/甘巧林//云南财贸大学学报 1989-04
- 地震的旅游评价研究/刘嘉言//信阳师范学院学报（自然科学版）1989-03
- 调整、协调、发展：旅游—民航协同发展的思考与对策——中

国旅游交通问题研讨会侧记/张凌云//旅游学刊 1989-01
⊙对旅游开发几个问题的探讨/庞规荃//地域研究与开发 1989-03
⊙对旅游农业的探索//新闻与写作 1989-01
⊙发达国家与发展中国家旅游经济脆弱性比较研究/王仲明//福建论坛（社科教育版）1989-11
⊙发展安龙民族旅游业浅谈/汛河//贵州民族研究 1989-02
⊙发展旅游经济的战略思考/孙尚清//管理世界 1989-01
⊙发展旅游事业要与社会承载力相适应/杨森林//商业经济与管理 1989-03
⊙发展旅游业的对外投资更进一步促进旅游业的对外开放/郭开中//旅游学刊 1989-02
⊙发展民族旅游业应注意解决的几个向题/周家慧//广东技术师范学院学报 1989-01
⊙发展深圳旅游业断想/凤文//特区经济 1989-05
⊙发展中国家自然资源专项旅游的宣传与推销/严向群//旅游学刊 1989-03
⊙风景旅游城市的结构特征/许运鸿//城市 1989-04
⊙关于“三国旅游线”开发的若干问题/喻学才 陈钢//旅游学刊 1989-04
⊙关于德宏州发展民族旅游业的设想/柳五三//经济问题探索 1989-11
⊙关于国际旅游服务的小费问题/沈玉清//社会科学 1989-06
⊙关于建立和健全旅游业统计指标体系的探讨/崔连城//税务与经济 1989-01
⊙关于乐山市旅游业发展中的两个基本问题探讨/陈兴中//乐山师范学院学报 1989-02
⊙关于青海省旅游发展战略研究/卢云亭//地域研究与开发 1989-01
⊙关于中国旅游业的几点思考/张广瑞//旅游学刊 1989-03
⊙观光旅游资源美学评价信息方法探讨/俞孔坚//地理与地理信息科学 1989-04
⊙广东东江区旅游资源特色及其开发研究/陈廷根//广东园林 1989-02
⊙广州旅游市场浅析/何正//北京工商大学学报（社会科学版）1989-01
⊙桂林旅游业的现实矛盾及对策/吕光军//社会科学家 1989-05
⊙国际旅游业的发展态势与启迪/吴本屯//福建师范大学学报（哲学社会科学版）1989-03
⊙杭州人文旅游资源的优势与开发/阙维杭 阙维民//杭州师范学院学报（社会科学版）1989-02
⊙河南旅游资源特点及其开发利用/陈家振//经济地理 1989-02
⊙华北文化旅游区与京津冀旅游开发协作/陈传康//城市问题 1989-01
⊙黄山市农业开发与发展旅游业的关系/孙自铎//经济地理 1989-04
⊙黄山应尽快发展旅游商品/朱林棣//商业研究 1989-11
⊙加速发展四川旅游业事业的思路/黄正富//软科学 1989-02
⊙夹江旅游资源概说/张驰//乐山师范学院学报 1989-02
⊙简析郑州旅游资源的开发/刘明伦//地域研究与开发 1989-S2
⊙建立大西南旅游协作区的几点意见/郑家度//学术论坛 1989-02
⊙建立西安市旅游网络刍议/许惠芳//西北大学学报（哲学社会科学版）1989-02
⊙江西旅游经济发展战略初探/袁绍荣//当代财经 1989-08
⊙崛起的江西旅游业/张韶文//江西政报 1989-21
⊙崛起中的世界级旅游胜地——武陵源/艾万钰//旅游学刊 1989-03
⊙开发黄土高原地区旅游资源的战略思考/宋力夫//人民黄河 1989-04
⊙开发陕西旅游商品市场的几点设想/王祥瑞 章竞//理论导刊 1989-05
⊙开拓台湾旅游市场的对策思考/李坚//东南学术 1989-03
⊙开展区域旅游和特种旅游发挥江苏旅游城市的群体优势/陶卓民//经济地理 1989-03
⊙雷公山自然保护区自然资源保护及开发/龙连江//资源科学 1989-03
⊙旅游地开发级别与开发方向的确定——Fuzzy 综合评判方法的应用/路紫 张广全//经济地理 1989-03
⊙旅游地空间竞争的交叉弹性分析/张凌云//地理与地理信息科学 1989-01
⊙旅游地引力模型研究的回顾与前瞻/张凌云//地理研究 1989-01
⊙旅游地域系统及其构成初探/张亚林//地理与地理信息科学 1989-02
⊙旅游环境的概念及其他——试论旅游与环境的辩证关系/刘振礼//旅游学刊 1989-04
⊙旅游经济效益探微/李正一//兰州商学院学报 1989-02
⊙旅游科学理论与实践研讨会发言摘要/刘德谦 张珉//旅游学刊 1989-01
⊙旅游民俗学：极富魅力的应用科学/何学威//民俗研究 1989-02
⊙旅游农业与城市旅游系统/刘明//上海交通大学学报（农业科学版）1989-02
⊙旅游区域资源系统分析/徐桂兰//贵州社会科学 1989-09
⊙旅游热与美国旅行书刊的出版热/张景厚//中国出版 1989-07
⊙旅游行业管理促进旅游事业发展/薄熙成//旅游学刊 1989-01
⊙旅游宣传原则和手段的研究/蔡雄//社会科学家 1989-03
⊙旅游业清理“应收结算款”问题不容忽视/杨麟丽//旅游学刊 1989-03
⊙旅游业——武宣县最大的潜在市场/韦毅江//广西财经学院学报 1989-03
⊙旅游业在国民经济发展中的地位和作用/郑景胜//管理世界 1989-06
⊙旅游与旅游文化/郁龙余//深圳大学学报（人文社会科学版）1989-02
⊙旅游与文明三题/颜廷志//道德与文明 1989-06
⊙略论把旅游业纳入民族地区的经济建设/廖日裕//民族研究 1989-01
⊙略论旅游教育/蓝雄现 常周//广西师范学院学报（哲学社会科学版）1989-03
⊙略论旅游农业/刘达华//特区经济 1989-06
⊙略论苏北旅游资源及其开发利用问题/成善灿//徐州师范大学学报（自然科学版）1989-01
⊙略论苏州的旅游优势/孙耀良 蒯元林//苏州科技学院学报（社会科学版）1989-S1
⊙略谈旅游商品——与郭来章、郭鲁芳两同志商榷/米克荣//商业经济与管理 1989-05
⊙略谈群众文化与旅游事业的关系/刘波//社会科学家 1989-03
⊙略谈我国古代旅游活动的几种形式/陈子琴//乐山师范学院学报 1989-02
⊙论把大连建设成为现代化的北方海滨旅游城市/张光兴 叶庆吉//旅游学刊 1989-03
⊙论河南省的旅游资源及其开发/李永文//地域研究与开发

1989-01
◎论湖北“三国之旅”的开发与利用/赖洁玉//地域研究与开发 1989-03
◎论黄山国内旅游客源市场区域结构/陆林//人文地理 1989-02
◎论旅游就业与产业结构/侯学东//社会科学家 1989-02
◎论旅游文化/郁龙余//旅游学刊 1989-02
◎论旅游行业管理/向才德//社会科学家 1989-04
◎论我国旅游交通的几个特性及其发展方向/汪正元//旅游学刊 1989-03
◎美国旅游业的发展与布局特点分析/孙捷//人文地理 1989-04
◎南朝鲜大力促进旅游业的发展/翁金龙//国际展望 1989-21
◎宁夏旅游资源浅谈/陈忠祥//宁夏大学学报（人文社会科学版）1989-03
◎农垦商贸旅游经济的现状及发展对策/贾大明//中国农垦 1989-11
◎努力开拓和发展峨眉山旅游事业/李大祥//西南金融 1989-04
◎欧洲共同体国际旅游业立法政策和实践/应瑞明//旅游学刊 1989-03
◎七篇旅游地理硕士论文评介/保继刚 楚义芳//旅游学刊 1989-01
◎千岛湖国家森林公园自然风景质量评价/周国模 李金满//浙江林学院学报 1989-04
◎钱塘江流域风景资源与利用保护/毛必林//资源开发与市场 1989-04
◎浅谈发展旅游业的利弊/池进//华侨大学学报（哲学社会科学版）1989-01
◎浅谈旅游服务工作全面质量管理/唐德鹏//旅游学刊 1989-04
◎浅谈旅游业发展中的两个可定量计算的问题/陆永新//乐山师范学院学报 1989-02
◎浅议桂林旅游商品生产和经营/唐世和//社会科学家 1989-02
◎浅议湖南溶洞资源及其开发/徐飞雄//经济地理 1989-04
◎浅议我国旅游涉外饭店的发展/李京玮//财贸经济 1989-08
◎秦皇岛市旅游生理气候评价/刘继韩//地理与地理信息科学 1989-01
◎秦岭北坡旅游资源评价与区划研究——以秦岭南五台山为例/王兴中//地域研究与开发 1989-04
◎区域旅游发展战略理论/孙曰瑶//宁夏大学学报（人文社会科学版）1989-02
◎曲阜旅游市场预测分析/初学导 王运格 刘晓华 高峰//曲阜师范大学学报（自然科学版）1989-03
◎去百年浮尘重睹芳华——兴城古城保护规划/李雄飞 金丽昌//城市规划 1989-01
◎全国“八·五”旅游教育规划研讨会纪要/吕执//旅游学刊 1989-04
◎让全社会都来保护我们的山水精灵——全国首届“旅游与环境”学术讨论会综述/唐大为//环境保护 1989-12
◎日本的国际旅游/俞天润//人文地理 1989-02
◎日本旅游经济体制考察报告//财贸经济 1989-11
◎山旺化石点的旅游价值/曹晓明//化石 1989-01
◎陕西旅游业发展的机遇目标对策/黄启勋//旅游学刊 1989-02
◎陕西省旅游市场的整顿和开拓的若干问题思考/张慎行//旅游学刊 1989-02
◎陕西省旅游资源的特征与旅游事业的发展/雷明德//西北大学学报（哲学社会科学版）1989-02
◎陕西省旅游资源特征与发展简议/雷明德//人文地理 1989-01
◎商丘地区旅游资源的开发/尤滋洲//地域研究与开发 1989-02
◎上海旅游发展二题之一——强化行业管理的几点探讨/张包镐//旅游学刊 1989-03
◎上海旅游发展二题之二——试论上海是旅游者的“购物天堂”/张包镐//旅游学刊 1989-03
◎深圳特区旅游业发展问题的思考/郑宇燕//特区经济 1989-01
◎石家庄旅游区的旅游资源特征及开发意见/王清廉 阎晓光 刘秉良 刘守祥//地域研究与开发 1989-04
◎实行“岛外—岛内—岛外”循环的台湾旅游业/阎敏//外国经济与管理 1989-11
◎世界旅游发达国家是怎样加强监督检查的/迟景才//旅游学刊 1989-04
◎世界特色旅游发展对我们的启示/韦章尧//杭州师范学院学报（社会科学版）1989-05
◎市场经济国家的旅游发展模式/张广瑞//社会科学家 1989-04
◎试论狼山风景区开发利用与生态环境保护对策/印秀峰 安强华//江苏环境科技 1989-04
◎试论旅游企业的目标管理/浦秀贤//旅游学刊 1989-02
◎试论旅游消费的特点/郭来章 郭鲁芳//商业经济与管理 1989-03
◎试论我国国际旅游业首位客源市场/陆林//人文地理 1989-04
◎试论我国旅游业的发展前景/袁绍荣//当代财经 1989-04
◎试论我国旅游业外汇流失对国民经济产生的影响及管理对策/蒙泽群//社会科学家 1989-05
◎试论我国社会主义初级阶段国际旅游业的发展——兼议桂林市经济建设及发展战略思想/叶佩韦//社会科学家 1989-03
◎试论新疆旅游业发展战略若干问题/毛宝俤//经济地理 1989-01
◎试述林区多资源调查与利用（Ⅲ）——森林旅游美学和经济价值评价/李裕国//林业勘查设计 1989-01
◎苏联东欧旅游客源市场开发问题思考/朱一兵 饶权//宏观经济研究 1989-08
◎苏联——一个充满潜力的旅游客源市场/祁群//国际展望 1989-09
◎台湾省的观光农业/徐文东//福建农业科技 1989-01
◎泰国发展经济的主要途径/梁源灵//东南亚纵横 1989-01
◎提高认识 发展旅游/刘毅//旅游学刊 1989-02
◎提高认识 树立信心 重振旅游/刘毅//财贸经济 1989-09
◎统景风景区旅游资源的开发和保护/赵晨曦//重庆师范学院学报（自然科学版）1989-03
◎文化在旅游事业中的地位及其对旅游整体效益的影响/东骐 张文祥 邓祝仁//南方文坛 1989-06
◎我国干旱地区的旅游气候/郭康//干旱区地理 1989-03
◎我国旅游地学研究动态/黄伯衣//地质科技情报 1989-03
◎我国旅游地质资源区划初探/罗成德//乐山师范学院学报 1989-02
◎我国旅游事业发展中的“长线制约”与“短线制约”问题/朱一兵 饶权//旅游学刊 1989-01
◎我国现阶段旅游市场发展的协调规则/王洪耘//财贸研究 1989-04
◎乌鲁木齐县风景名胜资源调查评价报告/徐金发//新疆大学学报（自然科学版）1989-03
◎西安地区旅游经济效益综合分析研究/官浩兴 胡俊平//旅游学刊 1989-02
◎下川东地区旅游资源的开发与保护/余大富//资源开发与市场 1989-02
◎香港发展旅游业对我们的启迪/谷幼英//商业经济与管理 1989-02

◎香港旅游业的迅速发展及其原因/梁秩森//学术研究 1989-04
◎香港旅游业发展值得借鉴/胡承绥//广州市财贸管理干部学院学报 1989-01
◎小城镇建设与旅游业发展刍议/凌申//旅游学刊 1989-02
◎新的起点 新的步伐——国家旅游局业务司司长访问记/刘德谦 宋志伟 张珉 王玉洁//旅游学刊 1989-02
◎新疆巴音郭楞蒙古自治州旅游资源开发研究/唐明达//新疆大学学报（自然科学版）1989-02
◎雄心勃勃的印尼旅游业发展计划/炳啸//国际展望 1989-23
◎以色列的旅游业/凌继光//世界知识 1989-19
◎以优质服务取胜 在竞争中求发展——国旅广州分社发展旅游业的经验/林云//广东社会科学 1989-02
◎印度旅游业的发展与前景/宋春江//南亚研究季刊 1989-01
◎游览洞穴的开发与保护/杨汉奎//贵州科学 1989-02
◎游人都说江南好/杨望 周龙彪//新闻记者 1989-08
◎岳阳市旅游经济与旅游开发/薛惠锋 刘玉桥//经济地理 1989-03
◎云南旅游地域系统地位研究——兼论我国西部旅游带/刘伟强//旅游学刊 1989-03
◎云雨巫山小城秀——巫山新城景观规划构思/熊德生//四川建筑科学研究 1989-02
◎再论青海旅游区划/张忠孝//青海师范大学学报（自然科学版）1989-04
◎在改革开放中促进旅游业的发展/蔡雄//旅游学刊 1989-03
◎在改革开放中发展的桂林旅游业/龚水林//广西社会科学 1989-06
◎浙江旅游洞穴的开发与保护/周宣森//科技通报 1989-03
◎振奋精神 统一认识 争取旅游业的尽快恢复和发展/薄熙成//旅游学刊 1989-03
◎震迹、震记游旅资源的研究/卢云亭 侯爱兰//资源开发与市场 1989-03
◎治理整顿期间江西旅游业发展对策/王谦光//江西社会科学 1989-05
◎中国的旅游与交通/刘振礼//旅游学刊 1989-01
◎中国旅游交通三思/林洪岱//旅游学刊 1989-02
◎中国旅游业应当注意总结提高——加拿大天鹅国际旅游公司总经理刘敦仁先生一席谈/梅敏慧//中国经贸导刊 1989-18
◎中国旅游资源分区的初步研究/阎守邕 丁纪 濮静娟 刘亚军//自然资源学报 1989-02
◎中国民航与旅游业的发展/张运坤//旅游学刊 1989-01
◎中南民族地区旅游业开发的战略地位和布局战略初探/吴昌考//中南民族大学学报（人文社会科学版）1989-04
◎中原旅游区旅游资源综合开发利用及分区建设意见/林富瑞 王旭升 段东升//地域研究与开发 1989-S1
◎重视公路建设 发展旅游事业/钱文中//旅游学刊 1989-01
◎珠海旅游资源潜力及其深度开发/温长恩 王增琪//地域研究与开发 1989-04
◎遵义旅游区开发研究/史静一 保继刚//贵州社会科学 1989-09
◎作为一个国际旅游城市北京还缺点什么/张广瑞//城市问题 1989-05

1990 年

◎“旅游搭台、经贸唱戏”与浙江旅游业/晓钟//商业经济与管理 1990-04
◎“没有白来!”——巴基斯坦旅游业/董漫远//世界知识 1990-03
◎《如何发展少数民族地区的旅游业》一书出版/彭武兴//中国民族 1990-12
◎安徽省自然资源开发优势及其利用途径/陈善华//山地学报 1990-03
◎安顺平坝岩溶旅游资源的评价与开发/秦启万 熊康宁//贵州环保科技 1990-02
◎把桂林文化名城建设好/李树民//社会科学家 1990-02
◎包价旅游——1992 年欧洲共同体的“单一市场”/贾炜//旅游学刊 1990-02
◎北戴河观鸟旅游资源的开发利用/陶宇 葛岩 金龙荣//国土与自然资源研究 1990-02
◎北京风景旅游地理/陈传康//中国园林 1990-02
◎必须提高我国旅游业的应变能力/李文峰//浙江学刊 1990-01
◎采取措施发展观光农园/王子齐//台湾农业探索 1990-03
◎柴达木旅游区的开发研究/杨昭辉//青海社会科学 1990-03
◎长白山区域旅游资源开发的几个问题/孙文昌//自然资源学报 1990-03
◎潮州旅游景观资源的开发和利用/陈荣明//韩山师范学院学报 1990-02
◎从旅游地理与审美心理的关系谈柳宗元的旅游思想/陈雁谷//经济地理 1990-02
◎从旅游主体的角度探讨我国旅游业的发展/邹积林//吉林师范大学学报（自然科学版）1990-01
◎促销整顿恢复和发展我国旅游业——国家旅游局续访记/刘德谦//旅游学刊 1990-01
◎大力开发旅游“金矿” 加速振兴湖北经济/李鄂生//武汉金融 1990-09
◎丹霞风景名胜区的旅游开发研究/陈传康 高豫功 俞孔坚 彭华//地理学报 1990-03
◎东盟国家旅馆业的新发展/赵理尘 范爱军//亚太经济 1990-03
◎对贵州文化旅游资源的评价及其特点的认识/吴正光//旅游学刊 1990-02
◎对海南旅游业的分析和建议/曾绳忠//特区经济 1990-05
◎对旅游景观认知构成与评价的浅见/王兴中//人文地理 1990-01
◎对旅游资源的认识与评价/李兰维//国土与自然资源研究 1990-02
◎对我国旅游业审美特征及社会意义的探讨/毕愚溪//学术论坛 1990-05
◎发展旅游事业 增加外汇收入/张占照//金融与经济 1990-12
◎发挥革命纪念地在旅游业中的作用/江草蛉//地理与地理信息科学 1990-03
◎发挥旅游优势，加速阳朔农村经济发展/秦乔明//中国农业资源与区划 1990-02
◎发展衡山冬季旅游业刍议/刘惕之//衡阳师范学院学报 1990-02
◎发展秦皇岛国际旅游业的思考/周乃斌//旅游学刊 1990-01
◎发展无锡旅游创汇的思考/许辉//国际贸易问题 1990-11
◎发展现代文明 积极保护历史文化——兼谈桂林现阶段的建设/杨柏寿//社会科学家 1990-02
◎奋力开创重振旅游业的新局面/刘毅//财贸经济 1990-05

- 风景谈话录/丁文魁//同济大学学报（社会科学版）1990-00
- 佛教文化·中国文化·旅游/范能船//旅游学刊 1990-04
- 甘肃旅游业面临的问题及建议/石磊//开发研究 1990-06
- 甘肃旅游资源的开发和利用/周桂珍//开发研究 1990-01
- 赣南旅游资源及其开发建设构想/欧阳自福//赣南师范学院学报 1990-03
- 古城魅力何时展——来自广州市文物旅游界的报告/钱自由//南风窗 1990-06
- 关于发展旅游纪念品的思考/高爱民//旅游学刊 1990-03
- 关于发展阳朔旅游工商业的思考/陈新华//广西财经学院学报 1990-04
- 关于开发大理地区旅游业的思考/刘永祥//经济问题探索 1990-04
- 关于旅游经济效益计算及其分析指标的研究/官浩兴//数量经济技术经济研究 1990-01
- 关于旅游学研究的一些想法/张广瑞//社会科学家 1990-01
- 关于我国发展商务旅游的探讨/朱海斌//旅游学刊 1990-01
- 广东省旅游业“滑坡”现象分析及出路/陈烈//中山大学学报论丛 1990-04
- 贵州旅游资源的综合评价与开发利用的建议/杨龙//贵州师范大学学报（自然科学版）1990-02
- 桂东南旅游资源及其开发/姚建华 赵建安//资源科学 1990-04
- 国家意向下的民族文化的重新组合——托拉查地区的旅游开发/山下晋司 郑信哲//世界民族 1990-03
- 国内旅游统计问题刍议/邢树坤 黄泮光//旅游学刊 1990-04
- 果阿和印度的旅游业/张振亚//世界知识 1990-04
- 过剩需求与过剩供给对我国旅游业的影响及几点对策/张辉//西北大学学报（哲学社会科学版）1990-01
- 海南发展战略与旅游开发/陈传康//资源开发与市场 1990-02
- 海南旅游业发展的法律问题/苗谦//旅游学刊 1990-04
- 杭州旅游开发目标及其实现途径/董厥成//经济管理 1990-12
- 杭州森林景观旅游资源的开发和利用/强赤华//商业经济与管理 1990-02
- 河北正定发展国内旅游的尝试（考察报告）/张广瑞//旅游学刊 1990-04
- 湖北省旅游区划研究/马勇 姜兵//湖北大学学报（哲学社会科学版）1990-03
- 花卉园林促进了中山旅游业/肖嘉//中国花卉盆景 1990-Z1
- 黄河三角洲的旅游开发/邹树梅//南开经济研究 1990-03
- 黄山风景区对外交通条件研究/黄成林//安徽师范大学学报（人文社会科学版）1990-01
- 黄山风景区主要生态环境问题的研究/陈钟镇 蒋宗豪//环境保护科学 1990-04
- 黄山生理气候与旅游/徐永华 喻家龙//安徽师范大学学报（自然科学版）1990-03
- 黄山市旅游结构的分析和调整/王浩清//安徽师范大学学报（自然科学版）1990-02
- 积极支持乐山旅游业发展/李开治//中国金融 1990-07
- 吉林市冬季冰雪旅游资源开发初探/韩杰 张中飞//东北师大学报（自然科学版）1990-02
- 江西省井岗山林区森林游憩资源及其效益计量评价/蒋伊尹 廖为明//林业资源管理 1990-01
- 借得山川秀 添来气象新——谈鸡公山风景名胜区规划/程新启//华中科技大学学报（城市科学版）1990-01
- 借得山水赋新篇——福安富春溪两岸风景园林规划探索/范勤年//华中科技大学学报（城市科学版）1990-01
- 金华北山溶洞的分布规律与开发远景刍议/徐秀登//中国岩溶 1990-03
- 竞争性的旅游业/布赖恩·怀斯//旅游学刊 1990-02
- 开发贵州旅游资源/张建平//资源开发与市场 1990-01
- 开发桂林民族风情旅游之我见/吴鸿礼//旅游学刊 1990-04
- 开发环保并重 旅游经济齐飞/曹玉辉 董德金//中国环境管理 1990-03
- 开发旅游纺织品大有可为/沈千//丝绸 1990-03
- 开封市旅游资源开发利用研究/朱连奇//地域研究与开发 1990-02
- 开阔思路 调整产品结构 开拓上海非观光性旅游/史铁华 朱谔言//旅游学刊 1990-03
- 开拓台湾旅游客源市场的浅见/韦章尧//商业经济与管理 1990-04
- 科学技术进步与旅游业/埃勒沃德 L. 什费尔 薛惠锋//地理科学进展 1990-01
- 肯尼亚采取特别措施发展旅游业/韦云//世界知识 1990-09
- 来华日本旅游者若干特征分析/陆林//社会科学家 1990-04
- 柳宗元：社会旅游事业思想的创见人——从旅游地理与审美心理的关系谈柳宗元的旅游思想/陈雁谷//零陵学院学报 1990-02
- 旅游地极限容量探析/向萍 杜江//南开经济研究 1990-02
- 旅游地学及其发展前景/辛建荣//地质科技情报 1990-03
- 旅游和城市化对避暑山庄土壤、植物的影响/蒋高明 黄银晓//环境科学 1990-01
- 旅游经济系统的发展战略研究/孙多勇 王银生//系统工程 1990-02
- 旅游科学理论与实践第二届全国学术研讨会发言摘要/刘德谦 李英雄 徐菊凤//旅游学刊 1990-04
- 旅游企业集约化初探——开拓进取的北辰集团/王化俊 何大业//旅游学刊 1990-03
- 旅游区划问题探讨——以成都地区为例/邹积林//旅游学刊 1990-02
- 旅游区开发过程的初步探讨/邵学文//旅游学刊 1990-01
- 旅游区域规划的若干问题探讨/唐德鹏//地域研究与开发 1990-03
- 旅游商品学概说/金兴祖//商业经济与管理 1990-03
- 旅游史学科建设的若干构想/沈祖祥//社会科学 1990-07
- 旅游是一种表演性艺术/艾德勒 谈谷铮//国外社会科学文摘 1990-05
- 旅游文化的二元结构/陈传康//城市问题 1990-06
- 旅游文化商品的刍议/江浩//社会科学家 1990-02
- 旅游需求、国际旅游业的国民收入及旅游服务定价/CLem TiodeLL 肖钢 温洁 林南枝//南开经济研究 1990-03
- 旅游业不能寄生于林业而应与之共生互荣/青肖//四川林业科技 1990-01
- 旅游业在第三世界国家地区发展中的作用（译文）/张凌云//旅游学刊 1990-02
- 旅游业在国土开发中的特殊作用/郭康//地理与地理信息科学 1990-02
- 旅游引力场与异地气氛的展现/彭育昌//人文地理 1990-03
- 旅游优势毋庸置疑 加强领导势在必行——秦皇岛旅游经济现状调查/邢明//旅游学刊 1990-04
- 旅游与创造性思维/邢祥琪//旅游学刊 1990-02
- 旅游与文化/苏恒//四川师范大学学报（社会科学版）1990-05

◎ 旅游资源的分布规律与开发对策/陈吉环//人文地理 1990-04
◎ 旅游资源定量评价及其分级——以皖南地区为例/陆林//资源开发与市场 1990-04
◎ 略论旅游景观的构成与植物美/张明玉//湖北大学学报（哲学社会科学版）1990-03
◎ 论导游工作/宿久高//东疆学刊 1990-Z1
◎ 论国际旅游流的动态特征/杨森林//商业经济与管理 1990-02
◎ 论黄山国内旅游客源市场区域结构/陆林//安徽师范大学学报（自然科学版）1990-01
◎ 论旅游的现代化与原始化/谢彦君//旅游学刊 1990-04
◎ 论旅游地貌资源/冯大奎//地域研究与开发 1990-03
◎ 论旅游文化传统及桂林山水的人文性/邓祝仁//学术论坛 1990-06
◎ 论旅游职业教育/袁立辉//旅游学刊 1990-03
◎ 论民俗旅游的技术和技术人才/山曼//民俗研究 1990-04
◎ 论民俗旅游资源的利用和开发/姜文华//民俗研究 1990-02
◎ 论我国乡村旅游资源的开发/凌申//农业现代化研究 1990-05
◎ 论新疆旅游业的发展与布局/宋力夫//地理与地理信息科学 1990-01
◎ 美国旅游业的法律环境/刘纯//社会科学家 1990-03
◎ 美国私有企业参与中学旅游培训/吴公之//外国中小学教育 1990-01
◎ 面向世界，开展地质旅游/吴昭谦//旅游学刊 1990-01
◎ 庙岛群岛的旅游资源及其开发研究/杨运恒 于兵//地域研究与开发 1990-03
◎ 莫忘旅游业的“内宾”/张宏//经济师 1990-05
◎ 南阳地区旅游资源评价及开发利用研究/张二勋//河南科学 1990-Z1
◎ 农村旅游经济初探/刘天福//中国农村经济 1990-09
◎ 平潭岛的旅游地质资源/王绍鸿 吴学忠//福建地质 1990-01
◎ 瀑布景观的综合美学评价研究——以黄果树瀑布群为例/金远欢//旅游学刊 1990-04
◎ 千山风景名胜区旅游人口生态分析初报/蒋学志 何堤 王玉敏//环境保护科学 1990-01
◎ 浅谈世界旅游地理区划/韩杰//人文地理 1990-02
◎ 青海“唐蕃古道”旅游线的开发问题/刘毅华//青海师范大学学报（哲学社会科学版）1990-02
◎ 青海旅游资源的分类及评价/张忠孝//青海师范大学学报（自然科学版）1990-04
◎ 青海省旅游区划探讨/张忠孝//经济地理 1990-01
◎ 全国首届区域旅游开发与旅游地图学术讨论会在青岛召开/关发兰//地理研究 1990-01
◎ 日本国际旅游的发展新趋势/今井喜昭 王瑞林//旅游学刊 1990-02
◎ 日本交通公社旅游章程（译文）/周金忠//旅游学刊 1990-01
◎ 日本旅游地理学研究的回顾与展望/石井英也 白坂蕃 高豫功//地理科学进展 1990-01
◎ 如何让国际游客在杭州多逗留些日子/吴鼎荣 赵宁//旅游学刊 1990-03
◎ 如何提高旅游饭店的经济效益/郑纯贵//北京工商大学学报（社会科学版）1990-04
◎ 如何统计旅游接待人数/徐璋凤//中国统计 1990-01
◎ 儒家思想与中国旅游文化传统/喻学才//孔子研究 1990-02
◎ 塞浦路斯环境主义者担忧旅游业的过度发展/王春元//世界环境 1990-04
◎ 三门峡市的旅游资源及其开发意见/乔忠孝 陈家振//地域研究与开发 1990-04
◎ 三门峡市旅游资源及其评价/李瑞//南都学坛 1990-S1
◎ 陕西省区域旅游试探/雷明德//西北大学学报（自然科学版）1990-04
◎ 上海旅游交通的症结与对策研究/刘人怀 于英川等//旅游学刊 1990-02
◎ 上海旅游体制改革的新潮/林洪岱//旅游学刊 1990-04
◎ 深圳开展旅游统计工作的做法//中国统计 1990-08
◎ 十年回顾迎未来——记中国的国际旅游业/董秉琮//南开经济研究 1990-06
◎ 石家庄地区山地旅游资源开发初探/刘杰 李田//地理与地理信息科学 1990-04
◎ 世界旅游业的原则/张践//旅游学刊 1990-02
◎ 世界旅游业发展趋势及其特点/陈福星//世界经济与政治 1990-07
◎ 试论北京旅游产业常规发展阶段的任务/郑杨 李赓//旅游学刊 1990-02
◎ 试论湖北旅游资源的开发/张勐//江汉大学学报（社会科学版）1990-02
◎ 试论焦作市风景名胜旅游资源的开发前景/尤滋洲//地域研究与开发 1990-04
◎ 试论旅游饭店价格的特性及其价格策略/张志军//旅游学刊 1990-03
◎ 试论旅游行业组织的地位与作用/况既明//社会科学家 1990-03
◎ 试论旅游资源的动态分类/郭康//旅游学刊 1990-01
◎ 试论南京秦淮风光带旅游景观/邵学文//人文地理 1990-04
◎ 试论神话传说在海南旅游经济中的作用/黎宇宇//广东技术师范学院学报 1990-03
◎ 试论温冷地区旅游教育的战略思想和对策/梁炜//旅游学刊 1990-01
◎ 试论我国国际旅游业首位客源市场/陆林//世界经济研究 1990-03
◎ 试论武陵源风景区资源的开发/瞿峰//旅游学刊 1990-03
◎ 试论西安旅游特区的开辟与建设/许惠芳//西北大学学报（哲学社会科学版）1990-02
◎ 水利工程旅游资源开发与效益的探讨/闻致中//中国人口·资源与环境 1990-02
◎ 台湾的休闲农业/王子齐//台湾农业探索 1990-04
◎ 台湾省观光农业初探/苏慧娥//外国经济与管理 1990-11
◎ 太姥山风景区旅游资源与开发条件评价/雍万里//南京大学学报数学半年刊 1990-02
◎ 谈谈江西涉外旅游价格管理/胡和平 万艳萍//价格月刊 1990-07
◎ 谈我省森林旅游业的发展/曹冠武//河南林业 1990-04
◎ 天台山旅游文化综述/陈镛//东南文化 1990-06
◎ 土地与旅游的对应变换关系分析——以广东粤北地区为例/张爱国//山西师范大学学报（自然科学版）1990-02
◎ 团结一切力量努力搞好桂林名城保护建设/黄吉锡//社会科学家 1990-02
◎ 推动香港旅游业的发展/荣之//中国经贸导刊 1990-15
◎ 文化·传统·特色——论五龙口风景名胜区的开发/范勤年 郝少波//华中科技大学学报（城市科学版）1990-01
◎ 我国国际旅游价格的特性/阎锋//经济纵横 1990-04
◎ 我国国际旅游企业产品策略调整的几个问题/唐郭司//华东经济管理 1990-04

◎我国旅游饭店业情况分析及对策研究/蒋丁新 邹益民 吕建中//浙江大学学报（人文社会科学版）1990-01
◎我国旅游业十年迈大步/周连庆//中国改革 1990-02
◎我国少数民族风情旅游资源特点及开发——试以湖南省为例/徐飞雄//经济地理 1990-03
◎我国少数民族旅游业发展问题初探/温军//西北民族大学学报（哲学社会科学版）1990-04
◎西北地区旅游发展战略研究//当代经济科学 1990-02
◎西藏旅游业发展和开发的新思考/洛绒尼布//中国藏学 1990-03
◎新疆“丝绸之路”（新）北道旅游资源评价与开发设想/唐明达//干旱区地理 1990-03
◎新疆旅游区划初探/毛宝第//新疆大学学报（自然科学版）1990-01
◎新形势下广东旅游业发展战略/张稳//广州大学学报 1990-02
◎许昌旅游地理研究/葛震远//许昌学院学报 1990-04
◎亚太地区旅游业的发展及其特点/陈福星//亚太经济 1990-04
◎一首欢快浪漫的歌——大连经济技术开发区商业旅游中心述评/李伟伟//建筑学报 1990-06
◎以历史文化名城为依托发展旅游事业——兼论上海作为历史文化名城的开发方向/汪正元//旅游学刊 1990-01
◎营口市鲅鱼圈区旅游业发展刍议/李悦铮//海洋开发与管理 1990-04
◎玉林地区旅游业在改革开放中稳步发展/张乃对//广西壮族自治区人民政府公报 1990-07
◎玉溪龙马山地区旅游资源及开发设想/方增福//玉溪师范学院学报 1990-06
◎云南旅游地域系统地位研究/刘伟强//地理与地理信息科学 1990-02
◎在广州创办中国旅游交易会刍议/陈政勇//广州市财贸管理干部学院学报 1990-Z1
◎增长与波动：80 年代的世界国际旅游业/魏小安//旅游学刊 1990-03
◎浙江旅游名山的美学特征及开发利用/胡如城 马军山//浙江林学院学报 1990-03
◎浙江省旅游资源开发利用与自然保护/张贞华//科技通报 1990-05
◎振兴上海旅游经济需要实现强有力的集团化经营/陈车//上海企业 1990-05
◎织金县旅游资源及其开发利用研究/李永福//贵州师范大学学报（自然科学版）1990-02
◎中国旅游产品发展前景及对策/夏丹//消费经济 1990-06
◎中国旅游地理学的回顾与展望/郭来喜 保继刚//地理研究 1990-01
◎中国旅游经济发展及对策初探/王恩同 崔冠杰 刘天福//数量经济技术经济研究 1990-01
◎中国旅游奇景浅谈/曹玲泉//旅游学刊 1990-02
◎中国式旅游道路管窥/何若泉//旅游学刊 1990-02
◎中国最大的旅游洞系——腾龙洞研究/陈诗才//旅游学刊 1990-03
◎舟山旅游区域开发及普陀山环境保护/周进步//地域研究与开发 1990-02
◎做尽文章的南朝鲜旅游业/朱建荣//世界博览 1990-01

1991 年

◎’90 中国旅游业的回顾与前瞻//旅游学刊 1991-01
◎’92 北京旅游黄金年启示录/张珉 宋志伟//旅游学刊 1991-04
◎“七五”期间（1986～1990）中国旅游业统计公报//旅游学刊 1991-04
◎“世界旅游日”史话/周晓明//民俗研究 1991-03
◎1990 年游客投诉综述/靳永利//旅游学刊 1991-03
◎90 年代东亚与太平洋地区国际旅游需求的变化（上）/张广瑞//旅游学刊 1991-03
◎90 年代东亚与太平洋地区国际旅游需求的变化（下）/张广瑞//旅游学刊 1991-04
◎90 年代发展我国国际旅游业的财税政策研究/《发展国际旅游业的财税政策研究》课题组//财经研究 1991-09
◎90 年代上海旅游发展研讨会纪要//旅游学刊 1991-04
◎90 年代上海旅游业发展透视与展望/王大悟//社会科学 1991-10
◎90 年代中国旅游业初探/车振华//经济问题 1991-01
◎巴基斯坦旅游业的发展/宋天佑//南亚研究季刊 1991-04
◎滨海沙滩旅游资源开发的空间竞争分析——以茂名市沙滩开发为例/保继刚 梁飞勇//经济地理 1991-02
◎长江三峡地区旅游资源评价及其开发展望/辛建荣//旅游学刊 1991-02
◎长江下游第四纪环境与旅游资源开发/于革 孙玉华//江苏地质 1991-03
◎常熟旅游资源的分类、地域组合及择优开发/曹健//苏州教育学院学报 1991-01
◎承德市旅游环境质量现状及其调控/裴青//地理与地理信息科学 1991-01
◎创造开放环境，加快开放步伐/陈旭东 程逖//湖北社会科学 1991-04
◎从《楚游日记》看湘南旅游资源及其开发——纪念徐霞客逝世 350 周年/杨载田//湖南师范大学自然科学学报 1991-04
◎从系统工程看桂林旅游业及其制约因素/李肇荣//桂林工学院学报 1991-S1
◎从中西饮食文化的差异看文化旅游的基点/唐友波//东南文化 1991-06
◎从资源和区位条件看广州旅游发展战略/郑洁华//地理与地理信息科学 1991-01
◎大理旅游区地位分析/刘伟强//经济地理 1991-02
◎大理旅游区开发建设的地理评价/刘伟强//人文地理 1991-02
◎大理旅游区开发建设研究/刘伟强//旅游学刊 1991-03
◎大力开发民俗文化旅游业/张铭远//民俗研究 1991-03
◎大连金州金石滩地学旅游资源景观美学评价与开发研究/陈传康//地理研究 1991-01
◎当代庙会文化刍议/李太松 严世善//社会科学 1991-09
◎当前欧洲的旅游管理问题/克劳斯·艾德曼 徐菊凤 魏敬安//旅游学刊 1991-01
◎道家旅游思想刍议/沈瑞英//东南文化 1991-06
◎第三届农垦商贸旅游企业经济研讨会纪要//中国农垦经济 1990-11
◎调整旅游投资结构 提高旅游经济效益/朱一兵 饶权//宏观经济研究 1991-05
◎对广东旅游业发展的几个问题的再认识/罗福群//广东社会科学 1991-04

- 对国际旅行社行业跨国经营的思考/朱谔言//旅游学刊 1991-02
- 对加快乌鲁木齐市旅游事业的一点建议/刘旗//新疆社会科学 1991-05
- 对我省国际旅游业的调查与思考/张健//湖北社会科学 1991-07
- 对我省旅游业发展的设想/张忠孝//青海民族学院学报 1991-03
- 发展山西旅游业的思考/梅建国//经济问题 1991-03
- 发展我省旅游业的物质基础——丰富的旅游资源/张忠孝//青海社会科学 1991-01
- 繁荣成都旅游市场的思考/杨继瑞//财经科学 1991-03
- 方兴未艾的英国文学圣地旅游业/尼罗利·劳森 吕尤//世界文化 1991-03
- 风景旅游资源开发与乡镇生态建设的协调对策研究——以无锡市马山镇为例/赵荫薇 周永才//农村生态环境 1991-01
- 风景名胜区建设规模及其边界判定/薛惠锋//地域研究与开发 1991-01
- 风景植被特征及其旅游潜力评价理论初探/薛惠锋//资源科学 1991-05
- 服务在旅游业中的位置/金佩华//旅游学刊 1991-01
- 福建海洋旅游资源开发的前景/洪启明 谢在团 陈再生//台湾海峡 1991-04
- 福建旅游业的潜在危机及其对策/陈及霖//旅游学刊 1991-01
- 甘肃旅游资源开发的构思与设计/王蕴//开发研究 1991-05
- 古生物化石——丰富的地质旅游资源/金建华//化石 1991-04
- 关于建立旅游风景区资源税的思考/江草蛉//地理与地理信息科学 1991-03
- 关于建立旅游矿石学的探讨/钟振福//南方国土资源 1991-03
- 关于举办旅游节、会依据的思索/王明波//旅游学刊 1991-02
- 关于开发旅游经营特色的思考/卢兵//旅游学刊 1991-02
- 关于开展铁路沿线旅游的探讨/马洪元//铁道运输与经济 1991-10
- 关于旅游饭店降档次经营问题的探讨/许良士//旅游学刊 1991-01
- 关于美国森林旅游业的研究Ⅰ：发展背景和资源调查/叶德敏//华东森林经理 1991-02
- 关于我国境内旅游的几个理论问题的探讨/蔡树棠 刘振礼 杨乃济//旅游学刊 1991-02
- 观光农业——石门农场的综合开发经营/单东 庄鼎正 陈国梁 张峻//社会科学 1991-04
- 广西旅游业现状及其发展趋向/赖富强//改革与战略 1991-01
- 桂林旅游市场的违法经营现象与对策/蔡雄 戴广生 况既明//桂林工学院学报 1991-S1
- 桂林明靖江王陵墓群及尧山地区的旅游开发/陈焕禄//桂林工学院学报 1991-S1
- 国际文化旅游的兴起与中国博物馆/朱砚秋//中国博物馆 1991-02
- 国外保护旅游者权益的有关法律规定简析/强亚平//旅游学刊 1991-04
- 国外发展旅游业的财税政策/朱为群//外国经济与管理 1991-10
- 海南省海岛旅游开发构想/潘建纲//海洋开发与管理 1991-02
- 杭州城市发展的区位背景分析与远景规划构想/马裕祥//杭州大学学报（哲学社会科学版）1991-01
- 杭州旅游气候资源评价及其利用/方龙龙 刘际松//科技通报 1991-05
- 河北省承德旅游资源特点及其开发利用初探/白晓东//经济地理 1991-04
- 湖北区域旅游发展战略分析/马勇//湖北大学学报（自然科学版）1991-04
- 湖湘旅游地理史观/邓美成//湖南师范大学教育科学学报 1991-03
- 黄山风景区游览线路研究/黄成林//安徽师范大学学报（人文社会科学版）1991-02
- 集团化经营——江苏旅游饭店业发展之趋势/杨奇龙//旅游学刊 1991-03
- 加快旅游业发展的几个问题/乔玉霞//财贸经济 1991-12
- 加强思想政治工作 促进旅游事业发展//华东经济管理 1991-S1
- 建立旅游地理数据库系统的探讨/李沿//太原师范学院学报（社会科学版）1991-04
- 建设民俗文化与发展旅游业/冯惠群//历史教学问题 1991-04
- 江苏盐城海涂风景旅游资源调查与评价/周武忠 王永彪 周小石 韩步阳//扬州大学学报（农业与生命科学版）1991-03
- 江西旅游业发展前景初探/向光林//华东经济管理 1991-01
- 近十年来旅游文化研究评述/范能船 朱晓松//渤海大学学报（哲学社会科学版）1991-03
- 九十年代福建沿海地区发展旅游业的展望/陈及霖//福建论坛（社科教育版）1991-12
- 喀斯特风景地貌及其吸引力/杜伊路//重庆师范学院学报（自然科学版）1991-01
- 开辟上海专题文化旅游的必然性与可行性/蔡继福//东南文化 1991-06
- 开发海外客源市场的新思路/李海瑞//旅游学刊 1991-01
- 开发利用榆中县旅游资源建设兰州市城郊旅游基地/徐勤//兰州商学院学报 1991-01
- 开发旅游资源刍议/杨晓国//经济问题 1991-05
- 开发浦东 振兴上海旅游业/张包镐//旅游学刊 1991-01
- 开拓旅游产品需要智者/林宏//中国经贸导刊 1991-14
- 可溶性岩石旅游资源的类型及开发利用/赵希璋//人文地理 1991-03
- 老外为何摇头？——简评西安地区旅游英语翻译中的一些问题/周光父//上海科技翻译 1991-02
- 骊山风景名胜区环境容量现状评价/冯孝琪//资源开发与市场 1991-02
- 历史文化名城与旅游环境/滕玉林//地理与地理信息科学 1991-03
- 历史文化名城与旅游环境——苏州、镇江比较谈/滕玉林//中国园林 1991-03
- 旅行团队中心人物现象及其利用/阎纲//旅游学刊 1991-01
- 1990 年我国国际旅游业恢复发展概述/吕继通//旅游学刊 1991-02
- 1990 年亚太地区国际旅游业发展回顾/牛锦霞//旅游学刊 1991-02
- 旅游：一个新兴的产业/蒋奎生//民俗研究 1991-03
- 旅游产品发展前景及对策/夏丹//经济管理 1990-12
- 旅游的文化效应/库克·齐耶 夏正伟//东南文化 1991-06
- 旅游地开发评价研究/楚义芳//地理学报 1991-04
- 旅游动机的文化学阐释/郭青生//东南文化 1991-06
- 旅游饭店经济效益分析/嵇耀明//杭州大学学报（哲学社会科学版）1991-03
- 旅游饭店投机型风险的类别分析/沈池峻//商业经济与管理 1991-02
- 旅游馆店思想政治工作中存在的问题与思考/方利茂//华东经

济管理 1991-S1
◎旅游和地中海的环境/Shane Cave 柯金良//世界环境 1991-04
◎旅游教育与旅游学/李天元//旅游学刊 1991-01
◎旅游经济研究十年——观念与思潮/刘毅//广东社会科学 1991-06
◎旅游期望与感受偏差原因分析/王莹 吴明华//旅游学刊 1991-04
◎旅游企业"三角债"的成因及对策/晁生才//会计之友（上）1991-03
◎旅游企业文化刍议/秦芳珍//桂林工学院学报 1991-S1
◎旅游市场调查设计之浅探/甘澜//旅游学刊 1991-03
◎旅游文化浅议/程道品//桂林工学院学报 1991-S1
◎旅游文化是旅游理论研究的重要课题——旅游文化座谈会纪要/周盼 李明德//旅游学刊 1991-01
◎旅游文化学发凡——一个文化学的视野/唐友波 徐喆 郭青生 高蒙河//上海大学学报（社会科学版）1991-04
◎旅游文学的审美特征散论/陈宗棣 邱子海//上海大学学报（社会科学版）1991-06
◎旅游业勃兴投资超亿元/侯伟//中国民族 1991-01
◎旅游业投入产出分析的目的、方法与实例/徐晓歌//旅游学刊 1991-03
◎旅游业在中国社会经济发展中的地位和作用/孙尚清//财贸经济 1991-03
◎旅游与现代人的潜在需要/邱弘 周振明//东南文化 1991-06
◎旅游者空间行为规律在宾馆选址中的意义初探/保继刚//人文地理 1991-03
◎旅游资源开发与山区经济发展/刘成林//畜牧市场 1991-01
◎旅游资源学/宋力夫//地球科学进展 1991-04
◎略论楚文化旅游的开发与建设/晏昌贵//湖北大学学报（哲学社会科学版）1991-03
◎略论组合旅游在中国的崛起/成松林 李小南//旅游学刊 1991-03
◎论进一步发展大西南旅游业的对策/龚晓宽//四川大学学报（哲学社会科学版）1991/04
◎论喀斯特旅游自然资源调查及分类/艾万钰//中国岩溶 1991-03
◎论旅游发展之纵横/柯宗瑞//湖南大学学报（自然科学版）1991-06
◎论旅游环境的保护/林炳营//桂林工学院学报 1991-S1
◎论体育旅游/刘杰//哈尔滨体育学院学报 1991-01
◎论徐霞客的爱国主义精神及河南省旅游资源的开发/刘绪震//地域研究与开发 1991-02
◎论壮族的传统文化对广西旅游经济的作用/闭应尚//广西民族研究 1991-03
◎罗浮山的旅游资源评价与开发建议/邓其生//广东园林 1991-04
◎漯河市旅游资源及其开发/阎丙离//地域研究与开发 1991-03
◎漫步长安话旅游/王巨川 董亚美//中国工商 1991-05
◎美国旅游胜地——檀香山怀基基土地使用及城市规划/彭雄球//国外城市规划 1991-01
◎迷人的"骑士旅游世界"问题/孙自行//自然杂志 1991-09
◎面向未来的新加坡旅游业/W. F. Hornby E. M. Fyfe 白识英//地理科学进展 1991-02
◎民俗与旅游随谈——文化与生活复合体的共同性与互动发展的意义/张志寰//民俗研究 1991-03
◎闽南地区旅游资源的开发与利用/刘振东 姚士谋//资源科学 1991-06
◎名山风景区旅游开发用地研究/吴承照 过宝兴//地理与地理信息科学 1991-04
◎南朝鲜：悄然而起的亚洲"旅游大国"/张广瑞//亚太经济 1991-01
◎南京市钟山风景区森林经理的实践和研究/陆兆苏 赵德海 赵仁寿 任宝山//华东森林经理 1991-01
◎南岳衡山"旅游公害"及其防治对策/刘汉洪 彭旺元//旅游学刊 1991-01
◎嫩江流域区旅游资源及旅游业开发/孙永纯//理论观察 1991-05
◎宁夏旅游资源开发的若干思考/汪建敏//地域研究与开发 1991-02
◎欧洲奖励出国旅游趋向及我国的对策思考/应乐华//旅游学刊 1991-03
◎蓬勃发展的埃及旅游业/宋淑运//阿拉伯世界研究 1991-02
◎浅论旅游文化学的研究对象和范畴/李莉//东南文化 1991-06
◎浅谈北海—涠洲旅游客运航线的开发前景/龙仕汉//广西交通科技 1991-01
◎浅谈桂林旅游资源的开发与建设/李卫勋 谢静波 胡云沪//桂林工学院学报 1991-S1
◎浅析桂林旅游宾馆执行最低保护价的必要性/李家骥//旅游学刊 1991-02
◎浅析汇率调整对旅游业的直接影响及其对策/钱敏//财经研究 1991-11
◎浅议吉林省旅游资源开发/薛炳臣//经济纵横 1991-08
◎浅议民俗旅游的宣传/陶冶//民俗研究 1991-03
◎强化产业意识 完善产品结构/张脉贤//旅游学刊 1991-01
◎锲而不舍 创新立见——记北京大学陈传康教授/保继刚//地理与地理信息科学 1991-04
◎秦皇岛市旅游商品开发设想/刘杰 李田//河北省科学院学报 1991-02
◎青海旅游资源的定量评价/张忠孝//青海师范大学学报（自然科学版）1991-03
◎全国国内旅游未来与发展研讨会召开//未来与发展 1991-06
◎全国区域旅游开发学术研讨会在黄山屯溪召开/陆玉麒//地理研究 1991-01
◎全行业奋力拼搏 旅游业形势喜人——1至4月份全省旅游工作情况综述/王巨川//陕西省人民政府公报 1991-12
◎入境散客旅游市场宏观管理刍议/向才德 谢迪辉//旅游学刊 1991-03
◎三亚市的旅游科技园/徐君亮//地理与地理信息科学 1991-02
◎森林旅游与其它森林资源利用关系初探/叶德敏//中南林业调查规划 1991-03
◎山东国际旅游市场开发纵横谈——山东省旅游局负责同志答本刊记者问/刘德谦 李英雄//旅游学刊 1991-03
◎山东旅游资源评价及开发对策/王衍用//经济地理 1991-01
◎山海关旅游资源的开发和保护/孙韶良 王宗赢//环境保护 1991-07
◎山西旅游业发展现状与管理体制改革/姚大云//经济问题 1991-03
◎山岳风景区国际旅游经济效益探析——以黄山国际旅游业为例/陆林//旅游学刊 1991-01
◎涉外旅游价格决策的汇率依据分析/李树民//西北大学学报（哲学社会科学版）1991-02
◎深圳经济特区旅游业十年发展的回顾与思考/李冠利//旅游学刊 1991-02
◎深圳特区旅游业的回顾与思考/李冠利//特区经济 1991-04
◎神与物游 情与景谐——试论海南古代山水旅游诗的审美特征/

冼心福 傅素莲//海南师范学院学报（社会科学版）1991-01
◎嵊泗海岛应以旅游业为主导产业/黄忠悫//浙江学刊 1991-01
◎石家庄市会议旅游资源开发浅析/李素湘//地理与地理信息科学 1991-02
◎试论甘肃旅游资源的特点及开发/魏军//兰州学刊 1991-04
◎试论河北省国内旅游的发展/邢树坤 张芊 李继承//旅游学刊 1991-03
◎试论华东地区森林旅游发展战略/叶德敏//华东森林经理 1991-03
◎试论开展广西及少数民族区域的文化旅游/黄克 苏长高//广西民族研究 1991-04
◎试论考古文物与旅游文化/杨群//东南文化 1991-06
◎试论旅游的文化性、经济性及其关系/徐喆//东南文化 1991-06
◎试论旅游点的生物景观/张明玉//湖北师范学院学报（哲学社会科学版）1991-04
◎试论旅游文化的多边关系/张元隆//东南文化 1991-06
◎试论青城前后山红层岩溶地貌及其旅游景观资源价值/张彦儒//四川地质学报 1991-04
◎试论苏州石湖景区的开发利用/于治民 马洪元//苏州科技学院学报（社会科学版）1991-02
◎试论西藏的经济特点/宁世群//西藏民族学院学报（哲学社会科学版）1991-01
◎试论自然旅游景观美/陈兴中//乐山师范学院学报 1991-03
◎试谈旅游教育宏观计划管理/陶汉军//旅游学刊 1991-02
◎首届中国旅游文化学术研讨会纪要/冯乃康//旅游学刊 1991-01
◎松花湖风景区总体规划/卢正南//城市规划 1991-06
◎苏联旅游业兴起/于川//世界知识 1991-16
◎苏州市旅游业发展战略研究/孙晓备//苏州教育学院学报 1991-01
◎苏州市旅游资源的系统开发/陶卓民//南京师大学报（自然科学版）1991-02
◎台湾地区旅游趋势与旅行新观念/陈嘉隆//旅游学刊 1991-04
◎谈谈旅游购物中的价格机制问题/王正效//中国物价 1991-05
◎瓦屋山自然保护区、风景名胜区综合考察及研究//乐山师范学院学报 1991-01
◎为经贸唱戏搭台的陕西旅游业/卜云彤//瞭望 1991-50
◎为旅游"软件"建设培养人才/蔡雄//桂林工学院学报 1991-S1
◎文化·渔俗与海岛旅游——玉环诸岛发展海岛旅游的民俗学思考/袁铁坚//民俗研究 1991-03
◎文化与旅游戏纵横谈/夏正伟//东南文化 1991-06
◎我国高等旅游教育面临的挑战与对策/王景荣//旅游学刊 1991-04
◎我国旅游地质资源的优势/赵如海//桂林工学院学报 1991-S1
◎我国旅游商品发展调研报告/蔡贻模 魏小安 冯宗苏 叶军//旅游学刊 1991-02
◎我国旅游涉外饭店的发展、现状及对策研究/张俐俐//南开经济研究 1991-01
◎我国旅游业的产品反思及其战略/肖潜辉//旅游学刊 1991-02
◎我国旅游业利用外资的分析与思考/唐德鹏//福建论坛（社科教育版）1991-12
◎我省旅游外汇流失现状浅析/朱贯生 徐超//西南金融 1991-05
◎我省旅游业正在逐步恢复/王巨川//陕西省人民政府公报 1991-04
◎五大连池旅游经济区开发构思/黎晶//黑河学刊 1991-03
◎西北地区开发专项特色旅游的构想/唐德鹏//科学经济社会 1991-03
◎西藏旅游业发展若干要点论析——对《西藏旅游规划》的几点补充意见/王大悟//旅游学刊 1991-02
◎昔时景德镇瓷业风俗及其它（一）/余锋//景德镇陶瓷 1991-01
◎昔时景德镇瓷业风俗及其它（二）/余锋//景德镇陶瓷 1991-02
◎形形色色的公费旅游/熊世炬//社会 1991-06
◎烟台市海洋开发"八五"科技发展预测研究/张瑞安//海洋开发与管理 1991-01
◎要重视发展农村旅游经济/姚君泽//农业经济问题 1991-03
◎宜兴阳羡景区溶洞资源特征及人类活动对溶洞环境的影响/包浩生 李春华 潘瑞鸿 李植斌//南京大学学报（自然科学版）1991-02
◎以赤壁、陆水湖为依托蓬勃发展蒲圻市旅游业/伍学进//咸宁学院学报 1991-04
◎印度大力发展旅游业/宋春江//国际展望 1991-19
◎应用旅游地理学在中国的进展/孙文昌//地理学报 1991-04
◎用法律手段调整我国的旅游经济/赵贺民//桂林工学院学报 1991-S1
◎用控制图管理现代旅游饭店/谢彦君//旅游学刊 1991-04
◎由纪念谈到旅游纪念商品（续）/展舒言//民俗研究 1991-04
◎由纪念谈到旅游纪念商品/展舒言//民俗研究 1991-03
◎粤北旅游业经营管理的若干问题/陈政勇//广州市财贸管理干部学院学报 1991-Z1
◎越南旅游业的回顾与展望/马啸//东南亚研究 1991-01
◎在海湾战争阴影笼罩下的全球旅游业/重游//国际展望 1991-05
◎正确认识大庸旅游业的几个理论方法问题/田贵君//旅游学刊 1991-01
◎中国旅游发展笔谈（1）/荆子玉 陈枫等//旅游学刊 1991-01
◎中国旅游发展笔谈（2）/李海瑞 蒋国田等//旅游学刊 1991-02
◎中国旅游发展笔谈（3）/陈枫 吴志宏等//旅游学刊 1991-03
◎中国旅游发展笔谈（4）/蒋奎生 于英士等//旅游学刊 1991-04
◎中国旅游文化的附会传统研究/喻学才//晋阳学刊 1991-05
◎中国旅游资源的开发评价、途径和对策/陈传康//人文地理 1991-02
◎重视旅游理论研究 促进旅游事业发展——八年来厦门市旅游经济研究综述/彭一万//旅游学刊 1991-02
◎抓旅游行业财务管理 促旅游经济效益提高/刁玉良//财务与会计 1991-07
◎宗教园林与旅游文化/陈鸣//东南文化 1991-06

1992 年

◎"八五"期间湖北旅游业发展的设想/张平//湖北社会科学 1992-04
◎"九七"前后香港经济变化对澳门旅游博彩业的影响/戴月明//世界经济研究 1992-05
◎"游观"与秦汉旅游/范能船//湖南城市学院学报 1992-02
◎《第三届全国区域旅游开发研讨会》在大庸举行/李宝田 陈传康//地理学报 1992-06
◎1991 年中国旅游业发展综述/石建国//旅游学刊 1992-04
◎90 年代发展我国国际旅游业的财税政策研究/《发展国际旅游业的财税政策研究》课题组//旅游学刊 1992-01
◎艾伯塔省贾斯珀国家公园兼论加拿大落基山大旅游空间的管理和整治/跃辉//地理科学进展 1992-03
◎本世纪末世界旅游发展趋势综述/李天元//旅游学刊 1992-04

- 兵团旅游业活跃/王巧云//中国农垦 1992-10
- 昌九工业走廊开发农垦旅游业的构想/冯朝福//企业经济 1992-04
- 长白山自然保护区的功能及其实现途径/杨青山 崔庠//资源科学 1992-05
- 承德——会议旅游城市发展之构想/高俊虎 安忠和//旅游学刊 1992-03
- 崇阳县旅游资源及其开发/李家声 苏甦//江汉大学学报（社会科学版）1992-02
- 从旅游地学到旅游开发/杨耀邦//地理与地理信息科学 1992-03
- 从旅游心理看民间传说的价值/段友文 徐雪//山西师大学报（社会科学版）1992-02
- 从旅游心理谈民俗陈列/张建新//民俗研究 1992-04
- 从与港澳的互补关系谈珠江三角洲的旅游特色与旅游开发/陈烈 陈国强//中山大学学报（自然科学版）1992-04
- 促进边区经济文化建设开发旅游资源/郑志示 毛荣耀//畜牧市场 1992-05
- 大胆利用外资 加快旅游发展/迟景才//经济研究参考 1992-Z7
- 大力发展滩涂旅游经济/朱村富//经济研究参考 1992-Z6
- 大力提高旅游业的文化品位/柳斌杰//旅游学刊 1992-04
- 丹霞地貌旅游开发学术讨论会在广东丹霞山召开/王新军//地理研究 1992-01
- 丹霞风景名胜区景观规划理论与技术体系及保护规划研究/俞孔坚 吉庆萍//广东园林 1992-01
- 地下空间与西湖旅游——兼谈西湖风景区的开发与保护/李育湘//地下空间 1992-01
- 地下溶洞景观的审美特色和审美开发/陶济//旅游学刊 1992-05
- 东北边疆区域旅游的开发/孙文昌 韩杰//东北师大学报（自然科学版）1992-03
- 东北区海外旅游客源市场的拓展/韩杰 赵富强//旅游学刊 1992-02
- 东江风景区开发建设探析/欧阳奎//湘潭师范学院学报（社会科学版）1992-03
- 东盟国家旅游业的发展/李滋仁//南洋问题研究 1992-04
- 对北京旅游业的一点看法/凤山//中国经贸导刊 1992-02
- 对发展国内旅游业的几点认识/张广瑞//财贸经济 1992-03
- 对发展武夷山旅游经济的金融思路/张建//福建金融 1992-08
- 对旅游教育的遐想/陈枫//旅游学刊 1992-04
- 对旅游业增加信贷投入的浅见/钱斌//中国城市金融 1992-05
- 对南岳旅游开发的再思考/刘汉洪//经济地理 1992-02
- 发挥地缘优势，大力发展对俄旅游//旅游学刊 1992-05
- 发挥海南资源优势，开发建设“海洋大省”/潘建纲//自然资源学报 1992-01
- 发挥旅游行业公会的作用，促进旅游服务质量的提高/庄瑞明 钟小军//旅游学刊 1992-01
- 发挥旅游资源优势，促进区域经济发展——大桂林旅游区开发初探/黄永清 谢迪辉 周茂权//旅游学刊 1992-05
- 发展海洋旅游 振兴烟台经济/丁玉兰 张瑞安//海洋开发与管理 1992-03
- 发展旅游业是贫困地区经济发展的有效途径/胡友兴//中国财政 1992-08
- 发展南岳旅游文化的思考/曹晋//衡阳师范学院学报 1992-02
- 方兴未艾的丰都旅游业/蒋晓川//畜牧市场 1992-01
- 方兴未艾的印尼旅游业/许友年//东南亚研究 1992-02
- 访泰归来侃旅游/邹凤岭//经济师 1992-08
- 风景名胜旅游资源评价的定量研究/杨春巍//重庆建筑大学学报 1992-S1
- 风景区开发建设中的区位因子/陈耀华//经济地理 1992-01
- 风景区旅游设施规模控制与规划设计原则/周公宁//华中科技大学学报（城市科学版）1992-Z1
- 风景学简绎/汪之力//建筑学报 1992-06
- 福建旅游资源开发的重点与方向/陈及霖 郑荣富//东南学术 1992-05
- 改革开放与中国的旅游业/沈彦蓉//中国国情国力 1992-04
- 更新旅游观念 发展集团经营/刘国柱//特区经济 1992-04
- 关于承德旅游发展的思考/高俊虎 肖振岭//承德民族师专学报 1992-01
- 关于当前国内旅游存在的问题及其对策的思考/张珉 刘筱秋//旅游学刊 1992-05
- 关于东北区旅游地理区划的探讨/韩杰//经济地理 1992-04
- 关于加速发展广西旅游业的设想/苏长高//改革与战略 1992-04
- 关于旅游地区财政支持的设想/胡湘桂//当代经济科学 1992-01
- 关于旅游线路设计的初步研究/楚义芳//旅游学刊 1992-02
- 关于旅游行为及其动机的研究/刘纯//社会科学家 1992-01
- 关于涉外疗养旅游及其在我院开展情况的报告/赵希成 马国华 孙连华//中国疗养医学 1992-02
- 关于我场发展旅游业的思考/董孝鹤//中国农垦经济 1992-08
- 关于我国发展绿色旅游的探讨/上官增前//林业经济问题 1992-03
- 关于我国开征旅游税的设想/周伟//旅游学刊 1992-03
- 关于我国旅游理论研究现状的评析/杨森林//商业经济与管理 1992-03
- 关于武汉市旅游开发战略模式的探讨/万家佩 涂人猛 周茂权//湖北大学学报（哲学社会科学版）1992-02
- 关于新西兰的国家公园建设与管理研究/何才华 熊康宁//贵州师范大学学报（自然科学版）1992-01
- 广东风俗文化景观与群落/司徒尚纪//中国历史地理论丛 1992-04
- 规范旅游交流，开拓两岸旅游合作新阶段/杨文珍 钟海生//旅游学刊 1992-06
- 贵阳“四月八”与贵州文化、经济、旅游业发展研究/杨政银//贵州文史丛刊 1992-01
- 桂林旅游市场的分析与治理整顿对策/桂林市社科联旅游课题组//社会科学家 1992-02
- 桂林涉外饭店经济效益低的原因与对策/黄伟//武汉金融 1992-04
- 桂林涉外旅游业存在的问题及对策/谭霞//广西财经学院学报 1992-04
- 国际旅游促销中的几个法律问题/王健//旅游学刊 1992-04
- 国际旅游市场环境和我国的对策/奚红妹//国际商务研究 1992-05
- 国家文物局领导成员彭卿云谈发展旅游与文物保护/闵瑶//瞭望 1992-03
- 国内旅游与旅游环境衰退/周进步//旅游学刊 1992-04
- 国外狩猎旅游业/赵殿升//野生动物 1992-02
- 海滨旅游建筑杂感/赵宝馥//世界建筑 1992-02
- 海南岛旅游气候资源及其开发利用/杨士弘 黄伟//华南师范大学学报（自然科学版）1992-01
- 好戏连台 先声夺人——马来西亚’94 观光年节目扫描/高伟浓//东南亚研究 1992-06

◎合理利用长江旅游资源 加快长江客运发展步伐/余章蓉 刘军//交通企业管理 1992-10
◎河北省三类旅行社的现状及发展对策/张银城 国春魁//旅游学刊 1992-05
◎河川旅游对地方经济所产生的经济效应/H. K. 科德尔 约翰·C·伯格斯特龙 格雷戈里·A·阿在欧洲建立中国旅游服务站的设想/熊小奇//中国经贸导刊 1992-21
◎黑河旅游业开发刍议/吕兴才//黑河学刊 1992-03
◎黑龙江省森林旅游资源开发利用设想/钟福胤//林业资源管理 1992-04
◎衡山景观资源开发/熊绍华 杨载田//人文地理 1992-01
◎弘扬民族文化 促进旅游事业/郭联耀//人文杂志 1992-02
◎后来居上的马来西亚旅游业/曹云华//亚太经济 1992-02
◎湖北省旅游发展战略的一点思考/涂人猛//旅游学刊 1992-06
◎湖南旅游业"好戏连台"/新华//现代情报 1992-01
◎湖南专项旅游概论/杨载田//衡阳师范学院学报 1992-02
◎华侨华人与侨乡福建旅游业的发展/林德荣//华侨华人历史研究 1992-03
◎黄山旅游旺季游客超载调控措施研究/黄成林//经济地理 1992-03
◎黄土高原旅游资源优势与前景分析/宋力夫//地理与地理信息科学 1992-02
◎建设深圳湾文化旅游区的市场策略探析/卢文伟//特区经济 1992-08
◎江苏省旅游资源开发利用与发展战略/顾焕章 曲福田 周曙东 刘营军//江苏社会科学 1992-03
◎江苏省首次地学旅游资源开发研讨会纪要//江苏地质 1992-Z1
◎江西省房地产业、旅游业发展的对策研究/江西省社会科学院《第三产业问题研究》课题组//江西社会科学 1992-06
◎胶东半岛旅游资源优劣之我见/徐德成//旅游学刊 1992-04
◎近十年旅游文化研究综述/范能船 朱晓松//旅游学刊 1992-01
◎进一步发展新疆旅游业五议/胡祖源//实事求是 1992-05
◎经营生态林业的新尝试——森林旅游综合效益探讨/汪建敏 陈煜初//华东森林经理 1992-03
◎荆沙地区旅游资源开发构想/祁春节//长江大学学报（社会科学版）1992-06
◎九华山金地藏与韩国旅游客源市场开拓/王传庆 邓一丁//旅游学刊 1992-06
◎开发"乡村旅游"势在必行/杨旭//旅游学刊 1992-02
◎开发旅游资源促进对外开放/陈莉君//四川师范大学学报（自然科学版）1992-02
◎开发十万山森林旅游的建议/钟业聪 陈抡祥 黄伟朝 魏茂章 何伟昌 唐俊//广西林业 1992-05
◎开发新宾旅游资源 加强满族史研究/房守志//满族研究 1992-02
◎开拓广东宗教旅游——以南禅寻宗专项旅游为例/黄少辉//旅游学刊 1992-02
◎开拓散客旅游市场初探/俞新//旅游学刊 1992-02
◎科技进步是旅游业发展的动力/王怡然//科技进步与对策 1992-01
◎空运、旅游、环境保护/惠特克罗夫特 邱忠虹//国外社会科学文摘 1992-03
◎老挝旅游业开发的前景/蔡文枞//东南亚研究 1992-02
◎骊山风景区植被资源旅游潜力评价与绿化规划/薛惠锋//地理与地理信息科学 1992-02
◎历史文化旅游的几个问题/高蒙河//上海大学学报（社会科学版）1992-04
◎利用杭州秋季气候资源开发秋季旅客流量/黄瑾如//浙江气象 1992-01
◎凉山彝族民歌与社会生活、风俗之关系/曾令士//中国音乐 1992-01
◎辽宁省滨海旅游资源开发/仲桂清//海洋开发与管理 1992-02
◎辽宁沿海地区旅游业孔雀开屏式战略布局构想/李悦铮//经济地理 1992-04
◎柳州旅游业发展研究/刘俊//改革与战略 1992-04
◎旅游：90 年代兴旺发达/爱戈//国际展望 1992-13
◎旅游·建筑·文化/高亦兰//世界建筑 1992-02
◎旅游促进交流 交流推动旅游/魏小安//旅游学刊 1992-06
◎旅游地理区划等级单位系统研究/秦关民//陕西师范大学学报（自然科学版）1992-03
◎旅游地理学发展的回顾与前瞻/楚义芳//旅游学刊 1992-05
◎旅游地理学理论与实践的探索——陈传康教授旅游地理学研究成就评述/王守春//人文地理 1992-02
◎旅游地质学前景广阔/刘茂森 杨能楹//西北地质 1992-03
◎旅游对接待地的社会影响及对策/刘振礼//旅游学刊 1992-03
◎旅游风景地貌初探/穆越//地域研究与开发 1992-03
◎旅游观光与未来/唐学斌//未来与发展 1992-03
◎旅游科学理论与实践第三届全国学术研讨会分组研讨发言摘要/宋志伟//旅游学刊 1992-02
◎旅游企业应实行共保合同制——南京丁山宾馆试行共保合同制的启示/刘小章//旅游学刊 1992-03
◎旅游区的开发与环境保护/刘社//中国环境管理 1992-06
◎旅游区的文化景观初探——以江西庐山为例/许然 陈登胜//信阳师范学院学报（自然科学版）1992-02
◎旅游区域研究方法/Stephen L. J. Smith 保继刚 李蕾蕾//地理科学进展 1992-01
◎旅游市场：全方位的开拓/廖浩勤//开放时代 1992-03
◎旅游市场探索五题/林南枝 李天元等//旅游学刊 1992-02
◎旅游文化刍议/郑本法//甘肃社会科学 1992-05
◎旅游先行——黑河、绥芬河市开放生财纪实之三/刘凤桐 何杰平 曲伟//中国财政 1992-09
◎旅游行程的设计与推广/许兴臣 冯玉清//旅游学刊 1992-02
◎旅游业赴大陆投资之研究/王文杰//旅游学刊 1992-06
◎旅游业计算机网络管理系统问世/张钢//计算机应用研究 1992-01
◎旅游业区位论在绵阳地区旅游业布局中的应用/陶小平//四川地质学报 1992-01
◎旅游业——生态、文化、经济的协调发展趋势/章海荣//贵州民族学院学报（哲学社会科学版）1992-04
◎旅游业要有大的发展/邓小平//旅游学刊 1992-06
◎旅游与环境必须协调发展/柯金良//环境与可持续发展 1992-02
◎旅游与文化娱乐/孙华逊//企业经济 1992-03
◎旅游者购买心理与旅游商品的生产和销售/吴赣英//企业经济 1992-04
◎旅游者行为初论——旅游文化学之二/伍仁//上海大学学报（社会科学版）1992-04
◎旅游资源的开发利用应纳入治穷致富系统/陈述德//社会 1992-07
◎旅游资源价值分类初探/顾维舟//旅游学刊 1992-01
◎旅游资源开发系统分析/王云才//陕西师范大学学报（自然科学版）1992-04

◎略论海外游客旅游意外保险之赔偿/黄克//旅游学刊 1992-05

◎略谈我国旅游业部门管理与行业管理的关系问题/林炳镛//旅游学刊 1992-03

◎论风景区环境容量与旅游规模的关系/周公宁//建筑学报 1992-11

◎论金华旅游业的前景/竺阳海//浙江师范大学学报（自然科学版）1992-02

◎论柳宗元的旅游美学观/章采烈//江汉论坛 1992-02

◎论旅游的审美本质/陈刚//旅游学刊 1992-04

◎论旅游地理学的研究核心/保继刚//人文地理 1992-02

◎论旅游地理学发展的基本方向/楚义芳//地理与地理信息科学 1992-01

◎论旅游地学资源的分类和评价/王明伟//云南地质 1992-01

◎论旅游公共关系/余明阳//深圳大学学报（人文社会科学版）1992-04

◎论旅游纪念品的消费导向/邹德隆//地理与地理信息科学 1992-04

◎论旅游接待地的社会压力问题/申葆嘉//旅游学刊 1992-03

◎论旅游市场条件与经营思想/郑本法//开发研究 1992-04

◎论旅游业对博物馆的冲击/党士学//中国博物馆 1992-04

◎论我国山区旅游开发问题/翟辅东//经济地理 1992-01

◎论武汉城区旅游开发的问题/李鸿义//湖北大学学报（哲学社会科学版）1992-02

◎民俗’91 世界旅游日庆祝活动的热点/王荣国//民俗研究 1992-01

◎民俗旅游村寨开发初探/吴忠军//中南民族大学学报（人文社会科学版）1992-05

◎明代旅游文化初识/陈宝良//东南文化 1992-02

◎摩洛哥鼓励旅游投资/焦迎建//国际经济合作 1992-10

◎目前我国旅游市场的困境与出路/丁力//财贸经济 1992-07

◎南京在旅游活动中应充分发挥历史文化遗产的优势/沙元伟//南京社会科学 1992-05

◎扭转山西国际旅游落后局面的五条建议/杨晓国//经济问题 1992-07

◎农村（地区）旅游经济新发展/刘天福//数量经济技术经济研究 1992-01

◎努力开发旅游新产品，不断增强市场竞争力/干新勇//旅游学刊 1992-02

◎蓬勃发展的泰国旅游业/岑容林//当代亚太 1992-05

◎浦东开发与舟山度假基地的建设/王辉//商业经济与管理 1992-06

◎浦东新区旅游开发的若干特殊政策研究/范家驹 朱世成//旅游学刊 1992-04

◎前景广阔的海洋游乐事业/木林//瞭望 1992-28

◎前景诱人的三亚旅游业//今日中国（中文版）1992-10

◎浅论旅游产品的“未老先衰”现象/钱炜//旅游学刊 1992-01

◎浅谈发展旅游业的水利水运工程/李振富//水运工程 1992-02

◎浅谈吉林省旅游资源的开发/李明辉//长白学刊 1992-06

◎浅谈旅游生态系统及其应用/邵迎辉 滕润玲//环境保护 1992-03

◎浅谈旅游宣传工作中的几个误区/胡金文//旅游学刊 1992-05

◎浅谈南通市旅游资源的开发利用/蒋建民//南通大学学报（社会科学版）1992-01

◎浅析观光农业/张柏齐//古今农业 1992-03

◎浅析旅游开发计划制定与实施的一般过程/张俐俐//旅游学刊 1992-04

◎强化政府职能 全面推行旅游综合治理——南岳衡山旅游管理考察报告/刘汉洪//旅游学刊 1992-03

◎悄然崛起的海滨旅游新区——抚宁县南戴河海滨旅游区调查报告/周乃斌//旅游学刊 1992-05

◎青海湖旅游景观价值初评/周映梅//旅游学刊 1992-05

◎区别资源特色 选准客源市场 推进江苏旅游业快步发展/冯惠群//旅游学刊 1992-03

◎区域开发中旅游业发展的几个问题——以冀东地区为例/庞效民//地域研究与开发 1992-02

◎趋势 问题 对策——江苏区域旅游发展探讨/邵学文//旅游学刊 1992-06

◎全国丹霞地貌旅游开发学术讨论会在丹霞山召开/赵佩心//地域研究与开发 1992-01

◎全国农村（地区）旅游经济交流大会纪要//数量经济技术经济研究 1992-03

◎日本《旅行社法》的立法思想和特点/钟海生//旅游学刊 1992-05

◎日本旅游资源综合开发研究/付文军 谭焜煌//人文地理 1992-03

◎散客旅游市场的几个问题/张凌云//旅游学刊 1992-06

◎森林旅游生产经济特性的研究/叶德敏//绿色中国（理论版）1992-03

◎森林旅游市场预测方法探讨/林振华//林业资源管理 1992-03

◎山东省旅游区划初探/丁林//济南大学学报（社会科学版）1992-01

◎闪光的“明珠”——记全国旅游行业劳动模范龚汉育/刘庆云 刘丁//中国集体经济 1992-01

◎上海国际旅游研讨会概述/刘伟强//地理与地理信息科学 1992-04

◎韶关风景园林名胜资源/刘善修 关德谦//广东园林 1992-01

◎深入学习邓小平建设有中国特色社会主义的理论 加快我国旅游事业发展/何光暐//旅游学刊 1992-06

◎深圳旅游开发研究/陈传康 郁龙余 牟光蓉//城市问题 1992-04

◎实行有效的区域性合作 开创国际旅游新局面/李淳燕//云南社会科学 1992-03

◎世界旅游组织对旅游基本概念的重新定义/鲁澎//旅游学刊 1992-04

◎世界最大产业——国际旅游业/王立东//世界知识 1992-13

◎试论“两江一湖”旅游交通和线路布局/蒋祖云//旅游学刊 1992-06

◎试论旅游服务质量与中外文化背景之关系/王瑞林//旅游学刊 1992-01

◎试论旅游业在云南经济中的重要地位及比较优势/李培林//经济问题探索 1992-03

◎试论旅游者的法律保护/赵林余//旅游学刊 1992-04

◎试论森林的游憩功能/邓金阳//湖南林业科技 1992-04

◎试论云南大理州的旅游资源/吴龙江//玉溪师范学院学报 1992-02

◎试析嵩山风景区线路布局问题/冯大奎//旅游学刊 1992-05

◎四川彭县葛仙山旅游资源考察与评价/张诚 倪师军//西北地质 1992-03

◎嵩山旅游资源开发优势初探/冯大奎//地域研究与开发 1992-02

◎宋代桂林山水园林景观论/刘寿保//社会科学家 1992-03

◎苏南水乡元宵节习俗初探/魏采苹 屠思华//东南文化 1992-06

◎台湾的观光农业/姚兴涛//河南农业科学 1992-12

◎台湾地区旅游趋势与旅行新观念（续）/陈嘉隆//旅游学刊

1992-01
⊙台湾旅游客源市场分析及其开拓对策/郑向敏//福建论坛（社科教育版）1992-02
⊙台湾民间信仰若干史事辨误——与台湾学者商榷/陈小冲//东南学术 1992-02
⊙太原市应当发展旅游工艺品的生产/李芳 李雪//经济问题 1992-01
⊙泰国的旅游业/李滋仁//东南亚纵横 1992-01
⊙泰国的旅游业发展策略/陈恩//东南亚研究 1992-06
⊙泰国与印支半岛四邻国经济关系的若干特点/谢志鹏//南洋问题研究 1992-01
⊙谈谈我国旅游业的斯芬克斯之谜——涉外旅游企业的清欠问题/刘震环//旅游学刊 1992-03
⊙体育旅游初探/曹缔训//武汉体育学院学报 1992-01
⊙拓展利用外资领域，发展我省旅游产业/林宜宝 薛萍//福建论坛（社科教育版）1992-12
⊙为"鲁滨逊"们提供服务的莫斯科旅游图书馆/姚育德//图书馆杂志 1992-01
⊙为 1992 年国际友好观光年而作：我国旅游饭店的现状剖析及对策/尹春兰//经济师 1992-03
⊙为促中国旅游业更上层楼"中国旅游研讨会"在京召开/含峰//旅游学刊 1992-06
⊙围绕宝中铁路发展平凉的旅游业/袁德文//甘肃社会科学 1992-05
⊙未来世界旅游市场的发展趋势和特征/李树民//西北大学学报（哲学社会科学版）1992-04
⊙我国居民行旅消费初探/金泽平//消费经济 1992-04
⊙我国隆重推出九二友好观光年/陈芸 杜跃进//瞭望 1992-02
⊙我国旅游饭店业实行专业化集团管理浅论/毛秀连//改革与战略 1992-05
⊙我国旅游资源普查的基本任务和基本方法/尹泽生 李亮//旅游学刊 1992-03
⊙我国兴建民族文化村的几个问题/李铁柱//中国博物馆 1992-03
⊙我省森林旅游业发展设想/李笑峰//河南林业 1992-04
⊙我省森林旅游资源优势及开发应注意的问题/方保华//河南林业 1992-04
⊙五老峰风景名胜区综合评价/薛达//太原师范学院学报（社会科学版）1992-02
⊙武陵源风景区开拓港澳旅游市场的潜力与对策/梁明珠//旅游学刊 1992-06
⊙西安市翠华山、南五台风景名胜区规划设计构思探讨/施淑文 卢天寿 王莹 马青//长安大学学报（建筑与环境科学版）1992-Z1
⊙西班牙海岸带旅游开发及其启示/韩杰//旅游学刊 1992-06
⊙西班牙旅游资源开发途径/尹泽生 李亮//地理与地理信息科学 1992-01
⊙西藏旅游事业与民俗文化/林继富//西藏研究 1992-04
⊙西藏旅游业目标的选择及措施/元忠//西藏研究 1992-01
⊙西南经济区旅游商品开发策略初探/张文祥//社会科学家 1992-03
⊙西南旅游业由"温"到"热"/赵维//瞭望 1992-51
⊙西双版纳勐泐故宫遗址考察记——兼论大力开发西双版纳人文旅游资源/黄惠焜//云南民族大学学报（哲学社会科学版）1992-02
⊙系统论信息论方法在旅游地理研究中的应用/张宝光//人文地理 1992-02
⊙厦门加快发展旅游业/晓月//现代情报 1992-03
⊙现代旅游教育的成功经验与我国旅游教育的改进方向/何建民//旅游学刊 1992-04
⊙乡村旅游资源的开发与利用（摘录）/金学良 陈常优//人文地理 1992-03
⊙新安江水库发展旅游业的社会效益/粟运华//水利经济 1992-03
⊙新加坡的旅游业/梁燕君//当代亚太 1992-06
⊙新加坡旅游业的取胜之道/欣文//中国工商 1992-07
⊙新疆的旅游资源及其开发利用/胡卫忠//干旱区资源与环境 1992-04
⊙星海公园春季游客统计特征/仲桂清 王艳平//地理与地理信息科学 1992-02
⊙亚太地区国际旅游业发展的新趋势/陈福星//亚太经济 1992-01
⊙宜昌市旅游资源的开发研究/陶家元 周元东//华中师范大学学报（自然科学版）1992-03
⊙宜兴南部溶洞资源及其开发利用/包浩生//资源科学 1992-03
⊙遗存·环境·容量——谈扬州老城区保护与改造规划/高德山//城市规划 1992-01
⊙以改革开放促旅游发展——访广东省旅游局副局长王禄良/徐亦成//开放时代 1992-04
⊙引力模型在游客预测中的应用/保继刚//中山大学学报（自然科学版）1992-04
⊙印度尼西亚的旅游业/孔远志//当代亚太 1992-04
⊙应运而生的生态旅游业/唐绿意//世界知识 1992-03
⊙影视文化与旅游结合的新尝试——记无锡广播电视一日游/蔡革文//视听界 1992-03
⊙用生态经济观点论旅游区的开发和建设/黄晓霞//惠州学院学报 1992-02
⊙园林涉外门票价格探析/吴方//中国物价 1992-10
⊙越南的旅游服务/周在群//国际展望 1992-10
⊙云南的森林旅游与生态建设/王达明//云南林业 1992-06
⊙云南省旅游业发展问题的探讨/陈红//玉溪师范学院学报 1992-02
⊙再造旅游业的"香港"更好发挥"窗口"作用/李冠利//旅游学刊 1992-04
⊙在实践中探索旅游外汇管理的新路子/宋伟农//上海金融 1992-11
⊙张家界国家森林公园游憩效益经济评价的研究/吴楚材 邓金阳 李世东//林业科学 1992-05
⊙嶂石岩地貌之发现及其旅游开发价值/郭康//地理学报 1992-05
⊙浙江旅游业与专项旅游资源开发/李文峰//浙江学刊 1992-03
⊙浙江省旅游商品提高收汇水平的对策/葛立成//商业经济与管理 1992-06
⊙浙江省旅游业发展的战略目标、重点和模式/《浙江省旅游发展战略研究》课题组//旅游学刊 1992-05
⊙中国观光年：市场开发与产品创新/徐晓歌//旅游学刊 1992-03
⊙中国黄山旅游与环境协调发展讨论会简介/柯金良//世界环境 1992-02
⊙中国旅游发展笔谈（1）/柳直言 钱炜等//旅游学刊 1992-02
⊙中国旅游发展笔谈（2）/孙尚清 魏小安等//旅游学刊 1992-03
⊙中国旅游发展笔谈（3）/马超龙 沈彦蓉等//旅游学刊 1992-04
⊙中国旅游发展笔谈（4）/柳直言 李明德等//旅游学刊 1992-05
⊙中国旅游发展笔谈（5）/王元 迟景才等//旅游学刊 1992-06
⊙中国旅游业进一步开放的前景/谭曼尼//今日中国（中文版）

1992 06
◎中国岩溶旅游资源及其在世界上的地位/朱德浩//中国岩溶 1992-04
◎抓住有利时机 大力发展森林旅游事业//内蒙古林业 1992-08
◎抓住有利时机 加快森林风景资源的开发利用/关耀信//河南林业 1992-04
◎自然保护区的旅游开发初探/王剑 高静//河北省科学院学报 1992-03
◎自然保护区开展旅游的探讨/韩杰//旅游学刊 1992-03
◎左江风景区旅游资源特征评价及开发构想/何晓东//经济地理 1992-04
◎左江流域旅游开发初探/蒋庆霖//广西民族研究 1992-01

1993 年

◎’92 旅游地理学进展/刘伟强//地理与地理信息科学 1993-04
◎’92 中国友好观光年的启示/刘毅//旅游学刊 1993-02
◎“复关”与我国服务贸易——关于我国旅游业发展的思考/许统生//当代财经 1993-09
◎“复关”与中国旅游业/李海瑞//旅游学刊 1993-03
◎“乌拉圭回合”与发展中国家的旅游服务贸易/杨森林//财经理论与实践 1993-06
◎“预热”中的国内旅游业/沈彤//暨南学报（哲学社会科学版）1993-01
◎1992 年中国旅游经济研究综述/徐菊凤//旅游学刊 1993-01
◎90 年代民族地区旅游业的困顿与发展/周崇先//中南民族大学学报（人文社会科学版）1993-04
◎埃及旅游业点滴/良//阿拉伯世界 1993-02
◎安徽旅游资源的特点及其开发利用/唐德鹏//地域研究与开发 1993-01
◎把旅游业作为解放和发展生产力的一项产业来办/刘泽民//生产力研究 1993-Z1
◎把握形势，迎接世界旅游业的新挑战/迟景才//南方经济 1993-05
◎把自己培养成旅游业需要的角色/寿阳//上海教育科研 1993-01
◎保护区发展生态旅游的意义和途径/王献溥//植物资源与环境学报 1993-02
◎北京市文物古迹景观现状分析与建设的初步研究/阎伍玖//安徽师范大学学报（自然科学版）1993-02
◎不断改善两岸交往条件 发展两岸航空旅游事业/马晓文//旅游学刊 1993-01
◎层次分析法在旅游资源评价中的应用——以济南旅游资源评价为例/李树德 董宪军//山东师范大学学报（自然科学版）1993-04
◎充分发挥旅游资源的优势/吴存心//领导科学 1993-07
◎创造市场营销与旅游规划的统一/罗杰·格里芬 刘伟强//旅游学刊 1993-01
◎春潮带雨晚来急 湖南旅游业的蓬勃兴起/郑宪春//湘潮 1993-10
◎从环境适应性来探讨旅游发展规划/罗斯·道林 张广瑞//旅游学刊 1993-06
◎从学科学的角度谈旅游地理学的几个理论问题/管文 熊绍华//旅游学刊 1993-05
◎大理旅游区时空结构研究/刘伟强//地理科学 1993-01
◎大力发展滩涂旅游经济——关于开发盐城沿海滩涂新兴产业的思考/朱枝富//海洋开发与管理 1993-01
◎大力开发敦煌旅游资源刍议/杨新元 牛天龙//旅游学刊 1993-08-29
◎大庆旅游业近期战略——发展区域旅游/邹晓霞//大庆社会科学 1993-03
◎大上海旅游区的资源优势与发展设想/闾蓓//经济地理 1993-03
◎大足生态旅游经济的形成与发展/陈怀文//世界经济 1993-08
◎当前旅游业发展中几个值得研究的课题/刘德谦//旅游学刊 1993-06
◎档案启动了九江的旅游事业/罗时校//中国档案 1993-07
◎岛屿目的地的旅游发展与环境：毛里求斯的实例/SenRamsamy 刘颖//产业与环境 1993-Z2
◎调整战略结构 加速山西旅游经济发展/韩和平//旅游学刊 1993-04
◎东北区冰雪旅游资源及其应用研究/韩杰//地理科学 1993-03
◎东北亚地区经济技术合作中的旅游业/杨青山//人文地理 1993-02
◎对发展黄山市体育旅游的设想/毛永新 娄芳芳 苏敏华//安徽体育科技 1993-03
◎对旅游价格特点的若干思考/彭青//价格月刊 1993-06
◎对陕西省旅游资源开发利用的设想/朱杉杉//当代经济科学 1993-03-02
◎对太白山旅游资源开发与保护的探讨/方东汉//陕西地质 1993-02
◎对我国地震旅游资源开发利用的探讨/任葆德//灾害学 1993-04
◎多样化与单一性的冲突——当今旅游业发展面临的困惑与选择/欧阳斌//旅游学刊 1993-04
◎发挥金融杠杆作用 促进旅游经济发展/邱成晟//福建金融 1993-02
◎发展晋江侨乡旅游业初探/陈及霖//福建金融 1993-07
◎发展跨国旅游/向翔//云南社会科学 1993-03
◎发展旅游业经济上台阶//大庆社会科学 1993-03
◎发展天津旅游事业的宏观思考/张书义//城市 1993-01
◎发展新疆旅游业的几点设想/方舟//新疆社会科学 1993-01
◎发展中国的青年人旅游业/李·克鲁//旅游学刊 1993-03
◎方兴未艾的桐庐旅游业/毕愚溪//旅游学刊 1993-06
◎风景建设与审美心理/丁晓红//同济大学学报（社会科学版）1993-01
◎风景旅游区环境噪声标准问题探讨/卓国祥//上海环境科学 1993-03
◎风景名胜旅游资源评价的定量研究/杨春巍//城市问题 1993-04
◎风景区旅游规模预测与旅游设施规模的控制/周公宁//建筑学报 1993-05
◎风景文化三题/朱义禄//同济大学学报（社会科学版）1993-07-02
◎佛教与古代黔灵山旅游业/王路平//贵州民族学院学报（哲学社会科学版）1993-04
◎佛山市文化旅游业存在的问题及对策/蔡家史//佛山科学技术学院学报（社会科学版）1993-01
◎佛山市银坑溪旅游资源探讨/杜学成//佛山科学技术学院学报（社会科学版）1993-01
◎伏羲文化与天水旅游/郑本法//旅游学刊 1993-04
◎福建旅游业：背景与机遇、矛盾与对策/林文均//福建论坛（社科教育版）1993-10
◎福建省海岛旅游的特点与开发利用设想/朱宇 林忠 汤小华//人文地理 1993-04

◎ 福建武夷山水风光及其旅游开发前景/林惠滨//经济地理 1993-04-02
◎ 敢于到旅游市场比高低/陈桃仙 李远发//地方政府管理 1993-03
◎ 高明县狩猎场开发规划//佛山科学技术学院学报（社会科学版）1993-04
◎ 高起点、大配套、超常规发展云南旅游业/李禄安//云南政报 1993-04
◎ 各国旅游人才培养概览/周家高//中国人才 1993-04
◎ 各国政府为何关注旅游年/戴学锋//中国国情国力 1993-01
◎ 巩义市旅游资源及其开发构想/李金庆//地域研究与开发 1993-01
◎ 古城平遥旅游开发的价值与前景/郭康 王春英//山西师范大学学报（自然科学版）1993-05-15
◎ 关于大兴安岭林区发展森林旅游业的思考/黎在冈//内蒙古林业 1993-09
◎ 关于发展北海旅游业的思考/张九先//学术论坛 1993-04
◎ 关于发展乐山旅游业的构想/杨桦//乐山师范学院学报 1993-04
◎ 关于发展农垦滩涂旅游业的思考/张国强//中国农垦经济 1993-08
◎ 关于发展云南省旅游业的思路/范立人//创造 1993-03
◎ 关于发展肇源旅游业的构想/中共肇源县委县人民政府//大庆社会科学 1993-03
◎ 关于贵州省旅游开发的战略思考/高万能//贵州大学学报（社会科学版）1993-02
◎ 关于海南旅游文化建设的战略思考/喻学才//海南师范学院学报（社会科学版）1993-02
◎ 关于开辟吐鲁番旅游经济开发区的战略分析与决策建议/顾华详//新疆社科论坛 1993-03
◎ 关于开发祁县人文旅游的思考/陆东玖//中国国情国力 1993-04
◎ 关于旅游规划的若干思考/张广瑞//旅游学刊 1993-04
◎ 关于顺德市旅游资源开发的初步构想/傅汉章 张永安 丁向华 梁明珠//暨南学报（哲学社会科学版）1993-01
◎ 关于重大旅游项目筛选的若干原则探讨/詹波//特区经济 1993-10-283
◎ 观光年幕间再思考/王禄良//旅游学刊 1993-01
◎ 广东省南岭森林生态考察报告/广东省科学家南岭森林生态考察团//生态科学 1993-01
◎ 贵州民族文化的旅游开发价值/潘定智//贵州民族研究 1993-01
◎ 贵州省旅游资源的开发前景探讨/陈慧琳//贵州师范大学学报（自然科学版）1993-01
◎ 国家旅游度假区鼓励外商投资的税收优惠/选汇 印韡//涉外税务 1993-12
◎ 国外第三产业撷英——新加坡旅游业的优质服务/蔡锡梅//企业管理 1993-01
◎ 国务院办公厅转发国家旅游局关于积极发展国内旅游业意见的通知//中华人民共和国国务院公报 1993-27
◎ 海陵岛旅游资源及其开发/刘庆生//地域研究与开发 1993-04
◎ 海洋开发是实现海南经济发展战略目标的根本立足点/潘建纲//海洋开发与管理 1993-02
◎ 邯郸人文景观资源及旅游文化分析/谭维宁//人文地理 1993-01
◎ 邯郸文化发展战略和旅游文化开发/陈传康//人文地理 1993-01
◎ 韩国：迅速崛起的亚洲旅游大国/陈恩//东南亚研究 1993-Z1
◎ 河南省旅游景观的美学评价/卢琦 王明付//地域研究与开发 1993-01
◎ 洪泽湖风景资源评价与开发/朱仰石//中国园林 1993-04
◎ 湖北旅游气候资源的开发途径及其气象景观/马乃孚//气象 1993-09-28
◎ 湖北旅游再上台阶的对策探讨/曹祥本//旅游学刊 1993-02
◎ 湖南湘乡旅游资源的开发/吴章文//湖南林业科技 1993-03
◎ 华山风景名胜区的保护和发展/滕小平//西安建筑科技大学学报（自然科学版）1993-S1
◎ 黄山风景区旅游环境容量现状与调控/吴承照//地域研究与开发 1993-10-01
◎ 黄山风景区生态环境及其保护战略/潘天声//产业与环境 1993-Z2
◎ 黄山境外客源市场研究/陆林//经济地理 1993-03
◎ 黄山市旅游基地战略决策模型/张建春//安徽师范大学学报（自然科学版）1993-03
◎ 黄山天都峰游客日分布规律、容量与扩容措施研究/黄成林 查良松//安徽师范大学学报（自然科学版）1993-02
◎ 会议旅游与当地经济发展/高俊虎//承德民族师专学报 1993-01
◎ 积极开发广州旅游消费资源/何正//消费经济 1993-Z1
◎ 积极扩大来自旅游业的财政收入/项镜泉//财贸经济 1993-11
◎ 集邮与旅游相结合是集邮业务发展的新途径/柏树亮//邮政研究 1993-01
◎ 加大旅游价格改革力度 促进我国旅游事业更快发展/邹向群//中国物价 1993-05
◎ 加快发展旅游业 促进城市国际化——90 年代天津旅游发展初探/宋家增//旅游学刊 1993-01
◎ 加快发展旅游业的规划纲要和政策措施/旅游发展研究课题组//管理世界 1993-01
◎ 加快深圳旅游业发展的主要依据与战略研究/石涛//特区经济 1993-10
◎ 加强民族地区导游人才的培养/王亚黎//中南民族大学学报（人文社会科学版）1993-08-29
◎ 加速森林公园建设 发展森林旅游事业/姜德斌//经济问题探索 1993-02
◎ 建立旅游特区的理论探讨/涂人猛 聂江//社会科学家 1993-05
◎ 建水县旅游资源的开发利用/王效梅//玉溪师范学院学报 1993-03
◎ 借得江河湖泉水振兴陕西旅游业/张骅//陕西水利 1993-04
◎ 锦州市国内旅游流的产生和移动规律/谢彦君 陈元泰//渤海大学学报（哲学社会科学版）1993-02
◎ 开办桂林旅游度假区的构想/谢迪辉 周茂权//学术论坛 1993-01
◎ 开发旅游热线 形成综合优势/纪大诚//湖北社会科学 1993-02
◎ 开发旅游资源 保护景观环境/张家玉 卫翔//环境科学与技术 1993-03
◎ 开发旅游资源 发展青浦旅游事业/孟乃良//上海农业科技 1993-04
◎ 开发旅游资源 为林业综合改革试验县建设添翼/曹文彩 庞宗义 李桂林//河北林果研究 1993-S1
◎ 开发旅游资源 振兴峄城经济/牛家义//国际经济合作 1993-02
◎ 开发体现大庆精神系列旅游景点规划//大庆社会科学 1993-03
◎ 开发漳州市旅游业的若干思考/林惠滨//福建论坛（社科教育版）1993-07
◎ 开展森林旅游建立森林公园的几个问题/郝文康 郝敏 孔刚 李忠//华东森林经理 1993-02
◎ 科学规划 协作开发 大力发展观光型流域经济/刘申堂 郭俊杰 汤永长//中国水土保持 1993-10
◎ 澜沧江—湄公河开发对振兴云南及中南半岛国家旅游业的意义

/王士录//东南亚 1993-03
⊙乐山大佛风景名胜区发展研究/罗加云//乐山师范学院学报 1993-01
⊙乐山大佛风景名胜区与其他国家风景名胜区定量评价探讨/钟兴 苏旭良//乐山师范学院学报 1993-04-02
⊙乐山大佛风景名胜区总体评述/陈兴中//乐山师范学院学报 1993-04-023
⊙立足神农架资源 建设“天下第一景”/朱诗章//湖北社会科学 1993-05
⊙利用民族文化开发澜沧江/王国祥//云南社会科学 1993-03
⊙利用区位优势 发挥昆明旅游中心城市功能/骆静珊 陶犁//旅游学刊 1993-06
⊙利用遥感等资料在微机上建立武陵源旅游资源数据库/张绍辉 厉贤葵//国土资源遥感 1993-03
⊙林区发展旅游产品的前景及发展途径/陈丛礼 金安录//林业科技 1993-08-29
⊙林县南太行林虑山的旅游开发/陈传康 郭德秀//经济地理 1993-12-31
⊙龙里县麻若平台喀斯特地貌特征及旅游资源评价/熊康宁 邓玲玲//贵州师范大学学报（自然科学版）1993-04
⊙庐山旅游市场“回扣”现象透析//价格月刊 1993-09
⊙旅游、文化与教育/秦裕芳//教育与现代化 1993-04
⊙旅游：山西通向世界市场的战略通道/胡积善 申志荣//山西财经大学学报 1993-01
⊙旅游产品发展前景及其对策选择/夏丹//未来与发展 1993-05
⊙旅游城市适度游人规模研究/裴青 张丽珍//河北省科学院学报 1993-03
⊙旅游促进发展的成功范例——法门寺旅游区的崛起和发展/王竞香//文博 1993-04
⊙旅游地貌资源及其开发研究/张林源 黄羊山//地理与地理信息科学 1993-03
⊙旅游地学的创立、发展和研究趋势——中国旅游地学研究会 1-7 次学术研讨会述评/卢云亭//地理与地理信息科学 1993-03
⊙旅游地学会议报道/彭一民//地质科技情报 1993-02
⊙旅游地学基本理论问题浅见——兼谈《旅游地学概论》的一点有关提法/周进步//旅游学刊 1993-06
⊙旅游对肯尼亚沿海的环境影响/NicoVisser StevenNjuguna 陈定茂//产业与环境 1993-Z2
⊙旅游规划开发研究四题/宋力夫 卢云亭 陈安泽 岳祚茀//旅游学刊 1993-04
⊙旅游经济与水土保持/苏钦汇//中国水土保持 1993-09
⊙旅游企业激励机制的再探索/何小庭//旅游学刊 1993-04
⊙旅游人口的人口特征与旅游业的发展/林革//人口研究 1993-02
⊙旅游行为地理初探/薛建宁//人文地理 1993-03
⊙旅游宣传要为经济建设服务/张犁 王宝发//新闻战线 1993-01
⊙旅游业持续发展/陈定茂//产业与环境 1993-Z2
⊙旅游业促进了杨家桥乡的发展/郝延群//小城镇建设 1993-05
⊙旅游业的社会影响/A. 马西森//地理科学进展 1993-03
⊙旅游业可为科技经济发展带来更多的机会/张万斌//科技导报 1993-03
⊙旅游业面貌的巨变/凤凌//华东经济管理 1993-01
⊙旅游业应成为婺源的一大主导产业/黄红兵//江西政报 1993-15
⊙旅游业与市场经济/叶菊英//浙江学刊 1993-06
⊙旅游营销中有关“回扣”问题的思考/张汝昌//旅游学刊 1993-05
⊙旅游与环境：保持英格兰的平衡/Michele Grant 陈定茂//产业与环境 1993-Z2
⊙旅游与环境：法国的经验/Jean Lafont Claudine Zysberg 刘云清//产业与环境 1993-Z2
⊙旅游与环境：欧洲共同体的作用/Georges Tzoanos 陈定茂//产业与环境 1993-Z2
⊙旅游与环境：事实和数字/李滨//产业与环境 1993-Z2
⊙旅游与环境保护/孙海波//经济问题探索 1993-04
⊙旅游与艺术的商品化/肖洪根//华侨大学学报（哲学社会科学版）1993-03
⊙旅游展览策划与设计的几个问题/张凌云//旅游学刊 1993-06
⊙旅游资源非优区适度开发与实例研究/许春晓//经济地理 1993-02
⊙旅游资源结构分析/王学君//地理与地理信息科学 1993-01
⊙旅游资源评价多目标积权优序模型/魏中俊//安徽师范大学学报（自然科学版）1993-04
⊙略论地名在旅游中的作用和价值/尹钧科//测绘科学 1993-03
⊙略论国际旅游经济/朱兴榜//四川外语学院学报 1993-S1
⊙略论国内旅游在我国现代化建设中的作用/崔金才 蔡雄//学术论坛 1993-01
⊙论长江中游地区旅游资源的开发战略/徐德宽//武汉大学学报（哲学社会科学版）1993-05
⊙论黄山风景区的开发及其生态环境的保护战略/梁太芹//资源科学 1993-04
⊙论旅游环境的性质与旅游环境学的任务/孙根年//河南大学学报（自然科学版）1993-04
⊙论旅游业与国情的关系/白仲尧//晋阳学刊 1993-04
⊙论旅游者与旅游资源的双向吸引模式/李涛//旅游学刊 1993-01
⊙论全民旅游教育/王莹 吴明华//旅游学刊 1993-03
⊙论人文旅游景观构成及景观特征/董新//人文地理 1993-01
⊙论天津旅游地的区位/贺成全//天津师范大学学报（自然科学版）1993-06-30
⊙论湘西旅游经济的发展战略/张佑林//消费经济 1993-03
⊙论珠海市斗门县黄杨山风景名胜旅游区的开发/曹土生 杨和斌//东南亚研究 1993-Z2
⊙马尔代夫和不丹的旅游业持续发展/EdwardInskeep 廖沐真//产业与环境 1993-Z2
⊙马来西亚旅游业投资/潘一宁//东南亚研究 1993-Z1
⊙马山度假区下一步怎么走——对部分国家级旅游度假区的调查与思索/袁明发//江南论坛 1993-06
⊙美国的森林旅游业/远海鹰//全球科技经济瞭望 1993-09
⊙孟子故里旅游开发研究/王衍用//地理与地理信息科学 1993-02
⊙面向日本女青年旅游市场的探索/徐汎//旅游学刊 1993-02
⊙闽东南地区旅游业开发模式构想/林惠滨//东南学术 1993-S1
⊙南宁旅游地学资源特征及开发设想/傅中平//南方国土资源 1993-01
⊙南岳风景区旅游气候资源评价/杨湘桃//中南林学院学报 1993-02
⊙宁夏沙湖旅游区整体系统的系统分析/谭晶荣 郭建祥 白瑞乾//宁夏大学学报（农业科学版）1993-02
⊙农村旅游经济理论研究述要/李果仁//学术探索 1993-06
⊙农村旅游业发展的意义及对策分析/范爱军//山东大学学报（哲学社会科学版）1993-04
⊙彭县塘坝子—葛仙山景点石灰岩溶洞景观及旅游资源开发前景/张彦儒//四川地质学报 1993-01

⊙蒲圻旅游资源的开发利用/范钦庸//咸宁学院学报 1993-03
⊙前程似锦的周至旅游业/白水//中国工商 1993-05
⊙浅谈长江大流域旅游资源开发/何林福//长江流域资源与环境 1993-04
⊙浅谈国际旅游市场发展的趋势/郑重//广州市财贸管理干部学院学报 1993-01
⊙浅谈金湖旅游区投资形式的若干选择/刘西平//福建金融 1993-07
⊙浅谈斯里兰卡的旅游业/吴闻//当代亚太 1993-03
⊙浅议安丰塘旅游资源开发/赵阳//治淮 1993-03
⊙青岛旅游资源和发展旅游业浅见/野世箴//青岛职业技术学院学报 1993-Z1
⊙区域开发 旅游大省——海南省旅游资源开发的一点思考/孙大明 范家驹//旅游学刊 1993-05-01
⊙区域旅游规划的组织程序/刘伟强//旅游学刊 1993-05-011993
⊙区域旅游景观结构与景观效应配置的系统分析——以三门峡市为例/王兴中//人文地理 1993-03
⊙全球游客争夺战/陶迪光//世界知识 1993-16
⊙泉州旅游业的高速发展策略/周达人//福建论坛（社科教育版）1993-02
⊙人民币汇率走势及其对中国旅游业的影响/李树民//旅游学刊 1993-06
⊙如何进行特殊资产价值评估——对旅游景点折价入股的探讨/臧焕华//浙江金融 1993-02
⊙三峡地区优势自然资源的潜力与开发/杨定国 陈治谏//长江流域资源与环境 1993-04
⊙森林公园刍议/黄尚绎//绿色中国 1993-03
⊙森林公园规划设计的初步构想/谭开湛//林业调查规划 1993-02
⊙森林公园及旅游资源总体规划的体会/王永安//林业资源管理 1993-01
⊙山东省生物旅游资源及其开发保护/袁兴中 刘红//资源开发与市场 1993-02
⊙山西运城地区地震遗迹旅游资源分析/侯爱兰 卢云亭//山西地震 1993-02
⊙山西运城旅游资源评价研究/岳亮 余小川 景小元//山西师范大学学报（自然科学版）1993-04
⊙陕西省森林旅游资源的评价与开发/孟全省//陕西林业科技 1993-03
⊙上海社会旅游资源开发初探/陈宗海 陈宗棣//上海大学学报（社会科学版）1993-05
⊙社会生态旅游区探索/张旭光 郭康//经济地理 1993-02
⊙深圳旅游业十五年发展的情况、问题和评价/佘培//特区经济 1993-10
⊙神农架自然保护区人区车辆与旅客分析/李兆华 胡智勇//人文地理 1993-01
⊙生存·享乐·发展——旅游者核心需要浅说/刘文//贵州商业高等专科学校学报 1993-01
⊙生态旅游：加勒比的未来？/Joy E. Douglas 李忠//产业与环境 1993-Z2
⊙石家庄旅游区旅游资源效应的透视/路紫 刘岩//地理与地理信息科学 1993-01
⊙市场经济下旅游业新体制的构筑设想/李东岗//旅游学刊 1993-01
⊙试论观光农业/范子文//中国农业资源与区划 1993-06
⊙试论旅行团队亚群体及其对抗和对策/阎纲//旅游学刊 1993-06
⊙试论旅游购物的增长点/刘德谦//北京联合大学学报 1993-03
⊙试论旅游纠纷与处理对策/赵林余//旅游学刊 1993-02
⊙试论我国风景名胜区的定义及类型划分/周公宁//中国园林 1993-03
⊙试论现代旅游活动的基本特征/郝革宗//广西师范学院学报（哲学社会科学版）1993-02
⊙试论湘西旅游资源的开发/李明生//民族论坛 1993-02
⊙试论中国的乡村古聚落文化旅游资源/欧阳奎 杨载田//人文地理 1993-03
⊙试论中国国内旅游/乔玉霞//财贸经济 1993-12
⊙试谈盐城市海涂旅游景观及其开发效应/王永彪 韩步阳 蒋明善 夏正才 丁神奇//江苏林业科技 1993-S1
⊙双重主客体的建立——文化与经济在旅游业中共生发展理论初探/章海荣//贵州民族学院学报（哲学社会科学版）1993-02
⊙斯里兰卡旅游业正在复苏/诗言//亚太经济 1993-02
⊙四川省人民政府关于加速我省旅游业发展有关问题的通知/四川政报 1993-04
⊙台湾观光休闲农业崛起的社会背景与发展状况分析/程振琇//台湾农业探索 1993-02
⊙台湾旅行业者对大陆的环境认知的探讨/李铭辉//旅游学刊 1993-01
⊙台湾旅游政策述论/谢伟鸣//旅游学刊 1993-02
⊙太行山南段青龙洞的岩溶发育特征及旅游资源特点/冯金良 朱宣清 郭康 张晋丰 邸明慧//河北省科学院学报 1993-02
⊙泰国的旅游资源及其开发利用/侯献瑞//中南民族大学学报（人文社会科学版）1993-04
⊙泰山旅游资源开发利用初探/王有邦 李淑卿//经济地理 1993-02
⊙谈谈对区域旅游的认识/李明德//旅游学刊 1993-01
⊙谈谈旅游商品的深层开发与推销——以湖北省旅游商品为例/杨建林//旅游学刊 1993-04
⊙天趣·神构·国禁——徐霞客对于旅游资源的认识/吴金山//人文地理 1993-03
⊙突尼斯旅游业一瞥/杨艳萍//国际人才交流 1993-07
⊙皖南旅游经济发展分析与预测/李春英 谢枫//预测 1993-03
⊙我国博物馆旅游的现状与对策/王莹//商业经济与管理 1993-04
⊙我国旅游产品的开发/柳京姬//中国人民大学学报 1993-01
⊙我国旅游纠纷案件的特征/赵林余//法学 1993-03-02
⊙我国旅游业的发展速度与经济效益/白仲尧//经济问题 1993-09
⊙我国民俗旅游资源的特点与合理利用问题/马洪元//苏州科技学院学报（社会科学版）1993-S4
⊙我国区域旅游资源的复式评价/翟辅东//地理研究 1993-03
⊙我国沿海地区森林旅游资源及开发对策/李世东//林业资源管理 1993-08-29
⊙乌拉圭回合与我国旅游业的对外开放/杨森林//商业经济与管理 1993-06
⊙五花八门的世界旅游业/新疆社会科学 1993-04
⊙武陵源旅游区的遥感调查/张绍辉 张银魁//国土资源遥感 1993-03
⊙武夷山旅游环境亟待改善/李德明//福建金融 1993-07
⊙西班牙海岸带旅游开发及其启示/韩杰//海洋开发与管理 1993-02
⊙西南旅游资源开发初探/张京辉//资源开发与市场 1993-04
⊙喜马拉雅山环境中旅游业的发展：可持续性问题/TejVirSingh 王海//产业与环境 1993-Z2
⊙县乡级旅游点规划初探/杨迅周 刘爱荣//地域研究与开发

1993-03
◎香港重要国际旅游中心/武文军//兰州学刊 1993-04
◎香山公园森林游憩效益的经济评价/王连茂 尚新伟//绿色中国 1993-03
◎新产品开发：中国旅游业进一步发展之希望/陈荣//旅游学刊 1993-03
◎新加坡、香港、澳门发展旅游业的措施及其启示/吕岩//特区经济 1993-10
◎新加坡旅游业的新发展/高伟浓//东南亚研究 1993-Z1
◎新建森林公园游人规模预测方法/但新球//中南林业调查规划 1993-02
◎新疆地质旅游资源与开发/闫顺 刘琳//干旱区地理 1993-02
◎新疆旅游资源新评价与开发新方略/新疆旅游资源考察团 郭来喜//云南地理环境研究 1993-02
◎新西兰的公园管理/PaulGreen 夏光//产业与环境 1993-Z2
◎兴旅随思录（上）/白祖诚//旅游学刊 1993-05
◎兴旅随思录（下）/白祖诚//旅游学刊 1993-06
◎亚太旅游业呈蓬勃发展趋势//世界经济与政治 1993-12
◎烟台市域旅游资源合理开发的研究/张振克 李庆志//烟台师范学院学报（自然科学版）1993-02
◎岩溶地貌旅游资源特征与开发导向/李学仁//地域研究与开发 1993-04
◎沿海旅游城市客流展望与建议/李永彬//铁道运输与经济 1993-06
◎阳朔县葡萄乡旅游资源开发之研究/吴应科//广西师范大学学报（哲学社会科学版）1993-02
◎遥感在旅游资源调查、评价、开发规划、管理中应用概述/丁家瑞//国土资源遥感 1993-03
◎遥感在旅游资源调查中的应用/谷上礼//国土资源遥感 1993-03
◎一九九二年我省国际旅游业旺势空前/郑月霞//陕西省人民政府公报 1993-06
◎伊犁地区旅游资源分类评价及开发/马应贤//新疆师范大学学报（自然科学版）1993-01
◎旖旎风光迷游客 浓郁风情醉嘉宾——融水成立森林旅游公司/梁中宝//广西林业 1993-04
◎应该在总规划下面有更科学的小规划——本刊“旅游规划理论与实践研讨会”发言摘要/本刊编辑部 李英雄//旅游学刊 1993-03
◎英国奔宁山区喀斯特土地资源的开发利用与保护（以约克夏地区为例）/熊康宁//贵州师范大学学报（自然科学版）1993-03
◎影响我国旅游饭店服务水平诸因素剖析/吕建中//杭州大学学报（哲学社会科学版）1993-01
◎用德尔菲法预测英国包价旅游业/周歆红//旅游学刊 1993-01
◎玉溪地区的旅游资源及其开发与保护/方增福//玉溪师范学院学报 1993-03
◎云南旅游业优势的再认识/陈复英//经济问题探索 1993-07
◎云南民族村旅游区开发建设刍议/周学义//创造 1993-01
◎云南省人民政府关于大力发展旅游业的意见//云南政报 1993-03
◎运城地区的旅游资源及其开发/陈家振 许韶立//地域研究与开发 1993-01
◎再论旅科工贸相结合的旅游发展模式/陈仙波//商业经济与管理 1993-04
◎在区域规划阶段编制旅游规划应注意的几点问题/高文杰//城市规划 1993-01
◎张家界国家森林公园景观资源及开发建设/王可安//林业资源管理 1993-01
◎浙江森林公园现状与发展的探索/黄尚绎//华东森林经理 1993-02-15
◎中国：开放中的旅潮/寒风//开放时代 1993-06
◎中国滨海旅游业的发展/贾泓//海洋开发与管理 1993-02
◎中国地理学会在浙江省桐庐县召开第三届全国喀斯特地貌与洞穴学术讨论会/宋林华//地理学报 1993-03
◎中国干旱地区旅游线路设计的基本思路——兼论干旱地区旅游线路设计的理论方法/汪建敏//干旱区资源与环境 1993-Z1
◎中国酒文化与旅游/许宗元//江淮论坛 1993-04
◎中国力争跻于世界旅游大国行列/程青//瞭望 1993-03
◎中国旅游发展笔谈（1）/笑锋 王新军等//旅游学刊 1993-01
◎中国旅游发展笔谈（2）/胡平 王铁岭等//旅游学刊 1993-02
◎中国旅游发展笔谈（3）/钟岩 刘振礼等//旅游学刊 1993-03
◎中国旅游发展笔谈（4）/柳直言 倪耳等//旅游学刊 1993-04
◎中国旅游发展笔谈（5）/杨森林 张广瑞等//旅游学刊 1993-05
◎中国名胜古迹之由来与发展/程裕祯//中国文化研究 1993-01
◎中国森林公园资源保护和旅游开发/李世东//资源开发与市场 1993-03
◎中华旅游文化与中华民族凝聚力/姜樾//民族论坛 1993-01
◎重视旅游业在改革开放中的重要作用/梁绍顺//理论建设 1993-03
◎抓住历史机遇 大力发展旅游业——对发展武汉旅游业的建议/纪大诚//江汉大学学报（社会科学版）1993-04
◎走向复兴的法国旅游业/贺英//世界博览 1993-04
◎走向社会主义市场经济的旅游管理/迟景才//管理现代化 1993-06
◎组建桂林国际旅游集团公司的探讨/陈青光 谢迪辉 周茂权//旅游学刊 1993-02
◎遵循国际惯例加快旅游业改革和发展/刘远观//广州市财贸管理干部学院学报 1993-01

1994 年

◎’93 桂林旅游客源市场分析/吴鸿礼//旅游研究与实践 1994-02
◎’94 泰国旅游业新招/郑传艮//旅游研究与实践 1994-04
◎’94 中国旅游业扫描//民族团结 1994-11
◎“复关”对我国旅游业的影响与对策/吴勇//经济理论与经济管理 1994-05
◎“旅”与“游”并重——广州旅游开发方向探讨/郑洁华//旅游研究与实践 1994-04
◎“入关”与培养旅游人才/杨培华//北京第二外国语学院学报 1994-01
◎1993 年我国国际旅游业概览/崔晓红 袁海英//中国统计 1994-05
◎’93 中国旅游热点问题透视/陈荣//旅游学刊 1994-02
◎安徽佛教旅游文化资源的开发/于志斌//学术界 1994-02
◎安徽森林公园建设浅谈/袁长顺 汪大禧//林业资源管理 1994-02
◎安徽寿县旅游资源评价及开发构想/苏文才//华东师范大学学报（哲学社会科学版）1994-05
◎按需求特征细分英国赴华度假旅游市场/谢彦君//旅游学刊 1994-05
◎澳门旅游业迎接新的机遇与挑战/李葵//国际商务-（对外经济贸易大学学报）1994-06

◎澳洲旅游度假村面面观/毕小宁//旅游学刊 1994-05
◎巴马长寿旅游资源开发问题研究/童新华 汪宇明//人文地理 1994-04
◎把北京建成现代化国际旅游城市/于英士//旅游学刊 1994-01
◎把甘肃旅游业办成大产业之管见/高崇义//甘肃省经济管理干部学院学报 1994-02
◎把广西建成旅游大省的思考/吴鸿礼//旅游研究与实践 1994-04
◎坝上草地旅游业的效益及对脆弱生态环境的影响——以大滩地区为例/赵雪//中国沙漠 1994-04
◎北京旅游业在改革开放中成果辉煌/董春生//求是 1994-22
◎北京西山地区岩溶地质旅游路线设置/翁金桃 蒋忠诚 谢运球 章程//中国岩溶 1994-04
◎别具一格的特色旅游/郭鲁芳//国际市场 1994-12
◎布依族传统民俗旅游村落构想/杨路塔//黔南民族师范学院学报 1994-02
◎采取措施 改善环境——缅甸致力开发旅游业/立里//经贸世界 1994-09
◎茶马古道（云南段）旅游资源及其开发利用/明庆忠//长江流域资源与环境 1994-04
◎长江大流域旅游资源开发研究/何林福 李翠娥//热带地理 1994-04
◎长江旅游经济扫描/罗时汉//长江论坛 1994-05
◎长江旅游新热点险峻、原始、野趣/旅帆//水运科技信息 1994-Z1
◎潮州古城旅游资源特色与开发利用初探/程洁如//嘉应大学学报 1994-02
◎成都旅游区的四季风光带/王文才 周锦铭 周亦波//资源开发与市场 1994-02
◎城郊旅游的可持续发展与观光农业的开发初探——以南京城郊观光农业的发展为例/黄震 侯国林 徐沙//南京师大学报（自然科学版）1999-04
◎充分利用森林景观优势发展森林旅游/余健刚//中国林业 1994-02
◎充满魅力的河南旅游/肖强//中国对外贸易 1994-01
◎刍议旅游资源的开发/张源涛//旅游研究与实践 1994-02
◎创造性，旅游开发的灵魂——关于旅游资源移动性的商榷/刘振礼//旅游学刊 1994-04
◎从化，诞生在北回归线上的大自然旅游城/王守初//港澳经济 1994-04
◎从武陵源看自然风景开发区的区域社会效应/全华//经济地理 1994-04
◎从资江漂流得到的一个惨痛教训//时尚旅游 1994-06
◎大桂林旅游区开发方略研究/周山 潘玮隆 文永明//人文地理 1994-04
◎大力发展旅游业商业 建设现代化国际大都市/黎子流//珠江经济 1994-04
◎大力发展我区的旅游经济/孙寿山//前沿 1994-05
◎大同市旅游事业发展刍议/要子瑾//沧桑 1994-05
◎大型主题公园布局初步研究/保继刚//地理研究 1994-03
◎大庸市旅游业的现状与发展趋势/邓德芳//中南民族学院学报（哲学社会科学版）1994-03
◎第三届全国丹霞地貌旅游开发学术讨论会在新宁召开//经济地理 1994-04
◎东京迪斯尼乐园 de 经营技巧/于丁//决策与信息 1994-08
◎东盟地区的国际旅游贸易及有关政策措施/张汉林 梁丹//国际经济合作 1994-11
◎洞穴旅游资源的有限性与无限性/周忠发 程星//贵州师范大学学报（自然科学版）1994-01
◎都江堰市旅游区位分析及旅游发展研究/刘舸 保继刚//经济地理 1994-02
◎对长江三峡湖北峡区与神农架旅游实施战略结合的思考——兼及长江三峡湖北峡区风光旅游的新思路/杨木连//旅游学刊 1994-03
◎对承德避暑山庄旅游环境保护的意见/刘继韩//旅游学刊 1994-02
◎对发展旅游地区第三产业的探讨/李汉斌//湖南财政与会计 1994-12
◎对发展通化市旅游业的思考/杨春旭王保平薛福德//经济视角 1994-08
◎对发展我省国际旅游的思考/车代居//贵州商业高等专科学校学报 1994-04
◎对广西旅游业发展的分析及其思考——国家旅游局93 秋党校班赴广西调研报告//旅游学刊 1994-03
◎对国内旅游的几点思考/庞铁坚 丁玫//旅游学刊 1994-02
◎对河南发展国际旅游业的几点思考/顾俊龙//市场研究 1994-01
◎对珲春市旅游资源开发利用的探讨/佟守正//延边大学学报（社会科学版）1994-02
◎对旅游游乐建筑的一些认识/边志杰 金京//北京建筑工程学院学报 1994-03
◎对森林旅游及其特点的认识/但新球 周光辉//中南林业调查规划 1994-02
◎对外开放与广东旅游业的发展/罗福群//广东社会科学 1994-06
◎对我国大型人造游乐景观的认识与思考/鲁瑾 汪剑明//旅游科学 1994-03
◎对我区旅游营销形势的认识与分析/刘小林//西藏大学学报（汉文版）1994-04
◎发挥旅游协会作用 推动深圳建成国际旅游城市/欧阳杏//特区经济 1994-04
◎发挥优势 加快步伐 把湄洲岛建成国际水平的旅游度假区/陈少勇//中共福建省委党校学报 1994-Z2
◎发挥优势建设具有北方特色的国际性旅游城市/战月昌//新长征 1994-02
◎发挥整体优势 加强区域合作——环渤海地区旅游协作之我见/宋家增//旅游学刊 1994-01
◎发挥自然风光优势 促进第三产业发展//黑龙江水产 1994-02
◎发展北京旅游业的新思考——’93 北京旅游研讨会发言摘要//旅游学刊 1994-01
◎发展承德旅游应潜心研究的几个问题/高俊虎//承德民族师专学报 1994-03
◎发展桂林旅游农业浅谈/沈丽娟 黄灿滨//广西园艺 1994-04
◎发展桂林旅游农业之初见/沈丽娟 黄灿滨//广西农业科学 1994-06
◎发展旅游 振兴经济——’93 世界旅游日庆祝活动侧记/任小强//中国对外贸易 1994-01
◎发展旅游保险业务之思考/裘新宝//上海保险 1994-10
◎发展旅游业与振兴万县市地方经济/陈孝胜//重庆三峡学院学报 1994-04
◎发展南昌旅游业的战略思考/孙华逊//求实 1994-07
◎发展森林生态旅游/王永安//湖南林业 1994-12
◎发展生态旅游增强保护区活力/刘治平//中国林业 1994-07

◎发展四川森林旅游业的探讨/张洪明 王玲//四川林勘设计 1994-02
◎发展溪口旅游业的几点建议/葛土芳//浙江经济 1994-02
◎发展钟山旅游促进对外开放/董麟谢北立//旅游研究与实践 1994-04
◎方兴未艾的"生态旅游"/周雨生//旅游 1994-07
◎非洲旅游业发展与布局研究/唐发华//世界地理研究 1994-01
◎风景名胜区资源保护以及保护与旅游开发的矛盾和对策——以黄山风景区为例/刘秉升//旅游学刊 1994-06
◎风景资源量化评价体系实用方法/朱琼//规划师 1994-04
◎福建省生物旅游资源及其开发利用研究/骆培聪//福建地理 1994-01
◎福州风景旅游资源及其开发战略/杨小军//热带地理 1994-02
◎福州国家森林公园发展方向与建设重点/王光玉 杨振华 罗建明//林业勘察设计 1994-02
◎改进旅游行业管理 适应市场经济发展/鲍红//西藏旅游 1994-01
◎甘肃丹霞地貌的特征及其旅游开发/黄可光 张勃//西北师范大学学报（自然科学版）1994-04
◎港澳珠旅游圈成因探微/杨英//经济前沿 1994-03
◎哥斯达黎加的生态旅游/胡春姿//中国林业 1994-04
◎关贸总协定对中国旅游业的影响/池进 柯以蓉//华侨大学学报（哲学社会科学版）1994-03
◎关于"导游工作社会化"的浅见/徐堃耿//北京第二外国语学院学报 1994-01
◎关于发展海南山区旅游的思考/王俊武//琼州大学学报 1994-01
◎关于发展吉林省旅游业的几个问题/高群//新长征 1994-04
◎关于发展南阳地区旅游业的思考/李瑞//南都学坛 1994-03
◎关于发展浦东旅游业的思考/徐鹤荣//旅游科学 1994-04
◎关于发展思茅地区边境旅游的思考/张国华 高东云//思茅师范高等专科学校学报 1994-02
◎关于发展我国森林旅游业一些问题的探讨/李明华//华东森林经理 1994-01
◎关于发展我区旅游文化的几点思考/侯廷臻//邯郸师专学报 1994-Z1
◎关于吉林省重点旅游区开发的探讨/崔庠 王犹青 黄安民//东北师大学报（自然科学版）1994-04
◎关于建立吉林省重点旅游区的探讨/崔庠 王犹青 黄安民//旅游学刊 1994-02
◎关于建设吐鲁番旅游经济开发区的可行性研究/顾华详//乌鲁木齐职业大学学报 1995-Z1
◎关于胶州湾沿岸区域旅游资源类型和旅游功能区划之研究/郑培昕//东方论坛 1994-04
◎关于旅游对环境影响问题的思考/杜炜//旅游学刊 1994-03
◎关于旅游资源与产品开发的思考/林江珠//鹭江职业大学学报 1994-01
◎关于目前旅游企业管理的探讨——本刊旅游工作研讨会发言摘要//旅游学刊 1994-02
◎关于南京旅游文化发展战略的思考/喻学才 毛桃青//南京社会科学 1994-04
◎关于森林旅游的思考/刘振卿//北京第二外国语学院学报 1994-01
◎关于上海旅游产业地位的若干问题/丁季华//华东师范大学学报（哲学社会科学版）1994-05
◎关于四川省森林旅游业发展的探讨/张洪明 王玲//四川林业科技 1994-02
◎关于天津市发展旅游商品的有关问题/王震东//旅游科学 1994-01
◎关于无锡发展大旅游的新构想/张慰冰//江南论坛 1994-05
◎关于云南省瑞丽、畹町边境旅游情况的考察报告/中国社科院财贸所"边境旅游研究"课题组//财贸经济 1994-08
◎关于中国公民出境旅游的探讨/郭鲁芳//商业经济与管理 1994-03
◎关于重建山东旅游格局的设想/王衍用//地理学与国土研究 1994-04
◎观光农业（园区）创办的实践与思考/苏宗周//福建果树 1994-01
◎广东纯石灰岩山区人口外迁后的环境保护与旅游开发设想/陈朝辉//热带地理 1994-02
◎广东国际旅游业为何滑坡/叶健夫 林志森 陆定国//中国统计 1994-11
◎广东旅游资源开发的现状与对策/梁明珠//暨南学报（哲学社会科学版）1994-03
◎广东山区旅游资源的开发与旅游业发展/陈华堂//热带地理 1994-03
◎广东省高州市旅游文化发展刍议/杨荷卿黄信涛//南方论刊 1994-08
◎广东小坑国家森林公园旅游开发可行性研究/保继刚//地理学与国土研究 1994-02
◎广西丹霞地貌及其旅游资源开发利用/曾令锋//广西师院学报（自然科学版）1994-01
◎广州旅游业：跨世纪的选择/顾涧清//港澳经济 1994-07
◎贵州旅游开发及发展研究/王裕德//贵州师范大学学报（自然科学版）1994-03
◎贵州民族地区旅游服务型乡镇发展研究——以黄果树镇和施洞镇为研究个案/覃敏笑//贵州民族研究 1994-03
◎国际旅游预订网络系统的发展——兼论英特中国旅游预订网络的功能和特点/李军//旅游学刊 1994-05
◎国家旅游业形象的构成与推广/竹林//北京第二外国语学院学 1994-03
◎国内旅游统计问题研究/宁德煌//昆明理工大学学报 1994-02
◎国内外旅游文化研究述评/肖洪根//旅游学刊 1994-01
◎哈尔滨旅游资源开发与建设研究/李士良//黑龙江社会科学 1994-03
◎海南少数民族风情旅游利用开发浅议/石志兵//广东职业技术师范学院学报 1994-02
◎海南省旅游地评价及其开发研究/程伟民 谢炳庚 李晓青 杨友孝//自然资源学报 1994-02
◎海南与亚太地区经济合作前景浅析/李洪波//海南师范学院学报（人文社会科学版）1994-03
◎海外旅游者对上海旅游服务质量的评价/张苏红//上海统计 1994-10
◎杭州国际旅游业发展的统计研究/叶长法//浙江统计 1994-10
◎河北省临城县白云山岩溶洞穴旅游地学资源的评价与开发/彭一民 赵华新//地球科学-中国地质大学学报 1994-02
◎河南省旅游观光业发展战略构想/王庆生 陈家振 刘爱荣//地域研究与开发 1994-03
◎河南省旅游业的发展战略与对策/李居信 贺榴 刘书贵 崔正平//河南科学 1994-02
◎河南省森林公园体系建设规划/卢琦 赵体顺 赖郑华 王朝斌 高立献//中南林业调查规划 1994-02

◎黑龙江省旅游客源市场开发策略研究/徐淑梅 贾耘波//哈尔滨师范大学自然科学学报 1994-04
◎黑龙江省森林旅游狩猎业/杨佐琴 殳红//林业科技 1994-05
◎呼和浩特旅游区资源的系统分析与评价/郝晓兰 李兰维//内蒙古师大学报（哲学社会科学版）1994-01
◎湖南的名人名胜资源与旅游开发/郑伯红//地域研究与开发 1994-04
◎湖南力争2000年建成旅游大省/刘喜清//城市规划通讯 1994-13
◎湖南山地的旅游气候资源及其开发/左平 刘晓清//湖南林业科技 1994-01
◎花都市梯面镇发展旅游业的条件及对策的探讨/林先盛//佛山科学技术学院学报（社会科学版）1994-02
◎环幕电影与旅游/陈大强//旅游 1994-04
◎黄帝城旅游开发战略策划/郭康 张旭光 吴金祥 范成煜 霍东华//旅游学刊 1994-06
◎珲春市旅游业开发构想/崔庠 王犹青//东北师大学报（自然科学版）1994-01
◎机遇与挑战并存 广州国际旅游业发展研究/梁树佳//广州经济 1994-05
◎积极发展四川旅游事业参与世界旅游业竞争/李斌//国土经济 1994-01
◎加快长江中游开发带旅游业发展管见/张云生 韩冰 谢培秀//学术界 1994-05
◎加快发展我国森林旅游业充分发挥森林风景资源优势/祝光耀//中国林业 1994-10
◎加强安全管理 发展漓江旅游/黄俊//中国水运 1994-04
◎加强海峡两岸旅游业合作探讨/熊小奇//亚太经济 1994-05
◎加强陕西旅游商品生产和销售工作/冯园//西北大学学报（哲学社会科学版）1994-02
◎加速发展广西旅游业的思考和对策/苏长高 韦炳凡 李恳生//桂海论丛 1994-04
◎加速广州旅游业发展对策的思考/陈国新//国际经贸探索 1994-06
◎嘉定带给旅游新开发地区的思索/林洪岱//旅游学刊 1994-01
◎嘉善县文化旅游资源调查及开发利用/谢立昕李建国//资料通讯 1994-Z1
◎价格和外汇制度改革以及“复关”对旅游业的影响/马松//旅游科学 1994-03
◎简谈国际旅游城市应具备的条件——兼谈北京作为国际旅游城市还缺什么/张广瑞//旅游学刊 1994-01
◎简叙旅游动机模式/梁春香//北京第二外国语学院学报 1994-02
◎建立“中国旅游科研信息系统”的若干问题研究/王玫//旅游研究与实践 1994-02
◎建立敦煌国家级旅游开发区势在必行/董廷祥 张晋昌 于光旺//发展 1994-05
◎建设北京雄美迷人的旅游形象 优化北京得天独厚的旅游产品/白祖诚//旅游学刊 1994-02
◎建设具有北方特色的国际旅游城/战月昌//企业改革与管理 1994-03
◎建水历史文化与旅游开发/汪致敏 尹仲生//红河州党校学报 1994-02
◎江河源文化：青海旅游的灵魂/徐天祥 张忠孝//攀登 1994-05
◎江苏旅游商品发展现状及对策研究/陶卓民//现代城市研究 1994-04
◎解构迪斯尼世界/牛宏宝//文史哲 1994-02
◎今年我国旅游主题 文物古迹游//资源开发与市场 1994-03
◎金三角的旅游热点—美施乐/郑传良//东南亚研究 1994-Z1
◎进一步发展厦门旅游业的战略思考/《进一步发展厦门旅游业的战略思考》课题组//特区经济 1994-08
◎京郊旅游发展现状及方向/盛桂荣//旅游学刊 1994-06
◎酒泉旅游业发展的目标与措施/王炳书//发展 1994-04
◎喀斯特与洞穴风景旅游资源开发与保护国际学术讨论会在滇召开//热带地理 1994-04
◎开创西湖旅游的新局面/鲁国明//浙江统计 1994-10
◎开发黄山旅游农业的思考与探讨/周瑛//旅游学刊 1994-02
◎开发澜沧江 促进经济合作 发展跨国旅游/施荣华//云南师范大学学报（哲学社会科学版）1994-05
◎开发旅游档案 服务旅游事业/翟荷鱼//山西档案 1994-06
◎开发旅游资源 服务经济建设——从’94中国国际（萧山）钱江观潮节展望萧山旅游与经济的协调发展/孔鑫祥杜立煦//浙江经济 1994-10
◎开发旅游资源振兴第三产业/李成生//创造 1994-S1
◎开发森林旅游业 兴建白山旅游区/赵汝胜 韩鸿贤 花振波//吉林林业科技 1994-04
◎开发阳澄湖资源 发展“观光农业”/朱钰良//中国农业资源与区划 1994-03
◎开发张家口旅游资源的调查与思考/刘淳//经济论坛 1994-17
◎开封市旅游环境质量下降的原因及防治对策的分析探讨/朱连奇//河南大学学报（自然科学版）1994-04
◎开拓旅游事业 建成旅游大省/张济民//湖南经济 1994-08
◎看遍天下景色 如游溪口一园——加快发展溪口第三产业初析/夏行//浙江统计 1994-06
◎崆峒虚席待客/桑利宁//发展 1994-11
◎昆明旅游市场体系建设/张胜昆//决策咨询通讯 1994-03
◎崀山丹霞地貌旅游资源及其开发利用/李植斌//衡阳师范学院学报 1994-06
◎老挝寄希望于生态旅游/于冰冰//世界环境 1994-03
◎利用景观优势 开展森林旅游/陈连英//河北林业 1994-04
◎旅游 不再属城里人的“专利”——农民闯入旅游大潮面面观/曾勇//致富之友 1994-08
◎旅游 让人欢喜让人忧/冯瑞//四川党的建设城市版 1994-05
◎旅游 诗意化人生之活动——“古代旅游·人生·文学”论之二/李亮伟//自贡师范高等专科学校学报 1994-04
◎旅游：大有可为的产业//民族团结 1994-11
◎旅游产品的可替代性及其对策研究/钱炜//北京第二外国语学院学报 1994-06
◎旅游产品发展前景及其对策选择/夏丹//国际商务研究 1994-02
◎旅游持续发展行动战略/戴凡//旅游学刊 1994-04
◎旅游地防灾系统工程的理论与方法/路紫//旅游学刊 1994-04
◎旅游地貌学——应用地貌学的新发展（第一届旅游地貌学术讨论会闭幕词）/陈传康//人文地理 1994-02
◎旅游地貌资源的综合模糊评价/罗成德//地理学与国土研究 1994-03
◎旅游地貌资源及其开发与保护问题/赵全科//枣庄师范专科学校学报 1994-02
◎旅游地域系统及发展模式研究/涂人猛//开发研究 1994-03
◎旅游度假区的风景环境保护与开发/司马铨//规划师 1994-03
◎旅游规划的性质与方法/吴承照//城市规划 1994-03
◎旅游决策行为研究：旅游者对旅游目的地的选择/王家骏//无锡教育学院学报 1994-03

⊙旅游科学理论与实践第四届全国学术研讨会大会发言摘要//旅游学刊 1994-06
⊙旅游美育导论/许宗元//安徽教育学院学报（社会科学版）1994-04
⊙旅游企业多种经营十人谈——本刊“旅游企业多种经营研讨会”发言摘要//旅游学刊 1994-02
⊙旅游人文景观开发刍议/楼嘉军//华东师范大学学报（哲学社会科学版）1994-05
⊙旅游商品开发与文化因素/吴克祥//旅游学刊 1994-03
⊙旅游生态学——生态学应用的一个新领域/刘鸿雁//生态学杂志 1994-05
⊙旅游市场呼唤新产品——透视旅游新产品看中国的旅游业/闫锋//北京第二外国语学院学报 1994-06
⊙旅游是个大市场——谈广州市旅游公司如何适应建立现代化国际大都市/郑烘//港澳经济 1994-07
⊙旅游投资环境的初步研究/赵旭//旅游研究与实践 1994-03
⊙旅游文化美学的新觉醒——评《桂林旅游大典》/彭会资//南方文坛 1994-06
⊙旅游文化三题/傅明善//宁波师院学报 1994-03
⊙旅游系统的构成及其演化初探/王声跃 严舒红//旅游研究与实践 1994-03
⊙旅游系统的结构及其演化/王声跃//玉溪师范学院学报 1994-Z1
⊙旅游线路网络报价的动态规划分析/吴勇 黄瑞鸣//广州大学学报（社会科学版）1994-02
⊙旅游消费的市场模型与分析/叶怀//中国科学院研究生院学报 1994-01
⊙旅游行政管理的内涵及基本职能初探/张俐俐//北京第二外国语学院学报 1994-02
⊙旅游业，永远的朝阳产业/孙钢//中国改革 1994-07
⊙旅游业：明天怎能再辉煌/李正刚//世纪行 1994-12
⊙旅游业面临的机遇与挑战/张慰冰//上海管理科学 1994-03
⊙旅游业信息/吕边 余风 秋野 吕归章 李涛//旅游学刊 1994-05
⊙旅游业已成为世界最大产业——世界旅游与观光理事 1993 年年度报告/范文清//北京第二外国语学院学报 1994-06
⊙旅游业中的若干法律问题/钟尉华//贵州大学学报（社会科学版）1994-01
⊙旅游与技术的相互作用和影响/斯蒂潘纳克 杨冬松 周士琳//国外社会科学文摘 1994-07
⊙旅游与技术的相互作用和影响/斯蒂潘纳克//国外社会科学文 1994-07
⊙旅游与乡村/周复多//现代城市研究 1994-03
⊙旅游与兴市——对三亚市发展旅游业的探讨/罗灯光//海南大学学报（社会科学版）1994-01
⊙旅游资源刍议/郑本法//社科纵横 1994-06
⊙旅游资源的开发与利用/周宏光//山区开发 1994-03
⊙旅游资源开发中的一个带战略性问题——谈挖掘旅游资源的文化内涵/雷明德//西北大学学报（哲学社会科学版）1994-02
⊙旅游资源商品化与旅游商品的特殊属性/杨晓国//能源基地建 1994-04
⊙略论创建越秀旅游景区/陈政勇//广州市财贸管理干部学院学报 1994-01
⊙略论旅游、环境、生态之矛盾和协调/陈仙波//未来与发展 1994-01
⊙略谈建设金石滩国家旅游度假区的战略作用及构想/李文艺//旅游学刊 1994-05
⊙论风景旅游城市苏州水上旅游规划/俞绳方//规划师 1994-04
⊙论广西民俗旅游业的开发/潘扬娟//广西民族学院学报（哲学社会科学版）1994-02
⊙论国内旅游业/阳国亮//学术论坛 1994-04
⊙论湖北旅游经济发展对策/孙凌 邱琦章//武汉大学学报（哲学社会科学版）1994-04
⊙论徽州旅游文化与文化旅游/许宗元//江淮论坛 1994-04
⊙论历史名人级差及其效应——中国名人名胜资源的旅游价值/章采烈//旅游学刊 1994-04
⊙论旅游回扣及其法律调整/马惠元//旅游学刊 1994-02
⊙论旅游景观的审美属性/吕崇龄//昭通师范高等专科学校学报 1994-02
⊙论旅游区的历史地理研究/吴必虎//华东师范大学学报（哲学社会科学版）1994-05
⊙论旅游审美/孟华 亓华//泰安师专学报 1994-04
⊙论旅游文化是旅游业发展的灵魂/章采烈//上海大学学报（社会科学版）1994-01
⊙论旅游业现代化企业制度/史国祥//旅游科学 1994-04
⊙论苗族风俗族游/王华//民族团结 1994-02
⊙论民风民俗参与性旅游/谢雨萍//旅游研究与实践 1994-04
⊙论民俗特色旅游的开发/采烈//团结 1994-11
⊙论南海国际文化旅游圈/王路平//中国边疆史地研究 1994-02
⊙论南海国际文化旅游圈——中国大西南——东南亚文化旅游圈的开发和建设/王路平 宋太庆//西南民族学院学报（哲学社会科学版）1994-04
⊙论山地旅游资源分区与开发布局原则——以湖南省为例/徐飞雄//热带地理 1994-01
⊙论深圳大鹏湾旅游度假区的立体开发/骆仲遥//特区经济 1994-08
⊙论泰宁县旅游资源的开发/蔡亚才//三明高等专科学校学报 1994-04
⊙论提高旅游规划质量的几个问题/刘杰//地理学与国土研究 1994-04
⊙论我国旅游开发与环境管理/傅文伟//经济地理 1994-01
⊙论我国森林公园与森林旅游人才之培养/张建中//陕西林业科技 1994-02
⊙论我国宗教旅游的深度开发/刘汉洪//旅游研究与实践 1994-02
⊙论自然保护区旅游的持续发展/石凤英//地理学与国土研究 1994-04
⊙论自然旅游资源的社会性/蓝万炼//湖南经济 1994-06
⊙迈向 21 世纪的国际旅游业与中国旅游业/罗明义//经济问题探索 1994-03
⊙迈向新世纪的黑龙江省旅游业/张庆和//中国对外贸易 1994-07
⊙漫话我国古代旅游/韩贵平//中学地理教学参考 1994-Z2
⊙漫谈历史科学与旅游文化/任崇岳//河南社会科学 1994-03
⊙漫谈旅游地图/沙元伟//旅游研究与实践 1994-04
⊙茫荡山景观资源与森林旅游规划研究/李闽丽//福建林业科技 1994-04
⊙毛泽东早期旅游思想初探/蔡隆汉//毛泽东思想论坛 1994-02
⊙美国的森林旅游/赵海泉 赵建林//甘肃林业 1994-03
⊙美国国家公园与安徽旅游资源开发/陈放鸣//华东科技管理 1994-10
⊙面临国际竞争的旅游产品/夏丹//中国工商 1994-03
⊙闽东南地区的宗教旅游资源及其开发利用/朱宇//福建地理 1994-01

◎名山旅游地的空间竞争研究——以皖南三大名山为例/保继刚 彭华//人文地理 1994-02
◎明朝中后期旅游热初探/滕新才//重庆三峡学院学报 1994-04
◎明代的蜀道旅游/梁中效//汉中师范学院学报 1994-04
◎内蒙古旅游资源开发的作用、问题和对策/崔全山//内蒙古师范大学学报（教育科学版）1994-Z1
◎内蒙古土默川及周围地区旅游资源的开发利用/赵耀明//职大学报 1994-02
◎南湾湖风景名胜区自然地理造景要素研究/刘嘉言//信阳师范学院学报（自然科学版）1994-01
◎宁德市旅游资源的利用价值及其前景/陈公霖//发展研究 1994-04
◎农垦旅游业—充满希望的诱惑/贾大明//中国农垦 1994-04
◎蓬勃发展的突尼斯旅游业/石芳林//前线 1994-02
◎蓬勃发展的亚太地区旅游业/刘永斌//江苏统计 1994-02
◎平潭县旅游资源/陈居成//福建地理 1994-01
◎评《旅游地学概论》/王守春 陈传康//地理学与国土研究 1994-01
◎评《旅游资源景观论》/陈传康 王守春//经济地理 1994-01
◎蒲圻市赤壁旅游开发经营的建议/伍学进 何国松//咸宁师专学报 1994-01
◎浦东新区发展旅游农业的探讨/刘明//农业现代化研究 1994-05
◎浅论山东省枣庄市抱犊崮山区旅游资源/刘向民//山地学报 1994-01
◎浅谈发展出境旅游/郭鲁芳//旅游研究与实践 1994-02
◎浅谈桂林市旅游业发展中的问题及对策/周华玲 何绍宣//旅游学刊 1994-01
◎浅谈国内旅游/乔玉霞 李明德//旅游学刊 1994-03
◎浅谈开拓国内旅游市场的可能性及需要解决的问题/刘敏清//岭南学刊 1994-01
◎浅谈旅游信息在经济决策中的地位及其开发利用/龚玉明//旅游学刊 1994-01
◎浅谈青海省的森林公园和森林旅游/张引娥//青海环境 1994-04
◎浅谈我国旅游事业进一步发展的思路/龚玉明//旅游研究与实践 1994-04
◎浅议丽江旅游业发展的资源条件/杨金山 陈忠暖//云南师范大学学报（自然科学版）1994-04
◎强化管理 提高质量 进一步推动我国森林旅游业的健康发展/王韩民//林业科技通讯 1994-11
◎钦州湾旅游资源的开发设想/梁钦强//广西教育学院学报 1994-02
◎青岛市国内游客旅游行为研究/李培祥//青岛大学师范学院学报 1994-04
◎青海旅游经济结构初探/周映梅//青海社会科学 1994-06
◎区域旅游客源市场研究——理论、方法与实践/王新军//地理研究 1994-01
◎区域旅游理论研究/涂人猛//社会科学家 1994-05
◎曲靖地区旅游资源状况及开发前景/吴海坤//世界经济与政治 1994-09
◎全国区域旅游开发学术研论会在广东省汕头市召开//地理学报 1994-05
◎日本旅游产品走马观花/秦永福//上海工艺美术 1994-03
◎融安旅游业大有希望/赵德科//计划与市场探索 1994-07
◎如何开展生态旅游/王献溥//植物杂志 1994-03
◎入关：中国旅游业 沉下去还是浮起来/刘汉洪//旅游研究与实践 1994-03
◎三峡工程建设对三峡旅游业的影响/赵纯涂//经济与信息 1994-02
◎三亚：国际热带海滨旅游城/张泽南//海洋世界 1994-10
◎森林公园：大有潜力的江西旅游资源/连樟寿//理论导报 1994-05
◎森林公园独立规划与相关区域协调发展的途径/张震宇//国土绿化 1994-04
◎森林公园总体规划技术与理论探讨/唐正良 刘安兴//华东森林经理 1994-02
◎森林旅游与自然保护/朱丽艳//林业建设 1994-01
◎山水诗的科学内涵及在旅游开发中的作用/孙文昌//东方论坛 1994-01
◎山西旅游业发展展望/张爱国//经济问题 1994-07
◎山岳风景区客流研究——以安徽黄山为例/陆林//地理学报 1994-03
◎山岳风景区旅游季节性研究—以安徽黄山为例/陆林//地理研究 1994-04
◎陕西省旅游资源及开发利用研究/甘枝茂//人文地理 1994-01
◎汕头市旅游资源特色及开发构想/梁军//广西教育学院学报 1994-04
◎上海城市游憩者流动行为研究/吴必虎//地理学报 1994-02
◎上海地学旅游的开发研讨报道/吴林奎//上海地质 1994-01
◎上海国际旅游业的发展与对策/王怡然//上海经济 1994-06
◎上海国内旅游统计方法探讨/王大悟//旅游学刊 1994-01
◎上海旅游纪念品工艺品市场剖析旅游销售亮起黄牌/秦永福//上海工艺美术 1994-02
◎上海旅游业发展构想/吴晓莺//上海综合经济 1994-12
◎韶关旅游业市场战略探讨/张军光//韶关大学学报（社会科学版）1994-03
◎韶山市全面实施“旅游兴市”战略/毛娟//湖南经济 1994-07
◎社会趋向与观光需求/陆景武//人文地理 1994-03
◎社会资源与现代旅游业发展分析/王建堂 徐晓霞//人文地理 1994-03
◎深圳、珠海大型主题公园布局研究/保继刚//热带地理 1994-03
◎深圳市南山区商业与旅游业发展构想/王宏彬//特区经济 1994-08
◎神农架“红坪画廊”旅游景观及其开发研究/李兆华 吴华意//资源开发与市场 1994-04
◎生态旅游区的规划、开发、管理与促销/津卫 尚文//北京第二外国语学院学报 1994-02
◎生态旅游——文明旅游/王永安//森林与人类 1994-05
◎实现旅游大省的战略举措——论创建旅游度假区与发展云南旅游业的关系/花泽飞//学术探索 1994-06
◎世纪之交——湖南旅游业的战略任务与对策/肖勇//旅游研究与实践 1994-02
◎世界城市昭示———主题公园高效益的奇迹和价值导向/王新民//旅游科学 1994-03
◎试论城市在旅游事业中的地位与作用/阎友兵//社会科学家 1994-02
◎试论大千岛湖旅游与千岛湖大旅游/蒋祖云//旅游研究与实践 1994-03
◎试论风景名胜旅游资源的保护问题/王文//北京第二外国语学院学报 1994-03
◎试论柳宗元的社会旅游思想——兼谈永州市的旅游开发/陈雁

谷//零陵师范高等专科学校学报 1994-Z1
◎试论旅行社对散客的服务方式/黄郁成//企业经济 1994-08
◎试论旅游的深层动机/吕勤//北京第二外国语学院学报 1994-05
◎试论旅游疗养地区中小饭店如何解决旺季与淡季的矛盾/冯永兴//旅游科学 1994-04
◎试论泰国旅游业/傅云仙//东南亚 1994-04
◎试论文化差异可以形成一种旅游资源——关于旅游资源和文化差异的几点思考/李维树//旅游学刊 1994-04
◎试论我国的气候资源与旅游的关系/郝革宗//广西师院学报（自然科学版）1994-02
◎试论我国国内旅游业发展的现状、趋势及对策/梅凌//消费经济 1994-05
◎试论徐州旅游文化特征/李慕寒//徐州师范大学学报（哲学社会科学版）1994-03
◎试论粤北民族旅游网络的兴建与第三产业的未来/杨鹤书//民族研究 1994-06
◎试论浙江特色旅游的开发/仲向平//商业经济与管理 1994-03
◎试论中国新兴的人工旅游资源/郝革宗//人文地理 1994-04
◎试析建德市风景旅游业之现状及对策/许建平李建平//旅游研究与实践 1994-02
◎试析现代旅游业迅速发展的因素/钱忠//北京第二外国语学院学报 1994-04
◎四川省彭县葛仙山旅游资源的成因分析与开发方式/许仲路 杨桂和//长江流域资源与环境 1994-02
◎四平南山门古洞喀斯特特征与旅游景点的开发利用问题/张顺//松辽学刊（自然科学版）1994-01
◎嵩山地区地貌和环境问题/周华山 张震宇//地域研究与开发 1994-01
◎嵩山旅游资源及其开发利用/赵永久 翟鸿模 冯有利//河南地质 1994-03
◎台湾休闲农业的崛起及其对我省的启示/袁燕才 杨贤智//广东农业科学 1994-01
◎太姥山风景名胜区旅游资源及其开发利用/姚颂恩//福建地理 1994-02
◎谈旅游资源的再创造/欧阳斌//旅游研究与实践 1994-03
◎谈商务旅游者的心理特点/倪永华//旅游科学 1994-01
◎谈谈我省旅游业发展的突破/欧阳昌佩//理论与当代 1994-Z2
◎唐代诗人的蜀道之旅/梁中效//成都大学学报（社会科学版）1994-03
◎天坛文化及其旅游开发/陈传康 牛宇闳//旅游研究与实践 1994-02
◎通过旅游促进韩中文化的相互理解/李启谥 谊邻//当代韩国 1994-04
◎突出历史人文特色 发展天津旅游业/周俊旗//环渤海经济瞭望 1994-02
◎未来旅游业的发展趋势和对策/胡剑辉//旅游科学 1994-04
◎魏晋南北朝时期陕西旅游简论/拜根兴//渭南师专学报 1994-03
◎文化旅游与文化市场建设/余斌//学术探索 1994-05
◎我国风景名胜区内旅游设施功能布局初探/周公宁//中国园林 1994-01
◎我国开拓日本客源市场中存在的问题及其对策/林慧//南京师大学报（社会科学版）1994-03
◎我国旅行社业长期发展的几个趋势/钟海生//旅游学刊 1994-04
◎我国旅游企业电脑化现状、未来及其潜在问题/郑向敏//北京第二外国语学院学报 1994-01
◎我国旅游业拓展海外市场的价格策略/姚艳虹//湖南大学学报（社会科学版）1994-02
◎我国森林公园的现状及发展趋势/李世东//中南林学院学报 1994-02
◎我国森林公园开发建设的现状与未来/刘加利//中南林业调查规划 1994-03
◎我国森林旅游教育的现状及发展战略/吴章文//中国林业教育 1994-06
◎我国森林旅游资源及其开发对策/张洪明//资源开发与市场 1994-03
◎我国施行社业长期发展的几个趋势/钟海生//旅游学刊 1994-04
◎武汉市旅游业发展形象的再认识/魏卫//湖北大学学报（哲学社会科学版）1994-01
◎武陵源旅游开发研究/唐云松//衡阳师范学院学报 1994-05
◎西安旅游综合开发中几个问题的探讨/李占昌//地域研究与开发 1994-03
◎西安终南山国家森林公园开发旅游市场的研究/邹惠萍//旅游研究与实践 1994-02
◎西南旅游资源得天独厚/张京辉//中国软科学 1994-08
◎现状·目标·途径——旅游在北京实现国际化进程中的作用与功能/李庚//城市问题 1994-02
◎香港旅游资源的开发和利用/潘莉//旅游研究与实践 1994-03
◎新疆旅游资源优势与旅游区划研究/徐金发//新疆大学学报（哲学社会科学版）1994-02
◎休闲：用什么方式？/刘标//网络与信息 1994-12
◎亚太地区的短途奖励旅游市场/陈爱新//旅游研究与实践 1994-04
◎亚洲出境旅游市场发展综述/程伟进//旅游学刊 1994-03
◎延安旅游区旅游资源、地位分析/桑广书//咸阳师范专科学校学报 1994-03
◎扬长避短 发展旅游 使之成为中国的支柱产业/沙元伟//旅游研究与实践 1994-02
◎一个值得关注的问题：怎样增强广州的“旅游吸引力”/黄益青//探求 1994-01
◎依托濒江临海优势 发展宝山旅游事业/陈惠泉//上海商业 1994-04
◎依托亚洲西南大陆桥 发展西南地区与东南亚国家的旅游合作/朱振明//东南亚 1994-01
◎以“建名城”为契机发展四平旅游业/周作仁//长白学刊 1994-03
◎以改革为动力 促进江苏旅游业快速发展/冯惠群//现代经济探讨 1994-10
◎以旅游业带动第三产业的发展/冯渭兴//江南论坛 1994-05
◎以旅游业为龙头 带动第三产业发展/吴亚荣//特区展望 1994-01
◎以绿色大自然为特色：江西旅游业振兴之路/连樟寿//林业经济问题 1994-02
◎以市场为导向因地制宜开发国内旅游/刘敦荣 刘英//社会科学家 1994-01
◎以新的姿态加快发展建德风景旅游业/毕建华//浙江统计 1994-12
◎影响旅行社经济效益的主要因素及对策/程大兴//旅游研究与实践 1994-03
◎永续旅游：新观念、新课题、新挑战/谢彦君//旅游学刊 1994-01
◎优化资源配置 开发“东部旅游一条线”——发展深圳市罗湖

区旅游业的理想选择/张大平//特区经济 1994-01
⊙有关主题游乐园的思考/王姤华//北京第二外国语学院学报 1994-03
⊙元谋旅游资源的开发与设想/李锡德 黎方 周汉忠//云南林业科技 1994-03
⊙岳阳大云山森林旅游来势喜人/刘郁青//湖南林业 1994-07
⊙云南地学旅游资源评价及发展构想/高卫国//玉溪师范学院学报 1994-Z2
⊙云南旅游业的发展与妇女劳动就业/吕崇龄//昭通师范高等专科学校学报 1994-01
⊙云南旅游业中民族女性角色分析/赵捷//云南民族学院学报（哲学社会科学版）1994-02
⊙云南森林旅游资源的特点及评价方法/刘健伟//云南林业科技 1994-01
⊙云南森林旅游资源开发建设的研究/徐志辉 金桃花//生态经济 1994-04
⊙云南省旅游生态环境存在的问题及其保护对策/王家强//玉溪师范学院学报 1994-Z1
⊙再创黄山旅游新辉煌——访中共黄山市委书记赵正永//决策咨询 1994-07
⊙再造北海的人文景观初探/郭晋//计划与市场探索 1994-11
⊙在国际竞争中开拓旅游业的新局面/刘毅//求是 1994-06
⊙在深层次上开发桂林文化旅游产品/张源涛//旅游研究与实践 1994-04
⊙张家界：环境保护与发展旅游经济/李刚铤//国际商务-（对外经济贸易大学学报）1994-05
⊙张家界期：迈向国际旅游新城/华文//瞭望 1994-22
⊙珍金惜玉 合璧连珠——保护北海旅游资源与发展北海东南亚旅游合作琐议/周中坚//东南亚纵横 1994-01
⊙振兴少数民族地区经济的突破口/李竹青//民族团结 1994-11
⊙镇江旅游资源及其跨世纪开发构想/张立生//现代城市研究 1994-04
⊙整体产品观念在旅游业中的应用/钱炜//北京第二外国语学院学报 1994-02
⊙正在兴起的旅游新客源/刘阿英//北京第二外国语学院学报 1994-01
⊙支持旅游资源开发 加速旅游财源建设//湖北财税 1994-05
⊙制定县乡级旅游区总体规划的若干思考/王庆生 陈家振//地理学与国土研究 1994-03
⊙中国当代旅游产品发展的多样化趋势及其特点/王晓云//华东师范大学学报（哲学社会科学版）1994-05
⊙中国第一届旅游地貌学术讨论会在丹霞山召开/郭康//旅游研究与实践 1994-03
⊙中国公民出境旅游的兴起带来的思索/侯仁华//旅游科学 1994-04
⊙中国古代旅游说略——“古代旅游·人生·文学”论之一/李亮伟//自贡师范高等专科学校学报 1994-03
⊙中国会议旅游何时走出低谷/欧阳斌//旅游研究与实践 1994-02
⊙中国祭天文化及旅游价值探寻/卢云亭 牛宏闳//旅游学刊 1994-02
⊙中国旅游发展笔谈（1）/钟岩 王亚黎等//旅游学刊 1994-02
⊙中国旅游发展笔谈（2）/韩万国 赵晖等//旅游学刊 1994-03
⊙中国旅游发展笔谈（3）/郭鲁芳 韩万国等//旅游学刊 1994-04
⊙中国旅游发展笔谈（4）/李先辉 鲍洪安等//旅游学刊 1994-05
⊙中国旅游教育与培训：进步、问题和对策/钱炜//北京第二外国语学院学报 1994-03
⊙中国旅游客源市场的特征简析/孙添徐飞雄//湖南商学院学报 1994-03
⊙中国旅游业：转轨中的问题及对策/史国祥//旅游学刊 1994-02
⊙中国旅游业合理布局探讨/李立华//云南师范大学学报（自然科学版）1994-04
⊙中国旅游资源分区初探/石高俊//南京师大学报（社会科学版）1994-03
⊙中国森林公园现状评价和发展预测/李世东//资源科学 1994-06
⊙中国森林旅游业持续发展的途径——生态旅游/徐德成//山东林业科技 1994-03
⊙中国乡村古聚落旅游资源的开发/杨载田//衡阳师范学院学报 1994-02
⊙中原旅游资源特征及开发对策/曹雪琴//郑州大学学报（哲学社会科学版）1994-05
⊙舟山市定海区旅游资源及其开发利用研究/傅文伟郭鲁芳//宁波师院学报 1994-03
⊙主题公园高效益的奇迹和价值导向/王新民//旅游学刊 1994-06
⊙抓住机遇 加快发展广州旅游业/马惠国//港澳经济 1994-07
⊙抓住机遇 开拓奋进 促进浙江旅游业发展/俞剑明//商业经济与管理 1994-03
⊙走向社会主义市场经济的我国旅游业发展与旅游管理体制改革/迟景才//北京第二外国语学院学报 1994-03

1995 年

⊙’95：海南旅游春色多/陈耀//特区展望 1995-01
⊙“人造景点热”降温势在必行/王弼川//北京第二外国语学院学报 1995-03
⊙“三国”旅游热/王黎//世纪行 1995-03
⊙“世界雕塑园’的规划设计/王宁光//时代建筑 1995-02
⊙“新周末”休闲方式种种/黄正彪//劳动世界 1995-07
⊙《滇游日记》与云南旅游地学资源/杨载田//热带地理 1995-02
⊙《海南省旅游发展规划大纲》评析/谢自奋//上海经济 1995-01
⊙21 世纪：中国旅游看什么？——并非危言耸听的思考/胡剑辉//旅游研究与实践 1995-02
⊙阿坝州旅游气象探讨/陈明文 吴长平 雍朝吉//四川气象 1995-01
⊙安徽省山岳型旅游地开发评价研究/周秉根 卢晓//华中师范大学学报（自然科学版）1995-03
⊙奥地利旅游业观感/阎敏//中国旅游 1995-01
⊙澳大利亚旅游开发的特点/李溢//海南大学学报（社会科学版）1995-03
⊙把我国由旅游资源大国变为旅游经济大国/谢蜜蜂//经济管理 1995-08
⊙白沙湾海滨风景旅游区按规划进行调整建设/陈传康//地理学与国土研究 1995-02
⊙北京“一日五游”内幕追踪/艾民 李煦//投资北京 1995-12
⊙北京九龙游乐园的文化定位及其特色/袁东辉//北京水利 1995-03
⊙北京九龙游乐园龙宫及防水工程建设实录/朱晨东//北京水利 1995-03
⊙北京旅游市场：一次“宰”个够？/徐江善 张宝瑞//中国质量万里行 1995-04
⊙北京市旅游购买力的市场商品销售评价/李庚 蔡万坤//投资北

京 1995-12
◎碧海·绿涛·银滩——水东湾省级旅游度假区旅游推介/梁雄伟//南方论刊 1995-05
◎别开生面的旅游业/王常在//光彩 1995-06
◎滨海景观游憩开发的潜力评价与结构规划——以日照市滨海景观为例/吴承照//同济大学学报（社会科学版）1995-02
◎长春旅游业应与生态环境、经济社会发展相协调/高群//东北亚论坛 1995-01
◎长江三峡地区发展旅游业的若干问题及对策/曹诗图 蒋昭侠//中国三峡建设 1995-06
◎长江三峡库区森林旅游业的开拓现状及持续发展/侯广维 廖志抗 龙汉利//四川林业科技 1995-04
◎长顺旅游资源开发刍论/王鸿//贵州民族学院学报（哲学社会科学版）1995-04
◎城郊民族乡旅游开发实例——密云檀营乡旅游开发设想/陈传康//旅游研究与实践 1995-04
◎城市（包括各级城镇和市域）旅游开发规划研究提纲/陈传康//城市发展研究 1995-06
◎城市旅游形象浅析/金卫东//城市规划汇刊 1995 01
◎城市旅游资源的合理开发利用和保护/李明生//民族论坛 1995-01
◎城市青少年旅游的地理分析/张亚立//北京师范大学学报（自然科学版）1995-04
◎充分利用吉林市的有利条件建设国际旅游城的战略思考/李豫琴//东北亚论坛 1995-04
◎充分利用南京优势大力发展国内旅游业/李正莲//江苏统计 1995-01
◎充分挖掘潜力 大力发展贵州旅游事业/曹小燕//贵州民族学院学报（哲学社会科学版）1995-02
◎充满希望的宜昌旅游业/韩庆顺 廖年芳 李仁贵//财政 1995-08
◎出国旅游：百姓的新潇洒/潇潇//价格与市场 1995-08
◎刍议森林旅游/沈世香//中国林业 1995-02
◎楚文化与武汉市旅游业开发之管见/梁海明//江汉大学学报 1995-04
◎川西亚高山森林旅游开拓现状及持续发展/侯广维 廖志抗 龙汉利//四川林业科技 1995-03
◎穿山半岛的开发与建设——旅游资源和水资源的利用和开发/郑旭//宁波大学学报（人文科学版）1995-02
◎创造性思维在旅游业中的应用/钱炜//商业经济与管理 1995-02
◎从“两江一湖”到“二江两湖”——论发展杭州旅游业应向西线延伸/殷旭//商业经济与管理 1995-02
◎从景观生态学构建城市旅游开发与规划的操作模式/李蕾蕾//地理研究 1995-03
◎从我国与周边国家的贸易看旅游业/孙红//郑州大学学报（哲学社会科学版）1995-02
◎从香港看我国内地的旅游业/王尔康//旅游学刊 1995-05
◎大城市郊区风景区规划研究的思路和实践/陈德昌 蔡希浩 金巧林//上海交通大学学报（农业科学版）1995-04
◎大力发展旅游商品是上海旅游产业发展的关键/吴晓莺//上海综合经济 1995-02
◎大泽山旅游资源地质成因遥感分析研究/平仲良//国土资源遥感 1995-04
◎大自然请你来作客——漫话森林旅游/葛山//绿化与生活 1995-02
◎丹东旅游资源评价与开发对策/于天福 高峰//丹东师专学报 1995-03
◎当代旅游民俗心理论析/乌镝//民间文学论坛 1995-03
◎当代休闲文化透视/庄志民//社会 1995-09
◎岛屿资源类型与开发模式——以大福州沿海岛屿为例/董锁成 郭文卿 洪扬文//资源科学 1995-06
◎德国人的休闲消费/孙奎贞//科技文萃 1995-08
◎邓小平旅游思想浅探/李卫东 吴华//学术界 1995-06
◎地矿工作的新战场——开发旅游资源 我国西部旅游资源开发初探/彭一民//北京地质 1995-01
◎滇西北旅游资源的保护性开发——重读《徐霞客游记》/余小华//思想战线 1995-04
◎东盟国家发展旅游业的策略/李晨阳//东南亚 1995-01
◎东南亚国际旅游业及其对云南的影响/田里//思想战线 1995-03
◎都江堰市旅游业与工业发展/代兴泉//世界经济与政治 1995-01
◎独具魅力的旅游业——访朝观感/董瑞生 高欣 朱克川//瞭望 1995-49
◎对北京国子监街现状的感想/刘德谦//旅游学刊 1995-06
◎对长江三峡地区旅游业发展的探析/李丽 曹诗图//重庆工学院学报 1995-04
◎对长江三峡旅游船竞争的分析与思考/郭言德//旅游学刊 1995-01
◎对发展内陆旅游市场的思考/杨云峰//贵州民族学院学报（哲学社会科学版）1995-04
◎对国家旅游度假区开发建设的若干思考/刘爱荣//地域研究与开发 1995-04
◎对杭州开发新婚旅游的思考/王莹//旅游学刊 1995-05
◎对河南发展观光农业实施途径的分析/王学增 李国富 雷福成 任晓明//农业科技管理 1995-12
◎对湖南建设旅游大省的思考/何林福//旅游研究与实践 1995-04
◎对来深的国际游客抽样调查结果分析/李俊文//特区理论与实践 1995-03
◎对旅游业经济特征的再认识——试论“投资少、见效快、收益高”规律特征的客观性、阶段性和局限性/王兵//旅游学刊 1995-05
◎对三峡地区文化旅游资源开发利用的构想/王世宜 李红 曹诗图//中国三峡建设 1995-01
◎对深度发展河南旅游业的战略思考/单纬东 许秋红//信阳师范学院学报（自然科学版）1995-04
◎对西藏旅游营销的一些认识/刘小村//西藏旅游 1995-02
◎对宜昌三国文化旅游资源深度开发的构想/曹诗图 蒋昭侠 吴正佳//中国三峡建设 1995-04
◎对云南旅游经济发展战略的思考/刘厚福//云南财贸学院学报（经济管理版）1995-04
◎对中国旅游发展道路的重新认识/张辉//西北大学学报（哲学社会科学版）1995-03
◎多方筹措资金，加快旅游业发展/朱勇//经济视角 1995-07
◎鄂西国际旅游圈旅游天气气候资源的开发研究/马乃孚//湖北气象 1995-03
◎二十一世纪的国际旅游趋势与建设广西旅游收入大省/张文祥 谢北立//社会科学家 1995-04
◎发挥林区资源优势加快发展旅游产品/谭俊//华东森林经理 1995-02
◎发挥旅游业联动效应、带动滇西北经济快速成长/胡桐元//经济问题探索 1995 01
◎发挥旅游资源优势 促进林业经济发展/付兰鹤 庄文英//学术交

流 1995-03
⊙发挥区位优势，开发孝感旅游/何佳梅//经济地理 1995-03
⊙发挥优势 创建“中国优秀旅游城市”/王守初//珠江经济 1995-11
⊙发挥招商旅游优势的思考/陈学润//中国水运 1995-12
⊙发掘三峡旅游资源 完善三峡移民工程/俞静//长江职工大学学报 1995-03
⊙发展承德旅游业的几个问题/赵波//承德民族师专学报 1995-02
⊙发展敦煌旅游业应注意的几个问题/周彦和//旅游学刊 1995-02
⊙发展风景旅游区域协作之我见/蒋祖云//浙江经济 1995-05
⊙发展广州展览业刍议/陈政勇//广州市财贸管理干部学院学报 1995-04
⊙发展海南旅游之我见/唐云松//衡阳师范学院学报 1995-05
⊙发展海洋经济 建设国际性旅游港口城市——发展东山海洋经济的若干思考/黄汉河//发展研究 1995-04
⊙发展河北旅游：塑造有自己特色的鲜明形象/王新勇//经济论坛 1995-05
⊙发展河西走廊旅游业的两点建议/雷定安//开发研究 1995-01
⊙发展湖南省国内旅游业初议/蓝万炼 黄万华//湖南师范大学教育科学学报 1995-01
⊙发展旅游 带动黄山地区社会发展/赵正永//哲学动态 1995-02
⊙发展旅游业应注意的几个问题/周彦和//财会研究 1995-01
⊙发展民族地区旅游业的几个问题/夏耕农//思想战线 1995-04
⊙发展南昌市旅游业之我见/孙华逊//求实 1995-09
⊙发展森林旅游 造福三晋人民/曹振声//山西林业 1995-04
⊙发展森林旅游 振兴林区经济/沈雪林//中国林业企业 1995-01
⊙发展绍兴旅游业的几点思考/马忠//浙江经济 1995-09
⊙发展水库旅游业促进企业经济发展/王洪奇//吉林水利 1995-06
⊙发展我市旅游经济需要注意的几个关系/刘仁 余兴东//大庆社会科学 1995-03
⊙发展西南三省区民俗旅游的若干思考/黄远水//华侨大学学报（哲学社会科学版）1995-04
⊙发展云南旅游：创造旅游产品与旅游商品互动发展新格局/张燕//昆明师范高等专科学校学报 1995-03
⊙发展中国家旅游产业结构优化策略/陈仙波//未来与发展 1995-06
⊙法国归来话海南——为海南旅游业进一言/苗健//特区展望 1995-03
⊙方兴未艾的海上旅游热//中国水运 1995-04
⊙方兴未艾的生态旅游/杨兴华//环境 1995-07
⊙方兴未艾的云南旅游业/李禄安//对外大传播 1995-06
⊙方兴未艾的周末旅游热/高舜礼//中国行政管理 1995-10
⊙访古旅游与仿古工程/张雅安 陈昭 于淑梅//学术交流 1995-01
⊙分析和预测昆明国外旅游客源市场/罗明义//经济问题探索 1995-02
⊙丰富多彩的’95 中国民俗风情游/楚歌//中国对外贸易 1995-05
⊙丰富旅游活动的文化内涵/严廷昌//中国旅游 1995-03
⊙风景旅游区域协作之我见/蒋祖云//旅游研究与实践 1995-04
⊙风景这边独好——中国将成为 21 世纪最大旅游市场/刘学岚//国际市场 1995-11
⊙风水现代化及其旅游开发意义/陈传康//城市发展研究 1995-03
⊙佛山市区域旅游开发的探讨/黄伟雄//佛山科学技术学院学报（社会科学版）1995-06
⊙浮山旅游资源特点及其开发利用/朱同林//池州师专学报 1995-01
⊙福宝森林风景旅游区的开发和对策/白群//决策咨询通讯 1995-02
⊙福建闽侯十八重溪的旅游资源特色与开发设想/王绍鸿 曾从盛等//福建地理 1995-02
⊙福建省旅游地貌资源及其开发保护/陈友飞//资源科学 1995-03
⊙福建省森林旅游业开发构想/蔡武华//林业经济问题 1995-03
⊙改革开放与中国旅游市场/阎锋//北京第二外国语学院学报 1995-02
⊙改善软环境发展浙江旅游接轨国际市场/陈仙波//商业经济与管理 1995-02
⊙甘肃祁连山旅游资源及其开发/刘建泉//资源开发与市场 1995-06
⊙赣南风景旅游资源前期开发构想/欧阳自福//旅游研究与实践 1995-01
⊙赣南旅游事业的发展前景与战略构想/林晓平//赣南师范学院学报 1995-01
⊙搞好园林绿化 创建园林城市/钟汉谋//广东园林 1995-02
⊙工艺、旅游联姻是仙游脱贫致富的希望所在/陈仁明//中共福建省委党校学报 1995-10
⊙构建城市旅游形象初探/李克强 林炎钊//旅游研究与实践 1995-03
⊙构建我国最大的区域旅游协作系统——北方旅游协作区/郭康//地理学与国土研究 1995-03
⊙构建现代旅游文化/王德利//财贸研究 1995-06
⊙关外第一泉——温泉风景区开发问题随想/王弗//建筑 1995-12
⊙关于北方诸省旅游业联合的思考/李明德//旅游学刊 1995-02
⊙关于北京部分新建人造旅游吸引物情况的考察报告/张广瑞//旅游学刊 1995-06
⊙关于北京市旅游行业协会的调查与思考/姜润山//旅游学刊 1995-02
⊙关于城市旅游开发与生态保护的思考/陈静//财经理论与实践 1995-05
⊙关于发展甘肃东线旅游业的建议/郑本法//开发研究 1995-01
⊙关于发展高等旅游职业教育的思考/察若明//北京第二外国语学院学报 1995-01
⊙关于发展国内旅游业的思考/洪军//旅游研究与实践 1995-03
⊙关于发展图们江中下游地区旅游业的探讨/金东 柳明哲 严明华//延边大学学报（自然科学版）1995-04
⊙关于黑龙江省旅游业建立现代企业制度的调查与思考/杜庆臻//学习与探索 1995-01
⊙关于加快发展浦东旅游业的思考/徐鹤荣//浦东开发 1995-12
⊙关于建设广西“旅游大省”的对策研究/黄念先//学术论坛 1995-02
⊙关于建设吐鲁番旅游经济开发区的可行性研究/顾华详//乌鲁木齐职业大学学报 1995-Z1
⊙关于江西省森林公园建设的初步构想/张廷杰//国土绿化 1995-05
⊙关于开发我国西部旅游交通的构想/华裔//综合运输 1995-04
⊙关于旅游发展规划的几个问题/申葆嘉//旅游学刊 1995-04
⊙关于旅游摄影及其重要功效/孙永亮//北京第二外国语学院学报 1995-06
⊙关于旅游业改革的几点思考/奚晏平//旅游学刊 1995-04
⊙关于山东发展滨海旅游资源的探讨/王诗成//现代渔业信息 1995-07
⊙关于山西省旅游资源区划的探讨/王红//太原师范学院学报

（社会科学版）1995-04

◎关于推进黑河市旅游业发展的思考/吴刚 孙永刚//黑河学刊 1995-01

◎关于修复圆明园西洋楼的建议/陈传康//旅游学刊 1995-06

◎关于优化旅游规划的理论思考——参加编制《海南省旅游发展规划大纲》的体会/范家驹 孙大明//旅游学刊 1995-03

◎观潮胜地盐官旅游资源开发研究/金三民//陕西师范大学学报（自然科学版）1995-S1

◎观赏性·知识性·科学性 奇特的地震旅游/任葆德//中国外资 1995-06

◎广东海岛旅游资源开发及对策/陈升忠//海洋开发与管理 1995-03

◎广东海康县旅游资源的开发利用/张声才 郑达生//热带地理 1995-01

◎广东海陵岛旅游资源的特点及其开发利用/林媚珍//地理学与国土研究 1995-01

◎广西观光农业前景分析/沈丽娟 谢燕萍//广西园艺 1995-04

◎广西桂平白石山旅游地学特征及开发刍议/傅中平//广西地质 1995-03

◎广西国际旅游市场分析及开发战略研究/程道品//社会科学家 1995-03

◎广西加速建设“旅游大省”//广西经贸 1995-04

◎广西旅游好戏连台 今年重点措施有三/郭红强//广西经贸 1995-03

◎广西旅游资源开发投资抉择/蓝雄现//社会科学家 1995-01

◎广西森林旅游总体规划审议会在大桂山林场召开/苏丽//广西林业 1995-06

◎广州国际旅游业发展的现状和对策/梁树佳//统计与预测 1995-01

◎广州龙洞旅游度假区开发研究/黄少辉//热带地理 1995-04

◎广州茅岗鹤林风景旅游区开发研究/陈文君 符永勤//广州师院学报（社会科学版）1995-01

◎贵州东部旅游区旅游信息系统 GZS 的开发研究/余重文 余青//贵州民族学院学报（哲学社会科学版）1995-01

◎桂林历史文化资源的特点及其旅游开发初探/陈青光 周茂权//旅游研究与实践 1995-01

◎桂林旅游产品开发和线路设计/陈青光 周茂权//旅游学刊 1995-03

◎桂林旅游市场的整治刻不容缓——桂林旅游学会关于整治桂林旅游市场讨论会纪要/曾晓明//旅游研究与实践 1995-02

◎桂林旅游学会史话之二/金鸿//旅游研究与实践 1995-02

◎桂林旅游学会史话之三/金鸿//旅游研究与实践 1995-03

◎桂林旅游学会史话之四/金鸿//旅游研究与实践 1995-04

◎桂林旅游学会史话之一（1980．11．29—1985．4．26）/金鸿//旅游研究与实践 1995-01

◎桂林旅游业发展的大视野——文化的切入/林炎钊//旅游研究与实践 1995-01

◎桂林市入境游客七年徘徊刍议/庄昭建//旅游研究与实践 1995-04

◎国际旅行者的危险行为和 HIV 流行情况/马洪波 李庆章//旅行医学科学 1995-04

◎国际旅游与涉外商业/张永康//上海商业 1995-01

◎国际旅游预订网络系统的发展/李军//信息与电脑 1995-06

◎国际收支与旅游业/傅伟良//北京第二外国语学院学报 1995-04

◎国家重点旅游区应努力创造良好的投资环境——对张家界市利用外资情况的调查/臧海熊//中国外资 1995-07

◎国内旅游：重新认识与发展构想/李植斌//人文地理 1995-04

◎国外的森林旅游/黄尚绎//浙江林业 1995-02

◎国外狩猎旅游业/杨佐琴 尹淑清 郭力宏//林业科技 1995-02

◎海陵岛旅游发展战略刍议/王兴斌 邹统钎//北京第二外国语学院学报 1995-06

◎海南岛旅游开发与投资走向/陈传康//地理学与国土研究 1995-01

◎海南旅游发展与投资研讨会纪实/陈传康 吴承照//人文地理 1995-02

◎海南旅游开发与投资走向/陈传康 王新军//旅游研究与实践 1995-01

◎海南森林旅游开发模式和前景/邓海荣//农业发展与金融 1995-09

◎海南应着重发展观光度假旅游/何启雄//特区展望 1995-04

◎海上旅游 时代风尚/郝先伟//中国远洋航务公告 1995-10

◎海外旅游人造景观成功的奥秘——兼谈中国人造景观建造中存在的一些问题/张广瑞//旅游研究与实践 1995-02

◎韩国出境市场及旅华市场综述/程伟进//旅游学刊 1995-03

◎杭州国际旅游业的困难、原因及对策/陈明钊//商业经济与管理 1995-06

◎杭州市区旅游客房建设应有所控制/韩余庆//杭州科技 1995-06 以旅游业开山门/冯敏飞

◎航空公司在公务旅游竞争中各显神通/张广瑞//中国旅游 1995-04

◎河北省旅游“九五”计划制定刍议/邢树坤//旅游学刊 1995-02

◎河南省旅游资源系统分析与评价/梁留科 王庆生//国土与自然资源研究 1995-04

◎河南省旅游总体发展战略研究/梁留科 王庆生 陈家振//地理学与国土研究 1995-03

◎河南省潜在宗教文化旅游资源开发研究/韩国河//郑州大学学报（哲学社会科学版）1995-04

◎河南太行山生态旅游资源浅析/李惠道//中国园林 1995-04

◎黑龙江省边境旅游业经济发展战略思考/王占国//学习与探索 1995-06

◎黑龙江省旅游业发展策略初探/徐淑梅 孟春舫//人文地理 1995-02

◎黑龙江省旅游资源特色及开发研究/巩杰生//国土与自然资源研究 1995-03

◎宏观与微观——试谈旅游业中两种管理模式的结合/韩玫丽//北京第二外国语学院学报 1995-04

◎后工业文明与回归自然的旅游——关于我国旅游经济发展战略的文化思考/庄志民//旅游学刊 1995-06

◎湖南衡山冰雪资源及其旅游开发/刘惕之//热带地理 1995-01

◎湖南九疑山舜文化旅游资源的开发/刘沛林 成彬//衡阳师范学院学报 1995-05

◎湖南新宁县丹霞旅游区开发的初步研究/黄玲娟 许春晓//湘潭师范学院学报 1995-03

◎话说蒲圻三国古文化游览区/袁东方//武汉文史资料 1995-02

◎怀柔发展大旅游方兴未艾 新景点新路线引人入胜/刘兴//旅游 1995-03

◎欢迎您到延边来/侯伟//旅游 1995-06

◎环胶州湾旅游资源开发指导思想探讨/李好好//中国海洋大学学报（社会科学版）1995-03

◎黄丹森林公园的环境保护/于华友//资源开发与市场 1995-06

⊙黄山市人文旅游资源及其开发利用研究/黄成林//经济地理 1995-03
⊙辉煌的前景——谈合肥市郊野风景旅游事业的发展/陈衡//当代建设 1995-03
⊙积极开拓福建新的旅游项目/陈及霖//华侨大学学报（哲学社会科学版）1995-04
⊙集体林森林公园开发建设原则及前景/徐润青//四川林勘设计 1995-01
⊙集团化是我国旅游饭店与国际接轨的必由之路/宋雪鸣 费志冰 刘琪 陆长荣//北京第二外国语学院学报 1995-03
⊙既是挑战又是机遇——再论新工时制与旅游/国田//旅游 1995-06
⊙加大试点力度 积极探索苏州旅游商品行业管理新路/方建斌//旅游学刊 1995-05
⊙加快发展建德市风景旅游业构想/毕建华//浙江经济 1995-04
⊙加快发展南京旅游经济的基本思路和对策/曾丽//现代城市研究 1995-01
⊙加快华东铁路旅游业走向市场步伐/童培敏 宋晓东//铁道运输与经济 1995-05
⊙加强国际旅游健康教育势在必行/李国华 蔡丽 陈为新//中国公共卫生管理 1995-01
⊙加强旅游生态经济研究 促进城市旅游与生态协调发展/朱铁臻//生态经济 1995-03
⊙加强旅游文化研究 搞好人文景观建设/祁连休//民俗研究 1995-01
⊙加强森林资源保护 构建白山旅游区/赵汝胜//世界经济与政治 1995-10
⊙坚持“解放思想 实事求是”的思想路线 加快发展厦门旅游业/郑振生//鹭江职业大学学报 1995-Z1
⊙简析旅游产品的特性/钱忠//北京第二外国语学院学报 1995-04
⊙建立“江南三大名楼”旅游体系的构想/王兴昌//长江论坛 1995-06
⊙建立适应旅游经济规律的管理运行模式——五年来桂林旅游发展的回顾与反思/周茂权//旅游研究与实践 1995-04
⊙建立主体明确、重点突出多元化的福建旅游市场格局/林长榕//福建论坛（经济社会版）1995-04
⊙建设广西旅游大省研讨综述/邓祝仁//社会科学家 1995-01
⊙建设广西旅游大省要适应市场经济要求/颜邦英//社会科学家 1995-01
⊙建设上海特色文化旅游城市之我见/姚昆遗//旅游科学 1995-04
⊙江陵城旅游开发初探/肖建成//理论月刊 1995-12
⊙江苏国际旅游业及其开发研究/刘关山//地理研究 1995-01
⊙江西国际旅游客源、花费评价调查/万长余//价格月刊 1995-01
⊙江西旅游文化学术研讨会综述/王新伟//江西社会科学 1995-12
⊙江西省森林公园建设初步构想/张廷杰//中国林业 1995-11
⊙今后十年部分东南亚国家旅游预测//东南亚南亚信息 1995-07
⊙今日老挝旅游环境/斌全//东南亚研究 1995-02
⊙近代日本铁路旅游发展述略/祝曙光//苏州铁道师范学院学报（社会科学版）1995-02
⊙近年来我国国际旅行社的数量发展状况和趋势/窦群//旅游学刊 1995-06
⊙近年来我国国际旅行社审批政策的进展/窦群//旅游学刊 1995-05
⊙晋江市旅游开发研究/郑伟民//地域研究与开发 1995-01
⊙京九线江西段发展外向型旅游农业的战略构想/曾学龙//今日农村 1995-01
⊙经济起飞和旅游拓展——上海发展商务旅游初探/楼嘉军//北京第二外国语学院学报 1995-03
⊙经济弱势地区发展旅游业的思考——从江西旅游业发展情况所想到的/唐由庆//企业经济 1995-04
⊙九华山国际旅游市场分析与促销策略/胡文海//旅游研究与实践 1995-04
⊙酒文化与贵州旅游/陈少波//贵阳师范高等专科学校学报（社会科学版）1995-03
⊙居民家庭旅游消费行为初探/崔痒 黄安民//人文地理 1995-02
⊙开发“科技旅游”实现寓教于乐/孙兴勤//云南科技管理 1995-05
⊙开发博物馆类型旅游娱乐设施的思考/王恒 朱幼文//旅游研究与实践 1995-04
⊙开发革命胜迹旅游资源大有可为/唐由庆//党史文苑 1995-01
⊙开发广西水库旅游业大有可为/李国章//广西水利水电 1995-03
⊙开发老年旅游初探/裴泽生//商业经济与管理 1995-06
⊙开发旅游地图宣传功能之浅见/郑培昕//地图 1995-03
⊙开发旅游农业大有可为/江华//地域研究与开发 1995-01
⊙开发旅游资源 发挥规模效应 促进经济发展/刘泽民//生产力研究 1995-03
⊙开发旅游资源 发展旅游事业/沙永禄//西宁市第三产业研究文集 1995-03-01
⊙开发旅游资源 构筑广西旅游热点辐射网络/京才//旅游研究与实践 1995-04
⊙开发旅游资源 振兴长岛经济//海洋信息 1995-07
⊙开发旅游资源 振兴民族经济/多吉泽仁//西南金融 1995-04
⊙开发旅游资源带动农村经济发展——以河南嵩山风景名胜区为例/刘书贵 李居信 贺榴 刘克波 崔正平//地域研究与开发 1995-02
⊙开发旅游资源构筑广西旅游热点辐射网络/龙京才//旅游研究与实践 1995-04
⊙开发民俗资源 发展民俗文化旅游/伍强力//中南民族学院学报（哲学社会科学版）1995-01
⊙开发齐鲁宗教文化旅游资源为振兴山东的经济建设服务/马存益//中国宗教 1995-01
⊙开发森林旅游发展国有林场第三产业/郑庶云//广东林业科技 1995-02
⊙开发十万大山旅游资源的探讨/陆绛//计划与市场探索 1995-05
⊙开发石门旅游资源的设想/裴泽生//资源开发与市场 1995-05
⊙开发世界一流旅游资源 实现右江革命老区各民族共同繁荣——关于开辟盘阳河长寿旅游区的可行性研究/李甫春//民族研究 1995-02
⊙开发特殊旅游资源 促进重庆经济发展/朱顺知 谭开鸥 朱建//重庆教育学院学报 1995-03
⊙开发西湖文化旅游刍议/仲向平//商业经济与管理 1995-06
⊙开发溪口旅游资源 促进奉化经济发展/叶胜强//浙江经济 1995-05
⊙开发一批旅游专线 建设一流度假胜地/晓钟//商业经济与管理 1995-01
⊙开封旅游资源开发前景略探/靳谷文//开封教育学院学报 1995-02
⊙开拓巴文化 发展旅游业/彭永辉//重庆社会科学 1995-01
⊙开拓三产全面发展 房产旅游势头看好//中国农垦 1995-11
⊙客源型旅游地旅游资源开发刍议——以广州、上海为例/梁明

珠//旅游学刊 1995-04
◎孔子思想与旅游文化/许宗元//山东大学学报（社会科学版）1995-04 大连市海外客源市场分析/张广海//辽宁师范大学学报（自然科学版）1995-02
◎跨世纪的三峡旅游大开发/向剑君//计划与市场 1995-01
◎快发展旅游业 扩大漳浦开放度/林清波//发展研究 1995-09
◎昆明石林国际游客三次出现负增长析/张胜昆//决策咨询通讯 1995-02
◎澜沧江上游流域自然旅游资源开发与生态环境保护/杨桂华//地域研究与开发 1995-03
◎澜沧江下游地区旅游发展战略研究/何大明 吴志纯//云南地理环境研究 1995-02
◎乐山国际旅游大佛节欢迎您/言翔//今日四川 1995-03
◎礼貌服务在旅游工作中的重要性/王兰英//北京第二外国语学院学报 1995-05
◎利用优势发展旅游业/李正莲//南京社会科学 1995-03
◎联网开拓西南地区旅游业发展的策略选择/龚玉明//旅游研究与实践 1995-02
◎辽宁海岛旅游资源开发研究/张耀光 胡宜鸣//海洋开发与管理 1995-03
◎辽宁省旅游业综合经济实力评价排序结果揭晓/海浪//辽宁经济 1995-07
◎聊城地区旅游资源及其开发利用/潘延红 李红 张重阳//聊城师范学院学报（自然科学版）1995-02
◎临安的森林旅游业/顾欣//浙江学刊 1995-06
◎零陵地区旅游资源的评价与开发/杨载田//衡阳师范学院学报 1995-02
◎流溪河国家森林公园旅游气候研究/吴章文//中南林学院学报 1995-01
◎六安地区风景名胜资源的评价/关传友//皖西学院学报 1995-04
◎旅游产品的时空属性与新产品开发/匡林//旅游研究与实践 1995-03
◎旅游产品的实质质量测度准则及管理学含义/邹统钎//旅游研究与实践 1995-02
◎旅游产品与旅游服务质量管理的社会心理学透视——一种社会交换论方法/邹统钎//北京第二外国语学院学报 1995-03
◎旅游城市报要有自己的特色/袁宝银 米玉红//青年记者 1995-05
◎旅游持续发展初探/陈卫东//地理学与国土研究 1995-02
◎旅游持续发展与旅游环境保护/肖洪根//华侨大学学报（哲学社会科学版）1995-02
◎旅游当心宰你没商量/东方原野//中国市场 1995-08
◎旅游的文化影响/皮埃尔 L·冯德伯格 曹旭华//学习与思考 1995-08
◎旅游地生命周期的控制与调整/谢彦君//旅游学刊 1995-02
◎旅游点形象定位初探——兼析深圳景点旅游形象/李蕾蕾//旅游学刊 1995-03
◎旅游发展规划是海南旅游业宏观调控的关键环节/鲍洪安//北京第二外国语学院学报 1995-01
◎旅游发展规划是旅游业宏观调控的关键/鲍洪安//中国旅游 1995-01
◎旅游发展规划研讨会主要发言和论文摘要//旅游学刊 1995-02
◎旅游管理新模式初探/邹慧萍//地域研究与开发 1995-03
◎旅游环境容量计算方法/胡炳清//环境科学研究 1995-03
◎旅游价格的特点及定价方略/张多中//价格与市场 1995-07
◎旅游节庆日产品的设计研究/吕镇 王艳红 李天恒//青岛大学学报（工程技术版）1995-03
◎旅游景点规划建设浅见/沙振镇//规划师 1995-03
◎旅游景点建设正应突破“禁区”/胡剑辉//旅游研究与实践 1995-01
◎旅游景观的空间设计/陈剑中//华中师范大学学报（自然科学版）1995-04
◎旅游景观与游客的审美心理/蒋婉求//旅游科学 1995-04
◎旅游景象地域组合的红外遥感图象分析——以武汉市东湖磨山区为例/陈志//咸宁师专学报 1995-03
◎旅游开发对南昆山的经济影响研究/保继刚//人文地理 1995-02
◎旅游开发规划模型和程序/李玉辉//云南教育学院学报 1995-05
◎旅游开发与市场导向/李海瑞//旅游学刊 1995-01
◎旅游开发中的几个问题/唐留雄//财贸研究 1995-06
◎旅游科学理论与实践第四届全国学术研讨会发言摘要（续）//旅游学刊 1995-01
◎旅游目的地信息系统/武彬//旅游学刊 1995-04
◎旅游容量研究与鼓浪屿风景名胜区管理/郑向敏//华侨大学学报（哲学社会科学版）1995-04
◎旅游胜地——梅克伦堡/马文 张祥静//江苏绿化 1995-06
◎旅游市场呼唤《旅游法》/姜润山//中国国情国力 1995-07
◎旅游市场旅游消费的不断变化对区域旅游产生的影响/王莹//地域研究与开发 1995-02
◎旅游文化与贵州经济开发/李筱竹//贵州民族研究 1995-02
◎旅游文学 人生诗意化之符号系统——“古代旅游·人生·文学”论之三/李亮伟//自贡师范高等专科学校学报 1995-01
◎旅游系统规划探讨——以荣成国际游览城为例/沈清基//同济大学学报（社会科学版）1995-02
◎旅游兴市加快井冈山经济发展步伐的实践与思考/鲍甫生//地方政府管理 1995-05
◎旅游行业信息系统：必要性及其实现方法/陈卫民//旅游研究与实践 1995-04
◎旅游形象设计：我国旅游城市面临的新课题/林炎钊//北京第二外国语学院学报 1995-03
◎旅游业的功能及其在区域发展中的作用/贺榴 李居信 刘书贵 崔正平//河南科学 1995-04
◎旅游业发展对环境影响及其对策/张树春//环境 1995-08
◎旅游业发展战略构想/陈青光//经济学动态 1995-01
◎旅游业极限容量及其确定问题初探/匡林//旅游研究与实践 1995-02
◎旅游业是大理经济发展的朝阳产业/何应忠//中国外资 1995-10
◎旅游业——推动国民经济发展的重要产业/付忠书//中学政治教学参考 1995-11
◎旅游业形势剖析/李俊文//统计与预测 1995-06
◎旅游业已成为我国新兴的重要产业/赵宏//太平洋学报 1995-01
◎旅游业在发展中国家的地位和作用/卢武强//高等函授学报（自然科学版）1995-05
◎旅游业在青南经济发展中地位的探讨/辛积山 张忠孝//青海民族学院学报（社会科学版）1995-03
◎旅游与社会互动关系初论/李中泽//北京第二外国语学院学报 1995-04
◎旅游与文化关系之我见/吴鸿礼//旅游研究与实践 1995-01
◎绿色——世界旅游的流行色/徐德成//森林与人类 1995-03
◎略论布依族地区旅游扶贫开发问题/王芳礼 王云星//贵州省布依学会第五次学术讨论会 1995
◎略论京津冀旅游业发展一体化的思路/贺成全//理论与现代化

1995-02
⊙略论天津市蓟县旅游资源开发的优势与对策/贺成全//天津师大学报（自然科学版）1995-01
⊙略论新工时制与国内旅游的发展/阎友兵//社会科学家 1995-05
⊙略论张家界旅游投资的发展对策/周淡念//常德师范学院学报（社会科学版）1995-02
⊙略论中小型旅游企业的市场机会分析/杨华斌//旅游研究与实践 1995-04
⊙略论宗教文化与旅游业的关系/杨文棋//华侨大学学报（哲学社会科学版）1995-04
⊙论 90 年代我国园林行业的改革与发展——面向市场经济的思考/李敏//广东园林 1995-01
⊙论长春城市旅游形象的塑造与定位/黄安民 王佳红//东北亚论坛 1995-04
⊙论长江国际旅游面临的形势/刘锡汉 张迪祥//武汉大学学报（哲学社会科学版）1995-02
⊙论春节旅游市场的开发/王镜//旅游学刊 1995-01
⊙论道教文化旅游/秦永红//西南民族学院学报（哲学社会科学版）1995-06
⊙论风景旅游资源开发中的视觉影响问题/王晓俊//地理学与国土研究 1995-04
⊙论风景名胜区的自助旅游开发/陈俊鸿//旅游学刊 1995-06
⊙论桂林旅游对广西旅游的辐射作用/庄昭建//社会科学家 1995-02
⊙论湖南人文旅游资源特点及其开发/黄万华//经济地理 1995-04
⊙论汇率变动对我国旅游外汇收入的影响/刘军云//浙江大学学报（人文社会科学版）1995-04
⊙论九十年代我国园林行业的改革与发展——面向市场经济的思考/李敏//中国园林 1995-01
⊙论开发新疆旅游资源的地域环境/马应贤//新疆师范大学学报（自然科学版）1995-02
⊙论旅行社质量体系的确立/徐维洪 景学文//北京第二外国语学院学报 1995-03
⊙论旅游的文化意义/何宗文//重庆师院学报 1995-03
⊙论旅游度假区规划的若干问题/邢铭//旅游学刊 1995-01
⊙论旅游服务的国际标准及我国的接轨方式/何建民//旅游学刊 1995-05
⊙论旅游环境承载力——持续发展旅游的判据之一/崔凤军//经济地理 1995-01
⊙论旅游景观的美学特征/赵传晞//唐都学刊 1995-04
⊙论旅游景观的视觉形象及其对景点开发与经营管理的意义/李蕾蕾//旅游学刊 1995-04
⊙论旅游学学科体系亟待建立/喻学才 毛桃青//江汉论坛 1995-12
⊙论旅游业极限容量及其确定问题/匡林//南开经济研究 1995-04
⊙论旅游资源非优区的突变/许春晓//经济地理 1995-04
⊙论旅游资源再现率及其对旅游商品价格的影响/吴书锋//当代财经 1995-02
⊙论民俗旅游资源的基本特征及其开发原则/陈烈 黄海//热带地理 1995-03
⊙论普陀旅游市场的现状与开发/刘立滨//旅游学刊 1995-02
⊙论森林旅游的生态影响及对策/邓金阳 柯显东//湖南林业科技 1995-02
⊙论森林旅游环境资源的保护/褚泓阳 弓弼 杨祖山//西北林学院学报 1995-01
⊙论森林旅游业适度超前发展问题/涂先喜//林业资源管理 1995-04
⊙论台湾旅游业的若干作用和发展特点/黄福才//台湾研究 1995-04
⊙论我国国际旅游目标市场的选择/郭鲁芳//浙江社会科学 1995-01
⊙论香港酒店业/郑向敏//北京第二外国语学院学报 1995-04
⊙论信阳地区旅游业的发展战略/余国忠//信阳师范学院学报（自然科学版）1995-01
⊙论徐霞客的旅游心态/刘凌//旅游研究与实践 1995-03
⊙论浙中旅游发展的区位优势、文化资源优势及其科学开发/周少雄//浙江学刊 1995-05
⊙论自然地貌景观美的特征及其价值/曹玲泉//同济大学学报（社会科学版）1995-02
⊙论自然地域分异规律在旅游地理区划中的作用/王英利 耿继祥 张海鹰 姜雅文//高师理科学刊 1995-01
⊙迈向 21 世纪观光旅游教育发展之认知——兼报导台湾地区观光餐旅教育发展/纪洁芳 吴武忠//人文地理 1995-01
⊙迈向 21 世纪观光旅游与经济发展/吴仪//华侨大学学报（哲学社会科学版）1995-04
⊙漫谈老年人旅游/艾黎//公安月刊 1995-04
⊙漫谈旅游/张若行//包装世界 1995-04
⊙忙里偷“闲”/杨南平//现代交际 1995-12
⊙湄公河流域旅游合作计划/金艺//东南亚南亚信息 1995-05
⊙米老鼠创造出的娱乐王国（下）/山城客//中国质量万里行 1995-07
⊙米老鼠之父 沃特·迪斯尼/景文//北京物价 1995-Z1
⊙面向 21 世纪的杭州风景旅游建设/施奠东//商业经济与管理 1995-02
⊙面向社会需求办学 精心为旅游业育人/高中井 王加乐//人民教育 1995-05
⊙苗岭腹地藏瑰宝——黔东南民俗文化旅游圈/吴正光//旅游研究与实践 1995-03
⊙民俗旅游的现状与发展/沈受君//民俗研究 1995-01
⊙民俗旅游与建设广西旅游大省/邓祝仁//旅游研究与实践 1995-01
⊙民俗旅游与旅游民俗/刘锡诚//民间文化论坛 1995-01
⊙民俗旅游资源特征及分类研究/马进福//陕西师范大学学报（自然科学版）1995-S1
⊙民族文化的市场开发与民族文化旅游/石茂明//今日民族 1995-04
⊙民族性与国际性——新加坡旅游业同桂林旅游业的比较与启示/陈文//改革与战略 1995-06
⊙闽东南区域旅游开发优势与前景/林惠滨//福建论坛（经济社会版）1995-08
⊙内江市旅游资源综述/李波 张静//内江师范学院学报 1995-04
⊙内蒙古大兴安岭森林风景资源的美学评价及其保护开发、利用/陶娅//内蒙古林业调查设计 1995-03 滨海旅游城市——北海/疏良仁//城乡建设 1995-08
⊙内蒙古中西部旅游业发展中的问题及对策/李玉明//内蒙古工业大学学报（社会科学版）1995-01
⊙南阿尔伯塔灌溉水库旅游区的经济效益/黄建和//水利水电快报 1995-03
⊙南极旅游开发与设想/朱诚 陈传康 郑平建 赵宁曦//人文地理 1995-04
⊙南麂列岛旅游优势与开发设想/丁萍萍//浙江经济 1995-10

- 南雄珠玑巷风景旅游区开发模式的探索/邓其生//广东园林 1995-02
- 南阳地区旅游小区的划分、评价与开发/刘荣增 王淑华//南都学坛 1995-06
- 南岳衡山全方位推进“形象工程”/刘汉清//中国旅游 1995-05
- 浓郁的民俗风情 独特的都市文化——写于上海黄浦旅游节六载春秋之际/海德胜 吴小眉//浦东开发 1995-12
- 努力实现泰安山城旅游生态经济的持续发展//山东环境 1995-01
- 欧盟旅游业的政策基础及目标/杨森林 多纳尔 A. 迪宁//旅游学刊 1995-05
- 彭州市九峰山——银厂沟风景区深度开发的对策研究/庄永红//重庆师范学院学报（自然科学版）1995-03
- 漂流专项旅游开发研究——以广东乐昌漂流为例/李海东 保继刚//经济地理 1995-02
- 贫困地区旅游美不胜收/李木//中国贫困地区 1995-01
- 平潭旅游业发展应从建设龙王头度假村起步/高居祥//福建地理 1995-02
- 平潭县旅游业发展的方向与对策/朱宇//海洋信息 1995-06
- 凭借新疆旅游资源 开拓日本游客市场/张丹林//新疆社会科学 1995-04
- 浦江仙华山风景旅游资源开发探讨/黄理如//浙江建筑 1995-01
- 气候资源在旅游风景中的地位/王永慧//南京晓庄学院学报 1995-04
- 气象观测与旅游业——张家界气象观测技术与旅游业考查报告/刘景泰 曹植槐//气象水文海洋仪器 1995-01
- 千岛湖持续发展战略措施初探/方建泓//环境污染与防治 1995-03
- 千岛湖游钓业的现状和展望/罗仙池 王忠仁//水产学杂志 1995-02
- 前景广阔的旅游业/力强//对外大传播 1995-10
- 浅论大理国际旅游目标市场的选择/杨嘉明//经济问题探索 1995-12
- 浅论旅游产品的结构效应与旅游规划的组合力/赵克非//旅游学刊 1995-06
- 浅论中国旅游业与国际旅游市场接轨/林越英//北京第二外国语学院学报 1995-03
- 浅谈成都游乐园草坪艺术配置/陈昌久 邱光智//国土绿化 1995-03
- 浅谈黑河旅行社的经济状况及相应措施/江丽娟//黑河学刊 1995-Z1
- 浅谈旅游城市房地产的开发/李世灵//旅游研究与实践 1995-02
- 浅谈旅游业中的回扣、佣金与小费/宋雷//扬州大学烹饪学报 1995-03
- 浅谈香港与中国旅游业的关系/刘海斌//港澳经济 1995-05
- 浅谈延边旅游业的发展/柳明哲 崔今淑//工业技术经济 1995-01
- 浅谈在市场经济条件下旅游企业的发展/张元生//中国经贸导刊 1995-20
- 浅谈制订旅游规划应注意的若干因素/陈建明 裘明仁 尹淼//旅游学刊 1995-03
- 浅析云南风景旅游资源开发中的环境问题/智艾//云南环境科学 1995-04
- 浅议海南的旅游开发/倪笑萍//海南大学学报（社会科学版）1995-01
- 浅议开发宜春市温汤——明月山旅游资源/钱凌云//宜春师专学报 1995-02
- 浅议三峡建设与神农架开发/陈人麟//中国三峡建设 1995-03
- 浅议我国旅游涉外饭店的几个法律问题/陈钦兰//华侨大学学报（哲学社会科学版）1995-04
- 欠发达资源丰富农村旅游业成长模式探讨/许春晓//人文地理 1995-04
- 强化促销手段 着力开创新的经济增长点/庄桂卿//上海商业 1995-03
- 强化开发太原旅游才是发展山西旅游业的出路/沈乔 沈大同//城市研究 1995-03
- 秦皇岛市旅游业发展的回顾与思考/周乃斌//旅游学刊 1995-01
- 秦岭北坡旅游度假带规划研究/任军号 孙虎 高向鹏//陕西师范大学学报（自然科学版）1995-03
- 秦始皇巡游天下及其对后世旅游的影响/叶华//安庆师范学院学报（社会科学版）1995-02
- 青龙瀑布风景名胜区现状分析及开发建议/熊绍莲//重庆师范学院学报（自然科学版）1995-02
- 清代吴地旅游消费与旅游业的勃兴/许周鹣//南京大学学报（哲学社会科学版）1995-04
- 区位条件对旅游开发影响的初探——以皖西南几个旅游地为例/周定一//人文地理 1995-02
- 区域旅游开发规划与实施协调机制案例研究/王庆生 陈家振 张丽萍//经济地理 1995-02
- 全国海岛海岸带开发管理学术讨论会在南宁举行//热带地理 1995-02
- 全国应用旅游地理学与资源县旅游开发研讨会盛况空前//经济地理 1995-03
- 泉州地区外出旅游现象浅析/程立初//华侨大学学报（哲学社会科学版）1995-04
- 确立和实施旅游兴市战略的思考/叶胜强//现代城市研究 1995-01
- 热爱大森林 回归大自然——我省森林旅游业发展迅速/李岗//山西林业 1995-04
- 认识误区：国内旅游是三类社的优势领地/陈卫民//旅游学刊 1995-02
- 日本人还会进入中国吗？——阪神大地震后日本来华旅游趋势/唐劲松//国际市场 1995-07
- 如何科学设置城市旅游形象/黄锐彬//广东行政学院学报 1995-03
- 如何正确看待珠海这座“旅游城市”/李焕臣//城乡建设 1995-02
- 三峡工程对峡区风光影响的典型分析/鲁西奇//旅游学刊 1995-03
- 三峡旅游开发前景辉煌/徐廉明//中国水运 1995-09
- 散客旅游及其思考/匡林//消费经济 1995-04
- 森林公园、森林旅游分会召开年会/黄采艺//森林与人类 1995-04
- 森林公园开发与经营的思考/秦常玉//山西林业 1995-03
- 森林公园与康体休闲旅游/陈传康//旅游研究与实践 1995-03
- 森林公园在我国自然保护区系统中的地位/薛达元 包浩生//生物多样性 1995-03
- 森林旅游好去处——鄞县/施国君//浙江林业 1995-03
- 森林旅游客流量引入残差信息的灰色预测/张洪明//四川林勘设计 1995-04
- 森林旅游业是一项朝阳产业/郭全建//陕西林业 1995-05

⊙森林旅游与风景区的森林防火/王亚丽 刘英杰//四川林勘设计 1995-04
⊙森林旅游资源调查与监测/彭秀君 邵春玲 阳艳兰//林业勘查设计 1995-04
⊙森林美学初探/陆兆苏//华东森林经理 1995-03
⊙山东大力发展滨海旅游业/王诗成//海洋信息 1995-06
⊙山东省自然保护区生态旅游开发/刘红 袁兴中 李瑞波//地域研究与开发 1995-04
⊙山西旅游业应适度超前发展/李冠瑶//山西财经大学学报 1995-03
⊙山岳风景区旅游经济效益研究——以安徽黄山为例/陆林//人文地理 1995-02
⊙陕西旅游业的现状与发展/桑广书 常美玲//咸阳师范专科学校学报 1995-06
⊙陕西太白国家森林公园旅游区划/秦关民//西安教育学院学报 1995-04
⊙汕头地区全方位旅游开发研究/卢武强//华中师范大学学报（自然科学版）1995-01
⊙深圳酒店业与深港衔接/德荣//开放导报 1995-03
⊙深圳三景区成功的奥秘——“锦绣中华”、“中国民俗村”和“世界之窗”的考察报告/李海瑞 王兴斌（中国旅游协会咨询中心）//旅游导刊 1995-05
⊙升温的南极旅游/张继民//世纪行 1995-02
⊙生态旅游初探/徐峰//林业建设 1995-06
⊙生态旅游初探/郑保垒//旅游研究与实践 1995-03
⊙生态旅游对生物圈保护区的影响分析/周世强 张科文 周守德//生态经济 1995-04
⊙生态旅游规划/孔红梅 齐东 卢琦//世界林业研究 1995-02
⊙生态旅游与生态旅游区/黄羊山 王建萍//地理学与国土研究 1995-03
⊙生态旅游与我国的生物多样性保护/魏湘岳//科学对社会的影响 1995-04
⊙生态旅游与云南的旅游资源保护/杨福泉//云南社会科学 1995-01
⊙生态旅游——最新国际流行色/李松//林业与社会 1995-05
⊙十八重溪旅游资源及开发构想/曾从盛 王绍鸿 吴学忠 俞鸣同 杨建明//地域研究与开发 1995-04
⊙实施旅游兴赣战略的思考/唐由庆//南昌大学学报（社会科学版）1995-01
⊙世纪之交的广州旅游业发展战略初探/朱江//国土经济 1995-02
⊙世纪之交的武夷山旅游经济发展/张燮飞//发展研究 1995-10
⊙世界城市昭示——主题公园的高效益奇迹和价值导向/王新民//城市开发 1995-02
⊙世界国家公园的回顾与展望/卢琦 赖政华 李向东//世界林业研究 1995-01
⊙世界国家公园和保护区的未来走向与我国的对策/赖郑华 饶相如 刘进社 李树人 卢畅峰 李国华 魏立栋//河南农业大学学报 1995-03
⊙世界旅游市场变化趋向与建设旅游大省的对策/周淡念//常德师范学院学报（社会科学版）1995-04
⊙世界旅游业的繁荣和弊病/蓝天//群言 1995-12
⊙世界上最成功的乐园——艾孚铁凌奇境/钱星博//国际市场 1995-08
⊙世界新兴的朝阳产业——国际旅游（二）/吴鸣桐//对外经贸实务 1995-03
⊙世界新兴的朝阳产业——国际旅游（一）/吴鸣桐//对外经贸实务 1995-02
⊙世界最大产业——旅游业/周宇林//国际市场 1995-11
⊙市场经济下的风景区规划——在福建海坛风景名胜区规划中的探索/唐进群//中国园林 1995-04
⊙试论“泛环东南亚旅游文化圈”的构筑及其开发利用/李运祥//玉溪师范学院学报 1995-02
⊙试论“两江一湖”风景水资源的深度开发/蒋祖云//旅游学刊 1995-06
⊙试论安徽省宗教旅游资源的开发/胡文海//池州师专学报 1995-01
⊙试论城市生态规划与自然生态功能区建设——以旅游文化名城泰安为例/崔凤军//城市规划汇刊 1995-03
⊙试论当前旅游开发中几个基本环节的错位——旅游规划续议/刘德谦//旅游学刊 1995-01
⊙试论广西民族俗旅的发展/邓祝仁//社会科学家 1995-06
⊙试论桂林旅游资源的再开发/郝革宗//旅游研究与实践 1995-03
⊙试论开拓上海都市专项旅游/宋超麒//中国旅游 1995-06
⊙试论旅行社企业制度转轨中的问题与对策/朱子鹭//旅游学刊 1995-01
⊙试论旅游高校建立计算机化管理信息系统的必要性与对策/姚素英//北京第二外国语学院学报 1995-05
⊙试论旅游业的形象塑造和服务管理/方敏//当代经济研究 1995-S1
⊙试论内蒙古旅游规划的制定与实施——兼谈如何做好旅游温冷地区的旅游规划//旅游学刊 1995-01
⊙试论森林旅游业与外向型经济的关系/徐德成 逯登斌//林业经济问题 1995-02
⊙试论森林旅游资源的资产属性与资产评估/但新球//中南林业调查规划 1995-01
⊙试论上海都市旅游的发展及其定位/潘洪萱 崔燮钧//财经研究 1995-12
⊙试论生态旅游的开发/于占海//经济纵横 1995-04
⊙试论新加坡旅游业成功的原因/吴述席//平原大学学报 1995-03
⊙是耶？非耶？人造景观/余人 赵藜//北京第二外国语学院学报 1995-05
⊙首届民俗文化与民俗旅游国际学术研讨会综述//江西社会科学 1995-12
⊙首届中国民俗旅游节在京举行/周燕屏//民间文学论坛 1995-03
⊙树立大旅游观念 促进全方位开放/梁炜//理论与当代 1995-06
⊙水东开发区旅游规划之我见/姜樾//南方论刊 1995-04
⊙四川地质旅游发展探讨/左晓璐//地域研究与开发 1995-03
⊙四川省少数民族地区旅游资源的现状与开发利用措施/蒋彬//西南民族学院学报（哲学社会科学版）1995-S2
⊙四川自然保护区旅游资源开发前景/张洪明 王玲//四川林勘设计 1995-02
⊙寺院与旅游/李映辉//华夏文化 1995-05
⊙苏州工业园区对旅游业的积极影响/方建彬//中国旅游 1995-01
⊙台州旅游资源特点与旅游经济开发初探/林智理//台州学院学报 1995-05
⊙太姥山及其沿海地区旅游资源开发利用/姚颂恩//台湾海峡 1995-01
⊙太原旅游开发的战略构想/沈乔 沈大同//城市研究 1995-05
⊙泰国发展旅游业的态势/刘华源//国际贸易 1995-S1
⊙泰国旅游业发展的能量/杨德樵//国际贸易 1995-S1

◎谈江南水乡旅游资源的开发/程俐骢//旅游科学 1995-04
◎谈旅游饭店的价格管理/毕斌平//广西会计 1995-08
◎谈旅游市场调控的法律问题/姜润山//旅游学刊 1995-04
◎谈三峡旅游文化的魅力/刘聪//职大学报 1995-04
◎谈谈现代旅游企业集团发展问题/李立 邸国军//旅游研究与实践 1995-02
◎谈桐庐旅游业在市场竞争中的营销策略/毕愚溪//旅游研究与实践 1995-03
◎谈信息工作在旅游业中的作用/郑达生//热带地理 1995-02
◎谈在欧洲建立中国旅游服务站/熊小奇//东欧 1995-01
◎特别报告：透视中国人造景点/卢云亭//经济与信息 1995-09
◎特别报告：中国大饭店的发展/魏小安//经济与信息 1995-02
◎提高产业认识加快旅游发展/杨全岁//商业经济与管理 1995-06
◎提高浙江旅游业经济效益的对策/仲向平//浙江经济 1995-04
◎天津历史人文旅游资源体系及其开发/周俊旗//理论与现代化 1995-05
◎天然避暑胜地——缙云仙都周村透气洞/郑献章//浙江气象 1995-04
◎皖南旅游区布局研究/陆林//地理科学 1995-01
◎万盛风景区旅游环境容量研究/龙良碧//西南师范大学学报（自然科学版）1995-03
◎围绕发展旅游事业做好宣传工作/潘杏英//新闻前哨 1995-01
◎文人的道观旅游与创作/刘文刚//宗教学研究 1995-Z1
◎我国第三产业的发展趋势浅议——兼论信息旅游业前景/陈小琼//华侨大学学报（哲学社会科学版）1995-04
◎我国海岛的旅游资源/黄仰松//资源开发与市场 1995-06
◎我国旅游产品开发中存在的误区及市场营销策略/王莹//北京第二外国语学院学报 1995-01
◎我国旅游交通面临的挑战、机遇与对策/邱宜动//企业经济 1995-02
◎我国旅游业的现状、问题及对策/邵望予//国际经贸探索 1995-06
◎我国旅游业发展中的环境问题及其对策/尹魁浩 刘宝章//中国环境管理 1995-06
◎我国森林旅游与森林公园规划若干问题的探讨/熊智平//中南林业调查规划 1995-04
◎我国星级宾馆旅客情况调查与分析//旅游研究与实践 1995-03
◎我国自然保护区的生态旅游开发/袁兴中 刘红 高天刚//生态学杂志 1995-04
◎五台山旅游与五台山地区的发展/张育英 陆永庭//五台山研究 1995-04
◎武夷山生态旅游开发的初步设想/吴炳玉//闽江学院学报 1995-01
◎西柏坡革命纪念地旅游开发系统研究/邸明慧 张稳//地理学与国土研究 1995-02
◎西北地区自然资源的合理利用与开发对策/李辉//西北民族大学学报（自然科学版）1995-01
◎西湖 您是否还有魅力——杭州向国际旅游名城迈进中的困惑与选择/王信章//学习与思考 1995-05
◎西樵山风景名胜区旅游资源及其开发方略/陈俊鸿//热带地理 1995-03
◎西双版纳旅游资源及其开发利用/王建堂//河南大学学报（自然科学版）1995-04
◎现代化国际性港口城市的创建与宁波风景名胜的纵深开发/王益澄//宁波大学学报（教育科学版）1995-03
◎香港、澳门的旅游业/蒋士伟//东南亚研究 1995-01
◎香港当代“徐霞客”孙重贵/王业隆//文史天地 1995-02
◎香港旅游业发展评析/宋克//旅游研究与实践 1995-02
◎香港旅游业繁荣之客观条件分析/郑向敏//华侨大学学报（哲学社会科学版）1995-02
◎小议旅游文化与民俗文化/吕文学//中国旅游 1995-02
◎欣欣向荣的朝阳产业——浅谈旅游业在国民经济中的地位与作用/裴望远//学习导报 1995-06
◎新加政旅游业的发展及其原因/陈文//东南亚 1995-03
◎新疆旅游业现状及其发展远景/杨发义//新疆师范大学学报（哲学社会科学版）1995-03
◎新疆重点旅游城市大气环境质量演变趋势分析/郝毓灵 郭英之//干旱区地理 1995-04
◎新西兰的生态旅游/刘生建//环境 1995-07
◎新形势下吉林省旅游业发展战略探讨/黄安民//东北亚论坛 1995-01
◎新沂马陵山旅游资源与开发战略/谢文君//徐州师范大学学报（自然科学版）1995-02
◎新中国桂林旅游机构的创立/王缨//旅游研究与实践 1995-02
◎休闲产业叩响中国大门/陈见//经济世界 1995-06
◎休闲论/田赞明//益阳师专学报 1995-04
◎休闲是为了走更远的路/张文彪//领导文萃 1995-01
◎休闲文化：社会发展的新机遇——张鸿雁教授访谈录/陈麟辉//探索与争鸣 1995-12
◎休闲消费浪潮与休闲产业的崛起/郭舒权//经济问题探索 1995-10
◎休闲与生活质量/郑日金//世纪行 1995-12
◎迅速将旅游资源优势转化为经济优势——关于建设景德镇旅游支柱产业的思考/艾春龙//地方政府管理 1995-06
◎亚太地区的短途奖励旅游市场/陈爱新//旅游学刊 1995-01
◎亚洲游客涌向各方/史元//世界知识 1995-15
◎沿海地区旅游业发展中的问题及改革思路/孙健//时代论丛 1995-04
◎扬长避短 加快发展——论山西旅游业的优势与劣势/扬建峰//五台山研究 1995-03
◎阳江海陵岛旅游开发的实践与思考/谢丰喜//岭南学刊 1995-06
◎要“生态旅游”不要“污染旅游”/天生//环境 1995-05
◎也谈山水诗歌与旅游的关系/肖洪根//旅游科学 1995-04
◎一个待开发的省级森林公园——仙宫湖/夏莲//浙江经济 1995-10
◎依托大市场 发展大旅游——开发义乌旅游业的思考/何建农//浙江经济 1995-09
◎依托桂林开发临桂旅游资源/龙华//计划与市场探索 1995-03
◎移天缩地在君怀——深圳世界之窗文化旅游园设计/王贵祥//北京建筑工程学院学报 1995-01
◎以发展旅游业为契机实现西南兵工“退二进三”的战略大转移/杨啸涛//重庆工学院学报 1995-02
◎迎接旅游业更加光辉的明天——访谷牧同志/李玉莺//中国旅游 1995-06
◎游客“咏叹调”/东方原野//外向经济 1995-07
◎游客心态与昌黎海滨旅游发展/顾建清 李田 刘国宝//地理学与国土研究 1995-01
◎游乐园里活动多/赵启泰//黑龙江教育 1995-10
◎游乐园园林绿化建设与游乐经营的关系/吕超平//广东园林 1995-02

◎有关“旅游街”的作法与考虑/张军//旅游学刊 1995-04
◎玉·玉文化·旅游/龚元建//资源开发与市场 1995-05
◎越南旅游业：潜力、现状与前景/谭志词//东南亚纵横 1995-04
◎越南融入国际旅游大潮流/周在群//东南亚研究 1995-06
◎云南旅游经济发展新探/张胜昆//经济问题探索 1995-09
◎云南旅游资源的拓荒者：徐霞客/文明元//云南民族学院学报(哲学社会科学版) 1995-03
◎云南民族文化旅游资源的深层次开发/陶犁 杨军//思想战线 1995-04
◎云南省的旅游战略目标/李禄安//科技与经济画报 1995-03
◎运城盐池旅游资源概况及其开发前景/柴继光//化工矿产地质 1995-02
◎再造广州旅游新优势/双长明//旅游研究与实践 1995-03
◎在北京市郊区建立观光农业开发区的构想/范子文 卢云亭//中国农业资源与区划 1995-05
◎增创新优势发展大旅游/梁树佳//统计与预测 1995-03
◎崭露头角的亚洲海上旅游业/徐剑华//中国远洋航务公告 1995-06
◎湛江国际旅游业发展前景/卢等文//统计与预测 1995-03
◎浙江省大鹿山海岛森林公园旅游资源调查及开发利用设想/孙海平 施德法//华东森林经理 1995-03
◎浙江省旅游资源的分区与开发途径/端木斌 杨良山//资源开发与市场 1995-06
◎政企分开——上海旅游行政管理体制改革先行创造实施现代企业制度良好条件/王大悟//旅游学刊 1995-03
◎中国海滨景观——风景旅游资源的探索/束晨阳//中国园林 1995-02
◎中国旅游保险发展探索/郑向敏//保险职业学院学报 1995-03
◎中国旅游环境危机与对策研究/刘汉洪//旅游研究与实践 1995-01
◎中国旅游经济现象的深层思考/张辉//旅游学刊 1995-06
◎中国旅游商品的开发、设计、营销策略的思考/黄继元//北京第二外国语学院学报 1995-03
◎中国旅游文化大辞典/李成//博览群书 1995-11
◎中国旅游业百尺竿头更进一步/肖洋//中国对外贸易 1995-05
◎中国旅游业发展迅速/刘毅//对外大传播 1995-10
◎中国旅游业再上台阶/刘毅//经济与信息 1995-06
◎中国旅游资源地域分异规律及其开发研究/李永文//旅游学刊 1995-02
◎中国能有现代旅行商吗？——涉外旅行社产权改革探索/林洪岱//旅游学刊 1995-03
◎中国人的旅游消费正在热/袁远//广西市场与价格 1995-06
◎中国森林生态旅游资源的开发与保护/邓金阳 陈德东//资源开发与市场 1995-05
◎中国四季旅游舒适气候的分区与评价/冯新灵//绵阳师范高等专科学校学报 1995-S1
◎中西方旅游观刍议——从海意象传税及相关母题谈起/王立//十堰职业技术学院学报 1995-01
◎中西旅游比较/卢善庆//东南学术 1995-04
◎重庆市旅游业现状分析及展望/谢非//重庆工学院学报 1995-04
◎重视与澳门旅游业的合作/杜奇华//国际经济合作 1995-08
◎珠海市万山区发展旅游业的思考/钟世坚//旅游研究与实践 1995-04
◎珠海市西区旅游开发研究/钟伟青//地域研究与开发 1995-01
◎珠江口近现代史迹旅游资源的价值及其作用/陈卫平//探求 1995-03
◎主题园建设与文化精致原则/周向频//城市规划汇刊 1995-04
◎抓住机遇 把新宁建成旅游大县/王业斌//湖南经济 1995-12
◎抓住机遇 加快开发 把滇西北建成独具特色的综合旅游区/和志强//经济问题探索 1995-01
◎抓住三峡工程上马的历史机遇发展宜昌旅游事业/曹祥涛 陈君宁//湖北社会科学 1995-08
◎专线巴士游 花城风景廊/梁明珠 廖奕民//珠江经济 1995-11
◎紫金山旅游资源及其保护开发/周勤//南京晓庄学院学报 1995-04
◎自贡市旅游资源开发布局探讨/李恒昌龚玉明//旅游研究与实践 1995-04
◎综合开发长兴岛——上海旅游业发展的一个突破口/李震//地域研究与开发 1995-04
◎走向世界的中国旅游业/刘毅//信息与电脑 1995-06
◎遵循国际惯例 改善旅游环境 清除旅游障碍/张广瑞//旅游研究与实践 1995-01
◎做特色资源文章 促旅游事业发展——访自贡市旅游局局长李恒昌/宋志伟//旅游学刊 1995-05

1996年

◎’96上海旅游节节目精彩纷呈//浦东开发 1996-09
◎“大京九”沿线旅游资源开发刍议/徐军 蔡红//安徽大学学报(哲学社会科学版) 1996-06
◎“东方明珠”将成为上海旅游业中的璀灿明珠/纽卫平//上海综合经济 1996-02
◎“旅游产品生命周期论”质疑/杨森林//旅游学刊 1996-01
◎“生态旅游”事与愿违/罗伟清//世界知识 1996-11
◎“休闲农业”进入居室/兴家//农业机械化与电气化 1996-04
◎“休闲文化”与公共图书馆/黄恩祝 吴德英//图书馆工作与研究 1996-04 漫话“休闲”/肖凤//北京观察 1996-10
◎“中国旅游业发展及其对策研讨会”分组发言摘要//旅游学刊 1996-02
◎“中国旅游业新发展研讨会”会议综述及部分主要发言摘要//旅游学刊 1996-01
◎《国外旅游研究进展》撰后记/申葆嘉//旅游学刊 1996-05
◎97中国旅游年——中国旅游业的重头戏/肖强//中国对外贸易 1996-10
◎哀牢山风景旅游资源及开发保护/武军 胡英姿 庄肃纯//资源科学 1996-05
◎安徽滁州市旅游资源开发利用研究/郑平建//地理学与国土研究 1996-04
◎安徽省旅游林业发展初探/陈放鸣//林业经济问题 1996-06
◎安徽省森林公园建设的初步研究/曹延川//安徽林业科技 1996-01
◎澳大利亚国家生态旅游战略//产业与环境（中文版）1996-01
◎澳门旅游业的特点及发展前景/杜奇华//国际贸易问题 1996-06
◎澳门旅游业及其转型发展战略构想/曾凡臣//港澳经济 1996-11
◎把黄山市建设成为国际旅游城/臧世凯//投资理论与实践 1996-07
◎把绍兴建设成为国际旅游城市的几点思考/李永鑫//浙江社会科学 1996-03
◎把文化旅游优势转化为经济优势——访曲阜市曲阜镇党委书记曹方俊/官松章 王瑞华//发展论坛 1996-04

- 把握国际消费大势 开拓市场营销的新天地——九十年代国外精神消费的现状、原因与发展趋势探析/启笛//计划与市场 1996-11
- 北京“通洲古运河风景旅游区”总体规划探索/业祖润//北京建筑工程学院学报 1996-01
- 北京“一日五游”内幕/艾民 李煦//世纪行 1996-02
- 北京春季旅游气候资源的分布及利用/刘烽 刘洪恩//旅游学刊 1996-03
- 北京旅游服务贸易发展研究/李庚//北京经济了望 1996-01
- 北京旅游型服务产业刍议/李庚//北京规划建设 1996-05
- 北京山区自然资源综合评价/傅桦 毕维铭 王一峋//首都师范大学学报（自然科学版）1996-04
- 北京市接待境外游客的相关性分析/王洁 张恩祥//统计与信息论坛 1996-S1
- 北京最高旅游村——门头沟区江水河村靠家庭旅游服务业走上致富路/高增龙//农村经济与管理 1996-01
- 边境旅游：国际的实践与经验/张广瑞//旅游研究与实践 1996-04
- 边境旅游发展的战略与政策选择/张广瑞//经济研究参考 1996-H6
- 滨海旅游资源及其开发概况/长生//海洋信息 1996-10
- 昌都地区旅游资源开发的思考/土呷//西藏研究 1996-02
- 长春市城市游憩者行为特征研究/吴必虎//旅游学刊 1996-02
- 长岛县制订跨世纪“旅游兴岛”规划/王德生//海洋信息 1996-01
- 常德市旅游资源评价及开发利用研究/董明辉//常德师范学院学报（社会科学版）1996-06
- 常德市森林旅游资源的开发及利用/庄大昌//常德师范学院学报（社会科学版）1996-06
- 朝阳产业中的朝阳产品——谈少儿旅游业的开拓/岑成德//旅游研究与实践 1996-01
- 成都市旅游业开发建设现状调研要略/何银武//国土经济 1996-04
- 成都西岭雪山旅游资源开发利用刍议/陈波//绵阳师范高等专科学校学报 1996-S1
- 城市大众休闲空间初探/熊健 刘勤//新建筑 1996-02
- 城市的旅游功能及其评价/王德刚//旅游科学 1996-01
- 城市林业、旅游林业开发、振兴的必由之路——中国林经学会城市林业、森林旅游经济专业委员会一届二次理事会及学术研讨会侧记//林业财务与会计 1996-09
- 城市旅游开发规划研究进展评述/陈传康//地球科学进展 1996-05
- 城市旅游开发规划研究提纲/陈传康//旅游学刊 1996-05
- 城市生态经济系统与城镇布局/高文杰 邱春艳//城市环境与城市生态 1996-02
- 充分开发旅游资源 积极发展区域经济——对千岛湖旅游业的调查分析/宋伟农 江波 吴传海 章小的//浙江金融 1996-02
- 充分利用旅游资源加快发展旅游事业/梁仲宣//统计与预测 1996-03
- 充满希望的甘肃旅游业/卫孺牛//科技与经济画报 1996-01
- 筹集旅游发展资金渠道探讨/况既明//社会科学家 1996-05
- 出奇制胜的旅游房地产业/邬翊光//中国房地信息 1996-10
- 初步研究旅游目的地营销战略/戴斌//旅游研究与实践 1996-04
- 楚雄州旅游资源的评价及开发研究/王仕莲 施为民//楚雄师专学报 1996-03
- 从国际旅游发展走势看五大连池旅游业的发展及我们的宣传对策/孙雪梅//黑河学刊 1996-Z1
- 从海意象传说及相关母题谈中西方旅游观/王立//中国比较文学 1996-01
- 从黄山看我国风景区管理/吴明华//旅游学刊 1996-02
- 从景观生态学构建城市旅游开发与规划的操作模式/李蕾蕾//人文地理 1996-02
- 从旅游说到企业：目标不一样 行为极相异/王则柯//珠江经济 1996-01
- 从旅游行为的心理学看贵州旅游业的发展/索晓霞//贵州社会科学 1996-03
- 从日本山村旅游开发看云南的旅游化/刘刚//今日民族 1996-02
- 从维也纳音乐旅游环境创造看邯郸“赵文化”旅游资源开发的软对策/路紫 胡锋涛//河北学刊 1996-04
- 促进民俗文化事业的繁荣——记首届民俗文化与民俗旅游国际学术研讨会/黄泊沧//民间文化论坛 1996-01
- 促进四川三峡经济区旅游企业横向联合的建议/黄大勇 周文兴//重庆商学院学报 1996-04
- 打好黄山牌 做好徽文章——拓宽黄山旅游经济的发展思路/安徽省咨询委调研组//决策咨询 1996-12
- 大桂林旅游区发展浅议/王清荣//规划师 1996-02
- 大黄山旅游初探/桂建平//财贸研究 1996-03
- 大力发展九江港旅游产业/吴从文//中国水运 1996-10
- 大力开发城市旅游功能 培育国际国内两大市场——上海旅游业“八五”回顾与“九五”展望/杨帼颖 许春康//上海统计 1996-05
- 大力实施“旅游兴岛”战略 加快资源优势向经济优势转变/宋修武//海洋信息 1996-09
- 大连旅游业发展浅析/吴高飞//大连干部学刊 1996-01
- 大连市国际旅游业目标市场初探/张广海//地理学与国土研究 1996-03
- 大连市森林公园建设的现状及发展对策/况成秋//国土绿化 1996-03
- 大连站旅客流量及其特征分析/晏平//大连铁道学院学报 1996-01
- 大旅游市场要有大管理/邵显昌//旅游学刊 1996-04
- 大西南旅游资源的评价与开发/陈建新//资源开发与市场 1996-05
- 丹麦城市青年休闲政策/谈谷铮//当代青年研究 1996-02
- 丹霞山丹霞地貌旅游资源模糊综合评价/黄瑞红 唐明晖//中山大学学报（自然科学版）1996-02
- 档案与风景旅游/钟文珍//浙江档案 1996-10
- 导游风格论/陈永发//北京第二外国语学院学报 1996-01
- 导游人员的素质教育/李荣鸣//旅游研究与实践 1996-03
- 得天独厚的大理旅游资源——浅议大理地区旅游资源及其开发利用/刘永祥//大理学院学报（社会科学版）1996-01
- 地球呼唤绿色 人类渴望森林——深圳市宜开拓森林旅游/黄润标//深圳特区科技 1996-05
- 第七届农垦旅游经济研讨会在海南召开/郑言//中国农垦经济 1996-05
- 滇东南地区旅游资源的开发战略/田里//资源开发与市场 1996-02
- 电白县热水温泉风景区旅游资源的特色及其开发设想/林英杰//中山大学学报（自然科学版）1996-S1
- 鼎湖山旅游业生态环境问题的对策/李寒娥//佛山科学技术学

院学报（自然科学版）1996-06
◎东关村小流域综合治理与旅游生态村建设/程广文//水土保持研究 1996-04
◎东兰县旅游开发的设想/韦雄飞//计划与市场探索 1996-06
◎东盟国家发展旅游业的政策措施/刘小龙//亚非纵横 1996-02
◎东平县旅游资源及开发探讨/赵敬民//泰安师专学报 1996-06
◎都市旅游的理论和实践探讨——上海都市旅游国际研讨会综述/陈传康 吴承照//地理学与国土研究 1996-01
◎都市旅游与上海模式——应上海“都市旅游国际研讨会”之邀而作/李海瑞//旅游学刊 1996-01
◎都市休闲风/杨白//今日四川 1996-02
◎都市休闲与国内旅游/孙永亮//北京第二外国语学院学报 1996-03
◎对当前我国人造景观现状的描述与思考/陈光照//旅游研究与实践 1996-04
◎对发展旅游休闲农业的思考/王洁平//江南论坛 1996-05
◎对发展漳泽水库旅游业的思考/吴钦 任建营//山西水利 1996-01
◎对福州市涉外酒店业市场调查的思考/韦素琼 兰仰金//福建地理 1996-02
◎对桂林市建设现代化国际名城的思考/杨伟琳//桂林电子工业学院学报 1996-S1
◎对海峡两岸旅游业务合作中的法律问题的思考/韩玉灵//北京第二外国语学院学报 1996-03
◎对呼盟旅游资源的综合评价/王力//财贸经济 1996-06
◎对吉林省发展旅游业的思考/魏益华//东北亚论坛 1996-02
◎对进一步开发河南旅游经济的几点思考/冯福田//开封教育学院学报 1996-02
◎对开发丰城旅游业的理性思考/孙子凤//地方政府管理 1996-08
◎对旅游价格管理的几点思考/唐留雄//财贸研究 1996-06
◎对旅游市场需求的灵活快速反应与管理创新/邹慧萍 汪应洛//系统工程理论与实践 1996-10
◎对培养高素质旅游饭店管理人才的思考/何光//旅游学刊 1996-S1
◎对森林游憩价值经济评估的研究/高岚//经济研究参考 1996-H7
◎对四川旅游发展战略的若干思考/陈茂勋 左建华//决策咨询通讯 1996-04
◎对外开放和我国旅游业/梅均//世界贸易组织动态与研究 1996-10
◎对我国度假旅游规律性及其发展的几点探讨/裴泽生//旅游研究与实践 1996-04
◎对我国国民旅游消费不热的透视/林新华//价格与市场 1996-12
◎对我国旅游业利用外资的初步认识/何荣//旅游研究与实践 1996-02
◎对信贷如何扶持德宏旅游业发展的几点建议/郑艳玲//云南金融 1996-12
◎多层次、多功能空间的转换与渗透——一个旅游度假村的规划/孙扬//中国园林 1996-01
◎鄂北门户广水的旅游资源与开发建议/叶青 闵文强 吴建军 祝家富//计划与市场 1996-10
◎二十一世纪的美国休闲/克里斯托佛·阿·埃丁顿 王建宇 高萍//广州体育学院学报 1996-03
◎发挥甘肃旅游优势刍议/凌平//开发研究 1996-06
◎发挥桂林旅游龙头作用为广西旅游大省建设作出贡献/黄家诚//旅游研究与实践 1996-03
◎发挥旅游资源优势增强特色产品吸引力/高元元//旅游研究与实践 1996-03
◎发挥优势 建设黑龙江省沿边旅游带/靳英敏//东北亚论坛 1996-01
◎发挥优势 营造农业风景线/夏行//宁波经济 1996-01
◎发挥优势，建设黑龙江省沿边旅游带/靳英敏//东北亚论坛 1996-01
◎发展滨海旅游业 建设海上大连/李悦铮//经济地理 1996-04
◎发展长江旅游业/胡玉厚//上海综合经济 1996-02
◎发展都市旅游之我见/宋家增//旅游学刊 1996-03
◎发展桂林地区旅游业的思考/刘建伟 刘建东//旅游研究与实践 1996-01
◎发展国内旅游之浅见/胡善风//学术界 1996-04
◎发展河南省观光农业的几点思考/胡正元 王学增//河南农业科学 1996-08
◎发展环渤海区域旅游合作/宋家增//环渤海经济瞭望 1996-05
◎发展泾源旅游业的优势及其对策/王治平//固原师专学报 1996-05
◎发展跨世纪旅游业的基本构想/林长榕//福建论坛（经济社会版）1996-Z1
◎发展辽宁旅游业的几点认识/刘华芝//财经科学 1996-S1
◎发展旅游业 培育新财源//浙江财税与会计 1996-02
◎发展旅游业，促进落后地区经济起飞/周小梅//贵州财经学院学报 1996-05
◎发展旅游业加速了少数民族脱贫——龙胜各族自治县旅游扶贫的调查/兰雄现 蔡雄//广西市场与价格 1996-12
◎发展旅游业要用大手笔/冒名芳//江南论坛 1996-06
◎发展旅游与保护环境/陈及霖//福建论坛（经济社会版）1996-Z1
◎发展三峡库区旅游产业的战略思考/重庆市政协发展战略课题组//重庆大学学报（社会科学版）1996-04
◎发展森林旅游业振兴山区经济/刘选国//党政干部论坛 1996-01
◎发展山西旅游业的思考/杨建峰//财金贸易 1996-06
◎发展特色规模旅游项目 促进广州旅游支柱产业成长——流溪河森林公园发展狩猎综合旅游项目为例/李志民//广州师院学报（自然科学版）1996-02
◎发展特色旅游 振兴梅州经济/杨晓燕//嘉应大学学报 1996-03
◎发展我省国际旅游业/许尉//辽宁经济 1996-07
◎发展中的大理州旅游业/段辰//经济问题探索 1996-09
◎发展自然保护区森林生态旅游业的探讨/兰思仁 陈伟//林业经济问题 1996-06
◎法国的旅游业/马长龙//旅游科学 1996-02
◎繁荣安徽旅游经济开发历史文化资源/陈善华 张雳//旅游研究与实践 1996-03
◎反向公关宣传对旅游目的地的负面影响及对策/刘赵平//旅游研究与实践 1996-04
◎饭店服务质量标准应当定量化——《旅游涉外饭店星级的划分及评定》标准刍议/刘纯//中国标准化 1996-03
◎方兴未艾的新加坡旅游业——访新加坡旅游促进局中国办事处处长徐明华/邱明//浦东开发 1996-12
◎防城港市旅游开发的几个问题/杨峻//桂海论丛 1996-05
◎防止走入旅游误区/青山//光彩 1996-10
◎放眼全球旅游业/小芙//光彩 1996-10
◎非洲旅游业的发展、问题及对策/贺清云//西亚非洲 1996-03
◎丰富独特的旅游资源//世界经济与政治 1996-01
◎风景旅游区项目建设实行监理制初探/周坚 张土乔//浙江大学

学报（人文社会科学版）1996-01
⊙风景区环境容量初探——建立风景区环境容量概念体系/杨锐//城市规划汇刊 1996-06
⊙风景区旅游业发展模式的探讨——兼论旅游城镇的布局与发展/张跃西//人文地理 1996-01
⊙风水现代化及其旅游开发意义/陈传康//人文地理 1996-01
⊙佛光绿洲旅游旺/殷杰//山西林业 1996-01
⊙芙蓉江旅游资源的开发规划/段兴勤//资源开发与市场 1996-05
⊙涪陵市森林旅游业的发展/向赤忠//四川林业科技 1996-04
⊙福建旅游业（一）/范孟//福建环境 1996-04
⊙福建旅游业（二）/范孟//福建环境 1996-05
⊙福建旅游资源特点及其开发利用的若干设想/姚颂恩//福建地理 1996-02
⊙福建省旅游业发展的困惑及出路/林长榕//旅游学刊 1996-01
⊙福建要成为旅游发达的省份/林振平//发展研究 1996-11
⊙福建应开发生态旅游/袁书琪 郑耀星//发展研究 1996-12
⊙福州人文旅游资源概述/邵茵//福建地理 1996-02
⊙福州自然旅游资源初探/邵茵//福建地理 1996-01
⊙改革办学体制和人才培养模式——浅谈复合型旅游人才的培养/鲁淑云//旅游学刊 1996-S1
⊙改革开放中的郑州旅游业/陈云峰//中国改革 1996-10
⊙港澳归来话旅游/段奇能//重庆与世界 1996-01
⊙高黎贡山地区的观鸟生态旅游研究/艾怀森//保山师专学报 1996-04
⊙共塑世界级区域旅游热点——穗港澳旅游业合作与发展前景展望/顾涧清//港澳经济 1996-Z1
⊙构筑旅游业的跨世纪工程 向更高层次更宽领域迈进/张保增//地方政府管理 1996-04
⊙古城荆州的旅游资源/余昌均 余海涛 余海峰//资源开发与市场 1996-06
⊙关于把旅游业建成云南新支柱产业的思考/车志敏//经济问题探索 1996-06
⊙关于保山地区旅游业发展的构想/吴有春//云南科技管理 1996-02
⊙关于发展磁县旅游文化事业的几点思考和建议/郭占瀛//邯郸职业技术学院学报 1996-04
⊙关于发展广西民族旅游业的思考/玉时阶//学术论坛 1996-06
⊙关于发展黄山区域旅游经济的几点思考//决策咨询通讯 1996-04
⊙关于发展岭南特色旅游购物的思考/丁向华//商业经济文荟 1996-04
⊙关于发展云南旅游业的思考/车志敏//云南社会科学 1996-03
⊙关于海南特区产业结构的战略思考/王毅武//特区经济 1996-11
⊙关于湖南旅游教育发展战略的思考/黄万华//湖南教育学院学报 1996-01
⊙关于加快发展汕头旅游业的建议/杜松年//南方经济 1996-11
⊙关于加快广州国际旅游业发展之我见/双长明//广东商学院学报 1996-01
⊙关于加快武当山开放开发的建议和思路/李云广//世纪行 1996-10
⊙关于建成旅游大省的总体要求讨论会纪要/金鸿//旅游研究与实践 1996-02
⊙关于建立国内旅游统计制度的若干问题/潘璠//统计研究 1996-02
⊙关于建设旅游强县的思考/李秀灵//南方论刊 1996-06
⊙关于建设吐鲁番旅游经济开发区的方案研究/顾华详//中国软科学 1996-02
⊙关于开发天柱山风景区文化旅游特色项目的构想/张伟群//南京广播电视大学学报 1996-01
⊙关于科教兴旅游若干思考——以浙江省桐庐旅游业为例/殷旭伟成 愚溪//旅游科学 1996-01
⊙关于乐山旅游业总体规划原则的探讨/陈兴中//乐山师范学院学报 1996-02
⊙关于旅行社质量保证金制度的回顾与思考/窦群//旅游学刊 1996-04
⊙关于旅游乘数理论的几个问题/匡林//华侨大学学报（哲学社会科学版）1996-03
⊙关于旅游景观美学意义的几点思考/蒋婉求//旅游科学 1996-01
⊙关于旅游行为的美学思考——在东西方旅游文化差异中的战略选择/包泉万//旅游科学 1996-02
⊙关于旅游业利用外资问题的研究/郭鲁芳//商业经济与管理 1996-02
⊙关于民族贫困山区发展旅游业的思考/尹文钰//民族论坛 1996-02
⊙关于南京市发展大旅游的几点浅见/石尚群//民主 1996-05
⊙关于苏、杭地区开发旅游资源的考察报告——开封市再现《清明上河图》水系工程筹建处/刘百泉//开封教育学院学报 1996-01
⊙关于完善桂林旅游落地服务体系的探讨/丁银海//旅游研究与实践 1996-02
⊙关于优化三峡旅游产品的思路与对策/刘晗//中国三峡建设 1996-06
⊙观太湖山水胜景 享度假休闲乐趣//中国对外贸易 1996-12
⊙广东海安白沙湾旅游度假区规划/吴小勤 曹发义//城市规划 1996-02
⊙广东惠州旅游资源分析/蔡爱民//资源科学 1996-04
⊙广东省文化资源的旅游优势及其开发利用/刘益//热带地理 1996-03
⊙广西旅游业发展论/成伟光//广西民族学院学报（哲学社会科学版）1996-02
⊙广西旅游资源的区域开发与研究/杨颖瑜//旅游研究与实践 1996-01
⊙广西民俗旅游资源的开发/郭立新//广西民族学院学报（哲学社会科学版）1996-02
⊙广西民族文物考古旅游资源述论/谢崇安//广西民族学院学报（哲学社会科学版）1996-02
⊙广西与东南亚旅游业的比较和启示/罗梅//东南亚纵横 1996-01
⊙广州近、现代史迹旅游资源开发探讨/陈文君//热带地理 1996-02
⊙广州旅游酒店促销策略研究/徐玉昆 汪纯孝//旅游研究与实践 1996-02
⊙规范旅游收费行为 健全管理体制/赵亚平//中国物价 1996-07
⊙桂林旅游与科教兴市战略/陈宪忠//旅游研究与实践 1996-02
⊙国际旅游：一片诱人的阳光/詹俊川//广东大经贸 1996-08
⊙国际旅游城市的功能与发展趋势/李庚//北京规划建设 1996-04
⊙国际旅游新热线——长江中下游/张脉贤//对外大传播 1996-Z2
⊙国际园林盛会与泰国风光追记/余树勋//中国园林 1996-01
⊙国家旅游局副局长孙钢认为——安徽发展旅游业要实施“政府主导型”战略/孙钢//决策咨询 1996-12
⊙国内旅游的崛起及其对旅游信息的影响/陈卫民//旅游学刊

1996-03
⊙国内旅游发展应强化品牌意识/徐菊凤//旅游学刊 1996-03
⊙国内旅游者人口学特征研究/吴必虎//中国人口科学 1996-04
⊙国外旅游研究进展（连载之一）/申葆嘉//旅游学刊 1996-01
⊙国外旅游研究进展（连载之二）/申葆嘉//旅游学刊 1996-02
⊙国外旅游研究进展（连载之三）/申葆嘉//旅游学刊 1996-03
⊙国外旅游研究进展（连载之四）/申葆嘉//旅游学刊 1996-04
⊙哈达门国家森林公园风景资源及综合利用的研究/邓秋才 段广德 韩铭哲 徐良//内蒙古林学院学报 1996-02
⊙哈达门国家森林公园总体规划/段广德 韩铭哲 邓秋才 韩轶//内蒙古林学院学报 1996-02
⊙哈达门森林公园的旅游气候资源/韩铭哲 段广德 刘果厚 韩鹏//内蒙古林学院学报 1996-02
⊙海南岛热带海滨度假旅游胜地/夏仲勋//中国旅游 1996-01
⊙海南度假旅游产品的开发/王新军//旅游学刊 1996-04
⊙海南旅游资源结构特征与开发评价/王新军//热带地理 1996-02
⊙海南旅游资源优势之我见/曹天禄//新东方 1996-06
⊙海南省旅游开发设想/韩柏元 韩敏//海洋信息 1996-07
⊙函谷关旅游区开发总体构想/刘东海 王庆生//地域研究与开发 1996-04
⊙韩国旅华客源市场的开发/顾宇红//旅游学刊 1996-06
⊙杭州旅游总体评价和发展研究/夏积亮 裘书服//杭州师范学院学报（自然科学版）1996-02
⊙杭州市旅游资源开发利用探讨/辛薇//杭州科技 1996-02
⊙河北省旅游业发展中的问题及对策/靳海增 崔盼来//经济论坛 1996-23
⊙河北省森林公园建设现状及提高开发利用水平的对策/侯聚敏/国土绿化 1996-02
⊙河北省赞皇县嶂石岩景区旅游脱贫的调查/蔡雄 连漪//旅游研究与实践 1996-04
⊙河南旅游业持续发展条件等级评价/李永文 吕连勤//地域研究与开发 1996-03
⊙河南旅游资源地域分异规律及其开发对策研究/李永文//河南大学学报（自然科学版）1996-02
⊙河南省旅游区划分/贺榴 李居信 刘书贵 姜俊 刘克波//河南科学 1996-04
⊙河南省旅游业发展的问题与对策/王庆生 许韶立//经济地理 1996-03
⊙河西旅游考察随感/葛正芳//发展 1996-08
⊙菏泽地区旅游业发展条件及对策/谢寅骧//人文地理 1996-S2
⊙黑龙江省杜尔伯特蒙古族自治县旅游资源开发战略初探/赵景海 俞滨洋 沈勇男//国土与自然资源研究 1996-02
⊙黑龙江省火山旅游资源的开发利用/张桂兰//哈尔滨师范大学自然科学学报 1996-02
⊙湖北省旅游资源潜力与开发利用探讨/胡应成//国土经济 1996-03
⊙湖南国际旅游客源市场拓展现状与策略/徐飞雄//湘潭师范学院学报 1996-06
⊙湖南旅游资源的潜在优势/杨载田 谢莉//衡阳师范学院学报 1996-05
⊙湖南省旅游客源市场现状分析/胡宁//经济地理 1996-03
⊙湖南省张家界森林公园社会效益评价/王幼臣 张晓静//林业经济 1996-05
⊙环境美与生态旅游/陈刚//旅游学刊 1996-04
⊙环境审计：旅游业持续发展中的新概念/丁培毅//干旱区地理 1996-02
⊙黄山风景区旅游容量及相关环境问题研究/蒋宗豪//农村生态环境 1996-02
⊙回良玉在安徽省旅游经济工作会议上指出——旅游业将成为安徽二十一世纪的支柱产业/回良玉//决策咨询 1996-12
⊙积极变旅游资源优势为经济优势/刘学敬//经济论坛 1996-22
⊙积极参与国际旅游市场的竞争/杨柳荫//科技与经济画报 1996-04
⊙跻身国内“十强”的天津旅游业/何焕臻//环渤海经济瞭望 1996-02
⊙冀南明珠——赵苑旅游区的规划设计/赵静茹//河北建筑科技学院学报（自然科学版）1996-04
⊙加快发展旅游业 推动经济再上新台阶——对台州旅游业发展的思考/吴一林//浙江统计 1996-09
⊙加快陕西旅游业发展的对策/贺新宇//理论导刊 1996-06
⊙加强宏观管理 振兴旅游教育/常殿元//北京第二外国语学院学报 1996-02
⊙加强跨地区跨行业合作 尽快把我区建成旅游大省/黄念先//旅游研究与实践 1996-04
⊙加强旅游财务管理支持旅游业快速发展/杨润珍//财政 1996-10
⊙加强旅游对外宣传/黄进先//特区展望 1996-05
⊙加强旅游文化建设 促进闽北旅游业上新水平/官维祺//发展研究 1996-11
⊙加强旅游与经济地理间的联系：一种理论构想/刘爱荣 虞立红 王军//地理科学进展 1996-02
⊙加强实践教育培养合格的旅游应用性人才/谢北立//北京第二外国语学院学报 1996-05
⊙加强泰山旅游研究 促进泰安经济发展/李乐军 于现林//泰安师专学报 1996-05
⊙加速贵州民俗风情游产品的开发/余青 杨胜天//贵州民族研究 1996-02
⊙加速旅游度假区建设 推动全州旅游产业发展/周云//经济问题探索 1996-11
⊙简论旅游中民俗风情美/卢善庆//龙岩师专学报 1996-02
⊙建立“庐山旅游特区”探析/邱宜动//企业经济 1996-05
⊙建立“凭祥友谊关旅游度假区”的构想/李疆//计划与市场探索 1996-03
⊙建立潮汕民俗特色的农业旅游区刍议/赵坤明//旅游学刊 1996-04
⊙建立合理的旅游教育结构/唐俊雅//旅游科学 1996-02
⊙建立科学合理的旅游建设项目评估体制/陈南江//旅游学刊 1996-05
⊙建立灵活快速反应的旅游服务系统/邹慧萍 汪应洛//管理工程学报 1996-02
⊙建立社会主义市场经济体制中的旅游教育改革/浦秀贤//旅游学刊 1996-S1
⊙建立中国旅游业的管理信息网络/邹慧萍//教育信息化 1996-04
⊙建立中国旅游业管理信息网络的探讨/邹慧萍//信息系统工程 1996-04
⊙建设广西旅游大省 发展广西旅游经济/程大兴//旅游研究与实践 1996-03
⊙建设广西旅游大省的政策体系研究/林炎钊//旅游研究与实践 1996-04
⊙建设海上大连 增创新优势/柏长年 刘渝兵//环渤海经济瞭望 1996-03

◎建设旅游大省 促进“九五”广西经济持续发展/苏长高//桂海论丛 1996-03
◎建设旅游大省必须强化旅游行业管理/崔英慧//旅游研究与实践 1996-03
◎建设森林公园开发森林旅游资源促进林区经济建设的发展——关于内蒙古大兴安岭林区森林旅游资源开发的思考/徐学锋//内蒙古林业调查设计 1996-02
◎建设武陵源旅游大市场的思考/周淡念//常德师范学院学报(社会科学版) 1996-02
◎建造独具特色的民族商贸旅游城——昆明市城市开发建设随想/李寿祥//今日民族 1996-11
◎建造人类美丽的精神家园——休闲文化的理论思考/马惠娣//未来与发展 1996-03
◎江南水乡古镇保护与规划（摘登）/阮仪三 黄海晨 程俐聪//建筑学报 1996-09
◎江西“京九”沿线旅游开发的考察报告/黄建军 黎昭//旅游学刊 1996-06
◎揭短，是为了扬长———浅谈海南大力整顿旅游市场/张恒//旅游学刊 1996-06
◎金华旅游形象的设计与建设/周少雄//浙江学刊 1996-04
◎近七年旅游文化研究综述（上）/喻学才//企业导报 1996-08
◎近七年旅游文化研究综述（下）/喻学才//企业导报 1996-09
◎京城有“夏都”避暑去延庆——北京旅游大县延庆举办首届避暑节/连禾//旅游 1996-06
◎境外与我国旅游促销经费投入分析/胡克红//旅游研究与实践 1996-03
◎九华山旅游市场结构分析/张建春//安徽师范大学学报（自然科学版） 1996-01
◎九江举办’96 庐山国际旅游节//对外大传播 1996-08
◎距离在森林审美中的作用与应用/但新球//中南林业调查规划 1996-03
◎卷首语//光彩 1996-10
◎崛起中的浦东旅游业/孙运达//浦东开发 1996-09
◎开发东山农业观光旅游/裴泽生//旅游研究与实践 1996-02
◎开发建设武夷山－泰宁－将乐绿三角旅游区之刍议/戴文远//福建地理 1996-02
◎开发利用浙西《水浒》旅游资源刍议/黄德贤//旅游学刊 1996-03
◎开发六朝文化资源 发展南京大旅游/王引//现代城市研究 1996-02
◎开发农业旅游及观光农园刍议/裴泽生//旅游科学 1996-04
◎开发泉州宗教旅游资源的探讨/杨文棋//东南学术 1996-04
◎开发森林旅游资源 促进林区经济发展/徐学锋//中国林业企业 1996-06
◎开发山区旅游资源 加快经济发展步伐/熊建辉//安徽地质 1996-02
◎开发苏浙皖交界地域地学旅游资源雏议/景学立//上海地质 1996-04
◎开发无锡鸿山旅游风景区的思考/虞国平 杨仁育 缪忠根//江南论坛 1996-05
◎开发西安宗教旅游资源浅探/邹慧萍//旅游研究与实践 1996-01
◎开发县级旅游资源 促进地方财源建设/吴新华 易正平//湖北财经高等专科学校学报 1996-03
◎开发云南旅游商品的策略探讨/黄继元//经济问题探索 1996-05
◎开拓桂林旅游客源的基本思路/颜邦英//社会科学家 1996-01
◎看中西部旅游发展趋势 谈甘孜州旅游潜力与对策——兼论旅游与农业和其它行业的关系/王水泉//康定民族师范高等专科学校学报 1996-02
◎康体休闲产业的机遇与市场进入/陈传康 冯若梅//旅游研究与实践 1996-04
◎可持续发展：中国旅游业的抉择/徐德成 余海涛 倪玉乐 许治平//世界环境 1996-04
◎可持续发展旅游地的经济与环境——“山海关滨海旅游度假区”规划设计思考/邹瑚莹//建筑学报 1996-09
◎可持续发展原则在风景区规划中的运用——广州白云山风景名胜区发展战略研究/李敏//中国园林 1996-01
◎困境与抉择：宁夏旅游业合理开发纵横谈/徐海莺 单鹏飞//旅游学刊 1996-02
◎琅琊山旅游资源及其开发利用初探/郑平建//地理科学进展 1996-02
◎骊山风景区旅游环境资源分析/褚泓阳//西北林学院学报 1996-04
◎历史的辉煌 今人的财富——对禹迹系列风景旅游资源开发的几点看法/陈衡//当代建设 1996-03
◎历史名城随州旅游业的发展战略构想/潘开华 杨正远 蒋波//计划与市场 1996-09
◎利用冰雪资源发展特色旅游/武岫岚//黑龙江社会科学 1996-03
◎连云港旅游地质资源研究/李春生//地理学与国土研究 1996-02
◎良山丹霞地貌风景区的地质简况及其旅游开发价值/肖自心 汤国雄 邹文发//湖南地质 1996-01
◎辽宁旅游业发展中的问题和对策/夏学英//沈阳师范学院学报(社会科学版) 1996-02
◎辽宁省海岛生态旅游资源开发和保护/邓伟 刘福涛//资源科学 1996-04
◎临沂市旅游资源开发利用探讨/曹光杰 申洪源//人文地理 1996-S2
◎灵川县旅游资源开发利用前景广阔/张南柱//计划与市场探索 1996-08
◎岭南文化古都 粤西旅游胜地/植伟年 黄应华//岭南文史 1996-04
◎刘三姐第一故乡——罗城旅游资源开发探讨/吕锡振//计划与市场探索 1996-05
◎刘毅谈'96 中国度假休闲游/吕萱//中国对外贸易 1996-02
◎楼观台森林公园旅游环境资源评价与分析/褚泓阳//陕西林业科技 1996-04
◎旅行费用法在游憩效益评价应用中的问题及对策研究/艾运盛 张鸿雁//林业经济问题 1996-02
◎旅行社批发观光客/吴晓梅//经济与信息 1996-09
◎旅行社业务年检实行量化考核的尝试/湛宇燕 夏文斌//旅游学刊 1996-06
◎旅行社应在国内旅游发展中发挥主导作用/金汉山 李二林//旅游学刊 1996-04
◎旅游产品的脆弱性及其对策研究/唐开康//北京第二外国语学院学报 1996-03
◎旅游产业：智者的选择/卢云亭//光彩 1996-10
◎旅游城规划中的景观生态评估——以海南三亚市南田为例/王家骥 夏永霞//环境科学研究 1996-01
◎旅游城市的发展与城市传统风貌的保护和延续/李长杰 陶柯//社会科学家 1996-04
◎旅游搭台，经贸唱戏，贺县森林旅游蓬勃发展/刘贻环//广西

林业 1996-04
◎旅游地的生态环境问题不可忽视/景惠芳//科技信息 1996-07
◎旅游地居民态度调查研究——以皖南旅游区为例/陆林//自然资源学报 1996-04
◎旅游地貌资源的两种动态聚类评价/刘冰//四川农业大学学报 1996-03
◎旅游地学十年——为旅游地学研究会成立十周年作/陈安泽//旅游学刊 1996-01
◎旅游动机及其影响因素研究/邱扶东//心理科学 1996-06
◎旅游度假区定义的探讨/毛建华//地理学与国土研究 1996-02
◎旅游度假区建设对旅游资源的影响评价及保护规划研究/杨春平 曾光明 汪洛 卓利 曾北危//中国环境科学 1996-06
◎旅游度假区内的农民问题/李海瑞//旅游学刊 1996-05
◎旅游对峨眉山生态环境的影响及保护对策/蒋文举 朱联锡 李静 邓文//环境科学 1996-03
◎旅游对风情民俗资源的消极影响及对策研究/郑向敏//旅游学刊 1996-03
◎旅游对外促销面临的问题及对策/赵晓燕//旅游学刊 1996-05
◎旅游发展对风情民俗资源的消极影响分析及其对策研究/郑向敏//北京第二外国语学院学报 1996-04
◎旅游服务 想说爱你不容易/陈新//北京物价 1996-10
◎旅游服务、经济效益与饭店美学管理/张学云//江西科技师范学院学报 1996-03
◎旅游供给与需求的空间关系研究/牛亚菲//地理学报 1996-01
◎旅游观光好去处 招商引资商贾来/廓天//旅游 1996-08
◎旅游教育刍议/施尔薇//旅游学刊 1996-S1
◎旅游节庆产品构成分析和发达地区节庆日管理现状初探/黎洁//旅游研究与实践 1996-02
◎旅游经济活动中的旅游地理因素与旅游线路组织/杨晓国//经济问题 1996-04
◎旅游景点建设浅见/沙振镇//现代城市研究 1996-02
◎旅游开发的环境影响研究进展/刘晓冰 保继刚//地理研究 1996-04
◎旅游开发对苍洱自然保护区的影响及对策研究/沈兵//云南环境科学 1996-02
◎旅游开发对自然保护区的影响及自然保护区的保护和开发策略研究/沈兵//环境保护 1996-05
◎旅游客源分析兼论宜州市旅游客源条件/陈建新//资源开发与市场 1996-04
◎旅游目的地国国际旅游需求预测方法综述/赵西萍 王磊 邹慧萍//旅游学刊 1996-06
◎旅游农业看随州/罗毅 胡晓锋//致富之友 1996-12
◎旅游气候宜人度评价方法研究/钱妙芬 叶梅//成都气象学院学报 1996-03
◎旅游区吸引度指数与闽南金三角旅游资源评价/肖洪根//旅游科学 1996-02
◎旅游热带来的机遇/望天星//对外大传播 1996-07
◎旅游人才和旅游教育评析/刘学岚//教育发展研究 1996-02
◎旅游商品亟待走出误区/贾克俭//经济与信息 1996-10
◎旅游生态学与旅游目的地的可持续发展//生态学杂志 1996-02
◎旅游时空层次探讨/张桂兰 张序强 贾耘波//哈尔滨师范大学自然科学学报 1996-01
◎旅游市场发展快·潜力大 呼唤立法/赵安元//中国市场 1996-10
◎旅游文化两题/陈超英//北京第二外国语学院学报 1996-04
◎旅游文化应该有自己的学科地位/毛桃青//旅游学刊 1996-05
◎旅游文化与旅游经济/喻学才//江汉论坛 1996-12
◎旅游行为本质的信息论探讨/陈涛 罗宏宇//地理学与国土研究 1996-01
◎旅游行业成人教育亟待发展/王玉成//河北成人教育 1996-05
◎旅游行业管理新举措/魏小安//科技与经济画报 1996-04
◎旅游业——吸收农村剩余劳动力的一个重要行业/邹益//农村发展论丛 1996-03
◎旅游业——吸收农村剩余劳动力的一个重要行业/邹益//农村发展论丛 1996-03
◎旅游业的发展与环境保护/魏烽//财经科学 1996-S1
◎旅游业的环境问题和非持续性发展/傅文伟//旅游研究与实践 1996-01
◎旅游业的外部性及其对策思考/匡林//旅游研究与实践 1996-02
◎旅游业投资效果分析/匡林//商业经济与管理 1996-02
◎旅游业需要新观念/林越英//北京第二外国语学院学报 1996-02
◎旅游业与可持续发展：兰萨罗特岛的情况/张京生//产业与环境（中文版）1996-04
◎旅游业——云南新兴的支柱产业/卢开（石廉）//玉溪师范学院学报 1996-02
◎旅游业怎样做广告？/欧阳在三//旅游学刊 1996-05
◎旅游渔业初探/钟世坚//旅游科学 1996-04
◎旅游与度假休闲/胡云//对外大传播 1996-Z1
◎旅游与文化/全湘//规划师 1996-02
◎旅游者旅游消费最大满足的决策——兼论包价旅游线路的制定/王妙//天津商学院学报 1996-02
◎旅游真是产业吗？/张广瑞//旅游学刊 1996-01
◎旅游振兴与乌鲁木齐经济发展/余素芬//干旱区地理 1996-03
◎旅游之国——泰国/王卫军//经济世界 1996-03
◎旅游资源开发的新理论——评杨振之著《旅游资源开发》/华德//文史杂志 1996-06
◎旅游资源商品性透析/谢小焱//商业文化 1996-03
◎栾川县发展旅游业之我见/郭浩//河南大学学报（社会科学版）1996-06
◎略论旅游经济林业/陈连涛//河北林果研究 1996-S1
◎略论旅游文化的三个发展阶段/王立//十堰职业技术学院学报 1996-04
◎略论吐鲁番旅游业发展的方向及新思路/顾华详//实事求是 1996-04
◎略论锡林郭勒草原生态旅游资源和发展生态旅游的问题与对策/陈佐忠//干旱区资源与环境 1996-04
◎略论云南自然保护区旅游资源的开发利用与保护/杨兰英//生态经济 1996-03
◎略论中国饭店名牌策略/李祝舜//发展研究 1996-11
◎略谈海南旅游行业精神文明建设/吴志坚//特区展望 1996-04
◎论导游的能力品质/刘纯//上海大学学报（社会科学版）1996-04
◎论导游服务标准的审定及质量管理/陈永发//旅游科学 1996-02
◎论地域分异规律在旅游地理区划中的主导作用/秦关民//陕西师范大学学报（自然科学版）1996-01
◎论滇东南地区旅游资源的开发战略/田里//地域研究与开发 1996-04
◎论发展辽宁海洋旅游——关于辽宁大旅游战略的一点思考/王德宏//理论界 1996-01
◎论发展竹文化旅游业/张跃西//旅游学刊 1996-04
◎论翻译导游的情感品质/刘纯//旅游科学 1996-04

- 论工作与休闲的关系及意义/潘一禾//浙江大学学报（人文社会科学版）1996-04
- 论广东自然旅游资源的地学基础及地学旅游资源/黄耀丽//地域研究与开发 1996-02
- 论贵州阳明心学文化旅游圈的开发建设/王路平//贵州社会科学 1996-03
- 论桂林旅游资源的深开发/白丁 乐山//社会科学家 1996-04
- 论昆明旅游业中的民族文化资源开发/杨虹//云南民族学院学报（哲学社会科学版）1996-03
- 论历史文化名城大同的保护与发展方向/叶满荣//大同职业技术学院学报 1996-03
- 论旅游、大旅游及云南旅游产业的发展/熊清华//云南社会科学 1996-04
- 论旅游的概念、本质和规划/王德利//财贸研究 1996-06
- 论旅游饭店星级设立的市场观/孟华//泰安师专学报 1996-01
- 论旅游扶贫/吴忠军//广西师范大学学报（哲学社会科学版）1996-04
- 论旅游环境保护的十大经济手段/林越英//北京第二外国语学院学报 1996-06
- 论旅游活动就是体现、丰富、发展和完善自由生命的审美活动/黎启全//贵州大学学报（社会科学版）1996-04
- 论旅游目的地形象与旅游目的地形象战略/黎洁 吕镇//商业经济与管理 1996-06
- 论旅游内涵延伸的新形式——特种旅游/田里//思想战线 1996-03
- 论旅游业的发展模式及地域特征/王湘//北京联合大学学报 1996-04
- 论旅游业的投资激励/匡林//贵州财经学院学报 1996-05
- 论旅游业先导产业地位的确立和边疆城市的发展/郑洪芳//民族研究 1996-03
- 论旅游业增长方式的转变/赵云昌//财贸研究 1996-06
- 论旅游者与旅游资源之间的双向互动关系/邓爱民 翁钢民//旅游研究与实践 1996-02
- 论南京旅游业的发展方向及对策/金卫东 卢晓 王淼//现代城市研究 1996-02
- 论森林环境建设与生态旅游业的持续发展/温远光 蒋海平 黄棉//生态经济 1996-06
- 论深入认识桂林山水/邓祝仁//社会科学家 1996-02
- 论我国大西北自然资源的开发战略及对策/宋凤兰//自然资源学报 1996-03
- 论我国旅游产品的现状及其发展对策/朱应皋//南京经济学院学报 1996-03
- 论五指石旅游区的个性及开发策略/江金波//热带地理 1996-04
- 论闲之为物（续）/于光远//未来与发展 1996-06
- 论闲之为物/于光远//未来与发展 1996-05
- 论休闲文化的研究与发展/孙永亮//北京第二外国语学院学报 1996-05
- 论以市场为导向的旅游开发观/魏益华//吉林大学社会科学学报 1996-03
- 论中国季节特色旅游的开发/章采烈//上海大学学报（社会科学版）1996-04
- 毛志君副省长谈海南旅游业的发展/焱淼//中国对外贸易 1996-04
- 湄洲岛国家旅游度假区/曾曼亭//福建环境 1996-02
- 湄洲岛旅游业前景辉煌/李德金//发展研究 1996-10
- 美国住宿业和旅游业的新发展/王乃粒//旅游科学 1996-04
- 面向新世纪发展大旅游———关于进一步加快南京旅游经济发展的调研报告/南京市政协课题组//南京社会科学 1996-11
- 庙岛群岛旅游资源的开发与保护/陈涛 李广炎//山东环境 1996-02
- 闽北农村发展旅游经济的基本内容及建议/刘晖明//开放潮 1996-05
- 名人足迹 民居荟萃 民俗大观——试为翠亨旅游区定位/邹佩从//旅游学刊 1996-05
- 明年将是中国旅游年/本刊记者//对外大传播 1996-07
- 明孝陵保护规划——陵区历史环境恢复与遗址保护探讨/丁宏伟//古建园林技术 1996-01
- 目前边境旅游中存在的问题//经济研究参考 1996-H6
- 南江县米仓山森林公园风景质量评价/邓玉林//四川农业大学学报 1996-03
- 南京市旅游空间容量的拓展探讨/周勤//南京晓庄学院学报 1996-04
- 南京汤山旅游资源开发研究/黄震方//南京师大学报（自然科学版）1996-01
- 南京钟山风景区的旅游资源及其保护和开发/周勤//南京社会科学 1996-02
- 南四湖生态旅游区开发初探/刘红//人文地理 1996-S2
- 南雄珠玑巷文化旅游资源的价值及其开发/张军光 季乐民//韶关大学学报（社会科学版）1996-03
- 尼泊尔皇家奇特旺国家公园的可持续旅游//产业与环境（中文版）1996-04
- 尼泊尔威士特山区旅游开发效应/全华//地理科学进展 1996-01
- 宁明县旅游资源开发设想/蒙志东//计划与市场探索 1996-02
- 努力办好职工旅游事业/易平川//中国工会财会 1996-09
- 暖温带基岩海岸旅游资源的开发利用/齐东 张淑珍等//林业科技开发 1996-04
- 培养高质量的旅游专业研究生/李天元//旅游学刊 1996-S1
- 培植支柱产业 建设旅游强省/江泓//湖北社会科学 1996-09
- 平遥名城保护与发展/曹昌智 周贵贤 边宝莲//规划师 1996-01
- 浦东发展旅游业要做好三件事/王雷亭//浦东开发 1996-09
- 齐齐哈尔宗教旅游资源及其开发利用/车娟 王英利 焦杰//齐齐哈尔大学学报（哲学社会科学版）1996-04
- 钱其琛副总理亲临'96中国度假休闲游开幕式/王国雄 麦宜明 吴卓//特区展望 1996-01
- 乾陵古陵园旅游点旅游环境容量研究/陈洁 蔺安 赵紫娟//陕西环境 1996-03
- 浅论洛阳发展旅游的优势/董延寿//洛阳师范学院学报 1996-03
- 浅论上海旅游产品开发的认识障碍/张帆//旅游科学 1996-03
- 浅谈大连旅游业的国际市场开发/郭永庆 谭雪梅//辽宁经济 1996-12
- 浅谈旅游城市的环境保护/李金满//中国环境管理干部学院学报 1996-03
- 浅谈旅游可持续发展/田道勇//人文地理 1996-02
- 浅谈旅游商品的包装/吴国英//南京经济学院学报 1996-03
- 浅谈青岛吸引德国游客的优势和制约因素/王永红 李学伦//旅游学刊 1996-06
- 浅谈我国西北干旱地区旅游资源的开发利用/孙云仙//干旱区地理 1996-01
- 浅谈云南旅游业与民族文化艺术资源的开发利用/贺光曙//民族艺术研究 1996-03

◎浅谈中国旅游景区的开发与建设/韩克华//武汉大学学报（哲学社会科学版）1996-02
◎浅析导游的作用/匡林//旅游研究与实践 1996-01
◎浅析京九铁路江西段沿线旅游资源的开发/朱德明//地方政府管理 1996-11
◎浅析九十年代以来我国国际旅游客源市场的新变化/杨华斌//旅游研究与实践 1996-02
◎浅析旅游消费需求及其预测/池进//华侨大学学报（哲学社会科学版）1996-03
◎浅议创建宜昌市旅游特色馆/蒋诗煌//图书情报论坛 1996-03
◎浅议福建省生态旅游开发/骆培聪//福建地理 1996-01
◎浅议旅游与文化的关系/杜继平//浙江经济 1996-08
◎浅议天目湖旅游经济发展的对策/赵昭伟 方伟//金融纵横 1996-07
◎浅议消费心理和旅游市场促销/韩玫丽//北京第二外国语学院学报 1996-03
◎浅议兴安旅游资源的开发与保护/邹萍//计划与市场探索 1996-11
◎抢抓京九通车机遇 大力发展鄂东旅游/曹祥本//旅游学刊 1996-02
◎秦皇岛旅游区系构成与系统发展/张顺 梁丽华//松辽学刊（自然科学版）1996-03
◎青城山旅游资源美感环境质量评价/赵仁昌 雷林 陈福葆//四川环境 1996-03
◎青海省环湖地区旅游资源概述/赵宏利//青海环境 1996-01
◎青海省旅游资源开发及规划的探讨/储茂东//佛山科学技术学院学报（自然科学版）1996-06
◎清除认识障碍 树立旅游意识——浦东新区旅游发展战略思考/王雷亭//泰安师专学报 1996-06
◎区域旅游地理的一本新著——简评新编《中国旅游地理》/陆心贤//经济地理 1996-02
◎区域旅游房地产开发研究/陈卫东//经济地理 1996-03
◎区域旅游文化开发研究——以湖北鄂州为例/马勇 李娟文 潘春芳//经济地理 1996-04
◎区域旅游资源的调查研究途径/陈传康//地理学与国土研究 1996-04
◎区域气候旅游资源评价方法初探/周保华//人文地理 1996-S2
◎曲阜市文化旅游资源及其开发利用/王慧//资源开发与市场 1996-03
◎曲靖旅游业的条件及前景/王学智//创造 1996-03
◎全国应用旅游地理学旅游开发研讨会在广西资源县举行/吴必虎//地理学报 1996-01
◎热带农业与热带旅游业的共生发展模式/马斌//资源开发与市场 1996-04
◎热点冷眼话旅游/沈则瑾//新闻记者 1996-12
◎人工自然在旅游业中的作用——兼论海南人文景点的建设/张伟 王琦//海南大学学报（社会科学版）1996-01
◎人力资本与旅游企业管理的一、二、三/马爱萍//北京第二外国语学院学报 1996-05
◎人造景点开发中的市场导向/唐俊雅//旅游研究与实践 1996-01
◎人造旅游景观开发与利用研究/陈国忠//人文地理 1996-S2
◎认清市场走向 明确服务对象 实现苏杭线旅游经营战略转变/钱志荣 范巧珍 刘学刚//江苏交通 1996-12
◎认真总结“八五”精心规划“九五”开创我省旅游业发展的新局面/卫儒牛//甘肃省经济管理干部学院学报 1996-02
◎融潮汕文化特色于岗山水库的开发 促进东区旅游规模经济化/李重芬 王伟光 余炳元//韩山师范学院学报 1996-01
◎如皋市旅游业发展初探/邵绍清//现代城市研究 1996-02
◎赛里木湖区风景名胜资源调查评价/徐金发//干旱区地理 1996-02
◎三管齐下 旅游兴财/韩庆顺//财政 1996-09
◎三国文化与天水旅游经济发展研究/徐日辉//天水师范学院学报 1996-00
◎三清山旅游风景区蕨类植物区系研究/臧敏//上饶师专学报 1996-03
◎森林公园生态旅游资源的开发和保护/杨帆//中南林业调查规划 1996-04
◎森林旅游业漫谈/马向阳//河南林业 1996-04
◎森林旅游之我见/李郁芳//中国林业 1996-05
◎森林旅游资源等级评价方法的研究/李春干 赵德海 卫日强//南京林业大学学报 1996-03
◎森林生态旅游的生态影响——兼论建立定位站的必要性/邓金阳 陈德东 李世东//农村生态环境 1996-01
◎森林游憩对环境与景观生态系统的影响/但新球 周光辉 蔡时钧//中南林业调查规划 1996-01
◎森林与森林旅游/何承志//南京农专学报 1996-03
◎山东海滨金三角旅游区/李鑫//走向世界 1996-04
◎山东省气候旅游资源评价的初步研究/周保华//山东师大学报（自然科学版）1996-02
◎山东沿海旅游资源及开发思考/王晓青//人文地理 1996-S2
◎山南地区旅游业与经济发展问题/李庆哲//西藏发展论坛 1996-01
◎山西旅游业发展思考/张志仁//记者观察 1996-04
◎山西省庞泉沟自然保护区生态旅游资源及其评价/孙向阳 周青 李进军//北京林业大学学报 1996-02
◎山岳风景区旅游者空间行为研究——兼论黄山与美国黄石公园之比较/陆林//地理学报 1996-04
◎山岳旅游者感知行为研究——黄山、庐山实证分析/陆林 焦华富//北京大学学报（哲学社会科学版）1996-03
◎汕头旅游开发意识与定位之管见/郭剑鸣//汕头大学学报（人文科学版）1996-05
◎商业布局与旅游业中的人口研究与实践——访著名学者陈传康先生/楚军红//市场与人口分析 1996-02
◎上海、深圳市民赴韩国旅游的评价研究/牟元珪//旅游科学 1996-04
◎上海都市旅游的新视角/王大悟 蒋一帆//旅游学刊 1996-02
◎上海建立旅游商品集散地的理论思考/丁季华//华东师范大学学报（哲学社会科学版）1996-06
◎上海旅游业发展的思考/吴晓莺//上海综合经济 1996-08
◎上海率先提出发展都市旅游业促进走向国际化都市——’95 中国·上海黄浦旅游节“都市旅游”国际研讨会纪实/吴必虎//人文地理 1996-01
◎上海市民周末度假现状与走势调查/苏文才 丁芳 周征农//旅游学刊 1996-02
◎绍兴古城文化旅游资源的现状及开发思路/赵浩兴//旅游研究与实践 1996-01
◎佘山国家级旅游度假区规划构想/张长兔 曹洁//上海建设科技 1996-02
◎深圳华侨城旅游发展及经营策略研究/王渝飞//旅游学刊 1996-04

◎神仙世界与泰山文化旅游城的形象策划（CI）/陈传康 王新军//旅游学刊 1996-01
◎审美艺术在旅游文化中的运用——深圳世界之窗国际街文化意境初探/王渝飞//华南师范大学学报（社会科学版）1996-02
◎生态旅游管理及其目标实现/方晓亮//旅游研究与实践 1996-01
◎生态旅游及其类型浅析/黄耀丽//国土经济 1996-02
◎生态旅游与可持续旅游发展/卢云亭//经济地理 1996-01
◎生态旅游与桐庐旅游业/殷旭 王伟成 毕愚溪 赵仲锦//中国林业 1996-05
◎施“旅游立市”战略 推动旅游大发展/林炎钊//旅游研究与实践 1996-02
◎石林风景区旅游环境容量研究/智艾//云南环境科学 1996-04
◎石人山旅游资源特点及开发利用/张启慧 郭艳秋//地域研究与开发 1996-02
◎实施“旅游兴蓬”战略 建设现代化海滨旅游城市/程竹坤//山东省农业管理干部学院学报 1996-03
◎实现旅游学院培养目标之我见/徐树三//旅游学刊 1996-S1
◎世纪之交北京旅游产业发展思考/李庚//北京市财贸管理干部学院学报 1996-01
◎世界旅游城市趋势与我国旅游城市的发展/李庚//城市 1996-03
◎市场导向与上海郊区旅游开发初探/吴国清//人文地理 1996-03
◎市场营销的成功范例——深圳华侨文化旅游区发展的奥秘/罗高飞//企业经济 1996-08
◎事务信息处理技术在中国旅游业中的应用现状问题/陈卫民//旅游研究与实践 1996-04
◎试论八十年代桂林市旅游市场管理的特点/翁琳//旅游研究与实践 1996-01
◎试论对俄国际旅游产品的延伸与应用/苏世跃//黑河学刊 1996-Z1
◎试论发展旅游与文物保护的关系/阎友兵//湘潭大学社会科学学报 1996-01
◎试论广西自然旅游资源的开发利用/尹国蔚//广西民族学院学报（哲学社会科学版）1996-02
◎试论贵州喀斯特旅游资源类型及开发价值/杨剑榕//黔东南民族师范高等专科学校学报 1996-Z1
◎试论贵州旅游资源大省向旅游经济强省转化/谷成彬//国土经济 1996-04
◎试论旅游城的中心结构——以桂东北地区为例/林刚//经济地理 1996-02
◎试论旅游区的法治环境建设/朱兴文 朱国军//吉首大学学报（社会科学版）1996-02
◎试论旅游新产品的开发/胡小健//商业经济与管理 1996-03
◎试论旅游业的投资激励/匡林//旅游研究与实践 1996-03
◎试论民俗旅游开发与广西旅游大省的建设/吴忠军//旅游研究与实践 1996-01
◎试论南宁市人文旅游资源的开发与保护/翁乾麟//城市研究 1996-05
◎试论人造景观的成功与失误/丁向华//暨南学报（哲学社会科学版）1996-04
◎试论三峡地区旅游区域划分/蒋昭侠//中国三峡建设 1996-04
◎试论森林旅游的持续发展/李毅 惠晓萍 邸利//甘肃林业科技 1996-02
◎试论太原在环渤海经济区中的地位与作用/张锁柱 张春祥//城市研究 1996-06
◎试论我国度假区的市场定位和开发方向/张凌云//旅游学刊 1996-04
◎试论我国国内旅游的青少年学生市场/赵幼芳//旅游学刊 1996-04
◎试论我国历史文化名城的类型及其特征/李慕寒 鲍洪明//地理研究 1996-01
◎试论我国旅游纪念品的开发/郑红//北京第二外国语学院学报 1996-03
◎试论县级旅游与休闲度假——以浙江桐庐县旅游业为例/殷旭 毕愚溪//旅游科学 1996-03
◎试论现代旅游工作者的意识构筑/牟红//重庆工业管理学院学报 1996-04
◎试论香港居民的出境旅游/匡林//外国经济与管理 1996-06
◎试论中国的生态旅游/王良健//人文地理 1996-02
◎试论自然保护区中旅游开发的生态影响及其对策/沈泽昊 金义兴 陶家元//华中师范大学学报（自然科学版）1996-03
◎试谈大遗址的保护与开发——兼析汉阳陵的开发/郭婧娟//建筑学报 1996-02
◎试析不同旅游需求弹性下的企业经营策略/韩玫丽//北京第二外国语学院学报 1996-04
◎试析杭州市旅游资源的开发利用/辛薇//商业经济与管理 1996-02
◎树立“大旅游”观念 构筑跨世纪工程/张保增//中国经贸导刊 1996-18
◎树立大产业观念建设旅游大省/苏长高//旅游研究与实践 1996-04
◎树名牌、创特色 加快开发常州旅游业/高静//旅游科学 1996-03
◎水库与旅游事业的发展/闵新奇//湖南水利水电 1996-03
◎顺应自然·延续文脉·重塑环境——热水温泉风景旅游区总体规划/辛艺峰//城市规划汇刊 1996-06
◎四川省生物旅游资源开发利用方向初探/张洪明 王玲//林业调查规划 1996-03
◎四川省自然保护区生态旅游发展的探讨/张洪明 王玲//生态经济 1996-02
◎太白山旅游资源开发探讨/桑广书//咸阳师范专科学校学报 1996-06
◎太湖苏州三山岛旅游资源议论/陶奎元 沈自励//火山地质与矿产 1996-Z2
◎泰国旅游业为何近年获得发展/梁源灵//广西商业高等专科学校学报 1996-04
◎泰山旅游市场培育策略的探讨/刘肖梅//泰安师专学报 1996-05
◎谈可持续旅游发展/刘振卿//北京第二外国语学院学报 1996-04
◎谈濮阳旅游资源的特点及开发/晁昕//濮阳教育学院学报 1996-01
◎谈三类旅行社的形象管理/唐云松//衡阳师范学院学报 1996-02
◎谈谈桂林地区水库旅游事业的发展与建议/督明明//广西水利水电 1996-03
◎谈谈天堂寨自然保护区森林旅游/董自银//华东森林经理 1996-04
◎特种旅游及其发展战略初探/王卫平//新疆师范大学学报（哲学社会科学版）1996-04
◎提高旅游产品市场营销率的必备意识/吕宛青//思想战线 1996-01
◎提高认识 注重成效 办好广西森林旅游产业——张锁副厅长在全区森林旅游工作会议上的讲话（摘要）//广西林业 1996-06
◎提高溶洞旅游质量之我见/於贤德//旅游研究与实践 1996-01

⊙天津市居民休闲娱乐消费状况分析/杜江 向萍//南开经济研究 1996-04
⊙桐庐度假村设计/徐德宁 姚立新//浙江建筑 1996-05
⊙铜陵市旅游农业的开发/陈善华 陈牧//资源开发与市场 1996-01
⊙突出道教名山特色加速发展武当旅游——关于武当旅游的调查报告/曹祥本//旅游学刊 1996-04
⊙突出特色产品优势是中小旅行社发展的一条好途径/吴仕广//北京第二外国语学院学报 1996-01
⊙托起一轮新的朝阳——'八五'湖南旅游发展纪实/王舜良//湖南经济 1996-03
⊙玩乐之处赚红利——记香港"旅游王"林金文/胡羽//光彩 1996-10
⊙皖南区域旅游发展战略研究/吴国清//上海大学学报（社会科学版）1996-04
⊙皖西地区旅游资源开发及其对策/颜怀学//安徽地质 1996-01
⊙皖西旅游资源开发的地域研究及交通网建设/黄润//皖西学院学报 1996-04
⊙皖西南地区旅游资源及其开发利用探讨/胡文海//池州师专学报 1996-03
⊙万水千山只等闲——国内旅游消费热面面观/黄勇//经济世界 1996-06
⊙微缩景观简论/王晓云//华东师范大学学报（哲学社会科学版）1996-06
⊙为把丝绸之路建成21世纪的国际旅游黄金线路而努力——从甘肃旅游业的发展说开去/卫孺牛//旅游学刊 1996-01
⊙为国际旅游城奠基——建行黄山市分行支持黄山建设纪实/胡效民//投资理论与实践 1996-07
⊙文化名城保护的注意问题/周今立 梁社英//规划师 1996-01
⊙文化名城应当成为旅游名城/陈仙波//商业经济与管理 1996-05
⊙文化休闲说/郑学诗//记者观察 1996-09
⊙文景观开发之我见/裘明仁//江南论坛 1996-03
⊙我对广西建设旅游大省的认识/郑家度//计划与市场探索 1996-06
⊙我国部分邻国旅华旅桂市场分析/曾晓明 金可林 田捷//旅游研究与实践 1996-01 我国部分邻国旅华旅桂市场分析/曾晓明 金可林 田捷//旅游研究与实践 1996-01
⊙我国国家旅游度假区开发建设研究/李玲玲//衡阳师范学院学报 1996-04
⊙我国海洋资源开发与管理/鹿守本//国际技术经济研究 1996-03
⊙我国旅行社行业规模的理论与实践/张凌云//旅游学刊 1996-06
⊙我国旅游教育的回顾与前瞻/刘志江//旅游学刊 1996-S1
⊙我国旅游经济联合体的发展现状/姚素英//北京第二外国语学院学报 1996-02
⊙我国旅游业的崛起对经济社会发展及财政增长的影响/孙钢//财政 1996-10
⊙我国旅游业实现现代化管理所面临的问题与对策/姚艳虹//湖南大学学报（社会科学版）1996-03
⊙我国旅游资源开发走势问题研究/郭康 张旭光//地理学与国土研究 1996-03
⊙我国森林风景资源的开发与保护/王兴国//科技导报 1996-11
⊙我国生态旅游资源的评价问题/马乃喜//西北大学学报（自然科学版）1996-02
⊙我国游钓事业的发展前景及存在的问题/于洪贤 万树成 马一丹 刘虹//野生动物 1996-06
⊙我国游钓渔业的开发与管理/于洪贤 马建章 柴方营 张学实//野生动物 1996-02
⊙我国自然保护区的生态旅游研究/张林源 杨新军//地理学与国土研究 1996-01
⊙我省发展旅游的基本思路和主要措施/曹祥本 唐昌华//湖北社会科学 1996-01
⊙我省少数民族区域旅游经济开发大有可为/俞宗尧 刘涛志 王枫林//理论与当代 1996-09
⊙巫山县旅游资源开发战略研究/刘德平//国土经济 1996-01
⊙无锡旅游发展的战略思想/张慰冰//旅游学刊 1996-02
⊙无锡市发展旅游业的总体思路/王良朋//江南论坛 1996-03
⊙无锡市国际旅游市场开发研究/李锡平//世界经济文汇 1996-04
⊙武汉大旅游圈的构建与发展模式研究/马勇 董观志//经济地理 1996-02
⊙武陵山区民族文化旅游资源的评价/欧阳旦霓//湖北民族学院学报（哲学社会科学版）1996-03
⊙武鸣县旅游发展回顾与思考/张格风//计划与市场探索 1996-04
⊙武夷山市旅游资源综合评价/黄民生//福建师范大学学报（自然科学版）1996-04
⊙舞活旅游龙头 建设旅游胜地/肖征龙//学习导报 1996-02
⊙雾灵山自然保护区的景观资源与生态旅游/蔡万波//河北林果研究 1996-01
⊙西安地区旅游资源的开发/李立//旅游科学 1996-01
⊙西藏高原旅游资源及其开发利用对策研究/胡书银 王典坤//生态经济 1996-05
⊙西藏那曲地区旅游资源及开发/刘云中//地域研究与开发 1996-01
⊙西双版纳的旅游现状和发展趋势/徐建才//云南师范大学学报（哲学社会科学版）1996-06
⊙西双版纳旅游业正向国际旅游迈进//经济问题探索 1996-03
⊙夏威夷的旅游教育/魏敬安//旅游学刊 1996-S1
⊙夏威夷旅游业的滑坡及其原因/许征文//旅游科学 1996-04
⊙厦门发展游钓渔业的可行性研究/冯森 刘绍振//福建水产 1996-04
⊙仙湖旅游度假区总体规划设想/黄伟雄 陆希汾 林先盛//佛山科学技术学院学报（社会科学版）1996-02
⊙仙华山风景名胜区风景资源及开发规划/马军山 王小德//浙江林学院学报 1996-02
⊙咸阳旅游资源开发研究/赵旭//旅游研究与实践 1996-03
⊙县级旅游区划研究/马军山 王欣//浙江林学院学报 1996-03
⊙现代大型旅游园区规划设计/曹磊 曾坚 陈天//天津大学学报 1996-04
⊙现代旅游：作为一种精神运动的经济现象/戴斌//北京第二外国语学院学报 1996-06
⊙现代旅游文化的特点及其影响和作用/梁炜//理论与当代 1996-06
⊙现代旅游业经营管理之管见/陈超英//苏州大学学报（哲学社会科学版）1996-04
⊙现代娱乐休闲中心广场/朱雪梅//南方建筑 1996-03
⊙乡村度假休闲旅游开发刍议/舒象连//旅游研究与实践 1996-03
⊙香港都市旅游的形象及竞争优势/屈海林 邱汉琴//旅游学刊 1996-01
⊙香港商务旅游前景的喜与忧/匡林//经济论坛 1996-06
⊙湘南明珠莨山风景区——莨山风景名胜资源评价及总体规划构思/李彩林//中外建筑 1996-02
⊙新加坡的旅游文化/谭家健//衡阳师范学院学报 1996-05

⊙新疆国际旅游市场与营销策略分析/杨发义 何敏//新疆师范大学学报（哲学社会科学版）1996-04
⊙新亚欧大陆桥的贯通与大西北旅游业的优势/郑本法//人文杂志 1996-05
⊙新亚欧大陆桥沿线旅游发展/迟景才//经济与信息 1996-11
⊙新亚欧大陆桥中国段沿线旅游资源特征/钱作华//化工矿产地质 1996-04
⊙信息技术与旅游业（一）/周宏仁//网络与信息 1996-06
⊙信息技术与旅游业（二）/周宏仁//网络与信息 1996-07
⊙兴办森林公园 发展森林旅游/袁治平//陕西林业 1996-06
⊙星月辉映 相得益彰——欣欣向荣的番禺市旅游业/罗炼//珠江经济 1996-03
⊙休闲 并非与精神文明无缘/柳中权//城市问题 1996-04
⊙休闲产业朝我们走来/张静清 李长禄 刘凤霞//决策咨询 1996-06
⊙休闲风与玩物丧志/陆言文//政工学刊 1996-02
⊙休闲旅游：想说爱你不容易/潘多多//中国工商 1996-10
⊙休闲旅游业一门方兴未艾的产业——休闲旅游业前景展望研讨会侧记/孙英兰//瞭望 1996-33
⊙休闲文明建设初探/刘晨晔//道德与文明 1996-03
⊙休闲文明建设——社会主义精神文明建设和研究应力拓的领域/刘晨晔 于培娟//辽宁教育行政学院学报 1996-04
⊙休闲娱乐与审美文化/罗筠筠//文艺争鸣 1996-03
⊙休闲与都市旅游/王兴斌//新东方 1996-01
⊙休闲与居住区环境/谢剑洪 王哲//中外建筑 1996-04
⊙需要层次论及其在旅游饭店餐饮管理中的应用/宁德煌//昆明理工大学学报 1996-05
⊙徐霞客旅游美学思想历史定位和评价/卢善庆//东南学术 1996-04
⊙徐霞客与雁荡山——初论雁荡山自然景观成因与科学文化内涵/陶奎元//火山地质与矿产 1996-Z1
⊙寻求旅游资源与客源市场的结合点/宁英法//技术经济与管理研究 1996-01
⊙鸭绿江风景名胜区的景区规划与评价/李鸿鹰 程岩//丹东师专学报 1996-03
⊙亚欧大陆桥与青海旅游业/张忠孝 朱丽东//干旱区地理 1996-01
⊙亚太地区旅游业发展评析/匡林//亚太经济 1996-02
⊙亚洲会展市场动向/许兴臣//旅游研究与实践 1996-02
⊙亚洲旅游业新动向——蓬勃发展的旅游业/付文漪//旅游科学 1996-02
⊙嫣红姹紫巧装扮 千姿百态喜迎宾——欣欣向荣的肇庆旅游业/黄镜生 叶紫//珠江经济 1996-10
⊙扬地域和旅游优势 大力发展第三产业/陈富田//浙江经济 1996-03
⊙扬州市旅游资源评价及旅游业发展远景研究/张立生//现代城市研究 1996-02
⊙一枝红杏出墙来——记发展中的南京珍珠泉旅游度假区//民主 1996-05
⊙依托旅游业促进城市发展/朱关鑫//技术经济与管理研究 1996-01
⊙宜昌森林旅游刍议/刘家伦//中国林业 1996-07
⊙以桂林为龙头建设广西旅游大省——与桂林市市长黎明智一席谈//瞭望 1996-35
⊙以旅游产业为先导 加快甘肃经济发展/崔正华//甘肃省经济管理干部学院学报 1996-02
⊙以旅游带动万盛经济发展/姜平//重庆与世界 1996-03
⊙以旅游业为龙头 促进双峰经济发展/张金元//湖北社会科学 1996-08
⊙以左江水利枢纽的建设为契机发展桂西南旅游/谭巧矛//广西水利水电 1996-01
⊙印度尼西亚经济的新支柱——旅游业/吴崇伯//外国经济与管理 1996-06
⊙应重视旅游地区信息的开发/丁炎军//秘书工作 1996-02
⊙永州旅游业开发刍议/陈雁谷//人文地理 1996-01
⊙优先发展旅游业对落后地区的影响和作用/成伟光//旅游研究与实践 1996-03
⊙岳阳南湖旅游资源可持续开发战略研究/杨春平 曾光明 汪珞//湖南大学学报（社会科学版）1996-02
⊙云南国际旅游业的现状与发展思考/林明//创造 1996-01
⊙云南国际旅游业的现状与趋势/林明//东南亚南亚信息 1996-02
⊙云南丽江纳西民族文化旅游资源开发/管宁生//地域研究与开发 1996-03
⊙云南旅游景观生态环境的治理保护/杨桂华 余小华//思想战线 1996-01
⊙云南旅游气候资源的特点及区划/攸启鹤//楚雄师专学报 1996-03
⊙云南旅游市场发育现状、发展及对策/甘巧林//云南财贸学院学报 1996-05
⊙云南旅游支柱产业的建设与发展/罗明义//思想战线 1996-03
⊙云南省抚仙—星云湖旅游景观生态设计初探/杨桂华//地理科学进展 1996-02
⊙云台山旅游气候资源分析/冯家沛//气象科学 1996-04
⊙运用各种宣传手段 加大旅游促销力度/陈初毅//学习导报 1996-08
⊙再论旅游与社会的互动关系/李中泽//北京第二外国语学院学报 1996-03
⊙再谈日本旅游业/庞规荃//北京第二外国语学院学报 1996-02
⊙增进人际交往 促进经济发展——祝贺96年上海旅游节开幕/何光暐//浦东开发 1996-09
⊙诏安县的文化旅游资源及其开发/郑龙//福建行政学院福建经济管理干部学院学报 1996-04
⊙浙江国际旅游市场分析及其开拓思路和对策/郭鲁芳//商业经济与管理 1996-06
⊙浙江湖州太湖南庄度假区规划设计/刘庭风//规划师 1996-04
⊙浙江省海岸带优势资源及其组合特点/李家芳 戴泽蘅//自然资源学报 1996-01
⊙振兴太原经济的历史选择——对开发太原旅游产业资源的一些探讨/张春祥//城市研究 1996-03
⊙正在开发的地震旅游资源/秦晋//中学地理教学参考 1996-04
⊙中国 再造一个“迪斯尼”/李铁铮//中国质量万里行 1996-09
⊙中国边境旅游的基本类型、基本特点及发展趋势//经济研究参考 1996-H6
⊙中国边境旅游发展的背景与简要过程//经济研究参考 1996-H6
⊙中国边境旅游发展的意义和影响//经济研究参考 1996-H6
⊙中国的“黄金海岸”正在消失——论旅游海滩侵蚀的防治对策/胡镜荣//海洋开发与管理 1996-03
⊙中国近代第一家旅行社——中国旅行社述论/郑焱//史学月刊 1996-04
⊙中国酒店大扫描/王卫平 周冰勇//经济世界 1996-10
⊙中国旅游 你的差距在哪里/聂少林//决策探索 1996-11

⊙中国旅游饭店业跨国经营道路的探讨/赵西萍 王磊 刘洪涛//旅游学刊 1996-05
⊙中国旅游年将推出哪些活动？/范存浩//华人时刊 1996-12
⊙中国旅游业的生命力在于突出“中国味”/章采烈//探索与争鸣 1996-11
⊙中国旅游业发展的新形势和新任务/何光//中国对外贸易 1996-10
⊙中国旅游业发展战略的新思路/康蓉 张辉 庞东//北京第二外国语学院学报 1996-05
⊙中国旅游业可持续发展理论与实践研究——国家自然科学基金“九五”重点旅游课题浅释/郭来喜//人文地理 1996-S1
⊙中国南方丝绸之路历史地位及旅游开发的重要意义/何银武 赵纯淙 施仑山 黄星 赵颖//国土经济 1996-01
⊙中国人该“休闲”了吗？/舜太运//决策探索 1996-06
⊙中国四季旅游舒适气候的聚类分区研究/冯新灵//绵阳师范高等专科学校学报 1996-S1
⊙中国西部旅游开发条件与对策/曹诗图 王衍用//地理学与国土研究 1996-01
⊙中国现代旅游地理学研究的发展与展望/王兴中//人文地理 1996-S1
⊙中国限制出境旅游？/王卫平//经济世界 1996-06
⊙中国云南与泰国旅游资源特色比较/邓永进//思想战线 1996-03
⊙中美风景区管理比较研究/王莹//旅游学刊 1996-06
⊙中心城市和景区旅游开发研究/陈传康 王民 牟光蓉//地理学与国土研究 1996-02
⊙重新认识国内旅游业/奚晏平//旅游学刊 1996-02
⊙重在设计 难在管理——刍议中国旅游节庆/王艳红 吕镇//旅游科学 1996-04
⊙珠海市旅游资源及开发中存在的环境问题/陈金华//生态科学 1996-01
⊙珠江游——明日的热点——珠江旅游文化资源开发综述/吴溢球//珠江经济 1996-10
⊙竹文化与旅游/张跃西//池州师专学报 1996-04
⊙抓住机遇 为森林旅游事业培养合格人才/饶雪梅 欧阳秀明//中等林业教育 1996-02
⊙抓住机遇 战胜挑战 大力发展商务旅游/金辉//旅游科学 1996-04
⊙转变经济增长方式：福建可持续旅游发展战略的重要一环/颜醒华//福建论坛（经济社会版）1996-11
⊙追根溯源抓整顿——桂林市整顿旅游市场深层次问题的探讨//旅游研究与实践 1996-04
⊙自然旅游地的生态环境问题及其持续发展探讨/章家恩 徐琪//环境导报 1996-02 宗教旅游开发研究——以广东南华寺为例/保继刚//热带地理 1996-01
⊙宗教文化与旅游资源/朱义禄//旅游科学 1996-03
⊙走出国门看世界——四川自费出境旅游掠影/孔珊//今日四川 1996-02
⊙走出无烟产业的误区——“绿色时代”与“绿色旅游”浅议/罗高飞//旅游科学 1996-03
⊙走近阳光之旅/凌一//时代风采 1996-08

1997 年

⊙’97 前后香港旅游饭店业发展战略浅析/吴长文//旅游研究与实践 1997-01
⊙“’96 国内旅游发展研讨会”部分主要发言摘要//旅游学刊 1997-01
⊙“八五”期间我区旅游业发展情况简析/左怀玉//内蒙古统计 1997-01
⊙“草原住宅”、“植物建筑”与旅游业/陈书荣//广西林业 1997-03
⊙“都市旅游”之我见/凌进//旅游科学 1997-04
⊙“国外旅游研究现状及其相关信息座谈会”发言摘要//旅游学刊 1997-02
⊙“合纵连横”：中国旅游业发展的历史抉择/张吉林//了望 1997-28
⊙“九七”香港回归：广东旅游业发展的新契机/温锦英//广东职业技术师范学院学报 1997-02
⊙“九五”开局年 旅游发展年/戴星//江苏统计 1997-04
⊙“九五”期间我国国内旅游业发展趋势与对策/刘菲//北京商学院学报 1997-05
⊙“蓝色的金子”：世界第一大产业/弗朗索瓦·博斯纳瓦冯 李武中//经济世界 1997-10
⊙“旅游产品生命周期论”的理论思考/许春晓//旅游学刊 1997-05
⊙“旅游地生命周期理论”综论———兼与杨森林商榷/余书炜//旅游学刊 1997-01
⊙“旅游投资化”的新构想/郭辅练//湖北三峡学院学报 1997-04
⊙“三位一体”旅游教育优化模式研究/马勇//旅游学刊 1997-S1
⊙“提高我国旅游业的经济效益和社会效益研讨会”部分主要发言摘要//旅游学刊 1997-06
⊙《北京市旅游市场调查问卷》调查结果与分析/黄明中 董鹏 严黎华 韩霖//北京第二外国语学院学报 1997-05
⊙《服务贸易总协定》与我国旅游业的发展/向荣//杭州大学学报（哲学社会科学版）1997-S1
⊙《徐霞客游记》是发展我国风景旅游业的百科全书——初探徐霞客对于旅游资源的抉择、风景区的保护和旅游景点的开发等方面的思想理论/陈光照//旅游研究与实践 1997-04
⊙《徐霞客游记》与云南人文旅游资源/祁亚玲//云南档案 1997-05
⊙1997 年旅游之年看广东——访广东省旅游局局长吕伟雄/可人//广东大经贸 1997-06
⊙1997 山西旅游业的希望之年/王锴深//今日山西 1997-01
⊙90 年代中国出境旅游市场的特征与趋势/戴斌 张耀军//财贸研究 1997-06
⊙Internet 环境下中国旅游产业走向全息模块化管理方式初探/汤书昆//旅游学刊 1997-04
⊙NAFTA 与北美旅游业/匡林//旅游研究与实践 1997-02
⊙安顺地区旅游资源的特点及可持续发展的对策/冯开禹//安顺师范高等专科学校学报 1997-04
⊙八闽风光秀携手迎佳宾/明敏//科技与经济画报 1997-02
⊙巴东：打出一张旅游牌/曾冰//民族大家庭 1997-05
⊙把发展旅游事业作为舟山经济的支柱产业/曹孟陔//海洋信息 1997-06
⊙把发展旅游作业作为舟山经济的支柱产业（续）/曹孟陔//海

洋信息 1997-08

◎把旅游业作为新的主导产业来抓/王茂林//湖南经济 1997-05

◎把密云建设成为北京的旅游卫星城/安红平//北京联合大学学报 1997-01

◎把森林公园与森林旅游业发展推向新阶段/何发理//陕西林业 1997-04

◎把通什市建成名副其实的“南海翡翠城”——研究香港旅游业得到的启示/王进居//新东方 1997-02

◎把握机遇 努力工作/何光（日韦）//科技与经济画报 1997-02

◎把握机遇构筑旅游大产业/陈晓春//企业经济 1997-12

◎保护旅游景观质量的几个问题/盛世兰//创造 1997-05

◎北京地区国内旅游团队市场年度分布的数值分析/陈卫民//旅游学刊 1997-03

◎北京市旅游产品发展战略初探/吴统慧 谭良方//旅游学刊 1997-05

◎必须再认识旅游业的根本作用/白永秀//福建论坛（经济社会版）1997-07

◎变云南区位优势为经济优势拓展东南亚旅游大市场/李洁//云南学术探索 1997-05

◎标准化逐渐成为旅游行业管理的重要手段/张灵光//中国标准化 1997-01

◎长江三峡旅游文化中的附会现象初探/田世政//重庆三峡学院学报 1997-02

◎长以旅游业为突破口 促进巴东经济新的增长/谭本华 徐鹏//计划与市场 1997-02

◎常德市旅游资源及其开发/陈晚清//常德师范学院学报（社会科学版）1997-06

◎超前发展旅游业的财政思考/霍开元 何俊华//黑龙江财会 1997-02

◎巢湖地区旅游资源的开发构想/胡文海//资源开发与市场 1997-02

◎潮白河上新景观 通县潞潮游乐园/赵学志//北京水利 1997-05

◎成功的创举——济南市创办足球旅游节综述/贾延强//走向世界 1997-06

◎城郊自然旅游开发探讨/邓金阳 沈守云 尹少华//资源开发与市场 1997-06

◎城市旅游地图的发展趋势研究/张安定//测绘通报 1997-08

◎城市旅游信息系统产业化的构思/郭玉芳//地图 1997-04

◎充分发挥天下奇观石林优势 挖掘潜力加快路南县旅游业发展/黄甫生//经济问题探索 1997-09

◎充分发挥资源优势 大力培植旅游支柱产业/雷建国//山东经济战略研究 1997-06

◎创造高品位的文化形象——宜昌市旅游发展战略再探讨/王家祥//中国三峡建设 1997-03

◎从“百艺盛会”、“欧洲之夜”谈旅游景区娱乐走向/陈南江//旅游学刊 1997-02

◎从“两个根本转变”到“回归循环”战略——浅论中国旅游业发展新途径/应丽君//沿海企业与科技 1997-01

◎从“新的经济增长点”看中国旅游业/杨桦//管理现代化 1997-05

◎从价格构成看旅游商品定价原则/李亚非//南京经济学院学报 1997-05

◎从流坑文化引发对赣旅游资源的再认识/刘锋 熊建//江西社会科学 1997-11

◎从西双版纳的实践谈旅游业可持续发展/陈爱玲//创造 1997-09

◎从需求角度看现阶段国内旅游发展存在的问题及对策/徐菊凤//社会科学家 1997-02

◎从园林角度谈旅游景区建设中的美学运用/王淼张捷//旅游研究与实践 1997-02

◎促进区域旅游与合作 加速发展福建旅游业/郑荣富//旅游学刊 1997-05

◎大潮未到声先闻——顺义县旅游业前瞻/曹德禄//北京文学（精彩阅读）1997-09

◎大地湾文化与天水旅游经济发展研究/徐日辉//天水师范学院学报 1997-01

◎大理苍洱自然保护区旅游与环境可持续发展的规划研究/沈兵//生态经济 1997-02

◎大理苍山洱海自然保护区旅游与环境可持续发展规划的研究/沈兵//农村生态环境 1997-01

◎大力发展旅游事业促进我区经济繁荣/李景兰//新疆金融 1997-04

◎大力发展旅游业 促成消费新热点/杨玉山//数量经济技术经济研究 1997-01

◎大力发展旅游业 培育新的经济增长点/郝建秀//宏观经济管理 1997-06

◎大力发展旅游业是当前广西调整优化经济结构的选择/苏长高//改革与战略 1997-06

◎大力发展三峡库区旅游业/王友伟//城市质量监督 1997-Z1

◎大力开发旅游资源 促进太原经济发展/范海瑜//山西财税 1997-02

◎大连地方旅游度假区开发研究/管立刚 张辉//辽宁师范大学学报（自然科学版）1997-03

◎大连国际旅游区的开发战略与开发布局/潘贤君//辽宁师范大学学报（自然科学版）1997-01

◎大连市旅游资源结构分析及其开发/李凡//地理学与国土研究 1997-02

◎大三峡旅游带的形成与武汉旅游的“三峡牌”/吴正凡//学习与实践 1997-11

◎大众传媒功能与旅游资源开发/仇敏//贵州大学学报（社会科学版）1997-04

◎丹东市海外客源市场结构分析/李悦铮//经济地理 1997-01

◎邓小平黄山重要谈话的战略意义/大山//黄山学院学报 1997-02

◎地域旅游业的结构及其持续发展战略/林哲浩//延边大学学报（自然科学版）1997-01

◎第四医学与康体休闲、康复养生的旅游开发/陈传康 冯若梅 李蕾蕾//地理学与国土研究 1997-02

◎滇东南旅游资源分类与开发规划（上）/罗明义//旅游研究与实践 1997-04

◎滇东南旅游资源评价与开发/罗明义//国土与自然资源研究 1997-02

◎滇中旅游经济发展战略与增长方式的转变/张警丹//昆明师范高等专科学校学报 1997-03

◎东北地区旅游发展中的环保问题/刘清泗 武羡慧//环境保护 1997-02

◎东北地区旅游资源的特点及开发构想/贺成全//天津师大学报（自然科学版）1997-04

◎东疆旅游资源的开发利用研究/帕尔哈提·艾孜木//新疆师范大学学报（自然科学版）1997-03

◎东盟国家旅游业迅速发展的原因/胡平//亚太经济 1997-03

◎东山关帝文化旅游开发刍议/裴泽生//旅游研究与实践 1997-01

◎都市旅游与旅游产品开发——以武汉市为例/魏卫 李娟文//经济地理 1997-04
◎对当前国内旅游走势的试分析/刘德谦 李明德 王晓峰//旅游学刊 1997-01
◎对发展北京市旅游购物品的思考/李明德 谭良方//旅游学刊 1997-04
◎对发展国内旅游的再认识——亟待高度重视的中坚市场/王雷亭//泰安师专学报 1997-06
◎对发展湖南森林旅游的思考/胡晓红//湖南林业 1997-06
◎对发展森林旅游的几点建议/陈文婷陈虹王义平范爱华//林业科技 1997-02
◎对发展我国农业旅游的思考/王莹//旅游研究与实践 1997-01
◎对发展我省森林旅游的探析/戴怀宝 杨杰//江苏绿化 1997-01
◎对广东旅游业发展的新思考/黎丽甜//广东商学院学报 1997-04
◎对广西建设旅游大省的再思考/成伟光 梁涛//社会科学家 1997-03
◎对江苏旅游度假区建设与开发的思考/陶卓民//南京师大学报（自然科学版）1997-02
◎对开发大庆旅游资源的基本思考/杨传璧 陈秉麟//大庆社会科学 1997-02
◎对旅游扶贫的初步探讨/高舜礼//中国行政管理 1997-07
◎对密云县水利系统旅游业的调查与思考/王民洲//北京水利 1997-05
◎对青岛旅游名牌战略的理论思考/马波 张瑞清//东方论坛 1997-03
◎对深化旅游价格改革的思考/曾正坤//广西市场与价格 1997-08
◎对宜昌建成国际旅游文化城的思考/吴世泉//长江流域资源与环境 1997-04
◎对振兴衢州旅游业的思考/郑良安//浙江社会科学 1997-05
◎俄罗斯阿尔泰边区的旅游业发展研究/王庆生 许韶立//地理科学进展 1997-03
◎鄂西旅游资源的开发利用/邓宏兵//资源开发与市场 1997-04
◎二十世纪九十年代的中国国内旅游/张文//北京第二外国语学院学报 1997-02
◎发挥西江旅游资源优势 带动西江区域经济发展/罗繁明//桂海论丛 1997-02
◎发挥优势建设广西旅游大省/黎兆辉//广西市场与价格 1997-07
◎发挥资源优势 建设旅游大省//广西经贸 1997-01
◎发掘民俗文化 发展广西民俗旅游/吴忠军//桂海论丛 1997-02
◎发展都市旅游与保护生态环境——上海都市旅游走可持续发展之路的若干思考/戴新环//旅游科学 1997-04
◎发展丰都旅游经济的战略框架/管维良//重庆社会科学 1997-03
◎发展福建旅游业浅探/郑娟榕//福建财会管理干部学院学报 1997-03
◎发展国际展览会议旅游 上海有戏可唱/谈学良//上海经济 1997-03
◎发展合山旅游业的几点思考/林实忠//广西党史 1997-02
◎发展江西旅游业的几点建议/汪业军//当代财经 1997-12
◎发展旅游产业 促进持续增长/莫一心//消费经济 1997-04
◎发展旅游产业 建设旅游大市/李文溢//广西教育学院学报 1997-04
◎发展旅游产业建设旅游大市/李文溢//广西教育学院学报 1997-04
◎发展旅游大省 创建黄果树市——贵州旅游文化开发与名牌战略的思考/杨路塔//理论与当代 1997-Z1
◎发展旅游事业 壮大水利经济//北京水利 1997-05
◎发展旅游业 带动经济繁荣/旷远文//老区建设 1997-03
◎发展旅游业保护旅游环境/张丽华//湖南商学院学报 1997-05
◎发展旅游业开创新局面/张春生//国际经济合作 1997-05
◎发展旅游业是全面振兴东北林区的重要途径/高连峻//当代生态农业 1997-Z1
◎发展旅游业需要电子信息技术支持/王松交//信息与电脑 1997-05
◎发展区域旅游值得注意的几个问题/范保宁//湖南商学院学报 1997-04
◎发展森林旅游业 培育千岛湖新经济增长点/徐高福//林业经济问题 1997-05
◎发展陕西旅游业的立法对策研究/巩富文//西北大学学报（哲学社会科学版）1997-03
◎发展上海旅游业的思考/金国军//上海综合经济 1997-05
◎发展深圳旅游业的思考/林建章//特区理论与实践 1997-02
◎发展沈阳旅游业的战略思考/黄义坚//辽宁经济 1997-12
◎发展生态旅游 促进经济发展/石中元//学术论坛 1997-06
◎发展西安国内旅游之我见/马珂//旅游科学 1997-02
◎发展宜昌旅游业 构筑“东方日内瓦”/梅云友//中国三峡建设 1997-02
◎发展浙港旅游合作 促进旅游大省建设/王兴斌//北京第二外国语学院学报 1997-04
◎发展中的亚太地区旅游业/马勇 张立明//世界地理研究 1997-01
◎梵净山旅游资源开发与利用试议/杨秀强//贵州民族研究 1997-03
◎方广岩风景区旅游资源综合评价/王绍鸿 曾从盛 杨建明 俞鸣同//福建地理 1997-02 方兴未艾的中国旅游业/马文//上海综合经济 1997-09
◎风光无限的老年旅游市场/宜矗//市场与人口分析 1997-03
◎风景旅游城市宜小不宜大//旅游学刊 1997-02
◎风景名胜区规划中的区位论/陈兴中 陈向红//乐山师范学院学报 1997-04
◎风景区旅游接待建筑规模探讨/张建涛//新建筑 1997-04
◎福建发展旅游业的思路/祁黄雄//国土经济 1997-03
◎福建区域旅游网络结构及其优化分析/骆培聪//福建地理 1997-02
◎福建省旅游业可持续发展探讨/李玲//发展研究 1997-01
◎福建省自然保护区生态旅游现状分析与发展对策/宋师兰//福建林业科技 1997-04
◎甘肃省旅游中的环境问题及生态旅游资源的开发/王勋陵//甘肃环境研究与监测 1997-04
◎搞好黑河城区旅游业规划 促进经济全面发展/刘兴存 陆颖//黑河学刊 1997-03
◎工业旅游开发漫议/阎友兵 裴泽生//社会科学家 1997-05
◎公共图书馆与社会休闲资源的合理配置/石晓琴//图书馆工作与研究 1997-03
◎构建大宜州旅游经济圈的初步设想/卢克谦//广西经济管理干部学院学报 1997-04
◎构想“一国两制”深港旅游区/刘若君//珠江经济 1997-06
◎构造一个基于关系的旅游系统的讨论/张文//北京第二外国语学院学报 1997-04
◎构筑玄武旅游文化圈/张晨//现代城市研究 1997-06
◎关键：提高旅游环境质量——发展上海都市旅游献策/王大悟 刘耿大//上海经济 1997-06

◎关于“旅游产品生命周期论”的几点讨论/许春晓//邵阳学院学报（社会科学版）1997-02

◎关于“旅游业与新的经济增长点”问题的几点想法/张广瑞//财贸经济 1997-08

◎关于发展旅游高等职业教育的思考/王美//旅游学刊 1997-S1

◎关于发展旅游业的几点思考/张广瑞//宏观经济管理 1997-06

◎关于发展中国旅游业的思考/裴艳//沈阳大学学报 1997-04

◎关于贵州省旅游市场开发促销的思考/孙荆华//理论与当代 1997-Z1

◎关于黄山旅游经济产业化的思考/桂建平//江淮论坛 1997-05

◎关于加快发展桂平市旅游业的思考/江福秀//桂海论丛 1997-06

◎关于加快建设鹰潭市旅游业的几点意见/沈运煊//江西政报 1997-23

◎关于建立城市旅游信息系统的探讨/郭玉芳马融//测绘标准化 1997-04

◎关于建立旅游历史学的思考/周永卫//宝鸡文理学院学报（社会科学版）1997-02

◎关于进一步建立旅游发展基金制度的方案设想/迟景才//旅游研究与实践 1997-02

◎关于开发和经营延边旅游商品的思考/林哲浩 刘荣杰//延边大学学报（自然科学版）1997-04

◎关于丽江地区旅游生态经济建设的初步探析/王化新//生态经济 1997-02

◎关于旅游产品生命周期论的深层思考———与杨森林老师商榷/李舟//旅游学刊 1997-01

◎关于旅游消费者权益的保护/潘军 何昀//消费经济 1997-05

◎关于旅游志编写的几个问题/向凤毛//中国地方志 1997-03

◎关于森林公园建设的可行性研究/杨彪//林业调查规划 1997-03

◎关于提高旅游购物品消费水平的几点思考/徐飞雄//消费经济 1997-05

◎关于提高云南旅游服务质量的若干思考/蒋素梅//昆明大学学报 1997-02

◎关于我国国内旅游目前走势的预测——北京旅游学院刘德谦教授访问记/文立玲//社会科学家 1997-04

◎关于我国开征旅游税的探讨/方奕勇//南昌大学学报（社会科学版）1997-02

◎关于我国旅游教育发展阶段性的认识/陶汉军//旅游学刊 1997-S1

◎关于新宾满族自治县文化与旅游资源开发利用情况的调查报告//满族研究 1997-03

◎关于主题公园建设的若干思考/郭秋杰//旅游科学 1997-02

◎观光果园在福州郊县的发展前景/熊月明 唐自法 刘华清//福建果树 1997-02

◎贯彻六中全会精神 推动旅游业健康发展/黄永清陶祖护//旅游研究与实践 1997-02

◎广西滨海旅游资源开发初探/周山//广西师院学报（自然科学版）1997-04

◎广西华侨旅游市场的现状及开发潜力/程大兴蒋招凤//旅游研究与实践 1997-02

◎广西旅行社业发展刍议/章牧//沿海企业与科技 1997-04

◎广西旅游资源的定量评价与分区/郝革宗 甘永萍 胡海弛//热带地理 1997-01

◎广州旅游吸引的特色及营造重点浅议/李立勋//旅游学刊 1997-02

◎广州旅游业的发展对策/龚国伟 龚欣//广东商学院学报 1997-04

◎广州人旅游 春节里燃起一把火/张慧珠//广东大经贸 1997-02

◎贵州喀斯特民族旅游区旅游效应及其空间辐射研究——以龙宫为例/殷红梅 熊康宁 杨姝//贵州师范大学学报（自然科学版）1997-02

◎贵州旅游：呼唤名牌/赵洪才//理论与当代 1997-Z1

◎贵州旅游业发展方略/张兴智//贵州社会科学 1997-01

◎贵州旅游业发展战略的几点思考/刘雷//贵州财经学院学报 1997-01

◎贵州旅游资源开发的战略措施/龚晓宽//理论与当代 1997-Z1

◎贵州生态旅游浅议/杨龙 杨继盛//贵州师范大学学报（自然科学版）1997-04

◎贵州西线旅游业发展的哲学思考/赵家兴//理论与当代 1997-Z1

◎桂东南旅游资源定量评价/郝革宗 甘永萍//广西师院学报（自然科学版）1997-01

◎桂林国内旅游市场若干情况分析/张雷谢元良杨丽//旅游研究与实践 1997-03

◎桂林国内旅游业发展对策初探/农光益//旅游研究与实践 1997-01

◎桂林旅游多媒体光盘系统（GLCD）的研制与应用/连漪 吴虹 陆艺//社会科学家 1997-04

◎桂林旅游立市之探讨/程道品//旅游研究与实践 1997-03

◎桂林市户外广告的现状与发展/熊越强//桂林航天工业高等专科学校学报 1997-Z1

◎桂林市整顿旅游价格秩序取得成效/徐国标//广西市场与价格 1997-10

◎国际生态旅游新趋势/赵长华//探索与争鸣 1997-11

◎国家旅游局局长何光暐写在香港回归之日//中国旅游 1997-03

◎国内观光旅游市场的性质定位与管理/葛丽芳//财贸研究 1997-04

◎国内旅游城市旅游业发展概况和思路/张志明 夏振崴//杭州科技 1997-06

◎国内旅游管理再研究//旅游学刊 1997-03

◎国内旅游者在沪旅游状况/张苏红//上海综合经济 1997-12

◎国内人造景观给我们带来的思考/钟艳//商业经济与管理 1997-04

◎国人出游——为何不找旅行社？/刘洪//广西市场与价格 1997-01

◎海滨旅游资源非优区的适度开发初探——以浙江西湾海滨旅游区为例/赵宁曦 王森 姚亦峰//海洋科学 1997-06

◎海南旅游业发展策略试论/李颜//琼州大学学报 1997-01

◎韩城旅游的特色与开发的构想/陈锋仪//西安外国语学院学报 1997-01

◎韩国出境旅游市场态势及其开发/迟克连//东方论坛 1997-03

◎韩国旅华市场的现状和发展前景/孙文昌//当代韩国 1997-03

◎韩国旅游业迅速崛起/周家高//东北亚论坛 1997-02

◎汉字修学旅游刍议/李英雄//旅游学刊 1997-06

◎杭州建设国际风景旅游城市的发展战略研究/吴本//杭州大学学报（哲学社会科学版）1997-S1

◎杭州旅游业转变增长方式研究/陆文浩//江南论坛 1997-02

◎杭州西湖景区旅游资源质量综合评价/周国模 韦新良 李荣勋 张晓满 何相忠//浙江林学院学报 1997-04

◎合肥市旅游资源评价及旅游业发展构想/张立生//现代城市研究 1997-04

◎合作开发环太湖旅游圈 探求区域旅游发展的新思路/张慰冰//旅游学刊 1997-04

◎河北省旅游业发展与京津市场相关分析/何江海 邸明慧//地理学与国土研究 1997-01
◎河口旅游资源开发研究/田里//资源开发与市场 1997-01
◎河南旅游业发挥开放带动功能的对策/赵建华 郑均安//地域研究与开发 1997-02
◎黑龙江省发展特色旅游有新举措//旅游学刊 1997-02
◎黑龙江省滑雪旅游资源的开发与利用/王民 陈传康//经济地理 1997-01
◎黑龙江省人民政府关于加快发展旅游业的若干政策规定的通知//黑龙江政报 1997-03
◎黑龙江制定加快旅游发展的新举措/欣闻//中国对外贸易 1997-12
◎黑竹沟区域旅游资源评估及开发初探/胡昌升 殷继成//四川地质学报 1997-03
◎湖北旅游资源特征与分区/张立明//资源开发与市场 1997-03
◎湖北旅游资源综合开发研究/江泓//湖北大学学报（哲学社会科学版）1997-03
◎湖北省"旅游强省"发展战略论/江泓//武汉大学学报（哲学社会科学版）1997-01
◎湖北省旅游业实现"九五"开门红/袁枚//统计与决策 1997-05
◎湖南旅游线路设计与开发中的几个问题/黄万华//人文地理 1997-01
◎湖南旅游业发展的制约因素分析/阎友兵//湘潭大学社会科学学报 1997-04
◎湖南生态旅游资源的开发/柳开明 王可安//湖南林业 1997-07
◎湖南省衡东锡岩洞岩溶风景资源开发研究/刘锡之//衡阳师范学院学报 1997-06
◎湖南省旅游地质资源与深度开发的建议/申志军 谢玲琳 谢文安//湖南地质 1997-04
◎沪宁高速公路与南京旅游开发的探讨/余长宏//京师大学报（自然科学版）1997-04
◎华山风景名胜区旅游业持续发展的综合分析/宋保平//西北大学学报（自然科学版）1997-06
◎华山风景区旅游环境资源分析/褚泓阳//西北林学院学报 1997-01
◎淮北市旅游业发展探讨/李红梅//淮北煤师院学报（哲学社会科学版）1997-01
◎黄山旅游开发的信息库——评《黄山志》/冯若梅//经济地理 1997-04
◎黄山旅游开发条件评价/周秉根//安徽师范大学学报（自然科学版）1997-03
◎黄山旅游资源开发与保护/胡济源//安徽地质 1997-02
◎徽商与旅游/许宗元//安徽大学学报（哲学社会科学版）1997-03
◎回归后香港旅游业的展望和对策/白永秀 李静霞//国际经贸探索 1997-04
◎积极发展旅游业培育桂林新的经济增长点/黄家城//旅游研究与实践 1997-04
◎积极加快邯郸市旅游业的发展/温照宇//经济论坛 1997-15
◎积极探索建设知名旅游胜地的路子/朱国军//旅游研究与实践 1997-03
◎吉林旅游健步疾飞/车宝林//科技与经济画报 1997-02
◎吉林省边境旅游发展浅析/徐松峦 岳惠志 张钊//经济纵横 1997-04
◎吉林省旅游业宏观经济发展的预测模型/徐明 于辉//吉林林学院学报 1997-02
◎吉林省旅游资源开发之我见/史吉祥//东北亚论坛 1997-03
◎集安市旅游资源开发研究/李秀霞//松辽学刊（自然科学版）1997-03
◎加大旅游景区的文化渗透/刘渭冰//理论与当代 1997-Z1
◎加大旅游宣传的力度 促进旅游事业的发展/赵爱华//丹东师专学报 1997-04
◎加大市场开发力度 推进旅游产业化进程/杜世成//发展论坛 1997-04
◎加快发展河池市旅游业的建议/韦土良//计划与市场探索 1997-08
◎加快发展济南旅游业——访中共山东省委常委、济南市委书记孙淑义/本刊记者//走向世界 1997-03
◎加快发展江苏旅游业的探讨/汤镇初//现代经济探讨 1997-05
◎加快发展旅游业是实现广西经济快速增长的重要途径/苏长高//沿海企业与科技 1997-02
◎加快发展万宁旅游业之我见/莫翠岗//农村经济 1997-09
◎加快发展我省森林旅游业的思考/何立伟//吉林林业科技 1997-02
◎加快森林公园和森林旅游业的发展/钟高适//陕西林业 1997-04
◎加快西藏旅游业发展的几点思考/汤正淇//西藏发展论坛 1997-03
◎加强旅游管理专业的学科建设 适应旅游业发展的需要/常殿元 李育良//北京第二外国语学院学报 1997-04
◎加强实践性教学培养合格的旅游人才/谢北立//广西高教研究 1997-02
◎加速发展大庆旅游产业的几点思考/王翠华//统计与咨询 1997-01
◎加速发展石林旅游业的探索/昂志兴//创造 1997-02
◎加速发展我国的国际旅游服务贸易/梁琦//国际贸易问题 1997-11
◎加速旅游行业管理改革 促进我国旅游事业发展/石朝平//贵州民族学院学报（哲学社会科学版）1997-S1
◎坚定不移地发展承德的旅游经济/吴棣华//承德民族职业技术学院学报 1997-03
◎简论临沧·云县澜沧江旅游开发/刘光禹//思想战线 1997-06
◎简论旅游弱项区的旅游开发/李志平//湖南大学学报（社会科学版）1997-04
◎简论青岛市度假业的发展/马波//旅游研究与实践 1997-02
◎建构长江大旅游新格局/朱宁//决策与信息 1997-07
◎建设广西旅游大省之我见/苏长高//社会科学家 1997-01
◎建设国际旅游城市的基本规范/邓卫//科学决策 1997-01
◎建设旅游大省需注意开发贫困地区的旅游资源/郝革宗 李澜//旅游研究与实践 1997-01
◎建设湘南旅游带 加速湖南旅游业发展/柳思维//消费经济 1997-04
◎建水旅游景观结构与旅游可持续发展/明庆忠//云南师范大学学报（自然科学版）1997-04
◎江南观光农业论/潘宝泉 许惠琴 沈士龙//上海农业科技 1997-02
◎江西旅游开发扶贫战略对策/金茨萍//老区建设 1997-11
◎介绍'97中国旅游年//包装世界 1997-02
◎借鉴美国经验 搞好我国国家公园的旅游开发/黄远水 宋子千//林业经济问题 1997-05
◎金海湖旅游开发的几点体会/刘首前//北京水利 1997-05

◎金华旅游业发展问题研究/仇保兴//浙江社会科学 1997-05
◎尽快建立西江旅游长廊/繁明//经济世界 1997-05
◎近代日本铁路旅游业发展述略/祝曙光//日本学论坛 1997-02
◎近代中国国际旅游客源市场浅析/张俐俐//南开经济研究 1997-06
◎京城居民旅游透视/王琪延//北京统计 1997-07
◎京九铁路沿线旅游资源及遥感应用前景/谷上礼//国土资源遥感 1997-02
◎井冈山市和宁冈县的生态旅游/李坚诚//地域研究与开发 1997-S1
◎景美更需服务好——服务贸易总协定与中国旅游服务贸易发展/张汉林 樊莹//国际贸易 1997-02
◎境外旅游与艾滋病的传播/温可发 李伟刚 李子福//中国国境卫生检疫杂志 1997-05
◎境外游客流到北京的动态预测/王洁 张恩祥 王涛//统计与信息论坛 1997-02
◎九华山国内旅游流时空分布研究/朱同林//池州师专学报 1997-03
◎九龙山自然资源开发利用规划/潘金贵//浙江林学院学报 1997-01
◎九七回归以后香港旅游业的发展/党洁//旅游研究与实践 1997-02
◎九寨沟自然保护区喀斯特研究的旅游业意义/张捷 聂献忠 李升峰//中国岩溶 1997-04
◎居民对旅游影响的知觉/李有根 赵西萍 邹慧萍//心理学动态 1997-02
◎开创森林公园和森林旅游工作的新局面/祝光耀//陕西林业 1997-01
◎开发巴东优势资源 争创湖北旅游第一县/李中魁//计划与市场 1997-05
◎开发东盟国家旅华市场对策初探/胡平//东南亚研究 1997-04
◎开发河南专题旅游资源初探/梁留科//河南大学学报（自然科学版）1997-01
◎开发淮河风景文化旅游带的几点设想/陈衡//安徽建筑工业学院学报 1997-04
◎开发利用大理旅游资源的思考——浅议大理地区旅游资源及其开发利用（下篇）/刘永祥//大理学院学报（社会科学版）1997-01
◎开发梅州旅游业培育经济新增长点/韩亜尚//统计与预测 1997-06
◎开发丘北旅游产业的若干思考/董玉春//创造 1997-05
◎开发森林风景资源发展森林旅游事业/祝光耀//林业经济 1997-01
◎开发泰山国际入境旅游的对策研究/李殿杰//泰安教育学院学报岱宗学刊 1997-01
◎开发文化产业 促进经济文化共同发展——宜昌市开发地域文化的实践与思考/调研组//江汉论坛 1997-10
◎康体休闲产业的机遇与市场进入/陈传康 冯若梅//人文地理 1997-02
◎靠山吃山 引资兴业——浑源县旅游业外向发展/王继光//中国外资 1997-04
◎可持续旅游思想与贵州旅游业发展/杨胜天//理论与当代 1997-Z1
◎昆明市旅游产业布局研究/屠强//云南财贸学院学报 1997-04
◎昆州旅游业及其借鉴/周忠菲//上海经济 1997-01
◎澜沧江——湄公河旅游资源的开发利用/王晓银//创造 1997-10
◎澜沧江——湄公河次区域旅游合作的基本设想/明庆忠 白廷斌//旅游学刊 1997-06
◎乐山建设国际旅游大城市旅游发展的对策和措施/黄文连//乐山师范学院学报 1997-04
◎乐山建设国际性旅游大城市总体构想/陈兴中//乐山师范学院学报 1997-03
◎乐山市“双遗产”地旅游资源优势研究/陈向红//乐山师范学院学报 1997-03
◎乐山市旅游资源优势及旅游业发展对策/郑元同//国土经济 1997-06
◎李白与旅游/蒋志//中国李白研究（1997 年集）1997-06
◎利用名湖优势 建设旅游强市——沅江市发展旅游业的调查与思考/钟长川 钟赛华//湖南经济 1997-12
◎利用森林景观优势 发展森林旅游业/陈盛彬//湖南环境生物职业技术学院学报 1997-01
◎利用资源优势 发展水利旅游/邢万臣 张书远//北京水利 1997-05
◎利用资源优势 发展中部地区旅游业/邢增杰//新东方 1997-04
◎连州市旅游业现状及发展对策/郭豪//地域研究与开发 1997-S1
◎两汉三国文化与汉中旅游/王芳//汉中师范学院学报 1997-01
◎两栖于旅游业与房产业的探索——世外桃源花园别墅小区实现酒店渡假村式服务的决策安排/顾钢//旅游科学 1997-04
◎聊城地区旅游资源评价及开发利用研究/张二勋//聊城师范学院学报（自然科学版）1997-04
◎聊城市旅游资源的开发与利用/张重阳//山东师大学报（自然科学版）1997-04
◎临安市旅游业发展的战略与对策/蒋国华//杭州师范学院学报（自然科学版）1997-04
◎零点调查：理想与现实的差距——中国市民旅游现状面面观//市场与人口分析 1997-05
◎陇海—宝中—包兰环状铁路沿线旅游资源的跨世纪开发/肖星 梁建军//西北师范大学学报（自然科学版）1997-01
◎庐山、衡山的旅游资源及其开发利用比较研究/杨载田 吕鹏//衡阳师范学院学报 1997-02
◎鲁南地区祭祖旅游的开发/孙文昌 李培祥//旅游学刊 1997-03
◎旅顺口旅游开发之管见/潘贤君//地域研究与开发 1997-03
◎旅行社发展中的问题及对策研究/储九志//旅游科学 1997-04
◎旅行社管理条例实施细则//新法规月刊 1997-05
◎旅游：贵州新兴的支柱产业/杨胜明//党的生活 1997-10
◎旅游产品题名包装刍议/马永立//南京大学学报（哲学．人文科学．社会科学版）1997-02
◎旅游产品与消费者行为关系简析/王雪华//武汉大学学报（人文社会科学版）1997-05
◎旅游产业与九江港的发展/吴从文//交通企业管理 1997-04
◎旅游城市的发展与建设/邓卫//现代城市研究 1997-04
◎旅游城镇规划建设存在问题及解决办法/朱锋//计划与市场探索 1997-01
◎旅游的价值/王鸿//贵州民族学院学报（哲学社会科学版）1997-01
◎旅游度假区（村）开发新探/毕愚溪申屠军//旅游研究与实践 1997-01
◎旅游发展的经济增长点战略/魏小安//旅游学刊 1997-05
◎旅游法调整对象研究/赵林余//旅游科学 1997-03
◎旅游房地产开发策划浅谈/钱平雷//旅游科学 1997-03

◎旅游扶贫的理论与实践/潘健 黎光素//理论与当代 1997-01
◎旅游扶贫的理想突破口——再论开发利用我省民族民俗风情旅游资源/潘心雄//理论与当代 1997-Z1
◎旅游扶贫新篇章/杨志 李旭//中国财政 1997-02
◎旅游扶贫应成为广西扶贫攻坚的重要形式/程大兴//旅游研究与实践 1997-03
◎旅游干扰对香山黄栌林的影响研究/刘鸿雁 张金海//植物生态学报 1997-02
◎旅游供求：两个初步的模型/戴斌//南开经济研究 1997-02
◎旅游规模经济辨析/颜醒华//华侨大学学报（哲学社会科学版）1997-02
◎旅游环境容量指数及其应用研究/李巧玲//泰安师专学报 1997-06
◎旅游进入寻常百姓家——我国市民旅游现状面面观//经贸世界 1997-05
◎旅游经济/牛锦霞//中国职业技术教育 1997-04
◎旅游景点，该往何处走？/陈鸣//民主 1997-08
◎旅游开发扶贫的经验、问题及对策/高舜礼//旅游学刊 1997-04
◎旅游科学研究中的若干问题质疑/王湘//北京联合大学学报 1997-04
◎旅游可持续发展对策研究/徐琪//南京晓庄学院学报 1997-04
◎旅游年话旅游广告/吕广言 任林静//北京第二外国语学院学报 1997-02
◎旅游农业/詹桦//河南林业 1997-02
◎旅游企业流动资金紧缺原因及对策研究———以旅行社为例/张晓明//旅游学刊 1997-01
◎旅游企业培育忠诚者的策略/朱沆//中山大学研究生学刊（社会科学版）1997-01
◎旅游企业营销战略再研究/吕宛青//思想战线 1997-05
◎旅游区形象建设的初步研究/张建忠//泰安师专学报 1997-02
◎旅游胜地更要重视精神文明建设/陈爱玲//创造 1997-03
◎旅游是资兴富有活力的经济增长点——略谈资兴市发展森林旅游业的思路/谢朝柱//湖南林业 1997-09
◎旅游文化的特点及其在旅游业中的地位和作用/贾祥春//复旦学报（社会科学版）1997-03
◎旅游文化基本特征试论/王立 刘卫英//盐城师范学院学报（哲学社会科学版）1997-03
◎旅游文化散论/王立//呼兰师专学报 1997-02
◎旅游舞蹈与旅游观光/王泳舸//新疆社会科学 1997-03
◎旅游喜与忧/桂申//中国工会财会 1997-04
◎旅游项目可行性研究/陈南江//中国投资 1997-11
◎旅游削价竞争及其法律调整研析/王启珊//琼州大学学报 1997-02
◎旅游消费问题浅议/翟辅东//消费经济 1997-04
◎旅游消费行为与效用最大化/尹少华//旅游研究与实践 1997-01
◎旅游兴市需走可持续发展之路——对连云港市发展旅游业的探讨/徐军//连云港师范高等专科学校学报 1997-04
◎旅游行业管理的“一、二、三、四”/魏小安//旅游学刊 1997-04
◎旅游学理论研究的几个问题/明庆忠//云南师范大学学报（自然科学版）1997-01
◎旅游学研究浅见/陈宗海//上海大学学报（社会科学版）1997-01
◎旅游业，将成为重庆新的支柱产业/曙光//重庆与世界 1997-04
◎旅游业：为我国提供长远发展的空间/张吉林//宏观经济管理 1997-06
◎旅游业——上海新的经济增长点/张金康 陆晓栋 谢咏 高黎萍//党政论坛 1997-09
◎旅游业必须特别重视文化建设/冯敏飞 陈金锋//福建税务 1997-03
◎旅游业必须走可持续发展之路/李飞桥//旅游研究与实践 1997-01
◎旅游业缤纷/晓轩//中国商界 1997-06
◎旅游业的“龙头”效应//科技与经济画报 1997-03
◎旅游业——济南新的经济增长点/谢玉堂//走向世界 1997-03
◎旅游业——三明迈向新世纪的重点产业/蔡奇//发展研究 1997-08
◎旅游业为东方之珠添魅力/李庚//北京规划建设 1997-03
◎旅游业为舟山工业结构调整提供契机/李军//中国集体经济 1997-08
◎旅游业——新的经济增长点/印晓炬//四川财政 1997-07
◎旅游业要注意经济功能的考核/林洪岱//旅游学刊 1997-04
◎旅游业已成为我国新兴的支柱产业/赵晓燕//科技智囊 1997-05
◎旅游业应成为环太湖地区经济发展的支柱产业/胡明//江南论坛 1997-11
◎旅游业应成为内蒙古的先导产业/刘冬梅//内蒙古财经学院学报 1997-04
◎旅游业与可持续发展/匡林//南开经济研究 1997-02
◎旅游业在两个转变中的战略选择——蓬莱市旅游业实行集约化经营的实践与探索/戴志东//中国改革 1997-08
◎旅游业中地方民族文化资源的保护与开发/郑凡//云南社会科学 1997-02
◎旅游与人的素质的提高——从休闲文化谈起/丁晓红//旅游科学 1997-01
◎旅游与文化消费/赵学增//消费经济 1997-04
◎旅游在西藏/杨逸畴//西藏科技 1997-03
◎旅游资源的系统论分析/杨振之//旅游学刊 1997-03
◎旅游资源开发与旅游扶贫——关于开发高坡旅游资源的构想/胡敬民//贵州民族学院学报（哲学社会科学版）1997-01
◎旅游作为社会发展阶段的一个重要指标的思考/宁泽群//北京联合大学学报 1997-04
◎略论潮汕国际旅游业/洪松森//汕头大学医学院学报 1997-S1
◎略论旅游消费/尹世杰//经济学动态 1997-09
◎略论旅游资源的可持续利用/周保华//中国人口·资源与环境 1997-03
◎略论满族民俗旅游对传统食品的开发/曹阳 张伟宏//满族研究 1997-04
◎略论民俗旅游/陶思炎//旅游学刊 1997-02
◎略论重庆人文旅游资源的形成与开发/杨晓霞//西南师范大学学报（哲学社会科学版）1997-01
◎略述民俗文化的旅游开发——兼谈客家民俗文化的内容选择/陈南江 吴月照//特区理论与实践 1997-10
◎论“无旅不旺”/白洁//理论与改革 1997-09
◎论白云湖旅游园区的开发/吴代友//城市质量监督 1997-05
◎论包装在旅游消费中的重要性/吴龙奇//中国包装 1997-06
◎论编制区域旅游业发展规划的方法/翟辅东//湖南师范大学社会科学学报 1997-01
◎论档案的旅游文化价值/覃兆刿//档案学研究 1997-01
◎论发展湖州旅游业/陈友益//湖州师范学院学报 1997-03
◎论发展生态旅游的理论基础/康云海 宁苹//生态经济 1997-06

⊙论分形与旅游景观/陈彦光 王义民//人文地理 1997-01
⊙论贵州旅游业的可持续发展/吴兰书//理论与当代 1997-Z1
⊙论军事旅游资源的开发利用/郭豪//地理科学进展 1997-04
⊙论开发利用图书馆旅游资源/梁宇//社会科学家 1997-05
⊙论开封市旅游形象的塑造与定位/郝美田//开封大学学报 1997-02
⊙论可持续旅游发展的理论与实践/陈仙波//商业经济与管理 1997-02
⊙论乐山建设国际性大城市之旅游区位优势/汪明林//乐山师范学院学报 1997-03
⊙论乐山宋代文化旅游资源的开发/邱云志 孟春舫//乐山师范学院学报 1997-04
⊙论旅游的和谐之美/庄志民//安庆师蒬学院学报（社会科学版）1997-03
⊙论旅游的精神价值/王鸿//社会科学 1997-04
⊙论旅游的可持续发展/王大悟//旅游研究与实践 1997-04
⊙论旅游的美学本质/许宗元//学术研究 1997-04
⊙论旅游发展与环境保护的相互辩证关系/林越英//北京第二外国语学院学报 1997-05
⊙论旅游环境保护问题/邢乐澄//环境与开发 1997-03
⊙论旅游景观美的观赏/赵传晞//唐都学刊 1997-01
⊙论旅游开发中文化资源的价值转化——兼谈怀化五溪旅游资源开发/王军//旅游研究与实践 1997-01
⊙论旅游理论研究内容的框架/余书炜//旅游学刊 1997-04
⊙论旅游市场的发展与研究：旅游用地的特点及对城市经济的影响/包亚钧//文化市场 1997-05
⊙论旅游市场的结构性变化与饭店业经营/史国祥//旅游学刊 1997-05
⊙论旅游市场竞争/韩玫丽//北京第二外国语学院学报 1997-03
⊙论旅游消费与经济增长/唐未兵//消费经济 1997-05
⊙论旅游学科/郝索//西北大学学报（哲学社会科学版）1997-03
⊙论民俗旅游资源及其开发/田里//人文地理 1997-03
⊙论南岳衡山人文旅游文化资源及深度开发/刘建平//湘潭大学社会科学学报 1997-05
⊙论山西旅游业发展落后的原因及改革对策/杨晓国//晋阳学刊 1997-03
⊙论陕西旅游资源的文化内涵/杨永平//人文杂志 1997-04
⊙论上海图书馆旅游功能开发的背景与构想/王世伟//图书馆杂志 1997-05
⊙论生态旅游消费/曾坤生//消费经济 1997-04
⊙论生态旅游与旅游资源开发/管中天//四川林勘设计 1997-01
⊙论数量型旅游业向质量数量结合型旅游业的转变/侯强//城市研究 1997-01
⊙论四川旅游业发展/苏明武//国土经济 1997-05
⊙论提高我国旅行社行业经济效益的途径/易心 姚艳虹//湖南大学学报（社会科学版）1997-04
⊙论文物在陕西社会发展中的地位和作用/李炳武//文博 1997-02
⊙论我国旅游高等教育的“四化”管理/郑坚强//旅游学刊 1997-S1
⊙论我国森林公园建设和森林旅游业在林业及国民经济中的地位与作用/王长安//林业资源管理 1997-05
⊙论我国生态旅游的发展/赵敬民//泰安师专学报 1997-05
⊙论我国有关旅行社最新立法的特点/任庆安//云南电大学报 1997-01
⊙论现代旅游的性质、特点及成因/罗崇敏//世界经济与政治 1997-09
⊙论宜昌旅游文化发展的战略选择/晏性枝//湖北三峡学院学报 1997-02
⊙论张家界名牌游览线的开发/田贵君//旅游学刊 1997-03
⊙论昭山旅游区的开发/徐初升//湖南商学院学报 1997-05
⊙论中国旅游业的发展/蔡志刚 盛叶丹//北京经济了望 1997-06
⊙论中国旅游业的法律环境/王健//南开经济研究 1997-01
⊙论主题公园的开发操作/王宁//城市规划汇刊 1997-04
⊙麦积山旅游资源开发的原则与设想/陈逸平//甘肃社会科学 1997-02
⊙麦积山旅游资源开发中的思考和建议/康民//甘肃社会科学 1997-02
⊙民俗风情旅游资源的保护与开发探析/薛群慧//思想战线 1997-05
⊙闽东南戏曲艺术旅游资源评价及其利用/贺辉扬//福建地理 1997-02
⊙闽南风景名胜区管理初探/池进 黄安民//地理学与国土研究 1997-04
⊙明朝中后期旅游热初探/滕新才//北方论丛 1997-03
⊙明代旅游的近代化趋势/梁中效//汉中师范学院学报 1997-02
⊙模糊理论在旅游资源评价中的应用/李京颐//北京联合大学学报 1997-02
⊙模拟景观建筑美析/喻学才//中外建筑 1997-01
⊙木兰围场森林旅游产品特色与市场开发探讨/司瑞雪 李经天 陈长生 崔国军//林业资源管理 1997-04
⊙内蒙古大兴安岭林区森林旅游资源开发的构想/徐学锋//四川林勘设计 1997-03
⊙内蒙古呼和浩特市大窑文化遗址旅游资源及其开发利用/魏永明//干旱区资源与环境 1997-03
⊙内蒙古兴安盟旅游资源评价/宋玉祥 崔丽娟 张毅//地理科学 1997-02
⊙南充麒麟风景区旅游开发可行性研究/徐邓耀//四川师范学院学报（哲学社会科学版）1997-05
⊙南京地区植物旅游观赏资源/宋东杰//南京晓庄学院学报 1997-04
⊙南京经济区域旅游业联合发展战略研究/许刚 符全胜//现代城市研究 1997-06
⊙南阳市旅游业发展战略研究/李瑞//地域研究与开发 1997-03
⊙努力把旅游业构筑成为本溪 21 世纪的支柱产业/郝广华//辽宁经济 1997-04
⊙努力使贵州旅游经济跃上一个新台阶——发展贵州旅游经济理论研讨会观点摘要//理论与当代 1997-Z1
⊙培育旅游支柱 振兴云南经济——来自云南省旅游局的报道/张魏//东南亚南亚信息 1997-24
⊙培育旅游支柱产业争创新一轮发展优势/张建光//发展研究 1997-10
⊙培植旅游产业促进全面发展/和段琪//创造 1997-10
⊙培植支柱产业 走旅游兴市之路/石丽梅//承德民族职业技术学院学报 1997-Z1
⊙贫困山区的旅游资源及其开发利用/丁霞//聊城师范学院学报（自然科学版）1997-03
⊙平潭海岛旅游资源开发利用/汤小华//台湾海峡 1997-01
⊙浦东新区客源市场分析评价/徐钢 严剑波//南京师大学报（自然科学版）1997-03
⊙企业旅游 先行者占鳌头/杨晶//中国市场 1997-10

◎气象旅游资源的特点和深度开发利用/冯新灵//绵阳师范高等专科学校学报 1997-S1
◎前景看好的“朝阳产业”——武汉市旅游业发展对策研究/舒炼//学习与实践 1997-02
◎潜在的阿拉伯旅游市场/纪焕祯//北京第二外国语学院学报 1997-02
◎浅论旅游文化氛围的营造/彭惠群//康定民族师范高等专科学校学报 1997-03
◎浅谈国内旅游业在国民经济中的地位和作用/张建强//旅游科学 1997-04
◎浅谈九宫山旅游资源的开发建设/索生安冷静//旅游研究与实践 1997-04
◎浅谈酒与旅游/王仕佐//酿酒科技 1997-05
◎浅谈现代城市广场/汤桦//南京建筑工程学院学报 1997-03
◎浅谈乡村旅游/姚素英//北京第二外国语学院学报 1997-03
◎浅析旅游企业上市后的机遇与挑战/戴国庆 胡宇//北京第二外国语学院学报 1997-06
◎浅析旅游消费的有关特点/黄芳//消费经济 1997-05
◎浅析民俗旅游资源的开发/薛群慧 张晓萍//云南民族学院学报（哲学社会科学版）1997-04
◎浅析武夷山旅游业的发展/周相林//发展研究 1997-07
◎浅议旅游产品生命周期/雷卫中//南京经济学院学报 1997-02
◎浅议森林旅游业的持续发展/何丽芳//湖南林业科技 1997-02
◎浅议实现大运河江苏杭线向旅游经营战略转变/钱志荣 范巧珍 刘学刚//综合运输 1997-03
◎浅议我国传统民居旅游资源/黄芳//常德师范学院学报（社会科学版）1997-06
◎欠发达地区周末度假旅游开发初步研究/许春晓//经济地理 1997-03
◎秦皇岛市旅游用地评价/葛京凤//河北师范大学学报（自然科学版）1997-01
◎青州市旅游资源开发思考//山东经济战略研究 1997-08
◎清江流域自然旅游资源调查与评价方法/简文星 李江风 吕贻峰 徐瑞春 李焰去//长江流域资源与环境 1997-03
◎清远市旅游文化开发研究/陈卫东蔡辉//旅游研究与实践 1997-01
◎穷乡僻壤奔小康——黄山汤口村发展旅游的调查/蔡雄连漪//旅游研究与实践 1997-01
◎区域跨境旅游的经济分析——我国云南省与东南亚地区区域跨境旅游的形成与发展/杜靖川 张学琼 李娟//思想战线 1997-05
◎区域旅游持续发展潜力模型研究/马勇 董观志//旅游学刊 1997-04
◎区域旅游业综合经济效益的影响因素/赵西萍 王磊 刘洪涛//旅游科学 1997-01
◎区域旅游资源评价探讨/范保宁//广东商学院学报 1997-04
◎区域民俗文化的旅游资源的类型及旅游业价值研究——九寨沟藏族民俗文化与江苏吴文化民俗旅游资源比较研究之一/张捷//人文地理 1997-03
◎全国首次旅游消费学术研讨会简介/邓国用//经济学动态 1997-09
◎让黄山走出去，活起来——访中共黄山市委书记赵正永//决策咨询 1997-02
◎让旅游业成为我国经济发展的新增长点/项镜泉//经济界 1997-06
◎人造景观地区旅游产品的选择与切换——石家庄市正定人造景观旅游开发的实证研究/张丽//地理学与国土研究 1997-04
◎日本的“新旅游法”及其思考/徐跃//旅游学刊 1997-01
◎日本居民出境旅游分析及我国对策/匡林//现代日本经济 1997-01
◎如何给珠海旅游业加温/刘金铃//中国质量万里行 1997-11
◎如何提高阳朔的旅游经济效益/莫志鸿//计划与市场探索 1997-01
◎三明市旅游资源开发与可持续发展对策/林静//三明高等专科学校学报 1997-04
◎三峡地区旅游商品开发策略探讨/崔进//中国三峡建设 1997-02
◎三峡工程与宜昌旅游/金黎//中国三峡建设 1997-11
◎三峡库区城市迁建合理用地布局问题——以巫山新城发展规划为例/赵万民//重庆建筑大学学报 1997-04
◎三峡库区风景资源和旅游体系建设问题/赵万民//室内设计 1997-02
◎森林旅游 国际时尚/高尚士//河北林业 1997-02
◎森林旅游与森林旅游资源的动态保护/贾启明 马秀娟//林业建设 1997-03
◎山地旅游资源特点及其开发利用原则——以广东省为例/刘玉发//资源开发与市场 1997-02
◎山东省旅游资源开发潜力评价研究/李新运 郑新奇 范纯增 余锦//地理科学 1997-04
◎山水风景旅游资源开发利用研究/陈文君//干旱区地理 1997-03
◎山水意识与旅游文化/范能船//上海大学学报（社会科学版）1997-04
◎山西省自然保护区及生态旅游开发思路/刘养洁//山西师范大学学报（自然科学版）1997-01
◎山西省自然保护区开展旅游问题的探讨/杨凤英 尹福建//山西林业科技 1997-04
◎山岳旅游地旅游者动机行为研究——黄山旅游者实证分析/陆林//人文地理 1997-01
◎山岳型旅游地生命周期研究——安徽黄山、九华山实证分析/陆林//地理科学 1997-01
◎陕西旅游业发展的机遇和挑战/黄春长//旅游学刊 1997-01
◎陕西旅游业发展中几个基本问题的探讨/马进福//陕西师范大学学报（自然科学版）1997-04
◎上海发展特色文化旅游存在的问题及对策/彭希喜//旅游科学 1997-03
◎上海国际旅游市场的实证分析/王怡然//旅游科学 1997-01
◎上海郊区旅游业发展战略探讨/祝金海//上海农村经济 1997-09
◎上海旅游业的发展应导入社会公德内容/何桢强 何力成//旅游学刊 1997-02
◎上海旅游业发展呼唤现代化的都市交通/余炳炎//旅游科学 1997-01
◎上海市淀山湖地区旅游资源可持续开发刍议/邵黎明 周苏芳//资源开发与市场 1997-03
◎上海市民近程出游力与目的地选择评价研究/吴必虎//人文地理 1997-01
◎上海主题游乐园持续发展初探/楼嘉军 唐丽洁//旅游学刊 1997-04
◎上饶发展旅游业的优势、机遇与对策/陈椿年//地方政府管理 1997-07
◎韶关旅游资源与开发刍议/温锦英//广东职业技术师范学院学报 1997-01
◎少数民族区域旅游经济开发/俞宗尧 刘涛志 柴健 王枫林//理论

与当代 1997-Z1
◎ 邵阳市旅游资源的定量评价与开发/郑伯红//资源开发与市场 1997-04
◎ 深入开展旅游集团能源管理/汪大桢//上海节能 1997-06
◎ 深圳华侨城旅游再发展研究——兼论旅游发展的创造模式/王渝飞//旅游学刊 1997-03
◎ 神农架避暑疗养旅游综合气候区划探讨/马乃孚 宋正满 杜荣//华中师范大学学报（自然科学版）1997-04
◎ 神奇的北京九龙游乐园//北京水利 1997-05
◎ 神奇贵州——关于贵州旅游形象的建议/张克//理论与当代 1997-Z1
◎ 生态旅游及其可持续发展对策/张延毅 董观志//经济地理 1997-02
◎ 生态旅游消费与区域经济可持续发展——兼论旅游资源开发中的外部不经济问题/曾坤生//改革与战略 1997-04
◎ 生态旅游与生态保护/石中元//生态经济 1997-06
◎ 诗经与旅游文化/张来芳//第三届诗经国际学术研讨会 1997-08-01
◎ 实施滨海旅游开发工程/王诗成//海洋信息 1997-08
◎ 实现旅游业的可持续发展/郝建秀//经济研究参考 1997-65
◎ 世纪之交的世界旅游业：趋势展望/匡林//旅游研究与实践 1997-01
◎ 世界旅游业的发展趋势/陈蔚德//重庆工学院学报 1997-01
◎ 世界主题公园的发展趋势/邹统钎//北京第二外国语学院学报 1997-03
◎ 市场经济与旅游标准化工作/彭德成//旅游学刊 1997-03
◎ 市县旅游业信息管理规划初探/张捷温明华//旅游研究与实践 1997-04
◎ 试论昌黎黄金海岸自然保护区的旅游开发/胡镜荣 石凤英//河北省科学院学报 1997-04
◎ 试论长江三峡湖北峡区与神农架景区旅游的战略结合/张金霞//江汉大学学报 1997-04
◎ 试论观赏性古生物化石的科学意义及景观价值/邢乐澄//安徽地质 1997-03
◎ 试论贵州旅游资源大省向旅游经济强省转化/谷成彬//理论与当代 1997-Z1
◎ 试论贵州民族节日文化的旅游开发/陈昌茂//理论与当代 1997-Z1
◎ 试论贵州由旅游资源大省向旅游经济强省转化/谷成彬//宏观经济研究 1997-01
◎ 试论吉安地区旅游资源及开发/谢秀文//江西师范大学学报（自然科学版）1997-03
◎ 试论集美旅游区在宣传上存在的问题与改进对策/李宝轩//集美大学学报（自然科学版）1997-04
◎ 试论江西旅游业的发展策略/细嘉//研究与实践 1997-04
◎ 试论晋中旅游业的发展/李春凤//太原师范学院学报（社会科学版）1997-03
◎ 试论旅游城市 CI 设计的导入/潘冰 杨达源//城市规划汇刊 1997-05
◎ 试论旅游地 CI 策划/叶文//云南师范大学学报（自然科学版）1997-04
◎ 试论旅游高等职业教育中的计算机教学改革/陈文力//旅游学刊 1997-S1
◎ 试论旅游教育对旅游可持续发展的内驱作用/陈灏//旅游学刊 1997-S1
◎ 试论旅游市场的法律规范/莫伟//学术论坛 1997-02
◎ 试论旅游文化的三个发展阶段/王立 刘卫英//黑龙江社会科学 1997-03
◎ 试论旅游项目可行性研究的理论与实践/陈南江//人文地理 1997-02
◎ 试论旅游学学科体系的构建/明庆忠//旅游学刊 1997-S1
◎ 试论麦积山旅游资源的自然与人文特征/林双成//甘肃社会科学 1997-02
◎ 试论民俗文化旅游资源的开发利用/王祥玉//汉中师范学院学报 1997-05
◎ 试论如何发挥贵阳旅游中心作用/李宏才//理论与当代 1997-Z1
◎ 试论太湖地区旅游资源开发利用的基本原则/张三林//江南论坛 1997-10
◎ 试论我国旅游教育增长方式的转变/丁力 何冬梅 叶欣//旅游学刊 1997-S1
◎ 试论我国旅游业的产业地位和对经济社会发展的促进作用/赵晓燕//北京第二外国语学院学报 1997-02
◎ 试论武汉市城市旅游功能/万德梅//华中理工大学学报（社会科学版）1997-03
◎ 试论中国缩微旅游资源/陈建斌//地域研究与开发 1997-04
◎ 试论自然保护区的生态旅游原则/石凤英 鲁智礼//河南教育学院学报（自然科学版）1997-04
◎ 试谈旅游假区（村）的特点与设计要求/毕愚溪 申屠军//浙江建筑 1997-02
◎ 试析高等院校旅游专业建设与学科发展的战略选择/张大为 杨啸涛//重庆工学院学报 1997-06
◎ 试析削减关税对旅游业的影响及对策/戴国庆//上海大学学报（社会科学版）1997-01
◎ 适应居民消费变化 积极开拓服务市场/徐雷//宏观经济研究 1997-01
◎ 梳理江山敬游人——财政大力支持旅游业发展/石化龙//中国财政 1997-08
◎ 数量分析在旅游客源目标市场确定中的应用——谈海南海外客源市场的确定/蔡聚锁//琼州大学学报 1997-01
◎ 水利旅游大有可为/李建中 冯建维 高再胜//水利天地 1997-03
◎ 思茅地区旅游业发展条件评析/白廷斌//云南师范大学学报（自然科学版）1997-04
◎ 四川旅游大有作为/沈游//决策咨询通讯 1997-04
◎ 四川省人民政府关于进一步加强旅游市场管理的通知//四川政报 1997-28
◎ 四论现代人造模拟景观的开发/王衍用//经济地理 1997-04
◎ 松花江三湖保护区生态旅游开发研究/崔庠 秦丽杰 吕康银 孔强//经济地理 1997-04
◎ 松山自然保护区旅游开发的环境影响研究/宋秀杰 赵彤润 郑希伟 胡厚钧//环境科学 1997-03
◎ 台湾“城市化与都市农业”考察报告/范子文//台湾农业探索 1997-03
◎ 台湾的都市农业/范子文//中国农村经济 1997-10
◎ 台湾客源市场与东山旅游/刘胜明//旅游研究与实践 1997-03
◎ 太白山旅游度假区开发规划研究/任军号 张东阳 李雪茹//陕西师范大学学报（自然科学版）1997-01
◎ 太湖流域景观生态与旅游持续发展前景研究/汪铎 郑群 许京怀 王建平//铁道师院学报 1997-04
◎ 太原市旅游业发展的问题与对策/李金来//城市研究 1997-03
◎ 泰安的旅游与经济/李树全//泰安师专学报 1997-01

⊙泰安市旅游系统科研体系构想与课题规划/杨永慎 王雷亭 刘曙光 元华//泰安师专学报 1997-02
⊙泰国旅游业及发展趋势/杨锐//东南亚南亚信息 1997-11
⊙泰山旅游发展意识刍议/孟华//泰安师专学报 1997-02
⊙泰山旅游环境承载力及其时空分异特征与利用强度研究/崔凤军 杨永慎//地理研究 1997-04
⊙泰山旅游结构层次及发展策略探析/张建忠 崔凤军//山东社会科学 1997-04
⊙泰山旅游结构层次及其匹配开发策略研究/张建忠 崔凤军 李殿杰//资源科学 1997-04
⊙泰山旅游经济行为结构的整体研究/刘曙光//泰安师专学报 1997-02
⊙泰山旅游需求时空分布规律及旅游者行为特征的初步研究/崔凤军 张建忠 杨永慎//经济地理 1997-03
⊙谈海南文化旅游的现状及开发建设/冯尔敬 黄恒俊//特区展望 1997-03
⊙谈合肥市郊野风景旅游事业的发展/陈衡//安徽建筑工业学院学报 1997-04
⊙谈加快广西旅游扶贫开发/罗品文//广西经济管理干部学院学报 1997-04
⊙谈谈保险对旅游的促进作用/黄继元//云南金融 1997-01
⊙谈谈我国农业观光旅游的发展/杨培华//北京第二外国语学院学报 1997-02
⊙谈云南的优势旅游产品/高文荣//玉溪师范学院学报 1997-05
⊙唐山发展旅游事业大有可为/王秀兰//唐山师范学院学报 1997-01
⊙特色旅游的一颗明珠——新疆巴里坤哈萨克自治县旅游资源调查/蔡雄 程道品//桂林工学院学报 1997-03
⊙体育旅游——杭州亟待开发的旅游项目/郑胜华//旅游研究与实践 1997-01
⊙天山天池风景名胜区旅游业持续发展初探/杨云良 阎顺 杨兆萍 许英勤//干旱区地理 1997-04
⊙天柱山风景区文化旅游特色项目开发构想/张伟群//安庆师范学院学报（社会科学版）1997-03
⊙突出民族特色 发展特色旅游——西北少数民族旅游业发展构想/温军 白永平//资源科学 1997-06
⊙吐鲁番旅游资源与游客旅游动机分析/李维青//新疆社会科学 1997-04
⊙托起明日的朝阳——加快大理州旅游业发展的思考/张金康//创造 1997-10
⊙拓展涉台旅游 促进两岸交往/赖永彩//发展研究 1997-04
⊙外国人喜欢什么样的中国民俗？/温金海//中国质量万里行 1997-02
⊙外资对我国旅游业的投入/汪黎明//中国外资 1997-08
⊙王宗璋副省长在全省旅游工作汇报会上的讲话/王宗璋//黑龙江政报 1997-11
⊙为'97 中国旅游年做好工作/魏小安//科技与经济画报 1997-02
⊙为使旅游业成为新的支柱产业——重庆市规划院召开旅游规划研讨会/郭大忠//城市规划通讯 1997-18
⊙文化：民俗旅游开发的灵魂/温锦英//广东职业技术师范学院学报 1997-03
⊙我国当前旅游消费一些值得研究的问题/尹世杰//消费经济 1997-04
⊙我国旅游区规划建设若干问题研究/徐君亮//地理学与国土研究 1997-01
⊙我国旅游商品创汇比重下降的原因与对策/汪季清//黄山学院学报 1997-02
⊙我国旅游业发展的企业制度安排/张吉林//财贸经济 1997-09
⊙我国旅游业需要推广交易合同制/王尔康//旅游学刊 1997-03
⊙我国旅游业优势的开拓/戴赣华//探索与争鸣 1997-11
⊙我国旅游资源开发与利用观赏与游览/黄福华黄敏行//湖南商学院学报 1997-02
⊙我国森林公园与森林旅游业发展对策/王棋 胡春姿//林业科技开发 1997-02
⊙我国少数民族地区旅游资源的开发和利用/陈鸣//地域研究与开发 1997-01
⊙我国乡村旅游资源及其开发散论/舒象连//旅游研究与实践 1997-02
⊙我国有关旅行社立法的新特点/任庆安//云南大学学报（法学版）1997-01
⊙我国主题公园发展现状评析所引发的思考/林梅英//经济经纬 2001-05
⊙我国自然保护区生态旅游资源的开发与保护/康文科//旅游研究与实践 1997-03
⊙五大连池火山旅游资源系统分析评价及保护利用探讨/王英利 张振国 张志金//高师理科学刊 1997-01
⊙五大连池旅游资源开发利用研究/李秀霞 崔艳辉//哈尔滨师范大学自然科学学报 1997-05
⊙五花八门的特色旅游/戴赣华//消费经济 1997-05
⊙五市市民旅游状况调查/凌超//经济与信息 1997-10
⊙武汉旅游业的新思路：发展都市旅游/王雪华//学习与实践 1997-08
⊙武汉旅游业与“三峡牌”/吴正凡//中国三峡建设 1997-12
⊙武汉市大旅游网络建设研究/孙志刚 卢天梁 卢武强//长江流域资源与环境 1997-03
⊙武汉市旅游发展战略研究/卢武强 卢天梁//华中师范大学学报（自然科学版）1997-03
⊙武夷山国家风景名胜区旅游环境容量探讨/骆培聪//福建师范大学学报（自然科学版）1997-01
⊙武夷山市旅游资源保护区研究/张文开 张勃//资源科学 1997-02
⊙武夷山自然保护区生态旅游现状及发展思路/周敏//林业勘察设计 1997-01
⊙西安市旅游分区试拟/雷明德 李骊明 雷羡梅//西北大学学报（自然科学版）1997-06
⊙西安市秦岭山地绿色旅游开发的初步建议/雷明德 李骊明 雷羡梅//西北大学学报（哲学社会科学版）1997-04
⊙西部地区 可以旅游业作为新的经济增长点/陈高升 孔琦//价格与市场 1997-11
⊙西藏旅游发展与资源开发的价值取向/李中泽//北京第二外国语学院学报 1997-03
⊙西藏旅游业发展的资源优势与战略构想/土登次仁//西藏大学学报（汉文版）1997-01
⊙西南三条丝绸之路与西南旅游经济开发/陈国生 杨晓霞//热带地理 1997-04
⊙西南丝绸之路重开与西南旅游业/叶明//北京第二外国语学院学报 1997-01
⊙西欧奖励旅游市场研究/刘士军//旅游科学 1997-02
⊙昔日财政补贴县 如今收入列前茅——陕西南郑县旅游促进经济发展的调查/程道品 蔡雄//桂林工学院学报 1997-03
⊙锡山市旅游业开发的总体布局/许刚 符全胜//现代城市研究

1997-04
⊙系统科学与旅游开发区规划/佟玉权//沈阳师范学院学报（社会科学版）1997-04
⊙闲暇、旅游与人的发展/毕爱萍//北京联合大学学报 1997-04
⊙现代旅游教育制度初探/杜宣新//旅游研究与实践 1997-04
⊙现代旅游生产服务系统的系统模式研究/邹慧萍//管理工程学报 1997-03
⊙现代旅游业服务营销的特征与管理策略/舒伯阳//湖北大学学报（哲学社会科学版）1997-06
⊙现代旅游业与现代主题公园建设/李立//西北大学学报（哲学社会科学版）1997-02
⊙现代人工景区宏观规划中基本问题的研究——以“亚洲大陆地理中心”景区宏观规划为例/刘琳 吴世新 赵成义 余素芬 王亚俊//干旱区地理 1997-04
⊙现代世界园林发展的探索/王全德//天津大学学报（自然科学与工程技术版）1997-06
⊙相得益彰：文化与旅游——访上海华夏文化旅游区开发公司总经理包明达/周林法//浦东开发 1997-12
⊙香港的旅游业/刘彭野//中学地理教学参考 1997-04
⊙香港的旅游资源及其开发/杨禄华 区树鸿//热带地理 1997-02
⊙香港回归：旅游业的机遇与挑战/张晓露//中国市场 1997-03
⊙香港回归后的区域旅游业前瞻/翟辅东//湖南师范大学社会科学学报 1997-05
⊙香港回归以后旅游业发展的广阔前景/党洁//中南民族学院学报（哲学社会科学版）1997-04
⊙香港回归与民族地区旅游市场营销/贾银忠//西南民族学院学报（哲学社会科学版）1997-03
⊙香港境外客源特征分析及旅游业展望/骆培聪//人文地理 1997-02
⊙香港旅游协会主席罗旭瑞献词//中国旅游 1997-03
⊙香港旅游业的发展与旅游资源/陈秀容//资源科学 1997-02
⊙香港旅游业现状及其发展趋势浅析/张为波//西南民族学院学报（哲学社会科学版）1997-02
⊙香港旅游业兴旺发达的原因及其启示/白永秀//旅游研究与实践 1997-04
⊙小区域旅游可持续发展战略初探——以荣成市为例/王民//人文地理 1997-01
⊙新疆自然旅游资源成因类型划分研究及其对新疆旅游业发展的意义/伊玛木·塔依尔//新疆工学院学报 1997-03
⊙新时代都市旅游的可持续发展/刘任 陈永发//旅游科学 1997-04
⊙新西兰生态旅游业发展考察报告/刘建甫 朱峰//新疆财经 1997-06
⊙新乡文物旅游景点的开发和利用/李慧萍//中州今古 1997-06
⊙新形势下我国旅游教育的特点及其任务/党金学 陈锋仪//旅游学刊 1997-S1
⊙新亚欧大陆桥中国段沿线旅游资源基本类型分析（续）/李亮//旅游学刊 1997-02
⊙新亚欧大陆桥中国段沿线旅游资源基本类型及分析/李亮//旅游学刊 1997-01
⊙新重庆发展旅游的优势、战略与措施/朱顺知//重庆教育学院学报 1997-04
⊙休闲去森林/立之//绿化与生活 1997-05
⊙休闲是一种修养——中国传统休闲文化的现代启示/张培锋//道德与文明 1997-02
⊙徐霞客滇游与大理风光资源及其开发/杨载田 谢莉//无锡教育学院学报 1997-01
⊙学科专业的调整与完善 是推进旅游高等教育发展和提高办学效益的关键/赵鹏//旅游学刊 1997-S1
⊙迅猛发展的西藏旅游业/汤正琪//经贸世界 1997-02
⊙亚布力滑雪旅游资源开发及展望/魏遐//冰雪运动 1997-02
⊙亚太地区的旅游区/郭振//商业研究 1997-01
⊙亚洲出境旅游市场分析/余青//贵州民族学院学报（哲学社会科学版）1997-S1
⊙烟台旅游资源的合理开发利用/张安定//资源开发与市场 1997-03
⊙烟台市旅游业立体化发展模式的构想/孙富海//外向经济 1997-12
⊙烟台市旅游资源开发规划有关问题的探讨/李世泰//烟台师范学院学报（自然科学版）1997-02
⊙沿海开放城市如何发展朝阳产业/徐兴林//决策咨询通讯 1997-04
⊙研究消费需求 开发旅游产业/庞隆国//消费经济 1997-04
⊙扬国有商业优势 促旅游经济发展/王东明//江苏商论 1997-10
⊙扬州市政协提议加快发展旅游业/杨习延//江苏政协 1997-11
⊙遥感技术用于旅游资源调查及研究/张义彬 曲家惠//遥感技术与应用 1997-01
⊙也论旅游理论研究的几个问题——与余书炜同志商榷/张凌云//旅游学刊 1997-06
⊙也谈旅游消费问题/刘辉煌//消费经济 1997-04
⊙一九九七年的贵州旅游业/杨胜明//山花 1997-11
⊙一枝独先三峡春——重庆市巫山县发展旅游侧记/李振国//山区开发 1997-06
⊙一种新的消费文化——生态旅游消费/梁琦//消费经济 1997-01
⊙以旅游开发带动和促进欠发达地区经济发展/穆玉忠//理论与当代 1997-Z1
⊙以实现“两个突破”为目标 发展旅游经济 促进脱贫致富/杨胜明//理论与当代 1997-Z1
⊙以西南丝绸之路为依托 发展西南旅游业/陈国生 杨晓霞//经济地理 1997-01
⊙意大利旅游地类型划分与旅游业的发展/丁登山 刘凯//世界地理研究 1997-01
⊙意大利旅游资源结构分析和旅游发展战略/丁登山//人文地理 1997-01
⊙阴那山森林资源与旅游资源的特征及其持续利用/梁锦梅//嘉应学院学报 1997-06
⊙饮食文化与旅游业发展初探/王刘刘//扬州大学烹饪学报 1997-04
⊙印尼旅游业开始腾飞/小星//东南亚南亚信息 1997-02
⊙应重视散客旅游市场的开发/刘胜明//旅游研究与实践 1997-01
⊙营销观念的发展与博弈均衡——兼谈旅游企业的市场决策/吴长文//商业经济与管理 1997-03
⊙永安旅游业的现状及发展前景/王碧钦 廖金朋//福建论坛（经济社会版）1997-01
⊙永定县旅游资源及其开发战略/陈居成//福建地理 1997-01
⊙用可持续发展的观点看观光农业/张文英//中国园林 1997-02
⊙渝黔芙蓉江旅游资源开发研究/马延华//西南师范大学学报（哲学社会科学版）1997-04
⊙粤港澳旅游业发展的现状和合作前景分析/陈俊鸿//热带地理 1997-02
⊙云南高校旅游饭店管理专业教育初探/仇学琴//旅游学刊

1997-S1
◎云南积极营造旅游大省/罗苹//瞭望 1997-31
◎云南旅游经济发展初探/张胜昆//决策咨询通讯 1997-02
◎云南旅游经济发展纵横谈/余绍华//昆明大学学报 1997-02
◎云南旅游业的新课题——让人文资源转化为旅游生产力/王有勤//经济问题探索 1997-12
◎云南旅游业发展的生产力布局与重点/田里//社会科学家 1997-04
◎云南区域旅游开发的构想/罗明义//创造 1997-10
◎云南溶洞旅游资源开发研究/明庆忠//地理学与国土研究 1997-01
◎云南省 2010 年旅游业人才需求预测/骆静珊//云南高教研究 1997-04
◎云南省河口县热带生态旅游景观开发研究/杨桂华 王跃华//生态经济 1997-05
◎云南省旅游产业的可持续发展研究/黄兆雄//经济问题探索 1997-11
◎云南省旅游资源开发的定量评价/李严锋//云南财贸学院学报 1997-05
◎云南省旅游资源开发及可持续发展/王建萍//云南大学学报（自然科学版）1997-S1
◎云南省怒江傈僳族自治州旅游开发/杨桂华 余小华//山地学报 1997-04
◎再论旅行社个人承包的性质和治理对策/蔡家成//旅游学刊 1997-04
◎在生物圈保护区中开展生态旅游的探讨/郭锦超 郭凤辉 刘濂//河北师范大学学报（自然科学版）1997-01
◎在我国发展可持续旅游的价值导向/汪剑明 鲁瑾//旅游科学 1997-03
◎张家港市旅游资源及其开发设想/倪洪祥//苏州教育学院学报 1997-01
◎找到了金钥匙——国家旅游局孙钢副局长谈民族地区旅游资源开发/宏文//民族团结 1997-10
◎肇庆市生态文化旅游开发构想/郭豪//地理学与国土研究 1997-03
◎浙江开发海外旅游市场的几点思考/郭鲁芳//商业经济与管理 1997-04
◎浙江旅游产业发展现状//资料通讯 1997-Z1
◎振兴连云港市旅游业的两条思路/张贤华//连云港师范高等专科学校学报 1997-04
◎正确处理森林旅游中的若干关系/李友元//湖南林业 1997-09
◎中阿旅游业发展前景广阔/纪焕祯//西亚非洲 1997-02
◎中国边境旅游发展的战略与政策选择/张广瑞//财贸经济 1997-03
◎中国城市居民旅游目的地选择的四种规律/吴必虎//城市规划 1997-04
◎中国城市居民旅游目的地选择行为研究/吴必虎//地理学报 1997-02
◎中国大陆入境旅游业中台湾客源市场的特征和走向/黄福才 蔡从燕//厦门大学学报（哲学社会科学版）1997-03
◎中国的生态旅游与旅游生态环境保护/王兴斌//北京第二外国语学院学报 1997-06
◎中国侗文化旅游区建设构想/赵小鹏//民族论坛 1997-02
◎中国公民自费出国旅游管理暂行办法//新法规月刊 1997-10
◎中国古代旅游美学思想的总体特色/卢善庆//上海艺术家 1997-02
◎中国观光农业旅游的现状分析与前景展望/舒伯阳//旅游学刊 1997-05
◎中国国际旅游业的发展现状及努力方向/张建华//国际经贸探索 1997-06
◎中国旅游发展笔谈（1）/冯宗苏 向荣等//旅游学刊 1997-05
◎中国旅游发展笔谈（2）/杨文珍 张希钦等//旅游学刊 1997-06
◎中国旅游服务标准化研究/王大悟//旅游学刊 1997-02
◎中国旅游服务贸易与服务贸易总协定/陈昊//沈阳大学学报 1997-04
◎中国旅游客源为何“聚少散多”/阿虹雨生//中国商界 1997-05
◎中国旅游立法活动中存在的问题/祁颖//旅游学刊 1997-06
◎中国旅游业取得历史性进展/任小强//中国对外贸易 1997-07
◎中国旅游资源开发模式与旅游区域可持续发展理念/王兴中//地理科学 1997-03
◎中国气象风景旅游资源及其开发利用/冯新灵//资源科学 1997-06
◎中国森林旅游的现状和前景/高发全//林业科技通讯 1997-04
◎中国生态旅游——可持续旅游的基石/郭来喜//地理科学进展 1997-04
◎中国越乡风情园规划研究/贾建强 沈朝栋//浙江大学学报（农业与生命科学版）1997-04
◎中国自然保护区生态旅游开发研究刍议/刘继生 孔强 陈娟//人文地理 1997-04
◎中文与普通话：一个十分值得开发的旅游资源/张广瑞//旅游研究与实践 1997-03
◎重大生态战略保护区——长白山地区可持续发展研究/范德清 侯世昌 韩铁成//科技导报 1997-03
◎重庆旅游交通的现状与问题/秦志英//重庆教育学院学报 1997-03
◎重庆市旅游业发展研究/江书元//重庆大学学报（社会科学版）1997-02
◎重庆市南岸区旅游业开发的实践与思考/谭栖伟//探索 1997-06
◎重新认识旅游消费概念的内涵/刘茂松//消费经济 1997-05
◎重振古运河之旅的思考/柴惠康//旅游学刊 1997-02
◎周庄镇旅游经济何以蓬勃发展/赵伟东//华东经济管理 1997-05
◎珠海市旅游生态环境建设研究/刘红刚//旅游学刊 1997-06
◎主题公园发展的影响因素/保继刚//城市规划 1997-04
◎主题公园发展的影响因素系统分析/保继刚//地理学报 1997-03
◎抓好结构调整机遇加快发展江苏旅游业/陆素洁//群众 1997-08
◎抓住机遇 大力发展森林旅游业/刘金霞 苏畅//林业科技 1997-01
◎抓住机遇 解放思想 加快发展贵州旅游业/陈国钧//理论与当代 1997-Z1
◎抓住机遇 解放思想 加快发展贵州旅游业/陈国钧//理论与当代 1997-Z1
◎抓住南昆机遇 大力发展黔西南州旅游业/戴学云//黔西南民族师范高等专科学校学报 1997-03
◎抓住香港回归历史机遇 大力发展大余旅游业/彭志华//江西财税与会计 1997-05
◎专题旅游公共关系活动的策划/吕言 文珍//北京第二外国语学院学报 1997-04
◎自然保护区开展旅游应注意哪些问题？——答读者/马乃喜//人与生物圈 1997-01
◎自然美与生态旅游/陈刚//森林与人类 1997-01

- 走出福建旅游资源开发的误区/陈维平//旅游学刊 1997-02
- 走信息产业与旅游产业相结合的道路/郭浩//当代通信 1997-13

1998 年

- “第五届旅游科学理论与实践全国学术研讨会”部分主要发言摘要//旅游学刊 1998-01
- “观光”旅游业——从纳税检查中看旅游业存在的五种现象/孙秀杰 波征楠//监督与选择 1998-02
- “旅游带动”战略的理论依据和实践效果/周淡念//常德师范学院学报（社会科学版）1998-05
- “旅游立市”与建设“桂林旅游区”的思考/邓祝仁//桂林旅游高等专科学校学报 1998-01
- “全国旅游业可持续发展研讨会”综述/付蓉//旅游学刊 1998-03
- “三位一体”旅游教育模式综合应用效果分析/舒伯阳 马勇 张立明//旅游学刊 1998-S1
- “摇滚乐”——英国旅游新资源/刘万平//世界文化 1998-01
- “游邮结合”前景诱人/高平均//甘肃社会科学 1998-01
- 1997 年我国旅游研究回顾/付蓉//旅游学刊 1998-04
- 1998 年中国国际旅游市场前景初探/肖利//中国对外贸易 1998-07
- 90 年代国际旅游支付能力与人均 GNP 关系的研究/孙根年 李开宇//陕西师范大学学报（自然科学版）1998-04
- CIS 在旅游规划中的应用/朱璇//桂林旅游高等专科学校学报 1998-04
- GATS 与我国旅行社业的发展/雷卫中//南京经济学院学报 1998-05
- INTERNET 的应用与旅游营销/赵啸峰//旅游学刊 1998-04
- WHO 新的健康旅游规划//旅行医学科学 1998-03
- 安徽省山地旅游资源定量评价与开发/万绪才 丁登山 汤家法//山地学报 1998-04
- 安康库区旅游：移民脱贫致富之路/石子真//陕西水利 1998-01
- 巴东：建设湖北旅游大县/程远斌//政策 1998-12
- 把哈尔滨建成国际旅游名城的战略构想/徐淑梅//哈尔滨师范大学自然科学学报 1998-02
- 把湖北建成旅游强省/江泓//政策 1998-06
- 把丽江建成独具特色的国际旅游城——访云南省丽江地区行政公署专员和段琪/黄刚//经贸世界 1998-01
- 把旅游培植成云南的重要支柱产业需要进一步解决的几个问题/马黎//经济问题探索 1998-03
- 把旅游业发展成我省的支柱产业/王沛清//湖南第一师范学报 1998-02
- 把旅游业培育成我省新的经济增长点/彭春莉//山东经济战略研究 1998-02
- 把旅游业作为宁冈县经济发展启动点和增长点的思考/尹益星//价格月刊 1998-02
- 把闲暇交给远方——中国市民旅游现状调查/凌超//中国科技信息 1998-01
- 百万市民游密云——密云县大力发展山乡旅游/郑云秋//前线 1998-10
- 宝鸡旅游资源及其开发对策/刘哲民//地域研究与开发 1998-S1
- 保护环境资源是旅游业可持续发展的根基——桂林环境资源保护与旅游业可持续发展理论研讨会综述/邓祝仁 李维谦 蓝雄现//社会科学家 1998-06
- 保护区怎样迎接生态旅游的挑战/王献溥//植物杂志 1998-04
- 北海旅游活动的适宜气候指标分析/李秀存 雷雪梅 杨澄梅//广西科学院学报 1998-04
- 北海市银滩国家旅游度假区西区的环境问题/吴宇华//自然资源学报 1998-03
- 北京都市农业发展的现状、前景与对策/范子文//中国农业资源与区划 1998-02
- 北京观光渔业现状和发展思路/张迎//北京水产 1998-03
- 北京郊区村级旅游资源的开发——以怀柔县孙栅子村为例/傅桦 安维亮//首都师范大学学报（自然科学版）1998-02
- 北京旅游产业地位的定量分析/吴统慧//旅游学刊 1998-06
- 北京市旅游业效益及发展模式的国际比较/佟玉权//旅游科学 1998-04
- 本科旅游管理专业培养目标与课程体系设计再研究/罗兹柏 罗有贤//旅游学刊 1998-S1
- 柴达木盆地旅游区旅游开发前景分析/张忠孝//柴达木开发研究 1998-04
- 长江经济带旅游业联合发展构想/黄胜涛 卢军//桂林旅游高等专科学校学报 1998-03
- 长江三峡夔巫角旅游经济区环境保护与生态建设规划/长江三峡夔巫角旅游经济区发展战略研究课题组//重庆大学学报（社会科学版）1998-03
- 长沙市旅游文化发展战略初探/彭欢首//旅游学刊 1998-03
- 常德旅游业发展的背景及其意义/许春晓 董明辉//常德师范学院学报（社会科学版）1998-02
- 常熟文化旅游初探/吴忆术//江南论坛 1998-11
- 巢湖打出旅游“牌”/钟长春//安徽税务 1998-08
- 朝阳产业：欲说旅游好困惑/杨东鲁//经济论坛 1998-17
- 朝阳产业的人才摇篮——访四川省旅游学校/曹晓峰//今日四川 1998-01
- 潮州旅游资源及开发设想/邱霓//广州师院学报 1998-08
- 城郊小流域旅游资源的开发利用/许歌辛//吉林水利 1998-05
- 城市旅游开发与旅游业可持续发展——以深圳市为例/杨新军 祁黄雄//经济地理 1998-04
- 城市旅游形象设计探讨/李蕾蕾//旅游学刊 1998-01
- 城市旅游休闲服务网络的建设——美国旅游咨询服务的考察与思索/郑杨//旅游学刊 1998-02
- 城乡交错带旅游开发研究——以江苏锡山市沿太湖地区为例/符全胜//地理学与国土研究 1998-03
- 充分发挥民族地区旅游资源优势 大力推进旅游业蓬勃发展//满族研究 1998-03
- 充分利用农垦资源 大力推进旅游业发展/贾大明//农场经济管理 1998-02
- 充满生机的阿城旅游业/王玉才//企业文化 1998-06
- 出境旅游市场亟待整治/亚子//中国质量万里行 1998-07
- 刍议发展森林旅游业/林婉如//福建行政学院福建经济管理干部学院学报 1998-01
- 川西亚高山森林旅游业开发的优势及设想/侯广维//四川林勘设计 1998-01
- 创建有中国特色的高等旅游管理专业学科体系/徐刚 梁文兰 牟红 陈更//旅游学刊 1998-S1
- 创新旅游业的服务意识/王云昌//特区展望 1998-04
- 创造性、科学性、文化性与适用性——郭康著《旅游开发研究》一书评介/徐君亮//热带地理 1998-03
- 从度假旅游看昆明滇池国家级旅游度假区建设/吕宛青//思想

战线 1998-08

⊙从个体休闲到大众消费——中国酒吧文化的走向/王晓华//中国青年研究 1998-04

⊙从结构优化升级入手 把桂林旅游推上新台阶/兰珊//计划与市场探索 1998-10

⊙从旅游产品的特点看昆明旅游产品的开发策略/顾幼瑾 黄兆雄//经济问题探索 1998-10

⊙从旅游景观的开发谈雕塑/常青//雕塑 1998-01

⊙从旅游资源的供求关系论其基本属性及贵州旅游开发/殷红梅//贵州师范大学学报（自然科学版）1998-01

⊙从资源、区位和市场看番禺市旅游发展定位/陈俊鸿 宋军//热带地理 1998-02

⊙打好井冈山牌 建设旅游大区/陈志明//地方政府管理 1998-07

⊙大陈岛森林公园旅游资源及其开发前景探讨/王冬米 刘安兴 洪兆龙 张云生 黄美富//浙江林业科技 1998-02

⊙大理呼唤新的"五朵金花"/石振铭//当代经济 1998-06

⊙大力发展供销社旅游饮食服务业/冯泉林//商业经济与管理 1998-02

⊙大力发展广州生态旅游/李志民江爱铨//珠江经济 1998-08

⊙大力发展旅游经济 努力把旅游业培育成为南宁地区新的经济增长点/王福伟 蒙世军//广西市场与价格 1998-04

⊙大连市的朝阳产业—旅游业/张宏//大连大学学报 1998-01

⊙大西北旅游业：资源优势、开发现状与发展构想/肖星//开发研究 1998-05

⊙大重庆旅游开发正当时/刘冬 郭燕春//经贸世界 1998-01

⊙当代旅游者游园心理探析——兼论园林营造的针对性/管宁生//中国园林 1998-04

⊙当前城郊旅游开发存在问题及其发展方向的探讨/叶岱夫 陈岳裕//惠州大学学报 1998-02

⊙德育先行 协调发展——关于旅游职业学校学生价值观现状的调查//当代青年研究 1998-06

⊙邓小平理论与中国旅游业/许宗元//旅游科学 1998-03

⊙地方文献为旅游业服务的思考/沈丽霞//图书馆论坛 1998-04

⊙地理学基本观点在旅游发展研究中的运用/窦群 崔凤军//地理学报 1998-S1

⊙地球是我们从子孙那里借来的——对可持续旅游发展的几点认识/张广瑞//中国国情国力 1998-03

⊙地质旅游产业发展方向及其对策建议/冯天驷//中国地质矿产经济 1998-06

⊙调整经营战略 实施内外结合 挖掘旅游客源 提高服务品质——亚洲金融危机对福建省旅游业的影响和对策/赵吟清//东南学术 1998-04

⊙东南亚金融危机对长江三峡旅游业的影响及对策/谢建刚//中国水运 1998-10

⊙东南亚金融危机对旅游业影响/梁昭//北京第二外国语学院学报 1998-03

⊙东南亚金融危机对我国旅游业的影响/任建军//经贸导刊 1998-04

⊙东南亚金融危机与长江国际旅游业/郭路//中国水运 1998-04

⊙东南亚经济危机对旅华市场的影响及对策/杜家元//广东职业技术师范学院学报 1998-03

⊙东兴市京岛旅游度假区发展和管理的思路/廖锦球//计划与市场探索 1998-07

⊙都市郊区旅游景点开发与土地可持续利用/陈辉//国土经济 1998-04

⊙都市郊区兴起休闲农业/张永贵//经济与信息 1998-06

⊙都市旅游开发的个性化与规模化研究——以武汉市为例/舒伯阳 刘国一//旅游学刊 1998-03

⊙都市旅游与国民素质/庄志民//社会 1998-02

⊙都市农业的意义及其发展中应注意的问题/赵树枫 张强//农业经济问题 1998-04

⊙独具特色的澳门旅游博彩业/潘莉//桂林旅游高等专科学校学报 1998-03

⊙端起"金饭碗"开发旅游业/高荣淼//中国三峡建设 1998-07、08

⊙对"旅游支柱产业"的思考/国媛//西北大学学报（哲学社会科学版）1998-03

⊙对安徽旅游规划的思考/王德利//财贸研究 1998-02

⊙对发展北仑旅游业的几点思考/邹建华//宁波大学学报（人文科学版）1998-02

⊙对发展海南民族民俗旅游的认识/赵德钦//琼州大学学报 1998-03

⊙对发展南京路商业旅游之探索/纪丹明//商业文化 1998-02

⊙对发展青浦县旅游业的思考/彭沉雷//上海农村经济 1998-01

⊙对发展山西旅游业的几点认识/霍泛//前进 1998-02

⊙对发展山西森林旅游的探讨/杨丕文//山西林业 1998-05

⊙对防城港市发展旅游业的思考与建议/古小松//东南亚纵横 1998-04

⊙对房县开发开放旅游资源的思考/杜德轩 刘大坤//湖北社会科学 1998-04

⊙对福州宗教文化旅游资源的再认识和再开发/袁书琪//福建师范大学学报（哲学社会科学版）1998-02

⊙对甘、青、藏民族地区发展跨区域旅游经济的思考/杨树青//甘肃社会科学 1998-06

⊙对构建我国大城市旅游圈的思考/邓爱民//桂林旅游高等专科学校学报 1998-03

⊙对桂林旅游价格体制改革的一些思考/叶耿崇//广西市场与价格 1998-01

⊙对桂林市旅游市场价格问题的探讨/周学谦//桂林航天工业高等专科学校学报 1998-01

⊙对桂林市旅游市场价格一些问题的探讨/周学健//广西市场与价格 1998-01

⊙对黑龙江垦区生态农业发展的探讨/吴培玉//农场经济管理 1998-06

⊙对开发碧流河水库旅游事业的探讨/赵志超//水利规划与设计 1998-02

⊙对昆明旅游资源深度开发的思考/郑海//思想战线 1998-12

⊙对旅游国有企业改革的思考/张久明//世界经济与政治论坛 1998-06

⊙对旅游环境基本理论问题的初步探讨/林越英//北京第二外国语学院学报 1998-01

⊙对旅游经济学几个基础概念的新认识/钱林晓//桂林旅游高等专科学校学报 1998-04

⊙对旅游企业产权与产权运作的探讨/王育红//北京第二外国语学院学报 1998-05

⊙对森林游憩价值经济评估的研究/戴广翠 高岚 艾运胜//林业经济 1998-02

⊙对上海主题公园的评析和思考/姚昆遗//上海大学学报（社会科学版）1998-05

⊙对我国旅游饭店业产权经营的探讨/王志琦//桂林旅游高等专

科学校学报 1998-04
◎ 对我国旅游高等教育的思考/龚敏//旅游科学 1998-02
◎ 对我国旅游业竞争态势的思辨与分析/王大悟//旅游学刊 1998-01
◎ 对我省森林旅游业发展的思考/王文//安徽林业科技 1998-01
◎ 对云南旅游文化资源的再认识/张警丹//昆明师范高等专科学校学报 1998-04
◎ 对诸暨市旅游业发展的几点构想/何祖利//商业经济与管理 1998-02
◎ 对主题公园的经济学与美学思考/宋平//中国园林 1998-03
◎ 多渠道筹集湖南旅游建设资金问题管见/庞隆国//消费经济 1998-01
◎ 多渠道筹资加快云南旅游开发/杨红英//云南金融 1998-02
◎ 俄罗斯——厦门不应忽视的旅游市场/林江珠//鹭江职业大学学报 1998-02
◎ 恩施州旅游业发展研究/杜达山//中南民族学院学报（人文社会科学版）1998-04
◎ 二十一世纪世界旅游市场营销战略探索/黄继元//思想战线 1998-03
◎ 发挥"三古一近"的资源优势建设高品位的龙华旅游城/胡宗正//上海城市规划 1998-03
◎ 发挥大成都经济圈的旅游中心功能/白云升//国土经济 1998-01
◎ 发挥集团优势 推动兵团旅游业快速健康发展/王保国//中国农垦经济 1998-12
◎ 发挥旅游资源优势实施旅游带动战略/李刚铤//学习导报 1998-03
◎ 发挥南宁区位优势 大力发展旅游经济/陈长毅//广西市场与价格 1998-07
◎ 发挥首都优势 促进北京旅游业的发展/宗禾//中国对外贸易 1998-09
◎ 发挥文物优势 振兴河南经济——寻根游是河南旅游业的重点/许顺湛//中原文物 1998-04
◎ 发挥优势 把泉州建成独具特色的宗教旅游区/杨文棋//北京第二外国语学院学报 1998-03
◎ 发挥优势 突出特色 狠抓旅游产业开发/韩延辉//农村经济 1998-11
◎ 发挥优势 突出特色 加快培植旅游支柱产业/郑相浩//企业文化 1998-06
◎ 发挥优势 掌握机遇 为日本、新加坡旅游者提供新的产品与服务——为"21 世纪国际旅游业与杭州旅游发展研讨会"而作/钱炜//北京第二外国语学院学报 1998-03
◎ 发挥资源优势 把旅游业培育为西部经济发展的"增长点"/罗明义//经济问题探索 1998-04
◎ 发挥资源优势 发展富川旅游业/唐玉梅//计划与市场探索 1998-06
◎ 发展北仑旅游经济之我见/张殿远//宁波大学学报（人文科学版）1998-02
◎ 发展本钢旅游产业适应产业调整，促进结构优化/张毅//辽宁经济 1998-09
◎ 发展本钢旅游业多种经营出新招/张毅//工厂管理 1998-11
◎ 发展长寿旅游业 加快巴马脱贫进程/韦友爱//广西党史 1998-02
◎ 发展城郊休闲农业的设想/张永贵//中国国情国力 1998-07
◎ 发展赣南旅游业的几点思考/陈晓强//赣南师范学院学报 1998-06
◎ 发展江西大旅游业的思考/喻长林//经济界 1998-01
◎ 发展旅游富民富县——甘肃省渭源县旅游资源的调查/蔡雄 程道品//桂林工学院学报 1998-01
◎ 发展旅游商品生产与销售的思考/杨建峰//财金贸易 1998-01
◎ 发展旅游事业托起山西"朝阳"——访山西省旅游局局长王锚深/肖毅//记者观察 1998-12
◎ 发展旅游消费 培育新的经济增长点/尹世杰//南方经济 1998-05
◎ 发展旅游业是贫困地区脱贫的重要途径/邓明艳//陕西师范大学学报（自然科学版）1998-S1
◎ 发展旅游业需要解决的几个问题/钟国山//决策咨询通讯 1998-02
◎ 发展旅游致富了少数民族——龙胜各族自治县旅游扶贫的调查/兰雄现 蔡雄//桂林旅游高等专科学校学报 1998-01
◎ 发展浦东新区东南部旅游业的思考和策略/包明达//浦东开发 1998-10
◎ 发展陕西旅游市场的对策/冯园//科技．人才．市场 1998-03
◎ 发展上海都市旅游的思考/钱幼森 孔颉//上海大学学报（社会科学版）1998-01
◎ 发展生态旅游的思考/郭鲁芳//桂林旅游高等专科学校学报 1998-02
◎ 发展生态旅游贸易的战略意义/梁琦//国际贸易问题 1998-07
◎ 发展特色旅游 振兴伊犁财政/何春青//中国财政 1998-08
◎ 发展我省旅游业的几点思考/唐琳//决策咨询通讯 1998-01
◎ 发展有特色的吉林旅游事业/任增林//长白学刊 1998-02
◎ 发展浙江嘉兴特色旅游/何坦野//江南论坛 1998-03
◎ 发展植物园旅游业 促进院校产、学、研、游一体化/段捷频//热带农业科学 1998-05
◎ 发展中国家生态旅游的机遇问题和对策/胡海霞//矿物岩石 1998-S1
◎ 发展中国旅游农业的模式与对策/刘华楠//经济问题 1998-S1
◎ 发展重庆都市旅游刍议/肖烈桂//内江师范学院学报 1998-04
◎ 饭店集团——中国旅游饭店业发展的必然趋势/邹慧萍 王磊 赵西萍//桂林旅游高等专科学校学报 1998-02
◎ 方广岩风景区开发设想/曾从盛 王绍鸿 杨建明 俞鸣同//福建地理 1998-01
◎ 防城港建设新兴旅游城市的可能性/古小松//东南亚纵横 1998-03
◎ 非洲的旅游业/云吉//对外大传播 1998-03
◎ 丰富的历史文化资源 宝贵的旅游经济财富——试论茂县历史文化资源的基本内容、特点与价值/王康//西南民族学院学报（哲学社会科学版）1998-03
◎ 风景名胜区旅游经营管理调控指标体系初探/金戈 丁登山//南京大学学报（哲学．人文科学．社会科学版）1998-04
◎ 风景名胜区与旅游区辨析/李景奇 秦小平//中国园林 1998-05
◎ 风景区旅游接待建筑布局的原则与方法/张建涛 刘兴//新建筑 1998-04
◎ 风景区内设施的合理利用与景观保护——以天篁湖景区控制性详细规划为例/苏原 胡毅//规划师 1998-04
◎ 凤凰湖旅游度假区规划原则之研究/程大兴//广西水利水电 1998-03
◎ 奉节旅游业的问题·特点及对策思考/王远兰//山区开发 1998-03
◎ 服务贸易与北京旅游业/姜润山//旅游学刊 1998-04
◎ 服务贸易总协定与中国旅行社业——挑战、机遇与对策研究/燕兴 刘辉//商业经济与管理 1998-05
◎ 福建旅游业可持续发展与环境保护对策研究/陈及霖//地理科

学进展 1998-03
⊙福建省旅游气候资源分析/廖善刚//福建师范大学学报（自然科学版）1998-01
⊙福建省三明格氏栲自然保护区森林旅游/陈国瑞 黄金荣 叶卢宗//华东森林经理 1998-03
⊙概述旅游业对环境的影响/吴长年 周庭序 王勤耕 唐亮 刘广民//南京大学学报（自然科学版）1998-06
⊙赣南地区旅游环境及其营造/田勇//赣南师范学院学报 1998-02
⊙港人爱旅游/程乃珊//沪港经济 1998-S1
⊙构建我区旅游特色财源之浅见/粟翠智//时代财会 1998-03
⊙构建有利于加快桂林旅游业发展的价格环境/刘春燕//广西市场与价格 1998-01
⊙构筑武汉金口水城镇独特的旅游景观/毛彬//地图 1998-04
⊙谷城县发展旅游业的有益尝试/龚文军//计划与市场 1998-09
⊙关于发展北仑旅游业的几个问题/张嘉梁//宁波大学学报（人文科学版）1998-02
⊙关于发展旅游业的若干思考/曹桂鸣//现代经济探讨 1998-05
⊙关于发展旅游业的指导思想的一些思考/白祖诚//旅游学刊 1998-02
⊙关于发展云南森林生态旅游业的思考/谭开湛//林业调查规划 1998-03
⊙关于构建桂中民族风情旅游区的几点思考/蓝天强//学术论坛 1998-S1
⊙关于观光休闲农业的思考和建议/王志良 胡岱//农村经济 1998-03
⊙关于贵州旅游教育与培训的几个问题/胡敬民//贵州民族学院学报（哲学社会科学版）1998-03
⊙关于河西旅游资源开发与旅游产业发展的若干思考/孟开//开发研究 1998-01
⊙关于加强韩中旅游交流的几点建议/金震燮//当代韩国 1998-04
⊙关于建立黄山市旅游发展的保障体系初探/吴兆民//黄山学院学报 1998-02
⊙关于井冈山旅游经济可持续发展的探讨/曾富善//地方政府管理 1998-01
⊙关于开发利用莲花湖旅游资源的设想/王长蓉//农村经济 1998-12
⊙关于开发我市新的旅游资源的几点思考/黄亚惠//南平师专学报 1998-01
⊙关于开展“泰安市观光农业开发总体规划及其政策实施研究”的基本设想/崔凤军 王雷亭//泰安师专学报 1998-06
⊙关于旅游产品开发的哲学思辨/杨森林//商业经济与管理 1998-02
⊙关于旅游地文化开发的探讨/彭华//旅游学刊 1998-01
⊙关于旅游管理专业教学改革的几点思考/王健 杜江//旅游学刊 1998-S1
⊙关于旅游行业管理工作深化的体会/魏小安//旅游学刊 1998-05
⊙关于旅游业的 21 世纪议程（一）——实现与环境相适应的可持续发展/张广瑞//旅游学刊 1998-02
⊙关于旅游业的 21 世纪议程（二）——实现与环境相适应的可持续发展/张广瑞//旅游学刊 1998-03
⊙关于旅游业的 21 世纪议程（三）——实现与环境相适应的可持续发展/张广瑞//旅游学刊 1998-04
⊙关于旅游业的 21 世纪议程（四）——实现与环境相适应的可持续发展/张广瑞//旅游学刊 1998-05
⊙关于旅游业构成的新探索/明庆忠//云南师范大学学报（自然科学版）1998-01
⊙关于民族地区旅游开发的几点思考/杨丽娜//广西经济管理干部学院学报 1998-01
⊙关于南京旅游业的开发与管理/韩健民//唯实 1998-10
⊙关于骑士旅游问题的几个定理/柏森 杨晓帆 瞿晓鸿 柏林//重庆大学学报（自然科学版）1998-03
⊙关于陕西旅游重点区域景观布局及产品结构优化调整的构想/李骊明//人文地理 1998-04
⊙关于上海人造景观建设的若干思考/庄志民//旅游科学 1998-04
⊙关于提高旅游消费质量的几个问题/尹世杰//湖湘论坛 1998-02
⊙关于天津旅游业集团化形式的思考/梁智//南开经济研究 1998-02
⊙关于我国海岛海滨旅游开发的探讨/张琼霓//湖南商学院学报 1998-06
⊙关于吸引到港外国游客来深旅游问题的建议/梁柏松 江社安 陈标//特区理论与实践 1998-05
⊙关于厦门市创建一流旅游城市的探讨/林地球 陈蒙腰//集美大学学报（哲学社会科学版）1998-01
⊙关于重庆旅游教育发展的若干思考/卢华语 陈国生//旅游学刊 1998-S1
⊙观光农业：泰安旅游业新的经济增长点/张连兵 崔凤军//泰安师专学报 1998-02
⊙观光农业与贵州山区可持续发展/余压芳//农村经济与技术 1998-06
⊙观光农业与上海农场旅游业发展/唐丽洁//桂林旅游高等专科学校学报 1998-03
⊙管理类学科中旅游管理专业的教学内容及课程体系初探/林刚//旅游学刊 1998-S1
⊙广东旅游业的现状与对策//同舟共进 1998-08
⊙广东旅游业豪迈走过二十年/吕伟雄//广东经济 1998-04
⊙广东森林旅游产品问题与对策/颜文希 陈义刚//生态经济 1998-05
⊙广西海洋旅游地学资源特色及开发建议/徐昌华 李开颜 傅中平//广西地质 1998-03
⊙广西旅游开发总体战略研究/杨颖瑜//桂林旅游高等专科学校学报 1998-02
⊙广西旅游业的可持续发展初探/成伟光 陈建斌 邓保功//桂林旅游高等专科学校学报 1998-03
⊙广西旅游业可持续发展策略的思考/余小军 程大兴//桂林旅游高等专科学校学报 1998-04
⊙广西旅游业应走可持续发展之路/欧阳刚//广西大学学报（哲学社会科学版）1998-04
⊙广西人文旅游资源及其开发利用/章牧//资源开发与市场 1998-01
⊙广西森林景观与森林旅游/陆道调 牟继平//广西科学 1998-02
⊙广西山岳景观资源特色、功能分类及其评价/傅中平 陈永红 杨传明 杜省保//广西地质 1998-02
⊙广西水库旅游的发展前景与措施探讨/宋义华//广西水利水电 1998-03
⊙广州市旅游形象设计初探/李志民//地域研究与开发 1998-03
⊙广州新形象的树立与广州旅游业/刘伟//广州市财贸管理干部学院学报 1998-04
⊙贵阳市的旅游资源及其开发/苏维词//资源开发与市场 1998-06
⊙贵州旅游业的发展与展望/马贤惠//贵阳金筑大学学报 1998-04
⊙贵州旅游资源优势转变为经济优势的构想/廖善友//贵州商专

学报 1998-01
- 贵州茂兰喀斯特森林旅游资源及其开发考察报告/罗世荣 黎汝标//贵州民族研究 1998-01
- 贵州生态旅游资源评价与开发利用建议/杨龙 殷红梅//贵州师范大学学报（自然科学版）1998-04
- 贵州省正安县岩溶旅游资源初探/邓世江 祝华述 张美良 林玉石//中国岩溶 1998-02
- 桂林“旅游立市”战略思考/潘焕辉//桂林旅游高等专科学校学报 1998-02
- 桂林漓江风景名胜区总体规划编制探讨/吴应科//桂林旅游高等专科学校学报 1998-04
- 桂林旅游必须打好环境牌/廖井丹//桂林旅游高等专科学校学报 1998-01
- 桂林旅游促销策略思考/黄家城//广西师范大学学报（哲学社会科学版）1998-01
- 桂林旅游跨世纪的竞争环境与策略研究/秦立功//桂林旅游高等专科学校学报 1998-02
- 桂林旅游文化特色及其营造浅议/王晞//桂林旅游高等专科学校学报 1998-02
- 桂林旅游业跨世纪发展对策/苏长高 成伟光//社会科学家 1998-01
- 桂林旅游业利用外资存在的问题及对策/林炎钊//社会科学家 1998-05
- 桂林市城市规划专家研讨会发言摘要//规划师 1998-04
- 桂林市旅游价格研讨会综述//广西市场与价格 1998-01
- 国际旅行卫生保健与国内的旅游大市场/殷观亮//口岸卫生控制 1998-04
- 国际旅游服务贸易是山西省新的经济增长点/陆家洋//晋阳学刊 1998-03
- 国际旅游客源市场开拓论/施启庆 熊小奇//财贸研究 1998-03
- 国家技术监督局正式发布——游乐园国家标准//质量天地 1998-03
- 国内旅游：新的经济增长点——兼论浙江旅游业近期发展重点/潘捷军//浙江经济 1998-07
- 国内旅游度假区开发与管理分析/王国新//旅游学刊 1998-04
- 国外海洋经济发展概况/许启望//海洋信息 1998-01
- 国外旅游规划研究进展及主要思想方法/范业正 陶伟 刘锋//地理科学进展 1998-03
- 海南保护区旅游资源开发利用与保护/杜道林 苏杰 钟琼芯 张建会//广西师院学报（自然科学版）1998-01
- 海南国际疗养旅游开发构想/张林//经济前沿 1998-Z1
- 海南旅游市场亟须加强管理//今日海南 1998-10
- 海南旅游业亟待深化改革全面治理/代红//特区展望 1998-03
- 海南旅游业发展的基本情况及经验——兼谈对浙江旅游业发展的启迪/于庄//商业经济与管理 1998-05
- 海南旅游业可持续发展刍议/曹绘嶷//海南大学学报（社会科学版）1998-01
- 海南旅游业面临的问题及对策/李启明//琼州大学学报 1998-03
- 海南旅游必须紧握一个拳头/邢植朝//今日海南 1998-08
- 韩国旅游业何以获得飞速发展/赵长华//旅游科学 1998-02
- 杭州国际风景旅游城市发展刍议/张和平//杭州科技 1998-05
- 杭州旅游业发展的指导思想和战略原则/周玲强//商业经济与管理 1998-04
- 河北、山西联手开发旅游势在必行/刘继章 李小保 王新明 崔利华//经济论坛 1998-04
- 河北环京津旅游战略的思考/王小青//经济论坛 1998-07
- 河流风光欣赏滨海温泉休闲——加快发展琼海特色旅游业/杨武//今日海南 1998-05
- 河南旅游的整体形象——根/蔡流海//旅游学刊 1998-02
- 河南旅游客源市场层次分析/王义民//河南社会科学 1998-04
- 河南省旅游商品的开发利用/刘荣 李惊雷//经济经纬 1998-05
- 河南省湿地旅游资源开发初探/阴三军 李华泉 光增云//地域研究与开发 1998-S1
- 河南沿线经济发展战略研究//河南社会科学 1998-03
- 河西走廊历史文化名城的主要特色和开发保护初探——以五凉都城武威市为例/王乃昂 杨淑华 蔡为民//干旱区资源与环境 1998-01
- 贺兰山地区旅游资源及其开发利用/胡春元 单鹏飞 徐景春//干旱区资源与环境 1998-03
- 贺兰山下的旅游胜地沙湖——宁夏沙湖旅游公司发展纪实/张作才 訾学宁//中国农垦 1998-01
- 鹤庆县旅游市场分析与预测/管宁生 杨丽 王建平//社会科学家 1998-S1
- 黑河对俄旅游存在的问题及对策/郭文贵//黑河学刊 1998-06
- 黑龙江滑雪旅游的现状及发展态势/张德成//旅游学刊 1998-05
- 黑龙江火山口国家森林公园旅游资源及区位条件评价/陈动 陈焱 高玉慧 王洪权//国土与自然资源研究 1998-01
- 黑龙江省火山地貌旅游资源的开发/王民//国土与自然资源研究 1998-04
- 湖北省旅游教育发展探微/胡静 李家清 谭传凤//旅游学刊 1998-S1
- 湖南喀斯特和洞穴旅游气候的特征/段德寅 周丽//山西气象 1998-01
- 湖南旅游资源特点及开发利用初探/朱逢卿 汤放华//湖南林业科技 1998-02
- 湖南森林旅游发展潜力分析与对策研究/梁序美//中南林业调查规划 1998-04
- 湖州旅游资源的分析与开发/湖州市社联课题组//湖州师范学院学报 1998-04
- 互联网对我国旅游业发展的影响/雷卫中//旅游科学 1998-03
- 花岩溪旅游产品的定位及开发思路/张丽华 樊倚天//常德师范学院学报（社会科学版）1998-04
- 华东山岳型风景旅游地发展对策研究/卢晓//旅游科学 1998-02
- 淮海经济区旅游资源开发评价与布局构想/钱智 张豪禧//地域研究与开发 1998-03
- 环西湖各类旅游建筑的合宜性讨论/陈谅闻//浙江大学学报（理学版）1998-01
- 黄山风景区旅游商品的开发/冯学钢//资源开发与市场 1998-04
- 黄山花岗岩石质旅游资源的形成过程与保护对策——兼对科学旅游的呼吁/王心源 黄建军等//资源科学 1998-03
- 黄山西大门焦村镇发展旅游的初步设想/王振东//旅游学刊 1998-04
- 回归自然与休闲旅游/喻学才//华中建筑 1998-04
- 会议旅游及桂林的目标定位研究/吴忠军//社会科学家 1998-04
- 火山口：营建山地生态旅游经济示范园区构想/符朝康//今日海南 1998-07
- 积极支持 加快发展 力促旅游业成为新的经济增长点——对平凉地区旅游业发展情况的调查/人行平凉地区分行调查组//甘肃金融 1998-11
- 基于游客的旅游信息系统初步研究/周春林 石高俊//南京师大

学报（自然科学版）1998-04
⊙吉安地区旅游资源开发利用探讨/王伟年//吉安师专学报 1998-01
⊙吉林省旅游形象建设刍议/许振文 乌恩//长春师范学院学报 1998-05
⊙吉林省生态旅游开发的初步研究/孔强 陈娟 崔学盾//国土与自然资源研究 1998-01
⊙加快安徽旅游业的发展步伐/徐经武//决策咨询 1998-04
⊙加快大鹏半岛旅游度假区建设之我见/纪志龙//特区经济 1998-02
⊙加快发展格尔木旅游业的构想及对策/王照斌 张瑛//柴达木开发研究 1998-05
⊙加快发展宁夏旅游业的思考/柳松//固原师专学报 1998-05
⊙加快杭州市旅游产业化进程的探讨/陆文浩//江南论坛 1998-08
⊙加快建设旅游大产业/李德明//发展论坛 1998-05
⊙加快剑川旅游产业化发展步伐/杨映华//创造 1998-03
⊙加快昆明滇池国家旅游度假区开发的若干思考/杨红英 杨军//思想战线 1998-06
⊙加快艮山旅游开发步伐/李良春//湖南经济 1998-05
⊙加快平南旅游业发展的思考/吴全伟//计划与市场探索 1998-05
⊙加快武夷山旅游经济发展的思考/张建光//中共福建省委党校学报 1998-09
⊙加拿大的城市旅游开发评述/杨新军//世界地理研究 1998-02
⊙加强基础建设发展森林旅游/倪国旗//国土绿化 1998-04
⊙加强九寨沟、黄龙风景名胜区的多学科研究 提高其服务功能/郭建强//四川地质学报 1998-04
⊙加强旅游教育是建设“旅游大省”的根本/甘恒彩//桂林旅游高等专科学校学报 1998-01
⊙加强旅游文化建设 振兴柳州旅游经济/韦志飞//广西社会科学 1998-03
⊙加速南疆地区旅游业发展的探讨/杨发义 何敏//新疆社会科学 1998-04
⊙加速西宁旅游业发展探析/徐文林//青海社会科学 1998-03
⊙尖峰岭周末郊野旅游开发的调查/琼州大学旅游系社会实践调查组//琼州大学学报 1998-01
⊙艰苦创业 努力建设旅游海港城区/戴北方//特区理论与实践 1998-08
⊙建设大杭州发展大旅游/徐苗铨//浙江经济 1998-07
⊙建设和发展会议旅游中心——试论怀柔县的经济区域功能定位/王丽珍//北京农业职业学院学报 1998-01
⊙江川县旅游经济发展的战略思考/李伟 李国慧//经济问题探索 1998-04
⊙江苏省海岛旅游资源的开发利用——以连云港岛域为例/叶依广//资源开发与市场 1998-06
⊙江苏省名山旅游资源特征与开发/石高俊 沙润//地理学与国土研究 1998-02
⊙江西京九铁路沿线的旅游资源及其开发利用/黄国勤//国土与自然资源研究 1998-03
⊙江西旅游业现状与发展的全局思辨/田勇//江西师范大学学报（哲学社会科学版）1998-02
⊙江西省国内旅游客源市场调查与对策分析/田勇//江西社会科学 1998-04
⊙胶园休闲度假区发展研究——记西双版纳橄榄坝农场度假区的规划/黄旭东 王云 赵纪闻 朱黎青//上海交通大学学报（农业科学版）1998-02
⊙解放思想 真抓实干全力促进余江旅游业的更快发展/彭中华//地方政府管理 1998-06
⊙介绍西方旅游规划的一种新趋势/李蕾蕾//人文地理 1998-01
⊙今年入境旅游市场走势分析/高舜礼//了望 1998-07
⊙金陵旅游城魅力不减/黄明华//江苏统计 1998-09
⊙金融危机对东南亚旅华市场的影响与对策/宋一兵//东南亚纵横 1998-03
⊙金坛虎年旅游热客运旺/王木根//江苏交通 1998-04
⊙近代中国出境旅游活动的历史考察/马晓京//湖北民族学院学报（哲学社会科学版）1998-02
⊙近代中国第一家旅行社述论/张俐俐//中国经济史研究 1998-01
⊙京九铁路与井冈山旅游发展研究/邓世文//中山大学研究生学刊（自然科学版）1998-03
⊙京台观光休闲农业合作前景评析/范子文//台湾农业探索 1998-03
⊙荆楚特色旅游商品大有作为/梅钢//当代经济 1998-06
⊙井冈山旅游生态农业试验区总体设计初拟/李家永 楼惠新//资源科学 1998-S1
⊙景洪城市人居环境优化与住区可持续发展战略规划/朱彤//云南大学学报（自然科学版）1998-S4
⊙九华山国内旅游流时空分布研究/朱同林//安庆师范学院学报（自然科学版）1998-01
⊙九华山海外旅游客源市场开发研究/胡文海//安庆师范学院学报（自然科学版）1998-04
⊙九华山旅游者人口学特征及其行为研究/朱同林//安徽师范大学学报（人文社会科学版）1998-03
⊙九寨沟国内旅游者行为特征初步研究及其意义/聂献忠 张捷 吕菽菲 汤家法//自然资源学报 1998-03
⊙九寨沟国内游客特征与前景/聂献忠 张捷 哈文 向春元//山地学报 1998-01
⊙崛起的红河州旅游业/王允中//中国市场 1998-12
⊙开创旅游工作新局面/乃依木·牙生//新疆人大（汉文）1998-11
⊙开发“朝阳产业”发展水利旅游——浅谈红旗泡水库旅游业/李纯志//水利天地 1998-06
⊙开发茶文化旅游 振兴茶业经济/徐国强 吴华//茶业通报 1998-04
⊙开发风景资源发展安康、石泉库区旅游/徐山林//陕西水利 1998-01
⊙开发更快建设更美管理更好——武夷山旅游度假区建设实践与展望/石开敏 崔春光//发展研究 1998-05
⊙开发河南旅游资源的市场导向/王义民//资源开发与市场 1998-04
⊙开发建设旅游农业探索高效经济模式/蒋昌忠//学习月刊 1998-02
⊙开发旅游农业 促进经济发展/卢朝晖 高贤伟//中国农垦经济 1998-09
⊙开发旅游农业促进农村经济发展/卢朝晖//北京农业职业学院学报 1998-03
⊙开发旅游农业的市场前景/吴箐//资源开发与市场 1998-03
⊙开发旅游业 促进神农架经济发展/刁代松//计划与市场 1998-05
⊙开发旅游资源 促进经济发展/刘红旗//北方经济 1998-11
⊙开发旅游资源与景观失态协调机制的关系/吴江//资源开发与市场 1998-03
⊙开发楠溪江风景区旅游资源/杨良山 端木斌//资源开发与市场

1998-03
⊙开发森林旅游 构筑海南西部旅游热线/欧继昌 林洪民//海南大学学报（社会科学版）1998-03
⊙开发山区旅游资源 培育新的经济增长点/何敏彰//山区开发 1998-08
⊙开发滩涂旅游资源的几点思考/许友根//盐城师范学院学报（哲学社会科学版）1998-03
⊙开发修学旅游浅议——以厦门集美区为例/陈建南//福建论坛（经济社会版）1998-09
⊙开拓天津古海岸与湿地国家级自然保护区生态旅游/邹树梅 杜江//环渤海经济瞭望 1998-02
⊙康有为的旅游实践与旅游教育观/马晓京//中南民族学院学报（人文社会科学版）1998-04
⊙可持续发展：中国的森林生态旅游业/王兴国//中国国情国力 1998-09
⊙可持续发展——杭州旅游业跨世纪发展的根本原则/周玲强//旅游学刊 1998-03
⊙跨世纪的杭州市旅游景区与旅游交通布局构想/杨建军//城市规划汇刊 1998-05
⊙跨世纪的支柱产业——重庆旅游业/张德邻//重庆与世界 1998-05
⊙宽知识 坚基础 加强全面素质培养——谈旅游高等教育改革方向/徐栖玲//旅游学刊 1998-S1
⊙昆明创建“中国优秀旅游城市”的生态环境建设/杨桂华//经济问题探索 1998-06
⊙昆明建立国际旅游城市的产业政策研究/屠强//经济问题探索 1998-04
⊙昆明市亚太地区主要旅游客源及特征分析与预测/孙玉贞 马耀峰 孙根年 吴冰//陕西师范大学学报（自然科学版）1998-01
⊙来自大众的思路——北京国际旅游发展战略研讨会论点选萃//旅游学刊 1998-06
⊙兰溪旅游市场发展的现状及存在的问题/冯潮前//浙江师大学报（社会科学版）1998-03
⊙崂山山地风景区旅游资源分析及评价/郑建瑜 隋玉武//上海师范大学学报（自然科学版）1998-02
⊙老年旅游市场面临机遇/汪云//计划与市场探索 1998-12
⊙乐山国际旅游大城市特色的规划研究/陈兴中 汪农庄//乐山师范学院学报 1998 01
⊙漓江流域可持续发展规律探索/陈光忠//桂林旅游高等专科学校学报 1998-02
⊙理性发展主题公园/严国泰//规划师 1998-04
⊙立足当地资源 发展观光农业——密云县观光农业开发思路/郑亚民//北京农业职业学院学报 1998-04
⊙立足湾甲资源优势 大力发展观光农业/万晓云//农村发展论丛 1998-08
⊙丽江旅游业的发展与纳西文化的传扬/甘雪春//思想战线 1998-07
⊙利用区位优势 建立多边旅游中心/晋秀龙//资源开发与市场 1998-02
⊙利用香港旅游优势 加快广西旅游业发展/农立夫//东南亚纵横 1998-04
⊙凉山彝区开发旅游断想/罗曲//西南民族学院学报（哲学社会科学版）1998-S5
⊙辽东高句丽古城遗址旅游产业开发的探讨/靳颖//辽宁教育学院学报 1998-03
⊙辽宁森林旅游资源的开发与保护/徐琬蓉 刘财富 常新东//辽宁林业科技 1998-01
⊙辽宁沿海海水浴场资源及其开发/李悦铮 管立刚 李淼淼 林小牧//经济地理 1998-03
⊙六大魅力写出广州旅游新章/陈德宁//珠江经济 1998-10
⊙旅行社不正当竞争的症结究竟何在？——与方印华同志商榷/王大悟//旅游学刊 1998-02
⊙旅行社宣传促销策略初探/金岩 公学国//齐鲁学刊 1998-04
⊙旅行社业的整体优化运行/石朝平//贵州民族学院学报（哲学社会科学版）1998-03
⊙旅行社业务管理系统的分析与设计/湛建辉//华南理工大学学报（自然科学版）1998-05
⊙旅游 促进了我国古代灿烂文化的创造/沈端民//消费经济 1998-02
⊙旅游 电子商务伴你同行/唐明//中国计算机用户 1998-29
⊙旅游、旅游教育发展之我见/张四成//北京第二外国语学院学报 1998-01
⊙旅游：“公园省”的先导产业/罗芬//党的生活 1998-08
⊙旅游：21 世纪新的经济增长点/黄国雄//经济论坛 1998-04
⊙旅游产品及其市场营销的若干问题/朱孔山//地域研究与开发 1998-02
⊙旅游产业的可持续发展/聂献忠//市场经济研究 1998-06
⊙旅游产业的十大功能/郑本法//甘肃社会科学 1998-04
⊙旅游承载力指数及其应用研究/崔凤军 刘家明 李巧玲//旅游学刊 1998-03
⊙旅游持续发展探讨/潘贤君 刘旺//地理学与国土研究 1998-03
⊙旅游地环境的可持续发展问题/越光洲 刘振萌//昆明理工大学学报 1998-04
⊙旅游地理的兴起（一）/王恩涌//中学地理教学参考 1998-05
⊙旅游地理著作的大众化和可读性——评郭康《旅游开发研究》/周进步//地理学与国土研究 1998-03
⊙旅游地名牌产品的营造——昆明滇池国家级旅游度假区名牌产品开发构想/杜靖川//思想战线 1998-07
⊙旅游地形象研究在西方的崛起/谢飞帆//社会科学 1998-01
⊙旅游度假村几个问题探讨/许春晓 黄玲娟 何俊阳//湘潭师范学院学报（社会科学版）1998-06
⊙旅游度假区的市场定位与发展策略研究/欧阳慧 陈收 薄湘平//湖南大学学报（社会科学版）1998-04
⊙旅游度假区的市场定位与开发方向/田里//思想战线 1998-06
⊙旅游度假区环境影响的经济分析/杨春平 钟袁元 曾光明//上海环境科学 1998-03
⊙旅游度假区康体休闲与康复养生项目的开发模式——以安宁市温泉旅游度假区为例/张建忠 杨新军//泰安师专学报 1998-02
⊙旅游发展呼唤教育与科研的超前/曹芙蓉//教学研究 1998-03
⊙旅游饭店业迎接挑战/徐建群//经济与信息 1998-06
⊙旅游扶贫亟须解决的若干问题/邓祝仁 程道品//旅游科学 1998-01
⊙旅游高等教育的拓荒者——记北京联合大学旅游学院的成长历程/张连波//旅游学刊 1998-05
⊙旅游高等专科教育的特色研究及发展方向探讨/余炳炎//旅游学刊 1998-S1
⊙旅游功能系统：结构与要素分析/杨新军 窦文章//人文地理 1998-02
⊙旅游观光型渔业悄然兴起/辛西//渔业致富指南 1998-14
⊙旅游管理体制改革的战略抉择/冷晓//商业经济与管理 1998-03

⊙旅游广告媒体及其对旅游的影响/郭贤智//赣南师范学院学报 1998-06
⊙旅游国家的分类探讨/韩杰//地理学与国土研究 1998-01
⊙旅游宏观效益指标体系探讨/杨荫稚//旅游科学 1998-01
⊙旅游环境保护是旅游业可持续发展的重要保证/徐军//江淮论坛 1998-01
⊙旅游环境承载力理论及其实践意义/崔凤军 刘家明//地理科学进展 1998-01
⊙旅游环境承载力研究方法初探/刘玲//安徽师范大学学报（自然科学版）1998-03
⊙旅游环境学若干问题之探讨/郑泽厚 陈御生//旅游学刊 1998-03
⊙旅游环境研究的几个前沿问题/崔凤军//旅游学刊 1998-05
⊙旅游活动的适宜气候指标分析/周蕾芝 周国模 应媚//气象科技 1998-01
⊙旅游建筑美琐谈/王映 何公达//安徽农业大学学报（社会科学版）1998-02
⊙旅游节庆是都市旅游的生力军/朱佩军//桂林旅游高等专科学校学报 1998-03
⊙旅游经济发展的道德思考/王启珊//琼州大学学报 1998-02
⊙旅游开发的文脉与主题/陈南江//规划师 1998-04
⊙旅游开发对丹霞山植被的影响研究/李贞 保继刚 覃朝锋//地理学报 1998-06
⊙旅游开发对东灵山亚高山草甸的影响/刘鸿雁 崔海亭 张金海 向国良//生态学杂志 1998-03 论泉州旅游业综合名牌战略的实施/陈钦兰//旅游学刊 1998-03
⊙旅游开发扶贫的实践研究——江西宁冈县旅游开发创意规划/杨新军//热带地理 1998-04
⊙旅游开发中的几种评估模型/章海荣//贵州民族学院学报（哲学社会科学版）1998-03
⊙旅游可持续发展：问题与对策/林卫红//华南师范大学学报（社会科学版）1998-03
⊙旅游客源市场结构分析——以南京市为例/万绪才 丁登山 马永立 濮励杰 张兆干//人文地理 1998-03
⊙旅游垃圾问题及解决对策/林越英//桂林旅游高等专科学校学报 1998-01
⊙旅游流体系研究/唐顺铁 郭来喜//旅游学刊 1998-03
⊙旅游门券的收藏/赵慧兰//中国档案 1998-10
⊙旅游目的地的社区化及社区旅游研究/唐顺铁//地理研究 1998-02
⊙旅游农业发展初探/高贤伟 卢朝晖//生态经济 1998-05
⊙旅游农业方兴未艾/戴雄武//世界农业 1998-10
⊙旅游农业开发的模式与方向选择/李力//财经问题研究 1998-11
⊙旅游企业股份制改革/浦秀贤//北京第二外国语学院学报 1998-05
⊙旅游企业资本经营战略初探/燕兴 郝建明//旅游学刊 1998-05
⊙旅游气象气候研究现状/吴章文 吴天松 汪清蓉 刘晓明//中南林学院学报 1998-02
⊙旅游区村寨的商品经济观念探析/姚顺增//民族工作 1998-08
⊙旅游人造景观带来的思考/贾银忠//西南民族学院学报（哲学社会科学版）1998-S5
⊙旅游商品市场中的信息不对称现象透视及其管理对策/王莹//北京第二外国语学院学报 1998-05
⊙旅游社会学的建构思考/李中泽//北京第二外国语学院学报 1998-05
⊙旅游审美/黄艺农//湖南师范大学社会科学学报 1998-01
⊙旅游时空模式与目的地的选择/肖洪根//资源开发与市场 1998-01
⊙旅游市场需求和现代旅游产品开发——以北京旅游产品开发为例/刘敦荣 袁照英//桂林旅游高等专科学校学报 1998-04
⊙旅游市场与旅游电视宣传/曾婷//电视研究 1998-04
⊙旅游同环境一体化——旅游业可持续发展的根本保证/王乃粒//旅游科学 1998-03
⊙旅游统计分布规律研究/苏为华//商业经济与管理 1998-03
⊙旅游文化及佛教旅游文化浅论/束有春 焦正安//南京社会科学 1998-04
⊙旅游文化三大层面与基本要素略论/刘卫英 王立//济宁师专学报 1998-01
⊙旅游文化是旅游可持续发展的源泉/赵文红//桂林旅游高等专科学校学报 1998-04
⊙旅游文化与现代旅游经济/秦永红//西南民族学院学报（哲学社会科学版）1998-S5
⊙旅游文化再考察/沙向军//旅游科学 1998-02
⊙旅游吸引物的系统论再分析——与杨振之先生商榷/林红 王湘//旅游学刊 1998-02
⊙旅游系统：对旅游活动与旅游科学的一种解释/吴必虎//旅游学刊 1998-01
⊙旅游项目选址的评价指标体系及评价方法探讨/汤清//发展研究 1998-06
⊙旅游消费的最优点选择/李小蔚//连云港职业技术学院学报 1998-01
⊙旅游消费定位与旅游资源开发/李坚//邵阳学院学报（社会科学版）1998-05
⊙旅游消费对区域经济贡献的研究/王云才//地域研究与开发 1998-02
⊙旅游消费——我国即将来临的消费热点/尹世杰//财贸经济 1998-09
⊙旅游兴旺潜力巨大/周志兴//中国计算机用户 1998-Z1
⊙旅游行为的经济学分析/戴斌//旅游科学 1998-03
⊙旅游形象建设与都市旅游业发展——以香港、上海为例/聂献忠//城市规划汇刊 1998-02
⊙旅游业，当代中国辐射域最广、渗透力最强的经济产业/阎锋//北京第二外国语学院学报 1998-01
⊙旅游业/王运才 伊启皓//了望 1998-08
⊙旅游业：21 世纪中韩两国经济与友谊发展的桥梁/张广瑞//当代韩国 1998-04
⊙旅游业：世界第一大“工业”//世界贸易组织动态与研究 1998-10
⊙旅游业：云南民族地区新的经济增长点/赵琳仙//民族工作 1998-05
⊙旅游业：中国经济新的增长点/潘旅//决策与信息 1998-02
⊙旅游业：中国经济新亮点/潘旅//投资北京 1998-03
⊙旅游业的本质和特点/郑本法 郑宇新//开发研究 1998-03
⊙旅游业的产业结构研究——以江苏省为例/王淼//上海大学学报（社会科学版）1998-01
⊙旅游业的环境影响综合评价与对策/吴长年 周庭序 王勤耕 唐亮 刘广民 凌虹//高校地质学报 1998-02
⊙旅游业对经济社会发展的促进作用及相关问题——以桂林旅游业的发展为例/邓祝仁//旅游学刊 1998-04
⊙旅游业发展情况的调查/人行平凉地区分行调查组//甘肃金融 1998-11

◎旅游业经济可以以相辅相成优势互补——开拓大桂林旅游区经济的探讨/魏丹//桂海论丛 1998-05
◎旅游业可持续发展与"文化势差"/杨军//海南大学学报（社会科学版）1998-03
◎旅游业人力资源的开发与利用/陈玲//广东商学院学报 1998-01
◎旅游业是我国参与国际服务市场竞争的优势行业/刘阳//暨南学报（哲学社会科学版）1998-01
◎旅游业是舟山经济 腾飞的金翅膀/曹孟陔//浙江经济 1998-02
◎旅游业应成为环太湖地区经济发展的支柱产业/胡明//现代经济探讨 1998-05
◎旅游业有望成为烟台支柱产业的条件及开发模式探讨/李庆志//地域研究与开发 1998-01
◎旅游业与山东外向型经济的发展/王春芝//外向经济 1998-11
◎旅游业在区域经济发展中的地位研究/张海鹰 王永洁//齐齐哈尔大学学报（哲学社会科学版）1998-03
◎旅游业增加值核算方法初探/顾宝芳//统计与咨询 1998-04
◎旅游业中的绿色营销/任来玲//西南民族学院学报（哲学社会科学版）1998-S5
◎旅游营销的新观念：旅游目的地营销/王磊 刘洪涛//旅游科学 1998-04
◎旅游与精神文明建设/袁国宏//桂林旅游高等专科学校学报 1998-04
◎旅游质量漫谈/梅志军//上海标准化 1998-06
◎旅游专科学校发展高职教育需要解决的问题初探/林伯明//桂林旅游高等专科学校学报 1998-04
◎旅游资料英译中民族特色的变通/彭灿//华中师范大学学报（人文社会科学版）1998-s2
◎旅游资源的开发利用须有可持续发展观/赵长华//桂林旅游高等专科学校学报 1998-01
◎旅游资源的开发与可持续发展理论/王晓焰//西南民族学院学报（哲学社会科学版）1998-S5
◎旅游资源的模糊性及其评价/佟玉权//桂林旅游高等专科学校学报 1998-02
◎旅游资源合理评价与区域旅游超前发展/范保宁 朱栋梁//广西商业高等专科学校学报 1998-01
◎旅游资源环境与可持续发展/罗明义//创造 1998-06
◎旅游资源开发及产业化发展的初探——以云南、广西为例/朱振国 吴楚才 陈宁强//资源节约和综合利用 1998-01
◎旅游资源开发利用的可行性方案研究/孙娜//哈尔滨师专学报 1998-01
◎旅游资源开发与生态环境保护的矛盾与协调/朱莉//理论与当代 1998-09
◎旅游资源评价体系研究/佟玉权//沈阳师范学院学报（社会科学版）1998-02
◎旅游资源——少数民族地区开发利用价值最大的一种"富矿"/孙钢//旅游 1998-05
◎旅游资源与旅游景观/王德刚//桂林旅游高等专科学校学报 1998-01
◎旅游资源资产评估若干问题探析/纪益成//中国资产评估 1998-03
◎绿色营销：深度开发神农架旅游的战略选择/胡建伟//旅游学刊 1998-06
◎略论城市旅游信息咨询中心的构建/陈伟 马少春//桂林旅游高等专科学校学报 1998-04
◎略论对旅游者行为的引导和管理/余青//贵州民族学院学报（哲学社会科学版）1998-03
◎略论旅游专业意识/何国刚//贵州民族学院学报（哲学社会科学版）1998-03
◎略论重庆旅游资源开发的可持续利用/陈明宪 张大为//重庆工学院学报 1998-03
◎论城市旅游规划与城市规划的相互协调/尚文生 欧阳燕红//人文地理 1998-02
◎论大自然探谜旅游——一项新的专项产品——以黔东南、黔南州为例/翟辅东//旅游学刊 1998-01
◎论当前对旅游资源保护认识的几个问题/田玲 齐子鹏//旅游学刊 1998-03
◎论地域自然景观与人文景观的互补开发/王畅//旅游学刊 1998-01
◎论发展黑龙江省特色滑雪旅游业的主导产品/杜庆臻 孙嘉驹 张鹏//黑龙江社会科学 1998-06
◎论广西旅游业发展的新突破/龙毅//桂林旅游高等专科学校学报 1998-02
◎论桂林"旅游立市"的必要性/邓祝仁//桂林旅游高等专科学校学报 1998-04
◎论国际旅游经济学的演进与发展/戴斌//桂林旅游高等专科学校学报 1998-03
◎论国外旅游 MBA 和旅游管理硕士课程设计/黎洁//桂林旅游高等专科学校学报 1998-02
◎论河南旅游形象与旅游业持续发展问题/许秋红//信阳师范学院学报（自然科学版）1998-01
◎论湖南入境旅游消费市场格局/徐飞雄//经济地理 1998-04
◎论黄山大旅游圈的构建/王德利 冯国群//旅游学刊 1998-06
◎论集美区旅游业的再发展/陈玉慧//地域研究与开发 1998-02
◎论加快中西部区域经济发展的对策/杨红英 牛晓帆//云南财贸学院学报 1998-04
◎论景观生态学在观光农业规划设计中的应用/王仰麟 陈传康//地理学报 1998-S1
◎论历史地段有序更新的市场机制——北京胡同旅游实证研究/郑杨//北京规划建设 1998-02
◎论陇海——宝中——包兰环状铁路沿线旅游资源的特征与开发/肖星 李仲文//甘肃社会科学 1998-03
◎论旅游城市的自助旅游开发/陈俊鸿 宋军 王会斌//桂林旅游高等专科学校学报 1998-03
◎论旅游从业人员的素质要求/甘恒彩//桂林旅游高等专科学校学报 1998-03
◎论旅游的本质与特征/谢彦君//旅游学刊 1998-04
◎论旅游饭店的市场定位/郭瑛//中州大学学报 1998-03
◎论旅游功能系统——市场导向下旅游规划目标分析/杨新军 刘家明//地理学与国土研究 1998-01
◎论旅游教育体系的建立及运作/王磊 赵西萍 邹慧萍//桂林旅游高等专科学校学报 1998-01
◎论旅游经济学的学科体系与定位/刘耿大//学术季刊 1998-04
◎论旅游目的地形象及其市场营销意义/黎洁//桂林旅游高等专科学校学报 1998-01
◎论旅游社区文化建设与旅游消费发展/曾坤生//常德师范学院学报（社会科学版）1998-01
◎论旅游生态经济学的理论体系/郑泽厚//理论月刊 1998-11
◎论旅游消费目标市场选择原则/徐飞雄//湘潭师范学院学报（社会科学版）1998-06
◎论旅游研究应"从经济进去由文化出来"/王义民//信阳师范

学院学报（自然科学版）1998-02
◎论旅游业及云南森林生态旅游业的发展/谭开湛//林业调查规划 1998-01
◎论民俗风情旅游消费需求的激发及其行为特征/薛群慧 邓永进//贵州社会科学 1998-05
◎论南京沿江地区的旅游开发/曾华//现代城市研究 1998-02
◎论蒲圻市旅游经济发展的增长点/车裕斌//咸宁师专学报 1998-02
◎论齐云山风景名胜资源的保护和利用/查德民 金承 刘登义//安徽师范大学学报（自然科学版）1998-02
◎论森林旅游与生境维护/龚辉文//中南林业调查规划 1998-03
◎论上海的商务旅游/赵长华//旅游科学 1998-04
◎论深圳旅游市场定位/吴小灵//特区经济 1998-05
◎论生态旅游促进云南旅游业可持续发展/明庆忠 武友德 李宏//经济地理 1998-01
◎论嵩县旅游资源特色及其开发条件/许韶立 王庆生//国土与自然资源研究 1998-01
◎论太极拳的休闲文化性/邹映辉//海南师范学院学报（人文社会科学版）1998-01
◎论我国的旅游研究与旅游学科建设/马波//旅游学刊 1998-S1
◎论我国旅游资源开发中存在的问题和对策/李秀霞//齐齐哈尔大学学报（哲学社会科学版）1998-04
◎论我国民俗旅游的开发/孙艳红//北京第二外国语学院学报 1998-03
◎论我国若干消费热点的形成机制及其引导/卢嘉瑞 田学斌//消费经济 1998-04
◎论武陵源旅游经济发展战略/李永平 万鹏程//湘潭师范学院学报（社会科学版）1998-06
◎论湘西旅游餐饮资源的开发/陈思翔//吉首大学学报（社会科学版）1998-03
◎论新桂林城市规划 谋跨世纪城市发展——桂林市城市规划专家研讨会综述//规划师 1998-04
◎论休闲主体素质的提高/刘晨晔//辽宁教育学院学报 1998-06
◎论肇庆市在西江旅游走廊的开发与定位/郭豪//地理学与国土研究 1998-02
◎迈向21世纪旅游业的发展及其作用/余绍华//昆明大学学报 1998-01
◎迈向支柱产业的江苏省旅游业/陆素洁//现代经济探讨 1998-05
◎蛮汉山旅游资源开发研究/呼格吉勒图 乌铁红 银山//内蒙古师大学报（自然科学汉文版）1998-01
◎满天星斗月朦胧——广东旅游景点建设纵横谈/陈南江//广东大经贸 1998-02
◎梅州民俗旅游资源及其开发/江金波//热带地理 1998-01
◎梅子垭旅游资源评价及开发、保护规划研究/王庆礼 邓红兵 郝占庆 代力民 姜萍//长江流域资源与环境 1998-04
◎美国的森林旅游/李玲玲//绿化与生活 1998-05
◎美国旅行观感/周晓云//理论与当代 1998-04 长江经济带旅游业联合发展构想/卢军 黄胜涛//上海综合经济 1998-04
◎美国旅游高等教育的“校企结合”/赵鹏//中国高等教育 1998-06
◎面临加入世贸组织的我国旅行社业/煜炜//旅游学刊 1998-02
◎面向21世纪旅游管理类专业教学内容与课程体系的改革研究/赵鹏 王慧云//旅游学刊 1998-S1
◎面向二十一世纪的高等旅游教育初探/张海鸥//山西大学学报（哲学社会科学版）1998-01
◎面向未来的桂林旅游业思考/谢北立//社会科学家 1998-01
◎面向游客的区域旅游地理信息系统/王国良 王伟//地图 1998-02
◎民间工艺美术的发展与旅游市场开拓研究/陈士旺//桂林旅游高等专科学校学报 1998-01
◎民俗旅游开发的社会价值/彭谊//广西经济管理干部学院学报 1998-01
◎民俗旅游学论纲/吴忠军//旅游学刊 1998-S1
◎民俗文化的旅游审美/张文祥//桂林旅游高等专科学校学报 1998-04
◎民族地区人文旅游资源的法律保护/黄琪//民族工作 1998-06
◎明确培养目标提高教学质量——对旅游管理专业教学计划修订的思考/罗桂霞//旅游学刊 1998-S1
◎内部营销——提高旅游服务质量的必要途径/姜法奎//云南财贸学院学报 1998-02
◎南方民族文化旅游资源的分类及地理分区初探/吴忠军//桂林旅游高等专科学校学报 1998-02
◎南海市西岸镇地质地貌旅游资源特征与开发/杜学成//佛山科学技术学院学报（自然科学版）1998-04
◎南京经济区域旅游业联合发展战略研究/许刚 符全胜//地域研究与开发 1998-02
◎南京境外客源市场研究/潘凤英//南京师大学报（自然科学版）1998-01
◎南京市旅游形象策划初探/聂献忠 高锡珍 韩明清//现代城市研究 1998-02
◎南昆线（广西段）沿线旅游资源急待开发/郝革宗//计划与市场探索 1998-05
◎南宁市创名牌旅游产品的战略思路/谭丽燕 陈建新//资源开发与市场 1998-02
◎能赚大钱的“绿色产业”/陈海远//环境 1998-06
◎念好“旅游经”做活“开发文章”——访衡阳市南岳区区长刘运发/王晓红//湖南经济 1998-09
◎宁波旅游经济徘徊不前原因探析/陈依元//宁波大学学报（人文科学版）1998-02
◎宁德东湖城市主题公园建立的地理规析/武国胜//福建地理 1998-02
◎宁河深处潮声急——来自巫溪旅游兴县的报道/侯毅江炳希//重庆与世界 1998-04
◎宁化客家文化旅游资源及其开发利用/童芳 林岗 廖善刚//福建地理 1998-02
◎农村的旅游市场开发/孙富海//外向经济 1998-02
◎农业旅游的文化消费/杨林//企业经济 1998-04
◎农业旅游和旅游农业/王德刚//旅游科学 1998-04
◎农业旅游开发研究/朱锦成//中山大学研究生学刊（自然科学版）1998-02
◎努力使贵州旅游经济跃上一个新台阶——发展贵州旅游经济理论研讨会观点摘要//理论与当代 1997-Z1
◎培植旅游产业 带动经济腾飞——河南淅川旅游业的建设与发展/崔军//决策探索 1998-12
◎蓬勃发展的东兴旅游业/林鼎静//计划与市场探索 1998-07
◎蓬勃发展的郊区第三产业/莫云华//上海农村经济 1998-12
◎凭祥市旅游现状及发展对策//桂海论丛 1998-01
◎企业经营战略在凤凰湖旅游开发中的应用/柯显东//广西水利水电 1998-03

⊙千岛湖风景区林相改造初探/丰炳财 徐高福 屈宏伟//浙江林业科技 1998-05
⊙黔南州旅游发展研究/张文磊//黔南民族师范学院学报 1998-04
⊙浅说港澳旅游业关系的若干问题及发展策略/杨从杰//经济前沿 1998-09
⊙浅谈北京旅游事业发展策略/陈鸿田 杨德宏//中国林业 1998-03
⊙浅谈导游员促销/沈向友//桂林旅游高等专科学校学报 1998-03
⊙浅谈都市旅游开发与繁荣商业的关系/刘智勤//商业文化 1998-03
⊙浅谈桂林旅游价格管理问题/谢凤琼//广西市场与价格 1998-01
⊙浅谈桂林旅游业可持续发展/蓝雄现//广西师范大学学报（哲学社会科学版）1998-01
⊙浅谈鸡公山旅游资源的开发建设/索生安 冷静//社会科学家 1998-S1
⊙浅谈夹金山林区森林旅游资源开发利用/李昌明 王晓芳//四川林业科技 1998-04
⊙浅谈开发有桂林特色的旅游农业/李如平//广西园艺 1998-01
⊙浅谈旅游瓷设计/赵紫云 刘伟//景德镇陶瓷 1998-01
⊙浅谈旅游区开发规划/葛丽芳//财贸研究 1998-05
⊙浅谈宁夏旅游景点的开发与建设/汪建敏//市场经济研究 1998-05
⊙浅谈森林公园与森林旅游/王勇//热带林业 1998-01
⊙浅谈社会旅游资源/王克起//中南民族学院学报（人文社会科学版）1998-04
⊙浅谈生态旅游/高中信//林业勘查设计 1998-01
⊙浅谈水利工程的旅游开发/付兆堂//治淮 1998-04
⊙浅谈我国旅游业的发展问题/宋芙蓉 于爱花//滨州教育学院学报 1998-02
⊙浅谈现代旅游建筑设计/黄绳//中外建筑 1998-01
⊙浅谈新疆旅游资源的开发/宋戈平 孟春舫//人文地理 1998-03
⊙浅谈邮政发展旅游业的几点设想/蔡秋林//邮电企业管理 1998-04
⊙浅谈越南旅游业的发展/李振民//东南亚纵横 1998-01
⊙浅谈云南旅游文化建设/熊学忠//学术探索 1998-04
⊙浅析北京旅游事业发展问题与对策/陈鸿田 杨德宏//绿化与生活 1998-01
⊙浅析福建对东南亚华侨华人旅游市场的拓展/林德荣//华侨华人历史研究 1998-02
⊙浅析抚仙湖星云湖人文旅游资源及其开发建设/方增福 吴云华//玉溪师范学院学报 1998-06
⊙浅析关公旅行社的经营策略/冯青玲//旅游科学 1998-02
⊙浅析旅游门券的价值特性/袁任亮//宜春师专学报 1998-03
⊙浅析旅游企业上市面临的机遇与挑战/戴国庆//上海大学学报（社会科学版）1998-05
⊙浅析梅山民俗文化的旅游价值/郑伯红//邵阳学院学报（社会科学版）1998-01
⊙浅析西双版纳的生态旅游资源开发/沙丽清 谢克金 付昫//资源开发与市场 1998-01
⊙浅议江口资源综合开发的前景/赵玉德//理论与当代 1998-10
⊙浅议铁路专列旅游的发展战略/潘俐丽//中国铁路 1998-09
⊙秦皇岛自然地理条件与自然旅游资源系统分析/曾庆龙//高师理科学刊 1998-03
⊙秦岭北坡旅游资源开发利用初探/马占元//地域研究与开发 1998-04 试论浙江水体旅游资源特点/李跃军//台州学院学报 1998-02
⊙青岛南海岸海水浴场的旅游环境质量评价/郑建瑜 且钟禹 李学伦//海洋环境科学 1998-01
⊙青岛市城市化进程对旅游环境的影响/郑建瑜 李学伦 隋玉武//城市环境与城市生态 1998-S1
⊙清远发展旅游农业大有潜力/赵多想//南方农村 1998-05
⊙区域旅游开发若干问题探讨/陈福义//湖南商学院学报 1998-06
⊙区域旅游开发中的景观生态研究——以云南省安宁市为例/王仰麟 杨新军//地理研究 1998-04
⊙区域旅游可持续发展战略研究——以延边地区为例/林哲浩 魏霞 张守志//延边大学学报（自然科学版）1998-02
⊙区域旅游系统结构优化的理论研究/佟玉权//辽宁教育学院学报 1998-02
⊙区域民俗文化旅游资源的定量评价研究——九寨沟藏族民俗文化与江苏吴文化民俗旅游资源比较研究之二/张捷//人文地理 1998-01
⊙全国高等院校旅游管理专业教学与管理建设研讨会纪要//桂林旅游高等专科学校学报 1998-03
⊙全力推进旅游大县建设/赵举海//政策 1998-08
⊙全面实施可持续发展战略 推动吉林省旅游业迅速发展/高群//东北亚论坛 1998-01
⊙泉州市文化旅游资源开发利用/黄安民//地域研究与开发 1998-04
⊙人与自然和谐共存——浅谈海南园林发展趋势/陈展川 侯则红//热带农业科学 1998-03
⊙人造景观开发的思索/朱建达//城市开发 1998-05
⊙人造景观应注重市场定位/静枝//中国房地产 1998-01
⊙认真贯彻十五大精神 加快五大连池旅游经济的发展/吕万顺//黑河学刊 1998-01
⊙日本的迪斯尼乐园/宋淑运//经营管理者 1997-06
⊙日本的绿色观光业/赵桂芳//世界经济 1998-08
⊙如何发展京郊观光农业/徐再城//投资北京 1998-10
⊙如何发展上海都市旅游？/金辉//国际市场 1998-03
⊙如何提升仙女湖在国内旅游市场中的竞争力？/胡明//求实 1998-04
⊙三明市旅游资源开发与可持续发展对策/林静//福建地理 1998-01
⊙三峡大旅游呼唤大手笔/蔡剑侠//经贸世界 1998-06
⊙三峡库区旅游业的现状与对策分析/于开红//重庆三峡学院学报 1998-03
⊙三峡旅游暴热暴冷的成因及对策思考/吴正凡//湖北社会科学 1998-09
⊙三峡旅游爆冷成因及发展对策/吴正凡//长江论坛 1998-04
⊙三峡旅游步入低谷的原因与可持续发展的对策/曹诗图 黄昌富//湖北三峡学院学报 1998-04
⊙三峡族游爆热骤冷的成因及发展对策思考/吴正凡//计划与市场 1998-09
⊙三亚建成国际滨海旅游城之论析/何金波//琼州大学学报 1998-03
⊙森林公园一些基本理论问题的探讨——兼谈自然保护区、风景名胜区及森林公园的关系/胡涌 张启翔//北京林业大学学报 1998-03
⊙森林公园与生态旅游/王兴国 王建军//旅游学刊 1998-02
⊙森林旅游及其在我国的发展前景/吴楚材//中南林学院学报 1998-03
⊙森林旅游可持续发展的经济分析/尹少华 何平 邓金阳//中南林

学院学报 1998-01
⊙森林旅游——迈向21世纪的林业支柱产业/胡宪文//江西林业科技 1998-05
⊙森林旅游学范畴及其形成的若干因素研究/冷清波//江西林业科技 1998-S1
⊙森林旅游业的发展与新经济增长点的培育/吴志文//林业经济 1998-06
⊙森林旅游资源评价中的空气负离子研究/钟林生 吴楚材 肖笃宁//生态学杂志 1998-06
⊙森林休闲度假区的规划设计/但新球//中南林业调查规划 1998-04
⊙山东旅游业虎年新气象——山东省推出’98华夏城乡游新线路/温闽//走向世界 1998-01
⊙山东旅游业虎年新气象——山东省推出’98华夏城乡游新线路/温闽王荣国张瑞永//走向世界 1998-01
⊙山西旅游资源区域开发模式初探/冯卫红//太原师范学院学报（社会科学版）1998-04
⊙山西省旅游业发展战略构想/范晋生 曹挺 薛永辉//世界地理研究 1998-02
⊙陕西高速公路社会经济效益分析/董邦耀//公路交通科技 1998-S1
⊙上海城市公园与都市旅游/张志恩//中国园林 1998-04
⊙上海都市旅游文化浅论/海德胜//商业文化 1998-02
⊙上海国际旅游产业结构效益分析/潘景胜//旅游科学 1998-03
⊙上海郊区旅游业发展对策研究/邵黎明//地域研究与开发 1998-01
⊙上海旅游客源何处来花费知多少/张苏红 孔黎明 季兴昌//上海统计 1998-01 新时期旅游
⊙上海旅游业的发展方向——可持续发展/王怡然 何昂 潘景胜//旅游科学 1998-01
⊙上海旅游业可持续发展研究/王怡然//上海大学学报（社会科学版）1998-01
⊙上海旅游业与国际服务贸易——旅游市场新需求的探讨/蒋开明//旅游科学 1998-01
⊙上海南市区旅游产品定位探讨/姚昆遗//旅游科学 1998-03
⊙上海市都市旅游资源的开发前景/王建民//市场与人口分析 1998-05
⊙韶关市旅游业发展前景初探/程玉鸿 张俊军//地域研究与开发 1998-S1“旅游立市”与建设“桂林旅游区”的思考/邓祝仁//桂林旅游高等专科学校学报 1998-01
⊙少数民族贫困地区旅游扶贫的思考/杨红英//经济问题探索 1998-04
⊙邵阳市旅游资源类型与旅游经济开发/廖荣华//地域研究与开发 1998-01
⊙邵阳市生态旅游发展构想/林彰平//邵阳学院学报（社会科学版）1998-02
⊙畲族民俗文化旅游资源及其开发/蒋周莉//闽江职业大学学报 1999-04
⊙社会交换理论在旅游社会文化影响研究中的应用/刘赵平//旅游科学 1998-04
⊙申城旅游可唱大戏——兴建“上海名人文化旅游城”刍议/吴远鑫//上海经济 1998-03
⊙深圳大鹏半岛旅游业发展初探/刘征兵//特区理论与实践 1998-11
⊙深圳旅游业状况和面临的挑战/黄宝琴//特区经济 1998-10
⊙深圳绿色庄园模式的创新意义与管理对策/董观志//旅游学刊 1998-02
⊙深圳市部分旅游景点上半年的经营情况与对策/骆仲遥//特区经济 1998-09
⊙审时度势组建大三峡旅游共同体/吴正凡//学习与实践 1998-11
⊙生态公益林的规划设计与经济效益调查研究——以河南嵩山国家森林公园为例/郭际荣 郑安平 刘铁军 吕朝晖//中南林业调查规划 1998-01
⊙生态旅游 生态设计——海南银河田园规划设计方案构思/周庆华 刘宁//规划师 1998-04
⊙生态旅游：概念与功能/朱同林//丹东师专学报 1998-04
⊙生态旅游——神农架旅游业可持续发展之路/张金霞//生态经济 1998-06
⊙生态旅游初探/杨彪//林业调查规划 1998-01
⊙生态旅游的发展与规划/吕永龙//自然资源学报 1998-01
⊙生态旅游及其定价方法/陈辉 刘春草//西北大学学报（哲学社会科学版）1998-01
⊙生态旅游及其规划的研究进展/刘家明//应用生态学报 1998-03
⊙生态旅游可持续发展对策研究/彭希喜//国际市场 1998-03
⊙生态旅游面对机遇与挑战/高素菊//绿化与生活 1998-05
⊙生态旅游与环境保护/王尔康//旅游学刊 1998-02
⊙生态旅游与环境保护/辛建荣//中国环保产业 1998-01
⊙生态旅游与可持续发展/卢云亭//中国科技信息 1998-17
⊙生态旅游与生态道德教育——兼论滇池国家级旅游度假区的未来/周鸿 赵丽昆//思想战线 1998-07
⊙生态旅游与自然保护、社区发展相协调的旅游行为途径/周世强//旅游学刊 1998-04
⊙生态旅游中国行//世界环境 1998-04
⊙生态旅游资源开发中的外部经济战略刍议/曾坤生//生态经济 1998-01
⊙石棉地区旅游资源浅析/喻安光 郭建强 邓强//四川地质学报 1998-02
⊙实现海外客源多元化——福建旅游业应对亚洲金融危机影响的策略/蒋峰//国际贸易 1998-07
⊙实行“六并重六突出”振兴河南旅游业/刘道兴//决策探索 1998-08
⊙世界性旅游业可持续发展的理论与实践/金磊//国外城市规划 1998-01
⊙市场经济机制与旅游市场竞争/申葆嘉//旅游学刊 1998-01
⊙市场经济条件下旅游业经济效益的再思考/魏明//财会研究 1998-02
⊙市场经济条件下森林公园建设刍议/邓侃//中国林业 1998-05
⊙市场失灵与旅游政策/匡林//旅游科学 1998-04
⊙试论《舆地纪胜》在开发三峡地区旅游资源方面的价值/毛丽娅//西南民族学院学报（哲学社会科学版）1998-S5
⊙试论城市闲暇业及其持续发展/张捷 王淼 任黎秀 聂献忠//南京大学学报（哲学.人文科学.社会科学版）1998-02
⊙试论促进湖南森林旅游新发展的几项举措/李友元//湖南林业 1998-04
⊙试论大连市旅游资源开发中的市场定位/张鹏娟//地域研究与开发 1998-01
⊙试论滇池度假区的可持续发展/杨萍//思想战线 1998-08
⊙试论贵州民族地区旅游资源及其开发发展/龙国辉//贵州民族研究 1998-04
⊙试论河南旅游产品营销中的心理效应/孙红//许昌师专学报

1998-03
- 试论湖南旅游资源的开发对策/黄福华//湖南商学院学报 1998-02
- 试论昆明滇池国家级旅游度假区休闲体育旅游特色项目开发/仇学琴//思想战线 1998-08
- 试论昆明滇池国家旅游度假区的旅游文化建设/张晓萍//思想战线 1998-06
- 试论旅游产品的质量标准/黄郁成//社会科学家 1998-05
- 试论旅游地 DI 设计/张安 任黎秀 丁登山//社会科学家 1998-04
- 试论旅游饭店教育和产业一体化的人才培养机制/郭琰//河南职业技术师范学院学报（职业教育版）1998-01
- 试论旅游合同立法/张嵩//法学 1998-04
- 试论旅游环境保护之内涵/徐军//安徽大学学报（哲学社会科学版）1998-02
- 试论旅游环境资源计价/王德利//价格月刊 1998-08
- 试论旅游经济与环境保护的关系——以香溪河风景线为例/郑泽厚 陈御生 郑宏强//长江流域资源与环境 1998-02
- 试论旅游企业 CI 计划的导入与实施/邓爱民//桂林旅游高等专科学校学报 1998-01
- 试论旅游区市场定位/李坚//经济地理 1998-02
- 试论旅游商品开发/胡善风//合肥联合大学学报 1998-01
- 试论旅游学的学科性质/王德刚//旅游学刊 1998-02
- 试论旅游职业中学的素质教育问题/张克刚//桂林市教育学院学报 1998-02
- 试论美国旅游高等教育的“校企结合”模式/赵鹏//桂林旅游高等专科学校学报 1998-02
- 试论面向市场经济的高校学报/赵幼芳//北京联合大学学报 1998-03
- 试论黔东南地区旅游业的软件建设/龙初凡//贵州民族研究 1998-02
- 试论欠发达地区的旅游业发展的战略选择——兼论甘肃旅游业的开发状况/张彩梅//科学．经济．社会 1998-03
- 试论散客与我国旅游业经营策略的调整/程爵浩//商业经济与管理 1998-01
- 试论市场经济体制下南京市旅游产业的可持续发展/聂献忠//南京社会科学 1998-09
- 试论宛西旅游资源的开发利用/王淑华//郑州大学学报（哲学社会科学版）1998-01
- 试论我国的主题公园/楼嘉军//桂林旅游高等专科学校学报 1998-03
- 试论我国的主题公园/楼嘉军//桂林旅游高等专科学校学报 1998-03
- 试论西南地区的生态旅游/涂建军 罗怀良//国土经济 1998-04
- 试论新疆的民俗旅游/何英//新疆社会科学 1998-01
- 试论浙江水体旅游资源特点/李跃军//台州学院学报 1998-02
- 试论左江流域旅游再发展思路/苏益林//广西师范大学学报（哲学社会科学版）1998-S2
- 试谈边境旅游及其作用/姚素英//北京第二外国语学院学报 1998-03
- 试谈海西州旅游业的发展/曹广超//柴达木开发研究 1998-02
- 试析我国旅游业可持续发展存在的问题/李宏//桂林旅游高等专科学校学报 1998-01
- 适应市场新变化 促进我国旅游业健康发展/吴青//山东经济 1998-04
- 树立广州新形象与广州旅游业/刘伟//商业经济文荟 1998-06
- 水城县野钟旅游资源类型评析/宋章海//贵州民族学院学报（哲学社会科学版）1998-03
- 水利之旅方兴未艾/祁正卫 王铭 桂冕//治淮 1998-09
- 四川省草科风景区旅游资源评述/郭建强 罗新建 陈兆棉//中国区域地质 1998-03
- 四川省旅游业跨世纪发展战略与对策/廖彬//软科学 1998-01
- 苏州市国际旅游业名列全省之首、全国第十/周慧//江苏统计 1998-08
- 塑造地域文化的新形象——试论张克的创作/张嘉谚//贵州社会科学 1998-06
- 孙桥休闲农业发展战略构想/张天虹 邹刚//浦东开发 1998-12
- 缩小差距 建设旅游经济强省/王久德//今日海南 1998-05
- 台湾旅游市场前景浅析/陈雯//桂林旅游高等专科学校学报 1998-03
- 台湾农林牧业办旅游/彭援军//桂林旅游高等专科学校学报 1998-02
- 泰山旅游业的可持续发展问题/王雷亭//发展论坛 1998-07
- 泰山旅游资源开发浅议/袁明英//泰安教育学院学报岱宗学刊 1998-03
- 泰山宗教旅游开发研究/崔凤军 刘家明 杨新军 窦群 王卫华//华中师范大学学报（自然科学版）1998-03
- 谈对旅游学科理论体系研究的几点认识/肖洪根//旅游学刊 1998-06
- 谈发展旅游饮食服务业/高广利王洪斌//河北供销与科技 1998-01
- 谈桂林特色旅游论/颜林慧//桂林旅游高等专科学校学报 1998-02
- 谈开发营造北仑旅游景点/乐炳成//宁波大学学报（人文科学版）1998-02
- 谈乐山大城市旅游业的法制化建设/俞晓萍 黎宏图 于华友//乐山师范学院学报 1998-03
- 谈旅游高等教育的几个问题/申葆嘉//旅游学刊 1998-S1
- 谈如何开发我国体育旅游产业/吴伟//北方经贸 1998-06
- 谈谈观光茶园的建设/曾贞//茶叶通讯 1998-01
- 谈谈观光农业开发的原则/范子文//北京农业职业学院学报 1998-02
- 谈谈西双版纳旅游形象的问题/陈爱林//经济问题探索 1998-12
- 谈谈浙江特色的旅游开发/何祖利//学习与思考 1998-09
- 探析旅游环境保护内涵/徐军//旅游学刊 1998-05
- 特尔菲法在旅游科学领域的应用研究——“旅游市场吸引力”实证分析/王雷亭//泰安师专学报 1998-02
- 提高社会环境质量 发展上海都市旅游/王大悟 刘耿大//社会科学 1998-05
- 提高我国国际旅游竞争力的对策/王莹//商业经济与管理 1998-03
- 提高厦门市导游员服务质量之我见——从 1996 年导游员调查问卷谈起/欧荔//鹭江职业大学学报 1998-01
- 体育旅游学初探/韩鲁安 杨春青//天津体育学院学报 1998-04
- 天人合一 佳境宜人——浅谈金石滩旅游度假区规划/刘年 黎靓 连家胜//规划师 1998-04
- 天柱山风景区旅游方式及开发初探/冯四清//南方建筑 1998-03
- 田园畅想曲——记刘志平和他的“观光农业”园/金子 文龙//市场研究 1998-06
- 挑战·机遇·发展——东南亚经济危机对云南旅游业发展的影响及对策探讨/李志东//经济问题探索 1998-02

⊙庭院旅游——城郊经济新的增长点/任大延 罗华伟//农村经济 1998-10
⊙统一领导 分级管理 促进发展——关于旅游及其价格管理的思考/何光华//广西市场与价格 1998-01
⊙投资新领域：城郊休闲农业/张永贵//中国投资 1998-06
⊙凸现旅游的人文意蕴——《华夏美·千年古都旅游文化书系》读后/陈业新 张晓红//出版科学 1998-04
⊙突出地方特色 加速培育吉林市旅游市场/李天剑//工业技术经济 1998-05
⊙突出民族特色 加快南宁旅游业发展的对策/谭丽燕 陈建新//广西教育学院学报 1998-02
⊙突出特色抓调整 做好三篇大文章/汪元良//中国三峡建设 1998-05
⊙图论在旅游线路及游览线路设计中的应用/唐力帆//水运管理 1998-10
⊙吐鲁番旅游城市建设中的生态文明/李维青//新疆社会科学 1998-01
⊙吐鲁番旅游客源市场及其开发策略/杨兆萍//干旱区地理 1998-02
⊙团湖生态旅游开发的前景及对策/徐载满//学习导报 1998-05
⊙拓宽思路大胆探索切实加强旅游外商投资企业的党建工作/马建东 应杭军//福建理论学习 1998-04
⊙挖掘北疆资源 开发特色旅游/李玉麟//黑河学刊 1998-06
⊙完美旅游价格管理体制 促进旅游事业健康发展/刘长根 庞雅君//广西市场与价格 1998-01
⊙皖南旅游区旅游资源基本态势与开发方向/冯学钢//经济地理 1998-01
⊙皖西风景水资源及其旅游价值/刘永//安徽地质 1998-02
⊙皖西生态旅游的可持续发展初探/金芒//合肥教院学报 1998-04
⊙网络：旅游业第三次革命//信息与电脑 1998-02
⊙网上漫游美利坚/网天//家庭电子 1998-06
⊙为开发北京旅游资源支招/李燕//北京观察 1998-08
⊙为了韩中关系的新飞跃——写在中国指定韩国为自由观光国之际/李充阳//当代韩国 1998-02
⊙为实现“千百万人游上海”的重大决策多做贡献/潘龙清//旅游科学 1998-03
⊙未来杭州旅游业发展的关键探讨/陈仙波//杭州科技 1998-04
⊙文昌市发展旅游采取十项措施//今日海南 1998-12
⊙文化精神之域的休闲理论初探/马惠娣//齐鲁学刊 1998-03
⊙文化旅游与云南/张晓萍//经济问题探索 1998-07
⊙文物保护与陕西旅游业可持续发展/张廷皓//文博 1998-06
⊙我国6大境外客源市场旅游本底趋势线的建立及其科学意义/孙根年//河南大学学报（自然科学版）1998-04
⊙我国出境旅游市场的现状与发展/丁枢 杨铭德//中南民族学院学报（自然科学版）1998-S1
⊙我国国内旅游业发展初探/刘菲//北京商学院学报 1998-02
⊙我国境外旅游本底趋势线的建立及科学意义/孙根年//地理科学 1998-05
⊙我国旅游产品的现状及营销策略/陈丽娜//当代经济研究 1998-S1
⊙我国旅游产品国际市场占有率现状、问题与对策/姚艳虹 薄湘平//湖南大学学报（社会科学版）1998-02
⊙我国旅游法体系构成初探/王莉霞//宁夏社会科学 1998-02
⊙我国旅游行业管理体制建设的基本思路/蔡家成//旅游学刊 1998-05
⊙我国旅游学科的建设和发展/王洪滨//旅游学刊 1998-S1
⊙我国旅游业地域非均衡性增长研究初论/张凌云//南开经济研究 1998-02
⊙我国旅游业可持续发展的因素分析及对策研究/聂献忠 高锡珍 沈思宝 万绪才//亚太经济 1998-Z2
⊙我国旅游业扩大开放及吸收外资问题研究/周小明//国际经济合作 1998-08
⊙我国森林公园建设和森林旅游业发展中存在的主要问题及对策/王长安//林业资源管理 1998-03
⊙我国森林旅游业的发展与前景/钟林生 李玉平//中南林业调查规划 1998-02
⊙我国森林旅游业发展的途径/杨佐琴刘二曼艾国//林业科技 1998-01
⊙我国与国外旅游高等教育之比较/庄捷//旅游学刊 1998-S1
⊙我国自然保护区生态旅游业开发模式研究/孙根年//资源科学 1998-06
⊙吴文化与无锡旅游业/吴宏//江南学院学报 1998-03
⊙五台山的佛教文化和宗教旅游/王玉明 冯卫红 高艳//山西大学师范学院学报 1998-02
⊙五台山旅游现状的思考及其发展趋向/吕更美 白福生 王永明//五台山研究 1998-02
⊙武汉市旅游业发展策略的新思路/柳意云//旅游学刊 1998-06
⊙武汉市争创“中国优秀旅游城市”的对策研究/李娟文//经济地理 1998-03
⊙武汉宗教文化旅游资源的文化分析及其开发利用/梁方//长江论坛 1998-06
⊙勿躁动：中国主题公园/尧丁//中国经贸 1998-09
⊙雾灵山自然保护区森林生态旅游开发构想/龙丽民 王清廉//河北师范大学学报（自然科学版）1998-04
⊙西安市北美游客流与口岸城市流的分析与预测/张恩祥//纺织高校基础科学学报 1998-02
⊙西安市境外旅游本底趋势线的建立及科学意义/李乃英 孙根年//西北大学学报（自然科学版）1998-04
⊙西班牙何以成为旅游王国/周家高//经营管理者 1998-06
⊙西北地区旅游发展资金及相关问题思考/厉新建//旅游学刊 1998-01
⊙西大洋旅游开发的神经网络技术应用研究/邵晓梅 王清廉//地理学与国土研究 1998-04
⊙西子湖的个性与旅游主题/陈文锦//同舟共进 1998-08
⊙夏威夷的发展道路及其对海南岛的启迪/夏鲁平//新东方 1998-01
⊙厦门火烧屿旅游资源及其开发构想/李宝轩//集美大学学报（自然科学版）1998-04
⊙厦门火烧屿旅游资源特点与开发利用/贺辉扬//台湾海峡 1998-03
⊙厦门市境外旅游客源市场现状及开拓方向/李宝轩//福建地理 1998-02
⊙厦门市旅游业的发展现状及开拓方向/贺辉扬//福建地理 1998-02
⊙现代旅游市场需求的发展趋势/郑海//社会科学家 1998-03
⊙现代旅游是一种精神运动的经济现象/戴斌//桂林旅游高等专科学校学报 1998-01
⊙现代旅游是以文化为主的综合性社会活动——谈旅游活动的性质/王妙//天津商学院学报 1998-01
⊙湘西山区旅游扶贫开发探讨——以永顺县为例/杨洪 袁开国 何

俊阳//湘潭师范学院学报（社会科学版）1998-06
◎新机制带来新变化——黄山风景区股份制改制的成效及展望/黎志//决策咨询 1998-10
◎新疆地学旅游资源形成机制及其各类景观基本特征初探/伊玛木·塔依尔//新疆工学院学报 1998-02
◎新疆旅游业的现状、潜力与发展前景/木尼然·阿布力米提//中亚信息 1998-02
◎新疆特种旅游资源开发探讨/金海龙//干旱区地理 1998-02
◎新疆天山托木尔峰自然保护区旅游资源评价及旅游资源区划/贾宝全 阎顺 许英勤 杨云良//干旱区地理 1998-04
◎新经济增长点——旅游业与模糊经济评价/李严锋//云南财贸学院学报 1998-03
◎新宁旅游资源结构特色与旅游产品开发研究/李坚//中南林学院学报 1998-02
◎新时代旅游的特征及其对旅游教育培训的影响/刘住//旅游科学 1998-03
◎新时期旅游产业政策调整略论/马波//社会科学家 1998-01
◎新时期旅游饭店餐饮经营策略探讨/黄文波//天津商学院学报 1998-04
◎信息化——我国旅游业发展道路的必然选择/罗高飞//旅游科学 1998-03
◎信息技术的发展与旅游行业的机遇/王玉章//信息与电脑 1998-07
◎形形色色 de 旅游工艺品营销/肖秦//上海工艺美术 1998-01
◎休宁县森林旅游资源评价及开发利用初探/马学华//安徽林业科技 1998-03
◎休闲旅游“农家乐”走向探析/陈辉//西南民族学院学报（哲学社会科学版）1998-S5
◎徐霞客的生命路径（life path）及其区域景观多样性背景/吴必虎//北京大学学报（哲学社会科学版）1998-03
◎徐霞客旅行考察与导游/黄强//北京第二外国语学院学报 1998-05
◎寻求贵阳旅游业的新突破/侯建玲//党的生活 1998-02
◎迅速崛起的旅游业/王大悟//上海经济 1998-06
◎亚欧大陆内心区旅游资源分区评述/乔木 刘琳 吴世新//干旱区地理 1998-01
◎亚洲金融危机对北京市旅游业的影响及对策/张玉伟//投资北京 1998-05
◎亚洲金融危机对青岛旅游涉外饭店的影响及对策/任立平王昕//时代论丛 1998-06
◎亚洲金融危机对中国国际旅游业的影响及其对策/张广瑞//财贸经济 1998-05
◎亚洲金融危机与中国旅游业发展/刘阳//南方经济 1998-05
◎岩溶洞穴旅游资源特性与开发保护/杨明德//云南地理环境研究 1998-01
◎扬州旅游业兴而不旺的原因与对策/张曙升//现代经济探讨 1998-05
◎要旅游怎出行/程文//中国计算机用户 1998-42
◎也论中国旅游业的信息化问题——兼与汤书昆先生商榷/陈卫民//旅游学刊 1998-01
◎野生灵长类资源的旅游开发与保护关系探讨/李进华//自然资源学报 1998-04
◎一个新的民族经济增长点——发展康巴地区旅游事业 加快民族经济建设步伐/宾秀英//西南民族学院学报（哲学社会科学版）1998-S5
◎依法规范旅游市场有效开发旅游资源——新疆旅游业依法管理巡礼/支秦娟//新疆人大（汉文）1998-06
◎依托文化旅游优势发展地方第三产业——浙江省浦江县县委书记杜世禄访谈/邹俊 童英龙//科技潮 1998-10
◎依托云南优势 发展旅游观光型小流域/陈明//中国水土保持 1998-10
◎宜春地区旅游业的开发现状与对策研究/刘家思//宜春师专学报 1998-06
◎移植文化与现代文化名城/汪开国 何海燕 彭罡//特区理论与实践 1998-06
◎以“三乡”文化为主题开发东阳旅游业/黄瑾如//浙江大学学报（理学版）1998-04
◎以地图为基准的亚欧大陆地理内心及其区域旅游开发环境/刘琳 胡毓钜等//干旱区地理 1998-01
◎以可持续发展观点开发上海旅游资源/程俐骢//旅游科学 1998-01
◎以旅游扶贫开发促县域经济发展/冉斌//经济纵横 1998-02
◎以色列乡村旅游发展迅速/刘伟 丁贤忠 成升魁//世界农业 1998-07
◎以武当山为轴心的全市旅游资源开发考察报告（上）/欧阳敏//十堰职业技术学院学报 1998-02
◎以武当山为轴心的全市旅游资源开发考察报告（下）/欧阳敏//十堰职业技术学院学报 1998-03
◎以游促贸内外联动促进县域经济大发展/孙洪来//黑龙江对外经贸 1998-01
◎意大利的“绿色假期”——农业旅游//世界农业 1998-06
◎印度尼西亚发展旅游业的策略和措施/侯献瑞//当代亚太 1998-04
◎英特网对我国旅游业发展的影响/雷卫中//桂林旅游高等专科学校学报 1998-04
◎营造优越的海滨旅游氛围——探讨“东方夏威夷”的发展趋向/陈少壮//特区经济 1998-10
◎永定县土楼旅游资源开发利用对策/陈居成//福建地理 1998-01
◎永泰姬岩风景区旅游资源研究/杨建明 曾从盛 王绍鸿 俞鸣同//福建地理 1998-02
◎游览洞穴开发水平评价与我国游览洞穴开发现状、存在问题及改进建议/张任 朱学稳//中国岩溶 1998-03
◎游乐园里应平安/姚永让//劳动安全与健康 1998-10
◎游戏应有规则——续说形形色色的旅游工艺品营销/肖秦//上海工艺美术 1998-02
◎有待开发的农业旅游业/陈小平//江西农业经济 1998-01
◎云蒙山国家森林公园生态旅游资源与市场评价研究/刘维君 李明//林业经济 1998-06
◎云南刀耕火种农业分布的历史地理背景及其在观光农业旅游业中的利用/陈国生//民族研究 1998-01
◎云南鹤庆县旅游资源特点及其开发价值/管宁生//思想战线 1998-S1
◎云南旅游观赏竹类和竹文化旅游发展研究/胡冀贞//竹子研究汇刊 1998-02
◎云南旅游商品产销现状分析/殷英 和敏//学术探索 1998-01
◎云南旅游文化建设的战略构想/熊学忠 赵玲//创造 1998-05
◎云南旅游业的发展与信贷投入/丁平//民族工作 1998-09
◎云南旅游业的可持续发展/曾广权 代丽//云南环境科学 1998-01
◎云南旅游业可持续发展的几点思考/高卫国//玉溪师范学院学报 1998-01

◎云南旅游业可持续发展障碍及对策/明庆忠//热带地理 1998-04
◎云南民族村火爆之谜/李阳喜//中国民族 1998-04
◎云南民族体育旅游产业化研究/明庆忠 刘坚 王德义//社会科学家 1998-06
◎云南森林旅游业的发展前景及其负效应/王映雪//云南林业 1998-03
◎云南少数民族茶文化与旅游开发/杨甫旺 钟仕民//农业考古 1998-04
◎云南省2010年旅游业发展战略研究/田里 杜靖川//经济问题探索 1998-12
◎再论都市旅游——兼谈上海都市旅游定位合理性/陈永发//上海大学学报（社会科学版）1998-05
◎再论旅游对接待地的社会文化影响——野三坡旅游发展跟踪调查/刘赵平//旅游学刊 1998-01
◎再论文学旅游资源的开发/肖洪根//华侨大学学报（哲学社会科学版）1998-03
◎在网上卖旅游/屠晓光//IT 经理世界 1998-15
◎展现悠久文明史树立旅游新形象/王锴深//今日山西 1998-01
◎肇庆旅游业起飞战略初探/彭青//珠江经济 1998-10
◎肇庆市旅游环境问题与旅游资源可持续发展探讨/郭豪//热带地理 1998-01
◎浙江 向“旅游大省”迈进/何荆//今日浙江 1998-09
◎浙江：要从旅游资源大省迈向旅游产业大省//浙江经济 1998-02
◎浙江丽水地区旅游资源区划与开发/杜天明//山地学报 1998-04
◎浙江省森林旅游资源的保护与持续利用/戚连忠 袁位高 江波 陈天霞 洪流//浙江林业科技 1998-03
◎浙江中部地区旅游开发布局研究/吕学斌//经济地理 1998-01
◎振兴太原经济的历史选择——对开发太原旅游资源的一些探讨/张春祥//新疆社会科学 1998-06
◎镇江市文化旅游资源的重组初探/易向阳//镇江高专学报 1998-01
◎政府主导 重点带动 加快发展——山西旅游业发展面临的主要问题与对策/王炳武//旅游学刊 1998-06
◎知识经济时代旅游高等教育的模式创新研究/董观志//旅游学刊 1998-S1
◎知识经济与21世纪旅游、闲暇业/张捷//旅游学刊 1998-04
◎知识经济与旅游高等教育创新思路/戴斌 张耀军//旅游学刊 1998-S1
◎知识经济与旅游业的变革和发展/郑向敏//旅游科学 1998-04
◎执法严明管理到位——滇、粤、桂三省市发展旅游业的实践与启示//今日海南 1998-12
◎制度安排与国内旅游业发展/谢培秀//预测 1998-04
◎制度与旅游资源保护/齐子鹏 田玲//地域研究与开发 1998-S1
◎中、美、英旅游教育之比较/杨雁//重庆工商大学学报（社会科学版）1998-03
◎中俄边境旅游现状及海关监管对策/梁克义//中国海关 1998-09
◎中国、日本、美国近代国际旅游收支比较分析/张俐俐//南开经济研究 1998-05
◎中国21世纪旅游业发展的重要后续基地——新疆/徐金发 韩清程春//新疆大学学报（哲学社会科学版）1998-03
◎中国大陆入境旅游中港澳客源市场结构分析/张安 丁登山 马永立//亚太经济 1998-Z2
◎中国风景名胜区与美国国家公园比较研究/李景奇//科技导报 1998-12
◎中国古代方志及其旅游学价值/陈国生//中国历史地理论丛 1998-01
◎中国国际旅游业与国际贸易比较研究/章锦河//安徽师范大学学报（人文社会科学版）1998-03
◎中国海滨旅游地气候适宜性评价/范业正 郭来喜//自然资源学报 1998-04
◎中国海洋旅游分区及其特点/于庆东//海洋信息 1998-12
◎中国旅游产品开发的思考/陈宇曦//汕头大学学报（人文科学版）1998-06
◎中国旅游发展笔谈/魏小安//旅游学刊 1998-02
◎中国旅游发展笔谈/钟海生 杨振富 温子吉 康永莉 刘日青 王洪滨//旅游学刊 1998-01
◎中国旅游饭店业发展趋势及对策/欧阳慧//湖南大学学报（社会科学版）1998-02
◎中国旅游教育体系的结构研究/吴必虎//桂林旅游高等专科学校学报 1998-03
◎中国旅游经济发展进程中的不协调现象/张辉//北京第二外国语学院学报 1998-03
◎中国旅游业的购并与资本经营战略/燕兴//经济经纬 1998-04
◎中国旅游业迎接新世纪到来——’98华夏城乡游活动展开/任小强//中国对外贸易 1998-04
◎中国企业对非洲旅游资源市场的开发方略/安春英//西亚非洲 1998-05
◎中国云南—斯洛文尼亚洞穴旅游的比较研究/张帆//云南地理环境研究 1998-S1
◎中国主题公园及其文娱表演研讨会综述/徐菊凤//旅游学刊 1998-05
◎中旅社与现代中国旅游业的建立/王淑良//东南文化 1998-01
◎中美两国旅游产品销售渠道管理比较研究/燕兴//南开管理评论 1998-01
◎中美旅游产品销售渠道管理比较研究/佟伟 燕兴//桂林旅游高等专科学校学报 1998-03
◎中外旅游高等教育差异比较/杨雁//旅游学刊 1998-S1
◎终南山旅游区的开发原则及管理模式/潘秋玲 李骊明//陕西师范大学学报（自然科学版）1998-03
◎重庆九龙坡观光农业园区开发建设意见/李书润//西南园艺 1998-02
◎重庆旅游业当师从海南/汪渔//山区开发 1998-07
◎重庆市出台发展旅游业的14条政策措施//重庆与世界 1998-05
◎重庆市旅游资源价值评估研究/罗世伟//重庆工学院学报 1998-04
◎重庆市旅游资源开发与旅游产业发展对策/马智利//资源开发与市场 1998-05
◎重庆市旅游资源评价体系探讨/罗世伟 张述林 赵小鲁//重庆师范学院学报（自然科学版）1998-03
◎重庆市黔江地区的旅游扶贫/许光洪//国土与自然资源研究 1998-04
◎重庆市黔江民族地区的旅游资源开发与旅游扶贫对策研究/陈国生//贵州民族研究 1998-03
◎重庆推出特色旅游系列——一个中心一条线 八大景区任君游/本刊记者//重庆与世界 1998-05
◎重庆直辖市旅游业发展的优势及对策思考/田世政//重庆三峡学院学报 1998-02
◎重视对老年旅游市场的开发/金波//市场与人口分析 1998-03
◎重视旅游宣传——国外旅游业迅速发展的秘诀/郑文//小城镇

建设 1998-08
⊙珠海 新兴的海滨旅游城/陈鸿海//中国市场 1998-09
⊙珠海市旅游形象建设初探/王玉琳//中山大学研究生学刊（自然科学版）1998-03
⊙珠海万山区海岛旅游资源开发探讨/郑坚强//佛山科学技术学院学报（自然科学版）1998-04
⊙竹文化与旅游/张乐勤//安庆师范学院学报（社会科学版）1998-03
⊙主题公园建设的理性思维与可持续发展/严国泰//旅游科学 1998-04
⊙主题公园向何处去/孔晓宁//人民论坛 1998-07
⊙注意解决私营旅游开发中的问题/严世强 柯剑//宏观经济管理 1998-09
⊙注重东盟国家旅华市场的开发/胡平 毛勇//当代亚太 1998-05
⊙抓手在哪里——上海都市商务旅游/金辉//国际市场 1998-03
⊙抓住机遇科学规划开创云县旅游业新局面/张巨成//创造 1998-08
⊙转变观念，大力发展玉林市旅游业/梁文俊//玉林师范学院学报 1998-01
⊙转型时期杭州旅游业发展的战略选择/周敏//杭州教育学院学报 1998-02
⊙资产经营——旅游大型企业腾飞的必经之路/王坚//旅游学刊 1998-04
⊙自然保护区的旅游功能开发初探——兼河南省自然保护区评介/周天驹//河南大学学报（自然科学版）1998-02
⊙自然保护区发展旅游事业的法律思考/杜德鱼//林业资源管理 1998-06
⊙自然保护区旅游开发的生态影响/吴学灿//云南环境科学 1998-03
⊙宗教名山旅游者组成及其行为特征研究——以九华山的国内旅游者为实证分析对象/朱同林//池州师专学报 1998-01
⊙宗教文化与旅游经济/秦永红//西南民族学院学报（哲学社会科学版）1998-03
⊙走出“篱笆墙”——喜看宁波大旅游/本刊记者//宁波经济 1998-12
⊙走绿色旅游之路创瑶山经济辉煌——金秀县旅游业的回顾与展望/李日贞//计划与市场探索 1998-02
⊙走商旅结合之路——访崇明县商委、旅委主任王益华/卢一平//上海商业 1998-12
⊙走特色路兴旅游农业/蒋昌忠//政策 1998-12
⊙走自然山水与历史文化相结合的开发道路——访无锡太湖国家旅游度假区/周林法//浦东开发 1998-06
⊙做特色文章加快发展旅游产业/游先胜//政策 1998-06

1999 年

⊙99 世博会与云南旅游业大格局中的新支点/郑海//社会科学家 1999-06
⊙“参与观察”旅游与地方知识系统/彭兆荣//广西民族研究 1999-04
⊙“黄山谈话”：映照现实与历史的多棱镜——写在邓小平视察黄山二十周年之际/吴兆民//黄山学院学报 1999-03
⊙“林”家有“女”初长成——新疆森林旅游业呼唤大手笔/韩宏伟//新疆林业 1999-04
⊙“六旗”冒险家乐园主题游乐园记趣——旅美散记之十九/齐青云//北京统计 1999-12
⊙“旅游农庄”兼营养殖业项目选择前景与效益分析/李生军//动物科学与动物医学 1999-01
⊙“生态旅游”是实现旅游可持续发展的核心/骆高远//人文地理 1999-S1
⊙“十五”我国旅游产业发展研讨会述要/朱先发//决策咨询 1999-11
⊙“书吧”：文化休闲新时尚/曾梅//北京观察 1999-02
⊙“绥化绿色走廊工程建设”中的生态景观资源开发及其利用/黎明 辛力学//北方环境 1999-03
⊙“休闲文化与当代生活学术研讨会”综述/孙红 雷正良//江西社会科学 1999-07
⊙“中国旅游业电子商务网”的观察与分析/贺冰//信息与电脑 1999-07
⊙1998 年北京市国内旅游抽样调查报告要点//旅游学刊 1999-02
⊙1999 年中国旅游开发与管理态势研究/余青 吴必虎//经济地理 2001-S1
⊙21 世纪的中国旅游业——向高技术化、质量型、效益型方向发展/郭来喜 刘锋//科技导报 1999-10
⊙21 世纪桂林旅游业发展问题研讨/程道品 阚如良//桂林旅游高等专科学校学报 1999-03
⊙21 世纪呼唤生态旅游规划设计/金磊//劳动安全与健康 1999-02
⊙21 世纪西部民族地区旅游业的可持续发展/马志福//中央民族大学学报（哲学社会科学版）1999-04
⊙21 世纪中国休闲娱乐体育发展趋势/苏肖晴//中国体育科技 1999-09
⊙Internet 与我国旅游业/郭秀娥//地域研究与开发 1999-03
⊙阿勒泰地区旅游区划及开发战略/张春明//干旱区地理 1999-01
⊙安徽凤阳旅游资源结构及开发研究/万绪才 聂献忠 沈思保 丁登山//安徽师范大学学报（自然科学版）1999-01
⊙安徽旅游业发展的当务之急是加强宣传促销/章尚正//决策咨询 1999-06
⊙安徽省牯牛降自然保护区森林旅游资源开发的探讨/徐克彪//华东森林经理 1999-01
⊙安徽省旅游发展之思考/徐伟//合肥工业大学学报（社会科学版）1999-03
⊙安徽省旅游资源的区际比较研究/黄成林//安徽师范大学学报（人文社会科学版）1999-03
⊙安徽省贫困地区旅游资源开发利用的现状、前景与对策/李典友//池州师专学报 1999-03
⊙安顺地区旅游扶贫的功能与模式/蔡雄 程道品//理论与当代 1999-07
⊙按市场经济规则组织指导旅游工作/刘陆文//桂林旅游高等专科学校学报 1999-03
⊙澳门博彩业的产生、发展及其前景/向德富//荆州师范学院学报 1999-04
⊙澳门的旅游业与澳门经济定位/陈德宁//世界经济与政治论坛 1999-06
⊙澳门回归后的经济发展战略/范斌//经济研究参考 1999-A8
⊙澳门回归后经济社会发展对策分析/谭湛明//岭南学刊 1999-04
⊙澳门回归后经济社会发展研究/谭湛明//广东社会科学 1999-05
⊙澳门回归后旅游发展战略研究/唐云松//衡阳师范学院学报 1999-05
⊙澳门旅游发展趋势研究/陈虹//桂林旅游高等专科学校学报 1999-04

◎澳门旅游业：隐忧与出路/樊五勇 李舟//北京第二外国语学院学报 1999-04
◎澳门旅游业的现状与展望/张安//亚太经济 1999-01
◎澳门旅游业及其稳定与繁荣的关键因素/梁正宁//社会科学家 1999-05
◎巴马县旅游经济研究/胡海驰//广西师院学报（自然科学版）1999-03
◎巴拿马旅游业 TCR 行动计划述评——兼析生态旅游和遗产旅游概念的内涵/王大悟//社会科学 1999-07
◎把“炎帝故里”的文章做透——宝鸡旅游业的最佳切入点/姚录岐//企业研究 1999-02
◎把郴州建成优秀旅游城市和粤港澳“后花园”/李大伦//中国城市经济 1999-01
◎把贵溪建设成为新兴的铜都工贸旅游城——贵溪市县域经济发展方向和定位的研究/肖根//今日农村 1999-24
◎把旅游业尽快培育成为嘉峪关市的支柱产业/侯生华//发展 1999-11
◎把旅游业作为甘肃经济的支柱产业来发展/贾笑天//甘肃省经济管理干部学院学报 1999-02
◎把游船变成家/杜献平//企业研究 1999-11
◎把张家界建成国内外知名的旅游胜地/刘力伟//学习导报 1999-07
◎百色旅游建设与旅游经济发展初探/周长军//广西右江民族师专学报 1999-03
◎办好’99 世博会 加快发展昆明旅游业/杨健强//城市问题 1999-01
◎办好大旅游 培育大市场发展大产业/杨森丕//丹东师专学报 1999-01
◎保护旅游区环境是新疆旅游业持续发展的保证/袁国映//新疆环境保护 1999-04
◎保护特色生态环境建设花园式风景旅游城市——试谈肇庆城市发展策略/陈树耀//规划师 1999-02
◎保亭旅游业发展问题探索/董昌林//特区展望 1999-03
◎北海市大陆海岸旅游地质特征及开发建议/李开颜//广西地质 1999-03
◎北京旅游产业化的条件与素质分析——兼论旅游产业结构评价指标/金永生 杜国功//北京工业大学学报 1999-S1
◎北京旅游高等职业教育二十年/赵鹏//桂林旅游高等专科学校学报 1999-02
◎北京什刹海历史文化风景区旅游规划——兼论历史地段与旅游开发/郑光中 张敏//北京规划建设 1999-02
◎北京市的观光休闲农业/范子文//新疆农业科技 1999-04
◎北京市国内旅游市场战略的反向思考/邹统钎 谷慧敏//北京第二外国语学院学报 1999-04
◎背景·主题·创意——上海佘山国家旅游度假区核心区规划/林纪 严奉天 许顺才//城市规划 1999-10
◎比较优势与回归后澳门经济的定位/孙代尧//华东理工大学学报（社会科学版）1999-03
◎薛家岛度假区的旅游优劣势分析与金沙滩的旅游开发定位/刘家明//楚雄师专学报 1999-03
◎编制省域旅游规划有关问题的思考———以湖南省为例/翟辅东//湖南师范大学社会科学学报 1999-02
◎滨海海上旅游开发设想/李培祥//海岸工程 1999-02
◎滨海旅游发展中的环境问题及对策/李平//海岸工程 1999-02
◎滨海旅游业可持续发展的设想/盛红//中国海洋大学学报（社会科学版）1999-01
◎滨海旅游业可持续发展的设想/盛红//中国海洋大学学报（社会科学版）1999-01
◎博物馆与旅游：文化与消费/燕妮·赫利曼//中国博物馆 1999-03
◎草原旅游对草地影响与管理/卫智军 杨静 韩国栋//内蒙古草业 1999-03
◎长白山国家级自然保护区旅游与环境可持续发展研究/俞穆清 朱颜明 田卫 刘景双//地理科学 1999-02
◎长白山生物圈保护区旅游的社会影响分析/王宪礼 朴正吉 黄永炫 车润贞//旅游学刊 1999-02
◎长白山自然保护区旅游资源开发的生态环境影响及其保护/朱颜明 王宁//山地学报 1999-04
◎长白山自然保护区生物多样性旅游价值评估研究/薛达元 包浩生 李文华//自然资源学报 1999-02
◎长白山自然保护区生物多样性旅游价值评估研究/薛达元 包浩生 李文华//自然资源学报 1999-02
◎长江旅游协调势在必行/谢建刚//中国水运 1999-03
◎长江三峡旅游景区管理的问题及对策/李东升 张干 张荣 郑亚民//探索 1999-02
◎长江三峡旅游业发展探析/刘学锋//生态经济 1999-04
◎常德市柳叶湖旅游度假区地理环境研究/董明辉//常德师范学院学报（自然科学版）1999-04
◎朝阳产业：欲说旅游好困惑/杨东鲁//绿色大世界 1999-02
◎成都平原经济圈旅游开发与生态环境保护/谢强//四川环境 1999-04
◎呈现浓郁的民俗风情——广西旅游资源开发系列研究·民俗篇/钟声宏//广西民族学院学报（哲学社会科学版）1999-S1
◎城郊旅游的可持续发展与观光农业的开发初探——以南京城郊观光农业的发展为例/黄震方 侯国林 徐沙//南京师大学报（自然科学版）1999-04
◎城郊旅游的可持续发展与观光农业的开发初探——以南京城郊观光农业的发展为例/黄震方 侯国林 徐沙//南京师大学报（自然科学版）1999-04
◎城市古典园林原始功能老化的初步研究/吕菽菲 张捷 甘萌雨//经济地理 1999-05
◎城市旅游节庆的构成要素及牵动效应/李力 崔卫华//桂林旅游高等专科学校学报 1999-02
◎城市旅游可持续发展初探/刘颂//地域研究与开发 1999-04
◎城市旅游研究进展/古诗韵//旅游学刊 1999-02
◎持续旅游是一种弹性模式/刘堂//桂林旅游高等专科学校学报 1999-02
◎充分发挥工商管理职能促进西双版纳旅游业健康发展/普祖武//经济问题探索 1999-06
◎充分发挥泉城优势大力发展旅游产业/项军 权娜//山东经济战略研究 1999-05
◎出入西安的美加游客空间转移模式研究/马耀峰 苟小东 余洁//人文地理 1999-03
◎刍议休游制在风景区管理中的应用/刘浩龙 任黎秀 杨达源//中国园林 1999-06
◎滁州市旅游市场分析/郑平建 林玉标 郑朝贵//滁州师专学报 1999-04
◎传统旅游城市持续发展的因素分析——以青岛市为例/肖江南//海岸工程 1999-02
◎窗口——深圳华侨城民族团结纪事/铁木尔 李小林 王红文 李云

昌 杨超//民族团结 1999-06

◎创建桐庐优秀旅游城市的思考/姚伟 郑俐//浙江建筑 1999-04

◎创建优秀旅游城市的思考：旅游开发与城市建设一体化/彭华 钟韵//旅游学刊 1999-02

◎创武夷山旅游名牌的思考/张建英 詹丽玉//发展研究 1999-03

◎创新发展黑龙江森林旅游/武岫岚//中国林业 1999-06

◎创新经营 科学管理——深圳世界之窗经营管理启示录//旅游学刊 1999-01

◎从“龙之旅”看传统民俗的开发与利用/黄小红//广东史志 1999-02

◎从“茜茜年”看瑞士的旅游业/刘军//中外企业家 1999-03

◎从《幸运博彩专营批给合约》看澳门旅游博彩业的发展/黎熙元//经济前沿 1999-11

◎从桂林看交通对旅游发展的促进作用/黄家城//社会科学家 1999-03

◎从海南民俗文化的特点谈海南民俗文化旅游业的发展/伏六明//桂林旅游高等专科学校学报 1999-01

◎从区域旅游开发的演变探讨一种新的规划观念/李蕾蕾//城市规划汇刊 1999-02

◎从人类学角度透视旅游业——以香港为例/张展鸿 罗左毅 李远龙//广西民族学院学报（哲学社会科学版）1999-02

◎从张贤亮的出卖“荒凉”说开去——谈旅游规划中的点子/雷欣荣//旅游学刊 1999-05

◎从中外乡村旅游的现状对比看我国乡村旅游的未来/王兵//旅游学刊 1999-02

◎从资源县看旅游扶贫的功能/连漪//桂林旅游高等专科学校学报 1999-S1

◎促进山东旅游业发展的思路分析/何佳梅//山东经济战略研究 1999-05

◎打“庐山牌”创旅游业/李国强//企业经济 1999-05

◎打特字招牌 借丝路东风——论肃南民族旅游业的发展/刘晖//西北史地 1999-04

◎大城市郊区土地旅游开发问题研究/刘卫东 李家虎//上海城市规划 1999-03

◎大力发展旅游产业再创旅游经济辉煌/卢建国//湖南经济 1999-04

◎大力发展旅游繁荣天津经济/周文鹉//天津经济 1999-04

◎大力发展旅游业 加快广西经济发展/唐延辉//广西社会科学 1999-02

◎大力发展旅游业 培育新的经济增长点/张海军//安阳师范学院学报 1999-03

◎大力发展生态旅游产业实现神农架可持续发展/彭勇//今日湖北 1999-11

◎大力培植旅游经济增长点/宋勇//中国财政 1999-11

◎大连城市居民周末休闲时间的利用特征/李峥嵘 柴彦威//经济地理 1999-05

◎大连旅游业的现状、问题和对策/刘丽萍//辽宁经济 1999-02

◎大连旅游业发展战略问题研究/李昕 卢馨//大连大学学报 1999-03

◎大连市生态旅游初探/仲桂清 张辉 王辉 夏健红//经济地理 1999-03

◎大同市旅游业发展战略思考/陈美莲 鲁悦//雁北师范学院学报 1999-05

◎大型主题公园布局研究/黄秀琳//莆田高等专科学校学报 1999-04

◎大足县“旅游带动战略”及实施对策/陈云国//重庆行政 1999-01

◎丹东市居民家庭旅游消费行为分析/刘敬伟//丹东师专学报 1999-03

◎当代中国旅游审美文化发展探析/张文祥//社会科学家 1999-04

◎当前旅游市场动向及其对策/刘平//广州市财贸管理干部学院学报 1999-01

◎道教生态旅游开发初探/胡锐//中国道教 1999-06

◎道教与旅游——道教旅游文化初探/胡锐//宗教学研究 1999-04

◎德国旅游经济的“绿色通道”/齐楚敏//桂林旅游高等专科学校学报 1999-S1

◎邓小平黄山讲话与旅游业发展战略/章尚正//安徽大学学报（哲学社会科学版）1999-06

◎邓小平理论是发展旅游业的指南/黄达仁//桂林旅游高等专科学校学报 1999-S1

◎邓小平旅游经济思想及现实意义/黄凤芝//决策咨询 1999-10

◎邓小平旅游经济思想论纲/汪兴福//理论建设 1999-06

◎邓小平视察黄山时的重要谈话是加快我国旅游经济发展的行动指南/高开华//江淮论坛 1999-01

◎迪庆旅游业发展展望/杨霓//云南师范大学学报（哲学社会科学版）1999-03

◎迪斯尼：野性的呼唤——企业经营的灵感/马文//经济世界 1999-04

◎迪斯尼游乐园历“险”记——旅美散记（之十）/齐青云//北京统计 1999-03

◎迪斯尼争夺战/周忠//南风窗 1999-05

◎地方性旅游资源区划研究——以南阳市为例/李瑞//西南师范大学学报（自然科学版）1999-06

◎地貌的旅游资源意义及地貌旅游资源分类/张序强//资源科学 1999-06

◎滇西北横断山区的旅游资源及其开发研究——21世纪中国极具开发潜力的旅游区/彭永岸 王筱春//热带地理 1999-04

◎滇西北旅游资源及其开发研究/彭永岸 王筱春//经济地理 1999-03

◎点评四川省旅游发展总体规划/袁亮//今日四川 1999-02

◎电影外景地的旅游吸引力/周晶//陕西师范大学学报（自然科学版）1999-S1

◎电子商务旅游业/王松交//每周电脑报 1999-07

◎调整产业结构与加快旅游业发展/马永胜//实践 1999-10

◎定位优势发展旅游经济/王丽珠//大理学院学报（社会科学版）1999-Z1

◎东北亚地区经济技术合作中的大连旅游业/林晓牧//东北亚论坛 1999-02

◎东南亚旅游资源区域特色和背景分析/黄民生//世界地理研究 1999-02

◎都市郊区兴起休闲农业/张永贵//科技信息 1999-02

◎都市农业：让城市着上新装/张永贵//江苏农村经济 1999-10

◎都市农业探析/杨继瑞//粮食问题研究 1999-04

◎对“广之旅”未来发展战略问题的若干思考/刘伟//旅游学刊 1999-01

◎对澳大利亚公园门票价格考察引发的思考/张火旺//价格理论与实践 1999-04

◎对澳门回归后经济发展定位问题的再思考/龚唯平//经济前沿 1999-12

◎对北京边远山区旅游资源开发的若干思考/朱容//首都师范大

学学报（自然科学版）1999-02

- 对成立中外合资旅行社的思考/孙军//国际经贸探索 1999-05
- 对川南旅游商品开发问题的探讨/李波 屈晓斌 杨孝琼//内江师范高等专科学校学报 1999-04
- 对创建具有中国特色的“店校联合”办学模式的思考/邓爱民 谢苏//桂林旅游高等专科学校学报 1999-S2
- 对大理旅游业发展的思考/杨聪//中央民族大学学报（哲学社会科学版）1999-03
- 对大运河线旅游开发潜力的思考/张帆//旅游科学 1999-02
- 对当前旅行社价格竞争问题的认识/刘伟//广州市财贸管理干部学院学报 1999-03
- 对当前我国旅游景区投资体制与有效需求不足的经济分析/张薇 齐子鹏//旅游学刊 1999-05
- 对高师专科地理科学专业开设旅游地理课程的探讨/杨载田 邓运员//无锡教育学院学报 1999-01
- 对贵州旅游开发扶贫的思考/韩军//贵州商业高等专科学校学报 1999-04
- 对国际旅游中旅游资源的深入探讨/李欣广//桂林旅游高等专科学校学报 1999-04
- 对加强旅游研究宏观管理与战略导向的若干思考/肖洪根//旅游学刊 1999-S1
- 对建造儿童游乐园的初探/王秋珍//北京园林 1999-03
- 对京郊旅游专业村发展的几点认识/庄长涛 孙进军//投资北京 1999-10
- 对开发北京市日本客源市场的思考/熊玉梅//旅游学刊 1999-02
- 对开发陕西农业旅游的思考/李乃英//人文地理 1999-02
- 对开拓凉山旅游纪念品市场的思考/陆文熙 陆铭宁//西昌师范高等专科学校学报 1999-02
- 对旅行社两个开放试点办法的比较研究/高舜礼//旅游学刊 1999-03
- 对旅游产品及相关问题的探讨/谢彦君//东北财经大学学报 1999-03
- 对旅游产品优化问题的思考/秦宇//旅游学刊 1999-05
- 对旅游高校素质教育的一些认识/廖井丹//桂林旅游高等专科学校学报 1999-S2
- 对旅游市场平行投放的理论思考——以旅行社为典型案例/齐子鹏 姚玉萍//旅游学刊 1999-01
- 对旅游学学科问题的探讨/谢彦君//桂林旅游高等专科学校学报 1999-S2
- 对南宁市发展生态旅游农业的构想/李建智 林莉//中共南宁市委党校学报 1999-03
- 对攀枝花市旅游业与工业关系的调研设计/刘蓬春//西南民族学院学报（哲学社会科学版）1999-S6
- 对培育白玉县旅游支柱产业实施战略的思考/泽洛//山区开发 1999-06
- 对山西旅游资源的再认识/李晋宏//银行家 1999-10
- 对沈阳旅游业的开发与思考/崔雪松//沈阳大学学报 1999-03
- 对生态旅游的若干重要认识/王大悟//桂林旅游高等专科学校学报 1999-02
- 对石林旅游业经济效益的再思考/毕平//经济问题探索 1999-11
- 对我国旅游饭店业发展失衡的理性思索/鲍观明//统计研究 1999-S1
- 对我国旅游资源可持续利用的思考/李华荣 李大林//生产力研究 1999-Z1
- 对我省发展生态旅游农业的思考/孙福春 刘瑞军 胡凤新//辽宁农业职业技术学院学报 1999-01
- 对乌鲁木齐区域五地州市联手开发旅游业的探讨/许美杰//新疆财经学院学报 1999-03
- 对云南丽江玉龙雪山开展生态旅游的探析/管宁生//云南林业科技 1999-02
- 对在旅游高等教育中实施素质教育问题的思考/张建忠//泰安师专学报 1999-S1
- 敦煌旅游名牌产品开发的调查与思考/贾芳//发展 1999-01
- 峨眉山旅游商品发展的现状与对策/吴利平//中共乐山市委党校学报 1999-03
- 鄂尔多斯遗鸥自然保护区旅游小区规划/刘元直 刘建秋//内蒙古林业调查设计 1999-S1
- 鄂西清江流域发展生态旅游的探讨/汪华斌 李江风 吕贻峰//资源开发与市场 1999-03
- 鄂西清江三峡旅游资源多层次灰色评价/汪华斌 李江风 汪丙国 高燕//长江流域资源与环境 1999-03
- 鄂中南旅游资源开发利用/肖建成 杨尧忠 骆高远//生产力研究 1999-Z1
- 发挥地区优势开展工业旅游/赵青//辽宁经济 1999-09
- 发挥海洋区位优势开拓烟台旅游资源/张瑞安//海岸工程 1999-02
- 发挥旅游资源优势 促进丽水经济发展/胡叔通 王保华//浙江金融 1999-02
- 发挥内向型旅游业市场对国内消费需求的激活作用/高云//经济问题探索 1999-01
- 发挥特色资源优势 发展临沧旅游产业/王奎荣//创造 1999-04
- 发挥资源优势 大力发展旅游业/刘彦//发展 1999-11
- 发挥资源优势 振兴旅游产业/李达昌//四川财政 1999-10
- 发展大旅游促进大发展/滕宝玉//外向经济 1999-07
- 发展福建观光休闲农业的意义及若干思路/叶少萌//福建农业科技 1999-S1
- 发展广西旅游经济的思考/汤桂荔//沿海企业与科技 1999-04
- 发展广州港水路旅游/黄建//中国水运 1999-09
- 发展贵州旅游业的对策思考/肖先治//贵州社会科学 1999-05
- 发展国内旅游是扩大内需的重要手段/周振东//东北财经大学学报 1999-03
- 发展海南滨海旅游业开发研究/祁资//陕西师范大学学报（自然科学版）1999-S1
- 发展海洋旅游之管见/唐维//海岸工程 1999-02
- 发展湖南省旅游业一个值得重视的问题/徐初升//湖南商学院学报 1999-01
- 发展江西旅游农业的思考/孙玉琴 吴凡//江西农业经济 1999-06
- 发展靖西旅游的思考/黄汉英//桂林旅游高等专科学校学报 1999-02
- 发展临安休闲观光型农业的前景与对策/吕萍 邵泱峰 郑花兰//上海农业科技 1999-06
- 发展旅游产业 促进县域经济增长——新都县旅游发展状况及对策分析/肖琼//西南民族学院学报（哲学社会科学版）1999-S6
- 发展旅游经济/赵久明//农村工作通讯 1999-11
- 发展旅游农业振兴农村经济/高维勋//农村．农业．农民 1999-10
- 发展旅游业要依托国情/黄秀琳//经济论坛 1999-16
- 发展旅游业应关注的几个问题/王晨光//山东经济战略研究 1999-11
- 发展旅游业振兴重庆经济/林略//经济体制改革 1999-S2

⊙发展旅游业之我见/徐晓霞//发展论坛 1999-12
⊙发展生态旅游 培植新兴产业/范素根//探索与求是 1999-07
⊙发展生态旅游促进青海省旅游业可持续发展/肖景义//青海环境 1999-02
⊙发展生态旅游培植新兴产业/范素根//探索与求是 1999-07
⊙发展石林旅游产业的思考/胡永宽//经济问题探索 1999-11
⊙发展休闲渔业的几点思路/吴春霞 成秀贤//黑河科技 1999-04
⊙发展中国工业旅游的思考/姚宏//资源开发与市场 1999-02
⊙发展中国家旅游发展阶段理论与案例研究/韩杰 沈长智//世界地理研究 1999-01
⊙发展秭归农业旅游的对策与思考/白琳//人文地理 1999-S1
⊙番禺城市规划必须重视旅游购物规划/陈清//华南建设学院西院学报 1999-02
⊙返朴归真的森林旅游/李志萌//企业经济 1999-02
⊙方寸之地尽风光——澳门旅游业一瞥/蒋太萱//经贸导刊 1999-11
⊙方兴未艾的井冈山旅游业/钱卫国//统计与信息 1999-04
⊙芬兰如何经营北极旅游圈/中原//国际市场 1999-11
⊙丰林保护区生态旅游开发探讨/沈长智//天津商学院学报 1999-03
⊙风景名胜区开发管理“雾区”与制度创新/叶红//财经科学 1999-03
⊙风景名胜区旅游环境容量测算方法探讨/徐晓音//华中师范大学学报（自然科学版）1999-03
⊙风景名胜区总体规划中的旅游持续发展研究——以浙江金华双龙国家重点风景名胜区为例/王仰麟 杨新军//资源科学 1999-01
⊙风景区生态旅游开发之探讨——秭归四溪生态旅游区开发规划构想/汪云//华中建筑 1999-04
⊙服务质量不同 价格高低有别——关于旅游服务价格的争论//价格理论与实践 1999-08
⊙福建国际旅游业发展现状和对策分析/王晓文//世界地理研究 1999-02
⊙福建金湖旅游资源及其开发利用/陈菁//资源开发与市场 1999-02
⊙福建民俗专项旅游开发浅议/杨文棋//旅游科学 1999-01
⊙福建省滨海旅游业可持续发展/陈菁//国土与自然资源研究 1999-01
⊙福州国家森林公园风景资源评价探讨/兰思仁张晓萍//林业勘察设计 1999-01
⊙甘、川、青交接地域旅游资源开发格局构建/石培基 李琛//甘肃社会科学 1999-02
⊙甘、川、青交接地域旅游资源开发及其对策研究/石培基 李琛//西北师范大学学报（自然科学版）1999-02
⊙甘宁青区域旅游开发的影区透视及区位分析/郭晓东//社科纵横 1999-03
⊙甘肃旅游扶贫开发研究/郑本法//开发研究 1999-04
⊙甘肃省旅游资源开发初探/侯志强 曹忠祥//甘肃教育学院学报（自然科学版）1999-01
⊙甘孜州发展旅游文化经济的构想/何勇//康定民族师范高等专科学校学报 1999-03
⊙赣榆海滨旅游迅速热起来/顾介铸//海洋信息 1999-08
⊙高举生态旅游大旗争创回归自然特色/刘兴亚//中国林业 1999-09
⊙高起点开发日照海滨浴场资源的几点建议/安伯平 韩振//山东经济战略研究 1999-10
⊙高校地理学科举办旅游专业的实践与思考/郑耀星//旅游学刊 1999-S1
⊙高校旅游研究问题初探/周玲强//旅游学刊 1999-S1
⊙搞好假日旅游拉动消费增长促进经济发展——关于广西国庆旅游热潮的思考/余小军 程大兴//桂林旅游高等专科学校学报 1999-04
⊙工业旅游：拓开崭新视野/黄芬//中国质量万里行 1999-06
⊙工业旅游乐逍遥/都文//经贸世界 1999-04
⊙构建广西特色旅游业的优势与对策思路/郝革宗//热带地理 1999-03
⊙构建海南西部文化特色旅游新热线/韦勇//今日海南 1999-12
⊙构建旅游教育体系加快培养泰山旅游人才/高峰//泰安教育学院学报岱宗学刊 1999-03
⊙构筑大产业 拓展大市场 发展大旅游——加快发展旅游产业刍议/唐昭林//山东经济战略研究 1999-01
⊙关于“旅游环境保护”学科的若干思考/林越英//桂林旅游高等专科学校学报 1999-01
⊙关于城郊型休闲渔业的思考/徐云 王新平 胡金文 何晓波 刘立新//河南水产 1999-03
⊙关于抽样调查在旅游调研中存在问题的探讨/李享//旅游学刊 1999-03
⊙关于大桂林旅游经济圈的思考/陈丽华//广西师范大学学报（哲学社会科学版）1999-03
⊙关于大力发展山东省海洋旅游娱乐业的策略研究/郑培昕//海岸工程 1999-02
⊙关于对旅游者概念定义的几点看法/王敬武//旅游学刊 1999-01
⊙关于发展观光农业的探讨/潘小珍//新疆社会经济 1999-04
⊙关于发展桂林乡村旅游的思考/林伯明//社会科学家 1999-04
⊙关于发展旅游业的考察报告//山东经济战略研究 1999-05
⊙关于发展石林旅游业的一些思考/槐伟//经济问题探索 1999-10
⊙关于发展水路旅游的探讨/黄建//珠江水运 1999-06
⊙关于发展宗教旅游问题的探讨/公学国//昌潍师专学报 1999-03
⊙关于加快石林旅游产业结构调整的思考/王富昌//经济问题探索 1999-09
⊙关于建立“湘鄂渝陕边界绿色旅游走廊”的构想/陈国生//长江论坛 1999-02
⊙关于江西旅游业发展的若干看法/陈新华//江西财税与会计 1999-04
⊙关于进一步发展九寨黄龙一线民族地区旅游业的意见建议//西南民族学院学报（哲学社会科学版）1999-S7
⊙关于开发俄罗斯旅游客源市场的思考/薄喜茹//学术交流 1999-04
⊙关于开发南京文化、旅游资源和市场的几个问题/李仓根//南京社会科学 1999-S1
⊙关于开发张家口旅游业的研究与思考/张素荣//社会科学论坛 1999-Z2
⊙关于旅游对植被影响的一点思考/程占红 张金屯//山西大学学报（自然科学版）1999-03
⊙关于旅游饭店发展失衡的思索/宋志伟 刘德谦//旅游学刊 1999-01
⊙关于旅游高等职业教育学生培养目标的几点思考/施筠君//桂林旅游高等专科学校学报 1999-S1
⊙关于旅游管理“高职”专业的基本构想/邢继德//潍坊教育学院学报 1999-03
⊙关于旅游管理专业素质教育的几点思考/王培英//继续教育研

究 1999-04
◎关于旅游规划学科建设的思考/林越英//桂林旅游高等专科学校学报 1999-S2
◎关于旅游开发与城市建设一体化初探/彭华 钟韵//经济地理 1999-01
◎关于旅游圈的理论探讨/阎友兵//湘潭大学社会科学学报 1999-06
◎关于旅游信息的研究/周密 赵西萍//旅游科学 1999-03
◎关于旅游行为及其动机的研究/刘纯//心理科学 1999-01
◎关于旅游学理论研究的若干思考/陈玉英 明庆忠//桂林旅游高等专科学校学报 1999-01
◎关于旅游学学科规范的几点思考/李柏槐//旅游学刊 1999-S1
◎关于旅游业投资中几个问题的思考/张晓文//经济研究参考 1999-31
◎关于洛阳旅游业发展的思考/彭非//市场研究 1999-09
◎关于南京旅游业发展的思考/李亚非//南京经济学院学报 1999-02
◎关于宁夏旅游业战略创新的思考/刘锋 郭来喜//旅游学刊 1999-05
◎关于山东省海滨旅游区旅游开发之思考/纪玉国//海岸工程 1999-02
◎关于陕西省旅游管理体制的思考/郝索//旅游学刊 1999-05
◎关于上海旅游专线的思考/翟军 吴杨 王克起//旅游科学 1999-04
◎关于设立青岛海洋（旅游）节的建议/董志文//海岸工程 1999-02
◎关于深度开发青海湖旅游产业的探讨/谢佐//青海社会科学 1999-06
◎关于提升青岛旅游业发展水平的几点思考/张补宏 李好好//海岸工程 1999-02
◎关于我国旅游高等教育改革的若干思考/朱应皋 吴美华//桂林旅游高等专科学校学报 1999-S2
◎关于我国旅游企业不正当竞争行为的伦理与法律思考/王健 范清//南开管理评论 1999-01
◎关于我市旅游业面临的形势及对策/刘庆海 孙永刚//黑河学刊 1999-05
◎关于厦门市发展观光农业的思考/江三英 李朝阳 米红//农业经济 1999-01
◎关于乡村旅游可持续发展的思考/杜江 向萍//旅游学刊 1999-01
◎关于游线设计若干问题的研究/管宁生//旅游学刊 1999-03
◎关于在横琴岛设立“珠澳旅游试验区”的构想/广东省珠海市珠澳经济合作课题组//经济前沿 1999-08
◎关于中国旅游业行政管理行为与特征的若干认识/陈卫民//旅游学刊 1999-04
◎关于重庆旅游文化发展的若干问题探讨/陈国生//旅游科学 1999-04
◎观光果业热京郊/张瑞//绿化与生活 1999-06
◎观光旅游地客流时间分布特性的比较研究——以九寨沟、黄山及福建永安桃源洞鳞隐石林国家风景名胜区为例/张捷 都金康等//地理科学 1999-01
◎观光农业：江西旅游业的新亮点/黄世相//企业经济 1999-10
◎观光农业的新发展：庄园开发/叶林//探索与争鸣 1999-11
◎观光农业开发规划研究/张青年//大自然探索 1999-03
◎观光农业旅游——旅游百花园中的一枝新秀/阎锋//北京第二外国语学院学报 1999-02
◎观光农园旅游开发问题探讨/梁明珠//暨南学报（哲学社会科学版）1999-06
◎观光生态农业的基本特征与开发原则/周志翔 高翅等//中国生态农业学报 1999-04
◎广东海洋生态旅游及其持续发展之我见/马克美//生态科学 1999-03
◎广东旅游成为名牌“广货”/小小//广东大经贸 1999-02
◎广东旅游发展迎接新世纪的战略思考——访广东省旅游局局长吕伟雄//旅游学刊 1999-05
◎广东省森林生态旅游与可持续发展/张金泉//生态科学 1999-03
◎广东文化中的弊端对广州都市旅游的负面影响/朱 保继刚//岭南文史 1999-03
◎广西、澳门旅游业的合作与发展/周可达//桂海论丛 1999-06
◎广西滨海地区的旅游资源与开发建议/郝革宗//广西师院学报（自然科学版）1999-01
◎广西旅游地貌资源及其合理开发利用/林晓霞//广西师院学报（自然科学版）1999-02
◎广西旅游发展中的环境问题及对策/莫小莎 袁珈玲 蒙筱逸 蒋小勇//桂海论丛 1999-02
◎广西旅游海外客源市场仍不容乐观/周仲英//计划与市场探索 1999-04
◎广西旅游经济发展对策略论/郭晓合//改革与战略 1999-03
◎广西旅游气候资源分析/张艾//广西教育学院学报 1999-01
◎广西旅游资源开发的总体战略研究/杨颖瑜//桂海论丛 1999-03
◎广西旅游资源开发现状及走向/周作明//广西民族学院学报（哲学社会科学版）1999-S1
◎广西生态旅游的现状、问题和对策/李肇荣//广西经济管理干部学院学报 1999-02
◎广州港发展水路旅游的探讨/黄建//中国港口 1999-05
◎广州流溪河国家森林公园生态旅游初探/林媚珍//生态科学 1999-03
◎广州旅游城市形象的定位及有效推广探析/杨英//经济前沿 1999-06
◎广州旅游业可持续发展的旅游形象思考/陈烈 谢理//热带地理 1999-02
◎广州旅游业可持续发展战略对策/郝恩河//资源．产业 1999-06
◎广州旅游业跨世纪发展报告//商业时代 1999-07
◎广州旅游诱发点之洞悉——兼论模糊旅游战略/李冬环 黄福晟 郭恒亮//地域研究与开发 1999-04
◎广州市旅游购物发展的现状、问题及对策/肖玲//经济地理 1999-06
◎广州与桂、湘、赣、闽四省区旅游合作战略研究/林耿 李冬环//人文地理 1999-S1
◎广州在沿海开放城市的旅游形象定位研究/徐君亮//海岸工程 1999-02
◎规范民族民俗旅游的几点思考/胡绍林//中南民族学院学报（人文社会科学版）1999-02
◎贵州喀斯特地区旅游资源的变异与可持续利用/殷红梅//中国人口．资源与环境 1999-02
◎贵州旅游的文化氛围与取向/黄汉金//贵阳市委党校学报 1999-01
◎贵州旅游饭店业现状分析/胡敬民//理论与当代 1999-07
◎贵州旅游业发展的机遇和挑战/张遵东//贵州大学学报（社会科学版）1999-01
◎贵州旅游资源开发浅析/梅仕萍//地域研究与开发 1999-04

◎贵州民族旅游资源的开发与建设/张新娅//贵州师范大学学报(自然科学版) 1999-02

◎贵州平坝挂多地区喀斯特旅游资源的调查与评价/李波 张清等//贵州师范大学学报（自然科学版）1999-01

◎贵州少数民族节庆活动开发探析/余青 龙光文//贵州社会科学 1999-02

◎贵州省台江民族风情旅游资源开发利用/刘君昂 杨飞 杨华//中南林学院学报 1999-02

◎贵州织金洞客流时空分布规律与旅游者行为特征/殷红梅//地理学与国土研究 1999-02

◎桂林国际旅游产品模式探讨/韦瑾//桂林旅游高等专科学校学报 1999-03

◎桂林旅游经济和农林产业化发展模式及其举措——桂林旅游经济和农林产业化初探之二/王清荣 张瑞清//桂林市教育学院学报 1999-03

◎桂林旅游史研究的拓荒之作——评《桂林旅游史略》/钱宗范//社会科学家 1999-03

◎桂林旅游业主导性评析/周学谦 王艳梅//桂林旅游高等专科学校学报 1999-03

◎桂林生态旅游可持续发展对策初探/高振雯//广西林业科学 1999-03

◎郭沫若与旅游/陈兴中 陈向红//郭沫若学刊 1999-02

◎国际风景旅游城市指标体系研究/周玲强//城市规划 1999-10

◎国际旅游法刍议/刘敢生//国际商务-（对外经济贸易大学学报）1999-05

◎国际生态旅游市场分析/李东和//旅游学刊 1999-01

◎国家风景名胜资源上市的国家利益权衡/郑玉歆 张晓 郑易生 郭树声 张昕竹 陈小洪//数量经济技术经济研究 1999-10

◎国家旅游度假区人才资源需求类型研究——以无锡太湖国家旅游度假区为/赵克诚 孙中锋//西北人口 1999-02

◎国外旅游社会学研究管窥/李建欣//桂林旅游高等专科学校学报 1999-S2

◎国外体育休闲俱乐部管理初探/王晓莹 陈国强 高春燕 张瑞东//北京体育大学学报 1999-04

◎国有旅游饭店：何时走出亏损运营怪圈？/张枫//今日海南 1999-08

◎哈密地区旅游资源开发研究/阚耀平//干旱区地理 1999-03

◎哈纳斯自然保护区生态旅游研究/杨兆萍 焦黎//干旱区地理 1999-03

◎哈纳斯自然保护区生态旅游研究/杨兆萍 焦黎//干旱区地理 1999-03

◎海南岛的滨海旅游/戈健梅 龚文平//海岸工程 1999-02

◎海南发展生态旅游农业的市场分析与政策建议/蔡聚锁//琼州大学学报 1999-01

◎海南发展休闲渔业大有可为/林洪民//海南大学学报（社会科学版）1999-02

◎海南海岛生态旅游资源开发与保护/杜道林 苏杰 张建会 叶伟仲 钟琼芯//海南师范学院学报（自然科学版） 1999-01

◎海南旅游要在“山海民”上做文章/梁定基//今日海南 1999-04

◎海南旅游资源优势之我见/曹天禄//琼州大学学报 1999-02

◎海南山区旅游业发展的思考——对中部山区旅游业的调查/陈雄//琼州大学学报 1999-01

◎海洋旅游文化发展中的几个问题/曲金良//中国海洋大学学报（社会科学版）1999-01

◎杭州建设国际风景旅游城市战略研究/周玲强//浙江经济 1999-04

◎杭州旅游总体评价及发展浅析/裘书服//重庆三峡学院学报 1999-S1

◎杭州市旅游交通网络初步分析/张兴平 杨建军 毛必林//现代城市研究 1999-05

◎河北省森林生态旅游开发对策分析/刘春玲//石家庄师范专科学校学报 1999-02

◎河南旅游经济的发展战略/张国臣//决策探索 1999-10

◎河南旅游业与国民经济发展/赵新濠//市场研究 1999-09

◎河南省国际旅游客源市场分析/沈振剑//地域研究与开发 1999-02

◎黑龙江旅游的 OKL 框架结构及需解决的几个问题/黑龙江省社会科学院应用经济研究所课题组//黑龙江社会科学 1999-05

◎黑龙江旅游市场的特点、现状与潜力/王朗玲//哈尔滨市委党校学报 1999-01

◎黑龙江省滑雪旅游开发构想/杜庆臻//学习与探索 1999-04

◎黑龙江省旅游区划及其分区开发研究/吴相利//哈尔滨师范大学自然科学学报 1999-03

◎黑龙江省旅游业发展战略思考/刘春杰//哈尔滨师范大学自然科学学报 1999-04

◎黑龙江省旅游资源基本特征及吸引向性评价/吴相利 李雁 王国林//国土与自然资源研究 1999 04

◎狠抓旅游开发建设旅游名市/黄湘鄂//湖南经济 1999-11

◎红原县旅游业现状及其发展研究//西南民族学院学报（哲学社会科学版）1999-S7

◎呼盟发展旅游业的重要性及对策浅析/杨利民 董锐//呼伦贝尔学院学报 1999-02

◎湖北旅游业走势管见/夏席珍//江汉论坛 1999-07

◎湖北省大型湖泊水库旅游资源开发利用价值评价/徐晓音//经济地理 1999-04

◎湖南崀山丹霞地貌风景资源的开发/傅承宙//衡阳师范学院学报 1999-02

◎湖南旅游业发展的机遇与挑战/袁开国 杨洪 陈长春//湘潭师范学院学报（社会科学版）1999-03

◎湖南旅游业空间格局的演变及态势/许春晓//湖南经济 1999-07

◎湖南实现森林生态旅游可持续发展的几个问题/葛汉栋//湖南林业科技 1999-04

◎湖南新宁旅游区地域特征与旅游业发展研究/李坚//人文地理 1999-01

◎湖南新宁旅游区市场拓展研究/李坚//系统工程 1999 02

◎沪宁杭成长三角及其旅游业的发展/黄震方 储九志//资源开发与市场 1999-04

◎华安县发展生态旅游业的思路和对策/邹清水//福建地理 1999-01

◎怀柔旅游步入产业化/孙荣秋//北京工商 1999-08

◎环渤海经济圈中天津旅游业的深度开发与创新发展/李诗白//环渤海经济瞭望 1999-02

◎环渤海旅游圈的形成与发展/陈才//人文地理 1999-02

◎环丹江口水库经济区旅游开发的战略思考/马瑞平 刘炳强 徐亲英//洛阳工学院学报（社会科学版）1999-01

◎环太湖旅游带旅游业联合发展战略初探/黄震方 丁正山 李想//经济地理 1999-06

◎环太湖旅游带在上海旅游圈构架中再定位/丁季华//旅游科学 1999-01

◎焕发音乐的艺术风采——旅游资源开发研究系列·音乐篇/钟

声宏//广西民族学院学报（哲学社会科学版）1999-S1
⊙黄果树、龙宫旅游区旅游者行为特征分析/兰安军 殷红梅//贵州师范大学学报（自然科学版）1999-04
⊙黄金海岸烟台旅游指南/李科村王建伟//走向世界 1999-04
⊙黄山、九华山客流季节分布和国内客源市场比较研究/黄成林//安徽师范大学学报（自然科学版）1999-04
⊙黄山：向世界级旅游区迈进/许继伟//黄山学院学报 1999-01
⊙黄山国际旅游市场发展战略研究/龚振 唐留雄//财贸研究 1999-01
⊙黄山旅游资源开发与可持续利用研究/胡善风//桂林旅游高等专科学校学报 1999-02
⊙黄山市生态旅游开发的初步研究/李东和 刘玉亭//经济地理 1999-05
⊙黄山市特色旅游的现状及发展态势/李铮//华东森林经理 1999-02
⊙徽州文化旅游开发研究/黄成林 冯学钢//人文地理 1999-01
⊙回归前夕看澳门旅游业及其可持续发展/王伟臣 黄少辉//热带地理 1999-03
⊙回归自然 保护自然——生态旅游简论/杨雁//渝州大学学报（社会科学版）1999-01
⊙会稽山旅游度假区森林景观配置研究/韦新良//中南林业调查规划 1999-01
⊙火山（火山岩）旅游资源论评/陶奎元 邢光福 季绍新 杨祝良 赵宇 沈加林//资源调查与环境 1999-02
⊙积极发挥旅游在扩大内需和促进经济发展中的作用——兼论财政对发展旅游业的促进作用/项镜泉//中央财经大学学报 1999-07
⊙积极发展旅游业 促进经济结构调整/高响鸣//国际商务（对外经济贸易大学学报）1999-05
⊙基于旅游开发的宏观环境因子系统分析/刘家明 叶敏//干旱区地理 1999-02
⊙基于双赢战略的澳门——珠海旅游互动发展/保继刚 朱竑 陈虹//热带地理 1999-04
⊙基于遥感技术的地质地貌旅游资源调查与研究——以清江流域为例/李江风 刘吉平 汪华斌//地质科技情报 1999-02
⊙集结全国公交优势架构国内旅游集团/刘海冰//城市公共交通 1999-03
⊙济南市的旅游形象及其定位/梅青//济南大学学报（社会科学版）1999-06
⊙加快发展河北旅游大有可为/王新勇//经济论坛 1999-04
⊙加快发展浙西南旅游业的探讨/虞大才//商业经济与管理 1999-05
⊙加快旅游业发展构建陕西支柱产业/鬲向前//陕西经贸学院学报 1999-02
⊙加快培育旅游支柱产业 带动全区经济再上台阶/熊光林//四川政报 1999-33
⊙加快四川旅游业发展的思路与对策——考察云南旅游业之启示/李达昌//经济体制改革 1999-06
⊙加快云南旅游商品发展的对策/罗明义//创造 1999-09
⊙加拿大的旅游业/陶家元//高等函授学报（自然科学版）1999-06
⊙加强广西旅游宣传促销之我见/龙毅//桂林旅游高等专科学校学报 1999-04
⊙加强价格调控管理 促进旅游业发展/沈国华//广西市场与价格 1999-07
⊙加强科学管理保障旅游资源永续利用/程文栋//国土经济 1999-01
⊙加强水土保持 发展特色旅游经济/倪炳卿//水土保持通报 1999-04
⊙加入 WTO 对扬州市旅游、商贸业的影响/杨梅芳//江苏统计 1999-11
⊙加入 WTO 对我国旅游业的影响/谭苑芳//中山大学学报论丛 1999-06
⊙嘉陵江中游西充县域旅游产业发展与生态环境保护/李纯蛟//四川师范学院学报（自然科学版）1999-02
⊙坚持环境保护 促进旅游事业的可持续发展/舒代宁//西南民族学院学报（哲学社会科学版）1999-S6
⊙简论琅琊台旅游资源的保护与开发/张树枫//海岸工程 1999-02
⊙简论旅游业在我国国民经济发展中的地位及其作用/吴述席//平原大学学报 1999-02
⊙简析澳门旅游业的特征与前景/樊五勇//经济前沿 1999-10
⊙建立大客运全程综合服务观 发展港口客运商业旅游业/贺雨//中国港口 1999-02
⊙建立木兰生态旅游区的可行性研究/郝少波//武汉城市建设学院学报 1999-04
⊙建立一个大旅游体系——番禺旅游发展规划的思考/李建军 陈清//华南建设学院西院学报 1999-03
⊙建设旅游大环线带动民族地区经济发展——关于四川民族地区旅游资源开发的几点思考/刘家强//决策咨询通讯 1999-01
⊙建设民族文化大省 昆明旅游业应有新拓展/赵壹 杨洪英//经济问题探索 1999-09
⊙建设双山生态农业旅游岛的思考/李雪飞//生态经济 1999-06
⊙建设有连云港特色国际旅游城市的战略思考/吴加庆//江海学刊 1999-06
⊙建水县旅游资源开发层次与利用方向/马少春 陈伟//资源开发与市场 1999-05
⊙江津市南桥头花果观光园建设构想/陈华林 张大富//西南园艺 1999-01
⊙江南添新景 宋城绣杭州/邱晓军//中外管理导报 1999-03
⊙江苏国际旅游产业结构效益探析/朱应皋//学海 1999-03
⊙江苏旅游经济结构调整战略构想/王志凯//经济地理 1999-04
⊙江苏旅游业跨世纪可持续发展战略研究/朱应皋//南京经济学院学报 1999-06
⊙江苏沿海滩涂资源利用的新方向——生态旅游开发设想及其前景/王建业 朱大奎//海洋通报 1999-06
⊙江西佛教旅游资源评价与开发/田勇 刘明光//江西社会科学 1999-04
⊙江西四大风景名山规划反思/沛旋//建筑学报 1999-03
⊙解决旅游宰客问题的探讨/钱林晓//桂林旅游高等专科学校学报 1999-02
⊙借鉴香港经验 发展特色旅游/唐大勇//辽宁经济 1999-07
⊙借鉴中亚经验 让丝绸之路旅游结出硕果/裴德禄//东欧中亚市场研究 1999-11
⊙借生态环境旅游东风 开创森林旅游新局面//中国林业 1999-01
⊙金华旅游资源的态势与开发/陈桂良//商业经济与管理 1999-05
⊙金融危机对东北亚旅游客源市场的影响与我国的对策/何忠诚//东北亚论坛 1999-02
⊙金融危机与东南亚旅华客源市场形势分析/郭英之 姚新民//干旱区地理 1999-03
⊙近年来国内关于生态旅游研究综述/倪强//旅游学刊 1999-03

⊙进一步开发福建海外旅游市场的基本思路/王晓文//福建论坛(经济社会版)1999-04
⊙京九铁路沿线江西段地质旅游资源开发建议/马振兴//江西地质 1999-03
⊙京九铁路与井冈山旅游发展/邓世文//经济地理 1999-02
⊙京九线江西段旅游产业发展的对策//南昌大学学报(人文社会科学版)1999-02
⊙泾水与文化生态旅游/薛正昌//固原师专学报 1999-04
⊙经济转型期国际旅游业的战略经营/吉国秀//沈阳师范学院学报(社会科学版)1999-01
⊙精心保护世界独特的石林风景资源/宋林华//国土经济 1999-01
⊙井冈山风景名胜区旅游功能分区与项目规划/陆林 徐殿忠//安徽师范大学学报(人文社会科学版)1999-03
⊙井冈山旅游市场开发规划研究/陆林 曾纪洁//安徽师范大学学报(自然科学版)1999-01
⊙景点导游对旅游客源增长的影响/杜景章//外向经济 1999-04
⊙景观生态学在旅游规划中的应用/祁黄雄 林伟立//人文地理 1999-01
⊙景洪市与国际现代化旅游城市接轨的思考/岩甩//经济问题探索 1999-02
⊙靖西旅游气候资源评价及其利用/陆耀凡//广西气象 1999-02
⊙九寨沟还能美多久/曹海丽//农村经济与科技 1999-08
⊙开发都市型乡村旅游产品/杨劲松//社会 1999-03
⊙开发贵州旅游资源应突出贵州特色/廖善友//贵州教育学院学报(社会科学版)1999-02
⊙开发和培育香格里拉旅游文化产业/倪荣华//创造 1999-11
⊙开发红湖旅游区 争创省级旅游景点/李纯志//水利天地 1999-S1
⊙开发江西地质旅游资源的思考/马振兴 蒋玉珍//江西社会科学 1999-10
⊙开发龙头山森林公园生态旅游的构想/丁培强//生态科学 1999-04
⊙开发旅顺海上旅游业的构想/高松生//大连干部学刊 1999-03
⊙开发旅游农业 推动产业创新/蒋昌忠//理论月刊 1999-08
⊙开发旅游资源 实现旅游强省/何伟//湖南教育学院学报 1999-03
⊙开发旅游资源拉动县域经济发展——宁城县旅游资源开发利用的调查分析/刁淑丽//理论研究 1999-06
⊙开发旅游资源实现旅游强省/何伟//湖南师范大学教育科学学报 1999-03
⊙开发旅游资源振兴耒阳经济/段志刚//湖南经济 1999-10
⊙开发青岛旅游商品之我见/高玉玲//海岸工程 1999-02
⊙开发三峡坝区会议旅游业的探讨/韩健//中国三峡建设 1999-02
⊙开发森林生态旅游 促进伊春经济发展/沈长智//中国林业企业 1999-04
⊙开发天台山森林生态旅游资源途径刍议/吴志文//中国林副特产 1999-04
⊙开发文物资源 培育经济增长点/傅国盛//文物春秋 1999-S1
⊙开发一方景区繁荣地方经济致富周边百姓——安顺地区旅游扶贫的功能与模式/蔡雄 程道品//桂林工学院学报 1999-04
⊙开拓国内旅游市场的再探索/程萩//黄山学院学报 1999-03
⊙开展'99 旅游发展年活动 全面包装启动烟台旅游业/杨金镜//山东经济战略研究 1999-05
⊙科学技术——现代旅游业发展的强大推力/张金珂//科学中国人 1999-09
⊙科学制定旅游价格促进旅游事业的发展/刘辉飞//广西市场与价格 1999-08
⊙可持续旅游、生态旅游及实施方案/牛亚菲//地理研究 1999-02
⊙可持续旅游的理论与实践/王富玉//管理世界 1999-04
⊙可持续旅游发展论——一个关于江苏旅游业发展的个案研究/朱应皋//当代经济研究 1999-12
⊙孔孟故里之九龙山风景区旅游开发研究/张全景//曲阜师范大学学报(自然科学版)1999-03
⊙跨世纪广州旅游市场开发策略探讨/梁明珠//商业经济文荟 1999-06
⊙昆明国际旅游城市旅游商品的营销策略/黄继元//云南财贸学院学报 1999-S1
⊙昆明旅游圈发展规划优化研究的理论认识/于希贤//云南民族学院学报(哲学社会科学版)1999-03
⊙昆明市旅游业发展研究/田里//地理学与国土研究 1999-03
⊙拉动内需:陕西选择旅游业的原因及对策/马述忠 宋迎春 山传海//桂林旅游高等专科学校学报 1999-S1
⊙澜沧江流域旅游资源特点及开发构想/田里 陈彤//生态经济 1999-04
⊙乐山市旅游事业发展若干问题思考/罗佳明//理论与改革 1999-04
⊙理县旅游业现状及其发展研究//西南民族学院学报(哲学社会科学版)1999-S7
⊙历史文化名城的旅游形象设计与实施策略——平遥古城的案例研究/崔凤军 蒙吉军//人文地理 1999-02
⊙历史文化名城的文物保护与旅游发展——扬州的得失引发的名城文物保护的忧思/潘宝明//旅游学刊 1999-03
⊙历史文化与旅游经济结合之浅析/周佐明//企业经济 1999-11
⊙历史形成的杭州特色及其对杭州跨世纪发展的影响/林正秋 孙跃等//杭州师范学院学报 1999-02
⊙立足资源优势构建"旅游活县"蓝图/聂叙昌//湖南经济 1999-02
⊙利用新疆旅游资源促进旅游业可持续发展/王志远//中共乌鲁木齐市委党校学报 1999-Z2
⊙利用信息网络技术推动铁路旅游业的发展/吕宝水//科学与管理 1999-01
⊙溧阳沙河水库:抓住了龙头——对溧阳沙河水库实施旅游带动战略的调查/吴惠盐 张勇//水利经济 1999-06
⊙连云港旅游市场的定位与创新/易荣华//连云港化工高等专科学校学报 1999-04
⊙两汉文化相约在徐州——构建徐州文化旅游热点城市刍议/苏金康//江苏政协 1999-12
⊙辽宁旅游资源评价与区划/夏学英//沈阳师范学院学报(社会科学版)1999-04
⊙辽宁省森林旅游资源开发利用现状及对策/谭振军//辽宁林业科技 1999-05
⊙林芝县域及邻近地区旅游资源综合评价/方一平 傅绥宁//山地学报 1999-02
⊙临安旅游业的发展及金融对策/冯永平//浙江金融 1999-02
⊙临沂市旅游业发展思考/王瑞柱//山东经济战略研究 1999-07
⊙灵石县文化旅游业成为新的经济增长点/灵宣//今日山西 1999-03
⊙留住青山办旅游/浩昊//经济与信息 1999-02
⊙柳暗花明又一村 旅游业电子商务基本框架设想/魏小安//信息系统工程 1999-09
⊙龙腾——龙峪湾国家森林公园开发纪实//河南林业 1999-04
⊙龙游石窟群旅游资源的开发与保护/方龙龙 金平斌//科技通报

1999-01
⊙庐山旅游气候资源分析与思考/罗冰 陈忠//江西气象科技 1999-04
⊙泸西：走旅游带动型之路/李金玺//今日民族 1999-03
⊙旅行社创新对策初探/赵毅//西南师范大学学报（哲学社会科学版）1999-06
⊙旅行社服务质量与游客满意感影响因素分析/沈向友//旅游学刊 1999-05
⊙旅行社经营新理念——“度身定做”/戴维奇 颜澄//旅游科学 1999-03
⊙旅游、现代性与“好恶交织”——旅游社会学的理论探索/王宁//社会学研究 1999-06
⊙旅游博彩业仍是今后澳门经济的主导产业/陈广汉//人民论坛 1999-12
⊙旅游产品的市场定位——兼析“农家乐”/刘蓬春//西南民族学院学报（哲学社会科学版）1999-S6
⊙旅游产品的重新界定及其现实意义/白永秀 范省伟//当代经济科学 1999-03
⊙旅游产品生命周期理论研究——以秦兵马俑为例/朱晓杰 张斌//桂林旅游高等专科学校学报 1999-01
⊙旅游产业 教中国“卖”自己/方舟//中国工商 1999-01
⊙旅游产业化进程中的财政调控与监管//中国财政 1999-09
⊙旅游产业结构和组织结构调整的思考/顾德道//浙江经济 1999-03
⊙旅游产业结构评价方法初议/师萍//西北大学学报（哲学社会科学版）1999-01
⊙旅游产业体系的深化发展与政府主导型战略的实施——中国旅游业回顾与思考/邱剑英//桂林旅游高等专科学校学报 1999-S2
⊙旅游产业应成为湖北跨世纪发展的重要支柱/金早 周志斌//江汉论坛 1999-05
⊙旅游产业与广东新经济增长点/李江帆//广东经济 1999-01
⊙旅游产业与旅游增加值的测算/李江帆//旅游学刊 1999-05
⊙旅游促销的 Bayes 经济决策分析模型/秦立功//桂林工学院学报 1999-04
⊙旅游的定义与中国古代旅游的起源/郑焱//湖南师范大学社会科学学报 1999-04
⊙旅游的社会基础、价值及负重探微/程爵浩//桂林旅游高等专科学校学报 1999-01
⊙旅游的研究方法及旅游本质的探讨/李广全 崔庠//桂林旅游高等专科学校学报 1999-S2
⊙旅游地理学研究现状及其研究内容刍议/田勇//桂林旅游高等专科学校学报 1999-S2
⊙旅游地理学在中国的发展回顾/刘锋//地理研究 1999-04
⊙旅游地名的功能分析/文朋陵//中国地名 1999-04
⊙旅游地形象的传播策略初探/李蕾蕾//深圳大学学报（人文社会科学版）1999-04
⊙旅游地形象设计刍议/赵普光//西安交通大学学报（社会科学版）1999-03
⊙旅游动机定量分析及其对策研究/张卫红//山西财经大学学报 1999-04
⊙旅游对目的地社会文化影响研究结构框架/刘赵平//桂林旅游高等专科学校学报 1999-01
⊙旅游发展驱动机制及动力模型探析/彭华//旅游学刊 1999-06
⊙旅游饭店顾客导向定价模式浅析/王卫东//桂林旅游高等专科学校学报 1999-01
⊙旅游非道德行为与旅游道德的塑造/田勇//桂林旅游高等专科学校学报 1999-02
⊙旅游扶贫的可行性研究工作/朱明芳//桂林旅游高等专科学校学报 1999-03
⊙旅游服务（续）/张广瑞//旅游学刊 1999-04
⊙旅游服务/张广瑞//旅游学刊 1999-03
⊙旅游服务标准化的研究/刘纯//中国标准化 1999-03
⊙旅游服务的质量标准及经济意义/李艳白//北方经贸 1999-03
⊙旅游服务的概念明确化/朱桂凤//北华大学学报（社会科学版）1999-01
⊙旅游服务的无形性与有形展示/张文建 王晖//桂林旅游高等专科学校学报 1999-S2
⊙旅游概念存在的泛化倾向及其影响/谢彦君//桂林旅游高等专科学校学报 1999-01 现阶段我国乡村旅游产品的供需特征及开发/潘秋玲//地域研究与开发 1999-02
⊙旅游高等教育与知识经济时代的对接与整合研究/董观志//桂林旅游高等专科学校学报 1999-S2
⊙旅游高等院校的运动休闲课程设计/陈炜//旅游学刊 1999-S1
⊙旅游高等专科教育现代化的探讨/谢北立 吴忠军//旅游学刊 1999-S1
⊙旅游公共关系研究/施懿超//桂林旅游高等专科学校学报 1999-S2
⊙旅游观光农业的发展理论与实践——兼谈泰山旅游观光农业的发展问题/王仁强//泰山乡镇企业职工大学学报 1999-04
⊙旅游管理本科专业人才培养模式与课程设置初探/张建春 张宏梅//安徽师范大学学报（自然科学版）1999-03
⊙旅游管理学学科建设若干基本问题的研究/颜醒华//桂林旅游高等专科学校学报 1999-S2
⊙旅游管理专业技能教学研究/周旗 张玉才//南都学坛 1999-03
⊙旅游管理专业人才的素质培养/马华泉//佳木斯大学社会科学学报 1999-05
⊙旅游规划的发展历程与趋势/吴人韦//旅游科学 1999-04
⊙旅游规划的目标与指标/吴人韦//城市规划汇刊 1999-03
⊙旅游规划的指标设置/吴人韦//旅游学刊 1999-04
⊙旅游规划工作的几点思考/柯显东//广西林业科学 1999-01
⊙旅游还是奢侈品吗//了望 1999-52
⊙旅游环境问题及其可持续发展对策/辛建荣 唐嘉耀//世界环境 1999-01
⊙旅游活动对风景区地被植物—土壤环境影响的初步研究/冯学钢 包浩生//自然资源学报 1999-01
⊙旅游活动社会附加成本的定量分析/夏林根 蔡新会 王小卫//旅游科学 1999-02
⊙旅游集散地规划建设初探——以云南鹤庆县为例/管宁生//社会科学家 1999-03
⊙旅游交往问题初探/谢彦君//旅游学刊 1999-04
⊙旅游教育和培训——对未来需求的一些思考/卡尔逊·詹金斯 陶莹 刘堂//旅游科学 1999-04
⊙旅游教育与跨世纪旅游人才的培养/崔进//中国三峡建设 1999-02
⊙旅游解说系统的规划和管理/吴必虎//旅游学刊 1999-01
⊙旅游解说系统研究——以北京为例/吴必虎//人文地理 1999-02
⊙旅游经济地区结构与区域经济协调发展研究/金波 王合生//山东师范大学学报（自然科学版）1999-04
⊙旅游经济学的研究体系初探/钱林晓//桂林旅游高等专科学校学报 1999-S2

◎旅游景点、景区开发利用探析——襄阳古隆中景区与南阳卧龙岗景区开发利用比较研究/郭荣朝//绥化师专学报 1999-02

◎旅游开发中文化资源的价值转化/赵翔翔//决策与信息 1999-02

◎旅游可持续发展与生态伦理要求/彭忠信//邵阳师范高等专科学校学报 1999-01

◎旅游可持续发展与游客招徕模式的创新——简论社会营销理念/李淳燕//云南经济管理干部学院学报 1999-03

◎旅游客源市场分析——我国人口学一个亟待开拓的应用研究领域/窦群//人口与经济 1999-04

◎旅游联合促销的困境分析及突围途径选择//西北大学学报（哲学社会科学版）1999-02

◎旅游美学的基本内涵及其理论框架/庄志民//桂林旅游高等专科学校学报 1999-S2

◎旅游企业重组与联合促销/吕言 文珍//北京第二外国语学院学报 1999-04

◎旅游气候资源的 Fuzzy 评价探讨——以太白山为例/杨尚英 张秦伟 陈小宁 郭晓辉//咸阳师范专科学校学报 1999-06

◎旅游商品开发浅析/樊姝玉 杨达源 李徐生//资源开发与市场 1999-02

◎旅游社会学简论/郑本法//甘肃行政学院学报 1999-03

◎旅游史学论略/陈国生 罗文//桂林旅游高等专科学校学报 1999-S2

◎旅游市场的发展趋势及利用——兼谈陕西旅游市场的开发/王群//陕西经贸学院学报 1999-06

◎旅游市场的特点与市场定位/毛金凤//辽宁教育学院学报 1999-04

◎旅游市场扩大内需潜力巨大/李德才//中国市场 1999-07

◎旅游市场失效与市场竞争规制——兼论浙江省旅游业的发展/丁力//浙江大学学报（人文社会科学版）1999-06

◎旅游市场消费者权益的法律保护/吴全华 王莉霞//理论导刊 1999-06

◎旅游市场营销管理创新探析——基于服务管理的观点/郑基银//南开管理评论 1999-03

◎旅游市场营销环境可持续发展研究/郭英之//经济地理 1999-03

◎旅游税：发展北京旅游产业的一个新思路/许光建//北京物价 1999-04

◎旅游文化学：研究选位与学科框架/张国洪//旅游学刊 1999-Z1

◎旅游文化与湖北旅游/范杰//湖北广播电视大学学报 1999-04

◎旅游文化与文化旅游/焦雪岱//实践 1999-11

◎旅游文献资源开发利用刍议/卢华语//旅游学刊 1999-S1

◎旅游系统的结构与功能/吴人韦//城市规划汇刊 1999-06

◎旅游系统规划——一种旅游规划新思路/刘峰//地理学与国土研究 1999-01

◎旅游系统模型：整体理解旅游的钥匙/王家骏//无锡教育学院学报 1999-01

◎旅游现象若干基本概念探讨//桂林旅游高等专科学校学报 1999-S2

◎旅游现象与环境生态保护//桂林旅游高等专科学校学报 1999-S2

◎旅游消费的概念及其基本特征刍议/贺小荣//桂林旅游高等专科学校学报 1999-S2

◎旅游消费在拉动经济中扮演重要角色/郑小琦//了望 1999-31

◎旅游兴市 大有可为——武夷山市旅游兴市发展战略实践的哲学思考/陈祥龙//发展研究 1999-11

◎旅游兴市 大有可为——武夷山市旅游兴市发展战略实践的思考/陈祥龙//中国党政干部论坛 1999-04

◎旅游兴州、生物强州、口岸活州——来自西双版纳的报道/奚云华//今日民族 1999-08

◎旅游行业资产经营及其策略研究/蒋太才//四川行政学院学报 1999-03

◎旅游行政管理学建设管见/吴忠军//桂林旅游高等专科学校学报 1999-S2

◎旅游学的发展与旅游教育面临的挑战/李天元//桂林旅游高等专科学校学报 1999-S2

◎旅游学概论教学内容的合理构架/张晓慧//桂林旅游高等专科学校学报 1999-S2

◎旅游学概论课程教材内容改革的探索/郭伟//教学研究 1999-02

◎旅游学科体系研究：回顾与展望/李建欣//旅游学刊 1999-S1

◎旅游业，一个产业化组织的过程/张吉林//财贸经济 1999-02

◎旅游业：国民经济新的增长点——兼论江苏旅游业的产业地位和发展前景/经圣贤//现代经济探讨 1999-06

◎旅游业：我市经济新的增长点/车健明//南方论刊 1999-05

◎旅游业：新疆经济发展新的增长点/袁英//价格与市场 1999-04

◎旅游业——浦东功能开发的催化剂/李云章//浦东开发 1999-06

◎旅游业必须走向法制化/俞晓萍//中共成都市委党校学报 1999-02

◎旅游业——边境地区经济发展的新增长点/周晓燕//北方经贸 1999-01

◎旅游业的持续发展与 ISO14000 系列标准/张静抒//西安电子科技大学学报（社会科学版）1999-02

◎旅游业的服务经营观念/高亦农//旅游科学 1999-04

◎旅游业的机遇与挑战/宁华//市场与电脑 1999-07

◎旅游业的两种发展观和政策导向/钟海生//旅游学刊 1999-01

◎旅游业的全球化与我国旅游教育的国际接轨/肖丽//桂林旅游高等专科学校学报 1999-S2

◎旅游业的社会弊端及其治理/郑本法//甘肃社会科学 1999-05

◎旅游业的网络营销发展态势及对策/张青年 杨云//桂林旅游高等专科学校学报 1999-01

◎旅游业电子商务基本框架设想/魏小安//旅游科学 1999-03

◎旅游业宏观配置管理的意义和措施浅析/楼嘉军//旅游科学 1999-02

◎旅游业——湖南经济新的增长点/陈水波//财经理论与实践 1999-03

◎旅游业领域资源配置的质量评价——以无锡为例/王志凯//经济地理 1999-02

◎旅游业南京经济增长新动力/徐机玲//了望 1999-05

◎旅游业是带动西南经济快速发展的先导产业/马智利//资源开发与市场 1999-01

◎旅游业也需贯彻可持续发展思想/魏敬华//长白学刊 1999-04

◎旅游业与经济发展水平之间的关系/闫敏//旅游学刊 1999-05

◎旅游原理基本命题研究//桂林旅游高等专科学校学报 1999-S2

◎旅游者的空间行为及其与旅游开发、线路设计、宾馆选址的关系兼论内江及川南旅游业的发展/李波 袁天凤//内江师范高等专科学校学报 1999-02

◎旅游者消费行为和旅游消费地区差异的经济分析——兼与余书炜同志商榷/张凌云//旅游学刊 1999-04

◎旅游者消费行为模式及其相关因素的分析/林增学//桂林旅游高等专科学校学报 1999-04

◎旅游主题公园的网上促销技术与措施/高平//信息与电脑 1999-06

◎旅游专业职业素质教育教学方法探索/崔进//湖北三峡学院学报 1999-S1
◎旅游资源非优区突变情况下的旅游开发及实例研究/刘玉//南京师大学报（自然科学版）1999-04
◎旅游资源分类评价的规划学研究/周建明//国土与自然资源研究 1999-03
◎旅游资源观念的发展演变及对上海都市旅游可持续发展的思考/马雪萍//旅游科学 1999-01
◎旅游资源既是有限的又是无限的/王兴斌//国土经济 1999-01
◎旅游资源开发和保护的辩证关系探析/张进福//北京第二外国语学院学报 1999-04
◎旅游资源开发与旅游文化研究/陈荣富//商业经济与管理 1999-02
◎旅游资源与大理旅游经济/王丽珠//云南社会科学 1999-05
◎绿色营销：深度开发神农架旅游的市场战略选择/胡建伟//北京第二外国语学院学报 1999-04
◎略论“马大效应”与旅游业/王仕佐 杨明//贵州大学学报（社会科学版）1999-02
◎略论“文化旅游”/郭丽华//北京第二外国语学院学报 1999-04
◎略论承德森林风景资源类型及保护与开发对策/张福//承德民族职业技术学院学报 1999-04
◎略论迪庆旅游发展思路/黄智//昆明大学学报 1999-01
◎略论广西新的经济增长点——旅游经济/欧阳刚//学术论坛 1999-03
◎略论湖南入境旅游消费市场/徐飞雄//湖南社会科学 1999-02
◎略论旅游学的理论体系/王德刚//旅游学刊 1999-01
◎略论四川小城镇旅游资源开发的现状与对策/黄智太//西南民族学院学报（哲学社会科学版）1999-S6
◎略论武汉市楚文化旅游开发/郭清霞//人文地理 1999-02
◎略论休闲消费文明过程中的政府行为/王勇//江西行政学院学报 1999-S1
◎论“石牌文化”及其旅游开发价值/崔进//重庆三峡学院学报 1999-S1
◎论 21 世纪中国旅游景观建设的走向/颜怀学 颜晓泓//合肥工业大学学报（社会科学版）1999-01
◎论阿城“金源文化”和旅游经济的开发/李振江 王勤//黑龙江农垦师专学报 1999-02
◎论澳门旅游业/张进福//旅游学刊 1999-03
◎论北海旅游市场的规范和拓展/李光劭//广西市场与价格 1999-05
◎论冰雪旅游对黑龙江经济的拉动作用/刘玉珍 高士刚//冰雪运动 1999-03
◎论城市旅游形象塑造——以武汉市为例/李娟文 彭红霞 何军//人文地理 1999-03
◎论崇武旅游开发中的几个理论问题/潘年英//黎明职业大学学报 1999-03
◎论川南旅游资源的开发/李波//资源开发与市场 1999-04
◎论大旅游与西安市旅游业再发展/赵荣 李宝祥//经济地理 1999-04
◎论大武夷旅游经济体系/唐孝文//林业经济问题 1999-04
◎论大武夷旅游经济体系/唐孝文//林业经济问题 1999-04
◎论邓小平的旅游开发思想/刘建平//湘潭大学社会科学学报 1999-06
◎论发展滑雪旅游/张德成//冰雪运动 1999-01
◎论福建妈祖文化旅游资源的开发/景秀艳 吴金林//福建地理 1999-01
◎论古典旅游资源的开发利用——以上海嘉定为例/夏林根//华东理工大学学报（社会科学版）1999-02
◎论广西历史文化旅游资源的开发/陈剑之//广西民族学院学报（哲学社会科学版）1999-S1
◎论广西旅游市场的开发/梁汝英 何季灵//广西商业经济 1999-Z2
◎论广州旅游形象建设/李志民//人文地理 1999-S1
◎论广州优势旅游资源发展战略/刘亦文//岭南文史 1999-01
◎论桂澳旅游业的联动发展/黎鹏//人文地理 1999-02
◎论桂林的户外广告/熊越强//桂林旅游高等专科学校学报 1999-S1
◎论桂林旅游经济和农林产业化特点及其相互关系——桂林旅游经济与农林产业化初探之一/王清荣//桂林市教育学院学报 1999-02
◎论国际旅游竞争力/黎洁//商业经济与管理 1999-04
◎论国际旅游竞争力及其阶段性演进/黎洁//社会科学家 1999-05
◎论湖南省旅游业可持续发展/孙海燕//常德师范学院学报（社会科学版）1999-03
◎论郊野旅游功能的开发/肖胜和 明庆忠//经济问题探索 1999-05
◎论经济发展与产业政策——通过云南省、昆明市旅游经济的迅猛发展看产业政策的威力/阎锋//北京第二外国语学院学报 1999-04
◎论开设“旅游技术经济”课程的必要性与重要性/李肇荣 刘雪巍//桂林旅游高等专科学校学报 1999-S2
◎论乐山旅游业的产业化和产业结构调整/陈兴中//乐山师范高等专科学校学报 1999-02
◎论旅行社经营中的不平等竞争/言者 黄震方 丁正山//东南大学学报（哲学社会科学版）1999-02
◎论旅游贷款市场的拓展与风险防范/武邦涛//上海金融 1999-11
◎论旅游的社会文化影响/王雪华//桂林旅游高等专科学校学报 1999-S2
◎论旅游对经济的作用与影响/舒晶//计划与市场 1999-07
◎论旅游高等教育与旅游高级人才的培养——兼议旅游高等院校的产业化改革/王大悟//桂林旅游高等专科学校学报 1999-S2
◎论旅游规划的性质/吴人韦//地理学与国土研究 1999-04
◎论旅游交通与交通旅游/孙有望 李云清//上海铁道大学学报 1999-10
◎论旅游经济利益的外力创造/何佳梅//经济地理 1999-02
◎论旅游投资行为与旅游业的可持续发展/王云才//桂林旅游高等专科学校学报 1999-S1
◎论旅游现象的基础研究/申葆嘉//旅游学刊 1999-03
◎论旅游消费与经济增长/傅京燕//旅游科学 1999-03
◎论旅游行业管理——以上海嘉定区为例/夏林根//旅游科学 1999-04
◎论旅游学的研究对象与范围/申葆嘉//桂林旅游高等专科学校学报 1999-03
◎论旅游学基础理论研究与方法论/申葆嘉//旅游学刊 1999-S1
◎论旅游学研究的对象和任务/王德刚//桂林旅游高等专科学校学报 1999-S2
◎论旅游业的可持续发展/高曾伟//镇江市高等专科学校学报 1999-02
◎论旅游业的投入产出问题/王湘 李凌鸥//北京第二外国语学院学报 1999-04
◎论旅游业的依法治理/王莉霞//西安外国语学院学报 1999-04
◎论旅游业可持续发展/谢亚男//湘潭大学社会科学学报 1999-03

⊙论旅游业增长方式的转变及其途径/韩玫丽//北京第二外国语学院学报 1999-02
⊙论旅游院校应以旅游产业需要设置专业/李肇荣//桂林旅游高等专科学校学报 1999-S1
⊙论旅游者人均支出水平的地区差异——预漏损现象的发现及其分析/余书炜//旅游学刊 1999-02
⊙论旅游专业教学改革中的观念更新/王晨光//桂林旅游高等专科学校学报 1999-S2
⊙论旅游资源合理利用的生态经济准则/何丽芳//湖南林业科技 1999-04
⊙论旅游资源与旅游生产力精品工程建设/刘锋//资源. 产业 1999-05
⊙论闽文化底蕴与福建的文化旅游/王荣国//厦门大学学报（哲学社会科学版）1999-01
⊙论明清长江三角洲地区旅游活动及其社会意义/陈建勤//扬州大学学报（人文社会科学版）1999-05
⊙论南京龙头旅游资源的开发与选择/赵仁平//现代城市研究 1999-05
⊙论区域性旅游集团企业的组建/冯涓//北京第二外国语学院学报 1999-04
⊙论日本旅华市场态势与拓展战略/邓亚萍//桂林旅游高等专科学校学报 1999-03
⊙论森林旅游业的可持续发展/尹少华//生态经济 1999-04
⊙论山西旅游资源的六大总体特征/杨晓国//晋阳学刊 1999-03
⊙论陕西省旅游业海外客源市场的结构与深层开发/葛公文//陕西教育学院学报 1999-03
⊙论少数民族地区旅游资源的开发/杨树青//社科纵横 1999-02
⊙论生态旅游/沈月琴 吴伟光 赵伟明//浙江林业科技 1999-06
⊙论生态旅游产品的开发/王大悟//旅游科学 1999-01
⊙论生态旅游促进神农架旅游业可持续发展/张忠旺//襄樊学院学报 1999-05
⊙论生态旅游促进蜀南竹海旅游业可持续发展/鄢和琳//旅游学刊 1999-06
⊙论生态旅游促进重庆旅游业的可持续发展/陈国生 吴建华 王育卫//云南地理环境研究 1999-02
⊙论生态旅游的兴起及其概念实质/李东和 张结魁//地理学与国土研究 1999-02
⊙论生态旅游内涵的发展/王跃华//思想战线 1999-06
⊙论生态旅游区开发中的景观设计/江云//环境与开发 1999-04
⊙论生态旅游资源/杨桂华//思想战线 1999-06
⊙论生态农业旅游的可持续发展/江金波//嘉应大学学报 1999-01
⊙论我国国际旅游业的竞争战略/龚振//财贸研究 1999-06
⊙论我国旅游工艺品的开发与创新/张文祥//桂林旅游高等专科学校学报 1999-02
⊙论武汉服务三峡旅游的基本策略/李家清 卢武强//辽宁师范大学学报（自然科学版）1999-03
⊙论现代旅游产业的政府主导型战略/高仁泽//技术经济与管理研究 1999-04
⊙论云南旅游业的可持续发展/张怀渝//学术探索 1999-02
⊙论云南民族文化旅游的开发/罗明义//学术探索 1999-02
⊙论浙江旅游发展的总体思路和产品格局/汪银儿//商业经济与管理 1999-05
⊙论中国旅游业的跨世纪发展战略/肖星//西北师范大学学报（自然科学版）1999-02
⊙论重庆大旅游的多元构建与开发/唐德祥//重庆工学院学报 1999-03
⊙迈向21世纪的柬埔寨旅游业/彭晖//东南亚纵横 1999-Z1
⊙迈向新世纪的贵州旅游业/刘秀鸾//当代贵州 1999-10
⊙漫谈“生态旅游”/翟峰//城乡建设 1999-06
⊙漫谈陕西旅游的卖点/陈高升 刘艳卫//价格与市场 1999-06
⊙茂县旅游业现状及其发展研究//西南民族学院学报（哲学社会科学版）1999-S7
⊙美国旅行社业最新发展态势研究——兼议对中国旅行社业的启迪/刘赵平//旅游学刊 1999-03
⊙面向21世纪的旅游服务业/孔德星//企业活力 1999-01
⊙面向21世纪加快发展云南旅游业的几点思考/程鹰//经济问题探索 1999-11
⊙面向21世纪旅游产业发展趋势与市场开发研讨会概述/马传栋//经济学动态 1999-11
⊙面向21世纪旅游管理人才的培养/刘文江 王文君 梁玉社//天津商学院学报 1999-01
⊙面向21世纪旅游管理人才素质培养的研究/刘继红//旅游科学 1999-02
⊙面向21世纪旅游管理专业（本科）培养目标的调整与课程体系的变革/杜江等//桂林旅游高等专科学校学报 1999-S2
⊙面向21世纪我国旅游教育改革与发展的思考/袁书琪//旅游学刊 1999-S1
⊙面向21世纪扬州旅游经济发展思路/海文 丁昕//现代管理科学 1999-05
⊙面向21世纪扬州旅游经济发展思路/魏文杰 丁建平//扬州大学学报（人文社会科学版）1999-03
⊙面向新世纪建设山水园林旅游城市/张建光//发展研究 1999-11
⊙面向游客的旅游信息系统研究/周春林 石高俊//地域研究与开发 1999-03
⊙民俗旅游的社会价值/彭谊//广西民族研究 1999-01
⊙民俗旅游学的几个问题/吴忠军//桂林旅游高等专科学校学报 1999-01
⊙民俗学者与旅游策划——由克林顿西安入城式引发的思考/赵宇共//民俗研究 1999-04
⊙闽东南自然旅游资源及其开发对策/陈居成 黄广宇//福建地理 1999-02
⊙名城的旅游文化传统与创新/邓祝仁//南宁师范高等专科学校学报 1999-02
⊙名城的旅游文化传统与拓展创新/邓祝仁//桂林旅游高等专科学校学报 1999-S1
⊙名人效应与旅游及其他/刘季华//郭沫若学刊 1999-02
⊙目标·方法·测评——旅游高等职业教育的能力训练模式/张百佳//鹭江职业大学学报 1999-04
⊙内地与香港旅游业跨区域协作的实施途径分析/舒伯阳 马勇//世界地理研究 1999-02
⊙内蒙古旅游客源市场开发研究/郝晓兰//内蒙古财经学院学报 1999-02
⊙内蒙古旅游业近期发展思路//北方经济 1999-03
⊙南安五台山森林旅游资源现状及开发刍议/叶贻向//福建林业科技 1999-03
⊙南澳旅游开发的几个问题/梁国昭//热带地理 1999-02
⊙南洞庭湖生态旅游资源开发与利用研究/陈凤翔 钟永德 张合平 何平//中南林学院学报 1999-04
⊙南海风光无限好——广东滨海旅游资源开发研究/陈升忠 周厚诚 黄卫凯//海洋开发与管理 1999-01

⊙南海市西樵山景区的旅游开发浅谈/雷明德 雷羡梅//西北大学学报（哲学社会科学版）1999-01

⊙南麂列岛生态旅游开发研究/范雪蓉//广西师院学报（自然科学版）1999-01

⊙南京东郊风景区体育休闲、娱乐、旅游产业的开发前景与构想/孟凡运//南京体育学院学报 1999-03

⊙南京旅游业现状分析及发展探索/李亚非 朱应皋//南京航空航天大学学报（社会科学版）1999-02

⊙南京西郊的旅游开发方向与开发策略/徐菲菲 黄震方//资源开发与市场 1999-03

⊙南昆铁路贵州段经济带主导产业选择（节选）/鲍吉锐//黔西南民族师范高等专科学校学报 1999-02

⊙南宁市旅游资源定量评价/苏广实//广西教育学院学报 1999-03

⊙南坪县旅游业现状及其发展研究//西南民族学院学报（哲学社会科学版）1999-S7

⊙宁夏旅游业跨世纪持续发展战略探讨/刘锋//市场经济研究 1999-04

⊙宁夏旅游业生产力空间布局研究/刘锋//宁夏大学学报（自然科学版）1999-03

⊙宁夏旅游资源类型与功能结构分析/黄婧//宁夏大学学报（自然科学版）1999-02

⊙农家旅游对经济发展的作用及文化意义——郫县农家旅游调查/胡先群//中共成都市委党校学报 1999-04

⊙农业旅游资源开发研究/张青年//湖北大学学报（自然科学版）1999-04

⊙浓墨重彩绘山水——嵩县强力开发旅游支柱产业纪实/王天立//人大建设 1999-06

⊙努力把郴州建成中国优秀旅游城市和粤港澳的“后花园”/李大伦//湖南经济 1999-10

⊙努力实现生态环境保护与旅游开发的完美结合——对美国生态环境保护和旅游开发的考察/郝建秀//宏观经济管理 1999-01

⊙怒江州旅游资源特征论析/王新丽//云南电大学报 1999-04

⊙欧美旅行社业的一体化进程研究/李宏//旅游学刊 1999-06

⊙攀西地区旅游资源特色及开发构想/方燕//西南民族学院学报（哲学社会科学版）1999-S6

⊙培育新的消费热点大力发展国内旅游/唐湘辉//湖南商学院学报 1999-04

⊙培植永远的朝阳产业/王荣玉//山东农业（农村经济版）1999-09

⊙平原地区生态旅游规划模式研究/何佳梅 许峰//生态经济 1999-04

⊙千岛湖流域旅游开发项目的气候评价/徐集云 杨忠恩 李全胜 朱兰娟//农村生态环境 1999-03

⊙千岛湖资源开发与可持续发展/项步乾 陈冬节等//浙江林业科技 1999-01

⊙潜龙腾飞看旅游/王建生//今日海南 1999-09

⊙黔桂湘侗文化区旅游开发现状问题及对策研究/黄芳//贵州民族研究 1999-02

⊙黔桂湘侗文化区旅游资源评价及开发研究/黄芳//湖南商学院学报 1999-05

⊙浅淡旅游专业师资队伍的建设/翁钢民//教学研究 1999-02

⊙浅论创造性引导旅游消费观/陈建斌 刘德琪//旅游科学 1999-03

⊙浅论广西旅游业发展中的民俗博物馆建设/钟声宏//桂林旅游高等专科学校学报 1999-01

⊙浅论郊野旅游开发/肖胜和//桂林旅游高等专科学校学报 1999-03

⊙浅论旅游环境管理/林越英//北京第二外国语学院学报 1999-04

⊙浅论洛阳旅游发展/董延寿//洛阳师范学院学报 1999-06

⊙浅论洛阳旅游发展/董延寿//洛阳师范学院学报 1999-06

⊙浅论渭南饭店旅游业竞争的新态势与营销对策/陈永红//渭南师范学院学报 1999-04

⊙浅论武汉市旅游产品的开发/刘学锋//江汉大学学报 1999-02

⊙浅论在旅游业的全球化背景下我国旅游教育的改革/陈建斌//桂林旅游高等专科学校学报 1999-S2

⊙浅谈阿坝州发展旅游业的潜力及对策/杨秋//阿坝师范高等专科学校学报 1999-02

⊙浅谈饭店管理专业学生职业素质的养成教育/王华//桂林旅游高等专科学校学报 1999-01

⊙浅谈观光果业与广西旅游业/沈丽娟 石健泉 卢美玲 唐艳//广西园艺 1999-02

⊙浅谈广西旅游交通对旅游业的制约及其对策（上）/赵明龙//计划与市场探索 1999-11

⊙浅谈广西旅游交通对旅游业的制约及其对策（上）/赵明龙//计划与市场探索 1999-12

⊙浅谈贵州旅游产品的开发/王荣菊//黔南民族师范学院学报 1999-04

⊙浅谈贵州旅游信息传播的四要素/王好//贵州商业高等专科学校学报 1999-02

⊙浅谈林芝地区旅游资源及其开发方略/兰秀英//西藏研究 1999-04

⊙浅谈柳州旅游业的地位与发展对策/盘晓灵//广西广播电视大学学报 1999-04

⊙浅谈旅游饭店的人力资源管理/朱厚堦//黄山学院学报 1999-03

⊙浅谈旅游扶贫的融资渠道/潘焕辉//桂林旅游高等专科学校学报 1999-S1

⊙浅谈旅游管理专业选修课教学改革总体思路/颜醒华//旅游学刊 1999-S1

⊙浅谈旅游空间信息系统的构建/陈水森 黎夏 傅尔林 方华//桂林旅游高等专科学校学报 1999-S2

⊙浅谈旅游业扶贫/龚新 张淼 解培红 邓挺//河南科学 1999-04

⊙浅谈生态旅游和自然保护区发展的辩证关系/张建军//太原师范专科学校学报 1999-03

⊙浅谈太白山自然保护区的资源保护与旅游开发/代拴发//陕西林业科技 1999-04

⊙浅析长江乐园对武汉旅游产业发展的作用/陈明路//学习与实践 1999-07

⊙浅析成都商贸繁荣与旅游兴旺的互动关系/潘雪松//四川商业高等专科学校学报 1999-02

⊙浅析福州旅游业的发展/陈新雅//闽江职业大学学报 1999-04

⊙浅析杭州市旅游可持续发展/裘书服//杭州教育学院学报 1999-06

⊙浅析世界旅游市场的发展趋势及营销对策/韩贻强 宋芙蓉//滨州教育学院学报 1999-03

⊙浅析乡村旅游景观/刘振卿//北京第二外国语学院学报 1999-02

⊙浅析云南省旅游业的可持续发展/单瑜//经济问题探索 1999-06

⊙浅析中国旅游业实现超常规发展的条件/黄秀琳//经济研究参考 1999-31

⊙浅析主题公园的人力资源开发——以世界公园为例/杨培华//北京第二外国语学院学报 1999-02

⊙浅议旅游院校产学研相结合/周江琳//桂林旅游高等专科学校

学报 1999-03

◎浅议中国滨海城市旅游形象塑造原则/陈娟 柴寿升 赵常青//海岸工程 1999-02

◎欠发达地区社区旅游研究——以湖南省邵阳市为例/周玉翠//地域研究与开发 1999-03

◎强化城市综合管理建设城市生态旅游景观的探讨——以呼和浩特市为例/秦树辉//干旱区资源与环境 1999-S1

◎抢抓历史机遇建设旅游大区/王洪钟//城市问题 1999-06

◎悄然兴起的潜水观光业/简研//船舶物资与市场 1999-03

◎秦岭北坡旅游度假带的分级开发研究/陈瑛//陕西师范大学学报（自然科学版）1999-03

◎秦岭北坡旅游资源的可持续发展研究/马占元//资源开发与市场 1999-01

◎青岛滨海地质旅游/丁东 李晓红 尹延鸿//海岸工程 1999-02

◎青岛滨海旅游工程建设规划构想及可持续发展对策/吴碧君//海岸工程 1999-02

◎青岛国际啤酒节的持续发展战略研究/盛红 董玉明//海岸工程 1999-02

◎青海生态旅游产业前景广阔/钟天洪//价格与市场 1999-12

◎青海省旅游业的可持续发展初探/张璞//青海师范大学学报（自然科学版）1999-02

◎青南旅游经济可持续发展探讨/朱丽东//经济地理 1999-03

◎清江流域旅游资源分布规律及成因/李江风//地球科学-中国地质大学学报 1999-04

◎清远——珠江三角洲的“后花园”——发展清远特色旅游的探讨/李平//广东社会科学 1999-02

◎请到金山旅游来——伊春市金山屯区旅游事业发展纪实/曾宪富//企业文化 1999-03

◎区域观光农业规划的理论与案例研究——以防城港市十万大山北麓（上思县）为例/王仰麟 祁黄雄//人文地理 1999-01

◎区域环境影响评价是旅游业可持续发展的有效工具/俞穆清 田卫 李文呈 张自川//中国环境科学 1999-02

◎区域旅游合作是旅游业持续发展的新路——制订《闽西南五市旅游合作发展规划纲要》的深层思考/郑耀星//福建师范大学学报（哲学社会科学版）1999-02

◎区域旅游开发战略研究的理论与实践/王衍用//经济地理 1999-01

◎区域旅游形象设计研究——以宁夏回族自治区为例/刘锋//经济地理 1999-03

◎区域旅游资源定量评价研究——以昌吉回族自治州为例/杨云良//干旱区地理 1999-01

◎全国观光果业学术研讨会在安徽召开/孙华阳//北方果树 1999-04

◎全面推进滇西边境旅游的大发展/罗明义//创造 1999-01

◎全球化时代：我国高等旅游教育的国际接轨/张立明//桂林旅游高等专科学校学报 1999-S2

◎泉州跨世纪旅游发展战略/颜醒华//桂林旅游高等专科学校学报 1999-02

◎泉州市旅游业可持续发展问题研究/傅孙萍//泉州师范学院学报 1999-02

◎拳头旅游产品的经济影响估析/肖洪根//桂林旅游高等专科学校学报 1999-01

◎确立新疆旅游业重点产业地位的对策研究/徐金发//新疆大学学报（哲学社会科学版）1999-01

◎让青年走进积蓄生命活力的港湾——浅谈青年休闲生活的开发/邢哲//当代青年研究 1999-03

◎让文化与旅游完美结合——访河南禅源文化旅游公司总经理延楠/黑辰红//改革与理论 1999-03

◎人—人感知系统：旅游地形象设计新领域/李蕾蕾//人文地理 1999-04

◎日本旅游的法规体系/殷作恒//现代日本经济 1999-01

◎日本绿色观光业的发展与作用/赵桂芳//现代日本经济 1999-01

◎如何挖掘旅游资源中的文化内涵/杨军//广西商业高等专科学校学报 1999-02

◎三都县旅游业现状及对策/罗春寒 莫秀娥//贵州省水家学会第三届、第四届学术讨论会 1999-10-01

◎三峡工程建设与大三峡旅游/吴正凡//学习与实践 1999-10

◎三峡工程淹没区文物保护及旅游协调发展//李秀清//长江流域资源与环境 1999-01

◎三峡库区旅游扶贫初探/田喜洲//重庆商学院学报 1999-02

◎三峡库区生态旅游开发/肖焰恒 王力//生态经济 1999-05

◎三峡旅游可持续发展的制约因素及对策/崔进//重庆三峡学院学报 1999-01

◎三峡生态建设与大三峡旅游/吴正凡//长江论坛 1999-03

◎三峡重庆库区旅游业发展现状及潜力分析/黄大勇//重庆商学院学报 1999-01

◎三亚：崛起于南海之滨的新兴旅游城市/彭体//今日海南 1999-07

◎森林公园托起国有林场的朝阳//陕西林业 1999-05

◎森林旅游业——中国林业经济新的增长点/张杰//林业经济 1999-02

◎森林旅游业的发展与新经济增长点的培育/吴志文//世界林业研究 1999-01

◎森林旅游与福建森林旅游资源的可持续利用/王晓文//林业经济问题 1999-04

◎森林旅游与林业产业关系浅析/叶少川//安徽林业科技 1999-02

◎森林旅游与森林公园/霍宏君//黑龙江科技信息 1999-04

◎森林旅游之文化要义/许宗元//旅游科学 1999-02

◎森林生态旅游开发建设与可持续发展/钟新民//桂林旅游高等专科学校学报 1999-03

◎森林生态旅游可持续发展途径/谭开湛//林业调查规划 1999-02

◎森林生态旅游市场营销策略/池丽月//林业经济问题 1999-01

◎森林生态旅游与可持续发展/王永安//湖南林业 1999-10

◎沙特阿拉伯旅游市场及其它/刘晔//北京第二外国语学院学报 1999-04

◎山东滨海旅游项目开发的研究/田克勤//海岸工程 1999-02

◎山东省旅游市场基本态势及开发对策研究/余洁//山东经济战略研究 1999-05

◎山东省旅游资源特色及开发/张洪海 徐来祥 孙俊华//国土与自然资源研究 1999-02

◎山东省最具有魅力的旅游城市/李平张彬张堂玲//走向世界 1999-01

◎山区旅游业可持续发展初步研究——以九寨沟风景名胜区为例/樊姝玉 杨达源，聂献忠//安徽师范大学学报（自然科学版）1999-02

◎山西旅游业现状及发展对策/董红梅//山西财经大学学报 1999-06

◎山西旅游资源开发探讨/李素清//太原师范专科学校学报 1999-02

◎山西省旅游资源综合评价研究/冯卫红//山西大学师范学院学

报 1999-04
⊙山西省森林公园和森林旅游业发展战略研究/郭坤赤//山西林业科技 1999-04
⊙山西现代旅游业发展的症结与出路/张贵祥 张爱国//经济地理 1999-02
⊙山岳型风景旅游区生态负荷与环境建设研究：泰山实证分析/崔凤军//应用生态学报 1999-05
⊙陕西省海外客源市场地域结构研究/陈瑛//地域研究与开发 1999-04
⊙陕西水利旅游：一路走好/任三成 张万洲 程永华//陕西水利 1999-04
⊙汕头城市旅游持续发展驱动机制研究/彭华//地理学与国土研究 1999-03
⊙商旅结合促进黄浦区经济新发展——关于黄浦区旅游可持续发展的若干思考/王怡然//上海大学学报（社会科学版）1999-06
⊙商务旅游——给房地产业走出低迷市道带来的契机/袁冰//上海房地 1999-05
⊙上海都市旅游的产品构架/范能船//旅游科学 1999-01
⊙上海都市旅游与可持续发展纵横谈/王逢祥//旅游科学 1999-01
⊙上海旅游业：如何大力扶持？/信春霞//上海综合经济 1999-11
⊙上海旅游咨询服务网/蒋磊宏 宏传良 马范援//计算机周刊 1999-42
⊙畲族民俗文化旅游资源及其开发/蒋周莉//闽江职业大学学报 1999-04
⊙社会主义市场经济条件下体育旅游业经济效益的思考/杨秀丽//沈阳体育学院学报 1999-01
⊙申报“世遗”环保立市——武夷山市走可持续发展之路的探索/杨新洪//福州大学学报（哲学社会科学版）1999-04
⊙深入开发再创商机——谈谈泰山旅游业的建设与发展/徐威//泰山乡镇企业职工大学学报 1999-03
⊙深圳华侨城旅游经营模式创新研究/董观志//旅游学刊 1999-03
⊙深圳华侨城旅游客源分异规律的量化研究/董观志//经济地理 1999-06
⊙深圳华侨城旅游文化特色探析/何建伟//旅游学刊 1999-05
⊙深圳旅游开发方向探析/张多中//特区经济 1999-02
⊙深圳区域性旅游中心的建设/池雄标//开放导报 1999-Z1
⊙深圳市旅游业的产业定位和发展战略/董观志//地域研究与开发 1999-03
⊙生态保护与道教旅游资源的开发/李艳花//洛阳师范学院学报 1999-04
⊙生态旅游 请走好/高妍岭//内蒙古林业 1999-06
⊙生态旅游：福建旅游业的战略目标/蔡雪雄 陈良珠//福建论坛（经济社会版）1999-04
⊙生态旅游：警惕“野人思维”/李瑞林//森林与人类 1999-03
⊙生态旅游刍议/陈忠晓 王仰麟//地理学与国土研究 1999-04
⊙生态旅游的发展与管理浅析/罗美安 向风行//旅游科学 1999-01
⊙生态旅游的概念及其在我国的实践/崔书红 王捷//环境保护 1999-09
⊙生态旅游的环境效益/严国泰//桂林旅游高等专科学校学报 1999-S2
⊙生态旅游的可持续发展诌议/孙艳红//北京第二外国语学院学报 1999-04
⊙生态旅游的理论与实践/张广瑞//旅游学刊 1999-01
⊙生态旅游的特征及开发策略/刘春玲//石家庄师范专科学校学报 1999-04
⊙生态旅游的展望与发展/王哲//承德民族职业技术学院学报 1999-02
⊙生态旅游地可持续旅游发展规划初探/刘家明 杨新军//自然资源学报 1999-01
⊙生态旅游及其发展对策的探讨/陶卫平//黄山学院学报 1999-03
⊙生态旅游开发管理初探/罗清德//桂林旅游高等专科学校学报 1999-S2
⊙生态旅游可持续发展浅析——兼谈乐山市发展生态旅游的依据/方海川 王娴//乐山师范高等专科学校学报 1999-02
⊙生态旅游农业发展初探/朱信凯 雷海章 张娇健//农业现代化研究 1999-06
⊙生态旅游热点产品的科学营构/周少雄//商业经济与管理 1999-01
⊙生态旅游时代是否来临/高立鹏//中华儿女（海外版）1999-02
⊙生态旅游喜与忧/王涛//环境 1999-07
⊙生态旅游与川西地区可持续发展/刘旺//西南民族学院学报（哲学社会科学版）1999-S6
⊙生态旅游与非生态现象——问题与对策/许秋红//信阳师范学院学报（自然科学版）1999-04
⊙生态旅游与扶贫开发/唐顺铁//中国贫困地区 1999-03
⊙生态旅游与海南生态旅游开发/张建萍//海南大学学报（社会科学版）1999-03
⊙生态旅游与环境保护/胡敬民//贵阳师专学报（社会科学版）1999-03
⊙生态旅游与环境保护的关系浅析/高玉玲//中共青岛市委党校.青岛行政学院学报 1999-03
⊙生态旅游与良性消费/邓祝仁 郑海//社会科学家 1999-05
⊙生态旅游与生态环境保护的关系/张洪海//资源开发与市场 1999-06
⊙生态旅游与生态旅游业开发/凌虹 吴长年 王鹏//农村生态环境 1999-03
⊙生态旅游与自然保护区关系的探讨/李永文 李国启//河南大学学报（自然科学版）1999-02
⊙生态游 怎么游？/秋云//沿海环境 1999-07
⊙生物多样性保护与自然保护区旅游资源开发——哈纳斯国家级自然保护区三个旅游发展规划比较研究/崔延虎 海鹰//新疆师范大学学报（自然科学版）1999-04
⊙实施“政府主导型”旅游发展战略改变山区贫困面貌/曾喜田//桂林旅游高等专科学校学报 1999-04
⊙实施旅游带动战略 促进罗平经济发展/王宝德//创造 1999-07
⊙实施旅游兴州战略促进西双版纳州经济发展和社会进步/黄建国//思想战线 1999-03
⊙实施旅游兴州战略加快发展特色经济/岩庄//经济问题探索 1999-01
⊙实施名牌旅游产品战略的思考/张丽华 张琼霓//湖南商学院学报 1999-01
⊙实施适度超前发展战略把黑龙江省旅游业推入健康发展的快车道/何大为 孟庆民//黑龙江对外经贸 1999-Z1
⊙实现新疆旅游业跨世纪大发展/刘江海//新疆社科论坛 1999-04
⊙实现重庆旅游业跨世纪大发展/丁登奎//探索 1999-01
⊙世纪末的强劲推力——评析欧元启动对全球旅游业的影响/匡林 张树民//旅游学刊 1999-05
⊙世纪之交的上海旅游业/严季勤 李志成 洪志强//上海财税 1999-04
⊙市场导向与泰安市旅游业发展/王雷亭//泰安师专学报 1999-02

◎市场评价：旅游资源新的价值观——兼论旅游资源研究的几个理论问题/张凌云//旅游学刊 1999-02
◎试论"把黄山旅游的牌子打出去"的划时代意义/张和敬//江淮论坛 1999-05
◎试论残疾人旅游市场的开发/郭鲁芳 史芝英//商业经济与管理 1999-01
◎试论地方旅游机构改革的态势与趋向/高舜礼//中国行政管理 1999-10
◎试论地市合并后的桂林旅游格局/曾晓明 陈宪忠//桂林旅游高等专科学校学报 1999-S1
◎试论广西旅游产业发展资金的筹集/林伯明//桂林旅游高等专科学校学报 1999-S2
◎试论贵州城郊家庭旅游资源的开发利用/廖善友//贵州教育学院学报（社会科学版）1999-01
◎试论国际旅游城市的标准/李明德//旅游学刊 1999-06
◎试论互联网对旅游业的影响/林卫红//财金贸易 1999-08
◎试论黄河中上游及西北地区文化旅游资源的开发/朱天奎//市场经济研究 1999-02
◎试论江西城镇观光果园的建设/胡正月 朱清能 朱一 谢日星//江西园艺 1999-03
◎试论经济中心型城市旅游的商务主导模式——以汕头市为例/彭华//地理科学 1999-02
◎试论辽宁省旅游资源及开发/李虹//沈阳教育学院学报 1999-01
◎试论旅游产业经济学的建立/马波//旅游学刊 1999-S1
◎试论旅游规划的管理功能系统/陈伟//桂林旅游高等专科学校学报 1999-04
◎试论旅游环境容量的新概念体系/明庆忠 李宏 王斌//云南师范大学学报（自然科学版）1999-05
◎试论旅游企业集团的成长方向/付临芳//桂林旅游高等专科学校学报 1999-S2
◎试论旅游文化的概念和内涵/王德刚//桂林旅游高等专科学校学报 1999-04
◎试论旅游与中国传统文化的关系/刘和椿//成都教育学院学报 1999-01
◎试论旅游资源和旅游环境的现状及可持续发展对策/张玉萍//新疆大学学报（自然科学版）1999-01
◎试论面向21世纪的旅游高等教育/冯超英//内蒙古师大学报（哲学社会科学版）1999-S1
◎试论民俗旅游/巴兆祥//旅游科学 1999-02
◎试论生态旅游者的教育/钟林生//思想战线 1999-06
◎试论生态文明的旅游观/郭跃//重庆师范学院学报（自然科学版）1999-04
◎试论我国高等旅游教育的扩展与课程改革/马勇 李江敏//湖北大学成人教育学院学报 1999-01
◎试论我省发展森林生态旅游业的思路与对策/李玲//甘肃林业科技 1999-02
◎试论我省旅游业实施政府主导型战略/鲍旭东//池州师专学报 1999-03
◎试论武夷山旅游资源的保护和开发/陈祖民//福建论坛（经济社会版）1999-11
◎试论西安市旅游形象战略/牛栋 赵荣//西北大学学报（自然科学版）1999-04
◎试论现代旅游的基本属性/吕莹//河南大学学报（社会科学版）1999-05
◎试论休闲娱乐活动在全民健身运动中的地位和作用/邹雪云//体育文史 1999-04
◎试论有关生态旅游的几个问题/姚素英//北京第二外国语学院学报 1999-02
◎试论云南东川市旅游产品开发的重点与时序——东川旅游开发研究之二/管宁生//社会科学家 1999-S1
◎试论云南体育产业的支柱及其发展/沈阳//经济问题探索 1999-07
◎试论重庆市发展生态旅游的必要性/张述林 邹再进 郑治伟//重庆师范学院学报（自然科学版）1999-03
◎试论重庆市发展生态旅游的必要性/张述林//重庆师范学院学报（自然科学版）1999-03
◎试论主题公园的布局条件及其规划设计理念/葛公文//陕西教育学院学报 1999-01 网上旅游业前景探析/苏建东//信息与电脑 1999-03
◎试论宗教与旅游的密切关系/许晓光//西南民族学院学报（哲学社会科学版）1999-S6
◎试探肇庆旅游资源经营模式的转换/黎冬梅//岭南学刊 1999-S1
◎试析旅游教育存在的问题与对策/宋咏梅//桂林旅游高等专科学校学报 1999-S2
◎试析制约导游讲解文化品位的因素/吴金林//闽江职业大学学报 1999-03
◎适应现代旅游需要发展旅游高职教育/李志伟//桂林旅游高等专科学校学报 1999-S2
◎适应信息时代的发展促进旅游高等教育的现代化/宁华//中国电化教育 1999-12
◎适应形势强化景区景点治安管理基础工作//北京人民警察学院学报 1999-04
◎适者生存——试谈国际互联网冲击下旅行社业的发展战略/郭漫雪//桂林旅游高等专科学校学报 1999-03
◎释放旅游资源优势 振兴山西旅游经济/康维文//能源基地建设 1999-04
◎树立大旅游观念加速旅游业发展/周范平//湖南经济 1999-12
◎数量型旅游业向质量数量结合型旅游业转变的协调发展/牟红 梁文兰//重庆工学院学报 1999-02
◎双休日休闲旅游市场特征及产品开发/赵振斌//人文地理 1999-04
◎水土保持与旅游业结合的实践与思考/王贵征//中国水土保持 1999-07
◎顺应市场发展需求构建铁路旅游产业/王兆成//铁道经济研究 1999-04
◎四川唱响生态旅游大戏/杨昕//今日四川 1999-01
◎四川旅游支柱产业发展研究/白昌恒//社会科学研究 1999-01
◎四平市旅游资源开发利用存在的问题与对策研究/李秀霞//松辽学刊（自然科学版）1999-04
◎松潘县旅游业现状及其发展研究//西南民族学院学报（哲学社会科学版）1999-S7
◎苏锡人造景观的再造与苏锡旅游发展战略/蔡道华//金陵职业大学学报 1999-04
◎苏雪林与风景旅游文化/许宗元//黄山学院学报 1999-04
◎苏州市旅游业发展现状和发展前景/周慧//苏州丝绸工学院学报 1999-04
◎塑造湖北旅游大省形象的对策研究/曹祥本//企业导报 1999-03
◎台湾娱乐休闲渔业的兴起与启示/刘正雁//厦门科技 1999-03
◎泰国旅游业的发展与启示/高文荣//玉溪师范高等专科学校学报 1999-02

◎泰山风景区管理状况调查/郭树声//中国园林 1999-05
◎泰山经济价值论/鹿锋//山东科技大学学报（社会科学版）1999-04
◎泰山旅游观光农业发展问题浅析/朱永德 王家传//山东农业大学学报（社会科学版）1999-03
◎泰山宗教文化特征及其旅游开发研究/崔凤军 袁明英//泰安教育学院学报岱宗学刊 1999-02
◎泰山宗教文化与开发研究/崔凤军 袁明英//山东科技大学学报（社会科学版）1999-03
◎谈旅游合同法律关系的客体/郑六一//黄山学院学报 1999-01
◎谈谈当前旅游扶贫的融资渠道/潘焕辉//广西金融研究 1999-05
◎谈谈旅游业的投入与产出/李东飞//工程建设与档案 1999-01
◎特种旅游：北京国际旅游业跃上新台阶的基石/张广瑞//投资北京 1999-06
◎腾冲旅游资源开发研究/田里 陈彤//云南地理环境研究 1999-02
◎提高旅游高等教育质量之有效途径的探讨/钱锋//旅游学刊 1999-S1
◎提高市民素质 创建优秀旅游城市/李志明//思想战线 1999-05
◎提高西双版纳旅游景区的文化含量/艾温扁//思想战线 1999-05
◎提升澳门经济竞争力的战略研究/徐雅民 黄汉强//北京大学学报（哲学社会科学版）1999-05
◎天津旅游业发展中几个问题的探讨/邹本友//天津经济 1999-06
◎天台山旅游路线设计的重要依据——论徐霞客天台行的旅游路线/陈谅闻//浙江大学学报（人文社会科学版）1999-02
◎天下黄河第一路与兰州旅游/赵虹//西北史地 1999-03
◎田横岛旅游业的发展及其产业化的途径/徐家声 孔繁荣 孟毅//海岸工程 1999-02
◎挑战和机遇——论新环境下的旅游高等专科教育/谢北立//桂林旅游高等专科学校学报 1999-S2
◎同里古镇区的保护、利用与更新/汪永平//江苏建筑 1999-04
◎同心协力把旅游建成重庆新的支柱产业/许忠民//城市质量监督 1999-07
◎投资开发旅游景点的若干要素/冷晓//商业经济与管理 1999-02
◎突出优势 加快发展林区旅游/彭勇//政策 1999-02
◎吐鲁番旅游市场结构及变化特征分析/陆亦农//新疆师范大学学报（自然科学版）1999-01
◎吐鲁番旅游文化开发思路/李维青//新疆大学学报（哲学社会科学版）1999-04
◎挖掘四川的宗教旅游资源/王雪梅//西南民族学院学报（哲学社会科学版）1999-S6
◎外部性：旅游业环境破坏的一种理论分析/匡林//桂林旅游高等专科学校学报 1999-03
◎外资注入旅行社/宋学军 冯颖//经济与信息 1999-05
◎完善协会机制 强化行业自律 促进我省旅游业的健康发展/傅广海//四川商业高等专科学校学报 1999-03
◎皖南生态旅游资源及其开发构想/张光生//资源开发与市场 1999-06
◎皖西地区旅游开发扶贫探讨/冯学钢//经济地理 1999-02
◎万佛山丹霞风景区旅游资源开发刍议/杨洪 艾建玲//资源开发与市场 1999-05
◎威海市旅游资源的合理开发/张安定//资源开发与市场 1999-06
◎微观探析云南旅游业长足发展的原因/黄秀琳//经济问题探索 1999-07
◎温州市发展现代旅游观光农业及基地建设的初步设想/陈开茂//温州农业科技 1999-03
◎文化观建设与旅游地开发/李宝祥//人文地理 1999-S1
◎文化旅游产业的定位与开发/徐群//北方经贸 1999-06
◎汶川县旅游业现状及其发展研究//西南民族学院学报（哲学社会科学版）1999-S7
◎我国滨海旅游度假区开发的文化问题思考/盛红//海岸工程 1999-02
◎我国出境旅游市场的现状及趋势/刘文波//商业经济与管理 1999-03
◎我国出境旅游市场现状及营销对策/陈辉//西南民族学院学报（哲学社会科学版）1999-S6
◎我国度假旅游客源市场开发与定位研究/崔凤军 刘家明//泰安师专学报 1999-02
◎我国发展国际旅游业的前景与对策/蒋晓萍//新疆财经 1999-04
◎我国旅行社经营资格对旅游业的影响——兼与日本旅行社经营资格比较/张建梅 韦广平//桂林旅游高等专科学校学报 1999-01
◎我国旅行社体系结构状况及其变化趋势/蔡家成//旅游学刊 1999-06
◎我国旅游产品结构的转换/肖忠东//社会科学家 1999-06
◎我国旅游产业化的条件与素质分析/宋亚非//财经问题研究 1999-01
◎我国旅游饭店业人力资源开发战略/刘纯//商业经济与管理 1999-01
◎我国旅游经济研究的新成果——读《新编旅游经济学》/王怡然//社会科学 1999-01
◎我国旅游热点城市境外游客的消费决策特征分析/孙玉贞//陕西师范大学学报（自然科学版）1999-03
◎我国旅游文化研究的回顾与前瞻/马波//桂林旅游高等专科学校学报 1999-02
◎我国旅游行业股份制改造初探/谢雨萍//桂林旅游高等专科学校学报 1999-01
◎我国旅游业的比较优势分析/郭剑英//财金贸易 1999-01
◎我国旅游业的现状与对策/宋一兵//中南民族学院学报（人文社会科学版）1999-02
◎我国旅游业法律环境刍议/祁颖//北方论丛 1999-05
◎我国旅游业管理混乱难成支柱/吴天昊//中国改革 1999-09
◎我国旅游业立法环境分析/帅建华//湘潭大学社会科学学报 1999-06
◎我国民族地区旅游资源开发现状分析/范红//中南民族学院学报（自然科学版）1999-S1
◎我国森林生态旅游发展刍议/唐丽//湖南林业科技 1999-01
◎我国生态旅游及其开发对策/吴丽云//泰安教育学院学报岱宗学刊 1999-03
◎我国实施旅游目的地形象营销策略初探/郭鲁芳//旅游科学 1999-02
◎我国现行旅游管理体制改革的探讨/孙艳红//洛阳师范学院学报 1999-05
◎我国主题公园发展三论/马波//社会科学家 1999-01
◎我国自然保护区生态旅游开发研究/王义民//国土与自然资源研究 1999-02
◎我省旅游工艺品市场疲软的症结何在/陈明钊//浙江工艺美术 1999-02
◎乌鲁木齐区域旅游开发总体方案研究/《乌鲁木齐区域旅游开发总体方案研究》课题组//新疆社会经济 1999-03
◎巫山：旅游大旗能再度飘扬吗？/李振国//中国三峡建设 1999-06

◎ 巫溪深度开发生态旅游方略思考/黄钰铧//重庆三峡学院学报 1999-06

◎ 五指山—— 游人为何走不进你？/刘卫国//民族团结 1999-08

◎ 五指石旅游发展的交通制约及相关问题的思考/梁锦梅//嘉应学院学报 1999-06

◎ 武当旅游商品营销研究/费振家//十堰职业技术学院学报 1999-04

◎ 武汉旅游业跨世纪发展对策研究/汪云//长江论坛 1999-06

◎ 武汉市旅游景点结构分析与深度开发战略/张立明//湖北大学学报（自然科学版）1999-01

◎ 武陵源风景名胜区环境问题的现状、成因及对策/彭翔//常德师范学院学报（社会科学版）1999-05

◎ 武夷山风景名胜区总体规划中环境容量估算与旅游规模预测/关辉//福建建筑 1999-01

◎ 西安环城风景区旅游开发研究/李九全//经济地理 1999-01

◎ 西安境外游客的时空动态及市场拓展研究/李天顺//西北大学学报（自然科学版）1999-03

◎ 西安市国内游客地域结构及旅游行为研究/张红 孙根年//人文地理 1999-04

◎ 西樵山旅游资源潜力及其深层开发/黄金国//佛山科学技术学院学报（自然科学版）1999-04

◎ 西双版纳经济发展的重要抉择——关于“旅游兴州”的若干思考/李家寿//思想战线 1999-03

◎ 西双版纳旅游文化深层次开发刍议/罕华光//经济问题探索 1999-04

◎ 西双版纳旅游业的定位及走向/罗红英//思想战线 1999-04

◎ 西双版纳旅游业的可持续发展/黄金有//思想战线 1999-03

◎ 西双版纳旅游资源开发的几点思考/王军健//思想战线 1999-04

◎ 西双版纳州旅游业的发展趋势/李锦//经济问题探索 1999-07

◎ 析我国旅游客源的市场特点及流向/何添锦//浙江统计 1999-09

◎ 锡林郭勒盟旅游资源与评价/白音查干//内蒙古师大学报（哲学社会科学版）1999-05

◎ 喜庆十年华诞 再创美好未来——写在张家界市建市十周年之际/李刚铤//湖南经济 1999-01

◎ 下力量把森林旅游业办成大产业/王志新//吉林林业科技 1999-03

◎ 厦门地学旅游资源类型及成因初探/李宝轩//福建地理 1999-02

◎ 厦门近年旅行社利润率下降原因及对策研究/林晟//特区经济 1999-07

◎ 厦门市滨海旅游资源优势与潜力/陈砚//海岸工程 1999-02

◎ 厦门市集美区开发旅游农业的研究与思路/黄榕//集美大学学报（哲学社会科学版）1999-01

◎ 县（旗）域旅游资源开发研究/李文杰 乌铁红//干旱区资源与环境 1999-S1

◎ 现代城市旅游规划技术体系/吴承照//城市规划 1999-10

◎ 现代旅行社企业国际化及集团化经营探析/王坚//旅游学刊 1999-06

◎ 现代旅行社企业国际化及集团化经营探析/王坚//旅游学刊 1999-06

◎ 现代旅游业发展一瞥/邹可//乡镇企业科技 1999-07

◎ 现阶段我国旅游消费发展环境与基本特征/宁士敏//经济界 1999-04

◎ 乡村意象与乡村旅游开发刍议/熊凯//桂林旅游高等专科学校学报 1999-03

◎ 香港：向迪士尼乐园招手/梁彦颖//沪港经济 1999-04

◎ 香港旅游的起伏与启示/魏小安//旅游学刊 1999-04

◎ 香港旅游业市场运作模式对内地行业管理的启示/张立明//世界地理研究 1999-01

◎ 湘鄂渝黔边山寨民族体育文化与旅游资源的开发研究/白晋湘 钟海平 周友秀 田祖国//湘潭师范学院学报（社会科学版）1999-06

◎ 湘桂旅游网络接触圈建设的初步研究/许春晓//社会科学家 1999-06

◎ 新疆旅游产业的发展构想/池重庆//新疆社会经济 1999-05

◎ 新疆旅游客源市场分析及旅游业可持续发展/杨兆萍 阎顺//干旱区地理 1999-01

◎ 新疆旅游特色资源界值体系研究/郭英之//干旱区资源与环境 1999-03

◎ 新疆旅游业发展规划布局的方案选择/严艳//西安联合大学学报 1999-02

◎ 新疆入境旅游消费市场浅析/李翠林//新疆财经学院学报 1999-05

◎ 新时期“一对一”顾客定制化旅游营销战略/盛琦//南开管理评论 1999-03

◎ 新兴的旅游大镇——马岭/赖宣荣//计划与市场探索 1999-02

◎ 新形势下湖南旅游业的战略选择/贺同新//湖南政报 1999-13

◎ 信息高速公路与旅游业/苏文娟 王义华//经营管理者 1999-04

◎ 信阳南湾湖风景区旅游功能分区初探/靳军 王义民//信阳师范学院学报（自然科学版）1999-04

◎ 信阳市南湾湖风景区生态旅游开发/王义民 贾奎雨//地域研究与开发 1999-04

◎ 兴办森林公园 促进森林旅游业发展/孙开铭//林业经济问题 1999-01

◎ 兴义马岭河喀斯特景观及旅游开发探讨/李兴中//贵州地质 1999-02

◎ 形象工程 素质发展 基地旅游——广东省汕尾市共青团工作的三大战略//广东青年干部学院学报 1999-04

◎ 形象驱动：城市旅游新趋势/刘住 张帆//旅游科学 1999-03

◎ 休闲产业：启动消费的亮点/汤乐毅//企业经济 1999-08

◎ 休闲广场的文化特征/韩森//江苏建筑 1999-04

◎ 休闲好累/李岱//大众科技 1999-05

◎ 休闲利益论初步研究/孙承志//泰安师专学报 1999-02

◎ 休闲利益论的发展与比较研究/孙承志//世界经济文汇 1999-02

◎ 休闲旅游兴起及发展原因初探——来自郫县农科村的考察报告/刘慧荞//西南民族学院学报（哲学社会科学版）1999-S6

◎ 休闲农业及其在我国的发展前景/肖海林//适用技术市场 1999-08

◎ 休闲农业旅游开发探讨/郭一新//地域研究与开发 1999-02

◎ 休闲哲学观思辨/孙承志//社会科学家 1999-04

◎ 虚拟旅游的喜与忧/裘伟廷//旅游科学 1999-03

◎ 需求导向的旅游营销战略与渠道策略变革研究/盛琦//桂林旅游高等专科学校学报 1999-04

◎ 徐霞客对福建旅游的贡献/王绍鸿//福建地理 1999-01

◎ 寻求竞争优势 还是寻求垄断地位——也谈旅行社市场过度进入/戴斌//旅游学刊 1999-04

◎ 亚太地区旅游业的发展及我国的对策/叶海玲//宁波大学学报（人文科学版）1999-04

◎ 亚太旅游协会第五届年会综述/张广瑞//旅游学刊 1999-06

◎ 亚洲金融危机对国际旅游服务贸易的影响及对策思考/梁琦//国际贸易问题 1999-01

⊙亚洲金融危机对我国国际旅游业的影响及对策研究/周玲强//浙江大学学报（人文社会科学版）1999-01
⊙亚洲主要旅华客源市场潜力的SW OT分析/马耀峰 余洁 荀小东//陕西师范大学学报（自然科学版）1999-04
⊙延安旅游业：功能·定位·现状·对策/白永秀//陕西青年管理干部学院学报 1999-01
⊙研究还需再深入开发应当重规律——试谈九寨旅游环线旅游经济研究与资源开发方面应注意的几个问题/王康//西南民族学院学报（哲学社会科学版）1999-02
⊙阳曲县旅游业发展的前景与展望/王向东//太原师范专科学校学报 1999-01
⊙要生态旅游 不要生态灾难/王献溥//植物杂志 1999-02
⊙要重视发展观光农业/刘永斌//中国农垦 1999-04
⊙要重视和研究旅游资源的开发与保护问题/刘堪//国土经济 1999-01
⊙要重视现代人文旅游资源的开发和保护/张亮//丹东师专学报 1999-02
⊙野性的呼唤——迪斯尼经营的灵感/马文//企业研究 1999-01
⊙一个人单独旅游的乐趣/鸣非//北京工人 1999-05
⊙一种旅游随访生存分析模型/夏亚峰 刘开生//甘肃科学学报 1999-04
⊙一种新形式的人文景观旅游开发——城市中心区历史地段的旅游规划与环境整治/王佐 高亦兰//规划师 1999-01
⊙依托生态拓展内涵探索生态旅游新路子/赵成武//生态科学 1999-02
⊙沂源鲁山旅游区旅游资源开发利用研究/赵兴云//人文地理 1999-S1
⊙宜昌及三峡地区旅游开发探析/崔进 冯耕耘//湖北三峡学院学报 1999-S1
⊙宜昌晓峰旅游度假区总体规划构想/李江风 汪华斌 丁火平 卜建丽//地理学与国土研究 1999-04
⊙以邓小平理论为指导 建设渝东旅游经济区/王定顺//中国三峡建设 1999-08
⊙以邓小平理论指导民族地区旅游业发展的思考/刘陆文//桂林旅游高等专科学校学报 1999-S1
⊙以高新技术产业和旅游业为主导产业带动西安经济发展/崔林涛//中国软科学 1999-07
⊙以规范促发展——改善海南旅游业效益的几点建议/刘伟//湖北省纪念五四运动 80 周年学术讨论会 1999-05-01
⊙以兰州为中心 加速发展甘肃旅游业/张彩梅//西北史地 1999-03
⊙以旅游城市作为客源市场的乡村旅游开发/谢彦君//财经问题研究 1999-10
⊙以旅游业带动海南民族地区经济快速发展/刘卫国//中南民族学院学报（人文社会科学版）1999-S1
⊙以旅游业为龙头 全面推动西递经济发展/方祖龙//乡镇经济 1999-04
⊙以评促建、以评促改是评估的最终目的——高校旅游管理专业评估后的思考/沈毅//旅游科学 1999-01
⊙以市场营销为突破口促进旅游经济快速发展/庞波//理论前沿 1999-15
⊙以铁路为旅游网/王菊园//每周电脑报 1999-19
⊙议生态旅游/张杰 丁武 曲文忠//野生动物 1999-06
⊙应加快发展海西旅游业/才项措//柴达木开发研究 1999-06
⊙迎接黄山旅游新纪元/李卫中//黄山学院学报 1999-04
⊙营口旅游资源开发利用及发展战略研究/丁树谦//辽宁师专学报（自然科学版）1999-03
⊙营口市发展外向型旅游业的障碍及开发对策/程莉//世界地理研究 1999-01
⊙营口市旅游业现状分析及发展战略/程莉//辽宁师专学报（自然科学版）1999-04
⊙影响未来旅游市场的因素及其对策/陈更//重庆工学院学报 1999-01
⊙影响中国旅游消费的经济和社会因素分析/宁士敏//经济科学 1999-06
⊙永定县旅游资源及其开发利用/陈绍锋//福建地理 1999-01
⊙用创意开发重庆旅游产品/杜献平//企业销售 1999-06
⊙优秀旅游城市专题报道之二——迷人的青岛/李科村 丁力争//走向世界 1999-02
⊙由景洪的酒店业谈西双版纳旅游业的发展/徐光远 尤卫//经济问题探索 1999-07
⊙有故事的旅游才有生命力——记黔南州旅游局局长刘世杰/汪唯//当代贵州 1999-02
⊙与洋专家探讨二个问题——关于《四川省旅游发展总体规划》的思考/贾银忠//西南民族学院学报（哲学社会科学版）1999-S6
⊙玉溪市旅游资源的独特性及其深层次开发/方增福 李海蓉//玉溪师范高等专科学校学报 1999-06
⊙豫南旅游区生态旅游的优势及开发对策/王义民//信阳师范学院学报（自然科学版）1999-02
⊙云南迪庆旅游资源的开发利用与保护/胡阳全//民族工作 1999-05
⊙云南风景旅游中建筑文化浅析/朱良文//长江建设 1999-04
⊙云南归来话旅游/季昆森//决策咨询 1999-10
⊙云南跨世纪重点旅游产品的选择/王子新//桂林旅游高等专科学校学报 1999-03
⊙云南旅游产业结构探微/明庆忠 陈玉英 周新生//云南师范大学学报（哲学社会科学版）1999-06
⊙云南旅游产业经济结构体系初探/陈玉英 周新生 明庆忠//桂林旅游高等专科学校学报 1999-S1
⊙云南旅游业发展中的资源约束/吕宛清//经济问题探索 1999-07
⊙云南民族体育产业化发展的可行性及其思路/沈阳 饶远 赵玲玲//体育文史 1999-04
⊙云南省民族文化旅游资源的开发研究/颜绍梅//云南电大学报 1999-02
⊙云南特色旅游资源——民族生态建筑/晏钢//生态经济 1999-02
⊙云南自然生态环境与旅游开发/杨桂华//生态经济 1999-02
⊙云山国家森林公园旅游开发可行性研究/李辉桓//资源开发与市场 1999-01
⊙郓城旅游资源开发利用研究/田红 蒋红花//贵州师范大学学报（自然科学版）1999-03
⊙灾害旅游刍议/卫旭东 吴相利//宝鸡文理学院学报（自然科学版）1999-02
⊙灾害旅游资源的保护与建设方略/吴相利//灾害学 1999-02
⊙增加就业的新途径——休闲产业/李再永//山西财经大学学报 1999-S1
⊙展示多彩的民族文化——广西民族旅游资源开发系列研究·民族篇/卜奇文//广西民族学院学报（哲学社会科学版）1999-S1
⊙找到了城市正确的定位 就找到了建设城市的方向——建德市市长许保水谈：山水城市特色的设计与塑造/许保水//小城镇建设 1999-01

◎ 肇庆旅游区形象定位设计/余国扬//热带地理 1999-01

◎ 浙江佛教文化旅游资源有待进一步开发/黄公元//杭州师范学院学报 1999-02

◎ 浙江海洋旅游业的可持续发展分析与控制/周明飞//旅游学刊 1999-01

◎ 镇江旅游客源市场浅析/王志民//镇江市高等专科学校学报 1999-02

◎ 拯救猫儿山 保住桂林山水——来自猫儿山自然保护区的呼吁/李维谦//桂林旅游高等专科学校学报 1999-S1

◎ 政府、企业行为与旅游业发展/顾幼瑾//云南财贸学院学报 1999-S1

◎ 政府主导 创建知名旅游购物市场品牌/钱林晓//桂林旅游高等专科学校学报 1999-04

◎ 知识经济对我国旅游业发展的启示/郭洪江//发展研究 1999-05

◎ 知识经济时代需要培养新型旅游人才/王松交//中国商贸 1999-05

◎ 知识经济与 21 世纪旅游企业管理策略初探/黄震方 侯国林//南开管理评论 1999-02

◎ 知识经济与旅游地理学/刘爱荣 蔡建霞 朱洪波//地域研究与开发 1999-04

◎ 知识经济与旅游业可持续发展/程玉鸿//韶关大学学报 1999-06

◎ 制度安排与旅游资源保护/齐子鹏//社会科学家 1999-03

◎ 制约陕西旅游业发展的主要问题及对策/马耀峰//陕西师范大学学报（哲学社会科学版）1999-03

◎ 中国'99 常德亚划赛与常德旅游业发展/陈晓清//常德师范学院学报（自然科学版）1999-03

◎ 中国'99 昆明世界园艺博览会——云南旅游业发展的机遇和挑战/晏钢//桂林旅游高等专科学校学报 1999-01

◎ 中国传统旅游的伦理特征/谢贵安//旅游学刊 1999-04

◎ 中国迪斯尼究竟花落谁家/阿鸣//港澳经济 1999-05

◎ 中国发展观光农业的资源分析及对策/张艳芳//人文地理 1999-01

◎ 中国国际旅游业的区域非均衡增长/周云波//桂林旅游高等专科学校学报 1999-04

◎ 中国可持续旅游的资源环境政策思考/敖荣军 韦燕生//旅游学刊 1999-05

◎ 中国旅行社业发展的新态势/祝炜平//商业经济与管理 1999-03

◎ 中国旅行社业如何迎接挑战/孙艳红//洛阳工学院学报（社会科学版）1999-02

◎ 中国旅游城市体系研究/金波 吴小根//现代城市研究 1999-05

◎ 中国旅游地质资源分类、分区与编图/李京森 康宏达//第四纪研究 1999-03

◎ 中国旅游发展笔谈//旅游学刊 1999-02

◎ 中国旅游发展笔谈//旅游学刊 1999-03

◎ 中国旅游发展笔谈//旅游学刊 1999-05

◎ 中国旅游发展笔谈/刘德谦 朱红等//旅游学刊 1999-06

◎ 中国旅游经济和经济史研究的深化与创新——读张俐俐博士著《近代中国旅游发展的经济透视》/陆镜生//南开经济研究 1999-01

◎ 中国旅游深开发理念初探/杨哲昆//海南大学学报（社会科学版）1999-01

◎ 中国旅游消费的发展趋势/尹世杰//求索 1999-06

◎ 中国旅游消费研究进展及其主攻方向/许春晓//经济问题探索 1999-02

◎ 中国旅游业的现状及其发展趋势/许春晓//桂林旅游高等专科学校学报 1999-04

◎ 中国旅游业信息化：趋势与对策/刘锋//桂林旅游高等专科学校学报 1999-04

◎ 中国清真饮食文化的旅游价值及开发/马晓京//中南民族学院学报（人文社会科学版）1999-03

◎ 中国入境旅游的主要客源地及其拓展研究/李天顺//陕西师范大学学报（自然科学版）1999-01

◎ 中国通道侗文化旅游开发初步/杨洪 何俊阳 王湘冀//湘潭师范学院学报（社会科学版）1999-06

◎ 中国主要旅游资源赋存的省际差异分析/王凯//地理学与国土研究 1999-03

◎ 中国自然保护区生态旅游开发的对策/王义民 李兴成//社会科学家 1999-02

◎ 中外信息与金融机构合作发展中国旅游业电子商务/苏建东//信息与电脑 1999-02

◎ 中纬内陆旅游度假区开发的限制因素与对策/邵秀英 尤陶江//太原师范专科学校学报 1999-02

◎ 中西部贫困地区旅游扶贫开发探索/肖星//开发研究 1999-02

◎ 中西旅游饭店业管理文化的差异/李莉//海南大学学报（社会科学版）1999-02

◎ 重庆旅游 轻舟正过万重山/石灰//经贸世界 1999-06

◎ 重庆市旅游气候资源开发利用/王裕文//四川气象 1999-02

◎ 株洲市旅游产业调查与设想/汪世维//株洲师范高等专科学校学报 1999-02

◎ 珠海城市旅游发展/保继刚 朱竑//人文地理 1999-03

◎ 珠江三角洲企业外来工休闲生活考察/邹琼//广东青年干部学院学报 1999-04

◎ 主题公园发展探索/卜奇文 高远//桂林旅游高等专科学校学报 1999-04

◎ 主题公园区位选址分析/傅军//南方建筑 1999-03

◎ 抓住发展机遇增强发展意识——谈大圩镇的旅游开发/骆文兵//桂林旅游高等专科学校学报 1999-S1

◎ 抓住机遇 同心协力 共创旅游教育辉煌——学习邓小平教育理论的思考/李灿佳//教育导刊 1999-Z1

◎ 抓住机遇把旅游业培育为成都的支柱产业——关于成都旅游业发展情况调查/中共成都市委党校课题组//中共成都市委党校学报 1999-06

◎ 抓住机遇加快阿勒泰地区旅游业的发展/黄珊//实事求是 1999-06

◎ 抓住机遇同心协力共创旅游教育辉煌——学习邓小平教育理论的思考/李灿佳 张国光//教育导刊 1999-Z1

◎ 专科旅游院校实习管理问题初探/林增学 罗清德//桂林旅游高等专科学校学报 1999-01

◎ 转变旅游教育思想 提高旅游教学质量/田喜洲 胡波 许曦//桂林旅游高等专科学校学报 1999-S2

◎ 转型：中国旅游产业发展的趋势与选择/马波//旅游学刊 1999-06

◎ 拙政园游客行为调查分析/张淑霞//苏州科技学院学报（社会科学版）1999-01

◎ 自然保护区旅游开发与环境保护/崔痒//国土与自然资源研究 1999-01

◎ 自然保护区生态旅游的态势与发展/陆红青//环境保护 1999-03

◎ 自然保护区生态旅游开发初探/冉东亚//林业科技管理 1999-01

◎ 自然保护区生态旅游开发及保护规划探讨——以武夷山自然保护区为例/李延风//环境导报 1999-05

◎自然保护区生态旅游可持续发展的对策分析/张光生//资源开发与市场 1999-04
◎走好旅游富民兴县之路/肖聚成//老区建设 1999-01
◎走进“新旅游”时代/黄晔//互联网周刊 1999-48
◎走向广阔的乡村——广西旅游资源开发系列研究·乡村篇/周作明//广西民族学院学报（哲学社会科学版）1999-S1
◎走向辉煌的朝阳产业/杨胜明//党的生活 1999-11
◎左江流域旅游发展的思路/苏益林//桂林旅游高等专科学校学报 1999-02
◎做好“六字文章”提高文化品味 创造我市旅游业新优势/蔡俊雄//韩山师范学院学报 1999-01

2000 年

◎“白天鹅”飞起来/吴伟//中国旅游报 2000-11-17
◎“大旅游”概念与 21 世纪旅游业的发展/乔力//山东社会科学 2000-05
◎“第三届北京旅游商品设计大赛旅游商品研讨会”发言摘要//旅游学刊 2000-06
◎“东亚模式”和政府主导型旅游发展战略/邓祝仁//桂林旅游高等专科学校学报 2000-02
◎“断炊”之苦何时休/罗荣燕//中国旅游报 2000-12-01
◎“黄金周”海南旅游市场呈现三大明显变化//东方航空报 2000-10-23
◎“黄金周”后的思索/蒋里仁//中国工商报 2000-10-14
◎“会展”也是旅游/陈勇 罗继飞//四川日报 2000-08-07
◎“假日经济”和“绿色旅游”/许新平//华东旅游报 2000-10-26
◎“假日经济”旺了成都旅游客车市场/敖劳英//中国汽车报 2000-07-24
◎“假日经济”与“休闲培训”/张喜林//中国企业报 2000-08-30
◎“假日旅游”不是“宰客旅游”/林义成//北京日报 2000-08-22
◎“科普旅游”热“光谷”/周和毅//人民政协报 2000-07-18
◎“科普旅游”热起来/周和毅//中国教育报 2000-08-31
◎“零团费”旅游陷阱重重/刘长忠//福建日报 2000-08-25
◎“旅游”的色彩/方泽华 冯晋//中国旅游报 2000-07-07
◎“旅游超市”方便游人/潘云庆//中国旅游报 2000-09-06
◎“旅游预报”怎么搞好？/黄世强 曹建明 范正青 徐照熙 顾建军 罗健 王贵清 戚德志 陈奇//解放日报 2000-09-22
◎“农家”饭碗碎不了/王发枝 张朝晖//中华工商时报 2000-08-29
◎“三全其美”科普旅游/周和毅//中国工商报 2000-09-16
◎“十一”长假让旅游类上市公司哭笑不得/高广新//中国贸易报 2000-10-14
◎“十一”出门儿您放心/侯辛//中国旅游报 2000-09-20
◎“十一”黄金周健康有序成效显著//中国旅游报 2000-10-25
◎“十一”旅游 一路走好/樊亮轩//江西日报 2000-09-24
◎“十一”旅游服务趋好/莫扬//中华工商时报 2000-09-21
◎“十一”旅游看统计预报/郝小爱//中国信息报 2000-09-20
◎“世界屋脊”成旅游热点/李京华 裘立华//解放军报 2000-09-11
◎“网络旅游”：产品与服务是根本/傅莲英//国际商报 2000-06-30
◎“网络旅游”风头出尽/邵春 王健生//中国旅游报 2000-07-17
◎“我们自己开发学生旅游”//文汇报 2000-06-29
◎“西部旅游”板块要火爆登场/王炜//中国贸易报 2000-11-11
◎“香格里拉”看旅游/杨彪//解放军报 2000-10-09
◎“休闲战略”新定位/程平 悟正//中国商报 2000-10-12
◎“银发旅游”潜力大/刘寅 张文煜//西安日报 2000-12-23
◎“中国四大古代官衙”将成为国际旅游专线/木子//经济参考报 2000-10-21
◎“中国四大古代官衙国际旅游专线”启动/王征//中国文物报 2000-10-25
◎“中国优秀旅游城市”初评揭晓/洪舟 群蔚 志军 王颖//新华日报 2000-08-05
◎“中信泰康旅游救援卡”/王正英//市场报 2000-10-26
◎《江苏旅游倍增计划》（摘要）//新华日报 2000-07-17
◎《张家界旅游产业发展规划》编制完成/周怀立//湖南日报 2000-09-18
◎18 个月 旅游网站能变成什么样？/张洵涛//中国旅游报 2000-10-16
◎18 亿融资打造“旅游航母”/赵宗彦//西安日报 2000-12-01
◎1998、1999 年中国旅游研究述评/徐菊凤//旅游学刊 2000-03
◎2000 年，武汉离中国优秀旅游城市还有多远/蓝月//今日湖北 2000-07
◎2000 年世界文化景观-庐山国际文化旅游节开幕/练炼 殷勇//江西日报 2000-09-02
◎2000 中国旅游与民营企业高峰论坛将在杭州举办/邱晓军 聂晓民//中国旅游报 2000-11-10
◎21 世纪衡山新一轮旅游开发研究/杨载田//衡阳师范学院学报 2000-01
◎21 世纪我国西北地区旅游业发展策略/张艳芳 郭彩玲//人文地理 2000-01
◎21 世纪最吃香的旅游项目/连国庆//中国旅游报 2000-08-04
◎267 万人次游深圳/郝丽萍//深圳商报 2000-10-08
◎90 年代中国旅游地理学进展研究/吴必虎//经济地理 2000-03
◎Ctrip 并购现代运通旅游网站初定大局/海娟//中国经营报 2000-10-31
◎Sabre 借收购力拓在线旅游市场//中国计算机报 2000-09-07
◎阿坝州大力整治景区环境 小金县旅游投资势头强劲/徐骥 林修//四川日报 2000-08-21
◎阿坝州发展旅游业的潜力及对策/杨秋 庄春辉//天府新论 2000-S1
◎阿根廷采取措施促国内旅游/华林//中国旅游报 2000-09-18
◎阿拉善打出“神秘牌”/张德华 连东先//中国旅游报 2000-12-18
◎安徽亮出旅游大名片/王太华//中国贸易报 2000-06-28
◎安徽旅游新亮点/李丽鑫//安徽日报 2000-08-11
◎安吉旅游打响三张“牌”/文乐//华东旅游报 2000-07-04
◎安吉以生态旅游为切入点主动接轨上海/祁乐乐 张孟蛟//浙江日报 2000-11-12
◎安庆，悄然崛起的旅游经济/王斌//安徽税务 2000-12
◎安全旅游在西部/张玉光 杨文锁//人民公安报 2000-11-28
◎安阳旅游资源开发与区域经济发展/蒋冰华//中州大学学报 2000-01
◎安远观光农业兴旅游活流通/黄礼春 李来茂//江西日报 2000-09-23
◎按市场规律办学 按教育规律育人——四川省旅游学校/肖家华//今日四川 2000-03
◎奥地利在京推广滑雪旅游/李玲//中国旅游报 2000-12-04
◎奥运引发旅游热/郭燕春//中国商报 2000-09-01
◎澳大利亚旅游推介会在京穗举行/邵春 张俊//中国旅游报 2000-11-20

⊙澳门——独特的旅游城市/人杰//中国贸易报 2000-11-09
⊙澳门向内地推介旅游/王彦栋//中国旅游报 2000-11-20
⊙澳实施"旅游购物退税计划"//中华新闻报 2000-07-31
⊙澳洲第一旅游网站 Lonelyplanet. com/chiagc. com 任朗供稿//中国旅游报 2000-10-11
⊙八大"茶宴"诚邀四海宾客/李海水//中国特产报 2000-11-30
⊙巴南旅游话温泉/正荣 关键//重庆日报 2000-10-13
⊙巴州旅游风光好/刘枫//新疆日报（汉）2000-09-15
⊙把"塞上江南"留在冬季/胡安东//中国商报 2000-12-01
⊙把贵州建成旅游大省/杨胜明//党的生活 2000-06
⊙把旅游业培育成我省新的经济增长点/矫勇//新长征 2000-03
⊙把脉中原旅游业——省政协八届三次会议侧记/刘保新//协商论坛 2000-02
⊙把住假日经济的舵//中国企业报 2000-08-31
⊙白洋淀开发管理日趋规范//梁章锁 邓汉强//河北日报 2000-08-26
⊙百姓生活迈向休闲时代/刘静//工人日报 2000-10-12
⊙斑斓多彩的旅游门券/李盛仙//中国档案报 2000-12-04
⊙包头创优步步推进/艾丹//中国旅游报 2000-07-07
⊙包装重庆旅游精品/李元胜//重庆日报 2000-12-20
⊙宝鸡努力建设现代化生态园林旅游城市//中国旅游报 2000-10-20
⊙宝鸡市旅游业迈向一流/云献科 南忍孝//陕西日报 2000-09-09
⊙保护好古典园林 发展苏州旅游事业/苏州市园林管理局//人民政协报 2000-12-11
⊙保护与开发 世界遗产的两难抉择/锦秀文//金融时报 2000-12-01
⊙保健旅游前景看好/翟峰//四川科技报 2000-07-10
⊙保健旅游前瞻/翟峰//四川日报 2000-10-25
⊙北戴河兴起观鸟旅游热/张辑//中国环境报 2000-07-26
⊙北京：禁止公园门票涨价/李玲 张俊 钱自由//中国旅游报 2000-09-08
⊙北京"十一旅游精彩线路"别开生面/张悦//国际商报 2000-09-21
⊙北京城市观光车为何开出了城/卜小平//中国旅游报 2000-11-24
⊙北京凤凰岭举办旅游养生文化节/艾笑//中国教育报 2000-10-19
⊙北京举办"神州旅游刺森林"宣传日/康韧//中国环境报 2000-06-21
⊙北京旅游构筑质量新平台/方泽华 冯普//中国旅游报 2000-11-06
⊙北京人城里呆不住海滨去避暑/杨慧敏//中国旅游报 2000-08-09
⊙北京山区旅游资源开发与环境治理/王湘//北京规划建设 2000-05
⊙北京市旅游发展总体规划研究/吴必虎//北京联合大学学报 2000-01
⊙北京推出系列暑期旅游活动/张悦//国际商报 2000-07-18
⊙北京之夜拓展北京旅游/赵红//北京日报 2000-08-04
⊙本土化：分时度假在中国/刘赵平//中国旅游报 2000-10-20
⊙碧峰峡的品牌经营/刘思敏 雪川//中国旅游报 2000-10-20
⊙碧峰峡抢占四川休闲度假旅游精品品牌/李论 刘理科//四川日报 2000-09-29
⊙边境地区旅游前景看好/刘来吉//中国旅游报 2000-12-15
⊙边境游火爆牡丹江/王增伟//中国旅游报 2000-08-23
⊙变化中的美国旅游者/纽办//中国旅游报 2000-07-10
⊙变相用公款组团出国（境）旅游//新华每日电讯 2000-10-31
⊙变资源大省为旅游大省——山西经济结构调整面面观/薛若冰//山西科技 2000-06
⊙宾川强化旅游基础设施建设/赵继光 李根//云南日报 2000-12-19
⊙冰雪旅游 动感时尚/林雪//四川日报 2000-12-22
⊙冰雪游带旺旅游市场/李玲//中国旅游报 2000-12-18
⊙兵团旅游业的现状及发展对策/袁敏芳//兵团党校学报 2000-03
⊙波兰旅游业观察/康蓉//中国旅游报 2000-09-25
⊙博格达峰南北坡旅游资源开发评析/焦黎//新疆师范大学学报（自然科学版）2000-01
⊙博士团献计旅游事业 学生郎服务父老乡亲/王晖//河南日报 2000-08-20
⊙不吃木头吃旅游/闫采平//中国财经报 2000-09-01
⊙擦亮假日旅游品牌/伍皓 李银//新华每日电讯 2000-05-17
⊙草地旅游在草地生态系统中的作用及其持续发展/赵雪//中国草地 2000-05
⊙茶旅游有望蓬勃发展/安明霞//中华合作时报 2000-06-27
⊙茶文化：支起安溪旅游"撑杆跳"/任兴炎//华东旅游报 2000-12-19
⊙察尔森水库发展旅游业的探讨/魏清太//东北水利水电 2000-10
⊙昌吉旅游农业——方兴未艾的朝阳产业/陈承福//中国农村小康科技 2000-01
⊙昌平旅游业——"蛋糕"如何做大/于桂谦//北京统计 2000-04
⊙长岛海上仙山名不虚传/鲍威//中国旅游报 2000-07-26
⊙长沙的旅游形象到底是什么？/郑旗//中国旅游报 2000-08-14
⊙长泰县生态旅游资源特色和开发条件分析/黄民生//福建师范大学学报（自然科学版）2000-01
⊙长治为学生设计特别旅游线路/张恩 卫彦利//中国商报 2000-08-16
⊙尝试多种旅游方式//中国旅游报 2000-07-31
⊙常规线路未显火爆 创意节目秋色满园/孙一飞//华东旅游报 2000-10-26
⊙常州加快旅游网络化进程/袁志波//华东旅游报 2000-12-19
⊙常州天目湖构建文化旅游新格局/金忠伟//华东旅游报 2000-06-15
⊙常州中华恐龙园成为华东旅游"黑马"/许晓音 孙冬慧 匡启键//新华日报 2000-11-12
⊙常州中华恐龙园初展"芳容"/常青 燕南 王颖//新华日报 2000-08-04
⊙朝来农艺园休闲乐园//中国旅游报 2000-07-07
⊙车船先行迎国庆/彭撰军//中国旅游报 2000-09-13
⊙车展拉动"会展经济"旅游喜得意外收获/李安定 张毅//中国旅游报 2000-06-14
⊙郴州：生态旅游成亮点/杨明炜 姜业庆//中国经济时报 2000-09-07
⊙郴州成为华南地区旅游新热点//中国审计报 2000-09-25
⊙郴州生态旅游七看/杨丹 范萍//湖南日报 2000-08-30
⊙成都成为国内外游客主要目的地/张悦//国际商报 2000-06-26
⊙成都的旅游门户网站旅游/李晓良//中国旅游报 2000-11-10
⊙成都旅游形象亟待清晰/何银武//中国旅游报 2000-12-15
⊙成都泰国旅游价格回归合理/董天刚//市场报 2000-09-18
⊙成都兴起"农家乐"/谭力 朱太文 刘万厦 森林//农民日报 2000-08-31
⊙成都休闲旅游城市/彭剑//中国旅游报 2000-12-15
⊙城步南山牧场 大力开展生态旅游/雷学业//中国旅游报 2000-

10-13
◎城南新事宣武要兴文化旅游/金启宁//中国旅游报 2000-12-15
◎城市：辐射区域旅游经济的核心/刘赵平//中国旅游报 2000-11-17
◎城市：旅游供给的主体/刘赵平//中国旅游报 2000-10-20
◎城市：三大旅游消费市场主体/刘赵平//中国旅游报 2000-11-03
◎城市"翡翠项链"魅力无穷/周曾娟//华东旅游报 2000-06-27
◎城市科普旅游出尽风头/周和毅//中国旅游报 2000-09-01
◎城市旅游规划与城市规划的关系与协调/范业正//规划师 2000-06
◎城市园林公墓与生态旅游/卞云龙//玉溪师范学院学报 2000-06
◎持"洋卡"轻轻松松游香格里拉/王法//云南日报 2000-06-20
◎赤壁归来话旅游/于亚男 朱殿勇 杨凌//河南日报 2000-10-17
◎赤壁市生态旅游资源特色与开发/李江风 杨昌明 祝港平//资源开发与市场 2000-01
◎冲浪入世 中国旅游界弄潮 WTO/闵瑶//中国旅游 2000-Z1
◎崇明构筑生态旅游岛/徐洪 顾春春//文汇报 2000-10-26
◎崇明建设生态经济岛/马晓青//解放日报 2000-09-04
◎崇州着力建设古蜀州历史文化旅游城/崇宋//中国旅游报 2000-09-01
◎出国旅游如何办手续/周海民//文汇报 2000-08-31
◎出境旅游渐成亮点/田予冬//中国工商报 2000-12-13
◎出境旅游向"零团费"亮红灯/应舍法//浙江日报 2000-08-02
◎出境旅游诱煞人/彩//中国物资报 2000-09-20
◎出境游"适度发展"政策不变/安也致 依绍华//中国商报 2000-10-27
◎揣张支票去旅游/罗李黄//旅游 2000-02
◎川北旅游资源开发与巴蜀文化/方燕//西南民族学院学报（哲学社会科学版）2000-08
◎传统民居旅游开发研究——以平遥古城为案例/刘家明//地理研究 2000-03
◎传统文化资源开发与商丘区域经济发展研究/郭德民//商丘师范学院学报 2000-03
◎创建太原佛光文化旅游区打好佛教旅游特色牌/李冠瑶//经济问题 2000-08
◎创培育开发利用竹资源经济生态双赢之路//中国包装报 2000-09-27
◎创新 发展旅游的关键/张启华//重庆日报 2000-07-11
◎创新！创新！游客不衰/吴晓梅//中国旅游报 2000-08-16
◎瓷都兴起文化旅游热/郑金勤//中国特产报 2000-11-02
◎从"假日经济"看政府对旅游业管理机制的转变/周娅//思想战线 2000-04
◎从"三个代表"的高度 认识旅游产业的战略地位/杨守春//时代潮 2000-11
◎从观光旅游到会展旅游/万润龙//中国旅游报 2000-12-01
◎从桂林旅游业看旅游宏观经济效益/袁铁象//桂林旅游高等专科学校学报 2000-04
◎从旅游升级说效率的制度保证/王则柯//中国经济时报 2000-11-03
◎从深圳华侨城旅游业看文化资源的成功开发/杨宏海//特区理论与实践 2000-11
◎从温泉开发看旅游发展/张启华//重庆日报 2000-11-26
◎从乡村非农化看乡村旅游的兴起/甘巧林//华南师范大学学报（自然科学版）2000-04
◎从主题公园到主题城市——深圳旅游业发展战略初探/张凌云//开放导报 2000-Z1
◎从主题公园的状况看其建设的取舍原则/岳红琼//特区经济 2000-08
◎粗犷恬静的"旅游天堂"/童浩麟//河南日报 2000-09-02
◎促进阿坝州旅游产业发展的财政作为/陈梅//四川财政 2000-06
◎促进假日旅游持续发展初探/杨文棋//江西社会科学 2000-10
◎村镇建设与旅游资源开发/国伟//长江建设 2000-01
◎搭上"旅游经济"的快车/汪本绒//中国城乡金融报 2000-08-28
◎打"两汉文化"牌 唱旅游观光戏/孙景尧//新华日报 2000-12-22
◎打好十渡旅游牌/韩军 吴萌//中国工商报 2000-10-24
◎打旅游文化牌 建生态经济园/刘承芳//江西日报 2000-07-24
◎打响"庐山牌"/练炼 殷勇//江西日报 2000-09-06
◎打响名山牌 舞活旅游龙/廖炎秋 刘运发//亚太经济时报 2000-06-03
◎打造冰雪：谈黑龙江省体育旅游产品的开发/夏洪海//冰雪运动 2000-04
◎打造高科技旅游精品——关于主题公园的对话/李永增//瞭望 2000-31
◎打造中国长江旅游旗舰/周爱国 胡怀生//亚太经济时报 2000-10-18
◎大都市城乡交错带观光农业发展潜力及前景/卢树昌 赵淑杰//天津农业科学 2000-02
◎大江南农业观光园总体规划构想/李闻丽//林业资源管理 2000-05
◎大开发托起青海朝阳产业/邵春 洪一树 王晓宁//中国旅游报 2000-08-11
◎大理白族自治州概况及旅游业发展状况/张金康//东南亚南亚信息 2000-06
◎大力保护生态环境 积极发展生态旅游/沈茂成//中国绿色时报 2000-12-29
◎大力打造旅游"航母"/冯俊锋//四川日报 2000-09-29
◎大力发展假日旅游 促进重庆经济发展/张启华//重庆日报 2000-08-30
◎大力发展旅游经济/胡海燕//人民政协报 2000-11-16
◎大力发展入境旅游/张银曙 张乐//新华每日电讯 2000-10-22
◎大力开发三峡库区旅游资源推动其他产业全面发展/陈方伯//预算管理与会计 2000-07
◎大力开拓新荣区旅游业的若干思考/高旭//大同医学专科学校学报 2000-02
◎大连赴京引资兴旅游/魏晓霞//中国旅游报 2000-09-04
◎大连旅游喷珠吐翠/赵华//中国旅游报 2000-08-02
◎大连推出新奇特种旅游/雷鸣//中国旅游报 2000-12-11
◎大西南旅游圈中的一颗明珠——发展怀化旅游业的思考/唐国焕//湖南经济 2000-10
◎大兴安岭林区旅游业发展前景浅析/王粟//林业勘查设计 2000-01
◎大兴安岭森林旅游走出"深闺"/郎威仁//工人日报 2000-11-13
◎大学生旅游行为研究——以中山大学为例/李丽梅 保继刚//桂林旅游高等专科学校学报 2000-04
◎大运河延伸带来旅游契机/陈旭钦 李丹萍//中国旅游报 2000-09-08
◎傣族贝叶文化与西双版纳旅游业/秦家华//思想战线 2000-06

◎带你到加勒比的美丽岛国/刘思敏//中国旅游报 2000-07-17
◎当今中国旅游消费市场呈现的新特点/潘小凤//北京第二外国语学院学报 2000-05
◎当前西部旅游开发热潮下的冷思考/李菊霞//旅游科学 2000-03
◎导游和旅游车辆仍存在诸多问题/洛桑//西藏日报 2000-11-09
◎导游领着孩子玩/张涛 雷风雨//新华每日电讯 2000-07-23
◎到大漠·黄河去感受自然//中国旅游报 2000-06-14
◎到港游客每月平均愈百万//中国旅游报 2000-08-14
◎到黄山乡"做一天纳西人"/杨新红//云南日报 2000-06-16
◎稻城亚丁生态旅游区旅游资源优势与开发浅析/李忠东//四川地质学报 2000-03
◎德宏州旅游业建设的思考/杨自新//创造 2000-11
◎德化生态旅游走红/金勤 秋玉//福建日报 2000-06-19
◎德阳市旅游资源特色及其开发对策/鄢和琳//资源开发与市场 2000-02
◎登封开拓嵩山旅游资源/王向民//中国矿业报 2000-10-07
◎登封强力实施"旅游立市"战略/李彬//中国旅游报 2000-11-17
◎地区旅游业管理体制和经营机制的探讨/魏云刚//泰安师专学报 2000-05
◎第二届中国农民旅游节深秋登场/曹伟庆 曾毓琳//华东旅游报 2000-08-29
◎第二届中国农民旅游节在横店举办/程春红//中国旅游报 2000-11-08
◎滇西北国家公园的可持续发展研究/李铁松//四川师范学院学报（自然科学版）2000-03
◎滇西北旅游产品的替代竞争与开发策略/普国安 白廷斌//云南经济管理干部学院学报 2000-03
◎点击都市休闲时尚/小燕//中国消费者报 2000-11-14
◎电子旅行社挑战传统旅行社/马勇 艾辉//中国旅游报 2000-11-06
◎电子旅游轻叩商旅之门/刘群//北京科技报 2000-08-18
◎电子商务挑战传统旅游业/马勇//文汇报 2000-10-30
◎钓鱼城与重庆旅游文化资源/王毅//重庆建筑大学学报（社会科学版）2000-01
◎盯住特色去旅游/曙光//中国冶金报 2000-08-23
◎定州市拟建八大文物旅游景点/高志顺 张伟//河北日报 2000-07-27
◎定州文物旅游事业步入发展快车道/聂瑞军 杨跃平//河北日报 2000-07-18
◎东北区域旅游联合体成立/洪兵兵//中国旅游报 2000-10-04
◎东盟国家复兴旅游业的策略和措施/郑一省//当代亚太 2000-06
◎东山岛呵护海滨旅游沙滩/刘胜明//中国海洋报 2000-07-04
◎冬季旅游大有文章可做/池重庆//新疆日报（汉）2000-11-16
◎冬日辽宁冰雪旅游"闹"起来/赵乃林//辽宁日报 2000-12-26
◎冬天去哪泡温泉/亦文//中国环境报 2000-12-13
◎动感电影带动旅游娱乐疯狂/宗飞//中国旅游报 2000-08-14
◎都市，探险旅游新时尚/马夫//四川日报 2000-07-14
◎都市旅游推新招 美食文化展风采/张启华//重庆日报 2000-12-28
◎都市农业——兰州城郊农村经济发展的方向/高鹤龄//甘肃农业 2000-02
◎度假村网络联盟 旅游网络新创意/李志庄//中国旅游报 2000-08-09
◎对"假日经济"热的冷思考/高际香//经济与管理 2000-05
◎对"旅游业低投入、高产出"论的理性思考/白永秀//北京第二外国语学院学报 2000-01
◎对保定市发展旅游经济问题的思考/崔勇//经济与管理 2000-01
◎对当前我国旅游经济的思考/郑伦卉//湖北函授大学学报 2000-Z1
◎对当前延边旅游行业的几点建议/崔阳//延边大学学报（社会科学版）2000-03
◎对多家旅行社评价较高 对旅游区综合评价不高/刘永明 胡心洁//河南日报 2000-09-11
◎对发展世纪之交的黑龙江旅游业的思考/李世龙//学术交流 2000-05
◎对发展忻州经济新的经济增长点的探索——关于建设五台山大旅游格局的构想/晋原平//中共山西省委党校学报 2000-01
◎对繁荣黑龙江省假日旅游经济的思考/张玉卓//黑龙江财专学报 2000-04
◎对海南发展热带海岛观光农业问题的思考/张建萍//海南大学学报（社会科学版）2000-01
◎对假日旅游的初步认识/康永莉 于临漕//中国旅游报 2000-11-22
◎对旅游的本质、动机、作用的再认识——由生态旅游引发的思考/赵新民//陕西经贸学院学报 2000-04
◎对旅游扶贫的再思考/贾芳//甘肃社会科学 2000-02
◎对旅游区地域结构体系的初步探讨/杜海忠//重庆师范学院学报（自然科学版）2000-S1
◎对旅游文化和产业的认识/拜文山//新疆日报（汉）2000-10-12
◎对民族地区建设旅游支柱产业的战略性思考/夏骏//黑龙江民族丛刊 2000-03
◎对生态旅游和生态环境旅游理论的研究/王敬武//北京商学院学报 2000-02
◎对生态旅游开发热的思考/曹文//资源开发与市场 2000-01
◎对我国旅游规划工作的现状、问题与对策的研究/彭德成//旅游学刊 2000-03
◎对西部大开发中重庆市旅游发展战略的思考/孙力//重庆师范学院学报（自然科学版）2000-S1
◎对伊宁市发展旅游业的几点思考/塔西//中共伊犁州委党校学报 2000-04
◎对浙江旅游经济问题的思考/张勤//商业经济与管理 2000-08
◎对芷江旅游业发展的思考/聂叙昌//湖南经济 2000-02
◎对中韩旅游合作的分析与思考/金美子//黑龙江社会科学 2000-04
◎敦煌旅游景点开发成效显著/张萍//甘肃经济日报 2000-12-15
◎多角度透视湖北旅游/陈小平 唐昌华 梁均贵//湖北日报 2000-12-07
◎峨眉山旅游产业高速发展的经验及启示/何征修//财经科学 2000-06
◎峨眉山旅游资源类型与开发研究/李铁松 胡大鹏//四川师范学院学报（哲学社会科学版）2000-04
◎二〇〇一年：体育和旅游牵手/胡云蓬//文汇报 2000-10-19
◎二〇〇一年江苏旅游从无锡开始/石雨//华东旅游报 2000-12-05
◎二〇〇一年旅游主题是"中国体育健身游"/孟广芹//中国绿色时报 2000-09-28
◎二OOO年大连旅游业——现状 目标 对策（上）/旅游学院课题组//大连大学学报 2000-03
◎二日游客明显增加 未对景区造成压力/沈吕//福建日报 2000-10-03

◎发达国家假日旅游方兴未艾/周文杰//中国旅游报 2000-10-11
◎发挥产业优势 实施旅游带动/梁均贵 刘晗//湖北日报 2000-08-13
◎发挥金融作用 促进凉山州旅游业发展/王健//西南金融 2000-07
◎发挥金融作用 支持云南省旅游资源开发/李卫平//西南金融 2000-06
◎发挥旅行社在假日旅游中的桥梁作用/姜伟浩//中国旅游报 2000-07-24
◎发挥旅游产业关联效应 推动社会经济快速发展——对成都市旅游业的综合调研/何银武//国土经济 2000-04
◎发挥名山优势 搞活景区旅游/邓卫东//亚太经济时报 2000-06-14
◎发挥区位优势 促进商贸旅游/孙翠芳//云南日报 2000-06-14
◎发挥区位资源优势 大力发展旅游产业/王晓东//河北日报 2000-08-11
◎发挥优势 加快延庆县旅游商品的开发/王自明//北京市农业管理干部学院学报 2000-04
◎发挥优势加快构建跨世纪现代旅游支柱产业——威海市旅游产业发展问题浅探/刘景春//发展论坛 2000-10
◎发挥优势明确思路全面振兴四面山旅游业/郭汝齐//重庆行政 2000-03
◎发挥资源优势 形成旅游格局/孙守璞//中国企业报 2000-07-03
◎发展“假日经济”大做旅游文章——盐城市政协建议加快通榆线旅游风光带建设/徐翠华//江苏政协 2000-08
◎发展朝阳旅游 迎接旅游朝阳——我国学生旅游概况及对策/李秀斌 赵新元//社会科学家 2000-04
◎发展观光农业 寻找新的经济增长点/鲁怀坤 范坤岭//农村. 农业. 农民 2000-03
◎发展广西旅游产业的一些思考/林刚//广西经济管理干部学院学报 2000-01
◎发展假日经济 开拓太湖品牌/于福南//中国旅游报 2000-07-21
◎发展假日经济的对策/景素奇//中国旅游报 2000-10-20
◎发展假日旅游 促进旅游业可持续发展/范保宁//湖南商学院学报 2000-06
◎发展江西旅游业的思考/蔡雪芳//当代财经 2000-04
◎发展辽宁地区旅游业的战略思考/王东秀//社会科学辑刊 2000-05
◎发展旅游必须依靠科技/马波//科技日报 2000-07-28
◎发展旅游产业强化经济支撑/靳振贵//探索与求是 2000-12
◎发展旅游观光农业问题初探/王凤兰 吴明远 寇玉凤//经济问题探索 2000-02
◎发展旅游还要观念创新/赵红//中国旅游报 2000-07-10
◎发展旅游经济 实践“三个代表”/娄炳南//新华日报 2000-10-18
◎发展旅游经济不忘保护军事设施/蔡文强//解放军报 2000-10-29
◎发展旅游业的认识误区/黄镇国//同舟共进 2000-06
◎发展罗田旅游产业 培育新经济增长点/刘细波//湖北财税 2000-20
◎发展茂名旅游业正当其时/罗裕龙//南方论刊 2000-02
◎发展民俗旅游与保护民族文化/徐赣力//桂林旅游高等专科学校学报 2000-03
◎发展民族体育旅游业的前景与对策/王天军//广州体育学院学报 2000-02
◎发展水库旅游的冷思考/宋建友//江苏水利 2000-11
◎发展特色旅游业 培植天津经济新的增长点/李诗白//天津经济 2000-11
◎发展特色旅游业必须树立新观念采取硬措施/李明//经济问题探索 2000-09
◎发展网上旅游前景看好/曾敏 周铭扬//华东旅游报 2000-07-06
◎发展我国休闲旅游产业问题的若干思考/刘群红//求实 2000-08
◎发展西部旅游业的思考与探索/李世仪//经济问题 2000-11
◎发展乡村旅游促进农民增收/成淇平//云南日报 2000-09-27
◎发展新疆旅游业应扬其长避其短/李静//中共乌鲁木齐市委党校学报 2000-Z2
◎发展休闲渔业 振兴渔区经济/卓友瞻//中国水产 2000-01
◎发展云南民族旅游经济和名牌战略的思考/李毅//思想战线 2000-04
◎发展云南乡村旅游刍议/陈述云//云南日报 2000-11-27
◎发展中的山西旅游/张汉文//山西老年 2000-12
◎发展中的休闲/樊纲//中华读书报 2000-12-20
◎法国香槟城成为旅游新热点/徐植//中国旅游报 2000-07-17
◎反季节旅游风光无限/小周//中国老年报 2000-07-28
◎反季节旅游也诱人/予心//中国矿业报 2000-06-03
◎防城港市十万大山森林旅游区开发/彭建//热带地理 2000-04
◎非洲旅游市场欠火候/张克千//新华每日电讯 2000-08-02
◎分时度假：全新的度假理念/王彧//中国经济时报 2000-09-28
◎丰都筹备民俗文化旅游节暨十二届鬼城庙会/蒋宗金 冉杰//华东旅游报 2000-12-07
◎丰都旅游抓住机遇上台阶/张启华//重庆日报 2000-10-13
◎丰县“旅游观光农业”热起来/李世银 郭兆瑞//中国特产报 2000-07-27
◎风笛带你游香江/冯霄//市场报 2000-11-23
◎风景名胜区与旅游/李嘉乐//中国园林 2000-02
◎峰值期国内旅游市场供需关系研究——以1999年国庆假日旅游潮为例/魏遐//人文地理 2000-06
◎奉化溪口建设体育名镇促旅游/王景波 竺义芳//华东旅游报 2000-07-25
◎涪城区用激励机制建观光农业示范片/梁廷荣//四川政协报 2000-09-09
◎福海县旅游资源优势及开发思路/吴伊军//中共伊犁州委党校学报 2000-04
◎福建 发展平稳 旺而不爆/洪一树//中国旅游报 2000-10-11
◎福建旅游取得十大成果/洪一树//中国旅游报 2000-12-15
◎福建省旅游海外客源市场的特征与开发战略/陈月英//经济地理 2000-05
◎福建省旅游业发展战略研究/马勇//经济地理 2000-05
◎福建省委书记调研假日旅游/洪一树//中国旅游报 2000-09-25
◎福州——充满生机活力的现代化旅游城市//中国旅游报 2000-09-18
◎福州旅游路在何方/陈岳//福建日报 2000-07-12
◎富阳确定旅游定位/程春红//中国旅游报 2000-08-16
◎改革创新是加快桂林旅游产业发展的根本出路/谢迪辉//社会科学家 2000-01
◎改善旅游行业管理 加速旅游产业化进程/龚振//技术经济 2000-01
◎概谈都市观光农业形式/李泽华//湖南经济报 2000-08-29
◎甘肃发展旅游业的思考/王秋梅//兰州商学院学报 2000-02
◎甘肃旅游“扩容提速”路在何方？/邵春 洪一树 王晓宁//中国旅游报 2000-08-23
◎甘肃旅游前景将更加灿烂//甘肃日报 2000-12-28

⊙甘孜不再神秘/冯颖//中国旅游报 2000-09-11
⊙甘孜州发展旅游文化经济的构想/何勇//桂林旅游高等专科学校学报 2000-02
⊙赣州要打旅游牌/林建强//中国贸易报 2000-07-25
⊙高瞻远瞩 打造中国一流主题公园城/卉颜//旅游学刊 2000-01
⊙高职旅游专业培养模式初探/张岩//乌鲁木齐职业大学学报 2000-04
⊙搞好假日经济 促进旅游消费/靳秀珍//西安日报 2000-10-11
⊙搞活旅游企业 振兴旅游产业/杨胜明//当代贵州 2000-01
⊙格调旅游，大有作为/王则柯//中国经济时报 2000-11-17
⊙各省市纷纷举行推介会/史蔓蓉//中国旅游报 2000-07-17
⊙给假日旅游"开处方"/江延 英子//陕西日报 2000-07-11
⊙给漂流旅游提个醒/胡增官//中国旅游报 2000-07-31
⊙更新观念 加快发展我省旅游产业/杨伯亚//领导之友 2000-06
⊙更新五大观念 加快发展四川旅游产业/张谷//理论与改革 2000-05
⊙工业旅游 大有可为/张启华//重庆日报 2000-11-24
⊙工业旅游 重庆亟待开发的处女地/陈斌//中国旅游报 2000-12-04
⊙工业旅游火爆鞍钢/郭君 金荣生//辽宁日报 2000-11-06
⊙公安机关在建立旅游支柱产业中大有可为/陈正权//中共乐山市委党校学报 2000-05
⊙公共关系与假日旅游/张德成//中国旅游报 2000-08-23
⊙构建京徽旅游圈 创"十五"支柱产业/陈晓永 辛玉存//河北经济日报 2000-08-13
⊙构建青海旅游产业的新体系/吴有忠//中国旅游报 2000-08-23
⊙构筑科技型旅游企业/李蔚//中国证券报 2000-12-14
⊙构筑旅游支柱产业/乌鲁木齐县旅游局//新疆日报（汉）2000-08-26
⊙古巴保护旅游生命线/任峰//中国旅游报 2000-12-04
⊙古都开封向国际化旅游名城迈进/张毅兵 夏丰//中国旅游报 2000-09-20
⊙古都南京能否建成旅游大市/罗志军//长江建设 2000-01
⊙固原旅游文化开发与旅游经济论纲（上）/薛正昌//固原师专学报 2000-01
⊙固原旅游文化开发与旅游经济论纲（下）/薛正昌//固原师专学报 2000-04
⊙关于把大连建成中国旅游名城的思考/徐建东//大连干部学刊 2000-04
⊙关于把南京建设成旅游大市的可行性研究/罗志军//旅游学刊 2000-01
⊙关于成都市观光农业的调查与思考/成都观光农业课题组//成都行政学院学报 2000-03
⊙关于发展丹东市旅游业的思考/郑波 张明伟//丹东纺专学报 2000-S1
⊙关于发展旅游业的经济学思考/李英建//经济师 2000-06
⊙关于观光农园审美化的探讨/刘玉清//乡镇经济 2000-05
⊙关于广州市主题公园发展的思考/张玲 刘德琪//广东商学院学报 2000-04
⊙关于加速发展我国国际旅游服务贸易的研究/林梅英//河南教育学院学报（哲学社会科学版）2000-03
⊙关于建立我国西部地区旅游业风险投资机制的探讨/顾华详//新疆财经学院学报 2000-03
⊙关于建立西南旅游走廊的建议//民革全国西部大开发研讨会 2000-06-01
⊙关于建设我区旅游产业的思考/连友农//广西日报 2000-08-02
⊙关于江西旅游业发展的若干思考/欧阳毛荣//江西社会科学 2000-08
⊙关于开展"创建中国旅游精品活动"的设想/魏小安//旅游学刊 2000-03
⊙关于联合发展三峡重庆库区旅游业的研究/黄大勇//重庆商学院学报 2000-02
⊙关于旅游城市化问题的初步探讨——以长江三角洲都市连绵区为例/黄震方 吴江 侯国林//长江流域资源与环境 2000-02
⊙关于旅游发展的几个阶段性问题/魏小安//旅游学刊 2000-05
⊙关于旅游景区公司上市的几点思考/魏小安//旅游学刊 2000-01
⊙关于旅游业投资开发的基本问题/李岚//东北财经大学学报 2000-02
⊙关于农业生态旅游的几点看法/章家恩//农村生态环境 2000-01
⊙关于区域旅游开发的几个问题/李崇禧//财经科学 2000-06
⊙关于上海发展旅游商品的思考/牛树国//经济研究参考 2000-31
⊙关于深度开发青海湖旅游产业的探讨/谢佐//旅游学刊 2000-02
⊙关于特色旅游的几点思考/彭迪刚//长沙电力学院学报（自然科学版）2000-04
⊙关于网络时代旅游业发展的若干思考/蔡加珍//旅游科学 2000-03
⊙关于我国观光农业的可持续发展探讨/韩丽//农业经济 2000-10
⊙关于我国旅游企业集团化问题的研究/郝索 王保伦 马聪玲//西北大学学报（哲学社会科学版）2000-01
⊙关于我国旅游业国际竞争力的思考/郭鲁芳//旅游科学 2000-02
⊙关于西部旅游产业发展战略的若干思考/吴传清//重庆工商大学学报 2000-03
⊙关于主题公园规划设计的策略思考/冯维波//中国园林 2000-03
⊙关注西部旅游概念板块/宏翰德励//信息时报 2000-09-16
⊙观光农业：盐城"十五"发展的增长点/朱杰//江苏统计 2000-10
⊙观光农业别有洞天/纪漫云//江苏农村经济 2000-05
⊙观光农业的环境容量预测与总体布局/徐峰//林业建设 2000-04
⊙观光农业发展研究/郭焕成//经济地理 2000-02
⊙观光农业及其可持续发展/韩丽 段致辉//现代化农业 2000-09
⊙观光农业硕果累累/刘军萍//中国旅游报 2000-07-07
⊙观光农业为假日旅游添光彩/杨林静//科学时报 2000-09-28
⊙观光农业资源综合评价体系初探/徐峰//林业建设 2000-05
⊙观光渔业：投资、休闲两相宜/刘国信//中国企业报 2000-10-16
⊙观景知民俗/钟敬文//中国旅游报 2000-11-24
⊙管理和发展私营旅游企业同等重要/梁传远//中国旅游报 2000-12-27
⊙广东温泉有"三热"/黄斐 东田 郭毓玲//亚太经济时报 2000-12-13
⊙广泛宣传艺术旅游"双节"/陈启甸//解放日报 2000-09-16
⊙广西：旅游电子商务走向"实处"/梁鸿//中国旅游报 2000-08-23
⊙广西：抛出绣球客商来/庞彩盛 林宏//中华工商时报 2000-12-11
⊙广西"大篷车"驶入中西部的启示//石朝辉//中国旅游报 2000-07-21
⊙广西边关旅游透着文化味/牙韩彰 邓亚平//新华每日电讯 2000-10-23
⊙广西观光农业的发展现状、问题和对策/卢静 马基宁//广西农村经济 2000-04

◎广西乐业发现大型溶洞群/刘桂阳 韦丽红 李晋 姚梦琴//中国旅游报 2000-09-20
◎广西旅游"大篷车"一路行来感染湖北人/姜平 方新海 唐昌华//湖北日报 2000-07-06
◎广西旅游大产业/向永吉 黄伟//中国特产报 2000-08-07
◎广西旅游大篷车/刘桂阳//中国旅游报 2000-10-20
◎广西旅游大篷车今年往西开/刘桂阳 梁鸿//中国旅游报 2000-06-21
◎广西旅游说明会在京举行/邓宁新//旅游 2000-01
◎广西实现旅游强省目标并不遥远/潘建民 成伟光//广西日报 2000-08-14
◎广西形成独特滨海旅游走廊//中国海洋报 2000-08-08
◎广州城市旅游形象定位和建设研究/徐君亮//热带地理 2000-01
◎广州古迹旅游资源开发新探/梁明珠//经济地理 2000-06
◎广州开出中国内地首列豪华旅游列车/徐勤//科技日报 2000-05-14
◎广州旅游业可持续发展与旅游教育/林媚珍//广州师院学报 2000-10
◎广州人的"另类"旅游/张俊 冯秀英//中国旅游报 2000-10-13
◎贵阳将在京举办旅游推展会/刘艳 王松贵//中华工商时报 2000-07-18
◎贵州赶搭旅游快车/吴玮华 王松//中华工商时报 2000-09-11
◎贵州喀斯特地区旅游资源开发利用研究/史静一//贵州环保科技 2000-01
◎贵州开发民族风情旅游/石新荣//经济参考报 2000-07-25
◎贵州旅游地学资源初探/刘沛//贵州地质 2000-03
◎贵州全面推行旅游质量认证/欧阳昌佩//中国旅游报 2000-08-25
◎贵州省梵净山地区旅游资源开发设想/翁桂兰//经济地理 2000-05
◎贵州铜仁旅游开发成绩显著/铜地//中国旅游报 2000-08-11
◎桂林初显国际旅游城市风采/刘水玉 龙松林//经济参考报 2000-12-05
◎桂林国庆假日旅游接待准备充分/张柏萍//广西日报 2000-09-23
◎桂林靖江王府将建成综合性旅游景区//中国信息报 2000-06-28
◎桂林旅游发掘新景点 境外游客激增近五成/西祖文//团结报 2000-10-12
◎桂林旅游发展势头强劲/张柏萍//广西日报 2000-07-20
◎桂林旅游景区要解决水少缺陷/刘血花//广西日报 2000-09-11
◎桂林旅游要走可持续发展之路/吴晓梅//中国旅游报 2000-11-20
◎桂林旅游业对国民经济贡献的测算/林刚//桂林旅游高等专科学校学报 2000-03
◎桂林旅游业要充实历史文化特色/王家宏//改革与战略 2000-10
◎桂林旅游秩序良好 游客投诉减少/龙松林 张增忠//新华每日电讯 2000-05-08
◎桂林旅游资源开发 30 年回顾与思考/周作明//广西民族研究 2000-01
◎桂林山水：与时代脱节吗？/梁鸿//中国旅游报 2000-06-16
◎桂林推出旅游监督指南/蒋桂斌 龙松林//新华每日电讯 2000-09-20
◎桂西南旅游区开发与构建广西旅游产业新格局/谢北立//社会科学家 2000-02
◎国际分时度假业的新变革/刘赵平//中国旅游报 2000-11-13
◎国家级旅游景点大斥卖//解放日报 2000-06-21
◎国家旅游局复核大理/张坤//中国旅游报 2000-07-07
◎国家旅游局召开旅游行业管理工作座谈会/洪一树 王晓宁//中国旅游报 2000-07-17
◎国家旅游局抓紧筹建国家级旅游电子商务网//中国旅游报 2000-07-26
◎国旅总社推展澳洲英语修学旅游/文思//中国旅游报 2000-11-24
◎国内客多于海外客/马永亮//山西经济日报 2000-09-01
◎国内旅游——激活内需新途径/李宁//中国对外贸易 2000-02
◎国庆：天凉好个"游"/邹长燕 张雪峰//江西日报 2000-09-22
◎国庆发布旅游预报/赵广喆//北京日报 2000-08-30
◎国庆旅游"大餐"开炉烹制/王兵 文艺辉//湖北日报 2000-08-07
◎国外城市旅游规划研究述评/苏平//国外城市规划 2000-03
◎国外旅游网站扫描/金俊峰//互联网周刊 2000-20
◎国有林场开发森林旅游充满希望/高金光 李迎春//河南日报 2000-09-23
◎过节客流如何 先看旅游预报/郝丽萍//深圳商报 2000-09-09
◎哈尔滨区域旅游经济开发及网络化建设/齐学栋//哈尔滨市经济管理干部学院学报 2000-04
◎海滨品牌旅游中的品牌//华东旅游报 2000-07-01
◎海岛旅游海滩资源的开发利用初探/胡镜荣//地域研究与开发 2000-01
◎海口力推西海岸旅游品牌/史延廷//中国旅游报 2000-12-01
◎海南 散客超团队 收入超五一/王健生//中国旅游报 2000-10-11
◎海南北部海岸线旅游投资日渐升温/辛平//中国海洋报 2000-07-25
◎海南出境游客状告旅行社案始末/莫成雄 王辛莉//华东旅游报 2000-06-01
◎海南旅游 火！火！火！/赵红//海南日报 2000-08-04
◎海南旅游市场实施最低成本价管理/小林//江苏经济报 2000-08-18
◎海南旅游业的特点及效益分析/陈文//经济前沿 2000-Z1
◎海南旅游执法者持证上岗/王健生 黄丽//中国旅游报 2000-12-22
◎海南热带观光农业的开发/张建萍//地域研究与开发 2000-02
◎海南热势头不减/苏群//中华工商时报 2000-09-22
◎海南向游人发出永久邀请//科技日报 2000-09-15
◎海洋旅游渐受青睐/余塔山//中国旅游报 2000-11-27
◎海洋旅游可持续发展战略研究/李平//海洋开发与管理 2000-03
◎海洋旅游乐趣无穷/翟峰//中国建设报 2000-08-31
◎邯郸旅游商品开发见成效/翟金录//中国旅游报 2000-09-18
◎邯郸市旅游资源开发研究/贾亚会//河北建筑科技学院学报(社会科学版) 2000-04
◎韩国成为中国公民旅游新热点/常云//国际商报 2000-08-23
◎韩国推出五星级全日程旅游/李冰//中国旅游报 2000-09-25
◎韩国中文旅游网站开通/李冰//中国旅游报 2000-09-18
◎韩中举行旅游友好交流活动/周瑛平//河北日报 2000-07-05
◎杭州旅游服务具体周到/陈富钢//中国旅游报 2000-09-27
◎杭州旅游交易会 11 月举行/应舍法//浙江日报 2000-08-16
◎杭州旅游明年有好戏/殷富//浙江日报 2000-12-22
◎杭州旅游信贷受冷落//东方航空报 2000-12-25
◎航空公司抢滩休闲旅游市场//中国旅游报 2000-12-04
◎航空旅游中国 GDS 浮出水面/张洵涛//中国旅游报 2000-09-06
◎航母度假村 落户沙头角/方波//中国信息报 2000-07-14
◎好山好水好脱贫/陈文康//华东旅游报 2000-11-30
◎合肥旅游业发展要有新思路/袁种宝//决策咨询 2000-08
◎合肥如何迎接假日旅游/刘冰石 范平//安徽日报 2000-08-16

◎河北省滨海旅游资源特征与旅游业发展思路/杜丽娟//地理学与国土研究 2000-02
◎河北要做北京旅游大郊区/齐馨//经济消息报 2000-07-19
◎河池地区开发桂西北旅游带/欧继合 邹田 梁绍斌//广西日报 2000-08-31
◎河南旅游业发生深刻嬗变/李煊 白照军//河南日报 2000-12-05
◎河南内乡古代官衙旅游专线日前开通/杨华生 李强//人民政协报 2000-11-06
◎河南省森林旅游资源评价/张万军//河南科学 2000-01
◎河南省信阳市旅游业可持续发展战略研究/周保林//林业资源管理 2000-01
◎河南想成为文化旅游大省/姜秋霞 王中山//中国财经报 2000-10-11
◎核桃园里"农家乐"/李成生//云南日报 2000-11-28
◎黑龙江旅游业与经济发展战略研究/刘春杰//学术交流 2000-04
◎黑龙江省兴起漂流旅游热/邢路续 孙英威//新华每日电讯 2000-08-17
◎黑龙江省政协为加快发展旅游业建言/胡京春//人民政协报 2000-10-23
◎恒仁生态旅游处女地/周凤文//中国旅游报 2000-09-06
◎横店深秋再办农民旅游节/程春红//中国旅游报 2000-08-23
◎衡山比张家界差在哪儿?/成新平 康松柏//中国旅游报 2000-07-31
◎衡山名茶生产与观光茶业研究/杨载田//经济地理 2000-06
◎弘扬华夏历史文化 促进旅游经济发展/刘胜利//北京科技报 2000-09-20
◎红河州开发旅游精品项目/汪继武//云南日报 2000-09-19
◎呼唤"大旅游"/阎月君 葛新//人民政协报 2000-10-27
◎呼唤健康的旅游观念/刘晓红//深圳商报 2000-08-21
◎呼伦贝尔草原特色旅游受青睐/孙福//中国交通报 2000-07-31
◎胡同游不该只是串胡同/杨兆敏//工人日报 2000-09-24
◎湖北旅游经济发展与财政对策研究/敖茂彬//湖北财税 2000-12
◎湖北省旅游形象初探——新天下之中/吴必虎//人文地理 2000-05
◎湖北省旅游业结构调整与优化升级对策研究/李志飞//经济地理 2000-02
◎湖南旅游产业发展战略思考/贺同新//湖南社会科学 2000-06
◎湖南旅游精品线路开发探析/刘建平 伍峰//湘潭大学社会科学学报 2000-03
◎湖南旅游业发展战略研究/徐初升//系统工程 2000-01
◎互联网与旅游业发展初探/俞晟//桂林旅游高等专科学校学报 2000-02
◎互助县力促景区标准化/刘光彩//中国旅游报 2000-12-08
◎护航假日旅游/城南//中国环境报 2000-07-19
◎沪上"五一"旅游投诉热点剖析/上海市旅游质监所//中国旅游报 2000-06-21
◎花腰傣文化 热了新平旅游/李沙青//云南日报 2000-11-21
◎华南虎落户梅花山 上杭县借势促旅游/黄晋锋//福建日报 2000-07-24
◎华侨城开发"孔子旅游"/江波//中国证券报 2000-09-26
◎华侨城首届旅游狂欢节隆重开幕/朱丽//证券时报 2000-08-05
◎华西村拣好假日旅游"芝麻"/陈志勇//中国特产报 2000-10-16
◎华西村旅游经济真红火/金永溪 江锡民 孙海燕//新华日报 2000-08-09
◎华西要建成旅游城/孙海燕//江苏经济报 2000-06-13
◎话说旅游"回扣"/刘山农//陕西日报 2000-12-26
◎怀柔县旅游业发展前景广阔/冯志闳//投资北京 2000-08
◎淮安市以旅游带动经济发展/桂文亮//中国建设报 2000-12-12
◎环保旅游——一个新的学科生长点/孙健//科学学研究 2000-02
◎环境保护与旅游业可持续发展/张滴杉 李勇//中国科协 2000 年学术年会 2000-06-30
◎环境是旅游最大资本/尹鸿 刘昶//中国旅游报 2000-11-15
◎环太湖地区联袂开发旅游业的构想/孟敦和//华东旅游报 2000-10-24
◎黄河花园口旅游景区深层开发定位及策略/余汉清//人民黄河 2000-04
◎黄金周，我们怎样保护旅游景区//文汇报 2000-09-28
◎黄金周北京旅游大盘点/达吉//中国交通报 2000-10-16
◎黄金周不见"井喷"/江南//文汇报 2000-10-09
◎黄金周旅游电子商务运营盘点/李晓良//中国旅游报 2000-10-18
◎黄毛坝新村兴办生态旅游/隆振葵 罗爱军//广西日报 2000-07-19
◎黄山二次创优见成绩/李远峰//中国旅游报 2000-07-28
◎黄山国际旅游节将举办/李远峰//中国旅游报 2000-10-23
◎黄山加快建设现代化旅游城市/徐建//安徽日报 2000-11-06
◎黄山力促冬季旅游/吴江海//安徽日报 2000-11-29
◎黄山区旅游经济逐年飙升/吴江海//安徽日报 2000-07-11
◎黄山区域旅游发展构想/龚振//南京经济学院学报 2000-01
◎黄山市旅游业发展探析/刘民英//黄山学院学报 2000-02
◎黄山市全力推进旅游二次创业/光辉//华东旅游报 2000-08-08
◎黄山市围绕旅游二次创业开展大讨论/吴江海//安徽日报 2000-08-22
◎黄山下调价格促进冬季旅游/张曙光//经济参考报 2000-10-22
◎黄山乡成为民俗旅游亮点/谭晶纯//云南日报 2000-07-13
◎黄山着力拓展国际旅游市场/吴江海//安徽日报 2000-06-25
◎汇祥：大手笔打造海南旅游"航母"/任永昌 陈红茵//中国企业报 2000-10-10
◎会展旅游：心动不如行动//中国旅游报 2000-11-27
◎会展旅游大步走向南京/宁旅//华东旅游报 2000-08-24
◎会展旅游是块大蛋糕/张纪红//华东旅游报 2000-08-03
◎积极采取有效措施，振兴新疆旅游产业/周潇//新疆社会科学 2000-06
◎积极发展文化旅游 推进建设文化大省/姚振发 翁嫣//浙江日报 2000-07-20
◎积极贯彻落实四十六号文件 做好假日经济旅游大文章/于临溏//中国旅游报 2000-08-09
◎积极引导假日旅游消费/张广瑞//中国旅游报 2000-09-20
◎积极应对 WTO 加快我省旅游产业化进程/张济民//湖南政报 2000-15
◎吉林市开办旅游超市/马双飞 苏景文//吉林日报 2000-06-27
◎技术创新与制度创新在旅游行业的应用——关于桂林市旅游产业发展的个案研究/卞谦//社会科学家 2000-01
◎际遇面前，对河南旅游形成支柱产业的理性思考/廖晓静//经济经纬 2000-05
◎济南建成大泉城旅游圈//华东旅游报 2000-06-22
◎加大旅游资源开发 促进经济社会发展/马志强//甘肃日报 2000-07-24
◎加大旅游资源开发 促进青海经济增长/程启煜 梁娟//青海日报 2000-07-31

⊙加紧实施宁波旅游业跨世纪发展战略/杜铁奇//宁波经济2000-08
⊙加快澄海旅游业发展的对策和思考/罗仰鹏//南方经济2000-09
⊙加快崀山开发建设旅游强县——崀山风景区开发现状及对策思考/张智勇//湖南经济2000-01
⊙加快发展东兴旅游产业的思考/陈建军//桂海论丛2000-02
⊙加快发展度假休闲旅游——兼论连云港旅游发展的战略选择/吴加庆 张孝昌//现代经济探讨2000-05
⊙加快发展新疆旅游业的思路与对策/孔建新//新疆金融2000-09
⊙加快江西旅游业发展的目标、思路及对策/朱英培//求实2000-03
⊙加快旅游业的现代化进程/林春颖//今日海南2000-11
⊙加快四川旅游业发展/罗林//经营管理者2000-10
⊙加拿大高尔夫旅游迅猛发展/驻多伦多旅游办事处//中国旅游报2000-10-25
⊙加强合作 促进发展/崔晓琳//中国旅游报2000-10-23
⊙加强旅游价格管理促进旅游产业发展/周开发//广西市场与价格2000-06
⊙加强旅游市场监督管理/邹清丽//新华每日电讯2000-09-08
⊙加强行业教育培训 促进镇江旅游发展/李武武//华东旅游报2000-09-19
⊙加入WTO对我国旅游业的影响及对策研究/周玲强//浙江大学学报（人文社会科学版）2000-03
⊙加速发展旅游经济/魏明孔//中国旅游报2000-09-06
⊙家门口转转：构造环渤海旅游板块/李诗白//环渤海经济瞭望2000-Z1
⊙家庭旅游的理财经//华东旅游报2000-06-08
⊙家庭旅游渐成时尚/郑耀辉//工人日报2000-10-01
⊙家庭旅游未来无限//中国旅游报2000-10-25
⊙驾车自助旅游 成为国庆假日新时尚/李启昌//云南日报2000-10-06
⊙假日出游成时尚 自助旅游潜力大//中国环境报2000-06-14
⊙假日经济，你给书业界多大空间？/邓宁娜//中华读书报2000-06-14
⊙假日经济：地方经济与税收的新增长点/桂文奎//理论月刊2000-08
⊙假日经济方兴未艾 旅游金融大有可为/李训明//经济界2000-05
⊙假日经济给了旅游者什么/张祯//中国旅游报2000-07-24
⊙假日经济激活津门商界/华义杰//中国商报2000-07-26
⊙假日经济激活休闲产业/贾文//城市技术监督2000-11
⊙假日经济来 旅游网站热/北晨//福建日报2000-09-22
⊙假日经济期待搭上游船/张银炎//中国船舶报2000-06-02
⊙假日经济请走好/丁菁//中国煤炭报2000-09-25
⊙假日经济书界真的准备好了么/王坤宁//新闻出版报2000-10-12
⊙假日经济要加热 旅游投资应跟上/陈高生//中国经济时报2000-10-11
⊙假日经济诱人大餐怎么吃/吕勇//中国消费者报2000-09-13
⊙假日经济与邮政商机/刘士响//中国邮政报2000-08-08
⊙假日旅游 谁家最保险/秋日//中国保险报2000-09-22
⊙假日旅游 新世纪的亮丽彩虹/林长榕//中国旅游报2000-12-22
⊙假日旅游带来军事设施保护新课题/刘承富//解放军报2000-06-18
⊙假日旅游的反思/裴泽生//中国旅游报2000-10-20
⊙假日旅游交通有望全面缓解 重点景区日接待测定公布/李晓燕//中国旅游报2000-09-27
⊙假日旅游经济初探/张金霞 孟浩//江汉论坛2000-08
⊙假日旅游经济的思考/吴文峰//企业经济2000-08
⊙假日旅游难题“十一”将缓解/周音//中国企业报2000-09-29
⊙假日旅游热公款消费忧/惠金义 于振海//新华每日电讯2000-05-06
⊙假日旅游热透南郊/吴剑飞 明太 安静//新华日报2000-11-06
⊙假日旅游升温 别忘保护文物/曲志红//中国商报2000-09-14
⊙假日旅游十大推力/苏永青//中国旅游报2000-07-17
⊙假日旅游是经济发展的“助动器”/李晓良 王荣国//中国旅游报2000-12-13
⊙假日旅游需要科学引导/黄子波//中国旅游报2000-10-13
⊙假日旅游与文化现象/郭志华//中国旅游报2000-11-27
⊙假日旅游中的“政府调节”/刘斌//华东旅游报2000-12-05
⊙假日旅游走向转型升级/李晓燕 李玲//中国旅游报2000-10-25
⊙假日商场休闲也揽客/杜颖梅//江苏经济报2000-10-09
⊙假日消费呈多元化/王金城//经济消息报2000-06-28
⊙假日消费影响愈益凸现 农村市场增幅超过城镇/王苏伊//市场报2000-10-16
⊙假日游能否成为环保游？/张玲 李竹//工人日报2000-09-30
⊙坚持和完善假日旅游信息统计预报/吕成奇//中国旅游报2000-11-20
⊙坚持开发开放原则 做大做强旅游产业/王立祥//农村经济2000-08
⊙坚决制止公款出国旅游//中国国门时报（中国出入境检验疫报）2000-11-01
⊙坚决制止公款旅游度假//浙江日报2000-09-22
⊙简论我国西部地区旅游产品的深度开发/张树夫//开发研究2000-01
⊙建立西部地区旅游业风险投资机制的探讨/罗辑//西北民族学院学报（哲学社会科学版．汉文）2000-02
⊙建立新疆旅游业风险投资机制研究/顾华详//伊犁教育学院学报2000-03
⊙建立有效机制 营造良好环境 促进假日旅游/康天保//中国旅游报2000-09-01
⊙建设湖南黄金旅游区——韶山“金三角”旅游区开发的营销对策/皮修平//湘潭师范学院学报（社会科学版）2000-01
⊙建设旅游支柱产业 加快脱贫致富步伐/马世永//政策2000-10
⊙建设新世纪的山西支柱产业——旅游业/王锚深//山西政报2000-07
⊙江门特色旅游吸引中外游人/李健群//广东科技报2000-07-06
⊙江浦推出旅游“自助餐”/刘爱婷 钱志军 王颖//新华日报2000-11-10
⊙江苏出台国庆旅游接待方案/沈江//解放日报2000-08-04
⊙江苏打响旅游业新“四大战役”/江伟//华东旅游报2000-08-15
⊙江苏环太湖地区旅游产品构成的系统分析和结构优化/陶卓民 高春亮//旅游学刊2000-04
⊙江苏将评定首批星级景点/晓舟//中国旅游报2000-11-10
⊙江苏旅游旺 未雨绸缪作调整/王泽雷//中国税务报2000-08-28

⊙江苏旅游旺 未雨绸缪作调整/王泽雷//中国税务报2000-08-28

⊙江苏为教育旅游开“绿灯”/明耀 群蔚 舟江//华东旅游报2000-08-03
⊙江西规划旅游发展 打造整体旅游品牌/曹文//中国税务报2000-10-19
⊙江西生态旅游的发展策略/孙玉琴//当代财经2000-07

◎ 江西邮政与旅游结缘/段苏红//人民邮电 2000-11-01
◎ 将以生态旅游为主的旅游业建设成为江西 21 世纪新的支柱产业/吴文峰//地方政府管理 2000-05
◎ 叫响鸡公山品牌发展旅游经济//中国贸易报 2000-11-16
◎ 教育部门忙活暑期游 旅游公司只好靠边站/薛惟中 吴浩//中华工商时报 2000-09-01
◎ 节假日及带薪休假：我们正在走向世界//中国旅游报 2000-09-11
◎ 节庆活动会成为旅游产业之星吗？/吴伟余//中国旅游报 2000-11-20
◎ 解读“黄金周”/丁华乾//重庆日报 2000-10-13
◎ 解读“十一”旅游黄金周/梁杰//中国教育报 2000-10-19
◎ 介休绵山旅游路通车/安正义 成立忠//中国交通报 2000-10-06
◎ 借鉴发达国家经验 发展旅游支柱产业/张树义//云南政协报 2000-11-01
◎ 借鉴云南经验 加快四川旅游业发展/王道禹//中共四川省委党校学报 2000-04
◎ 今冬冰雪游吸引万千人/胡培炯 张洪伟 尹超海 何群 胡杨 陆小平 张晓林//文汇报 2000-12-16
◎ 今年十一旅游规模将超五一/李玲//中国旅游报 2000-08-16
◎ 今日雪域更迷人/岳富荣//中国旅游报 2000-12-15
◎ 今天我们怎样“吃海”？/朱忠诚 周建豪//农民日报 2000-08-31
◎ 今夏旅游何处去 旅行社给您操办/纳子//中国信息报 2000-06-23
◎ 金龙旅游客车热销西部/史蔓蓉 高传斌//中国旅游报 2000-10-23
◎ 金色旅游网要做实打实 BtoB 商务/张洵涛//中国旅游报 2000-07-26
◎ 金堂旅游业发展的对策思考/陈德茂//成都行政学院学报 2000-06
◎ 紧紧抓住西部大开发的历史性机遇 大力发展旅游业，推进甘肃经济跨越式发展/王文学//甘肃理论学刊 2000-03
◎ 锦绣大地享受采摘乐趣//中国旅游报 2000-07-07
◎ 尽情享受新加坡/千里//中国贸易报 2000-09-21
◎ 近期苏州国内旅游市场分析及对策/苏记//华东旅游报 2000-06-27
◎ 进入新世纪 树立新形象/王祖利 谢凤英//华东旅游报 2000-08-31
◎ 进一步弘扬桂林喀斯特生态旅游重拳击响全球名牌效应/吴应科//全国老科技工作者为西部大开发再做贡献研讨会暨第三次西南石山地区扶贫开发研讨会 2000-12-01
◎ 进一步做好山水文章/王晓维//重庆日报 2000-09-09
◎ 晋中旅游产业的战略构想及发展思路/张维东//小城镇建设 2000-S1
◎ 晋中市 108 国道沿线旅游规划/周建明//小城镇建设 2000-S1
◎ 京城旅游业网络化/芦紫//国际商报 2000-07-21
◎ 京杭大运河旅游产品体系的构建及其旅游开发——以京杭大运河江苏段为例/黄震方//地域研究与开发 2000-01
◎ 京郊旅游何处去//中国汽车报 2000-09-26
◎ 京九铁路南段沿线地区区域旅游开发与旅游业的可持续发展/叶岱夫//热带地理 2000-01
◎ 经济欠发达地区旅游开发模式研究/石正方 刘继生//旅游学刊 2000-06
◎ 经济全球化与旅游发展新优势/魏小安//中国旅游报 2000-07-31
◎ 荆门市旅游业将成为支柱产业/陈满成//当代经济 2000-08
◎ 井冈山旅游资源示范工程结硕果/朱晓晖 曾宪文 周光辉//江西日报 2000-09-04
◎ 景区管理有待规范/刘全盛 冉渝瑜//重庆商报 2000-10-13
◎ 警惕虚假旅游广告/林翔 李菊霞//中国旅游报 2000-12-29
◎ 境界与休闲/胡伟希//中华读书报 2000-12-20
◎ 境外游客看好江苏游/王颖//新华日报 2000-07-04
◎ 九江冲刺“中国优秀旅游城市”/刘之海 殷勇//江西日报 2000-08-13
◎ 九江县着力打好旅游“文化牌”/刘为珍//江西日报 2000-11-14
◎ 九龙坡区大力发展乡村旅游/申孟阳//重庆日报 2000-06-29
◎ 九寨沟旅游综合服务体系成型/王永江//四川日报 2000-07-21
◎ 酒店如何吸引散客/周力舟//中国旅游报 2000-09-06
◎ 聚焦旅游经济 建旅游大区/张国军 肖荣华 朱正光//亚太经济时报 2000-06-14
◎ 决不允许借假日旅游乱涨价/沈膂 志军 王颖//新华日报 2000-09-09
◎ 掘金休闲渔业/张一玲//中国海洋报 2000-10-13
◎ 开发长江三峡旅游经济建设长江三峡文化长廊的战略构想/管维良//中国三峡建设 2000-02
◎ 开发川南黄金旅游线/赵永康//决策咨询通讯 2000-03
◎ 开发地方特色旅游产品，创建中国旅游名城/叶苏平//大连大学学报 2000-03
◎ 开发高校旅游资源/顾定海//联合时报 2000-10-13
◎ 开发海洋旅游 建设“海上山东”/崔锡壮 李永仁//中国海洋报 2000-10-10
◎ 开发好儒商文化旅游产品/史延廷 陈尔民 李学英//中国旅游报 2000-11-01
◎ 开发河南丰富的历史文化资源发展有河南特色的旅游产业/孙玉杰//协商论坛 2000-06
◎ 开发贺兰山生态环境旅游资源促进宁夏经济发展/赵春玲//宁夏农林科技 2000-01
◎ 开发江河源生态旅游资源是振兴玉树经济的突破口/杨学武//“西部大开发 我们怎么办”——青海省统计有奖征文优秀论文集 2000-12-01
◎ 开发利用我省旅游业资源的对策选择/张继德//山西农经 2000-06
◎ 开发青州旅游资源的设想/葛平新//潍坊教育学院学报 2000-01
◎ 开发泉州产业休闲游的构想/李子蓉//泉州师范学院学报 2000-06
◎ 开发生态旅游 兴建支柱产业/杨德庆//经济论坛 2000-10
◎ 开发西部天然资源——旅游及其索道/张政//中国科协 2000 年学术年会 2000-06-30
◎ 开发校园旅游好/舒茂兰//中国旅游报 2000-07-17
◎ 开发与保护不是“冤家”/徐骥 林杰//四川日报 2000-08-31
◎ 开封旅游业持续发展的基本构想/吴翔//开封教育学院学报 2000-01
◎ 开展生态旅游切勿影响环境/胡一民//安徽日报 2000-11-03
◎ 看黑龙江旅游驶入快车道/姜一海 李云涛//中国旅游报 2000-12-29
◎ 看旅游在线/谢恩雨 陈明//云南经济日报 2000-12-17
◎ 康辉开通境外旅游网站//东方航空报 2000-07-17
◎ 靠山如何“吃山”/胡思勇 易伟 张可云//湖北日报 2000-08-21
◎ 科技旅游悄然兴起/杨全新//科技日报 2000-07-30
◎ 科技旅游去处多/枫溪//中国消费者报 2000-09-26

⊙科技旅游去处多/张凤喜//中国交通报 2000-11-13
⊙科技旅游热起大江南北/郑保垒//法制日报 2000-08-21
⊙科技旅游热深圳/张玉华//中国旅游报 2000-10-30
⊙科技旅游热正在悄然兴起//陕西日报 2000-07-24
⊙科普旅游热起来/杜建立//北京日报 2000-07-04
⊙科学把握旅游的供需平衡/张圣//中国旅游报 2000-08-23
⊙科学预测旅游市场/何建民//中国旅游报 2000-09-20
⊙可持续旅游发展的区域产业合理规模探讨/王云才//地域研究与开发 2000-04
⊙克什克腾：旅游市场潜力大/唐春枫//中国绿色时报 2000-09-07
⊙空中观光 都市旅游"特产"/东云//中国妇女报 2000-08-21
⊙孔孟之乡：旅游一冷一热/董学清 陈国军//华东旅游报 2000-12-05
⊙凉山旅游文化资源开发现状及几点设想/曲比阿果//西南民族学院学报（哲学社会科学版）2000-S3
⊙泸州市历史文化旅游资源开发探讨/邱继勤 李立华 艾南山//西南师范大学学报（自然科学版）2000-02
⊙旅游安全不容忽视/陈思侠 孙红霞//甘肃日报 2000-09-14
⊙旅游——巴西的黄金产业/郑大方//云南经济日报 2000-11-03
⊙旅游板块："涨"声响起来/张伟明//中华工商时报 2000-12-19
⊙旅游产品的魅力在于不断创新/鹤野//中国旅游报 2000-11-01
⊙旅游产品的品牌战略/张伟强//市场报 2000-12-04
⊙旅游产品应具更多文化内涵/黄红生//重庆日报 2000-09-15
⊙旅游产业成长阶段的重要标志——生态旅游的兴起/阎锋//北京第二外国语学院学报 2000-03
⊙旅游产业的地区结构分析与西部开发/陈仙波//未来与发展 2000-04
⊙旅游产业的地位是多元的/张凌云//西藏日报 2000-12-08
⊙旅游产业的有形资产与无形资产/毛春亚//华东旅游报 2000-06-20
⊙旅游产业地位的统计视角思考/魏小安//北京第二外国语学院学报 2000-05
⊙旅游产业地位是多元的/张凌云//中国旅游报 2000-11-17
⊙旅游产业发展过程中的增长转型与制度创新/聂献忠//经济前沿 2000-01
⊙旅游产业国际竞争力的理论思考与竞争态势分析/张明清 刘超//经济问题探索 2000-04
⊙旅游产业如何摸准假日经济/陈功//中国经营报 2000-10-31
⊙旅游车船企业面临经营方式转变/彭援军//中国旅游报 2000-09-04
⊙旅游成为桂林主导产业的战略思考与战术研究/秦立公//桂林旅游高等专科学校学报 2000-02
⊙旅游成为威虎山区新的经济支柱/郑重 陶强军//中国旅游报 2000-12-01
⊙旅游成为夏河最具活力的经济增长点/陈克仁//甘肃经济日报 2000-08-16
⊙旅游出现新趋向/高晓英//中国商报 2000-07-28
⊙旅游从业者职业道德之浅析/孙传威 张涛//华东旅游报 2000-06-22
⊙旅游打好节庆活动这张牌/刘寅//西安日报 2000-08-25
⊙旅游大篷车之"贵"/弘之//中国旅游报 2000-10-20
⊙旅游代理商紧急旅行服务滞后/灵趣//中国旅游报 2000-11-20
⊙旅游贷款为何无人问津/朱源根//新华日报 2000-09-12
⊙旅游到西部去！/覃永年//中国体育报 2000-10-12
⊙旅游地调整规划与旅游业可持续发展/李宏//云南师范大学学报（哲学社会科学版）2000-05
⊙旅游地开发评析/罗世伟//重庆师范学院学报（自然科学版）2000-S1
⊙旅游电子商务定位 绕不开的话题/李志庄//中国旅游报 2000-07-26
⊙旅游电子商务方兴未艾//计算机与网络 2000-06
⊙旅游电子商务风光无限/余东晖//中国妇女报 2000-05-22
⊙旅游电子商务面临革新/何进伟//网络世界 2000-09-25
⊙旅游电子商务能赚到钱吗？/吴红月 赵雷//中华工商时报 2000-09-13
⊙旅游电子商务实施的渠道/张洵涛//中国旅游报 2000-09-27
⊙旅游对环境的影响研究/陈泓吟//桂林旅游高等专科学校学报 2000-02
⊙旅游风景区安全大检查/王雷鸣//新华每日电讯 2000-09-11
⊙旅游风景区安全检查在即/辛文//法制日报 2000-09-02
⊙旅游扶贫百业兴/王健生 史蔓蓉//中国旅游报 2000-09-06
⊙旅游服务 莫忘细节/廖仲毛//解放日报 2000-10-13
⊙旅游服务令不少人扫兴/李秀玲//工人日报 2000-07-17
⊙旅游服务贸易与旅游文化/蒋洲//财金贸易 2000-09
⊙旅游服务业开放空间广阔/张悦//国际商报 2000-12-22
⊙旅游服务质量跟踪反馈卡明信片/鲁敏//人民邮电 2000-10-18
⊙旅游高峰期如何面对//中国旅游报 2000-10-18
⊙旅游购物有点烦/寇红//中国税务报 2000-08-18
⊙旅游观光聚人气 经贸洽谈出成果/程永胜//华东旅游报 2000-11-28
⊙旅游管理公司来了/储东华//云南日报 2000-07-07
⊙旅游管理体制改革的探讨及其实践/钟新民//旅游学刊 2000-02
⊙旅游管理中的技术分析/刘伟//中南财经大学学报 2000-06
⊙旅游管理专业跨世纪发展思路/双长明//扬州大学烹饪学报 2000-02
⊙旅游广告：何时不再雾里看花？/李玲//中国旅游报 2000-10-27
⊙旅游规划城市规划冲突？协调？/范业正//中国旅游报 2000-12-15
⊙旅游环境容量调控系统的探讨/田勇//旅游科学 2000-02
⊙旅游——会展——高科技 构筑首旅大产业/丁曙成//中国证券报 2000-11-07
⊙旅游纪念品是一面镜子/王勇强//中国旅游报 2000-07-24
⊙旅游建设破坏景点现象不容忽视//中国环境报 2000-12-06
⊙旅游建设中一部值得细读的著作/赵庆伟//长江建设 2000-01
⊙旅游节 锻造都市旅游精品/陈启甸//解放日报 2000-11-14
⊙旅游节创意丰富好热闹/陈惟 石琨//文汇报 2000-09-11
⊙旅游节催发商机旺/陈启甸//解放日报 2000-11-13
⊙旅游经济：21世纪的"希望工程"/魏小安//中国证券报 2000-11-03
⊙旅游经济——天水跨世纪发展的主导产业/雍际春//天水师范学院学报 2000-03
⊙旅游经济不是"门票"经济/吴锦瑜 韩振军 陈钢//陕西日报 2000-11-15
⊙旅游经济的可持续发展探讨/谷明//桂林旅游高等专科学校学报 2000-02
⊙旅游经济热 税收征管难/赵勇 潘力//中国税务报 2000-10-16
⊙旅游经济与品牌效应/石歌//监督与选择 2000-09
⊙旅游经济云南得意之作/成淇平 田砚军//中华工商时报 2000-10-09
⊙旅游经济增长点战略实现路径分析/张辉 厉新建 秦宇//商业经

济与管理 2000-06

◎ 旅游景点与“承载能力”/钱炜//中国旅游报 2000-07-17

◎ 旅游景区管理咨询的商业空间与拓展对策——对深圳锦绣中华的实证分析/董观志//桂林旅游高等专科学校学报 2000-03

◎ 旅游竞争靠什么？环境·产品·服务/宋国城//中国旅游报 2000-07-24

◎ 旅游开发应少克隆多创新/晋群//新华每日电讯 2000-09-18

◎ 旅游科技创新体系研究/钟海生//旅游学刊 2000-03

◎ 旅游狂潮应“多向分流”/李雪飞//陕西日报 2000-08-30

◎ 旅游类：服务功能待拓展/章国斌//新闻出版报 2000-07-03

◎ 旅游联盟创造无限商机/刘全盛 冉渝瑜//重庆商报 2000-07-28

◎ 旅游两个字 应该这样写/郭洪//中国经营报 2000-09-12

◎ 旅游列车呼唤国家标准/吴夫来//中国旅游报 2000-08-30

◎ 旅游门券有乐趣/李盛仙//人民政协报 2000-09-01

◎ 旅游宁愿自助 出行首选火车//中国信息报 2000-07-05

◎ 旅游品牌在培育/杜时国 高金光 李煊//河南日报 2000-08-12

◎ 旅游企业集团化进程中的问题及对策/阮瑶//山西财经大学学报 2000-S1

◎ 旅游区（点）现存的主要问题/魏小安 彭德成//中国旅游报 2000-12-25

◎ 旅游去“玩”高科技/翟峰//四川科技报 2000-08-30

◎ 旅游热 业绩冷/张伟明//中华工商时报 2000-09-08

◎ 旅游热点话题多多/张丽萍//中国旅游报 2000-11-22

◎ 旅游热叩击旅游法/刘阳//财经时报 2000-09-27

◎ 旅游热税收大幅增长/何建辉//中国经济时报 2000-10-13

◎ 旅游热题冷议/李惠予//贵州农村金融 2000-05

◎ 旅游热引发导游热/金晓玲//辽宁日报 2000-12-21

◎ 旅游热遭遇冷保险/齐彦洵//中国消费者报 2000-08-03

◎ 旅游热中的冷思考/沈向兴 孙翠芳//云南日报 2000-06-21

◎ 旅游人口研究初探——兼谈人口分析在旅游市场中的重要性/胡平//人口研究 2000-06

◎ 旅游融入海洋经济 构筑闽浙边贸中心/张臣灿 林增光 林斌//福建日报 2000-12-06

◎ 旅游商品创新开发的若干思考/张萌//社会科学家 2000-02

◎ 旅游商品何时走出“怪圈”？/李玲//中国旅游报 2000-11-03

◎ 旅游商品开发呼唤创新/李萌//华东旅游报 2000-12-12

◎ 旅游商品路在何方/于长江 刘一达 石丰章 李庆 陈秉义 吕育 耿刘同//中国旅游报 2000-09-25

◎ 旅游商品商机凸现/张松伟//中国消费者报 2000-11-29

◎ 旅游商品特色渐浓/王纲 赵能//浙江日报 2000-09-18

◎ 旅游上市公司的资产重组及应注意的若干问题/梁正宁//桂林旅游高等专科学校学报 2000-03

◎ 旅游上市公司经营状况分析/戴学锋//旅游学刊 2000-01

◎ 旅游社会学研究初探/张进福 肖洪根//旅游学刊 2000-01

◎ 旅游生态环境质量与旅游的可持续发展/赵红//山东科技大学学报（社会科学版）2000-04

◎ 旅游胜地——泰国/邵贵方//华东旅游报 2000-06-22

◎ 旅游市场“十一”将再掀高潮/京言//中国商报 2000-08-14

◎ 旅游市场勃兴“联合舰队”/崔砺金//经济参考报 2000-12-13

◎ 旅游市场调查分析/毅方//厂长经理日报 2000-09-29

◎ 旅游市场进入博弈分析/邬爱其//经济问题探索 2000-11

◎ 旅游市场猛打预防针/喻山澜//中国工商报 2001-05-01

◎ 旅游市场热浪袭人/吴月潇//中国妇女报 2000-07-24

◎ 旅游市场上的银色浪潮/闾锋//中国旅游报 2000-11-20

◎ 旅游市场问题多/朱寿全//法制日报 2000-07-12

◎ 旅游市场真该玩点新鲜的/吴莲芳 董晋进//辽宁日报 2000-10-06

◎ 旅游是篇大文章/李玲//中国旅游报 2000-11-20

◎ 旅游是中国的经济增长产业 岂能一家垄断/张心武 周琪//厂长经理日报 2000-06-27

◎ 旅游书：365 天都爱你/孙牧//新闻出版报 2000-10-27

◎ 旅游天生对文物有保护作用/吴晓梅 赵倩//中国旅游报 2000-08-02

◎ 旅游统计方法的科学跃进/林壁属//中国旅游报 2000-11-22

◎ 旅游图书 自助指南方兴 主题旅游又起/马萌//中国图书商报 2000-07-28

◎ 旅游推销掀起“浙江潮”/应舍法//浙江日报 2000-07-15

◎ 旅游网站：赢利前景在哪里/殷建勇//中国旅游报 2000-09-27

◎ 旅游网站构建网上旅交会/王鼎//新疆日报（汉）2000-07-15

◎ 旅游网站热“十一”/冯蕾//中国经营报 2000-10-03

◎ 旅游网站特色制胜/李泓杰//中国旅游报 2000-08-23

◎ 旅游为克拉玛依添彩/辛迪//亚洲中心时报（汉）2000-08-03

◎ 旅游为新疆经济插上腾飞翅膀/石润梅//金融时报 2000-07-27

◎ 旅游文化——大连建成中国旅游名城的深厚底蕴/谢春山//辽宁师范大学学报（社会科学版）2000-04

◎ 旅游项目策划初探/宋文丽//重庆师范学院学报（自然科学版）2000-S1

◎ 旅游消费：扩大内需的有效之举/王远胜//决策咨询 2000-05

◎ 旅游消费热起来/赵宗瑛//经济消息报 2000-08-02

◎ 旅游小商品 高价何时休/曾鸣//四川日报 2000-09-22

◎ 旅游新方式网络旅游/志庄//安徽经济报 2000-09-11

◎ 旅游新书出版“滚雪球”/贺玉荣//中华读书报 2000-08-23

◎ 旅游信息预报怎么做？/吕成奇//中国旅游报 2000-12-25

◎ 旅游行为空间模式及其评价/杨新军//经济地理 2000-04

◎ 旅游行业潜力无限/任飞//中华工商时报 2000-07-15

◎ 旅游形象工程：发展制胜的“杀手锏”/钟声宏//中国旅游报 2000-12-29

◎ 旅游休闲玩出收藏/陈江//中国消费者报 2000-09-26

◎ 旅游——徐州的一张好牌/杨复强//中国贸易报 2000-06-28

◎ 旅游演出红了京剧/贾薇//北京日报 2000-11-10

◎ 旅游要发展 理论要先行/邱沛篁//中国旅游报 2000-07-07

◎ 旅游也要创名牌/魏信德//中国旅游报 2000-07-24

◎ 旅游也要重“细节”/廖仲毛//中国教育报 2000-07-20

◎ 旅游业：贵州切入西部大开发的最佳选择/安慧林//贵州财经学院学报 2000-04

◎ 旅游业：湖北新世纪的支柱产业——访湖北省旅游局局长杜云生/王兵//今日湖北 2000-07

◎ 旅游业：辽宁经济可持续发展的支柱产业/何勇//辽宁财专学报 2000-05

◎ 旅游业：面临空前大行情/莫扬//中华工商时报 2000-09-21

◎ 旅游业：切忌“短期行为”/肖成//支部生活 2000-07

◎ 旅游业：西部的希望产业/王砚//西藏日报 2000-10-11

◎ 旅游业——拉动经济起飞的黄金产业/冯明慧//理论前沿 2000-18

◎ 旅游业——澳大利亚的重要产业/陈肖静//华东旅游报 2000-08-08

◎ 旅游业必须实施可持续发展战略/陈福义//湖南商学院学报 2000-06

◎ 旅游业成为连云港新的经济增长点/张从春//国际商报 2000-07-04

◎旅游业的发展必须实施产业组织管理/刘元晨//辽宁经济 2000-12
◎旅游业的发展趋势/杜云生//学习月刊 2000-05
◎旅游业发展成为岳阳市支柱产业的再论证/朱上准//财经理论与实践 2000-06
◎旅游业价格战悄然升温/蔡逸 桂冕//江苏经济报 2000-07-25
◎旅游业巨子的聚会/肖曲//中国旅游报 2000-11-06
◎旅游业空间结构理论研究概况及近期动向/许春晓//常德师范学院学报（社会科学版）2000-03
◎旅游业利用外资走势分析/张吉林//瞭望 2000-41
◎旅游业面临的三大挑战及其对策——一位资深旅游学家谈当前世界旅游发展的形势/张广瑞//旅游学刊 2000-06
◎旅游业如何适应假日经济的发展/林梅英//经济经纬 2000-05
◎旅游业投资与需求的经济分析/谭林//四川经济管理学院学报 2000-02
◎旅游业兴旺离不开城市建设/谭璟舜 陈居星//广东建设报 2000-09-20
◎旅游业要踏准市场节拍/刘亚东//中国市场 2000-05
◎旅游业应成为老工业基地辽宁的新支柱/万光玲//沈阳师范学院学报（社会科学版）2000-04
◎旅游业迎来网络时代/马海邻//中国企业报 2000-06-30
◎旅游业与我国的旅游教育/王严根//华东经济管理 2000-06
◎旅游业与浙江经济发展/董蕙//经济问题探索 2000-05
◎旅游业重视开拓老年旅游市场/李晓玲 陈国安//中国物资报 2000-07-24
◎旅游业走进电子商务/马芳 谢丹//湖北日报 2000-08-07
◎旅游音乐及其在旅游开发与规划中的应用初探/马艳霞//重庆师范学院学报（自然科学版）2000-S1
◎旅游应有个性/卢高//福建日报 2000-08-09
◎旅游与保健联姻/林根//中国旅游报 2000-11-27
◎旅游与旅游档案/史家菊//中国档案报 2000-11-02
◎旅游与新教育寻找结合点/刘理科//四川日报 2000-08-20
◎旅游与中国电子商务/赵雷//中华工商时报 2000-08-30
◎旅游预报制亟待完善/邹利//云南日报 2000-12-13
◎旅游预报制欲为假日经济提速/鲁军//深圳商报 2000-08-07
◎旅游预警系统长假遇尴尬/杨静//江西日报 2000-10-12
◎旅游在法国/郭京花//经济参考报 2000-07-21
◎旅游战略带来大市场/王光火 彭林//人民邮电 2000-07-19
◎旅游涨价“涨”不出大市场//重庆商报 2000-10-02
◎旅游照亮了谁的天空/权利冰//中国财经报 2000-09-26
◎旅游拯救昆嵛山林场/陈凤//中国林业 2000-07
◎旅游致富——长阳土家族自治县脱贫致富的启示/杨青//湖北财税 2000-09
◎旅游资源保护亟待立法/杨健//团结报 2000-06-15
◎旅游资源亟待整合/贾鹏云//中华工商时报 2000-10-13
◎旅游资源开发的时代演进及发展趋势浅析/王欣//旅游科学 2000-02
◎旅游资源开发要以环境保护为前提/新疆自治区环保局//科技日报 2000-07-25
◎旅游资源评价与自然环境影响的关系——以福建省旅游资源特点为例/郑耀星//资源科学 2000-06
◎率先进入旅游电子时代成为国际化旅游批发商/刘思敏//中国旅游报 2000-11-01
◎绿色经济与云南旅游业/骆静珊//昆明大学学报 2000-01
◎略论北京的环境建设与旅游的持续发展/张刃//北京联合大学学报 2000-03
◎略论成都市都市农业/郭晓鸣 雷晓明//农村经济 2000-02
◎略论大都市郊区游憩地的配置——以北京市为例/王云才 郭焕成//旅游学刊 2000-02
◎略论黄山旅游产业的深度开发/丁志刚//江淮论坛 2000-02
◎略论历史文化名城与中国旅游业/杨文棋//北京第二外国语学院学报 2000-05
◎论 WTO 与中国旅游业/郑蝶杭//旅游科学 2000-04
◎论产业旅游/黄羊山 任蔚蔚//南京化工大学学报（哲学社会科学版）2000-02
◎论洞庭湖旅游开发的战略价值/彭民科//湖南社会科学 2000-06
◎论发展老年旅游业/张雪华//广西经济管理干部学院学报 2000-03
◎论广西的大旅游发展战略/杨铭德//重庆工商大学学报 2000-06
◎论广西旅游业的新增长极/陈俊伟//旅游学刊 2000-02
◎论海南旅游业的产品定位与战略选择/张林//国际经贸探索 2000-02
◎论建设云南生态农业的新模式——观光农业/史嵘//云南农业大学学报 2000-01
◎论节假日旅游市场的开发/袁亚忠 黄前进//市场经济研究 2000-05
◎论旅游的“层次”和“参与性”/周进步//旅游学刊 2000-06
◎论旅游地居民文化心理的生成和培育/刘丹青//湘潭大学社会科学学报 2000-06
◎论旅游商品开发与新疆旅游业发展/金海龙//新疆师范大学学报（自然科学版）2000-01
◎论旅游生态资源化/夏林根//桂林旅游高等专科学校学报 2000-03
◎论旅游业的可持续发展/刘伟//广州市财贸管理干部学院学报 2000-03
◎论旅游业对城市经济的拉动作用/刘德妍//江苏商论 2000-07
◎论旅游业可持续发展/赵翔翔//武汉大学学报（人文科学版）2000-02
◎论民俗文化是民族地区重要的旅游资源/刘雷//贵州民族研究 2000-02
◎论内蒙古旅游精品带动战略的实施/郝晓兰//内蒙古财经学院学报 2000-04
◎论生态旅游的分级规划、开发与管理/许新平//华东旅游报 2000-09-05
◎论生态旅游及其开发中的若干问题/肖光明//西江大学学报 2000-04
◎论实现区域旅游可持续发展的途径和对策/邹再进//重庆师范学院学报（自然科学版）2000-S1
◎论首都城市旅游的发展（上）/张广瑞//投资北京 2000-10
◎论四川旅游支柱产业的培育和旅游中心城市的构建/王七章//理论与改革 2000-04
◎论文物保护与文物旅游的平衡发展/周彤莘//桂林旅游高等专科学校学报 2000-03
◎论梧州市观光旅游农业的开发/黎鹏//广西农业生物科学 2000-04
◎论武夷山旅游企业拓展市场的发展战略/张建英//林业经济问题 2000-03
◎论西部大开发与做大做强陕西旅游业/冯家臻//陕西师范大学学报（哲学社会科学版）2000-03
◎论西部地区旅游业的开发/康银劳//经济体制改革 2000-06

◎论西南文化旅游圈的开发建设/王路平//广西民族研究 2000-01
◎论县域旅游支柱产业的培育建设/黄勇//求实 2000-08
◎论云南观光农业资源开发/史嵘//云南农业大学学报 2000-04
◎论云南生态建设与发展绿色经济/盛世兰//中共云南省委党校学报 2000-05
◎论中国发展国际旅游的风险与机遇/赵书虹//思想战线 2000-05
◎论中国旅游可持续发展的规划策略/李立华//山地学报 2000-01
◎论中西部旅游资源开发的资本市场战略/彭德成//旅游学刊 2000-02
◎论重庆都市旅游业的发展/刘冰彬//渝州大学学报（社会科学版）2000-03
◎论重庆旅游业发展目标、优势与策略/朱顺知//重庆教育学院学报 2000-02
◎论专题旅游休闲活动的策划/吕和发//桂林旅游高等专科学校学报 2000-01
◎罗浮旅游资源开发方向和思路/李国荣//亚太经济时报 2000-06-14
◎洛阳历史文化名城与旅游业的协调发展/赵夏 张艳红//城市发展研究 2000-05
◎洛阳旅游业发展的形势及对策研究/刘祥顺//洛阳工学院学报（社会科学版）2000-01
◎洛阳十三朝古都新旅游名城向中国优秀旅游城市冲刺//中国旅游报 2000-09-11
◎马来西亚："假日经济"功不可没/薛颖//国际经贸消息//2000-10-25
◎马来西亚：既让你掏腰包又让你休息好坦然面对"假日经济"/薛颖//中国财经报 2000-10-17
◎马来西亚"假日经济"火爆/薛颖//国际商报 2000-10-31
◎马来西亚大打旅游新卖点牌/双仁//中国旅游报 2000-07-17
◎迈向国际著名旅游城市/刘寅//西安日报 2000-06-23
◎迈向休闲时代/辛宏 马佳//辽宁日报 2000-10-09
◎漫话休闲旅游/尤曲//经济参考报 2000-08-19
◎漫谈地质旅游/关世桥//中国化工报 2000-06-22
◎眉山地区旅游业驶入快车道/潘俊华 王青山//四川日报 2000-08-28
◎眉山人游眉山/辜多好 王青山//四川日报 2000-09-14
◎煤城打起旅游牌/王庞韩//中国矿业报 2000-09 12
◎煤炭城市旅游开发的初步研究/章锦河//中国煤炭 2000-09
◎美国旅游市场促销特点及启示/杨剑//中国旅游报 2000-09-18
◎美国旅游者安全政策演进及启示/马波 张欣//中国旅游报 2000-08-07
◎美国农村社区开发特色旅游/贾鹤鹏//中国旅游报 2000-12-11
◎缅甸旅游事业进展颇不顺利/官欣//中国旅游报 2000-09-18
◎面对 WTO 的海南旅游业/唐赫梓//新东方 2000-06
◎面对加入 WTO 和西部大开发对乐山旅游业的思考/许晓华//中共乐山市委党校学报 2000-03
◎民企投资开发彭山旅游/向军 施宇//四川日报 2000-06-23
◎民营旅游企业的"概念经济"/俞技锋//浙江日报 2000-11-17
◎民族体育旅游/王天军//新疆师范大学学报（自然科学版）2000-03
◎名城旅业旺/黄毅 曹建华 容乾//亚太经济时报 2000-07-19
◎明明白白消费 轻轻松松旅游/吴年华 阿贵//华东旅游报 2000-10-24
◎明年初举办冰雪旅游节/谭志刚 吴蓉//吉林日报 2000-11-24
◎明年是体育健身游//工人日报 2000-10-29
◎明确产业地位 强化发展措施真正 实现大旅游大产业大发展/赵文鹤//探索与求是 2000-09
◎模式之下/王炜文//中国旅游报 2000-12-22
◎谋求旅游发展新突破/谭徽在//政策 2000-07
◎牡丹江边境旅游火热/王增伟//国际商报 2000-09-07
◎木渎首届"江南园林古镇旅游节"隆重举办/周铭扬 梁耀娟//华东旅游报 2000-10-17
◎内蒙古开发生态旅游的初步探讨/潘高娃 王晶 何娜 乌日娜//内蒙古环境保护 2000-04
◎内蒙古生态旅游开发中应该注意的几点问题/王培先//北方经济 2000-10
◎南北合写"孔子旅游大文章"/廖鸣彬 杨超//中国旅游报 2000-10-20
◎南江峡谷掀起你的盖头来/欧阳昌佩//中国旅游报 2000-09-06
◎南京导游报考爆棚/刘颖 郑焱//新华日报 2000-09-09
◎南京旅游"借船出海""国旅联合"在沪发行/金卫东 王颖//新华日报 2000-09-05
◎南京旅游环境好 服务水平高/金卫东//中国旅游报 2000-10-13
◎南京旅游业新的"制高点"/郑燕南//江苏经济报 2000-08-07
◎南京市幕府山地区旅游资源评估与开发设想/华建伟//江苏地质 2000-01
◎南京通过"中国优秀旅游城市"复核/宁旅站//华东旅游报 2000-07-11
◎南京现代史旅游资源亟待开发/王颖//中国旅游报 2000-11-17
◎尼泊尔：旅游业再打登山牌/宋德俊 庄美杰//中国旅游报 2000-07-17
◎宁波：海岛旅游"水涨"水上客运"船高"/张逸耀//中国交通报 2000-07-26
◎宁波旅游促销新招迭出/艾笑//中国教育报 2000-08-17
◎宁都旅游走出深闺/李志刚//中国旅游报 2000-11-15
◎宁国市观光果园生产现状与发展构想/刘声喜//安徽林业科技 2000-02
◎宁夏发起"旅游攻势"/胡安东 吴震//中国商报 2000-08-22
◎宁夏观光农业发展的初步研究/杜小华 汪建敏 张闻剑//市场经济研究 2000-04
◎宁夏何时能建成"金走廊"/王永忠//中国旅游报 2000-11-06
◎宁夏旅游 展开腾飞之翼//中国教育报 2000-06-20
◎宁夏旅游资源及其功能分区评价研究/陶伟//地理学与国土研究 2000-01
◎宁夏特种旅游 让人慢慢回味//甘肃经济日报 2000-11-25
◎宁夏要打旅游牌/傅强//中华工商时报 2000-09-04
◎宁镇扬联合打造旅游"航母"/雨中 吴裕民//新华日报 2000-08-22
◎农家乐 西部旅游开发新模式/徐国才 周平//中国旅游报 2000-09-15
◎农家乐：川西旅游新时尚/周光全//中国交通报 2000-07-17
◎农家旅馆火爆武夷山//中国旅游报 2000-08-30
◎农业生态园风光无限/刘燕梅//2000-08-05
◎农运会创造旅游商机/雷刘功//农民日报 2000-10-30
◎努力把旅游业培育成为重庆的支柱产业/王伟//重庆行政 2000-03
◎努力创建全国优秀旅游城市/张国军 陈维 何享登//亚太经济时报 2000-09-06
◎怒江大峡谷推出精品旅游线路/伍皓//中国绿色时报 2000-07-05
◎怒江峡谷旅游业可持续发展研究/彭永岸//云南地理环境研究

2000-02
◎欧洲大棚车旅游和度假营地/蔡家成//中国旅游报 2000-12-04
◎攀西地区旅游资源开发分析/符礼建//世界科技研究与发展 2000-S1
◎盘点国庆旅游/徐文智 张文章//中国消费者报 2000-10-10
◎盘点旅游黄金周/王尚康 庞彩 盛林宏 薛惟中 吴浩 张朝晖 高芃芃//中华工商时报 2000-10-08
◎培育"三名"环线 发展乐山旅游/徐伟//中共乐山市委党校学报 2000-01
◎培育"修学旅游"新热点/王立新//安徽日报 2000-11-28
◎培植旅游支柱产业 建设旅游经济大区/吕滨//地方政府管理 2000-06
◎蓬溪开发生态文化旅游/刘蓉//四川日报 2000-08-16
◎漂流，旅游项目中的亮点/丛余//重庆日报 2000-08-23
◎品味"十一"大旅游/李红兵//中国消费者报 2000-10-12
◎平潭做大旅游文章/李沉浮 高申现//中国经济时报 2000-12-13
◎平遥古城旅游市场开发及其可持续发展/郭英之//山西财经大学学报 2000-06
◎濮阳工业旅游辟出新景点/刘岩//中国商报 2000-06-20
◎期望与感受：旅游体验质量的交互模型/谢彦君//旅游科学 2000-02
◎齐文化旅游论/王京龙//管子学刊 2000-04
◎其乐融融的国外特色旅游/容小兴//经济消息报 2000-06-12
◎骑大象走泰北//中国旅游报 2000-07-31
◎汽车旅游需要轿车拖车运输业务/王志平//中国经营报 2000-10-31
◎千岛湖区新型多功能景观游憩林建设研究/丰炳财//浙江林业科技 2000-05
◎千岛湖新型多功能景观游憩林建设研究/徐高福//林业经济问题 2000-01
◎牵手绿色通道——旅游企业拓展的最佳方案/张洵涛//中国旅游报 2000-10-25
◎前景诱人的老年旅游市场/蔡海英//价格与市场 2000-01
◎钱江源头城市开化县旅游业开发研究/黄瑾如//浙江大学学报（人文社会科学版）2000-03
◎黔江旅游发展战略探讨/谢仁义//重庆行政 2000-02
◎浅论广西旅游交通对旅游业的制约及其对策/赵明龙//桂林旅游高等专科学校学报 2000-02
◎浅论我国商务旅游开发/阎友兵 黄早水//资源开发与市场 2000-04
◎浅谈发展沈阳都市旅游/张岩//沈阳大学学报 2000-03
◎浅谈广西旅游交通对旅游业的制约及其对策（下）/赵明龙//计划与市场探索 2000-01
◎浅谈假日经济的龙头——假日旅游/李飞东//工程建设与档案 2000-03
◎浅谈旅游文化特色建设/李永林//云南日报 2000-10-23
◎浅谈托里县旅游资源开发/刘宇平//中共伊犁州委党校学报 2000-04
◎浅谈新疆旅游业的公平竞争问题/余新辉//实事求是 2000-05
◎浅谈淄博市旅游信息传递策略/徐莉//泰安师专学报 2000-06
◎浅析辽宁省建设北方旅游大省的战略/王耕//松辽学刊（自然科学版）2000-04
◎浅析龙岩旅游重点产业的发展/赖启福//闽西职业大学学报 2000-02
◎浅析普陀山旅游业的深度开发/李健 张西林 方躬勇//浙江林学院学报 2000-04
◎浅析入世对武汉旅游业的影响/王欣 徐德宽//长江论坛 2000-03
◎浅析我国旅游业信息化的必然趋势及对策/田丹//财经问题研究 2000-09
◎浅析宜宾市旅游资源开发的方向与对策/潘文全//资源开发与市场 2000-02
◎浅议龙门石窟风景区旅游资源的开发利用及保护/庞萍//河南地质 2000-04
◎浅议天柱山旅游资源的开发/贾卫国//安徽林业科技 2000-03
◎浅议信息技术与西部旅游大开发/连云凯//桂林旅游高等专科学校学报 2000-03
◎欠发达区县旅游开发研究——以重庆潼南为例/赵毅//重庆师专学报 2000-01
◎强化创新 突出特色 加快发展 把丽江建成世界级精品旅游胜地/李秀春//云南日报 2000-11-20
◎巧借旅游做文章/张积东//中国邮政报 2000-10-10
◎钦州七十二泾旅游亮点多/刘星鸿//广西日报 2000-10-11
◎秦皇岛老景区展示新魅力/王素艳 张宝林//河北日报 2000-08-04
◎秦皇岛旅游打破"瓶颈"/石珊珊 宋丽叶//中国经济时报 2000-07-11
◎秦皇岛旅游格外火/宋丽叶//河北日报 2000-07-20
◎秦皇岛旅游何以火爆/简满屯//中国企业报 2000-10-27
◎秦皇岛拓宽思路发展"大旅游"/吴永哲//河北日报 2000-10-19
◎秦岭北麓，我省生态旅游的长廊/王晓阳//陕西日报 2000-08-08
◎青岛建筑旅游又露"芳容"/张//华东旅游报 2000-08-24
◎青岛市旅游产业发展问题研究/江秀凯//山东行政学院．山东省经济管理干部学院学报 2000-S1
◎青海森林旅游鼓满风帆/铁铮//中国绿色时报 2000-09-28
◎青海省旅游客源市场分析研究/陈瑛//资源开发与市场 2000-01
◎青海特色产品受宠/赵菁//青海日报 2000-10-23
◎青海盐湖旅游资源开发研究/俞晨//旅游学刊 2000-06
◎青年旅馆——旅游爱好者的新驿站//湖北日报 2000-09-04
◎青浦旅游亮点 一节两区三线/晓流//解放日报 2000-10-13
◎青山绿水更醉人/刘丛猛 傅卓然//湖南日报 2000-12-20
◎清凉绿都诚邀北方客/王华//中国旅游报 2000-08-07
◎情系大自然/廖永新 石承烈//中国旅游报 2000-12-06
◎庆阳革命老区旅游扶贫开发考察报告/郑本法 郑宇新//开发研究 2000-06
◎穷镇缘何变富镇/李远峰//中国旅游报 2000-07-31
◎区域旅游竞争研究进展/窦文章 杨开忠 杨新军//人文地理 2000-03
◎区域旅游开发定位研究——以徐州市为例/马晓冬//地理学与国土研究 2000-04
◎区域旅游可持续发展初探/李永文 史本林//地域研究与开发 2000-03
◎区域旅游资源评价基本方法及其在天水旅游区的应用/李江//西北师范大学学报（自然科学版）2000-02
◎曲阜农民巧发旅游财/刘一山 张明哲 朱亚峰//中国旅游报 2000-11-17
◎去乡村旅游好/盛文//安徽日报 2000-06-30
◎全国各地总动员 迎接国庆"黄金周"/黄健 李玲 王跃进//中国旅游报 2000-09-20
◎全国旅游商品工作座谈会在芜召开/沈官石 何朝本//安徽日报

2000-12-19
◎全力营造假日旅游良好氛围/王昕//河北日报 2000-09-21
◎全面实施"旅游带动"战略 开创韶山经济工作新局面/刘清林 张义昌//湖南经济 2000-11
◎全民动员 众志成城 争创中国优秀旅游城市/李建昌//中国旅游报 2000-09-20
◎全球经济一体化背景下的中国旅游业/陆国存//金融时报 2000-06-20
◎全球旅游电子商务网已达 17 万家//中国旅游报 2000-09-22
◎全球旅游伦理规范/张广瑞//旅游学刊 2000-03
◎全省"十一"黄金周日进斗金/成淇平//云南日报 2000-10-09
◎泉州旅游产品结构优化的研究/郑伟民//泉州师范学院学报 2000-06
◎让假日旅游可持续发展/徐菊凤//中国旅游报 2000-06-16
◎让旅游成为龙头产业/陈欣安//今日浙江 2000-09
◎让旅游业成为西部经济的亮点/杨盛华//重庆日报 2000-11-01
◎绕开"黄金周"的老年旅游市场/陈启平//湖南经济报 2000-08-24
◎热潮冷看"假日经济"/董敬民//中国国门时报 2000-06-23
◎热点 疑点 难点 焦点 网点//中国旅游报 2000-10-18
◎人间净土——喀纳斯/邵春 石承烈 廖永新//中国旅游报 2000-09-11
◎人类学眼光：旅游与中国社会——以一次旅游与人类学国际研讨会为个案的评述和分析/徐新建//旅游学刊 2000-02
◎人文景观应是陕西旅游市场的立足点/葛健//中国企业报 2000-06-19
◎认识旅游网络公司（待续）/魏小安//中国旅游报 2000-09-04
◎认准旅游这条路走下去/黄巧灵//中国旅游报 2000-12-27
◎日本的休闲农园/冯加华//湖北科技报 2000-06-09
◎日本旅华市场透视/张西龙//中国旅游报 2000-11-20
◎日本与江苏旅游界在宁研讨中日旅游/孙兵 钱志军 王颖//新华日报 2000-09-27
◎日照市民俗旅游引来八方客/庄会锋//华东旅游报 2000-09-05
◎荣成 千里海岸游乐园 海滨旅游新选择//中国旅游报 2000-07-28
◎荣成：海滨旅游新选择/孙宗勇//中国旅游报 2000-09-08
◎荣成创优紧锣密鼓有条不紊/张启军 王向华//中国旅游报 2000-08-11
◎荣成千里海岸游乐园 海滨旅游新选择//中国旅游报 2000-07-28
◎荣成社会办旅游红红火火/王向华 工向东//中国信息报 2000-06-28
◎荣成织就旅游交通网/王向龙//中国交通报 2000-09-13
◎融资有招 风景打包//中国经营报 2000 08 01
◎如何把井冈山"旅游蛋糕"做大？/石雨 曾忠平//华东旅游报 2000-11-14
◎如何把旅游业培育成为新的经济增长点——常德市旅游业发展个案分析/杨万柱//常德师范学院学报（社会科学版）2000-06
◎如何把旅游业培育成为新的经济增长点——常德市旅游业发展个案分析/杨万柱//常德师范学院学报（社会科学版）2000-06
◎如何加快湖北旅游产业的建设/王国华//长江建设 2000-02
◎如何实现承德大旅游大产业大发展/赵文鹤//承德民族师专学报 2000-03
◎塞北商贸旅游城——同江/吉祥 华水龙//信息时报 2000-11-17
◎三叠泉景区旅游收入节节高/李桂庚//江西日报 2000-12-24
◎三水森林公园旅游疗养双佳//广东科技报 2000-07-22
◎三峡成库后重庆沿江旅游发展对策研究/张述林//重庆师范学院学报（自然科学版）2000-04
◎三峡库区旅游资源开发的原则与措施/许曦 刘方//桂林旅游高等专科学校学报 2000-01
◎三峡旅游市场开拓的文化传播研究/尚萃 阙如良 李肇荣//桂林旅游高等专科学校学报 2000-01
◎三星堆：莫让四川蒙羞/欧阳美书//四川政协报 2000-08-24
◎三亚潜水旅游税收浮出水面/胡浩文//中国税务报 2000-09-06
◎森林公园旅游产品的研究/谢哲根 刘安兴 许祖福 陈学堂 陈安统//北京林业大学学报 2000-03
◎森林公园在旅游市场竞争中如何增强自身的吸引力/张健华//林业经济问题 2000-04
◎森林旅游产品策略研究/王红姝 赵欣欣 李继红//林业经济 2000-02
◎森林旅游成为新疆旅游新亮点/刘心惠//中国乡镇企业报 2000-08-23
◎森林旅游要爱护生态环境//中国旅游报 2000-07-19
◎森林旅游资源的保护/陈小琴//林业经济问题 2000-01
◎森林生态旅游与森林文化/邓双文//湖南林业 2000-02
◎沙雕兴旅/汪嘉华//中国旅游报 2000-06-30
◎山东开发建设大型旅游项目/鲁文//经济消息报 2000-06-26
◎山东荣成着力建设滨海旅游大市/孙宗勇 田宏耀 王向华//华东旅游报 2000-06-15
◎山东未雨绸缪应对挑战/王荣国//中国旅游报 2000-07-24
◎山河壮美游云南/邵琪伟//瞭望 2000-Z1
◎山西创造良好旅游环境/李彬//中国旅游报 2000-09-25
◎山西旅游产业发展初探/朱乐//中共山西省委党校学报 2000-05
◎山西旅游业跨世纪可持续发展研究/张铁锁//沧桑 2000-05
◎山西全面开拓旅游市场/李彬//中国旅游报 2000-09-04
◎山西省省长刘振华谈山西旅游与城市化/高潮//小城镇建设 2000-S1
◎陕西建设绿色旅游通道/周学敏//中国旅游报 2000-11-03
◎陕西生态旅游发展的现状分析/赵新民//陕西经贸学院学报 2000-01
◎陕西应开发科技旅游/王兆麟//经济参考报 2000-07-27
◎商标 品牌 效应//中国旅游报 2000-08-07
◎商贸旅游业如何面对"入世"冲击/赵铁成//特区理论与实践 2000-06
◎商务旅行 新世纪 新趋势//中国旅游报 2000-11-20
◎商务旅游：概念 2000/王叶平//中国交通报 2000-07-10
◎商务旅游大有可为/小辉//中国商报 2000-09-10
◎商务旅游有"钱"途/小辉//安徽经济报 2000-12-11
◎商业旅游 工业旅游//中国旅游报 2000-10-06
◎上半年北京旅游再攀新高 西安旅游收入 54 亿/李玲//中国旅游报 2000 07-19
◎上海：塑造独特都市形象/上海市旅游事业管理委员会//中国旅游报 2000-07-10
◎上海出境旅游六不准/张建松//新华每日电讯 2000-09-07
◎上海大学生暑假旅游今夏难火/浦建平//文汇报 2000-06-29
◎上海都市观光农业的实践与思考/方志权//上海农村经济 2000-01
◎上海发展中医药旅游产业大有可为/陈永宁//中国中医药报 2000-10-06
◎上海海滨旅游开发方兴未艾/浦建平//文汇报 2000-07-06
◎上海及周边地区特色旅游开发经济效应研究/程俐骢//旅游科学 2000-01

◎上海将办国际旅游盛会//东方航空报 2000-07-17
◎上海将迈向世界级旅游城市/马美菱//文汇报 2000-11-14
◎上海旅游节十年成大业/汪洪洋//中国乡镇企业报 2000-10-12
◎上海旅游资源产品化初探/刘德艳//旅游学刊 2000-04
◎上海松江倾力发展大旅游/若予//华东旅游报 2000-07-11
◎上海迅速开展整治/吴伟余 杨帆//中国旅游报 2000-09-25
◎上海站：请给旅游服务留个空间/周淑君//文汇报 2000-07-13
◎上思做好“山”字旅游文章/王雷 陈禹存//广西日报 2000-09-04
◎绍兴市运用市场机制激活旅游业/蒋鑫富//浙江日报 2000-06-13
◎申城国庆旅游打响创意战/陈启甸//解放日报 2000-09-20
◎申城旅游架起“水上之桥”/季若予//华东旅游报 2000-12-07
◎深入研究旅游市场//中国旅游报 2000-06-14
◎深圳华侨城的景区开发/马晓秋 张凌云//开放导报 2000-10
◎深圳旅游/梁梓//中国旅游报 2000-11-17
◎神农架林区加速发展旅游业/颜道焱//宏观经济管理 2000-12
◎神农架再推旅游新线路/彭剑利//湖北科技报 2000-08-29
◎沈阳你离“旅游大市”有多远/李大洪//辽宁日报 2000-08-10
◎沈阳植物园全面提升管理水平/何绍宣//中国旅游报 2000-12-06
◎沈阳做大旅游品牌/周凤文//中国旅游报 2000-09-15
◎慎重对待历史文化名城的旅游业发展——以洛阳为例/赵夏//城市问题 2000-04
◎生命不息 旅游不止/戴斌//中国旅游报 2000-09-25
◎生态果园旅游开发前景探讨/王莉//柑桔与亚热带果树信息 2000-12
◎生态旅游/李瑞峰//江西日报 2000-07-17
◎生态旅游：西部地区先导产业/张丽英//生态经济 2000-09
◎生态旅游：云南丽江旅游业可持续发展的必然选择/吴静//经济问题探索 2000-12
◎生态旅游保护性开发新思路/杨桂华//经济地理 2000-01
◎生态旅游产品的特点及在我国的开发/彭青//广州大学学报 2000-01
◎生态旅游成为雅安的支柱产业/周全智//四川日报 2000-10-15
◎生态旅游的大众化问题/刘德艳 白光润//北京第二外国语学院学报 2000-01
◎生态旅游的内涵与可持续发展价值/崔延虎//新疆师范大学学报（哲学社会科学版）2000-03
◎生态旅游的兴起及其经营构想/梅丽兰//企业经济 2000-03
◎生态旅游管理系统框架构建研究——香格里拉生态旅游示范区应用管理模式思考/侯一边//思想战线 2000-01
◎生态旅游回归自然/潘燕燕//人民论坛 2000-04
◎生态旅游及其规划与管理研究综述/钟林生 肖笃宁//生态学报 2000-05
◎生态旅游开发与管理的思考/鄢和琳/国土资源科技管理 2000-05
◎生态旅游理论与长白山生态旅游开发/李光//延边大学 2000-06-01
◎生态旅游绿色营销的产品策略分析/张朝枝//桂林旅游高等专科学校学报 2000-04
◎生态旅游新去处/苏竞//云南政协报 2000-08-12
◎生态旅游与泾县经济的关系/黄杰//合肥工业大学学报（自然科学版）2000-S1
◎生态旅游展现崭新“宜兴形象”/何小兵//新华日报 2000-07-17
◎生态农业示范观光园/王玮//中国矿业报 2000-07-15
◎生态与文化是岛屿的恒久财富/史延廷 王健生//中国旅游报 2000-11-13
◎狮城：生态旅游崭露头角 法国：工业旅游增长迅速/王力 巴办//中国旅游报 2000-07-10
◎十五时期天津旅游业发展态势及战略研究/王琳//天津行政学院学报 2000-03
◎十堰：怎么“卖”/胡思勇 王志林 郭占柱//湖北日报 2000-10-19
◎十一黄金周接待准备就绪 新一轮旅游促销主题确定/李晓燕//中国旅游报 2000-09-20
◎石林打造旅游名牌/卜湘玲//云南日报 2000-09-19
◎石屏特色旅游引来八方客/李洁//云南日报 2000-12-14
◎实干铸辉煌 旅游促腾飞——井陉县以旅游业带动地方经济/赵丽//河北企业 2000-07
◎实施精品战略 做好旅游对外宣传促销/卿成//四川政报 2000-19
◎实施区域旅游 带动经济发展/张治卫//小城镇建设 2000-06
◎实施西部大开发 旅游发展是龙头/罗佳明//中共乐山市委党校学报 2000-01
◎实施政府主导型旅游发展战略/刘陆文//广西日报 2000-08-16
◎实现从“山水甲天下”到“旅游甲天下”的飞跃//新华每日电讯 2000-12-07
◎世界商务旅游发展迅猛/钟灵//中国贸易报 2000-09-21
◎世界争抢中国出境旅游“大蛋糕”/南都//云南经济日报 2000-11-17
◎世界最长观光索道将落户张家界/邓道理//中国旅游报 2000-06-16
◎市场开拓各有所得 旅游线路推陈出新/王小江//中国旅游报 2000-07-17
◎市场新卖点 澳洲修学旅游/金启宁//中国旅游报 2000-12-25
◎试论保健旅游/魏信德//浙江日报 2000-11-24
◎试论大陆—台湾地缘旅游的开发——以厦门同安为例/郑耀星//世界地理研究 2000-03
◎试论开展生态旅游与保护生态环境的关系/冯鸿//四川教育学院学报 2000-09
◎试论历史名胜九日山被湮没文化的旅游再开发/郑耀星//经济地理 2000-05
◎试论旅游文化与旅游业可持续发展/黄佛君//新疆师范大学学报（自然科学版）2000-03
◎试论旅游业发展的区域协作与联合/曾万涛//桂林旅游高等专科学校学报 2000-02
◎试论旅游资源开发道德及其在旅游业中的地位和作用/李三强 朱发刚//学术探索 2000-06
◎试论面向21世纪的旅游业投资/於铀强//经济视角 2000-08
◎试论台州海滨旅游产品设计/李跃军//台州学院学报 2000-05
◎试论文物保护与重庆旅游业的可持续发展/伍鹏//重庆师专学报 2000-04
◎试论我国出境旅游管理体制改革问题/蔡家成//旅游学刊 2000-03
◎试论我国旅游产业化的战略选择/田钊平 胡丹//贵州民族学院学报（社会科学版）2000-S1
◎试论湘西地区的民俗旅游资源开发/田茂军//吉首大学学报（社会科学版）2000-02
◎试论有关旅游产业在地区经济发展中地位和产业政策的几个问题/张凌云//旅游学刊 2000-01
◎试论中国旅游地域类型的演进模式/范今朝//地理研究 2000-01

◎ 试谈城郊观光农业与农业结构调整/祝斌//中国农学通报 2000-04
◎ 试谈旅游资源优势转化/张炜静//发展研究 2000-04
◎ 试析城市规划在城市旅游发展中的作用/周建明//国外城市规划 2000-03
◎ 试析国际旅游业发展趋势/吕莹//信阳师范学院学报（哲学社会科学版）2000-03
◎ 试析旅游产品定义问题/秦宇//北京第二外国语学院学报 2000-01
◎ 适度发展出境游/周音//科技日报 2000-09-17
◎ 首次发布"十一"黄金周旅游信息//中国旅游报 2000-09-22
◎ 首家旅游租车网络中心成立/范增军//中国汽车报 2000-07-14
◎ 首届驼梁生态旅游节开幕/纪哲//河北经济日报 2000-07-18
◎ 首届驼梁生态旅游节拉开帷幕//河北日报 2000-07-17
◎ 舒城县高起点开发旅游资源/鲁根益 郭兴中//安徽日报 2000-09-23
◎ 暑假来临!! 学生旅游："跟团"还是"自助"？/何蒙//中国妇女报 2000-07-07
◎ 暑期出游不会再失望/朱海 李瑞峰//中国消费者报 2000-06-13
◎ 暑期旅游 中小学生当家/李玲//中国旅游报 2000-07-26
◎ 暑期旅游盯上孩子 学校提醒理性看待/桂冕//江苏经济报 2000-07-11
◎ 蜀南竹海旅游中的问题及对策研究/鄢和琳//重庆环境科学 2000-01
◎ 蜀欲借外商打造世界级旅游品牌//科技日报 2000-05-21
◎ 双桥龙水湖旅游景区建设初具规模/申孟阳//重庆日报 2000-12-12
◎ 谁来建造 21 世纪的侏罗纪公园/杨正坤//中国旅游报 2000-07-12
◎ 水位上涨，巫山着手开发新景观/陈斌//中国旅游报 2000-09-27
◎ 顺义"三高"农业科技示范区成为旅游观光园/焦薇莉 刘献武//北京科技报 2000-10-11
◎ 丝绸古道春风度/于月江 陈立军 王甫//新疆日报（汉）2000-07-19
◎ 思路就是财路/季若予//华东旅游报 2000-10-17
◎ 四川旅游产业的新视野/叶红//国土经济 2000-05
◎ 四川旅游要深挖文化内涵/冯俊锋//四川日报 2000-11-22
◎ 四川旅游业跨越式发展的问题与对策思考/赵德强//中共四川省委省级机关党校学报 2000-04
◎ 四川生态旅游业与政府的主导作用/李萍//财经科学 2000-06
◎ 四川省旅游业近年发展情况统计分析/肖广牧//四川经济管理学院学报 2000-04
◎ 四大古官衙添彩中国旅游/史稼轩 樊翠华//河南日报 2000-10-26
◎ 四千六百万人大旅游的启示/陈芸 贺劲松 曾华国//新华每日电讯 2000-05-08
◎ 松江发行旅游通用卡/盘强//解放日报 2000-10-13
◎ 松江旅游产品多了/古木//解放日报 2000-10-22
◎ 苏州城乡联动 旅游牛气冲天/严林兴 戴仲燕 嵇元//新华日报 2000-07-14
◎ 苏州乐园开创全新的东方迪斯尼乐园//中国旅游报 2000-09-22
◎ 苏州旅游外汇突破一亿美元/杨帆//新华日报 2000-10-27
◎ 苏州园林文化味更浓了/远山//文汇报 2000-08-24
◎ 台湾休闲渔业一瞥/刘雅丹//中国海洋报 2000-07-07
◎ 太空旅游签证不容易到手/旅游巴士网//中国旅游报 2000-11-17
◎ 太空旅游为时不远/黄文//北京科技报 2000-10-13
◎ 泰安旅游环境极大改善/吕坚//中国旅游报 2000-07-28
◎ 泰安营造大泰山旅游圈/殷敖伦//中国建设报 2000-07-10
◎ 泰国加快发展旅游业/刘工//国际经贸消息 2000-08-02
◎ 泰国游出怪事/刘铭//中国质量报 2000-06-23
◎ 泰宁围绕金湖旅游做大税源"蛋糕"/林茂盛 郭生康//中国税务报 2000-10-09
◎ 泰宁县公安局营造旅游经济发展好"气候"/林秀凤 陈建明//市场报 2000-08-16
◎ 泰山旅游 赶上浪潮/辰雨//中国证券报 2000-08-04
◎ 泰山旅游重组方案出笼/辰雨//中国证券报 2000-12-20
◎ 谈黄山旅游经济区域的形成与未来发展战略构想/黄辉//黄山学院学报 2000-01
◎ 谈清江流域旅游建设中的饮食文化资源/姚伟钧//长江建设 2000-03
◎ 谈西部旅游资源开发之路/吴家良//云南政协报 2000-06-17
◎ 探索中国旅游景区发展新路/陈清华//中国旅游报 2000-08-25
◎ 探险旅游 重庆人的新时尚/程玉兰//重庆商报 2000-08-16
◎ 探寻门户网站旅游电子商务的脉络/李晓良//中国旅游报 2000-11-10
◎ 桃花源里古民居/张宏明//中国文物报 2000-07-30
◎ 特区旅游辉煌二十年/郝丽萍 施平 万育 杨超 黄列 丽萍//深圳商报 2000-08-26
◎ 特色旅游：一片新亮点/刘枫//新疆日报（汉）2000-09-10
◎ 特色旅游大拼盘/连国庆//中国消费者报 2000-09-05
◎ 特色旅游渐成亮点/佳文//重庆日报 2000-11-01
◎ 特色旅游面面观//中国旅游报 2000-08-14
◎ 特色旅游走近你/曙光//甘肃日报 2000-08-17
◎ 特色文化区建设与旅游业发展的关系/夏传辉//玉溪师范学院学报 2000-06
◎ 特种旅游满足你驿动的心/符江波//中国旅游报 2000-12-11
◎ 特种旅游——新疆旅游的新亮点/杨嘉桥//联合时报 2000-08-25
◎ 特种旅游——新疆旅游新亮点/陈国华//中国旅游报 2000-09-18
◎ 腾飞——杭州旅游/陈炳虎//中国经贸 2000-11
◎ 提高认识 积极扶持 加强管理 推进乡村"农家乐"旅游健康发展/谭晶纯//云南日报 2000-09-04
◎ 提升旅游的文化内涵/林辉//云南日报 2000-08-06
◎ 提升重庆旅游的整体竞争/郭阳旭//探索 2000-04
◎ 体验丰都名山精品旅游/荣守俊 李雪梅 胡红蕾//新华每日电讯 2000-12-13
◎ 体验旅游方兴未艾/王学文//中国交通报 2000-07-17
◎ 体育健身明年旅游主题/张悦//国际商报 2000-09-20
◎ 体育旅游，广西能够托起的"朝阳"！/张泽金//广西日报 2000-08-22
◎ 体育旅游：湖州新的经济增长点/高进//中国体育报 2000-07-25
◎ 体育旅游备战假日经济//中国体育报 2000-05-17
◎ 体育旅游从旁观到参与/林红//中国旅游报 2000-12-04
◎ 体育旅游对国民经济和社会发展的作用/韩鲁安 崔继安 和平 韩丁//天津体育学院学报 2000-02
◎ 体育旅游——体育产业新的增长点潜质界说/张晓伦//新疆教育学院学报（汉文版）2000-02
◎ 天津"劳动旅游"悄然兴起/徐曙光//河北经济日报 2000-07-18
◎ 天津"十一"大餐已备好/王苏伊//市场报 2000-09-22
◎ 天津黄金周双丰收/王军//中国旅游报 2000-10-13

◎天津市城郊型观光休闲农业发展潜力的研究/卢树昌 崔艳芬//天津农学院学报 2000-02
◎天山英姿 铁门雄关 博斯腾湖 楼兰古城尽显于百米大蛋糕之上/张静波//大众科技报 2000-07-04
◎天柱山旅游资源开发之窥见/贾卫国//林业经济 2000-05
◎跳出旅游看旅游/吴江海//安徽日报 2000-09-21
◎铁路挑战民航旅游 淡季一争高下/民铁汶//市场报 2000-11-21
◎通道县发展观光果园的构想/张弼 杨海兰 吴少武//中国林副特产 2000-01
◎同里 12 家古民居客栈挂招迎客/徐国平 李大容 张功璞//新华日报 2000-09-16
◎铜鼓青山茂林撑起生态经济/涂光明//江西日报 2000-09-25
◎投资旅游的一大亮点/邵春//中国旅游报 2000-12-27
◎透视居民假日消费/王永德//安徽经济报 2000-10-17
◎透视我省森林旅游/薛希惠//福建日报 2000-08-23
◎突出旅游特色发展城镇经济//发展导报 2000-09-05
◎突出区域经济特色大力发展南宁旅游业/陈建新//广西市场与价格 2000-01
◎突出特色加快大理旅游业发展/杨子东//创造 2000-01
◎突出文化氛围 深层次挖掘旅游资源/赵忠勋 王庆祝 舒艳//河北经济日报 2000-07-13
◎吐鲁番地区人文旅游资源特色及开发潜力/陆亦农//新疆师范大学学报（自然科学版）2000-01
◎吐鲁番葡萄旅游“两手抓”/新信//经济参考报 2000-06-13
◎团结乡民居旅游办得红火/赵元刚//云南日报 2000-08-01
◎推动假日旅游更好发展/王穗明//中国旅游报 2000-09-08
◎推动旅游产业升级/蔡世东//中国旅游报 2000-10-13
◎推动旅游发展 促进城市繁荣/刘思敏 张玫//中国旅游报 2000-09-01
◎推动农民旅游 培育新的经济增长点/徐文荣//中国旅游报 2000-10-18
◎推行 ISO14000 系列标准是旅游业可持续发展的保障/张静抒//宁夏大学学报（社会科学版）2000-01
◎托起明珠映山河/马向伍//中国财经报 2000-11-29
◎驼梁旅游红红火火/商棠 张俊彦 张平良//河北经济日报 2000-09-05
◎拓展侨乡文化旅游建设思路/岳黎峰//云南日报 2000-09-11
◎拓展徐州历史文化旅游的一张名片——东坡文化/章备福//中国古都学会 2000 年学术年会暨中华古都徐州历史文化资源开发研讨会 2000-11-01
◎挖掘土楼文化 开发旅游资源/政协永定县委员会//人民政协报 2000-10-10
◎挖掘文化内涵 做大旅游“蛋糕”/肖苏萍//江西日报 2000-09-30
◎王朗将建成全国一流生态旅游示范区/何玉文//四川日报 2000-09-30
◎网络盈利等明天？旅游网站已赚钱/于祥明//中国财经报 2000-06-20
◎网络与旅游有效对接 缔造真正电子商务/殷建勇//中国旅游报 2000-12-22
◎网上旅游方兴未艾 出游方式发生变化//东方航空报 2000-07-03
◎网上营销与旅游业——兼议对中国旅游业的影响/殷冉红//北京第二外国语学院学报 2000-05
◎网友点评旅游网//中国旅游报 2000-12-15
◎为百姓旅游再上保险/辛文//工人日报 2000-09-06
◎为奖励旅游鼓与呼/张应河//中国旅游报 2000-09-20
◎为明年假日旅游做好准备/高鹏 杨登保//中国旅游报 2000-11-13
◎为全市旅游发展献计出力/宋德福//人民政协报 2000-07-07
◎围绕特色做文章/邵春 王健生 史蔓蓉//中国旅游报 2000-09-08
◎温泉县 做大做强旅游产业/吴金亮//中国旅游报 2000-11-03
◎文博与旅游关系的演进及发展对策/苏东海//中国博物馆 2000-04
◎文化含量：休闲娱乐业的核心竞争力/陆峰//新华日报 2000-12-11
◎文化旅游 西部人巧做大文章//经济消息报 2000-06-21
◎文化旅游能成为时尚吗/符江波//中国旅游报 2000-11-17
◎文化是旅游之魂//贵州日报 2000-08-01
◎文明服务亦是旅游资源/洪光//深圳商报 2000-06-12
◎文物旅游：前提是保护/范能船//文汇报 2000-07-20
◎问鼎在中国环球旅游网中的应用/覃更祥//软件世界 2000-03
◎瓮安观光农业的发展思考/杨兆明//农村经济与技术 2000-10
◎我国城市主题公园的持续发展研究/李植斌 梁萍//经济工作导刊 2000-07
◎我国公民到越南等六国旅游尚不成熟/汪研//中国商报 2000-09-20
◎我国观光农业发展问题研究/丁忠明 孙敬水//中国农村经济 2000-12
◎我国国际旅游业廿年发展回眸/李露华//中国统计 2000-11
◎我国将建立旅游信息统计调查制度和预报系统//东方航空报 2000-08-07
◎我国节假日旅游热现象的文化根源//房士林 秦国华//华东旅游报 2000-10-10
◎我国旅游外汇收入攀升/索研//科技日报 2000-05-28
◎我国旅游消费时代已来临/苗子//中国信息报 2000-06-23
◎我国旅游业的回顾与展望/于立新//陕西经贸学院学报 2000-02
◎我国旅游业扩大开放的效应与前景/牟莉娜//成都师范高等专科学校学报 2000-01
◎我国旅游业中亟待解决的几个问题/骆高远//浙江师大学报（社会科学版）2000-05
◎我国旅游者消费模式与行为特征分析/谷明//桂林旅游高等专科学校学报 2000-04
◎我国女性休闲生活的历史变迁及其当代形态/张建萍//海南大学学报（社会科学版）2000-02
◎我国青年旅游市场有多大？/谭游//市场报 2000-11-21
◎我国入境旅游增势强劲/新胜//中国旅游报 2000-10-18
◎我国生态旅游发展刍议/詹向红//合肥学院学报（自然科学版）2000-02
◎我国生态旅游研究进展综述/张秋菊 海鹰//新疆师范大学学报（哲学社会科学版）2000-03
◎我国体育旅游业的发展思路及市场营销策略/李国//解放军体育学院学报 2000-04
◎我国体育旅游专业人才培养模式及课程体系设计/韩丁//天津体育学院学报 2000-03
◎我国现代旅游产品开发的初步研究/李星明//襄樊学院学报 2000-02
◎我国与世界旅游强国的六大差距//瞭望 2000-Z1
◎我国着手整顿出境旅游市场/索研//新华每日电讯 2000-08-30
◎我区旅游运输业不再尴尬/沈雅屏//新疆日报（汉）2000-08-10
◎我区森林旅游开发之我见/廖欣//广西日报 2000-07-07

⊙我省“备战”假日旅游/殷勇//江西日报 2000-08-15
⊙我省导游队伍“扩编”备战国庆旅游高潮/沈膂 王颖//新华日报 2000-07-27
⊙我省国庆“黄金旅游周”平稳有序/应舍法//浙江日报 2000-10-08
⊙我省精心打造“三点一线”黄金旅游线/李煊//河南日报 2000-07-10
⊙我省审查旅游发展规划纲要/杨新柱//云南日报 2000-11-01
⊙我省一百四十个旅游投资项目招商/应舍法//浙江日报 2000-08-03
⊙我省整治出境旅游市场/成淇平//云南日报 2000-09-23
⊙我省着力整顿出境旅游市场/李启昌//云南日报 2000-10-20
⊙我市“十一”旅游信息首次发布/刘寅 董阳//西安日报 2000-09-22
⊙我市南线旅游火爆/尤凌波 王润年//西安日报 2000-10-07
⊙乌尔禾旅游景点介绍//新疆日报（汉）2000-08-17
⊙乌鲁木齐海关完善旅游购物物流监控体系/海萱 陈金刚//国际商报 2000-07-29
⊙无锡投资 6 亿元营造旅游精品城市/文廿//新华日报 2000-06-12
⊙无烟产业在温岭悄然兴起/金宗炳 金坚//农民日报 2000-08-23
⊙吴江创优着力构筑江南水乡/周伟明//中国旅游报 2000-08-11
⊙芜湖构筑商贸旅游城市/李远峰//中国旅游报 2000-10-20
⊙芜湖精心培育旅游产业/叶柏强//安徽日报 2000-07-10
⊙五指山生态旅游见端倪/蒙乐生 王楚蝶//海南日报 2000-07-24
⊙武当旅游文化营销研究/费振家//十堰职业技术学院学报 2000-03
⊙武汉“中国光谷”成为旅游热线/阮湘华 卢胜//科技日报 2000-07-15
⊙武汉旅游业可持续发展的系统思考/曾翔旻//系统辩证学学报 2000-02
⊙武汉市主题公园发展探讨/保继刚 柳意云//地域研究与开发 2000-01
⊙武汉有了旅游集散中心/王兵 文艺辉//湖北日报 2000-08-21
⊙武陵源怎样应对假日旅游？/罗凯 彭振华//湖南经济报 2000-08-24
⊙武夷山 怎样多赚钱/刘国军 徐树才//福建日报 2000-08-09
⊙武夷山：营造第二个辉煌/黄大威//中国旅游报 2000-08-30
⊙武夷山“双世遗”资源与闽北区域经济的发展/马元柱//福建论坛（经济社会版）2000-12
⊙武夷山出台旅游行管新举措/洪一树//中国旅游报 2000-11-03
⊙武义崛起休闲旅游用品业/徐上//浙江日报 2000-06-16
⊙婺源旅游开发热火朝天/汗立新 江讲民//江西日报 2000-09-18
⊙西安成为海外客商日益关注的热点/高敬毅//陕西日报 2000-06-30
⊙西安旅游“选美”活动受阻/海洋 晓民//中国旅游报 2000-08-30
⊙西安旅游产业呈现出历史最佳态势/董芸//陕西日报 2000-07-23
⊙西安旅游选美女/王晓民 毛宁//中国旅游报 2000-07-26
⊙西安南线大旅游/尤凌波 卢剑利 王润年//西安日报 2000-09-18
⊙西安启动大型生态旅游工程/王晓民 周学敏//中国旅游报 2000-07-31
⊙西北地区地质旅游资源得天独厚/钟天洪//价格与市场 2000-09
⊙西北干旱区旅游业持续发展研究/张小雷 杨兆萍 杜宏茹//人文地理 2000-04
⊙西部 10 家出版社联手合作——“中国西部旅游丛书”全面启动/李菁//出版参考 2000-18
⊙西部大开发 旅游先启动/郑石明 臧希明 王永惠//华东旅游报 2000-11-21
⊙西部大开发 旅游要先行 大草原涌动旅游潮/邵春 史蔓蓉 王健生 张德华//中国旅游报 2000-08-14
⊙西部大开发的一块潜在阵地——大力发展以旅游业为重点的第三产业/张宇//发展 2000-05
⊙西部大开发旅游要先行/文步高//发展 2000-05
⊙西部大开发旅游应先行/杨胜明//当代贵州 2000-07
⊙西部大开发与云南旅游大省的建立/杨永坚//昆明大学学报 2000-02
⊙西部大开发与云南旅游业/王嘉学//桂林旅游高等专科学校学报 2000-03
⊙西部大开发中的贵阳旅游开发/郭长智//贵阳市委党校学报 2000-06
⊙西部大开发中的旅游产业发展必须强调可持续性/陈实//桂林旅游高等专科学校学报 2000-03
⊙西部大开发中加快发展伊犁特色旅游业的思路/王友文//中共伊犁州委党校学报 2000-02
⊙西部地区的旅游业发展与生态环境建设/黄发平//干旱区资源与环境 2000-02
⊙西部风情八大景 长城文化一枝秀/尚德琪//甘肃日报 2000-07-26
⊙西部开发：旅游先行 效益先行——论西部大开发中旅游业的地位和发展模式/黄晨晨//旅游学刊 2000-04
⊙西部开发古城邀客/武葳//中国旅游报 2000-08-30
⊙西部开发伊犁旅游经济火起来/高庆元//中国税务报 2000-09-27
⊙西部旅游板块/宏翰德励//湖南经济报 2000-09-23
⊙西部旅游产业发展研究/袁朱//经济研究参考 2000-33
⊙西部旅游呼唤一体化开发/李原//中国旅游报 2000-11-17
⊙西部旅游开发：热潮中的冷思考/崔砺金//中国税务报 2000-12-25
⊙西部旅游开发面临四大利好//中国信息报 2000-10-20
⊙西部旅游开发要解决好四个问题/索研//新华每日电讯 2000-06-29
⊙西部旅游开发中的几个认识问题//今日海南 2000-02
⊙西部旅游开发重在筹资机制创新/宋勇//中国旅游报 2000-12-15
⊙西部旅游名城宝鸡//中国旅游报 2000-08-25
⊙西部旅游业当突破“瓶颈”/同西京 叶剑华 任公正//解放军报 2000-07-31
⊙西部民族地区体育旅游市场的培育/常毅臣//甘肃社会科学 2000-06
⊙西部奇热经济真火//中华工商时报 2000-07-30
⊙西部少数民族地区旅游经济发展研究/冯莉//西南民族学院学报（哲学社会科学版）2000-04
⊙西部走进旅游年/覃永年//中国体育报 2000-12-14
⊙西藏：构建旅游生态双飞翼/刘静//工人日报 2000-09-02
⊙西藏旅游进入旺季 西南航空加强服务/彭平//中国旅游报 2000-07-26
⊙西方现代城市公共空间问题研究述评/刘荣增//城市问题 2000-05
⊙西南地区少数民族旅游业发展构想/陈国生//衡阳师范学院学报 2000-06
⊙西沙群岛旅游开发研究/夏林根//桂林旅游高等专科学校学报 2000-01

◎下个世纪最吃香的旅游项目/连国庆//中国消费者报 2000-07-25
◎下世纪该如何休闲/东方//中国消费者报 2000-08-01
◎下月乘船游南城/唐开文 李娜//北京日报 2000-08-21
◎夏季旅游的好帮手/刘爱菊//医药经济报 2000-07-12
◎夏令营旅游瞄准中小学生/苏敏//中国旅游报 2000-07-31
◎厦门开通旅游咨询中心/史蔓蓉 高传斌//中国旅游报 2000-09-22
◎厦门主题公园面临的问题、原因与对策/陈玉慧//人文地理 2000-06
◎闲话休闲/柯纪//中国质量报 2000-08-16
◎咸阳大力发展特色旅游/王晓民 孟颖华//中国旅游报 2000-08-04
◎县域旅游规划构想/陶英军//黑龙江科技信息 2000-04
◎现代“主题公园”策划初探/柏新予 苏艳霞//新建筑 2000-06
◎现代观光农业旅游———城市郊区旅游开发新景观/陈文君//广州师院学报 2000-10
◎现代旅游发展之我见/王瑜//福建商业高等专科学校学报 2000-03
◎乡城县奇特的旅游景观资源/姚学良//四川地质学报 2000-04
◎乡村旅游大有可为/陈述云//云南日报 2000-08-26
◎乡村旅游好/盛文//安徽日报 2000-06-30
◎乡村旅游路在何方/赵琼//云南日报 2000-08-26
◎香港迪士尼乐园兴建工程启动/王维//海峡科技与产业 2000-06
◎香港观光园艺的发展及经验/翁树章 梁福元//广东农业科学 2000-02
◎香港积极拓展内地旅游市场/张连业//中国旅游报 2000-12-04
◎香港暑期旅游生意红火/李光茹//经济参考报 2000-07-28
◎湘西凤凰“南方长城”新的旅游亮点//中国信息报 2000-07-12
◎向旅游经济强省迈进/成淇平//云南日报 2000-10-29
◎向世界级旅游城市迈进/钟欣//上海金融报 2000-11-16
◎向世界旅游强市迈进/陈启甸//解放日报 2000-11-20
◎象山立足海洋资源发展旅游经济/朱忠诚 肖康焕//浙江日报 2000-09-13
◎销售“寂静”/钱炜//中国旅游报 2000-10-18
◎小浪底成为旅游新卖点/林春霞//中国经济时报 2000-07-04
◎小煤矿办大旅游/屈金星//中国矿业报 2000-09-26
◎校园游前景看好/翟峰//中国环境报 2000-11-01
◎新昌：小县城构筑大旅游/程春红//中国旅游报 2000-10-27
◎新的经济增长点与旅游业/周靖//长沙电力学院学报（社会科学版）2000-02
◎新桂林 不仅仅是漓江——桂林市旅游产品布局探讨/王兴斌//桂林旅游高等专科学校学报 2000-03
◎新疆：发展特色旅游//中国机电日报 2000-07-31
◎新疆发展旅游产业的市场定位与特色分析/王新伟//新疆财经学院学报 2000-01
◎新疆观光农业类型、发展格局与趋势/杨兆萍 刘默然//干旱区地理 2000-02
◎新疆荒漠旅游的开发前景与导向分析/潘秋玲//干旱区地理 2000-01
◎新疆旅游：五年迈出五大步/石承烈 廖永新//中国旅游报 2000-12-25
◎新疆旅游经济延伸效应的发展选择/李新娥//实事求是 2000-01
◎新疆旅游认准特色牌/李晓玲 刘心惠//中华工商时报 2000-12-11
◎新疆旅游业现状与持续发展研究/周哲 熊黑钢 胡江玲//新疆大学学报（自然科学版）2000-03
◎新疆旅游亦喜亦忧/陈卫祖//兵团日报（汉）2000-07-09
◎新疆文化遗址旅游资源及开发思路/耀平 焦黎 蒙莉//干旱区地理 2000-02
◎新疆要发展 旅游是机遇/邵春 廖永新 石承烈//中国旅游报 2000-08-18
◎新亮点：观光农业旅游/王继权//经营管理者 2000-07
◎新千年出现新气象/袁宗堂//中国旅游报 2000-09-06
◎新商业模式下的中国旅游电子商务/王松立//中国旅游报 2000-11-03
◎新世纪 外滩文化旅游味更浓/谢震霖 马美菱//文汇报 2000-12-18
◎新世纪寄语——以创新精神开创旅游教育的新纪元/钟惠文//桂林旅游高等专科学校学报 2000-04
◎新世纪中国旅游业走向/万先进//江汉论坛 2000-08
◎新兴旅行中介电子商务进入传统旅游行业//东方航空报 2000-10-23
◎新一代自助旅游的“家”青年旅舍/王浒//厂长经理日报 2000-06-27
◎信息革命与旅游业的发展/彭滋霖//湖南师范大学社会科学学报 2000-02
◎信息社会中云南旅游市场营销问题初探/施仲军//云南财贸学院学报 2000-06
◎兴化开辟水上观光农业旅游线/袁开建//新华日报 2000-12-07
◎星子旅游品牌声势逼人/夏茂臣//江西日报 2000-09-18
◎星子县着力开发特色旅游/夏茂臣//江西日报 2000-05-10
◎邢台县近两年发展旅游投入八百万/董海勇 尹义坤//河北经济日报 2000-07-18
◎休闲 又一种时尚//中国审计报 2000-08-02
◎休闲、观赏渔业/罗五 忠民 建涛//江苏农业科技报 2000-11-29
◎休闲产业：经济新增长点/惠娣 国政//四川政协报 2000-07-27
◎休闲产业将成为我国新的经济增长点/崔纪敏//科技日报 2000-09-02
◎休闲产业将是我国新的经济增长点/马惠娣 王国政//科技日报 2000-07-14
◎休闲产业热的再思考///小羽//中国企业报 2000-07-27
◎休闲度假四季皆宜/崔颖//中国旅游报 2000-06-14
◎休闲将成为大产业/杨桂凤//瞭望 2000-39
◎休闲经济在西班牙悄然兴起/颜为民//中国旅游报 2000-11-06
◎休闲来到你身边/邹沛颜//中国水利报 2000-08-05
◎休闲理论与价值创新/夏业良//中华读书报 2000-12-20
◎休闲旅游亟待开发/邹利//云南日报 2000-08-12
◎休闲旅游新选择/刘国信//大众科技报 2000-10-31
◎休闲旅游业是县域经济的一个新型产业/杨先平//学习导报 2000-01
◎休闲热催生休闲产业/马永亮 齐效东//山西经济日报 2000-10-06
◎休闲文化理论的引进与探索/王坤宁//新闻出版报 2000-09-01
◎休闲小站体味休闲生活/唐志东//中国商报 2000-08-30
◎休闲又一种时尚/新华社//中国审计报 2000-08-02
◎休闲渔业会成为宁波渔业新亮点吗？/林桂芳//中国海洋报 2000-12-08
◎盱眙开辟水上旅游/戚善成//新华日报 2000-12-18
◎虚拟与现实的游览/王致诚//中国交通报 2000-11-13
◎徐州大力完善旅游服务功能/杨丽娜//新华日报 2000-07-19

◎徐州旅游人气渐旺/杨丽娜//新华日报 2000-07-03
◎宣城着力夯实旅游基础/许锡照//安徽日报 2000-07-14
◎学生旅游热起来/周平//广西政法报 2000-07-19
◎学生旅游热羊城/温前//中国旅游报 2000-07-07
◎学习邓小平旅游思想 把甘肃旅游业做实、做大、做强/崔正华//发展 2000-09
◎学习云南发展旅游业的经验/贵州省政协驻港澳地区委员//贵州政协报 2000-07-21
◎学子游：旅游市场的新卖点/赵春晓//厂长经理日报 2000-07-10
◎寻觅文物旅游的契合点/卜元 王晓民//中国旅游报 2000-12-25
◎寻找历史与现实的交汇点/陈玉珍 王晓//华东旅游报 2000-11-28
◎寻找旅游商品流通主渠道/萧王 严国庆//浙江日报 2000-11-30
◎寻找民族旅游业的亮点/王杨//中国旅游报 2000-10-11
◎亚太岛屿旅游盛会相约海南/李冰 王健生//中国旅游报 2000-11-13
◎延安特色旅游业开发的思考/忽培元//陕西日报 2000-12-12
◎延边旅游客源市场的定位分析/温艳玲//延边大学学报（社会科学版）2000-04
◎延吉中国朝鲜族民俗旅游博览会开幕/孙殿清//吉林日报 2000-08-20
◎延庆旅游搭台 喜迎八方宾客/徐华//中国消费者报 2000-12-23
◎炎陵县旅游资源基本特征及开发建议/周怡湘//湖南地质 2000-03
◎扬州旅游业可持续发展探讨/李芸//淮阴师范学院学报（哲学社会科学版）2000-06
◎扬州市强化旅游市场管理见成效/王明宏//华东旅游报 2000-10-21
◎羊城汽车频频出击拓展旅游营运市场/吴京蔓//中国汽车报 2000-07-28
◎杨凌科技旅游成亮点/李卫//陕西日报 2000-10-27
◎要把华西建成一个旅游城/孙海燕//华东旅游报 2000-08-01
◎要把旅游业建成我省的支柱产业/孙家驹//求实 2000-01
◎要确立生态农业能源旅游特色产业/柯文//四川科技报 2000-11-20
◎要营造良好的旅游环境/黄晓红//安徽日报 2000-10-16
◎也谈发展陆川旅游产业/林付//广西市场与价格 2000-02
◎野营旅游 绿化美国人的生活/钟灵//中国旅游报 2000-09-04
◎一个值得去大力开发的旅游市场——关于浙江省农村旅游市场情况的调查报告/王昆欣 徐云松 阎纲 陈宝珠//旅游学刊 2000-06
◎ 街游遍天下/李玲//中国旅游报 2000-06-30
◎伊犁地区旅游客源市场经营策略/游海丽//新疆职业大学学报 2000-03
◎伊犁旅游上了档次/朱必义//新疆日报（汉）2000-10-18
◎依托地方旅游资源 积极发展邮资门票/贾宗文//中国邮政报 2000-10-10
◎依托科技园区发展特色旅游/曾祥贵 明斋//市场报 2000-12-04
◎依托旅游发展农业/杜力华 郑学清//河北日报 2000-07-25
◎依托森林资源 大力发展旅游/孙嘉驹 陈远胜//中国旅游报 2000-08-04
◎依托资源优势建设景点小区/史立和//水利科技与经济 2000-04
◎仪征：乡村旅游热起来/建国 李彪 向明//新华日报 2000-10-10
◎沂蒙山区好地方/白槐//中国旅游报 2000-06-30
◎宜宾特色旅游脱颖而出/李薇薇//新华每日电讯 2000-08-28
◎宜君县福地旅游度假区开发纪实/田惠龙//陕西水利 2000-05
◎以“大旅游”战略格局发展桐庐旅游业/黄瑾如//浙江大学学报（理学版）2000-01
◎以“湖”强市 构建一流的水乡旅游新城/周爱国//亚太经济时报 2000-08-02
◎以创优为契机 强化政府主导发展旅游/刘思敏 刘晗//中国旅游报 2000-10-27
◎以广州为龙头发展珠三角旅游大市场/徐印洲//广州政报 2000-11
◎以旅游业为主攻方向搞好产业结构调整/周振华//前进 2000-04
◎以生态旅游提升江西旅游业整体素质/邱宜动//江西财经大学学报 2000-05
◎以追赶式跨越式的速度发展贵州旅游/廖善友//贵州教育学院学报（社会科学版）2000-05
◎异彩纷呈的旅游门券/姚玉成//北京日报 2000-11-17
◎异地开车中国旅游汽车租赁中心成立/苏琳//中国信息报 2000-07-12
◎异国风俗游热销日本/刘林森//中国旅游报 2000-11-20
◎易县旅游成为新的经济增长点/陈继忠 毕艳彬//中国特产报 2000-07-03
◎银发旅游具有广阔的前景/小周//重庆日报 2000-07-19
◎银发人群的旅游热/梁建伟//浙江日报 2000 11 04
◎引爆旅游投资开发热/刘思敏 梁远超 陈斌//中国旅游报 2000-12-13
◎引导假日旅游健康发展/龚铁军 张志强//湖南日报 000-08-03
◎应加强旅游交通标识的建设/潘为民//中国旅游报 2000-12-01
◎英雄城的“红色旅游”为何受冷落？/张敏 诸新民//中国旅游报 2000-08-16
◎樱花盛开满枝头/大阪办//中国旅游报 2000-08-07
◎鹰潭道教文化旅游节筹备就绪/祝学庆 任江华//江西日报 2000-11-07
◎鹰潭旅游产业发展的调查与思考/胡爱华//金融与经济 2000-09
◎迎接机遇与挑战 推进西藏大开发/列确//西藏日报 2000-07-15
◎迎接西部大开发 发展宁夏旅游业/石志刚//夏党校学报 2000-06
◎营造安全的旅游环境/孙念海//中国旅游报 2000-09-25
◎影响中国旅游消费的经济和社会因素分析/宁士敏//旅游学刊 2000-03
◎永不衰落的旅游市场/吴月潇//中国经济时报 2000-06-29
◎永春县旅游发展战略探讨/潘燕燕//发展研究 2000-08
◎永泰县旅游业发展前景及对策/林承超//福建师范大学学报（自然科学版）2000-01
◎用假日旅游激活旅游经济/龚铁军//中国旅游报 2000-08-16
◎用生态伦理学的观点来开发森林旅游/杨帆//林业资源管理 2000-02
◎游客眼中的生态旅游/范萍 邬巧俭 谢新宾//湖南日报 2000-08-30
◎游线要有品牌意识/何亦星//华东旅游报 2000-11-16
◎有品牌才有安全感/庄捷//中国旅游报 2000-08-07
◎有人同情泰山旅游/齐馨//财经时报 2000-12-22
◎有序开发旅游景点 建设高品位文化大省/冷晓//浙江日报 2000-07-26
◎又一枝绽放的旅游之花/周铭扬 梁耀娟 曾敏//华东旅游报 2000-06-13
◎与假日旅游同行/叶尤刚//中国工商报 2000-09-26

◎玉环大鹿岛旅游环境容量研究/张灵杰//东海海洋 2000-04
◎玉林市旅游功能日臻完善/江东洲//广西日报 2000-08-25
◎玉林扎实创建"中国优秀旅游城市"/黄建文//广西日报 2000-11-10
◎预见未来 顺应发展/魏小安//中国旅游报 2000-10-13
◎元旦 春节消费应该注意什么/尚德荣//中国旅游报 2000-12-25
◎岳西绿了青山红了旅游/张斌//安徽日报 2000-06-26
◎岳阳旅游找谁要"饭"吃/向风行//中国旅游报 2000-11-03
◎粤旅游消费，仅次于教育、食品列第二/王惠//中国旅游报 2000-09-27
◎云南：加强旅游信息预报/张宏雷//中国消费者报 2000-09-28
◎云南旅游景区（点）质量等级评定今起展开/成淇平//云南日报 2000-09-06
◎云南旅游商品精品发展的趋势及必要性/杨桂红//经济问题探索 2000-12
◎云南旅游与文化产业发展/马宏敏//云南日报 2000-06-26
◎云南旅游资源的可持续利用/于千千//生态经济 2000-09
◎云南森林生态旅游资源与可持续利用对策研究/明庆忠//热带地理 2000-04
◎云南省体育旅游产业初探/唐国梁//曲靖师范学院学报 2000-06
◎云南应开展观鸟旅游/王紫江//云南日报 2000-11-24
◎云南与越南加强旅游合作/孙耕耘//中国旅游报 2000-07-10
◎运河旅游再现生机/王德刚//中国旅游报 2000-12-15
◎运用邓小平旅游经济思想 实现桂林旅游业更大发展/钟新民//社会科学家 2000-04
◎再次面对假日营销/王海忠//信息时报 2000-09-30
◎再见！GDS 你好！Internet 旅游商移情别恋互联网//中国旅游报 2000-10-18
◎再接再厉 奋力开拓推动云南旅游业再上新台阶/邵琪伟//云南省经济问题探索 2000-01
◎再看假日经济/王笑梅//辽宁日报 2000-11-09
◎在啃食三峡游的品牌/陈琳 马莉 上官承钟//中国旅游报 2000-07-17
◎在西部大开发中加速旅游产业化进程/郑晓幸//中共乐山市委党校学报 2000-02
◎在线旅游业渐入佳境 携程网今年目标 1 个亿/亦欣//市场报 2000-07-06
◎在线旅游做实，难不难？/李冰//中国旅游报 2000-09-22
◎暂不要去小浪底旅游/彭启炎//工人日报 2000-07-23
◎怎样认识风景资源的旅游经营——评"风景名胜区股票上市"论争/徐嵩龄//旅游学刊 2000-03
◎怎样认识旅游区（点）质量等级评定/魏小安 彭德成//中国旅游报 2000-12-18
◎增强云南旅游产业区域竞争力的对策分析/张明清//思想战线 2000-02
◎展示亚洲文化的"窗口"/史蔓蓉//中国旅游报 2000-07-17
◎崭新的旅游形式——企业旅游悄然兴起/小燕//中国经贸导刊 2000-14
◎站在世纪之巅看潜山——关于旅游特色经济兴县强县的思考/王中华//安庆师范学院学报（社会科学版）2000-05
◎张希钦从十方面论述旅游业形势/余昌国//中国旅游报 2000-12-08
◎涨价涨不出黄金周//曾华国 顾立林 陈芳//中华工商时报 2000-09-30
◎肇庆市的旅游吸引与旅游形象建设/吕拉昌//广州师院学报 2000-11
◎浙江力破假日瓶颈/程春红//中国旅游报 2000-07-12
◎浙江力推生态游/孟怀虎 吴莲芳//中华工商时报 2000-12-08
◎浙江旅游电子商务正式启动/邓崴//浙江日报 2000-07-19
◎浙江旅游发展势头良好/曹银康//新华每日电讯 2000-07-24
◎浙江省开发休闲观光型农业的条件与对策/严力蛟 叶旭君 王伟昌 陈建灿 王瑞金//中国生态农业学报 2000-03
◎浙江温州旅游景点"私"兴未艾/侨乡//华东旅游报 2000-07-06
◎浙江新举措国庆游/阳文//中国旅游报 2000-09-25
◎振翅领飞的"头雁"/汉奇//中国旅游报 2000-10-27
◎镇江欲向旅游名城叫板/曹文德//中国旅游报 2000-08-04
◎镇赉哈尔淖渔场 渔业旅游双丰收/丛国忠 高大伟//吉林日报 2000-09-20
◎争创中国优秀旅游城市 加快宝鸡旅游产业发展/庞家钰 吴登昌//中国旅游报 2000-08-11
◎正定县着力构筑大旅游发展新格局//河北经济日报 2000-06-14
◎正确处理文物考古工作与旅游资源的关系/郎保利//晋阳学刊 2000-01
◎知识经济时代的文化旅游/刘玉 杨达源//云南地理环境研究 2000-01
◎知识经济条件下民族地区的旅游产业定位与条件支撑——以云南丽江为例/甘雪春//思想战线 2000-02
◎中报过半旅游有点淡/张伟明//中华工商时报 2000-08-17
◎中国"世界遗产"的可持续旅游发展研究/陶伟//旅游学刊 2000-05
◎中国大地哪里去 华夏给您当参谋/宏宇//中国旅游报 2000-11-06
◎中国古代的旅游/韩洪奎//中国水运报 2000-11-24
◎中国海滨生态公园 中国深圳/刘涓//世界建筑导报 2000-03
◎中国会展旅游商机无限/晨星//中国贸易报 2000-11-09
◎中国将成为第一大旅游目的国/杨跃萍 徐玉长//兵团日报（汉）2000-08-13
◎中国将投资八亿开发敦煌旅游//东方航空报 2000-07-17
◎中国科技馆火爆京城/吴金明//科技日报 2000-05-06
◎中国旅行社大力开发"足球旅游"/黄平//深圳商报 2000-12-11
◎中国旅游报进军假日市场/曹亚宁//新闻出版报 2000-09-20
◎中国旅游电子商务的现状与路向/王欣//社会科学家 2000-03
◎中国旅游电子商务面临的困境/张洵涛//中国旅游报 2000-10-11
◎中国旅游网站第一名 伴您走遍天涯——华夏旅游网/雨佳//中国科技信息 2000-09
◎中国旅游业差距何在/张岩//党政干部学刊 2000-04
◎中国旅游业的成就、经验和趋势/匡林//桂林旅游高等专科学校学报 2000-02
◎中国旅游业发展目标与知识化竞争/魏小安//社会科学家 2000-01
◎中国旅游业加入世贸组织的利弊分析/陆晓峰 董世波 郭丽华//北京第二外国语学院学报 2000-01
◎中国旅游业跨世纪展宏图/任重//中国贸易报 2000-11-09
◎中国旅游业面临的挑战/王怡然//上海国资 2000-06
◎中国旅游业取得十大成就/张栋//中国旅游报 2000-11-17
◎中国旅游与民营企业/佟华龄//中国旅游报 2000-12-27
◎中国旅游资源分类系统与类型评价/郭来喜//地理学报 2000-03
◎中国旅游资源和环境的法律问题/普国安//云南财贸学院学报

2000-S1

◎中国民族文化旅游开发研究综述/吴必虎//民族研究 2000-04

◎中国农民旅游节/明升利//中国信息报 2000-10-23

◎中国西南地区旅游业带动经济持续发展的思考/罗文//云南地理环境研究 2000-02

◎中国在 21 世纪亚洲旅游业中的作用——在亚太旅游学会第五届年会上主旨讲演/钱炜//北京第二外国语学院学报 2000-01

◎中韩合资“内蒙古民俗村”项目签字仪式在呼举行/魏美丽//内蒙古日报（汉）2000-11-14

◎中韩两国旅游交流迅速扩大/加东//中国旅游报 2000-09-04

◎中华行知网（www. sotrip. com）文化与旅游的契合/路华//中国旅游报 2000-11-24

◎中马新泰联手治理旅游市场/成淇平 黄喆春//云南日报 2000-08-22

◎中外历史文化名城旅游开发比较研究——以古建筑及其遗址开发利用为例/程龙//城市问题 2000-06

◎中外文版本的《北京旅游指南》比较——兼谈北京旅游空间的新增长/赵晓阳//北京古都风貌与时代气息研讨会 2000-06-30

◎重庆都市旅游业发展初探/毛勇//重庆商学院学报 2000-05

◎重庆加强旅游汽车行业管理/陈斌//中国旅游报 2000-08-30

◎重庆旅游呈现新变化/程玉兰//重庆商报 2000-07-19

◎重庆旅游经济发展探析/徐首青//渝州大学学报（社会科学版）2000-02

◎重庆市发展观光农业旅游的初步探讨——以重庆双溪观光农业旅游开发为例/冉群超//重庆师范学院学报（自然科学版）2000-S1

◎重为大理绘新容/朱世辉 段树平//云南经济日报 2000-11-26

◎重新“安排”山水 兴办农民旅游/朱仁华 王国锋//浙江日报 2000-10-26

◎周铁农会见部分国家常驻联合国使节旅游访华团//人民政协报 2000-07-27

◎珠江三角洲旅游业若干问题与对策/刘俊杰//广东职业技术师范学院学报 2000-01

◎珠江三角洲主题公园发展回顾/保继刚//桂林旅游高等专科学校学报 2000-02

◎珠三角旅游业的创新与优化/刘俊杰//西江大学学报 2000-01

◎诸葛八卦村逐步向高品位景区迈进/诸葛苯//华东旅游报 2000-11-21

◎主打梁山泊品牌/吴晓梅//中国旅游报 2000-08-30

◎主题公园：杭州旅游新支点/吴国庆//厂长经理日报 2000-06-27

◎主题公园不可盲目兴建/王颖//价格月刊 2000-05

◎主题公园的发展现状、问题与对策/王欣//商业经济与管理 2000-04

◎主题公园世界（中文版）——建造自己的迪斯尼王国//电脑采购周刊 2000-04

◎主题公园吸引力评估系统研究/刘淑敏//桂林旅游高等专科学校学报 2000-01

◎主题公园需要文化内涵/韩晓玲 覃万钟//湖北日报 2000-08-19

◎主题公园在武汉旅游业中作用探微——兼议武汉长江乐园的开发/王欣//经济地理 2000-03

◎助推旅游经济/杨澧明//中国城乡金融报 2000-08-03

◎注意保护旅游资源/安徽经济报//2000-08-31

◎抓旅游安全保健 向旅游强国进军/李玉莺//中国国门时报（中国出入境检验疫报）2000-11-01

◎抓特色 创名牌 促进江西旅游业快速发展/曾宜富//旅游学刊 2000-03

◎抓住机遇 适度超前发展西藏旅游业/古格·齐美多吉//西藏大学学报（汉文版）2000-04

◎抓住机遇，发展贵州民族旅游文化产业//贵州民族研究 2000-S1

◎抓住机遇大力发展上海旅游业/龚学平//上海国资 2000-06

◎抓住机遇支持版纳旅游业持续发展/杨萍//云南金融 2000-08

◎抓住老年旅游市场的商机/任文学//中国旅游报 2000-12-15

◎抓住历史机遇 巧借资源优势/史延廷//中国旅游报 2000-08-09

◎抓住历史机遇 在“十五”期间大力发展内蒙古旅游业/白薇//北方经济 2000-12

◎抓住旅游购物的商机/刘刚//中国旅游报 2000-07-10

◎抓住暑假修学旅游商机/刘赵平//中国旅游报 2000-07-24

◎抓住西部开发机遇，加速广西旅游业发展设想/余小军//桂林旅游高等专科学校学报 2000-03

◎专家汇聚为镇江旅游把脉开方/曹伟庆 吴裕民//华东旅游报 2000-06-08

◎专家学者为合肥旅游“把脉”/徐瑜 松保 戴健//安徽日报 2000-09-01

◎专家呼吁推行带薪休假 纾缓旅游黄金周压力/林长榕//团结报 2000-11-23

◎准确定位突出特色 加快汉中旅游业发展步伐/胡悦//经济工作导刊 2000-02

◎着力发展商务旅游/吴江海//安徽日报 2000-10-29

◎资产重组·旅游开发又爆新闻：浙江金义投资开发五大连池/万润龙//中国旅游报 2000-08-25

◎资源县旅游发展后劲大/王满玉//中国旅游报 2000-12-29

◎资源—新宁丹霞地貌旅游开发探讨/杨洪//长沙电力学院学报（自然科学版）2000-04

◎自贡旅游淡季缘何旺/龚玉明 林杰//四川日报 2000-09-01

◎自驾车出游 安全放首位/彭援军//中国旅游报 2000-09-08

◎自驾车旅游 白领新要法/廖理//重庆商报 2000-11-01

◎自驾车旅游热起来/程玉兰//重庆商报 2000-06-28

◎自驾车旅游引领新时尚/那日斯//中国机电日报 2000-08-04

◎自治区整顿出国旅游市场/严格//兵团日报（汉）2000-11-06

◎宗教生态旅游与 21 世纪人类文明/侯冲//思想战线 2000-05

◎纵论三亚旅游产业的升级与转型/蔡世东//中国旅游报 2000-11-01

◎走产业化之路 插杂技旅游业翅膀——吴桥杂技大世界 2000 年大力发展杂技旅游产业化/闫岩//河北企业 2000-03

◎走可持续发展道路，加快云南旅游业发展/李宏艳//云南经济管理干部学院学报 2000-03

◎走旅游兴县之路做产业联动文章/沈阳//地方政府管理 2000-10

◎走马大连看旅游/朱平原//辽宁日报 2000-10-10

◎最佳 WAP 应用旅游网站 Hotelguide. com//中国旅游报 2000-10-25

◎做大旅游“蛋糕”/张兆成//内蒙古日报（汉）2000-07-05

◎做好山水大文章/刘怀廉//中国贸易报 2000-11-16

◎做强旅游业 带动相关业——对南市实施“一业特强，多业并存”的思考/李晶//上海商业 2000-03

◎做足山水文章 做大旅游产业/赵文鹤//经济论坛 2000-19

2001 年

⊙"2001 年中国旅游规划高峰研讨会"部分主要发言摘要/宋志伟 文立玲 王保伦//旅游学刊 2001-04
⊙"吃老本"发展不了旅游业/胡靖国//中国乡镇企业报 2001-08-14
⊙"船社"结合孕育三峡旅游新市场/梁远超/陈斌//中国旅游报 2001-05-25
⊙"度假天堂"马尔代夫/林鸿民//今日海南 2001-08
⊙"光热之城"全面开放/张晓晖 李运涛//中华工商时报 2001-11-29
⊙"红色旅游"热起来/魏明生//四川日报 2001-07-06
⊙"红色旅游"热神州/李玲//中国旅游报 2001-04-25
⊙"黄金周"的"黄金"失落何处?——黄山旅游应对"假日经济"之探讨/汪得天 梁焱//黄山学院学报 2001-01
⊙"黄金周"逐步走向成熟/刘小军//中国旅游报 2001-10-08
⊙"会展旅游"——经济腾飞的"丝绸之路"/马艳辉//湖南经济报 2001-02-22
⊙"假日经济"现象初探/顾国权//上海统计 2001-06
⊙"假日旅游经济"拉动国民经济整体发展/李殿强//环境 2001-12
⊙"江南第一渡"喜获国际文化遗产保护奖/曹伟庆 吴裕民//华东旅游报 2001-10-18
⊙"金旅雅途"兵强马壮/魏晓霞//中国旅游报 2001-06-22
⊙"静"与"动"协奏保护与开发双赢/刘思敏 许天毅//中国旅游报 2001-07-13
⊙"跨洲旅游"将成新热点//中国旅游报 2001-11-19
⊙"旅游包机"能成为旅行商的新"卖点"吗/刘小军//中国旅游报 2001-03-30
⊙"旅游超市"旅游销售新概念/龚利仁//中国旅游报 2001-02-19
⊙"旅游管理案例教学法"及其在旅游院校旅游教育中的作用/张荔//闽西职业大学学报 2001-01
⊙"绿色旅游"方兴未艾/国旅//华东旅游报 2001-08-14
⊙"农家乐"里话喜忧/唐爱平//湖南日报 2001-07-23
⊙"七彩云南"探索旅游购物业新路/成淇平//云南日报 2001-11-06
⊙"汽车旅馆"在中国/冯颖//中国旅游报 2001-01-12
⊙"潜水旅游休闲"在线交流对话录//中国旅游报 2001-01-12
⊙"入世"对江苏旅游业的影响及对策分析/朱应皋//科技与经济 2001-05
⊙"生态旅游"应三思而后行/张科//湖南经济报 2001-04-27
⊙"十年绿化浙江"带来了什么?/沈锡权 赵龙扣//农民日报 2001-06-22
⊙"十五"引资开发一百八十个旅游项目/应舍法//浙江日报 2001-04-10
⊙"十一"黄金周旅游呈现新特点//中国旅游报 2001-10-10
⊙"十一"黄金周喜获丰收//中国旅游报 2001-10-10
⊙"唐诗之路"何时成为浙东旅游名牌/胡培炯 蒋萍 浦建平//文汇报 2001-03-10
⊙"唐诗之路"为何难成旅游品牌/董伯敏//浙江日报 2001-12-18
⊙"体验式旅游"升温/亦达//辽宁日报 2001-08-31
⊙"体育健身游"成为开局年旅游主题/海外//华东旅游报 2001-01-04
⊙"天下第一街"路在何方/夏泽宽//中国信息报 2001-08-28
⊙"网"住酒店的客人/冯颖//中国旅游报 2001-02-16
⊙"无烟工业"的"污染"——贵州旅游业点评/龙贵川//科学决策 2001-09
⊙"五一"长假商业拜托旅游业/王永平 杨心盼//中国商报 2001-05-10
⊙"五一"黄金周假日旅游信息通报第 1 号/全国假日旅游部际协调会议办公室//中国旅游报 2001-05-02
⊙"五一"黄金周假日旅游信息通报第 3 号/全国假日旅游部际协调会议办公室//中国旅游报 2001-05-04
⊙"五一"黄金周假日旅游信息通报第 6 号/全国假日旅游部际协调会议办公室//中国旅游报 2001-05-07
⊙"五一"黄金周收获遍地黄金/李玲 吴伟余 何焕臻 何立强 洪一树 黄世忠 张辉 张红艳//中国旅游报 2001-05-09
⊙"五一"汽车游市场看好/李静//文汇报 2001-04-14
⊙"校园游"利弊谈/宋娟//中国教育报 2001-03-13
⊙"学生游":尚待开拓的旅游市场/翟峰//中国教育报 2001-03-27
⊙"一山一水一圣人"为何不扩容/鲁游//华东旅游报 2001-04-24
⊙"银发旅游"日渐红火/叶梅//华东旅游报 2001-02-27
⊙"银发旅游"走俏中国/钱春弦//中国旅游报 2001-05-09
⊙"中国旅游大篷车"奔驶德国/刘思敏//中国旅游报 2001-09-14
⊙"中国西部旅游暨长江三峡旅游发展研讨会"综述/罗有贤//重庆日报 2001-05-23
⊙"自游行"成香港旅游新趋势/港//华东旅游报 2001-07-31
⊙《GATS》与我国国际旅游业/李金良//财经问题研究 2001-02
⊙《旅游学术文库》系列丛书问世/付蓉//中国旅游报 2001-06-22
⊙《洛阳市志》可为旅游发展做出贡献/史延廷//中国旅游报 2001-09-12
⊙《全球旅游新论》为旅游业引回人文关怀/戴学锋//中国旅游报 2001-11-30
⊙《四川省旅游发展总体规划》述评/吴必虎//城市规划 2001-04
⊙1000 万元西部旅游启动信息建设/李语//中国计算机用户 2001-42
⊙1996 十五个第一/张栋//中国旅游报 2001-01-08
⊙1999 年中国旅游开发与管理态势研究/余青//经济地理 2001-S1
⊙2000 年旅游企业经营统计报告/国家旅游局//中国旅游报 2001-07-13
⊙2000 年中国旅游业统计公报//中国旅游报 2001-06-25
⊙2001 年旅游发展机遇/庶民//中华新闻报 2001-05-14
⊙2001 年西部旅游热点预测/肖建航//中国旅游报 2001-02-23
⊙21 世纪,碧峰峡与中国旅游一起腾飞/刘思敏 李安心 叶相//中国旅游报 2001-11-23
⊙21 世纪初我国国内旅游消费走势分析/陈建勤//社会科学家 2001-05
⊙21 世纪的石林旅游业/宋林华 王富昌 李忠德 郑炳元//中国岩溶 2001-02
⊙21 世纪贵州旅游看什么/王仕佐//贵州社会科学 2001-01
⊙21 世纪河南旅游业的改革与创新/曹新向 梁留科 瞿鸿模//南都学坛 2001-03
⊙21 世纪河南旅游业可持续发展与人才培养研究/孙子文//郑州煤炭管理干部学院学报 2001-01
⊙21 世纪湖南旅游业供需态势及其旅游开发意义/黄玲娟 许春晓//湘潭师范学院学报(自然科学版)2001-03
⊙21 世纪日本出境旅游市场的趋势和特点分析/肖洪根//北京第二外国语学院学报 2001-05

⊙21 世纪武汉旅游业发展战略及对策/熊元斌//学习与实践 2001-07
⊙21 世纪中国森林旅游业发展战略研究/俞晖//旅游学刊 2001-05
⊙21 世纪主题乐园的发展/孙飞 张跃鹏//中国企业报 2001-11-05
⊙33 万美金买来了什么？/张玫//中国旅游报 2001-02-09
⊙AHP 法在梅州旅游资源定量评价中的运用/江金波//地理学与国土研究 2001-02
⊙AHP 法在梅州旅游资源定量评价中的运用/江金波//地理学与国土研究 2001-02
⊙APEC 制定环保旅游法规/吴志宏//国外社会科学文摘 2001-12
⊙e 龙抢滩网上旅游/刘葳漪//中华工商时报 2001-08-21
⊙GIS 和多媒体技术结合在旅游产品销售中的应用/黄耀丽//佛山科学技术学院学报（自然科学版）2001-03
⊙ITE 香港旅游展 演绎“八仙过海”//中国旅游报 2001-06-04
⊙OK 山西旅游！/杨晓丽//山西经济日报 2001-06-29
⊙PNTR 对美国来华旅游市场影响分析/胡平//世界地理研究 2001-02
⊙WTO 关注非洲生态旅游/龚利仁//中国旅游报 2001-03-05
⊙WTO 协议与我国出境旅游政策调整/依绍华//国际经贸探索 2001-05
⊙WTO 与云南旅游业/喻东//昆明理工大学学报（社会科学版）2001-01
⊙阿克苏地区旅游资源及其开发利用/赵兴有 徐曼 朱明星//干旱区地理 2001-03
⊙阿里处处荡春风/田延辉 李而亮 益西加措 吴亚松//西藏日报 2001-08-31
⊙埃及旅游业一瞥/杨鸿玺//中国国情国力 2001-07
⊙安徽旅游的潜在卖点/卞玉吉 王洋//中国旅游报 2001-12-03
⊙安徽旅游业 SWOT 分析与总体形象设计/张艳//合肥联合大学学报 2001-03
⊙安徽旅游业如何做大做活//安徽经济报 2001-04-17
⊙安徽省海外旅游客源市场分析/宣国富 陆林 章锦河//安徽师范大学学报（自然科学版）2001-03
⊙安徽省旅游产业的基本态势和发展战略/王书翠//社会科学家 2001-05
⊙安吉打响生态旅游四大品牌/谭伟东 李晓敏 顾建强//浙江日报 2001-12-21
⊙安吉着力建造生态旅游新县城/陈毛应//中国建设报 2001-10-23
⊙安庆市旅游市场开发：现状与策略/方百寿 王玉瑜//安庆师范学院学报（社会科学版）2001-06
⊙安全是旅游的生命线/马聪玲//中国旅游报 2001-07-09
⊙安阳旅游看什么/何瑛//中国经济时报 2001-09-28
⊙安阳殷墟旅游资源开发升温/李根林//河南日报 2001-05-31
⊙遨游四海步入全新领域 青旅在线引入高质马达//网络世界//2001-11-05
⊙奥运旅游热中的冷思考/陆俊//消费日报 2001-08-15
⊙奥运与旅游面对面/聂晓民//中国旅游报 2001-07-23
⊙澳大利亚大学旅游教育起源，发展，困难与前景/斯提芬·史密斯//北京第二外国语学院学报 2001-01
⊙澳大利亚的旅游规划/杨冬松//中国旅游报 2001-07-13
⊙澳大利亚开拓中国市场有新招/邵春//中国旅游报 2001-11-30
⊙澳大利亚旅华市场分析/万先进//当代亚太 2001-09
⊙澳大利亚旅游研究状况及发展战略概述/丁培毅 Steve Craig-Smith 黄松山//旅游学刊 2001-02
⊙八桂旅游风光无限/邓小红//广西经贸 2001-06
⊙巴基斯坦旅游业现状/官忠明//南亚研究季刊 2001-01
⊙巴西农场旅游财源兴旺/叶楠//中国旅游报 2001-05-14
⊙巴州旅游蓄势待发/张玫//中国旅游报 2001-12-07
⊙把黄山建成一流的风景区/储兴华//中国证券报 2001-05-08
⊙把极限运动的旗帜插上旅游高地/吴伟余//中国旅游报 2001-08-06
⊙把可持续旅游提到议事日程/贾鹤鹏//中国旅游报 2001-12-21
⊙把昆明建成著名国际旅游城市/王光华//云南日报 2001-02-25
⊙把旅游业培育成为苏州支柱产业/胡明//苏南科技开发 2001-06
⊙把旅游业培育成重庆的支柱产业/本刊编辑部//重庆政报 2001-12
⊙把旅游做成市民的“金饭碗”/周任重//中国旅游报 2001-03-28
⊙把万州建成三峡库区旅游服务中心的战略思考/田世政//重庆三峡学院学报 2001-06
⊙把握海南旅游脉搏的海南旅游研究所/李俐//海南政报 2001-05
⊙把握先进当好代表——峨眉山风景区落实“三个代表”之我见/秦福荣//中共乐山市委党校学报 2001-03
⊙把西部旅游业培育为新的经济增长点的对策/叶进//西北民族学院学报（哲学社会科学版．汉文）2001-04
⊙白银市确定旅游经济发展战略/洪清华//中国旅游报 2001-12-26
⊙百望山深挖文化内涵拓展旅游市场//中国旅游报 2001-03-30
⊙百姓办旅游/王磊//中国旅游报 2001-05-23
⊙百姓生活热着“红色”/黄贤福 李梁 杨长勇//中国消费者报 2001-06-30
⊙版纳旅游缘何发展趋缓/梁杰 徐立京//中国旅游报 2001-01-12
⊙宝鸡如何变“凤凰”/刘思敏//中国旅游报 2001-03-30
⊙宝鸡市以良好旅游投资环境迎宾/云献科 曹建祥//陕西日报 2001-04-17
⊙保持旅游活动平衡发展应遵循的原则/王丽娟//山西财经大学学报 2001-06
⊙保护古城风貌 开发旅游资源/王瑟//新疆日报（汉）2001-03-24
⊙保康精心打造生态旅游/都正阳//中国旅游报 2001-10-12
⊙北戴河“集发农业示范观光园”彰显活力/雷运海 田玉良 范志娥//河北经济日报 2001-04-26
⊙北戴河旅游向平淡季进军/屈维英 王裕录 李遥//河北日报 2001-06-12
⊙北海市旅游业发展与生态环境保护/苏鸿飞//城市问题 2001-01
⊙北京等地着手研究奥运旅游/聂晓民//中国旅游报 2001-07-25
⊙北京地下紫禁城/耿闻//中国旅游报 2001-04-23
⊙北京郊区旅游渐成气候/张程伟//消费日报 2001-07-04
⊙北京进账最多 上海人气最旺/黄明华//中国信息报 2001-11-15
⊙北京举办“团队餐”展示周/吕讯//中国旅游报 2001-05-11
⊙北京申奥成功对旅游业影响的分析/李肇齐//中国旅游报 2001-07-27
⊙北京市文化旅游开发研究/蒙吉军 崔凤军//旅游学刊 2001-1
⊙北京兴建阜景文化旅游街/王军//新华每日电讯 2001-03-28
⊙北京以“三个代表”为指导 加强首都旅游市场建设//中国旅游报 2001-08-17
⊙背包族受宠/贾鹤鹏//中国旅游报 2001-11-26
⊙本溪冰雪旅游热起来/何勇//中国旅游报 2001-01-19
⊙本溪部署旅游发展工作/何勇//中国旅游报 2001-02-16
⊙本溪枫叶牵动城市经济发展/张海浪//辽宁日报 2001-11-15
⊙本溪国庆旅游市场火爆/何勇//中国旅游报 2000-10-20

⊙本溪市旅游资源深度开发问题的思考/郭屏//辽宁行政学院学报 2001-04

⊙比较陕西旅游/李向红//陕西日报 2001-11-21

⊙比较与思考——西班牙、希腊、埃及旅游产业给我们的启示/唐华东//中国改革 2001-06

⊙边境旅游市场分析与开发战略/杨丽//思想战线 2001-05

⊙变“死景”“老景”为“活景”“新景”/张胜利//陕西日报 2001-03-20

⊙变中观变——论面向 21 世纪的旅游企业管理创新/巫宁 杨丽//经济问题探索 2001-04

⊙别让生态旅游走了样/苑坚 宋常青//中国旅游报 2001-11-28

⊙滨海旅游大有可为/常生林//中国海洋报 2001-10-23

⊙滨湖地区旅游资源可持续发展研究——以西洞庭湖常德旅游区为例/孙海燕//常德师范学院学报（社会科学版）2001-06

⊙冰雪——哈尔滨市旅游经济的王牌/吴艳秋//商业研究 2001-09

⊙兵团旅游业发展初探/胡希倬//新疆农垦经济 2001-04

⊙波托菲诺演绎旅游地产奇迹/朱戈//证券时报 2001-09-09

⊙渤海旅游黄金水道在萎缩/晓程 雷鸣//中国旅游报 2001-05-11

⊙不朽吴哥创旅游辉煌/邢和平//东南亚纵横 2001-08

⊙不应忽视旅游商品开发/黄怀//新华每日电讯 2001-10-12

⊙财政部门如何力促旅游业快速发展/吴海金//江西财税与会计 2001-01

⊙彩云之南霞满天/刘栗//中国旅游报 2001-05-25

⊙菜园 花园 观光园/王曼洁 阎兆兵 魏学文//农民日报 2001-04-17

⊙参加“主题旅游”要谨慎!/毛朝敬//新华每日电讯 2001-09-23

⊙长白山西坡生态旅游开发及保护规划研究/车秀珍//东北师大学报（自然科学版）2001-03

⊙长岛“渔家乐”叫响旅游名牌/顾延亮 范延学//中国旅游报 2001-07-13

⊙长岛建成海上旅游“超市”/范延学//农民日报 2001-05-18

⊙长海兴起“休闲渔业”旅游/王志文//辽宁日报 2001-07-11

⊙长航客运需求萎缩 旅游成为主打/邹光明//中国旅游报 2001-12-14

⊙长江客运当进军旅游业/邹光明//中国交通报 2001-05-23

⊙长江客运力撑旅游帆/刘文新//中国消费者报 2001-05-30

⊙长江乐园项目概况及市场研究/刘平 李艳//商业研究 2001-11

⊙长江三峡库区国内旅游客源市场营销策略研究/毛勇//旅游科学 2001-03

⊙长乐市旅游资源与开发研究/林绍华//福建地理 2001-01

⊙长沙旅游形象定位于伟人故里山水名城/赵春林//湖南经济报 2001-02-22

⊙长沙人文旅游：乾坤大挪移/张开宏//湖南经济报 2001-04-26

⊙长沙市旅游业发展战略研究/黄建军 廖志明 彭欢首//经济地理 2001-06

⊙常熟沙家浜成旅游热点/李文俊 戴仲燕 薛颖旦 嵇元//新华日报 2001-06-03

⊙常州旅游有看头了/纪红//华东旅游报 2001-08-07

⊙场地、旅游、餐饮成为大卖点/覃永年//中国体育报 2001-08-20

⊙唱响“红色摇篮绿色家园”主题曲/程鹏//江西日报 2001-08-07

⊙巢湖着力开展旅游招商/汤庆三//安徽日报 2001-04-09

⊙潮涌潮落世博园——兼析云南旅游产业的新空间/刘兰凯//创造 2001-11

⊙成都近郊农业生态旅游业可持续发展研究/杨建翠 殷继成 鄢和琳//四川地质学报 2001-01

⊙承德 国庆收获多/孙雷 曹晋阳//中国旅游报 2001-10-12

⊙承德旅游特色浓/毛建海 阚兴武//中国旅游报 2001-01-12

⊙城郊观光农业发展研究——以昆明市呈贡县为例/白廷斌 骆静珊//云南地理环境研究 2001-02

⊙城郊观光农业旅游开发研究——以郑州市近郊为例/李春生//河南教育学院学报（自然科学版）2001-03

⊙城郊农村可大力发展休闲旅游业/张宝林//农民致富之友 2001-02

⊙城郊休闲观光农业发展初探——以南昌市郊扬子洲乡为例/叶滢 刘杰//江西社会科学 2001-12

⊙城区旅游商机无限/赵卉竹 安胜利 胡敬超//中国旅游报 2001-09-28

⊙城市旅游开发中的产品类型与空间格局/杨新军 刘军民//西北大学学报（自然科学版）2001-02

⊙城市旅游形象定位的理论与实践研究/赵伟兵//广西大学学报（哲学社会科学版）2001-S2

⊙城市名片亮出去国际旅游兴起来/王宏哲 金春华 刘国华//辽宁日报 2001-05-05

⊙城市商业游憩区旅游开发的原则与产品体系/侯国林//城市问题 2001-01

⊙城市生态旅游及其形象策划和产品设计——以濮阳市为例/常捷 杨洪全//河南大学学报（自然科学版）2001-03

⊙城市体育旅游资源开发的初探/吴永芳 杨铁黎//首都体育学院学报 2001-03

⊙城市形象营销与旗舰工程建设——以伦敦的千年工程项目为例/赵云伟//规划师 2001-05

⊙城市主题公园客源市场开发与营销策略/熊元斌 李艳//重庆商学院学报 2001-06

⊙乘世纪雄风 建生态旅游胜地/宁士敏//经济参考报 2001-03-11

⊙池州可持续发展旅游产业的构建与行动计划/朱同林//池州师专学报 2001-03

⊙赤峰市旅游发展战略探讨/吕君 刘丽梅//内蒙古师大学报（自然科学汉文版）2001-04

⊙充分利用红山文化和辽代文化资源发展赤峰旅游产业/王瑞金 赵国栋//中国古都学会 2001 年年会暨赤峰辽王朝故都历史文化研讨会 2001-07-01

⊙充分认识旅游产业的战略地位/杨守春//中国城市经济 2001-02

⊙崇明岛旅游热起来/顾此彼 顾春春 刘征//华东旅游报 2001-11-15

⊙崇义做大做强旅游产业/赖博焘 林席常 鄢朝晖//江西日报 2001-11-08

⊙出境游价格大幅上涨 国内游最好提前预订/曹清华//福建日报 2001-04-11

⊙初论我国体育旅游的发展策略/黄贵//湖北体育科技 2001-03

⊙刍论“旅游人类学”的几个基本问题/周霄//广西右江民族师专学报 2001-02

⊙刍议旅游合同纠纷案件的审理/俞宏雷//法律适用 2001-03

⊙刍议旅游行业中的小费现象/林刚//华东旅游报 2001-07-07

⊙刍议游乐业的十大特性/冯锦凯//中国旅游报 2001-11-23

⊙处处是旅游环境 人人是旅游形象/薛青 邓兴亮 李登明//山西日报 2001-07-03

⊙触摸“角色模式”/邵春//中国旅游报 2001-10-15

⊙川滇两省典型旅游地区发展情况比较研究/王客禄//成都行政学院学报 2001-05

◎川西北牧区旅游资源持续开发利用探讨/邓学芬//西南民族学院学报（哲学社会科学版）2001-11
◎川西山地生态旅游开发及其持续发展初步研究/鄢和琳 包维楷//自然资源学报 2001-06
◎传统乡土聚落的旅游转型/王晓阳 赵之枫//建筑学报 2001-09
◎创建花儿别样红/蒋海珠 范双僖//华东旅游报 2001-01-23
◎创建我国国家旅游卫星账户初探/赵丽霞//厦门大学学报（哲学社会科学版）2001-04
◎创立品牌旅游兴县/马世永//政策 2001-08
◎创民族品牌 树国货精品/程伊川//中国旅游报 2001-05-25
◎创名牌小吃 促旅游发展/何春阳//江西日报 2001-07-04
◎创世界旅游精品 建国际旅游城市——关于构建峨眉山旅游强市的思考/马元祝//中共乐山市委党校学报 2001-03
◎创新广西旅游教育的思考/王枬//桂林旅游高等专科学校学报 2001-03
◎创新机制 加快发展 努力实现建设旅游经济强省的奋斗目标——在全省旅游发展工作会议上的讲话/薛荣哲//山西政报 2001-04
◎创新是旅游开发的灵魂/陈清华//中国旅游报 2001-12-12
◎创新是制胜的最重要武器/佀海岩//中国旅游报 2001-07-13
◎创新体制加快文化旅游城市建设步伐/天台县人民政府//华东旅游报 2001-07-19
◎创意旅游 VS 传统旅游/李庄//重庆商报 2001-09-12
◎春节"黄金周"：旅游业增长的新亮点//中国审计报 2001-02-12
◎春节出境游客增一成/王怡//新华日报 2001-01-26
◎春节过后出境旅游持续红火/应舍法//浙江日报 2001-02-15
◎春节黄金周火透西部旅游//中华工商时报 2001-02-02
◎春节旅游市场再度升温/索研//新华每日电讯 2001-01-13
◎春游大草原/东田//中华新闻报 2001-03-12
◎从"黄金周"看"假日经济"/李小青//湖北成人教育学院学报 2001-02
◎从"闽台旅游区"的构建看福建客源市场的拓展/刘纬华 郑向敏//襄樊学院学报 2001-05
◎从"中国文化美国行"看国家旅游形象塑造/刘赵平//中国旅游报 2001-01-22
◎从北京白云观看道教文化的旅游价值/杨立新//中国道教 2001-04
◎从国外旅游看我省旅游的差距/王幼辉//河北经济日报 2001-07-27
◎从旅游观光巴士的消失说开去/史蔓蓉 黄瀚//中国旅游报 2001-03-16
◎从青海甘肃看西部旅游发展/刘光彩//中国旅游报 2001-11-21
◎从中国假日经济看旅游市场/彭海珍//经济师 2001-03
◎从珠江三角洲的实践看我国田园公园的发展/王云才//旅游学刊 2001-02
◎促进云南藏区旅游业持续发展的几点思考/绒巴扎西//经济问题探索 2001-08
◎促销有力 工作有方 市场成熟/木禾//中国旅游报 2001-05-11
◎打好"红色旅游"牌/毛日清//老区建设 2001-12
◎打破旅游资源条块分割/刘思敏//中国旅游报 2001-03-23
◎打造城市旅游的"服务器"/刘光彩//中国旅游报 2001-10-26
◎打造广西的旅游商品/刘娟//广西日报 2001-08-10
◎打造精品塑造精英/聂晓民//中国旅游报 2001-05-18
◎打造旅游联合舰队形成规模经济效应/程永胜//华东旅游报 2001-06-09
◎打造区域性产业板块：十五期间我国旅游业产业结构调整的重要战略方向/刘连银//旅游科学 2001-03
◎打造森林旅游精品/赵正宁 李卫//陕西日报 2001-08-29
◎打造中国的"运通"——探讨商务旅游服务与信用卡的合作/董峥//中国信用卡 2001-05
◎大城市边缘小城镇休闲度假旅游开发研究——以高明市杨梅镇为例/黄慧明 魏清泉//地域研究与开发 2001-03
◎大城市环城游憩带（ReBAM）研究——以上海市为例/吴必虎//地理科学 2001-04
◎大城市商业游憩区形成机制研究/黄震方//地理学与国土研究 2001-04
◎大打品牌战略完善配套服务——四川旅游奋斗目标：10 年建成旅游强省/刘吉蓉//四川党的建设城市版 2001-02
◎大红大绿的井冈山旅游/何畏//中国水利报 2001-11-03
◎大理"感通"以茶艺促旅游/梁鑫//中国旅游报 2001-05-23
◎大理旅游"九五"辉煌"十五"开局良好/张魏//东南亚南亚信息 2001-11
◎大理旅游发展战略研究/李刚//大理学院学报 2001-02
◎大理旅游俏云南/廖德广//中国旅游报 2001-02-19
◎大理民俗旅游的发展/文华//昆明大学学报 2001-01
◎大力发展湖北旅游事业/翁行德//计划与市场 2001-06
◎大力发展旅游经济——21 世纪合肥的必然选择/晓梅//当代建设 2001-02
◎大力发展旅游经济的重要性及政府作法的改进浅议/王秋丽//经济师 2001-12
◎大力发展农村旅游业/王彦武//农村. 农业. 农民 2001-03
◎大力发展文化旅游/杨恩华//河北日报 2001-09-02
◎大力发展我市旅游业/孙秀兰//大连干部学刊 2001-01
◎大力利用中华文化成果深度开发我国旅游资源/石庆功//中共成都市委党校学报 2001-05
◎大力培育国内消费者的旅游意识/傅允生//中国旅游报 2001-12-26
◎大连旅游大打奥运牌/李文菲//中国旅游报 2001-08-22
◎大连旅游和税收唱起"二人转"/许毅//中国税务报 2001-08-20
◎大陆桥江苏沿线地区旅游资源评价与旅游业发展战略研究/马晓冬 沈正平//地域研究与开发 2001-02
◎大旅游 大市场 大产业/林长榕//华东旅游报 2001-02-13
◎大旅游与发展战略刍议/许新平//华东旅游报 2001-06-02
◎大西北精心开发旅游商品/武勇 逯寒青 张燕//华东旅游报 2001-11-06
◎大西北招来特种旅游"发烧友"/逯寒青 武勇 张燕//新华每日电讯 2001-10-15
◎大型旅游宣传促销必须政府主导/门家禄//中国旅游报 2001-05-21
◎大冶市文化旅游资源的开发与利用/王海蓉//荆楚文化与民俗论丛——1997—2001 湖北省群众文化获奖论文汇编 2001-12-01
◎丹东观光农业发展构想/孟昭荣//丹东师专学报 2001-01
◎当旅游爱上房地产/吴京辉//财经时报 2001-07-25
◎当前甘肃旅游文化发展战略思考/宋国平//甘肃省经济管理干部学院学报 2001-01
◎当前我国旅游规划存在的问题及其实证研究/翟辅东//湖南师范大学社会科学学报 2001-06
◎导游——智化游客人生/邵连鸿//中国旅游报 2001-05-14

⊙到大连金石滩/小超//中国旅游报 2001-07-11
⊙到濮阳看“中原绿洲”/聂延军//农民日报 2001-04-20
⊙德国刮起“中国旅游旋风”/刘思敏//中国旅游报 2001-09-19
⊙登封营建嵩山大旅游格局/段世民 韩晓冰 范景海//河南日报 2001-04-17
⊙邓小平发展旅游业思想与中国旅游业的发展/黄成林 李刚 朱棣//安徽师范大学学报（自然科学版）2001-03
⊙邓小平旅游经济思想初探/李久昌//洛阳师范学院学报 2001-06
⊙邓小平旅游经济思想的内涵及其价值/王志东//东岳论丛 2001-01
⊙邓小平旅游经济思想与中国旅游产业的发展（上）/王兴斌//国土经济 2001-02
⊙邓小平旅游经济思想与中国旅游产业的发展（中）/王兴斌//国土经济 2001-03
⊙邓小平旅游经济思想与中国旅游产业的发展（下）/王兴斌//国土经济 2001-04
⊙迪庆 方兴未艾/吴晓梅//中国旅游报 2001-09-28
⊙地域文化与旅游规划/乌恩//人文地理 2001-01
⊙地质公园 突破概念 风光无限/肖建舫//中国旅游报 2001-04-20
⊙地质公园热起来/孙磊//四川日报 2001-03-12
⊙地质公园与西部旅游/胡魁//中国旅游报 2001-02-16
⊙地质旅游景点的建立与知识产权保护/庄寿强//中国旅游报 2001-12-19
⊙第三届中国农民旅游节横店登场/葛一兵//中国乡镇企业报 2001-10-01
⊙滇池何日能“卸妆”/冯颖//中国气象报 2001-07-09
⊙滇川藏联合发展区域旅游/李毅铭//云南日报 2001-06-25
⊙点击西部旅游/张燕 逯寒青 武勇//新华每日电讯 2001-11-26
⊙点评“五一”黄金周/李玲 魏晓霞//中国旅游报 2001-05-09
⊙电子商务呼唤“旅游规则”/刘紫凌 易新宇//金融时报 2001-05-12
⊙电子商务开创的旅游革命——网络旅游/苟胜难//中共乐山市委党校学报 2001-06
⊙电子商务为入世后的中国旅游业助推//中国旅游报 2001-12-17
⊙电子商务与旅游饭店竞争力/郭剑英//扬州大学烹饪学报 2001-01
⊙调整三峡旅游战略 发展三峡次级旅游区/唐苏南//重庆三峡学院学报 2001-06
⊙定陶县依托“三足鼎立”壮大旅游经济/陈尔民//中国旅游报 2001-08-24
⊙东巴文化旅游项目开发与可持续设计/王声跃 严舒红//玉溪师范学院学报 2001-02
⊙东南亚“捆绑旅游”有卖点吗？/快哉风//中国旅游报 2001-04-30
⊙东南亚旅华市场机遇与挑战并存/徐岩//中国旅游报 2001-03-19
⊙东南亚旅游禁忌//华东旅游报 2001-06-07
⊙东莞市旅游经济发展的战略思考/李美云徐正春//林业经济 2001-09
⊙东西部旅游市场空间拓展优势比较/吴铀生//西南民族学院学报（哲学社会科学版）2001-09
⊙东西部旅游营销管理分析比较/吴铀生//北京大学学报（哲学社会科学版）2001-S1
⊙东亚区域旅游、环境合作与经济可持续发展/高群//东北亚论坛 2001-02
⊙东营重点开发三大旅游产品/柳进叶//中国旅游报 2001-07-02
⊙东岳泰山加强旅游服务设施建设/姚文涛//中国建设报 2001-04-30
⊙都市旅游的生态准则/俞晟//桂林旅游高等专科学校学报 2001-01
⊙都市农业的背景、特征及其发展/刘斐 戴学来//天津师范大学学报（自然科学版）2001-02
⊙都市生态旅游的初步研究——以长春市为例/张红 刘继生//人文地理 2001-02
⊙都市型农业发展模式与天津沿海都市型农业研究/于战平//天津农学院学报 2001-01
⊙度假旅游发展的趋势焦点创新思考/马勇//中国旅游报 2001-11-23
⊙短途旅游中心的引力范围研究——以南京市为例/张燕 张洪//人文地理 2001-03
⊙短线旅游唱主角/方育敏//浙江日报 2001-10-07
⊙对发展闽南民间宗教旅游若干问题的思考/颜醒华//襄樊学院学报 2001-05
⊙对发展西部旅游经济的思考/许玥 周若炜//社科纵横 2001-05
⊙对发展延边旅游产业的新设想/温艳玲//延边大学学报（社会科学版）2001-01
⊙对发展扬州国际旅游业的思考——兼与江苏优秀旅游城市比较/郭剑英//江苏经贸职业技术学院学报 2001-04
⊙对发展中国环城市旅游度假带的思考/魏小安//中国旅游报 2001-09-07
⊙对风景区旅游扶贫的几点建议/田继明//中国旅游报 2001-06-04
⊙对概念性旅游规划的认识/王建军//中国地质大学学报（社会科学版）2001-02
⊙对贵阳市旅游业发展状况的思考/李人逸//贵阳文史 2001-01
⊙对桂林旅游业“入世”的机遇和对策的思考/谢雨萍//桂林旅游高等专科学校学报 2001-04
⊙对黑龙江省开发冬季体育旅游产业的思考/姜丽//冰雪运动 2001-01
⊙对湖南凤凰旅游产业发展的几点思考/欧家太//中国财政 2001-09
⊙对假日旅游经济市场的思考/李进 黄强 李波//西昌学院学报（自然科学版）2001-04
⊙对江西开发生态农业旅游的思考/邹晓明//企业经济 2001-08
⊙对九华山旅游需求不足的心理分析/戴道平//华东旅游报 2001-12-11
⊙对开发黑龙江省旅游业的几点建议/邹旭芳//北方经贸 2001-02
⊙对开发体育旅游的思考/李敬辉 张秀燕//哈尔滨体育学院学报 2001-02
⊙对丽江旅游业发展走向的思考/周俊华//云南电大学报 2001-03
⊙对旅游产品的几点看法/黄羊山//桂林旅游高等专科学校学报 2001-01
⊙对旅游社会学理论体系研究的认识——兼评国外旅游社会学研究动态（上）/肖洪根//旅游学刊 2001-06
⊙对区域旅游合作研究中几个基本问题的认识/薛莹//桂林旅游高等专科学校学报 2001-02
⊙对森林生态旅游的认识/但新球 吴南飞 方宝新//中南林业调查规划 2001-03
⊙对生态旅游若干理论问题的思考/宋子千 黄远水//林业经济问题 2001-04
⊙对泰和县发展观光农业和旅游业的思考/黄建军//江西政报 2001-03

⊙对提高旅游纪念品文化品位的探讨/李滨//商业研究 2001-06
⊙对我国2000年假日旅游的回顾/张英//渝州大学学报（社会科学版）2001-06
⊙对我国旅游开发规划中若干问题的研究/冯维波//重庆建筑大学学报（社会科学版）2001-01
⊙对我省森林旅游业的思考/宋振华//河南林业 2001-05
⊙对西部旅游开发的思考/孙亚琴//老区建设 2001-10
⊙对新疆旅游业发展战略的思考/吕雁琴//新疆财经 2001-04
⊙对因特网应用冲击传统旅游业务代理的状况研究/张文 殷冉红//桂林旅游高等专科学校学报 2001-02
⊙对云南成为旅游大省的综合思考/吴立民//考试（高考英语版）2001-Z1
⊙对云南发展观光农业的初探/吴莉明 宋源 李林红//经济问题探索 2001-11
⊙对制定我国旅游产业政策的基本构想/万先进//理论月刊 2001-10
⊙多边省市“旅协联盟”在沪成立/刘征 飞舟//华东旅游报 2001-07-28
⊙多渠道强化美国旅游市场开发/林长榕//华东旅游报 2001-12-25
⊙多姿多彩旅游火花/李光原//中国商报 2001-08-04
⊙俄罗斯联邦的旅游事业主管机关/封立涛//中国旅游报 2001-12-07
⊙峨眉山佛教文化旅游亮度骤增/刘思敏 何群//中国旅游报 2001-03-23
⊙鄂西北地区旅游资源分析及开发设想/梁智//经济地理 2001-S1
⊙鄂西山区旅游产业发展的取向及其措施——对咸丰旅游业发展的思考/陈卫平//湖北民族学院学报（哲学社会科学版）2001-03
⊙恩施旅游发展战略初探/张素芳//中国旅游报 2001-10-22
⊙二十一世纪中国旅游的后劲在西部/张敏//人民政协报 2001-09-08
⊙发达地区旅游城市化现象与旅游资源环境保护问题探析——以长江三角洲都市连绵区为例/黄震方//人文地理 2001-05
⊙发挥成本优势构建云南旅游产业的相对优势竞争地位/张伟//云南财贸学院学报 2001-S1
⊙发挥海洋旅游资源优势 加快大连旅游业发展/李悦铮//人文地理 2001-05
⊙发挥衡阳优势加快旅游旺市/胡征星//湖南经济 2001-01
⊙发挥文化资源优势建设“红山文化部落图”/钱伟臣 赵爱民 张国明//中国古都学会2001年年会暨赤峰辽王朝故都历史文化研讨会 2001-07-01
⊙发展北京郊区观光果业的思考/张瑞//北京农业科学 2001-05
⊙发展城郊乡村旅游经济/夏智勇//四川日报 2001-07-13
⊙发展大旅游 形成大产业/张文君 肖逸龙//河北经济日报 2001-10-29
⊙发展地方特色旅游产品 振兴区域经济/张福昌//无锡轻工大学学报（社会科学版）2001-02
⊙发展观光农业 促进农村经济发展/蔡升桂//老区建设 2001-12
⊙发展观光农业 开发旅游资源/郑林 陈龙祥 罗先诚//江西农业经济 2001-06
⊙发展观光农业 培育农村经济新的增长点/甘丽//农村经济 2001-07
⊙发展观光农业：加快湖南农业市场化的重要途径/陈卫东//湖南行政学院学报 2001-03
⊙发展观光农业旅游应注意的几个问题/王继权//生态经济 2001-01
⊙发展国际大都市旅游 增强上海综合竞争力/王大悟//上海经济 2001-06
⊙发展和振业天津旅游业/陈忠新//天津经济 2001-05
⊙发展黑河中俄边境旅游新思路/孙永刚//东欧中亚市场研究 2001-08
⊙发展会展旅游/拓宽旅游市场/许金如//华东旅游报 2001-07-14
⊙发展惠安旅游业初探/庄碧川//泉州师范学院学报 2001-02
⊙发展具有西部特色的旅游业/陈果//经营管理者 2001-01
⊙发展旅游朝阳产业前景大有可为——“建设部科技委城市车辆专家委员会2000年年会”专题报告/张传尧//城市车辆 2001-02
⊙发展旅游观光农业 促进经济全面发展/吕瑞国 孔祥勇 孙波//山东农业（农村经济版）2001-05
⊙发展旅游教育与云南旅游业的可持续发展/李艳//学术探索 2001-02
⊙发展旅游事业 推动城市发展/黄文华//城市发展研究 2001-S1
⊙发展旅游要打合作牌/刘红梅//江西日报 2001-03-28
⊙发展旅游业须走市场化道路/李建昌//管理科学文摘 2001-03
⊙发展旅游业要有机融入产业结构调整中/魏晓霞//中国旅游报 2001-07-25
⊙发展旅游业要重视旅游地形象策划/赵玉军//新东方 2001-06
⊙发展绿色产业 建设山水蒙阴/宋法亮//农民日报 2001-04-18
⊙发展南京会展旅游研究/卞显红 黄震方//城市发展研究 2001-04
⊙发展黔南州生态旅游及加强其森林水资源保护的对策建议/唐玲//贵州环保科技 2001-04
⊙发展青海旅游要实施“营销战略”/玉鸣//青海日报 2001-07-15
⊙发展生态旅游事业提高旅游服务水平/安榕平//中国绿色时报 2001-11-12
⊙发展水利旅游的优势/刘玉辉//吉林水利 2001-09
⊙发展四川旅游教育的思考/蒋卫平 邓清南//中国旅游报 2001-09-03
⊙发展四川乡村旅游的新思路/李左人//理论与改革 2001-01
⊙发展同安农业生态旅游的若干思路/余珊 郑敏雅//福建地理 2001-02
⊙发展我省旅游经济的思考/陈祥龙//福建日报 2001-07-11
⊙发展武当山生态旅游的探讨/王友安//生态经济 2001-12
⊙发展西部旅游经济迫在眉睫/贾永生 卫立冬//衡水师专学报 2001-03
⊙发展西部旅游业的思考/蒋建国//消费经济 2001-01
⊙发展西部旅游应树五种新观念/刘锋 石培华//内蒙古日报（汉）2001-05-07
⊙发展新疆观光农业应注重挖掘文化内涵/由亚男//新疆科技报（汉）2001-07-27
⊙发展行业旅游的探索与思考/许绍德 许南垣//经济问题探索 2001-05
⊙发展中的越南旅游业/许梅//当代亚太 2001-09
⊙发展重庆都市旅游的条件及市场前景/孙逸民//重庆日报 2001-05-23
⊙法国地域旅游出现严重失衡/芊汶//中国旅游报 2001-08-06
⊙法国农业旅游收入可观/刘法//农民日报 2001-06-02
⊙梵净山旅游需要大支持、大策动、大联动/李勇 杨勇 张勇//贵州政协报 2001-11-30
⊙放宽签证增设航线为出境市场开道/龚立仁//中国旅游报 2001-

07-02
⊙放眼全球发展旅游/曹清华//福建日报 2001-10-16
⊙非洲国家开始重视旅游业/潘革平//中国税务报 2001-03-19
⊙费改税与旅游业现状、问题及对策/匡林//中国旅游报 2001-05-11
⊙分时度假呼唤实力运作/莫扬//中华工商时报 2001-01-19
⊙分时度假将给旅游业带来什么/林春霞//中国经济时报 2001-01-15
⊙分时度假在我国登陆/田建军 詹国强//华东旅游报 2001-07-10
⊙分享会展旅游业诱人的商机/马龙//浦东开发 2001-05
⊙风景旅游资源评价工作心理学分析及其调控/唐继刚//南京师大学报（自然科学版）2001-03
⊙风景区经营权能否转让？/刘菁 叶再春//辽宁日报 2001-08-22
⊙风景区旅游经营权到底能不能转让？/刘菁 叶再春//中国旅游报 2001-08-24
⊙风景视觉资源及专家评价系统/李斌成//西北农林科技大学学报（社会科学版）2001-01
⊙凤凰旅游产业的可持续发展战略/王兆峰//吉首大学学报（自然科学版）2001-02
⊙凤凰县域旅游资源开发的效益分析/王兆锋//湖南商学院学报 2001-04
⊙福建成为旅游业大省//新华每日电讯 2001-03-07
⊙福建力创海峡西岸旅游繁荣区/嘉欣//华东旅游报 2001-02-27
⊙福建省发展森林旅游的环境条件评价与对策/袁书琪//林业经济问题 2001-06
⊙福建省旅游产业结构研究及其优化对策/陈雪琼 任晓春//华侨大学学报（人文社会科学版）2001-03
⊙福建省旅游开发中旅游资源永续利用问题与对策/袁书琪//福建地理 2001-03
⊙福建省实施 PPT 旅游战略的构想/袁书琪//人文地理 2001-06
⊙福建双菱拟置换七亿元资产长江包装控股香格里拉旅游/刘昕//证券时报 2001-07-26
⊙福建西部旅游开发必须走与东部协同之路/郑耀星//福建师范大学学报（哲学社会科学版）2001-02
⊙福州市发展体育旅游刍议/陆芳//福州师专学报 2001-02
⊙福州市旅游交通存在问题及其发展对策/骆培聪 章牧 程炯//福建师范大学学报（自然科学版）2001-03
⊙福州市旅游商业发展现状及开发研究/韦素琼//福建师范大学学报（哲学社会科学版）2001-03
⊙富阳“订单旅游”走势兴旺/叶胜荣 钱东升//浙江日报 2001-04-17
⊙富阳发展“订单旅游”呈现旺势/叶胜荣 钱东升//华东旅游报 2001-05-12
⊙富阳激活城郊旅游经济/刘学文//浙江日报 2001-06-06
⊙该如何应对旅游挑战/史文通//河北日报 2001-03-26
⊙改革创新实现旅游业跨越式发展/吴蓉//吉林日报 2001-02-25
⊙甘肃建设旅游基础设施/谭飞 张向群//新华每日电讯 2001-07-23
⊙甘肃旅游人才开发刍议/庞波//甘肃日报 2001-03-04
⊙甘肃旅游资源开发策略探讨/高淑美//甘肃省经济管理干部学院学报 2001-02
⊙甘肃省崆峒山旅游开发重点项目/王万军 李文升//中国旅游报 2001-08-10
⊙甘肃省森林生态旅游现状及发展对策/王晓春//开发研究 2001-03
⊙甘孜州文化旅游现状分析/王远明//康定民族师范高等专科学校学报 2001-02
⊙感受佛国风情/王冰洋//质量天地 2001-11
⊙感受中原魅力//中国财经报 2001-11-02
⊙钢铁“忧”如何变成钢铁“游”/傅超英//中国旅游报 2001-11-05
⊙港中旅 20 亿谋并内地旅行社 国内旅游市场暗涌并购风潮/李春喜//中国经营报 2001-05-17
⊙高安夯实旅游产业基础//江西日报 2000-12-13
⊙高筹硕画跨越发展——陕西省太白山国家森林公园旅游业发展调查/秦玉珍//理论导刊 2001-12
⊙高度重视 周密部署 切实做好“五一”黄金周旅游各项工作/孙钢//中国旅游报 2001-04-13
⊙高科技瞄准中小旅游企业/张洵涛//中国旅游报 2001-11-23
⊙高黎贡山国家级自然保护区生态旅游开发探索/李正波//林业经济 2001-04
⊙高黎贡山国家级自然保护区生态旅游探索/李正波//林业调查规划 2001-02
⊙高起点高品位地搞好青海旅游工作/白恩培//中国旅游报 2001-06-25
⊙高校地理学科创办旅游专业的实践与思考/郑耀星//福建地理 2001-02
⊙高校旅游资源类型与开发/吴雁华 傅桦//首都师范大学学报（自然科学版）2001-02
⊙高新技术与旅游业可持续发展/林梅英//河南教育学院学报（哲学社会科学版）2001-04
⊙高扬“特色旅游”大旗/徐作生//中国旅游报 2001-08-08
⊙给度假旅游开绿灯/鹤//中国旅游报 2001-05-14
⊙给山西旅游加上“助推器”/刘可娟//山西经济日报 2001-08-31
⊙工业、旅游出彩良性循环加速/戴乐平 曾斌求 彭积龙//湖南经济报 2001-07-18
⊙工业旅游开发初探/何振波//武汉工业学院学报 2001-02
⊙工业旅游又出新亮点/门家禄 赵晴//中国旅游报 2001-10-15
⊙公共旅游资源资产化管理研究引论/马波//桂林旅游高等专科学校学报 2001-02
⊙公私合营国家旅游促销方向/匡林//中国旅游报 2001-01-22
⊙公园门票该不该免/寇红//中国税务报 2001-03-02
⊙巩固成果把握机遇推动我市旅游业的更大发展/马静//经济工作导刊 2001-15
⊙共建文明生态线路共创武夷旅游品牌/熊慎端//华东旅游报 2001-11-01
⊙沟通信息增强凝聚/李先辉 存世华 李南//中国旅游报 2001-05-11
⊙构建大湘西旅游圈/谭忠国//怀化师专学报 2001-04
⊙构建地方名品与旅游产业的集成效应/彭品志//江苏商论 2001-09
⊙构筑黄山国际旅游城市的途径初探/盛学峰//华东旅游报 2001-10-30
⊙构筑旅游大框架 喜迎五洲四海客/张碧升//农民日报 2001-08-29
⊙古典园林与载体战略/周伟明//中国旅游报 2001-07-20
⊙古镇两翼展新姿——周庄调查/张树成//中国老区建设画报 2001-08
⊙固原生态旅游与经济文化发展/薛正昌//固原师专学报 2001-02

- 关键在发展旅游高等教育/王瑞林//中国旅游报 2001-12-10
- 关于把黄冈建成文化旅游大市的战略思考/刘民华//荆楚文化与民俗论丛——1997—2001 湖北省群众文化获奖论文汇编 2001-12-01
- 关于出国旅游领队管理的几个问题（上）/蔡家成//中国旅游报 2001-06-11
- 关于出国旅游领队管理的几个问题（下）/蔡家成//中国旅游报 2001-07-16
- 关于当今旅游规划的几点思考/夏志华 胡卫卫//高等函授学报（自然科学版）2001-03
- 关于杜尔伯特蒙古族自治县旅游业发展框架及前景思考/常宝军//黑龙江民族丛刊 2001-04
- 关于发展丹东旅游业的思考/刘中夫//丹东师专学报 2001-04
- 关于发展河北省旅游业的一些认识和建议/谷同伟//文物春秋 2001-06
- 关于发展会昌县旅游产业的思考/欧传强//地方政府管理 2001-04
- 关于发展会展旅游的初步研究——以南京市为例/卞显红 黄震方//华东经济管理 2001-04
- 关于发展农业旅游的几点思考/张建华//经济地理 2001-S1
- 关于发展四川旅游业的几点思考/李红霓//软科学 2001-02
- 关于发展我市旅游产业的几点建议/李长荣//大庆社会科学 2001-06
- 关于发展玉溪旅游业的几点思考/施超//云南社会科学 2001-05
- 关于发展镇江旅游业的调查//江苏政协 2001-02
- 关于观光农业理论研究与实践开发中的问题思考/李澜//广西师院学报（自然科学版）2001-02
- 关于贵阳旅游在全省旅游业中的地位和作用/徐燕//贵州师范大学学报（自然科学版）2001-02
- 关于加快发展郴州旅游业的探索/肖迪//郴州师范高等专科学校学报 2001-03
- 关于加快发展盐城旅游业的思考/王庭全//华东旅游报 2001-02-13
- 关于加强我国旅游立法的思考/袁翔珠//广西大学梧州分校学报 2001-04
- 关于假日旅游可持续发展的思考/冷秀华//北方经贸 2001-11
- 关于昆明城市建设与旅游产业发展的思考/李彩霞//云南社会科学 2001-S1
- 关于昆明世博园市场前景的预测/陈孟炯//旅游学刊 2001-02
- 关于旅游保险的几点思考（上）/冯淑玲 胡三明//中国旅游报 2001-12-05
- 关于旅游承载力理论应用问题的思考/李天元//南开管理评论 2001-03
- 关于旅游规划若干认识的探讨/王大悟//旅游学刊 2001-05
- 关于旅游环境保护规划的探讨——以新疆克拉玛依市为例/刘丹萍 阎顺//新疆环境保护 2001-03
- 关于旅游节庆市场化运作的思考/史铁华 何玲//华东旅游报 2001-09-01
- 关于旅游景点经营管理的思考/朱灿明//中国旅游报 2001-12-26
- 关于旅游空间格局与旅游区位的思考/高卫国//思想战线 2001-03
- 关于旅游美学的几点思考/唐超//财贸研究 2001-02
- 关于旅游业可持续发展的环境伦理学思考/黄震方//旅游学刊 2001-02
- 关于旅游业可持续发展的几个问题/李金荣//当代经济研究 2001-05
- 关于洛阳旅游产品营销之研究——面向日本国际旅游市场旅游产品的设计/德村志成//旅游学刊 2001-02
- 关于南岳旅游文化发展的若干问题探讨/杨刚//经济地理 2001-05
- 关于培育旅游业为主导产业的研究——对桂林市旅游业发展的个案剖析/邓祝仁//学术论坛 2001-04
- 关于贫困县旅游资源现状及对策思考/赵俊超//山西农经 2001-01
- 关于上海发展购物旅游的思考/朱璇//上海师范大学学报（自然科学版）2001-01
- 关于设立长白山生态旅游示范区的思考/张茵 许学工//中国旅游报 2001-02-07
- 关于生态旅游概念泛化问题的思考/王谊 苟小东 张晓慧//西北林学院学报 2001-02
- 关于生态旅游商品的几点思考/张文敏 于德珍//林业经济 2001-04
- 关于十堰市旅游资源可持续发展的思考/杨芝//商业研究 2001-08
- 关于四川旅游支柱产业发展的理论与实践问题研究/张炜//国土经济 2001-03
- 关于推进我省旅游产业可持续发展的意见与建议/省政协人口资源环境委员会//云南政协报 2001-12-29
- 关于完善我国旅游生产力体系的思考/郭鲁芳//北京第二外国语学院学报 2001-03
- 关于文物旅游的思考题纲/魏正瑾//中国文物学会通讯 2001、2002 年合订本 2001-06-30
- 关于我国发展旅游网络营销的几点思考/银淑华//北京工商大学学报（社会科学版）2001-05
- 关于我市发展旅游业的几点思考/刘清珍//天中学刊 2001-S1
- 关于我市旅游业发展的思考/朱积//南方论刊 2001-10
- 关于西部旅游开发的几个问题/李好好//宁夏大学学报（自然科学版）2001-01
- 关于西部旅游业的发展和建议/窦冯斌//军事经济学院学报 2001-03
- 关于西藏旅游资源开发与规划的几点思考/侯霞//西藏大学学报（汉文版）2001-03
- 关于休闲的研究/张广瑞//社会科学家 2001-05
- 关于引导我国旅游者消费行为的思考/李菊霞//商业研究 2001-06
- 关于云南扎染、蜡染旅游商品系列开发设计研究的一点思考/陈劲松//经济问题探索 2001-03
- 关于镇江市将旅游业培育成支柱产业的几点思考/周春燕//华东船舶工业学院学报（社会科学版）2001-01
- 关于中国旅游规划操作问题的几点思考/谢彦君//东北财经大学学报 2001-04
- 关于中国旅游起源问题的研究/王晓云//旅游科学 2001-02
- 关于主题公园的思索/周小棣//东南大学学报（自然科学版）2001-06
- 关注人类共同的财富世界遗产/龚立仁//中国旅游报 2001-04-02
- 观光果业的兴起与展望/章璘//中国南方果树 2001-03
- 观光果园——现代果园的一种新模式/王卫斌 张传胜//河南科技报 2001-06-07
- 观光农业 新世纪的阳光产业/李建国 石培基//城乡建设 2001-04

◎观光农业：好听好看不好赚/秦武平//光彩 2001-11
◎观光农业：让农业产业走向旅游产业/刘军萍//国土经济 2001-01
◎观光农业别蹈主题公园的覆辙/王瑞芳//农民日报 2001-03-22
◎观光农业开发研究/何永彬//思想战线 2001-04
◎观光农业旅游走近金陵/宁旅//华东旅游报 2001-04-05
◎观光农业热京郊//中国旅游报 2001-05-23
◎观光农业特产园旅游开发问题探讨/杨林//中国乳业 2001-09
◎观光农业要辟新路/王硕 楼洪莹//解放日报 2001-08-01
◎观光农业要以"农"字为核心//辽宁日报 2001-08-29
◎观光农业在西安兴起/毕诗成 屈胜文//农民日报 2001-08-27
◎观光农业在兴起/庞道满//中国乡镇企业报 2001-07-20
◎观光农园旅游区开发与规划研究/杨国良//四川师范大学学报（自然科学版）2001-06
◎观光休闲农业要务实/李大林//人民政协报 2001-12-12
◎观光游览＋度假休闲——桂林旅游发展定位之思考/王秋红//中共桂林市委党校学报 2001-03
◎观念更新带活山东旅游/董学清//了望 2001-13
◎管好周庄市场 促进旅游发展/邱学锋//中国经济时报 2001-05-09
◎广东：假日经济带旺文化产业/陈冀//中国旅游报 2001-10-17
◎广东发展农业生态旅游的条件和区域特征/徐颂军 保继刚//经济地理 2001-03
◎广东观光旅游农业的现状及发展对策/廖森泰 梁荣//广东农业科学 2001-05
◎广东观光农业旅游开发探析/黄金国//生态经济 2001-12
◎广东旅游产业发展状况比较研究/李江帆//南方经济 2001-04
◎广东旅游经济稳居全国首位/李明//中国海洋报 2001-08-14
◎广东旅游经济与第三产业经济——典型相关分析/王曼华//广东商学院学报 2001-03
◎广东旅游年收入逾千亿/吴志璘//中国绿色时报 2001-03-08
◎广东旅游稳坐全国龙头/邱敏//信息时报 2001-07-22
◎广东省滨海旅游与海洋经济的关系及发展前景/郭晋杰//海洋开发与管理 2001-01
◎广东省加强旅游档案管理/白茹//中国档案报 2001-03-22
◎广西："绿色旅游"悄然升温/周俏春 刘水玉 程义峰//甘肃日报 2001-09-20
◎广西对旅游业寄予重望/李银雁//中国经济时报 2001-02-26
◎广西发展特色旅游业与区域经济的全方位思考/潘建民//广西社会科学 2001-02
◎广西防城港市旅游发展的战略研究/汪宇明//现代城市研究 2001-01
◎广西桂林旅游资源深度开发研究/汪宇明//人文地理 2001-06
◎广西旅游：装点此江山明朝更好看/蒋锦璐//广西日报 2001-03-16
◎广西旅游大篷车上绘蓝图/刘桂阳//中国旅游报 2001-03-28
◎广西旅游缺什么？/李永新//广西政法报 2001-04-27
◎广西森林旅游业发展现状分析/叶绍明 张丽君 黄学荣//林业调查规划 2001-04
◎广西壮族自治区旅游管理条例//广西日报 2001-12-20
◎广州长隆旅游出奇招/陈峰 邹伟建//中国企业报 2001-05-08
◎广州海外客源市场面临的困境及对策/欧阳慧 翁计传 邱士可//地域研究与开发 2001-04
◎广州黄金周旅游入账 18 亿/何欣 钟声宏//信息时报 2001-10-09
◎广州市旅游资源特点与功能开发/汪永华//湖北农学院学报 2001-01
◎广州主题公园系统分析与发展建议/张玲//人文地理 2001-02
◎规范管理是新疆旅游产业化发展前提/胡亮//亚洲中心时报（汉）2001-06-28
◎规范旅游合同若干问题浅探/余功雄//华东旅游报 2001-05-08
◎规范旅游市场发展旅游产业/沈立人//旅游学刊 2001-02
◎规模相当 差距加大/贺静//中国旅游报 2001-12-26
◎贵阳市加快发展旅游产业的研究/贵阳市委政策研究室课题组//贵阳市委党校学报 2001-02
◎贵州部署新阶段旅游扶贫工作/欧阳昌佩//中国旅游报 2001-08-29
◎贵州民族地区旅游资源的开发与旅游扶贫/张遵东//贵州大学学报（社会科学版）2001-06
◎贵州省旅游研究回顾与展望/余青 蒋依依//贵州民族研究 2001-01
◎桂林第八届山水旅游节开幕/张增忠 秦艺洲//新华每日电讯 2001-04-16
◎桂林旅游：厉兵秣马求双赢/刘桂阳 阳文炳//中国旅游报 2001-11-16
◎桂林旅游添新秀大圩古镇再定位/曾建勋//中国旅游报 2001-01-12
◎桂林旅游业的深发展〔笔谈 3 篇〕//社会科学家 2001-01
◎桂林旅游业绩大幅增长/沈周翔//中国旅游报 2001-08-03
◎桂林旅游业增势强劲/陈天湖//新华每日电讯//2001-08-20
◎桂林市应积极开发历史文化名城潜在的旅游资源/郝革宗//广西师院学报（自然科学版）2001-03
◎桂林王城旅游开发建设构想——桂林历史文化旅游系列研究之五/阳国亮 周作明//社会科学家 2001-04
◎桂西南旅游资源特色及其旅游文化开发/简王华//地域研究与开发 2001-02
◎国防教育与旅游/李吉生//中国旅游报 2001-08-15
◎国际促销要打中国牌/门家禄//中国旅游报 2001-08-20
◎国际可持续旅游消费三元复合体系原论——创立可持续旅游消费发展学说的基础理论研究/司金銮//福建论坛（经济社会版）2001-12
◎国际旅游：世纪回眸与展望/罗明义//云南地理环境研究 2001-01
◎国际旅游业：从比较优势到竞争优势/杨晓瑜//湖南大学学报（社会科学版）2001-S2
◎国际旅游支付方程支付等级与旅游偏好/孙根年//地理学与国土研究 2001-01
◎国家局公布 2001 入境旅游者花费数据及据此测算的今年前 9 月旅游外汇收入//中国旅游报 2001-11-14
◎国家旅游组织的现状与未来（一）/匡林//中国旅游报 2001-02-05
◎国家旅游组织的现状与未来（二）/匡林//中国旅游报 2001-02-12
◎国家旅游组织的现状和未来（三）/匡林//中国旅游报 2001-02-19
◎国内会展旅游研究进展/周春发//桂林旅游高等专科学校学报 2001-04
◎国内旅游电子商务仍具前景/张伟明//中国旅游报 2001-03-02
◎国内游奇迹的创造者/张俊//中国旅游报 2001-03-19
◎国外旅游人力资源开发的经验/余昌国//中国旅游报 2001-05-14
◎国外旅游网站带来的启示/殷建勇//中国旅游报 2001-08-10

◎国外生态旅游研究进展综述/李洪波 黄安民//襄樊学院学报 2001-02
◎国外休闲健身面面观/兰政文//中国体育报 2001-11-09
◎国务院关于进一步加快旅游业发展的通知//中国旅游报 2001-04-25
◎哈密旅游新亮点/孙志英//内蒙古林业 2001-07
◎海南：春节旅游有七大变化/陈国聪//中国经济时报 2001-02-05
◎海南的观光事业：展望与问题/捷夫瑞·华尔//桂林旅游高等专科学校学报 2001-04
◎海南假日旅游后顾及前瞻/王志康//今日海南 2001-01
◎海南旅游促销新思路/邢浩福 王健生//中国旅游报 2001-02-05
◎海南旅游市场日趋成熟/吴建平//中国经济时报 2001-10-12
◎海南旅游市场为何淡季不淡/吴建平//中国经济时报 2001-04-18
◎海南旅游要争取跨越式发展/陈耀//今日海南 2001-04
◎海南旅游业的定位及走向/赵立民//西北大学学报（哲学社会科学版）2001-02
◎海南要做大旅游/白槐//中国旅游报 2001-03-16
◎海南中部旅游开发的对策/卢世菊//中国旅游报 2001-01-12
◎海洋旅游经济前景广阔/邵道良//中国旅游报 001-12-26
◎海洋旅游研究初探/李平//海岸工程 2001-01
◎海洋旅游业的若干思考/章仲根//宁波大学学报（理工版）2001-02
◎海洋旅游业在海洋产业中的地位与管理对策/董玉明//中国海洋大学学报（社会科学版）2001-03
◎海洋休闲游钓业前景广阔/林岳夫//中国海洋报 2001-09-25
◎韩国：倾力打造会展旅游目的地/贾鹤鹏//中国旅游报 2001-05-21
◎韩国今年瞄准 55 万中国游客/牛锦霞//中国旅游报 2001-03-05
◎韩国旅华市场机遇与风险共存/李保荣//中国旅游报 2001-04-30
◎韩国旅游锦囊//中国旅游报 2001-05-09
◎韩国掀起“中国风”/李保荣//中国旅游报 2001-06-25
◎韩国主要旅游景点/晓沈//浙江日报 2001-11-19
◎汉阳陵景区应该怎么建/吴晓丛 薛凯 谭平//陕西日报 2001-02-06
◎汉中：旅游交通建设提速/王晓阳//陕西日报 2001-01-09
◎杭州：全力打造爱情之都/崔凤军 王莹//中国旅游报 2001-08-27
◎杭州“旅游西进”敲定六大景区/南子//华东旅游报 2001-07-19
◎杭州打造世界休闲之都/孟怀虎 王京韬//中华工商时报 2001-11-15
◎杭州的“旅游西进”战略/崔凤军//中国旅游报 2001-08-24
◎杭州旅游老本还能吃多久/吴莲芳 孟怀虎//中华工商时报 2001-04-05
◎杭州旅游市场“春意浓”/应舍法//浙江日报 2001-03-28
◎杭州市委书记潜心旅游调研/王信章//中国旅游报 2001-05-25
◎杭州主题公园的经营现状与发展对策/孙优萍//商业经济与管理 2001-07
◎濠江涌动旅游潮/王晋军//中国旅游报 2001-01-15
◎合肥旅游经济软在何处？/张福伟//安徽税务 2001-12
◎合理开发辽宁滨海旅游资源/仲桂清 曲丽梅 李晶//中国旅游报 2001-12-19
◎合理开发西部的旅游资源/卢媛媛//中国企业报 2001-03-20
◎合作开发南昆沿线旅游带的新思路/梁涛//广西民族学院学报（哲学社会科学版）2001-S1
◎和田地区发展旅游业的潜在“品牌”——文物古迹/艾再孜·阿不都热西提//和田师范高等专科学校学报 2001-01
◎河北旅游正是云帆直挂时/吕政//中国旅游报 2001-12-24
◎河南构筑“十五”旅游新格局/张毅兵//中国旅游报 2001-06-13
◎河南旅游：期待世界关注/高亢//河南日报 2001-11-24
◎河南旅游奉献什么/郜峻岭//河南日报 2001-08-13
◎河南旅游要握市场手/周岩森//河南日报 2001-03-10
◎河南省度假旅游资源开发对策研究/林梅英//经济经纬 2001-01
◎河南省旅游业可持续发展问题研究/闫月玲//市场研究 2001-08
◎河南省农业观光旅游开发与思考/娄玉芹//经济经纬 2001-01
◎河南要打造旅游精品/张毅兵//中国旅游报 2001-08-22
◎河南禹州市旅游开发巧打人文资源牌/宋国栋 宋广俊//人民政协报 2001-11-30
◎菏泽沿黄观光农业初具规模/时国军 刘灿淼//中国水利报 2001-09-13
◎贺州全力打好旅游牌/时晓光 刘桂阳//中国旅游报 2001-12-07
◎黑龙江省旅游资源评价研究/徐淑梅//地理科学 2001-02
◎狠抓旅游安全秩序 办好“五一”黄金周/李玲//中国旅游报 2001-04-20
◎横店集团绘就新世纪影视文化旅游蓝图/钱雄伟//中国旅游报 2001-01-03
◎红河旅游迅速崛起/孙耕耘//云南日报 2001-11-13
◎红色旅游热的冷思考/罗秋菊//江西日报 2001-10-15
◎红色旅游热江西/万晶//中国旅游报 2001-06-11
◎鸿声镇依托历史人文兴旅游/李智勇 施晓文//华东旅游报 2001-04-17
◎后发展地区旅游产业发展战略研究——以贵州省为例/张跃西//长江流域资源与环境 2001-03
◎湖北旅游度假区开发破冰启航/童建新//中国旅游报 2001-02-26
◎湖北省旅游文化产业化发展战略初探/周霄//湖北大学成人教育学院学报 2001-03
◎湖北又来了旅游省长/刘晗 程芙蓉//中国旅游报 2001-02-21
◎湖南观光农业旅游发展初探/杨载田//常德师范学院学报（社会科学版）2001-02
◎湖南教育旅游真红火/周为//华东旅游报 2001-08-02
◎湖南旅游业空间结构优化原则/许春晓//湖南经济 2001-02
◎湖南旅游业如何迎入世/柳德荣//湖南商学院学报 2001-06
◎湖南旅游业最近有点“烦”/刘浪 张开宏//湖南经济报 2001-02-21
◎湖南旅游铸就九大辉煌/裴泽牛 姜沙//中国旅游报 2001-02-12
◎湖南省旅游资源的分类、调查与评价/汪清蓉 吴章文//佛山科学技术学院学报（自然科学版）2001-03
◎湖南省森林生态旅游发展潜力及开发举措/贺建林//吉首大学学报（社会科学版）2001-01
◎互联网网民旅游消费调查/王燕生//晓燕中国旅游报 2001-07-27
◎互助营建生态旅游大产业/魏兴国//青海日报 2001-12-11
◎沪上“水旅游”初显风情/三金//华东旅游报 2001-05-12
◎沪上入境旅游高潮迭起/张梅//华东旅游报 2001-05-31
◎花园式港口旅游城市向我们走来/练炼//江西日报 2001-09-17
◎华东部分城市旅游盛况盘点/吕双//华东旅游报 2001-10-13
◎华东旅游线上一道亮丽的风景/许晓音 匡启键//新华日报 2001-04-23

◎华东旅游协作唱大戏/李瑞峰 智峰//江西日报 2001-05-28
◎华侨城搅热 2001 年旅游业？/阿融//中国贸易报 2001-01-20
◎华侨城再投 6 亿元开发旅游新项目/杨凡//中国旅游报 2001-05-11
◎华阴促销激活"金山"/吴剑锋//中国旅游报 2001-10-29
◎华阴旅游收入增长 60 倍/张景红 忠杰 卢萌//陕西日报 2001-11-13
◎华中旅游圈的空间结构模式及发展战略研究/黄其新//经济地理 2001-S1
◎欢乐 兴旺 平安 有序//中国旅游报 2001-01-31
◎环保旅游的概念、实质及其实现途径初探/卞显红//江西社会科学 2001-08
◎环保旅游的概念实质及其实现途径初探/卞显红//江西社会科学 2001-08
◎环洞庭湖旅游区空间结构探析/翟辅东//常德师范学院学报（社会科学版）2001-03
◎黄河小浪底旅游发展探讨/武新洲//中国旅游报 2001-08-15
◎黄金海岸旅游线在山东半岛拉起/小军//华东旅游报 2001-11-10
◎黄金周 国内游客有成熟选择/李燕京//中国消费者报 2001-09-27
◎黄金周旅游工作步入正常轨道//中国旅游报 2001-10-10
◎黄金周旅游收入近 14 亿/曹清华//福建日报 2001-10-09
◎黄金周旅游预报会不会泡汤/杨磊//中国消费者报 2001-01-10
◎黄金周市场走向成熟/胡培炯//文汇报 2001-09-22
◎黄金周新产品好戏连台/张梅//中国旅游报 2001-10-15
◎黄山旅游客源结构发生变化/吴江海//安徽日报 2001-03-30
◎黄山区观光农业资源调查与开发初探/徐光 许乐平 秦志发//安徽农学通报 2001-05
◎黄山市乡村旅游发展浅探/盛学峰//华东旅游报 2001-02-27
◎徽文化旅游大有可为/章尚正//安徽日报 2001-06-08
◎回首：上海旅游业全面发展 展望：迈向世界级旅游强市/刘征//华东旅游报 2001-01-16
◎汇百家之长 辟规划新径/刘锋//中国旅游报 2001-07-13
◎会展旅游 潜力无穷的经济亮点/黎文安//西安日报 2001-08-17
◎会展旅游——海口旅游发展的新亮点/符晓亮//特区展望 2001-06
◎会展旅游潜力无穷的经济亮点/黎文安//西安日报 2001-08-17
◎会展旅游诱人商机谁在分享/祁岳//中国旅游报 2001-02-26
◎会展旅游壮云南/刘栗//中国旅游报 2001-10-12
◎会展业对深圳旅游业发展战略的影响——一个分析框架的适用/朱明芳//桂林旅游高等专科学校学报 2001-01
◎火爆的旅游 迟钝的保险/崔悦民//中国保险 2001-08
◎火爆之后反思冰雪旅游/鲍盛华 张周来//中国税务报 2001-02-13
◎机票 + 酒店 湖州兴起半自助旅游/陆丽萍//浙江日报 2001-09-05
◎机遇、挑战与对策——也谈加入 WTO 与贵州旅游业/王仕佐//贵州大学学报（社会科学版）2001-01
◎积极参与奥运经济 做好做大奥运旅游/陈忠新//天津经济 2001-12
◎积极打造元谋特色旅游的思考/周国兴//创造 2001-07
◎积极发挥政府在假日旅游中的作用/李菊霞 林翔//学术论坛 2001-01
◎积极应对 WTO 促进旅游产业化//中国企业报 2001-03-15
◎基于 FFII 的城市旅游景观塑造：伊春市案例/戴光全//热带地理 2001-03
◎基于 GIS 和多媒体集成的旅游信息系统开发与实践/罗平//测绘通报 2001-12
◎基于 Internet 的旅游营销前景与展望——以山东旅游信息网为例/周霓 何佳梅 闫向军//山东师大学报（自然科学版）2001-03
◎基于 P·S·T 分析的柳州旅游 4C·D 营销策略研究/秦立公//广西工学院学报 2001-02
◎基于铁路廊道的中国国家级风景名胜区市场域分析/王铮//地理学报 2001-02
◎绩效明暗不一 前景喜忧参半/沈彦蓉//中国旅游报 2001-06-01
◎吉林白城唱响生态游协奏曲/晓华//中国旅游报 2001-07-09
◎吉林加快发展生态旅游/张宁//新华每日电讯 2001-08-06
◎吉林省冰雪旅游创税超千万/李卓然//中国税务报 2001-02-07
◎集权还是分权：政府发展旅游业的两难境地/匡林//旅游学刊 2001-02
◎济南旅游经济业绩骄人/韩克群//华东旅游报 2001-10-13
◎济宁旅游异军突起/刘思敏//中国旅游报 2001-08-24
◎继往开来 与时俱进 开创文物旅游新局面——在南京文物与旅游研讨会上的发言/彭卿云//中国文物学会通讯 2001、2002 年合订本 2001-06-30
◎蓟县旅游再攀高峰/王琳//中国旅游报 2001-10-29
◎加大投入 打造精品/李晓良//中国旅游报 2001-12-26
◎加大西部旅游产业投资/范业正//中国投资 2001-11
◎加大宣传力度 做好旅游业大文章/赵永忠//贵阳文史 2001-01
◎加快地方公路建设 促进桂林旅游业的发展/甘坤荣//广西交通科技 2001-03
◎加快发展我国旅游业的对策分析/赵祥明//山东行政学院-山东省经济管理干部学院学报 2001-01
◎加快发展厦门观光旅游农业的研究/米红//发展研究 2001-03
◎加快丰都旅游业发展的思考/蒋宗金//华东旅游报 2001-08-18
◎加快国有旅游企业改制的步伐/纪根立//中国旅游报 2001-12-19
◎加快旅游发展 促进文物保护——访陕西旅游集团公司张小可总经理/宋志伟 王保伦//旅游学刊 2001-05
◎加快旅游发展步伐 带动当地百姓致富/缙云县人民政府//华东旅游报 2001-08-02
◎加快旅游扶贫拓宽致富门路/向秋//中国民族报 2001-04-03
◎加快旅游业发展必须处理好六大关系/李建山/山西政报 2001-20
◎加快茂名旅游业发展的思考/陈朝晖//南方论刊 2001-03
◎加快南岳旅游发展步伐 促使旅游经济快速增长/李万情//湖南经济 2001-07
◎加快宁夏旅游业发展 促进宁夏经济增长/王永忠//市场经济研究 2001-03
◎加快曲江旅游度假区建设/肖雪//西安日报 2001-11-21
◎加快我国旅游业发展探析/李莎//湖南商学院学报 2001-01
◎加快我国旅游业发展探析/李莎//湖南商学院学报 2001-01
◎加快我区旅游业发展的几点思考/海山//北方经济 2001-12
◎加快武汉旅游业发展的对策探讨/李子诚//决策咨询通讯 2001-04
◎加快锡盟草原特色旅游资源的开发与利用/白志明//中国商报 2001-08-16
◎加快浙东沿海地区旅游联合开发/李跃军//台州学院学报 2001-05
◎加拿大风行生态旅游//内蒙古日报（汉）2001-03-27

◎加强花溪河水环境保护 实现经济可持续发展/袁志彬//中国建设报 2001-11-13
◎加强旅游地质 研究服务湖南经济建设/董和金//湖南地质 2001-01
◎加强旅游市场宣传促销 开发适销对路旅游产品/张荣大//新华每日电讯 2001-05-07
◎加强旅游业档案管理工作的思考/张福义//山西档案 2001-02
◎加强十一旅游市场管理/黄微//中国食品质量报 2001-09-20
◎加强文物旅游促销 塑造"丝绸之路"品牌/袁军庆//中国旅游报 2001-02-12
◎加强综合规划实现旅游资源有效配置/丁胜//学习月刊 2001-01
◎加入 WTO 对浙江旅游业的影响与对策研究/葛立成//浙江学刊 2001-04
◎加入 WTO 后湖南旅游业发展研究/杨洪//株洲师范高等专科学校学报 2001-01
◎假日经济彩虹下的反思/符莹//湖南经济报 2001-03-19
◎假日经济对旅游业的影响及旅游发展因应对策/陶卓民//经济地理 2001-S1
◎假日经济理性升温/黎霆 杨良敏//中国经济时报 2001-05-15
◎假日经济与假日产品的形成/苟自钧//中国旅游报 2001-04-09
◎假日经济与旅游业经营发展探析/杨敏//南方经济 2001-11
◎假日经济与农业观光旅游发展研究/赵长正 王健 黄胜洪//学会 2001-06
◎假日旅游不姓"假"/吴伟余//中国旅游报 2001-03-23
◎假日旅游的可持续发展/谢莉//衡阳师范学院学报 2001-05
◎假日旅游高峰对旅游生态环境的破坏及对策分析/谢朝武 郑向敏//旅游科学 2001-03
◎假日旅游好风光 缘何精神会失常/吴国恩//医药经济报 2001-09-26
◎假日旅游亟待规范/李晔 单羽青//中国经济时报 2001-02-07
◎假日旅游经济负面影响的对策研究/汪德根 章锦河//安徽师范大学学报（人文社会科学版）2001-03
◎假日旅游经济和思想政治工作/李武武//中国旅游报 2001-03-02
◎假日旅游转入平稳有序/陈天湖//华东旅游报 2001-12-01
◎假日休闲完全企划/陈明杰//中国体育报 2001-04-27
◎坚定不移地走旅游立市的发展路子/雷孟斌//中国改革 2001-12
◎简论安庆郊区生态旅游业/程用学//安徽林业 2001-03
◎简论生态旅游的实质与发展特点/骆培聪 林芳//福建地理 2001-01
◎建立"上海国际化综合性旅游商品市场"的可行性研究/辛建//国际商务研究 2001-05
◎建立花岩溪可持续发展旅游经济体系的思考/张丽华//商业研究 2001-06
◎建立江阴旅游产业集团优势凸现/张华//华东旅游报 2001-04-03
◎建立旅游可持续发展的复合系统/唐飞//东北财经大学学报 2001-02
◎建立梅力更自然保护区迫在眉睫/祝福//内蒙古日报（汉）//2001-08-28
◎建设精品景区 促进旅游发展/佟华龄//中国旅游报 2001-12-05
◎建设民族文化大省 树立旅游产业意识/朱有方//云南政协报 2001-06-20
◎建设闽台旅游合作试验区/林长榕//福建日报 2001-02-07
◎建设世界旅游强国的强大动力//中国旅游报 2001-04-25
◎建设文明富庶的绿色旅游城市/姜宝水 白玉生//内蒙古日报（汉）2001-12-05
◎建设盐田旅游强区的若干思考/陈治华//特区理论与实践 2001-03
◎建水县旅游资源禀赋及评价/任敬 张丽娜 叶文//云南师范大学学报（哲学社会科学版）2001-05
◎江苏假日旅游带动百业兴旺/楚益祥//市场报 2001-10-11
◎江苏旅游商品发展之我见/汪薇//华东旅游报 2001-12-04
◎江苏形成政府主导大旅游格局/周伟明//中国旅游报 2001-02-19
◎江苏沿海生态旅游开发的生态经济学思考/张树夫 侯国林 唐继刚 葛军莲//生态经济 2001-05
◎江西电信保障红色旅游/彭林//人民邮电 2001-04-26
◎江西旅游，呼唤整体形象/李瑞峰 罗云羽//江西日报 2001-04-26
◎江西旅游踏上"全顺之旅"/李瑞峰//中国旅游报 2001-08-13
◎江西旅游显现支柱产业特征/黄健 万晶//中国旅游报 2001-02-07
◎江西旅游要争创新优势做好大文章/吴文峰//中国旅游报 2001-05-21
◎江西旅游业成绩斐然//江西日报 2001-02-15
◎江西旅游业发展与公路旅游交通现状实证分析/肖传伟 肖跃秀//江西社会科学 2001-09
◎江西全力提升景区可进入性/郭惠芳//中国旅游报 2001-10-19
◎江西遂川跻身"大井冈"旅游圈/石雨 王序楠//华东旅游报 2001-07-21
◎江心洲怎样成为旅游热点/王颖 徐冠英//新华日报 2001-05-31
◎江浙沪三省市国际旅游业发展情况的对比分析/邬爱其//上海经济研究 2001-01
◎将旅游业培育成我国新的经济增长点的思路/牛吉平//郑州经济管理干部学院学报 2001-03
◎将青藏铁路构筑成世界顶级旅游带/刘锋//中国旅游报 2001-03-12
◎将太空旅游进行到底/贾鹤鹏 姚欣//中国旅游报 2001-08-06
◎奖励旅游管理利器/魏雅婷//金融时报 2001-05-15
◎焦作关注外地游客评价/杨凌 郑东涛 任炎丽//河南日报 2001-05-15
◎焦作靠市场化运作拓展旅游业/周岩森 王运增//河南日报 2001-08-08
◎叫响辽宁"美食旅游"/蒲若梅//辽宁日报 2001-01-18
◎叫响辽宁旅游区域品牌/吴冬艳//辽宁日报 2001-04-27
◎教育旅游、旅游教育与可持续旅游发展/朴松爱//旅游科学 2001-04
◎节日文化大餐精彩纷呈/伍斌 姜小玲 端木复 李光一 顾咪咪//解放日报 2001-05-01
◎解读"优秀旅游城市"之谜/林春霞 郭红强 李银雁//中国经济时报 2001-04-09
◎解读桂林经济新活力/李银雁//中国经济时报 2001-08-07
◎解读四川旅游业/杨全新//经济世界 2001-08
◎借诗仙之笔 做旅游文章——记悄然兴起的马鞍山旅游业/邓虹德//安徽税务 2001-07
◎金湖粮仓变金盆/游水平 江秀星//中国旅游报 2001-05-14
◎金旅雅途怎样打造中国旅游电子商务国家队/鹏飞//中国旅游报 2001-10-19
◎金马碧鸡：能否打出昆明旅游新品牌/黄涛//云南日报 2001-07-17
◎金沙滩构筑西部旅游精品//新疆日报（汉）2001-06-27
◎锦绣大地 观光农业的背后……/徐文营 李歆月//湖北林业科技

2001-01
◎近年来我国森林旅游研究综述/李向明//江西林业科技 2001-03
◎近十几年来国内外生态旅游研究进展/陈忠晓 王仰麟 刘忠伟//地球科学进展 2001-04
◎进入旅游电子商务是云南旅游企业的发展方向/李寒//云南经济日报 2001-07-15
◎进一步发展我国现代宗教文化旅游事业/陈荣富 周敏慧//江西社会科学 2001-09
◎进一步发展云南旅游业的思考/刘学愚//中共云南省委党校学报 2001-06
◎进一步开发陕西旅游业的几点建议/周彬//陕西省行政学院.陕西省经济管理干部学院学报 2001-02
◎晋商民俗文化带旺晋中旅游/胡靖国//消费日报 2001-05-11
◎晋中旅游产业现状分析及其产业政策透视/杨晓国//晋阳学刊 2001-05
◎晋中旅游高扬文化牌/刘杰 耿彦军 王丽峰//中国企业报 2001-10-12
◎晋中旅游资源配置与产品策划/杨晓国//经济问题 2001-09
◎京西旅游产业结构调整开始见效/沈周翔//财经时报 2001-08-17
◎京西旅游优化资产结构向高科技转型/李肇齐//中国旅游报 2001-07-06
◎经济全球化条件下南京旅游业发展研究/韩顺平 黄繁华//科技与经济 2001-03
◎荆门市：旅游业列为新兴支柱产业/陈满成//当代经济 2001-06
◎精品旅游景区的建设及品牌树立/黎志//中国旅游报 2001-12-05
◎精心打造山海品牌//新华日报 2001-06-15
◎井冈山旅游客源市场调查及开发对策/顾晓艳//桂林旅游高等专科学校学报 2001-04
◎景德镇冲刺江南旅游都市/黄坚飞//中国建设报 2001-06-19
◎景观生态学与生态旅游规划管理/刘忠伟//地理研究 2001-02
◎景洪旅游业的可持续发展研究/王筱春//云南民族学院学报(哲学社会科学版) 2001-06
◎景区开发引入文脉新概念/陈南江//中国旅游报 2001-10-19
◎景区旅游开发与生态环境保护/严启坤//中国工程咨询 2001-03
◎净月潭国家森林公园生态旅游开发构想/孙道玮//东北林业大学学报 2001-03
◎竞争活力从何而来/周伟明//中国旅游报 2001-10-29
◎九嶷山风景区旅游资源评价与开发研究/许树辉//邵阳师范高等专科学校学报 2001-05
◎九运促羊城旅游转型/罗刚 张文敏//中国旅游报 2001-11-28
◎九寨沟旅游者的结构与行为分析/晏杰//经济地理 2001-01
◎举生态旗 打野人牌 走特色路——推进神农架旅游经济快速发展的思考/谭徽//在政策 2001-09
◎开辟西部旅游线/殷克栋//华东旅游报 2001-06-21
◎开创大连旅游业发展的新格局/安辉//东北财经大学学报 2001-06
◎开发“主题旅游”/顾震 曹介森 王颖 燕志华//新华日报 2001-04-11
◎开发大别山 旅游促发展/程建新//中国旅游报 2001-10-22
◎开发霍州旅游资源 发展霍州旅游产业/王月喜//沧桑 2001-02
◎开发旅游产业发展旅游经济/滕万翠//湖南政报 2001-20
◎开发旅游工艺品 应注意三个导向/舒伯阳//中国旅游报 2001-12-26
◎开发旅游物业时机来了/谢红玲//中国经营报 2001-08-07
◎开发旅游资源 促进经济发展/杨延生 韩鹏//中国民族报 2001-10-26
◎开发旅游资源 推进经济发展——西安市户县旅游资源开发的例证分析/李利民//统计与信息论坛 2001-06
◎开发旅游资源，把眼光放远些/朱新法 宋晓华//新华日报 2001-11-16
◎开发南澳大旅游的构想/李睿//特区理论与实践 2001-02
◎开发休闲渔业将成为我市渔业新的经济增长点/王秉维//天津水产 2001-02
◎开发伊春森林生态旅游的战略构想/丁郁 刘敬梅 于云生//林业勘查设计 2001-01
◎开发以张謇为中心的南通人文旅游资源简论——张謇旅游文化系列谈之一/赵苇航//南通工学院学报 2001-01
◎开封城市旅游水系资源系统开发初探/孙建国 杨士恒//黄河水利职业技术学院学报 2001-03
◎开封旅游业可持续发展问题的思考/魏新生//开封大学学报 2001-03
◎开封旅游资源的评价及开发利用对策/许刚//北方经贸 2001-11
◎开启欧洲旅游市场的大门/赵勇//中国交通报 2001-12-26
◎开拓创新经营城市大旅游/王建国//中国城市经济 2001-09
◎开拓湖南旅游新市场/吴晓梅//中国旅游报 2001-02-19
◎开拓旅游市场 提高生活品位/巩军 阎丽娅//中国老年报 2001-09-03
◎开拓梧州市旅游市场的探讨/咏明//广西市场与价格 2001-07
◎开展清洁生产促进旅游业可持续发展/张筱鹏//云南环境科学 2001-02
◎开展区域经济协作 促进广西经济发展——走旅游业联合经营的道路/胡霞露//南京经济学院学报 2001-01
◎看常州恐龙园如何领跑文化产业/仲燕 启键 粉琴 向东 秋萍 颖旦//新华日报 2001-03-28
◎靠冰雪旅游吃饭 做森林旅游文章/铁铮 史广明//中国绿色时报 2001-04-20
◎科技旅游何处寻/枫溪//中国建设报 2001-06-15
◎科技旅游在北京/大海//北京科技报 2001-04-27
◎科普旅游庐山新看点/文东//江西日报 2001-08-21
◎可持续旅游及其区域实现途径探讨——以井冈山风景名胜区为例/陈忠晓//长江流域资源与环境 2001-02
◎昆明 初战告捷/吴晓梅 刘栗//中国旅游报 2001-09-07
◎昆明世博园规划的主题升华与城市旅游形象/李小波 于希贤//旅游学刊 2001-06
◎昆山市旅游业充满活力/方勇 春鸣 国光//新华日报 2001-11-20
◎扩大郑州旅游产业规模/龚立群//中国经济时报 2001-01-05
◎拉长旅游经济产业链/王胜昔//河南日报 2001-11-28
◎拉美生态旅游方兴未艾/李强//中国贸易报 2001-08-02
◎来华旅游者带来一块大蛋糕//中国信息报 2001-06-18
◎浪漫之都——大连旅游/柳振万//中国旅游报 2001-03-07
◎老龄人口旅游空间行为特征及其对旅游业发展的启示/魏立华 丛艳国//人文地理 2001-01
◎老年旅游天地宽//中国老年报 2001-11-04
◎老年朋友您会休闲吗/凌肖//中国老年报 2001-07-22
◎乐山为何调整旅游文化产品结构/冯俊锋//四川日报 2001-02-28
◎乐业拥有世界顶级旅游资源/杨来//广西日报 2001-08-26
◎乐业抓好天坑群旅游开发前期工作/杨来//广西日报 2001-08-15
◎冷眼旁观（上）中国旅游网站的兴衰/张洵涛//中国旅游报 2001-12-31
◎离开绿色中国旅游还有什么/士达 红祥//人民政协报 2001-

02-06
⊙离散型度假区规划研究——崂山旅游度假区规划探索/吴承照//规划师 2001-06
⊙力争将三亚市发展成为世界一流的旅游城市/吴文学//中华武术 2001-03
⊙历史文化名城旅游产品体系的开发/李芸//连云港师范高等专科学校学报 2001-04
⊙历史文化名城旅游开发现状与可持续发展战略/李芸//镇江高专学报 2001-04
⊙历史文化名城旅游形象浅析/陈玉英//北京第二外国语学院学报 2001-03
⊙历史文化名城文化产业与旅游产业整合创新的目标模式研究——以云南大理为例/黎洁 李垣//思想战线 2001-01
⊙立支柱产业 建旅游大市/汪联舫//当代经济 2001-09
⊙立足博物馆 合理运用文物资源 建设精品旅游景区/吴永琪//中国文物学会通讯 2001、2002 年合订本 2001-06-30
⊙立足港澳台 拓展新客源/鄢玫//江西日报 2001-09-03
⊙丽江地区打好特色经济牌/李秀春//云南日报 2001-03-28
⊙丽江旅游无淡季/李秀春//云南日报 2001-08-15
⊙丽江探索旅游开发新路/张晖 刘为民 冯魄//云南日报 2001-11-05
⊙丽江县"大旅游"带来大发展/张晖 刘为民//云南日报 2001-11-05
⊙利用加入 WTO 契机发展我国滨海旅游/孙吉亭//海洋开发与管理 2001-01
⊙利用历史资源建设锦州"战争文化旅游城"的构想/陈才//辽宁师范大学学报(社会科学版) 2001-06
⊙利用英德独特资源营建北江历史文化名城旅游区/徐颂 张毅//热带地理 2001-04
⊙利用资本市场发展旅游产业/高广新//旅游学刊 2001-05
⊙利用资源优势发展休闲产业/宋成立//中国贸易报 2001-03-29
⊙连云港:旅游经济方兴未艾 税收流失不容忽视/杨德兴 杨晓 万素林//江苏经济报 2001-09-03
⊙联合开发重庆市名牌旅游业战略的思考/秦岁民 于欣//重庆交通学院学报(社会科学版) 2001-02
⊙联手打造三峡旅游//中国水利报 2001-07-05
⊙凉山旅游业发展对策探讨/金希泮//四川商业高等专科学校学报 2001-01
⊙梁山 旅游文化味渐浓/张金锋//中国旅游报 2001-12-21
⊙两权分离经营且看黄龙洞如何演绎/全迎春//中国旅游报 2001-08-10
⊙两位国际专家谈江苏旅游开发/王颖//新华日报 2001-12-06
⊙辽宁省旅游资源区域开发的研究/瘳焱//第二外国语学院学报 2001-01
⊙临沂观光农业发展研究/谷增发//山东经济 2001-05
⊙领导人才是旅游业开拓进取的关键/余昌国//中国旅游报 2001-11-26
⊙流坑文化旅游业可持续发展初探/银光灿//江西社会科学 2001-11
⊙留住游客的脚步/吴晓梅//中国旅游报 2001-01-15
⊙六安旅游扶贫探新路/何朝本//安徽日报 2001-11-23
⊙六项政策措施为旅游发展鼓劲/杨勋//云南经济日报 2001-08-08
⊙龙头旅游扮美榕城 社区旅游渐成网络/卢雅//福建日报 2001-06-13
⊙陇南实施旅游扶贫方略/罗建军//中国旅游报 2001-06-04
⊙庐山旅游经济加速发展/练炼//江西日报 2001-10-13
⊙庐山旅游举起"体育牌"/李瑞峰 戴健//中国旅游报 2001-05-28
⊙庐山市场大调查/王健 戴健//中国旅游报 2001-05-14
⊙芦芽山自然保护区森林旅游价值评估/亢新刚//北京林业大学学报 2001-03
⊙泸沽湖生态旅游建设研究/田军 庞云平//云南环境科学 2001-02
⊙鲁山旅游扶贫拓新路/段孝和 王向阳//中国旅游报 2001-07-06
⊙鹿泉市如何进行旅游招商引资/王新华//中国旅游报 2001-08-31
⊙旅游:唱假日经济大戏/熊国太//江西日报 2001-10-09
⊙旅游:美景+舒心——新概念还是老内容/雨菲//计算机周刊 2001-25
⊙旅游:让古都焕发青春/李晓良//中国旅游报 2001-11-23
⊙旅游:少数民族经济腾飞的"快车道"/张敏//人民政协报 2001-08-11
⊙旅游:四川的又一张王牌/谢宝康 车海刚 魏开明 韩清华 卢生海//中国经济时报 2001-06-19
⊙旅游:一个"特"字出墙来/章柳//金融时报 2001-11-09
⊙旅游"黄金周"留没留下一座税收金山/牛达 杨相民 张劲松//中国税务报 2001-10-17
⊙旅游"文化牌"正在崛起/王运才 王凡凡 石莹//华东旅游报 2001-03-01
⊙旅游+电子商务=商机/杨振之 胡海霞//厂长经理日报 2001-07-19
⊙旅游安全表现形态与时空特征简析/张进福 郑向敏//桂林旅游高等专科学校学报 2001-01
⊙旅游安全管理现状分析与对策思考/张进福//旅游科学 2001-02
⊙旅游安全研究/张进福 郑向敏//华侨大学学报(人文社会科学版) 2001-01
⊙旅游产品的内涵、类型划分及价值问题研究/张陆 徐刚 夏文汇//重庆工学院学报 2001-01
⊙旅游产品核心竞争力的新视角/张梦//财经科学 2001-04
⊙旅游产品价格的内在与外在决定分析/龙京红//中国物价 2001-12
⊙旅游产品开发和生态环境建设/丁杰盔//城市问题 2001-02
⊙旅游产品开发要走产业化道路/林翎 李智勇//华东旅游报 2001-03-31
⊙旅游产品需不断包装出新/吴红梅 姜圣瑜//新华日报 2001-02-16
⊙旅游产业:塑造三亚别样风景/秉真//中华儿女(海外版) 2001-20
⊙旅游产业的底蕴:人与自然的和谐——赴云南考察的思考和体会/吴建华//中共杭州市委党校学报 2001-06
⊙旅游产业内部的行业层次结构问题研究——兼论旅游产业和旅游业的内涵及外延/张陆//重庆工学院学报 2001-06
⊙旅游超市:联盟"突围"/刘思敏//中国旅游报 2001-08-10
⊙旅游潮引发的社会思考——关于现代人旅游消费心理取向的调查/王艺//山西财政税务专科学校学报 2001-05
⊙旅游撑起林区经济"半边天"/刘国根//湖北财税 2001-23
⊙旅游成为拉动内需"领头羊"/陈薇 夏莹 汪晓霞//新华日报 2001-07-23
⊙旅游成为三江经济新"卖点"/杨梅//广西日报 2001-04-06
⊙旅游承载力及测度/舒晶//北京第二外国语学院学报 2001-03
⊙旅游城市休闲服务业协调发展研究/许峰//旅游学刊 2001-05
⊙旅游城市与城市旅游——另一种眼光看城市/魏小安//旅游学

刊 2001-06
◎旅游创业与开拓型人才/林永匡//中国旅游报 2001-11-07
◎旅游促销有讲究/曹黎//厂长经理日报 2001-01-20
◎旅游带旺桂平市第三产业/谢彩文 陈立雄 李秋鹏//广西日报 2001-03-12
◎旅游登台唱大戏/肖榕 黄少鹤//福建日报 2001-11-22
◎旅游地产异军突起/程国慧//市场报 2001-09-14
◎旅游地理学研究重点及发展趋势分析/李君轶//陕西师范大学继续教育学报 2001-04
◎旅游地屏蔽理论研究/许春晓//热带地理 2001-01
◎旅游地屏蔽现象研究/许春晓//北京第二外国语学院学报 2001-01
◎旅游地社会文化环境变迁机制试研究/杨俭波//旅游学刊 2001-06
◎旅游地周边乡村社区的功能与结构更新/刘明//华中师范大学学报（自然科学版）2001-01
◎旅游电子商务对传统旅行社业的影响及对策/诸丹//成都大学学报（社会科学版）2001-03
◎旅游电子商务发展模式与问题/陈治刚//重庆邮电学院学报（自然科学版）2001-S1
◎旅游电子商务发展趋势浅析及对策/许新平 张哲//华东旅游报 2001-08-18
◎旅游电子商务力拼“五一”市场/黄果//计算机世界//2001-05-07
◎旅游电子商务网站与福建省旅游业的发展/谢跟踪//福建地理 2001-01
◎旅游度假地规划特点及现有规划设计规程的适用性研究/陈东田 吴人韦//旅游学刊 2001-05
◎旅游度假区开发的选址研究/刘家明 季任钧//人文地理 2001-05
◎旅游对经济的贡献分析/聂晓民//中国旅游报 2001-05-25
◎旅游发展催生无限商机/李国政//中国工商报 2001-02-13
◎旅游房产开发渐成热点/张银曙 吴素素//经济参考报 2001-11-24
◎旅游房地产初探/王赞强//闽西职业大学学报 2001-04
◎旅游房地产悄然起步/沈飞//中国经营报 2001-06-28
◎旅游扶贫大有可为/程以金/江西老区建设 2001-03
◎旅游扶贫看贵州/蒋兴勇 陈德乾//中国旅游报 2001-07-09
◎旅游扶贫六盘山/沐雨//中国旅游报 2001-12-05
◎旅游扶贫昭示宁南山区富裕路/姚巨才//中国旅游报 2001-10-19
◎旅游服务等待及其修复策略研究/王晖//桂林旅游高等专科学校学报 2001-01
◎旅游概念：西部裂变/碧峰峡/刘理科 刘思敏//中国旅游报 2001-06-01
◎旅游购买态度分析/于由//商业经济与管理 2001-02
◎旅游购物的心理误区与调整对策/陈秋萍 郑向敏//北京第二外国语学院学报 2001-05
◎旅游购物节给即墨带来什么？/王刚 车云开//华东旅游报 2001-05-26
◎旅游观光农业开发中的问题与对策/张树夫 唐继刚//农业经济 2001-06
◎旅游观光农业下一个热点？/杜银萍//中国乡镇企业报 2001-10-05
◎旅游管理人才走俏山城/王晓莉//重庆商报 2001-08-01
◎旅游管理专业本科教育研究/张毓峰//财经科学 2001-S2
◎旅游广告 雾里看花/于普增 王辉 李征伦//中国质量报 2001-04-26
◎旅游规划：市场、规范与创新/魏小安//中国旅游报 2001-11-09
◎旅游规划三元论——中国现代旅游规划的定向·定性·定位·定型/刘滨谊//旅游学刊 2001-05
◎旅游规划应提倡公众参与/薛莹//中国旅游报 2001-08-10
◎旅游规划与城市规划的关系/杨林//北方经贸 2001-03
◎旅游合同立法初探/葛宇菁//旅游学刊 2001-01
◎旅游呼唤安全/孙春英//法制日报 2001-04-18
◎旅游花开 税收结果——竹山县旅游业撑起税收一片天/陈卫彬//湖北财税 2001-13
◎旅游黄金周：火热中走向理性/程国慧//市场报 2001-10-09
◎旅游黄金周撑起假日经济/刘胜 林泽钧//中国邮政报 2001-02-20
◎旅游黄金周的启示/林长榕//华东旅游报 2001-06-23
◎旅游黄金周走向成熟/曹清华//福建日报 2001-05-13
◎旅游回扣令人忧/山农//经济参考报 2001-01-04
◎旅游活动测量与 TSA 方法/任佳燕 张海燕 赵丽霞//中国统计 2001-08
◎旅游活动与旅游卫星账户（TSA）/赵丽霞//统计与预测 2001-05
◎旅游火爆 税收如何/杨闵龙//中国税务报 2001-07-18
◎旅游火了 税收如何/杨闵龙//中国税务报 2001-09-05
◎旅游激活连城/张蕾//农民日报 2001-07-06
◎旅游激活新密云/王东华 何宝利//中国财经报 2001-10-19
◎旅游纪念品亟待深度开发/桂冕//江苏经济报 2001-04-04
◎旅游交通规划的基础框架/关宏志 任军 刘兰辉//北京规划建设 2001-06
◎旅游教育成功的关键/肖曲//中国旅游报 2001-07-30
◎旅游教育如何“入世”/徐菊凤//中国旅游报 2001-12-10
◎旅游经济报道谈/靳更新//新闻传播 2001-01
◎旅游经济并非只在“黄金周”/刘菁//经济参考报 2001-04-24
◎旅游经济不能仅靠 3 个黄金周//湖南经济报 2001-10-24
◎旅游经济不能全靠黄金周/吴明//消费日报 2001-10-16
◎旅游经济的时代期望/代雨东//中华工商时报 2001-07-05
◎旅游经济活动作用的反思/陈绍友//中学地理教学参考 2001-12
◎旅游经济岂止仅在黄金周/刘菁//中国建设报 2001-10-23
◎旅游经济学教材内容体系的沿革——兼论旅游经济学教材内容体系的创新/谷冠鹏//河北大学成人教育学院学报 2001-04
◎旅游经济在“富民强省”战略中的作用/李东和//安徽日报 2001-08-09
◎旅游经营权拍卖成新热点/郝丽萍//深圳商报 2001-09-07
◎旅游精品的开发和建设/张利群//广西党史 2001-01
◎旅游景点，靠什么拉长消费旺季/吴红梅 孙巡//新华日报 2001-03-15
◎旅游景观房产露头角/张奕//解放日报 2001-11-21
◎旅游景观系统刍论/宋东涛 宋秋 宋芳//乐山师范学院学报 2001-03
◎旅游景区的保护与开发利用/陈洪根//中国旅游报 2001-12-12
◎旅游景区的开发为何要提倡“规划先行”//中国旅游报 2001-12-19
◎旅游景区的体制创新与经营发展/吴广诚//中国旅游报 2001-12-05
◎旅游景区品牌形象塑造研究/李艳 牛志文//北京第二外国语学院学报 2001-05
◎旅游竞争优势战略：旅游业发展的新战略观/左冰//经济问题

探索 2001-07
◎旅游纠纷分析方法研究/帅建华//牡丹江大学学报 2001-03
◎旅游开发、所有权经营权和保护管理：经济学视野中的遗产资源问题/曹兵武//中国文物报 2001-12-21
◎旅游开发诚信先行/曹清华//福建日报 2001-07-30
◎旅游开发富民富县/张柏萍 罗日杰//广西日报 2001-11-19
◎旅游开发火瑶城/盘爱平 张跃元//中国税务报 2001-01-08
◎旅游开发要突出特色/刘小平//经济论坛 2001-23
◎旅游开发与贫困消除/马忠玉//大众科技报 2001-06-28
◎旅游开发纵横谈/王溥//湖北日报 2001-04-17
◎旅游渴望和平的空间 和平促进旅游的辉煌/魏小安//中国旅游报 2001-09-19
◎旅游目的地形象的形成过程与生命周期初探/周年兴//地理学与国土研究 2001-01
◎旅游目的地营销模式研究/马艺芳//中南林学院 2001-11-01
◎旅游欧洲更便利/张晖//检察日报 2001-03-27
◎旅游品牌的十大特征/鹤//中国旅游报 2001-05-28
◎旅游铺路 科普架桥/黄建平 马铭 朱鸿祥//云南日报 2001-02-27
◎旅游企业 跨行业投资转型须慎行/高广新//中国旅游报 2001-12-19
◎旅游企业的股权融资和债权融资 国泰君安/高广新//中国旅游报 2001-08-03
◎旅游企业服务利润链理论初探/王丽华//财经问题研究 2001-04
◎旅游企业开展网络营销九大策略/黄松山//中国旅游报 2001-03-23
◎旅游企业联姻成功的秘密/贾鹤鹏//中国旅游报 2001-02-26
◎旅游企业品牌战略探讨/郭鲁芳//旅游科学 2001-03
◎旅游企业如何在市场营销中正确定位？/李天元//华东旅游报 2001-04-07
◎旅游企业上演龙虎斗/晏国政//工人日报 2001-06-24
◎旅游企业知识管理策略探讨/王素珍//商业研究 2001-10
◎旅游强国增动力 大有可为上新阶/林永匡//中国旅游报 2001-06-29
◎旅游区（点）的发展/魏小安 彭德成//中国旅游报 2001-01-08
◎旅游区可持续发展规划的特点及原则/徐树建//陕西师范大学学报（自然科学版）2001-S1
◎旅游区三重旅游环境系统及其优化调控——以西安为例/吴成基 彭永祥 孟彩平 孟凡静//旅游学刊 2001-04
◎旅游区引景空间规划的理论与方法/苏平//人文地理 2001-05
◎旅游区域形象价值评价指标体系的初步研究/章锦河//安徽师范大学学报（人文社会科学版）2001-01
◎旅游热中的冷思考/孙健//科技情报开发与经济 2001-04
◎旅游人才的管理创新/欧阳欢//海南省首届人才战略论坛 2001-12-01
◎旅游人类学在美国/张晓萍//思想战线 2001-02
◎旅游商标的创建模式/杨林//中华商标 2001-01
◎旅游商品：人们关注特色、价位、质量/东文 文强//中国保险报 2001-04-05
◎旅游商品的开发对策/马晓京//中南民族学院学报（人文社会科学版）2001-02
◎旅游商品的虚拟经营/冯娟//思想战线 2001-02
◎旅游商品亟待出彩/东民 新宇//中国工商报 2001-08-31
◎旅游商品亟待改头换面/赵承//市场报 2001-06-26
◎旅游商品将改头换面//西藏日报 2001-07-16
◎旅游商品靓起来/瑞峰 黄颖//江西日报 2001-09-18
◎旅游商品开发的“怪圈”与创新/杨林//商业文化 2001-02
◎旅游商品开发设计的思考/易忠杨晓芳//浙江工艺美术 2001-03
◎旅游商品开发探讨/赵黎明//北京第二外国语学院学报 2001-03
◎旅游商品面临大运考验/张冬萍//北京日报 2001-08-28
◎旅游商品前景广阔/梁薇 黄礼滨//中国旅游报 2001-01-15
◎旅游商品市场存在四大不足/康旻//中国经营报 2001-03-06
◎旅游商品特色不足难成器/何刚//消费日报 2001-07-04
◎旅游商品为何少有人问津/刘刚//经济参考报 2001-10-12
◎旅游商品拥有巨大潜在市场/康旻//中国经营报 2001-03-06
◎旅游商品犹抱琵琶半遮面/李庄//重庆商报 2001-07-18
◎旅游上市公司看好高科技/张伟明//中国旅游报 2001-01-24
◎旅游上市公司问题研究/聂晓民//中国旅游报 2001-08-31
◎旅游上市公司陷入围城/沈周翔//财经时报 2001-01-17
◎旅游上市公司效益分析/叶欣 叶再林//中国旅游报 2001-02-28
◎旅游胜地 投资热土/徐松林 何关新//华东旅游报 2001-11-10
◎旅游实践呼唤旅游理论的创新/史延廷//中国旅游报 2001-02-26
◎旅游市场的“李子”与“柠檬”/王则柯//文汇报 2001-11-18
◎旅游市场看火 服务态度欠热/张祖辉//大众科技报 2001-04-24
◎旅游市场信息不对称与旅游者权益保护/孙建超//旅游学刊 2001-02
◎旅游市场需求与旅游产品的开发设计/苟自钧//经济经纬 2001-05
◎旅游是爱的艺术/刘元煌 郭洪//中国经营报 2001-05-08
◎旅游税收征管现状及对策/严龙//中国财经报 2001-11-14
◎旅游统计指标体系的构成/刘建翠//上海统计 2001-03
◎旅游图书的文化根源/王晓珑//新闻出版交流 2001-02
◎旅游图书抢打“五一”牌/张靖//中华读书报//2001-04-11
◎旅游托起日本经济的明天/周文杰//中国旅游报 2001-04-09
◎旅游网络业还能给我们什么惊喜？/王峻峰//江苏经济报 2001-07-31
◎旅游网站的变通/张洵涛//中国旅游报 2001-08-17
◎旅游网站的性能及其发展态势/路紫//地球信息科学 2001-01
◎旅游危机应对策略/蔡红//中国旅游报 2001-06-22
◎旅游卫星账户（TSA）——1998 的构建/赵丽霞//统计研究 2001-08
◎旅游温冷区国内旅游市场营销研究/刘锋//经济地理 2001-03
◎旅游文化夜市俏唐山/润青//河北日报 2001-04-26
◎旅游文化与文化旅游/韩国荣 张得祖 王文泸 张发禄 卫尔明 王熙斌 侯建赟 兰国宝 孙平//青海日报 2001-05-06
◎旅游文化——中国旅游业参与国际竞争成败的关键/谢春山//北京第二外国语学院学报 2001-03
◎旅游无界域/纪红//华东旅游报 2001-05-15
◎旅游系统与旅游规划/吴晋峰 段骅//人文地理 2001-05
◎旅游线路开发人权益保护探讨/郭超//中国旅游报 2001-11-12
◎旅游消费导向旅游产业发展之三维对接研究——中国可持续消费发展学说的局部验证与系统分析/司金銮//经济体制改革 2001-04
◎旅游消费及其效用研究/肖忠东 严艳 赵西萍//陕西师范大学学报（自然科学版）2001-03
◎旅游消费探微/邓前星//邵阳师范高等专科学校学报 2001-04
◎旅游新潮流 租房车/李海霞//中国商报 2001-05-31
◎旅游新热点“海游”/翟峰//中国老年报 2001-05-20
◎旅游新形象与姑苏盛世图//中国旅游报 2001-07-18
◎旅游兴业与人的现代化/林永匡//中国旅游报 2001-10-15
◎旅游行业偷逃税现象严重/天佑 志刚 新建 杭春燕//新华日报 2001-01-23

◎旅游行业喜迎八方来客/易凯//中国信息报 2001-12-06
◎旅游行业中人力资源的评价/Vong Chuk Kwan Fanny//中国旅游报 2001-11-16
◎旅游需有文化修养/张佐//云南日报 2001-04-04
◎旅游宣传不可低估/薛长福//青海日报 2001-12-19
◎旅游研究中的系统思维方法：概念与应用/钟韵 彭华//旅游学刊 2001-03
◎旅游也兴讲政治/张俊 钟鸣//中国旅游报 2001-03-28
◎旅游业 热了市场 冷了资本/付磊//新财经 2001-05
◎旅游业：近虑与远忧——梅里冰川旅游产业发展进程的启示/李燕兰//创造 2001-06
◎旅游业：辽宁经济可持续发展的支柱产业/何勇//北京第二外国语学院学报 2001-01
◎旅游业：西部产业开发走出传统模式的突破口/欧阳佳妮//党政干部论坛 2001-10
◎旅游业——江门蓬勃发展的朝阳产业/江旅//中华儿女（海外版）2001-07
◎旅游业不是“无烟工业”——对旅游与环境关系的再认识/周振东//财经问题研究 2001-10
◎旅游业产出贡献的经济分析——上海市旅游业的产出贡献和乘数效应/李志青//上海经济研究 2001-12
◎旅游业产业地位衡量指标的若干理论思考/宋子千//旅游学刊 2001-04
◎旅游业产业化经营若干问题思考/倪丽娟//牡丹江师范学院学报（哲学社会科学版）2001-02
◎旅游业成为宁波支柱产业/张品方//浙江日报 2001-03-23
◎旅游业成为贫困地区支柱产业的条件分析——以河南信阳为例/王义民//信阳师范学院学报（自然科学版）2001-01
◎旅游业持续发展与学科建设关系的初步研究/章牧 游军 刘庆//广西教育学院学报 2001-05
◎旅游业的产业关联和产业波及分析——以广东为例/李江帆//旅游学刊 2001-03
◎旅游业的投资需求与对策研究/钟海生//旅游学刊 2001-03
◎旅游业的网上之路/木路//计算机世界//2001-12-10
◎旅游业发展与奥运影响/杜一力//中国旅游报 2001-08-06
◎旅游业发展中的政府主导作用/陈冬姣//江苏政协 2001-06
◎旅游业风景这边独好/包思勤//北方经济 2001-04
◎旅游业火了 税收怎么办？/张路秋//中国旅游报 2001-12-12
◎旅游业渐入佳景/施永谦 邓鸿雁//中华工商时报 2001-09-14
◎旅游业结构调整与产业升级——杭州临安市旅游业发展调查/姜强//浙江金融 2001-04
◎旅游业可持续发展与促进我国经济增长的对策研究/李新安//河海大学学报（哲学社会科学版）2001-04
◎旅游业空间布局演进规律与案例研究/许春晓//热带地理 2001-03
◎旅游业面临重新洗牌/张伟明//财经时报 2001-08-11
◎旅游业能否成为我们的支柱产业/金边//学习导报 2001-01
◎旅游业强化宣传促销的意义与对策/朱连理//沿海企业与科技 2001-06
◎旅游业如何实现新跨越——访西北大学旅游系教授李树民、陈实/熊晓芬//西部大开发 2001-06
◎旅游业上市公司为啥不走红/汤一原//北京日报 2001-02-03
◎旅游业省际网络建设的理论与案例研究/许春晓//北京第二外国语学院学报 2001-03
◎旅游业税收秩序亟待规范/苏利平 姚敏霞//徐锦 国际金融报 2001-12-14
◎旅游业网络营销的发展态势及对策/赵云昌//财贸研究 2001-01
◎旅游业扬鞭奋蹄当自强/程国慧//市场报 2001-12-27
◎旅游业要在休闲经济大潮中当好主力军/孙钢//中国旅游报 2001-11-14
◎旅游业应加紧备战/昝廷全//河南日报 2001-09-03
◎旅游业应是西藏经济的主导产业/徐嵩龄//西藏研究 2001-01
◎旅游业应重视“差异化”经营/仮晓晶 龚天宁//新华日报 2001-08-28
◎旅游业有赖于可持续发展/张卫东//今日民族 2001-06
◎旅游业与青海第三产业发展/翟松天//柴达木开发研究 2001-06
◎旅游以人为本/李志庄//中国旅游报 2001-08-17
◎旅游与奥运牵手/国家旅游局悉尼办//中国旅游报 2001-08-06 2
◎旅游与环保：生存还是死亡/苏杨//野生动物 2001-02
◎旅游与环境的矛盾和谐分析/苏杨//生态经济 2001-11
◎旅游与遗产保护/姜睿//商业研究 2001-07
◎旅游责任保险/李常春 顾乃华//中国商报 2001-08-26
◎旅游责任保险的几点看法/李常春 顾乃华//中国旅游报 2001-06-25
◎旅游指南书扩张有道/王兴栋//中国图书商报 2001-11-08
◎旅游中的经济现象与经济学视角下的旅游活动——论旅游经济学学科体系的构建/戴斌//旅游学刊 2001-04
◎旅游主管部门加大督查力度/梅泠//青海日报 2001-10-24
◎旅游资讯类网站的宣传/苏华西//中国旅游报 2001-08-24
◎旅游资源+服务品质/德村志成//中国旅游报 2001-03-30
◎旅游资源创新开发初探/方家平 刘霞红//四川商业高等专科学校学报 2001-02
◎旅游资源创新开发初探/方家平//贵州商业高等专科学校学报 2001-02
◎旅游资源的经济价值评价/刘坤//曲阜师范大学学报（自然科学版）2001-03
◎旅游资源规划开发中的文化创意/刘建//重庆师专学报 2001-03
◎旅游资源国际化运作大有可为/李晔//解放日报 2001-12-24
◎旅游资源开发的文化理解——对广州市旅游文化资源开发的深层认识之一/林卫红//广州市财贸管理干部学院学报 2001-02
◎旅游资源开发现状与管理创新/杨忠仁//重庆大学学报（社会科学版）2001-04
◎旅游资源利用与保护的思考/张结魁 赵玮//西北大学学报（自然科学版）2001-04
◎旅游资源评价与旅游景区定位/范保宁//商业研究 2001-01
◎旅游资源区域联合开发研究——以重庆为例/田世政//重庆商学院学报 2001-05
◎旅游资源市场化 旅游产业集团化/刘思敏//中国旅游报 2001-05-25
◎旅游资源整合与人才培训/于为民//河南日报 2001-11-28
◎旅游资源资产评估指标体系初探/李向明//中南林学院学报 2001-03
◎旅游作龙头 山区大发展/高维勋//中国旅游报 2001-11-12
◎绿色经济带来金色税收/蔡洪利 郎印辉 葛剑//中国税务报 2001-09-10
◎绿色旅游 绿色河源/张美芳//中国旅游报 2001-01-31
◎绿色旅游一天天长大/王永长 梁俊乾//深圳商报 2001-01-11
◎略论旅游美学的建构/黄艺农//湘潭大学社会科学学报 2001-03
◎略论旅游资源的概念及其开发原则/王庆生//中州大学学报 2001-03

◎略论民族旅游中的跨文化传播/方世敏//湘潭大学社会科学学报 2001-06
◎略论西部大开发与云南旅游及其名牌战略/王富昌//经济问题探索 2001-07
◎略论性别分析在民族旅游影响研究中的意义/吴晓萍 何彪//贵州民族学院学报（哲学社会科学版）2001-04
◎论城市旅游的特点及发展趋势/熊元斌 黄浩//武汉理工大学学报（信息与管理工程版）2001-03
◎论城市旅游形象战略/成伟光//学术论坛 2001-05
◎论城市选择性旅游/何佳梅 许峰 周霓//人文地理 2001-01
◎论大开发形势下西部旅游业引入风险投资的若干问题/顾华详//宁夏社会科学 2001-05
◎论地质旅游资源/郭威//西安工程学院学报 2001-03
◎论东部旅游业面对西部旅游大开发的竞争与发展战略/卞显红//佛山科学技术学院学报（自然科学版）2001-03
◎论发展湖南观光农业的障碍及对策/陈卫东//湖南林业 2001-01
◎论发展旅游业对全面推进城市化的作用/黄翔//华中师范大学学报（自然科学版）2001-02
◎论甘肃旅游业的地位和发展策略/田中禾//科学．经济．社会 2001-03
◎论古文化旅游产品的开发——以洛阳市为例/谭成文 杨开忠 彭朝晖//人文地理 2001-02
◎论鼓浪屿风景区的深度开发/侯志强//经济地理 2001-S1
◎论故宫旅游商品的现状及对策/栗中斌 方百寿//北京第二外国语学院学报 2001-05
◎论观光果园的建设与发展/章镇 房经贵 乔玉山 王卫斌//果农之友 2001-03
◎论观光农业及其可持续发展的基本策略/何丽芳//湖南环境生物职业技术学院学报 2001-03
◎论广西旅游业的开发/周彬 王春林//南通职业大学学报 2001-02
◎论广西旅游业发展的新视点/温远涛//中南民族学院学报（人文社会科学版）2001-02
◎论贵州喀斯特地域自然保护区的生态旅游开发/苏维词 朱文孝 李坡//地域研究与开发 2001-01
◎论海口旅游业在十字路口的抉择/武彬 丁力//旅游学刊 2001-01
◎论河南省旅游产业化的战略选择/党亚娥//郑州经济管理干部学院学报 2001-04
◎论湖北旅游资源的深度开发/谭白英//江汉论坛 2001-05
◎论建立西部地区旅游业风险投资机制/顾华详//乌鲁木齐职业大学学报 2001-02
◎论靖西县生态旅游的开发和利用/林晓霞//广西师院学报（自然科学版）2001-01
◎论开发人力资源与振兴旅游经济/邱宏民//海南省首届人才战略论坛 2001-12-01
◎论可持续旅游产业的发展动力与战略管理/司金銮//现代经济探讨 2001-11
◎论昆明旅游中心城市功能的发挥/陶犁//经济问题探索 2001-12
◎论两岸“三通”与旅游直航/林长榕//经济前沿 2001-01
◎论旅游层级/雷建政//中国旅游报 2001-12-26
◎论旅游城市可持续发展的道路交通/雷翔//规划师 2001-02
◎论旅游地的旅游环境质量评价/王湘//北京联合大学学报 2001-02
◎论旅游饭店核心竞争能力的识别和培育/卞显红//北京第二外国语学院学报 2001-05
◎论旅游决策风险的成因及对策/王林//中国地质大学学报（社会科学版）2001-01
◎论旅游开发与消除贫困/马忠玉//中国软科学 2001-01
◎论旅游可持续消费内涵及实现途径/钟俊//乐山师范学院学报 2001-03
◎论旅游企业跨国经营的形式与特征/杜江//旅游学刊 2001-05
◎论旅游文化资源及其开发——以苏北地区为例/马晓冬 翟仁祥//人文地理 2001-06
◎论旅游业的区位开发与区域联合开发/孙根年//人文地理 2001-04
◎论旅游业控制系统/谭林//财经科学 2001-04
◎论旅游业网络营销的组合策略/杨絮飞//商业研究 2001-03
◎论旅游业在宁夏国民经济中的地位和作用/梁向明//固原师专学报 2001-02
◎论旅游业在西部大开发中的地位/康银劳//社会科学研究 2001-01
◎论旅游一体化开发的实质——以湘西旅游业为例/李汉林//思想战线 2001-03
◎论旅游者合法权益的保护/付健//广西师范大学学报（哲学社会科学版）2001-04
◎论旅游资源规划开发中的文化创意/刘建//桂林旅游高等专科学校学报 2001-02
◎论民俗旅游开发研究的一般方法/胡海胜//桂林旅游高等专科学校学报 2001-02
◎论民族文化旅游的可持续性发展/张利群//民族艺术 2001-03
◎论目前湖南旅游业发展中存在的矛盾/徐飞雄//长沙电力学院学报（自然科学版）2001-01
◎论山西旅游经济与旅游教育的关系/王玉明 佘可文 邵秀英 冯卫红//太原师范专科学校学报 2001-03
◎论生态建设与生态旅游协调发展的关系/马坚//青海民族研究 2001-04
◎论生态旅游的保健功能/李正波//林业科技通讯 2001-11
◎论实现世界旅游强国的人才建设/陈志学//旅游学刊 2001-03
◎论四川旅游职业教育发展对策/蒋卫平 邓清南//中共四川省委省级机关党校学报 2001-02
◎论四川省人文资源在旅游产业中的地位和发展方向/陈姝//四川行政学院学报 2001-01
◎论索道建设与旅游景观开发的协调发展/方百寿//地理学与国土研究 2001-04
◎论太行山地区旅游风景地貌资源/吴忱//地理学与国土研究 2001-04
◎论陶行知的旅游观/许宗元//江淮论坛 2001-02
◎论温州观光农业科技园规划设计总体构思/陈开茂//上海交通大学学报（农业科学版）2001-02
◎论文化经济与重庆市旅游业再发展/张述林 罗光华//人文地理 2001-06
◎论文物景点在我国旅游业的战略位置及发展对策/朱光来//中国文物学会通讯 2001、2002 年合订本 2001-06-30
◎论文物资源在旅游业中的特点及开发保护问题/郑欣淼//东南文化 2001-05
◎论我国的旅游法律体系及立法取向/吴承涛//华东旅游报 2001-03-06
◎论我国国际旅游业的发展思路/刘琦//延安教育学院学报 2001-02
◎论我国旅游产品的文化构建/陈实//西北大学学报（哲学社会科学版）2001-03

◎论我国旅游产业的市场化发展与政府行为/郝索//旅游学刊 2001-02
◎论我国旅游伦理思想及其建设/戴艳军 戚凤芝//思想战线 2001-04
◎论我国西部大开发战略中的旅游开发与贫困消除/马忠玉//自然资源学报 2001-02
◎论我州旅游业中朝鲜族民俗文化的展示/千寿山//第十次全国民族理论专题学术讨论会 2001-08-01
◎论五指山市旅游资源开发与人才战略/符国昌//海南省首届人才战略论坛 2001-12-01
◎论西部大开发中旅游开发资金的筹集/杨红英//经济问题探索 2001-03
◎论西部旅游开发中的可持续发展问题/诸丹//成都大学学报（自然科学版）2001-04
◎论西部旅游目的地开发的整合理念/邓明艳//乐山师范学院学报 2001-06
◎论西部旅游商品开发/唐学锋//中国旅游报 2001-08-15
◎论西部旅游业的优势产业地位及发展对策/赵毅//经济地理 2001-02
◎论西部旅游业的优势产业地位及发展对策/赵毅//经济地理 2001-02
◎论西部旅游资源大开发战略/蔡加珍//北京第二外国语学院学 2001-01
◎论现代旅游发展的三个阶段/闾友兵//湖南财经高等专科学校学报 2001-03
◎论乡村旅游的概念和类型/肖佑兴 明庆忠 李松志//旅游科学 2001-03
◎论乡村旅游资源/高曾伟 王志民//镇江高专学报 2001-01
◎论湘西旅游区旅游业的发展/徐飞雄 杨洪//湘潭师范学院学报（自然科学版）2001-02
◎论新世纪中国旅游业的大发展/何光暐//中国软科 2001-07
◎论选择性旅游的可持续发展意义/何佳梅 许峰 田红//经济地理 2001-03
◎论永康旅游业的发展途径/应月芳//金华职业技术学院学报 2001-01
◎论增强观光果园吸引力的途径/文谨文宪章//陕西农业科学 2001-08
◎论张家界市旅游业可持续发展/杨洪 熊金星//经济地理 2001-02
◎论政府支持和企业创新在开发西部旅游业中的合理运作/黄秋萍//社会科学家 2001-04
◎论中国观光农业型园林的发展前景/龙岳林//中国园林 2001-06
◎论中国旅游产业组织虚拟前向一体化/梁忠平 马梅 乐峰//旅游学刊 2001-03
◎论中国旅游网站的联盟与发展/骆仲遥//中国旅游报 2001-09-07
◎论中国西部地区旅游目的地形象塑造/方世敏//财经理论与实践 2001-06
◎论宗教旅游的生态化趋向/方百寿//社会科学家 2001-01
◎洛阳旅游业快速发展/聂晓辉 杨霞//河南日报 2001-07-31
◎洛阳旅游资源优势及特点分析/沈萍 吕化周//洛阳工业高等专科学校学报 2001-01
◎洛阳市旅游业外向型发展战略/谭成文 杨开忠 钟海生//经济地理 2001-S1
◎茅山打造镇江样板旅游区/赵德生//华东旅游报 2001-06-16
◎美国大学中的旅游研究——旅游研究向名牌大学的渗透/吴必虎//旅游学刊 2001-04
◎美国经济放缓 商务旅游“驶入冰区”假日旅游“逆风飞扬”/贾鹤鹏//中国旅游报 2001-07-30
◎美国旅游电子商务研究/杨丽//社会科学家 2001-06
◎美国旅游求助税收//中国财经报 2001-11-14
◎美国旅游业人士支招儿/汤一原//北京日报 2001-09-06
◎美食与旅游/李端俊//中国特产报 2001-05-28
◎蜜月蛋糕：好看不好吃？/赵书军//中国旅游报 2001-06-27
◎缅甸全方位拓展旅游业/段廷常//中国旅游报 2001-11-30
◎面向城市旅游的城市规划/陈勇//城市规划 2001-08
◎面向复杂系统的旅游规划综合集成方法/张述林 邹再进//人文地理 2001-01
◎面向区域发展的旅游度假地规划——浙江朱家尖岛旅游度假地开发规划研究/陈东田 吴人韦//中国园林 2001-04
◎面向新世纪发展大旅游/李远峰//中国旅游报 2001-02-28
◎民间资金激活西部旅游/武勇 逯寒青 张燕//新华每日电讯 2001-11-05
◎民俗旅游大有可为/胡玉泉//科技日报 2001-09-15
◎民俗文化旅游：消费时代的文化想象/刘晓春//粤海风 2001-03
◎民俗文化旅游与经济可持续发展/马华泉 王淑娟//佳木斯大学社会科学学报 2001-05
◎民营经济与我国旅游业的发展/张鸿智//市场经济研究 2001-03
◎民营旅游企业的历史与未来/聂晓民//中国旅游报 2001-03-07
◎民营企业投资旅游产业行为初探/吴晓隽//桂林旅游高等专科学校学报 2001-02
◎民营企业与旅游经济/魏杰//中国旅游报 2001-03-07
◎民营资本撑起泉州旅游产业/王凡凡//经济参考报 2001-06-04
◎民族地区旅游业可持续发展问题研究/黄芳//内蒙古财经学院学报 2001-02
◎民族地区旅游资源开发与经济发展研讨会结束/张敏//人民政协报 2001-07-16
◎民族旅游对西部地区的影响与可持续发展/刘晖//桂林旅游高等专科学校学报 2001-02
◎闽首届风景溶洞节在龙岩举行/林长榕//华东旅游报 2001-11-20
◎名楼名山名人搞活容县旅游/曾永联 秦崇广 黄贻石//广西日报 2001-09-05
◎明朝中后期旅游文化论/滕新才//旅游学刊 2001-06
◎模糊评价法在旅游资源评价中的应用/程道品 林治//桂林工学院学报 2001-02
◎摩纳哥：走出名流富贾的“围城”/贾鹤鹏//中国旅游报 2001-08-13
◎内陆欠发达民族地区游客行为与旅游资源开发研究——以宁夏回族自治区为例/单鹏飞//铁道师院学报（自然科学版）2001-02
◎内蒙古旅游产业政策体系的几点思考/郝晓兰//内蒙古电大学刊 2001-01
◎内蒙古旅游教育现状及对策研究/董笑梅 徐静//内蒙古师大学报（哲学社会科学版）2001-02
◎内蒙古重点旅游建设项目/张德华//中国旅游报 2001-03-28
◎南岸要过“旅游年”/罗成友 杨泽明//重庆日报 2001-04-23
◎南昌：从历史文化名城到优秀旅游城/梅联华//江西日报 2001-01-08
◎南昌旅游打“五色”牌/姚文滨//江西日报 2001-08-07
◎南充旅游主打人文牌/刘克安 李彬林//四川日报 2000-10-31
◎南戴河旅游驶入快车道/龚立仁//中国旅游报 2001-10-19
◎南花村：民族风情旅游抒写大文章/陆林贵//农村经济与技术

2001-05

⊙南京开建“一区五带”观光农业旅游园/朱新华 顾巍钟//新华日报 2001-03-03

⊙南京旅游总收入再创历史新高/黄明华 张会清 江大纬//新华日报 2001-01-18

⊙南京盘点旅游商品收入/黄明华//中国旅游报 2001-06-29

⊙南京秦淮风光不再“一枝独秀”/宁旅//华东旅游报 2001-07-28

⊙南宁市实施旅游名牌战略的研究/李建智//桂海论丛 2001-05

⊙南宁整顿“五一”旅游市场/张瓒君 杨春玲//中国工商报 2001-05-01

⊙南水北调中线工程水源地旅游的市场定位研究/靖增群 甄嘉 徐光明//十堰职业技术学院学报 2001-04

⊙南通狼山着力寻求旅游经济发展新突破 南通狼山旅游度假区/魏玉军//华东旅游报 2001-05-19

⊙南漳发展旅游带动山区脱贫/张坤//中国旅游报 2001-11-19

⊙宁波海滨旅游业发展战略初探/胡嘉汉//浙江万里学院学报 2001-04

⊙宁波确立创旅游大市目标/李来永//华东旅游报 2001-02-20

⊙宁夏旅游/李莎·卡尔杜齐//对外大传播 2001-01

⊙宁夏平原观光农业旅游开发构想/臧向宁 张钢//市场经济研究 2001-02

⊙宁夏生态观光农业漫谈/杨海霞//宁夏科技 2001-04

⊙宁夏文化旅游如何无中生有/姚巨才//中国旅游报 2001-09-21

⊙农家旅游必须打文化牌——试论丰富成都郊区农家旅游的文化内涵/李左人//成都行政学院学报 2001-01

⊙农民旅游愿望日渐强烈/王海滨 江久东 王青山//四川日报 2001-02-09

⊙农业观光园：21 世纪的新型生态园林形式/李保印 周秀梅//中国林业 2001-16

⊙农业观光园建设 应注意市场规律/梁钢华 李维宁//中国旅游报 2001-01-08

⊙农业观光园建设应慎之又慎/梁钢华 李维宁//江苏科技报 2001-02-03

⊙努力发展朝阳产业——长江旅游业/卢丽蓉//中国水运 2001-05

⊙努力建设潇湘源头旅游明星城/唐定//湖南经济 2001-10

⊙努力拓宽抚顺旅游业发展的渠道/唐晓东//辽宁经济 2001-11

⊙怒江州旅游业发展探析/杨丽//贵州民族研究 2001-04

⊙怒江州生态旅游开发研究/杨丽//生态经济 2001-12

⊙怒江州政协为培育旅游产业建言献策/李福珊 张何仁//云南政协报 2001-08-01

⊙欧洲倡导“透明”旅游/赫穆特 罗兰生 文 王一和 译//中国质量 2001-09-13

⊙欧洲经济疲软 德国“玩心”不改/贾鹤鹏//中国旅游报 2001-06-04

⊙欧洲旅游业车轮减速/龚立仁//中国旅游报 2001-10-29

⊙拍卖旅游经营权 引来投资千万元/郝富友 魏永刚 马小林//农民日报 2001-07-19

⊙盘点旅游黄金周/吴蓉//吉林日报 2001-10-29

⊙盘锦打造特色旅游品牌/孙喻奇 张学军//辽宁日报 2001-10-11

⊙培养旅游管理专业学生的协调发展能力/张梦//财经科学 2001-S2

⊙培育大产业 开拓大市场 打造浙江旅游大品牌/应舍法//浙江日报 2001-06-19

⊙蓬勃发展的东北边境旅游/杨秋范//东北亚论坛 2001-01

⊙鹏城兴起“体验式旅游”/郝丽萍 鲁军 徐冉//深圳商报 2001-07-16

⊙漂流生态旅游研究——以贵州马岭河峡谷为例/陈炳灿 罗用能 文传浩//思想战线 2001-03

⊙贫困地区发展旅游业的思考/曹菊枝//高等函授学报（自然科学版）2001-01

⊙贫困县走上旅游路/吴晶//新华每日电讯 2001-08-27

⊙品牌保护措施不当 旅游业发展将受阻/汤一原//北京日报 2001-12-17

⊙平衡我国国内旅游消费季节性的途径探讨/贺小荣//旅游科学 2001-01

⊙评《区域旅游规划原理》/保继刚//地理学报 2001-06

⊙评翟辅东《区域旅游开发与规划》一书/郭康//地理学与国土研究 2001-02

⊙萍乡旅游：期待辉煌/涂冬梅//江西日报 2001-06-21

⊙剖析中国度假旅游/丁秀华//中国旅游报 2001-05-25

⊙莆田市旅游资源总体评价与市场开发构想/蔡加珍//莆田高等专科学校学报 2001-02

⊙浦东构建生态旅游线/吴伟余//中国旅游报 2001-07-09

⊙普陀“休闲渔业”风光正好/罗云//农民日报 2001-12-22

⊙七日“游”来七亿六/石中生 郭争 张保文//中国交通报 2001-05-18

⊙期待中华人文旅游第一品牌/刘思敏//中国旅游报 2001-01-12

⊙气候因素在观光农业园区建设中的应用探讨/刘长运 王笑非 夏瑞红//南都学坛 2001-03

⊙千岛湖旅游设施条件日益改善/应建勇//浙江日报 2001-05-23

⊙千岛湖石林旅游有点“野”/蒋祖云 索志刚//华东旅游报 2001-11-17

⊙乾隆皇帝的巡幸旅游与行宫/牛创平//中国档案报 2001-11-30

⊙潜在游客市场与旅游产品生命周期——系统动力学模型方法/徐红罡//系统工程 2001-03

⊙浅论我国生态旅游开发/黄俐波//江西社会科学 2001-01

⊙浅谈 WTO 与西部旅游业/姜蔚//青海科技 2001-05

⊙浅谈城市规划与旅游产业发展——记西安市历次城市规划中对旅游资源的保护/胡立军//西北建筑工程学院学报（自然科学版）2001-04

⊙浅谈城市化对桂林旅游形象的影响/苏洪宇//华东旅游报 2001-08-18

⊙浅谈高校旅游管理专业教学实践基地建设的必要性和可行性/汪业军//江西财经大学学报 2001-03

⊙浅谈黑龙江省旅游资源的开发/王汝金//北方经贸 2001-02

⊙浅谈旅游电子系统的应用/林国钧 李坚 杨开//中国旅游报 2001-11-21

⊙浅谈旅游景点的文化品位/肖寒//华东旅游报 2001-04-03

⊙浅谈旅游景点共享城市商务散客市场——以佛山市为例/钟韵 彭华//热带地理 2001-02

⊙浅谈旅游商标的创建模式/周彩屏//北方经贸 2001-03

⊙浅谈人造景观与旅游区品牌的打造/陈大星//中国旅游报 2001-12-19

⊙浅谈森林旅游开发的误区及其对策/何丽芳//湖南林业科技 2001-04

⊙浅谈文物旅游的地位与经营/李竹//东南文化 2001-05

⊙浅谈政府在旅游发展中的作用/裴山林//中国旅游报 2001-07-06

⊙浅析大连城市旅游的发展空间/韩春阳 刘仁志//经济地理 2001-03

◎浅析桂林婚庆蜜月旅游的开发/张燕//钦州师范高等专科学校学报 2001-04
◎浅析假日旅游/陈朔//河南商业高等专科学校学报 2001-04
◎浅析森林与弘扬云南少数民族旅游文化的关系/李全敏 杨敏//昆明大学学报 2001-02
◎浅析我国假日旅游存在的问题及其对策/李芳 齐雪青//旅游科学 2001-01
◎浅议布依族民俗旅游开发/卢延庆//贵州省布依学会第三届会员代表大会暨第七次学术讨论会 2001-07-01
◎浅议跨世纪湖南旅游发展战略选择/袁亚忠//湘潭师范学院学报（社会科学版）2001-02
◎浅议旅游业中的文化建设——兼谈发展焦作旅游业的措施/田清春//焦作师范高等专科学校学报 2001-03
◎浅议森林旅游及其增长点的培育/王建春//山西林业 2001-05
◎抢抓机遇 精心规划 努力把甘肃旅游发展成支柱产业/崔正华//甘肃省经济管理干部学院学报 2001-02
◎抢抓机遇加快民族地区旅游业的发展/罗春寒//理论与当代 2001-04
◎悄然兴起的旅游电子商务/张启华//重庆日报 2001-06-07
◎巧打旅游牌/倪钰//中国邮政报 2001-11-23
◎切实加强宁夏旅游宣传促销工作/汪克会//宁夏大学学报（人文社会科学版）2001-04
◎切实做好“五一”旅游黄金周各项工作//中国旅游报 2001-04-06
◎且看“温点”成“热点”/江伟 董玉舫//华东旅游报 2001-09-13
◎钦州市旅游发展良好/王伟//广西日报 2001-11-25
◎秦皇岛打出特色旅游牌/孙莹玮//中国海洋报 2001-07-17
◎秦皇岛海港区加快旅游业发展/罗颖 马洪琪//河北经济日报 2001-10-14
◎青岛：“奥运旅游城市”?!/许小昌//中国旅游报 2001-11-02
◎青岛海滨度假旅游产品深度开发研究/李平 李培祥//经济地理 2001-S1
◎青岛海洋旅游深度开发研究/李平//海岸工程 2001-04
◎青岛旅游要尽快国际化/鲁游//华东旅游报 2001-10-16
◎青岛市大型主题公园建设之主题刍议/柴寿升 王树德//中国海洋大学学报（社会科学版）2001-03
◎青海 你的旅游纪念品是什么/康海民 马建设//青海日报 2001-04-11
◎青海：高原特色舞起龙头/梁娟//中国民族报 2001-08-10
◎青海将致力发展旅游文化//东方航空报 2001-08-13
◎青海旅游：服务质量是生命线/张福华//中国旅游报 2001-03-26
◎青海旅游开发浅谈/何娅妮//陕西师范大学学报（哲学社会科学版）2001-S1
◎青海旅游业的几个问题综述/丁忠兵//柴达木开发研究 2001-01
◎青海清理家当规划旅游产业/梁娟//新华每日电讯 2001-07-16
◎青海生态旅游之管见/周忠诚//青海科技 2001-01
◎青旅在线推出旅游电子商务新平台/张洵涛//中国旅游报 2001-06-22
◎清江流域旅游资源区域划分及优势对比/李焰云 徐瑞春 李江风//科技进步与对策 2001-10
◎清新的“新世界”/刘思敏 肖建舫//中国旅游报 2001-04-06
◎区域旅游产业定位的理论困惑及其影响/窦群//旅游学刊 2001-01
◎区域旅游竞争力分析/陈建斌//广东商学院学报 2001-03
◎区域旅游开发的 RMP 分析——以河南省洛阳市为例/吴必虎//地理研究 2001-01
◎区域旅游商品及其开发研究——以绍兴市为例/彭建 陈忠晓 赵鹏军 刘忠伟//桂林旅游高等专科学校学报 2001-04
◎区域旅游线路开发设计——以皖南旅游区为例/朱国兴//皖西学院学报 2001-04
◎区域旅游与镇江旅游业的发展/高曾伟//华东船舶工业学院学报（社会科学版）2001-01
◎区域旅游资源评价的系统论思考/佟玉权//沈阳师范学院学报（社会科学版）2001-01
◎驱动石林风景名胜区旅游可持续发展的思考/俞锦标//中国岩溶 2001-02
◎去“葡萄酒城”走“葡萄酒之旅”/鲁游//华东旅游报 2001-08-09
◎去年海外旅华市场火爆/黄豁//新华每日电讯 2001-01-14
◎全国各地总动员 迎接国庆“黄金周”/洪一树 陈斌 王荣国 黄豁 孙玉春 邱水华//中国旅游报 2000-09-11
◎全国各地总动员 迎接国庆“黄金周”/王晓民 王健生 黄丽 杨登保//中国旅游报 2000-09-13
◎全国首家宽带旅游信息预报网开通/王从敏 高晓红//人民邮电 2001-10-02
◎全力塑造海岛旅游品牌新形象/陈良灵//新华日报 2001-05-22
◎全力以赴 服务春节黄金周/李玲//中国旅游报 2001-01-15
◎全面开发双龙风景区旅游资源/吴樟荣//浙江师大学报（自然科学版）2001-01
◎全面实现太原旅游产业的优化升级/马志//今日山西 2001-S1
◎全面展示旅游文化/秋谷//中华读书报 2001-03-21
◎全球观光农业的几种发展模式/平远//四川科技报 2001-01-12
◎全球兴起观光农业//国际经贸消息 2001-01-10
◎泉州旅游节喜获丰收/洪一树//中国旅游报 2001-05-07
◎让“红色旅游”长盛不衰//中国旅游报 2001-08-27
◎让皑皑白雪变成滚滚白金/魏晓霞 王颖//中国旅游报 2001-12-26
◎让背包族轻松上路/冯琬惠//中国图书商报 2001-09-18
◎让朝阳产业洒满阳光/良言//内蒙古宣传 2001-02
◎让地热为云南旅游业加油/左伯俊//中国矿业报 2001-05-24
◎让分时度假走近大众/何连弟//文汇报 2001-05-07
◎让合肥旅游经济蒸蒸日上/张福伟//安徽日报 2001-10-22
◎让景点在文学作品中活起来/雷新鸿 李群室//中国旅游报 2001-12-07
◎让旅游插上歌声的翅膀/李玲//中国旅游报 2001-09-26
◎让旅游业成为安康的支柱产业/郭青//陕西日报 2001-02-20
◎让体育健身游更具魅力/李菊霞//中国旅游报 2001-02-02
◎让文化和旅游牵手/徐晋//金融时报 2001-01-05
◎让信息化旅游业服务奥运/钟海生//中国旅游报 2001-08-03
◎让中医按摩携手旅游/张玫//中国旅游报 2001-03-16
◎热“卖”旅游产品/蒲若梅//辽宁日报 2001-03-16
◎热冰雪 冷思考/魏晓霞 李玲//中国旅游报 2001-03-19
◎热带风情亚龙湾//中国旅游报 2001-02-07
◎人文与自然景观相融/姚先林 杨军 翁铭峰//中国旅游报 2001-02-05
◎认真落实钱其琛副总理重要讲话精神 推动山西旅游经济实现全局性突破/王锚深//山西政报 2001-01
◎认真抓好旅游市场管理 切实维护消费者的权益/胡国强 魏晓霞//中国旅游报 2001-09-26

◎日本海外旅游缓慢回升 旅华市场有望持续增长/中国驻日本东京旅游办事处//中国旅游报 2001-11-30
◎日本看好我国西部旅游市场/王利//中国贸易报 2001-09-20
◎日本来华超廉价旅游的内幕/（日）小池 晴子 徐跃 译//中国旅游报 2001-11-30
◎日本来华修学旅游市场浅析/周若昕//中国旅游报 2001-10-15
◎日本旅游教育发展历程的回顾与前瞻——兼述日本立教大学旅游系学科设置的特点/崔卫华//桂林旅游高等专科学校学报 2001-03
◎日本旅游商深圳踩线//深圳商报 2001-11-13
◎日本旅游研究与教育的概况与趋势/张广瑞//旅游学刊 2001-04
◎融佛教文化 拓旅游市场/章毓法//中国旅游报 2001-02-19
◎如何加快三百山旅游业的开发/孙敏//地方政府管理 2001-06
◎如何完善旅游信息统计预报系统/廖瑾 张宏宇//中国旅游报 2001-09-24
◎入境旅游开局良好 国内旅游旺季提前/李玲//中国旅游报 2001-04-20
◎入境游是四川旅游后劲所在/魏开明 卢生海//中国经济时报 2001-09-12
◎入世，旅游业承诺了什么？/魏晓霞//中国旅游报 2001-11-23
◎入世后，中国旅游前景光明/聂晓民//中国旅游报 2001-11-16
◎入世后的中国旅游业/安辉//财经问题研究 2001-02
◎入世后专家给旅行社出主意/戴学锋//中国旅游报 2001-11-26
◎入世在即 话山东旅游业的发展/吴冠//科学与管理 2001-05
◎三大活动拓展旅游市场/解立红//中国旅游报 2001-02-05
◎三个方面新突破 襄樊旅游总动员/李江海//中国旅游报 2001-06-04
◎三驾马车拉动市场/魏晓霞//中国旅游报 2001-03-16
◎三江并流 最大的世界遗产生态旅游圈?!/肖建舫//中国旅游报 2001-03-30
◎三峡成库后旅游资源开发前瞻/郑敬东//重庆日报 2001-05-23
◎三峡工程对长江三峡旅游空间格局的影响/李国平//地理学与国土研究 2001-04
◎三峡库区旅游业发展现状及条件评述/田世政//重庆工学院学报 2001-06
◎三峡库区旅游业现状和发展机遇分析/罗有贤//重庆师范学院学报（自然科学版）2001-02
◎三峡旅游如何升温/殷敖伦//中国建设报 2001-02-16
◎三峡旅游业横向联合与协作发展对策/黄大勇//山西财经大学学报 2001-02
◎三星堆：打造四川旅游品牌/肖先进//四川日报 2001-03-24
◎三亚：努力打造国际旅游品牌/杨海蒂//特区展望 2001-04
◎三亚目标：旅游国际化/杨海蒂//经济参考报 2001-05-22
◎三亚要创无氟旅游城/李小琴//中国旅游报 2001-02-26
◎三亿元打造“中国渔村”/高伟民//中国海洋报 2001-05-25
◎三月海南旅游旺/杨卫平//中国旅游报 2001-04-04
◎森林公园 有效开发 前景无限/肖建舫//中国旅游报 2001-06-01
◎森林公园与森林旅游/阙龙善//江西林业科技 2001-01
◎森林旅游产品开发与市场营销策略/游云飞//福建林业科技 2001-01
◎森林旅游龙头/何文//湖南日报 2001-04-24
◎森林旅游走向联合/黄尚绎//浙江林业 2001-01
◎森林生态旅游概念的界定及其产业的正面效益/秦安臣//河北林果研究 2001-03
◎沙家浜让常熟旅游火起来/袁全//中国旅游报 2001-02-09
◎山东出台七条旅游新政策/鲁游//华东旅游报 2001-11-06
◎山东旅游 借世界杯火一把/孙秀红//证券时报 2001-12-16
◎山东旅游规划引发中洋论战/郇丽//中国经营报 2001-04-10
◎山东旅游要向主导产业跨越/王荣国 吴洪斌//中国旅游报 2001-05-28
◎山东沿海旅游业可持续发展对策研究/盛红//海岸工程 2001-04
◎山东应加快海洋旅游业的发展/董玉明//海岸工程 2001-02
◎山东重视假日旅游质监工作/刘印河 史延廷//中国旅游报 2001-10-24
◎山西发展假日经济及旅游业应解决的几个问题/赵增福//山西政报 2001-13
◎山西风光好 旅游税收增/张力钧//中国税务报 2001-02-23
◎山西旅游持续发展研究/师焕英//五台山研究 2001-02
◎山西旅游投资中存在的问题及其对策/刘改芳//经济问题 2001-08
◎山西旅游要大力开展五大文化活动/郭建民//山西政报 2001-12
◎山西旅游业应走向多元化/师振亚//山西政报 2001-14
◎陕西全面整合旅游资源/聂益南 边锋//中华工商时报 2001-11-16
◎陕西省旅游产业布局的新构想/苟小东//西北农林科技大学学报（社会科学版）2001-03
◎善卷风景区教育旅游取得实效/陈宝明//华东旅游报 2001-10-25
◎商务会议上山下乡 大都市度假村人财两旺/郭洪 刘影//中国经营报 2001-09-25
◎商务旅行低迷 美国旅游业受损/王亦//中国旅游报 2001-10-08
◎熵：一种新的世界观——提高旅游能源环境效能思路/牟红//重庆工学院学报 2001-01
◎上海：都市旅游“新天地”/徐维星//中国旅游报 2001-12-05
◎上海定位国际化旅游目的地城市/吴伟余//中国旅游报 2001-06-04
◎上海发展旅游有奇招/刘光彩//中国旅游报 2001-11-05
◎上海假日旅游市场分析/曹似平//旅游科学 2001-04
◎上海旅游电子商务初探/龙怡 周茹燕//中国旅游报 2001-05-11
◎上海旅游节求“新”趋实/刘征 庄明//华东旅游报 2001-07-17
◎上海旅游节在探索中创新/陶健//解放日报 2001-09-15
◎上海旅游界盛情迎接 APEC/吴伟余//中国旅游报 2001-10-17
◎上海旅游今年热 明年旺/陈惟 侯宇静//文汇报 2001-12-29
◎上海旅游业：攀升/陶健//解放日报 2001-08-27
◎上海旅游资源在哪儿/吕壮//中华工商时报 2001-03-22
◎上海人热衷文化旅游消费/郑蔚//文汇报 2001-09-29
◎上海市的博物馆旅游发展研究//姜睿//华东旅游报 2001-02-20
◎上海拓展长江三角洲旅游圈研究/冯学钢 王慧敏 庄志明 孙洁//上海经济研究 2001-11
◎上海周边形成 400 公里旅游圈/胡培炯//文汇报 2001-04-14
◎上杭：红土地涌动旅游潮/洪一树 邱建柱 钟华荣//中国旅游报 2001-08-08
◎韶关市生态旅游资源现状分析及其开发构想/敖惠修 夏汉平 刘世忠 何道泉 任海//热带地理 2001-04
◎少数民族传统体育在西部旅游开发中的作用/郑家福//衡阳师范学院学报 2001-03
◎少数民族地区旅游业的可持续发展略论——以广西盘阳河流域为例/余小军//桂林旅游高等专科学校学报 2001-03
◎少数民族地区人文旅游产业的营销问题/游俊//云南民族学院学报（哲学社会科学版）2001-03
◎申奥成功 旅游业新的起点 奥运旅游 全社会热门话题/聂晓民//

中国旅游报 2001-07-18
⊙深度旅游/冯骥才//中国建设报 2001-04-06
⊙深圳“银发旅游”渐成潮流/郝丽萍//深圳商报 2001-04-29
⊙深圳230万人大出游/郝丽萍 马雪瑜//深圳商报 2001-09-28
⊙深圳大展南国明珠风采/刘峰//中国旅游报 2001-02-09
⊙深圳华侨城2000年游客调查分析研究——兼析中国主题公园的发展/李舟//旅游学刊 2001-01
⊙杭州主题公园的经营现状与发展对策/孙优萍//商业经济与管理 2001-07
⊙深圳华侨城欢乐谷公园的主题与创意/刘乐康 高元//新建筑 2001-05
⊙深圳启动旅游精品工程/骆仲遥//中国旅游报 2001-03-28
⊙深圳人钟情绿色旅游/王永长 朱怡岚//深圳商报 2001-05-04
⊙慎重面对“主题旅游”/毛朝敬//辽宁日报 2001-09-28
⊙生态博物馆：一种民族文化持续旅游发展模式/余青//人文地理 2001-06
⊙生态观光农业“热”新野/丁建忠//农民日报 2001-05-28
⊙生态旅游 现代人的新说法 都市人的时尚玩法/李东琳//中国旅游报 2001-04-06
⊙生态旅游 走出误区/雷石标//中国旅游报 2001-07-02
⊙生态旅游：安康新的税收增长点/呼兰中 陈显信//中国税务报 2001-06-25
⊙生态旅游的定义、产生背景及发展现状/肖扬 杨瑞卿//忻州师范学院学报 2001-03
⊙生态旅游的环境影响评价初步研究/明庆忠 李宏 武友德//云南师范大学学报（自然科学版）2001-01
⊙生态旅游的绿色设计研究——以杭州西湖西进为例/陈久和//生态经济 2001-12
⊙生态旅游的喜与忧/昆宝军//大众科技报 2001-03-22
⊙生态旅游的兴起与可持续发展对策/梁仁君//临沂师范学院学 2001-06
⊙生态旅游地开发与管理研究/梁锦梅//经济地理 2001-05
⊙生态旅游地域系统与旅游地可持续发展探讨/冯卫红//经济地理 2001-01
⊙生态旅游风行加拿大/蒋建平//中国旅游报 2001-02-12
⊙生态旅游概念的发展及其在中国的应用/金波 王如渊 蔡运龙//生态学杂志 2001-03
⊙生态旅游概念内涵、原则与演进/杨开忠 许峰 权晓红//人文地理 2001-04
⊙生态旅游概念综述/丁云鹏//中国旅游报 2001-03-30
⊙生态旅游及其评价指标探讨/孙玉军 刘艳红 赵炳柱//北京林业大学学报 2001-03
⊙生态旅游可持续发展思想探析/丁晓蕾//南京农业大学学报（社会科学版）2001-02
⊙生态旅游可否缓行/陈向阳 高齐强//华东旅游报 2001-05-26
⊙生态旅游你知多少/龚利仁//中国旅游报 2001-03-05
⊙生态旅游热全球/李忠东//中国环境报 2001-11-07
⊙生态旅游认证的好处//中国绿色时报 2001-10-31 2
⊙生态旅游是西部旅游开发的战略选择/黄继元//生态经济 2001-03
⊙生态旅游消费发展论/斯人//财经科学 2001-04
⊙生态旅游消费若干问题研究/司金銮//南京化工大学学报（哲学社会科学版）2001-03
⊙生态旅游一路走好/周丽燕 吴月玲//人民政协报 2001-01-23
⊙生态旅游与海南旅游业的可持续发展/赵立民//贵州民族研究 2001-01
⊙生态旅游与环境保护/苏杨//大自然 2001-03
⊙生态旅游与环境保护研究——对生态旅游现状的生态学分析与展望/陶丽华//无锡教育学院学报 2001-03
⊙生态旅游与森林公园中开展生态旅游实践的探讨/陈鑫峰 王剑波//世界林业研究 2001-04
⊙生态旅游与自然保护区建设——以河南省石人山自然保护区为例/耿鹏旭//地域研究与开发 2001-03
⊙生态旅游原则//中国绿色时报 2001-10-31
⊙生态旅游资源管理初探/武锁庆//国土资源科技管理 2001-03
⊙生态区建设推动县域旅游发展/周雪逵//华东旅游报 2001-11-20
⊙石河子市人大力促旅游上台阶/陈怀全//新疆人大（汉文）2001-12
⊙石家庄加大投入打造精品/王浒//中国旅游报 2001-09-05
⊙石家庄—五台山旅游通道的建设/邸明慧//地理学与国土研究 2001-02
⊙实施“四大战略”发展区域经济努力实现旅游资源大市向旅游产业大市的跨越/鲁平益//民族论坛 2001-02
⊙实施二次创业实现旅游富县战略——中共河北省涞水县委书记李老铁访谈录/王常顺//时代潮 2001-15
⊙实施积极财税政策 加快河南旅游发展/王成才 冯瑞菊//河南日报 2001-08-21
⊙实施六大战略 培育支柱产业——关于建设旅游经济强省的思考/薛荣哲//前进 2001-08
⊙实施旅游带动推动城市发展/张毅兵 张明灿//中国旅游报 2001-12-07
⊙实施整体营销 增强云南旅游业的竞争优势/王敏//云南财贸学院学报 2001-S1
⊙实现双重责任的途径——浅析生态博物馆与发展旅游/茹静//中国博物馆 2001-03
⊙世博会后昆明世博园的可持续发展/金波 张茵//云南社会科学 2001-04
⊙世博园即将上市 意欲抢占云南旅游资源/于宁//中国经营报 2001-09-27
⊙世博园旅游深度开发战略研究/马勇 王春雷//世界地理研究 2001-01
⊙世纪初福州市发展旅游业探析/陈郁青 潘丽萍//福州师专学报 2001-06
⊙世纪初湖南旅游业发展的基本思路/范保宁//湖南商学院学报 2001-03
⊙世界旅游人数略有增加/刘瑞常//经济参考报 2001-12-28
⊙市场经济条件下风景名胜区的保护与开发/赵燕菁//城市规划 2001-11
⊙市旅游系统接受行风评议/明昭平//重庆日报 2001-07-13
⊙试论北京周边森林公园的市场营销策略/邓高松 胡涌 姜金璞//北京林业大学学报 2001-03
⊙试论产业发展进程中的旅游区（点）/张辉//旅游学刊 2001-06
⊙试论大都市中心城与郊区旅游的空间相互作用/阎逸 董峰//宿州学院学报 2001-04
⊙试论大连旅游资源的开发/谢春山//辽宁师范大学学报（社会科学版）2001-05
⊙试论大武当旅游的山水一体化战略/靖增群//十堰职业技术学院学报 2001-03
⊙试论福田区旅游业发展的战略布局/邓芬//特区经济 2001-11
⊙试论福田主流业的支柱地位和发展对策/饶丽娟//特区经济

2001-10

◎ 试论贵州的区域形象与旅游发展/刘晓辉//贵州师范大学学报（社会科学版）2001-03

◎ 试论贵州民族文化与旅游资源开发/石开忠//贵州民族学院学报（哲学社会科学版）2001-02

◎ 试论国际互联网对旅游业的影响和对策/程菻//黄山学院学报 2001-02

◎ 试论湖湘文化与湖南旅游之关系/何智能//湖南商学院学报 2001-06

◎ 试论凉山旅游业的市场优势及发展对策/林如俊//西昌农业高等专科学校学报 2001-01

◎ 试论旅游服务品牌及其创建/徐栖玲 陈宏巨//桂林旅游高等专科学校学报 2001-03

◎ 试论旅游管理人才厚基础、强能力、广适应的必要性/曹芙蓉//北京联合大学学报 2001-02

◎ 试论旅游商品的创新与开发/王德意//中共四川省委省级机关党校学报 2001-03

◎ 试论森林旅游业发展中的水土保持问题与对策/邸利//水土保持通报 2001-03

◎ 试论生态旅游环境问题的类型及其产生原因/明庆忠//云南师范大学学报（自然科学版）2001-02

◎ 试论生态旅游环境与生态旅游活动/明庆忠 李宏//云南师范大学学报（哲学社会科学版）2001-05

◎ 试论生态旅游及其在我国的发展前景/何吉成 周志翔//中国园林 2001-03

◎ 试论生态旅游资源的脆弱性及其保护/田喜洲//生态经济 2001-12

◎ 试论世博会后昆明世博园的可持续发展/金波 张茵 王如渊//地域研究与开发 2001-03

◎ 试论市场经济体制下河南省旅游业未来发展战略/程遂营 王健//河南省政法管理干部学院学报 2001-04

◎ 试论天津滨海新区旅游业的发展/曹华//天津经济 2001-09

◎ 试论未来旅游公共关系发展趋势/林岚//福建地理 2001-01

◎ 试论西部开发与甘肃旅游业发展/高鹤龄//社科纵横 2001-03

◎ 试论先进文化在旅游文化建设中的地位和作用/韩福文 罗岩//沈阳师范学院学报（社会科学版）2001-03

◎ 试论以旅游者为中心的云南旅游文化资源的开发与建设/张警丹//昆明师范高等专科学校学报 2001-03

◎ 试论饮食文化资源的旅游开发——以福州为例/王晓文//福建师范大学学报（哲学社会科学版）2001-03

◎ 试论云南雪山旅游资源开发利用/明庆忠//云南师范大学学报（自然科学版）2001-05

◎ 试论资源配置对上海都市旅游发展的影响/楼嘉军//旅游学刊 2001-04

◎ 试析澳门现代旅游经济发展/张向前//洛阳师范学院学报 2001-06

◎ 试析江西旅游业的人力资源开发/刘光卫//现代城市研究 2001-01

◎ 试析凉山民族文化对旅游业发展的影响/周世祥//西昌学院学报（自然科学版）2001-03

◎ 试析旅游规划中的客源市场分析/林壁属//旅游学刊 2001-06

◎ 试析饮食文化旅游资源的开发/杨丽//学术探索 2001-06

◎ 暑假未到修学旅游已火爆/何欣//信息时报 2001-06-14

◎ 暑期旅游 异彩纷呈/王晓宁//中国旅游报 2001-07-11

◎ 暑期旅游热在哪？/杨小涟//中国旅游报 2001-07-09

◎ 暑期消费：旅游新亮点/肖景贤//中国旅游报 2001-07-06

◎ 数字时代：我国旅游业将何去何从？/窦群//中国旅游报 2001-12-17

◎ 谁来擎起乌江旅游整体开发的大旗/刘聪//中国旅游报 2001-05-21

◎ 谁来指导国内自助游/肖建舫//中国旅游报 2001-08-03

◎ 丝绸文化产业与浙江旅游的发展/张静//商业经济与管理 2001-08

◎ 四川举办旅游文化精英新世纪论坛/雯雯//中国西部 2001-01

◎ 四川旅游工艺品趋显特色/曾鸣//四川日报 2001-07-18

◎ 四川旅游应有“海外意识”/吴先琳 黄先明//四川日报 2001-04-24

◎ 四川旅游在“入世”后的发展对策/邓清南//成都大学学报（社会科学版）2001-01

◎ 四川旅游资源优势及其开发战略/汪昉 孙云//软科学 2001-05

◎ 四川省旅游景区景点讲解人员管理办法//四川日报 2001-04-19

◎ 四川徐霞客旅游超市——重组“药方”灵不灵?!/牟晓珀//中国旅游报 2001-08-17

◎ 宋城集团 用文化铸造景区的灵魂/黄巧灵//中国旅游报 2001-08-17

◎ 苏州古城改造保持历史特色//华东旅游报 2001-10-20

◎ 苏州会展旅游开发的初步研究/周春发//旅游学刊 2001-05

◎ 苏州吴中“太湖牌”闪亮登场/周伟明//中国旅游报 2001-12-07

◎ 他们造就了“金字塔”/吴剑//中国旅游报 2001-11-28

◎ 塔城地区旅游业可持续发展初步研究/杨国安 杨兆萍//地域研究与开发 2001-04

◎ 台湾的观光农业//河北科技报（农村版）//2001-07-10

◎ 太空旅游成热点 美国公司忙淘金/廖天//文汇报 2001-05-07

◎ 太空旅游向我们走来/王宪忠//中国知识产权报 2001-08-22

◎ 太空旅游向我们走来/杨俊//中国旅游报 2001-05-14

◎ 泰安市城市旅游形象的设计与塑造/张建忠//泰安师专学报 2001-05

◎ 泰国旅游：瞄准中国人/阿颂//华东旅游报 2001-12-20

◎ 泰国旅游人力资源开发刻不容缓/余昌国//中国旅游报 2001-02-19

◎ 泰国欲为全球退休者构建“老年天堂”/贾鹤鹏//中国旅游报 2001-07-23

◎ 泰山旅游圈变大了//华东旅游报 2001-04-10

◎ 谈旅游环境保护与可持续旅游发展/王木树//福建教育学院学报 2001-01

◎ 谈谈旅游区（点）的 ISO14001 认证/欧阳欢//生态经济 2001-12

◎ 谈谈旅游资源的心理效应/王飞//合肥联合大学学报 2001-03

◎ 谈谈山西发展旅游经济的优势/行连平 李睿//中共太原市委党校学报 2001-03

◎ 叹息“黄金周”/言实//湖南经济报 2001-05-15

◎ 探索旅游新模式构筑经济“金字塔”——对蒙阴县发展旅游经济的思考/刘贤军//中国乳业 2001-07

◎ 探析旅游业对民族地区社会经济发展的促进作用——以云南省石林彝族自治县旅游发展为例/朱树荣//经济问题探索 2001-08

◎ 探析我国体育旅游业的可持续发展/周战伟//山东体育科技 2001-02

◎ 探险旅游有利于培养团队精神/钱炜//中国旅游报 2001-07-02

◎ 特点 经验 启示——郑州、亳州、咸阳发展旅游业的经验及启

示/中共合肥市委党校课题组//理论建设 2001-01
⊙特色旅游/丁亚军//中国旅游报 2001-02-19
⊙特色旅游：湖北旅游业快速发展的必由之路//江汉论坛 2001-03
⊙特色旅游前景广阔/高茂森 田安平//中国旅游报 2001-08-03
⊙特种旅游成大西北热点/武勇 张燕//中国旅游报 2001-10-22
⊙特种旅游成为大西北旅游新热点/逯寒青 武勇 张燕//大众科技报 2001-10-18
⊙腾冲"精雕"旅游名品/李根志//云南日报 2001-08-21
⊙提高旅游经济增长质量全面提升云南旅游业水平/杨若平 段圳宗//经济问题探索 2001-11
⊙提高旅游业综合实力 培植新的经济增长点/程晓红 张韬//西藏日报 2001-03-24
⊙提高认识 突出重点 加快旅游业发展/郭世光//协商论坛 2001-10
⊙体验式旅游亟需开发/陈熙涵//文汇报 2001-05-01
⊙体育比赛的旅游价值初探/朱璇//聊城师院学报（自然科学版）2001-01
⊙体育健身游——宁夏旅游的新亮点/武勇 周健伟//中国体育报 2001-05-08
⊙体育健身游在我区方兴未艾/池重庆//新疆日报（汉）//2001-04-19
⊙体育旅游火起来/龚利仁//中国旅游报 2001-01-08
⊙体育旅游开发初论/周春发//华东旅游报 2001-06-02
⊙体育与旅游/蔡升桂//江西日报 2001-12-23
⊙体制革命：山西旅游产业化发展的根本出路/崔树民 王灵善 李立//前进 2001-06
⊙体制革命：山西旅游产业化发展的根本出路/崔树民//前进 2001-06
⊙天水打出区位旅游牌/李沙//中国经济时报 2001-12-20
⊙天水旅游：丁杰盔自有说法/丁晓刚//甘肃经济日报 2001-04-04
⊙天水旅游产业发展探微/伏春兰//发展 2001-12
⊙贴近山水广西"绿色旅游"悄然升温/周俏春 刘水玉 程义峰//中国旅游报 2001-07-04
⊙铁路杭州东站旅客构成与旅游功能的开发/单鹏飞//铁道师院学报（自然科学版）2001-03
⊙统筹规划突出重点加快发展努力把旅游业培育发展成为全市国民经济支柱产业/包叙定//重庆政报 2001-12
⊙透视北京旅游人才现状及趋势/王浒//中国旅游报 2001-08-31
⊙透视德国人出游心态/王亦//中国旅游报 2001-08-20
⊙突出科技旅游 引资注重质量/王龙飞//山西经济日报 2001-08-15
⊙突出旅游主角 带动第三产业发展/夏东洪//上海农村经济 2001-08
⊙突出生态环境 作大旅游文章/霍立峰//中华建筑报 2001-07-17
⊙突出特色 创建品牌/白云//中国旅游报 2001-06-27
⊙突出特色调整结构创建名牌 做大做强云南旅游支柱产业/令狐安//中国旅游报 2001-03-14
⊙突出文化旅游资源特色 加快河南旅游产业发展/刁海峰//中国旅游报 2001-08-03
⊙土耳其大力开展矿泉疗养旅游/怀成波//中国旅游报 2000-09-18
⊙土乡旅游谈/师延智//中国土族 2001-04
⊙吐鲁番让葡萄更甜旅游更旺/郑瑜 赵卫斌//新疆日报（汉）2001-02-05
⊙吐鲁番提升旅游产业/金炜//中华工商时报 2001-02-09
⊙团结乡发展都市农业生态旅游浅析/王玉珍//云南环境科学 2001-03
⊙推进安徽旅游产业与世界接轨/安兴//安徽经济报 2001-11-29
⊙拓展无锡旅游业的重要突破口/惠永新//华东旅游报 2001-03-20
⊙挖掘当地资源 开发旅游商品/冯才良//中国旅游报 2001-12-26
⊙挖掘古城文化遗产 提高旅游资源品位/陈亮//华东旅游报 2001-03-13
⊙外出旅游你准备好了吗/盛锡玉//辽宁日报 2001-04-23
⊙外出旅游饮食住宿有讲究//重庆商报 2001-01-24
⊙外国旅游管理体制比较研究及对我国旅游业改制的启示/郝索//人文杂志 2001-03
⊙外国游客猛增六成/郝丽萍//深圳商报 2001-02-20
⊙外资闯进旅游业/李红兵//中国消费者报 2001-10-17
⊙外资图谋中国生态旅游/杨键//中国商报 2001-07-27
⊙王府井系列旅游纪念品面世/张戒德//中国旅游报 2001-04-30
⊙王朗的生态旅游//中国绿色时报 2001-10-31
⊙网络化旅游/亦杨//工人日报 2000-07-18
⊙网络旅游：电子商务新亮点/赵能//浙江日报 2000-09-26
⊙网络旅游的系统分析/谭林//北京第二外国语学院学报 2001-01
⊙网络旅游风景这边独好//中国旅游报 2000-10-25
⊙网络旅游引导国人旅游新方式/黄平//江苏经济报 2000-08-22
⊙网络旅游咋个游法/龙夫//北京科技报 2000-10-20
⊙网络旅游正在兴起/翟峰//中国旅游报 2001-02-23
⊙网络时代与旅行社经营/王宇智//桂林旅游高等专科学校学报 2001-01
⊙网上健身游，你试过吗？/李晓良//中国旅游报 2001-01-12
⊙为朝阳产业插翅腾飞——濮阳市旅游业发展的调查与思考/吴清芬 李保英//河南省情与统计 2001-12
⊙为何低迷不前？/贾鹤鹏//中国旅游报 2001-05-28
⊙为旅游上市公司把脉/朱伟东 叶再林//中国旅游报 2001-06-22
⊙为实现旅游业"十五"计划目标开好局、起好步/何光//中国旅游报 2001-01-17
⊙为银发一族创造良好旅游氛围/宗成伟//中国老年报 2001-04-07
⊙为游线注册商标"名利双收"/章苒//华东旅游报 2001-08-30
⊙为中国的旅游商品把脉/洪清华//中国旅游报 2001-10-22
⊙围绕旅游抓交通 抓好交通促旅游/田吉文//华东旅游报 2001-10-30
⊙温州旅游由资源变为产业/方汇瑛 王荣//浙江日报 2001-04-18
⊙文化点亮旅游/张建英//中国交通报 2001-06-15
⊙文化拉动湖州旅游开发/李晓良//中国旅游报 2001-08-03
⊙文化旅游争打特色牌/刘爱芳//中国旅游报 2001-05-21
⊙文化旅游资源探索/李冀平//新疆日报（汉）2001-07-26
⊙文化消费要唱假日旅游主角/尚烨 小清//华东旅游报 2001-03-06
⊙文化也是明天的经济——华侨城的经济成就与文化动力分析/郑荣基//广东行政学院学报 2001-03
⊙文化遗产地资源正遭受滥用/陈明昆//瞭望 2001-48
⊙文物，庐山旅游的亮点/张国宏//江西日报 2001-01-23
⊙文物景点大做旅游生意/廖卓斌 仁达//信息时报 2001-03-01
⊙文物旅游资源开发理念和实践初探/张歆梅//地理学与国土研究 2001-02
⊙文物是中国旅游的重要资源/白宁//中国文物学会通讯 2001、2002 年合订本 2001-06-30
⊙文物与旅游没有蜜月/李成侠//甘肃日报 2001-11-02
⊙文物与旅游相互融合 推进我市旅游业的发展/陈卫国//中国文

物学会通讯 2001、2002 年合订本 2001-06-30
◎我国城市旅游竞争力提升及发展战略选择/陈兆坤//经济师 2001-11
◎我国城市旅游研究的回顾与展望/秦学//人文地理 2001-02
◎我国城镇居民国内旅游消费浅析/曹虹剑//消费经济 2001-04
◎我国东、西部旅游发展差距与西部大开发战略/付磊//桂林旅游高等专科学校学报 2001-01
◎我国发展观光农业的生态经济学思考/冯维波//生态经济 2001-04
◎我国发展会展旅游业的前景及策略初探/林翔 李菊霞//人文地理 2001-03
◎我国国内旅游发展前景及对策/王志民 刘宏//扬州教育学院学报 2001-04
◎我国国内旅游人口环境特征的分析/梁智//广东社会科学 2001-05
◎我国家庭旅馆开发初探/杨丽//经济问题探索 2001-10
◎我国假日旅游发展中的问题与对策——以 2000 年“五一”、“十一”两次长假为例/黄震方//城市问题 2001-06
◎我国旅行社行业发展的几个理论问题——对我国旅行社行业制度变迁的考察/张凌云//桂林旅游高等专科学校学报 2001-03
◎我国旅游高等教育发展存在的问题和对策/黄松山//桂林旅游高等专科学校学报 2001-02
◎我国旅游企业的网络营销策略探析/李艳//商业研究 2001-06
◎我国旅游人力资源开发现状和问题/余昌国//中国旅游报 2001-12-10
◎我国旅游业“入世”前景下若干问题及对策/赵鹏//北京联合大学学报 2001-04
◎我国旅游业品牌化进程初探/姚作为//经济经纬 2001-05
◎我国旅游业如何应对加入 WTO 后的挑战/陈乃新//重庆商学院学报 2001-01
◎我国旅游业遭遇瓶颈/赵承 苑坚//消费日报 2001-07-02
◎我国旅游资源开发中的反可持续发展问题及原因分析/陈实//人文杂志 2001-04
◎我国农民旅游消费成效与隐忧并存/邹荣桂 邬爱其//调研世界 2001-09
◎我国青少年旅游网络建构的初步探讨/蒙睿 明庆忠 刘嘉纬//人文地理 2001-03
◎我国入境旅游受损/金黄//中国税务报 2001-11-07
◎我国生态旅游发展的障碍分析与对策研究/赵路 郑向敏//北京第二外国语学院学报 2001-03
◎我国生态旅游发展研究/李星群 赵伟兵//广西大学学报（哲学社会科学版）2001-S2
◎我国生态旅游方兴未艾/王运才 杜斌//市场报 2001-08-06
◎我国首艘旅游潜艇即将起航/沈辽//华东旅游报 2001-05-29
◎我国体育旅游消费市场的现状分析与发展对策研究/冯淑凤 韩鲁安 和平 崔继安 韩丁//天津体育学院学报 2001-01
◎我国体育旅游业发展前景的思考/王进//福建体育科技 2001-06
◎我国西北旅游资源的自然、文化生态状况与保护/李明伟 梁国华//甘肃社会科学 2001-02
◎我国西部边境旅游开发研究/杨洪//世界地理研究 2001-03
◎我国乡村旅游的起源、现状及其发展趋势探讨/贺小荣//北京第二外国语学院学报 2001-01
◎我们期待开放的中国市场/吕成奇//中国旅游报 2001-04-09
◎我亲历的中外合作旅游规划/罗明义//中国旅游报 2001-09-28
◎我区旅游景点的开发建设与持续发展/陆光晶//中共银川市委党校学报 2001-03
◎我区旅游商品开发应突出民族特色/萨其拉图//内蒙古日报（汉）2001-11-20
◎我区旅游市场日趋成熟/姜木兰//广西日报 2001-05-14
◎我省“十一”黄金周旅游走向多元化/谢慧敏 沈贾//湖北日报 2001-10-09
◎我省对伏牛山旅游进行整合开发/李煊//河南日报 2001-11-06
◎我省发展旅游产业经验引起广泛关注/张颖//云南政协报 2001-08-22
◎我省黄金周效益喜人/曹清华//福建日报 2001-05-10
◎我省旅游围绕“三大战略”布局“15683”规划/成淇平//云南日报 2001-03-03
◎我省旅游新增三大热点/李卫//陕西日报 2001-05-08
◎我省旅游宣传再出大手笔/宋建平//山西经济日报 2001-07-10
◎我省首个生态农业高新科技景观区开园/宋北辰 吴红梅//新华日报 2001-04-04
◎我省为主的 4 条旅游线将重点推销/李启昌//云南日报 2001-10-13
◎我市将规范“一日游”市场/张启华//重庆日报 2001-06-04
◎卧龙自然保护区生态旅游市场营销规划/沈晔//软科学 2001-03
◎乌鲁木齐打造旅游名城/李晓玲//新华每日电讯 2001-07-16
◎乌鲁木齐都市旅游浅探/张岩//乌鲁木齐职业大学学报 2001-02
◎乌鲁木齐旅游业与旅游资源开发/阎顺//干旱区地理 2001-01
◎乌木水库旅游开发舞龙头/李道军//四川水利 2001-04
◎巫山云雨笑 报得三春晖/张玫//中国旅游报 2001-05-11
◎巫溪县人民政府常务副县长博玉涛提出：把旅游业作为重庆经济的支柱产业来培育/傅玉涛//重庆行政 2001-01
◎无锡的旅游发展与经济/曾敏 夏洁 陈杰 巫敏燕 朱明 虞婧 胡明佼//华东旅游报 2001-07-21
◎无锡旅游“蛋糕”越做越大/韩解林//华东旅游报 2001-07-17
◎无锡旅游国企全面改制/李智勇//华东旅游报 2001-02-03
◎无锡旅游经济五年要翻番/李智勇//华东旅游报 2001-04-03
◎无锡旅游主动促销抢占市场/韩解林//华东旅游报 2001-04-07
◎无锡向“旅游强市”目标迈进/柴惠康 李智勇//华东旅游报 2001-12-20
◎无限风光在宁波/朱至珍//华东旅游报 2001-09-22
◎吴江旅游资源的分类、地域组合和旅游景区的划分/曹健//苏州教育学院学报 2001-03
◎芜湖，为旅游商品惊喜/董棘 俞华//中国旅游报 2001-03-12
◎芜湖市旅游开发研究/章锦河 宣国富 杨效忠//安徽师范大学学报（自然科学版）2001-01
◎五大利好支持旅游走强/张伟明//中华工商时报 2001-01-11
◎五大连池地方文脉要素与旅游业发展/李华//哈尔滨师范大学自然科学学报 2001-01
◎五峰突出特色发展旅游/赵铁军 曾庆福 王昌秘//湖北日报 2001-06-11
◎五台山不甘做“老五”/常文桂//中国财经报 2001-08-22
◎五台山区域旅游资源开发与研究/余昀 吴攀升//经济地理 2001-S1
◎五月热岛醉游人/张传宣//中国审计报 2001-05-21
◎五张“王牌”炒热河南旅游市场/周岩森//河南日报 2001-05-08
◎武当山旅游品牌营销研究/费振家//十堰职业技术学院学报 2001-01
◎武当山生态旅游项目全面启动/柯文 卢家亮 李世祖//湖北日报

2001-12-06
◎武汉：拉开旅游大幕/刘晗 唐昌华 梁均贵//湖北日报 2001-05-14
◎武汉东湖风景区旅游环境容量初步研究/刘会平//长江流域资源与环境 2001-03
◎武汉发展旅游不可浮躁/王兵 叶鹏//湖北日报 2001-07-11
◎武汉旅游：呼唤规模经营/王溥 康海钧//湖北日报 2001-04-17
◎武汉旅游资源深度开发与整合的探讨/李家清//华中师范大学学报（自然科学版）2001-04
◎武汉市假日旅游目标市场的选择及营销对策/李玺 王春雷//桂林旅游高等专科学校学报 2001-01
◎武陵源：安全是旅游的生命线/胡少丛//中国旅游报 2001-02-19
◎武夷山：赢得“世界名片”之路/橡子//南风窗 2001-14
◎婺源县生态旅游日渐红火/刘伟成//中国绿色时报 2001-05-18
◎雾灵山森林旅游步入良性循环/张凤环 孙阁//河北经济日报 2001-09-13
◎西安城市旅游业之发展研究/魏峰群//西北建筑工程学院学报（自然科学版）2001-04
◎西安地区旅游业可持续发展存在问题和对策/岳冬菊//西安联合大学学报 2001-02
◎西安观光农业升温/毕诗成 屈胜文//中华工商时报 2001-08-10
◎西安旅游机遇与困难并存/常勇//中国旅游报 2001-06-29
◎西安旅游集团规模壮大效益增/王晓民//中国旅游报 2001-02-26
◎西安旅游景点冷热反差大/李梁 毛海峰//中国商报 2001-05-09
◎西安旅游美中不足的反思/黎文安 韩新枝//西安日报 2001-11-06
◎西安旅游虚度光阴/光大//福建工商时报 2001-08-04
◎西安旅游业 一路走好/王婷 张平阳//西安日报 2001-08-15
◎西安市发展秦岭北麓农业休闲观光旅游应注意的问题/郭威//西北建筑工程学院学报（自然科学版）2001-04
◎西安市旅游产品开发研究/蔡平//咸阳师范学院学报 2001-03
◎西安需要发展观光农业/白洁宇//陕西农业科学 2001-04
◎西班牙制定旅游新战略/国家旅游局驻马德里办事处//中国旅游报 2001-01-08
◎西北地区旅游业发展战略初探/吕雁琴//科学.经济.社会 2001-02
◎西北干旱区旅游景观开发研究/王瑛 方海川//乐山师范学院学报 2001-03
◎西北旅游业精心挖掘特色旅游商品/武逯燕//中华合作时报 2001-11-20
◎西北旅游迎来投资热/武勇 逯寒青 张燕//甘肃日报 2001-11-07
◎西部边境旅游发展的战略选择和政策选择/刘来吉//经济问题探索 2001-02
◎西部大开发和生态旅游经济发展/谭立勤//山地学报 2001-S1
◎西部大开发旅游业应作支柱产业培育/张立新//资源.产业 2001-03
◎西部大开发提升新疆旅游产业/李晓玲//中国乡镇企业报 2001-10-23
◎西部大开发要重视风土民情旅游资源的保护与利用/彭龙//中国文物学会通讯 2001、2002 年合订本 2001-06-30
◎西部大开发与河南旅游业的发展/刘桂兰//新乡师范高等专科学校学报 2001-03
◎西部大开发与民族传统体育旅游业发展的研究/周瑾//中国体育科技 2001-S1
◎西部大开发战略下的桂林旅游产业发展研究/程道品 王忠诚//世界经济文汇 2001-06
◎西部大开发中的新疆旅游业/陈瑛//兵团建设 2001-08
◎西部大开发中甘肃旅游业发展的问题及对策/刘中华//兰州商学院学报 2001-04
◎西部地区旅游产业的可持续发展问题/杨松茂//陕西经贸学院学报 2001-06
◎西部地区旅游经济发展研究/唐湘辉//湖南农业大学学报（社会科学版）2001-01
◎西部地区旅游经济可持续发展初探/唐湘辉//湖南经济管理干部学院学报 2001-02
◎西部富集世界旅游精品/李勇 吴锦瑜//亚太经济时报 2001-09-08
◎西部开发提升新疆旅游/李晓玲//中华工商时报 2001-08-17
◎西部开发与四川旅游经济发展对策/邓清南//西南民族学院学报（哲学社会科学版）2001-07
◎西部旅游产业发展的机遇及对策/曹霞//陕西师范大学学报（自然科学版）2001-S1
◎西部旅游产业开发战略/张红//经济管理 2001-19
◎西部旅游持续发展的思考/刘晖//中国民族报 2001-11-27
◎西部旅游发展思考/马永胜//中国旅游报 2001-07-20
◎西部旅游经济热打“民俗风情牌”/张燕 逯寒青 武勇//中国旅游报 2001-11-28
◎西部旅游开发像雾像雨又像风/崔砺金//中国乡镇企业报 2001-01-02
◎西部旅游开发需资本跟进/岳冬立//中华工商时报 2001-08-17
◎西部旅游开发应强调五个结合/吴家良//中国旅游报 2001-01-05
◎西部旅游开发与保护必须双赢/辛华//中国旅游报 2001-07-04
◎西部旅游业发展策略研究/邱扶东//北京第二外国语学院学报 2001-05
◎西部旅游业发展的机遇和对策/张秦龙//陕西经贸学院学报 2001-05
◎西部旅游业前景看好/付政伟//经济论坛 2001-17
◎西部旅游业实现跨越式发展的可行性分析/李树民//西北大学学报（哲学社会科学版）2001-03
◎西部旅游业营销战略探讨/夏晶//财经问题研究 2001-10
◎西部旅游与网共舞/徐晓烨//经营管理者 2001-06
◎西部旅游走入文化创意的新时代/应月芳//商业研究 2001-08
◎西部民俗旅游资源的开发与保护/牛志文 刘建华//呼伦贝尔学院学报 2001-04
◎西部民族地区旅游业发展浅析/马振//中南民族学院学报（人文社会科学版）2001-02
◎西部重视民族文化资源发展民族旅游经济/王婧//广东青年干部学院学报 2001-01
◎西藏旅游开发及其可持续发展/徐雅梅 李萍//国际草业（草地）学术大会 2001-07-01
◎西藏旅游业建设面临 14 个问题/徐嵩龄//中国人口资源与环境 2001-01
◎西藏旅游资源开发东移/多穷 裘立华//中国乡镇企业报 2001-04-24
◎西藏自治区旅游发展工作会议圆满结束/聂赤//西藏旅游 2001-03
◎西方旅游人类学两大研究流派浅析/宗晓莲//思想战线 2001-06
◎西方旅游人类学与中国旅游文化研究/覃德清 戚剑玲//广西民族研究 2001-03
◎西方休闲学研究一瞥/马惠娣//科技日报 2001-01-16

⊙西南地区观光农业发展与经营特点初探——以成都市龙泉驿区“农家乐”为例/李学东 郭焕成//经济地理 2001-03
⊙西南六省区联手打造旅游圈/苑坚 宋常青//中国乡镇企业报 2001-11-06
⊙西山岛旅游业现状与市场定位分析/黄明华//地域研究与开发 2001-04
⊙西双版纳曼景兰旅游新村总策划/黄惠焜//思想战线 2001-05
⊙昔阳旅游：甩出大寨王牌/任秀萍 张慧明//山西经济日报 2001-10-08
⊙喜忧参半 前景光明/张伟明//中国旅游报 2001-08-17
⊙喜洲以旅游兴镇/庄俊华 阿苍洱//云南日报 2001-05-02
⊙夏令营大比拼/程玉兰//重庆商报 2001-06-20
⊙厦门鼓浪屿旅游业可持续发展战略与对策/陈瑞琛//台湾海峡 2001-03
⊙厦门瞄准中国最佳旅游城市目标/林长榕//中国旅游报 2001-12-07
⊙厦门全力打造旅游强市/张钟荣//亚太经济时报 2001-11-24
⊙厦门市确定“十五”旅游规划思路/夏桐//城市规划通讯 2001-09
⊙仙游县探索旅游经济发展新路/林德基//农民日报 2001-10-27
⊙县域旅游市场调查与开发策略——以平和县为例/陈金华 周灵飞//福建地理 2001-03
⊙现代风景旅游规划设计三元论/刘滨谊//规划师 2001-06
⊙现代观光农业发展的几个问题/赵春雷//农业经济问题 2001-12
⊙现代旅游营销理念/孙安彬//商业研究 2001-06
⊙现代农家旅馆发展的意义及管理制度创新研究/周玲强//桂林旅游高等专科学校学报 2001-04
⊙现阶段我国旅游产品的现状分析和优化旅游产品结构的对策思路/刘栓玲//开发研究 2001-06
⊙乡村旅游市场开发与营销策略浅析/熊元斌 邹蓉//商业经济与管理 2001-10
⊙香港迪斯尼乐园对珠江三角洲的影响/保继刚 徐红罡 李丽梅 John Ap//旅游学刊 2001-04
⊙香港迪斯尼乐园对珠江三角洲主题公园的影响分析/张玲 刘德琪//桂林旅游高等专科学校学报 2001-01
⊙香港旅游业着重开发内地与台湾市场/李凯//华东旅游报 2001-11-15
⊙香港自助旅游线路推荐（一）/心雨//中国旅游报 2001-04-30
⊙香格里拉的腹心地——中甸旅游业发展及管理模式探讨——兼探中国西部老少边穷地区旅游产业发展之路/杨桂红//经济问题探索 2001-02
⊙香格里拉及其云南中甸生态旅游开发初探/张洪亮//长江流域资源与环境 2001-04
⊙香格里拉民族生态旅游的设计与实践——来自云南省中甸县霞给村的研究报告/邓永进 郭山//思想战线 2001-02
⊙湘西凤凰旅游开发战略探讨/王迪云//经济地理 2001-02
⊙湘西旅游业“龙凤联姻”/邓道理 许刚//中国旅游报 2001-12-26
⊙湘西旅游走廊的开发构想/郑群明//湖南师范大学社会科学学报 2001-05
⊙湘西州旅游资源开发思路/陈福义//湖南商学院学报 2001-06
⊙襄樊旅游要进快车道/吴传奎//中国旅游报 2001-06-13
⊙襄樊应作湖北旅游集散地/李江海 胡克勤//中国旅游报 2001-05-21
⊙象山“三月三”成为旅游新“品牌”/徐水根//华东旅游报 2001-04-05
⊙象山海味风情倾倒各地游客/肖康焕 徐颖峰//浙江日报 2001-08-16
⊙象山海洋旅游渐入佳境/李建新 徐锦庆 肖康焕//浙江日报 2001-03-28
⊙象山以新视角审视海洋资源/张品方 王国锋 肖康焕 徐颖峰//浙江日报 2001-09-01
⊙小兴安岭风景道旅游景观评价/吴必虎//地理学报 2001-02
⊙孝感市旅游业发展战略初探/苏甦//孝感学院学报 2001-05
⊙新昌“山水经济”造福一方/施晓文 梁柏青//华东旅游报 2001-11-06
⊙新昌山水：美景撬动了一个产业/纪阳//今日浙江 2001-19
⊙新昌制定加快旅游产业发展规划/袁振刚//中国特产报 2001-10-18
⊙新城子区依托资源促发展/周凤文//中国旅游报 2001-12-05
⊙新机制打开双赢局面/吴晓梅//中国旅游报 2001-11-23
⊙新疆巴州旅游发展舞“龙头”/刘平均//中国建设报 2001-12-11
⊙新疆观光农业发展问题初探/龚海涛//新疆财经学院学报 2001-03
⊙新疆旅游产业与高职旅游教学/张岩//新疆职业大学学报 2001-02
⊙新疆旅游产业招财进宝/李晓玲//中国乡镇企业报 2001-09-11
⊙新疆旅游呼唤观光农业/李冀平//中国旅游报 2001-06-15
⊙新疆旅游尚需提速/铁铮//中国绿色时报 2001-10-18
⊙新疆旅游要在特色上下功夫/廖永新//中国旅游报 2001-05-23
⊙新疆旅游应该怎样起步/东方白//新疆日报（汉）//2001-12-21
⊙新疆旅游资源及其开发利用/阎顺//干旱区地理 2001-04
⊙新疆自然风景旅游地旅游环境保护浅析/刘丹萍 阎顺//干旱区地理 2001-04
⊙新千年陕西旅游业的回顾与展望/鱼小辉//陕西师范大学继续教育学报 2001-03
⊙新时期中国旅游规划创新/刘锋//旅游学刊 2001-05
⊙新世纪高校旅游人才的培养/卢世菊//中国旅游报 2001-06-11
⊙新世纪旅游开发规划的新方法——《旅游开发与规划》评述/章建荣//经济地理 2001-02
⊙新世纪前期旅游业发展预测/杨正泰//旅游科学 2001-01
⊙新世纪上海都市型旅游的发展趋势/范能船//上海师范大学学报（哲学社会科学版）2001-05
⊙新世纪云南旅游发展蓝图凸现/李启昌//云南日报 2001-01-15
⊙新兴时尚：科技游/山水//重庆日报 2001-05-23
⊙新郑州 新旅游 新风采/张明灿//中国旅游报 2001-08-29
⊙信息技术对中美旅行社业的影响比较研究/张超 刘昊//桂林旅游高等专科学校学报 2001-04
⊙信息社会的广州旅游文化建设/李建军 陈清 郭晓莹//广州大学学报（社会科学版）2001-03
⊙信息社会的广州旅游文化建设/李建军//广州大学学报（社会科学版）2001-03
⊙信阳森林旅游业的发展现状及对策/李正侠//河南林业科技 2001-03
⊙信州旅游显姿彩/石雨//华东旅游报 2001-05-15
⊙兴安旅游火爆异常/刘权//广西日报 2001-04-22
⊙兴安旅游重振雄风/隆振葵//广西日报 2001-05-06
⊙兴安盟的绿色旅游与黄金产业/周岩//中国商报 2001-08-16
⊙星子旅游兴县一业带百业/夏茂臣//江西日报 2001-02-21

◎行业结构仍需调整 市场发展潜力巨大/张伟明//中国旅游报 2001-11-23
◎形成大旅游新格局/陈惟 杨健//文汇报 2001-03-29
◎休闲产业发展初步探析/许峰//中国软科学 2001-06
◎休闲产业前程似锦/王京韬 孟怀虎//中华工商时报 2001-11-26
◎休闲产业——市场有多大？/顾列铭//金融时报 2001-12-21
◎休闲——促进旅游发展的动力/Gerald Kenyon //中国旅游报 2001-11-28
◎休闲的革命/刘锋//中国旅游报 2001-11-28
◎休闲的真谛/刘兵//中国环境报 2001-05-09
◎休闲方式走向多元化/刘文宁//工人日报 2001-10-08
◎休闲经济大有可为/傅丕毅 方列//新华每日电讯//2001-11-13
◎休闲经济欲演消费主角/吴凡 曾强 高志国//工人日报 2001-11-02
◎休闲旅游亟待开发/邹利//云南日报 2000-08-12
◎休闲旅游新景观/石文//四川日报 2001-05-25
◎休闲旅游新亮点——浮山/赵成立 黄学艺//安徽日报 2000-06-23
◎休闲旅游新选择/刘国信//大众科技报 2000-10-31
◎休闲农业的功能及发展前景/俞文正//青海农林科技 2001-04
◎休闲让经济走得更轻松/晓冰 洪金//中国企业报 2001-11-27
◎休闲时光干点啥/洛文//中国商报 2001-03-02
◎休闲业与休闲学/于光远//中国旅游报 2001-11-28
◎休闲业越来越火/陆一//中国质量报 2001-11-21
◎休闲娱乐业里的“家常菜”与“怪味鸡”/杨乃运//中国商界 2001-11
◎休闲渔业遭遇尴尬/肖风//中国船舶报 2001-11-09
◎虚拟现实技术在虚拟旅游中的应用/徐素宁//地理学与国土研究 2001-03
◎需求价格弹性在旅游经济中的应用研究/汪恒 唐玉娥//北京第二外国语学院学报 2001-03
◎徐汇打造旅游强区/贾宝良 袁昭宇//解放日报 2001-08-15
◎徐州市旅游业发展的限制因素和对策/李敏//徐州教育学院学报 2001-03
◎宣城做好旅游“中转地”文章/张敬波//安徽日报 2001-08-13
◎学生旅游市场：“回扣”风如何了得/张建松//经济参考报 2001-10-12
◎学生旅游市场想说爱你不容易/张洵涛//中国旅游报 2001-07-04
◎学生眼中的暑假旅游/周慧//云南日报 2001-07-17
◎学习“七一”讲话精神 搞好假日旅游经济/贺杰//中国旅游报 2001-10-08
◎亚太岛屿旅游盛会相约海南/李冰 王健生//中国旅游报 2000-11-13
◎亚洲旅游市场遍地黄金/贾鹤鹏//中国旅游报 2001-06-18
◎亚洲旅游业出现复苏迹象/贾鹤鹏//中国旅游报 2001-12-28
◎烟台旅游“景”上添花/鲁//华东旅游报 2001-09-11
◎延庆成为京郊旅游巨龙/郭东亮//中国旅游报 2001-01-12
◎研究休闲的意义/胡廷武//云南日报 2001-01-23
◎研究游客才能把握市场/张启华//重庆日报 2001-01-28
◎燕赵风光美如画//中国旅游报 2001-07-11
◎扬州领悟“变、通”经/吴剑//中国旅游报 2001-04-09
◎扬州市古运河生态环境林观光休闲型绿化模式营建研究/李晓储 裴建文 赵御龙 刘贵阳 黄利斌 姚征潮//江苏林业科技 2001-04
◎扬州市旅游产品体系的开发研究/李芸//扬州教育学院学报 2001-04
◎羊城打造旅游“目的地”需练内功/罗刚 李平//中国旅游报 2001-11-26
◎阳光下的运动旅游/阿庄//重庆商报 2001-06-20
◎阳泉市旅游资源及其开发论略/康玉庆//太原大学学报 2001-02
◎杨凌生态旅游农业及其发展研究/王振江//陕西农业科学 2001-12
◎要把旅游商品做得与旅游品牌一样“响”/骆晓//人民政协报 2001-09-03
◎要将襄樊建成湖北旅游集散中心/陈桂岚//中国旅游报 2001-06-20
◎一方展示山水与民俗的热土——云南旅游业散记/徐刚//西部大开发 2001-11
◎一个推销城市的人——记宁波市旅游局局长朱至珍/王和岩老麦//中国商界 2001-12
◎一个主题公园的探索之路/王洋 李晓燕//中国旅游报 2001-05-28
◎一季度我国入境旅游开局良好/张悦//国际商报 2001-04-20
◎一天旅游几进洞房/尤桐//福建日报 2001-02-21
◎一种区域旅游形象分析的技术程序/吴必虎//经济地理 2001-04
◎伊春林区生态旅游资源评价的研究/刘吉春//东北林业大学 2001-12-01
◎伊春市发展旅游经济研究/刘欣喜//林业经济 2001-09
◎伊犁旅游短与长/朱必义//新疆日报（汉）2001-12-13
◎依法保护历史名城 大力发展旅游经济/冯新生 邢映纯//中国旅游报 2001-09-26
◎依托旅游 发展经济/郑建东//新华每日电讯 2001-04-13
◎依托炎帝文化 构建旅游大县/聂方红//中国旅游报 2001-08-15
◎黟县宏村古村落旅游形象设计研究/章锦河//地理学与国土研究 2001-03
◎沂蒙好风光 旅游好境地/杨洪坤//华东旅游报 2001-09-08
◎宜昌：打造世界级旅游城市/屈鹏//中国旅游报 2001-11-16
◎宜昌旅游经济可持续发展的对策/曹桦林//湖北财税 2001-06
◎宜昌旅游业实现由“政府主导”向“市场主导”转变/韩庆顺//中国财政 2001-09
◎以创新精神开创旅游教育的新纪元/王栴//广西党史 2001-01
◎以大旅游战略促进经济可持续发展——关于大连旅游业发展对策的思考/佟静//社会科学辑刊 2001-01
◎以观光产业推动经济合作——访日本众议员二阶俊博/王大军//瞭望 2001-39
◎以历史文化资源来促进邯郸旅游产业的发展/侯廷生 李海燕//邯郸职业技术学院学报 2001-03
◎以旅游业为契机 推进海岛工业的发展/李军//中国集体经济 2001-02
◎以青云山开发建设为突破口 努力创建中国优秀旅游城市/曹学芹//山东经济战略研究 2001-Z1
◎以色列旅游业危机重重/张爱明//国际商报 2001-10-25
◎以生态意识为先导的旅游经济区规划——广东三水云东海旅游经济区规划体会/魏民//中国园林 2001-01
◎易县实施旅游精品带动战略/王渊 陈继忠 王斌//河北经济日报 2001-09-23
◎意大利流行绿色旅游/季火//中国旅游报 2001-02-12
◎银川旅游 精心打好资源牌/王麦玲//中国信息报 2001-07-02
◎银色旋风刮起来/李玲//中国旅游报 2001-03-14
◎引嫩工程管理处立足水土资源开发特色旅游/李方石//中国水

利报 2001-08-25

◎引入风险投资，大力发展西部旅游业/顾华详//广东省经济管理干部学院学报 2001-02

◎应把殷墟品牌做大叫响/李根林//河南日报 2001-03-31

◎英国旅游 渗透度假意识/金燕//中国旅游报 2001-12-21

◎英山 发展旅游 致富百姓/胡映球 肖卫东 盛勇 胡群山//中国旅游报 2001-05-25

◎营造辽宁旅游“板块”/孙德生//辽宁日报 2001-04-11

◎营造有序宽松环境 创新旅游产业机制/白俊章//山西政报 2001-09

◎影视村里的“文化旅游”/蒲萨//厂长经理日报 2001-10-30

◎永泰县旅游接待服务设施规划研究/林岚//福建地理 2001-04

◎用 20 年圆旅游强国梦/郑小琦//瞭望 2001-34

◎用高新科技武装旅游生态经济区/余仕军 吴鹤年//科技日报 2001-05-04

◎用可持续发展的观点看安徽观光农业/范厚旭//乡镇经济 2001-09

◎用市场机制推动重庆旅游市场的开发/吴怀连//重庆日报 2001-05-23

◎用休闲改变国人生活/孟怀虎 王京韬//中华工商时报 2001-12-05

◎优化旅游环境 打造旅游精品/李淳 明喜 翼军//山西日报 2001-06-22

◎由乌鲁木齐荣膺“中国优秀旅游城市”所想到的/丁秀峰//新疆日报（汉）2001-02-08

◎油城工业旅游正红火/蔡湛//中国石化报 2001-02-23

◎游客热衷泰国医疗旅游/江河//中国旅游报 2001-10-08

◎游客需要啥样的旅游商品/东民 文强//人民政协报 2001-04-23

◎游上海 7 天只花 280 元 真？假？/邹岩//中国旅游报 2001-01-08

◎有关世界旅游组织//中国旅游报 2001-10-22

◎有关主题游乐园的思考/王姤华//北京第二外国语学院学报 1994-03

◎又好又省钱 轻松游日本/叶楠//中国旅游报 2001-03-19

◎渝川黔联手启动“生态航空母舰”/杨盛华//中国旅游报 2001-02-09

◎渝沪旅游业发展的比较分析/张千 熊英//渝州大学学报（社会科学版）2001-02

◎渝黔携手共绘乌江旅游蓝图/陈斌//中国旅游报 2001-11-26

◎余杭休闲农业初露端倪 /唐永铭//浙江日报 2001-06-19

◎与环保携手的旅游地/李晓玲//新华每日电讯//2001-10-15

◎与时俱进谱写旅游大文章/郑少三//当代经济 2001-09

◎玉溪市发展生态文化旅游探析/王跃//玉溪师范学院学报 2001-03

◎寓教于游 寓游于乐/黄建平 马铭 朱鸣祥//中国旅游报 2001-02-19

◎沅江欲建生态旅游基地/夏延清 龙昊//中国经济时报 2001-06-20

◎沅陵 湖南又一张国际旅游品牌/姜庆华//湖南经济 2001-07

◎沅陵县旅游资源分析评价及开发战略/刘源泉//常德师范学院学报（社会科学版）2001-06

◎月牙泉观光农园旅游形象策划/侯志强//甘肃教育学院学报（社会科学版）2001-04

◎岳阳：让旅游成为经济腾飞的翅膀/张万槯//中国旅游报 2001-09-07

◎阅读贺兰山岩画/夏舟//华东旅游报 2001-07-10

◎粤港澳共建大三角旅游区/粤信//信息时报 2001-02-14

◎粤西旅游：定位思路与对策/陈万灵//地域研究与开发 2001-04

◎云南“假日旅游经济”的启示/陈德友//大理学院学报 2001-03

◎云南将建成国际旅游目的地/和玉//中国经济时报 2001-03-21

◎云南旅游大省建设中的新亮点——民族体育与旅游业互动式发展/沈阳//学术探索 2001-01

◎云南旅游的开发与民族文化资源的保护/杨红英//云南民族学院学报（哲学社会科学版）2001-03

◎云南旅游明天更美好/杨小涟//中国旅游报 2001-08-20

◎云南旅游如何可持续发展/和玉 吕静雯//中国经济时报 2001-03-01

◎云南旅游业：宽松的现实与不宽松的实现——问题与对策/赵涛//经济问题探索 2001-07

◎云南旅游业的国际竞争力探析/黄继元//云南金融 2001-10

◎云南旅游业的可持续发展/夏晓纯//云南环境科学 2001-04

◎云南旅游业迈上新台阶/刘栗//中国旅游报 2001-02-23

◎云南民族体育旅游产业化浅议/王子新//北京第二外国语学院学报 2001-05

◎云南省德钦旅游资源评价和景区环境容量分析/李铁松//地理学与国土研究 2001-01

◎云南省发展商务旅游的战略思考/吴明远 叶文 杨惠莉 辛华//经济问题探索 2001-08

◎云南省会议会展旅游的现状及发展趋势分析/杨玉莉 叶文 吴明远//经济问题探索 2001-07

◎云南省旅游业可持续发展的现状及对策/曾焱//经济问题探索 2001-12

◎云南体育旅游业发展对策研究/饶远 张云钢//中国体育科技 2001-S1

◎运用层次分析法对水利旅游资源进行定量评价/黄显勇//浙江大学学报（理学版）2001-03

◎运用积极的价格政策促进韩城市旅游业的发展/张茂森//价格与市场 2001-08

◎运用现代营销观念 改革旅游教学模式/胡善风//北京第二外国语学院学报 2001-03

◎在保护好生态环境前提下开展生态旅游/沈茂成//中国环境报 2001-02-09

◎在大开发中加快陕西旅游业发展的战略思考/李峰//西北工业大学学报（社会科学版）2001-03

◎在红寺堡地区培育和发展旅游产业的问题/刘志强//中国农村水利水电 2001-S1

◎在全省旅游产业发展工作会议上的讲话/邵琪伟//云南政报 2001-06

◎在线支付：B2C 旅游电子商务到火候了/李泓杰//中国旅游报 2001-01-12

◎枣庄旅游缺文化/冯传玺 郭佳//中国旅游报 2001-01-15

◎增长与缺憾/钟声宏//中国旅游报 2001-11-02

◎增强海南国际旅游业的竞争力/李勇//今日海南 2001-09

◎增强无锡城市魅力 提升旅游文化品位/王洁平//华东旅游报 2001-12-11

◎展开“旅游兴市”战略 重整千年赤壁山河/吴义煌//中国信息报 2001-03-11

◎展示街：不仅为了展示/李玲//中国旅游报 2001-02-19

◎战略重组 走向辉煌——记桂林旅游发展总公司发展历程/王彤//中共桂林市委党校学报 2001-01

◎湛江观光生态经济农业的开发研究/吴刘萍 周昌仕//生态经济 2001-09
◎张家界 物价部门服务旅游/李泽吉 全迎春//中国旅游报 2001-09-17
◎张家界盯上旅游专列/全迎春//中国旅游报 2001-11-12
◎张家界旅游带动经济发展问题探讨/刘楚凤//湖湘论坛 2001-04
◎张家界旅游发展与金融对策/龙晓华//中国农业银行武汉管理干部学院学报 2001-06
◎张家界赔还是赚/邓敏敏//中国旅游报 2001-11-21
◎张家口实现旅游大发展叫响“京西第一州”/常世荣 高占峻//河北经济日报 2001-02-07
◎肇庆旅游在做啥文章？/张脉贤//中国旅游报 2001-02-16
◎柘林湖旅游为何东热西冷/翁还童//江西日报 2001-06-25
◎浙江改革旅游管理体制见成效/林震华 李晓燕//中国旅游报 2001-05-25
◎浙江旅游发展的战略思考/纪根立//中国旅游报 2001-08-29
◎浙江民营旅游企业的六个转变/聂晓民//中国旅游报 2001-12-05
◎浙江省海岛旅游业可持续发展研究/李植斌//浙江师大学报（自然科学版）2001-03
◎浙江省森林旅游的发展对策/高立旦//林业科技开发 2001-05
◎浙江新昌旅游业的现状、问题及发展对策探讨/李欣 王永红//经济师 2001-03
◎争做“文明导游员”活动/金启宁//中国旅游报 2001-03-09
◎整顿旅游商品市场税收秩序/九办//中国税务报 2001-08-06
◎整顿旅游市场势在必行//云南经济日报 2001-06-24
◎整合旅游教育 夯实人才工程——“高等学校旅游管理专业教育教学改革与发展战略研讨会”述要/李冬梅//旅游学刊 2001-03
◎正视困难寻求突破/张广瑞//中国旅游报 2001-02-09
◎郑州观光农业发展初探/任瀚//地域研究与开发 2001-03
◎支持与引导民营旅游企业/温秀//中国旅游报 2001-06-22
◎知名度就是财富/王小梅//中国旅游报 2001-11-16
◎知识经济对旅游产业发展的影响/施卫东//东南大学学报（哲学社会科学版）2001-02
◎知识经济时代与贵州喀斯特地区旅游业发展/殷红梅 梅再美//贵州师范大学学报（自然科学版）2001-04
◎知识经济与旅游产业发展/施卫东//技术经济 2001-02
◎制约消费者旅游的关键因素/李江//厂长经理日报 2001-02-14
◎制造注意力——信息化浪潮下的旅游营销革命/刘汉洪//华东旅游报 2001-11-13
◎中俄旅游合作的回顾与展望/宋魁 陈秋杰//西伯利亚研究 2001-05
◎中国“入世”与旅游经济大发展/林永匡//中国旅游报 2001-11-28
◎中国城市居民旅游感应空间研究——以上海为例/李山 蒋轶红 吴兵 杨晓曦//旅游学刊 2001-01
◎中国传统旅游的民俗学审视/罗曲//西南民族学院学报（哲学社会科学版）2001-04
◎中国大学生对旅游安全的感知评价研究/吴必虎//桂林旅游高等专科学校学报 2001-03
◎中国道教旅游资源及其开发研究/卢世菊//北方经贸 2001-11
◎中国加入 WTO 对出境旅游政策的影响/依绍华//社会科学家 2001-03
◎中国加入 WTO 给大连旅游业带来的机遇与挑战/王君//大连大学学报 2001-03
◎中国加入 WTO 广西旅游业前景分析/莫永楷//广西经贸 2001-01
◎中国假日经济可持续发展思路探析/刘耿大//桂林旅游高等专科学校学报 2001-03
◎中国可持续旅游产业理论问题探讨/司金銮//福建论坛（经济社会版）2001-06
◎中国旅游 奥运大餐怎么吃/崔荣慧//中国经济时报 2001-07-23
◎中国旅游报刊协会组成新一届理事会//中国旅游报 2001-06-04
◎中国旅游促销团继续在美交流/谢培林//中国旅游报 2001-06-27
◎中国旅游大篷车的魅力/林长榕//华东旅游报 2001-10-13
◎中国旅游电子商务发展中的一些问题与对策研究/杨丽//旅游学刊 2001-06
◎中国旅游发展笔谈/徐嵩龄 厉以猷 初敏 高广新 高天明 赵鹏 贾笑天//旅游学刊 2001-01
◎中国旅游发展笔谈/徐嵩龄 厉以猷 高天明//华东旅游报 2001-10-09
◎中国旅游发展笔谈/徐嵩龄//旅游学刊 2001-01
◎中国旅游教育与培训面临的问题和对策/刘名俭 毕斗斗//湖北大学成人教育学院学报 2001-05
◎中国旅游经济的省际比较研究/汪德根//经济地理 2001-S1
◎中国旅游始于何时？/王晓云//文汇报 2001-07-06
◎中国旅游市场受累 9·11 事件/崔毅//中国经营报 2001-09-18
◎中国旅游网站的联盟与发展/骆仲遥//中国旅游报 2001-12-03
◎中国旅游网站的市场营销/徐汎//中国旅游报 2001-12-31
◎中国旅游研究 14 年——《旅游学刊》反映的学术态势/吴必虎//旅游学刊 2001-01
◎中国旅游业产业竞争力的现状分析/姚作为//南方经济 2001-05
◎中国旅游业的脉相/谢文辉//中国电子商务 2001-02
◎中国旅游业地域不平衡分析/朱俊杰 丁登山 韩南生//人文地理 2001-01
◎中国旅游业国际竞争力分析/王慧敏//上海经济 2001-06
◎中国旅游业疾步“入世”/苏淼//粤港澳价格 2001-05
◎中国旅游业拿什么去竞争/傅旭明 李唐茸//中国经济时报 2001-12-10
◎中国旅游业前景诱人/钟文//国际商报 2001-06-21
◎中国旅游业需要什么样的旅游规划——由当前旅游规划热引发的思考/魏小安//旅游学刊 2001-02
◎中国旅游业有利条件和不利因素/陈义军//中国食品质量报 2001-04-28
◎中国区域旅游经济综合实力分析和类型划分/郭利平//地理学与国土研究 2001-03
◎中国人对大自然之爱——徐霞客及其早期的旅游活动/亨利·斯瓦茨 曾俊伟//2001 舟山徐霞客旅游文化研讨会暨浙江省徐霞客研究会第二届会员代表大会 2001-06-30
◎中国苏州国际旅游节隆重开幕/周铭扬//华东旅游报 2001-04-10
◎中国西部发展非大众旅游的探讨——以郎木寺为例/蔡君//北京林业大学学报 2001-06
◎中外合作编制旅游规划的实践与体会/罗明义//旅游学刊 2001-05
◎中外旅游专业本科教学体系的比较/谭白英 毛福禄//理工高教研究 2001-05
◎中心辐射型城际快速列车对城市旅游的促进作用——以河北省承德市为例/丛艳国//现代城市研究 2001-06
◎中越跨海旅游成热线 旅游业为古巴赚大钱/梁思奇 郑建东//消费日报 2001-02-28
◎重建雷峰塔的旅游价值/诸玉山//地图 2001-03

⊙重庆都市旅游业发展条件与对策探析/毛勇//经济地理 2001-S1
⊙重庆旅游发展的结构布局思路的反思/郭阳旭//西南师范大学学报（人文社会科学版）2001-05
⊙重庆旅游商品发展的现状及对策/毛勇//重庆工学院学报 2001-06
⊙重庆旅游业发展思路/姜平//重庆行政 2001-04
⊙重庆南部旅游带开发战略构想/黄朝永//重庆商学院学报 2001-05
⊙重庆山区农村生态经济发展战略探讨/赖景生//生态经济 2001-07
⊙重庆生态旅游发展探析/李炜//重庆商学院学报 2001-05
⊙重庆市旅游形象的转型与升级/吴怀莲//重庆商学院学报 2001-06
⊙重庆市旅游资源可持续利用的问题与对策/李晴//重庆师范学院学报（自然科学版）2001-04
⊙重庆市生态旅游开发与可持续发展/李晴//经济地理 2001-06
⊙重塑"极边第一城"/杨明俊//中国乡镇企业报 2001-12-12
⊙重振旅游业的措施/蒋德恩//国际商报 2001-12-23
⊙周庄展示古镇保护与旅游发展新风采/石雨//华东旅游报 2001-10-27
⊙珠海，你该如何定位？/何学林//中国旅游报 2001-08-08
⊙珠海市旅游业存在问题及发展对策研究/王树林//商业研究 2001-03
⊙珠江三角洲观光农业发展模式与生态经济分析/赵敏//广州大学学报（社会科学版）2001-09
⊙珠江三角洲区域旅游合作前景看好/陈广万//中国旅游报 2001-12-19
⊙诸暨市旅游经济一路看好/陈海飞 何剑光//华东旅游报 2001-07-14
⊙主题公园出路何在/王晓东//中国经营报 2001-01-16
⊙主题公园规划设计探讨/冯维波//地域研究与开发 2001-02
⊙主题公园与媒体融合的趋势——迪斯尼发展的启示/杨林//企业研究 2001-03
⊙主题公园与媒体融合的趋势——迪斯尼发展的启示/毛丽君//企业经济 2001-07
⊙抓好环境保护 发展生态旅游/张毅兵//河南日报 2001-05-17
⊙抓机遇 迎挑战 跻身旅游强省/潘建民 杨昌雄//广西日报 2001-01-08
⊙抓旅游活市促经济腾飞/方新群//湖南经济 2001-04
⊙抓住机遇 加快发展——论西部大开发中的宁夏旅游业/梁向明//宁夏大学学报（人文社会科学版）2001-03
⊙抓住机遇 加快旅游业发展/郝建秀//宏观经济研究 2001-01
⊙抓住入世机遇发展休闲产业/张悦//国际商报 2001-08-22
⊙抓住西部大开发机遇，加快红水河流域旅游产业发展/周长军//广西市场与价格 2001-12
⊙抓住西部大开发契机构建乐山大旅游/张旭东//中共乐山市委党校学报 2001-01
⊙专家建议桂林旅游自然与人文资源齐开发/陈天湖//中国旅游报 2001-12-05
⊙专家认为青海旅游开发应留住原始之美/梁娟 钱荣 王娟//中国乡镇企业报 2001-09-11
⊙壮大旅游新兴产业/郝俊愿//经济参考报 2001-10-23
⊙着力提高旅游软环境质量/李彬林//四川日报 2001-06-23
⊙资源依托型旅游产品的定价与分配问题的思考/马鹤丹//桂林旅游高等专科学校学报 2001-03
⊙淄博观光农业渐入佳境/李先宝//农民日报 2001-10-19
⊙自觉地创造文化遗产 丰富充实旅游资源/宋月圆 钱雪华//华东旅游报 2001-06-16
⊙自然保护区的旅游产品开发浅析——以鼎湖山生物圈保护区为例/肖光明//旅游学刊 2001-03
⊙自然保护区可持续发展的必由之路——发展生态旅游/庞振刚//生态经济 2001-05
⊙自然保护区生态旅游发展的探讨/陈孝青//林业经济问题 2001-04
⊙自然保护区生态旅游开发与保护的关系/陈孝青//北京林业大学学报 2001-06
⊙自然保护区生态旅游与生态环境保护/雷鸣//湖南农业大学学报（社会科学版）2001-03
⊙自然与人文的互动交融与多元发展——桂林历史文化旅游系列研究之四/阳国亮//桂林旅游高等专科学校学报 2001-04
⊙自助旅游谈四多/赵玉珍//中华合作时报 2001-05-04
⊙总结"五一"黄金周旅游工作/卜小平//中国旅游报 2001-05-14
⊙走出旅游客体概念中的误区/高苏//北京联合大学学报 2001-02
⊙走近旅游责任保险/李常春 顾乃华//中国财经报 2001-10-10
⊙走进临沂/陈少蔚 王晓燕//中国企业报 2001-11-27
⊙走进南山/王健生 黄丽//中国旅游报 2001-03-19
⊙走进青海/李滨//中国旅游报 2001-06-06
⊙走进天府之国/庭西//当代职校生 2001-Z1
⊙走马贵州看旅游/饶蓓 曾鸣//四川日报 2001-11-02 2
⊙走入香格里拉走出意识围城/肖建舫//中国旅游报 2001-06-29
⊙走向转型升级的中国假日旅游——从"十一"黄金周看我国假日旅游的发展/刘汉洪//桂林旅游高等专科学校学报 2001-01
⊙遵化精心营造旅游大产业/龙全忠//河北经济日报 2001-06-08
⊙遵化旅游税收大增/王春青 许永军//中国税务报 2001-06-06
⊙遵化市旅游资源的深度开发及营销策划方案/黎洁//旅游学刊 2001-01
⊙柞水：旅游产业方兴未艾/冯晓荣 金江//陕西日报 2001-06-13
⊙柞水生态旅游走出新天地/李岚 王晓阳//陕西日报 2001-04-28
⊙做大花果山旅游文章/孙锡华//新华日报 2001-06-17
⊙做大做强长白山旅游业/孔照晨 刘一丁//吉林日报 2001-07-21
⊙做大做强陕西旅游产业/王晓民//中国旅游报 2001-02-05
⊙做好产业结构调整的大文章（上）/杨小涟//中国旅游报 2001-10-15
⊙做好假日旅游大文章/张楷//华东旅游报 2001-11-27
⊙做好旅游大文章 拉动经济快发展/周元宵//湖北财税 2001-15
⊙做好以庐山为重点的旅游开发文章/练炼//江西日报 2001-06-11
⊙做活长白山生态旅游/王有军//中国经济时报 2001-10-23
⊙做旅游重在整合资源/尚志新 车海刚//中国经济时报 2001-11-14
⊙做强旅游产业发展县域经济/张绮君//民族论坛 2001-01
⊙做游客最信赖的朋友/李晓燕//中国旅游报 2001-06-25

体育产业

1979 年

⊙几个国家体育科研发展概况/熊斗寅//体育科技 1979-01
⊙科学地推行《国家体育锻炼标准》/郑振坤//辽宁师范大学学报（社会科学版）1979-05
⊙世界最大的体育报——《队报》//新闻战线 1979-03
⊙体育应该是一门社会科学/胡小明//成都体育学院学报 1979-01

1980 年

⊙对我国体育目的和任务的探讨/曹湘君//北京体育大学学报 1980-04
⊙浅谈我国体育运动的现状和发展趋势/黄捷荣//冰雪运动 1980-06
⊙试谈体育与生产力的关系/滕子敬//武汉体育学院学报 1980-02
⊙我国近代最早的体育会及其创始人/姚廷华//上海体育学院学报 1980-02
⊙现代体育与体育现代化问题初探/熊斗寅//北京体育大学学报 1980-01
⊙周总理关怀体育事业/王德佩//北京体育大学学报 1980-03

1981 年

⊙关于体育与生产力的几个问题/孙汉超//武汉体育学院学报 1981-01
⊙积极开展体育人才学的研究/郑宝田 林诗娟//武汉体育学院学报 1981-01
⊙苏联体育运动简况/朱福源//国际观察 1981-01
⊙苏联体育运动经济学研究情况简介/卢振南//武汉体育学院学报 1981-01
⊙谈谈高等学校体育教学工作中的几个问题/黄震//人民教育 1981-06
⊙体育需要科学（代发刊词）/黄中//体育科学 1981-01
⊙体育要为建设精神文明作出贡献/谷宗勤//安徽体育科技 1981-02
⊙体育要为建设社会主义精神文明作出贡献/谢琼桓//武汉体育学院学报 1981-01
⊙体育在全面发展教育中的作用/王道平//教育发展研究 1981-01
⊙为祖国的体育事业奋斗终生/万舜祥//体育与科学 1981-06

1982 年

⊙澳大利亚儿童的业余体育活动/李永连//比较教育研究 1982-06
⊙对体育经济管理的几点看法/赵书林//中央财经大学学报 1982-02
⊙对增加体育运动经济收益的探讨/田雨普//体育科学 1982-03
⊙科威特的体育协会和体育俱乐部/向培科//阿拉伯世界 1982-03
⊙美国"鳄鱼"游泳俱乐部的训练/黄孝瑛//中国体育科技 1982-30
⊙苏联冰雪运动情况/崔辛彦 郭焕盛//冰雪运动 1982-04

1983 年

⊙浅谈体育部门的经济核算制和经济效果/马世裕 王少伟//广州体育学院学报 1983-01
⊙试论我国高等学校体育教学的体制改革/王维德//吉林大学学报（工学版）1983-03
⊙苏联在发展体育运动方面的一些统计数字/田克敉//山东体育科技 1983-03
⊙新中国历届全运会简介/陈荫生//上海体育学院学报 1983-03
⊙应该立足于建设——评五届全运会篮球比赛/李方膺//体育与科学 1983-06

1984 年

⊙从五届全运会篮球技术统计看我国篮球运动的发展（上）/邵冠群 谢蕴怡//体育科研 1984-01
⊙从五届全运会篮球技术统计看我国篮球运动的发展（下）/邵冠群 谢蕴怡//体育科研 1984-02
⊙对体育场馆经济效益的探讨/柳芳//哈尔滨体育学院学报 1984-03
⊙开发体力资源 为经济建设服务——胡晓风同志在四川省高等院校体育卫生工作校、院长会议上的讲话（摘要）/胡晓风//四川体育科学 1984-02
⊙论中国体育经济的发展战略纲要/王历生//山东师范大学学报（自然科学版）1984-02
⊙论中小学体育管理体制和组织措施的改革/沈祖炎//浙江体育科学 1984-01
⊙民主德国重视学校体育/田克敉//比较教育研究 1984-04
⊙如何确定体育的经济效益/阿·姆·阿列克谢耶夫 采藻//武汉体育学院学报 1984-01
⊙体育经济学的经济理论基础/张岩//成都体育学院学报 1984-02
⊙匈牙利的高等体育教育/徐家杰//武汉体育学院学报 1984-04
⊙英国人的业余爱好/金锦//世界知识 1984-15

1985 年

⊙充分发挥体育场馆多功能的作用/徐华 赵国雄//广州体育学院学报 1985-02
⊙对体育场馆管理使用的经济效益的探讨/柳芳//福建体育科技 1985-01
⊙对我省体育训练体制改革的一点浅见/刘永贵//安徽体育科技 1985-04
⊙改革体育事业的管理体制 提高体育部门的经济效益——1984 年体育经济学学术讨论会综述/张尚权//体育科学 1985-01
⊙改革体育体制 发展体育经济/周行谦//哈尔滨体育学院学报 1985-02
⊙关于体育与经济的关系问题/于光远//技术经济 1985-06
⊙控制型运动训练学新体系初探/徐本力//北京工商大学学报（自然科学版）1985-02
⊙李（目华）——敢在"经济奥运会"上称雄/南振中//瞭望

1985-05

◎论我国高等体育院校内部领导体制/赵廷益//哈尔滨体育学院学报 1985-03

◎深圳珠海经济特区体育经营管理情况的调查/李克华 马世裕//广州体育学院学报 1985-02

◎实现体育强国的战略构想/温家平//山东体育学院学报 1985-01

◎试论体育发展战略/王历生//体育科学 1985-01

◎试谈体育部门的经济效益/温定昌 平新乔//福建体育科技 1985-01

◎试析社会主义体育的经济性质和经济作用/刘兵//湖北师范学院学报（哲学社会科学版）1985-03

◎试析体育在国民经济和社会发展中的地位和作用/张尚权//福建体育科技 1985-01

◎苏联重视中小学体育/阿敏//人民教育 1985-04

◎谈普通高等学校体育管理体制的改革/王衡 曹学善//辽宁体育科技 1985-04

◎提高我国体育设施建设和使用的经济效果/张尚权//体育科学 1985-02

◎体育投资的经济效益/张岩//成都体育学院学报 1985-04

◎体育在国民经济中的地位和作用/孙汉超 曹缔训 1985-02

◎体育在教育改革中的地位/克实//首都体育学院学报 1985-02

◎我国大中城市不同产业体育人口结构态势/牛兴华//天津体育学院学报 1985-04

◎训练体制的改革与加快优秀体育人材的培养/程明//辽宁体育科技 1985-01

◎正确认识体育事业归属第三产业 搞好体育事业的管理与经营——1985 年全国体育哲学社会科学学术报告会体育经济学组学术综述/张尚权//技术经济 1985-06

1986 年

◎二十一世纪的社会条件和学校教育//体育科研 1986-07

◎高校体育应是国家竞技体育的基础——建立高校业余训练新体制/姚天白//高等工程教育研究 1986-03

◎各国体育科研体制的比较研究/熊斗寅//体育科学 1986-03

◎关于我国竞技体育多渠道发展的探讨/陈景兰//体育科学 1986-02

◎加拿大学校体育（文摘）//体育科研 1986-05

◎八国体育运动管理体制结构比较/张争鸣//上海体育学院学报 1986-02

◎日本教育体制与学校体育对策述略/张争鸣 杨红仙//成都体育学院学报 1986-04

◎日本商业体育市场/商忠英//现代日本经济 1986-02

◎日本学校体育动态/毛振明//体育师友 1986-04

◎试论体育第三产业发展的几个特点/于长镇//辽宁师范大学学报（自然科学版）1986-03

◎试论我国企业办运动队的发展道路/林宜善 卢先吾 林淑英//体育科学 1986-01

◎苏美日三国体育师资培养体制的比较/张争鸣 杨红仙//浙江体育科学 1986-03

◎体育事业与第三产业/张岩//体育科学 1986-04

◎体育学院在教育体制改革中所面临的任务/钱言//上海体育学院学报 1986-02

◎体育与第三产业/于长镇//辽宁体育科技 1986-02

◎体育与第三产业（续）/于长镇//辽宁体育科技 1986-03

◎体育与第三产业——兼论体育的社会功能/许仲槐//广州体育学院学报 1986-01

1987 年

◎从一组体育数字统计中看当今苏联体育的现状/福源//国际观察 1987-01

◎大学体育训练体制的长处、矛盾及建议/孔祥安//天津体育学院学报 1987-03

◎改革科技体制 推进体育科学化 为我国体育腾飞而奋斗/张彩珍//四川体育科学 1987-01

◎高校体育管理体制模式设想/王春生 胡燕生//武汉体育学院学报 1987-02

◎解放前中国历届全运会足球赛纪实（一）/张绳武//天津体育学院学报 1987-01

◎解放前中国历届全运会足球赛纪实（二）/张绳武//天津体育学院学报 1987-03

◎解放前中国历届全运会足球赛纪实（连载三）/张绳武//天津体育学院学报 1987-04

◎旧中国全运会/关文明//体育学刊 1987-00

◎六届全运会知多少/文明//体育学刊 1987-00

◎论竞技体育观念的变革/李宗浩//天津体育学院学报 1987-04

◎论体育劳务商品的特殊性/王清芳//成都体育学院学 1987-01

◎论体育社会化的经济价值/刘玉珍//哈尔滨体育学院学报 1987-04

◎论体育在国民经济发展中的特定地位和作用/黄捷荣 1987-03

◎欧美体育经济与运动员的商品化/刘超//武汉体育学院学报 1987-03

◎群众体育投资经济效益的探讨/王维川 1987-04

◎社会主义商品经济与体育队伍的思想工作/谢琼桓 1987-04

◎师专体育系（科）体制改革初探/易才卓//韶关学院学报 1987-01

◎试论体育对现代经济发展的促进作用/王国平//成都体育学院学报 1987-03

◎试论体育科研的经济效益/叶国治//四川体育科学 1987-03

◎试谈体育事业发展与国民经济发展的关系/陈梦周//天津体育学院学报 1987 03

◎体育、劳动及其产品的性质——对体育发展战略中一个具有重要理论和实践意义的问题的探讨/刘洪彬//体育与科学 1987-04

◎体育对经济社会发展的促进作用/谢琼桓//未来与发展 1987-05

◎体育劳务初探/张尚权//体育科学 1987-01

◎体育投资经济效益的探讨/王维川//体育科学 1987-04

◎体育行政领导体制要适应现代体育发展的需要/丰实//山东体育科技 1987-04

◎体育需要经济/张岩//成都体育学院学报 1987-04

◎体育也是最重要的经济问题之一/张尚权 1987-01

◎体育与经济/张岩//四川体育科学 1987-03

◎体育与商品经济/世石//辽宁体育科技 1987-05

◎学校体育教学改革要树立现代化教育观念/娄光大//体育与科学 1987-06

◎用管理学原理抓好职工体育——首次体育管理沙龙活动发言综述/蒋明光 陈济良//体育科研 1987-10

1988 年

◎《体育经济学》研究管见/相建华//山西大学学报（哲学社会科学版）1988-02
◎从贵州省竞技体育现状看体育体制改革的当务之急/姚鑫//贵州体育科技 1988-02
◎从我国体育事业的发展看体育与经济的关系/鲁生//上海体育学院学报 1988-04
◎各国竞技体育训练体制的比较研究/熊斗寅//体育科学 1988-04
◎关于国家体委直属体育学院教学体制改革的探讨/王迪光//沈阳体育学院学报 1988-01
◎关于我国终身体育问题的探讨/李炽祥//体育教学 1988-04
◎建立体育理论研究新体制为体育实践服务/王维川//福建体育科技 1988-02
◎篮球比赛·经济运行·体制改革/罗龙//中国改革 1988-01
◎略谈社会主义初级阶段与我国体育的发展/柯岩//哈尔滨体育学院学报 1988-01
◎论我国竞技体育体制改革/敏政//山东体育学院学报 1988-02
◎美苏体育管理体制的比较研究/张争鸣//管理世界 1988-05
◎农村普通学校业余体育训练体制的发展道路/刘瑞武 仲兆熊//成都体育学院学报 1988-01
◎剖析中国女子足球的现状与发展——兼评六届全运会女足决赛/车风梧 罗志明//重庆工商大学学报（自然科学版）1988-02
◎肉烂在锅里——历届奥运会经济问题/严小历//体育文化导刊 1988-02
◎社会主义初级阶段和体育商品经济/曹缔训//武汉体育学院学报 1988-01
◎深化体育科技体制改革的若干问题/武福全//上海体育学院学报 1988-04
◎试论体育场地的经营型管理/曹缔训//浙江体育科学 1988-01
◎试论体育体制改革的前景及对策/谭华//体育与科学 1988-01
◎树立与社会主义商品经济相适应的体育观/谢真//武汉体育学院学报 1988-04
◎谈体育投资的经济意义/沙灵//上海体育学院学报 1988-04
◎体育竞赛体制改革及其效益的探讨/张行德 周惠生//武汉体育学院学报 1988-03
◎体育体制改革走向刍议/王维川//贵州体育科技 1988-02
◎体育与经济结合的理论及实践问题/张岩//福建体育科技 1988-04
◎现代体育体制的几种模式/冯世观 杨桦//武汉体育学院学报 1988-06
◎重视和发挥体育的经济能力与作用/钱光鉴//上海体育学院学报 1988-03

1989 年

◎"基层群众体育俱乐部"释义/苏连勇//天津体育学院学报 1989-04
◎充分利用伊斯堡博览会为我体育、旅游用品开拓西欧市场/韩月清//国际商务研究 1989-03
◎从何智丽风波谈起——剖析我国的体育管理体制/张德祥//辽宁体育科技 1989-03
◎从我国经济特点看亚洲竞技体育突破的条件/舒有谟 韩佐生 郑永和//浙江体育科学 1989-Z1
◎对当前我国体育管理体制改革的设想/柳伯力//体育科技 1989-02
◎对普通高校体育竞争体制的探讨/管生明//上海体育学院学报 1989-03
◎对社会主义初级阶段竞技体育体制特征的反思/卢元镇//体育与科学 1989-01
◎发展社会主义商品经济需要借鉴体育的竞争精神/谢光辉//四川体育科学 1989-Z1
◎关于高等体育院校科技体制改革的初步探讨/徐家杰 何永康 江百龙//武汉体育学院学报 1989-03
◎关于社会主义初级阶段体育经济机制特征的探讨/陈梦周//天津体育学院学报 1989-01
◎关于体育领导体制改革的初步探讨/王蕴华//体育与科学 1989-02
◎关于迎接第七届全运会对策研究/张策//重庆工商大学学报（自然科学版）1989-04
◎加强对体育体制改革的研究和探索/张岩//成都体育学院学报 1989-04
◎建立强国体育体制浅见/魏振兰//体育科学 1989-01
◎建立中国非平衡竞技体育系统的分析研究/许永刚 刘江南//体育科学 1989-02
◎经济是决定我国农村体育发展的根本因素——体育先进县的评比中经济指标不可缺少/丁建生//武汉体育学院学报 1989-01
◎论体育体制改革中的混乱状态与稳定机制/张争鸣//哈尔滨体育学院学报 1989-04
◎论我国初级阶段竞技体育的体制改革/韩丹//哈尔滨体育学院学报 1989-02
◎罗马俱乐部的警报与体育的主题/金大陆//体育与科学 1989-03
◎浅谈学校体育的经济效益/王洪//四川体育科学 1989-Z1
◎认清旧体育体制的弊端 在深化改革中建设体育强国/韩运镇//辽宁体育科技 1989-12
◎散论体育的经济功能/徐钟仁//当代财经 1989-04
◎商品经济冲击下的竞技体育体制/康天成//体育科学 1989-03
◎世界排球运动发展简史/宋凯//体育文化导 1989-06
◎试论社会主义体育事业的经济性质/王淑珍//西安体育学院学报 1989-01
◎苏联体育改革初见效益/陈勇 司徒//体育科研 1989-01
◎谈体育体制改革工作的系统结构/王惠君//辽宁体育科技 1989-Z1
◎探讨体育投资经济效益的实质、特点和意义/韩官准//沈阳体育学院学报 1989-04
◎特区居民体育价值观现状的社会学分析/韩会君 杨国庆//体育科学 1989-03
◎体育经济学的产生和研究体育经济问题的意义/张尚权//北京体育大学学报 1989-02
◎体育商业化与商品经济/王清芳//成都体育学院学报 1989-02
◎体育消费刍议/杨小林//湘潭大学学报（哲学社会科学版）1989-04
◎未来社会的体育动向和学校体育/条野豊//体育师友 1989-01
◎我国体育用品如何拓展美国市场刍议/韩月清//国际商务研究 1989-01
◎英国人的俱乐部生活/刘洪滨//世界知识 1989-16
◎影响上海市体育场馆经济效益提高的因素分析和对策/鲍明晓 1989-01
◎在治理经济环境中保证体育稳步健康发展/赵国雄//哈尔滨体育学院学报 1989-02

1990 年

◎从北京亚运会看体育之政治经济功能的社会效应/李刁友 张克仁//福建体育科技 1990-04
◎从中日竞技体育的兴衰看体育与政治、经济的关系/吕树庭//体育科学 1990-03
◎对我国八大城市基层群众体育俱乐部（锻炼组）的现状和可行性的研究/苏连勇//体育科学 1990-04
◎更新观念 改革体制 搞好服务——高等体育院校深化改革的思路/蔡莉//天津体育学院学报 1990-02
◎关于体育社会化的理论思考/张岩//成都体育学院学报 1990-03
◎经济对体育发展制约关系再探——平衡与不平衡问题/陈融//福建体育科技 1990-04
◎论职工体育与企业经济效益的关系——中国石化四公司开展职工体育的调查报告/明岐文 陈梦周//天津体育学院学报 1990-04
◎民主德国体育运动腾飞的两条战略措施/孟莲芬//上海体育学院学报 1990-01
◎浅论在我国大城市实行基层群众体育俱乐部制的可行性/苏连勇//天津体育学院学报 1990-01
◎日本学校体育思想发展演变初探/潘志琛 崔颖波 姜允哲//体育与科学 1990-06
◎深化体育科技体制改革 稳步加快体育科学化的进程——在1989 年全国体育科技工作会议上的报告/张彩珍//体育科学 1990-02
◎体育产业的发展道路初探/钱文军//南都学坛 1990-03
◎体育与人的现代化及人的未来发展/龙天启//北京体育大学学报 1990-02
◎通过经济比较研究探讨中国竞技体育发展道路/舒有谟 郭层城 韩佐生 赵玉林//西北师大学报（社会科学版）1990-04
◎我国大城市基层群众体育俱乐部成员加入群体的动机分析/杨慧敏 宋泳 苏连勇 曹湘君//天津体育学院学报 1990-03
◎我国体育消费发展趋势研究/钟天朗//成都体育学院学报 1990-04
◎我们现在能期望体育运动做些什么——在洛桑希腊自由俱乐部的讲演/皮埃尔·德·顾拜旦 赵桂明//体育文化导刊 1990-01
◎析经济调整期中我国竞技体育的发展/舒有谟 陈启仓 韩佐生//西安体育学院学报 1990-02
◎学校课余体育训练体制的探讨——兼析两种业余体育训练体制的利弊/王光华 刘金元//湖北体育科技 1990-01
◎有计划的商品经济与群众体育的发展/赵国雄//体育与科学 1990-01
◎中国大城市实行基层群众体育俱乐部制的必要性分析/苏连勇 曹湘君//天津体育学院学报 1990-04

1991 年

◎“体育消费”内涵试析/杨永德//武汉体育学院学报 1991-01
◎棒球运动在美国的兴起与发展/陈显明//成都体育学院学报 1991-01
◎北美体育管理专业的发展和现状/潘巍 江百舸//中国体育科技 1991-02
◎从北京亚运看体育与经济的关系/王志良//前线 1991-01
◎从中国的经济特点看亚洲竞技体育实现突破的条件/舒有谟 韩佐生 郑永和//体育科学 1991-03
◎当前有争议的几个体育经济理论问题/张岩//成都体育学院学报 1991-03
◎对提高体育场馆经济效益的若干思考/李彩琴//上海体育学院学报 1991-02
◎高等体育教育参与科技产业竞争的对策/陈立基//武汉体育学院学报 1991-04
◎关于“小康体育”的思考——兼论经济发达地区体育事业的发展/孔庆鹏//体育与科学 1991-05
◎关于体育劳动与经济效益问题的研究/王建新//山西财经大学学报 1991-06
◎建立适应商品经济发展的体育系统目标与内部机制/吴福寅//齐齐哈尔大学学报（哲学社会科学版）1991-01
◎论消费经济视角中我国大众体育的前景/徐和庆//福建体育科技 1991-03
◎浅谈意大利足球的商业化/刘正荣//楚雄师范学院学报 1991-03
◎试论体育的经济机制/王润复//哈尔滨体育学院学报 1991-03
◎试谈四川体育情报数据库的建设与应用/余莉萍//四川体育科学 1991-04
◎试谈职工体育与企业经济效益的关系/铁维山//辽宁体育科技 1991-05
◎体育事业的属性及体育产业的发展/张尚权//哈尔滨体育学院学报 1991-04
◎体育体制比较的基本原理及方法/卢锋//成都体育学院学报 1991-02
◎体育投入产出经济效果初探/陶放宇//体育科学 1991-02
◎体育与经济关系的统计分析——兼谈体育“超前论”/刘贤龙//体育科学 1991-01
◎统一市场与欧洲体育的未来//中国体育科技 1991-08
◎我国体育经济学的现状与存在的问题/张岩//体育科学 1991-04
◎应从经济角度研究学校体育/王安明 马春娟 张东风//首都体育学院学报 1991-03
◎战后世界经济的增长与高水平竞技运动的发展——兼论中国体育发展战略/高凤山 张占军 刘建中//体育科学 1991-04
◎中国、日本大学排球队（俱乐部）活动部分情况的比较研究/金学斌//西安体育学院学报 1991-01
◎中央苏区俱乐部体育初探/汤景山//体育文化导刊 1991-06

1992 年

◎奥运会的资金投向与经济效益/田雨普 董伟成//哈尔滨体育学院学报 1992-03
◎从奥运会经济学问题谈我国举办奥运会的经济对策/赵式华 胡志秀 郑勇//浙江体育科学 1992-03
◎从满族骑射看政治经济文化对体育的影响/刘雪松//哈尔滨体育学院学报 1992-01
◎对体育场馆承包经营责任制进行经济责任评价若干问题的探讨/张伟华 张文青//体育科学 1992-03
◎付费使用体育运动设施的市场价格分析/周小洪//武汉体育学院学报 1992-02
◎高校体育的专项系统化研究/张明科//内蒙古师范大学学报（自然科学汉文版）1992-03
◎关于“小康体育”的思考——兼论经济发达地区体育事业的发展/孔庆鹏//上海体育学院学报 1992-01
◎关于“娱乐体育”若干问题的思考/张全尚//哈尔滨体育学院学报 1992-02

◎关于建立我省体育系统文献资源共享体制之管见/于新荣//山东体育科技 1992-04
◎关于进一步加强体育经济理论研究之我见/陈梦周//天津体育学院学报 1992-01
◎关于社会主义体育经济效益与体育社会文化效益辩证关系的思考/陈梦周//武汉体育学院学报 1992-03
◎关于体育场馆经营管理经济目标测算方法的研究/白福和 饶纪乐//广州体育学院学报 1992-03
◎关于中国老年体育在社会经济发展中的地位和作用的研究/张洁 曹训缔//武汉体育学院学报 1992-04
◎论社会主义体育经济学的理论基础和运行载体/陈梦周//天津体育学院学报 1992-03
◎论体育事业向体育产业转变——谈我国体育体制改革/韩丹//体育与科学 1992-05
◎论消费经济视角中我国大众体育的前景/徐和庆//体育科学 1992-02
◎莫斯科体院开办体育商业学校/杜利军//中国体育科技 1992-03
◎欧共体12国体育体制比较/熊斗寅//天津体育学院学报 1992-04
◎欧洲企业兴起健身热//职业与健康 1992-04
◎浅析全运会的战略意义/徐本力//体育文化导刊 1992-05
◎浅析体育与经济协调发展/蒋志学//武汉体育学院学报 1992-02
◎浅议我国体育经济的研究/龚平东//华中科技大学学报（社会科学版）1992-04
◎人体运动系统韧带的配布规律/陆璐//安徽师范大学学报（自然科学版）1992-03
◎商品经济中的体育人才流动/阎玉林 张润生//山西财经大学学报 1992-04
◎社会主义商品经济条件下体育的经济功能/席有余//安徽体育科技 1992-02
◎时代的呼唤——辽宁发展体育产业面面观/谢延民 王健民//辽宁体育科技 1992-04
◎试论我国体育经济性质的变化/吴玉芳//福建体育科技 1992-03
◎适应社会主义市场经济大力发展体育产业/荆福生//福建体育科技 1992-03
◎适应社会主义市场经济走向体育社会化道路/陈玉坤//福建体育科技 1992-03
◎体育搭桥经济受益/弓子//辽宁体育科技 1992-04
◎体育经济含义刍议/张尚权//福建体育科技 1992-03
◎体育科学向深度与广度发展的两个方向/吴忠贯 黄圣方//浙江体育科学 1992-06
◎体育旅游初探/曹缔训//武汉体育学院学报 1992-01
◎体育投资的经济效益及其评价/张尚权//体育科学 1992-02
◎我国体育经济学的回顾与展望/张岩//福建体育科技 1992-02
◎迎战奥运与深化体育改革——访国家体委主任伍绍祖/汤华//瞭望 1992-27
◎有计划的商品经济与群众体育的发展/赵国雄//成都体育学院学报 1992-02
◎浙江省体育科学学会“西湖武术文化俱乐部”成立//浙江体育科学 1992-05
◎职工体育工作要以经济建设为中心/李春才 杨义//辽宁体育科技 1992-04

1993年

◎“社会主义市场经济与体育座谈会”发言摘编/伍绍祖 田雨普 谢亚龙//体育科学 1993-03
◎“体育是第三产业，体育自身要产业化”国家体委计划司司长张发强一席谈/华夏//体育博览 1993-04
◎奥运会商业化与社会经济发展/程志理//哈尔滨体育学院学报 1993-04
◎产业化——体育信息工作发展的方向/张江南//湖北体育科技 1993-04
◎厂矿职工体育管理体制改革的浅见/薛力//武汉体育学院学报 1993-03
◎从经济角视考察群从体育与竞技体育的协调发展/邱永诚//体育科学研究 1993-04
◎从体育消费关系结构谈体育产业发展模式/凌翔//上海体育学院学报 1993-03
◎大型运动会投资经济效益问题的研究/张尚权//福建体育科技 1993-03
◎大学体育俱乐部制的可行性研究/宋军生//温州医学院学报 1993-S1
◎短缺经济中的竞技体育资源配置/鲍明晓 //1993-01
◎对我国竞技体育管理体制的思考/朱文斌//浙江体育科学 1993-01
◎对我国体育商品化问题的思考/钟璞//西华师范大学学报（哲学社会科学版）1993-05
◎发展体育产业增强事业活力/周旺成 段宏德 白宝荣//北京体育大学学报 1993-02
◎改革开放促进经济特区体育腾飞/李克华//体育科学 1993-04
◎高校体育科技适应市场经济发展的研究/张云龙 裴志鹏//吉林体育学院学报 1993-04
◎高校体育投资的经济效益及其评价/刘守古 谢国卿 王平/上海体育学院学报 1993-04
◎高校体育与市场经济的探讨/许志国 陈静 姜维复//吉林体育学院学报 1993-04
◎高校研究生体育消费活动的初步研究/陈天仁//体育与科学 1993-03
◎关于发展体育产业的思考/刘伯雄//湖北体育科技 1993-01
◎关于体育产业、体育产业化、体育市场等问题的综述/梁晓龙//体育文化导刊 1993-04
◎关于我国体育产业的几个理论问题/鲍明晓//体育与科学 1993-03
◎关于职工体育工作如何适应建立社会主义市场经济体制发展要求的思考/周有才 崔爱华//四川体育科学 1993-02
◎关于职工体育经济效益的几个基本问题/张争鸣//体育科学 1993-02
◎建立体育市场经济体制的设想/阎玉林 张润生 霍照//山西财经大学学报 1993-01
◎经济贫困地区发展体育事业初探/王杰 刘清利//山东体育科技 1993-01
◎竞技体育管理体制改革设想/肖力//山东体育科技 1993-03
◎老体育教师也谈“下海”/杨时勉//体育师友 1993-05
◎联邦德国体育俱乐部的结构特点/凌平//天津体育学院学报 1993-06
◎略论体育产业范畴/张岩//体育与科学 1993-06

◎略论体育文化/姜玉泽//烟台师范学院学报（自然科学版）1993-03
◎略论体育消费/张岩//成都体育学院学报 1993-04
◎略论在我国竞技体育资源配置中引入市场调节机制的问题/鲍明晓//体育科学 1993-02
◎论社会发展与体育消费/李寅 张萍 杨庆玲//吉林体育学院学报 1993-04
◎论社会经济变革与体育发展的相互关系——兼论顺德市体育发展的若干启示/何乐民 谭建湘//广州体育学院学报 1993-02
◎论体育适应市场经济活动的机制/黄晓春 黄捷荣//广州体育学院学报 1993-01
◎论体育与经济/彭道海//湖北体育科技 1993-01
◎论我国体育改革与社会主义市场经济/杨朝裕//武汉体育学院学报 1993-03
◎面向全民终身体育培育开拓体育科技市场/郎佳麟//福建体育科技 1993-03
◎培育体育市场加快体育产业化进程的思考/张发强//体育博览 1993-09
◎浅谈体育与经济的关系/冯淑凤//天津体育学院学报 1993-02
◎浅谈中国现代赛马业/赵天佐 梁其英//特区经济 1993-09
◎全运会：中国体育从这里走向世界/杨桃源//瞭望 1993-37
◎全运会：中国体育改革的焦点与缩影——一种多维的比较体育研究分析/常生 程志理//体育与科学 1993-04
◎日本地域性体育俱乐部概观/苏连勇 大桥美胜//天津体育学院学报 1993-03
◎如何看待旧中国最后一届“全运会”/金玉良//体育文化导刊 1993-02
◎商品化是体育产业化的根本出路/隋路//贵州师范大学学报（社会科学版）1993-02
◎社会主义市场经济和体育发展的几个问题/郑如赐//哈尔滨体育学院学报 1993-01
◎社会主义市场经济条件下体育改革的重点与突破口探析/陈梦周 吕明元//天津体育学院学报 1993-04
◎社会主义市场经济与体育改革几个基本理论问题刍议/梁晓龙//上海体育学院学报 1993-03
◎社会主义市场经济与体育学院的发展和改革/陈宏缘 胡友权//武汉体育学院学报 1993-04
◎社会主义市场经济与职工体育事业改革的思考/刘承生//武汉体育学院学报 1993-03
◎深化训练体制改革 建立我省体育后备人才训练网络/蔡涛//武汉体育学院学报 1993-03
◎深圳特区体育现状、特点及其发展模式研究/曹湘君//体育科学 1993-05
◎市场经济与高等体育教育/柳若松//西安体育学院学报 1993-03
◎市场经济与体育改革/熊斗寅//贵州体育科技 1993-01
◎市场经济与体育改革的思考/吕明元 陈梦周//天津体育学院学报 1993-01
◎市场经济与体育——县级体育改革的几点思路/张光荣//体育与科学 1993-01
◎试论“体育人口”形成与社会经济的关系/石家瑾 朱江//贵州体育科技 1993-02
◎试论社会主义市场经济对体育体制变革的要求/凌平 李寅生//浙江体育科学 1993-06
◎试论用高技术发展我国体育仪器器材事业/夏先福//体育科学 1993-06
◎试述高校体育社会主义市场经济政策/王源//吉林体育学院学报 1993-03
◎试述生产性是产业体育的本质——对昆明铁路分局昆明机务段体育发展调查/田正福//武汉体育学院学报 1993-03
◎谈市场经济与体育人才/左燕//体育师友 1993-04
◎谈我国体育事业由福利型向经营型的转变/王清芳//成都体育学院学报 1993-02
◎谈我国体育政策的发展趋势/韩丹//体育科学研究 1993-01
◎体育·经济·社会/陈忠//福建论坛（社科教育版）1993-09
◎体育产业：不可逆转的世界潮流/钱杰//财贸研究 1993-04
◎体育服务商品/张岩//成都体育学院学报 1993-02
◎体育改革与市场经济/梁晓龙//天津体育学院学报 1993-04
◎体育俱乐部在我国体育发展中的作用/张萍//沈阳体育学院学报 1993-02
◎体育社会化的一种尝试/姜虹 杨树盛 段晓梅//沈阳体育学院学报 1993-04
◎体育市场的喜与忧/卢元镇//体育博览 1993-05
◎体育事业适应社会主义市场经济的思考/田雨普 陈正海//哈尔滨体育学院学报 1993-01
◎体育投资经济效益——指标体系初探/霍照 刘建平//山西财经大学学报 1993-04
◎体育学院面向市场的思考/鲍明晓//沈阳体育学院学报 1993-04
◎体育要面向市场，走向市场/曹缔训//武汉体育学院学报 1993-02
◎体育与经济/李小莉//西安体育学院学报 1993-03
◎拓展我国体育产业的若干问题研究/钟天朗//上海体育学院学报 1993-02
◎我国历届全运会效益问题的研究——提高第7届全运会效益的对策与建议/陶红 张尚权//体育科学 1993-04
◎我国体育市场若干问题的初探/刘江南 侯玉鹭//广州体育学院学报 1993-01
◎我国体育投资的本质及资金回收特点/汤志庆//贵州体育科技 1993-02
◎我国体育系统软科学研究的历史、现状和发展趋势/梁晓龙//北京体育大学学报 1993-04
◎现代经济与学校体育效益/莫启全//武汉体育学院学报 1993-03
◎消除制约因素 加速体育市场经济的发展/黄立新 廖元汇//武汉体育学院学报 1993-03
◎学校体育设施、场馆的经济赢利是发展学校体育的需要/郑莉//广西师范学院学报（哲学社会科学版）1993-02
◎学校体育适应市场经济体制初探/肖澄涛 孙继芬//温州医学院学报 1993-S1
◎迎接挑战文史办下海弄潮——广东省体委文史办成立“体育文化服务部”/汉滔//体育文化导 1993-05
◎用市场经济的眼光看待体育院系教育改革——产学合作教育模式的引入与培养人才的新构想/姜为民 王揖涛 1993-02
◎中国体育的历史方位与体制转轨现代性求解的思考/凌平 李寅生 丛湖平 周启文//体育与科学 1993-01
◎中国体育信息工作的现状调查与未来展望/张立//中国体育科技 1993-10
◎重庆体育中心规划建设的新思路/马正富//体育科学研究 1993-03
◎走向市场的中国体育/惠郭俭 秋实 宋焱//西安体育学院学报 1993-03

1994 年

- “申花”初绽——上海市申花足球俱乐部纪实/李平//体育世界 1994-10
- 刍议建构体育社会学的紧迫性与艰巨性/刘勇//福建体育科技 1994-Z1
- 从国外软科学研究，探讨我国体育政策研究体制的特点及存在问题/张立//中国体育科技 1994-08
- 从足球改革看中国体育的产业化进程/杨桃源 胡俊凯//瞭望 1994-24
- 大学体育俱乐部试行及发展问题的探讨/杨恒//西安体育学院学报 1994-S1
- 对高校体育开展有偿服务的思考/忻欣媛//浙江体育科学 1994-06
- 发挥地区优势 加速走向市场——西北地区体育产业发展对策/王君侠//西安体育学院学报 1994-04
- 关于促进我国体育产业化的若干理论思考/李卫东//中国体育科技 1994-04
- 关于发挥体育的功能推进社团体育社会化的探讨/吴云峰//湖北体育科技 1994-02
- 关于体育产业的几个理论误区/鲍明晓//武汉体育学院学报 1994-01
- 关于体育领域的市场力度初探/饶纪乐//中国体育科技 1994-06
- 观念与体制：我国体育产业发展的新思考/钱杰//财贸研究 1994-03
- 广州赛马，中国体育产业的奇迹/杨生华//经济与信息 1994-06
- 国家调控与市场机制是发展体育的动力——市场经济与体育哲学的理论思考/王光华//湖北体育科技 1994-01
- 国外体育经济与明星效应/夏光//经济与信息 1994-06
- 机构改革对地方体育工作的影响及对策/陈立基//体育函授通讯 1994-Z2
- 加快体育与市场经济接轨/荆福生//中国体育教练员 1994-02
- 建立体育人才市场的重要性/张俊能//西安体育学院学报 1994-12-30
- 经济体制转换过程中体育体制改革的理论探索——“社会主义市场经济与体育”论文报告会纪要/张岩//成都体育学院学报 1994-01
- 竞技体育职业化对我国体育事业发展的影响/孙汉超 陈林祥//福建体育科技 1994-Z1
- 论体育——产业与事业的双重性/陈立基//体育函授通讯 1994-Z1
- 论体育体制转轨和体育产业开发/麦涛//软科学 1994-04
- 美国、德国、英国和日本大众体育发展的基本概况/凌平//浙江体育科学 1994-06
- 培育与发展具有中国特色的体育劳动力市场的初步构想/梁纯//武汉体育学院学报 1994-02
- 普通高校“大学生体育俱乐部”阐释/田忠//浙江体育科学 1994-05
- 浅析体育的经济功能/陈宏//财贸研究 1994-01
- 日本体育产业概论（一）/季永刚//辽宁体育科技 1994-02
- 上海浦东新区体育产业的发展战略/钟天朗//上海体育学院学报 1994-03
- 上海浦东新区体育管理体制问题的研究/刘建中//上海体育学院学报 1994-03
- 尚待开发的中国体育产业/续川//经济与信息 1994-06
- 社会主义市场经济体制下体育投资的特征/汤志庆 陈义//上海体育学院学报 1994-03
- 社会主义市场经济与体育/杨采奕//天津体育学院学报 1994-01
- 社会主义市场经济与体育关系的思考/陈于平//理论探索 1994-06
- 实现我国体育目标的若干对策/齐允峰//决策探索 1994-07
- 市场经济条件下发展体育事业的思考/江中亮//浙江财税与会计 1994-09
- 试论体育服务业的若干经济属性/杨力翔//广州体育学院学报 1994-03
- 适应市场经济需要 加速形成产业规模 李宁体育产业有限责任公司成立/李静//中国技术监督 1994-12
- 泰山足球俱乐部培训少年球员/马千里 王庆江//走向世界 1994-05
- 谈体育纳入市场经济的轨道/孟波//中国体育科技 1994-05
- 体育产业结构政策初探/周小洪//武汉体育学院学报 1994-01
- 体育产业经营管理的探索/周清志//浙江体育科学 1994-06
- 体育经济发展探讨/孟哲生//山东体育科技 1994-04
- 体育商业化的建立和完善人才市场/钱文军//南都学坛 1994-03
- 体育市场经济与公共关系效应/饶远//云南师范大学学报（自然科学版）1994-01
- 体育——永远年轻的产业/缜之//体育与科学 1994-04
- 体育在社会主义市场经济中的出路/陈勃//体育函授通讯 1994-Z1
- 推进我国体育产业化进程的思考/姜中阳 王永年//财贸研究 1994-01
- 我国体育产业的现状和发展前景/朱廉之//贵州体育科技 1994-02
- 我国体育产业化的现状及发展/姜中阳//体育世界 1994-06
- 兴办体育产业 增强自我发展能力/刘天明//大理学院学报 1994-02
- 中国“高尔夫运动”的利润/朱勇//经济世界 1994-05
- 足坛宿将奥尔尚斯基/鲁灿章//体育世界 1994-05-10

1995 年

- “三城会”加速南京成为国际化大都市进程/单娟//华人时刊 1995-09
- “世界屋脊”赶潮人——记西藏国际体育旅游公司及其总经理苏平/张明兴//西藏体育 1995-02
- 90 年代荷兰体育发展及其政策简介/于建涌//体育文史 1995-04
- 筚路蓝缕启山林——《体育产业发展纲要》出台幕后/周文//新体育 1995-10
- 刍议农村体育市场的现状与对策/胡昌贵//中国体育科技 1995-06
- 从日本繁荣的校外体育看我们的对策/骆平山//体育函授通讯 1995-03
- 当前我国体育发展管窥/陈国安//湖北体育科技 1995-01
- 对培育体育市场，促进体育产业化发展的思考/邵淑月//上海体育学院学报 1995-03
- 对影响体育市场几个要素的分析/刘江南//体育与科学 1995-04
- 发挥地区优势 加速走向市场——西北地区体育产业发展对策/王君侠//西安体育学院学报 1995-04
- 发展体育产业，转换运行机制/赵国雄//成都体育学院学报

1995-02
◎高校体育教学改革模式探讨——我校实施俱乐部制体育课的初步尝试/胡建华//上海体育学院学报 1995-S3
◎关于群众体育俱乐部问题的几点思考/毛秀珠//福建体育科技 1995-01
◎关于体育产业几个理论问题的争议/曹缔训//武汉体育学院学报 1995-02
◎关于我国部分普通高校大学生体育俱乐部绩效研究/田忠//体育科学 1995-05
◎关于我国体育在市场经济中如何发展的探讨/李瑞勇//湖北体育科技 1995-03
◎关于在我国确立体育节的思考——兼论体育节的社会功能/刘一民//体育与科学 1995-03
◎国外高度职业化商品化的球队/柳伯力//成都体育学院学报 1995-04
◎哈尔滨华龙篮球俱乐部的创办与改革/于德斌 周利民 张长岭//哈尔滨体育学院学报 1995-01
◎沪有线台创办足球俱乐部/蒋金戈//新闻记者 1995-11
◎加快我省体育产业发展的战略思考/梁文生//体育文史 1995-05
◎建立体育中介人制度是构建和完善我国体育产业体系的重要环节/裴立新//西安体育学院学报 1995-04
◎跨世纪中国体育产业发展计划的设想/陈立基//武汉体育学院学报 1995-02
◎辽宁体育何时重铸辉煌/张会斌//侨园 1995-06
◎略论内地体育改革的策略/魏彪//雁北师范学院学报 1995-06
◎略论体育的经济功能及产业开发/王党生//平顶山工学院学报 1995-02
◎论民族传统体育的经济功能/饶远//今日民族-1995-05
◎论市场经济下运动竞技看台文化对竞技体育的作用//中国体育科技 1995-06
◎论体育公共关系学产生和发展的客观原因及其功能/魏英莉//吉林体育学院学报 1995-02
◎论体育市场观的哲学思考/谢辉强//广州航海高等专科学校学报 1995-01
◎浅谈我国民族体育的发展与经济效益/黄银华//中南民族学院学报（哲学社会科学版）1995-03
◎浅议市场经济条件下体育产业化、商业化的基础/陈政峰//中共福建省委党校学报 1995-04
◎日本体育产业概论/季永刚//辽宁体育科技 1995-01
◎商品经济与高校体育/胡桂华//河南电大 1995-Z1
◎社会主义市场经济条件下体育经费的筹措、分配与使用/徐镔//体育文史 1995-06
◎世纪之交的中国体育事业/鲍明晓//首都体育学院学报 1995-01
◎市场经济大潮中体育人才市场的探讨/季学武//乡镇经济 1995-04
◎试论竞技体育与社会经济价值/王安平//社科纵横 1995-02
◎试论普通高校体育改革的取向/周平//吉首大学学报（自然科学版）1995-05
◎试论体育产业的分类/曹缔训//福建体育科技 1995-02
◎试论我国现阶段的体育经济/毛苏林//山西财经大学学报 1995-03
◎谈谈全民健身的产业化问题/熊斗寅//体育与科学 1995-03
◎提高认识勇于实践推进体育产业发展——关于体育经济工作的几点设想/钟添发//体育文史 1995-01
◎体育产权制度创新的思路和建议/鲍明晓//体育文史 1995-02
◎体育产业辨析/张岩//成都体育学院学报 1995-02
◎体育产业的发展给高等体育院系教学改革带来的思考/徐炜光//青岛大学师范学院学报 1995-03
◎体育产业及其发展的社会环境因素/曹继红//福建体育科技 1995-01
◎体育产业劳动资源利用探讨/吕明元//天津体育学院学报 1995-04
◎体育产业与全民健身之关系/王瑛//上海体育学院学报 1995-S1
◎体育搭台 经贸唱戏——试论利用体育交往开拓商品市场/韩国刚//商业研究 1995-12
◎体育发展应与经济发展相适应/高辉//陕西教育 1995-06
◎体育健身——下世纪中国人第一推崇时尚/邓冬华//体育世界 1995-06
◎体育经济工作中的几个概念问题/梁晓龙//体育文史 1995-01
◎体育有座金山——关于推进体育产业化的思考/陈训秋//湖北体育科技 1995-04
◎体育与金钱/熊斗寅//中国体育科技 1995-02
◎拓展体育产业新天地——浙江省德清县体委新事/洪芳//新体育 1995-07
◎我国体育商业化模式初探/姜孟春//山东体育科技 1995-02
◎我国体育社会保险制度设计/汤起宇//北京体育大学学报 1995-04
◎西北地区体育产业现状及发展对策研究/蔡军//体育科学 1995-06
◎现代体育的产业化趋势/马玉堂//河北经贸大学学报 1995-05
◎学校体育在适应社会主义市场经济中面临的困惑与对策研究/李伟民 俞南泓 沈丽 俞世荣 陈景兰//体育科学 1995-05
◎中国农村体育的动力——争创体育先进县/武军//体育文史 1995-03
◎中国体育打开经济之门/周京山//中国体育科技 1995-02
◎中国体育改革目标的展望/熊斗寅//体育文史 1995-05
◎中国足球运动员转会打响第一炮金钱在足球运动中的作用/张小//中国体育科技 1995-02
◎中日大众体育的“时间差”/卢元镇//体育文史 1995-03
◎重重矛盾能否变成滚滚财源？——从足球俱乐部看中国的体育产业开发/毕熙东//开发区导刊 1995-02

1996 年

◎“体育产业”辨析/析日昕//体育文史 1996-06
◎96 全国足球甲 A 联赛观后感/高荣发//上海体育学院学报 1996-S1
◎按西藏的实际发展体育事业//中国西藏（中文版）1996-04
◎奥运百年沧桑给现代社会带来的启示/饶远//体育文史 1996-06
◎北京福特宝体育培训中心正式挂牌//足球世界 1996-04
◎从国外体育商业化看体育的经济因素和商业价值/孙利军//山东体育学院学报 1996-02
◎打开体育“金山”的大门——关于推进体育产业化的思考/陈训秋//沈阳体育学院学报 1996-02
◎对当前体育工作中的若干关系的认识/周明//体育文史 1996-05
◎对发达国家大众体育迅猛发展的社会学思考/房宜军//泰安师专学报 1996-06
◎对国内外出售精彩体育赛事电视转播权的思考/翁飚//体育文史 1996-06
◎对我国体育产业的现状与对策的研究/肖兵//北京体育大学学

报 1996-S1
⊙发挥体育多元功能，加速体育产业化进程/薛敏杰//山东体育学院学报 1996-02
⊙发展山东的体育产业/梁文生//发展论坛 1996-09
⊙发展体育产业 增强体育活力/王建新 张明显//江南论坛 1996-03
⊙发展中的日本大众体育及其信息工作/赵亚平 倪同云 叶琼珍 张立//中国体育科技 1996-12
⊙高校单项体育俱乐部的建立和运作/陈学华//体育与科学 1996-05
⊙关于试行普通高校体育课俱乐部制的构想/王平 陈昱//四川体育科学 1996-04
⊙关于体育经济的几个问题/马玲玲//西北轻工业学院学报 1996-02
⊙关于我国部分普通高校大学生体育俱乐部绩效研究/田忠//四川体育科学 1996-01
⊙关于我国高校体育如何面向 21 世纪的思考/程伟 孙宝刚 丁宏 于鲁滨 于联志//体育学 1996-06
⊙国家体委主任伍绍祖谈体育与市场结合的难点/杨林林//市场观察 1996-05
⊙国务院办公厅转发国家体委关于深化改革加快发展县级体育事业意见的通知//江西政报 1996-24
⊙计算机动画技术在艺术体操编排与教学中的应用/李卫东//湖北体育科技 1996-04
⊙进入市场经济的体育产业/王亚飞//财贸研究 1996-01
⊙俱乐部体制下足球队的管理/颜雅珍 邹忠伟 钮也仿//体育文史 1996-02
⊙略论社会主义市场经济对体育事业的震撼/鲍明晓//首都体育学院学报 1996-04
⊙论竞技运动产业与商业银行结合的可行性/屈建华//体育学刊 1996-04
⊙论我国体育产业发展的新积淀/亚伟//财贸研究 1996-04
⊙美国高校的体育俱乐部/戴维・马修斯 甄国栋//安徽体育科技 1996-04
⊙美国体育科研管理体制/宋晨翔//体育文史 1996-04
⊙明治、大正时期的体育器材制造销售情况/聂啸虎//体育文史 1996-06
⊙全民健身需要体育俱乐部/栾开封//体育文史 1996-04
⊙全兴足球俱乐部与成都球市/廖本强//中国西部 1996-04
⊙全运会后看体育/苏振普//发展 1996-11
⊙社会主义市场经济条件下体育经费的筹措、分配与使用/鲍明晓//首都体育学院学报 1996-01
⊙社会主义市场经济与体育产业发展/高扬//成都体育学院学报 1996-03
⊙市场经济体制下中国体育发展的思考/李丑亮//湖北体育科技 1996-03
⊙市场经济条件下体育社会学的新课题/徐隆瑞 梁向阳//福建体育科技 1996-01
⊙试论市场经济下建立高校体育俱乐部/郭李亮//广西师范大学学报（自然科学版）1996-03
⊙试论图书馆如何为体育经济的发展服务/张力 张连涛//哈尔滨体育学院学报 1996-04
⊙适应市场经济规律发展体育市场化/鄂伟平//北方经贸 1996-02
⊙适应市场经济需求加快发展高校体育产业/于平 李峰//湖北体育科技 1996-04
⊙体育产业化之浅见/王执琪//财贸研究 1996-04
⊙体育产业政策论纲/鲍明晓//首都体育学院学报 1996-03
⊙体育管理学学科体系框架的初步设计/秦椿林//北京体育大学学报 1996-02
⊙体育经济问题若干理论观点的综述/张岩 梁晓龙//成都体育学院学报 1996-02
⊙体育俱乐部——大学体育后期专项化的第二途径/史凌生//山东体育科技 1996-03
⊙体育生产经营当前显露的方略缺陷/李建明//体育文史 1996-03
⊙体育在国民经济中的作用/陈宏//财贸研究 1996-03
⊙完善运动娱乐市场 发展大众健身产业/赵燕鹰//体育学刊 1996-02
⊙我国大中城市不同产业体育人口结构态势/牛兴华 冯建秀//福建体育科技 1996-01
⊙我国体育产业的现状与发展前景/金占明//清华大学学报（哲学社会科学版）1996-03
⊙我国体育产业化刍议/一东//财贸研究 1996-05
⊙我国体育健身产业发展的思路与建议/鲍明晓//天津体育学院学报 1996-04
⊙我国体育健身娱乐市场初期发展阶段的基本动因初探/凌平 施芳芳//山东体育学院学报 1996-02
⊙我国体育投资的本质及资金回收特点/赵云宏//财贸研究 1996-05
⊙我国体育消费的内涵、影响因素及其特点研究/邵淑月 陈梦周 张智会//天津体育学院学报 1996-12
⊙现代体育与市场经济/成天礼//生产力研究 1996-02
⊙新形势下体育消费的战略思考/马宇峰//体育函授通讯 1996-03
⊙以“特色理论”为指导 改革和发展我国体育事业/范东升//成都大学学报（社会科学版）1996-02
⊙在社会主义市场经济体制下，我国体育商业化的思路和走向/邱光标//福州大学学报（社会科学版）1996-01
⊙掌握体育市场信息开拓体育市场/李建明//体育文史 1996-01
⊙职业化冲击五环圣殿——百年沧桑话奥运/许基仁//新体育 1996-02
⊙中日两国体育产业的比较研究（一）/杨铁黎//首都体育学院学报 1996-03
⊙走向 21 世纪的健身娱乐产业/张锐锋//辽宁体育科技 1996-S1

1997 年

⊙“体育彩票”是体育产业的“支柱产业”?! /何祚庥//真理的追求 1997-02
⊙“体育彩票”质疑/何祚庥//群言 1997-05
⊙21 世纪对体育社会科学的挑战与期望/卢元镇//体育科研 1997-04
⊙安徽省体育产业发展战略研究/安徽省体育产业发展研究课题组//管理世界 1997-03
⊙把发展体育大产业作为我省国民经济的新增长点来抓——湖北省体育产业发展的调查与建议//湖北体育科技 1997-04
⊙产业社会的大众体育文化兴起及其意义/梁向阳//福建体育科技 1997-03
⊙大力发展高校体育产业/朱洵韬//化工高等教育 1997-02
⊙德国大众体育进入“正确健身”新阶段/蔡俊五//中国体育科

技 1997-09

◎对当前我国体育娱乐市场发育中几个基本问题的探讨/杨卫东//南京体育学院学报 1997-04

◎对福建省体育产业发展的思考/郭顺才 郑国璋//福建体育科技 1997-04

◎对开发高校体育产业的探讨/李征宇 张才成//北方经贸 1997-03

◎对我国体育产业化的战略思考/张发强//体育文史 1997-02

◎对武汉市居民体育消费水平的调查与研究/唐宏贵//武汉体育学院学报 1997-01

◎对中国体育市场的研究/裴立新//体育科学 1997-02

◎发展体育产业促进体育消费/唐宏贵//湖北体育科技 1997-01

◎发展体育产业与培育大众体育市场浅识/王元华//浙江经济高等专科学校学报 1997-04

◎发展我国体育市场的经济背景和社会背景之分析/许慧//浙江体育科学 1997-03

◎高校体育改革适应市场经济体制的探讨/李荣芹 薛静波//山东体育学院学报 1997-04

◎高校体育改革之七——对实施俱乐部制体育课新模式的尝试/张云龙//吉林体育学院学报 1997-01

◎高校体育市场的结构体系与基本特征/于平//山东体育学院学报 1997-04

◎关于进 步发展我省体育产业的思考/罗明福//湖北体育科技 1997-02

◎关于全民健身宏观管理和调控的思考/刘磊矗//体育学刊 1997-02

◎关于体育产业的几个基础理论问题/朱鹏//西安体育学院学报 1997-04

◎关于体育事业计划指标与统计指标的几个理论问题/鲍明晓//体育文史 1997-06

◎关于研究中国近代体育经济的几个问题/杨德俊//四川师范学院学报（哲学社会科学版）1997-05

◎关于中国健身产业化发展的探讨/左兵//山东体育科技 1997-02

◎国家体委副主任刘吉谈体育理论研究//体育科学 1997-03

◎国外体育现代化发展给我们的启迪/刘雪冰//山东体育学院学报 1997-03

◎计划经济和市场经济体育观之比较/党小兰//武汉体育学院学报 1997-03

◎竞技体育职业化对我国体育影响初探/苏国滨//哈尔滨体育学院学报 1997-04

◎俱乐部体制下的运动队思想教育现状与对策/上海市体委课题组//上海体育学院学报 1997-04

◎开发中西部地区体育市场的经济、社会环境分析/常毅臣//开发研究 1997-06

◎撩开中国体育彩票的面纱/小何//体育博览 1997 11

◎略论我国体育产业发展的优先领域/曹可强//天津体育学院学报 1997-04

◎论社会主义市场经济下的体育产业/曲小锋//体育学刊 1997-02

◎论市场经济与体育产权社会化/黄晓春//哈尔滨体育学院学报 1997-01

◎论我国职业体育俱乐部的文化建设/曹可强//上海体育学院学报 1997-04

◎面向 21 世纪高校体育俱乐部新模式探讨/曲小锋 倪志荣//中国体育科技 1997-08

◎浅谈高校体育开发/谢自豪//咸宁师专学报 1997-03

◎浅谈俱乐部式体育教学形式的可行性与优越性/王洪 刘永//安徽体育科技 1997-04

◎浅议篮球竞技职业化的社会价值/汪玲玲//浙江体育科学 1997-05

◎全国学五台山 五台山怎么办——关于江苏省五台山体育中心深化改革的思考/殷宝林//体育与科学 1997-06

◎全民健身立法必要性探讨/连桂红 吴小妮//山东体育学院学报 1997-03

◎上海探索体育俱乐部管理机制/郭礼华//了望 1997-15

◎社会主义市场经济条件下的体育产业发展/李建英//生产力研究 1997-06

◎试论体育市场培育和发展中的政府行为/刘磊矗//体育学刊 1997-03

◎试论体育也是生产力/霍照//生产力研究 1997-06

◎试论体育在社会主义精神文明建设中的地位和作用/薛跃玲//四川体育科学 1997-01

◎试论现代体育文化与经济发展的互动效应/刘兆杰//体育与科学 1997-06

◎试论制定体育产业政策的基本思路和内容/裴立新//体育文史 1997-04

◎试论足球俱乐部在普通高校中的作用/陈少波//体育学刊 1997-02

◎试论足球运动职业化的经济价值/雷波//南都学坛 1997-03

◎顺应时代潮流发展体育产业/张荣国//安徽体育科技 1997-03

◎谈对发展体育产业的几点看法/孟铁杰//辽宁体育科技 1997-04

◎谈职业足球的商业价值及市场开发/袁野 朱宏//南京体育学院学报 1997-02

◎体育产业：服务社会的载体——对我国体育产业发展几个问题的思考/孔庆鹏//体育与科学 1997-05

◎体育产业大有可为//现代营销 1997-05

◎体育产业又成温州一经济增长点/张志奇 张和平//记者观察 1997-10

◎体育产业政策体系研究/赵炳璞//体育科学 1997-04

◎体育大势简论/张洪潭//体育与科学 1997-01

◎体育改革刍议/韦俊芳//浙江师大学报（自然科学版）1997-01

◎体育经济运动规律初探/党小兰//湖北体育科技 1997-03

◎体育竞争情报/郝树敏//情报杂志 1997-06

◎体育明星热衷于“第三产业”/沈志凌//体育博览 1997-07

◎体育市场新趋势/邓以铭//经贸导刊 1997-11

◎体育无形资产若干问题初探/王敏敏 陈孝平//福建体育科技 1997-04

◎体育与产业——论体育的经济功能/贾振佳//商业研究 1997-01

◎体育在精神文明建设中的地位与功能/仇昭化//上海体育学院学报 1997-S1

◎体育职业化的兴起/李金海//体育与科学 1997-06

◎体育走向市场的途径/贾振佳//贵州体育科技 1997-04

◎脱离襁褓的中国体育产业/江红//瞭望 1997-15

◎我国体育产业化发展的思考/张燕//安徽体育科技 1997-04

◎我国体育健身娱乐市场的形成及主要问题/邹之缙 孟刚//福建体育科技 1997-09

◎我国体育消费发展趋势及其开发途径研究/邵淑月//天津体育学院学报 1997-04

◎伍绍祖强调加速体育产业发展//天津体育学院学报 1997-04

◎武术何时搭上市场经济的“客船”/一木//中华武术 1997-08

◎休闲体育消费及其市场开发/区美珍//体育函授通讯 1997-04

◎营造体育产业市场 建设全民健身乐园——关于新形势下体育场

馆开发前景的思考和构想/岳宝爱//山东体育科技 1997-03
◎中国体育产业第一人/江南//中国工商 1997-10
◎中国体育体制改革综述/鲍明晓//北京体育师范学院学报 1997-02
◎中国小康体育的形成与发展/解毅飞//四川体育科学 1997-01
◎中日两国体育产业的现状、问题及对策/杨铁黎 张建华//体育科学 1997-05
◎转变观念 积极创新——对新时期群众体育工作的几点思考/孔庆鹏//体育与科学 1997-03
◎转变观念 明确目标 抓住机遇 把上海的体育产业发展到一个新水平//体育文史 1997-02

1998 年

◎“黑哨”：公正之大敌/亚瑟//改革与理论 1998-11
◎98 中国篮球市场第一战/胡也苹//篮球 1998-07
◎北京市体育场馆的管理方向——物业管理/陈文山//首都师范大学学报（社会科学版）1998-06
◎北京市西城区社区全民健身系统工程的构建与启动/杨永跃//北京体育师范学院学报 1998-02
◎从足球改革看我国竞技体育职业化的发展/谭建湘//广州体育学院学报 1998-04
◎促进体育消费 发展群众体育/王念龙//体育科学研究 1998-01
◎大学俱乐部制体育课模式的实践研究/胡建华//体育科研 1998-02
◎蛋糕有多大——各界人士畅谈体育市场//体育博览 1998-03
◎当前和 21 世纪我国高校体育教学模式的研究/黄力生//福建体育科技 1998-01
◎德国体育俱乐部及其面临的问题/李振彪//天津体育学院学报 1998-03
◎第三只眼睛看体育/许立群//人民论坛 1998-12
◎东西部城市居民体育消费的比较研究——上海、西安居民体育消费的现状和发展趋势/蔡军 钟天朗 郭树平 张明朝 周旺成 朱洪辰//体育科学 1998-03
◎对我国体育产业化的初步研究/孙志新//中国体育科技 1998-09
◎发展：体育产业，步入市场化经营/王芙蓉 柳西延 徐伟//企业销售 1998-07
◎发展社会主义体育市场的思考/李香华//娄底师专学报 1998-04
◎发展体育产业 促进全民健身运动开展/张仁盛//体育文史 1998-05
◎发展我国体育产业的实施要点/张锦年//天津体育学院学报 1998-03
◎发展中国体育产业的思考/刘磊矗//西安体育学院学报 1998-01
◎高校实施俱乐部型体育教学模式研究/陈海啸//体育与科学 1998-03
◎高校体育的经费现状及对策研究/陈建嘉//四川体育科学 1998-02
◎高校体育教育专业教学内容体系与课程设置改革的设想/陈敏//福建体育科技 1998-S1
◎高校体育专业在全民健身事业中的地位与作用/孙飙 童昭岗//南京体育学院学报（社会科学版）1998-05
◎关于创建“青少儿康体俱乐部”的几点思考/韩丁//武汉体育学院学报 1998-01
◎关于当前我国体育经济工作中应处理好的若干关系/鲍明晓//成都体育学院学报 1998-03
◎关于加快广西体育产业市场化进程之管见/丁玉兰//体育科技 1998-04
◎关于建立高校体育经费补偿机制的思考/陈建嘉//体育文史 1998-02
◎关于培育和发展体育市场的政策刍议/林建//南方冶金学院学报 1998-10-30
◎关于体育产业两个认识问题的探讨/王美娟//山东体育学院学报 1998-01
◎关于体育加入我国社会经济发展大循环的几个问题/栾开封//体育文史 1998-02
◎关于体育无形资产的几个理论问题/鲍明晓//北京体育大学学报 1998-04
◎关于体育消费研究方法中存在的两个问题/许高航//北京体育师范学院学报 1998-04
◎关于我国高校办体育产业现状及发展方向的研究/杨铁黎 李颖川 骆秉全//体育科学 1998-02
◎关于制定体育产业法规的思考/姜仁屏//体育学刊 1998-01
◎国家体委领导谈体育产业//天津体育学院学报 1998-01
◎国外体育博物馆/朱海明//体育文史 1998-04
◎湖北省体育产业的调查与思考/林桂莲//江汉论坛 1998-05
◎建设具有中国特色的体育俱乐部/张宝//山东体育科技 1998-01
◎健康效益与体育产业/任三三//贵州体育科技 1998-03
◎江苏体育市场的现状及发展对策/王爱丰//湖北体育科技 1998-04
◎竞技体育产业化的市场选择/陈爱南//江南论坛 1998-08
◎竞技体育职业化与我国体育体制改革初探/程云峰//贵州体育科技 1998-03
◎俱乐部制——完善高校体育教育的重要手段/史冬博//山西师大体育学院学报 1998-02
◎崛起的休闲健身房/章泓//资本市场 1998-10
◎跨世纪人才需求与体育功能初探/马岳良//湖北体育科技 1998-03
◎略论市场经济体制下的体育人才机制/黄华//新疆社科论坛 1998-04
◎论体育产业的经营方针与经营战略/叶志华 张才成//北方经贸 1998-05
◎论体育产业化的持续发展/党群//西安体育学院学报 1998-01
◎论体育文化建设与精神、物质文明建设的共生互动效应/汪伟信//沈阳体育学院学报 1998-04
◎论我国体育产业化的社会基础/王乔君//浙江体育科学 1998-04
◎论武术散手市场与国际化/陈青山//武汉体育学院学报 1998-04
◎论信息工作在体育管理中的地位和作用/周德书//浙江体育科学 1998-02
◎论中国乒乓球运动发展的社会价值/黄志玲//中国体育科技 1998-07
◎面向 21 世纪的高等社会体育教育/张锦年//天津体育学院学报 1998-02
◎浦东新区体育发展状况及体育市场之开拓/凌明德//同济大学学报（社会科学版）1998-04
◎浅论高校体育部门创收实践与对策/陈建嘉 张兴富//四川体育科学 1998-03
◎浅谈全民健身活动中存在的问题与对策/洪霏//四川体育科学 1998-02
◎全民健身计划实施与我国产业结构调整/邵淑月//天津体育学院学报 1998-03

- 山东省体育俱乐部的发展及面临的主要问题/岳宝爱 郭志明//山东体育学院学报 1998-02
- 陕西竞技体育发展战略与对策的思考/张原耕//西安体育学院学报 1998-02
- 社会体育人口与体育市场需求分析/刘磊矗 张勇//西安体育学院学报 1998-02
- 社会主义市场经济条件下促进和发展体育消费的思路/贾中华//福建体育科技 1998-05
- 社会主义市场经济下对体育工作的几点认识/周雪亚//体育文史 1998-05
- 社会主义现代化条件下的体育//中国软科学 1998-01
- 深化教改，培养面向21世纪的社会体育人才/张锦年//体育学刊 1998-02
- 市场经济与全民健身/孔祥武//中国改革 1998-03
- 市场经济中体育信息管理探讨/傅丽娜//体育科技 1998-03
- 试论市场经济中的体育产业化改革/傅红岩 马家顺 陈联明//世界经济文汇 1998-01
- 试论体育产业发展中的经济效益与社会效益/连桂红 刘建刚//体育文史 1998-01
- 试论体育产业立法/刘林箭//浙江体育科学 1998-03
- 试论体育经纪人的内涵、外延和培养模式/邱晓德//天津体育学院学报 1998-04
- 试论体育运动与经济发展的互动策略/杨美芬//体育与科学 1998-06
- 试析职业足球的商业价值——兼论我国足球市场开发/吴海乐//体育与科学 1998-07-25
- 适应市场经济体制 发展体育主体产业/王宣庆//体育文史 1998-01
- 思考：体育大市场，众人侃辉煌/汪玉刚//企业销售 1998-07
- 谈如何开发更多的体育资金/王伟媛//北方经贸 1998-01
- 谈如何开发我国体育旅游产业/吴伟//北方经贸 1998-06
- 特别策划：让中国足球旺起来/周文辉//企业研究 1998-10
- 体育：新的经济增长点/罗纲//武汉交通管理干部学院学报 1998-02
- 体育产业，蛋糕正在做大/柳西延//经济论坛 1998-02-15
- 体育产业：待采的“金矿”/王义//中国市场 1998-07
- 体育产业：蛋糕正在做大/柳西延//经济世界 1998-04
- 体育产业：一块新蛋糕/章泓//资本市场 1998-10
- 体育产业的发展与面临的问题/徐汶//广州体育学院学报 1998-02
- 体育产业化前景巨大/刘建国//价格月刊 1998-09
- 体育产业走向资本市场/颜晓群//资本市场 1998-03
- 体育的主要社会功能浅议/邱静宁//广西经济管理干部学院学报 1998-01
- 体育改革向纵深推进过程中需处理好的几个关系/杨树安//体育文史 1998-05
- 体育竞赛，不只在运动场/朱敏//上海戏剧 1998-06
- 体育赛事电视转播权的开发与思考/吕明元//天津体育学院学报 1998-03
- 体育市场前途无量/太萱//现代营销 1998-01-05
- 体育市场与体育产业/张宝申//社会科学论坛 1998-Z1
- 体育市场在现行机制下的浑沌论和危机论/李威生//山东体育学院学报 1998-02
- 体育消费关系结构与体育产业的发展/何永超//首都师范大学学报（自然科学版）1998-01
- 体育与可持续发展战略的关联性/王景连//上海体育学院学报 1998-02
- 为国有大中型企业提供新的经济增长点——甘肃省电力公司发展体育产业的前景分析/常红军//发展 1998-11
- 为何要办全明星赛？/徐济成//篮球 1998-03
- 我国大众体育消费市场的培育与开拓/邵金英//许昌师专学报 1998-03
- 我国高水平乒乓球俱乐部现状与发展对策研究/张林 马志和 段翔 徐增琪 刘雅玲//体育科学 1998-05
- 我国高水平体育俱乐部的现状与发展的研究//中国软科学 1998-06
- 我国高校体育产业的现状与开发/楚继军//武汉体育学院学报 1998-03
- 我国跨世纪体育产业的现状发展及对策/柯志坚//体育科学研究 1998-04
- 我国群众性体育俱乐部为何发育迟缓/栾开建//体育文史 1998-03
- 我国体育产业的发展思路/张锦年//哈尔滨体育学院学报 1998-03
- 我国体育产业市场初探/宋丽萍//山东体育科技 1998-04
- 我国体育产业在市场战略中的7S要素模型/李威生 阎振龙 洪流 郑玉桓//体育科学 1998-03
- 我国体育资产流失现状分析/闫振龙 李威生 洪流//四川体育科学 1998-03
- 我国现阶段大众体育消费与体育产业关系的研究/于振峰 王庆伟 任园春//成都体育学院学报 1998-10
- 我国现阶段大众体育消费与体育产业关系的研究/于振峰//成都体育学院学报 1998-04
- 我国足球发展的主要矛盾与创新政策预研/丁飙//中国软科学 1998-01
- 现代赛马产业性质与特征探讨/饶纪乐//体育科学 1998-04
- 现状：中国体育是块大肥肉/赵继红//企业销售 1998-07
- 消费市场潜力巨大 生产模式适合国情——体育将成为下世纪支柱产业//领导决策信息 1998-09
- 新思路下的体育产业——记保定市“钱红游泳学校”/晓光//游泳 1998-04
- 研究体育经济开发体育产业/丁遥//湖北体育科技 1998-04
- 影响我国体育持续发展因素辨析/王爱丰 李丹//南京体育学院学报 1998-03
- 云南体育产业发展思路与模式构想/饶远//云南师范大学学报（自然科学版）1998-03
- 正确运用经济学的价值规律管理体育队伍/尹国英//管理科学文摘 1998-11
- 中国电视与竞技体育联姻的现状及趋势/翁飚//福建体育科技 1998-03
- 中国社区体育组织文化分析/吴世英//广州体育学院学报 1998-02
- 中国体育体制改革的过程特征/凌平//山东体育学院学报 1998-01
- 走上法制轨道的足球/张慧德//足球世界 1998-23
- 走向产业化的中国体育/王琛文//对外大传播 1998-04
- 足球//体育科技文献通报 1998-01-15
- 足球将成为全兴集团第四大产业——访新上任的全兴足球俱乐部总经理黄建勇/董华//足球世界 1998-06

1999 年

◎"大维"买断世乒赛冠名权冲击波/王俊璞//记者观察 1999-11
◎"东北虎"下山——来自吉林东北虎篮球俱乐部的特别报道/延峰//篮球 1999-09
◎"体育收藏品和体育拍卖行"应成为体育产业新的增长点/邱晓德//天津体育学院学报 1999-01
◎19 世纪末 20 世纪初英国体育的商业化与产业趋势/郭宏 丁建定//广州体育学院学报 1999-01
◎2010 年我国竞技体育效益投资体系的研究/陈林祥//体育科学 1999-04
◎21 世纪我国高校体育发展探窥/张启明 陈上越//宁德师专学报(自然科学版)1999-03
◎CBA 改革探讨/田福勇//保定师专学报 1999-02
◎把民族地区体育推向市场/黄华//民族团结 1999-08
◎摆正群众体育与竞技体育工作的位置/扎西群佩//西藏体育 1999-02
◎蚌埠市城市居民体育消费的调查与研究/高林洲//安徽体育科技 1999-01
◎北京兴起跆拳道热/池倩//对外大传播 1999-Z2
◎部分省市"体育市场管理办法"中有关问题研究/张玉玲//体育科技 1999-S1
◎产业经济学研究的新拓展——《体育产业经济学》评介/石军伟//中南财经大学学报 1999-06
◎城市贫困居民健身问题的再思考/陈青//西北师范大学学报(自然科学版)1999-01
◎刍议体育对内需的拉动/周辉//河北体育学院学报 1999-03
◎创造"中国籍"的世界品牌——从"乔丹效应"看我国的体育用品市场/李明建//中外企业家 1999-07
◎从大学生体质调研谈体育教育改革/李向东//武汉体育学院学报 1999-06
◎从高校体育消费市场谈体育教育产业化问题/邱泉//体育与科学 1999-05
◎大力发展都市文化产业——以大连为例/姜国升//环渤海经济瞭望 1999-03
◎大型国际体育运动会蕴藏的商机/金国祥//体育科研 1999-04
◎大学体育课程教学改革实践与走向/王宗平 赵国梁 庄惠华//体育与科学 1999-02
◎对发展我国体育信息服务业的思考/张立 陈默风 张瑞//体育科学 1999-04
◎对体育产业的认识与思考/吕派//辽宁体育科技 1999-03
◎对体育产业化市场化问题的探讨/吴晓兰 凌书//市场营销导刊 1999-03
◎对体育改革中几个问题的探讨/毕世明//体育文史 1999-05
◎对我国城市居民体育消费的研究/蔡军//体育科学 1999-04
◎对我国竞技体育职业化发展趋势的研究/宋跃然//体育科技 1999-Z1
◎对我国体育产业化的思考/闻兰//山东体育科技 1999-01
◎对我国体育产业热点问题的思考/鲍明晓//体育科学 1999-04
◎对我国体育消费现状的研究/于振峰//体育科学 1999-03
◎对中国体育产业发展的理性思考/杨建雄//浙江体育科学 1999-02
◎对中国体育消费的社会学分析/唐宏贵//武汉体育学院学报 1999-02
◎多样化:体育产业的发展前景/唐明//体育与科学 1999-05
◎发展体育健身 促进扩大内需 拉动经济增长/赵炳璞//体育文史 1999-04
◎发展体育事业,迈向新的世纪/金国祥//体育科研 1999-03
◎发展我国体育产业的思考/龚建林//福建体育科技 1999-06
◎法制化是体育俱乐部发展的必由之路/岳宝爱//山东体育学院学报 1999-01
◎福建省体育产业化初探/张立仁//福建体育科技 1999-06
◎高等院校建立体育俱乐部教学模式探讨/苏毅//天津体育学院学报 1999-02
◎高校体育教育在素质教育中的作用/陆永庆//浙江传媒学院学报 1999-04
◎关于安徽体育跨世纪发展的战略思考/张荣国//安徽体育科技 1999-01
◎关于地方体育立法若干问题的认识与思考/黄圣方//浙江体育科学 1999-01
◎关于加强体育产业发展的几点思考/徐忠强//江南论坛 1999-12
◎关于体育产业由事业型、公益型向实体型、经营型转化初期资金扶持的思考/金赤//沈阳体育学院学报 1999-03
◎关于体育经济属性的思考/罗明福//湖北体育科技 1999-01
◎关于我国体育产业化的几点思考/张昊//首都体育学院学报 1999-04
◎关于我国体育产业化发展的若干思考/侯晋龙//安徽体育科技 1999-02
◎关于知识经济时代的体育发展与创新的思考/侯晋龙//湖北体育科技 1999-01
◎规范体育经纪市场 促动体育产业发展/洪清华//西安体育学院学报 1999-04
◎国际大众体育信息数据库//中国体育科技 1999-02
◎国际竞技体育的发展趋势及对我们的启示/马铁//天津体育学院学报 1999-02
◎国外体育市场分析与我国体育产业化发展/程路明//山东体育学院学报 1999-01
◎国外体育休闲俱乐部管理初探/王晓莹 陈国强 高春燕 张瑞东//北京体育大学学报 1999-12-30
◎杭州市全民健身俱乐部发展模式研究/施芳芳//湖北体育科技 1999-02
◎建立高校课外体育活动的新模式——体育俱乐部初探/李惠玲 张春美//体育学刊 1999-02
◎建立体育科技学术期刊信息服务产业的构想/许治平//西安体育学院学报 1999-02
◎健身产业掀热潮/王海//市场观察 1999-10
◎健身运动的消费趋势与思考/苑晓明//辽宁体育科技 1999-04
◎将体育融入生活——澳大利亚大众体育介绍/马海江//兵团职工大学学报 1999-04
◎经营性国有体育资产所有权、产权及经营管理模式研究/裴立新//天津体育学院学报 1999-04
◎开发库区体育资源 促进库区经济发展/向剑君//山区开发 1999-11
◎开拓体育市场 推进体育产业化/梁瑚//南方论刊 1999-02
◎跨世纪知识经济增长点初探——云南体育产业化发展的思路及重点/张胜昆//决策咨询通讯 1999-01
◎略论当代体育文化的四大特征/韩佐生//哈尔滨体育学院学报 1999-01
◎略论体育产业发展的战略地位/刘建刚//中国体育科技 1999-07

◎略论中国观光农业的性质与发展/郭焕成 王云才//纪念中国地理学会成立九十周年学术会议 1999-11
◎论大力培育和发展体育产业/孙光//体育学刊 1999-02
◎论高校运动俱乐部的地位与作用/王晓红//体育学刊 1999-06
◎论可持续发展战略下的体育产业运作/潘向阳//浙江统计 1999-06
◎论体育产品的劳务性质/胡立君//数量经济技术经济研究 1999-10
◎论体育产业的兴起/刘秀俊//兰州商学院学报 1999-02
◎论体育产业化与体育产业法制建设/郝武南//体育学刊 1999-03
◎论体育产业中的产业结构优化/傅煜//西安体育学院学报 1999-02
◎论体育服务产品及价格/贾中华//解放军体育学院学报 1999-04
◎论体育劳务商品的本质/李翠兰//松辽学刊（社会科学版）1999-06-05
◎论体育市场调查的特点与作用/刘国永//西安体育学院学报 1999-04
◎论体育消费在扩大内需拉动经济增长中的作用/陈勇军//南京体育学院学报 1999-03
◎论体育与经济增长/刘可夫//体育学刊 1999-01
◎论体育资源的合理开发和配置/刘可夫//福建体育科技 1999-05
◎论我国保龄球运动经营现状与发展趋势/徐道玉//武汉体育学院学报 1999-03
◎论我国少数民族地区体育事业的发展/李桦//体育科学 1999-04
◎论我国体育产业的培育与开发/陆瑞当//广州体育学院学报 1999-02
◎论我国体育产业在市场经济条件下的培植和发展/于庆金//解放军体育学院学报 1999-03
◎论武术产业走向/杨少雄//体育文史 1999-02
◎论现代体育的社会功能/黄细娟//福建体育科技 1999-02
◎论增强体育事业的自我发展能力/崔大林//体育科学 1999-04
◎论中国古代体育的文化特征/汪伟信//沈阳体育学院学报 1999-03
◎美国体育经纪人制度之研究/黄文卉//体育科学 1999-02
◎蒙古族传统体育的演进与思考/巴特尔//内蒙古师大学报（哲学社会科学版）1999-03
◎南京东郊风景区体育休闲、娱乐、旅游产业的开发前景与构想/孟凡达//南京体育学院学报 1999-03
◎浅谈市场经济条件下的体育及科技的作用/聂自俊//经济师 1999-09
◎浅谈体育经济政策/龙周//西安体育学院学报 1999-03
◎浅谈体育经理人的基本素质/耿力中//体育文史 1999-03
◎浅谈体育俱乐部在高校群体活动中的地位和作用/周福贵 付安国//体育学刊 1999-03
◎浅谈我国社会体育体制改革/隋晓航//辽宁师专学报（自然科学版）1999-04
◎浅析我国体育产业发展与法制管理/郑国金//湖北体育科技 1999-01
◎浅析我国体育产业化发展对策/贾爱萍//财贸研究 1999-01
◎浅析职业篮球的商业价值及我国篮球市场的开发/赵映辉//西安体育学院学报 1999-02
◎浅议发展我省体育产业/纪丽娥//山东体育科技 1999-02
◎浅议体育产业化管理/张锡枝//山东体育科技 1999-01
◎全运会，中国体育产业蓬勃发展的象征/李马仁//体育师友 1999-06
◎山东省体育学校教学改革初探/张军//山东体育科技 1999-03
◎上海大学生体育俱乐部现状及发展对策/凌明德//同济大学学报（社会科学版）1999-04
◎上海体育产业化发展思路/杨卫民//上海综合经济 1999-08
◎社会化产业化的体育及体育设施/马国馨//世界建筑 1999-03
◎社会主义市场经济条件下 CIS 导入体育俱乐部的设想/商洪海 孙盛梅//山东体育科技 1999-04
◎社会主义市场经济条件下体育旅游业经济效益的思考/杨秀丽//沈阳体育学院学报 1999-01
◎实施全民健身计划的经济学研究/梁进 靳英华 邵淑月 王春香 李秀艳 文广 刘丰德//体育科学 1999-04
◎世纪的合作——长城集团与中国男排联姻/明光//中国排球 1999-03
◎世纪之交的答卷——论上海文化体育事业改革的历史经验/花建//上海党史研究 1999-S1
◎市场经济条件下体育运作的公益性与商业性/陈融//上海体育学院学报 1999-02
◎试论俱乐部型体育课教学模式/谢伦立//广州体育学院学报 1999-04
◎试论体育教育产业化问题/陈万章//体育与科学 1999-03
◎试论体育软资源的开发与利用/杨正本//四川体育科学 1999-03
◎试论我国体育产业市场的培育与开发/杨贵军//云南财贸学院学报 1999-06
◎试论现代体育功能的多层次性/王茂生//甘肃社会科学 1999-S1
◎试论云南体育产业的支柱及其发展/沈阳//经济问题探索 1999-07
◎试论知识经济与学校体育改革/喻坚//广西教育学院学报 1999-05
◎试论知识经济与终身体育/杨敏//四川体育科学 1999-02
◎试谈中国的现代赛马/黄启桓//中国人才 1999-11
◎试析中国体育消费市场/孟宪林//河南师范大学学报（自然科学版）1999-04
◎谈市场经济中的体育经纪人/邵锡山//生产力研究 1999-06
◎谈我国体育健身娱乐市场的发展及存在的问题——“关于有中国特色社会主义体育市场的研究”之三/柳伯力//贵州体育科技 1999-01
◎体育保险在我国的出现及其发展方向/曹燕飞//山东体育学院学报 1999-04
◎体育产品特征的经济学分析/胡立君//体育科学 1999-06
◎体育产业：呼唤经纪人制度/马铁//中国经贸 1999-04
◎体育产业的经营与开发——贵阳市羽毛球“热”透析/王红//贵州体育科技 1999-01
◎体育产业化与体育教学内容改革/杨嘉民//上海体育学院学报 1999-S1
◎体育产业化中必须遵循的几个原则/张喜忠 陈作松//福建体育科技 1999-01
◎体育产业将成为我国新的经济增长点/钟安军//财金贸易 1999-02
◎体育产业将成为新的经济增长点/刘可夫//解放军体育学院学报 1999-04
◎体育产业能成为新经济增长点吗？/鲍明晓//体育博览 1999-06
◎体育产业若干理论问题之辨析/郑芳//浙江体育科学 1999-01
◎体育产业正在崛起的黄金产业/李长青//经贸导刊 1999-01
◎体育产业中体育用品市场探析/吴锦//体育科学研究 1999-04
◎体育经纪人有关问题的研究/黄艺//体育科技 1999-S1

⊙体育竞赛表演市场营销组合初探/张宏//广州体育学院学报 1999-04
⊙体育赛事电视转播权的研究/张立//体育科学 1999-06
⊙体育商业化的成因、影响及其发展趋势/曾剑斌//体育科学研究 1999-04
⊙体育生活化对可持续发展的支持/熊茂湘//湘潭大学社会科学学报 1999-02
⊙体育市场的内涵和构成/张岩//首都体育学院学报 1999-04
⊙体育事业产业化的广阔前景——美国体育产业考察与启示/蔡永莲//上海综合经济 1999-08
⊙体育无形资产初探/杨年松//体育学刊 1999-02
⊙体育无形资产一般理论研究/王敏敏//解放军体育学院学报 1999-04
⊙体育相关学科//体育科技文献通报 1999-10
⊙体育消费：拉动经济发展的新产业/周文庆//党的生活 1999-11
⊙体育消费将是我国国民经济新的增长点/王娜//银行家 1999-12
⊙体育消费热浪渐袭已灼人/潘燕//瞭望 1999-32
⊙体育消费与体育市场浅议/闻兰//山东经济战略研究 1999-07
⊙体育消费属性研究/胡立君//财贸经济 1999-03
⊙体育仪器器材在体育产业发展中的定位/李大丽//体育科学 1999-02
⊙体育院系设置体育经济专业的构想/蒋荣//体育与科学 1999-06
⊙体育院校产业发展刍议/柳汉民//上海体育学院学报 1999-S1
⊙体育运动与人类发展的渊源/王洪//湖北体育科技 1999-04
⊙体育在我国经济和社会发展战略中的地位和作用/翟玉生//河北体育学院学报 1999-02
⊙体育赞助的起源、地位和魅力/蔡俊五//首都体育学院学报 1999-04
⊙渭南城区游泳市场经营管理之我见/党炳康//渭南师范学院学报 1999-05
⊙我国发展体育经纪人的对策研究/马铁 黄文卉 张立 石磊 林显鹏//中国体育科技 1999-02
⊙我国竞技体育职业化“四步曲”——社会化、实体化、市场化与产业化的思辨/龙斌//武汉体育学院学报 1999-02
⊙我国老龄体育产业的发展及对策/徐春峰//洛阳师范学院学报 1999-02
⊙我国体育彩票业的发展及其对策/侯本华//山东体育学院学报 1999-02
⊙我国体育产业的发展现状与展望/李晓林//西安体育学院学报 1999-03
⊙我国体育产业的发展与理论研究/张晓伦//新疆大学学报（自然科学版）1999-02
⊙我国体育产业的形成和发展/鲍明晓//首都体育学院学报 1999-04
⊙我国体育产业发展的现状分析与展望/陈林祥//西安体育学院学报 1999-01
⊙我国体育产业发展的现状及思考/李敦厚//体育文史 1999-05
⊙我国体育产业发展若干问题的思考/马骏//广州体育学院学报 1999-01
⊙我国体育产业发展中几个热点问题的冷思考/鲍明晓//体育文史 1999-02
⊙我国体育市场的发展与问题分析/卢锋//武汉体育学院学报 1999-01
⊙我国体育市场的结构、现状和发展/杨年松//福建体育科技 1999-06
⊙我国体育市场的形成与发展/张学军//山西大学师范学院学报 1999-02
⊙我国体育市场法制建设研究/阎旭峰 张士忠 李雁军 周旺成 胡雪峰//体育科学 1999-01
⊙我国体育用品产业的发展及前景/齐富田//山东体育学院学报 1999-02
⊙无锡体育事业蓬勃发展//江南论坛 1999-12
⊙西安地区体育知识资源利用分析——兼谈资源向资本转化/史兵//西安体育学院学报 1999-04
⊙西方体育文化思潮对我国体育健身健美娱乐的影响/施芳芳//浙江体育科学 1999-02
⊙析改革开放 20 年中国体育思想之变革/陈融//上海体育学院学报 1999-04
⊙现阶段影响我国体育消费心理的因素分析及对策的研究/刘志强//北京体育大学学报 1999-03
⊙湘鄂渝黔边山寨民族体育文化与旅游资源的开发研究/白晋湘//湘潭师范学院学报（社会科学版）1999-06
⊙新疆维吾尔自治区城乡居民体育生活社会调查/陈青//甘肃社会科学 1999-01
⊙新世纪我国体育产业发展的对策与建议/张启明//成都体育学院学报 1999-03
⊙游艇俱乐部的规划设计/张敏 袁牧//城市规划 1999-09
⊙云南民族体育产业化发展的可行性及其思路/沈阳//体育文史 1999-04
⊙运动经济：中国富有潜力的朝阳产业/鲁靖//消费经济 1999-05
⊙在体育产业化中必须遵循的几个原则/张喜忠//福建体育科技 1999-01
⊙增加需要 拉动增长 体育产业大有可为/鲍明晓//体育文化导刊 1999-06
⊙知识经济时代与现代体育发展/江明非//湖北体育科技 1999-01
⊙知识经济与体育/张立//中国体育科技 1999-01
⊙知识经济与体育产业/张承玉//上海体育学院学报 1999-S1
⊙知识经济与体育产业的发展/熊蜀荣//北京体育大学学报 1999-04
⊙知识经济与我国体育产业化发展的政策取向/胡晓华//西北轻工业学院学报 1999-01
⊙知识经济与现代体育/陶维旭//体育科学研究 1999-01
⊙知识经济与终身体育/喻坚//体育学刊 1999-05
⊙职业企业家培养与体育产业市场培育的理论思考/徐飞荣//西安体育学院学报 1999-04
⊙职业足球俱乐部的经营之道及其出路/刘建刚//山东体育学院学报 1999-01
⊙中国 2010 年竞技体育发展战略研究/吴寿章//体育文史 1999-05
⊙中国队教练薪水缘何由外人付//体育博览 1999-02
⊙中国体育改革二十年综览/李卫东//体育科研 1999-03
⊙中国体育用品名牌战略思考/詹建国//天津体育学院学报 1999-02
⊙中国体育与群众体育//体育科技文献通报 1999-12
⊙中国足坛无哨可“吹”——中国足球职业化历程透析/阿春//经贸世界 1999-03
⊙中外体育产业化的比较与分析/肖其森//衡阳师范学院学报 1999-02
⊙珠海市群众体育与体育产业发展的现状调查/盛德海//上海体育学院学报 1999-S1
⊙珠海特区体育可持续发展战略的研究/刘华强//体育文史

1999-01
⊙抓住机遇，迎接21世纪/黄晓春//体育师友 1999-01
⊙总结过去开辟未来/伍绍祖//体育文史 1999-05
⊙足球界引进“外援”实行配额制的可行性分析/邱晓德//中国体育科技 1999-09

2000年

⊙“奥运体彩”要为申奥助威/李同欣//市场报 2000-10-02
⊙“潮头”思考——关于我国职业体育俱乐部制改革的几点认识/孔庆鹏 殷宝林//体育与科学 2000-01
⊙“记世界动起来”/崔春华//海峡时报 2000-08-04
⊙“明星战略”到何时/张旭光//中国体育报 2000-11-16
⊙“全民健身工程”发展三大趋势/伊舟//中国体育报 2000-07-10
⊙“我运动，我存在”/屈茸//重庆日报 2000-06-11
⊙“五环标志”侵权案案中有案？/张伟湘 陈少斌//福建工商时报 2000-10-24
⊙“亿万农民健身活动”十年成绩斐然/冯雷//农民日报 2000-10-31
⊙“职业联盟”利弊谈//中国体育报 2000-07-17
⊙1000亿彩票市场谁能实现/赵红//中国企业报 2000-09-11
⊙1000亿彩票市场谁撬得起来？/赵红//中国经营报 2000-08-22
⊙2001-2010年体育改革与发展纲要//中国体育报 2000-12-19
⊙21世纪发展我国体育产业之对策/陈德有//商业研究 2000-07
⊙21世纪体育产业的市场结构与有效竞争/熊卫//体育函授通讯 2000-04
⊙840新的经济增长点——体育产业/欣闻//江苏经济 2000-09-15
⊙CSN在体育产业中的现状与未来的探讨/陈海春//体育科学研究 2000-01
⊙NBA：体育是宗大生意/郭星//知识经济 2000-10
⊙黯淡的圣火——体育文化批判/赵勇//体育文史 2000-05
⊙奥运村能否激活亚北楼市/郭海峰//财经时报 2000-10-11
⊙奥运挥金大战/马瑞洁 师晖//中华工商时报 2000-08-02
⊙奥运会后再评判 亦喜亦忧话赞助（未完待续）/蔡俊五//中国体育报 2000-11-02
⊙奥运会后再评判 亦喜亦忧话赞助/蔡俊五/中国体育报 2000-11-16
⊙奥运商战开打 各路企业出招/马瑞洁 陈秋菊//中华工商时报 2000-08-30
⊙奥运盛典澎湃激情/李玉//中国商报 2000-09-17
⊙奥运特种体育彩票为申奥“撑腰”/志红//中国消费者报 2000-10-26
⊙奥运五环能“圈”到多少“金子”？/侯志红//中国消费者报 2000-09-05
⊙奥运掀新浪 网上呈异彩/周惟彦 倪荣根//国际金融报 2000-07-18
⊙奥运引爆眼球争夺战/李春//中国工商报 2000-08-02
⊙奥运营销——商家赚钱还是撒钱/周海斌//信息时报 2000-10-20
⊙奥运与赚钱有缘//福建工商时报 2000-09-15
⊙澳门回归周年 体育热浪滚滚/张永青//中国体育报 2000-12-15
⊙澳门体育将有大发展/彭则鹏//中国体育报 2000-11-22
⊙把体育场地建在百姓身边/陈一心//人民政协报 2000-06-30
⊙把握大局 抓住机遇 推进改革 开创新路/邱镇祁/中国体育报 2000-12-13
⊙北京朝阳区体育挽着三产走/丁根喜 翟学智//经济参考报 2000-11-16
⊙北京大运会不拒绝赚钱/张旭光//中国体育报 2000-10-26
⊙北京国际展览体育中心规划设计方案/北京市规划委员会展览中心//中华建筑报 2000-09-19
⊙北京体育娱乐业成为新兴产业//东方航空报 2000-07-24
⊙播放奥运 透出商家理念差异/王永平//中国商报 2000-09-20
⊙彩弹枪——有待开发的潜在市场/沈伟祥//上海轻工业 2000-05
⊙彩票：火了体育冷了福利/汲传排//北京日报 2000-12-01
⊙产权残缺与体育产业/陆元兆//西安体育学院学报 2000-03
⊙刍议目前体育消费研究方法中存在的问题/于振峰//成都体育学院学报 2000-01
⊙创办特色体育推进经济强市建设——台州市走体育兴市之路简记/袁亮晶//中国改革 2000-10
⊙创建独特实体结构的体育中介组织——论广西体育中介市场的发展及途径/莫高峰//体育科技 2000-03
⊙从奥运风暴袭击中文互联网说起/杨铭军//互联网周刊 2000-Z2
⊙从国外体育产业看我国体育产业的前景/王金枝//山西师大体育学院学报 2000-02
⊙从甲A球赛说到体育产业/锦秀文//经营与管理 2000-12
⊙从体育健身娱乐市场谈高校体育产业化发展/刘云//成都体育学院学报 2000-04
⊙打造冰雪：谈黑龙江省体育旅游产品的开发/夏洪海//冰雪运动 2000-04
⊙大力发展体育产业/蒋作君//决策咨询 2000-05
⊙大力发展我国高校体育产业的有利条件及其实现途径/余海涛//西江大学学报 2000-03
⊙大力推进全区体育事业健康发展//西藏日报 2000-08-14
⊙大型体育活动的产业化运作/陈融//福建体育科技 2000-01
⊙大学生体育消费的必要性与必然性/胡军//上海体育学院学报 2000-S1
⊙大众传媒与竞技体育产业关系的分析/唐成//成都体育学院学报 2000-03
⊙大众体育消费行为的社会学管窥/车建平//体育与科学 2000-02
⊙当代体育用品企业的成长模式/易剑东//中国轻工报 2000-09-08
⊙德国承办2006年世界杯赛/李敬臣//新华每日电讯 2000-07-07
⊙对21世纪普通高校群体竞赛的组织结构及市场运作的构想/胡晓娟 周战伟//河北体育学院学报 2000-06
⊙对北京高校体育场馆资源配置及开发利用情况的分析/雷历//北京体育师范学院学报 2000-04
⊙对大兴安岭林区发展滑雪旅游的几点建议/李毅//林业科技情报 2000-03
⊙对健康体育产业发展背景的初步探讨/李明//解放军体育学院学报 2000-04
⊙对开发体育产业的几点思考/李树文//经济视角 2000-03
⊙对普通高校体育教学实行俱乐部制的分析研究/朱玲珍 陆文龙 仲云才//哈尔滨体育学院学报 2000-72
⊙对全民健身的再认识/何莉莉//甘肃理论学刊 2000-04
⊙对山东省26岁以上各年龄组城市居民体育消费需求的分析研究/郑立新//淄博学院学报（自然科学与工程版）2000-03
⊙对山东省30～45岁城市居民体育消费需求的分析研究/刘卫//浙江体育科学 2000-03
⊙对体育产业经营研究动态的初步探讨/李明//哈尔滨体育学院学报 2000-03
⊙对体育电视和体育产业化的思考/杨智//新闻前哨 2000-04
⊙对网络经济时代我国体育企业管理组织结构变革的研究/肖淑

红//北京体育大学学报 2000-02
⊙对我国篮球产业改革与发展的若干建议/杨跃新//天中学刊 2000-05
⊙对我国体育产业问题的哲学思考/姚建//武汉理工大学学报（社会科学版）2000-04
⊙对我国体育产业有关问题的探讨/王力军//体育函授通讯 2000-02
⊙对我国体育经营及其法规体系的探索/汤卫东//成都体育学院学报 2000-02
⊙对我国体育消费的几点思考/张贵敏//东北财经大学学报 2000-05
⊙对我国体育消费结构问题的思考——兼论 21 世纪我国体育消费结构的变化趋势/李建军//广东教育学院学报 2000-01
⊙对驻济南高校体育产业发展的调查研究/陆宇明//山东体育科技 2000-04
⊙二 00 一年：体育和旅游牵手/胡云蓬//文汇报 2000-10-19
⊙发展民族体育旅游业的前景与对策/王天军//广州体育学院学报 2000-02
⊙发展少数民族传统体育 开拓新疆特色体育产业/赵建林//新疆大学学报（自然科学版）2000-03
⊙发展体育产业 促进经济增长/兰国伟//南京体育学院学报 2000-04
⊙发展体育产业化经营的几点思考/刘珂青//山东体育科技 2000-02
⊙发展我国体育产业政策性金融机构的思考/邱晓德//上海体育学院学报 2000-02
⊙福建侨乡社会体育现状的调查分析与发展对策/苏肖晴//福建师范大学学报（哲学社会科学版）2000-03
⊙福建省竞技体育发展战略构想/徐正国//福建体育科技 2000-03
⊙富春江——新安江（“两江一湖”）开发体育旅游的可行性研究/诸葛伟民 陈涛//浙江体育科学 2000-06
⊙高科技：奥运会“旧貌换新颜”/周有恒//科技日报 2000-08-08
⊙高校课外体育俱乐部有偿服务的探讨/周倩//常熟高专学报 2000-06
⊙高校体育改革必须与素质教育相适应/汪静华 周云飞//上海体育学院学报 2000-03
⊙高校体育俱乐部体制的研究与实践/沈宏书 朱泓 金若中 田爱华 赵广复//高等工程教育研究 2000-03
⊙高校推广篮球俱乐部的探讨/董金昌//丹东师专学报 2000-04
⊙勾画十年宏伟蓝图/田洁 张旭光//中国体育报 2000-11-10
⊙鼓励国民参与体育/冯振晓 //中国体育报 2000-08-18
⊙关于创办大学体育俱乐部的若干思考/曾文//南方冶金学院学报 2000-05
⊙关于发展我国体育债券的思考/邱晓德//北京体育大学学报 2000-04
⊙关于建立我国体育产业统计指标体系的研究/林显鹏//体育科学 2000-04
⊙关于老年健康体育活动的调查/唐振兴//中国老年报 2000-08-04
⊙关于南京体院增设社会体育专业的可行性研究/李宗汉//南京体育学院学报 2000-04
⊙关于体育彩票的思考/刘华//贵阳金筑大学学报 2000-04
⊙关于体育产业产品特性的研究/杨铁黎//北京体育师范学院学报 2000-03
⊙关于体育产业的几个理论问题（上）/卢元镇//体育科研 2000-04
⊙关于体育产业的几个理论问题（下）/卢元镇//体育科研 2001-01
⊙关于体育产业几对关系概念的逻辑辨析/连桂红//山东体育学院学报 2001-01
⊙关于体育场（馆）经济网络群的研究/张鲲//中国体育科技 2000-12
⊙关于体育劳动性质的分析与讨论/陈珂//天津体育学院学报 2000-04
⊙关于体育走向市场及其存在的问题/丁连元//哈尔滨体育学院学报 2000-01
⊙关于我国竞技体育俱乐部产业化经营模式的探讨/辛利//广州体育学院学报 2000-04
⊙关于我国体育产业统计指标体系的初步研究/黄圣方 金开云 史青春 周招娣//浙江体育科学 2000-01
⊙关于武术散手产业化的几点思考/李刚//武汉体育学院学报 2000-01
⊙关于西北地区体育产业发展战略目标的构想/王茂生//开发研究 2000-06
⊙关于职业俱乐部的投资行为与投资环境/谭建湘 周志伟 路卫国//天津体育学院学报 2000-02
⊙关于中美学生对国际体育市场项目兴趣的调查/Reginald F. Overton//北京体育师范学院学报 2000-02
⊙广东办“九运”草船借箭/王尚康//中华工商时报 2000-07-20
⊙广西少数民族地区体育旅游资源开发的思考/陆元兆 戴昌松//体育科技 2000-03
⊙广西体育产业市场的现状及发展前景/杨湘//体育科技 2000-01
⊙广州地区高校体育产业发展对策的研究/楚继军 邵金英 张宏//广州体育学院学报 2000-01
⊙广州市乒乓球经营性场所调查研究/陈雪梅//安徽体育科技 2000-01
⊙规划新世纪我国体育发展的重要文件/刘晓利//中国体育报 2000-12-20
⊙贵州体彩公益金功劳不小/罗丽虹//中国体育报 2000-12-18
⊙国际比较体育学会（ISCPES）2000 年年会在澳举行/梁进//天津体育学院学报 2000-03
⊙国力强则体育盛/井书光//中国水利报 2000-10-14
⊙国外体育产业统计指标体系研究/林显鹏//天津体育学院学报 2000-02
⊙国有民办二级学院体育教学模式改革与实践/胡泓//宁波大学学报（教育科学版）2000-06
⊙国有体育资产管理和运营改革的思考/张凯//华中理工大学学报（社会科学版）2000-02
⊙和顺体育工作走新路/郭思//中国体育报 2000-12-20
⊙河南省体育产业发展现状与发展趋势研究/何祖新//体育与科学 2000-03
⊙红红火火的国外体育彩票//市场报 2000-12-22
⊙户外轻体育——门球/王浩//健康报 2000-09-09
⊙花钱健身练“三伏”/张燕 严慧芳//浙江日报 2000-07-14
⊙花钱健身浙江火/成良//浙江日报 2000-08-10
⊙火爆体育彩票冷观瞧/蒋巍//中国财经报 2000-11-29
⊙集大体院办学模式的研究/刘英杰 赵克 张武维//体育科学研究 2000-02
⊙继往开来积极开展体育社会科学研究/谢琼桓//体育文史 2000-03

◎加快体育产业进程之管见/邱文萍//辽宁体育科技 2000-03
◎加入"WTO"与提高我国体育产业国际竞争力的研究/宋伟//体育学刊 2000-06
◎加入世界贸易组织对我国体育产业的影响及其对策/刘可夫//外国经济与管理 2000-05
◎加入世贸组织对中国体育产业的影响/卢元镇//体育学刊 2000-05
◎假日休闲体育热京城/张旭光//中国体育报 2000-10-11
◎建立高校体育俱乐部的设想/刘翱//体育学刊 2000-01
◎建立我国体育经纪人管理体制的思考/叶华聪//成都体育学院学报 2000-02
◎建身边场地 抓身边组织 开展身边活动/陈一心//人民政协报 2000-10-27
◎健康体育经营目的探讨/张世林//沈阳体育学院学报 2000-04
◎健康投资：启动中国体育健身娱乐市场的有效途径/朱玉芳//广州体育学院学报 2000-02
◎健美运动日渐红火/邹长燕 张雪峰//江西日报 2000-08-18
◎健身成时尚/张旭光//中国体育报 2000-10-18
◎健身房投资多面睇/程生//信息时报 2000-06-14
◎健身何必一定要上健身房？/徐永程//信息时报 2000-08-30
◎健身路径设施 发展潜力诱人/李澄波//信息时报 2000-09-08
◎健身器材——现代生活必需品/何志坚//中国体育报 2000-08-10
◎健身时尚——"轻体育"/颜丽//广东科技报 2000-11-07
◎健身运动的几点误区/叶休//大众科技报 2000-10-10
◎健身指导 新兴的职业/杨宏建//中国体育报 2000-06-13
◎将老年健身工作放在社区/唐振兴//中国老年报 2000-08-11
◎将体育产业培育成为我国新的经济增长点的对策/黄智勇//重庆商学院学报 2000-02
◎交际新方式——健身社交/江东 宋向洪//中国质量报 2000-12-06
◎解读鲁能/王静//中华工商时报 2000-07-26
◎介绍一种新型智力体育比赛项目——机器人足球/赵炳璞//体育文史 2000-03
◎金牌大省催生体育产业/肖世峰 龙昊//中国经济时报 2000-11-10
◎金牌与体育强国/马征//河北日报 2000-09-21
◎经济眼光看奥运/唐颖豪 唐倍茗 马海邻//解放日报 2000-09-19
◎经济转轨时期的我国社区体育特点及发展/李明//上海体育学院学报 2000-04
◎竞技场上的体育产业/少纯 程华//中国企业报 2000-08-28
◎竞技体育加盟娱乐业/田一珊//中国经营报 2000-07-04
◎竞技体育沃土在乡村/黄毅 侯志明//新华每日电讯 2000-11-05
◎竞技体育无形资产对体育事业发展的意义/张钧庆//体育师友 2000-03
◎竞技体育无形资产基本理论的探讨/刘夫力//广州体育学院学报 2000-03
◎举办奥运会为体育产业的发展带来的机遇/杨洋 范海波//中国证券报 2000-08-24
◎俱乐部制使篮球前景更广阔——访广东宏远篮球俱乐部副总经理张颖/朱剑飞//篮球 2000-17
◎俱乐部制体育课学生体育能力的考核方案及效果/虞定海 张云龙 王颖//上海体育学院学报 2000-11
◎开发"金矿"——体育赛事转播营销/周海斌//信息时报 2000-08-18
◎开发河南武术资源发展武术产业的战略思考/韩雪 杜胜林//山西师大体育学院学报 2000-03
◎开拓体育产业 e 化路/胡晓纯//网络世界 2000-11-06
◎开拓体育领域的高等职业教育/李群//北京联合大学学报 2000-04
◎开展冬季群众体育与开发冬季体育旅游产业的思考及对策/杨树人 姜仁屏 蒙猛 陈文红 宋琳 颜彤丹 罗跃新 苏和 高俊江 赵金萍//哈尔滨体育学院学报 2000-01
◎科研工作向奥运赛场延伸/李一鸣//中国体育报 2000-08-02
◎控制和管理美国体育产业和体育市场运作的主要法规条例/凌平//山东体育学院学报 2000-04
◎阔步前进的中国体育产业/鲍明晓//人民论坛 2000-09
◎李宁的"机会"/秦问宇//商务周刊 2000-05
◎李宁耐克阿迪达斯之中国暗战/黄霁 白柯 王旗//中国经营报 2000-08-29
◎李宁最出风头的过江龙全球争金夺银战/木易//英才 2000-12
◎联赛市场还好吗？/徐莉 王静//中国体育报 2000-10-17
◎联赛市场火起来/单纯//网球天地 2000-11
◎略论国外体育产业的起源/鲍明晓//体育文史 2000-02
◎略论我国体育产业的发展重点、难点及人才培养/许晓梅//经济师 2000-06
◎论 21 世纪中国体育市场的结构现状和发展/程云峰 苏国斌 安星原//哈尔滨体育学院学报 2000-04
◎论 NBA 效应与我国体育经济产业化开发及展望/赵勇//内蒙古科技与经济 2000-S1
◎论发展群众体育的对策与措施/李孔芳//郴州师范高等专科学校学报 2000-02
◎论竞技体育职业化"四步曲"——社会化、实体化、市场化与产业化的思辨/黄勇//兵团教育学院学报 2000-04
◎论体育产权观念/黄晓华//体育师友 2000-06
◎论体育电视转播的产业化功能/田慧 刘鹏//中国体育科技 2000-10
◎论体育对经济增长的作用/何锋//武汉体育学院学报 2000-04
◎论体育健身理论的社会科学基础——兼谈社会、经济、科学、教育发展对体育健身的需要与支撑/吴忠义//体育学刊 2000-01
◎论体育消费环境/张贵敏//体育与科学 2000-06
◎论体育消费力/李朝晖//乐山师范高等专科学校学报 2000-02
◎论体育与传媒的共生效应/谭政典//广州体育学院学报 2000-03
◎论我国体育无形资产的开发/张卫东//解放军体育学院学报 2000-S1
◎论我国体育中介的现状与发展/胡健//成都体育学院学报 2000-03
◎论我国争光竞技的功能变化与改革出路/韩丹//体育与科学 2000-04
◎论现代体育产业"领导班子"的构建问题/徐飞荣//西安体育学院学报 2000-04
◎论学校娱乐体育及其开展方式/王光平 张开发//成都体育学院学报 2000-04
◎落实《纲要》加快西部体育发展//中国体育报 2000-12-28
◎门球：胜似闲庭信步/彭则鹏//中国体育报 2000-11-22
◎面向 21 世纪体育高校改革的战略思考/张江南//北京体育大学学报 2000-04
◎面向 21 世纪我国体育产业化培育与发展对策/徐佶//湖北体育科技 2000-02
◎瞄准体育市场——经济学家、体育市场学博士与体育企业家的对话/袁钢鸣//人民论坛 2000-09

◎民国时期的体育节/谢世诚 伍野春 华国梁//法制日报 2000-09-01
◎民族体育旅游/王天军//新疆师范大学学报（自然科学版）2000-03
◎闽台体育比较/陈如桦//中国体育科技 2000-02
◎闽台体育交流合作回顾与现状分析/陈如桦//中国体育科技 2000-03
◎挪威与瑞典体育管理模式浅析/赵澄宇//北京体育大学学报 2000-03
◎培育和开拓我国体育市场的研究/闫华//西安体育学院学报 2000-04
◎培育中国足坛的“黄金一代”/马邦杰 朱建军//人民政协报 2000-08-15
◎濮阳体育消费与体育产业/张玉景//濮阳教育学院学报 2000-03
◎普通高等学校组建健美操体育俱乐部的研究/范桂玲//河南教育学院学报（自然科学版）2000-03
◎普通高校开设体育俱乐部课的实验研究/王常青 支建明 盛成祥//广州体育学院学报 2000-01
◎浅论开发我国休闲体育市场/姜媛媛//哈尔滨体育学院学报 2000-03
◎浅论体育产业化问题/马建中//山西师大体育学院学报 2000-01
◎浅论我国体育消费市场的发展趋势及培育途径/谢小龙//南华大学学报（社会科学版）2000-04
◎浅谈高校课外活动的新形式——俱乐部制/马勇//南京体育学院学报 2000-01
◎浅谈每球得分制对排球运动的影响/汪捷 叶松//四川体育科学 2000-01
◎浅谈全民健身中的“阳光工程”——“西安中体健身广场”运营现状的调查与分析/傅煜//西安体育学院学报 2000-01
◎浅谈市场经济体制下体育产业的管理/申立//湖北体育科技 2000-03
◎浅谈体育产业及发展前景/许晓梅//经济师 2000-05
◎浅谈体育产业与社会主义市场经济/原丽英//山东体育科技 2000-03
◎浅谈体育产业在国民经济增长中的作用/张志云//北京体育师范学院学报 2000-03
◎浅谈我国体育产业的发展趋势/贡建伟//体育科研 2000-04
◎浅谈职业体育俱乐部的企业化管理/罗明福 袁德乐//湖北体育科技 2000-01
◎浅谈足球产业发展及信息化策略/余小渝//四川体育科学 2000-01
◎浅析辽宁省普通高校篮球联赛新模式/马壮//锦州医学院学报 2000-03
◎浅析体育消费增长的可能性/王杰//财金贸易 2000-03
◎浅析体育在全面发展素质教育中的作用/马根深//体育学刊 2000-01
◎浅析我国居民体育消费的现状/李春明//山东体育科技 2000-04
◎浅议市场经济条件下发展体育事业的若干思路/陈德有//商业研究 2000-05
◎浅议我国体育产业化发展及其对策/孙智华//山东体育科技 2000-01
◎切实推进老年人体育工作/张发强//中国老年报 2000-09-01
◎轻体育悄然兴起/刘明//湖北日报 2000-10-26
◎全面加强管理是治体之道，也是兴体之道/孔庆鹏//南京体育学院学报 2000-02
◎全民健身体系框架初步建成/田洁 张旭光//中国体育报 2000-11-10
◎全民健身政府组织型运行机制的研究/杨晓生//体育学刊 2000-05
◎让生命在运动中美丽/王文芳//中国消费者报 2000-08-22
◎让体操更贴近大众/孙彬//新华每日电讯 2000-05-15
◎让体育消费火起来/郑日金//人民政协报 2000-12-21
◎热望中华体育腾飞的霍英东/李敏生//中华儿女（海外版）2000-19
◎人事管理的落后——替足协反思（之一）/徐斌//体育博览 2000-01
◎如果姚明去了 NBA……/阎志强//中国体育报 2000-12-23
◎软式排球悄然升温/杨玛//中国体育报 2000-11-07
◎赛制改革利弊谈/杨祖武 田迪 安志磊 王思勤 法迪 董路 徐钊 范江怀//中国体育报 2000-12-18
◎沙滩排球//中国体育报 2000-08-15
◎山东省 8 城市居民体育消费需求调查研究/郑立新//体育学刊 2000-06
◎上海市徐汇区经营性体育场所管理及其发展对策的研究/唐雪瑾//体育科研 2000-02
◎上海业余网球赛向职业化靠拢/白水//中国体育报 2000-11-21
◎社会体育人口与体育市场需求关系/谭新莉//体育函授通讯 2000-02
◎社会主义初级阶段我国东西部体育发展比较研究/王晔//天津体育学院学报 2000-03
◎社会主义市场经济体制下我国职业体育俱乐部发展现状及其对策研究/赵鲁南//曲阜师范大学 2000-04
◎社区健身忙 健康带回家/洪梅芬//解放日报 2000-11-27
◎社区健身设施突出长效管理/叶志明//文汇报 2000-07-04
◎社区体育发展中应处理好的几个关系/汪伟信//沈阳体育学院学报 2000-02
◎申奥，将带来什么？/瞿优远//体育博览 2000-07
◎深化高校体育俱乐部管理的新举措——锻炼卡初探/钟学军 刘望//体育学刊 2000-06
◎什么是极限运动？//甘肃经济日报 2000-12-23
◎石化文体馆：何时不寂寞/孙毅//中国石化报 2000-09-21
◎实施全民健身计划的对策探讨/夏华//武汉体育学院学报 2000-04
◎实施全民健身计划纲要一期工程回顾及对第二期工程展望/杨素秋//贵州体育科技 2000-01
◎实行企业化管理的鲁能乒乓球俱乐部潜心营造第一品牌/晏学宁//乒乓世界 2000-05
◎世纪之交体育运动发展的回顾与展望/卢元镇//体育科学 2000-03
◎世界的“体操王子”与国际化的“李宁”/洛特 瘦马//中国体育报 2000-08-23
◎世界体育产业兴起来/辛华//江苏经济报 2000-09-22
◎世界足坛名流把脉中国足球/侯志红//中国消费者报 2000-08-03
◎市场化是足球产业化的必由之路/卫明//体育函授通讯 2000-02
◎市场经济条件下的我国体育产业化发展/程路明//山东体育学院学报 2000-02
◎市场经济条件下我国职业体育在国民经济中的地位/周爱光//广州体育学院学报 2000-02
◎市场经济下的体育新观念/赵新农//河北体育学院学报 2000-02
◎试论 21 世纪国际大众体育发展潮流/刘明辉 魏宁 饶琼 张劲松

//体育科学研究 2000-01
⊙试论高校体育的产业属性和产业化趋势/周奕君//宁波大学学报（教育科学版）2000-04
⊙试论世界职业体育俱乐部兴起的历史背景/易剑东 王会寨//山西师大体育学院学报 2000-01
⊙试论世界职业体育俱乐部兴起的历史背景/张宝华 陈革新//北京体育大学学报 2000-01
⊙试论体育产业的健康发展/常乃军//体育文史 2000-03
⊙试论体育产业化与高校体育教育专业改革/陆瑞当//体育科技 2000-03
⊙试论体育产业结构及产业化特征/丛湖平//浙江大学学报（人文社会科学版）2000-04
⊙试论体育文化的发展趋向/王茂生//甘肃日报 2000-12-24
⊙试论体育需求和体育供给/左从现 方新普//体育科学 2000-06
⊙试论体育在知识经济时代中的地位和作用/袁玥//四川教育学院学报 2000-09
⊙试论新疆民族体育产业化发展的思路/李俊英//兵团职工大学学报 2000-04
⊙试论中国体育产业发展（综述）/李松梅//哈尔滨体育学院学报 2000-02
⊙试探高校体育产业化管理/张云龙//山东体育科技 2000-02
⊙试探高校在社区体育中的作用/黄承国//福建体育科技 2000-02
⊙试析 20 世纪美国体育经纪业的兴起与发展/唐成//武汉体育学院学报 2000-06
⊙试析体育社会现象之性质——社会学的视角/张建华//北京体育大学学报 2000-04
⊙试析体育营销人才素质/戴迅//武汉体育学院学报 2000-03
⊙适应社会发展需要改革高校体育教学/陈丽霞 孙彩丽//西安体育学院学报 2000-S1
⊙收藏体育彩票正当时/王吾//中国医药报 2000-11-19
⊙首例奥运标志侵权案台前幕后/余勇//工人日报 2000-08-18
⊙暑期足球热青岛/析兼职 韩惠燕//中国体育报 2000-08-02
⊙谁在赞助悉尼奥运/周进强//市场报 2000-09-20
⊙谁在赞助中国体育代表团？/黑子//体育博览 2000-09
⊙四大待开发产业有钱可赚/吴刚//化工管理 2000-06
⊙台球：优雅与美丽//中国体育报 2000-05-06
⊙台上奥运台下企业/白柯//中国经营报 2000-09-12
⊙台州时兴体育消费/陈敢 张加良//浙江日报 2000-06-25
⊙太湖“世飞赛”挑战极限/陈铭//中国商报 2000-09-21
⊙谈 21 世纪小康生活中的体育/吴伟//经济师 2000-03
⊙谈市场经济下体育俱乐部的经济功能及其它/周勋//经济师 2000 07
⊙谈我国体育产业的发展趋势/贡建伟 黄建华 袁红文//体育科研 2000-04
⊙探索经济与体育的互惠/亦木 田禾碧//经济参考报 2000-10-24
⊙提醒打奥运牌的企业/谢宝康//中国经济时报 2000-09-21
⊙体操王子李宁办网站/蔡虹//互联网周刊 2000-36
⊙体操之花能否在市场中争奇斗艳/侯志红//中国消费者报 2000-08-17
⊙体育：不尽财源滚滚来/季任春//中国财经报 2000-09-06
⊙体育博彩业的回顾与发展趋势/王红//广州体育学院学报 2000-01
⊙体育彩票 大型运动会的聚宝盆/周萌//中国体育报 2000-08-14
⊙体育彩票的未来的路怎样走？/周萌//中国体育报 2000-08-21
⊙体育彩票公益金 30 亿流向何方/侯志红//中国消费者报 2000-07-14
⊙体育彩票公益金流向哪里？/毕功//中国体育报 2000-07-10
⊙体育彩票为“艺术节”做贡献/毕功//中国体育报 2000-08-21
⊙体育彩票与电脑联姻/李大庆//科技日报 2000-05-20
⊙体育彩票——资助群众体育的“钱袋子”/顾定海 邵维妮//联合时报 2000-07-14
⊙体育产业“钱景”光明/陈欣 英晓东//安徽经济报 2000-11-15
⊙体育产业 二十一世纪的金矿/迎航人//中国城乡金融报 2000-10-12
⊙体育产业 尚待开发的金矿/迎航人//金融时报 2000-08-29
⊙体育产业 新千年的呼唤/唐鸣//管理与财富 2000-02
⊙体育产业：新世纪的经济增长点/杨少雄//福建金融管理干部学院学报 2000-06
⊙体育产业“钱景”光明/陈欣 英晓东//市场报 2000-10-18
⊙体育产业“四大派”/天天//中华工商时报 2000-08-16
⊙体育产业 21 世纪中国经济新的增长点/林美莺//福建师大福清分校学报 2000-02
⊙体育产业包括哪些领域？/体友//体育博览 2000-08
⊙体育产业发展状况概述/谭新莉//武汉体育学院学报 2000 02
⊙体育产业化不等于体育市场化/杨年松//福建体育科技 2000-05
⊙体育产业化过程的产权问题/黄晓卫//湘潭大学社会科学学报 2000-03
⊙体育产业亟待调整/缪晖 叶楠//中国体育报 2000-12-15
⊙体育产业渐成规模/闻之//江苏经济报 2000-09-22
⊙体育产业将成为新的经济增长点/刘可夫//福建体育科技 2000-03
⊙体育产业将激活亚运村/谢光 许蓉蓉//中国质量 2000-10-17
⊙体育产业蓬勃发展 体育用品竞争激烈/国伟 华谦生//信息时报 2000-06-16
⊙体育产业全球化趋势及其对中国体育产业发展的影响/张超慧//成都体育学院学报 2000-03
⊙体育产业三个主要经营内容/新息//江苏经济报 2000-09-22
⊙体育产业新千年的呼唤/唐鸣//管理与财富 2000-02
⊙体育产业与市场/胡爱军//上海综合经济 2000-03
⊙体育产业与投资策略/胡爱军//中国投资 2000-07
⊙体育产业怎么办/杨育谋//企业研究 2000-09
⊙体育产业蒸蒸上不尽财源滚滚来/陈欣 英晓东//山西经济日报 2000-10-15
⊙体育产业——正在开掘的金矿/锦绣文//市场观察 2000-10
⊙体育场的多功能利用与设计探讨/高广鑫//同济大学学报（社会科学版）2000-S1
⊙体育场馆产业化发展研究/张西平//西安体育学院学报 2000-S1
⊙体育场馆发展概况及存在问题（综述）/雷厉//山东体育科技 2000-04
⊙体育成了生财的行业/周文丽//北京日报 2000-08-16
⊙体育大步走进农村/张平 钱方良//江西日报 2000-10-23
⊙体育的人文内涵/陈波//中华读书报 2000-11-29
⊙体育的西部开发/邱镇祁//中国体育报 2000-10-23
⊙体育服务市场定价的客观依据与模式/翁飚//天津体育学院学报 2000-02
⊙体育何为/李洁非//中华读书报 2000-11-01
⊙体育健身明年旅游主题/张悦//国际商报 2000-09-20
⊙体育将成为推动新世纪我国经济持续增长的重要力量/鲍明晓//成都体育学院学报 2000-04
⊙体育经纪人浮出水面/张小明//厂长经理日报 2000-06-26

⊙体育经济：新的经济增长点/王溥 温习 杨春花//湖北日报 2000-09-18
⊙体育竞赛市场特点分析/吕荷莉//中国体育科技 2000-S1
⊙体育俱乐部进入寻常农民家/熊艳 顾涓//科技日报 2000-11-05
⊙体育俱乐部是推动高校体育活动的好形式/刘黔 黄涛//黔西南民族师专学报 2000-02
⊙体育课程体系的改革与建设/施芳芳//浙江体育科学 2000-03
⊙体育旅游——体育产业新的增长点潜质界说/晓伦//新疆教育学院学报（汉文版）2000-02
⊙体育买卖争霸战/马瑞洁//中华工商时报 2000-08-16
⊙体育赛事经营财怎么生？/周海斌//信息时报 2000-08-25
⊙体育市场蛋糕如何做大？/孙爱军//中国经营报 2000-12-26
⊙体育事业再上新台阶/夏有和 新宇//解放军报 2000-09-25
⊙体育是消费/陈培德//浙江日报 2000-12-04
⊙体育淘金/锦秀文//市场经济导报 2000-11
⊙体育网站徘徊在十字路口/杨勇军//计算机与网络 2000-18
⊙体育无形资产评估基本程序和主要方法/刘可夫 王敏敏//福建体育科技 2000-04
⊙体育消费 高速增长/李澄波//信息时报 2000-09-01
⊙体育消费财源滚滚/欣华//江苏经济报 2000-09-15
⊙体育消费发展的趋势及特点/刘伟//体育文史 2000-02
⊙体育消费升温 锻炼场馆紧俏/储东华 雍明虹//云南日报 2000-09-30
⊙体育消费蕴商机 中国企业要加油/冒浩文//中国信息报 2000-06-28
⊙体育消费蕴商机/冒浩文//河北经济日报 2000-07-11
⊙体育休闲市场亟待培育/赵永平//市场报 2000-12-21
⊙体育要顺应经济社会发展的客观规律/东芬//常熟高专学报 2000-02
⊙体育——一片正在开掘的金矿/锦秀文//经营管理者 2000-12
⊙体育营销中的“6PS”/周海斌//信息时报 2000-12-15
⊙体育用品业蓄势待发/国伟//信息时报 2000-11-24
⊙体育与新世纪人类健康刍议/黄平波//辽宁体育科技 2000-02
⊙体育与艺术之争新议/翁飚//体育文史 2000-01
⊙体育在经济发展中的作用及发展方向/孟阳//福建金融管理干部学院学报 2000-01
⊙体育在新世纪经济和社会发展中的地位与作用/孙汉超//武汉体育学院学报 2000-05
⊙体育中介市场国际化及我国应采取的对策/张西平//武汉体育学院学报 2000-06
⊙体育咨询产业的内涵及其在我国的发展/胡乐泳 陈勇军//南京体育学院学报（社会科学版）2000-02
⊙天河体育中心群众练武活动现状分析/李朝旭//四川体育科学 2000-01
⊙跳舞毯“电动”居室体育/许晖//中国经济时报 2000-09-14
⊙投资者如何介入健身健美产业/宋庭敏//中国国情国力 2000-12
⊙透视意大利联赛//中国体育报 2000-05-16
⊙土洋品牌短兵相接 足球市场初现峥嵘/侯志红//中国消费者报 2000-08-01
⊙推动体育产业发展的五个因素//江苏经济报 2000-09-15
⊙拓展中国体育产业之述评/陈晴//体育函授通讯 2000-01
⊙完善体育经济政策的思路/大千//江苏经济报 2000-09-22
⊙为何举办体育大会//中国体育报 2000-05-17
⊙为体育而疯狂的美国人//中国体育报 2000-04-28
⊙我国高等院校体育课教学模式现状及发展思路/魏伟//天津大学学报（社会科学版）2000-01
⊙我国高校体育产业化的现状分析/王斌//上海体育学院学报 2000-S1
⊙我国高校体育产业现状与研究/张又新//西安体育学院学报 2000-S1
⊙我国高校体育教学模式现状和 21 世纪高校体育教学模式发展趋势/蔡敏华//浙江体育科学 2000-04
⊙我国高校体育俱乐部研究综述/姚毓武 张大为//天津体育学院学报 2000-03
⊙我国加入 WTO 后体育产业发展展望/刘可夫//解放军体育学院学报 2000-01
⊙我国健身娱乐业蓬勃发展/穆文//中国轻工报 2000-11-03
⊙我国竞技体育产业化经营的基本要素和条件及其实施手段/辛利/广州体育学院学报 2000-03
⊙我国居民体育消费合理化问题初探/李朝晖//成都体育学院学报 2000-04
⊙我国老年体育消费市场的社会学分析/刘明辉//广州体育学院学报 2000-04
⊙我国六城市居民体育消费现状及发展对策的研究/蔡军//成都体育学院学报 2000-06
⊙我国体育产业的发展及目标模式/吴艳霞//河北体育学院学报 2000-02
⊙我国体育产业的发展及其可行性分析/田克敉//北京体育大学学报 2000-03
⊙我国体育产业的发展趋势及对策/孔丽涵//上海体育学院学报 2000-S1
⊙我国体育产业发展的对策/邓春//河北体育学院学报 2000-03
⊙我国体育产业发展的现状与对策/陈建新//体育科学研究 2000-02
⊙我国体育产业发展与产业政策选择/马晓河//体育文史 2000-01
⊙我国体育产业化发展状况及类型特征/钟全宏//成都体育学院学报 2000-05
⊙我国体育产业化及发展对策/崔伟//经济经纬 2000-03
⊙我国体育产业市场及其类别划分/许立群//人民论坛 2000-09
⊙我国体育场馆建设趋势及发展方向的研究/张鲲/西安体育学院学报 2000-S1
⊙我国体育健身娱乐市场的现状与存在的问题/张岩 柳伯力//成都体育学院学报 2000-01
⊙我国体育经纪人的兴起及其管理刍议/邓艺华 吴卫兵//南昌职业技术师范学院学报 2000-02
⊙我国体育经纪市场的现状及发展对策探讨/陈飞飞//浙江体育科学 2000-02
⊙我国体育经营管理研究领域的新成果——《体育经营学》/韩冬//山东体育学院学报 2000-02
⊙我国体育竞赛商业化的点滴思考/王念龙//体育科学研究 2000-01
⊙我国体育俱乐部研究状况综述/韩勇//天津体育学院学报 2000-03
⊙我国体育旅游业的发展思路及市场营销策略/李国//解放军体育学院学报 2000-04
⊙我国体育旅游专业人才培养模式及课程体系设计/韩丁//天津体育学院学报 2000-03
⊙我国体育赛事电视转播权研究/张立 石磊 黄文卉 朱国生 叶新新//天津体育学院学报 2000-02
⊙我国体育市场的现状和发展战略/杨年松 成耿正//解放军体育

学院学报 2000-01
◎我国体育市场开发与培育初探/周征//山东行政学院山东省经济管理干部学院学报 2000-03
◎我国体育市场投资前景分析/鲍明晓//天津体育学院学报 2000-02
◎我国体育消费者的需要、动机和行为的研究/刘志强//西安体育学院学报 2000-02
◎我国体育信息研究工作的现状与分析/刘菲//中国体育科技 2000-11
◎我国体育用品行业的发展现状及策略研究/郑芳 从湖平//成都体育学院学报 2000-04
◎我国体育用品业的现状分析和发展对策/周征//山东体育学院学报 2000-02
◎我国体育院校如何面对知识经济的挑战/徐达正//武汉体育学院学报 2000-04
◎我国体育院校校园网建设的思考/蔡新丰//广州体育学院学报 2000-04
◎我国体育中介机构发展的类型与模式/杨再淮//上海体育学院学报 2000-02
◎我国体育主要功能演进的拓展分析/傅煜//西安体育学院学报 2000-02
◎我国运动员成绩的产权界定/张贵敏//体育科学 2000-03
◎我国职业体育俱乐部经费来源及市场开发状况探析/李开元 赵鲁南//中国体育科技 2000-10
◎我国职业足球几个热点问题的探讨/张鲲//西安体育学院学报 2000-04
◎我省体育产业任重道远/郑汉江//安徽日报 2000-07-05
◎我省应发展足球产业/刘志圣//黑龙江日报 2000-12-14
◎五环的价值看涨/春鹤//中国体育报 2000-07-27
◎武汉地区普通高校体育俱乐部的现状和特征初探/张丽丽//湖北体育科技 2000-01
◎武术与奥运会/李杰//体育文史 2000-05
◎西安市体育场馆经济网络群经营状况调查/张西平//体育文史 2000-02
◎西安市体育经营活动管理条例//西安日报 2000-07-14
◎西北地区体育产业化发展的关键因素分析及对策/王茂生//兰州大学学报（社会科学版）2000-S2
◎西北地区体育健身产业开发战略/蔡军//人文杂志 2000-06
◎西北地区体育市场现状及发展对策研究/裴立新//体育科学 2000-05
◎西部大开发与西部民族地区体育产业的培育和发展/王天军//成都体育学院学报 2000-02
◎西部开发与民族传统体育的发展/龙佩林//西安体育学院学报 2000-04
◎西部民族地区体育旅游市场的培育/常毅臣//甘肃社会科学 2000-06
◎西部体育要发展 场馆建设需先行//中国体育报 2000-05-15
◎悉尼：狠狠地赚了一把/李中华//河南日报 2000-10-16
◎悉尼奥运会：一场阻止 Web 广播的竞赛//计算机世界 2000-09-11
◎悉尼奥运看什么/王晓遐 颖余 童德芸//工人日报 2000-09-11
◎悉尼奥运赛场火爆看 AQIS 如何唱大戏/熙同//国际商报 2000-09-30
◎悉尼奥运五大悬念/李砺寒//解放军报 2000-09-11
◎悉尼奥运与体育赞助/王宇//深圳商报 2000-10-04
◎悉尼过后望雅典/王祖敏//福建日报 2000-10-09
◎现阶段我国体育行政管理改革的成效与不足/肖进勇//成都体育学院学报 2000-02
◎向世界敞开怀抱——世界足球博览会/小马//体育世界 2000-08-20
◎小赛事闯出大市场/王仁维//解放日报 2000-10-25
◎携手合作共同发展——首届甲 A 俱乐部联谊会座谈摘要/郝国华//篮球 2000-14
◎新的经济增长点——体育产业/欣闻//江苏经济报 2000-09-15
◎新时期高校体育专业面临的挑战和机遇/周全义//许昌师专学报 2000-05
◎新世纪 新体育/胡小明//体育学刊 2000-05
◎新世纪调整我国体育产业结构的几点看法/张中江//体育学刊 2000-06
◎新世纪体育在社会经济中的地位和作用/田雨普//哈尔滨体育学院学报 2000-04
◎学·会·看·球/高西广//西安日报 2000-07-20
◎学校体育如何迎接知识经济时代的挑战/马喻民//四川教育学院学报 2000-Z1
◎寻求市场“空档”启动体育消费/刘国信//信息时报 2000-08-04
◎亚洲是体育“第三世界”/曼玉//福建日报 2000-08-17
◎扬奥运精神 促新疆体育/陆卫春//新疆日报（汉）2000-10-13
◎一场奥运打着两场“战争”/帅政//发展导报 2000-10-13
◎一块肥肉——关注体育产业与市场//大经贸 2000-11
◎以俱乐部形式发展高校竞技体育的可行性研究/张疆之//山东体育学院学报 2000-04
◎以赛事带动产业/张旭光//中国体育报 2000-07-04
◎因特网——体育信息资源的宝库/钟炼//山东体育科技 2000-01
◎引导体育消费 拉动经济增长/翁飚//体育函授通讯 2000-02
◎优势互补 借力共赢——对体育与媒体关系的再认识/周铭共//体育文史 2000-01
◎优秀传统民族体育项目的知识产权保护/张厚福//武汉体育学院学报 2000-04
◎有氧健身 怎么练都行/马青梅//中国旅游报 2000-09-08
◎云南少数民族体育产业化发展的阶段性及目标/魏宁//思想战线 2000-06
◎云南少数民族体育的特点及产业化思路/刘翔//思想战线 2000-06
◎云南少数民族体育资源产业化发展对策/饶远//上海体育学院学报 2000-04
◎云南省体育旅游产业初探/唐国梁//曲靖师范学院学报 2000-06
◎运动消费：热！/黄小辉//辽宁日报 2000-09-12
◎运用市场营销策略促进体彩快速发展/周慧超//中国体育报 2000-10-16
◎在高校高年级建立体育俱乐部的设想/蔡晓竹//四川体育科学 2000-01
◎赞助卡丁车运动“始终不渝”/韩朴//中国汽车报 2000-06-16
◎赞助也是一种投资//中国体育报 2000-09-07
◎浙江省体育产业外向型发展的可行性研究/李建设 黄圣方 金开云//浙江体育科学 2000-03
◎知识经济与体育产业/张承玉//体育文史 2000-03
◎知识经济与我国体育产业的发展/姜六平//西安体育学院学报 2000-03
◎职业“大典”展中国体育大观/马艺华//中国体育报 2000-

07-13
◎志存高远 扶摇直上——记福建晋江球迷协会/郝国华//篮球 2000-09
◎制约高校体育可持续发展的因素及对策/余中//武汉体育学院学报 2000-05
◎中国蹦极大思考//中国体育报 2000-04-26
◎中国的足球产业/蔡向阳//足球世界 2000-16
◎中国电脑体育彩票销售稳步上升/伊妹//重庆商报 2000-08-19
◎中国发展体育俱乐部的若干问题思考/凌平//体育与科学 2000-04
◎中国加入 WTO 后体育产业面临的机遇与挑战/梁进//天津体育学院学报 2000-02
◎中国竞技体育产业化经营理论与战略研究/辛利//西安体育学院学报 2000-02
◎中国竞技体育无形资产发展战略初探/刘夫力 麻雪田//广州体育学院学报 2000-02
◎中国迈向体育强国路还长/江红 王俊璞 李晴扬//新华每日电讯 2000-10-01
◎中国群众体育产业的现状与出路/易剑东//体育文史 2000-01
◎中国如何发展体育产业——魏纪中访谈录/晓秋//体育文史 2000-04
◎中国申奥百亿元投资带旺京北人气房气/谢光 许落蓉//中华建筑报 2000-09-29
◎中国台球向世界看齐/王静//中国体育报 2000-10-31
◎中国体育彩票为申办奥运铺路/叶童//中国体育报 2000-10-16
◎中国体育产业：学着圈钱/吴畏//中国市场 2000-07
◎中国体育产业化的推进机制/杨年松//福建体育科技 2000-02
◎中国体育产业品牌扩展策略之研究/匡乐华//体育文史 2000-02
◎中国体育产业曙光已现//江苏经济报 2000-09-15
◎中国体育产业在萌动/华新//江苏经济报 2000-09-15
◎中国体育电视转播对策研究/田慧//北京体育大学学报 2000-03
◎中国体育厚势出击/田禾//辽宁日报 2000-09-18
◎中国体育市场的现状与发展前景/邬燕红//湖北体育科技 2000-01
◎中国武术与泰拳试比高/陈文军//人民公安报 2000-11-04
◎中国足球及其产业化发展/张吉龙//体育文史 2000-06
◎珠江三角洲经营性体育娱乐场所现状及其发展特征研究/韩会君 辛利 吕树庭//中国体育科技 2000-36
◎诸神的复活：奥运属于谁？/丘桑//中国审计报 2000-10-04 1
◎抓住西部开发机遇 推动我省体育事业发展/田鸿章//体育文史 2000-04
◎走向美利坚拳坛的中国拳术教头/王维刚//华人时刊 2000-Z1
◎足球彩票风靡意大利/杨爱国//经济参考报 2000-09-29
◎足球改革的成就及其在我国体育产业进程中的意义/洪毅 刘夫力//广州体育学院学报 2000-03
◎足球经纪人刍议/李争//辽宁体育科技 2000-06
◎足球经济年产 2500 亿美元/吴娟//文汇报 2000-08-02
◎足球文化的“入侵”/戴春光//辽宁日报 2000-08-27
◎足球也是上帝的游戏/周继明//中国体育报 2000-07-03
◎做大体育彩票市场 重点在管理 关键在宣传/袁钟祥//中国体育报 2000-11-13

2001 年

◎“奥运经济”迎面而来/邓小男//中国工商报 2001-03-02
◎“大运会”商业运作方式大揭秘/杨绎//中国商报 2001-09-21
◎“金色”奥运/余木//中外企业文化 2001-16
◎“九运”场馆会否沦为政府包袱？/曹琛//南风窗 2001-15
◎“九运”与广东省体育市场的发展/常静//解放军体育学院学报 2001-04
◎“李宁”情系中国体育/夏睿峰//中国体育报 2001-10-26
◎“拳击工业”叩响中国大门/侯志鸿//中国消费者报 2001-05-09
◎“社区体育”兴起的原因/王凯珍//中国体育报 2001-06-13
◎“十五”期间体育用品业作为体育产业发展重点的可行性分析和对策的研究/鞠波//山东体育学院学报 2001-02
◎“体育”：涌动的产业/杨桃源//瞭望 2001-05
◎“体育产业”商机无限/吴冬艳//辽宁日报 2001-10-15
◎《体坛周报》启示录/邓经伦 胡果雄//湖南经济报 2001-07-31
◎2000 年我国体育产业发展状况及 2001 年走势/鲍明晓//中国体育科技 2001-08
◎2001～2010 年体育改革与发展纲要//体育科学 2001-03
◎2008 北京演绎体育盟主新神话/侯志鸿//中国消费者报 2001-07-18
◎2008 年奥运会对中国及首都经济的深刻影响/鲍明晓//前线 2001-08
◎2008 年北京奥运——中国律师介入商业奥运之契机/王振勇//中国律师 2001-05
◎2010 年中国竞技体育发展趋势的研究/詹建国//中国体育科技 2001-10
◎2010 年中国群众体育发展趋势的研究/林显鹏//中国体育科技 2001-11
◎20 世纪初英国足球的产业化/郭宏//南都学坛 2001-06
◎21 世纪：大众体育空间与现实矛盾的困惑/吕树庭 李志强//中国体育报 2001-02-01
◎21 世纪：中国社会生活方式与体育的社会学透视/吕树庭//天津体育学院学报 2001-01
◎21 世纪初我国群众体育的发展趋势及对策/肖国良//广州体育学院学报 2001-01
◎21 世纪初我国体育教育产业化的战略思考/吴晓强//广州体育学院学报 2001-01
◎21 世纪对中国体育社会科学的挑战与期望/卢元镇//学会 2001-09
◎21 世纪贵州省体育产业可持续性发展研究/王园园//贵州体育科技 2001-03
◎21 世纪我国群众体育的发展趋势及对策/冯美香//山东体育科技 2001-01
◎21 世纪最有“钱途”的朝阳产业——体育产业/文凯//珠江经济 2001-12
◎E-Sport 能“玩”出多大市场/王继晟//市场报 2001-10-31
◎WTO 与我国体育产业的发展/张辉//山东体育学院学报 2001-03
◎阿迪达斯眼中的奥运商机//中国商报 2001-09-25
◎奥林匹克标识的产权和使用//市场报 2001-09-06
◎奥运，旅游业的巨大机遇//中国旅游报 2001-07-16
◎奥运，引爆体育经营人才/张小明//成才与就业 2001-10
◎奥运：谁来抢占商机/一戈//企业家天地 2001-07
◎奥运 + 入世 体育产业先提速/刘星云//消费日报 2001-07-30

◎奥运板块：七年行情充满机遇/李江涛//上海财税 2001-08
◎奥运北京 商机中国/本刊编辑部/宁波经济 2001-09
◎奥运大商机，谁都有机会/王君让//大众商务 2001-10
◎奥运带来无限商机/王硕//资源开发与市场 2001-04
◎奥运会催生体育产业品牌/李羚//厂长经理日报 2001-08-06
◎奥运会打造十大商机/石培华//中国国情国力 2001-01
◎奥运会的效益分析与商业运作/宋均//首都体育学院学报 2001-01
◎奥运会对北京可持续发展的影响/董杰//体育与科学 2001-03
◎奥运会市场开发要有特点//市场报 2001-12-27
◎奥运会与文化经济关系论析/刘兆厚//体育与科学 2001-02
◎奥运火炬点燃发展机遇/马跃进 张力生//证券时报 2001-07-14
◎奥运激活体育产业/朱悦华//市场报 2001-07-28
◎奥运将对体育产生巨大影响/田慕青//中国体育报 2001-08-18
◎奥运金牌大省如何备战北京奥运？//学习月刊 2001-09
◎奥运经济带来哪些机遇/郑国中//工人日报 2001-07-29
◎奥运经济给我们带来什么/花磊//环渤海经济瞭望 2001-04
◎奥运经济及对我国的影响/孙思忠//经济纵横 2001-10
◎奥运经济将为保险带来无限商机/金葆 安浩//金融时报 2001-07-19
◎奥运经济也要谨防泡沫/冀文海//市场报 2001-10-18
◎奥运经济与北京发展/本刊编辑部//领导决策信息 2001-29
◎奥运经济与中国石油石化工业发展的新机遇/朱和//中国石油和化工 2001-08
◎奥运经济纵横谈/杨楠//税务 2001-12
◎奥运商机 魅力诱人/郑国中//金融时报 2001-07-27
◎奥运商机：浙江能得几成——北京奥运会对浙江经济影响初探/应雄//浙江经济 2001-08
◎奥运商机叩响产业经济之门/杨克文//中国税务 2001-11
◎奥运圣火点燃中国商机/喜兵//财经界 2001-06
◎奥运为银行保险业开启机遇之门/万云//市场报 2001-07-25
◎奥运赞助 机遇与风险并存/李宁//中国经营报 2001-10-30
◎把社会资本导入体育经济/李晓西//中国经营报 2001-10-30
◎把握九运契机 发展体育产业//信息时报 2001-04-06
◎百姓体育消费上千亿元的大市场/李惠凤//中国信息报 2001-06-11
◎办奥运会的钱哪里来？/绍弘//中国体育报 2001-08-06
◎保险与奥运联袂/万云//中国保险报 2001-08-07
◎北京奥运，宁波商机几何/谢健//宁波经济 2001-09-05
◎北京奥运，中国保险能分羹否？/何西//科学时报 2001-09-29
◎北京奥运将带来什么？/绍弘//中国体育报 2001-07-23
◎北京奥运　　中国经济的加速器/桂馨//财会研究 2001-08
◎北京大运新世纪的新纪录/周文丽//北京日报 2001-09-10
◎北京的奥运经济/新焱//对外大传播 2001-Z2
◎北京放宽政策全力推进奥运项目招商建设/王屏//国际商报 2001-09-27
◎北京申奥成功：历史的选择 无限的商机/于秀琴//中国统计 2001-08
◎北京申奥成功对我国经济的促进与推动作用/田小秋//宏观经济管理 2001-08
◎北京申奥成功将推动我国政治、经济、文化的快速发展/许治平//西安体育学院学报 2001-03
◎北京市商业体育俱乐部消费者群体的消费现状研究/乌兰 周庆杰//西安体育学院学报 2001-04
◎北京体博会 更高更新更强/张建峰//中国信息报 2001-07-12
◎北京体博会将有大突破、大动作/旭光//中国体育报 2001-05-23
◎北京体博会要向国际化挺进/张旭光//中国体育报 2001-02-16
◎北京体育产业看好 朝阳发展优势明显/王刚//中国体育报 2001-04-04
◎北京体育场馆业绩喜人/刘正//中国体育报 2001-03-23
◎北京拥抱 2008/江宛柳//解放军报 2001-07-14
◎壁球要在中国“蹦”起来/晓理//中国体育报 2001-12-20
◎兵团体育事业蓬勃发展/李秀萍//兵团日报（汉）2001-12-28
◎波兰体育用品打造新市场/晓瞿//国际经贸消息 2001-06-08
◎彩票为公益体育“输血”/张程伟//消费日报 2001-02-07
◎产业化：高校体育的选择/冯晓峰//南京体育学院学报（社会科学版）2001-06
◎朝阳社区体育火起来/王刚//中国体育报 2001-05-09
◎承办奥运会的效益分析——兼论举办奥运会与北京的可持续发展/屈东华//山东体育学院学报 2001-04
◎城市健康体育消费者的把握与细分化研究/李明//福建体育科技 2001-03
◎城市社区全民健身系统的构建与功能/王港 吴健春//北京体育大学学报 2001-01
◎城市体育旅游资源开发的初探/吴永芳//首都体育学院学报 2001-03
◎充分挖掘传统体育的价值/尹大川//中国体育报 2001-12-11
◎传播领域的变革与体育的发展/韩凤月//广州体育学院学报 2001-04
◎创造社区体育设施建设的新模式/罗致明 张京华//人民政协报 2001-05-08
◎从“武术散打王争霸赛”看体育产业的发展/刘亮//市场观察 2001-10
◎从传播学视角看体育市场/肖沛雄//体育学刊 2001-02
◎从经济学角度审视博彩现象/高强//陕西经贸学院学报 2001-05
◎从九运会看我国体育产业商机/杨卫东//中国商报 2001-11-20
◎从群众体育视角谈高校体育教育改革/陈新亚//湖州师范学院学报 2001-06
◎从人口结构变化看我国社会体育产业的开发热点/李明//山东体育学院学报 2001-02
◎从体育可持续发展的高度出发，21 世纪初需要探讨（关注）的几个问题//中国体育科技 2001-02
◎从我国体育产业市场看高校体育市场发展/韩明//安徽体育科技 2001-03
◎打“经济乒乓球”/张艳蕊//中国企业报 2001-04-12
◎打国际化牌 走专业化路/张旭光 田洁//中国体育报 2001-06-20
◎打市场从赛场开始/江东 黎安 肖琴//中国质量报 2001-03-14
◎打造湖北电视强势品牌——组建体育频道的若干思考/杨智//新闻前哨 2001-12
◎打造武术品牌市场/郭思//中国体育报 2001-08-20
◎打造中国的品牌赛事//中国体育报 2001-05-09
◎大力发展老年体育事业/潘剑瑾//中国老年报 2001-04-21
◎大力培育和开发湖南体育产业/张光煌//湖南经济 2001-03
◎大魏的故事——访中体产业股份有限公司董事长魏纪中/林刚//资本市场 2001-12
◎大学生体育消费现状与特征/詹兴永//彭城职业大学学报 2001-02
◎大学体育社会化与体育俱乐部教学模式/汤春华 刘合群//高等教育研究 2001-03
◎大运会给体育产业带来的商机//市场报 2001-09-08

⊙大运会为2008奥运会探路/佚志鸿//中国消费者报2001-09-01
⊙弹性学制下的高校体育教学模式/阿英嘎 高仁煌//南京体育学院学报2001-03
⊙点石—点击网球经纪浪花——点石体育经纪公司刘吉毅一席谈/申艺//网球天地2001-12
⊙电话卡和体育彩票“攀亲”/郭思//中国体育报2001-07-31
⊙电视转播推动足球经济//市场报2001-12-20
⊙东方与西方 体育文化发展的摇篮//中国文物报2001-07-08
⊙都市健身涌新潮/张小明//人民政协报2001-06-13
⊙对21世纪高等学校体育组织形式的探讨/杨伟//兰州大学学报(社会科学版)2001-S1
⊙对促进体育消费推动体育市场发展的思考/吉建秋//南京体育学院学报2001-05
⊙对发展竞技体育中难美类项目本体产业的研究/钟明宝//广州体育学院学报2001-01
⊙对发展体育教育产业几个问题的认识/秦文//体育文化导刊2001-04
⊙对高校冰上教学资源社会开放意义及管理模式的探讨/张新华//冰雪运动2001-02
⊙对高校健康体育产业发展背景的初步探讨/游松辉//解放军体育学院学报2001-02
⊙对黑龙江省开发冬季体育旅游产业的思考/姜丽//冰雪运动2001-01
⊙对湖南省高校体育俱乐部现状与发展的研究/王京琼 何培森//体育学刊2001-01
⊙对健康体育经营的目的探讨/张健//南京体育学院学报2001-04
⊙对健康体育经营构成要素的初步探讨/李明//山西师范大学学报(自然科学版)2001-01
⊙对美国体育产业调研而引发的思考/刘江南//广州体育学院学报2001-04
⊙对商业体育俱乐部消费者群体现状的调查分析/高建玲//山东体育学院学报2001-03
⊙对社会转型期体育产业协会运作的研究/刘文董//福建体育科技2001-03
⊙对提高亚布力雪场滑雪旅游整体竞争力的探讨/田玉军//冰雪运动2001-03
⊙对体育彩民消费行为的研究/牛云杰//湖北体育科技2001-04
⊙对体育产业内涵与外延的认识/史红军//武汉体育学院学报2001-05
⊙对体育经营进行法治管理的研究/刘文董//贵州体育科技2001-02
⊙对体育科学概念的商榷/吴秀建//内江师范学院学报2001-01
⊙对体育运动可持续发展的片断思考/李李//体育博览2001-04
⊙对我国MBA教育的若干思考/孙晓强//经济师2001-12
⊙对我国健美健身业市场营销的调查分析/黄锡祥//沈阳体育学院学报2001-03
⊙对我国普通高校体育教学俱乐部的比较研究/刘志敏//北京体育大学学报2001-04
⊙对我国群众体育场地设施投资现状的探讨/杨晓生 杨昧生//广州体育学院学报2001-02
⊙对我国社区体育发展的探讨/沈梅//北京体育大学学报2001-03
⊙对我国体育产业的比较研究//佘京新 雷宗怡//辽宁体育科技2001-04
⊙对我国体育市场发展中一些问题的探讨/骆秉全//体育与科学2001-04
⊙对我国体育消费若干问题的探讨/骆秉全//首都体育学院学报2001-01
⊙对我国体育消费文化的研究/喻坚//体育文化导刊2001-04
⊙对我国体育消费现状及发展趋势的研究/韩文星//沈阳体育学院学报2001-04
⊙对我国体育职业俱乐部产权问题的审视/莫君晶//体育科研2001-01
⊙对我国现阶段体育彩票市场的分析研究/蔡有志//北京体育大学学报2001-02
⊙对我省健身俱乐部产业现状的评析/潘苑//南京体育学院学报2001-03
⊙对我院体育教育专业田径课程教学改革的探讨/赵琦//南京体育学院学报(社会科学版)2001-12
⊙对我院优秀运动队后备人材培养及发展的思考/董利 孟祥太//辽宁体育科技2001-01
⊙对武术产业发展的认识和思考/桑全喜//山东师大学报(自然科学版)2001-04
⊙对中国职业足球市场运作机制进一步完善的思考/孙雷鸣//武汉体育学院学报2001-04
⊙多元化筹措资金 尽力将蛋糕做大/徐镔//中国体育报2001-07-23
⊙多主体模拟方法在假日经济研究中的应用/方美琪 郝杰 陈冬梅//复杂性问题2001-11-01
⊙俄罗斯体育用品市场商机浮现/麻伟锋//中国贸易报2001-09-20
⊙俄罗斯体育用品市场欣欣向荣/小露//国际经贸消息2001-07-20
⊙发挥游泳协会作用 推进群众游泳活动/谢向东//广西日报2001-10-15
⊙发展广东体育产业的思考/陈伟俊//解放军体育学院学报2001-04
⊙发展上海体育产业大有可为/方中//社会科学报2001-04-19
⊙发展体育产业 促进经济增长/马宇峰//体育文化导刊2001-04
⊙发展体育产业 建设国际名城/鲁军//决策咨询通讯2001-02
⊙发展体育产业解决当务之急//市场报2001-11-08
⊙发展体育产业就是发展体育事业/徐镔//中国体育报2001-08-06
⊙法国彩票与体育运动结缘/正义//经济参考报2001-09-16
⊙法国体育用品市场有一搏/黄红英//中国贸易报2001-07-19
⊙方寸寄托奥运情/高东风//中国邮政报2001-08-24
⊙方寸之间 足球大战/田慕青//中国体育报2001-08-08
⊙防身健体——跆拳道//中国旅游报2001-04-18
⊙风云回首 空前盛会需细品//中国体育报2001-11-26
⊙扶持创建青少年体育俱乐部/贺遐//中国体育报2001-04-16
⊙福州市发展体育旅游刍议/陆芳//福州师专学报2001-02
⊙甘连舫:以行动声援申奥/于小松//财经界2001-06
⊙甘肃省体育经营活动管理办法//甘肃日报2001-09-09
⊙甘肃丝绸路上体育游/覃永年//中国体育报2001-02-28
⊙甘肃体育回顾与展望/田鸿章//人大研究2001-Z1
⊙高校建立排球俱乐部性质界定及运作的基本条件/屈晓辉 郭克建//内蒙古科技与经济2001-02
⊙高校课外体育改革对大学生“终身体育”的影响研究/王庆军 顾城//福建体育科技2001-06
⊙高校课外体育活动俱乐部制在健康教育中的效应分析/孙雷 葛宝阳//南京体育学院学报2001-03
⊙高校课外体育俱乐部性质、作用与发展对策研究/张涛 杜英才 任建//山西师大体育学院学报2001-02
⊙高校体育产业化与体育管理体制改革探索/陆亨伯//宁波大学

学报（教育科学版）2001-04

⊙高校体育产业现状及经营模式探讨/黄建国//上海体育学院学报 2001-S1

⊙高校体育场馆现状与走向/章莺//体育文化导刊 2001-05

⊙高校体育教学模式初探/叶志强//信阳师范学院学报（哲学社会科学版）2001-06

⊙高校体育俱乐部建立与校园文化发展/刘震//荆州师范学院学报 2001-02

⊙高校体育俱乐部教学模式的特色及启示/刘守燕 裘玲珍//中国体育科技 2001-S1

⊙高校体育课程设置俱乐部化的发展研究/凌青东//鞍山师范学院学报 2001-03

⊙高校体育社会化探讨/马志强//洛阳工业高等专科学校学报 2001-03

⊙高校体育引进俱乐部教学模式的分析与设想/张华//辽宁体育科技 2001-01

⊙高校研究生体育俱乐部刍议/高岩松//体育学刊 2001-03

⊙高效运作体育基金实现体育产业超常规发展/雷选沛//中国体育报 2001-06-06

⊙高校组建体育俱乐部初探/贺新成//体育文史 2001-02

⊙高职院校体育教学俱乐部模式探讨/章世梁 赵星//宁波职业技术学院学报 2001-02

⊙共享学校体育资源/张旭光//中国体育报 2001-06-16

⊙勾勒西部体育产业发展蓝图/学继//中国体育报 2001-08-20

⊙构建多样化内容体系的研究与实践——深圳大学网球教学俱乐部教学内容/谭沃杰//体育与科学 2001-01

⊙构建知识经济时代的高校体育教学体制/王斌//浙江体育科学 2001-03

⊙关于竞技体育举国体制的发展与思考/郭庆平//山东师大学报（自然科学版）2001-03

⊙关于体育彩票的一点思考/傅纪良//浙江海洋学院学报（人文科学版）2001-01

⊙关于体育产业的几个理论问题（下）/卢元镇//体育科研 2001-01

⊙关于体育产业几对关系概念的逻辑辨析/连桂红 刘建刚//山东体育学院学报 2001-01

⊙关于体育产业特点研究的几点思考/张岩//成都体育学院学报 2001-05

⊙关于我国加入世界体育用品联合会后的几点思考/刘明辉//天津体育学院学报 2001-02

⊙关于我国体育健身娱乐市场的前景探讨/金彤//南京体育学院学报 2001-05

⊙关于我国体育教育产业的思考/任保国//滨州教育学院学报 2001-02

⊙关于我校开设课外体育俱乐部的研究/刘艳//苏州大学学报（自然科学版）2001-01

⊙关于学校体育教育产业问题的思考/于军//体育与科学 2001-05

⊙关于职业篮球市场的基本理论和我国职业篮球市场的现状及对策研究/杨铁黎/北京体育大学 2001-03

⊙关注体育产业/张旭光 贺广同//中国体育报 2001-03-12

⊙广东省开展全民健身意义及途径的探讨/张青//安徽体育科技 2001-02

⊙广西体育市场的现状与管理对策研究/陈立基//体育科技 2001-04

⊙广西要建亚洲一流足球基地/李青山 潘曙光//中国消费者报 2001-04-06

⊙广州城市功能的选择与培育/龙绍双//岭南学刊 2001-05

⊙广州市乒乓球经营性场所调查研究/陈雪梅//贵州体育科技 2001-03

⊙国际体育经纪的新理念/唐立军//经纪人 2001-09

⊙国际体育经济巨舰将沉 布拉特陷入尴尬境地/郭继苔//解放军报 2001-06-11

⊙国家干预：启动体育消费平台刺激内需增长点/杨铁黎//首都体育学院学报 2001-01

⊙国内外体育保险之比较研究/阎华//西安体育学院学报 2001-04

⊙国内外体育彩票发展现状的比较研究/李海//西安体育学院学报 2001-01

⊙国外休闲健身面面观/兰政文//中国体育报 2001-11-09

⊙国外职业体育俱乐部运行机制的特点/张林 李明//上海体育学院学报 2001-01

⊙国足出线拉升体育产业/李春荣//经贸世界 2001-06

⊙还体于民 健身强国/谢向东//中国经济时报 2001-09-19

⊙还原台球本色/王瑜//中国体育报 2001-07-26

⊙海门大做足球文章/俞煜华 季建荣//中国企业报 2001-08-21

⊙海门崛起全国最大足球产业群/季建荣 俞煜华//中国乡镇企业报 2001-09-03

⊙海南：体育的风水宝地//中国体育报 2001-02-26

⊙海峡两岸体育交流合作的现状及障碍与因素/谢军//体育科学研究 2001-01

⊙杭州看足球找邮政/吴霞蓉//中国邮政报 2001-06-05

⊙河北体育产业能抓住哪些奥运商机/刘新航//河北日报 2001-11-27

⊙河南省健身俱乐部市场展望/顾雪兰//企业活力 2001-03

⊙河南省体育产业发展的研究/马宇峰//武汉体育学院学报 2001-01

⊙后工业社会体育特征与产业化前瞻/俞昌春//安庆师范学院学报（社会科学版）2001-05

⊙湖北省武术运动管理中心运行情况的研究/罗明福 胡晶珊//湖北体育科技 2001-02

⊙湖北体育产业成为新的经济增长点/雷选沛//中国体育报 2001-04-12

⊙互联网何时兼容体育/胡媛//电子商务 2001-11

⊙互联网在体育产业中的应用及前景/潘国斌//武汉体育学院学报 2001-04

⊙互联网中文体育网页现状及对策/张艺宏//四川体育科学 2001-02

⊙话说体育纪念币的收藏/李新生//中国黄金报 2001-07-27

⊙机器人足球/徐心和//科技日报 2001-08-02

⊙技术经济与体育产业关系探究/王朝军//体育与科学 2001-06

⊙加快产业化进程 促进体育事业快速发展/张发强//体育文史 2001-03

⊙加快体育产业发展的思考与对策/杜国志//铜陵学院学报 2001-02

⊙加强体育市场管理，实施全民健身计划——南京市政协委员视察体育市场/强蓓//江苏政协 2001-08

⊙加入“WTO”给中国体育产业带来的影响/王亚琼//黔南民族师范学院学报 2001-01

⊙加入 WTO 对我国体育产业的影响/陈慧敏//体育文史 2001-03

⊙加入 WTO 对我国体育产业的影响与对策/李克//学习论坛 2001-10

◎加入WTO后我国体育产业面临的机遇与挑战/徐伟宏//武汉体育学院学报 2001-05
◎简析“《体坛周报》现象”/王勇//新闻知识 2001-11
◎简析知识经济时代体育产业发展/王斌//内江师范学院学报 2001-02
◎健身：要与不要/叶国雄//中国体育报 2001-04-06
◎健身乐园何时“乐”起来？/小旭//中国体育报 2001-12-05
◎健身器市场缘何难火爆/贾征//中国商报 2001-09-20 0
◎健身市场 再挖下去是金子/陆俊//消费日报 2001-01-22
◎健身消费门槛到底高不高？/刘敏 郭思//中国体育报 2001-02-14
◎健身越来越时髦/张旭光//中国体育报 2001-11-05
◎较真“健身路径”的出身/王佳琳 赵红//北京日报 2001-07-06
◎接受奥林匹克教育的良机/裴东光//中国体育报 2001-09-11
◎解读东海“赛事经济”/王向东 李明//新华日报 2001-04-09
◎借奥运做大体育产业/季为民//市场报 2001-09-27
◎借火爆球市 西安足球工程启动/别卫青//中国体育报 2001-04-06
◎近代西方体育在中国的出现和传播//中国文物报 2001-07-08
◎经济学家李晓西：十结合办奥运/段红//市场报 2001-09-13
◎经济转型时期的健康体育研究/李明//南京体育学院学报 2001-01
◎警惕“奥运项目空洞化”/鲍明晓//中国体育报 2001-03-29
◎警惕社区体育空间缩水/王一//中国体育报 2001-03-23
◎竞技体育：有质量才有市场//瞭望 2001-35
◎竞技体育何时能盈利/庞彩盛 张晓晖//中华工商时报 2001-11-19
◎竞技体育迫近极限？/任灏瑜//解放军报 2001-01-08
◎九运会：向国际惯例大举挺进/文慧//中国税务报 2001-11-09
◎九运会筹资离开政府“怀抱”/洪日南//中国财经报 2001-09-15
◎九运会对广州经济发展的影响/唐东方//广东科技 2001-08
◎九运会首次有偿转让电视广播报道权/李宁综//中国经营报 2001-11-20
◎举奥运战略旗帜 抓湖北优势项目/肖爱山//中国体育报 2001-03-01
◎举国体制创新论/刘晓利 鲍明晓//中国体育报/2001-03-29
◎聚会吴门烟水 放眼体坛风云/谢琼桓//中国体育报 2001-05-24
◎军事体育蕴含独特价值/曹宇 张杰//中国体育报 2001-06-05
◎开发奥运“富金矿”/汪涌 刘广 李贺普//新华每日电讯 2001-09-01
◎开发体育无形资产大有可为/杨绣忠//中国质量报 2001-01-20
◎开发我国休闲体育市场初探/王甡//沈阳体育学院学报 2001-03
◎开发西北体育健身产业的对策研究/蔡军//西安体育学院学报 2001-04
◎开拓河南体育产业之路——充分利用体育无形资产/关北光//河南教育学院学报（自然科学版）2001-03
◎科技给体育带来了什么？/游雪晴//科技日报 2001-11-26
◎科学技术与我国竞技运动的发展/姜六平//益阳师专学报 2001-03
◎科学助武术再展雄风/潘俊杰 祝兴平 陈中原//中国教育报 2001-12-18
◎狂涨狂跌中体产业拿捏奥运/屈晓燕//中国企业报 2001-07-09
◎篮球产品 投中市场/谢祁 林慧//中国经营报 2001-08-07
◎篮球场上觅商机/松郁郁//发明与革新 2001-04
◎篮球运动在体育产业中的地位与作用/李日成//益阳师专学报 2001-06
◎兰州地区市民健身习惯与消费心理的调查研究/马兴胜//兰州铁道学院学报 2001-02
◎兰州市体育产业发展对策之浅见/吴冰//甘肃教育学院学报（自然科学版）2001-02
◎老龄群众体育的社会学分析/张路萍//信阳师范学院学报（哲学社会科学版）2001-06
◎老龄体育产业——一个新兴产业的理性思考/张路萍//平顶山师专学报 2001-02
◎老年健康产业发展现状、规划与对策探讨/张再生//人口学刊 2001-02
◎李宁、网通共同演绎“鼠标＋水泥”新模式/周卫军//互联网周刊 2001-04
◎李宁：中国体育用品第一品牌/友梅//中国工商 2001-07
◎李宁公司冲刺上市/宋伟芳//中国企业报 2001-02-27
◎理直气壮坚持奥运战略举国体制/郝清亮 刘晓利//中国体育报 2001-02-07
◎利用价格杠杆拉动社会体育消费/张陵芝//粤港澳价格 2001-07
◎两会代表关注体育产业//体育博览 2001-07
◎辽宁特色的全民健身体系/王云峰//辽宁日报 2001-03-22
◎辽宁体育也要西部大开发/王云峰//辽宁日报 2001-03-16
◎留心体育纪念币/李新生//中国财经报 2001-05-23
◎刘易斯和史铁生面对面/东子//中国残疾人 2001-08
◎龙舟赛事的城市经济效益与社会影响/郑晔//中国体育科技 2001-S1
◎垄断优势渐失 中体产业更需自强/王蓓蓓 原燕飞//中国经营报 2001-12-25
◎论WTO对我国体育产业化发展的影响/李国岳//解放军体育学院学报 2001-03
◎论飞镖运动员的心理训练/王广贵//哈尔滨体育学院学报 2001-05-15
◎论高校体育产业的培育与开发/张玉超//首都体育学院学报 2001-01
◎论民族传统体育文化的开发与保护/钟海平//吉首大学学报（社会科学版）2001-02
◎论市场经济条件下的高校体育/谢相和//西南民族学院学报（哲学社会科学版）2001-04
◎论体育产业的经营思想及战略选择/钟成//体育科技 2001-04
◎论体育产业的开发和持续发展/曹艳//昆明师范高等专科学校学报 2001-04
◎论体育产业的知识化/马雪蓉//渝州大学学报（社会科学版）2001-02
◎论体育产业结构关联效应/曹可强//解放军体育学院学报 2001-01
◎论体育产业面临的机遇与挑战/董金国//体育与科学 2001-02
◎论体育节目主持人的人文素养/杨颖//体育文史 2001-03
◎论体育经营风险与风险管理/张超慧//成都体育学院学报 2001-02
◎论体育市场和大众传播/肖沛雄//体育科学 2001-01
◎论体育事业的产业运作/李建设//体育文化导刊 2001-05
◎论体育文化产业化/王献军//湖北体育科技 2001-02
◎论体育在上海“两个文明”建设中的地位和作用/邱伟昌//上海体育学院学报 2001-02
◎论我国竞技体育的未来走向/张江南//武汉体育学院学报

2001-02
◎论我国体育产业的国际比较及社会发展透析/吉建秋//福建体育科技 2001-02
◎论我国体育产业在市场经济条件下的培植和发展/刘可夫//福建体育科技 2001-01
◎论现代竞技体育的价值补偿机制中政府的作用/吕予锋//首都体育学院学报 2001-01
◎论休闲运动与社会的发展/彭文革//解放军体育学院学报 2001-02
◎论运动产业本质/陈云开//上海体育学院学报 2001-01
◎论运动竞赛表演的知识产权保护/张厚福//体育科学 2001-02
◎论增强甘肃省体育事业自我发展的能力/张建明//兰州大学学报（社会科学版）2001-S1
◎论中国中西部体育发展与社会发展的双向互动/吕天赦//山西师大体育学院学报 2001-04
◎绿色经济与西部体育产业开发/张楠//成都体育学院学报 2001-06
◎卖比赛还存在五大障碍/侯志鸿//中国消费者报 2001-07-12
◎美国的体育产业/京友//体育博览 2001-07
◎美国体育产业发展概貌及其社会学因素的分析/刘江南//广州体育学院学报 2001-01
◎美国体育产业调研而引发的思考/刘江南//广州体育学院学报 2001-04
◎美国体育产业怎么玩怎么赚钱/李诚志//大市场．广告导报 2001-05
◎美国体育经纪人的特征分析/刘江南//体育学刊 2001-04
◎面向 21 世纪的中国体育/栾开封//体育文化导刊 2001-05
◎民企：将体育进行到底/申凡//中国工商 2001-07
◎民营企业涉足体育事业面面观/申一凡//北京科技报 2001-08-13
◎民族体育瞄准奥运会表演项目/秦永华//中国消费者报 2001-08-09
◎哪个足球先生最值钱/晓光//中国体育报 2001-12-20
◎难忘 2001 之环球风云//中国体育报 2001-12-31
◎难忘 2001 之竞技焦点//中国体育报 2001-12-31
◎难忘 2001 之社会关注//中国体育报 2001-12-31
◎难忘 2001 之纵横四海//中国体育报 2001-12-31
◎宁夏体育馆效益大增/覃永年//中国体育报 2001-09-10
◎努力开创广西体育工作新局面/吉祥//广西日报 2001-09-24
◎努力营造迎奥的竞技体育法治环境/于善旭//中国体育报 2001-09-27
◎女子世界健康概念引导钱流/程继明//中国经营报 2001-03-27
◎女子世俱赛，路在何方？/陈洁//中国体育报 2001-06-19
◎培养未来体育经纪人——MBA 体育管理/卿丽平//高校招生 2001-06
◎票价不是球市的支点/张志明 邱镇祁 罗一 别卫青//中国体育报 2001-08-13
◎普通高校课外体育活动俱乐部的研究/胡永南 段健芝//体育学刊 2001-02
◎普通高校体育课程改革的实验研究/程杰//西安体育学院学报 2001-04
◎七年之后我们将做得更好/刘斌 张秀萍 陈君 高进 徐梅 阎志强 李百放 谭杰//中国体育报 2001-09-04
◎其乐无穷的球星卡集藏/马晓霏//国际金融报 2001-06-27
◎启动体育消费对扩大内需增长作用的经济学分析/杨铁黎//西安体育学院学报 2001-04
◎器械健身有门道/张文馨//中国消费者报 2001-04-16
◎潜力巨大 前景广阔/安天祥//中国体育报 2001-08-15
◎浅论市场经济条件下我国体育的产业化/叶德初//解放军体育学院学报 2001-03
◎浅谈“新经济”及其对现代社会休闲体育业的影响/李侃 兰茹//西安体育学院学报 2001-04
◎浅谈冰雪旅游热为训练队选材带来的大好机遇/高峰//冰雪运动 2001-03
◎浅谈大众体育健身“轻松化”/张朝霞//甘肃日报 2001-12-22
◎浅谈基层体委体育产业经营开发的基本环节/杨海龙//四川体育科学 2001-02
◎浅谈俱乐部健康体育计划的种类与形态/李明//山西师范大学学报（自然科学版）2001-04
◎浅谈体育经纪人及其发展/骆秉全 张连民//首都体育学院学报 2001-02
◎浅谈我国体育产业的发展/熊旭航//当代财经 2001-12
◎浅析阿坝州少数民族体育资源的开发与利用/龙正映 卢永雪 卢晓明//阿坝师范高等专科学校学报 2001-02
◎浅析高校实施体育教学俱乐部/闫慧君//辽宁高职学报 2001-02
◎浅析排球规则的演变对排球比赛的影响/姚军成//延安大学学报（自然科学版）2001-03
◎浅析我国体育产业的开发及推进机制/陈宏//体育函授通讯 2001-04
◎浅析我国体育产业发展的若干途径/柏卫东//南京体育学院学报 2001-05
◎浅析我国体育市场的特征及运行方式/李尚滨//哈尔滨体育学院学报 2001-04
◎浅析我国足球经纪人产生的根源/刘子众//辽宁体育科技 2001-05
◎浅议开展大学生体育俱乐部的必要性/王芳 张明//交通高教研究 2001-04
◎浅议培养体育消费群体及发展体育产业/尚毅//山东体育科技 2001-03
◎巧搭申奥特快 大赛重放光彩/陈放 张辉//中国经营报 2001-11-13
◎青岛与奥林匹克运动/陆安//团结报 2001-07-26
◎轻体育——健身新时尚/刘军//中国体育报 2001-05-23
◎球迷商品市场无限/宾得//大众科技报 2001-07-17
◎球迷知本家尹明善/肖望//知识经济 2001-04
◎球市惨淡 谁挖了甲 A 的墙脚/于本//科学时报 2001-12-16
◎求真务实 开拓创新 努力推进新世纪浙江省体育事业的再发展/陈培德//浙江体育科学 2001-02
◎去运动 健康并快乐着/张峻芳//中国质量报 2001-08-23
◎全国体育发展战略研讨会闭幕/刘晓利 刘敏//中国体育报 2001-04-24
◎全面起步带来全面丰收/李娟//中国体育报 2001-06-27
◎全民健身 有法可依/平萍 杨卫民//中国体育报 2001-04-09
◎全民健身的社会监控体系研究/杨文轩//体育学刊 2001-02
◎全民健身竞技体育大有可为/马艺华//中国体育报 2001-02-28
◎全民健身人气正旺 体育场馆面临考验/郭思//中国体育报 2001-05-07
◎全民健身有径可循/李贺普//中国体育报 2001-01-19
◎全民健身与社会发展/邓荣华//西安体育学院学报 2001-03
◎全民运动 全民体育/王凯珍 林洁//中国体育报 2001-08-08
◎拳王赛波折背后的天意/韩彦//中国经营报 2001-08-14

◎全运会：体育的大银行/代刚//中国妇女报 2001-12-04
◎全运会今后路在何方/雨竹//中国商报 2001-11-18
◎全运会要与时俱进/许基仁 南辰 汪涌//新华每日电讯 2001-11-23
◎全运以何论英雄/徐梅//中国体育报 2001-11-28
◎让“深圳制造”光耀奥运/刘荻 舒桂林 吴吉//深圳商报 2001-11-25
◎让健身科学起来/牟春蕾//中国税务报 2001-11-23
◎让申奥促进中国体育产业化进程/李晓佳//今日中国（中文版）2001-07
◎让体育健身游更具魅力/李菊霞//中国旅游报 2001-02-02
◎让中华武术火起来/赵晓清//河北日报 2001-10-16
◎人才智力开发与体育市场发展的可持续性/王玉珠//武汉体育学院学报 2001-04
◎认真贯彻十五届五中全会精神 努力实现体育事业的持续发展/袁伟民//体育文史 2001-02
◎日本棒球/陈兆丽//中国体育报 2001-12-06
◎日本的少年棒球/陈兆丽//中国体育报 2001-11-08
◎日本职业体育产业发展及其启示/唐建军//体育科学 2001-03
◎日本足球真有眼光/张玮//解放日报 2001-08-08
◎如何促进深圳体育产业发展/贾兰//深圳商报 2001-07-23
◎如何打造顶级体育品牌/市场报//2001-08-30
◎如何加强社区体育的组织管理/朱建九 陈高平//中国体育报 2001-12-05
◎入世：中国体育产业面临强烈冲击/刘荻//深圳商报 2001-11-23
◎入世后我国体育产业发展战略研究/史兵//西安体育学院学报 2001-01
◎入世后我省体育产业发展的战略选择/梁文生//发展论坛 2001-11
◎赛场经济 缘何与冰城失之交臂/谭力新//中华工商时报 2001-12-20
◎三星起跑体育营销/杰雯//中国经营报 2001-07-31
◎沙滩排球闹海边//中国旅游报 2001-07-18
◎沙滩排球投资热土//市场报 2001-09-06
◎山东省主要城市健身市场的现状及发展对策/谢惠蓉//山东体育学院学报 2001-03
◎山西 五年目标 年年有重点 出台计划 奥运要争光/郭思//中国体育报 2001-01-08
◎山西加速体育产业发展/郭思//中国体育报 2001-02-28
◎山西省人民政府关于加快体育产业发展的意见//山西政报 2001-05
◎山西体育产业面临机遇/郭思//中国体育 2001-03-12
◎商机无限的北京奥运/周建军//价格月刊 2001-10
◎商业体育，怎么玩/李伟//市场报 2001-05-16
◎商业体育该怎么玩？/侯志鸿//中国消费者报 2001-12-26
◎上海建设大俱乐部/平萍//中国体育报 2001-12-20
◎上海将承办二00二大师杯/平萍//中国体育报 2001-07-07
◎上海体育经纪业渐成气候/平萍//中国体育报 2001-04-18
◎上海体育战略调整/程康萱//解放日报 2001-12-29
◎上海欲变亚洲一流体育中心/杨金志//市场报 2001-07-24
◎少数民族地区体育资源呼唤大开发/孙彬 郭立//人民政协报 2001-04-21
◎社会体育指导员在上海/平萍//中国体育报 2001-09-26
◎社会主义市场经济与学校体育/姜玲//山东体育科技 2001-01
◎社区体育 随身的绿荫/张旭光//中国体育报 2001-06-06
◎社区体育发展之由来/王凯珍//中国体育报 2001-06-06
◎社区体育工作若干思考/强武 宋雅君//中国体育报 2001-09-27
◎社区体育工作要适应新形势走社会化、产业化的道路/杨炳珑//中国社会报 2001-09-08
◎申奥成功 商机无限/伊始//企业导报 2001-08
◎申奥成功，给江西带来什么？/凌卫 李善基//江西日报 2001-07-16
◎申奥成功，哪些人才将成热门/曾志浩//中外企业文化 2001-23
◎申奥成功：老百姓得到什么？/邹德萍//当代经济 2001-09
◎申奥成功对证券市场的影响/秦宏//湖南经济报 2001-07-16
◎申奥成功和九运会的商机/申东//珠江经济 2001-10
◎申奥成功铸造体育产业大国/滕科//中国旅游报 2001-07-30
◎深化体育改革 加速产业发展/方学良//云南日报 2001-03-03
◎深圳彩票市场越做越火/李莉 黄陈生//深圳商报 2001-05-14
◎深圳欢乐谷：极限运动风正劲/周弘一//中国旅游报 2001-04-13
◎省会城市高校体育市场开发与营销策略研究/胡丁未//武汉理工大学学报（社会科学版）2001-03
◎实现体育彩票事业持续发展/蔡登标//中国体育报 2001-07-02
◎实现西北地区体育产业发展战略目标的政策建议及相应对策研究/李宝生//湖北体育科技 2001-01
◎实现中国体育产业质的飞跃/新文//消费日报 2001-03-20
◎市场经济条件下业余训练的思路与对策/崔大林//中国体育报 2001-06-21
◎市场经济与体育市场化/樊纲//市场报 2001-10-24
◎市场经济中体育产业的投入研究/魏火艳//天中学刊 2001-02
◎世界杯：口号·目标·度/张小鸽//中国体育报 2001-01-18
◎世界杯转播问题引人关注/黎明京//中国体育报 2001-04-23
◎世界冬季体育运动器材销售继续增长//中国信息报 2001-07-06
◎世界发达国家体育俱乐部概况/安儒亮//西安体育学院学报 2001-04
◎世界竞技球类运动发展的国际化趋势和我们的对策/成惜今//广州体育学院学报 2001-03
◎试论奥运争光计划可持续发展的必要性和基本保障/张中江//山西师大体育学院学报 2001-01
◎试论大学体育设施向社会开放问题/吴绍云//成都体育学院学报 2001-03
◎试论全民健身计划的全面实施/孙伟//南京晓庄学院学报 2001-04
◎试论少数民族传统体育与西部民族地区经济开发/方征//西北民族学院学报（哲学社会科学版. 汉文）2001-04
◎试论市场经济条件下高校体育与“全民健身计划”/黎晋添//韶关学院学报 2001-12
◎试论体育消费与经济增长的关系/王璟//体育科学 2001-04
◎试论我国东西部经济发展差异与西部体育产业开发/王天军//哈尔滨体育学院学报 2001-03
◎试论我省开设社会体育专业的迫切性和必要性/丁俊武//安徽体育科技 2001-03
◎试论武术产业/秦延河//西安体育学院学报 2001-03
◎试论现代大众体育市场需求的发展趋势/李朝晖//乐山师范学院学报 2001-05
◎试论以全民健身为特色的体育产业/夏斌/武汉体育学院学报 2001-02
◎试论知识经济与终身体育/胥金辉//郧阳师范高等专科学校学报 2001-06
◎试析体育在现代化建设中的地位和作用/郑锋//毕节师范高等

专科学校学报 2001-04

◎试析闲暇产业及其发展趋势/秦泗美//山东行政学院·山东省经济管理干部学院学报 2001-02

◎树立中国体育用品业的国际形象/达元//中国体育报 2001-09-10

◎数字大运引发 IT 新商机/刘亚民//中国高新技术产业导报 2001-08-14

◎数字中的河北体育/郭庆敏//河北经济日报 2001-03-02

◎双星耀东方——从体育总汇看双星发展/张艾丽//工厂管理 2001-12

◎谁能搭上奥运商船/马蔚//市场报 2001-07-19

◎谁为体育产业套上枷锁//市场报 2001-11-01

◎谁为运动员买体育保险/侯志鸿//中国消费者报 2001-01-11

◎水中健身 塑美丽人生/彭波//中国体育报 2001-11-28

◎四川省体育市场的其他影响因素与市场发展分析/柳伯力//成都体育学院学报 2001-03

◎苏州三元街道 打社区体育牌/刘敏//中国体育报 2001-06-04

◎太谷体育走出致富路/郭思//中国体育报 2001-05-09

◎探讨体育产业发展中三个法律问题/韩新君//体育文史 2001-02

◎探析我国体育旅游业的可持续发展/周战伟//山东体育科技 2001-02

◎唐·金京城造势为中国体育产业助推/千龙网//市场报 2001-06-06

◎讨回人民的健身场地/马艺华//中国体育报 2001-06-12

◎特别体育运动埋隐患 配套管理还需早出台/侯志鸿//中国消费者报 2001-04-05

◎腾飞——体育产业/张晶明//中国中小企业 2001-09

◎提高认识 突出重点 做好全民健身工作/郑汉江//安徽日报 2001-03-27

◎提高体育消费水平应处理好的几个关系/汪伟信//成都体育学院学报 2001-02

◎提高中国体育产业品牌国际竞争力的对策研究/陈峰//体育函授通讯 2001-04

◎体博会看什么/本草//中国贸易报 2001-06-26

◎体博会拉动体育市场/李宁//中国经营报 2001-07-17

◎体博会擂响进军世界战鼓/侯志鸿//中国消费者报 2001-02-22

◎体彩中心大造声势 足球彩票蓄势待发/侯志鸿//中国消费者报 2001 06 16

◎体彩助跑/刘新航//河北日报 2001-11-20

◎体操俱乐部"缘何步履维艰"/刘玉金//山西师大体育学院学报 2001-01

◎体坛巨星 + 商业巨子 = 产业巨人/郭洪//中国经营报 2001-07-24

◎体育 是一面镜子/肖复兴//辽宁日报 2001-08-06

◎体育，带起庞大产业群/王刚//市场报 2001-07-12

◎体育：谁来投钱/汪大昭//中国财经报 2001-02-21

◎体育·产业·财富/本刊编辑部//中国工商 2001-07

◎体育保险：等待挖掘的"金矿"/任航//中国证券报 2001-05-09

◎体育保险：亟待突出重围/沉静//浙江金融 2001-07

◎体育保险：亟待突出重围/东木//国际金融报 2001-05-24

◎体育保险：借申奥成功发力/华君//中国经济时报 2001-08-02

◎体育保险：商机无限/张钦//市场报 2001-08-16

◎体育保险坎坎坷坷投靠谁/卫才星//中国保险报 2001-03-27

◎体育保险商机无限/张钦//市场报 2001-08-16

◎体育保险蓄势待发/尔冬尘//中国经营报 2001-07-31

◎体育保险蓄势待发/夏有华//金融信息参考 2001-09

◎体育保险之中外比较与我国的发展对策/李海//成都体育学院学报 2001-02

◎体育保险骤然升温/蔡莹 马璐瑶//中华工商时报 2001-08-15

◎体育保险走"大运"/罗昌平//中国商报 2001-09-11

◎体育报借足球风夺市场/张晓家//中华新闻报 2001-10-18

◎体育比赛的旅游价值初探/朱璇//聊城师院学报（自然科学版）2001-01

◎体育标志与体育标志权初探/于善旭//天津体育学院学报 2001-03

◎体育不仅仅是体育/冉茂金//中国艺术报 2001-07-20

◎体育彩票 市场空间尚待拓展/乌云斯琴 罗致明//人民政协报 2001-11-22

◎体育彩票 怎样才能公开 公正 公平/湘夫 肖露//贵州政协报 2001-05-26

◎体育彩票"产品化"趋势的理论分析/潘国祥//武汉体育学院学报 2001-05

◎体育彩票成为新消费热点/侯志鸿//中国消费者报 2001-07-24

◎体育彩票大有作为/梁春武 罗致明 张京华//人民政协报 2001-07-21

◎体育彩票的魅力、魄力和实力/达元//中国体育报 2001-06-08

◎体育彩票狂飙乍起 市场运作有待规范/侯志红//中国消费者报 2001-01-17

◎体育彩票捧出巨型蛋糕/范春荣//中国财经报 2001-02-13

◎体育彩票全球风行/季安之//文汇报 2001-03-19

◎体育彩票市场的调查与分析/柏曙邹//四川体育科学 2001-04

◎体育彩票为奥运做贡献/钟心//中国体育报 2001-07-20

◎体育产品的价格制定/胡济群//河北体育学院学报 2001-04

◎体育产业——美国的支柱产业/李诚志//中国体育报 2001-04-11

◎体育产业 20 世纪被忽略的投资热点/韩彦 白柯//中国经营报 2001-03-27

◎体育产业 前途看好/张德海//团结报 2001-02-03

◎体育产业 一座待掘的"金矿"/陈峥嵘 潘春晖//中国冶金报 2001-08-07

◎体育产业："钱"景诱人/傅京燕 徐自宙//中国体育报 2001-05-09

◎体育产业："钱景"光明/陈欣//经济世界 2001-04

◎体育产业：刺激消费 商机无限——对福州市发展体育产业的思考/陆芳//福建体育科技 2001-01

◎体育产业：翻开新一页/张建峰//中国信息报 2001-07-19

◎体育产业：尚待发掘的"金矿"/陈峥嵘 潘春晖//中华工商时报 2001-07-24

◎体育产业：尚待挖掘的金矿/春兵//湖南经济报 2001-07-14

◎体育产业：上世纪被忽略的投资热点/韩彦 白柯//湖南经济报 2001-04-18

◎体育产业：无从下手 无限期待/刘福兴//中国经营报 2001-12-25

◎体育产业：无从下手无限期待/刘福兴//中国经营 2001-12-25

◎体育产业：新的经济增长点/熊旭航//企业经济 2001-11

◎体育产业：一路金子/贾书哲//中国质量 2001-10-24

◎体育产业：与希望同行——访国家体育总局体育经济司司长李敦厚/李涛//中国工商 2001-07

◎体育产业"钱"景诱人/傅京燕 徐自宙//中国体育报 2001-04-25

◎体育产业 20 世纪被忽略的投资热点/韩彦 白柯//中国经营报 2001-03-27

⊙体育产业撑起一片天/王云峰//辽宁日报 2001-03-27
⊙体育产业成为北京经济增长点/开封//消费日报 2001-03-06
⊙体育产业迟到的春天/黄河//中国市场 2001-12
⊙体育产业的“红娘”/刘广//时事（时事报告中学生版）2001-03
⊙体育产业的基本理论问题研究/卢元镇//体育学刊 2001-01
⊙体育产业发展的探索/林志生//松辽学刊（自然科学版）2001-04
⊙体育产业发展中存在的问题及建议/傅京燕//价格月刊 2001-05
⊙体育产业概念的三种涵义及其适用范围/张岩//体育文化导刊 2001-05
⊙体育产业化大旗翻卷 搏击俱乐部浮出水面/张洪//中国企业报 2001-06-26
⊙体育产业化过程中的政府行为研究/徐振兵//上海体育学院学报 2001-S1
⊙体育产业化路上好风景/晓春//山西日报 2001-08-22
⊙体育产业化期待朝阳/何建超 李平//陕西日报 2001-07-24
⊙体育产业化是我国体育产业的发展方向/熊旭航//当代财经 2001-08
⊙体育产业化问题管见/王润平//内蒙古社会科学（汉文版）2001-06
⊙体育产业化与体育要素市场开发/周景晖//江汉大学学报 2001-02
⊙体育产业渐成湖北经济新亮点/颜治修 雷选沛//中国经济时报 2001-04-18
⊙体育产业开始进入资本市场/王炜//中国贸易报 2001-06-23
⊙体育产业理论辨析/柳伯力//成都体育学院学报 2001-05
⊙体育产业——美国的支柱产业（待续）/李诚志//中国体育报 2001-04-04
⊙体育产业——美国的支柱产业/李诚志//中国体育报 2001-04-18
⊙体育产业人才工程启动/许京//中国体育报 2001-03-28
⊙体育产业如何应付 WTO 的对策/陈洪 白震 李红//西安体育学院学报 2001-03
⊙体育产业若干界说的辨析及相关问题的讨论/丛湖平//中国体育科技 2001-12
⊙体育产业适逢发展好时机/刘广 张健//经济参考报 2001-07-30
⊙体育产业适逢腾飞商机/张晶明//经营管理者 2001-11
⊙体育产业受考验/侯志鸿//中国消费者报 2001-11-13
⊙体育产业水到渠成艳阳高照/李春耕 王玉宾//山西日报 2001-02-27
⊙体育产业信息化渐成势力 华体网体坛周报捆绑拓展/熊熙玲//互联网周刊 2001-18
⊙体育产业需要政策支持/马晓河//市场报 2001-09-27
⊙体育产业一座待发掘的“金矿”/陈峥嵘 潘春晖//金融时报 2001-08-23
⊙体育产业迎来春天/葛春涛//中国质量报 2001-08-22
⊙体育产业与假日经济增长点的关系研究/张西平//天津体育学院学报 2001-02
⊙体育产业与社会主义市场经济/原丽英//体育文史 2001-01
⊙体育产业再认识/林祖明//体育与科学 2001-03
⊙体育产业遭遇资本市场/王炜//知识经济 2001-07
⊙体育产业仗着资本跳高/高山平//华夏时报 2001-07-16
⊙体育产业知多少/王刚//中国体育报 2001-04-18
⊙体育产业资源面临流失危险/侯志鸿//中国消费者报 2001-11-29
⊙体育创新体系的研究和构建/韩丁//武汉体育学院学报 2001-01
⊙体育道德经济价值探究/邢日光//山东体育学院学报 2001-03
⊙体育的二重性/杜伟//成都体育学院学报 2001-05
⊙体育的另一面/卢瑛//河北日报 2001-04-25
⊙体育发展战略再认识/江流水//体育文史 2001-03
⊙体育服务经济能否“火”起来？/田长波//体育博览 2001-07
⊙体育广告体育赞助双主体整合传播/周海斌//信息时报 2001-04-20
⊙体育健身俱乐部的定价策略研究/傅裕嘉//价格理论与实践 2001-09
⊙体育健身游讲究“三个有”/东方尔//科学时报 2001-06-16
⊙体育经济前景辉煌/江天//消费日报 2001-03-20
⊙体育经纪人产业步履蹒跚/韦三水//市场报 2001-05-16
⊙体育经纪人的风险与诱惑/方舟//中国工商 2001-07
⊙体育经纪人期待与国际接轨/侯志鸿//中国消费者报 2001-10-13
⊙体育经纪人在经纪活动中的法制性分析/叶华聪//山东体育科技 2001-02
⊙体育经济新思考/霍炎//体育与科学 2001-04
⊙体育经纪业推动体育产业的繁荣/星云//消费日报 2001-09-11
⊙体育经济政策我们还要完善/李晓西//市场报 2001-11-01
⊙体育经纪最新动向——形象权使用开发成焦点/黄文惠//市场报 2001-12-06
⊙体育俱乐部教学形式可行性与必要性研究/史剑虹//昭乌达蒙族师专学报 2001-06
⊙体育俱乐部——学生课外体育活动的创新形式/吕志成//现代技能开发 2001-03
⊙体育科技体育产业中的“骄子”/田洁//中国体育报 2001-05-23
⊙体育旅游产业的开发模式及其可持续发展的探讨/陈峰//福建师大福清分校学报 2001-02
⊙体育明星拍广告：很精彩/蔡书贵//中国审计报 2001-03-02
⊙体育期刊 一个正在升温的市场/李宁//中国经营报 2001-12-11
⊙体育期刊：往昔辉煌何日再现/党小卉//中国图书商报 2001-09-25
⊙体育期刊的发展走向/李新民//报刊之友 2001-06
⊙体育热带动音像出版热/方铭//中国新闻出版报 2001-12-03
⊙体育人才的摇篮/刘勃 傅多强//吉林日报 2001-03-22
⊙体育商业化 一路多坎坷/王虎//市场报 2001-07-18
⊙体育商业化谨防异化倾向/钟体信//市场报 2001-10-11
⊙体育市场 一路走好/叶柏林//中国体育报 2001-03-14
⊙体育市场持续发展与“体育产业文化”建设初探/王玉珠//解放军体育学院学报 2001-04
⊙体育市场肥水别流外人田/雨瑶//中国信息报 2001-04-09
⊙体育市场呼唤服务意识/吕国庆 //云南日报 2001-06-18
⊙体育市场火 仍需矫畸形/杨明//市场报 2001-12-27
⊙体育市场与体育经纪人/林锦清//泉州师范学院学报 2001-04
⊙体育是实现人的全面发展的有效途径/李永跃//安徽体育科技 2001-04
⊙体育事业发展的第一推动力/郑卫民 郭庆敏//河北经济日报 2001-03-30
⊙体育事业发展的推进器 加速器 转化器/力辑//中国体育报 2001-04-26
⊙体育投资与国民经济增长论证/刘可夫//福建体育科技 2001-04
⊙体育现代化指标体系及量化标准//北京统计 2001-12
⊙体育消费、体育市场与体育产业/张剑渝//财经科学 2001-04
⊙体育消费对经济增长的促进作用/王璟//体育文化导刊 2001-05

◎体育消费开始“热身”/刘星云//消费日报 2001-08-01
◎体育消费驶入快车道/侯志鸿//中国消费者报 2001-01-01
◎体育消费——新的经济增长点/吴晓梅//兰州大学学报（社会科学版）2001-S1
◎体育消费与体育产业间关系的研究/李雷//南京体育学院学报 2001-02
◎体育消费与体育市场的相关性研究/吉建秋//四川体育科学 2001-04
◎体育休闲：要系上“标准”安全带//瞭望 2001-35
◎体育也是消费/刘元儿//福建日报 2001-09-06
◎体育用品：市场的春天到来了吗/王睿//湖南经济报 2001-10-09
◎体育用品产业 面对 WTO、奥运双重挑战/韩文欣//中国经营报 2001-09-27
◎体育用品产业的发展现状与前景/张兆运//濮阳教育学院学报 2001-02
◎体育用品厂商瞄准女性市场/秀录//国际经贸消息 2001-05-11
◎体育用品出口要做大做强/陈桃生 周浩//国际商报 2001-09-29
◎体育用品消费美国全球称老大 德国欧洲数第一/李革胜//中国信息报 2001-02-02
◎体育院校开设体育经纪人专业的构想/陆前安//体育学刊 2001-02
◎体育运动与全球化/乔治·怀特//体育文史 2001-01
◎体育在新世纪社会经济发展中的地位和作用/鲍明晓//天津体育学院学报 2001-01
◎体育资源、资产的开发与利用刍议/舒萍//武汉体育学院学报 2001-04
◎通过支持奥运 获得真正发展/于丽//中国企业报 2001-07-25
◎透析 CUBA 联赛与高校篮球队的现状及发展对策/宋振镇//山东体育科技 2001-02
◎推广 CBA 篮协只能自己来/刘亚平//中国经营报 2001-11-13
◎推进湖南体育事业全面发展/苏原平//湖南日报 2001-02-27
◎完全竞争体育市场服务项目的价格与供给/徐玖平 唐成//广州体育学院学报 2001-02
◎王府井的体育热季/徐翎//大众科技报 2001-06-21
◎王烍——中国互联网的新领军人物/袁卫东//南风窗 2001-10
◎网络 + 电视 + NBA /杜婕//中国体育报 2001-09-06
◎网络经济对我国体育企业的影响及对策研究/王柱忠//解放军体育学院学报 2001-04
◎网络时代与体育/熊斗寅//体育与科学 2001-02
◎网球——全新的城市印象/云依//中国体育报 2001-04-11
◎为奥运服务 促文化产业/白仲尧//首都经济 2001-11
◎为中国体育产业加装助推器/文静//中国体育报 2001-03-28
◎我国城市居民体育消费结构的调查研究/孔文清 陈卓源//首都体育学院学报 2001-04
◎我国城市社区体育可持续发展的理论思考/曹彧 董新光 马保熠//中国体育报 2001-11-01
◎我国高等体育教育产业运行和管理中的几个问题/王承信//体育与科学 2001-05
◎我国高校高水平运动队发展的若干问题与发展对策/鲍勇 王元丰 杨正华//山东体育学院学报 2001-42
◎我国高校体育产业化初探/苏坚贞//山东体育科技 2001-01
◎我国高校现有体育俱乐部的构建形式/王港 王建伟//西安体育学院学报 2001-01
◎我国健身娱乐市场现状及发展思路的研究/王进//山西师大体育学院学报 2001-04
◎我国竞技体操产业化发展的研究之一：现状与思路/钟明宝//聊城师院学报（自然科学版）2001-01
◎我国居民体育消费行为研究/孙汉超//武汉体育学院学报 2001-01
◎我国体育彩票发行回顾及新世纪发展趋势研究/江汝林//成都体育学院学报 2001-04
◎我国体育产业的现状及发展中应注意的问题/李国锋//武汉体育学院学报 2001-02
◎我国体育产业发展的回顾与难点分析/徐忠//成都体育学院学报 2001-03
◎我国体育产业发展的制约因素及对策/杨晓生//体育学刊 2001-04
◎我国体育产业化的理论思考/张岩//成都体育学院学报 2001-02
◎我国体育产业化发展的回顾与展望/于开峰//体育文史 2001-01
◎我国体育产业将逐渐壮大/毕湘楠//中国税务报 2001-10-23
◎我国体育产业开发经营中若干问题的研究/徐振兵//成都体育学院学报 2001-02
◎我国体育产业立法的必要性分析/赵芳//首都体育学院学报 2001-04
◎我国体育产业应进入大跨度发展//刘星云//消费日报 2001-09-11
◎我国体育产业资产证券化的相关问题/李建军//体育学刊 2001-06
◎我国体育经纪人的现状与发展对策探讨/张显军//四川体育科学 2001-02
◎我国体育经纪人的知识结构及培养模式/张扬//四川体育科学 2001-04
◎我国体育经纪人发展现状与对策的初步研究/陈立农//广州体育学院学报 2001-04
◎我国体育经济学研究的九个热点/鲍明晓//体育文史 2001-01
◎我国体育经营法制化管理的思考/刘文董//山东体育学院学报 2001-02
◎我国体育旅游发展前景初探/黄燕飞//体育文史 2001-02
◎我国体育旅游消费市场的现状分析与发展对策研究/冯淑凤 韩鲁安 和平 崔继安 韩丁//天津体育学院学报 2001-01
◎我国体育旅游消费市场的现状分析与发展对策研究/冯淑凤//天津体育学院学报 2001 01
◎我国体育旅游业发展前景的思考/王进//福建体育科技 2001-06
◎我国体育社会科学规划工作回顾与展望/张天白//体育科学 2001-04
◎我国体育事业均衡发展的探析/郦锁良//南京体育学院学报 2001-05
◎我国体育消费的现状分析及发展对策/魏军//首都体育学院学报 2001-02
◎我国体育消费品生产信息的研究/李秀梅//体育学刊 2001-05
◎我国体育消费研究综述/林建君//体育与科学 2001-02
◎我国体育消费有上千亿元的大市场/郭燕春//中国商报 2001-06-15
◎我国体育用品业的名牌发展战略/李正荣//武汉体育学院学报 2001-02
◎我国体育用品业未来发展走向初探/叶德初//武汉体育学院学报 2001-05
◎我国体育职业俱乐部产权问题的审视/莫君晶//体育科研 2001-01
◎我国小城镇体育发展战略研究/李凤新//中国体育报 2001-12-13

⊙我国职业体育俱乐部的形成与发展/张林 戴健 陈融//成都体育学院学报 2001-01
⊙我国职业体育俱乐部运行机制研究/张林//体育科学 2001-04
⊙我省全民健身周昨日启动/叶华 胡晶珊//湖北日报 2001-06-11
⊙我省体育产业要迈大步/王昕//山西经济日报 2001-02-27
⊙我院培养高水平运动员办学体制改革及发展对策/张宏//广州体育学院学报 2001-03
⊙武国维：不经意间走近体育/王宝平//中国工商 2001-07
⊙武汉市社区体育发展模式研究/郝斌//湖北体育科技 2001-03
⊙武汉体育设施建设上新台阶/缪晖//中国体育报 2001-03-12
⊙武术产业开发大有作为/王友唐//中国体育报 2001-06-27
⊙武术产业商机无限/王友唐//中华武术 2001-07
⊙武术发展的社会化和产业化趋势探析/蔡宝忠//沈阳体育学院学报 2001-01
⊙武术入奥东西文化剧烈碰撞/祝兴平 潘俊杰 陈中原//中国教育报 2001-10-23
⊙武术赛事商业化运作 盈利空间骤然凸现/崔毅//中国经营报 2001-12-18
⊙武术——体育产业的一块金子/牛立新//中华武术 2001-07
⊙武术优秀运动员基地建设的实践与探索/陈青山//武汉体育学院学报 2001-01
⊙西部大开发与发展甘肃体育产业的思考/孙杰//社科纵横 2001-06
⊙西部大开发与民族传统体育旅游业发展的研究/周瑾//中国体育科技 2001-S1
⊙西部大开发与四川体育产业发展研究/陈保明//理论与改革 2001-03
⊙西部体育产业开发思考/谢小龙//天津体育学院学报 2001-01
⊙西藏体育产业发展迅速/多吉占堆//西藏体育 2001-02
⊙析体育产业可持续发展的两个问题/周学兰//山东体育科技 2001-02
⊙悉尼奥运后的世界体育格局及我国未来对策//中国体育报 2001-04-24
⊙现代化管理为李宁公司插上翅膀/罗庆华//市场报 2001-09-14
⊙现代体育彩票“产品化”趋势的理论分析/潘国祥//武汉体育学院学报 2001-05
⊙现代体育运动的特征及21世纪发展取向/肖焕禹//上海体育学院学报 2001-03
⊙现代职业体育俱乐部的本质与特征/张林 徐昌豹//上海体育学院学报 2001-03
⊙湘鄂渝黔边区民族传统体育消费与产业化发展研究/田祖国//成都体育学院学报 2001-06
⊙香港公司欲撼央视天下 世界杯转播权掀起千层浪/于本//科学时报 2001-12-09
⊙象棋也想搞联赛/周影//中国体育报 2001-04-28
⊙小城流行健身热/陈燕飞 周磊//中国体育报 2001-06-20
⊙小城镇体育文化建设与发展/万浩//体育学刊 2001-02
⊙小区建体育设施，难吗？/程敏//中国体育报 2001-09-05
⊙效益至上 投入定位/徐镔//中国体育报 2001-08-20
⊙校园场地也可资源共享/马艺华//中国体育报 2001-04-10
⊙新北京 新奥运 新经济/鲍明晓/中国体育报 2001-07-19
⊙新北京 新奥运对浙江经济的影响/应雄//浙江日报 2001-08-07
⊙新规则挑战旧体制 体育产业痛并快乐着/徐晚词//科学时报 2001-11-26
⊙新经济时代体育发展趋势的社会学思辨/谭兆风//嘉应学院学报 2001-03
⊙新经济时代体育消费特点初探/丁俊生//体育与科学 2001-02
⊙新世纪高等学校体育教育人才培养方向刍议/肖威//松辽学刊（自然科学版）2001-02
⊙新世纪高校体育教育发展的思考/陈上越//体育文化导刊 2001-05
⊙新世纪体育运动全民性特征分析/戴桂琴//体育与科学 2001-06
⊙新世纪我国足球经纪人发展面临的困惑与改革对策研究/刘子众//沈阳体育学院学报 2001-03
⊙信息时代中健身体育的社会价值/谷晨//上海体育学院学报 2001-S1
⊙休闲体育·大众健身·社会发展/周红波//辽宁体育科技 2001-03
⊙学校体育产业化的理论内涵和模式特征研究/陆亨伯//成都体育学院学报 2001-02
⊙学校体育产业化发展战略研究/赵国华//首都体育学院学报 2001-02
⊙学校体育教育产业化的理论内涵和特征分析/姚宏茂//体育与科学 2001-04
⊙学校体育俱乐部化改革初探/齐发兆//体育函授通讯 2001-04
⊙学校体育在我国国民体育中的地位新探/尤小好//南京体育学院学报 2001-02
⊙研究生体育教学改革与实践/俞蕙琳//浙江体育科学 2001-04
⊙阎世铎：让足球有文化味儿/文涛//中国体育报 2001-02-15
⊙也谈体育产业的优先发展领域/李洪斌//西安体育学院学报 2001-02
⊙业余赛事民办经营/王仁维//解放日报 2001-01-03
⊙业余体育俱乐部/王凯珍//中国体育报 2001-07-11
⊙一个体育品牌的诞生/高愚//中国经济时报 2001-12-15
⊙宜春体育产业带活一盘棋/李滇敏 杨安平 彭罗//江西日报 2001-10-09
⊙以创新精神发展体育产业，迎接入世/丁文//山东体育学院学报 2001-02
⊙以代理制推动业余网球/云依//中国体育报 2001-04-18
⊙以人为本的“轻体育”/薛莉//科学时报 2001-07-28
⊙意大利足球彩票彩民为你疯狂/小文//中国体育报 2001-08-13
⊙银行：请关注文化体育产业/李刚//中国城乡金融报 2001-07-09
⊙影响居民体育消费行为的因素分析/刘志强 金宝玉//西安体育学院学报 2001-01
⊙影响我国体育产业发展的经济因素初探/高健 王兴 王凤春//哈尔滨体育学院学报 2001-04
⊙影响中国群众体育产业发展的因素分析/孙有平//杭州师范学院学报（自然科学版）2001-01
⊙用SWOT观点对广东省体育产业发展状况的分析/刘江南//广州体育学院学报 2001-02
⊙用经济的眼光办奥运/喜兵//新财经 2001-08
⊙用全新的理念构建全民健身服务体系/刘琦//中国体育报 2001-06-09
⊙优先发展健身娱乐市场 推动城市体育产业化进程/沈钧毅 李莉//山西师大体育学院学报 2001-03
⊙有关竞技体育中“黑色现象”的法律和道德思考/张杰//武汉体育学院学报 2001-02
⊙有效利用奥运赞助的秘诀/阮良洲//中外管理 2001-10
⊙与社区共享学校体育资源/李小伟//中国教育报 2001-02-10
⊙越来越像NBA/阎志强//中国体育报 2001-03-27

◎云南旅游大省建设中的新亮点——民族体育与旅游业互动式发展/沈阳//学术探索 2001-01
◎云南少数民族体育产业发展进程探索/沈阳//云南民族学院学报（哲学社会科学版）2001-03
◎云南少数民族体育产业化的民族性、开放性与宏观支撑条件/章秉纯//思想战线 2001-04
◎云南少数民族体育产业化的政策选择与社会支撑体系/张云钢//思想战线 2001-02
◎云南省老年体育蓬勃发展/唐振兴//中国老年报 2001-05-17
◎云南省体育健身娱乐业发展现状及发展战略研究/楼恒阳//成都体育学院学报 2001-03
◎云南省体育用品行业的发展策略研究/郑芳//中国体育科技 2001-07
◎云南体育产业化发展问题研究/姚俊//学术探索 2001-S1
◎赞助体育中国企业学会四两拨千斤/郭洪//中国经营报 2001-09-11
◎增强人口体质与武术市场建设/王军//中国人口·资源与环境 2001-S1
◎斩断体育经纪中的黑手/侯志鸿//中国消费者报 2001-07-20
◎浙江省体育彩票市场现状分析及对策/王元华//嘉兴学院学报 2001-04
◎浙江省体育产业营销策略探讨/庞炜//体育文化导刊 2001-05
◎浙江体育描绘“十五”蓝图/郑瑶//浙江日报 2001-03-19
◎镇江市女性老年健身舞蹈爱好者锻炼效果分析/陆善芬//南京体育学院学报 2001-05
◎知识经济时代国家体育产业结构调整刍议/余保星//武汉体育学院学报 2001-06
◎职业联赛离市场化运作还有距离 中国体育俱乐部经营尚在低级层面/李宁//中国经营报 2001-10-23
◎职业体育俱乐部发展沿革/张林 李明//西安体育学院学报 2001-03
◎制约体育产业成为经济增长点的因素/李想的/邯郸职业技术学院学报 2001-04
◎中、美体育经纪人之比较/叶新新//温州师范学院学报 2001-06
◎中国：体育 MBA 浮出水面/光绪//中国体育报 2001-03-28
◎中国传统体育文化将走向世界/黄岩//辽宁日报 2001-07-16
◎中国当代体育企业研究的三种思路/易剑东//西安体育学院学报 2001-01
◎中国该怎样提升体育产业品牌/祖慰慧//市场报 2001-03-21
◎中国古代体育有哪些迷人之处//北京日报 2001-02-19
◎中国竞技体育“出口”要宽“入口”要大/武永召//人民政协报 2001-03-09
◎中国科技城绵阳市体育“十五”发展战略思考/杜伟//成都体育学院学报 2001-05
◎中国篮球市场发展潜力的研究/陈胜//武汉体育学院学报 2001-06
◎中国人的奥运梦何时能圆？//人民政协报 2001-07-05
◎中国赛车运动何日称雄世界/小侯//中国消费者报 2001-02-15
◎中国社会体育现状及其对策分析/于文谦//武汉体育学院学报 2001-05
◎中国是否需要体育产业法/梁慧星//市场报 2001-11-15
◎中国体育产业何时拥有辉煌//中国工商报 2001-06-21
◎中国体育产业冷眼“霍伊拳王战”/双乙//中国信息报 2001-12-21
◎中国体育产业面临入世冲击/刘荻//中国劳动保障报 2001-11-30
◎中国体育产业也应“申奥”/赵东升//中国经营报 2001-07-05
◎中国体育产业怎样与世界接轨/吴江//决策与信息 2001-09
◎中国体育经纪何时能现高手/韩彦//中国经营报 2001-10-02
◎中国体育经纪人发展现状/黄文卉//体育科学研究 2001-01
◎中国体育器材研发成果显著/刘露非//中国体育报 2001-12-22
◎中国体育市场到底水有多深/侯志鸿//中国消费者报 2001-08-04
◎中国体育市场经营模式亟盼规范/高春燕 刘亚平//中国经营报 2001-11-27
◎中国体育信息服务业的现状与改革对策/王平 张立//中国体育报 2001-09-27
◎中国体育用品出口低强高弱/童莉霞//国际经贸消息 2001-12-18
◎中国体育用品业需快马加鞭//安徽经济报 2001-07-23
◎中国体育再掀“洋务运动”/于本//科学时报 2001-11-26
◎中国体育走向厚重/杨明//福建日报 2001-12-19
◎中国武术散打争霸赛影响扩大/社体//中国体育报 2001-06-14
◎中国武术要借资本之力/崔毅//财经时报 2001-08-07
◎中国职业化足球发展环境与对策/马樟生 朱国华 王伟耀//体育科学 2001-03
◎中国足球产业走向的理性思考/蔡向阳//体育科学研究 2001-02
◎中国足球的资本化道路/辛保平//新财经 2001-05
◎中国足球入围 体育产业雄起//中国经营报 2001-10-11
◎中国足球踢不进产业的“球门”？/罗昌平//中国商报 2001-10-18
◎中国左右世界体育用品市场/屈晓燕//中国企业报 2001-07-09
◎中体产业：淘尽黄沙始见金/上证吉龙 王中//财经时报 2001-07-21
◎重庆：描绘二十一世纪体育蓝图/邓红杰//中国体育报 2001-03-05
◎重庆市体育俱乐部规范发展的政策选择/王智平//西南师范大学学报（自然科学版）2001-02
◎重庆甩掉体育产业落后的帽子/邓红杰//中国体育报 2001-02-28
◎抓好社区体育的基本思路/张乐年 平萍//中国体育报 2001-04-27
◎抓住机遇 大力发展体育产业/李森//贵州体育科技 2001-03
◎资本向体育产业的集中/梁庆文//山东电力高等专科学校学报 2001-03
◎综论北京申奥成功的巨人影响和价值/黄晓华//广州体育学院学报 2001-03
◎走“以体兴业”“多业并举”之路/张立中//中国体育报 2001-08-06
◎走进自己的体育俱乐部/彭则鹏//中国体育报 2001-01-13
◎足球 冲出亚洲 产业 走向何方/邓小男//中国工商报 2001-10-12
◎足球彩票风靡全世界//中国体育报 2001-07-05
◎足球彩票要来了/圣宗文//中国保险报 2001-02-16
◎足球产业：一条有龙的潜质的虫/喻宁//厂长经理日报 2001-11-01
◎足球产业好成绩不等于高利润/钟体信//市场报 2001-10-11
◎足球改革的标志性成果/许基仁//新华每日电讯 2001-10-09
◎足球经营很累很值/白勇//中华工商时报 2001-02-07
◎足球俱乐部当增强自身“造血”功能/范春生 树文//中国消费者报 2001-10-19
◎做好体育改革大文章/缪晖//中国体育报 2001-02-27

艺术品、演艺、文博收藏产业

1979 年

◎《历代名画记》与《唐朝名画录》/金维诺//美术研究 1979-02
◎《十百斋书画录》/金维诺//故宫博物院院刊 1979-04
◎《松雪斋集》校记/姚公骞//江西师范大学学报（哲学社会科学版）1979-02
◎北京人艺抓艺术生产的一些做法//中国戏剧 1979-01
◎博物馆历史文物的鉴定和研究/史树青//文物 1979-10
◎甘肃定西出土的新莽权衡/傅振伦//中国历史文物 1979-00
◎回忆三十年来的古书画收集工作/徐邦达//文物 1979-10
◎论美澳收藏的几件商周文物/李学勤//文物 1979-12
◎全国工艺美术艺人、创作设计人员代表大会在北京举行/张士增//美术 1979-08
◎让古建筑发挥历史文物价值/陈从周 罗哲文//文物 1979-10
◎萨尔布吕根现代画廊//建筑学报 1979-02
◎谈古书画鉴别/徐邦达//故宫博物院院刊 1979-03
◎万方乐奏更无前——从国庆三十周年献礼演出看兄弟民族文艺发展/吴雪//中国民族 1979-04
◎文艺要勇于干预生活——从话剧《未来在召唤》的演出所想到的/陈骏涛//文学评论 1979-04
◎我国导演学的拓荒人汤显祖/高宇//戏剧艺术 1979-01
◎系统整理我国古代文化遗产的初步建议/顾学颉//思想战线 1979-03
◎延安时期的艺术团体/曹桂芳//河北师范大学学报（哲学社会科学版）1979-04
◎忆邓拓同志对我国古代书画和文献的研究及收藏/丁一岚 刘孟洪 刘永成//文献 1979-02
◎艺术家与工艺美术//陶瓷研究与职业教育 1979-01
◎再谈古书画鉴别——款、印、题跋及其对古书画的鉴定作用/徐邦达//故宫博物院院刊 1979-04
◎纸绢画的收藏与保养/郑求真//故宫博物院院刊 1979-03

1980 年

◎阐明继承和发展民族文化遗产途径的纲领性指南/郑兴教 仅琳//国外社会科学 1980-08
◎淳朴、健美的工艺美术之花——浙江草编纹样简介/薛步青//新美术 1980-02
◎对工艺美术教育的几点想法/李绵璐//装饰 1980-02
◎飞腾吧 工艺美术事业！——全国艺人、创作设计人员代表大会追记/廉晓春//装饰 1980-01
◎工艺美术动态//装饰 1980-04
◎关于地方版图书收藏问题/白铁熊//图书馆理论与实践 1980-02
◎画籍求疵——谈几本古画书/黄苗子//读书 1980-04
◎劳动密集型工艺美术大有可为/李尊贤//装饰 1980-03
◎论工艺美术和工艺美术教育/庞薰琹//装饰 1980-01
◎美国收藏艺术瓷碟成风//中国陶瓷 1980-02
◎美国图书馆收藏的中国古籍/龙如//图书馆 1980-05
◎民族文艺硕果累累——参加国庆三十周年献礼演出的民族文艺获奖//中国民族 1980-05
◎欧洲收藏中文报刊的一些情况/沈仁干//中国出版 1980-03
◎三谈古书画鉴别——书画所用纸、绢、绫/徐邦达//故宫博物院院刊 1980-01
◎陕北根据地的第一个文艺团体——中国文艺协会/唐天然//新文学史料 1980-03
◎适应“四化”需要办好工艺美术教育/张代//装饰 1980-03
◎四谈古书画鉴别——书画的装潢形制/徐邦达//故宫博物院院刊 1980-03
◎宋元绘画收藏著录/金维诺//美术研究 1980-03
◎图案艺术与物质生产/王小勤//装饰 1980-03
◎外国工艺美术教育一瞥/李绵璐//装饰 1980-03
◎文化部组织直属文艺团体赴各地进行春节慰问演出//人民音乐 1980-02
◎西洋乐器进入中国之初/立成//音乐爱好者 1980-03
◎演员与书画艺术/谷苇//上海戏剧 1980-06
◎音乐的美与审美观在变化/李焕之//音乐研究 1980-02
◎周恩来同志和南开新剧运动日志/董振修 杨桂欣//天津师范大学学报（社会科学版）1980-01

1981 年

◎“长沙货”——谈长沙近百年间伪造古书画/吴冠君 杨新//文物 1981-03
◎八大山人的画押/王方宇//文物 1981-06
◎波克夏音乐节散记/韩中杰//音乐爱好者 1981-01
◎关于批判地继承人类文化遗产的几个问题/李欣//哲学动态 1981-02
◎回回识宝/明言诗//中国民族 1981-10
◎近代上海的画会、画派与画家（上）/林树中//南京艺术学院学报（音乐与表演版）1981-04
◎可喜的尝试——记天津美术学院工艺美术系与我院工艺美术系就装潢专业结成友好专业//南京艺术学院学报（音乐与表演版）1981-04
◎琉璃厂寻梦记/姜德明//读书 1981-06
◎六谈古书画鉴别——对无款书画的鉴定/徐邦达//故宫博物院院刊 1981-03
◎美国现代艺术何处去？——由纽约的马蒂斯作品展谈起/汪澄//美术 1981-05
◎拍卖《泰晤士报》/陈如为//瞭望 1981-01
◎图书馆和文化遗产/黄恩祝//新世纪图书馆 1981-03
◎文艺轻骑在日本——记内蒙古自治区艺术家访日小组演出/金海如//中国民族 1981-11
◎文艺作品的特性与文化市场/吴毅//广西师院学报（哲学社会科学版）1980-04
◎五谈古书画鉴别——对作伪的方式、方法的鉴定/徐邦达//故宫博物院院刊 1981-02
◎姚华的书画和颖拓/陈训明//贵州文史丛刊 1981-03
◎在郑州举办中南地区文物鉴定训练班/东亚//中原文物 1981-03
◎中国画传统用笔浅析/韩国榛//美术研究 1981-02
◎重视高等院校学报的收藏和利用/吕身洁//中国图书馆学报 1981-03

1982 年

- 《广州音乐茶座向何处去》/人民音乐//1982-05
- 城市环境中古建筑保护方法初探/李雄飞//建筑学报 1982-08
- 从大洋彼岸归来的珍藏/郭客//瞭望 1982-11
- 德累斯顿画廊掠影/静之//世界知识 1982-05
- 发展工艺美术教育刍议/邓白//新美术 1982-01
- 高等学校图书馆应注意收藏本校的出版物和学术文献/谢俊贵//高校图书馆工作 1982-02
- 积极发展首都的工艺美术工业/梅岩 郭熹//前线 1982-02
- 建设历史文化名城——开封的几点建议/张亦文//河南科技 1982-05
- 近代上海的画会、画派与画家（下）/林树中//南京艺术学院学报（音乐与表演版）1982-01
- 经国务院批准二十四个城市定为我国首批历史文化名城//文物 1982-05
- 历史的责任——保护历史文化遗产/陈桂轮//城市规划 1982-03
- 历史文化名城城市特色的构成要素/李雄飞//城市规划 1982-06
- 历史文化名城规划中的保护区/汪德华 王景慧//城市规划 1982-03
- 历史文化名城建筑遗产的保护/李雄飞//城市规划 1982-03
- 漫游历史文化名城——景德镇/李科友//南方文物 1982-03
- 浅谈彝文类型争议和抢救民族文化遗产/夷吉·木哈//贵州民族研究 1982-03
- 浅谈中国画与诗、书的关系/韦自强//西北师大学报（社会科学版）1982-04
- 全国第一批历史文化名城简介/罗哲文 彭卿云 朱希元 程纪中 刘炜 侯菊坤 丁品//文物 1982-05
- 全国高等院校工艺美术教学座谈会纪要//美苑 1982-03
- 日本的工艺美术教育见闻/顾信//美术 1982-02
- 塞尚画廊/小泰奥多尔·卢梭 杨国章 李德义//世界美术 1982-02
- 山西省城表演艺术团体文明礼貌公约//中国戏剧 1982-06
- 省、市图书馆的地方文献收藏工作/熊润芝//江西图书馆学刊 1982-04
- 省化工情报中心站科技书刊收藏情况介绍/谭德勋//山西化工 1982-02
- 试论当前我国的艺术表演团体所有制形式问题/张喜曾//社会科学辑刊 1982-05
- 适应四化需要 搞好工艺美术教育/李绵潞//美术 1982-02
- 苏州的名城特色及其保护规划/俞绳方//城市规划 1982-03
- 谈谈国内图书馆学情报学外文期刊的收藏和利用/张克科//高校图书馆工作 1982-02
- 文人画艺术风格初探/伍蠡甫//文艺理论研究 1982-02
- 文物资源的保护与利用/殷德明//北方文物 1982-03
- 我国历史文化名城保护与建设的重大措施/罗哲文//文物 1982-05
- 我国历史文化名城的美学价值/王世仁//城市规划 1982-03
- 西欧的旧城及古建筑保护/吴良镛//建筑学报 1982-04
- 这件古玩究应归谁/白水//法学 1982-11
- 中国历史文物鉴定史略说/刘东瑞//史学月刊 1982-06

1983 年

- 从《哈姆莱特》演出谈形式多样化/吴光耀//文艺研究 1983-02
- 大都会博物馆迪能画廊的中国画收藏/方闻何慕 景山//美术研究 1983-03
- 档案馆也要重视报纸的收藏/罗孟杰//浙江档案 1983-08
- 德累斯顿画廊/梁运清//美术研究 1983-03
- 对公共图书馆领导体制改革的几点看法/徐淑兰//图书馆建设 1983-S1
- 对农民进行思想教育的新路子——大韩继大队开展多种文化娱乐活动的经验/燕文//前线 1983-12
- 对图书馆管理体制改革的几点不同看法/王经邦//图书馆学研究 1983-06
- 敦煌遗书之被盗、收藏及有关目录之考察/周丕显//图书与情报 1983-04
- 发扬传统特色 搞好名城规划——历史文化名城规划和保护座谈会侧记//城市规划 1983-01
- 改革上海图书馆管理体制的一点建议/潘皓平//图书馆杂志 1983-01
- 改革是发展艺术生产的强大动力——对宝鸡市人民剧团的调查/杨青峰//当代戏剧 1983-08
- 改革与完善县级图书馆领导体制的设想/范让一//江西图书馆学刊 1983-04
- 工艺美术的一朵艳丽新花——工物系研究成功"钛板及钛镀层彩色画工艺"//清华大学学报（自然科学版）1983-03
- 古老的文化街——《琉璃厂小志》读后/叶祖孚//读书 1983-05
- 关于保护历史文化名城几个问题的探讨/张祖刚//建筑学报 1983-12
- 关于历史文化名城的传统特点和风貌的保护/郑孝燮//建筑学报 1983-12
- 关于图书馆事业管理体制改革的意见/欧阳再升//江西图书馆学刊 1983-03
- 关于中小历史文化名城保护、规划与建设的几点建议//建筑学报 1983-12
- 管理体制的改革是全面开创高校图书馆事业新局面的关键/刘杰 罗苑香//图书馆建设 1983-S1
- 海牙和平宫图书馆——世界上收藏国际法书籍最多的图书馆之一/王培章//国外法学 1983-04
- 火热的心肠 感人的艺术——全国乌兰牧骑式演出队文艺会演述评/万苇舟//中国民族 1983-11
- 江西地区书画家简述/刘品三//南方文物 1983-04
- 开在责任制田野的艺术之花——上海市首届农村业余剧展观感/周民//上海戏剧 1983-06
- 历史文化名城的规划结构、旧城更新与城市设计/吴良镛//城市规划 1983-06
- 历史文化遗产与社会主义精神文明/田昌五//学术月刊 1983-06
- 历史文化遗产与社会主义精神文明/郑昌淦//前线 1983-04
- 刘海粟美术年谱/周积寅//南京艺术学院学报（音乐与表演版）1983-01
- 论工艺美术在两个文明建设中的作用/瑞娟 剑菁//山西大学学报（哲学社会科学版）1983-03
- 满台繁花泥土香——上海市农村文艺工厂戏剧交流演出述评/张传//上海戏剧 1983-03
- 美国工艺美术教育点滴/陈静香//装饰 1983-03

◎民间工艺美术的特点——看山东民间工艺美术展览/李绵璐//装饰 1983-03
◎清代花鸟画流派概述/任广武//吉林艺术学院学报 1983-01
◎日本收藏的中国宋元禅宗绘画/高居翰 林小平//美术研究 1983-02
◎善于从人类文化遗产中吸取营养——学习马克思关于批判继承文化遗产的论述/宋应离//许昌学院学报 1983-01
◎社会主义与文化遗产/张椿年//世界历史 1983-04
◎实行艺术生产责任制 专业剧团面貌新/李世玉 张华祥//中国财政 1983-04
◎试论图书馆的体制改革/潘鋐//图书馆杂志 1983-02
◎试论图书馆管理体制与方法的反馈调节/穆立平//图书馆学研究 1983-02
◎四川最早的文学团体和文艺刊物——草堂文学研究会和《草堂》介绍/刘传辉//当代文坛 1983-08
◎他山之助——读《古书画鉴定概论》/施阑//读书 1983-01
◎台湾省中央图书馆收藏的善本书/钰//情报科学 1983-05
◎谈日记中的中国书画史料/陈左高//社会科学战线 1983-01
◎图书馆的体制改革建议/傅朗云//图书馆学研究 1983-02
◎图书馆管理体制改革管见/周世辟 廖子良//图书馆论坛 1983-04
◎未来文化娱乐的变革/任新华//未来与发展 1983-04
◎文艺和友谊的使者——访中国对外演出公司/力弓 传广//世界知识 1983-20
◎我省第一个陶瓷艺术研究团体——陶瓷雕塑研究会成立/闻喜//景德镇陶瓷 1983-02
◎舞台艺术革新者阿道尔夫·阿披亚/吴光耀//戏剧艺术 1983-02
◎县级图书馆收藏地方文献工作浅见/徐维训//图书馆学研究 1983-01
◎学术繁荣 古城生辉——中小历史文化名城规划与建设学术讨论会记要/鲍世行//城市规划 1983-06
◎逊清皇室抵押、拍卖宫中财宝述略/叶秀云//故宫博物院院刊 1983-01
◎演出到村 送戏上门——记嘉定县娄塘文艺工厂/沈云娟//上海戏剧 1983-05
◎意大利古城及古建筑的保护、维修与修复/李长杰//建筑学报 1983-12
◎银川隆重举行文艺创作汇报演出/武元//当代戏剧 1983-12
◎中国古代律学——一种具有民族文化特点的科学遗产/黄翔鹏//音乐研究 1983-04
◎中国音乐学院演出团赴深圳、广州演出/郭祥义//人民音乐 1983-02
◎中小历史文化名城保护、规划与建设学术讨论会纪要/夏宗玕//建筑学报 1983-12

1984 年

◎“文艺管理学”浅谈/李军//求索 1984-06
◎“新的技术革命”与工艺美术教育/樊文江//西北美术 1984-02
◎北京市举行市属文艺团体中青年演员调演/伊平//中国戏剧 1984-01
◎布达佩斯美术博物馆的绘画收藏/洪绍贤//美术研究 1984-03
◎城市民族音乐学/林达·福迪哀 王北成 译//中国音乐 1984-03
◎充分利用我们的文化遗产/杜米特鲁·吉谢 周琪//国外社会科学文摘 1984-03
◎对中文科技期刊收藏工作的探讨/张兰芳 程小澜//农业图书情报学刊 1984-02
◎发展工艺美术/田自秉//美术 1984-10
◎发展我国的民间工艺美术——在中国民间工艺美术委员会成立大会上的讲话/徐运北//南京艺术学院学报（音乐与表演版）1984-03
◎仿古玉/杨伯达//文物 1984-04
◎改革中小型专业图书馆体制的一些设想/章回波//图书情报工作 1984-01
◎古建筑的管理与保护/陈孟东//文博 1984-02
◎关于文学遗产的几个问题——学习列宁关于文化遗产的论述/匡音//河南大学学报（社会科学版）1984-05
◎海外博物馆所见中国科技资料/傅振伦//中国科技史杂志 1984-03
◎汉墓壁画、画像石题材内容试探/夏超雄//北京大学学报（哲学社会科学版）1984-01
◎黄公望《富春山居图》真伪本考辨/徐邦达//故宫博物院院刊 1984-02
◎加快改革步伐 开创艺术事业新局面 文化部召开艺术表演团体体制改革座谈会/容思//中国戏剧 1984-08
◎加强美术馆建设 重视艺术品收藏/周炳辰//美术 1984-04
◎历史文化名城的规划布局结构/吴良镛//建筑学报 1984-01
◎历史文化名城规划的几个战略性问题/陶宗震//国外城市规划 1984-01
◎琉璃厂文化街/宗泉超//前线 1984-08
◎略谈辽代的陶瓷工艺美术/张戴天//吉林艺术学院学报 1984-02
◎论赵佶的书画艺术/姜澄清//贵州文史丛刊 1984-04
◎美国图书馆对报纸的收藏 保管和利用/朱镇海//图书馆论坛 1984-01
◎欧美自然博物馆标本收藏的现状/许维枢//中国博物馆 1984-01
◎拍卖古币/江善芝//世界知识 1984-01
◎批判地继承文化遗产和吸收外国文化——重新学习毛泽东同志关于批判继承的思想/方治//编辑之友 1984-01
◎浅谈古书画的鉴别/晏霁//中原文物 1984-02
◎浅谈历史文化名城的绿地规划/潘家莹//广东园林 1984-02
◎浅谈艺术体操团体自选动作的编排——兼评武汉地区 1983 年艺术体操邀请赛/孔淑英 郑丽冰//武汉体育学院学报 1984-01
◎浅谈郑振铎对古籍的收藏与整理/李艳秋//山东图书馆季刊 1984-02
◎全国艺术表演团体体制改革座谈会强调精神产品也要讲经济核算//当代戏剧 1984-09
◎权责利结合 促进文艺团体改革/袁愈昭//财会通讯（综合版）1984-09
◎如何扩大工艺美术产品的出口/戴云辉 朱壁升//国际贸易 1984-01
◎上海戏剧学院《艺术画廊》对外开放//戏剧艺术 1984-04
◎省级、成都市部分专业文艺团体艺术档案工作座谈会在蓉召开//四川档案 1984-03
◎试论保护历史文化名城的几个关系/安永瑜//城市规划 1984-02
◎试论专科学校图书馆的领导体制/孙步峰//大学图书馆学报 1984-03
◎试谈中小历史文化名城的保护内容和突出名城特色的问题/王健平 汪志明//建筑学报 1984-01
◎书画鉴别杂谈/吴焕章//中原文物 1984-02
◎图书馆将要发生的变化是什么？——人们将从过去津津乐道“收藏多少多少万册图书”改变为“注重输出多少信息”/李新

乐//图书馆工作与研究 1984-03
⊙图书馆业务机构体制的形式/丘东江//图书与情报 1984-Z1
⊙威宁大街公社民族文化娱乐活动调查/傅汝吉//贵州民族研究 1984-04
⊙为你解开交响乐之谜——与青年朋友谈交响乐欣赏/陈奎及 李德伦//音乐爱好者 1984-01
⊙文物环境质量评价问题/王翰章//文博 1984-02
⊙文艺改革需要研究文艺管理学/李军//长江日报 1984-07-17
⊙西方的书画艺术/维基·埃利奥特//世界博览 1984-06
⊙艺术表演团体不改革就没有希望——文化部副部长周巍峙答本刊记者问//瞭望 1984-31
⊙艺术表演团体改革后的新体制/焦勇夫 许柏林//中国戏剧 1984-12
⊙艺术表演团体体制改革的核心问题/焦勇夫 许柏林//中国戏剧 1984-10
⊙艺术瓷厂彩色玲珑瓷试验成功并投入小批量生产/本刊通讯员//景德镇陶瓷 1984-01
⊙在"社会遗产"面前——谈谈文化/庞树奇//社会 1984-03
⊙沾满泥土芳香的文艺轻骑队——看云南红河州歌舞团的演山/满子//人民音乐 1984-03
⊙正确对待中外文化遗产——学习毛泽东同志"古为今用"、"洋为中用"的方针/华世欣//固原师专学报 1984-01
⊙中国陶瓷在美国——世界博览会中的展销及市场调查/杨维正//中国陶瓷 1984-06
⊙中国音乐学院的昨天、今天和明天——为纪念学院诞生20周年而写/厉声//中国音乐 1984-04
⊙重整改革旗鼓 共商改革大策——省文化文物厅召开艺术表演团体体制改革工作会议/姚敏//当代戏剧 1984-09
⊙朱穆之同志谈艺术表演团体体制改革//当代文坛 1984-09

1985 年

⊙"仓颉造书"与"书画同源"/高铭路//新美术 1985-03
⊙"书籍装帧艺术十人作品展"将在京举行/华//中国出版 1985-03
⊙参观深圳日本艺术书展随札/钱锋//中国出版 1985-01
⊙藏书专业化是未来大学图书馆的收藏趋势/文泽//图书馆学研究 1985-02
⊙传宋高宗赵构孝宗赵昚（慎）书马和之画《毛诗》卷考辨/徐邦达//故宫博物院院刊 1985-03
⊙从第三产业的兴起谈图书馆的收费问题/邓广宇//图书馆理论与实践 1985-04
⊙大学图书馆：是博物馆还是超级市场/A·J·埃文斯 孙泽华 张金棣//大学图书馆学报 1985-03
⊙当前文化艺术体制改革中几个理论问题的初探/焦勇夫 许柏林//文化管理 1985-01
⊙对高校图书馆管理体制改革的认识和想法/刘尚恒//图书馆工作与研究 1985-03
⊙多样化 借鉴 观众欣赏/吴光耀//戏剧艺术 1985-02
⊙发展中的我国工艺美术教育事业/耿旭//中国集体经济 1985-03
⊙法国博物馆的种类和特点/王奕隆//中国博物馆 1985-04
⊙高校图书馆的收藏管理/默里·马丁 朱晓峰//技术与市场 1985-04
⊙高校图书馆管理体制改革初探/姚宏峰//大学图书馆学报 1985-03
⊙工艺美术科研结构之今昔/王明石//美苑 1985-05
⊙古都保护工作面临的新问题——六大古都保护规划研讨会综述/晨风//城市规划 1985-06
⊙古木逢春 郁郁葱葱——北京琉璃厂街改建规划设计/张光恺//城市规划 1985-03
⊙关于敦煌文物研究所收藏的一组汉简/初师宾//敦煌研究 1985-03
⊙集诗书画之精萃 冶诗书画于一炉 一份新型的文学艺术小报《诗书画》出版/勇进//名作欣赏 1985-01
⊙加拿大国家美术馆/摩西·赛弗迪 艾尔//世界建筑 1985-03
⊙今日法国艺术的一个窗口——当代艺术邀请展纪实/啸声//世界美术 1985-01
⊙景德镇古城历史文化体系规划/沛旋//城市规划 1985-02
⊙竞争——艺术表演团体生存和发展的必由之路/焦勇夫 许柏林//中国戏剧 1985-05
⊙开设工艺美术专业课的探索//教育导刊 1985-03
⊙历史文化名城和名区的一些规划问题/赵长庚//重庆建筑大学学报 1985-03
⊙历史文化名城西安古遗址规划的意见/贺梓城 王翰章//文博 1985-06
⊙两种有关书画书录考辨/徐邦达//文物 1985-05
⊙论书与画的异同/梁荫本//文史杂志 1985-01
⊙梅耶荷德导演艺术（续）/爱德华·布朗 杜定宇 译//戏剧艺术 1985-04
⊙梅耶荷德导演艺术/爱德华·布朗 杜定宇 译//戏剧艺术 1985-03
⊙美的创造 前程似锦——社会主义工艺美术初探/胡照华//新美术 1985-01
⊙美国的中国书画收藏/杨新//故宫博物院院刊 1985-03
⊙美国收藏中文图书最多的十个图书馆/徐春裕//新世纪图书馆 1985-02
⊙美术馆建筑设计的趋向/关肇邺//世界建筑 1985-03
⊙美在民间不朽——江西民间工艺美术研究初探/蔡桑安//江西社会科学 1985-05
⊙名城的发展与面临的挑战/郑光磊//城市规划 1985-02
⊙内蒙古阴山以北草原上的古代艺术画廊/盖山林//内蒙古社会科学（汉文版）1985-01
⊙纽约现代美术馆新筑 美国/塞扎·佩利 志伊//世界建筑 1985-03
⊙农村经济体制改革后的县图书馆工作/张树//图书馆建设 1985-02
⊙努力建立艺术档案 为剧团艺术生产服务//浙江档案 1985-06
⊙全国民族文化遗产搜集整理研究工作经验交流会在西宁召开/玉竹//民族艺术 1985-00
⊙日本艺术书展花絮三则/高村人//中国出版 1985-01
⊙如何鉴定古书画的真伪与时代/秦化江//四川文物 1985-01
⊙山东聊城海源阁藏书始末/王彩云 王建华//古籍整理研究学刊 1985-02
⊙十里扬州景物稠——历史名城的保护及其发展远景/朱懋伟//扬州大学学报（人文社会科学版）1985-04
⊙试论高校图书馆对非正式出版物的收藏和利用/张炜//新世纪图书馆 1985-04
⊙试论诗书画的同一性及其他/姚诚//西华师范大学学报（哲学社会科学版）1985-02
⊙斯图加特美术馆新馆 西德//世界建筑 1985-03

⊙探索演出的空间结构/胡妙胜//戏剧艺术 1985-03
⊙唐山工艺美术厂创出新局面/鸿//陶瓷研究与职业教育 1985-04
⊙团体艺术档案经验交流会 文化部艺术局召开专业表演/李晓明//中国档案 1985-06
⊙外国流行音乐初探/文鲁//乐府新声-沈阳音乐学院学报 1985-01
⊙完善管理体制是图书馆改革的关键/张世新//图书馆学研究 1985-06
⊙为发展特区文化作贡献——博雅画廊（艺术公司）经营工作经验/王效文//特区经济 1985-02
⊙为更好地保存电影文化遗产而努力/白佐民//中国档案 1985-04
⊙文艺体制改革和艺术生产规律/世平//前线 1985-04
⊙学会和中心图书馆委员会体制改革的一次尝试/陶传芳//图书馆工作与研究 1985-01
⊙一份新型的文学艺术小报《诗书画》出版/勇进//诗刊 1985-02
⊙一个充满活力的企业——对运城地区工艺美术厂的调查/李金锟 昝清太//经济问题 1985-04
⊙艺术表演团体青年特点及共青团的工作/欧阳飞云//青年研究 1985-08
⊙艺术体操团体项目中队形变化的探讨/李宝玉//浙江体育科学 1985-01
⊙在创新中不断前进——记济南工艺美术工厂的发展/李长荣//中国集体经济 1985-03
⊙赵孟頫临跋《兰亭序》考（续）/王连起//故宫博物院院刊 1985-02
⊙赵孟頫临跋《兰亭序》考/王连起//故宫博物院院刊 1985-01
⊙中国装修艺术品的大市场/张永平//中国建材 1985-08
⊙重庆市八个艺术团体与八个大型企业组成经济文化联合体/平凡//中国戏剧 1985-03
⊙做好地方文献的收藏工作 更好地为四化建设服务/庄平//江西图书馆学刊 1985-01
⊙做好艺术档案工作 为艺术生产服务//上海档案 1985-02

1986 年

⊙“文艺社会”与文艺社会学/王熙梅//上海大学学报（社会科学版）1986-01
⊙藏戏艺术的博览会——一九八六年雪顿节侧记/赓续华//中国戏剧 1986-10
⊙对北京琉璃厂文化街改建工程的几点看法/周治良//建筑学报 1986-04
⊙二十世纪——戏剧观念的多样化/吴光耀//戏剧艺术 1986-03
⊙发展马克思主义的文艺理论与批评//文艺理论与批评 1986-01
⊙高校图书馆的期刊精选和收藏/曹汉章//新世纪图书馆 1986-03
⊙古建筑楼阁/罗哲文//古建园林技术 1986-01
⊙关于国际文化遗产保护的一些见解/J. 诸葛力多 于丽新//世界建筑 1986-03
⊙关于文化遗产（上）/陈涌//文学自由谈 1986-04
⊙关于文化遗产（下）/陈涌//文学自由谈 1986-05
⊙关于文物保护管理的几个问题/孙启康//江汉考古 1986-S1
⊙关于徐州现代艺术展/武平人//美术 1986-11
⊙关于转发全区民族文化遗产抢救工作会议纪要的通知//西藏艺术研究 1986-01
⊙国家文物鉴定委员会成立//中国钱币 1986-02
⊙海派画风城市景观市民心态/花建//社会 1986-04
⊙继承民族遗产 建设具有中国特色的社会主义文化——在全国民族文化遗产搜集整理研究工作经验交流会上的讲话/丁峤//民族艺术 1986-01
⊙加强对我国图书馆学情报学刊物的收藏、管理与利用/王惠翔//图书馆学研究 1986-01
⊙经济腾飞的先导行业——北京市第三产业的调查报告/张铭芳 刘淑贞 杨娴 李顺荣//马克思主义研究 1986-01
⊙旧中国博物馆历史述略/梁吉生//中国博物馆 1986-02
⊙科技时代工业社会呈现出的音乐文化现象——兼谈工业居民对音乐所持态度的类别型/孙学武//乐府新声-沈阳音乐学院学报 1986-03
⊙科学技术文件的收藏和利用工作（续）/马素萍 王传宇//档案与建设 1986-04
⊙科学技术文件的收藏和利用工作/马素萍 王传宇//档案与建设 1986-03
⊙历史的瑰宝——伦敦国家肖像画廊/玛丽娜·维西 梁毓秀//世界文化 1986-04
⊙历史的转折（续）——有感于工艺美术“系统”的现实种种/许平//南京艺术学院学报（美术与设计版）1986-03
⊙历史的转折——有感于工艺美术“系统”的现实种种/许平//南京艺术学院学报（美术与设计版）1986-02
⊙历史文化名城之根与实的追寻——绍兴越城传统文化街规划/阮仪三 乐义勇//新建筑 1986-01
⊙历史文化名城的保护与发展/赵士绮//建筑学报 1986-12
⊙梁思成关于北京历史文化名城保护的杰出思想及其贡献——纪念梁思成先生八十五周年诞辰/娄舰//城市规划 1986-06
⊙略论郑板桥书法艺术的特色/翟本宽//郑州大学学报（哲学社会科学版）1986-01
⊙论文艺社会中的自娱活动/张祖健 李世红//上海大学学报（社会科学版）1986-02
⊙论我国古代工艺美术的社会观/李砚祖//美苑 1986-06
⊙马克思主义和文艺社会学研究方法/花建//社会科学 1986-12
⊙漫议唐伯虎/俞明仁//杭州大学学报（哲学社会科学版）1986-04
⊙美 在探索中发展——设计艺术展的反思/古松//新美术 1986-03
⊙名琴身价/陈诗信//瞭望 1986-02
⊙明清四川书画/秦化江//四川文物 1986-04
⊙摩根图书馆的音乐手稿收藏/蔡馥如//人民音乐 1986-10
⊙农民建起根雕工艺美术厂/农信//新农业 1986-15
⊙平度县图书馆重视地方志的收藏和利用/郭军英//山东图书馆季刊 1986-02
⊙奇特的收藏/吴少华//上海档案 1986-02
⊙浅谈书画装裱艺术中的“宋式裱”/宁刚//四川文物 1986-03
⊙浅议消遣娱乐与群众文化/杨燕卿//开放时代 1986-01
⊙清代皋兰书画家唐琏/康复//兰州学刊 1986-04
⊙清代禁止淫秽书画戏曲的言论/吴育频//贵州文史丛刊 1986-02
⊙清代仕女画家改琦生平考/何延喆//故宫博物院院刊 1986-01
⊙取名“中国盆景艺术博览会”为好——兼论盆景起源与对盆景艺术进展现状的评估/宋德钧 伍时开//中国花卉盆景 1986-09
⊙全区民族文化遗产抢救工作会议纪要//西藏艺术研究 1986-01
⊙让鲜花走进千家万户——花卉科研成果展与插花艺术展侧记/何非//中国花卉盆景 1986-03
⊙人类文化知识遗产的继承和发展问题/匡亚明//孔子研究 1986-02
⊙日本艺术书展印象/剑平//出版发行研究 1986-04
⊙如何以时代的观念保护和发展历史文化名城——1986 年 5 月 3

日在历史文化名城经济社会发展问题研究会上的讲话/肖桐//建筑学报 1986-10

⊙上海市区老龄人口文化娱乐活动意愿分析/李立奎//人口学刊 1986-06

⊙尚意书风与绘画——关于宋代绘画史上一个观点的阐述/陈振濂//新美术 1986-02

⊙实行文献搜集收藏协调的设想/徐文斗//大学图书馆学报 1986-04

⊙市场理论在图书馆管理工作中的运用/黄刚//大学图书馆学报 1986-01

⊙试论文艺社会的双向交流/徐永耀 金华//上海大学学报（社会科学版）1986-01

⊙试论我国图书馆事业体制的改革/詹华军//图书馆学研究 1986-03

⊙谈谈私人档案的收藏、利用和捐献/金琦//群言 1986-11

⊙谈谈图书馆领导体制改革的几个问题/赵淑琴//图书馆学研究 1986-02

⊙谈演出团体艺术档案的分类与整理/周洪兴//浙江档案 1986-06

⊙提高上海城市公共文化娱乐设施的社会效益/林征宇 王建胜//上海大学学报（社会科学版）1986-01

⊙图书馆的产业性质和产业化问题/邵森万//四川图书馆学报 1986-04

⊙图书馆与教育体制改革/王永安//大学图书馆学报 1986-03

⊙图书情报体制改革的一种趋势——中国科学院图书馆改名有感/孟连生//中国图书馆学报 1986-04

⊙文艺社会学略论/花建//上海社会科学院学术季刊 1986-01

⊙文艺团体改革这台戏——文化部直属表演团体的现状和出路调查/王海征 冯瑛冰//瞭望 1986-47

⊙文艺选择中的心理生态与社会对策/李平//上海大学学报（社会科学版）1986-01

⊙吴镇诗画丛考/李德熏//齐鲁艺苑 1986-01

⊙鲜花的海洋 艺术的享受——第五届国际花卉博览会散记/夏佩荣//世界农业 1986-09

⊙小议文物的“保管”/黄裳//瞭望 1986-38

⊙要进一步解放思想 按艺术生产规律办事——天津市长李瑞环谈繁荣文艺/张淑英//瞭望 1986-38

⊙要重视民族艺术教育事业——从《中日舞台美术学生作品展》中得到的启示/段纯麟//戏曲艺术 1986-02

⊙也谈对高校图书馆管理体制改革的认识与想法/丛晓//图书馆工作与研究 1986-02

⊙艺术商品的价值及价格形成/楼上云//上海大学学报（社会科学版）1986-Z1

⊙艺术消费和空间占有/花建//社会 1986-02

⊙寓教育于艺术之中——济南市首届劳动保护安全生产美术、书法、摄影作品展览巡礼/王宗振//劳动保护 1986-01

⊙在全国工艺美术公司经理会上的讲话（摘要）/陈士能//中国集体经济 1986-06

⊙郑板桥印章艺术初探/李儒光//湖南师范大学教育科学学报 1986-05

⊙中国传统书画艺术中的非理性因素/张辉//美苑 1986-05

⊙中国皇家绘画组织机构发展情况概述/范小平//美术研究 1986-04

⊙追寻失踪的大师作品的线索/黄笃//世界美术 1986-01

1987 年

⊙“近代日本美术的巨匠”展在横滨举办/陶勤//美术 1987-01

⊙“中国音乐”——译自《新格罗夫音乐与音乐家大辞典》/司徒幼文//音乐研究 1987-02

⊙《第二届国际设计大展》展示设计艺术一瞥/沈孝谟//装饰 1987-01

⊙《融·艺术展》在津举行/路//美术 1987-09

⊙《艺术表演团体会计制度》简介/王丕文 郁震东//财务与会计 1987-06

⊙巴黎的文物拍卖行/方文//世界博览 1987-11

⊙北京工艺美术博物馆正式开馆/龚伯//美术 1987-11

⊙北京市土建学会城市规划专业委员会举行维护北京古都风貌问题的学术讨论会//建筑学报 1987-04

⊙布鲁斯音乐的产生和内容倾向/翟学文//天津音乐学院学报 1987-Z1

⊙藏戏艺术的博览会——一九八六年雪顿节侧记/赓续华//西藏艺术研究 1987-03

⊙城市社区文艺建设新论/花建//社会 1987-05

⊙传统工艺美术生产亟待保护振兴/陈宝光//中国集体经济 1987-03

⊙从 PTS 库使用看天津市期刊收藏的现状/李岩 肖潜//情报理论与实践 1987-04

⊙从豫园商场秋季博览会看上海消费市场的动向//上海金融 1987-02

⊙大科学时代的大文艺视角论纲/花建//延边大学学报（社会科学版）1987-Z1

⊙大洋彼岸有知音——记中国美术馆画廊首次赴美展出/廖开明//瞭望 1987-08

⊙当代美国艺术界的新发现——安德鲁·韦思绝密杰作的问世/理查德·考利斯 范革新 译//美苑 1987-04

⊙对地方文献收藏工作的点滴设想/谢广跃//河南图书馆学刊 1987-03

⊙对鄂东地区线装书收藏、保管现状之我见/郑伯成//图书馆杂志 1987-05

⊙对开放营业性舞厅怎么看//瞭望 1987-08

⊙敦煌遗书之收藏及数量/刘进宝//兰州学刊 1987-01

⊙二十世纪的音乐特征/小泉文夫 曹允迪//中国音乐 1987-04

⊙工艺美术的足音/范影//瞭望 1987-19

⊙工艺美术在历史文化名城扬州的地位和作用/陈忠南 张幼荣//扬州大学学报（人文社会科学版）1987-01

⊙古玩商品核算的探讨/唐金龙//上海会计 1987-10

⊙关于“新音乐”美学基础若干问题的思考/宋瑾//人民音乐 2000-07

⊙关于工艺美术学科理论建设的思考/孙建君//南京艺术学院学报（美术与设计版）1987-03

⊙国际拍卖（二）/何漫怀//国际贸易 1987-07

⊙国际拍卖（三）/何漫怀//国际贸易 1987-08

⊙国际拍卖（一）/何漫怀//国际贸易 1987-06

⊙国家文物局顾问谢辰生谈——打击文物走私保护文化遗产//瞭望 1987-24

⊙国外图书馆收藏的我国地方志/姜岳//图书馆学刊 1987-02

⊙国务院批准公布第二批国家历史文化名城包括上海喀什等三十八个//经济地理 1987-01

◎海南旅游工艺美术纪念品开发初探/王广生//海南大学学报（人文社会科学版）1987-01
◎桦甸县图书馆认真做好地方文献资料的收藏工作/徐维训//图书馆学研究 1987-02
◎吉林省图书馆领导体制改革的进展情况和初步体会/王华夫//图书馆学研究 1987-06
◎纪念《在延安文艺座谈会上的讲话》发表四十五周年《酒醉杏花村》、《卓文君》等剧目将赴京汇报演出/杨伟 亚光//当代戏剧 1987-03
◎简论高校图书馆的两级管理体制/严仲仪/倪友春//新世纪图书馆 1987-01
◎建立图书馆的“AB 中心”——关于图书馆体制改革的设想/黄方正 张天俊//图书馆理论与实践 1987-03
◎江苏省文化艺术资料档案馆在宁举办戏剧艺术剧照展//中国档案 1987-09
◎教训中的启示——谈谈重视地方文献的收藏/于辉云//图书馆界 1987-03
◎老有所学 老有所为——记中国老年书画研究会/续志先//瞭望 1987-12
◎李清照与赵明诚及《金石录》/赵齐平//北京大学学报（哲学社会科学版）1987-05
◎历史文化名城的经济发展与文化风貌分区探讨/郑孝燮//城市规划 1987-01
◎伦敦拍卖莫扎特手稿/蔡馥如//人民音乐 1987-07
◎伦敦拍卖莫扎特手稿/蔡馥如//人民音乐 1987-07
◎论桂林历史文化名城的主要特色和整体保护/周佩铎 郭其中 刘寿保//社会科学家 1987-04
◎美国音乐简史/吕金藻 郑向群//吉林艺术学院学报 1987-S1
◎民国档案的收藏与开发利用/赵铭忠//中国档案 1987-11
◎民窑瓷绘传统不能丢掉——在中国民间工艺美术委员会第三届年会上的发言/毕克官//陶瓷研究与职业教育 1987-02
◎民族音乐学家的音乐观/沈洽//音乐研究 1987-01
◎名人手稿拍卖见闻/才炜//世界文化 1987-05
◎名人手稿拍卖见闻/才炜//世界文化 1987-05
◎皮埃尔·马蒂斯画廊为夏加尔庆 90 诞辰/让·莱马里 安定//世界美术 1987-04
◎评赵孟頫的人品、画品、书品/侗（广娄）//阜阳师范学院学报（社科版）1987-03
◎千阳民间工艺美术开发学术讨论会纪要/胡荣华//西北美术 1987-Z1
◎浅谈报刊的三级收藏体系与管理方法/臧铁柱 王杰//图书馆学刊 1987-01
◎浅谈古代书画鉴定中的主要依据与辅助依据的辩证关系/阮梅//中原文物 1987-02
◎浅谈装裱技术与文物保护/黄琼//南方文物 1987-02
◎巧手辈出 源远流长——丰富多彩的内蒙古民族民间工艺美术/耿永森//美术 1987-09
◎全国表演团体艺术档案工作汇报会在郑州召开/管辉//中国档案 1987-01
◎全国工艺美术展览在北京展出/阿李//装饰 1987-04
◎确立法院拍卖制度势在必行/李海亮//安庆师范学院学报（社会科学版）1987-04
◎日本出现购买名画热/姚力//瞭望 1987-49
◎日本农山渔村文化协会专务理事坂本尚先生访问农业遗产室纪要//中国农史 1987-04
◎设立拍卖市场处理损余物资/蒋培德//上海企业 1987-03
◎社会主义文艺的轻骑 各族人民团结的使者——记国家民委组织艺术演出团赴闽慰问演出/王晓辉//中国民族 1987-08
◎盛况空前的珠宝拍卖/小熊//南方金融 1987-08
◎试论文化艺术的商品性质及其调节机制/李军//求索 1987-06
◎试论文艺管理学的几个问题/李军//管理世界 1987-05
◎试论我国乡镇图书馆事业经济体制的结构模式/刘国英 许晓霞//新世纪图书馆 1987-02
◎试论系资料室的期刊收藏/唐淑君//四川师范大学学报（社会科学版）1987-05
◎试论行为科学的“激励——强化理论”与表演团体中人的积极性/商尔刚//管理与教学 1987-03
◎收藏期刊 重在利用/贾平 皮剑英//图书馆理论与实践 1987-02
◎收藏中国作品极少的诺贝尔图书馆/毛德鸣//图书馆杂志 1987-06
◎书画鉴定三感/杨新//故宫博物院院刊 1987-03
◎书画杰作 艺术瑰宝——诸暨县档案馆藏品《梅岭课子图》简介/周柏年//浙江档案 1987-04
◎书画同源辨析/李晓晖//东南文化 1987-01
◎他山之石可以攻玉——东京历史文化散步道系统规划/朱自煊//国外城市规划 1987-01
◎谈高等学校图书馆藏书体制的改革/李淑贞//黑龙江高教研究 1987-02
◎谈谈资料室收藏文献的揭示与利用/朱亚明//高校图书馆工作 1987-01
◎图书馆管理体制改革刍议/葛蔚卿//贵阳师范高等专科学校学报（社会科学版）1987-02
◎图书馆与市场/张健//四川图书馆学报 1987-05
◎文化管理和社会主义文艺的繁荣发展/徐鸿喜//上海大学学报（社会科学版）1987-03
◎文艺经纪原理序说/张祖健//上海大学学报（社会科学版）1987-03
◎文艺舞台上的一朵新花——记天津陆军预备役一师业余文艺演出队/杜连喜//中国民兵 1987-05
◎我国经济体制改革与图书馆/李子瑞//图书馆学研究 1987-01
◎我们是怎样宣传历史文化名城的/王植伦//新闻记者 1987-09
◎淅川县博物馆收藏的汉代陶戏楼/张西焕 王玉娥//中原文物 1987-01
◎现代文艺生产的分工与协作/花建//社会 1987-01
◎香港音乐教育与音乐活动之现状/赖斌//中国音乐学 1987-04
◎襄樊市财政系统举行首届文艺演出汇报会/吴高升//中国财政 1987-05
◎小小纸拉花 开遍五大洲——记湖北省麻城市宋埠工艺美术厂/程端和//科技进步与对策 1987-05
◎小型专业图书馆的书刊收藏和服务方式/张兵//图书馆理论与实践 1987-02
◎欣欣向荣的十九世纪美国音乐/胡延仲//天津音乐学院学报 1987-Z1
◎兴安县委办和政府办联合发出征集 收藏地方文献资料的通知/袁广//图书馆界 1987-04
◎盐阜根据地革命文艺团体概述（二）/徐月亮 刘则先//盐城师范学院学报（人文社会科学版）1987-04
◎盐阜根据地革命文艺团体概述（一）/徐月亮 刘则先//盐城师范学院学报（人文社会科学版）1987-03
◎姚华及其文字起源说/程在福//贵州教育学院学报 1987-02

⊙一个展览会的启示——关于工艺美术及教学的片想/胡国瑞//南京艺术学院学报（美术与设计版）1987-02
⊙一九八七年全国工艺美术展览在京开幕//中国集体经济 1987-08
⊙一年来全区民族文化遗产收集整理工作情况//西藏艺术研究 1987-02
⊙元代墓道上的石翁仲——加拿大安大略省博物馆藏品/许进雄//北方文物 1987-02
⊙在改革中前进的全军文艺团体/李秀清//瞭望 1987-34
⊙浙江省工艺美术学会根艺研究会成立/赵巍东//中国花卉盆景 1987-08
⊙珍贵的资料 丰富的收藏——介绍美国犹他家谱学会所藏我国台湾家谱资料/郭松义//台湾研究集刊 1987-02
⊙中国艺术发展的新态势——写在首届中国艺术节闭幕之时/杨朝岭//瞭望 1987-40
⊙中小历史文化名城保护规划与实施的几个问题/汪志明//城市规划 1987-05
⊙重视地方文献收藏 抢救历史文化遗产——自贡市图书馆积极依靠社会有关力量 开展古籍线装调查工作 举办古籍线装书展/朱乔生//四川图书馆学报 1987-06

1988 年

⊙《日本·三木武夫、睦子夫妻艺术作品展》在北京举行//美术 1988-07
⊙爱因斯坦相对论手稿拍卖/河清//档案时空 1988-02
⊙八大山人名号问题考释/蔡星仪//美术研究 1988-01
⊙博物馆藏品的终止收藏/张健 张荣//中国博物馆 1988-03
⊙冲绳音乐考察散记/王耀华//音乐研究 1988-01
⊙处在焦点上的文艺管理/徐永耀//上海大学学报（社会科学版）1988-01
⊙从法文化到法制文艺——对法制文艺的文学社会学思考/花建//社会 1988-09
⊙从几个数字看艺术表演团体改革/英若诚//瞭望 1988-05
⊙当代戏曲形态的运动与发展/熊澄宇//戏剧艺术 1988-02
⊙当今文艺和教育之困境——访冯牧、赵讽、丁石孙/王云珍//电影艺术 1988-10
⊙当前面临的八个重要文艺问题//文艺理论研究 1988-05
⊙地方博物馆藏画的保管与使用/龚建毅//中国博物馆 1988-01
⊙对发展文艺事业的意见——第五次文代会部分音乐界代表的发言摘要/徐思萱//人民音乐 1988-12
⊙对高校系资料室收藏工作的探讨/王荷荣//经济经纬 1988-04
⊙对图书馆服务体制改革的看法/杨春元//图书馆建设 1988-02
⊙对艺术体操团体练习编排问题的初步探讨/张小蕾//浙江体育科学 1988-S1
⊙傅惜华对“子弟书”的收藏和研究/傅耕野//满族研究 1988-01
⊙高校图书馆管理体制改革的设想/李志明//图书馆界 1988-01
⊙工艺美术的魅力/丁涛//南京艺术学院学报（美术与设计版）1988-01
⊙工艺美术交流的火花——访日见闻景/丁涛//南京艺术学院学报（美术与设计版）1988-02
⊙工艺美术设计//南京艺术学院学报（美术与设计版）1988-02
⊙工作深入细致 步子积极稳妥 安庆市认真进行专业艺术表演团体体改工作//黄梅戏艺术 1988-01
⊙龚贤研究补遗/鲁力//东南文化 1988-05
⊙古陶瓷文物属性的计算机鉴定/金国樵//信阳师范学院学报（自然科学版）1988-03
⊙鼓励冒尖 扩大市场 严格管理——上海市人民滑稽剧团体制改革经验介绍/李茂新//上海戏剧 1988-04
⊙关于淮安王镇墓出土书画的初步认识/尹吉男//文物 1988-01
⊙关于进一步做好民族文化艺术遗产的抢救工作//西藏艺术研究 1988-02
⊙关于社会主义文艺性质特征的探讨/欧秀林//文艺理论与批评 1988-02
⊙关于书画著录所传董其昌作品的辨伪/任道斌//新美术 1988-04
⊙关于文化艺术的商品化问题/张健//文艺理论与批评 1988-03
⊙关于文艺经济政策的一些思路/陈继明//社会科学 1988-06
⊙关于文艺体制改革的四点意见/王立平//人民音乐 1988-05
⊙国际文物保护法与国际公共政策/万鄂湘//武汉大学学报（人文科学版）1988-03
⊙国际艺术设计者作品展//装饰 1988-03
⊙河南省举办首届陶瓷艺术作品展及 1987 年陶瓷设计创作评奖//中国陶瓷 1988-05
⊙简论名城成都的文物保护/赵纯义//成都大学学报（社会科学版）1988-01
⊙建立自贡市博物馆群体的思考/郭明辉 李伟纲//中国博物馆 1988-02
⊙景德镇工艺美术诸问题浅见/吴海云//陶瓷研究 1988-02
⊙看 1987 年的巴黎国际当代艺术博览会/萧勤//美术 1988-01
⊙蜡染艺术发新华——《李绍忠、柒万里蜡染展》观感/龙圣明//民族艺术 1988-03
⊙历史文化名城成都现代化建设刍议/钟富诚//成都大学学报（社会科学版）1988-02
⊙两起拍卖故宫文物的提案/姜舜源//紫禁城 1988-01
⊙了解国际市场 开展国际循环——1988 年法兰克福国际纺织装饰品博览会情况简介/李艾田 郑泽//纺织导报 1988-08
⊙鲁东民俗文物的奇葩——山东民俗民间艺术展巡礼/牛国栋//民俗研究 1988-02
⊙吕胜中剪纸艺术展//美术 1988-12
⊙略论拍卖的几个法律问题/周中泳//法学评论 1988-01
⊙略论团办经营性文化实体/陈石//中国青年政治学院学报 1988-05
⊙略论我国图书馆事业管理体制的发展方向/李广建//新世纪图书馆 1988-03
⊙论高校图书馆的校系两级体制/张明凤//图书与情报 1988-01
⊙论拍卖/刘承敏//经济问题探索 1988-05
⊙论文艺的三大类别/夏康达//天津师范大学学报（社会科学版）1988-04
⊙论我国图书馆事业管理体制的基本要素/曾伦兴//四川图书馆学报 1988-Z1
⊙论中国书画之关系/常平安//郑州航空工业管理学院学报 1988-03
⊙“龙乐音乐周”的启示/秦鹏章//人民音乐 1988-07
⊙纳兰性德收藏过的书画/张一民//满族研究 1988-02
⊙彭总谈战时文艺演出/王华明//党史纵横 1988-04
⊙前进中的冰岛音乐教育——同冰岛音乐教育代表团座谈述评/泛音//交响-西安音乐学院学报 1988-04
⊙清代中国画坛三大重镇及其形成/陈传席//东南文化 1988-02
⊙清宫廷画家郎世宁年谱——兼在华耶稣会士史事稽年//故宫博物院院刊 1988-02

⊙日本收藏的殷墟出土甲骨/松丸道雄 宋镇豪//人文杂志 1988-04
⊙日文科技期刊的收藏与利用/金昌淑//图书馆建设 1988-01
⊙上海拍卖企业的现状、问题和对策/胡德斋//上海企业 1988-06
⊙上海艺术表演团体体制改革之探索/寿山根//上海大学学报（社会科学版）1988-06
⊙社会主义文艺市场问题初探/楼上云//上海大学学报（社会科学版）1988-01
⊙沈阳市艺术表演团体精简整编纪实/魏运亨//瞭望 1988-21
⊙石涛绘画美学的核心——“一画”论/韩林德//思想战线 1988-04
⊙试论“扬州画派”/许幸农//南京艺术学院学报（美术与设计版）1988-01
⊙试论《历代名画记》的内容和思想根源兼评目前对中国画传统问题的一些论点/李浴//美苑 1988-04
⊙试论毛泽东关于文化遗产的批判、继承和创新思想——兼论文化遗产与社会主义精神文明的关系/宋素琴//湘潭大学学报（哲学社会科学版）1988-02
⊙试论书法与绘画的关系/徐金堤//齐鲁艺苑 1988-02
⊙试论图书馆管理体制/刘星民//图书情报知识 1988-04
⊙书画家余绍宋/韦秀程//美术 1988-03
⊙书画异同论——兼论书画艺术的审美内涵/张励民//民族艺术研究 1988-03
⊙树立鲜明独立的文化品格/花建//上海戏剧 1988-01
⊙双轨制和管理体制/邹德华//人民音乐 1988-05
⊙图书馆的性质与体制改革/鲁海//图书馆建设 1988-04
⊙外营力侵蚀摧毁了文物古迹改善生态环境拯救人类文明/张骅//水土保持通报 1988-06
⊙文化市场的兴起和表演艺术的发展/钱祖惠//瞭望 1988-38
⊙文化心理的必然展延——中国古代艺术手法漫谈/冯黎明//云南社会科学 1988-06
⊙文化意识和历史文化名城的景观构成/韦培春 张郁明//学术界 1988-01
⊙文物鉴定在保管工作中的地位/王之厚//中国博物馆 1988-03
⊙文物收藏中的若干问题/李林娜//中国博物馆 1988-03
⊙文艺的综合治理（上）/何满子//瞭望 1988-48
⊙文艺的综合治理（下）/何满子//瞭望 1988-49
⊙文艺学科学研究刍论/花建//文学评论 1988-04
⊙我们需要“演出家”/英若诚//中国戏剧 1988-07
⊙武当山青城山道教音乐之比较研究/蒲亨强 蒲亨建//交响-西安音乐学院学报 1988-12-30
⊙戏剧类型学新论/花建//中国戏剧 1988-02
⊙现代都市的装饰美术/海野弘 乐山//南京艺术学院学报（美术与设计版）1988-01
⊙现代美国社会中的民间音乐/丹尼尔·金曼 金维 译//中国音乐 1988-02
⊙匈牙利牧民工艺美术/朱培初//装饰 1988-04
⊙徐冰版画艺术展//美术 1988-12
⊙一九八八国际现代音乐节纪实//音乐艺术-上海音乐学院学报 1988-04
⊙艺术管理学的研究和实现我国文艺管理的科学化/李准//社会科学战线 1988-03
⊙艺术生产和商品生产//文艺理论与批评 1988-03
⊙艺术体操团体项目编排的探讨/李凤善 刘彩霞//首都体育学院学报 1988-02
⊙艺术体操团体项目编排之浅见/李凤善//哈尔滨体育学院学报 1988-01
⊙艺术与实用的有机结合——美院美术设计展在上海美术馆举行/王新农//上海大学学报（社会科学版）1988-01
⊙应加强图书馆的技术市场功能/张喜军//图书情报工作 1988-03
⊙应重视‘文化大革命’时期小报的收藏/刘宝良//图书馆工作与研究 1988-03
⊙娱乐及游戏与青年文化/吕俊涛 王竹玲//青年研究 1988-08
⊙云南省文山壮族苗族自治州三十周年文艺演出剪影/钱康宁//民族艺术研究 1988-03
⊙中国参加第 19 届巴塞尔国际艺术博览会/王仞山//美术 1988-08
⊙中国现代艺术展将在京开幕//美术 1988-12
⊙中苏美图书馆管理体制的比较——兼谈我国图书馆管理体制的建设/刘星民//晋图学刊 1988-01
⊙专业艺术团体实行待业保险制与合同聘用制五题/杜长胜//上海大学学报（社会科学版）1988-06

1989 年

⊙“形式美”与“工艺美术”设计的实质/夏燕靖//南京艺术学院学报（美术与设计版）1989-01
⊙“中国现代艺术展”剪影/秀一草 钟佳工//文艺理论与批评 1989-03
⊙《中国现代艺术展》侧识/桑子//美术 1989-05
⊙阿尔托式戏剧的演出形式及风格特征/谷亦安//戏剧艺术 1989-01
⊙本是寻常物 收藏隐机缘——上海民间收藏活动一瞥/严卫民//瞭望 1989-24
⊙潮汕书画史略/吴维科//韩山师范学院学报 1989-01
⊙充分利用伊斯堡博览会为我体育、旅游用品开拓西欧市场/韩月清//国际商务研究 1989-03
⊙从部分艺术团体兴衰看文艺改革之路/张宝瑞//瞭望 1989-15
⊙大庆地区图书馆事业布局和体制探讨/李玉珠//图书馆建设 1989-05
⊙担当和尚诗书画艺术评价/张苇研//贵州文史丛刊 1989-03
⊙当代“识宝回回”薛贵笙/黄少联//中国民族 1989-09
⊙对历史文化名城保护的思考/王崇华 张丕鹤//城市规划 1989-03
⊙对文化名城江陵保护与建设的探讨/肖旭//长江大学学报（社会科学版）1989-03
⊙对我国图书馆事业四十年领导体制的反思/桑健//图书与情报 1989-03
⊙发扬成绩，以改革、开放为中心环节，推动博物馆事业蓬勃发展/孙长庆//北方文物 1989-03
⊙烽烟指处即课堂——忆吕骥同志在东北鲁艺/晓星//音乐研究 1989-02
⊙工艺美术及工业设计之辨——中央工艺美院召开工艺美术现状和前景讨论会/戚艺 黎阳//美术 1989-01
⊙关于建立拍卖市场的几个问题/毕广//经济管理 1989-12
⊙关于上海文化娱乐设施的现状及其发展/胡申生 成龙//上海大学学报（社会科学版）1989-03
⊙关于图书馆人事制度和领导体制改革的构想/李平//图书馆建设 1989-05
⊙关于我国现行图书馆人才管理体制的几点思考/熊文斌//图书馆学刊 1989-05

⊙关于艺术问题的思考——兼谈工艺美术的地位/余强//社会科学家 1989-04
⊙贵州省文化厅举办大型《贵州傩艺术形态展》/谢霖//民族艺术 1989-01
⊙桂林历史文化名城的性质与整体保护/周佩铎//南方文坛 1989-06
⊙桂林艺术表演团体体制改革刍议/李复波//南方文坛 1989-06
⊙红宝石的最高拍卖价/杨润京//中国宝玉石 1989-06
⊙坚持方向 深化改革 把艺术管理提到一个新的水平（第三次全国艺术管理学研讨会纪要）/路远//中国戏剧 1989-12
⊙坚决反对资产阶级自由化努力繁荣社会主义文艺——广西文艺座谈会综述/轩文//南方文坛 1989-04
⊙建立拍卖市场 完善市场体系/王存杰//商业研究 1989-05
⊙建立拍卖市场利国利民/孙志新//中国改革 1989-02
⊙今日国际艺术市场大剖析/郁斐斐//美术 1989-03
⊙旧货业经营琐谈/钟苏英//商业研究 1989-03
⊙开展多种经营 典当拍卖商行大有可为/赵为民//中国资源综合利用 1989-04
⊙历史·现状·未来——关于当前我国工艺美术的思考/石平//南京艺术学院学报（美术与设计版）1989-02
⊙历史的审美观照——论新时期历史文艺的创作成就/花建//社会科学 1989-10
⊙历史学与音乐/岸边成雄 龚林//音乐艺术-上海音乐学院学报 1989-04
⊙伦敦克罗画廊 英国/金砂//世界建筑 1989-03
⊙论“大工艺美术业”的文化排他性——与“工艺文化”论者商榷/海源//装饰 1989-03
⊙论商品经济与文艺发展的关系/李准//文艺争鸣 1989-06
⊙论文艺新学科的科学特征/花建//学术月刊 1989-02
⊙论艺术表演团体体制改革——“双轨制”目标实施中的难点与对策/杜长胜//管理世界 1989-01
⊙论赵孟頫的“古意”——宋元画风变因初探/高名潞//新美术 1989-03
⊙论中国书画的内功问题/宋晓东//郑州轻工业学院学报（自然科学版）1989-02
⊙论专业艺术团体体制改革的深化/李振远//管理世界 1989-06
⊙漫谈美国的画廊制度/钟耕略//美术 1989-03
⊙梅兰芳年表（未定稿）/工长发 刘华//中国戏剧 1989-10
⊙傩文化的发掘研究与收藏保护/庹修明//贵州文史丛刊 1989-02
⊙前卫艺术与文化现实——关于“中国现代艺术展”的谈话/高名潞 唐庆年 范迪安 周彦//读书 1989-05
⊙浅论拍卖的法律性质/乔新生//河北法学 1989-04
⊙浅谈建立图书馆初级市场/周海旭 刘丽//图书馆理论与实践 1989-04
⊙日本冲绳音乐考察与中琉音乐文化之比较研究/王耀华//艺术探索 1989-02
⊙日本陶瓷市场考察——记中国宜兴陶瓷艺术展览//江苏陶瓷 1989-04
⊙商品经济、世风与书画作伪/杨新//文物 1989-10
⊙上海近代文化娱乐市场的发生及时空特征/陈鸣//上海大学学报（社会科学版）1989-03
⊙失去了“文人”桂冠之后——关于绘画商品化的历史考察/李松//美术 1989-03
⊙市场经营销售艺术/陈兆祥//商业研究 1989-09
⊙市场学与图书馆服务/曾家林//图书馆建设 1989-02
⊙试论《历代名画记》的内容和思想根源兼评目前对中国画传统问题的一些论点/李浴//美苑 1989-01
⊙试论博物馆书画的保管/刘刚//中国博物馆 1989-03
⊙试论藏戏剧种系统的形成、发展及其特征/刘凯//西藏艺术研究 1989-04
⊙试论中国古代绘画著录/王凤珠//南京艺术学院学报（美术与设计版）1989-03
⊙收藏与增值/叶延滨//群言 1989-05
⊙首届王森然美术史论奖学金获奖论文 江西派开派画家罗牧的几个问题/黄笃//美术研究 1989-01
⊙书画库房的建筑与设备/蔡钢铁//中国博物馆 1989-02
⊙谈对无锡传统民间工艺美术的保护/汪志顺//南京艺术学院学报（美术与设计版）1989-03
⊙天津：文艺舞台演出不景气的背后/张淑英//瞭望 1989-01
⊙通过五位作曲家的主要作品论中国交响音乐风格演变的轨迹/汪毓和 刘红军//中国音乐学 1989-01
⊙铜器辨伪浅说（上）/程长新 王文昶 程瑞秀//文物 1989-08
⊙铜器辨伪浅说（下）/程长新 王文昶 程瑞秀//文物 1989-12
⊙铜器辨伪浅说（中）/程长新 王文昶 程瑞秀//文物 1989-11
⊙图书馆市场观与图书馆发展战略/姚健//图书馆学刊 1989-06
⊙为什么要保护古建筑/罗哲文//古建园林技术 1989-02
⊙伪满皇宫文物的来源、散失与征集/王文锋//北方文物 1989-01
⊙文艺演出中的“走穴”热应当降温/傅炯业//湖北社会科学 1989-08
⊙我馆港台进口图书的收藏、管理和利用/刘梅香 杜安//图书馆论坛 1989-04
⊙我馆古籍文献收藏特点初议/李古寅//河南图书馆学刊 1989-03
⊙我国工艺美术现状简析/辛克//河南大学学报（社会科学版）1989-02
⊙渥太华加拿大国家美术馆/赛弗迪//世界建筑 1989-05
⊙西安市文艺团体管理情况调查/马中//理论导刊 1989-01
⊙香港演艺学院印象记/张应湘//上海戏剧 1989-05
⊙要使图书馆真正成为知识产业的核心机构/张绍春//湖南科技大学学报（自然科学版）1989-01
⊙一个集体小厂的振兴之路——云梦县工艺美术厂技术进步纪事/杨欣波 曾晓祥 张延寿 李林//武汉金融 1989-05
⊙艺术——伴随时代的经济脉搏跳动——观《温州货艺术广告展》有感/杨仕望//新闻与写作 1989-11
⊙艺术表演团体体制改革的出路——实行双轨制与完善经营管理机制/王文章//管理世界 1989-03
⊙艺术的享受 知识的启迪——记第三届全国卫生美术摄影作品展/曹乃恂//中国健康教育 1989-04
⊙艺术及其市场/戴维·卡里尔 朱琦//新美术 1989-01
⊙艺术与科学的结合——首届青铜雕塑艺术展及研讨会在京举行//美术 1989-09
⊙永葆水乡古镇的风采——苏南古镇甪直保护规划/阮仪三 曹丹青//新建筑 1989-04
⊙用生产力标准 量量收藏管用——档案馆业务建设小议/刘国能//档案时空 1989-01
⊙在竞争中发展的美国图书馆自动化事业——美国图书馆自动化系统市场概述/陈勤 张甲//大学图书馆学报 1989-05
⊙在中国工艺美术展览会上轻工部陶研所展品瞩目京华/周平//中国陶瓷 1989-06
⊙赵孟頫的《鹊华秋色图》（下篇）/李铸晋//新美术 1989-03
⊙赵孟頫的《鹊华秋色图》（续）/李铸晋//新美术 1989-02

◎赵孟頫的《鹊华秋色图》/李铸晋//新美术 1989-01
◎拯救威尼斯和长城艺术品拍卖//美术 1989-07
◎智囊团与高校图书馆领导体制/杨彪//图书馆学研究 1989-01
◎中国城科会历史文化名城研究会第二次理事会暨名城保护建设经验交流会在江陵召开/李天荣//长江大学学报（社会科学版）1989-03
◎中国古代艺术品在国外艺术市场/凌湃//世界美术 1989-02
◎中国绘画在十八世纪中断了吗——记一位美国人和他收藏的当代中国画//美术 1989-01
◎中国近代绘画史论著述概说/马鸿增//美术研究 1989-01
◎中国录像片交易市场目睹记/老桅//当代电视 1989-11
◎中国书画笔墨之美/吴休//美术 1989-08
◎中国书画用纸的演变（上）/陈志尉 谢崇愷//中国造纸 1989-02
◎中国书画用纸的演变（下）/陈志蔚 谢崇恺//中国造纸 1989-03
◎中国现代艺术展侧记/杭间 曹小鸥//美术 1989-04
◎中国装裱艺术的沿革/张青//吉林艺术学院学报 1989-S1
◎中美泉商古玩店在海口市开业/吴文美//中国钱币 1989-04
◎朱辛伟扎染艺术展//美术 1989-07
◎专家·园丁·爱国者——记金文专家、考古学者容庚教授/邹和镒//高教探索 1989-04

1990 年

◎"纪念黄遵宪当代书画艺术国际展览"将在广州等城市展出//美术 1990-07
◎"双百"方针与安定团结——学习《邓小平论文艺》的体会/魏天祥//当代文坛 1990-04
◎《明贤姑苏十景册》读记/侃华//故宫博物院院刊 1990-03
◎《中国工艺美术大辞典出版》//南京艺术学院学报（美术与设计版）1990-02
◎1855 年巴黎万国博览会——文化和思想的交锋/吉耶梅特·德拉波特 王鹏//美术研究 1990-01
◎1990 年美术系工艺美术系科研成果获奖情况/丁兆成 唐余雄//南京艺术学院学报（美术与设计版）1991-03
◎澳大利亚的当代音乐生活/理查德·利兹 吕丁 解红 译//人民音乐 1990-04
◎把桂林文化名城建设好/李树民//社会科学家 1990-02
◎悲哀的收藏/方旭//中国民族 1990-05
◎北京的绘画市场与市场问题/陈履生//美术 1990-12
◎北京文化遗产与现代都市建设/阎崇年//北京社会科学 1990-03
◎辨书画著录中赵孟頫的伪作/任道斌//新美术 1990-04
◎博物馆类型及其收藏动机/史欣 张用衡//中国博物馆 1990-03
◎初探与断想——有关文化市场中音乐方面的问题/莎莱//人民音乐 1990-05
◎从电影院看文艺管理的动态性和系统性/花建//社会 1990-10
◎从流行歌曲看青年文化建设/周殿富//青年研究 1990-01
◎档案的拍卖与捐赠/东木//中国档案 1990-03
◎第三次古建园林学术讨论会总结报告/罗哲文//古建园林技术 1990-01
◎第五届全国工艺美术展览在京展出//装饰 1990-01
◎东瀛纪要——日本博物馆访问录/王英//东南文化 1990-04
◎董其昌及其艺术/任道斌//新美术 1990-01
◎对苏州市博物馆群体的构想——兼论历史文化名城的博物馆建设/宋伯胤//中国博物馆 1990-02
◎多变的生活和崭新的文艺——元代东南城镇文艺述评/孙小力//上海大学学报（社会科学版）1990-03
◎发掘、研究文化遗产是现代化需要//文艺理论研究 1990-02
◎复制古玩文物模具的制造技术/丘建辉//模具技术 1990-03
◎改革承包为呼和浩特市文艺团体带来生机/汤计 钱咏虹//瞭望 1990-25
◎钢琴王子弗朗兹·李斯特/罗伯特·韦尼克 郭一文//世界文化 1990-03
◎高校图书馆、资料室体制改革探讨/金丰海//图书馆学研究 1990-06
◎高校图书馆期刊收藏体系的改革/夏春秋//江苏高教 1990-01
◎高校系（所）资料室期刊的收藏与利用/马应彪 韩喜运//图书情报知识 1990-03
◎工艺美术功能分类及其效应/王明石//美苑 1990-02
◎古代书法美学对绘画美学的借鉴与影响/宋民//美苑 1990-03
◎古建筑的维修原则及新材料新技术的应用问题——在联合国教科文组织召开的亚洲太平洋地区历史文物保护会议上的学术报告（二）/罗哲文//古建园林技术 1990-04
◎古建筑的维修原则及新材料新技术的应用问题——在联合国教科文组织召开的亚洲太平洋地区历史文物保护会议上的学术报告/罗哲文//古建园林技术 1990-03
◎关于表演艺术团体管理的几点思考/俞寿荣//民族艺术研究 1990-05
◎关于历史文化名城的改造和开发问题/季士家//学海 1990-03
◎国宝鉴定记/殷金娣//瞭望 1990-47
◎弘扬民族优秀文化 推动遗产抢救工作——全区繁荣文化艺术工作座谈会遗产抢救专业组讨论简报/海馨//西藏艺术研究 1990-02
◎建立强制拍卖制度刍议/徐开墅//中国法学 1990-02
◎紧跟上时代 服务于人民——"沈阳话剧团'探索路'研讨会"综述/康洪兴//中国戏剧 1990-04
◎荆州古城水空间试析/杨宏烈//华中建筑 1990-03
◎科学的著录与现代艺术史学——从海外的中国书画著录工作谈起/洪再新//美术 1990-05
◎廓清思路 繁荣社会主义新文艺/吴荣生//承德民族师专学报 1990-04
◎来也匆匆风雨兼程——通俗音乐十年观/金兆钧//人民音乐 1990-01
◎兰州市民家庭文化娱乐消费现状与展望/袁坚伯//兰州学刊 1990-06
◎李瑞环在《孔子文化大全》研讨会上强调挖掘整理文化遗产十分重要//古籍整理研究学刊 1990-06
◎历史文化名城的特点、类型及其风貌的保护/阮仪三//同济大学学报（社会科学版）1990-00
◎历史文化名城与"新古典建筑"——洛阳城市显形文化设计之一/王铎 刘郁馥//华中建筑 1990-03
◎两种风格 两种结果——也说新艺术运动/刘发全//美苑 1990-04
◎论半坡遗址的保护现状与治理/孙霄//中国博物馆 1990-03
◎论西部历史文化名城的保护与建设/吴宇江//长安大学学报（建筑与环境科学版）1990-Z2
◎美 植根于生活的创造之中——谈工艺美术与生活方式/余强//南京艺术学院学报（美术与设计版）1990-02
◎美国的实验戏剧/吴光耀//戏剧艺术 1990-01
◎美国收藏的敦煌与中亚艺术品/王冀青 莫洛索斯基//敦煌学辑

刊 1990-01
⊙美国音乐（上）/GILBERT CHASE 韩宝强 周家雄 刘学珍 任达敏//天津音乐学院学报 1990-01
⊙美国音乐（下）/GILBERT CHASE 韩宝强 周家雄 刘学珍 任达敏//天津音乐学院学报 1990-02
⊙面目一新的广东省级文艺团体/钟玉明//瞭望 1990-45
⊙民间工艺美术研究断想/陈瑞林//装饰 1990-02
⊙民间工艺美术应予普遍尊重/王木东//装饰 1990-02
⊙民间收藏与档案/刘永禄//中国档案 1990-08
⊙努力澄清思想是非 促进音乐事业繁荣——音乐思想座谈会概述/南里音//人民音乐 1990-05
⊙奇哉八桂书画童——广西儿童书画艺坛实录/杜新//瞭望 1990-23
⊙清代宫廷仿古玉器/张广文//故宫博物院院刊 1990-02
⊙日本进军世界艺术品市场/沈倩//国际展望 1990-05
⊙如何进入艺术市场——访香港“万玉堂”画廊艺术顾问陈德曦先生/陈履生//美术 1990-06
⊙上海民间私人收藏的调查/沈宇//社会 1990-08
⊙上海演出市场“票房危机”剖析及对策建议/蒋建中 陆群//社会科学 1990-12
⊙试论工艺美术的本质特征/胡国光//南京艺术学院学报（美术与设计版）1990-01
⊙试论桂林名城的保护与经济发展/李维民//社会科学家 1990-02
⊙试论黄若舟“书画缘”创作中的艺术心理/周冠生//上海师范大学学报（哲学社会科学版）1990-02
⊙试论近现代文物的管理与保护/陈建华//文物春秋 1990-02
⊙试论社会主义文艺管理中社会效益与经济效益的关系/夏玲英//上海大学学报（社会科学版）1990-03
⊙首届全国民间工艺美术佳品奖评选活动述评/硕以//装饰 1990-02
⊙书画作品的署款/郑玉浦//宁波大学学报（教育科学版）1990-03
⊙俗、雅之间——漫论戏剧的通俗化/荣广润//戏剧艺术 1990-01
⊙台湾地区图书馆的中国古籍收藏管理与利用/王振鸣//图书情报工作 1990-04
⊙谈明代书画作伪/杨臣彬//文物 1990-08
⊙唐代统治阶级与绘画关系略说/王新霞//美术研究 1990-03
⊙图书馆录音带资料的收藏、保管与利用/陈汉祥//图书情报知识 1990-04
⊙文房四宝工业展望/姜申//中国集体经济//1990-10
⊙文化娱乐之“宝”——记宝山区文化馆/钱秋英//上海戏剧 1990-02
⊙文物古建筑保护实例/罗哲文//古建园林技术 1990-03
⊙也谈多层次的建筑文物保护——给戴念慈同志的一封信/李准//建筑学报 1990-07
⊙一次难得的傩戏面具艺术的欣赏与交流 法国郭安博物馆的展品将参加“中国傩戏面具艺术展”/李春熹//中国戏剧 1990-09
⊙一墙点缀满室生辉——从艺术丝毯壁挂展谈起/陈昌宏//南京艺术学院学报（美术与设计版）1990-02
⊙一枝红杏——访山东工艺美术学院“民间工艺美术研究所”/孙建君//装饰 1990-02
⊙以质取胜 以新取胜——记“景德镇八名家陶瓷艺术作品展”在港展出载誉而归/景艺//陶瓷研究 1990-01
⊙艺术表演团体的凝聚力来自哪里？——与北京京剧院二团团长陆翱一席谈/王蕴明//中国戏剧 1990-10
⊙艺术表演团体的资金投入及分配/孙诗薇//财会月刊 1990-05
⊙艺术表演团体双轨制的有益探索——民间艺术表演团体的兴起/赵绵池//上海大学学报（社会科学版）1990-03
⊙艺术市场漫谈/张学颜//美术 1990-12
⊙有关工艺美术产品开发的思索/李希元 李秀生//装饰 1990-03
⊙元代宫廷的绘画活动辑录/谢成林//美术研究 1990-01
⊙越过海岸线——北郊农场北郊工艺美术厂出击海外市场纪实//中国农垦 1990-10
⊙运用创新、技改两个车轮推动工艺美术生产发展——记山东省工艺美术公司/薛德胜//中国集体经济 1990-11
⊙中国《红楼梦》文化艺术展在广州隆重举办//红楼梦学刊 1990-01
⊙中国历史文化名城保护的现状/阮仪三//同济大学学报（自然科学版）1990-04
⊙中国书画装裱源流叙/傅小钟//辽宁大学学报（哲学社会科学版）1990-06
⊙中国图书馆如何从低谷中崛起——论“大文化”与图书馆体制的多元化改革/许良杰//图书馆界 1990-03
⊙中国文物建筑研究中的一个薄弱环节——保护理论与技术的研究/吴晓 黄滋//东南大学学报（自然科学版）1990-05
⊙中国现代陶瓷染织装饰艺术作品展述评/王连海//装饰 1990-04
⊙中日书籍装帧艺术展在京举行/毛建渊//中国出版 1990-09
⊙中苏图书馆事业管理体制之比较/曾健民//图书馆建设 1990-06
⊙中医药文化博览会今秋在京举行//中成药 1990-05
⊙注重戏曲演出市场的调查/路树军//当代戏剧 1990-05
⊙总结经验 明确方向 促进繁荣——音乐创作座谈会在京召开/晓捷//音乐世界 1990-12

1991 年

⊙“工艺美术发展趋势”座谈会发言摘要/曾辉//装饰 1991-03
⊙“跨世纪的文艺新人”的盛会——记全国青年业余文艺创作者会议/大力//中国戏 1991-05
⊙“中国现代陶瓷、染织、装饰艺术作品展”——中央工艺美术学院陶瓷设计系部分师生参展作品//装饰 1991-01
⊙《纪念黄遵宪先生当代书画艺术国际展览》发言纪要/金顺法//新美术 1991-03
⊙《金石录后序》探幽/陈其相//长沙理工大学学报（社会科学版）1991-03
⊙《快雪堂法书》帖考/王连起//故宫博物院院刊 1991-04
⊙《设计艺术》的设计/潘鲁生//装饰 1991-03
⊙38 项获首届中国中医药文化博览会金奖//陕西中医 1991-01
⊙安麓村事迹汇考/刘尚恒//天津师范大学学报（自然科学版）1991-04
⊙八九年香港苏富比公司翡翠拍卖简况/吴开华//珠宝科技 1991-01
⊙把握工艺美术行业特点 搞好工艺美术档案的管理/饶邦安//档案学通讯 1991-01
⊙北京市工艺美术品总公司档案工作见闻/车丹军//北京档案 1991-01
⊙本溪市图书馆文献收藏状况调查/任英贤//图书馆学刊 1991-02
⊙必须恢复文化遗产应有的地位——关于高等学校人文学科的报告（续）/威廉·詹·贝内特 金锵//比较教育研究 1991-06
⊙必须恢复文化遗产应有的地位——关于高等学校人文学科的报告/威廉·詹·贝内特 金锵//比较教育研究 1991-05

◎博雅、隽永的刻铜艺术——简论姚华，陈衡恪的书画刻铜/邓见宽//贵州文史丛刊 1991-04
◎传统装裱艺术及其在博物馆陈列施工中的再应用/马海鹏//中国博物馆 1991-04
◎从八十年代外国来华书展看装帧艺术的风格/罗小华//装饰 1991-01
◎打开世纪之门——中国工艺美术发展取向/赵萌//装饰 1991-02
◎第三届乐凯摄影艺术作品展在京举办/马通生//影像材料 1991-01
◎东坡“画扇判案”/李志东//领导科学 1991-10
◎对高校图书馆教材收藏的几点看法/姚兰//高校图书馆工作 1991-03
◎对民族音乐文化价值的重新认识/乐蕙蓉//黄钟-武汉音乐学院学报 1991-03
◎对特区拍卖制度的思考/娄进波//特区经济 1991-02
◎对外文化经济交流与中国书画——记中年书画家邱正平/王知微 妮嘉//世界经济研究 1991-02
◎返朴归真——小品热的启示/晨钟//当代戏剧 1991-03
◎高校图书馆特种文献的收藏与管理/周和玉//图书情报知识 1991-04
◎公共图书馆应重视视听资料的收藏利用/徐加卫//图书馆工作与研究 1991-03
◎关于京沪部分文艺团体和院校人才外流问题/丁聪//群言 1991-06
◎关于中国现代艺术展的初步思考/雷正民//美术 1991-05
◎海峡两岸书画界的艺术交流/沈文史//文史杂志 1991-06
◎弘扬中国文化发展工艺美术事业/王凤才//中国集体经济 1991-06
◎湖北省环保所文献收藏情况统计与评价/胡春华 郑玲哲//环境科学与技术 1991-01
◎回顾与前瞻——工艺美术教育一席谈/江心//装饰 1991-02
◎纪念与继承发展——为《周裕祥先生艺术纪念展》而作/席明真//四川戏剧 1991-02
◎加强期刊的收藏、管理、提高期刊的利用率/贾桂英//青海民族研究 1991-02
◎江西乐安收藏的苏区货币与公债券/黄爱宗 罗春生//四川文物 1991-04
◎金璋在中国收购甲骨的概况/肖琴//殷都学刊 1991-02
◎近代上海城市的文化娱乐消费/陈鸣//上海大学学报（社会科学版）1991-04
◎近代中国的民族魂——《纪念黄遵宪先生当代书画艺术国际展览》首展座谈会在广州举行/梁江//美术 1991-02
◎开拓新空间——环境戏剧的空间设计/胡妙胜//文艺研究 1991-06
◎刻竹艺术在明清两代的发展/刘静//故宫博物院院刊 1991-04
◎历史文化名城的保护分级及范围确定的研究/阮仪三//同济大学学报（自然科学版）1991-02
◎聊城海源阁藏书聚散考略/李泉//文献 1991-03
◎论音乐发展的要素（之一）——乐器的变革对音乐艺术的影响/陈明礼//南京艺术学院学报（音乐与表演版）1991-01
◎美国图书馆收藏、利用录像带所产生的问题/姚倩//图书馆界 1991-01
◎米芾《自画像》石刻及其有关问题的考识/林京海//东南文化 1991-05
◎面对今日市场观众/孔原//电影 1991-06
◎民间收藏刍议/赵春鸣//东南文化 1991-02
◎纳兰性德书画收藏录/张一民//承德民族师专学报 1991-04
◎南京古都保护规划再思/奚永华 陈铎//城市问题 1991-05
◎拍卖，重面“十里外滩”/乔建//南风窗 1991-Z1
◎潘天寿艺术活动年谱/纯然 黄专//新美术 1991-02
◎奇形异态石中艺 天自出巧非人为——略谈石艺收藏/王铁毅//中国花卉盆景 1991-Z1
◎钱程和他的艺术画廊/要力石//瞭望 1991-39
◎浅论纳西族现代东巴书画/和品正//民族艺术研究 1991-04
◎浅谈县馆地方文献收藏的协作协调/杨旭//图书馆建设 1991-S1
◎庆祝本刊创刊六周年——名花插花盆景艺术展在京举行/介仑//中国花卉盆景 1991-01
◎全球性大拍卖/林礼汉//南风窗 1991-09
◎日本东京各图书馆收藏的中国古籍/杨杞//古籍整理研究学刊 1991-05
◎如何协调工艺美术品中的“下里巴人”与“阳春白雪”/张松青//瞭望 1991-16
◎上海历史文化名城特色要素分析/阮仪三 张为诚 曹晖 杨庆//同济大学学报（社会科学版）1991-02
◎上海市博物馆大事记要（1933～1948）/范春荣//中国博物馆 1991-02
◎上海早年的戏院和演出（一）/郑逸梅//上海戏剧 1991-04
◎上海早年的戏院和演出（二）/郑逸梅//上海戏剧 1991-06
◎上海文化娱乐市场走访录/赵兰英//瞭望 1991-44
◎社会主义商品经济与艺术文化——在一次国际研讨会上的发言/程代熙//文艺理论与批评 1991-02
◎审视与展望——也谈“工艺美术”问题种种/王进家//装饰 1991-03
◎师专图书馆文献收藏特色浅议/杨文俊//高校图书馆工作 1991-01
◎石鲁晚期书画创作心理研究/陆震华//西北美术 1991-03
◎市场真奇妙 盛衰看门道——首届全国轻工业博览会后记/刘丁//中国集体经济 1991-03
◎试论图书馆管理体制改革的目标模式及系统观/吴伟民//山东图书馆季刊 1991-03
◎试论晚清上海地区的书画会/承载//上海社会科学院学术季刊 1991-02
◎试论艺术表演团体群体优化/思进//民族艺术研究 1991-06
◎思考·对策——从浙江工艺美术的发展说开去/陈建林//装饰 1991-03
◎宋代瓦市伎艺与市民文学的兴起/谢桃坊//社会科学研究 1991-03
◎宿迁市图书馆第三产业成效显著/李庚善//新世纪图书馆 1991-05
◎台湾、香港和澳门当代音乐概览/刘靖之//中国音乐学 1991-01
◎谈历史文化名城的“文化意识”/笑梅//苏州大学学报（哲学社会科学版）1991-04
◎谈苏州画家袁尚统和张宏/王颀//故宫博物院院刊 1991-03
◎天津文化景观的基本特征/谢让志//城市 1991-01
◎天然形胜 人杰地灵——简析宜宾成为历史文化名城的原因/蔡叔华//宜宾学院学 1991-02
◎透视中国书画艺术的窗口——荣宝斋/杨国成//中国出版 1991-05
◎图书馆书刊市场展望/D·塞尔斯基 朱江//世界科技研究与发展 1991-02

⊙图书馆应强化非书型资料的收藏意识/靳淑霞//绥化学院学报 1991-01
⊙外刊收藏方式与策略/何荣利//图书馆学刊 1991-01
⊙王羲之与《黄庭经》帖/虞万里//社会科学战线 1991-03
⊙文化遗产的寿命/任继愈//群言 1991-11
⊙文物藏品划分中的逻辑错误/陈建华//文物春秋 1991-03
⊙文艺画廊的独特形象系列/严肃//四川戏剧 1991-05
⊙文艺社会学建设论（上）/花建//文艺争鸣 1991-01
⊙文艺社会学建设论（下）/花建//文艺争鸣 1991-02
⊙我们对“工艺美术”的理解和看法/钟艺//装饰 1991-03
⊙吴门画派成因及其历史贡献/李维琨//新美术 1991-01
⊙舞美观念之嬗变/吴光耀//文艺研究 1991-06
⊙新空间：中西治术合于一——论“后海派”/丁羲元//美术 1991-06
⊙扬州八怪的审美特色与艺术成就/薛锋//美术研究 1991-02
⊙一个崭新的经济学领域——评《娱乐业经济学》/穆甲地//当代经济科学 1991-03
⊙艺术市场繁荣的两个基本条件/邓福星//瞭望 1991-39
⊙音乐生态环境的失衡及其调整/李江//音乐研究 1991-04
⊙音乐效应与音乐产业/晓林//世界知识 1991-07
⊙迎接文化市场的挑战——记上海长宁沪剧团/高义龙//中国戏剧 1991-08
⊙展开在新的空间——从 90 年代文化发展的格局看文艺管理的宏观思路/花建//社会 1991-03
⊙章宗朝的金代绘画成就/余辉//新美术 1991-01
⊙中国古代的市场竞争艺术/杜千//人文杂志 1991-05
⊙中国近代博物馆事业纪年/梁吉生//中国博物馆 1991-02
⊙中国文艺中的怪诞/朱存明//徐州师范大学学报（哲学社会科学版）1991-04
⊙中国艺术家与美国艺术市场/白伦美 晓奎//美术 1991-10
⊙终生唯勤 望重墨林——记著名书法家余中英/叶清概//文史杂志 1991-06
⊙字画藏品定名标准化问题初探/胡丹//中国博物馆 1991-01

1992 年

⊙“李可染艺术展——纪念李可染逝世三周年”暨学术研讨会在京举行/李冬梅//美术 1992-12
⊙“历史地段保护”问题的讨论——附：关于历史地段保护的几点建议//城市规划 1992-02
⊙“五四”精神和赵元任的音乐/李业道//音乐研究（双月）1992-03
⊙“中华历代服饰文化艺术展”在京举办/邹兆京//纺织科学研究 1992-02
⊙《第六届中日戏剧美术教育作品展》在艺术画廊展出//戏剧艺术 1992-02
⊙《工艺美术概论》出版/禾宙//南京艺术学院学报（美术与设计版）1992-02
⊙《明清宫廷织绣艺术展》在中国丝绸博物馆开展/赵征宇//丝绸 1992-10
⊙《文化娱乐大全指南》出版/欣闻//中国戏剧 1992-07
⊙《中国民间歌曲集成》总序/吕骥//音乐研究 1992-03
⊙白族学者杨延福文物古籍收藏//云南民族大学学报（哲学社会科学版）1992-01
⊙北京人艺演剧学派国际学术研讨会在京召开/扬//中国戏剧 1992-08
⊙北京人艺演剧学派国际研讨会综述/高鉴//中国戏剧 1992-09
⊙被“拍卖”的拍卖行/张帆//南风窗 1992-08
⊙姹紫嫣红开遍——东北三省“安乐杯”戏剧小品大赛综述/范新宇//中国戏剧 1992-07
⊙充满艰难和希望的路——川剧艺术表演团体第二职业概观/杨全本//四川戏剧 1992-04
⊙川剧艺术表演团体经济状况透析/文妍 艺辉//四川戏剧 1992-02
⊙从“名城”到“历史保护地段”/孙平//城市规划 1992-06
⊙从经济角度看文艺能否“商品化”/游焜炳//文艺报 1992-8-22
⊙从文坛边鼓手到小说创作家——高岸小说面面观/杨品 王君//小说评论 1992-04
⊙当代大众文艺：反拨、沉沦与拯救/金国华//文艺理论研究 1992-01
⊙当代中国书画出版刍议/卢辅圣//编辑学刊 1992-02
⊙帝王品味：乾隆朝的宏伟气象与异国奇珍/康无为//清史研究 1992-03
⊙第二届中国民族文化博览会在京举行/新//人民音乐 1992-11
⊙第五次传统建筑园林学术会议总结报告/周治良//古建园林技术 1992-04
⊙东域访古——鉴定文物纪行/叶启晓 千志耿 殷德明 孙长庆//北方文物 1992-04
⊙东张农民画 悬挂洋人堂/陈永兴//现代农业 1992-12
⊙董其昌书学概述/肖燕翼//故宫博物院院刊 1992-03
⊙对城市历史文化保护的一些认识/裘行洁//城市问题 1992-04
⊙对抵押物拍卖若干问题的探讨/陶长春//特区经济 1992-07
⊙对文物拍卖活动的宣传要适度//内蒙古宣传 1992-23
⊙对郑板桥及其艺术的再认识/周积寅//东南文化 1992-05
⊙发掘文化遗产 造福当代社会/高至喜//东南文化 1992-01
⊙高师图书馆期刊的收藏与利用/王颖//承德民族师专学报 1992-03
⊙高校图书馆有条件理直气壮地进入经济市场/张彩芬//高校图书馆工作 1992-04
⊙高校应重视学术手稿的收藏/胡小元//大学图书馆学报 1992-06
⊙搞好中小历史文化名城保护/余学明 卫明和 周广义 王彦华//决策探索 1992-05
⊙工业造型设计中透视图的计算机绘制/周希德//郑州轻工业学院学报（自然科学版）1992-04
⊙工艺美术企业开拓国际市场的几点思考/褚玉鑫//中国集体经济 1992-10
⊙公共图书馆搞第二产业的途径/周照东//新世纪图书馆 1992-05
⊙古书画书概说/谢巍//文献 1992-04
⊙古玩市场中的淘金梦/晚秀//社会 1992-05
⊙故宫博物院收藏的两件青铜器/何林//文物 1992-11
⊙关于大同历史文化名城保护规划之思考/王中一//文物世界 1992-04
⊙关于深圳首届高新科技成果拍卖会的一点思考/方文//中国科技论坛 1992-06
⊙关于图书馆发展文献信息产业的几个问题/颜华 赵青//图书馆建设 1992-S2
⊙广东省中山图书馆已收藏广东新编方志千余种/张耀年//图书馆论坛 1992-02
⊙广州古玩市场探秘/张正义//南风窗 1992-01
⊙国宝沉浮录//上海档案 1992-02
⊙国外雕塑艺术瓷市场一瞥——意大利米兰玛契夫国际博览会展

销归来/刘远长 陈雨前//景德镇陶瓷 1992-03
⊙弘扬民族文化 振兴历史科学——王玉哲教授谈我国古代文化遗产的“抢救”问题/徐勇//历史教学 1992-01
⊙话剧：有否可能再度崛起？——“全国话剧交流演出”扫描/康洪兴//戏剧文学 1992-04
⊙活跃在乡村 de 民兵文艺演出队/汤青山//中国民兵 1992-06
⊙集邮品拍卖活动/刘捷东//中国邮政 1992-06
⊙继承我国古代文化遗产的典范/刘晓林//衡阳师范学院学报 1992-02
⊙加强馆际协作 合理布局藏刊体系——南昌地区高校外文期刊收藏情况分析/罗时民//江西图书馆学刊 1992-04
⊙建设中国的现代的工艺美术理论——读李砚祖的《工艺美术概论》/水天中//装饰 1992-01
⊙科技拍卖：成果缘何滚滚来——唐泽江副研究员访谈录/赖维斌//特区经济 1992-10
⊙昆明地区的工艺美术/张励民//民族艺术研究 1992-05
⊙立足当地市场 建立信息网络 图书馆信息服务经验谈/汤纳新//新世纪图书馆 1992-06
⊙利用资源优势，振兴综合性博物馆/颉光普//中国博物馆 1992-03
⊙梁思成的文物建筑和古城保护思想初探/王蒙徽//华中建筑 1992-02
⊙辽金女真族的绘画、建筑、雕塑与工艺美术/一鉴//新美术 1992-03
⊙陵园博物馆论/王志杰//中国博物馆 1992-04
⊙琉璃厂书业烟云录/郁默//中国典籍与文化 1992-03
⊙略论历史文化名城的现代意义/刘毅//广东社会科学 1992-05
⊙略谈拍卖执行措施的适用原则和程序/岳龙海//政治与法律 1992-06
⊙论大理历史文化名城保护规划中的几个问题/朱良文//云南工业大学学报 1992-03
⊙论图书馆管理体制的改革/高惠娟 谷爱国//滨州学院学报 1992-03
⊙论我国拍卖市场的发育/潘旋昌//财贸经济 1992-06
⊙美国国会图书馆的古本汉籍收藏/斯砚//中国典籍与文化 1992-02
⊙蒙古族统治下的元代中国艺术：文化分裂或文化融合？/雷蒙德·G·奥康纳 田佳 译//四川大学学报（哲学社会科学版）1992-02
⊙欧洲的画廊/孔长安//世界美术 1992-01
⊙拍卖市场的几点思考/佘茂林//价格月刊 1992-09
⊙评中国演剧体系特征及东方演剧体系存在的可能性//戏剧文学 1992-03
⊙期刊应成为系资料室的主要收藏对象/范晓琴//晋图学刊 1992-02
⊙启动艺术品市场钥匙何在/程小琪//南风窗 1992-02
⊙浅谈历史文化名城的建筑创作——襄樊市“名城建设”工程设计体会/向欣然//建筑学报 1992-03
⊙浅谈中国画之气韵/郝石林//郑州轻工业学院学报（自然科学版）1992-04
⊙浅谈中国书画作品的装裱工艺/陆自强//四川文物 1992-06
⊙强制拍卖的几个问题探讨/史浩明//当代法学 1992-01
⊙强制拍卖——国家利益实现的有效手段/娄进波//特区经济 1992-07
⊙清盛京皇宫档案收藏概述/王爱华 丁海斌//档案学研究 1992-03
⊙山东工艺美术学院/张一民//装饰 1992-01
⊙上海大世界演出公司最近成立/雷//上海戏剧 1992-06
⊙上海早年的戏院和演出（三）/郑逸梅//上海戏剧 1992-01
⊙上海早年的戏院和演出（四）/郑逸梅//上海戏剧 1992-05
⊙深化改革才能出人出戏出效益——在河北省推广大厂回族自治县评剧团办团经验现场会上的讲话/高占祥//中国戏剧 1992-10
⊙深圳经济特区拍卖立法初探/德吉//特区经济 1992-07
⊙神秘的苏富比拍卖/珊珊//中国宝玉石 1992-04
⊙盛京寺庙收藏的清太祖、太宗遗物/李凤民//紫禁城 1992-06
⊙实行剧组经营承包责任制给宁夏话剧团带来了生机/毛国芝//财务与会计 1992-02
⊙世界图书馆事业管理体制之比较研究/彭燕云 李景成//山东图书馆季刊 1992-02
⊙试论盆景艺术展览的布展艺术/韦金笙//中国园林 1992-02
⊙试论图书馆在知识生产与消费中的地位和作用/李玉霞 李景亭//学术交流 1992-05
⊙试谈民族文化遗产的推陈出新和运用/普凤坤//民族艺术研究 1992-01
⊙试析县（市）级公共图书馆的地方文献征集收藏、利用工作/叶志坚 曲桂珍//图书馆建设 1992-S2
⊙书画艺术与对立统一规律/王壬生//社会科学家 1992-06
⊙台湾故宫博物院收藏的清代军机处档案/王云庆//兰台世界 1992-02
⊙谈谈强制拍卖的有关问题/陈少林//人民司法 1992-02
⊙王伯与的“食力斋”及所藏书画/张道远//四川文物 1992-06
⊙魏晋南北朝书画经济研究/李向民//南京社会科学 1992-04
⊙文博事业中的装裱艺术及其技法/孙力//中国博物馆 1992-04
⊙文山民间文艺家协会挖掘整理民族文化遗产/熊有林 陶开英//中国民族 1992-08
⊙文物收藏家、鉴赏家桂月汀/赵书//满族研究 1992-04
⊙文艺报道要有点“文艺味”——文艺演出、展出报道琐谈/夏鼎铭//新闻知识 1992-03
⊙文艺生产发展论略/花建//学习与探索 1992-04
⊙我馆的地方文献征集、收藏和开发利用工作/王戈//图书馆建设 1992-S2
⊙我国传统戏曲文化的瑰丽画廊——“亚洲传统戏剧国际研讨会展览演出”一瞥/罗松//中国戏剧 1992-01
⊙我国娱乐文化市场的发展与问题/吉小安//管理世界 1992-02
⊙吴越文化的宝贵音乐遗产——嘉善田歌/金梅//中国音乐 1992-03
⊙西方艺术市场的“造神”机能/王受之//美术 1992-03
⊙戏曲“回农村”异议/章子仁//当代戏剧 1992-02
⊙现代分析仪器在考古学和文物鉴定中的应用/胡强 胡继明//化学通报 1992-03
⊙现代主义文化与娱乐形式问题/冯黎明//湖北大学学报（哲学社会科学版）1992-04
⊙小平论文艺学术讨论会述要/张家钊//天府新论 1992-03
⊙谢朝华而启夕秀——董其昌的书法理论与实践/薛永年//美术研究 1992-03
⊙徐竹初木偶雕刻艺术展在京举行//中国戏剧 1992-10
⊙宣统年间清政府参加意大利博览会史料/沈慧瑛//历史档案 1992-01
⊙薛冰和他的金陵文化小说漫论/徐兆淮//小说评论 1992-06
⊙亚洲艺术的动向及绘画国际语的运用——记第五届亚洲艺术双年展/土人//美苑 1992-03

⊙一九九一台北建德国际艺术拍卖纪盛/建艺//今日中国（中文版）1992-02

⊙艺术商品化的冲击与思考/张学颜//美术研究 1992-03

⊙再论“根据”：人类学与通俗音乐研究中的“他文化”/莱恩·格雷尼 乔斯林·吉鲍特 朱晓蓉 译//中国音乐学 1992-02

⊙在维也纳光顾多罗歇姆拍卖行/饶庆七//世界博览 1992-01

⊙哲学在中国书画中的运用/山泉//西北美术 1992-03

⊙中国演艺界经纪人开始走路//音乐世界 1992-10

⊙中国油画艺术展作品//美术 1992-12

⊙中小历史文化名城市政建设亟待加强/卫明//城市问题 1992-01

⊙中央工艺美术学院展厅正式使用//装饰 1992-03

⊙重视收集报刊 丰富馆藏资料——沁源县档案局收藏行业报刊50余种/王振荣//山西档案 1992-01

⊙做贡献为我国工艺美术事业/庞薰琴//装饰 1992-01

1993年

⊙’92塞维利亚世界博览会的建筑形式、电影艺术及展览手法/石纪元//中国博物馆 1993-02

⊙“三思”而快行——市场经济条件下艺术工作的思想、思路、思考/严福昌//四川戏剧 1993-02

⊙“心画”与“心声”/周旻//艺术百家 1993-02

⊙“装潢”正解/潘振中//文史杂志 1993-03

⊙《菊石图》与《大仕图》/周维新//文物 1993-10

⊙《人》剧·市场经济·大众文化/王邦雄//戏剧艺术 1993-01

⊙77万！高敏拍卖金牌纪实/少女//当代体育 1993-02

⊙阿肯色艺术中心——第四届全国素描邀请展/汤森·沃尔夫 于冰//世界美术 1993-02

⊙安庆市’93经贸洽谈月文艺晚会演出圆满成功/李光南//黄梅戏艺术 1993-04

⊙把艺术生产推向市场/宋梧刚//理论与创作 1993-01

⊙北京市制定征收营业性文化娱乐场所特种消费行为附加费规定//内蒙古宣传 1993-08

⊙北宋国家图书的收藏与保护/薛志斌 谢广跃//河南图书馆学刊 1993-03

⊙博物馆的根本出路在于改革——关于博物馆和博物馆事业的思考/郑广荣//中国博物馆 1993-04

⊙博物馆的文物复制/成仲旭 吴海涛//中国博物馆 1993-02

⊙产业化：文化娱乐业发展之路/杨启祥//解放日报 1993-09-29

⊙超长寿的《音乐时代》/徐康荣//黄钟-武汉音乐学院学报 1993-03

⊙出国的“风筝”——’92夏吴冠中在中央工艺美术学院谈大英博物馆的个展/吴青//装饰 1993-01

⊙刍议中国美术市场的现状与趋势/尚仪先//西北美术 1993-02

⊙从韩国“唱剧”看中韩古代演艺文化的交流/翁敏华//戏剧艺术 1993-04

⊙从民间自发收藏组织到世界第一流的自然博物馆——纪念德国森根堡自然研究协会诞生175周年/王成源//化石 1993-04

⊙从书画艺术看中日文化异同/曾巍//文史杂 1993-01

⊙从音乐史学角度探渤海国音乐——以日本六国史为中心/宋芳松 金成俊//乐府新声-沈阳音乐学院学报 1993-03

⊙大潮在涌动——“戏剧文化与市场经济研讨会”综述/筱同//中国戏剧 1993-01

⊙大胆试点 转换机制 完整配套 上海艺术表演团体改革初探/刘军//中国戏剧 1993-04

⊙大学图书馆在市场经济影响下生存和发展对策/李春泮 李延海 王晶//图书馆建设 1993-S1

⊙得之艰而失之易——李易安收藏金石书画坎坷得失生平考述/雷景春//十堰职业技术学院学报 1993-03

⊙第二届中国插花艺术展在广州举办/宋国雄//中国花卉盆景 1993-02

⊙东瀛舞凤仙——日本凤仙功舞踊访华演出述评/资华筠//文艺理论与批评 1993-06

⊙董其昌对历史和艺术的超越/何惠鑑 何晓嘉 钱志坚//美术研究 1993-01

⊙董其昌与清朝院画/杨伯达//新美术 1993-01

⊙对建立高校图书馆信息产业的思考/周锐//图书馆建设 1993-02

⊙对培育和发展拍卖市场的几点思考/任先行//兰州商学院学报 1993-02

⊙对社会主义市场经济体制下文化馆工作的几点思考/周汝营//群众文化研究 1993-06

⊙对图书馆属于第三产业有关问题的思考/卢子博//新世纪图书馆 1993-04

⊙对现代戏曲音乐“流”与“行”的思考/蒋婉求//南京艺术学院学报（音乐与表演版）1993-04

⊙对香港、内地典当业的考察报告/王福谦//商业时代 1993-06

⊙朵云轩书画拍卖会随想曲/良舟//上海经济研究 1993-09

⊙发挥优势 走向市场——图书馆改革漫谈/王华东//图书馆学研究 1993-04

⊙发挥自身优势增强造血功能——广西图书馆开发第三产业的汇报/麦群忠//图书馆界 1993-01

⊙繁荣和发展娱乐市场/吴绍中//消费经济 1993-Z1

⊙放歌西北传播秦韵——小记陕西文化音像社/刘嘉军//当代戏剧 1993-02

⊙改革激活了江汉平原的演出市场——仙桃、潜江、石首剧团情况调查/汪丽亚//中国戏剧 1993-08

⊙改革是图书馆潜能勃发的动力——谈我馆内部管理体制改革的做法、体会和今后的打算/安银海 张世荣//晋图学刊 1993-03

⊙高校图书馆创办信息产业的思考/罗显祯//江西图书馆学刊 1993-04

⊙高校图书馆管理与人才市场接轨问题浅探/首创新//广东技术师范学院学报 1993-02

⊙高校图书馆如何适应市场经济/李正祥//图书馆理论与实践 1993-04

⊙高校图书馆如何适应市场经济的思考/贾曼鸥//晋图学刊 1993-04

⊙高校图书馆要主动适应市场经济体制的建立/郭太敏 李丕仕//新世纪图书馆 1993-02

⊙高校图书馆与市场经济/王秀荣//江西图书馆学刊 1993-02

⊙高校图书馆与市场经济接轨的思考/李守鹏 凤为武//安徽师范大学学报（人文社会科学版）1993-03

⊙工艺美术教学改革的思考——在1992年全国纺织部属高等学校工艺美术专业教育委员会上的发言/黄国松//苏州大学学报（工科版）1993-S1

⊙公共图书馆参与市场经济应处理好的若干关系/孙红艳 夏洪川//新世纪图书馆 1993-06

⊙公共图书馆工作如何走向市场/张艳杰 张桂芳 刘云娥//新世纪图书馆 1993-05

⊙公共图书馆在社会主义市场经济中的参与和服务/王志民 李源江//图书馆学研究 1993-04

◎古代傣族工艺美术探微/王荔//新美术 1993-04
◎古代鉴定文物的几把钥匙/劳诸//紫禁城 1993-01
◎古代艺术书分类源流/张爽//浙江学刊 1993-04
◎古画鉴定学中的时代风格与标型——中国书画鉴定学研读札记之一/尹吉男//美术研究 1993-02
◎关于当代文化艺术产业化趋向的思考/朱桦//文艺理论研究 1993-04
◎关于高校图书馆为第三产业服务的思考/孙淑媛//晋图学刊 1993-04
◎关于开展图书馆如何走向市场问题的征文通知//图书馆学研究 1993-01
◎关于来我国从事文艺演出及体育表演收入应严格依照税法规定征税的通知//涉外税务 1993-12
◎关于社会主义市场经济条件下文艺领域面临的新问题/中宣部文艺局课题组//文艺报 1993-2-13
◎关于市场经济与图书馆企业化的思考/宋力军//山东图书馆季刊 1993-02
◎关于图书馆为市场经济服务的思索/李冬红 王丽//图书馆学刊 1993-04
◎贯彻“抢救第一，保护为主”的方针，加强保护，改善管理，搞好改革，全面推进我省文物博物馆事业的发展/杨志军//北方文物 1993-03
◎广州·首届九十年代艺术双年展报告与东北当下艺术状况的思考/小砾//美苑 1993-01
◎广州美术家画廊举行姚铭油画展/晏文正//青岛职业技术学院学报 1993-Z1
◎广州市属六个艺术团体与企业联姻//中国戏剧 1993-10
◎国外图书馆收藏的中国谱牒/杨杞//古籍整理研究学刊 1993-02
◎海外收藏中国古玉及研究情况概述/潘守永//文物春秋 1993-03
◎黑龙江省博物馆收藏的一批鄂温克族妇女头饰/郭思洁 唐萍//北方文物 1993-03
◎黑龙江省文化娱乐经营活动管理规定//黑龙江政报 1993-02
◎弘扬茶文化 思茅谱新章——中国普洱茶国际学术研讨会、中国古茶树遗产保护研讨会综述/黄桂枢//农业考古 1993-04
◎呼吁：文艺家品格不能为金钱而失落/蒋茂礼//文史哲 1993-04
◎胡正言及其十竹斋的水印木刻/王伯敏//东南文化 1993-05
◎湖北汉剧团赴台演出引起轰动//中国戏剧 1993-06
◎机遇和挑战同在 希望与困惑共存——艺术表演团体访谈录/巴特尔//内蒙古宣传 1993-20
◎继承古代文化遗产 弘扬古代建筑技术/马旭初//古建园林技术 1993-03
◎继承民族艺术遗产弘扬民族优秀文化//中国民族 1993-08
◎加强艺术表演团体在社会主义市场经济中的竞争意识/邓继泉//中国戏剧 1993-06
◎假想“复关”后中国汽车市场的模拟战——记国际名车羊城博览会/亚纳//汽车与配件 1993-03
◎建立图书馆文献信息产业之思考/吕立忠 唐家玉//图书馆界 1993-04
◎讲究市场策略 重视营销艺术/陈树生 张树功//经济管理 1993-09
◎节日娱乐民俗与戏剧文化/王定璋//四川戏剧 1993-06
◎解放思想 转换观念 加快文化市场的建设/李翠贤//四川戏剧 1993-02
◎京剧门票首创百元纪录 记潍坊国际风筝节演出盛况/袁静明//中国戏剧 1993-06
◎开拓演出市场有新招——“粤剧黄金演出周”巡礼/松子//中国戏剧 1993-11
◎开拓演出市场与剧团体制改革并进 成都市文化局搞活剧团新举措/吴晓飞 陶远藻//中国戏剧 1993-07
◎科学的艺术管理——剧团走向文化市场的必由之路/曹树钧//戏剧艺术 1993-04
◎跨世纪的文艺管理方针——论“双百”方针的科学价值/宋伟//河南大学学报（社会科学版）1993-05
◎匡正文艺审美娱乐功能的名分/田川流//文史哲 1993-04
◎来自文化市场的呼唤——1992 年全国文化市场理论研讨会侧记/虎翼//中国戏剧 1993-02
◎历史的进步：把文艺家推向市场/贺立华//文史哲 1993-04
◎两种体制下的图书馆工作之比较/袁兆英 付瑶//学术交流 1993-06
◎岭南诗书画会简介/炜堂//岭南文史 1993-02
◎鲁迅与西安古玩业/罗宏才//文博 1993-01
◎略论市场经济与图书馆的改革方向/李玉荣//渤海大学学报（哲学社会科学版）1993-04
◎论社会主义市场经济与艺术生产力的开发/邓也穆//社会科学战线 1993-04
◎论市场经济体制与图书馆管理/刘永武//图书馆建设 1993-S1
◎论市场经济下的高校图书馆运行模式/黄宗忠 王晓燕//图书馆论坛 1993-04
◎论图书馆发展文献信息产业的依据、问题及对策/颜华//图书馆论坛 1993-02
◎论图书馆与市场经济/郭绍全//图书馆杂志 1993-06
◎论图书馆在市场经济中的地位与作用/刘世文//图书馆建设 1993-02
◎论我国古代的观赏性织绣/李英华//故宫博物院院刊 1993-02
◎论我国强制拍卖制度/叶知年//华侨大学学报（哲学社会科学版）1993-03
◎论艺术产品在文化市场中的经济效应/任玉梅//群众文化研究 1993-05
◎漫话 93 国际艺术作品展及艺术市场/陈小文 谢丰//美苑 1993-Z1
◎漫话收藏热/朱建亮//消费经济 1993-02
◎漫谈市场调查问卷的设计艺术/高金章//中国统计 1993-03
◎漫谈艺术市场/吕澎//苏州科技学院学报（社会科学版）1993-02
◎漫谈中国书画与传统插花艺术/杨和明//广东园 1993-04
◎美国的图书馆市场营销概述/庞志雄//图书馆杂志 1993-01
◎美国国会图书馆的中文收藏/钱江//世界知识 1993-11
◎美国收藏的中国教会大学历史文献/马敏 吴梓明//近代史研究 1993-06
◎面向市场 全方位开展情报服务——兼谈盐城师专图书馆的情报工作/黄为民//盐城师范学院学报（人文社会科学版）1993-04
◎民族和民族音乐/杜亚雄//中国音乐 1993-03
◎年鉴收藏工作初探/查贵庭//图书馆杂志 1993-04
◎农业院校图书馆期刊收藏与利用的探讨/毛秀清//西南科技大学学报（哲学社会科学版）1993-Z1
◎拍卖大风行/浦玉生//江苏商论 1993-10
◎拍卖的几个法律问题/汪永源//贵州警官职业学院学报 1993-03
◎拍卖活动中违法行为透视/薛伟宏//法学 1993-08
◎拍卖应成为我国抵押权实现方式之一/聂天贶//河北法学 1993-04

⊙批判地继承民族文化遗产和吸取外来进步文化/应必诚//复旦学报（社会科学版）1993-06
⊙评王崇林同志的“图书馆产业观”/石维彩//图书馆 1993-05
⊙普通“文化娱乐型”读者不可忽视/卢列钧//图书馆 1993-02
⊙钱币精品世界 收藏爱好者之家——甘肃省集币公司隆重开业//社科纵横 1993-04
⊙浅论市场经济条件下的图书馆建设/王春生//图书馆建设 1993-03
⊙浅论树立适应社会主义市场经济的图书馆工作新观念/杨杞//图书馆工作与研究 1993-01
⊙浅谈高校图书馆应积极为发展社会主义市场经济服务/盛玉旺//广西大学梧州分校学报 1993-02
⊙浅谈如何把图书馆部分工作引向市场/李枫 周红梅//河南图书馆学刊 1993-02
⊙浅谈市场经济与图书馆的深化改革/曲桂珍 范淑贤//图书馆建设 1993-S1
⊙浅议拍卖市场及其运作/刘启光//财贸经济 1993-10
⊙浅议现代广告艺术的时代特征——论市场经济条件下的广告审美/宋顺清//兰州商学院学报 1993-03
⊙强化图书馆职能 加速发展第四产业/谢亚琴 田桂芬 臧学文//图书馆建设 1993-S1
⊙抢救民族文化遗产 功在当代利在千秋//西藏艺术研究 1993-02
⊙清初画僧题画诗偈初探/思嘉//新美术 1993-03
⊙全国文化市场理论研讨会在海口举行/文//中国戏剧 1993-01
⊙全区民族文化遗产抢救工作规划和要求措施/刘志群//西藏艺术研究 1993-02
⊙人才配置 待价而沽——建立文艺人才市场的迫切性和可行性/姜丰义//文化月刊 1993-10
⊙认清市场经济特征搞好图书馆改革/高贤//图书馆学刊 1993-06
⊙认清形势 加速改革 繁荣文艺/杨启泉//四川戏剧 1993-03
⊙日本能面剧与大傩/叶汉鳌//民族艺术 1993-02
⊙日新月异的音乐制品技术世界/王声骋//视听界 1993-06
⊙如何认识市场经济条件下图书馆工作的立足点/于景慧//图书馆建设 1993-S1
⊙上海大世界演出公司黄永生东灵演出团最近成立//上海戏剧 1993-01
⊙上海拍卖市场三大变化/许学武//中国改革 1993-07
⊙上海徐家汇文化娱乐中心/王亦民//世界建筑 1993-04
⊙设立“昆明民族大众服装艺术节”的建议和构想/雷晓明 吴新力//学术探索 1993-03
⊙社会主义市场经济下的文艺发展简论/汪人元//艺术百家 1993-03
⊙社会主义市场经济与高校图书馆改革/孙宣银 汪玉华//合肥工业大学学报（社会科学版）1993-Z1
⊙社会主义市场经济与图书馆工作改革初探/梁雨群 董云棣//图书馆建设 1993-S1
⊙社会主义市场经济与图书馆管理对策/杨贵久 王爱华//图书馆学刊 1993-03
⊙社会主义市场经济中的高校图书馆改革/张石欣 钟新革//辽东学院学报（社会科学版）1993-03
⊙深化改革 走向市场 谋求高校图书馆的新发展/胡承军//河北科技图苑 1993-01
⊙深化图书馆改革 实现观念上的突破——谈谈树立图书馆产业观/王崇林//图书馆理论与实践 1993-01
⊙深化图书馆改革 适应市场经济需要/聂齐忠//江西图书馆学刊 1993-03
⊙深化图书馆改革 为建设社会主义市场经济服务/单淑清 王玉华//鞍山师范学院学报 1993-04
⊙深入生活，抒写改革开放的壮丽诗篇——省直艺术院团主创人员赴绵阳采风//四川戏剧 1993-03
⊙深圳槌音——开拓艺术市场/王小平//中国改革 1993-01
⊙圣彼得堡举办私有化证券拍卖活动/苏文//俄罗斯文艺 1993-03
⊙世界收藏大王//国际新闻界 1993-Z1
⊙市场机制与理论建设——中国艺术市场系列分析之三/张学颜//美术 1993-01
⊙市场经济背景下图书馆存在与发展论析/许燕中//图书馆工作与研究 1993-03
⊙市场经济的挑战：困境和出路——“社会主义市场经济与图书馆事业”座谈会纪要/王曦 吴限忠//国家图书馆学刊 1993-Z1
⊙市场经济给图书馆带来的新课题/李延海 张跃华//大学图书馆学报 1993-04
⊙市场经济给图书馆界带来的思考/于建文//图书馆理论与实践 1993-04
⊙市场经济和图书馆服务/魏建华//中国图书馆学报 1993-03
⊙市场经济环境下图书馆如何开展经营活动/黄力秀//图书馆界 1993-03
⊙市场经济条件下深化高校图书馆改革的思考/高真春 崔景芬//图书馆建设 1993-S1
⊙市场经济条件下图书馆为企业服务参考/姜洪良//图书馆学刊 1993-05
⊙市场经济下的图书馆/罗增勇//玉溪师范学院学报 1993-02
⊙市场经济与公共图书馆产业化/张征明 刘金鳌//新世纪图书馆 1993-05
⊙市场经济与图书馆的信息服务/苏贵安//图书馆学刊 1993-06
⊙市场经济与图书馆改革/王春方//图书情报知识 1993-03
⊙市场经济与图书馆工作/郝志娟//图书馆学研究 1993-05
⊙市场经济与图书馆管理体制改革/张玉莲//理论探索 1993-04
⊙市场经济中的中小型图书馆藏书建设/汪德林//图书馆建设 1993-03
⊙市场经济中公共图书馆的发展对策/李秀品//图书馆学刊 1993-06
⊙市场理论与图书馆管理/周从军//图书馆理论与实践 1993-02
⊙市场理论与图书馆管理——市场细分和目标市场/周从军//图书情报工作 1993-05
⊙市场体系培育中的图书馆改革思路/肖伟//晋图学刊 1993-01
⊙市场营销艺术初探/唐郭司//商业经济与管理 1993-03
⊙试论市场经济下的出版社图书馆工作/高凤桂 严全胜//江西图书馆学刊 1993-04
⊙试论私人收藏的特点及其与公共博物馆的关系/史吉祥//中国博物馆 1993-03
⊙试论我国图书馆信息服务产业发展战略/周海旭//国家图书馆学刊 1993-Z2
⊙适应社会主义市场经济 树立图书馆工作新观念/杨杞//图书馆理论与实践 1993-03
⊙适应社会主义市场经济要求 发展我国图书馆事业/肖希明//图书馆论坛 1993-04
⊙适应市场经济发展 加快图书馆立法步伐/张春艳//图书馆理论与实践 1993-04
⊙收藏体系建设与读者素质培养——对加强高校馆期刊工作的几点意见/王隆生//新世纪图书馆 1993-02

◎首届朵云轩艺术品拍卖在上海举行//美术 1993-06
◎书法美新论/许挺//中州大学学报 1993-03
◎书画档案的管理/方世文//档案时空 1993-Z1
◎书画拍卖新纪元——朵云轩首届中国书画拍卖会综述/徐建融//美术 1993-10
◎书画扇面概述/张心正//贵州文史丛刊 1993-05
◎塑绘双清 一代名家/罗充然//艺术探索 1993-02
◎谈社会主义市场经济体制下加强高校图书馆的思想道德建设/蒋子春//大学图书馆学报 1993-05
◎谈市场经济大潮中的图书馆改革/王晓梅 许晶杰//现代教育科学 1993-03
◎谈市场经济下图书馆职德观念的更新/董瑞美//聊城大学学报(社会科学版) 1993-04
◎谈谈山东大学图书馆收藏的地方志/李艳秋//山东图书馆季刊 1993-01
◎谈谈市场经济体制下的高校图书馆改革/阎淑侠//大学图书馆学报 1993-06
◎探索者的足迹——北京人艺演剧学派国际学术研讨会开幕词/于是之//中国戏剧 1992-08
◎探索之路里程之碑——论雷圭元的工艺美术思想/贾京生//装饰 1993-03
◎透视贵州系列专题博物馆/吴正光//中国博物馆 1993-04
◎图书馆的必由之路——大力发展信息产业/潘妙辉//图书馆论坛 1993-05
◎图书馆改革与市场经济的关系/郑全太//图书馆杂志 1993-06
◎图书馆开架体制初探/宋歌//理论探讨 1993-01
◎图书馆如何适应和服务于市场经济/林干//广州市财贸管理干部学院学报 1993-Z1
◎图书馆如何适应市场经济/徐光复//图书馆界 1993-02
◎图书馆体制改革的路向与对策/王春方//图书馆建设 1993-06
◎图书馆网工作要迎接市场经济的挑战/张若平//图书馆建设 1993-S1
◎图书馆为市场经济服务初探/王瑞璞//山东图书馆季刊 1993-04
◎图书馆要适应市场经济的发展开拓新的服务领域/陈红//图书馆建设 1993-S1
◎图书馆要为农民走向市场架桥梁/徐光复//图书馆学研究 1993-05
◎图书馆要围绕发展市场经济换脑筋/仇方英 庭裕华//图书馆学研究 1993-06
◎图书馆应树立社会主义市场经济新观念/王颖 陈伟萍//图书馆建设 1993-S1
◎图书馆与市场经济断想/陶方林//华东经济管理 1993-06
◎图书馆与市场信息/川中//图书馆杂志 1993-05
◎图书馆与信息产业的新发展/赵伟//图书馆工作与研究 1993-02
◎图书馆在市场经济下的困境与对策浅析/王雄俊//南方冶金学院学报 1993-02
◎图书馆在信息产业中的地位与作用/赵涛//图书馆建设 1993-06
◎图书馆在信息时代与市场经济中的特殊地位和作用/张艳丽 王玉梅 王敏丽//图书馆建设 1993-S1
◎图书馆怎样适应市场经济/祝一宏//图书情报知识 1993-03
◎图书馆怎样为社会主义市场经济服务/李竹泉//河南图书馆学刊 1993-03
◎挖掘学术遗产 弘扬民族文化——《周太谷评传》读后/孔繁林//学海 1993-02
◎晚明两大传统的融合趋势/单国强//新美术 1993-01
◎王时敏"复古"画风辨/章叔标//新美术 1993-03
◎为弘扬民族优秀传统文化建功立业——区人民政府副主席拉巴平措在全区第二次民族文化遗产抢救工作会议上的讲话/拉巴平措//西藏艺术研究 1993-02
◎围绕市场经济 提高领导艺术/程竹坤//领导科学 1993-08
◎文化馆走向市场的思考/王林森//群众文化研究 1993-05
◎文化市场与文学价值/赵淑媛//文艺评论 1993-02
◎文化市场中的京剧艺术/张诚//戏剧文学 1993-11
◎文化视野下的中国民间游戏娱乐/萧放//民俗研究 1993-01
◎文化艺术产品需要市场交换/刘光裕//文史哲 1993-04
◎文明、文化、工艺和市场/A. И. 拉基莫夫//世界哲学 1993-01
◎文艺改革的几点想法/鄢国培//湖北社会科学 1993-01
◎文艺价值的变奏与文化市场的发展/方耘//红河学院学报 1993-01
◎文艺作品的特性与文化市场/吴毅//广西师范学院学报(哲学社会科学版) 1993-04
◎我不面向21世纪，我只面向现实 对当代中国戏剧的新思考/章诒和//中国戏剧 1993-05
◎我对"艺术生产"的理解/程代熙//文艺报 1993-11-20
◎我国历史文化名城特色辨——以广州为例/胡华颖//城市问题 1993-04
◎我国新时期文艺创作的商品化倾向和审美导向问题/黄颇//江西师范大学学报(哲学社会科学版) 1993-04
◎舞蹈的艺术市场与舞蹈的人才培养——我国舞蹈高等教育的职能拓展与内涵深化//北京舞蹈学院学报 1993-02
◎西安市举办第四届古文化艺术节/张耀清//当代戏剧 1993-06
◎希腊艺术市场扫描/章利国//美术 1993-08
◎戏剧艺术应轻装投入市场/董辉//当代戏剧 1993-03
◎戏剧应在文化市场的竞争中焕发新的活力/董健//上海戏剧 1993-01
◎戏剧在当代的文化角色/洪兆惠//上海戏剧 1993-01
◎现代艺术商品化的内在机制/姚文放//学术界 1993-04
◎现代艺术市场的几个理论问题/李向民//复旦学报(社会科学版) 1993-03
◎香港、内地发展典押业对我们的启示/王福谦//特区经济 1993-02
◎向社会寻支持 朝纵深求发展——谈面对市场经济大潮的南岗区图书馆/郑晓雯 贾中原//图书馆建设 1993-S1
◎小型博物馆收藏方针刍议/王明渊//四川文物 1993-01
◎信息·图书馆·市场经济/张敏 刘慧娟//图书馆建设 1993-05
◎信息产业的发展和图书馆面临的挑战/赵伟//图书馆理论与实践 1993-02
◎信息产业的发展是图书馆改革的重要途径——试论图书馆的信息效益/费建国//安徽教育学院学报 1993-03
◎信息市场呼唤图书馆/汤天利//成都大学学报(社会科学版) 1993-04
◎兴办文化产业，繁荣木偶艺术/康乐//艺术通讯 1993-09
◎行业图书馆必须把自身推向市场/李铁民 胡静淑 赵桂荣//图书馆学研究 1993-06
◎严肃音乐将进拍卖场——中国首届微型标题音乐会运作纪实/王亚平//音乐世界 1993-12
◎演艺三品/李振潼//电影艺术 1993-04
◎燕赵大地拍卖声/徐绍义//中国改革 1993-11
◎一出戏救活了一个剧团 写在淮剧《难咽的苦果》演出一千场以后/王鸿//中国戏剧 1993-06

- 遗产正在寻找继承人——今日俄罗斯文化现状/H. 维列霍娃 李吟波//国外社会科学 1993-11
- 艺术表演团体档案管理系统体制改革之我见/廖梦月//档案学研究 1993-02
- 艺术表演团体的改革要慎重//中国戏剧 1993-04
- 艺术表演团体效益审计诌议/芦钟林//审计研究 1993-02
- 艺术创作要注重市场意识/晓蔚//戏曲艺术 1993-03
- 艺术品鉴赏和收藏倾向折射/陆涛声//艺术百家 1993-02
- 艺术品市场前景预测/郭舒权//未来与发展 1993-05
- 艺术品与我国市场经济的关系/石文哲//西北美术 1993-04
- 艺术应该怎样面向社会主义市场经济/於贤德//浙江大学学报（人文社会科学版）1993-03
- 艺术与市场/李青//西北美术 1993-02
- 因地制宜发展图书馆第三产业/林国宁//图书馆杂志 1993-04
- 阴影下的画市——从 1992 年 FIAC 看当前西方艺术市场与艺术创作/啸声//美术 1993-04
- 音乐教育面临的新挑战——保存、传授传统遗产和民族文化/C·斯塔拉琪欧//中国音乐 1993-01
- 音像市场：莺歌燕舞中的困扰/周红军//中国改革 1993-09
- 印章文化的系统构成/金学智//文艺研究 1993-01
- 优化高雅文化的外部生存条件——一份电话访谈录/康式昭//音乐研究 1993-03
- 由戏剧团体体制改革引起的思考/周传家//剧本 1993-05
- 油画艺术的发展要适应市场机制的转换/肖锋//美术 1993-03
- 有感于北京音乐厅画廊/钱程//美术 1993-06
- 在改革中求发展——市场经济下图书馆发展策略浅析/刘丽颖 王太来//图书馆建设 1993-S1
- 在实践中探索与市场经济相适应的图书馆运行机制/周照东 张文英//新世纪图书馆 1993-05
- 在市场经济大环境中公共图书馆运作的思考/刘勤玖 张秀琴 李艳春//图书馆建设 1993-S1
- 在市场经济体制下 探索图书馆的发展——东北地区第五次图书馆学科学讨论会总结/夏洪川//图书馆建设 1993-05
- 在市场经济条件下地方社科院图书馆改革的思路/王原霞//中共山西省委党校学报 1993-05
- 在市场经济条件下如何认识图书馆工作的立足点/于景慧//大庆社会科学 1993-09
- 在向市场经济转换中的图书馆思想政治工作/高华民 高红//图书馆建设 1993-04
- 赵孟頫《二羊图》之意义（续）/李铸晋 曾嘉宝//新美术 1993-03
- 赵孟頫《二羊图》之意义/李铸晋 曾嘉宝//新美术 1993-02
- 珍宝琵琶的拍卖//珠宝科技 1993-01
- 珍惜我国的医药文化遗产 保护药用植物的种质资源/徐志杰//江西中医学院学报 1993-02
- 正确处理社会主义市场经济条件下文艺领域的几个关系问题/王新兰//甘肃社会科学 1993-05
- 只有走向市场 县图书馆才有生命力/肖志友//图书馆建设 1993-S1
- 中国插花艺术展览简介/黎佩霞//广东园林 1993-04
- 中国东方文化研究会戏曲艺术分会在京成立/志平//戏曲艺术 1993-03
- 中国书画装裱及其美学内涵/张秀英//中原文物 1993-02
- 朱培钧美术活动年表/陈禾衣//艺术探索 1993-02
- 抓紧理论研究，加快改革步伐，建设有中国特色的社会主义文化市场——写在“文化市场研讨征文”活动之前/刘忠德//中国戏剧 1993-02
- 抓住主要矛盾 突破难点重点——关于进一步完善全省文化经济政策的调查报告//四川戏剧 1993-05
- 转变高校图书馆信息工作适应市场经济发展/刘艳波//图书馆建设 1993-S1
- 装裱艺术浅探/秦全增//南都学坛 1993-02
- 走向市场起死复生——应城市文化馆百日巨变记/王德观 吴河清//文化月刊 1993-01

1994 年

- “先锋”退场之后 90 年代中国文艺转型与“市民文化意识”的合谋/王德胜//中国青年研究 1994-04
- “音乐产业”流行风/一舟//云岭歌声 1994-01
- “有物无序”亦奇花——读《谢世祥诗意书画展览》有感/马安信//当代文坛 1994-01
- 《点石斋画报》探疑/陈镐汶//编辑学刊 1994-05
- 《历代书画伪章留痕》序/史树青//收藏家 1994-05
- 1993 年中国画纪事/韩玉霞//国画家 1994-03
- 1994——中国流行音乐的局势和忧患/金兆钧//中央音乐学院学报 1994-04
- 94 中国书画名人精品拍卖预报/傅岩//收藏家 1994-02
- MTV——当代人的“视觉快餐”——当代文化工业的美学阐释/潘知常//南京社会科学 1994-02
- 博物馆改革与观念更新/盘福东//中国博物馆 1994-02
- 博物馆经济效益的思考/马自树//中国博物馆 1994-03
- 从书画说到中外文化/赵绪成//群众 1994-03
- 大都市古玩市场扫描/陈鹏举//世纪 1994-01
- 大力做好名城保护规划 积极弘扬湖北历史文化/蔡汝元 童纯跃//长江建设 1994-02
- 当代书画作伪手法剖析/徐建融//美苑 1994-04
- 当今世界收藏热中国拍卖业正红/澹台惠敏//台声 1994-03
- 第三批国家历史文化名城已公布名城保护工作要加强/李秉仁//城市开发 1994-04
- 电视与消费文化——解读音乐电视（MTV）现象/王峥//现代传播-北京广播学院学报 1994-06
- 东巴文化与现代东巴画派/张春和//东方艺术 1994-04
- 东北古代音乐传入中原的文化考察/凌瑞兰//乐府新声 沈阳音乐学院学报 1994-04
- 对当前文化艺术生产经营中几种错误观点的辨析/刘培平//前进 1994-10
- 朵云呈祥艺苑春——朵云轩’94 春季中国书画拍卖会筹集小记/徐建融//美术大观 1994-06
- 范温《潜溪诗眼》论韵/张海明//北京师范大学学报（社会科学版）1994-03
- 方兴未艾的美国娱乐业/王淑琴//集团经济研究 1994-09
- 方兴未艾的南京书画市场/翟明磊//社会 1994-09
- 高古陶瓷的收藏//网络与信息 1994-12
- 高价“义演”的背后/潜箱//歌曲 1994-03
- 高雅艺术曲高和众 民族艺术又燃红火 喜看广州文娱市场现辉煌/郁艺//广东艺术 1994-01
- 各界携手努力 弘扬中华文化——《昆仑堂藏书画集》出版问世//美术之友 1994-04
- 古旧钟表话沧桑/王淑凤//光彩 1994-07

◎古玩市场风景线/姜晋//集团经济研究 1994-05
◎古玩有哪些种类/米纪萍//今日科技 1994-01
◎广东音乐重振旗鼓/雄风文//音乐世界 1994-03
◎国家化与戏曲剧团艰难的改革道路/傅谨//戏文 1994-06
◎汉富贵毋央瓦当考略/罗宏才//考古与文物 1994-06
◎弘扬历史文化 保护邯郸名城/薛星明//城乡建设 1994-04
◎弘扬中华民族文化——台湾观画随感/康淑贞//北方工业大学学报 1994-04
◎挥毫泼墨觅宝马 书画人才遍龙田/蒋维红//人事与人才 1994-09
◎嘉德槌声过后的启示/余韶文//收藏家 1994-03
◎简论徽派画黄氏家族等主要刻工/张国标//东南文化 1994-01
◎建设部、国家文物局对历史文化名城保护工作提出新要求/蒋勇//城市规划通讯 1994-20
◎江苏省技艺性产业发展战略初探/王裕民 顾来红 陈桂芬//南京理工大学学报（社会科学版）1994-05
◎接受市场洗礼的艺术品——收藏成为高效投资/皋军 陈立军//国际新闻界 1994-02
◎解放思想 更新观念 加快陕西文物事业发展/王文清//文博 1994-01
◎旧城改造应突出历史文化名城特色/龚子廉//决策咨询通讯 1994-04
◎卡拉 OK 如是说/文利//音乐天地 1994-08
◎渴求崇高：关于文化产业革命与严肃文艺命运的断想/金岱//当代文坛报 1994-03
◎乐而不淫：娱乐场所不可回避的选择/张建强//乡音 1994-02
◎历史文化名城：有关一代人历史使命的话题/王军//瞭望 1994-37
◎历史文化名城襄樊的保护与建设/黄贤德//城市开发 1994-07
◎两组明清瓷器的真伪辨/王莜//收藏家 1994-03
◎略论绘画原作收藏与利用/张秀清//津图学刊 1994-01
◎论江苏省技艺性产业的发展/陈桂芬//科技与经济 1994-01
◎论林散之书与画的关系/胡长春//书画世界 1994-05
◎论毛泽东对马克思主义文艺管理学的贡献/王维国//延安大学学报 1994-03
◎论新形势下历史文化名城的保护/王建平//城乡建设 1994-04
◎论艺术典藏的价值/徐建融//上海大学学报（社会科学版）1994-05
◎论赵孟頫与元代少数民族书画家/任道斌//新美术 1994-01
◎美术市场：从无序到有序/张艺波//今日中国（中文版）1994-09
◎民国时期官窑瓷仿制始末/陈重远//收藏家 1994-04
◎民族博物馆业务（技术）人员的配备及其培养/秦晋庭//中国博物馆 1994-02
◎名城规划与建设规划/王屹//北京规划建设 1994-05
◎名城文化价值及传统特色浅议/杨宏烈//规划师 1994-01
◎明末清初书画鉴藏家孙承泽/赵国英//收藏家 1994-04
◎明清鉴定家的晋唐画概念——中国书画鉴定学研读札记之二/尹吉男//美术研究 1994-01
◎纽约的华人画廊与华人画家/李秀忠//美术大观 1994-09
◎拍卖，迈向何方/潘西林//中国统计 1994-07
◎拍卖：艺术市场新宠儿/老迪//今日中国（中文版）1994-12
◎拍卖锤声中的思考/陈履生//美术 1994-09
◎气功与书画/王志义//中国气功科学 1994-Z1
◎钱伟长率专家考察历史文化名城，指出——建设新区保护古城是名城保护的可行之路/本刊记者//城市规划通讯 1994-21
◎清代书画篆刻引论/薛永年//美术研究 1994-03
◎清髡残山水立轴辨证——兼论《梦园书画录》正误/谢荔 涂小波//四川文物 1994-04
◎趣话古玩与金属/一生//金属世界 1994-02
◎全国历史文化名城保护专家委员会在京成立/蒋勇//城市规划通讯 1994-20
◎让社会肌体更健康——关于娱乐环境的思考/江河//世纪行 1994-08
◎让世界瞩目随州文物 将随州推入国际市场——关于进一步发展随州文物事业的战略思考/潘开华 杨正远 张立敏//计划与市场 1994-12
◎人品艺品相竞高——速写书画艺术家张福铭/石艺文//军事记者 1994-03
◎日本《音乐大事典》词条——乐器学/杉田佳千 山口修 应有勤//乐器 1994-04
◎日本的狮子演艺及其源流演变/翁敏华//戏剧艺术 1994-04
◎山西长治发现清钱帖版/田秋平//中国钱币 1994-04
◎上海市演出市场管理条例//新法规月刊 1994-10
◎申城娱乐大扫描/刘弢//沪港经济 1994-06
◎诗书画印 一炉同辉/戈冰华//呼兰师专学报 1994-02
◎市场经济引向文艺的思考/唐瑜//广东艺术 1994-01
◎试论当前我国古都保护与城市建设问题/朱士光//陕西师范大学学报（哲学社会科学版）1994-03
◎收藏：人类文明的标志/王华//中州统战 1994-05
◎书品·画品·人品/杨晓晖//南通师范学院学报（哲学社会科学版）1994-02
◎硕果累累 蜚声中外——中国艺术研究院音乐研究所 40 年记/丁山//新文化史料 1994-06
◎苏轼画目汇录/卿三祥//文献 1994-01
◎苏轼书画美学思想特征试探/傅合远//齐鲁艺苑 1994-04
◎泰国历史文化资源开发对我省的启示/黄启后//昆明师范高等专科学校学报 1994-03
◎谈古书画的揭裱与修复/纪森发//东南文化 1994-04
◎提高书画庋藏质量的一点设想/张永庆//东南文化 1994-06
◎玩古玩/兆和//网络与信息 1994-09
◎文化戏剧与文化市场“离婚案”的庭审调查/李长荣//戏剧文学 1994-02
◎舞台管理方法/马述智//戏剧 1994-04
◎戏剧与文化市场/靳大经//戏剧文学 1994-02
◎详而有要 博而有约——读《古玩史话与鉴赏》/谢文耀//中国图书评论 1994-03
◎写在“朵云轩’94 中国字画拍卖会”开拍之前/沈承志//美术之友 1994-03
◎新莽“国宝金匮”钱流传、作伪及出处/罗宏才//中国钱币 1994-02
◎学高人之师 身正人之范——记古典文学家、文物鉴定家、书法家启功教授/侯刚//中国职工教育 1994-01
◎夜南京六朝金粉再现？/达伯华//开发区导刊 1994-03
◎一个亟需重视的问题——对南京历史文化名城保护与发展的再思索/陈平//南京社会科学 1994-02
◎以书画为媒 联结炎黄子孙情——记第一个开启海峡两岸文化交流的石景宜先生/陈进 曾石//图书情报知识 1994-02
◎音乐在发展：传统与大众传播媒介/克里斯特·马尔姆 项阳 译//中国音乐 1994-04
◎应当重视文化艺术高级管理人才的培养/胡惠林//上海艺术家

//1994-04
- 又一次名家精品的荟萃——记朵云轩’94 中国字画拍卖会投拍的部分书画艺术品/张伟生//美术之友 1994-04
- 余兴公的书画篆刻/徐无闻//美术之友 1994-02
- 娱乐业——美国经济的新动力//珠江经济 1994-06
- 与尹瘦石先生谈中国书画——访中国文联执行副主席尹瘦石先生/刘光明//书法艺术 1994-05
- 愿历史文化名城再添风采//城乡建设 1994-04
- 再论县级博物馆的建设/杨凤光//南方文物 1994-03
- 张彦远及其《历代名画记》/宗白华//学术月刊 1994-01
- 震动香港古玩市场的明式家具/浑石//家具 1994-02
- 只有两种艺术——关于戏剧走向市场的思索/春雨//戏剧文学 1994-08
- 中国当代小剧场戏剧的美学品格及审美特性/康洪兴//戏剧文学 1994-01
- 中国画中的“线写意”/许继庄//美术研究 1994-02
- 中国历史文化名城的保护概念/王景慧//城市规划汇刊 1994-04
- 中国美术在历史上的劫难/王之田//淮北煤师院学报（哲学社会科学版）1994-02
- 中国书画：从殿堂走向店堂/亦然//集团经济研究 1994-11
- 中国书画装裱艺术浅谈/杨开选//西北美术 1994-01
- 装裱名家和他的老师/杨牧之//国际人才交流 1994-11-06
- 作者个人风格辨识在书画鉴定中的作用/杨臣彬//收藏家 1994-06

1995 年

- “ICS”新思维与文化市场管理/王家宝//艺术百家 1995-01
- “彩色周末”工程广场文化活动隆重开幕/王一//大舞台 1995-04
- “历史文化保护区”探——旧事新议京城规划之四/李准//北京规划建设 1995-06
- “女人、老虎机及其它”——海南娱乐业市场掠影/柏玉华//文化月刊 1995-08
- “文物保护”议——旧事新议京城规划之三/李准//北京规划建设 1995-05
- “行政中心”析——旧事新议京城规划之二/李准//北京规划建设 1995-04
- “雅”“俗”漫议/卜贺//西北美术 1995-03
- “贞节堂印”“春草堂图书印”印记考——缘波室考辨论文/穆棣/书法艺术 1995-06
- “中轴线”赞——旧事新议京城规划之一/李准//北京规划建设 1995-03
- 《十竹斋书画谱》新赏/吉人//印刷杂志 1995-04
- 1994 年中国画纪事/韩玉霞//国画家 1995-03
- 澳门之行观感/张胜//美术大观 1995-01
- 北京古玩城随笔（一）/路夫//北京工商 1995-03
- 北京古玩城随笔（二）/路夫//北京工商 1995-04
- 北京古玩城随笔（三）/路夫//北京工商 1995-05
- 不妨让文化艺术进店堂/浩南//消费经济 1995-06
- 曹禺在中外舞台上 1934—1937/曹树钧//新文学史料 1995-01
- 槌声响处观价位——嘉德 94 秋拍会一瞥/万里//中国市场 1995-01
- 从“少儿不宜”想到“少儿戏剧”/刘滨//理论与当代 1995-04
- 从假货说到假人——访画家韩美林/王霞光//中国质量万里行 1995-06
- 当前歌舞厅娱乐业现状与思考/李惠新//江南论坛 1995-06
- 当前湖南省文化娱乐场所中的突出治安问题及整治对策/朱红韬//中国人民公安大学学报（社会科学版）1995-06
- 当前中国话剧面面观/康洪兴//戏剧文学 1995-06
- 电脑与艺术联姻开拓发展中国高技术文化产业//电子出版 1995-03
- 电影音乐家的世纪聚会//人民音乐 1995-07
- 东南亚华文戏剧的历史和现状/赖伯疆//戏剧艺术 1995-03
- 东有古玩城 西有琉璃厂——北京古玩城//北京工商 1995-03
- 都市娱乐业的发展新趋势/李华//艺术百家 1995-01
- 对当前博物馆陈列形式的几点思考/稷若//北方文物 1995-03
- 对假画的随想/英若识//吉林艺术学院学报 1995-02
- 对绍兴博物馆事业发展及其对策的思考/高军//中国博物馆 1995-04
- 朵云轩’95 春季中国字画及古玩拍卖会//美术之友 1995-02
- 珐琅彩与古月轩/叶佩兰//收藏家 1995-04
- 繁荣戏剧必须在文化市场中找出路/刘邦厚//剧作家 1995-01
- 高雅艺术品走俏都市市场/华明玥//华人时刊 1995-07
- 工艺美术品投资意识的醒悟/微言//上海工艺美术 1995-02
- 古代浙江籍医药学家与书画/朱德明//数理医药学杂志 1995-S1
- 关于夺回古都风貌的几点建议/朱自煊//北京规划建设 1995-02
- 关于社会主义市场经济条件下文化馆队伍管理问题的思考/王丽华 崔柱林//群众文化研究 1995-06
- 关于文艺产品走向市场后两个效益的统一/赵国春//农场经济管理 1995-02
- 广东省首届粤剧演艺大赛述评/戈歌//南国红豆 1995-01
- 桂林文物古迹的现代、意义及其开发利用/周开保 胡大鹏//旅游研究与实践 1995-02
- 韩国藏大谷光瑞中亚文物收集品的种类及变迁/王平先//西北史地 1995-01
- 何处娱乐？/阿明//中共贵州省委党校学报 1995-05
- 哼着流行音乐长大的新一代/迟礼//青年探索 1995-04
- 亟待拓展的书画艺术市场/施宝华//中国市场 1995-07
- 计算机音乐·音乐的本质·探索与前瞻/龚镇雄//科技导报 1995-11
- 计算机音乐的进展/龚镇雄//中国音乐学 1995-04
- 记《八大山人澹雪朱容重等书画合册》/刘九庵//文物 1995-01
- 寄托于音的民族心/山口修 龚林//音乐艺术-上海音乐学院学报 1995-04
- 架友谊桥梁 促文化交流——韶山心笔肉惜书画赛圆满成功/李荷//人事与人才 1995-01
- 今秋杭州艺术品拍卖画作已定/何鸿//美术大观 1995-12
- 金堆城　　书画城/王高文 李淑琴//美术 1995-09
- 金钱、艺术与艺术市场化——与庄思晦、许明诸先生对话/张来民//哲学研究 1995-03
- 旧上海古玩业史料选辑//档案与史学 1995-03
- 开掘书画文化的商品内涵——“书画之乡”巡礼/田中草//中国企业家 1995-07
- 刻划始信天有功 记竹刻艺术家徐孝穆/秦永福//上海工艺美术 1995-04
- 历史文化名城保护研讨会 暨 1994 年年会在衢州市举行//城市规划通讯 1995-05
- 历史文化名城的保护与开发/荣斌//济南大学学报（社会科学版）1995-03

- 历史文化名城——聊城/郝保奎 周大全//春秋 1995-01
- 临摹仿拓举要及其他/余辉//收藏家 1995-03
- 龙马精神海鹤姿——评董寿平先生的书画艺术/刘恪山//炎黄春秋 1995-12
- 略谈书画鉴定/李斯尔//档案与建设 1995-04
- 论大同市皇城街改造及开发利用文化历史资源/刘俊杰//大同职业技术学院学报 1995-02
- 漫话古董/周士琦//收藏家 1995-01
- 漫话书画表演/赵文彬//美术之友 1995-04
- 妙鉴谁能别苗发 一时难得两中丞 记清初书画鉴藏名家宋荦与卞永誉/赵国英//收藏家 1995-01
- 拍卖业——文物大国的新行业/王闻//经济世界 1995-02
- 拍卖业在中国崛起/丁以//中国对外贸易 1995-10
- 千秋翰墨竞芳香——"中国嘉德'95 广州秋季拍卖会"开槌在即/佳怡//收藏家 1995-05
- 浅述档案馆馆藏书画的管理/杨家润//浙江档案 1995-01
- 浅谈书画作品的置阵布势与落款/王皓群//书法艺术 1995-04
- 浅谈文化馆在市场经济大潮中的任务/李长生 李淑梅//群众文化研究 1995-05
- 浅谈在市场经济条件下文化馆的生存与发展/田淑华//群众文化研究 1995-02
- 悄悄走来的文物市场/宋建文//北京工商 1995-01
- 清末民初至建国前西安的文物市场/刘玉苓//文博 1995-01
- 全国历史文化名城保护专家委员会会议在京召开//城市规划通讯 1995-03
- 全国历史文化名城专家委员会会议纪要/高中岗//城乡建设 1995-01
- 全国书画赝品展巡礼/舒陵//收藏家 1995-02
- 让历史文化名城与未来默契/周时奋//中共宁波市委党校学报 1995-01
- 让我们抚摸历史——上海民间收藏写真/沈嘉禄//东方艺术 1995-03
- 热烘烘的仿古市场/晓莉//企业销售 1995-08
- 山水灵气铸画魂——记著名国画大师罗国士/李宗章//湖北文史资料 1995-02
- 扇文化及其市场价值/沈祖德//商业文化 1995-05
- 商品经济与海派——兼论"扬州八怪"/范青//艺术探索 1995-02
- 上海市文化娱乐市场管理条例//新法规月刊 1995-12
- 诗苑艺葩——谈古诗中的书、画、乐、舞/徐昌洲//安徽教育学院学报（社会科学版）1995-03
- 市场经济条件下的社会主义文艺/曾文渊//文艺报 1995-01
- 市场经济条件下文化馆在群众文化活动中的示范与导向作用谫论/黎淑范//群众文化研究 1995-05
- 试析苏州古城保护与建设的关键/高雷//苏州城建环保学院学报 1995-04
- 收藏夜话/陈初生//广东大经贸 1995-04
- 书画合璧相映辉——浅谈王冠的书画艺术/启文//美苑 1995-04
- 书画经纪真"OK"/章智禾//南风窗 1995-02
- 书画去污和修补的简易方法/殷自兰//图书馆杂志 1995-01
- 书画市场，火！火！火！/一木//企业销售 1995-02
- 书画伪赝琐谈/孙克//收藏家 1995-02
- 书画艺术——亟待拓展的新市场/施宝华//世纪行 1995-05
- 索斯比的神话艺术品市场与拍卖行/安迪//艺术广角 1995-03
- 谈美术作品的市场化——北京嘉德美术品拍卖联想/静轩//吉林艺术学院学报 1995-02
- 玩古董小心烫手/山风//社会 1995-06
- 文化馆的困惑/陈詠莹//北京观察 1995-04
- 文化精神与美的凝聚力量——从中国画艺术看民族文化认同/崔珏//同舟共进 1995-04
- 文化娱乐市场也须法制规范——《上海市文化娱乐市场管理条例》简介/邱两木//上海人大月刊 1995-12
- 文物保护的思想/黄晓芬//考古与文物 1995-02
- 文艺作品推向市场的困惑/王赋元//群言 1995-03
- 我国首例拍卖伪作案在上海宣判/何辉//美术 1995-12
- 香港'94 金秋拍卖会一瞥/徐建融//美术之友 1995-05
- 香港收藏家仇焱之及其珍藏拍卖/陶喻之//收藏家 1995-03
- 虚谷书画真伪辨析/杨丹霞//收藏家 1995-06
- 宣统元年北京古玩行商会成立档案选编//历史档案 1995-02
- 一把刻刀一年刻出六万元/赵光森//农业知识 1995-09
- 依法把历史文化名城 建成"锦上添花"的城市/陈职仪//福建建筑 1995-02
- 艺术界经济界联手同台促进艺术市场健康有序发展/潘庆华//北京观察 1995-12
- 艺术品市场透视/郭舒权//中国经济信息 1995-19
- 艺术市场之我见/溥文//国际市场 1995-09
- 艺术团体要在演出市场上找准坐标/汤承英//上海艺术家 1995-03
- 一艺多能 俱从书出——略论赵云壑的书法艺术/邹绵绵//书画世界 1995-04
- 音乐电视与鼻烟壶/王峥//现代传播-北京广播学院学报 1995-05
- 音乐院校图书馆发展趋势展望/郭旗//星海音乐学院学报 1995-Z1
- 英国的古建筑保护/苏广平//世界建筑 1995-01
- 游览豫园商城工艺品公司华宝楼 声色之外 清净乐土/程勇//上海工艺美术 1995-01
- 于非闇书画的分期与识别/马继革//收藏家 1995-04
- 元明清漆器鉴定举要/陈丽华//收藏家 1995-04
- 越南加强娱乐业管制/湘仕//东南亚南亚信息 1995-24
- 在市场经济条件下文化馆的社会职能不可替代/丛玉坤//群众文化研究 1995-05
- 在危旧房改造中加强历史文化名城的保护/王鸿年//北京规划建设 1995-03
- 怎样收藏书画/王成才//书法艺术 1995-05
- 张大千书法初探/张荫洲//书画世界 1995-03
- 张大千书法艺术管窥/张琪//书画世界 1995-03
- 张大千书画辨伪面面观/潘深亮//收藏家 1995-04
- 张謇与中国博物馆/吕济民//中国博物馆 1995-03
- 赵构书马和之画《毛诗》新考/徐邦达//故宫博物院院刊 1995-S1
- 赵孟頫国际学术研讨会综述/南飞雁//新美术 1995-03
- 征集书画档案尝试/白本义//档案 1995-05
- 正确处理历史文化名城保护规划的几个关系问题——遵义市老城中心区保护规划/耿虹//武汉城市建设学院学报 1995-04
- 中国传统收藏与现代拍卖/鲁娜//美术观察 1995-00
- 中国大陆娱乐业扫描/鲁泉//中华儿女（海外版）1995-03
- 中国古建筑保护维修与弘扬发展/罗哲文//城市发展研究 1995-03
- 中国画史评论/河北伦明 王宁宇//西北美术 1995-04
- 中国收藏和西方收藏的异同/李学勤//美术观察 1995-00

◎中国书画函授大学校庆十周年/美术//1995-10
◎中国书画装裱技术的一项重大革新托覆一次成技术/李喜梅//河南科技 1995-07
◎中国艺术史一个断层的重建——周越墨迹研究/李敖//苏州大学学报（哲学社会科学版）1995-03
◎中国音乐文化发展主体性危机的思考/管建华//音乐研究 1995-04
◎重庆美术市场的现状及前景/王行本//四川戏剧 1995-05
◎重视城市历史文化的再创造/朱锡金//城市规划汇刊 1995-06
◎珠宝字画千分利——谈中国大陆的书画艺术品市场/陈瑞林//光彩 1995-Z1
◎准确把握名城特色 在保护和发展的协调上寻求突破/夫巴//现代城市研究 1995-04

1996 年

◎"历史名城整体保护"论——旧事新议京城规划之五/李准//北京规划建设 1996-01
◎"毛泽东肖像"画案若干法律问题探讨/吕国强//中国法学 1996-06
◎"美意延年"——绘画养生功能简论/金学智//文艺研究 1996-06
◎"人，诗意地居住"——音乐存在方式的人文学叙事/韩钟恩//南京艺术学院学报（音乐及表演版）1996-03
◎"消闲文学"及意识形态守护/孟繁华//文艺争鸣 1996-02
◎"消闲娱乐与精神文明建设"研讨会纪要//淄博学院学报（社会科学版）1996-02
◎"艺与消闲"专栏——主持人的话/杜书瀛//文艺争鸣 1996-02
◎《江山雪霁》归尘土，鱼目焉能混夜珠？——记中国绘画收藏史上的一大骗局/汪世清//新美术 1996-02
◎《美女与野兽》的市场风险和利润——上海市演出公司总经理宋鸿柏访谈录/张泽纲//上海戏剧 1996-01
◎《周易》与中国书画/徐志兴//彭城职业大学学报 1996-04
◎1996：深圳艺术市场寻访录/陈宏//经济前沿 1996-04
◎1996：中国拍卖第一案/王秋和//中国律师 1996-09
◎95 广州艺博会为何骤起波澜/西域//美术观察 1996-01
◎'96 古玩市场处于调整期/山石//社会 1996-05
◎澳洲娱乐业/王秋海//英语沙龙 1996-06
◎百扇斋主千拓悲鸿用印考述/薛永年//收藏家 1996-05
◎保护历史文化名城的生动一课——从杭州市河坊街改造规划谈起/周微先//城市研究 1999-04
◎保护历史文化名城的意义和基本经验/廉仲//城市发展研究 1996-01
◎保护文物建筑 促进名城发展/温福钰//规划师 1996-01
◎北京文物事业发展五年规划（1995 年—1999 年）/中国博物馆//1996-01
◎北京艺术品市场的一次盛举/米边//瞭望 1996-45
◎博物馆馆舍建筑与文物保护/王成//中国博物馆 1996-02
◎长沙的建设要实现历史文化名城与现代化城市的对接/郑佳明//湖南社会科学 1996-06
◎潮州历史文化名城保护规划实施探要/潘益锐//城市规划汇刊 1996-06
◎承德的文物优势及其发展思路/谷同伟//文物春秋 1996-04
◎传统书画艺术的美学价值/高少儒//文史杂志 1996-02
◎传统装裱技术运作中如何克服画幅翘曲变形/马海鹏//中国博物馆 1996-04
◎创建戏曲博物馆刍议/姚中亮//黄梅戏艺术 1996-02
◎槌声骤起的艺术拍卖/聂少林//中国商贸 1996-15
◎从 96 春拍会看北京艺术品拍卖市场/刘心亮//美术观察 1996-10
◎从敦煌画廊得到的信息/魏秀堂//台声 1996-02
◎璀璨的书画艺术 广阔的书画天地——介绍广州书画研究院/连登//美术 1996-12
◎翠洲云树 代有新人——南京书画院的画家和作品/马鸿增//美术 1996-12
◎大型露天博物馆——避暑山庄的发展与设想/冯亚萍//文物春秋 1996-04
◎当代书画行情走势/尹恒//美术大观 1996-02
◎当给拍卖立规矩——由张大千画案所想到/张燕宾//美术观察 1996-09
◎档案与澳门历史文化研究/章文钦//中山大学学报（社会科学版）1996-04
◎第八届传统建筑园林学术研讨会总结/周治良//古建园林技术 1996-01
◎第八届中国传统建筑园林研究会学术研讨会曲阜会议倡议书——保护珍贵建筑遗//发展名城传统风貌弘扬优秀民族文化//古建园林技术 1996-01
◎电脑科技将改变娱乐业/娟子//当代电视 1996-04
◎对于艺术市场中赝品问题的思考/马晓刚//美术观察 1996-10
◎多情春秋铸梅魂——对管锄非书画艺术的认识/张小补//衡阳师范学院学报 1996-01
◎发展与规范：中国拍卖业的课题/李星文//瞭望 1996-Z1
◎发展中国家的历史文化名城保护/纳吉波//东南大学学报 1996-04
◎高品位的木雕新品——杭州书画木雕/闻者//浙江工艺美术 1996-02
◎古城新貌憧憬——赣州历史文化名城的保护与发展/欧阳自福//现代城市研究 1996-02
◎古画修复有良医/恒之//上海工艺美术 1996-04
◎古玩热在中国大地悄然升温/成璟//新长征 1996-05
◎古玩做假种种/山石//上海社会 1996-09
◎关于三峡工程文物保护的思考/胡鸿保//中国三峡建设 1997-07
◎关于书画档案分类与修裱/欧阳慧龄//档案时空 1996-02
◎邯郸历史文化名城保护规划初探/白梅//河北建筑科技学院学报（自然科学版）1996-04
◎后现代文化模式中的历史文化名城发展和传统建筑保护/黄康宇 陈纲伦//规划师 1996-01
◎火红起来的收藏热/西凹//中国民政 1996-07
◎计算机音乐·音乐的本质·探索与前瞻/龚镇雄//艺术科技 1996-02
◎记"全国重要书画赝品展"的三件作品/许忠陵//故宫博物院院刊 1996-02
◎纪永元与敦煌书画院/常锦屏//党的建设 1996-03
◎冀中音乐会举隅——安次地区周各庄村、古县村音乐会/李莘//中国音乐学 1996-04
◎简评《古今书画鉴定》/周到//东方艺术 1996-03
◎建立具有中国特色的历史文化名城保护的科学体系/鲍世行//城市发展研究 1996-02
◎建设具有特色充满活力的珠海特区博物馆/肖一亭//中国博物馆 1996-04
◎江南水乡古镇的特色与保护/阮仪三 邵甬//同济大学学报（社

会科学版）1996-01
⊙解决历史文化名城交通问题的良策/罗哲文//城市发展研究 1996-01
⊙金秋第一槌——福建省首届中国书画古玩拍卖会侧记/徐和德//福建艺术 1996-01
⊙近代名家书画辨伪/杨丹霞//收藏家 1996-06
⊙进一步提高文化娱乐市场管理水平的思考/余协荣 唐登勇//文化市场 1996-05
⊙京华琉璃厂名匾一瞥/中午//吉林艺术学院学报 1996-Z1
⊙经纪人代理制与艺术品市场/汤传杰//美术观察 1996-07
⊙惊波迭起的收藏拍卖热/翁其才//光彩 1996-05
⊙境由心造神与物游——记青年书法家葛全明/王成法 孙龙国//中州今古 1996-04
⊙旧城改造与历史文化名城保护/梁镇海//规划师 1996-01
⊙旧城更新和历史名城保护/阮仪三//城市发展研究 1996-05
⊙旧上海古玩业史料选辑/俞莹//中国钱币 1996-01
⊙开拓福建艺术品拍卖市场的思考/林培勋//福建艺术 1996-04
⊙靠文化塑造浦江新形象/应恩民//中国企业家 1996-08
⊙跨入市场的新军——书画作品——中国书画市场面面观/陈光平//价格与市场 1996-01
⊙历史文化名城保护和建设中值得注意的问题/沙振镇//现代城市研究 1996-01
⊙历史文化名城的保护方法与措施/梁丹青//规划师 1996-01
⊙历史文化名城的保护内容及方法/王景慧//城市规划 1996-01
⊙历史文化名城的发展与风貌特色的保护/陈谋德 王翠兰//规划师 1996-01
⊙历史文化名城的功能及其实现途径——兼论金华城的开发与保护/仇保兴//城市发展研究 1996-01
⊙历史文化名城风貌保护的困惑/裘行洁//规划师 1996-01
⊙历史文化名城——平遥/边宝莲//沧桑 1996-05
⊙历史文化名城沈阳城市今貌简剖/黄元浦 刘玉杰//规划师 1996-01
⊙历史文化名城政协聚会南京胡福明副主席到会致词/赵荣富//江苏政协 1996-10
⊙旅顺博物馆藏日本书画概述/李萍//辽海文物学刊 1996-01
⊙旅台同乡返乡书画展在郑州举行/刘广才//中州统战 1996-05
⊙略谈唐代书画装潢的发展/张建山//彭城职业大学学报 1996-04
⊙论历史文化名城大同的保护与发展方向/叶满荣//大同职业技术学院学报 1996-03
⊙论名城"四有"/刘亦文//岭南文史 1996-03
⊙论琼剧与道教的关系/赵康太//海南大学学报（社会科学版）1996-03
⊙论文物建筑的文态环境保护/郑孝燮//城市发展研究 1996-02
⊙论文艺的商品属性和文艺体制改革/刘永新//实事求是 1996-01
⊙论闲之为物（续）/于光远//未来与发展 1996-06
⊙论闲之为物/于光远//未来与发展 1996-05
⊙论中国莎剧舞台上的导演艺术/姜涛//戏剧 1996-03
⊙论中国书画艺术品市场的规范化与监督管理/魏世冬//中国标准化 1996-11
⊙论珠江三角洲博物馆事业的发展战略/张建雄//中国博物馆 1996-04
⊙漫话投资艺术市场的策略/陈炳昶//上海工艺美术 1996-03
⊙面对现实 着眼未来——"文学艺术的消闲娱乐功能与精神文明"研讨会纪要/闻力//文艺争鸣 1996-02
⊙民窑青花瓷鉴藏家胡雁溪/高钢//国际人才交流 1996-05
⊙明代雕漆之断代与辨伪/陈丽华//故宫博物院院刊 1996-03
⊙明代女画家作品及其真伪问题/李湜//收藏家 1996-02
⊙浓墨重彩绘新俗——滕州民间"书画致庆"礼仪初探/祥裕 力军//民俗研究 1996-04
⊙盼红灯 窥红灯——书画市场看景观/吴冠中//群言 1996-03
⊙平遥名城保护与发展/曹昌智 周贵贤 边宝莲//规划师 1996-01
⊙蒲城荆姚觅宝纪行/罗宏才//文博 1996-02
⊙齐白石书画伪笔谈/潘深亮//收藏家 1996-02
⊙奇松诡石天然净范石甫的书画艺术/龚产兴//美术研究 1996-02
⊙浅论城镇发展与文物建筑保护之矛盾及对策/洪铁城 傅金龙//规划师 1996-01
⊙浅谈古代书画装裱技艺及"宣和式"装裱/万董强//东南文化 1996-04
⊙浅谈鉴别书画作品之真伪（上）/伍琦//美术向导 1996-06
⊙浅谈市场经济条件下的文艺对策/张政文//学术交流 1996-05
⊙浅谈文化娱乐市场的特殊性及行政管理的对策/张涛//行政论坛 1996-05
⊙浅谈文物市场的管理/闻镐//文化市场 1996-03
⊙浅谈做书画鉴定工作的体会/傅熹年//文物 1996-11
⊙浅议历史文化区的保护/孙敬宣//城市规划汇刊 1996-01
⊙浅议农村演出市场的培育/王开国//文化月刊 1996-05
⊙清初私家书画鉴藏的特点/赵国英//收藏家 1996-02
⊙清代遗老罗振玉的收藏/黄坚//档案与史学 1996-02
⊙让历史文化名城舟山再展丰姿/王学渊//浙江海洋学院学报（人文科学版）1996-02
⊙热浪灼人的收藏热/文莉//价格与市场 1996-11
⊙人杰物华古玩城/路夫//北京工商 1996-04
⊙人物相藉弄古玩——胡正文先生采访记/程勇//上海工艺美术 1996-03
⊙如何把握文化娱乐市场的导向/范宁生//文化市场 1996-05
⊙砂壶融书画，丰富了审美情趣/钱大宇//农业考古 1996-04
⊙上海市文化娱乐市场管理条例实施细则//新法规月刊 1996-10
⊙诗书画三种艺的联带关系/滕固//艺术探索 1996-02
⊙时代呼唤孺子牛精神——访首届"孺子牛"杯书画大展总策划杨平位/黎政祥//党建 1996-12
⊙市场经济与艺术科学的改造/栾昌大//社会科学战线 1996-03
⊙试论博物馆发展第三产业/袁武//文博 1996-01
⊙试论古建筑修缮"不改变文物原状"原则//文物世界 1996-01
⊙试论文化娱乐市场对精神文明建设的双重效应/张淑华//群众文化研究 1996-05
⊙试论文艺的经济功能/方家良//学习与探索 1996-01
⊙试论我国历史文化名城的类型及其特征/李慕寒 鲍洪明//地理研究 1996-01
⊙试论震后丽江古城的保护/印宣充//云南社会科学 1996-04
⊙试谈戏剧的雅俗共赏/刘巨才//当代戏剧 1996-05
⊙寿从毫端来——书法养生功能简论/金学智//文艺研究 1996-04
⊙书画鉴定与书画作伪（上）/薛永年//美术观察 1996-07
⊙书画鉴定与书画作伪（下）/薛永年//美术观察 1996-08
⊙书画市场大写意：艺术价值与市场价格/曲学礼//理论观察 1996-01
⊙书画市场谁主沉浮？/椰声//南方论刊 1996-03
⊙书画市场新景观/玉兰//经贸导刊 1996-10
⊙书画托心容易出现的问题及解决方法/刘会杰 朱兰英//兰台世界 1996-07
⊙书画艺术品的收藏与价值/鲁达//企业文明 1996-06

- 书画装裱艺术浅说（连载一）/刘金平//档案 1996-05
- 书画装裱艺术浅说（连载二）/刘金平//档案 1996-06
- 书画作伪及其鉴别/罗春政//美术大观 1996-09
- 顺德明清画人概说（上）/林家强//岭南文史 1996-01
- 顺德明清画人概说（下）/林家强//岭南文史 1996-03
- 台湾名画家 丹青促统一/传登//世纪 1996-03
- 谈历史文化名城志/陈永安//中国地方志 1996-01
- 谈谈家庭古玩投资/张俊//中国投资与建设 1996-04
- 谈谈音乐与人类社会的关系/贺锡德//音响技术 1996-03
- 天津市历史文化名城研究会年会在塘沽召开/危素真//城市规划通讯 1996-20
- 完善书画市场的运行机制/邱立新//发展 1996-06
- 为伊消得人憔悴——记著名书画艺术家阎正/刘懿//特区展望 1996-04
- 文昌崇拜与洞经音乐/王兴平//音乐探索 1996-02
- 文化名城保护的注意问题/周今立 梁社英//规划师 1996-01
- 文物市场：不薄今物爱古物/宋建文//北京工商 1996-06
- 文艺的消闲、娱乐功能及其格调/何西来//文艺争鸣 1996-03
- 我对中华文化书画艺术的认知/陈三元//统一论坛 1996-04
- 我国历史文化名城的保护/阮仪三//城市发展研究 1996-01
- 我看文物市场/宋建文//光彩 1996-05
- 武鸣县餐饮、娱乐业价格状况及管理对策/张群儒//广西市场与价格 1996-12
- 舞坛不寂寞——95 舞蹈纵横说/资华筠//上海艺术家 1996-04
- 西湖天外又一碧——西泠书画院和它的画师/苦竹斋//美术 1996-08
- 新形势下要加强文化娱乐市场的管理/冀书珍//学习论坛 1996-04
- 寻味文人书画/洪丕谟//医古文知识 1996-03
- 一个活跃在群文工作中的女书法家胡卫平/曹宝根 方祥源//上海艺术家 1996-06
- 以名牌带动内蒙古文物事业的发展——“成吉思汗故乡历史文物”展览回顾与展望/王大方//实践 1996-06
- 艺术品是“财神菩萨”/韦泱//沪港经济 1996-01
- 艺术市场上的行画/翟东生//百科知识 1996-01
- 音乐剧：摩登艺术与中国市场/居其宏//上海艺术家 1996-04
- 音乐文化的地理研究/刘岩 李秀霞//人文地理 1996-04
- 音乐文化与精神文明建设/乔羽 李焕之 李德伦 刘德海 吴祖强 郑小瑛 楼乾贵//群言 1996-01
- 印章档案综论（一）/杨兴茂 向全福//档案 1996-06
- 用强烈的文化意识指导长沙城市建设——兼论历史文化名城保护与现代城市建设的碰撞与融合/秦光荣//中外建筑 1996-04
- 有效保护 合理利用 加强管理 做好新时期的文物工作——在全省文化文物工作会议上的报告/杨志军//北方文物 1996-02
- 娱乐业请走近寻常百姓/戴青森//决策探索 1996-10
- 圆我彩陶之梦/路东之//收藏家 1996-01
- 在历史街区保护（国际）研讨会上的讲话/叶如棠//建筑学报 1996-09
- 在历史文化与现代文明交汇点上的思考——从意大利对历史名城的保护工作探讨我市现代化建设中的名城保护问题/刘玉成//四川建筑 1996-01
- 张大千伪作石涛绘画两例的辨识/肖燕翼//美术观察 1996-09
- 张大千重金求名画/李永翘//炎黄春秋 1996-08
- 赵孟頫书画真伪的鉴考问题/王连起//故宫博物院院刊 1996-02
- 赵之谦书画辨伪/潘深亮//收藏家 1996-05
- 正确导向文化娱乐市场/范宁生//江南论坛 1996-07
- 郑板桥的“绝”和“怪”/王同书//江苏社会科学 1996-03
- 中国城科会历史文化名城委员会第七次研讨会在遵义召开//城市发展研究 1996-01
- 中国古玉鉴定的传统方法与科学方法之比较/杨伯达//收藏家 1996-04
- 中国书画的复制与作伪/白海//收藏家 1996-12-06
- 中国书诗画与陶瓷书诗画的比较/余锋//景德镇陶瓷 1996-02
- 中央电视台书画院“电视画廊”在北京文轩宾馆开幕/若皙//电视研究 1996-07
- 篆刻艺术审美观与“六法”审美观的统一刍议/虞卫毅//书法艺术 1996-01
- 装裱艺术古今谈/阎永复//华夏文化 1996-01
- 走出中国艺术品拍卖市场的轨迹/艾虹//艺术界 1996-Z2
- 做好三篇大文章 塑造浦江新形象/应恩民//浙江学刊 1996-04

1997 年

- “假宝玉”充斥市场大观园/朱小平//监督与选择 1997-01
- “假画风波”与权威鉴定机构/马鸿增//美术观察 1997-05
- “三厅”转包经营之我见/陈树清//文化市场 1997-03
- “吴门画派”虎丘山图初探/吴海滨//河南师范大学学报（哲学社会科学版）1997-06
- 《马骀画室》及众名家的题签题词/蒋邦泽//西昌师范高等专科学校学报 1997-04
- 1997：大众投资潮回眸/沈泓//经济前沿 1997-11
- 1997：如何让你的投资翻一番/沈泓 陈越//经济前沿 1997-Z1
- 96 年艺术品拍卖市场回眸/赵榆//美术观察 1997-03
- 96 深圳“中国书画精品拍卖会”侧记/王云阳//美术大观 1997-04
- 安得李鬼少肆虐——艺术品市场透视/夏雨//中国市场 1997-09
- 安徽贵池乡村傩事活动中的戏剧演出及其研究/王兆乾//黄梅戏艺术 1997-02
- 北大书画活动的历史回顾与前瞻/陈玉龙//北京大学学报（哲学社会科学版）1997-04
- 北京城市规划建设中的可持续发展问题/张敬淦//城市问题 1997-06
- 北京翰海 97 春季拍卖会/赵榆 唐晓平//收藏家 1997-02
- 笔下生辉——记民间书画家袁柱石/苏东源//中州统战 1997-01
- 编纂新方志如何体现历史文化名城的特色——浅述《苏州市志》的编纂体会/金菊林//中国地方志 1997-05
- 不应这样“倒轧账”——谈杨振雄寻找文物的报道引起的新闻官司/秦泽//新闻记者 1997-10
- 超越世俗 走进审美——《玩古》中的柳三生形象透析/王卫湘//理论与创作 1997-04
- 成都历史文化名城现状及保护的指导思想/何一民//四川文物 1997-06
- 痴迷古代酒具的收藏人/张群//紫金岁月 1997-01
- 传世古玉辨伪综论/杨伯达//故宫博物院院刊 1997-04
- 传统“书”“画”关系新解——论中国画对书法的影响/惠蓝//东南文化 1997-03
- 槌起槌落 规范有序——’97 秋季中国名家书画拍卖会侧记/徐和德//福建艺术 1997-06
- 从’96 荣宝秋季拍卖看中国书画市场/王卫//美术观察 1997-02
- 从“书画同源”到“书法艺术”——兼及古代思想文化的寻根

/李昌集//扬州大学学报（人文社会科学版）1997-06
◎从艺术社会学的视角看当代中国的流行音乐/陈炼//学术季刊 1997-03
◎大陆拍卖市场方兴未艾/安尔康//华人时刊 1997-12
◎当前艺术市场的若干战略问题/陈孝信//美术观察 1997-04
◎第八届中国传统建筑园林学术研讨会曲阜宣言——保护传统建筑、延续传统城市风貌、弘扬民族文化//规划师 1997-01
◎典雅瑰丽的仿古建筑群——新建的绍兴古玩市场/马一鸣//园林 1997-06
◎朵云轩的木版水印复制艺术/沈承志//美术之友 1997-05
◎锋从磨砺出 香自苦寒来——记著名古书画鉴定家刘九庵/曾君//美术观察 1997-06
◎傅抱石的《丽人行》及其市场行情简析/耶子//美术大观 1997-04
◎改革管理体制，搞活演出市场/林榜河//广东艺术 1997-02
◎尴尬：横亘在世纪门坎的戏剧/张帆//戏剧文学 1997-06
◎高档文化娱乐业前景看淡/黎明//经济世界 1997-04
◎高科技：娱乐业最新玩家/王月心//文明与宣传 1997-12
◎歌为寄情媒 美在意韵中——从民族音乐文化现象论壮民族音乐之审美价值/陆建业//艺术探索 1997-03
◎歌舞厅艺术在演出市场中的作用/严国常//广东艺术 1997-04
◎工商行政管理部门对拍卖企业的管理/孙礼海//中国工商管理研究 1997-06
◎公物拍卖之我见/甄安庆//广西市场与价格 1997-11
◎钩玄提要 切理厌心——《诗书画艺术新论》读后/张少成//文史杂志 1997-03
◎古代文人的文玩情结/徐飚//装饰 1997-06
◎古籍书刊资料的拍卖活动/恩亚立//中国出版 1997-08
◎古今书画作伪纵横谈/潘深亮//收藏家 1997-06
◎古书画装裱中色彩的运用/栾承素//东南文化 1997-01
◎古玩轶闻逸事录/严武栩//上海艺术家 1997-03
◎关于大同历史文化名城保护的思考/王中一//大同职业技术学院学报 1997-03
◎关于建立全国性书画艺术品交易市场的思考/张文野//世界经济文汇 1997-01
◎关于鉴别书画的问题/马衡//故宫博物院院刊 1997-04
◎关于米芾绘画及其临画乱真问题的辨析/李少龙//南开学报（哲学社会科学版）1997-02
◎关于中国画的“写意”特点/许继庄//国画家 1997-04
◎广东的话剧（上）/易云//广东艺术 1997-04
◎刿心鉥肝，超妙自如——略谈齐白石诗文题跋/王振德//北方美术 1997-Z1
◎国外娱乐业掠影/张钟群//文化月刊 1997-12
◎黑釉盘的故事/刘京//光彩 1997-10
◎画坛宿将许麟庐/毛同恺//世纪 1997-03
◎话剧《古玩》得失辨析/康洪兴//戏剧文学 1997-12
◎还娱乐业以净土/谢惠敏//人民公安 1997-24
◎火爆 de 集藏市场/吴凡//经营管理者 1997-06
◎积翠园书画在京展出反响巨大//福建艺术 1997-05
◎集藏市场，怎一个“乱”字了得？/吴凡//文明与宣传 1997-04
◎集古典之大成 开现代之新风——吴昌硕书法篆刻艺术述评/桂雍//书画世界 1997-03
◎继承与发展——面向21世纪的成都——成都的历史文化名城保护与城市发展总体规划/郑小明//城市发展研究 1997-06
◎加强文物执法监督 促进文物事业发展/迪里夏提//新疆人大（汉文）1997-03
◎今传“仇文书画合璧西厢记”辨伪/张人和//文献 1997-04
◎金凤凰杯书画大赛回顾/吴世祥//贵州文史天地 1997-04
◎金农书画辨伪/潘深亮//收藏家 1997-05
◎近代书画家钩沉/戴山青//收藏家 1997-05
◎近代中外音乐交流中的“全盘西化”问题——对于批评“欧洲音乐中心论”、高扬“文化价值相对论”的认识/冯文慈//中国音乐学 1997-02
◎景德镇艺术陶瓷概况及其市场取向/徐国基//中国陶瓷 1997-02
◎居室环境设计与书画的选择及布置/冯柯//河南大学学报（社会科学版）1997-06
◎可悲的“繁荣”——谈谈书画市场上的傅抱石伪作/傅二石//美术观察 1997-02
◎蓝瑛书画辨伪琐谈/潘深亮//收藏家 1997-04
◎老子美学与中国书画/徐志兴//彭城职业大学学报 1997-02
◎冷眼静观拍卖行——写在《拍卖法》实施之际/王立新//经济师 1997-03
◎历史文化名城的保护与发展——也门共和国扎比德城的个案研究/纳吉卜·阿里·阿卜杜拉//南京大学学报（哲学·人文科学·社会科学版）1997-02
◎历史文化名城的可持续发展——论全国文化中心的建设/张敬淦//北京规划建设 1997-04
◎历史文化名城的美学思考/陈望衡//城市发展研究 1997-04
◎临摹、独创性与版权保护/郑成思//中国专利与商标 1997-01
◎灵魂微笑与精神自由——论市场经济体制中文艺的“教”与“乐”/李明泉//社会科学研究 1997-02
◎留住历史光点的年轻人——记青年书画收藏家苏胜利/聂培//军事记者 1997-06
◎琉璃厂的山西古玩店家/散庐//沧桑 1997-04
◎陆士仁伪作文徵明书法的鉴考/肖燕翼//故宫博物院院刊 1997-03
◎略论徐霞客的书法艺术/蒋瑾琦//书法艺术 1997-04
◎论明清吴中流派篆刻艺术形成与发展的诸因素/陈道义//铁道师院学报 1997-02
◎论上海文化娱乐的产业化发展/花建//社会科学 1997-12
◎论书画闲章的寄情作用/刘清扬//四川师范学院学报（哲学社会科学版）1997-02
◎论文物在陕西社会发展中的地位和作用/李炳武//文博 1997-02
◎论艺术产品社会效益与经济效益之关系/赵克谦//理论探索 1997-04
◎论中国画线条的发展/陈青洋//美苑 1997-05
◎论中国拍卖市场运行机制的建立与完善/郝渊晓//当代经济科学-陕西财经学院学报 1997-02
◎满族书法谭概/李德//满族研究 1997-02
◎没有历史文化保护区就不能成为历史文化名城/丹青//规划师 1997-04
◎美国人福开森与中国文物/蒋伟国//民国春秋 1997-05
◎绵竹年画与戏曲/何青成//今日四川 1997-02
◎民间收藏和书画艺术品市场的正确定位/谷声//上海艺术家 1997-03
◎民族的文化与骨气——话剧《古玩》观后/谭丁//前线 1997-09
◎明人图绘的好古之风与古物市场/杨新//文物 1997-04
◎摩岩石刻文物保护防风化研究现状及深化方向/汪东云 刘东燕 张赞勋//重庆建筑大学学报 1997-02
◎拍卖法：一个新起点/甘学军//瞭望 1997-09

⊙拍卖市场一体化进程加速/丁杰//中国经济信息 1997-03
⊙拍卖业在美国/许力//中国市场 1997-05
⊙浅谈鉴别书画作品之真伪（下）/伍琦//美术向导 1997-02
⊙浅谈文化娱乐业发展趋向和管理目标/刘威//文化市场 1997-02
⊙浅谈我市文物工作的现状、问题及发展对策/陈朝晖//南方论刊 1997-03
⊙浅析文明娱乐场所的两个效益/范保人//文化市场 1997-03
⊙悄然升值的中国书画市场/言之//大众科学·科学研究与实践 1997-10
⊙悄然兴起的旧货市场/余胜海//经济与信息 1997-04
⊙且待日后更风采——大型画册《翰荣轩藏云南历代名人书画选》（第一集）编后感/彭晓//美术之友 1997-06
⊙清代扬州徽商与扬州八怪/薛锋 杨杏芝//扬州大学学报（人文社会科学版）1997-05
⊙任伯年书画辨伪/潘深亮//收藏家 1997-02
⊙山东省拍卖业现状及发展/韩学东//中国招标 1997-05
⊙山西鼓舞震澳门/晓青 臣泰//今日山西 1997-01
⊙上海书画新作展示——读《海上书画家系列丛书》/陈翔//美术之友 1997-06
⊙上海文化娱乐市场经营管理现状及发展趋势调查//上海大学学报（社会科学版）1997-04
⊙上海文化娱乐市场走向成熟/欣达//上海人大月刊 1997-08
⊙上下求索 矢志不移——林灵志其人其书其画/邓云峰//美术 1997-06
⊙申城演出业焦点探寻/张余//上海艺术家 1997-04
⊙诗书画印在中国画中的有机结合/朱凤云//广西师范大学学报（哲学社会科学版）1997-S1
⊙市场化：艺术之路向“钱”方？——与张来民先生商榷/张清民//周口师范学院学报 1997-S2
⊙试论博物馆如何发展第三产业/袁武//中国博物馆 1997-01
⊙试论国营文物流通企业的困境和出路/潘振涛//东南文化 1997-03
⊙试探“书画同源”/林衡勋//湛江师范学院学报（社会科学版）1997-03
⊙试析《拍卖法》/曹慧//北京商学院学报 1997-02
⊙收藏入门/朱裕平//上海工艺美术 1997-02
⊙书画促统一 两岸第一人/宿传登//统一论坛 1997-06
⊙书画鉴定与笔墨技巧审美/胡达生//天水师范学院学报 1997-04
⊙书画界传奇人物老松先生/祖爱民//江淮文史 1997-05
⊙书画如何装裱、修复和收藏/戴明举//中国博物馆 1997-02
⊙书画如何走向市场/夏震球//文明与宣传 1997-11
⊙书画艺术品市场正在走红/朱浩云//美术观察 1997-06
⊙书画装裱艺术浅说（连载三）/刘金平//档案 1997-01
⊙书画装裱艺术浅说（连载四）/刘金平//档案 1997-02
⊙书画装裱艺术浅说（连载五）/刘金平//档案 1997-03
⊙书画装裱艺术浅说（连载六）/刘金平//档案 1997-04
⊙似曾相识燕归来——都市娱乐业之出路/黎明//决策探索 1997-12
⊙宋钧窑渣斗和梅兰芳的“一只鞋子”//全国新书目 1997-04
⊙苏州首次书画竞卖会出人意料/王利群//中国经济信息 1997-13
⊙谈第四批全国重点文物保护单位中的古建筑/罗哲文//文物 1997-04
⊙谈市场经济条件下文化馆的生存意识/李海 孙玉新//群众文化研究 1997-03
⊙谈王振德的美术史论与书画创作/孙其峰//北方美术 1997-Z1
⊙谈我国的拍卖市场/李宇龙//经济与管理研究 1997-03
⊙天趣若随吾笔转 画禅无墨教谁参——释普荷及其书法艺术蠡评/曾铭//书法艺术 1997-06
⊙童心神往墨林迹 耄岁情牵今古评——许莘农先生书画鉴定课散记/聂危谷//南京艺术学院学报（美术及设计版）1997-04
⊙图美墨妙 体博例精——值得推荐的《潘天寿书画集》/费敏//美术之友 1997-04
⊙玩古董与买新书/何频//书屋 1997-02
⊙玩古淘金/刘宇//农村实用技术与信息 1997-05
⊙网罗宏富 蔚为大观——评《沈周书画集》/景戎华//美术之友 1997-04
⊙为国粹立传/朱莉//台声 1997-11
⊙为了槌声更响亮——河北省工商局加大对拍卖业的管理力度/王国强//工商行政管理 1997-10
⊙为我国建筑的现代化与民族化探索传统民族建筑特色的形成/郑孝燮//规划师 1997-01
⊙违法拍卖行为的认定及法律责任/吴志勇//中国工商管理研究 1997-08
⊙文化转型中的书画审美/谢惠芮//中华文化论坛 1997-04
⊙我国拍卖业的发展及应抓好的几项工作/赵杰//中国物资流通 1997-09
⊙吴昌硕先生书法篆刻年表/林树中//书画世界 1997-03
⊙喜见乾隆皇帝算盘/柳晓城//珠算与珠心算 1997-03
⊙现代化城市必须要有传统特色传统文化风韵/虞振新//规划师 1997-04
⊙现代社会中的民族民间舞及策略/李桂芳//内蒙古社会科学（汉文版）1997-03
⊙现代整体环境中的传统建筑文化保护——历史文化名城泉州东街片区改造策略/刘丛红//南方建筑 1997-02
⊙乡村音乐的三次大融合/李皖 史文华//视听技术 1997-10
⊙小议古玩/老古//上海艺术家 1997-03
⊙新闻媒体与艺术市场/王金海//新闻记者 1997-12
⊙选购文玩旧物有去处/秀坤//北京物价 1997-02-20
⊙演出市场：花开满园盼来“春”/柳士发//中国市场 1997-04
⊙一槌惊动世界——林一平与上海拍卖行/鑫尧//上海艺术家 1997-03
⊙艺术品市场话投资/伊平 音向//中国商界 1997-12
⊙艺术设计的当前状况——读《当代艺术设计展作品集》有感/邹文 楼兰//名作欣赏 1997-05
⊙艺术市场的误区试析/陈伟利//社会科学家 1997-03
⊙异彩纷呈 名家辈出——“辽宁省首届书画艺术博览会”盛况浅析/安万青//美术大观 1997-03
⊙音乐电视创作群落的梳理与分析/王峥//现代传播-北京广播学院学报 1997-02
⊙音乐文化精神之我见——兼谈严肃音乐与通俗音乐/龚妮丽//中国音乐学 1997-S1
⊙印章档案综论（二）/杨兴茂 向全福//档案 1997-01
⊙英德两国的拍卖业/赵杰//中国市场 1997-01
⊙英国拍卖市场的特征及发展我国拍卖业的构想（上）/李宇龙//外国经济与管理 1997-05
⊙英国拍卖市场的特征及发展我国拍卖业的构想（下）/李宇龙//外国经济与管理 1997-06
⊙英国拍卖市场特征分析/李宇龙//商业经济与管理 1997-03
⊙盈手万钧藏珍楼/鲁忠民//科技与经济画报 1997-02
⊙用城市生态经济原则指导历史文化名城的保护和建设——以泉

城济南为例/马传栋//城市环境与城市生态 1997-02
⊙再论甲骨文发现问题/胡厚宣//中国文化 1997-Z1
⊙站在世纪之交的顾盼——纪念中国话剧 90 周年座谈会纪要//中国戏剧 1997-09
⊙张大千伪作的石涛与八大山人画/潘深亮//收藏家 1997-01
⊙张氏装裱绝 堪称第一家——记书画装裱艺术家张永祥/高尔虹//新闻与成才 1997-03
⊙赵孟頫的《谢幼舆丘壑图》和《吴兴清远图》及其与六朝画风的关系/杨振国//南京艺术学院学报（美术及设计版）1997-03
⊙浙江拍卖业发展的现状及展望/李幸雄//浙江学刊 1997-01
⊙正确把握文化娱乐市场的导向/范宁生//文化月刊 1997-09
⊙正在崛起的中国艺术品市场/王云阳//美术大观 1997-07
⊙郑孝燮：保护国粹/柏桦//国际人才交流 1997-10
⊙中国典当拍卖业复兴探秘/曲彦斌//科技智囊 1997-05
⊙中国翰园碑林书画作品在北京义卖/孟琴//台声 1997-02
⊙中国嘉德'97 春季拍卖/晓巍//收藏家 1997-04
⊙中国拍卖市场的发展研究/李宇龙//上海交通大学学报（哲学社会科学版）1997-01
⊙中国书法与绘画溯源/时旭东//书法艺术 1997-06
⊙中国书画发展环境及港澳台艺术市场/萧晖荣//美术大观 1997-11
⊙中国书画艺术品能否打入国际市场/周安庆//华人时刊 1997-01
⊙中国西藏山南艺术团出访欧洲三国演出异常轰动//西藏艺术研究 1997-02
⊙中国戏剧的起源与产生/田仲一成//民族艺术 1997-03
⊙中国艺术品拍卖市场的局限/祝君波//上海艺术家 1997-03
⊙中外体育博物馆发展现状的比较研究/王军//中国博物馆 1997-04
⊙走近百藏楼//珠宝科技 1997-01

1998 年

⊙'97 艺术品拍卖的回顾与 98 年展望/赵榆 王利民//美术观察 1998-03
⊙"长安"经营之道——访长安文化娱乐中心总经理潘洪业//前线 1998-07
⊙"晋中历史文化名城长廊"建设总体设想/林川 房志勇//北京建筑工程学院学报 1998-01
⊙《兰亭序》墨迹是怎样从佛寺进入宫廷的/卞孝萱//东南文化 1998-04
⊙《山东省历史文化名城保护条例》公布施行/姜国栋//城市规划通讯 1998-03
⊙《送子天王图卷》真迹辨/袁有根//文艺研究 1998-06
⊙保护历史文化名城 加强精神文明建设——各方专家畅谈什刹海地区的保护与发展/郁柯//城市规划通讯 1998-01
⊙保护历史文化名城 实现可持续发展/武霞 苗纪江//同济大学学报（社会科学版）1998-02
⊙保护民族文物 促进青海经济发展/阿朝东//青海民族研究 1998-04
⊙保护名城 发展名城 再创古都辉煌/刘典立//城乡建设 1998-08
⊙北京旧城要审慎保护——关于北京市旧城区控制性详细规划的几点意见/吴良镛//北京规划建设 1998-02
⊙北京潘家园书画市场见闻/李果//美术大观 1998-08
⊙北京文物——人类共同的文化遗产——试说北京文物保护的新思维/李建平//新视野 1998-01
⊙北京迎接开发文化时代/徐江善//经济世界 1998-05
⊙北美城市娱乐业的发展运营与管理/张俊芳//城市 1998-01
⊙博物馆藏品来源危机及其对策/陈国安//中国博物馆 1998-03
⊙不容忽视的文化产业：娱乐业/任建英//探索与争鸣 1998-11
⊙不容忽视的文化产业：娱乐业——娱乐消费的主体是普通大众/夏业良//探索与争鸣 1998-11
⊙财政部关于国家历史文化名城保护专项资金管理办法//江西财税与会计 1998-12
⊙长空掠过"黄山风"——评安徽省书画院"黄山风"书画展/王西连//美术观察 1998-09
⊙城市规划的地位不容削弱/俞绳方//华中建筑 1998-01
⊙槌声起落：北京拍卖业溯源/崔普权//北京纪事 1998-12
⊙从'98 天津春季文物展销会看古玩书画市场前景/赵强//美术观察 1998-08
⊙从个体休闲到大众消费——中国酒吧文化的走向/王晓华//中国青年研究 1998-04
⊙从历史古城到世界名城——平遥古城申报世界文化遗产成功的前前后后/蛟龙//城市开发 1998-04
⊙丹青百家竞争雄 萤声不负开创功——"江苏省国画院建院四十周年书画作品展览"研讨会综述/黄鸿仪//书法艺术 1998-02
⊙当代艺术品缺少一级市场/黄亚平//文化月刊 1998-01
⊙登上世界历史文化遗产名录的平遥古城/阮仪三//城市规划汇刊 1998-03
⊙对嘉德'97 当代中国画拍卖专场的几点看法/马钦忠//美术观察 1998-02
⊙对诗画比较理论中西差异的一种解释/欧阳晓//萍乡高等专科学校学报 1998-02
⊙对严肃音乐和流行音乐的思考/温晓丽 晁乐红//齐齐哈尔大学学报（哲学社会科学版）1998-01
⊙朵云轩'98 春季的艺术品拍卖/祝君波//美术观察 1998-09
⊙发展拍卖业适应社会主义市场经济的需要/雷玉华//武汉金融 1998-01
⊙发展浦江书画市场可行性的初步分析/成敏忠//浙江师大学报（社会科学版）1998-01
⊙发展县级剧团文化产业/张玉华//艺术通讯 1998-11
⊙发展中原地区历史名人纪念馆和祖根博物馆的思考/张新斌//中国博物馆 1998-02
⊙共商历史文化名城形象建设与保护——记中国传统建筑园林研究会第十届年会/蔡凌//南方建筑 1998-01
⊙共生的空间——北京历史文化名城的保护与发展/岳升阳//北京规划建设 1998-02
⊙古玩制假揭秘/鲍学谦//大众科技 1998-01
⊙关于当前艺术品拍卖市场与艺术市场发展策略的思考/林松//美术观察 1998-10
⊙关于发展我国旧货市场的思考/王家庭 李爽//中国流通经济 1998-04
⊙关于话剧市场的对话/马夫//文化月刊 1998-09
⊙关于历史文化名城当代性的思考/杨曾宪//城市 1998-01
⊙关于书画作品古玩等拍卖收入征收个人所得税问题//税收征纳 1998-01
⊙关于泰安市创建国家级历史文化名城的若干问题的思考/张建忠//泰安教育学院学报岱宗学刊 1998-03
⊙关于文化艺术发展战略的几点思考/蒋述卓//文艺研究 1998-07
⊙关于中国拍卖市场持续发展的思考/李宇龙//财贸研究 1998-01
⊙广东的话剧（中）/易云//广东艺术 1998-02

◎蝈蝈的歌声——谈当代艺术保护/金元浦//民主与科学 1998-03
◎瀚墨飘香——写在'98 浦江"第二届中国书画节"/杜世禄//今日浙江 1998-20
◎河洛文化与河洛画派/宫大中//洛阳大学学报 1998-03
◎弘扬湘楚文化 振兴湖南画院/钟增亚//美术 1998-05
◎画在法中 意在笔外——浅谈方以智的书画/江筱角//安庆师范学院学报（社会科学版）1998-01
◎环境对文物的影响与控制/王君龙 程德润//延安大学学报（自然科学版）1998-02
◎黄宾虹的绘画史观/王非//南京艺术学院学报（美术及设计版）1998-01
◎价格作为真伪鉴别的尺度/徐建融//美术观察 1998-07
◎坚持保护与发展并重 努力建设国际性历史文化名城/韦良华//城乡建设 1998-11
◎艰难的起步——中国艺术品市场现状、发展及措施（上）/李蕊 梁钢//文化月刊 1998-10
◎艰难的起步——中国艺术品市场现状、发展及措施（中）/李蕊 梁钢//文化月刊 1998-11
◎艰难的起步——中国艺术品市场的现状、发展及措施（下）/李蕊 梁钢//文化月刊 1998-12
◎简评《人类共有的遗产——中日历史文化名城保护与发展》/刘先杰//文史杂志 1998-04
◎简议现阶段文化馆文化产业的发展/王丽艳//群众文化研究 1998-03
◎建立高素质的翡翠拍卖中心/张竹邦//云南地质 1998-Z1
◎健全舞台管理体制规范舞台管理运作——对我国演出市场化舞台管理的构想/马述智//戏剧 1998-02
◎江苏书画艺术市场调查与分析/常芬//美术观察 1998-12
◎街头古玩多，更须防陷阱/司马南//北京物价 1998-04
◎解放思想 开拓进取 进一步加快文物强省建设步伐——刘健生副省长在全省文物工作会议上的讲话//文物春秋 1998-06-25
◎近代北京庙会文化演变的轨迹/习五一//近代史研究 1998-01
◎近五年来大陆艺术品拍卖市场浅论/任道斌//新美术 1998-04
◎具有投资价值的当代书画家作品/朱浩云//美术大观 1998-09
◎聚首婺州话名城——中国传统建筑园林研究会第十届年会散记/王剑云//新建筑 1998-01
◎可持续发展与绍兴名城保护/陈敏//绍兴文理学院学报 1998-01
◎李柏呈和他的书画快速装裱机/王磊//走向世界 1998-04
◎李岚清关于在高等院校提倡交响音乐的讲话//人民音乐 1998-03
◎李岚清同志谈在高等院校提倡交响音乐问题（摘要）//思想·理论·教育 1998-01
◎历史·形态·共识——谈北京历史文化名城的保护与建设/李准//北京规划建设 1998-02
◎历史街区——历史文化名城保护的重点/顾晓伟//现代城市研究 1998-05
◎历史街区的保护/顾晓伟 祝波//苏州城建环保学院学报 1998-04
◎历史文化名城传统特色的提取和再现/王颖禾//南方建筑 1998-01
◎历史文化名城中保护级别低的古建价值——兼谈承德市清代王府、衙署、民间寺庙保护/李林利 任建华//城乡建设 1998-08
◎历史文化资源的开发与二十一世纪的史学发展趋势/郑汕 赵康//学术探索 1998-01
◎梁子平的书法艺术//重庆与世界 1998-02
◎刘长安：构建网上书画帝国/张梦云//中国科技信息 1998-13
◎略谈馆藏书画的保护/李秀兰 徐俐力//北方文物 1998-01
◎论"中国历史文化名村"保护制度的建立/刘沛林//北京大学学报（哲学社会科学版）1998-01
◎论当代文化艺术保护/金元浦//文艺研究 1998-04
◎论李骆公篆刻艺术的独创性/吕云所 丁伯奎//北方美术 1998-01
◎论齐白石书法篆刻艺术/陆璐//大理学院学报（社会科学版）1998-03
◎论色彩在书画装裱技术中的合理使用/张建山//徐州教育学院学报（哲学社会科学版）1998-03
◎论谢稚柳先生的书法艺术/叶鹏飞//书画世界 1998-02
◎论郑板桥的"风雅诗"/鹫野正明 李寅生 译//钦州师范高等专科学校学报 1998-01
◎马克思主义的艺术理论/G. 格雷厄姆//世界哲学 1998-03
◎漫议方志取材——桂林、绍兴等历史文化名城志书读后/周永光//广西地方志 1998-04
◎美国的拍卖业/王凤海//中国市场 1998-03
◎缅怀周恩来总理对文物古建筑保护事业的关怀与丰功伟绩——纪念周总理诞辰 100 周年和逝世 22 周年/罗哲文//古建园林技术 1998-03
◎民国时期的拍卖行/蒋伟国//民国春秋 1998-05
◎民族文物价值的再认识/盘福东//中国博物馆 1998-01
◎民族文物征集抢救工作刍议/木基元//中国博物馆 1998-01
◎民族物品拍卖会热起来吗/周方//中国民族 1998-05
◎明代藏品市场略论/沈振辉//文博 1998-06
◎明代典当业初探/王海燕//东北师大学报（哲学社会科学版）1998-01
◎明人的收藏活动/沈振辉//文博 1998-01
◎倪瓒《秋亭嘉树图》等三件书画综考/肖燕翼//故宫博物院院刊 1998-02
◎宁波市历史文化名城的建设与保护/邵龙飞//城市规划汇刊 1998-01
◎纽约吹来世纪风——谭盾谈音乐/本刊编辑部//音乐爱好者 1998-05
◎努力建设好融古都风貌与现代文明于一体的现代城市/周学柏//城乡建设 1998-09
◎拍卖市场保护消费者权益的思考/罗伟//中国工商管理研究 1998-15
◎拍卖市场需整顿/高金升//北京工商 1998-02
◎拍卖业发展若干方面简析/唐力//北京商学院学报 1998-03
◎潘天寿书画作品风格与鉴定/卢炘//收藏家 1998-03
◎飘风骤雨惊飒飒——试论林散之的草书/姚山晨//淄博学院学报（社会科学版）1998-01
◎平遥古城保护与发展的实践和探索/边宝莲//城市发展研究 1998-06
◎齐白石的书法/李松//书画世界 1998-04
◎浅论保存与弘扬历史文化名城传统的文化内涵/丹青//南方建筑 1998-03
◎全市"建设有沿边特色的北方文化名城"研讨会综述//黑河学刊 1998-04
◎山东省进一步强化历史文化名城保护工作/范小成//城市规划通讯 1998-13
◎扇面书画鉴赏/阮新梅//中原文物 1998-04
◎商标拍卖问题初探/林卿//中国工商管理研究 1998-02
◎上海博物馆藏沈周《吴中山水图》卷辨伪/曾君//美术观察 1998-04

⊙上海工美拍卖行异军突起成绩喜人/艺斯//上海工艺美术 1998-03
⊙上海书画出版社的图书特色/卢辅圣//美术之友 1998-02
⊙社会主义市场经济体制下历史文化区的保护与改造/徐煜辉 孙国春//重庆建筑大学学报 1998-03
⊙世界及中国历史文化遗产保护的历程/阮仪三//同济大学学报（社会科学版）1998-01
⊙世界上第一枚恐龙邮票/谷祖纲//化石 1998-04
⊙试论海派书法的兴起/朱光//学术月刊 1998-04
⊙试论正确把握文化娱乐市场导向的几个问题/宋玉玲//思想战线 1998-S1
⊙试析“海派”含义/单国强//故宫博物院院刊 1998-02
⊙收藏者的福地——杭州/邵宇峰 朱聚强 陈瑶//经济世界 1998-01
⊙书画档案的收藏、保管和利用/王瑞顺//兰台内外 1998-01
⊙书画拍卖如何体现出优势/罗邦泰//美术观察 1998-05
⊙书画拍卖中的几种怪现象/周小儒//美术观察 1998-05
⊙书画市场呼唤“代理制”/段云奎//价格与市场 1998-06
⊙书画亦为桥 快速奔小康/王新生//群众 1998-07
⊙书画作伪现象与传统“禁忌”/耶耳//美术观察 1998-10
⊙贪便宜是玩古董者之大忌/杨实//经济世界 1998-03
⊙谈历史文化名城与避暑山庄的关系/兰晓冬//承德民族师专学报 1998-01
⊙谈谈当前艺术市场中的厚古薄今倾向/陈孝信//美术观察 1998-04
⊙提高认识讲求方法做好历史文化名城保护工作/王景慧//北京规划建设 1998-02
⊙文化黑市——江西省文化娱乐市场暗访记/匡建二//警察天地 1998-Z1
⊙文化艺术的信息革命意味着什么/马相武//软件 1998-02
⊙文化用品市场产销展望/狄哲//中国商贸 1998-09
⊙文化娱乐产业不能忽视传统人文资源/黄发有//探索与争鸣 1998-11
⊙文化娱乐市场的管理与发展对策/崔美子//群众文化研究 1998-02
⊙文化与收藏/温桂华//青年文学 1998-09
⊙文态环境与建筑特色——关于历史文化名城保护的问题/郑孝燮//自然杂志 1998-05
⊙文物出土与书画鉴定/薛永年//文物 1998-01
⊙文物流通领域的市场培育与监管模式/尹占群//东南文化 1998-01
⊙文艺市场：天使耶？魔鬼耶？/陶东风//文学自由谈 1998-03
⊙文艺作品的商品性及艺术生产规律初探/吴毅//学术论坛 1998-05
⊙文字之“源”在哪里？——我对“书画同源”和“书画异源”的异议/王富生//书法艺术 1998-02
⊙我国应加速拍卖业的发展/雷玉华//金融信息参考 1998-04
⊙巫术咒仪与鬼板符画——大凉山彝族鬼灵信仰与巫祭造型之考察/巴莫曲布嫫//民族艺术 1998-02
⊙武陵山区文化产业也是支柱产业/陈洁琼//吉首大学学报（社会科学版）1998-04
⊙西宁拍卖业前景广阔/南建青//市场观察 1998-12
⊙线条色彩在装裱中的应用/夏冬波//包装世界 1998-01
⊙香港演艺界人才资源开发启示录/张广芳//人才开发 1998-02
⊙小创意 大用场——我的“书画保真”专利发明/刘长安//中国科技信息 1998-08
⊙延边州文化娱乐市场现状及管理对策/聂景刚//群众文化研究 1998-02
⊙一件沈周画作的辨伪/娄玮//故宫博物院院刊 1998-04
⊙以假充真实可悲——京城书画市场赝品走势/李果//美术向导 1998-05
⊙艺术品投资 一半是机遇 一半是风险/沈泓//企业销售 1998-08
⊙音乐电视继续走俏荧屏/方华//当代电视 1998-11
⊙嘤其鸣矣 求其友声——记中国传统建筑园林研究会十届年会暨’97 历史文化名城形象建设与保护研讨会/汪燕鸣 洪铁城//华中建筑 1998-01
⊙娱乐业实行‘以票管税’的忧思/唐利民//四川预算与会计 1998-01
⊙元代官廷绘画机构初探/余辉//故宫博物院院刊 1998-01
⊙圆明园遗址的保护与文化产业的开发/常润华//新视野 1998-12
⊙云南少数民族泼水节民俗音乐的社会文化特征/杨民康//民族艺术 1998-01
⊙在贯彻施行《拍卖法》中应该认真解决的几个问题/陈祥林//工商行政管理 1998-15
⊙张雨生卒年考——兼谈三件元人作品的辨伪/肖燕翼//故宫博物院院刊 1998-01
⊙浙江省古城遗址的现状及其保护/程伊权//嘉兴高等专科学校学报 1998-Z1
⊙正定历史文化名城保护规划初探/张广汉 赵中枢//城市规划 1998-03
⊙郑板桥《远山烟竹图》辨伪/郝莉 荣杨 孝军//四川文物 1998-03
⊙纸币学家吴筹中/卢茂村//江淮文史 1998-02
⊙中国博物馆事业述略/郑广荣 李耀申//中国博物馆 1998-03
⊙中国帝皇画迹的鉴定/周锡//文艺研究 1998-06
⊙中国古代书画习俗/邢建玲//民俗研究 1998-04
⊙中国历史文化名城第八次研讨会暨’97 年会在徐州召开/敬元//城市规划通讯 1998-02
⊙中国青铜器修复技术源流刍议/莫鹏//中国博物馆 1998-03
⊙注重历史与现实的结合 搞好历史文化名城保护/单士元 侯仁之 张开济//北京规划建设 1998-04-30
⊙走近京城民间文物市场/朱奕//商业文化 1998-06
⊙走进信息时代的文化娱乐业/宋奇慧//文化月刊 1998-02

1999 年

⊙’99 古玩市场展望/耿金友//北京工商 1999-03
⊙“闽习”与“闽派”之辨/郑工//东南文化 1999-06
⊙“天才”时代的终结——倡导一种新“通俗”文艺/刘水平//常德师范学院学报（社会科学版）1999-06
⊙“玩古”与人生境界/王静庄//理论与创作 1999-03
⊙《世纪相约 夏园之旅》——夏园巧打休闲娱乐业资本经营牌//上海企业 1999-09
⊙《西泠书画院作品展》研讨会发言摘要//美术观察 1999-01
⊙20 世纪前期中国美学史研究的回顾与思考/李耀南//黄冈职业技术学院学报 1999-01
⊙50 年铸起中华辉煌的丰碑——访国家文物局局长张文彬/曲志红//记者观察 1999-10
⊙90 年代的美术史研究（上）/薛永年//美术观察 1999-06
⊙90 年代的美术史研究（下）/薛永年//美术观察 1999-07

◎MP3 称霸音乐世界/黄祖沛//电子测试 1999-10
◎八千里路云和月——记收藏家汪新林/郑新明//书法之友 1999-06
◎保护国家重点文物亟需新机制/刘爱虹//了望 1999-18
◎保护历史文化名城的生动一课——从杭州市河坊街改造规划谈起/周微先//城市研究 1999-04
◎保护历史文物 光大承德形象/傅贵武//经济论坛 1999-17
◎北京国拍落槌王平书画倍受青睐/段理//收藏家 1999-06
◎裱画浆糊南北说/郭兴宽//紫禁城 1999-04
◎产业、半产业——文化馆的两条发展之路/张大建//文化月刊 1999-07
◎产业化经营是电视业发展的趋势/梁和//中国广播电视学刊 1999-12
◎长江三峡民族民俗文物保护及其实践——兼谈人类学、民族学之角色呈现/庄孔韶//中央民族大学学报（哲学社会科学版）1999-05
◎承德市领导谈如何把文物大市建成文物强市/傅贵武//文物春秋 1999-S1
◎城市设计的生态学方法初探——历史文化名城的可持续发展研究/邓毅//华中建筑 1999-02
◎程风子书法篆刻六人谈/周祥林 刘彦湖 文永生 朱培尔 古泥 王亚洲//书法之友 1999-11
◎传播与旋律/曾遂今//中国音乐学 1999-01
◎传统书画装裱艺术的形成发展与革新/李祥仁//东南文化 1999-01
◎从无到有 长足发展——江西文物保护工作五十年/陈新民//南方文物 1999-03
◎大俗则是大雅——八大山人诗偈选注//南方文物 1999-01
◎当今书画装裱面临的机遇和挑战/夏冬波//包装世界 1999-05
◎当前凉山文博事业发展思路初探/叶俊茹//四川文物 1999-04
◎当前文化娱乐业的误区与对策/马玲玲//民族艺林 1999-03
◎当前我国文物事业基本状况/张文彬//群言 1999-06
◎对保护和创建大理“民族历史文化名村”的思考与建议/苏松林 张继//大理学院学报（社会科学版）1999-Z1
◎朵云轩迎来创建 100 周年/收藏家//1999-06
◎繁荣文化艺术事业 构建精神文化大厦——谈谈上海文化艺术事业的改革和发展/马博敏//上海艺术家 1999-01
◎繁荣演出市场应注意的几个问题/王业群//广东艺术 1999-02
◎冯增木和他的《中国书画装裱》/白斗 陈光苏//山东教育学院学报 1999-06
◎赴美演出之路不畅通——从拉斯维加斯赌场娱乐业说起/刘顺国//文化月刊 1999-02
◎赶快拯救这座历史文化名城/吴孝 齐姝峰//记者观察 1999-02
◎歌舞娱乐业的大众化小议/金东俊 崔美子//群众文化研究 1999-03
◎给教改注入新的驱动力——艺术院校如何适应文化市场需求/张仲年 刘明厚//教育发展研究 1999-08
◎古城的保护与发展/何伶俊 何强为//长江建设 1999-03
◎古建筑园林文物保护 50 年回眸/罗哲文//古建园林技术 1999-04
◎古玩公司是怎样“火”起来的/周林//沪港经济 1999-03
◎古玩及收藏/李辛//民族论坛 1999-01
◎古玩明珠逢盛世——访北京古玩城总经理宋建文/李虹//北京工商 1999-03
◎关于建立文物保护事业新体制的思考/马自树//中国博物馆 1999-02
◎关于容庚先生的收藏/蒋志华//图书馆论坛 1999-03
◎关于文化艺术活动的经济学分析/袁志刚//学术季刊 1999-04
◎关于艺术人才流动和培养的几点思考/何俊//上海艺术家 1999-01
◎广州历史文化名城保护条例//人民之声 1999-S1
◎国画通才——王西林/朱正言//家具与环境 1999-02
◎国外文物登录制度的特征与意义/张松//新建筑 1999-01
◎海、船、帆——96、97、98 西安艺术品拍卖市场述评/邱紫山//西北美术 1999-02
◎翰墨结缘翰墨园//东方艺术 1999-06
◎河北省话剧院的沧桑岁月/阿庚//文史精华 1999-S2
◎河北文物事业蓬勃发展的 50 年/张立柱//文物春秋 1999-05
◎洪江市新址建设中文物保护问题的思考/张祖爱//湖南考古辑刊 1999-00
◎互联商务新宠——网上拍卖/耳山//互联网周刊 1999-15
◎话收藏/何兰坐//辽宁经济 1999-09
◎回眸五十年文物保护（下）/罗哲文//了望 1999-36
◎基于现代学问的书画美学——读《邓以蛰全集》/凤文学//北京大学学报（哲学社会科学版）1999-06
◎纪念刘九庵先生/杨新//收藏家 1999-06
◎坚持正确导向积极扶持大众文化娱乐场所/邓清琳//文化市场 1999-11
◎简论历史文化名城的保护和建设/刘莹//小城镇建设 1999-10
◎建国以来北京的旧城改造与历史文化名城保护（续）/平永泉//北京规划建设 1999-06
◎建国以来北京的旧城改造与历史文化名城保护/平永泉//北京规划建设 1999-05
◎建立开封博物馆体系的设想/刘顺安//中国博物馆 1999-01
◎建立我国历史性环境保护的法律体系/阮仪三 程俐骢 顾新//同济大学学报（社会科学版）1999-03
◎鉴证国宝的“国宝”——华夏辨画第一人徐邦达/王凡//国际人才交流 1999-07
◎江西省文物事业发展的优势、现状和对策/孙家骅 陈新民 刘昌兵//南方文物 1999-03
◎解放前的上海舞女/姚杰龙//文化市场 1999-01
◎金银币保值增值最佳选择/殷敏//广东大经贸 1999-04
◎近现代甬上篆刻名家析评/俞建伟 蒋华//书法之友 1999-11
◎进一步规范拍卖市场的拍卖行为/郭莹//中国工商管理研究 1999-01
◎京城举办文化部系统名人名家书画展/一兵//新文化史料 1999-05
◎精益求精返璞归真——周庄古镇保护规划/阮仪三 邵甬//城市规划 1999-07
◎旧家具：收藏新宠儿/沈嘉禄//沪港经济 1999-02
◎开发文物资源 培育经济增长点/傅国盛//文物春秋 1999-S1
◎开拓演出市场，发展文化产业/寿根//上海艺术家 1999-01
◎科技手段与书画鉴定/鲁力//东南文化 1999-02
◎历史保护与延续的“脉”——昆明市传统的城市中轴线/高雪梅//城市规划 1999-04
◎历史城镇保护的目的与方法初探——以世界文化遗产平遥古城为例/张松//城市规划 1999-07
◎历史的积淀——抗战时期陪都重庆书法述评/廖科//书法之友 1999-11
◎历史文化街区改造的认识与实践——以“盛京城古文化街”为

例/金光熙 韩玉鹤//城市规划 1999-09
⊙历史文化名城保护，保护什么/王剑云//规划师 1999-04
⊙历史文化名城保护与发展的几点建议/汪洁//规划师 1999-04
⊙历史文化名城保护与古代风水意象/王树声//西安建筑科技大学学报（社会科学版）1999-02
⊙历史文化名城的保护和发展/刘筱//城市问题 1999-04
⊙历史文化名城的保护与发展/张玉娥//城乡建设 1999-10
⊙历史文化名城的保护与拓展——永州历史文化特色及城市文化的构建/肖勇//城市研究 1999-04
⊙历史文化名城能否免遭破坏性开发/韩冰洁//了望 1999-27
⊙历史文化名城——苏州环境保护的实践与思考/冯瑞渡//江南论坛 1999-08
⊙流行歌曲：世俗的抒情/阿正//粤海风 1999-05
⊙流行歌坛小年之后求大年/秦杰//了望 1999-Z1
⊙陆士仁、朱朗伪作文徵明绘画的辨识/肖燕翼//故宫博物院院刊 1999-01
⊙滦平县文物工作的回顾与展望/沈军山//文物春秋 1999-S1
⊙略谈诗书画印的结合/马彦//淮北煤师院学报（哲学社会科学版）1999-02
⊙论杜甫的书法美学思想/李祥林//杜甫研究学刊 1999-03
⊙论历史文化名城的保护和发展/刘筱//南方建筑 1999-04
⊙论王绂的山水画/尹宣胜//贵州艺术高等专科学校学报 1999-01
⊙论文化产业在现代化建设中的地位与作用/王国宾//北京舞蹈学院学报 1999-01
⊙论舞台艺术报道的多角度呈现/庾康//艺术百家 1999-02
⊙论演出空间形态的生成（上）/清水裕之//戏剧艺术 1999-05
⊙罗店——中国民间艺术之乡/胡晓喜//协商论坛 1999-11
⊙马未都：把怀旧当作产业经营/周爱//中国商界 1999-10
⊙美国好莱坞娱乐业输出/叶辛//国际市场 1999-11
⊙美术作品拍卖中的若干法律问题探讨/郭玉军//湖北美术学院学报 1999-04
⊙缅怀九庵学兄/耿宝昌//收藏家 1999-06
⊙民间文化：市场经济里的一道独特“风景”/孙世文//民间文化 1999-02
⊙名城保护的文化视点/陈泳//规划师 1999-04
⊙明代民间收藏品市场和藏品买卖/沈振辉//学术月刊 1999-04
⊙明代私人收藏家百例辨析/沈振辉//东南文化 1999-02
⊙明代苏州地区收藏家述略/沈振辉//苏州大学学报（哲学社会科学版）1999-01
⊙南京“经典”推出全国首次古今作家手迹拍卖会/杨靖//华人时刊 1999-17
⊙农民娱乐谁来管/鲍永杰//共产党人 1999-06
⊙拍卖市场堪忧/王新国//北京工商 1999-09
⊙拍卖赝品是否负法律责任/吴旭莉//法律适用 1999-01
⊙拍卖业向集团式经营方向发展的思考/甄安庆//广西市场与价格 1999-06
⊙蓬蓬勃勃的古玩市场——北京市古玩艺术品市场巡礼/赵榆//美术观察 1999-09
⊙平安大街，建设中文物是否依然平安/李舫//中国行政管理 1999-06
⊙七大拍卖市场初具规模，各有千秋/朱海娟//广西市场与价格 1999-09
⊙齐白石绘画的鉴定/郎绍君//美术观察 1999-09
⊙浅论90年代文艺市场化及其对公众的影响/高福进//上海交通大学学报（哲学社会科学版）1999-02
⊙浅谈歌舞娱乐场所的内部管理/周平//文化市场 1999-09
⊙浅谈旧城改造与历史文化名城的保护/潘石//古建园林技术 1999-02
⊙浅议演出市场/段泽兴//内蒙古艺术 1999-02
⊙强化监督机制 规范拍卖市场/钟树雄//广西市场与价格 1999-09
⊙清代贵州满族书画家及其艺术/朱良津//贵州民族研究 1999-03
⊙清代民国陕西钱范发现与收藏诸事/罗宏才//中国钱币 1999-01
⊙情未了 人未老——书画大师晏济元先生/张健//重庆与世界 1999-05
⊙群众美术的存在与发展离不开艺术市场——“本溪美术现象”谈/张广志//文化月刊 1999-06
⊙日本复制的古代书画艺术/徐平//出版参考 1999-13
⊙如何鉴别现代书画/邓治平//中国防伪 1999-01
⊙山西灵石王家大院古民居——“藏在深山人未识”的国宝、人类之宝/郑孝燮//城市发展研究 1999-02
⊙上海市文化娱乐市场管理条例//新法规月刊 1999-01
⊙上海演出票价的演变/陆群//文化市场 1999-01
⊙上网去卖艺术品/殷恕//知识经济 1999-04
⊙沈周晚年《吴中山水图》辨伪/曾君//故宫博物院院刊 1999-03
⊙时代回响 MP3 自由的音符//互联网周刊 1999-33
⊙世界文化遗产丽江古城的保护及其指导意义/木基元//云南民族学院学报（哲学社会科学版）1999-06
⊙市场对中国画创作的负面影响/王珂//齐鲁艺苑 1999-03
⊙市场经济体制下敦化市文化馆的走向/吉林省群众艺术馆调查组//群众文化研究 1999-02
⊙市场与鉴藏/李纪贤//美术观察 1999-04
⊙试论保护历史文化与加速城市化的有机结合/张苹//观察与思考 1999-12
⊙试论博物馆与市场经济接轨的最佳模式/刘洪//四川文物 1999-06
⊙试论地“三厅”娱乐场所实施宏观调控/李建文//文化市场 1999-01
⊙试论县级文化馆在市场经济条件下的生存与发展/丁淑杰//群众文化研究 1999-05、06
⊙试论写意画的艺术特质/张达煜//西藏大学学报（汉文版）1999-01
⊙试论影响拍卖市场发展的环境因素及对策/郝渊晓//价格与市场 1999-10
⊙试析新时期全方位文物保障机制/殷德明 于庆芝//北方文物 1999-01
⊙试析行业管理对拍卖业发展的作用/仲锁林//江苏商论 1999-08
⊙收藏八病/口言//价格月刊 1999-05
⊙收藏者的心态/耿金友//北京工商管理 1999-04
⊙书海掇珍：名人题跋漫录/丁瑜//收藏家 1999-01
⊙书画本体论与道家哲学/许祖良//南京艺术学院学报（美术及设计版）1999-02
⊙书画名人纪念馆的形成与特点/赵幼强//中国博物馆 1999-04
⊙书画市场“打假毁劣”问题的思考/罗邦泰//美术观察 1999-03
⊙书画市场“误证”之害猛于虎——对书画伪作泛滥成灾的另一种思考/黄鼎//美术观察 1999-10
⊙书画市场仍有丰厚回报/朱洁云//中国商界 1999-10
⊙书画收藏得失谈/刘文杰//收藏家 1999-04
⊙书画装裱艺术的历史发展、流派和品式/马卫军//民族艺术研究 1999-05
⊙书中画中“抹猫腻”/大同//中国质量万里行 1999-03

◎谁是中国书画的举牌人/永霞//东方艺术 1999-04
◎说古玩/刘京//北京工商 1999-12
◎他山之石——从美国通俗音乐发展历史引发的思考/周晓梅 冯效刚//星海音乐学院学报 1999 01
◎泰、缅、柬三国的文物事业/刘恒武//文博 1999-01
◎谈高校图书馆对中国传统书画作品的收藏/张成梁 陆宗城//图书馆界 1999-02
◎谈谈书画档案的收藏与保护/何树林 吴瑞山//山东档案 1999-03
◎谈中国古建筑的维修与保养/邓其生//南方建筑 1999-04
◎谭云龙与郑板桥伪作/崔胜利//收藏家 1999-02
◎天津的古物市场/文萃//对外大传播 1999-Z2
◎铁琴铜剑楼藏书活动系年述要（上）/黄国光//文献 1999-03
◎铁琴铜剑楼藏书活动系年述要（下）/黄国光//文献 1999-04
◎图引考——兼辨沈周《云水行窝图》的本事/陈正宏//新美术 1999-04
◎玩古须慎行/刘本利//北京工人 1999-03
◎王绂山水作品简编（除注明“图卷”以外均为“图轴”）//贵州艺术高等专科学校学报 1999-01
◎往日情怀——北京的古家具市场/梁冰//家具 1999-03
◎文化名城蔚县行/李九元//大舞台 1999-01
◎文化选择与中国书画——兼及对中国现代美术教育的反思/梅墨生//文艺研究 1999-04
◎文化娱乐市场低迷因素透视/卢亚民//中国第三产业 1999-07
◎文物古迹要保护为主抢救第一/罗哲文//国土经济 1999-01
◎文物古玩造假作伪奥秘谈/鲍学谦//大众科技 1999-01
◎文物建筑的科学复原重修不能以“假古董”视之——兼谈中国文物建筑保护维修的中国特色/罗哲文//古建园林技术 1999-02
◎文物科技学简论/徐毓明//中国博物馆 1999-03
◎文艺市场化的两难境地/向晓霞//企业文明 1999-09
◎我对文物市场和文物单位上市问题的意见/谢辰生//文物世界 1999-04
◎我国公物拍卖法律问题探讨/刘锦香//当代法学 1999-01
◎无锡市中青年书画家作品邀请展 暨无锡市国画院建院三周年作品展创作研讨会纪要//书法之友 1999-09
◎五十年文物保护回眸（上）/罗哲文//瞭望 1999-34
◎西昌历史文化名城调查评价及保护规划构想/张正宁//四川文物 1999-04
◎西方音乐剧沿革（上）/傅显舟//中国戏剧 1999-02
◎西方音乐剧沿革（下）/傅显舟//中国戏剧 1999-03
◎熙春常绿久照长红——观赏《海上翰林书画集》后/邵洛羊//世纪 1999-06
◎喜忧参半的书画拍卖业/刘心亮//美术观察 1999-06
◎戏场——中国封建社会的文化信息市场/谢涌涛//艺术百家 1999-02
◎闲话中国古代雅室中的书画和文房四宝/左烨//书画艺术 1999-06
◎闲评“扬州八怪——兼述“八怪”书画鉴定要点/梁钰珠//民族艺术研究 1999-06
◎向娱乐业征税面面谈/綦淑娟//中国妇运 1999-02
◎新加坡艺术市场观感/一慕//艺术探索 1999-03
◎新疆书画市场漫议/兰剑涛//新疆艺术（汉文版）1999-05
◎新崛起的艺术市场——秦公访谈/朱京生//美术观察 1999-10
◎新时期我国历史文化名城保护的建议/王朝晖//规划师 1999-04
◎休闲娱乐高雅事，走进寻常百姓家：甘肃大众文化娱乐市场扫描/吉光安//文化市场 1999-01
◎演出市场的营销策略/石广生//广东艺术 1999-02
◎赝本之最恶者 不必眼明人始能辨之——八大山人的赝品//南方文物 1999-01
◎赝品正在损害拍卖市场/潘清//瞭望 1999-28
◎姚有多画作真伪辨/齐建秋//美术观察 1999-07
◎也谈八大山人的几个问题——兼致杨新《八大山人三题》//南方文物 1999-01
◎一场文化盛事 满园戏剧风光——“第二届华文戏剧节”（香港·1998）追记/胡润森//戏剧文学 1999-03
◎以优秀作品鼓舞人，不断提高精神文明建设水平/章霍生//文化市场 1999-01
◎艺术市场世纪交 晚霞满天曙光照//收藏家 1999-06
◎艺术市场忧思四则/马鸿增//美术观察 1999-01
◎艺苑奇葩——曹州书画院档案工作规范化建设纪实/何树林 马文兰//山东档案 1999-01
◎音乐剧在中国的发展思路——建立以音乐剧为龙头的剧场文化产业/张平 梁戈逻//北京舞蹈学院学报 1999-04
◎引进人才严管理多元投资促发展——海曙区文化馆发展文化产业经验浅谈/伍开能//文化月刊 1999-12
◎忧思“文艺行情”/阿丹//声屏世界 1999-04
◎元明时期的收藏学/沈振辉//中国典籍与文化 1999-01
◎元明收藏学略论/沈振辉//社会科学 1999-03
◎载歌载舞 共铸辉煌——喜看江西省企业《江铃杯》音乐舞蹈大赛/南音//创作评谭 1999-05
◎在社会主义市场经济条件下发展文化馆事业的思考/苏勤//文化市场 1999-11
◎在线拍卖谨防有假！//互联网周刊 1999-16
◎张威——巾帼拍卖师/彭穗//港澳经济 1999-04
◎昭昭鉴书画 谦谦待世人——忆刘九庵先生/萧燕翼//收藏家 1999-06
◎赵明诚的《大像记碑》拓本/于树德//文史杂志 1999-05
◎中国古代诗与书、书与画、画与诗之关系例说/启功//文艺研究 1999-05-20
◎中国拍卖企业生存发展空间不容乐观——拍卖企业忧患意识论/唐桂生//广西市场与价格 1999-09
◎中国拍卖业发展前景/张青//中国市场 1999-11
◎中国书画美学历史发展的规律与建构/陈辽//中国社会科学 1999-06
◎中国书画市场价格的形成与现状/岁邦泰//美术观察 1999-11
◎中国宣纸文化的起源与发展/钱宇 江燕斌 罗巨生//广东造纸 1999-Z1
◎中国演出业的问题与发展/扈祖海//文艺理论与批评 1999-06
◎中国艺术品市场的回顾与展望/好韵//美术大观 1999-09
◎中国音乐电视媒介特征谈片/陈永华//浙江传媒学院学报 1999-04
◎中华收藏巨星——记著名维吾尔族收藏家艾合买提·铁木尔/王新平//新疆人大（汉文）1999-06
◎众说杂技演出市场/雏晓//杂技与魔术 1999-02
◎装点此画坛 今朝更好看——第三届福建书画节掠影/翁振新//福建艺术 1999-05
◎自然奇节士 落墨见高襟——贾平凹书画艺术浅论/杨乐生//唐都学刊 1999-03
◎自我升华的展示——谈徐志兴的《中国书画美学简论》/张俊之//书画艺术 1999-03
◎走进拍卖行的工薪族/司马南//价格与市场 1999-01

◎走演出经营产业化的探索之路——访广东省演出公司总经理陈建宁/丁丹//广东艺术 1999-06

2000 年

◎"笔墨特点"在书画鉴定中的地位/邓治平//中国防伪 2000-02
◎"博物馆"给农家乐"提档升级"/寇晓琴//四川日报 2000-07-07
◎城市败笔——中国当代八座历史文化名城的缺憾/方可 丰谷 陆行舟 王耀武 孙一民 张应鹏 王绍森 耿毓修 赵天佐//时代建筑 2000-03
◎"高仿"出自"兼施"——名家书画最新造假手法管窥/黄鼎//收藏家 2000-07
◎"聚焦中国文化市场"系列报道之一——打造演出市场/浦任//中国市场 2000-11
◎"历史文化名城"如何延续历史文脉/俞铮//了望 2000-34
◎"娱乐经济"商机无限/陈小雅//中国企业报 2000-08-30
◎"知白守黑"与太极图 S 曲线——中国书画的美学思想探微/冯振国//兰州大学学报（社会科学版）2000-04
◎《格古要论》和明代的文物鉴定学/陈江//苏州大学学报（哲学社会科学版）2000-03
◎《古玩保养与修复》序/吕济民//中国文物报 2000-11-15
◎《历史文化名城保护条例》缘何千呼万唤不出来/何洪 孙秀丽 文言 彭常新 郭旃 阮仪三 谢辰生 张自成//中国文物报 2000-10-11
◎《书画艺术》2000 年第一期读者评议//书画艺术 2000-02
◎《书画与碑刻拓印装裱》课程教学改革的探索/白志英//广西师范大学学报（哲学社会科学版）2000-S1
◎《宣和书谱》未收怀素帖目补证/熊飞 佘斯勇 陶炎武//咸宁师专学报 2000-04
◎1999 年中国艺术品拍卖市场的回顾与展望/赵榆//美术观察 2000-04
◎2000 年娱乐圈里看输赢/邓鲁平//中国商报 2000-12-31
◎阿波舞与日本的文化产业/潘丽//舞蹈 2000-04
◎谙然碎去 名城保护迎来梦醒时分/文凯//中华建筑报 2000-12-26
◎暗夜明珠——丘洄评传/郭义山//龙岩师专学报 2000-01
◎奥地利音乐产业默默招财//广东艺术 2000-06
◎百老汇在 80 年代的衰落与兴盛/伯纳施·罗森堡 欧内斯特·哈博 曹路生//戏剧艺术 2000-02
◎百态千姿藏品街/古向东//中国商报 2000-07-08
◎百亿巨资能否打造琉璃厂三年复活神话/纳予//中国信息报 2000-09-26
◎包装、搭台及其他——书画市场一角掠影/王伯敏//美术观察 2000-03
◎宝玉石——21 世纪的收藏投资热点/杨志达//中国宝玉石 2000-03
◎保护北京城这一人类"杰作"/梅宁华//前线 2000-06
◎保护历史文化名城之要点/王景慧//中国房地信息 2000-02
◎北京旧城历史文化保护区保护和控制范围规划//北京房地产 2000-05
◎北京历史文化名城保护的问题与对策/梅宁华//北京规划建设 2000-03
◎北宋"寓意于物"的书画鉴藏观/尤永//南京艺术学院学报（美术及设计版）2000-04
◎博识与精鉴——启功书画鉴定治学方法谈/孙欣//美术观察 2000-04
◎禅与中国书画/徐志兴//美术研究 2000-01
◎超时代的创举——苏轼对士人画的首倡/刘晓路//北方美术 2000-01
◎朝气蓬勃的江苏海安书画院/朱永淮//书画艺术 2000-04
◎城市规划前辈 古城保护先驱 ——记郑孝燮先生/王朝晖//规划师 2000-01
◎城市历史文化遗产的保护与弘扬/王景慧//小城镇建设 2000-02
◎城市文化建设与历史文化名城保护/金鸣娟 徐鑫//城市发展研究 2000-06
◎斥巨资装扮文化老街 琉璃厂兴建 8 大街市/于彬//中国商报 2000-09-09
◎充分发挥文物资源在珠江三角洲文化事业现代化中的作用/董红 刘炳元//中国博物馆 2000-03
◎出售听众——美国商业音乐电台对流行文化的控制/陆晔//新闻与传播研究 2000-01
◎穿山透地不辞劳——记军旅书画家车益祥/刘建民//新闻与成才 2000-05
◎传统拍卖业驶进信息高速路/潘清 吉丽莉//西藏日报 2000-07-12
◎传统音乐与新世纪音乐教育的思考/樊家城//中国音乐学 2000-S1
◎传统之树长青——谢稚柳陈佩秋艺术的启示/徐建融//收藏家 2000-09
◎创新从哪里开始——我读张少华书画作品/赵庆忠//文艺评论 2000-01
◎从敦煌写经和壁画看中国卷轴书画格式的起源和形式/张朋川//文物 2000-08
◎从古代帛画装潢看"挂轴"的起源/周志元//南方文物 2000-03
◎从可持续发展谈历史文化名城整体环境保护/邓其生 邓琮//华中建筑 2000-03
◎打开尘封的抽屉——京城旧货市场掠影/雨川//商业时代 2000-04
◎大力发展云南演出产业/王咏刚//云南日报 2000-06-12
◎当前博物馆改革问题的几点思考//中国博物馆 2000-04
◎当前画家作品谁主沉浮/小瑜//美术大观 2000-05
◎当前文化娱乐业存在的问题与发展对策/杨波//学习与实践 2000-06
◎第六届国产影音器材大展全景扫描//实用影音技术 2000-11
◎点击艺术市场/林松//商业时代 2000-07
◎电脑音乐制作观念/庄曜//音乐研究 2000-03
◎调整文物观念 增强发展意识——谈西部大开发与贵州文物事业/梁太鹤//贵州民族研究 2000-S1
◎对发展拍卖业的一点思考/仲锁林//群众 2000-12
◎对历史文化名城保护工作的几点建议/邵龙飞//城市规划通讯 2000-05
◎对面的华瀚古玩玉器市场看过来/毛恒年//宝石和宝石学杂志 2000-02
◎敦煌书画院做活艺术产业/李晓君 牛元//甘肃日报 2000-09-25
◎发展艺术产业呼声渐高/张楠//工人日报 2000-08-16
◎发自真情方为艺——记南京艺术学院书法家徐利明/吴新华 刘小湄 王卫乐//国际人才交流 2000-11
◎仿古市场，切忌走火入魔/陈小林//经济世界 2000-03
◎纷飞蝴蝶归何处——谈鸳鸯蝴蝶派文学的消闲、娱乐及商品化

倾向/何俊杰//内蒙古民族师院学报（汉文版哲学社会科学版）2000-02

⊙改革开放给文博事业带来勃勃生机——合肥文博50年风雨回顾与发展构想/程如峰//合肥学院学报（自然科学版）2000-01

⊙港澳深书画收藏投资策略/吕厚龙//经济前沿2000-Z1

⊙搞好文物保护利用 建设民族文化大省/吴宝璋//云南师范大学学报（哲学社会科学版）2000-06

⊙工艺玩具行业标准探讨与质量管理/杨学//标准化报道2000-05

⊙古城消失后的反思/张均昂//小城镇建设2000-11

⊙古董商暴发之谜——汪向叔和《麓云楼书画记略》/蒋炳昌//收藏家2000-10

⊙古玩民间大博览/于彬//中国商报2000-10-21

⊙古玩市场路在何方/田继跃//中国企业报2000-11-14

⊙古玩收藏的五大要点/黄东//新财经2000-04

⊙古玩收藏缘何火爆民间/段正波//中国矿业报2000-08-10

⊙古玩业如何走出低谷/赵润田//中国矿业报2000-11-16

⊙关于广州艺术产业发展的若干问题研究/温朝霞//广州市财贸管理干部学院学报2000-03

⊙关于建设江南水乡文化名城的思考/沈于松//江南论坛2000-11

⊙关于维护长沙历史文化名城的看法/肖国云//中外建筑2000-04

⊙关于音乐资料数据库若干问题的思考/胡扬吉//音乐探索2000-04

⊙广东粤剧演出市场的调查与思考/胡玲玲//广东艺术2000-05

⊙贵池市历史文化名城特色与保护初探/杨建辉//当代建设2000-04

⊙桂林历史文化遗产及其保护/韩光辉//湖北大学学报（哲学社会科学版）2000-01

⊙郭庆祥和万达玥宝斋/伍劲//中国企业家2000-05

⊙国际音乐产业加快“本土化”//文汇报2000-07-25

⊙国嘉拍卖“硝烟”又起/李巧宁//财经时报2000-12-27

⊙国嘉实业三上拍卖台/李巧宁//财经时报2000-12-22

⊙河南省文物资源的开发与利用研究/苑林//洛阳工学院学报（社会科学版）2000-01

⊙湖州书画千年回眸/陈云琴//江南论坛2000-08

⊙书画作品的市场问题探讨/陆璐//文物世界2000-01

⊙黄季霜的中国草笔画/宝草//国画家2000-04

⊙挥洒聚散见乾坤 扬州博物馆藏折扇赏析/马庭顺//收藏家2000-10

⊙惠安小城 共计发展——中外雕塑家座谈会纪要/黄宇清//雕塑2000-S1

⊙加强历史文化名城的发展建设——关于郑州商贸城建设的思考/马广钦 张来友//中州大学学报2000-04

⊙假书画 丑灵魂/大同//广西质量监督导报2000-04-25

⊙谨防“收藏病”/华明锋//中国有色金属报2000-11-11

⊙尽快建立历史文化名城保护监督反馈系统/赵燕菁//城市规划通讯2000-22

⊙近年中国原创音乐剧的回顾与前瞻/居其宏//艺术广角2000-08-15

⊙荆州历史文化名城保护规划通过专家评审/赵中枢//城市规划通讯2000-12

⊙精品荟萃古意浓 翰海2000年春拍前瞻/赵榆 王利民//收藏家2000-06

⊙警惕书画制假者/覃玉和//农村新技术2000-12

⊙旧城保护微弱的呼唤/袁仁标//城市开发2000-09

⊙科普兰“实用音乐”——戏剧音乐时期的芭蕾音乐作品/何平//星海音乐学院学报2000-01

⊙昆明历史文化名城保护问题的再认识/卜保怡//云南政协报2000-12-20

⊙昆明宣言——保护、建设、利用好历史文化名城，迈入21世纪//城市规划通讯2000-14

⊙老潍县仿古铜工艺特点及其文化产业开发/武江南//春秋2000-06

⊙乐坛的偶像双姝：精神缺钙族的补钙品/周卫民//中国新时代2000-03

⊙冷眼看热潮——申报世界遗产和保护历史文化遗存/阮仪三//城市规划汇刊2000-06

⊙历史建筑与城市保护的历程/阮仪三//时代建筑2000-03

⊙历史街区的保护及规划/阮仪三//城市规划汇刊2000-02

⊙历史名城，请珍惜历史文化遗产/李其荣//宁波经济2000-10

⊙历史名城的伤痛/易名//中华工商时报2000-12-13

⊙历史文化名城保护与更新的启示/林巾巾//浙江建筑2000-05

⊙历史文化名城保护与投资策略/吴迪 於铀强//城市开发2000-10

⊙历史文化名城的数字化生存/汤众//时代建筑2000-03

⊙历史文化名城岂能名存实亡/郑孝燮 罗哲文 罗亚蒙//了望2000-03

⊙历史文化名城要防止建设性破坏/杨中兴//云南政协报2000-09-16

⊙历史文化名城在开发中能否“永生”//了望2000-02

⊙丽江古乐文化市场探析/梅佳//云南日报2000-07-31

⊙临朐奇石文化的兴起与发展/孟庆沂//春秋2000-02

⊙另一个商机：娱乐经济/达文//中国工商报2000-06-30

⊙流行音乐你还有什么卖点/吴建华//南京艺术学院学报（音乐及表演版）2000-01

⊙流行音乐与网络业联姻/倪敏//中国消费者报2000-07-04

⊙陆俨少梅花题材作品的赏真与辨伪/黄鼎//收藏家2000-12

⊙陆俨少艺术的悲哀——关于陆伊少画作赝品的细节披露/黄鼎//新美术2000-04

⊙略论“书画本来同”/徐浩//贵州大学学报（艺术版）2000-03

⊙略论文征明书艺的影响/葛鸿桢//苏州教育学院学报2000-04

⊙论《溪岸图》真伪问题/方闻//文物2000-11

⊙论80年代中国大陆流行歌曲的崛起/钱彤//吉林艺术学院学报2000-02

⊙论80年代中国大陆流行歌曲的崛起（下）/钱彤//吉林艺术学院学报2000-04

⊙论城市文化建设/赵力平//浙江社会科学2000-02

⊙论社会音乐商品/马海生//商业研究2000-07

⊙论演出空间形态的生成（下）/清水裕之//戏剧艺术2000-05

⊙论我国博物馆发展的市场化趋势及其对策/叶俊之//中国博物馆2000-01

⊙论音乐的商品属性与发展策略/庄元//南京艺术学院学报（音乐及表演版）2000-04

⊙马未都：经营“怀旧”/袁宏明 李笛//中国市场2000-11

⊙绵阳文博事业十年述略/马赴先 王锡鉴//四川文物2000-06

⊙民国绘画市场初探/邹绵绵//国画家2000-03

⊙名城特色与地方建筑——挽救一个正在消失的历史文化名城/陈谋德//新建筑2000-05

⊙名家辈出的“海上画派”/许志浩//艺术·生活2000-04

⊙南风北渐：民国初年南方画家主导的北京画坛（上）/万青力//美术研究2000-04

⊙倪瓒《九龙山居图》卷伪讹考辨/庞鸥//东南文化2000-08

◎你方唱罢我登场 娱乐节目何时卖座/葛洪保//云南日报 2000-08-07
◎宁波电台“音乐之声”节目的探索/辛雪莉 项亚萍//中国广播电视学刊 2000-11
◎凝聚世界目光——留连王府书画店/高艳芳//中国新时代 2000-04
◎农产品走进拍卖行/魏茗芝//农民日报 2000-11-09
◎拍假 假拍 拍卖行里涌动浊流/冬鸣//中国防伪 2000-10
◎拍卖搭上电子商务快车/范干平//国际金融报 2000-11-08
◎拍卖的特点/曹海英//中国矿业报 2000-06-29
◎拍卖网站向何处发展/金之//电脑采购周刊 2000-05
◎拍卖业，亟待面向全社会/唐和平//价格月刊 2000-04
◎拍卖走近百姓生活/姚玉成//金融时报 2000-07-28
◎乾陵，到底挖还是不挖/布衣//中外房地产导报 2000-08-23
◎浅谈河北省国家级、省级文物保护单位状况及利用/刘洁//文物春秋 2000-06
◎浅谈旧城改造与历史文化名城的保护/潘石//北京经济了望 2000-S1
◎浅谈市场经济与文物事业的发展/法剑明//江西社会科学 2000-01
◎浅谈我国文化娱乐设施建设/张霞//艺术科技 2000-02
◎全国获奖图书首次被拍卖/韩征 陈小红//市场报 2000-09-09
◎全国历史文化名城保护专家委员会今年要重点做五项工作/赵中枢//城市规划通讯 2000-08
◎群古斋与河南古玩业的兴衰/王琳 陈隆文//中州今古 2000-02
◎群众艺术馆工作如何与社会主义市场经济相接轨/韩侠//广东艺术 2000-05
◎认识摇滚（上篇）——摇滚乐系列研究之一/刘小山//交响-西安音乐学院学报 2000-04
◎任天堂：藉“娱乐”而成功/卢泰宏 杨晓燕 陈晶//河北经济日报 2000-12-20
◎如何办好报纸文化娱乐版/胡桂安//中华新闻报 2000-07-10
◎如何保存古董/邹利//中国医药报 2000-09-17
◎如今哈市娱乐场所降温/王明义 隋振生//人民公安报 2000-08-01
◎上海演出中介产业的增长空间/花建//上海艺术家 2000-02
◎石家庄市文化娱乐市场透视/杨东波//经济论坛 2000-07
◎石涛《黄山图》及相关问题研究/张长虹//新美术 2000-01
◎识宝有眼 增值有方——《书画鉴赏与收藏知识问答大全》编后/俞建华//美术之友 2000-06
◎始知真放在精微——童衍方篆刻艺术浅谈/吴颐人//书画世界 2000-02
◎世纪同龄一朵云——朵云轩百年记/赵兰英//了望 2000-51
◎世纪元素——打造中国娱乐圈航母/宋国威//北京纪事 2000-12
◎世纪之交的北京戏剧——传统与实验的虚拟现实/高音//北京社会科学 2000-03
◎市场经济与上海中心城区文化娱乐市场发展/沈祖炜//上海经济研究 2000-12
◎试论昆明历史文化名城发展、保护的艺术型思维/陈燕雏//云南社会主义学院学报 2000-02
◎试论音乐的商品属性/庄元//人民音乐 2000-09
◎试析刘少奇 1956 年的文艺思想/马昭//锦州师范学院学报（哲学社会科学版）2000-02
◎试析文物的内涵和特性/刘禄山 徐东根//南方文物 2000-02
◎是谁造就了娱乐文化/棋子//文化月刊 2000-10
◎释放北京文化价值潜能争创一流国际文化中心城市/钱光培//城市问题 2000-01
◎收藏觅万金/谢强//金融经济 2000-03
◎收藏投资玩得就是心跳/刘甚//中国企业报 2000-12-19
◎首期古玩经营班结业/张永正//上海工艺美术 2000-01
◎书法批评≠商业运作/孙洵//书画艺术 2000-02
◎书画保护中水的科学应用/汪自强//文物世界 2000-06
◎书画藏品现状描述问题研讨/陆锦华//中国博物馆 2000-01
◎书画大市场 鉴藏小百科/俞建华//美术报 2000-08-05
◎书画鉴赏与收藏//上海工艺美术 2000-01
◎书画交易的信任危机/王再承//大众科技报 2000-08-22
◎书画界伪劣现象透析/巨潮//甘肃社会科学 2000-04
◎书画市场面临信任危机/王再承//经济月刊 2000-03
◎书画市场盛行“模仿秀”/宗春启//北京日报 2000-11-03
◎书画作品的意念作伪/黄鼎//收藏家 2000-03
◎数字随身听的两大发展动向/一叶//实用影音技术 2000-07
◎谁来保卫文化中国/王维 赵景田//民间文化 2000-09
◎说说“戏歌联唱”/王激//音乐天地 2000-04
◎隋唐绘画收藏探析/李万康//重庆师专学报 2000-01
◎谈古代赝品书画的价值/赵文玺//中原文物 2000-05
◎谈书画的装裱/张登云//浙江档案 2000-08
◎谈书画鉴定中图章的作用/黄鼎//美术观察 2000-12
◎谈谈书画赝品的“辅”作用/黄鼎//美术观察 2000-05
◎唐代绘画消费的特点及影响/李万康//美术观察 2000-09
◎体味一番“古玩虫”/邓述华//中国矿业报 2000-12-21
◎突出交易特色 拍卖概念登台/高云//中国劳动保障报 2000-09-07
◎玩古·玩物·喝酒·喝茶/陈斌//西北美术 2000-04
◎王纪仪 我的宝贝是非卖品/潘宝昌 赵亮//英才 2000-08
◎网上拍卖 诱惑与风险并存/陈红//中国艺术报 2000-07-07
◎网上拍卖待规范/杜颖梅//江苏经济报 2000-08-21
◎网上拍卖的几个问题及对策/陈涛//互联网周刊 2000-03
◎为何保护古城墙 如何保护古城墙/束有春 陈平 马哲非//中国文物报 2000-11-29
◎委托拍卖在阳光下运作/文山//中国国门时报 2000-07-07
◎文化场馆改革刍议/特日根//内蒙古宣传 2000-06
◎文化多元与音乐感知结构的完形合一/韩钟恩//福建艺术 2000-06
◎文物工作大局浅析/谭斌//故宫博物院院刊 2000-03
◎我国文博事业发展水平综合评估指标体系的初步构建/董贻安//中国博物馆 2000-01
◎我国艺术市场 50 年/小瑜//美术大观 2000-01
◎五通桥：走进中国美术馆/胡强 叶华安//四川日报 2000-12-22
◎舞台机械和表演装置技术的主要经济潜力/Siegfried Stablein 张雁 译//艺术科技 2000-01
◎西北古玩市场一瞥/王尚行//深圳商报 2000-11-12
◎西部大开发中文物保护值得注意的几个问题/马自树//中国文物报 2000-09-27
◎西部文物是棵摇钱树/成商//云南经济日报 2000-10-26
◎小城镇及村庄规划建设中的历史文化城镇和古民居保护/李先逵 郑孝燮 罗哲文 阮仪三 魏挹澧 杨谷生 业祖润 单德启 邹欢//小城镇建设 2000-04
◎小议二十世纪的中国艺术市场/小瑜//美术大观 2000-06
◎写尽三峡百万峰——余仲九先生和他的诗书画印艺术/郑永松//重庆三峡学院学报 2000-06

⊙新世纪中国拍卖业的发展战略/林一平//上海商业 2000-03
⊙徐邦达访谈录/唐吟方//收藏家 2000-10
⊙严肃音乐与通俗音乐应平衡发展/庄元//南京艺术学院学报（音乐及表演版）2000-01
⊙演出中介要积极引导观众的文化消费/许霈霖//上海艺术家 2000-02
⊙赝品 赝品……/王再承//东方艺术 2000-01
⊙要求各地加强娱乐服务场所管理/王小敏//内蒙古日报（汉）2000-07-15
⊙一"网"打尽娱乐业/王平//经贸世界 2000-05
⊙一位学者的真情告白——王元化先生谈国家历史文化名城保护/张俊//长江建设 2000-06
⊙依法保护历史文化名城/郑文//法制日报 2000-08-03
⊙艺术产业化该怎么走/傅旭明//中国经济时报 2000-10-18
⊙艺术品拍卖问题多多/朱浩云//国际金融报 2000-11-15
⊙艺术品市场散论/孙轶青//中国文物报 2000-09-30
⊙艺术品市场走势之我见/马忠贤//美术观察 2000-09
⊙艺术设计教育中的创意思维初探/刘英杰//内蒙古师大学报（哲学社会科学版）2000-S1
⊙艺术市场没有"全能冠军"/李锡田//美术观察 2000-09
⊙艺术消费心理略论/李吉初//重庆社会科学 2000-02
⊙艺术与市场的构成关系/周韶华//美术观察 2000-12
⊙议野外娱乐走进城市/刘惠明//北京日报 2000-06-20
⊙音乐版权产业面面观（之一）/宗晓军//人民音乐 2000-01
⊙音乐版权产业面面观（之二）/宋晓军//人民音乐 2000-02
⊙音乐版权产业面面观（之三）/宗晓军//人民音乐 2000-03
⊙音乐版权产业面面观（之四）/宗晓军//人民音乐 2000-04
⊙音乐版权产业面面观（之五）/宗晓军//人民音乐 2000-05
⊙音乐版权产业面面观（之六）/宗晓军//人民音乐 2000-06
⊙音乐版权产业面面观（之七）/宗晓军//人民音乐 2000-07
⊙音乐版权产业面面观（之八）/宗晓军//人民音乐 2000-08
⊙音乐版权产业面面观（之九）/宗晓军//人民音乐 2000-09
⊙音乐播放的进步 MP3 的发展历程//电脑采购周刊 2000-05
⊙音乐电脑产业的兴起/惠春梅 姜伟光//科技信息 2000-09
⊙音像危言/林焱//福建艺术 2000-02
⊙应完善历史文化名城的刑法保护/赵秉志 许成磊//法制日报 2000-08-10
⊙英国音乐产业的未来/青径//云岭歌声 2000-02
⊙影响拍卖价格的因素/惠斌//上海金融报 2000-08-12
⊙拥抱新世纪的太阳——写在"福建当代书画展"进京展出之际/黄启章//福建艺术 2000-06
⊙有戏，有趣的娱乐片/李树榕//内蒙古日报（汉）2000-08-01
⊙娱乐报道的格调/曾扬//新闻出版报 2000-11-06
⊙娱乐节目已从搞笑升级到"玩弄"情感/雪凡//文艺报 2000-12-14
⊙娱乐网站成败之关键/海脉数码集团//经济参考报 2000-10-19
⊙娱乐网站做什么/赵霞//计算机世界 2000-07-10
⊙娱乐新闻的标题不要太离谱/方允仲//中华新闻报 2000-09-27
⊙愿书画市场月白风清/廖静文//中国防伪 2000-10
⊙云南省历史文化名城的法律保护刍议/方慧//中央民族大学学报（哲学社会科学版）2000-03
⊙再论《送子天王图卷》当系吴道子真迹——与张春记先生商榷之商榷/袁有根//文艺研究 2000-06
⊙再叹中国书画界/李影//中国商报 2000-06-24
⊙在旧货里淘金——看收集古玩和纪念品的投资功能/平常//北京工人 2000-01
⊙在历史文化名城保护与法制座谈会上，专家呼吁追究定海古城被毁有关人员的法律责任/光明//城市规划通讯 2000-14
⊙在美国看二手车拍卖/信念//中国消费者报 2000-11-30
⊙在网上谈音乐//电脑采购周刊 2000-05
⊙怎敢在光天化日下盗劫圆明园文物——北京市文物保护现状令人担忧/徐仁杰 任忆//了望 2000-46
⊙张大千收藏古书画述略/老拙//收藏家 2000-03
⊙赵佶书画鉴定刍议/潘深亮//收藏家 2000-05
⊙珍贵德化陶瓷浮出海面/林文荣//中国商报 2000-11-04
⊙知识经济的文化分流与传统音乐的文化守护——世纪之交关于传播与传承的思考/冯明洋//中国音乐 2000-03
⊙知识经济与 21 世纪的中国博物馆管理//中国博物馆 2000-01
⊙中国城科会历史文化名城委员会印发《昆明宣言》/本刊记者//城市规划通讯 2000-14
⊙中国古代画史中的品第与写作/殷双喜//美苑 2000-03
⊙中国古建筑与古城镇保护的三个阶段/罗哲文//北京规划建设 2000-04
⊙中国民间收藏扫描/张别离//文史春秋 2000-04
⊙中国书画及其用纸/缪大经//纸和造纸 2000-05
⊙中国书画市场的信任危机/王再承//记者观察 2000-04
⊙中国书画艺术欣赏/闫西京 孙光 李妃//小城镇建设 2000-06
⊙中国音乐产业，看上去很美/蔚子//市场观察 2000-12
⊙中国音乐产业啥时出头/侯明廷 邹励//中国经营报 2000-10-31
⊙中华人民共和国时期的西藏文艺/刘志群//西藏艺术研究 2000-02
⊙中外历史文化遗产保护制度比较/王林//城市规划 2000-08
⊙重塑肇庆名城风采——历史文化名城肇庆的保护规划/阮仪三//同济大学学报（社会科学版）2000-04
⊙抓住西部开发机遇 激活成都艺术品市场/孔路原 刘学泰 文武//中共成都市委党校学报 2000-03
⊙专业音乐图书馆的文献分布、开发及其利用/徐朗//乐府新声-沈阳音乐学院学报 2000-01
⊙装裱与保护历史书画遗产/杨垒//东南文化 2000-11
⊙字画保护初探/黄守田//南方文物 2000-03
⊙走进古玩圈/阮富春//中国老年报 2000-07-18
⊙走进娱乐时代/祁建//中国商界 2000-11
⊙走向二十一世纪的中国文物科技保护/黄克忠//敦煌研究 2000-01

2001 年

⊙"不经意"的呼唤——说说鲁力和他的《书画鉴真》/马立群//东南文化 2001-06
⊙博物馆书画藏品的征集和利用/朱良津//中国博物馆 2001-03
⊙"大罗天"古玩市场的兴衰/回金海//纵横 2001-03
⊙"佛脚"何妨临时抱——"抱佛脚丛书"读后/王敬之//美术之友 2001-04
⊙"海外兵团"抢滩申城艺市/徐和平//中国商报 2001-06-23
⊙"韩流"滚滚向我来/高洁荣//西藏日报 2001-09-27
⊙"乐土"e 战——北京娱乐业的电子票务战/李芳//华商 2001-06
⊙"生命印记"：历史名城保护的关键——由明北京城垣拆毁所引起的思考/杨鸿勋//现代城市研究 2001-01
⊙"世界音乐的若干问题及美国世界音乐教育"讲座纪实/张谦 郑苏//中央音乐学院学报 2001-04

◎“文化艺术交流与文化产业国际研讨会”即将召开/肖岩//传媒 2001-04
◎“文如其人、书如其人”是衡量书家的标准/木戈//中国艺术报 2001-07-06
◎“新年民族音乐会”系列文稿——岭南音乐之精华 民族音乐之辉煌/李复斌 吴粤北 谢永雄 黎敏 佟厚雪 崔国汉 李复斌 朱敏//星海音乐学院学报 2001-01
◎“中国第一槌”的财商写意——记上海拍卖行总经理林一平/周文水//时代潮 2001-24
◎“中国古城墙科学保护研讨会”综述/魏正瑾 吴建民 龚良 東有春//文物 2001-07
◎“自娱”与“娱人”/刘守安//人民政协报 2001-04-27
◎《洛阳市志》编纂的实践与探索——历史文化名城修志思考/袁君敬//中国地方志 2001-04
◎20 世纪中国美术史研究的回顾和展望/薛永年//文艺研究 2001-02
◎WTO 门槛上的中国唱片业/许晓峰//音乐周报 2001-11-23
◎WTO 与中国艺术产业/李量//美术大观 2001-09
◎把娱乐带进营销/卢思宇//中国经营报 2001-11-20
◎百年中国画大事记/王平 潘欣信//美术报 2001-09-29
◎保护北京紫禁城和保护皇城分不开/郑孝燮//北京规划建设 2001-06
◎保护好书画藏品/丁建华//中国文物报 2001-05-20
◎保护历史文化街区应完善管理体制——从什刹海历史文化风景区的保护与开发说起/陈平//北京规划建设 2001-04
◎北京 25 片历史文化保护区保护方法初探/陆翔 王蓬//北京规划建设 2001-01
◎专家评说北京 25 片历史文化保护区保护规划——25 片历史文化保护区保护规划专家评审会侧记/周雪梅//北京规划建设 2001-01
◎北京的艺术市场/赵树繁//美术大观 2001-04
◎北京地下文物保护面临空前挑战//北京观察 2001-08
◎北京历史文化保护区保护方法初探/陆翔//北京建筑工程学院学报 2001-01
◎北京文物保护的五大原则/岳升阳//北京规划建设 2001-02
◎北京音乐市场上的神话——钱程及其文化产业群/沈望舒//北京观察 2001-12
◎必须加强文化娱乐业的职业道德建设/薛丽华//人事与人才 2001-09
◎博物馆与当代审美文化的构建/刘卫华//中国博物馆 2001-03
◎藏品保管与保护体制创新初探/凌波//中国博物馆 2001-03
◎藏苑明珠话扇子/韩望舒//中国艺术报 2001-05-04
◎草根的娱乐/三寸钉//中国图书商报 2001-09-06
◎长沙历史文化资源的利用与整合/万里 徐孙铭//湖南第一师范学报 2001-S1
◎陈子奋作品的市场概况/倪农 黄鼎//收藏家 2001-05
◎诚信经纪：为了明星和观众——上海创星文化艺术经纪有限公司总裁王静创业纪事/沈霞//经纪人 2001-04
◎城市建设重视名城历史文化保护/广州市政协委员黄淼章//人民政协报 2001-09-24
◎出路在于“向西方乞灵”——关于中国音乐出路的人本主义思考/蔡仲德//南京艺术学院学报（音乐及表演版）2001-01
◎刍议市场经济条件下的文物经营作者单位：安徽省文物总店/张华琦//安徽经济报 2001-07-17
◎刍议我国历史文化名城保护环境因素的构建/陈少牧//福建政法管理干部学院学报 2001-01
◎传统书画在现代装饰中的应用/吴楚龙//家具与室内装饰 2001-02
◎从“伪鉴定家”现象联想到的/王荔//美术观察 2001-07
◎从传统画史到现代艺术史学的转变——张彦远、郑午昌与滕固的绘画史写作方法之比较/陈平//新美术 2001-03
◎从雕艺盛会看雕塑发展前景/杨庆聪//雕塑 2001-S1
◎从文物保护到历史文化名城保护——概念的扩大与保护方法的多样化/赵中枢//城市规划 2001-10
◎璀灿的上海拍卖业/范千平//上海工艺美术 2001-04
◎翠花，上酸菜……——娱乐业网上淘金/王京//科技智囊 2001-10
◎错失收藏良缘/谢强//金融经济 2001-Z1
◎打大娱乐产业信息牌 开传播北京文化之窗/海苹//中国新闻出版报 2001-05-21
◎打造上海国际购物天堂新标志/杨济诗 孙霞琴//上海商业 2001-06
◎大量赠票带来剧场内外种种不合谐音谁出钱养活北京国际音乐节//瞭望 2001-46
◎大庆文物事业的现状及对策/张少杰//大庆社会科学 2001-03
◎大众传播与文艺产品的商品化/陈静//山东农业大学学报（社会科学版）2001-01
◎当代书画鉴定的三大流派/徐建融//美术报 2001-07-28
◎当前上海艺术品收藏市场及其前景探析/蔡国声//上海工艺美术 2001-03
◎地方戏曲音乐创作与市场需求/张永安//四川戏剧 2001-06
◎点击书院门书画市场/苏嵘//陕西日报 2001-06-13
◎电视电影：最主流媒体的电影/郑大圣 谭政//电影艺术 2001-05
◎对发展我国拍卖业的思考/张瑛//河南财政税务高等专科学校学报 2001-06
◎对后现代主义音乐的审视和思考/宋莉莉//齐鲁艺苑 2001-03
◎对乐山历史文化名城保护发展的思考/帅燕平//中共乐山市委党校学报 2001-04
◎二十一世纪中国音乐研究走向何方？——“中国音乐研究在新世纪的定位”国际学术研讨会综述/洛秦//音乐艺术-上海音乐学院学报 2001-01
◎发扬创新精神 努力开创山东文物工作新局面/谢治秀//发展论坛 2001-10
◎法国城市规划编制体系对我国的启示——以巴黎为例/张恺 周俭//城市规划 2001-08
◎访日本乐器界巨头三人谈（一）：由乐器界综合性地提供音乐整体的乐趣——访 YAMAHA 的伊藤修二/马蔚闻//乐器 2001-04
◎访日本乐器界三巨头（二）：回到本行业，打好生产厂家的扎实基础——访 KAWAI 乐器制作所董事长河合弘隆/马蔚闻//乐器 2001-05
◎访日本乐器界三巨头（三）：在 IT 音乐产业变化中捕捉商业机会——Roland 董事长檩克义/马蔚闻//乐器 2001-06
◎凤凰古城的景观生态内涵刍议/陈仲伯//中南工业大学学报（社会科学版）2001-03
◎该给公物拍卖定规矩了/宋柱//中国经营报 2001-05-15
◎公物拍卖：让拍卖行火起来/李逸杰 曹路 龙秋英//湖南经济报 2001-07-12
◎功德无量的《中国书画全书》/杨仁恺//中国新闻出版报 2001-05-09

◎宫廷庋藏蔚为大观——明清时期的美术鉴藏/梁江//美术观察 2001-01
◎购买古玩须防假/唐和平//价格月刊 2001-07
◎古代绘画著录简谈/廖迁农//中国商报 2001-06-23
◎古代书画举足轻重/曲冠杰//中国商报 2001-03-31
◎古玩的魅力/好运//金融信息参考 2001-05
◎古玩记事——晚明青花瓷画与晚清木版画的比较/张广慧//北方美术 2001-03
◎古玩交易中的艺术理想——黄宾虹、吴昌硕与《中华名画——史德匿藏品影本》始末考略/洪再新//美术研究 2001-04
◎古玩市场的"火眼金睛"——记港澳著名古玩鉴赏家李明光/沈云//沪港经济 2001-07
◎古玩市场黑幕大写真/徐党校//中国黄金报 2001-12-04
◎古玩收藏缘何火爆民间/晓霞//中国民族报 2001-04-17
◎古玩投资//珠江经济 2001-09
◎古玩投资门路多/华俭//中国财经报 2001-12-04
◎古玩与玩古/北朝//中国商报 2001-08-18
◎关闭 Napster 音乐网站引起的争论//程序员 2001-01
◎关于广东艺术产业的若干问题研究/温朝霞//南方论刊 2001-03
◎关于杭州城市特色的研究报告/胡征宇 辛薇 郭东风 江成器 陈国兴 阮重晖//中共杭州市委党校学报 2001-06
◎关于建立有东方建筑特色的文物建筑保护维修理论与实践科学体系的意见（在日本东京参加亚洲历史文化遗产保护研讨会论文）/罗哲文//古建园林技术 2001-02
◎关于建水古城历史街区传统风貌保护与恢复的调研报告/汪致敏//阵地与熔炉 2001-04
◎关于昆明历史文化名城资源开发的思考与设想/袁国友//学术探索 2001-04
◎关于民间艺术馆/邓鸿//美术观察 2001-07
◎关于深圳文物事业可持续发展的思考（上）/黄中和//特区理论与实践 2001-03
◎关于深圳文物事业可持续发展的思考（下）/黄中和//特区理论与实践 2001-04
◎关于石渠宝笈著录/杨丹霞//收藏家 2001-12
◎关紫兰及其拍卖作品/范干平//中国文物报 2001-10-31
◎官慎其"好"/陈鲁民//学习月刊 2001-09
◎广泛开展读志用志活动 促进桂林历史文化名城建设/曾荣平//广西地方志 2001-05
◎广州演出市场透视/胡小云//广东艺术 2001-04
◎逛北京旧货市场/杨波//中国文物报 2001-02-11
◎贵州近现代音乐理论研究概述/德埙 方刚 中笑 伯龙//贵州大学学报（艺术版）2001-03
◎海虹 建造数字娱乐"王国"/童铭//中国计算机报 2001-08-09
◎邯郸历史文化名城特色设计研究《邯郸历史文化名城特色设计研究》课题组/申有顺 刘立钧 申莹洁//城市发展研究 2001-02
◎韩国数字娱乐产业发展的两个瓶颈/陆挥//中国计算机报 2001-08-23
◎和谐与断裂：一种文化现象的审视（上）/王磊//社会科学论坛 2001-05
◎和谐与断裂：一种文化现象的审视（下）/王磊//社会科学论坛 2001-06
◎衡水古玩市场越玩越火/李海菊//中国商报 2001-12-08
◎弘扬哈尔滨"历史文化名城"城市特色的对策和建议/姜鸥 刘轶梅//哈尔滨市委党校学报 2001-02
◎红红火火潘家园/鹿耀世//中国包装报 2001-01-11
◎沪市民拍卖会上去淘金/范干平//中国经营报 2001-04-24
◎画如其人论南田/邓旭//涪陵师范学院学报 2001-03
◎画院调查/徐翎//美术观察 2001-02
◎淮安明代王镇墓出土的珍贵书画/鲁力//东南文化 2001-04
◎皇城及其整体保护/郑孝燮//北京规划建设 2001-05
◎皇城墙遗址公园与皇城整体保护/孔繁峙//北京规划建设 2001-06
◎基本建设应重视文物保护/张承忠//小城镇建设 2001-05
◎嵇山独鹤 振彩艺坛——萧平其艺其人/苏位东//艺术百家 2001-04
◎极有前景的网络经营模式——网上拍卖/裴维玲//计算机周刊 2001-28
◎记北京翰海 2000 秋拍/翰海//收藏家 2001-01
◎加强环境建设 保护文化名城——南京城市建设的规划与落实问题/许慧玲//东南大学学报（哲学社会科学版）2001-01
◎简论书画的继承与创新/王世德//文史杂志 2001-02
◎建立与社会主义市场经济相适应的文物保护体制/齐章安//陕西社会主义学院学报 2001-04
◎将娱乐进行到底/海滨//中国经营报 2001-05-22
◎今年传媒竞争热点从娱乐转向财经/张裕//文汇报 2001-03-21
◎今年漆器拍卖风光无限/朱浩云//国际金融报 2001-09-05
◎近年来我国历史文化名城保护研究的进展/李燕 司徒尚纪//人文地理 2001-05
◎京城公物拍卖缺少旗帜/于淑霞//中国经营报 2001-07-31
◎京津沈秦赝品多——书画作伪见闻/方君//社区 2001-Z1
◎荆州历史文化名城保护规划想略/张松 阮仪三 顿明明//华中建筑 2001-01
◎凯伦实话实说中国当代艺术/李渊//中国新时代 2001-02
◎考古学——连接中国西部古今之桥/张忠培//北方文物 2001-04
◎可持续发展与深圳文物资源保护/黄中和//南方文物 2001-01
◎赖声川的剧场导演美学策略/王者也//戏剧 2001-02
◎老北京的"鬼市"/崔金生//工会博览 2001-20
◎老北京的冰上娱乐/普权//中国体育报 2001-03-09
◎乐器起源与发展之断想/关继文//湛江师范学院学报 2001-02
◎李小白：锐意打造中国的"时尚航母"/陈雅萍//管理与财富 2001-09
◎历史城市的发展与现代化建设——以荆州、日内瓦两座历史文化名城之比较为例/张德魁//华中建筑 2001-03
◎历史城镇可持续发展机制和对策——以平遥古城为例/阮仪三 吴承照//城市发展研究 2001-03
◎历史文化街区保护的几个问题/岳升阳//北京联合大学学报 2001-01
◎历史文化街区与扬州古城保护/尹文//扬州职业大学学报 2001-02
◎历史文化名城 现代商贸之都——试论广州城市形象推广的策略定位/吴柏林 廖为建//公关世界 2001-07
◎历史文化名城保护的历史地理学研究——"浙江大学国际历史地理学术研讨会"侧记/阙维民//现代城市研究 2001-04
◎历史文化名城保护及综合评价的 AHP 模型/李娜//基建优化 2001-01
◎历史文化名城产业选择的思考——以曲阜市为例/吴军 杨东//福建地理 2001-04
◎历史文化名城的保护与城市特色创造——以永州市为例/周英杰//湖南城建高等专科学校学报 2001-02
◎历史文化名城的城市规划思考/袁振国//城乡建设 2001-04

◎历史文化名城独特的经济平台/白仲尧 王晓红//瞭望 2001-32
◎历史文化名城凤凰县及其保护规划/张兰 阮仪三//城市规划汇刊 2001-03
◎历史文化名城旅游产品体系的开发/李芸//连云港师范高等专科学校学报 2001-04
◎历史文化名城旅游开发现状与可持续发展战略/李芸//镇江高专学报 2001-04
◎历史文化名城旅游形象浅析/陈玉英//北京第二外国语学院学报 2001-03
◎历史文化名城文化产业与旅游产业整合创新的目标模式研究——以云南大理为例/黎洁 李垣//思想战线 2001-01
◎历史文化名城在我国旅游业中的地位论析/杨文棋//江西社会科学 2001-03
◎历史文化资源的旅游认识与开发实践——桂林历史文化旅游系列研究之一/阳国亮 周作明//社会科学家 2001-01
◎利用英德独特资源营建北江历史文化名城旅游区/徐颂 张毅//热带地理 2001-04
◎临海、定海岂一字之差——历史文化名城学术委员会临海会议采录/灏流//南方建筑 2001-04
◎浏览中国艺术网站//计算机与网络 2001-04
◎流光溢彩 源远流长——黄浦区文物艺术品市场巡礼/吴少华//上海工艺美术 2001-04
◎旅游城市化与历史文化名城的保护/李芸//科学对社会的影响 2001-03
◎略论艺道与商道/任遂虎//甘肃广播电视大学学报 2001-02
◎略说唐代的法书名画交易/武原//人文杂志 2001-02
◎论“海派”（上）/丁羲元//收藏家 2001-09
◎论“海派”（下）/丁羲元//收藏家 2001-10
◎论城市历史文化遗产的保护/韩小平//上海城市管理职业技术学院学报 2001-04
◎论城市历史文化遗产的价值/陈立旭//中共浙江省委党校学报 2001-06
◎论历史文化名城北京的古代城市规划及其保护/徐苹芳//文物 2001-01
◎论民族音乐与旅游景观耦合的审美效应/邹力宏//江西财经大学学报 2001-05
◎论书画作品小名头的鉴赏（八）/徐建融//美术报 2001-05-19
◎论文化遗产的保护利用与开发——昆明历史文化名城保护的研究与思考/袁国友//思想战线 2001-03
◎论文人画之业余品格/沈刚//绍兴文理学院学报 2001-06
◎论文物古迹的优势与发展旅游业/盘福东//中国博物馆 2001-02
◎论文物资源在旅游业中的特点及开发保护问题/郑欣淼//东南文化 2001-05
◎论中国书法文字样式的多元性/钱清贵//艺术探索 2001-04
◎论中国书画在现代包装设计中的创新与应用/曾景祥//美术观察 2001-10
◎论自然与文化遗产的个性/郑孝燮//中国园林 2001-03
◎迈入新世纪的中国歌剧和音乐剧/居其宏//人民音乐 2001-09
◎美国对拍卖业的规范与管理/杨海防//中国工商管理研究 2001-02
◎美国拍卖网站：网络犯罪的高发区/史克//中国信息报 2001-01-23
◎美国政府的艺术赞助和机制/刘七一//美术观察 2001-11
◎美琪大戏院 60 年大事概要//上海戏剧 2001-10
◎美育与求知：20 世纪中国音乐教育的反思/魏启元//交响-西安音乐学院学报 2001-04
◎面对现实 前瞻未来——“文化艺术交流与文化产业国际研讨会”开幕辞/王文章//文艺研究 2001-04
◎面向新世纪的《书与画》杂志/舒士俊//美术之友 2001-03
◎民间收藏应不应单独立法?《文物保护法》修订稿何时出台/肖冬梅//中国商报 2001-03-03
◎民间收藏与文物保护/赵林冬//中国质量万里行 2001-07
◎闽山奇士 彩笔生春——张人希先生的书画篆刻艺术/张继光//书画艺术 2001-06
◎名城乐山保护规划简述/张治钧//中共乐山市委党校学报 2001-03
◎名家书画的真假优劣/白木 周洁//美术向导 2001-04
◎明靖江王城与桂林历史文化旅游建设——桂林历史文化旅游系列研究之三/阳国亮 周作明//社会科学家 2001-02
◎明靖江王城与桂林历史文化名城——桂林历史文化旅游系列研究之二/阳国亮 周作明//社会科学家 2001-02
◎明末画家李流芳/丁涛//南京艺术学院学报（美术及设计版）2001-01
◎明清书画的材料、装裱与鉴定/李本明//南方文物 2001-03
◎模特经纪人纵横谈/彤辉//经纪人 2001-01
◎拿明星“娱乐”——有没有游戏规则/张楠 刘通军//工人日报 2001-02-13
◎内地流行音乐 春天还会远吗/裴诺//音乐周报 2001-01-05
◎南非将调整博彩和娱乐政策/丛众//经济参考报 2001-11-18
◎农村演出市场呼唤演出中介活动/褚伯承//上海艺术家 2001-06
◎努力提高城市文化品位/朱建平 施展//江南论坛 2001-04
◎拍卖保留价的确定/乐智强//人民法院报 2001-03-26
◎拍卖旅游经营权 引来投资千万元/郝富友 魏永刚 马小林//农民日报 2001-07-19
◎拍卖师——风光无限的职业/张小明//教育与职业 2001-05
◎拍卖书画应有基本鉴定/刘九洲//文汇报 2001-03-19
◎拍卖行欲破茧上市/仇勇//商务周刊 2001-05
◎钱榖的思想性格及其艺术创作初论/傅东光//故宫博物院院刊 2001-06
◎浅谈文物旅游的地位与经营/李竹//东南文化 2001-05
◎浅谈艺术系资料室书画作品的收藏与保管/黄慧蓉//浙江教育学院学报 2001-01
◎浅议西北地区历史文化名城保护规划/李娜 李建平//西北建筑工程学院学报（自然科学版）2001-04
◎抢救北京旧城 保护历史文化名城/徐苹芳//北京规划建设 2001-02
◎全国历史文化名城修志用志研讨会在洛阳召开/陆新朔//中国地方志 2001-04
◎全面发展音乐戏剧艺术之管见/周稽//人民音乐 2001-08
◎全球大行动 打击网上音乐盗版/张小明//中国知识产权报 2001-10-24
◎人类审美文化的永久魅力——彩陶文化对华夏文明的影响初探/林少雄//文艺研究 2001-06
◎认识摇滚（下篇）——摇滚乐系列研究之一/刘小山//交响-西安音乐学院学报 2001-01
◎日本“丝绸之路音乐”的研究状况/柘植元一//音乐研究 2001-01
◎日本漫画产业的竞争优势与作品开发的特征——兼述讲谈社在作品“AKIRA”上采取的国际化战略/尹良富//新闻大学 2001-02

◎如何保护历史文化名城/陈少牧//城市问题 2001-03
◎入藏海不追潮/邬久益//中国商报 2001-12-01
◎入世艺术产业怎么办/孙玉洁//中国艺术报 2001-12-07
◎瑞典音乐制品出口旺销/驻瑞典使馆经商处//国际商报 2001-02-23
◎扫描美国娱乐业/蒋兆龙//国际市场 2001-04
◎陕西文物不再唱独角戏/冯国//瞭望 2001-Z1
◎扇面书画及市场行情/好运//美术大观 2001-12
◎商州有望跻身历史文化名城/陈道久//商洛师范专科学校学报 2001-03
◎上海演艺人才资源再开发的思考/徐玲//人才开发 2001-08
◎深刻理解名城保护意义 以适当的方式实施保护——规划学会年会历史名城保护专题会场讨论概述/赵中枢//城市规划通讯 2001-24
◎诗书画沟通与契合的典范——浅谈苏东坡的艺术境界/钱璎之//江苏工业学院学报（社会科学版）2001-03
◎世纪之交 槌落频频——朵云轩 2000 年秋季艺术品拍卖会侧记/本刊记者//收藏家 2001-02
◎试论社会转型时期的博物馆改革/肖炳龙 蔡青//北方文物 2001-04
◎试论现代文艺市场的文化条件及其形成的原因/刘水平//钦州师范高等专科学校学 2001-01
◎是我们改变了世界，还是世界改变了我们？——中国流行音乐的世纪末批判/金兆钧//人民音乐 2001-02
◎收藏助我当作家/罗思//中国商报 2001-05-12
◎书画、艺术品的价格因素和升值可能/罗邦泰//美术观察 2001-11
◎书画藏品八面观/徐则挺//中国商报 2001-04-14
◎书画藏品保护五要/刘子和 傅希瑭//中国商报 2001-10-20
◎书画鉴定与书画著录/金维诺//紫禁城 2001-01
◎书画鉴赏家马宝山长春购宝记/张树林//炎黄春秋 2001-09
◎书画克隆作伪的几种类型/黄鼎//收藏家 2001-04
◎书画流通 谁主沉浮/椰蓉//新闻天地 2001-Z2
◎书画目录学的丰碑——简评余绍宋《书画书录解题》/谢忠璿//贵州教育学院学报（社会科学版）2001-01
◎书画拍场 煞是精彩/任萍//中国商报 2001-01-20
◎书画市场 雾里看花/吴学安//中国商报 2001-05-05
◎书画收藏与投资的新思维/浙江 林日葵//中国商报 2001-07-28
◎书画作伪技法简介/汪自强//东南文化 2001-02
◎数字技术对娱乐业的产品制作和发行的影响/杰·伯莱维特//电影新作 2001-05
◎数字娱乐：IT 业的出路/吕永潮//改革与理论 2001-11
◎水汪汪的《天鹅湖》——文化消费市场规范问题思考/黄立//大经贸 2001-01
◎税收杠杆再次舞动娱乐行业何去何从/高永峰//江苏经济报 2001-08-13
◎隋唐绘画收藏探析/李万康//南京艺术学院学报（美术及设计版）2001-01
◎台湾“实验剧展”研究/王友辉//戏剧 2001-04
◎谈“书画同源”/王树春//美术向导 2001-02
◎谈城市历史保护规划的误区/阮仪三//规划师 2001-03
◎谈宋代书画装裱的形式美/李本明//南方文物 2001-01
◎谈谈回族文物的征集与保护/桂莉梅//中国穆斯林 2001-05
◎谈中国加入 WTO 之后的画家、画廊和拍卖行/李量//美术观察 2001-12
◎探索博物馆产业化之路/杨啸秋//东南文化 2001-11
◎探索新思路：历史文化名城及风景名胜区保护——借鉴世界遗产保护的经验/赵燕菁//国外城市规划 2001-04
◎特殊标的：应将策划活动贯穿拍卖全过程/刘德海//中国经营报 2001-09-18
◎听民间收藏家说是非/唐哲//中国质量万里行 2001-07
◎通俗音乐美学探析——兼谈通俗音乐发展趋势/李传华//中国音乐学 2001-02
◎投资古玩八项注意/黄军//价格月刊 2001-06
◎凸现历史文化特色 重塑桂林城市形象/凌世君//中共桂林市委党校学报 2001-03
◎晚明青花瓷画与晚清木版画的比较/张广慧//湖北美术学院学报 2001-03
◎王朔向中国画“开火”：是娱乐大众还是文艺批评/张楠//湖北日报 2001-04-26
◎网络拍卖的法律问题与监管对策/李颖琳//中国工商管理研究 2001-01
◎网络时代青少年审美时尚与审美文化解析/王淑玉//青少年研究-山东省团校学报 2001-04
◎网上拍卖：拍卖行业的新亮点/陈革非//湖南经济报 2001-04-11
◎网上拍卖处处“卧虎藏龙”/旺汶//中国商报 2001-05-05
◎网上拍卖给不良资产一条新出路/京宁//于淑霞//中国经营报 2001-04-10
◎网上拍卖立法中的问题与思考/徐继响//研究生法学 2001-04
◎文化多元如何与人的音乐感知结构完形合一——通过文明进程及二十世纪中国音乐若干备忘/韩钟恩//人民音乐 2001-03
◎文化价值悖论——审美取向及国民素质/萧鸿江//大连大学学报 2001-03
◎文化经纪人大揭秘/李涛 郑伟建 路野//中国工商 2001-08
◎文化市场春意荡漾——福建省文化娱乐业协会成立大会在福州举行/卢旭//福建艺术 2001-01
◎文化物种观与历史文化名城保护规划/毛刚 黄天其//规划师 2001-03
◎文物保护与文物买卖是法律的尴尬还是实践的尴尬/叶青//中国质量万里行 2001-07
◎文物古迹：民族文化的载体/罗哲文//中国建设报 2001-03-23
◎文物古迹：一本刻着岁月的书/罗哲文//中国建设报 2001-03-16
◎文物古迹保护与旅游事业的发展/罗哲文//中国社会报 2001-10-06
◎文物旅游是江西旅游业发展的重要支柱//南方文物 2001-01
◎文物艺术品市场若干问题的思考/陈春惠//南方文物 2001-03
◎文物走私——世纪初的沉重话题/卢新宁//人民论坛 2001-12
◎我的名人书画投资收藏原则（二）/丁建华//中国文物报 2001-04-08
◎我国历史街区保护与规划的若干问题研究/阮仪三 孙萌//上海城市规划 2001-04
◎我看琉璃厂文化产业园区建设//中国文物报 2001-05-27
◎握中国大片于掌中——记华谊兄弟太合影视投资有限公司总裁王中军/李涛//中国工商 2001-06
◎五光十色的上海娱乐业/小隐//档案与史学 2001-01
◎西部开发中的文化资源问题/费孝通//文艺研究 2001-04
◎西部绿洲历史文化名城——张掖的保护开发研究/常晓舟 高微//城乡建设 2001-09
◎戏剧产业忧思录/刘平//上海戏剧 2001-12
◎现代科技与古代遗产的完美结合——小议我国文物旅游资源的

开发/王尊应//杭州科技 2001-05
⊙湘西凤凰县和秦皇岛山海关区有望跻身国家历史文化名城/本刊记者//城市规划通讯 2001-04
⊙小小中国结 做成大产业/杨志琼//经营者 2001-09
⊙心系古玩 情满中原——收藏家蒋继明和郑州古玩城/张京梅//中州统战 2001-11
⊙熊佛西的定县农民戏剧实验及其现实意义/孙惠柱 沈亮//戏剧艺术 2001-01
⊙延续历史剖面 寻求共生空间——历史文化名城规划中的文化理念/李小波//城市问题 2001-05
⊙延续岁月文脉——历史文化名城的保护与发展/木基元//今日民族 2001-06
⊙演出资源的合理开发和利用/晓晨//广东艺术 2001-04
⊙杨仁恺：保护文物 珍爱历史/王素梅//辽宁日报 2001-11-21
⊙一个记者眼中的艺术经纪人/辛保平//科学投资 2001-08
⊙一人应价拍卖是否有效/乐智强//中国经营报 2001-03-27
⊙依法加强对公共娱乐场所的管理/赵明福//西藏日报 2001-07-12
⊙依托书画优势 强化对外宣传/沈娅敏//对外大传播 2001-04
⊙以多层次的街区空间带动"步行区"的发展——上海市绍兴路"书画艺术街"保护规划探讨/阮仪三 张艳华//城市规划汇刊 2001-05
⊙艺术产业化和产业化中的艺术/唐秀玲//对外大传播 2001-11
⊙艺术设计的诞生/贾玮//东南大学学报（哲学社会科学版）2001-S1
⊙艺术市场中的陆俨少伪作"流派"/黄鼎//美术观察 2001-02
⊙意大利文物保护考察漫记/韩玉玲 赵会军 王爱英 王仕俊//中原文物 2001-03
⊙音乐产业呼唤规范的音乐市场/浦任//了望 2001-03
⊙音乐的创新之路/王锐//乐器 2001-09
⊙音乐反击战/徐昊//中国市场 2001-08
⊙音乐教育与人和社会关系之断想/李晓天//吉林艺术学院学报 2001-03
⊙音乐权益保障：一个进入到中国的国际课题——2000 年北京音乐权益保障国际研讨会综录/韩新安//人民音乐 2001-01
⊙音乐文化产业发展及其主体调适/吴蓉//德州学院学报 2001-03
⊙音乐文化论——民族音乐的文化学视野/冯明洋//星海音乐学院学报 2001-01
⊙印章在书画鉴别中的作用/邹绵绵//中国文物报 2001-10-10
⊙营销的娱乐化倾向/跃坤//湖南经济报 2001-10-19
⊙营造休闲情趣 推动文化消费/柳维媛//中国花卉园艺 2001-17
⊙用拍卖锤敲击鼠标/李量//美术向导 2001-03
⊙用娱乐因素改造经济/黄光伟//中国经营报 2001-05-22
⊙用娱乐因素改造经济/一文//中国保险报 2001-10-19
⊙邮票市场之我见/张丽//珠江经济 2001-08
⊙油画艺术市场的异军突起/林松//美术观察 2001-05
⊙娱乐节目何以突出重围/周宇//湖北日报 2001-03-17
⊙娱乐经济"钱"途光明/马艳辉//湖南经济报 2001-06-25
⊙娱乐网络化 网络娱乐化/刘林森//文汇报 2001-04-15
⊙娱乐新闻热中求深/娄荔//中国新闻出版报 2001-10-11
⊙娱乐休闲类节目的困境与出路/朱连学//采·写·编 2001-03
⊙娱乐营销时代已经来临/温舟 李跃坤//亚太经济时报 2001-10-17
⊙玉杯记所记弘历古玉辨伪方法之探讨/杨伯达//收藏家 2001-07
⊙元代宫廷书画鉴藏概说/李琰//美术观察 2001-05
⊙元代绘画的审美趋向与形态特征/高毅清//齐鲁艺苑 2001-03
⊙元代文人鉴藏家赵孟頫/万新华//美术报 2001-06-16
⊙运动中的娱乐消费/董金生//中国体育报 2001-01-31
⊙运用文检技术鉴定书画作品真伪的方法/刘进//江苏公安专科学校学报 2001-01
⊙在我国近现代音乐普及教育中发挥重要作用的口琴音乐/章秋枫//中国音乐学 2001-04
⊙在中国艺术产业论坛上的讲话/刘玉珠//经纪人 2001-10
⊙早期南社画家行状考/陈世强//东南文化 2001-01
⊙怎样看待钤有清内府收藏印玺的书画/杨臣彬//收藏家 2001-09
⊙怎样评估字画/蔡国声//上海国资 2001-05
⊙珍视历史文化 保持城市特色——北京市政府顾问、著名美籍华裔建筑师卢伟民先生访谈/周雪梅 高保义//北京规划建设 2001-03
⊙珍重文化沃土琉璃厂/袁家方//北京观察 2001-04
⊙真真假假孰真孰假/胡鉴//文艺报 2001-05-10
⊙震惊世界的文物藏品——访北京睿雅轩文化艺术有限公司董事长王雪/李涛//中国工商 2001-07
⊙拯救中国音像/张鹏 王星//IT 经理世界 2001-20
⊙正确处理创文化名城中的几个关系/赵昭//抚州师专学报 2001-04
⊙正在出现的家庭娱乐业/程宇//电子产品世界 2001-21
⊙直接面对音响敞开：人文资源可以合理配置——中西音乐文化的美学叙事/韩钟恩//南京艺术学院学报（音乐及表演版）2001-01
⊙中国当代社会文化环境对流行音乐发展特点形成的影响/王思琦//音乐研究 2001-04
⊙中国古城保护与西部大开发/阮仪三//同济大学学报（社会科学版）2001-03
⊙中国古建筑文物保护问题及对策浅议/冀治宇//古建园林技术 2001-03
⊙中国古玩市场的春天/米根孝//中国民族报 2001-04-17
⊙中国经济制度转型期文物事业管理体制改革问题——以陕西发展文物旅游业为案例的政策研究/徐嵩龄//数量经济技术经济研究 2001-12
⊙中国美术市场的当下审视/陈轻舟//理论观察 2001-02 中国木偶剧院打出旅游演出牌/路艳霞//北京日报 2001-05-23
⊙中国木偶剧院打出旅游演出牌/路艳霞//北京日报 2001-05-23
⊙中国书画"笔力"探微/王伟//河南师范大学学报（哲学社会科学版）2001-01
⊙中国书画的传统欣赏习惯与现代发展前景展望/翟万杰//浙江万里学院学报 2001-01
⊙中国书画难打"保真"牌/刘九洲//文汇报 2001-06-26
⊙中国书画用纸的演变/陈志尉 谢崇懂//中国商报 2001-08-04
⊙中国文物建筑保护维修的理论性问题（上）/罗哲文//中国建设报 2001-09-21
⊙中国文物建筑保护维修的理论性问题（下）/罗哲文//中国建设报 2001-10-12
⊙中国艺术产业论坛硕果累累/李蕊//经纪人 2001-10
⊙中国艺术产业论坛演讲一览//经纪人 2001-10
⊙中国音乐报刊出版之我见/秦桂荣//中国出版 2001-08
⊙中原书画传奇人——记中原书画研究院院长张本平/刘中林 傅世光 余红北//农村·农业·农民 2001-01
⊙重塑岭南民间艺术风情 提升广州文化名城品位/曾应枫//探求 2001-06
⊙著作权：中国音乐产业的"护照"/张海君//中国艺术报 2001-

11-30

⊙追求极致——从北京音乐厅案例透析企业文化取向/张开宇//石油企业管理 2001-Z1

⊙自然与人文的互动交融与多元发展——桂林历史文化旅游系列研究之四/阳国亮 周作明//社会科学家 2001-03

⊙走进娱乐新时代/孟菁苇//中国消费者报 2001-04-18

⊙走向当代视野的艺术学/丁宁//文艺研究 2001-04

⊙走向个性化的娱乐经济/刘江华//江苏经济报 2001-08-15

⊙作为文物大省的陕西怎样变成旅游名省：出让文物经营权——对当前有关争议的述评及有关建议/张燕 胡义成//陕西青年管理干部学院学报 2001-03

中国文化产业年度研究资料索引

文化产业学术会议论文资料索引

1981 年

- 辛亥前后的武汉报纸/刘望龄//纪念辛亥革命七十周年学术讨论会 1981-10-01

1982 年

- 略论云南少数民族的服饰与头饰/黄美椿//民族学研究第三辑 1982-05-01
- 纳西族祭天初探/李近春//民族学研究第三辑 1982-05-01

1986 年

- 杭州古都民俗研究与旅游纵横开发/莫高//中国古都学会第四届年会 1986-06-30
- 浅谈“南宋故宫遗址公园”的建设问题/倪士毅//中国古都学会第四届年会 1986-06-30
- 试论我国古都旅游资源之特性/朱士光//中国古都学会第四届年会 1986-06-30

1987 年

- 试论旅游动机的多源性/刘纯//全国第六届心理学学术会议 1987-09-01

1988 年

- 电影表演观念初探/李志舆//首届中国电影表演艺术学会奖颁奖大会 1988-05-01
- 科技的广告兼营/蔡加琛//四川省科技编辑学会论文集 1988-05-01
- 科技期刊改革浅议/汪子和//四川省科技期刊编辑学会论文集 1988-05-01
- 自知 自尊 自强——科技期刊思想建设的几个问题/王少湘//四川省科技期刊编辑学会论文集 1988-05-01
- 布依族地区旅游业发展问题刍议/梁明惠//贵州省布依学会成立大会暨第一次学术讨论会 1988-12-01
- 总编定势对摄影记者的心理默化/金涌//1988 全国新闻摄影理论年会 1988-12-01

1989 年

- 编辑应有的四大才能/张洪勋//四川高校学报编辑文集 1989-03-01
- 关于科技期刊的质量和效益/李泽民 舒自勤//四川高校学报编辑文集 1989-03-01
- 北京古旧书业与北京文化发展/洞侬 沈望舒//北京历史与现实研究学术研讨会 1989-06-30
- 《山东省贸易旅游地图集》的编制研究/张力果 董玉明//“区域旅游开发与旅游地图”学术讨论会 1989-12-06
- 长阳土家族自治县旅游资源总体开发研究/陈联寿//“区域旅游开发与旅游地图”学术讨论会 1989-12-06
- 成都市旅游资源特点、分区及开发利用现状/介铭 //“区域旅游开发与旅游地图”学术讨论会 1989-12-06
- 地方性旅游区划的构想——以成都旅游区为例/积林//“区域旅游开发与旅游地图”学术讨论会 1989-12-06
- 电视旅游宣传与广东旅游业发展/罗琼山//“区域旅游开发与旅游地图”学术讨论会 1989-12-06
- 对旅游开发几个问题的探讨（摘要）/庞规荃//“区域旅游开发与旅游地图”学术讨论会 1989-12-06
- 对山东省发展旅游业几个问题的探讨（摘要）/王衍用//“区域旅游开发与旅游地图”学术讨论会//1989-12-06
- 风景资源旅游开发的条件/孙仲明//“区域旅游开发与旅游地图”学术讨论会 1989-12-06
- 福建旅游区划初探（摘要）/俞宏业//“区域旅游开发与旅游地图”学术讨论会 1989-12-06
- 阜阳地区旅游地理布局与开发浅论（摘要）/张绍舜//“区域旅游开发与旅游地图”学术讨论会 1989-12-06
- 桂林旅游区开发中若干理论问题研究/葛本中 张晓玲//“区域旅游开发与旅游地图”学术讨论会 1989-12-06
- 国际旅游业的发展态势与启迪/吴本屯//“区域旅游开发与旅游地图”学术讨论会 1989-12-06
- 海南特区旅游开发导向与政策/邹统钎//“区域旅游开发与旅游地图”学术讨论会 1989-12-06
- 湖南省风景名胜资源开发与发展旅游业研究（摘要）/何林福 李翠娥//“区域旅游开发与旅游地图”学术讨论会 1989-12-06
- 吉林市冬季冰雪旅游资源开发初探/韩杰 张中飞//“区域旅游开发与旅游地图”学术讨论会 1989-12-06
- 简论中国旅游地理区划/丘富科//“区域旅游开发与旅游地图”学术讨论会 1989-12-06
- 崂山道教文化与宗教旅游/孙文昌 田克勤 王平//“区域旅游开发与旅游地图”学术讨论会 1989-12-06
- 立体旅游地图及编绘方法初探/彭华//“区域旅游开发与旅游地图”学术讨论会 1989-12-06
- 旅游地图的内容、形式刍议/周世颐//“区域旅游开发与旅游地图”学术讨论会 1989-12-06
- 旅游地图的四色制印工艺/叶泰棋//“区域旅游开发与旅游地图”学术讨论会 1989-12-06
- 名城江陵旅游业发展战略设想/肖建成 周茂权//“区域旅游开发与旅游地图”学术讨论会 1989-12-06
- 南阳地区旅游资源及开发利用研究/张二勋//“区域旅游开发与旅游地图”学术讨论会 1989-12-06
- 黔桂交界区的旅游资源及其开发利用研讨/李如嘉//“区域旅游开发与旅游地图”学术讨论会 1989-12-06
- 浅议旅游图的设计与效果/丁再献//“区域旅游开发与旅游地图”学术讨论会 1989-12-06
- 青岛—崂山旅游地图的编制研究/郑培昕 鞠旭熙 张力果//“区域旅游开发与旅游地图”学术讨论会 1989-12-06
- 区域旅游地理信息系统（GIS）研究/狄小春//“区域旅游开发与旅游地图”学术讨论会 1989-12-06
- 区域旅游开发模式研究/陈传康//“区域旅游开发与旅游地图”学术讨论会 1989-12-06
- 区域旅游开发若干战略问题/郭康//“区域旅游开发与旅游地图”学术讨论会 1989-12-06
- 区域旅游系统网络结构分析与网络优化设计——以四川省为例/关发兰//“区域旅游开发与旅游地图”学术讨论会 1989-12-06
- 区域旅游线路设计初探/马勇//“区域旅游开发与旅游地图”

学术讨论会 1989-12-06

◎三亚旅游资源开发之管见——利用遥感技术进行旅游资源调查与编图尝试/谭洛明//“区域旅游开发与旅游地图”学术讨论会 1989-12-06

◎陕西省区域旅游初探/雷明德//“区域旅游开发与旅游地图”学术讨论会 1989-12-06

◎试论旅游者的空间分布专项研究/吴承照//“区域旅游开发与旅游地图”学术讨论会 1989-12-06

◎书法艺术与区域旅游资源开/陆玉麒//“区域旅游开发与旅游地图”学术讨论会 1989-12-06

◎苏联东欧旅游地理学发展综述/吴必虎//“区域旅游开发与旅游地图”学术讨论会 1989-12-06

◎提倡开发生态旅游区以黄山市为例说明/韩也良//“区域旅游开发与旅游地图”学术讨论会 1989-12-06

◎我国城市旅游地图的现状与展望/陈逢珍//“区域旅游开发与旅游地图”学术讨论会 1989-12-06

◎武汉旅游事业发展的战略与对策/徐德宽//“区域旅游开发与旅游地图”学术讨论会 1989-12-06

◎黟县旅游发展战略研讨/过宝兴 朱佑君//“区域旅游开发与旅游地图”学术讨论会 1989-12-06

◎舟山旅游区域开发及普陀山环境保护/周进步//“区域旅游开发与旅游地图”学术讨论会 1989-12-06

◎宗教名胜旅游图编制探讨/杨洁//“区域旅游开发与旅游地图”学术讨论会 1989-12-06

1990 年

◎贵州茂兰喀斯特森林景观与民俗文化旅游/杨路塔//贵州省布依学会首届年会暨第二次学术讨论会 1990-03-01

◎论镇宁石头寨旅游资源的开发/龙国辉//贵州省布依学会首届年会暨第二次学术讨论会 1990-03-01

◎“旅游开发价值”的模糊决策模型/罗崇澍//中国系统工程学会模糊数学与模糊系统委员会第五届年会 1990-08-01

◎旅游经济系统发展战略研究/孙多勇//中国系统工程学会第六次年会 1990-08-01

◎论学术期刊组编的宏观原则——关于期刊学术质量控制问题的思考/胡少兆//学报编辑论丛（第一集）1990-08-01

◎试论书刊的属性与效益/席庆义//学报编辑论丛（第一集）1990-08-01

◎中国新闻摄影学会授予人民摄影报《开拓奋进》金凤凰奖杯//全国报纸总编辑新闻摄影研讨会 1990-09-01

◎旅游·经济·风景区土地/孙平//中国土地学会第三次会员代表大会暨庆祝学会成立十周年学术讨论会 1990-10-01

◎浅谈民歌的娱乐价值 /徐嘉琪//中国社会音乐研究理事会及理论研讨会 1990-10-01

◎“铅字头脑”——“图片头脑”/刘庆云//第四届全国新闻摄影理论年会 1990-11-01

◎白洋淀千里堤景区开发战略构思/郭康 张聪 刘杰 张晋丰 贾毅//全国区域旅游开发研究会 1990-11-05

◎电视传播与区域旅游开发/周宜一//全国区域旅游开发研究会 1990-11-05

◎抚仙湖旅游资源开发刍议/邵一仁//全国区域旅游开发研究会 1990-11-05

◎江西旅游资源分区/袁绍荣//全国区域旅游开发研究会 1990-11-05

◎开发利用上海旅游地质资源的设想/过宝兴//全国区域旅游开发研究会 1990-11-05

◎辽宁沿海地区旅游业孔雀开屏式战略布局构想/李悦铮//全国区域旅游开发研究会 1990-11-05

◎旅顺旅游资源特色与开发利用探讨/仲桂清//全国区域旅游开发研究会 1990-11-05

◎旅游者空间行为规律在宾馆选址中的意义初探/保继刚//全国区域旅游开发研究会 1990-11-05

◎旅游资源的调查与模型评价/谭洛明 张思发 沙莉//全国区域旅游开发研究会 1990-11-05

◎青岛的旅游、疗养气候/董玉明//全国区域旅游开发研究会 1990-11-05

◎区域旅游规划发展方向/郭康//全国区域旅游开发研究会 1990-11-05

◎区域旅游资源开发筹资四大途径/王元 张旭光 郭平//全国区域旅游开发研究会 1990-11-05

◎区域旅游资源开发利用的教学方法/张二勋//全国区域旅游开发研究会 1990-11-05

◎山岳风景区旅游环境容量研究的理论及其实践意义/吴承照//全国区域旅游开发研究会 1990-11-05

◎上海旅游发展战略规划研究/范家驹 冯纪民 朱世成//全国区域旅游开发研究会 1990-11-05

◎试论焦作市风景名胜旅游区当前的工作重点/尤滋洲//全国区域旅游开发研究会 1990-11-05

◎试论徐州市旅游资源的特色及其合理开发利用问题/沈正平 程大中//全国区域旅游开发研究会 1990-11-05

◎寺庙景观保护与现代旅游活动的矛盾及协调——以广东飞来峡风景区为例/俞孔坚//全国区域旅游开发研究会 1990-11-05

◎嵩山风景区开发建设研究/冯大奎 赴汴生 谢奇//全国区域旅游开发研究会 1990-11-05

◎太原市旅游资源的开发利用/岳亮//全国区域旅游开发研究会 1990-11-05

◎泰山旅游开发战略探讨/王雷亭//全国区域旅游开发研究会 1990-11-05

◎我国旅游资源的开发与保护/刘继韩//全国区域旅游开发研究会 1990-11-05

◎新疆旅游业发展条件与对策/袁国映//全国区域旅游开发研究会 1990-11-05

◎宜昌旅游资源综合开发研究/马勇//全国区域旅游开发研究会 1990-11-05

◎因地制宜开发国内旅游资源——正定旅游局近几年开发旅游体会/施麦生 戎玉//全国区域旅游开发研究会 1990-11-05

◎应用旅游地理学与区域旅游投资结构分析（以韶关和清远两市为例）/陈传康//全国区域旅游开发研究会 1990-11-05

◎粤港澳大三角腹地区域旅游开发的思考/陈敬堂//全国区域旅游开发研究会 1990-11-05

1991 年

◎李白山水诗及“李白之旅”刍议/范能船//中国首届李白研究国际学术讨论会 1991-07-01

◎科技期刊编辑出版管理的原则和内容/徐安玉//学报编辑文集 1991-08-01

◎科技期刊微机编排的现状及问题/徐安玉//学报编辑文集 1991-08-01

⊙与贸易有关的知识产权：美国贸易政策，发展中国家和乌拉圭回合/Van Grasstek//钟传水 专利法研究 1991-09-01
⊙科技期刊编辑应增强信息意识/章晓光//学报编辑论丛（第二集）1991-10-01
⊙试论编辑部自办微机排版/戴立春 吕吉荣//学报编辑论丛（第二集）1991-10-01
⊙惠安县崇武镇岁时节日的民间娱乐/汪峰//福建省民俗学会第二届学术研讨会 1991-12-01
⊙闽台立春节庆习俗/彭文宇//福建省民俗学会第二届学术研讨会 1991-12-01
⊙霞浦县传统节日与民间文化活动/郑东夫//福建省民俗学会第二届学术研讨会 1991-12-01

1992 年

⊙发掘古都文化遗产 发展古都旅游事业/朱士光//中国古都学会第十届年会暨学术研讨会 1992-09-01
⊙浅议期刊分级与分类/楼观城//学报编辑论丛（第三集）1992-09-01
⊙试论科技期刊编辑素养/周逸辛//学报编辑论丛（第三集）1992-09-01
⊙中国旅游投资现状与展望/建设银行总行投资研究所课题组//中国投资学会获奖科研课题评奖会 1992-11-01

1993 年

⊙文艺创作与市场经济/薛纯华//《毛泽东文艺思想研究》第八辑暨全国毛泽东文艺思想研究会论文汇编 1993-02-01
⊙城市旅游经济动态多目标决策支持系统应用开发研究/谭跃雄//第二届全国青年管理科学和系统科学学术研讨会 1993-04-01
⊙新产品扩散模型及广告和价格策略/曹勇 唐小我//第二届全国青年管理科学和系统科学学术研讨会 1993-04-01
⊙中心城市对民族地区经济发展的作用/黄木桂 韩恩荣 杨军//中国都市人类学会第一次全国学术讨论会 1993-05-01
⊙宋代洛阳的特点与魅力/程民生//中国古都学会第十一届年会 1993-06-30
⊙大众传媒竞争新格局学术研讨会在南京大学举行/宋新桂//新闻实践 1993-08-29
⊙关于科技期刊地位的定量研究/陈雨思//科技期刊编辑研究文集 1993-08-01
⊙广告诱因与消费者购买欲的调查/卢秀安//全国第七届心理学学术会议 1993-08-01
⊙科技期刊的广告兼营/蔡加琛//科技期刊编辑研究文集 1993-08-01
⊙期刊的社会功能及作用/罗惠坤//科技期刊编辑研究文集 1993-08-01
⊙社会主义市场经济体制下如何增强科技期刊的造血功能/汪子和//科技期刊编辑研究文集 1993-08-01
⊙我国医学期刊被美国《医学索引》收录的统计分析/李秀普//科技期刊编辑研究文集 1993-08-01
⊙优秀期刊与优秀编辑/徐宗钰//科技期刊编辑研究文集 1993-08-01
⊙布依族地区旅游资源与经济开发展望/罗汛河//贵州省布依学会第三次年会暨第四次学术讨论会 1993-09-01
⊙发展民族地区旅游业的对策和设想/王芳恒/贵州省布依学会第三次年会暨第四次学术讨论会 1993-09-01
⊙活态民俗：一种有开发价值的文化资源/伍强力//贵州省布依学会第三次年会暨第四次学术讨论会 1993-09-01
⊙开拓河口旅游事业 发展民族经济/罗洪庆//贵州省布依学会第三次年会暨第四次学术讨论会 1993-09-01
⊙论布依族地区旅游景点的旅游市场/王克松//贵州省布依学会第三次年会暨第四次学术讨论会 1993-09-01
⊙民俗旅游：匀城资源开发的一项系统工程/杨路塔//贵州省布依学会第三次年会暨第四次学术讨论会 1993-09-01
⊙关于中国新闻摄影现状的调查及发展趋势/吴建//第五届全国新闻摄影理论年会 1993-11-01
⊙科技期刊的经济学研究/黄蔚//学报编辑论丛（第四集）1993-11-01
⊙科技期刊与社会主义市场经济/王勇//学报编辑论丛（第四集）1993-11-01
⊙论学报与广告——学报步入经济建设的一条途径/李天恒//学报编辑论丛（第四集）1993-11-01
⊙浅谈科技期刊如何改革/翁爱湘//学报编辑论丛（第四集）1993-11-01
⊙为新闻照片拓展更多的用武之地/丁锡满//第五届全国新闻摄影理论年会 1993-11-01
⊙新闻摄影在地方报业竞争中的运用/庄国荣 马汉//第五届全国新闻摄影理论年会 1993-11-01
⊙社会主义市场经济与文化市场/王胜秋//全国毛泽东文艺思想研究会 1993 年年会 1993-12-01

1994 年

⊙1992 年四川科技论文统计源期刊统计与分析/范集才//科技期刊编辑研究文集（第三集）1994-06-30
⊙从高校图书馆的机构设置谈期刊文献的情报服务/蔡洵白 夏立新 黄家秀//全国高校信息资料第 6 次理论研讨会 1994-06-01
⊙对提高《学报》质量的几点看法/罗惠坤//科技期刊编辑研究文集（第三集）1994-06-30
⊙广告的社会效益与经济效益/傅培蓉//科技编辑研究文集（第三集）1994-06-30
⊙坚持期刊审读，提高期刊质量/贺之强 苟宇泽//科技期刊编辑研究文集（第三集）1994-06-30
⊙科技期刊与版权保护/方英//科技期刊编辑研究文集（第三集）1994-06-30
⊙略谈科技期刊文献资源开发与利用/章秋喜//全国高校信息资料第 6 次理论研讨会 1994-06-01
⊙浅谈学术期刊的社会效益和经济效益/向勇//科技期刊编辑研究文集（第三集）1994-06-30
⊙市场经济对编辑思维的困扰和抉择/仇志凯//科技期刊编辑研究文集（第三集）1994-06-30
⊙试论高校图书馆文献信息的深度开发与应用/钱锋//全国高校信息资料第 6 次理论研讨会 1994-06-01
⊙四川科技期刊审读的分析/徐安玉//科技期刊编辑研究文集（第三集）1994-06-30
⊙用引文分析法看我国数学学术期刊/田庆平//全国高校信息资料第 6 次理论研讨会 1994-06-01
⊙资料室外文期刊开发利用浅析/朱静一//全国高校信息资料第 6 次理论研讨会 1994-06-01

◎保护防御工程——万里长城的保护与旅游/Gerald Dix//长城国际学术研讨会 1994-09-01
◎中国旅游业保护性开发使用长城的理论原则与技术方法——北京司马台长城段设计修建实证性研究/李庚//长城国际学术研讨会 1994-09-01
◎中华悠久历史的丰碑 世界古代工程的奇迹——论长城的历史地位、现实意义、国际影响和保护措施/罗哲文//长城国际学术研讨会 1994-09-01
◎编辑概念界定的思辨/宋权//学报编辑论丛（第五集）1994-10-01
◎关于普及性、深入性与持久性——就“图文并重、两翼齐飞”办报思想的落实致蒋齐生、穆青二位新闻界老前辈的信/张育瑄//第三次全国报纸总编辑新闻摄影研讨会 1994-10-01
◎关于社会主义市场经济与文化政策的思考/洪永平//全国毛泽东文艺思想研究会第十四届学术年会 1994-10-01
◎科技期刊的美学本质和美学误区/许心光//学报编辑论丛（第五集）1994-10-01
◎科技学术期刊编排规范的最佳方案探讨/郑福寿//学报编辑论丛（第五集）1994-10-01
◎论社会主义市场经济与坚持社会主义文艺的主体地位/余飘//全国毛泽东文艺思想研究会第十四届学术年会 1994-10-01
◎社会主义市场经济的建立与文艺的转型和发展/江建文//全国毛泽东文艺思想研究会第十四届学术年会 1994-10-01
◎发挥摄影报道的独立方面军作用 强化报纸新闻形象化报道的一翼/程颖刚 郑学清//第三次全国报纸总编辑新闻摄影研讨会 1994-10-01
◎试论高校文科学报学术质量的定量分析/张纯一 王政红//学报编辑论丛（第五集）1994-10-01
◎四个优点和四点不足——小评第三次研讨会上的报纸版面评选/许必华//第三次全国报纸总编辑新闻摄影研讨会 1994-10-01
◎我国科技期刊也应优生优育/王春林//学报编辑论丛（第五集）1994-10-01
◎中国新闻摄影学会执行会长许必华的闭幕词/许必华//第三次全国报纸总编辑新闻摄影研讨会 1994-10-01
◎唐代诗人与剡中风光/郁贤皓//中国唐代文学学会第七届年会暨唐代文学国际学术讨论会 1994-11-01

1995 年

◎开发旅游资源 发展旅游事业/沙永禄//西宁市第三产业研究文集 1995-03-01
◎城市规划和土地利用总体规划的矛盾与协调/邹春洋//中国土地学会土地利用分会成立十周年学术讨论会 1995-06-30
◎会议电视业务及其市场需求/温家书//四川省通信学会一九九五年学术年会 1995-06-01
◎论日本帝国主义对中国的文化侵略/高峻//中国近现代史史料学学会学术会议 1995-06-30
◎我国国际旅游客源市场探析/周洁如//全国青年管理科学与系统科学研讨会 1995-06-30
◎开发布依族地区旅游资源 促进民族经济文化的发展/王天锐//贵州省布依学会第五次学术讨论会 1995-07-01
◎抗日战争时期山西主要报刊介绍/王永寿//三晋抗战文化研讨会 1995-07-01
◎抗战中山西出版特点及其意义/孙玉祥//三晋抗战文化研讨会 1995-07-01
◎略论布依族地区旅游扶贫开发问题/王芳礼 王云星//贵州省布依学会第五次学术讨论会 1995-07-01
◎论贵州民族文化旅游开发前景/彭武文//贵州省布依学会第五次学术讨论会 1995-07-01
◎西线旅游与民俗——黄果树市（或旅游特区）建构与布依族传统文化开发的思考/杨路塔//贵州省布依学会第五次学术讨论会 1995-07-01
◎构建新闻摄影图文理论初探/陈炜华//第六届全国新闻摄影理论年会 1995-08-01
◎关于市场经济条件下的新闻摄影/张育瑄//第六届全国新闻摄影理论年会 1995-08-01
◎开展青海湖环湖人文遗址景观驼队旅游的设想/王东海//青海资源环境与发展研讨会 1995-08-01
◎满足市场需求 拍摄时代精品/陈洪轩//第六届全国新闻摄影理论年会 1995-08-01
◎青海湖旅游资源环境及其保护对策/赵鸿斌 王占林 郑淑霞//青海资源环境与发展研讨会 1995-08-01
◎让新闻摄影在报纸上唱主角/刘杰敏//第六届全国新闻摄影理论年会 1995-08-01
◎时代需要培养新一代新闻摄影名家/卢吉安//第六届全国新闻摄影理论年会 1995-08-01
◎市场经济对新闻摄影的挑战及对策/王扬//第六届全国新闻摄影理论年会 1995-08-01
◎北宋东京三大节日及其习俗/刘春迎//中国古都学会第十三届年会 1995-09-01
◎广州古都的历史地位和作用/刘亦文//中国古都学会第十三届年会 1995-09-01
◎唐代长安东市的民间印刷业/妹尾达彦//中国古都学会第十三届年会 1995-09-01
◎市场经济与道德发展/邓伟志//’95 商业文化研讨会——海派商业文化研讨会 1995-11-01
◎大学出版社经营策略初探/郭昌瑜//高校编辑出版文集 1995-12-01
◎对“买卖书号”现象的思考/曾艳//高校编辑出版文集 1995-12-01
◎关于我国出版业导入 CI 的若干问题的思考/董巍//高校编辑出版文集 1995-12-01
◎科技期刊与市场对接探讨/万永正//高校编辑出版文集 1995-12-01
◎论“编校合一”在办好学报中的作用/胡晓强//高校编辑出版文集 1995-12-01
◎努力实现图书社会效益和经济效益的统一/张倩//高校编辑出版文集 1995-12-01
◎社会主义市场经济条件下的出版工作之我见/谭志银//高校编辑出版文集 1995-12-01
◎试论当代出版业发展的大趋势/徐兴旺//高校编辑出版文集 1995-12-01
◎试论经济对出版业的影响/周松//高校编辑出版文集 1995-12-01Z
◎谈科技期刊的属性及编辑对两个效益的权衡/彭学勤 马静//高校编辑出版文集 1995-12-01
◎图书出版者的权利与义务/陈绍兰//高校编辑出版文集 1995-12-01
◎优势·优化·特色——高校出版社选题优化的思考/江厚祥//高校编辑出版文集 1995-12-01

◎优秀图书应具有的特色/莫晓虹//高校编辑出版文集 1995-12-01

1996 年

◎对市场经济条件下科技期刊价值标准的思考/袁国君//科技期刊编辑研究文集（第四集）1996-06-30
◎科技期刊的质量与编辑素质/朱文//科技期刊编辑研究文集（第四集）1996-06-30
◎科技期刊的自身宣传/邹玲莹 邓本姿 王晴//科技期刊编辑研究文集（第四集）1996-06-30
◎浅谈学术类期刊的发展策略/赵国桥//科技期刊编辑研究文集（第四集）1996-06-30
◎确立精品意识 培育精品期刊/吴显奎//科技期刊编辑研究文集（第四集）1996-06-30
◎试论在建立社会主义市场经济的过程中书刊出版事业的发展问题/陈正权 黄文龙//科技期刊编辑研究文集（第四集）1996-06-30
◎适应市场经济需要 理顺邮局发行渠道与科技期刊的关系/陈盘学//科技期刊编辑研究文集（第四集）1996-06-30
◎随想与刍议：科技期刊的质量效益/蔡辉 刘晓明//科技期刊编辑研究文集（第四集）1996-06-30
◎医药卫生广告现状的思考/王良华 尚云//科技编辑研究文集（第四集）1996-06-30
◎电视汉语系列教学节目的总体设计/赵宇辉//第五届国际汉语教学讨论会 1996-08-01
◎漫谈法制新闻摄影报道/雷晓路//第四届全国报纸总编辑新闻摄影研讨会 1996-08-01
◎努力提高摄影记者队伍素质，落实两翼齐飞方针/潘伟文//第四届全国报纸总编辑新闻摄影研讨会 1996-08-01
◎文艺必须适应经济体制的转换/吴毅//全国毛泽东文艺思想研究会 1996 年年会 1996-08-01
◎创名牌 出精品 争上新台阶——荣获“江苏省科技类十佳期刊”称号等奖有感/朱德培//学报编辑论丛（第六集）1996-10-01
◎从非水网地区的特点出发浅议如何加强客渡船旅游船的安全管理/何静涛//中国航海学会内河港航监督专业委员会 96 年度学术交流会 1996-10-01
◎高校学报办刊观念的几个误区分析/苏晓东//学报编辑论丛（第六集）1996-10-01
◎高校学报集约化是深化改革的必由之路/傅恒//学报编辑论丛（第六集）1996-10-01
◎核心期刊中高校学报现状与发展措施/郑福寿//学报编辑论丛（第六集）1996-10-01
◎浅谈内蒙古水上交通安全管理方向/张星明//中国航海学会内河港航监督专业委员会 96 年度学术交流会 1996-10-01
◎图书策划编辑及其素质条件之我见/吴东//学报编辑论丛（第六集）1996-10-01
◎知识产权若干问题再析/郑成思//专利法研究（1996）1996-12-01

1997 年

◎放谈科技编辑学基础理论、学科体系和概念范畴的研究/于洪飞//中国高等学校自然科学学报研究会第六次学术年会 1997-04-01
◎价值出版学论纲/王娟 于洪飞//中国高等学校自然科学学报研究会第六次学术年会 1997-04-01
◎论编辑活动的哲学内涵/黄玉萍//中国高等学校自然科学学报研究会第六次学术年会 1997-04-01
◎现代信息技术及其对未来书刊出版的影响/刘振华//中国高等学校自然科学学报研究会第六次学术年会 1997-04-01
◎异军突起的电子出版物/尤雪玉//中国高等学校自然科学学报研究会第六次学术年会 1997-04-01
◎对科技出版形式变化的思考/罗先碧//编辑工作论丛 1997-06-01
◎对科技期刊出版形式变化的思考/罗先碧//编辑工作论丛 1997-06-01
◎论经济类学术期刊的编辑/蒋少龙//编辑工作论丛 1997-06-01
◎论科技期刊在科技信息传播中的作用/陈坚//编辑工作论丛 1997-06-01
◎浅谈广州古城文化的保护与利用/刘亦文//中国古都学会第十四届年会 1997-06-30
◎浅析市场经济条件下编辑主观能动性的发挥/徐燕//编辑工作论丛 1997-06-01
◎汕头经济特区旅游资源调查与保护规划/林建人 李志鹏 许图才//城市建设与环境保护学术研讨会 1997-06-30
◎提高图书质量的几项措施/陈建明//编辑工作论丛 1997-06-01
◎信息时代与科技期刊编辑/吕赛英//编辑工作论丛 1997-06-01
◎中国艺术精神与 21 世纪/赵永新//儒学与二十世纪中国文化学术讨论会 1997-06-30
◎作者——编辑——读者 作品——产品——商品/魏素先//编辑工作论丛 1997-06-01
◎拓宽布依族杂散地区旅游业门路/龙步元//贵州省布依学会第二届第二次年会暨第六次学术讨论会 1997-07-01
◎织金民族文化与旅游开发的战略构想/杨路塔//贵州省布依学会第二届第二次年会暨第六次学术讨论会 1997-07-01
◎“芟繁剪秽 弛于负担”——科技期刊稿件修改之我见/刘明华//辽宁省科技期刊编辑优秀论文集 1997-08-01
◎办好科技期刊要社会效益经济效益两手抓/李君玲 杨峻岩 赵书琴 金慧玲//辽宁省科技期刊编辑优秀论文集 1997-08-01
◎对市场经济中高校学报发展的几点思考/王宇鹏//辽宁省科技编辑优秀论文集 1997-08-01
◎科技编辑现代化初探/乔丽华//辽宁省科技编辑优秀论文集 1997-08-01
◎科技期刊适应市场经济初探/王萍//辽宁省科技期刊编辑优秀论文集 1997-08-01
◎科技期刊在信息传播中的特征及其对受众的影响/许晓凡//辽宁省科技期刊编辑优秀论文集 1997-08-01
◎论编辑人才的系统化培养/孙雅君//辽宁省科技编辑优秀论文集 1997-08
◎论期刊编辑人才的系统化培养/孙雅君//辽宁省科技期刊编辑优秀论文集 1997-08-01
◎浅议科技登载广告的作用/宋鸿 孙生才 张冰//辽宁省科技编辑优秀论文集 1997-08-01
◎诗经与旅游文化/张来芳//第三届诗经国际学术研讨会 1997-08-01
◎试论基于互联网络的科技期刊出版/乔杨//辽宁省科技期刊编辑优秀论文集 1997-08-01
◎提高校对质量之我见/程本正 董俊厚//辽宁省科技期刊编辑优秀论文集 1997-08-01
◎自然科学期刊编排校合一浅识/葛景岩//辽宁省科技期刊编辑

优秀论文集 1997-08-01
◎电影表演与生活的三个螺旋圈/林洪桐//第六届电影表演艺术学会奖颁奖大会 1997-09-01
◎电影的现代性与银幕表演/林洪桐//第六届电影表演艺术学会奖颁奖大会 1997-09-01
◎谈公关工作与发展群文产业/宗燕园 杨玮玲//名牌战略与企业发展理论研讨会 1997-09-01
◎从《华东写真》谈新闻照片标题的制作/张斌//第七届全国新闻摄影理论年会 1997-10-01
◎福建省图书馆学会图书馆服务学术研讨会总结/刘德城//福建省图书馆学会图书馆服务学术研讨会 1997-10-01
◎论图书情报业的运行机制/刘德城//福建省图书馆学会图书馆服务学术研讨会 1997-10-01
◎试论《地球物理学报》的发展——根据文献计量学分析/孙群 洪明华 汪海英//《地球物理学报》纪念中国地球物理学会 50 周年专刊 1997-10-01
◎新闻照片在电视荧屏播放的思考/赵硅//第七届全国新闻摄影理论年会 1997-10-01
◎在第七届全国新闻摄影理论年会开幕式上的欢迎词/卢吉安//第七届全国新闻摄影理论年会 1997-10-01
◎增强摄影专版新闻性的三点理论思考/王扬//第七届全国新闻摄影理论年会 1997-10-01
◎珠江口及其附近水域捕鱼船舶兼营旅游安全管理的探讨/孔思平//中国航海学会内河港航监督专业委员会 97 年度学术交流论文集 1997-10-01
◎国外汽车文化汉译随笔/吴启金//黑龙江省外国语学会第十一次学术年会 1997-11-01
◎浅谈县级博物馆的发展策略/祝自祥//北京博物馆学会第二届学术会议 1997-11-01
◎社会变迁中的民族地区电影事业——甘孜州电影事业现状调查研究/李宗放//中国民族学学会第六届学术讨论会 1997-11-01
◎市场经济条件下中国人民革命军事博物馆求生存、求发展的探索与思考/袁伟//北京博物馆学会第二届学术会议 1997-11-01
◎天坛历史文化内涵与发展方向/姚安//北京博物馆学会第二届学术会议 1997-11-01
◎研究和普及民族学的重要基地——北京中华民族博物馆/解立红//中国民族学学会第六届学术讨论会 1997-11-01
◎迈向 21 世纪的长江流域经济文化发展研讨会纪要//迈向 21 世纪的长江流域经济文化发展研讨会 1997-12-01
◎三峡工程建设与宜昌市旅游业发展思路/李光//迈向 21 世纪的长江流域经济文化发展研讨会 1997-12-01
◎西方文明与上海近现代新闻事业/马光仁//迈向 21 世纪的长江流域经济文化发展研讨会 1997-12-01
◎重庆文化与长江上游区域资源开发/黎小龙//迈向 21 世纪的长江流域经济文化发展研讨会 1997-12-01
◎紫禁城的文化旅游与文物建筑保护/吕舟//中国紫禁城学会第二次学术讨论会 1997-11-01

1998 年

◎高举邓小平理论伟大旗帜 全面推进广播电视事业建设/张清海//党的十五大精神与聊城实践理论研讨会 1998-01-01
◎家庭旅游与环境保护/张秀峰 徐敏//97 妇女与环境研讨会 1998-01-01
◎冀南巫傩文化概述/杜学德//’98 亚洲民间戏剧民俗艺术观摩与学术研讨会 1998-02-01
◎散落在民间的戏剧活化石：民俗戏剧/刘景亮’98 亚洲民间戏剧民俗艺术观摩与学术研讨会 1998-02-01
◎试论中国少数民族面具文化的分布群落/郑俊秀//’98 亚洲民间戏剧民俗艺术观摩与学术研讨会 1998-02-01
◎宋人《大傩图》所行之事并非大傩/孔晨//’98 亚洲民间戏剧民俗艺术观摩与学术研讨会 1998-02-01
◎中原民俗祭祀舞蹈之特性/谭静波//’98 亚洲民间戏剧民俗艺术观摩与学术研讨会 1998-02-01
◎《数学年刊》发展史/陈光宇 薛密 许温豪 顾凤南 卜金宝//学报编辑论丛（第七集）1998-05-01
◎《中文核心期刊要目总览》的社会影响刍议/顾兆平//学报编辑论丛（第七集）1998-05-01
◎编辑在信息社会中的独特作用/丁春//学报编辑论丛（第七集）1998-05-01
◎初论科技出版工作的现代化建设/高水娟//学报编辑论丛（第七集）1998-05-01
◎关于高校自然科学学报评比标准修订的几个问题与建议/曹振中//学报编辑论丛（第七集）1998-05-01
◎科技期刊进入国际重要检索系统的实践与浅见/刘德新 方华//学报编辑论丛（第七集）1998-05-01
◎科技期刊权变管理理论的研究/杨伦增//学报编辑论丛（第七集）1998-05-01
◎科技期刊微机排版中的校对方法/王勇//学报编辑论丛（第七集）1998-05-01
◎青年编辑在推进科技期刊发展中的责任/方岩//学报编辑论丛（第七集）1998-05-01
◎青年编辑职业意识的培养与素质的提高/杨洪博 田丛笑//学报编辑论丛（第七集）1998-05-01
◎树精品意识 创名牌学报/高水娟 刘志强//学报编辑论丛（第七集）1998-05-01
◎我国科技期刊评估现状刍议/赵惠样//学报编辑论丛（第七集）1998-05-01
◎在职编辑的继续教育/于方 江星 陈祖峰//学报编辑论丛（第七集）1998-05-01
◎“游圣”徐霞客在浙江/甘为平//徐霞客在浙江 1998-06-30
◎《徐霞客游记》是发展我国风景旅游业的百科全书/陈光照//徐霞客在浙江 1998-06-30
◎保护与发展的矛盾冲突及其统筹规划——古村落保护问题探讨及其它/朱光亚 黄滋//中国文物学会传统建筑园林委员会第十一届学术研讨会 1998-06-30
◎出版物电子化的现状和科技期刊变革的研讨/白林含//科技编辑出版研究文集（第五集）1998-06-30
◎出版现代化之我见/袁国君 何苏//科技编辑出版研究文集（第五集）1998-06-30
◎从纪念徐霞客想到雁荡山旅游文化的开发/傅文伟 吕磊//徐霞客在浙江 1998-06-30
◎当前村落旅游对保护村落文化潜在的问题/何重义//中国文物学会传统建筑园林委员会第十一届学术研讨会 1998-06-30
◎地质资源概论/梅燕雄 叶锦华//中国地质科学院 562 综合大队文集（13）1998-06-30
◎高校自然科学学报在市场经济下的作用和发展/徐培红//科技编辑出版研究文集（第五集）1998-06-30
◎公共关系与学术期刊发展/金诚//科技编辑出版研究文集（第五集）1998-06-30

⊙荷兰博物馆考察/吴剑隆//厦门博物馆建馆十周年成果文集 1998-06-30
⊙金华北山之游——徐霞客后期旅游探险生活的序幕/周舸岷//徐霞客在浙江 1998-06-30
⊙科技期刊编辑的计算机能力培养/刘洁 吕赛英//科技编辑出版研究文集（第五集）1998-06-30
⊙科技期刊编辑的职业兴趣/邹玲莹 邓本姿 王晴//科技编辑出版研究文集（第五集）1998-06-30
⊙科技期刊发展应遵循期刊的基本属性/袁锦文 罗全安 饶华松//科技编辑出版研究文集（第五集）1998-06-30
⊙论观光农业园中的人境关系/余压芳 刘建浩 胡长龙//中国科协第3届青年学术年会园艺学卫星会议暨中国园艺学会第2届青年学术讨论会 1998-06-01
⊙论徐霞客浙境旅游的文化个性/周少雄//徐霞客在浙江 1998-06-30
⊙漫议科技期刊编辑人才的关键作用/蔡辉 刘晓明 尚云//科技编辑出版研究文集（第五集）1998-06-30
⊙浅谈长江上游涉外旅游船舶安全管理/刘亮//中国航海学会内河港航监督专业委员会98年度学术交流论文集 1998-06-30
⊙切实强化旅游船舶安全管理/隋国利//中国航海学会内河港航监督专业委员会98年度学术交流论文集 1998-06-30
⊙市场经济体制下期刊编辑的观念更新/欧宾//科技编辑出版研究文集（第五集）1998-06-30
⊙试论科技期刊编辑学的理论体系问题/李家烈//科技编辑出版研究文集（第五集）1998-06-30
⊙文化娱乐和现代化博物馆/陈可强//厦门博物馆建馆十周年成果文集 1998-06-30
⊙霞客情钟台岳 纪游誉传千秋——兼论明末清初天台山旅游热/许尚枢 郑为一//徐霞客在浙江 1998-06-30
⊙徐霞客对江山旅游事业的贡献/姜洪水 周之航//徐霞客在浙江 1998-06-30
⊙徐霞客对自然风景旅游资源的考察研究/徐建春//徐霞客在浙江 1998-06-30
⊙徐霞客与雁荡山石景/陈凤娟//徐霞客在浙江 1998-06-30
⊙徐霞客与浙江旅游地学资源/陈良富//徐霞客在浙江 1998-06-30
⊙重读《中国民间秘密宗教辞典》/杨广霜//中国辞书学文集 1998-06-30
⊙“三审制”的回顾与审视/张小萍//中国编辑学会第四届年会 1998-07-01
⊙编辑加工外文图书应注意的几个问题/彭欣//中国编辑学会第四届年会 1998-07-01
⊙编辑加工中责任编辑的责任对象/李继峰//中国编辑学会第四届年会 1998-07-01
⊙编辑审稿工作亟待改善/侯颍//中国编辑学会第四届年会 1998-07-01
⊙编校质量纵横谈/谭鸣鸿//中国编辑学会第四届年会 1998-07-01
⊙从实际出发改进“三审制”/钱柏年//中国编辑学会第四届年会 1998-07-01
⊙关于编辑案头工作的思考/邢海鹰//中国编辑学会第四届年会 1998-07-01
⊙关于东北亚地区城市的多元文化/朱在宪//中国城市文化与城市生态 1998-07-01
⊙论社会主义市场经济条件下图书编审工作的新特点/段展样//中国编辑学会第四届年会 1998-07-01
⊙没有认真的编辑加工一部好书是出不来的/郭有声//中国编辑学会第四届年会 1998-07-01
⊙青岛市主导产业选择分析/马秀贞//中国系统工程学会第十届年会 1998-07-01
⊙审稿质量与辩证思维/李建明//中国编辑学会第四届年会 1998-07-01
⊙实行“三审制”存在的困难及其对策/李德平//中国编辑学会第四届年会 1998-07-01
⊙试论书稿的复审/朱仲庆//中国编辑学会第四届年会 1998-07-01
⊙提高编辑在审稿、编辑加工中的作用/袁向远//中国编辑学会第四届年会 1998-07-01
⊙提高书稿质量必由之路——众说“三审制”/喻建章//中国编辑学会第四届年会 1998-07-01
⊙学术著作审读加工的边缘问题/李祥洲 鲁卫泉//中国编辑学会第四届年会 1998-07-01
⊙要大声疾呼：重视审稿和编辑加工/严麟书//中国编辑学会第四届年会 1998-07-01
⊙由编校质量看加强编辑审读加工/曹文聪 田道全//中国编辑学会第四届年会 1998-07-01
⊙知识经济与图书出版业的创新/史青//中国编辑学会第四届年会 1998-07-01
⊙关于北京城市性质功能与经济建设方针的思考/高起祥//探索新路构筑辉煌——庆祝中华人民共和国建国五十周年论文集 1998-08-01
⊙吉林省文化消费的现状及其走势/中共长春市委党校课题组//吉林省经济社会热点问题研究 1998-08-01
⊙开发松山妈祖文化 拓宽霞浦旅游新路//第二次闽台妈祖文化学术研讨会 1998-08-01
⊙跨世纪文化建设初探/崔新建//全国第二届人学研讨会 1998-08-01
⊙试论中国邮政广告孕育与发展问题/黄岗//四川省通信 1998 年学术年会 1998-08-01
⊙首都发展知识经济的市场体系建设/黄泰岩//探索新路构筑辉煌——庆祝中华人民共和国建国五十周年论文集 1998-08-01
⊙知识经济和知识经济学/马阳//“科学技术面向新世纪”学术年会 1998-09-01
⊙走向21世纪的电影技术/刘国典//“科学技术面向新世纪”学术年会 1998-09-01
⊙谈谈改革与图书馆服务/杨莅//福建省迎接21世纪的图书馆服务学术研讨会 1998-10-01
⊙重视文化的产业化发展趋向/王承喜//纪念十一届三中全会召开20周年理论研讨会 1998-11-01
⊙努力办好期刊为行业发展和科技进步服务——《黑龙江烟草》办刊情况汇报//中国烟草学会第三届理事扩大会议暨中国科协第三届青年学术年会烟草卫星会议 1998-12-01

1999 年

⊙99 电影表演艺术学术研讨会//第七届电影表演艺术学会奖颁奖大会 1999-05-01
⊙成龙表演艺术的发展轨迹/钱学格//第七届电影表演艺术学会奖颁奖大会 1999-05-01
⊙从荣宝斋的经营借鉴以商养文/侯恺//三晋文化研究会十年文存 1999-05-01
⊙第四代电影导演电影表演美学观念特征浅探/张东钢//第七届电影表演艺术学会奖颁奖大会 1999-05-01

⊙广阔的现实主义创作道路——新时期电影表演美学的发展与变迁/刘诗兵//第七届电影表演艺术学会奖颁奖大会 1999-05-01
⊙李白越中诗的审美价值和现代价值/蒋志//李白与天姥国际会议 1999-05-01
⊙论商品广告的价值观/刘燕卿//价值工程与企业技术创新国际会议 1999-05-01
⊙论谢晋电影表演美学/刘诗兵//第七届电影表演艺术学会奖颁奖大会 1999-05-01
⊙漫游、玄游与仙游——试论李白与中国的传统旅游/刘和椿//李白与天姥国际会 1999-05-01
⊙美学 怎样面对电视文化的时代挑战/范藻//中华美学学会第五届全国美学会议 1999-05-01
⊙企业审美文化与审美文化产业/黄河涛//中华美学学会第五届全国美学会议 1999-05-01
⊙市场化对电影及电影表演的影响/谢飞//第七届电影表演艺术学会奖颁奖大会 1999-05-01
⊙唐诗之路与经济振兴/盛江//李白与天姥国际会议 1999-05-01
⊙以规范促发展——改善海南旅游业效益的几点建议/刘伟//湖北省纪念五四运动 80 周年学术讨论会 1999-05-01
⊙21 世纪学报出版技术的发展趋势/王勇//学报编辑论丛（第八集）1999-06-01
⊙充分发挥广州海洋资源优势 促进滨海旅游发展/黄越才//“羊城杯”深化商品流通体制改革研讨会 1999-06-30
⊙充分发挥科技期刊在“科教兴国”中的作用/顾兆平//学报编辑论丛（第八集）1999-06-01
⊙颠倒的市场——试论互联网对旅游业的影响/林卫红//“羊城杯”深化商品流通体制改革研讨会 1999-06-30
⊙电子的特点与图书馆的采集对策/卫红//福建省第四次图书馆工作研讨会 1999-06-30
⊙电子期刊的特点与图书馆的采集对策/卫红//福建省第四次图书馆期刊工作研讨会 1999-06-30
⊙电子期刊给期刊工作带来的挑战和机遇/谢伟华//福建省第四次图书馆期刊工作研讨会 1999-06-30
⊙电子期刊工作初论/刘煦赞//福建省第四次图书馆期刊工作研讨会 1999-06-30
⊙对编辑出版工作自动化的探讨/沈芸 顾泉佩//学报编辑论丛（第八集）1999-06-01
⊙对期刊工作进入 21 世纪的思考/陈沈珍//福建省第四次图书馆期刊工作研讨会 1999-06-30
⊙对图书馆期刊工作深化改革的几点思考/朱晓红//福建省第四次图书馆期刊工作研讨会 1999-06-30
⊙对我国“核心期刊”研究的思考/翁贞林//学报编辑论丛（第八集）1999-06-01
⊙改革开拓的历程 跨世纪发展的信念——纪念省图学会期刊工作研究组成立十二周年/何鼎富 王卉//福建省第四次图书馆期刊工作研讨会 1999-06-30
⊙高校出版社的发展与建设/石大明//高校编辑出版工作论集 1999-06-30
⊙关于未来期刊事业的探讨/冯亮明//福建省第四次图书馆期刊工作研讨会 1999-06-30
⊙开创新世纪图书馆期刊工作的新局面/吴乔生 朱晓红 谢伟华//福建省第四次图书馆期刊工作研讨会 1999-06-30
⊙科技编辑要提高计算机应用能力/陈波//学报编辑论丛（第八集）1999-06-01
⊙科技期刊编辑的人文素质/万仁玉//高校编辑出版工作论集 1999-06-30
⊙科技期刊的名牌实施战略/田静//高校编辑出版工作论集 1999-06-30
⊙科技期刊在知识经济时代面临的机遇和挑战/陆挺潮 吴寿林//学报编辑论丛（第八集）1999-06-01
⊙科技期刊主编要讲政治 重人才 树形象/蒋元霖//学报编辑论丛（第八集）1999-06-01
⊙跨世纪青年编辑的培养机制探讨/何先刚 龙能芬 张诚//高校编辑出版工作论集 1999-06-30
⊙期刊工作的现状和 21 世纪发展趋势/黄少敏//福建省第四次图书馆期刊工作研讨会 1999-06-30
⊙浅谈期刊工作的科学管理/李玖玲//福建省第四次图书馆期刊工作研讨会 1999-06-30
⊙浅谈期刊工作现代化的发展走势——基层图书馆现代化思考/曹永英//福建省第四次图书馆期刊工作研讨会 1999-06-30
⊙浅谈新时期强化县市图书馆期刊工作的动力机制/黄建明//福建省第四次图书馆期刊工作研讨会 1999-06-30
⊙浅议科技期刊的发展对青年编辑的要求/张弘 王东静 陈嘉安//学报编辑论丛（第八集）1999-06-01
⊙书籍插图艺术的回顾与思考/马晓洁//高校编辑出版工作论集 1999-06-30
⊙突出地方特色 提高学报质量——黄山高专学报生存发展的关键/方利山//学报编辑论丛（第八集）1999-06-01
⊙图书出版流程管理必须加强/罗卡//高校编辑出版工作论集 1999-06-30
⊙我馆期刊管理与服务的新举措/陈大富//福建省第四次图书馆期刊工作研讨会 1999-06-30
⊙我省图书馆期刊工作研究的发展及其前景——纪念省图学会期刊工作研究组成立 12 周年/王忠俊 唐永堂 陈瑛//福建省第四次图书馆期刊工作研讨会 1999-06-30
⊙现代编辑活动及其对编辑的要求/韩果//高校编辑出版工作论集 1999-06-30
⊙现代科技期刊编辑应具备的素质/司丽琴//学报编辑论丛（第八集）1999-06-01
⊙信息时代对科技期刊提出了新要求/杨蓓//高校编辑出版工作论集 1999-06-30
⊙增创旅游发展新优势 构建华南新旅游中心//“羊城杯”深化商品流通体制改革研讨会 1999-06-30
⊙知识经济与中国出版业的发展/魏勇//高校编辑出版工作论集 1999-06-30
⊙中师期刊工作现代化面临的困难及对策/张心颖//福建省第四次图书馆期刊工作研讨会 1999-06-30
⊙中师图书馆应加强期刊工作/吴美芸//福建省第四次图书馆期刊工作研讨会 1999-06-30
⊙中小型图书馆期刊工作与未来——谈省图学会期刊工作研究组建立 12 周年/侯玉贞//福建省第四次图书馆期刊工作研讨会 1999-06-30
⊙转变观念加大投入多出精品科技期刊/张荣连 邓君奇//学报编辑论丛（第八集）1999-06-01
⊙总编室工作人员的素质要求/汪萍//高校编辑出版工作论集 1999-06-30
⊙遵循市场规律 开展广告服务/谭梅风//学报编辑论丛（第八集）1999-06-01
⊙创办“清水祖师药圃”以促进旅游、医药及相关业务的发展/陈全忠//清水祖师文化学术研讨会 1999-07-01

◎从清水岩展望安溪旅游业/蔡永哲//清水祖师文化学术研讨会 1999-07-01

◎发展清水岩旅游业之我见/粘良图 何振良//清水祖师文化学术研讨会 1999-07-01

◎孔子与旅游/刘丽娜 余士军//云南孔子学术研究会第六次暨海峡两岸第四次孔子学术研讨会 1999-07-01

◎闽台民间信仰及其旅游/连心豪//清水祖师文化学术研讨会 1999-07-01

◎清水祖师信仰的文化特征及社会功能/吴乔生//清水祖师文化学术研讨会 1999-07-01

◎山不在高，有仙则名——清水岩历代文人士大夫宗教旅游活动的文化浅析/任国英//清水祖师文化学术研讨会 1999-07-01

◎试论清水岩历史上旅游资源的开发/颜亚玉//清水祖师文化学术研讨会 1999-07-01

◎杭州城市环境建设的实践与展望/汤海孺//一九九九年第六届海峡两岸城市发展研讨会 1999-08-01

◎台湾组合商场及零售商业环境变迁之研究/陈明竺//一九九九年第六届海峡两岸城市发展研讨会 1999-08-01

◎21 世纪青岛崂山风景名胜区可持续发展探讨/孙守信//第七届全国区域旅游开发学术研讨会暨青岛·崂山旅游文化研讨会 1999-10-21

◎本溪市生态旅游开发构想/孙淑荣//第七届全国区域旅游开发学术研讨会暨青岛·崂山旅游文化研讨会 1999-10-21

◎财政旅游扶贫的特点及其在区域发展中的实施战略/谢彦君 叶苏平//第七届全国区域旅游开发学术研讨会暨青岛·崂山旅游文化研讨会 1999-10-21

◎城市周边的农业旅游开发/管立刚//第七届全国区域旅游开发学术研讨会暨青岛·崂山旅游文化研讨会 1999-10-21

◎刍议莒地旅游文化的底蕴及前景/杨新华 杨国庆//中国古都学会第十六届年会暨莒文化研讨会 1999-10-01

◎从地理区位与美学特征看崂山与青岛旅游开发的优势/杨曾宪//第七届全国区域旅游开发学术研讨会暨青岛·崂山旅游文化研讨会 1999-10-21

◎大青岛——21 世纪的国际海洋文化旅游名城/李惠生//第七届全国区域旅游开发学术研讨会暨青岛·崂山旅游文化研讨会 1999-10-21

◎大区域旅游开发战略探讨——兼论京九南段旅游带战略开发/陈文君//第七届全国区域旅游开发学术研讨会暨青岛·崂山旅游文化研讨会 1999-10-21

◎当前我国旅游地理教学中存在的突出问题/秦关民//第七届全国区域旅游开发学术研讨会暨青岛·崂山旅游文化研讨会 1999-10-21

◎地质旅游的各种形（型）式探析——再论地质旅游的涵义及其可持续发展//庄寿强第七届全国区域旅游开发学术研讨会暨青岛·崂山旅游文化研讨会 1999-10-21

◎第七届全国区域旅游开发研讨会暨青岛·崂山旅游文化研讨会纪要//第七届全国区域旅游开发学术研讨会暨青岛·崂山旅游文化研讨会 1999-10-21

◎鼎湖山生态旅游区管理与开发研究/吕健//第七届全国区域旅游开发学术研讨会暨青岛·崂山旅游文化研讨会 1999-10-21

◎独山文化价值导向与旅游/杨路塔//贵州省水家学会第三届、第四届学术讨论会 1999-10-01

◎对于旅游的感悟/赵中一//第七届全国区域旅游开发学术研讨会暨青岛·崂山旅游文化研讨会 1999-10-21

◎改善旅游购物环境，发展大连旅游业/叶苏平 单艺斌//第七届全国区域旅游开发学术研讨会暨青岛·崂山旅游文化研讨会 1999-10-21

◎关于崂山风景区发展建设的几点想法/李明德//第七届全国区域旅游开发学术研讨会暨青岛·崂山旅游文化研讨会 1999 10-21

◎关于旅游地“顾客满意”的思考/李坚诚//第七届全国区域旅游开发学术研讨会暨青岛·崂山旅游文化研讨会 1999-10-21

◎关于青岛海岛旅游开发的几点思考/董志文//第七届全国区域旅游开发学术研讨会暨青岛·崂山旅游文化研讨会 1999-10-21

◎观光农园旅游开发的研究/梁明珠//第七届全国区域旅游开发学术研讨会暨青岛·崂山旅游文化研讨会 1999-10-21

◎广州市区域旅游开发再思考/陈敬堂//第七届全国区域旅游开发学术研讨会暨青岛·崂山旅游文化研讨会 1999-10-21

◎贵州喀斯特旅游区旅游开发中的土地利用问题//殷红梅 杨龙第七届全国区域旅游开发学术研讨会暨青岛·崂山旅游文化研讨会 1999-10-21

◎贵州生态旅游发展的机遇和开发构想/高玉玲//第七届全国区域旅游开发学术研讨会暨青岛·崂山旅游文化研讨会 1999-10-21

◎海岛旅游可持续发展分析/盛红//第七届全国区域旅游开发学术研讨会暨青岛·崂山旅游文化研讨会 1999-10-21

◎韩国区域文化旅游产品开发策略/郑基银//第七届全国区域旅游开发学术研讨会暨青岛·崂山旅游文化研讨会 1999-10-21

◎湖南旅游业跨越式发展战略研究/全华//第七届全国区域旅游开发学术研讨会暨青岛·崂山旅游文化研讨会 1999-10-21

◎建立可持续发展的旅游经济体系的思考/田红 孙文昌//第七届全国区域旅游开发学术研讨会暨青岛·崂山旅游文化研讨会 1999-10-21

◎建设南昆经济带与旅游开发/谢北立 陈峰//第七届全国区域旅游开发学术研讨会暨青岛·崂山旅游文化研讨会 1999-10-21

◎喀斯特旅游资源开发的民族心理意识与人地关系效应——以贵州龙宫地区为例/熊康宁 殷红梅//第七届全国区域旅游开发学术研讨会暨青岛·崂山旅游文化研讨会 1999-10-21

◎开创新学科，展现新成就——中国旅游协会区域旅游开发专业委员会成长道路的回顾及前瞻/紫霄 海明//第七届全国区域旅游开发学术研讨会暨青岛·崂山旅游文化研讨会 1999-10-21

◎开发老年人旅游市场/万德梅//第七届全国区域旅游开发学术研讨会暨青岛·崂山旅游文化研讨会 1999-10-21

◎客家民居旅游资源开发初探/梁锦梅//第七届全国区域旅游开发学术研讨会暨青岛·崂山旅游文化研讨会 1999-10-21

◎跨世纪杭州都市发展之省思/陈樟德//中国文物学会传统建筑园林委员会第十二届学术研讨会 1999-10-01

◎崂山风景名胜区可持续发展战略/周维权//第七届全国区域旅游开发学术研讨会暨青岛·崂山旅游文化研讨会 1999-10-21

◎崂山风景区的建设与可持续发展/孙文昌//第七届全国区域旅游开发学术研讨会暨青岛·崂山旅游文化研讨会 1999-10-21

◎崂山风景区计算机信息管理网络系统的设计与初步试验/肖江南//第七届全国区域旅游开发学术研讨会暨青岛·崂山旅游文化研讨会 1999-10-21

◎崂山风景区可持续发展战略/王玉华//第七届全国区域旅游开发学术研讨会暨青岛·崂山旅游文化研讨会 1999-10-21

◎崂山旅游可持续发展的对策/卢培元//第七届全国区域旅游开发学术研讨会暨青岛·崂山旅游文化研讨会 1999-10-21

◎崂山旅游资源开发之我见/张树枫//第七届全国区域旅游开发学术研讨会暨青岛·崂山旅游文化研讨会 1999-10-21

⊙历史文化名城古建遗存价值——承德市清代王府、衙署、民间寺庙保护刍论/李林俐//中国文物学会传统建筑园林委员会第十二届学术研讨会 1999-10-01

⊙旅游厕所布局初探/张述林//第七届全国区域旅游开发学术研讨会暨青岛·崂山旅游文化研讨会 1999-10-21

⊙旅游规划图件的编制研究/郑培昕 肖江南//第七届全国区域旅游开发学术研讨会暨青岛·崂山旅游文化研讨会 1999-10-21

⊙略论齐文化对道教形成的影响/李辅斌//第七届全国区域旅游开发学术研讨会暨青岛·崂山旅游文化研讨会 1999-10-21

⊙论产业旅游/黄羊山//第七届全国区域旅游开发学术研讨会暨青岛·崂山旅游文化研讨会 1999-10-21

⊙论黄山风景区分区调控游览规划的必要性与可行性/梁师文 梁焱//第七届全国区域旅游开发学术研讨会暨青岛·崂山旅游文化研讨会 1999-10-21

⊙论森林公园和自然保护区旅游开发与可持续发展/陈于尧//第七届全国区域旅游开发学术研讨会暨青岛·崂山旅游文化研讨会 1999-10-21

⊙论生态旅游与生态旅游开发/韩也良//第七届全国区域旅游开发学术研讨会暨青岛·崂山旅游文化研讨会 1999-10-21

⊙论拓展生态旅游产业的基本途径——以浙江省金华市为例/张跃西//第七届全国区域旅游开发学术研讨会暨青岛·崂山旅游文化研讨会 1999-10-21

⊙模糊评价法在旅游资源评价中的应用/程道品 林治//第七届全国区域旅游开发学术研讨会暨青岛·崂山旅游文化研讨会 1999-10-21

⊙秦皇岛优秀旅游城市产业发展研究/郭伟//第七届全国区域旅游开发学术研讨会暨青岛·崂山旅游文化研讨会 1999-10-21

⊙青岛海洋旅游开发的构想及人工岛的应用/吴碧君 徐家声//第七届全国区域旅游开发学术研讨会暨青岛·崂山旅游文化研讨会 1999-10-21

⊙青岛市涉外旅游宣传的研究/高明乐//第七届全国区域旅游开发学术研讨会暨青岛·崂山旅游文化研讨会 1999-10-21

⊙区域差异与旅游资源互补是发展大区域旅游的核心——兼论粤港澳大三角旅游区和粤东旅游区域的形成/陈广万//第七届全国区域旅游开发学术研讨会暨青岛·崂山旅游文化研讨会 1999-10-21

⊙区域旅游地理的层次性与人造景点之创意策划——纪念陈传康教授仙逝二周年/郭康 张聪等//第七届全国区域旅游开发学术研讨会暨青岛·崂山旅游文化研讨会 1999-10-21

⊙区域旅游发展驱动机制和动力模型初步探讨/彭华//第七届全国区域旅游开发学术研讨会暨青岛·崂山旅游文化研讨会 1999-10-21

⊙区域旅游开发的昂谱（RMP）分析——以河南省洛阳市为例/吴必虎//第七届全国区域旅游开发学术研讨会暨青岛·崂山旅游文化研讨会 1999-10-21

⊙区域民俗旅游资源的类型及开发——兼台州民俗旅游资源开发设想/魏遐 汤蓉岚//第七届全国区域旅游开发学术研讨会暨青岛·崂山旅游文化研讨会 1999-10-21

⊙三都县旅游业现状及对策/罗春寒 莫秀娥//贵州省水家学会第三届、第四届学术讨论会 1999-10-01

⊙山东海岛旅游可持续发展的思考/田克勤//第七届全国区域旅游开发学术研讨会暨青岛·崂山旅游文化研讨会 1999-10-21

⊙山东省旅游局和旅游协会贺词——在"第七届全国区域旅游开发学术研讨会暨青岛·崂山文化研讨会"上的讲话/蒋奎生//第七届全国区域旅游开发学术研讨会暨青岛·崂山旅游文化研讨会 1999-10-21

⊙汕头旅游业发展若干问题浅探/赵坤明//第七届全国区域旅游开发学术研讨会暨青岛·崂山旅游文化研讨会 1999-10-21

⊙上海青浦旅游开发与中学地理教育/张静燕 过宝兴//第七届全国区域旅游开发学术研讨会暨青岛·崂山旅游文化研讨会 1999-10-21

⊙生态旅游是跨世纪的发展方向/尤传楷//第七届全国区域旅游开发学术研讨会暨青岛·崂山旅游文化研讨会 1999-10-21

⊙生态旅游中的容量问题/徐德宽 饶扬名//第七届全国区域旅游开发学术研讨会暨青岛·崂山旅游文化研讨会 1999-10-21

⊙实现辽宁旅游业21世纪新的腾飞/赵冰茹//第七届全国区域旅游开发学术研讨会暨青岛·崂山旅游文化研讨会 1999-10-21

⊙试论"入世"对中国旅游业的影响/丁向华//第七届全国区域旅游开发学术研讨会暨青岛·崂山旅游文化研讨会 1999-10-21

⊙试论兰溪古城的保护与可持续发展/陈星//中国文物学会传统建筑园林委员会第十二届学术研讨会 1999-10-01

⊙试论两当旅游资源的开发/王勋陵//第七届全国区域旅游开发学术研讨会暨青岛·崂山旅游文化研讨会 1999-10-21

⊙试论生态文化与生态旅游/李培祥//第七届全国区域旅游开发学术研讨会暨青岛·崂山旅游文化研讨会 1999-10-21

⊙我国旅游业跨世纪发展面临的问题及对策/夏学英//第七届全国区域旅游开发学术研讨会暨青岛·崂山旅游文化研讨会 1999-10-21

⊙巫山县神女溪景区旅游规划刍议/杨国胜//第七届全国区域旅游开发学术研讨会暨青岛·崂山旅游文化研讨会 1999-10-21

⊙武汉生态旅游的构建与规划研究/卢武强 刘逵 吴涛//第七届全国区域旅游开发学术研讨会暨青岛·崂山旅游文化研讨会 1999-10-21

⊙县域旅游产业发展理论初探——以青州市为例/张欣 马波//第七届全国区域旅游开发学术研讨会暨青岛·崂山旅游文化研讨会 1999-10-21

⊙现代编辑的基本素质及其评价/秦振华 李毓兴//第四届全国人—机—环境系统工程学术会 1999-10-01

⊙现代旅游产业形象研究/王伟//第七届全国区域旅游开发学术研讨会暨青岛·崂山旅游文化研讨会 1999-10-21

⊙新加坡——城市化岛国旅游发展模式浅析/韩杰//第七届全国区域旅游开发学术研讨会暨青岛·崂山旅游文化研讨会 1999-10-21

⊙新世纪观光旅游与环保意识/吴仪//第七届全国区域旅游开发学术研讨会暨青岛·崂山旅游文化研讨会 1999-10-21

⊙与会专家就崂山旅游开发建议发言摘要//第七届全国区域旅游开发学术研讨会暨青岛·崂山旅游文化研讨会 1999-10-21

⊙增强海洋意识，发展青岛海洋旅游业/董玉明//第七届全国区域旅游开发学术研讨会暨青岛·崂山旅游文化研讨会 1999-10-21

⊙中国旅游市场商品生产开发的基本思路探讨/贾克俭//第七届全国区域旅游开发学术研讨会暨青岛·崂山旅游文化研讨会 1999-10-21

⊙中国旅游协会区域旅游开发专业委员会的十年——"第七届全国区域旅游开发学术研讨会暨青岛·崂山旅游文化研讨会"开幕词/孙文昌//第七届全国区域旅游开发学术研讨会暨青岛·崂山旅游文化研讨会 1999-10-21

⊙中国旅游信息化发展的探讨/黄颉//第七届全国区域旅游开发学术研讨会暨青岛·崂山旅游文化研讨会 1999-10-21

⊙中国旅游业发展的航碑——纪念邓小平关于旅游业的讲话二十

周年/傅文伟//第七届全国区域旅游开发学术研讨会暨青岛·崂山旅游文化研讨会 1999-10-21

⊙中小内陆城市旅游开发刍议/耿莉萍//第七届全国区域旅游开发学术研讨会暨青岛·崂山旅游文化研讨会 1999-10-21

⊙转型：中国旅游业发展的主要趋势与选择/马波//第七届全国区域旅游开发学术研讨会暨青岛·崂山旅游文化研讨会 1999-10-21

⊙报纸版面如何运用新闻照片对摄影记者有重要导向作用/陈伟//第八届全国新闻摄影理论年会 1999-11-01

⊙北京市房山区经济结构调整与经济增长点研究/孙多勇 王维平 许登超//99’管理科学学术会议 1999-11-01

⊙带着财富跨世纪——1999 年中国新闻摄影发展的趋势及特点/张晓蓉//第八届全国新闻摄影理论年会 1999-11-01

⊙繁荣兴旺的中国地图出版市场/徐根才//纪念中国地理学会成立九十周年学术会议 1999-11-01

⊙广告效果研究/殷越男//全国社会主义与市场经济学术交流大会 1999-11-01

⊙略论中国观光农业的性质与发展/郭焕成 王云才//纪念中国地理学会成立九十周年学术会议 1999-11-01

⊙浅谈县（市）级图书馆开展科技信息咨询服务/王立群//福建省图书馆学会“知识经济与图书馆服务”学术研讨会 1999-11-01

⊙摄影记者要有政治家办报的头脑/赖厚祥//第八届全国新闻摄影理论年会 1999-11-01

⊙试论开发“孙中山北伐之旅”的必要性与可行性/毛廷贵//“孙中山北伐与梧州”学术研讨会 1999-11-01

⊙数字化走进辞书编辑出版领域/杨德炎//中国辞书学会第四届年会 1999-11-01

⊙思考的相机/李仁臣//第八届全国新闻摄影理论年会 1999-11-01

⊙小兴安岭风景道旅游景观评价研究/吴必虎 李咪咪//纪念中国地理学会成立九十周年学术会议 1999-11-01

⊙新华社摄影报道的战略性结构调整/徐祖根//第八届全国新闻摄影理论年会 1999-11-01

⊙新闻摄影改革要从用人机制抓起——浅谈“部聘记者”对新闻摄影改革的推动作用/武进群//第八届全国新闻摄影理论年会 1999-11-01

⊙知识经济与图书馆服务/林庆元//福建省图书馆学会“知识经济与图书馆服务”学术研讨会 1999-11-01

⊙中国旅游热点城市境外游客时空动态模式研究略述/马耀峰//纪念中国地理学会成立九十周年学术会议 1999-11-01

⊙把万州建设成重庆第二大都市/李泽荣//重庆城市史研讨会 1999 12 01

⊙充分发挥历史文化旅游资源作用为城市建设服务/吴朝弟//重庆城市史研讨会 1999-12-01

⊙重庆的文化定位问题/王川平//重庆城市史研讨会 1999-12-01

⊙反腐倡廉的制度保障新闻法出台刻不容缓/戴围城//廉政文化研讨会 1999-12-01

⊙论钓鱼城风景名胜资源的开发利用/刘道平//重庆城市史研讨会 1999-12-01

⊙社会主义现代化与人的素质理论研讨会综述/任学忠//北京市人学理论研讨会 1999-12-01

⊙试析重庆土家族文化的资源和利用/彭林绪 杨明//重庆城市史研讨会 1999-12-01

⊙文化资源的结构分析与文化建设的思路探讨——关于重庆文化与重庆文化建设的思考/邓平//重庆城市史研讨会 1999-12-01

⊙信息传递——高校期刊管理的核心/卢新梅//上海市新四军暨华中抗日根据地历史研究会 1999 年年会 1999-12-01

2000 年

⊙20 世纪初在京活动的外国建筑师及其作品/张复合//建筑史论文集（第 12 辑）2000-04-01

⊙对于科普期刊的十点想法/张伯海//全国科普期刊研讨会暨中国科普期刊研究会成立大会 2000-04-01

⊙旅游城市的生态建设——对扬州建设生态市的思考/苏泽群//中国生态学学会第六届全国会员代表大会暨学科前沿报告会 2000-04-01

⊙努力推动科普期刊进一步繁荣/吴波尔//全国科普期刊研讨会暨中国科普期刊研究会成立大会 2000-04-01

⊙上海都市茶文化活动的世纪回眸与展望/王凯//上海国际茶文化节论文选 2000-04-01

⊙图书馆现代化环境下的采访工作/柳丹枫//福建省社科信息学会 1996—1999 年学术讨论会 2000-04-01

⊙中国期刊协会 1999/2000 年工作报告/张伯海//全国科普期刊研讨会暨中国科普期刊研究会成立大会 2000-04-01

⊙中国期刊协会第二届理事会第三次常务理事扩大会议纪要//全国科普期刊研讨会暨中国科普期刊研究会成立大会 2000-04-01

⊙抓住机遇，振奋精神，努力开创科普期刊发展新局面/宋镇铃//全国科普期刊研讨会暨中国科普期刊研究会成立大会 2000-04-01

⊙北京市郊区农村小城镇建设问题研究/孔祥智//北京农业现代化研究报告 2000-05-01

⊙中国的生态旅游/ClaudiaKruse//生物多样性保护与利用高新科学技术国际研讨会 2000-05-01

⊙20 世纪早期香港华人的职业构成及生活状况/张丽//中国社会科学院近代史研究所青年学术论坛 2000-06-30

⊙21 世纪文艺擂台的新霸主——大众传媒文艺兴盛的历史必然性/孙亭//全国毛泽东文艺思想研究会 50 年来文艺发展道路与 21 世纪文艺发展走向学术年会 2000-06-30

⊙ 北京风景园林未来 50 年发展趋势预测/李金路//“面向 2049 年北京城市园林绿化展望与对策”学术研讨会 2000-06-30

⊙北京还是非北京——简介巴黎可供借鉴的经验/白志刚//北京古都风貌与时代气息研讨会 2000-06-30

⊙成都植物园的发展与对策/施维德//中国植物学会植物园分会第十五次学术讨论会 2000-06-30

⊙创生态型竹种园，走综合发展之路/董敦义 易国文 潘春霞//中国植物学会植物园分会第十五次学术讨论会 2000-06-30

⊙辞书出版新技术展望/黄肖俊//中国辞书论集 2000 2000-06-30

⊙对群众文化工作现状及未来的思考/马文石//山东省群文理论研讨会 2000-06-30

⊙古都风貌的现代价值/何力//北京古都风貌与时代气息研讨会 2000-06-30

⊙关于创建群众文化艺术网站的构想/张德刚//山东省群文理论研讨会 2000-06-30

⊙关于当前群众文化工作的现状与思考/荣世生//山东省群文理论研讨会 2000-06-30

⊙关于工具书数字化发展趋势的几点思考/张国强//中国辞书论集 2000-06-30

⊙关于建立西南旅游走廊的建议//民革全国西部大开发研讨会 2000-06-01

⊙海南中部地区旅游业如何走出困境/杨冠雄//中国科协2000年学术年会2000-06-30

⊙海西旅游业发展前景初探/李东曲//西部大开发青海大发展理论研讨会2000-06-01

⊙加强北京民俗史研究，为古都风貌建设服务/赵书//北京古都风貌与时代气息研讨会2000-06-30

⊙将公益性大旗高高举起——总结经验，以本为主，走强化馆站公益性之路/鞠华萍//山东省群文理论研讨会2000-06-30

⊙开发西部天然资源——旅游及其索道/张政//中国科协2000年学术年会2000-06-30

⊙略论青海历史文化资源的开发/解占录//西部大开发青海大发展理论研讨会2000-06-01

⊙论文化（艺术）馆的改革和发展趋向/潘文惠//山东省群文理论研讨会2000-06-30

⊙论文化产业与文化的发展关系/杨洪丽//山东省群文理论研讨会2000-06-30

⊙论西部大开发中的青海旅游业/鲁顺元//西部大开发青海大发展理论研讨会2000-06-01

⊙论西部大开发中的生态经济建设/郎维伟//中国民族理论学会第六届理事会、第七次全国民族理论学术讨论会暨第九次顾问座谈会2000-06-30

⊙努力发展文化产业建立与国情相适应的群众文化新格局/刘琳//山东省群文理论研讨会2000-06-30

⊙浅析公园实现文化建园的途径/邢艳//“面向2049年北京城市园林绿化展望与对策”学术研讨会2000-06-30

⊙全球化趋势中纪实文学的必要性/龚举善//全国毛泽东文艺思想研究会50年来文艺发展道路与21世纪文艺发展走向学术年会2000-06-30

⊙韶关市旅游业持续发展的态势、问题及对策研究/程玉鸿//中国科协2000年学术年会2000-06-30

⊙生态旅游——自然保护区旅游开发之路/何彤慧//中国科协2000年学术年会2000-06-30

⊙试论北京史研究与人文奥运/窦坤//北京古都风貌与时代气息研讨会2000-06-30

⊙试论群众文化与市场文化的关系/许加启 邬云萍//山东省群文理论研讨会2000-06-30

⊙试论在市场经济和多元文化并存条件下文化（艺术）馆的职能作用/邹兰//山东省群文理论研讨会2000-06-30

⊙试谈文化（艺术）馆的改革思路/秦丽//山东省群文理论研讨会2000-06-30

⊙数字化出版系统和百科全书编辑出版工程/韩知更//中国辞书论集2000 2000-06-30

⊙特色植物园与森林旅游业/兰思仁 张晓萍 陈良昌//中国植物学会植物园分会第十五次学术讨论会2000-06-30

⊙西部开发与绿色旅游/章竟 汝宜红//中国科协2000年学术年会2000-06-30

⊙西部开发中旅游业的风险与对策/周鸿//中国科协2000年学术年会2000-06-30

⊙西夏文化专题旅游开发/温晋林//中国科协2000年学术年会2000-06-30

⊙新疆喀纳斯国家级自然保护区旅游资源开发与保护/海鹰 崔延虎 李志忠//中国科协2000年学术年会2000-06-30

⊙新时期发展文化产业的战略构思/白友顺//山东省群文理论研讨会2000-06-30

⊙新时期文化馆工作思考/吴立清//山东省群文理论研讨会2000-06-30

⊙兴隆热带植物园的建设/欧阳欢//中国植物学会植物园分会第十五次学术讨论会2000-06-30

⊙园林——城市文明建设不可忽视的载体/刘秀晨//“面向2049年北京城市园林绿化展望与对策”学术研讨会2000-06-30

⊙在市场经济条件下如何突出文化（艺术）馆的公益性特点/韩治秋//山东省群文理论研讨会2000-06-30

⊙战后上海美国电影市场研究/汪朝光//中国社会科学院近代史研究所青年学术论坛2000-06-30

⊙中外文版本的《北京旅游指南》比较——兼谈北京旅游空间的新增长/赵晓阳//北京古都风貌与时代气息研讨会2000-06-30

⊙资源环境和青海特色产业/薛红焰//西部大开发青海大发展理论研讨会2000-06-01

⊙《中国历史文化名城》丛书简介/陈魏周//国际人类学与民族学联合会2000年中期会议2000-07-01

⊙“汤之乡”——丰顺县的旅游发展思路/李坚诚 高凌旭 方政//第八届全国区域旅游开发学术研讨会暨西部大开发与黔中旅游经济开发研讨会2000-08-25

⊙“责任”编辑/何剑秋//中国编辑学会第五届年会2000-08-01

⊙报与桃花一处开——浅谈非重点图书出精品、创“双效”/蓝柏坚//中国编辑学会第五届年会2000-08-01

⊙编辑加工的“精”与“细”/张健//中国编辑学会第五届年会2000-08-01

⊙城市化——西部旅游开发的先导/陈文君//第八届全国区域旅游开发学术研讨会暨西部大开发与黔中旅游经济开发研讨会2000-08-25

⊙充分发挥西部旅游资源的优势，使西部旅游成为高品位的特色之旅/赵明//第八届全国区域旅游开发学术研讨会暨西部大开发与黔中旅游经济开发研讨会2000-08-25

⊙创建名牌旅游产品，走区域联合开发道路/郭伟 李胜芬//第八届全国区域旅游开发学术研讨会暨西部大开发与黔中旅游经济开发研讨会2000-08-25

⊙从战略高度重视畅销书问题/韩敏//中国编辑学会第五届年会2000-08-01

⊙当前贵州及黔中旅游开发发展刍议/陈绍友//第八届全国区域旅游开发学术研讨会暨西部大开发与黔中旅游经济开发研讨会2000-08-25

⊙第八届全国区域旅游开发学术研讨会暨西部大开发与黔中旅游开发研讨会纪要//第八届全国区域旅游开发学术研讨会暨西部大开发与黔中旅游经济开发研讨会2000-08-25

⊙对我国滑雪旅游若干问题的研讨/韩丁 韩杰//第八届全国区域旅游开发学术研讨会暨西部大开发与黔中旅游经济开发研讨会2000-08-25

⊙对我国旅游开发规划中若干问题的研究/冯维波 罗世伟//第八届全国区域旅游开发学术研讨会暨西部大开发与黔中旅游经济开发研讨会2000-08-25

⊙对西部旅游开发的几点思考/王昕//第八届全国区域旅游开发学术研讨会暨西部大开发与黔中旅游经济开发研讨会2000-08-25

⊙对西部旅游开发的新思路/刘德谦//第八届全国区域旅游开发学术研讨会暨西部大开发与黔中旅游经济开发研讨会2000-08-25

⊙鄂西南旅游文化的开发研究/陶家元//第八届全国区域旅游开发学术研讨会暨西部大开发与黔中旅游经济开发研讨会2000-08-25

◎发展云南旅游观光农业问题初探/王凤兰 吴明远 寇玉凤//第八届全国区域旅游开发学术研讨会暨西部大开发与黔中旅游经济开发研讨会 2000-08-25
◎构建面向新大学科技园：制度、环境与发展/周诚君 洪银兴//湖北省行政管理学会 2000 年年会暨“知识经济与政府管理”理论研讨会 2000-06-30
◎构建西北大旅游区，发挥陕西旅游业的龙头作用/赵西萍 赵文红//第八届全国区域旅游开发学术研讨会暨西部大开发与黔中旅游经济开发研讨会 2000-08-25
◎关于出版社以读者为中心开展工作的思考/明厚利 高勇群//中国编辑学会第五届年会 2000-08-01
◎关于贵阳及黔中地区旅游业发展需要解决的几个观念问题/李明德//第八届全国区域旅游开发学术研讨会暨西部大开发与黔中旅游经济开发研讨会 2000-08-25
◎关于贵州旅游开发的几个问题/李好好 吴碧君 姚杰//第八届全国区域旅游开发学术研讨会暨西部大开发与黔中旅游经济开发研讨会 2000-08-25
◎关于建立地质旅游景点的几个问题——三论地质旅游的涵义及其可持续发展/庄寿强//第八届全国区域旅游开发学术研讨会暨西部大开发与黔中旅游经济开发研讨会 2000-08-25
◎关于青岛旅游业高水平发展的几点探讨/李建英 张补宏//第八届全国区域旅游开发学术研讨会暨西部大开发与黔中旅游经济开发研讨会 2000-08-25
◎关于责任编辑的责任区划/李大星//中国编辑学会第五届年会 2000-08-01
◎贵州高原旅游发展刍议——真山真水真情贵州游/李坚诚//第八届全国区域旅游开发学术研讨会暨西部大开发与黔中旅游经济开发研讨会 2000-08-25
◎贵州喀斯特地区发展旅游业的刍议/王勋陵//第八届全国区域旅游开发学术研讨会暨西部大开发与黔中旅游经济开发研讨会 2000-08-25
◎贵州旅游发展滞缓的“廊道效应”分析与对策/孙小珂//第八届全国区域旅游开发学术研讨会暨西部大开发与黔中旅游经济开发研讨会 2000-08-25
◎贵州省国际旅游市场营销的战略思考/黄继元//第八届全国区域旅游开发学术研讨会暨西部大开发与黔中旅游经济开发研讨会 2000-08-25
◎贵州省旅游发展研究/德村志成//第八届全国区域旅游开发学术研讨会暨西部大开发与黔中旅游经济开发研讨会 2000-08-25
◎贵州省旅游交通网络现状分析及对策/鲁敏 梁裴//第八届全国区域旅游开发学术研讨会暨西部大开发与黔中旅游经济开发研讨会 2000-08-25
◎贵州省旅游开发的区域竞争分析及开发对策探讨/肇博 林媚珍//第八届全国区域旅游开发学术研讨会暨西部大开发与黔中旅游经济开发研讨会 2000-08-25
◎贵州省旅游研究回顾与展望/余青 蒋依依//第八届全国区域旅游开发学术研讨会暨西部大开发与黔中旅游经济开发研讨会 2000-08-25
◎后发展地区旅游产业发展战略研究——以贵州省为例/张跃西//第八届全国区域旅游开发学术研讨会暨西部大开发与黔中旅游经济开发研讨会 2000-08-25
◎花一处开——浅谈非重点图书出精品、创“双效”/蓝柏坚//中国编辑学会第五届年会 2000-08-01
◎环保西藏雪山的最佳主题旅游：宗教旅游——以阿里·冈仁波钦神山地域为例/王克陵 孙小珂//第八届全国区域旅游开发学术研讨会暨西部大开发与黔中旅游经济开发研讨会 2000-08-25
◎亟待改善的责编工作现状/侯颖//中国编辑学会第五届年会 2000-08-01
◎加快发展旅游业 推动西部现代化/何江亚//中国现代化与西部大开发学术讨论会 2000-08-01
◎加强贵阳旅游发展，促使黔中旅游经济圈形成/殷红梅 熊康宁//第八届全国区域旅游开发学术研讨会暨西部大开发与黔中旅游经济开发研讨会 2000-08-25
◎交流·融合·碰撞——2000 年海峡两岸昆仑文化考察与学术研讨会综述/谢佐//2000 年青海海峡两岸昆仑文化考察与学术研讨会 2000-08-01
◎角色兼容——现代责任编辑谈/文慧云//中国编辑学会第五届年会 2000-08-01
◎喀斯特溶洞景观开发须注意的几个问题——以杭州市的深洞景观开发为例/周复多//第八届全国区域旅游开发学术研讨会暨西部大开发与黔中旅游经济开发研讨会 2000-08-25
◎旅游开发中的经济问题研究/李培祥//第八届全国区域旅游开发学术研讨会暨西部大开发与黔中旅游经济开发研讨会 2000-08-25
◎略论旅游开发的环境影响评价/李爱贞//第八届全国区域旅游开发学术研讨会暨西部大开发与黔中旅游经济开发研讨会 2000-08-25
◎论编辑在出版企业中的轴心作用/王永亮//中国编辑学会第五届年会 2000-08-01
◎论出版选题资源的保护/韦启福//中国编辑学会第五届年会 2000-08-01
◎论创建旅游产业地理学/张跃西//第八届全国区域旅游开发学术研讨会暨西部大开发与黔中旅游经济开发研讨会 2000-08-25
◎论国土资源与旅游业发展/周进步 冯海霞 薛莹//第八届全国区域旅游开发学术研讨会暨西部大开发与黔中旅游经济开发研讨会 2000-08-25
◎论旅游的“层次”和“参与性”/周进步//第八届全国区域旅游开发学术研讨会暨西部大开发与黔中旅游经济开发研讨会 2000-08-25
◎论区域旅游可持续发展/李永文//第八届全国区域旅游开发学术研讨会暨西部大开发与黔中旅游经济开发研讨会 2000-08-25
◎论西部旅游与西部开发的共生发展/陈绍友//第八届全国区域旅游开发学术研讨会暨西部大开发与黔中旅游经济开发研讨会 2000-08-25
◎论责任编辑的角色特征/陈长荣 朱坤泉//中国编辑学会第五届年会 2000-08-01
◎论知识经济时代责编的创新意识/韩鑫//中国编辑学会第五届年会 2000-08-01
◎面对“入世”的中国编辑/苏彩桃//中国编辑学会第五届年会 2000-08-01
◎面对不容乐观的新闻摄影现状，我们需要——清醒地认识自己无情地解剖自己/张蔚飞//第五届全国报纸总编辑新闻摄影研讨会 2001-08-01
◎面临加入世贸组织图书编辑对版权引进的战略思考/姚文瑞//中国编辑学会第五届年会 2000-08-01
◎黔中地区旅游开发与旅游产业发展建议书/《第八届全国区域旅游开发学术研讨会》全体代表//第八届全国区域旅游开发学术研讨会暨西部大开发与黔中旅游经济开发研讨会 2000-08-25
◎黔中喀斯特旅游资源特色及其旅游业发展探讨/陈广万 黄小黎//第八届全国区域旅游开发学术研讨会暨西部大开发与黔中旅

游经济开发研讨会 2000-08-25
⊙黔中旅游区发展思路/范保守//第八届全国区域旅游开发学术研讨会暨西部大开发与黔中旅游经济开发研讨会 2000-08-25
⊙浅论贵州省黔中地区的文化旅游/王洁//第八届全国区域旅游开发学术研讨会暨西部大开发与黔中旅游经济开发研讨会 2000-08-25
⊙浅议我国东西部旅游合作开发/郑耀星//第八届全国区域旅游开发学术研讨会暨西部大开发与黔中旅游经济开发研讨会 2000-08-25
⊙强势开发三百里晋商黄金旅游带——兼谈最短的欧亚大陆桥/郭康 邱明慧 张聪//第八届全国区域旅游开发学术研讨会暨西部大开发与黔中旅游经济开发研讨会 2000-08-25
⊙青岛市与贵阳市旅游文化资源开发比较研究/高玉玲//第八届全国区域旅游开发学术研讨会暨西部大开发与黔中旅游经济开发研讨会 2000-08-25
⊙认识策划局限，坚守出版理念/叶宁//中国编辑学会第五届年会 2000-08-01
⊙如何发挥政府在旅游业发展中的作用——新加坡个案及其对我国西部旅游开发的启示/马波//第八届全国区域旅游开发学术研讨会暨西部大开发与黔中旅游经济开发研讨会 2000-08-25
⊙少数民族地区旅游业可持续发展问题探讨/黄芳//第八届全国区域旅游开发学术研讨会暨西部大开发与黔中旅游经济开发研讨会 2000-08-25
⊙市场——读者，读物出版的起点和目标/郭天翼//中国编辑学会第五届年会 2000-08-01
⊙试论《徐霞客游记》与贵州旅游资源开发/李辅斌//第八届全国区域旅游开发学术研讨会暨西部大开发与黔中旅游经济开发研讨会 2000-08-25
⊙试论科技类图书编辑的培养/蔡克难//中国编辑学会第五届年会 2000-08-01
⊙试论面向市场图书责任编辑的赢利性思路/郑行栋//中国编辑学会第五届年会 2000-08-01
⊙试论现代编辑所应具备的基本素质 /陈涛//中国编辑学会第五届年会 2000-08-01
⊙试论新形势下图书编辑应具备的素质/魏连//中国编辑学会第五届年会 2000-08-01
⊙试论责任编辑的责任/金维克//中国编辑学会第五届年会 2000-08-01
⊙谈谈新形势下责任编辑如何出色地工作/喻建章//中国编辑学会第五届年会 2000-08-01
⊙谈谈责任编辑和“责编”工作/邵益文//中国编辑学会第五届年会 2000-08-01
⊙谈新时期编辑的社会责任及胜任要素/杨昭茂//中国编辑学会第五届年会 2000-08-01
⊙图书营销时代的编辑行为/刘进社//中国编辑学会第五届年会 2000-08-01
⊙图书责任编辑的工作定位与责任/贾平静//中国编辑学会第五届年会 2000-08-01
⊙图书责任编辑的角色及在市场经济条件下的定位/薛尧//中国编辑学会第五届年会 2000-08-01
⊙网络化时代的编辑工作/高亢 张平慧//中国编辑学会第五届年会 2000-08-01
⊙网络时代图书编辑能做什么/伍恒山//中国编辑学会第五届年会 2000-08-01
⊙西部大开发与河南旅游业的发展/刘桂兰//中国现代化与西部大开发学术讨论会 2000-08-01
⊙西部大开发中的文化构建/田苏苏//中国现代化与西部大开发学术讨论会 2000-08-01
⊙西部旅游开发若干问题的思考与对策/袁书琪//第八届全国区域旅游开发学术研讨会暨西部大开发与黔中旅游经济开发研讨会 2000-08-25
⊙西南旅游景观与贵州旅游名牌建设论/李惠生//第八届全国区域旅游开发学术研讨会暨西部大开发与黔中旅游经济开发研讨会 2000-08-25
⊙现行期刊发展对策仍是加强微观努力与宏观调控/张东//中国编辑学会第五届年会 2000-08-01
⊙新观念、新思路、新方法：贵州旅游业开发的几点思考——兼论西部旅游发展的几个问题/ 张凌云//第八届全国区域旅游开发学术研讨会暨西部大开发与黔中旅游经济开发研讨会 2000-08-25
⊙新形势下贵州旅游资源开发与旅游业发展的思考/殷红梅 梅再美//第八届全国区域旅游开发学术研讨会暨西部大开发与黔中旅游经济开发研讨会 2000-08-25
⊙岩溶洞穴景观的脆弱性与旅游可持续发展/杨明德//第八届全国区域旅游开发学术研讨会暨西部大开发与黔中旅游经济开发研讨会 2000-08-25
⊙沿海内陆过渡带生态旅游资源特色和开发条件分析/黄民生//第八届全国区域旅游开发学术研讨会暨西部大开发与黔中旅游经济开发研讨会 2000-08-25
⊙以旅游农业产业化促进农村城镇化/万德梅//第八届全国区域旅游开发学术研讨会暨西部大开发与黔中旅游经济开发研讨会 2000-08-25
⊙责编的权力与能力/祝国华//中国编辑学会第五届年会 2000-08-01
⊙责任编辑的动议权、修改权与转型权/范达明//中国编辑学会第五届年会 2000-08-01
⊙责任编辑的新责任：知识创新/虞文军//中国编辑学会第五届年会 2000-08-01
⊙责任编辑的主动意识/倪颖生//中国编辑学会第五届年会 2000-08-01
⊙责任编辑定位的再思考/张海潮 李丽菊//中国编辑学会第五届年会 2000-08-01
⊙责任编辑工作环境的营造/田平//中国编辑学会第五届年会 2000-08-01
⊙知识经济时代的贵州旅游资源开发与东西部合作研究/徐君亮 江璐明//第八届全国区域旅游开发学术研讨会暨西部大开发与黔中旅游经济开发研讨会 2000-08-25
⊙中国现代化进程中的大众媒体与西部开发/李敏//中国现代化与西部大开发学术讨论会 2000-08-01
⊙重庆市生态旅游区建设初探/曹华盛//第八届全国区域旅游开发学术研讨会暨西部大开发与黔中旅游经济开发研讨会 2000-08-25
⊙重塑一个你和我——新形势下图书编校过程的新调整/高哲峰//中国编辑学会第五届年会 2000-08-01
⊙抓住西部大开发的机遇，搞好贵阳的旅游开发与建设/孙文昌 王伟 殷红梅//第八届全国区域旅游开发学术研讨会暨西部大开发与黔中旅游经济开发研讨会 2000-08-25
⊙转型期编辑工作的问题与改革刍议 /聂方熙//中国编辑学会第五届年会 2000-08-01
⊙尊重科学规律，避开旅游开发的“误区”——以贵州省为例/

杨龙//第八届全国区域旅游开发学术研讨会暨西部大开发与黔中旅游经济开发研讨会 2000-08-25
◎保护北京文物资源有必要与弘扬传统工艺同步/李苍彦//面向2049年北京的文物保护及其现代化管理学术研讨会 2000-09-01
◎必须正确处理保护文物与发展旅游的关系/谢辰生//面向2049年北京的文物保护及其现代化管理学术研讨会 2000-09-01
◎古都文化第一街——从北京城市文化谈朝阜路/刘秀晨//面向2049年北京的文物保护及其现代化管理学术研讨会 2000-09-01
◎关于新世纪北京文物保护与管理的若干想法/景爱//面向2049年北京的文物保护及其现代化管理学术研讨会 2000-09-01
◎吉林省县域突破战略实施对策研究/长春邮电学院课题组//吉林省经济社会热点问题研究 2000-09-01
◎京都寺庙与当代庙会文化的兴盛/习五一//面向2049年北京的文物保护及其现代化管理学术研讨会 2000-09-01
◎温州市五马街土地再开发和旧商业区的复兴/陈金武//2000海峡两岸土地学术研讨会 2000-09-01
◎无限风光在未央——西安市未央区区情简介//司马迁与《史记》国际学术研讨会 2000-09-01
◎把握前进方向，推进文化建设——学习江泽民同志重要论述的一点体会/龙新民 张文启 王学勤//“邓小平理论与21世纪中国”理论研讨会 2000-10-01
◎从全球化的角度看中国文化遗产保护面临的挑战与机遇/吕舟//中国紫禁城学会第三次学术讨论会 2000-10-01
◎对我国发展观光农业的生态经济学思考/冯维波//中国生态经济学会第五届会员代表大会暨全国生态建设研讨会 2000-10-01
◎福建东山宗教与生态旅游的评价与建议/黄瞰 方百寿//中国生态经济学会第五届会员代表大会暨全国生态建设研讨会 2000-10-01
◎建设生态旅游农业 提高农场经济效益/郑海明//中国热带作物学会六届二次理事会暨学术研讨会 2000-10-01
◎江西省生态旅游业发展战略及对策/鄢帮有 张其海//中国生态经济学会第五届会员代表大会暨全国生态建设研讨会 2000-10-01
◎论宗教旅游的生态化趋向/方百寿//中国生态经济学会第五届会员代表大会暨全国生态建设研讨会 2000-10-01
◎名城成都历史文化遗产保护与展现的基本构想/郑小明//建筑史论文集（第13辑）2000-10-01
◎名城视野中的设计与思考/于海民//中国文物学会传统建筑园林委员会第十三届学术研讨会 2000-10-01
◎生态旅游的可持续发展/凌泽芝//中国生态经济学会第五届会员代表大会暨全国生态建设研讨会 2000-10-01
◎生态旅游区管理与开发研究——以鼎湖山生物圈保护区为例/丹健//中国生态经济学会第五届会员代表大会暨全国生态建设研讨会 2000-10-01
◎生态旅游与环境保护/刘玉凯//中国生态经济学会第五届会员代表大会暨全国生态建设研讨会 2000-10-01
◎我国三大传统景园之比较/刘管平 孟丹//中国文物学会传统建筑园林委员会第十三届学术研讨会 2000-10-01
◎我国西北大开发中生态建设的目的、原则、技术路线、方法及措施（提纲）/颜京松//2000年全国农业地学学术研讨会 2000-10-01
◎西安地区文物展示系统布局探微//中国文物学会传统建筑园林委员会第十三届学术研讨会 2000-10-01
◎以邓小平理论引导大众文化健康发展/朱效梅//“邓小平理论与21世纪中国”理论研讨会 2000-10-01
◎WTO：中国第三产业面临的冲击与发展/李江帆//新经济与两岸四地经济交流协作——第六届“中华经济协作系统”研讨会 2000-11-01
◎发挥古都优势 做大旅游产业//中国古都学会2000年学术年会暨中华古都徐州历史文化资源开发研讨会 2000-11-01
◎广东省滨海旅游与海洋经济的关系及发展前景/郭晋杰//第六届广东海洋湖沼学会、第五届广东海洋学会会员代表大会暨学术讨论会 2000-11-01
◎汉文化与旅游业——对徐州开发旅游产品发展大旅游的思考/张秀华//中国古都学会2000年学术年会暨中华古都徐州历史文化资源开发研讨会 2000-11-01
◎开发文物资源 繁荣旅游经济/王恺 王凌//中国古都学会2000年学术年会暨中华古都徐州历史文化资源开发研讨会 2000-11-01
◎南京滨江景观建设初探/王能伟//中国古都学会2000年学术年会暨中华古都徐州历史文化资源开发研讨会 2000-11-01
◎试论“两汉文化看徐州”/朱浩熙//中国古都学会2000年学术年会暨中华古都徐州历史文化资源开发研讨会 2000-11-01
◎试论广告中的知识产权问题/朱妙春//中国律师2000年大会 2000-11-01
◎徐州旅游资源及其开发利用/李慕寒//中国古都学会2000年学术年会暨中华古都徐州历史文化资源开发研讨会 2000-11-01
◎粤西海滨旅游资源开发的总体思路/陈万灵//第六届广东海洋湖沼学会、第五届广东海洋学会会员代表大会暨学术讨论会 2000-11-01
◎编辑人员的专业水平与科技期刊的学术质量/朱金才//学报编辑论丛（第九集）2000-12-01
◎编辑要用科学精神抵制伪科学/陈冀青 李晓红 冯保初//学报编辑论丛（第九集）2000-12-01
◎博物馆建设管理与旅游经济之我见/陈福亮//浙江省博物馆学会第一届学术研讨会 2000-12-01
◎博物馆与媒体/蔡琴//浙江省博物馆学会第一届学术研讨会 2000-12-01
◎出版技术的现代化发展趋势/顾凤南 陈光宇//学报编辑论丛（第九集）2000-12-01
◎长城绿色工程考察报告//西部大开发 建设绿色家园考察报告 2000-12-01
◎对我国体育类博物馆发展的几点思考/崔乐泉//北京博物馆学会第三届学术会议 2000-12-01
◎发展服务 扩大内需/杨文兵//经济全球化和技术经济发展研讨会 2000-12-01
◎馆际交流与联合发展——漫议中国书名家纪念馆联会/卢炘//浙江省博物馆学会第一届学术研讨会 2000-12-01
◎湖南省区域经济发展战略与开发布局研究/廖良才 谭跃进 陈英武 戴绍利//面向复杂系统的管理理论与信息系统技术学术会议 2000-12-01
◎建设生态城市 走向生态文明/苏泽群 徐洪喜 曾正云 孙江//珠海—澳门生态城市建设学术讨论会 2000-12-01
◎江西科技期刊有待进一步明确和提高的几个问题/柳志慎//学报编辑论丛（第九集）2000-12-01
◎进一步弘扬桂林喀斯特生态旅游重拳击响全球名牌效应/吴应科//全国老科技工作者为西部大开发再做贡献研讨会暨第三次西南石山地区扶贫开发研讨会 2000-12-01
◎开发江河源生态旅游资源是振兴玉树经济的突破口/杨学武//“西部大开发 我们怎么办”——青海省统计有奖征文优秀论文

集 2000-12-01
⊙科技期刊进入国际重要检索系统的问题及对策/顾兆平//学报编辑论丛（第九集）2000-12-01
⊙略论学术期刊的特征与特色/鞠德峰 于卫//学报编辑论丛（第九集）2000-12-01
⊙论使更多的观众走进博物馆/苏艳//北京博物馆学会第三届学术会议 2000-12-01
⊙论网络技术与编辑工作/刘岸挺 余铭//学报编辑论丛（第九集）2000-12-01
⊙论新形势下博物馆的陈列展览/鲍复兴 蔡琴//浙江省博物馆学会第一届学术研讨会 2000-12-01
⊙论专题展览对博物馆建设的重要作用/林淑英//北京博物馆学会第三届学术会议 2000-12-01
⊙浅谈博物馆的市场化经营/吴秀荣//北京博物馆学会第三届学术会议 2000-12-01
⊙浅谈县级博物馆的生存与发展/叶坚红//浙江省博物馆学会第一届学术研讨会 2000-12-01
⊙浅析宣传促销在博物馆旅游中的意义/李莹//北京博物馆学会第三届学术会议 2000-12-01
⊙市场经济条件下博物馆的思想道德规范建设/于立元//探索 创新 发展 2000-12-01
⊙试论市场经济与现代博物馆管理/吴秋华//浙江省博物馆学会第一届学术研讨会 2000-12-01
⊙试述中国历史博物馆的网站特点/肖飞//北京博物馆学会第三届学术会议 2000-12-01
⊙探索故居/牛兆林//北京博物馆学会第三届学术会议 2000-12-01
⊙挑战与对策：西部大开发中的四川邮政//四川省通信学会 2000 年学术年会 2000-12-01
⊙外国传媒与反邪教斗争/文有仁//中国反邪教协会第一次报告会暨学术讨论会 2000-12-01
⊙文献计量学方法在我国科技期刊评价研究中的应用/邓晓群 沈志超 单晓巍//学报编辑论丛（第九集）2000-12-01
⊙西部大开发如何适应经济全球化——发挥地域特色和资源优势开发西部/陈安富//全国老科技工作者为西部大开发再做贡献研讨会暨第三次西南石山地区扶贫开发研讨会 2000-12-01
⊙学习“三个代表”思想 迎接加入 WTO 的挑战/朱德培//学报编辑论丛（第九集）2000-12-01
⊙与旅游业共同发展是加快十三陵博物馆事业发展的重要途径——兼论二十一世纪明十三陵博物馆事业的发展思路/化蕾//北京博物馆学会第三届学术会议 2000-12-01
⊙知识经济对科技期刊编辑出版的影响/聂咏国//学报编辑论丛（第九集）2000-12-01
⊙知识经济呼唤高素质编辑人才/王金莲//学报编辑论丛（第九集）2000-12-01

2001 年

⊙“狼来了”：好莱坞与中国电影市场，1994 至 2000 年/骆思典 孙绍谊//首届中国影视高层论坛 2001-01-01
⊙“文化帝国主义”的传播扩张与中国影视文化的反弹——加入 WTO，中国影视艺术的文化传播学思考/孟建//首届中国影视高层论坛 2001-01-01
⊙悖论与选择——“全球化”语境中华语电影现代化民族化问题之省思/陈旭光//首届中国影视高层论坛 2001-01-01
⊙传媒全球化及与其相关的一些理论和议题/洪浚浩//首届中国影视高层论坛 2001-01-01
⊙当代大众文化与中国大众文化学/王一川//首届中国影视高层论坛 2001-01-01
⊙电影美学：步入新世纪的困惑/张振华 秦玉兰//首届中国影视高层论坛 2001-01-01
⊙对发展黄河风情旅游前景及环境生态问题的思考/金德美 刘文君//UNDP 妇女与环境国际研讨会 2001-01-01
⊙关于释放广电生产力的思考/张建平//首届中国影视高层论坛 2001-01-01
⊙广播电视技术的新发展/杜百川//首届中国影视高层论坛 2001-01-01
⊙好莱坞的全球化策略与中国电影的发展/尹鸿 萧志伟//首届中国影视高层论坛 2001-01-01
⊙加入 WTO，对中国电视命运的思考/张凤铸//首届中国影视高层论坛 2001-01-01
⊙跨世纪中国电影艺术与商业观念辨析/周星//首届中国影视高层论坛 2001-01-01
⊙力量游戏：全球化过程中世界电视业的市场重构/陆晔//首届中国影视高层论坛 2001-01-01
⊙企业科技期刊与企业科技进步——《江汉石油科技》办刊实践略谈/康新荣//中国科学技术期刊编辑学会 2001 年会综合学术年会 2001-12-01
⊙千禧回望：“内向化”的含义——中国早期电影的“另类的现代性”的价值/张颐武//首届中国影视高层论坛 2001-01-01
⊙全球化和中国民族电影的文化战略/颜纯钧//首届中国影视高层论坛 2001-01-01
⊙全球化语境下的中华民族影视艺术/彭吉象//首届中国影视高层论坛 2001-01-01
⊙视觉文化语境中的电影/周宪//首届中国影视高层论坛 2001-01-01
⊙网台分离——中国电视改革的一种新思路/苗棣//首届中国影视高层论坛 2001-01-01
⊙新时期公益性群众文化市场化运作的几点思考/刘贤华//荆楚文化与民俗论丛（1997-2001）湖北省群众文化获奖论文汇编 2001-12-01
⊙虚拟还是现实——再描广播电视媒介的市场竞争版图/黄升民//首届中国影视高层论坛 2001-01-01
⊙虚拟现实主义和后电影理论——数字时代的电影制作和电影观念/陈犀禾//首届中国影视高层论坛 2001-01-01
⊙亚洲电视节目的国际化/麦克·金//首届中国影视高层论坛 2001-01-01
⊙有中国特色社会主义的图书生产/巢峰//炎黄子孙丛刊（1）——论社会主义初级阶段之文化建设 2001-01-01
⊙中国电视节目生产“本土化”的战略目标与对策/胡智锋//首届中国影视高层论坛 2001-01-01
⊙中国纪录片跨世纪三大演变/李亦中//首届中国影视高层论坛 2001-01-01
⊙中国武侠动作电影的国际化进程/贾磊磊//首届中国影视高层论坛 2001-01-01
⊙电影表演需要理论——《表演艺术教程——演员学习手册》序言/郑雪来//第八届电影表演艺术学会奖颁奖大会 2001-04-01
⊙关于湖泊、水库游览船推广使用环保船的建议/王秀祝 张立宏 周江华//内河船舶防污染研讨会 2001-04-01
⊙重提“本色第一”的表演观念/邵牧君//第八届电影表演艺术学会奖颁奖大会 2001-04-01

◎灰关联理论在旅游业因素分析中的应用/吕锋 石敏//2001 中国控制与决策学术年会 2001-05-01
◎“世界遗产”对历史城市发展的影响和意义——兼谈苏州古城的多重价值/徐文涛 陆咸 周苏宁//北海学术研讨会 海峡两岸传统民居研讨会 古建园林发展研讨会 2001-06-30
◎20 世纪徐学研究的回顾与反思/徐建春 杨树锋 丁洪建//2001 舟山徐霞客旅游文化研讨会暨浙江省徐霞客研究会第二届会员代表大会 2001-06-30
◎保护与开发并重 开展生态旅游——河南省自然保护区发展现状及展望/韩新华 李长海//中国植物学会植物园分会第十六次学术讨论会 2001-06-30
◎编辑创新论/李由//出版科学探索论文集第 5 辑 2001-06-01
◎出版全球化与中国出版走向世界/刘国瑛//出版科学探索论文集第 5 辑 2001-06-01
◎创建我国图书出版现代企业制度/陈敬//出版科学探索论文集第 5 辑 2001-06-01
◎从《徐霞客游记》看仙霞古道的旅游开发价值/徐志忠//2001 舟山徐霞客旅游文化研讨会暨浙江省徐霞客研究会第二届会员代表大会 2001-06-30
◎从国家创新体系看出版业在知识经济中的地位和作用/苏仁进//出版科学探索论文集第 5 辑 2001-06-01
◎打破图书贸易壁垒/张训智//出版科学探索论文集第 5 辑 2001-06-01
◎大出版 大产业 大发展——湖南出版“十五”规划之我见/刘孝纯//出版科学探索论文集第 5 辑 2001-06-01
◎电影文化的审美阐释/王臻中//春华秋实——江苏省美学学会(1981—2001)纪念文集 2001-06-30
◎读徐霞客想及择定“中国旅游日”问题/石在曾俊伟//2001 舟山徐霞客旅游文化研讨会暨浙江省徐霞客研究会第二届会员代表大会 2001-06-30
◎对傣剧现状及未来发展的思考/杨树忠//云南省少数民族戏剧发展研讨会 2001-06-30
◎对徐霞客《游太和山路线图》之订补/冯岁平//2001 舟山徐霞客旅游文化研讨会暨浙江省徐霞客研究会第二届会员代表大会 2001-06-30
◎古籍出版，回顾与前瞻/丁双平//出版科学探索论文集第 5 辑 2001-06-01
◎关于出版业集团化的几点思考/戴军//出版科学探索论文集第 5 辑 2001-06-01
◎关于传统建筑古典园林的继承和发展问题的探讨/崔晋余//北海学术研讨会 海峡两岸传统民居研讨会 古建园林发展研讨会 2001-06-30
◎关于经营的一点思考/欧阳勋//出版科学探索论文集第 5 辑 2001-06-01
◎关于体育学术期刊引入竞争机制的思考/陈戎//科技编辑出版研究文集（第六集）2001-06-30
◎关于文物旅游的思考题纲/魏正瑾//中国文物学会通讯 2001、2002 年合订本 2001-06-30
◎河南文物世纪回眸/杨焕成//中国文物学会通讯 2001、2002 年合订本 2001-06-30
◎湖南出版集团经营环境分析与发展战略选择的思考/高军//出版科学探索论文集第 5 辑 2001-06-01
◎湖南图书出版产业发展面临的问题与应对的策略/曾主陶//出版科学探索论文集第 5 辑 2001-06-01
◎花溪镇社区建设调查研究报告/吴晓萍 杨胜勇//贵州省社会学学会“21 世纪贵州社会发展研讨会”暨 2001 年学术年会 2001-06-30
◎计算机信息网络中版权保护的新发展/蒋茂凝//出版科学探索论文集第 5 辑 2001-06-01
◎继往开来，与时俱进 开创文物旅游新局面——在南京文物与旅游研讨会上的发言/彭卿云// 中国文物学会通讯 2001、2002 年合订本 2001-06-30
◎加强南亚热带植物园建设 促进热带生态旅游的发展/罗萍//中国植物学会植物园分会第十六次学术讨论会 2001-06-30
◎加强专类园建设，提高鼎湖山树木园的各项功能/黄忠良 叶万辉//中国植物学会植物园分会第十六次学术讨论会 2001-06-30
◎加入 WTO 后我国文化产业面临的冲击与挑战/丁然//首都理论界纪念中国共产党建党 80 周年理论研讨会 2001-06-30
◎进一步开发利用舟山旅游资源之我见/李子渝//2001 舟山徐霞客旅游文化研讨会暨浙江省徐霞客研究会第二届会员代表大会 2001-06-30
◎科技期刊编校中的离“标”失范现象、原因及对策/张安福//科技编辑出版研究文集（第六集）2001-06-30
◎科技期刊的立足之本与市场定位雏议/王晴 刘怡//科技编辑出版研究文集（第六集）2001-06-30
◎科学认识“先进文化”不断推进文化建设/汪辉//江苏省科社学会 2001 年年会 2001-06-30
◎立足博物馆，合理运用文物资源 建设精品旅游景区/吴永琪//中国文物学会通讯 2001、2002 年合订本 2001-06-30
◎路在何方——浅论出版业的改革/彭兆平//出版科学探索论文集第 5 辑 2001-06-01
◎略论西部大开发中民族文化资源和文化生态的保护/段超//生态环境与民族发展研讨会 2001-06-30
◎论大学出版社的出书特色/黄尚安//出版科学探索论文集第 5 辑 2001-06-01
◎论构想/李甫春//中国民族理论学会第六届理事会、第七次全国民族理论学术讨论会暨第九次顾问座谈会 2000-06-30
◎论苗居建筑文化特质/李先逵//北海学术研讨会 海峡两岸传统民居研讨会 古建园林发展研讨会 2001-06-30
◎论社办期刊的发展/马如俊 杨俊杰//出版科学探索论文集第 5 辑 2001-06-01
◎论市场经济条件下科技期刊的生存与发展/魏晓//出版科学探索论文集第 5 辑 2001-06-01
◎论文物景点在我国旅游业的战略位置及发展对策/朱光来//中国文物学会通讯 2001、2002 年合订本 2001-06-30
◎论作为社会文化行为的编辑之责任/龚维忠//出版科学探索论文集第 5 辑 2001-06-01
◎南京六朝旅游文化发展之我见/王波//南京区域文化与旅游产业学术研讨会 2001-06-30
◎努力提高新闻出版行业党员领导干部的政治敏锐性和政治鉴别力/宋军//出版科学探索论文集第 5 辑 2001-06-01
◎衢州市增设生态旅游区的思考/陈谅闻 郑丽能//2001 舟山徐霞客旅游文化研讨会暨浙江省徐霞客研究会第二届会员代表大会 2001-06-30
◎山岳文化的美学内涵和审美体验/张振华//2001 山岳文化国际学术研讨会 2001-06-30
◎深化出版科研服务出版工作（代序）/刘鸣泰//出版科学探索论文集第 5 辑 2001-06-01
◎深化出版理论研究 促进出版事业繁荣 推动出版产业发展/陈满之出版科学探索论文集第 5 辑 2001-06-01

◎世纪之初话茶业/陆尧//2001 年上海国际茶文化节论文 2001-06-30

◎市场化的出版业中策划编辑的重要性/何炜//科技编辑出版研究文集（第六集）2001-06-30

◎试论苏州的寺庙园林/宋永华//北海学术研讨会；海峡两岸传统民居研讨会 古建园林发展研讨会 2001-06-30

◎试论文物保护与合理利用的辩证关系/童登金//中国文物学会通讯 2001、2002 年合订本 2001-06-30

◎试谈知识经济与书业创新/宋旭东//出版科学探索论文集第 5 辑 2001-06-01

◎试析图书精品的标准与特征/章红立//出版科学探索论文集第 5 辑 2001-06-01

◎提高核科技期刊质量 增强核科技期刊的影响力/张利//科技编辑出版研究文集（第六集）2001-06-30

◎挑战与对策/刘宏均 潘晓山//出版科学探索论文集第 5 辑 2001-06-01

◎突出特色 发挥优势——桂林植物园的功能建设/李锋 周太久 黄仕训//中国植物学会植物园分会第十六次学术讨论会 2001-06-30

◎图书编辑角色的转换/符本清//出版科学探索论文集第 5 辑 2001-06-01

◎图书市场之现状与我们的对策/苏灿明//出版科学探索论文集第 5 辑 2001-06-01

◎退货，发行体制改革新阶段的启示/戴佐才//出版科学探索论文集第 5 辑 2001-06-01

◎文物是中国旅游的重要资源/白宁//中国文物学会通讯 2001、2002 年合订本 2001-06-30

◎我国科技期刊出版周期分析/冯远景 陈希宁//科技编辑出版研究文集（第六集）2001-06-30

◎新形势下编辑的素质/袁瑞华 秦瑜//科技编辑出版研究文集（第六集）2001-06-30

◎新中国文物保护工作五十年（提纲）/谢辰生//中国文物学会通讯 2001、2002 年合订本 2001-06-30

◎徐霞客《金华三洞游》游记的旅游价值和旅游开发研究/童斌//2001 舟山徐霞客旅游文化研讨会暨浙江省徐霞客研究会第二届会员代表大会 2001-06-30

◎徐霞客出游考述/邬秋龙//2001 舟山徐霞客旅游文化研讨会暨浙江省徐霞客研究会第二届会员代表大会 2001-06-30

◎徐霞客旅游投宿的考察/郑祖安//2001 舟山徐霞客旅游文化研讨会暨浙江省徐霞客研究会第二届会员代表大会 2001-06-30

◎徐霞客情怀激越走台州/徐达会 //2001 舟山徐霞客旅游文化研讨会暨浙江省徐霞客研究会第二届会员代表大会 2001-06-30

◎徐霞客衢州赞奇观/吕锡生//2001 舟山徐霞客旅游文化研讨会暨浙江省徐霞客研究会第二届会员代表大会 2001-06-30

◎徐霞客与普陀落迦——兼论“海天佛国”的可持续发展/陈桥驿//2001 舟山徐霞客旅游文化研讨会暨浙江省徐霞客研究会第二届会员代表大会 2001-06-30

◎徐霞客在民族调查研究中的贡献/胡积德//2001 舟山徐霞客旅游文化研讨会暨浙江省徐霞客研究会第二届会员代表大会 2001-06-30

◎寻霞客行迹 道普陀忧思/石在 李军//2001 舟山徐霞客旅游文化研讨会暨浙江省徐霞客研究会第二届会员代表大会 2001-06-30

◎彝剧表演艺术应当走新路/包钢//云南省少数民族戏剧发展研讨会 2001-06-30

◎以繁荣市场为目标 以深化改革促发展/易玄德//出版科学探索论文集第 5 辑 2001-06-01

◎运用知识经济对策 优化科技期刊管理/熊楚才//出版科学探索论文集第 5 辑 2001-06-01

◎增强竞争意识，促进科技期刊发展/霍霆//科技编辑出版研究文集（第六集）2001-06-30

◎浙江名山的传说圈及旅游开发/陈华文//2001 山岳文化国际学术研讨会 2001-06-30

◎浙江省地热（温泉）资源及其对比研究/陈良富//2001 舟山徐霞客旅游文化研讨会暨浙江省徐霞客研究会第二届会员代表大会 2001-06-30

◎知识经济与出版创新/肖凌之//出版科学探索论文集第 5 辑 2001-06-01

◎纸磁光电同繁荣 出版产业大发展/柳富全//出版科学探索论文集第 5 辑 2001-06-01

◎中国人对大自然之爱——徐霞客及其早期的旅游活动/亨利·斯瓦茨 曾俊伟//2001 舟山徐霞客旅游文化研讨会暨浙江省徐霞客研究会第二届会员代表大会 2001-06-30

◎中国徐学研究重在促进社会发展/张宏仁//2001 舟山徐霞客旅游文化研讨会暨浙江省徐霞客研究会第二届会员代表大会 2001-06-30

◎舟山旅游地学资源研究/陈良富//2001 舟山徐霞客旅游文化研讨会暨浙江省徐霞客研究会第二届会员代表大会 2001-06-30

◎祝原文化部咸宁干校以“向阳湖文化名人旧址”列入湖北省第四批文物保护单位，兼谈积极着手选列社会主义时期文物保护单位的问题/罗哲文//中国文物学会通讯 2001、2002 年合订本 2001-06-30

◎抓住机遇 在竞争中求发展/刘自成//出版科学探索论文集第 5 辑 2001-06-01

◎转变思想观念 发展期刊产业/罗永康//出版科学探索论文集第 5 辑 2001-06-01

◎保护与开发利用并举——关于布依族传统文化的思考/胡萍//贵州省布依学会第三届会员代表大会暨第七次学术讨论会 2001-07-01

◎布依族地区旅游资源开发思考/莫新华//贵州省布依学会第三届会员代表大会暨第七次学术讨论会 2001-07-01

◎产业规模不足 广告经营乏力 中国期刊业：困境·机遇·空间//中国期刊发展趋势研讨会 2001-07-01

◎乘西部大开发之东风 发展布依族特色旅游——安顺市旅游开发之我见/伍忠仕 伍忠辉//贵州省布依学会第三届会员代表大会暨第七次学术讨论会 2001-07-01

◎赤峰文化资源开发刍议/郭宗明 赵明奇//中国古都学会 2001 年年会暨赤峰辽王朝故都历史文化研讨会 2001-07-01

◎充分利用红山文化和辽代文化资源发展赤峰旅游产业/王瑞金 赵国栋//中国古都学会 2001 年年会暨赤峰辽王朝故都历史文化研讨会 2001-07-01

◎发挥文化资源优势建设“红山文化部落图”/钱伟臣 赵爱民 张国明//中国古都学会 2001 年年会暨赤峰辽王朝故都历史文化研讨会 2001-07-01

◎广州古都文明与旅游文化/刘亦文//中国古都学会 2001 年年会暨赤峰辽王朝故都历史文化研讨会 2001-07-01

◎竞争白热化环境下的期刊管理与营销/海茵兹//中国期刊发展趋势研讨会 2001-07-01

◎竞争环境日益严峻——国际期刊业走势展望/保尔曼//中国期刊发展趋势研讨会 2001-07-01

◎林甸县地热资源勘探及开发利用前景/徐凤阁 李力学//中国西

部地热资源开发战略研究论文集 2001-07-01

◎略论草原多功能与发展草原生态旅游/陈佐忠 王艳芬//国际草业（草地）学术大会 2001-07-01

◎论贵州“民族文化村”——以布依族为中心/陈玉平//贵州省布依学会第三届会员代表大会暨第七次学术讨论会 2001-07-01

◎美国期刊短讯//中国期刊发展趋势研讨会 2001-07-01

◎黔南民族文化资源的开发与定位/伍强力//贵州省布依学会第三届会员代表大会暨第七次学术讨论会 2001-07-01

◎浅论贵州少数民族地区旅游资源的开发/范莉娜//贵州省布依学会第三届会员代表大会暨第七次学术讨论会 2001-07-01

◎浅议布依族民俗旅游开发/卢延庆//贵州省布依学会第三届会员代表大会暨第七次学术讨论会 2001-07-01

◎认真研究 WTO，加快我国出版业的发展/邬书林//中国发展趋势研讨会 2001-07-01

◎试论布依族地区文化资源的开发利用及文化产业的发展/樊敏//贵州省布依学会第三届会员代表大会暨第七次学术讨论会 2001-07-01

◎苏州旅游发展长短论/叶骁军//中国古都学会 2001 年年会暨赤峰辽王朝故都历史文化研讨会 2001-07-01

◎为国际杂志出版商进入中国市场支招儿——美国商务传媒公司推出《中国出版一览》白皮书/张伯海//中国期刊发展趋势研讨会 2001-07-01

◎西藏旅游开发及其可持续发展/徐雅梅 李萍//国际草业（草地）学术大会 2001-07-01

◎西方期刊出版强手谈亚太地区期刊市场：可及的丰腴之地//中国期刊发展趋势研讨会 2001-07-01

◎新闻出版总署关于进一步加强社会文化生活类报刊管理的通知//中国期刊发展趋势研讨会 2001-07-01

◎寻找突破点——中国期刊战略发展研讨会侧记/中国期刊发展趋势研讨会 2001-07-01

◎云南地热资源与开发/朱培秋 姜常刚//中国西部地热资源开发战略研究论文集 2001-07-01

◎云南罗平及周边布依族的民族风情及旅游资源/罗祖虞//贵州省布依学会第三届会员代表大会暨第七次学术讨论会 2001-07-01

◎再一次讨论文化信息命题——电子在推动走近文化业时代/罗沛霖//中国电子学会第七届学术年会 2001-07-01

◎中国期刊发展趋势研讨会在深圳召开//中国期刊发展趋势研讨会 2001-07-01

◎重塑贵州旅游形象的构想/杨路塔//贵州省布依学会第三届会员代表大会暨第七次学术讨论会 2001-07-01

◎“入世”与中国出版人的使命/何娅//中国编辑学会第六届年会 2001-08-01

◎“三个代表”的重要思想指引着出版事业的发展/董晋骞//中国编辑学会第六届年会 2001-08-01

◎“一部两制”寻突破 市场运作求发展 宁夏日报创办《时代聚焦》新闻摄影周刊促报纸图片运用的认识和体会/苏保伟//第五届全国报纸总编辑新闻摄影研讨会 2001-08-01

◎边疆民族文化的保护、开发与兴边富民/青觉 谢广民//第十次全国民族理论专题学术讨论会 2001-08-01

◎编辑工作的新概念/吴娟 郑霄阳//中国编辑学会第六届年会 2001-08-01

◎编辑要能够把握自己——面对“入世”的一点思考/刘东风//中国编辑学会第六届年会 2001-08-01

◎编一本小书所学到的/喻纬//中国编辑学会第六届年会 2001-08-01

◎策划编辑与图书市场/常一武//中国编辑学会第六届年会 2001-08-01

◎长春净月潭旅游经济开发区简介//第八届海峡两岸城市发展研讨会 2001-08-01

◎出版产业的发展对编辑工作提出的要求/韩华//中国编辑学会第六届年会 2001-08-01

◎出版企业组建市场部初探/陈建华//中国编辑学会第六届年会 2001-08-01

◎出版业发展与编辑工作新思路/周伟元//中国编辑学会第六届年会 2001-08-01

◎出书结构调整直面的几重关系/谢清风//中国编辑学会第六届年会 2001-08-01

◎创新——学报编辑工作的灵魂/张保芬//中国编辑学会第六届年会 2001-08-01

◎当前摄影记者面对的五个流行概念/于文国//第五届全国报纸总编辑新闻摄影研讨会 2001-08-01

◎地方旅游业管理 GIS 开发/王莹 王铮//海峡两岸地理学术研讨会暨 2001 年学术年会 2001-08-01

◎地理学与旅游研究之间文化界面的考察/路紫 张静//海峡两岸地理学术研讨会暨 2001 年学术年会 2001-08-01

◎电子出版时代编辑新思路/朱诠//中国编辑学会第六届年会 2001-08-01

◎对编辑加工质量检查的一点思考/付虹//中国编辑学会第六届年会 2001-08-01

◎对编辑角色的认识误区/许尔兵//中国编辑学会第六届年会 2001-08-01

◎福州市旅游商业发展现状及开发研究/韦素琼//海峡两岸地理学术研讨会暨 2001 年学术年会 2001-08-01

◎关于安徽省旅游业发展若干问题的探讨/周秉根 万荣荣 刘万青//海峡两岸地理学术研讨会暨 2001 年学术年会 2001-08-01

◎关于少儿科普读物出版的思考/刘卫华//中国编辑学会第六届年会 2001-08-01

◎关注作者：编辑工作的重中之重——从我国近代出版界的优良传统谈起/杜燕//中国编辑学会第六届年会 2001-08-01

◎湖北省旅游客流系统研究/魏卫//海峡两岸地理学术研讨会暨 2001 年学术年会 2001-08-01

◎基于 GIS 的国家级风景名胜区管理决策系统的开发/李超勤 王铮//海峡两岸地理学术研讨会暨 2001 年学术年会 2001-08-01

◎基于 GIS 的旅游研究——以著名风景名胜区为例/蒋轶红 王铮 李山 王瑛 周嵬//海峡两岸地理学术研讨会暨 2001 年学术年会 2001-08-01

◎基于 PRED 协调的风景名胜区旅游设施建设初探——以风景名胜区索道建设为例/李山//海峡两岸地理学术研讨会暨 2001 年学术年会 2001-08-01

◎科普编辑素质的时代变迁/匡志强//中国编辑学会第六届年会 2001-08-01

◎论编辑创新要素/李由//中国编辑学会第六届年会 2001-08-01

◎论编辑人员素质的立体构成/孙关龙//中国编辑学会第六届年会 2001-08-01

◎论图书的选题策划与营销策划/郑绍辉//中国编辑学会第六届年会 2001-08-01

◎论网络时代的编辑工作和编辑素质 /顾素萍//中国编辑学会第六届年会 2001-08-01

◎论新形势下编辑角色的调适/方卿//中国编辑学会第六届年会

2001-08-01

⊙论兴边富民与发展地域民族文化/张佳生//第十次全国民族理论专题学术讨论会 2001-08-01

⊙面对入世，出版业该做些什么//蔡克难//中国编辑学会第六届年会 2001-08-01

⊙品牌战略，出版社可持续发展的战略/林阳//中国编辑学会第六届年会 2001-08-01

⊙浅谈期刊编辑的综合素质/陈力强//中国编辑学会第六届年会 2001-08-01

⊙浅析当前仪表及自动化图书出版的特点/刘哲//中国仪器仪表学会第三届青年学术会议 2001-08-01

⊙浅析严肃报纸使用图片的误区/莫定有//第五届全国报纸总编辑新闻摄影研讨会 2001-08-01

⊙让新闻摄影"重"起来//第五届全国报纸总编辑新闻摄影研讨会 2001-08-01

⊙日本人出国旅游的地域性动态研究/王承云//海峡两岸地理学术研讨会暨 2001 年学术年会 2001-08-01

⊙山西省城镇化发展的现状与对策/曹昌智//第八届海峡两岸城市发展研讨会 2001-08-01

⊙摄影的力量/杨殿军 郭存发//第五届全国报纸总编辑新闻摄影研讨会 2001-08-01

⊙摄影通联 无网不胜/韩世祺//第五届全国报纸总编辑新闻摄影研讨会 2001-08-01

⊙生态旅游的理念与实践：台湾原住民部落的观点/黄跃雯//海峡两岸地理学术研讨会暨 2001 年学术年会 2001-08-01

⊙市场意识是新闻摄影发展的新动力/朱宜学//第五届全国报纸总编辑新闻摄影研讨会 2001-08-01

⊙试论出版创新/徐鸿钧//中国编辑学会第六届年会 2001-08-01

⊙试论福建的可持续发展文化/王晓文//海峡两岸地理学术研讨会暨 2001 年学术年会 2001-08-01

⊙试论新闻摄影机构如何适应现代报业发展需要/钱捍 王军//第五届全国报纸总编辑新闻摄影研讨会 2001-08-01

⊙试论知识经济条件下的编辑文化素质/杨小岩//中国编辑学会第六届年会 2001-08-01

⊙试论中国出版业如何走向世界/赵安民//中国编辑学会第六届年会 2001-08-01

⊙试谈以图片带版面/王大斌//第五届全国报纸总编辑新闻摄影研讨会 2001-08-01

⊙数字化活动：新世纪出版人的必由之路——谈 e-book、网上出版和电子商务/肖飞飞//中国编辑学会第六届年会 2001-08-01

⊙数字化与出版业未来的生存和发展/廖晓红//中国编辑学会第六届年会 2001-08-01

⊙数字时代我国编辑出版学教育变革的思考/黄先蓉//中国编辑学会第六届年会 2001-08-01

⊙台北县观光休闲与发展策略/曾参宝//第八届海峡两岸城市发展研讨会 2001-08-01

⊙谈谈新形势下编辑队伍的建设/田平//中国编辑学会第六届年会 2001-08-01

⊙提高编校质量之我见/原式溶//中国编辑学会第六届年会 2001-08-01

⊙图书宣传效益因素与测定/李晓晶 张丹阳//中国编辑学会第六届年会 2001-08-01

⊙图书选题策划中的文化力因素/董中锋//中国编辑学会第六届年会 2001-08-01

⊙图文并重与摄影报道策划/陶达 王广林//第五届全国报纸总编辑新闻摄影研讨会 2001-08-01

⊙图文联合作战是报纸竞争的需要/黄扬略//第五届全国报纸总编辑新闻摄影研讨会 2001-08-01

⊙文化产业的开发与东疆经济的发展——与南方的文化产业的比较为中心/尹允镇//第十次全国民族理论专题学术讨论会 2001-08-01

⊙新技术背景下编辑工作的特点、任务和要求/高亢//中国编辑学会第六届年会 2001-08-01

⊙新时期的编辑规范/刘进社//中国编辑学会第六届年会 2001-08-01

⊙新世纪出版人才浅论/孟志钢//中国编辑学会第六届年会 2001-08-01

⊙新闻摄影队伍的现状与对策/于文国//第五届全国报纸总编辑新闻摄影研讨会 2001-08-01

⊙新闻摄影视觉冲击力与形式美/赵成立//第五届全国报纸总编辑新闻摄影研讨会 2001-08-01

⊙新闻摄影在新世纪的新应对/胡颖//第五届全国报纸总编辑新闻摄影研讨会 2001-08-01

⊙行动的相机 谈构建新闻摄影大图片采编格局和图片报道评价体系/李仁臣//第五届全国报纸总编辑新闻摄影研讨会 2001-08-01

⊙选题资源：整合出效益/张美爱//中国编辑学会第六届年会 2001-08-01

⊙学术著作出版中的学术质量问题/阎志宏//中国编辑学会第六届年会 2001-08-01

⊙以图片带版面 以版面带新闻 谈从版面创新到"办出大报风格"/张建星//第五届全国报纸总编辑新闻摄影研讨会 2001-08-01

⊙营销朝鲜族民俗文化产品的几点经验及教训/车信福//第十次全国民族理论专题学术讨论会 2001-08-01

⊙用主要精力抓编辑/曹焕荣//第五届全国报纸总编辑新闻摄影研讨会 2001-08-01

⊙照片"出新"是"两翼齐飞"的关键/徐青//第五届全国报纸总编辑新闻摄影研讨会 2001-08-01

⊙重新认识编辑属性，构建新型编辑智力结构/孙卫红//中国编辑学会第六届年会 2001-08-01

⊙转型期新闻媒介的价值提升/于佩丽 柳忠成 王昕悦//全国高校价值工程研究会 2001 学术年会 2001-08-01

⊙总编会上致总编：携手共创"大图片"采编格局/连相如//第五届全国报纸总编辑新闻摄影研讨会 2001-08-01

⊙《徐霞客游记》在当前开发旅游资源中的作用/杨文衡//徐霞客逝世 360 周年纪念活动暨学术研讨会 2001-09-01

⊙《中文导报》成长史——在日华文媒体的发展缩影/杨文凯//首届世界华文传媒论坛 2001-09-01

⊙澳大利亚新移民的成长和华文报业的发展/祝敏申//首届世界华文传媒论坛 2001-09-01

⊙保护防御工程——万里长城的保护与旅游/ Gerald Dix//长城国际学术研讨会首届世界华文传媒论坛 2001-09-01

⊙传统建筑与旅游开发/樊昌生//中国文物学会传统建筑园林委员会第十四届学术研讨会 2001-09-01

⊙从近代华文报业的演变看华文报的特征与使命/卓南生//首届世界华文传媒论坛 2001-09-01

⊙从徐霞客旅游行为谈徐霞客的乐观进取精神/陈雁谷//徐霞客逝世 360 周年纪念活动暨学术研讨会 2001-09-01

⊙风生水起 雨后春笋——"新移民华文报刊"的成因、区域流向及特点/夏春平//首届世界华文传媒论坛 2001-09-01

◎广西岩溶洞穴及其可持续综合开发利用/陈运发//首届岩溶地区可持续发展国际学术会议和 IGCP448 国际工作组会议 2001-09-01

◎在首届世界华文传媒论坛开幕式的致辞/郭东坡//首届世界华文传媒论坛 2001-09-01

◎全球化浪潮中海外华文传媒的定位与角色/郭招金//首届世界华文传媒论坛 2001-09-01

◎海外华人媒体的定位与应扮演的角色/陈一平//首届世界华文传媒论坛 2001-09-01

◎海外华文报刊的定位和生存条件/杨咏桔 梁源法//首届世界华文传媒论坛 2001-09-01

◎加拿大本土华文报刊长期发展战略探讨/张雁//首届世界华文传媒论坛 2001-09-01

◎开拓西部旅游新天地——纪念徐霞客逝世 360 周年/陈述彭//徐霞客逝世 360 周年纪念活动暨学术研讨会 2001-09-01

◎抗战时期沦陷区的电影检查/汪朝光//九一八事变 70 周年国际学术讨论会 2001-09-01

◎拉近全球华人间的距离/刘长乐//首届世界华文传媒论坛 2001-09-01

◎林任君：首届世界华文传媒论坛开幕贺辞/林任君//首届世界华文传媒论坛 2001-09-01

◎临安市建立大型观光果园的前景探讨/盛其法 泮忠潮 章宏华//浙江省园艺学会第九届年会 2001-09-01

◎刘泽彭：世界华文传媒论坛闭幕式致辞/刘泽彭//首届世界华文传媒论坛 2001-09-01

◎论余荫山房的保护与发展前景/郭秀瑾 刘管平//中国文物学会传统建筑园林委员会第十四届学术研讨会 2001-09-01

◎面对新世纪的海外华文媒体——网络时代的海外华文媒体应如何应对挑战/冯荣生//首届世界华文传媒论坛 2001-09-01

◎浅议中国电视传媒在日本的发展/张丽玲//首届世界华文传媒论坛 2001-09-01

◎全球化与海外华文传媒研究的视点/刘雪雁//首届世界华文传媒论坛 2001-09-01

◎数字时代期刊媒体的整合趋势/沈维 丁乃刚//中国科协 2001 年学术年会 2001-09-01

◎太行山区森林游憩社会需求及其游憩业发展/贾黎明 陈鑫峰 温晓红 刘泽良//21 世纪新北京生态生物学学术研讨会 2001-09-01

◎晚明二位旅行家评述/陈桥驿//徐霞客逝世 360 周年纪念活动暨学术研讨会 2001-09-01

◎"首届世界华文传媒论坛"开幕式致辞/王宏民//首届世界华文传媒论坛 2001-09-01

◎我们今天应怎样学习和发扬徐霞客精神？/白祖诚/徐霞客逝世 360 周年纪念活动暨学术研讨会 2001-09-01

◎我区旅游业发展探索/杨国强//中国地质矿产经济学会 2001 年学术年会 2001-09-01

◎我在美国办英文报纸的感受/方李邦琴//首届世界华文传媒论坛 2001-09-01

◎现代日本华文传媒概况/段跃中//首届世界华文传媒论坛 2001-09-01

◎辛巳年的启示——纪念徐霞客逝世 360 周年/艾若//徐霞客逝世 360 周年纪念活动暨学术研讨会 2001-09-01

◎新加坡华文报走向"多媒体融合"/林任君//首届世界华文传媒论坛 2001-09-01

◎新闻媒体中的"不倒翁"：报纸——漫谈网络时代华文报业所面临的挑战与机遇/郑衣德//首届世界华文传媒论坛 2001-09-01

◎徐霞客的亘古奇游与在家乡的游踪遗迹——兼议发展江阴的特色旅游/田柳//徐霞客逝世 360 周年纪念活动暨学术研讨会 2001-09-01

◎徐霞客对永州风景名胜的旅游考察——纪念徐霞客逝世 360 周年/谢庭生 杨载田//徐霞客逝世 360 周年纪念活动暨学术研讨 2001-09-01

◎徐霞客两游黄山考/王振东//徐霞客逝世 360 周年纪念活动暨学术研讨会 2001-09-01

◎徐霞客在保山旅游考察探踪/张国儒//徐霞客逝世 360 周年纪念活动暨学术研讨 2001-09-01

◎徐学研究的开拓与创新/朱钧侃//徐霞客逝世 360 周年纪念活动暨学术研讨会 2001-09-01

◎徐学之于中国建设世界旅游强国的意义/刘锋//徐霞客逝世 360 周年纪念活动暨学术研讨会 2001-09-01

◎意大利华文媒体现状及展望/杨光//首届世界华文传媒论坛 2001-09-01

◎印度尼西亚华文报业步履维艰地复苏/何耕新//首届世界华文传媒论坛 2001-09-01

◎与时代同步——海外华文媒体的定位/黛薇//首届世界华文传媒论坛 2001-09-01

◎与桃李共笑 与岁月共度 与在日华人同心共声——"乐乐中国"电视台焕然歆动三周年/杨文凯//首届世界华文传媒论坛 2001-09-01

◎浙江省观光果业的前景浅析/章麟//浙江省园艺学会第九届年会 2001-09-01

◎中国的卫星数字广播电视之路//中国卫星应用大会 2001-09-01

◎中国媒体走向世界势在必行——中外合作优势无比/金凯平//首届世界华文传媒论坛 2001-09-01

◎中国三网融合中的经济、制度与政策因素分析/欧阳武//中国国际三网融合与下一代网络技术高级研讨会 2001-09-01

◎重访西南霞客路/傅宗科//徐霞客逝世 360 周年纪念活动暨学术研讨会 2001-09-01

◎本世纪初乡镇图书馆事业面临的问题及对策/林依姝 刘迟//21 世纪中国沿海地区乡镇图书馆发展战略研讨会 2001-10-01

◎充分利用道教资源 发展宜昌旅游文化/蓝东 黄文斯//第二届长江沿岸城市群众文化发展论坛 2001-10-01

◎点击文艺创作新载体——社区文化/王露明//第二届长江沿岸城市群众文化发展论坛//2001-10-01

◎都市城区群众文化长效发展新论/谭玉岐//第二届长江沿岸城市群众文化发展论坛 2001-10-01

◎对城市大型节庆文化活动策划与组织的若干思考/郭颖权//第二届长江沿岸城市群众文化发展论坛 2001-10-01

◎对发展鄂州旅游事业的思考/姜继尚//湖北省以德治国与群众文化理论研讨会 2001-10-01

◎发展文化产业 促进西部开发——试论三峡库区文化产业的建设/张宇红 姚向丽 徐轶//第二届长江沿岸城市群众文化发展论坛 2001-10-01

◎繁荣群众文化——关于地方政府有关职能的探讨/任向阳//第二届长江沿岸城市群众文化发展论坛 2001-10-01

◎古城西安各历史时期规划思想与城市发展研究/刘兴昌 权东计//中华传统文化与新世纪国际学术研讨会 2001-10-01

◎会议群艺馆文化馆艺术展览市场化之我见/楼传兴//第二届长江沿岸城市群众文化发展论坛 2001-10-01

◎加强社区文化建设 提升社区文化品位——关于白下区探讨社区文化工作之路的思考/邹建国//第二届长江沿岸城市群众文化

发展论坛 2001-10-01
⊙李白与安徽旅游资源的开发/汤华泉//纪念李白诞生1300周年国际学术讨论会 2001-10-01
⊙浅谈网上艺术展览/张兴明//第二届长江沿岸城市群众文化发展论坛 2001-10-01
⊙群文系统文化产业的创新战略重组——兼谈我国入世后群文产业面临的挑战与应对/邵国春 李玖香//第二届长江沿岸城市群众文化发展论坛 2001-10-01
⊙群艺馆文化馆艺术展览市场化之我见/楼传兴//第二届长江沿岸城市群众文化发展论坛 2001-10-01
⊙群艺馆抓好艺术培训是发展文化产业的需要/冯玲秀 严俭山//第二届长江沿岸城市群众文化发展论坛 2001-10-01
⊙如何建设和管理与国际大都市匹配的社区文化设施/李成华 黄树林//第二届长江沿岸城市群众文化发展论坛 2001-10-01
⊙社区文化重在建设——关于上海社区文化工作的探索与展望//第二届长江沿岸城市群众文化发展论坛 2001-10-01
⊙试论新时期城市广场文化发展/郭俊苹//第二届长江沿岸城市群众文化发展论坛 2001-10-01
⊙文物与旅游相互融合 推进我市旅游业的发展/陈卫国//中国文物学会通讯 2001、2002
⊙文影联姻前景初探/肖唐仁//湖北省以德治国与群众文化理论研讨会 2001-10
⊙无形资源与文化产业/马楚西//湖北省以德治国与群众文化理论研讨会 2001-10-01
⊙依托事业立馆 兴办产业富馆——浅谈发展群文事业与文化产业/胡富萍//湖北省以德治国与群众文化理论研讨会 2001-10-01
⊙宜昌成为世界级旅游城市的文化依托/何秀峰//第二届长江沿岸城市群众文化发展论坛 2001-10-01
⊙以“三个代表”重要思想为指导努力发展文化产业/刘小刚//第二届长江沿岸城市群众文化发展论坛 2001-10-01
⊙用先进文化提高公民素质——兼论文化（艺术）馆的德治功能/陈仁樑//湖北省以德治国与群众文化理论研讨会 2001-10-01
⊙在新的历史条件下，如何建设有中国特色的先进群众文化/杜国宗//第二届长江沿岸城市群众文化发展论坛 2001-10-01
⊙重现二千年夷陵历史文化——对宜昌滨江历史文化长廊建设的几点建议/马尚云 王家德// 第二届长江沿岸城市群众文化发展论坛 2001-10-01
⊙“2001 中国传媒年会”在京举行/“中国展”研讨会//2001-11-01
⊙2001’中国农业期刊年会暨中国期刊协会农业期刊分会第一次代表大会会议纪要//“中国期刊展”研讨会 2001-11-01
⊙2002’台北祖国大陆期刊展前言//“中国期刊展”研讨会 2001-11-01
⊙长江三角洲城镇社区文化建设的若干思考/叶南客 李芸//社区建设研讨会 2001-11-01
⊙传媒集团中的杂志出版//“中国期刊展”研讨会 2001-11-01
⊙从古东景区谈生态旅游/李永蓓//广西生态建设与经济协调发展学术研讨会 2001-11-01
⊙从书画展览谈博物馆与社区的结合/潘贤达//浙江省博物馆学会 2001 年学术研讨会 2001-11-01
⊙从文化到产业——我看文学期刊的市场化生存/杨晓敏//“中国期刊展”研讨 2001-11-01
⊙从中文电子出版到中文电子传播/陈晓鸥//中国中文信息学会二十周年学术会议 2001-11-01
⊙大瑶山自然保护区旅游开发与生态环境建设/陈秋颖//广西生态建设与经济协调发展学术研讨会 2001-11-01
⊙电子期刊的特点与收集管理/毛薇洁//浙江省图书馆学会第八次学术研讨会 2001-11-01
⊙对北京市大众体育消费心理状况的调查研究/佟立纯//第九届全国心理学学术会议 2001-11-01
⊙发展，在外部条件成熟之时/彭波//“中国期刊展”研讨会 2001-11-01
⊙发展实力是硬道理——中国期刊展祝词//“中国期刊展”研讨会 2001-11-01
⊙关于加强江西旅游水上安全管理的探讨/王凯林 黄坚//中国航海学会内河海事专业委员会 2001 年度学术交流会 2001-11-01
⊙关于加速发展花卉产业绿美生态环境促进经济创新的建议/罗中//广西生态建设与经济协调发展学术研讨会 2001-11-01
⊙关于中国广播电视发展战略探讨/林定祥//全国广播电影电视系统首届中青年优秀科技论文评选交流会 2001-11-01
⊙广西森林旅游资源的特色及其开发意义/傅中平 黄载环//广西生态建设与经济协调发展学术研讨会 2001-11-01
⊙互联网上知识产权侵权诉讼的根据/范一丁//中华全国律协知识产权专业委员会知识产权论坛暨 2001 年年会 2001-11-01
⊙加强社区文化建设的思考/方心清//社区建设研讨会 2001-11-01
⊙建立网络传播权的新视角/娄耀雄//中华全国律协知识产权专业委员会知识产权论坛暨 2001 年年会 2001-11-01
⊙科技期刊与知识创新/葛慧莉//浙江省图书馆学会第八次学术研讨会 2001-11-01
⊙略论政府在生态旅游中的作用——对武夷山发展旅游业的思考/赵凤玉//第 12 届世界生产力大会北京阶段会议 2001-11-01
⊙论地方文献评估体系的建立/袁逸//浙江省图书馆学会第八次学术研讨会 2001-11-01
⊙论国际大都市社区文化产业的建设/鲍宗豪//社区建设研讨会 2001-11-01
⊙论绿色生产力/李克华 李怀德//第 12 届世界生产力大会北京阶段会议 2001-11-01
⊙美国期刊编辑、出版人薪酬一览//“中国期刊展”研讨会 2001-11-01
⊙期刊经营的商业模式/程三国//“中国期刊展”研讨会 2001-11-01
⊙浅谈乐业大石围天坑群旅游开发的生态环境保护/林卫东//广西生态建设与经济协调发展学术研讨会 2001-11-01
⊙试论大型国际体育赛事中的电视单边服务/高玄//全国广播电影电视系统首届中青年优秀科技论文评选交流会 2001-11-01
⊙试论网络环境中著作权集体管理制度的建立与完善/李德成//中华全国律协知识产权专业委员会知识产权论坛暨 2001 年年会 2001-11-01
⊙试论新世纪广播的产业经营与节目品牌化/游光辉//全国广播电影电视系统首届中青年优秀科技论文评选交流会 2001-11-01
⊙数字电视广播平台解决方案及南宁有线电视台实例/崔竞飞 杨杰 杨威//全国广播电影电视系统首届中青年优秀科技论文评选交流会 2001-11-01
⊙数字图书馆概念探析及我省发展设想/於坚秋//浙江省图书馆学会第八次学术研讨会 2001-11-01
⊙网络著作权集体管理制度/李德成//中华全国律师协会信息网络与高新技术专业委员会成立大会 2001-11-01
⊙文化产业：知识经济时代的动力/刘茜//中国生产力学会 2001 年国际大会 2001-11-01
⊙新闻出版总署署长石宗源在中国期刊展开幕式上的书面讲话//

“中国期刊展”研讨会 2001-11-01
◎新增库区水上旅游现状与管理的探讨/王兴和//中国航海学会内河海事专业委员会 2001 年度学术交流会 2001-11-01
◎以品牌期刊为核心，实行资产重组/徐春莲//“中国期刊展”研讨会 2001-11-01
◎英美期刊仍是最具影响力的传媒之一//“中国期刊展”研讨会 2001-11-01
◎中国旅游业与世界 21 世纪旅游业的发展态势/王爱珍//第 12 届世界生产力大会北京阶段会议 2001-11-01
◎中国期刊的发行市场和广告市场大有潜力/张伯海//“中国期刊展”研讨会 2001-11-01
◎中国期刊广告经营论坛在深圳举行/武志莲 袁建民//“中国期刊展”研讨会 2001-11-01
◎中国期刊展在北京隆重举办//“中国期刊展”研讨会 2001-11-01
◎自然保护区生态旅游面临的问题及对策/钱澄//2001 年环境资源法学国际研讨 2001-11-01
◎PDF 在编辑工作中应用的探讨/张红林//中国科学技术期刊编辑学会 2001 年会综合学术年会 2001-12-01
◎从广州到杭州：战略规划浮出水面/王凯//中国城市规划学会 2001 年会 2001-12-01
◎大都市社区文化管理定势的思考/胡俊鹏//荆楚文化与民俗论丛（1997-2001）湖北省群众文化获奖论文汇编 2001-12-01
◎大冶市文化旅游资源的开发与利用/王海蓉//荆楚文化与民俗论丛——1997～2001 湖北省群众文化获奖论文汇编 2001-12-01
◎公益性群众文化活动与文化产业建设的关系之我见/徐义进//荆楚文化与民俗论丛——1997～2001 湖北省群众文化获奖论文汇编 2001-12-01
◎地域特色在城市总体规划中的体现——以新疆阜康市为例/李爱芳 樊绯 王金//建筑与地域文化国际研讨会暨中国建筑学会 2001 年学术年会 2001-12-01
◎地域文化与城市美的创造——兼论当代中国城市美学问题/徐苏宁 康红梅//建筑与地域文化国际研讨会暨中国建筑学会 2001 年学术年会 2001-12-01
◎调整办刊思路，适应转型挑战——市场经济转型期科技期刊改革出路的一份思考/白鸿博 王雪丽//中国科学技术期刊编辑学会 2001 年会综合学术年会 2001-12-01
◎对城市广场设计中几个问题的思考/郭恩章//中国城市规划学会 2001 年会 2001-12-01
◎发展文化产业 促进群文事业/王霞//荆楚文化与民俗论丛——1997～2001 湖北省群众文化获奖论文汇编 2001-12-01
◎高校学报面临的问题及“入世”后过渡时期内的应对策略/杨玉东//中国科学技术期刊编辑学会 2001 年会综合学术年会 2001-12-01
◎关于把黄冈建成文化旅游大市的战略思考/刘民华//荆楚文化与民俗论丛——1997～2001 湖北省群众文化获奖论文汇编 2001-12-01
◎关于三峡农村群众文化现状与发展对策的思考——从长阳土家族自治县现状说起/陈红//荆楚文化与民俗论丛——1997～2001 湖北省群众文化获奖论文汇编 2001-12-01
◎哈尔滨城市冰雪景观研究/朱逊 杨维//中国城市规划学会 2001 年会 2001-12-01
◎海南西部旅游人才发展战略之我见/赵赞强//海南省首届人才战略论坛 2001-12-01
◎黑井古镇保护与开发的规划探讨/杨庆//中国城市规划学会 2001 年会 2001-12-01
◎基本理念·地域文化·时代模式——对中国建筑发展道路的探索/吴良镛//建筑与地域文化国际研讨会暨中国建筑学会 2001 年学术年会 2001-12-01
◎建筑文化元素操作中的思维方式/董玉坤//建筑与地域文化国际研讨会暨中国建筑学会 2001 年学术年会 2001-12-01
◎交流、融合、新生——一种文化发展模式在设计中的应用/付本臣 张珊珊//建筑与地域文化国际研讨会暨中国建筑学会 2001 年学术年会 2001-12-01
◎景德镇市的文化底蕴和发展优势初探/陈保建 汤桦 肖进如//建筑与地域文化国际研讨会暨中国建筑学会 2001 年学术年会 2001-12-01
◎开发西北片 重点三条线 突出 12 个点 与泰国相联——关于广西实施西部大开发战略的理企业群众文化活动的魅力——兼论社会主义市场经济条件下的群众文化工作/汤建林//荆楚文化与民俗论丛（1997～2001）湖北省群众文化获奖论文汇编 2001-12-01
◎科技期刊摆脱困境的思考/苏春梅 袁正明//中国科学技术期刊编辑学会 2001 年会综合学术年会 2001-12-01
◎科技期刊的信息优势及发展对策/孙玉茹 孙彦龙 王建成//中国科学技术期刊编辑学会 2001 年会综合学术年会 2001-12-01
◎科技期刊面临进入 WTO 的机遇与挑战/马智//中国科学技术期刊编辑学会 2001 年会综合学术年会 2001-12-01
◎旅游资源综合评价研究/孙燕平 吕仁义 王军//中国城市规划学会 2001 年会 2001-12-01
◎论开发人力资源与振兴旅游经济/邱宏民//海南省首届人才战略论坛 2001-12-01
◎论科技期刊的品牌资本/杨丽君//中国科学技术期刊编辑学会 2001 年会综合学术年会 2001-12-01
◎论科普期刊的定价策略/王庭荣//中国科学技术期刊编辑学会 2001 年会综合学术年会 2001-12-01
◎论五指山市旅游资源开发与人才战略/符国昌//海南省首届人才战略论坛 2001-12-01
◎马克思主义文艺经济学思想/金元浦//全国马列文艺论著研究会学术研讨会 2001-12-01
◎漫谈知识经济与群众文化工作/马楚西//荆楚文化与民俗论丛——1997～2001 湖北省群众文化获奖论文汇编 2001-12-01
◎农村文化市场的现状及发展趋势/李斌//荆楚文化与民俗论丛（1997～2001）湖北省群众文化获奖论文汇编 2001-12-01
◎浅谈馆办刊物的地位与作用/易激轩//荆楚文化与民俗论丛——1997～2001 湖北省群众文化获奖论文汇编 2001-12-01
◎浅议科技期刊编辑的市场意识/贾淑萍 刘红葵 郭保民//中国科学技术期刊编辑学会 2001 年会综合学术年会 2001-12-01
◎青岛历史文化名城的特色与保护/潘丽珍//中国城市规划学会 2001 年会 2001-12-01
◎认清形势，抓质量、求生存/权艳梅//中国科学技术期刊编辑学会 2001 年会综合学术年会 2001-12-01
◎上海城市社区的发展与社区规划研究/刘君德//中国城市规划学会 2001 年会 2001-12-01
◎市场经济和知识经济对科技期刊的挑战与机遇/王加佳 杨爱萍//中国科学技术期刊编辑学会 2001 年会综合学术年会 2001-12-01
◎试论“广场文化是城市的灵魂”/谈锦钊//中国城市规划学会 2001 年会 2001-12-01
◎试论加大科技期刊编辑的创新力度/周作新//中国科学技术期

刊编辑学会2001年会综合学术年会2001-12-01
⊙试论加快生态旅游人才培养/符传英 陈琳莎//海南省首届人才战略论坛2001-12-01
⊙试论新世纪乡镇特色文化的发展模式/孙辉 陈世娟//荆楚文化与民俗论丛——1997湖北省群众文化获奖论文汇编2001-12-01
⊙书刊出版的全面质量管理研究/杨琦//中国科学技术期刊编辑学会2001年会综合学术年会2001-12-01
⊙台湾历史街区保存的困境与转机——以台湾三峡老街、深坑老街、湖口老街保存重要事件为例/林正雄//北海学术研讨会 海峡两岸传统民居研讨会//古建园林发展研讨会2001-06-30
⊙谈西部大开发中历史文化遗产的保护/李和平 严爱琼//中国城市规划学会2001年会2001-12-01
⊙探讨强化主体性、提高使用者的创造力——创造力的建筑设计/梅彤//建筑与地域文化国际研讨会暨中国建筑学会2001年学术年会2001-12-01
⊙提高科技期刊质量的几点深层思考/李向荣//中国科学技术期刊编辑学会2001年会综合学术年会2001-12-01
⊙提高石油期刊的竞争力/王威//中国科学技术期刊编辑学会2001年会综合学术年会2001-12-01
⊙天门市群众文化沙龙研究报告/王子丹//荆楚文化与民俗论丛1997～2001湖北省群众文化获奖论文汇编2001-12-01
⊙网络出版与现代科技期刊——兼论《中国期刊网》/温娟 杨爱萍 曹汉礼 张渝疆//中国科学技术期刊编辑学会2001年会综合学术年会2001-12-01
⊙文化都江堰——文化视野中的都江堰市古代城市设计遗产和对策/万钧//中国城市规划学会2001年会2001-12-01
⊙无锡市自然生态资源评价与城市空间发展研究/黄光宇 阎水玉 杨培峰//中国城市规划学会2001年会2001-12-01
⊙西藏地学综合旅游资源的魅力及对开发的认识与建议/次旺多吉//第三届海峡两岸三地及世界华人地质科学研讨会2001-12-01
⊙新经济时代医学科技期刊质量的提高/金永勤//中国科学技术期刊编辑学会2001年会综合学术年会2001-12-01
⊙应对WTO挖掘历史文化 开发旅游资源 构建杨凌经济发展新平台/马宽绪//WTO与我国农业系列研讨会2001-12-01
⊙迎接市场挑战，开拓报刊发行新局面/罗先文//四川省通信学会2001年学术年会2001-12-01
⊙优化文化生态是群众文化事业发展的根本/闵华水//荆楚文化与民俗论丛——1997～2001湖北省群众文化获奖论文汇编2001-12-01
⊙粤港澳合力建设世界级的大珠江三角洲旅游区/雷强 陈丽君//“区域经济整合：模式、策略与可持续发展”研讨会2001-12-01
⊙知识经济时代科技期刊编辑的新理念/昌炎新//中国科学技术期刊编辑学会2001年会综合学术年会2001-12-01
⊙中国风景园林规划设计学科专业的重大转变与对策/刘滨谊//上海市风景园林学会论文专辑2001-12-01

中 国 文 化 产 业 年 度 研 究 资 料 索 引

文化产业年度研究著作索引

1979 年

- 传播社会学/杨孝濚//（台湾）商务印书馆
- 观光词典/杨允祚//（台湾）国际观光中心出版社
- 观光事业概论/黄溪海//（台湾）观光旅馆杂志社
- 欧洲的旅游业/上海社会科学院部门经济研究所《旅游经济丛书》编辑组//上海社会科学院部门经济研究所旅游经济丛书编辑组
- 音乐杂谈/李凌著//北京出版社

1980 年

- 报刊的四种理论/（美）韦尔伯·斯拉姆等著 中国人民大学新闻学系译//新华出版社
- 服务业营销管理/方世荣//（台湾）书泉出版社
- 梁启超与近代报业/赖光临//台湾商务印书馆
- 路透其人和路透社/（日）仓田保雄//新华出版社
- 旅游业漫谈/何礼荪//中国旅游出版社
- 漫话美国新闻事业/赵浩生//北京出版社
- 营销与广告战略/陈俊廷//（台湾）国家出版社
- 现代杂志编辑学/张觉明//商务印书馆
- 杂志编辑学/余也鲁//（香港）海天书楼
- 中国出版年鉴1980/中国出版工作者协会//商务印书馆
- 中华民国出版年鉴/中国出版公司出版年鉴编辑委员会//（台湾）联经出版事业公司

1981 年

- 出版社传奇/游淑静等//（台湾）尔雅出版社
- 大众传播学专论及名著选介：新闻学研究 第28集//（台湾）国立政治大学新闻研究出版社
- 大众电影知识/薛润芳 韩长兴//山东科学技术出版社
- 电影的本性-物质现实的复原/（德）齐格弗里德·克拉考尔著 邵牧君译//中国电影出版社
- 电影文化（丛刊）/中国艺术研究院电影研究所《电影文化》编辑室//中国社会科学出版社第1-4辑（总第1辑）1979-04、07、09、12
- 电影文化（丛刊）/中国艺术研究院电影研究所《电影文化》编辑室//中国社会科学出版社第1-4辑（总第2辑）1980-04、07、09、12
- 电影文化（丛刊）/中国艺术研究院电影研究所《电影文化》编辑室//中国社会科学出版社第1-4辑（总第3辑）1981-04、07、09、12
- 电影与电视特技效果的制作/（英）伯纳德·威尔基著 张中平译//中国电影出版社
- 动画摄影台/（英）左兰·帕里希克著 肖立书译//中国电影出版社
- 广告与商业/（美）邓恩·沃森著 崔岩峙 崔岩（左山右厉）编译//工商出版社
- 广告知识与技巧/潘大钧 张庶平//内蒙古人民出版社
- 广告之路/赖东明//台湾新生报社
- 教育电视/艾伦·汉考克等著 纪晓林译//联合国教育、科学及文化组织 英国朗曼出版社
- 惊险电影初探/羽山//群众出版社
- 剧场工作资料（第一辑）/浙江省文化局戏剧处
- 垄断报刊-美国新闻业如何陷入“可信性危机”的恶性循环/（苏）维塔利·佩特鲁森科著 高志华 刑文军译//新华出版社
- 旅游经济/伍宇峰//北京出版社
- 旅游业入门/（日）土井厚著 于学谦译//北京旅游学院
- 旅游与交通/蒋国泰 严秉康//中国旅游出版社
- 旅游资源的开发与观赏/北京旅游学院筹备处//北京旅游学院
- 论电影与戏剧的美术设计/韩尚义//中国电影出版社
- 日本报业简史/宁新//中国社会科学出版社
- 日本电影史/岩崎昶著 锺理译//中国电影出版社
- 世界出版业：第1卷 英国/《世界图书》编辑部//中国图书进出口总公司
- 世界风土大系：第1编 非洲部分/齐治平//（台湾）三军大学印制厂
- 世界体育与娱乐（体育报增刊）第一、二期/体育报编辑部//人民体育出版社
- 台湾观光资源开发之研究/张军堂//（台湾）三军大学印制厂
- 新观念·新生意 第4集/苏明伟译//经济日报出版社
- 新闻传播事业的基本问题-美国学者丹尼斯和墨里尔的大辩论/Everette E. Dennis John C. Merrill //（台湾）国立政治大学新闻研究所
- 兴旺发达的世界旅游业（第1集）/吕严和//中国旅游出版社
- 音乐欣赏手册//上海音乐出版社
- 影事春秋第一辑/陈同艺//山东人民出版社
- 影事追怀录/田汉//中国电影出版社
- 中国出版年鉴1981/中国出版工作者协会//商务印书馆
- 中国近代报刊史/方汉奇//山西人民出版社
- 中国体育发展史/吴文忠//（台湾）三民书局股份有限公司
- 中国戏剧年鉴1981/《中国戏剧年鉴》编辑部//中国戏剧出版社

1982 年

- 传播与公众关系/祝振华//（台湾）黎明文化事业股份有限公司
- 创意摄影/徐政夫著 塗绍基译//（台湾）众文图书股份有限公司
- 创意摄影 = More joy of photography/田克南著 涂绍基译//（台湾）众文图书股份有限公司
- 创意造势·突破逆境/陶百川//（台湾）远景出版事业公司
- 广告策略精论/林隆仪编译//清华管理科学图书中心
- 旅游经济丛编3 旅游业/上海社会科学院部门经济研究所//上海社会科学院出版社
- 媒介实务/赵俊迈//（台湾）三民书局股份有限公司
- 日本戏剧概要/王爱民 崔亚南//中国戏剧出版社
- 世界出版业：第2卷 日本/吴仁勇 陈维雄 冀振武//中国学术出版社
- 世界风土大系：第2编 欧洲部分/齐治平//（台湾）三军大学印制厂
- 世界风土大系：第3编 美洲部分/齐治平//（台湾）三军大学印制厂
- 世界风土大系：第4编 亚洲部分/齐治平//（台湾）三军大学印制厂
- 世界风土大系：第5编 大洋洲及两极部分/齐治平//（台湾）三军大学印制厂

◎世界旅游概览/沈爱君//中国旅游出版社
◎世界日报兴衰史/张友鸾//重庆出版社
◎探险式观光指南/吉村作治//（台湾）户外生活图书股份有限公司
◎文艺·戏剧·生活/（苏）涅米罗维奇-丹琴科（Вл. И. Немирович-Даньенко）著 焦菊隐译//中国戏剧出版社
◎文娱体育活动全书/共青团中央文化体育部//中国青年出版社
◎新闻评论学/林大椿//台湾学生书局
◎英国报业大亨内幕/西蒙·詹金斯著 文贞译//新华出版社
◎中国出版年鉴1982/中国出版工作者协会//商务印书馆
◎中国电影年鉴1981/中国电影协会//中国电影出版社
◎中国东海岸游览//上海文化出版社
◎中国旅游必备/周沙尘//中国展望出版社
◎中国旅游经济学/王立纲 刘进杰//吉林人民出版社
◎中国文艺年鉴1982/中国文艺年鉴社编//文化艺术出版社
◎中国新闻年鉴1982/中国新闻年鉴编辑委员会//中国社会科学出版社
◎中国艺术影片编目1949-1979上/中国电影资料馆 中国艺术研究院电影研究所//文化艺术出版社
◎中国艺术影片编目1949-1979下/中国电影资料馆 中国艺术研究院电影研究所//文化艺术出版社

1983年

◎传播革命/［美］弗德瑞克·威廉斯著 韩玉兰译//（台湾）允晨文化实业股份有限公司
◎传播科技与新闻教育专辑 新闻学研究 第32集//（台湾）国立政治大学新闻研究所
◎传播学/中国社会科学新闻研究所 世界新闻研究室//人民日报出版社
◎传播社会学（第二版）/杨孝荣//（台港）商务印书馆
◎大众传播与社会变迁/陈世敏//（台湾）三民书局
◎导卖点广告设计实技/陆韬//（香港）万里书店
◎功夫片/中国视听研究中心《功夫片》丛书编委会编辑//中国展望出版社
◎广告·设计名词辞典/林启昌//（台湾）东亚图书公司
◎广告标志人物资料//安徽人民出版社
◎广告设计全集/陈威智//（台湾）世峰出版社
◎广告学 理论与实务/J·RobertMiller PhilipWardBurton 黄慧真译//（台湾）桂冠图书股份有限公司
◎国际传播专辑 新闻学研究 第30集//（台湾）国立政治大学新闻研究所
◎经营艺术/徐木兰//财经出版社
◎旅游概论/《旅游概论》编写组//天津人民出版社
◎旅游概论/杨时进 江新懋//中国旅游出版社
◎旅游经济小辞典/刘世杰 王立纲//中国展望出版社
◎旅游业基础知识/黄维理//广州旅游职业中学
◎平面广告设计 视觉传达与情报美术/何耀宗//（台湾）雄狮图书股份有限公司
◎日本自导自游/自导自游编辑室//（香港）自导自游编辑委员会
◎谈广告写作的艺术：丹尼斯·海金司访问（第三版）/刘毅志译//台湾新生报社
◎西德大众传播/韦光正//中华民国大众传播教育协会
◎现代观光论/铃木忠义主编 赵玉玢等译//吉林省经济学会
◎兴旺发达的世界旅游业（第二集）/吕严和//中国旅游出版社
◎艺术经济概说/李书亮//文化艺术出版社
◎艺术投资：让财富与情趣一起增值/钱 money 理财研究室//（台湾）金钱文化企业股份有限公司
◎音乐杂谈 第3集/李凌//北京出版社
◎中国出版年鉴1983/中国出版工作者协会//商务印书馆
◎中国电影年鉴1982/中国电影家协会//中国电影出版社
◎中国戏剧年鉴1982/《中国戏剧年鉴》编辑部//中国戏剧出版社
◎中国戏剧年鉴1983/《中国戏剧年鉴》编辑部//中国戏剧出版社

1984年

◎八十年代大阪产业的展望：从大阪的特性出发以发展国际化和生活文化产业为目标，日
◎出版研究年会文集1983/中国出版工作者协会//山西人民出版社
◎传播科技与公共电视专辑 新闻学研究 第33集//（台湾）国立政治大学新闻研究所
◎传播事业经营之体验 争日也竞月/石永贵//（台湾）允晨文化实业股份有限公司
◎传播与电视专辑 新闻学研究 第34集//（台湾）国立政治大学新闻研究所
◎传播原理/方兰生//（台湾）三民书局
◎导演创作方法论/龚战 高法全//湖北省戏曲学校
◎第三次浪潮/（美）阿尔文·托夫勒（A. Toffler）著 朱志焱等译//三联书店
◎第一届全国广告装潢设计展览优秀作品集/中国广告联合总公司//工商出版社
◎点只广告 简单/纪文凤//（香港）博益出版集团有限公司
◎发明创意300/李魁览译//（台湾）暖流出版社
◎广告真不简单/纪文凤//（香港）博益出版社
◎国际传播/李瞻//（台湾）国立政治大学新闻研究所
◎旅游管理知识/王忠 洪淇//陕西旅游出版社
◎旅游和旅游广告/罗真如//河南人民出版社
◎旅游天府/《旅游天府》编辑部//四川人民出版社
◎日本大众传播工具史/（日）山本文雄编 刘明华 郑超然译//青海人民出版社
◎世界出版业：第3卷 联邦德国/吴仁勇//中国学术出版社
◎推销需要创意/哈佛管理丛书编纂委员会//（台湾）哈佛企业管理顾问公司出版部
◎文化批判与电影意识形态研究/姜澎竹//（台湾）思潮出版社
◎现代橱窗广告技法/史美勋//工商出版社
◎现代传播媒介学实例/王京 张昕等//（台湾）广角镜出版社有限公司
◎新闻传播总论/郑贞铭//（台湾）允晨文化实业股份有限公司
◎中国出版年鉴1984/中国出版工作者协会//商务印书馆
◎中国文艺年鉴1982/中国文艺年鉴社编//文化艺术出版社

1985年

◎《当代世界电影》画卷第1辑1985/国际报告文学研究会影视创作实验中心//光明日报出版社

◎POP广告插图5000点图案精选/（日）中岛英明 野村明著 郑瑞全编译//（台湾）总源书局
◎北京读者、听众、观众调查/北京新闻学会调查组//工人出版社
◎表演艺术交流集锦/中国对外演出公司//人民出版社
◎传播媒介—第二位上帝/蒯亮//（台湾）国立政治大学新闻研究所
◎传播信息与人：传播学概论/（美）W·宣伟伯著 余也鲁译//中国展望出版社
◎传播学的起源、研究与应用/（美）沃纳丁·赛弗林 小詹姆斯·W坦卡特著 陈韵昭译//福建人民出版社
◎创意摄影/许纯欣//（香港）麒麟书业有限公司
◎导游概论/杨时进//上海文化出版社
◎第三产业/（日）饭盛信男著 大连外国语学院研究所日本问题研究室译//辽宁人民出版社
◎广告心理学：市场决战的奥秘/（日）川胜久著 汪志龙 施锦标译//福建科学技术出版社
◎广告学/傅汉章 邝铁军//广东高等教育出版社
◎广告学/颜伯勤//（台湾）三民书局股份有限公司
◎广告与推销术/崔一伦原著 谢淑君改写//重庆出版社
◎国外摄影广告/李巍 黄明元//漓江出版社
◎崛起的第三产业/陈人义 黎明中//江西人民出版社
◎旅游经济学/黄辉实//上海社会科学院出版社
◎旅游市场学/顾树保 于连亭//南开大学出版社
◎旅游学：要素·实践·基本原理/（美）罗伯特·麦金托什 夏希肯特·格波特著 蒲红等译//上海文化出版社
◎美国的新闻自由探析/苑子熙//中国广播电视出版社
◎逆境中的创意思考/舒勒著 陈明芬译//（台湾）远流出版事业股份有限公司
◎奇妙的广告世界：广告在美国经济发展中的作用/（美）安·E韦斯著 黄恒学译//武汉人民出版社
◎日本的报业理论与实践/（日）稻叶三十男 新井直编 张国成等译//新华出版社
◎商业广告简论/张健//中国商业出版社
◎外国著名报纸概略/王泰玄//新华出版社
◎无冕之王：美国四大新闻机构内幕/（美）戴维·哈尔伯斯坦著 白梅译//新华出版社
◎西方新闻界的竞争/（美）约翰·霍恩伯格著 魏国强等译//新华出版社
◎中国报纸文体发展概要/李荣良//福建人民出版社
◎中国出版年鉴1985/中国出版工作者协会//商务印书馆
◎中国出版年鉴简编本1985/中国出版工作者协会//商务印书馆
◎中国出版社史概要/张召奎//山西人民出版社
◎中国电影年鉴1984/中国电影家协会//中国电影出版社
◎中国文艺年鉴1984/中国文艺年鉴社//文化艺术出版社
◎中国新闻事业史稿/李龙牧//上海人民出版社
◎中华人民共和国电影事业三十五年：1949-1984/中国电影家协会电影史研究部//中国电影出版社

1986年

◎出版工艺学/王天恩//人民军医出版社
◎出版年鉴 中华民国七十五年//（台湾）中国出版公司
◎出版研究年会文集1985年/中国出版工作者协会//山西人民出版社
◎传播媒介的垄断：一个触目惊心的报告：五十家大公司怎样控制美国的所见所闻/（美）巴格迪坎著 林珊译//新华出版社
◎传播学教材之一：传播学若干原理与应用/苑子熙//北京广播学院新闻研究所
◎传播学教材之二：传播学专论与译评文选/苑子熙//北京广播学院新闻研究所
◎创意的自我/马兹著 金磊译//（台湾）远流出版事业股份有限公司
◎创意工商丛书6：日本报业的奇迹/塩沢 茂//（台湾）创意力文化事业有限公司
◎创意工商丛书3：日本经团连/木所次郎//（台湾）创意力文化事业有限公司
◎创意人 创意思考的自我训练/詹宏志//（台湾）经济与生活出版事业股份有限公司
◎创意与思考/奥克著 郑秀美译//（台湾）星光出版社
◎电视传播/徐钜昌//（台湾）华视出版社
◎电视剧的足迹/丁浪//中国文联出版社
◎电影的元素/美波布克著 伍菡卿译//中国电影出版社
◎电影风格流派/朱玛//四川大学出版社
◎电影学论稿/郑雪来//中国电影出版社
◎电影艺术概论/朱玛//四川大学出版社
◎电影作为艺术/（德）爱因汉姆著 杨跃译//中国电影出版社
◎发展具有中国特色的旅游业/祝友君//山东人民出版社
◎关于自己的广告/那沙//安徽文艺出版社
◎观光事业：发展·容量·饱和/李贻鸿//（台湾）淑馨出版社
◎观光行销学：供应与需求/李贻鸿//（台湾）淑馨出版社
◎观光行政/李贻鸿//（台湾）淑馨出版社
◎广告的魅力/Jacques Sternberg著//（台湾）地球出版社
◎广告的学问/沈杨华//上海交通大学出版社
◎广告企划与设计/虞舜华//（台湾）雄狮图书股份有限公司
◎广告心理学/经营者丛书编译组译//（台湾）国家出版社
◎广告学/（日）八卷俊雄（日）梶山皓著 采湘 毓朗译//广东人民出版社
◎广告学：理论与实务/Philip Ward Burton J. Robert Miller//（台湾）桂冠图书股份有限公司
◎实用广告手册/徐百益//上海翻译出版公司
◎广告学基础/章汝奭编译//上海人民出版社
◎广告学入门/颜瑾瑜 陈宏愚//湖北科学技术出版社
◎广告在香港：经济、社会、法律及管理层面之剖析/冼日明 游汉明//（香港）大学出版印务公司
◎桂林文化城概况/广西社会科学院 广西师范大学//广西人民出版社
◎国外广告艺术/丁允明//江苏美术出版社
◎国外优秀摄影广告选/张树贤//西湖摄影艺术出版社
◎旅游概论/杨时进 江新懋//中国旅游出版社
◎旅游工作指南/《旅行家》杂志社//中国青年出版社
◎旅游经济学/（南）翁科维奇著 中国人民大学俄语教研室译//中国人民大学出版社
◎旅游经济学/林南枝 陶汉军//上海人民出版社
◎旅游事业研究1 台港及海外中文报刊资料专辑/季啸风//书目文献出版社
◎旅游心理学/（美）爱德华·简·小梅奥 兰斯·皮·贾维斯著 张健译//浙江教育出版社
◎旅游心理学/屠如骥//南开大学出版社
◎旅游与环境/《旅游与环境》编写组//中国环境科学出版社

⊙论广州第三产业/中共广州市委研究室 广州经济社会发展研究中心//科普出版社广州分社
⊙论剧场艺术/（英）克雷（Craig，E. G.）著 李醒译//文化艺术出版社
⊙美国大众音乐/章珍芳//中国文联出版公司
⊙民族新闻探索/马树勋//内蒙古人民出版社
⊙平面广告设计编排与构成/张辉明//艺风堂出版社
⊙起步·实践·探索：旅游经济文集/陈世红 魏小安//中国旅游出版社
⊙千奇百怪的国外艺术/李成贵//上海文化出版社
⊙日本报业的奇迹/塩沢茂著 吴淑慧 谢森展译//（台湾）创意力文化事业有限公司
⊙日本新闻事业史/（日）内川芳美 新井直著 张国良译//新华出版社
⊙如何写好广告文案/（日）西尾忠久著 黄文博译//（台湾）国家出版社
⊙上海广播电视资料汇编 第1辑//上海市广播电视局《当代》编辑组
⊙摄影广告的艺术构思与表现/刘立宾//辽宁美术出版社
⊙实用广告指南/易昌泰//湖北人民出版社
⊙世界新闻传播发展史 分析、比较与批判/李明水//（台湾）大华晚报社
⊙室内设计别册：创意提案/亚太空间设计杂志社//（台湾）升阳出版社
⊙文化中心手册/浙江省宁波市文化局 浙江省宁波市群众文化学会//浙江人民出版社
⊙美国奥斯卡金像奖大全/严敏//湖南文艺出版社
⊙现代广告论文选/中国广告协会秘书处//工商出版社
⊙现代戏剧的理论与实践 1/（英）斯泰恩（Steyn，J. L.）著 周诚译//中国戏剧出版社
⊙销售学与广告学/（德）H. 库德著 范顺成 舒志良译//河北人民出版社
⊙信息·沟通·传播/居延安//上海人民出版社
⊙展业活动的规划与导演/（日）安昌达人著 百科译 光明日报理论部编//光明日报出版社
⊙智慧就是财富/和华//（台湾）能源出版社
⊙中国报学史/戈公振//三联出版社
⊙中国博物馆学会第二次年会论文集/中国博物馆学会编//文物出版社
⊙中国出版年鉴1986/中国出版工作者协会//商务印书馆
⊙中国出版年鉴简编本1986/中国出版工作者协会//商务印书馆
⊙中国大众影评长编/钟惦棐（中国电影评论学会）//中国电影出版社
⊙中国近代报刊发展概况/杨光辉//新华出版社
⊙中国人民军队报刊史/黄河 张之华//解放军出版社
⊙中国新闻年鉴1986/中国社会科学院新闻研究所//中国社会科学出版社

1987年

⊙POP广告600选：作品集/（日）再桥神吉郎//（台湾）邯郸出版社
⊙POP广告的实例集：服务业编/再桥神吉郎//（台湾）邯郸出版社
⊙POP广告的实例集：日用品编/（日）再桥神吉郎//（台湾）邯郸出版社
⊙POP广告的实例集：生活用品编/（日）再桥神吉郎//（台湾）邯郸出版社
⊙POP广告的实例集：食品编/（日）再桥神吉郎//（台湾）邯郸出版社
⊙POP广告的实例集：洋品编/（日）再桥神吉郎//（台湾）邯郸出版社
⊙POP广告描绘法：基础编/（日）再桥神吉郎//（台湾）邯郸出版社
⊙POP广告描绘法：应用编/（日）再桥神吉郎//（台湾）邯郸出版社
⊙报纸的力量：世界十二家大报/（英）沃克著 苏潼均 诠申译//新华出版社
⊙博物馆：文物保护、理论与实践、某些原则/伊萨尔著 施子龙等译//中国对外翻译出版公司
⊙出版工作与书评 2 台港及海外中文报刊资料专辑 1987“时报文化出版公司”在转型期中/季啸风 李文博//书目文献出版社
⊙出版工作与书评 3 台港及海外中文报刊资料专辑 1987 大众传播 美国的新闻与政治/季啸风 李文博 署齐鸣//书目文献出版社
⊙出版家文摘//湖南大学出版社
⊙出版印制管理/刁力 吴文奎等//农业出版社
⊙创新的企划力：策略构想时代的企划力/高桥宪行著 许逸云译//（台湾）书泉出版社
⊙创意企划人/高桥诚著 张秀琪译//（台湾）精致出版社
⊙创意震荡=Creapive thinking and brainstorming：成功主管能力激发/J. Geoffrey Rawlinso著 石慧静译//（台湾）允晨文化实业股份有限公司
⊙大众传播模式论/（英）丹尼斯·麦奎尔，斯文·温德尔著 祝建华 武伟译//上海译文出版社
⊙大众传播学译丛：传播问题大辩论/李茂政//（台湾）正中书局
⊙大众心理学全集：50 逆境中的创意思考/吴静吉//（台湾）远流出版事业股份有限公司
⊙大众心理学全集：93 创意人的思考/吴静吉//（台湾）远流出版事业股份有限公司
⊙当代新闻学/李茂政//（台湾）正中书局
⊙当代中国的广播电视 上/左漠野//中国社会科学出版社
⊙当代中国的广播电视 下/左漠野//中国社会科学出版社
⊙电视社会学/（日）藤竹晓著 蔡林海译//安徽文艺出版社
⊙电影导演的培养/（苏）格拉西莫夫（Герасимов，С.）著 富澜译//中国电影出版社
⊙动机研究与广告创作/（法）若阿尼斯（Joannis，H.）著 伍志强等编译//轻工业出版社
⊙二十五年来台湾广告量研究/颜伯勤//（台湾）中央日报出版部
⊙个体文化与大众文化/（法）多洛著 黄建华译//上海人民出版社
⊙管理 广告和公共关系/王垂乃编 晏栎 山枥译/中国对外翻译出版公司
⊙广告的心理原理/杨中芳//（台湾）远流出版事业股份有限公司
⊙广告的学问/沈扬华//上海交通大学出版社
⊙广告心理世界：广告心理学漫谈/刘宁 刘绍亮//湖北人民出版社
⊙广告与说明书/张家骞//吉林教育出版社

◎广告原理与方法/陈培爱//厦门大学出版社
◎国外旅游业的市场开发/武桂馥//河南人民出版社
◎国外现代广告设计/赵佳宏//辽宁美术出版社
◎河南旅游地理/尚世英//河南大学出版社
◎经济心理学：销售与广告心理学/（日）饱户弘等著 褚伯良译//中国商业出版社
◎经济与文化/（日）名和太郎著 高增杰 郝玉珍译//中国经济出版社
◎困扰与转机—文化艺术管理学初探/李军//湖北人民出版社
◎旅游地理/刘振礼//南开大学出版社
◎旅游经济/陈纲//浙江人民出版社
◎旅游经济管理/李炳萱//高等教育出版社
◎旅游经济管理/徐秉文 朱玉槐//南开大学出版社
◎旅游述略/杨时进//中国旅游出版社
◎旅游心理学/（美）小爱德华·J·梅奥，兰斯·P·贾维斯著 南开大学旅游学系译//南开大学出版社
◎旅游业/（美）朱卓任著 林乐滕译//海南人民出版社
◎旅游业/（英）J·克里斯托弗·霍洛韦著 向萍译//漓江出版社
◎旅游业心理学/吴正平//山东友谊出版社
◎旅游职业道德/李炳萱等//高等教育出版社
◎全国首届出版科学学术讨论论文选集/中国出版发行科学研究所//重庆出版社
◎日本广告战略研究/（日）八卷俊雄原著 曾淑慧译//（台湾）故乡出版社
◎日本进入服务产业新时代/（日）公文俊平著 雨谷译//新华出版社
◎如何看懂美国广告/张伯权//（台湾）河马文化出版社
◎商标广告管理实用手册/苏雪丹 翟达清//黑龙江人民出版社
◎商业广告学/（苏）格拉祖诺娃著 金文敏等译//世界图书出版公司
◎上海旅游业的今天和明天/严廷昌//上海社会科学出版社
◎上海文化发展战略研究/中共上海市委宣传部研究室//上海人民出版社
◎上海文化年鉴1987/上海文化年鉴编辑部//中国大百科全书出版社
◎生活中的旅游审美/刘天华//山东科学技术出版社
◎实效的广告 USP再版/联广公司蜜蜂小组译//（台湾）联广企业管理顾问公司
◎世界绘画广告/王肇庆 李惠伍//四川美术出版社
◎世界摄影广告//四川美术出版社
◎体育发展战略论文选/国家体委政策研究室//人民体育出版社
◎外国广告摄影350例//江苏美术出版社
◎我国发展观光政策之研究/郭苏灿洋//（台湾）茂昌图书有限公司
◎现代广告设计/丁允明//上海人民美术出版社
◎现代广告学/杨荣刚//经济科学出版社
◎现代广告学/赵育冀//中国商业出版社
◎现代广告艺术/王受之//岭南美术出版社
◎现代旅游经济/方民生//四川人民出版社
◎新闻传播书系3 传播界的背后 美国个案研究/李茂政 洪平峯 蒯亮//（台湾）美国教育出版社
◎新闻学研究 第36集 国际传播专辑//（台湾）国立政治大学新闻研究所
◎新一代广告人语/比比//（台湾）华流文化事业公司
◎意识改造/（日）笠卷胜利著 创意力文化编辑部译//（台湾）创意力文化事业有限公司
◎迎向新“阶层消费”时代——切实掌握消费趋向/林敏生//（台湾）书泉出版社
◎中国的广播节目/《当代中国的广播电视》编辑部//北京广播学院出版社
◎中国电影年鉴：1985/中国电影家协会//中国电影出版社
◎中国广播电视年鉴1987/《中国广播电视年鉴》编辑委员会//中国广播电视出版社
◎中国戏剧年鉴1985/《中国戏剧年鉴》编辑部//中国戏剧出版社

1988年

◎POP广告插画图案精选/（日）中岛英明 野村明著 郑瑞金译//（台湾）总源书局
◎办报实践谈/黄应寿//甘肃人民出版社
◎沧海丛刊 传播研究补白/彭家发//（台湾）东大图书股份有限公司
◎出版概论/（英）安文著 王纪卿译//书海出版社
◎出版工作与书评6 台港及海外中文报刊资料专辑1987 传播研究的应用问题/季啸风 李文博//书目文献出版社
◎出版科学探索/湖南省新闻出版局//湖南科学技术出版社
◎出版学概论/（美）德索尔著 姜乐英 杨杰译//中国书籍出版社
◎传媒、教育、现代化 教育传播的理论与实践/宣伟伯 余也鲁//高等教育出版社
◎创意父母/钟思嘉//（台湾）桂冠图书股份有限公司
◎创意力/广野穰//香港书城有限公司
◎大力发展旅游事业/陶永宽//陕西旅游出版社
◎大众传播学译丛 传播模式/杨志弘 莫季雍//（台湾）正中书局
◎第二代媒介 传播革命之后/汪琪 钟蔚文//（台湾）东华书局
◎电影电视辞典/朱玛//四川科学技术出版社
◎电子新闻媒介：广播与电视/刘忠筠//中国人民大学出版社
◎风景名胜研究/丁文魁//同济大学出版社
◎福建广告论文选/福建省广告协会//福建科学技术出版社
◎广告策略精论/舒尔茨（Schultz，DE.）著 林隆仪等译//清华管理科学图书中心
◎广告的心理学原理 说服的精髓/杨中芳//云南人民出版社
◎广告管理学/为宏进//湖南文艺出版社
◎广告金文案/龙云腾编译//（德国）康乃馨出版社
◎广告漫话/合肥广告协会//安徽人民出版社
◎广告摄影/王灿芬//艺术图书公司
◎广告摄影/张泽明编译//中国电影出版社
◎广告世界/孙增华//深圳广告协会主编
◎广告心理学/傅汉章 邝铁军//华中师范大学出版社
◎广告学入门/徐百益//上海文化出版社
◎广告艺术/王瑜等编译//四川美术出版社
◎广告语言分析/徐玉敏 宫日英//中国物资出版社
◎广告纵横/文绮贞//（香港）博益出版集团有限公司
◎国外广告设计/吕健民翻译 赵文淦等选编设计//福建美术出版社
◎国外广告小辑3//上海人民美术出版社
◎国外现代广告500例/徐百益 徐本健//上海书画出版社
◎黑白摄影广告图选/朱成方 潘加豹//江苏科学技术出版社
◎简明广告学/张殿国//学术期刊出版社
◎剧团管理/郁仁民等//华东师范大学出版社

◎空的空间/（英）布鲁克（Brook，P.）著 邢历等译//中国戏剧出版社
◎旅游/（美）霍尔著 徐康宁 徐静之译//中国对外经济贸易出版社
◎旅游法/刘海山//法律出版社
◎旅游法规/焦承华//北京广播学院出版社
◎旅游法律知识问答/王立纲 卢印本//中国旅游出版社
◎旅游管理手册/周峰//中国林业出版社
◎旅游接待业务必读/刘锋//广东旅游出版社
◎旅游经济导论/潘泰封//上海人民出版社
◎旅游经济管理/龚晓宽//漓江出版社
◎旅游经营管理指南 北京和沿海城市/薄熙成 王大悟//上海社会科学院出版社
◎旅游考察/王仁民//河南人民出版社
◎旅游市场学研究/（瑞士）让-雅虎·施瓦茨著 徐堃耿译//旅游教育出版社
◎旅游统计学/潘超霖//中国统计出版社
◎旅游小百科/《旅游小百科》编写组//山东友谊出版社
◎旅游心理学/岳祚雕//北京广播学院出版社
◎旅游业岗位规范/张包镐//上海文化出版社
◎旅游营销学/谭宗尧//经济科学出版社
◎旅游与社会/陆立德 郑本法//人民出版社
◎漫画世界出版物/（日）出川沙美雄著 李长声译//书海出版社
◎美的发现：旅游美学书简/杨杨 卫捷//农村读物出版社
◎美国科技期刊 生产、利用和经济状况/（美）W. D. 金等//科学技术出版社
◎欧美日广告设计作品集1000例/赵建//广西人民出版社
◎七国新闻传播事业/中国社会科学院新闻研究所//重庆出版社
◎强势广告宣传 迷你讲座/刘恒翔//（德国）康乃馨出版社
◎趣味广告/王多明//贵州人民出版社
◎群众文化经济学概论/牟光义//学苑出版社
◎上海文化年鉴1989/《上海文化年鉴》编辑部//上海人民出版社
◎实效的广告/（美）雷斯 联广蜜蜂小组//世界图书出版公司
◎实用旅游心理/李秋洪/重庆出版社
◎实用美术与广告/上海市第一商业局教育处 上海市教育局职业技术教育处主编//上海科技教育出版社
◎实用文艺经营管理入门/上海大学文学院文化管理教研室编译//百家出版社
◎世界广告精选/杨宇//山东美术出版社
◎世界广告摄影/尚飞 韩博//中国星星出版公司 华艺出版社
◎世界文物//北京燕山出版社
◎天津文化简志稿/天津市文化局文化史志编修委员会//天津市文化局
◎图书出版的艺术与科学/（美）贝利著 高晓光等译//书海出版社
◎外国出版史/（英）昂温（Unwin，G.）（英）昂温（Unwin，P. S.）著 陈生铮译//中国古籍出版社
◎外国优秀广告选/孙华进//山东美术出版社
◎文化艺术馆管理/谈祖应//北京广播学院出版社
◎西德传播事业现况/韦光正//（台湾）联经出版事业公司
◎戏曲艺术时空论/马也//中国戏剧出版社
◎现代广告艺术/郭日熙//中国金融出版社
◎现代疗养旅游及度假村建筑/唐俊昆//天津科学技术出版社
◎现代商业广告学/汪洋 苗杰//中国人民大学出版社
◎现代设计11：POP广告//浙江人民美术出版社
◎现代实用广告平面设计/陈家瑞//辽宁美术出版社
◎信息的显示、记录与存储/（日）斋藤省吾主编 韩凌译//电子工业出版社
◎信息环境的演变/（英）麦克格雷著 丰成君 邵元溥译//书目文献出版社
◎业余新浪潮 收藏热/叶永烈//江苏科学技术出版社
◎艺术管理与剧院管理/（英）皮克（Pick，J.）（英）里德（Reid，F.）著 甄悦等译//中国戏剧出版社
◎音乐杂谈 第4集/李凌//北京出版社
◎有效广告的知识与实务 从构想、企划到效果测实/（日）八卷俊雄著 黄南斗译//（台湾）台华工商图书出版公司
◎掌权者：美国新闻王国内幕/（美）哈伯斯塔姆著 尹向泽译//四川文艺出版社
◎中国报刊广告指南/伊天喜//陕西人民出版社
◎中国报纸的副刊/王文彬//中国文史出版社
◎中国博物馆指南/黎先耀 张秋英等//中国旅游出版社
◎中国出版年鉴1987/中国出版工作者协会 中国出版发行科学研究所//中国书籍出版社
◎中国的报刊/王凤超//人民出版社
◎中国风光旅游/何大章 林雄//科学普及出版社广州分社
◎中国广播电视年鉴：1987/《中国广播电视年鉴》编辑委员会//中国广播电视出版社
◎中国广播电视年鉴：1988/《中国广播电视年鉴》编辑委员会//中国广播电视出版社
◎中国广告年鉴1988/中国广告年鉴编辑部编//新华出版社
◎中国广告学/刘林清//人民日报出版社
◎中国旅游大全 东北册/王立纲//中国青年出版社
◎中国旅游大全 华东册 下/国家旅游局宣传司 中国旅游学院旅游科学研究所//中国青年出版社
◎中国旅游国情/张君默等//明天出版社
◎中国旅游业//外文出版社
◎中国文艺年鉴1987/《中国文艺年鉴》编辑部//文化艺术出版社
◎中国新闻年鉴1988/中国新闻学会联合会 中国社会科学院新闻研究所//中国社会科学出版社
◎中国中央电视台30年：1958-1988/《中国中央电视台》编辑部//中国广播电视出版社

1989年

◎1分钟创意与创业/伍美心//（香港）万里书店
◎COPY文案企划：创意与演练/多比罗孝//（台湾）朝阳堂文化事业股份有限公司
◎MEDIA媒体计划：理论与动作/Jim Surmanek著 刘毅志译//（台湾）朝阳堂文化事业股份有限公司
◎POP广告画入门 应用篇/李平农译//（台湾）信宏出版社
◎北京博物馆年鉴1912-1987/北京博物馆学会//北京燕山出版社
◎北京旅游发展战略/首都社会经济发展研究所//北京燕山出版社
◎出版概论/（英）斯坦利·昂温著 谢琬若 吴仁勇译//中国书籍出版社
◎传播与现代化/朱增朴//中国新闻出版社
◎创意经营与行销赢家/陈铭磻//（台湾）业强出版社
◎创意人的思考/亚当斯（James L. Adams）著 简素琤译//（台

湾）远流出版事业股份有限公司
◎大众传播社会学/（日）竹内郁郎编 张国良译//复旦大学出版社
◎大众传播通论/（美）德弗勒（Defleur, M. L.）（美）丹尼斯（Dennis, E. D.）著 颜建军等译//华夏出版社
◎大众传播学译丛 人类传播/郑贞铭//（台湾）正中书局
◎电影电视世纪/陈庄 游光中//四川少年儿童出版社
◎公共关系·广告·市场营销/（英）杰夫金斯（Jefkins, F.）著 王凤端编译//上海科学技术文献出版社
◎公关传播学/宋林飞 周世康//南京大学出版社
◎公关广告心理/樊琪//上海书画出版社
◎公关艺术论/宋连生等//教育科学出版社
◎古代艺术辞典/温延宽 王鲁豫//中国国际广播出版社
◎广告策划/唐仁承//轻工业出版社
◎广告的心理原理/杨中芳//（台湾）远流出版事业股份有限公司
◎广告管理/国家工商行政管理局人事教育司编//学术期刊出版社
◎广告管理/刘林清 陈季修//中国财政经济出版社
◎广告管理概论/王桂德//江苏科学技术出版社
◎广告管理学/范家甫//大连理工大学出版社
◎广告技巧/杨晋文//陕西旅游出版社
◎广告美学/郑应杰 解廉廉//黑龙江科学技术出版社
◎广告趣谈 中外古今广告纵横/张南舟//厦门大学出版社
◎广告人告白/黄沾//（香港）明窗出版社
◎广告商标知识/姚明盛//中国展望出版社
◎广告摄影 1/刘超//中国摄影出版社
◎广告摄影 2/张宗尧//中国摄影出版社
◎广告摄影 3/张宗尧//中国摄影出版社
◎广告十年：1979-1987 中华民国 67-76 年时报广告金像奖得奖作品实录/台北市广告代理商业同业公会“广告十年”编纂委员会编辑//（台湾）时报文化出版事业公司
◎广告心理学/高佳 矫佩民//中国人民大学出版社
◎广告业巨子：奥格尔维经营手记/（美）拉裴尔森（Raphaelson, J.）编 石涛译//经济科学出版社
◎广告语言艺术/聂仁忠//石油大学出版社
◎桂林旅游发展前景研究：兼议 2000 年桂林/桂林市人民政府经济研究中心编著//漓江出版社
◎国际旅游经济与政策/（法）弗朗索瓦·韦拉著 罗结珍等译//旅游教育出版社
◎国外分类广告艺术/丁允朋 王垂芳//上海人民美术出版社
◎国外广告摄影/鲁昌麟 徐冰若//人民美术出版社
◎海外广告作品欣赏/尚恒德//（台湾）朝花美术出版社
◎海外华文报刊的历史与现状/方积根 胡文英//新华出版社
◎华夏旅游史话/胡世建 张敦江//旅游教育出版社
◎济南人民广播电台四十年/刘茂林 温玲进//济南出版社
◎旅游促进发展 70 例/孙钢//中国旅游出版社
◎旅游管理手册/周峰//中国林业出版社
◎旅游漫笔/何礼荪 白槐 马力//学苑出版社
◎旅游现代化开发经营与管理/何建民//学林出版社
◎旅游学辞典/朱玉槐//陕西人民出版社
◎旅游研究与实践/《旅游与实践》编辑部编辑//旅游与实践杂志社
◎旅游业与法律/张培民//华东工学院出版社
◎旅游之光 粤港澳旅游大三角论文集/广东省旅游局//广东旅游出版社
◎卖点 100 商品行销创意实例 100/张永诚//（台湾）远流出版事业股份有限公司
◎媒介社会学/（英）巴勒特（Barrat, D.）著 赵伯英 孟春译//社会科学文献出版社
◎美工广告印刷概要/高俊茂//（台湾）星狐出版社
◎平面广告制作实技/林励//（香港）万里书店
◎商标广告管理实用手册/周定安 贺元秀//湖南人民出版社
◎商业广告实务/潘衍明//（香港）万里书店
◎上海经济广告大全/世界经济导报社 科学、经济、社会研究基金会汇编//上海科学技术文献出版社
◎上海文化年鉴 1989/《上海文化年鉴》编辑部//上海人民出版社
◎社会传播社会学/（日）竹内郁郎//复旦大学出版社
◎十三秒半 一个 CF 广告的闪亮诞生/（日）三蒲朱门著 廖为智译//（台湾）时报文化出版企业有限公司
◎世界报坛总览/姜克安//人民邮电出版社
◎世界书业导论/孟凡舟//书海出版社
◎探索的舞台/蔡体良//中国戏剧出版社
◎体育运动文件选编 1982-1986/国家体委政策研究室//人民体育出版社
◎外国广告摄影艺术/徐克弘//工商出版社
◎文化管理研究/于敏//北京文化艺术出版社
◎文化经济学/王福祥//辽宁大学出版社
◎文化经济与文化管理/上海市政府文化经济与管理政策调研小组编//上海百家出版社
◎文化市场指南/孙明山 孙浩等//沈阳出版社
◎我是最懂创造力的人物/（美）奥斯本（Osborn, A. F.）著 严厉译//鹭江出版社
◎现代包装·广告设计/沈卓娅 刘境奇//江西科学技术出版社
◎现代广告策划/杨荣刚//机械工业出版社
◎现代广告概论/杨荣刚//机械工业出版社
◎现代广告设计/李巍//机械工业出版社
◎现代广告设计/朱铭//山东美术出版社
◎现代广告写作/姚振生//机械工业出版社
◎现代广告信息/裴民慧//机械工业出版社
◎现代旅游市场经营学/于学谦//旅游教育出版社
◎现代人寻找丢失的草帽 对文化与文艺在通观过程中的发现/顾晓鸣//（台湾）桂冠图书股份有限公司
◎现代艺术辞典/邵大箴//中国国防广播出版社
◎香港出版业/陈不讳//（香港）彩色世界出版公司
◎向创意挑战 3M 成功的管理要诀/野中郁次郎 清泽达夫著 陈秋月译//经济与生活出版事业股份有限公司
◎小说电通 广告时代的人·广告世界的故事/大下英治著 何静之译//（台湾）时报文化出版企业有限公司
◎新文化产业论/（日）日下公人著 范作申译//东方出版社
◎一个广告商的自述/（美）奥格尔维（Ogilvy, D.）著 黄建源 张瑞升译//中国环境科学出版社
◎障碍与动力 文化经济学研究/周伟林//上海文化出版社
◎直销广告/罗富明//（香港）博益出版集团有限公司
◎中国出版年鉴 1988/中国出版工作者协会 中国出版发行科学研究所//中国书籍出版社
◎中国传播效果透视/陈崇山 弭秀玲//沈阳出版社
◎中国的唱片出版事业/《当代中国的广播电视》编辑部//北京广播学院出版社

◎中国广播电视年鉴 1989/《中国广播电视年鉴》编辑委员会//北京广播学院出版社
◎中国旅游大全 华北册/中国旅游大全编委会//中国青年出版社
◎中国旅游管理学教程/王立纲 张宝玉//旅游教育出版社
◎中国民族音乐大观/秦咏城等//沈阳出版社
◎中国戏剧管理体制概要/李旭东等//中国戏剧出版社
◎中国新闻年鉴 1989/中国社会科学院新闻研究所 中国新闻学会联合会//中国社会科学出版社
◎中国音乐年鉴 1988/田青//文化艺术出版社
◎中国音乐年鉴 1989/田青//文化艺术出版社
◎中国音乐文化与民谣/颜文雄//作文图书公司
◎中外广告成功之道/潘中法//上海科学普及出版社
◎最新国际广告及包装设计精选 200 例/赵维屏 王耀//中国连环画出版社
◎作为演出艺术的戏剧/李春熹//中国戏剧出版社

1990 年

◎北京文化综览/丁守和 劳允兴//北京师范学院出版社
◎传播手段基础/卢仁声//四川人民出版社
◎传播学：以人为主体的图像世界之谜/沙莲香//中国人民大学出版社
◎传播学原理/范东生 张雅宾//北京出版社
◎大众传播媒介与社会发展/（美）施拉姆著 金燕宁译//华夏出版社
◎大众传播学/徐耀魁//辽宁教育出版社
◎大众传播学/钟文 余明阳//湖南文艺出版社
◎大众传播学诸论/（美）德弗勒 鲍尔·洛基奇著 杜力平译//新华出版社
◎导游和导游技巧/陈国成//旅游教育出版社
◎导游基础知识/徐堃耿 国家旅游局人教司//旅游教育出版社
◎导游业务/朱葆琛 国家旅游局人教司//旅游教育出版社
◎道家与旅游/黄德源//上海社会科学院出版社
◎电视节目制作/沈建平 张盛明//东南大学出版社
◎电视文化学/田本相//文化艺术出版社
◎广播电视决策研究文集 第 1 辑/广播电影电视部政策研究室编//北京广播学院出版社
◎广告学原理与应用/宋顺清 刘瑞武//高等教育出版社
◎广告原理与方法/陈培爱//厦门大学出版社
◎国际旅游业公约、协议汇编/罗结珍//旅游教育出版社
◎环球影视界奇观 第 1 卷/吴咸发//山东友谊书社出版社
◎环球影视界奇观 第 2 卷/吴咸发//山东友谊书社出版社
◎货币保值与珍宝鉴藏/宗时//中国经济出版社
◎简明广告学教程/康文久等//新华出版社
◎建设旅游文化之路/韦钦 何邦泰//广西师范大学出版社
◎解剖媒体 媒体观察者的笔记/杨志弘//（台湾）时报文化出版企业有限公司
◎旅游价格学/阎锋//旅游教育出版社
◎旅游经济工作手册/张玉玑//中国大百科全书出版社
◎旅游经济学/张汝昌//北京广播学院出版社
◎旅游经营管理/（英）道格拉斯·福斯特著 余建伟 郭震宇译//云南人民出版社
◎旅游经营管理初探：上海旅游业总经理研训班论文选/张包镐梅均//华东化工学院出版社
◎旅游经营启示录/杨仕弼//旅游教育出版社
◎旅游开发研究论集/孙仲明//旅游教育出版社
◎旅游审美活动论/王柯平//旅游教育出版社
◎旅游市场营销学/（联邦德国）保罗著 于连亭译//南开大学出版社
◎旅游文化探胜/顾承甫//上海古籍出版社
◎旅游心理学/蔡丽伶//（台湾）扬智文化事业股份有限公司
◎旅游选择与阻碍/杨宏志//（台湾）淑馨出版社
◎旅游资源景观论/王兴中//陕西科学技术出版社
◎媒体的出神状态/迷走//唐山出版社
◎魅惑的广告艺术/陈德宣//（台湾）信宏出版社
◎民俗学与民俗旅游/刘丽川//同济大学出版社
◎平面广告艺术/季阳//浙江美术学院出版社
◎三代报王：《华盛顿邮报》风情录/（美）凯利著 郑国强译//上海翻译出版公司
◎商品广告学/张玉友 颜瑾瑜//新华出版社
◎商业广告学/王桂德//浙江人民出版社
◎上海文化年鉴 1990/《上海文化年鉴》编辑部编//中国大百科全书出版社
◎深圳特区文化初探/深圳市文化委员会//海天出版社
◎实用电视传播学/吴信训//四川人民出版社
◎实用广告技术/王虎成 林纲//中国广播电视出版社
◎图书发行经济师手册/周一苇 谢振伟//浙江大学出版社
◎文化市场 结构·功能·管理/朱淑君等//辽宁人民出版社
◎文化娱乐与文化修养词典/于中行等//复旦大学出版社
◎文坛百论/高占祥//文化艺术出版社
◎我走路还是路走我 艺术和人在文化之网中的自我冲突/顾晓鸣//湖南文艺出版社
◎西方大众传播学 从经验学派到批判学派/刘旭//三联书店（香港）有限公司
◎现代旅游理论与实践/钟明喜 骆静珊//云南人民出版社
◎影视文化（3）/中国艺术研究院影视研究室《影视文化》编辑部//文化艺术出版社
◎娱乐文化/熊志冲//巴蜀书社出版社
◎中国电影年鉴：1987/中国电影家协会//中国电影出版社
◎中国广播电视年鉴：1990/中国广播电视年鉴编辑委员会//北京广播学院出版社
◎中国旅游经济研究/孙尚清//人民出版社
◎中国旅游年鉴：1990/中国旅游年鉴编辑部委员会//中国旅游出版社
◎中国旅游文娱入门/国家旅游局旅行社饭店管理司//中国旅游出版社
◎中国艺术表演团体在改革中前进/文化部艺术表演团体改革经验选编小组//北京文化艺术出版社

1991 年

◎报业管理艺术/（美）索恩著 辜晓进译//中国人民大学出版社
◎报纸管理手册：名录、政策、法规/新闻出版署报纸司//中国书籍出版社
◎成功广告 80 例/颜伯勤//中国友谊出版公司
◎出版经济学导论/梁宝柱//中国书籍出版社
◎出版理论研究与实践/河南省出版工作者协会//海燕出版社
◎出版企业概论/赵晓恩//东方出版社
◎出版与印刷管理研究/夏炎//辽宁人民出版社
◎出手不凡：广告致胜术（中外企业精彩促销丛书）/梁捷麟//

中国工人出版社
◎传播媒介与美国人的梦想：从莫尔斯到麦克卢汉/（美）切特罗姆著 曹静生 董艾禾译//中国广播电视出版社
◎传播媒体的变貌 新媒体·新冲击·新动向/（日）传播90研究集团//（台湾）远流出版事业股份有限公司
◎传播学概论/崔永泉//吉林大学出版社
◎大城市的未来：柏林、伦敦、巴黎、纽约-经济方面/（德）尤尔斯著 张秋舫等译//对外贸易教育出版社
◎大众媒介通论/欧阳康//中山大学出版社
◎当代广告学-广告理论与应用/叶全良//中国文史出版社
◎电视节目制作/徐国光//中国广播电视出版社
◎电视制作：技巧·艺术·训练/张舒予 周章明//复旦大学出版社
◎电影院经营管理/徐雷 梅长庚//中国电影出版社
◎对疯狂的引导：中国出版业的经济观照/周彦文//中国经济出版社
◎对外文化传播学引论/王志章//武汉测绘科技大学出版社
◎工商企业广告策划/罗时凡//中国商业出版社
◎广告策划精华/唐仁承//百家出版社
◎广告策划中的公关技巧/徐二明//陕西人民教育出版社
◎广告传播学/刘志明 倪宁//中国人民大学出版社
◎广告创见/江燕来//（香港）博益出版集团有限公司
◎广告的科学/杨朝阳//（台湾）朝阳堂文化事业股份有限公司
◎广告概论/（日）柏木重秋著 王建玉译//中国经济出版社
◎广告攻心战略：品牌定位（现代广告学名著丛书）/（美）艾·里斯 杰·特劳特著 刘毅志译//中国友谊出版公司
◎广告管理学/夏清华/武汉测绘科技大学出版社
◎广告媒体研究/（美）苏尔马尼克著 刘毅志译//中国友谊出版公司
◎广告写作的艺术：五位广告学名家谈/（美）海金司访问//中国友谊出版公司
◎广告心理/（日）仁科贞文//中国友谊出版公司
◎广告学/孙有为//世界知识出版社
◎广告学原理/和中孚 戴广忠//中国经济出版社
◎广告艺术博览/商玉生//春风文艺出版社
◎广告艺术美学/汝羊 王冠华//山西人民出版社
◎广告艺术中的策略/白智勇//北京工艺美术出版社
◎广告原理与方法/陈培爱//厦门大学出版社
◎广告运动策略新论 上/（美）舒尔茨等著 刘毅志译//中国友谊出版公司
◎广告运动策略新论 下/（美）舒尔茨等著 刘毅志译//中国友谊出版公司
◎广告知识问答/周定安//湖南美术出版社
◎桂林旅游研究十年回顾/向才德//漓江出版社
◎国际广告/孙有为//世界知识出版社
◎花样旅游/梁坚//广东旅游出版社
◎加强旅游业的宏观管理：第四期全国旅游局长研讨班论文汇编/国家旅游局人教司//旅游教育出版社
◎精神生产概论/夏赞忠//湖南出版社
◎利矛坚盾 广告攻心术与消费者防御术/侯长胜//农村读物出版社
◎旅游购品经营概论/高爱民//中国社会科学出版社
◎旅游经营管理探索与实践/王大悟//上海社会科学院出版社
◎旅游决策与分析方法/（加拿大）史密斯著 南开大学旅游学系译//中国旅游出版社
◎旅游经济学/张辉//陕西旅游出版社
◎旅游摄影技巧/夏道陵//上海文化出版社
◎美国大众传播学教育概况/李晨辉//武汉测绘科技大学出版社
◎美国广告内幕/王宁 钱婷//中国经济出版社)
◎人际传播：社会交换论/（美）罗洛夫著 王江龙译//上海译文出版社
◎人际传播学/熊源伟 余明阳//中山大学出版社
◎人际传播研究/卢子贵//四川大学出版社
◎如何进行广告/庄丽卿//（台湾）远流出版事业股份有限公司
◎山东文化发展战略研究/于占德 孔繁强//山东人民出版社
◎商业广告设计/张栢烟//（台湾）艺风堂出版社
◎上海文化年鉴：1991/上海文化年鉴编辑部//中国大百科全书出版社
◎设计艺术·广告1/刘志威//陕西人民教育出版社
◎社会主义文化市场概论/文选德//湖南出版社
◎世界出版概观/陆本瑞//中国书籍出版社
◎收藏世界纵横谈/赵申生//文汇出版社
◎书林荟萃 第一、二届全国书展集刊/袁琦//现代出版社
◎图书出版社与第三世界/许国良//吉林大学出版社
◎图书出版盈亏预测/宗荣先//黑龙江人民出版社
◎文化工作手记/文选德//文化艺术出版社
◎文化管理手册/高占祥//吉林人民出版社
◎文化经济学/方家良//上海交通大学出版社
◎文化企业管理/黄才钦//武汉出版社
◎文化市场管理学/方家良//上海交通大学出版社
◎文化艺术行政管理学/刘欣//东北师范大学出版社
◎文物艺术品拍卖热/青木//世界知识出版社
◎现代出版学/（日）清水英夫//中国书籍出版社
◎现代广告学原理与应用/孟宪贵 孙丽辉//吉林大学出版社
◎现代精神生产方式与管理导论/许柏林//文化艺术出版社
◎新闻出版大趋势：新闻出版报文选/谢宏//人民出版社
◎一个广告人的自白/（美）奥格威（Ogilvy，David）著 林桦译//中国友谊出版公司
◎广告的科学/杨朝阳//（台湾）朝阳堂文化事业股份有限公司
◎应用传播学/苑子熙//北京广播学院出版社
◎优秀广告论文选/湖北省广告协会编//万国学术出版社
◎欲望创造家：揭开世界广告制作的奥秘/（英）京拉京著 刘国明 孔维凤译//河南人民出版社
◎整体广告策划/孙有为//世界知识出版社
◎中国报刊大全 1991 年版 上/《中国报刊大全》编辑部//人民邮电出版社
◎中国报刊大全 1991 年版 下/中国报刊大全》编辑部//人民邮电出版社
◎中国报刊史话/王凤超//商务印书馆
◎中国出版简史/吉少甫//学林出版社
◎中国出版年鉴 1989/中国出版工作者协会//中国书籍出版社
◎中国出版史/宋原放//中国书籍出版社
◎中国电影年鉴：1988/中国电影家协会 广播电影电视部电影事业管理局//中国电影出版社
◎中国电影年鉴：1989/中国电影家协会 广播电影电视部电影事业管理局//中国电影出版社
◎中国佛教旅游/范能船//上海书店出版社
◎中国广告范文 第1卷/仇天喜 马东明//陕西人民出版社
◎中国旅游年鉴：1991/中国旅游年鉴编辑委员会//中国旅游出版社

◎中国文艺年鉴 1988/《中国文艺年鉴》编辑部编//文化艺术出版社
◎中国新闻年鉴：1990/中国社会科学院新闻研究所 中国新闻学会//中国社会科学出版社
◎中国印刷年鉴 1989-1990/中国印刷技术协会//印刷工业出版社
◎中外古今广告集趣/张则忠//中国经济出版社
◎中外广告妙语点评/高越 李宝臣//河北科学技术出版社

1992 年

◎北京博物馆年鉴 1988-1991/北京博物馆学会//北京燕山出版社
◎成功广告 80 例/颜伯勤//中国友谊出版公司
◎出版经济学概论/杨咸海//安徽教育出版社
◎出版科研论文选粹 首届全国出版科学研究优秀论文奖获奖论文集/中国出版科学研究所//浙江教育出版社
◎出版理论研究与实践 第 2 辑/河南省出版工作者协会//河南教育出版社
◎出版学概论/彭建炎//吉林大学出版社
◎出版研究年会文集 1990/国出版工作者协会//东方出版社
◎传播社会学/陈昭郎//（台港）黎明文化事业股份有限公司
◎传播学通论/朱艳霞//广东高等教育出版社
◎大众传播八讲/徐佳士//（台湾）正中书局
◎大众传播的责任/Wilbur Schramm//（台湾）远流出版事业股份有限公司
◎大众传播理论与实证/翁秀琪//（台湾）三民书局股份有限公司
◎大众传播学/张咏华//上海外语教育出版社
◎第三届上海电视节学术交流论文集/上海市电视局研究室//学林出版社
◎电视广告创意与制作/中国广告协会电视委员会 北京广播学院电视系编//科学技术文献出版社
◎电视广告谋划/高晓虹 宋平/北京广播学院出版社
◎电子殖民主义/麦克费尔（Mcphail, T. L）//（台湾）远流出版事业股份有限公司
◎读者意识论：河北省报纸读者问题研讨会论文选编/韩丰聚//河北人民出版社
◎公共关系广告管理/邱伟光//改革出版社
◎公关广告/徐百益 张大林//同济大学出版社
◎广播电视探析/赵水福著//中国广播电视出版社
◎广告、标语、招贴……用语评析 400 例/于根元//中国社会科学出版社
◎广告方法百例/丁凤飞//新华出版社
◎广告经营的十大秘诀和案例/杜在海//中国广播电视出版社
◎广告心理学基础/马谋超//北京师范大学出版社
◎国际出版与版权知识/（英）福斯特//外文出版社
◎国外广告妙语大观/（美）乌尔当 罗宾斯编 永德等编译//上海人民出版社
◎旅游的空间经济分析/楚义芳//陕西人民出版社
◎旅游经济与管理探讨/蔡万坤//经济管理出版社
◎旅游培训学/陈志学 吴洪芹//中国旅游出版社
◎旅游行业管理与市场促销：第五期全国旅游局长研讨班论文汇编 国家旅游局人教司//中国旅游出版社
◎旅游学导论/孙文昌//青岛出版社
◎论庙会文化/高占祥//文化艺术出版社
◎迷人的收藏活动/成志伟//中国旅游出版社
◎面对 21 世纪的选择：中国旅游发展战略/孙尚清//人民出版社
◎青海旅游资源/张忠孝//青海人民出版社
◎区域旅游开发研究/陈传康//气象出版社
◎全国第三届广告作品展优秀作品集/贾玉斌//中国摄影出版社
◎人的延伸：媒介通论/（加拿大）麦克卢汉著 何道宽译//四川人民出版社
◎日本出版流通及其体制/（日）村上信明著 刘秀缓 陈宝贵译//中国书籍出版社
◎荣宝斋三百年间/郑理//北京燕山出版社
◎山东省出版科学论文选 第 3 辑/山东省出版工作者协会//明天出版社
◎世界广告设计精选/王建国 王洪宽//哈尔滨出版社
◎世界广告设计艺术/华风//吉林美术出版社
◎市场销售 广告 公共关系/（英）杰夫金斯著 邵林铭译//新华出版社
◎收藏辞典/成志伟//知识出版社
◎首届 1992 年中国广告公司实力排序/《首届（1992 年）中国广告公司实力排序》编辑委员会//经济管理出版社
◎首届广播电影电视经济管理研讨会文集/喻万祥//中国广播电视出版社
◎推销与广告/徐百益//华东化工学院出版社
◎文化，社会与媒体/Michael Gurevitch//（台湾）远流出版事业股份有限公司
◎文化经济学/严行方//北京经济学院出版社
◎文化市场管理/张元忠//华中理工大学出版社
◎文化市场学/焦勇夫//上海交通大学出版社
◎无形的兜售者 广告的奥秘/（美）派克尔著 滑明达 祖淑珍译//陕西人民出版社
◎西方城市经济学：理论与方法/孟晓晨//北京大学出版社
◎闲暇社会学/王雅林//黑龙江人民出版社
◎现代文化与管理/王玉英 李桂香//中国审计出版社
◎新闻媒体与两岸交流/大陆事务暨政策研究基金会//台湾学生书局
◎休假地的开发及其管理/（美）朱卓仁 南开大学旅游外语教研室译//旅游教育出版社
◎艺术传播学/邵培仁//南京大学出版社
◎影视艺术教程/王光祖//高等教育出版社
◎影视制片进度计划/（美）辛格莱顿著 徐建生译//中国电影出版社
◎舆论传播学/张学洪//南京大学出版社
◎展览艺术·展览学导论/潘 杰//黑龙江美术出版社
◎中国电影年鉴 1990/中国电影家协会 广播电影电视部电影事业管理局//中国电影出版社
◎中国广告活动实证分析/黄升民//北京广播学院出版社
◎中国广告实务大全/任中林//科学技术文献出版社
◎中国旅游年鉴：1992/中国旅游年鉴编辑委员会//中国旅游出版社
◎中国旅游史/章必功//云南人民出版社
◎中国旅游文化/高立成//复旦大学出版社
◎中国新闻年鉴 1991/中国社会科学院新闻研究所//中国社会科学出版社
◎中外成功广告 行销战争的锐利武器/林安令 杨晋安//陕西师范大学出版社
◎中外电影院经营大全/王宏昭//成都科技大学出版社
◎资讯·钱·权 媒体文化的政治研究/冯建三//（台湾）时报文

化出版企业有限公司
◎走向跨世纪的上海旅游业/上海市旅游事业管理局//上海科学技术文献出版社
◎做商业广告的学问/贾双虎//科学普及出版社

1993年

◎93国际艺术文化交流展/顾志成//中国文联出版公司
◎POP店头广告 理论与企划/（日）株式会社电通作//（台湾）朝阳堂文化事业股份有限公司
◎城市经济与城市文化发展论/张鸿雁//辽宁大学出版社
◎出版史研究 第1辑/《出版史研究》编辑部编//中国书籍出版社
◎传播研究里程碑/Shearon A. Lowery Melvin L. De Fleur //（台湾）远流出版事业股份有限公司
◎大脑风暴 文化工业探寻/秦朔//广州出版社
◎大众传播理论 Q&A/翰林//风云论坛出版社
◎大众传播学总论/张隆栋//中国人民大学出版社
◎当代中国的出版事业 上/《当代中国》丛书编辑部编辑//当代中国出版社
◎第三届中国艺术节文集/云南省承办第三届中国艺术节工作领导小组文集编辑部//云南人民出版社
◎第一流的诀窍 生意、用人、广告/卢晓华//中国发展出版社
◎电视新闻通论/原默//河南大学出版社
◎电视艺术的走向/徐朝信 文言//辽宁大学出版社
◎东方艺术市场 第1集/祝君波《东方艺术市场》编辑部//上海书画出版社
◎法国图书出版业/杨胜伟 燕汉生//中国书籍出版社
◎古玩字画投资指南/伍清//中央广播电视大学出版社
◎关于加快广告业发展的规划纲要/中华人民共和国国家工商行政管理局广告司编//科学出版社
◎广告策划/胡晓伟 甄颂东//中国友谊出版公司
◎广告策划技巧20例/孙五三 曾宪植//青岛出版社
◎广告策划与策划书撰写/陈培爱//厦门大学出版社
◎广告策略妙招/李巍//广东旅游出版社
◎广告创意 表现的科学/日经广告研究所编 李永清译//（台湾）朝阳堂文化事业股份有限公司
◎广告创意、设计与制作技巧/樊志育//中国友谊出版公司
◎广告创意探秘 成功广告案例析/张南舟//厦门大学出版社
◎广告创作艺术/姜淮超 刘帆//陕西人民教育出版社
◎广告的艺术/王建伟 张湘江//八一出版社
◎广告攻心术/陈培爱//厦门大学出版社
◎广告金句7000妙语赚大钱/朱清阳//吉林科学技术出版社
◎广告妙语集锦/岳嘉//中国友谊出版公司
◎广告人/王朔 苏雷//人民中国出版社
◎广告摄影/达夫 鄂玉璋//黑龙江科学技术出版社
◎广告生意经/符百华//中国国际广播出版社
◎广告视觉媒体设计/谢兰芬//（台湾）新形象出版事业有限公司
◎广告宣传技巧/汤哲生//江苏文艺出版社
◎广告学 理论与应用/北京广播学院新闻系广告学教研室//中国广播电视出版社
◎广告36策/罗婉容 景进安//山西经济出版社
◎广告学理论与应用/北京广播学院新闻系广告学教研室集体编写//中国广播电视出版社
◎广告语典/费立群 温玉洁//国际文化出版公司
◎广告知识天地/张则忠 严谨//中国经济出版社
◎广告制作/胡晓伟 甄颂东//中国友谊出版公司
◎广告制作技术/袁草田//（香港）利文出版社
◎辉煌的世界酒文化 首届国际酒文化学术讨论会论文集暨剑南春国际酒文化征文获奖作品选/王炎 何天正//成都出版社
◎解构广告媒体/郑瑞城 王振寰 林子仪//（台湾）澄社
◎近现代上海出版业印象记/朱联保//学林出版社
◎旅游开发与规划/邹统钎//旅游教育出版社
◎旅游学概论/朱玉槐//西北大学出版社
◎旅游系统与控制/陈仙波//哈尔滨地图出版社
◎旅游业发展实务与技巧/陈高钦//中国经济出版社
◎名利双收 广告世界探秘/焦敬铎//济南出版社
◎南方娱乐丛刊 第五辑/嘉芙莲//海南出版社
◎拍卖行的槌音/刘绍学//四川人民出版社
◎群众文化学/郑永富 许杰//中国国际广播出版社
◎日本广告设计/美工图书社//（台湾）邯郸出版社
◎如何消费不受骗 全国首部广告骗术破解秘笈/周德旺著//（台湾）联经出版事业公司
◎如何做好广告/庄丽卿//三联书店
◎软市场的拓展/王廉//广东科技出版社
◎上海文化年鉴1993/《上海文化年鉴》编辑部编
◎社会主义市场经济十万个为什么 文化市场分册/孙尚清//光明日报出版社
◎声像传播学/朱增朴//中国广播电视出版社
◎实用广告辞典/陈先枢//湖南科学技术出版社
◎实用广告技巧/郜启扬//知识出版社
◎实用广告设计技法/王亚非//辽宁美术出版社
◎实用广告学基础/邱沛篁 刘兴成等//四川大学出版社
◎实用广告知识大全/姚明盛//时代文艺出版社
◎世界古董表 欣赏 收藏 保值 鉴别//人民中国出版社
◎世界广告战/姜伟//辽宁民族出版社
◎首都博物馆丛刊 第8辑1993年/马希桂//中国地质大学出版社
◎天使与魔鬼 广告创作技巧/温永平//山西经济出版社
◎文化经济学/程恩富//中国经济出版社
◎文化经营管理论/程云瑞//花山文艺出版社
◎文化市场/焦勇夫//光明日报出版社
◎文化市场管理指南/刘王珠//海洋出版社
◎文化市场学概论/王川平 牟光义//重庆大学出版社
◎文艺政策论纲/魏天祥//中共中央党校出版社
◎武术文化知识手册/中国东方文化研究会武术文化分会编//人民体育出版社
◎西方广告世界/傅慧芬//人民出版社
◎现代广告营销/吴予敏//西安电子科技大学出版社
◎现代广告指南 理论、制作、风格：60种传播模式/（法）卡特拉（Cathelat, Bernard）（法）埃贝居伊（Ebguy, Robert）著 罗结珍译//旅游教育出版社
◎现代市场广告/贺康庄 黄兆升//人民中国出版社
◎现代优秀广告作品选/袁广茂 春桐//吉林科学技术出版社
◎乡镇文化及市场管理论纲/李又才//中国经济出版社
◎徐益论广告/徐 益//上海科学普及出版社
◎一槌定音 拍卖运作技巧与艺术/李艾新 王志明//山西经济出版社
◎一句话打动你我 广告标语传播效果分析/杨志松//云南大学出版社

◎中国出版年鉴 1990-1991/中国出版工作者协会 中国出版科学研究所编//中国书籍出版社
◎中国出版年鉴 1992/中国出版年鉴社编辑//中国出版年鉴社
◎中国对外文化交流概览 1949-1991/中华人民共和国文化部对外文化联络局编//光明日报出版社
◎中国广告媒介大全/国家工商行政管理局广告司 深圳大业推广联合有限公司编 //海洋出版社
◎中国旅游年鉴：1993/李泽儒 中国旅游年鉴编辑委员会//中国旅游出版社
◎中国旅游业产业政策与协调发展/魏小安 冯宗苏//旅游教育出版社
◎中国旅游资源普查范围/国家旅游局资源开发司 中国科学院地理研究所//中国旅游出版社
◎中国美术年鉴：1949-1989/刘曦林//广西美术出版社
◎中国新闻出版工作全书/新闻出版署//中国友谊出版公司
◎中国应用电视学/朱羽君//北京广播学院电视系学术委员会《中国应用电视学》编辑委员会//北京师范大学出版社
◎中外成功广告900 例/黎松峭 鲍学谦//广西民族出版社
◎中外出版史/宋原放//北京师范大学出版社
◎中外第三产业要览/张岳琦//中国计划出版社
◎中外广告大观/袁必佳 孔亚南//科学普及出版社
◎中外广告营销集萃/钟毅 韩玉臣 贺宝贵//中央广播电视大学出版社
◎中外旅游管理/肖潜辉//中国旅游出版社
◎中外收藏大观/方圆//新华出版社
◎珠江三角洲经济社会文化发展研究/王光振//上海人民出版社

1994 年

◎“华语电视发展” 学术研讨会论文集/刘立冲//花城出版社
◎30 年广告情 赖东明谈广告、行销、传播/赖东明//台湾英文杂志社有限公司
◎94 北京国际电子出版学术讨论会论文集/粟武宾//科学出版社
◎POP 广告设计艺术/林华//河北美术出版社
◎报刊广告实务指南/夏明 罗思洪//中国友谊出版公司
◎北京出版史志 第 2 辑/北京出版史志编辑部//北京出版社
◎北京出版史志 第 3 辑/北京出版史志编辑部//北京出版社
◎北京出版史志 第 4 辑/北京出版史志编辑部//北京出版社
◎编辑史概要/申非//中国农业出版社
◎茶・茶科学・茶文化/张堂恒//辽宁人民出版社
◎传播学/刘行焱//武汉大学出版社
◎传播学基础理论研究/林之达//西南交通大学出版社
◎传播学基础知识/杨秉捷//中国财政经济出版社
◎创意、制作、展示：世界百家超级公司最新广告剖析/（美）波普著 葛彦等译//大连出版社
◎打假与鉴真/张志坚 李万斌/贵州科技出版社
◎大陆大众传播事业投资环境之研究-广电部分/行政院大陆委员会编印//行政院大陆委员会 大众传播媒介导读/ Ray Eldon Hiebert Donald F. Ungurait Thomas W. Bohn //（台湾）风云论坛出版社
◎大众传播新论/李茂政//（台湾）三民书局股份有限公司
◎大众传播与社会变迁（第二版）/陳世敏//（台湾）三民书局股份有限公司
◎大众传媒的软件建设/杨思迅//哈尔滨出版社
◎当代中国的旅游业/韩克华《当代中国》丛书编辑部//当代中国出版社
◎地市报人的思索：市场经济与新闻改革漫谈/徐泽//新华出版社
◎第六届国际出版学研讨会论文集 1993 中英文对照/中国编辑学会编//高等教育出版社
◎电视符号与电视文化/张讴//北京广播学院出版社
◎电视学引论/李振潼//华东师范大学出版社
◎电影观众学/章柏青 张卫//中国电影出版社
◎电影文艺学/严蓉仙//山东文艺出版社
◎电影形态学/朱辉军//中国电影出版社
◎东方艺术市场 第 2 集/祝君波//上海书画出版社
◎都市文化风景线/王唯铭 周漪华//山西教育出版社
◎斗草藏钩：中国游戏文化/顾鸣塘//上海古籍出版社
◎福建旅游资源开发前景/陈及霖 庄仁想//中国经济出版社
◎改革与中国电影/倪震//中国电影出版社
◎甘肃旅游文化/龚羽飞 何效祖//兰州大学出版社
◎甘肃少数民族文化艺术/罗发辉//甘肃文化出版社
◎工艺美术品商品知识/孙友才//中国国际广播出版社
◎公关传播基础/王庆同//宁夏人民出版社
◎公关广告/杨晋//西安交通大学出版社
◎观光心理学/谢淑芬//五南图书出版公司
◎广告创意、设计与制作技巧/樊志育//中国友谊出版公司
◎广告创意揭秘 向惯例挑战/王幼江//航空工业出版社
◎广告创意艺术/木月//中国友谊出版公司
◎广告大创意/李思屈//四川人民出版社
◎广告大纠纷/刘国熙 汤山文//四川人民出版社
◎广告大理论/吴建//四川人民出版社
◎广告大媒体/向纯武//四川人民出版社
◎广告大师说广告/杨艳红 豫人//河南人民出版社
◎广告大战揭秘/胡端宁//南海出版公司
◎广告的创意与表现/李晓强//辽宁美术出版社
◎广告调研技巧 策划过程中的市场调查/黄合水//厦门大学出版社
◎广告金句 2000/赵凤仲 豫人//河南人民出版社
◎广告绝招 366/李轩 豫人//河南人民出版社
◎广告媒体运用手册/ Martyn P. Davis 著 苏拾平 王知一译//（台湾）远流出版事业股份有限公司
◎广告妙语/长跃//中国商业出版社
◎广告妙语精萃/熊晓萍//江西人民出版社
◎广告设计 10 法/钱旭涛//浙江人民美术出版社
◎广告时间看广告 Ⅰ 如何分食策略大饼/张靓菡//（台湾）扬智文化事业股份有限公司
◎广告时间看广告 Ⅱ 找出创意的滋滋声//张靓菡//（台湾）扬智文化事业股份有限公司
◎广告术/杨艳华//漓江出版社
◎广告学原理/樊志育//上海人民出版社
◎广告营销策略与技巧/晓泉 忠云//兵器工业出版社
◎广告与公关/张宝文//青岛出版社
◎广告与市场营销/吴智伟//中国友谊出版公司
◎广告知识漫谈/许慧 王家骥//北京大学出版社
◎国际传播/李少南//黎明文化事业股份有限公司
◎海外旅游经济学/徐海鸿//金钱文化企业股份有限公司
◎邯郸文化发展战略研究/邯郸文化发展战略研究编委会//测绘出版社
◎好广告 365/檀明山//广东高等教育出版社

◎河北出版年鉴1994/河北出版年鉴编辑部//河北人民出版社
◎河南旅游资源/刘祖望 宋全忠//河南教育出版社
◎话说广告/中央人民广播电台理论部编//红旗出版社
◎积淀与升华：桂林文化研究文选/卢嘉宣 桂林市人民政府文化研究中心//当代中国出版社
◎经纪人与文化市场/肖学文//经济管理出版社
◎经济文化冲击波/陈荣友//河南人民出版社
◎精彩广告用语集萃/刘建生//中国经济出版社
◎精妙绝佳广告1001/雷世泰//中国青年出版社
◎六十年出版风云散记/赵晓恩//中国书籍出版社
◎旅游必备知识手册/李新//中国旅游出版社
◎旅游经济学/陶汉军 林南枝//上海人民出版社
◎旅游心理学/国家旅游局人事劳动教育司//旅游教育出版社
◎旅游心理学教程/吴正平//旅游教育出版社
◎旅游学/邓观利//天津人民出版社
◎旅游学概论/卢华语//西南师范大学出版社
◎旅游资源评估与开发/傅文伟/杭州大学出版社
◎旅游资源学/卢华语//西南师范大学出版社
◎论出版经济管理/张庆银//青岛出版社
◎马克思列宁主义与当代中国文化建设/吕世荣//河南大学出版社
◎媒介分析方法/Arthur Asa Berger 著 黄新生译//（台湾）远流出版事业股份有限公司
◎媒介经济学/Robert G· Picard 著 冯建三译//（台湾）远流出版事业股份有限公司
◎美国大众传播思潮/（美）Daniel J·Czitrom 著 陈世敏译//（台湾）远流出版事业股份有限公司
◎美国电视的源流与演变/George Comstock 著 郑明椿译//（台湾）远流出版事业股份有限公司
◎拍卖天地/冯家驳//书目文献出版社
◎平面广告创意设计/陈建军//广西人民出版社
◎巧做报纸广告 报纸·广告·设计·市场/陈玉潮 邵卫//大连理工大学出版社
◎群星灿烂：第一届国家图书奖获奖图书巡礼/中华人民共和国新闻出版署//北京科学技术出版社
◎群众文化管理学/郑永富 王怀佐//浙江人民出版社
◎人类传播史/韦伯·施兰姆（Wibur Schramm）著 游梓翔 吴韵仪译//（台湾）远流出版事业股份有限公司
◎如何创作有效的电视广告/唐忠朴 罗思洪//中国友谊出版公司
◎山东省出版科学论文选 第四辑/山东省出版工作者协会//济南出版社
◎山水·文化·旅游’93湖北旅游学术研讨会论文集/刘大江 曹祥本//湖北人民出版社
◎嬗变中的抉择：贵州民族文化学论集/苏太恒//贵州民族出版社
◎商业新闻与商报商味/李守仲//中国商业出版社
◎上海旅游业2000年蓝图/张包镐//上海科学技术文献出版社
◎上海文化年鉴1994/《上海文化年鉴》编辑部编
◎上海文化市场建设的理论与实践/徐俊西 姚锡棠//上海社会科学院出版社
◎上海新闻改革15年/魏永征//上海社会科学院出版社
◎社会传播学/宋林飞//上海人民出版社
◎社会文化论/高占祥//中国文联出版公司
◎沈阳大文化建设/高柏金//沈阳出版社
◎实用广告策略/胡正荣 李金功//中国大地出版社
◎实用广告技巧/郎启扬//中国大百科全书出版社
◎实用旅游管理/程俐骢//中国藏学出版社
◎世界大众传播新潮/吴信训//四川人民出版社
◎世界广告商标志大全：字母卷2/东山 朱竞 楚严//长春出版社
◎市场广告知识/汪洋 刘林清//江西人民出版社
◎市场经济与编辑出版：中国编辑学会首届年会论文选/孙五川//天津教育出版社
◎市场经济与文化发展/贾春峰//中国经济出版社
◎市场中的“魔鬼”：现代广告/刘士军 继红//中国经济出版社
◎首届1992年中国广告公司实力排序/《首届（1992年）中国广告公司实力排序》编辑委员会编辑//经济管理出版社 管理世界杂志社
◎首届中国丝绸之路节大全/刘炳午//甘肃人民美术出版社
◎书文化大观/李广宇//中国广播电视出版社
◎探索的银幕/倪震//中国电影出版社
◎探讨与实践：新闻业务论文集/杨云胜//新华出版社
◎体育产业经营管理/曹缔训 蔡海波//湖北科学技术出版社
◎天津出版史料 第七辑/孙五川 李树人//百花文化出版社
◎天南海北话旅游/邵春//中国旅游出版社
◎图书出版指南 修订版/（美）史密斯（Smith，DatusC. Jr）著 彭松建 赵学范译//北京大学出版社
◎推销与广告/刘志敏//中国经济出版社
◎外国博物馆/张晖//新疆美术摄影出版社
◎完善文化经济政策/解思忠 郭兴旺 国务院研究室课题组//北京师范大学出版社
◎文化、社会与媒体：批判性观点/ Michael Gurevitch //（台湾）远流出版事业股份有限公司
◎文化产业学/王玉印 郑晓华//中原农民出版社
◎文化传播及其整合/谢建明//江苏人民出版社
◎文化发展与市场机制/孙浩//辽宁大学出版社
◎文化法学/于洪杰 张明剑//山东人民出版社
◎文化经济学/安应民//中国经济出版社
◎文化经营录/上海市演出公司//百家出版社
◎文化市场监督全书/焦勇夫 庄正华//山西经济出版社
◎文化市场与艺术研究/刘颖南//文化艺术出版社
◎文化艺术管理论/高占祥//北京大学出版社
◎文物正走向市场/郑理//北京燕山出版社
◎文艺期刊论/刘宁//花城出版社
◎无摩擦的输出：文化产业的国际化之路/日下公人著 倪心一译//（台湾）锦绣出版事业股份有限公司
◎武汉文化娱乐指南/武汉市公安局治安处 武汉市文化市场管理处编//湖北美术出版社
◎现代广告编排设计/吴为 李翠柏//哈尔滨出版社
◎现代广告策略/冯长明//上海科学技术文献出版社
◎现代广告策略与艺术/晁钢令 周立公//经济科学出版社
◎现代广告创意设计/吴士元 张德成//哈尔滨出版社
◎现代广告全书/杨荣刚//辽宁人民出版社
◎现代广告学/苗杰//中国人民大学出版社
◎现代广告学概论/杨荣刚//辽宁人民出版社
◎现代广告原理与方法/颜景毅//河南人民出版社
◎现代广告战略/黄升民 丁俊杰//知识出版社
◎现代广告战略与战术/周晓虹//中国青年出版社
◎现代旅游管理/杨友庭//厦门大学出版社
◎现代旅游学导论/田里//云南大学出版社
◎现代平面广告设计 CIS企业战略/门德来 伍胜//西安交通大学

出版社
◎现代商业广告学/王法清 张玉祥//河南大学出版社
◎小松广告创意/松永生//国际文化出版公司
◎新闻冲击波：北京青年报现象扫描（中国新闻媒介研究丛书）/郑兴东//中国人民大学出版社
◎新闻文化研究/刘智 王艺舟//中国新闻文化促进会 中国管理科学院新闻文化所//科学出版社
◎新闻学广告学论集/雷跃捷 哈艳秋//北京广播学院出版社
◎信息高速公路传播/贾亦凡//二十一世纪出版社
◎亚洲大陆地理中心旅游资源与开发/阎顺//新疆美术摄影出版社
◎沂蒙文化发展研究/刘英华//山东人民出版社
◎艺术文化导论/王熙梅 张惠辛//学林出版社
◎饮食与中国文化/万建中//江西高校出版社
◎荧屏论语/王守信//山西人民出版社
◎影视编辑学/张晓菲//河南大学出版社
◎影视鉴赏活动指导/皇甫积庆//杭州大学出版社
◎影视摄影艺术赏析/郑国恩//中国电视出版社
◎影视艺术概论/李泱//北京工业大学出版社
◎影视艺术鉴赏与评论/陈卫平//高等教育出版社
◎云南文化资源研究与开发/张保华//云南民族出版社
◎遮盖与炫耀：服装的文化品位/王化//中华工商联合出版社
◎中国茶道/丁文//陕西旅游出版社
◎中国出版工作调查报告 1993/石峰//中国书籍出版社
◎中国出版年鉴 1993/中国出版年鉴社//中国出版年鉴社
◎中国出版年鉴 1994/中国出版年鉴社//中国出版年鉴社
◎中国出版史/张煜明//武汉出版社
◎中国出版业的发展与经济政策研究/吴江江//湖北人民出版社
◎中国传播理论/关绍箕//正中书局
◎中国电视艺术发展史/钟艺兵//浙江人民出版社
◎中国广播电视经济管理概论/周鸿铎//北京国际文化出版公司
◎中国广播电视年鉴 1994/赵玉明//北京广播学院出版社
◎中国广播文艺学/张凤铸//北京广播学院出版社
◎中国辽宁省旅游指南/文子宪//沈阳出版社
◎中国旅游统计年鉴：1994/耿钢//中国旅游出版社
◎中国旅游资源地理/宋德明//陕西人民出版社
◎中国期刊面面观/罗琳//中国书籍出版社
◎中国企业广告实用指南/张昌佑 庄晋财//四川大学出版社
◎中国森林文化论文集/邵树云//黑龙江人民出版社
◎中国实用广告知识手册/周鸿铎//中国发展出版社
◎中国广告实用手册/邓白云//海世界图书出版公司
◎中国特色的社会主义文化/陈传才 王振民//江西人民出版社
◎中国特色社会主义理论与新闻工作/新华社新闻研究所//新华出版社
◎中国图书发行的昨天与今天/汪轶千//中国大百科全书出版社
◎中国图书论集/程焕文//商务印书馆
◎中国文化转型/杨春时//黑龙江教育出版社
◎中国文物价值汇考 图集/云龙 丁卯//辽宁画报出版社
◎中国文物拍卖图录/蔡中民//西藏人民出版社
◎中国现代市场体系研究 培育与发展中国社会主义现代市场体系的理论与实践/白永秀 张晓芝//陕西人民出版社
◎中国新闻传播学说史/徐培汀 裘正义//重庆出版社
◎中国新闻年鉴 1993/中国社会科学院新闻研究所//中国社会科学出版社
◎中国竹文化研究/何明 廖国强//云南教育出版社
◎中国最佳旅游胜地/何礼荪//上海文化出版社
◎中日社会文化发展比较研究/（日）中树哲夫 唐元虎//上海交通大学出版社
◎中外表演艺术交流史略：1949-1992/宋天仪//文化艺术出版社
◎中央电视台年鉴 1995/杨伟光//人民出版社
◎钟鼓管弦：中国民乐文化/丁如明//上海古籍出版社
◎主体与喉舌：共和国新闻传播轨迹审视（当代中国国情反思丛书）/童兵//河南人民出版社
◎追求与探索/上海电视台//百家出版社

1995 年

◎报人的思索/贾汉 宋心海//新华出版社
◎北京出版史志 第6辑/《北京出版史志》编辑部//北京出版社
◎北京文化市场纵横谈/邓可因//中国民人公安大学出版社
◎步入广告天地/王旭辉//暨南大学出版社
◎常用商品广告参考图案集/何昊善//中国画报出版社
◎成功的广告人/汪朗 谭雪梅//中国青年出版社
◎出版史研究 第3辑/叶再生//中国书籍出版社
◎传播学导论/董天策//四川大学出版社
◎传播学导论/王建男 刘文三//黑龙江教育出版社
◎传播学原理/张国良//复旦大学出版社
◎传媒、策略与选举：立法局直接选举的政治传播/杜耀明 聂依文//香港人文科学出版社
◎传媒大法师：时代华纳总裁罗斯的购并霸业/康妮·布鲁克著 Connie Bruck 徐锋志译//智库文化股份有限公司
◎传媒人·传媒事/毛孟静//明窗出版社
◎大陆大众传播事业及其管理概况/胡志强//行政院新闻局
◎大众传媒研究/（美）Roger D. Wimmer（美）Joseph R. Dominick 著 李天任 蓝莘译//（台湾）亚太图书出版社
◎大转型：后时期文化研究/谢冕 张颐武//黑龙江教育出版社
◎当代中国广告纵横/张云峰 刘静宇//珠海出版社
◎第四届全国广告作品展优秀广告作品集/吴德裕//湖南美术出版社
◎电视·电台广告/（日）电通出版事业部作 庄惠琴 王瑶芬译//（台湾）朝阳堂文化事业股份有限公司
◎电视改革论集/杨伟光//人民出版社
◎电视广告策划与制作/杨金德//福建人民出版社
◎电子媒介广告设计制作/赖建都//黎明文化事业股份有限公司
◎东南亚华人旅游市场的开拓研究/陈及霖//福建省地图出版社
◎多媒体广告信息系统的开发与研制/黄海波//北方交通大学出版社
◎繁荣与选择/李准//大众文艺出版社
◎改革与发展：市场经济条件下广播问题研究/冯鸣 尚华//河南人民出版社
◎公共关系与市场文化/翟向东 中国公共关系协会学术委员会//中国商业出版社
◎观光农业/卢云亭 刘军萍等//北京出版社
◎观光行销学/李贻鸿//（台湾）五南图书出版有限公司
◎观光政策·行政与法规/杨正宽//（台湾）扬智文化事业股份有限公司
◎广播电视产业（第三产业发展指南丛书/许述生）/广播电视产业编委会//四川大学出版社
◎广播电视广告/樊志育//中国友谊出版公司
◎广告操作与法律责任/杨源俊//人民法院出版社

◎广告策划/罗维//中国经济出版社
◎广告策划技术/张祖健//中国大百科全书出版社上海分社
◎广告传播/胡万华//中国经济出版社
◎广告创意/罗建 古玲//中国经济出版社
◎广告创意/韦文//浙江人民美术出版社
◎广告创意 100：个案与理论//卢泰宏//广州出版社
◎广告创意设计/张惠辛//中国大百科全书出版社上海分社
◎广告创意设计大图典 1/徐立群//吉林科学技术出版社
◎广告创意设计大图典 2/徐立群//吉林科学技术出版社
◎广告大手笔丛书/任佩瑜 杨江//中国经济出版社
◎广告点子库/李旭 蔡平//天津人民出版社
◎广告调查方法/张龙德//中国大百科全书出版社上海分社
◎广告法律与案例/许小君//中国广播电视出版社
◎广告法与广告实务大全/本书编委会编//中国方正出版社
◎广告范例与鉴赏/张 瑛//贵州科技出版社
◎广告管理/齐向东//中国经济出版社
◎广告管理学/李滨书//华中理工大学出版社
◎广告国际惯例/陈鉴林//贵州人民出版社
◎广告监督管理/姚殿林 徐向阳//吉林大学出版社
◎广告精华/叶可良//海天出版社
◎广告绝招 888/黄家章//广西人民出版社
◎广告媒介的有效运用/（英）马丁·P·戴维斯//上海译文出版社
◎广告美学/慕明春//陕西人民出版社
◎广告文案 copy/（日）多比罗孝著 庄惠琴译//（台湾）朝阳堂文化事业股份有限公司
◎广告文案技法/顾执//中国大百科全书出版社
◎广告文化/吴满意//中国经济出版社
◎广告效果研究/樊志育//中国经济出版社
◎广告心理/计维斌 蔡小于//中国经济出版社
◎广告学/陈宝琼//武汉大学出版社
◎广告学概论/马广海 杨善民//山东大学出版社
◎广告学原理与应用/王德章//哈尔滨出版社
◎广告与传媒/于美成 那泽民等//黑龙江美术出版社
◎广告与广告法律制度/洪彬 徐松林//暨南大学出版社
◎广告语言运用/阮恒辉//中国大百科全书出版社
◎广告原理与实务/章飞//中国商业出版社
◎广告运作入门/徐百益//中国大百科全书出版社上海分社
◎广告战略/杨朝阳//（台湾）朝阳堂文化事业股份有限公司
◎广告真实性论文集 1995 全国广告学术研讨会论文选/中国广告协会学术委员会//中国广播电视出版社
◎国际广告巨人经营秘诀与名言/李天印//中国广播电视出版社
◎国外著名广告实例及述评/王力//中国广播电视出版社
◎河北出版年鉴 1993 总第 11 卷/河北出版年鉴编辑部//河北人民出版社
◎黑土文化论集/杨运泰//文化艺术出版社
◎户外广告设计/顾世鸿//浙江人民美术出版社
◎徽州出版史叙论/徐学林//安徽美术出版社
◎建立出版机制的经验和理论/袁亮//黑龙江教育出版社
◎经济文化发展研究/周浩然//中国社会科学出版社
◎跨世纪的宏伟事业：广州市第五次文化发展战略研究会文集/朱小丹//广州出版社
◎跨世纪文化工程 故宫博物院七十周年暨文物珍品全集出版纪念特刊//商务印书馆（香港）有限公司
◎老上海广告图集/益斌//上海画报出版社
◎旅游地区财政理论与实践 全国旅游地区财政理论研究会第四届论文集/韩庆顺//中国财政经济出版社
◎旅游地学研究与旅游资源开发（3）/汪贵生 骆耀南//四川科学技术出版社
◎旅游服务导论/金佩华//中共中央党校出版社
◎旅游概论/黄维理//中山大学出版社
◎旅游经济的理论探索和实践/孙钢//中国旅游出版社
◎旅游市场学/林南枝 李天元//南开大学出版社
◎旅游文化研究/江牧岳 中国旅游文化学会//中国旅游出版社
◎旅游学导论/单纬东//青海人民出版社
◎旅游学概论/王德刚//山东大学出版社
◎旅游学概论/王子华 李大金//云南人民出版社
◎旅游学概要/黄福才//厦门大学出版社
◎森林旅游经济学/蒋敏元//东北林业大学出版社
◎落英缤纷：广播电视论文集/徐中高//云南民族出版社
◎媒体计划/（美）瑟曼克（Surmanek，Jim）著 刘毅志译//（台湾）朝阳堂文化事业股份有限公司
◎美国广告的魅力/胡正荣//内蒙古人民出版社
◎迷人的行业：广告、电视、广播、杂志、唱片/张靓菡//（台湾）圆神出版社
◎企业广告策略学/傅贤治//上海科学技术文献出版社
◎企业经营与商标广告策略/王学礼//海南出版社
◎企业形象识别 CIS 与广告经营/马玉涛//中国广播电视出版社
◎企业怎样做广告/宋运郊等//山东教育出版社
◎群众文化的大趋势：群众文化未来学初探/牟光义//中国妇女出版社
◎如何成为杰出的广告方案撰稿人（21 世纪广告丛书）/陈培爱//厦门大学出版社
◎山东省文化市场管理问题研究//山东省文化厅
◎商业文化与广告美学/王世德//中国经济出版社
◎上海文化 15 年/戴翊//上海社会科学院出版社
◎深圳经济特区文化市场管理手册：管理者、经营者和演职人员必读/王跃//科学出版社
◎深圳文化五十年/苏伟光 深圳市文化局//海天出版社
◎深圳娱乐文化年 1994/深圳特区文化研究中心 深圳市文化娱乐交流中心//广东旅游出版社
◎神乎其神：广告在促销中的妙用/陈桂芳 刘可风//湖北人民出版社
◎实用广告策划/宋克夫 刘斌//华中理工大学出版社
◎创意提案：室内设计别册/黄慧玲//（台湾）升阳出版社
◎世界表演艺术市场/高鉴//中国大百科全书出版社
◎世界传播媒介白皮书 1995/江琪//（台湾）远流出版事业股份有限公司
◎世界各国拍卖市场/卫民荣//中国大百科全书出版社
◎世界广告商标志大全：图形卷 1/东山 朱竟 楚严//长春出版社
◎世界绝妙广告点子 1000 例/赵炳//中国广播电视出版社
◎世界旅游市场/程伟进 薛毅//中国大百科全书出版社
◎世界平面广告创意精粹/梁中国//湖南美术出版社
◎世界书刊出版市场/朱福铮//中国大百科全书出版社
◎世界文化市场概览/胡晓林//中国大百科全书出版社
◎世界文化市场经纪人/王政挺//中国大百科全书出版社
◎世界文化市场全书/顾海良 姚开建 胡晓林//中国大百科全书出版社
◎世界文化市场全书：世界艺术表演市场/顾海良 姚开建 胡晓林//中国大百科全书出版

◎世界文物市场/谷莜 张兆祥//中国大百科全书出版社
◎市场经济与特区文化/苏伟光 杨宏海 深圳市文化局//海天出版社
◎市场经济与文化发展论文集/赵长青 齐铁健//黑龙江人民出版社
◎虽然已成过去 新闻、专题、广告获奖作品选/吴钟谟//安徽人民出版社
◎图书出版的艺术和科学/（美）小赫伯特·S. 贝利（Herbert S. Bailey, Jr.）著 王益译//中国书籍出版社
◎图书出版发行改革的实践/谢德元 刘新明//金盾出版社
◎推销广告 商务广告的策划、创意与设计/黄灵万//四川大学出版社
◎文化产业/第三产业发展指南丛书编委会//四川大学出版社
◎文化建设与管理/欧阳军//湖南出版社
◎文化经济论稿/王恒富 石争//人民出版社
◎文化力/贾春峰//人民出版社
◎文化力论/姚玉忠//文化艺术出版社
◎文化评论 中国当代文化战略/童庆炳//中华工商联合出版社
◎文化审计/孔繁涛 芦钟林//中国审计出版社
◎文化市场管理法规选编/辽宁省文化市场管理办公室等//辽宁人民出版社
◎文化与传播 第三辑/深圳大学中国文化与传播系//海天出版社
◎文化-走向市场后的思考：昆明市文化市场建设理论研究文集/杨远翔//云南人民出版社
◎文物保护材料学/王蕙贞//西北大学出版社
◎文物保护学基础/康忠镕//四川大学出版社
◎现代广告策划、设计与制作/柏林//杭州大学出版社
◎现代广告策划入门/赵佳蕙 金雪骥//天津科技翻译出版公司
◎现代广告创意/赵建科//陕西人民美术出版社
◎现代广告技巧/吴宣文//宁夏人民出版社
◎现代广告理论/丁柏铨//黄山书社
◎现代广告设计/朱铭//山东美术出版社
◎现代广告实务/陈湛匀//上海人民出版社
◎现代广告实用阶段教程 从一般广告到CI战略/礼泉//成都科技大学出版社
◎现代广告学/戴广忠 房静冰//中国商业出版社
◎现代广告学/徐明文//大连海事大学出版社
◎现代广告学/张冬梅//青岛海洋大学出版社
◎现代商标与现代广告/钱章录 吴寅华//杭州大学出版社
◎现代实用广告创意设计/姜振力 马一辛//长春出版社
◎现代营销广告学 市场·营销·策划·创意·沟通/潘祖和 李毅//云南民族出版社
◎新工艺文化论 人类造物观念大趋势/方李莉//清华大学出版社
◎新闻传播学/黄旦//杭州大学出版社
◎一个节日与一座城市：一个文化人关于大连国际服装节的报告/杨道立//辽宁人民出版社
◎艺术生产概论/林澎 龚曙光//湖南出版社
◎应用广告学/宋克夫 吴克明//武汉测绘科技大学出版社
◎营销广告/晁钢令 陶婷芳//中国大百科全书出版社上海分社
◎幽默广告艺术/李巍//浙江人民美术出版社
◎中国出版工作调查报告1994/石峰//中国书籍出版社
◎中国出版年鉴1995/中国出版年鉴社//中国出版年鉴社出版
◎中国传媒广告刊播指要/李庄 谭文瑞《中国传媒广告刊播指要》编辑委员会//新华出版社
◎中国电视广告十年：中国广告协会电视委员会成立十周年特辑1984~1994/唐忠朴//新疆美术出版社
◎中国古玩行情博览：摄影集/王金海等//立信会计出版社
◎中国广播电视年鉴1995/中国广播电视年鉴编辑委员会//北京广播学院出版社
◎中国广告表现透视：中日广告表现对比研究之一/黄升民 丁俊杰//民主与建设出版社
◎中国广告年鉴1992~1993/《中国广告年鉴》编辑委员会//新华出版社
◎中国旅游大事记：1949. 10~1994. 12/中国旅游大事记编辑部//中国旅游出版社
◎中国旅游年鉴1995/李泽儒 中国旅游年鉴编辑部//中国旅游出版社
◎中国旅游统计年鉴1995/孙钢 中华人民共和国国家旅游局//中国旅游出版社
◎中国旅游文化传统/喻学才//东南大学出版社
◎中国民俗文化论/曲金良//青岛海洋大学出版社
◎中国商业文化/李瑞华等//知识出版社
◎中国图书文化导论/程焕文//中山大学出版社
◎中国游艺机游乐园年鉴（3）1995/中国游艺机游乐园协会//冶金工业出版社
◎中国早期现代化中的传播媒介/闾小波//三联书店上海分店
◎中华人民共和国出版史料1 1949年/中国出版科学研究所 中央档案馆//中国书籍出版
◎中外广告精品探胜/金涛声 徐舟汉//国际文化出版公司
◎中外广告妙语金句10000条/张秀贤//中国广播电视出版社
◎中央电视台建台35周年纪念活动文献资料汇编/杨伟光//金城出版社
◎中央电视台年鉴1995/杨伟光 中央电视台研究室//人民出版社
◎走向二十一世纪的上海国内旅游业论文集：上海市国内旅行社十周年纪念/王正华 上海市国内旅行社//百家出版社
◎走向繁荣：发展中的石家庄新闻出版业/王国玉 张炬//河北人民出版社
◎最新实用广告/樊志育//中国友谊出版公司

1996年

◎100件文体大事/100件文体大事编委会//中华工商联合出版社
◎CIS的户外广告/赵峰撰文 龚一平 毛元灿编选//浙江人民美术出版社
◎CI战略与广告攻心传播/段赛民//中山大学出版社
◎北京出版史志 第7辑/《北京出版史志》编辑部//北京出版社
◎北京出版史志 第8辑/《北京出版史志》编辑部//北京出版社
◎编辑出版浅论/王铸人//河南教育出版社
◎编辑运作与文化建构/王一方//奥林匹克出版社
◎编匠心集/陈昕//奥林匹克出版社
◎步入广告天地/王旭辉//暨南大学出版社
◎出版工作研究/人民交通出版社总编室//人民交通出版社
◎出版经济学1995/杨威海//奥林匹克出版社
◎出版社的经营管理/王耀先//辽宁教育出版社
◎出版史研究 第4辑/叶再生//中国书籍出版社
◎传播媒介与资讯社会/Joseph Straubhaar Robert LaRose//（台湾）亚太图书出版社
◎传播学教程/陈道德//武汉测绘科技大学出版社
◎传播研究方法总论/杨孝濚//（台湾）三民书局股份有限公司
◎创意广告趣谈/姜洪军//金盾出版社

◎从历史走向未来：编辑出版的改革与探索//徐柏容//天津人民出版社
◎大出版的视野/郑俊琰//奥林匹克出版社
◎大众传播研究方法、质化取向/Jensen，Jankowshi 原著 唐维敏译//（台湾）五南图书出版有限公司
◎大众传播与现代文明/王传寿//当代中国出版社
◎大众文化与当代乌托邦/陈刚//作家出版社
◎当代河南的文化艺术/刘景亮//当代中国出版社
◎当代世界传播研究/金初高//中国国际广播出版社
◎第三次全国特区文化研讨会论文集/厦门市文化局//鹭江出版社
◎第四次中国经济特区暨沿海开放城市文化发展理论研讨会论文集/梁旭//珠海出版社
◎电视广告的潜信息/杨斌//百花文艺出版社
◎电影创作与社会主义市场经济：第四届中国金鸡百花电影节学术研讨会文集/中国电影家协会电影研究史//中国电影出版社
◎都市旅游研究/梅均//复旦大学出版社
◎方圆广告战/王玉成//中华工商联合出版社
◎给你一把金钥匙 出奇制胜广告术/周哲民//中国物资出版社
◎公关广告艺术/刘庆孝//黑龙江美术出版社
◎广告版面的编排与设计/石芃//山东友谊出版社
◎广告策划/陈培爱//中国商业出版社
◎广告策划家/姜汝洪 姜汝祥//中华工商联合出版社
◎广告策划与创意原理/孙瑞祥//天津社会科学院出版社
◎广告策划与制作/蒋正华//上海交通大学出版社
◎广告大师奥格威 未公诸于世的选集/奥格威（David Ogilvy）著 庄淑芬译//生活·读书·新知三联书店
◎广告点子库/钱玉良 徐国云//经济日报出版社
◎广告概论/姚曦//武汉大学出版社
◎广告构想/木月//漓江出版社
◎广告观：一个广告学者的视点/黄升民//中国三峡出版社
◎广告管理概论/郑和平 王军//中国政法大学出版社
◎广告管理学/周茂君//武汉大学出版社
◎广告豪杰/京华企业咨询公司//今日中国出版社
◎广告监督管理/陈季修//北京工业大学出版社
◎广告经营学/张金海//武汉大学出版社
◎广告精点 创意策略导引 经典作品评析/倪宁 陈绚//中国建材工业出版社
◎广告理论与实务/韩德昌 窦家瑜主编 王幸等编写//天津大学出版社
◎广告理论与实务/余序洲//企业管理出版社
◎广告美学/张微//武汉大学出版社
◎广告人手记/叶茂中//企业管理出版社
◎广告设计与超级写实/张建辛 郑军//黑龙江美术出版社
◎广告社会学/（日）真锅一史著 王利平 吴春波译//中国建材工业出版社
◎广告摄影/邹联聪 郝朴宁//河南科学技术出版社
◎广告摄影创意100例/许小平//浙江人民美术出版社
◎广告摄影创意语言/夏放//浙江摄影出版社
◎广告神谋/刘素娥//兵器工业出版社
◎广告实用技巧/魏晓东等//西南财经大学出版社
◎广告心理学/刘亮如//中国商业出版社
◎广告心理战/王玉成 韩天雷//中华工商联合出版社
◎广告新策略/胡菊芬//江西高校出版社
◎广告学/张在宏//中国经济出版社
◎广告学/赵宁//东北财经大学出版社
◎广告学导论/余明阳 陈先红//中国物资出版社
◎广告学教程/冷德清//中国对外经济贸易出版社
◎广告语言技法/张道俊//社会科学文献出版社
◎国际传播 History，conflict，and control of the giobal metropolis / Robert S. Fortner 著 庞文真译//（台湾）五南图书出版公司
◎国际广播发展趋势研究/丛英民//中国国际广播出版社
◎国际旅游机构指南/于文兰//旅游教育出版社
◎国际旅游经济谋略/侯敏//中国发展出版社
◎哈姆雷特的行销疑问：26个可供借镜的广告行销实例/林呈绿//（台湾）可靠资讯有限公司
◎河南出版史话/海继才 温新豪//文心出版社
◎黑白广告艺术/卢少夫//浙江人民美术出版社
◎江苏广告年鉴1996/储兆瑞 徐凌志//南京师范大学出版社
◎经济广告写作/袁昌文 黄鹰//暨南大学出版社
◎科技传播研究：首届科技传播研究会论文选/孙宝寅//清华大学出版社
◎旅游地学/辛建荣//天津大学出版社
◎旅游发展与管理/魏小安//旅游教育出版社
◎旅游经济管理/赵联成 杨正坤//云南人民出版社
◎旅游经济研究1996：云南大学旅游经济重点学科研究文集/罗明义//云南大学出版社
◎旅游经营与管理/吴东明等//同济大学出版社
◎旅游开发研究：原理·方法·实践/保继刚等//科学出版社
◎旅游胜地/黄泽全//当代世界出版社
◎旅游市场营销/吴铀生//四川人民出版社
◎旅游文化学概论/郝长海 曹振华//吉林大学出版社
◎旅游线路设计学/阎友兵//湖南地图出版社
◎旅游心理学/李恕仁 张满堂//云南人民出版社
◎旅游行业管理工作纲要/魏小安//旅游教育出版社
◎旅游与中国文化/沈祖祥//旅游教育出版社
◎旅游资源开发/杨振之//四川人民出版社
◎旅游资源学/王守化 王小力//云南人民出版社
◎珞珈广告学丛书/张金海//武汉大学出版社
◎迈向21世纪台湾媒体大剖析/张煦华//（台湾）幼狮文化事业公司
◎媒体帝王：美国最富有的传媒大亨纽豪斯传/（美）汤玛斯·麦尔（Thomas Maier）著 徐绍铭译//海南出版社
◎面向21世纪的新闻与传播论文集/暨南大学新闻学系//暨南大学出版社
◎名牌广告战/姜汝祥 雷洪敏//中华工商联合出版社
◎名牌企业与广告策划/徐德志//广东旅游出版社
◎欧格威谈广告/欧格威//哈佛企业管理顾问公司出版部
◎平面广告设计/罗真如//黑龙江美术出版社
◎期刊思考录/张伯海//天津人民出版社
◎企业广告理论与实务/瞿国忠//北京经济学院出版社
◎企业形象策划与传播/王宛玲//中国科学技术出版社
◎区域旅游开发的理论与实践/徐德宽 马波//江苏人民出版社
◎区域旅游开发研究/孙文昌 何桂梅//山东省地图出版社
◎日本的余暇文化/刘红//上海文化出版社
◎日本文化产业/张爱平 何静//山东教育出版社
◎三木广告丛书/姜汝祥 文硕//中华工商联合出版社
◎嬗变的轨迹：社会变革中的中国新闻传播与新闻理论/喻国明//中央编译出版社
◎上海文化年鉴1996//《上海文化年鉴》编辑部

◎上海新闻史 1850-1949/马光仁//复旦大学出版社
◎社会主义文化新论：市场经济与文化建设/郑欣淼//中国青年出版社
◎实用广告学教程/傅根清//山东大学出版社
◎实用广告运作精解/马绝尘//湖北人民出版社
◎世界广告战/吴成槐 陈晓宇//辽宁民族出版社
◎世界书业通论/李苓//四川人民出版社
◎市场经济与报业发展初探/李元//辽宁民族出版社
◎市场经济与文化管理/金冠军 郭常明//学林出版社
◎市场营销广告战略与策略/袁志欣 陈福琴//中国林业出版社
◎谁在乎媒体（原名：第四势力）/张作锦//（台湾）天下文化出版股份有限公司
◎四川报业大事记：1897-1995/四川省报业志编辑部//四川人民出版社
◎图书发行实用教程/曹悟善 黎昌福//四川教育出版社
◎图书选题策划六讲/王宗峰//西南交通大学出版社
◎外国出版概况/陆本瑞//辽宁教育出版社
◎网络百科全书 游戏篇/K. Maloni 等著 亦鸥翻译组译//科学出版社 龙门书局
◎蔚蓝诡计 颠覆市场的广告创意智库/（美）乔治·路易斯（George Lois）（美）比尔·匹兹（Bill Pitts）著 刘家驯译//海南出版社
◎文化产业经济学导论/赵雅安//河南人民出版社
◎文化经济学/胡惠林//上海交通大学出版社
◎文化市场营销学/方明光//上海交通大学出版社
◎文化探索录/王忠志//吉林大学出版社
◎文物修复与复制/贾文忠//中国农业科技出版社
◎文物艺术品交易与收藏/熊建华编//湖北人民出版社
◎文物与旅游/谭白英//武汉大学出版社
◎无言的想象 德国广告招帖设计大师冈特·兰勃/陈放//黑龙江美术出版社
◎戏剧管理学/路海波//中国美术学院出版社
◎现代传媒写作教程/王璞//三联书店（香港）有限公司
◎现代广告 表达与创意/欧阳康//中国社会出版社
◎现代广告策划/冯义//中国审计出版社
◎现代广告策划与设计/胡宇辰 刘彪文//江西高校出版社
◎现代广告丛书/邱伟光 袁超//复旦大学出版社
◎现代广告活动理论与操作/丁俊杰//中国三峡出版社
◎现代广告理论与策划/马智利 刘晓文//重庆大学出版社
◎现代广告理论与实用技巧/周立公//江苏人民出版社
◎现代广告事典/周南燕//（台湾）朝阳堂文化事业股份有限公司
◎现代广告学/韩光军//首都经济贸易大学出版社
◎现代广告学/胡锐成//浙江大学出版社
◎现代广告学/潘向光//浙江大学出版社
◎现代广告运作/黎瑞刚//江西科学技术出版社
◎现代商业企业广告/袁志欣//中国国际广播出版社
◎香港的文化/周毅之//新华出版社
◎新广告运动-战略性统合传播规则/Don E Schultz 著 朝阳堂编译//（台湾）朝阳堂文化事业股份有限公司
◎新疆出版科研论文集 1991-1995/张业汉 张田//新疆人民出版社
◎新媒体广告奇思妙想集萃/邱绍雄//广东人民出版社
◎新媒体经营策略 新电台、有线电视、网路媒体/黄新生等 杨志弘//（台湾）三思堂文化事业有限公司
◎新闻传播学原理与研究/徐小鸽//广西师范大学出版社
◎新闻原理的思考/梁衡//人民出版社
◎新型广告/（日）小林太三郎主编 谭琦译//中国电影出版社
◎行销广告战/姜汝祥等//中华工商联合出版社
◎休闲保健操：养生·保健·益智·美容/高崇旺//科学普及出版社
◎休闲娱乐小百科/铁源 徐荣生//华龄出版社
◎宣传文化政策法规/中共中央宣传部政策法规研究室//学习出版社
◎艺术文化学/丁亚平//文化艺术出版社
◎意念的创造 美国广告图形设计大师兰尼·索曼斯/陈放//黑龙江美术出版社
◎营销广告策划/周立公//上海财经大学出版社
◎营销与广告秘诀/马长财//中国广播电视出版社
◎运动 休闲 健身/邹大华//上海科学技术文献出版社
◎怎样成为收藏家/董大勇等//宁夏人民出版社
◎浙江历史与旅游文化/林正秋//中国国际广播出版社
◎中国报业总量结构效益调查/中宣部新闻调研小组//新华出版社
◎中国编辑出版史/肖东发//辽宁教育出版社
◎中国茶文化今古大观/舒玉杰//北京出版社
◎中国出版年鉴 1995/中国出版年鉴社//中国出版年鉴社
◎中国出版史话/方厚枢//东方出版社
◎中国出版业概览：汉英对照/金声//外文出版社
◎中国传播史：先秦两汉卷/李敬一//武汉大学出版社
◎中国电影艺术史教程 1949-1999 第 2 版/舒晓鸣//中国电影出版社
◎中国古玩行情博览 96 版 图集/王金海等//立信会计出版社
◎中国广告词典/王多明//四川大学出版社
◎中国广告媒体指南 1996/中国广告协会 美国国际广告公司编//工商出版社
◎中国广告年鉴 1994/中国广告年鉴编辑部//新华出版社
◎中国广告人实务/崔斌//长春出版社
◎中国旅游客源国、地区概况/王兴斌//旅游教育出版社
◎中国旅游年鉴 1996/李泽儒//中国旅游出版社
◎中国木器文玩古善本拍卖图鉴/施大光//辽宁画报出版社
◎中国山水文化/李文初//广东人民出版社
◎中国体育年鉴 1994-1995/国家体育运动委员会//中国体育年鉴社
◎中国文化蓝皮书 1995-1996/中国国际文化书院 北京星座文化艺术研究中心//漓江出版社
◎中国文化文物事业统计年鉴 1996//文化部计划财务司
◎中华广告文化艺术/徐祝林//辽宁大学出版社
◎中华人民共和国出版史料（2）1950/中国出版科学研究所 中央档案馆//中国书籍出版社
◎中华人民共和国出版史料（3）1951/中国出版科学研究所 中央档案馆//中国书籍出版社
◎资讯媒体狂潮/法兰克·柯奇著 谭天译//（台湾）远流出版事业股份有限公司
◎走出媒体神话/孙秀蕙//唐山出版社

1997 年

◎G 广告目标与测定/Solomon Dutka//（台湾）滚石文化股份有限公司

⊙Kleppner 广告教程 第13版/（美）J. 托马斯·罗素（J. ThomasRussell）（美）W. 罗纳德·莱恩（W. RonaldLane）著//清华大学出版社
⊙PC 游戏傻瓜书/（美）（D. 哈斯金）David Haskin 著 周苏等译//浙江科学技术出版社 西蒙与舒斯特国际出版公司
⊙报业经营管理学/邱沛篁//四川人民出版社
⊙报业漫步：新闻业务与报业经营论文集/张瑞云//山东人民出版社
⊙报纸广告策略与个案分析/黄升民 丁俊杰//北京广播学院出版社
⊙报纸广告纵横/裴凤安 倪沁仁 张帆 杨春燕//辽宁人民出版社
⊙北美传播研究/郭镇之//北京广播学院出版社
⊙产业化：青年报刊业的前景与挑战/崔恩卿//中国人民大学出版社
⊙城市电视改革与发展/么福祥//中国广播电视出版社
⊙出版工作研究 第1辑/武汉工业大学出版社//武汉工业大学出版社
⊙出版阶段转移和出版体制研究/袁亮 吴克明//河北教育出版社
⊙出版史研究 第5辑/叶再生//中国书籍出版社
⊙出版学概论/袁亮//辽宁教育出版社
⊙出版战略与实现转移：河北省出版战略研讨会入选论文集/吴坚//河北教育出版社
⊙传播观念的历史考察/张昆//武汉大学出版社
⊙传播及文化研究主要概念 工具书 second edition /Tim Osullivan 等著 杨祖珺译//（台湾）远流出版事业股份有限公司
⊙传播论稿/郭镇之//北京广播学院出版社
⊙传播学导论/邵培仁//浙江大学出版社
⊙传播学总论/胡正荣//北京广播学院出版社
⊙传媒经济/周鸿铎等/北京广播学院出版社
⊙传媒巨人：默多克/宿景祥 梁建武//光明日报出版社
⊙创意风暴 舒明武商战策划/舒明武//河南人民出版社
⊙创意学全书（上、下）/郭力宜 胡世发//中国城市出版社
⊙创意心情：台湾百位广告人的创意哲学/心岱//（台湾）时报文化出版企业股份有限公司
⊙促销与销售现场广告/（法）阿尔芒·代扬（Armand Dayan）等著 张彤译//商务印书馆
⊙大汇流 整合媒介、资讯与传播 Integrating media, information and communication /Thomas Baldwin D·Stevens McVoy Charles Steinfield 著 谢其任 唐维敏 甘尚平译//（台湾）亚太图书出版社
⊙大市场·大纪实：97回眸/中国第三产业编辑部//中国发展出版社
⊙大众传播模式论/（英）麦奎尔（瑞典）温德尔著 祝建华 武伟译//上海译文出版社
⊙大众传播心理学：从现代心理学的视角看大众传播/刘京林//北京广播学院出版社
⊙当代美国文化透视/汪波//安徽大学出版社
⊙第二届全国出版科学研究优秀论文获奖论文集/中国出版科学研究所//中国书籍出版社
⊙第五届全国优秀广告作品展获奖广告作品集/中国广告协会编//岭南美术出版社
⊙电波广告平面广告 四大媒体广告的实际创作/周建梅//中国物价出版社
⊙电视广告指南/马永纯 宋春元//辽宁人民出版社
⊙电视媒介研究/叶家铮//北京广播学院出版社
⊙电视时代：中国电视新闻传播/陆晔//复旦大学出版社
⊙电视文化学/苗棣 范钟离//北京广播学院出版社
⊙电影政策重要文件法规/童刚//地质出版社
⊙动漫时代//中国广州贯通文化传播有限公司
⊙对外经贸广告范文选/安文垣//中国对外经济贸易出版社
⊙福建广告论文选/黄应寿//厦门大学出版社
⊙福建海外旅游市场与营销策略/李辉龙//中国旅游出版社
⊙福建旅游业发展纵横谈/何少川//福建人民出版社
⊙古今经商谚语，中外广告隽语集锦/马伟云等//河北人民出版社
⊙古玩·字画·珠玉鉴赏与最新拍卖行情/欣留//四川大学出版社
⊙古玩行情手册/金晓东 朱裕平//学林出版社
⊙观光旅游促进世界和平/唐学斌//（台湾）豪峰出版社
⊙广播广告 ABC/刘宝璋 费良生//辽宁人民出版社
⊙广告策划100术/辛宪等//中国国际广播出版社
⊙广告策划的全新范本/徐智明 高志宏//中国物价出版社
⊙广告策划教程/程宇宁//中南工业大学出版社
⊙广告潮 第3辑/袁乐清 吴国坤//岭南美术出版社
⊙广告传播学/丁长有//中国建筑工业出版社
⊙广告创意 个案与理论/卢泰宏 李世丁//广东旅游出版社
⊙广告创意与语言艺术/张崇婉//光明日报出版社
⊙广告的符号世界/吴文虎//广州出版社
⊙广告调查 广告战略的实证基础/黄升民等//中国物价出版社
⊙广告公司的经营与管理 对广告经营者的全面指引/何海明//中国物价出版社
⊙广告管理实务/工商行政管理中专教材编写组//中国统计出版社
⊙广告技巧·创意·纠纷/陆佩鹤//中山大学出版社
⊙广告监督管理/朱李明 杭忠东//河海大学出版社
⊙广告经纬/张金海//武汉大学出版社
⊙广告媒介大观/沈阳市广告协会//辽宁人民出版社
⊙广告媒体研究 当代广告媒体的选择依据/陈俊良//中国物价出版社
⊙广告设计/杨帆//中国商业出版社
⊙广告写作实例全书/朱旭//延边大学出版社
⊙广告心理 广告人对消费行为的心理把握/马谋超//中国物价出版社
⊙广告心理导论/余小梅//北京广播学院出版社
⊙广告心理谋略/丁江//人民交通出版社
⊙广告心理学/尤建新//中国建筑工业出版社
⊙广告新生代 中国广告人才需求与培养/中国广告协会学术委员会编//中国广播电视出版社
⊙广告学/傅汉章 邝铁军//广东高等教育出版社
⊙广告学/韩耀//天津人民出版社
⊙广告学/余明阳 陈先红//安徽人民出版社
⊙广告学概论/卢山冰//陕西人民出版社
⊙广告学概述/赵德久 徐东来//华文出版社
⊙广告学基础/梁中正//高等教育出版社
⊙广告学引论/姚力//吉林大学出版社
⊙广告用语创作技巧/王安平//中国纺织出版社
⊙广告语言方略/屈啃兵//科学普及出版社
⊙广告语言设计艺术/林一顺//河海大学出版社
⊙广告语言心理/缑瑞隆//河南人民出版社
⊙广告原理与实务/谢红//团结出版社
⊙广告运作实务/阮恒辉//东方出版中心

◎广告制作/樊志育//上海人民出版社
◎河北出版年鉴 1997/肖功柄//河北人民出版社
◎进入广告业/（美）威廉·派帝士（S. William Pattlis）著 冉龙华译//（台湾）滚石文化股份有限公司
◎跨世纪的出版业思考/黎小江//中国书籍出版社
◎领导者媒介形象设计/龙永枢 杨伟光//社会科学文献出版社
◎旅业随思/陈荣//陕西旅游出版
◎旅游管理心理学/刘纯//学林出版社
◎旅游管理学/田里//云南大学出版社
◎旅游开发研究/郭康//气象出版社
◎旅游美学/徐缉熙//上海人民出版社
◎旅游美学纲要/王柯平//旅游教育出版社
◎旅游去/蔡家成//经济科学出版社
◎旅游审美学/田连波//河南大学出版社
◎旅游学概论/国家旅游局人事劳动教育司//中国旅游出版社
◎旅游学概论/徐明 谢彦君//辽宁师范大学出版社
◎旅游资源开发与利用/王德刚//山东大学出版社
◎论旅游业：二十一世纪旅游教程/（英）霍洛韦著 孔祥义译//中国大百科全书出版社
◎迈向21世纪的青岛旅游业：青岛市旅游发展战略研究会论文集/青岛市旅游文化学会//青岛出版社
◎媒介·人·现代化/陈崇山 孙五三//中国社会科学出版社
◎媒介经营与产业化研究/黄升民 丁俊杰//北京广播学院出版社
◎媒体计划//（台湾）朝阳堂文化事业股份有限公司
◎美国广告用语及图形设计225例/陈新//江苏人民出版社
◎民间古玩买卖价格/铁源//华龄出版社
◎名牌广告策划/万力//中国人民大学出版社
◎女性形象广告 图集/李巍//浙江人民美术出版社
◎拍卖知识与技巧/张靖安 黄建海//西安交通大学出版社
◎企业经营管理经典案例评点 广告卷/黄国雄//广西人民出版社
◎让历史的辉煌走向未来：1996年首都文化发展战略研讨会论文集/龙新民//北京出版社
◎认识大众传播/彭家发等//台湾书店
◎如何成为创意高手/欧阳锋//西南财经大学出版社
◎商务广告/杨振宇//中国商业出版社
◎商业广告策划/夏晓鸣//华中理工大学出版社
◎商业广告竞争策略与规则/王安乐等//辽宁人民出版社
◎上海文化年鉴 1997/《上海文化年鉴》编辑部
◎社会文化事业发展模式研究/刘以鼎//海峡文艺出版社
◎生活在网络中/严峰 卜卫//中国人民大学出版社
◎识别“地球村”大众传媒与CI战略/周旻//中国经济出版社
◎实用广告写作/刘可//中国和平出版社
◎世界出版业：德国卷/李桂兰 冀元//世界图书出版公司北京公司
◎世界出版业：日本卷/李桂兰 冀元//世界图书出版公司北京公司
◎世界各国广播电视概况/中国国际广播电台研究室//中国广播电视出版社
◎世界旅游资源概论/周明等 //陕西旅游出版社
◎世界上最卓越的广告大师/鲍文杰 范毅明//工商出版社
◎世界现代广告招示设计经典/阮长江//江苏美术出版社
◎市场·产权·文化：中国经济与文化热点透视/穆怀中//辽宁人民出版社
◎试为媒体说短长/张作锦//（台湾）天下文化出版股份有限公司
◎双休日自助游/汤海帆 徐小江//兵器工业出版社
◎思维的金矿 世纪财源/赵小兵//海天出版社
◎台湾第一广告人 颜水龙广告作品集/颜水龙//（台湾）时报文化出版企业股份有限公司
◎体育产业指导（5）/俞继英//人民体育出版社
◎玩家诞生 电脑游戏入门/周宁宁 郑自力//江苏科学技术出版社
◎网络中国：网络悄悄改变我们的生活/陆群等//兵器工业出版社
◎危机与反思/何新//国际文化出版公司
◎文化建设改革与发展论集/杜长胜//中国美术学院出版社
◎文化力观/贾春峰//群众出版社
◎文化色彩/夏春平//龙门书局
◎文化深圳/杨宏海//海天出版社
◎文化学：现代国富论/孙凯飞//经济管理出版社
◎文化与传播：第五辑/深圳大学文化与传播系//海天出版社
◎文化政策与文化法规知识读本/张绵厘 方家良//中国美术学院出版社
◎文献生产的社会化及其管理/贺修铭//湖南教育出版社
◎吴文化资源研究与开发/高燮初//同济大学出版社
◎现代传播艺术：一种日常生活的仪式/胡志毅//浙江大学出版社
◎现代大众传播学/陈龙//苏州大学出版社
◎现代广告策划 计划、实施与测定/路华//中央民族大学出版社
◎现代广告管理学/夏晓鸣//华中理工大学出版社
◎现代广告通论：对广告运作原理的重新审视/丁俊杰//中国物价出版社
◎现代广告文案创意/王健生//上海科学技术文献出版社
◎现代广告文案写作/阮卫//安徽人民出版社
◎现代广告文案艺术/卢小群//中南工业大学出版社
◎现代广告心理学/马建青//浙江大学出版社
◎现代广告学/杨群祥//中山大学出版社
◎现代广告学概论/汤哲声//苏州大学出版社
◎现代广告学教程/袁米丽//中南工业大学出版社
◎现代旅游学/孙文昌 郭伟著//青岛出版社
◎香港报业纵横/陈昌凤//法律出版社
◎香港台湾出版业名录/徐文国//广东教育出版社
◎新编广告学/史鸿文//中国政法大学出版社
◎新加坡华文报业与中国/吴庆棠//上海社会科学出版社
◎新闻传播导论/胡钰//中国广播电视出版社
◎新闻传播论坛 第二辑/丁柏铨//南京大学出版社
◎新闻传播学/李广增//河北大学出版社
◎新闻传播学术报告会论文集/中国人民大学新闻学院//中国人民大学出版社
◎新闻学传播学新名词词典/陶涵//经济日报出版社
◎新闻与社会真实建构 大众媒体、官方消息来源与社会运动的三角关系/翁秀琪//（台湾）三民书局股份有限公司
◎新型报业论/何立庠//中国广播电视出版社
◎信息时代的世界地图/王小东//中国人民大学出版社
◎休闲观光产业 1997 休闲、游憩、观光研究成果研讨会/中华民国户外游憩学会//（台湾）田园城市文化事业有限公司
◎休闲体育/陈荣等//黑龙江科学技术出版社
◎休闲娱乐金钥匙/王克强 董淑华//（台湾）西苑出版社
◎音乐社会学概论 当代社会音乐生产体系运行研究/曾遂今//文化艺术出版社
◎影视艺术与技术/曹祖亢 周伯华//电子工业出版社

◎游憩景观资源 1997 休闲、游憩、观光研究成果研讨会/中华民国户外游憩学会//（台湾）田园城市文化事业有限公司
◎再创辉煌：浙江文化发展战略文集/沈晖//浙江人民出版社
◎在社会主义市场经济条件下新闻专业人才培养对策/李秀英//新疆青少年出版社
◎怎样应付大众传媒/（日）LEC·东京法思株式会社//复旦大学出版社
◎中国出版百科全书/许力以//书海出版社
◎中国广播电视年鉴 1997/中国广播电视年鉴编辑委员会//北京广播学院出版社
◎中国广告年鉴 1996/中国广告年鉴编辑部//新华出版社
◎中国历史文化区域研究/周振鹤//复旦大学出版社
◎中国旅游业要览/黄树德//广东旅游出版社
◎中国旅游纵横谈/张爱棠//中国旅游出版社
◎中国新闻出版统计资料汇编 1997/新闻出版署计划财务司//中国统计出版社
◎中国新闻年鉴 1997/中国新闻年鉴杂志社//中国新闻年鉴杂志社
◎中国游艺机游乐园年鉴（4）1997/中国游艺机游乐园协会//冶金工业出版社
◎中外广告妙语赏析/郭锦桴//广东人民出版社
◎中外广告史 站在当代视角的全面回顾/陈培爱//中国物价出版社
◎中外名牌与广告策划/张全金//中国广播电视出版社
◎中外新闻采写借鉴集成/杜荣进//浙江教育出版社
◎走向 21 世纪的中国度假旅游/骆文韬//中国旅游出版社
◎走向纵深：中国影视从业者的使命/黄会林//北京师范大学出版社
◎最新电脑游戏攻关指南/朱莉 马坚//电子科技大学出版社
◎作为大众传播媒介的文学期刊编辑论/谭运长//百花文艺出版社

1998 年

◎3D Studio MAX R2. 0 广告·影视范例大演练/柴永茂//北京希望电脑公司
◎CIS 的网页广告/韩绪 郑朝//浙江人民美术出版社
◎Internet 网络游戏大全/九一工作组//电子工业出版社
◎八面来风：香港传媒面面观/何亮亮//中国友谊出版公司
◎报业经济论稿/连福寅//人民日报出版社
◎报业经营论：《北京青年报》发展的轨迹/崔恩卿//中国经济出版社
◎北京旅游发展战略思考/吴统慧//中国统计出版社
◎策划力士：中国策划前沿报告/王承英//四川大学出版社
◎出版理论研究与实践 第 3 辑/河南省出版工作者协会//大象出版社
◎出版社工作简论/吴海著//首都师范大学出版社
◎出版史研究 第 6 辑/叶再生//中国书籍出版社
◎传播：文化与理解/王政挺//人民出版社
◎传播成功学/秦朔//广州出版社
◎传播科技纵横/闵大洪//警官教育出版社
◎传播媒体与信息技术/高利明//北京大学出版社
◎传播学通论/郝朴宁//云南民族出版社
◎创意成真：十四种成功商品的历程/（美）纳亚克 克廷汉著 谭家瑜译//海南出版社
◎创意颠覆 20 位顶尖广告策划人的人生传奇和他们刮起的市场风暴/刘俊彦//中国经济出版社
◎创造性思维与旅游业/钱炜//旅游教育出版社
◎大媒体 Ⅰ 媒体工业与媒体工人/冯建三//（台湾）远流出版事业股份有限公司
◎大众传播社会学/张咏华//上海外语教育出版社
◎当代传媒新技术/张文俊//复旦大学出版社
◎当代广告文案写作/丁柏铨 夏文蓉 周斌//陕西师范大学出版社
◎当代文物鉴定家论丛 蓄墨小言/周绍良//北京燕山出版社
◎当代中国大众文化研究/黄会林//北京师范大学出版社
◎当代中国广播电视台百卷丛书 上海东方电视台卷/上海东方电视台卷编委会//中国广播电视出版社
◎当代中国文化建设的深思/车洪波//哈尔滨出版社
◎第 44 届戛纳国际广告节获奖作品集/三只眼工作室//黑龙江美术出版社
◎第五次中国经济特区暨沿海开放城市文化发展理论研讨会论文集/方烈文//文化艺术出版社
◎电脑广告设计/丁同成 张木胞//海天出版社
◎电脑平面广告设计/徐亚非//河南美术出版社
◎电脑游戏梅花宝典/高晶//中国水利水电出版社
◎电视广告美学/周安华 陈兴汉//江苏文艺出版社
◎电视跨国传播与民族文化/钟大年等//北京广播学院出版社
◎电视新闻改革纵横谈/武晋先//党建读物出版社
◎电视专题文集/李东生//北京出版社
◎电子出版百科全书/（美）（W. R. 施塔内克）William R. Stanek 等著 何道君等译//电子工业出版社
◎电子出版物概论/田胜立等//华中理工大学出版社
◎电子出版物基础知识/柳富全 孔泽平//国防工业出版社
◎东方艺术市场（6）/李维琨//上海书画出版社
◎都市报现象研究/阮观荣 席文举//新华出版社
◎发展上海文化产业研究/余国平 上海市人民政府研究室、中共上海市委宣传部课题组//上海教育出版社
◎贩卖创意 如何做广告/（美）K·肯罗曼（Kenneth Roman）（美）J·珍曼丝（Jane Maas）著 //内蒙古人民出版社
◎风景旅游区经营与管理/岳怀仁//云南大学出版社
◎改革开放 20 年旅游经济探索/迟景才//广东旅游出版社
◎个人收藏 古玩类/秦勇 周汉//河北人民出版社
◎各国广告概况/王忠诚//中国财政经济出版社
◎古今书画价格指南/张秀章//大连出版社
◎观众与博物馆 云南民族博物馆陈列科教集/谢沫华//云南科学技术出版社
◎广告/卜卫//暨南大学出版社
◎广告策划谋略/王忠诚//中国财政经济出版社
◎广告策划与广告文案创作/马中红//苏州大学出版社
◎广告传奇与创意妙招/（美）詹姆士·韦伯·扬（James Webb Young）著 林以德等译//内蒙古人民出版社
◎广告创意/王健//中国建筑工业出版社
◎广告创意漫笔/王忠诚//中国财政经济出版社
◎广告创意思维 78 法/王多明//四川大学出版社
◎广告创意与策略 英文版 第 6 版/（美）A·杰罗密·犹勒（A. JeromeJewler）波妮·L·朱利安妮著 //东北财经大学出版社
◎广告促销/游光中//中国经济出版社
◎广告大师经典系列 拉斯克尔的广告历程/（美）阿尔伯特·拉斯克尔著 焦向军 韩骏译//新华出版社
◎广告调查与设计/韦箐//经济管理出版社

◎广告个案分析与实用促销策略/马绝尘//华中理工大学出版社
◎广告管理 英文版 第5版/雷吉夫·巴特拉（Rajeev Batra）等//中国人民大学出版社
◎广告管理心得与实践/郑和平//工商出版社
◎广告何时有效/（美）约翰·菲利普·琼斯（John Philip Jones）著 杨忠川译//内蒙古人民出版社
◎广告金句集锦/王忠诚//中国财政经济出版社
◎广告经典100/雪琴//广州出版社
◎广告经济学实用教程/张纪康//上海远东出版社
◎广告经营管理/王忠诚//中国财政经济出版社
◎广告经营与管理/夏清华//湖北人民出版社
◎广告伦理 面对难以躲避的诱导/李小勤//山东教育出版社
◎广告媒体应用/王忠诚//中国财政经济出版社
◎广告媒体与策略/樊志育//中国友谊出版公司
◎广告人必读/王忠诚//中国财政经济出版社
◎广告人谈广告/王忠诚//中国财政经济出版社
◎广告人也疯狂/（美）兰德尔·罗腾贝格（Randall Rothenberg）著 周文萍译//（台湾）时报文化出版企业股份有限公司
◎广告社会学/（法）热拉尔·拉尼奥（Gerard Lagneau）著 林文译//商务印书馆
◎广告谈判技巧/王忠诚//中国财政经济出版社
◎广告文案创意 引起受众对品牌认知的表现艺术/程宇宁//中南工业大学出版社
◎广告文案写作/胡晓芸//杭州大学出版社
◎广告文案写作/王忠诚//中国财政经济出版社
◎广告文案与创意/翁剑青//中国商业出版社
◎广告文化/孙秀蕙 冯建三 孟樊//（台湾）扬智文化事业股份有限公司
◎广告文化学/李建立//北京广播学院出版社
◎广告文化学/王春泉//西安出版社
◎广告心理学/黄合水//东方出版中心
◎广告心理学/杨志//（台湾）国家出版社
◎广告信息调查/王忠诚//中国财政经济出版社
◎广告宣传品的电脑制作/（日）谭琦（檀智佳子）//中国电影出版社
◎广告学/方世敏//华中理工大学出版社
◎广告学概论/董景寰//中国建筑工业出版社
◎广告学概论/傅淑丽 丁恒道//云南民族出版社
◎广告也有DNA/黄守全//新闻文化事业股份有限公司
◎广告与公关/乔宽元//中国建筑工业出版社
◎广告语创意与表现技巧/储佩成//立信会计图书用品社
◎广告语言教程/于根元//陕西人民教育出版社
◎广告语言艺术/王漫宇//地震出版社
◎广告原理与技巧/柳礼泉//湖南大学出版社
◎广告撰文/夏晓鸣 黄篑著//中国档案出版社
◎哈姆雷特的行销疑问 可供借鉴的广告行销实例/林呈绿//中国友谊出版公司
◎海外华文新闻史研究/王士谷//新华出版社
◎河北体育年鉴1996/河北省体育运动委员会//人民体育出版社
◎河南省文化产业统计资料1997/河南省文化厅
◎河南文化艺术年鉴1996/周鸿俊 王爱功 时治安 王书平 河南省文化厅
◎湖南出版年鉴1996/苏仁进//湖南人民出版社
◎湖南旅游市场研究/徐飞雄//湖南地图出版社
◎黄金创意：跨世纪创业新财路/黄金脑智囊群 杨建燎 陈文斌//广东人民出版社
◎计算机广告制作/项国雄//电子科技大学出版社
◎解读媒体迷思/詹姆斯·法罗斯（James Fallows）著 林添贵译//（台湾）正中书局
◎近代中国旅游发展的经济透视/张俐俐//天津大学出版社
◎进入传播业：21世纪新生涯规划/（美）诺若哈著 陈明珠 黄宝玉译//中国友谊出版公司
◎进入广告业：21世纪新生涯规划/（美）威廉·帕蒂斯著 冉龙华译//中国友谊出版公司
◎进入新闻业：21世纪新生涯规划/（美）简·戈德堡著 刘泗翰译//中国友谊出版公司
◎昆明国际旅游城市发展目标研究/雷晓明//云南人民出版社
◎旅游法教程/焦承华//高等教育出版社
◎旅游管理理论与实践/江泓//湖北人民出版社
◎旅游经济/（法）朗加尔著 董明慧 谭秀兰译//商务印书馆
◎旅游经济探索/迟景才//广东旅游出版社
◎旅游经济学/罗明义//高等教育出版社
◎旅游经济学/周洁如//上海交通大学出版社
◎旅游开发学/王德刚//山东大学出版社
◎旅游市场营销学/郭鲁芳//中国建材工业出版社
◎旅游市场营销学/赵西萍//高等教育出版社
◎旅游市场营销学/朱玉槐 张小可//西北工业大学出版社
◎旅游心理学/刘纯//高等教育出版社
◎旅游学概论/马勇//高等教育出版社
◎旅游学概论/田里//南开大学出版社
◎旅游业管理/李天顺 张红//陕西师范大学出版社
◎旅游与社会问题探索/广西社会学学会//广西人民出版社
◎旅游资源概论/郭跃 张述林//重庆大学出版社
◎旅游资源学/苏文才 孙文昌//高等教育出版社
◎媒介经营管理学/邵培仁 刘强//浙江大学出版社
◎媒体、认同与传播新科技 关心本土传媒发展的文化研究/朱全斌//（台湾）远流出版事业股份有限公司
◎美国传媒与大众文化：200年美国传媒现象透视/蔡骐 蔡雯//新华出版社
◎美国广告文化 英文版/（美）尤利安·斯沃卡（Juliann Sivulka）著//东北财经大学出版社
◎点石成金 企业广告实务/韩欣//人民中国出版社
◎美国街头广告/朱国勤撰文 倪秀玲摄//上海人民美术出版社
◎面向21世纪的社会主义文化与教育/王兴堂 秦照平//中国经济出版社
◎面向21世纪的中国报业经济/许中田//人民日报出版社
◎面向新世纪的思考：建设有中国特色的社会主义文化学术研讨会论文集/中国社会科学院学术交流委员会 中国社会科学院哲学研究所//九洲图书出版社
◎默多克传 世界传媒之王/萧桐//内蒙古文化出版社
◎你今天工作的心情好不好 广告人的情绪管理手册/沈吕百//中国友谊出版公司
◎欧洲广告艺术/罗真如//山东美术出版社
◎拍卖概览/郑鑫尧//立信会计出版社
◎平面广告版式创意技巧/曾希圣//陕西人民美术出版社
◎巧用传媒/（英）丹尼尔·L. 亚丁（Daniel L. Yadin）张红明 宋伟良译//上海远东出版社
◎区域旅游开发与旅游业发展/中国旅游协会区域旅游专业委员会//地质出版社
◎日本街头广告/（日）铃木让二供稿 方振兴撰文//上海人民美

术出版社
⊙森林旅游学/马建章//东北林业大学出版社
⊙商业广告设计教程/王亚非 韩晓芳//辽宁美术出版社
⊙上海文化年鉴1998//上海文化年鉴编辑部编
⊙上网淘金/刘明晶//广州出版社
⊙社会水泥：阿多诺、马尔库塞、本杰明论大众文化/陈学明//云南人民出版社
⊙社会主义文化市场概论/李贺林 曹振刚//北京出版社
⊙声像媒体技术/汤永建等//华夏出版社
⊙实用广告图库/应一丁//浙江人民美术出版社
⊙实用广告文稿写作 欧阳友权 欧阳周//中国水利水电出版社
⊙世纪转折时期的中国影视文化/尹鸿//北京出版社
⊙世界出版业 港澳卷/沈本瑛 马汉生//世界图书出版公司北京公司
⊙世界出版业：美国卷/陆伯华//世界图书出版公司北京公司
⊙世界广告史话/樊志育//中国友谊出版公司
⊙世界平面广告创意精粹2/张友明//湖南美术出版社
⊙世界著名广告作品分析/祁聿民 许之敏//经济科学出版社
⊙市场经济下的中国文学艺术/祁述裕//北京大学出版社
⊙收藏投资大观/朱勇坤 吴伟忠//上海人民出版社
⊙台湾广告金像奖20年全集 暨1997亚太广告 金像奖 获奖作品/台湾广告金像奖组委会编辑 //中国青年出版社
⊙体育软科学研究成果汇编1995-1996//国家体委政策法规司
⊙体育星光-科教兴体论丛/付秋根//江西科学技术出版社
⊙网络悖论 网络的文化反思/严耕 陆俊//国防科技大学出版社
⊙网络技巧自助手册/晓雄//中国城市出版社
⊙网络营销/王方华等//山西经济出版社
⊙网络游戏/钟允中 陈金进//南开大学出版社
⊙网络游戏MUD/《软件村》编写组//化学工业出版社
⊙未来的社会：信息新世界展望/（美）德图佐斯著 周昌忠译//人民邮电出版社
⊙未来日记 未来十年因特网对我们的影响/（加）爱恩·威廉姆森（Iain Williamson）著 傅凯琳 于洪译//辽宁教育出版社
⊙未来英雄：33位网络时代精英预言未来文明的特质/布洛克曼著 汪仲译//海南出版社
⊙位置·时间和点 德国著名广告设计大师乌韦·勒斯/赵燕//上海人民美术出版社
⊙文化的嬉戏与承诺（娱乐文化研究丛书）/王德胜//河南人民出版社
⊙文化反思与文化建设/北京东方道德研究所//中华工商联合出版社
⊙文化建设论：中国当代的文化理念及其系统构建/邓安庆 邓名瑛//湖南出版社
⊙文化生产力的崛起/王恒富//人民出版社
⊙文化市场基本知识/孙福泰 张红帅//大连出版社
⊙文化艺术法学概论/李霞//中国文联出版公司
⊙文化营销/王方华等//山西经济出版社
⊙文明的祈盼：影响人类的十大文明理论/辛向阳//江西人民出版社
⊙现代大众传播学/张国良//四川人民出版社
⊙现代广告案例 理论与评析/何佳讯//复旦大学出版社
⊙现代广告文化学/赵恩芳//山东人民出版社
⊙现代广告写作/方蔚林//中国人民大学出版社
⊙现代广告心理学/李彬彬//江苏教育出版社
⊙现代广告学/汪涛//武汉大学出版社
⊙现代广告学/韩顺平 宗永建//电子科技大学出版社
⊙现代广告学/何修猛//复旦大学出版社
⊙现代广告学/王国全//广东高等教育出版社
⊙现代广告学教程/康文久//新华出版社
⊙现代化与文化选择：国门开放后的文化冲突/干春松//江西人民出版社
⊙现代旅游发展研究/吴开松 朱跃东//华南理工大学出版社
⊙现代旅游经济学/邹树梅//青岛出版社
⊙现代旅游管理学/宋振春//湖北人民出版社
⊙现代旅游规划设计原理与方法/吴承照//青岛出版社
⊙现代旅游经济学/邹树梅//青岛出版社
⊙现代旅游文化学/马波//青岛出版社
⊙现代商务广告/董峥武 周新泉//世界图书出版公司
⊙现代设计美学 广告设计美学/郑应杰//黑龙江科学技术出版社
⊙现代图书出版导论／（德）汉斯-赫尔穆特·勒林（Hans-Helmut Rohring）著 邓西录等译//商务印书馆
⊙现代新闻传媒标题艺术/蒋晓丽//四川大学出版社
⊙现代娱乐经营管理/吴京祥//中国旅游出版社
⊙新编旅游经济学/王大悟 魏小安//上海人民出版社
⊙新闻出版实用法规手册/北京市新闻出版局编//京华出版社
⊙新闻传播百科全书/邱沛篁//四川人民出版社
⊙信息媒体革命 它如何改变着我们的世界/（加）弗兰克·凯尔奇（Frank Koelsch）著 沈泽华等译//上海译文出版社
⊙虚拟社会/（美）谢尔顿著 李真文译//中国水利水电出版社
⊙宣传文化政策法规选编1996-1997年/中共中央宣传部政策法规研究室//学习出版社
⊙艺术市场/刘刚 刘晓琼//江西美术出版社
⊙影视知识与精品鉴赏/伍湘涛 张竞//航空工业出版社
⊙邮寄广告设计/钟宁//黑龙江科学技术出版社
⊙游戏软件设计与开发指南/（美）（B. 索耶）（Ben Sawyer）著 郑永柏等译//人民邮电出版社
⊙娱乐经营管理/梁颖//浙江摄影出版社
⊙娱乐设施经营管理/梁颖//浙江摄影出版社
⊙怎样在广告世界游说/（美）奈杰尔·福斯特著 戈辛锷译//上海世界图书出版公司
⊙掌握资讯 谈媒体经营与问题/黄西玲//正中书局
⊙知识经济经典案例/刘新闻 李锦慧//工商出版社
⊙知识经济全书/王旭东等//中国经济出版社
⊙中国报业经营管理史/胡太春//山西教育出版社
⊙中国报纸广告一百年/王放//广州出版社
⊙中国编辑研究1997/《中国编辑研究》编辑委员会//人民教育出版社
⊙中国出版年鉴1998/中国出版年鉴社//中国出版年鉴社
⊙中国传媒新论/何舟 陈怀林//太平洋世纪出版社
⊙中国古钱价目图录/董大勇//西北大学出版社
⊙中国广播电视年鉴1998/中国广播电视年鉴编辑委员会//北京广播学院出版社
⊙中国广播受众学/宋友权//中国广播电视出版社
⊙中国广告：徘徊在世纪之门/宗德宏 宋华//改革出版社
⊙中国广告媒体大全/北京世通信息咨询公司//中国城市出版社
⊙中国旅游发展理论研究/白宝树 吴卓晋//华南理工大学出版社
⊙中国旅游历史文化概论/邵骥顺//上海三联书店
⊙中国旅游年鉴1998/范云兴 中国旅游年鉴编辑委员会//中国旅游出版社
⊙中国旅游文化/王明瑄 胡定鹏//浙江大学出版社

⊙中国旅游业可持续发展战略研究/赵西萍 邹慧萍//陕西人民出版社

⊙中国区域科学协会学术论文集 第1集/区域旅游开发与管理 中国区域科学协会//海洋出版社

⊙中国市场经济文化论/张悦//中国金融出版社

⊙中国特色社会主义文化/李道中//经济科学出版社

⊙中国体育商鉴 体育商务指南 1998-1999/倪同云《中国体育商鉴》编委会//北京体育大学出版社

⊙中国文化文物统计年鉴 1998/王华//文化部计划财务司

⊙中国新图书出版业初探/王余光//武汉大学出版社

⊙中国新图书出版业的文化贡献/王余光等//武汉大学出版社

⊙中国新闻出版统计资料汇编 1998/新闻出版署计划财务司//中国统计出版社

⊙中国新闻纪录大全/刘圣清//广州出版社

⊙中国新闻通史纲要/白润生//新华出版社

⊙中华人民共和国出版史料（4）1952年/中国出版科学研究所 中央档案馆//中国书籍出版社

⊙中外编辑出版研究/林穗芳//华中师范大学出版社

1999年

⊙1998年全国体育发展战略研讨会论文汇编/国家体育总局政策法规司 中国体育发展战略研究会

⊙Web广告指南/（美）（J. 斯特内）Jim Sterne 著 谢建军等译//浙江科学技术出版社 西蒙与舒斯特国际出版公司

⊙保值翠玉古玩字画投资指南/吴雨时//四川科学技术出版社

⊙报业经济与报业经营/唐绪军//新华出版社

⊙报纸·杂志·电视广告设计 上/钟宁 余雁 晓东//黑龙江科学技术出版社

⊙报纸·杂志·电视广告设计 下/钟宁 余雁 晓东//黑龙江科学技术出版社

⊙北京文化产业研究/高起祥 袁振宇北京市社会科学院 北京市计划委员会//北京出版社

⊙阐释中国的焦虑：转型时代的文化解读/金元浦 陶东风//中国国际广播出版社

⊙常用“扫黄”“打非”法律法规/《常用“扫黄”、“打非”法律法规》编选组//人民法院出版社

⊙城市经济与城市文化/盛忠//湖南教育出版社

⊙城市新经济增长点的选择与培育/武春友 邱成利//大连理工大学出版社

⊙冲突与转折：现代文化建设关系论/任立//湖南出版社

⊙出版理论研究/胡平分//河北大学出版社

⊙传播·媒介与心理/刘京林 罗观星//北京广播学院出版社

⊙传播学教程/郭庆光//中国人民大学出版社

⊙传播学在中国：传播学者访谈/袁军//北京广播学院出版社

⊙传媒角色论 新闻传媒角色与个性风格/吴庆棠//上海社会科学院出版社

⊙创意奇才 萨奇兄弟和广告公司/（英）艾丽森·芬德利（Alison Fendley）著 赖月珍译//上海译文出版社

⊙创意思路/（日）深川英雄著 谭琦译//中国电影出版社

⊙国际艺术品交易：规则、权益、技巧/吴松//重庆出版社

⊙创造力配方 唤醒你的商业创造意识/（澳）辛迪·开普兰（Cyndi Kaplan）著 娇福君 薄景山译//吉林人民出版社

⊙创造梦想：文化、体育社会活动产业化运作战略策划/欧亚民//华夏出版社

⊙打开广告的魔术箱/吴冬梅//经济科学出版社

⊙大众传播心理学导论/敬蓉//新华出版社

⊙大众传播与国际关系/刘继南//北京广播学院出版社

⊙当代报业经营管理/屠忠俊//华中理工大学出版社

⊙当代康乐项目管理实务/刘哲//经济管理出版社

⊙当代中国大众文化研究/孙占国//吉林人民出版社

⊙德国广告设计/卢少夫//浙江人民美术出版社

⊙迪斯尼乐园制造欢乐的七大秘诀/（英）康奈兰著 黄碧慧译//法律出版社

⊙第10届欧洲广告大赛优秀作品集/三只眼工作室编著//黑龙江人民出版社

⊙第45届戛纳国际广告节获奖作品集/戛纳国际广告节组委会编//海南出版社

⊙颠覆广告 麦迪逊大街美国广告业发家的历程/（美）威雅著 夏慧言等译//内蒙古人民出版社

⊙点燃头脑的火把：知识经济与产业结构调整/黄建军 钟妙 李娜 熊承红//广东旅游出版社

⊙电脑DIY高手时尚手册·个人娱乐DIY/清华天则工作室//内蒙古人民出版社

⊙电脑广告实例分析与制作/陈奕//浙江人民美术出版社

⊙电脑黑客 网络攻略2000版/卿峰//内蒙古人民出版社

⊙电脑玩家 游戏·网络/大彪//贵州人民出版社

⊙电视影响评析/时统宇//新华出版社

⊙电影市场营销/于丽//中国广播电视出版社

⊙电影营销：破译中国电影市场营销的密码/贾虹//中国广播电视出版社

⊙法国广告设计/卢少夫//浙江人民美术出版社

⊙肥皂剧、性和香烟 美国广告200年经典范例/（美）朱丽安·西沃卡著 周向民 田力男译//光明日报出版社

⊙敢问路在何方：大陆传媒和网络的预言/汪良 王秋//北京广播学院出版社

⊙高手过招 策划大师与商界大腕龙门对阵/赵强 孙艳梅//作家出版社

⊙革命时代：第五次浪潮/（美）葛洛蒂 张国治//电子工业出版社

⊙公益广告初探/高萍//中国商业出版社

⊙顾盼之间：中国文化报1999版/王永强//兰州大学出版社

⊙观光导游与领队：理论与实务/林灯灿//（台湾）五南图书出版公司

⊙观光游憩规划研究 1999 休闲、游憩、观光研究成果研讨会/中华民国户外游憩学会 国立台湾大学园艺系//（台湾）田园城市文化事业有限公司

⊙广告策划/吴平//中国建筑工业出版社

⊙广告策划创意学/余明阳 陈先红//复旦大学出版社

⊙广告策划学/张灿鹏//山东大学出版社

⊙广告创新战略/（美）杰罗姆·朱勒 鲍尼·朱奈尼著 傅如昕 李剑峰译//中国经济出版社

⊙广告代理公司经营实务 广告公司管理与运作完全手册/（美）尤基尼·汉默夫（Eugene J. Hameroff）著 印凯生译//企业管理出版社

⊙广告的心理原理 广告背后的心理历程/杨中芳//中国轻工业出版社

⊙广告的艺术 乔治·路易斯论大众传播/（美）乔治·路易斯（G. Lois）（美）比尔·皮特兹（B. Pitts）著 高志宏 徐智明译//海南出版社

⊙广告概论/丁俊杰 张树庭//中央广播电视大学出版社
⊙广告管理（第5版）/（美）R. 巴特拉等著 赵平等译//清华大学出版社
⊙广告管理/包淳//中国建筑工业大学出版社
⊙广告徽标图文创意图库/舒霖//中国世界语出版社
⊙广告经济新论/王晓红//工商出版社
⊙广告精要 Ⅰ创意与制作/（日）反町胜夫 东京法思株式会社//复旦大学出版社
⊙广告精要 Ⅱ 创意与制作/（日）反町胜夫 东京法思株式会社//复旦大学出版社
⊙广告精要 Ⅲ 计划与管理/（日）反町胜夫 东京法思株式会社//复旦大学出版社
⊙广告设计/德炜设计空间主编//东南大学出版社
⊙广告设计/靳埭强//上海文艺出版社 香港万里机构
⊙广告设计/吴国欣//中国建筑工业出版社
⊙广告设计概述/陈宏年//北京广播学院出版社
⊙广告设计与制作/赵玉晶//高等教育出版社
⊙广告摄影/邵大浪//吉林摄影出版社
⊙广告摄影技艺/张戈//黑龙江科学技术出版社
⊙广告文案/（日）原鸿一郎 石田胜寿著 谭琦译//中国电影出版社
⊙广告文案/李中流 张淑杰//中国建筑工业出版社
⊙广告文稿策略 策划、创意与表现/（日）植条则夫著 俞纯麟 俞振伟译//复旦大学出版社
⊙广告物语/正子//辽宁人民出版社
⊙广告信息传播/陈能华 贺华光//中南工业大学出版社
⊙广告学/黄述富//西南财经大学出版社
⊙广告学原理/樊志育//上海人民出版社
⊙广告学原理/杨建华//暨南大学出版社
⊙广告阳谋 广告创意大公关/邱莉玲//（台湾）时报文化出版企业股份有限公司
⊙广告艺术 1/张名娟//重庆出版社
⊙广告艺术 2/张名娟//重庆出版社
⊙广告与品牌策划/（美）约翰·菲利普·琼斯（John Philip Jones）著 孙连勇译//机械工业出版社
⊙广告原理与实务/章飞//中国物资出版社
⊙广告制作/金家驹//中国建筑工业出版社
⊙归纳画法 装潢广告设计技法/崔栋良 崔齐//中国纺织出版社
⊙国际出版原则与实践/（英）伊恩·麦高文（Lan McGowan）（英）詹姆士·迈考尔（James McCall）编 徐明强译//中国书籍出版社
⊙国际广告商务译丛/刘立宾//内蒙古人民出版社
⊙国际化背景下的中国媒介产业化透视/黄升民 丁俊杰//企业管理出版社
⊙国外优秀专业广告评析 香水手表篇/范黎//四川美术出版社
⊙河南省文化产业统计资料 1998/河南省文化厅
⊙今年二十：中国本土最大的广告公司成长秘笈/沙宗义 蔡洪波//广东旅游出版社
⊙经济、媒体与公众知识/（英）尼尔·T·加文主编 陈国雄等译//江西教育出版社
⊙精神经济/李向民//新华出版社
⊙聚焦焦点访谈/袁正明 梁建增//中国大百科全书出版社
⊙基础旅游学/谢彦君//中国旅游出版社
⊙开化与禁锢：文化重案与文化发展/张军 阮兴//中共中央党校出版社
⊙康乐经营与管理/李云霞//云南大学出版社
⊙跨文化传播学：东方的视角/（美）史蒂夫·莫滕森（Steve Mortenson）著 关世杰 胡兴译//中国社会科学出版社
⊙跨向新世纪：社会文化文论集/陈琪林//文化艺术出版社
⊙跨越时空：媒体的发展与科技推动/戴国家//湖北教育出版社
⊙流行多媒体软件/丁香荣//电子科技大学出版社
⊙流行广告字体/刘世南 汪英姿//江西美术出版社
⊙旅游地形象策划 理论与实务/李蕾蕾//广东旅游出版社
⊙旅游观光与审美/杨世杰 刘筱秋//长征出版社
⊙旅游经济发展的文化空间/庄志民//学林出版社
⊙旅游开发实录/李海瑞//中国旅游传播出版社
⊙旅游开发与规划/邹统钎//广东旅游出版社
⊙旅游市场营销：理论·实务·案例/宋刚//首都经济贸易大学出版社
⊙旅游市场营销管理/马勇//东北财经大学出版社
⊙旅游文化概论/沈祖祥//福建人民出版社
⊙旅游文化新视野：第四次中国旅游文化学术研讨会文集/崔延南//中国旅游出版社
⊙旅游文化学/谢贵安 华国梁//高等教育出版社
⊙旅游学/刘伟 朱玉槐//广东旅游出版社
⊙旅游学概论/徐飞雄//湖南地图出版社
⊙旅游学概论/赵长华//福建人民出版社
⊙旅游学概论/李天元 王连义//南开大学出版社
⊙旅游学概论/谢彦君//东北财经大学出版社
⊙旅游经济学/郝索//西北大学出版社
⊙旅游学原理/申葆嘉//学林出版社
⊙旅游营销/屈云波//企业管理出版社
⊙论艺术表演团体体制改革/孙滨//宁夏人民出版社
⊙论有中国特色社会主义文化建设/潘震宙 陈昌本//宁夏人民出版社
⊙麦迪逊大道 不可思议的美国广告业和广告人/（美）马丁·迈耶（Martin Mayer）著 刘会梁译//海南出版社
⊙漫画广告/李忠清 杨小民//现代出版社
⊙漫话媒体的未来/温世仁著 蔡志忠绘//三联书店
⊙漫游因特网/龚翔//江苏科学技术出版社
⊙忙里偷闲用 Internet 玩 GAME/宾至刚//上海科学普及出版社
⊙媒介变革与社会发展/崔保国//南京师范大学出版社
⊙媒介经营与产业化操作实务/万力//新华出版社
⊙媒体的未来/温世仁 庄琬华著 蔡志忠绘图//（台湾）大块文化出版股份有限公司
⊙媒体的做点/（台）周亦龙//企业管理出版社
⊙媒体探戈：媒体企划不可不知的 10 件事/（美）海伦·凯兹（Helen Katz）著 林柳君译//（台湾）经典传讯文化股份有限公司
⊙媒体赢家/徐敏//浙江大学出版社
⊙媒体与影响/（美）贝尔吉著 赵劲松译//东北财经大学出版社
⊙媒体原理与塑造 Mass Media in a Popular Culture /Lawrence Grossberg Ellen Wartella D·Charles Whitney 著 杨意菁 陈芸芸译//韦伯文化事业出版社
⊙媒体资本家 世界著名传媒大亨发家经/陈连营 李旭//汕头大学出版社
⊙媒体组合实战指引/刘永炬 陈相君//企业管理出版社
⊙民族博物馆的理论与实践论文集/秦晋庭 何昇文//民族出版社
⊙名牌：在传播中诞生/赵军//武汉大学出版社
⊙农村文化的建设与管理/王传真//宁夏人民出版社

◎拍卖概论/赵杰//中国商业出版社
◎品牌广告诱惑之诀/晓仲//经济管理出版社
◎平面广告150年/泛克 捷人译/湖南美术出版社
◎平面广告创意经典 图集/冯斌等//辽宁科学技术出版社
◎平面广告电脑设计指南/胥海江//电子科技大学出版社
◎破译广告/汪建新 周玫//中国经济出版社
◎企业广告管理/吴小灵//广东经济出版社
◎山东省旅游资源开发利用研究/陈龙飞 何佳梅//山东省地图出版社
◎上海广告年鉴/（上海工商）杂志社 上海市广告监测咨询中心 上海市广告协会编//上海人民出版社
◎上海户外广告设计制作1000例/范伟军//上海科学技术文献出版社
◎上海文化年鉴1999/《上海文化年鉴》编辑部
◎上网广告不求人/上网研究室 Teach Yourself 小组编著//广东经济出版社
◎深圳文化发展战略思考/苏伟光//海天出版社
◎石家庄西部旅游战略开发研究/张志平 刘继章//河北人民出版社
◎石家庄新闻出版年鉴1999//石家庄市新闻出版局
◎实效的广告 达彼思广告公司经营哲学 USP/（美）罗瑟·瑞夫斯（Rosser Reeves）著 张冰梅译//内蒙古人民出版社
◎实用广告语创作艺术/魏星//中国科学技术大学出版社
◎世纪之交：首都思想道德和文化建设研究/刘梦义//中国人民公安大学出版社
◎世纪之交的体育改革与发展/国家体育总局干部培训中心//北京体育大学出版社
◎世纪之交的中国城市电视新闻/陈洪勋//北京广播学院出版社
◎世界传播概览 媒体与新技术的挑战/（法）洛特菲·马赫兹著 师淑云等译//中国对外翻译出版公司
◎市场逻辑与文化发展/陈立旭//浙江人民出版社
◎受众心理与传媒引导/郑兴东//新华出版社
◎数字化世界：21世纪的社会生活规律/（美）葛洛蒂 张国治//电子工业出版社
◎思路与道路：发展振兴青海文化艺术事业的基本框架/陈秉智//青海人民出版社
◎塑造品牌特征 市场竞争中通向成功的策略/（美）林恩·阿普绍（Lynn B. Upshaw）著 戴贤远译//清华大学出版社
◎索尼源流/日本索尼传媒中心//华夏出版社
◎台湾报业争占纵横/刘燕南//九洲图书出版社
◎台湾创意百科 广告创作年鉴1998/杨宗魁//（台湾）设计家文化出版事业有限公司
◎体育产业经济学/胡立君//陕西人民出版社
◎体育产业学入门/李明//南方出版社
◎体育产业与经济发展 知名经济学家谈体育产业//国家计划委员会社会发展司.国家体育总局政策法规司
◎体育管理学/孙汉超 秦椿林//人民体育出版社
◎体育经营学/孙志坚 翟志强//黄河出版社
◎体育软科学研究成果汇编1997-1998/国家体育总局政策法规司
◎体育社会学/顾渊彦//南京师范大学出版社
◎网络化生存 网络世界中的机遇与挑战/（英）（R. R. 阿罗）R. R. Arrow //企业管理出版社
◎网络价值：市场在客户制定出规则时形成/（美）哈格尔三世著 董清译//经济科学出版社
◎网络价值：在客户制定规则时代塑造市场/（美）哈格尔三世著 董清译//经济科学出版社
◎网络漫游学得快/易青云//科学出版社
◎网络媒体/许榕生//五洲传播出版社
◎网络社会：点与线的生存/代天宇//科学出版社
◎网络行销实务/林宗瑶//上海科学普及出版社
◎网络营销/（法）夏代尔 沈沁//三联书店
◎网络营销/屈云波 靳责敏//企业管理出版社
◎网络游戏 MUD /京辉热点工作室//人民交通出版社
◎网上办公（网上十大功能丛书）/苏亮 门槛创作室//中国水利水电出版社
◎网上创收（网上十大功能丛书）/闫华文 门槛创作室//中国水利水电出版社
◎网上的文化艺术资源/匡松//西南交通大学出版社
◎网上交际（网上十大功能丛书）/芦阳 门槛创作室//中国水利水电出版社
◎网上教育（网上十大功能丛书）/陈琛 门槛创作室//中国水利水电出版社
◎网上求助（网上十大功能丛书）/张念 门槛创作室//中国水利水电出版社
◎网上商务（网上十大功能丛书）/曾满平 门槛创作室//中国水利水电出版社
◎网上通讯（网上十大功能丛书）/黄诚昆 门槛创作室//中国水利水电出版社
◎网上娱乐（网上十大功能丛书）/袁亮 门槛创作室//中国水利水电出版社
◎文化：潮边思索录/康式昭//宁夏人民出版社
◎文化产业的理论与实践/赵保存//远方出版社
◎文化的产业追求/郝相礼 谢艳春//甘肃人民出版社
◎文化经济学通论/程恩富//上海财经大学出版社
◎文化市场的培育与管理/杨运泰//宁夏人民出版社
◎文化市场管理法律法规知识问答/宋瑞麟/中国法制出版社
◎文化市场实务大全/刘玉珠//新华出版社
◎文化政策学/胡惠林//上海交通大学出版社
◎文物保藏学原理/张承志//北京科学技术出版社
◎文娱演出和节庆日活动组织/刘海鹏//南海出版公司
◎西班牙广告设计/卢少夫//浙江人民美术出版社
◎西藏文物保护四十年/张羽新//五洲传播出版社
◎现代传媒设计教程/张燕//上海人民出版社
◎现代广告策划/潘哲初//复旦大学联系实际
◎现代广告管理/张大镇 吕蓉//复旦大学出版社
◎现代广告理论与实务/田明华等//中国林业出版社
◎现代广告学论纲/姜智彬//中国物资出版社
◎现代旅游开发学/孙文昌//青岛出版社
◎现代媒体编辑技巧 第2版/（美）多萝西·A. 鲍尔斯（Dorothy A·Bowles）（美）黛安·L. 博登（Diane L·Borden）著 李矗等译//新华出版社
◎现代企业机构形象设计博览：当代中国广告纵横/张云峰 刘静宇//珠海出版社
◎现代新闻理论/刘建明//民族出版社
◎现在：与十二位媒介人的对话/杨君//北京大学出版社
◎香港旅游业发展及与深圳的合作/李万寿/海天出版社
◎香港音乐发展概论/朱瑞冰//三联书店（香港）有限公司
◎消费者广告回应学/李曲波//广州出版社
◎新疆广告理论与实践第2辑/陈崇相//新疆青少年出版社
◎新媒体时代的探索/章剑华//江苏人民出版社

◎新世纪·新产业·新增长：旅游业成为新的经济增长点研究/何光暐//中国旅游出版社
◎新世纪报业初探/李玲//中国妇女出版社
◎新闻传播学概论/刘卫东//天津社会科学院出版社
◎新闻理论新探/丁柏铨//新华出版社
◎新闻媒体内部机制创新实践/中共中央宣传部新闻局//广州出版社
◎新闻媒体与消息来源·媒介框架与真实建构之论述/臧国仁//（台湾）三民书局股份有限公司
◎新闻事业经营管理/吴文虎//高等教育出版社
◎新闻学导论/李良荣//高等教育出版社
◎新闻与广告论文精品选集/杜祖亮 王贵海//新华出版社
◎新鲜的出发点：个人创意十一章/舒明武//羊城晚报出版社
◎薪继火传：复旦大学新闻传播论文集 1929-1999/陈桂兰//复旦大学出版社
◎信息高速公路与大众传播/明安香//华夏出版社
◎信息力，领略信息魔力，打开未来之窗/（日）长谷川庆太郎著 沈边译//中国轻工业出版社
◎休闲·运动/王庆跃//蜀蓉棋艺出版社
◎休闲大转盘：扑克魔幻预测/毛头//华工商联合出版社
◎休闲文化书库//延边人民出版社
◎休闲有乐/陈彦生 李犁//湖北人民出版社
◎休闲娱乐/林公翔//福建科学技术出版社
◎休闲娱乐百科全书 1/党海政//中国广播电视出版社
◎休闲娱乐百科全书 2/党海政//中国广播电视出版社
◎休闲娱乐百科全书 3/党海政//中国广播电视出版社
◎休闲娱乐百科全书 4/党海政//中国广播电视出版社
◎休闲娱乐百科全书 5/党海政//中国广播电视出版社
◎休闲与运动经济学/陈秋玫//五南图书出版有限公司
◎休闲智慧快餐 365/孟斐//四川科学技术出版社
◎寻找网上中国/陆群//海洋出版社
◎妖魔化与媒体轰炸/李希光//江苏人民出版社
◎艺术的使者 美国招贴广告设计大师菲里·瑞斯拜克/陈放//海天出版社
◎艺术市场与艺术品投资/文化部文化市场司//文化艺术出版社
◎意大利广告设计/卢少夫//浙江人民美术出版社
◎阴谋与利润：默多克传媒帝国全内幕/王化桥//中国城市出版社
◎音乐美学通论/修海林 罗小平//上海音乐出版社
◎音像市场管理手册/文化部文化市场司//世界图书出版公司
◎营造名牌的 21 种模式 首份对全球 480 个最成功品牌工程的研究报告/（德）安德雷亚斯·布霍尔茨（德）沃尔夫兰·维德曼著 肖健 樊渝杰译//中信出版社
◎影视广告学/聂鑫//文化艺术出版社
◎影视文化市场管理论（1）/于丽//中国广播电视出版社
◎影视艺术鉴赏/金元浦 尹鸿 勇赴//首都师范大学出版社
◎游憩体验与景观评估：1999 休闲、游憩、观光研究成果研讨会/中华民国户外游憩学会 国立台湾大学园艺系//（台湾）田园城市文化事业有限公司
◎游憩行为研究与管理：1999 休闲、游憩、观光研究成果研讨会/中华民国户外游憩学会 国立台湾大学园艺系//（台湾）田园城市文化事业有限公司
◎游憩需求与效益研究：1999 休闲、游憩、观光研究成果研讨会/中华民国户外游憩学会 国立台湾大学园艺系编著//（台湾）田园城市文化事业有限公司
◎娱乐场所管理条例释义/徐玉麟 王健等//中国法制出版社
◎整合理念 名牌塑造十一维向/殷戳弘 文武//经济管理出版社
◎知识经济与报业发展/李怀福//新华出版社
◎知识经济与大众传媒/邵培仁 江潜//浙江大学出版社
◎中国报业集团发展研究/曹鹏//新华出版社
◎中国编辑研究 1998/《中国编辑研究》编辑委员会 //人民教育出版社
◎中国出版年鉴 1999/中国出版年鉴社//中国出版年鉴社
◎中国出版文化概观/李白坚//广西教育出版社
◎中国当代出版史料 第 1 卷/宋应离等//大象出版社
◎中国当代出版史料 第 2 卷/宋应离等//大象出版社
◎中国当代出版史料 第 3 卷/宋应离等//大象出版社
◎中国当代出版史料 第 4 卷/宋应离等//大象出版社
◎中国当代出版史料 第 5 卷/宋应离等//大象出版社
◎中国当代出版史料 第 6 卷/宋应离等//大象出版社
◎中国当代出版史料 第 7 卷/宋应离等//大象出版社
◎中国当代出版史料 第 8 卷/宋应离等 //大象出版社
◎中国当代广告史/余虹 邓正强//湖南科学技术出版社
◎中国电视产业发展战略研究/陆地//新华出版社
◎中国电影市场营销策划百例/翁立//中国电影出版社
◎中国广告媒体 1999 年/《中国广告媒体》编委会//中国建材工业出版社
◎中国广告年鉴 1998/中国广告年鉴编辑部//新华出版社
◎中国广告摄影年鉴 1999/中国广告协会//湖南美术出版社
◎中国国内旅游客源市场系统研究/吴必虎//华东师范大学出版社
◎中国经济特区文化研究/苏伟光//宁夏人民出版社
◎中国旅游百科全书/《中国旅游百科全书》编委会//中国大百科全书出版社
◎中国旅游海外客源市场概况/于向东//东北财经大学出版社
◎中国旅游业 50 年/何光暐//中国旅游出版社
◎中国旅游业国际竞争策略/杨森林//立信会计出版社
◎中国旅游业新世纪发展大趋势/魏小安//广东旅游出版社
◎中国民俗旅游/巴兆祥//福建人民出版社
◎中国入境旅游研究/马耀峰//科学出版社
◎中国体育年鉴 1996/中国体育年鉴编辑部//中国体育年鉴出版社
◎中国体育年鉴 1997/中国体育年鉴编辑部//中国体育年鉴出版社
◎中国体育年鉴 1998/中国体育年鉴编辑部//中国体育年鉴出版社
◎中国体育年鉴 1999 中国体育年鉴编辑部//中国体育年鉴出版社
◎中国体育市场理论与实践：关于有中国特色社会主义体育市场的研究//张岩//陕西人民出版社
◎中国文化文物统计年鉴 1999/文化部计划财务司//北京图书馆出版社
◎中国新闻年鉴 1998/中国社会科学院新闻与传播研究所//中国新闻年鉴社
◎中国新闻年鉴 1999/中国社会科学院新闻与传播研究所//中国新闻年鉴社
◎中国行业报发展之路/汪大绶 戴仁杰//中国建材工业出版社
◎中华人民共和国出版史料（5）1953 年/中国出版科学研究所 中央档案馆//中国书籍出版社
◎中华人民共和国体育史 综合卷 1949-1998/伍绍祖//中国书籍出

版社
◎中西新闻比较论纲/童兵//新华出版社
◎重建巴比塔：文化视野中的网络/陆俊//北京出版社
◎转身看策划：《广告人手记》姊妹篇/叶茂中//中华工商联合出版社
◎纵横于天地之间：互广告设计/尚奎舜//山东美术出版社
◎最新视频广告设计中文字特技处理技巧/周激流//电子科技大学出版社

2000 年

◎2000 年上海文化发展蓝皮书/尹继佐//上海社会科学院出版社
◎21 世纪的休闲与休闲服务/（美）杰弗瑞·戈比（Geoffrey Godbey）著 张春波等译//云南人民出版社
◎21 世纪甘肃旅游发展战略/赵剑夫//甘肃人民出版社
◎21 世纪黄金产业 文化产业经济浪潮/乐后圣//中国社会出版社
◎21 世纪两岸广播电视发展趋势研究/袁军 蔡念中//华夏出版社
◎21 世纪瑞海姆国际旅游度假村经营模式/田玉堂//中国旅游出版社
◎3D Studio MAX 3．0 影视广告与片头设计/李阳//清华大学出版社
◎77 种网络经济创新模式/吕本富 张鹏//辽宁人民出版社
◎WTO 与旅游服务贸易的法律问题/刘敢生//广东旅游出版社
◎WTO 与中国文化/刘小敏 李振连//广东经济出版社
◎奥美的观点 Ⅰ/宋秩铭等//企业管理出版社
◎报纸发行谋略/黄星//泰山出版社
◎北京市旅游发展总体规划：2000-2010/北京市旅游局//中国旅游出版社
◎变形的新闻屋/李希光//四川人民出版社
◎操纵圈：克林顿新闻宣传机器内幕/（美）库尔茨著 张金秀 周荣国译//新华出版社
◎城市电视发展战略/崔增伏//湖南大学出版社
◎冲突、协调与发展：当代西方国家广播电视体制与管理/林琳//复旦大学出版社
◎出版学概论/袁亮//辽海出版社
◎出卖广告人 广告业务实操手册/吴海明//广东经济出版社
◎传播产业经营实务/周鸿铎//新华出版社
◎传播道德论/戴元光//上海大学出版社
◎传播媒体与介质/陈夏洁 郝清霞//印刷工业出版社
◎传播学论文选萃 Ⅲ卷/《传播学论文选萃》编委会//南京师范大学出版
◎传播研究方法：策略与资料来源/（美）利贝卡·鲁宾（Rebecca B. Rubin）等著 黄晓兰等译//华夏出版社
◎传播政治经济学/（加拿大）莫斯可著 胡正荣译//华夏出版社
◎传媒·思考·新世纪：首届京沪新闻学术研讨会论文集/满运来//同心出版社
◎传媒造势 中国信息传播业气象万千/林坚 杨安义//北京邮电大学出版社
◎创建中国传媒新机制/桑义燐 谢恩光//浙江人民出版社
◎创意精选 视觉识别设计篇/张碧珠//（台湾）艺风堂出版社
◎从分析作品开始学做广告 一种学习和提高的新思路/何辉//中国广播电视出版社
◎大汇流：整合媒介、资讯与传播/（美）鲍德温著 龙耘 官希明译//华夏出版社
◎大众传播效果：问题与对策/胡钰//新华出版社
◎大众传播学 影响研究范式/常昌富 李依倩//中国社会科学出版社
◎大众传播学/李彬//中央广播电视大学出版社
◎大众传播学的定量研究方法/戴光元 苗正民//上海交通大学出版社
◎大众传播研究：现代方法与应用/（美）迈克尔·辛格尔特里（Michael Singletary）著 刘燕南等译//华夏出版社
◎大众体育指南/鲍恩荣//中国工人出版社
◎大众文化与传媒/陆杨 王毅//上海三联书店
◎当代传播学/申凡//华中理工大学出版社
◎当代广告学/（美）威廉·阿伦斯（William F. Arens）著 丁俊杰等译//华夏出版社
◎当代中国大众文化论/邹广文//辽宁大学出版社
◎地方旅游开发与管理/吴必虎//科学出版社
◎第二媒介时代/（美）波斯特著 范静晔译//南京大学出版社
◎电脑广告设计/丁同成//高等教育出版社
◎电脑平面广告精品创作 1/黄河//电子科技大学出版社
◎电视广告创作/路盛章//中国广播电视出版社
◎电视节目经营策略/周鸿铎//中国广播电视出版社
◎电视先锋：默多克与天宇公司的故事/（英）霍斯曼著 郑国仪//新华出版社
◎电子商务帝国：亚马逊网上书店传奇/黄海龙//经济日报出版社
◎多媒体时代与大众传播/（日）桂敬一著 刘雪雁译//新华出版社
◎改变世界 解读美国新经济/朱文晖//江苏人民出版社
◎改变世界的网络经济/陈湛匀//上海人民出版社
◎改革开放中的文化艺术/曲润海 郑琅//学习出版社
◎广播电视广告教程/（美）谢理琳·赛格勒（Sherilyn K. Zeigler）（美）赫伯特·霍华德（Herbert H. Howard）著 程坪译//新华出版社
◎广播电视广告学/朱月昌//厦门大学出版社
◎广播电视节目编排与制作/（美）赫伯特·霍华德（Herbert Howard）等著 戴增义译//新华出版社
◎广播电视经济学/周鸿铎//中国广播电视出版社
◎广播电视媒介管理：广播电视管理创新体系/胡正荣//北京广播学院出版社
◎广播改革论文选/杨波//北京广播学院出版社
◎广告策划学/李成书 江华//知识产权出版社
◎广告策划艺术/陈培爱//中国财政经济出版社
◎广告策划原理与实务/陈培爱//中央广播电视大学出版社
◎广告传播技巧/王多明//西南财经大学出版社
◎广告创意训练教程/郭肖华//高等教育出版社
◎广告大师集思语/历峰 刘青//远方出版社
◎广告电脑设计与制作/毛寒//中南大学出版社
◎广告动画制作实例/李宏 彭礼孝等//机械工业出版社
◎广告经济分析/谭英双//西南师范大学出版社
◎广告经理手册/张彬//企业管理出版社
◎广告经营管理术/赵洁//厦门大学出版社
◎广告精要 1：原理与方法/（日）LEC·东京法思株式会社//复旦大学出版社
◎广告精要Ⅲ：计划与管理/（日）LEC·东京法思株式会社//复旦大学出版社
◎广告媒体企划（第 5 版）/（美）杰克 Z. 西瑟斯（Jack Z. Sissors）（美）林肯·布巴（Lincoln Bumba）著 贾丽军等译//

企业管理出版社
◎广告视觉设计基础/罗萍//东方出版中心
◎广告视觉语言/朱健强//厦门大学出版社
◎广告突围/潘友林//中华工商联合出版社
◎广告文案写作原理与技巧/杨先顺//暨南大学出版社
◎广告文苑精粹/宁波日报广告部//宁波出版社
◎广告心理/凌文辁//机械工业出版社
◎广告与促销 整合营销传播展望/（美）乔治·E·贝尔齐（Georeg E·Belch）麦克尔·A·贝尔齐（Michael A·Belch）著 张红霞 李志宏译//东北财经大学出版社
◎广告与推销心理 打开市场的钥匙/欧阳康//中国社会出版社
◎广告与消费心理学/马谋超 陆跃祥//人民教育出版社
◎广告语言与讯息/范亚刚//军事谊文出版社
◎广告原理与实务/金立其//东北财经大学出版社
◎广告战略/杨朝阳//内蒙古人民出版社
◎国际传播：全球都市的历史、冲突及控制/（美）福特纳著 刘利群译//华夏出版社
◎国际传播与对外宣传/蔡帼芬//北京广播学院出版社
◎合作制胜：贝塔斯曼的成功之道/（德）莫恩著 冯波译//华夏出版社
◎河南报业十年发展路/河南省报协//河南人民出版社
◎黑龙江省旅游资源 第1册/尹泽生 杜庆臻//中国旅游出版社
◎黑龙江省旅游资源 第2册/尹泽生 杜庆臻//中国旅游出版社
◎黑龙江省旅游资源 第3册/尹泽生 杜庆臻//中国旅游出版社
◎湖南出版年鉴1997/苏仁进//湖南人民出版社
◎湖南旅游资源开发研究/刘建平 阎友兵//湖南地图出版社
◎技术传播：创新扩散的观点/金兼斌//黑龙江人民出版社
◎假日经济 全球新兴的休息革命/张智翔 向洪//西南财经大学出版社
◎假日生意经 经营理念篇/王君实 靳医兵//广东经济出版社
◎假日生意经 旅游休闲篇/徐印州 肖怡 郭一新//广东经济出版社
◎假日生意经 酒店餐饮篇/皮平凡//广东经济出版社
◎假日生意经 文化消费篇/徐印州 肖怡 林佩群 李建萍//广东经济出版社
◎现代广告理论与实务/崔晓林//青岛出版社
◎解析魔方 中国广告创意十五人谈/金励勤//知识出版社
◎经济、环境与旅游业发展 全国旅游局长研讨班授课材料汇编/国家旅游局人事劳动教育司//旅游教育出版社
◎精品图书的诞生/上海市出版工作者协会 上海市编辑学会//学林出版社
◎看“大爆炸”下的美国传媒/徐熊//人民日报出版社
◎科技与传播 现代传播文集/苏志武//北京广播学院出版社
◎跨世纪出版业发展研究：21世纪出版业发展及其人才培养学术研讨会论文集/黄凯卿 熊玉莲//武汉大学出版社
◎跨世纪的北京影视文化/高鑫//北京师范大学出版社
◎跨世纪中国城市电视发展与展望/李远建 俞虹//中国广播电视出版社
◎跨文化传播：拆解文化的围墙/刘双 于文秀//黑龙江人民出版社
◎跨文化市场营销/（美）保罗·A·郝比格（Paul A. Herbig）著 芮建伟等译//机械工业出版社
◎另类泰国·美国旅游/林浩然//时代文艺出版社
◎旅游百事通/鲁澎//气象出版社
◎旅游策划学/沈祖祥 张帆//福建人民出版社
◎旅游产业发展论/殷理田//人民出版社
◎旅游产业发展研究/郝索 陈实//陕西人民出版社
◎旅游产业规划指南/王兴斌//中国旅游出版社
◎旅游广告实务/吴广孝//复旦大学出版社
◎旅游环境承载力研究/刘玲//中国环境科学出版社
◎旅游景点开发与管理/杨正泰//福建人民出版社
◎旅游开发规划及景点景区管理实务全书/本书编委会//北京燕山出版社
◎旅游开发与规划/李家清//华中师范大学出版社
◎旅游区规划研究/王庆生//西安地图出版社
◎旅游投资决策分析/郭荣朝 苏进锋 刘长运//甘肃人民出版社
◎旅游文化纵览/崔进//中国旅游出版社
◎旅游心理学/刘纯//南开大学出版社
◎旅游学概论/乔正康//东北财经大学出版社
◎旅游资源开发与规划/邓爱民 刘代泉//旅游教育出版社
◎旅游资源与开发/甘枝茂 马耀峰//南开大学出版社
◎旅游资源与开发/肖星 严江平//中国旅游出版社
◎迈向21世纪的山东旅游业/王庆新//山东人民出版社
◎迈向新世纪的中国广告业：’99全国广告学术研讨会论文集萃/中国广告协会//工商出版社
◎麦克卢汉精粹/（加）麦克卢汉 秦格龙著 何道宽译//南京大学出版社
◎媒介的市场定位：一个传播学者的实证研究/喻国明//北京广播学院出版社
◎媒介管理/支庭荣//暨南大学出版社
◎媒介形态变化：认为新媒介/（美）菲德勒著 明安香译//华夏出版社
◎媒介与冲击：大众媒介概论/（美）雪莉·贝尔吉（Shirley Biagi）著 赵敬松主译//东北财经大学出版社
◎媒体伦理学：案例与道德论据/（美）克利福德·G·克里斯蒂安（Clifford G·Christians）等著 张晓辉等译//华夏出版社
◎美国出版社的组织和营销/魏龙泉//中国经济出版社
◎美国传媒文化/端木义万//北京大学出版社
◎面向21世纪的传播与研究：中加传播学研讨会文集/袁军 胡正荣//北京广播学院出版社
◎面向新世纪的广播电视/王录//中国国际广播出版社
◎明天，我们怎样面对另类文化“入世”与文化/方益波//上海世界图书出版公司
◎拍卖理论与实务/刘晓君 席酉民//机械工业出版社
◎崎岖的思路：文化批判论集（转型期文化批评丛书/金元浦）/周宪//湖北教育出版社
◎企业广告经理手册/（美）罗伯特W. 勃莱著 李永毅 吴克鲁译//中国电影出版社
◎区域旅游开发与崂山风景区可持续发展/孙文昌//地质出版社
◎人文经济实战谋略/王映春//中国国际广播出版社
◎如何做创意 十三位美国杰出创意指导和文案撰稿人的创意观念、方法与作/（美）劳伦斯·明斯基（美）埃米莉·桑顿·卡尔沃著 钱锋译//企业管理出版社
◎商务印书馆：民间出版业的兴衰/杨杨//上海教育出版社
◎商业广告与销售促进/马绝尘//企业管理出版社
◎上海出版战略研讨论文集/上海市出版工作者协会 上海市编辑学会//学林出版社
◎上海文化建设跨世纪的思考与探索：迎接文化建设新高潮调研课题成果集/上海市哲学社会科学规划办公室//上海人民出版社
◎上海文化年鉴2000/上海文化年鉴编辑部//上海文化年鉴编

辑部
◎社会主义文化艺术生产的理论与实践/李源潮//中国文联出版公司
◎社区文化建设/尹继佐 许德明//中共上海市委宣传部 上海市精神文明委员会办公室//上海社会科学院出版社
◎渗透与互动 广播电视与国际关系/杨伟芬//北京广播学院出版社
◎世界经典广告案例评析/张金海/武汉大学出版社
◎世界文化报告 1998：文化、创造与市场/联合国教科文组织//北京大学出版社
◎世界新闻多棱镜：变化中的国际传播/（美）威廉·哈森（William A. Hachten 著 张苏 苏丹译//新华出版社
◎市场经济下的报业扩张：英国等西方发达国家的借鉴性研究/曹宇//海天出版社
◎市场经济与体育/刘忠等//北京体育大学出版社
◎收藏讲史话/陈重远//北京出版社
◎书写文化英雄：世纪之交的文化研究/戴锦华//江苏人民出版社
◎特殊传播：防范与化解危机的使者/李萍等//黑龙江人民出版社
◎体育产业：新的经济增长点/鲍明晓//人民体育出版社
◎体育管理学：体育经济学/李宗浩 曲天敏//广西师范大学出版社
◎体育经济漫谈：体育产业化、社会化与管理科学化/张发强//世界图书出版西安公司
◎体育软科学研究成果汇编 1999-2000 //国家体育总局政策法规司
◎网络创世纪/裘聿纲 大众软件杂志社//煤炭工业出版社
◎网络广告/魏超等//河北人民出版社
◎网络经济/聂元铭 王生卫//地震出版社
◎网络商机：由上网而致富的六大路径/天舒 赵刚//经济科学出版社
◎网上创意/梁涵玉//广东人民出版社
◎网上娱乐：网上漫步/曾满平//科学出版社
◎网-新的通讯媒体如何改变我们的生活/（西）赛布里昂著 孙茂珊译//中央民族大学出版社
◎蔚蓝智慧：读解十大跨国广告公司/卢泰宏 何佳讯//羊城晚报出版社
◎文革遗物收藏与价格/铁源//华龄出版社
◎文化策划/陈放 谢宏//时事出版社
◎文化产业：文化生产的结构分析/张苙云//（台湾）远流出版事业股份有限公司
◎文化产业发展新探/中共武汉市委宣传部//武汉出版社
◎文化国力论/周浩然//辽宁人民出版社
◎文化经纪人培训教程/蔡正鹤//上海文艺出版社
◎文化批评的观念：法兰克福学派、存在主义和后结构主义/（美）沃林著 张国清译//商务印书馆
◎文化市场管理简论/胡吉宏//贵州教育出版社
◎文化咏叹：新闻通讯集/赵兰英//上海社会科学院出版社
◎文化与地方发展/周尚意 孔翔//科学出版社
◎文化战争：定义美国的一场奋斗/（美）J. D. 亨特著 安荻等译//中国社会科学出版社
◎闻香识茶馆/易晴//新世界出版社
◎我看美国媒体/顾耀铭//新华出版社
◎无冕之王与金钱：美国媒体与美国社会/俞燕敏 鄢利群//中国社会科学出版社
◎现代德国大众文化（现代西方大众文化丛书）/莫金莲 李广民//中国经济出版社
◎现代俄罗斯大众文化（现代西方大众文化丛书）/杨可 孙湘瑞//中国经济出版社
◎现代法国大众文化（现代西方大众文化丛书）/萧建远 蔡勤禹//中国经济出版社
◎现代广告：原理与探索/李东进//企业管理出版社
◎现代广告学/韩光军//首都经济贸易大学出版社
◎现代广告学/刘林清 杨同庆//经济管理出版社
◎现代广告运作技巧/刘绍庭//复旦大学出版社
◎现代家庭全书 8 娱乐卷 /张冲//京华出版社
◎现代家庭休闲旅游万宝全书/陈贤德//文汇出版社
◎现代旅游区开发与经营管理/王德刚//青岛出版社
◎现代美国大众文化（现代西方大众文化丛书）/蔡骐 孙有中//中国经济出版社
◎现代拍卖面面观/林日葵//中国商业出版社
◎现代日本大众文化（现代西方大众文化丛书）/曹永左 王右勺//中国经济出版社
◎现代新闻传播学/程世寿 刘洁//华中理工大学出版社
◎现代英国大众文化（现代西方大众文化丛书）/王皖强//中国经济出版社
◎消费者广告回应学/李曲波//广州出版社
◎新编中外广告通史/刘家林//暨南大学出版社
◎新商业模型：知本家发动新一轮财富的原生创意 /姜奇平//中国友谊出版公司
◎新闻传播论坛 第 5 辑/丁柏铨//南京大学出版社
◎新闻媒介通论/袁军//北京广播学院出版社
◎新闻学艺术新探/秦光龙//四川大学出版社
◎新中国城市经济 50 年/王茂林//经济管理出版社
◎新中国传媒 50 年 1949-1999 /许中田//中国新闻年鉴社
◎新自由主义和全球秩序/（美）诺姆·乔姆斯基（Noam Chomsky）著 徐海铭 季海宏译//江苏人民出版社
◎信息开发利用的方法/杨永志等//天津人民出版社
◎信息时代的传媒/邵立肃 王宇//四川人民出版社
◎信息时代的经济学/（美）萨尔坦·科马里（Sultan Kermally）著 姚坤 何卫红译//江苏人民出版社
◎休闲娱乐艺术/李爱真//中国书籍出版社
◎亚马逊网络书店传奇/张志伟//中信出版社
◎用数字说话 数字新闻的理论与操作/李文刚//天津人民出版社
◎旅游美学新编/王柯平//旅游教育出版社
◎娱乐旅游概论/楼嘉军//福建人民出版社
◎娱乐新视野/赵冬泉//科学出版社
◎云南体育产业发展研究/饶远等//云南科学技术出版社
◎怎样玩电脑游戏 /刘朝芬//清华大学出版社
◎增加 19 倍销售的广告创意法/（美）约翰·卡普斯（John Caples）著 孟庆姝 武齐译//内蒙古人民出版社
◎战后美国传播学的理论发展：经验主义和批判学派的视域及其比较/殷晓蓉//复旦大学出版社
◎中国版权制度变迁研究/姚怡昕//甘肃人民出版社
◎中国编辑研究 1999/《中国编辑研究》编辑委员会//人民教育出版社
◎中国编辑研究 2000/阙道隆《中国编辑研究》编辑委员会//人民教育出版社
◎中国电视观念论/胡智锋//北京师范大学出版社

⊙中国广播电视年鉴 2000/国家广播电影电视总局《中国广播电视年鉴》编辑委员会//中国广播电视年鉴社
⊙中国广告年鉴 1999/中国广告年鉴编辑部//新华出版社
⊙中国旅游文化大辞典/臧维熙//上海古籍出版社
⊙中国收藏之最 第 1 辑/黄绍银//四川大学出版社
⊙中国体育年鉴 2000//中国体育年鉴社
⊙中国体育市场研究//国家体育总局政策法规司
⊙中国文化如何应对“入世”：文化产业研究文选//广东省文化厅人事教育处 广东省文化艺术干部学校 广东省文化厅人事教育处 广东省文化艺术干部学校
⊙中国文化市场/文化部文化市场司等//中国画报出版社
⊙中国文化文物统计年鉴 2000/文化部计划财务司//北京图书馆出版社
⊙中国知识经济文选/卢继传//中国经济出版社
⊙中国中央电视台年鉴 2000/赵化勇 中央电视台研究室//中国广播电视
⊙中华体育产业年鉴 2000//人民体育出版社
⊙中外旅游业经营管理案例/张俐俐//旅游教育出版社
⊙中小报业营销管理/许雄辉//复旦大学出版社
⊙重大报道对策/陆小华//新华出版社
⊙主题公园开发/李志飞//科学出版社
⊙注意力经济/石培华//经济管理出版社
⊙组织传播：洞析管理的全新视野/刘双 教军章//黑龙江人民出版社
⊙组织中的传播和权力：话语、意识形态和统治/（美）姆贝著 陈德民译//中国社会科学出版社
⊙昨夜秋风：中国文化报：2000 版/王永强//兰州大学出版社

2001 年

⊙2000-2001 年中国网络经济发展生态报告/胡延平 邹剑宇等//社会科学文献出版社
⊙2001 上海国际服装文化节/上海服饰编辑部//上海科学技术出版社
⊙20 世纪中国新闻学与传播学：传播学卷/戴光元//复旦大学出版社
⊙20 世纪中国新闻学与传播学：理论新闻学卷/童兵//复旦大学出版社
⊙20 世纪中国新闻学与传播学：新闻史学卷/徐培汀//复旦大学出版社
⊙20 世纪中国新闻学与传播学：应用新闻学卷/单波//复旦大学出版社
⊙21 世纪云南旅游业发展战略研究/罗明义//云南大学出版社
⊙21 世纪中国森林公园和森林旅游发展战略研究/中国林业学会森林公园和森林旅游分会//中国林业出版社
⊙21 世纪中国社区体育/顾渊彦 李明//北京体育大学出版社
⊙3DS MAX 4．0 广告时尚创作百例/网冠科技//机械工业出版社
⊙3DS MAX 4．0 影视广告动画制作范例精解/高志清 科大工作室//中国水利水电出版社
⊙E 触即发 网络创业致富百事通/朱钢//广东经济出版社
⊙Flash 5 网络游戏大观/王大任 朱志山//清华大学出版社
⊙Internet 广告实战策略/（美）Robbin Zeff（美）Brad Aronson 著 北京华中兴业科技发展有限公司译//人民邮电出版社
⊙Maya 广告大制作/张坚编//人民邮电出版社
⊙WTO 与中国文化/焦锦淼//河南人民出版社
⊙WTO 与中国文化产业/刘玉珠 金一伟//文化艺术出版社
⊙WTO 与中国文化产业政策/张正焉 孔岩 尹小文//中共中央党校出版社
⊙奥运大商机 2008 奥运全接触/温源//西南财经大学出版社
⊙奥运商机大策划/陈放//企业管理出版社
⊙奥运商机在中国/何长领//新世界出版社
⊙北京市旅游行业人才资源发展规划：2001-2010/北京市旅游局//中国旅游出版社
⊙边用边学影视广告制作/王京起//人民邮电出版社
⊙表演艺术管理学/赵方//中国经济出版社
⊙彩色的天平：传媒伦理新探/陈超南//湖北教育出版社
⊙产业界面上的文化之舞/花建//上海人民出版社
⊙成功广告案例评析/孔祥宇//中国商业出版社
⊙城市旅游的理论与实践/保继刚//科学出版社
⊙城市文化产业研究/张学本//辽宁人民出版社
⊙充值长城 八达岭特区四位一体发展旅游文化产业/中共北京市委宣传部//北京出版社
⊙出版编辑学通论 2001/ 闵惠泉//北京广播学院出版社
⊙穿越怪圈 致年轻的中国广告人/吴达宣// 苏人民出版社
⊙传播媒介的历史之光：广播电影电视史论/李幸 刘荃//南京师范大学出版社
⊙传播美学导论/姚鹤鸣//北京广播学院出版社
⊙传播史上的结构和变革/陈力菲//江苏文艺出版社
⊙传播探索/王文科//浙江大学出版社
⊙传播文化的革命/周毅//浙江人民出版社
⊙传播学史：一种传记式的方法/（美）罗杰斯著 殷晓蓉译//上海译文出版社
⊙传媒文化/李思屈//四川大学出版社
⊙吹却泡沫始见金：网络与商机/郑文礼//厦门大学出版社
⊙从传统文化到网络文化/金振邦//东北师范大学出版社
⊙从大众传媒到网络传播：21 世纪的网络传媒/赵志立//四川大学出版社
⊙从两难到双赢：中国传媒的市场对策/刘宏//中国发展出版社
⊙打造财富阶梯：知本点击资本/（美）贝尔·吉菲特 赵文明//中华工商联合出版社
⊙大众传播心理研究/刘晓红 卜卫//中国广播电视出版社
⊙大众文化研究/陆扬 王毅//上海三联书店
⊙当代广告学/（美）威廉·阿伦斯（William F. Arens）著 丁俊杰译//华夏出版社
⊙当代广告运作/（英）约翰·威廉姆斯赫尔斯特（John Wilmshurst）（英）阿德利安·马克（Adrian Mackay）著 周伏平译//企业管理出版社
⊙当代美国文化/朱世达//社会科学文献出版社
⊙邓小平理论的丰富和发展 文化建设论/陈光林 涂可国//山东人民出版社
⊙第一届中美有线电视高级管理研讨会文集/中国国家广播电影电视总局广播影视信息网络中心 美国传媒视野公司//气象出版社
⊙电视策划学/谭天 王甫//中国国际广播出版社
⊙电视广告/王诗文//中国广播电视出版社
⊙电视节目编排与包装/周经//中国国际广播出版社
⊙电视节目纵横谈/魏素清//北京广播学院出版社
⊙电视收视率解析 调查、分析与应用/刘燕南//北京广播学院出版社
⊙电视文化学/陈默//北京师范大学出版社

⊙电视中国：中国电视媒体竞争优势/张海潮//北京广播学院出版社
⊙都市新闻传播学/吴信训//中国社会科学出版社
⊙多维世界：传播与文化研究/吴予敏//深圳大学文学院传播系//北京大学出版社
⊙多维视角中的旅游文化与发展战略/阳国亮 黄伟林//中国旅游出版社
⊙多维视界 传播与文化研究/吴予敏//北京大学出版社
⊙发达国家新闻媒体管理制度/胡文佩//时事出版社
⊙公司广告策划和广告战略·第2卷/苗宇//云南大学出版社
⊙公司广告促销和经典案例/苗宇//云南大学出版社
⊙公司广告媒体和广告代理/苗宇//云南大学出版社
⊙沟通秘境 广告文案之道/李世丁 袁乐清//广东经济出版社
⊙古玩市场今昔考/周僩//中国文联出版公司
⊙观光农业发展的理论与实践/贺东升 刘军萍//中国农业科技出版社
⊙广东省文物博物馆事业前瞻/广东省文物博物馆学会编//广东人民出版社
⊙广告不打水漂 如何做有效广告/许顺利//上海人民出版社
⊙广告策划创意/卫军英//浙江大学出版社
⊙广告策划与创意 锁定目标与攻击方法/刘永炬 冯斐//企业管理出版社
⊙广告策划与管理/严学军 汪涛//高等教育出版社
⊙广告创意与表现学习指导/张美兰 罗兰秋//中央广播电视大学出版社
⊙广告法规案例教程/张龙德//上海大学出版社
⊙广告管理实务/赵洁//东方出版中心
⊙广告绩效评估/戴永良//中国戏剧出版社
⊙广告经营与管理/卫军英//浙江大学出版社
⊙广告媒介实务 广告媒介研究、策划与购买指南/赵劲松//世界知识出版社
⊙广告人手册/韩光军//经济管理出版社
⊙广告实务大全：企业广告策划与广告平面设计实务1/苗宇 刘丽//内蒙古科学技术出版社
⊙广告实务大全：企业广告策划与广告平面设计实务2/苗宇 刘丽//内蒙古科学技术出版社
⊙广告实务大全：企业广告策划与广告平面设计实务3/苗宇 刘丽//内蒙古科学技术出版社
⊙广告实务大全：企业广告策划与广告平面设计实务4/苗宇 刘丽//内蒙古科学技术出版社
⊙广告学2/丁俊杰//武汉大学出版社
⊙广告学概论/张金海//中央广播电视大学出版社
⊙广告学教程/倪宁//中国人民大学出版社
⊙广告学教程/翟年祥 邹平章//四川人民出版社
⊙广告学原理和实务/（美）William Wells 等著 张红霞 杨翌昀译//云南大学出版社
⊙广告也疯狂/江帆//杭州出版社
⊙广告与销售战略/（美）Gerard Tellis 著 张红霞 王晨译//云南大学出版社
⊙广告语言修辞艺术/何新祥//中南工业大学出版社
⊙广告战略与决策/纪华强//东北财经大学出版社
⊙广告中国 金长城广告策划创意精华实录/唐忠朴//工商出版社
⊙广告奏效的奥秘 199个案例、4条成功法则及多媒体实战操作技巧/（德）瓦尔特·玄纳特（Walter Schonert）著 肖健译//民主与建设出版社
⊙国际大众体育现状及发展趋势/林显鹏//国家体育总局群众体育司 国家体育总局体育信息研究所
⊙海外华文传媒研究/程曼丽//新华出版社
⊙河南文化文物年鉴2000 第7卷/夏林主编 河南省文化厅 河南省文物局编//河南省文化厅
⊙后现代主义和大众文化/（英）默克罗比著 田晓菲译//中央编译出版社
⊙互联网媒体与网络新闻业务/廖卫民 赵民//复旦大学出版社
⊙回顾展望 探索创新 新华社2000年新闻学术年会论文集/新华社新闻研究所编//新华出版社
⊙既当记者 又做学者 新闻传播学论文集/赵景云//冶金工业出版社
⊙加拿大文化/戴茸 王晓山//文化艺术出版社
⊙加入WTO对中国新闻传播业的影响及对策/初广志//陕西人民教育出版社
⊙监督媒体DIY 抗争媒体的六大实例/张锦华 黄浩荣//法兰克福国际工作室
⊙简编体育市场营销学/骆秉全//中华工商联合出版社
⊙解读受众：观点、方法与市场：全国第三届受众研究学术论文/中国社科院新闻研究所 河北大学新闻学院//河北大学出版社
⊙经济全球化与上海文化建设：2001年上海文化发展蓝皮书/尹继佐//上海社会科学院出版社
⊙举办奥运意味什么 影响社会生活与中国经济的16个方面/侯书森 邱卫东//中国商业出版社
⊙俱乐部的经营管理/徐坚白//辽宁科学技术出版社
⊙开拓者的足迹：山东报业经济论文集/孙友海//山东人民出版社
⊙康乐服务与管理/刘哲//旅游教育出版社
⊙科技发展与传播革命/吴廷俊//华中科技大学出版社
⊙跨越世纪的文化变革（中国当代文化发展研究报告）/金元浦//首都师范大学出版社
⊙老古董养护袖珍手册 陶瓷砖瓦/奚三彩 欧阳摩一//江苏美术出版社
⊙旅华游客流动模式系统研究/马耀峰//高等教育出版社
⊙旅游电子商务/马润洪 戴聚岭//中国财政经济出版社
⊙旅游管理硕士论文文库2000/杜江//旅游教育出版社
⊙旅游管理学/田里//云南大学出版社
⊙旅游经济/李亚非//中国林业出版社
⊙旅游经济分析：理论·方法2案例（旅游研究新前沿）/罗明义//云南大学出版社
⊙旅游经济基础/崔庠//高等教育出版社
⊙旅游经济学/郝索//中国财政经济出版社
⊙旅游经济学/张建春 金世胜//高等教育出版社
⊙旅游经济学/赵晓燕//经济管理出版社
⊙旅游经济学/周德明//辽宁师范大学出版社
⊙旅游经济学导论/慎丽华//中国经济出版社
⊙旅游农业/陈文林 翟虎渠//江苏科学技术出版社
⊙旅游区项目策划与管理实务/彭绍坚//海天出版社
⊙旅游市场学/陶卓民 胡静//高等教育出版社
⊙旅游市场营销学/邹益 杨丹//福建人民出版社
⊙旅游文化/张文祥//中国财政经济出版社
⊙旅游陷井110/段国强 隋文香//经济日报出版社
⊙旅游心理学/张树夫//高等教育出版社
⊙旅游学概论（第三版）/王洪滨//中国旅游出版社
⊙旅游学概论/苏勤 陆玉麟//高等教育出版社

⊙旅游经济学/（英）辛克莱（Sinclair，M. T.）（英）斯特布勒（Stabler，M.）著 宋海岩 沈淑杰译//高等教育出版社
⊙旅游经济学/张建春 金世胜//高等教育出版社
⊙旅游业政府主导型发展战略研究/匡林//中国旅游出版社
⊙旅游与文化/张文//旅游教育出版社
⊙旅游资本经营/王坚//旅游教育出版社
⊙旅游资源开发/颜亚玉//厦门大学出版社
⊙旅游资源开发与旅游规划/李肇荣 罗世伟//中国财政经济出版社
⊙旅游资源学/杨桂华//云南大学出版社
⊙论新媒体：网络媒体时代的中国有线广播电视/陈晓宁//中国广播电视出版社
⊙迈进21世纪的中国旅游业/肖靖//中国画报出版社
⊙媒介批评：起源·标准·方法/王君超//北京广播学院出版社
⊙媒介批评通论/刘建明//中国人民大学出版社
⊙媒介新动向：中国人创造财富的第四次机遇/纪宁//沈阳出版社
⊙媒介资本市场透视/曹鹏 王小伟//光明日报出版社
⊙媒体等同：人们该如何像对待真人实景一样对待电脑、电视和新媒介/（美）里夫斯 纳斯著 卢大川译//复旦大学出版社
⊙媒体经营运作实务全书/诸多锋 吴春雁//清华大学出版社
⊙媒体竞争论/杨飚 蔡尚伟//四川民族出版社
⊙媒体世界/蔡明烨//（台湾）幼狮文化事业公司
⊙媒体与广告/钟以谦//中国人民大学出版社
⊙媒体原理与塑造 mass media in a popular culture / Lawrence Grossberg Ellen Wartella D. Charles Whitney 著 杨意菁 陈芸芸//（台湾）韦伯文化事业出版社
⊙媒体再现与当代台湾民族认同形构的公共论述分析/蔡笃坚//唐山出版社
⊙美国传媒文化/端木义万//北京大学出版社
⊙美学传播学/森茂芳//云南民族出版社
⊙民俗文化与民俗旅游/吴忠军//广西民族出版社
⊙明星包装策略/文硕 郑虹//中国广播电视出版社
⊙品牌持续发展与蓝色创意：中国著名广告公司全集/李克//湖南美术出版社
⊙品牌将死吗/张冰//广东经济出版社
⊙平面广告设计案例精粹/拓方工作室//人民邮电出版社
⊙区域旅游规划原理/吴必虎//中国旅游出版社
⊙全球化背景下的广播电视：广播电视发展国际学术研讨会文集/陈卫星 胡正荣//北京广播学院出版社
⊙全球旅游新论/（美）瑟尔波德著 张广瑞译//中国旅游出版社
⊙全球媒体：全球资本主义的新传教士/（美）爱德华 赫尔曼 罗伯特·麦克切斯尼著 甄春亮译//天津人民出版社
⊙认识媒介文化：社会理论与大众传播/（英）史蒂文森著 王文斌译//商务印书馆
⊙认同的空间：全球媒介、电子世界景观和文化边界//（英）莫利 罗宾斯著 司艳译//南京大学出版社
⊙日本电视/张学智//中国电影出版社
⊙如何制作有效的广告影片/（美）霍珀·怀特（Hooper White）著 邱顺应译//企业管理出版社
⊙软权力之争：全球化视野中的文化潮流/花建//上海社会科学院出版社
⊙上海当代新闻史/马光仁//复旦大学出版社
⊙上海酒吧：空间、消费和想象/包亚明//江苏人民出版社
⊙深圳文博/王璧 杨耀林//人民出版社
⊙生态旅游理论与实践/张建萍//中国旅游出版社
⊙生态旅游学/卢云亭 王建军//旅游教育出版社
⊙生态文化论/余谋昌//河北教育出版社
⊙石器时代 野人攻略本 网络游戏/黄昌星//贵州人民出版社
⊙石器时代2.0权威宝典/麦建荣//内蒙古教育出版社
⊙时空隧道：网络时代话传播（网络传播辅助教材丛书/邵培仁）/叶琼丰//复旦大学出版社
⊙世纪汇流中的沉思：当代中国电视热点问题纵横谈/李晓枫 徐宏//重庆出版社
⊙世界传播与文化霸权：思想与战略的历史/（法）马特拉著 陈卫星译//中央编译出版社
⊙世界电视前沿1/汪文斌 胡正荣//华艺出版社
⊙世界电视前沿2/汪文斌 胡正荣//华艺出版社
⊙世界电视前沿3/汪文斌 胡正荣//华艺出版社
⊙世界旅游文化大典/史晓东//中国财政经济出版社
⊙市场精灵 网络传播与广告/卢小雁//复旦大学出版社
⊙收藏与投资·辨伪/赵力成//黑龙江人民出版社
⊙数字家园：网络传播与文化/江潜（网络传播辅助教材丛书/邵培仁）//复旦大学出版社
⊙数字麦克卢汉/（美）莱文森著 何道宽译//社会科学出版社
⊙数字资本主义/（美）丹·希勒（Dan Schiller）著 杨立平译//江西人民出版社
⊙双重视域：当代电子文化分析/南帆//江苏人民出版社
⊙谁在说话：中国文化报2001年版/樊得生 王晓方//兰州大学出版社
⊙体育产业经济学/吴超林 杨晓生//高等教育出版社
⊙体育产业经营的理论与实践/唐成 张超慧//四川大学出版社
⊙体育产业现状 趋势与对策/国家体育总局政策法规司//人民体育出版社
⊙体育产业学导论/李明//北京体育大学出版社
⊙体育市场营销学/刘勇//高等教育出版社
⊙图书发行教程/罗紫初//辽海出版社
⊙网吧飞宇：中关村另类新接触/甘易//北京大学出版社
⊙网络传播：原理与实践/王中一//中国科学技术大学出版社
⊙网络传播概论/彭兰//中国人民大学出版社
⊙网络传播概论/张海鹰 滕谦//复旦大学出版社
⊙网络传播学/田胜立//科学出版社
⊙网络传播学概论/匡文波//高等教育出版社
⊙网络传播与社会发展/陈卫星//北京广播学院出版社
⊙网络传播与新闻媒体/邓炘炘 李兴国//北京广播学院出版社
⊙网络传播与知识经济/周鸿铎//北京广播学院出版社
⊙网络创业成功学 网络英才与网络成功案例全解析/清华天则工作室//石油工业出版社
⊙网络广告/冯广超//中国友谊出版公司
⊙网络广告经营技巧/马文良//中国国际广播出版社
⊙网络广告设计/（美）托姆·福布斯（Thom Forbes）著 江玉清译//中国轻工业出版社
⊙网络广告设计/金琳//上海人民美术出版社
⊙网络经济/周鸿铎//北京广播学院出版社
⊙网络经济与企业经营/杨志//企业管理出版社
⊙网络媒体的策划与编辑/何苏六//北京广播学院出版社
⊙网络媒体概论/匡文波//清华大学出版社
⊙网络社会的崛起/（美）卡斯特著 夏铸几译//社会科学文献出版社
⊙网络生活新时尚/冷清桂//经济管理出版社

◎网络新闻传播概论/雷跃捷 辛欣//北京广播学院出版社
◎网络新闻实务/金梦玉//北京广播学院出版社
◎网络新闻学/杜骏飞//中国广播电视出版社
◎网络信息资源开发与利用/董慧//武汉大学出版社
◎网络休闲娱乐集锦/张津 任广君//海洋出版社
◎网络游戏从入门到精通/清华天则工作室编//内蒙古人民出版社
◎网络游戏之菜鸟手册/劲松//海洋出版社
◎网上冲浪/陈浩//上海科学技术出版社
◎网上冲浪高手/张丹//北京海洋出版社
◎网上中国/付军//五洲传播出版社
◎网页广告创意与制作/毛小龙//江西美术出版社
◎网战 中国新闻界悄悄孕育的革命/唐小兵 陈新华//广东人民出版社
◎维护市场秩序法律、行政法规、文件汇编 加强文化市场的整顿管理/国务院法制办公室 //中国法制出版社
◎文化产业的创新与发展 文化产业研究资料选编 /广东省文化厅人事教育处 广东省文化艺术干部学校
◎文化产业的发展和管理/上海市哲学社会科学规划办公室//学林出版社
◎文化产业论/柯可 顾作义//广东经济出版社
◎文化的视点/云德//云南人民出版社
◎文化方略/王炳林//江西人民出版社
◎文化力启动经济力 21 世纪企业战略新思维/贾春峰//中国经济出版社
◎文化生产：媒体与都市艺术/（美）戴安娜·克兰（Diana Crane）著 赵国新译//译林出版社
◎文化市场行政管理概论/冯守仁//北京工业大学出版社
◎文化市场学/孙春波//甘肃文化出版社
◎文化行为与社会责任/龚维忠//湖南人民出版社
◎文化战略：一项成为世界一流或第一的竞争战略/曹世潮//上海音乐出版社
◎文物保存环境概论/郭宏//科学出版社
◎无网不胜 21 世纪网络经济与电子政务 中 /李志敏//中国言实出版社
◎现代房地产广告策略全案 1001 个最新楼盘创意精粹/决策资源房地产研究中心主编 喻颖正//暨南大学出版社
◎现代广告学/何修猛//复旦大学出版社
◎现代科技期刊编辑学/胡传焯//湖南科学技术出版社
◎现代旅游产业经济学/唐留雄//广东旅游出版社
◎现代媒介经营论/郝朴宁 覃信刚//云南民族出版社
◎现代性与文化产业/单世联//广东人民出版社
◎现代休闲娱乐全书/现代休闲娱乐全书编辑部//上海科学技术文献出版社
◎现代中国报刊发行探索/全国报纸自办发行协会//天津人民出版社
◎笑傲江湖-在线游戏大放送/摆渡人工作室//机械工业出版社
◎新传播科技 Q&A 含电子传播概论/风云媒体工作室编著//风云论坛出版社
◎新媒介与网络广告/陶丹 张浩达//科学出版社
◎新时期体育改革发展之研究/国家体育总局干部培训中心编//北京体育大学出版社
◎新世纪大旅游：河北旅游业发展与探索/王幼辉//河北人民出版社
◎新世纪中国区域旅游发展大思路/孙钢//中国旅游出版社
◎新闻传播的策划与组织（新闻传播学博士文库）/蔡雯//新华出版社
◎新闻传播研究 1/欧阳宏生 四川大学新闻传播研究所编//四川大学出版社
◎新闻心理学/虞达文//新华出版社
◎新闻学概论/李良荣//复旦大学出版社
◎新闻学基础/沈爱国//浙江大学出版社
◎新闻与政治要略/康荫//北京广播学院出版社
◎信息网络经济与电子商务/刘列励//北京邮电大学出版社
◎休闲世界 网上娱乐/商景桂//中山大学出版社
◎叶茂中谈广告/叶茂中//中华工商联合出版社
◎英国文化管理/范中汇//文化艺术出版社
◎营销·传播·广告新论 华文广告世纪论坛论文集/黄升民 丁俊杰//北京广播学院出版社
◎影视广告设计/曾迪来//中南大学出版社
◎游戏网址全接触 GAME 速查手册/昌盛编//珠海出版社
◎娱乐经济/（美）沃尔夫著 黄光伟 邓华译//光明日报出版社
◎舆论传播/刘建明//清华大学出版社
◎云南省旅游发展总体规划/世界旅游组织 云南省旅游局//云南人民出版社
◎怎样写好广告文稿/殷涵 陈莞//中国档案出版社
◎展览会策划与设计/（英）沃伍德 蒙哥马利著 杨苏译//中国商业出版社
◎中国出版年鉴 2000 /中国出版年鉴社编辑//中国出版年鉴社
◎中国出版年鉴 2001 /中国出版年鉴社编辑//中国出版年鉴社
◎中国出版史料 第 1 卷 现代部分 上册 / 陈江//山东教育出版社
◎中国出版史料 第 1 卷 现代部分下册/宋原放//山东教育出版社
◎中国出版史料 第 2 卷 现代部分 1937. 7-1949. 9/宋原放 吴道弘//山东教育出版社
◎中国出版史料 第 3 卷 现代部分 上 /方厚枢//山东教育出版社
◎中国出版史料 第 3 卷 现代部分 下 /方厚枢//山东教育出版社
◎中国传媒的市场对策/刘宏//北京广播学院出版社
◎中国传媒概览/汤李樑//人民日报出版社
◎中国的大国地位与国际传播战略/吴征//长征出版社
◎中国广电媒介集团化研究/黄升民 丁俊杰//中国物价出版社
◎中国广告媒体 互联网、广告公司及其他媒体卷 2001/韩海涛//中国建材工业出版社
◎中国广告年鉴 2001/王晋杰总编辑 中国广告年鉴编辑部编//新华出版社
◎中国近代广告文化/赵琛//吉林科学技术出版社
◎中国旅游市场需求与开发/钟海生 郭英之//广东旅游出版社
◎中国旅游业发展“十五”计划和 2015 年、2020 年远景目标纲要·地方篇/国家旅游局规划发展与财务司//中国旅游出版社
◎中国旅游业发展“十五”计划和 2015 年、2020 年远景目标纲要·专题篇/国家旅游局规划发展与财务司//中国旅游出版社
◎中国旅游业发展“十五”计划和 2015 年、2020 年远景目标纲要·总体篇/国家旅游局规划发展与财务司//中国旅游出版社
◎中国旅游资本市场/戴国庆//云南大学出版社
◎中国商务旅游/高爱民//中国对外翻译公司
◎中国世界遗产的可持续旅游发展研究/陶伟//中国旅游出版社
◎中国特色的城市社区建设：上 理论探索/梁万富//辽宁大学出版社
◎中国特色的城市社区建设：下 成功实践/梁万富//辽宁大学出版社
◎中国体育产业导论/赵立 杨铁黎//北京体育大学出版社

⊙中国土特名产年鉴 2000-2001/中国土特名产年鉴编委会编//华龄出版社
⊙中国网络媒体：汉英对照/中国网络媒体编委会//新世界出版社
⊙中国文化旅游：理论·战略·实践/张国洪//南开大学出版社
⊙中国文化文物统计年鉴 2001/文化部计划财务司//北京图书馆出版社
⊙中国西部旅游发展战略研究/刘锋//中国旅游出版社
⊙中国现代城市生态经济研究/时建人//大连海事大学出版社
⊙中华收藏文化大观/蓝翔//百花文艺出版社
⊙中外广告史-站在当代视角的全面回顾 第2版/陈培爱//中国物价出版社
⊙终极攻略宝典 Stone Age 网络游戏 石器时代2.0版家族开拓史/谢洪//南方日报出版社
⊙众人狂欢：网络传播与娱乐（网络传播辅助教材/邵培仁）/陈晓云//复旦大学出版社
⊙卓越广告/（澳）（吉姆·艾奇逊）（Jim Aitchison）著 臧恒佳译//云南大学出版社
⊙做个广告鬼才：墨林广告公司总裁25年经营广告公司的宝贵经验/（美）詹姆士·墨林（James X. Mullen）著 福布斯文化发展有限公司译//兵器工业出版社

中国文化产业年度研究资料索引

文化产业年度博士、硕士学位论文索引

博士学位论文

◎儒家伦理经济思想研究/张鸿翼//北京大学 1988
◎旅游的空间组织研究/楚义芳//南开大学 1989
◎东南亚早期建筑文化特征初探——我国西南地区与东南亚地区建筑文化形态若干问题的比较研究/杨昌鸣//东南大学 1990
◎文化的适应和变迁——羌羌村社区调查研究/徐平//北京大学 1990
◎西域建筑文化若干问题的比较研究/常青//东南大学 1990
◎大连石槽渔村景区设计・兼论滨海渡假村旅游环境的开发/张继良//清华大学 1991
◎竞技体育、战术创新理论的研究/陈小蓉//北京体育大学 1991
◎论社会主义社会人民群众的精神文化需要/张民耕//中共中央党校 1991
◎日本建筑文化浅析——吸收与创新/马国馨//清华大学 1991
◎西安书院门传统文化旅游步行街的改建/马晓东//清华大学 1991
◎空间・符号・城市：一种城市设计理论/朱文一//清华大学 1992
◎论体育馆的功能结构与设计模式/王奎仁//哈尔滨建筑工程学院 1993
◎北京旅馆业的空间组织/刘伟强//北京大学 1994
◎市场经济下的中国文学艺术/祁述裕//北京大学 1994
◎60～90 年代日本建筑中的民族性与时代性研究/武云霞//东南大学 1995
◎创造与评价的人文尺度——中国当代建筑文化分析与批判/徐千里//东南大学 1995
◎海南旅游资源开发与投资走向/王新军//北京大学 1995
◎设计中形象类比生成的研究/徐冬溶//浙江大学 1995
◎社会转型与教育变革/张斌贤//北京师范大学 1995
◎中国古代楼阁建筑研究/韦克威//华南理工大学 1995
◎中西建筑文化的交汇与建筑形态的构成——中国教会大学建筑研究/董黎//东南大学 1995
◎不同自然观下建筑场所艺术——中西传统建筑文化比较/王蔚//天津大学 1996
◎景观水资源及水景观创意设计研究/岳亮//西安地质学院 1996
◎历史文化名城保护与发展——也门共和国历史文化名城扎比德保护与发展研究/纳吉卜//东南大学 1996
◎台湾传统建筑的基型与衍化现象（1661～1949）/阎亚宁//东南大学 1996
◎战后西方戏剧和剧场建筑/傅英杰//清华大学 1996
◎1718 世纪传教士与西画东渐研究/莫小也//杭州大学 1997
◎不完全信息下的拍卖理论和应用研究/黄怀志//上海交通大学 1997
◎高清晰度电视的非广播应用研究/孙海生//中国科学院电子学研究所 1997
◎互联网络性能分析及其应用/孙毓忠//中国科学院研究生院 1997
◎台湾商品之根源及其发展"天人合一"中国文化更根本的共同性/郭明//云南大学 1997
◎中国建筑传统的延续发展——近百年来具有中国特色的建筑研究/程晓青//清华大学 1997
◎中国市场经济文化论/张悦//辽宁大学 1997
◎最优广告投入策略的研究/陆晓鸣//西安交通大学 1997
◎城市交互式有线电视系统的研究/陈国玺//浙江大学 1998
◎关于社会主义文化艺术生产的若干问题/李源潮//中共中央党校 1998
◎国外图书馆全面质量管理研究/罗曼//中国科学院文献情报中心 1998
◎喀麦隆竞技体育系统的现状及对策研究/大卫汉纳克托尼//北京体育大学 1998
◎论竞技体育前沿技术/梁慈民//北京体育大学 1998
◎论体育生活方式/苗大培//北京体育大学 1998
◎区域旅游规划与产品开发研究/范业正//中国科学院地理研究所 1998
◎区域旅游形象系统研究——TDIS 理论、方法、应用/李蕾蕾//北京大学 1998
◎趋鹜与超越——当下生存境遇中文艺消费的实现/倪鹤琴//暨南大学 1998
◎信息资源管理的概念、演变与领域研究/谢阳群//中国科学院文献情报中心 1998
◎中国旅游产业化若干问题研究/刘国忱//东北财经大学 1998
◎中国旅游产业决策体系前沿领域研究旅游产业地理学分析/窦群//中国科学院地理研究所 1998
◎中国生态旅游发展基础研究/唐顺铁//中国科学院地理研究所 1998
◎中国生态农业产业化发展问题研究/李树//西南农业大学 1998
◎北京《晨报》研究/钱晓文//复旦大学 1999
◎北宋翰林图画院及其院画研究/蔡罕//浙江大学 1999
◎电视媒体的现状及其在体育产业化进程中作用的初步研究/岑传理//北京体育大学 1999
◎国际热带滨海旅游城市发展道路探析——三亚建成国际热带滨海旅游城市的战略思考/王富玉//华中理工大学 1999
◎经济发达地区旅游农业研究/高贤伟//南京农业大学 1999
◎竞技体育的价值研究引论/颜天民//北京体育大学 1999
◎竞技体育指导及其规律的辩证思维/高峰//北京体育大学 1999
◎可持续旅游机理与模式研究/牛亚菲//中国科学院地理研究所 1999
◎旅游度假区规划设计研究/刘家明//北京大学 1999
◎论大众传播媒介对政治的影响/刘结蓉//华中师范大学 1999
◎论现代体育科学研究的方法学特征/黄汉升//北京体育大学 1999
◎马礼逊与中西文化交流/谭树林//浙江大学 1999
◎面向 21 世纪的国家发展战略比较研究/熊云//中共中央党校 1999
◎区域旅游的空间结构研究/杨新军//北京大学 1999
◎区域旅游开发中的环境分析方法与案例研究/崔凤军//北京大学 1999
◎我国大城市妇女体育行为的研究/马鸿韬//北京体育大学 1999
◎我国体育用品流通网络发展模式研究/詹建国//北京体育大学 1999
◎西方后现代主义文化逻辑中的音乐现象考察/宋瑾//中央音乐学院 1999
◎现代旅游者行为研究与市场营销策略/郭英之//中国科学院地

理研究所 1999
⊙信息主管与战略信息管理/霍国庆//中国科学院文献情报中心 1999
⊙制约名人广告效果的因素探讨/王怀明//中国科学院心理研究所 1999
⊙中国古代旅馆流变/郑向敏//厦门大学 1999
⊙中国体育人口的理论探索与实证研究/仇军//北京体育大学 1999
⊙中国戏曲与琉球组舞中、琉戏曲比较研究/刘富琳//福建师范大学 1999
⊙专门图书馆事业组织管理的理论与实践研究/彭俊玲//中国科学院文献情报中心 1999
⊙版权侵权认定与法律救济/孟祥娟//中国社会科学院研究生院 2000
⊙勃发与超越——新时期戏曲创作论/何玉人//中国艺术研究院 2000
⊙博彩业与政府选择/张占斌//中共中央党校 2000
⊙从旅游到旅游业—1861～1927 年武汉旅游近代化之研究/王国华//华中师范大学 2000
⊙当代中国大众文化简论/金民卿//中共中央党校 2000
⊙电子商务与流通革命/向欣//中国社会科学院研究生院 2000
⊙二十世纪戏曲文物的发现与曲学研究/车文明//华东师范大学 2000
⊙近期香港报纸港式中文研究/梁莉莉//暨南大学 2000
⊙京西山区森林景观评价和景游憩林营建研究——兼论太行山区的森林游憩业建设/陈金峰//北京林业大学 2000
⊙经济体制转轨时期中国竞技体育运行的研究/李艳翎//北京体育大学 2000
⊙科技与城市/邓庆尧//天津大学 2000
⊙篮球运动基本规律及发展特征的研究/谭朕斌//北京体育大学 2000
⊙旅游开发利用对张家界国家森林公园自然生态环境的影响及对策研究/石强//北京林业大学 2000
⊙旅游历史城市泉州遗产开发与文化旅游/倪岳瀚//清华大学 2000
⊙论蒙古佛教音乐文化的多元性/包达尔汗（包爱军）//中央音乐学院 2000
⊙论世界性通讯社的发展道路/周岩//复旦大学 2000
⊙论市场语境下的艺术生产/陈定家//中国社会科学院研究生院 2000
⊙陌生化理论及中国艺术的陌生化倾向研究/邹元江//武汉大学 2000
⊙鄱阳湖区开发研究/余欣荣//南京农业大学 2000
⊙生态城市研究/董宪军//中国社会科学院研究生院 2000
⊙生态旅游区规划与管理的景观生态学途径/钟林生//中国科学院沈阳应用生态研究所 2000
⊙数字电视相关技术的研究及新型投影机的研制/陈泽祥//电子科技大学 2000
⊙数字图书馆理论与发展模式研究/孙坦//中国科学院文献情报中心 2000
⊙宋代"诗画一律"论/王韶华//华东师范大学 2000
⊙唐诗与民俗关系研究/赵睿才//山东大学 2001
⊙图书馆 Web 站点服务理论与实践研究/张福学//中国科学院文献情报中心 2000
⊙晚清小说与晚清报刊发展关系研究/方晓红//南京师范大学 2000
⊙网络经济的创新研究/吕本富//中国社会科学院研究生院 2000
⊙网络营销：国际营销发展的新趋势/秦俭//中国社会科学院研究生院 2000
⊙我国体育产业投资基金发展模式研究/卢晓梅//北京体育大学 2000
⊙现代小说艺术的命运与大众文化和多种传播手段的挑战/赵抗卫//华东师范大学 2000
⊙演进与运动：中国美术的现代化/郑工//中国艺术研究院 2000
⊙中国产业结构升级与信息化推动/杨学钰//中国社会科学院研究生院 2000
⊙中国共产党的文艺方针政策论纲/李勇//华中师范大学 2000
⊙中国近代四大小说杂志研究/郭浩帆//山东大学 2000
⊙中国旅游业信息化发展研究/范业正//华东师范大学 2000
⊙中国美术鉴藏史纲/梁江//中国艺术研究院 2000
⊙中国"世界遗产"价值分析可持续旅游发展策略/陶伟//中国科学院地理科学与资源研究所 2000
⊙中国西部旅游资源开发与发展战略研究/刘锋//中国科学院地理科学与资源研究所 2000
⊙中国戏剧之发生——以宗教为视角/王廷信//中国艺术研究院 2000
⊙中西雕塑的文化内涵/胥建国//清华大学 2001
⊙走向世界的纳西文化——20 世纪纳西文化研究述评/甘雪春//云南大学 2000
⊙《四库全书总目》研究/司马朝军//武汉大学 2001
⊙《西厢记》传播研究/赵春宁//华东师范大学 2001
⊙阿恩海姆美学思想研究/史风华//山东大学 2001
⊙北京城市老年休闲行为特征及其时空分异规律研究/孙樱//中国科学院地理科学与资源研究所 2001
⊙从教育现代化到教育全球化/邬志辉//华东师范大学 2001
⊙大众传播媒介资源配置刍议/段永刚//中国社会科学院研究生院 2001
⊙大众文化：大众的文化？——法兰克福学派大众文化批判理论研究/尤战生//山东大学 2001
⊙电子商务的经济学分析/杜梅//西南财经大学 2001
⊙电子文献研究/石宝军//中国科学院文献情报中心 2001
⊙杜威实用主义美学思想研究/赵秀福//山东大学 2001
⊙对中国竞技田径运动可持续发展的研究/李春雷//北京体育大学 2001
⊙风险环境下的拍卖决策模型及其应用研究/马俊//北京航空航天大学 2001
⊙港澳与珠江三角洲文化空间关系和文化传播研究/李燕//中山大学 2001
⊙高等教育产业的特殊性研究/史秋衡//厦门大学 2001
⊙关于职业篮球市场的基本理论和我国职业篮球市场的现状及对策研究/杨铁黎//北京体育大学 2001
⊙关于中国职业篮球法规体系构建的研究/方明//北京体育大学 2001
⊙互联网信息资源整合研究/俞方桦//东华大学 2001
⊙可持续发展与绿色营销研究/陈启杰//厦门大学 2001
⊙旅游用地可持续开发利用研究/李力//南京农业大学 2001
⊙论福柯的"生存美学"思想/李晓林//山东大学 2001
⊙面向日本客源市场的中国国际旅游发展战略研究/德村志成//北京大学 2001
⊙民族与发展：新的现代化追赶战略/温军//清华大学 2001

- 葡萄牙竞技体操发展现状与对策研究/保拉·克莉斯蒂娜 凤塞卡·菲蕾娜//北京体育大学 2001
- 清代江南藏书家刻书研究/王桂平//武汉大学 2001
- 全球化视野下的民族文化/王来金//中国人民大学 2001
- 日本信息产业研究/朱庆华//南京大学 2001
- 生态经济区中的城镇布局研究/赵宝权//西南农业大学 2001
- 生态旅游景区开发的景观生态学研究—以滇西北香格里拉生态旅游示范景区为例/杨桂华//云南大学 2001
- 网络电子期刊研究/雷燕//武汉大学 2001
- 网络环境下的著作权法与图书馆：理论与实践研究/肖燕//中国科学院文献情报中心 2001
- 网络环境下我国图书馆的馆藏发展与维护研究/罗良道//武汉大学 2001
- 网络经济时代的投资选择与管理/赖观荣//厦门大学 2001
- 网络经济下的市场竞争策略与政府政策研究/张铭洪//厦门大学 2001
- 网络问题的社会学分析/王晓春//东北大学 2001
- 网络协同商务链的理论与方法研究/熊励//浙江大学 2001
- 网络信息传播中的法律问题研究/罗莉//中国政法大学 2001
- “文革”时期的样板戏研究/卞敬淑//华东师范大学 2001
- 文化发展转型与国家的作用——中国文化产业中的政府角色研究/黄斌//暨南大学 2001
- 文化生态演化与百年中国报告文学流变/丁晓原//苏州大学 2001
- 文艺意识形态论——文艺本性的马克思主义阐释/谭好哲//山东大学 2001
- 我国 21 世纪游泳馆建筑设计研究与展望/郭红雨//重庆大学 2001
- 我国足球运动可持续发展战略研究/朱琪林//北京体育大学 2001
- 现代化进程中文化——经济协调发展及其管理创新/杨承志//南京农业大学 2001
- 香港学制演变：文化角度的分析/邓城锋//华东师范大学 2001
- 新时期先锋文艺的审丑特征及价值取向/王洪岳//山东大学 2001
- 信息技术（IT）产业竞争战略/余菁//中国社会科学院研究生院 2001
- 彝族禁忌文化研究/白兴发//四川大学 2001
- 艺术功能论/董岭//暨南大学 2001
- 影像中的 20 世纪中国——中国纪录片的发展与社会变迁/唐晨光//南开大学 2001
- 娱乐体育设施的设计思维与对策/马英//哈尔滨工业大学 2001
- 云南楚雄彝族民俗旅游文化研究/薛群慧//云南大学 2001
- 战国、秦汉漆器艺术研究——兼论现代漆艺/胡玉康//清华大学 2001
- 战略环境评价与海岸带资源的可持续性开发研究——以厦门岛东海岸区生态旅游开发为例/刘岩//厦门大学 2001
- 政治·影像·诗意——1949—1966 年的中国电影/石川//中国艺术研究院 2001
- 中国出版企业集团发展研究/朱静雯//武汉大学 2001
- 中国传统旅游目的地创新与发展/崔凤军//中国科学院研究生院 2001
- 中国共产党的文艺方针政策论纲/李勇//华中师范大学 2001
- 中国竞技体育区域发展的理论与实证研究/李卫//北京体育大学 2001
- 中国竞技体育无形资产发展战略研究/刘夫力//北京体育大学 2001
- 中国篮球职业化可持续发展战略研究/陈钧//北京体育大学 2001
- 中国旅游人口研究/胡平//华东师范大学 2001
- 中国实施可持续发展战略的产业选择/王旭东//暨南大学 2001
- 中国田径服务市场营销管理研究/梁林//北京体育大学 2001
- 中国五、六十年代的戏曲改革/张炼红//华东师范大学 2001

硕士学位论文

- 对我国近现代学校体育思想发展演变的初步研究/潘志琛//北京体育大学 1988
- 风景名胜区内中小型旅游旅馆设计——三清山梯云山庄设计实践和理论探讨/张伟一//清华大学 1988
- 建筑设计中的历史主义——兼析新沙岛“农家乐”旅游区“小瀛洲”建筑设计方案/余茂琳//天津大学 1988
- 庐山旅游区旅游业发展的环境容量及对策研究/侯雪松//北京大学 1988
- 旅游饭店发展中管理问题研究/邹惠萍//西安交通大学 1988
- 论科技期刊三百年（1665 ~ 1965）的历史发展/朱北鸿//北京大学 1988
- 试析中国近代体育史上的“土洋体育之争”/谢凌宇//北京体育大学 1988
- 文化馆建筑设计/朱一敏//西安冶金建筑学院 1988
- 中小城市体育中心规划设计/王之光//哈尔滨建筑工程学院 1988
- 阿尔山地区火山旅游资源的特色及其地域旅游系统开发战略研究/王平//东北师范大学 1989
- 北方地区体育馆建筑特点研究/蔡军//哈尔滨建筑工程学院 1989
- 博物馆建筑意象设计研究/李劲松//哈尔滨建筑工程学院 1989
- 传统文化与现代旅游——以大连旅游为例/严一苹//北京大学 1989
- 大连市旅游事业的发展研究/关秀玲//辽宁师范大学 1989
- 导演中的导演——大卫利恩影片的意识形态分析和形式分析/游飞//北京电影学院 1989
- 东北旅游网络研究/金华//东北师范大学 1989
- 对我国八大城市基层群众体育俱乐部的现状及必要性和可行性的研究/苏连勇//北京体育大学 1989
- 高等学校体育馆设计研究/周文强//清华大学 1989
- 关于湖南省竞技体育项目设置及其层次结构的研究/刘华强//杭州大学 1989
- 关于体育场馆经营管理经济目标测算方法的研究/白福和//广州体育学院 1989
- 淮阴市旅游资源评价及旅游区开发模式的初步研究/邵学文//南京大学 1989

◎论体育原则/李寿荣//华南师范大学 1989
◎南阳地区旅游资源评价与开发利用研究/张二勋//河南大学 1989
◎区域旅游开发的理论和实践——以皖南为例/吴承照//北京大学 1989
◎省内报刊发行网的优化设计方法/朱敏//北京邮电学院 1989
◎苏州市旅游业发展对策研究/陶卓民//南京师范大学 1989
◎体育中心设计探讨/刘国彬//天津大学 1989
◎我国与美国、苏联、澳大利亚、西班牙等世界篮球强国篮球竞赛制度的比较研究/孙立平//北京体育大学 1989
◎五台山旅游经济综合研究/孙多勇//国防科学技术大学 1989
◎西安地区旅游经济发展战略研究/王国建//西安冶金建筑学院 1989
◎在传统和现代化面前的艰难抉择/金贵荣//北京电影学院 1989
◎身心关系与体育的本质/郑俊武//华南师范大学 1989
◎八十年代新建图书馆评述/吴越//东南大学 1990
◎大型展览建筑设计研究/陈松//清华大学 1990
◎当代博物馆建筑创作探讨/刘胜阳//同济大学 1990
◎东北区旅游资源及其国际客源市场开发/赵富强//东北师范大学 1990
◎高水平田径大赛的"克拉克现象"及其成因/李益群//北京体育大学 1990
◎关中旅游资源的地理区划与综合评价/刘万青//陕西师范大学 1990
◎湖南旅游系统分析研究/潘红//湖南师范大学 1990
◎吉林省旅游地域系统研究/郭伟//东北师范大学 1990
◎吉林省旅游资源开发战略与重点旅游区的规划研究/杨晶波//东北师范大学 1990
◎辽宁旅游系统的空间格局研究/殷红梅//东北师范大学 1990
◎旅游环境规划建筑/姜立婷//大连理工大学 1990
◎论图书情报事业中的公共关系/相丽玲//中国科学技术信息研究所 1990
◎我国企业办高水平运动队问题的研究/余学锋//北京体育大学 1990
◎中国旅游食品地理初探/马当英//西北大学 1990
◎中老年健身器械研究/张国栋//北京农业工程大学 1990
◎70 年代以来新加坡文化建设活动评析/鲁虎//北京大学 1991
◎宾馆设计与旅游心理/李春生//西北建筑工程学院 1991
◎电视节目中插播广告的识记效果和保持效果研究/李福成//杭州大学 1991
◎风景旅游区人文景观研究——理论、方法、实例/刘鸣鸣//北京大学 1991
◎激励机制及其在图书馆管理中应用/雷小云//南京大学 1991
◎胶东区域旅游开发研究/田红//东北师范大学 1991
◎论鲁迅的编辑出版思想/钱阿三//南京大学 1991
◎论新闻传播中的从众心理/夏福军//广西大学 1991
◎明代医书出版的研究/向群//广州中医学院 1991
◎形式与活力——体育馆比赛厅空间设计探讨/郝燕岚//哈尔滨建筑工程学院 1991
◎"京味"电影的发展历程/张树红//中国电影艺术研究中心 1992
◎博物馆建筑设计诸题新探/马平//天津大学 1992
◎城市孤狼/皇甫一川//中国电影艺术研究中心 1992
◎电影的时间及其超越/徐萌//中国电影艺术研究中心 1992
◎东北民族文化旅游资源开发研究/袁晓红//东北师范大学 1992
◎风格化的伯格曼/韩君倩//中国电影艺术研究中心 1992
◎好莱坞情节剧的两次飞跃/王群//中国电影艺术研究中心 1992
◎呼和浩特旅游区地域结构与开发模式研究/蔚治国//陕西师范大学 1992
◎辽宁省旅游产品及其客源市场的区域开发研究/吴加革//东北师范大学 1992
◎旅游资源结构分析/王学君//北京大学 1992
◎论安德烈·塔尔科夫斯基的哲理化诗意探索/邵奇//中国电影艺术研究中心 1992
◎论陈凯歌的电影创作/黄琳//中国电影艺术研究中心//1992
◎论科幻电影的剧作模式/沈东//中国电影艺术研究中心 1992
◎论年鉴的检索与利用/范青//南京大学 1992
◎论现代图书宣传工作/陆瑞萍//南京大学 1992
◎美国图书馆学教育的历史与现状/陈剑光//南开大学 1992
◎区域旅游客源市场研究——理论、方法与实践/王新军//北京大学 1992
◎区域旅游资源结构及综合平衡研究——以黄山市为例/陈燕//陕西师范大学 1992
◎三门峡市旅游业规划的初步研究/符全胜//西北大学 1992
◎《申报》七十七年编辑出版/刘光祖//南京大学 1992
◎试论澳门文化、旅游与经济发展问题/何广才//华南师范大学 1992
◎试析体育社会科学的研究热点/吴玉芳//北京体育大学 1992
◎西安地区旅游资源地域开发研究/孙葵//陕西师范大学 1992
◎西方图书馆事业在华影响与中国图书馆事业近代化/刘小军//南开大学 1992
◎现实主义之路/周涌//中国电影艺术研究中心 1992
◎以人为中心的图书馆管理——图书馆行为科学研究/严峻//中山大学 1992
◎影响我省大中型企业职工体育发展若干因素的分析研究/姚仲三//杭州大学 1992
◎浙江省旅游开发研究/孔凡志//南京大学 1992
◎振兴西安地区旅游业战略的研究/孙仪政//西安交通大学 1992
◎中国近代期刊编辑思想研究/汪晓园//南京大学 1992
◎中国近代私营出版印刷业/常军//南开大学 1992
◎北洋军阀统治时期的图书事业研究/余文波//南开大学 1993
◎博物馆与观众/曲敬铭//清华大学 1993
◎城市旅游开发与规划研究——以旅游业不发达的城市为例/李蕾蕾//北京大学 1993
◎风景建筑——风景区现代旅游旅馆设计/颜文胜//同济大学 1993
◎关于我国农业检索出版物历史与现状的研究/陈少华//南京大学 1993
◎黑龙江省区域旅游开发研究/徐淑梅//东北师范大学 1993
◎连云港市区域旅游发展战略及开发研究/晏辉//南京师范大学 1993
◎旅游地市场分析与旅游规划/谭维宁//北京大学 1993
◎旅游地文化潜移之初探/周歆红//杭州大学 1993
◎旅游饭店服务质量管理的系统分析/庄茂军//上海机械学院 1993
◎旅游景观开发初探/李丽//西安冶金建筑学院 1993
◎论建国后我国文化建设中的两次反复——从社会主义文化模式角度作的思考/周少青//西安交通大学 1993
◎毛泽东新闻思想的社会学研究/熊伟//华中理工大学 1993
◎明清戏曲"境界说"论略/田根胜//江西师范大学 1993
◎热带海滨旅游度假区的开发研究/薛锋//同济大学 1993

⊙沙滩绿带气候——热带滨海旅游与游憩空间初探/古利军//重庆建筑工程学院 1993
⊙图书出版的微观经济分析/吴亮//南京大学 1993
⊙我国城市电影院的发展趋势及现代化改造/许信群//华南理工大学 1993
⊙武陵源风景区旅游开发研究/唐云松//南京大学 1993
⊙西安旅游资源开发及其综合因素分析/刘卫华//西安交通大学 1993
⊙新闻道德论/陈惠娟//华中理工大学 1993
⊙信息资源管理与图书馆事业/汤津红//南开大学 1993
⊙浙江金华北山喀斯特地貌与洞穴堆积研究及其旅游资源的开发利用/汤虎良//杭州大学 1993
⊙"书香社会"与台湾图书出版业/周勤//南京大学 1994
⊙长春市旅游市场研究/庞少涛//东北师范大学 1994
⊙地域性旅游环境与开发——兼论云南旅游开发特点/孙茹雁//东南大学 1994
⊙电视广告的效果评价研究/金端//杭州大学 1994
⊙东北大学出版社经营发展对策研究/战志民//东北工学院 1994
⊙对我国部分省市不同类别人口体育价值取向及体育态度、体育行为的研究/李树怡//北京体育大学 1994
⊙二十世纪初期的中国图书事业/陈红艳//南开大学 1994
⊙广告及其对消费者购买行为的影响/雷动天//华中理工大学 1994
⊙河南省区域旅游开发模式及其对策研究/李一平//东北师范大学 1994
⊙珲春市旅游开发研究/吕康银//东北师范大学 1994
⊙江苏省国际旅游业及其开发研究/刘关山//南京大学 1994
⊙旅游特色资源价值体系的方法研究与实践——以陕西省为例/宋剑霞//北京师范大学 1994
⊙旅游中心城市在旅游业中的地位和功能分析——兼论沈阳市的旅游中心城市建设对策/董志文//东北师范大学 1994
⊙论报业集团的中国化/何向芹//中国科学技术大学 1994
⊙论世界旅游市场发展与文化旅游市场开发/廖尚荣//华南师范大学 1994
⊙论台湾"报禁"与报业的畸形发展/徐棣军//南京大学 1994
⊙论西方古代建筑室内艺术之演变/李革//重庆建筑大学 1994
⊙平凉旅游区旅游地域系统结构及区域旅游开发研究/赵勤//西北师范大学 1994
⊙期刊出版业管理的历史、现状和两种模型的设计/何炬//中国科学技术大学 1994
⊙市场经济下我国图书出版业的营销对策/周高寿//中国科学技术大学 1994
⊙图书馆目标管理研究/郑昕玲//中山大学 1994
⊙我国温点旅游区初探——以石家庄旅游区为例/商轶倩//陕西师范大学 1994
⊙戊戌变法时期的图书事业研究/秦迎华//南开大学 1994
⊙新疆旅游发展战略研究/潘秋玲//陕西师范大学 1994
⊙中国城市文化艺术中心建筑理论与设计初探/戴松茁//同济大学 1994
⊙北海骑楼式旧街区保护与更新研究/谢璇//重庆建筑大学 1995
⊙北京颐和园旅游资源及开发研究/洪友堂//中国地质大学 1995
⊙编辑出版与公共关系/李伟//南京大学 1995
⊙不同时空尺度旅游规划分析与探讨——以云南省为例/王建萍//兰州大学 1995
⊙畅销书概论及出版对策/胡波//南京大学 1995
⊙城郊风景旅游环境与建筑创作/路嘉//北京建筑工程学院 1995
⊙城市文化娱乐综合体研究/胡京//东南大学 1995
⊙当代中国大众文化的建构/张义宾//山东大学 1995
⊙当代中国足球迷现象解析——对北京、沈阳两地足球迷的社会调查/宋凯//北京体育大学 1995
⊙对无锡马山地区实施旅游兴区战略的思考/周浩清//南京理工大学 1995
⊙发展长江三峡国际旅游的资源分析与经济评价/彭清华//湖南大学 1995
⊙风景区中小型旅馆优化设计方法论/周康//重庆建筑大学 1995
⊙高科技·多厅式·多功能——中国电影院建筑的发展趋势和建筑设计/槐雅丽//重庆建筑大学 1995
⊙高斯出版思想研究/纪红//南京大学 1995
⊙关于广告领域中若干问题的研究/盛大军//清华大学 1995
⊙广东省信息资源现状、未来需求及其配置研究/王玮//中山大学 1995
⊙广西贺县旅游发展战略研究/罗明春//中南林学院 1995
⊙广州地区文献信息资源建设及其开发利用研究/刘超球//中山大学 1995
⊙国家体委直属企业经营效益现状与对策的研究/卢晓梅//北京体育大学 1995
⊙海外华人华侨体育组织及活动状况的初步研究/林淑英//北京体育大学 1995
⊙杭州市度假旅游开发研究/王国新//杭州大学 1995
⊙湖南良山丹霞风景名胜区旅游资源特征与旅游发展战略研究/杨剑明//南京大学 1995
⊙黄山市旅游资源整体开发初探/许燕//南京师范大学 1995
⊙嘉兴市旅游发展研究/金三民//杭州大学 1995
⊙抗日战争时期的图书事业/黄颖//南开大学 1995
⊙困境与出路——中国戏曲的历史态势与当代走向/廖凌//湖北大学 1995
⊙旅游度假区开发战略研究/刘利军//重庆建筑大学 1995
⊙旅游规划的理论研究/黄羊山//兰州大学 1995
⊙论电视教育/聂琼//南京大学 1995
⊙论电视形式与传播功能/马国荣//东南大学 1995
⊙论我国图书涉外版权保护与贸易/郭斌//南京大学 1995
⊙论香港信息产业的崛起对经济繁荣的影响/刘毅//中山大学 1995
⊙论中国知识产权法律制度的建立与完善/韩婕//中山大学 1995
⊙南京市旅游业发展战略和规划研究/林慧//南京师范大学 1995
⊙区域旅游业持续发展研究——以苏州市为例/金卫东//南京大学 1995
⊙全文数据库研究/张岐宝//中山大学 1995
⊙社会性综合性时代性文化馆的发展历程与建筑设计/王立//重庆建筑大学 1995
⊙体育建筑设计综合分析及评估/丁婧//武汉水利电力大学 1995
⊙天津蓟县盘山地区旅游资源评价及进一步开发研究/杨竹森//中国地质大学 1995
⊙图书质量评估的理论与方法研究/刘健辉//南京大学 1995
⊙我国宏观体育法制建设的历史进程与发展对策/阎世铎//北京体育大学 1995
⊙我国森林旅游发展的若干战略问题研究/沈雪林//东北林业大学 1995
⊙我国数据库产业发展研究/刘丹//中山大学 1995
⊙县域旅游资源开发规划研究——以日照市东港区为例/柴寿升

//山东师范大学 1995
⊙新加坡旅游业竞争策略和建议/阮亮月//上海交通大学 1995
⊙信息商品化与我国信息市场的发展模式/陈春野//南开大学 1995
⊙盐城市旅游开发研究/衣传华//南京师范大学 1995
⊙镇江市旅游资源研究/乔鸣//南京师范大学 1995
⊙中国电影的"第五代"及其银幕世界/袁春红//云南大学 1995
⊙中国历史博物馆改扩建工程研究/任莹//清华大学 1995
⊙中国数据库建设和发展研究/周九常//中山大学 1995
⊙中国信息产业发展政策研究/邹思广//中山大学 1995
⊙中西方新闻业务比较研究/顾潜//复旦大学 1995
⊙珠江三角洲图书馆公共关系研究/徐文晖//中山大学 1995
⊙自然自在自主自助——旅游度假村设计初探/白威//重庆建筑大学 1995
⊙《北京青年报》精确新闻研究/杜成会//华中理工大学 1996
⊙《服务贸易总协定》与我国旅游业的发展/向荣//杭州大学 1996
⊙《远东经济评论》中国报道研究/李廷松//华中理工大学 1996
⊙澳门竞技体育现状及对策的研究/梁洪波//北京体育大学 1996
⊙澳门体育现状及其特征的研究/梁富祥//北京体育大学 1996
⊙八十年代以来的中国建筑历史与理论/汪礼清//北京建筑工程学院 1996
⊙彩色电子出版系统的研究/肖晓春//同济大学 1996
⊙长沙有线电视网方案综合评价及发展策略研究/许毅//湖南大学 1996
⊙出版质量评估若干方法论问题研究/王昕//华中理工大学 1996
⊙从'96 亚特兰大奥运会看浙、沪大学生对奥林匹克运动的心态/罗洁萍//杭州大学 1996
⊙大城市郊区县域旅游规划研究/刘淑芳//兰州大学 1996
⊙大连旅游资源结构与双向式评价的初步研究/李凡//辽宁师范大学 1996
⊙大众传播与舆论生成/孙劲松//杭州大学 1996
⊙大众休闲空间初探/熊健//西安建筑科技大学 1996
⊙东湖风景区景观生态设计/涂金花//华中师范大学 1996
⊙对海外游客停留时间和旅游人数的统计分析/李蕴芬//陕西师范大学 1996
⊙对武汉市居民体育消费问题的研究与调查——兼论体育消费系统及其因素/唐宏贵//北京体育大学 1996
⊙对新加坡旅游业发展策略的研究与评价/林宗驹//上海交通大学 1996
⊙丰林保护区生态旅游开发研究/沈长智//东北师范大学 1996
⊙佛山市建新路祖庙——东华里段保护与更新规划研究/郭昊羽//华南理工大学 1996
⊙关于徽州黟县村落乡土建筑文化个案研究报告/吕彪//清华大学 1996
⊙关于北京地区境外旅游客流的统计分析及动态预测/张恩祥//陕西师范大学 1996
⊙关于出版社现代经营管理的研究与实践/马占春//东北大学 1996
⊙关于建设和发展我国新闻数据库的思考/李献线//中山大学 1996
⊙关于旅游涉外饭店业标准化问题的研究/倪深善//东北大学 1996
⊙关于我国部分城市妇女参与健身健美运动的动机及其影响因素的研究/邱亚君//杭州大学 1996
⊙关于我国大学生运动会竞赛制度的现状分析与前景展望/周琪//杭州大学 1996
⊙关于我国体育产业统计指标体系的研究/余开云//杭州大学 1996
⊙关于中国城市社区体育若干问题的研究/戴俭慧//杭州大学 1996
⊙广东佛教建筑文化研究/赵文斌//华南理工大学 1996
⊙海外游客在华旅游时空动态模式研究/夏亚峰//陕西师范大学 1996
⊙回归自然——度假村的规划与环境/赵功祥//重庆建筑大学 1996
⊙惠州市旅游资源评估及开发战略/蔡爱民//西北大学 1996
⊙经济热点的新闻舆论导向研究/张家彭//华中理工大学 1996
⊙经济体制转型时期，新闻传媒与企业互动关系研究/朱丽//华中理工大学 1996
⊙抗日战争时期八路军新四军报刊出版研究/方英//南京大学 1996
⊙辽宁旅游资源开发对策研究/黄义坚//东北大学 1996
⊙旅游城市形象定位与 CIS 战略导入初探/李欣//杭州大学 1996
⊙旅游度假村规划设计初探/周锐//清华大学 1996
⊙旅游度假区风景环境规划的研究/许忠东//同济大学 1996
⊙旅游建设项目综合评估研究/陈南江//北京大学 1996
⊙旅游目的地 CIS 模式初探——以西藏为例/张继宁//中南林学院 1996
⊙旅游目的地营销联盟研究/王磊//西安交通大学 1996
⊙旅游业行业管理中的政府行为研究/王艳红//西安交通大学 1996
⊙旅游资源的永续性利用/谢小焱//北京商学院 1996
⊙论"口传心授"——中国传统音乐的传承/刘富琳//福建师范大学 1996
⊙论海峡两岸新闻交流/黄磊//华中理工大学 1996
⊙论开发中国的旅游散客市场/张家宁//东南大学 1996
⊙论旅游企业间的长期交易关系/王永忠//杭州大学 1996
⊙论商品广告的艺术基础、内涵及表现——一种功利性与艺术性、社会性相融合的美与审美/王远坤//华中师范大学 1996
⊙论台湾新闻传播与出版业/藏明东//南京大学 1996
⊙论我国旅游企业当前的困境及如何面对市场竞争/黄春杨//上海交通大学 1996
⊙论新闻本体与提高新闻信息量/秦正长//杭州大学 1996
⊙论中国文化市场/强卫//中国科学技术大学 1996
⊙缪咏禾编辑出版思想初探/张小青//南京大学 1996
⊙南京市旅游业经济效益研究/李刚//南京大学 1996
⊙宁夏旅游地域结构分析与开发初探/黄婧//陕西师范大学 1996
⊙浅论旅游业营销观念对中国旅游业的借鉴/程斌//上海财经大学 1996
⊙区域旅游客源市场及其开发研究——以泰安市为例/王欣//山东师范大学 1996
⊙山东省旅游业发展研究/沈建国//湖南大学 1996
⊙汕头旅游事业发展战略研究/李壮举//华南理工大学 1996
⊙上海地区电视广告现状分析及其投放策略/龚胎平//上海交通大学 1996
⊙上海境外旅游客源市场统计分析及预测模型研究/孟红兵//陕西师范大学 1996
⊙社会阶层与双休日短途旅游/吴天明//华中理工大学 1996
⊙深圳酒店业现状与发展战略研究——兼论格兰云天大酒店经营与发展/李冰//同济大学 1996

⊙时装报刊发展的历史与现状/徐建红//中国纺织大学 1996
⊙体育产业发展模式研究——网球俱乐部/庄伟//西安交通大学 1996
⊙完善广告管理提高中国广告质量/韩兴国//北京科技大学 1996
⊙我国实行竞技排球运动职业俱乐部制改革的可行性分析与对策研究/靳小雨//北京体育大学 1996
⊙我国现代广告业管理体制建设研究/董文琪//中南工业大学 1996
⊙我国主要客源国旅游需求预测方法探讨/魏启恩//陕西师范大学 1996
⊙吴炳与他的戏曲/武文玉//湖北大学 1996
⊙西安国内旅游接待业务发展研究/文谨//陕西师范大学 1996
⊙闲暇教育问题初探/彭先桃//华中师范大学 1996
⊙现代"主题公园"策划初探——广州"世界大观园"实践述评/柏新予//天津大学 1996
⊙现代"主题园林"环境的创造/靳宏梅//天津大学 1996
⊙现代图书馆的建筑效益及其优化——兼模块式图书馆设计初探/葛昕//东南大学 1996
⊙信息服务业中的大众传媒/柳青//南开大学 1996
⊙信息资源网络化与中国信息资源网络的发展/毕宏//南开大学 1996
⊙野营旅游开发与野营地规划研究/柯显东//中南林学院 1996
⊙宜昌建设国际性旅游城市的战略对策研究/曹祥涛//华中理工大学 1996
⊙宜昌市旅游业发展的社会支撑条件的探讨/张志杰//华中理工大学 1996
⊙永远的朝阳产业?——旅游业可持续发展之初步研究/顾德道//杭州大学 1996
⊙云南省边境旅游开发初探——以河口、瑞丽、畹町为例/杨萍//陕西师范大学 1996
⊙运动型服装的文化研究/林文伟//中国纺织大学 1996
⊙嶂石岩旅游区的深度开发与持续发展/李红//陕西师范大学 1996
⊙职业足球俱乐部 CI 设计理论研究及设计范例/佟静//武汉交通科技大学 1996
⊙中国版权保护与盗版现象考察/徐清华//南京大学 1996
⊙中国古代商业广告基本形式及其心理学思想分析/孙绘//江西师范大学 1996
⊙中国旅游民俗发展问题研究/祝亚//杭州大学 1996
⊙中国旅游业发展研究/曹彩虹//首都经济贸易大学 1996
⊙走自己的路——试论一九五六年人民日报的改革/邵志择//杭州大学 1996
⊙"轰动效应":电视剧的一个研究视角及其价值探寻/陈伟//中国电影艺术研究中心 1997
⊙"移步不换形"初探——以梅兰芳艺术实践为例/余艳红//福建师范大学 1997
⊙1990~1996:中国电视作品纪实性问题的美学分析/徐远翔//中国电影艺术研究中心 1997
⊙90 年代中国新生代电影产生背景及美学特征探讨/邓冰//中国电影艺术研究中心 1997
⊙澳门图书馆事业研究/吴国材//南京大学 1997
⊙八十年代中期至九十年代中期我国和声学理论研究综述/杜永寿//首都师范大学 1997
⊙报纸营销的若干原理与策略/吴海荣//广西大学 1997
⊙博物馆文化特性的整体设计/韩冬//华南理工大学 1997
⊙产业结构演变的考察和文献信息业发展的研究/夏立新//华中师范大学 1997
⊙陈凯歌导演艺术论/喻群芳//中国电影艺术研究中心 1997
⊙城市广告与街道美学/于春晖//东南大学 1997
⊙城市郊区旅游开发研究——以济南市为例/张道顺//山东师范大学 1997
⊙城市历史地段商业建筑环境及旅游开发/吴建荣//同济大学 1997
⊙城市旅游开发与客源市场分析/袁浩//北京大学 1997
⊙穿越历史之镜——新中国十七年(1949—1966)革命历史题材电影论/王艳李//西南师范大学 1997
⊙传统街区的景观控制——绍兴环山河旅游区旧城改建研究/王非//同济大学 1997
⊙创建有中国特色的新闻传播机制——市场经济条件下新闻事业管理改革探索/熊忠辉//杭州大学 1997
⊙大城市旅游圈的构建与发展模式研究——以武汉市为例/刘名俭//湖北大学 1997
⊙大桂林旅游圈旅游发展规划研究——从现代旅游业发展看旅游区域规划/鞠鹏艳//清华大学 1997
⊙大型水利枢纽地区的旅游环境规划初探/张永刚//清华大学 1997
⊙大众传播与休闲/高延华//杭州大学 1997
⊙大众文化的美学阐释/白阳//山东师范大学 1997
⊙地方报纸信息数据库研究/潘燕桃//中山大学 1997
⊙电视媒介在社会老龄化中的地位和作用/吴桂莉//杭州大学 1997
⊙电子出版物与传统出版物开发利用的对比研究/郭俭//中国科学技术信息研究所 1997
⊙都市的忧虑/杨德建//中国电影艺术研究中心 1997
⊙对市场经济条件下文化建设的哲学沉思/韩文君//辽宁大学 1997
⊙对我国高校办职业篮球俱乐部的调查与分析/王朝军//北京体育大学 1997
⊙鄂东跨世纪旅游发展战略研究/邓爱民//湖北大学 1997
⊙二三十年代的中国类型电影/黄望莉//中国电影艺术研究中心 1997
⊙方万邦体育思想研究/邓星华//华南师范大学 1997
⊙风景旅游开发中的模拟造景/张东//重庆建筑大学 1997
⊙风景旅游区中传统民居的保护与开发利用/刘颖//北京建筑工程学院 1997
⊙高等院校图书馆读者空间/高崧//东南大学 1997
⊙工具类图书电子版系统的研究与开发/应伟//上海交通大学 1997
⊙古树名木与北京旅游景观资源关系及其利用研究/王康//北京林业大学 1997
⊙关锦鹏电影的女权意识与艺术特色/甘波//西南师范大学 1997
⊙关于城市社区体育发展模式的研究/林洁//杭州大学 1997
⊙关于我国足球观众消费观念及消费行为的研究/郭李亮//北京体育大学 1997
⊙关于无锡太湖国家旅游渡假区特色开发的战略目标定位和发展路子定向的实践和思考/王洁平//上海财经大学 1997
⊙关于戏曲文学的叙事结构及其二十世纪转变的初步讨论/陈奇佳//杭州大学 1997
⊙关于中国部分沿海城市体育健康娱乐市场发展现状及主要影响因素的研究/楼恒阳//杭州大学 1997

⊙观光农业开发研究/龙晓华//北京大学1997
⊙广告策划的经济效果分析与评估/周涛//武汉工业大学1997
⊙广告传播效率模型与运用/杨福平//广西大学1997
⊙广告管理系统的实现与报社综合管理系统构想/甄兵华//北京大学1997
⊙广告心理与策划/任君卿//南京航空航天大学1997
⊙桂林旅游区旅游持续发展条件综合评价及发展战略研究/盛广耀//北京师范大学1997
⊙国际风景旅游城市指标体系研究/周玲强//杭州大学1997
⊙过程与特色——现代旅馆的文化思考/于立平//同济大学1997
⊙杭州建设国际风景旅游城市的发展战略研究/吴本//杭州大学1997
⊙杭州市区域旅游网络规划研究/骆文斌//杭州大学1997
⊙华东山岳型风景旅游地的开发与发展研究/卢晓//南京大学1997
⊙基于INTERNET网络信息资源的信息教育案例研究——从美国当前信息（图书馆学情报学）教育改革看我国信息教育改革/周婷//北京师范大学1997
⊙基于WWW的电子报纸的研究与实现/付光勇//北京航空航天大学1997
⊙基于组文本的电子图书出版系统的研究、设计与实现/王志勇//华南理工大学1997
⊙吉林省旅游业可持续发展研究/孔强//东北师范大学1997
⊙纪录片观念与风格的演变/林建平//中国电影艺术研究中心1997
⊙蓟县旅游资源调查及多媒体信息系统的构建/石亮明//中国地质大学1997
⊙坚持和发展马克思主义文艺价值观/吴家安//福建师范大学1997
⊙建立健全我国国内旅游统计制度/潘（王番）//首都经济贸易大学1997
⊙建筑文化的表现——河南博物院建筑创作/李立//东南大学1997
⊙江苏旅游业跨世纪发展的对策研究/张伟新//河海大学1997
⊙江苏省旅游产业结构研究/王淼//南京大学1997
⊙结构与行为的调整：我国旅行社企业的产业组织分析/程爵浩//杭州大学1997
⊙经济咨询服务研究/匡文波//中山大学1997
⊙景观村寨文化——论广西民族风景区人文景观研究/李琪//北京林业大学1997
⊙竞技体育文字报道出路探略/庹继光//广西大学1997
⊙镜头风格：1949～1966/苏保城//中国电影艺术研究中心1997
⊙居住区公园环境设计探讨/刘磊//重庆建筑大学1997
⊙抗战时期福建文化的研究/潘健//福建师范大学1997
⊙客家传统建筑对现代建筑设计的启示——客家人世界博物馆设计/罗健梓//华南理工大学1997
⊙旅游度假区规划的地域性研究/杨峰//同济大学1997
⊙旅游度假区规划的理论与实例研究/毛建华//兰州大学1997
⊙旅游度假区规划的休闲体系研究/张汛翰//同济大学1997
⊙论“大众文化”时代艺术性质的变化/杨世真//杭州大学1997
⊙论电视栏目的设置与优化/钟春生//广西大学1997
⊙论分析性经济新闻/吴海珍//广西大学1997
⊙论深圳特区文化发展模式的选择/卢顺贤//清华大学1997
⊙论市场类报纸的发展与改革——《浙江市场导报》办报模式探讨/黄小杭//杭州大学1997
⊙论体育过程的健身性原则/王俏飙//华南师范大学1997
⊙论图书广告/周勤//南京大学1997
⊙论我国国际旅游业的创汇效应/姚艳虹//湖南大学1997
⊙论西方新闻监督/肖建宗//华中师范大学1997
⊙论云南民族文化的开发——兼论影视传媒在开发云南民族文化中的作用/陈天武//云南大学1997
⊙论张艺谋及其电影世界/罗洪生//云南大学1997
⊙论资本运营/邹慷//上海财经大学1997
⊙煤炭科技出版管理模式改革研究与效益分析/伊烈//阜新矿业学院1997
⊙内蒙古旅游经济地域分区及旅游经济开发研究/乌铁红//内蒙古师范大学1997
⊙欧美现代园林概述/林箐//北京林业大学1997
⊙区域旅游可持续发展战略研究——对长江中游地区的实证分析/马勇//湖北大学1997
⊙区域旅游投资环境研究/陶永波//东北师范大学1997
⊙区域旅游资源评价与开发研究——以鲁西为例/朱海燕//山东师范大学1997
⊙确定诉求点，塑造广告灵魂/王朝晖//上海交通大学1997
⊙社会全局观下的有中国特色的社会主义市场经济出版体制探索/张开剑//中国科学技术大学1997
⊙深化图书馆的文献情报服务/周从保//南京大学1997
⊙神农溪流域旅游资源评价与旅游开发设想/杨娟//北京大学1997
⊙市场经济条件下我国学术类体育科技期刊经营管理状况及改革趋势的研究/李向东//北京体育大学1997
⊙试论把泉州建成亚太地区的国际性旅游城市/刘桂庭//福建师范大学1997
⊙试论我国经济信息类报纸的发展与实现产业化、集团化对策研究/吴培春//上海财经大学1997
⊙疏离电影观念的引论/马宁//中国电影艺术研究中心1997
⊙述评新闻初探/余杰鸿//广西大学1997
⊙四川空运企业旅游市场发展战略研究/许斌//西安交通大学1997
⊙太原市旅游开发研究/王红//陕西师范大学1997
⊙天津市盘山风景区旅游资源评价及进一步开发策略研究/史爱琴//中国地质大学1997
⊙王蒙文艺思想浅论/温奉桥//山东师范大学1997
⊙网络信息资源的安全管理：问题与对策/郑朝晖//中山大学1997
⊙文化体育支出管理及其支出模式和调控模式研究——兼论城市财政的文体支出问题/张朝晖//上海财经大学1997
⊙文化转型期的文学抉择——茅盾文艺思想研究/赵宇//杭州大学1997
⊙我国城市旅游规划及其与城市规划关系的初步研究——以汕头市为例/尚文生//中山大学1997
⊙我国电视文化发展现状的若干问题研究/刘沙白//清华大学1997
⊙我国电子出版业的产业发展研究/金兼斌//清华大学1997
⊙我国国内旅游消费力现状评价及其函数分析/石强//西北工业大学1997
⊙我国旅游度假区发展战略研究/金平斌//杭州大学1997
⊙我国园林经济发展的研究/倪煜南//上海财经大学1997
⊙西方音乐厅简史及其近代发展/王敏//清华大学1997
⊙戏曲程式性：中国戏曲艺术的基石/刘丽//山东师范大学1997

⊙县（旗）域旅游资源评价与规划研究——以内蒙古凉城县为例/李文杰//内蒙古师范大学 1997
⊙现代文人与图书出版业/徐雁平//南京大学 1997
⊙现代休闲会所建筑设计研究/杜宏武//华南理工大学 1997
⊙现代主题公园规划设计分析/马素明//天津大学 1997
⊙新技术条件下的编辑出版/叶敢//南京大学 1997
⊙新时期新闻评论的发展变化/辛卫红//广西大学 1997
⊙新时期以来电影理论中的娱乐观念/李壮//中国电影艺术研究中心 1997
⊙新闻报道的负面效应问题研究/黄志贵//广西大学 1997
⊙信息资源论纲/邹璇//中山大学 1997
⊙应用神经网络技术对湖泊旅游开发模式的研究——以河北省唐县西大洋风景旅游区为例/邵晓梅//河北师范大学 1997
⊙中国旅游业发展现状和振兴方案研究/任京美//西北大学 1997
⊙中国旅游业适度超前发展战略与国际融资研究/张辉//中南工业大学 1997
⊙中国青年报通讯特色探讨/冯雪梅//华中理工大学 1997
⊙中国戏曲电影简论/王庆勇//中国电影艺术研究中心 1997
⊙中国新闻事业角色认识的历史变化及评价/丁未//杭州大学 1997
⊙中国早期电影声音观念初探/梁宁//中国电影艺术研究中心 1997
⊙中外旅游饭店管理模式比较研究/杨云//湖北大学 1997
⊙中西音乐“调”的比较研究/朱为中//首都师范大学 1997
⊙珠江三角洲地区信息资源网建设的研究/许桂菊//中山大学 1997
⊙涿州市旅游用地资源开发利用的系统研究/卢树昌//河北农业大学 1997
⊙淄博市旅游投资环境与投资走向研究/徐艳芳//山东师范大学 1997
⊙“都市报现象”初探/漆亚林//广西大学 1998
⊙“自然、艺术、科学”——论巴托克的民族音乐学和民族音乐风格创作/殷遐//中央音乐学院 1998
⊙50 年来台湾大众传媒的变迁及负面影响研究/张毓麟//复旦大学 1998
⊙Internet 网上的旅游服务系统/张丽滨//大连理工大学 1998
⊙澳门旅游业现状及未来发展战略/曾泽瑶//暨南大学 1998
⊙澳门旅游娱乐业的发展现状、问题与营销对策/高展鸿//暨南大学 1998
⊙宝鸡市秦岭北坡生态旅游及其可持续发展战略构想/马宁//陕西师范大学 1998
⊙报纸科普宣传现状的比较研究/任学宾//中国科学技术信息研究所 1998
⊙报纸形象初探/李贵军//复旦大学 1998
⊙北京市海淀区城市居民体育消费现状研究/朱洪辰//北京体育大学 1998
⊙城市社区体育初探/赵国平//华中师范大学 1998
⊙城市休闲广场研究/严军//南京林业大学 1998
⊙从泰山国际登山节的成功组办看节庆性竞赛活动的综合效益与社会学特征/和立新//北京体育大学 1998
⊙大连旅游业发展模式探讨/隋玉武//青岛海洋大学 1998
⊙大连生态旅游发展初探/张辉//辽宁师范大学 1998
⊙大连市旅游业管理人才资源调查与开发战略研究/曾武灵//大连理工大学 1998
⊙当代大众审美文化阐释/赵冬梅//湖北大学 1998
⊙当代风景旅游规划的特征/徐玉红//武汉城市建设学院 1998
⊙邓小平文化思想研究/张永刚//大连理工大学 1998
⊙电视纪录片创作策划及运行/田明华//广西大学 1998
⊙电视新闻声画论/阮拥军//暨南大学 1998
⊙电子出版现状及其模式设计/王冰平//中国科学技术大学 1998
⊙都市报现象探析/唐千红//暨南大学 1998
⊙对北京地区开展冬泳活动的社会调查与研究/姚建军//北京体育大学 1998
⊙对我国体育游戏理论基本问题的初步研究/侯恩毅//北京体育大学 1998
⊙对现阶段广东省足球发展与对策的研究/胡活伦//北京体育大学 1998
⊙多媒体技术在广东省档案馆名人资料管理系统中的研究与应用/吴天朋//武汉汽车工业大学 1998
⊙发展中国家旅游的经济作用机理分析/冉波//南开大学 1998
⊙佛教文化旅游及其开发策略初探/杨军//杭州商学院 1998
⊙改革开放后中国报业市场化进程与特点分析/章晖//复旦大学 1998
⊙甘肃省旅游业可持续发展研究/梁建军//西北师范大学 1998
⊙高等学校体育馆建筑设计研究/张建//北京工业大学 1998
⊙高校体育的经济现状及对策研究/陈建嘉//北京体育大学 1998
⊙公众调查式精确新闻报道初探/李银雁//广西大学 1998
⊙关于四川省大学生体育消费水平与动机结构的研究/李朝辉//杭州大学 1998
⊙关于中国旅游文化区划的初步研究/张扬莉//华中师范大学 1998
⊙广东高校图书馆自动化、网络化建设历史、现状及前景展望/曹雁//中山大学 1998
⊙广告创意问题/易卫东//云南大学 1998
⊙广告效果评价的方法研究/许文//北京航空航天大学 1998
⊙广告信息传播媒体选择策略研究/张卉//吉林工业大学 1998
⊙国联电子网络图书订购营销策略之研究/李阳//清华大学 1998
⊙国有旅游涉外饭店走出困境的新思路——股份制改造/文亚桔//中南林学院 1998
⊙海南海滨度假旅游开发研究/曹绘嶷//陕西师范大学 1998
⊙邯郸市文化旅游系统开发研究/齐平//陕西师范大学 1998
⊙黑龙江旅游开发研究/吴相利//陕西师范大学 1998
⊙后大众旅游：从西班牙旅游业兴衰看中国旅游业发展/赵宇燕//南京理工大学 1998
⊙互动共进：大众传媒和广告/祝扬//杭州大学 1998
⊙基于 Internet 的电子图书馆系统的设计与实现——信息服务部分/王洪涛//华南理工大学 1998
⊙基于 Web 技术的图书馆自动化系统/孙媛//广东工业大学 1998
⊙吉林省旅游业筹融资研究/吕东辉//东北师范大学 1998
⊙吉林省旅游一体化开发研究/周丽君//东北师范大学 1998
⊙轿子山风景名胜区生态旅游开发规划研究/肖建成//北京师范大学 1998
⊙经济发展与文化经济观的建立/杨悦//东南大学 1998
⊙经营性保龄球馆的等级管理及评定指标体系研究/王小朋//北京体育大学 1998
⊙军队院校图书馆信息网络系统研究/张振国//武汉交通科技大学 1998
⊙科学技术进步与传播革命——传统出版业所面临的新技术挑战/邱梅生//东南大学 1998
⊙可持续的西安市旅游资源开发研究/陶秋琼//西北大学 1998

⊙旅游地土地可持续利用研究——以武陵源风景名胜区为例/向恩明//南京农业大学 1998
⊙旅游度假区的市场定位研究/欧阳慧//湖南大学 1998
⊙旅游度假区发展规划模式研究/刘晓明//中南林学院 1998
⊙旅游对目的地的社会文化影响/刘赵平//南开大学 1998
⊙旅游饭店经营绩效综合评价研究/杜蓉晖//中国矿业大学 1998
⊙旅游饭店市场营销中的价格因素研究/李晓莉//中南林学院 1998
⊙旅游企业的服务品质管理/杨涛//中国科学技术大学 1998
⊙旅游商业研究/陈扬丽//上海财经大学 1998
⊙旅游市场对主题公园规划的影响/罗敏//湖南大学 1998
⊙旅游需求预测方法研究及实证分析/秦旭海//重庆大学 1998
⊙论报道策划/肖柳//广西大学 1998
⊙论编辑主体的文化个性/李宁//华中师范大学 1998
⊙论出版业的发展及其经济结构的战略调整/谢群英//华中师范大学 1998
⊙论川南旅游资源的开发/李波//陕西师范大学 1998
⊙论档案馆馆藏建设与网络建设对档案利用的影响/过利//中山大学 1998
⊙论经济热点的新闻舆论导向/胡永祥//广西大学 1998
⊙论科技期刊如何面向市场经济/江向东//华中师范大学 1998
⊙论可持续发展理论与我国旅游资源的开发利用/戴赣华//复旦大学 1998
⊙论旅游企业的品牌建设/高向宏//南开大学 1998
⊙论旅游用品的国际营销策略——以旅游帐蓬为典型产品，以 TSS 公司为对象探析/程明伟//天津财经学院 1998
⊙论旅游者人均支出水平的地区差异/余书炜//南开大学 1998
⊙论孙中山的文化观/安东·斯捷李马乔诺克//北京语言文化大学 1998
⊙论台湾版图书的推广策略/杨林青//南京大学 1998
⊙论我国的地方文化节开发/张德强//陕西师范大学 1998
⊙论我国文摘报的发展道路/王琼//复旦大学 1998
⊙论香港报业/陈怡//南京大学 1998
⊙论新闻传播的对话性及其舆论引导功能/易克刚//广西大学 1998
⊙论主题公园的前期策划/贾祥春//复旦大学 1998
⊙媒介与社会麦克卢汉思想研究/倪如慧//清华大学 1998
⊙面向二十一世纪城缘风景名胜区的保护、旅游开发与管理研究——以南京中山陵园风景区为例/潘冰//南京大学 1998
⊙企业广告媒体研究/刘志宏//天津大学 1998
⊙青岛地区酒店服务业投资决策研究/隋锡进//天津大学 1998
⊙人造旅游景观的开发与管理/周晓鸿//南京大学 1998
⊙日本对我国图书馆事业的侵略与破坏之研究/李彭元//中山大学 1998
⊙森林旅游经济效益分析及评价/谢萍//西南林学院 1998
⊙商品经济下的文艺表现态式——试论文艺的商品属性/袁梅//曲阜师范大学 1998
⊙上海都市型产业——时装业发展的实证研究/刘慧萍//中国纺织大学 1998
⊙上海酒店营销策略研究——对一家星级酒店营销策略剖析及研究/陈殷//复旦大学 1998
⊙社会主义新闻市场学初探/俞旻晓//复旦大学 1998
⊙深圳、香港旅游业合作与跨世纪区域发展战略构想/陈标//华中师范大学 1998
⊙生态旅游的理论与实践/黄爱莲//华中师范大学 1998
⊙生态旅游区域规划初探/徐扬//清华大学 1998
⊙省市台电视对外传播管理决策研究/田伟//杭州大学 1998
⊙十九世纪到二十世纪中叶中国音乐在南洋四国的传播史料分析/王静怡//福建师范大学 1998
⊙世俗交响与平民表达——中国现代都市电影论/陈吉德//山东师范大学 1998
⊙试论广告的负面影响/彭健//暨南大学 1998
⊙试论美国的便士报及其社会背景/朱志忠//复旦大学 1998
⊙试论市场经济条件下的社会主义文化建设/周荣尚//西南交通大学 1998
⊙试论新时期典型人物报道的特点与经验/陈新蕊//复旦大学 1998
⊙首都新闻寻呼台营销战略/李军//天津大学 1998
⊙数字图书馆建设的几个问题研究/徐成兵//中山大学 1998
⊙体育经纪人实务操作研究/冯月明//复旦大学 1998
⊙图们江流域旅游业开发问题的研究/禹虎泽//哈尔滨工业大学 1998
⊙我国当前电视新闻评论之研究/龚睿//暨南大学 1998
⊙我国典型报道历史研究/顾建明//华中理工大学 1998
⊙我国联机信息服务业发展策略研究/陈华//中山大学 1998
⊙西安历史古迹旅游地商业建筑景观与旅游意象分析/王晓川//西安建筑科技大学 1998
⊙西安市旅游名牌产品发展战略研究/张芳//西北大学 1998
⊙现代高等学校图书馆建筑设计研究/赵之枫//北京工业大学 1998
⊙新时期中国广播电视事业管理的研究——以广播电视法规体系为视点/赵民//复旦大学 1998
⊙新闻悖论研究/胡钰//清华大学 1998
⊙新闻媒介产业化初论/李东//复旦大学 1998
⊙新闻纸反倾销案例与分析/邹宏魁//东北财经大学 1998
⊙一面坡森林公园的生态旅游规划/李雪花//东北师范大学 1998
⊙遗址博物馆研究——遗址保护性展示空间设计初探/梁华//西安建筑科技大学 1998
⊙艺术价值简论/孟新东//河北师范大学 1998
⊙有中国特色的社会主义文艺浅探/刘卫//湖北大学 1998
⊙展览策划和管理的研究/王晓明//天津大学 1998
⊙张家界市旅游开发的区域经济影响研究/邓国军//陕西师范大学 1998
⊙浙江省海洋旅游业发展研究/周明飞//杭州商学院 1998
⊙中国出版业经营管理改革研究/栾建民//哈尔滨工业大学 1998
⊙中国电视纪录片审判谈/刘剑敏//山东师范大学 1998
⊙中国高等教育产业化管理模式研究/王华峰//天津大学 1998
⊙中国古代名山发展与保护的初步研究/顾正江//北京大学 1998
⊙中国古典戏曲本色理论的历史嬗变/樊文忠//江西师范大学 1998
⊙中国广告业的国际化趋势/潘向光//杭州大学 1998
⊙中国竞技高尔夫运动训练系统的基本结构和训练科学化的初步研究——对中国竞技高尔夫运动发展战略的初探/范越//北京体育大学 1998
⊙中国旅游线路组织因素与空间分析/冯若梅//北京大学 1998
⊙作为“城市场所”的博物馆/彭琼莉//清华大学 1998
⊙“新书城”图书贸易系统在线业务功能的设计与实现/徐玮//北京邮电大学 1999
⊙80 年代以来中国名人全集出版状况研究/万宇//南京大学 1999
⊙澳门旅游业的发展战略探索/陈伟翔//暨南大学 1999

◎澳门武术运动的现状及发展对策研究/赖宏//北京体育大学 1999
◎白银市旅游开发及旅游信息系统应用研究/曹灿明//兰州大学 1999
◎版权制度的发展与现代出版技术对版权的影响/仲崇山//南京大学 1999
◎报刊发行业务经营策略研究/郭文彪//北京邮电大学 1999
◎北京九龙游乐园发展战略研究/张锦东//中国人民大学 1999
◎北京市少年足球俱乐部、足球学校的现状研究及发展对策/高赞//北京体育大学 1999
◎滨海地区旅游资源评价与开发研究——以连云港市为例/金波//南京大学 1999
◎茶文化与茶馆建筑/朱颖//同济大学 1999
◎长白山火山西坡旅游资源评价研究/车秀珍//长春科技大学 1999
◎成都休闲空间体系研究/郭佳//重庆建筑大学 1999
◎楚商调琴曲研究/杨春薇//中国音乐学院 1999
◎传统艺术与现代社会/孟文西//上海师范大学 1999
◎从投资角度对广告行为的经济分析/金黎明//北方交通大学 1999
◎从展览的作用探讨发展上海览业的构想/余晨//复旦大学 1999
◎大连市旅游产业发展与政策措施研究/郭斌//大连理工大学 1999
◎大连市旅游市场营销战略研究/陈学清//大连理工大学 1999
◎大众传播与校园文化建设/刘湘萍//河海大学 1999
◎大众休闲行为与城市室外休闲空间研究/侯文栈//同济大学 1999
◎当代图书编辑美学的理论建构/杨秦予//郑州大学 1999
◎滇西北的城镇建设与风景资源保护——以大理、丽江、迪庆为例/杨利铭//清华大学 1999
◎电视剧改编经典名著论/肖华彬//湖北大学 1999
◎电视收视调查行业的 CS 战略/孟庆斌//复旦大学 1999
◎电视体育传播对北京市城市居民体育生活影响的研究/王晓莹//北京体育大学 1999
◎电子工业出版社发展战略研究/杨建忠//西安交通大学 1999
◎雕饰：建筑精神意义的展延——兼谈徐州博物馆建筑雕饰设计/刘玉龙//清华大学 1999
◎对北京市市区大中型公共体育场馆经营效益的研究/肖兵//北京体育大学 1999
◎对当前报纸社会新闻“热”的冷思考/文学军//广西大学 1999
◎对电视专题片的文化审视/张东安//广西大学 1999
◎对我国男子职业篮球俱乐部现状的调查研究/白喜林//北京体育大学 1999
◎对中国报业集团资本经营的思考/李杰群//上海财经大学 1999
◎二十一世纪我国体育产业可持续发展及建立评从指标体系初步研究/陈平//曲阜师范大学 1999
◎公众参与风景名胜区旅游资源评估之研究/张正国//同济大学 1999
◎古村落研究与历史文化名村保护/王川//清华大学 1999
◎关于澳门、广州两地大学生体育态度的比较研究/李雁楠//北京体育大学 1999
◎关于构建中国旅游职业教育模式的经济学思考/谢苏//华中师范大学 1999
◎关于提高中国电视业竞争力的研究/周利明//北京理工大学 1999
◎关于我国报业集团发展及管理的理性思考/陈新洲//华中师范大学 1999
◎关于我国开展蹦床运动的现状及对策的研究/李东建//北京体育大学 1999
◎关于中国电视的产业化及其经营管理的研究/王冬冬//东北林业大学 1999
◎观光农业规划的理论与实践/徐峰//中国农业大学 1999
◎管涔山生态旅游开发研究/邬永强//陕西师范大学 1999
◎广东宏远足球俱乐部公司的战略管理研究/孔波//暨南大学 1999
◎广东省旅游度假区发展与规划设计研究/柳意云//中山大学 1999
◎广告表现效果研究/雷大章//西南财经大学 1999
◎广告传播效果的提高与测定方法研究/戴顺斌//华中理工大学 1999
◎广州城市游憩商业区发展研究/古诗韵//中山大学 1999
◎广州旅游形象（TI）建设探索/余丽军//暨南大学 1999
◎广州三大报竞争论/王坚//暨南大学 1999
◎国际竞技健美操技术发展趋势与我国竞技健美操技术发展策略的研究/王宏//北京体育大学 1999
◎海南省体育彩票现状研究与分析/王颖//北京体育大学 1999
◎审美学视野中的当代中国大众文化/潘加钦//福建师范大学 1999
◎河南生态旅游发展研究/陈德广//河南大学 1999
◎河南省南阳市旅游资源区划及其开发潜力评价/李瑞//西南师范大学 1999
◎黑龙江省旅游经济发展模式研究/薄喜茹//哈尔滨工业大学 1999
◎湖南旅游资源研究/汪清蓉//中南林学院 1999
◎户外广告媒体设计研究/毕盛//北京理工大学 1999
◎护理科技期刊出版产业化模式初探/袁长蓉//第二军医大学 1999
◎黄山市生态旅游的初步研究/李东和//西北大学 1999
◎机械工业出版社进一步开拓北京图书市场的策略研究/李卫东//湖南大学 1999
◎基于旅游目的地的区域经济结构研究——以九寨沟风景区为例/聂献忠//南京大学 1999
◎加快发展陕西旅游产业的构想及其对策建议/梁雪松//陕西师范大学 1999
◎借古开今的创意之途——论画家鉴藏与画风创造间的关系/邱孟瑜//上海大学 1999
◎精确新闻报道研究/陈桃生//暨南大学 1999
◎竞技体育与全民健身在中学体育中冲突原因和协调的理论探讨/杨继星//曲阜师范大学 1999
◎九十年代湖北旅游业的形象塑造与广告宣传/杨海//湖北大学 1999
◎九寨沟旅游环境保护与旅游可持续发展/张国智//西南师范大学 1999
◎开封名城保护与旅游开发研究/李向韬//西北大学 1999
◎可持续旅游发展研究/张雪松//杭州商学院 1999
◎空间信息数字图书馆的初步研究/高丽//南京大学 1999
◎凉水国家级自然保护区生态旅游评价与开发研究/吴东辉//东北师范大学 1999
◎两个视界的交汇点——新闻传播学与接受美学的比较研究/陈峻俊//华中师范大学 1999

⊙辽宁省生态旅游资源开发研究/李丽娟//东北师范大学 1999

⊙楼观台与八仙宫道教旅游开发与区域经济发展对策研究/周晶//西北大学 1999

⊙旅游的文化读解/陈恺凡//华中师范大学 1999

⊙旅游地规划中的形象研究/朱璇//同济大学 1999

⊙旅游地社会文化环境变迁研究/杨俭波//华中师范大学 1999

⊙旅游发展规划的理论与实践——以甘南藏族自治州为例/侯志强//西北师范大学 1999

⊙旅游饭店服务产品的顾客满意/张志宏//复旦大学 1999

⊙旅游饭店集团化经营的研究——铁路系统旅游饭店管理的实证分析/王文兵//西安交通大学 1999

⊙旅游环境质量评价模式研究—以正定古城旅游区为例/龙丽民//河北师范大学 1999

⊙旅游经济结构研究——以江苏省为例/万绪才//南京大学 1999

⊙旅游可持续发展系统分析与实证研究/傅惠敏//河北工业大学 1999

⊙旅游客源市场及开拓——以辽宁沿海地区海外客源市场为例/林小牧//辽宁师范大学 1999

⊙旅游市场开放与广东青旅的经营应对策研究/李协居//暨南大学 1999

⊙旅游信息资源开发与利用刍论/吴雄//华中师范大学 1999

⊙略论电视节目生产市场化运作中的几个问题/安涛//华中师范大学 1999

⊙论《新华日报》在抗日战争中的宣传作用/张丽文//首都师范大学 1999

⊙论报纸编辑对报纸市场定位与多层次受众需求的处理与安排/卢东华//暨南大学 1999

⊙论产业属性在广播电视实践中的具体运用/陈勇//福建师范大学 1999

⊙论第四媒体的冲击/谌怡秋//广西大学 1999

⊙论电视语言符号的功能/钟梅//华中师范大学 1999

⊙论广告的审美/孙小兵//辽宁师范大学 1999

⊙论欧洲电影对中国电影的影响/李永东//福建师范大学 1999

⊙论商业化叙事/宁荣生//江西师范大学 1999

⊙论世贸组织与中国旅游服务贸易对外开放及对策/蔡晓辉//对外经济贸易大学 1999

⊙论提高新闻舆论引导的报道水平/李丹//广西大学 1999

⊙论我国当代产业文化的更新和建设/贺晨//东南大学 1999

⊙论我国近代报人的新闻伦理观/李晓樱//华中理工大学 1999

⊙论我国旅游业应用国际互联网的意义与现状/陈锦平//对外经济贸易大学 1999

⊙论我国新闻媒介的舆论监督作用/王洪英//暨南大学 1999

⊙论新时期我国竞技体育与群众体育的协调发展/陈国强//北京体育大学 1999

⊙论新形势下科技期刊的发展策略/谢建玲//北京理工大学 1999

⊙论银幕“英雄”类型的历史性转换/刘格军//山东师范大学 1999

⊙论中国旅游业的发展及战略发展/高响鸣//对外经济贸易大学 1999

⊙论中文电子报纸的发展与特点/赵永清//暨南大学 1999

⊙论转型时期的审美文化/周德清//湖北大学 1999

⊙论综合大报之要闻版编辑改革/邓赛君//暨南大学 1999

⊙媒体业的产业化过程问题研究——湖南传媒产业化过程实证分析/覃晓光//湖南大学 1999

⊙美国图书宣传研究/王蕾//南京大学 1999

⊙面向二十一世纪的社会主义文化建设若干问题思考/廉清//大连理工大学 1999

⊙民族歌剧、音乐剧高等教育产业化问题初探——兼论“三结合”思路的市场潜能/李路革//河南大学 1999

⊙内蒙古自治区旅游业发展战略研究/郝晓兰//中国人民大学 1999

⊙南方日报社组织变革研究/林文辉//华南理工大学 1999

⊙南方日报市场营销策略研究/勘良//华南理工大学 1999

⊙拍卖与法律调整若干问题研究/何湘渝//复旦大学 1999

⊙潘之恒和他的曲论/郑志良//南京师范大学 1999

⊙浅论新闻认识/万丽//广西大学 1999

⊙青岛旅游的历史演化和产业化进程及可持续发展研究/张利宏//青岛海洋大学 1999

⊙青海省海东地区生态旅游开发研究/曹忠祥//西北师范大学 1999

⊙清江流域旅游发展战略研究/陈伟//华中理工大学 1999

⊙区域旅游资源开发中历史文化因素评价初探—石家庄地区历史文化因素定量化评价及其应用/程钢海//河北师范大学 1999

⊙全国大学生篮球联赛（CUBA）管理体制的现状分析与对策研究/李慧林//华中师范大学 1999

⊙人性化与地方化——城市开放性休闲空间的设计思想与方法/王凯//重庆建筑大学 1999

⊙人休闲康乐——旅馆康乐设施设计探讨/黄孚湘//重庆建筑大学 1999

⊙森林旅游资源的合理开发与可持续利用研究/陈小琴//福建林学院 1999

⊙森林旅游资源资产评估理论与方法—张家界国家森林公园案例研究/陈遐林//中南林学院 1999

⊙山东省中、小学学校体育现状调查与研究/唐涛敏//北京体育大学 1999

⊙陕西地质旅游资源及其开发/叶培哲//西北大学 1999

⊙陕西旅游产业结构研究/陈荣//西安交通大学 1999

⊙陕西旅游经济发展的关键问题研究/刘啸//陕西师范大学 1999

⊙陕西旅游区划与旅游业可持续发展研究/贾百俊//西北大学 1999

⊙商务旅游研究/李惠敏//北京理工大学 1999

⊙上海报业经营模式及营销系统研究/张琳//上海交通大学 1999

⊙上海电视直销的发展探析/张镭//复旦大学 1999

⊙上海电影制片厂发展战略研究——前向一体化兼并战略/仲峥//上海交通大学 1999

⊙上海广告业发展现状及其市场前景分析/朱敏华//上海交通大学 1999

⊙少儿电视卡通片的创作特点研究/熊才平//华中师范大学 1999

⊙社会学和审美学视野中的当代中国大众文化/潘加钦//福建师范大学 1999

⊙社会主义市场经济条件下经济与文化的关系/周志山//复旦大学 1999

⊙深圳商报经济报导研究/王永长//华中理工大学 1999

⊙生态旅游及其开发规划研究——以蜀南竹海为例/胡海霞//成都理工学院 1999

⊙石家庄市旅游资源定量评价与区域旅游持续发展实证研究/郭锦超//河北师范大学 1999

⊙世俗的交响——论大众文化语境中的九十年代中国电影/宋维才//山东师范大学 1999

⊙试论当代文化活动中心的综合表现与发展趋势/史明//合肥工

业大学 1999
◎收视率辩证观初探/李晖//复旦大学 1999
◎受众收视行为及电视媒体营销策略研究/刘英//西南财经大学 1999
◎塑造新的月亮——张艺谋电影中的女性文化价值取向论/欧阳应湘//华中师范大学 1999
◎泰山旅游区生态旅游资源开发—旅游业可持续发展的评判分析/李子君//山东师范大学 1999
◎体育馆功能可持续发展问题研究/梅彤//哈尔滨建筑大学 1999
◎天津渤海报报业经营与竞争策略研究/姜军//天津大学 1999
◎突破与局限——张艺谋电影艺术初探/张晓峰//湖北大学 1999
◎图书流通渠道研究/周文辉//北京理工大学 1999
◎图书品牌战略研究及实证分析/陈丽//西安交通大学 1999
◎图书营销管理决策支持系统的研究和设计/舒强//华南理工大学 1999
◎图书营销研究/孙文民//华中理工大学 1999
◎吐鲁番旅游业市场分析与战略研究/巫文武//天津大学 1999
◎网络广告应用研究/贾俊卿//暨南大学 1999
◎网络化对传统图书情报学理论与实践的影响/马瑾萱//天津外国语学院 1999
◎网络新闻研究/谯小波//清华大学 1999
◎文学批评与当代文化建设/康长青//陕西师范大学 1999
◎我国报刊业经营管理研究/林水洲//华中师范大学 1999
◎我国出版集团发展的研究/张国友//哈尔滨建筑大学 1999
◎我国出版社形象战略的源流与现状研究/张雪峰//南京大学 1999
◎我国广告代理制存在的问题与对策/张淑杰//同济大学 1999
◎我国旅游教育发展战略研究/钱永兰//福建师范大学 1999
◎我国人造景观发展研究/周玲//华中师范大学 1999
◎我国书刊对外贸易现状及其发展对策/许劲松//上海交通大学 1999
◎我国体育产业的组织结构及其运行机制初探/张瑞东//北京体育大学 1999
◎我国体育产业发展与布局研究/王岩//华中师范大学 1999
◎我国图书出版业改革与可持续发展的初步研究/贾海涛//哈尔滨工程大学 1999
◎我国主客场制全国排球联赛的现状及改革设想的研究/刘文浩//北京体育大学 1999
◎武汉市旅游饭店业现状及其发展对策/江杰//华中师范大学 1999
◎武汉市旅游资源综合开发利用与旅游业可持续发展研究/陈抗//华中师范大学 1999
◎武汉体育中心招商策划研究/余辉燕//武汉工业大学 1999
◎西安旅游客源市场及其营销战略研究/王非//西北大学 1999
◎西安市旅游形象战略研究/牛栋//西北大学 1999
◎现代展览馆建筑功能可持续发展研究/蒋晓龙//哈尔滨建筑大学 1999
◎香港竞技游泳运动现状及发展策略的研究/李启淦//北京体育大学 1999
◎新疆伊犁地区旅游资源与开发研究/张春明//中国科学院新疆生态与地理研究所 1999
◎新时期流行歌曲的审美文化透视/耿文婷//辽宁师范大学 1999
◎新闻舆论导向与社会价值取向/曾盛聪//福建师范大学 1999
◎信息技术在旅游业中的应用及其影响/邱嵩//北京商学院 1999
◎星级饭店经济效益差异的分析/来华旅游外国人数总额增长情况分析/范存丽//首都师范大学 1999
◎休闲文明建设：当今中国社会转型期精神文明建设的新生长点/刘晨晔//辽宁师范大学 1999
◎一个并非轻松的话题——中国电视文化反思/翟红蕾//华中师范大学 1999
◎音像的世界——电子传媒与大众文化/欧阳文//重庆师范学院 1999
◎影视制作和营销/丁静//对外经济贸易大学 1999
◎粤港电视新闻传播文化分析/刘刚//暨南大学 1999
◎云南省旅游市场开拓与旅游产品开发研究/肖雁//昆明理工大学 1999
◎郓城县旅游开发研究/石正方//东北师范大学 1999
◎郑振铎编辑思想研究/巢乃鹏//南京大学 1999
◎知识经济时代的管理理念/于艳斌//哈尔滨工业大学 1999
◎中、日传统筝乐之考察与研究/阎林红//中央音乐学院 1999
◎中国当代流行音乐二十年/闵晔//华中师范大学 1999
◎中国广播电视媒介服务营销策略研究/张志//清华大学 1999
◎中国广告业的市场结构与竞争行为/李天宏//北京科技大学 1999
◎中国科技期刊科技创新问题研究/陈发俊//中国科学技术大学 1999
◎中国旅游产业的国际竞争力分析/叶红//西南财经大学 1999
◎中国旅游度假区有关管理问题的研究/张帆//中国矿业大学 1999
◎中国媒体特点及媒体产业问题研究/王捷//复旦大学 1999
◎中国青年旅行社经营战略研究/彭诚强//哈尔滨工业大学 1999
◎中国著作权集体管理组织的法律问题研究/吕艳红//西安交通大学 1999
◎中国自然保护区生态旅游初步研究/杨瑞卿//西北大学 1999
◎中华人民共和国科技出版史/许迎辉//中国科学技术大学 1999
◎中小型旅游城市规划研究/彭雷//清华大学 1999
◎著作邻接权法律问题研究/韩红萍//云南大学 1999
◎抓住机遇持续发展宜昌旅游业/田萍//华中师范大学 1999
◎"R. And H."——美国百老汇音乐剧历史上的黄金组合/刘永屹//中国艺术研究院 2000
◎"国际惯例"中国现代艺术的关系/浦捷//上海大学 2000
◎"化大众"与"大众化"/张传敏//中国社会科学院研究生院 2000
◎"中美著作权合理使用制度"比较研究/夏玉杰//大连海事大学 2000
◎《案例》大周刊：市场为尊 读者为大——传媒产业化经营及市场化运作/李剑珠//暨南大学 2000
◎《环球时报》办报特色研究/苏利平//中国社会科学院研究生院 2000
◎《南国早报》成功之道初探/李仕生//广西大学 2000
◎《纽约时报》网络版与《人民日报》网络版编辑特色比较研究/左赛春//中国社会科学院研究生院 2000
◎1997 中国影像/陈红梅//西南师范大学 2000
◎21 世纪的遗产旅游与案例研究——以山东沂南县为例/赵兵//南京大学 2000
◎CS 理论与旅游产品开发/寇怀云//同济大学 2000
◎MTV 的艺术魅力——对音乐美学的发展与贡献/巩伟//郑州大学 2000
◎阿多尔诺"文化工业"理论析评/云慧霞//内蒙古师范大学 2000

⊙澳门特区虚假性广告的法制研究/朱慧玲//华侨大学2000
⊙报纸发行研究/马铁护//广西大学2000
⊙报纸体育新闻报道研究/张玉梅//暨南大学2000
⊙报纸娱乐专版研究/方丽//暨南大学2000
⊙报纸专刊研究/赵国政//郑州大学2000
⊙报纸自办发行初探/罗雄//暨南大学2000
⊙北京歌华文化发展集团发展战略研究/郑州//清华大学2000
⊙本土产品电视广告中民族文化特性研究/朱华//无锡轻工业大学2000
⊙缤纷银幕波起云涌——当代中国都市电影的美学趋向/范沈婷//复旦大学2000
⊙产业化是中国出版业的必然选择/双龙//内蒙古师范大学2000
⊙长白山自然保护区生态旅游开发研究/赵春雷//东北师范大学2000
⊙长江三峡区域旅游可持续发展战略研究/严羡兰//湖北大学2000
⊙成都康辉国际旅行社营销策略研究/曾维云//西南财经大学2000
⊙城市公共休闲广场规划建设调查分析与探索—以南京鼓楼市民广场为例/梁有赜//东南大学2000
⊙城市广场的文化性/张子龙//哈尔滨建筑大学2000
⊙城市旅游形象策划研究/王惠//河南大学2000
⊙城市旅游形象设计研究/张娟//华中师范大学2000
⊙城市休闲产业结构与布局研究——以泰安市为例/许峰//山东师范大学2000
⊙城市游憩系统规划与旅游开发的理论初探/李宝祥//西北大学2000
⊙出门与回归——从实例看现代艺术与东方传统的关联/刘广云//上海大学2000
⊙传播中的拟态环境/丁汉青//郑州大学2000
⊙创建世界展览名城——兼析大连市展览业的发展/隋肄敏//东北财经大学2000
⊙从波特国家竞争优势理论看我国通信产业的发展/金兆玲//对外经济贸易大学2000
⊙从戛纳广告节的失利看我国广告的现在和未来/朱向阳//同济大学2000
⊙从美学到政治瓦尔特．本雅明艺术生产理论评析/王红志//河北师范大学2000
⊙从中西人论的比较考察中华传统健身术的现代社会价值/白天寅//北京体育大学2000
⊙大众传播媒介对当代文学的影响/谢鼎新//安徽大学2000
⊙大众传媒中的性别歧视/马守敏//郑州大学2000
⊙大众文化的批判性阐释/闻宗禹//河北师范大学2000
⊙大众文化及其在我国的建设/向德彩//华中师范大学2000
⊙当代报纸社会新闻报道之研究/邓庄//暨南大学2000
⊙当代大众文化价值取向的现实透视/艾秀梅//山东师范大学2000
⊙当代日本大众文化管窥/梁青林//中国社会科学院研究生院2000
⊙当代图书编辑美学的理论建构/杨秦予//郑州大学2000
⊙当代西方文化霸权主义评析/孙险宁//大连理工大学2000
⊙当代影视文艺对青年人生观的影响及对策/戴四新//西南师范大学2000
⊙当代中国报业发行改革研究/章平//复旦大学2000
⊙当代中国大众传播媒介社会职能演化述论/孙立群//北京科技大学2000
⊙当代中国大众文化研究的两种模式/吴高泉//广西师范大学2000
⊙党报经济新闻思路转变刍议/陶志峰//南京师范大学2000
⊙地方政府在区域旅游营销中的作用及行为研究/张学斌//对外经济贸易大学2000
⊙第四媒体与大众传播变革/李凌凌//郑州大学2000
⊙电视传媒与互联网在技术上的传承与衍变/常春光//东北大学2000
⊙电视媒介的当代叙事/冯锦芳//山东师范大学2000
⊙电视文化的从众倾向与精品战略/张小茅//南京师范大学2000
⊙电视新闻画面细节研究/彭伟步//暨南大学2000
⊙电视音乐美学初论/马丽杰//山东师范大学2000
⊙独自叩门——音乐史哲学的沉思/祁宜婷//西安音乐学院2000
⊙短途旅客与香港旅游业竞争力研究/吕展勤//同济大学2000
⊙对（CUBA）中国大学生篮球联赛发展的研究/张凡涛//河南大学2000
⊙对报纸大众化经济新闻的理性思考/黄和节//广西大学2000
⊙对北京高校体育场馆资源利用现状及影响因素的研究/雷厉//北京体育大学2000
⊙对当前我国新闻内容变革的传播社会学分析/林燕//暨南大学2000
⊙对美国《60分钟》节目长盛不衰的思考/许宁//暨南大学2000
⊙对我国体育职业化初期体育经纪人经纪行为的研究/李珺//北京体育大学2000
⊙对我国职业足球运动员转会市场的现状分析及对策研究/王伟//北京体育大学2000
⊙对中国甲A足球俱乐部实行股份制必要性和对策的研究/张向阳//北京体育大学2000
⊙多极化进程中的国际传播/韩纲//复旦大学2000
⊙多媒体出版物研究/李娟//华中师范大学2000
⊙多媒体电子出版物编辑与图书编辑的比较研究/刘娟//河南大学2000
⊙风景旅游资源开发评价及其应用研究/毛巧丽//同济大学2000
⊙佛山中小型图书企业经营研究/冯云//华南理工大学2000
⊙甘肃旅游文化现状及前瞻/宋国平//兰州大学2000
⊙甘肃省天水市旅游资源开发研究/董红梅//兰州大学2000
⊙高校高水平运动队体制所处的困境及向俱乐部制转化的可行性研究/张疆之//北京体育大学2000
⊙公共图书馆建筑的开放性研究/左泓//哈尔滨建筑大学2000
⊙关于我国体育产业结构现状的研究/刘剑//北京体育大学2000
⊙关于音乐进入电影的研究/王光胜//西南师范大学2000
⊙关于有线电视发展策略的研究/孙朝晖//上海财经大学2000
⊙关于组建电视产业集团的思考/叶育登//复旦大学2000
⊙广告艺术的美学阐释/褚星华//山东师范大学2000
⊙广告运作与消费者的互动研究/任涛//西南交通大学2000
⊙广西民俗文化与民俗旅游开发研究/钟声宏//广西师范大学2000
⊙广州日报报业集团发展策略研究/董清霞//暨南大学2000
⊙桂林旅游资源开发与旅游业可持续发展对策研究/李志刚//中南林学院2000
⊙国际互联网版权的法律保护比较研究/刘兴章//大连海事大学2000
⊙国有出版发行企业改革面临的问题与对策初探——四川省新华书店集团发行有限责任公司调研报告/谭鏖//西南财经大

学 2000
◎韩、中两国古代戏剧的考察/张丙椿//复旦大学 2000
◎河南报业经济发展研究/赵星耀//郑州大学 2000
◎壶瓶山旅游资源综合开发战略研究/文会军//湖南大学 2000
◎湖北旅游业发展战略研究/张立明//湖北大学 2000
◎湖北省高校体育场馆设施有偿服务现状与对策的研究/乐建军//湖北大学 2000
◎湖北省旅游文化资源综合开发研究/万先进//湖北大学 2000
◎湖南经济电视台产业化改革、竞争环境分析与竞争战略研究—电视媒体产业化改革实证分析/刘澎//湖南大学 2000
◎湖南饮食文化地理及其与旅游业的关系/何杰//武汉大学 2000
◎互联网企业投资价值研究/余磊//西南财经大学 2000
◎华中旅游圈模式的建立及发展战略研究/黄其新//湖北大学 2000
◎恢复生命力行动——法国若干历史建设再利用实例的启示/张倩//西安建筑科技大学 2000
◎会展中心规划的研究/许吉航//华南理工大学 2000
◎会展中心——一种现代都市建筑综合体/王心公//天津大学 2000
◎基于传统出版产业的人民时空电子商务的部分优势与战略/贾贺//2000 对外经济贸易大学
◎计算机软件版权保护研究/邹伟康//对外经济贸易大学 2000
◎江苏环太湖旅游带旅游开发研究/刘玉//南京大学 2000
◎交响音乐的中国化/李晓峰//山东大学 2000
◎教育生态环境中的文化生境/李英翠//广西师范大学 2000
◎金泉国家森林公园生态旅游开发及可持续发展的研究/袁力//东北林业大学 2000
◎金融广告的风格追求/付连晔//郑州大学 2000
◎近代中国新闻评价业务史论/孙毓平//复旦大学 2000
◎九十年代中国电视体育报道的功能演进及其与中国体育的关系/罗宏涛//北京体育大学 2000
◎科技期刊综合评价研究/邓清燕//北京理工大学 2000
◎客源市场分析与目标市场定位在旅游规划中的运用研究/蒋丽//同济大学 2000
◎跨国出版公司在中国的市场行为研究/梁国萍//复旦大学 2000
◎困惑与追问：中国当代大众文化的意义变异/陈娜辉//河北师范大学 2000
◎来自灵魂炼狱里的吟唱——陈凯歌论/罗显勇//湖北大学 2000
◎类型影片的美学阐释/刘琛//山东师范大学 2000
◎历史文化名城旅游开发研究/李星明//华中师范大学 2000
◎利用信息技术实施流程重组，提高中图进口业务的整体竞争力/梁建瑞//北方交通大学 2000
◎辽宁省旅游资源的市际差异研究/夏健红//辽宁师范大学 2000
◎辽宁省旅游资源区域开发的研究/李淼淼//东北大学 2000
◎林汉泽的电影世界/金燕//中国艺术研究院 2000
◎旅游场理论与旅游开发/叶林//复旦大学 2000
◎旅游的经济效应分析/左冰//云南大学 2000
◎旅游地社会文化潜移与可持续发展探析/王晞//广西师范大学 2000
◎旅游地生命周期研究——以云南典型旅游地为例/任敬//云南师范大学 2000
◎旅游电子商务站点策划/沈舒//南京理工大学 2000
◎旅游度假地规划设计规程研究/陈东田//同济大学 2000
◎旅游度假地市场定位与项目策划研究/董媛媛//同济大学 2000
◎旅游度假区可持续发展研究——兼论云南旅游度假区可持续发展战略/赵书虹//云南大学 2000
◎旅游饭店名牌产品战略的实证研究/余洁//陕西师范大学 2000
◎旅游规则中旅游资源与客源市场研究/孙燕平//西安建筑科技大学 2000
◎旅游市场系统结构与开发对策研究——以山东省为例/余洁//山东师范大学 2000
◎旅游与社会发展初探/刘韬//华中师范大学 2000
◎旅游资源开发与可持续发展模式研究/徐辉//上海大学 2000
◎旅游资源评价理论初探——以灰学理论为指导/李广全//东北师范大学 2000
◎旅游资源评价研究/赵翔翔//武汉大学 2000
◎旅游资源区域整合初论——以东部沿海地区为主/柴海燕//武汉大学 2000
◎旅游资源资产化管理及价值测算研究/陈尚敏//重庆大学 2000
◎论《李尔王》的影视改编模式/张倩//上海戏剧学院 2000
◎论报业竞争及其对我国报业发展的影响/邢立新//中国社会科学院研究生院 2000
◎论报纸编辑对报纸市场定位与多层次受众需求的处理与安排/卢东华//暨南大学 2000
◎论城市社区文化及其建设/张媛媛//中共广东省委党校 2000
◎论传媒引导和受众参与的意识互动/张晋升//暨南大学 2000
◎论大众传播的审美导向/燕丽萍//河海大学 2000
◎论党报的“政治家办报与企业家经营”/张严//中国社会科学院研究生院 2000
◎论电视文化/杨涛//兰州大学 2000
◎论电影的存在价值及其发展趋势/贺笃照//云南大学 2000
◎论都市报崛起及其对中国报业的影响/桂俊松//中国社会科学院研究生院 2000
◎论广州报业竞争对新闻业务改革之影响/魏颖//暨南大学 2000
◎论后现代语境中的香港电影/胡松华//湖北大学 2000
◎论蒋士铨文艺思想对戏曲创作的影响/欧阳江琳//江西师范大学 2000
◎论历史新时期的经济新闻/杜发光//郑州大学 2000
◎论旅游业的技术创新/谭白英//武汉理工大学 2000
◎论美国在线兼并时代华纳/刘建和//杭州商学院 2000
◎论人物类电视纪录片的人文关怀/徐思红//暨南大学 2000
◎论商业广告的社会影响/陈国超//河海大学 2000
◎论社会主义市场经济条件下的文化建设和文化市场/刘景//华中师范大学 2000
◎论市场经济条件下新闻传媒的人文关怀/吴德群//郑州大学 2000
◎论受众需求与新闻价值的实现/罗安余//暨南大学 2000
◎论文化及其超越性/袁辉初//湘潭大学 2000
◎论我国高校出版社电子出版物发展方向/吴春雁//清华大学 2000
◎论我国旅游商务合同制度的法律调整/樊志勇//武汉大学 2000
◎论我国著作权规范管理中的特殊问题/欧剑//哈尔滨建筑大学 2000
◎论西方同性恋电影/郑宜庸//福建师范大学 2000
◎论新潮社对新文化建设的意义/齐成民//山东师范大学 2000
◎论新时期报纸专栏评论/吴红宇//广西大学 2000
◎论新时期的新闻舆论监督/张云萍//郑州大学 2000
◎论新时期电影的审美品格/华亚峰//河北师范大学 2000
◎论新时期小剧场戏剧的观演关系/姜涛//上海戏剧学院 2000
◎论延边旅游业的发展潜力/崔阳//延边大学 2000

◎论原始氏族乐舞/司冰琳//山东师范大学2000
◎论中共党报史上的新闻改革/徐柯//暨南大学2000
◎论中国报业集团的生成与发展/陈旭东//复旦大学2000
◎论中国传媒产业的资本经营/魏安周//湖南大学2000
◎论中国民族歌剧艺术的发展与创新/杨旭//河南大学2000
◎论转型期审美文化走向及建构/孙红//郑州大学2000
◎媒介的社会伦理角色定位/廖秋红//暨南大学2000
◎媒介帝国主义与因特网/黄依蓉//复旦大学2000
◎媒介进化史上的新里程碑——网络媒体的研究/史丽萍//暨南大学2000
◎媒介与广告的关系/黄浩挺//复旦大学2000
◎媒介与文化/张国宏//郑州大学2000
◎美国大报对中国的报道与美国对华政策/张娟//外交学院2000
◎美国网络教育研究及启示/张杨//河北大学2000
◎面向知识经济时代的旅游业——99’世博会后，昆明世界园可持续管理研究/姜秀珍//昆明理工大学2000
◎民族文化影视片编制模式研究/赵云合//北京师范大学2000
◎民族文化在电视广告中的运用/杨笛//云南大学2000
◎明代安徽音乐的初步研究/王义彬//福建师范大学2000
◎内蒙古多伦县旅游资源开发的必要性和可能性的研究/刘明梅//中国地质大学2000
◎南京旅游客流行为地理研究/张安//南京大学2000
◎南京中山陵园风景区保护与开发初探/杨红伟//东南大学2000
◎企业广告管理研究/王亚立//郑州大学2000
◎浅论我国出版行业的深化改革与重组/王素华//山东大学2000
◎秦晋皮影碗碗腔的调查与研究/曹晓芳//西安音乐学院2000
◎青岛海洋旅游深度开发研究/李平//青岛海洋大学2000
◎清远旅游业发展环境和思路研究/廖为//华南理工大学2000
◎区域旅游业发展非均衡性研究——以江苏省为案例/吕莜菲//南京大学2000
◎全球化中的中国传播研究/贾士秋//郑州大学2000
◎权力，语言和大众传媒/陈明达//福建师范大学2000
◎山东电视剧的透析/张建明//山东师范大学2000
◎山东省中小学学校体育现状与发展对策研究/李凯//曲阜师范大学2000
◎山东省宗教文化的地域分布及其旅游开发研究/孙静//山东师范大学2000
◎陕西省旅游产品深度开发研究/苟小东//陕西师范大学2000
◎商业语境下作者电影的策略—论王家卫的电影创作/高旭//西南师范大学2000
◎上海电视媒体的国际化/杨靖//复旦大学2000
◎上海青年文化活动中心文化产业营销战略和发展战略分析与研究/肖方文//复旦大学2000
◎设施园艺在旅游观光农业中的规划设计及其应用的研究/王先杰//东北农业大学2000
◎社会主义市场经济体制下我国职业体育俱乐部发展现状及其对策研究/赵鲁南//曲阜师范大学2000
◎社会主义市场经济条件下新闻媒介导向功能之研究——对若干经济报道典型案例的分析/林晖//南京师范大学2000
◎社会主义文化建设中的产业化问题研究/李国刚//大连理工大学2000
◎深度报道在我国崛起发展/赵志凌//南京师范大学2000
◎深圳特发集团旅游产业发展战略研究/刘东//华南理工大学2000
◎审美文化与中国当下影视艺术的文化指向/段吉方//广西师范大学2000
◎生活的展场/李冰//大连理工大学2000
◎生态旅游及其可持续发展对策研究/韦燕生//华中师范大学2000
◎生态旅游理论审视与实践研究/陈忠晓//北京大学2000
◎生态旅游理论与长白山生态旅游开发/李光//延边大学2000
◎十六世纪初至十八世纪末的纯悲剧创作及其繁荣动因/刘鸣亚//福建师范大学2000
◎世界性与民族性中国当代油画的两大任务/刘世纪//内蒙古师范大学2000
◎市场经济条件下地市党报发展研究/田秋生//暨南大学2000
◎市场经济与当代中国农村文化建设/涂才民//郑州大学2000
◎试从我国城镇居民消费结构的变化趋势论文化消费的发展与对策/李伟//中国社会科学院研究生院2000
◎试论《南方都市报》的社会传播功能/刘宏//暨南大学2000
◎试论报业数字化/李彦魁//中国社会科学院研究生院2000
◎试论报纸法制新闻中的案例报道/黄兴忠//广西大学2000
◎试论报纸新闻传播的审美系统构筑/赵锦//曲阜师范大学2000
◎试论党报体育新闻的深度报道/许立群//中国社会科学院研究生院2000
◎试论电视谈话节目的生成及其现实意义/阮小刚//暨南大学2000
◎试论广东电视台的广告经营/梁红//暨南大学2000
◎试论人民日报漫画增刊——《讽刺与幽默》/王辟长//中国社会科学院研究生院2000
◎试论社会主义市场经济条件下经济文化建设/张雪峰//天津师范大学2000
◎试论网络媒体对传统报纸发展的影响/唐胜宏//中国社会科学院研究生院2000
◎试论我国报纸网站经管理念和模式的新变化/陈建萍//中国社会科学院研究生院2000
◎试论我国新时期的新闻受众调查/蔡双根//南京师范大学2000
◎试论因特网对新闻传播及其理论的影响/周渡//南京师范大学2000
◎试论中国电视谈话节目的构成要素/吴晶//暨南大学2000
◎受众地位的转变与传播者的对策/张蕾//南京师范大学2000
◎数字化图书馆流通的若干问题研究/梁晟//复旦大学2000
◎数字视频图书馆研究及实例设计/闵峰//南京大学2000
◎四川省自然保护区管理的研究/杨旭煜//四川大学2000
◎四川新华书店集团有限责任公司2001—2005年战略规划/杨进//西南财经大学2000
◎宋代教坊乐考略/张靖//河南大学2000
◎特区党报的发展道路——《深圳特区报》研究/陈静诗//复旦大学2000
◎体育服务生产—消费过程中身体操作信息的研究——关于体育服务的本质及其交换和价值实现的规律/黄勇潮//北京体育大学2000
◎体育中介公司的经营管理及市场营销策略/江森清//重庆大学2000
◎贴近大众的都市电台——南宁电台个案调查综合报告/吕欣//广西大学2000
◎图书出版项目管理研究及应用/胡永旭//哈尔滨建筑大学2000
◎图书传播的文化性与经济性研究/余芳//南京师范大学2000
◎土家族民俗旅游资源评价与开发研究/白琳//武汉大学2000
◎王益出版思想与当代中国出版业/吴迪//南京大学2000

◎ 网络传播时代的媒介生态研究/陈思（吉力）//复旦大学2000
◎ 网络广告的现状及其发展/何江华//中国科学技术大学2000
◎ 网络环境下的版权保护研究/任宝明//西安交通大学2000
◎ 网络环境下的知识产权保护问题研究/张淑燕//东北师范大学2000
◎ 网络经济企业经营管理战略的选择/杨忱寓//对外经济贸易大学2000
◎ 网络时代传统出版业面临的挑战和机遇/郜杰//南京大学2000
◎ 网络新闻传播主体多样化及其影响初探/邹声文//中国社会科学院研究生院2000
◎ 网络学术期刊的发展及其开发利用研究/丁丁//中国科学院文献情报中心2000
◎ 网络营销的有效手段——网络广告研究/陈继伟//上海海运学院2000
◎ 网络与大众传播的融合/彭黎//暨南大学2000
◎ 卫星电视管理与发展模式探讨/应中迪//复旦大学2000
◎ 文化营销传播研究/唐华//西南财经大学2000
◎ 文学的商品价值/马立荣//山东大学2000
◎ 我国报纸副刊发展研究/武晓雪//南京大学2000
◎ 我国博物馆在现代社会生活中的重新定位/张慧红//复旦大学2000
◎ 我国城市文化建设若干问题研究/李伟梁//大连理工大学2000
◎ 我国出版集团现状及问题分析/曾清燕//清华大学2000
◎ 我国出版企业集团论/刘玉一//南京大学2000
◎ 我国传媒产业化进程中股票市场融资研究/张峰//中南工业大学2000
◎ 我国电视频道专业化趋势初探/安杨//中国社会科学院研究生院2000
◎ 我国发展网络经济的障碍及对策研究——从美国“新经济”谈起/余洪明//西南财经大学2000
◎ 我国高校体育教育人力资源开发与管理机制现状分析及运作模式的研究/韩春利//曲阜师范大学2000
◎ 我国假日旅游现象研究/周昌军//山东师范大学2000
◎ 我国科技出版业的若干发展战略问题研究/周琰//中国科学技术大学2000
◎ 我国科技期刊办刊模式的研究/张寓景//第二军医大学2000
◎ 我国旅行社的国际竞争战略/黎明//首都经济贸易大学2000
◎ 我国旅游度假区开发建设探析/陈建春//复旦大学2000
◎ 我国旅游信息网络化与网络营销初探/姚进//上海交通大学2000
◎ 我国旅游业发展探索/霍花//辽宁师范大学2000
◎ 我国森林旅游可持续发展问题研究/李继红//东北林业大学2000
◎ 我国少数民族传统体育的健身价值——对第六届民运会竞赛项目和部分表演项目健身价值的分析/张晓丹//华中师范大学2000
◎ 我国实行健美操俱乐部制的可行性研究/谭惠芳//北京体育大学2000
◎ 我国体育管理专业教学现状及改革发展模式研究/闫允璐//曲阜师范大学2000
◎ 我国图书出版业信息传播存在的问题及发展对策研究/彭承进//东北师范大学2000
◎ 我国图书市场预测与营销策略研究/石峰//北京航空航天大学2000
◎ 我国外贸企业开展网络营销的思考/李永//天津财经学院2000
◎ 我国网络广告效果提升研究/李长山//同济大学2000
◎ 我国自然旅游资源产权安排探讨/蔡新会//复旦大学2000
◎ 武汉都市旅游发展战略研究/辛剑//湖北大学2000
◎ 西安海外旅游流时空动态分析/李永军//陕西师范大学2000
◎ 西部大开发中的甘肃文化发展思考/卢丽//兰州大学2000
◎ 西方精神分析学电影理论研究/刘海夫//广西师范大学2000
◎ 西方现代广告：商品拜物教的传教士/高坚//暨南大学2000
◎ 现代博物馆设计研究/贾渤//东南大学2000
◎ 现代会展建筑设计及其策略研究/钱海平//东南大学2000
◎ 现代教育电视节目画面的美学特征/苗元华//山东师范大学2000
◎ 乡村旅游开发研究/张丽娜//云南师范大学2000
◎ 新世纪中国有线电视发展战略研究/邓林//复旦大学2000
◎ 新闻出版文化学研究/张福平//郑州大学2000
◎ 新形式下青年报广告的系统策略/闪慧//郑州大学2000
◎ 信息时代的有线电视/吕蕾//郑州大学2000
◎ 信息时代网络对大众传媒的影响/宋岩//郑州大学2000
◎ 虚拟图书馆与传统图书馆关系研究/杜占江//北京大学2000
◎ 亚东图书馆与五四新文化运动/刘惠莉//清华大学2000
◎ 羊城晚报“创世纪”策划的操作分析/秦彤//暨南大学2000
◎ 一个体育网站的设计和运营/徐任重//上海交通大学2000
◎ 因特网上的版权保护热点探析/马洪//中国社会科学院研究生院2000
◎ 银川市城市居民体育消费现状及影响因素的研究/王飒//北京体育大学2000
◎ 影、视、网与当代审美文化/张爱凤//扬州大学2000
◎ 影视审美鉴赏心理初探/郑书忠//曲阜师范大学2000
◎ 影响我国城镇居民大众体育需求的社会心理因素分析与研究/程么娥//华中师范大学2000
◎ 岳阳旅游业发展战略研究/刘文一//中南工业大学2000
◎ 云南历史文化名城文化旅游发展研究——以建水为例/周新生//云南师范大学2000
◎ 云南旅游商品市场发展分析与对策研究/冯娟//云南大学2000
◎ 在WTO背景下的中国出版业发展前景分析与思考/陆盛强//复旦大学2000
◎ 张元济与商务印书馆的文化出版事业/陈永忠//华中师范大学2000
◎ 知识经济时代我国出版产业化问题透析/方薇//中国科学技术大学2000
◎ 植物园类旅游地综合开发研究——以华南植物园为例/李申芒//中山大学2000
◎ 中国报业集团的若干特点及其发展趋势/李明欣//中国社会科学院研究生院2000
◎ 中国报业集团的组织设计/赵蕙辉//清华大学2000
◎ 中国报业集团发展研究/陆舰//暨南大学2000
◎ 中国报业与广告之互动——改革开放二十年来/李芃//复旦大学2000
◎ 中国传媒产业化研究/丁晖//湖南大学2000
◎ 中国传统建筑的保护与开发/顾丽华//同济大学2000
◎ 中国大陆电影与港台地区电影的比较研究/马经标//福建师范大学2000
◎ 中国大众传播媒介产业化经营研究/马雪//郑州大学2000
◎ 中国当代审美文化下的张艺谋电影/刘强//山东师范大学2000
◎ 中国电视产业发展战略浅析/苗莉//东北财经大学2000
◎ 中国电视老年节目初探/范映华//暨南大学2000

⊙中国电影和美国电影的影响研究/张应辉//福建师范大学2000
⊙中国高等教育国际化进程与反思/闫嵘//陕西师范大学2000
⊙中国公益广告事业史述评/王云//复旦大学2000
⊙中国共产党与我国体育事业的发展/李世艾//山东师范大学2000
⊙中国古戏台之形成与发展及其相关因素/罗德胤//清华大学2000
⊙中国互联网企业与国际接轨的融资战略研究/宣洁//北京航空航天大学2000
⊙中国历史商业街区的保护与发展规划研究/裴雷//武汉水利电力大学2000
⊙中国旅游饭店品牌经营战略研究/李扬//湖北大学2000
⊙中国旅游业发展的区域差异研究/王凯//武汉大学2000
⊙中国旅游业发展战略研究/陆水尧//上海交通大学2000
⊙中国艺术品投资决策支持系统/贾国果//首都经济贸易大学2000
⊙中美高校竞技体育管理体制的比较研究/赵志坚//北京体育大学2000
⊙中西旅游文化对比研究/余意峰//华中师范大学2000
⊙中演公司在国内演出市场上的营销策略/张弛//对外经济贸易大学2000
⊙珠海市旅游业现状及发展对策研究/杨迅//哈尔滨工业大学2000
⊙走向成熟的张艺谋电影/赵慧英//辽宁师范大学2000
⊙走向情感化的广播电视建筑/蒋涤非//清华大学2000
⊙“导演”新闻现象及其社会心理初探/张俊才//广西大学2001
⊙“客源”型生态旅游区的主题创作/焦胜//湖南大学2001
⊙《案例》：广州奥林匹克花园/何芸//暨南大学2001
⊙《案例》：恒鑫旅游度假区——规划与实施/段银云//暨南大学2001
⊙《半岛晨报》经营战略/常彦洲//大连理工大学2001
⊙《红字》主题阐释及视觉艺术评析/张慧//浙江大学2001
⊙《纽约时报》社论版特色研究/邵光//中国社会科学院研究生院2001
⊙《万国公报》传播近代科技文化之研究/邓绍根//福建师范大学2001
⊙《小说月报》与中国小说现代化的转型/杨庆东//山东师范大学2001
⊙《羊城晚报》娱乐新闻初探/孙朝方//广西大学2001
⊙安庆方言与黄梅戏/张洁友//复旦大学2001
⊙案例研究：W图书出版公司发展战略案例研究/应中伟//华南理工大学2001
⊙版权用尽研究/陈宗波//广西师范大学2001
⊙版权转让法律问题研究/孙丽梅//中国社会科学院研究生院2001
⊙报业集团产品组合策略分析——以广州三大报业集团为例/邓琳奕//暨南大学2001
⊙报业集团和广播电视集团的比较研究/陆勤//复旦大学2001
⊙报业竞争与经营对策研究/金震寰//南京大学2001
⊙报业人才浅探/孙喆喆//南京大学2001
⊙报纸“产品差别”分析/向才志//暨南大学2001
⊙报纸发行研究/马跃峰//河南大学2001
⊙报纸品牌建设/田文生//厦门大学2001
⊙北戴河影视城营销策略研究/马继红//哈尔滨工业大学2001
⊙北京城市周边旅游地空间结构研究/苏平//北京大学2001
⊙北京什刹海金丝套历史街区保护规划及旅游开发/李春青//北京建筑工程学院2001
⊙北京市第三产业现状分析及发展对策研究/郑冬华//首都经济贸易大学2001
⊙北京市都市农业发展的实证研究——21世纪北京市都市农业发展的对策分析/张英莉//中国农业科学院2001
⊙北京市会展经济的发展及对策分析/张娜//首都经济贸易大学2001
⊙北京文化产业融资现状及对策研究/张卫清//首都经济贸易大学2001
⊙比较广告之比较研究/韦烨//复旦大学2001
⊙博学堂商业模式探讨/辛英杰//上海交通大学2001
⊙产权残缺与组织博弈——解析制度变迁下的中国有线电视网发展/李萍//广西大学2001
⊙产业化背景下的体育营销问题研究——体育产业、体育市场和体育营销/龙炼//复旦大学2001
⊙长沙市旅游产品开发研究/夏文斌//湖南大学2001
⊙成都近郊生态农业旅游开发模式研究——以郫县、龙泉驿为例/杨建翠//成都理工学院2001
⊙成都市广告业的现状及未来对策分析/王勋//西南财经大学2001
⊙城市规划制度建设与发展/唐林//重庆大学2001
⊙城市户外广告规划探索——以温州市城市户外广告设置规划为例/张静//同济大学2001
⊙城市化进程中历史地段的保护与更新——创造新地域建筑文化/庄艳//合肥工业大学2001
⊙城市经营论/袁国华//广西师范大学2001
⊙城市旅游规划的初步探索/邹再进//重庆师范学院2001
⊙城市旅游规划研究——以开封市为例/王紫生//河南大学2001
⊙城市旅游目的地营销组织初探/何云霞//复旦大学2001
⊙城市旅游形象的研究/刘德艳//上海师范大学2001
⊙城市旅游业投资环境研究——以武汉市为例/梁玥琳//华中师范大学2001
⊙城市休闲广场设计研究/曹海婴//合肥工业大学2001
⊙城缘风景名胜区规划初探/蒋万芳//重庆大学2001
⊙充分发挥旅游业的积极经济作用/宋书楠//辽宁师范大学2001
⊙出版策划与图书畅销论/欧阳雪芹//苏州大学2001
⊙出版集团内部整合机制探讨/宋朝晖//上海财经大学2001
⊙出版社图书营销主要问题研究/罗佳//北京理工大学2001
⊙川西经济欠发达民族地区特色旅游产品开发研究——以康定县为例/孙守江//成都理工大学2001
⊙传媒变革中的文化资本与网络背景下的文学际遇/林春田//厦门大学2001
⊙传媒文化论/车美萍//山东大学2001
⊙传媒与民俗生活变迁——甘庄的个案描述与分析/孙信茹//云南大学2001
⊙传统与嬗变：地方社会转型中的宗族与民间信抑——以闽西客家桂龙乡为例/余丰//厦门大学2001
⊙从澳门的产业结构论金融业与旅游、彩业的互动与发展/刘泽光//暨南大学2001
⊙从报纸头版看中国两大主流媒体新闻价值观的变化/黄晓霞//清华大学2001
⊙从北宋东京的娱乐生活看当时的都市文化/余江宁//安徽大学2001
⊙从广告主角度探讨电视媒体的广告营销策略/夏洪艳//厦门大

学2001

◎从网络经济学的角度看微软垄断案/陈庆能//浙江大学2001

◎促进我中旅游产业发展现实选择的思考/年一锋//首都经济贸易大学2001

◎大连建国际滨海旅游名城初探/赵冰茹//辽宁师范大学2001

◎大连市服装展览业产业化发展模式研究/刘迪//大连理工大学2001

◎大连市企业广告促销的研究分析与对策建议/成云峰//大连理工大学2001

◎大陆电视谈话节目初探/陈荣美//广西大学2001

◎大庆广播电视集团经营发展战略/徐善贵//哈尔滨工业大学2001

◎大型主题公园策划与规划研究/熊瑛//北京工业大学2001

◎大学生文化消费研究/李望平//湘潭大学2001

◎大众报业集团发展模式研究/王海燕//天津大学2001

◎大众传播对时尚写作和时尚阅读的影响/刘宁//暨南大学2001

◎大众传媒建构论/李宁//南京大学2001

◎大众审美文化艺术特征论析/黄曌//重庆师范学院2001

◎大众文化的本质与当代中国大众文化建设/洪路//东南大学2001

◎大众文化视野中的池莉现象/李炜//华中师范大学2001

◎大众文化与当代审美观念的变异/陈敏//河北师范大学2001

◎单一频道城市电视台如何谋求自身发展——对南京十八频道的调研与思考/陈琳//南京师范大学2001

◎当代中国报业发展的范式及其转换——中国报业集团的一种逻辑论证/唐海江//武汉大学2001

◎当代中国报纸发行体制研究/唐华//武汉大学2001

◎电视产业市场化运作过程中的问题及对策——基于无锡电视产业市场化实践的研究/于国状//东南大学2001

◎电视新闻传播心理求近策略/金雷//暨南大学2001

◎电视新闻深度报道传播策略研究/张春丽//暨南大学2001

◎电视艺术特性与电视娱乐大众化/马道全//南京大学2001

◎电影的"数字化生存"——论数字技术对电影的介入及其影响/李贵成//上海大学2001

◎电子商务背景下网络营销研究/区小鹏//广东工业大学2001

◎电子商务在厦门旅游业应用的研究/陈毓斌//厦门大学2001

◎东方出版中心期刊发展战略思考/常智韬//上海财经大学2001

◎东西方建筑与文化模糊比较概述/吴卫//湖南大学2001

◎都市报定义及其发展趋势刍议/蒋海斐//广西大学2001

◎都市生态旅游开发研究——以长春市为例/张红//东北师范大学2001

◎对Internet中我国体育网站的研究/周星宇//北京体育大学2001

◎对报纸泛视觉化倾向的思考——90年代报业文化大众化评析/李立志//暨南大学2001

◎对沈阳、大连市13—17岁青少年足球队现状调查及发展对策研究/王广//北京体育大学2001

◎对我国法制新闻的传播学思考/赵玉兰//暨南大学2001

◎多媒体出版物研究/李娟//华中师范大学2001

◎多元文化空间冲突与融合的理论分析与区域实证研究/方远平//云南师范大学2001

◎二十年代的美国广告与经济、文化的互动/赵华//苏州大学2001

◎二十世纪九十年代福建省旅行社发展研究/林爱平//福建师范大学2001

◎分化与整合——九十年代我国文化环境及传媒变迁/闵正文//武汉大学2001

◎丰子恺文艺美学思想研究/王首中//辽宁大学2001

◎风景名胜旅游产品的价值评价/谷明//东北财经大学2001

◎冯小刚贺岁电影散论/魏波//西南师范大学2001

◎服装品牌设计策略——论服装品牌文化内涵的构建/张灏//天津工业大学2001

◎福建西部山区丹霞地貌旅游地空间竞争研究——以四个国家级重点风景名胜区所在县（市）为例/石婧//福建师范大学2001

◎改革开放以来中国群众体育理论与实践发展的研究/陈雪梅//华南师范大学2001

◎高等教育出版社信息系统数据库研究/冯英//中国科学技术信息研究所2001

◎高校体育馆设计研究/陈晓明//湖南大学2001

◎公共雕塑，公共艺术/梁田//上海大学美术学2001

◎公民、市民、平民——析上海东方广播电台的受众意识/陆敏//复旦大学2001

◎构筑人情化城市广场/郭良//重庆大学2001

◎关于大陆传媒网站发展现状及其走势的思考/张立勤//南京师范大学2001

◎关于电视产业发展及业外资本进入策略的研究/王非格//北京科技大学2001

◎关于利用电子商务技术开拓民族类图书海外市场的研究/吴中平//北方交通大学2001

◎关于我国篮球市场培育问题的研究/李敦杰//北京体育大学2001

◎关于延边旅游业成为延边支柱产业问题的探究/金蕴华//延边大学2001

◎关于中国广告业百年发展的规律性认识——二十世纪中国广告业发展评析/李雪梅//复旦大学2001

◎关于中国互联网产业中ASP商业模式的探讨/葛福生//厦门大学2001

◎管理文化的反思与前瞻/李世讴//西南师范大学2001

◎广告的文化含义浅论/白根元//山东大学2001

◎广告活动中的伦理问题研究/敬华//武汉大学2001

◎广告竞争、市场结构与市场绩效/周明建//杭州商学院2001

◎广告图形的传播与创造/王栋//江南大学2001

◎广西侗族传统文化与当代民族发展/周艺//广西师范大学2001

◎贵州喀斯特旅游资源网站规划设计研究/贵旋//贵州师范大学2001

◎贵州省旅游形象研究/于立群//中南林学院2001

◎桂林饭店集团化发展的研究/黄燕玲//中南林学院2001

◎桂林市旅游业市场营销管理问题与对策/陈建新//湖南大学2001

◎桂林文化底蕴的审美人类学研究/叶茜//广西师范大学2001

◎国际关系中的传媒——中国传媒维护国家利益的战略选择/冯洪波//河北师范大学2001

◎国际互联网环境下版权法律问题的比较研究/高岩//大连海事大学2001

◎国际互联网下知识产权保护研究/高辉//大连海事大学2001

◎国际旅游行会运行机制研究/周娅//云南大学2001

◎国际商业展览公司营销模式研究/张艺//对外经济贸易大学2001

◎国内出版社网站分析研究/唐舸//南京大学2001

◎国有工艺品外贸公司的核心竞争能力研究/高虹//对外经济贸易大学2001

◎国有旅游企业集团现状及发展对策研究/王成志//浙江大学2001
◎海沧大桥旅游公司营销对策研究/杨铭//哈尔滨工业大学2001
◎杭州市体育健身娱乐市场的供需结构问题研究/何培森//浙江大学2001
◎河北美术出版社经营战略研究/杨永志//上海财经大学2001
◎河北日报报业集团组建及发展战略研究/李慧丽//南京理工大学2001
◎河北省群众体育现状调查分析及发展对策/李东奇//河北师范大学2001
◎黑龙江省拍卖市场规范与发展的研究/齐常丽//哈尔滨工业大学2001
◎黑龙江省图书音像发行集团战略管理研究/王金才//上海财经大学2001
◎湖北省森林旅游开发研究/彭红霞//湖北大学2001
◎湖北省省辖市体育产业现状与对策研究/周冶//北京体育大学2001
◎湖泊岛屿旅游开发与规划——以湖南资兴兜率岛旅游开发详规为例/李向明//中南林学院2001
◎湖南电广传媒股份有限公司发展研究/詹宁//湖南大学2001
◎湖南电视台主要频道发展策略研究/杨晖//湖南大学2001
◎湖南省旅游营销策略研究/丁松刚//湖南大学2001
◎互联网广告品牌传播的模式和策略研究/陆健东//厦门大学2001
◎互联网下的著作权合理使用制度/迟颖//中国政法大学2001
◎欢乐正前方——案例与分析/王文慧//大连理工大学2001
◎幻想乌托邦中的世俗狂欢/谢萍//广西师范大学2001
◎会展业的信息流管理/魏群//上海交通大学2001
◎会展中心基本战略与营销策略研究/向玲//南京大学2001
◎绘画和当代主流艺术的关系/孙尧//上海大学2001
◎基于FCB模式的网络广告表现策略研究/王建红//广西大学2001
◎基于服务营销管理理念的出版社营运管理探讨/杨惠龙//上海财经大学2001
◎基于销售量的广告效果评价探讨/范玥//暨南大学2001
◎计算机产品的广告策略研究/李淼//厦门大学2001
◎技术与艺术/邓深海//湖南师范大学2001
◎加快中国出版业市场化进程的对策研究/张先立//上海财经大学2001
◎加入WTO对哈尔滨市旅游业的冲击及对策研究/李军//哈尔滨工业大学2001
◎加入WTO后我国职业俱乐部发展研究/许思东//浙江大学2001
◎加入WTO后中国广告业问题初探/官威//广西大学2001
◎加入WTO与中国广告业的国际化发展/潘立新//厦门大学2001
◎加入WTO中国涉外旅游饭店集团的发展对策研究/高雁//山东大学2001
◎假日经济研究/谢莹//武汉大学2001
◎建国以来受众分化和传媒细分的轨迹/禹建强//郑州大学2001
◎江淮地区乞丐音乐的初步研究/李梅//福建师范大学2001
◎角逐·奔跑·超越——对中国媒介品牌及品牌化经营的回顾与思考/范欣//华中师范大学2001
◎教育产业化的必然性问题及其投资模式研究/陈开宇//西南交通大学2001
◎解读“文化全球化”/魏海香//首都师范大学2001
◎解析“都市报”浪潮——从南京报业竞争看我国都市报之发展/李兆丰//南京大学2001
◎锦州旅游形象策划/陈才//辽宁大学2001
◎锦州市旅游产业发展研究/郭舒//辽宁大学2001
◎近20年来大陆城市电影中的城市形象及其叙述方式/张康庄//暨南大学2001
◎近50年来中国古籍出版研究/王育红//南京大学2001
◎近二十年来中国电影制片模式的改革研究/梁智勇//上海大学2001
◎经济发达地区城市旅游发展动力系统初步研究——以广东省佛山市为例/钟韵//中山大学2001
◎经济全球化：中国贸易战略分析与走向/吴妍//陕西师范大学2001
◎景区旅游形象策划及促销——以北京什刹海历史文化风景区为例/孙淑荣//辽宁师范大学2001
◎九十年代美国独立电影/徐辉//中国电影艺术研究中心2001
◎九十年代热点电视研究/沈小风//华中师范大学2001
◎九十年代中国纪录片研究二题/檀巧芳//福建师范大学2001
◎喀斯特库区旅游环境承载力及其开发规划优化设计研究——以贵州东风湖为例/王剑//贵州师范大学2001
◎开展连锁经营，推动新华书店事业发展/郑阜//上海财经大学2001
◎抗战时期成都报业的发展/高焰//四川师范大学2001
◎科技期刊数字化网络化问题研究/唐曙南//华东师范大学2001
◎科技手册数字化出版——《机械设计手册》数字化出版个案研究/张立//清华大学2001
◎科技图书的市场特点、营销策略与营销案例分析/姚建中//上海财经大学2001
◎可持续旅游的规划方法初探/尤涛//西安建筑科技大学2001
◎跨文化旅游理念在桂林旅游发展中的应用/龙晓明//中南林学院2001
◎狂欢——生命之舞/陈登凯//西北大学2001
◎来华海外旅游者出行的选择偏好研究/李旭//陕西师范大学2001
◎兰州地区森林旅游资源定量评价/马剑英//甘肃农业大学2001
◎老上海月份牌绘画研究/李振宇//西南师范大学2001
◎雷蒙德·威廉斯的大众文化思想及其影响/黄华军//广西师范大学2001
◎理论与实践：旅游规划编制结构的比较研究/李强//西安建筑科技大学2001
◎历史街区保护规划设计的研究/宋凌//合肥工业大学2001
◎历史文化名城的旅游可持续发展研究——以江西景德镇为例/刘浩龙//南京大学2001
◎历史文化名城天水伏羲庙历史地段保护的评估体系与方法/苏童//西安建筑科技大学2001
◎历史文化名城武威旅游开发研究/李巧玲//兰州大学2001
◎历史文化与城市CI战略/方兴//西南师范大学2001
◎辽宁省滨海旅游资源区划与开发对策研究/曲丽梅//辽宁师范大学2001
◎辽宁省旅游产业发展研究/秦箫//辽宁大学2001
◎柳暗花明又一村——90年代文化转型语境下的“第五代”/景虹梅//山东大学2001
◎龙森花园投资项目可行性研究/陈芳//湖南大学2001
◎旅游安全理论与实践——福建省个案实证研究/张进福//华侨大学2001
◎旅游产品创新系统的研究——以深圳华侨城为例/王镜//陕西

师范大学 2001
◎旅游地调整规划初步研究——一般方法论探讨/王嘉学//云南师范大学 2001
◎旅游地可持续发展评价模式/鲁敏//华中师范大学//2001
◎旅游地评估研究——以东湖风景区为例/程绍文//华中师范大学 2001
◎旅游度假村的生态设计研究/牟维政//清华大学 2001
◎旅游度假区规划设计初探/陈万蓉//同济大学 2001
◎旅游对目的地社会影响研究——以云南大理、丽江为例/李春茂//云南师范大学 2001
◎旅游饭店人力资本开发战略研究/张洁//陕西师范大学 2001
◎旅游分时度假及交换系统——一种解决海南房地产积压//开展热带度假旅游的有效方法/潘泳//桂林工学院 2001
◎旅游扶贫开发的理论与实证研究——以陇南地区为例/杨国靖//西北师范大学 2001
◎旅游服务创新体系研究/刘纬华//华侨大学 2001
◎旅游合同纠纷的现状及其法律调整/顾国增//广西师范大学 2001
◎旅游纪念品的开发与包装策略/程艳萍//南京艺术学院 2001
◎旅游纪念品研究——以湖南省为例/张文敏//中南林学院 2001
◎旅游景区竞争力模型研究/李钰//云南大学 2001
◎旅游景区总体规划体系的理论探讨——以陕西省为例/邢晓梅//陕西师范大学 2001
◎旅游开发可行性研究的理论、方法与实践/王少华//西北师范大学 2001
◎旅游目的地营销模式研究/马艺芳//中南林学院 2001
◎旅游企业的文化营销研究/何谨然//武汉理工大学 2001
◎旅游企业战略联盟型组织研究/乔磊//西北大学 2001
◎旅游区（点）管理方略研究/邵连鸿//北京工业大学 2001
◎旅游市场波动内生因素的微观基础分析：信息范式与价格失灵/巫宁//云南大学 2001
◎旅游投资风险及效益评价研究/李锦林//武汉大学 2001
◎旅游行为及其影响机制研究——以西安市客源市场为例/王斌//西北大学 2001
◎旅游业：市场经济中的发展与公共财政推动/张兵男//财政部财政科学研究所 2001
◎旅游业发展中的注意力研究/马鹤丹//东北财经大学 2001
◎旅游业巨系统基础理论研究——以河北省为例/丁疆辉//河北师范大学 2001
◎旅游业网络营销战略的实施研究/黄红莉//武汉理工大学 2001
◎旅游与社区发展——以桂林龙胜县平安寨为例/文彤//中山大学 2001
◎旅游主题公园发展研究——以大连深圳两地对比分析为例/黄颉//辽宁师范大学 2001
◎旅游资源可持续利用评价研究——以济南市为例/王鹏//山东师范大学 2001
◎旅游资源评价与开发研究/蔡华伟//上海大学 2001
◎略论大众文化对青年价值观及生活方式的影响/冯国强//华中师范大学 2001
◎论"静"与中国传统绘画/姜鲁沂//首都师范大学 2001
◎论《北京青年报》的版面风格/陈东霞//广西大学 2001
◎论 20 世纪 30～40 年代中国合唱音乐/秦露//西南师范大学 2001
◎论阿多诺否定美学的涵义/王耘//陕西师范大学 2001
◎论澳门博彩业的开放及其对金融业的影响/王丰德//暨南大学 2001
◎论澳门文学之大众传播现象/郑彩红//暨南大学 2001
◎论百老汇音乐剧中的舞蹈/慕羽//中国艺术研究院 2001
◎论传统媒体的网络化生存/毛晓梅//武汉大学 2001
◎论当代中国大众文化建设/崔成涛//中共中央党校 2001
◎论地方电视台专业频道面临的困境与对策/谭颖//中国社会科学院研究生院 2001
◎论电视经济报道的内容创新——兼评中央电视经济节目/李诚//暨南大学 2001
◎论电视新闻的期待式现场报道——以中央电视台澳门回归特别节目为案例而展开/陈新华//暨南大学 2001
◎论电视新闻述评的传播策略/李华刚//华中师范大学 2001
◎论发展我国的民俗文化旅游/周敏慧//杭州商学院 2001
◎论法兰克福学派的大众传播批判理论/黄若尧//中国社会科学院研究生院 2001
◎论互联网上的著作权保护/宋哲//华中师范大学 2001
◎论会展经济对城市经济发展的促进作用/马晓岚//上海交通大学 2001
◎论经济新闻信息量的增值/费菲//广西大学 2001
◎论经济信息与图书营销/胡发智//华中师范大学 2001
◎论竞教结合与高校高水平篮球运动/纪新智//山东师范大学 2001
◎论九十年代的平民电影/魏家文//湖北大学 2001
◎论冷战后美国的"文化霸权"/韩晓彬//河北师范大学 2001
◎论旅游产品创新中的体验导向/高静//北京第二外国语学院 2001
◎论旅游网络营销/银淑华//北京工商大学 2001
◎论媒介传播的人际化回归/杨桂荣//暨南大学 2001
◎论企业的名牌文化/朱志伟//哈尔滨工程大学 2001
◎论全球化进程中的当代中国精神文明建设/刘维芳//新疆大学 2001
◎论入世与中国新闻传播业发展前景/胡菡菡//南京大学 2001
◎论数字图书馆的建设/吴传炉//中山大学 2001
◎论体育在国际关系中的地位与作用/马东升//暨南大学 2001
◎论网络传输的版权制衡/彭春萍//上海大学 2001
◎论网络服务提供者的版权侵权责任/王海英//华东政法学院 2001
◎论网络经济时代背景下出版业的电子商务/尤佳娟//上海财经大学 2001
◎论网络时尚对青年人生观的影响及其对策/陈晓钢//西南师范大学 2001
◎论网络作品版权的法律保护/李燕丽//华东政法学院 2001
◎论文化差异对中西商务谈判风格的影响/苑星晋//对外经济贸易大学 2001
◎论我国广告公司的品牌创造/张哲//北京工商大学 2001
◎论我国旅行社开展关系营销的策略/左伟//暨南大学 2001
◎论我国旅游产业化的战略选择/王丽娟//山西财经大学 2001
◎论现代传媒品牌经营/杜兰//暨南大学 2001
◎论香港电台的角色及定位/陈曦//暨南大学 2001
◎论新华社体育报道的优化/张米扬//广西大学 2001
◎论新闻网站的模式与发展预测/刘冬云//暨南大学 2001
◎论休闲运动教育/彭文革//华南师范大学 2001
◎论有线电视增值服务品导入期的营销策略/康铁//对外经济贸易大学 2001
◎论余秋雨的都市文化意识/毛明勇//西南师范大学 2001

◎论在市场经济条件下我国体育市场运行状况和发展战略/杨卓//北京大学 2001
◎论中朝俄图们江下游地区经济开发应重视旅游业发展/金成俊//延边大学 2001
◎论中国多媒体艺术光盘的艺术特性/陈昕//厦门大学 2001
◎论中国画中的“士气”/徐东树//福建师范大学 2001
◎论中国旅游产业组织虚拟前向一体化/梁忠平//复旦大学 2001
◎论中国网络媒体的管理/方明//中国社会科学院研究生院 2001
◎论中国武侠电影/方小玲//湖北大学 2001
◎论主流新闻媒体的网络化生存/李青//暨南大学 2001
◎面临“入世”的中国图书出版业/杨韶辉//南京理工大学 2001
◎面向未来信息服务的图书馆发展研究/马继雄//南京大学 2001
◎民俗文化中仿生现象的历史考察——以华南少数民族为典型/吴水金//暨南大学 2001
◎闽剧艺术初探/林艳//厦门大学 2001
◎南京电视台频道经营策略研究/曾继媛//南京大学 2001
◎南宁城市旅游文化开发研究/聂卉//中南林学院 2001
◎宁波旅游市场细分及竞争战略研究/孙毅//上海财经大学 2001
◎蒲文化旅游开发研究/王旭科//山东大学 2001
◎企业理论视野里的中国报业集团研究/赵曙光//南京大学 2001
◎千岛湖旅游与环境协调发展之研究/郦一心//浙江大学 2001
◎浅论新时期国内报业传媒的变化发展/罗勋//西南财经大学 2001
◎浅析中国旅游业的市场竞争/张晓枫//厦门大学 2001
◎秦皇岛旅游资源综合开发研究/李照星//中国地质大学 2001
◎秦岭北坡森林公园旅游产业可持续发展研究/张晓慧//陕西师范大学 2001
◎清末民初广东私人藏书的历史作用与影响/吴丹青//中山大学 2001
◎清末图书出版新格局的形成及意义/杜衡//苏州大学 2001
◎求真求实 据事说理——关于电视述评几个问题的思考/崔艳//河北大学 2001
◎区域旅游产业发展规划研究——以湖北省为例/胡芬//湖北大学 2001
◎区域旅游规划与发展模式创新研究——以深圳华侨城旅游为例/李莺莉//湖北大学 2001
◎区域旅游合作的现状调查与对策研究/薛莹//浙江大学 2001
◎区域旅游经济发展的理论与实证研究——以陇南地区为例/王计平//西北师范大学 2001
◎区域旅游资源开发评价体系研究——以西安市旅游资源开发评价为例/张结魁//西北大学 2001
◎全球化时代：社会主义文化精神和文化建设/张瑞堂//华中师范大学 2001
◎全球化与中国的文化选择/张玉平//山东大学 2001
◎全球网络霸权与发展中国家的应对/李攀//复旦大学 2001
◎入世给中国媒介产业带来的挑战及对策分析/陈虹//清华大学 2001
◎入世后我国的版权保护与图书馆的合理使用研究/张江华//中南大学 2001
◎入世与中美经贸关系的发展/王春焕//对外经济贸易大学 2001
◎森林景观资产评估的实证研究/兰思仁//厦门大学 2001
◎山东民俗旅游资源开发研究/冯晓松//山东大学 2001
◎山东省普通高等院校体育科研现状调查及发展对策研究/孙传宁//曲阜师范大学 2001
◎山海关古城区保护—开发研究与长城旅游策划/郝东//河北师范大学 2001
◎山西神庙剧场的初步研究/薛林平//太原理工大学 2001
◎山岳旅游资源深度开发战略研究/冯玮//湖北大学 2001
◎陕西文化遗产旅游资源可持续利用战略研究/许红梅//西北工业大学 2001
◎嬗变与转型——晚清启蒙运动与报刊现代化互动关系透视/刘斌//华中师范大学 2001
◎上海贝尔公司广告营销研究/杨旻//上海财经大学 2001
◎上海城市社区文化建设研究/邵珍//上海大学 2001
◎上海都市文化旅游产品运作研究/黄晨晨//复旦大学 2001
◎上海良代有线电视公司若干战略问题研究/方贤胜//复旦大学 2001
◎上海旅游企业跨国经营研究/汪欣毅//上海大学 2001
◎上海影视动画业发展策略与创业机会研究/陈勇//复旦大学 2001
◎上海宗教旅游资源开发研究/李萌//复旦大学 2001
◎社会主义初级阶段文化纲领的形成和内涵/顾燕峰//上海师范大学 2001
◎社会主义市场经济条件下企业文化体系的重构/李平//华中师范大学 2001
◎社区文化建设若干问题研究/张莉//大连理工大学 2001
◎深入研究旅游动机 促进旅游产品创新开发/王炜//辽宁师范大学 2001
◎生命之“象”——论中国传统绘画和西方现代绘画的异同/张映辉//清华大学 2001
◎生态旅游的市场营销策划与实务/沈晔//西南交通大学 2001
◎时尚类杂志的专业化运作及相关的运营规范/李玉洁//天津工业大学//2001
◎时装文化传播——时装传媒研究/周靖蛟//江南大学 2001
◎世纪之交我国精神文明建设的思考/鞠一平//辽宁大学 2001
◎市场文化的兴起与国人现代人格走向/张丹//湘潭大学 2001
◎试论《申报》的经营策略与特色/鲁旭//中国社会科学院研究生院 2001
◎试论报业数字化/李彦魁//中国社会科学院研究生院 2001
◎试论加入 WTO 对我国旅游业的影响及对策/陈克卿//复旦大学 2001
◎试论近代文学的大众化趋势/王晓光//山东大学 2001
◎试论九十年代经济日报热点难点报道/魏永刚//中国社会科学院研究生院 2001
◎试论女性在媒介中的地位和角色/胡琴//中国社会科学院研究生院 2001
◎试论网络服务提供者侵犯著作权/沈成林//中国政法大学 2001
◎试论我国报纸网站经营理念和模式的新变化/陈建萍//中国社会科学院研究生院 2001
◎试论我国假日报纸的开拓与发展空间/田海燕//中国社会科学院研究生院 2001
◎试析网络传播对人际关系的影响/周明杰//中国社会科学院研究生院 2001
◎试析新闻摄影报道的文化底蕴/卢大波//中国社会科学院研究生院 2001
◎逝去的不祇是一个神话——论香港《中国学生周报》/周丽娟//复旦大学 2001
◎受众调查与新闻改革/罗斌//中国社会科学院研究生院 2001
◎受众权益论/汪凯//南京大学 2001
◎数字技术条件下版权法对私权保护贯彻利益平衡原则的研究/

程慧平//中国政法大学2001
⊙数字图书馆的研究与开发/周琦//西南交通大学2001
⊙数字图书馆环境下的版权研究/李铁虎//中国科学技术信息研究所2001
⊙数字图书馆信息利用的版权问题/吴晓玲//上海大学2001
⊙数字作品版权保护法律制度的比较研究/郑征//大连海事大学2001
⊙四川环贡嘎山地区生态旅游研究/程励//电子科技大学2001
⊙四川旅游产业发展战略与市场营销策略探讨/彭军//上海大学2001
⊙苏州城市旅游发展论纲/黄惠珊//苏州大学2001
⊙锁定读者——实施读者忠诚度策略/潘涛//北京邮电大学2001
⊙探索出版业的电子商务之路——对人民时空网站发展案例的思考/顾翀//上海财经大学2001
⊙探险旅游及其在云南发展的初步研究/刘丽娜//云南师范大学2001
⊙唐代绘画稀缺性矛盾的分析/李万康//西南师范大学2001
⊙体育产业及产业化问题的研究/林岩//辽宁大学2001
⊙体育服务生产要素及其市场化准备/王锡彪//北京体育大学2001
⊙体育娱乐建筑的设计模式/杨勐//华南理工大学2001
⊙天坛旅游业开发研究/曾威//北京航空航天大学2001
⊙图书出版结构分析与研究/李斌//武汉理工大学2001
⊙图书馆质量管理体系研究/任真//北京理工大学2001
⊙图书馆组织转型研究/彭伟//华东师范大学2001
⊙图书市场分析与营销策略/戴超//北京理工大学2001
⊙图书网络营销/胡杨//南京大学2001
⊙图书营销渠道体系的优化与运行模式的创新/李宇彤//上海财经大学2001
⊙拓展我国旅游市场的对策研究/黄漫宇//中南财经政法大学2001
⊙外商投资中国网络产业研究/邓炯//华东政法学院2001
⊙网络、网络主体与网络外部性研究/卢山冰//西北大学2001
⊙网络编辑社会角色及素质能力剖析/余瑞冬//广西大学2001
⊙网络传播对现代社会政治生活的影响研究/贺芳//哈尔滨工业大学2001
⊙网络公司的价值创造研究/左军//华南理工大学2001
⊙网络广告策划中的几个主要问题分析/吴荣华//电子科技大学2001
⊙网络广告传播研究/蒲进//厦门大学2001
⊙网络广告等策划中的几个主要问题分析/吴荣华//电子科技大学2001
⊙网络广告法律问题及对策研究/张益俊//对外经济贸易大学2001
⊙网络广告树品牌初探/王英//厦门大学2001
⊙网络广告与CI集成系统研究/仝丽娟//华中师范大学2001
⊙网络化：我国度假旅游的选择/王崧//浙江大学2001
⊙网络环境下版权保护及相关法律问题/汪涛//中国社会科学院研究生院2001
⊙网络环境下版权制度权利体系调整问题研究/王萍//中国政法大学2001
⊙网络环境下的著作权法律保护/卓翔//华侨大学2001
⊙网络环境下图书馆信息资源管理与服务研究/张立华//北京理工大学2001
⊙网络环境下著作权保护的法律问题初探/史春燕//中国政法大学2001
⊙网络经济：分工、技术与市场/陈小文//厦门大学2001
⊙网络经济价值评估/张挺//浙江大学2001
⊙网络经济条件下产业变化发展研究/李华//上海海运学院2001
⊙网络经济下湖南电信企业经营策略研究/施宁堃//湖南大学2001
⊙网络经济研究/孙小琴//广东工业大学2001-04-01
⊙网络经济与企业的经营变革研究/廉鹏飞//对外经济贸易大学2001
⊙网络伦理研究/王继武//西安建筑科技大学2001
⊙网络时代版权保护法律问题研究/杨强//中国政法大学2001
⊙网络时代传统媒体面临的挑战与机遇/刘虹//广西大学2001
⊙网络时代旅游消费者消费行为研究/石奎//中南林学院2001
⊙网络时代深圳市拍卖行营销策略研究/冯健成//复旦大学2001
⊙网络时代我国城市社区文化建设的思考/郑文//湖南师范大学2001
⊙网络时代中的新闻传播变革/靳青//厦门大学2001
⊙网络时代著作权合理使用制度研究/陶立峰//华东政法学院2001
⊙网络投资动因和发展研究/陈颜新//浙江大学2001
⊙网络文献数字化方案/辛霄恩//华东师范大学2001
⊙网络文学的怪诞特征初探/雷艳林//湖南师范大学2001
⊙网络写作初探/谢慧英//福建师范大学2001
⊙网络新闻业务初探/陈霞//复旦大学2001
⊙网络信息版权制度中的集团利益研究/徐翔//华中师范大学2001
⊙网络学术资源组织研究/卞丽//华东师范大学2001
⊙网络音乐作品的著作权保护/谢玉训//中国政法大学2001
⊙网络隐私权问题的社会学分析与对策研究/汪丽莉//苏州大学2001
⊙网络营销在旅行社国际业务中的应用研究/刘河伟//中南林学院2001
⊙网络与网络经济的一般分析/曹联养//陕西师范大学2001
⊙网络著作权合理使用制度研究/章英//上海对外贸易学院2001
⊙网上学友书屋的研究与实现/张霞//同济大学2001
⊙文化霸权与民族——人民的文学——葛兰西文艺文化思想研究/马强//复旦大学2001
⊙文化产业发展研究/彭凯宁//华南理工大学2001
⊙文化的可持续发展/夏莹//山东大学2001
⊙文化的媒介化——论大众传媒对当代文化建构的影响/盖晓春//山东大学2001
⊙文化旅游：过去、现在与未来/张文喜//杭州商学院2001
⊙文化渗透在新闻传播领域的表现及对策/李冬安//华中师范大学2001
⊙文化视角中的中美广告语言及其对比/农时敏//广西师范大学2001
⊙文化研究西方理论与中国语境/周学雷//上海师范大学2001
⊙我国报业结构优化策略探析/黄晓芳//暨南大学2001
⊙我国报纸的社会公益活动研究/刘成华//郑州大学2001
⊙我国报纸网站竞争策略初探/余彦君//厦门大学2001
⊙我国出版社广告初探/王志刚//上海财经大学2001
⊙我国出版业品牌战略研究/麦绣文//南京大学2001
⊙我国大众传媒对体育信息传播的现状及发展对策研究/种莉莉//曲阜师范大2001
⊙我国电视广告女性歧视问题初探 /念瑶//厦门大学2001

◎ 我国电视节目制播制度的探索和方向/刘先林//郑州大学 2001
◎ 我国电视媒体网站初探/杜娟//厦门大学 2001
◎ 我国电子出版物的传播特征/肖峻峰//清华大学 2001
◎ 我国东部各省市体育产业发展的社会经济外环境的比较研究/童莹娟//浙江大学 2001
◎ 我国读者俱乐部发展初探/张红霞//上海财经大学 2001
◎ 我国公益广告传播的市场化策略研究/聂艳梅//厦门大学 2001
◎ 我国广播电视产业化探析/易立群//福建师范大学 2001
◎ 我国广播电视业的产业化发展研究/邓妍红//上海交通大学 2001
◎ 我国国际旅游客源市场研究/陈益人//武汉大学 2001
◎ 我国假日报纸的开拓与发展空间/田海燕//中国社会科学院研究生院 2001
◎ 我国竞技体校的形成、发展及改革走势研究/李春艳//华中师范大学 2001
◎ 我国旅行社企业开展电子商务初探/朱建忠//上海财经大学 2001
◎ 我国旅行社业的纵横向联盟战略/刘江//北京工商大学 2001
◎ 我国旅游饭店供求非均衡分析/吴俊梅//西北大学 2001
◎ 我国旅游服务贸易中的入境旅游发展策略研究/杨晓瑜//湖南大学 2001
◎ 我国旅游观光农业发展问题研究/西爱琴//山东农业大学 2001
◎ 我国旅游节庆市场化运作研究/任国才//浙江大学 2001
◎ 我国旅游企业经营者激励与约束机制研究/杨锋梅//西北大学 2001
◎ 我国旅游网站有效实施网络营销的理论与方法研究/彭环宇//湖南大学 2001
◎ 我国沙滩排球赛事运作现状的调查与对策研究/许广超//北京体育大学 2001
◎ 我国生态旅游可持续发展问题研究/丁晓蕾//南京农业大学 2001
◎ 我国数字图书馆系统建设与优化策略/高云//中国科学技术信息研究所 2001
◎ 我国图书出版产业实证分析/董宝生//上海财经大学 2001
◎ 我国图书价格演变的分析与对策研究/张稷//对外经济贸易大学 2001
◎ 我国网络媒体的现状及发展研究/张帆//华东师范大学 2001
◎ 我国温泉旅游度假村的开发与规划设计/施瑛//华南理工大学 2001
◎ 我国文物事业管理研究/沈海宁//华中师范大学 2001
◎ 我国西部欠发达地区旅游开发研究——以阿勒泰地区为例/杨国安//中国科学院新疆生态与地理研究所 2001
◎ 我国舆论监督论析/冀红兵//华中师范大学 2001
◎ 我国足球市场优化管理和实际运作的系统分析/蔡舸//四川大学 2001
◎ 吴贻弓导演艺术研究/徐俊//上海戏剧学院 2001
◎ 五四时期湖南报刊述评/蒋书同//湖南师范大学 2001
◎ 武术进入奥运会的必要性、可行性研究/王林//河北师范大学 2001
◎ 西部旅游人力资源开发探讨/张红//中南林学院 2001
◎ 西藏旅游市场分析与对策研究/次仁彭多//武汉大学 2001
◎ 西方电影中的主体性研究/刘月//中国电影艺术研究中心 2001
◎ 西方建筑中的极少主义现象研究/陈琦//西安建筑科技大学 2001
◎ 西方著作中的戏曲研究——民族音乐学视角的观照/耿红梅//中国音乐学院 2001
◎ 厦门广播电视产业化发展的战略思考/林洪美//厦门大学 2001
◎ 县域旅游发展规划的系统思维方法与技术路径——以湖南省资兴市为例/张朝枝//中南林学院 2001
◎ 现代城市广场设计方法研究/张骏//合肥工业大学 2001
◎ 现代都市游憩空间结构与规划研究——以宁波市为例/秦学//中南林学院 2001
◎ 现代化国际都市文化建设若干问题研究/张玉珠//大连理工大学 2001
◎ 现代绘画艺术的色彩美学/张翠//复旦大学 2001
◎ 现代旅行社企业集团化经营探讨/钟妮//暨南大学 2001
◎ 现代旅游企业组织结构再造理论的研究/王保伦//西北大学 2001
◎ 现代旅游市场开发及其 Internet 应用研究/周霓//山东师范大学 2001
◎ 现代图书馆建筑设计研究/沈怡//中山大学 2001
◎ 现代图书馆网络信息服务模式研究/刘路//中国科学院文献情报中心 2001
◎ 现代影像对艺术的影响/吉磊//西南师范大学 2001
◎ 现代知识类电视节目写作的时代特色/旷宗仁//山东师范大学 2001
◎ 现阶段调整出版组织结构的若干分析及构想/李勇//上海财经大学 2001
◎ 乡村旅游开发研究/刘红艳//中南林学院 2001
◎ 乡村旅游研究与实践——桂林乡村旅游个案分析/黄进//中南林学院 2001
◎ 相声艺术创新的探索与实践/冯巩//华中师范大学 2001
◎ 香港鬼怪灵幻电影研究/谭亚明//中国电影艺术研究中心 2001
◎ 香港流行曲歌词中的女性形象（1985—2000）/陈美丝//暨南大学 2001
◎ 项目策划研究/陈文俊//武汉理工大学 2001
◎ 消费主义及其对美国当代社会的影响/范小玫//厦门大学 2001
◎ 小城镇建设中文物古迹保护研究/梁玲玲//河北农业大学 2001
◎ 新华社《新华纵横》电视新闻栏目市场营销策略研究/黄东梅//北京理工大学 2001
◎ 新疆旅游业发展的战略思路及对策研究/姚从容//新疆农业大学 2001
◎ 新疆五家渠市旅游发展战略研究/拜晓东//南京大学 2001
◎ 新生代电影的文化流变/王现婧//山东师范大学 2001
◎ 新时期社区文化建设研究/秦志刚//中国矿业大学 2001
◎ 新世纪旅游业的思考/刘小红//中央财经大学 2001
◎ 新中国初期私营电影研究/钱春莲//中国电影艺术研究中心 2001
◎ 新中国战争片叙事模式及其演变/曲丽萍//中国电影艺术研究中心 2001
◎ 信息时代我国旅行社发展新动向/黎晓蕾//暨南大学 2001
◎ 信息与电视综述研究/赵华琳//南京大学 2001
◎ 形象设计与服饰妆扮研究/傅婷//南京艺术学院 2001
◎ 休闲服装品牌运营研究/卢希云//南京理工大学 2001
◎ 休闲与休闲产业的经济学思考/许明//上海财经大学 2001
◎ 虚拟空间的文化变迁/李宏光//华中师范大学 2001
◎ 阳山县生态旅游发展的研究/陈伟峰//华南理工大学 2001
◎ 杨家埠民间工艺的文化价值及旅游开发研究/王素洁//山东大学 2001
◎ 伊春林区生态旅游资源评价的研究/刘吉春//东北林业大

学 2001
- 以公共关系学为构建的图书馆管理研究/林晓//华东师范大学 2001
- 因特网经营研究/王伊昌//西北大学 2001
- 因特网上版权保护问题的研究/王宁//对外经济贸易大学 2001
- 因特网上版权保护问题的研究/王巍//大连海事大学 2001
- 影片卧虎藏龙的跨文化解读/赵霞//华东理工大学 2001
- 影响 NBA 与 CBA 观赏性若干问题的比较研究/滕育松//辽宁师范大学 2001
- 影响我国全民健身活动可持续发展主要因素的经济学分析/杨昧生//华南师范大学 2001
- 影像都市——论“新都市电影”的“都市”想象及现代性选择/郑润良//福建师范大学 2001
- 用商业化出版软件实现地图的快速出版/许德合//解放军信息工程大学 2001
- 有线电视网络的产业化问题研究/曹锋//电子科技大学 2001
- 越野挑战运动在我国开展现状的调查研究/胡朝晖//北京体育大学 2001
- 云南第三产业成长的实证分析/孔春丽//云南大学 2001
- 云南省旅游人力资源管理研究/蒋素梅//云南大学 2001
- 在华跨国公司的跨文化冲突研究与跨文化管理/吴永毅//东华大学 2001
- 展览型企业的网络营销策略研究/刘磊//东南大学 2001
- 站到 WTO 的肩膀上——论转型期中国出版业竞争优势的再构/王利明//上海财经大学 2001
- 整合营销传播初探/王玉波//华中师范大学 2001
- 正定旅游业信息化的发展对策研究/马建明//河北师范大学 2001
- 知识产权保护的新世纪挑战/蒋斌//上海交通大学 2001
- 知识经济背景下的企业创新文化/李辉//山东师范大学 2001
- 知识经济时代信息服务业面临的挑战及对策/臧强//南京理工大学 2001
- 知识经济下网络营销策略研究/韩斌//西南交通大学 2001
- 直销市场类报纸营销策略研究/倪伟龄//大连理工大学 2001
- 直邮是农村科技图书销售的优选渠道/敖裕兰//上海财经大学 2001
- 制播分离条件下电视产业的品牌化经营/张波//中国科学技术大学 2001
- 制约我国报业集团发展的内外部因素及对策研究/陈江//复旦大学 2001
- 中国报业集团的若干特点及其发展趋势/李明欣//中国社会科学院研究生院 2001
- 中国报业集团经营现状探析/孙立梅//复旦大学 2001
- 中国报业资本经营研究/周志敏//华南理工大学 2001
- 中国报纸网站发展道路初探/覃艳//广西大学 2001
- 中国彩电产业发展研究/龚晓锋//西南财经大学 2001
- 中国城市可持续发展研究/郑树霞//郑州大学 2001
- 中国出版集团核心能力研究/刘征//上海财经大学 2001
- 中国传统文化与旅游管理/张志娟//厦门大学 2001
- 中国当代流行音乐的发展及文化学研究/王思琦//河南大学 2001
- 中国电视的互动性研究/沈文锋//福建师范大学 2001
- 中国加入 WTO 后出版产业组织和产业组织政策研究/刘炬伟//华南理工大学 2001
- 中国科技出版改革与发展研究/黄大斌//武汉理工大学 2001
- 中国旅游产业的形成及发展趋势研究/张积慧//西南财经大学 2001
- 中国旅游市场分析与营销对策——中国山水旅行社营销战略研究/马克//北京大学 2001
- 中国旅游文化建设若干问题研究/姜英霞//大连理工大学 2001
- 中国旅游业的数字化生存/沈炯//杭州商学院 2001
- 中国门户网络公司生存环境及经营战略研究/陈亚蕾//对外经济贸易大学 2001
- 中国内地和香港电视广告形象比较研究/周道宁//暨南大学 2001
- 中国拍卖业的状况及发展思路/乐智强//厦门大学 2001
- 中国企业民俗管理与建设研究/刘少和//广西师范大学 2001
- 中国企业网络营销的现状、问题与对策/王璨//湘潭大学 2001
- 中国入境散客旅游者旅游行为研究/宋咏梅//陕西师范大学 2001
- 中国数字档案馆研究/许立莺//苏州大学 2001
- 中国体育产业结构的非常规转换问题的探讨——兼论体育产业的相关概念/亓昕//北京体育大学 2001
- 中国图书分销渠道研究/李济平//上海财经大学 2001
- 中国网络产业现状分析和发展对策研究/董菁//武汉理工大学 2001
- 中国网络经济发展研究/陈创锋//暨南大学 2001
- 中国网络媒体发展模式初探/王芳//南京大学 2001
- 中国网络企业赢利模型研究/宗凯//华东师范大学 2001
- 中国文化建设的范式与实践/郭继成//首都师范大学 2001
- 中国西部旅游经济分析研究/朱俊杰//南京大学 2001
- 中国线条艺术论/孙琦//东南大学 2001
- 中国休闲产业发展探讨/王维维//杭州商学院 2001
- 中国研究型公共图书馆的营销战略/陈超//复旦大学 2001
- 中国早期喜剧电影美学初探/刘宇清//中国电影艺术研究中心 2001
- 中国展览业的发展战略和政府管制研究/金谊//上海交通大学 2001
- 中国自然保护区立法的现状评价与完善/颜士鹏//东北林业大学 2001
- 中国足球产业化研究/吴爱政//天津大学 2001
- 中美高校高水平篮球队管理因素的比较研究/陶业涛//山东师范大学 2001
- 中美新闻周刊比较研究/孙凌云//南京大学 2001
- 中外出版集团比较研究/邓元宏//清华大学 2001
- 中西大众文化比较研究/季玉群//东南大学 2001
- 中西方文化与管理比较分析研究/杨红娟//昆明理工大学 2001
- 重庆市旅游产业发展研究/强海涛//西南农业大学 2001
- 周星驰电影片论/邓勇//西南师范大学 2001
- 主题公园的开发研究/王志稳//华中师范大学 2001
- 主题公园建设过程能力成熟度模型及建筑学关键域研究/白静//西南交通大学 2001
- 著作权网络侵权研究/黄旐//华东政法学院 2001
- 专业化电视频道经营研究/罗炜//北京理工大学 2001
- 资讯科技时代旅游业的人力资源管理/陈沛//华侨大学 2001
- 资源县生态旅游县建设研究/粟维斌//中南林学院 2001
- 走向审美文化——对转型期我国当代文化建设的思考/于少华//河北师范大学 2001
- 组建浙江出版联合集团若干问题的探讨/范子平//上海财经大学 2001

理 论 的 张 力 与 实 践 的 自 觉

中国文化产业行业典范综合考量

中国文化产业典范选登

| 典范行业 | 典范区域 | 典范项目 | 典范事件 | 典范人物 |

1979～1999年：中国新闻出版业改革开放二十年历程

■ 新闻出版业改革开放二十年规制变迁

◇中国出版业改革肇始于1979年12月在湖南长沙召开的全国出版工作座谈会。会议明确规定了新时期出版工作的基本任务，并适时调整了地方出版社的出书方针，由原来的“地方化、群众化、通俗化”，只面向本省，改为“立足本地，面向全国”，把地方出版社的生产力解放了出来，使地方出版社成为发展出版事业的一支重要生力军。

◇出版业改革首先在图书发行体制上取得突破，而图书发行体制改革是从出版社自办发行起步的。1980年8月，国家出版局发布了《关于出版社和新华书店业务关系的若干原则规定》(试行草案），对出版社自办发行给予了肯定。

◇1980年12月，国家出版局发文建议各省、市、自治区出版局有计划地发展集体所有制和个体所有制的书店、书亭、书摊。

◇1982年3月，国家出版局向中宣部提出《关于图书发行体制改革问题的报告》，对图书发行体制改革提出了比较系统的意见，提出图书发行体制改革的目标是：在全国组成一个以国营新华书店为主体的，多种经济成分、多条流通渠道、多种购销形式、少流转环节的图书发行网。报告得到中宣部批准，并印发全国，有力地推动了图书发行体制改革。

◇1983年6月，全国图书发行体制改革座谈会召开。同年6月，《中共中央、国务院关于加强出版工作的决定》指出：“出版事业的发展，必须贯彻改革精神。”这是党中央第一次向出版界提出改革的任务和要求。出版工作从以“阶级斗争为纲”转到以经济建设为中心的正确轨道上来。

◇1983年10月，在四川成都再次召开全国图书发行体制改革经验交流会，着重交流了购销形式、出版社自办发行、发展集个体书店以及国营书店实行经营责任制方面的经验。

◇1984年6月，地方出版社工作会议在哈尔滨召开。这次会议成为讨论出版改革的专题会议，主要讨论了三个方面的问题：（1）适当扩大出版单位的自主权；（2）建立联系奖惩的考核制度；（3）把解决出书慢、买书难作为出版改革的一个重要突破口。这次会议对整个出版改革都产生了深远影响。

◇1988年5月，中宣部、新闻出版署印发了《关于当前出版社改革的若干意见》。《意见》要求：（1）逐步推行社长负责制；（2）推行多种形式的责任制，使责、权、利逐步统一起来；(3)坚持按劳分配，克服平均主义，奖金分配拉开差距；(4)开辟多种渠道，利用社会力量，扩大出版能力。

◇1988年6月，中宣部、新闻出版署提出《关于当前图书发行体制改革的若干意见》，要求图书发行工作必须进一步解放思想，在继续完善和发展“一主三多一少”的图书发行新格局的基础上，推进“三放一联”：放权承包，搞活国有书店；放开批发渠道，搞活图书市场；放开购销形式和批发折扣，搞活购销机制；推进横向经济联合，发展各种出版发行企业群体和企业集团。

◇1990年11月，在重庆召开了全国图书发行工作会议，总结“三放一联”的推广经验，会后就有关问题制定了若干规定。

◇1994年，新闻出版署党组提出了推动我国新闻出版业实现从以规模数量增长为主要特征的阶段向以提高质量效益为主要特征的阶段转移的工作思路。

■ 出版业改革二十年取得的成绩

◇新闻出版法制建设取得了突破性进展，使新闻出版业的发展有了一个比较健全和良好的法制环境。

◇新闻出版持续繁荣发展，通过实施“精品战略”带动全面繁荣。我国的新闻出版事业进入了精心设计、优化结构、整体推进、硕果累累的新阶段。

◇新闻出版管理得到了有效加强。通过“定思路，抓导向，立规矩，建机制”，形成了一些行之有效的管理“路数”。

◇新闻出版体制改革不断深入，由于各项改革措施逐步到位，我国新闻出版业酝酿着深刻的整合。

◇新闻出版业运用高新技术的能力明显增强。特别是在发展纸介质的同时，磁、光、电媒体的出版物在我国快速发展。

◇书刊定价的改革，实现了由政府规定的分类分档次定价转变为由政府控制利润率、出版社自行定价，增强了书刊出版对多变市场的适应性，有利于学术著作的出版。

◇在出版社普遍实行了专业干部职务聘任制，调动了各类专业干部的积极性，为建立岗位责任制创造了条件。

◇书刊印刷行业改革，基本上参照工业企业的改革思路进行，有力地促进了印刷生产能力的发展。

◇出版生产力得到了空前解放。出版产业的经济规模呈现出

中国文化产业典范选登

| 典范行业 | 典范区域 | 典范项目 | 典范事件 | 典范人物 |

快速增长的态势。

◇据年度快报统计，1998年全国共出版新版书约7万种，重印书约6万种，重版率44%，总印数72.7亿册.总印张377.6亿印张。

◇1998年全国出版期刊7692种，总印数24.9亿册.总印张76.7亿印张；与1994年相比期刊种数增长了9.2%，总印数增长了12.75%，总印张增长了20%。

◇1998年全国新闻出版系统内的企事业单位实现销售收入615.6亿元，实现利润44.6亿元，销售利润率达7.24%；与1994年相比，利润增加了32亿元，增长幅度达254%。

郑燕综合摘编自：石峰《出版改革的回顾与思考》，载《出版发行研究》1992年第3期；于友先《为新闻出版业跨世纪发展奠定坚实基础》，载《报刊管理》1999年第7期。

中国文化产业典范选登

| 典范行业 | 典范区域 | 典范项目 | 典范事件 | 典范人物 |

20世纪80～90年代"市民报"的崛起及典范群体

■ 所谓"市民报"，指我国20世纪80年代后期诞生，90年代崛起的，对新闻专业理念有大胆突破，全方位服务市民生活的新型城市生活报。

■ 增办市民报，最初基于两点考虑：第一，市民报是机关报的有力补充，可以满足政府与民众上下两方的信息需求。第二，市民报是一条重要的财源，可以在财政上支持机关报的正常运作。这两点考虑由于具备了如下条件而变得可行：

◇党委政府给市民报宽松的办报政策，并在报纸创办之初提供人、财、物方面的支持。

◇市民报没有党报那么繁重的政策宣传任务，因而有大量版面为市民生活服务。

◇市民除了需要掌握党和政府最新颁布的方针政策外，更需要可以帮助他们适应社会转型的信息和智慧工具。由于市民报具有多元化、全方位提供资讯的特点，市民对这类报纸的期望值往往高过对其他报纸，甚至超过对电视。

◇市民报的阅读对象是市民和在城市打工、暂住的外来流动人员，其发行量普遍高于靠指令性订阅来保证发行量的党报，甚至传统晚报，因此对广告客户更具吸引力。

■ 1992年邓小平南方视察讲话后，广告业因市场经济改革的步伐加快而出现结构上的巨大变化。房地产、商贸、生活用品三类广告很快取代了昔日产品广告的统治地位，成为中国广告市场新崛起的大户。这三类广告的消费对象主要是城市市民，广告商选择市民喜爱的市民生活报作为广告载体，就使得市民报的广告收入直线上扬。到1993年，全国因此类报纸的突出成绩而使所属机关报社整体广告收入突破亿元大关的报纸有8家。

◇《广州日报》2亿多，《羊城晚报》、《解放日报》、《北京日报》、《南方日报》1.8亿，《新民晚报》、《深圳特区报》、《海南日报》1.3亿。

◇1993年，还有两项指标是前无先例的：局限于一城发行的市报广告超过了跨地区大范围发行的省报广告；报纸广告超过了同级的电视广告。报社有钱了，便开始为自己买地建房，20层、28层、38层的报业大厦在北京、天津、海口、广州、无锡、成都拔地而起。

■ 1993年是中国报业全面推进市场经济改革、形成行业竞争新格局的关键一年。媒体办实体、开公司的热情在这一年开始降温。

◇自20世纪80年代后期以来，中国报纸的支柱收入是广告，而不是三产的公司利润。

◇下工夫安心办报，办出具有双效益（社会效益和经济效益）的大报，才是报业适应社会变革、抓住时代机遇的中心任务。市民报的出现，可谓是这一改革精神的实践证明。

■ 以南京的《扬子晚报》（1986）、杭州的《钱江晚报》（1987）和成都的《华西都市报》（1995）为代表的市民报超越了"传统晚报"仅仅作为党报的补充、茶余饭后消遣的文字之局限，又摒弃了"机关大报"享有的指令性订阅之特权，完全、彻底、公开地以服务市民生活为报纸的市场定位，全方位报道同市民日常生活密切相关的各类新闻和信息。

◇市民报出现在曾经作为中国报业龙头的省级机关报面临严峻的挑战之际，从报纸的功能层面作了一种根本性的转型尝试，并在中国报业的结构优化与多元发展改革思路方面探索出了一套全新的经验，具有明显的"制度创新"特征，因而对我们观测中国报业改革的现状及其深度具有十分重大的意义。

■ 市民报与省、市级机关报截然不同的特点主要表现在变报纸以指导性为主为以实用性、服务性为主。

◇"宣传政策，传播知识，引讲文明，陶冶情操"是中国传统报业的办报宗旨，含有很强的几十年一贯制的宣传训导成分。完全市民报本着认清中国尚处于社会主义初级阶段的实事求是态度，将自己"无冕之王"的社会角色放回到一个很低的，然而却是实在的"做市民忠实公仆"——信息公仆、服务公仆的位置上。

◇市民报要提供大量与市民日常生活直接相关的，比如水、电、气、气象、交通、就业、就医、升学、副食品、菜篮子等等实用信息服务。报纸还努力帮助和促进解决老百姓生活中遇到的困难，尤其是针对市民急需解决又可能解决、政府职能部门也想解决的问题，选择结合点与突破口，开展为民排忧解难的服务报道。

中国文化产业典范选登

| 典范行业 | 典范区域 | 典范项目 | 典范事件 | 典范人物 |

◇《扬子晚报》的“南京人备忘录”专栏就是该类晚报为老百姓办实事的名牌栏目。

◇《钱江晚报》的“挂牌值班”系列报道，以邀请杭州市环卫、公路运输管理、交警、公安、电信、电力、房管、自来水公司、燃气办等政府职能部门的领导到报社挂牌值班的方式，受理市民投诉，为市民排忧、解难、解疑。据统计，在该栏目收到的投诉中，有一半以上能当场解决，其余问题几乎件件有着落，事事有回音，读者满意。

■ 在经济信息报道方面，市民报变从生产者的角度出发为从消费者的角度出发，变计划经济报道为市场经济报道。

◇《华西都市报》对成都市1996年“春节期间流行一家人到酒店包席作为年夜饭”、“春季的全国糖酒会订货大战”、“夏季空调一抢而空”、“冷淡杯（一种在街边、户外用极具川味特色的凉菜就啤酒的饮食新潮）流行，饮料市场一跃而上”等市场新闻报道，不仅刺激起市民新一轮的消费热情，而且还因准确地反映出消费者的行为动向，让不少厂家商家大喜过望，获利丰厚。

张瑞综合摘编自：李苓《二十世纪末中国传媒的角色转变——完全市民报透析》，载《出版发行研究》1999年第5期；孙劲松、王从波《新闻传播平民化浪潮回顾》，载《新闻界》2005年第6期；宣奉华、边琪《都市报的崛起与繁荣》，载《新闻写作》1999年第9期。

中国文化产业典范选登

| 典范行业 | 典范区域 | 典范项目 | 典范事件 | 典范人物 |

20世纪90年代中国电子出版物开发的典范群体

■ 我国的电子出版大约出现于20世纪80年代中期，最初是由一些大专院校和科研单位，将其编制的计算机软件作为出版物出版，其媒体形态为软磁盘（FD）。经过十多年的开拓与发展，全国现有电子出版单位64家，具有相当实力的制作公司100多家，形成了一定规模。

■ 1991年，上海经济信息中心首次推出了我国出版的光盘产品英文版《中国贸易》。从1992年起开始稳步发展中文CD-ROM产品，经过我国科研人员的艰苦努力，已经成功地解决了诸如汉字编码、汉字识别、汉字信息压缩存储和快速传递等关键技术，发展中文电子出版物的技术问题已经基本解决。这标志着我国电子出版已进入一个新的发展阶段。仅几年时间，累计出版的电子出版物品种已超过5000多种，五年来增长率超过200%。

■ 1992年，清华金盘公司开发制作了国内第一张光盘——《邮票上的中国》，这是中国制作最早的电子出版物。当时国内只有屈指可数的几家软件公司从事光盘（那时还不叫电子出版物）的开发，所开发的光盘为数很少，无论在内容技术、质量、界面都与国外产品有很大的差距。1992年到1994年是中国电子出版物的萌芽期。

■ 1995年1月，全国新闻出版局长会议指出："我国出版业正发生革命性的变化。新兴的出版载体不断出现，已由单一的以纸为媒体发展为纸、磁、光、电等多种媒体。"面对现代出版业的崛起，会议要求："一方面，我们必须以足够的精力、满腔热情在去扶植和推动这项事业的发展；另一方面，我们又必须加强对这项事业的引导和管理。"会议得到了党中央和国务院的高度重视。

■ 1995年是中国电子出版物开始起步的一年。以北大方正、北京伟地、清华金盘、河南先博等公司为代表一批光盘开发商迅速投入力量进行研发，向市场推出一批国产光盘，如方正的《孙子兵法》、《中华名胜》，伟地的《多媒体汉英词典》等。

■ 1996年3月，新闻出版署颁布实施《电子出版物管理暂行规定》（即六号令），明确规定电子出版物不再仅仅是通常概念上的光盘，而是以二进制数字代码方式将图、文、声、像等信息存储在磁光电介质上，通过计算机或具有类似功能的设备阅读使用，用以表达思想、普及知识、积累传播文化的大众传播媒体。这就把电子出版物作为一种新的出版物纳入出版行业进行管理，统一配发国际标准书号（ISBN），无书号即为盗版，全国有北京大学出版社、清华大学出版社、电子工业出版社等36家出版社具有电子出版物的出版权。

■ 1996年是中国电子出版物走向成熟，走向正规化、系统化的一年。除了技术实力强劲的大型专业开发集团，如北大方正多媒体部、清华金盘、河南先博、北京伟地以外，还涌现出一批中小型专业电子出版物开发公司，如蚁巢公司、金洪恩、连科、帝盟等，所开发的产品也趋向多元化，所占市场份额超过了国外产品。此外，还涌现出一大批高水平的出版单位，如北京大学出版社、清华大学出版社、电子工业出版社、浙江电子音像出版社等，同时还出现一些竞争实力很强的销售组织。

■ 采用新技术。短短几年内，中国电子出版物行业对多媒体计算机技术的应用水平已接近国际先进水平。

◇清华大学国家光盘中心在国内首次将虚拟现实（VR-Virtual Reality）技术应用到多媒体电子出版物中，《布达拉宫》中的"德阳厦"、"松格廊道"、"阳台"三个部分，用户可以移动鼠标来模拟"移动头部"的动作，屏幕上的景物会随之变化，使人产生身临其境的感觉。

◇清华大学国家光盘中心将非特定人连续的语音识别技术的最新研究成果应用到了《大嘴英语》光盘中，计算机可以和不同的用户即非特定人进行对话，计算机通过麦克风进行录音并进行数字化处理，然后与正确的发音进行对比，判断正误，并通过语音发声告诉使用者，真正实现了人机交流，突破了英语教学中"听说"的教学难点。

◇在1996年法国多媒体莫必斯大奖赛上，清华国家光盘中心制作的《属于中国的人类自然文化遗产——布达拉宫》、北京银冠公司制作的《乡土瑰宝——中国民间美术巡礼》、北京伟地计算机公司制作的《地球的奥秘》、中软蓝宝电子媒体公司与北京

中国文化产业典范选登

| 典范行业 | 典范区域 | 典范项目 | 典范事件 | 典范人物 |

中医药大学联合制作的《中国推拿按摩学》等四张多媒体光盘获入围奖。

■ 产品多样化。截止到1997年7月份，我国已出版电子出版物1000余种，产品琳琅满目，多姿多彩。

◇北京大学出版社出版的《中国法律法规检索系统5.0版》，包括了1949年10月到1997年3月我国的所有法律行政规章、部门规章、司法解释、判例、地方性法规及规章、中外协定、外国法国际公约等。

◇北京科利华教育软件公司研制开发、北京大学出版社出版发行的《CSC电脑家庭教师系列》是光盘版教育软件的成功范例，其中的电脑家庭教师初中版3.0共有8张光盘，每科一张光盘，全部多媒体化，将多媒体教育软件推向了新的高峰。

◇海淀教师进修学校、北京大学电教中心和兴阳科技开发公司联合开发的教育软件《海北电脑家庭教师——状元97》，最大特点是能够对学生的答题情况进行统计分析，对学生的薄弱环节加强练习，做到因材施教，从而使智能化教育成为教育软件一个新的发展方向。

◇蒲公英公司开发的《轻轻松松背单词》，推出了包含真人语音的多媒体光盘版，包括小学、中学、大学、托福、GRE的几乎全部词汇，形式活泼，功能齐全，是对英语单词记忆软件的大胆创新。

◇西安东森电子科技有限公司和湖南少儿出版社联合出品的《中国古典文学名著系列之四大名著》，是一套制作精美的多媒体光盘图书。通过千余幅精美的彩色水墨国画，数十万字的原著缩编内容，五个多小时的评书式的旁白，百余位的书中人物的详细点评，成功地将《三国演义》、《红楼梦》、《水浒传》、《西游记》这四部传世名著以多媒体的形式加以继承和发扬。

◇北京清华金盘公司是开发国产光盘游戏的“先驱”，最早推出了第一部国产多媒体光盘游戏《神鹰突击队》。1997年初，为迎接香港回归，该公司开发制作了爱国主义教育系列光盘游戏之一的《鸦片战争》，把爱国主义教育融娱乐之中，一上市即受到的用户的喜爱，两个多月就卖出9000盘。

◇以开发游戏为主的北京前导软件有限公司在1996年与北大出版社联合推出了大型战争仿真游戏《官渡》，1997年7月份又推出了《赤壁》，打破“三国”题材游戏被中国台湾、日本垄断的局面。这两个游戏是国内第一批基于WINDOWS 95的游戏，国内用户终于可以玩到正宗的国产三国游戏了。

◇北京金洪恩电脑公司和清华大学出版社联合出品了计算机多媒体教学光盘《开天辟地》、《万事无忧》，充分利用了计算机多媒体技术。

■ 1999北京国际音像电子出版物博览会。参加本届博览会的有美国、英国、法国、加拿大、荷兰、瑞士、日本、新加坡等11个国家和地区的120多家音像、电子出版制作公司，世界著名的华纳、百代、环球等唱片公司均在博览会上亮相，展示精品。国内音像电子出版物集中展示了《新中国舞台——影视艺术精品选》系列光盘、《辉煌50年》多媒体系列光盘和《“九五”国家重点音像出版规划》、《“九五”国家重点电子出版物出版规划》（100种）中的部分优秀音像电子出版等，集中展现了我国音像电子业的出版成果和发展水平，反映了我国新兴媒体的发展动向，显示了巨大的市场潜力。

张冠文、曲春梅综合摘编自：刘燕飞、商鸿业《我国电子出版物产业的现状与发展》，载《现代图书情报技术》1997年第6期；张自福《我国电子出版物长短谈》，载《图书与情报》2000年第3期；《纸磁光电同繁荣，出版产业大发展》，载《中国电子出版》1995年第5～6期。

中国文化产业典范选登

| 典范行业 | 典范区域 | 典范项目 | 典范事件 | 典范人物 |

1977～1995年：台湾漫画业的繁荣和外销

■ 中国台湾漫画出版业近年来发展迅速，不仅积极进军香港市场，推销中国台湾本土或日本的漫画书，而且把外销目标推向新加坡等东南亚华人地区。

■ 1977年，范万南创办了一个出版社——我们现今熟悉的东立。当时他引进了一大批当时日本当红漫画作品出版。

◇台湾漫画很多都是直接出单行本的，风险比较大，搞不好就会造成积压，而东立在站稳脚跟后，积累运行资金，正好因为本土漫画家不断反对台湾当局对本土漫画家的不公平待遇，实行了二十多年的漫画审查制度不得不改善，台湾本土的漫画得以继续发展。

■ 东立一开始效仿日本，实行漫画连载杂志的模式，推出连载本土漫画家作品的《龙少年》，还有连载日本漫画的杂志《少年快报》等多本杂志，其中的《少年快报》更是曾卖到一期23万的销量。

■ 整个20世纪80年代，台湾的漫画市场蓬勃发展，不少出版社都是那时期开始创立。1982年尖端成立，1988年大然成立，时报在1983年开始连载敖幼祥的《乌龙院》和朱德庸的《双响炮》，正式进军漫画出版业。

■ 随着大然提出的版权意识号召，同时台湾的文化局又开始规范漫画市场，并且出台了版权相关法律。1992年，台湾漫画市场从一个盗版横行各种版本乱飞的混乱市场转变成了有序的出版环境良好的正规市场。

■ 从1993年之后，是台湾漫画出版的繁荣时期。不管是引进的日本漫画还是本土的漫画，都培养出了一大批固定的读者，由于台版的漫画做得比较出色，在香港市场上卖得也不错，抢了香港本土出版社的不少份额。更是有些台湾漫画出版社直接在香港设立分部，直接在香港印刷发行，还有部分更是自主引进和翻译。

■ 台湾20世纪90年代最受欢迎的漫画是《蜡笔小新》。出版该系列漫画的东立出版社表示，这五本漫画在台湾的发行量已近150万本，其营业额超过1亿台币。这本漫画的版权范围除了台湾，还包括香港，目前香港《蜡笔小新》发行量也已超过40万本，受到香港读者广泛欢迎。

■ 除了东立出版社，在香港设立分公司的台湾漫画出版社还有：大然、尖端和时报。

◇大然文化公司在1995年开始与香港出版社合作，以买断台湾十位漫画家版权的方式，在香港连载和销售单行本漫画。

◇尖端出版社，拥有部分日本漫画台湾版权，在香港的销售情形仍以柴门文的《东京爱情故事》等系列最为畅销。其他像高桥留美子等的漫画在香港也较为畅销。

■ 在几家大型出版社进驻香港后，东立、大然均与新加坡创艺出版社签约，将台湾本地的漫画作品推介到新加坡，东立签约外销的作品有《侠王传》、《台大一直线》等九个漫画家的十种漫画，大然同样选出十位漫画家的作品外销。

■ 蔡志忠：台湾漫画业优秀代表

◇蔡先生出生于1948年，他用简洁生动的线条描绘了一部部颇具影响的漫画书，在新加坡、日本、马来西亚和我国台湾、香港等地广受欢迎，他的作品《庄子说》、《老子说》、《禅说》、《史记》、《西游记》、《聊斋系列》等开启了中国古籍经典漫画的先河。

◇1983年开始在报纸杂志发表四格漫画，作品在新加坡、马来西亚、日本和我国台湾、香港报刊作长期连载。

◇1985年，被选为"台湾十大杰出青年"。

咎胜锋综合摘编自：越人《台湾漫画出版业力图向外发展》，载《出版参考》1995年第12期。

中国文化产业典范选登

| 典范行业 | 典范区域 | 典范项目 | 典范事件 | 典范人物 |

1978～1988年：上海图书市场的十年变迁

■ 上海是我国重要的出版基地，也是近现代中国出版事业的发祥地。

■ 上海图书市场的真正形成，以十一届三中全会为起点。此前仅有新华书店独家发行，十一届三中全会后，上海图书发行业按照以国营书店为主体、多种流通渠道、多种经济成分、多种购销形式、少流通环节的思路，进行了一系列实践和探索。经过十年的发展，已形成了一个以国营新华书店为主体，积极发展出版社自办发行、鼓励发展集体、个体书店以弥补主渠道不足的新格局。

■ 上海有5家市级国营图书发行单位和2家图书外贸公司及进出口分公司，有国营书店等全民所有制网点1819个、集体书店527个、个体书亭（摊）网点641个，合计2987个。

◇据权威机构分析，这些网点分布的密度和强度大致为：市区每0.18平方公里、每0.34万人口有一个销售点，郊县每6.7平方公里、每0.59万人口有一个销售点。

■ 促主渠道，创造发行优势。打破原来仅由新华书店独家经营的方式，建立以新华书店为主体的"三多一少"体制，首先对作为主渠道的新华书店本身的改革，这项工作对于整个图书发行体制的变革，乃至出版业的繁荣发展至关重要。

◇将各种图书由包销转为经销，使上海地区出版物的进发货任务由原上海发行所独家承办改为社店分流，各成系统。38家出版社全都建立了各自的批发网络、自办发行的系统。

◇采取"重点图书、重点宣传、重点征订、重点审核、重点备货"的方针，坚持以适量备货、门类齐全、品种丰富的长处，向全国1万余家新华书店以及11万处农村售书店发货，并通过加强计算机管理、图书刊物宣传以及发展与省级书店的横向联系等方式，确保了图书发行数量逐年递增。

◇大力发展自身网点，十年间，增加图书发行网点36个。同时，上海、外文等国营书店也在十年内发展了一批网点，尤其是涉外饭店、宾馆的售书点等。

■ 分流读者，建立专业书店。十年间，不仅陆续恢复了科技书店、古籍书店、少儿书店、音乐书店，还增开设了教育书店、艺术书店和省版书店，共有专业书店25家。

◇以图书类别划分有少儿、音乐、教育、艺术、美术、旅游、工具、古籍、外文书店等，以图书版别分类的有新华书店上海版图书贸易中心、省版书店、大学书店等，以业务形式的不同而设立的专业书店有邮购书店、批发书店、特价书店等。

◇专业书店的总备货品种有近5万，占全市一般图书销售总量的40%以上。专业书店根据各自实力分别探索密集增长式、一体化增长式、多角化增长式等销售方式，如开设分店、代销点，搞"一条龙"相关文化用品联销等。

■ 市场放开，各路书商纷呈。上海人以其特有的海派文化，容纳并蓄了全国的出版物，摒弃地方保护主义，适者生存在图书市场同样存在。

◇各家书店几乎均与外埠出版社建立了特约经销关系，有的甚至与上百家出版社建立了业务关系。有集中销售地方版图书的上海省版书店，有专售北京地区出版物的京版书店等。

◇中国科技图书公司为做好地方版科技图书的发行，编印了公开发行的《全国地方版科技新书目》，上海发行所编印的《上海新书目》也经常刊载外地出版社在上海印发的图书。

◇外地有多家出版社来上海开设书店，如法律出版社的中国法律图书公司上海分公司、山东美术出版社上海经理部、国际文化出版公司、中国劳动出版社的上海发行部等，有些书店还与地方出版社联合举办了中、小型书展。

■ 吸引消费，书市书展不断。十年间图书的出版量呈逐年上升趋势，上海图书市场的决策者为吸引、招徕读者，不断举行书市书展，获得社会效益、经济效益双丰收。

◇1981年的上海书市，历时15天，销售图书400多万册，240万元。1986年的上海书市，历时15天、销售图书250万册，340万元。尤其是第三届全国书市，更以14天接待读者22万多人次、全国419家出版社的4万多种书参加展销、零售图书145万套（册）、营业额达524万元而创造建国以来历届全国书市、书展的最高纪录。

◇此外还有多种连续性书展推出，如第六届文化书展、第三届省版书展、第三届闸北书展等。既有漓江版图书汇展、京版书展、少儿图书展销会、湘版图书联展、卢湾书会、上海监狱的春季书展、亚运会体育书展等区域性、专业性的书展，也有5000种特价书展、暑期特价书展，还有已创办整整五年，由基本固定的一年四次假日大型特价书市和每个星期日的旧书交换集市组成的文庙书市等。

■ 注重形象，促销形式创新。单凭店堂的海报、广告牌、固定的橱窗、油印的订单已难以适应时代发展的需要，于是，在经销中推出了不少新的招式。

◇1984年上海率先推出的新书发行仪式、1985年举行的"电话法律咨询"、1985年举办的"庆祝国际青年节上海青年读书周"、1987年的"体育图书推销日"以及书市期间推出的作者售书亭、电视读书知识竞赛、新书介绍会、社长（总编）售书日、作者寄销书专柜、一书一评征文、上海版每月畅销书排行榜、科技图书新展、作品讨论会等等，都从不同层面增加了新书、作者的知名度，扩大了书的发行量，丰富了书业参与社会变革的形象。

◇富有新意的促销活动，活跃了市场，丰富了文化生活，对新闻媒介也起了促进作用。如上海有《文汇读书周报》、《书讯报》，《新民晚报》有"读书乐"专版，《解放日报》有"读书专刊"，电台有专播书市行情的"社会纵横"、"为您服务"等节目，《新民晚报》"今日上柜新书"栏目等，从客观上也促进了上海图书市场的发展。

■ 以点带面，网点分布均匀。在以主渠道新华书店、全民所有制性质的各种各类书店为主体的上海图书市场网点分布中，上海图书市场按经营方式、行政隶属关系进行了科学划分。

◇按经营方式分为：批发业571个，零售业2144个，代销点272个。

◇按行政隶属关系分为：出版系统265个，邮局系统502个，广播电视局系统821个，报刊社自办发行205个，其他553个，个体641个。

◇在2987个网点中，有相当数量的网点是自然出现的。但是，主渠道新华书店的网点分布，则是依据上海城市发展规划和商业网点同步建立的，如在浦东新区开设的网点和在一些新建住宅小区开设的新华书店等，则是由市城建、财贸部门提供。

■ 提高素质，培训科研并举。1978年设立上海新华书店发行学校，1982年与市中中学联办了图书发行高中职业班、中专职业班。职后教育方面，自1980年以来为870多名青工进行了文化补习，1984年成立了职工中专，开办了电大经营管理专业班、武汉大学图书发行函授班等。经过十年努力，职工中大专以上文化程度的人员已占全店的15%左右。

丁培卫综合摘编自：汪耀华《新格局的形成与未来发展趋势——上海图书市场十年变革综述》，载《中国出版》1991年第6期；哈九如等《上海市图书报刊市场现状剖析》，载《社会科学》1989年第4期。

中国文化产业典范选登

| 典范行业 | 典范区域 | 典范项目 | 典范事件 | 典范人物 |

1978～1998年的“湘版”图书

■ 湖南出版业，植根于湖湘丰厚的文化土壤，改革开放以来，特别是“八五”和党的十四大以来，呈现出枝繁叶茂、硕果累累的繁荣景象。

◇“八五”以来出版的8000余种图书中，有20%荣获省级以上各种奖励，有39种图书分别获得中宣部“五个一工程”奖、“国家图书奖”和“中国图书奖”三大图书奖，获奖数名列全国前列。

◇湖南出版界充分发挥“人无我有”、“人有我优”的特点，全方位地开发、提炼出版资源，积累文化，传播新知，形成了湘版图书鲜明的特色和突出的个性。

■ 鲜明的时代特色。反映新时代、高奏主旋律，是湖南出版工作的主题，也是湘版图书的鲜明特色。湖南出版工作紧紧围绕改革开放和经济建设这个中心，推出了一大批从不同角度、不同方面反映时代精神和风貌的读物。

◇宣传邓小平理论和思想的出版物富于创意。邓小平理论是时代精神的集中表现，是指导我国改革开放和经济建设的伟大思想武器。为了更好地宣传邓小平理论，湖南出版界组织出版了一批研究、普及这一理论的出版物，如《邓小平理论的科学体系》、《邓小平决策思想研究》、《邓小平理论学习笔记》、《邓小平理论青年读本》、《巨人与大地——邓小平与中国农业农村农民》等图书。

◇探索社会主义市场经济的出版物视野开阔。围绕以经济建设为中心这一时代特征，湖南出版界精心组织出版了一大批产生广泛影响的出版物，如《走出封闭》、《社会主义市场经济学》、《市场经济大词典》、《小型经济论》、《中国山区经济学》、《湖南经济结构研究》、《城郊经济学》、《消费经济学》、《社会主义分配经济学》、《关贸总协定与湖南对策研究》、《中国农村大写意》、《农村快速致富丛书》、《中国小康水平研究》等图书。

◇反映思想道德建设的出版物主题鲜明。在组织出版有关市场经济知识出版物的同时，湖南出版界又出版了一批有重要影响的有关精神文明建设的出版物，如《精神之火》、《中国革命史话》、《道德建设论》、《革命先辈故事丛书》、《青年人生论》、《国情教育读本》、《可爱的湖南》、《周恩来的领导艺术》、《伟大的爱丛书》、《寄小读者丛书》等图书。

◇传播科学技术和文化知识的出版物效益巨大。湖南出版界紧扣“科教兴国”这一时代要求和特征推出的一大批相关出版物，反响强烈。如《杂交水稻育种栽培学》的出版，取得了巨大的经济效益和社会效益，并得到原国家科委主任宋健同志的高度评价。《两系杂交小麦理论与实践》、《迎接新的技术革命》、《九亿农民健康教育读本》、《攀登计划普及丛书》、《维护科学尊严》、《并行算法》、《现代显微外科学》、《新编现代汉语词典》、《中国教育思想通史》、《中国教育问题研究丛书》、《世界著名学府丛书》和《实用外语学习丛书》等图书，在传播科学技术知识、文化知识方面也都发挥了重要作用。

■ 浓郁的湖南特色。二十年来，湖南出版界坚持不懈地致力于湖湘文化出版资源的挖掘和地方古籍的整理出版，成为出版界在地方出版资源开发方面的成功典范。凭借湘楚大地人杰地灵的有利条件，湖南出版界把“人无我有”的独特优势发展得淋漓尽致。

◇研究毛泽东思想的出版物得天独厚。湘版《毛泽东与湖南丛书》、《毛泽东教育思想丛书》、《毛泽东早期文稿》、《毛泽东早期哲学思想研究》、《毛泽东诗词辑注》、《毛泽东思想发展的历史轨迹》、《毛泽东墨迹大字典》、《毛泽东文艺美学思想》、《博览群书的毛泽东》等图书的出版，使诞生于湖南这方热土的一代伟人毛泽东的光辉思想和伟大实践得以传之于世，发扬光大。

◇展现湖南革命先烈风采的出版物浓墨重彩。湖南出版界把出版好“三湘英烈传”作为自己责无旁贷的义务，精心组织出版了刘少奇、蔡和森、向警予、徐特立、谢觉哉、任弼时、彭德怀、罗荣桓、贺龙等人的传记、回忆录，再现了老一辈湘籍无产阶级革命家的光辉形象。整理、编辑出版了民主主义革命先驱谭嗣同、黄兴、蔡锷、陈天华、宋教仁等人的年谱、日记、文稿和研究资料。

◇整理湖湘历史文化名人作品的出版物蔚为大观。相继推出的《船山全书》、《魏源全集》、《曾国藩全集》、《左宗棠全集》、《湘绮楼诗文集》、《湘绮楼日记》、《何绍基墨迹》等图书，以其系列成套、卷轶浩繁而闻名于世；整理出版的湘籍现

中国文化产业典范选登

| 典范行业 | 典范区域 | 典范项目 | 典范事件 | 典范人物 |

代著名作家丁玲、周立波、沈从文、萧三、田汉、康泥等人的作品集，反响强烈。

◇反映湖南历史研究的出版物贯古通今。二十年来，湖南出版界致力于湖南历史发展和历史研究资料的搜集、整理和出版工作，为研究历史、积累资料作出了积极贡献。主要有：《湖南通史》、《湖南省志》、《湖南人民革命史》、《楚源流史》、《楚汉简帛书典》、《马王堆汉墓文物》、《马王堆古医书考释》、《潇湘战史丛书》、《20世纪湖南文史资料文库》等。其中，《20世纪湖南文史资料文库》多角度反映了20世纪湖南的历史风云，成为弥足珍贵的史料。

◇荟萃湖南文艺创作的出版物阵容壮观。改革开放以来，"出版湘军"和"文学湘军"相互配合、相互呼应，成为当代湖南、当代中国一道绮丽的文化风景线。17卷本的《当代湖南作家作品选》丛书和《湖南新时期十年优秀文艺作品选》等，把新时期"文学湘军"的整体阵容一次性推出，广受欢迎。湘版图书在培养和推介文学"湘军"方面发挥了极为重要的作用，成为文学"湘军"引领文坛风骚的重要阵地。

■ 知名的品牌特色。树立强烈的品牌意识、塑造知名的出版品牌，是湖南出版界和湘版图书的一个重要特色。

◇质量管理上牢固的品牌意识。湖南出版界以品牌促管理，以管理树品牌，从树立出版品牌的高度加强质量管理，建立了一套完整的质量管理制度。对重点选题、重点图书实行严格的编辑出版责任制。从选题的论证、责任编辑的确定、书稿内容质量、装帧版式设计、排版出片、纸张选择和供应、印刷装订，最后到发行宣传，每一个环节都实行专人负责制。

◇精品生产上明确的品牌目标。湖南出版界根据实施精品名牌战略的要求，始终把出版物生产的重点定位在抓精品、树名牌、出特色上。在具体操作上，从过去一般性地抓一本、一种、一套、一类精品，转变到抓多本、多种、多套、多类精品，从而形成一系列精品群，并以不断扩大精品群生产的覆盖面和提高读者对精品读物的满足率为动力，带动全省出版物生产，促进出版物知名品牌的形成。

◇形象塑造上良好的品牌效应。"湘版图书"知名品牌的树立和"湖南出版"良好整体形象的确立，使湖南出版界在海内外读者中既赢得了"买科普，找湘科"、"读古籍，去岳麓"、"读文艺，找湘艺"等具体图书品牌的赞誉，又赢得了"湖南人能吃辣椒会出书"、"聚天下英才，出湘版图书"、"读湘版图书，看天下文章"的整体出版形象的称道。

■ 创新的个性特色。湖南省各出版社创造性地发挥自己的优势，形成了自己独有的出版个性、出版风格和充满活力的出版思路和模式。

◇古籍出版选题的开发推陈出新。岳麓书社潜心开发和经营的《中国古典名著普及本系列》、《古典名著今译读本系列》、《走向世界丛书》、《凤凰丛书》等，以价廉物美、平易近人的格调，一改古籍出版的单调、华贵格局，给人以耳目一新之感。

◇科普读物选题的思路首开先河。湖南科技出版社在科普读物，特别是在高层次高品位的科普读物的出版方面成为这一领域的"领头雁"，形成了高品位、系列化、独创性的特有风格。该社出版的《第一推动丛书》、《科学的历程》，被誉为"开始告别科普读物说教时代"的标志，掀起了全国范围内高层次科普读物的出版热。湖南教育出版社开创了"专家写科普"的新风，《数学·我们·数学丛书》、《科学家谈物理丛书》、《走向数学丛书》、《走近化学丛书》等图书均是专家学者撰写的原创科普作品。

◇长篇历史小说的出版充满活力。湖南文艺出版社的《千秋历史小说系列》等，具有浓重的历史感和很强的可读性，深受读者欢迎。其中《杨度》、《曾国藩》备受青睐，成为一版再版的畅销书。

◇低幼少儿读物的出版新意迭出。湖南少儿出版社的《小蛋壳历险记》，被誉为"大陆第一本立得起来的精装低幼图画书"。继该书之后，我国幼儿读物陆续穿上了"最美的衣裳"。该社出版的《最新动物小说》是全国第一套原创性长篇动物小说，《风信子丛书》则首开"画家自编自绘"的先河。《登登在哪里》等一系列的异型幼儿图书，以全新的思维方式，尝试与国际儿童读物接轨。

◇美术图画读物的出版独具一格。湖南美术出版社出版的10卷本《齐白石全集》，以其选本全、品位高、体例新、编辑精而被誉为一代文化名人齐白石美术作品出版的"扛鼎之作"。《湖

中国文化产业典范选登

| 典范行业 | 典范区域 | 典范项目 | 典范事件 | 典范人物 |

南民间美术全集》、《中国高等美术学院作品全集》、《外国著名博物馆图典》、《俄罗斯风景画》、《海外藏中国历代名画》等图书，也以其鸿篇巨制、视野新颖而为出版界、美术界所关注。

◇外向型选题的开拓气势恢宏。湖南人民出版社积极开拓走向世界、面向国际市场的图书。该社组织开发的《汉英对照中国古典名著丛书》，以丛书容量大、作者层次高、学术含量高、译文权威、装帧精美而为海内外所瞩目，得到新闻出版署的高度重视和充分肯定，并被纳入国家重大外向型出版项目《大中华文库》中。在1996年圣·彼得堡国际图书博览会期间，这套丛书被圣·彼得堡大学作为珍品收藏。在1997年澳大利亚国际书展上，悉尼中国书店一次即提出订购2000套。该丛书被誉为“使中国文化真正走向世界的丛书”。

■ 新颖的大众特色。既抓出版物的精品化又抓出版物的大众化，把两者有机地结合起来，是湖南出版界的成功探索。

◇出版选题上的大众需求特色。在注重和不断推出文化、学术类图书的同时，湖南出版界积极开发那些有益于提高民族素质的一般图书，使精品名牌大众化、普及化，最大限度地满足广大人民群众对出版物这种精神产品的需求。

◇出版风格上的大众审美特色。“八五”以来，湖南大众化图书的出版走了一条不追求低级趣味、思路开阔、以点带面、形成阵势、常做常新的路子。比如，湖南科技社的《农业应用技术系列丛书》、《农业病虫害防治丛书》等图书已成为农民朋友多方寻觅的佳品。湖南美术社的《外国著名博物馆图典》、《外国当代画家丛书》、《青少年美术辅导丛书》、《现代艺术大参考》等都是高品位的大众化图书，是将艰深的知识、高雅的艺术以新颖的普及本形式出版的成功尝试。

◇图书价格上的大众消费特色。湘版图书素以质优价廉令人称道，真正做到了高品位、低价位、通俗易懂、有趣可读。如岳麓书社提出的“以最少的钱买最好的书”，是我国出版界较早的出版社形象宣传口号，并已为海内外广大读者所认同。该社出版的《中国古典名著普及本系列丛书》，以其价廉物美成为市场占有率最高的古典名著普及读物之一。湖南少儿社的《一元书库》，同少儿读物出版中普遍存在的“华贵现象”形成鲜明对比，成为出版界别具一格的文化风景。

唐建军综合摘编自：苏仁进、杨春丽《湘书为什么这么香——新时期湘版图书特色论》，载《中国出版》1998年第11期；蒋敦雄、周鸣珂《积极探索，稳步开展购销形式的改革——湘版图书寄销情况汇报》，载《图书情报知识》1986年第4期。

中国文化产业典范选登

| 典范行业 | 典范区域 | 典范项目 | 典范事件 | 典范人物 |

1979～1999年的“外研社模式”

■ 外语教学与研究出版社（简称外研社）是北京外国语大学所属出版机构，成立于1979年。成立之初，全社只有七八名员工，50平方米的办公室，30万元借款。

◇到1999年，外研社已有500多名员工，总计出版各类外语类图书4500多种，年发行总码洋近4亿元，利润5000万元。

◇二十年来，外研社资产增值达1000倍。

◇特别是后十年中，年发行码洋由1000万元增长到近4亿元，平均年增长率为61%；利润由100万元增长到5000万元，平均年增长率为75%。

◇外研社二十年来快速发展，被称为“外研社模式”。

■ 适应市场经济的经营管理体制

◇外研社的内部管理体制是在“社长负责制”的基础上的社务委员会、编辑委员会、经营管理委员会三个委员会的管理制度。社委会讨论全社大政方针、发展规划、人事调整和分配方案等，对全社事务实施宏观管理；编委会负责选题立项、质量控制以及编辑业务与培训等方面的管理；经营管理委员会参与全社经营管理，对出版规划、周期、成本、质量等进行协调落实。

◇在人事制度上以“干部能上能下，职工能进能出，机构能设能撤”为原则，以调动与发挥员工的能动性为核心，一切服务于效益，服从于发展；制定并实施一整套的人才培养与业务考核制度，力求人力资源的有效管理。

◇在分配制度上坚持“按劳分配，多劳多得，兼顾效率与公平”的原则，在多种分配方式并存的基础上，不断谋求企业合理化分配的新形式，使之成为激励员工进取的有效机制。

◇在生产管理上依据现代企业制度，严格财务核算，加强监管力度；力争实现成本最小化与收益最大化，以确保强劲的市场竞争力。

■ 适应市场经济的编辑管理体制

◇实行编辑晋级制度，实施以发稿编辑为主、以社外编辑为辅的编辑项目组制，并以重大选题为基础成立兼具策划、编辑和推广功能为一体的工作室。

◇积极鼓励和支持继续教育、在职培训、学术交流等多项活动，以增强信心，拓宽视野，使其成为具有适应能力与竞争能力的主体力量。

■ 适应市场经济的图书营销管理体制

◇经过二十年的努力，形成了一个具有2000多个发行网点的强大高效营销体系。

◇实行分片包干的责任制管理。把全国的网点按地域划分成若干业务室，各业务室由专人负责，各成员在指定范围内开展工作。同时把销售责任落实到人，实行人员收入与个人业绩挂钩的方法，充分调动营销人员的积极性。

◇注重产品的推广和品牌的宣传。采用“大投入，大产出”的有效营销方式和“推广一种教材即普及一种教学法或推行一种观念”的营销策略。

■ 适应市场经济的国际合作出版管理体制

◇以“实力联姻”为主导思想的国际合作管理体制。在国际合作实践中，首先注重合作伙伴品牌与商誉，选择有长期合作基础的有实力的合作对象，谋求共同开发针对特定市场的全新产品。

◇外研社与世界上十几个国家和地区的几十家出版集团保持着密切联系，著名的培生教育出版集团、牛津大学出版社、剑桥大学出版社、麦克米伦出版公司、西蒙舒斯特出版公司、兰登书屋等都是外研社重要的合作伙伴。

◇“实力联姻”的合作模式适应了日益成熟的市场需求，赢得了更加广阔的选题空间与出版空间。

曲春梅综合摘编自：陈复尘《“外研社模式”和“外研社速度”是怎样产生的》，载《出版发行研究》1999年第12期；陈复尘《“外研社模式”魅力何在》，载《中国出版》1998年第10期。

中国文化产业典范选登

| 典范行业 | 典范区域 | 典范项目 | 典范事件 | 典范人物 |

1981～2009：《读者》二十八年

■《读者》杂志创刊于1981年3月，是甘肃人民出版社主办的一份综合类文摘杂志。原名《读者文摘》，开始是双月刊，杂志创刊一年，发行量达到16万，1982年底，发行量达到42万，1983年，发行量突破136万。由于中美两家《读者文摘》的版权之争，1993年第7期，《读者文摘》正式改名为《读者》。二十八年来，《读者》在海内外亿万读者中产生了深远的影响，具有很高知名度和美誉度。

■《读者》杂志连续多次蝉联国家期刊奖、连续9年高居中国期刊榜榜首，创造了中国期刊史上的空前纪录。

■《读者》自1981年创刊以来到2008年7月累计发行13.16亿册，并由月刊改为半月刊，创建盲文版、维文版、乡土人文版、欣赏版、大字版、繁体字版、海外版等多个版本。

■自2004年世界品牌实验室（World Brand Lab）发布第一份《中国500最具价值品牌报告》以来，《读者》杂志已经连年荣登《中国500最具价值品牌榜》。

■2009年6月16日，《读者》杂志以44.85亿元的品牌价值连续第6年入选排行榜。而单从传媒行业来看，此次一共有51个品牌入围，《读者》作为甘肃省唯一入围的品牌，在传媒行业的51个品牌中排名第16位。

■《读者》始终弘扬优秀文化，倡导人文关怀，追求高品位、高质量，以其高雅、清新、隽永的风格赢得了广大读者的青睐，被誉为“中国人的心灵读本”。

■《读者》在激烈的媒体竞争中注重发挥自身独特的优势，不断开拓进取，不断加大营销力度，彰显了《读者》发展的坚实步伐。《读者》的品牌影响与日俱增，成为名副其实的中国期刊的第一品牌。

■2006年1月18日，读者出版集团有限公司成立大会暨挂牌仪式隆重举行。这是甘肃省出版业发展的一个重要里程碑，读者出版集团也是甘肃省文化事业单位“转企”的第一家，是甘肃省出版业向产业化迈进的关键一步。成立后的读者出版集团有限公司下设3个编辑室、12个子公司和4个职能管理部门。

◇《读者》杂志社改为读者文化传媒有限公司，具体负责《读者》杂志及其子刊的出版经营和相关产业经营，是集团的核心子公司。

◇读者集团公司的资产、资源、人事、经营由党政办公室、人力资源部、计划财务部、出版业务部等4个职能管理部门统一负责。读者集团公司实行集约化经营，以期刊、图书、音像、电子网络等出版物的出版、印刷、发行和相关的物资经营为主，兼营广告等其他传媒及相关产业。

◇2009年7月，读者出版集团与学友园教育传媒集团举行《读者》杂志合作发行签约仪式。这是我国国营出版业在体制改革过程中与民营企业探索合作的重要事件。

■《读者》的办刊宗旨

◇《读者》创刊伊始，就确定了“博采中外，荟萃精华，启迪思想，开阔眼界”的办刊宗旨，始终坚持打造中国人“心灵读本”的办刊定位。二十多年来，《读者》遵循“选择《读者》，就是选择了优秀的文化”办刊理念，并始终坚持“真、善、美”的阳光主题，以人性、人道、善良、美好为标尺，以大众为中心，从人文关怀的视角来思考中国人的生存、生活和发展。

◇在刊物内容及形式方面与时俱进，追求高品位、高质量，力求精品，并以其形式和内容的丰富性及多样性，赢得了各个年龄段和不同阶层读者的喜爱与拥护。经过二十多年的发展，《读者》系杂志已经发展成为一个庞大的家族。

◇多年来，《读者》依旧保持着始终如一的人文关怀，保持着对人的情感、精神的慰藉和思想启迪。

■《读者》的发行

◇《读者》杂志社与中国邮政及发行商紧密合作，通过遍布全国的发行网络发行。2001年以来，读者杂志社积极调整办刊思路，适时整合刊物内容，在市场营销和品牌经营方面加大力度，

中国文化产业典范选登

| 典范行业 | 典范区域 | 典范项目 | 典范事件 | 典范人物 |

不断创新，策划推出了一系列大的改革举措。在国内期刊种数快速增长，但期刊总印数并未同步增长，许多大众刊物发行量下滑，市场竞争激烈的情况下，《读者》杂志一枝独秀，发行量持续攀升。2002年10月月发行量突破600万册大关，创历史新高。2003年10月突破800万册大关，11月达到创纪录的806万册，同比增长近200万册，创造了中国期刊发展史上的奇迹。《读者》杂志近年的广告经营额也稳步上升，2002年广告经营额达2800余万元。与此同时，《读者》杂志年利税也达到3000余万元，增长40.9%，创造了突出的社会效益和经济效益。《读者》已经成为甘肃乃至全国的一个著名品牌。据目前数据统计，《读者》杂志2000～2007年已连续七年稳居全国期刊月发行量首位。

■ 《读者》二十八年来的发展历程：《读者》的发展历程可以分为四个阶段，即初创期、发展期、成熟期和拓展期。

◇初创期(1981～1985年)。《读者》还不很完美，但她已初步具有了几个特征：一是平民化的立场；二是介绍西方优秀文化为重要内容的编辑思想；三是发动读者办刊的方针；四是稳步发展的方针。这些特征对杂志后来产生了至关重要的影响。

◇发展期(1986～1990年)。这一时期，杂志的发行量一直在150万册上下徘徊，但经过苦练“内功”，杂志走向成熟：从文字到美术的风格，以及一些有效而富有特色的办刊手法得以形成和强化；编辑思想适时地作了调整，增加了弘扬中华文明和爱国主义的内容。《读者》的风格得以确立：多方位、多层次地体现人性当中的真善美；可读性强而又闪烁着人性光芒的文章直指人心，给读者留下深刻而久远的印象；为赢得读者长久的追随，不跟风，不赶潮；对热门话题和热点问题，关注而不追逐；面对期刊市场的风云变幻，始终坚持雅俗共赏；不懈地追求美术与文字之间完美的和谐统一。

◇成熟期(1991～1999年)。这一时期，《读者》的发行量开始有力地攀升，1991年突破200万册，次年又突破300万册，1994年成为全国第一大刊，1995年再突破400万册大关。1995年以后发行量有所回落。《读者》的编辑思想在这一时期发生了显著的变化，这就是三个“贴近”：贴近时代、贴近社会、贴近读者，加进了与时代脉搏合拍的现实生活作品。

◇拓展期(2000年至今)。杂志在内容和形式上全面创新，内涵与外延全面扩张，品质进一步提升，对读者更具吸引力。2000年杂志在上年度由48页改为64页的基础上再改为半月刊，全年发行月均为505万册。2001年月均发行量为467万册。2002年月均为545万册，《读者》在发行历史上实现了跨越式发展。2003年元月发行量已达到686万册。2009年达到1000余万册。

■ 《读者》的精品战略和特色

◇《读者》的品质，一是在于它的可读性强，既能启迪思想，又有很强烈的阅读愉悦感；二是在于它的内容严谨，经得起推敲和时间的检验；三是在于它的平民化和人性美。另外，它还具备独有的潜质，坚持什么时候都对每个个体、对群体社会负责，高扬真善美的主调。

◇《读者》在追求贴近时代、贴近社会、贴近读者的同时，还从形式、文字、美术、歌曲、装帧等方面全方位地追求精品品位，力求达到思想、内容和形式的完美统一。

◇《读者》将“代表中国先进文化的前进方向”的思想，贯彻到杂志的办刊指导思想和宗旨中。《读者》有一个鲜明的特色，就是关注时代、关注社会、关注焦点。《读者》是一本文摘类杂志，而它所进行的文摘，绝不是将一些文章剪辑拼接在一起，而是融进了编者的独立思考、思想和观点。《读者》的选稿标准和准则是：关注社会，关注变革，关注人生，关注人性，关注并高扬蕴藏在人们中的真善美，关注底层人们的生活，关注弱势群体。

■ 《读者》的市场化运作

◇转变思想观念，做好“生产型”向“生产经营型”转变，建立《读者》的营销策划系统，抓好发行工作。

第一，做好读者分析，确定《读者》的读者群体。第二，市场分析，分析确立巩固已经占领的市场，寻找新的发展市场和潜在空间。第三，客观地审视自己的竞争对手，学其所长，避其之短。第四，对分销渠道的分析，目前国内已经形成的分销渠道主要是邮局、零售、书店和二渠道等。《读者》则选择了已经形成了庞大网络系统的邮局和零售网点，选择并确定邮局作为杂志主

中国文化产业典范选登

| 典范行业 | 典范区域 | 典范项目 | 典范事件 | 典范人物 |

要发行渠道后，同时给邮局提供详细的读者数据资料。第五，制定低价位的营销方案，低价位适合中国国情，能满足最广大消费者的需求，在其他报刊打价格战时，《读者》以低价位提前占领市场。《读者》1981 年创刊时，是48页卖0.3元，到2001年，已经扩大到64个黑白页、20个彩色页，只卖3元钱，这在各类杂志中，价格是最低的。第六，进行效益评估，根据总体效益及变化情况不断完善自己的营销策划系统。

◇加强广告的策划，逐步与国际与市场广告养刊的惯例接轨。

■ 《读者》的广告经营是从1994年搞起来的，刚开始，采取的办法是既登商业广告，也登“希望工程”等公益性广告。而且对刊登商业广告确立了十条原则：一是坚持循序渐进、控制总量；二是坚持广告内容真实可靠；三是坚持广告产品同本刊读者消费水平大体相符；四是坚持广告作品与《读者》艺术风格相近；五是坚持中外比例适中、保护民族工业；六是坚持对广告客户负责；七是坚持为消费者着想；八是坚持注意广告价值取向；九是坚持广告文字规范，积极传播中华文化；十是坚持免费刊登公益广告，回报社会。如今，《读者》的年广告收益已达2000万元以上，占到赢利收入的三分之二，这又为《读者》的发展和扩张奠定了坚实的物质基础。

◇策划并开展一些社会公益性活动，扩大《读者》的影响力。

■ 1994年开展了向“希望工程”捐款救助失学儿童活动，此举让7700名失学儿童重新跨入课堂。1997年教师节，发起了给全国特级教师赠书的行动，向7000名教师免费赠送一年的《读者》。更为轰动的是，《读者》和中国青少年发展基金会共同发起的“保护母亲河，共建读者林”活动，倡议一发，举国响应，三个月内，共有近10万人次捐款。当年4月2日，就一次性完成首期5000亩地的绿化任务。至今已有近100万人次参加了这一盛举，共收到捐款近350万元。在《读者》的带动下，全国多家期刊纷纷效仿，陆续营建自己的读者林，为中华大地播下了一片片新绿。《读者》策划这些回报社会的活动，不仅是建设社会主义精神文明的具体行动，也是在更高层面上提升刊物的品位，赢得读者发自内心的厚爱，并形成双方的良性互动。

◇不断开发《读者》的品牌资源，在《读者》的附加值上下工夫。

■ 1998 年《读者》创刊200期时，重点推出了《读者》珍藏光盘，收入创刊以来的全部内容。此光盘推出后，一是价值不断上升，带动杂志发行量同步攀升；二是以其潜在、可观的动态价值，成为读者精神消费的宠儿；三是借助宣传造势增值，及时举办阅读有奖活动，活动空前火爆，在北京王府井大街还形成了交换答题的小型市场。如今此类活动已经搞了六次，反响热烈，效果显著。

◇立体型的宣传推广。

■ 用每一期封面和当期文字精华，印发明信片邮品，开拓新品种，达到宣传和征订上的双赢作用。

■ 《读者》进入网络媒体领域

◇2009年1月18日开通网站，进入网络媒体领域。

◇开通的读者网被定位为读者的网上乐园。该网站目前已设美文、艺术、人物、情感、言论、哲理、漫画、在线投稿、杂谈随感等栏目。

张冠文综合摘编自：《关于〈读者〉》http://www.duzhe.com/servings/gywm/20061013092032.htmhttp://baike.baidu.com/view/52892.htm?fr=ala0；彭长城《<读者>精神：打造中国的名牌期刊》，载《招商周刊》2003年第15期。

中国文化产业典范选登

| 典范行业 | 典范区域 | 典范项目 | 典范事件 | 典范人物 |

1985～1995年：从华光到方正，中国书报排印技术的伟大进步

■ 被称为中国古代四大发明之一的毕昇活字印刷术，曾在人类文明史上写下了光辉的篇章。

■ 1985年，命名为“华光”的计算机激光照排出版系统的问世，再度引起世界的惊叹。

◇这套电子出版系统是国家重点科研项目，由北京大学王选教授等人和国内其他单位艰苦磨砺十多年研制成功。它以“高倍率字形信息压缩和复原技术”圆满地解决了世界上最浩繁的汉字字形信息存贮难题，使字号字体丰富变化，版面编排规范美观。报纸、杂志以及科技书、电路图、报表、五线谱等特殊版面，皆可在大屏幕上编排输出。

◇王选，江苏无锡人。曾任中国科学院院士、中国工程院院士，北京大学计算机科学技术研究所所长，文字信息处理国家重点实验室主任，电子出版新技术国家工程研究中心主任，北大方正集团董事、方正控股有限公司首席科技顾问。他所领导的科研集体研制出的汉字激光照排系统为新闻、出版全过程的计算机化奠定了基础，被誉为“汉字印刷术的第二次发明”。1992年，王选研制成功世界首套中文彩色照排系统，先后获多项国际大奖和中国印刷业最高荣誉奖——毕昇奖及森泽信夫奖等众多奖项，是国内唯一四度获国家级奖励的项目。

■ 华光系统首先应用于首都的新闻单位

◇1985年5月，《新华社新闻稿》采用华光II型计算机——激光汉字编排系统获得成功，引起国内新闻界轰动。

◇1986年，《经济日报》试用“华光”系统改造印刷厂，次年通过国家有关部门的鉴定。当时经济日报印刷厂新建立激光照排车间，担负着首都33家报纸，11种期刊的排版任务，生产效益比过去整整翻了两番，日排字量达到50万字。

■ 1993年，青年教授肖建国解决了华光照排系统彩色化的关键技术：调频挂网技术及加速芯片

◇1993年3月AGFA与Linotype-Hell首先宣布调频挂网技术，引起了这一领域的竞争热潮。北大方正青年教授肖建国多年来一直关注这一领域的技术原理和进展，在国外宣布上述消息的五个月后（即1993年8月），也独立开发了自己的调频网技术，并很快成为商品，在香港《明报》等首批用户中实际使用。该项技术实现了王选教授提出照排系统彩色化的构想，有效避免了彩色印刷中的干涉条纹。

◇加速芯片于1995年初研制成功，可使调频网的处理速度提高20～50倍（与软件实现相比），基于该芯片的加速卡于1995年4月成为商品，该技术既能加快调幅网也能加快调频网的处理速度。

◇肖建国，北京大学教授、博士生导师，兼任北大方正集团有限公司首席技术官，方正控股有限公司董事局副主席，方正技术研究院董事长。参与或带领其研发团队主持研制了中文报纸排版系统，彩色桌面电子排版系统，方正报业数字资产管理系统，基于数字版权保护的电子图书出版应用系统，方正数码印刷系统等多项技术，获得国家科学技术进步奖等众多奖项和荣誉，对推动我国印刷技术的进步和印刷工业的发展作出了重要贡献，解决了印刷行业技术中的多个工程难题，在推动印刷业实现跨越式发展方面成绩卓著。

■ 1993年，北京大学新技术开发公司，推出了“北大方正”网络化电子出版系统，以其远程传版、局域网络机光盘存储等特点，标志着我国中文报业网络化电子排版系统的研究和应用领先于世界。这一新成果，标志着基本告别铅字印刷的我国新闻出版业的技术革命进入一个崭新阶段，由单纯的激光照排开始迈向全过程计算机化。

■ “北大方正”电子出版系统是北京大学和科技日报共同承担的国家科委重点科技项目。“北大方正”是在成熟技术“华光”激光照排系统的基础上，采用北京大学王选教授最新发明成果研制的。专家们称，如果说已普遍应用于我国省级以上报纸的“华光”系统为汉字告别铅字印刷开辟了通途，那么“北大方正”则为这一通途提供驰骋的“列车”。

◇北大方正从事排版软件的研究已有多年的历史，1991年起，在汤帜博士的主持下，研究面向对象（OO）技术在专业排版软件中的应用，导致了排版软件FIT（飞腾）的问世。飞腾软件于1995年6月获中国首届PC机应用软件设计大奖赛一等奖。飞腾软件可以把校色（calibration）、修版（retouching）、彩色拼版等各种复杂的彩色图象处理等完全整合在一个系统内，这是“方正列车”快速驰

中国文化产业典范选登

| 典范行业 | 典范区域 | 典范项目 | 典范事件 | 典范人物 |

骋的关键技术之一。

◇汤帜，北大计算机研究所研究员，北大方正电子有限公司技术总监、博士生导师，方正在eBook上的技术领军人物。1991年至2000年，他主持了国内第一个标准化的排版系统——方正飞腾排版系统的研究与开发，曾获得了国际印刷界的最高奖之一"森泽信夫印刷科技奖一等奖"。2000年以来从事数字版权保护与数字出版技术的研究，对出版业产生了深远影响。该技术以数字版权保护技术为核心，通过Internet实现电子图书的制作、出版、发行、销售和阅读，其中数字版权保护在数字图书馆中的应用已经领先于国外同类产品。

■ 方正新闻综合业务网络系统，实现了报社采编流程的数字化管理，从记者采编、稿件处理、资料收集、组版、排版、网络发排、版面远传、新闻资料检索、新华社文稿处理到总编签发自动分稿、编辑改稿、网络打印输出、自动统计报表、稿件签发回传、图片文本文件自动打印查看、还原大样文件及挂网后图片转换等过程均可电脑化，可将报社内部的记者部、编辑部、资料室、传版室、印刷厂、摄影部、广告部、财务部、人事部、总编室、办公室等全方位联网，使报社各部门间既可灵活方便地自动传输数据，又可按要求实现不同级别的保密，且可通过电话线路与外界相连。

■ 方正广告管理系统：实现完整的计算机网络广告管理与制作。在方正广告系统中，首先通过电脑预订将广告的所有刊登和财务信息存入系统.然后通过划位拼版程序将广告自动排进报纸，同时使用方正排版软件进行生产制作，最后整版输出。在统一的数据库和网络的支持下，广告系统、检索系统、采编流程管理、人事管理、财务管理、物资管理、发行管理以及组版和版面远传等组成一个高度整合的完整系统，全面实现报业、出版业的自动化，是方正集团对中文新闻出版业的新贡献。

■ 1985～1995年：华光—方正技术试应用简况

◇1985年书刊出版领域开始采用电脑激光照排（新华社印刷厂）；

◇1986年科技书刊开始采用电脑照排（铁道出版社）；

◇1987年报社开始采用整页组版和激光照排（《经济日报》）；

◇1991年局域网络和资料的光盘存档开始在报社印刷厂采用（《科技日报》）；

◇1992年通过卫星同时向全国二十多个印刷点发送页面描述语言格式的报纸版面（《人民日报》）；

◇1992年彩色报纸编排系统投入生产性使用（《澳门日报》）；

◇1993年分类广告管理和制作系统正式使用（《澳门日报》）；

◇1993年方正出版系统支持国际标准页面描述语言PostScript I.evel 2；

◇1993年方正高档彩色出版系统达到电分机的输出品质（北京新华彩印厂）；

◇1994年采编流程实现计算机管理（《深圳晚报》）。

张冠文综合摘编自：王选《新闻出版的技术新进展》，载《电脑技术》1995年第9期；理科、仕深《迈向电子化的中国报业》，载《中国记者》1991年第8期。

中国文化产业典范选登

| 典范行业 | 典范区域 | 典范项目 | 典范事件 | 典范人物 |

1985～2000年的《南方周末》：民生立场和理性力量

☆"让无力者有力，让悲观者前行"，是《南方周末》报始终关注的问题。

■ 《南方周末》报认为，一个完善和健全的社会不应漠视弱势群体的命运和境遇，弱势者的权利也应得到维护和尊重。为了表达这一主张，《南》报始终站在弱势群体的立场、记录他们的不幸、倾听他们的心声。《她们死在列车上》、《妹妹，我找你都快十年了》、《打工者的夫妻房》、《被拐六年》。这些报道向公众敞开社会底层的生活状态，并对如何保障他们的权利进行思考，呼唤社会对他们应给予更多的良心和责任。

■ 《南方周末》报直面社会现实。《南》报编者曾说："在一个法制完善的社会，每个人的责权利都能有相应的制度、规则来保障和制约。如果法制尚不健全，金钱和权势便能在很大程度上使社会正义的天平倾斜，无助者愈发无助。"《一起错案和七个少年被毁的青春》、《鞋厂工人苯中毒调查》、《为了吃饭的权利》等痛彻人心的报道，不仅是对弱势群体的极大的关注与帮助，也是对社会强势群体的警醒与期待。

■ 《南方周末》报并不寄望于粉饰太平，或者用虚妄的温情来追逐媚俗的潮流，它更期望用百姓的语言诉说真实的生活常态。《南》报有市民出门的见闻，公务员下乡的经历，个体户最奇特的一单生意，大学生难忘的一课；也有老百姓话"官僚"、谈教育、对政治改革的感慨、对英雄人物的崇敬。

■ 在与普通人的沟通与对话中，在对人的关注，对人情的关爱中，为读者提供了对象化的生存之镜，实现了自我与他人、个体与社会的沟通与理解，也使报纸与读者之间有了一条人性相通的情感纽带。《南》报的平民风格，使它像父兄、朋友一样站在老百姓身后，永远和他们保持一种精神上的沟通与交流。

■ 《南方周末》报不断追寻和记录普通人中间那些锐意进取、富有勇气的先行者，如坚持改革的董阳、含泪上书的李昌平等。而曾经当过乡党委书记的李昌平更成为该报1999年的年度人物。《南》报对社会的真诚扫描和推动正是通过对充满正义和希望的改革者的关注体现出来的。

■ 在坚持客观、公正传递真实的同时，《南》报视思想启蒙、理性弘扬为己任，希望通过他们的求证、质疑和反思，以一种潜移默化的力量，引导读者去理性地思考和判断。这种理性不仅是知识，是正确思辨的途径，而且是不受任何先天思想权威、传统和教条的束缚，尊重事实，服从事物的发展规律，不断批判、怀疑、反思的态度，是穷究真理的勇气，是拢和多种事实作出发现和判断的能力。用一位读者的话说，"一个禁锢思维的民族不会有希望，《南方周末》心中永存的国脉与民虞，为人们开启了一个思维的空间"。

■ 《南方周末》报不仅注重信息传播，更以关注信息背后的深层背景和观念为旨趣，使公众的知识空间更宽广更完善。

■ 以"法治"版为例。提高公民对法律的了解和自觉运用固然重要，人们对法理内涵的深度认识和对法律程序的充分尊重更是建立完善法治社会的关键。它注重解剖案例，开掘既有法律的法理内涵；对法律的缺席与歧义进行公开的申诉，澄清怎样叫依法办事，明辨法律界限；引导人们去认识和把握法律事件中表现出的社会问题，寻找发生的原因及对策，将之放到生活流向的感悟中去，作哲理性思考。在监督和促进法律制度完善的同时，引导公众遵循法治、道德和文明。

■ 在"地方"版中，《伤心四合院》、《探访上楼人家》、《欧阳修故里》等关注传统文化和民族文化的保留和传承，希望避免古老文明的淹没和文化的流失，重塑对历史的尊重和对文明的判断，则彰显出其尊重和吸纳有益的文化、展示人与自然和谐共生的生活图景的美好愿望。

■ 《南方周末》报评书、议人、论事，视角和思维都很新鲜，努力在别人思维止步的地方多想两三点。在"时事纵横"版中，它们跳出对时事的一般评述，思考其背后的政治原则、法理依据、市场规则，他们反思胡长清贪污受贿案暴露出的《大官为何傍大款》的社会深层原因；他们从震惊国内外的厦门走私案，敏锐地捕捉到《大走私必有大腐败》；它在把教育作为新的经济增长点的一片热潮中提醒人们注意教育经济化的负面影响；它从法理和伦理的角度提出《见义勇为者有权请求报酬》。它还深入触及如"安乐死"、"器官捐赠"等社会敏感话题，让人们在关注时事中与社会一道进步。

■ 追求有价值有品位的新闻，拒绝媚俗和平庸的观点是《南》报的又一理性追求。在"文化"版中，它本着用文化提高人们的生活品味，以审美深入人心的理念，以先锋人物、文化巨匠、事件品评、深度交流构成了积极而有活力的文化生态圈。而它的人物访谈则努力做到"不仅在于谈话，更有谈话背后的睿智，不仅在于观点，更有观点撞击的机锋，不仅在于思想，更有思想成长的历程"。

丁培卫综合摘编自：司景新、黄宣传《民生立场和理性力量——析<南方周末>的人文关怀》，载《新闻采编》2001年第4期；邓科《从文人情怀到职业觉醒——南方周末的内容探索》，载《青年记者》2008年第25期。

1988～2000年的《体坛周报》

■ 1988年，两名职工创办了一张四开小报湖南《体坛周报》，在发展一段时间仍名不见经传之后，发起人对报纸进行了产业化运营。

◇2000年，报社由最初的2人发展到了84人，周发行量从原来的5000份上升到280多万份，而且95%是零售，年上缴国家利税3000多万元。

◇原先全国一家开印点，2000年全国有30多家开印点。《体坛周报》为湖南文化产业赢得偌大一份家产。

■ 对于产业化运营来说，准确的市场定位是最基本的前提。

◇《体坛周报》是湖南省体委的机关报，但从一开始它就跳出了省体委的小圈子放眼全国乃至全球，将读者对象定位于体育迷而不是省内各级体委机关干部，体育迷中又紧紧锁定青少年这一消费群体，内容以竞技体育为主，将青少年喜爱的足球、篮球、棋类作为黄金项目，迅速报道重大精彩赛事，形成以短文章为主、信息密集型的体育报道风格。

◇湖南体委态度开明放水养鱼，不干涉《体坛周报》的日常报道。用人不疑，支持报社一切改革成为《周报》发展的坚强后盾。

◇《体坛周报》拥有一支专家型的记者队伍。这些记者精通各自范围内的体育项目，不仅仅把工作当作谋生的手段，更把体育新闻当作人生乐趣和对事业的追求。这些记者的报道既专业，又亲切不拿架子，贴近读者，赢得了广大读者的赞誉。

■ 《体坛周报》舍得在采编上投入，花大本钱。“大投入才会有大产出”的思想共识使得该报在人员配备上和设备配置上都比别人领先一步，新闻更快更新，《体坛周报》有一条大胆的口号：世界任何精彩赛事，体坛周报从不错过。

◇2000年悉尼奥运会，《体坛周报》派出7名正式记者，2名兼职记者奔赴现场，这笔费用全由该报自掏腰包。

◇据统计，《体坛周报》每年在中国足球甲A的报道中，就要花费200多万元人民币。只要能使报道比别的报纸更快更新，该报有时出手会大方到令人难以置信的程度。

■ 准确的市场定位和宽松的政策环境使湖南《体坛周报》异军突起。2000年前后，该报每周的发行量稳定在280万份，高居全国体育类报刊榜首。每年上缴利税近3000万元，跻身于全国地方报业百强之列。

邵明华综合摘编自：周卉萍《文化产业：探求中国新财富》，载《政策与管理》2001年第9期。

中国文化产业典范选登

| 典范行业 | 典范区域 | 典范项目 | 典范事件 | 典范人物 |

1992～2001年：山东出版集团的组建和绩效

■ 山东出版集团组建于1992年，2000年12月正式挂牌，并列为全国试点单位之一。集团下属11家出版社、5家印刷厂和1家出版外贸和印刷物资供应单位，省市新华书店123家，成为集编辑、印刷、发行、印刷物资供应、出版外贸以及教育科研、后勤服务等出版各环节于一体的综合性大型出版集团。

■ 山东出版集团所属的11家出版社，都实行了三项制度改革，内部管理较为规范，出版图书门类齐全、特色鲜明。各出版社相互合作，优势互补，以重组求效益。

■ 山东人民出版社：自建社以来，获得全国及省级以上优秀图书奖530余种次。围绕"服务大局，注重品位；弘扬学术，普及科学"的定位和特色要求，努力打造自己的知名品牌，出版了一批服务大局的图书、大型工具书、学术著作和既有较高品位又有市场竞争力的双效图书。

◇从1983年开始，出版社以调整分配机制为突破口，抓岗位目标责任制。经过近二十年的探索，形成了一套稳定有序、高效的运行机制：健全了人事管理机制，干部能上能下、竞争上岗。分配制度采取激励机制。业务人员采取项目管理责任制、效益提成。编辑采取单本书考核，分类计算。编辑效益和销售收益挂钩，图书印数编辑可提出建议，积压书编辑承担责任。行政管理人员定岗定责，年终考评，利益挂钩。

◇由于管理到位，职工竞争意识、市场意识、品牌意识显著增强，全社对内具有凝聚力、对外具有竞争力，出版社发展连上新台阶。出版社年利润由1996年的450万逐年上升，2000年达到930万。

■ 山东教育出版社：山东教育出版社是"全国优秀出版社"。自建社以来，先后获得国家图书奖和省级以上图书奖500多项，形成了"出精品、成系列、重积累、见长效"的出版特色。

◇1998年下半年，经过竞争上岗，产生了新的社领导班子，提出了"科学、真诚、勤奋、发展"的理念，制定科学的规章制度，建立考核奖励机制，工作数量和质量评定全方位、多角度考察。对职工开展凝聚工程，改革干部任免制为竞争上岗。人才采取在职培训，自愿流动。

■ 山东科技出版社：自建社以来，获省级以上奖610多种。作为"全国优秀出版社"，又被评为全国版权贸易先进单位，荣誉与实力并存。

◇自1999年9月以来，该社将现代管理观念和办法纳入出版改革的过程中，以三项制度改革为突破口，建立和完善激励、制约机制和人才管理运行机制，奖惩并举，双效统一，同时强化职工市场意识，着重抓选题开发。明确任务指标，即由编辑室承担经济指标，同时提倡团队精神进行板块式开发。

◇1999年底，一般书刊利润显著增长。2000年出书430种，利润较上年增长20%。

■ 明天出版社：作为出版少儿读物的出版社，编辑出版了一大批少年儿童喜闻乐见的精美的少儿读物。

◇该社利用两年半的时间，完成了从依赖教材、教辅生存到靠自己的一般图书出版打天下的转型过程，走向了良性循环。一是强化一般图书的运作，制定激励措施，鼓励编辑开拓创新，抓市场、争效益，同时建立项目责任人制度，效益与利益挂钩，开源与节流并重，使大家都关心成本，关心营销，开掘市场。二是突出特色，开发新的经济增长点。如低幼类读物、引进版读物。发行部建立了良好的销售网络，与全国500家销售单位建立了供销关系，销售程序逐步规范化。同时建立了销售信息的反馈与分析机制。

◇2000年该社一般图书发货由上年的1600万码洋上升为2800万码洋。

■ 山东美术出版社：根据"优化出书结构，注重整体策划，拓展对外合作"的方针，强调选题的准确性、时代性和连续性，力求形成规模化特色和名牌系列产品。

◇2001年4月以来，该社采取了一系列改革措施，精简机构、干部竞争上岗，同时完善奖励和分配机制，将编辑部门经济指标细化。管理部门明确职责，年终由业务部门评定打分，奖勤罚懒。积极开拓市场，出版了一批有影响的图书和普及读物，同时以引进、出版西方精品作为形成特色的突破口，加大版贸力度，拓展合作范围。

中国文化产业典范选登

| 典范行业 | 典范区域 | 典范项目 | 典范事件 | 典范人物 |

■ 山东友谊出版社：以“抓精品，创品牌，闯新路，增效益”为方向，以出版传统文化旅游、外文和版权贸易四大类图书为主，形成了自己的特色。

◇该社拥有一支业务素质较高、年富力强的编辑出版、发行队伍。在人员的引进上注重专业适用和素质过关，部室领导的配置上注重学历与能力相结合，编辑室主任均获得硕士学位或在读硕士。注重新选题的开发，组织高品位、上档次、高质量的书稿，注重抓图书出版流程，保证图书质量。同时，积极开拓市场，形成了自己的图书发行网络。

■ 山东文艺出版社：一直坚持走“社创名牌，书出精品，高档图书与通俗读物并举”之路，出版了大批有影响的文集、作品集、艺术类读物和长篇小说，并注重已有文化成果的整理、积累和传播。

◇1999年，该社在分配机制和奖励机制上进行改革。中层干部竞争上岗，完成任务按比例分配。在用人机制上采取灵活的方式，在人才培养上下工夫。

◇2001年，该社出版的《大法官》获得“五个一工程奖”，在社会上引起强烈反响，社会效益和经济效益双丰收。

■ 齐鲁书社：始终坚持以弘扬优秀文化传统为己任，走出“保特色，出精品，创品牌，树形象”之路，被海内外读者誉为“文兴齐鲁，功在学林”的名牌古籍出版社。注重出版社的品牌和形象，追求出书的高品位、高质量，在全国各级图书评比中多次荣获大奖。

■ 山东出版集团所属发行企业山东省新华书店1993年在全国率先成立了图书音像发行总公司，1990年又建立了集储运中心、货款结算中心和信息中心为一体的图书音像批销中心，形成了省店批销中心为龙头、地市店为骨干，县（区）店为依托的全省批销网络。网络建成后，图书销量迅猛增长，销售总额、资产总额位居全国新华书店前列。

曲春梅综合摘编自：孙继芬《山东出版集团向实质性改组、改制迈进》，载《出版参考》2001年第23期。

中国文化产业典范选登

| 典范行业 | 典范区域 | 典范项目 | 典范事件 | 典范人物 |

1994～1998年："疯狂英语"的产业链

■ 1994年以来，一种名叫"疯狂英语"的学习方法在市场上日渐流行，其影响力越来越大。和那些从海外传进来的"舶来品"不同的是，导演这幕英语学习热潮的，是两个在中国土生土长、年纪都不满30岁的年轻人，他们传奇般的创业和成长故事，令人对文化和文化市场有一种全新的领悟。

■ 李阳："疯狂英语"的创意者。李阳1990年毕业于兰州大学工程力学系，他发明了一套称之为"疯狂英语"的学习方法，并借此攻克了英语学习的难关。1992年，李阳来到广州，担任过广东电台和广州电视台的英语播音员。1994年底，他辞职创办李阳·克立兹国际英语口语推广工作室，决心带动一场新的英语学习风潮。

◇在辞职后的两年多里，通过举办训练课程，销售丛书和录音带等相关产品，李阳在经济上赢得了相当的成功。李阳与"疯狂英语"几乎是轻易赢得了数百万英语学习者的注意和信任。

◇李阳很有市场眼光，他善于借助新闻界来宣传，擅长策划组织大型演讲会，他的学习资料包装精良，极具可读性可听性，他把自己的公司名称和商标也及早地进行了注册。

◇然而从市场角度看，他的资源并未得到充分利用。而《疯狂英语》有声杂志的出现，将"疯狂英语"的学习热潮进一步推波助澜。

■ 邓良平：高明的文化经营者。1995年底，毕业于北京航空航天大学的音乐杂志商邓良平惊奇地注意到李阳和"疯狂英语"的红火景象。生意的直觉告诉他：英语市场可能比他的音乐市场要大很多。

◇邓良平开始向李阳寻求支持与合作。他的想法是：办一份有声英语杂志，由李阳出"疯狂英语"的品牌，出内容，他来负责联络出版和进行发行，双方分成。他给李阳工作室打去很多次电话，李阳不愿接受这种市场分工。

◇邓良平聘请了广州中山大学英语系教授和美国华人教授祝振华做顾问，组织了一个包括外国留学生在内的编辑班子，准备办一份与《音乐天堂》类似的杂志《英语天堂》。

◇当准备工作接近尾声时，邓良平发现李阳注册的商标名称是"李阳'克立兹'"，邓良平迅速将他的杂志改名为《疯狂英语》，并注册。

◇作为一个"文化商标"的"疯狂英语"诞生了，邓良平成了这四个字在法律意义上的主人。

◇1996年4月《疯狂英语》创刊，借势而上，不断走高，在短短一年多时间就成为目前中国最畅销的英语学习杂志之一。

◇邓良平把疯狂英语的影响力有效地转移到《疯狂英语》上。他选择了许多媒介给《疯狂英语》做邮购广告。他的广告定位是："为什么你的英语不行？因为你学的全是哑巴英语。你的课本，你看的英文杂志、报纸全是哑巴，没有一样会出声……疯狂听它100遍！大声背它100遍！《疯狂英语》味道好极了！"

◇这和李阳当年的呼唤有着惊人的相似之处，李阳的口号是："我从不相信有什么天才，为了说一口地道、纯正和自然优美的英文，我就有听100遍录音带的决心，就有复述100遍的恒心，就有狂喊100遍的痴心。"

■ 有人说邓良平沾了李阳的光，没有李阳，就没有邓良平的今天。也有人说，《疯狂英语》为形成"疯狂英语"的大热潮也作出了贡献。市场大着呢，只要是有心人，都可以去开拓。无论如何，这两个年轻人都已经开辟了一条迥然不同于我们以往对文化理解的新路子。

郑燕综合摘编自：项梓《"疯狂英语"中的文化淘金者——一个新兴文化市场的传奇与启示》，载《南风窗》1998年第1期；邹韧《谁是"疯狂英语"的主角》，载2007年6月8日《中国新闻出版报》。

中国文化产业典范选登

| 典范行业 | 典范区域 | 典范项目 | 典范事件 | 典范人物 |

1996～2001年的苏州日报社

■ 苏州日报社地处东南沿海经济比较发达的长江三角洲地区，处于沪宁两地强势媒体集团的夹击之中。

■ 苏州日报社前身位于原府前街63号（现苏州会议中心），1979年复刊时社址为民治路24号。2000年向南扩建，社址改为十梓街458号。

■ 《苏州日报》由《新苏州报》、《苏州工农报》、《苏州报》改名而来的，从1949年7月1日起的黑白四开小报，到1993年起的黑白对开大报，再到1993年6月13日起的彩版，1994年起增加了《姑苏晚报》的出版，2001年起增加了《城市商报》的出版。

■ 1996年9月起报社实行社长负责制以来，抓住报业发展这条主线，以经营报纸为主业，在原来出版日、晚两报的基础上，增出《城市商报》和《苏南乡镇企业》杂志，走出了一条办报、发行、广告、多元经营良性发展的路子。2001年经营总收入突破1亿元，利润增长2.5倍，日、晚两报的人均占有量提升22个百分点，印刷能力增加了136万个对开印张。

■ 以报纸创新为主体，办好党报，激活晚报，增强报社的核心竞争力

◇报业要发展，办好报纸是根本。从这一指导思想出发，几年来，苏州日报社紧紧围绕报纸创新，把改扩版工作作为重要内容，贯穿办报全过程。

◇为进一步满足苏州群众的精神生活需求。1997年，日报率先进行了扩版。经过几年的探索、总结，新闻版实现了扩容，专副刊得到了整合，形成A，B，C版各得其所的格局。其中A，B为新闻版，C为专副刊，版数发展为对开十二版。

◇晚报通过征询读者意见，坚持微调不停步，从原来的四开八版扩为现在的四开十六版。2001年元月起为四开二十四版。

◇扩版之后，日晚两报重点抓了新闻扩容、深度报道和亮点突破。如日报开设了“新闻观察”、“热点追踪”、“特别报道”等特色栏目，使每个版面都有为读者青睐的亮点。晚报则通过改版调淡了原来浓郁的吴文化气息，加强了新闻性，做到文章短小，选题新颖，容量加大。

◇版式风格也有了新的变化，充分利用彩色版的优势，强化都市气息，对读者形成强烈的视觉冲击。改版后，两报信息量明显增大，指导性、服务性和可读性也有显著提高，尤其是日报的“特别报道”和晚报的“天天特稿”已为广大读者所必读。

◇改扩版带来的不仅仅是信息容量的扩张，采编能量也由此得到了大释放，大家的干劲得到激发，潜能得到开掘。改扩版冲破了传统程式，使办报思路更宽，策划意识更强，标题制作、版式设计、写作技巧更新，报道质量和舆论引导水平都有了新的提高。据统计，五年来在省级以上好新闻评选中获奖数达85篇。2001年，实现了省新闻奖零的突破。

■ 在报业发展基础上，采用“撞击反射”方式推进制度建设，向管理要效益

◇1997年起，随着报业规模的扩大，报社逐步实行了分层决策制，党组（后建党委）侧重内设机构、科级人事、重要发展项目、预算、分配政策等，此为第一层次，亦是单位核心层次；第二层次为执行决策，由党委成员分别负责行政、采编出版、经营，并相应建立人事考核、住房、发行广告、财务等工作小组。工作小组既承担党委决策的执行责任，亦担负向党委提交涉及全局的决策方案的责任。分层决策制的实行确保了决策和执行的民主、科学、有效。

◇建立了采编出版流程的稳定秩序。这个程序主要包括：⑴流程环节的衔接协调机制，理顺关系，保证两报采编部与出版部门的协调配合。⑵消灭差错机制，出台流程环节责任制，实行报面差错公示制；制定差错扣罚政策和鼓励找差错的奖励政策；关口前移，设立“第一读者”检查岗，重点校对清样和软片把关。

◇创办《管理通报》，对流程问题和报面差错进行公示，并及时下达有关措施，督促执行。纠错机制的日臻完善，采编出版程序的建立和稳定，既使报面差错率明显下降，更使流程各环节的工作走上了轨道，提高了效率。

◇成本管理是报社企业化管理的基础一环。为在开源的同时更好地节流，报社在总结以往财务管理的基础上，调整了原财务处功能，并报请市编委批准成立了财务结算中心，重点加强全社收支监控和二级核算单位的内部审计。

中国文化产业典范选登

| 典范行业 | 典范区域 | 典范项目 | 典范事件 | 典范人物 |

◇在全社开展“抓管理，增效益”活动，从1998年4月开始至今年10月，光新闻纸一项，报社从自产报和代印报印刷过程中共节省了720吨(相对于行业出报率)，价值达380多万元。

◇1999年，报社在原排校中心、印务中心试点的基础上，本着先宽后严、循序渐进的精神推行了全员聘用制，同时配套、完善了考核办法，增加了刚性考核指标，对年度考核末几位者出示黄牌警告、个别谈话、扣罚奖金、换岗，连续二年考核不合格者则采取下岗待聘制。

◇年度考核结果，不仅作为年终分配的依据，也作为职级、职称晋升的重要参考。大批年轻记者编辑脱颖而出。2000年35岁以下的青年记者编辑已占52%。

■ 强化市场意识，全方位开拓报业经营.产业化运作初具成效

◇报社多次策划了“读者日”和“记者节”亲民活动，首先让惯于条线采访、案头工作的“无冕之王”，走向城区、县区的商业网点、社区街道，感受市场，直面读者。采编与经营之间的这种互动，产生的不仅仅是全员发行意识的增强，更为报业走向市场、扩大影响创造了条件。

◇报社还注重在出版时效上增创优势，通过前移出版时间，整合出版环节，加强工序衔接，从而为报纸早进市场、早到读者手里争取了时间，增强了市场竞争力。

◇着力拓展农村增量的空间。从2000年起，报社驻市(县)记者站开始创建“党报村”的探索。根据苏南农村有一定经济条件、基础教育普及、村民居住比较集中的特点，选择了两个经济实力较强的行政村开展“党报村”试点。

◇由村级财政出资为全村每家每户农民订阅《苏州日报》，报社负责把报纸发行到村，村里再派人送到各个点上分发到户。在市郊板径村，这份对开十二版的党报很受村民喜爱。每天报纸只要一送到点上，村民们就会自发取报，原定的送报人反而成了多余之人。

◇试点成功后，2001年报社又进一步扩大战果，推广布点40个“党报村”。“党报村”的实践，填补了富裕起来的农村精神生活的一个空白。

■ 技术创新形成共识，出版装备上新台阶

◇1999年，报社投资1000多万元购买了德国罗兰印刷机，2000年，又投资2000多万元，新引进了海德堡印刷机，使现有的印刷能力达到每天201万个对开印张。2001年7月1日，投资9000万元建成了风格园林化、装备智能化、设施现代化的新闻大楼，充分展示了苏州日报社的综合实力。

◇苏州日报社新闻大楼被列为苏州市政府实事工程，也是报社跨世纪标志性工程。新闻大楼在功能配置上把采编出版放在中心位置，设有五个大开间采编出版工作区；有供召开不同规模会议的大小会场9个；有供接待休闲的区域4个；还有供娱乐健身的多功能厅、健身中心等。大楼内置先进的VRV变频空调、综合布线系统、楼宇自控系统、电子会议系统、通讯系统、有线电视和卫星接收系统、背景音乐及广播系统、停车场系统、保安和消防报警系统、新闻采编系统。由此，报社的技术含量和管理档次得到了进一步提升。

丁培卫综合摘编自：陈军《打造地市报自强之本——苏州日报社近几年发展的实践与思考》，载《中国报业》2001年第11期；《苏州日报》编委会《准确定位，改革创新——<苏州日报>改版思路及实践》，载《传媒观察》2000年第2期。

中国文化产业典范选登

| 典范行业 | 典范区域 | 典范项目 | 典范事件 | 典范人物 |

1996～2000年的《广州日报》报业集团

■ 1995年，《广州日报》与位居第二的《羊城晚报》广告只相差4000万元，而到1999年，《广州日报》则超出位居第二的《新民晚报》2.66亿元，2000年又进一步扩大，超出位居第二的《北京青年报》4.54亿元。《广州日报》1999年与2000年的广告份额分别达到了全国报业广告总额的8.86%和8.88%。在全国2000余种报纸中，仅《广州日报》一家就占据了将近10%的报纸广告份额。

■ 1996年1月15日，《广州日报》报业集团成立，这是中国第一家报业集团。五年中，《广州日报》报业集团的整体实力取得了突飞猛进的发展，成为中国报业史上的典范。

■ 1999年《广州日报》成为广州的第四纳税大户，并成为广州纳税过亿元的八大企业之一。2000年《广州日报》跃升为广州第二纳税大户，上交地税达2.4亿元。

■ 1991年《广州日报》的发行量是26万份，1995年为57万份，1996年为63万份，1997年为74万份，1998年为104万份，1999年为142万份，2000年为160万份。与1991年相比，2000年《广州日报》的发行量暴增了近8倍，与报业集团成立的1996年相比，增长了近3倍，增长数量达到97万份。相对于发行基数已经相当庞大的1996年，五年中《广州日报》的发行量增长极为迅速。

■ 1987年1月1日，《广州日报》就由对开4版扩至对开8版，掀开了国内报业扩版的序幕。1992年1月1日起，《广州日报》又率先由对开8版改为对开12版，成为国内第一份对开12版的大型综合型报纸，数十家报纸相继加入扩版行列，开启国内报业的第一次扩版潮，1993年12月1日始，《广州日报》开始改为天天16版，成为内地第一份对开16版的报纸，全国130多家报纸卷入由《广州日报》引领的第二次扩版潮中。1995年，《广州日报》再次由对开16版改为对开20版，成为全国第一份除周末、周日外天天20版的大型综合性日报。

■ 1998年7月，《广州日报》报业集团总投资1.2亿美元的印务中心试机投产，这套先进的印刷设备可在2.5小时内一次印刷每份20版双面彩色的报纸100万份，每小时印刷量达到300万张。

■ 《广州日报》报业集团在方圆300公里的地域内建立了由300个发行站、3800个发行员组成的投递网络，其中广州市1500个，并拥有130多辆送报专车。由此《广州日报》报业集团的发行形成了三个同心圆，即占50%发行的广州地区，占45%发行的广州以外、广东以内的地区，占5%发行的广东以外地区。对于发行工作，《广州日报》报业集团要求不仅要发行到订户楼底下，而且要将报纸送到订户家门口，你住几楼，我送到几楼；今天订报，明天送报。对于发行队伍，《广州日报》报业集团坚持一定要牢牢掌握在自己手中，在零售上一竿子插到底，投递也是由《广州日报》发奖金，3800名投递员由《广州日报》掌握其收入。

■ 《广州日报》报业集团在广州市建立了103家连锁店，在珠三角建立了50余家。大量连锁店的建立为方便广告客户刊登广告和读者订阅报纸提供了极大的便利。1996年初，这些连锁店还亏损严重，但当年12月连锁店就实现了收支平衡，1997年收入已逾亿元。

■ 五年中，《广州日报》一次又一次地通过独家策划令全国新闻界所注目。

◇1997年7月1日，在香港回归这一天，《广州日报》分上午、中午、下午滚动出版97版，以至于广州出现了万民排队争购《广州日报》的景象。《广州日报》的这一独特策划在全国报界掀起了节假日、特殊日期策划热，成为报业广告的亮点。

◇1999年，《广州日报》出版了80版的《“五四”80周年专辑》和50版的《国庆50周年》金版，同年12月21日，又推出澳门回归60版。

◇2000年1月1日，《广州日报》又推出200版，这一辉煌巨制迅即引发轰动，形成广州市民排队数小时等报的热潮，以至报价被小贩抬高到百元。为了浓缩人类不平凡的上下五千年，《广州日报》组织强有力的专门班子翻阅13000本书52亿字，查阅资料多达178种1000余本，中外各种综合性图典近100种，编辑过程中涉猎《二十四史》、《永乐大典》、《四库全书》、《古今图书集成》、《大清会典》，给读者提供了增长知识、开阔视野的多层次的美的享受。

◇2001年7月1日，江泽民总书记在建党80周年发表了令全

中国文化产业典范选登

| 典范行业 | 典范区域 | 典范项目 | 典范事件 | 典范人物 |

世界瞩目的“七一”讲话后，仅隔一天，广州日报就浓墨重彩地印行了16个版的《马克思主义的新觉醒——学习江泽民“七一”重要讲话》辅导特辑。其中用大量的图片、数据、图表、历史回顾，深入浅出地将总书记的讲话精神奉献给广大读者，令读者爱不释手。

◇遇到重大突发新闻时，《广州日报》更是不惜代价，为受众第一时间报道独家新闻。在1999年山东烟台“大舜号”海难的报道中，《广州日报》在遵守新闻纪律的前提下，与其他报社合作，成功地发掘出很多感人至深的独家报道。

■ 2000年《广州日报》报业集团总资产达43亿元，销售总额39亿元，税后利润4.7亿元。据权威统计资料，至2000年，广州日报广告已连续7年居全国报业首位，在大众传播媒体中居第二位，仅次于中央电视台。

■ 充分利用集团资源。

◇资源盘活。《广州日报》报业集团的100多辆送报车早晨出去时送报，回来则运大米，成为一支重要的运输力量。而报业集团3800多名投递员在早晨发完报后则成为大洋网上书店一支强有力的配送队伍，这使大洋网成为国内新闻媒体网站中第一个成功地建立物流配送体系，在配送市场中敢与商业网站一争高下的媒体网站，对媒体网站的经营与报业发行队伍的功能扩张作了大胆而成功的探索。

◇资源裂变。《广州日报》报业集团现在的很多子报、子公司都是从《广州日报》原有的部门裂变而来，如体育部兼办《足球报》，交通旅游部兼办《交通旅游报》，退居二线的老记者老编辑主办《广州文摘报》、《现代育儿报》、《老人报》。报业集团现有广告公司、发行公司、纸张公司、印务中心、新闻服务中心、彩印公司、连锁店公司等经济实体。

◇资源重组。著名时政杂志《南风窗》在加入《广州日报》报业集团后的进一步壮大发展也与报业集团资源重组策略有着密切的关系。在加入广州日报报业集团后，充分利用集团的资金、人才、管理、新闻资源等方面的优势，并重新进行市场定位，使其成为《广州日报》的一个重要拳头产品。

◇资源包装。1995年12月1日，《广州日报》在国内新闻界较早地建立了电子版，并在新加坡建立了镜像，1999年底则正式成立大洋网。《广州日报》报业集团通过一系列精心包装，如举办转播国际象棋大赛、提供就业服务、开辟网上购书业务、房地产、小额物品拍卖，使大洋网成为媒体网站中名气很响的一个。

◇资源控制。《广州日报》报业集团很早就成立了财务中心，将集团重要资源归由集团统一管理，由集团财务管理部门制定统一的财务监管制度，要求二级机构每月汇报资产经营状况，额度较大的开支项目需经集团统一审批，财务负责人由集团统一派出，直接对集团负责，由集团财务部门和所在机构双重管理。

■ 在吸引人才方面，《广州日报》报业集团采取了实实在在的措施，新人进去即分给房子，已经结婚的则给两室一厅，每一名记者配一台手提电脑，工资福利待遇优厚。《广州日报》报业集团还与密苏里大学新闻学院签订了90万美元的培养计划，相互之间每年派出3名学者、3名留学生进行交流。与此同时，《广州日报》报业集团建立了全国新闻界首家博士后流动站，使报业集团进一步成为培养人才的摇篮。

曲春梅综合摘编自：唐小兵等《中国第一报业航母崛起南方——广州日报报业集团成立五周年回顾之一》，载《当代传播》2001年第6期；唐小兵等《叩响市场之门引领报业风骚——广州日报报业集团成立五周年回顾之二》，载《当代传播》2002年第1期。

中国文化产业典范选登

| 典范行业 | 典范区域 | 典范项目 | 典范事件 | 典范人物 |

中国少儿新闻出版总社的组建与发展战略

■ 21世纪初的中国新闻出版界，是涌动着历史性跃变、最具改革活力的社会领域。

■ 2000年3月20日，共青团中央书记处按照党的十五大提出的新闻出版要"加强管理，优化结构，提高质量"的要求和全国宣传部长工作会议确立的"发展新闻出版业，抓住机遇，组建新闻出版集团"的思路，整合系统力量，重组文化资源，实行中国少年儿童出版社和中国少年报社的强强联合。中国少年儿童新闻出版总社应运而生。

■ 新组建的中少总社辖有中国少年儿童出版社、中国少年报社、中国少年儿童音像出版社3个社，办有5张报纸、10种期刊，每年出版1500多种图书和音像制品，并开办有"中少网站"，是21世纪初国内最大的跨媒体经营的少儿传媒集团。

■ 中少总社的成立，不是简单的实行"1+1"，而是寻求跨行业，多媒体集团发展的"大少儿出版"的一种新格局，是面向21世纪、面向世界的中国现代大出版的一种新尝试。

■ 国外将单一媒体资源充分发展，扩大到多种媒体多个市场的现代经营理念和手段，是推动中国新闻出版业跨媒体经营的重要力量。中少总社在引进比利时埃尔热先生编绘的经典漫画《丁丁历险记》的谈判过程中，《丁丁历险记》的版权拥有者埃尔热基金会，不是单单和总社讨论一套书的版权问题，而是提出了一整套包含"丁丁"的电视卡通片、形象、玩具等涉及多种媒体多个产业的版权、生产权、开发权的引进方案。

■ 2001年6月1日，在互联网产业还处于低潮期，还未找到成熟的盈利方式和发展模式的情况下，中少总社开通了以服务少年儿童为主要宗旨的"中少网站"，使中少总社的跨媒体经营又多了一个新的重要品种。中少总社的策略是，既然互联网代表着新闻出版行业的革命性变化，就应该主动"触网"，拢住地盘，否则将落后于时代。

■ 中少总社成立后，不失时机地建立了适应市场发展需要的运行机制，以产业结构、组织结构、地域结构调整为主线，实现了人事、财务、经营管理和分配机制的"四个统一"。

◇建立了管理统一高效、市场反应迅速的领导运行机制，确立了以社长负责制为核心的总社领导机制。

◇设立总经理、总会计师，推行以经营管理、财务管理为核心的市场运行机制。

◇建立"以人为本，提倡竞争"、"能上能下，能进能出"的企业用人机制，以经济效益为核心整合人力资源。

■ 中少总社在组建集团中，努力实行媒体资源的有效整合和配置，强化少儿产业传媒的特色，打"少"字头旗帜，做"少"字头文章，努力形成新的增长点。总社打破原来少年报社和少儿出版社的框架，重新组建了8个中心：即新闻中心、期刊中心、图书中心、资讯中心、活动中心、管理中心、研究中心、财务结算中心。各中心由社领导分管，对总社负责，由总社实行"扁平化"领导。

◇集团的成立，实现了内部资源的优势互补。中少总社拥有5报10刊以及近500万少年儿童读者，成为中少版图书最有效、直接且免费的广告投放载体，而图书又可以作为报刊征订的奖品，为报刊经营销售作贡献。

◇集团的成立，为凝聚"场气"，实现跨地区扩张兼并提供了条件。中少总社的成立，大大提升了跨地区竞争的实力。上海、南京，陕西等地不少报刊主动上门寻求合作。

◇集团的成立，实现了市场重组。总社整合前，各自所属报刊存在着市场重合、互相竞争的问题，总社成立后，重新确定报刊发展方向，促进报刊市场结构的进一步优化。

◇集团的成立，挖掘了媒体品牌资源，发展出与主业关联的新的经济增长点。如利用"知心姐姐"在当年的少年读者、现在中年家长心中的知名度、美誉度及忠诚度，创办了《知心姐姐》杂志，建立了"知心家庭学校"，又与中国教育电视台、常州人民广播电台合作开办了"知心家庭电视学校"和"知心家庭广播学校"，引起了不小的社会反响，也蕴藏着巨大的新的经济发展潜力。

中国文化产业典范选登

| 典范行业 | 典范区域 | 典范项目 | 典范事件 | 典范人物 |

■ 中少总社推行四大发展战略

◇一是大少儿文化产业发展战略。总社以少儿期刊、少儿图书、少儿多媒体读物、少儿网站为主体，逐步形成以新闻出版业为主体、多元化经营的大少儿文化产业集团。

◇二是现代企业发展战略。总社推行现代化企业制度，真正成为自主经营、自负盈亏、自我约束的法人实体和市场竞争主体。

◇三是超常规发展战略。总社充分发挥名报、名刊、名书、名社的品牌效应，新闻出版强强联合的优势，集团化集约化经营的功能，高效运行，快速发展。

◇四是跨国发展战略。总社努力在与国外同行业的合作与竞争中发展自己，努力创建海外分支机构，努力实现全球化运作。

唐建军综合摘编自：海飞《组建少儿传媒集团 强化产业特色 寻求少儿新闻出版业历史性的跃变》，载《中国图书评论》2001年第10期；海飞《开创“大少儿出版”的新格局》，载《出版参考》2000年第11期。

中国文化产业典范选登

| 典范行业 | 典范区域 | 典范项目 | 典范事件 | 典范人物 |

光线传媒的初创与王长田的追求

■ 1998年9月，光线电视策划中心成立

◇此为国内第一家以电视为载体的文化新闻节目，其总裁王长田被誉为“中国新娱乐节目的先锋”。

◇中国电视界的一个潮流是其主体功能从宣教向娱乐转变，人们对娱乐产生了爆炸性的需求。只要有一个载体能够支持娱乐业的扩展，这个沉寂的市场就会被引爆。——王长田

■ 1999年7月，“光线”的王牌节目《中国娱乐报道》诞生

◇这是一档全面介绍中国内地及港台文化娱乐界热点动态的节目，每周三期，节目时间共1.5小时。在绝大多数地区同时段节目的收视率排名中均占第一，全国平均收视率达8%以上，忠实观众超过数亿人。荣获由《人民日报》等多家新闻机构联合评选出的“99跨世纪经典策划个案”称号，在十大经典策划中排名第二。

■ 本土化的经营策略

◇至1999年，《中国娱乐报道》开播台达到50家。“光线”已经发展到制作、发行、经营7个电视节目，每天节目生产量高达两个小时，并有超过10亿元的广告空间。

◇我们的节目本身就是本土化，我们严格执行国家关于不允许外资进入媒体的规定。但是我们要进军国际市场，战场不单单在国内，“光线”要走向国际。——王长田

◇国外的一些媒体进军中国由于政策的限制无法迅速发展，而且存在观念问题。就算是国际公司再本土化，公司的决策者仍然是西方的传统思想，而且外资媒体有时僵化得不可理喻，比如绝对不更改“外语必须要好”的人才招聘标准，这样是绝对无法完全融入中国文化的。所以我们的本土公司在这方面很大程度上具有比较明显的竞争优势。——王长田

■ 传媒娱乐一体化的经营理念

◇2000年，节目实现每日播出，《中国娱乐报道》和《世界娱乐报道》被誉为“娱乐界的《新闻联播》”。

◇2001年，光线将内容资源充分发掘，节目优势发扬光大，迅速推出《体育界》、《娱乐中心》、《明星三人谈》、《音乐早餐》、《明星的诞生》、《娱乐百年》等一系列节目。

◇“光线”虽然在国内的节目制作公司中非常出色，但是“光线”在很多方面都有问题，尤其是管理方面，与国际巨头是无法相提并论的。这种情况如果不改变，将会在未来的竞争中被淘汰。——王长田

◇从根本上说，做电视业比较忌讳短期行为，但民间公司中见好就收或见难就退的情况比较普遍，“光线”之所以快速成长为国内民营制作公司的代表，是因为其他公司一方面自己不思进取，而另一方面是“光线”在不断成长。——王长田

■ “三位一体”的终极体系

◇“光线”是中国最大多数受众收视需求、中国娱乐界健康文化前进方向、中国最先进企业产品市场通路的大平台媒体。——王长田

■ 企业文化——“光线”十八般武艺：新锐、速度、效率、活力、沟通、服务、简化、忠诚、团结。

■ “光线”业绩：三年10万到10亿

◇作为中国最大的民营电视节目制作商之一，“光线”没有像在国营体制下那样被强制定位扼杀了创造性及开拓精神，商业经营顺应了中国电视市场的深刻变化，如制播分离、令人满意的广告收入，以及《体育界》开播后的巨大反响。

韩英综合摘编自：王京《王长田：我不怕传媒巨头侵略》，载《科技智囊》2001年第9期；张小争《光线传媒：传媒娱乐一体化》，载《新传播资讯网》(www.woxie.com)。

中国文化产业典范选登

| 典范行业 | 典范区域 | 典范项目 | 典范事件 | 典范人物 |

吴宇森的电影艺术和票房奇迹

■ 1973年后吴宇森执导《年轻的龙》（*The Young Dragons*），这是他第一次导演影片，因暴力过多禁止出厂，1975年经过重新剪接由嘉禾出品。

■ 一直到1977年，吴宇森的电影都以功夫为主。值得注意的是，成龙“大哥”的第一个正式的银幕角色就是由吴宇森在《功夫》（*Countdown in Kung Fu*）里给予的。

■ 1977年吴宇森首次制作了一部喜剧《发钱寒》，影片的票房收入确立了吴宇森在香港影视业中的地位。

■ 吴宇森1978年制作的电影里面以及其后出现的动作片里，我们都可以找到一些典型的“吴宇森影片”的元素：朋友、手足以及相互间的忠诚。

◇1986年吴宇森执导《英雄本色》，影片中的男人饱经抑郁，却从不放弃对“义气、地位、信心、尊严”的追求。借着这样一部电影，吴宇森与周润发、狄龙、张国荣联手出演了男人的友谊、男人的悲伤以及男人的万丈豪情。

■ 在吴宇森的电影里，吴宇森设计的动作充满美感和节奏，感情和气氛及动作的配合丝丝入扣。摄制前他就已把每项步骤都整理得一清二楚，他还要求准确无误地把每个节奏和动作都按自己的设想摄制出来，可谓精益求精。

■ 吴宇森开离香港后，决心制作一部一改以往风格的美国动作片，看看自己能否制作一部符合美国制度和美国观众要求的电影。

◇好莱坞影片中的英雄不流泪、不能死，而吴宇森喜欢塑造绝望的悲剧英雄。美国观众分类很楚，动作就是动作，如果动作片有很重的情感戏，他们便不知所措。

◇在避免和美国制度相悖的前提下，吴宇森在《断箭》影片中加入了典型的“吴宇森元素”——两个朋友中间，当其中一个变坏后，就会反目成仇。

◇吴宇森尽量了解美国观众的需要，以求令自己的作品得到美国的认同，结果他的力作，1996年的《断箭》成为票房热门，吸引了许多观众。

◇吴宇森所作的努力到底没有白费，他赢得了制片公司的信任。继而1996年吴宇森替福克斯执导《变脸》，这部影片在国际上获得巨大的成功。

■ 从1993年的《终极标靶》、1996年的《断箭》到1997年的《变脸》，可以看出吴宇森在好莱坞的戏是越做越大，越做越自在。

◇投资高达1亿美元的《变脸》被美国影评人认为是“最具吴宇森风格”的作品，并夺得当年7月份美国电影票房冠军。

◇吴宇森赢得了全美华裔艺术基金会颁发的最高荣誉“金环奖”。获得地位崇高且深受好莱坞肯定的金环奖，对于一个在美国工作的中国人而言，实在是很有意义。

◇1993年，吴宇森花了2000万美元，拍成《终极标靶》（*Hard Target*）这部动作片，该片在美国上映后，开映票房便达1000万美元，成绩惊人。这使得吴宇森成为第一个走进好莱坞这个世界上最大梦幻工厂的香港导演，作为一个东方导演，他在好莱坞的地位因此稳固。

◇在美国一项网络影迷票选的活动中，吴宇森和李安一起上榜“最不容错过的导演”。

◇作为一个东方导演，与西方巨星在好莱坞交流出票房与口碑，吴宇森这位被当作香港动作导演精神领袖的东方导演已经得到观众的认同和好莱坞肯定，已经成为好莱坞的一流导演。英国畅销电影杂志*EMPIRE*最近选出“100位当今最重要电影界猛人”，包括当今国际影坛举足轻重极具影响力的导演、演员、编剧、监制甚至电影音乐人，吴宇森是惟一一位上榜的亚裔人士。

邵明华综合摘编自：黄汉威《电影界狂人吴宇森》，载《音乐天地》2000年第5期；赵成《在好莱坞做“英雄”的华人导演——吴宇森》，载《滇池》1994年第Z1期。

中国文化产业典范选登

| 典范行业 | 典范区域 | 典范项目 | 典范事件 | 典范人物 |

1979～2001年：上海广电的六次改革与文广集团的跨越式发展

■ 改革开放以来上海广电经历了六次大的变革。

◇第一次是1979年初上海广播电视媒体在全国率先恢复和播出广告，从1978年以前全部收入来自国家财政拨款，到1979年首次拥有预算外收入广告经营收入60万元，迈出了探索广电行业发展的最初一步。

◇第二次是1987年上海市广电局以内部竞争为目标设立台中台、探索形成竞争性的市场结构以提高整个行业的运行效率，同时成立三中心探索内部的集约化管理、规模化经营，开始了对自身发展模式的尝试，1991年全局经营创收首次超过1亿元人民币。

◇第三次是1992年10月和1993年1月分别成立上海东方广播电台和上海东方电视台，加上当时新成立的上海有线电视台，形成台外有台的新的五台三中心，进一步加大市场竞争力度和完善内部管理思路，1992年全局创收达2亿元人民币，1993年创收4亿多，连续翻番。从此，上海广电传媒不仅实力大增，兼顾效率和规模的集团化发展思路也逐渐明晰。

◇第四次是1995年8月，上海地区打破广播电视与电影的行业壁垒，上海市广播电视局和上海市电影局撤二建一成立上海市广播电影电视局，完成影视台合流，广播电视和电影资源互补，携手共进，为广播影视传媒进入更广阔的文化信息产业领域奠定了良好的基础，1998年全局总资产已突破100亿大关，达到105亿元人民币。

◇第五次是2000年4月，上海地区进一步打破广播电影电视与文化的行业壁垒，上海市广播电影电视局和上海市文化局撤二建一，完成文广合流。从此，上海广电影视传媒和各文艺院团资源共享，优势互补，共同迎来了大文化发展的新格局，2000年文广局营业收入达42.3亿元人民币。

◇第六次是2001年4月成立集团，从原来文化广播影视管理局自己管又自己办的状况，走向了管、办分离。

■ 2001年4月19日，上海文化广播影视集团成立。

◇2001年中国广播电视行业进行了一系列的机构改革和重组，湖南、山东、上海、北京等地先后组建了广电集团，此举被称作中国广电业打造传媒航空母舰的开端。

◇上海文化广播影视集团的总裁叶志康认为：组建集团，是中国广播电视传媒顺应行业内外环境变化作出的战略选择。具体对上海文化广播影视集团而言，意味着可能再一次赢得实现跨越式发展的新机会。中国推行改革开放政策22年来，上海广电传媒从全部营运费用来自国家财政拨款，到现在文广集团2000年从市场上获得营业收入42.3亿元、拥有146亿元人民币总资产，走的是不断改革、实现跨越式发展的道路。

◇关系理顺后，对上海文广影视事业进一步壮大实力，增强活力，提高竞争力，有着极为重要的意义，这也是适应我国加入世贸组织的新形势，为应对国际传媒竞争的挑战作好准备，同时顺应当今国际上在信息化、高新技术条件下传媒业组织结构变化的趋势，与时俱进。

■ 上海文化广播影视集团不仅拥有广播、电视、电影、传输网络、网站和报刊等多种媒体，还拥有一大批文艺表演院团和大量文化资源以及一批在国内外有影响的上海城市标志性建筑和大型物业。

◇通过投资建设和经营东方明珠广播电视塔、上海大剧院、上海国际会议中心等项目，参与到旅游、演出、参观、国际会议等产业活动中去。包括体育事业，也有所涉猎，拥有上海电视台女足俱乐部、东方电视台篮球俱乐部、上海有线电视排球俱乐部等体育产业。这种跨行业的发展趋势，从文广集团的十二大建筑（广播大厦、上视大厦、东视大厦、广电大厦、东方明珠广播电视塔、上海国际会议中心、上海影城、上海大剧院、上海马戏城、上海银星皇冠酒店、艺海大厦、话剧大厦）中也可见一斑。

◇叶志康总裁认为，既然要把传媒娱乐等放在一个产业环境中去参与竞争，就必然要顺应市场经济的要求实现跨行业、跨地区发展，这是规律所致。

■ 上海广电在发展过程中十分重视传媒与资本的结合。在1990年东方明珠广播电视塔筹建期间，就在全国首次尝试利用银行贷款来建造文化建筑。在以后的上海国际会议中心、上海大剧院、上视大厦、东视大厦的建造过程中，都采用了多种不同类型的融资手段。1992年又组建东方明珠股份有限公司上市，使东方明珠成为全国首张文化股票，从资本市场获得了15.6亿经营资本投资于媒体建设项目，公司股东也得到了可观的回报，达到了“双赢”的目的。

中国文化产业典范选登

| 典范行业 | 典范区域 | 典范项目 | 典范事件 | 典范人物 |

◇叶志康总裁认为：上海文化广播影视集团以后的经营主题已不单单是几家电视台、电台、影视制作单位，或者是单纯地经营传媒影视业务的一个集团，而是把资本力量和传媒影视力量紧密地结合在一起，不断开拓新业务。

◇叶志康总裁认为：综观当今国际传媒、娱乐业的发展经验，特别是一些全球著名的大型传媒、娱乐集团，其经营策略千变万化，都离不开三个要素：市场、规模和资本。通俗地说，就是一方面传媒娱乐集团不断地扩大自己的核心业务和相关业务，在领域内进行业务融合和市场整合，以形成规模；另一方面，依附在传媒身上的资本以产业资本的形式大规模进入资本市场运作，以获取更多的资本、占领更大的市场。传统传媒的竞争是资金加经验，以后的竞争是资本加品牌。

■ 文广集团对内实行统分结合的管理，由集团负责发展规划、资产运作、财务管理和人力资源开发等事宜，对人、财、物实行统一管理，强调集团宏观调控、配置各种资源的能力；同时，又重视发挥四个子集团（或中心）的作用，重视激发文广集团各组成实体的经营活力，致力于微观搞活。

◇集团总的管理原则，是在现有组合下盘活资产，从集团的整体利益出发，改变原来内部争夺节目、广播资源的低层次竞争格局。在充分研究市场需求、研究自身资源特点的前提下，通过重组和优化，强化集团现有的业务优势，争取创出有影响的传媒和娱乐品牌来。

■ 上海文广集团的发展目标是：立足上海，面向全国，走向世界。在条件成熟时，进一步向多媒体、多品种、多功能和跨地区、跨行业、跨国界的综合性大型传媒、娱乐集团发展，争取建成在西太平洋沿岸较有实力和影响的多媒体集团。

◇要实现上海文广影视的这种跨越式发展目标，叶志康认为：仅有资本是远远不够的，这么多年来，我们逐步认识到，推行任何一项重大的改革举措都离不开"观念、决策、班子、人才、资金"六个要素，并一定要按照这样的先后次序来逐一落实，不能颠倒。在有了观念先导、正确的决策、良好的政策环境和坚定的执行班子后，尤其人才、人气是关键，这不是指一小部分业务骨干，而是指整个团队，需要一大批各类人才。我们要面向全国招贤纳才，同时也要建立和完善配套的激励机制和培养机制。

张冠文综合摘编自：肖苹《打造中国传媒娱乐业的航空母舰——访上海文化广播影视集团总裁叶志康》，载《中国报业》2001年第10期；叶文平《上海广电的六次大变革》，载《中国报业》2001年第10期。

中国文化产业典范选登

| 典范行业 | 典范区域 | 典范项目 | 典范事件 | 典范人物 |

1980～2001年外资传媒在华经营诸多模式及合作典范

■ 美国出版商国际数据集团（IDG）早在1980年跟中国合作出版“IT第一张报”——《计算机世界》，成为最早进入中国市场的外资传媒集团。

◇2001年以来，外资媒体纷纷抢滩中国市场。由于受中国政策限制，外国传媒不能直接经营中国的新闻出版业，这些外媒在中国寻求合作对象，诞生了诸如《财富中国》、《IT经理世界》、电视方面的“中国体育报道”、阳光卫视以及上海美亚在线网站等带外资传媒“血统”的报纸、期刊、电视频道、网站等，其营运模式主要有兼并收购式、投资控股式、参股式、品牌合作、节目交换、直接进入和外围渗透等七种。

■ 兼并收购式：香港的TOM是兼并收购式的典范。

◇TOM凭借其强大实力，先后收购鲨威体坛、羊城报业、美亚在线、风驰广告、《亚洲周刊》及中国最大的电子邮局——163.net，组建成一家集网站、平面媒体、电视媒体、广告等为一体的多元门户网。

■ 投资控股式：投资控股式经营模式主要集中在专业媒体，外商通过投资控股，与合作伙伴（中国的或者外国的）成立出版公司等形式投资媒体。

◇其典范是最早进入专业媒体的美国出版商国际数据集团（IDG），出版有《计算机世界》。

◇国内知名的IT专业媒体如《IT经理世界》、《网络世界》、《微电脑世界》《数字财富》等都带有IDG血统，属于典型的投资控股经营模式。

■ 参股式：境外传媒公司通过资本运作，以参股的方式迂回进入中国市场。

◇典型范例有默多克的新闻集团、美国在线以及时代－华纳。

◇2001年2月中旬中国网通集团引入外资，新闻集团入股6000万美元，占股权的3%；其全资子公司STAR TV和控股的【V】音乐台、ESPN、国家地理频道和持股的凤凰卫视与大陆30多个省市有线电视台合作编播音乐、体育和人文地理节目，与人民日报社合资的北京笔电新人信息技术公司合作推出Chinabyte.com和门户网站搜索客（cseek.com）。

◇新闻集团还握有网易10%的股份与renren.com 10.2%的股份。

◇2001年2月，AOL以投资方式与FM365进行合作。同时，AOL还与中国银行机构及电子支付解决方案供应商首信集团进行接触。

■ 品牌合作。品牌合作是许可经营的商务模式，不涉及任何资本与股权交易，美国迪斯尼公司与中国海虹控股合作的方式，就属于这种模式。

◇2001年3月5日，美国迪斯尼互联网集团与海虹控股签订了正式合作协议，共同开发中国互联网市场。根据协议，海虹独家经营迪斯尼中文网站（Disney. com. cn）及迪斯尼BLAST的内容，并独家经营迪斯尼中国网站及网上收费频道BLAST。迪斯尼中文网站将涵盖迪斯尼英文网站的全部精华，DISNEY BLAST收费频道增加由双方合作共同开发的网上英语教学内容。

◇迪斯尼互联网集团同时授权海虹在中国境内独家经营迪斯尼中文网站及迪斯尼收费频道的所有网上广告业务。

◇简单地说，其合作形式是海虹出钱，迪斯尼出品牌和技术，是一种策略联盟。

■ 节目交换：外资媒体与国内电视台合作，其经营方式主要有两种：收取版权费和换取广告时间。

◇此类经营模式的典范当属全球规模最大、最具影响力的娱乐传媒业领导者维亚康母。

◇早在1995年，维亚康母通过旗下的MTV全球网就通过与中国开展节目交换的形式进入中国。2001年与一些地方电视台合作开办了四档节目，超过38家电视台播放。

■ 直接进入：由于我国的传播业现在还没有开放，直接进入的经营模式占的比例不大。以卫星电视为例，境外卫视若要在大陆落地，必须通过中国广电管理当局的审批，以取得在内地的播映权。目前已进入内地的有香港的无线、亚视、凤凰卫视和阳光卫视等。

中国文化产业典范选登

| 典范行业 | 典范区域 | 典范项目 | 典范事件 | 典范人物 |

■ 外围渗透：有些外资媒体通过采取“外围渗透，逐步推进”的策略，为进入中国市场作准备。

◇集杂志、在线产品和大型商业活动组织三位一体的美国综合媒体公司Red Herring，2001年在中国举办三次大型商务集会。

◇时代华纳集团旗下的美国有线新闻网CNN在香港开设了该台全球首个结合电视及互联网的新闻中心。他们选择香港，目的在于推行亚洲地区化的发展，抢占亚太地区尤其是中国大陆广阔的新闻市场。

伍辉综合摘编自：钱晓文《外资传媒在华经营模式及其影响》，载《新闻记者》2001年第8期；毕一鸣《在全球化国际背景下审视新闻集团现象》，载《视听界》2001年第5期。

中国文化产业典范选登

| 典范行业 | 典范区域 | 典范项目 | 典范事件 | 典范人物 |

1986～1997年：山东影视基地的生长

■ 1986年10月，山东省在原山东广播电视艺术团和山东电影制片厂、山东电影洗印厂等单位的基础上重新组合，成立了山东电影电视剧制作中心。

◇其中心属下，有分别承担电影制作洗印业务的山东电影制片厂、山东电影洗印厂。

◇有6个能独立策划摄制销售各类电视剧及电视片的制片社；有为电影电视剧生产提供人员器材设备保障的录制部以及新建总面积达3000平方米，具有国内一流水平的摄影棚和工作间。

◇有出版发行各类音像制品的齐鲁音像出版社。

◇有专门刊载影视文学作品的《影视文学》编辑部，拥有大量价值较高的国内外影视像带资料的山东省音像资料馆，有从事与影视相关产业开发经营的"三冠"、"东奇"、"希望"、"金冠"四个公司。

■ 中国视坛上唯一荣膺"三连冠"的省级影视单位。1982年至1984年，根据中国古典文学名著改编的电视连续剧《武松》，及根据当时在中国文坛引起轰动的长篇小说改编的同名电视连续剧《高山下的花环》和《今夜有暴风雪》，连获飞天奖一等奖和金鹰奖一等奖。

■ 弘扬传统文化，获奖作品频出。中心成立之后出品的影视剧创作，以其较高的艺术品位、浓郁的地域特色和强烈的精品意识，表现了中国改革开放以来人民群众生活的变化和思想观念的进步，弘扬了中华民族的传统文化。电视剧《夫妻井》、《大地缘》、《孔繁森》等连续获奖。电影故事片《孔繁森》连获华表奖、金鹰奖、国际最佳华语片奖。表现中国儒学创始人、中国传统文化集大成者孔子的大型历史电视连续剧《孔子》为国内外世人瞩目，被认为是"一部学术价值较高的历史文化巨片"，获中国政府奖特别奖。

■ 多方位的选择和定位，走向国内外市场。

◇累计创作了思想内容深邃、艺术风格异彩纷呈的电视剧、电视片200部近1000集，其中有古装武侠片《白眉大侠》（30集）、根据美籍华人萧逸先生同名小说改编的《甘十九妹》（26集）、贴近现人们感情生活的《爱情帮你办》（23集）、反映现代都市服装设计和服装模特儿生活的《燃情四季》（22集）等，其娱乐性、可视性都比较强。

◇尝试实施策划、制作、销售一条龙的运作方式，使整个影视生产逐步面向市场并走向市场。首次以商业运作形式拍摄的以动物为题材的大型电视系列片《动物园》（365集），取得了较好的社会效益和经济效益。

◇先后向国内外出版发行了艺术性较高、娱乐性较强的300多盒近700万盘录音带和近70万套像带。

◇国际影响也日益增大，和亚洲许多国家和地区的有关单位建立交流与合作关系，很多国家和地区买下其生产的影视片的播映权。

■ 群体拼搏，开拓进取，人才辈出。

◇随着精品电视剧的频频推出，专门人才辈出。其中有执导过《孔子》和大型连续剧《长河入海》的张新建，执导过《一个叫姚金兰的人》和《大地缘》以及大型作品《鲁氏兄弟》的唐敬睿，执导过《白眉大侠》、《甘十九妹》和电视连续剧《孔繁森》的王文杰，执导过《杀人街的故事》的赵冬苦等。他们团结协作，开拓进取，推动了山东乃至全国影视艺术的繁荣。

伍辉综合摘编自：孙春亭《山东电影电视剧制作中心：一个颇具规模和实力的影视生产基地》，载《走向世界》1997年第1期；孙春亭《记山东电影电视剧制作中心——眼力·实力·功力》，载《当代电视》1997年第10期。

中国文化产业典范选登

| 典范行业 | 典范区域 | 典范项目 | 典范事件 | 典范人物 |

《渴望》与90年代中国电视剧市场的成熟

■ 中国的电视剧作为一门艺术，是在中华人民共和国诞生之后才出现的。第一部电视剧是1958年创作并直接播出的《一口茶饼子》，主要内容是教化青年一代“忆苦思甜”。

■ 如何认定电视剧的成熟，既需要看其发展的时间长度，更需要看其两种“审美体系”是否已经产生。从史实上看，只有在它既拥有雅系统，又存在俗系统，才可说其已经走向成熟。在不但发挥电视剧艺术的认识功能、教育功能，而且发挥审美功能、娱乐功能的姿态走进千家万户之后，电视剧才算得上是一门成熟的艺术；它才可以作为真正独立于其他艺术门类尤其是独立于以电影和戏剧为代表的，必须在公共娱乐场所进行观赏的公众艺术之上的“家庭视听艺术”。

◇电视作品是用人的生活的形象来表达思想感情和传达真理的。没有民俗，也就没有人们的生活方式。俗，在很大程度上即民俗，即大众的文化生活，其外延同生活的外延相等。所谓求俗，就是求同乎民情，同乎民性，求顺应市井人生规范，迎合大众文化心理。

■ 自80年代改革开放以来，中国的电视剧的“主旋律”作品，一直占据着电视剧数量的全部。

◇在80年代，中国电视剧曾步电影的后尘，人们很长时间忽略了它的娱乐作用。尽管在理论上、口头上人们没有否定过它的美悦功能，并承认“政治上没错误、情趣上又健康”的电视剧可以丰富人民大众的文化生活，但却很难见到这样的作品大量问世。

■ 当改革的大潮日益冲击过来，把电视剧作为文化产业或文化商品推上国内的观众市场之后，电视剧才终于走向独立与“成熟”期。它的“通俗化”已成为不得不尽快解决的社会化实际问题。正是在这样一个市场经济的大背景下，第一部国产的室内电视连续剧《渴望》，于1990 年问世了。

◇《渴望》运用京味的口语塑造了不同的人物个性。给人一种大众化、凡俗化的感觉，将观众带到了那充满浓郁文化气息的老北京四合院。如话家常一般讲述了慧芳捡到孩子——抚养孩子——丢失孩子——找孩子——送孩子等一系列故事，都是生活在舞台上的搬演。

◇《渴望》将老百姓认同的人事物态搬上荧屏，贴近生活，贴近大众，高扬大众的文化旨趣和审美理想，应和了当下社会生活的节拍，具有鲜明的当代性。不苛求思想的博大深邃，不讲究艺术的精湛绝伦，而是追求生活气息和生活的原汁原味。故能引起大众强烈的共鸣。

◇电视剧《渴望》没有揭示什么高深的大道理，却因它宣扬的真诚、同情、互助袭卷了神州大地的人心。它是感性化的、凡常却又穿透历史的，而这正是通俗电视剧的生命所系。将对生活的浅显审视、反思寓于原汁、原味、原色的大众生活模态展绘中。同时，它弘扬着有利于人类进步、社会发展的普普通通的人生道理、平平常常的做人原则、实实在在的生活情性，传达一切健康的情感。

◇《渴望》的播出，在90年代初的神州大地上曾掀起一股声势浩大的“《渴望》热”。如何评价刘慧芳而产生的全国性文艺大讨论更将这一热潮推向极致。

◇正如《渴望》的编剧李晓明在谈《渴望》时所说的那样，“国产电视剧普遍有一个特点，强调作品的思想内涵。最具娱乐功能的电视剧，却依仗不受经济规律的制约，至今还在思想性和艺术性的框框里我行我素”。

◇《渴望》的导演鲁晓威，十分清醒地看到了自己进行大陆第一部室内剧创作的真正探索意义：“如果说《渴望》的尝试还能有所收获，我们就可以郑重地宣布，电视剧艺术在中国大陆已到了成熟的年龄，它可自立于艺术之林之上，不必跟在其他艺术门类（特别是电影艺术）后面爬行了，它可以有自己的姓氏了。”

◇室内系列剧《编辑部的故事》，将电视剧的美学风格进行了一番新开拓。随后又有《风雨丽人》、《皇城根儿》、《半边楼》、《爱你没商量》、《我爱我家》、《欢乐家庭》以及《电脑之家》等一系列室内剧作品。

■ 无论在中国还是在外国，电视剧的通俗化都是商品经济冲击的产物，是市民阶层生活方式的组成部分，尤其是他们夜生活的重要组成部分。在当今这个时代，只有让电视剧成为适应社会主义初级阶段市场需要的文化商品，不再时时刻刻想要在政治上、思想上教化观众，中国的电视剧才会走上通俗化的路子；而只有走向通俗化，电视剧才能适应"商品经济"的时代，才能使自己更好地生存和发展下去。

■ 探索通俗电视剧的出路，不能放弃它的娱乐性。如果说雅以陶冶人心见长，俗则以愉悦感官见长；如果说雅能启发思维，讲求对人的认识教育功能，俗则讲求对人的审美娱乐功能。

◇早在古罗马时期，贺拉斯便提出了" 寓教于乐" 的文艺价值实现论，电视剧在让人欢乐的同时同样让人从中得到教益，通俗电视剧在传达、弘扬积极的人文价值时不应像传统的"载道"文艺那样过多说教，过多高深哲理。

■ 中国电视剧的成熟有赖于它的通俗化，通俗化的成功体现在90年代，这并不是历史的偶然而是时代的必然——因为它有赖于对市民阶层正在变动当中的审美情趣的把握。

■ 但《渴望》还是在传统统购统销的文化生产的计划经济体制下的产品。据报道，北京电视艺术中心向北京电视台无偿供片，电视台播放《渴望》的广告收入是480万元，《编辑部的故事》的广告收入是250万元，而其中无一分钱返至艺术中心，兄弟电视台播放时也只需支付一些复制费之类的费用，基本上是一种一平二调的方式，艺术中心基本上是拍一部亏一部，状况窘迫。《渴望》的成功，明显暴露出以上的不合理，因而促成了文化企业加快政企分开进程，加速由机关性质向企业性质转变，从过去的供养型向经营管理型转变。

张瑞综合摘编自：姜静楠《90年代：中国电视剧的成熟期》，载《山东师范大学学报》1998年第6期；何志钧、逄格炜《中国当代通俗电视剧生产的文化策略》，载2000年12月15日《艺术广角》。

中国文化产业典范选登

| 典范行业 | 典范区域 | 典范项目 | 典范事件 | 典范人物 |

世纪之交：传媒与产业资本嫁接的典范

■ 世纪之交，随着中国改革开放的深化，越来越多的传媒机构开始认识到资本市场所提供的融资和重组的机遇，同时，更多的实力机构也开始以资本运作为切入点，介入这个前景广阔的产业。

■ 赛迪传媒（0504）（原ST港澳）与《中国计算机报》：2000年CCID（信息产业部计算机与微电子发展研究中心）代替国邦集团成为ST港澳的第一大股东后，ST港澳即决定以1.6728亿元债权资产及现金置换CCID持有的北京《中国计算机报》投资有限公司51%的股权，即《中国计算机报》相应比例的经营权、收益权，从而使IT传媒成为公司的主营业务。

■ 电广传媒（0917）与一报两刊：在上市三年的时间里，该公司从一家主要从事传媒边缘业务的广告代理公司，逐步向传媒的核心业务进发。

◇公司确立了传媒为中心、“广告、节目、网络”为三大中心业务的发展战略。特别是80%以上的广告业务，由下属广告分公司独家经营“五台一报”（湖南电视台、湖南有线广电视台、湖南经济电视台、湖南广播电视报社、湖南生活频道、湖南文体频道）全部广告业务，获得的广告收益与有关传媒按4：6分成。

◇上市公司采用多种市场化手法，使广告收入从1998年的2亿多元猛增至1999年3.3亿元，增长53%。

◇在做好传统主业的同时，电广传媒还投资8600万元打造《财富中国》栏目，并与《湖南广播电视报》、湖南省作协分别合办《城市周刊》和《母语》杂志，突破了单一经营电视传媒的局限，搭建了综合性传媒产业集团的架构。

■ 博瑞传播（原四川电器）（600880）与《成都商报》：1999年，四川省效益最好的《成都商报》通过其控股的博瑞投资，受让四川电器27%股权，中国报业出现首例间接控股上市公司个案，在新闻界和证券界激起强烈反响。

◇《成都商报》借壳上市一年后，成都商报社对印务公司和广告公司各投资2000万元，发行投递公司投资1500万元，合计5500万元；

◇通过增资扩股，印务、广告、投递三家经营实体的资产值将分别增至8000万元、1.4亿元和2820万元，合计2.48亿元，仅出让部分股权就可获得1亿多现金。

◇控股一家上市公司，资产增值4倍多，这就是《成都商报》借壳上市一年的直接成果。合作的另一方即原四川电器公司以平均4倍多溢价，取得《成都商报》的经营权。

郑燕综合摘编自：卢怀谦、王友恭《殊途同归，共谋发展——当前中国部分传媒与产业资本嫁接的新现象及其思考》，载《Inter信息世界》2001年第12期；梁伟《媒体上市如何》，载《新闻传播》2001年第6期；殷逸健《媒体上市又有新突破》，载《新闻记者》2002年第2期。

中国文化产业典范选登

| 典范行业 | 典范区域 | 典范项目 | 典范事件 | 典范人物 |

1991～2001年的横店集团：理念与实践

■ 横店集团位于浙江东阳国家综合试验区横店境内，是中国特大型民营企业。

■ 横店影视城

◇下属影视拍摄基地、旅游景区、饭店、旅游营销、制影等21家子公司，从业人员2000多人。

◇横店影视城是国家旅游局首批AAAA级旅游区、全球规模最大的影视拍摄基地，中国唯一的"国家级影视产业实验区"。

◇在这里诞生了《鸦片战争》、《英雄》、《无极》、《满城尽带黄金甲》等400多部影视剧。

◇影视城正在成为一处独具魅力的中国超大型影视旅游主题公园和中国娱乐休闲之都。

■ 横店集团愿景

◇集中国影视旅游文化之精义，打造国际化的观光与休闲的梦幻之城、快乐之都。

◇"影视为表，旅游为里，文化为魂"。以影视为牵引机，旅游为载重机，文化为核动力，形成影视和旅游各自产业链的延伸发展及影视与旅游交融互动的经营特色。

◇横店是中国的好莱坞，让您梦想成真的地方，是经典镜头的原产地。

■ 发展历程

◇1996年，为拍摄献礼巨片《鸦片战争》建造了第一个影视拍摄基地广州街景区。

◇1997年，为拍摄历史巨片《荆轲刺秦王》建造秦王宫景区。

◇1998年，建成香港街、清明上河图景区。

◇1999年，建成江南水乡景区，承办首届"中国农民旅游节"。

◇2000年，所有场景免收场租，何光玮题词"中国农民旅游城"。

◇2001年，整合集团资源，张艺谋电影《英雄》在此拍摄。

■ 横店集团的产业广泛涉及一、二、三产业，第三产业主要有：

◇影视文化旅游业：以"中国好莱坞"著称的横店影视城，是首批"国家AAAA级旅游区"，也是亚洲规模最大的影视拍摄基地。

◇商贸业：横店国际商贸城是世界贸易中心协会（WTCA）的正式会员，是国内规模、设施一流的大型商贸物流会展中心。

◇其他还有金融、信息、教育、卫生、体育和宾馆服务业等。

■ 教育业：

◇1991年以来，先后投资5000多万元办起了横店工业技术学校，又办起了由横店集团全资兴建的全日制大学——横店大学横店科技专修学院。

◇1994 年创办的横店大学，以浙江工业大学等高等院校强大师资力量为依托，建立了一支专职、兼职相结合的师资队伍，几年来采取分层次、分形式、多学历的办学方式为社会和集团输送应用型专业技术人才。

◇由横店集团投资兴建的占地2000亩的横店高级中学，将按照浙江省现代化教学名校办学。横店高级中学的建成，标志着在横店就能完成从幼儿园到大学的全部教育。

■ 展馆业：

◇1995年以来建成了"五馆一陵园"，即：横店集团展览馆、东阳人才博览馆、东阳木雕博物馆、邵飘萍纪念馆、严济慈陈列馆和金佛庄烈士陵园。

◇1999年起又建成了"新五馆一故居"，即：阿万提艺术馆、陈长芬艺术馆、杜荣尧艺术馆和杜世禄捐赠书画馆、徐氏书画精品收藏馆及金佛庄故居等。

◇展馆分成三类：一类是对历代现代已故东阳籍名人建的展馆；另一类是对当代的健在的艺术名家造的展馆；还有一类是体现地方特色地方成就的展馆。

◇这些场所既是对员工和青少年进行教育的好课堂，也是横店旅游观光的好去处。展馆极大地提高了横店人的文化品位，陶冶了人们的情操。横店正以满腔热情努力把展馆业向浙江省爱国主义教育基地推进。

中国文化产业典范选登

| 典范行业 | 典范区域 | 典范项目 | 典范事件 | 典范人物 |

■ 影视业：

◇横店的影视城始建于1996年。在短短几年时间里，投资10多亿元兴建了11个影视拍摄基地：占地600亩的秦王宫气势雄浑，300亩的广州街幽静深远，200亩的香港街风情万种，明清街典雅质朴，500亩的清明上河图繁华兴隆，江南水乡秀丽可人，“枪战基地”扑朔迷离，“武打基地”动人心魄。

这些设施大致反映了中国历史演绎中不同时期和不同地域的社会背景、建筑风格及民俗风情，从而既有形象的教育性、观赏性，又有历史穿透力和现代感染力，非常适合拍戏。

◇2001年横店集团在建和拟建的影视拍摄基地还有明清宫苑、圆明园、老上海、中国古民居博览城、民族大观园等10多个外景基地。与此同时，横店正在为成为亚洲地区最大的影视拍摄制作中心而努力，走向了联合摄制和独立拍摄的发展之路。

◇横店影视城以其写真传神的场景特色和亚洲最大规模，被美国影视界权威杂志《好莱坞报道》誉为“中国的好莱坞”。

■ 旅游业：

◇首先，在原有的景点基础上增加新内容。就影视基地而言，静物比较多，动态的比较少，为此各基地引进了一批游乐项目。

◇其次，创办中国农民旅游节。1999年和2000年横店集团连办了二届农旅节。旅游节的举办推动了农民旅游，培育了新的经济增长点，拉动了消费。同时也极大地打响了横店“中国农民旅游城”的品牌。

◇再次，大力开发宾馆业，推动旅游同时必须得保证游客在横店有吃有住，实现舒心旅游。旅游业的发展带动了整个横店镇区交通商业等第三产业连动发展。2000年到横店旅游人数达到75万人次，横店集团的目标是到2001年争取年接待游客达500万人次。

■ 经营着全国最大影视城的浙江横店集团，又有新的动作：计划筹建9个新景区，造9个新宾馆，并构架迅捷方便的陆空交通网，从而使横店在2010年前，争取达到年产影视片近千集，实现“带着本子进来，带着片子出去”，把横店建成名副其实的“东方好莱坞”。

张瑞综合摘编自：浙江横店集团官方网站；2001年1月3日《中国旅游报》；钱雄伟《文化经济化、经济文化化》，载《中国乡镇企业》2001年第2期。

中国文化产业典范选登

| 典范行业 | 典范区域 | 典范项目 | 典范事件 | 典范人物 |

1992～1998年：四川省电影公司的体制改革和成效

■ 1992年底，四川省电影公司为拓展生存空间，积极开发属于自己的电影放映阵地，将临街办公楼的1/4部分试探性投入约30万元，改造成4个电影、录像豪华放映小厅。太平洋影城诞生，首开成都电影市场电影豪华小厅先河，加之新影城放映设备先进、声光质量俱佳、节目多、厅多，一时之间观众如潮。

■ 首次尝试成功后，公司领导随即又作出了改造办公楼剩余部分为电影小厅、公司办公室全部搬回旧楼的决定。

■ 在影城的经营管理模式上，省公司采取了全新的目标管理方式，员工的积极性被调动起来。1996年，由办公楼改造的多厅电影城创造了年票房收入逾千万元的非凡成绩，一跃跻身于全国十大影院之列。

■ 太平洋影城的诞生和成长为四川省电影公司后来不断参股其他几家电影院，并为省公司在成都电影市场的占有份额提供了丰富的经验。省电影公司迈出了文化企业向产业方向发展的第一步。

■ 1995年10月，四川省电影公司与中国电影公司联合成立了全国第一家以资本联结形式组成的影片发行有限公司——西南影业有限责任公司。

◇该公司联合了上至中国电影公司，下至全省部分市、县电影公司和影院的23个股东，四川省电影公司出资额占总股本的51%，西南影业有限责任公司成为四川省电影公司的控股公司，同时成了省公司体制新的落脚点。

◇经过三年多的运作，初步尝试了实现资本快速扩张的运作方式。截至1998年10月，西南影业有限责任公司资本金增长了50%，1996年分红25%，1997年分红15%，1998年中期分红9%。

■ 1998年底，四川省电影公司已基本建立起自己的电影院线，并不断扩大在成都影视市场的占有份额。变只搞管理的代理职能公司为管理和经营相结合的综合型公司，靠经营管理和经济实力参与市场竞争。四川省电影公司正逐步走向制片、发行、放映一条龙的发展道路。

■ 1998年，省公司又投入上千万元巨资，对太平洋影城和文艺电影院进行全面改造，并将两大影院合并成为"太平洋文艺电影城"，拥有电影厅、录像厅28个，观众座席3000余个。新影城以厅多、节目多、场次多的优势而独具实力，雄踞西南。

■ 四川省电影公司经过五年改革实践，成为拥有13个经济实体、2个控股公司、4个参股公司、2个借贷转自营的影城，公司总资产达到7000多万元，各种经济实体年实现利润数百万元，获得了经济效益和体制改革上的双丰收，闯出文化产业发展的一片新天地。

于瑞桓综合摘编自：丁健《新机制创出7000万元资产——记四川省电影公司的文化产业创刊号》，www.dv1in.org/sccrn/wht1/whcy/005.htm，1999年1月2日。

中国文化产业典范选登

| 典范行业 | 典范区域 | 典范项目 | 典范事件 | 典范人物 |

1993～2000年：陆兴东与唐龙国际的追求

■ 中文起家的陆兴东最大的优势在于他对文化类的东西具有独特的洞察力。

◇在香港的时候，陆兴东发现香港的传媒文化领域繁荣异常，而与之对应的内地市场却几乎是一片空白，随着内地经济的发展和电视市场的繁荣，陆兴东相信这一市场定然庞大无比。这便成了陆兴东涉足传媒业的最初基点。

◇1993年唐龙文化发展有限公司在北京注册成立。起名“唐龙”，寓意“中国腾飞之龙”。以“龙”这种标识中华民族的图腾象征着将民族的文化传播开来的理想。

◇在最初的创业阶段，陆兴东首先只是做电视剧节目的代理商，也就是别人拍好的剧集，陆兴东来卖。渐渐地陆兴东也开始尝试自己来投资拍剧，陆兴东的第一部片子名为《爱在莫斯科》，因为缺乏经验，第一部电视剧并未收到最初的预想效果。

■ 失败的最大好处就是让陆兴东开始越来越了解国内的电视市场，而与此同时也更清楚唐龙的发展方向。

◇唐龙逐渐淡化内容制作部分而将更多的精力投入到对市场行情的把握上。因为陆兴东知道，市场行情的把握是唐龙在这个领域生存的基础，而内容的制作需要一个长久的积累过程，在最初的创业阶段专注市场的研究比专注内容的制作更具有实际意义，而看市场更是陆兴东的特长所在。

◇最初国内的电视节目市场，最为火爆的还是单一的电影电视剧市场。于是，唐龙将精力集中在影视剧上，但不再自己制作，而是做下游产品，做全国的流通网。

◇1998年，市场的电视剧需求量和供给量已显然出现供大于求的状态。陆兴东分析，每年送到国家电视总局审批的电视剧大约有20000集，而最终能通过审批而投拍的大约只有10000集，而在这10000集中真正播放的大约6000集，而在这些播放的集数中只有在黄金时间播出的才能赚钱，这个比例只有20%左右，也就是说国内的电视剧市场已经明显饱和。过去投资拍一部片子其回收的赢利空间是很大的，而如今，这个空间已经被分割得越来越细，投资的回收风险也就越来越大。

◇意识到投资回收风险的增大，陆兴东开始调整发展方向。他认为，一个健康的电视节目领域，应该是电影电视剧、新闻、文体、教育四分天下各占大约25%的比例，而在目前的中国，这一比例却明显地偏重于电影电视剧市场。大约占80%的市场，而其他领域仅占20%左右的份额，由此可见，未来其他三大领域的市场前景非常美好。

◇陆兴东在保持原有的电视剧节目和综艺节目市场的同时，开始慢慢将投资转入科教领域，连续推出《环球新闻杂志》、《科教剧场》、《洋话连篇》、《自然与人》等享有高度声誉的电视栏目。

■ 2000年，唐龙已经发展成为国内著名的电视节目内容提供商，拥有国内最大的节目发行分销平台。发行电视节目网遍及全国300个大中型城市和600多主流电视频道，100%覆盖中国8000万有线用户，并正建设成国外电视节目进入中国市场的收费桥梁。

■ 2000年上半年电视媒体的广告经营出现了负增长，达-10.48%，这是中国电视业二十年来广告经营收入的首次下滑。

◇陆兴东分析这种局面后仍坚持认为：广告的内容制作、流通是最具投资价值的领域。原因在于内容制作最容易规避政策风险。因为版权归投资人，电视台仅留下一个终审权，这在很大程度上保护了投资者的权益。同时节目流通又是内容投资得以回报的根本保证。而在国内这条通道的空间很大，各电视台对电视节目的需求量与各台自身制作节目的能力形成鲜明的反差，更大的节目市场将留给供片商。

■ 陆兴东是一个敢于设想并能将设想付于实践的人。唐龙凭借其广阔的节目流通渠道和精良的节目制作内容，在各大电视台换得了20亿的广告时段——一个仅次于中央电视台的时段数量。

◇面对这样庞大的广告时段和压在其中的大笔投资，陆兴东提出了“媒体风险投资学说”。

◇所谓媒体风险投资，是指唐龙将这些广告时段拿出来分给所需企业，而企业无需立刻支付现金，而是把唐龙的应收款变成对企业的投资。根据具体情况，企业划出相应股份，从而使唐龙成为这一企业的股东，最终从企业的销售额或利润中提取一定比例的分成。严格地讲，这不是风险投资，因为陆兴东投资的不是具体的现金而是通过企业获得的广告时段，为企业的产品打开或扩大市场而赢得的未来利润，也正是因为这个原因，陆兴东称其为“媒体风险投资”。

◇事实上，在以20亿广告资源做媒体风险投资实验的表象背后，陆兴东的计划可能更加庞大。依照他的计算，在中国电视市场中，像唐龙手中握有的20亿广告资源一样，被闲置的广告资源另外还有300亿。如果唐龙的媒体风险投资实验可以成功，他将大量低价采购另外300亿的广告资源。然后把买进的广告资源悉数以股权方式投资给需要做广告的企业。

◇陆兴东说，媒体风险投资是一个长线的大投资、大循环。通过提供广告时段，让企业通过广告而提高企业实力，进而实现发展。而唐龙在这个过程中因为所提供的广告时段而将企业扶植起来，并将企业的未来不断增长的收益按比例纳入自己的腰包。陆兴东的独特之处就在这里，他总能与众不同地做相同的一件事，而其效果总会让对方满意而自己又赢利。这一思路的提出迅速吸引了一大批企业的注意力。

◇这一切看似很简单的顺理成章之事其实是建立在唐龙的另外两个基础之上：内容和通道。陆兴东认为，媒体风险投资仅仅是整个商业链条中的一个环节，完整的商业链条应该是以精良的内容打动电视台，以大容量的通道来消化这批内容，以媒体风险投资方案来打动企业客户，最终实现赢利目标。这个链条的彼此各环节都是互相关联和影响的，任何一个环节的不通都难以实现理想效果。

◇唐龙通过参股企业获得分红，转而投入电视节目的制作，进行周而复始的循环，而在整个循环过程里，唐龙因为分红逐步壮大，如同一团越滚越大的雪球。

■ 陆兴东认为，唐龙最终的目标是要将中国的文化和文明传入世界，因此唐龙最核心的部分仍然是电视节目内容的制作上。

◇2000年，国际第二大传媒公司维亚康姆董事长访华，唐龙国际传媒作为其旗下著名儿童频道的分销商，引起人们的广泛关注，被媒体形容为“中国内地电视节目市场上实力雄厚的供片商”。但陆兴东却有着更大的追求，他说唐龙的最终目标是要打造“中国的时代华纳”，将中国的文化和文明通过电视节目传入世界。

邵明华综合摘编自：李伟利《陆兴东：挑战国际传媒》，载《北京经济瞭望》2001年第11期；华山、王文利《陆兴东：书生狂想》，载《数字财富》2001年第18期。

中国文化产业典范选登

| 典范行业 | 典范区域 | 典范项目 | 典范事件 | 典范人物 |

1993～2001年的永乐股份：走向市场的影视产业

■ 永乐股份公司前身是上海市电影发行放映公司，除了经营外，还代表政府行使部分行政管理职能，如发放执照、设立网点、培训人员、安排影院改造的统筹资金等。邓小平南巡讲话后，上海市电影发行放映公司在全国电影行业率先转制，通过向社会定向募集法人股和吸收内部职工参股，于1993年3月18日创立了上海永乐股份有限公司。

◇永乐股份董事长杨玉冰说，"永乐"的名字其实是一个理念：永创人类文明乐园。作为一家影视文化企业，永乐带给观众的应该是一种欢乐，是一种娱乐。

■ 永乐股份创造的四个"全国第一"

◇一是全国电影行业组建第一家股份制企业。永乐股份公司成立后实行政企分家，代表政府实施行政管理的职能上交给电影局，其经营活动开始大踏步走向市场。

◇二是在全国第一个采用分账方式发行影片。当影片《狮王争霸》即将发行时永乐公司与该片出品人北影厂厂长成志谷以及导演吴思远等人经过谈判，达成了分账发行协议。该影片在上海的票房收入高达500多万元，制片商、发行方和放映方三方都很满意。

◇三是在全国第一个买断一部影片的发行权。1993年永乐买断福建电影制片厂的《少林豪侠传》在上海的发行权，这是我国首次买断一部电影的发行权而非单个拷贝。

◇四是在全国第一个尝试以分账发行方式引进大片。永乐公司一改中影陈旧的购片方式，在进口影片渠道、购买方式以及选片层次进行改革的同时，率先在上海尝试以分账发行方式放映首部进口大片《亡命天涯》并取得成功，为此后推出的每年进口十部大片积累了市场运作经验。

■ 永乐影视产业市场化运作

◇永乐股份创立之初就以市场为导向，确立了"影视为本，多元发展"的战略，并以此建立了自己的产业链。

◇杨玉冰认为：影视产品的功能首先是娱乐其深刻的思想内涵应深藏在"好看"里面，这就叫寓教于乐。影视产品是商品，应按市场规律运作。

◇永乐股份首先致力于电影院线建设，其下属的永乐院线在全国率先实行空调化、软椅化和放映自动化。在上海地区的电影发行放映市场占有率达85%以上，创利在全国同行中名列前茅。

◇永乐股份成立当年，全国电影市场票房收入下降50%，但以永乐院线为主体的上海电影市场票房收入却上升50%，这一奇迹被全国的电影界同行称为"上海现象"。

◇永乐股份还把自己的产业链向上游和下游拓展。上游是指影片制作，包括后来的电视剧制作。下游是指与影视相关的产业如电影院设施的生产及安装、音像制品的制作及销售等。

◇在全国电影发行放映企业中，永乐股份是最早涉足影视制作的。最初是与制片厂合作拍摄，如与北京电影制片厂合作拍摄《陷阱里的婚姻》，与上海电影制片厂合作拍摄《桃色新闻》，与长春电影制片厂合作拍摄《摇滚杀手》。接着永乐成立了自己的制片公司，开始独立制作影片和电视剧。2001年，永乐已制作了近30部电影和1300多部(集)电视剧。

◇1996年至2000年，永乐投入影视片生产3亿多元。这3亿中永乐投资才1亿，其余2亿多都是社会投资。社会投资是要回报的，所以永乐拍片十分重视市场前景，公司的营销人员从片子的策划阶段就介入，提供市场信息，反映观众需求、寻找销售渠道。永乐拍摄的不少影视片票房高，收视率高，这是一个重要原因。

■ 永乐股份对市场的思考也永远是超前的

◇杨玉冰认为：中国"入世"后影视业将直接面临两个问题：一是"入世"后前三年，进口大片将由目前的每年10部增加到20部。二是将允许外商外资进入中国电影放映业，在外资持股不超过49%的前提下可与中方合资新建、改造和经营电影院。这两条足以构成对中国影视市场的巨大冲击，而且"入世"后国外影视产品，特别是好莱坞片商进入中国影视市场的方式可能是制片、发行放映、衍生产品等多方面多渠道全方位进入。对此要有足够的认识。

◇影视企业是以赢利为目的的经济组织，但以往在受特殊保护的同时也受到特殊制约，胆子没法大，步子迈不快。这样的企业，是难以在"入世"后从容应对挑战的。杨玉冰曾建议各级政府要从"办电影"转变为"管电影"，强化法治，大力净化市场，规范市场行为；推行“扶强”政策，鼓励影视企业与国内外强者及高新科技结合，形成强强联手的规模效应和科技优势；实行政策倾斜，扶植大的院线公司，对具有较大市场规模、实行规范运作的电影公司，适度下放电影进口经营权，鼓励跨区域的市场运作。

郑燕综合摘编自：沈云《永乐股份：影视产业是如何走向市场的——访永乐股份有限公司董事长杨玉冰》，载《沪港经济》2001年第5期；林木《上海永乐股份公司创立5周年》，载《上海文化年鉴（1999）》，中国大百科全书出版社1999年版，第171页。

中国文化产业典范选登

| 典范行业 | 典范区域 | 典范项目 | 典范事件 | 典范人物 |

1997～2000年：首都文化产业发展中迅速崛起的歌华集团

■ 1997年12月，在北京市委、市政府的支持下，北京市宣传文化系统按照“强强联合，资产重组”的原则，在全国率先组建了第一家综合性大型文化产业集团——北京歌华文化发展集团。

■ 歌华集团以投资文化事业为主体，资本运作为纽带，依托高素质的人才队伍，秉承“传承华夏文明，融汇东西文化，专长智业服务，拓展文化产业”的经营理念，伴随着首都文化产业的发展迅速崛起。

■ 拥有歌华美术、歌华广告、歌华工程、歌华光缆网络等十多家骨干企业，近千名高素质员工，年销售超过两亿元，在展览、广告、媒介、出版、演艺、光缆网络、舞台影视、文化交流、文化设施建设等领域，取得了丰硕的成果。

■ 歌华广告拥有15000多平方米的户外广告媒体，是北京最大的户外广告公司。

■ 歌华美术带动了美术馆一条街的发展，使之成为首都有名的“美术用品街”。

■ 北京画店珍藏着万余幅名家字画，深得海内外游客喜爱。

■ 歌华图片公司开发制作的文教幻灯图片，产量居全国之首。

■ 天安门、长安街的灯光夜景、彩虹桥的设计以及澳门回归倒计时牌的承制，无不凝聚着歌华人的才华和智慧。

■ 歌华集团世纪之交筹资兴建迎千年的纪念性公益建筑“中华世纪坛”，兴建首都文化信息交流中心，还承接了国庆五十周年天安门广场夜景工程，极大地丰富首都人民的精神文化生活，增强首都的文化中心的功能。

■ 歌华集团广泛利用各种涉外渠道，开拓对外文化交流市场，承办的香港回归展，在15个国家进行了巡回展出；在尼泊尔举办了“西藏艺术展”；在尼泊尔举办了“中国文化周”活动，受到国家有关部门委托，承办中国在境外规模最大、规格最高的“99巴黎中国文化周”的展览活动。

■ 歌华集团被公认为首都文化产业建设的中坚力量，是首都文化产业的龙头。新世纪的到来，更赋予歌华广阔的发展前景，歌华人为首都的精神文明建设、为首都文化产业的发展做出了积极贡献。

丁培卫综合摘编自：张东《首都文化产业发展中迅速崛起的歌华集团》，载《党政杂志》1999年第1期。

中国文化产业典范选登

| 典范行业 | 典范区域 | 典范项目 | 典范事件 | 典范人物 |

1997～2000年的浙江影视创作所

■ 浙江影视创作所成立于1997年，是浙江省文联的一个创作机构。

◇建所之初，从省文联5家兄弟单位集资300万元，与电视台联办一档《浙江之光》栏目。此后创作所又进一步把业务扩展到浙江卫视、浙江教育电视台，继而买断中央电视台军事频道全国气象预报标牌等，至1998年，获得净利润上百万元，并成为国内最早实行电视片(剧)制播分离的单位之一。

■ 在发展的道路上，创作所把重点放到电视纪录片的拍摄上。

◇100集大型电视文献纪录片《共和国之最》，荣获中国电视金鹰奖，还由文化部和外交部作为国庆五十周年献礼片向世界200多个国家和地区发行，国内200多家电视台也买断了《共和国之最》的播映权，在创造良好社会效益的同时也带来了可观的经济效益，一部纪录片赚回了270多万元利润。

◇50集大型电视文献纪录片《开国英雄》，不仅成为全军唯一一部战斗英雄史料片，还被中央军委誉为“英雄工程”、“抢救工程”、“造福工程”，全国200多家电视台也同样买断了播映权。

◇创作所还制作出一大批如《20世纪100位风云人物》、《浙江七千年》、《中国百年教育》等大型纪录片，平均年创作1000集的成果，使浙江影视创作所成为全国电视纪录片制作的最大机构。

■ 1999年，有了经济实力的浙江影视创作所又投拍了当时国内投资最大、角色最多的30集电视连续剧《红楼梦》，吸引了全国十几家电视台前来购买播映权。

■ 自成立到2000年以来，浙江影视创作所形成了以电视纪录片、电视剧、同全国电视台联办栏目、代理广告为支柱的几大文化企业，共拍摄了20部近2000集高品位、高质量、在全国引起较大反响的电视佳作。

■ 2000年7月3日，“浙江影视创作所”更名为“浙江长城影视有限公司”。

◇改制后的浙江长城影视有限公司，引入资本化运作，规模化经营，职工拥有股份，最终引入社会资金，面向国际化运作，成为浙江省一个重要的文化产业。

◇2000年公司的目标是：达到年产电视纪录片1000～1500集，成为全国电视纪录片拍摄制作和发行的最大影视机构；年产电视剧60～100集，成为浙江省乃至全国最有影响的电视剧生产基地之一；年代理广告额度2000万元以上，成为浙江省最有影响的广告代理和制作公司之一；争取每年有一部主旋律的大作品问世，并在全国获奖；以经济实力每年翻番的速度扩大再生产，争取成为全国最有实力的社会影视机构。

唐建军综合摘编自：刘慧《浙江影视创作所创文化产业新路》，载2000年7月4日《浙江日报》。

中国文化产业典范选登

| 典范行业 | 典范区域 | 典范项目 | 典范事件 | 典范人物 |

1998～2001年：海虹建造数字娱乐王国的理念与实践

■ 1998年6月18日，"联众网络游戏世界"正式推出，半年后，由于资金难于支撑，海虹控股旗下的中公网信息技术与服务公司用500万元收购联众公司。

■ 海虹控股对联众公司的定位不仅仅是令其成为一家赢利公司，而是海虹控股数字娱乐战略中的一部分。2001年5月，海虹控股突然宣布收购中公网对联众拥有的66.7%的股权，这就意味着海虹要直接掌管联众。

■ 除联众公司外，海虹控股旗下的笑傲江湖与亚联在线也是游戏网站中的佼佼者。

■ 收购后的联众，很快就构筑了健全的赢利模式。

◇首先，俱乐部会员制的收费服务(每月10元)成为最大的收入来源，截止到2001年，联众会员已达数10万人。

◇第二种是与电信分成模式，以目前联众游戏每天在线时长300万小时，每小时信息费0.6元计算，每天的信息费不会少于180万元，一年的收入约为6.48亿元。

◇第三种是广告收入，与一般网站广告不同，娱乐游戏网站的广告多是出卖游戏比赛的冠名权，比如"海虹杯"、"别克杯"、"北京梅林杯"等等，相对于单纯做广告，企业更愿意选择此种方式。

■ 与迪士尼联姻，是海虹控股打造数字娱乐王国重要的一步。

◇2001年3月，海虹控股宣布与美国迪士尼达成战略合作关系，双方共同建设并经营迪士尼中国网站（Disney.com.cn）。2001年8月，迪士尼中国网站正式推出。海虹总裁康健说，1923年6月成立的迪士尼公司是一家全球知名的娱乐公司，与迪士尼的合作必将加快海虹控股的数字娱乐计划的实施。至此，海虹控股的数字娱乐计划全面呈现。

◇全球数字娱乐产业每年都会举办经典盛事E3大展。2001年5月17日，海虹控股率领旗下三大知名的游戏网站联众世界、亚联游戏、笑傲江湖参加了在美国洛杉矶的Covention Center举办的E3大展。

◇5月17～19日，亚联游戏与参展的德国Net-Games公司签订共同经营中国地区的"FSGS"业务的合作合同，由亚联游戏负责中国地区的运营和管理，培训德方管理人员，采用俱乐部商业模式、传授举办游戏大赛的经验，Net-Games公司负责培训中方技术人员FSGS互联技术。在签订"FSGS"合作合同的消息发布后2小时内，海虹控股代表团就收到数十家欧美游戏开发、发行商对的会议邀请。

■ 海虹控股为什么这样关注数字娱乐业呢？海虹总裁康健说，数字娱乐产业的全面兴起是一场意义深远的娱乐革命，它将掀起中国新经济的第二次浪潮，数字娱乐可能会成为一种全新的经济形态。

◇首先，中国在线游戏业是中国数字娱乐产业增长最快的领域，许多知名的游戏厂商纷纷看好中国市场，像美国、韩国、日本以及欧洲等地，均有游戏公司在中国搭建游戏服务器推广自己的在线游戏。随着中国互联网带宽的成倍增加，网游玩家数量也会飞速增长。

◇其次，近期国内在线游戏行业竞争异常激烈，在线游戏作品的推陈出新决定着其发展的走向，在线游戏的行业发展决定着是否能改变目前中国数字娱乐产业发展低迷的状态。唯其如此，中国的数字娱乐产业才会走出一个新的天地。谁能抓住现在的机会，谁就能成为中国数字娱乐产业最大的赢家。

■ 美国《时代》杂志曾预测，2015年前后，发达国家将进入休闲娱乐时代，休闲娱乐在美国的国民生产总值中将占有一半的份额。

■ 数字娱乐这一新的休闲娱乐方式，正日益超越那些传统的休闲娱乐方式，到2000年全球数字娱乐产业的总收入已经超过了电影产业。数字娱乐产业当前有三大核心业务，即数字娱乐的相关硬件生产、相关服务提供和相关软件开发。

■ 在2001年中期业绩披露中，不少上市公司出现预亏、预警，海虹控股（0503）的中报显示却是让人满意。海虹的收入仍主要来自化纤（该公司因在化纤行业的突出业绩和行业地位，2000年4月被列入道·琼斯中国88家成分股公司之一），而另一项新的发展却不容忽视：2001年上半年，海虹原有网络投资开始确立了以中公网为基本依托，以联众、亚联、笑傲江湖和迪士尼网站为主体，以在线娱乐为核心并向国际化数字娱乐方向发展的战略，通过对原有网络资源的整合和调配，使在线娱乐业务获得突破性进展，提高了该公司的核心竞争力。其中，联众在报告期内共计实现利润1219万元。

张瑞综合摘编自：童铭《海虹：建造数字娱乐“王国”》，载2001年8月9日《中国计算机报》；史小萌《海虹惊险“三级跳”》，载《电子商务》2001年第3期；童铭《迪斯尼中国网站开通的背后》，载2001年9月6日《中国计算机报》。

中国文化产业典范选登

| 典范行业 | 典范区域 | 典范项目 | 典范事件 | 典范人物 |

2001年：浙江省五大盈利产业网站

■ "网络经济"究竟经济不经济？ 2001年，平均站龄不满两周岁、注册地都在浙江的五大产业网站（中国化工网、化纤网、中国纺织面料网、中国五金网、中国建材网）年底"盘仓"，在扣除运营成本缴足国家税款之后，家家都有盈余。多的赚了上千万元，最少的进账也有200多万元。

■ 它们何以在较短时期内走出了一条边发展边积累，两者能互动的良性循环之路？根本原因在于各家网站均依托浙江已有产业优势，背靠大型实物产品交易市场，以服务企业、方便商家作为生存发展的立足点。

■ 纺织与五金属于浙江的传统产业，化工、化纤、建材属于后发产业。无论传统还是后发，产业规模都居国内"老大"位置。但是，中小企业居多，民营企业为主且量大面广又是上述产业的主导生产单位。在特定的产业与市场形态下，既要把大量的实物产品卖出去，又期望尽可能降低交易成本和时间，产销信息的"闭塞"成为拦路虎。

■ 在没有互联网的年代，五大产业的销售主要靠专业化的对口实物市场来完成。由于顾及信用成本，交易大抵以面对面的方式进行。"一手交钱，一手交货"虽然减少了交易风险，但也限制了交易双方互相选择的空间。时间一长，相对固定的买卖关系形成，交易双方都被"拴在一棵树上"，导致市场固有的开放性功能不断弱化。

■ 互联网犹如"清障器"，解决信息畅通正是其所长。如此现实和潜在的产业发展需求，正好为各大产业网站（网络）的降生奠定了市场基础。市场的"开放"首先在于信息的"开放"。正是交易双方对信息"开放"的渴望成为产业网的"催生婆"。

■ 不但交易双方在关注互联网，专业市场内的商会也在关注它。于是，"水到渠成"之时，厂家、商家、商会一拍即合，共同出资建网。规范化公司制的网络公司一起步就不带政府背景，只把通过服务实现盈利作为唯一的经营目标。

■ 网站谁来做？选人的标准有两条：一要懂电脑，二要有专业头脑。由于加盟者大都具备专业背景，网站的信息采集、整理、加工就做得很务实，很精细。又由于信息是有偿发布，及时最为紧要，于是，价格信息、供货信息、求购信息、现货信息、期货信息、产业走势分析等一应俱全，基本上做到即采即发，接报就发。目的只有一个：让"买"信息者取得收益回报。

■ 德清市有家化工企业生产多种沥青改性剂，年销售额不足千万元，上网后美国客商找上门来，3张定单就有540万美元。中国轻纺城布商虞某，积压的无纺布价值400多万元，两年中花了12万元打广告进行推销，始终找不到买家，一上网，不日就被湖南一家路桥公司清仓……网站收集这类实例请企业现身说法，再通过网络广而告知，收到了事半功倍之效。据管理部门统计，五大产业网站2001年常年客户8000多家，季节性客户和短期客户约两万家，客户面遍布国内外。

■ 网站还算不上大赢家。真正的大赢家是浙江以上五大产业，同样以统计数字为证：2001年前10个月，五大产业销售产值平均增幅超过14%，其中产品外销国由2000年同期的68个国家增至82个国家。浙江2001年前11个月自营外贸出口的增幅远远高于全国平均增幅。

■ 发展"网络经济"必须与现实的产业经济挂沟，通过"实绩"的示范来促使更多的产业、更广的企业来认同使用网络。

唐建军综合摘编自：鲁宁《浙江五大产业网站何以家家盈利》，载《华南金融电脑》2001年第1期；《蓬勃发展的浙江专业网站》，载《信息化建设》2000年第9期。

中国文化产业典范选登

| 典范行业 | 典范区域 | 典范项目 | 典范事件 | 典范人物 |

1987～1998年的《广而告之》：电视公益广告的开拓典范

★《广而告之》在中国老百姓的心目中留下了极其深刻的印象。“广而告之”这四个字甚至已经在一定程度上成为公益广告尤其是电视公益广告的代名词。公益广告在神州大地上已成燎原之势，《广而告之》这一公益广告事业当年的星星之火委实功不可没。

★《广而告之》的问世使我们以特定的词汇来指代这类具有公益性质的广告成为必需，于是“公益广告”这一概念自然而然地在我国扎下根来。

■ 1986年，贵州省贵阳电视台播放了公益广告《请君注意节约用水》。这是中国公益广告史上第一个电视公益广告。这一公益广告播出后的当年第四季度，贵阳市自来水消耗量就比上年同期减少47万吨。

■ 1987年10月26日，《广而告之》在中央电视台第一套节目中开播，它每天一次或两次，每次一分钟或二十秒。这是中国公益广告史上第一个电视公益广告栏目。

◇对于《广而告之》的问世，苏联国家电台和“美国之音”迅即作出反应，它们评论说，这标志着中国政府开始重视公益事业的宣传。

◇相形之下，国内的媒体和广告界对此反应平淡，因为它们一时还无法对《广而告之》的节目性质作出准确的定位，因而无从判断它的历史性意义。

■ 《广而告之》问世后的二三年间，它所播放的公益广告的整体创作水平和当时大多数电视商业广告一样是不尽人意的。

◇进入90年代之后，随着《啊，真对不起》和《反腐倡廉》等一批精品的出现，这种状况在很大程度上得到了改善，较好的艺术质量，再加上定期播出和覆盖面大的特点，《广而告之》便成了可供人们研习公益广告尤其是电视公益广告的理想而又随手可得的“教科书”。

■ 为了推出《广而告之》，1987年中央电视台广告部花去了30万元的制作费，加上每天定时拿出的广告段位，无形中使广告部减少了600万元商业广告费的收入，实际相当于投入了630万元；1988年至1995年间，《广而告之》每年的段位费用从1000多万元逐渐上升为2000万元；至1996年，仅晚间20点59分至21点这一分钟的《广而告之》的专播时间便价值3600万元，而制作费则高达300多万元。

■ 《广而告之》开播之初，中央电视台广告部在叙述其宗旨时说：“它通过提醒、批评、规劝，向广大人民群众传播各种有益于社会进步的思想、行为方式和道德准则，以改变人们的价值观和道德观，达到培育良好社会风气，促进社会文明与进步的目的。”这是中国公益广告事业的第一份宣言，它比较准确地把这事业的整体目标昭示于天下。

■ 在以后将近九年的时间里，《广而告之》栏目在“提醒、规劝、批评”六字方针的指导下，根据不同时期的宣传要求与重点，共播出了电视公益广告864则。

◇据有关权威人士统计，这些公益广告的内容分属行为规范(59%)、道德规范(29%)和价值取向(12%)三大类。

◇1996年以后，为配合党和政府有关部门组织开展的公益广告活动，《广而告之》不断加大宣传的力度。至1998年7月1日，《广而告之》每天的播出段位已增加至十六个，总播出时间达二十分钟，它们分布在第一、第二、第二、第四、第七、第八套节目中。

■ 《广而告之》开播以来，赢得了广大人民群众的喜爱和电视业、广告业业内人士的好评。

◇收视率曾高居中央电视台各栏目收视率第三位，曾两次荣获中央电视台优秀栏目 等奖。

◇在1989年第四届全国电视广告“印象奖”评比中，又赢取了“特别奖”的殊荣；在这一栏目中播出的很多公益广告在国内外电视和广告等类别的评奖活动中频频获奖，如《啊，真对不起》获1991年国际广告博览会铜牌奖，《希望工程（救助篇）》获第四届全国优秀广告作品展荣誉奖，《反腐倡廉》获第八届全国电视广告“印象奖”一等奖和创意奖等等。

■ 进人90年代之后，中央电视台广告部在不断提高《广而告

中国文化产业典范选登

| 典范行业 | 典范区域 | 典范项目 | 典范事件 | 典范人物 |

之》质量的同时，还有计划地进行了公益广告理论的建设。

◇1994年10月12日至14日，中央电视台广告部在山东曲阜召开全国首届电视公益广告研讨会。全国15个省、市电视台和部分学术界、企业界代表共63人参加了会议。这也是中国公益广告史上第一个以公益广告为主题的理论研讨会。

◇第二届全国电视公益广告研讨会（1995年11月，安徽黄山）和第三届全国电视公益广告研讨会（1997年5月，辽宁大连）又相继召开，中央电视台主办的《电视研究》也于1997年第4期开展了“电视公益广告的创作及其社会效益”的专题研讨。

■ 中央电视台以自己的举动告诉中国的大众传媒，在关注经济效益的同时，不应忽视社会效益；传播公益广告是大众传媒应尽的义务之一。

◇在《广而告之》无声的召唤下，一些地方电视台迅速跟进：1988年7月至1994年10月之间，北京、上海、江苏、湖南、河南、山东、安徽等省级电视台都已相继开办了公益广告栏目。

◇截至1995年11月，我国已有27家省级电视台和计划单列市电视台拥有了类似的栏目。

■ 从1987年10月至1996年4月，《广而告之》栏目共播出了电视公益广告864则。如果把这一数字加上这一时期各级地方电视媒介以及广播媒介、报刊媒介、户外媒介所发布的公益广告的数字，其总量是可观的。

■ 《广而告之》对促使各类广告公司尤其是其中具有较强制作能力的广告公司热心于公益广告事务同样起到了积极的作用。1991年下半年，中国广告协会广告公司委员会举办了第三届优秀广告作品评选活动，若干公益广告成为这次活动的获奖作品。这一事实既表明了广告公司最高行业组织也开始以评奖的形式鼓励广告公司投身于公益广告事业，又意味着《广而告之》对广告业另外“半壁江山”的影响已初见端倪。

◇1994年12月，中国广告协会第四次会员代表大会在北京召开。12月7日，学术委员会等七个专门委员会的代表在会上作工作总结汇报。其他六个专门委员会在汇报时都没有涉及公益广告。唯有电视委员会副主任、中央电视台广告部主任谭希松在约1200字的发言中两处提到了公益广告。

◇1995年11月，由中央电视台主办的第二届全国电视公益广告研讨会在安徽黄山召开。广播电影电视部副部长兼中央电视台台长杨伟光十分重视这次研讨会，为此在北京作了公开讲话。他在讲话中指出：电视公益广告是建设社会主义精神文明的阵地，是电视宣传的重要组成部分。电视工作者对积极开展社会公益宣传有着义不容辞的责任。不久之后，中央电视台对于公益广告的高度重视得到了中国广告业最高领导层的积极回应。

■ 1996年6月，国家工商行政管理局决定在全国范围内开展“中华好风尚”主题公益广告月活动。9月1日至10月1日，“中华好风尚”活动如期在中华大地上如火如荼地开展。仅一个月时间，全国共发布各类公益广告16860件。其中电视广告4582条，播放137460次；广播广告2749条，播放82470次；报刊广告4123条；户外广告5406条；招贴广告50多万张。这是中国公益广告史上空前的壮举。中国公益广告事业从此步入了繁荣时期。

丁培卫综合摘编自：王云、舒扬《<广而告之>在中国公益广告史上的意义》，载《新闻大学》2000年第3期；唐忠朴《电视公益广告的艺术特性及社会作用》，载《电视研究》1997年第4期。

中国文化产业典范选登

| 典范行业 | 典范区域 | 典范项目 | 典范事件 | 典范人物 |

1999年首届中国上海国际艺术节的产业化运作

■ 1999年底，为期一个月的首届中国上海国际艺术节闭幕了，共展演了来自国内外的52台优秀剧（节）目，演出场次达136场。平均出票率为94%，上座率为95%，其中8台演出出票率达100%，有近24万观众走进了剧场，票房连连告捷。

■ 艺术节的成功首先得力于组织者的正确决策和整体动作。为了探索按市场机制举办大型文化活动的新路子，组织者提出了“不花国家一分钱，以节养节”的构想。对艺术节的主要产品——剧（节）目，组委会在严把质量关的前提下，首先让它经受市场的检验，待商家达成协议后，方可拿到通行证。由于既注重了艺术的“含金量”，又面向市场，所以这些产品一经投放市场，便被观众认可、接受。

■ 通过举行系列新闻发布会，利用媒体介绍参演剧（节）目，刊登演出广告等，使艺术节与相关产业形成了互动的关系。

◇主办者把眼光投向驻沪外资企业和来沪旅游者身上，主动与有关部门联手开展促销活动，使艺术节发挥了较强的辐射功能，赢得了大量观众。

◇艺术节的成功举办营造了良好的市场氛围。为了扩大舞台演出市场份额，主办方又适时推出了演出交易会，为国内外商家提供直接洽谈交易的机会，拓宽了市场渠道。

■ 演出市场的活跃，与演出经济机构和演出场所的努力密不可分，上海市演出公司以高达1000万元的投资，家就承接了10台剧（节）目，对每一台剧（节）目，仔细进行分析、评估，有针对性地进行宣传、促销。如为了黄梅戏《徽州女人》的出票，公司找到安徽省政府驻沪办事处，对方一下子就订购了1500张票，很快两场演出票房告罄，加演一场，票房依然紧俏，还卖出了加座。

■ 承接美国哈拉利魔术的上海演艺总公司，面对高达800万元的投资，采取了联合上海东方广播电台、上海电视台、上海贵龙房地产有限公司共同入股的产业化方式，操作这一项目，并与广州方面联系，两地分摊国际旅费，促成了“哈拉利”的中国之行。

■ 上海对外文化交流公司、上海明星文化演艺公司等四家单位承接了藏戏《文成公主》项目后，专程赴藏拍摄了背景资料和剧目资料，利用西藏独特的地域风情进行包装、宣传，并向周边地区大力推荐。

■ 演出最为集中的上海大剧院，也成了此次艺术节商家争夺的主战场，该剧院或单独操作或采取分成的方式，共承接了21场演出，艺术节给他们带来了火爆的市场和旺盛的人气。

■ 首届上海国际艺术节在国际和国内演艺市场上树立起良好的品牌形象，其产业化运作的方式及成效更成为当时中国文化产业的一个突出的典范。媒体普遍认为：“也许艺术节的市场化之路还要经历一番风雨，但路终究会越走越宽。”

张瑞综合摘编自：曹凌燕《首届上海国际艺术节产业化运作见成效》，载1999年12月8日《中国文化报》；龚小因《艺术市场化，艺术品产业化——首届中国上海国际艺术节市场运作新路》，http://www.chinanews.com.cn/1999-10-12/26/3395.html。

中国文化产业典范选登

| 典范行业 | 典范区域 | 典范项目 | 典范事件 | 典范人物 |

华西村的旅游业与全国第一个村办旅游节

■ 华西村，位于江苏省江阴市区东，华士镇西。

■ 改革开放以来，华西先后获得"全国先进基层党组织"、"全国模范村民委员会"、"全国文明村镇"、"全国文化典范村示范点"、"全国乡镇企业思想政治工作先进单位"、"全国乡镇企业先进企业"、"全国大型一档乡镇企业"、"全国乡镇企业科技工业园"等殊荣。并被国内外各界人士赞誉为"天下第一村"。

■ 2000年8月7日，全国第一个村办旅游节——华西旅游节开幕。江阴市华西村农民广场上，盛装的农民腰鼓队、舞狮队、戏曲人物表演队先后献演节目。省委常委、宣传部长任彦申，无锡市委书记洪锦，江阴市委书记袁静波等，和来自全国的近百家旅行社老总以及近百家新闻媒体记者出席了开幕式。

■ 旅游业已成为华西增长最快的产业之一。2000年1至7月，华西村销售收入比去年同期增长50%，而同期游客人数增长近1倍，达80余万人次。

■ 华西村的旅游业，一是"产品"多，以具有中华民族传统特色的"世界第一塔"——华西金塔为标志，全村共有旅游景点80多个。二是"规模"大，形成了星级宾馆、园林山庄、农民别墅三种特色、三个层次的接待网络，可以同时安排3500名游客食宿。三是"实力"强，华西旅行社是省内首家村级旅行社，国家旅游局公布的1999年度5179家国内旅行社综合指标考核评选结果，华西旅行社名列全国"百强"第20位。

■ 华西人用持续创新的思路发展旅游经济，推出"工业观光游"、"三农基地游"、"特色教育游"三大系列新景观。

■ 华西工业新区同时有8家企业投产，其中有苏南最大的针织服装厂，有全国设备最先进的热轧带钢厂，有采用日本"东洋纺"工艺的特种化纤厂，它们成为"工业观光游"的主体。

■ "三农基地游"推出牛车水、人车水、钓鱼、扳鱼等江南传统农事，让游客亲历，契合了国际参与式旅游时尚。

■ "特色教育游"，则以"不土不洋、不城不乡"具有华西特色的社会主义农村新风貌为推介点，通过华西村发展史报告、华西之路展览、华西精神文明开发公司介绍等内容，吸引游客了解华西的发展之路，富裕之道。

■ 华西村开发出很多旅游工艺纪念品，从传统的马蹄酥、酱油到VCD光盘和电脑合成画，很受欢迎。华西村还建立了一支特色艺术团，为游客表演，宣传当地名牌产品，成为华西一景。

■ 华西村党委书记吴仁宝认为，发展旅游产业，可以拉动消费，搞活经济，促进文明，它将是华西村今后重点培育的支柱产业。

韩英综合摘编自：金永溪、江锡民、孙海燕《华西村旅游经济真红火》，载2000年8月8日《新华日报》；http://baike.baidu.com/view/269023.htm。

中国文化产业典范选登

| 典范行业 | 典范区域 | 典范项目 | 典范事件 | 典范人物 |

1957～1987年：香港"旅协"与香港旅游业

■ 香港总面积仅1067平方公里，人口约542万，其中98%是中国人。它既无旖旎的风光，又无悠久的文化传统。可是，谁都不能渺视这块弹丸之地，自20世纪70年代以来香港旅游业扶摇直上，各国旅客纷至沓来。以1984年为例，香港旅游业在亚太地区中已崭露头角，并已与制造业、对外贸易、金融、房地产业一起成为香港经济的主要支柱。

■ 20世纪六七十年代是香港旅游业发展的黄金时期。其中发展较快的时期是1970～1979年十年间，每年来港游客1962年不过25万人，1970年上升到153.4万人，1979年高达311.9万人，比1962年增长11.5倍。旅游收入达63.8亿港元，其总值仅次于制衣与电子工业，居第三位，成了香港经济中的一个极为重要的经济部门。进入20世纪80年代以来，香港旅游业发展速度更快，规模更大，成为亚太地区新兴的旅游中心。

■ 香港旅游业的成就绝非来自一朝一夕。50年代初到港的游客很少，1953年只有4.3万人次。1957年香港成立了旅游协会（以下简称"旅协"），主要负责规划和发展旅游业，系半官方性质的旅游机构。

◇"旅协"负责人虽由香港当局任命，但政府只发给经费的40%，其余60%是从旅游收入中抽4%来解决的。这种体制使"旅协"在经济上同旅游业的发展联结起来了。

◇由于它非政府机构，不能采取行政手段，必须依靠自己的竞争能力去求生存、谋发展。可是又同政府有一定的关系，在政府同有关各界之间起联系和桥梁作用，兴办各种旅游设施。

■ "旅协"成立的次年到港游客虽稍有起色，也仅10万人次而已，经过十多年的苦心经营，并随着香港经济的迅速发展，来港的游客人数直线上升。

◇1972年破百万大关，为108.2万人次；

◇1978年破200万大关，为205.4万人次；

◇进入80年代，香港旅游业又有了新的发展，1984年破300万大关，为315.1万人次。

◇由于旅游业收入增加，外贸赤字减少，使香港国际收支在1984年开始扭亏为盈，这对保持港币在国际金融市场的稳定，促进香港经济繁荣，立下了汗马功劳。

■ "旅协"负有宣传香港旅游的责任，以广泛吸引各种游客光临。他们采取三种做法：

◇第一，进行大量资料搜集与研究，既要不断了解海外游客为什么来港旅行，又要细分每个游客来源地的文化背景，去揣摩他们的各自爱好。

◇第二，衡量香港能为游客提供那些服务。分析哪种产品适合哪种市场，以及产品是否可以相互协调和更具吸引力。信息是否可以传达到各个市场以及用什么方法和透过什么沟通媒介等。

◇第三，拟定目标和策略，便于创立形象和有效地推销。

■ "旅协"认为提供旅游服务必须订立一个独有的推销主题：宣传香港是个融合西方现代生活与中国传统文化的独特地方。由此发展，香港旅游业产品吸引之处在于，节目丰富多彩，能适合不同年龄游客的口味，质优与物有所值。香港为游客提供购物、饮食享受及个人服务、观光、消闲活动、中国传统习俗、夜生活、娱乐及充满活力的商业环境。以上各项并非依照先后次序排列，某些项目在一个市场优先排列，而在其他市场则可能不同。

■ 把上述这些信息传播到世界各地，主要渠道为广告和公关服务。根据"旅协"的经验，把广告刊载在优秀旅游刊物上，依靠旅行社招待顾客时重点推荐香港，往往要比刊登在销路较大的消费者报刊更来得见效，因后者只有少数读者能成为真正的游客。

■ "旅协"为了吸引各种各样的游客来港，不断发展旅游设施与推陈出新的项目。

◇1977年以后陆续开放的海洋公园、宋城、太空馆等旅游名胜，早已成为游客必到的去处。游览荔枝角的"宋城"，游客们可以集中地了解我国宋朝的建筑、文化、艺术以及风土人情。

◇1981年落成的旅游设施有合和中心、置富商场、黄大仙庙新花园、爱群道回教中心等。

◇1982年后又有湾仔艺术展览中心、陈列及出售古玩的乐

中国文化产业典范选登

| 典范行业 | 典范区域 | 典范项目 | 典范事件 | 典范人物 |

古中心、沙田银禧体育中心、红磡体育馆、九龙清真寺等相继竣工。同时积极开拓旅游新路线，如离岛旅游活动，使东南亚、欧美以及澳大利亚等游客纷纷慕名而至。

◇提供和举办香港艺术节、亚洲艺术节、国际电影节、元宵花灯节、端午节国际龙舟竞渡赛、中秋彩灯会等，为旅游活动增添色彩。

◇开办了观看赛马活动的“马场观光团”、有奖旅游项目“康乐旅游团”和“购物大奖”等活动项目。

◇香港对会议旅游和奖励旅游也十分关注。仅1984年就有600多个国际性会议在这里举行。因接待规格较高，经济效益显著。

■ 香港“旅协”经常组织评选最佳导游活动，以1985年为例，共收到7500份提名表格，评选6名最佳导游。在这种鼓励下，旅行社工作人员不仅办事认真负责，彬彬有礼，并能经常琢磨旅客心理，安排旅游项目既灵活多变，又丰富多彩，普遍博得旅客好评，因而重返率不断提高。

■ 为了不断提高服务质量，“旅协”经常举办针对百货公司、珠宝店及餐馆服务员的培训班。他们还组织食品、珠宝专家察访67家饭店、餐馆，以确保食品质量。游客光顾旅游协会的会员商店时，不但保证所购商品质量可靠，并可享受优惠价格。

◇香港“旅协”在各界的支持下，举行“礼貌运动”。他们大体上分析世界各洲人的不同生活习惯和不同爱好，对各国客人都能以礼相待，使旅客感到人颜可亲，温暖如家。也只有这样，才能使旅客不但自己“回去后还想再来，而且还能动员亲朋一起来”，业务便会欣欣向荣。

■ 香港旅游业之所以日益壮大，成为亚洲旅游业发达地区之一，除政府和“旅协”的努力，诸如经营方针明确、体制健全、措施得力外，也可以说是靠天时、地利、人和三者所促成的。

◇有强大的国际资本。香港是亚洲的首席金融中心。就全球来说，仅次于伦敦和纽约而名列第三。香港的经济起飞是从本世纪60年代初开始的，这样的速度主要靠什么？一是有个和平环境；二是有强大的国际资本，有英国的、美国的、日本的，还有其他国家的大财团的；三是靠中国大陆每年有价值几十亿元的商品从香港转口。

◇交通发达，通信便利。香港有著名的海港，有现代化的启德机场，成为连接世界各国的主要交通枢纽；大部分欧洲或美洲航空公司选择香港作为重要的中转站，不但旅费便宜，且便道可在当地观光和购物。

■ 香港酒店业管理人员大都到过海外旅行，通晓人家酒店的服务要求，从而对新事物接受较快。

■ 以训练酒店业基础员工的香港职业训练局来说，每年平均培训出1600名学员，同时香港酒店业不断派员外出观摩，精益求精，因而造成人才辈出的局面。

■ 香港酒店从业人员起薪点比其他为高，如80年代一流酒店总服务台的员工起薪每月3000港元，再加小费收入就很可观。行李员不算小费，稳拿2000港元。服务质量高，态度好，小费自然就会高些。从某种意义上来说，这也促进了服务的改善。

■ 1986年美国金融杂志《国际机构投资者》月刊揭示当年评比世界10大最佳饭店结果，亚洲占6名，香港文华、丽晶和半岛等三家酒店均金榜题名。

邵明华综合摘编自：沈玉清《探索香港旅游业的成功之道》，载《西北大学学报》（哲学社会科学版）1987年第4期；赵栋义《谈香港的旅游业》，载《长沙水电师院学报》（社会科学版）1986年第1期。

1979～1990年的黄山国际旅游业

■ 安徽黄山以其奇特的自然风光，在全国众多的名山中享有独到的声誉。明代旅行家徐霞客赞誉黄山："五岳归来不看山，黄山归来不看岳。"

■ 1979年邓小平同志视察黄山，提出黄山要对外开放指示后，十年来共接待国际游客21.4万人次，1986～1989年间共创汇667.23万元，国际旅游业已初具规模。

■ 1985年《中国旅游报》评选全国十大风景区，黄山是唯一入选的名山。

■ 1988年国务院列出全国八大重点旅游区，黄山是其中唯一的山岳风景区。

■ 1990年国际自然与自然资源保护协会(IUCN)，世界自然遗产考察官员对黄山实地考察后认为，黄山作为世界自然遗产基础牢固。

■ 1988年9月国家旅游局等单位赴黄山考察，同时带来信息：黄山在国外知名度低，甚至有些港澳记者尚不知黄山。国家和地方采取了一系列有效措施加强黄山宣传。

◇外交部和安徽省政府邀请了54个国家的80位驻华使节和夫人来黄山观光；

◇国家旅游局邀请了日本《朝日新闻》等著名新闻单位的高级记者团考察黄山；

◇中央电视台与黄山市政府联合摄制了集黄山自然、人文景观为一体的12集音乐风光片《黄山》。

■ 1990年元月，黄山旅游公司与浙江旅游公司正式签订协议联合推销"名山名水旅游线"(杭州—千岛湖—黄山)，并组织来自美国、日本、菲律宾、泰国、澳大利亚和中国香港等8个国家和地区的103个旅游企业进行旅游线路实地考察，效果良好。

■ 以往黄山国际游客基本来自杭州、南京、上海、合肥等方向，这些城市距黄山300～400公里，公路等级低，大多数路段为三、四级公路，路途需十多小时，旅途劳累，游兴大减。1989年9月黄山屯溪二级机场复航，可全天候起降波音-737，MD-82、运七等大中型飞机，开辟了直通北京、上海、广州、杭州、南京、福州、厦门、合肥等国内主要旅游城市和口岸城市的直通航线。

◇开展直通香港、东南亚的包机业务，大大改善了黄山的可进入性。1990年北京、广州和香港等地到黄山只需两个多小时，而以往香港至黄山往返需一个多星期。

■ 国际客源市场夏季市场是主体，但冬季市场也是重要组成部分。

◇日本交通公社董事长市川振雄1989年冬赴黄山作冬游考察后说："黄山冬景的美丽和旅游设施的完善俱超过我在日本想象的50%以上，具备了开展冬游的条件。"

◇1989年11月至1990年1月共接待10个国家和地区的游客达1万余人次，平均每天有2个入境旅游团抵达黄山。

◇1989年黄山举办了首届"黄山之冬"征文、摄影、绘画有奖旅游，推出三节（圣诞节、元旦、春节）旅游项目，深受国际游客欢迎。

◇1989年11月，日本、美国、意大利、印度尼西亚等国和中国港澳台地区许多旅行社纷纷来黄山签订"三节"旅游合同。冬游者认为，在世界名山的冰雪仙境辞旧迎新，极富有意义和浪漫色彩。

■ 1988年黄山国际游客人均消费126.0元，1989年272.0元，基本达到1989年全国国际游客人均消费275.0元水平，黄山开发国际旅游的成效显著。

韩英综合摘编自：陆林《山岳风景区国际旅游经济效益分析》，载《旅游学刊》1991年第1期；黄山旅游网（www.hs1861.com）。

中国文化产业典范选登

| 典范行业 | 典范区域 | 典范项目 | 典范事件 | 典范人物 |

20世纪80年代的国旅广州分社

■ 20世纪80年代以来，广州旅游市场日益兴旺，竞争也十分激烈。

■ 中国国际旅行社广州分社坚持“质量就是企业的生命，质量就是胜败的关键”的宗旨，积极开拓国际旅游市场，提高企业的经济效益，连续四年获得全国国旅系统优质服务竞赛优胜红旗，被评为全国和全省优质服务先进单位。

■ 1988年9月，在国旅广州分社的基础上成立了“广东海外旅游总公司”。总公司在中国香港、中国澳门、美国、加拿大、英国、德国、法国等地成立了独资与合资公司，以具有中国民族风格、地方特色、丰富多彩的观光旅游和特种旅游项目，广泛招徕外国及港澳台等地游客到全国各地旅游。同时，总公司还积极努力创造条件，组织中国公民到海外旅游。与新加坡益群旅行社合作、开办中国（广东）居民赴新加坡探亲的旅游业务，已被国务院正式批准。

■ 改革管理体制，增强企业活力，是创优质服务的保证。国旅广州分社从1987年开始，有计划有步骤地对分社的内部机构和各项制度进行了一系列大胆的改革。

◇改革人事制度，建立岗位责任制，主要是对分社内部机构进行调整，形成社、部、科三级管理体制。

◇改革分配制度，调动广大职工的积极性。分社着重对奖金的发放进行改革，全社出现了“客源超负荷的部门，一个顶俩拼命干；客源不足的部门，千方百计主动找任务”的新气象。

◇建立民主管理机构，实行民主管理。分社于1987年建立了职工代表大会制度，明确了职工代表在审议企业重要决策、监督行政领导、维护职工合法权益等方面的权利和作用。

◇针对财务管理不严、漏洞多、浪费大等问题，重新修订了各项财务管理制度。

■ 搞好“软件”建设，提高员工素质，是创优质服务的关键。

◇抓精神倡导，做到学有榜样。分社的企业精神被概括为“热爱祖国，遵守纪律，勤奋工作，好学上进，不畏困难，团结协作，礼貌待人，热情服务”三十二个字，号召全社员工用优质服务在国内国际上树立“CITS”（中国国际旅行社的英文缩写）的光辉形象。

◇抓业务培训，提高接待质量。国际旅游主要靠一支称职的、具有一流水平的翻译导游队伍。为了提高这部分人的业务素质，分社对全社五个语种共200多名翻译导游进行轮流培训。

◇抓质量检查，纠正不正之风。让分社每个人都明白：具有“CITS”精神的工作人员是代表中国为外国旅游者服务的，都应有强烈的民族自尊心，不能眼睛只盯着钱和物，要用提供优质服务、抵制不正之风的实际行动去赢得人们的尊敬和信赖，在社会上树立起良好的形象。

■ 加强自主外联，扩大客源市场，是创优质服务的条件。广州分社在经营手段上，充分发挥各部门的主观能动性，突出抓了一个“联”字，加强对内对外的自主外联，努力创造一个良好的企业外部环境，千方百计增加客源，提高经济效益。

◇加强对外宣传，广泛招徕客源。从1987年开始，分社不断增拨外汇资金作为对外宣传、举办展览的费用，并先后派人参加西德、澳大利亚、新加坡、美国芝加哥等国际旅游展览会，增强国外旅行社对广州的了解和信心，广泛招徕客源。

◇增设外派机构，充实海外队伍。分社一方面在中国香港、中国澳门、美国、英国、法国、加拿大等地设立独资与合资公司、办事机构，另一方面专门挑选50多名精通外语和业务、思想品质好、能适应国外环境并勇于开拓的骨干到外派机构，使外派力量大大加强。

◇巩固老关系，发展新客户。为此，分社确立了长期具体的主攻战略目标。在成功地稳住老客户的基础上，分社抽调素质好、业务能力强的人员充实外联部，发展新客户，针对80年代国际旅游从团体化转向个体化、家庭化的特点，采取“客人多少一律欢迎”的积极态度，使到穗旅游的欧美游客人数有较大的增长。

◇积极协作，开展特殊旅游。分社从1986年开始，陆续开辟了一些特殊项目的旅游，如沿海岛屿的潜水旅游、粤北山区的汽车和摩托车旅游、具有中国特色的学针灸旅游、广州风味的烹调旅游、自行车旅游、广州——北京飞马杯国际自行车旅游团、草原赛马旅游以及合唱团旅游等等，深受外国旅客的欢迎。特别是分社开辟的“广州—深圳—珠海”的“金三角”旅游，与深圳航空俱乐部联合组织的高空跳伞、飞机滑翔、乘坐气球等旅游活动，更是吸引了大批外国和港澳游客。

◇紧密配合，共创优质服务。交通条件和旅馆条件是国际旅游业的“硬件”，也是影响广州乃至全国旅游业发展的薄弱环节。为了搞好外国旅游者的吃、住、行，分社十分注意加强与民航、铁路、旅游汽车公司、宾馆、酒家等单位的协作，注意各接待部门与后勤部门之间的衔接，互相配合，主动沟通，及时传递信息，遇到问题协商解决，收到了良好的效果。

唐建军综合摘编自：林云、彭崇光《以优质服务取胜 在竞争中求发展——国旅广州分社发展旅游业的经验》，载《广东社会科学》1989年第2期。

中国文化产业典范选登

| 典范行业 | 典范区域 | 典范项目 | 典范事件 | 典范人物 |

1978～1995年：台湾新型旅游模式的形成和完善

■ 台湾的旅游业一般可分为"岛内观光"、"出岛观光"和"外国人来台观光"三大类。

◇1965年，来台游客人数不足1.5万人次，而到1988年已经增加到了190多万人次，净增近127倍。岛内民众旅游人次逐年增长，1968年为2600万人次，1983年为4000万人次。旅游已成为民众十分普遍的一种休憩方式。60年代末岛内民众人均年旅游次数为2次，1987年已经达到4次左右。出岛旅游方兴未艾，1979年起，台湾开放岛内民众出岛旅游，岛内出现了一股出岛旅游热潮。1980年有50万人出岛旅游，1987年突破了100万人次大关，而1988年高达160万人。

■ 20世纪70年代末，农业问题十分突出，使得台湾当局被迫推动第二次土地改革，以提高农业生产力。旅游业在这个过程中开始扮演独特的角色。

◇1978年，以苗栗县大湖草莓园的偶然开辟为发端，旅游业和农业开始实现产业间的结合。

◇从1980年起，台北市政府分别在台北市近郊进行辅导观光农场的建设，观光农场包括观光果园、观光茶园、观光花园等多种形态。两年间，观光农场就达到280多公顷，数年间就遍布全岛。

◇产业观光区(主要是农业观光区)已成为台湾旅游资源中的重要组成部分。观光农场的开辟既为旅客提供了参与性极强的旅游产品，又在产业结合的基础上缩小了农产品交易的中间环节.从而增加了农民的收入。

■ 台湾的境外旅游业由于其生存发展环境的特殊性，政治属性表现得较为突出。早在60年代，蒋介石就说"发展观光事业主要的是观光事业有助于经济发展，亦即从其有助于反攻力量之充实着眼，决不是苟安，更非为享乐"，"政治所寄望出国旅游者，较以往尤为殷切"，"除为增加国人见闻外，加强国际民间交流，促进国民外交亦为重要目的之一"。

◇1981年底，"行政院长"孙运璇在"施政报告"中首次把旅游业列入九项"施政重点"，标志着台湾当局正式把旅游业认定为一项产业。1984年3月，前"经济部长"赵耀东指出，未来东部的发展方向应该以旅游事业为考量，这是较早地确认旅游业在改善产业空间结构方面可能发挥的积极作用。80年代末，台湾当局正式提出产业东移政策，发展休闲旅游业则成为产业东移政策的核心。

◇1987年，台湾当局有条件开放民众赴大陆探亲，事实上成了当局大陆政策演变的转折点和新大陆政策的重要组成部分。台湾岛内开放民众赴大陆探亲的呼声早在80年代初就逐渐强烈起来了，台当局终于在1987年底宣布有条件开放民众赴大陆探亲，显然和80年代中期岛内蓬勃发展的民主化运动有明显的内在联系，当时有许多政治团体就以开放民众赴大陆探亲为政治诉求，而台湾当局基于对大陆的"反统制"也是开放探亲的重要目的。

◇1990年，"观光局长"毛治国指出，鉴于台湾已有庞大的外汇储备，旅游业的发展主要是配合外交、经贸，以提高台湾整体形象为目的。长期以来，由于台湾国际旅游业海外促销网络过于薄弱，主要客源的华侨名流和华侨社团素为当局所倚重，成为台湾国际旅游业海外促销力量的重要组成部分，如七八十年代，日本游客访台大都由当地的华侨华人旅行业者组织。同时，台当局还对华侨到台湾观光旅游采取诸如提供出入境签证便利等一系列优惠措施，华侨游客市场占台湾国际旅游业海外市场份额多在15%以上。

◇1994年1月1日，捷地尔公司投资240亿新台币在台东兴建高尔夫球场、度假村、旅游饭店、购物中心，金盾理想度假村产业公司投资120亿新台币在花莲开发水上花园。

■ 至90年代，台湾的旅游业已拥有包括综合、甲种和乙种在内的1800余家旅游业、90余家国际观光旅馆和一般观光旅馆，各类客房15000余间以及遍布全岛的颇具规模的观光旅游区；国际旅游业年交易额近100亿美元。这表明旅游业已经具有相当规模的生产能力，已经在实践中确立其重要的产业地位。

■ 70年代前，台湾主要风景区游客不过560余万，进入70年代后，在国际旅游接待业进一步发展的同时，由于居民收入的较大幅度提高、台湾社会的渐趋开放、传统消费观念的变更以及旅游业供给能力的增强，岛内旅游业逐渐发展起来，台湾旅游业逐渐进入岛外——岛内阶段。

◇1975年，岛内主要风景区游客达到2357万人，到1985年增加到2614万，1987年增加到3368万，90年代岛内旅游人数大致在3000万～4000万之间。

◇到1979年，台湾当局开始有条件开放居民出岛观光旅游，台湾旅行业开始了国际旅游接待业、岛内旅游业和出岛旅游业三者并行阶段，台湾旅游业的岛外——岛内——岛外发展模式最终形成。

◇1987年台湾当局有条件开放居民赴大陆探亲和1990年当局原则同意民众可以观光名义赴大陆探亲旅游则赋予该发展模式更加完整的意义。

丁培卫综合摘编自：黄福才、蔡从燕《论台湾旅游业的若干作用和发展特点》，载《台湾研究·经济》1995年第4期；毛蓉君《台湾旅游业者谈两岸直航》，载《两岸关系》1999年第8期。

中国文化产业典范选登

| 典范行业 | 典范区域 | 典范项目 | 典范事件 | 典范人物 |

1980～1990年：深圳经济特区旅游业的十年

■ 从旅游生产力的内在结构和诸多要素的关系来看，文化娱乐是旅游业生存发展的前提；从旅游者的目的和动机来看，游、娱合一才能满足其需求；从时代发展的趋势来看，客源地已从"休假时代"转向"文化娱乐时代"，缺乏文化娱乐活动的旅游必将是日渐没落。回顾深圳旅游业十年的迅速发展，无不是与文化旅游娱乐业的发展息息相关。

■ 1979年的深圳是一座边陲小镇，只有一个外事接待站、两家旅行社、七家小旅店和几间简陋饭店。1979年全年在此过夜的游客不足千人。

■ 深圳经济特区创办伊始，深圳市政府把旅游业列为特区经济建设的重要行业，借助毗邻香港的有利条件和特区的特有优势，实行国家地方一起上、内外结合共同兴办的发展策略，使旅游业日新月异地发展起来。

◇1984年底，已初步形成"五湖四海"（西丽湖、香蜜湖、石岩湖、东湖、银湖和海上世界、深圳湾、大小梅沙及大亚湾）为主体的旅游体系，全市已有专业和兼营的旅游企业十多家，接待过夜游客42万人次，创汇首次突破1亿元外汇人民币大关。

◇自1985年起，特区旅游业更加生机勃勃，新的旅游景点不断开发涌现，如被称为"一步迈进历史，一日游遍中国"的微缩景区锦绣中华，展示世界第八奇迹的长安大厦兵马俑展览，风光秀丽、建筑典雅的仙湖植物园，如同置身于太空景观的水晶宫歌舞厅等等。随着综合旅游基础设施逐步配套，旅游环境日臻完善，接待海内外游客人数和创汇额每年都大幅度上升。

◇从1979年底到1990年，深圳旅游业投资已近40亿元。已拥有25家旅行社（公司）及11个综合性的旅游点、度假村；涉外宾馆、酒店130家（已被授予星级的31家，其中五星级1家，四星级3家，三星级8家，二星级19家），客房16677间，床位34922张；旅店160多家，床位1.3万张；招待所275家，床位1.33万张，大中型餐厅300多家，不仅集全国珍馐百味，还有日、朝、泰、越等海外风味餐馆。拥有120家共3万多座位的歌厅，48家"卡拉OK"，150多个录像投影场所。全市旅游业从业人员共42908人。

◇1988年接待国内外过夜游客为366万多人次，其中海外游客103万人次，在全国49个重点旅游城市中跃居第二位；旅游业收入逾16亿元，创汇4.7亿元外汇人民币，居全国第四位。

◇1990年各项指标均创历史最高水平，接待过夜人数达463.7万人次，比1988年增长26.5%，其中国际游客147.2万人，比1988年增长42%；创汇逾2亿美元，比1988年增长50%。总之，无论是接待人数还是创汇水平均比特区初期增长3433倍以上。

◇十年来，累计接待过夜游客1592.9万多人次。从1980年起，深圳每年接待国内外游客均为特区居民总数的3～5倍，这个比例在全世界的旅游城市中也是少有的。

◇十年来，深圳旅游业为国家创汇逾35亿元。据统计部门统计，旅游部门收入1元，社会综合效益就有5～7元，它不仅对促进特区经济的繁荣和发展起到了积极作用，成为特区继外贸、工业之后的又一创汇支柱产业，而且成为我国对外开放、沟通世界友谊的纽带和桥梁。

■ 坚持正确的发展战略，把旅游业发展的着眼点放在提高效益上

◇突出重点，重视配套，果断压缩基建规模，把力量放在上水平、出效益上，做好四个战略转移，即：从数量型向效益型转移，从自发式放任式向有计划和高层次发展转移，从全面推进向重点发展转移，从散点式向线状型转移。

◇按照"行、游、住、吃、购、娱"六大要素配套发展，以便有效提高综合接待能力和创汇能力，确保旅游业朝着持续、稳定、协调的方向发展。

◇量力而行，有计划有步骤地开发特区的旅游资源。对于投资大、回收期长的项目，不盲目上马，对于一些确有吸引力，发展前景好的旅游项目在做好可行性分析和论证的基础上，尽力注意避开汇率和利率风险，尽量靠引进外资来兴办。

■ 把特区旅游业逐步建设成为真正的文化娱乐型的经济产业

◆1980～1990年特区旅游业的发展大体经历了三个阶段：

◇第一阶段，主要以开发旅游度假村和现代化娱乐为主，开发之初虽经济效益颇佳，但时间一长，这些相互重复，照抄照搬的大型娱乐设施，既对海外游客缺乏吸引力，又为国内人所消费不起。

◇第二阶段，主要是发展歌舞厅、卡拉OK。这种参与型、自

中国文化产业典范选登

| 典范行业 | 典范区域 | 典范项目 | 典范事件 | 典范人物 |

娱型的文化活动，使人耳目一新；同时，通过面向高、中、低各层次顾客提供服务，吸引八方来客，人晚最低消费10元，最高消费180港元。自1988年一出现，就深受人们的喜爱，风靡一时。

◇第三阶段为开发和建设具有民族、民间、民俗特色的旅游项目。1988年9月蛇口的"海上世界"建成了中国民俗风情博览中心，使游客在船上就能步入中国民间交易会和庙会。1989年，以展现华夏无限风光和五千年文明史为主题的"锦绣中华"微缩景区问世，它是国内旅游资源深度开发和优化组合的成功尝试，成为了唯我独有的旅游产品。

◆据统计，1990年深圳有350万人次进入歌舞厅，250万人次观看录像投影，230万人次进入卡拉OK歌舞厅，100多万海外游客参与上述的游娱活动，创汇逾3500多万元外汇人民币。据国际统计资料表明，优化的旅游产品中，文娱收入一般占当年收入的4.5%。据此衡量，国家旅游局确认，目前全国只有深圳达标（其文娱创汇占同年总数5.3%）。

◆文娱是中国旅游全面发展的基本要素之一。其一，旅游不与文化娱乐结合，只能是贫乏的、苍白无力的旅游，具有民族特色的文化娱乐的旅游产品，才是发展外向型旅游的活力所在。其二，健康的旅游文娱活动，既有利于精神文明建设，又有利于招徕、稳定客源。

◆旅游文化娱乐向深层次发展，必须做好四项主要工作：

◇抓住旅游业的实质，即以满足人们日益增长的精神文化需求为宗旨，以宾馆饭店为依据，重点是普及歌舞厅，以旅游景点为基地，重点建设一批文娱活动场所，应尽力避免千篇一律，互相模仿抄袭。

◇从创办旅游业一开始，就将娱乐纳入建设方案，并在实施中大胆摸索，不断创新。

◇必须多部门相互配合，逐步加强管理。如特区的文化、旅游、交通、工商等部门互相合作，通过提供服务的办法，诸如举办各种文娱比赛，建立培训制度、考核制度、经理值班制度等，并适时颁发切实可行的规则。如公安、文化、旅游、工商等部门先后发出了《深圳市音乐茶座、歌舞厅管理暂行规定》、《关于加强歌舞厅、音乐茶座治安管理的通知》，从开办歌舞厅必备条件、报批程序到管理人员、演出人员和顾客必须遵守的规则，均十分明确具体，从而保证了旅游娱乐的健康发展。

◇旅游行业必须有水滴石穿的毅力和开拓创新的实干精神。特区经过整整十年的努力奋斗，才初见成效。要想把旅游业建设成为真正具有中国特色的文娱型的经济产业，必须经过长期的、不间断的艰苦探索和开拓，才有希望达到胜利的彼岸。

丁培卫综合摘编自：李冠利《深圳经济特区旅游业十年发展的回顾与思考》，载《旅游学刊》1991年第2期；董观志《深圳市旅游业的产业定位和发展战略》，载《地域研究与开发》1999年第3期。

中国文化产业典范选登

| 典范行业 | 典范区域 | 典范项目 | 典范事件 | 典范人物 |

1989～1995年的“锦绣中华”、“中国民俗村”和“世界之窗”

■ 1989年11月开业的“锦绣中华”，1亿元的投资当年回收。以其收入滚动开发的“民俗村”于1991年10月开业，一年半后又收回了1.1亿元的投资。以5.8亿元兴建“世界之窗”，1994年6月开业，两年半收回投资。

◇景区不仅有可观的经济效益，还产生了广泛的社会效益和深远的生态环境效益，已成为弘扬民族文化、进行爱国主义教育的基地和增进中外文化交流的窗口。

■ 天时地利：丰茂的客源市场

◇选择旅游开发作为深圳新区华侨城建设的切入点，一开始便是企业行为，其投资和经营主体是香港中旅集团。雄厚的经济实力，广泛的海内外客源和信息网络，丰富的经营管理经验，正确的开发思路和畅通的客源输入渠道，形成了境内境外优势互补之态势，构成旅游开发的强有力的先天依托。

◇毗邻香港，又有72小时免签入境的特殊政策；背靠经济发达的珠江三角洲，这里人口稠密，生活富裕，人均收入高，旅游需求旺盛。

◇交通发展迅速。至1994年底，深圳机场已有48条航线，每周520次航班；客运港每天进出轮船120次航班；铁路每天进出客车60班次；广深高速公路和准高速铁路开通后，广州至深圳，汽车1小时，火车1.5小时即可到达。

◇深圳市内通过三景区所在的华侨城路段，有26条中巴线路，7条大巴线路。此外还有数十条不固定巴士的线路。至于的士，招手即是。这里每小时的往返车流量为2440辆，交通十分便捷，可进入性良好。

◇游客构成，据“世界之窗”的周末抽样调查：来自珠江三角洲的约占50%，外省游客约占20%，本地居民约占15%，海外游客约占15%。

■ 规划先行：跟着市场走

◇从客源市场的需求中寻找答案。瞄准了两个“600万”：一是600万作为香港居民的中国人，二是每年来港旅游的600万世界各国旅游者；此外还有本市居民和庞大的国内旅游市场。

◇精心规划景区内容。“一步跨进历史，一天畅游中国”、“您给我一天时间，我给您一个世界”，“锦绣中华”和“世界之窗”的这两句宣传口号，正是规划者总体构思的精要概括。

◇作为旅游产品主体的景区，针对游客的心理需求，从总体布局，造型、色彩和竹木草石自然材料的选用，都力求同景区的主体浑然一体。使人感到规划者是在悉心追求产品的整体和谐与完美，是在潜心营造一种愉悦游客身心的氛围。

◇把游览观光活动推向高潮的是每晚艺术大游行和中心剧场演出，以及各种不定时的节庆活动。这种动静结合的产品结构大大提高了观赏效果。

◇旅游规划讲求行、游、住、食、购、娱诸要素的配套。除景区内的小配套外，还有景区周围的大配套。三景区采取的是成片开发，分期建设。除了这三大景区外，已建的还有华夏艺术中心、杜鹃山雕塑公园、深圳湾大酒店、海景酒店、艺苑酒店、新桥酒店、旅游商品开发公司和华侨城。《华侨城发展战略与规划纲要（1995～2004年）》明确标明：华侨城不仅是一个国内一流、世界先进的文化旅游区，而且是深圳的“示范开发区”，将为深圳市民和海内外游客提供一种超前的、崭新的现代生活的模式。

■ 经营管理：科学＋文化＋人情味

◇科学的规章制度是行之有效的。实行分片负责、三位一体、记分考核的管理制度，将景区依自然地形划分成片，每片为一管理组。各组将景点管理、环卫管理、洗手间管理三者合一，分工不分家，奖罚分明。同时实行记分考核制，将各工种的劳务分解成若干个考核项目。如将环卫的劳务分解为“考勤、劳动态度、清洁、烟蒂纸屑、标牌擦洗、石凳擦洗、灯具擦洗、景点监护、文明礼貌”等，每天检查记分，按月累计，作为奖金发放的主要依据。

◇对于艺术表演团则实行练功场、排练场、表演场“三场管理制度”。严格考勤，制定工作程序、岗位职责和奖罚制度。实行表演艺术生产全过程、全方位的跟踪管理。

◇景区蕴含着丰厚的文化内涵，彻底抛弃了曾用过的红袖章、吹哨子、警告牌、罚款牌等使游客反感的阻吓式管理方式，体现了“游客至上”的服务精神。以疏导代替防范，充分尊重游客，创造了宽松、和谐的游览环境，化解了可能出现的纠纷，达到了管理的目的。

◇根据民族员工的特点，制定了“真诚爱护，加强教育，善于引导，严格管理”的方针。

◇用人制度实行双向选择。没有“铁饭碗”可端，优留劣去；各层员工有不同的培训机制，连洗手间的服务员都要经过培训合格才能上岗。景区所在华侨城员工及家属子女，从幼儿园、小学、中学到成人教育，都已完善；高品位景点和高水平经营管理所带来的高质量的旅游服务，归根到底是高素质的人员所创造的。这是成功的根本。

■ 深圳三个景区取得成功经验可分为三点：

◇一是可以学到的基本经营，如以市场为导向的规划设计，以人为中心的经营管理，景区的总体构思与各零部件的和谐统一，中外民族的内容与现代管理方式相结合，拳头项目与服务设施的配套，景区内外旅游六要素的配套，景区开发与城区建设的结合，分期建设与成片开发的衔接。

◇二是可学而难学的一些独到经验，如双向自由选择的用工制度和高素质的人才结构，旅游企业创办高水平的大型艺术团，艺术表演成为旅游产品的有机组成部分，高品位的文化内涵渗透到硬件和软件建设的各个环节等，这需要有较成熟的人才市场和文化市场机制及其他社会条件的配合。

◇三是无法照“学”的独特条件，如其坚实的先天依托，雄厚的经济实力，特殊的地理位置、城市性质及其形成带来的客源市场优势。因此，在开发和经营人造景点方面没有放之四海而皆准、可照搬照抄的“深圳模式”。只有根据自己的现实条件，择其可行者而借鉴之。

张冠文综合摘编自：李海瑞、王兴斌《深圳三景区成功的奥秘——“锦绣中华”、“中国民俗村”和“世界之窗”的考察报告》，载《旅游学刊》1995年第5期。

中国文化产业典范选登

| 典范行业 | 典范区域 | 典范项目 | 典范事件 | 典范人物 |

1995～2001年：乌鲁木齐创建“中国优秀旅游城市”

■ 开展创建中国优秀旅游城市活动，是国家旅游局为推动我国城市国际化、现代化，提高我国旅游业在国际上的信誉和影响，保障旅游业这一国民经济新的增长点的持续增长而采取的一项重大举措。

■ 新疆的首府乌鲁木齐处于亚欧大陆的地理中心，是新疆政治、经济、文化、教育、科技、交通和信息中心，也是新疆与内地以及我国与中亚各国联系的交通枢纽。三面环山，是世界上离海洋最远的城市，曾经被古代牧民亲切地称为“优美的牧场”。

■ 乌鲁木齐市人文、自然景观奇特，主要名胜古迹、游览胜地有：南山自然风景带、柴窝堡湖、盐湖、水磨沟、一号冰川、文庙、自治区博物馆、八路军办事处旧址等。

■ 自1995年以来，乌鲁木齐市就把创建中国优秀旅游城市作为一项十分重要的工作来抓，1995年就提交了参创申请，组建了创优领导机构，制定了创建方案，并进行了创建的一系列基础工作。

■ 1998年，国家旅游局进行首批优秀旅游城市验收时，乌鲁木齐市委、市政府领导本着严格要求的精神，感到自身在某些方面条件还不够成熟，主动放弃了第一批验收，决心继续做好各项创优工作。

■ 1998年后，市委、市政府加强和调整了创优领导小组，由市主要领导任组长、市财政局、交通局、建委、工商局等23个部门和所属7个区县的主要领导都参加到领导小组中来，进一步完善创优方案，形成齐抓共管的良好局面。

■ 2000年中国国内旅游交易会在乌鲁木齐市召开，市委、市政府紧紧抓住机遇，把创优工作与筹备旅交会结合起来，两次召开动员大会，从城市旅游业的定位与规模、城市旅游业管理体系、城市现代化旅游功能等20个方面，详细明确各部门职责，狠抓落实，在全市掀起了创建优秀旅游城市高潮。

■ 2000年9月乌鲁木齐市创优工作通过国家旅游局验收，于2001年1月被正式授予“中国优秀旅游城市”光荣称号。

昝胜锋综合摘编自：丁秀锋《由乌鲁木齐荣膺“中国优秀旅游城市”所想到的》，载2001年2月8日《新疆日报》。

中国文化产业典范选登

丨典范行业丨典范区域丨典范项目丨典范事件丨典范人物丨

"中国好望角"魅力西霞口

■ 西霞口位于胶东半岛最东端，因晚霞在这里流彩而得名。西霞口集团成立于1987年，属国家工商行政管理局批准的免挂行政区划的民营企业集团，下辖企业28家，职工5300人，资产60亿。2008年，全村实现总收入25.3亿元，纯收入2.93亿元。人均纯收入22.5万元。目前，西霞口已由胶东半岛最东端的渔村，发展成一个村企合一、实行企业化管理的社会主义新农村。

■ 从贫穷落后的小渔村发展成共富和谐的"新农村"，西霞口用了21年，西霞口用一个"三级跳"来诠释可持续发展的美丽之路。通过农、渔合并开展渔业捕捞和海产养殖使村子富起来，通过发展国际海运、港口运作和船舶修造使村子强起来，通过发展现代旅游度假产业使村子美起来，西霞口走上了一条人与环境相和谐的可持续发展道路。

■ 1987年，时任西霞口村农队党支部书记的田文科说服渔队书记，渔、农合并成立了西霞口渔业公司，这不仅是山东省第一家村级渔业公司，而且成为西霞口村腾飞的起点。

■ 捕捞和工业虽然助西霞口腾飞，但并不是长久之计，西霞口面临着寻找可持续发展新路子的重要选择。经过反复调查论证，西霞口确定实施"文游互动，以文兴游，以游兴业，文游双赢"发展战略，打造具有"秦汉遗迹，齐鲁文化，海洋生态，动物保护，渔家特色，海洋经济"特征的国际滨海旅游度假产业带。

■ 1997年西霞口在依山环海的神雕山，投资约8000万元，建设了"全国第一家村办野生动物自然保护区"；同时依托黑龙山，投资0000万元开发了"福通天和乐园"。如今，野生动物保护区已建起了猛兽区、草食动物区、海洋动物区、非洲动物区、熊乐园、百鸟园、猛禽园、猩猩园、豹狼山、猴子山、金丝猴馆和熊猫馆，拥有国家一二类保护动物200多种、2200多头（只），建成了"全国最大的海岸野生动物自然保护区"。

■ 1998年，西霞口建议将成山头景区进行股份制改革，由市旅游局、镇政府和西霞口集团三方持股，由市旅游局统一领导。

◇古时，成山头被认为是日神居住地。《史记》记载，姜太公助周武王平商定天下后，曾在成山头迎日出，拜日神，修日主祠。公元前219年和210年，秦始皇曾两次驾临成山头，拜祭日主，留下了"秦桥遗迹"、"秦代立石"、"射鲛台"和丞相李斯手书"天尽头、秦东门"等遗迹。公元前94年，汉武帝刘彻下令修拜日台，拓日主祠，以感恩泽，且作"赤雁歌"记之。如今，成山头还保留着全国唯一的始皇庙。

◇西霞口先后投入5000多万元，进行扩建改造。修复了始皇庙，"天无尽头"等景点，新建了望海长廊、秦始皇东巡、邓公祠等景点，使成山头古风更浓，新韵生辉，成为"全国第一家村办国家AAAA级风景名胜区"。

■ 为满足不同层次游客的需要，1998年西霞口先后投资8000万元建起了拥有200间客房的三星级宾馆博霞山庄，2006年，投资4000万元，建了博霞山庄二期工程和200个床位的"渔家乐"。

■ 1999年，成立了威海西霞口国际旅行社有限公司。现在，西霞口国旅已与国内412个旅行社、1000多家宾馆和3000多个景区建立了合作关系，与韩国、日本和我国香港等国家和地区的数十家旅行社和景区建立了合作关系。

■ 2005年，为了弘扬我国传统的福文化，西霞口以"福禄双全"为主题，以自然古迹、史料遗闻、神话传说和民间故事为主要内涵，提出了西霞口"福如东海"文化风景区发展规划，规划建设福寿殿、圣君殿、圣贤殿、精英殿、太阳神、观音憩、艳福岛、花园赶海等项目。这一景区前期投入1.2亿元，一期工程已初显雏形。

■ 2005年，西霞口投资约9000万元，开发了"摩天岭生态旅游风景区"。 民族英雄、明代著名将领戚继光曾在西霞口摩天岭大败倭寇。景区位于成山头景区西北方向，是一个三面环海的小半岛。

■ 2007年，西霞口开发了水域面积达500多亩的大型水上公园——隆霞湖乐园，现已成为集水幕电影、水上餐饮、游艇观光、文艺表演、酒肆茶楼以及焰火晚会等娱乐项目与休闲设施于

中国文化产业典范选登

| 典范行业 | 典范区域 | 典范项目 | 典范事件 | 典范人物 |

一身的水上仙境。

■ 2008年，西霞口村被国家农业部确认为全国10个“农村实用人才培训基地”之一。是农业部在山东省设立的唯一一个实用人才培训基地，将承担全国十几个沿海沿江省市区渔村带头人的培训任务。

■ 2009年西霞口投资1500万元建成西霞口艺术馆。艺术馆占地4600多平方米，它不仅仅展示艺术珍藏品，还配有各种现代化设备的大型多媒体会议厅以及贵宾休息室等附属设施，同时还有大型展厅、图书馆、儿童活动中心等。

■ 几年来，西霞口先后投资开发了成山头、神雕山野生动物园、海驴岛、福如东海、福通天和乐园、摩天岭六大景区。2008年西霞口各大景区共接待游客150万人次，旅游总收入超过4亿元。

■ 西霞口旅游的影响力在逐渐扩大。2005年10月，成山头景区被国内10家主流媒体评为“中国最美八大海岸”；2006年，西霞口被山东旅游协会评为“山东最具竞争力十大景区”；2007年，西霞口旅游区被省旅游局评为“山东诚信旅游示范单位”，西霞口村被省旅游局评为“山东十大旅游名村”。2008年，在大连市举行的第五届东亚国际旅游博览会（EAITF）上西霞口旅游度假区被评为“2008东亚旅游十大知名景区”，并承担了2008世界旅游日中国主会场庆祝活动的主体接待工作，受到中外来宾的高度评价。

郑燕综合摘编自：蓝夜《旅游业让西霞口走上可持续发展之路》，载2008年12月19日《中国青年报》；于洪光、王禹涵《小渔村“文游互动”撑起大旅游——对山东省荣成市西霞口发展国际滨海旅游产业的采访》，http://www.farmer.com.cn/wlb/nmrb/nb5/200806140037.htm；西霞口网站。

中国文化产业典范选登

| 典范行业 | 典范区域 | 典范项目 | 典范事件 | 典范人物 |

2000～2001年：杭州奠基“世界休闲之都”

■ 2000年杭州被联合国人居中心评为最适合人类居住的城市；2001年，杭州又荣获联合国最佳人居奖。

■ 据旅游部门统计，2000年杭州全年接待境外游客70万人次，国内旅客2300万人次，实现旅游外汇收入相当于国内生产总值的15.5%，高出全国平均水平10多个百分点。

■ 在杭州召开的’2001中国休闲经济国际论坛上，杭州市委书记王国平向中外来宾描述杭州申办世界休闲博览会的“四大理由”：杭州的旅游资源得天独厚，发展旅游业优势十分明显，一是历史文化优势，二是旅游资源优势，三是人居环境优势，四是区位和市场优势。

◇杭州位于世界第六大城市群的长江三角洲地区，东有东南佛国普陀山，南有历史文化名城绍兴、自然风景区雁荡山，西有世界自然文化遗产的黄山以及与杭州相邻的上海，这些独特的地理位置使得杭州成为中国旅游经济最具活力的市场之一。

◇杭州不仅素有“人间天堂”之称，而且杭州近年来始终坚持实施“蓝天，碧水，绿色，清静”工程，环境建设取得了明显成效。

◇杭州国际旅游接待多年排名中国第四。

■ 来自世界各地的400余名代表在考察完杭州之后，得出共同的结论：杭州完全有条件打造世界休闲之都。

■ 论坛期间，由宋城集团投资20亿元，意在实践休闲经济现代新理念的大型项目——杭州世界休闲博览园（威廉斯堡），在杭州乐园举行了奠基仪式。来自世界旅游组织的高级官员、亚太部主任哈什·瓦玛博士、世界休闲组织主席杰拉德·凯尼恩博士认为，这是中国由观光经济、假日经济逐步向休闲经济转型，特别是竞争世界休闲博览会的申办权最为有力的举措。

■ 哈什•瓦玛博士认为，浙江省是中国经济效益最好及经济最为活跃的省份，2000年，浙江杭州接待旅游者人数排名中国第六，共有110.8万来访者。从旅游收入方面看，中国得到了1620亿美元，而浙江得到了5.14亿美元，其中杭州为2.92亿美元，为杭州打造“世界休闲之都”奠定了坚实的基础。

■ 杭州明确提出2001年旅游业的总体思路和发展目标：以“三江两湖一山”为基础（钱塘江、富春江、新安江、西湖、千岛湖、天目山），构筑一小时半交通圈、旅游圈、经济圈，打响“旅游在杭州”品牌。

丁培卫综合摘编自：孟怀虎、王京韬《杭州打造休闲之都》，载2001年11月15日《中华工商时报》；邓胜华等《世界休闲之都——21世纪的城市形象定位》，载《旅游学刊》2002年第1期。

中国文化产业典范选登

|典范行业|典范区域|典范项目|典范事件|典范人物|

2001年的昔阳大寨旅游

■ 2001年山西省昔阳县委、县政府提出了“举大寨龙头，兴昔阳旅游”的旅游开发战略

◇加大了旅游开发和建设的力度，对全县旅游产品进行梳理、整合和全新包装。

◇以大寨农业观光旅游为主的农业、人文、旅游线，以石马寺、卧佛寺为代表的宗教旅游线和以黄庵垴、三教河、水磨头为代表的太行山自然风光旅游线已具雏形，渐成规模，成为昔阳旅游的三大主打产品。

■ 大寨作为社会、人文旅游资源，对昔阳旅游的龙头带动作用不容置疑

◇2001年以来，紧紧抓住国家将大寨作为山西省农业生态旅游先进典型的契机，加大了大寨旅游区引资、融资和开发建设的力度。

◇在景点建设上，2001年大寨完成了总计投资180万元的大寨民俗馆的主体工程，完成投资80余万元；投资230万元的大寨渡槽“水上乐园”工程后续建设及配套设施也于2001年全部竣工。

◇作为大寨旅游的重要延伸和昔阳旅游的主打产品之一，黄庵垴景点的开发和建设也逐年加强。投资20万元对小东峪至黄庵垴的5公里旅游路在2000年的基础上进行了改造。

◇投资10万元对该景区的主要景点“藏龙洞”、“大天梯”、“小天池”等景点的设施进行了修饰和维修，并新建了“望仙台”。

◇融资15万元对石马寺——大寨旅游区的配套景点进行了重点修缮。

■ 组织八国记者团赴大寨观光

◇2001年4月上旬，意大利、荷兰、德国、法国等八个国家的记者团赴大寨观光。

◇大寨村党支部书记郭凤莲向各国记者们详细介绍了大寨村的历史变迁，展望了大寨村光辉的发展蓝图。记者们对大寨老一辈创业者自力更生、艰苦奋斗的辉煌业绩表示由衷的钦佩，对新一代大寨人发奋图强、改革开放的成果予以高度的赞扬，同时对大寨的未来寄予了厚望。

◇记者们表示回国后要大力宣传中国大寨，为大寨和世界各国之间架起沟通的桥梁，使大寨重新走出国门，走向世界。

◇200年6月中旬，为配合北京申办2008年奥运会，在县委、县政府的全力协助下，大寨村委会和香港凤凰卫视在大寨联合举办了“申奥万里行——大寨歌会”大型活动。全国再一次聚焦大寨，10万余人云集虎头山。

◇大寨的今昔巨变特别是旅游业这几年取得的进步给客人们留下了深刻的印象，大寨旅游的知名度得到了极大的提升。“全国百家新闻老总看山西”代表团亲临大寨考察观光，对大寨文化的内核赋予了新的诠释，将大寨旅游的宣传促销推向了高潮。

■ 为了提高导游人员整体素质，在旅游企业中实施了导游员“1123”形象计划

◇“把好一个入口”，就是把好导游人员的入口关。

◇“开展一个活动”，就是以“三个代表”重要思想的学教活动为契机在全体导游员队伍中开展了“学两个《条例》，树行业新风，创优质服务”的系列活动。

◇“建立两个机制”，就是建立导游的游客监督反馈机能和优胜劣汰的竞争机制。

◇“加大三个力度”，就是加大检查力度、处罚力度、管理力度。

◇通过典型示范和实际对比，强化从业人员的“上帝”宗旨意识。

丁培卫综合摘编自：任秀萍、张慧明《昔阳旅游：甩出大寨王牌》，载2001年10月8日《山西经济日报》；董蔚民《第二次创业——记昔阳县大寨村党总支》，载《支部建设》2001年第7期。

中国文化产业典范选登

| 典范行业 | 典范区域 | 典范项目 | 典范事件 | 典范人物 |

20世纪80～90年代具有中国特色的体育产业

2000年9月15日，第27届奥运会在悉尼开幕；8月28日，北京获得2008年奥运会申办资格，又一次强烈的奥运风吹来，在体育产业的跑道上，中国在阔步前进。无数的人为体育这项原本意义单纯的游戏而狂热，体育也在音乐之后成为世界通行的语言。

■ 我国体育产业经过十几年的探索，现代体育产业体系已初步形成。现代体育市场是包括体育用品市场和体育服务产品市场在内的多元化市场体系，主要由体育健身娱乐市场、体育竞赛表演市场（职业体育市场）、体育中介市场和体育用品市场构成。

■ 体育健身娱乐市场成为主导市场。我国体育健身娱乐市场于20世纪80年代初期起步，随着《全民健身计划纲要》和《体育产业发展纲要》的颁布，90年代中后期，体育健身娱乐市场在我国迅速成长，目前已初步形成多种投资主体并存、高中低档体育服务产品共同竞争的市场格局，在拉动内需、扩大就业等方面，正在发挥越来越重要的作用。

◇1998年全国体委系统经营收入达1.7877亿元，仅北京、上海、深圳、湖北、安徽三市二省，在工商部门注册的体育经营企业就达18292家。

◇体育健身娱乐市场的投资主体也开始呈现多元化的发展趋势。据“中国群众体育现状调查课题组”调查，目前我国体育场馆按所有制划分，可分为国有、集体、个体、外资（含中外合资）和其他几种，其中国有占75.4%，集体占12.4%，个体占5.1%，外资占4.7%，其他占2.4%。

■ 竞赛表演市场开始走上产业化道路。单项协会实体化改革，尤其是与商业化运作相适应的新赛制（如俱乐部联赛、巡回赛、分站赛、大奖赛等）的实施，实现了竞赛表演市场的细分，为培育各类运动项目的竞赛表演市场提供了可能。

◇1998年仅全国体委系统的运动竞赛收入就高达1.0394亿元。足球、篮球、排球、网球和棋牌等项目的竞赛表演市场持续活跃，商业性比赛不断增多。

◇大型综合性赛事也开始走上产业化道路。如上海市承办的第八届全国运动会，通过各种广告集资活动，筹措了大量资金，弥补了举办经费的不足；通过土地置换、资本经营、滚动开发等多种形式筹资56亿元，新建、改建了38个体育场馆。以竞赛表演市场为依托的球员转会市场和各类体育无形资产的开发市场也开始活跃。

◇1998年，高水平竞赛的电视转播权销售终于突破了传统体制的束缚，仅体委系统内部该项收入就达628万元；1999年初，中国足协与中央电视台就电视转播权的销售最终达成协议，中央电视台以每轮13万元，共计338万元的价格购得足球联赛的电视转播权。

◇1998年全国体委系统共获广告赞助收入1.0933亿元。同年，参加第十三届亚运会的“中国体育代表团”称号和专用标志特许权的销售十分火爆，共有30家中外企业购买了专用标志和称号的特许权，总金额达3800多万元，其中以格威特公司900万元购得“唯一指定领奖装备”称号尤为引人瞩目。

■ 体育用品市场发展最早且最为成熟。据《中国体育商鉴》98～99版统计，目前我国体育用品生产企业已包括运动服装（含鞋、帽、手套等）、球类器材设备、运动器械及器材、健身器械、娱乐及场地设备、体育科研测试器材、户外运动（含旅游、休闲装备）、渔具系列、运动装备及奖品、运动保健用品、裁判教练用品等共12类3300多家。

◇1997年在武汉举行的第五届中国体育用品博览会上，国家体委和中国体育用品联合会组织优秀体育用品企业和产品的评选工作，共评选出体育竞赛器材、健身器材、运动服装和运动鞋等四大类生产企业及产品金奖58个，优秀奖68个。

◇随着民族体育用品业的快速成长，我国体育用品对外出口持续增长，中国已成为世界上最大的体育用品出口加工基地。全民健身计划的实施和体育社会化、产业化步伐的加快，为体育用品市场的持续繁荣打下了坚实的社会经济基础。

■ 体育中介市场得到迅猛发展。随着部分项目职业化进程的不断加快，国际上一些著名的体育经纪公司纷纷涉足中国竞赛市场，开展商业赛事的推广和营销工作。

◇介入国内体育赛事的国际推广代表商主要有：美国的国际管理集团（IMG）、香港精英公司、新亚体育集团、博思公共关系公司、瑞士的国际体育与娱乐公司（ISL）、意大利IDEA市场推广公司等。

中国文化产业典范选登

| 典范行业 | 典范区域 | 典范项目 | 典范事件 | 典范人物 |

◇在国外体育中介机构的带动下，国内的体育中介代理机构应运而生。公司法人是我国现有体育经纪人的主要组织形式，多以兼营的形式从事活动，如广告公司、公关公司咨询公司等，真正以体育经纪业务为主的数量极少。个体体育经纪活动，主要是开展运动员转会的经纪、代理业务，开始出现，主要集中在北京、上海、广东等少数大城市。

◇北京、上海、江苏、广东四省市的体育经纪人培训试点工作结束后，全国性的体育经纪人培训和资格认定工作也先后开展了起来。体育中介市场作为一个新兴的体育市场在我国未来的体育产业发展中将发挥越来越重要的作用。

■ 以体育彩票为龙头的体育博彩业开局良好。十一届三中全会之后，人们的思想观念和思维方式有了很大转变，"体育彩票是社会主义市场经济中的一种特殊商品"，"体育博彩业是一个特殊的行业、是体育产业的重要组成部分"等观念被接受。

◇80年代中期，我国的部分省市开始尝试发行体育彩票，1994年经国务院批准开始全国发行。截止到1998年，全国共发行体育彩票62亿元人民币，获公益金18.6亿元。本着"取之于民、用之于民"的宗旨，公益金的使用和管理也严格按照国家体育总局、财政部、中国人民银行联合发布的《体育彩票公益金管理暂行办法》来执行。

◇根据《国家体育总局1997年体育彩票公益金使用情况公告》，当年发行体育彩票15亿元，获公益金45039万元。全国共支出公益金38183万元，其中用于"奥运争光计划"19540万元，包括用于弥补大型竞赛经费不足13456万元，用于维修体育设施6084万元，用于全民健身计划18643万元，包括资助群众体育活动5509万元，用于体育扶贫工程（包括补助灾区或库区体育）1319万元，用于修建群众体育设施11815万元，剩余6856万元。

■ 体育经济立法得到重视和加强。1995年，《中华人民共和国体育法》颁布实施。依照《体育法》，体育经济立法开始起步。国家体育总局先后下发了《关于加强体育市场管理的通知》、《关于进一步加强体育经营活动管理的通知》、《体育产业发展纲要》、《体育经营管理办法》、《关于在役运动员从事广告等经营活动的管理规定》等法规和规章。同时，还着重加强了对一些重要领域的立法工作，如仅对体育彩票进行规范的部门规章就达26项。

■ 具有中国特色的体育产业管理机构初步形成。随着体育经济工作范围的不断扩大，国家体育总局在机构改革中率先将原来的计划财务司改成体育经济司，并下设体育产业处、体育市场处。

◇各级地方体育行政部门也纷纷成立相应的管理机构。截止到1996年底，全国已有17个省（自治区、直辖市）、3个计划单列市成立了体育产业或体育市场管理机构，有的还设立了竞赛管理、场馆管理、器材装备管理机构。

丁培卫综合摘编自：鲍明晓《阔步前进的中国体育产业》，载《人民论坛》2000年第9期。

中国文化产业典范选登

| 典范行业 | 典范区域 | 典范项目 | 典范事件 | 典范人物 |

1980～2001年：西藏体育产业

■ 自20世纪80年代以来，西藏以其奇特的自然景观和人文景观，吸引着大批的国内外旅游者，以登山、探险、休闲旅游为主的高原体育旅游及其相关产业随之迅速发展。

■ 登山是西藏体育产业的特色产业之一。西藏的登山业随着我国对外开放和登山运动的广泛开展逐步兴起和发展。

◇西藏境内和周边地区有世界最高峰珠穆朗玛峰等5座8000米以上的高峰，70多座7000米以上的山峰，海拔6000米山峰数千座，拥有得天独厚的发展登山产业的山峰资源。

◇1979年中国和伊朗登山界组合成联合登山队在珠峰开展训练，为正式攀登作准备，由于伊国内政局的变更，此计划未能实施。但是此举开创了西藏山峰对外开放、接待外国团队来藏登山的先河，同时也是外国人来藏旅游的先例。

◇1981年在自治区党委、政府的关心重视下，成立了登山协会。虽然在相当长的时间里由于整个体制没有理顺，登山业的行业管理职责不明确，分工不合理，但仍然吸引了众多的国外登山者来藏登山。

◇自1989年管理体制理顺、职责明确后，在党和政府及有关部门的支持下，西藏自治区登山协会创新思路，本着“以业养业”、“以体养体”的基本原则，对登山业的发展进行了有益的探索，大力吸引国外登山者来藏登山。

◇从1996年起，西藏登山协会从登山产业开发中获得资金1800万元，有力地支持了西藏体育事业的发展，并为“中国西藏攀登世界14座8000米以上高峰探险队”提供了近1000万元的经费。

■ 据不完全统计，西藏登山协会年均接待约40个团队、1000多名来自世界各地的登山者。近二十年来，已有40多个国家和地区的约10000名登山爱好者到西藏登山，仅登山一项的收益已累计达1.2亿元人民币。

■ 提出“两金战略”：

即一手抓金牌，一手抓金钱，“两金”并举，相互促进。在“两金战略”指导下，采取了加强内涵，拓宽外延，不断开辟新的产业领域、不断增强效益的办法。

◇1991年全区共有3家体育企业，193名企业职工。当年营业总额792.56万元，费用总额692万元，利润额100.18万元。

◇2001年全区体育产业已发展为5家，其中两家为自收自支的事业单位，企业化管理，从业人员292名（不包括临时工），利润额587万元，交纳税金280万元。

◇区体育彩票管理中心分别在拉萨、日喀则、林芝等地销售体育彩票185.5万元，上交体育彩票公益金50.6万元，上交国家体育彩票管理中心5.6万元，为国家税务部门创造个人所得税6.4万元。

■ 以开发探险、休闲旅游等体育旅游业为主的西藏国际体育旅游公司，在过去的5年中（1996～2000年）组建了实业股份公司——西藏圣地股份有限公司，并拥有其中51%的股份。2001年西藏国际体育旅游公司的总资产已达1800余万元，每年的营业额1000多万元。

■ 迅速发展的体育产业成为西藏经济发展中的一大亮点。业内人士分析，随着西藏旅游的不断升温，以登山、探险、体育旅游为主的西藏体育产业将会迎来更好的发展机遇。

昝胜锋综合摘编自：多吉占堆、段博《西藏体育产业发展迅速》，载《西藏体育》2001年第2期。

中国文化产业典范选登

| 典范行业 | 典范区域 | 典范项目 | 典范事件 | 典范人物 |

1986～2000年：中国体育无形资产的初步开发与著名赞助商

■ 洛杉矶奥运会时，中国体育代表团开始接受赞助。当时广东三水一个县办饮料厂以一批饮料和80万元赞助便赢得了专用产品的称号，结果随着奥运会中国健儿的大捷一举成名，发展成为中国饮料的老大——健力宝集团。

■ 从1992年巴塞罗那奥运会开始，中国体育代表团每次参加大型运动会前都要以代表团名义进行装备征集工作。1994年，国家体委器材装备中心成立，体育无形资产的开发开始走上正轨。

■ 1996年亚特兰大奥运会前，中国体育代表团首次采用了投标方式，内容包括领奖包、领奖鞋、运动包、T恤衫等项。

◇在与阿迪达斯、耐克、锐步等国际大公司的竞争中，李宁公司脱颖而出，以800万的价格获得了领奖服、领奖鞋等装备特许使用权。

◇经过这次市场开发，国家体委一共同64家企业签订了75项赞助合同，总计金额达4000多万元，这个数字比巴塞罗那奥运会时增加了10倍。可以说，中国体育无形资产的开发无论从观念还是从手段上都有了新飞跃。

◇由于采用赞助物资当年兑现的方式，使得资金来源有很大的不稳定性，而且指定产品还只是初级阶段，标志授予才能与国际接轨。

■ 2000年悉尼奥运会时中国体育代表团在首轮征集中已获社会各界的赞助达7000多万元，其中资金部分比上届奥运会时增加了50%以上。

◇此次中国奥运会代表团的赞助商分为合作伙伴（500万元）、专用产品（150万元）和标志产品三种开发形式。在已征集的7000多万元中，资金4000万元，实物3000多万元，而上届奥运会所征集的4000万中，资金仅为1800万元，同时这次征集也改变了资金与实物倒挂的现象。

◇合作伙伴是国家体育总局参照国际惯例新增设的最高赞助级别，它不仅在本身的产品或服务中具有唯一地位，而且在中国奥委会商用标志得到批准后具有优先使用权，在首轮征集中已有四家企业获得此项荣誉，分别是：

美国通用汽车有限公司　　千岛湖养生堂
金利来集团　　新浪网

◇合作的赞助金额最低为500万元，其中前两家还获得了“长期合作伙伴”的称号，据估计，赞助金额不会少于1000万元。据悉，李宁皮具有限公司也以900多万元的赞助加入此行列。

■ 本次所征集的7000多万元共来自国内外20多家企业，其中除上述美国通用汽车有限公司等四家外，其他为：

上海交大昂立　　苏州肌力康
云南白药　　百威啤酒
三星集团　　安利日用品
皇冠皮件　　康威体育用品
资生堂利源　　汕头东洋食品
卡帝尔鳄鱼　　福建晋江雅仕达
咸阳505　　东风汽车股份
光明牛奶　　中国电信
广东发展银行

◇以上单位分别取得了“专用赞助商”或“标志特许使用产品”的称号，前者的赞助金额为150万元，允许其在产品宣传中使用“第27届奥运会中国体育代表团专用XX产品”和中国代表团标志，这一称号在同类产品中是排他的，后者的赞助金额为50万元，可以在宣传中使用“第27届奥运会中国体育场代表团标志特许使用”专用语和代表团标志，但产品在同类产品中并不排他。

张瑞综合摘编自：黑子《谁在赞助中国代表团》，载《体育博览》2000年第9期；胡利军《我国体育赞助的现状与分析》，载《体育科学》1999年第12期。

中国文化产业典范选登

| 典范行业 | 典范区域 | 典范项目 | 典范事件 | 典范人物 |

1992年的宏远篮球俱乐部

■ 广东宏远集团是"穗深经济走廊"东莞市的一家综合性企业，它成立于1988年，主要产业有工业区开发、房地产、制药、汽车等，1992年，公司总资产40亿，净资产超过20个亿，各类工业企业40家。

■ 宏远集团快速发展始于20世纪90年代初期，然而，宏远当时的品牌形象与业务发展的蒸蒸日上却极不相称，提高宏远的知名度，并藉此促进宏远事业的进一步发展壮大，成了宏远决策者重点考虑的问题。

◇经深思熟虑，对篮球与足球情有独钟的宏远集团董事长陈林决定进军当时在国内已被看好的体育产业，借用篮球与足球这两大最具影响力的项目双管齐下来提高宏远的知名度。

◇1992年6月28日，国内首家职业篮球俱乐部——广东宏远篮球俱乐部正式注册成立。

◇宏远篮球俱乐部是宏远集团属下的一个部门。俱乐部成立伊始，宏远就把篮球作为一个产业来抓，把俱乐部当成一个实体来经营，力求将其推上一个真正的职业化轨道。

■ 职业俱乐部的运作少不了必要的硬件设施和机构设置。宏远篮球俱乐部成立以后，宏远集团投资修建了运动员中心，中心内有按星级标准设计的运动员宿舍、健身房、桑拿浴室、阅览室等，修建了标准训练场，设置了相应的管理机构，配置了后勤、内务、财务等管理人员，力争让教练一心一意抓球队，球员一心一意投入训练。

■ 俱乐部还建立了一套富有特色、基本量化的企业式管理模式，如球员的出勤情况、训练情况、比赛上场时间，比赛时的状态好坏直接与资金挂钩等。严格管理的背后也不乏一些富有人情味的内容，如解决球员家属就业、运动员退役后安排在宏远工作、已婚球员至今仍实行走训制等。

■ 宏远篮球俱乐部的职业化之路成效明显。宏远篮球队在1992年当年就参加了五个赛季的甲级联赛，取得了一届亚军、一届第六名及三届季军，不仅扩大了宏远的知名度，宏远队不俗的战绩也创造了东莞经久不衰的金牌球市，大大增强了俱乐部自身的造血功能。俱乐部近年人才辈出，不但增强了社会对宏远男篮未来的信心，也为俱乐部下一代的良性发展奠定了坚实的基础。

■ 俱乐部体制的建立，最大的特点就是明晰产权。俱乐部作为一个运作实体，可以实行企业的管理方法和激励机制，有利于形成一种积极向上的良性竞争氛围。1992年前，像宏远这种较为规范的俱乐部国内还是少数。当时国内注册的篮球俱乐部达20多家，但俱乐部真正成为一个经营实体的依然不多，许多俱乐部产权不明晰，仍然没走出体委出人、企业出钱的模式。

于瑞桓综合摘编自：朱剑飞《俱乐部制让篮球前景更广阔——访广东宏远篮球俱乐部副总经理张颖》，载《篮球》2000年第17期；白朝霞《中国职业篮球俱乐部股份制改革的研究》，河北大学2007年硕士论文。

中国文化产业典范选登

| 典范行业 | 典范区域 | 典范项目 | 典范事件 | 典范人物 |

1993～1995年的申花足球俱乐部

■ 生产申花牌洗衣机、热水淋浴器等家用电器的申花集团公司，曾以“领先一步”的广告及产品，饮誉上海及华东地区。

■ 1993年12月，该公司又领先一步，在上海组建了第一家申花男子足球俱乐部。

◇1993年中国足球实行职业化联赛制，甲A联赛时代开始。

◇1993年12月10日，上海申花足球俱乐部正式成立。

◇上海申花队的前身为上海足球队、上海申花队，是一支具有浓郁“海派”球风的老牌甲级强队。

◇申花集团公司组建了申花足球俱乐部，每年的投资至少为1000万元。

■ 在1993年12月10日的俱乐部揭牌仪式上，俱乐部推出了自己的宗旨和管理体制：

◇申花足球俱乐部实行董事会领导下的总经理负责制。郁知非任董事长，申花集团公司常务副总经理孙春明任总经理。

◇总教练由总经理提名，董事会批准。原国家队教练徐根宝被聘为总教练。

◇球员实行聘任制，原上海队球员优先录用。

◇俱乐部除一个成年队外，还将组建一个老年队、两个少年队，并成立足球发展公司。

◇俱乐部具有独立法人资格，实行独立核算，自负盈亏，按企业机制实施经营管理。

◇俱乐部走向市场，迈向高水平……

■ 申花足球俱乐部的体制和投资，需要有胆识，也需要政府的支持。

◇上海市副市长龚学平是坚定的支持者之一。这位分管体育工作的副市长被誉为“足球市长”，可见对足球的倾心。

◇七运会后，龚学平就策划组建足球俱乐部，在上海市领导的关心支持下，申花足球俱乐部诞生了。

■ 在国内队伍稳定后，申花足球俱乐部从俄国引进了三名球员：亚·柴哈里柯夫、弗·纳哈拉托夫、季·库茨。他们均来自圣彼得堡市的斯密纳乙级足球俱乐部。

■ 经董事会研究同意，申花足球俱乐部出台了《聘用、工资待遇、奖励和惩罚、解聘的暂行规定》，将教练、球员的收入分为基本公司、技术津贴、出场训练费、奖金、伙食费等五个部分。

■ 球队战绩卓著，享誉甲A联赛。

◇球队历来重视对球员基本技战术的培养，在整体打法中特别强调传切配合、局部渗透，因此被球迷誉为最富观赏性打法的球队。

◇ 徐根宝上任后，发表了简短的“施政演说”，并表示：一年后申花俱乐部队达不到目标，将自己炒自己的鱿鱼！

◇1994年，在上海申花队的首任主教练徐根宝的带领下，形成了“抢逼围”风格，给当时的中国足坛带来很大冲击，球队因此被誉为“激情之旅”，并在1995年创下了十连胜的佳绩，勇夺当年甲A联赛冠军。

昝胜锋综合摘编自：李平《“申花”初绽：上海市申花足球俱乐部纪实》，载《体育世界》1994年第10期。

中国文化产业典范选登

| 典范行业 | 典范区域 | 典范项目 | 典范事件 | 典范人物 |

1994年：广州赛马51日

■ “少说多做，一概不作宣传”是广州伍亮副市长1992年4月15日下午给广州赛马筹备者定的一条铁的纪律。

◇1993年元月，当广州赛马会宣布成立时，人们才惊奇地发现，一座现代化的赛马场已在天河建起。

◇1月28日第一场赛马，现场热烈非凡，宣传却是低调处理。

◇2月20日第二场赛马后，广州赛马已为老人院与山区教育捐赠100万元。

■ 5月13日跑完第三场马，但第四场赛马却临时取消，等到7月3日马场重新赛马，人型电了屏幕打出“中央批准广州继续赛马”、“坚决贯彻中央指示精神，开展有中国特色的赛马活动”的标语时，众多马迷才长长舒出一口气。

◇一个月后，伍亮副市长接受记者采访时说：“我觉得容许实践是一种很重要的措施。”他对中央只批准广州继续赛马这样解释：“中央能对广州跑马认可，是因为我们执行了中央的规定，因为中央是容许进行体育竞技性赛马的，中央是不容许搞博彩与赌博行为的赛马的。”

■ 在寸土寸金的广州，市政府拨给马场700亩土地（200亩为驯养基地），然后再拨500亩土地给马场。“我们在建亚洲最大的娱乐区。”马场老总黄启桓说。

■ 赛马为10元的门票，竞技游戏的最低额为10元。初期玩法为A、B项，A项猜每场的第一名，B项猜每场的第一、二名（不分名次先后）。后又有了第三种玩法C项：猜每场的一、二、三名，顺序不能错。

◇初期的跑马，往往是一跑就成长蛇阵，水平严重参差不齐，马迷们很容易就猜中头马及一、二名，猜中的人多了，竞技游戏的回报率自然低，观众便兴味索然。于是，负重比赛从1994年4月开始了，让每匹马根据成绩好坏负重，跑得快的加分，每加一份负重0.5公斤。

◇分班从1994年4月开始。把马匹据水平不一分为六个档次，同一档次的马匹一齐比赛。在这同一档次中，速度快的则负重。这一切只为一点：使马匹取胜机会更平等，使赛马结果更具不可预测性。同时把马房分为八个，互相竞争，赛马成绩直接与马房效益挂钩，以使练马师，骑手等奋勇争先。

◇结果大冷门频频出现。A项一注最多回报达400多元，B项一注最多回报达8990元，C项一注最多回报达5万元。（注：一注为10元）

■ 广州赛马至5月4日已进行51个赛事日，没发生任何事故。

◇每场的投注额在500万～600万之间，每场的观众不低于2万人。

◇广州已经有四家报纸办马经了，其中《粤港信息日报》的马经版被报贩子炒至一元一张，电台、电视台每场都现场直播。

◇中国香港、中国澳门和澳大利亚、日本等地的马会纷纷与广州马会建立了广泛的联系并有多种合作意向。

■ 广东赛马，被当时的国内媒体称之为“中国体育产业的奇迹”。

张瑞综合摘编自：杨生华《广州赛马，中国体育产业的奇迹》，载《经济与信息》1994年第6期；北冥《广州赛马风云再起》，载《南风窗》1993年第10期。

中国文化产业典范选登

| 典范行业 | 典范区域 | 典范项目 | 典范事件 | 典范人物 |

香港赛马（慈善）有限公司与赛马产业

■ 我国是世界养马、驯马、役马最早的国家之一，距今两千多年前的战国时期“田忌赛马”的故事流传至今。

■ 在历史上，赛马确曾作为赌博工具。然而，随着经济的发展，社会的进步，现代赛马运动的功能也逐渐起着变化。

◇每一场赛马，都有评述，一边观马驰逐，一边听广播评马，获得马的知识，赏心悦目。当代赛马，人们视为一种“马文化”，是一种娱乐。赛马业的兴盛，使人们对马匹、驯养、骑技等进行研究，一种新兴的文化“马文化”实际上已在世界各地形成。

◇赛马博彩与赌博有质的区别，赛马博彩如同各种社会彩票的性质。赛马投注是一种马文化的参与，增长知识，提高分析、识别能力，追求的是身心娱乐，而赌博的唯一追求是强烈的金钱欲望，手段上又是损人利己，参与的人数少，盈亏数额巨大，最终的结局导致倾家荡产，给社会带来不安定。香港马会美称为“慈善”有限公司，它的宗旨是要为社会谋福利，促进社会的稳定和繁荣。马会职能的转变，也有利于我们解放思想，在新的时代，给赛马业赋予新的含义。

■ 现代赛马运动始于18世纪的英国，随着世界经济的繁荣，融体育、娱乐、博采、公益福利于一身的现代赛马运动，已在80多个国家和地区中开展，赛马活动遍及五大洲。欧美是现代赛马市场最发达的地区，美国各大城市都有赛马场，赛马业经费年投入估算在50亿美元以上。

■ 香港的赛马称著于世。鸦片战争后，居港英人将赛马引入香港，1845年开始有赛马活动，1884年香港成立马会。1959年成立了香港赛马（慈善）有限公司，负责捐款分配；1993年成立慈善依托基金，接管捐款事务。1996年7月1日“英皇御准香港赛马会”改为“香港赛马会”，会名的改变，标志着英国殖民主义统治的结束。

■ 香港赛马（慈善）有限公司成立后，实行各项改革，大力促进赛马市场发展和完善，努力发展社会福利事业。

◇到1992年，马会拥有马迷超过30万户、120万人，五个香港人当中就有一个马迷，占香港人口的1/5。

◇投注金额节节上升。据统计，1971～1972年度投注额是5.56亿港元，1992年赛马年度，投注金额却猛升至556.20亿港元，增加100倍。此后，1993年为601.43亿港元，1994年为663.88亿港元，1995年为722.77亿港元，1996年为806.70亿港元，这四年时间投注额增长了250亿港元。1997年投注额达923亿港元，创历史最高记录，比上一个赛马季的806亿港元增加了117亿港元，高出近15%。

■ 1987年至1996年，博彩税从26亿增至103.26亿港元，其中有几年是每年以10亿港元的速度递增，年超过100亿港元的税收，没有哪个企业可以比拟。

◇香港马会的收入，一是准备用于投资基金，起着稳定社会经济的作用，例如1987年香港股市大灾难，马会即动用备用基金3亿港元稳定了股市。二是造福社会，1991～1996年香港马会每年捐资均超过10亿港元，其中1991年、1992年超过11亿，1993年、1995年超过12亿。从1986年以来的十年间，香港马会捐助善款达93.67亿港元。1951年以来，香港马会出资兴建海洋公园、维多利亚公园、九龙公园、香港科技大学、香港体育学院等公共福利设施。马会的捐资涉及教育、医疗、卫生、文化、艺术、体育、老人福利、残疾人事业、科学研究等，领域广泛。

■ 香港赛马业为香港政府赢得了巨大的经济效益和社会效益。

◇香港赛马（慈善）有限公司在香港政府、香港社会中享有崇高的声望。前任港督麦理浩深有感触地说：“实际统治香港的是马会、怡和、汇丰和港督府，而且排名分先后。”就是说，实际统治香港的，马会排名第一，可见其影响之大。

◇世界各地赛马，大多是政府宏观调控或政府直接经营管理。日本是地方政府直接专营，新加坡也是政府直接经营，香港是政府授权一个由法律承认的法定机构经营，香港特区政府成立后，行政长官董建华应邀出任香港马会荣誉会长。

■ 香港赛马会是一个“非牟利性机构”，一切盈余均拨捐慈善及社区计划，每年捐资超过10亿港元。“香港赛马会慈善信托基金”的捐款，专门用以资助使香港市民受惠的计划。

■ 赛马市场的发展可以促进旅游业的发展。香港马会组织各种国际杯赛，吸引成千上万的国际骑师、马迷到香港参与活动，为香港的旅游业、金融业、商业带来兴旺，促进了交通、饮食、城市建设事业的发展。

■ 赛马业为社会提供大量的就业机会，香港马会聘有约5000名全职及12500名兼职职员，澳大利亚的赛马业也为社会提供了17000个就业机会，是很可观的。

■ 香港的沙田赛马场设置了大规模现代化的计算机终端系统，监控整个赛马活动，包括电脑投注系统，每隔12s显示最新赔率和派彩资料，比赛终点通过高速摄像机，由电脑控制显示比赛名次，计算机系统的使用，使赛马的管理实现了科学化、规范化。

张瑞综合摘编自：饶纪乐、周进强《现代赛马产业性质与特征探讨》，载《体育科学》1998年第4期；马佳《香港赛马大解密》，载《体育博览》2003年第9期；吴长生《香港赛马报告》，载《中国经济周刊》2001年第9期。

中国文化产业典范选登

| 典范行业 | 典范区域 | 典范项目 | 典范事件 | 典范人物 |

霍英东体育基金会与中国体育事业

■ 霍英东从20世纪70年代初期起，就为恢复中国体育组织在世界体育组织中的合法席位奔走呼号，中国恢复14个单项体育组织的合法席位，霍先生作出过非凡的贡献。国际羽毛球联合会前主席吕圣荣回忆说："为恢复中国在国际体育组织中的合法席位，世界羽毛球联合会在香港成立。其实，就是在霍英东先生家里成立的，会议是在家里召开的，连他的女儿都参与其中工作。"

■ 改革开放以来，霍英东全力以赴支持和参与中国的现代化建设，其投资和捐赠已过50亿人民币，其中对体育的捐赠有4亿多人币。

◇1990年，霍英东为支持北京亚运会，捐赠1亿修建了英东游泳馆，并同时捐资修建了中国体育博物馆和中国武术研究院。

■ 霍英东广泛地参加了香港乃至国际上的体育事业。

◇曾担任香港足总会长，并在香港乒乓球总会、港九排球联会、香港羽毛球总会、香港业余游泳联会、香港草地网球总会等数十个体育组织担任名誉会长、永远名誉会长或其他职务。

◇还担任过国际足联执委、国际足联女子委员会副主席、亚洲足联副主席、国际羽毛球联合会名誉主席、国际象棋联合会主席等职务，分别获得了国际奥林匹克委员会和国际足联授予的勋章。先后获了中山大学、香港大学和美国春田大学的名誉博士学位。对中国和国际体育事业作出的卓越贡献，已为海内外所一致公认。

■ 霍英东致力于体育事业数十年，对体育运动有着深刻的理解与研究。他历来认为对中国体育事业乃至对中国改革开放事业的支持，不只是"送鱼"，而应是"送网"，不只是"送金"，而应是送"点金术"。

◇霍英东对体育的认识是全方位的，他从不是简单地捐钱、捐物，而更多的是考虑竞技体育和群众体育发展的战略策略。他不仅揭示了体育在政治、经济中的巨大作用，还特别重视体育产业、体育文化的发展。

◇他投资建设的中山温泉高尔夫球场，是中国改革开放后建设的第一座高尔夫球场。他还利用中山温泉高尔夫球场，培养了新中国的第一支高尔夫球队。他顶住了"高尔夫球是资产阶级贵族运动"等责难和非议，开拓了中国的高尔夫球运动。

◇他是中国女足发展最早的支持者之一，对中国女足的发展，乃至对世界女子足球运动的发展均作出了开拓性的贡献。

◇霍英东非常重视中华武术和中国象棋运动。他把发展中华武术和中国象棋同弘扬中华民族的优秀文化密切地联系在一起，要通过中华体育向全世界展现中华民族的灿烂文化。

■ 1984年10月2日，在庄严的人民大会堂，霍英东在欢宴我国参加第23届奥运会获15枚金牌的运动员时，隆重宣布将提供一亿港元，作为发展祖国体育事业的基金。1985年9月，霍英东体育基金有限公司在香港正式注册成立。这是霍英东为发展我国体育事业的一项重大举措。

◇霍英东体育基金会规定：对在奥运会上获得金牌的运动员奖励含金量1000克的奖牌一枚，奖金4万美元；对获得银牌的运动员奖励含金量250克的奖牌一枚，奖金1万美元；对获得铜牌的运动员奖励含金量150克的奖牌一枚，奖金5000美元。

◇从1996年起，霍英东体育基金会按国家体委的要求，将奖金统交中国奥委会，由各协会按规定分发。

◇中国体育健儿在奥运会获得金牌振奋了海内外所有炎黄子孙的爱国心，对促进祖国的统一和中华民族的振兴都有巨大的作用。霍英东先生正是站在实现振兴中华和祖国统一的这一历史使命的高度，在1996年亚特兰大奥运会期间宣布，霍英东体育基金对香港、澳门、台湾地区在奥运会获得奖牌和运动员按规定同样给予重奖。

■ 1999年12月，霍英东体育基金会与中国奥委会、中国体育记者协会选出20世纪中国最佳运动员"世纪之星"李宁和邓亚萍，并给予奖励。同时还奖励了多家晚报评选出的历年优秀运动员20多位，每人奖励用1000克黄金制作的金龙杯。

■ 在霍英东支持中国体育事业的各项活动中，霍震霆先生总是协助霍英东先生，出现在最艰苦的工作中，他为恢复中国在国际体育组织中的合法席位，按照霍英东先生的指示不辞辛苦，作出了重大的贡献。他是霍英东体育基金会的副主席，关心和支持

中国文化产业典范选登

中国体育事业的多方面的工作。

◇霍震霆在担任香港奥委会主席后，更加致力于香港与内地的体育交流与合作。他向海外广泛宣传新中国的体育成就，为北京申办2000年、2008年奥运会贡献了自己的力量。

◇霍震霆是全国政协委员，并是全国政协科教文术体委会的委员，他积极参与了人民政协文化体育方面的工作。霍震霆在香港立法会的选举中连续当选为议员。他多年来致力于发展香港体育、文化事业的辛勤工作得到了香港市民的一致好评。

■ 霍震宁先生是霍英东的次子，是霍英东体育基金会秘书长，经办霍英东体育基金资助内地体育事业的工作，付出了大量心血。多年来致力于团结香港武术界弘扬中华武术，使中华武术走向世界。

◇霍震宁系香港武术联合会会长，亚洲武术联合会第一副主席，并是代表亚洲出席国际武术联合会的观察员。他本人多年习武，并专攻意拳，在拳学上有较深造诣。他是香港意拳学会长，并被北京武协意拳研究推选为名誉会长。

◇霍震宁是亚洲武术联合会的发起人之一。1989年亚洲武术联合会成立后，致力于亚洲武术界的合作，配合亚武联，成功地使武术成为亚运会、东南亚运动会的正式比赛项目。

◇霍震宁为中华武术走向世界作出了重要贡献。以霍震宁为会长的香港武术联会在香港承办了1999年第五届世界武术锦标赛，并取得圆满成功。这是香港体育史上首次承办的大型国际比赛。

张瑞综合摘编自：李敏生《热望中华体育腾飞的霍英东》，载《中华儿女》（海外版）2000年第19期；郑志刚《试论霍英东的体育价值观及其对中国体育事业的卓越贡献》，载《体育文化导刊》2007年第7期。

中国文化产业典范选登

| 典范行业 | 典范区域 | 典范项目 | 典范事件 | 典范人物 |

澳门旅游娱乐有限公司与2001年前的澳门旅游博彩业

■ 旅游博彩业一直在澳门经济中举足轻重，同时也构成了澳门经济的独特性。

■ 澳门博彩业开始于清末光绪年间，靠开放赌禁来吸引资金是澳门当时转口贸易衰落经济无力维持时的无奈之举，但经过几十年的演变和发展，博彩业竟对日后澳门经济产生重大影响，并成为澳门经济结构中的一大特色甚至是一大优势。

■ 旅游和博彩在澳门合称一个产业，两者之间联系密切，赴澳旅客中有不少是为了博彩而来的。在旅游博彩业产值中，博彩约占60%以上。《澳门基本法》第118条规定："澳门特别行政区根据本地整体利益自行制定旅游娱乐业的政策。"

◇国家领导人曾多次强调除澳门外，在中国其他地方不允许搞博彩业。这就是中央政府及领导人确认了回归后的澳门博彩业继续唯一合法经营，是给予澳门最大的经济支持，特区政府可借助博彩业的独有优势全面发展旅游业，使旅游博彩业成为经济产业结构中的主导产业。

■ 澳门的博彩业在20世纪30年代由泰兴娱乐公司独占市场。为了克服管理不善的问题，政府在战后订立了博彩条例，并允许公开竞投经营权，由何鸿燊、叶汉合组的集团击败了泰兴公司而取得博彩专营权，并于1962年6月成立了澳门旅游娱乐有限公司（简称新公司），主要股东有霍英东、何鸿燊、叶德利以及叶汉等，其后股东曾有变化，主体为霍英东、何鸿燊、郑裕彤等。

■ 澳门旅游娱乐有限公司自接管博彩业以来，不断改善业内的软硬件设施和增加博彩游戏以吸引外地游客。1964年装修金碧辉煌的葡京娱乐场及葡京酒店开业，其后陆续开设皇宫、金碧、文华东方、凯悦、金域、新世纪、回力娱乐场、假日、励骏会及海景皇庭等共11个娱乐场。

◇澳门旅游娱乐有限公司以何鸿燊为首于1984年收购了亚洲唯一经营赛狗博彩活动的澳门逸园赛狗有限公司，又于1991年从台资的商人手中买入澳门赛马会控制性股份，后又成功收购荣兴彩票公司及澳门彩票有限公司经营白鸽票及足球博彩（赌博）活动，后再获澳门特区政府发牌经营篮球博彩。

■ 博彩的方式主要有三种：

◇第一种是幸运博彩；

◇第二种是投注于赛狗、赛马和足、篮球博彩；

◇第三种是彩票。

◇在三种方式中，以幸运博彩最受欢迎。在博彩业的推动下，澳门旅游业迅速发展。可以说，60～70年代澳门经济基本上是以旅游业带动的发展模式；80年代随着出口加工业的异军突起，旅游业暂居第二位，但仍是三大经济支柱之一；80年代末至2000年，旅游业在本地生产总值中的比重超过出口加工业，而且在澳门经济中扮演者越来越重要的角色。

■ 众多游客给澳门带来了可观的外汇收入。据2000年统计，来澳游客的人均消费为1367元；其中内地人消费最多，达2401元，香港游客最少，仅934元。如果按此水平推算，2000年来自各国的游客花在澳门的钱至少达16亿美元以上，平均每个澳门居民创汇3652美元。

■ 博彩业在澳门经济中的地位举足轻重，其产值占澳门本地生产总值的1/4以上，占旅游收入的2/3以上，博彩税更占政府税收的近六成。随着博彩业的蓬勃发展和博彩收入不断增长，澳门政府的博彩税收入逐年增加。1975年仅有690万元，1976年就达到2000万元，1981年超过1亿元，1983年超过3亿元，1984年超过4亿元，1988年超过9亿元，1989年超过14亿元，1990年超过19亿元，1991年超过25亿元，1992年超过34亿元，1993年超过42亿元，1994年超过46亿元，1995年超过53亿元，1996年超过50亿元，1997年超过61亿元，1998年超过49亿元，1999年超过48亿元，2000年超过52亿元。

■ 澳门旅游博彩业除旅游业、博彩业外，应包括娱乐业、酒店业、饮食业、手信业、珠宝金饰业、古玩业等组成，随着旅客人数的增多及留澳时间的延长，上述行业定会得到长远的发展，成为除博彩税外的一项重要的旅游收入。

■ 除按专营合约承担赌约金13.75亿元和博彩税外，澳门旅游娱乐有限公司还需负担澳门公共基础建设和社会服务项目的开

中国文化产业典范选登

支，成为澳门经济的主要组成部分。

◇该公司根据与政府所签合约的规定，兴建数家一流的酒店，负责发展新口岸填海区和购置快速船只提供往返港澳船队、浚深河道等。

◇还担负着一大批公共投资和社会服务项目的开支，如向公共房屋、公共医疗等社会福利事业拨款，向政府工程、公用事业公司注资，资助文化艺术活动，兴办教育事业等等。

◇澳门的一些大型基础设施建设，如第二条澳氹大桥（友谊大桥）、澳门国际机场、深水港、新港澳码头、南湾整治工程、观光塔及计划兴建的渔人码头等，都有澳门旅游娱乐有限公司参与投资。

■ 澳门虽是一个弹丸小城，但游览观光却略胜香港一筹。

◇澳门是中国最早与西方接触的商港之一，也是中西方文化交融之地。澳门既保留了中国的传统文化，又融会了西方的近代文明；既有类似苏杭园林的亭台楼阁、小桥流水、曲径通幽、假山奇石、河池鱼塘，又有许多葡萄牙风格、欧陆情调的西式建筑；既有反映中国革命历史的孙中山纪念馆，又有反映西方文化的贾梅士博物馆。

◇澳门三岛有八大景区，仅澳门半岛就有26个景点，有东望洋灯塔与西望洋主教山，双峰对峙可供游人登高远眺；还有白鸽巢公园、南湾公园、二龙喉花园、卢廉若花园、观音堂、妈阁庙、菩提园等使人留连忘返。更有路环岛的黑沙湾海滩、竹湾水上活动中心等地可供人们拍浪戏水、尽情嬉戏于碧波之间。

■ 随着澳门经济的快速发展，城市基础设施建设步伐大大加快，澳门作为国际旅游城市的接待能力得到空前提高，旅游业也迅速发展起来，相继建起了一座座现代化的高楼大厦和各种山庄别墅。2000年，全澳门拥有旅行社约130家，不同级别的酒店及其他旅业场所共71家，拥有客房9201间，其中38家星级酒店的客户间数占全澳门酒店及旅业客户总数的93.59%。此外，还有各类娱乐场所，包括酒吧、舞厅、按摩浴室、夜总会、卡拉OK等近250家。酒店业的设备水平和服务质量已经逐步达到国际现代化水平。

■ 在交通及通讯方面，澳门有“欧洲资讯中心”，可双向传播欧洲与澳门周边国家和地区的经济、文化信息。市内有完整的电讯、电话和邮政服务系统，可与200多个国家和地区保持联系。与香港之间的水陆运输服务不断强化，每天24小时均有世界最大的喷射船队往返于港澳之间，与内陆地区的运输也十分频繁方便。在航空交通方面，1995年12月澳门国际机场的通航，大大缩短了澳门与世界各国的距离，许多国家和地区的旅客可以直接搭乘航班进入澳门，以香港为目的地的旅客也可以顺便游览澳门。

■ 在增强城市接待能力的同时，澳门当局还尽量为游客入境提供方便。90年代以来，澳门的旅游机构一方面大力宣传推广澳门，提高澳门的知名度及形象，以加强它的吸引力；另一方面积极采取有效措施，开放门户，豁免了30多个国家旅客的入境签证手续，使90%以上的外国旅客进出澳门的手续最为简化。

■ 澳门政府十分重视向大陆推介旅游。2000年10月，澳门旅游局、中国旅游社总社、澳门中国旅行社在澳门举行联合推介活动，组织内地二十个省市的中国旅行社及30家新闻媒体代表共100余人在澳门参观考察，这次活动旨在进一步加强内地市场对澳门旅游的宣传推广，密切澳门与内地旅游界的联系与合作。

◇参加此次活动的代表团成员包括北京、上海、重庆、四川、陕西、河南、河北、云南、湖南、江西、福建、厦门、桂林、广州、南海、顺德、中山、东莞、深圳、珠海等20个省市的中旅社代表及当地主要报刊、电视台等新闻媒体代表。

◇代表团在澳门三日活动期间，参加了澳门旅游局举办的旅游推介会，参观考察了澳门著名的旅游景点，并与澳门旅游界、传媒界进行了交流。

◇澳门旅游局在凯悦酒店举行了澳门旅游介绍会，会上播放了12分钟宣传片，发放了大批资料，介绍澳门旅游特色。出席宴会的嘉宾有澳门特区政府时任社会文化司司长崔世安、旅游局长安栋梁、副局长文绮华，中国旅行社总社总经理蒋宝华、澳门中旅执行董事总经理陈志杰。

◇崔世安在会上致辞时表示，澳门回归后，内地人士对澳门的兴趣愈发浓厚，纷纷访澳，是澳门旅游的最大客源之一。特区政府非常重视旅游业的发展及素质，今后将继续宣传澳门特有的旅游形象，营造有利于发展旅游业的环境、丰富旅游产品。

中国文化产业典范选登

| 典范行业 | 典范区域 | 典范项目 | 典范事件 | 典范人物 |

曲春梅综合摘编自：刘泽光《从澳门的产业结构论金融业与旅游博彩业的互动与发展》，暨南大学2001年硕士论文；王彦栋《澳门向内地推介旅游》，载2000年11月20日《中国旅游报》。

中国文化产业典范选登

| 典范行业 | 典范区域 | 典范项目 | 典范事件 | 典范人物 |

1978～1988年的中国通俗音乐

■ 在中国，通俗音乐领域曾是一个森严壁垒的禁区。“黄色歌曲”、“靡靡之音”等帽子迫使通俗音乐在我国沉寂了数十年。

■ 20世纪70年代末，这是港台通俗歌曲冲击的时期，也是新时期大陆通俗歌曲的起步阶段。

◇台湾歌星邓丽君的歌声一度风靡大陆，有人夸张地称大陆音乐是“邓丽君专政”，港台歌曲的传入迫使或启发了大陆的音乐家借鉴流行音乐这一体裁来创作自己的通俗音乐，产生了一些广受欢迎的通俗歌曲，如《边疆的泉水清又纯》、《吐鲁番的葡萄熟了》、《太阳岛上》等，它们属于我国新时期最早的一批通俗歌曲。

■ 音乐艺术娱乐功能的上升，是适应审美主体的强烈愿望而来的。当代的广大群众，特别是活跃的青年一代所构成的审美群对音乐艺术有强烈的娱乐性要求，是20世纪80年代已进入生活安定、政治昌明的社会心态反映。

■ 1979年底，中央人民广播电台和《歌曲》杂志联合举办了“听众喜爱的广播歌曲”评选活动，由群众直接投票评选出了15首优秀歌曲。这些歌曲不仅仅是吸引了众多的年轻人，更重要的是引导我国通俗音乐的走向，对通俗音乐的创作产生了推动力。

■ 1979年，广州东方宾馆出现收费音乐茶座，茶座主要播放通俗歌曲。一般认为这是近三十年来中国文化产业的发端。

◇80年代前期，我国通俗音乐创作出现了初步繁荣的局面。大中城市中普遍出现了“音乐茶座”这一欣赏、传播通俗歌曲的园地，出现了舞厅、酒吧。

◇音乐传播手段也发生了重要的变革——音像出版公司在全国各地普遍建立和迅速发展。

◇音乐茶座、舞厅、酒吧、音像出版等传播渠道的变化进一步推动了通俗音乐的蓬勃发展。

■ 1980～1985年，通俗歌曲创作进一步走向繁荣，优秀作品不断问世，如《年轻的朋友来相会》、《军港之夜》、《大海啊故乡》、《十五的月亮》等。

■ 20世纪80年代初期，台湾校园歌曲传入大陆，《龙的传人》、《乡间的小路》、《外婆的澎湖湾》等一批歌曲对大陆通俗歌曲的发展起到了积极的推动作用。

■ 1986年5月在北京举行的献给“国际和平年”的全国百名歌星演唱会上，推出了一首以“世界和平”为主题的通俗歌曲《让世界充满爱》。

◇20世纪80年代中后期，几次全国性的通俗歌曲大赛，如“全国青年首届民歌、通俗歌曲大选赛”、“全国青年歌手电视大赛（通俗唱法）”等，将通俗音乐推向一个小高潮。在这些大赛中，“通俗唱法”被确定为与“民族唱法”、“美声唱法”相平等和独立的一种唱法，堂而皇之地登上了音乐舞台。

■ 1986年以来的两年间，重要的通俗歌曲有《血染的风采》、《祈求》、《父亲》、《一无所有》、《世界需要热心肠》等等。这些通俗歌曲或贴近生活的真实，或表现深沉的民族精神，或追求哲理的思考，共同的特点是都在追求歌曲的民族风格。

■ 通俗歌曲的流行，造就了众多的歌星和无数的歌迷粉丝，形成了中国近三十年来最活跃的演艺市场和巨大的产业链，并在20世纪80年代中后期达到鼎盛。此后，通俗歌曲的盛况又通过电视、手机和网络得到更为广泛的发展。

邢明华综合摘编自：梁茂春《我国通俗音乐发展趋向》，载1988年2月7日《中国文化报》；程云《中国当代通俗音乐环视录》，载《人民音乐》1988年第2期。

中国文化产业典范选登

| 典范行业 | 典范区域 | 典范项目 | 典范事件 | 典范人物 |

1979～1999年：改革开放20年中国的乐器产业

■ 乐器作为表现音乐艺术的特殊商品，在改革开放的进程中实现了历史性的跨越，乐器产业发展成音乐艺术教育系统工程的重要组成部分，从一般商品向高档娱乐、教育的消费品转变。

■1979年前，乐器产业在计划经济体制下，保持的是传统、低效、低速、分散的生产方式。20年后中国乐器产业坚持以科技为先导、市场为导向，不断开发新品种，生产技术、企业管理和生产规模达到相当水平，形成相对完整的乐器产业体系。中国的乐器产业已经向国际化、集团化、产业化方向迈进。

■ 在改革开放的头20年中，中国的乐器产业走在了中国现代企业制度改革的前列，是中国文化产业发展过程中的典范行业之一。1999年《中国文化报》在中国的报刊中第一个开设《中国文化产业》专栏，专栏的创刊号（1999年1月2日）就以《风头正劲闯市场》为题，对中国的"乐器工业"进行了专题报道。

■ 到1999年，乐器产业已经形成了以国有集团公司为主体，独资、合资、乡镇企业、个体私营四种所有制形式。

◇第一类国有集团公司，主要有广州珠江钢琴集团公司、北京星海乐器有限责任公司等，这些公司的总资产达到50亿元左右，其品种包揽键盘、西管、民乐、提琴、吉他、打击、电子等各大类乐器，成为国内乐器行业的主宰。广州珠江钢琴集团公司在20年前，钢琴年产量不过1000余台。但20年后的1999年，年产量达7万台，销售收入6亿元，利润8000万元，成为居日本雅马哈之后的世界第二大钢琴生产企业。

◇第二类独资合资企业，主要有日本、韩国等国家经营的公司。

◇第三类为乡镇乐器加工企业，主要分布在沿海地区，大多位于国企附近的区域，已经成为具有相当规模、技术实力较强的成品或零配件生产企业。如江苏凤灵乐器集团公司、无锡铃木乐器公司等。

◇第四类是私营个体，主要是农村及城市的私人企业、家庭手工作坊等，对国内外乐器销售起到了补充作用。

■ 北京星海乐器有限责任公司前身为北京乐器总厂，通过对国有企业实施战略性改组，以资本为纽带，建立有效的国有资产管理、监督和营运机制，通过引进德国专家，进行技术改造，组成跨地区、跨行业、跨所有制的大型集团公司，成为具有23个分公司、12个子公司、10个商业分公司、1个海外分公司的大型集团公司，年钢琴产量达3万架、西管乐器4.5万支，销售收入达4亿元。

■ 上海钢琴公司通过资产重组，并与上市公司"英雄集团"跨行业联合，实现了资本增值保值。

■ 经过改革开放20年，到世纪末乐器产业已形成企业自主、工商联合、商业网点星罗棋布的经营模式。每年既有政府举办的文体百货交易会、广交会、教学设备订货会、乐器协会主办的国际乐器博览会，还有北京、广州、上海、天津集团公司主办的春秋订货会以及各中小型企业自行主办的订货会，每年订货总额高达10亿元，初步建立了乐器商贸异常活跃的四通八达的经营网络。

于瑞桓综合摘编自：丰元凯《风头正劲闯市场——改革开放20年中国乐器工业回眸》，载1999年1月2日《中国文化报》；丰元凯《发展中的中国乐器工业》，载《轻工业标准与质量》1999年第1期。

中国文化产业典范选登

| 典范行业 | 典范区域 | 典范项目 | 典范事件 | 典范人物 |

1984～1991年的宁夏话剧团：“贺兰山下的大篷车”

■ 宁夏回族自治区话剧团成立于1958年。剧团的演职人员主要由空政话剧团、全总文工团、中央戏剧学院毕业生、北京的几个剧团和本地的演艺人员组成。

■ 在20世纪五六十年代，剧团排演的主要剧目有《年青一代》、《抓壮丁》、《霓虹灯下的哨兵》、《同志，你走错了路》、《女飞行员》、《豹子湾战斗》、《金梁玉柱》等，受到观众的好评，表演水平享誉宁夏乃至西北五省。

■ 文化市场的急剧变化，使宁夏话剧团演出的经济效益越来越差。1983年剧团全年只排了一场戏，制作费开支了12000元，只演出了八场。1984年下半年，剧团开始实行改革。六年间，宁夏话剧团全方位向市场，按商品规律办事，使话剧从危机走向繁荣。

■ 实行剧组经营承包责任制，用经济手段调动演职员的积极性

◇改掉平均主义分配办法。剧团分成三个剧组，实行剧组经营承包责任制。把经营权交给剧组，把剧组经营好坏同演员的收入紧密结合起来，多演多得。从而调动了演职人员演好戏，经营好剧组的积极性。用剧团同志的话讲，就是“敲了铁饭碗”，让多演戏的同志从经济上得到好处。

◇剧组经营承包责任制的具体做法是剧目确定之后，由剧组和剧团签订责任合同，责任书规定剧团对剧组实行核定收入、定额补助，费用自理，超支不补，结余全部由剧组进行支配的管理办法。

◇剧组对剧团承包演出场次、演出收入、演出费用和演出质量。剧组演出期间发生的一切费用，包括汽车养路费、汽车一般维修费，演出消耗费、个人各种补贴全部在演出收入中开支。剧团对剧组按文化厅规定的标准进行补贴。

◇为鼓励剧组演出，剧团还从第三产业收入中拿出一部分对剧组予以补助。责任书还规定了剧团对剧组的奖罚措施。

◇在剧组内部由导演和应聘演职人员订合同。合同包括剧组对演员演出角色、演出纪律和演出质量的要求以及补贴、奖罚办法等。比如，合同规定，演员下乡演出不按下乡天数报销差旅费和补助，而根据剧团的特点按演出场次，采取综合定额控制含住宿费、伙食补助费、演出补助费、夜餐等。合同还规定演员在受聘期间，无故耽误演出，要承担剧组经济损失，情节严重的导演有权予以解聘等。

◇由于实行剧组经营承包责任制，从导演到演员都关心剧组经济效益，演出效益明显提高，整个剧团出现了生机。

◇剧组人员减少。装台、卸台、勤杂以及效果等工作由演员兼任，就连司机也兼搞其他工作。

◇演出消耗降低，效益提高。改革前每场演出消耗平均为35元，现在降低为15元。该剧演出近300场，收入105000元。改革六年来，剧团走遍宁夏山川，行程10万多公里，演出1400多场，收入近37万元。

◇业务收入增加，经费自给能力增强。1984年财政拨款25万元，演出收入仅2.3万元，经费自给能力只有8.7%。到1990年，在人员工资增加、物价水平提高的情况下，财政拨款只有24.4万元，业务收入13.3万元，比1984年增加5.7倍，经费自给能力达到34.4%。

■ 演出对象从有戏没人看的城市，转移到了有人没戏看的农村

◇精神产品讲究“适销对路”。话剧面向农村市场，并不是把舞台搬到农村就万事大吉。为农民演戏，一定要对农民胃口，剧团经过挑选，从众多的剧目中选定了贴近群众生活的《红白喜事》。随后，他们又对演出形式作了大胆改革，第一次尝试用宁夏方言演出，连演出单元和布景设计也都颇具宁夏特点。

◇农村急需适合农民口味的精神食粮。城乡文化市场的调查，使宁夏话剧团找到了话剧的市场和摆脱危机的出路：艺术方向从有戏无人看的城市转向有人没戏看的农村。

◇将商品生产的经营机制引入艺术品生产。为鼓励多演戏，团部规定：演出在10场以下的收入全部上交团部，演出超过10场的则只上交20%的收入，演出超过20场的上交10%，演出超过30场的收入全部由剧组支配。良好的经营机制，调动了全体演职员的积极性，增收、节支、减人成了大家共同的目标。

◇确保演出质量。宁夏话剧团订立《演出条例》、《降低质量扣款条例》，人手一册，用经济手段管理文艺演出。规定对误场、误景、笑场、演出前喝酒等要进行处罚。团部根据剧目提出

中国文化产业典范选登

| 典范行业 | 典范区域 | 典范项目 | 典范事件 | 典范人物 |

艺术标准，由剧组签订认定书，未达到质量标准的扣除部分演出收入。

◇让文化消费者参与文化产品的生产。创作人员深入农村，挖掘农民喜爱的题材，先编成故事讲给农民听，根据农民意见修改故事框架。写成剧本后，读给农民听，再征求意见，得到农民认可后才投入排练，上演前后继续修改完善。

◇《这样的庄稼人》从首场演出至今已大改七次，《女村长》从剧本脱稿修改达四年之久。经过千锤百炼的剧目，销路节节攀升。《这样的庄稼人》已演476场；《女村长》已演了176场，估计可演500场；《小两口算账》演了256场，常演不衰。

◇几年来，宁夏话剧团演遍了境内100%的乡镇和70%的村，已稳固地占领了农村市场。在继续挖掘、培育老市场的同时，他们注意开辟新市场。1987年，他们专门成立了儿童演剧队，排演了《宝贝蛋与男子汉》等一些适合中小学生观看的剧目，目前演出已过百场。为进一步占领学校市场，他们又创作排演了课本剧，更是大受欢迎。

◇注意开辟更广阔的市场。话剧团远涉北京、上海等地，成功地举行了“大篷车万里行巡回演出”，社会效益、经济效益双丰收。

■ 宁夏话剧团的改革实践受到了有关部门的广泛关注。

◇《人民日报》、《光明日报》、《文汇报》等，先后报道了话剧团的改革。《瞭望》杂志称宁夏话剧团是“贺兰山下的大篷车”。中国话剧艺术研究会专门在银川召开了“宁夏话剧团创作、演出现场会”，宁夏话剧团的改革得到全国话剧艺术家的高度赞扬。

◇剧团先后获得文华奖、中国人口文化奖、振兴话剧先进奖等多种奖项，多次受到文化部和自治区政府的表彰奖励。

◇宁夏话剧团被文化部誉为全国文化界的一面旗帜。

丁培卫综合摘编自：毛国芝、郑慧《实现剧组经营承包责任制给宁夏话剧团带来了生机》，载《财务与会计》1992年第2期；祁冠杰《宁夏话剧团小分队登上六盘山》，载《中国戏剧》1987年第8期。

中国文化产业典范选登

| 典范行业 | 典范区域 | 典范项目 | 典范事件 | 典范人物 |

1992～1999年的北京文物艺术品拍卖与翰海公司

■ 北京市自1992年举办第一场文物艺术品拍卖会以后，艺术品拍卖市场发展很快，目前，已有艺术品拍卖公司三十余家，规模较大又比较正规的有北京翰海、中国嘉德、北京荣宝斋、中商盛佳、中邮大地、北京海王等，他们的拍卖规则、操作程序、拍卖价位等都已经与国际艺术品拍卖市场接轨。

◇北京翰海艺术品拍卖公司，坐落于北京市宣武区和平门外琉璃厂东街80号，是全国唯一一家经国家文物管理部门批准的专业公司，为全民所有企业，隶属于北京市文物公司。从事综合文物艺术品拍卖，包括接受全国各地文物商店委托拍卖。

◇中国嘉德国际拍卖有限公司，坐落于北京市建国门内大街18号恒基中心二座603室，从事综合文物艺术品拍卖、侧重接受民间和境外收藏者委托拍卖。

◇北京荣宝艺术品拍卖有限公司，坐落于北京市宣武区和平门外琉璃厂西街万源夹道1号，隶属于荣宝斋公司，从事荣宝斋经营的字画、文房四宝等文物艺术品拍卖。

◇中商盛佳国际拍卖有限公司，坐落于北京市东城区安德里北街21号奥星大厦三层，从事接受境外收藏者委托文物艺术品拍卖。

◇中邮大地邮票拍卖有限责任公司，坐落于北京市宣武门东大街2号西三楼，是邮电部领导下的全国性的邮票拍卖专业公司，主要经营邮品拍卖业务，兼营钱币、电话磁卡。

◇北京海王村拍卖有限责任公司，坐落于琉璃厂东街115号，隶属于中国书店，专门经营古籍善本拍卖业务。

■ 中国文物艺术品的拍卖重心，过去在伦敦、纽约、东京和香港地区。自1992年北京举办国际文物艺术品拍卖会以来，经过中国艺术品拍卖界同仁的不懈努力，开始转移到北京。

◇1998年中国内地艺术品拍卖市场，单件成交额超过人民币百万元的一共35件，其中北京翰海公司19件、中国嘉德公司15件、上海朵云公司1件，总成交额为7074.3万元，占全年成交总额的16.3%。

◇1999年单件成交额超过人民币百万元的41件，其中北京翰海公司28件、中国嘉德公司13件，总成交额共计7783.6万元，占全年成交总额的21.7%。其中北京翰海公司的黄公望《秋山图》卷，设色纸本，26×214CM，著录于《过云楼书画记》，参考价为600万～800万元，成交价为528万元。中国嘉德公司的李可染《万山红遍》镜框，设色纸本，69×45CM，参考价为100万～150万元，成交价为407万元。

◇明·沈上充《仿宋元十四家笔意》手卷，曾在北京翰海公司1996年春季拍卖会以93.5万元成交；1999年春季拍卖会翰海公司再次推出，以371.8万元成交，增值278.3万元。

◇吕纪《斑鸠红梅图》立轴，设色绢本，增刊于《中国画》，在北京翰海公司1997年秋季拍卖会以51.7万元成交；1999年秋季拍卖会再次推出，以231万元成交，时过两年增值179.3万元。

■ 几年来古代书画拍卖市场连续升温，国内出现一批古代书画收藏爱好者，他们不只在国内拍卖会上寻找自己喜爱的古代书画，甚至还到纽约、中国香港等拍卖会去参与竞标、购买回宋·石介《与长官执事札》、宋·左肤《与通判承议札》、宋·何粟《屏居帖》、宋·富弼《儿子帖》、宋·吕嘉问《与元翰札》、元·鲜于枢《草书韩愈〈石鼓歌〉》、元·赵孟頫《行书归去来辞》等国宝级文物，从而大大拉动国内古代书画拍卖市场。

■ 北京翰海公司，1997年春秋两届大型拍卖会一共推出中国现代书画、中国古代书画、瓷器古玩等七个专场。

◇文物艺术品2570件，成交额17228.3万元，连同十二场周日小型拍卖会成交额2848万元，全年成交额达20076.3万元，占全国总额的40.2%。

◇单件成交额超百万元的共15件，占全国的55.6%。

◇中国近现代书画、古代书画、瓷器珍玩是北京翰海艺术品拍卖公司的强项，特别是1997年全国艺术品拍卖市场急剧下滑之际，翰海公司于12月18日推出中国近现代书画专场，成交率高达86.45%，成交额2110万元人民币；19日推出中国古代书画专场，成交率达90.34%，成交额3083.36万元人民币；20日推出中国瓷器珍玩专场，成交率85.28%，成交额3684.34万元人民币，获得极大的成功，可以说这三场拍卖会力挽狂澜，稳住了艺术品拍卖市场下滑的局势。

■ 北京翰海艺术拍卖公司何以1995～1997年连续三年成交额

中国文化产业典范选登

皆保持在两亿人民币而常胜不衰，在全国诸多拍卖公司中名列前茅？其经营之道一言以蔽之，就是"诚信为本，质量第一"。

◇翰海公司自成立之始，就把为买家、卖家双方负责的经营思想放在首位，严把质量关。对于拍品严格坚持专家"集体鉴定，一票否决"的制度，赢得了买卖双方的信任。'97秋季拍卖会后，香港著名收藏家张宗宪先生不胜感慨地说："翰海公司这次拍卖会拍得这么好，明年就会有更多的卖主来送货，货源就有充足的保障了。"

◇北京翰海艺术品拍卖公司被评为"1997年度全国百家优秀企业"、"北京市思想政治工作优秀集体"。总经理秦公先生亦被评为"全国百名优秀企业家"、全国劳动模范、北京市人民代表大会代表。

邵明华综合摘编自：赵榆、王利民《'97艺术品拍卖的回顾与98年展望》，载《美术观察》1998年第3期；赵榆、何文峰《1999年中国艺术品拍卖市场的回顾与展望》，载《美术观察》2000年第4期；赵榆、王彦朝《蓬蓬勃勃的古玩市场——北京市古玩艺术品市场巡礼》，载《美术观察》1999年第9期。

中国文化产业典范选登

| 典范行业 | 典范区域 | 典范项目 | 典范事件 | 典范人物 |

小小中国结 做成大产业

■ 中国结，始于上古，兴于唐、宋，盛于明、清。在远古的华夏土地上，“结”曾被先民们赋予了“契”和“约”的法律表达功能和记载历史事件的作用，一个结就是一次事件，一个寓意，一种象征，并逐渐成为人们表达情感的一种方式。后来，绳结超越“结绳记事”的工具作用，被心灵手巧的奴婢、侍女变成手工工艺，演变成女红，最终成为中国文化中特有的民间手工编结的饰品。

■ 1996年，江南女子李平复活“中国结”的美丽。从项链出发，李平构思出手链、耳环、小香袋、针线包、手饰盒等女性用小物件以及钥匙链、小动物、十二生肖等一系列大众化的小工艺品。

■ 1997年12月，李平被邀参加在北京举行的中国首届服装设计博览会，在这次来自全国的知名服装设计师聚集的大会上，李平巧妙地将“中国结”作为装饰物件与自己设计的扎染服装相搭配，这些具有浓郁的民族文化特色的作品，让李平获得了“97优秀服装师”的称号，也因为这次展览会，李平的“中国结”受到了北京一家专门经营中国民间艺术工艺品老板的青睐，与李平有了长期的合作。从此，李平开始对照古图谱上的“中国结”图形，重点创作新的大件“中国结”作品。

■ 她创作了大“福”字系列，以传统绣花鞋为寓意的“壁鞋”(避邪)系列，以辣椒、鱼、虾、玉米为表现形式的表达人们丰收喜悦情感的“五谷丰登”和“吉庆有余”系列，以“心”形为基调的“同心结”系列。以后，她又一口气创作了镶有古铜钱的“财源滚滚”，编结大红双喜、用于婚庆的“花好月圆”，有松鹤图案用于寿辰的“松鹤延年”。

■ 1998年8月，李平在参展北京工艺美术博览会上，作品“松鹤延年”获得全国银奖。这一年，李平带着“中国结”参加了六次各种形式的展览会，在每一个参展会上，李平的“中国结”作品都会引起轰动，并引起当地新闻媒体的关注。北京电视台、天津电视台、中国国际广播电台为此还专门介绍了李平和她的中国结。

■ 1999年，李平注册了属于自己的“承淼”中国结商标，申请了外观设计的专利。李平的公司逐渐壮大，“中国结”的开发也形成了从创意设计到百多个系列数千个品种，“承淼”中国结成为属于她自己风格的品牌，在全国有40多家代理商，而更多的中国农民、市民，坐在家中依靠编织中国结而致富。

■ 2000年11月在长春欧亚商品交易会上，李平的中国结受到了来自欧亚各国代表的喜爱，将中国民间艺术的瑰宝介绍给世界，这是李平最终的心愿。

■ 2001年7月13日，在决定2008年奥运会举办城市的投票现场，“承淼”中国结作为北京奥申委赠送给国际奥委会的礼物，吸引了世界亿万观众的瞩目。

郑燕综合摘编自：杨志琼《小小中国结 做成大产业》，载《经营者》2001年第9期；林南《女教授敢下海“中国结”编出大产业》，载《现代营销》2001年第8期。